LexisActu.fr,
la veille 100% personnalisée !

AF860940

- **À la carte :** choix des matières et de la fréquence des newsletters.
- **Exhaustif :** toutes les matières du droit couvertes.
- **Pratique :** des dépêches synthétiques et pertinentes.
- **Tous supports :** depuis un ordinateur, un smartphone, une tablette.

PROFITEZ DE VOTRE ACCÈS OFFERT JUSQU'AU 31/12/2018

1. Connectez-vous à https://www.lexisnexis.fr/lexisactu-offre et remplissez tous les champs du formulaire, en utilisant notamment le code ci-contre
2. Vous recevrez sous quelques jours vos identifiants Lexis Actu à l'adresse email que vous aurez saisie
3. Connectez-vous à www.lexisactu.fr et identifiez-vous grâce aux identifiants reçus par email
4. Choisissez vos matières et la fréquence de réception de vos newsletters

Lexis eLivres

Lexis eLivres™
Téléchargez la version numérique de votre code

1. Une fois connecté à Internet, **téléchargez gratuitement l'application** Lexis eLivres™ sur votre tablette depuis l'App Store ou Google play
2. **Créez votre compte utilisateur** dans Lexis eLivres™ à partir de la rubrique « Se connecter » en haut à droite.
3. Pour Apple, **sélectionnez votre eCode dans la rubrique « Offre de rentrée Codes 2019 »** en page d'accueil de l'application.

   Pour Android, **rendez-vous dans l'espace LIBRAIRIE** sur la page d'accueil de l'application, **sélectionnez votre eCode**.

   Puis saisissez votre **identifiant personnel** (à 20 caractères) inscrit sur la page ci-contre.

   Pour bénéficier de la version numérique de votre code, vous devez activer votre identifiant avant la parution de la prochaine édition à l'été 2019.
4. Une fois votre identifiant personnel saisi, le **téléchargement est automatiquement lancé**. L'eCode **sera ajouté dans la BIBLIOTHÈQUE** et consultable dès que le téléchargement sera terminé.

Vous pouvez désormais y accéder à tout moment, même hors connexion.

CODE PÉNAL
2019

LexisNexis

CODE PÉNAL
2019

TRENTE ET UNIÈME ÉDITION

Hervé PELLETIER
Ancien président de la chambre criminelle de la Cour de cassation

LexisNexis®
LexisNexis
141, Rue de Javel – 75015 Paris

Texte à jour au 30 mai 2018

Avertissement de l'éditeur

Toute utilisation ou traitement automatisé, par des tiers, de données personnelles pouvant figurer dans cet ouvrage sont formellement interdits.

Siège social : 141, rue de Javel – 75015 Paris

ISBN 978-2-7110-2926-6

ISSN 1622-6208

LISTE DES ABRÉVIATIONS

Ann.	Annexe
AJP	Actualité juridique de droit pénal
ALD	Actualité législative Dalloz
Adde	Ajouter
Al.	Alinéa
Art.	Article
Ass. plén.	Assemblée plénière de la Cour de cassation
Bull. crim.	Bulletin des arrêts de la Chambre criminelle de la Cour de cassation
Bull. inf. C. cass.	Bulletin d'information de la Cour de cassation
Cass. 1re, 2e, 3e civ.	Chambre civile 1re, 2e, 3e de la Cour de cassation
Cass. crim.	Chambre criminelle de la Cour de cassation
Ch. mixte	Chambre mixte de la Cour de cassation
Ch. réun.	Chambres réunies de la Cour de cassation
chron.	Chronique
C. civ.	Code civil
C. com.	Code de commerce
CCE	Revue communication et commerce électronique
CE	Conseil d'État
CEDH	Cour européenne des droits de l'homme
CESDH	Convention européenne de sauvegarde des droits de l'homme
CGI	Code général des impôts
CIC	Code d'instruction criminelle
CJCE	Cour de justice des communautés européennes
C. pén.	Code pénal
C. proc. pén.	Code de procédure pénale
Com.	Chambre commerciale de la Cour de cassation
Comp.	Comparer
Concl.	Conclusions
Cons. constit.	Conseil constitutionnel
Contra	En sens contraire
CSI	Code de la sécurité intérieure
D., DA, DC, DH, DP, DS	Recueil Dalloz, analytique, critique, hebdomadaire, périodique, Dalloz-Sirey Informations rapides
D., D.-L.	Décret, décret-loi
Dr. pénal	Droit pénal (Éditions du Juris-Classeur)
Gaz. Pal.	Gazette du Palais
JCP	JurisClasseur Périodique (Semaine juridique) – Dans le présent code, la référence concerne toujours l'édition G (Général), N (Notarial et immobilière) ou CI (Commerce et Industrie) devenue E (Entreprise).
JCl.	JurisClasseur
JO	Journal officiel
JurisData	JurisData, banque de données juridiques Éditions du JurisClasseur/Litec
L.	Loi
Not.	Notamment
Obs.	Observations
Ord.	Ordonnance
Préc.	Précité(e)
Procédures	Procédures (Revue)
QPC	Question prioritaire de constitutionnalité
RAP	Règlement d'administration publique
RJPF	Revue juridique personnes et famille
Rec. dr. pén.	Recueil de droit pénal
Req.	Chambre des requêtes de la Cour de cassation
RDI	Revue de droit immobilier, urbanisme, construction
Rev. sc. crim.	Revue de science criminelle et de droit pénal comparé
RTD civ.	Revue trimestrielle de droit civil
Rev. soc.	Revue des sociétés
Cass. soc.	Chambre sociale de la Cour de cassation
somm.	Sommaire
T. confl.	Tribunal des conflits
T. corr.	Tribunal correctionnel
TGI	Tribunal de grande instance
T. pol.	Tribunal de police
V.	Voir
V°	Au mot
Vie judiciaire	La Vie judiciaire

NB : Les arrêts de cour d'appel, qui ne sont qu'exceptionnellement cités, sont référencés par le seul nom de la ville, siège de la juridiction. Par ex, Lyon, 5 janv. 2007, ...

CODE À JOUR AU 30 MAI 2018

Les codes bleus LexisNexis bénéficient d'auteurs prestigieux et de toute la richesse des produits et services LexisNexis, avec :

– pour les textes : la fiabilité du Juris-Classeur **CODES et LOIS**, le plus vaste fonds encyclopédique de législation consolidée à mise à jour périodique sur papier et dvd ;

– pour la jurisprudence : l'expertise de **JurisData** avec près d'un million de décisions sélectionnées et analysées au sein de 31 ateliers régionaux sous la direction d'universitaires de renom, auteurs et directeurs scientifiques des collections et revues JurisClasseur.

Pour vous informer sur nos parutions et bénéficier de l'actualité et des mises à jour gratuites des codes et ouvrages LexisNexis, rendez-vous sur :

http ://boutique.lexisnexis.fr

Table des matières

CODE PÉNAL | PAGES

PARTIE LÉGISLATIVE

LIVRE PREMIER

DISPOSITIONS GÉNÉRALES

TITRE PREMIER. – DE LA LOI PÉNALE

CHAPITRE I. – DES PRINCIPES GÉNÉRAUX

Art. 111-1. – Les infractions pénales sont classées, suivant leur gravité, en crimes, délits et contraventions.

Bibliographie : *JCl. pén., Classification des infractions* par W. Jeandidier ; J.-H. Robert : *Dr. pénal* 1995, chron. I.

Art. 111-2. – La loi détermine les crimes et délits et fixe les peines applicables à leurs auteurs.

Le règlement détermine les contraventions et fixe, dans les limites et selon les distinctions établies par la loi, les peines applicables aux contrevenants.

Bibliographie : *JCl. pén., Principe de légalité criminelle* par W. Jeandidier. • *Rev. sc. crim.* 2007, doctr. p. 509, *Le principe de légalité en droit pénal français*, par A. Giudicelli. • *De l'influence des QPC sur la définition des infractions ou du principe de la légalité des délits et des peines : Rev. sc. crim.* 2012, p. 131, par E. Fortis.

Art. 111-3. – Nul ne peut être puni pour un crime ou pour un délit dont les éléments ne sont pas définis par la loi, ou pour une contravention dont les éléments ne sont pas définis par le règlement.

Nul ne peut être puni d'une peine qui n'est pas prévue par la loi, si l'infraction est un crime ou un délit, ou par le règlement, si l'infraction est une contravention.

I – CONTENU DU PRINCIPE DE LA LÉGALITÉ CRIMINELLE

1) Règles générales. Les juges répressifs ne peuvent prononcer une condamnation que si le fait poursuivi constitue une infraction punissable (■ Cass. crim., 24 nov. 1993 : *Bull. crim.*, n° 353 et 358 ; *Rev. sc. crim.* 1994, p. 549, obs. Bouloc. ■ Cass. ass. plén. 29 juin 2001 : *JurisData* n° 001321 ; *Bull. crim.*, n° 165 ; *JCP* 2001, II, 10569, rapp. Sargos, concl. Sainte-Rose, note M.-L. Rassat) ; et nul ne peut être puni d'une peine qui n'est pas prévue par la loi ou le règlement (■ Cass. crim., 6 mai et 3 juin 1998 : *Bull. crim.*, n° 154 et 178. ■ 18 déc. 2002 : *Bull. crim.*, n° 236 ; *Dr. pénal* 2003, comm. 46, obs. M. Véron).

2) Il résulte des articles 8 de la Déclaration des droits de l'homme, 7 de la Convention européenne des droits de l'homme et 111-3 du Code pénal que nul ne peut être puni pour un délit dont les éléments ne sont pas définis par la loi et d'une peine que celle-ci ne prévoit pas.

La violation par l'employeur de son obligation de négociation triennale, prévue par les articles L. 320-2 et L. 132-27, alinéa 2, devenus L. 2242-15 et L. 2242-19 du Code du travail, n'est pas expressément incriminée par l'article L. 153-2, devenu

L. 2243-1 et L. 2243-2 dudit code, et ne peut être sanctionnée sur le fondement de ces textes, qui ne punissent que la violation de l'obligation annuelle de négociation, prévue à l'article L. 132-27, alinéa 1er, devenu L. 2242-1.

Méconnaît les textes susvisés et le principe ci-dessus rappelé, l'arrêt, qui, sur le seul appel de la partie civile du jugement qui l'a déboutée de ses demandes après relaxe du prévenu, dit établie, pour les besoins de l'action civile, l'infraction de soustraction à l'obligation de négociation triennale dans l'entreprise et condamne l'employeur à lui payer des dommages-intérêts (■ Cass. crim., 7 déc. 2010, n° 10-83.902).

3) Il résulte d'une part, des articles 49 de la Charte des droits fondamentaux de l'Union européenne et 111-3 du Code pénal que nul ne peut être condamné pour une action ou une omission qui, au moment où elle a été commise, ne constituait pas une infraction d'après le droit national ou international et d'autre part, des articles 3-b de la directive n° 2002/15/CE du Parlement européen et du Conseil du 11 mars 2002, directement applicable en droit interne, et L. 8221-5 du Code du travail que les périodes pendant lesquelles le travailleur mobile accompagne un véhicule transporté par ferry-boat, constituent du temps de disponibilité et non du temps de travail effectif ; n'est ainsi pas constituée l'infraction de travail dissimulé par dissimulation d'emploi salarié résultant de la mention sur le bulletin de paie d'un nombre d'heures de travail inférieur à celui réellement accompli lorsque les heures non mentionnées sur la fiche de salaire, correspondant à un temps durant lequel le conducteur n'exerce aucune activité et peut vaquer librement à des occupations personnelles, ne constituent pas du temps de travail effectif (■ Cass. crim., 5 juin 2012, n° 11-83.319 : *Bull. crim.*, n° 143).

4) Légalité de la peine. Nul ne peut être puni, pour un crime ou un délit, d'une peine qui n'est pas prévue par la loi (■ Cass. crim., 1er mars 1995 : *Bull. crim.*, n° 90. ■ 13 mai 1997 : *Bull. crim.*, n° 180. ■ 12 janv. 2000 : *Bull. crim.*, n° 20. ■ 12 sept. 2000 : *Bull. crim.*, n° 268. ■ 17 oct. 2000 : *Bull. crim.*, n° 299 ; *D. Affaires* 2001, jurispr. p. 124. ■ Cass. crim., 21 janv. 2003 : *Bull. crim.*, n° 14, aggravation de peine non applicable ; *Dr. pénal* 2003, comm. 49, obs. J.-H. Robert ; *Rev. sc. crim.* 2004, p. 101, obs. C. Ambroise-Casterot. V. *infra*, Ann. *Consommation*, sous article L. 213-4. ■ Cass. crim., 18 févr. 2004 : *Bull. crim.*, n° 47 et ■ 2 sept. 2004 : *Bull. crim.*, n° 198, peine complémentaire du suivi socio-judiciaire non applicable ; V. *infra*, sous article 131-36-1 du Code pénal. ■ Cass. crim., 27 avr. 2004 : *Bull. crim.*, n° 98 ; V. *infra*, sous article 132-41 du Code pénal).

– *Adde*, ■ Cass. crim., 19 sept. 2007 : *Dr. pénal* 2007, comm. 156, obs. J.-H. Robert (peine complémentaire d'exclusion des marchés publics non prévue par l'article L. 242-6 du Code de commerce). V. Ann. *Sociétés*, note sous article précité, V° abus de biens sociaux.

– ■ Cass. crim., 23 oct. 2007 : *Dr. pénal* 2008, comm. 4, obs. M. Véron, pour la peine complémentaire d'interdiction de solliciter la délivrance d'un nouveau permis de conduire, non prévue par les articles L. 221-2 et L. 223-5 du Code de la route en cas de conduite sans permis.

– Les juges ne peuvent, sans excéder leurs pouvoirs, prononcer d'autres peines ou mesures que celles prévues par la loi (■ Cass. crim., 18 mai 2005 : *Bull. crim.*, n° 149 ; *Dr. pénal* 2005, comm. 127, obs. J.-H. Robert). V. *infra*, Ann. *Urbanisme*, sous article 480-3.

– De même, encourt en conséquence la cassation l'arrêt qui, après condamnation d'une personne morale pour le délit de blessures involontaires prévu par l'article 222-20 du Code pénal, ordonne l'affichage et la publication de la décision, alors que l'article 222-21 du même code ne permet de prononcer que l'une ou l'autre de ces peines complémentaires, dans les conditions prévues par l'article 131-35 du Code pénal (■ Cass. crim., 12 juin 2007 : *Bull. crim.*, n° 156).

Adde ■ Cass. crim., 18 janv. 2006 : *Dr. pénal* 2006, comm. 56 : la récidive n'est pas applicable à l'interdiction du territoire ; V. *infra* sous l'article 132-10.

5) Nul ne peut être puni d'une peine qui n'est pas prévue par la loi.

Encourt, dès lors, la cassation, limitée aux seules dispositions relatives à la peine, l'arrêt d'une cour d'appel qui, après avoir déclaré le prévenu coupable d'outrage à magistrat, délit prévu par l'article 434-24 du Code pénal, le condamne à trois ans d'interdiction des droits civiques, civils et de famille, alors que, d'une part, l'article 434-44 de ce code, qui énumère les délits passibles de la peine complémentaire de l'interdiction des droits civiques, civils et de famille, ne mentionne pas le délit d'outrage à magistrat, en sorte que cette peine ne pouvait être prononcée en application de l'article 131-11 de même code, et que, d'autre part, cette mesure ne figure pas au nombre des peines privatives ou restrictives de droit énumérées à l'article 131-6 du code susvisé et pouvant être prononcées à la place de l'emprisonnement ou de l'amende (■ Cass. crim., 13 avr. 2010 : *Bull. crim.* n° 69 ; *Dr. pén.* 2010, comm. 81, obs. M. Véron).

6) Doit être annulée la disposition d'un arrêt prononçant une interdiction de diriger ou gérer toute personne morale alors que l'article L. 249-1 du Code du commerce, applicable au délit reproché (abus de biens sociaux), limite une telle interdiction aux entreprises commerciales, industrielles et aux sociétés commerciales (■ Cass. crim., 21 sept. 2011 : *Dr. pén.* 2012, comm. 9, obs. J.-H. Robert). V. Ann. *Sociétés*.

7) Encourt la cassation l'arrêt condamnant à une peine d'emprisonnement une personne du chef d'exercice illégal de la profession d'avocat alors que l'article 72 de la loi du 31 décembre 1971 prévoit que la peine d'emprisonnement n'est applicable qu'en cas de récidive (■ Cass. crim., 5 févr. 2013, n° 12-81.155 : *Bull. crim.*, n° 35 ; *JurisData* n° 2013-001600 ; *Dr. pénal* 2013, comm. 53, obs. M. Véron). V. ann. consultation juridique, *infra*.

8) Peine arbitraire. Aucune peine autre que celle appliquée par la loi à la nature de l'infraction ne peut être prononcée (■ Cass. crim., 5 févr. 1990 : *Bull. crim.*, n° 63. ■ 10 juill. 1996 : *Bull. crim.*, n° 292). Doivent être annulées les dispositions d'un arrêt prononçant une peine complémentaire non prévue par la loi (■ Cass. crim., 9 nov. 1993 : *Bull. crim.*, n° 332. ■ 12 sept. 2001 : *Dr. pénal* 2002, comm. 6, obs. J.-H. Robert. ■ Cass. ass. plén. 24 oct. 2003 : *Bull. crim.*, n° 3), ou non prévue par la loi à la date des faits (■ Cass. crim., 15 oct. 2002 : *Bull. crim.*, n° 186).

9) Pareillement, le juge ne peut adjoindre une peine à une loi qui aurait omis de prévoir elle-même les pénalités attachées à l'inobservation des normes qu'elle édicte (■ Cass. crim., 22 mars 1955 : *D.* 1955, 418) ou décider, pour les peines qu'il prononce, des modalités d'exécution ignorées de la loi (■ Cass. crim., 8 févr. 1977 : *Bull. crim.*, n° 51 ; *JCP* 78, II, 18890, note Larguier. ■ 6 juin 1990 : *Bull. crim.*, n° 228) ou encore inventer des peines (■ Cass. crim., 23 août 1810 : *Bull. crim.*, n° 105. ■ 19 janv. 1978 : *Gaz. Pal.* 1978, 2, 413, note P.-L. G. ■ 22 mai 1986 : *Bull. crim.*, n° 167. – *Adde*, ■ Cass. crim., 20 oct. 1986 : *Bull. crim.*, n° 292. ■ 12 juin 1989 : *Bull. crim.*, n° 252) ou prononcer une mesure de sûreté non prévue (■ Cass. crim., 25 sept. 1990 : *Dr. pénal* 1991, n° 100) ou prononcer pour un délit deux peines d'amende, l'une à la place de l'emprisonnement prévu par la loi en application de l'article 463 du Code pénal, et l'autre en application de l'article 161, alinéa 4 du Code pénal (■ Cass. crim., 8 juill. 1987 : *JCP* 88, II, 21023, note M.-S. D.) ou enfin prononcer des peines anciennes incompatibles avec l'arsenal répressif moderne (■ Cass. crim., 30 avr. 1874 : *S.* 1874, 1, 236, rapport Baudouin et concl. Bédarrides).

10) Pour les règlements auxquels aucune sanction n'est attachée, V. ■ Cass. crim., 24 nov. 1993 : *Bull. crim.*, n°s 353 et 358. ■ 2 mars 1994 : *Bull. crim.*, n° 86.

11) Il n'appartient pas aux tribunaux de prononcer par induction, présomption ou analogie, ou pour des motifs d'intérêt général ; une peine ne peut être appliquée que si elle est édictée par la loi (■ Cass. crim., 11 mai 1949 : *D.* 1949, 261, rapport Pépy. ■ 1er juin 1992 : *Bull. crim.*, n° 214).

12) Peine abusive. Doit être cassé l'arrêt prononçant une peine dépassant le maximum légal (■ Cass. crim., 19 déc. 1983 : *Bull. crim.*, n° 343 ; *D.* 1984, 326, note Chambon. ■ 26 sept. 2007 : *Bull. crim.*, n° 223 ; *Dr. pénal* 2008, comm. 4, obs. M. Véron, pour l'emprisonnement. ■ 9 juill. 1985 : *Bull. crim.*, n° 688. ■ 26 sept. 207 : *Dr. pénal* 2008, comm. préc., pour l'amende. ■ 30 oct. 1995 : *Bull. crim.*, n° 336 ; *Dr. pénal* 1996, comm. 62, obs. J.-H. Robert, pour les peines complémentaires. ■ 14 janv. 1998 : *Bull. crim.*, n° 19. ■ 20 juin 2006 : *Bull. crim.*, n° 188, pour la durée de l'affichage), ou une décision qui, dans une poursuite pour des contraventions de troisième classe aux prescriptions de la législation de Sécurité sociale, condamne le prévenu à 3 amendes de 5 000 F chacune, alors que le maximum de la peine applicable, tel qu'il résulte des dispositions de l'article 131-13, 3°, du Code pénal, est de 3 000 F [450 €] (■ Cass. crim., 16 déc. 1998 : *Bull. crim.*, n° 343).

Méconnaissent l'article 111-3 du Code pénal les juges qui prononcent une amende dont le montant excède le maximum légal initialement exprimé en francs et remplacé par un montant exprimé en euros par l'ordonnance n° 2000-916 du 19 septembre 2000 établissant une table de conversion spécifique aux amendes pénales qui s'impose au juge répressif (■ Cass. crim., 21 oct. 2003 : *Bull. crim.*, n° 196).

13) Constatations nécessaires. Lorsqu'ils prononcent une peine, les juges doivent, dans leur décision de condamnation, constater l'existence des éléments constitutifs exigés par la loi pour que le fait soit punissable (■ Cass. crim., 7 janv. 1937 : *DP* 1937, 1, 53, note Mimin. ■ 23 juin 1964 : *D.* 1964, 579. ■ 12 janv. 1983 : *Bull. crim.*, n° 15. ■ 2 déc. 1991 : *JCP* 92, IV, 958. ■ 19 févr. 1997 : *Bull. crim.*, n° 70 ; *Dr. pénal* 1998, comm. 71, obs. M. Véron. ■ 6 févr. 2001 : *Bull. crim.*, n° 33. ■ 18 juin 2002 : *Bull. crim.*, n° 138. ■ 7 oct. 2003 : *Dr. pénal* 2004, comm. 39, obs. J.-H. Robert. ■ 14 déc. 2004 : *Bull. crim.*, n° 318).

– Le juge répressif ne peut prononcer une peine sans avoir relevé tous les éléments constitutifs de l'infraction qu'il réprime (■ Cass. crim., 26 janv. 2005 : *Bull. crim.*, n° 29).

14) Légalité de l'incrimination. Toute infraction doit être définie en des termes clairs et précis pour exclure l'arbitraire et permettre au prévenu de connaître exactement la nature et la cause de l'accusation portée contre lui (■ Cass. crim., 27 mars 1995 : *Bull. crim.*, n° 12) ; ou en termes clairs et non équivoques ; tel n'est pas le cas de celle qui résulte du non-respect de l'obligation prévue à l'article 426 du Code général des impôts, dès lors que ce texte, qui a été abrogé par une loi du 3 juillet 1970, n'a pas été rétabli expressément par le législateur (■ Cass. crim., 16 janv. 2002 : *Bull. crim.*, n° 6 ; *D.* 2002, jurispr., p. 1225, note M. Dobkine ; *Dr. pénal* 2002, comm. 56, obs. J.-H. Robert. ■ 25 juin 2003 : *Dr. pénal* 2003, comm. 125, obs. J.-H. Robert). Rappr. (■ Cass. crim., 20 févr. 2001 : *Dr. pénal* 2001, comm. 86, obs. M. Véron. ■ 24 févr. 2009 : *Dr. pénal* 2009, comm. 71, obs. J.-H. Robert ; V. Ann. *Consommation*, sous l'article L. 213-1).

V., pour les textes réglementaires imprécis (■ Cass. crim., 1er févr. et 13 déc. 1990 : *Bull. crim.*, n° 56 et 432 ; *Rev. sc. crim.* 1991, p. 555, obs. Vitu. ■ 29 oct. 1991 : *Bull. crim.*, n° 386).

15) Selon l'article 111-3 du Code pénal, nul ne peut être puni pour une contravention dont les éléments ne sont pas définis par le règlement ; ni l'article 15.7 du règlement CEE n° 3821-85 du 20 décembre 1985, ni aucune autre disposition légale ou réglementaire n'imposant au chauffeur qui n'a pas conduit le dernier jour de la semaine ayant précédé un contrôle routier, de présenter, lors du contrôle, une attestation de l'employeur justifiant de son inactivité le jour considéré, méconnaît le principe ci-dessus énoncé le tribunal de police qui déclare néanmoins l'employeur ou son délégataire coupable de ce chef en se bornant à retenir que la présentation d'une telle attestation est exigée par une circulaire ministérielle (■ Cass. crim., 16 janv. 2001 : *Bull. crim.*, n° 12).

16) Selon l'article 111-3 du Code pénal, nul ne peut être puni pour un délit dont les éléments ne sont pas définis par la loi (■ Cass. crim., 5 mars 2002 : *Bull. crim.*, n° 56 ; V. *infra*, Ann. *Travail*, sous art. L. 483-1. ■ Cass. crim., 7 déc. 2010, n° 10-83.902 : *Bull. crim.*, n° 198, sur le défaut d'incrimination et de sanction de la soustraction par l'employeur à l'obligation de négociation triennale prévue aux articles L. 2242-1 et s. du Code du travail).

17) Mais jugé que les textes visés (du Code général des impôts), définissent une obligation claire et accessible, pénalement sanctionnée, dans des conditions compatibles avec les dispositions de la Convention européenne de sauvegarde des droits de l'homme et des libertés fondamentales (■ Cass. crim., 16 janv. 1997 : *Bull. crim.*, n° 15).

18) La définition, par les articles 227-25 et 227-26 du Code pénal, du délit d'atteinte sexuelle aggravée, en termes suffisamment précis et explicites, n'est contraire ni au principe de légalité des délits et des peines ni à l'article 7 de la Convention européenne des droits de l'homme (■ Cass. crim., 4 févr. 2004 : *Bull. crim.*, n° 32).

19) Mais s'il était loisible au législateur d'instituer une qualification pénale particulière pour désigner les agissements sexuels incestueux, il ne pouvait, sans méconnaître le principe de légalité des délits et des peines, s'abstenir de désigner précisément les personnes qui doivent être regardées, au sens de cette qualification (prévue par l'article 222-31-1 du Code pénal), comme membres de la famille (■ Cons. const., 16 sept. 2011, n° 2011-163 QPC, abrogeant ledit article : *JCP* G 2011, note 1160, A. Lepage ; *Dr. pén.* 2011, comm. 130, obs. M. Véron). *Adde*, ■ Cons. const., 17 févr. 2012, abrogeant l'article 227-27-2 du Code pénal.

20) Jugé aussi que les termes de l'article 410 du Code des douanes qui visent « toute infraction aux dispositions des lois et règlements que l'administration des douanes est chargée d'appliquer » ne présentent aucun caractère d'obscurité (■ Cass. crim., 18 sept. 2002 : *JurisData* n° 015767 ; *Dr. pénal* 2002, comm. 138, obs. J.-H. Robert) ; V. *infra*, Ann. *Douanes*, sous art. 410.

II – VALEUR DU PRINCIPE DE LA LÉGALITÉ CRIMINELLE

21) Valeur constitutionnelle. Le principe de la légalité des délits et des peines a valeur constitutionnelle : le Conseil constitutionnel a ainsi jugé qu'aux termes de l'article 8 de la Déclaration des droits de l'homme et du citoyen de 1789, nul ne peut être puni qu'en vertu d'une loi établie et promulguée antérieurement au délit et légalement appliquée ; qu'il en résulte la nécessité pour le législateur de définir les infractions en termes suffisamment clairs et précis pour éviter l'arbitraire (■ Cons. const. 19 et 20 janv. 1981 : *JCP* 81, II, 19701, note Franck). Le principe posé par l'article 8 de la Déclaration des droits de l'homme et du citoyen – selon lequel la loi ne doit établir que des peines strictement et évidemment nécessaires – ne concerne pas seulement les peines prononcées par les juridictions répressives, mais s'étend à la période de sûreté qui, bien que relative à l'exécution de la peine, n'en relève pas moins de la décision de la juridiction de jugement qui, dans les conditions déterminées par la loi, peut en faire varier la durée en même temps qu'elle se prononce sur la culpabilité du prévenu ou de l'accusé (■ Cons. const. 3 sept. 1986 : *JO* 5 sept., p. 10789 ; *Gaz. Pal.* 1986, p. 2, législ., p. 468).

22) Proportionnalité entre infraction et peine. La même décision a également jugé qu'en l'absence de disproportion manifeste entre l'infraction et la peine encourue, il n'appartient pas au Conseil constitutionnel de substituer sa propre appréciation à celle du législateur en ce qui concerne la nécessité des peines attachées aux infractions définies par celui-ci. Les exigences posées par l'article 8 de la Déclaration des droits de l'homme et du citoyen ne concernent pas seulement les peines prononcées par les juridictions répressives mais s'étendent à toute sanction ayant le caractère d'une punition, même si le législateur a laissé le soin de la prononcer à une autorité de nature non judiciaire (■ Cons. const. 17 janv. 1989 : *JO* 18 janv., p. 754) ou non juridictionnelle (■ Cons. const. 28 juill. 1989 : *JO* 1er août, p. 9676). Le principe de proportionnalité implique que le montant global des sanctions éventuellement prononcées – par la Commission des opérations de bourse et par la juridiction pénale – ne dépasse pas le montant le plus élevé de l'une des sanctions encourues (même décision).

23) Applications. Pour des sanctions jugées disproportionnées en matière douanière (infractions à la TVA), V. ■ Cass. crim., 16 juin 1999 : *Dr. pénal* 1999, comm. 152, obs. J.-H. Robert, et ■ Cass. crim., 24 janv. 2001 : *Dr. pénal* 2001, comm. 76, obs. J.-H. Robert (arrêts cités à l'Ann. *Douanes* sous articles 412 et 414). V. Berr, *Les sanctions douanières sont-elles disproportionnées ?* : *D.* 1987, chron. 119.

24) Par contre les sanctions prévues à l'article 465 du Code des douanes, qui ont été instituées notamment en vue de la lutte contre le blanchiment de capitaux, laquelle figure parmi les objectifs de la Communauté européenne, sont conformes au principe communautaire de proportionnalité et non contraires aux dispositions de la Convention européenne des droits de l'homme et de l'article 8 de la Déclaration des droits de l'homme (■ Cass. crim., 30 janv. 2002 : *Bull. crim.*, n° 16 ; *D.* 2002, inf. rap. p. 780 ; *Dr. pénal* 2002, comm. 43, obs. J.-H. Robert).

– **À noter** que dans cette affaire, antérieure à la modification des articles 464 et 465 du Code des douanes par la loi du 9 mars 2004 puis celle du 28 mars 2007, la Cour européenne des droits de l'homme a retenu qu'il y avait eu violation de l'article premier du Protocole additionnel n° 1 de la Convention européenne, et que la sanction imposée au requérant, cumulant la confiscation et l'amende, était disproportionnée au regard du manquement commis (Cour EDH, 26 févr. 2009, req. n° 28336/02 : *Bull. inf. C. cass.* 1er avril 2009, p. 6 ; *JCP* 2009, II, 10075, note J. Pannier). V. Ann. *Changes*, sous l'article 465 du Code des douanes, *infra*.

25) Le principe de proportionnalité du droit communautaire ne s'applique pas aux sanctions fiscales en matière de contributions indirectes, qui ont le double caractère de peines et de réparations civiles (■ Cass. crim., 16 janv. 1995 : *Bull. crim.*, n° 19).

26) Sur la proportionnalité de la consignation prévue par l'article L. 121-4 du Code de la route avec son objectif, V. ■ Cass. crim., 19 juin 2001 : *Bull. crim.*, n° 145 ; *Dr. pénal* 2002, comm. 17, obs. J.-H. Robert).

27) Sur la recherche nécessaire de la proportionnalité entre le respect de la vie privée et familiale de l'individu et le but recherché par une mesure d'interdiction du territoire, V. ■ Cass. crim., 7 janv. 2009 : *Bull. crim.*, n° 7 ; *AJP* 2009, p. 305, obs. E. Hartmann, cité *infra*, sous l'article 131-30-2 du Code pénal.

28) Contrôle de constitutionnalité. Les juridictions de l'ordre judiciaire ne peuvent contrôler la constitutionnalité des lois (■ Cass. crim., 11 mai 1833 : *S.* 33, 1, 357. ■ 26 févr. 1974 : *D.* 1974, 273, concl. Touffait, note Vouin ; *Rev. sc. crim.* 1974, 855, obs. Larguier. ■ 20 déc. 1994 : *Bull. crim.*, n° 424. ■ 4 nov. 1998 : *Dr. pénal* 1999, comm. 43, obs. J.-H. Robert. ■ 29 mars 2000 : *Bull. crim.*, n° 146). Il en va de même non seulement pour une disposition législative ayant délégué au pouvoir réglementaire la prérogative d'édicter des obligations dont la méconnaissance constitue un délit par elle défini et sanctionné des peines qu'elle avait prévues, mais encore pour les décrets portant application de cette loi tant qu'ils n'excèdent pas les limites de l'habilitation accordée (■ Cass. crim., 22 déc. 1987 : *Bull. crim.*, n° 482). Il n'appartient pas non plus aux juridictions de l'ordre judiciaire de se prononcer sur la constitutionnalité des traités (■ Cass. crim., 27 févr. 1990 : *Bull. crim.*, n° 96).

29) Question prioritaire de constitutionnalité. V. Loi organique n° 2009-1523 du 10 décembre 2009 et le décret n° 2010-148 du 16 février 2010, l'article R. 49-26 du Code de procédure pénale, et la doctrine citée au *Dr. pénal* 2010, Alertes, n° 14. – *Adde Rev. sc. crim.* 2010, p. 201, chron. B. Delamy. – V. not. *La question prioritaire de constitutionnalité, premier bilan et perspective* : *JCP* 2010, supplément au n° 48 du 29 nov. 2010 ; *JCP* 2011, doctr. 604, p. 1004, B. Mathieu ; *Rev. sc. crim.* 2011, p. 193, chron., par C. Lazerges ; *AJP* 2011, dossier « un an de QPC en matière pénale », p. 273 et s. ; QPC et principe de légalité : *Rev. sc. crim.* 2012, p. 131 ; la QPC, une question pour la démocratie : *JCP* 2013, supplément au nos 29-34, 15 juill.

30) L'incompatibilité avec les normes communautaires. L'autorité du Traité des Communautés européennes est telle, dans la hiérarchie des sources de droit, qu'il appartient au juge répressif d'écarter l'application d'un texte d'incrimination de droit interne lorsque ce dernier méconnaît une disposition du traité ou un texte pris pour l'application de celui-ci. Encourt la censure la cour d'appel qui refuse de se prononcer sur l'incompatibilité entre les dispositions d'une directive communautaire ayant un effet direct et celles du décret servant de fondement aux poursuites (■ Cass. crim., 21 févr. 1994 : *Bull. crim.*, n° 74. ■ 17 oct. 1994 : *Bull. crim.*, n° 332. ■ 27 févr. 1995 : *Bull. crim.*, n°s 80 et 81. ■ 3 avr. 1995 : *Dr. pénal* 1995, comm. 177, obs. J.-H. Robert).

31) L'article 2 de la loi du 2 juillet 1931 étant incompatible avec l'article 10 de la Convention européenne de sauvegarde des droits de l'homme sur la liberté d'expression, ne saurait servir de fondement à une condamnation pénale (■ Cass. crim., 16 janv. 2001 : *Bull. crim.*, n° 10 ; *Dr. pénal* 2001, comm. 91, obs. J.-H. Robert ; V. Ann. *Médias*). Cependant, V. ■ Paris, 31 oct. 2001 : *Dr. pénal* 2002, comm. 58, obs. J.-H. Robert ; suivant cet arrêt, statuant sur intérêts civils, la loi du 2 juillet 1931 reste applicable. *Adde : Legipresse* 2002, n° 189, III, p. 31, note E. Derieux.

32) Sur l'incompatibilité de l'al. 3 de l'art. 38 de la loi du 29 juillet 1881 (al. abr. L. 15 juin 2001 et intégré dans l'art. 35 *quater*) avec les art. 6, 7 et 10 de la CEDH, V. ■ Cass. crim., 20 févr. 2001 : *Dr. pénal* 2001, comm. 86, obs. M. Véron, et *infra*, Ann. *Médias*.

33) Sur l'incompatibilité des articles 11 et 12 de la loi du 19 juillet 1977, relatifs aux sondages d'opinion en relation avec l'une des consultations visées par l'article 1er avec l'article 10 de la CEDH, V. ■ Cass. crim., 4 sept. 2001 : *Bull. crim.*, n° 170 ; *JCP* 2001, II, 10623, concl. D. Commaret, note A. Lepage ; et V. *infra*, Ann. *Vie politique* : *Au sujet des incompatibilités, V. les observations de J. Francillon : Rev. sc. crim.* 2002, p. 126.

34) Sur la question de la compatibilité ou de l'incompatibilité de l'article 36 de la loi du 29 juillet 1881 avec l'article 10 de la Convention européenne, V. *infra*, Ann. *Médias*, les notes sous cet article 36, incriminant l'offense publique envers les chefs de gouvernements étrangers (art. 36 abrogé par L. 9 mars 2004).

35) Sur tous les problèmes ci-dessus évoqués, V. le contrôle constitutionnel et les normes communautaires et internationales : *Bull. inf. C. cass.* 2003, du 15 mars, p. 55 et s., communication de F. Desportes, p. 72 et s., communication de L. Truchot. – F. Garron, *L'interprétation des normes supralégislatives en matière pénale* : *Rev. sc. crim.* 2004, p. 773. – *Adde*, G. Tillement, *Le contrôle de la nécessité des incriminations par le juge pénal* : *Dr. pénal* 2003, chron. 34.

Art. 111-4. – La loi pénale est d'interprétation stricte.

Bibliographie : *JCl. pén., Interprétation de la loi pénale* par D. Roets.

1) Principe et applications. Les dispositions pénales ne peuvent être étendues et doivent être interprétées restrictivement (■ Cass. crim., 9 août 1913 : *DP* 1917, 1, 69. ■ 29 sept. 1992 : *Bull. crim.*, n° 287. ■ 30 juin 1999 : *Bull. crim.*, n° 174. ■ 18 avr. 2000 : *Bull. crim.*, n° 153. ■ Cass. ass. plén. 29 juin 2001 : préc. sous art. 111-3, note 1, et *infra*). ■ Cass. crim., 5 mars 2002 : *Dr. pénal* 2002, comm. 86, obs. J.-H. Robert ; V. *infra*, Ann. *Travail*, ss. art. L. 483-1 du Code du travail. ■ 7 mai 2002 : *Bull. crim.*, n° 102 ; *Dr. pén.* 2002, comm. 92, obs. M. Véron ; V. *infra*, ss. art. 432-10 du Code pénal. ■ 22 mars 2003 : *Bull. crim.*, n° 151, sur l'interprétation de l'article 432-7 du Code pénal ; V. note sous cet article. ■ 22 nov. 2005 : *Bull. crim.*, n° 301 ; V. *infra* sous article 434-11. ■ 12 avr. 2005 : *Bull. crim.*, n° 129 ; V. *infra*, Ann. *Travail*, sous article L. 263-2. ■ 4 janv. 2006 : *Dr. pén.* 2006, comm. 33, obs. M. Véron ; V. *infra* sous art. 222-32. ■ 21 juin 2011 : *Bull. crim.*, n° 143 ; V. *infra*, sous l'article 437-2 du Code pénal. ■ 19 juin 2012, n° 11-85.324 : *Bull. crim.*, n° 150 ; V. sous art. 226-10, p. 340).

2) Le principe de la légalité des délits et des peines, qui impose une interprétation stricte de la loi pénale, s'oppose à ce que l'incrimination prévue par l'article 221-6 du Code pénal, réprimant l'homicide involontaire d'autrui, soit étendue au cas de l'*enfant à naître* dont le régime juridique relève de textes particuliers sur l'embryon ou le fœtus (■ Cass. ass. plén., 29 juin 2001 : *Bull. crim.*, n° 165, préc. sous art. 111-3, note 1. ■ Cass. crim., 25 juin 2002 : *Bull. crim.*, n° 144 ; *Dr. pénal* 2002, chron. 31, concl. O. Commaret ; comm. 93, obs. M. Véron ; *Rev. sc. crim.* 2003, p. 95, obs. Y. Mayaud, et les notes et obs. citées).

3) L'article 431-22 du Code pénal, qui s'applique textuellement aux établissements d'enseignement scolaire, ne saurait être appliqué aux établissements d'enseignement supérieur, à caractère scientifique, culturel et professionnel (■ Cass. crim., 11 déc. 2012, n° 11-88.431, cité *infra* sous l'article 431-22 du Code pénal).

4) En raison du principe d'interprétation stricte de la loi pénale, *l'immunité familiale* prévue expressément pour l'escroquerie par l'article 313-3 du Code pénal, ne saurait être étendue au délit de falsification de chèque et usage (■ Paris, 10 janv. 2002 ; *JurisData* n° 172661 ; *Dr. pénal* 2002, comm. 81, obs. M. Véron).

5) La loi pénale est d'interprétation stricte ; il s'ensuit que la poursuite des travaux malgré une décision de la juridiction administrative prononçant le sursis à exécution du permis de construire n'est pas constitutive de l'infraction de construction sans permis prévue par l'article 480-4 du Code de l'urbanisme (■ Cass., Ass. plénière, 13 févr. 2009 : *Bull. inf. C. cass.* 2009, II, p. 23, rapp. André et avis Mouton ; *Bull. crim.*, n° 1 ; *Dr. pénal* 2009, comm. 54, obs. J.-H. Robert). – V. *infra* sous l'article L. 480-4 du Code de l'urbanisme, Ann. *Urbanisme*.

6) Aux termes de l'article 111-4 du Code pénal, la loi pénale est d'interprétation stricte ; l'article R. 3135-4 du Code du travail ne vise pas expressément les dispositions de l'article L. 3134-11 du même code, la mention, dans ce dernier texte, d'autres articles figurant dans le texte répressif invoqué ne pouvant suppléer cette absence.

Ainsi, la sanction de l'article R. 3135-4 susvisé, applicable en cas d'infraction aux règles du repos hebdomadaire dans les exploitations commerciales employant des salariés les jours interdits, ne saurait être étendue à un autre texte ne prévoyant aucune sanction pénale en cas d'ouverture d'un commerce sans recours à des salariés (■ Cass. crim., 31 janv. 2012, n° 10-86.968 : *Bull. crim.*, n° 25 ; *D.* 2012, p. 1047, note P. Hennion-Jacquet).

7) Il découle de l'interprétation stricte des dispositions de l'article 434-11 du Code pénal que le délit d'abstention de témoigner en faveur d'une personne détenue alors qu'on a connaissance de la preuve de son innocence, n'est pas constitué dans le cas où cette personne est en garde à vue (■ Cass. crim., 11 mars 2014, n° 12-88.131 : *Dr. pén.* 2014, comm. 69, obs. M. Véron, et comm. 80, obs. A. Maron et M. Haas ; *JCP* 2014, note 653, p. 1116, J. Pradel). V. sous l'art. 434-11, p. 555.

8) Adaptations. Ce principe n'interdit toutefois pas l'interprétation large de textes favorables au prévenu. De même, le juge doit adapter un texte ancien aux nécessités de la vie actuelle : ainsi les peines du vol ont été jugées applicables au détournement de courant électrique (■ Cass. crim., 3 août 1912 : S. 1913, 1, 337, note Roux) et celles de l'escroquerie au cas de l'individu plaçant une rondelle sans valeur dans un parcmètre (■ Cass. crim., 10 déc. 1970 : *D.* 1972, 155, note Roujou de Boubée ; *JCP* 72, II, 17277, note Gassin).

9) En cas d'obscurité de la loi, le juge doit la lever dans la mesure du possible, soit en réparant les erreurs évidentes de rédaction (■ Cass. crim., 8 mars 1930 : *D.* 1930, 1, 101, note Voirin), soit en cherchant par tous les moyens le véritable sens (■ Cass. crim., 9 juill. 1970 : *JCP* 71, II, 16616, note Bénabent ; *D.* 1971, 3, note Littman), soit en cas d'échec, en prononçant la relaxe (■ Cass. crim., 10 nov. 1959 : *Bull. crim.*, n° 476 ; *Rev. sc. crim.* 1961, 337, obs. Légal).

Art. 111-5. – Les juridictions pénales sont compétentes pour interpréter les actes administratifs, réglementaires ou individuels et pour en apprécier la légalité lorsque, de cet examen, dépend la solution du procès pénal qui leur est soumis.

Bibliographie : *JCl. pén., Contrôle de légalité des actes administratifs*, par W. Jeandidier ; *Droit de l'union européenne et matière pénale*, par R. Grass et C. Soulard. • V. Lesclous, *L'appréciation des actes administratifs par le juge répressif* : *JCP* 94, éd. G, I, 3747. • Roujou de Boubée, *Exception d'illégalité* : *D.* 1994, somm. 155. • N. Dantonel-Cor, *Le juge judiciaire répressif et l'acte administratif unilatéral depuis la réforme du Code pénal* : *Rev. sc. crim.* 1998, doctr. 18. • F. Desportes, *Le contrôle de la légalité des actes administratifs...* • Rapp. *C. cass.* 1997, p. 93. • J.-M. Moreau, *Bilan de 10 années de jurisprudence* : *Procédures* 2005, n° 6, étude 7, p. 6.

1) Domaine. Seuls les actes administratifs, réglementaires ou individuels, entrent dans les prévisions de l'article 111-5 ; c'est dès lors à tort que le juge répressif se fonde sur ce texte pour apprécier la validité d'un contrat administratif (■ Cass. crim., 25 sept. 1995 : *Bull. crim.*, n° 279 ; *Dr. pénal* 1996, comm. 14, obs. Robert).

2) Conservent, avant leur ratification opérée par le législateur, **le caractère d'actes administratifs, les ordonnances**, prises dans le cadre de l'article 38 de la Constitution, alors même qu'elles interviennent dans une matière ressortissant, en vertu de l'article 34 ou d'autres dispositions constitutionnelles, au domaine de la loi.

À ce titre, le juge répressif peut, sur le fondement de l'article 111-5 du Code pénal, user, d'office, de la faculté d'en vérifier la légalité en s'assurant, notamment, de la conformité d'un texte codifié par une telle ordonnance avec la loi dont il est issu et qui a été abrogée.

En effet, l'abrogation d'une loi à la suite de sa codification à droit constant ne modifie ni la teneur ni la portée des dispositions transférées. Tel est le cas de l'article 21 de la loi du 3 janvier 1992, dite loi sur l'eau, devenu l'article L. 216-5 du Code de l'environnement (■ Cass. crim., 19 oct. 2004 : *Bull. crim.*, n° 247 ; *Dr. pénal* 2005, comm. 6, obs. J.-H. Robert).

– *Adde*, ■ Cass. crim., 17 nov. 2009 : *Dr. pénal* 2010, comm. 21, obs. J.-H. Robert (Légalité de l'ordonnance du 2 août 2005, non encore ratifiée à la date de l'arrêt, relative à la police des ports maritimes).

3) Condition impérative à l'examen de légalité. Il se déduit, de l'article 111-5, que le juge répressif peut d'office constater l'illégalité d'un acte administratif, réglementaire ou individuel, lorsqu'il lui apparaît que cette illégalité conditionne la solution du procès qui lui est soumis (■ Cass. crim., 7 juin 1995 : *Bull. crim.*, n° 208).

– Lorsque des actes administratifs réglementaires ou individuels sont assortis d'une sanction pénale qu'il est demandé aux tribunaux judiciaires de prononcer, le juge répressif a le devoir, non d'en apprécier l'opportunité, mais de s'assurer de leur conformité à la loi (■ Cass. crim., 21 déc. 1961 : *Bull. crim.*, n° 551 ; *JCP* 1962, II, 12680, note Lamarque).

4) Légalité des perquisitions administratives. Encourt la cassation l'arrêt d'une chambre de l'instruction qui, pour rejeter le moyen tiré de l'illégalité de l'ordre administratif d'une perquisition pris sur le fondement de l'article 11, 1°, de la loi n° 55-385 du 3 avril 1955 relative à l'état d'urgence et la requête en annulation des pièces de la procédure, retient que le contrôle de l'acte administratif par le juge pénal ne s'exerce que lorsque l'illégalité prétendue aurait pour effet d'enlever aux faits leur caractère punissable, alors que la chambre de l'instruction était compétente pour apprécier la légalité d'ordres de perquisition qui détermine la régularité de la procédure (■ Cass. crim., 13 déc. 2016, n° 16-84.794 : *JCP* 2017, avis 141, F. Desportes ; *D.* 2017, 275, note J. Pradel ; *JCP* 2017, p. 363, note J.-H. Robert).

5) Il appartient au juge répressif d'apprécier la légalité d'**un arrêté d'expulsion**, acte administratif individuel pénalement sanctionné (■ Cass. crim., 4 janv. 1991 : *Bull. crim.*, n° 8. ■ 1er févr. 1995 : *JCP* 1995, II, 22463, note Guimezanes).

6) S'il appartient aux juridictions répressives, lorsqu'elles sont saisies d'une infraction à un arrêté de **reconduite à la frontière** d'apprécier la légalité de cet arrêté, les dispositions de l'article 111-5 du Code pénal ne leur imposent toutefois pas d'étendre leur contrôle à une décision administrative antérieure dont ne dépend pas la solution du procès pénal qui leur est soumis (■ Cass. crim., 3 juin 1998 : *Bull. crim.*, n° 182).

7) A été cassé l'arrêt d'une cour d'appel rejetant l'exception d'illégalité de l'arrêté préfectoral, en violation duquel il était poursuivi, soulevée par un prévenu de circulation à l'intérieur d'une réserve où il était interdit de circuler, fondée sur l'omission par le préfet d'avoir sollicité l'avis du comité consultatif prévu par le décret portant création de la réserve naturelle (■ Cass. crim., 26 janv. 1994 : *Bull. crim.*, n° 36).

8) Emporte nécessairement interdiction de chasser le gibier d'eau au-delà de la date limite le jugement d'un tribunal administratif portant annulation d'un arrêté préfectoral en ce qu'il fixe une date de clôture pour la chasse de ce gibier au-delà de la date limite possible ; est par suite inopérant le moyen, opposé par un chasseur surpris en action de chasse après cette date, tiré de la prétendue illégalité d'un arrêté préfectoral modificatif, qui, sur injonction de cette juridiction impartissant la fixation d'une nouvelle date ne devant pas dépasser la date limite, a fixé la date de clôture pour la chasse dudit gibier à cette date limite (■ Cass. crim., 18 nov. 2003 : *Bull. crim.*, n° 216 ; *Dr. pénal* 2004, comm. 51, obs. J.-H. Robert ; *Rev. sc. crim.* 2004, p. 865, obs. G. Vermelle).

9) Le juge répressif est compétent pour constater l'inexistence d'un permis de construire obtenu frauduleusement (■ Cass. crim., 9 sept. 2003 : *Bull. crim.*, n° 155 ; *Dr. pénal* 2003, comm. 128, obs. J.-H. Robert. Sur l'appréciation de la légalité d'un arrêté délivrant un permis de construire, Voir : ■ Cass. crim., 6 déc. 2016, n° 16-80.239 : *Dr. pén.* 2017, comm. 25, note J.-H. Robert.

10) Les maires peuvent, en application de l'article L. 2212-2 du Code général des collectivités territoriales, réglementer la pratique de la planche à roulettes, afin d'assurer le bon ordre, la sûreté, la sécurité et la salubrité publiques ; encourt dès lors la cassation le jugement du tribunal de police qui, pour relaxer le contrevenant, énonce que l'arrêté municipal qui interdit cette activité en dehors d'un espace spécialement aménagé porte aux libertés individuelles une atteinte disproportionnée par rapport au but de sécurité et de tranquillité publiques qu'il vise, et qu'ainsi cet arrêté est illégal (■ Cass. crim., 18 nov. 2003 : *Bull. crim.*, n° 215).

11) Dans les poursuites pour refus d'exécution d'une sanction administrative, en l'espèce le retrait d'une licence de transport, les juridictions du fond doivent apprécier la légalité de **l'arrêté de sanction** (■ Cass. crim., 6 avr. 2004 : *Bull. crim.*, n° 85).

12) La juridiction correctionnelle, saisie de poursuites pour conduite malgré invalidation du permis de conduire en raison de la perte totale des points, est tenue d'apprécier la légalité de l'arrêté préfectoral enjoignant à l'intéressé de restituer son permis, dès lors qu'elle est saisie d'une exception d'illégalité de cet acte administratif et qu'il résulte des propres énonciations de l'arrêt que le solde des points pourrait être positif (■ Cass. crim., 30 janv. 2008, pourvoi n° X06-81.027 : *Bull. crim.*, n° 27 ; *Dr. pénal* 2008, comm. 46, obs. J.-H. Robert).

13) Encourt la censure la juridiction de proximité qui ne répond pas aux conclusions contestant la légalité de l'acte administratif réglementaire (d'interdiction de stationnement) en relevant que la réservation du domaine public n'avait été faite que pour les seuls besoins d'un syndicat de police (■ Cass. crim., 23 oct. 2013, n° 13-80.824 : *Bull. crim.*, n° 205 ; *Dr. pén.* 2013, comm. 172, obs. J.-H. Robert).

14) Recours devant le juge administratif et contrôle de légalité par le juge répressif. Le juge pénal ne peut surseoir à statuer alors qu'un recours en annulation aurait été introduit devant le juge administratif (■ Cass. crim., 10 nov. 1937 : *DH* 1938, 118. ■ 2 mars 1971 : *Bull. crim.*, n° 72), et est tenu de statuer sur la légalité du règlement même si le juge administratif a déjà rejeté un recours en annulation contre cet acte (■ Cass. crim., 4 mars 1986 : *Bull. crim.*, n° 89).

– Ainsi l'exception d'illégalité du décret relatif aux importations de médicaments vétérinaires qui constitue le fondement des poursuites doit, comme l'article 111-5 du Code pénal l'exige, être examinée par le juge pénal, celui-ci ne pouvant la rejeter au seul motif que certaines des dispositions de ce texte ont été validées par le Conseil d'État saisi d'un recours en annulation (■ Cass. crim., 17 déc. 2014, n° 13-86. 686).

15) Annulation, retrait, de l'acte administratif postérieurement à l'infraction. L'annulation d'un acte administratif individuel pénalement sanctionné est sans effet sur une infraction fondée sur la violation de cet acte, et c'est à bon droit qu'une cour d'appel se prononce sur la culpabilité d'un prévenu poursuivi pour s'être soustrait à l'exécution d'un arrêté préfectoral de suspension du permis de conduire, alors même que celui-ci a été annulé depuis la constatation du délit (■ Cass. crim., 18 mai 1998 : *Bull. crim.*, n° 169).

Mais jugé depuis en sens contraire, que l'annulation par la juridiction administrative d'un acte administratif implique que cet acte est réputé n'être jamais intervenu et prive de base légale la poursuite engagée pour violation de cet acte ;

encourt la censure l'arrêt qui retient qu'au moment du contrôle routier, la décision administrative de retrait du permis de conduire était en vigueur (■ Cass. crim., 21 nov. 2007 ; *Bull. crim.*, n° 290 ; *Dr. pén.* 2008, comm. 20, obs. J.-H. Robert ; *D.* 2008, p. 112, note D. Caron).

– *Adde*, dans le même sens, ■ Cass. crim., 12 mars 2008 : *Bull. crim.*, n° 63. ■ 3 sept. 2008 : *Dr. pén.* 2008, comm. 142. ■ 13 oct. 2008 : *Dr. pén.* 2009, note 9. ■ 16 nov. 2010, n° 10-81-740 : *Bull. crim.*, n° 182 ; *Dr. pén.* 2011, comm. 35, obs. J.-H. Robert. ■ 16 nov. 2012, n° 10-83.622).

16) Le retrait d'un acte administratif implique que cet acte est réputé n'avoir jamais existé et prive de base légale la poursuite engagée pour violation de cet acte.

Dès lors, la rectification des mentions relatives aux infractions poursuivies et le recouvrement de validité du permis de conduire effectués (par l'autorité administrative) postérieurement au prononcé de la condamnation pour conduite d'un véhicule à moteur malgré l'invalidation du permis de conduire a pour conséquence d'enlever toute base légale à la poursuite et à cette condamnation (■ Cass. crim., 4 mars 2014 : *Bull. crim.*, n° 64).

17) Annulation d'acte administratif après condamnation définitive. L'annulation, par la juridiction administrative, d'une décision préfectorale qui était exécutoire au moment des faits dès lors que, la compétence du juge répressif pour apprécier, en application de l'article 111-5 du Code pénal, la légalité de l'acte administratif, lorsque, de cet examen, dépend la solution du procès pénal, exclut que l'annulation ultérieure de cet acte, prononcée par la juridiction administrative, puisse constituer un fait nouveau de nature à faire naître un doute sur la culpabilité du condamné, au sens de l'article 622, 4° du Code de procédure pénale (■ Cass. crim., C. de Révision, 12 déc. 2002 : *Bull. crim.*, n° 226, et arrêts cités ; *Dr. pénal* 2003, comm. 36, obs. J.-H. Robert).

18) Si l'annulation d'un acte par la juridiction administrative prive de base légale la poursuite engagée pour violation de cet acte, elle ne peut avoir d'effet sur une condamnation passée en force de chose jugée, le juge répressif étant compétent pour apprécier la légalité des actes administratifs lorsque de cet examen dépend la solution du procès pénal (■ Cass. crim., C. de révision, 13 oct. 2008 : *Bull. crim.*, n° 5).

19) Le retrait par l'autorité administrative en raison de son illégalité de l'acte administratif ayant fondé les poursuites ne peut avoir d'effet sur une condamnation passée en force de chose jugée, le juge répressif étant compétent pour apprécier la légalité des actes administratifs lorsque de cet examen dépend la solution du procès pénal (■ Cass. crim., C. de révision, 18 févr. 2009 : *Bull. crim.*, n° 42).

20) Illégalité sans incidence sur l'infraction. L'illégalité des décisions administratives ayant refusé l'autorisation de licenciement, à la supposer fondée, n'est pas de nature à enlever aux faits constatés leur caractère délictueux. Il s'ensuit que les juges répressifs, appelés à se prononcer sur le délit d'entrave caractérisé par le défaut de réintégration du salarié protégé mis à pied dont le licenciement a été refusé par l'autorité administrative, n'ont pas à examiner la légalité des décisions administratives intervenues (■ Cass. crim., 11 déc. 2001 : *Bull. crim.*, n° 266 ; *Dr. pénal* 2002, comm. 45, obs. M. Véron). V. Ann. *Travail*, sous article L. 482-1.

21) Abrogation. N'ayant pas, contrairement à l'annulation, de portée rétroactive, l'abrogation d'un acte administratif individuel pénalement sanctionné est sans effet sur l'existence d'une infraction fondée sur la violation antérieure de cet acte (■ Cass. crim., 19 févr. 1997 : *Bull. crim.*, n° 68 ; *JCP* 97, IV, 1225). V. sous art. 27 de l'ord. du 2 nov. 1945 : Ann. *Étrangers*.

– L'annulation du rejet implicite d'une demande d'abrogation d'un texte réglementaire, en l'espèce un arrêté interpréfectoral relatif aux horodateurs des taxis, n'équivaut pas à son abrogation (■ Cass. crim., 10 janv. 2003 : *JurisData* n° 027054 ; *Dr. pénal* 2005, comm. 59, obs. M. Véron).

22) Exclusion de la compétence du juge répressif. Si selon l'article 111-5 du Code pénal, les juridictions pénales sont compétentes pour apprécier la légalité des actes réglementaires lorsque de cet examen dépend la solution du procès qui leur est soumis, tel n'est pas le cas des textes qui organisent la mesure administrative du retrait des points d'un permis de conduire et qui sont sans incidence sur les poursuites exercées du chef des infractions visées à l'article L. 11-2 du Code de la route (■ Cass. crim., 11 juill. 1994 : *Bull. crim.*, n° 271). V. Ann., *Circulation routière*, sous articles L. 223-1 à L. 223-4.

– Tel n'est pas non plus le cas d'un arrêt d'irrecevabilité d'une exception d'inopposabilité d'un arrêté, cependant applicable de plein droit, qui ne sert pas directement de fondement aux poursuites (■ Cass. crim., 15 oct. 2002 : *Bull. crim.*, n° 186). – De même, la juridiction pénale n'est pas compétente à apprécier la légalité d'un plan de chasse individuel car, de cet examen, ne dépend pas la solution des poursuites dirigées contre le titulaire du plan pour inobservation de ses prescriptions (■ Cass. crim., 1er oct. 2002 : *Dr. pénal* 2003, comm. 7, obs. J.-H. Robert).

23) S'il appartient aux juges de l'ordre judiciaire d'apprécier, à l'occasion d'une poursuite pénale pour infraction à la législation relative aux étrangers, si se trouvent réunies les conditions d'application des articles 1er A et 31-1 de la Convention de Genève, au regard de l'immunité pénale prévue par ces textes, il résulte des articles 10 et suivants de la loi du 25 juillet 1952 modifiée par celle du 11 mai 1998 que l'Office français de protection des réfugiés et apatrides a seul compétence, sous le contrôle de la commission des recours et du Conseil d'État (déniée par cet arrêt au juge judiciaire), pour reconnaître à un demandeur d'asile la qualité de réfugié avec les droits qui y sont attachés (■ Cass. crim., 12 juin 2002 : *Bull. crim.*, n° 134 ; *Dr. pénal* 2002, comm. 110, obs. J.-H. Robert. Selon cet auteur, il en résulterait que le juge judiciaire ne saurait apprécier la légalité d'un refus de l'OFPRA).

24) Causes d'illégalité admises. Incompétence de l'autorité administrative : un maire a pris un arrêté relevant du pouvoir du préfet (■ Cass. crim., 3 juin 1935 : *DH* 1935, 428) ; une délibération du conseil municipal ne constitue pas une disposition réglementaire sur la police des lieux publics (■ Cass. crim., 6 mars 1984 : *Bull. crim.*, n° 91) ; est illégal un décret qui ne respecte pas les dispositions d'une ordonnance et d'une loi (■ Cass. crim., 21 mars et 21 oct. 1985 : *Bull. crim.*, nos 121, 320 et 321).

– **Irrégularité formelle** de l'acte administratif : ainsi, un préfet a pris un arrêté sans la consultation ou l'avis préalable exigé par la loi (■ Cass. crim., 17 nov. 1984 : *Bull. crim.*, n° 345. ■ 13 mai 1986 ; *Bull. crim.*, n° 161) ; ou encore des décisions administratives individuelles défavorables n'ont pas été motivées conformément aux prescriptions de la loi du 11 juillet 1979 (■ Cass. crim., 11 oct. 1990 : *Bull. crim.*, n° 339 et 340), ou le règlement administratif sur la violation duquel sont fondées les poursuites n'a pas été régulièrement publié (■ Cass. crim., 5 mars 1991 : *Bull. crim.*, n° 111).

– **Fraude.** Le juge répressif est compétent pour constater l'inexistence (et donc la nullité) d'un *permis de construire obtenu par fraude* (■ Cass. crim., 4 nov. 1998 : *Bull. crim.*, n° 286. ■ 9 sept. 2003 : *Bull. crim.*, n° 155 ; *Dr. pénal* 2003, comm. 128, obs. J.-H. Robert). V. Ann. *Urbanisme*, notes sous les articles L. 480-4 et L. 480-13 du Code de l'urbanisme.

– **Atteinte aux droits et libertés** fondamentaux : excèdent leurs pouvoirs de police les maires qui soumettent l'exercice de la profession de marchand ambulant sur les halles, marchés et voies publiques à la délivrance d'une autorisation qu'ils se réservent d'accorder ou de refuser arbitrairement (■ Cass. crim., 30 janv. 1991 : *Bull. crim.*, n° 53), ou le préfet qui édicte une interdiction générale et absolue portant atteinte à la liberté du commerce et de l'industrie en l'absence de circonstances locales précises constituant une menace pour l'ordre public qu'il a mission de préserver (■ Cass. crim., 18 nov. 1991 : *Bull. crim.*, n° 414).

– **Atteinte à l'égalité** des personnes devant la loi (par ex. en matière de stationnement réservé (■ Cass. crim., 9 nov. 1991 : *JCP* 1962, II, 12500, note A. D. ; V. Ann. *Circulation routière*, art. R. 417-1 et s.) ou en matière de dérogation à la fermeture des magasins le dimanche (■ Cass. crim., 13 nov. 1985 : *Bull. crim.*, n° 352).

– Violation par un arrêté de la **chose jugée** (■ Cass. crim., 18 janv. 1951 : *D.* 1951, p. 289, note) ou **détournement de pouvoirs**, le maire n'ayant pas agi dans un intérêt public et de police (■ Cass. crim., 21 déc. 1961 : *Bull. crim.*, n° 551. ■ 25 juin 1964 : *Bull. crim.*, n° 220. ■ 23 oct. 2013, n° 13-80.824 : *Dr. pén.* 2013, comm. 172, obs. J.-H. Robert), ou enfin erreur manifeste d'appréciation (■ Cass. crim., 21 oct. 1987 : *Bull. crim.*, n° 362 ; *D.* 1988, p. 58, note Kehrig).

– **À noter** qu'excède ses pouvoirs le tribunal qui a cru pouvoir, à tort, se faire, juge de l'opportunité de dispositions réglementaires régulièrement instituées (■ Cass. crim., 20 mars 1980 : *Bull. crim.*, n° 97. ■ 30 oct. 1990 : *Bull. crim.*, n° 366).

25) Mise en œuvre du contrôle de légalité. Il se déduit de l'article 111-5 que le juge répressif peut **d'office** constater l'illégalité d'un acte administratif, réglementaire ou individuel (■ Cass. crim., 7 juin 1995 : *Bull. crim.*, n° 208, préc.).

– L'illégalité peut aussi être invoquée, avant toute défense au fond, par le prévenu qui a comparu devant le juge du fond, par **voie d'exception**, conformément à l'article 386 du Code de procédure pénale (■ Cass. crim., 19 janv. 2005 : *JurisData* n° 027054 ; *Dr. pénal* 2005, comm. 59, obs. M. Véron, préc.).

26) Interprétation d'acte administratif. Pour un exemple, V. ■ Cass. crim., 31 mai 2005 : *Dr. pénal* 2005, comm. 143, obs. J.-H. Robert).

CHAPITRE II. – DE L'APPLICATION DE LA LOI PÉNALE DANS LE TEMPS

Art. 112-1. – Sont seuls punissables les faits constitutifs d'une infraction à la date à laquelle ils ont été commis.

Peuvent seules être prononcées les peines légalement applicables à la même date.

Toutefois, les dispositions nouvelles s'appliquent aux infractions commises avant leur entrée en vigueur et n'ayant pas donné lieu à une condamnation passée en force de chose jugée lorsqu'elles sont moins sévères que les dispositions anciennes.

Voir aussi : *infra* les notes sous l'article 112-4 du Code pénal.

1) Principes. Selon l'article 112-1, sont punissables les faits constitutifs d'une infraction à la date à laquelle ils ont été commis. C'est, dès lors, à bon droit que la Cour et le jury ont été interrogés sur le point de savoir si des viols commis avant l'entrée en vigueur de l'article 222-26 nouveau du Code pénal, ont été précédés ou accompagnés de tortures ou d'actes de barbarie ; en effet, l'article 303 ancien du Code pénal, antérieurement donc au 1er mars 1994, punissait tous malfaiteurs qui, pour l'exécution de leurs crimes, comme en l'espèce le viol, employaient des tortures ou actes de barbarie (■ Cass. crim., 24 janv. 1996 : *Bull. crim.*, n° 42).

2) Par application des dispositions de l'article 112-1, alinéa 3, et sous la seule réserve de l'abrogation de l'incrimination prévue par l'article 112-4, alinéa 2, une loi pénale nouvelle, même moins sévère, est sans incidence sur les peines prononcées par une décision passée en force de chose jugée avant son entrée en vigueur (■ Cass. crim., 22 mai 1995 : *Bull. crim.*, n° 183).

3) Les dispositions d'une loi nouvelle s'appliquent aux infractions commises avant leur entrée en vigueur et n'ayant pas donné lieu à une condamnation passée en force de chose jugée, lorsqu'elles sont moins sévères que les dispositions anciennes (■ Cass. crim., 30 nov. 1994 : *Bull. crim.*, n° 391. ■ 23 janv. 1997 : *Bull. crim.*, n° 36. ■ 10 juill. 2002 : *Bull. crim.*, n° 152, sur la correctionnalisation des attentats à la pudeur par la loi du 23 déc. 1980 ; *Rev. sc. crim.* 2002, p. 817, obs. Y. Mayaud. ■ Cass. ass. plén., 22 nov. 2002 : *Bull. inf. C. cass.*, 1er févr. 2003, p. 5, rapport Challe, avis F. Frechede ; *Bull. crim.*, n° 2 ; *JCP* 2003, II, 10042, note W. Jeandidier). V. *infra*, sous l'article 112-4, 131-27 et Ann. *Commerce*, L. du 30 août 1947, article 4. ■ Cass. crim., 14 oct. 2014, n° 13-85.779 : *Dr. pén.* 2014, comm. 153, obs. E. Bonis-Garcon, arrêt concernant l'application dans le temps des dispositions de la loi du 15 août 2014 supprimant les peines – plancher ; V. sous C. pén.art. 132-19-1, p. 145).

4) Aux termes de l'article 112-1 du Code pénal, les dispositions nouvelles s'appliquent aux infractions commises avant leur entrée en vigueur et n'ayant pas donné lieu à une condamnation passée en force de chose jugée lorsqu'elles sont moins sévères que les dispositions anciennes ; tel est le cas de l'article 131-30-2 du même code (loi du 26 nov. 2003) qui édicte que la peine d'interdiction du territoire ne peut être prononcée dans cinq cas énumérés par ce texte et, notamment, lorsqu'est en cause un étranger qui réside sans couvert d'un titre de séjour prévu par le 11 de l'article 12 *bis* de l'ordonnance du 2 novembre 1945 ; doit dès lors, être annulé l'arrêt rendu postérieurement à l'entrée en vigueur de ce texte, et doit être ordonné un nouvel examen de l'affaire, lorsque l'étranger concerné allègue être titulaire d'un tel titre de séjour (■ Cass. crim., 6 janv. 2004 : *Bull. crim.*, n° 3 ; *Dr. pénal* 2004, comm. 45 et 49, obs. M. Véron ; *Act. jur.* 2004, p. 111, obs. J. Leblois-Happe).

5) Ainsi l'article 226-10, alinéa 2 du Code pénal, issu de l'article 16 de la loi du 9 juillet 2010, immédiatement applicable, dispose, désormais, que la fausseté du fait dénoncé résulte nécessairement de la décision, devenue définitive, d'acquittement, de relaxe ou de non-lieu, déclarant que le fait n'a pas été commis ou que celui-ci n'est pas imputable à la personne dénoncée.

Il y a lieu de procéder à un nouvel examen de l'affaire au regard de ces dispositions plus favorables en ce qu'elles restreignent l'étendue de la présomption de fausseté du fait dénoncé (■ Cass. crim., 12 oct. 2010 : *Dr. pén.* 2010, comm. 134, obs. M. Véron). V. notes sous art. 226-10, p. 340.

6) Tel est aussi le cas de la loi du 14 novembre 2008 qui a étendu le domaine de l'immunité prévue par l'article 41 de la loi du 29 juillet 1881 (■ Cass. crim., 13 avr. 2010 : *Bull. crim.* n° 67 ; *Dr. pén.* 2010, comm. 78, obs. M. Véron). V. note sous art. 41 préc., p. 1845.

7) Diminution de la peine. La cour d'assises, statuant par contumace, qui a condamné à 30 ans de réclusion criminelle un individu accusé de vols avec arme et séquestration de personnes comme otages, commis avant le 1er mars 1994, n'a pas prononcé une peine illégale dès lors qu'aucune disposition ne lui interdit de prononcer le maximum de la peine encourue et que, en raison de l'entrée en vigueur des articles 224-4 et 311-8 du Code pénal, les faits poursuivis n'étaient plus réprimés de la réclusion criminelle à perpétuité mais d'une peine maximale, moins sévère, de 30 ans de réclusion criminelle (■ Cass. crim., 10 juill. 1996 : *Bull. crim.*, n° 290).

– Dès lors qu'elle est prononcée à la majorité spéciale imposée par l'article 362 du Code de procédure pénale pour un meurtre commis le 19 avril 1993, la peine de 30 ans de réclusion criminelle, qui constitue le nouveau maximum, moins sévère, pour ce crime puni par l'article 221-1 du Code pénal, est légalement justifiée (■ Cass. crim., 23 juill. 1996 : *Bull. crim.*, n° 300).

– Doit être cassé l'arrêt qui, après avoir déclaré les prévenus coupables d'avoir recueilli, entre les années 1990 et 1993, des fonds à l'occasion d'un démarchage financier avant l'expiration du délai de réflexion accordé à la personne démarchée, les condamne à un an et deux ans d'emprisonnement avec sursis, alors que cette infraction est, depuis l'entrée en vigueur de la loi du 1er août 2003, punie, aux termes de l'article L. 353-1 du Code monétaire et financier, de six mois d'emprisonnement, méconnaissant ainsi les dispositions de l'article 112-1 du Code pénal (■ Cass. crim., 19 sept. 2007 : *JurisData* n° 2007-040978 ; *Dr. pénal* 2008, comm. 22, obs. J.-H. Robert).

8) Aggravation de la peine. Mais, encourt la cassation l'arrêt d'une cour d'assises qui, pour meurtre commis en état de récidive, prononce une peine de 30 ans de réclusion criminelle, alors qu'à la date de la commission du crime, le maximum de la réclusion criminelle à temps était de 20 ans (■ Cass. crim., 20 nov. 1996 : *Bull. crim.*, n° 419 ; *Dr. pénal* 1996, comm. 35, obs. M. Véron).

– Seules peuvent être prononcées les peines légalement applicables à la date où est commise l'infraction, lorsqu'elles sont moins sévères que les peines prévues par la loi nouvelle ; encourt la censure la cour d'assises qui, pour tentatives de meurtres, vol avec arme et tentative de vol avec arme et ce en récidive, prononce une peine de25 ans de réclusion criminelle, alors qu'à la date des crimes retenus, le maximum de la réclusion criminelle à temps était de 20 ans (■ Cass. crim., 31 mars 2005 : *Bull. crim.*, n° 114).

– En cas de concours de la récidive avec les circonstances atténuantes, la peine était déterminée en faisant application d'abord de l'aggravation résultant de la récidive puis, sur la peine ainsi obtenue, des circonstances atténuantes (■ Cass. crim., 9 déc. 1998 : *Bull. crim.*, n° 338).

Il en est de même pour l'arrêt d'une cour d'assises qui, pour viols aggravés commis en récidive, prononce à la majorité absolue une peine de 35 ans de réclusion criminelle, alors que la peine encourue, auparavant comprise entre 20 et 40 ans de réclusion criminelle, selon les articles 56, alinéa 1er, et 332, alinéa 3, anciens du Code pénal, ne pouvait excéder 30 ans, depuis l'entrée en vigueur, le 1er mars 1994, de l'article 131-1 précité, lequel maximum doit être voté, comme le prescrit l'article 362, alinéa 2, du Code de procédure pénale, à la majorité de 8 voix au moins, à défaut de quoi, il ne peut être prononcé une peine supérieure à 20 ans de réclusion criminelle

(■ Cass. crim., 10 nov. 1998 : *Bull. crim.*, n° 294 ; *D.* 1999, 367, note J. Coulon).

9) Méconnaît aussi ce principe l'arrêt qui prononce une peine de 50 000 F d'amende en répression d'un délit d'homicide involontaire commis en 1993 alors qu'à cette date le maximum de l'amende encourue était de 30 000 F (■ Cass. crim., 5 déc. 2000 : *Bull. crim.*, n° 363). Rappr. ■ Cass. crim., 14 nov. 2001 : *Bull. crim.*, n° 236.

10) Incrimination plus restrictive. Depuis l'entrée en vigueur de la loi du 10 juillet 2000 modifiant l'article 121-3 du Code pénal, les personnes physiques qui n'ont pas causé directement le dommage, mais qui ont créé ou contribué à créer la situation qui a permis la réalisation du dommage ou qui n'ont pas pris les mesures permettant de l'éviter, sont responsables pénalement s'il est établi qu'elles ont, soit violé de façon manifestement délibérée une obligation particulière de prudence ou de sécurité prévue par la loi ou le règlement, soit commis une faute caractérisée et qui exposait autrui à un risque d'une particulière gravité qu'elles ne pouvaient ignorer ; la loi nouvelle, qui contient des dispositions favorables au prévenu poursuivi pour blessures involontaires, s'applique aux faits commis avant son entrée en vigueur et non définitivement jugés (■ Cass. crim., 5 sept. 2000 : *Bull. crim.*, n° 262 ; *Dr. pénal* 2000, comm. n° 135, obs. M. Véron ; *JCP* 2001, II, 10507, note J.-Y. Chevallier. ■ 12 déc. 2000 : *Bull. inf. C. cass.* 2000, n° 529, p. 3, rapp. Mme Ferrari, concl. Mme Commaret ; *Bull. crim.*, n° 371).

Voir : sur la restriction (transitoire) du domaine de l'infraction d'abandon de famille : (■ Cass. crim., 16 févr. 2011, cité sous art. 227-3, p. 363).

11) Incrimination plus étendue. La loi pénale étendant une incrimination à une nouvelle catégorie de prévenus ne peut s'appliquer à des faits commis avant son entrée en vigueur. Méconnaît ce principe, l'arrêt qui condamne une personne morale pour des contraventions au Code de la consommation commises en juin 2005, alors que la responsabilité des personnes morales a été étendue à ces infractions par l'article 54 de la loi du 9 mars 2004, généralisant la responsabilité des personnes morales, qui est entré en vigueur le 31 décembre 2005 (■ Cass. crim., 20 oct. 2009, pourvoi n° P09-81.721 : *Bull. crim.*, n° 172 ; *Dr. pénal* 2010, comm. 9, obs. J.-H. Robert).

– Dans le même sens que ■ Cass. crim., 19 juin 2007 : *Bull. crim.*, n° 169 ; V. *infra*, sous l'article 121-2, V° « Application dans le temps ».

12) Incrimination plus sévère. Méconnaît l'article 112-1 du Code pénal la cour d'appel qui retient la culpabilité, du chef d'exercice d'une activité professionnelle malgré interdiction, d'un prévenu, qui, condamné à la faillite personnelle en 2003, a exercé une activité indépendante en 2006, alors que l'article L. 653-2 du Code de commerce, substitué par la loi du 26 juillet 2005 à l'ancien article L. 625-2 du même code, en ajoutant l'interdiction de gérer « toute entreprise ayant toute autre activité indépendante », a eu pour effet d'étendre le champ d'application de l'incrimination réprimant la violation de cette interdiction et constitue ainsi une disposition plus sévère (■ Cass. crim., 17 févr. 2016, n° 14-83.663).

13) Incrimination abrogée. Une loi nouvelle abrogeant une incrimination s'applique aux faits commis avant son entrée en vigueur mais non définitivement jugés (■ Cass. crim., 18 juin 1997 : *Bull. crim.*, n° 243, sur l'abrogation de la loi du 30 décembre 1906 relative aux ventes au déballage par la loi du 5 juillet 1996).

– V. aussi pour une dépénalisation de l'infraction de vente en soldes en dehors des périodes légales : (■ Cass. crim., 24 janv. 2012, n° 11-87.045, cité *infra*, Ann. *Infractions économiques*, sous l'article L. 310-5 du Code de commerce).

14) L'article L. 128-5 du Code de commerce, qui prévoyait et réprimait la violation de l'interdiction de gérer résultant des dispositions de l'article L. 128-1 de ce code, ayant été abrogé par la loi du 4 août 2008, n'encourt pas la censure l'arrêt d'une cour d'appel qui, pour relaxer le prévenu poursuivi pour avoir géré et administré des sociétés commerciales, alors qu'il avait fait l'objet d'une condamnation définitive à deux ans d'emprisonnement, dont un an avec sursis, prononcée le 13 juin 2000 du chef de complicité d'obtention frauduleuse de document administratif, retient, notamment, que l'article 70 de la loi précitée, supprimant l'automaticité de l'interdiction, est d'application immédiate (■ Cass. crim., 16 déc. 2009 : *Bull. crim.*, n° 217 ; *D.* 2010, act. jurispr. p. 147, note X. Delpech ; *Dr. pénal* 2010, comm. 23, obs. J.-H. Robert ; *Dr. soc.* 2010, jurispr., p. 77, note J. Lasserre-Capdeville).

15) Mais les juridictions correctionnelles restent compétentes pour statuer sur **l'action civile** lorsque l'abrogation de la loi pénale survient après une décision sur le fond (■ Cass. crim., 22 mars 2011, n° 10-80.203 : *Bull. crim.*, n° 58).

16) Exception aux principes. Une loi nouvelle qui modifie une incrimination ou les sanctions applicables à une infraction ne trouve à s'appliquer aux faits commis avant son entrée en vigueur et non définitivement jugés qu'à la condition que cette loi n'ait pas prévu de dispositions expresses contraires (■ Cass. crim., 6 févr. 1997 : *Bull. crim.*, n° 51 ; 20 mars 1997 : *Bull. crim.*, n° 116. ■ 6 oct. 2004 ; *Dr. pénal* 2005, comm. 9, obs. J.-H. Robert).

17) Domaine d'application des principes. Ainsi, sauf disposition expresse contraire, une loi nouvelle qui comporte des dispositions plus favorables s'applique aux faits commis avant son entrée en vigueur et non définitivement jugés. Ce principe est applicable aux règlements et directives communautaires (■ Cass. crim., 12 déc. 1996 : *Bull. crim.*, n° 466) comme aux décisions d'un organe créé par une convention conclue entre la Communauté européenne et un État tiers, de telles décisions ayant une valeur supérieure à celle des lois internes (■ Cass. crim., 29 mars 2000 : *Bull. crim.*, n° 147).

18) L'adhésion d'un État à l'Union européenne, dont il devient ainsi membre, a pour effet de faire perdre à certaines infractions leur caractère punissable (■ Cass. crim., 15 mars 2011, n° 10-81.510 : *Dr. pén.* 2011, comm. 110, obs. J.-H. Robert). Rappr. ■ Cass. crim., 8 mars 1993 : *Dr. pén.* 1993, comm. 163. ■ 2 juin 1993 : *Bull. crim.*, n° 80. ■ 1er oct. 1998 : *Dr. pén.* 1999, comm. 24. ■ 11 déc. 2012, n° 11-86.415 : *Dr. pénal* 2013, comm. 52, obs. M. Veron) ; en l'espèce, l'emploi de travailleurs clandestins, ressortissants polonais, n'était plus punissable depuis l'entrée de la Pologne dans l'Union européenne.

19) En matière de réglementation du travail. Selon les dispositions de l'article 112-1 du Code pénal, les dispositions nouvelles s'appliquent aux infractions commises avant leur entrée en vigueur et n'ayant pas donné lieu à une condamnation passée en force de chose jugée lorsqu'elles sont moins sévères que les dispositions anciennes.

Il y a lieu de faire application de ce texte dans le cas où les juges du fond ont relaxé le dirigeant d'une société spécialisée dans la location de DVD et de vidéocassettes, poursuivi pour avoir enfreint au cours de l'année 2003 l'article L. 221-15 du Code du travail prescrivant de donner aux salariés le repos hebdomadaire le dimanche, au motif que la société en cause est, au sens de l'article L. 221-9 du même code, une entreprise de spectacles autorisée à déroger à la règle du repos dominical, dès lors qu'en application du décret du 2 août 2005, la faculté de donner le repos hebdomadaire par roulement prévue par l'article L. 221-9 susvisé a été étendue aux établissements de location de DVD et de vidéocassettes et que cette disposition plus favorable, s'applique aux infractions commises avant l'entrée en vigueur de ce texte et n'ayant pas donné lieu à une condamnation passée en force de chose jugée (■ Cass. crim., 14 mars 2006 : *Bull. crim.*, n° 74).

20) La loi du 10 août 2009, qui réaffirme le principe du repos dominical et vise à adapter, sous certaines conditions, les dérogations à ce principe dans les communes et zones touristiques et thermales, ainsi que dans certaines agglomérations pour les salariés volontaires, n'a pas eu pour effet de priver de support légal les infractions au repos dominical constatées avant son entrée en vigueur (■ Cass. crim., 16 mars 2010 : *Bull. crim.* n° 52 ; *JCP* 2010, act. n° 441, p. 820).

21) Une loi nouvelle moins sévère s'appliquant, selon l'article 112-1 du Code pénal, aux infractions commises avant son entrée en vigueur et n'ayant pas donné lieu à une condamnation passée en force de chose jugée, doit être annulée la décision d'une cour d'appel ayant condamné le dirigeant d'une entreprise de transport routier de marchandises pour des contraventions, commises au cours de l'année 2003, d'emploi de salariés au-delà de la durée mensuelle du temps de service en méconnaissance du décret n° 83-40 du 26 janvier 1983, dont les dispositions, en vigueur au moment des faits, n'ont pas été reprises sur ce point par le décret modificatif n° 2007-13 du 14 janvier 2007 relatif à la durée du travail dans ce type d'entreprise.

– En revanche, demeurent punissables, les dépassements des durées quotidienne et hebdomadaire de travail effectif commis à la même époque, en infraction au même décret n° 83-40 du 26 janvier 1983, dès lors que le texte susvisé ayant modifié ce décret continue à assurer la répression des infractions de cette nature (■ Cass. crim., 15 mai 2007 : *Bull. crim.*, n° 125 ; *Dr. pénal* 2007, comm. 119, obs. M. Véron).

22) En matière de transports terrestres. Ni la portée de l'article 1er du décret n° 85-891 du 16 août 1984, relatif aux transports urbains de personnes, quant aux catégories d'entreprises de transports concernées, ni l'incrimination applicable, n'ont été modifiées par le décret n° 2011-2045 du 28 décembre 2011 apportant une nouvelle définition des entreprises de transport public routier de personnes, insérée à l'article 1er-2 de ce texte. Dès lors, ne méconnaît pas l'article 112-1 du Code pénal la cour d'appel qui applique cette définition à une partie des faits dont elle est saisie, commis antérieurement à l'entrée en vigueur du décret susvisé (■ Cass. crim., 17 nov. 2015, n° 14-82.224).

23) Dispositions répressives postérieures aux faits. Seules peuvent être prononcées les peines légalement applicables à la date à laquelle a été commise l'infraction. Encourt la cassation partielle l'arrêt d'une cour d'appel qui, pour diffusion en décembre 1996, dans une revue périodique, de messages pornographiques susceptibles d'être vus ou perçus par un mineur, prononce une peine d'amende contre la société éditrice de la revue, la responsabilité pénale des personnes morales et les peines qui leur sont applicables n'étant prévues, pour les infractions définies par les articles 227-18 à 227-26 du Code pénal, que depuis l'entrée en vigueur de la loi du 17 juin 1998 sur les infractions sexuelles et la protection des mineurs (■ Cass. crim., 23 févr. 2000 : *Bull. crim.*, n° 85). – V. aussi, depuis la loi du 9 mars 2004 (en vigueur au 31 déc. 2004, généralisant la responsabilité des personnes morales ■ Cass. crim., 19 juin 2007 : *Bull. crim.*, n° 169, et 20 oct. 2009 : *Bull. crim.*, n° 172, notes *supra* V° « incrimination plus étendue ».

24) Selon l'article 112-1 du Code pénal, peuvent seules être prononcées les peines légalement applicables à la date à laquelle les faits constitutifs d'une infraction ont été commis ; encourt la cassation l'arrêt qui condamne un accusé à la peine complémentaire de suivi socio-judiciaire pour des faits antérieurs à la loi du 17 juin 1998 ayant prévu cette peine (■ Cass. crim., 2 sept. 2004 : *Bull. crim.*, n° 197).

– Se référant aux articles 723-29 du Code de procédure pénale et 42 de la loi du 12 décembre 2005 (n° 2005-1549), la Chambre criminelle a jugé que, selon le premier de ces textes, le placement sous surveillance judiciaire peut être ordonné à l'encontre d'une personne condamnée à une peine privative de liberté d'une durée égale ou supérieure à dix ans pour un crime ou un délit pour lequel le suivi socio-judiciaire est encouru ; qu'il en est ainsi alors même que le crime ou le délit aurait été commis avant l'entrée en vigueur des dispositions ayant instauré le suivi socio-judiciaire (■ Cass. crim., 21 janv. 2009, pourvoi n° 08-83.372 : *AJ pénal* 2009, 124, note M. Herzog-Evans ; *D.* 2009, p. 1326, note G. Roujou de Boubée).

25) Il résulte de l'article 112-1 du Code pénal qu'une loi édictant une peine complémentaire ne peut s'appliquer à des faits antérieurs à son entrée en vigueur ; il en est ainsi de la loi du 17 juin 1998 instituant l'interdiction d'exercer une activité professionnelle ou bénévole impliquant un contact habituel avec des mineurs prévue par l'article 222-45, 3°, du Code pénal (■ Cass. crim., 4 janv. 2006 : *Bull. crim.*, n° 7. ■ 23 mai 2012, n° 11-85.768 : *Bull. crim.*, n° 132). V. note sous art. 222-45, p. 269.

26) L'article 112-1, alinéa 2, du Code pénal fait obstacle à l'application immédiate d'une procédure (L. 25 févr. 2008) qui a pour effet de faire encourir à une personne des peines prévues à l'article 706-136 du Code de procédure pénale que son état mental ne lui faisait pas encourir sous l'empire de la loi ancienne applicable au moment où les faits ont été commis (■ Cass. crim., 21 janv. 2009 : *Bull. crim.*, n° 24 ; *JCP* 2009, II, 10043, note S. Detraz ; *D.* 2009, p. 1111, note H. Matsopoulou ; *Dr. pénal* 2009, Étude 9 par F. Rousseau). **À noter** qu'un arrêt en sens différent a été rendu postérieurement, ci-dessous rapporté :

27) Encourt la cassation l'arrêt qui, pour déclarer la procédure prévue par les articles 706-119 et suivants du Code de procédure pénale, issus de la loi n° 2008-174 du 25 février 2008, non applicable à une personne mise en examen pour des faits commis antérieurement à l'entrée en vigueur de ladite loi et susceptible d'être déclarée pénalement irresponsable, retient que les mesures prévues par les articles 706-135 et 706-136 du même code constituent des peines et qu'une procédure ayant pour effet de les faire encourir ne saurait être appliquée immédiatement.

En effet, l'article 112-1, alinéa 2, du Code pénal, selon lequel seules peuvent être prononcées les peines légalement applicables à la date de commission de l'infraction, ne s'applique pas aux mesures de sûreté prévues, en cas de déclaration d'irresponsabilité pénale pour cause de trouble mental, par les articles 706-135 et 706-136 du Code de procédure pénale et, selon l'article 112-2 du Code pénal, les lois fixant les modalités de poursuites et les formes de la procédure sont applicables immédiatement à la répression des infractions commises avant leur entrée en vigueur (■ Cass. crim., 16 déc. 2009 : *Bull. crim.*, n° 216 ; *Dr. pénal* 2010, Études, 4, par H. Matsopoulou ; *JCP* 2010, act. 117, note P. Mistretta ; *D.* 2010, act. jurispr. p. 144, note M. Lena ; *D.* 2010, Étude et comm., p. 471, note J. Pradel ; *AJP* 2010, jurispr., p. 136, note C. Duparc).

28) Encourt la censure l'arrêt qui, pour ordonner, à titre de peine complémentaire, la confiscation de biens appartenant à diverses sociétés, énonce que le condamné avait la libre disposition de ces biens, alors qu'à l'époque des faits, la loi ne prévoyait pas que la confiscation pût être prononcée sur le fondement d'un tel critère (■ Cass. crim., 29 juin 2016, n° 14-86.372).

29) Abrogation de textes réglementaires d'application d'une loi. Lorsqu'une disposition législative, support légal d'une incrimination, demeure en vigueur, l'abrogation de textes réglementaires pris pour son application n'a pas d'effet rétroactif. Justifie sa décision la cour d'appel qui écarte l'application de l'article 28 du décret du 7 mars 2001, ayant relevé le seuil au-delà duquel la procédure d'appel d'offres est obligatoire, dès lors, d'une part, que les faits ont été commis avant l'entrée en vigueur de ce texte et, d'autre part, que les dispositions législatives, support légal de l'incrimination, n'ont pas été modifiés (■ Cass. crim., 28 janv. 2004 : *Bull. crim.*, n° 23 : *JCP* 2004, II, 10084, note Fl. Linditch).

30) Les dispositions réglementaires nouvelles du Code des marchés publics modifiant les conditions de passation desdits marchés ne s'appliquent pas aux infractions commises avant leur entrée en vigueur, dès lors que le texte législatif, support légal de l'incrimination, n'a pas été modifié (■ Cass. crim., 7 avr. 2004 : *Bull. crim.*, n° 93, arrêts 1 et 2).

31) Dans le même sens, ■ Cass. crim., 18 janv. 2006 : *Dr. pénal* 2006, comm. 53, obs. M. Véron : non-rétroactivité d'un arrêté administratif relevant la vitesse maximale autorisée. V. Ann. *Circulation routière*, sous l'article R. 413-14.

Art. 112-2 ***(Mod., L. n° 2004-204, 9 mars 2004).*** **– Sont applicables immédiatement à la répression des infractions commises avant leur entrée en vigueur :**

1° les lois de compétence et d'organisation judiciaire, tant qu'un jugement au fond n'a pas été rendu en première instance ;

2° les lois fixant les modalités des poursuites et les formes de la procédure ;

3° les lois relatives au régime d'exécution et d'application des peines ; toutefois, ces lois, lorsqu'elles auraient pour résultat de rendre plus sévères les peines prononcées par la décision de condamnation, ne sont applicables qu'aux condamnations prononcées pour des faits commis postérieurement à leur entrée en vigueur ;

4° lorsque les prescriptions ne sont pas acquises, les lois relatives à la prescription de l'action publique et à la prescription des peines.

1) Lois sur les prescriptions. Les lois nouvelles relatives à la réouverture du délai de prescription sont sans effet sur les prescriptions qui étaient déjà acquises lors de leur entrée en vigueur, dès lors qu'aucun fait générateur de la réouverture n'est postérieur à cette date (■ Cass. crim., 3 nov. 1994 : *Bull. crim.*, n° 349. ■ 3 sept. 1997 : *Bull. crim.*, n° 294).

2) Conformément à l'article 112-4 du Code pénal, les dispositions de son article 112-2 – et notamment de son 4° relatif à la prescription de l'action publique – sont sans effet sur la validité des actes accomplis selon la loi alors en vigueur (■ Cass. crim., 30 nov. 1994 : *Bull. crim.*, n° 389 ; *Rev. sc. crim.* 1995, p. 369, obs. J.-P. Dintilhac).

3) L'entrée en vigueur, le 1er mars 1994, de l'article 441-4 nouveau du Code pénal, qui punit de peines correctionnelles l'usage de faux dans une écriture publique ou authentique, antérieurement réprimé d'une peine criminelle, ne saurait avoir pour effet de remettre en cause l'interruption de la prescription déjà réalisée à cette date ; en ce cas, le délai de prescription de l'action publique de 3 ans ne se substitue à celui de la prescription décennale qu'à compter de la date d'entrée en vigueur de la loi nouvelle, sans toutefois que le délai total puisse excéder 10 ans, depuis le dernier acte interruptif accompli sous l'empire de la loi ancienne (■ Cass. crim., 29 avr. 1997 : *Bull. crim.*, n° 155).

4) L'article 112-2, 4° du Code pénal, en ce qu'il fixe le champ d'application dans le temps des lois de prescription, n'a pas pour effet de modifier, sur ce point, celles qui ont été promulguées avant le 1er mars 1994. Ainsi les dispositions de la loi du 10 juillet 1989, relative à la prescription de l'action publique concernant les crimes commis sur des mineurs par un ascendant ou par une personne ayant autorité sur eux, demeurent applicables aux faits commis avant leur entrée en vigueur et non encore prescrits, bien qu'il en résulte une aggravation de la situation des auteurs de ces infractions (■ Cass. crim., 29 mai 1996 : *Bull. crim.*, n° 219 ; Chr. Guery : *D.* 1997, chron. 138).

– L'article 112-2, 4° du Code pénal, en ce qu'il fixe le champ d'application dans le temps des lois de prescriptions, n'ayant pas pour effet de modifier, sur ce point, celles qui ont été promulguées avant le 1er mars 1994, la loi du 10 juillet 1989, qui reporte le point de départ du délai de prescription de l'action publique, concernant les crimes commis sur des mineurs par une personne ayant autorité sur eux, à la date à laquelle les victimes sont devenues majeures, demeure applicable aux faits non encore prescrits lors de son entrée en vigueur (■ Cass. crim., 7 nov. 2007 : *Bull. crim.*, n° 272 ; *Dr. pénal* 2007, comm. 27, obs. M. Véron ; *Rev. sc. crim.* 2008, p. 80, obs. Y. Mayaud).

5) Les dispositions de la loi du 10 juillet 1989, qui échappent à la règle posée par l'article 112-2, 4° du Code pénal, postérieure à sa promulgation, s'appliquent aux délits, non encore prescrits au moment de son entrée en vigueur, lorsque la victime est mineure et que les faits ont été commis par un ascendant ou une personne ayant autorité sur elle ; il en résulte que la prescription de l'action publique, en ce qui concerne ces délits, ne commence à courir qu'à partir de la majorité de la victime (■ Cass. crim., 2 déc. 1998 : *Bull. crim.*, n° 329).

6) Il se déduit de l'alinéa 2 de l'article 8 du Code de procédure pénale, dans sa rédaction issue de la loi du 9 mars 2004, que la règle selon laquelle le délai de prescription des délits commis sur des mineurs ne commence à courir qu'à partir de la majorité de la victime ne s'applique qu'aux infractions mentionnées à l'article 706-47 du Code de procédure pénale et à celles définies par les articles 222-12, 222-30 et 227-26 du Code pénal, à l'exclusion de celles prévues par l'article 222-13.

Encourt la cassation en application de ce texte, l'arrêt qui condamne un prévenu pour des violences volontaires n'ayant entraîné aucune incapacité totale de travail, sur des mineurs de 15 ans, infraction définie par l'article 222-13 du Code pénal, alors que les faits ont été commis plus de trois ans avant l'entrée en vigueur de la loi du 9 mars 2004 et qu'aucun acte interruptif de prescription n'ayant été effectué sous l'empire de la loi du 17 juin 1998, la prescription de l'action publique était acquise au moment de l'entrée en vigueur de la loi nouvelle (■ Cass. crim., 25 nov. 2009, pourvoi n° 09-81-040 : *Bull. crim.*, n° 198).

7) Aux termes de l'article 112-2-4° du Code pénal, dans sa version en vigueur du 1er mars 1994 au 10 mars 2004, les lois relatives à la prescription de l'action publique sont applicables immédiatement à la répression des infractions commises avant leur entrée en vigueur, lorsque les prescriptions ne sont pas acquises, sauf quand elles auraient pour résultat d'aggraver le sort du prévenu.

Dès lors, les dispositions de l'article 706-31 du Code de procédure pénale, dans sa rédaction issue de la loi du 8 février 1995, qui ont porté de dix à vingt ans la prescription de l'action publique du délit de trafic de stupéfiants, s'opposent à ce que ce texte s'applique à des infractions commises avant l'entrée en vigueur de cette loi.

Doit, en conséquence, être censuré l'arrêt de la cour d'appel qui, pour écarter la prescription de l'action publique prise de ce que plus de dix ans s'étaient écoulés entre la décision du 21 juillet 1993 ayant condamné le prévenu pour l'infraction ci-dessus visée et l'opposition fermée par lui le 14 avril 2006, énonce que l'article 706-31 du Code de procédure pénale s'applique à toutes les infractions non définitivement jugées.

Par ailleurs, la modification de l'article 112-2, 4° du Code pénal, par la loi du 9 mars 2004, qui a supprimé la disposition relative à l'aggravation du sort du prévenu, n'a pu avoir d'effet sur une prescription acquise, comme en l'espèce, avant l'entrée en vigueur de cette loi (■ Cass. crim., 6 févr. 2008 : *Bull. crim.*, n° 32).

8) Lois d'application des peines. Il résulte de l'article 112-2, 3° du Code pénal, que les lois relatives au régime d'exécution et d'application des peines, lorsqu'elles auraient pour résultat de rendre plus sévères les peines prononcées par la décision de condamnation, ne sont pas applicables aux condamnations prononcées pour des faits commis antérieurement à leur entrée en vigueur. Tel est le cas des articles 132-4 et 132-5 dudit code, relatifs aux peines criminelles et correctionnelles en concours (■ Cass. crim., 26 sept. 1996 : *Bull. crim.*, n° 336. ■ 20 nov. 1996 : *Bull. crim.*, n° 418). V. sous art. 132-7, *concours matériel d'infractions*.

9) Tel est aussi le cas de l'article 132-49 du Code pénal qui autorise la révocation partielle du sursis avec mise à l'épreuve sans limitation de durée, alors que, suivant les dispositions abrogées de l'article 742-2 du Code de procédure pénale, une telle révocation partielle ne pouvait être ordonnée que pour une durée n'excédant pas 2 mois (■ Cass. crim., 24 oct. 2000 : *Bull. crim.*, n° 307).

10) Fait l'exacte application de l'article 112-2, 3° du Code pénal, la cour d'appel qui accueille la demande en exclusion d'une condamnation au bulletin n° 2 du casier judiciaire présentée par une personne condamnée pour des faits d'agressions ou d'atteintes sexuelles prévues par les articles 222-23 à 222-31 du Code pénal, commis avant l'entrée en vigueur de la loi du 9 mars 2004 (■ Cass. crim., 25 avr. 2006 : *Bull. crim.*, n° 112. ■ 24 mai 2006 : *Bull. crim.*, n° 151).

11) Selon l'article 112-2, 3° du Code pénal, les dispositions relatives au régime d'exécution et d'application des peines qui ont pour effet de rendre plus sévère la peine prononcée contre le prévenu ne peuvent être appliquées qu'aux condamnations prononcées pour des frais commis postérieurement à leur entrée en vigueur ; méconnaît le sens et la portée de ce texte la cour d'appel qui déclare irrecevable une requête en exclusion du bulletin n° 2 du casier judiciaire en relevant que la nature de l'infraction retenue (et prévue par les articles 222-27 et 222-28, 2° du Code pénal) contre le requérant l'empêche, en application de l'article 775-1, alinéa 3, du Code de procédure pénale dans sa rédaction issue de la loi du 9 mars 2004, de bénéficier de la mesure sollicitée, alors que les faits ayant donné lieu à la condamnation sont antérieurs à l'entrée en vigueur de ces dispositions et que la non-inscription d'une condamnation au bulletin n° 2 du casier judiciaire emportant relèvement de toutes les interdictions, déchéances ou incapacités de quelque nature qu'elles soient résultant de cette condamnation, l'interdiction faite aux juges de faire bénéficier un condamné de cette mesure rend plus sévère la peine prononcée (■ Cass. crim., 24 mai 2006 : *Bull. crim.*, n° 150 ; *Dr. pénal* 2006, comm. 108, obs. M. Véron).

12) Selon l'article 41 de la loi du 12 décembre 2005, quelle que soit la date de commission des faits ayant donné lieu à condamnation, les dispositions du deuxième alinéa de l'article 721 du Code de procédure pénale, dans leur rédaction issue de ladite loi, qui fixent le **mode calcul du crédit de réduction de peine applicable**

au condamné récidiviste, sont immédiatement applicables aux condamnations mises à exécution après le 13 décembre 2005, date de l'entrée en vigueur de cette même loi ; ces dispositions constituant une exception aux prescriptions de l'article 112-2, 3° du Code pénal relatives à l'application dans le temps des lois fixant le régime d'exécution et d'application des peines et celles de l'article 7, § 1 de la Convention européenne des droits de l'homme, qui énoncent les principes de légalité des délits et des peines et de non-rétroactivité de la loi pénale plus sévère, ne leur sont pas applicables (■ Cass. crim., 9 avr. 2008, pourvoi n° 07-83-159 : *Bull. crim.*, n° 98).

13) Pour l'application immédiate de la loi n° 2009-1436 du 24 novembre 2009 modifiant l'article 132-57 du Code pénal, V. ■ Cass. crim., 12 mai 2010, n° 09-84.030 : *Bull. crim.* n° 85, noté *infra* sous l'article susvisé.

14) Lois de procédure. Les dispositions de l'article 6-1 du Code de procédure pénale, issues de la loi du 8 février 1995, entrent dans la catégorie des lois fixant les modalités de la poursuite, dont l'article 112-2-2° du Code pénal impose l'application immédiate à la répression des infractions commises avant leur entrée en vigueur (■ Cass. crim., 28 janv. 1997 : *Bull. crim.*, n° 37).

15) Il résulte de l'article 112-2, 2° du Code pénal, selon lequel les lois de procédure sont applicables immédiatement, que le délai de forclusion institué par l'article 173-1 du Code de procédure pénale, entré en vigueur le 1er janvier 2001, qui impose à la personne poursuivie, à peine d'irrecevabilité, de présenter dans les 6 mois suivant la notification de sa mise en examen toute demande d'annulation de son interrogatoire de première comparution ou d'actes antérieurs, ne commence à courir qu'à compter de la date d'entrée en vigueur dudit article, lorsque la mise en examen a été notifiée avant cette date (■ Cass. crim., 20 juin 2001 : *Bull. crim.*, n° 152 ; *JCP* 2002, II, 10033, note S. Bouretz).

16) L'obligation faite au juge d'instruction de notifier, lors de l'interrogatoire de première comparution, les dispositions de l'article 173-1 du Code de procédure pénale, n'est applicable qu'aux mises en examen effectuées à partir du 1er janvier 2001, date d'entrée en vigueur de l'article 116 du Code précité, dans sa rédaction issue de la loi du 15 juin 2000, et aucune disposition légale n'impose qu'il soit procédé à cette notification aux personnes mises en examen antérieurement (■ Cass. crim., 12 déc. 2001 : *Bull. crim.*, n° 267).

17) Sauf dispositions contraires expresses, **toute loi de procédure et de compétence est d'effet immédiat**. Il en est ainsi de l'article 177-2 du Code de procédure pénale issu de l'article 87-1 de la loi du 15 juin 2000 qui a donné compétence aux juridictions d'instruction lorsqu'elles rendent une ordonnance de non-lieu, de prononcer une amende civile contre la partie civile qu'elles considèrent comme abusive ou dilatoire (■ Cass. crim., 8 oct. 2002 : *Bull. crim.*, n° 180).

18) Les dispositions de l'article 68 de la Convention signée à Schengen le 19 juin 1990, qui permettent de reprendre en France l'exécution d'une peine prononcée à l'étranger à l'encontre d'un Français lorsque celui-ci s'est soustrait à l'exécution de la peine en se réfugiant sur le territoire national, n'ont pas pour résultat de rendre plus sévère la peine prononcée par la décision de condamnation et sont donc applicables immédiatement, conformément à l'article 112-2, 3°, du Code pénal (■ Cass. crim., 4 nov. 1997 : *Bull. crim.*, n° 367).

19) Sur l'application immédiate aux poursuites en cours concernant des crimes contre l'humanité, de guerre, de tortures, commis à l'étranger (Rwanda), V. sous l'article 113-6.

20) L'article 40 de la loi du 9 septembre 2002, applicable en vertu de l'article 112-2 du Code pénal aux infractions commises avant son entrée en vigueur, permet de recourir à la procédure de comparution immédiate même lorsque la peine encourue est supérieure à sept ans d'emprisonnement ; encourt la censure l'arrêt qui, pour annuler le jugement de condamnation prononcé contre un prévenu qui avait été traduit le 24 mars 2003 devant le tribunal correctionnel pour infractions à la législation sur les stupéfiants en récidive, énonce que la procédure de comparution immédiate ne pouvait être utilisée, la peine encourue pour le délit excédant sept ans d'emprisonnement (■ Cass. crim., 7 janv. 2004 : *Bull. crim.*, n° 6 ; *Dr. pénal* 2004, comm. 47, obs. M. Véron).

21) Les dispositions de l'alinéa 4 de l'article 469 du Code de procédure pénale qui sont la conséquence de celles du nouvel article 186-3 du même code instituant en faveur des parties un droit d'appel de l'ordonnance de renvoi pour contester une qualification correctionnelle, ne sont applicables qu'aux procédures dans lesquelles l'ordonnance de renvoi est intervenue à compter du 1er octobre 2004 ; justifie sa décision la cour d'appel qui, pour écarter l'application des nouvelles dispositions du dernier alinéa de l'article 469 du Code de procédure pénale entrées en vigueur le 1er octobre 2004 et qui interdisent aux juridictions correctionnelles, lorsque la victime était constituée partie civile et assistée d'un avocat au moment du prononcé de l'ordonnance de renvoi devant le tribunal correctionnel, de se déclarer incompétentes en raison de la nature criminelle des faits poursuivis, retient que la date de l'ordonnance de renvoi est antérieure au 1er octobre 2004 (■ Cass. crim., 4 janv. 2006 : *Bull. crim.*, n° 8).

22) L'arrêté du 22 août 2006, pris en application de l'article R. 213-1 du Code de procédure pénale, aux termes duquel la réquisition adressée à un opérateur de téléphonie fixe pour l'identification d'une donnée à partir de son numéro d'appel, donne lieu à un remboursement de 8,50 € hors taxes est un texte immédiatement applicable aux procédures en cours au sens de l'article 112-2-2° du Code pénal ; n'encourt pas la cassation l'arrêt de la chambre de l'instruction qui, statuant le 23 janvier 2006, confirme la décision du juge taxateur ayant tarifé la prestation fournie par un opérateur de téléphonie fixe requis d'identifier plusieurs abonnés à partir de leur numéro d'appel en ne tenant compte que des difficultés rencontrées et des justificatifs produits. La décision doit cependant être annulée et la cause renvoyée devant une autre chambre de l'instruction à qui il appartiendra de faire application du tarif fixé par l'arrêté précité (■ Cass. crim., 23 janv. 2007 : *Bull. crim.*, n° 13 ; *Dr. pénal* 2007, comm. 47, obs. M. Véron).

23) L'article 13 de la loi du 30 décembre 2004, qui prévoit la possibilité pour les juridictions civiles, pénales ou administratives d'inviter la Haute Autorité de lutte contre les discriminations et pour l'égalité (HALDE) à présenter des observations sur les faits dont elles sont saisies, ne contient que des dispositions de procédure fixant les modalités des poursuites et immédiatement applicables, au sens de l'article 112-2 du Code pénal, aux infractions commises antérieurement à son entrée en vigueur (■ Cass. crim., 24 janv. 2007 : *Bull. crim.*, n° 19 ; *Dr. pénal* 2007, comm. 47, obs. M. Véron ; *Rev. sc. crim.* 2007, p. 529, obs. E. Fortis).

24) L'article 212-2 du Code de procédure pénale (prévoyant une amende civile pour constitution de partie civile abusive), institué par la loi du 9 mars 2004, s'applique aux procédures en cours à la date de son entrée en vigueur (■ Cass. crim., 30 mai 2007 : *Bull. crim.*, n° 139). Rappr. ■ Cass. crim., 9 janv. 2007 : *Bull. crim.*, n° 1.

25) Sont immédiatement applicables à la répression des infractions commises avant leur entrée en vigueur en tant qu'elles fixent les formes de la procédure, au sens de l'article 112-2, 2°, du Code pénal, les dispositions de la loi n° 2005-1549 du 12 décembre 2005 prévoyant que, lors de la mise à exécution de la contrainte judiciaire consécutive à un défaut de paiement de jours-amende, une mise en demeure de payer, adressée par lettre recommandée avec accusé de réception, produit les mêmes effets qu'un commandement de payer.

Encourt la censure l'arrêt de la chambre de l'application des peines qui, pour dire n'y avoir lieu à mise à exécution de la peine de soixante jours-amende prononcée pour conduite sans permis en récidive faute pour le condamné de s'être acquitté des sommes exigibles, énonce que la modification législative introduite à l'article 762 du Code de procédure pénale par la loi du 12 décembre 2005, en ce qu'elle fait produire à la lettre recommandée avec accusé de réception les mêmes effets qu'un commandement de payer, a pour effet de restreindre les garanties d'information et de défense du condamné et que, cette disposition relative au régime de l'exécution des peines rendant ladite peine plus sévère, elle n'est applicable qu'aux condamnations prononcées pour des faits commis postérieurement à son entrée en vigueur (■ Cass. crim., 16 janv. 2008, pourvoi n° 07-84.584 : *Bull. crim.*, n° 13).

26) Il n'importe que la plainte préalable à la constitution de partie civile ait été déposée devant le procureur de la République antérieurement au 1er juillet 2007, date d'entrée en vigueur des articles 85 et 86, alinéa 4 du Code de la procédure pénale dans la rédaction issue de la loi du 5 mars 2007 (■ Cass. crim., 3 mars 2009 : *Bull. crim.*, n° 49).

27) Selon l'article 112-2 du Code pénal, les lois fixant les modalités des poursuites et les formes de la procédure sont applicables immédiatement à la répression des infractions commises avant leur entrée en vigueur.

Selon les dispositions de l'article 495-15-1 du Code de procédure pénale, issu de la loi n° 2009-526 du 12 mai 2009, la mise en œuvre de la procédure de comparution sur reconnaissance préalable de culpabilité, n'interdit pas au procureur de la République de procéder simultanément à une convocation en justice en application de l'article 390-1 dudit code.

Encourt, dès lors, la censure l'arrêt d'une cour d'appel, rendu après l'entrée en vigueur de la loi susvisée, qui constate la nullité d'un procès-verbal de convocation en justice, au motif que le ministère public avait concomitamment mis en œuvre la procédure de comparution sur reconnaissance préalable de culpabilité (■ Cass. crim., 24 nov. 2009 : *Bull. crim.*, n° 192 ;*Dr. pénal* 2010, comm. 30 ; *D.* 2010, p. 875, note Y. Joseph-Ratineau ; *AJP* 2010, p. 76, note J. Lasserre-Capdeville ; *D.* 2010, p. 44, note E. Degorce, et p. 210, note M. Lena).

28) Encourt la cassation l'arrêt qui, pour déclarer la procédure prévue par les articles 706-119 et suivants du Code de procédure pénale, issus de la loi n° 2008-174 du 25 février 2008, non applicable à une personne mise en examen pour des faits commis antérieurement à l'entrée en vigueur de ladite loi et susceptible d'être déclarée pénalement irresponsable, retient que les mesures prévues par les articles 706-135 et 706-136 du même code constituent des peines et qu'une procédure ayant pour effet de les faire encourir ne saurait être appliquée immédiatement.

En effet, l'article 112-1, alinéa 2, du Code pénal, selon lequel seules peuvent être prononcées les peines légalement applicables à la date de commission de l'infraction, ne s'applique pas aux mesures de sûreté prévues, en cas de déclaration d'irresponsabilité pénale pour cause de trouble mental, par les articles 706-135 et 706-136 du Code de procédure pénale et, selon l'article 112-2 du Code pénal, les lois fixant les modalités de poursuites et les formes de la procédure sont applicables immédiatement à la répression des infractions commises avant leur entrée en vigueur (■ Cass. crim., 16 déc. 2009 : *Bull. crim.*, n° 216, préc. sous l'article 112-1 ; *Dr. pénal* 2010, Études, 4, par H. Matsopoulou ; *JCP* 2010, Act. 117, note P. Mistretta ; *D.* 2010, p. 471, note J. Pradel).

29) Sur l'application immédiate de la loi du 27 mars 2012 modifiant l'article 706-148 du Code de procédure pénale concernant la saisie conservatoire des biens de la personne mise en examen, V. ■ Cass. crim., 9 mai 2012, n° 11-85.522 : *Bull. crim.*, n° 110 ; *JCP* 2012, n° 670, p. 1106, J. Lasserre-Capdeville ; *D.* 2012, p. 1652, note Ch. Cutajar ; *Procédures* 2012, comm. 231, obs. A.-S. Chavant-Leclere ; *Dr. pénal* 2012, comm. A. Maron et M. Haas ; *AJP* 2012, p. 427, obs. L. Ascensi. V. également sur l'application transitoire des règles de calcul des réductions supplémentaires de peine, telles que prévues par l'article 721-1 du Code de procédure pénale : ■ Cass. crim., 16 déc. 2015, n° 15-81.264 : *Dr. pén.* 2016, comm. 39, obs. E. Bonis-Garçon.

30) Lois abrogatives de peines. Il résulte de l'article 112-2, 3° du Code pénal que, sauf disposition contraire, l'abrogation de la loi instituant une peine met obstacle à son exécution ; il s'ensuit que, les articles 29 à 31 du Code pénal instituant la peine de l'interdiction légale ayant été abrogés par l'article 372 de la loi du 16 décembre 1992 entrée en vigueur le 1er mars 1994, cette peine a cessé d'être applicable aux personnes qui y avaient été condamnées par une décision devenue définitive avant cette date (■ Cass. crim., 28 juin 2000 : *Bull. crim.*, n° 253 ; *JCP* 2000, II, 10375, rapport F. Desportes ; *D.* 2001, 1351, note J. Massip).

31) Si les articles 28 et 34 du Code pénal, instituant la peine de la dégradation civique, ont été abrogés par l'article 372 de la loi du 16 décembre 1992 entrée en vigueur le 1er mars 1994, demeure applicable, en vertu de l'article 370 de ladite loi, l'interdiction de témoigner sous la foi du serment résultant de plein droit d'une condamnation pénale prononcée en dernier ressort avant le 1er mars 1994 (■ Cass. crim., 8 nov. 2000 : *Bull. crim.*, n° 336).

32) Lois de compétence. En vertu de l'article 112-2 du Code pénal, les lois de compétence et d'organisation judiciaire sont applicables immédiatement à la répression des infractions commises avant leur entrée en vigueur, à la condition qu'un jugement sur le fond n'ait pas été rendu en première instance. L'ordonnance condamnant une personne pour refus de témoigner constituant une décision de cet ordre, la procédure doit se poursuivre selon les règles de compétence et d'organisation judiciaire en vigueur au moment des faits. De même, la pénalité prévue par la loi nouvelle étant plus sévère que l'ancienne, en cas de condamnation, la peine ne pourra, en vertu de l'article 112-1 du Code pénal, excéder le maximum fixé par le texte ancien (■ Cass. crim., 13 nov. 2001 : *Bull. crim.*, n° 236). – V., pour l'application immédiate de l'article 177-2 du Code de procédure pénale issu de l'article 87-1 de la loi du 15 juin 2000 ; ■ Cass. crim., 8 oct. 2002 : *Bull. crim.*, n° 180, préc. *supra* « Loi de procédure ».

33) Selon les dispositions de l'article 112-2, 1° du Code pénal, les lois de compétence et d'organisation judiciaire sont immédiatement applicables à la répression des infractions commises avant leur entrée en vigueur, tant qu'un jugement au fond n'a pas été rendu en première instance ; il en résulte qu'une **juridiction de proximité** est compétente pour juger, postérieurement au 15 septembre 2003, de faits antérieurs à cette date à compter de laquelle la compétence pour en connaître lui a été attribuée par le décret du 23 juin 2003 (■ Cass. crim., 8 déc. 2004 : *Bull. crim.*, n° 314).

Art. 112-3. – Les lois relatives à la nature et aux cas d'ouverture des voies de recours ainsi qu'aux délais dans lesquels elles doivent être exercées et à la qualité des personnes admises à se pourvoir sont applicables aux recours formés contre les décisions prononcées après leur entrée en vigueur. Les recours sont soumis aux règles de forme en vigueur au jour où ils sont exercés.

Art. 112-4. – L'application immédiate de la loi nouvelle est sans effet sur la validité des actes accomplis conformément à la loi ancienne.

Toutefois, la peine cesse de recevoir exécution quand elle a été prononcée pour un fait qui, en vertu d'une loi postérieure au jugement, n'a plus le caractère d'une infraction pénale.

Bibliographie : *JCl. pén., Application de la loi pénale dans le temps* par W. Jeandidier. • Al. Bcheraoui : *JCP* 94, G, I, 3769. • Mathieu : *Rev. sc. crim.* 1995, 257. • A. Dekeuwer, *La rétroactivité in mitius en droit pénal* : *JCP* 97, I, n° 4065. • D. Roets, *L'application de la loi pénale dans le temps et la CEDH* : *D.* 2004, p. 1991. • C. Courtin, *La surveillance post-carcérale des personnes dangereuses et l'application de la loi pénale dans le temps* : *Dr. pénal* 2008, Étude 11.

• ***Sommaire***

1) En l'absence de dispositions formelles subordonnant expressément ou nécessairement son application à une condition déterminée, une loi est exécutoire dès sa publication (■ Cass. crim., 1er mars 1990 : *Bull. crim.*, n° 102) ou au terme expressément fixé pour son entrée en vigueur (■ Cass. crim., 18 sept. 1990 : *Bull. crim.*, n° 315).

2) En prévoyant qu'un décret en Conseil d'État préciserait « en tant que de besoin » les conditions d'application des dispositions du titre XXI du livre IV du Code de procédure pénale relatives à la protection des témoins, l'article 706-63 du Code de procédure pénale n'a pas subordonné à la parution d'un tel décret l'entrée en vigueur de ces dispositions, par ailleurs suffisamment claires et précises pour être appliquées immédiatement (■ Cass. crim., 9 juill. 2003 : *Bull. crim.*, n° 138).

3) Les dispositions des lois ou règlements, même non expressément abrogées, cessent d'être applicables dans la mesure où elles sont inconciliables avec celles d'une loi ou d'une convention internationale nouvelle (■ Cass. crim., 12 juin 1995 : *Bull. crim.*, n° 213).

4) Les arrêtés et règlements légalement pris par l'autorité compétente revêtent un caractère de permanence qui les fait survivre aux lois dont ils procèdent, tant qu'ils n'ont pas été rapportés ou tant qu'ils ne sont pas devenus inconciliables avec les règles fixées par la législation postérieure ; Il s'ensuit que, jusqu'à l'entrée en vigueur des nouveaux textes réglementaires d'application, issus du décret n° 2003-455 du 16 mai 2003, l'article R. 15-33-61 du Code de procédure pénale, édicté pour l'application des premier et troisième alinéas de l'article 62-1 ancien de ce Code abrogés par la loi n° 2001-1062 du 15 novembre 2001, est demeuré applicable pour la mise en œuvre de l'article 706-57 du même code, issu de ladite loi, qui reprend la teneur des dispositions légales abrogées (■ Cass. crim., 9 juill. 2003 : *Bull. crim.*, préc.).

5) Règlements sanitaires. En l'absence des décrets prévus pour l'application de l'article L. 1er, devenu l'article L. 1311-1 du Code de la santé publique, issu de la loi du 6 janvier 1986, instituant le règlement sanitaire national, les règlements sanitaires départementaux antérieurement applicables demeurent en vigueur (■ Cass. crim., 22 févr. 2005 : *Dr. pénal* 2005, comm. 74, obs. J.-H. Robert. ■ 28 juin 2005 : *Dr. pénal* 2005, comm. 144, obs. J.-H. Robert).

I – NON-RÉTROACTIVITÉ DE LA LOI PÉNALE PLUS SÉVÈRE

6) Principes. Une loi nouvelle portant aggravation des incriminations et des peines prévues par la loi antérieure ne peut être appliquée qu'à des faits accomplis après son entrée en vigueur (■ Cass. crim., 15 avr. 1986 : *Bull. crim.*, n° 128. ■ Cass. crim., 2 sept. 2004 : *Bull. crim.*, n° 197, préc. sous article 112-1).

– Lorsque postérieurement à la commission d'une infraction est promulguée une loi plus sévère il doit être fait application au prévenu de la loi la plus favorable (■ Cass. crim., 15 avr. 1986 : *Bull. crim.*, n° 128).

– Une loi pénale modifiant une incrimination ne peut s'appliquer à des faits commis antérieurement à sa promulgation et non encore définitivement jugés lorsqu'elle modifie les éléments de cette incrimination dans un sens défavorable au prévenu (■ Cass. crim., 8 août 1981 : *Bull. crim.*, n° 241. ■ 4 juin 1982 : *Bull. crim.*, n° 148. ■ 15 avr. 1986 : *Bull. crim.*, n° 128).

– Une loi pénale étendant une incrimination à une nouvelle catégorie de prévenus ne peut s'appliquer à des faits commis antérieurement à son entrée en vigueur (■ Cass. crim., 19 juin 2007 : *Bull. crim.*, n° 169 ; *Dr. pénal* 2007, comm. 134, obs. M. Véron ; *Rev. sc. crim.* 2008, p. 87, obs. C. Ambroise-Casterot. ■ 20 oct. 2009, pourvoi n° 09-81.721 : *Bull. crim.*, n° 172, ces deux arrêts visant la loi du 9 mars 2004 généralisant la responsabilité pénale des personnes morales).

– V. *supra*, sous article 112-1, V° « incrimination plus étendue ».

7) Applications. Ainsi encourt la cassation d'office l'arrêt qui, pour contrefaçon ou imitation d'une marque et pour usage de cette marque au mépris du droit du titulaire, inflige au prévenu une peine d'amende d'un montant supérieur au maximum édicté par l'article 422 du Code pénal tel qu'il était rédigé à la date de l'infraction antérieure à la modification de ce texte par la loi du 4 janvier 1991 (■ Cass. crim., 12 janv. 1994 : *Bull. crim.*, n° 19 ; *Rev. sc. crim.* 1994, p. 759, obs. Bouloc).

De même, encourt la cassation, l'arrêt qui condamne une société pour des faits de tromperie et de publicité de nature à induire en erreur commis avant l'entrée en vigueur tant de la loi du 12 juin 2001, qui a étendu la possibilité d'imputer ces deux délits aux personnes morales, que de la loi du 9 mars 2004, qui a mis fin au principe de spécialité de la responsabilité pénale des personnes morales (■ Cass. crim., 19 juin 2007, pourvoi n° 06-85.490).

8) Lorsqu'une loi nouvelle transforme en délit une infraction antérieurement qualifiée de contravention, les faits commis avant l'entrée en vigueur de cette loi demeurent punissables mais, par application de l'article 112-1 du Code pénal, n'encourent que les peines contraventionnelles prévues par le texte ancien ; méconnaît ce principe, la cour d'appel qui déduit, de ce changement de peine plus sévère, un effet abrogatif de la contravention d'outrages à citoyen chargé d'un ministère de service public punie, antérieurement au 1er mars 1994, par l'article R. 40-2° du Code pénal alors applicable, auquel s'est substitué l'article 433-5, et qui déclare l'action publique éteinte (■ Cass. crim., 21 févr. 1996 : *Bull. crim.*, n° 85).

9) Une loi instituant une circonstance aggravante nouvelle d'une infraction préexistante ne peut s'appliquer à des faits antérieurs à son entrée en vigueur ; il en est ainsi, en matière de viol, de la circonstance aggravante, introduite dans l'article 332 du Code pénal par la loi n° 80-1041 du 23 décembre 1980 et constituée par le fait que ce crime a été commis sous la menace d'une arme (■ Cass. crim., 8 août 1981 : *Bull. crim.*, n° 241).

10) En introduisant dans l'article 332, alinéa 1, du Code pénal, pour caractériser l'acte de pénétration sexuelle constitutif du viol, les mots « de quelque nature qu'il soit », la loi du 23 décembre 1980 a institué une incrimination plus large que celle qui résultait de la loi ancienne ; le président des assises ne saurait, dans ces conditions, sans méconnaître les dispositions de l'article 4 du Code pénal, poser à la cour et au jury une question leur demandant si l'accusé est coupable « d'avoir tenté de commettre par violence, contrainte ou surprise, un acte de pénétration sexuelle, en l'espèce un acte de sodomie... », dès lors que les faits étaient antérieurs à la date d'entrée en vigueur de la loi précitée. Il n'importe que ladite question ait été posée dans les termes du dispositif de l'arrêt de renvoi (■ Cass. crim., 4 juin 1982 : *Bull. crim.*, n° 148).

11) Une loi qui étend le champ d'application de saisies et confiscations n'est applicable qu'aux faits accomplis après son entrée en vigueur (■ Cass. crim., 1er oct. 1987 : *Bull. crim.*, n° 326).

12) Fait une exacte application de l'article 112-1 du Code pénal, l'arrêt qui relève que la loi du 16 décembre 1992, qui a exclu du bénéfice de l'immunité les soustractions commises par des alliés de même degré, constitue une loi pénale plus sévère et n'est donc pas applicable aux faits commis antérieurement (■ Cass. crim., 14 nov. 2007 : *Bull. crim.*, n° 281 ; *Dr. pénal* 2008, comm. 16, obs. M. Véron).

13) Méconnaît les dispositions de l'article 112-1 du Code pénal l'arrêt d'une cour d'appel qui applique rétroactivement l'article 223-15-2 de ce code institué par la loi du 12 juin 2001 à des faits d'abus de faiblesse lui étant antérieurs, alors que ce dernier article, en modifiant les éléments constitutifs de l'infraction définie à l'ancien article 313-4 du même code par suppression de la condition de contrainte, étend le champ d'application de l'incrimination et constitue une disposition plus sévère pour le prévenu (■ Cass. crim., 23 juin 2009 : *Bull. crim.*, n° 131).

II – LOI NOUVELLE ÉDICTANT DES DISPOSITIONS MOINS SÉVÈRES

14) Rétroactivité. La loi nouvelle plus douce s'applique rétroactivement, non seulement aux faits commis avant sa mise en vigueur et non encore jugés (■ Cass. crim., 29 janv. 1963 : *D.* 1963, 332), mais également aux faits déjà jugés en première instance et qui peuvent encore être soumis à la juridiction d'appel (■ Cass. crim., 11 juin 1953 : *JCP* 53, II, 7708, note Brouchot ; *Rev. sc. crim.* 1954, 117, obs. Légal. 22 avr. 1986 : *JCP* 86, IV, 182) ou à la Cour de cassation (■ Cass. crim., 25 mai 1988 : *Bull. crim.*, n° 222), à la condition que cette loi n'ait pas prévu de dispositions expresses contraires (■ Cass. crim., 6 févr. 1997, préc. sous art. 112-1, note 4).

15) Les dispositions nouvelles s'appliquent aux infractions commises avant leur entrée en vigueur et n'ayant pas donné lieu à une condamnation passée en force de chose jugée, lorsqu'elles sont moins sévères que les dispositions anciennes.

Il en est ainsi de l'article 227-25 du Code pénal réprimant le délit d'atteinte sexuelle, puni de 2 ans d'emprisonnement et de 200 000 F d'amende, qui s'est substitué au délit d'attentat à la pudeur sans violence (■ Cass. crim., 15 mars 1995 : *Bull. crim.*, n° 106).

16) Une loi nouvelle, qui édicte des pénalités moins sévères, doit être appliquée aux faits commis antérieurement (■ Cass. crim., 20 mars 1996 : *Bull. crim.*, n° 120, pour une peine complémentaire supprimée après poursuite mais avant l'arrêt de condamnation).

17) Applications – Peines. Encourt l'annulation, en application de l'article 112-1, alinéa 3, du Code pénal l'arrêt de la cour d'assises des mineurs ayant condamné à 18 ans d'emprisonnement, après l'avoir fait bénéficier de l'excuse de minorité alors applicable, un mineur déclaré coupable de meurtre et de vols avec port d'arme, ces infractions étant punies respectivement de 30 et 20 ans de réclusion criminelle depuis le 1er mars 1994, et la peine prononcée, non encore définitive, dépassant le maximum de 15 ans désormais encouru (■ Cass. crim., 25 mai 1994 : *Bull. crim.*, n° 199).

18) De même, il résulte de l'article 132-23 du nouveau Code pénal que (hormis les cas exceptionnels prévus aux art. 221-3 et 221-4 lorsque la victime est mineure de 15 ans) la durée de la période de sûreté assortissant une peine de réclusion criminelle à perpétuité ne peut désormais excéder 22 ans. A, en conséquence, été annulé, l'arrêt de la cour d'assises qui, après avoir condamné l'accusé à la réclusion criminelle à perpétuité, a assorti cette peine d'une période de sûreté de trente ans, comme lui permettait de le faire l'article 720-2 du Code de procédure pénale, alors applicable (■ Cass. crim., 25 mai 1994 : *Bull. crim.*, n° 198 ; *JCP* 94, G, IV, 1961).

19) L'emprisonnement ayant disparu de la nomenclature des peines contraventionnelles en application de l'article unique (IV, 1°) de la loi du 19 juillet 1993, qui a modifié l'article 464 du Code pénal, entré en vigueur le 20 juillet 1993 et de l'article 131-12 du Code pénal entré en vigueur le 1er mars 1994, a été annulé aux fins de nouvel examen au regard des dispositions nouvelles plus favorables, l'arrêt frappé de pourvoi qui a prononcé, pour contravention de coups et violences volontaires prévue par l'article R. 40, 1° du Code pénal alors applicable et devenu l'article R. 625-1 du nouveau Code pénal, une peine d'emprisonnement (■ Cass. crim., 7 avr. 1994 : *Bull. crim.*, n° 141).

20) Lorsque, postérieurement à l'arrêt de condamnation, mais avant qu'il ne soit statué sur le pourvoi en cassation, intervient une loi nouvelle qui adoucit les peines applicables au fait incriminé, le prévenu doit bénéficier de cette loi.

Il en est ainsi de la loi du 2 février 1981 qui, entre autres dispositions, a substitué des peines correctionnelles aux peines criminelles qui réprimaient antérieurement l'association de malfaiteurs et la destruction d'édifices par substances explosibles ; doit, dans ces conditions, être annulé, l'arrêt de la Cour de sûreté de l'État qui a prononcé une peine criminelle contre un accusé déclaré coupable de ces deux infractions, ainsi que d'atteinte à l'intégrité du territoire national, infraction déjà punie de peines correctionnelles (■ Cass. crim., 11 févr. 1981 : *Bull. crim.*, n° 54).

Il en est de même des dispositions de l'article 131-27 du Code pénal, moins sévères que celles de l'article 4 de la loi du 31 août 1947, pour ce qui concerne la durée d'interdiction d'une profession commerciale (■ Cass. ass. plén., 22 nov. 2002 : *Bull. inf. de la C. cass.*, du 1er février 2003 ; *Bull. crim.*, n° 2). V. *infra*, sous l'article 131-27 et Ann. *Commerce* sous l'article 4 de la loi précitée.

21) La loi du 23 décembre 1980, sanctionnant de peines correctionnelles l'attentat à la pudeur, qui constitue désormais un délit, hormis les cas prévus à l'article 333-1 nouveau du Code pénal, est une loi plus douce. Par suite, elle doit s'appliquer rétroactivement aux faits commis avant son entrée en vigueur et non encore définitivement jugés (■ Cass. crim., 2 juin 1981 : *Bull. crim.*, n° 183).

22) C'est à bon droit qu'il a été fait application à un accusé de vol qualifié des dispositions de l'article 384, alinéa 1, du Code pénal, en sa rédaction résultant de la loi du 2 février 1981, bien que les faits dont il a été déclaré coupable, aient été commis antérieurement à l'entrée en vigueur de ladite loi.

En effet, l'article précité qui exige une durée d'incapacité totale de travail personnel supérieure à huit jours et qui prévoit une peine de dix à vingt ans de réclusion criminelle est plus favorable à l'accusé que l'ancien article 382, lequel punissait de la réclusion criminelle à perpétuité le vol accompagné de la seule circonstance aggravante de violences ayant laissé des traces de blessures (■ Cass. crim., 23 nov. 1983 : *Bull. crim.*, n° 312).

23) Lorsqu'un accusé, déclaré coupable de meurtre et à qui le bénéfice des circonstances atténuantes a été refusé, a été condamné par la cour d'assises à la réclusion criminelle à perpétuité, la Cour de cassation, constatant que le crime est désormais puni de trente ans de réclusion, a annulé sans renvoi l'arrêt frappé de pourvoi, en ce qui concerne seulement la peine prononcée et, faisant application de l'article 131-5 du Code de l'organisation judiciaire qui lui permet d'appliquer elle-même la règle de droit appropriée, a fixé à trente ans la durée de la réclusion criminelle (■ Cass. crim., 9 mars 1994 : *Bull. crim.*, n° 93 ; *Dr. pénal* 1994, comm. n° 128, obs. M. Véron).

24) Il est à noter que la loi du 9 mars 2004 (article 198 devenu les articles 749 et s. du Code de procédure pénale) a *remplacé la contrainte par corps par la contrainte judiciaire* au champ d'application plus étroit.

– Doit être annulé l'arrêt de la cour d'appel du 1er décembre 2004 qui a ordonné la contrainte par corps pour le recouvrement des amendes douanières qu'il a prononcées, dès lors que la contrainte par corps a été supprimée par l'effet de la loi du 9 mars 2004 ; selon les articles 198 et 211 de ladite loi, seules les contraintes par corps en cours le 1er janvier 2005 peuvent être exécutées jusqu'à leur terme (■ Cass. crim., 22 mars 2006 : *JurisData* 2006-033279 ; *Dr. pénal* 2006, comm. 104, obs. J.-H. Robert).

25) L'abrogation par ce texte de l'article L. 272 du Livre des procédures fiscales, interdit que les condamnations prononcées par les juridictions répressives en application des articles 1741 et 1771 à 1778 du Code général des impôts après le 1er janvier 2005, date d'entrée en vigueur de la loi précitée, soient recouvrées par la contrainte par corps ; pour le recouvrement de l'impôt sur les sociétés et les pénalités y afférentes, l'arrêt (du 15 juin 2005) énonce, par motifs adoptés, que la contrainte s'exercerait, s'il y a lieu, pour la durée prévue par l'article 750 du Code de procédure pénale ; en prononçant ainsi, postérieurement au 1er janvier 2005, la cour d'appel a méconnu le texte susvisé (■ Cass. crim., 4 mai 2006 : *Dr. pénal* 2006, comm. 101, obs. J.-H. Robert. – V. aussi ■ Cass. crim., 9 mars 2005 : *Bull. crim.*, n° 82).

26) Les articles 198 et 207 II de la loi du 9 mars 2004 interdisent de recouvrer par la contrainte par corps les condamnations prononcées par les juridictions répressives en application des anciens articles 749 et 750 du Code de procédure pénale, et non définitives au 1er janvier 2005.

Doivent donc être annulées par voie de retranchement les dispositions d'une décision ayant prononcé la contrainte par corps, mais n'ayant pas acquis force de chose jugée avant le 1er janvier 2005 (■ Cass. ass. plén., 16 nov. 2007 : *Bull. crim.*, n° 4).

27) Applications – Incriminations. Une loi nouvelle, qui abroge une incrimination ou qui comporte des dispositions pénales ou cambiaires plus douces, s'applique, en l'absence de prévisions contraires expresses, aux faits commis avant son entrée en vigueur et non définitivement jugés (■ Cass. crim., 16 nov. 1987 : *Bull. crim.*, n° 407. ■ 8 févr. 1988 : *Bull. crim.*, n° 62).

28) L'article 227-24 du Code pénal entré en vigueur le 1er mars 1994 reprend pour partie l'incrimination d'outrage aux bonnes mœurs prévue par les articles 283 et suivants anciens ; son champ d'application est limité au cas où le message présentant un caractère pornographique ou de nature à porter gravement atteinte à la dignité humaine est « susceptible d'être vu ou perçu par un mineur » ; doit être annulé l'arrêt d'une cour d'appel rendu avant l'entrée en vigueur du Code pénal nouveau pour permettre à la juridiction de renvoi de procéder à un nouvel examen au fond au regard de celles des dispositions de l'article 227-24 qui, plus restrictives que les précédentes, définissent l'infraction poursuivie (■ Cass. crim., 5 avr. 1995 : *Bull. crim.*, n° 150).

29) L'article 227-3 du Code pénal, qui incrimine le délit d'abandon de famille, n'a pas repris les dispositions de l'article 357-2 ancien présumant volontaire le défaut de paiement de la pension ; ces dispositions nouvelles, favorables au prévenu pour ce qui concerne les éléments constitutifs du délit, sont applicables aux infractions commises avant leur entrée en vigueur et n'ayant pas donné lieu à une condamnation passée en force de chose jugée (■ Cass. crim., 28 juin 1995 : *Bull. crim.*, n° 243).

30) Selon l'article 112-1, alinéa 3, du Code pénal, les dispositions nouvelles, lorsqu'elles sont moins sévères, s'appliquent aux infractions commises avant leur entrée en vigueur.

Tel est le cas de l'article 222-24, 3° du Code pénal, qui exige désormais que la particulière vulnérabilité de la victime d'un viol ait été apparente ou connue de l'auteur des faits (■ Cass. crim., 11 déc. 1996 : *Bull. crim.*, n° 461).

31) Selon les articles 112-1 du Code pénal et 7 de la Convention européenne des droits de l'homme, les dispositions nouvelles, lorsqu'elles sont moins sévères que les dispositions anciennes, s'appliquent aux infractions commises avant leur entrée en vigueur et n'ayant pas donné lieu à une condamnation passée en force de chose jugée.

Tel est le cas de l'alinéa 3 de l'article 41 de la loi du 29 juillet 1881 sur la liberté de la presse, issu de la loi du 14 novembre 2008, qui dispose que ne donneront lieu à aucune action en diffamation, injure ou outrage ni les propos tenus ou les écrits produits devant une commission d'enquête créée en son sein, par l'Assemblée nationale ou par le Sénat, par la personne tenue d'y déposer, sauf s'ils sont étrangers à l'objet de l'enquête, ni le compte rendu fidèle des réunions publiques de cette commission fait de bonne foi (■ Cass. crim., 13 avr. 2010 : *Bull. crim.* n° 67, 8 juin 2010 ; *Bull. crim.* n° 104).

32) En disposant que les factures doivent seulement mentionner, en plus du prix unitaire, toute réduction de prix acquise à la date de la vente ou de la prestation de services et directement liée à cette opération, la loi du 1er juillet 1996 a restreint le champ d'application de l'incrimination prévue par l'article 31, alinéa 3, de l'ordonnance du 1er décembre 1986 qu'il modifie.

Ces dispositions nouvelles, entrées en vigueur le 1er janvier 1997, étant moins sévères que les dispositions anciennes, il y a lieu d'en faire application à des faits antérieurs n'ayant pas donné lieu à une condamnation passée en force de chose jugée (■ Cass. crim., 23 janv. 1997 : *Bull. crim.*, n° 36).

33) L'article 121-3, alinéa 4, du Code pénal, dans sa rédaction issue de la loi du 10 juillet 2000 tendant à préciser la définition des délits non intentionnels, immédiatement applicable, dispose que les personnes physiques qui n'ont pas causé directement le dommage, mais qui ont créé ou contribué à créer la situation qui a permis la réalisation du dommage ou qui n'ont pas pris les mesures pour l'éviter, sont responsables pénalement s'il est établi qu'elles ont, soit violé de façon manifestement délibérée une obligation particulière de prudence ou de sécurité prévue par la loi ou le règlement, soit commis une faute caractérisée et qui exposait autrui à un risque d'une particulière gravité qu'elles ne pouvaient ignorer.

La loi nouvelle, qui contient des dispositions favorables au prévenu poursuivi pour homicide et blessures involontaires, s'applique aux faits commis avant son entrée en vigueur et non définitivement jugés (■ Cass. crim., 12 déc. 2000 : *Bull. crim.*, n° 371).

– Méconnaît l'article 121-3 du Code pénal, dans sa rédaction issue de la loi du 10 juillet 2000, immédiatement applicable, la cour d'appel qui, pour déclarer coupable d'homicide involontaire le prévenu, organisateur d'une sortie au cours de laquelle la victime est décédée des suites d'un accident de plongée sous-marine survenu le 15 juillet 1999, relève à sa charge des fautes d'imprudence et divers manquements à des obligations de sécurité ou de prudence imposées par la loi ou les règlements, sans établir l'existence d'une faute qualifiée (■ Cass. crim., 16 mai 2006 : *Bull. crim.*, n° 137 ; *Dr. pénal* 2006, comm. 108, obs. M. Véron).

34) Ont également été annulées, par voie de retranchement et sans renvoi, les dispositions d'un arrêt qui, pour usage de faux, condamne un prévenu à une amende par application de l'article 164 du Code pénal alors applicable, ce texte ayant été abrogé à compter du 1er mars 1994 par la loi du 16 décembre 1992 et n'ayant été remplacé par aucune disposition du Code pénal entré en vigueur à cette date (■ Cass. crim., 16 mai 1994 : *Bull. crim.*, n° 183 ; *Dr. pénal* 1994, somm. n° 204, obs. Véron).

35) En outre, en l'état d'une accusation d'arrestation et séquestration arbitraire avec circonstance aggravante de menaces de mort conférant aux faits une qualification criminelle selon l'article 344 du Code pénal applicable au moment des faits, mais en raison de la suppression de cette circonstance par la loi nouvelle plus douce, d'application immédiate (art. 224-1 à 224-5 du Code pénal alors en vigueur le 1er mars 1994), a été annulé l'arrêt de la cour d'assises prononçant une peine de réclusion criminelle alors légalement encourue (■ Cass. crim., 6 avr. 1994 : *Bull. crim.*, n° 137 ; *Dr. pénal* 1994, somm. n° 147, obs. Maron).

36) Conséquences de l'application d'une incrimination générale à une incrimination spéciale abrogée. La loi du 13 juillet 2006, portant engagement national pour le logement, a abrogé l'infraction spéciale de prise illégale d'intérêts, applicable aux dirigeants et aux employés des organismes d'habitations à loyers modérés, ainsi qu'à ceux des organismes agréés collecteurs de la participation des employeurs à l'effort de construction.

La loi nouvelle prévoit que les conventions entre ces organismes et leurs dirigeants doivent être autorisées par le conseil d'administration.

Il en résulte, d'une part, que, si la prise d'intérêts par lesdits dirigeants reste punissable par application des dispositions générales de l'article 432-12 du Code pénal, c'est à la condition de n'avoir pas été régulièrement autorisée et, d'autre part, que, s'agissant de faits commis avant l'entrée en vigueur de la loi du 13 juillet 2006, seules les peines plus douces prévues par l'article L. 423-11, ancien, du Code de la construction et de l'habitation peuvent être prononcées (■ Cass. crim.,

9 sept. 2008, pourvoi n° 07-87.900 : *Bull. crim.*, n° 181).

37) Textes économiques et douaniers. En matière économique, il est jugé qu'en l'absence de dispositions contraires, une loi nouvelle, lorsqu'elle abroge une incrimination pénale ou lorsqu'elle prévoit des pénalités plus douces, s'applique aux faits commis avant son entrée en vigueur et non définitivement jugés (■ Cass. crim., 23 févr. 1987 : *Bull. crim.*, n° 87, 88 et 89. ■ 16 mars 1987 : *Bull. crim.*, n° 125 et 126 ; *D.* 1988, 39, note Dekeuwer. ■ 11 mai 1987 : *Bull. crim.*, n° 191. ■ 7 déc. 1987 : *Bull. crim.*, n° 447 ; *D.* 1988, 477, note Roujou de Boubée) ; et la Cour de cassation a étendu cette jurisprudence à l'hypothèse où la loi nouvelle se substitue à la loi ancienne par des dispositions équivalentes (■ Cass. crim., 12 juin 1989, trois arrêts : *Bull. crim.*, n° 251 ; *D.* 1989, 585, rapport Souppe et note Derrida ; V. aussi ■ Cass. crim., 4 sept. 1990 : *Bull. crim.*, n° 309). L'application immédiate de la loi nouvelle plus douce se retrouve logiquement en matière cambiaire (■ Cass. crim., 4 janv. 1988 : *Bull. crim.*, n° 4. ■ 8 févr. 1988 : *Bull. crim.*, n° 62), douanière (■ Cass. crim., 25 janv. 1988 : *Bull. crim.*, n° 33. ■ 29 févr. 1988 : *Bull. crim.*, n° 102. ■ 13 nov. 1989 : *Bull. crim.*, n° 409) et fiscale (■ Cass. crim., 25 janv. 1988 : préc.). Pour les textes réglementaires, V. ■ Cass. crim., 12 nov. 1986 : *Bull. crim.*, n° 334 ; *D.* 1988, 39, note Dekeuwer, qui juge que si en matière douanière et économique, l'abrogation d'un texte réglementaire n'affecte pas rétroactivement, sauf précision contraire de la loi abrogative, les infractions qui étaient l'objet d'une poursuite en cours, tel n'est pas le cas lorsque, à la fois, lors du procès-verbal de poursuites, lors du réquisitoire introductif ou lors de la saisine par voie de citation directe de la juridiction pénale, les textes réglementaires de la Communauté économique européenne, servant de support effectif et nécessaire aux poursuites, n'avaient plus d'existence légale en raison de leur abrogation. Sur l'application du principe de la rétroactivité – *in mitius* – aux règlements et directives communautaires, qui ont une valeur supra légale, en matière de douanes, V. ■ Cass. crim., 12 déc. 1996 : *Bull. crim.*, n° 466. ■ 6 févr. 1997 : *Dr. pénal* 1997, comm. 80, obs. J.-H. Robert. ■ 26 mars 1998 : *Bull. crim.*, n° 116. ■ 28 mai 2008 : *JurisData* n° 2008-044191 ; *Dr. pénal* 2008, comm. 113, obs. J.-H. Robert.

– Sur le problème de la rétroactivité, en matière douanière, au cas d'adhésion d'un nouvel État à la Communauté européenne, V. ■ Cass. crim., 1er oct. 1998 : *Dr. pénal* 1999, comm. 24, obs. J.-H. Robert.

– Sur l'effet rétroactif de la suspension, par un règlement communautaire, d'un embargo international quant aux poursuites douanières, V. ■ Cass. crim., 30 janv. 1995, pourvoi W 93-83421 (inédit) et ■ Cass. crim., 18 mai 1998 : *Bull. crim.*, n° 168 ; *Dr. pénal* 1998, comm. 134, obs. J.-H. Robert.

38) Le principe communautaire de l'effet rétroactif de la peine plus légère ne s'oppose pas à l'application de l'article 110 de la loi du 17 juillet 1992, selon lequel les dispositions de cette loi, relative à la suppression des taxations et contrôles douaniers, ne font pas obstacle à la poursuite des infractions douanières commises avant son entrée en vigueur sur le fondement des dispositions législatives antérieures, lorsque la modification apportée par ladite loi n'a eu d'incidence que sur les modalités de contrôle du respect de la réglementation communautaire et non sur l'existence de l'infraction ou la gravité des sanctions (■ Cass. crim., 19 sept. 2007 : *Bull. crim.*, n° 215).

39) Réglementation. En matière cambiaire, il a été encore jugé que les textes réglementaires ou circulaires plus doux pris pour l'application d'une loi non abrogée n'ont pas d'effet rétroactif (■ Cass. crim., 23 janv. 1989 : *Bull. crim.*, n° 24. ■ 30 janv. 1989 : *Bull. crim.*, n° 33. ■ 13 févr. 1989 : *Bull. crim.*, n° 67. ■ 10 mai 1989 : *Bull. crim.*, n° 187. ■ 13 nov. 1989 : *Bull. crim.*, n° 408. ■ 22 janv. 1990 : *Bull. crim.*, n° 36. ■ 7 juin 1990 : *Bull. crim.*, n° 232 ; *D.* 1990, 584, note Pannier ; *contra*, Paris 9e ch., 13 juill. 1990 : *Gaz. Pal.* 17-18 oct. 1990. ■ 5 déc. 1990 : *Gaz. Pal.* 13-14 mars 1991). Mais peu auparavant, la Cour de cassation avait jugé, en matière douanière, que constitue une disposition plus douce applicable immédiatement, l'abrogation d'un texte réglementaire, support nécessaire d'une incrimination, dès lors qu'elle retire aux faits poursuivis leur caractère punissable et qu'elle résulte d'une modification législative (■ Cass. crim., 25 janv. 1988 : *Bull. crim.*, n° 33. ■ 10 oct. 1988 : *Bull. crim.*, n° 335).

40) Sur tous ces problèmes, V. Beaume, *Rev. sc. crim.* 1989, 518 et 1991, 89. – Huet, *La rétroactivité* in mitius *des textes réglementaires en matière économique* : *JCP* 89, I, 3378. – J. Buisson, *Non-rétroactivité et droit fiscal* : *RFD adm.* 2002, p. 786.

III – LOI NOUVELLE À LA FOIS PLUS DOUCE ET PLUS SÉVÈRE

41) Lois mixtes. Lorsque la loi nouvelle est plus sévère que l'ancienne sur un point et plus douce sur un autre, et que ses dispositions constituent un tout indivisible, il est jugé, tantôt qu'il faut se livrer à une comparaison globale des lois en présence pour savoir si la loi nouvelle est plus douce ou non (■ Cass. crim., 5 juin 1971 : *JCP* 72, II, 17039, note Vitu ; *Rev. sc. crim.* 1972, 97, obs. Légal. ■ 5 janv. 1983 : *Bull. crim.*, n° 8 ; *JCP* 84, II, 20221, note De Lestang), tantôt qu'il faut faire prévaloir la disposition principale de chaque loi pour connaître leur degré de sévérité respective (■ Cass. crim., 24 avr. 1883 : *S.* 85, 1, 401, note Villey. ■ 20 mai 1947 : *JCP* 48, II, 4078, note Blaisse ; *Rev. sc. crim.* 1947, 579, obs. Magnol. ■ 29 janv. 1963 : *JCP* 63, II, 13215, note Le Gall).

42) Il a été jugé que la loi du 23 décembre 1980 ayant, d'une part élargi l'incrimination du crime de viol en y incluant tout acte de pénétration sexuelle de quelque nature qu'il soit et, d'autre part, correctionnalisé l'attentat à la pudeur, des actes de pénétration digitale commis antérieurement à l'entrée en vigueur de cette loi par un père sur sa fille mineure ne peuvent être retenus que sous la qualification d'attentat à la pudeur, délit se prescrivant par trois ans (■ Cass. crim., 8 févr. 1994 : *Bull. crim.*, n° 57 ; *Gaz. Pal.* 29 mai 1994, p. 16, note J.-P. Doucet).

43) Les dispositions de l'article 432-12 nouveau du Code pénal sont divisibles, de sorte que les dispositions moins sévères relatives aux seuils de tolérance de la prise d'intérêts sont applicables aux infractions commises avant leur entrée en vigueur. La circonstance que le maire ait présidé une délibération du conseil municipal, autorisant la conclusion d'un contrat dans lequel il prend un intérêt, rend inapplicables les dispositions relatives aux seuils de tolérance de la prise d'intérêts au sens tant de l'article 175 ancien que de l'article 432-12 nouveau du Code pénal. Le seuil de 100 000 F prévu par l'article 432-12 nouveau du Code pénal s'apprécie par référence au montant global du contrat soumis à la délibération du conseil municipal, et non d'après le montant de la prise effective d'intérêts (■ Cass. crim., 4 juin 1996 : *Bull. crim.*, n° 231 ; *Dr. pénal* 1996, comm. 262, obs. M. Véron).

IV – ÉQUIVALENCE D'INCRIMINATIONS ANCIENNES ET NOUVELLES

44) Abus de blanc-seing. Dans le cas où une loi nouvelle supprime une incrimination telle celle d'abus de blanc-seing qui était prévue par le Code pénal ancien, il a été jugé que les constatations souveraines des juges du fond établissent (en l'espèce qui leur était soumise) l'altération de la vérité dans un écrit valant titre et caractérisent ainsi, au sens de l'article 441-1 du Code pénal nouveau, en tous ses éléments constitutifs le faux prévu par ce texte (■ Cass. crim., 18 juin 1994 : *Bull. crim.*, n° 187).

45) Vol aggravé. Les dispositions de l'article 311-8 du nouveau Code pénal, réprimant le vol aggravé, soit par l'usage ou la menace d'une arme quelconque (al. 1), soit par le port d'une arme soumise à autorisation (al. 2), moins sévères que celles de l'article 384 de l'ancien code, s'appliquent aux faits commis avant l'entrée en vigueur du nouveau texte. La cour d'assises ayant répondu affirmativement aux questions, posées dans les termes de l'ancien texte, lui demandant si le vol avait été commis avec port d'une arme apparente ou cachée, l'aggravation de peine prononcée, dans les limites de la loi nouvelle, n'en est pas moins justifiée dès lors qu'il résulte de l'arrêt de mise en accusation que les accusés ont menacé la victime de leurs armes (■ Cass. crim., 29 juin 1994 : *Bull. crim.*, n° 260) ou que l'arme dont l'accusé était porteur était soumise à réglementation au sens de l'article 311-8 du nouveau Code pénal (■ Cass. crim., 1er juin 1994 : *Bull. crim.*, n° 220).

46) Agression sexuelle aggravée. Fait l'exacte application de l'article 112-2 du Code pénal, l'arrêt qui énonce que l'article 222-3, alinéa 2 du Code pénal réprimant le crime de tortures ou d'actes de barbarie en concours avec une agression sexuelle assure la continuité de l'incrimination d'attentat à la pudeur accompagné de tortures ou d'actes de barbarie prévue par l'article 333-1 de l'ancien Code pénal (■ Cass. crim., 11 mai 2005 : *Bull. crim.*, n° 146 ; *Rev. sc. crim.* 2005, p. 835, obs. G. Vermelle).

47) Codification à droit constant. L'abrogation d'une loi à la suite de sa codification à droit constant ne modifie ni la teneur des dispositions transférées ni leur portée : tel est le cas de l'article 44 de la loi du 27 décembre 1973 relatif à la publicité trompeuse, transposée sous les articles L. 121-1 et suivants du Code de la consommation ; l'infraction commise sous l'empire du texte aujourd'hui abrogé est dès lors sanctionnée par l'article L. 121-6 de ce code (■ Cass. crim., 16 oct. 1996 : *Bull. crim.*, n° 367, arrêt n° 1 ; *Dr. pénal* 1997, comm. 47, obs. M. Véron) ; tel est aussi le cas de l'article 21 de la loi du 3 janvier 1992, dite loi sur l'eau, devenu l'article L. 216-5 du Code de l'environnement (■ Cass. crim., 19 oct. 2004 : *Bull. crim.*, n° 247 ; *Dr. pénal* 2005, comm. 6, obs. J.-H. Robert).
– *À propos de la codification à droit constant, V. l'étude de H. Moysan* : *JCP* 2002, I, 147.

48) Délit de violation de l'interdiction de gérer. Sur l'application dans le temps de loi du 26 juillet 2005 (article 190) relative à la sauvegarde des entreprises, mettant fin, sans rétroactivité, aux peines d'interdiction de gérer prononcées plus de quinze ans avant sa date de publication, V. ■ Cass. crim., 19 sept. 2007 : *Bull. crim.*, n° 219, à l'Ann. *Banqueroute, infra*, sous l'article L. 654-15 du Code de commerce.

49) Les arrêtés ou règlements légalement pris par l'autorité compétente revêtent par ailleurs un caractère de permanence qui les fait survivre aux lois dont ils procèdent, tant qu'ils n'ont pas été rapportés ou qu'ils ne sont pas devenus inconciliables avec les règles fixées par une législation postérieure ; il s'ensuit que le décret du 22 août 1990 pris en application de la loi du 23 juin 1989 réglementant les loteries publicitaires, abrogée à la suite de sa codification sous les articles L. 121-36 et suivants du Code de la consommation, demeure applicable et que sa méconnaissance est pénalement sanctionnée par l'article L. 121-41 de ce code (■ Cass. crim., 16 oct. 1996 : *Bull. crim.*, n° 367, arrêt n° 2 ; *Dr. pénal* 1997, comm. 47, obs. M. Véron).

50) Identité de pénalité. Si l'article 221-4 du Code pénal érige en circonstance aggravante la qualité de la victime d'un meurtre, ce texte n'a pas pour effet d'aggraver les peines encourues, pour les faits de même nature, en application des articles 295 et 304 du Code pénal et 720-2, 1° du Code de procédure pénale antérieurement en vigueur ; n'encourt dès lors pas la censure l'arrêt qui ordonne le renvoi de l'accusé devant la cour d'assises, pour un meurtre commis antérieurement au 1er mars 1994 sur une personne dépositaire de l'autorité publique ou chargée d'une mission de service public, en retenant la circonstance aggravante prévue, depuis cette date, par l'article 221-4, premier alinéa, 4°, du Code pénal (■ Cass. crim., 20 déc. 1995 : *Bull. crim.*, n° 393).

51) Qualification nouvelle. L'incrimination d'abus de blanc-seing prévue par le 1er alinéa de l'article 407 ancien du Code pénal, qui n'a pas été conservée dans le nouveau Code pénal, entre dans les prévisions de l'article 441-1 de ce texte ; c'est, dès lors, à bon droit qu'une cour d'appel, sans excéder sa saisine ni violer le principe du débat contradictoire, requalifie en faux, après réquisitions en ce sens du ministère public, des faits poursuivis comme abus de blanc-seing (■ Cass. crim., 20 juin 1996 : *Bull. crim.*, n° 269).

52) Il se déduit de l'article 207 ancien de la loi du 25 janvier 1985, selon lequel les malversations incriminées par cet article sont punies des peines prévues par le 2e alinéa de l'article 408 du Code pénal, que le législateur a, quant à la répression, entendu assimiler ces malversations aux faits d'abus de confiance définis par ce second texte ; il s'ensuit que les dispositions de l'article 408, alinéa 2, ayant été reprises, à compter du 1er mars 1994, à l'article 314-2 du Code pénal, les peines prévues par ce texte ont, dès cette date, été applicables au délit prévu par l'article 207 précité (devenu l'article L. 626-12 du Code de commerce. ■ Cass. crim., 30 juin 1999 : *Bull. crim.*, n° 175).

V – LOIS D'EFFET IMMÉDIAT

A – Loi nouvelle modifiant le régime d'exécution d'une peine

53) Selon l'article 112-2, 3° du Code pénal entré en vigueur le 1er mars 1994, les lois relatives au régime d'exécution et d'application des peines sont d'application immédiate sauf si elles ont pour effet de rendre plus sévères les peines prononcées par les décisions de condamnation. Faisant application de cette disposition à l'occasion d'un pourvoi formé contre l'arrêt d'une chambre d'accusation statuant sur un incident d'exécution de peine formé par un condamné pour viols et excitation de mineurs à la débauche, la Cour de cassation, constatant qu'aucune période de sûreté de plein droit n'est édictée en cas de condamnation du chef de corruption de mineur prévue par l'article 227-22 du nouveau Code pénal correspondant à l'ancien article 334-2 abrogé, a jugé que la période de sûreté prévue par l'article 720-2 du Code de procédure pénale en cas de condamnation sur le fondement de ce dernier texte, n'était pas applicable (■ Cass. crim., 7 juin 1994 : *Bull. crim.*, n° 224 ; *JCP* 94 G, IV, 2087).

B – Lois de procédure

54) La validité des actes de procédure doit être appréciée au regard des dispositions applicables lors de leur accomplissement et l'entrée en vigueur d'une loi nouvelle de procédure est sans effet sur la validité des actes accomplis conformément à la loi ancienne ; il a été ainsi jugé qu'en refusant de prononcer l'annulation d'actes de procédure accomplis, en violation des articles 679 à 688 du Code de procédure pénale avant l'entrée en vigueur de la loi du 4 janvier 1993 qui a abrogé ces articles, une chambre d'accusation a méconnu ce principe (■ Cass. crim., 23 juin 1993 : *Bull. crim.*, n° 224 ; *JCP* 93, G, IV, 2433. ■ 11 juill. 1994, pourvoi n° T 94-81.720).

55) Si le décret du 22 mars 1992, pris en application de la loi du 30 décembre 1991, prévoit pour l'avenir les modalités selon lesquelles seront délivrées à l'avenir les injonctions de ne plus émettre de chèque, il ne s'agit là que de règles de procédure sans effet sur les poursuites régulièrement engagées avant leur entrée en vigueur (■ Cass. crim., 29 juin 1993 : *Bull. crim.*, n° 229).

56) Le deuxième alinéa de l'article 132-19 du nouveau Code pénal, aux termes duquel, en matière correctionnelle, la juridiction ne peut prononcer une peine d'emprisonnement sans sursis qu'après avoir spécialement motivé le choix de cette peine, est une loi de procédure au sens de l'article 112-2 (2°) dudit code ; ne concernant ni la définition des faits punissables, ni la nature ou le quantum des peines susceptibles d'être prononcées, elle n'entre pas dans les prévisions du troisième alinéa de l'article 112-1, en sorte qu'elle ne peut motiver rétroactivement l'annulation d'une décision sur le fond régulièrement rendue avant son entrée en vigueur (■ Cass. crim., 3 oct. 1994, *Chapon*, pourvoi n° A 92-85.663).

57) Les dispositions de procédure de la loi du 30 décembre 1996 relative à la détention provisoire portant notamment modification des articles 144, 145, 145-1, 145-3 du Code de procédure pénale, entrés en vigueur à compter du 31 mars 1997, sont applicables aux poursuites en cours ; a été censuré un arrêt de Chambre d'accusation, du 3 avril 1997, se bornant à confirmer une ordonnance du juge d'instruction, du 14 mars 1997, de prolongation de la détention provisoire pour une durée supérieure à 6 mois, et qui ne comportait aucune indication ni sur l'insuffisance des obligations du contrôle judiciaire ni sur l'état et les perspectives d'achèvement du dossier (■ Cass. crim., 19 août 1997 : *Bull. crim.*, n° 284).

58) Conformément à l'article 112-4 du Code pénal, les dispositions de l'article 80, alinéa 4, du Code de procédure pénale issues de la loi du 23 juin 1999, selon lesquelles le juge d'instruction ne peut informer sur des faits nouveaux dénoncés par la partie civile en cours d'information que s'il en est requis par le ministère public, ne peuvent affecter la validité de la saisine de ce magistrat résultant de plaintes additionnelles déposées avant l'entrée en vigueur de la loi précitée, les dispositions alors applicables n'imposant pas que de telles plaintes fussent suivies de réquisitions supplétives lorsque l'information a été ouverte sur une plainte avec constitution de partie civile (■ Cass. crim., 30 oct. 2001 : *Bull. crim.*, n° 223).

C – Lois de compétence

59) L'article 35 de la loi du 5 février 1994 modifiant l'article 3 de la loi du 9 février 1895, donne désormais compétence aux juridictions d'instruction, en cas de non-lieu, pour prononcer la confiscation et la remise au plaignant des œuvres portant une signature imitée lorsqu'il est établi que les œuvres saisies sont des faux ; cette loi nouvelle étant immédiatement applicable, a été annulé l'arrêt de la chambre d'accusation, rendu avant l'entrée en vigueur de ladite loi, et confirmant l'ordonnance de non-lieu du juge d'instruction refusant de prononcer la confiscation d'une œuvre artistique litigieuse et sa remise à la partie civile au motif que cette œuvre n'avait pas été saisie par la juridiction d'instruction (■ Cass. crim., 27 sept. 1994 : *Bull. crim.*, n° 305).

60) A justifié sa décision la chambre de l'instruction qui, pour confirmer l'ordonnance de placement en détention provisoire, notifiée le 2 janvier 2001, par le juge des libertés et de la détention, à une personne mise en examen le 29 décembre 2000, énonce que l'ordonnance d'incarcération provisoire, pour une durée n'excédant pas quatre jours ouvrables, régulièrement délivrée à cette date par le juge d'instruction, a poursuivi ses effets jusqu'à la date du débat contradictoire sur la détention provisoire et de la décision du juge des libertés désormais compétent, en application des dispositions de la loi du 15 juin 2000, applicables à compter du 1er janvier 2001, pour statuer sur la détention (■ Cass. crim., 2 mai 2001 : *Bull. crim.*, n° 105).

VI – LOIS D'EFFET RÉTROACTIF

61) Loi interprétative. Les lois interprétatives, qui précisent le sens d'une loi ancienne, font corps avec elle : elles ont donc le même domaine d'application dans le temps que la loi interprétée et rétroagissent (■ Cass. crim., 21 oct. 1943 : *S.* 1944, I, 29, note Mazeaud. ■ 23 janv. 1989 : *Bull. crim.*, n° 25. ■ 3 déc. 1990 : *Bull. crim.*, n° 412. ■ 12 janv. 2000 : *Bull. crim.*, n° 20).

– En l'absence de modification de la loi pénale, le principe de non-rétroactivité ne s'applique pas à une simple interprétation jurisprudentielle (■ Cass. crim., 30 janv. 2002 : *Bull. crim.*, n° 16 ; *Dr. pénal* 2002, comm. 43, obs. J.-H. Robert).

62) Loi déclarative. La loi du 26 décembre 1964 tendant à constater l'imprescriptibilité des crimes contre l'humanité n'est pas une loi nouvelle plus sévère mais ne fait que constater une règle internationale préexistante déduite de l'accord de Londres du 8 août 1945 auquel est annexé le statut du Tribunal militaire international de Nuremberg (■ Cass. crim., 26 janv. 1984 : *Bull. crim.*, n° 34).

63) Loi édictant un fichier. Justifie sa décision au regard des articles 706-53-1 du Code de procédure pénale et 7 § 1 de la Convention européenne des droits de l'homme la cour d'appel qui constate l'inscription au fichier judiciaire national automatisé des auteurs d'infractions sexuelles ou violentes de la condamnation du prévenu pour des agressions sexuelles aggravées commises antérieurement à la publication de la loi du 9 mars 2004 dès lors que ladite inscription constitue, non une peine au sens du texte conventionnel précité mais une mesure ayant pour seul objet de prévenir le renouvellement des infractions sexuelles et de faciliter l'identification de leurs auteurs, celle-ci n'est pas soumise au principe de la non-rétroactivité des lois de fond plus sévères (■ Cass. crim., 31 oct. 2006 : *Bull. crim.*, n° 267 ; *Dr. pénal* 2007, comm. 15, obs. M. Véron).

– Il en va de même pour l'inscription au fichier des empreintes génétiques (V. ■ Cass. crim., 22 juin 2004 : *Bull. crim.*, n° 164 et 28 sept. 2005 : *Bull. crim.*, n° 245).

VII – CAS PARTICULIER DE TEXTES SUCCESSIFS

64) Aucune peine ne peut être prononcée lorsque les faits poursuivis, bien qu'entrant dans les prévisions de deux textes répressifs successifs, applicables respectivement à la date de commission desdits faits et à celle de leur jugement, ont échappé à toute incrimination entre l'abrogation du premier de ces textes et l'entrée en vigueur du second ; a dès lors été cassé d'office et sans renvoi l'arrêt qui a condamné un prévenu pour défaut de maîtrise, alors que cette infraction n'a pas été réprimée entre l'entrée en vigueur du décret du 28 août 1991 et celle du décret du 23 novembre 1992, textes qui, en cours d'instance, ont successivement modifié l'article R. 232, 2° du Code de la route (■ Cass. crim., 24 nov. 1993 : *Bull. crim.*, n° 356 et 357. ■ 2 mars 1994 : *Bull. crim.*, n° 86).

65) Lorsque deux textes légaux ou réglementaires se succèdent dans le temps pour assurer la répression d'une même infraction, celui qui était en vigueur au moment des faits doit recevoir application sauf si les dispositions nouvelles sont moins sévères que les anciennes (■ Cass. crim., 17 sept. 1997 : *Bull. crim.*, n° 301 ; V. Lesclous et C. Marsat : *Dr. pénal* 1998, chron., 11).

66) Effet d'une loi instituant une incapacité résultant de plein droit d'une condamnation pénale : dans la ligne de sa doctrine (V. not. ■ Cass. crim., 3 oct. 1956 : *Bull. crim.*, n° 594), la Chambre criminelle a jugé que l'incapacité attachée à certaines condamnations, en l'espèce édictée par le texte régissant les conditions d'accès à la profession d'agent immobilier, ne constitue pas une peine complémentaire mais une mesure de sûreté qui, dès l'entrée en vigueur de la loi qui l'institue, frappe la personne antérieurement condamnée (■ Cass. crim., 26 nov. 1997 : *Bull. crim.*, n° 404 ; *D.* 1998, 495, note D. Rebut. V. Ann. *Agents immobiliers,* note sous art. 9 de la loi du 2 janvier 1970).

67) Par application de l'article 112-1 du Code pénal encourt la cassation l'arrêt qui, après avoir condamné les prévenus pour corruption, constate qu'ils sont privés du droit de vote pendant 5 ans et inéligibles pour une période fixée au double de cette durée en vertu des articles L. 7 et L. 0.130 du Code électoral, alors que l'article 7 a été abrogé par l'article 84 de la loi du 30 décembre 1985 et a été rétabli par l'article 10 de la loi du 19 janvier 1995 et que les faits ont été commis de 1991 à 1993 (■ Cass. crim., 19 sept. 2007 : *Dr. pénal* 2007, comm. 156, obs. J.-H. Robert).

68) En cas de conflit entre plusieurs lois pénales de fond successives, lorsqu'une infraction a été commise sous l'empire d'une première loi, dont les dispositions ont ensuite été abrogées, ce qui a eu pour effet de la rendre inapplicable aux faits, cette deuxième loi étant elle-même remplacée par une troisième réprimant les faits objet de la poursuite, le principe de non-rétroactivité de la loi pénale implique que les faits ne puissent plus être poursuivis.

Encourt la cassation l'arrêt qui a déclaré le prévenu coupable d'abandon de famille alors que l'article 13 III de la loi du 12 mai 2009, abrogeant des dispositions de l'article 227-3 du Code pénal, a eu pour effet d'enlever leur caractère d'infraction, dans leur totalité, aux faits objet des poursuites, sans que la loi du 17 mai 2011, modifiant la précédente et incriminant à nouveau les faits concernés, puisse davantage leur être appliquée rétroactivement (■ Cass. crim., 23 mai 2012, n° 11-83.901 : *Bull. crim.*, n° 134 ; *D.* 2012, p. 2368, note M. Benillouche).

CHAPITRE III. – DE L'APPLICATION DE LA LOI PÉNALE DANS L'ESPACE

Bibliographie : *JCl. pén., Application de la loi pénale dans l'espace* par L. Desessard. • M. Massé, *La compétence pénale française dans l'espace depuis le nouveau Code pénal* : *Rev. sc. crim.* 1995, p. 856. • O. Beauvallet, *L'univers intérieur (compétence française pour des infractions à l'étranger)* : *Dr. pénal* 2009, Études 7.

Art. 113-1. – Pour l'application du présent chapitre, le territoire de la République inclut les espaces maritime et aérien qui lui sont liés.

Section I. – Des infractions commises ou réputées commises sur le territoire de la République

Art. 113-2. – La loi pénale française est applicable aux infractions commises sur le territoire de la République.

L'infraction est réputé commise sur le territoire de la République dès lors qu'un de ses faits constitutifs a eu lieu sur ce territoire.

1) Principes. Il suffit qu'un des actes caractérisant un des éléments constitutifs de l'infraction ait été accompli en France, pour que le délit soit réputée commis sur le territoire de la République (■ Cass. crim., 4 juin 1969 : *Bull. crim.*, n° 190).

2) Selon l'article 693 du Code de procédure pénale, dont les dispositions sont reprises dans l'article 113-2, alinéa 2, du Code pénal, il suffit, pour que l'infraction soit réputée commise sur le territoire de la République et soit punissable en vertu de la loi française, qu'un de ses faits constitutifs ait eu lieu sur ce territoire (■ Cass. crim., 26 oct. 1995 : *Bull. crim.*, n° 320. ■ 4 févr. 2004 : *Bull. crim.*, n° 32).

3) Encourt la cassation l'arrêt qui, pour déclarer l'incompétence de la juridiction d'instruction saisie, ne s'explique pas sur la question de savoir si un acte caractérisant un des éléments constitutifs de l'infraction poursuivie, compte tenu des données de la procédure, n'a pas été accompli en France, auquel cas l'infraction doit être réputée commise en France (■ Cass. crim., 13 oct. 1981 : *Bull. crim.*, n° 271).

4) En application de l'article 113-2 du Code pénal, toutes les infractions commises sur le territoire français relèvent de la loi pénale française, quelle que soit la nationalité des auteurs ou des victimes. Pour déclarer un prévenu coupable de corruption active commise en France à l'égard d'un ressortissant d'un autre pays, les juridictions pénales n'ont pas à rechercher dans quelles conditions la corruption est punissable selon le droit de ce pays (■ Cass. crim., 1er mars 2000 : *Bull. crim.*, n° 101).

5) La loi française, étant d'application territoriale, s'applique à toute infraction commise sur le territoire national, même par un étranger non résident en France (■ Cass. crim., 29 mars 2000 : *Bull. crim.*, n° 146, solution implicite).

6) Applications. Est réputé commis sur le territoire national **l'abus de confiance** lorsque la France est non le lieu où a été conclu le contrat mais celui où a été commis le détournement (■ Cass. crim., 30 mai 1972 : *Bull. crim.*, n° 180).

– De même, lorsque l'abus de confiance a été commis par un mandataire, quand il a été constaté que la remise des objets a eu lieu en France (■ Cass. crim., 12 févr. 1979 : *Bull. crim.*, n° 60 ; *Rev. sc. crim.* 1979, 575, obs. Bouzat. ■ 13 oct. 1981 : *Bull. crim.*, n° 271 ; *JCP* 1982, II, 19862, note Chambon). V., *contra*, ■ Paris, 30 mai 2002 : *Dr. pénal* 2002, comm. 132, obs. M. Véron).

– Le détournement à l'étranger d'un véhicule remis en France à un employé de nationalité allemande et domicilié en Allemagne relève de la compétence des tribunaux français (■ Cass. crim., 2 déc. 2009 : *Dr. pénal* 2010, comm. 42, obs. M. Véron.)

7) Si de simples allégations mensongères ne suffisent pas à caractériser les manœuvres frauduleuses prévues par l'article 405 du Code pénal, elles peuvent, par contre, constituer l'un des éléments de ces manœuvres. Il s'ensuit qu'un **délit d'escroquerie** est réputé commis en France, si les allégations mensongères entrant dans le cadre des manœuvres frauduleuses retenues ont été perpétrées sur le territoire national (■ Cass. crim., 19 avr. 1983 : *Bull. crim.*, n° 108).

– Tel est aussi le cas d'une escroquerie, caractérisée par la réalisation d'opérations à l'étranger, lorsque la remise des fonds, obtenue grâce à des annonces publiées dans des journaux diffusés sur le territoire national, a été faite en France (■ Cass. crim., 28 nov. 1996 : *Bull. crim.*, n° 437 ; *Dr. pénal* 1997, comm. 59, obs. M. Véron).

– Une tentative d'escroquerie est réputée commise en France si des actes préparatoires constituant l'une des composantes nécessaires des manœuvres frauduleuses retenues ont été perpétrés sur le territoire national (■ Cass. crim., 11 avr. 1988 : *Bull. crim.*, n° 144).

8) Des faits de **recel** imputés à un étranger résidant hors du territoire national peuvent être de la compétence de la juridiction répressive française, en vertu des dispositions de l'article 693 du Code de procédure pénale non pas en raison de la localisation en France d'un acte caractérisant l'intention frauduleuse, mais lorsqu'un des éléments matériels constitutifs de l'infraction a été accompli sur le territoire de la République ; il en est ainsi de la prise de possession en France d'objets de provenance frauduleuse réalisée par l'intermédiaire de tiers agissant pour le compte du prévenu (■ Cass. crim., 1er oct. 1986 : *Bull. crim.*, n° 262).

9) Selon l'article 113-2 du Code pénal, il suffit, pour que l'infraction soit réputée commise sur le territoire de la République, qu'un de ses faits constitutifs ait eu lieu sur ce territoire.

Dès lors, l'infraction principale, en l'espèce un vol, fait constitutif nécessaire du recel, ayant été commise en France, le recel commis à l'étranger par une personne étrangère peut être poursuivie par les tribunaux français (■ Cass. crim., 26 sept. 2007 : *Bull. crim.*, n° 224 ; *Dr. pénal* 2007, comm. 150, obs. M. Véron ; *JCP* 2008, II 10047, note M. Segonds ;

Rev. sc. crim. 2008, p. 69, obs. E. Fortis ; *D.* 2008, p. 1179, note D. Rebut).

10) En l'état de l'entente établie entre plusieurs individus dont un étranger résidant à l'étranger, en vue de la préparation de crimes contre les biens ou les personnes tant en France qu'à l'étranger, peut être jugé en France l'étranger qui participe à une telle **association de malfaiteurs**, même s'il n'a pas pris personnellement part à la préparation des projets de crimes en France (■ Cass. crim., 20 févr. 1990 : *Bull. crim.*, n° 84).

11) Il en est de même pour l'infraction de **contrefaçon** lorsque, bien qu'une œuvre protégée ait été reproduite à l'étranger, l'atteinte portée aux droits de l'auteur a eu lieu en France (■ Cass. crim., 2 févr. 1977 : *Bull. crim.*, n° 41. ■ 29 janv. 2002 : *Bull. crim.*, n° 13).

12) Ainsi que lorsque la réalisation d'un plan de fraude (**en matière douanière**) par des étrangers résidant à l'étranger implique une fausse déclaration à la douane française (■ Cass. crim., 29 janv. 1975 : *Bull. crim.*, n° 34).

13) C'est à bon droit qu'une cour d'appel retient sa compétence pour connaître d'une **infraction d'intérêt à une fraude douanière** commise à l'occasion de diverses opérations de transit communautaire dès lors que les actes caractérisant ladite infraction ont été accomplis en France ; il s'ensuit, nonobstant les dispositions de l'article 36-2 *a* du règlement CEE n° 222/77 du 13 décembre 1976 relatif au transit communautaire, qui pose une règle de compétence subsidiaire, inapplicable en la cause, que les autorités douanières françaises sont compétentes pour constater et faire sanctionner l'infraction (■ Cass. crim., 12 mars 1990 : *Bull. crim.*, n° 113).

14) Les juridictions françaises sont compétentes pour statuer sur les poursuites engagées contre un importateur auquel il est reproché d'avoir déchargé, en France, des marchandises qui circulaient sous le régime du transit externe et qui, ainsi, ne sont pas parvenues à leur destination déclarée, ces faits constituant l'infraction de **contrebande** prévue à l'article 417 du Code des douanes ; la circonstance que ces faits puissent avoir pour origine une fausse déclaration à l'exportation, commise en Belgique, est, à cet égard, sans incidence (■ Cass. crim., 27 févr. 2002 : *Bull. crim.*, n° 51).

15) La diffusion de bulletins de concours sur le territoire national, qui caractérise une offre de paris faite en France, autorise la poursuite de l'organisateur de la **loterie prohibée** résidant à l'étranger (■ Cass. crim., 22 mai 1997 : *Bull. crim.*, n° 198). V. Ann. *Jeux*, 1, note sous art. 4 de la loi du 21 mai 1836.

16) Pour des offres de prêt émises avec un **taux usuraire** à l'étranger mais proposées par des intermédiaires et acceptées en France, V. ■ Cass. crim., 14 févr. 1962 : *Bull. crim.*, n° 97.

17) La juridiction française est compétente pour connaître du délit de **pollution** d'un cours d'eau, dès lors que l'un de ses éléments constitutifs a été accompli sur le territoire national (■ Cass. crim., 15 nov. 1977 : *Bull. crim.*, n° 352).

18) La solution est semblable pour un **délit d'initié**, caractérisé par la réalisation d'opérations à l'étranger, portant sur des valeurs mobilières étrangères, lorsque la divulgation des informations privilégiées a eu lieu à partir du territoire français, le terme de « marché », au sens de l'article 10-1 de l'ordonnance du 28 septembre 1967 modifiée, s'appliquant à tout lieu où s'effectue le rapprochement entre une offre et une demande portant sur des valeurs mobilières (■ Cass. crim., 26 oct. 1995 : *Bull. crim.*, n° 324).

19) Selon l'article 113-2, alinéa 2, du Code pénal, il suffit, pour que l'infraction soit réputée commise sur le territoire de la République et soit punissable en vertu de la loi française, qu'un de ses faits constitutifs ait eu lieu sur ce territoire. Tel est le cas lorsqu'il est établi que des actes avaient été effectués en France en vue de la **diffusion de vidéogrammes**, à caractère pornographique, enregistrés en Thaïlande (■ Cass. crim., 4 févr. 2004 : *Bull. crim.*, n° 32 ; *D.* 2005, p. 621, note V. Malabat).

20) Est considéré comme commis sur le territoire de la République le délit ou la tentative de **tromperie** sur la nature ou les qualités substantielles de toutes marchandises lorsque ces dernières sont offertes à la vente en France alors même que le vendeur serait un ressortissant étranger et les marchandises seraient livrées à l'étranger (■ Cass. crim., 19 avr. 1983 : *Bull. crim.*, n° 108).

21) Fait l'exacte application de l'article 113-2 du Code pénal l'arrêt qui, pour fonder la compétence des lois et juridictions françaises, retient que « le fait d'escorter des jeunes femmes de l'aéroport de Nice à un hôtel de cette ville, d'organiser leur séjour dans l'hôtel dans le seul but de les conduire quotidiennement à Monaco où elles auraient des relations sexuelles au préalable rémunérées avec les clients ou les organisateurs d'une société constituent des actes d'aide et d'assistance à la prostitution ; ces actes sont des éléments constitutifs **de délit de proxénétisme** par aide et assistance, ils ont été commis à Nice (ou l'auteur, ressortissant étranger, a été appréhendé) et le juge d'instruction de Nice est compétent en application de l'article 52 du Code de procédure pénale » (■ Cass. crim., 9 nov. 2011 : *Bull. crim.*, n° 230 ; *Dr. pén.* 2012, comm. 3, obs. M. Véron ; *JCP* 2011, act., n° 1318, obs. S. Detraz ; *AJP* 2012, jurispr. p. 166, obs. S. Lauric).

22) En se déterminant par des motifs dont il ne résulte pas que le **site Internet** hébergé en Allemagne et exploité par une société allemande était orienté vers le public français (en l'espèce, diffusion de phonogrammes d'un artiste-interprète français sans son autorisation), alors que la perpétration de la **contrefaçon** sur le territoire de la République est un élément constitutif de l'infraction, la cour d'appel n'a pas justifié sa décision (■ Cass. crim., 14 déc. 2010 : *D.* 2011, comm., p. 1055, note E. Dreyer).

23) Le délit de blanchiment est une infraction générale, distincte et autonome. Peu importe donc le lieu de commission de l'infraction d'origine, la législation de ce pays, la nationalité de l'auteur du crime ou du délit dont le produit est ensuite blanchi. Les juridictions françaises sont compétentes pour en connaître dès lors que les opérations de blanchiment ont eu lieu sur le territoire de la République et que les produits blanchis proviennent d'opérations ou d'actes pouvant recevoir une qualification pénale au regard de la loi française (■ Cass. crim., 24 févr. 2010, pourvoi n° 09-82.857 : *Dr. pénal* 2010, comm. 42, obs. M. Véron).

24) Atteintes aux mineurs et à la famille. Dès lors que l'un de ses éléments constitutifs, ou un acte le caractérisant, en l'espèce le fait d'abstention volontaire imputable au débiteur d'une pension alimentaire réalisé en France, le délit d'**abandon de famille**, relève de la juridiction française bien que le créancier réside à l'étranger (■ Cass. crim., 29 mars 1962 : *Bull. crim.*, n° 153). *Adde. crim.* 29 janvier 2003 : *D.* 2004, jurispr. p. 307, note S. Mirabail).

25) La loi pénale française est applicable à l'auteur d'une **soustraction d'enfant**, commencée à l'étranger et poursuivie un temps sur le territoire national, dès lors que l'infraction prévue par l'article 227-7 du Code pénal présente le caractère d'un délit continu (■ Cass. crim., 23 févr. 2000 : *Bull. crim.*, n° 83 ; *Dr. pénal* 2000, comm. 83, obs. M. Véron).

26) Lorsque le **droit de visite** doit être exercé à l'étranger, l'article 693 du Code de procédure pénale n'est pas applicable, le délit de non-représentation d'enfant n'étant pas un délit complexe. Il s'ensuit que lorsque ce délit a été commis à l'étranger par un étranger, les tribunaux français sont incompétents pour en connaître (■ Cass. crim., 27 oct. 1966 : *Bull. crim.*, n° 244. ■ 16 juill. 1969 : *Bull. crim.*, n° 228).

27) Indivisibilité. La juridiction française est compétente pour connaître des faits commis à l'étranger par un étranger dès lors que ces faits apparaissent comme formant un tout indivisible avec les infractions également imputées en France à cet étranger et dont elle est légalement saisie (■ Cass. crim., 9 déc. 1933 : *Bull. crim.*, n° 237. ■ 23 avr. 1981 : *Bull. crim.*, n° 116. ■ 20 févr. 1990 : *Bull. crim.*, n° 84). Voir aussi : ■ Cass. crim., 20 sept. 2016, n° 16-84.026 : *Dr. pén.* 2017, comm. 5, note P. Conte.

28) Les faits commis à l'étranger, qui forment un tout indivisible avec les actes imputés en France aux mêmes auteurs, peuvent être de la compétence de la juridiction française.

Il en est ainsi de l'abus de confiance commis à l'étranger par un Français, dès lors que ce délit apparaît indissociable de celui d'achat de vote commis en France et dont le même auteur s'est rendu complice (■ Cass. crim., 15 janv. 1990 : *Bull. crim.*, n° 22).

29) La compétence des juridictions françaises pour connaître d'un vol avec arme commis à l'étranger par un étranger est établie, dès lors que ces faits apparaissent indivisiblement liés, pour en avoir été la résultante, à des faits d'association de malfaiteurs commis en France auxquels il est reproché à cet étranger d'avoir participé (■ Cass. crim., 27 oct. 2004 : *Bull. crim.*, n° 263 ; *Dr. pénal* 2005, comm. 32, obs. M. Véron ; comm. 16, obs. A. Maron).

Voir aussi : ■ Cass. crim., 15 mars 2006 : *Bull. crim.*, n° 78, *infra* sous article 113-6.

30) En l'état des motifs qui établissent que le délit d'association de malfaiteurs reproché au prévenu, de nationalité étrangère et commis à l'étranger, était indivisiblement lié aux faits d'infractions à la législation sur les stupéfiants commis en France par ce dernier, la cour d'appel, qui a caractérisé sans insuffisance l'élément intentionnel des délits dont elle a déclaré le prévenu coupable, a justifié sa décision déclarant compétentes les juridictions pénales françaises (■ Cass. crim., 11 juin 2008 : *JurisData* n° 2008-044400 ; *Dr. pénal* 2008, comm. 107, obs. M. Véron).

31) La loi pénale française est applicable à une infraction commise par une personne de nationalité étrangère à l'encontre d'une victime de nationalité étrangère lorsque cette infraction ou l'un de ses faits constitutifs est commis sur le territoire de la République. Il en est de même lorsque l'infraction est commise à l'étranger, dans le seul cas où il existe un lien d'indivisibilité entre cette infraction et une autre commise sur le territoire de la République, les faits étant indivisibles lorsqu'ils sont rattachés entre eux par un lien tel que l'existence des uns ne se comprendrait pas sans l'existence des autres (■ Cass. crim., 31 mai 2016, n° 15-85-920 : *Dr. pén.* 2016, comm. 122, note P. Conte ; *D.* 2016, 1989, note D. Rebut).

32) Complicité. La juridiction française compétente pour juger le fait principal l'est aussi pour juger le complice, quels que soient sa nationalité et le lieu où les actes de complicité ont été accomplis (■ Cass. crim., 29 nov. 2016, n° 15-86.712 : *Dr. pén.* 2017, comm. 32, note P. Conte).

33) Connexité. Malgré les dispositions de l'article 696 du Code de procédure pénale, l'auteur français d'une infraction commise à l'étranger et qui est connexe à un crime ou délit commis en France peut être déféré devant la juridiction française compétente pour juger ce crime ou ce délit (■ Cass. crim., 20 févr. 1990 : *Bull. crim.*, n° 84).

34) La connexité existant entre une extorsion de signature, commise en France, et le recel du produit de cette infraction, réalisé à l'étranger, ne peut proroger la compétence de la juridiction française dès lors que l'action publique du chef d'extorsion de signature s'est trouvée éteinte par prescription avant le dépôt de la plainte pour recel (■ Cass. crim., 9 nov. 2004 : *Bull. crim.*, n° 274 ; *Dr. pénal* 2005, comm. 32, obs. M. Véron ; comm. 16, obs. A. Maron).

35) Si plusieurs infractions sont simplement connexes, les juridictions françaises ne sont pas compétentes pour connaître de celles commises à l'étranger par une personne de nationalité étrangère sur une victime étrangère (Arrêt susvisé du 31 mai 2016).

Art. 113-2-1 ***(Créé L. n° 2016-731, 3 juin 2016).*** **– Tout crime ou tout délit réalisé au moyen d'un réseau de communication électronique, lorsqu'il est tenté ou commis au préjudice d'une personne physique résidant sur le territoire de la République ou d'une personne morale dont le siège se situe sur le territoire de la République, est réputé commis sur le territoire de la République.**

Art. 113-3 ***(Mod., L. n° 2011-525, 17 mai 2011).*** **– La loi pénale française est applicable aux infractions commises à bord des navires battant un pavillon français, ou à l'encontre de tels navires, ou des personnes se trouvant à bord en quelque lieu qu'ils se trouvent. Elle est seule applicable aux infractions commises à bord des navires de la marine nationale, ou à l'encontre de tels navires, ou des personnes se trouvant à bord, en quelque lieu qu'ils se trouvent.**

1) Les dispositions de l'article 113-3 du Code pénal, qui prévient l'application de la loi pénale française aux infractions commises à bord des navires battant un pavillon français, en quelque lieu qu'ils se trouvent, ne s'étendent pas aux bateaux de navigation fluviale ; méconnaît la portée de ce texte la chambre de l'instruction qui, en l'absence de la requête du ministère public exigée par l'article 113-8 du Code pénal, déclare recevable la plainte avec constitution de partie civile du propriétaire d'un bateau de croisière fluvial immatriculé en France, du chef d'un vol commis à bord de ce bâtiment alors qu'il était amarré sur la rive allemande du Rhin (■ Cass. crim., 18 sept. 2007 : *Bull. crim.*, n° 211 ; *Rev. sc. crim.* 2008, p. 69, obs. E. Fortis).

2) Les dispositions de l'article 113-3 du Code pénal s'étendent aux infractions, telles que les destructions, dégradations et détériorations, commises à l'encontre des filets de pêche amarrés aux navires (■ Cass. crim., 30 nov. 2016, n° 14-86.980).

Art. 113-4 ***(Mod., L. n° 2011-525, 17 mai 2011).*** **– La loi pénale française est applicable aux infractions commises à bord des aéronefs immatriculés en France, ou à l'encontre de tels aéronefs, ou des personnes se trouvant à bord en quelque lieu qu'ils se trouvent. Elle est seule applicable aux infractions commises à bord des aéronefs militaires français, ou à l'encontre de tels aéronefs, ou des personnes se trouvant à bord, en quelque lieu qu'ils se trouvent.**

Voir : art. 113-9, p. 42.

Art. 113-5. **– La loi pénale française est applicable à quiconque s'est rendu coupable sur le territoire de la République, comme complice, d'un crime ou d'un délit commis à l'étranger si le crime ou le délit est puni à la fois par la loi française et par la loi étrangère et s'il a été constaté par une décision définitive de la juridiction étrangère.**

1) Les dispositions de l'article 690 du Code de procédure pénale qui soumettent à certaines conditions la poursuite en France de celui qui s'est, en France, rendu complice d'un crime ou délit commis à l'étranger, ne trouvent leur application que lorsque l'auteur du fait principal ne peut être jugé par les juridictions françaises. Tel n'est pas le cas lorsqu'un Français s'est, en France, rendu complice d'un crime commis à l'étranger par un Français (■ Cass. crim., 20 févr. 1990 : *Bull. crim.* 84).

2) Méconnaît les exigences de l'article 113-5, l'arrêt qui condamne le complice en France, d'une tentative d'importation de stupéfiants perpétrée à l'étranger, sans rechercher si sont réunies les deux conditions d'application de ce texte (■ Cass. crim., 10 févr. 1999 : *Bull. crim.*, n° 15 ; *D.* 1999, jurispr. p. 491, note A. Fournier).

3) Fait une exacte application de l'article 113-5 l'arrêt de la chambre de l'instruction qui refuse d'informer du chef de complicité, en France, d'enlèvement et séquestration commis à l'étranger sans que ces infractions aient été constatées par une décision définitive de la juridiction étrangère (■ Cass. crim., 29 janv. 2008 : *JurisData* n° 2008-042904, *Dr. pénal* 2008 ; comm. 60, obs. M. Véron).

4) Dès lors que, d'une part, selon l'article 113-5 du Code pénal, les faits de complicité réalisés en France d'un délit commis à l'étranger (organisation frauduleuse d'insolvabilité) ne relèvent de la loi pénale française que si, notamment, l'infraction principale a été constatée par une décision définitive de la juridiction étrangère, ce qui n'est pas le cas en l'espèce, et, d'autre part, les juridictions françaises ne sont pas tenues de surseoir à statuer dans l'attente d'une telle décision, la chambre de l'instruction qui a, à bon droit, retenu l'absence de préjudice direct de la société française, partie civile, a justifié sa décision d'incompétence (■ Cass. crim., 10 sept. 2008 : *JurisData* n° 2008-045342 ; *Dr. pénal* 2009, note 5).

Section II. – Des infractions commises hors du territoire de la République

Art. 113-6 *(L. n° 2009-1503, 8 déc. 2009)*. **– La loi pénale française est applicable à tout crime commis par un Français hors du territoire de la République.**

Elle est applicable aux délits commis par des Français hors du territoire de la République si les faits sont punis par la législation du pays où ils ont été commis.

Elle est applicable aux infractions aux dispositions du règlement (CE) n° 561/2006 du Parlement européen et du Conseil du 15 mars 2006 relatif à l'harmonisation de certaines dispositions de la législation sociale dans le domaine des transports par route, commises dans un autre État membre de l'Union européenne et constatées en France, sous réserve des dispositions de l'article 692 du Code de procédure pénale ou de la justification d'une sanction administrative qui a été exécutée ou ne peut plus être mise à exécution.

Il est fait application du présent article lors même que le prévenu aurait acquis la nationalité française postérieurement au fait qui lui est imputé.

Voir : art. 222-22, p. 247, art. 225-11-2, p. 319, art. 225-12-3, p. 319, art. 227-27-1, p. 388 (dispositions dérogatoires).

1) Crimes : compétence directe. Justifie sa décision au regard de l'alinéa 1er de l'article 689 du Code de procédure pénale, l'arrêt de la chambre d'accusation qui, pour ordonner la mise en accusation d'une personne, de nationalité française, du chef de faux en écriture authentique à raison des altérations de la vérité contenues dans un acte de notoriété dressé à l'étranger, constate sa participation à l'établissement de ce faux, après avoir relevé l'accord de la législation étrangère et de la législation française quant au caractère public de l'acte (■ Cass. crim., 21 févr. 1978 : *Bull. crim.* 63).

2) Délits : compétence conditionnelle. L'arrêt qui, en l'absence de conclusions des prévenus contestant la compétence des juges du fond, constate l'accord de la législation étrangère et de la législation française pour réprimer un fait commis à l'étranger, établit l'existence des deux conditions nécessaires, aux termes de l'article 689 du Code de procédure pénale, pour la poursuite d'un délit commis à l'étranger par des Français (■ Cass. crim., 27 nov. 1968 : *Bull. crim.* 319).

3) Viole l'article 689 du Code de procédure pénale l'arrêt qui prononce une condamnation à raison d'un délit d'abus de confiance commis à l'étranger, sans constater que le fait est puni par la législation du pays où il a été perpétré (■ Cass. crim., 19 mai 1971 : *Bull. crim.* 164).

4) Méconnaît les dispositions de l'article 689 du Code de procédure pénale l'arrêt qui prononce une condamnation à raison d'un délit de recel commis à l'étranger sans constater que le fait est puni par la législation du pays où il a été perpétré (■ Cass. crim., 27 juin 1984 : *Bull. crim.* 248. ■ 10 oct. 1988 : *Bull. crim.* 331).

5) Méconnaît les dispositions de l'article 113-6 du Code pénal l'arrêt qui prononce une condamnation à raison de délits de vols aggravés et d'escroqueries, en récidive, commis à l'étranger, sans constater que les faits sont punissables par la législation du pays où ils ont été perpétrés (■ Cass. crim., 26 mai 2010 : *Bull. crim.* n° 91 ; *Dr. pén.* 2010, comm. 115, obs. M. Véron).

6) Méconnaît les dispositions des articles 113-6, 113-7 et 113-8 du Code pénal l'arrêt qui prononce une condamnation pour un délit de blanchiment en bande organisée commis à l'étranger sans constater que les faits sont punissables par la législation en vigueur dans le pays où ils ont été commis ou que les victimes sont françaises et sans mettre la Cour de cassation en mesure de s'assurer que la poursuite a été intentée par le ministère public après dépôt de la plainte des victimes (■ Cass. crim., 25 nov. 2015, n° 14-84.985).

7) Relève de la compétence du Tribunal correctionnel de Strasbourg le délit de fourniture frauduleuse habituelle de visas autorisant l'entrée et le séjour d'étrangers en France dès lors que les faits reprochés, commis sur le territoire bulgare, sont indivisibles de ceux de recel de visa indûment obtenu et usage dudit visa, commis dans cette ville par une tierce personne (■ Cass. crim., 15 mars 2006 : *Bull. crim.*, n° 78).

8) Disqualification. Les dispositions de l'article 689, alinéa 2, du Code de procédure pénale sont applicables même dans l'hypothèse où les faits criminels visés dans l'acte initial de poursuite font l'objet d'une disqualification les faisant considérer comme des délits.

En conséquence, violent l'article précité l'ordonnance du juge d'instruction ou l'arrêt de la chambre d'accusation qui renvoient l'inculpé devant la juridiction de jugement sans constater que le ou les faits sont punis par la législation du pays où ils ont été perpétrés (■ Cass. crim., 6 mars 1984 : *Bull. crim.* 90).

9) Requalification. Donne une base légale à sa décision au regard des dispositions de l'article 689, alinéa 2, du Code de procédure pénale, l'arrêt qui, statuant sur une poursuite du chef d'évasion par bris de prison commis en Belgique par un citoyen français, constate que le fait n'est pas puni par la législation du pays où il a été perpétré et, le requalifiant, déclare le prévenu coupable de dégradation de monument d'utilité publique, délit prévu et réprimé par l'article 257 du Code pénal français et par l'article 526 du Code pénal belge (■ Cass. crim., 9 nov. 1988 : *Bull. crim.* 385).

10) Prescription. Les articles 689, 691 et 692 du Code de procédure pénale qui régissent les conditions dans lesquelles les infractions commises à l'étranger peuvent être poursuivies en France ne comportent aucune dérogation aux articles 7 et 8 du même code relatifs au point de départ de la prescription de l'action publique.

Il en est de même de la Convention européenne d'entraide judiciaire en matière pénale du 20 avril 1959 (■ Cass. crim., 16 juill. 1987 : *Bull. crim.* 298).

11) Lorsqu'un délit commis par un Français hors du territoire de la République est punissable en France en application des articles 689, alinéa 2, ancien du Code de procédure pénale et 113-6, alinéa 2, du Code pénal en vigueur depuis le 1er mars 1994, le point de départ de la prescription de l'action publique doit être fixé selon les règles prévues par la loi française en considérant la qualification donnée par elle aux faits délictueux. Méconnaît ce principe, la cour d'appel qui, pour fixer le point de départ du délai de prescription retient que le délit reproché au prévenu présente, selon la qualification qui lui est donnée dans le pays où il a été commis, le caractère d'une infraction instantanée (■ Cass. crim., 5 juin 1996 : *Bull. crim.*, n° 239).

12) Il résulte des articles 113-6 et 113-9 qu'un Français, définitivement jugé à l'étranger pour un crime commis hors du territoire de la République et qui a pris la fuite avant d'exécuter sa peine, peut être poursuivi en France pour les mêmes faits si la peine prononcée n'est pas prescrite ; encourt la censure la chambre d'accusation qui, après avoir constaté que la personne poursuivie avait été définitivement condamnée à l'étranger et s'était évadée en cours de peine, a refusé d'informer au motif que les faits ont été dénoncés aux autorités françaises après le délai de prescription de l'action publique, alors qu'il lui appartenait de rechercher si la prescription de la peine était acquise (■ Cass. crim., 16 oct. 2001 : *Bull. crim.*, n° 209 ; *Dr. pénal* 2002, comm. 3, obs. M. Véron).

Art. 113-7. – La loi pénale française est applicable à tout crime, ainsi qu'à tout délit puni d'emprisonnement, commis par un Français ou par un étranger hors du territoire de la République lorsque la victime est de nationalité française au moment de l'infraction.

Voir : art. 221-5-4, p. 193, art. 222-6-3, p. 226, art. 222-16-2, p. 242, art. 222-16-3, p. 242 (dispositions dérogatoires).

1) Les dispositions de l'article 691 du Code de procédure pénale, suivant lesquelles la poursuite en France d'un délit commis à l'étranger contre un particulier doit être précédée de la plainte de la partie offensée ou d'une dénonciation officielle à l'autorité française par l'autorité du pays où le fait a été commis ne sont pas applicables lorsque ce fait constitue un crime au regard de la loi française.

Sont seules applicables, en ce cas, les dispositions de l'article 689, alinéa 1er, du même code (■ Cass. crim., 25 juin 1974 : *Bull.* 237).

2) La coutume internationale s'oppose à ce que les **chefs d'État en exercice** puissent, en l'absence de dispositions internationales contraires s'imposant aux parties concernées, faire l'objet de poursuites devant les juridictions pénales d'un État étranger (■ Cass. crim., 13 mars 2001 : *Bull. crim.*, n° 64 ; *Gaz. Pal.* 25-29 mai 2001, p. 27, concl. J.-Y. Launay ; *D.* 2001, jurispr., p. 2631, note J.-F. Roulot ; *Rev. sc. crim.* 2004, p. 894, obs. M. Masse ; J.-P. Tomasi, *L'immunité d'un chef d'État étranger devant la Cour de cassation : Rev. sc. pénit.* 2002, p. 737).

3) La coutume internationale qui s'oppose à la poursuite des États devant les juridictions pénales d'un État étranger s'étend aux organes et entités qui constituent l'émanation de l'État ainsi qu'à leurs agents en raison d'actes qui relèvent de la souveraineté de l'État concerné (■ Cass. crim., 23 nov. 2004 : *Bull. crim.*, n° 292, poursuites à la suite du naufrage du pétrolier *Erika*).

Ainsi, justifie sa décision la chambre de l'instruction qui, pour prononcer l'annulation des mandats d'arrêt délivrés à l'encontre du Premier ministre et du ministre des forces armées d'un État étranger, en fonction au moment des faits, retient que le navire ayant fait naufrage avait été mis en service pour permettre le désenclavement d'une région de cet État, qu'il assurait une mission de service public non commercial, qu'il était armé par un équipage militaire et avait le statut de navire militaire (■ Cass. crim., 19 janv. 2010 : *Bull. crim.*, n° 9 ; *Rev. sc. crim.* 2010, p. 131, obs. J. Mayaud).

4) Seule la qualité de Français de la victime directe de l'infraction commise à l'étranger attribue compétence aux lois et juridictions françaises sur le fondement des articles 113-7 du Code pénal et 689 du Code de procédure pénale ; les stipulations des articles 6 et 14 de la CEDH ne sont pas de nature à remettre en cause les règles relatives à la compétence internationale des lois et juridictions françaises ; celles-ci sont, en conséquence, incompétentes pour connaître des faits dénoncés dans la plainte déposée par la veuve et les enfants, de nationalité française, pour assassinat, commis en territoire étranger, de leur mari et père, lui-même étranger (■ Cass. crim., 31 janv. 2001 : *Bull. crim.*, n° 31).

– La veuve française d'un étranger victime d'un crime commis à l'étranger n'est pas la victime directe de l'infraction (■ Cass. crim., 21 janv. 2009 : *Bull. crim.*, n° 22).

– Une femme de nationalité française alléguant avoir subi des préjudices découlant du crime de torture dont son époux étranger a été victime à l'étranger n'est pas la victime directe de l'infraction (■ Cass. crim., 8 nov. 2016, n° 16-84.115 : *Dr. pén.* 2017, comm. 16, note P. Conte).

5) Encourt la cassation l'arrêt d'une chambre de l'instruction qui confirme l'ordonnance de refus d'informer rendue par le juge d'instruction sur la plainte déposée, des chefs d'arrestation, séquestration illégale, détention arbitraire, abstention volontaire de mettre fin à une détention arbitraire, par des **ressortissants français détenus sur la base de Guantanamo** en décidant, par le seul examen abstrait de la plainte, sans rechercher, par une information préalable, si l'arrestation et les conditions de détention des plaignants, qu'elle devait analyser au regard, notamment, de la troisième convention de Genève du 12 août 1949 et du Pacte international relatif aux droits civils et politiques du 19 décembre 1966, n'entraient pas dans les prévisions de l'article 224-1 du Code pénal et, comme telles, en raison de la nationalité française desdits plaignants, ne relevaient pas de la compétence des lois et juridictions françaises, en application des articles 113-7 du Code pénal et 689 du Code de procédure pénale (■ Cass. crim., 4 janv. 2005 : *Bull. crim.*, n° 1 ; *Rev. sc. crim.* 2005, p. 297, obs. Vermelle).

6) Dès lors qu'une société, victime d'un abus de confiance commis par le salarié d'une société filiale installée en Italie, est française, la loi française était applicable (■ Cass. crim., 25 avr. 2007 : *Dr. sociétés* 2007, comm. 167, obs. R. Salomon). V. *infra* note sous l'article 314-1 du Code pénal.

7) Il résulte, d'une part, des articles 113-7 du Code pénal et 689 du Code de procédure pénale que seule la qualité de victime directe de nationalité française au moment de la commission d'une infraction commise à l'étranger attribue compétence aux lois et juridictions françaises, d'autre part, de l'article 113-8 du Code pénal qu'en cas de délit commis à l'étranger contre un particulier, la poursuite ne peut être intentée qu'à la requête du ministère public et doit être précédée d'une dénonciation officielle par l'autorité du pays où le fait a été commis ou d'une plainte de la victime française ou de ses ayants droit.

Encourt la cassation la décision de la chambre de l'instruction qui omet, d'une part, de vérifier que les victimes directes des infractions visées par les plaintes de leurs ayants droit étaient, lors de l'accident aérien dans lequel elles ont trouvé la mort, de nationalité française, d'autre part, de rechercher, avant d'examiner la portée du désistement des parties civiles au regard des dispositions de l'article 6, alinéa 3, du Code de procédure pénale, celles des plaintes qui répondaient aux exigences combinées des articles 113-7 et 113-8 du Code pénal, conditionnant la régularité des poursuites exercées par le ministère public (■ Cass. crim., 6 nov. 2013, n° 13-84.377 : *Bull. crim.*, n° 216 ; *Gaz. Pal.* 17-18 janv. 2014, p. 19, note R. Mesa).

8) Contrefaçon. En application des dispositions de l'article 5, § 2 de la Convention pour la protection des œuvres littéraires et artistiques du 9 septembre 1886, selon lesquelles la protection due à tout auteur d'un pays unioniste est exclusivement dévolue à la législation du pays où elle est réclamée, cette dernière désigne la loi de l'État sur le territoire duquel se sont produits les agissements délictueux et non celle du pays où le dommage a été subi.

Encourt la cassation l'arrêt qui, pour déclarer la loi française applicable, retient que l'une des victimes est de nationalité française, et qu'en conséquence les juridictions françaises sont compétentes en application de l'article 113-7 du Code pénal, alors que l'atteinte portée aux droits d'auteur a eu lieu hors du territoire national (■ Cass. crim., 29 nov. 2011, n° 09-88.250 : *Bull. crim.*, n° 240 ; *JCP* 2012, note 248, p. 422, E. Dreyer ; *AJP* 2012, jurispr. p. 164, obs. J. Lasserre-Capdeville).

Art. 113-8. – **Dans les cas prévus aux articles 113-6 et 113-7, la poursuite des délits ne peut être exercée qu'à la requête du ministère public. Elle doit être précédée d'une plainte de la victime ou de ses ayants droit ou d'une dénonciation officielle par l'autorité du pays où le fait a été commis.**

Voir : jurisprudence afférente à l'art. 691, C. proc. pén. avant son abrogation par l'art. 62 de la loi n° 92-1336, 16 déc. 1992.

Voir : art. 222-22, p. 247 (dispositions dérogatoires : agressions sexuelles commises à l'étranger contre un mineur).

1) Aux termes de l'article 691 du Code de procédure pénale, en cas de délit commis à l'étranger contre un particulier, la poursuite ne peut être intentée qu'à la requête du ministère public (■ Cass. crim., 19 mai 1971 : *Bull. crim.* 164. ■ 13 juin 1974 : *Bull.* 219).

Dès lors doit être cassé l'arrêt qui ne met pas la Cour de cassation en mesure de s'assurer que les dispositions de cet article ont été respectées (■ Cass. crim., 19 mai 1971 : *Bull. crim.* 164).

– Mais c'est à bon droit que la chambre de l'instruction a décidé qu'en l'absence de la requête du ministère public exigée par l'article 113-8 du Code pénal, la poursuite était irrecevable en ce qu'elle visait le recel éventuellement commis à l'étranger par une société (■ Cass. crim., 9 nov. 2004 ; *Bull. crim.*, n° 274 ; *Dr. pénal* 2005, comm. 16, obs. A. Maron et comm. 32, obs. M. Véron).

2) Aux termes de l'article 691 du Code de procédure pénale, en cas de délit commis à l'étranger contre un particulier, la poursuite intentée par le ministère public doit être précédée d'une plainte de la partie offensée ou d'une dénonciation officielle de l'autorité du pays où le fait a été commis. Dès lors, doit être cassé l'arrêt qui ne met pas la Cour de cassation en mesure de s'assurer que les dispositions de cet article, notamment en ce qui concerne la plainte préalable de la victime, ont été respectées (■ Cass. crim., 27 juin 1984 : *Bull. crim.* 248).

3) Aux termes de l'article 113-8 du Code pénal, en cas de délit commis à l'étranger, contre un particulier, la poursuite intentée par le ministère public doit être précédée d'une plainte de la victime ou de ses ayants droit, ou d'une dénonciation officielle de l'autorité du pays où le fait a été commis.

Dès lors, doit être cassé l'arrêt qui ne met pas la Cour de cassation en mesure de s'assurer que les dispositions de cet article, notamment en ce qui concerne la plainte préalable de la victime, ont été respectées (■ Cass. crim., 26 mai 2010 : *Bull. crim.* n° 91 ; *Dr. pén.* 2010, comm. 115, obs. M. Véron).

4) C'est à bon droit qu'une cour d'appel déclare que la poursuite est valablement engagée, conformément aux exigences de l'article 691 du Code de procédure pénale, sur la plainte de la partie offensée, dès lors qu'il est constaté que préalablement à cette poursuite exercée à la requête du ministère public du chef du délit prévu à l'article 63, alinéa 2, du Code pénal, il existait une plainte du frère de la victime décédée des suites de l'infraction, et que le préjudice moral invoqué par lui correspondait à une réalité (■ Cass. crim., 3 juin 1976 : *Bull. crim.* 198).

5) L'article 691 du Code de procédure pénale ne prescrit pas que la plainte de la personne offensée ait été portée nommément contre le prévenu d'une infraction commise à l'étranger. Il suffit que les faits allégués dans la plainte aient été par la suite régulièrement imputés audit prévenu (■ Cass. crim., 24 mars 1969 : *Bull. crim.* 131).

6) L'obligation où se trouve le ministère public, en cas de délit commis contre un particulier par un Français à l'étranger, d'attendre, pour engager les poursuites, une plainte de la partie offensée ou une dénonciation officielle à l'autorité française par l'autorité du pays où le fait a été commis, ne constitue pas un obstacle absolu à l'exercice de la poursuite et dès lors ne suspend pas la prescription de l'action publique (■ Cass. crim., 16 juill. 1987 : *Bull. crim.* 298).

7) La dénonciation officielle adressée par l'autorité étrangère à l'autorité française aux fins de jugement en France de délits commis par un français à l'étranger est un acte de poursuite interruptif de la prescription de l'action publique (■ Cass. crim., 12 oct. 2005 : *Bull. crim*, n° 260 ; *Dr. pénal* 2006, comm. 20, obs. M. Véron).

8) Il résulte de l'article 113-8 du Code pénal que, même en l'absence d'une dénonciation officielle, les poursuites contre un Français ayant commis un délit hors du territoire de la République peuvent être exercées en France à la requête du ministère public, lorsque les réquisitions ont été précédées d'une plainte de la victime. Il n'importe que la plainte ait été déposée en France ou à l'étranger dès lors que dans ce second cas, elle a été transmise aux autorités judiciaires françaises (■ Cass. crim., 24 nov. 1998 : *Bull. crim.*, n° 312).

9) Aux termes de l'article 113-8 du Code pénal, en cas de délit commis à l'étranger contre un particulier, la poursuite ne peut être intentée qu'à la requête du ministère public et doit être précédée d'une plainte de la victime ou de ses ayants droit ou d'une dénonciation officielle par l'autorité du pays où le fait a été commis. Lorsque le procureur de la République a requis l'ouverture de l'information, puis son extension à d'autres faits, à la suite de plaintes des victimes ou de leurs ayants droit qui n'avaient pu mettre en mouvement l'action publique, la poursuite est régulièrement engagée (■ Cass. crim., 11 juin 2003 : *Bull. crim.*, n° 119).

10) Il résulte, d'une part, des articles 113-7 du Code pénal et 689 du Code de procédure pénale que seule la qualité de victime directe de nationalité française au moment de la commission d'une infraction commise à l'étranger attribue compétence aux lois et juridictions françaises, d'autre part, de l'article 113-8 du Code pénal, qu'en cas de délit commis à l'étranger contre un particulier, la poursuite ne peut être intentée qu'à la requête du ministère public et doit être précédée d'une dénonciation officielle par l'autorité du pays où le fait a été commis ou d'une plainte de la victime française ou de ses ayants droit.

Encourt la cassation la décision de la chambre de l'instruction qui omet, d'une part, de vérifier que les victimes directes des infractions visées par les plaintes de leurs ayants droit étaient, lors de l'accident aérien dans lequel elles ont trouvé la mort, de nationalité française, d'autre part, de rechercher, avant d'examiner la portée du désistement des parties civiles au regard des dispositions de l'article 6, alinéa 3, du Code de procédure pénale, celles des plaintes qui répondaient aux exigences combinées des articles 113-7 et 113-8 du Code pénal, conditionnant la régularité des poursuites exercées par le ministère public (■ Cass. crim., 6 nov. 2013, n° 13-84.317 : *Bull. crim.*, n° 216 ; *Gaz. Pal.* 17-18 janv. 2014, p. 19, note R. Mesa).

11) La loi pénale française est inapplicable et les juridictions françaises incompétentes pour connaître d'un délit (abus de confiance) commis par un français à l'étranger, dès lors que les poursuites ont été engagées à l'initiative des parties civiles et non à la requête du Ministère public (■ Paris, 20 mai 2002 : *Dr. pénal* 2002, comm. 132, obs. M. Véron).

12) Est commis hors du territoire de la République, le délit de menaces émises, dans un pays étranger, par un étranger à l'encontre d'un Français et il n'importe que les menaces soient parvenues à la connaissance de leur destinataire par divers moyens de communication les ayant rapportées.

Il en résulte que, par application de l'article 113-8 du Code pénal, la poursuite, s'agissant d'un délit puni d'une peine d'emprisonnement, ne peut être exercée qu'à la requête du ministère public (■ Cass. crim., 8 déc. 2009 : *Bull. crim.*, n° 206 ; *Dr. pénal* 2010, comm. 42, obs. M. Véron ; *Rev. sc. crim.* 2010, p. 133, obs. Y. Mayaud ; *Dr. pén.* 2010, études 16 par T. Garé). V. aussi, sous, art. 222-17, p. 242.

Art. 113-8-1 ***(L. n° 2004-204, 9 mars 2004 ; L. n° 2013-711, 5 août 2013).*** **– Sans préjudice de l'application des articles 113-6 à 113-8, la loi pénale française est également applicable à tout crime ou à tout délit puni d'au moins cinq ans d'emprisonnement commis hors du territoire de la République par un étranger dont l'extradition ou la remise, soit que l'extradition ou la remise serait susceptible d'avoir, pour la personne réclamée, des conséquences d'une gravité exceptionnelle en raison, notamment, de son âge ou de son état de santé a été refusée à l'État requérant par les autorités françaises aux motifs, soit que le fait à raison duquel l'extradition avait été demandée est puni d'une peine ou d'une mesure de sûreté contraire à l'ordre public français, soit que la personne réclamée aurait été jugée dans ledit État par un tribunal n'assurant pas les garanties fondamentales de procédure et de protection des droits de la défense, soit que le fait considéré revêt le caractère d'infraction politique.**

La poursuite des infractions mentionnées au premier alinéa ne peut être exercée qu'à la requête du ministère public. Elle doit être précédée d'une dénonciation officielle, transmise par le ministre de la justice, de l'autorité du pays où le fait a été commis et qui avait requis l'extradition.

Bibliographie : D. Brach-Thiel, *De la nécessaire réécriture de l'article 113-8-1 du Code pénal : Rev. sc. crim.* 2009, Doctr., p. 523.

Art. 113-9. – Dans les cas prévus aux articles 113-6 et 113-7, aucune poursuite ne peut être exercée contre une personne justifiant qu'elle a été jugée définitivement à l'étranger pour les mêmes faits et, en cas de condamnation, que la peine a été subie ou prescrite.

Voir : art. 692, C. proc. pén. mod. par l'art. 63 de la loi n° 92-1336, 16 déc. 1992.

1) L'exportation de stupéfiants commise en France et, à la supposer punissable, l'importation des mêmes stupéfiants dans un pays étranger constituent des infractions distinctes. Dès lors, l'action publique est exercée à bon droit contre l'auteur du premier de ces délits, sans qu'il y ait à rechercher s'il a été jugé antérieurement à l'étranger pour le second (■ Cass. crim., 22 nov. 1973 : *Bull. crim.*, n° 434).

2) Une dénonciation aux fins de poursuites, au sens de l'article 21 de la convention européenne d'entraide judiciaire en matière pénale, est un acte d'entraide judiciaire n'emportant pas renonciation de la part de l'État requérant à l'exercice de son droit de poursuite.

L'exception de la chose jugée à l'étranger ne fait pas obstacle à cet exercice lorsque la compétence internationale des juridictions françaises est fondée sur le principe de la territorialité (■ Cass. crim., 8 juin 2005 : *Bull. crim.*, n° 174).

– La dénonciation faite à un État étranger, aux fins de poursuites, n'emporte pas renonciation de la part de l'État requérant, à l'exercice de son droit de poursuite (■ Cass. crim., 23 oct. 2013, n° 13-83.499 : *Bull. crim.*, n° 201 ; *D.* 2013, p. 2950, note D. Rebut ; *AJP* 2014, p. 127, note Th. Herran).

3) L'exception de chose jugée prévue aux articles 113-9 du Code pénal et 692 du Code de procédure pénale, ne saurait faire obstacle à l'exercice de poursuites exercées sur le fondement de la compétence territoriales française. (Seul est susceptible d'être éventuellement invoqué l'article 54 de la Convention d'application de l'Accord de Schengen). (■ Cass. crim., 26 sept. 2007 : *Bull. crim.*, n° 224 ; *Dr. pénal* 2007, comm. 150, obs. M. Véron ; *JCP* 2008, II, 10047, note M. Segonds ; *Rev. sc. crim.* 2008, p. 69, obs. E. Fortis).

4) En dehors dès cas où un texte spécial en dispose autrement, et sous réserve de la déduction, lors de l'exécution de la peine, de la détention subie à l'étranger de la peine qui pourrait être ensuite prononcée par la juridiction nationale, les décisions rendues par les juridictions pénales étrangères n'ont pas, en France, l'autorité de la chose jugée, lorsqu'elles concernent des faits commis sur le territoire de la République (■ Cass. crim., 23 oct. 2013, n° 13-83.499, préc. *supra* : *Bull. crim.*, n° 201 ; *D.* 2013, p. 2950, note D. Rebut ; *AJP* 2014, p. 127, note Th. Herran).

– V. sur l'évolution quant à la déduction de la détention : ■ Cass. crim., 26 oct. 1993 : *Bull. crim.*, n° 315, et ■ Cass. crim., 13 mars 2013 : *Bull. crim.*, n° 64, et arrêts cités.

5) Il résulte des dispositions des articles 113-9 du Code pénal et 54 de la convention d'application de l'accord de Schengen que, lorsque la victime est de nationalité française au moment de l'infraction, un étranger ayant commis hors du territoire de la République un crime ou un délit puni d'emprisonnement ne peut échapper à toute poursuite en France que s'il justifie avoir été définitivement jugé à l'étranger pour les mêmes faits ; un classement sans suite par le ministère public près une juridiction étrangère n'a pas valeur de jugement définitif au sens des textes précités ; dès lors, encourt la censure l'arrêt faisant droit à l'exception d'extinction de l'action publique par la chose jugée invoquée par le prévenu qui, dans une poursuite pour recel commis au préjudice de victimes de nationalité française, se prévalait d'une décision de classement sans suite prise par le Parquet de Bade Wurtemberg (■ Cass. crim., 6 déc. 2005 : *Bull. crim.* n° 317 ; *D.* 2006, p. 622, obs. J. Pradel ; *Rev. sc. crim.* 2006, p. 307, obs. G. Vermelle).

6) Il résulte des dispositions des articles 113-9 du Code pénal et 54 de la Convention d'application de l'accord de Schengen que, lorsque la victime est de nationalité française, un étranger ayant commis hors du territoire de la République un crime ou un délit puni d'emprisonnement ne peut échapper à toute poursuite en France que s'il justifie avoir été définitivement jugé à l'étranger pour les mêmes faits ou s'il établit que la prescription de l'action publique a été définitivement constatée par un jugement rendu à l'étranger ; justifie dès lors sa décision la cour d'appel qui, pour écarter l'exception soulevée par le prévenu, ressortissant allemand, qui soutenait que la règle non *bis in idem* devait trouver application en l'espèce, les faits ayant donné lieu aux poursuites en France étant définitivement prescrits en Allemagne, après décision de classement sans suite pour insuffisance des charges, retient que l'intéressé ne justifie pas de l'existence, en Allemagne, d'un jugement définitif constatant ladite prescription (■ Cass. crim., 12 mai 2009 : *Bull. crim.*, n° 89 ; *D.* 2009, p. 2258, note D. Brach-Thiel ; *JCP* G 2009, 215, note A. Donnier).

7) L'interdiction, résultant des articles 692 du Code de procédure pénale et 113-9 du Code pénal, d'exercer des poursuites contre une personne justifiant qu'elle a été jugée définitivement à l'étranger pour les mêmes faits n'est pas applicable à la décision d'une juridiction étrangère frappée d'un pourvoi en cassation en cours d'examen. La juridiction française saisie des poursuites n'est pas tenue de surseoir à statuer jusqu'à ce que cette décision étrangère soit devenue définitive (■ Cass. crim., 10 sept. 2014, n° 14-84.186 : *Bull. crim.*, n° 184).

8) Il résulte des dispositions des articles 113-9 du Code pénal et 54 de la convention d'application des accords de Schengen que, lorsque la victime est de nationalité française au moment de l'infraction, un étranger ayant commis hors du territoire de la République un crime ou un délit puni d'emprisonnement ne peut échapper à toute poursuite en France que s'il justifie avoir été définitivement jugé à l'étranger pour les mêmes faits.

Le classement sans suite, par le ministère public, n'a pas valeur de jugement définitif au sens des textes précités.

La décision d'une juridiction confirmant ce classement ne peut être regardée comme un jugement définitif que si, à la date où elle a été rendue, l'action publique avait été engagée ; tel n'est pas le cas de la confirmation, par une juridiction étrangère, du classement sans suite décidé par le ministère public près cette juridiction (■ Cass. crim., 2 avr. 2014 : *Bull. crim.*, n° 101).

9) Une décision d'une juridiction étrangère, se bornant à déclarer irrecevable en la forme un recours contre un classement administratif d'une plainte, ne saurait constituer un jugement définitif faisant obstacle à la poursuite des mêmes faits en France (■ Cass. crim., 20 juin 2012, n° 12-81.729 : *Bull. crim.*, n° 156 ; *D.* 2012, p. 2500, note D. Brach-Thiel).

Art. 113-10 ***(Mod., L. n° 2001-1168, 11 déc. 2001).*** **– La loi pénale française s'applique aux crimes et délits qualifiés d'atteintes aux intérêts fondamentaux de la nation et réprimés par le titre Ier du livre IV, à la falsification et à la contrefaçon du sceau de l'État, de pièces de monnaie, de billets de banque ou d'effets publics réprimées par les articles 442-1, 442-2, 442-5, 442-15, 443-1 et 444-1 et à tout crime ou délit contre les agents ou les locaux diplomatiques ou consulaires français, commis hors du territoire de la République.**

Art. 113-11 ***(Mod., L. n° 2011-525, 17 mai 2011).*** **– Sous réserve des dispositions de l'article 113-9, la loi pénale française est applicable aux crimes et délits commis à bord ou à l'encontre des aéronefs non immatriculés en France ou des personnes se trouvant à bord :**

1° Lorsque l'auteur ou la victime est de nationalité française ;

2° Lorsque l'appareil atterrit en France après le crime ou le délit ;

3° Lorsque l'aéronef a été donné en location sans équipage à une personne qui a le siège principal de son exploitation ou, à défaut, sa résidence permanente sur le territoire de la République.

Dans le cas prévu au 1°, la nationalité de l'auteur ou de la victime de l'infraction est appréciée conformément aux articles 113-6, dernier alinéa, et 113-7.

Voir : Ann. 7, *Aviation civile.*

Art. 113-12 ***(L. n° 96-151, 26 févr. 1996).*** **– La loi pénale française est applicable aux infractions commises au-delà de la mer territoriale, dès lors que les conventions internationales et la loi le prévoient.**

1) Sur la compétence des juridictions françaises en matière de crimes contre l'humanité et les crimes de guerre : V. *infra*, articles 211-1 à 213-5 du Code pénal, et Ann. *Crimes de guerre et crimes contre l'humanité*, et aussi les articles 689 et s. du Code de procédure pénale.

2) Pour certaines infractions, les textes dérogent aux dispositions des articles 113-6, 113-8, ci-dessus : V. not. les articles 225-12-3, 227-27-1, 436-3, 511-1-1 du Code pénal.

3) Sur la compétence des juridictions françaises en matière de pollution marine, V. *infra*, notes sous C. env., art. L. 218-11, p. 1411 et, notamment, celles sur l'arrêt du 25 septembre 2012, n° 10-82.938, de la Cour de cassation, Chambre criminelle.

Art. 113-13 ***(L. n° 2012-1432, 21 déc. 2012).*** **– La loi pénale française s'applique aux crimes et délits qualifiés d'actes de terrorisme et réprimés par le titre II du livre IV commis à l'étranger par un Français ou par une personne résidant habituellement sur le territoire français.**

Bibliographie : M.-H. Gozzi, *Sécurité et lutte contre le terrorisme : l'arsenal juridique encore renforcé : D.* 2013, p. 194. • D. Brach-Thiel, *Le nouvel article 113-13 du Code pénal : contexte et analyse : AJP* 2013, p. 90. • J. Alix, *Fallait-il étendre la compétence des juridictions pénales en matière terroriste ? : D.* 2013, p. 518. • T. Herran, *Réflexions sur l'article 113-13 du Code pénal : Dr. pénal* 2013, étude 10.

TITRE II. – DE LA RESPONSABILITÉ PÉNALE

CHAPITRE I. – DISPOSITIONS GÉNÉRALES

Art. 121-1. **– Nul n'est responsable pénalement que de son propre fait.**

Voir : Sur la personnalité des peines, art. 133-1, p. 174 ;
Responsabilité des élus, ministres et Président de la République, V. Annexe 63 (Vie Politique).

Bibliographie : *JCl. pén., Principe de la responsabilité personnelle* par P. Salvage. • *Les infractions commises au sein d'un groupe informel* : *Dr. pénal* 2005, Étude 8 par P. Salvage.

Voir : *Sur la délégation de pouvoirs*, V. Lassale : *JCP* 93, I, 3695 ; Demichel : *D.* 1995, chron. 213 ; V. Lesclous et C. Marsat, *Responsabilité pénale du chef d'entreprise* : *Dr. pénal* 1996, chron. 30 ; M. Giacopelli-Mori, *La délégation de pouvoirs en matière de responsabilité pénale du chef d'entreprise* : *Rev. sc. crim.* 2000, p. 525 ; C. Clément et J.-Ph. Vincentini : *Petites affiches* 2001, n° 210 ; obs. de M. Véron sous ■ Cass. crim., 6 mars 2001 : *Dr. pénal* 2001, comm. 75, et sous ■ Cass. crim., 6 févr. 2001 : *Dr. pénal* 2001, comm. 78. V. aussi, F. Douchez, B. Delamy, M. Segonds, *La délégation de pouvoirs du chef d'entreprise* : *Dr. pénal* 2010, Dossier, nos 5 à 8.

• ***Sommaire***

I – LA RÈGLE

1) Définition. La responsabilité pénale ne peut résulter que d'un fait personnel constitutif d'une infraction ou de la participation personnelle à sa commission (■ Cass. crim., 16 déc. 1948 : *Bull. crim.*, n° 291, et les arrêts cités).

En principe nul n'est passible de peines qu'à raison de son fait personnel (■ Cass. crim., 28 févr. 1956 : *JCP* 1956, II, 9304, note R. De Lestang).

Sauf lorsque la loi en dispose autrement, nul n'est responsable que de son propre fait (■ Cass. crim., 23 nov. 1994 : *Bull. crim.*, n° 376).

2) Applications. Nul n'est responsable pénalement que de son propre fait ; ne justifie pas sa décision de condamnation d'un prévenu du chef d'opposition à l'exécution de travaux publics l'arrêt qui se borne à constater qu'après une manifestation contre la réalisation d'une section d'autoroute au cours de laquelle le chantier avait été envahi par plusieurs personnes, ledit prévenu avait lui-même pénétré sur le chantier, sans rechercher s'il s'était, par son fait personnel, volontairement opposé à l'exécution des travaux (■ Cass. crim., 8 oct. 1997 : *Dr. pénal* 1998, comm. 19, note M. Véron).

3) Mais, doit être déclaré pénalement responsable celui qui, au cours d'une action collective, a été identifié pour avoir accompli personnellement des actes délictueux (■ Cass. crim., 22 juin 1999 : *Dr. pénal* 1999, comm. 140, note M. Véron).

4) Justifie sa décision la cour d'appel qui, pour relaxer des conseillers municipaux, poursuivis du chef de discrimination à raison d'une délibération du conseil municipal refusant un service, retient que cette délibération a été prise par un organe collégial de la commune et ne peut être en conséquence imputée à ceux des conseillers ayant exprimé un vote favorable (■ Cass. crim., 11 mai 1999 : *Bull. crim.*, n° 93).

5) Mais justifie sa décision la cour d'appel, qui, pour retenir la culpabilité du maire d'une commune et de son adjoint du chef de discrimination, retient que, si la délibération instaurant une prime discriminatoire a été votée à bulletins secrets par le conseil municipal, organe collégial de la commune, le délit de discrimination est néanmoins imputable au maire et à son adjoint qui ont personnellement participé à l'infraction, le maire, en prenant l'initiative, l'adjoint au maire, rapporteur du projet, en inscrivant la question à l'ordre du jour et en la soumettant au vote (■ Cass. crim., 17 déc. 2002 : *Bull. crim.*, n° 227 ; *Dr. pénal* 2003, comm. 44, obs. M. Véron).

6) Sont pénalement responsables de l'infraction de prise illégale d'intérêts un maire, les maires adjoints et un conseiller municipal qui ont participé aux délibérations et pris part aux votes attribuant des subventions aux associations municipales ou intercommunales qu'ils présidaient alors qu'ils étaient soumis à l'obligation de veiller à la parfaite neutralité des décisions d'attribution des subventions à ces associations (■ Cass. crim., 22 oct. 2008 : *Bull. crim.*, n° 212 ; *Dr. pénal* 2009, comm. 3, obs. M. Véron). V. *infra*, note sous l'article 432-12 du Code pénal, V° *intérêt*.

7) Personnes morales. Aux termes de l'article 121-1 du Code pénal, nul n'est responsable pénalement que de son propre fait ; il s'ensuit, dans le cas où une société, poursuivie pour blessures involontaires, fait l'objet d'une fusion-absorption, que la société absorbante ne peut être déclarée coupable, l'absorption ayant fait perdre son existence juridique à la société absorbée (■ Cass. crim., 20 juin 2000 : *Bull. crim.*, n° 237 ; *D. affaires* 2001, p. 853, note H. Matsopoulou ; *D.* 2002, somm. comm., p. 1802, note Roujou de Boubée. ■ 14 oct. 2003 : *Bull. crim.*, n° 189 ; *Rev. sc. crim.* 2004, p. 339, obs. E. Fortis (■ Cass. crim., 18 févr. 2014, n° 12-85.807).

8) La troisième directive 78/855/CEE du Conseil du 9 octobre 1978 concernant les fusions des sociétés anonymes, qui a été codifiée par la directive 2011/35/UE du Parlement européen et du Conseil du 5 avril 2011, telle qu'interprétée en son article 19 paragraphe 1 par la Cour de justice de l'Union européenne, est dépourvue d'effet direct à l'encontre des particuliers et l'article 121-1 du Code pénal ne peut s'interpréter que comme interdisant que des poursuites pénales soient engagées à l'encontre de la société absorbante pour des faits commis par la société absorbée avant que cette dernière perde son existence juridique par l'effet d'une fusion-absorption.

Méconnaît cet article la chambre de l'instruction qui, pour refuser d'ordonner le non-lieu au profit de la société absorbante pour ceux des faits qui auraient été commis par la société absorbée antérieurement à sa radiation du registre du commerce et des sociétés, retient que l'opération de fusion-absorption, en l'absence de liquidation, ayant eu pour effet de transférer, en les confondant, le patrimoine et la personnalité juridique de la société absorbée à la société absorbante, entraîne la transmission à cette dernière de la responsabilité pénale (■ Cass. crim., 25 oct. 2016, n° 16-80.366 : *D.* 2016, 2606, note R. Dalmau).

II – RESPONSABILITÉ PARTICULIÈRE DU CHEF D'ENTREPRISE

9) Notion. Dans certains cas exceptionnels, notamment dans les industries soumises à des règlements édictés dans un intérêt général, les infractions à ces règlements, même commises par ses auxiliaires ou ses subordonnés, peuvent engager la responsabilité pénale du chef d'entreprise (■ Cass. crim., 28 févr. 1956 : arrêt et note préc.).

10) Dans les industries soumises à des règlements édictés dans un intérêt de salubrité ou de sûreté publiques, la responsabilité pénale remonte essentiellement aux chefs d'entreprise, à qui sont personnellement imposés les conditions et le mode d'exploitation de leur industrie (■ Cass. crim., 14 févr. 1967 : *Bull. crim.*, n° 65).

11) Si, en principe, nul n'est passible de peines qu'à raison de son fait personnel, la responsabilité pénale peut cependant naître du fait d'autrui dans les cas exceptionnels où certaines obligations légales imposent le devoir d'exercer une action directe sur les faits d'un auxiliaire ou d'un subordonné ; que, notamment, dans les professions soumises à des règlements édictés dans l'intérêt de tiers titulaires de droits et des administrations fiscales, la responsabilité pénale remonte essentiellement aux chefs d'entreprise, à qui sont personnellement imposés les conditions et le mode d'exploitation de leurs établissements (■ Cass. crim., 17 oct. 1967 : *Bull. crim.*, n° 250).

12) Applications. L'article 3 *bis* de l'ordonnance n° 58-1310 modifiée du 23 décembre 1958 et l'article 15 du règlement n° 3820/85 du 20 décembre 1985 du Conseil des Communautés européennes imposent à l'exploitant d'une entreprise de transports de faire respecter par ses préposés la réglementation des conditions de travail dans les transports routiers ; justifie sa décision la cour d'appel qui fait application de ces textes à un chef d'entreprise qui prétendait que la violation de la réglementation incombait aux conducteurs de ses véhicules (■ Cass. crim., 28 janv. 1992 : *Bull. crim.*, n° 36. ■ 4 juin 1991 : *Bull. crim.*, n° 238 : *Rev. sc. crim.* 1992, p. 104, obs. C. Lazerges).

13) Justifie sa décision la cour d'appel qui, pour retenir la responsabilité pénale du président d'une société, dont une filiale a participé à une opération de prêt illicite de main-d'œuvre, retient qu'il avait le pouvoir et les moyens de mettre un terme à cette opération, qui n'a pu se poursuivre qu'avec son consentement (■ Cass. crim., 12 mai 1998 : *Bull. crim.*, n° 160).

14) Le dirigeant de droit d'une société est présumé responsable des infractions douanières ou des infractions poursuivies comme en matière de douane commises par celle-ci (■ Cass. crim., 19 nov. 1998 : *Bull. crim.*, n° 310).

15) Justifie sa décision la cour d'appel qui impute le délit de publicité illicite en faveur du tabac au prévenu, dirigeant de la société qui a organisé, à son profit, l'opération publicitaire prohibée, dès lors responsable de plein droit de l'infraction en cette qualité (■ Cass. crim., 28 oct. 1998 : *Bull. crim.*, n° 281).

16) Imputabilité. Les directeurs généraux de sociétés disposant à l'égard des tiers, selon l'article 117 de la loi du 24 juillet 1966, des mêmes pouvoirs que les présidents, l'infraction commise au sein de l'entreprise peut leur être imputée en l'absence de toute délégation (■ Cass. crim., 6 mai 1998 : *Dr. pénal* 1998, comm. 147, obs. J.-H. Robert).

17) Le président du directoire d'une société anonyme est responsable pénalement en tant que chef d'entreprise à défaut de délégation de pouvoirs établie (■ Cass. crim., 21 juin 2000 : *JurisData*, n° 003167 ; *Dr. pénal* 2000, comm. 116, obs. J.-H. Robert).

18) En déclarant le président du conseil d'administration d'une société coopérative agricole, coupable de l'infraction de poursuite de l'exploitation d'une installation classée non conforme à une mise en demeure préfectorale, la cour d'appel a justifié sa décision dès lors que, si l'article L. 524-1 du Code rural prévoit qu'une telle société est administrée par son conseil d'administration, le président de ce conseil, désigné par lui, exerce un pouvoir de direction de nature à permettre la recherche de sa responsabilité pénale personnelle (■ Cass. crim., 28 juin 2005 : *Dr. pénal* 2005, comm. 126, obs. J.-H. Robert).

19) Les gérants de droit ou de fait d'une même société peuvent être simultanément déclarés coupables d'homicide involontaire d'un salarié, dès lors qu'en l'absence de délégation de pouvoirs, chacun des cogérants a le devoir d'assurer le respect de la réglementation relative à la sécurité des travailleurs (■ Cass. crim., 12 sept. 2000 : *Bull. crim.*, n° 268).

20) Un adjoint engage sa responsabilité pénale pour les infractions qu'il commet dans l'exercice d'une fonction déléguée par le maire d'une commune, dès lors qu'il dispose de la compétence, des pouvoirs et des moyens nécessaires à l'accomplissement de sa mission ; justifie sa décision la cour d'appel qui condamne du chef de tapage nocturne l'adjoint titulaire d'une délégation du maire pour les fêtes et cérémonies, en retenant qu'il est l'organisateur d'une fête communale bruyante, dont il surveillait les émissions acoustiques à l'aide d'un appareil approprié (■ Cass. crim., 4 sept. 2007 : *Bull. crim.*, n° 193 ; *Dr. pénal* 2007, comm. 153, obs. M. Véron).

A – Causes d'exonération

21) Absence de faute. Il est imposé à l'exploitant d'une entreprise de transports de faire respecter par ses préposés la réglementation des conditions de travail dans les transports routiers ; dès lors que le ministère public a rapporté la preuve, dont il a la charge, de l'existence des infractions à ladite réglementation, il appartient au chef d'entreprise d'établir, pour s'exonérer de sa responsabilité pénale, qu'il s'est acquitté des obligations prescrites par les textes précités (■ Cass. crim., 3 nov. 1998 : *Bull. crim.*, n° 284).

22) Force majeure. Les prescriptions du Code du travail en matière d'hygiène et de sécurité sont impératives, sauf dérogation légale. La circonstance qu'elles rendraient le travail plus difficile n'est pas un cas de force majeure et il n'appartient, ni aux chefs d'entreprise, ni aux juges d'apprécier l'utilité de l'efficacité de ces prescriptions (■ Cass. crim., 27 nov. 1990 : *Bull. crim.*, n° 409).

Caractérise à la charge du prévenu une faute génératrice de sa responsabilité pénale, dont il ne pouvait être exonéré que par la force majeure, l'arrêt qui, d'une part, définit le rôle joué par l'intéressé, ainsi que les responsabilités qui en découlent, dans la direction de l'établissement en provenance duquel le fioul s'est déversé dans le cours d'eau, et, d'autre part, écarte l'existence d'une délégation de pouvoirs spécifique au profit d'un subordonné (■ Cass. crim., 23 avr. 1992 : *Bull. crim.*, n° 179).

23) Délégation de pouvoirs. Sauf si la loi en dispose autrement, le chef d'entreprise qui n'a pas personnellement pris part à la réalisation de l'infraction peut s'exonérer de sa responsabilité pénale s'il rapporte la preuve qu'il a délégué ses pouvoirs à une personne pourvue de la compétence, de l'autorité et des moyens nécessaires

(■ Cass. crim., 3 mai 1995 : *Bull. crim.*, n° 162). Il en va notamment ainsi en matière de réglementation économique (■ Cass. crim., 17 janv. 1994 : *Bull. crim.*, n° 22. ■ Cass. crim., 29 avr. 1998 : *D.* 1999, jurispr. p. 502, note D. Ohl, *JCP* 99, II, 10021, note Denis-Challbet).

24) Le président de la société dominante d'un groupe de sociétés peut déléguer ses pouvoirs en matière d'hygiène et de sécurité à un membre d'une société filiale placé sous son autorité hiérarchique (arrêts n°s 1 et 2).

Le président de la société dominante d'un groupe de sociétés, qui est en même temps dirigeant d'une société filiale à qui la première a sous-traité des travaux, peut également déléguer ses pouvoirs en matière d'hygiène et de sécurité à un membre d'une autre société filiale placé sous son autorité hiérarchique (arrêt n° 3).

Dans ces deux hypothèses le chef d'entreprise s'exonère de sa responsabilité pénale dès lors que les juges constatent que le délégataire est pourvu de la compétence, de l'autorité et des moyens nécessaires (■ Cass. crim., 26 mai 1994 : *Bull. crim.*, n° 208).

25) L'administrateur provisoire d'une société ne peut s'exonérer de sa responsabilité pénale qu'en justifiant avoir délégué ses pouvoirs dans le domaine concerné par les poursuites (■ Cass. crim., 5 avr. 2006 : *Dr. pénal* 2006, comm. 102, obs. J.-H. Robert).

26) Justifie sa décision la cour d'appel qui, pour relaxer le chef d'entreprise poursuivi pour contrefaçon dans le domaine des industries de l'habillement et de la parure, retient que ce dernier, étant dans l'impossibilité, compte tenu de l'importance de son entreprise, de gérer personnellement tous les secteurs d'activité de celle-ci, avait consenti une délégation de pouvoirs au directeur du secteur commercial de l'habillement, personne compétente investie de l'autorité nécessaire (■ Cass. crim., 11 mars 1993 : *Bull. crim.*, n° 112, arrêt n° 1).

27) S'exonère de sa responsabilité pénale le chef d'entreprise qui, en matière de démarchage, a transféré à son délégataire, directeur régional, la responsabilité d'apprécier lui-même, fût-ce à l'encontre de directives antérieures, la régularité des procédés de démarchage employés par le personnel sous son autorité (■ Cass. crim., 6 mars 2001 : *Dr. pénal* 2001, comm. 75, obs. J.-H. Robert).

28) Le préposé, titulaire d'une délégation de pouvoirs, auteur d'une faute qualifiée au sens de l'article 121-3 du Code pénal, l'infraction fût-elle commise dans l'exercice de ses fonctions, engage sa responsabilité civile à l'égard du tiers qui en a été victime (■ Cass. crim., 28 mars 2006 : *Bull. crim.*, n° 91).

29) Subdélégation. Justifie sa décision la cour d'appel qui, pour retenir la culpabilité d'un chef d'équipe, pour homicide involontaire et infractions aux dispositions protectrices de la sécurité des travailleurs, relève qu'après une formation théorique et pratique l'ayant rendu particulièrement apte à prendre en charge la sécurité des employés de son équipe, il avait été habilité à cette fin par son directeur, titulaire d'une délégation de pouvoirs, circonstances établissant que le prévenu avait été régulièrement subdélégué pour ce qui concernait la sécurité sur son chantier (■ Cass. crim., 14 févr. 1991 : *Bull. crim.*, n° 79. ■ 12 mai 1992 : *Bull. crim.*, n° 188).

30) Cumul de délégations. Si, en matière d'hygiène et de sécurité, le chef d'entreprise a la faculté de déléguer la direction d'un chantier à un préposé investi par lui et pourvu de la compétence, de l'autorité et des moyens nécessaires pour veiller efficacement à l'observation des dispositions en vigueur, il ne peut, en revanche, déléguer ses pouvoirs à plusieurs personnes pour l'exécution d'un même travail, un tel cumul étant de nature à restreindre l'autorité et à entraver les initiatives de chacun des prétendus délégataires (■ Cass. crim., 23 nov. 2004 : *Bull. crim.*, n° 295).

31) Limites de la délégation. La délégation de pouvoirs consentie à un préposé en vue de la présidence du comité d'entreprise ou d'établissement et du comité d'hygiène, de sécurité et des conditions de travail ne saurait être étendue au-delà des limites qu'elle définit (■ Cass. crim., 12 avr. 2005 : *Bull. crim.*, n° 129 ; *Dr. social* 2005, p. 856, obs. F. Duquesne). V. *infra*, Ann. *Travail*, sous article L. 263-2 et L. 483-1.

32) Même s'il confie à un représentant le soin de présider le comité central d'entreprise, le chef d'entreprise engage sa responsabilité à l'égard de cet organisme, s'agissant des mesures ressortissant à son pouvoir propre de direction, sans pouvoir opposer l'argumentation prise d'une délégation de pouvoirs (■ Cass. crim., 15 mai 2007 : *Bull. crim.*, n° 126 ; *Dr. pénal* 2007, comm. 108, obs. J.-H. Robert). V. *infra*, Ann. *Travail*, sous article L. 483-1.

33) Encourt la cassation l'arrêt de la cour d'appel qui, dans la poursuite exercée à la suite d'un accident du travail contre le salarié d'une société assumant la maîtrise d'ouvrage déléguée d'une opération de construction de logements, déclare inopérante l'argumentation du prévenu prise d'un défaut de délégation de pouvoirs et retient à la charge dudit prévenu, outre le délit de blessures involontaires, une infraction aux règles de sécurité ne pouvant être imputée qu'au seul chef d'établissement ou à son délégataire selon les dispositions de l'article L. 263-2 du Code du travail, devenu l'article L. 4741-1 du même code (■ Cass. crim., 8 avr. 2008 : *Bull. crim.*, n° 96).

34) Cumul de responsabilités. N'encourt pas le grief allégué d'avoir retenu cumulativement la responsabilité pénale du chef d'établissement, poursuivi du chef d'infractions à la réglementation relative à l'hygiène et à la sécurité des travailleurs, et de son délégataire, l'arrêt de la cour d'appel qui, par les seuls motifs adoptés du jugement qu'il confirme, écarte les délégations de pouvoirs invoquées par le prévenu et le déclare coupable, en relevant qu'il n'est pas établi que le préposé concerné, âgé de vingt et un ans lors de la signature de la première délégation, moins d'une année après son arrivée dans l'entreprise, ait disposé d'une compétence et d'une autorité suffisantes (■ Cass. crim., 8 déc. 2009 : *Bull. crim.*, n° 210).

B – Conditions

35) Invocation nécessaire. La délégation de pouvoirs étant un moyen de défense, il appartient aux juges du second degré d'en apprécier la valeur si elle est invoquée en cause d'appel (■ Cass. crim., 5 janv. 1993 : *Bull. crim.*, n° 6).

– La délégation constitue un motif de défense péremptoire auquel les juges sont tenus de répondre ; ainsi en matière de tromperie (■ Cass. crim., 29 juin 2004 : *Dr. pénal* 2004, comm. 163, obs. J.-H. Robert).

– Justifie sa décision la cour d'appel qui, pour retenir la responsabilité pénale du chef d'entreprise, relève que le prévenu, sans produire aucun élément de preuve à l'appui de ses allégations, se contente de soutenir qu'il avait délégué ses pouvoirs à un préposé et que la délégation par lui accordée était orale (■ arrêt n° 2, Cass. crim., 11 mars 1993 : *Bull. crim.*, n° 112).

– Encourt la cassation l'arrêt de la cour d'appel qui, sans examiner la valeur et l'étendue de la délégation de pouvoirs invoquée par le chef d'entreprise prévenu de publicité trompeuse, retient que sa responsabilité pénale personnelle est engagée à raison des faits reprochés, ceux-ci concernant un élément essentiel de la politique économique de l'entreprise (■ arrêt n° 3 de la même date).

– Encourt également la cassation l'arrêt de la cour d'appel qui, sans examiner la valeur et l'étendue des délégations de pouvoirs invoquées par le prévenu, énonce que le dirigeant de l'entreprise ne saurait s'exonérer en matière économique de la responsabilité pénale découlant de ses obligations relatives à la facturation et au calcul des prix de vente (■ arrêt n° 4 de la même date).

– Encourt de même la cassation l'arrêt de la cour d'appel qui, se bornant à relaxer le chef d'entreprise à raison d'une délégation de pouvoirs consentie à l'un de ses subordonnés, s'est abstenu de rechercher si ce préposé était investi de la compétence et de l'autorité nécessaires et doté des moyens propres à l'accomplissement de sa tâche (■ arrêt n° 5 de la même date).

36) Validité. Les juges ne peuvent exonérer le chef d'entreprise de sa responsabilité pénale, sans rechercher si la délégation de pouvoirs invoquée s'étendait à la matière concernée par les poursuites (■ Cass. crim., 7 nov. 1994 : *Bull. crim.*, n° 354).

37) En matière de contributions indirectes, les juges ne peuvent exonérer le chef d'entreprise de sa responsabilité pénale sans rechercher s'il avait délégué ses pouvoirs dans le domaine concerné par les poursuites (■ Cass. crim., 16 janv. 2002 : *Bull. crim.*, n° 6 ; *Dr. pénal* 2002, comm. 56, obs. J.-H. Robert).

38) Le prévenu ne saurait s'exonérer de la responsabilité pénale qu'il encourt à raison de ses fonctions en invoquant une délégation de pouvoirs qu'il n'a pas lui-même consentie (■ Cass. crim., 26 juin 2001 : *Bull. crim.*, n° 160 ; *D.* 2001, inf. rap. p. 2461).

39) En cas de cession d'entreprise par fusion-absorption, les juges doivent rechercher si, en l'espèce, cette opération qui avait donné lieu à la création d'une société distincte de la précédente et à un changement de dirigeant social, n'avait pas eu pour effet d'entraîner la caducité de la délégation de pouvoirs accordée pour la durée de la responsabilité au chef d'établissement (prévenu de prêt illicite de main-d'œuvre) au sein de la société absorbée (■ Cass. crim., 20 juill. 2011 : *JurisData* n° 2011-014798 ; *Dr. pén.* 2011, comm. 124, obs. J.-H. Robert).

40) Ne justifie pas sa décision, faute de s'être mieux expliquée sur l'existence effective d'une délégation de pouvoirs, ni sur le statut et les attributions de deux agents de la société EDF, propres à en faire des représentants de la personne morale, la cour d'appel qui retient la responsabilité pénale de cette dernière du chef d'homicide involontaire dans le cadre du travail « nonobstant l'absence formelle d'une délégation de pouvoirs » (■ Cass. crim., 11 oct. 2011, n° 10-87.212 : *Bull. crim.*, n° 202 ; *Dr. pén.* 2011, comm. 149, obs. M. Véron ; *AJP* 2012, jurispr. p. 35, note B. Bouloc ; *D.* 2011, p. 2841, note N. Rias et p. 2600, obs. M. Bombled ; *JCP* 2011, note 1385, p. 2468, J.-H. Robert).

41) Il résulte de l'article L. 2122-18 du Code général des collectivités territoriales que la **délé-**

gation de fonctions du maire à un élu, opérant transfert de la responsabilité pénale, ne peut prendre que la forme d'un arrêté municipal. Méconnaît ce texte la cour d'appel qui, pour condamner du chef d'homicide involontaire deux conseillers municipaux responsables d'un comité des fêtes, retient qu'ils avaient reçu une délégation de fait du maire de la commune (■ Cass. crim., 18 juin 2013, n° 12-84.368 : *Bull. crim.*, n° 141 ; *AJP* 2014, p. 74, note J. P. Vial).

42) Appréciation souveraine. La réalité et la portée de la délégation de pouvoirs à une personne ayant la compétence, l'autorité et les moyens nécessaires au sein de l'entreprise, que le dirigeant social peut invoquer pour combattre la présomption de responsabilité qui pèse sur lui, sont laissées à l'appréciation souveraine des juges du fond (■ Cass. crim., 3 déc. 1998 : *Bull. crim.*, n° 332. ■ 15 juin 1999 : *JCP* 2000, II, 10, 292, note D. Guihal, pour une délégation d'un maire à un adjoint).

43) Justifie sa décision la cour d'appel qui, pour retenir la responsabilité du prévenu, dirigeant de société, poursuivi pour fraude fiscale, estime que les faits incriminés n'entrent pas dans le champ d'application de la délégation de pouvoirs qu'il invoque et que celle-ci n'a aucune valeur comme délégation de pouvoir effective, de nature à permettre au prévenu d'éluder sa propre responsabilité (■ Cass. crim., 23 mai 2007 : *Bull. crim.*, n° 138).

44) Ne justifie pas sa décision la cour d'appel qui déclare coupables d'infraction à la réglementation du travail dans les transports routiers le dirigeant d'une société, et pour une partie des infractions poursuivies ne nécessitant pas, selon l'arrêt, la remise d'une copie des procès-verbaux au contrevenant, le responsable d'exploitation de cette société, après avoir relevé que la délégation de pouvoirs insérée dans le contrat de travail de ce salarié avant la transformation de la société ne pouvait être prise en compte, sans s'expliquer davantage sur les conditions et effets de la délégation invoquée, et *alors que, pour les contraventions en cause, la responsabilité pénale ne pouvait être retenue cumulativement contre le chef d'entreprise et un préposé en raison des mêmes manquements* (■ Cass. crim., 14 mars 2006 : *Bull. crim.*, n° 75 ; *Dr. social* 2006, p. 1057, obs. F. Duquesne).

C – Délégation inopérante ou exclue

45) Les textes sur l'infraction dite « revente à perte » *(art. L. 420-5 et L. 420-6 du Code de commerce)* n'édictent aucune présomption de responsabilité contre le dirigeant de l'établissement où la pratique illicite a été constatée, ce dernier ne saurait s'exonérer en invoquant une délégation de pouvoirs, dès lors que, selon les constatations des juges, la fixation des prix de revente incriminés relève des fonctions de direction qu'il assume personnellement (■ Cass. crim., 17 juill. 1990 : *Bull. crim.*, n° 117).

Est inopérant le moyen tiré d'une délégation de pouvoirs en matière d'hygiène et de sécurité invoquée par l'employeur poursuivi du chef d'entrave pour défaut de consultation du comité d'hygiène, de sécurité et des conditions de travail, dès lors que, même lorsqu'il confie à l'un de ses préposés le soin de le représenter audit comité, il appartient au chef d'entreprise qui prend personnellement une décision d'aménagement important, modifiant les conditions d'hygiène et de sécurité ou les conditions de travail, de s'assurer de la consultation préalable de celui-ci (■ Cass. crim., 15 mars 1994 : *Bull. crim.*, n° 230. ■ 11 juin 2002, pourvoi n° J01-85.158. – ■ 14 oct. 2003 : *Bull. crim.*, n° 190).

46) Ne justifie pas sa décision la cour d'appel qui, pour imputer au président du conseil d'administration d'une société anonyme le délit de mise à disposition d'un phonogramme sans l'autorisation de l'artiste-interprète et relaxer le directeur général, énonce que la délégation de pouvoirs consentie à ce dernier par le conseil d'administration ne pouvait avoir de valeur exonératoire pour le président, dès lors qu'elle opérait un transfert de tous ses pouvoirs de direction ; la cassation est encourue, alors que le conseil d'administration détermine l'étendue des pouvoirs délégués au directeur général, mandataire social qui peut être investi des mêmes pouvoirs que le président (■ Cass. crim., 29 avr. 1998 : *JCP* 99, II, 10021, note I. Denis-Chaubet ; *D.* 1999, jurispr. p. 502, note D. Ohl).

47) La délibération du conseil d'administration d'une société anonyme, prise en application de l'article 117 de la loi du 24 juillet 1966, qui confère au directeur général des pouvoirs identiques à ceux exercés par le président concurremment aux siens, ne constitue pas une délégation de pouvoirs exonérant le président de sa responsabilité pénale ; justifie sa décision la cour d'appel qui déclare le président du conseil d'administration d'une société anonyme coupable de détention en vue de la vente de produits contenant des fibres d'amiante après avoir constaté, pour écarter le moyen de défense du prévenu, que le président n'a pas délégué ses propres pouvoirs en la matière nonobstant la délégation du conseil d'administration au directeur général, et qu'il ne peut, en conséquence, se prévaloir des subdélégations données par le directeur général à des préposés

(■ Cass. crim., 17 oct. 2000 : *Bull. crim.*, n° 300 ; *Dr. pénal* 2001, comm. 22, obs. J.-H. Robert).

48) Justifient leur décision les juges d'appel qui, après avoir caractérisé l'infraction de publicité fausse ou de nature à induire en erreur, énoncent, pour l'imputer au prévenu, gérant d'une société, que celui-ci a participé de manière active à la campagne publicitaire ; qu'ils en déduisent que la délégation de pouvoirs qu'il a consentie au directeur du magasin est inopérante.

Le chef d'entreprise qui a personnellement participé à la réalisation de l'infraction ne saurait s'exonérer de sa responsabilité pénale en invoquant une délégation de ses pouvoirs (■ Cass. crim., 20 mai 2003 : *Bull. crim.*, n° 101, *Dr. pénal* 2003, comm. 103, obs. J.-H. Robert).

En effet, seul le chef d'entreprise qui n'a pas personnellement pris part à la réalisation de l'infraction peut, sauf disposition contraire de la loi, s'exonérer de sa responsabilité pénale (■ Cass. crim., 6 févr. 2001 : *JurisData* n° 009090 ; *Dr. pénal* 2001, comm. 78, obs. J.-H. Robert). *Adde* sur ce principe (■ Cass. crim., 17 déc. 2002 : *JurisData* n° 016181 ; *Dr. pénal* 2003, comm. 9, obs. J.-H. Robert).

49) Justifie sa décision la cour d'appel qui condamne un directeur régional de société pour travail dissimulé par mention d'horaires diminués sur les fiches de paye, malgré les délégations à des directeurs locaux, dès lors qu'il est relevé que le directeur régional assurait la maîtrise effective des conditions de travail (■ Cass. crim., 9 nov. 2010 : *Dr. pén.* 2011, comm. 39, obs. J.-H. Robert).

50) Dans le cas d'un accident du travail subi par le matelot d'un navire à raison d'agissements imputables au marin d'un autre navire du même armement, justifie sa décision la cour d'appel qui déclare l'armateur coupable du délit de blessures involontaires en retenant que celui-ci, en sa qualité de capitaine du second navire, a omis de remplir les obligations de sécurité lui incombant à l'égard des préposés se trouvant sous ses ordres.

Dès lors que les actes et abstentions fautifs en lien certain de causalité avec le dommage sont imputables à l'armateur poursuivi, celui-ci, pour se soustraire à sa responsabilité, ne peut utilement invoquer la délégation générale en matière d'hygiène et de sécurité dont bénéficiait, pour sa part, le capitaine du premier navire (■ Cass. crim., 25 juin 2013, n° 11-88.037 : *Bull. crim.*, n° 153 ; *JCP S* 2013, note 1337, F. Duquesne).

51) Administrateurs judiciaires. Aux termes de l'article 31 de la loi du 25 janvier 1985, l'administrateur judiciaire est tenu, dans sa mission, au respect des obligations légales et conventionnelles incombant au chef d'entreprise, ce texte n'apportant aucune restriction à l'étendue de ces obligations ; dès lors, encourt la cassation l'arrêt qui relaxe un administrateur judiciaire poursuivi pour avoir omis de réunir l'assemblée générale ordinaire des actionnaires dans les six mois de la clôture de l'exercice aux fins d'approbation des comptes, alors que, chargé d'assurer seul et entièrement l'administration de l'entreprise en redressement judiciaire en application du texte précité, il était seul investi des obligations incombant au chef d'entreprise (■ Cass. crim., 21 juin 2000 : *Bull. crim.*, n° 128 ; *Dr. pénal* 2000, comm. n° 116, obs. J.-H. Robert). V. C. Ruellan, *La responsabilité pénale des administrateurs provisoires et judiciaires : Dr. pénal* 2000, chron. 25 et 28.

Sur l'exclusion de toute possibilité de délégation de pouvoirs d'un administrateur judiciaire, désigné par le tribunal de commerce dans une procédure collective, au chef d'entreprise en difficulté, leurs relations n'étant pas d'employeur à préposé, voir ■ Cass. crim., 30 janv. 1996 : *Bull. crim.*, n° 53 ; *Dr. pénal* 1996, comm. 164, obs. M. Véron.

D – Textes spéciaux d'incrimination

52) Certains textes désignent spécialement le ou les pénalement responsables : V. not. article 433-18 du Code pénal, article 42 ; L. du 29 juillet 1881, Ann. *Media*, articles L. 121-5, L. 213-1 à L. 213-2 du Code de la consommation, L. 263-2 du Code du travail (devenu l'article L. 4741-1), L. 480-4 du Code de l'urbanisme, article 3 *bis*, ord. 23 déc. 1958, Ann. *Transports*, articles R. 121-1 et s. du Code de la route, même Ann., art. L. 241 et s. du Code de commerce, Ann. *Sociétés*.

Pour les élus, ministres et Président de la République, V. Ann. Vie Politique.

Art. 121-2 ***(Mod., L. n° 2000-647, 10 juill. 2000 ; L. n° 2004-204, 9 mars 2004).*** **– Les personnes morales, à l'exclusion de l'État, sont responsables pénalement, selon les distinctions des articles 121-4 à 121-7, des infractions commises, pour leur compte, par leurs organes ou représentants.**

Toutefois, les collectivités territoriales et leurs groupements ne sont responsables pénalement que des infractions commises dans l'exercice d'activités susceptibles de faire l'objet de conventions de délégation de service public.

La responsabilité pénale des personnes morales n'exclut pas celle des personnes physiques auteurs ou complices des mêmes faits, sous réserve des dispositions du quatrième alinéa de l'article 121-3.

QPC. Non-lieu à renvoi au Conseil constitutionnel de la question prioritaire de constitutionnalité de l'article 121-2, alinéa 1er du Code pénal qui, sous le couvert de la prétendue imprécision des dispositions critiquées, tend en réalité à contester l'application qu'en fait la Cour de cassation et ne satisfait pas dès lors aux exigences de l'article 61-1 de la Constitution (■ Cass. crim., 11 juin 2010, n° 09-87.884 QPC : *JurisData* n° 2010-008735 ; *Dr. pén.* 2010, comm. 111, obs. M. Véron). – *Adde* ■ Cass. crim., 29 mars 2011, n° 11-90.007 QPC : *Bull. crim.*, n° 64. ■ 27 avr. 2011, n° 11-90.013 QPC : *JCP* 2011, étude 6, p. 25, J.-H. Robert (suppl. au n° 41, 10 oct. 2011).

– Non-lieu à renvoi au Conseil constitutionnel de la QPC visant l'alinéa 2 de l'article 121-2 du Code pénal, ce texte ne créant pas une dérogation injustifiée au principe d'égalité devant la loi (■ Cass. crim., 16 nov. 2011, n° 11-21.203).

Bibliographie : *JCl. pén., Responsabilité pénale des personnes morales* par J. Y. Maréchal ; *Petites affiches*, 1996, numéro spécial 149 ; Circ. crim. • 98 1/F1 du 26 janv. 1998 faisant le bilan de l'application des dispositions du nouveau Code pénal concernant la responsabilité des personnes morales : *JCP* 98, III, 20035. • A. Maron et J.-H. Robert, *Cent personnes morales pénalement condamnées : Dr. pénal* 1998, chron. 22, 24 et 28. • C. Ducouloux-Favard, *Quatre années de sanctions pénales à l'encontre des personnes morales : D.* 1998, chron. 395. • D. Mayer, *L'influence du droit pénal sur l'organisation de l'entreprise : D.* 1998, chron. 256. • F. Meyer, *La responsabilité pénale des personnes morales de droit public : RFD adm.* 1999, p. 920. • D. Vich-y-Llado, *La responsabilité pénale des personnes morales en cas de fusion : JCP* 2001, E, p. 838. • J. Amar, *Contribution à l'analyse économique de la responsabilité pénale des personnes morales : Dr. pénal* 2001, chron. 37. • V. Wester-Ollisse, *Le préjudice moral des personnes morales : JCP* 2003, I, 145. • N. Stolowy, *La disparition du principe de spécialité dans la mise en cause des personnes morales : JCP* 2004, I, 138. • P. J. Delage, *Propositions pour une effectivité de la responsabilité des personnes morales : Dr. pénal* 2005, Etude 2. • G. Di Marino, *Le développement de la responsabilité des personnes morales : Rev. pénit.* 2004, p. 27. • G. Roujou de Boubee, *La responsabilité pénale des personnes morales : Mélanges Decocq*, Litec. 2004, p. 535. • B. Tourné, *Un changement drastique de la responsabilité pénale des personnes morales : Gaz. Pal.* 18-20 déc. 2005, p. 2. • C. Mascala, *L'élargissement de la responsabilité pénale des personnes morales : Bull. Joly Sociétés* 2006, p. 5. • M. Véron, *Lois virtuelles : Dr. pénal* 2006, repère 1. • J. Amar, *Conséquences de la généralisation sur les relations de travail : Dr. pénal* 2006, étude 13. • M.-F. Steinle-Fellerbach, *Infractions non intentionnelles et responsabilité pénale des collectivités territoriales : JCP* 2007, I, 173 • J.-Y. Maréchal, *Les incertitudes issues de la généralisation de la responsabilité pénale des personnes morales : JCP* 2008, II, 10082. • V. Wester-Duisse, *La jurisprudence et les personnes morales : JCP* 2009, I, 121 et 137. • L. Saenko, *Le mode allégé d'engagement de la responsabilité pénale des personnes morales : Dr. pénal* 2009, Étude 14. • M. Véron, *Où en est-on ? (L. 12 mai 2009) : Dr. pénal* 2009, comm. 92. • J.-Y. Maréchal, *Plaidoyer pour une responsabilité pénale directe des personnes morales : JCP* G 2009, n° 38, Étude 249. • J. Tricot, *Le droit pénal à l'épreuve de la responsabilité des personnes morales : Rev. sc. crim.* 2012, doctr. p. 19. • C. H. Boeringer et A. Millerand, *La responsabilité pénale des personnes morales : une casuistique diverse au sein d'une jurisprudence cohérente : Dr. pén.* 2014, étude 5. • E. Dreyer, *Irresponsabilité ou responsabilité pénale des personnes morales de droit public ? : JCP* 2016, étude 1256.

1) Absence, depuis la loi du 9 mars 2004 (applic. a/c du 31 déc. 2005) de la nécessité d'un texte spécifique. En matière d'infractions douanières, les dispositions de l'article 399 du Code des douanes sont applicables aux personnes morales (■ Cass. crim., 5 févr. 2003 : *Bull. crim.*, n° 24 ; *D.* 2003, p. 2855, note J.-C. Planque ; *Rev. sc. crim.* 2004, p. 339, obs. E. Fortis). V. Ann. *Douanes*, ss. art. 399.

2) Exclusion des infractions de presse. Mais les dispositions de l'article 121-2 du Code pénal, modifié par la loi du 9 mars 2004 ne sont pas applicables aux infractions de presse. – V. *infra*, ann. *Médias*, l'article 43-1 de la loi du 29 juillet 1881, créé par la loi précitée.

– Il se déduit de l'article 43-1 de la loi du 29 juillet 1881 qu'en dehors des cas expressément prévus par les textes, les personnes morales ne sauraient encourir de responsabilité pénale à raison des contraventions de presse (■ Cass. crim., 10 sept. 2013, n° 12-83.672 : *Bull. crim.*, n° 178 ; *Dr. pén.* 2013, comm. 169, obs. M. Véron).

– V. Ann. *Médias*, note sous L. 29 juill. 1881, art. 43-1, p. 1858.

3) Exclusion des infractions douanières. La responsabilité des personnes morales du chef d'infractions douanières ne relève pas de l'article 121-2 du Code pénal (■ Cass. crim., 29 juin 2016, n° 15-82-164 : *Dr. pén.* 2016, comm. 129, note. J.-H. Robert).

4) Application dans le temps. Une loi étendant une incrimination à une nouvelle catégorie de prévenus ne peut s'appliquer à des faits commis antérieurement à son entrée en vigueur ; méconnaît ce principe la cour d'appel qui condamne une société pour des faits de tromperie et de publicité de nature à induire en erreur commis avant l'entrée en vigueur tant de la loi du 12 juin 2001, qui a étendu la possibilité d'imputer ces deux délits aux personnes morales, que de la loi du 9 mars 2004, qui a mis fin au principe de spécialité de la responsabilité pénale des personnes morales (■ Cass. crim., 19 juin 2007 : *Bull. crim.*, n° 169 ; *Dr. pénal* 2007, comm. 134, obs. M. Véron ; *Rev. sc. crim.* 2008, p. 87, obs. C. Ambroise-Casterot). ■ 20 oct. 2009, pourvoi n° P 09-81.721 : *Bull. crim.*, n° 172 ; V. *supra*, sous article 112-1, V° « incrimination plus étendue » et « dispositions répressives postérieures aux faits ».

5) Infraction pour le compte de la personne morale. Il résulte de l'article 121-2 du Code pénal que les personnes morales ne peuvent être déclarées pénalement responsables que s'il est établi qu'une infraction a été commise, pour leur compte, par leurs organes ou représentants ; ne justifie pas sa déclaration au regard du texte précité la cour d'appel qui, pour caractériser à l'encontre d'une société l'élément intentionnel du délit d'usage de fausses attestations, se borne à énoncer que cette « société » ne pouvait ignorer que les attestations produites en justice par son directeur général comportaient certaines affirmations inexactes, alors qu'il appartenait aux juges du second degré de rechercher si le directeur général, organe de la société, avait eu personnellement connaissance de l'inexactitude des faits relatés dans les attestations ; il n'est pas nécessaire cependant que l'organe ou le représentant ait été personnellement déclaré coupable des faits reprochés à la personne morale (solution implicite) (■ Cass. crim., 2 déc. 1997 : *Bull. crim.*, n° 408 ; *JCP* 98, II, 10023, rapp. F. Desportes ; *RJDA* 1998, p. 175, note N. Rontchevsky).

6) La personne morale, dont le dirigeant est déclaré coupable de déclarations mensongères en vue d'obtenir d'un organisme chargé d'une mission de service public, des avantages indus (infraction pour le compte de la société), peut être condamnée pour recel des avantages ainsi obtenus, dès lors qu'elle-même n'est pas poursuivie pour le délit d'origine (■ Cass. crim., 19 nov. 2008, pourvoi n° 07-82.789 : *Bull. crim.*, n° 234 ; *Rev. sc. crim.* 2009, p. 89-91, obs. E. Fortis). V. *infra*, note sous l'article 321-1, V° *Auteurs différents*.

7) Il appartient aux juges, qui ont constaté la matérialité de l'infraction reprochée à une personne morale, d'ordonner les mesures d'instruction, dont ils reconnaissent eux-mêmes la nécessité, aux fins de rechercher si les manquements relevés résultaient de l'abstention de l'un des organes ou représentants de la société prévenue et s'ils avaient été commis pour le compte de celle-ci (■ Cass. crim., 27 sept. 2016, n° 15-85.248).

8) Applications. Ainsi, justifie sa décision la cour d'appel qui déclare une société coupable d'avoir produit, au cours d'une instance prud'homale, un document rappelant une sanction disciplinaire amnistiée en violation de l'article 23 de la loi du 3 août 1995, dès lors que de tels faits ont nécessairement été commis en connaissance de cause par le représentant de la société devant le conseil de prud'hommes (■ Cass. crim., 21 mars 2000 : *Bull. crim.*, n° 128 ; *Dr. pénal* 2000, comm. 131, obs. J.-H. Robert).

9) Justifie sa décision la cour d'appel qui déclare une société coupable de travail clandestin après avoir relevé que, pour l'exécution de travaux confiés à celle-ci, son directeur général a eu sciemment recours aux services d'un entrepreneur clandestin ; il résulte en effet de telles énonciations que l'infraction a été commise pour le compte de la société par l'un de ses organes (■ Cass. crim., 7 juill. 1998 : *Bull. crim.*, n° 216. ■ 24 mai 2005 : *Bull. crim.*, n° 154 ; *Dr. pénal* 2005, comm. 151, obs. J.-H. Robert, pour une société syndic de copropriété). Pour la condamnation d'une personne morale, l'infraction ayant été commise par l'un de ses organes ou représentants, V. ■ Cass. crim., 17 nov. 2015, n° 14-83.647 : *Dr. pén.* 2015, comm. 22, obs. P. Conte.

10) Justifie sa décision, au regard des articles 121-2 et 121-3 du Code pénal, la cour d'appel qui déclare une société coupable d'homicide involontaire dans le cadre du travail après avoir relevé notamment qu'elle aurait dû veiller à la mise en place d'un dispositif de protection qui eût empêché la chute mortelle de son salarié ; il résulte en effet de telles énonciations que le président de la société ou son délégataire en matière de sécurité n'a pas accompli toutes les diligences normales pour faire respecter les prescriptions qui s'imposaient à la personne morale en ce domaine (■ Cass. crim., 1er déc. 1998 : *Bull. crim.*, n° 325 ; *JurisData*, n° 005111 ; *D.* 2000, jurispr. p. 81, note M.-A. Holltmann).

11) Justifie sa décision au regard de l'article 121-2 du Code pénal, la cour d'appel qui, saisie de poursuites exercées contre une association du chef d'homicide involontaire à la suite du décès d'un participant à une compétition de ski organisée par celle-ci, retient la responsabilité pénale de la personne morale dès lors que l'infraction n'a pu être commise, pour le compte de l'association, que par son président, responsable de la sécurité, en l'absence de délégation interne non invoquée devant la cour d'appel (■ Cass. crim., 18 juin 2013, n° 12-85.917 : *Bull. crim.*, n° 144 ; *Gaz. Pal.* 18-19 sept. 2013, jur., p. 10, note J. R. Vial).

12) Fait une juste application de l'article L. 441-2 du Code de la construction et de l'habitation l'arrêt qui, pour déclarer une société d'habitations à loyer modéré coupable du chef de discrimination raciale dans l'attribution d'un logement, constate préalablement que cette infraction a été commise pour le compte de la personne morale par sa commission d'attribution (■ Cass. crim., 11 juill. 2017, n° 16-82.426 : *Dr. pén.* 2017, comm. 144, note P. Conte).

13) En revanche, n'a pas donné de base légale à sa décision la cour d'appel qui condamne une association pour vente au déballage sans autorisation, sans préciser quel organe ou représentant aurait engagé la responsabilité pénale de cette personne morale, alors que l'infraction dont s'agit n'est imputable, à titre d'auteur principal, qu'à la personne qui procède à la vente (■ Cass. crim., 29 avr. 2003 : *Bull. crim.*, n° 91 ; *D.* 2004, p. 167, note J.-C. Saint-Pau ; *Rev. sc. crim.* 2004, p. 339, obs. E. Fortis).

14) En condamnant la société pour abus de confiance sans rechercher, d'une part l'intention coupable, et d'autre part si le délit avait été commis pour le compte de la société par l'un de ses organes ou représentants, la cour d'appel n'a pas justifié sa décision (■ Cass. crim., 1er avr. 2008 : *Dr. pénal* 2008, comm. 140, obs. M. Véron ; *Rev. sc. crim.* 2009, p. 89, obs. E. Fortis).

15) Il résulte de l'article 121-2 du Code pénal que les personnes morales ne peuvent être déclarées pénalement responsables que s'il est établi qu'une infraction a été commise, pour leur compte, par leurs organes ou représentants.

Ne justifie pas sa décision au regard du texte précité la cour d'appel qui, saisie des poursuites exercées contre une personne morale du chef d'escroquerie au jugement, se borne à relever que cette personne morale a induit le conseiller de la mise en état en erreur en produisant un document autre que celui que ce dernier lui réclamait, sans mieux rechercher si les faits reprochés avaient été commis, pour le compte de la personne morale poursuivie, par l'un de ses organes ou représentants (■ Cass. crim., 19 juin 2013, n° 12-82.827 : *Bull. crim.*, n° 148 ; *JCP* 2013, note n° 1049, p. 1840, A. Gallois ; *D.* 2013, act., p. 1624 ; *Gaz. Pal.* 21-23 juill. 2013, éd., p. 3, note E. Dreyer ; *AJP* 2013, p. 606, note J. Lasserre Capdeville).

16) Il résulte de l'article 121-2 du Code pénal que les personnes morales, à l'exclusion de l'État, ne peuvent être déclarées pénalement responsables que s'il est établi qu'une infraction a été commise, pour leur compte, par leurs organes ou représentants.

Encourt la censure l'arrêt ayant déclaré une personne morale coupable sans rechercher par quel organe ou représentant le délit lui étant reproché a été commis pour son compte (■ Cass. crim., 1er avr. 2014 : *Bull. crim.*, n° 99 ; *D.* 2014, p. 826).

17) Il résulte de l'article 121-2 du Code pénal que les personnes morales, à l'exclusion de l'État, sont responsables pénalement des infractions commises pour leur compte, par leurs organes ou représentants.

Encourt la censure l'arrêt cassé l'arrêt qui, pour retenir la responsabilité pénale d'une société commerciale, énonce que le responsable marketing, avec qui les partenaires de la société discutaient directement, connaissait la fraude et a contribué à sa mise en place et à son fonctionnement, sans rechercher par quel organe ou représentant le délit reproché à la personne morale avait été commis pour son compte (■ Cass. crim., 13 mai 2014 : *Bull. crim.*, n° 132).

– Encourt la censure l'arrêt d'une cour d'appel qui, pour déclarer coupable d'homicide involontaire une société, à la suite d'un accident du travail, se borne à relever que celle-ci n'a pas rempli ses obligations légales et réglementaires en matière de communication des informations relatives à la prévention des risques, sans rechercher si les manquements relevés résultaient de l'abstention d'un des organes ou représentants de cette société, et s'ils avaient été commis pour le compte de celle-ci (■ Cass. crim., 6 mai 2014 : *Bull. crim.*, n° 124).

– Encourt la censure l'arrêt d'une cour d'appel qui, pour déclarer coupable de blessures involontaires une société, à la suite d'un accident du travail, se borne à relever que tout manquement aux règles en matière de sécurité constitue nécessairement une faute pénale commise pour le compte de la personne morale sur qui pèse l'obligation de sécurité, sans rechercher si les manquements relevés résultaient de l'abstention d'un des organes ou représentants de cette société, et s'ils avaient été commis pour le compte de celle-ci (■ Cass. crim., 6 mai 2014 : *Bull. crim.*, n° 126 ; *JCP* 2014, note 716, p. 1234, J.-H. Robert).

– Ne justifie pas sa décision la cour d'appel qui déclare coupable d'homicide involontaire une société coexploitante d'un centre de tri des déchets, chargée notamment de la mise à disposition des moyens techniques, à la suite du décès accidentel d'un employé, écrasé par une presse à cartons, sans rechercher si les manquements relevés résultaient de l'abstention d'un des organes ou représentants de la société prévenue, et s'ils avaient été commis pour le compte de cette société (■ Cass. crim., 6 mai 2014 : *Bull. crim.*, n° 125 ; *JCP* 2014, note 716, p. 1234, J.-H. Robert).

18) Représentants de la personne morale. Selon l'article 121-2 du Code pénal, les personnes morales peuvent être déclarées pénalement responsables s'il est établi qu'une infraction a été commise, pour leur compte, par leurs organes ou représentants ; ont la qualité de représentants, au sens de ce texte, les personnes pourvues de la compétence, de l'autorité et des moyens nécessaires, ayant reçu une délégation de pouvoirs de la part des organes de la personne morale ; justifie, dès lors, sa décision la cour d'appel qui déclare coupable d'homicide involontaire sur la personne d'un skieur, emporté par une avalanche, une société concessionnaire de l'exploitation du domaine skiable d'une station de sports d'hiver, après avoir constaté que le directeur des pistes et le chef de secteur ont pris la décision fautive d'ouverture d'une piste de ski sans avoir, au préalable, déclenché des avalanches prévisibles en l'état des données météorologiques, et qu'ayant exercé, à l'égard du public, les pouvoirs de décision de la société, ils avaient la qualité de représentants de celle-ci (■ Cass. crim., 9 nov. 1999 : *Bull. crim.*, n° 252 ; *Dr. pénal* 2000, comm. 56, obs. M. Véron ; *Rev. sc. crim.* 2000, 389, obs. Y. Mayaud ; comp. avec ■ Cass. crim., 14 mars 2000 : *Bull. crim.*, n° 114, *infra*).

19) Ont la qualité de représentants, au sens de l'article 121-2 du Code pénal, les personnes pourvues de la compétence, de l'autorité et des moyens nécessaires, ayant reçu une délégation de pouvoirs de la part des organes de la personne morale ou une subdélégation des pouvoirs d'une personne ainsi déléguée (■ Cass. crim., 26 juin 2001 : *Bull. crim.*, n° 161).

Mais ne justifie pas sa décision au regard de ce texte, la cour d'appel qui, pour retenir la responsabilité pénale d'une société en la personne, notamment, d'un de ses cogérants, retient que celui-ci a valablement représenté la prévenue au cours de la procédure, au sens de l'article 706-43 du Code de procédure pénale, sans rechercher si l'intéressé, qui n'était, à l'époque des faits poursuivis, que directeur salarié, était alors titulaire d'une délégation de pouvoirs de la part d'un des organes de la personne morale, de nature à lui conférer la qualité de représentant de celle-ci (■ Cass. crim., 17 oct. 2017, n° 16-87.249. – V. aussi : ■ Cass. crim., 17 oct. 2017, n° 16-80.821 : *Dr. pén.* 2017, comm. 176, note P. Conte).

20) Le salarié d'une société titulaire d'une délégation de pouvoirs en matière d'hygiène et de sécurité, et comme tel investi dans ce domaine de la compétence, de l'autorité et des moyens nécessaires à l'exercice de sa mission, est un représentant de la personne morale au sens de l'article 121-2 du Code pénal, et engage la responsabilité de celle-ci en cas d'atteinte involontaire à la vie ou à l'intégrité physique trouvant sa cause dans un manquement aux règles qu'il était tenu de faire respecter en vertu de sa délégation (■ Cass. crim., 25 mars 2014 : *Bull. crim.*, n° 94 ; *JCP* 2014, note 421, p. 671, A. Donnier ; *JCP* 2014, note 716, p. 1234, J.-H. Robert ; *Gaz. Pal.* 11-13 mai 2014, chr. p. 31, note E. Dreyer).

21) Ne justifie pas sa décision faute de s'être mieux expliquée sur l'existence effective d'une délégation de pouvoirs, ni sur le statut et les attributions de deux agents de la société EDF, la cour d'appel qui retient la responsabilité pénale de cette dernière du chef d'homicide involontaire dans le cadre du travail « nonobstant l'absence formelle d'une délégation de pouvoirs » (■ Cass. crim., 11 oct. 2011, n° 10-87.212 : *Bull. crim.*, n° 202 ; *Dr. pén.* 2011, comm. 149, obs. M. Véron ; *AJP* 2012, jurispr. p. 35, note B. Bouloc ; *D.* 2011, p. 2841, note N. Rias et p. 2600, obs. M. Bombled ; *JCP* 2011, note 1385, p. 2468, J.-H. Robert ; *Rev. sc. crim.* 2011, p. 825, obs. Y. Mayaud).

22) – Il résulte de l'article 121-2 du Code pénal que les personnes morales ne peuvent être déclarées pénalement responsables que s'il est établi qu'une infraction a été commise, pour leur compte, par leurs organes ou représentants.

– Ne justifie pas sa décision au regard du texte précité, la cour d'appel qui, saisie des poursuites exercées contre une personne morale du chef de blessures involontaires à la suite d'un accident du travail subi par un salarié, se borne à retenir qu'à défaut d'avoir dispensé une formation pratique et appropriée, la personne morale a créé la situation ayant permis la réalisation du dommage ou n'a pas pris les mesures permettant de l'éviter, sans mieux rechercher si les manquements relevés résultaient de l'abstention de l'un des organes ou représentants de ladite personne morale et s'ils avaient été commis pour le compte de celle-ci (■ Cass. crim., 11 avr. 2012, n° 10-86.974 : *Bull. crim.*, n° 94 ; *D.* 2012, p. 1381, note J.-C. Saint-Pau ; *JCP* 2012, note 740, p. 1217, note J.-H. Robert ; *JCP* 2012, n° 740, p. 1217, J.-H. Robert ; *Procédures* 2012, comm. 191, note A.-S. Chavent-Leclere ; *Gaz. Pal.* 20-21 juin 2012, jur. p. 5, note R. Hervet et F. Benouniche ; *AJP* 2012, p. 415, obs. B. Bouloc ; *Rev. sc. crim.* 2012, p. 377, obs. A. Cerf-Hollander).

23) De même, ne justifie pas sa décision au regard du texte précité, la cour d'appel qui, saisie des poursuites exercées contre une personne morale des chefs d'homicide involontaire et de blessures involontaires à la suite d'un accident du travail subi par un salarié, se borne à retenir à l'encontre des personnes morales prévenues des manquements fautifs aux prescriptions légales et contractuelles, sans mieux rechercher si ces manquements résultaient de l'abstention de l'un des organes ou représentants de ladite personne morale et s'ils avaient été commis pour le compte de celle-ci (■ Cass. crim., 2 oct. 2012, n° 11-84.415 : *Bull. crim.*, n° 205 ; *D.* 2012, act., p. 2521, et p. 2921, note G. Roujou de Boubee ; *JCP* E 2012, n° 1707,

p. 48, F. Duquesne ; *Rev. sc. crim.* 2013, p. 77, obs. Y. Mayaud. ■ Cass. crim., 2 sept. 2014, n° 13-83.956 : *Bull. crim.*, n° 178).

24) Il résulte de l'article 121-2 du Code pénal que les personnes morales ne peuvent être déclarées pénalement responsables que s'il est établi qu'une infraction a été commise, pour leur compte, par leurs organes ou représentants.

Est justifiée au regard de ce texte la décision d'une cour d'appel qui retient la responsabilité pénale d'une société, du fait d'un de ses représentants, à la suite de l'accident du travail subi par un salarié et causé par l'imprudence d'un conducteur de travaux désigné par le plan particulier de sécurité et de protection de la santé comme responsable de la sécurité sur le chantier qui, présent sur les lieux de l'accident, a ordonné l'exécution d'une opération de décâblage sans s'opposer à l'utilisation d'un outil inadapté pour la réaliser (■ Cass. crim., 11 déc. 2012, n° 11-87.421 : *Bull. crim.*, n° 274 ; *Dr. pénal* 2013, comm. 55, obs. M. Véron).

25) Encourt la censure l'arrêt de la cour d'appel qui, pour condamner des chefs d'homicide et de blessures involontaires une des personnes morales appartenant à un groupement d'entreprises chargé de la construction d'un ensemble commercial, à la suite d'un accident du travail subi par deux salariés employés par d'autres sociétés du groupement, lui impute un défaut de conception dans l'acte de construire, sans mieux s'expliquer sur ce point, ni préciser en quoi les infractions retenues à l'encontre de la société prévenue avaient été commises pour son compte, par un de ses organes ou représentants (■ Cass. crim., 22 janv. 2013, n° 12-80.022 : *Bull. crim.*, n° 24 ; *Dr. pénal* 2013, comm. 55, obs. M. Véron ; *AJP* 2013, p. 273, note J. Lasserre-Capdeville ; *Rev. sc. crim.* 2013, p. 73, obs. Y. Mayaud).

26) Méconnaît l'article 121-2 du Code pénal, la cour d'appel, qui, après avoir constaté la matérialité de l'infraction, ne recherche pas, quel que soit le mode de poursuite et au besoin en ordonnant un supplément d'information, si les manquements relevés résultaient de l'abstention de l'un des organes ou représentants de la société prévenue et s'ils avaient été commis pour le compte de celle-ci (■ Cass. crim., 22 mars 2016, n° 15-81.484).

27) Ne justifie pas sa décision la cour d'appel qui, pour relaxer une société prévenue d'homicide involontaire dans le cadre du travail, retient que le manquement à l'origine de l'accident, consistant en un défaut de maintenance ancien et habituel de l'équipement de travail sur lequel s'est produit le dommage, ne peut être imputé à un organe ou un représentant de la personne morale, au motif, notamment, que son dirigeant, qui n'avait pas délégué ses pouvoirs en matière d'hygiène et de sécurité, n'intervenait pas personnellement sur les lieux, sans rechercher si la faute relevée ne procédait pas d'une carence de cet organe dans sa mission de veiller au respect de prescriptions applicables en matière de sécurité (■ Cass. crim., 31 oct. 2017, n° 16-83.683 : *Dr. pén.* 2018, comm. 2, note P. Conte ; *D.* 2018, p. 658, note J.-C. Saint-Pau).

28) La faute « simple » du dirigeant de la société, faute à l'origine, d'un accident mortel du travail est de nature à engager la responsabilité pénale de la personne morale poursuivie (■ Cass. crim., 8 janv. 2013, n° 12-81.102 : *Dr. pénal* 2013, comm. 55, obs. M. Véron).

– **Sur la responsabilité des personnes morales en cas de fusion-absorption de sociétés**, V. *supra*, sous article 121-1, note 7.

– **Sur l'imputabilité à une personne morale du délit de manipulation de cours** (art. L. 465-2, C. monét. fin.), V. ■ Cass. crim., 28 janv. 2009 : *Dr. sociétés* 2009, comm. 83, note R. Salomon, cité *infra*, Ann. *Bourse*.

29) Citation de la personne morale. L'obligation d'énoncer le fait poursuivi dans une citation n'impose pas d'identifier, lorsque la poursuite vise une personne morale, l'organe ou le représentant ayant commis l'infraction pour le compte de cette personne ; dès lors, n'excède pas sa saisine, la cour d'appel qui détermine qui est cet organe ou représentant (■ Cass. crim., 24 mai 2005 : *Bull. crim.*, n° 154 ; *Dr. pénal* 2005, obs. 151, obs. J.-H. Robert).

Il n'est pas nécessaire que la citation délivrée à une personne morale vise l'article 121-2 du Code pénal, cet article instituant la responsabilité pénale de la personne morale du chef des infractions commises pour son compte par ses organes ou représentants, n'étant pas un texte d'incrimination (■ Cass. crim., 23 mars 2011, n° 10-84.314 : *Dr. pén.* 2011, comm. 93, obs. J.-H. Robert).

30) Absence de faute distincte de la personne morale. Dans les cas prévus par la loi, la faute pénale de l'organe ou du représentant suffit, lorsqu'elle est commise pour le compte de la personne morale, à engager la responsabilité pénale de celle-ci, sans que doive être établie une faute distincte à la charge de la personne morale (■ Cass. crim., 26 juin 2001 : *Bull. crim.*, n° 161 ; *Dr. pénal* 2002, obs. J.-H. Robert ; D. 2002, somm. com., p. 1802, note G. Roujou de Boubée. ■ 23 févr. 2010 : *Dr. pénal* 2010, comm. 73, obs. J. H. Robert).

Justifie sa décision la cour d'appel qui, après avoir relevé que le délégataire de pouvoirs avait manqué à son obligation de mettre à la disposition des travailleurs un instrument de travail approprié aux travaux à effectuer eu égard à la configuration des lieux et que ce manquement était à l'origine de l'accident survenu à un salarié de l'une des entreprises, déclare la société employeur de cette victime coupable du délit de blessures involontaires, en énonçant que ce délégataire de pouvoirs devait être considéré comme le représentant de cette personne morale au sens de l'article 121-2 du Code pénal (■ Cass. crim., 14 déc. 1999 : *Bull. crim.*, n° 306 ; *JCP* 2000, E, p. 1618, note M. Véron).

31) Le salarié d'une société, titulaire d'une délégation de pouvoirs en matière d'hygiène et de sécurité, est un représentant de la personne morale au sens de l'article 121-2 du Code pénal. Il engage donc la responsabilité pénale de celle-ci en cas d'atteinte involontaire à la vie ou à l'intégrité physique trouvant sa cause dans un manquement aux règles qu'il était tenu de faire respecter en vertu de sa délégation (■ Cass. crim., 30 mai 2000 : *Bull. crim.*, n° 206 ; *JCP* 2001, E, n° 23, p. 950, note S. Ferries).

32) Justifie sa décision au regard du texte précité la cour d'appel qui, statuant sur les intérêts civils, après relaxe définitive, déclare l'infraction d'usage d'une fausse attestation caractérisée à l'encontre d'une société en relevant, d'une part, que le conseiller en ressources humaines a engagé cette société en procédant à un licenciement fondé sur une attestation faisant état de faits matériellement inexacts et contenant un faux intellectuel manifeste, d'autre part, que lors de la production de cette attestation devant le conseil des prud'hommes puis la cour d'appel, la société savait utiliser, par les organes ayant pouvoir de l'engager, un document faisant état de faits matériellement inexacts et formellement contestés (■ Cass. crim., 24 mai 2000 : *Bull. crim.*, n° 203).

33) Une société répond des fautes civiles commises par ses mandataires sociaux ; pour infirmer le jugement en ce qu'il déclarait deux sociétés civilement responsables du préjudice subi par les parties civiles du fait des agissements du prévenu, leur dirigeant, l'arrêt retient que ces sociétés, ne peuvent être civilement responsables des actes commis par leur représentant légal, qui n'est pas leur préposé ; en statuant ainsi, alors que les parties civiles n'exerçaient pas leur action contre ces sociétés sur le seul fondement de l'article 1384 du Code civil, la cour d'appel a méconnu les articles 1382 du Code civil, ensemble les articles L. 223-18 et L. 225-56 du Code de commerce (■ Cass. crim., 18 déc. 2001 : *JurisData* n° 013204 ; *Dr. pénal* 2002, comm. 55, obs. J.-H. Robert).

34) Représentation de la personne morale. Sur la représentation obligatoire de la personne morale par mandataire de justice au cas où elle est poursuivie pour des faits identiques ou connexes concurremment avec son représentant légal, V. ■ Cass. crim., 9 déc. 1997 : *Bull. crim.*, n° 420 ; *D.* 1998, 296, note B. Bouloc. – *Adde* ■ Cass. crim., 12 janv. 2000 : *Bull. crim.*, n° 23 et, dans une espèce singulière, ■ Cass. crim., 18 déc. 2001, préc. Mais sur ce point, V. l'article 706-43 du Code de procédure pénale modifié par la loi du 10 juillet 2000.

35) Le prévenu est sans qualité pour contester la mise hors de cause de la personne morale qu'il dirige, citée en qualité de civilement responsable (■ Cass. crim., 28 oct. 1998 : *Bull. crim.*, n° 281), ou pour contester l'annulation partielle de la procédure suivie contre la personne morale mise en examen (■ Cass. crim., 5 janv. 2000 : *Bull. crim.*, n° 4).

36) Ne justifie pas sa décision la cour d'appel qui, pour retenir la responsabilité pénale d'une personne morale, se borne à énoncer qu'elle a commis, soit par elle-même, soit par ses agents ayant la maîtrise des décisions, des négligences, imprudences et manquements aux obligations de sécurité qui ont concouru à la réalisation de l'accident, sans rechercher si les négligences, imprudences et manquements aux obligations de sécurité énoncés ont été commis par ses organes ou représentants (■ Cass. crim., 18 janv. 2000 : *Bull. crim.*, n° 28 ; *D.* 2000, jurispr., 636, note Saint-Pau ; *JCP* 2000, II, 10395, note F. Debove).

37) Responsabilité cumulative. Fait une exacte application de l'article 121-2, alinéa 3, du Code pénal, la cour d'appel qui retient la responsabilité pénale cumulative de la société et de son gérant lorsque les faits de dénonciation ont été commis au nom de cette personne morale agissant par son représentant légal (■ Cass. crim., 11 mars 2003 : *Bull. crim.*, n° 65), dès lors que ce dernier est intervenu personnellement dans la réalisation de l'infraction et que la responsabilité des personnes morales n'exclut pas celle des personnes physiques, auteur ou complice des mêmes faits (■ Cass. crim., 11 mars 2003 : *JurisData* n° 018625 ; *Dr. pénal* 2003, comm. 84, obs. M. Véron).

– Un directeur de développement d'une société, ayant reçu une délégation de pouvoir des organes de celle-ci et agissant pour son compte, engage à la fois sa responsabilité pénale personnelle et celle de la personne morale, ce qui justifie leur condamnation respective (■ Cass. crim., 7 févr. 2006 : *JurisData* 2006-032534 ; *Dr. pénal* 2006, comm. 100, obs. M. Véron).

38) Le pouvoir de police du maire en matière de prévention des avalanches, prévu par l'article L. 2212-2 du Code général des collectivités territoriales, n'exclut pas, en cas de méconnaissance des obligations de sécurité fixées, la responsabilité de l'exploitant à l'égard de l'usager (■ Cass. crim., 14 mars 2000 : *Bull. crim.*, n° 114).

39) Responsabilité exclusive. Il résulte de l'article 121-2 du Code pénal que les personnes morales sont responsables pénalement des infractions commises, pour leur compte, par leurs organes ou représentants ; la relaxe prononcée en faveur de ces derniers n'exclut pas nécessairement la responsabilité de la personne morale (■ Cass. crim., 8 sept. 2004 : *Dr. pénal* 2005, comm. 11, obs. M. Véron).

La responsabilité de la personne morale n'est pas subordonnée à la caractérisation, à la charge de ses organes ou représentants, d'une faute entrant dans les prévisions de l'article 121-3, alinéa 4 du Code pénal (■ Cass. crim., 14 sept. 2004 : *Dr. pénal* 2005, comm. 11, obs. M. Véron).

40) Si les personnes morales sont responsables pénalement des infractions commises, pour leur compte, par leurs organes ou représentants, cette responsabilité n'exclut pas celle des personnes physiques auteurs des mêmes faits (■ Cass. crim., 30 janv. 2018, n° 17-81.595 : *JCP* 2018, 317, note J.-H. Robert).

41) Responsabilité pour toute faute non intentionnelle. Il résulte des articles 121-2, 121-3 et 222-19 du Code pénal, tant dans leur rédaction antérieure à la loi du 10 juillet 2000 que dans celle issue de cette loi, que les personnes morales sont responsables pénalement de toute faute non intentionnelle de leurs organes ou représentants ayant entraîné une atteinte à l'intégrité physique constitutive du délit de blessures involontaires, **alors même qu'en l'absence de faute délibérée ou caractérisée au sens de l'article 121-3, alinéa 4, nouveau, la responsabilité pénale des personnes physiques ne pourrait être recherchée** ; encourt dès lors la censure l'arrêt qui, dans des poursuites contre une société pour blessures involontaires causées à l'un de ses salariés, prononce la relaxe de celle-ci après avoir relevé des éléments de fait caractérisant un manquement aux prescriptions de l'article 5 du décret du 8 janvier 1965, sans rechercher si ce manquement n'était pas dû pour partie à un défaut de surveillance ou d'organisation du travail imputable au chef d'établissement ou, le cas échéant, à son délégataire en matière de sécurité et susceptible, nonobstant l'absence de faute délibérée ou caractérisée, d'engager la responsabilité pénale de la société (■ Cass. crim., 24 octobre 2000 : *Bull. crim.*, n° 308 ; *Dr. pénal* 2001, comm. 29, obs. M. Véron ; *Rev. sc. crim.* 2001, p. 161, obs. Y. Mayaud ; *JCP* 2001, II, 10535, note M. Daury-Fauveau ; *D.* 2002, jurispr., p. 514, note J.-C. Planque ; D. 2002, somm. com., p. 1801).

– En vertu du principe sus-énoncé, justifie, dès lors sa décision, la cour d'appel qui pour déclarer une société coupable d'homicide involontaire (ou de blessures involontaires), après avoir relaxé son dirigeant, relève notamment que l'accident a eu lieu en raison d'un manquement aux règles de sécurité relative à l'environnement de travail (■ Cass. crim., 28 avr. 2009, pourvoi n° 208-83.843 ; *Bull. crim.*, n° 80 ; *JCP* G 2009, n° 45, 402, note J.-Y. Maréchal).

42) Il résulte des dispositions de l'article L. 1251-21 du Code du travail que la personne morale ayant recours aux services d'un travailleur intérimaire est chargée, en tant qu'entreprise utilisatrice, d'assurer à son égard la sécurité au travail.

Justifie sa décision la cour d'appel qui, à la suite d'un accident du travail subi par un travailleur intérimaire mis à la disposition d'une société, déclare établie à l'encontre de cette personne morale la prévention de blessures involontaires en se fondant sur la faute non intentionnelle de l'un de ses représentants, alors même qu'en l'absence de faute délibérée ou caractérisée au sens de l'article 121-3, alinéa 4, du Code pénal, la responsabilité des personnes physiques ne pouvait être recherchée (■ Cass. crim., 2 oct. 2012, n° 11-85.032 : *Bull. crim.*, n° 206 ; *D.* 2012, act., p. 2606 ; *JCP* S, p. 37, note A. Cœuret ; *AJP* 2013, p. 99, note J. Lasserre-Capdeville).

43) Groupement de sociétés. En cas d'accident du travail, les infractions en matière d'hygiène et de sécurité commises par le délégataire de pouvoirs désigné par chacune des sociétés membres d'un groupement d'entreprises engagent, en application de l'article 121-2 du Code pénal, la responsabilité pénale de la seule personne morale employeur de la victime.

Encourt la cassation l'arrêt qui déclare une société membre d'un groupement d'entreprises responsable des blessures involontaires subies par le salarié d'une autre société du fait que, mandataire du groupement auprès du maître d'ouvrage, elle a joué un rôle majeur dans ce groupement (■ Cass. crim., 13 oct. 2009 : *Bull. crim.*, n° 169 ; *Dr. pénal* 2009, comm. 154, obs. M. Véron ; *D.* 2010, p. 557, note J.-C. Planque ; *JCP* G 2010, note 152, J.-H. Robert ; *AJP* 2010, jurispr., p. 33, note J. Lasserre-Capdeville ; *Dr. social* 2010, p. 144, note F. Duquesne).

44) En cas d'accident du travail, les manquements en matière d'hygiène et de sécurité des travailleurs commis par le délégataire de pouvoirs désigné par chacune des sociétés constituant un groupement d'entreprises à l'occasion de l'attribution d'un marché, engagent la responsabilité pénale de la personne morale, membre du groupement, qui est l'employeur de la victime, ou, en cas de recours à une main-d'œuvre intérimaire, de la personne morale ayant la qualité d'entreprise utilisatrice au sens des dispositions du Code du travail relatives au travail temporaire (■ Cass. crim., 23 nov. 2010, n° 09-85.115 : *Bull. crim.*, n° 186 ; *D.* 2011, act. p. 170 ; *Dr. sociétés* 2011, comm. 80, obs. R. Salomon).

45) Non-exigence de l'identité de l'auteur des manquements. La personne morale condamnée du chef d'homicide involontaire à la suite d'un accident mortel du travail subi par un de ses salariés ne saurait se faire un grief de ce que l'identité de l'auteur des manquements constitutifs du délit n'a pas été précisée par les juges du fond, **dès lors que l'infraction retenue n'a pu être commise, pour son compte, que par ses organes ou représentants** (■ Cass. crim., 20 juin 2006 : *Bull. crim.*, n° 188 ; *Dr. pénal* 2006, comm. 128, obs. M. Véron, qui mentionne un arrêt du 23 mai 2006, non publié au bulletin ; *JCP* 2006, II, 10199, note E. Dreyer ; *Rev. sc. crim.* 2006, p. 825, obs. Y. Mayaud).

– En l'état de motifs qui caractérisent, à la charge de la société, de poursuivre l'existence d'une faute ayant contribué à l'accident, la cour d'appel a justifié sa décision, dès lors que si les juges du fond l'ont déclarée coupable de blessures involontaires sans préciser l'identité de l'auteur des infrastructures ou négligences constitutives du délit, cette infraction n'a pu être commise, pour le compte de la personne morale, que par ses organes ou représentants (■ Cass. crim., 26 juin 2007 : *JurisData* n° 2007-040305 ; *Dr. pénal* 2007, comm. 135, obs. M. Véron ; *D.* 2008, p. 1573, Études par C. Mascala).

– **Les personnes morales peuvent être déclarées pénalement responsables** dès lors que les infractions (en l'espèce faux et complicité de faux) s'inscrivent dans le cadre de la politique commerciale des sociétés et ne peuvent avoir été commis pour le compte de celles-ci que par leurs organes ou représentants (■ Cass. crim., 25 juin 2008, pourvoi n° 07-80.261 : *Bull. crim.* n° 167 ; *Dr. pénal* 2008, comm. 140, obs. M. Véron ; *Rev. sc. crim.* 2009, p. 90, obs. E. Fortis. ■ 28 janv. 2009, pourvoi n° 07-81.674 : *Dr. pénal* 2009, comm. 48, obs. J. H. Robert ; *Rev. sc. crim.* 2010, p. 165, obs. F. Stasiak).

Une personne morale est pénalement responsable des blessures subies par un de ses agents par suite des insuffisances du plan de prévention des risques nécessairement imputables à ses organes ou représentants (■ Cass. crim., 15 févr. 2011, n° 10-85.324 : *Dr. pén.* 2011, comm. 62, obs. M. Véron).

46) Collectivités territoriales. Aux termes de l'article 121-2, 2e alinéa, du Code pénal, les collectivités territoriales et leurs groupements ne sont responsables pénalement que des infractions commises dans l'exercice d'activités susceptibles de faire l'objet de conventions de délégation de service public.

L'exécution même du service public communal d'animation des classes de découverte suivies par les enfants des écoles publiques et privées pendant le temps scolaire, qui participe du service de l'enseignement public, n'est, par nature, pas susceptible de faire l'objet de conventions de délégation de service public ; la responsabilité pénale de la commune ne peut, dès lors, être recherchée à raison d'un accident survenu à l'occasion de l'exercice, par la commune, de cette activité (■ Cass. crim., 12 déc. 2000 : *Bull. inf. C. cass.* 2000, n° 529, p. 3, rapp. Mme Ferrari, concl. Mme Commaret ; *Bull. crim.*, n° 371).

– Justifie sa décision la cour d'appel qui, pour déclarer une commune et son adjoint aux affaires culturelles coupables de blessures involontaires dont ont été victimes, au cours d'une kermesse, des enfants utilisateurs d'une structure gonflable ayant fait l'objet d'un contrat de prestation de services avec une société privée, retient que le second, bénéficiaire d'une délégation pour l'organisation de cette kermesse, a commis une faute caractérisée pour avoir exposé les enfants à un risque d'une particulière gravité qu'il ne pouvait ignorer au regard des préconisations des moniteurs de la société ayant installée les jeux et de la configuration des lieux (■ Cass. crim., 28 juin 2016, n° 15-83.862 : *Dr. pén.* 2016, comm. 141, note P. Conte).

Justifie sa décision une cour d'appel qui déclare un syndicat de communes coupable d'homicide involontaire, en raison d'un accident survenu à un motocycliste circulant sur un chemin de halage, dès lors que ce groupement exerçait, conformément à son objet social, des activités d'entretien et de surveillance des digues fluviales et de leurs dépendances, susceptibles de faire l'objet d'une convention de délégation de service public au sens de l'article 121-2 du Code pénal (■ Cass. crim., 24 oct. 2017, n° 16-85.975).

47) De même, l'obligation incombant à la région en vertu des articles L. 214-6 du Code de l'éducation et L. 231-1 du Code du travail de mettre les machines affectées à l'enseignement en conformité avec les prescriptions légales et réglementaires relatives à la sécurité des équipements de travail, participe du service de l'enseignement public et n'est pas, dès lors, en raison de sa nature même, susceptible de faire l'objet de conventions de délégation de service public ; la responsabilité pénale de la région ne peut, en conséquence, être recherchée à la suite de l'accident dont a été victime l'élève d'un lycée technique blessé par une machine non équipée du dispositif de protection imposé par la réglementation relative à la sécurité du travail (■ Cass. crim., 11 déc. 2001 : *Bull. crim.*, n° 265 ; *D.* 2002, IR, p. 373).

48) En vertu des dispositions de l'article 121-2, alinéa 2, du Code pénal, est susceptible de faire l'objet d'une convention de délégation de service public toute activité ayant pour objet la gestion d'un tel service lorsque, au regard de la nature de celui-ci et en l'absence de dispositions légales ou réglementaires contraires, elle peut être confiée, par la collectivité territoriale, à un délégataire public ou privé rémunéré, pour une part substantielle, en fonction des résultats de l'exploitation ; constitue une activité entrant dans les prévisions des dispositions précitées l'exploitation en régie d'un théâtre par une commune (■ Cass. crim., 3 avr. 2002 : *Bull. crim.*, n° 77 ; *Dr. pénal* 2002, comm. 95, obs. M. Véron ; *Rev. sc. crim.* 2002, p. 838, obs. G. Giudicelli-Delage ; *Rev. sc. crim.* 2004, p. 341, obs. E. Fortis).

Est en l'espèce justifié un arrêt ayant condamné une commune et la société, qui avait conclu avec celle-ci un marché public pour la mise en conformité de l'installation électrique du théâtre municipal, pour homicide involontaire, les juges du fond ayant constaté que, pendant l'exécution des travaux, un salarié de la société avait fait une chute mortelle d'une hauteur d'une dizaine de mètres alors qu'aucun plan de prévention n'avait été établi (même arrêt). Rappr. ■ Cass. crim., 30 sept. 2003 : *Bull. crim.* n° 175, cité à l'annexe Travail, sous l'article L. 8231-1 (marchandage).

49) Si l'exploitation du service des transports scolaires est susceptible de faire l'objet d'une convention de délégation de service public, il n'en va pas de même de son organisation, qui est confiée au département en application de l'article 29 de la loi du 22 juillet 1983, devenu l'article L. 213-11 du Code de l'éducation, et qui comprend notamment la détermination des itinéraires à suivre et des points d'arrêt à desservir (■ Cass. crim., 6 avr. 2004 : *Bull. crim.*, n° 89). V. G. Giudicelli-Delage, *Délégation de service public, le contentieux pénal : Rev. gén. des Collectivités territoriales*, n° 15/2001, p. 678.

50) Nonobstant le choix actuel de la ville de laisser le parc de l'Orangerie libre d'accès et d'assurer elle-même sa gestion et son entretien, aucun obstacle de droit ou de fait ne permet d'exclure que ledit parc puisse à l'avenir faire l'objet d'un accès payant ou faire l'objet d'un mode de financement, de gestion ou d'exploitation permettant de générer des recettes pour un éventuel délégataire.

Ainsi, la responsabilité de la ville peut être recherchée à raison des blessures dont un mineur a été victime en chutant du haut d'un ancien bunker non sécurisé situé dans le parc (■ Cass. crim., 7 sept. 2010, n° 10-82.119 : *Dr. pén.* 2011, comm. 32 [2e esp.], obs. M. Véron). V. aussi, note sous C. pén., art. 221-6, p. 193, *V° Collectivités territoriales*.

51) L'article L. 235-1 du Code du travail, qui fixe les règles de prévention et de coordination applicable aux opérations de bâtiment et de génie civil, permet aux communes ou groupements de communes de moins de cinq mille habitants effectuant de telles opérations de confier au maître d'œuvre, par délégation, l'application des règles de prévention énumérées par ce texte ; est en conséquence justifiée la décision de la cour d'appel qui, pour relaxer une commune de moins de cinq mille habitants poursuivie des chefs d'homicide involontaire et infractions à la sécurité du travail à la suite d'un accident mortel provoqué par la chute de matériaux entreposés devant le domicile d'un particulier en vue de l'exécution de travaux d'assainissement confiés par ladite commune à une entreprise, retient que la prévenue avait délégué l'application des règles visées à l'article L. 235-1 du Code du travail, ainsi que ce texte lui en donnait le pouvoir (■ Cass. crim., 14 mars 2006 : *Bull. crim.*, n° 73 ; *Rev. sc. crim.* 2006, p. 599, obs. Y. Mayaud).

52) Action civile contre personne morale de droit public. Il résulte de la loi des 16-24 août 1790 et du décret du 16 fructidor an III que, sauf dispositions contraires, les tribunaux judiciaires ne sont pas compétents pour réparer les conséquences dommageables d'une faute engageant la responsabilité d'une personne morale de droit public à l'occasion de la gestion d'un service public administratif, en l'espèce l'Agence nationale pour l'emploi, établissement public national (■ Cass. crim., 30 sept. 2008, pourvoi n° 07-87.734 : *Bull. crim.*, n° 199).

Art. 121-3 ***(Mod., L. n° 96-393, 13 mai 1996 ; L. n° 2000-647, 10 juill. 2000).*** **– Il n'y a point de crime ou de délit sans intention de le commettre.**

Toutefois, lorsque la loi le prévoit, il y a délit en cas de mise en danger délibérée de la personne d'autrui.

Il y a également délit, lorsque la loi le prévoit, en cas de faute d'imprudence, de négligence ou de manquement à une obligation de prudence ou de sécurité prévue par la loi ou le règlement, s'il est établi que l'auteur des

faits n'a pas accompli les diligences normales compte tenu, le cas échéant, de la nature de ses missions ou de ses fonctions, de ses compétences ainsi que du pouvoir et des moyens dont il disposait.

Dans le cas prévu par l'alinéa qui précède, les personnes physiques qui n'ont pas causé directement le dommage, mais qui ont créé ou contribué à créer la situation qui a permis la réalisation du dommage ou qui n'ont pas pris les mesures permettant de l'éviter, sont responsables pénalement s'il est établi qu'elles ont, soit violé de façon manifestement délibérée une obligation particulière de prudence ou de sécurité prévue par la loi ou le règlement, soit commis une faute caractérisée et qui exposait autrui à un risque d'une particulière gravité qu'elles ne pouvaient ignorer.

Il n'y a point de contravention en cas de force majeure.

Voir : art. R. 610-2, p. 663 ; CGCT art. L. 2123-34 s., p. 2263 (responsabilité des élus).

Bibliographie : *JCl. pén., Élément moral de l'infraction* par J.-Y. Maréchal. • Ann. *Circulation routière*, Circulaire du 24 juin 1994 ; *D.* 1994, 153, note M. Puech. • *JCP* 96, n° 24, *Actualités : Premier aperçu de la loi n° 96-393 du 13 mai 1996*, par F. Le Gunehec. • M.-L. Rassat : *Dr. pénal* 1996, chron., 28. • J.-F. Seuvie : *Rev. sc. crim.* 1996, p. 870 • P. Salvage, *L'imprudence en droit pénal : JCP* 96, I, n° 3984. • Y. Mayaud, *De l'article 121-3 à la théorie de la culpabilité en matière criminelle et délictuelle : D.* 1997, chron., 37. • C. Ruet, *Commentaire de la loi du 13 mai 1996 relative à la responsabilité pénale pour des faits d'imprudence ou de négligence : Rev. sc. crim.* 1998, p. 24. Sur la loi du 10 juillet 2000. V. : *Circ. crim.*, n° 00-9 du 11 oct. 2000, présentation de ses dispositions. • S. Petit, *Une nouvelle définition des délits d'imprudence : Gaz. Pal.* 2000, n° 193, p. 2, et premières applications : *Gaz. Pal.* 2000, n° 316, p. 9 • J. Pradel : *D.* 2000, point de vue, V. • Ph. Salvage, *Retour vers l'imprudence pénale : JCP* 2000, I, 281. • F. Le Gunehec, *Act., aperçu rapide : JCP* 2000, n° 36. • Y. Mayaud : *D.* 2000, chron., p. 603. • C. Ruet, *La responsabilité pénale pour faute d'imprudence : Dr. pénal* 2001, chron. 1. • Y. Mayaud, *Les violences non intentionnelles après la loi du 10 juillet 2000 : Rev. sc. crim.* 2001, p. 156, et M. E. Cartier, E. Fortis, P. Jourdain, A. Outin-Adam, G. Viney, *La nouvelle définition des délits non intentionnels : Rev. sc. crim.* 2001, p. 725 et s. • J. Commaret, *La loi du 10 juillet 2002 et sa mise en œuvre par la Chambre criminelle : Gaz. Pal.* 12-13 avr. 2002, p. 3. • Y. Mayaud, *La causalité directe dans les violences involontaires... et l'identification de l'obligation de sécurité : Rev. sc. crim.* 2002, p. 100, 104, 329 et 585. • V. I. Moine-Dupuis, *L'intention en droit pénal : D.* 2001, chron. p. 2144. • M. Pralus, *Réflexions autour de l'élément moral des délits : Dr. pénal* 2002, chron. 41. • F. Desportes, *la responsabilité pénale en matière d'infractions non intentionnelles* : rapport Cour de Cassation 2002, p. 185. • N. Planchon, *délits non intentionnels : bilan de deux ans d'application de la loi du 10 juillet 2000 : CJFI*, n° 18, p. 1. • A. Ponseille, *La faute caractérisée en droit pénal : Rev. sc. crim.* 2003, p. 79. V. aussi *Rev. pénit.* mars 2004, études par plusieurs auteurs. • B. Cotte et D. Guihal, *La loi Fauchon, cinq ans de mise en œuvre jurisprudentielle : Dr. pénal* 2006, études 6. • D. Commaret, *La loi Fauchon 5 ans après : Dr. pénal* 2006, études 7. • Y. Mayaud, *Loi Fauchon : quel bilan ? : AJ Pénal* 2006, p. 147. • E. Dreyet, *La causalité directe de l'infraction : Dr. pénal* 2007, études 9.

1) QPC. Non-lieu à renvoi au Conseil constitutionnel de la question prioritaire contestant la constitutionnalité des dispositions de l'article 121-3, alinéa 4, du Code pénal, dès lors qu'en subordonnant la responsabilité pénale de la personne physique qui n'a pas directement causé le dommage à la commission d'une faute caractérisée et qui exposait autrui à un risque d'une particulière gravité que celle-ci ne pouvait ignorer, le législateur, se fondant sur des critères qui ne sont pas, de manière manifeste, inappropriés à l'objet poursuivi, a entendu placer cette personne dans une situation plus favorable que l'auteur direct du dommage dont la responsabilité pénale peut être engagée pour une simple maladresse, imprudence, inattention ou négligence. La disposition critiquée, qui laisse au juge le soin de qualifier des comportements que le législateur ne peut énumérer *a priori* de façon exhaustive, est rédigée en des termes suffisamment clairs et précis pour permettre que son interprétation se fasse sans risque d'arbitraire et dans des conditions garantissant tant le respect de la présomption d'innocence que l'intégralité des droits de la défense (■ Cass. crim., 24 sept. 2013, n° 12-87.059 : *Bull. crim.*, n° 180 ; *D.* 2013, études, p. 2443, note P. Hennion-Jacquet ; *AJP* 2013, p. 605, obs. C. Lacroix ; *JCP* 2013, note 1176, p. 2073, St. Detraz ; *Dr. pén.* 2013, comm. 168, obs. M. Véron ; *Gaz. Pal.* 30-31 oct. 2013, jur. p. 9, note R. Mesa ; *JCP* 2013, chron. QPC, note n° 1190/22, p. 2096, B. Mathieu. – V. ■ Cass. crim., 21 mars 2017, n° 17-90.003).

2) La seule constatation de la **violation en connaissance de cause d'une prescription légale** ou réglementaire implique, de la part de son auteur, l'intention coupable exigée par l'article 121-3, alinéa 1er du Code pénal. Tel est le cas de l'exploitation d'une installation classée par un chef d'entreprise (■ Cass. crim., 25 mai 1994 : *Bull. crim.*, n° 203 ; *JCP* 94, G, IV, 1962 ; *D.* 1994, inf. rap. 217 ; J.-H. Robert : *Rev. sc. crim.* 1995, p. 356. ■ 11 janv. 2005 : *Dr. pénal* 2005, note 42), ou de la vente sans facture par un commerçant (■ Cass. crim., 25 mai 1994 : *Bull. crim.*, n° 203), ou de l'exécution de travaux de construction sans déclaration préalable (■ Cass. crim., 12 juill. 1994 : *Bull. crim.*, n° 280) ou de la construction d'un bâtiment sans permis de construire (■ Cass. crim., 10 janv. 1996 : *Bull. crim.*, n° 13. ■ 22 janv. 1997 : *Dr. pénal* 1997, comm. n° 83, obs. J.-H. Robert. ■ Cass. crim., 21 janv. 2003 : *Dr. pénal* 2003, comm. 51, obs. J.-H. Robert. ■ 18 nov. 2008, qui précise que l'article 6, § 2 de la Conv. EDH n'a pas été méconnu : *Dr. pénal* 2009, comm. 40, obs. J.-H. Robert), ou encore du délit de travail dissimulé (■ Cass. crim., 19 mars 2002 ; *Dr. pénal* 2002, comm. 87, obs. J.-H. Robert. ■ 17 juin 2008 : *Bull. crim.*, n° 155 ; *Dr. pénal* 2008, comm. 132, obs. J.-H. Robert). V. Ann. *Travail*, ss. art. L. 8221-5 et 6, ou en matière d'infractions à la législation sur les contributions indirectes (■ Cass. crim., 14 mars 2007 : *Bull. crim.*, n° 82 – V. *infra*, Ann. *Impôts*, sous l'article 1791 du CGI), et de même pour le délit d'ouverture et d'exploitation d'un établissement de santé privé sans autorisation prévue par les articles L. 6111-1 et L. 6111-2 du Code de la santé publique (■ Cass. crim., 9 mai 2007 : *Bull. crim.*, n° 120 ; *Dr. pénal* 2007, comm. 116, obs. J.-H. Robert).

3) En matière d'acquisition de spécimen appartenant à une espèce animale protégée, la seule constatation de la violation, en connaissance de cause, d'une prescription légale ou réglementaire implique, de la part de son auteur l'intention coupable exigée par l'article 121-3, alinéa 1er du Code pénal. Le prévenu qui n'allègue pas une erreur de droit au sens de l'article 122-3 du même code ne peut s'exonérer en invoquant sa bonne foi (■ Cass. crim., 28 juin 2005 : *Bull. crim.* n° 196 ; *Rev. sc. crim.* 2005, p. 839, obs. cf. Vermelle ; *D.* 2006, jurispr. p. 561, note O. Fardoux).

4) La constatation de la violation, sans motif légitime et en connaissance de cause, de l'une des interdictions prévues par l'article 323-3-1 du Code pénal implique de la part de son auteur l'intention coupable exigée par l'article 121-3 du même code (■ Cass. crim., 27 oct. 2009 : *Bull. crim.*, n° 177 ; *Dr. pénal* 2010, comm. 3, obs. M. Véron ; *JCP G* 2010, note 19, A. Lepage). V. Ann. Informatique, art. 323-3-1.

5) La **conduite d'un véhicule sous l'empire d'un état alcoolique**, qui procède d'un comportement volontaire, est une infraction intentionnelle au regard de l'article 121-3 du Code pénal (■ Cass. crim., 19 déc. 1994 : *Bull. crim.*, n° 420).

6) Il résulte de l'article 339 de la loi d'adaptation du 16 décembre 1992 que les délits non intentionnels réprimés par des textes antérieurs à son entrée en vigueur ne demeurent constitués qu'en cas d'imprudence, de négligence ou de mise en danger délibéré de la personne d'autrui, même lorsque la loi ne le prévoit pas expressément. Il en est ainsi notamment en matière d'**infractions à la législation des contributions indirectes** (■ Cass. crim., 7 nov. 1994 : *Bull. crim.*, n° 354) ou d'infraction de réception d'alcool sous couvert de titres de mouvement inapplicables (■ Cass. crim., 28 nov. 1994 : *Bull. crim.*, n° 371) ou de publicité de nature à induire en erreur (■ Cass. crim., 14 déc. 1994 : *Bull. crim.*, n° 415 ; *Dr. pénal* 1995, comm. 98, obs. J.-H. Robert). Mais le dommage n'étant pas un élément constitutif du délit de publicité trompeuse, l'infraction, lorsqu'elle est commise par imprudence ou négligence, n'est pas soumise aux dispositions de l'article 121-3, alinéa 4, du Code pénal, issu de la loi du 10 juillet 2000 (■ Cass. crim., 26 juin 2001 : *Bull. crim.*, n° 60).

7) Cependant, la Cour de cassation a jugé qu'en matière de contributions indirectes, la violation en connaissance de cause des prescriptions légales et réglementaires implique, de la part de son auteur, l'intention coupable exigée par l'article 121-3 du Code pénal (■ Cass. crim., 5 avr. 2006 : *JurisData* n° 2006-033421 ; *Dr. pénal* 2006, comm. 102, obs. J.-H. Robert. – V. aussi ■ Cass. crim., 22 mars 2006 : *JurisData* n° 2006-033124 ; *Dr. pénal* 2006, comm. 87, obs. J.-H. Robert).

8) Le juge répressif ne peut prononcer une peine sans avoir relevé tous les éléments constitutifs de l'infraction qu'il réprime ; ne justifie pas sa décision la cour d'appel qui, pour condamner du chef du délit de **violences volontaires** un chirurgien ayant, **au cours d'une intervention de chirurgie gynécologique**, stérilisé une patiente présentant un risque d'embolie pulmonaire, se borne à relever, sans caractériser l'élément intentionnel des violences au regard des articles 121-3 et 222-11 du Code pénal, que cet acte n'était pas imposé par une nécessité évidente ou un danger immédiat (■ Cass. crim., 6 févr. 2001 : *Bull. crim.*, n° 33).

I – SUR L'ACCOMPLISSEMENT DES DILIGENCES NORMALES *(JURISPRUDENCE ANTÉRIEURE À LA LOI DU 10 JUILLET 2000)*

9) Justifie sa décision au regard, tant de l'article 222-19 du Code pénal que de son article 121-3, notamment dans sa rédaction issue de la loi du 13 mai 1996, la cour d'appel qui relève que le prévenu, titulaire d'une délégation de pouvoirs et pourvu, comme tel, de la compétence, de l'autorité et des moyens nécessaires à l'exercice de sa mission, concernant le respect des règles d'hygiène et de sécurité sur un chantier, n'a pas accompli les diligences normales qui lui incombaient de ce chef, et que ce manquement a été à l'origine des blessures subies par un salarié de l'entreprise (■ Cass. crim., 30 oct. 1996 : *Bull. crim.*, n° 389. ■ Cass. crim., 17 juin 1997 : *Bull. crim.*, n° 237, sur la condamnation pour homicide involontaire d'un délégataire de pouvoirs n'ayant pas accompli, avant son départ en congés annuels, les diligences normales pour assurer la sécurité des travailleurs chargés d'effectuer, en son absence, les travaux prévus durant cette période et qui exigeaient des précautions particulières).

Caractérise la faute du prévenu au sens de l'article 121-3 du Code pénal, la cour d'appel qui relève que ce délégataire de pouvoirs a laissé à la disposition des salariés une machine dangereuse insuffisamment protégée, en infraction aux règles de sécurité et en relation directe avec l'accident dont un salarié a été victime ; la faute de cette dernière, n'étant pas la cause exclusive du dommage, bien que l'usage de la machine n'ait pas été conforme à sa destination, n'est pas de nature à exonérer le prévenu de sa responsabilité (▪ Cass. crim., 30 juin 1998 : *Bull. crim.*, n° 210 ; *JCP* 99, II, 10067, note Y. Chevallier).

10) Justifie sa décision, au regard tant des articles 319 ancien et 221-6 nouveau du Code pénal que de ses articles 112-1 et 121-3, ce dernier en sa rédaction issue de la loi du 13 mai 1996, l'arrêt qui, pour déclarer un **médecin anesthésiste** coupable d'un homicide involontaire, commis antérieurement à l'entrée en vigueur de cette loi et dont a été victime un blessé qu'il avait sous sa responsabilité, relève que ce praticien n'a pas accompli les diligences normales qui lui incombaient, compte tenu de ses fonctions, de ses compétences ainsi que du pouvoir et des moyens dont il disposait au moment des faits reprochés (▪ Cass. crim., 19 févr. 1997 : *Bull. crim.*, n° 67 ; *JCP* 97, II, 22889, note J.-Y. Chevallier ; *D.* 1998, p. 236, note B. Legros).

11) Mais, encourt la cassation l'arrêt qui relaxe **l'employeur** du chef de délit de blessures involontaires, en l'absence de toute infraction caractérisée à la réglementation en vigueur pour la machine concernée, sans rechercher si celui-ci a accompli les diligences normales lui incombant, au sens de l'article 121-3 du Code pénal dans sa rédaction issue de la loi du 13 mai 1996, pour assurer la sécurité des salariés (▪ Cass. crim., 19 nov. 1996 : *Bull. crim.*, n° 413 ; *Dr. pénal* 1996, comm. 33, obs. M. Véron).

12) N'accomplit pas les diligences normales qui s'imposent à lui, l'**importateur de matériels sportifs** qui se borne à faire procéder à un contrôle superficiel des lots de parapentes importés dont les suspentes n'offraient que d'insuffisantes garanties de solidité ; justifie dès lors sa décision la cour d'appel qui le retient, pour cette raison, dans les liens de la prévention du chef d'homicide involontaire aux côtés d'un parapentiste ayant provoqué une collision suivie de la chute mortelle d'un autre adepte de ce sport auquel il avait refusé la priorité (▪ Cass. crim., 12 mars 1997 : *Bull. crim.*, n° 101 ; *JurisData* n° 001679 ; *JCP* 97, IV, 1226).

13) Tout manquement par **le conducteur d'un véhicule** à ses obligations de prudence et de diligence est nécessairement incompatible avec les diligences normales que lui impose le Code de la route, et caractérise, à sa charge, la faute définie par l'article 121-3, alinéa 3, du Code pénal, dans sa rédaction issue de la loi du 13 mai 1996 ; dès lors, n'encourt pas l'annulation au regard de cette loi nouvelle l'arrêt qui, pour déclarer le conducteur d'un véhicule coupable d'homicide involontaire, retient qu'il a été, par son défaut de maîtrise, à l'origine de l'accident à la suite duquel la victime est décédée (▪ Cass. crim., 2 avr. 1997 : *Bull. crim.*, n° 132).

14) Les dirigeants d'une fédération sportive ou de l'un de ces organes, pourvus de la compétence, des pouvoirs et des moyens nécessaires, sont tenus de veiller à l'accomplissement des mesures réglementaires relatives à la sécurité des installations ouvertes au public, sous le contrôle effectif de la commission de sécurité ; justifie sa décision, au regard de l'article 121-3 du Code pénal, en sa rédaction issue de la loi du 13 mai 1996, la cour d'appel qui, pour retenir la culpabilité des dirigeants d'une fédération sportive et de l'un de ses organes du chef d'homicides et blessures involontaires, à la suite de l'effondrement d'une tribune ouverte au public, relève qu'en présence de la modification substantielle d'un stade homologué les prévenus, en autorisant la délivrance anticipée de billets d'entrée supplémentaires sous le couvert d'un prétendu procès-verbal, manifestement irrégulier, établi au nom de la commission de sécurité, alors qu'ils n'ignoraient pas que le contrôleur technique avait limité son avis à la résistance du sol, n'ont pas exercé effectivement les pouvoirs qu'ils tenaient de leurs attributions, quant aux contrôles et avis réglementaires préalables à l'ouverture du stade, et n'ont pas accompli les diligences normales qui leur incombaient, l'existence d'un lien de causalité entre ces manquements et les dommages corporels subis ayant été caractérisés (▪ Cass. crim., 24 juin 1997 : *Bull. crim.*, n° 251 ; *Gaz. Pal.* n° 265, p. 41).

15) Sur la condamnation **d'un maire** pour homicides involontaires, dès lors qu'il est établi que celui-ci n'a pas accompli les diligences normales pour faire respecter les règles de sécurité applicables aux établissements recevant du public (Thermes de Barbotan), V. ▪ Toulouse, 29 janv. 1998 : *D.* 1999, 56, note J. Benoit ; pourvoi rejeté par ▪ Cass. crim., 29 juin 1999 : *Bull. crim.*, n° 163 ; *Gaz. Pal.* 26-27 janv. 2000, p. 11, note S. Petit ; *D.* 2000, somm. p. 29, obs. Y. Mayaud). *Adde*, dans le même sens, ▪ Cass. crim., 9 nov. 1999 : *Bull. crim.*, n° 250 ; *Gaz. Pal.* 31 mars-1er avr. 2000, jurispr. p. 15, note S. Petit (Hôpital de Paimbœuf ; *Rev. sc. crim.* 2000, 389, obs. Y. Mayaud).

– Sur la condamnation d'un maire pour des négligences ayant permis un détournement de fonds communaux par un tiers, V. ■ Cass. crim., 9 nov. 1998 : *infra*, sous article 432-16.

– À noter que l'article 121-3, dans sa rédaction issue de la loi du 13 mai 1996, n'a institué aucun fait justificatif (■ Cass. crim., 14 oct. 1997 : *Bull. crim.*, n° 334 ; *Dr. pénal* 1998, comm. 25, obs. J.-H. Robert).

– Sur la question, V. Y. Mayaud, *Violences involontaires et diligences normales : Rev. sc. crim.* 1997, 832.

II – *JURISPRUDENCE POSTÉRIEURE À LA LOI DU 10 JUILLET 2000*

16) Pollution fluviale. A été cassé l'arrêt déclarant un chef d'entreprise coupable d'avoir laissé écouler dans un cours d'eau, directement ou indirectement, des substances quelconques dont l'action ou les réactions ont servi à la nutrition ou à la reproduction du poisson, en relevant que la pollution résulte d'un manque d'entretien des installations imputable à ce dirigeant ; cette cassation a été prononcée au motif que la cour d'appel n'avait pas examiné les faits au regard de l'article 121-3, tel qu'issu de la loi du 10 juillet 2000 (■ Cass. crim., 15 mai 2001 : *Bull. crim.*, n° 123 ; *Dr. pénal* 2001, comm. 117, obs. J.-H. Robert).

17) Ne justifie pas sa décision la cour d'appel qui condamne le président d'une fédération départementale pour la pêche poursuivi pour pollution de cours d'eau et qui faisait valoir qu'il avait mis en œuvre, en fonction des pouvoirs, des compétences et des moyens dont il disposait, toutes les mesures appropriées, sans caractériser en tous ses éléments le délit reproché et sans rechercher s'il a commis une faute personnelle au sens de l'article 121-3 du Code pénal (■ Cass. crim., 12 juin 2001, pourvoi n° D. 00-87.702, inédit).

18) Pour déclarer le prévenu coupable du délit de pollution de cours d'eau, la cour d'appel retient que l'asphyxie de la faune et de la flore du ruisseau, ainsi que le colmatage des zones d'habitat et de nourriture des poissons ont eu pour effet de nuire à la reproduction de ces derniers par la destruction de frayères ; que les juges ajoutent qu'en ne surveillant pas suffisamment le dispositif de filtrage des boues et en ne vérifiant pas le bon état de la pelle de la bonde, dont la rupture a favorisé le rejet de sédiments, l'intéressé a commis des négligences qui caractérisent l'élément moral de l'infraction ; que leur décision est ainsi justifiée (■ Cass. crim., 7 nov. 2006 : *Bull. crim.*, n° 279).

19) Est un auteur indirect, au sens de l'article 121-3, alinéa 4, du Code pénal, le directeur technique d'une entreprise, titulaire d'une délégation de pouvoirs, déclaré coupable du délit de pollution des eaux, qui, connaissant l'importance des risques générés par cette installation classée, implantée au bord d'un fleuve, et en l'état d'incidents déjà survenus, ne prend pas les dispositions utiles pour éviter un rejet de substances polluantes trouvant sa cause directe dans l'intervention sur le site de personnels d'entreprises tierces chargées de la maintenance du matériel en fin de semaine (■ Cass. crim., 19 oct. 2004 : *Bull. crim.*, n° 247 ; *Dr. pénal* 2005, comm. 6, obs. J. H. Robert).

20) L'article L. 216-6 du Code de l'environnement punit les rejets intentionnels ou non intentionnels (■ Cass. crim., 16 janv. 2007 : V. *infra*, Ann. *Environnement*, sous cet article).

21) Publicité trompeuse. Le dommage n'étant pas un élément constitutif du délit de publicité trompeuse, l'infraction, lorsqu'elle est commise par imprudence ou négligence, n'est pas soumise aux dispositions de l'article 121-3, alinéa 4, du Code pénal, issu de la loi du 10 juillet 2000 (■ Cass. crim., 26 juin 2001 : *Bull. crim.*, n° 160 ; *Dr. pénal* 2001, comm. 143, obs. J.-H. Robert).

22) Navigation aérienne. Si la méconnaissance des prescriptions d'un texte réglementaire non entré en vigueur dans un territoire d'outre-mer faute d'y avoir été promulgué et publié ne s'identifie pas à la violation d'une obligation particulière de prudence ou de sécurité au sens de l'article 121-3, alinéa 4, du Code pénal, elle peut, en revanche, constituer la faute caractérisée prévue par le même texte ; il en est ainsi de la méconnaissance des prescriptions de l'arrêté du 5 novembre 1987 relatif aux conditions d'utilisation des avions exploités par une entreprise de transport aérien, dès lors que ce texte, qui n'est pas entré en vigueur en Polynésie française faute de promulgation et publication locales régulières, y est néanmoins appliqué par les services locaux de l'aviation civile et les entreprises de transport aérien (■ Cass. crim., 15 oct. 2002 : *Bull. crim.*, n° 186 ; *Dr. pénal* 2003, comm. 4, obs. M. Véron ; *Rev. sc. crim.* 2003, p. 96, obs. Y. Mayaud).

23) Constitue une faute caractérisée exposant autrui à un risque d'une particulière gravité qu'il ne pouvait ignorer le fait, pour l'instructeur d'une compagnie aérienne, de déclarer apte au pilotage et de programmer sur un vol un commandant de bord dont il connaissait l'insuffisance professionnelle, et de surcroît, sans lui fournir, pour la préparation du vol, un manuel d'exploitation approprié.

– Constitue une faute caractérisée exposant autrui à un risque d'une particulière gravité qu'il ne pouvait ignorer, compte tenu des obligations que la tutelle des entreprises de transport aérien fait peser en matière de sécurité sur les services de l'aviation civile, le fait, pour le responsable en charge du contrôle d'une compagnie aérienne, d'autoriser la reprise de l'exploitation de l'avion, un temps suspendue par ses services à raison des insuffisances du manuel d'exploitation servant de support à la formation des pilotes, sans imposer à la compagnie de compléter ce document dont il connaissait les graves lacunes (même arrêt).

24) Lien de causalité. Il résulte de l'article 121-3 du Code pénal que cause directement le dommage subi par une personne mordue par un chien la faute de négligence du propriétaire de l'animal l'ayant laissé sortir de chez lui sans être contrôlé et tenu en laisse.

Encourt ainsi la cassation l'arrêt qui, pour relaxer le prévenu des fins de la poursuite du chef d'homicide involontaire, retient qu'aucune prévention n'est retenue contre lui au titre de la divagation d'animaux, que les chiens étaient habituellement enfermés pendant la journée dans un chenil clos et présentaient une apparente absence de dangerosité pour en déduire l'absence de violation d'une obligation particulière de sécurité prévue par la loi ou le règlement ainsi que l'inexistence d'une faute caractérisée (■ Cass. crim., 21 janv. 2014, n° 13-80.267 : *Bull. crim.*, n° 17 ; *D.* 2014, p. 1317, note P. Conte).

25) Force majeure. La survenance d'une défaillance mécanique que, par sa nature même, le conducteur, à qui l'article L. 311-1 du Code de la route impose d'entretenir et réparer son véhicule de façon à assurer la sécurité de tous les usagers de la route, a la possibilité de prévenir, par la vérification préalable de l'état dudit véhicule, avant d'en faire usage, ne suffit pas, à elle seule, à constituer la force majeure au sens de l'article 121-3, alinéa 5, du Code pénal (■ Cass. crim., 6 nov. 2013, n° 12-82.182 : *Bull. crim.*, n° 215 ; *Dr. pén.* 2014, comm. 24, obs. J.-H. Robert ; *AJP* 2014, p. 131, note J. Lasserre Capdeville).

26) Faute de l'employeur de la victime. Est justifiée la décision qui déclare le prévenu, employeur de la victime, coupable d'homicide involontaire lorsqu'il se déduit des motifs de l'arrêt que ce prévenu a contribué à créer la situation ayant permis la réalisation du dommage et commis une faute caractérisée exposant autrui à un risque d'une particulière gravité qu'il ne pouvait ignorer (■ Cass. crim., 12 nov. 2014, n° 13-85.860 ; *Dr. pén.* 2015, comm. 5, obs. M. Véron).

NB : Pour l'application de l'article 121-3 aux homicides et blessures involontaires, V. sous l'article 221-6. Pour l'application dans le temps de la loi du 10 juillet 2000, V. *supra* note sous l'article 112-4, *V°* incriminations, et *infra* sous l'article 221-6 les notes sur la nécessité d'une faute qualifiée.

Loi n° 83-634 du 13 juillet 1983

portant droits et obligations des fonctionnaires

Art. 11 *bis* A *(L. n° 96-393, 13 mai 1996 ; mod., L. n° 2000-647, 10 juill. 2000).* – Sous réserve des dispositions du quatrième alinéa de l'article 121-3 du Code pénal, les fonctionnaires et les agents non titulaires de droit public ne peuvent être condamnés sur le fondement du troisième alinéa de ce même article pour des faits non intentionnels, commis dans l'exercice de leurs fonctions que s'il est établi qu'ils n'ont pas accompli les diligences normales, compte tenu de leurs compétences, du pouvoir et des moyens dont ils disposaient ainsi que des difficultés propres aux missions que la loi leur confie.

1) Justifie sa décision, au regard de ce texte, la cour d'appel qui déclare le directeur de cabinet du préfet, en sa qualité de président de la commission départementale de sécurité, coupable d'homicides et blessures involontaires, à la suite de l'effondrement d'une tribune ouverte au public édifiée dans une enceinte sportive homologuée après avoir relevé que ce fonctionnaire avait commis des manquements personnels dans la tenue de réunions de la commission, laquelle s'est abstenue de vérifier, comme le lui imposait le Code de la construction et de l'habitation, l'existence d'une autorisation d'aménagement, d'un rapport attestant la stabilité de l'ouvrage ainsi que d'un arrêté du maire autorisant l'ouverture de l'établissement, et n'a expressément formulé aucun avis définitif (■ Cass. crim., 24 juin 1997 : *Bull. crim.*, n° 251, préc.).

2) Est justifiée la déclaration de culpabilité du responsable des services techniques de la ville, agent de la fonction publique territoriale, qui a fait monter un portique de grande hauteur, dans la précipitation, et sans aucune mesure de protection contre le risque de chutes et n'a pas accompli les diligences normales compte tenu de sa compétence, du pouvoir et des moyens dont il disposait pour accomplir sa mission ; il résulte en effet de l'ensemble ces éléments que ce prévenu a violé manifestement une obligation particulière de sécurité prévue par la loi ou le règlement de sorte qu'a été établi à son encontre, en tous ses éléments constitutifs, le délit de blessures involontaires tant au regard de l'article 320 de l'ancien Code pénal que des articles 222-19, 121-3 du Code pénal et de l'article 11 *bis* A de la loi du 13 juillet 1983.

– Est également justifiée la déclaration de culpabilité d'un agent de maîtrise principal ayant un pouvoir de direction autonome pour la fourniture du matériel, et disposant des pouvoirs et moyens nécessaires, compte tenu de la nature de ses fonctions, auquel il est reproché d'avoir refusé, en pleine connaissance de cause de fournir aux employés occupés à un travail en hauteur les dispositifs de protection ; il résulte en effet de l'ensemble de ces éléments que ce prévenu a commis une faute caractérisée, et qui exposait autrui à un risque d'une particulière gravité qu'il ne pouvait ignorer, de sorte qu'a été établi à son encontre, en tous ses éléments constitutifs, le délit de blessures involontaires tant au regard de l'article 320 de l'ancien Code pénal que des articles 222-19, 121-3 du Code pénal et de l'article 11 *bis* A de la loi du 13 juillet 1983 (■ Cass. crim., 3 déc. 2002 : *Bull. crim.*, n° 219).

Bibliographie : V. S. Petit, *La responsabilité pénale des agents publics et des élus : Gaz. Pal.* 11 nov. 1999, doctr. p. 3. – S. Jacopin, *Mise au point sur la responsabilité pénale des élus et des agents publics : D.* 2002, chron. p. 507.

Voir également : Ann., *Vie politique*, en ce qui concerne la responsabilité des maires et des présidents de conseil général ou de conseil régional.

Art. 121-4. – Est auteur de l'infraction la personne qui :

1° Commet les faits incriminés ;

2° Tente de commettre un crime ou, dans les cas prévus par la loi, un délit.

Voir : anc. art. 2 et 3, C. pén.

Art. 121-5. – La tentative est constituée dès lors que, manifestée par un commencement d'exécution, elle n'a été suspendue ou n'a manqué son effet qu'en raison de circonstances indépendantes de la volonté de son auteur.

Bibliographie : *JCl. pén.*, *Tentative* par M. Segonds.

I – TENTATIVE INTERROMPUE

A – Commencement d'exécution

1) Notion. Constitue un commencement d'exécution tout acte qui tend directement au délit, lorsqu'il a été accompli avec l'intention de le commettre (■ Cass. crim., 3 janv. 1913 : *DP* 1914, 1, 41, note Donnedieu de Vabres ; *S.* 1913, 1, 281, note Roux. ■ 29 déc. 1970 : *JCP* 71, II, 16770, note Bouzat ; *Rev. sc. crim.* 1972, 99, obs. Légal) ; ainsi le fait pour plusieurs individus de disposer devant un grand magasin, à l'heure du transfert de la caisse à la Banque de France, un minutieux système évocateur d'un hold-up imminent (■ Cass. crim., 29 déc. 1970, préc.).

2) Caractères. Le commencement d'exécution n'est caractérisé que par des actes devant avoir pour conséquence directe et immédiate de consommer le crime, celui-ci étant entré ainsi dans la période d'exécution (■ Cass. crim., 25 oct. 1962 : *D.* 1963, 221, note Bouzat ; *JCP* 63, II, 12985, note Vouin. ■ 3 mai 1974 : *Bull. crim.*, n° 157 ; *D.* 1974, inf. rap. 139. ■ 19 juin 1979 : *D.* 1979, inf. rap. 525, obs. Puech ; *Rev. sc. crim.* 1980, 969, obs. Larguier) ; caractérise ainsi les éléments légaux du crime de tentative de vol qualifié l'arrêt de la chambre d'accusation qui contient un exposé des faits de la poursuite d'où il se déduit que la phase d'exécution de l'agression projetée par plusieurs individus armés contre un bureau de poste était déjà commencée et qui énonce que les actes imputés aux inculpés tendaient directement et immédiatement à la réalisation de cette attaque (■ Cass. crim., 19 juin 1979, préc.).

V. encore, ■ Cass. crim., 5 juin 1984 : *Bull. crim.*, n° 212. ■ 19 janv. 1993 : *Bull. crim.*, n° 25 (tentative de tromperie), ■ Cass. crim., 22 févr. 1996 : *Bull. crim.*, n° 89 ; *Rev. sc. crim.* 1996, obs. Bouloc (tentative d'escroquerie à l'assurance). ■ Cass. ass. plén., 18 janv. 2006 : *Bull. crim.*, n° 1. – V. *infra* sous article 313-1, V° *Tentative*.

3) Caractérise le commencement d'exécution de la tentative de vol aggravé et l'absence de désistement volontaire de leurs auteurs l'arrêt de la cour d'appel qui, d'une part, retient qu'après avoir fait choix d'une habitation, de par son apparence isolée et inoccupée, afin d'y commettre un vol, un prévenu et son comparse ont frappé à la porte de ce logement, d'autre part, énonce que cette action n'a été interrompue que par la réaction, indépendante de la volonté des auteurs, d'une personne, résidant sur place, ayant allumé une lumière et s'étant penchée à l'extérieur (■ Cass. crim., 2 nov. 2016, n° 14-87.473).

4) Actes préparatoires et commencement d'exécution. Le commencement d'exécution n'est caractérisé que par un acte devant avoir pour conséquence directe de consommer le délit, celui-ci étant entré dans sa période d'exécution (■ Cass. crim., 15 mai 1979 : *D.* 1980, 409, note Cambassédès ; *Rev. sc. crim.* 1980, 969, obs. Larguier) ; dès lors ne peut être retenu comme coupable d'une tentative d'achat de stupéfiants sans autorisation un individu ayant remis à un de ses camarades une somme d'argent destinée à l'achat de haschich, alors que ce dernier avait envoyé sous forme de mandat la somme qu'il avait reçue et donné mission à un tiers d'acheter du cannabis et que l'avis de mandat ayant été retenu par la mère du destinataire, le mandat impayé avait été retourné à l'expéditeur et qu'aucun vendeur de stupéfiant n'avait été contacté *(même arrêt)*.

5) La destruction d'un véhicule et la plainte pour vol ne constituent que des actes préparatoires qui ne sauraient, en l'absence de déclaration de sinistre, constituer un commencement d'exécution justifiant une condamnation pour tentative d'escroquerie (■ Cass. crim., 17 déc. 2008, pourvoi n° 08-82.085 : *Bull. crim.*, n° 259 ; *Dr. pénal* 2009, comm. 35, obs. M. Véron).

6) Constitue le commencement d'exécution d'un vol avec arme, et non de simples actes préparatoires, le fait pour un individu de se présenter à visage découvert à la porte d'une banque afin d'en faciliter l'ouverture et de permettre à deux complices armés d'y pénétrer en vue de commettre un vol (■ Cass. crim., 7 sept. 1993 : *Bull. crim.*, n° 262).

7) Constitue une tentative de vol avec arme le fait pour un individu de provoquer l'ouverture des portes d'une banque et d'y pénétrer dans le but de faciliter l'entrée de deux complices armés en vue de commettre un vol dès lors que cet acte n'a manqué son effet que par suite d'un manque de coordination des complices entre eux (■ Cass. crim., 7 sept. 1993, préc.).

8) Constituent non des actes préparatoires mais un véritable commencement d'exécution caractérisant une tentative d'agression sexuelle les manœuvres consistant par un prévenu, se faisant passer pour un médecin, à attirer dans un appartement une jeune femme à la recherche d'un emplois et de lui demander de se déshabiller pour subir un examen médical présenté comme un préalable obligatoire à son embauche. Ces actes sont en effet directement et immédiatement liés au délit et entrent dans la phase d'exécution de la tentative (■ Cass. crim., 14 juin 1995 : *Bull. crim.*, n° 222 ; *Rev. sc. crim.* 1996, p. 365, obs. Bouloc).

9) L'altération des empreintes digitales ne saurait à elle seule constituer un commencement d'exécution du délit d'obtention indue de documents administratifs (■ Cass. crim., 11 mai 2011, n° 10-84.344 : *Dr. pén.* 2011, comm. 103, obs. M. Véron).

B – Absence de désistement volontaire

10) Désistement forcé. N'est pas volontaire le désistement de l'agent si celui-ci est neutralisé par l'intervention d'un tiers (■ Cass. crim., 23 juill. 1969 : *D.* 1970, 361, note Roujou de Boubée) – en particulier la police (■ Paris, 9e ch. B, 1er mars 1989 : *JurisData* n° 023002) – ou empêché par la survenance d'un obstacle matériel (■ Cass. crim., 16 mars 1961 : *JCP* 61, II, 12157, note Larguier) ou renonce à consommer un viol, après avoir mis un préservatif pour pénétrer la victime, en raison d'une déficience physique momentanée (■ Cass. crim., 10 janv. 1996 : *Bull. crim.*, n° 14 ; *Dr. pénal* 1996, comm. 97, obs. Véron ; *Rev. sc. crim.* 1996, 656, obs. Y. Mayaud). Le fait de rechercher un pilote d'hélicoptère susceptible de poser son appareil dans la cour d'une prison constitue, alors même que le détenu concerné n'a pas été identifié, une tentative de connivence à évasion, dès lors que le projet a été abandonné par suite du refus de tous les pilotes pressentis (■ Cass. crim., 3 sept. 1996 : *Dr. pénal* 1997, comm. n° 17, note M. Véron).

11) Désistement influencé. Lorsque la cause extérieure n'a pas les caractères de la force majeure mais a influencé la volonté de l'agent (peur), le désistement est le plus souvent jugé involontaire (■ Cass. crim., 29 mai 1902 : *D.* 1904, 1, 31. ■ 11 juin 1975 : *Bull. crim.*, n° 150 ; *Rev. sc. crim.* 1976, 407, obs. Larguier. – *Contra*, ■ Cass. crim., 20 mars 1974 : *Bull. crim.*, n° 124. ■ T. corr. Fort-de-France, 22 sept. 1967 : *JCP* 68, II, 15583, note Biswang ; *Rev. sc. crim.* 1969, 130, obs. Légal). *Adde*, ■ Cass. crim., 26 avr. 2000 : *Bull. crim.*, n° 164, pour une tentative d'enlèvement abandonnée en raison de la résistance de la victime et de ses appels au secours.

12) Repentir. Une fois l'infraction consommée, le désistement volontaire n'est plus qu'un repentir actif, inopérant (■ Cass. crim., 2 août 1935 : *DH* 1935, 493).

C – Régime juridique

13) Tentative de complicité. La tentative de complicité, caractérisée par la participation à des actes préparatoires principaux non suivis de commencement d'exécution ou de consommation n'est pas répréhensible, faute d'infraction principale punissable (■ Cass. crim., 25 oct. 1962 : *D.* 1963, 221, note Bouzat ; *JCP* 63, II, 12985, note Vouin. ■ 23 mars 1978 : *D.* 1979, 319, note Bouloc). V. R. Combaldieu, *Le problème de la tentative de complicité* : *Rev. sc. crim.* 1959, p. 454. En revanche, la complicité de tentative est punissable (■ Cass. crim., 23 mai 1973 : *Bull. crim.*, n° 236 ; *JCP* 74, I, 17675, note D. Mayer. ■ 28 juin 1993 : *Dr. pénal* 1991, comm. 252, obs. M. Véron).

Adde, ■ Cass. crim., 4 et 11 juin 1998 : *Dr. pénal* 1998, comm. 142, obs. M. Véron).

14) Délit. En matière correctionnelle, la tentative n'est pas punissable en l'absence d'une disposition légale qui la prévoit (■ Cass. crim., 5 juin 1886 : *DP* 88, 1, 47. ■ 10 juin 1948 : *D.* 1949, 15, note Carteret. ■ 14 nov. 1984 : *D.* 1986, inf. rap. 106, obs. Roujou de Boubée).

15) Formulation de la question de tentative. Est régulière la question, relative à une tentative de vol, posée dans les termes de l'article 2 du Code pénal, sans qu'il soit nécessaire qu'elle précise les circonstances qui forment le commencement d'exécution, ni l'intervention extérieure qui a interrompu, contre la volonté de l'auteur, l'exécution de l'acte criminel (■ Cass. crim., 22 déc. 1987 : *Bull. crim.*, n° 481). Une question unique peut, sans être entachée de complexité, demander si une tentative a été manifestée par un commencement d'exécution et si elle n'a été suspendue ou n'a manqué son effet que par suite de circonstances indépendantes de la volonté de son ou de ses auteurs (■ Cass. crim., 30 nov. 1988 : *Bull. crim.*, n° 406).

– Pour que l'accusation de tentative de crime soit purgée, la question posée à la Cour et au jury doit, à peine de nullité, énoncer que la tentative, manifestée par un commencement d'exécution, n'a été suspendue ou n'a manqué son effet qu'en raison de circonstances indépendantes de la volonté de son auteur, comme le prescrit l'article 121-5 du Code pénal (■ Cass. crim., 22 mars 2000 : *Bull. crim.*, n° 135).

Évidemment, en dehors de la cour d'assises, les juges du fond doivent énoncer les actes constitutifs du commencement d'exécution (■ Cass. crim., 3 déc. 1980, inédit).

II – TENTATIVE INFRUCTUEUSE

16) Inefficacité des moyens employés. Des manœuvres pratiquées avec l'intention et dans le but de procurer un avortement constituent, même si elles sont impuissantes à produire ce résultat, le commencement d'exécution caractéristique de la tentative, l'inefficacité des manœuvres n'étant qu'une circonstance indépendante de la volonté de leur auteur, par suite de laquelle la tentative a manqué son effet (■ Cass. crim., 9 nov. 1928 : *DP* 1929, 1, 97, note Henry. ■ 8 juill. 1943 : *DC* 1944, 5, note Perreau).

17) Impossibilité matérielle de résultat. Est punissable la tentative de vol dans une voiture vide (■ Cass. crim., 23 juill. 1969 : *D.* 1970, 361, note Roujou de Boubée ; *JCP* 70, II, 16507 *bis*, note Littman), ainsi que la tentative d'escroquerie, bien que les clauses du contrat d'assurance eussent pu faire obstacle à l'escroquerie projetée (■ Cass. crim., 7 janv. 1980 : *Bull. crim.*, n° 8 ; *Rev. sc. crim.* 1981, 365, obs. Larguier).

De même, l'absence de tout objet de valeur dans le local où les prévenus ont pénétré par effraction constitue une circonstance indépendante de la volonté de ceux-ci par suite de laquelle la tentative de vol, caractérisée par l'effraction, a manqué son effet (■ Cass. crim., 15 mars 1994 : *Dr. pénal* 1994, comm. n° 153, obs. M. Véron).

18) À supposer établi que l'accusé, croyant sa victime encore en vie, ait exercé sur elle des violences dans l'intention de lui donner la mort, il n'importe, pour que soit caractérisée la tentative d'homicide volontaire, que la victime fût déjà décédée, cette circonstance étant indépendante de la volonté de l'auteur et les violences caractérisant un commencement d'exécution au sens de l'article 2 du Code pénal (■ Cass. crim., 18 janv. 1986 : *D.* 1986, 265, note Mayer et Gazounaud, et note Pradel ; *JCP* 87, II, 20774, note Roujou de Boubée ; *Rev. sc. crim.* 1986, 839, obs. Vitu et 849, obs. Levasseur).

19) Le refus de porter secours (C. pén., art. 63, al. 2) cesse d'être délictueux quand la victime était déjà morte et ce d'autant plus que la tentative n'est pas prévue en l'espèce (■ Cass. crim., 1er févr. 1955 : *D.* 1955, 384 ; *JCP* 55, II, 8582, note Pageaud).

20) L'infraction manquée. L'envoi d'un colis piégé dont l'explosion blesse d'autres personnes que celles visées constitue une tentative d'homicide volontaire avec préméditation (■ Cass. crim., 4 janv. 1978 : *Bull. crim.*, n° 5 ; *Rev. sc. crim.* 1978, p. 859, obs. Levasseur).

– Pour une tentative d'entrave à interruption volontaire de grossesse, alors qu'aucune intervention n'était en cours, V. ■ Cass. crim., 5 mai 1997 : *Bull. crim.*, n° 168 ; *infra*, Ann. *Médecine*, sous article L. 2223-2.

Art. 121-6. – Sera puni comme auteur le complice de l'infraction, au sens de l'article 121-7.

Voir : Pour les contraventions, art. R. 610-2, p. 663 pour les contraventions.

Art. 121-7. – Est complice d'un crime ou d'un délit la personne qui sciemment, par aide ou assistance, en a facilité la préparation ou la consommation.

Est également complice la personne qui par don, promesse, menace, ordre, abus d'autorité ou de pouvoir aura provoqué a une infraction ou donné des instructions pour la commettre.

Voir : art. R. 610-2, p. 663 (contraventions) ; art. 213-4-1, p. 184 (crimes contre l'Humanité) ; art. 222-33-3, p. 264 (atteintes volontaires à l'intégrité de la personne).

Bibliographie : *JCl. pén., Complicité* par J.-H. Robert. • *Rev. sc. crim.* 1995, p. 475, *Le nouveau Code pénal et le droit de la complicité* par S. Fournier. • *De la nécessité d'une distinction entre complicité et instigation* : *Dr. pénal* 2001, chron. 25 par J. Biguenet. • *Des conditions et modes de la complicité* : *Rev. sc. crim.* 2006, p. 596, par E. Fortis ; *Complice ou auteur indirect d'une infraction non intentionnelle ?* : *Dr. pénal* 2007, Études 11, par F. Rousseau. • *Le relâchement du lien de concertation entre l'auteur principal et le complice* : *D.* 2008, chron., p. 1714, C. Girault.

• ***Sommaire***

I – FAIT PRINCIPAL PUNISSABLE

1) Domaine. Tous les crimes et délits sont en principe susceptibles de complicité (■ Cass. crim., 27 nov. 1952 : *Bull. crim.*, n° 283. ■ 24 nov. 1980 : *Bull. crim.*, n° 314).

Étant générale, la disposition des articles 59 et 60 (121-6 et 121-7) du Code pénal s'applique à tous les délits, même non intentionnels, c'est-à-dire d'imprudence (■ Cass. crim., 17 nov. 1887 : *Bull. crim.*, n° 392. ■ 14 déc. 1934 : *DP* 1935, 1, 96. ■ Chambéry, 8 mars 1956 : *JCP* 56, II, 9224, note Vouin ; *Rev. sc. crim.* 1956, 531, obs. Légal. – V. cependant ■ Cass. crim., 24 oct. 1956 : *Bull. crim.*, n° 675 ; *Rev. sc. crim.* 1957, 370, obs. Légal), ou exclusifs de la mauvaise foi (V. pour la publicité fausse ou de nature à induire en erreur ■ Cass. crim., 23 avr. 1997 : *Bull. crim.*, n° 143, sous art. L. 121-1, C. consom., note 3, Ann. *Consommation*). La complicité des contraventions n'est punissable qu'au sens du second alinéa de l'article 121-7 (V. art. R. 610-2 du Code pénal), sauf si la complicité par aide ou assistance est expressément prévue par le texte réglementaire (V. not., articles R. 623-2, R. 624-1 et 2, R. 625-1). La complicité légale n'existant que si le fait principal est punissable, les éléments de ce fait punissable doivent être constatés (■ Cass. crim., 1er déc. 1987 : *Bull. crim.*, n° 438).

2) Cas d'exclusion de la complicité. La complicité de suicide n'existe pas, un tel fait principal n'étant pas réprimé (V. Merle et Vitu, *Droit criminel*, T. 1, 6e éd., n° 512. – *Adde*, ■ Cass. crim., 27 avr. 1815 : *Bull. crim.*, n° 28). V. toutefois art. 223-13 à 223-15 du Code pénal.

3) Lorsque l'infraction n'a pas dépassé le stade des actes préparatoires (■ Cass. crim., 16 juin 1955 : *JCP* 55, II, 8851, note Vouin ; *Rev. sc. crim.* 1956, 99, obs. Légal) ou se voit appliquer l'amnistie réelle (■ Cass. crim., 25 mai 1954 : *JCP* 54, II, 8305, note Delpech ; *Rev. sc. crim.* 1954, 760, obs. Légal), un fait justificatif, la prescription (■ Cass. crim., 29 mars 1884 : *D.* 85, 1, 381), l'immunité de l'article 380 du Code pénal (■ Cass. crim., 8 juin 1921 : *D.* 1921, 1, 169) ou, s'il s'agit d'un délit d'habitude, est un acte occasionnel accompli par l'auteur principal (■ Cass. crim., 15 déc. 1949 : *S.* 1950, 1, 79), les faits de complicité ne peuvent entraîner le prononcé d'une sanction pénale.

4) Tentative de complicité. Il ne peut y avoir non plus de répression contre le complice si l'infraction n'a pas été tentée : ainsi l'instigateur d'un assassinat n'encourt aucune sanction si l'homme de main qu'il a choisi et payé pour exécuter le crime a décidé au dernier moment de s'abstenir (■ Cass. crim., 25 oct. 1962 : *Bull. crim.*, n° 292 ; *D.* 1963, 221, note Bouzat ; *JCP* 63, II, 12985, note Vouin ; *Rev. sc. crim.* 1963, 553, obs. Légal) ; pour un autre exemple, en matière de recel, ■ Cass. crim., 23 mars 1978 : *Bull. crim.*, n° 116 ; *D.* 1979, 319, note Bouloc ; la tentative de complicité est donc impunissable.

5) Complicité de tentative. En revanche, bien entendu, la complicité de tentative est punissable, du moment que l'auteur principal n'a été empêché de commettre l'infraction que par des circonstances indépendantes de sa volonté (■ Cass. crim., 23 août 1877 : *Bull. crim.*, n° 201. ■ 23 mai 1973 : *Bull. crim.*, n° 236. ■ 2 oct. 1990 : *Dr. pénal* 1991, n° 1. – 4 et 11 juin 1998 : *Dr. pénal* 1998, comm. 142, obs. M. Véron).

6) Fait principal punissable. Selon l'article 121-6 du Code pénal, il suffit, pour que la complicité légale existe, que le fait principal soit punissable (■ Cass. crim., 28 janv. 2014, n° 12-88.175 : *Dr. pén.* 2014, comm. 35, obs. M. Véron).

7) Il importe peu que l'acte principal ne puisse pas en fait être puni pour des circonstances particulières, alors qu'il est normalement punissable (auteur dément, mort, V. ■ Cass. crim., 29 oct.

1886 : *Bull. crim.*, n° 358, ou demeuré inconnu, V. ■ Cass. crim., 28 nov. 1976 : *Bull. crim.*, n° 332, ou bénéficiant d'une amnistie personnelle, V. ■ Cass. crim., 25 mai 1954 : *JCP* 54, II, 8305 ou ayant été cité irrégulièrement, V. ■ Cass. crim., 28 mai 1990 : *Bull. crim.*, n° 214). L'acquittement de la personne renvoyée comme auteur principal n'exclut pas la culpabilité de complices de cette action, dès lors que l'existence du fait criminel a été établie par la réponse affirmative de la Cour et du jury à la question qui leur était posée sous une forme abstraite sur la matérialité de ce crime (■ Cass. crim., 21 mai 1990 : *Bull. crim.*, n° 203).

8) Car la complicité n'est caractérisée qu'autant qu'il y a un fait principal dont l'existence est établie en tous ses éléments constitutifs (■ Cass. crim., 4 mars 1998 : *Bull. crim.*, n° 83).

9) Mais dès lors que l'existence d'un fait principal punissable, soit l'exportation illicite de stupéfiants, a été souverainement constatée par la cour d'appel, la relaxe de l'auteur principal au motif qu'il ne connaissait pas la nature du produit transporté, n'exclut pas la culpabilité d'un complice (■ Cass. crim., 8 janv. 2003 : *Bull. crim.*, n° 5 ; *JCP* 2003, II, 10159, note W. Jeandidier ; *D.* 2003, jurispr. p. 2661, note E. Garçon).

10) En matière fiscale également, l'instigateur de l'infraction (en l'espèce défaut de déclaration de TVA) est condamnable en dépit de la relaxe, pour absence d'intention, de l'auteur principal, directrice en titre d'une société à laquelle le prévenu complice s'était substitué en fait (■ Cass. crim., 15 déc. 2004 : *Dr. pénal* 2005, comm. 79, obs. J.-H. Robert).

11) Encourt la censure l'arrêt déclarant la complicité non punissable en raison d'une décision de non-lieu rendue à l'égard de tous les mis en examen du chef de vols en bande organisée, alors que la décision de non-lieu n'était intervenue que faute d'identification des auteurs des vols, faits quant à eux établis (■ Cass. crim., 28 janv. 2014, n° 12-88.175 : *Dr. pén.* 2014, comm. 35, obs. M. Véron, préc.).

12) Poursuites séparées. Des poursuites séparées sont possibles contre l'auteur principal et le complice lorsqu'un obstacle quelconque empêche de les juger dans une même instance ; dans cette hypothèse, la chose jugée contre l'auteur principal n'a aucune autorité vis-à-vis du complice, si bien que la juridiction saisie des poursuites contre le complice doit statuer sur l'existence de l'infraction principale sans égard à ce qui a déjà été décidé au sujet de l'auteur principal (■ Cass. crim., 10 avr. 1975 : *Bull. crim.*, n° 89).

13) Complicité d'une infraction d'habitude. La complicité occasionnelle d'un délit d'habitude est punissable, puisque la qualification pénale de l'acte de complicité doit être appréciée par référence à la qualification de l'infraction principale (■ Cass. crim., 29 janv. 1965 : *D.* 1965, 288, note Combaldieu).

14) Pour être punissable, la complicité d'une infraction d'habitude n'exige pas l'aide ou l'assistance du prévenu à au moins deux actes de l'infraction principale (■ Cass. crim., 19 mars 2008 : *JurisData* n° 2008-043610 ; *Dr. pénal* 2008, comm. 79, obs. M. Véron et comm. 89, obs. J.-H. Robert ; *Bull. crim.*, n° 70).

15) Complicité de complicité. La complicité de complicité, ou complicité indirecte est-elle punissable ? Le complice, de second plan, ne s'associe pas ici à l'acte de l'auteur principal, mais à l'acte du complice de premier plan. La jurisprudence est divisée : pour le caractère punissable d'une telle complicité, V. ■ Cass. crim., 23 mai 1844 : *Bull. crim.*, n° 179. ■ 22 juill. 1943 : *JCP* 44, II, 2651 ; pour l'impunité, V. ■ Cass. crim., 17 nov. 1944 : *Gaz. Pal.* 1945, 1, 43. ■ 29 nov. 1946 : *Gaz. Pal.* 1947, 1, 25. ■ 4 janv. 1975 : *Gaz. Pal.* 1975, 1, 343 ; *Rev. sc. crim.* 1976, 707, obs. Larguier. ■ 1er sept. 1987 : *Bull. crim.*, n° 308. Une décision (■ Cass. crim., 10 oct. 1988 : *Bull. crim.*, n° 333 ; *JCP* 90, II, 21416, note Demidoff ; *Gaz. Pal.* 1989, 1, 189, note Doucet) a reconnu implicitement le caractère punissable de la complicité indirecte. Elle juge que ne caractérise pas la complicité d'incendie volontaire d'un immeuble, par instructions données ou par fourniture de moyen, l'arrêt qui ne précise pas si la personne qui a reçu ces instructions, ainsi qu'une somme d'argent, en vue de la destruction de l'immeuble par incendie, est personnellement l'auteur de l'infraction principale, ou le complice de cet auteur. Dans le même sens, un autre arrêt (■ Cass. crim., 30 mai 1989 : *Bull. crim.*, n° 222 ; *Rev. sc. crim.* 1990, 325, obs. Vitu) a jugé que l'article 60 du Code pénal n'exige pas que les instructions soient données directement par leur auteur pour que la complicité de celui-ci soit légalement constituée.

16) Complicité par l'intermédiaire d'un autre complice. L'aide ou l'assistance apportée en connaissance de cause à l'auteur du délit (en l'espèce celui d'escroqueries), même par l'intermédiaire d'un autre complice, constitue la complicité incriminée par l'article 121-7 du Code pénal (■ Cass. crim., 15 déc. 2004 : *Bull. crim.*, n° 322 ; *JCP* 2005, II, 10050, note J.-Y. Maréchal ; *D.* 2005, jurispr. p. 2128, note G. Royer).

V. note sous article 313-1, V. *Répression*.

II – ACTES DE COMPLICITÉ PRÉVUS PAR LA LOI

17) Caractère limitatif. La liste des actes matériels de complicité, contenue dans l'article 60 (121-7) du Code pénal, est limitative, et l'individu qui participe à une infraction d'une autre manière que celle prévue par la loi est un comparse (■ Cass. crim., 4 févr. 1960 : *Bull. crim.*, n° 69. ■ 12 mai 1970 : *Bull. crim.*, n° 158 ; *D.* 1970, 515, rapport Chapar). Pris isolément, un seul des éléments de complicité spécifiés à l'article 60 du Code pénal suffit pour caractériser le crime et justifier l'application de la peine. Ainsi, lorsque l'accusation a relevé plusieurs modes de complicité, il est sans intérêt de rechercher si les déclarations de culpabilité relatives à certains d'entre eux sont entachées d'irrégularité, dès lors qu'une question concernant un autre mode de complicité a été régulièrement posée et a été résolue affirmativement (■ Cass. crim., 27 mai 1988 : *Bull. crim.*, n° 230).

– Mais la question relative à la complicité doit caractériser tous les éléments de l'un des modes de complicité prévus par les articles 60 ancien et 121-7 du Code pénal. Tel n'est pas le cas de la question qui se borne à demander à la Cour et le jury si l'accusée s'est rendue complice des crimes de viols commis par l'auteur principal (■ Cass. crim., 11 mars 1998 : *Bull. crim.*, n° 98).

18) Acte positif. Les actes de complicité prévus par la loi sont tous des actes positifs, si bien que la complicité par abstention est à ce titre impunissable (■ Cass. crim., 26 oct. 1912 : *S.* 1914, 1, 225, note Roux. ■ 15 janv. 1948 : S. 1949, 1, 81, note Légal). V. A. Décocq, *Inaction, abstention et complicité par aide et assistance* : *JCP* 83, I, 3124. N'est pas complice, par exemple, la maîtresse de la victime qui, allongée à ses côtés, descend du lit sur l'ordre du meurtrier qui l'avertissait par gestes de son intention homicide (■ Cass. crim., 27 déc. 1960 : *Bull. crim.*, n° 624). Mais la jurisprudence n'hésite pas à réprimer la passivité, lorsqu'elle procède de la collusion. Ainsi est considéré comme complice l'expert-comptable qui tient irrégulièrement la comptabilité d'un commerçant déclaré ultérieurement en état de cessation des paiements (■ Cass. crim., 10 nov. 1971 : *Bull. crim.*, n° 307) ou qui ne vérifie pas les chiffres qui lui ont été donnés par son client dans la confection d'un bilan frauduleux (■ Cass. crim., 15 janv. 1979 : *Bull. crim.*, n° 21). La présomption de collusion est également établie à partir d'un pouvoir psychologique, ainsi l'emprise totale d'une mère sur son fils parricide (■ Cass. crim., 19 déc. 1989 : *D.* 1990, 198, note Mayer ; *Rev. sc. crim.* 1990, 775, obs. Vitu).

19) Provocation. La provocation, pour pouvoir être retenue comme cas de complicité, doit présenter certains caractères, c'est-à-dire être qualifiée, à savoir résulter de dons, promesses, menaces, abus d'autorité ou de pouvoir ; ainsi le simple donneur de conseil ne réalise pas la provocation prévue par la loi (■ Cass. crim., 13 janv. 1954 : *D.* 1954, 128) ; mais si le conseil s'accompagne de précisions, il devient punissable au titre de la complicité par fourniture d'instructions (■ Cass. crim., 28 oct. 1965 : *JCP* 66, II, 14524 ; *Rev. sc. crim.* 1966, 339, obs. Légal).

20) Constitue une provocation par menaces le fait pour un employeur d'obtenir un faux témoignage en menaçant ses employés de licenciement (■ Cass. crim., 24 juill. 1958 : *Bull. crim.*, n° 573) ; une provocation par dons le fait de fournir à l'auteur certaines choses avant l'exécution (■ Cass. crim., 19 févr. 1963 : *Bull. crim.*, n° 82) ; une provocation par promesses le fait de s'engager à donner certaines choses après la commission du délit (■ Aix-en-Provence, 20 janv. 1965 : *D.* 1965, 417) ; une provocation par abus d'autorité ou de pouvoir l'ordre donné par le leader d'un mouvement à ses adhérents de barrer des routes (■ Cass. crim., 29 mars 1971 : *Bull. crim.*, n° 112), comme l'injonction faite par l'occupant d'un véhicule à son chauffeur de passer une intersection malgré un feu rouge, se rendant ainsi complice du délit de mise en danger délibéré d'autrui (■ Cass. crim., 6 juin 2000 : *Bull. crim.*, n° 213 ; *Dr. pénal* 2000, comm. 124, obs. M. Véron). Caractérise la complicité par provocation du délit de violences aggravées l'arrêt qui énonce que le passager d'un véhicule automobile a donné l'ordre au conducteur de forcer le passage barré par un véhicule de gendarmerie (■ Cass. crim., 18 mars 2003 : *Bull. crim.*, n° 70 ; *Dr. pénal* 2003, comm. 95, obs. M. Véron) ; une provocation par machinations ou artifices coupables l'émission par des commerçants de chèques sans provisions en sachant que l'employé de la banque, qui a accepté de les payer à l'insu de ses supérieurs, devra commettre des faux en écritures de banque pour dissimuler ces paiements indus (■ Cass. crim., 6 mars 1969 : *Bull. crim.*, n° 111).

21) Instructions données. La complicité par instructions données est indépendante de toutes les circonstances de la provocation (■ Cass. crim., 3 mars 1959 : *Bull. crim.*, n° 245. ■ 28 oct. 1965 : *JCP* 66, II, 14524). Toutefois, jugé que l'article 121-7, alinéa 2, du Code pénal ne prévoit qu'un seul mode de complicité et que dès lors, peut être posée une question unique visant la provocation et les instructions données.

La complicité par instructions données consiste ainsi dans le fait de décrire la façon de procéder pour réaliser une escroquerie (■ Cass. crim., 4 févr. 1971 : *JCP* 72, II, 17272, note R. Koering-Joulin), de fournir des renseignements pour la commission d'un attentat (■ Cass. crim., 23 mai 1973 : *Bull.*

crim., n° 236), des indications sur les habitudes de la future victime (■ Cass. crim., 31 janv. 1974 : *Bull. crim.*, n° 5 ; *JCP* 75, II, 17984, note Mayer-Jack ; *Rev. sc. crim.* 1975, p. 679, obs. Larguier). *Adde*, ■ Cass. crim., 19 juin 1984 : *Bull. crim.*, n° 231. ■ 6 sept. 2000 : *Dr. pénal* 2001, comm. 30, obs. M. Véron ; ■ Cass. crim., 15 déc. 1999 : *Bull. crim.*, n° 309). Les instructions doivent être suffisamment précises pour être utiles à l'auteur matériel de l'infraction (■ Cass. crim., 24 déc. 1942 : *S.* 1944, 1, 7. ■ 21 sept. 1994 : *Bull. crim.*, n° 302 ; *Dr. pénal* 1995, comm. 2, obs. M. Véron ; *Rev. sc. crim.* 1995, p. 343, obs. Bouloc).

22) Se rend complice de séquestration arbitraire un avocat qui, par instructions téléphoniques, donne l'ordre à sa secrétaire d'enfermer une avocate, son ancienne collaboratrice, ainsi qu'une accompagnatrice, dans les locaux professionnels qu'elles s'apprêtaient à quitter, alors que le prévenu ne disposait d'aucun élément objectif de nature à lui laisser croire que celles-ci avaient commis ou qu'elles allaient commettre une infraction pénale (■ Cass. crim., 30 oct. 2006 : *JurisData* n° 2006-035737 ; *Dr. pénal* 2007, comm. 3 et 5, obs. M. Véron).

23) Aide ou assistance. La complicité par aide ou assistance se réalise par l'assistance matérielle (■ Cass. crim., 8 févr. 1968 : *Bull. crim.*, n° 42. ■ 28 mai 1970 : *Bull. crim.*, n° 74. ■ 11 mars 1976 : *JCP* 76, II, 18460, note Vitu. ■ 26 mai 1983 : *Bull. crim.*, n° 156. ■ 22 déc. 1986 : *Bull. crim.*, n° 382) ou morale (■ Cass. crim., 5 nov. 1941 : *S.* 1942, 1, 89, note Bouzat). Elle ne peut s'induire d'une simple abstention ou inaction, mais est suffisamment caractérisée lorsqu'un membre du directoire d'une société, ayant connaissance des abus de biens sociaux du président, les a laissé commettre alors qu'il avait les moyens légaux de s'y opposer (■ Cass. crim., 28 mai 1980 : *D.* 1981, inf. rap. 137, obs. Roujou de Boubée). Jugé encore que la complicité se trouve caractérisée par la promesse de ne pas s'opposer au crime projeté, procurant ainsi aux auteurs de celui-ci l'assurance de pouvoir le commettre sans être inquiétés (■ Cass. crim., 13 mai 1987, inédit).

24) De même a été jugé que constitue une complicité par aide ou assistance :

– le fait par une prostituée d'accompagner un proxénète alors que celui-ci exerçait des menaces de mort à l'égard d'autres prostituées (■ Cass. crim., 22 janv. 1992 : *Gaz. Pal.* 15-16 juill. 1992, somm. 13) ;

– ou celui d'avoir, par sa seule présence volontaire, fait nombre dans un groupe d'agresseurs ayant exercé des violences sur les victimes (■ Cass. crim., 20 janv. 1992 : *Gaz. Pal.* 15-16 juill. 1992, somm. 13 ; *Dr. pénal* 1992, comm. n° 194) ;

– ou celui, par le président-directeur général d'une société de commercialisation de cigarettes d'être intervenu en tant que conseil lors de l'élaboration de la campagne publicitaire qui a abouti à la publicité illicite mise en œuvre par l'auteur principal de ce délit (■ Cass. crim., 6 févr. 1992 : *Bull. crim.*, n° 60 ; *Gaz. Pal.* 14-15 oct. 1992, somm. 19).

25) Un directeur général de sociétés de transport public de marchandises qui a eu connaissance du fait que la société de droit étranger, filiale de la sienne, exerçait son activité de façon habituelle, continuelle et régulière sans se soumettre aux obligations imposées par la législation française, s'est rendu complice de cette infraction d'exercice illégal de l'activité de transporteur en confiant l'exécution des opérations de transport en cause à cette société et en dirigeant l'activité de ses chauffeurs (■ Cass. crim., 30 oct. 2012, n° 12-80.194 : *D.* 2013, p. 420, note E. Dreyer).

– Tant sous l'empire des articles 121-6 et 121-7 du nouveau Code pénal que sous ceux des articles 59 et 60 de l'ancien, constitue un acte de complicité par aide ou assistance toute intervention tendant à assurer la fuite de l'auteur principal dès lors que cette protection résulte d'un accord antérieur à l'infraction (■ Cass. crim., 11 juill. 1994 : *Bull. crim.*, n° 274 ; *Rev. sc. crim.* 1995, 343, obs. Bouloc).

– De même se rend complice par aide ou assistance de l'auteur d'une escroquerie consistant à obtenir l'utilisation d'une ligne téléphonique en utilisant une carte magnétique falsifiée le prévenu qui a vendu à l'auteur principal du délit une carte magnétique usagée dont il avait retraité la mémoire (■ Cass. crim., 14 nov. 1994 : *Dr. pénal* 1995, comm. n° 58, obs. M. Véron).

– Ne justifie pas sa décision la cour d'appel qui renvoie des fins de la poursuite, du chef de complicité d'escroqueries à la TVA, un expert-comptable qui a établi et attesté la sincérité de comptes annuels et de déclarations de chiffre d'affaires dont il ne pouvait ignorer la fictivité, sans rechercher si le prévenu n'avait pas ainsi permis la réitération de l'infraction, commise, chaque mois, au préjudice du Trésor public (■ Cass. crim., 25 févr. 2004 : *Bull. crim.*, n° 53 ; *Dr. pénal* 2004, comm. 91, obs. M. Véron).

– Encourt la censure l'arrêt d'une cour d'appel qui relaxe un commissaire aux comptes du chef de complicité d'escroqueries à la TVA après avoir retenu que le prévenu avait connaissance des faits délictueux commis par l'auteur principal et relevé que les certifications réitérées de comptes annuels fictifs en avaient permis la continuation (■ Cass. crim., 25 févr. 2004 : *Bull. crim.*, n° 53 ; V. *Dr. pénal* préc.).

– Mais l'auteur de propos publiés dans un journal ne peut être poursuivi comme complice par aide et assistance alors que rien ne démontre que cette publication a été voulue ou permise par lui et qu'elle n'est que la reproduction d'une publication faite par un autre journal (■ Cass. crim., 19 juin 2001 : *Bull. crim.*, n° 148).

– Est complice du recours à un travail dissimulé l'avocat qui, en connaissance de cause, met en relation les auteurs de l'infraction et met ses locaux professionnels à leur disposition (■ Cass. crim., 3 avr. 2013, n° 12-83.373 : *Dr. pén.* 2013, comm. 105, obs. M. Véron).

26) Fourniture de moyens. Les termes – aide ou assistance – englobent nécessairement la fourniture de moyens, bien que l'article 121-7 nouveau du Code pénal n'ait pas repris expressément ce mode de complicité (■ Cass. crim., 19 oct. 1994 : *Dr. pénal* 1995, chron. 45, obs. Lesclous et Marsat. ■ 3 avr. 1996, pourvoi n° 95-81.857).

La fourniture de moyens est réalisée aussi bien lorsque les moyens sont des meubles (fausses clés ■ Cass. crim., 13 juin 1811, *in* Garçon, *op. cit.*, art. 60, n° 218 ; fausses factures ■ Cass. crim., 21 nov. 1930 : *Bull. crim.*, n° 274) que des immeubles (■ Cass. crim., 12 déc. 1956 : *Bull. crim.*, n° 830), pourvu que le moyen fourni ait été utilisé (■ Cass. crim., 13 janv. 1954 : *D.* 1954, 1, 28) ; toutefois, il a été jugé que la complicité était punissable dès lors que les faits incriminés entraient dans les prévisions de l'article 60 sans qu'il soit besoin d'établir qu'ils étaient indispensables à la commission de l'infraction reprochée à l'auteur principal (■ Cass. crim., 3 nov. 1981 : *Bull. crim.*, n° 289 ; *Rev. sc. crim.* 1984, 489, obs. Larguier). Il n'est nécessaire ni d'établir que le moyen fourni ait été indispensable à la commission de l'infraction reprochée à l'auteur principal, ni que le complice n'ait pu s'opposer à la réalisation de l'infraction par d'autres moyens ou ait entrepris des démarches en vue de régulariser la situation (■ Cass. crim., 2 janv. 1991 : *JCP* 91, IV, 163 ; *Bull. crim.*, n° 36).

27) Justifie sa décision la cour d'appel qui, pour déclarer un expert-comptable et un commissaire aux comptes coupables de complicité d'escroqueries commises par un dirigeant de société, après avoir constaté que le premier a attesté la conformité et la sincérité des comptes dont le caractère fictif ne pouvait lui échapper, et que le second a certifié ces comptes en toute connaissance de cause durant plusieurs exercices, énonce qu'ils ont sciemment fourni à l'auteur principal les moyens lui permettant de réitérer l'escroquerie commise en matière de TVA et de commettre les escroqueries relatives à l'obtention d'ouvertures de crédits (■ Cass. crim., 31 janv. 2007, deux arrêts : *Bull. crim.*, n° 25 ; *Dr. pénal* 2007, comm. 56, obs. M. Véron ; *D.* 2007, 1843, note B. Bouloc).

28) Le fait pour le propriétaire d'un véhicule automobile de le prêter à un tiers, dont il sait qu'il n'est pas titulaire du permis de conduire, constitue le délit de complicité de conduite sans permis, par fourniture de moyens (■ Cass. crim., 14 déc. 2010, n° 10-81.189 : *Bull. crim.*, n° 200 ; *Dr. pén.* 2011, note 33 ; *Rev. sc. crim.* 2011, p. 96, obs. Y. Mayaud).

29) L'aide ou l'assistance doit être antérieure ou concomitante à l'infraction (■ Cass. crim., 3 sept. 1986 : *Bull. crim.*, n° 252. ■ 6 sept. 2000 : *Dr. pénal* 2000, comm. 13, obs. J.-H. Robert) ; toute aide postérieure est donc impunissable au titre de la complicité (■ Cass. crim., 6 août 1945 : *Gaz. Pal.* 1945, 2, 143. ■ 22 juin 1994 : *Bull. crim.*, n° 251. ■ 4 mai 2000 : *Bull. crim.*, n° 178 ; *Dr. pénal* 2000, comm. 112, obs. M. Véron). Toutefois, de tels faits pourraient être considérés comme des actes de complicité s'ils résultent d'un accord préalablement établi (■ Cass. crim., 30 avr. 1963 : *Bull. crim.*, n° 157. ■ 8 nov. 1972 : *Bull. crim.*, n° 324 ; *Rev. sc. crim.* 1973, 80, obs. Larguier. ■ 21 juin 1978 : *D.* 1979, inf. rap. 37, obs. Puech).

III – ÉLÉMENT MORAL

30) Participation volontaire et consciente. La complicité exige, pour être punissable, une intention coupable chez son auteur, intention qui consiste, non seulement en une participation volontaire à l'acte de l'auteur principal, mais aussi en la conscience de l'aide ainsi apportée à une infraction (■ Cass. crim., 5 nov. 1943 : *DA* 1944, 29. ■ 20 janv. 2009 : *Dr. pénal* 2009, comm. 53, obs. J. H. Robert).

31) Justifie sa décision, au regard de l'article L. 423-11 du Code de la construction et de l'habitation interdisant aux administrateurs des organismes d'HLM de recevoir directement ou indirectement, et sous quelque forme que ce soit, un avantage quelconque de la part de personnes qui interviennent dans les ventes ou échanges d'immeubles réalisés avec les organismes précités, la cour d'appel qui, pour retenir la complicité d'un notaire, relève qu'il s'est sciemment associé à l'action de l'auteur principal, membre de la même société civile professionnelle, qui a conservé des intérêts dans une entreprise apportant son concours à l'organisme HLM qu'il dirigeait (■ Cass. crim., 2 mai 2001 : *Bull. crim.*, n° 104 ; *Dr. pénal* 2001, comm. 115, obs. M. Véron).

32) Cette intention coupable doit être appréciée au moment où les faits ont été commis (■ Cass. crim., 15 nov. 1990 : *Gaz. Pal.* 27-28 mars 1991, note Doucet ; *Bull. crim.*, n° 388). Mais, la preuve de l'intention frauduleuse peut se déduire du comportement ultérieur au fait principal ; il en est ainsi notamment en matière d'abus de confiance (■ Cass. crim., 4 nov. 1991 : *Bull. crim.*, n° 391). Une simple négligence ou un contrôle insuffisant ne sauraient être assimilés à une participation active et intentionnelle à la commission de l'infraction (■ Cass. crim., 6 déc. 1989 : *Dr. pénal* 1990, n° 117). Sur l'élément moral de la complicité par fourniture de moyens ruineux, en matière de banqueroute, V. Kœring-Joulin : *D.* 1980, chron., 231. Sur l'impossibilité pour un banquier d'ignorer que l'ouverture d'un compte dit de passage permet à son titulaire de disposer d'une trésorerie occulte, V. ■ Cass. crim., 24 nov. 1986 : *Bull. crim.*, n° 352.

33) Complicité de délit non intentionnel. Est complice celui qui a favorisé des blessures par imprudence en s'abstenant d'intervenir comme il en avait l'obligation (■ Cass. crim., 13 sept. 2016, n° 15-85.046 : *Dr. pén.* 2016, étude 27, note J.-Y. Maréchal ; *Dr. pén.* 2016, comm. 153, note P. Conte).

IV – RÉPRESSION

34) Responsabilité pénale du complice. Le complice ne peut être tenu que de l'infraction qui avait été envisagée en commun, et non pas des autres que l'auteur principal aurait commises (■ Cass. crim., 13 janv. 1955 : *D.* 1955, 291, note Chavanne ; *Rev. sc. crim.* 1955, 513, obs. Légal. ■ 10 mars 1977 : *Bull. crim.*, n° 91 ; *D.* 1977, inf. rap. 237, obs. Puech ; *Rev. sc. crim.* 1979, 76, obs. Larguier) ; mais il reste tenu si l'infraction prévue est indéterminée (■ Cass. crim., 28 oct. 1965 : *JCP* 66, II, 14524) ou si les moyens utilisés pour commettre l'infraction prévue diffèrent de ceux initialement convenus (■ Cass. crim., 31 janv. 1974 : *JCP* 75, II, 17984, note Mayer-Jack ; *Rev. sc. crim.* 1974, 679, obs. Larguier).

– Sur l'application de la complicité de droit commun en matière de presse, V. Ann. *Médias*, les notes sous les articles 42 et 43 de la loi du 29 juillet 1881.

35) Peine complémentaire. Il résulte des termes des articles 121-6 et 432-17, 3°, du Code pénal que la peine complémentaire de la confiscation peut être prononcée, non seulement à l'encontre de l'auteur principal du trafic d'influence mais aussi de son complice (■ Cass. crim., 19 mars 2008, pourvoi n° K07-82.124).

36) Circonstances aggravantes réelles ou mixtes. Le complice empruntant la criminalité de l'auteur principal, il suffit, en cas de pluralité d'auteurs principaux d'un même crime, que l'un d'entre eux ait prémédité son acte pour que cette circonstance aggravante produise ses effets à l'égard du complice (■ Cass. crim., 2 févr. 1994 : *Bull. crim.*, n° 50 ; *JCP* 94, G, IV, 1062).

37) Sont applicables au complice d'une infraction les circonstances aggravantes liées à la personne de l'auteur principal ; encourt dès lors la cassation l'arrêt de la chambre de l'instruction qui, après avoir qualifié les faits reprochés au mis en examen de complicité de faux en écritures authentiques aggravé, constate que la prescription de l'action publique était acquise à son égard lors du dépôt de la plainte, intervenu plus de trois ans après les faits (■ Cass. crim., 7 sept. 2005 : *Bull. crim.*, n° 219 ; *Dr. pénal* 2005, comm. 167, obs. M. Véron ; *D.* 2006, jurispr. p. 835, note E. Dreyer).

38) Le complice encourt la responsabilité de toutes les circonstances qui qualifient l'acte poursuivi sans qu'il soit nécessaire que celles-ci aient été connues de lui (■ Cass. crim., 21 mai 1996 : *Bull. crim.*, n° 206 ; *JCP* 1996, IV, 2124 ; *Dr. pénal* 1996, comm. 213, obs. M. Véron. ■ 19 juin 1984 : *Bull. crim.*, n° 231).

39) Circonstances aggravantes personnelles. Elles sont sans effet sur le complice ; ainsi de la qualité de récidiviste de l'auteur (■ Cass. crim., 3 juill. 1834 : *S.* 1835, 2, p. 300). Il en est de même pour les causes d'atténuation de la peine.

40) Le principe de la chose jugée n'interdit pas, en cas de poursuites séparées, de retenir à l'égard de l'auteur principal une circonstance aggravante du crime dont il est déclaré coupable qui n'a pas été retenue à l'égard des complices condamnés par une précédente décision devenue définitive (■ Cass. crim., 13 mars 1998 : *Bull. crim.*, n° 104).

41) Peine justifiée. Lorsqu'un arrêt a déclaré à tort coauteur d'une infraction un individu qui n'en était que complice, l'erreur relevée par la Cour de cassation ne saurait donner ouverture à cassation, la peine et les réparations civiles étant justifiées (■ Cass. crim., 7 mars 1972 : *Bull. crim.*, n° 84).

42) Il en est de même si une personne poursuivie comme auteur principal d'une opposition aux fonctions des agents de la direction générale de la Concurrence est condamnée pour complicité de ce délit et que la Cour de cassation relève que les faits visés à la prévention caractérisaient bien à son encontre sa participation à la commission de l'infraction en qualité d'auteur principal (■ Cass. crim., 8 janv. 2002 : *JurisData* n° 013192 ; *Dr. pénal* 2002, comm. 57, obs. J.-H. Robert, qui cite aussi ■ Cass. crim., 12 sept. 2001 en relevant la confusion de la complicité et de l'action principale en droit pénal des affaires).

43) Si c'est à tort qu'en méconnaissance des articles 388 du Code de procédure pénale et 6.1 de la Convention européenne des droits de l'homme la cour d'appel n'a pas mis le prévenu, poursuivi en qualité d'auteur des faits visés dans la prévention, en mesure de présenter sa défense sur la qualification de complicité, nouvellement retenue, l'arrêt n'encourt pas pour autant la censure, dès lors que la Cour de cassation peut s'assurer que, tels qu'ils ont été souverainement appréciés par les juges du fond, les faits reprochés au prévenu caractérisaient le délit pour lequel il avait été poursuivi et sur lequel il s'était expliqué, la peine prononcée étant justifiée de ce chef (■ Cass. crim., 14 nov. 2002 : *Bull. crim.*, n° 207).

CHAPITRE II. – DES CAUSES D'IRRESPONSABILITÉ OU D'ATTÉNUATION DE LA RESPONSABILITÉ

Art. 122-1. – N'est pas pénalement responsable la personne qui était atteinte, au moment des faits, d'un trouble psychique ou neuropsychique ayant aboli son discernement ou le contrôle de ses actes.

(Al. mod. à compter du 1er octobre 2014, L. n° 2014-896, 15 août 2014) **La personne qui était atteinte, au moment des faits, d'un trouble psychique ou neuropsychique ayant altéré son discernement ou entravé le contrôle de ses actes demeure punissable. Toutefois, la juridiction tient compte de cette circonstance lorsqu'elle détermine la peine et en fixe le régime. Si est encourue une peine privative de liberté, celle-ci est réduite du tiers ou, en cas de crime puni de la réclusion criminelle ou de la détention criminelle à perpétuité, est ramenée à trente ans. La juridiction peut toutefois, par une décision spécialement motivée en matière correctionnelle, décider de ne pas appliquer cette diminution de peine. Lorsque, après avis médical, la juridiction considère que la nature du trouble le justifie, elle s'assure que la peine prononcée permette que le condamné fasse l'objet de soins adaptés à son état.**

Bibliographie : *JCl. pén., Trouble psychique ou neuropsychique, contrainte* par M.-L. Rassat.

1) Domaine. La démence doit être largement comprise et doit être reconnue dans les diverses formes d'aliénation mentale, étant toutefois limitée selon la doctrine (V. Rassat, *op. cit.*, n° 11 et s.) aux troubles ou maladies de l'intelligence. La Cour de cassation refuse de voir dans un simple état d'égarement un cas de démence (■ Cass. crim., 3 déc. 1963 : *Bull. crim.*, n° 343 ; *Rev. sc. crim.* 1964, 606, obs. Légal).

2) Doivent être considérés comme des états de démence : le défaut de développement des facultés mentales (crétinisme, idiotie, imbécillité, débilité, faiblesse d'esprit) et la folie, au sens commun (affaiblissement des facultés mentales, surexcitation des facultés intellectuelles et affectives).

3) Exclusion. La Cour de cassation a jugé que les maladies de la volonté (kleptomanie, pyromanie par ex.) ne pouvaient entrer dans le champ d'application de l'article 64 (■ Cass. crim., 11 avr. 1908 : *DP* 1908, 1, 271 ; *S.* 1909, 1, 473), solution aujourd'hui critiquée par les auteurs.

4) Cas de l'épilepsie. Il a été jugé que l'épileptique devait être assimilé au dément pendant l'accès qui l'étreint (Req. 8 frimaire an XIII : *D. jur. gén.*, V° *Compétence administrative*, n° 87. ■ Cass. crim., 14 déc. 1982 : *JurisData* n° 003110) ou au moment d'une attaque imminente (■ Orléans, 22 juin 1886 : *D.* 87, 5, 213) ; mais l'épileptique est considéré comme responsable d'un homicide involontaire s'il a commis l'imprudence de conduire une automobile alors qu'il connaissait son état et la survenance possible d'une crise au volant (■ Paris, 27 mai 1970 : *Rev. sc. crim.* 1971, 119, obs. Levasseur).

5) Cas de l'hypnose. S'agissant de l'hypnose, il a été jugé que la responsabilité pénale de l'hypnotisé qui a commis le crime par suggestion ne pourrait être écartée que dans la mesure où la suggestion lui aurait enlevé toute liberté au moment de la commission de l'acte délictueux (■ T. corr. Versailles, 13 mai 1970 : *Gaz. Pal.* 1971, 1, 34, note Doucet ; *Rev. sc. crim.* 1971, 930, obs. Légal).

6) Cas de l'ivresse. En dehors des hypothèses prévues par la loi (V. C. débits de boissons, art. R. 4, R. 5 et L. 65 ; C. route, art. L. 1er-II et L. 1er-III), la grande majorité de la jurisprudence estime que l'ivresse laisse subsister la responsabilité pénale, malgré l'altération de la volonté qu'elle entraîne (■ Cass. crim., 29 janv. 1921 : *S.* 1922, 1, 185, note Roux. ■ 5 févr. 1957 : *Bull. crim.*, n° 112 ; *Rev. sc. crim.* 1958, 93, obs. Légal. ■ 3 déc. 1963 : *Bull. crim.*, n° 343). Il a été jugé récemment (■ Bordeaux, 26 avr. 1988 : *JurisData* n° 045645) que ne peut bénéficier des dispositions de l'article 64 du Code pénal le prévenu qui se trouvait inconscient au moment de l'infraction du fait de l'absorption volontaire de médicaments dangereux en vue de mettre fin à ses jours.

7) Concomitance de la démence et des faits. La démence devant exister au moment de l'action, le fait pour un accusé d'avoir été considéré comme déséquilibré ou faible d'esprit dans des circonstances antérieures, ne suffit pas à supprimer sa responsabilité lors des actes incriminés (■ Cass. crim., 27 mars 1924 : *Bull. crim.*, n° 141) ; et doit être annulé l'arrêt qui, en présence de conclusions du prévenu tendant à faire déclarer qu'il était en état de démence au moment de l'action, se fonde uniquement, pour les rejeter, sur des faits postérieurs au délit (■ Cass. crim., 4 févr. 1904 : *Bull. crim.*, n° 69 ; *adde*, ■ Cass. crim., 10 juin 1985 : *Bull. crim.*, n° 221).

8) Effets. La démence entraîne irresponsabilité pénale de l'intéressé mais l'infraction subsiste, nonobstant les termes de l'article 64 du Code pénal, et le complice du dément est punissable (■ Cass. crim., 16 juin 1887 : *Bull. crim.*, n° 221. ■ 13 mars 1991 : *JurisData* n° 001295).

9) Trouble psychique. Justifie sa décision de condamner le prévenu, poursuivi pour des faits commis une nouvelle fois en état de récidive légale, à une peine d'emprisonnement inférieure au seuil de deux ans prévu pour le délit de violences aggravées par l'article 132-19-1 du Code pénal la cour d'appel qui, après avoir mis en exergue **l'altération importante de son discernement** au moment des faits, considère qu'il en résulte une responsabilité très atténuée au sens de l'article 122-1 du Code pénal.

En effet, les dispositions de l'alinéa 2 de l'article 122-1 du Code pénal permettent au juge de prononcer, s'il l'estime nécessaire, une peine autre que l'emprisonnement ou une peine inférieure à la peine minimale, même lorsque les faits ont été commis une nouvelle fois en état de récidive légale (■ Cass. crim., 6 nov. 2012, n° 12-82.190 : *Bull. crim.*, n° 240 ; *Gaz. Pal.* 19-20 déc. 2012, jur., p. 10, note R. Mesa ; *Gaz. Pal.* 8-9 févr. 2013, chron. p. 32, note E. Dreyer et S. Detraz ; *Dr. pénal* 2013, comm. 33, obs. E. Bonis-Garçon).

10) Les juges qui, aux termes de l'article 132-19, alinéa 2, du Code pénal, ne sont pas tenus, en matière correctionnelle, de motiver spécialement le choix d'une peine d'emprisonnement sans sursis, lorsque la personne est en état de récidive légale, disposent, en outre, du pouvoir d'apprécier souverainement les conséquences devant être tirées, quant à la durée et quant au régime d'une telle peine, de l'existence de troubles psychiques ou neuropsychiques ayant, sans les abolir, altéré le discernement de l'auteur de l'infraction ou entravé le contrôle de ses actes (■ Cass. crim., 29 janv. 2014, n° 12-85.603 : *D.* 2014, p. 372 ; *Dr. pén.* 2014, comm. 50, obs. E. Bonis-Garçon).

11) Cour d'assises. Par leur réponse affirmative et irrévocable sur la culpabilité de l'accusé, la Cour et le jury estiment nécessairement que celui-ci n'était pas atteint d'un trouble psychique ou neuropsychique ayant aboli son discernement ou le contrôle de ses actes au sens de l'article 122-1, alinéa 1er du Code pénal (■ Cass. crim., 28 janv. 1998 : *Bull. crim.*, n° 34).

12) L'article 122-1, alinéa 2, ne prévoyant pas une cause légale de diminution de la peine, le président de la cour d'assises n'a pas à poser de question à la cour et au jury sur le trouble psychique ou neuropsychique ayant pu altérer le discernement de l'accusé ou entraver le contrôle de ses actes (■ Cass. crim., 5 sept. 1995 : *Bull. crim.*, n° 270. ■ 28 janv. 1998 : préc. ■ 31 mars 1999 : *Bull. crim.*, n° 66), la cour d'assises demeurant entièrement libre dans la détermination de la peine (■ Cass. crim., 1er août 1997 : *Bull. crim.*, n° 322).

Note : Mais selon l'article 349-1 du Code de procédure pénale, lorsqu'est invoquée comme moyen de défense l'existence de l'une des causes d'irresponsabilité prévue par les articles 122-1 et suivants du Code pénal, le président est tenu de poser une question sur ce point.

13) Appréciation souveraine. L'appréciation par une chambre de l'instruction, saisie sur le fondement de l'article 706-120 du Code de procédure pénale, de l'abolition, pour cause de trouble psychique ou neurologique, du discernement d'une personne mise en examen, est souveraine (■ Cass. crim., 21 mars 2012, n° 12-80.178 ; *AJP* 2012, p. 416, obs. J. Gallois).

14) Application dans le temps. Une loi nouvelle moins sévère s'appliquant, selon l'article 112-1, alinéa 3 du Code pénal, aux infractions commises avant son entrée en vigueur et n'ayant pas donné lieu à une condamnation passée en force de chose jugée, doit être annulée la décision d'une cour d'appel qui a prononcé une peine d'emprisonnement à l'encontre d'une personne atteinte, au moment des faits, d'un trouble psychique ou neuropsychique ayant aboli son discernement ou entravé le contrôle de ses actes sans qu'ait été examinée la situation du prévenu au regard des dispositions plus favorables de l'article 122-1, alinéa 2, du Code pénal entré en vigueur le 1er octobre 2014, réduisant, dans cette hypothèse, du tiers la peine privative de liberté encourue (■ Cass. crim., 15 sept. 2015, n° 14-86.135 : *Dr. pén.* 2015, comm. 152, obs. E. Bonis-Garçon ; *JCP* 2015, II, 1209, note V. Peltier).

Art. 122-2. – N'est pas pénalement responsable la personne qui a agi sous l'empire d'une force ou d'une contrainte à laquelle elle n'a pu résister.

Voir : anc. art. 64, C. pén.

1) La contrainte n'est jamais prise en considération que lorsqu'elle se manifeste au temps de l'action et uniquement en tant qu'elle crée l'irresponsabilité pénale (■ Cass. crim., 10 nov. 1959 : *Bull. crim.*, n° 475).

I – CONTRAINTE PHYSIQUE

2) Cause externe à l'auteur. La force majeure peut résulter des forces de la nature : ainsi un voiturier coupable pour n'avoir pas pris les précautions nécessaires en vue d'assurer l'éclairage de son véhicule pendant la nuit échappe à toute sanction s'il s'est trouvé dans l'impossibilité de maintenir sa lanterne allumée par suite d'un ouragan (■ Cass. crim., 10 janv. 1879 : *Bull. crim.*, n° 16) ; du fait de l'homme : ainsi la victime d'un vol, qui par suite de cette infraction, se voit reprocher la divagation de bestiaux libérés par l'enlèvement de la clôture volée (■ Cass. crim., 12 oct. 1850 : *S.* 53, 1, 464) ; du fait de l'animal (■ Cass. crim., 7 avr. 1876 : *Bull. crim.*, n° 100) ; du fait du prince : ainsi l'obstruction, par des travaux publics, d'une rue à sens obligatoire, nécessitant le passage de véhicules par une voie à sens interdit (■ Cass. crim., 17 juill. 1858 : *D.* 58, 384).

3) Cause interne à l'auteur. La contrainte peut aussi résulter d'une cause interne, essentiellement la maladie : tel est le cas du prévenu poursuivi pour abandon de famille qui justifie avoir dû interrompre tout travail lucratif du fait d'une grave affection cardiaque (■ Cass. crim., 24 avr. 1937 : *DA* 1937, 429) ; comme aussi le cas d'un automobiliste, poursuivi pour blessures involontaires et qui justifie de la survenance d'un malaise inopiné ayant aboli sa vigilance et sa conscience (■ Douai, 24 oct. 2000 : *JCP* 2002, II, 10012, note J.-Y. Maréchal).

– Justifie la décision de relaxe du conducteur d'une automobile poursuivi pour homicides involontaires, mise en danger d'autrui et défaut de maîtrise, l'arrêt qui retient que, victime d'un malaise brutal et imprévisible qui lui a fait perdre le contrôle de l'accélération de son véhicule, lancé à une vitesse croissante sur l'autoroute puis l'aire de repos où il s'est immobilisé après avoir heurté les véhicules occupés par les victimes, le prévenu a agi sous l'empire d'une contrainte à laquelle il n'a pu résister (■ Cass. crim., 15 nov. 2005 : *Bull. crim.*, n° 295 ; *Dr. pénal* 2006, comm. 32, obs. M. Véron ; *Rev. sc. crim.* 2006, p. 61, obs. Y. Mayaud ; *D.* 2006, 1582, note E. Dreyer).

– L'état de santé invoqué par le prévenu ne peut être antérieur à la commission de l'infraction (■ Cass. crim., 28 oct. 2009 : *Dr. pénal* 2010, comm. 4, obs. M. Véron ; *Rev. sc. crim.* 2010, p. 143, obs. C. Mascala).

4) Caractère irrésistible. Pour pouvoir jouer, la contrainte doit être irrésistible, l'agent s'étant trouvé dans l'impossibilité absolue de se conformer à la loi (■ Cass. crim., 8 avr. 1936 : *DP* 1936, 1, 44, note Donnedieu de Vabres). Tel n'est pas le cas de l'exploitant d'une salle de cinéma qui ne peut s'exonérer de la prévention de déclaration inexacte du nombre d'entrées réalisées au motif que des spectateurs clandestins s'introduisent par une issue de secours, car il pourrait faire garder ce passage (■ Cass. crim., 17 oct. 1967 : *Bull. crim.*, n° 250) ; ni celui d'apatrides qui, frappés d'arrêtés d'expulsion par la France et poursuivis pour infraction à ces arrêtés, soutenaient qu'ayant été refoulés par tous les pays limitrophes de la France, ils s'étaient trouvés dans l'impossibilité de quitter le territoire français (■ Cass. crim., 8 avr. 1936, préc.) ; V. aussi ■ Cass. crim., 22 juin 1976 : *Bull. crim.*, n° 229. Jugé encore que la nécessité alléguée par un étranger de demeurer en France pour y subir un traitement qui ne pouvait être appliqué dans son pays d'origine, n'est ni réelle ni actuelle, dès lors que ce traitement présente un caractère encore expérimental et pourrait lui être dispensé dans un autre pays de son choix (■ Cass. crim., 3 mai 1990, inédit).

5) La contrainte physique, au sens de l'article 122-2 du Code pénal, ne peut résulter que d'un événement imprévisible et *insurmontable* qui place l'auteur de l'infraction dans l'impossibilité absolue de se conformer à la loi ;

ne justifie pas sa décision la juridiction de proximité qui renvoie la prévenue des fins de la poursuite pour stationnement gênant, en relevant que l'intéressée, enceinte de huit mois avait été prise d'un malaise qui l'avait empêchée de continuer sa route, mais sans préciser en quoi la défaillance physique invoquée l'avait placée dans l'impossibilité absolue de se conformer à la loi (■ Cass. crim., 15 nov. 2006 : *JurisData* n° 2006-036584 ; *Dr. pénal* 2007, comm. 16, obs. M. Véron ; *JCP* 2007, II, 10062, note Y. Maréchal).

6) Caractère imprévisible. La contrainte doit encore être imprévisible, et il y a faute à n'avoir pas prévu ce qui était prévisible : ainsi le marin, porté déserteur, qui n'a pu regagner son bord à l'heure prévue parce qu'il s'était enivré au port, ne peut bénéficier de la contrainte (■ Cass. crim., 29 janv. 1921 : *S.* 1922, 1, 185, note Roux) ; ou la présence d'un obstacle inopiné sur la route n'est un cas de force majeure pour un automobiliste qu'autant que celui-ci ne conduisait pas à une allure excessive qui l'a empêché de voir et l'obstacle et les signaux d'arrêt que lui faisaient des témoins (■ Cass. crim., 29 nov. 1972 : *Bull. crim.*, n° 367) ; V. aussi ■ Cass. crim., 8 juill. 1971 : *D.* 1971, 625, note Robert.

7) Le brusque retrait par une banque de son appui financier à une société en redressement judiciaire dont le dirigeant a reçu des fonds à titre de mandat et n'a pu les représenter, ne constitue pas pour celui-ci le cas de force majeure de nature à l'exonérer de sa responsabilité pénale (■ Cass. crim., 11 oct. 1993 : *Bull. crim.*, n° 282).

II – CONTRAINTE MORALE

8) Exigence d'une origine externe. La contrainte morale provient de pressions d'origine externe (menaces, suggestions, provocations), assez pressantes ou assez directes pour enlever au prévenu sa liberté d'esprit (■ Cass. crim., 28 déc. 1900 : *DP* 1901, 1, 81, note Le Poittevin. ■ 29 déc. 1949 : *D.* 1950, 419). Ainsi, le propriétaire d'un bois qui, poursuivi pour recel de malfaiteurs, soutenait que les menaces qui lui avaient été adressées constituaient la contrainte morale, fut condamné, les menaces n'ayant pas été assez pressantes pour lui enlever toute liberté d'esprit (■ Cass. crim., 28 déc. 1900 : *S.* 1903, 1, 254 ; *DP* 1901, 1, 81, note Le Poittevin. – V. toutefois en sens contraire ■ Cass. crim., 26 févr. 1959 : *D.* 1959, 301). Ou encore, ne peut invoquer la contrainte morale l'habitant qui est capturé par l'ennemi en 1914 et accepte, sous la menace d'une exécution de ses compagnons, d'aller vérifier si un village voisin est occupé par les troupes françaises (■ Cass. crim., 20 avr. 1934 : *S.* 1935, 1, 398). *A fortiori* ne saurait être prise en considération l'obéissance que l'employé doit à celui qui l'emploie ; il s'ensuit que l'employé se rend complice des délits commis par son supérieur hiérarchique ou son employeur, lorsqu'il l'assiste dans les actes dont il peut apprécier le but et les conséquences coupables. L'article 64 du Code pénal n'admet comme cause de non-imputabilité que la force majeure (■ Cass. crim., 7 mars 1988, inédit).

9) La provocation, notamment **policière**, à la commission d'une infraction aux fins de confondre le délinquant, n'a aucune valeur exonératoire (■ Cass. crim., 28 oct. 1942 : *DC* 1943, 89, note Donnedieu de Vabres. ■ 2 juill. 1984 : *JCP* 89, I, 3422, obs. Maistre du Chambon).

10) Exclusion d'une origine interne. La contrainte morale d'origine interne ne peut entraîner l'irresponsabilité du délinquant ; ainsi doit être condamnée la femme d'un médecin militaire qui, redoutant la mise à la retraite anticipée de son mari, écrivit sous la pression d'une impulsion irrésistible une lettre d'injures et de menaces au ministre (■ Cass. crim., 11 avr. 1908 : *DP* 1908, 1, 261) ; V. aussi ■ Cass. crim., 17 févr. 1960 : *Bull. crim.*, n° 96. L'« excuse légale » *(sic)* de l'article 64 du Code pénal ne peut résulter que d'une contrainte qui domine la volonté de celui qui la subit et ne lui laisse pas la faculté d'agir autrement qu'il a agi. Les événements survenus en Nouvelle-Calédonie à l'approche du référendum n'étaient pas de nature à abolir la volonté de militaires néo-calédoniens qui ont délibérément choisi et décidé de persister dans leur refus d'obéissance, tout en sachant parfaitement qu'ils s'exposaient à des sanctions, jusqu'au résultat du référendum, pour s'associer à un mot d'ordre de boycottage lancé par le FLNKS (■ Colmar, 8 déc. 1987 : *D.* 1988, 131, note Kœring-Joulin).

Art. 122-3. – N'est pas pénalement responsable la personne qui justifie avoir cru, par une erreur sur le droit qu'elle n'était pas en mesure d'éviter, pouvoir légitimement accomplir l'acte.

Bibliographie : *JCl. pén., Erreur sur le droit* par G. Barbier. • *Erreur sur le droit et parties au procès pénal : Dr. pénal* 1999, chron., n° 15, J. Amar. • *L'erreur sur le droit et son influence sur la responsabilité pénale : Rev. sc. crim.* 1999, p. 711, N. Hosni – *Quel avenir pour l'erreur sur le droit ? : Dr. pén.* 2016, étude 5, J. Herrmann.

1) Exigence d'une erreur invincible. L'erreur sur le sens ou la portée d'une **décision judiciaire**, qui pouvait être évitée par une demande d'interprétation présentée au juge, ne constitue pas, au sens de l'article 122-3, une cause d'exonération de responsabilité pénale (■ Cass. crim., 11 oct. 1995 : *Bull. crim.*, n° 301 ; *D.* 1996, 469, note Muller ; *Rev. sc. crim.* 1996, p. 646, note B. Bouloc), ou l'erreur sur les modalités d'exécution de deux mesures successives d'annulation du permis de conduire, qui peut être évitée, soit par la saisine du juge en difficulté d'exécution, sur le fondement de l'article 710 du Code de procédure pénale, soit par la consultation de l'Administration, ne constitue pas, au sens de l'article 122-3 du Code pénal, une cause d'exonération de responsabilité pénale (■ Cass. crim., 17 févr. 1998 : *Bull. crim.*, n° 60 ; *D.* 1999, somm. comm. 153, obs. G. Roujou de Boubée).

2) L'erreur sur l'étendue du monopole pharmaceutique n'est pas une cause de non-imputabilité de l'infraction d'exercice illégal de la pharmacie reprochée à un directeur de magasin de grande surface, même si, comme ce prévenu le soutenait, à l'époque des faits une **controverse juridique** existait quant au classement d'une solution à 70° au camphre comme médicament ; il lui appartenait de s'entourer de conseils appropriés (■ Cass. crim., 15 oct. 2002 ; *Dr. pénal* 2003, comm. 23, obs. J.-H. Robert ; *Procédures* 2003, comm. 25, obs. J. Buisson).

3) Encourt la cassation pour insuffisance de motifs l'arrêt de la chambre de l'instruction qui, pour confirmer une ordonnance de non-lieu, retient que pour certains produits par elle fabriqués et commercialisés une société avait commis une erreur de droit résultant de la définition donnée par le dictionnaire des médicaments vétérinaires et établissant l'absence de volonté délictueuse de sa part et qu'ainsi l'infraction d'exercice illégal de la pharmacie n'est pas constituée ; en prononçant par ces seuls motifs, alors que, pour bénéficier de la cause d'irresponsabilité prévue par l'article 122-3 du Code pénal, la personne poursuivie doit justifier avoir cru, par une erreur de droit qu'elle n'était pas en mesure d'éviter, pouvoir légitimement accomplir le fait reproché et en omettant de répondre aux conclusions de la partie civile relatives à d'autres produits, la chambre de l'instruction n'a pas justifié sa décision (■ Cass. crim., 4 oct. 2011, n° 10-88.157 : *Bull. crim.*, n° 191 ; *Dr. pén.* 2011, comm. 146, obs. M. Véron ; *AJP* 2012, jurispr. p. 95, obs. J. Lasserre-Capdeville).

4) Pour bénéficier de la cause d'irresponsabilité prévue par l'article 122-3 du Code pénal, la personne poursuivie doit justifier avoir cru, par une erreur sur le droit qu'elle n'était pas en mesure d'éviter, pouvoir légitimement accomplir le fait reproché ; tel n'est pas le cas de la prévenue qui, poursuivie pour vols, invoque une **divergence d'interprétation** existant entre la chambre sociale et la chambre criminelle de la Cour de cassation en matière de vol de documents produits en justice par un salarié dans une instance l'opposant à son employeur (■ Cass. crim., 11 mai 2004 : *Bull. crim.*, n° 113 ; *JCP* 2004, II, 10124, note C. Girault ; *Dr. pénal* 2004, comm. 122, obs. M. Véron ; *D.* 2004, p. 2326, note H. Kobina-Gaba).

5) L'ignorance ou la méconnaissance des lois et règlements n'est pas justificative d'une erreur sur le droit (V., pour un étranger poursuivi du chef d'exportation de capitaux sans déclaration (■ Cass. crim., 7 nov. 1996 : *Gaz. Pal.* 1997, chron., p. 71, et, pour une personne peu instruite, poursuivie pour port d'arme, ■ Grenoble, 13 nov. 1996 : *Dr. pénal* 1997, comm. 92, obs. M. Véron).

6) Il en est de même pour l'erreur sur la **portée d'un texte législatif ou réglementaire** qui pouvait être évitée par une consultation auprès de l'autorité compétente, en l'espèce, l'inspection du travail (■ Cass. crim., 5 mars 1997 : *Bull. crim.*, n° 8 ; *Dr. pénal* 1997, comm. 107, obs. M. Véron ; *Rev. sc. crim.* 1997, p. 827, obs. B. Bouloc), ou pour la prétendue erreur liée à la difficulté d'interprétation d'un texte de loi (■ Cass. crim., 14 juin 2005 : *JurisData* 2005-029308 ; *Dr. pénal* 2005, comm. 145, obs. J.-H. Robert).

7) Pour écarter l'argumentation du prévenu, poursuivi pour publicité en faveur du tabac, qui invoquait une erreur sur le droit, les juges d'appel retiennent que le doute dont il fait état sur la portée réelle de l'article 3 de la loi du 9 juillet 1976 ne pouvait conduire un professionnel de bonne foi qu'à s'abstenir de participer à une campagne publicitaire dont le Comité national contre le tabagisme dénonçait le caractère illicite (■ Cass. crim., 10 avr. 1997 : *Bull. crim.*, n° 140 ; *Dr. pénal* 1997, comm. 115, obs. J.-H. Robert).

8) L'adjonction des termes « selon la loi n° 91-32 » à l'avertissement sanitaire général « nuit gravement à la santé », qui doit figurer sur chaque unité de conditionnement du tabac ou des produits du tabac, est interdite par les dispositions de droit interne. En conséquence, ne justifie ni le caractère inévitable de l'erreur ni la légitimité de l'adjonction interdite, l'arrêt qui accorde le bénéfice de l'erreur sur le droit, au sens de l'article 122-3 du Code pénal, à des dirigeants de société se prévalant de la réglementation applicable dans d'autres pays de l'Union, du **caractère fluctuant de la jurisprudence française** et d'un document émanant de la SEITA (■ Cass. crim., 13 mai 2003 : *Bull. crim.*, n° 96 ; *Dr. pénal* 2003, comm. 89, obs. J.-H. Robert).

9) Tolérance ou avis erroné de l'Administration. L'erreur sur le droit, au sens de l'article 122-3, ne peut être retenue en faveur du responsable de la construction d'un bâtiment, réalisée postérieurement à l'annulation d'un arrêté préfectoral qui avait modifié le plan d'occupation des sols pour rendre cette construction licite (■ Cass. crim., 15 nov. 1995 : *Bull. crim.*, n° 350), ni en faveur du dirigeant de la société ayant étendu la surface de vente d'un hypermarché en se prévalant de l'avis de l'Administration, selon lequel l'opération envisagée ne nécessitait pas d'autorisation, dès lors que la société, qui s'était vue à 5 reprises refuser cette autorisation sollicitée auprès de la commission d'équipement commercial, a agi en connaissance de cause (■ Cass. crim., 19 mars 1997 : *Bull. crim.*, n° 115, et note M. Véron, préc. ; *JCP* 98, II, 10095, note O. Fardoux).

10) Le prévenu de recel d'objets provenant du délit, défini à l'article 227-23 du Code pénal, de fixation ou d'enregistrement d'images de mineurs à caractère pornographique, ne peut se prévaloir du fait que l'administration des douanes avait laissé parvenir à destination le colis, en provenance de l'étranger, contenant les cassettes incriminées, pour alléguer la cause d'irresponsabilité prévue par l'article 122-3 du Code pénal (■ Cass. crim., 9 juin 1999 : *Bull. crim.*, n° 133 ; *JCP* 99, éd. G, IV, 2867).

11) Pour écarter les conclusions par lesquelles le prévenu, maire d'une commune poursuivi pour favoritisme, soutenait que son interprétation de l'article 321 du Code des marchés publics, alors applicable, était conforme à celle retenue par le ministre de l'Économie et des Finances dans une réponse à un député, ainsi qu'aux indications figurant dans les documents que lui avait envoyés l'Administration, la cour d'appel énonce que l'erreur invoquée ne présente aucun caractère insurmontable ; qu'elle ajoute, par motifs adoptés des premiers juges, que, compte tenu de l'exercice de longue date de fonctions électives par le maire dont s'agit et de son expérience dans la passation de marchés publics, il n'a pu ignorer qu'il commettait un manquement à la législation ; en l'état de ces motifs, et dès lors qu'il ne résulte ni de la réponse du ministre ni des documents administratifs invoqués par le prévenu qu'une opération unique d'un montant supérieur à la somme mentionnée à l'article 321 du Code des marchés publics puisse faire l'objet d'un marché de gré à gré lorsque son financement est réparti sur plusieurs années, la cour d'appel a justifié sa décision au regard de l'article 122-3 du Code pénal (■ Cass. crim., 10 avr. 2002 ; *Dr. pénal* 2002, comm. 105, obs. M. Véron).

12) Les acquéreurs d'un chalet en ruine dans un site inscrit et qu'ils ont reconstruit sans permis, ne sauraient se prévaloir d'une erreur sur le droit, en l'espèce non invincible, en invoquant deux lettres du maire de la commune autorisant la reconstruction et émettant un avis favorable au transfert de cette autorisation aux nouveaux propriétaires, dès lors que ces lettres ne pouvaient constituer un permis de construire, ce que les prévenus ne pouvaient ignorer puisqu'il résulte de l'acte de vente que les acquéreurs devaient faire leur affaire personnelle de la reconstruction du chalet (■ Cass. crim., 15 oct. 2002 : *Dr. pénal* 2003, comm. 25, obs. J.-H. Robert).

13) Tel n'est pas non plus le cas de prévenus qui, poursuivis pour discrimination économique, invoquent une erreur de droit insurmontable qui aurait été due à des lettres du ministre de l'Industrie et du Commerce adressées aux présidents des assemblées permanents des chambres de commerce, dès lors qu'ils ne démontrent pas que cette erreur était invincible et que l'infraction commise pouvait seule permettre d'éviter l'événement qu'ils redoutaient à défaut de tout autre moyen (■ Cass. crim., 9 nov. 2004 : *Bull. crim.*, n° 273). *V. note sous article 225-2 du Code pénal.*

14) Ne donne pas de base légale à sa décision, la cour d'appel qui, pour relaxer un prévenu des chefs de construction sans permis et d'infraction au plan d'occupation des sols, retient une erreur de droit, au sens de l'article 122-3 du Code pénal, sans justifier le caractère inévitable de l'erreur commise ni la croyance du prévenu dans la légitimité d'une prétendue autorisation (accordée par la mairie) (■ Cass. crim., 12 sept. 2006 : *Bull. crim.*, n° 218 ; *Dr. pénal* 2006, comm. 150, obs. M. Véron ; *Rev. sc. crim.* 2007, p. 73, obs. E. Fortis).

Remarque : Il convient en effet de noter qu'en règle générale il n'y a pas de tolérances administratives opposables devant les juridictions répressives (■ Cass. crim., 18 janv. 2005 : *Bull. crim.*, n° 22).

15) En faisant bénéficier le prévenu, poursuivi du chef de violation de domicile, des dispositions de l'article 122-3 du Code pénal, l'arrêt attaqué relève que le prévenu, qui s'était introduit, en l'absence de son épouse dont il vivait séparé, dans l'appartement attribué à celle-ci par décision judiciaire, avait consulté, au préalable, son avoué qui lui avait fait connaître, par écrit, que, la cour d'appel de Versailles ayant, par arrêt du 3 décembre 1992, rejeté la demande en divorce formée par l'épouse, tout en autorisant les époux à résider séparément, il ne lui était pas interdit de regagner ce logement où était implicitement fixée la résidence familiale ; en prononçant ainsi, alors qu'en l'espèce tout risque d'erreur pouvait être évité par une demande d'interprétation présentée en application de l'article 461 du nouveau Code de procédure civile, la cour d'appel a méconnu le principe sus-énoncé (■ Cass. crim., 11 oct. 1995 : *Bull. crim.*, n° 301, préc., note 1 avec comm.).

16) La cour d'appel de Paris a jugé qu'une erreur sur le droit n'était pas légitimée par un avis du Conseil supérieur d'Hygiène publique sur les conditions de sécurité dans des produits alimentaires (■ Paris, 26 oct. 1998 : *Contr. conc. consom.* 1999, comm. 81, note Raymond).

17) Le prévenu ne saurait invoquer une lettre du représentant des créanciers lui enjoignant de cesser de payer la pension alimentaire pour justifier avoir cru, par une erreur sur le droit qu'il n'était pas en mesure d'éviter, pouvoir légitiment refuser de continuer de payer ladite pension (■ Cass. crim., 7 janv. 2004 : *Bull. crim.*, n° 5 ; *Dr. pénal* 2004, comm. 49, obs. M. Véron).

18) L'erreur de droit ne saurait être admise au bénéfice d'officiers de police judiciaire ordonnant des fouilles à corps dans des cadres procéduraux qui leur sont habituels (■ Cass. crim., 9 avr. 2013, n° 12-81.100 : *Dr. pén.* 2013, comm. 106, obs. M. Véron).

19) L'erreur exonératoire. A pu être admise par les juges l'erreur commise par le gérant d'une entreprise, consistant à avoir toléré une prolongation excessive de la durée de travail effectif de ses salariés, dès lors que l'intéressé n'a fait qu'appliquer un accord professionnel élaboré sous l'égide d'un médiateur désigné par le gouvernement et faisant référence au Code du travail et résultant ainsi, en l'espèce, d'une information erronée fournie par l'Administration représentée aux négociations préalables à la signature de l'accord illicite (■ Cass. crim., 24 nov. 1998 : *JCP* 99, II, 10208, note M.-A. Houtmann).

20) En matière douanière, l'erreur sur le droit a été admise et la bonne foi les prévenus reconnue dans deux espèces rapportées *infra*, Ann. *Douanes*, sous les articles 369 et 377 *bis* du Code des douanes.

21) Caractérise l'erreur de droit, au sens de l'article 122-3 du Code pénal, une attestation remise au prévenu par un agent de police judiciaire agissant conformément aux instructions d'un vice-procureur de la République, selon laquelle la situation administrative du prévenu est parfaitement régulière malgré l'annulation de son permis de conduire français ; dès lors, l'intéressé a pu légitimement croire qu'il était autorisé à conduire avec son permis international, même s'il est avéré que cette attestation lui a été remise par erreur (■ Cass. crim., 11 mai 2006 : *Bull. crim.*, n° 128 ; *JCP* 2006, II, 10207, note O. Fardoux ; *Dr. pénal* 2006, comm. 109, obs. M. Véron ; *Rev. sc. crim.* 2007, p. 73, obs. E. Fortis).

22) Pour bénéficier de la cause d'irresponsabilité prévue par l'article 122-3 du Code pénal, la personne poursuivie doit justifier avoir cru, par une erreur sur le droit qu'elle n'était pas en mesure d'éviter, pouvoir légitimement accomplir le fait reproché. Tel n'est pas le cas de la personne poursuivie pour travail dissimulé par dissimulation d'emploi salarié, dont l'entreprise est implantée de longue date en France et qui pouvait s'informer auprès des services de l'inspection du travail sur l'étendue de ses obligations en matière d'embauche de salariés (■ Cass. crim., 20 janv. 2015, n° 14-80.532 : *Dr. pén.* 2015, comm. 32, obs. M. Véron).

23) Nécessité d'invoquer l'erreur. Il résulte de l'article 122-3 que seule la personne poursuivie est fondée à invoquer l'erreur sur le droit prévue par ce texte (■ Cass. crim., 15 nov. 1995 : *Bull. crim.*, n° 350), et elle est irrecevable à l'invoquer pour la première fois devant la Cour de cassation (■ Cass. crim., 27 mars 1996 : *Bull. crim.*, n° 136).

24) Il résulte de l'article L. 122-3 du Code pénal que l'erreur sur le droit ne peut être retenue qu'en faveur du prévenu qui justifie avoir pu accomplir légalement l'acte incriminé. Il s'ensuit que cette cause d'irresponsabilité ne peut bénéficier à un prévenu qui ne l'a pas invoquée (■ Cass. crim., 23 mars 1999 : *Bull. crim.*, n° 52 ; *Dr. pénal* 1999, chron. n° 27, obs. C. Marsat). *Adde* ■ Cass. crim., 28 juin 2005 : *Bull. crim.*, n° 196, cité *supra* sous article 121-3, et V. *D.* 2006, jurispr. p. 561, note O. Fardoux.

Art. 122-4. – N'est pas pénalement responsable la personne qui accomplit un acte prescrit ou autorisé par des dispositions législatives ou réglementaires.

N'est pas pénalement responsable la personne qui accomplit un acte commandé par l'autorité légitime, sauf si cet acte est manifestement illégal.

Voir : art. 213-4, p. 184.

Bibliographie : *JCl. pén., Ordre de la loi* par C. Mascala.

I – ORDRE DE LA LOI

1) Exclusion de la loi étrangère. L'ordre prétendu d'une loi étrangère ne saurait être invoqué par le pilote d'un avion étranger, trouvé détenteur d'armes et de munitions, après son atterrissage, pour s'exonérer de la responsabilité pénale encourue du chef d'un délit commis sur le territoire national (■ Cass. crim., 27 juin 1973 : *Bull. crim.*, n° 305).

2) Prescription de la loi française. Seule la loi pénale doit dans la plupart des cas pouvoir justifier une infraction : ainsi l'article 215 du Code civil sur l'obligation de cohabitation des époux n'a aucune valeur justificative, lorsqu'il est opposé à l'article 334 du Code pénal sur la définition du proxénète qui, sciemment, vit avec une personne se livrant habituellement à la prostitution (■ Cass. crim., 20 juin 1946 : *D.* 1946, 360) ; il a de même été jugé que l'article 5 de la loi du 1er juillet 1901, pénalement sanctionné par l'article 8 de la même loi, relatif aux formalités de publicité obligatoires d'une association dans le *Journal officiel*, pouvait constituer le fait justificatif d'une diffamation (■ Cass. crim., 17 févr. 1981 : *Bull. crim.*, n° 63 ; *Rev. sc. crim.* 1982, 350, obs. Levasseur. ■ 14 nov. 1989 : *Bull. crim.*, n° 418).

3) Délit flagrant et violence contre son auteur. Doit être relaxé du chef de coups et blessures volontaires, en application de l'article 327 du Code pénal, le prévenu qui, venant d'arrêter l'auteur apparent d'une tentative de vol d'une voiture, a cru de bonne foi qu'une personne arrivée sur les lieux était un complice venu prêter main-forte (alors qu'elle était étrangère à l'affaire) et, supposant logiquement que le nouvel arrivant était armé puisque le voleur l'était, l'a immédiatement frappé pour l'appréhender également, dès lors qu'il a agi pour l'exécution des lois et avait qualité pour le faire en application de l'article 73 du Code de procédure pénale qui édicte que, « dans les cas... de délit flagrant puni d'une peine d'emprisonnement, toute personne a qualité pour en appréhender l'auteur », ne fût-il que l'auteur supposé (■ Douai, 9 juin 1988 : *D.* 1991, somm., 66, obs. Azibert ; *Rev. sc. crim.* 1990, 327, obs. Vitu).

4) Si aux termes de l'article 73 du Code de procédure pénale, toute personne a qualité pour appréhender l'auteur présumé d'une infraction flagrante et le conduire devant l'officier de police judiciaire le plus proche, l'usage, à cette fin, de la force doit être nécessaire et proportionné aux conditions de l'arrestation (en l'espèce, pour immobiliser le délinquant, la victime d'une tentative de vol l'avait blessé par coups de feu alors qu'il s'enfuyait, ce qui entraîne sa condamnation pour violences avec arme (■ Cass. crim., 13 avr. 2005 : *Bull. crim.*, n° 131).

5) Si aux termes de l'article 73 du Code de procédure pénale, toute personne a qualité pour appréhender l'auteur présumé d'une infraction flagrante et le conduire devant l'officier de police judiciaire le plus proche, l'usage, à cette fin, de la force doit être nécessaire et proportionné aux conditions de l'arrestation.

Encourt la censure l'arrêt qui, pour relaxer le prévenu du chef d'homicide involontaire (au visa de l'article 122-4 du Code pénal) énonce que le comportement de celui-ci a eu pour objet d'immobiliser les auteurs d'un délit flagrant dans l'attente de l'arrivée des forces de l'ordre, sans rechercher si le fait d'approcher de la portière d'un véhicule occupé avec un fusil armé, le doigt sur la queue de détente était absolument nécessaire en l'état des circonstances de l'espèce (■ Cass. crim., 28 mars 2006 : *Bull. crim.*, n° 88 ; *Rev. sc. crim.* 2006, p. 601, 2, obs. Y. Mayaud ; *D.* 2006, jurispr., p. 2721, note A. S. Chavent-Leclere).

6) Selon les articles 73 du Code de procédure pénale, L. 428-32 du Code de l'environnement et 122-4 du Code pénal, les agents de l'Office national de la chasse et de la faune sauvage ont qualité pour appréhender l'auteur présumé d'un délit flagrant de chasse et le conduire devant l'officier de police judiciaire le plus proche, l'usage de la force, à cette fin, doit être nécessaire et proportionnée aux conditions de l'arrestation ; pour dire, pour les besoins de l'action civile, que les faits reprochés aux agents de l'ONCFS ne sont constitutifs ni du délit de violences volontaires qui leur est reproché ni d'aucune autre infraction pénale et pour débouter la partie civile de toutes ses demandes, l'arrêt retient que les graves blessures dont a souffert l'intéressé à la suite de l'interpellation ne résultent en aucun cas d'une intention des gardes de commettre des violences à son encontre et n'apparaissent pas incompatibles avec les blessures qu'une chute collective est susceptible d'occasionner.

Mais en se déterminant ainsi, sans rechercher si, lors de la poursuite, les fonctionnaires intervenants en projetant cette personne au sol sur un terrain en pente pour l'immobiliser, n'avaient pas commis des actes inadaptés aux circonstances pouvant faire obstacle à l'application de l'article 122-4 du Code pénal et susceptibles de constituer une faute d'imprudence, la cour d'appel n'a pas justifié sa décision (■ Cass. crim., 26 juin 2012, n° 11-87.416 : *Dr. pénal* 2012, comm. 142, obs. M. Véron).

7) Justifie sa décision la cour d'appel qui estime non caractérisée la diffamation non publique résultant de l'envoi, à un salarié, d'une lettre de licenciement lui imputant des faits de harcèlement sexuel, dès lors que la nécessité d'énoncer le ou les motifs du licenciement prévue par l'article L. 122-14-2 du Code du travail constitue un fait justificatif, et que les juges retiennent que le courrier litigieux ne développait aucun grief, ni aucune circonstance superflus (■ Cass. crim., 12 oct. 2004 : *Bull. crim.*, n° 239).

8) Méconnaît le sens et la portée des articles L. 621-24 du Code de commerce et 122-4 du Code pénal, la cour d'appel qui, pour condamner le prévenu qui avait retenu les cotisations ouvrières agricoles précomptées sur les salaires, exigibles postérieurement au jugement d'ouverture de la procédure de redressement judiciaire des sociétés qu'il dirigeait, énonce que ces cotisations constituent des créances de la Mutualité sociale agricole sur les salariés, et non sur l'employeur, de sorte que leur versement par celui-ci échappe à l'interdiction de payer toute créance née antérieurement au jugement d'ouverture (■ Cass. crim., 24 janv. 2006 : *Bull. crim.*, n° 24 ; *Dr. pénal* 2006, comm. 54, obs. J.-H. Robert ; *Rev. sc. crim.* 2006, p. 595, obs. E. Fortis).

9) Autorisation ou tolérance administrative inopérante. Le délinquant ne peut se soustraire à l'application de la loi pénale en invoquant la circonstance que son activité a fait l'objet d'une autorisation administrative : ainsi en a-t-il été notamment jugé au sujet de l'exploitant d'une salle de cinéma poursuivi pour usage d'affiches contraires à la décence, qui invoquait le visa de censure cinématographique qui lui avait été accordé par l'autorité administrative pour le matériel publicitaire employé (■ Cass. crim.,

26 juin 1974 : *JCP* 75, II, 18011, note Lindon ; *D.* 1975, 81, note Puech). À plus forte raison une simple tolérance administrative est inopérante : ainsi un chef d'établissement poursuivi du chef d'infraction aux règles de sécurité, ne saurait pour solliciter sa relaxe invoquer l'opinion contraire exprimée par un représentant du ministère du Travail (■ Cass. crim., 28 oct. 1986 : *Bull. crim.*, n° 311). Dans le même ordre d'idée, encourt la cassation l'arrêt qui déclare non constitué le délit d'homicide involontaire reproché à l'exécutant d'un travail public, en se fondant uniquement sur l'approbation, donnée par l'Administration, des conditions dans lesquelles ce travail a été réalisé (■ Cass. crim., 16 juill. 1987 : *Bull. crim.*, n° 297).

– La commission d'une infraction pénale (en l'espèce l'entrave à la circulation) ne saurait être justifiée par la participation à une manifestation sur la voie publique (■ Cass. crim., 8 mars 2005 : *Bull. crim.*, n° 77 ; *Rev. sc. crim.* 2005, p. 272, obs. cf. Vermelle). V. *infra*, ann. circulation routière, sous article L. 242-1.

10) Permission de la loi ou de la coutume. À l'ordre de la loi, il faut assimiler la permission de celle-ci et la permission de la coutume ; si les châtiments corporels et le droit de correction ne correspondent plus à l'état des mœurs, les parents et les enseignants ont toujours, pour un but éducatif, un pouvoir disciplinaire qui peut éventuellement s'exercer par des gifles ou des tapes inoffensives sur de jeunes enfants (■ T. pol. Bordeaux, 18 mars 1981 : *D.* 1982, 182, note Mayer ; *Rev. sc. crim.* 1982, 347, obs. Levasseur. ■ Cass. crim., 21 févr. 1990 : *Dr. pénal* 1990, n° 216 ; *Rev. sc. crim.* 1990, 785, obs. Levasseur).

11) L'ordre ou la permission de la loi ou de la coutume justifie dans de nombreuses hypothèses des infractions commises sur des victimes consentantes ; l'impunité des auteurs tient au jeu du fait justificatif de l'article 327 du Code pénal et non au consentement de la victime, inopérant ; pour des exemples, V. pour les opérations chirurgicales, à but curatif, ■ Cass. crim., 9 nov. 1961 : *JCP* 62, II, 12777, note R. Savatier. V. aussi pour la castration d'un transsexuel, ■ Cass. crim., 30 mai 1991 : *Bull. crim.*, n° 232.

Sur l'euthanasie, V. l'étude de A. Prothais : *Dr. pén.* 2011, étude 7.

12) Règlement de la gendarmerie. La cause d'irresponsabilité pénale prévue par les articles 122-4 du Code pénal et 174 du décret du 20 mai 1903 relatif à la gendarmerie s'étend aux fautes involontaires commises au cours de l'exécution de l'acte prescrit ou autorisé par la loi ou le règlement (■ Cass. crim., 5 janv. 2000 : *Bull. crim.*, n° 3 ; *D.* 2000, jurispr., 780, note B. de Lamy ; *Rev. sc. crim.* 2000, 606, obs. Y. Mayaud).

13) Pour dire qu'un gendarme était autorisé à faire usage de son arme par l'article 174 du décret du 20 mai 1903, qui n'est pas contraire à l'article 2.2 de la Convention européenne des droits de l'homme, les juges doivent rechercher si cet usage était absolument nécessaire en l'état des circonstances de l'espèce (■ Cass. crim., 18 févr. 2003 : *Bull. crim.*, n° 41 ; *Bull. inf.* ■ Cass. n° 575, I, B, rapport Pallisse ; *Dr. pénal* 2003, comm. 57, obs. M. Véron, et chron. 22 par F. Debove ; *D.* 2003, jurispr. comm., p. 1317, note F. Defferan et V. Durtette ; *Procédures* 2003, comm. 99, note J. Buisson).

14) Justifie sa décision de non-lieu la chambre de l'instruction qui, dès lors qu'il a été établi qu'en raison des circonstances de l'espèce, l'usage de son arme de service par un gendarme était absolument nécessaire pour contraindre le conducteur du véhicule qui avait commis des infractions graves et refusé, à plusieurs reprises, d'obtempérer aux ordres d'arrêt des gendarmes dans des circonstances dangereuses pour leur sécurité, décide de faire bénéficier ce militaire, mis en examen, de la cause d'irresponsabilité pénale, prévue à l'article 122-4, alinéa 1er, du Code pénal, résultant de l'application de l'article L. 2338-3 du Code de la défense (■ Cass. crim., 12 mars 2013, n° 12-82.683 : *Bull. crim.*, n° 63 ; *Dr. pénal* 2013, comm. 88, obs. M. Véron ; *Gaz. Pal.* 8-11 mai 2013, chron. *Dr. pén.*, p. 27, note E. Dreyer. ■ Cass. crim., 21 oct. 2014, n° 13-85.519 : *Dr. pén.* 2014, comm. 146, obs. M. Véron).

15) Justifie sa décision la cour d'appel qui, après avoir écarté l'application de l'article 122-4 du Code pénal, déclare coupable d'homicide involontaire un gendarme qui, en adaptant sa conduite automobile à celle particulièrement dangereuse de la conductrice poursuivie, a pris un risque disproportionné à l'obligation de mettre fin aux infractions constatées (■ Cass. crim., 23 mars 2004 : *Bull. crim.* n° 77 ; *D.* 2004, p. 2755, obs. B. de Lamy).

16) Pouvoir disciplinaire des enseignants. Justifie sa décision la cour d'appel qui relève, par des motifs relevant de son appréciation souveraine des faits, que les violences physiques, psychologiques ou verbales, dont elle a déclaré la prévenue coupable, excédaient le pouvoir disciplinaire dont disposent les enseignants (■ Cass. crim., 7 nov. 2017, n° 16-84.329 : *Dr. pén.* 2018, comm. 3, note P. Conte).

II – COMMANDEMENT DE L'AUTORITÉ LÉGITIME

17) Autorité publique. L'autorité légitime doit être une autorité publique : ainsi l'infraction ne peut être justifiée si elle est commandée par une autorité privée, tel un patron ordonnant à son préposé de commettre une infraction fiscale

(■ Cass. crim., 20 nov. 1834 : *Bull. crim.*, n° 380). En effet, l'ordre reçu d'un supérieur hiérarchique ne constitue pas, pour l'auteur d'une infraction, une cause d'irresponsabilité pénale (■ Cass. crim., 4 oct. 1989 : *Bull. crim.*, n° 338. ■ Cass. crim., 13 mars 1997 : *Bull. crim.*, n° 107 ; *JurisData* n° 1997-001681 ; 26 juin 2002 : *Bull. crim.*, n° 148 ; *D.* 2003, somm. p. 171, obs. M. Segonds).

18) Caractère légal du commandement. L'infraction commise en exécution d'un ordre illégal est normalement punissable ; ainsi des fonctionnaires, qui, agissant sur ordre d'un préfet, avaient fait retenir une correspondance destinée à des particuliers, n'ont pas pu invoquer le fait justificatif prévu par l'article 327 (■ Cass. crim., 22 mai 1959 : *JCP* 59, I, 11162. – *Adde* ■ Cass. crim., 19 oct. 1994 : *Dr. pénal* 1995, comm. 36). N'est pas fondé à invoquer la cause d'irresponsabilité résultant du commandement de l'autorité légitime le fonctionnaire de la Direction départementale de l'Équipement qui, agissant en exécution d'instructions téléphoniques du maire, falsifie un document graphique annexé au plan d'occupation des sols de la commune, en violation de la délibération du conseil municipal (■ Cass. crim., 25 févr. 1998 : *Dr. pénal* 1998, comm. 94, obs. M. Véron).

19) Engage sa responsabilité pénale celui qui, en donnant l'ordre illégal de détruire par incendie des paillotes construites sans autorisation sur le domaine public, ne saurait être considéré comme ayant satisfait à une obligation attaché à l'exercice de ses fonctions et exécutée pour le compte de l'État (■ Cass. crim., 13 oct. 2004 : *Bull. crim.*, n° 243 ; *Dr. pénal* 2005, comm. 2, obs. M. Véron ; *D.* 2005, jurispr. p. 1525, obs. M. Segonds).

20) N'a pu se méprendre sur le caractère manifestement illégal de l'ordre de destruction donné par une autorité légitime, y compris dans une situation de crise, l'auteur de destruction commises de manière clandestine, sans recours à la force publique, par des moyens dangereux pour les personnes et en laissant sur les lieux des tracts diffamatoires destinés à égarer les enquêteurs sur l'identité des responsables *(même arrêt)*.

21) Justifient également leur décision les juges du fond qui, pour refuser à des prévenus poursuivis pour atteinte à l'intimité de la vie privée le bénéfice du fait justificatif prévu par l'ancien article 327 du Code pénal, devenu l'article 122-4 du même code, retiennent qu'à le supposer donné par le chef de l'État, l'ordre de procéder à des interceptions téléphoniques irrégulières pour protéger sa vie privée ne pouvait légitimer les actes commis dès lors qu'il émanait d'une autorité n'ayant pas le pouvoir de le faire, et qui ajoutent que le commandement de l'autorité légitime ne peut être retenu en faveur d'un officier supérieur de la gendarmerie et de hauts fonctionnaires, dès lors que ne leur était imposée aucune obéissance inconditionnelle à des ordres manifestement illégaux (■ Cass. crim., 30 sept. 2008 : *Bull. crim.* n° 197 ; *D.* 2008, p. 1975, obs. H. Matsopoulou ; *AJP* 2008, p. 505 et 511, obs. G. Royer ; *Rev. sc. crim.* 2009, p. 92, obs. E. Fortis).

22) Mais il a été jugé que, lorsqu'un agent de la circulation donne à un conducteur l'ordre de violer le droit de priorité, cet ordre constitue en cas d'accident un fait imprévisible et irrésistible qui décharge ce conducteur de la présomption de responsabilité de l'article 1384, alinéa 1 du Code civil (■ Cass. civ. 14 nov. 1963 : *JCP* 64, II, 13490, note Esmein).

23) L'administrateur judiciaire, qui ne dispose pas d'un pouvoir de décision au nom de la puissance publique, ne constitue pas une autorité légitime au sens de l'article 122-4 du Code pénal.

N'encourt pas la censure l'arrêt qui déclare le prévenu, dirigeant d'une société en redressement judiciaire, coupable de détournement d'objet gagé pour avoir vendu, avec l'autorisation de l'administrateur judiciaire, des marchandises appartenant à ladite société et qui avaient été données en gage (■ Cass. crim., 20 avr. 2017, n° 16-80.808).

Art. 122-4-1 *(Abr., L. n° 2017-258, 28 févr. 2017).*

Art. 122-5. – **N'est pas pénalement responsable la personne qui, devant une atteinte injustifiée envers elle-même ou autrui, accomplit, dans le même temps, un acte commandé par la nécessité de la légitime défense d'elle-même ou d'autrui, sauf s'il y a disproportion entre les moyens de défense employés et la gravité de l'atteinte.**

N'est pas pénalement responsable la personne qui, pour interrompre l'exécution d'un crime ou d'un délit contre un bien, accomplit un acte de défense, autre qu'un homicide volontaire, lorsque cet acte est strictement nécessaire au but poursuivi dès lors que les moyens employés sont proportionnés à la gravité de l'infraction.

Bibliographie : *JCl. pén.*, *Légitime défense* par C. Mascala.

I – L'AGRESSION

1) Agression contre les personnes. L'article 328 du Code pénal n'exige pas, pour son application, que l'auteur ou la personne au secours de qui il s'est porté se soient trouvés en péril de mort (■ Cass. crim., 19 juin 1990 : *Bull. crim.*, n° 250). Donnent droit à l'exercice de la légitime défense, non seulement les agressions contre l'intégrité physique de soi-même ou d'autrui (■ T. corr. Lyon, 16 oct. 1973 : *JCP* 74, II, 17812, note Bouzat ; *Rev. sc. crim.* 1975, 406, obs. Larguier. ■ Cass. crim., 19 juill. 1989 : *Dr. pénal* 1990, n° 49) mais encore celles présentant un simple danger moral : ainsi a été considérée comme justifiée la gifle spectaculaire portée par une mère de famille à une jeune fille de mœurs légères, qui, avec le soutien de ses parents, cherchait à entraîner son fils âgé de seize ans (■ T. pol. Valence, 19 mai 1960 : *S.* 1960, 271, note Hugueney) comme le léger coup donné par un professeur à son élève qui, après avoir tenté de forcer le passage qu'il lui interdisait, l'a insulté en termes grossiers et blessants et jeté son cartable dans sa direction (■ Cass. crim., 18 juin 2002 : *Dr. pénal* 2002, comm. 134, obs. M. Véron).

2) Atteinte aux biens. La légitime défense peut encore être exercée pour protéger des biens : ainsi il a été jugé qu'un châtelain n'encourait aucune responsabilité pour les dommages causés aux voleurs de ses poissons par des détonateurs placés près de son étang (■ Req. 25 mars 1902 : *S.* 1903, 1, 5, note Lyon-Caen. – V. aussi ■ Paris, 9 oct. 1978 : *JCP* 79, II, 19232, note Bouzat). Mais les violences exercées sur une personne en riposte à une atteinte aux biens par elle commise ne sauraient constituer une légitime défense que lorsque cette riposte a pour objet d'interrompre l'exécution d'un crime ou d'un délit (■ Toulouse, 24 janv. 2002 : *JurisData* n° 165973 ; *Dr. pénal* 2002, comm. 52, obs. M. Véron ; *JCP* 2003, chron. I, 103, 1).

3) Il n'y a en principe jamais légitime défense contre un acte de l'autorité, même si cet acte est illégal (■ Cass. crim., 27 août 1908 : *D.* 1909, 1, 79. ■ 9 févr. 1972 : *Bull. crim.*, n° 54. – V. toutefois ■ Cass. crim., 31 oct. 1979 : *Bull. crim.*, n° 263 ; *D.* 1980, 334, obs. Puech).

4) Caractères actuel ou imminent de l'agression. L'agression doit être actuelle ou imminente pour que puisse être exercé le droit de recourir à la légitime défense (■ Cass. crim., 27 juin 1927 : *S.* 1929, 1, 356) ; il a été ainsi jugé qu'en cas de rixe en plusieurs phases, les juges du fond peuvent admettre qu'après s'être trouvés dans un premier temps en état de légitime défense, les demandeurs s'étant dans un second temps rués sans nécessité sur leurs adversaires, ont alors commis le délit de violences volontaires (■ Cass. crim., 16 oct. 1979 : *D.* 1980, inf. rap. 522, obs. Puech). Ne peut bénéficier de la légitime défense le prévenu qui, ouvrant sa porte pour se trouver face à face avec un adversaire qui tente de tirer sur lui avec une arme à feu enrayée, rentre chez lui au lieu de refermer sa porte et de se barricader en appelant les services de police, prend un fusil, le charge et, ressortant, tire en direction de l'agresseur ; la riposte n'ayant pas lieu dans un cas de nécessité actuelle mais alors que le danger n'est plus imminent, les éléments constitutifs de l'infraction de coups et blessures volontaires avec port d'arme sont bien réunis (■ Paris, 22 juin 1988 : *D.* 1988, inf. rap. 244).

5) Agression putative et agression vraisemblable. Est en état de légitime défense celui qui a pu légitimement penser être l'objet d'une attaque (■ Cass. crim., 8 juill. 2015, n° 15-81.986 : *Dr. pén.* 2015, comm. 138, obs. P. Conte).

II – LA DÉFENSE

6) Domaine. La légitime défense justifie non seulement les actes graves visés par l'article 328 du Code pénal, mais encore des violences légères (■ Cass. crim., 30 nov. 1956 : *Bull. crim.*, n° 761), des menaces (■ T. corr. Seine, 18 nov. 1938 : *Gaz. pal.* 1939, 1, 209).

7) Mais le **fait justificatif est incompatible avec les infractions d'imprudence**, notamment les coups et blessures involontaires (■ Cass. crim., 16 févr. 1967 : *Bull. crim.*, n° 70 ; *JCP* 67, II, 15034, note Combaldieu ; *Rev. sc. crim.* 1967, 854, obs. Légal ; dans le même sens, V. ■ Paris, 5 juin 1985 : *D.* 1987, 247, note Paire ; *Rev. sc. crim.* 1987, 865, obs. Vitu). Cette dernière solution explique l'attitude de certains prévenus qui, poursuivis au correctionnel et invoquant la légitime défense, demandent à être jugés par la cour d'assises : V. ■ Reims, 9 nov. 1978 : *D.* 1979, 92, note Pradel ; *JCP* 79, II, 19046, note Bouzat ; *Rev. sc. crim.* 1979, 329, obs. Levasseur.

8) Proportionnalité entre agression et défense. L'acte de défense doit être mesuré, c'est-à-dire proportionné à la gravité du danger, ce qui n'est pas le cas de celui qui emploie des armes pour repousser un agresseur non armé, ou répond par un coup de revolver à la menace d'un soufflet, ou blesse ou tue un vagabond qui n'avait pas d'intention homicide (■ Cass. crim., 12 déc. 1929 : *S.* 1931, 1, 113. ■ 21 nov. 1961 : *Bull. crim.*, n° 474. ■ 7 juin 1968 : *Bull. crim.*, n° 186) ; ce qui n'est pas non plus le cas d'un prévenu ayant pris le risque de tuer ses poursuivants qui étaient sans armes et qui s'étaient abstenus de toute manifestation physique hostile (■ Cass. crim., 3 juill. 1989, inédit), ni d'un militaire à la stature imposante qui, face à un seul agresseur sans arme, tire deux balles de pistolet dans la cuisse de son adversaire (■ Cass. crim., 26 juin 2012, n° 11-86.809 : *Dr. pénal* 2012, comm. 139, obs. M. Véron).

9) Il appartient aux juges du fond d'apprécier si la défense est ou non en disproportion avec l'attaque et se trouve justifiée par un péril commandant la nécessité des blessures faites (■ Cass. crim., 5 juin 1984 : *Bull. crim.*, n° 209), ou du coup porté (■ Cass. crim., 18 juin 2002 ; *Dr. pénal* 2002, comm. 134, obs. M. Véron). La circonstance que l'auteur des faits se soit trouvé en péril de mort n'est pas une condition de la légitime défense (■ Cass. crim., 19 juin 1990 : *Bull. crim.*, n° 250. ■ 26 nov. 1991 : *Dr. pénal* 1992, n° 120).

10) Le propriétaire d'une résidence secondaire qui a mis en place un **piège** dans un transistor et provoqué par l'explosion de celui-ci la mort d'un cambrioleur et des blessures à un autre s'est rendu coupable d'un acte intentionnel impliquant la volonté de tuer ou de blesser ; la juridiction correctionnelle qui avait été saisie des chefs d'homicide et blessures involontaires se trouve dès lors incompétente (■ Reims, 9 nov. 1978, préc. – V. pour d'autres exemples de disqualification, ■ Cass. crim., 5 févr. 1979 : *Bull. crim.*, n° 49. ■ 2 avr. 1979 : *Bull. crim.*, n° 131 ; *Rev. sc. crim.* 1980, 133, obs. Levasseur).

11) Indifférence du résultat de l'action. Justifie sa décision une cour d'appel qui, pour retenir la légitime défense au profit d'un automobiliste, lequel, poursuivi et agressé par un autre automobiliste après un accident matériel, et courbé pour parer les coups de son adversaire, a lancé sa main en avant vers celui-ci, qui a ensuite chuté au sol après que sa tête eût heurté le capot de l'une des voitures, retient d'une part, que le prévenu avait répondu par un acte constitutif de violences volontaires aux coups de son agresseur, d'autre part qu'il n'existait pas de disproportion entre l'agression et les moyens de défense employés, peu important à cet égard le résultat de l'action, en l'espèce les graves blessures subies par l'agresseur (■ Cass. crim., 17 janv. 2017, n° 15-86.481 : *JCP* 2017, 410, note P.-J. Delage ; *Dr. pénal* 2017, comm. 54, note Ph. Conte).

12) Autres applications. Ont été considérés comme agissant en état de légitime défense : le propriétaire d'une voiture, qui blesse d'un coup de carabine l'individu qui tentait de s'introduire dans le véhicule (■ Douai, 15 juin 1977 : *JCP* 79, II, 19232, note Bouzat), le voisin d'un commerçant cambriolé qui blesse le voleur en tirant sur sa voiture au moment où il s'enfuit (■ Montpellier, 19 nov. 1979 : *D.* 1981, inf. rap. 153, obs. Puech), la personne qui, conduisant à la gendarmerie un voleur pris en flagrant délit, est surprise par le retournement menaçant du malfaiteur dans la nuit et le blesse (■ Nancy, 9 mars 1979 : *D.* 1981, 462, note Bernardini), le pompiste qui a tiré sur un voleur qui, menaçant son employé en le poussant dans le dos en dépit de ses sommations, tentait de s'enfuir (■ T. corr. Lyon, 16 oct. 1973 : *JCP* 74, II, 17812, note Bouzat), le brigadier de police qui, agressé par l'individu placé en garde à vue et qui avait saisi son arme en hurlant des menaces, fait feu sur son assaillant après plusieurs sommations (■ Cass. crim., 20 avr. 1982 : *JCP* 83, II, 19958) ou le policier qui a tiré des coups de feu en direction d'un véhicule et blessé légèrement le chauffeur pour faire face au danger réel menaçant tant son collègue que lui-même (■ Cass. crim., 16 juill. 1986 : *D.* 1988, 390, 1er arrêt, note Dekeuwer).

De même agit en état de légitime défense, au sens tant des articles 328 et 329-1°, anciens que des articles 122-5 et 122-6-1° nouveaux du Code pénal, la personne qui repousse, de nuit, l'entrée par effraction d'un individu dans un lieu habité, dans la mesure où la chambre d'accusation constate qu'il n'y a pas disproportion entre les moyens de défense employés et la gravité de l'atteinte dont cette personne est l'objet (■ Cass. crim., 21 févr. 1996 : *Bull. crim.*, n° 84 ; *D.* 1997, 234, note Chr. Paulin), le fils qui a été contraint d'accomplir un acte nécessaire à la protection de son père en danger de mort (■ Cass. crim., 24 févr. 2015, n° 14-80.222 : *Dr. pén.* 2015, comm. 65, obs. M. Véron).

13) Exigence de la preuve de la défense nécessaire. Le fait justificatif prévu par l'article 328 du Code pénal est constitué par la nécessité actuelle de la légitime défense de soi-même ou d'autrui. Elle doit être établie en tous ses éléments (■ Cass. crim., 23 mars 1987 : *Bull. crim.*, n° 134). Ne peut être considérée comme immédiate, juste et adaptée à la situation, la réaction d'un tenancier de bar qui, importuné par un groupe de jeunes gens dont l'un était armé d'un gourdin, est allé quérir un fusil à pompe avec lequel il a tiré deux coups de feu en direction du sol, blessant ainsi un tiers (■ Cass. crim., 9 déc. 1992 : *Dr. pénal* 1993, n° 104, obs. Véron).

14) N'a pas agi en état de légitime défense, au sens des articles 122-5 et 122-6 du Code pénal, la personne qui, après avoir tenté d'appréhender sous la menace de son fusil de chasse deux individus qui s'étaient introduits par escalade sur son terrain clôturé pour y cueillir des champignons, les arrête dans leur fuite en tirant sur eux plusieurs coups de feu, les frappe à coups de crosse et de gourdin et les attache à un arbre avant de les livrer à la gendarmerie (■ Cass. crim., 7 déc. 1999 : *Bull. crim.*, n° 292).

15) Ne justifie pas, au regard de la nécessité d'une défense proportionnelle à l'atteinte subie qui caractérise la légitime défense, l'arrêt d'une cour d'appel qui prononce la relaxe, en jugeant établi le fait justificatif, de l'auteur de violences, exercées sous la menace d'un couteau contre l'agent d'une compagnie de transports qui aurait procédé à une mesure de contrôle estimée par lui illégale (▪ Cass. crim., 28 janv. 1998 : *Dr. pénal* 1998, comm., n° 80, obs. Maron).

16) Cas des gendarmes. Le fait justificatif tiré de l'article 174 du décret du 20 mai 1903 portant règlement sur l'organisation du service de la gendarmerie, qui autorise l'emploi de la force armée notamment pour immobiliser les véhicules dont les conducteurs n'obtempèrent pas à l'ordre d'arrêt, ne saurait être étendu au gendarme qui exécute en tenue civile une mission de police judiciaire. En pareille circonstance, l'usage des armes est limité au cas de légitime défense (▪ Cass. crim., 16 janv. 1996 : *Bull. crim.*, n° 22 ; *Rev. sc. crim.* 1996, 369, obs. Y. Mayaud ; *JCP* 96, 468, note Fourment).

17) Même solution pour un gendarme qui, hors service et en tenue civile, a fait usage de son arme personnelle pour empêcher la fuite de malfaiteurs surpris par lui (▪ Cass. crim., 30 avr. 1996 : *Bull. crim.*, n° 178 ; *Dr. pénal* 1996, comm. 176, obs. Maron ; *Rev. sc. crim.* 1997, 116, obs. J.-P. Delmas-Saint-Hilaire).

18) Justifie sa décision la chambre de l'instruction qui, pour accorder le bénéfice de ce fait justificatif à un gendarme ayant tiré un coup de feu mortel sur un détenu dont il assurait, avec une collègue, le convoyage par voie routière, retient, d'une part, que la victime a tenté, pour échapper à la garde de l'escorte, de s'emparer avec violence de l'arme de ce second gendarme, qui était approvisionnée, une cartouche étant engagée, conformément à la doctrine d'emploi des armes de dotation pour ces militaires, qu'elle est parvenue à extraire l'arme de son étui et à la prendre en main en position de tir, sans obéir aux sommations qui lui étaient adressées, d'autre part, que l'auteur, au moment de son acte, ne voyait plus les mains du détenu ni l'arme que ce dernier tenait et a constaté l'état de panique de sa collègue, et en conclut l'absence de disproportion entre la gravité de l'atteinte commise par l'agresseur et les moyens de défense employés pour l'interrompre, l'empêcher ou y mettre fin (▪ Cass. crim., 9 janv. 2018, n° 16-86.552).

III – PROCÉDURE ET EFFETS

19) Le moyen tiré de la légitime défense, qui n'a pas été proposé devant les juges du fond, ne peut être invoqué pour la première fois devant la Cour de cassation (▪ Cass. crim., 7 févr. 1989 : *Bull. crim.*, n° 49).

20) Action civile. La légitime défense de soi-même exclut toute faute et ne peut donner lieu à une action en dommages-intérêts en faveur de celui qui l'a rendue nécessaire par son agression ou en faveur de ses ayants droit (▪ Cass. crim., 13 déc. 1989 : *Bull. crim.*, n° 478 ; *JCP* 90, IV, 102 ; *Rev. sc. crim.* 1990, 783, obs. Levasseur. ▪ Cass. 2e civ., 22 avr. 1992 : *Bull. civ.*, n° 127).

21) Il appartient au juge répressif, lorsqu'il en est requis, de rechercher si, même en l'absence de légitime défense caractérisée au sens des articles 122-5 et 122-6 du Code pénal, les agissements fautifs des victimes, définitivement condamnées pour les dégradations et le vol aggravé qu'elles ont commis au préjudice de l'auteur de leurs blessures, n'ont pas concouru à la réalisation du délit et ne justifient pas un partage de responsabilité (▪ Cass. crim., 7 déc. 1999 : *Bull. crim.*, n° 292, préc.). V. pour un partage de responsabilité, ▪ Paris, 12 oct. 1999 : *Dr. pénal* 2000, comm. 29, obs. M. Véron.

22) Si la disproportion entre la riposte et l'attaque exclut l'excuse de légitime défense, elle n'exclut pas l'existence d'une faute de la victime, qui, si elle est établie, justifie un partage de responsabilité (▪ Cass. crim., 8 janv. 2008, pourvoi n° X07-83.423 : *Bull. crim.*, n° 1 ; *D.* 2008, p. 1590, note C. Robaczewski).

Art. 122-6. – Est présumé avoir agi en état de légitime défense celui qui accomplit l'acte :
1° Pour repousser, de nuit, l'entrée par effraction, violence ou ruse dans un lieu habité ;
2° Pour se défendre contre les auteurs de vols ou de pillages exécutés avec violence.

1) Présomption simple. La présomption de légitime défense édictée par l'article 329 du Code pénal n'est pas irréfragable et peut céder devant la preuve contraire et ce texte ne saurait justifier des actes de violence lorsqu'il est démontré qu'ils ont été commis en dehors d'un cas de nécessité actuelle et en l'absence d'un danger grave et imminent (▪ Cass. crim., 19 févr. 1959 : *D.* 1959, 161, note M.R.M.P. ; *JCP* 59, II, 11112, note Bouzat. ▪ 20 déc. 1983 : *Bull. crim.*, n° 350. ▪ 26 sept. 1989 : *Dr. pénal* 1990, n° 125. ▪ 12 oct. 1993 : *JCP* 94, I, 3775, obs. Véron ; *Gaz. Pal.* 5 févr. 1994, n° 36, p. 27, note Doucet) ; cette présomption joue non seulement à l'instant où l'on repousse l'escalade, mais encore pendant tout le temps où l'on se trouve en présence de l'intrus, tant que celui-ci n'est pas mis hors d'état de nuire (▪ Dijon, 8 janv. 1965 : *Gaz. pal.* 1965, 1, 155 ; *Rev. sc. crim.* 1965, 414, obs. Légal.

■ Toulouse, 15 nov. 1979 : *JCP* 81, II, 19608, note Bouzat).

2) Notion de lieu habité. Ne constitue pas une dépendance au sens de l'article 329 du Code pénal la cabane à usage de bergerie dont la clôture était séparée par une route de l'enceinte d'une maison habitée par son propriétaire ; en effet, ce texte ne vise que la dépendance d'une maison habitée, et l'article 390 du même code, qui énumère les dépendances d'une maison habitée, exige que lesdites dépendances, quand bien même elles auraient une clôture propre, soient enfermées dans l'enceinte générale de la maison (■ Cass. crim., 15 oct. 1980 : *Bull. crim.*, n° 261 ; *D.* 1981, inf. rap. 138, obs. Roujou de Boubée ; *Rev. sc. crim.* 1981, 853, obs. Larguier et 615, obs. Levasseur).

Art. 122-7. – N'est pas pénalement responsable la personne qui, face à un danger actuel ou imminent qui menace elle-même, autrui ou un bien, accomplit un acte nécessaire à la sauvegarde de la personne ou du bien, sauf s'il y a disproportion entre les moyens employés et la gravité de la menace.

Bibliographie : *JCl. pén.*, *État de nécessité* par C. Mascala.

I – ÉTAT DE NÉCESSITÉ

1) Consécration législative. À l'origine, non prévu à titre général, véritable fait justificatif d'origine jurisprudentielle, l'état de nécessité a été longtemps assimilé à la contrainte morale (■ Cass. crim., 15 nov. 1856 : *Bull. crim.*, n° 358. ■ 16 mai 1934 : *DA* 1934, 367. ■ T. corr. Dijon, 27 févr. 1968 : *JCP* 68, II, 15501) ; puis la jurisprudence lui a trouvé un autre fondement, l'absence d'intention délictueuse, tout aussi critiquable (■ Cass. crim., 27 janv. 1933 : *Gaz. Pal.* 1933, 1, 489) et enfin a consacré son autonomie (■ Cass. crim., 28 juin 1958 : *D.* 1958, 693, note M.R.M.P. ; *JCP* 59, II, 10941, note Larguier ; *Rev. sc. crim.* 1959, 111, obs. Légal).

2) Nature et caractères du danger. La notion de nécessité implique un **péril actuel ou imminent** menaçant la vie ou la santé ou l'équilibre moral ou encore compromettant la satisfaction des besoins fondamentaux de la famille. Tel est le cas, par exemple, d'un locataire qui détruit une palissade placée par le propriétaire pour empêcher l'accès aux toilettes et aux compteurs d'eau et d'électricité (■ Cass. crim., 4 janv. 1956 : *D.* 1956, p. 130 ; *Rev. sc. crim.* 1956, p. 831, obs. Legal), ou d'une personne qui construit elle-même sa propre maison sans permis de construire, parce qu'elle vit avec sa famille dans un taudis (■ T. corr. Colmar, 27 avr. 1956 : *D.* 1956, 500), ou qui fracture la porte d'un appartement inoccupé pour y loger sa famille, avec un enfant en bas âge, qui vivait dans un studio exigu (■ T. ■ Paris, 28 nov. 2000 : *JCP* 2001, II, 10573, note C. Ginestet).

3) Justifie sa décision la cour d'appel qui, pour écarter l'état de nécessité invoqué par le prévenu et déclarer ce dernier coupable d'évasion lors de son transport dans un fourgon de police, lequel était attaqué par des malfaiteurs armés, retient que l'intéressé a refusé de se coucher au sol pour se protéger, alors qu'il était invité à le faire par un policier, qu'il a sauté du fourgon afin de prendre la fuite et qu'il s'est volontairement exposé aux tirs en provenance de l'extérieur (■ Cass. crim., 11 janv. 2017, n° 16-80.610 : *Gaz. Pal.* 2017, p. 17, note V. Tellier-Cayrol).

4) Mais il n'y a pas de danger actuel ou imminent dans la quasi-totalité des hypothèses de **squattage**, rarement imputables à l'absence réelle ou immédiate d'un abri (T. corr. Avesnes-sur-Helpe, 19 nov. 1958 : *JCP* 59, 2, 366, note Laplatte. ■ Angers, 11 juill. 1957 : *D.* 1958, 357).

5) Il a par contre été jugé qu'un étranger qui s'était soustrait à une mesure de reconduite à la frontière avait accompli un acte nécessaire à sa sauvegarde afin d'éviter le danger imminent qui le menaçait en cas de retour dans son pays d'origine (■ Toulouse, 15 févr. 2001 : *Rev. sc. crim.* 2002, p. 116, obs. J.-P. Delmas Saint-Hilaire).

6) A été considérée comme justifiée la détention de pieds de cannabis nécessaires à la confection de tisanes, seuls moyens de soulager les douleurs d'un paraplégique, et donc nécessaires à la sauvegarde de sa santé comme de sa personne, sans qu'il y ait en l'espèce disproportion entre le moyen utilisé et la gravité de la menace actuelle, dès lors que le prévenu avait exclu les médicaments classiques de nature à provoquer des atteintes rénales (■ Papeete : 27 juin 2002 ; *Juris-Data* n° 188514 ; *Dr. pénal* 2003, comm. 3, obs. M. Véron ; *D.* 2003, jurispr., p. 584 note P. Gourdon).

7) Un arrêt (■ Cass. crim., 16 juill. 1986 : *D.* 1988, 390, 2e arrêt, note Dekeuwer) marque une certaine contamination de l'état de nécessité par la légitime défense. Est en effet approuvée une cour d'appel qui, ayant énoncé que l'action d'un policier qui a tiré un coup de feu à terre, blessant par ricochet un individu armé qui avait précédemment fait usage de son arme et se trouvait dans un état d'excitation violente, avait été commandée par la nécessité réelle et urgente de l'appréhender et que le risque pris en tirant un coup de feu au sol pour l'intimider apparaît en rapport avec le danger créé par ce dernier, a estimé que le prévenu – de coups et blessures involontaires –

avait accompli un acte nécessaire exclusif de toute faute.

8) La commission de certaines infractions peut être justifiée si elle a été strictement nécessaire à l'exercice des droits de la défense de son auteur et à la production de la preuve dans une instance pénale ou civile. Il en a été jugé ainsi pour des documents appréhendés ou reproduits par un salarié contre le gré de l'employeur (V. *infra*, sous article 311-1 du Code pénal, II *V°* Fait justificatif), ou encore pour l'enregistrement d'une conversation téléphonique privée produite en justice en réponse à des accusations de violences imputées à son auteur (■ Cass. crim., 31 janv. 2007 : *Bull. crim.*, n° 27 ; *JurisData*, n° 2007-037449 ; *Dr. pénal* 2007, comm. 98, obs. M. Véron).

9) Prévalence de l'intérêt sauvegardé. L'intérêt sauvegardé doit avoir une valeur supérieure à celle de l'intérêt sacrifié (T. corr. Château-Thierry, 4 mars 1898, et en appel ■ Amiens, 22 avr. 1898 : *S.* 99, 2, 1, note Roux ; *DP* 99, 2, 329, note Josserand. ■ Colmar, 6 déc. 1957 : *D.* 1958, 357, note Bouzat). Que décider lorsque les intérêts en balance sont de valeur égale ? Plusieurs juridictions ont écarté en ce cas l'état de nécessité (■ Pau, 2 juill. 1968 : *JCP* 69, II, 15879, note Bouzat ; *Rev. sc. crim.* 1969, 864, obs. Légal. – T. corr. Verviers, 24 déc. 1968 : *JCP* 70, II, 16535, note M. D. ; *Rev. sc. crim.* 1971, 929, obs. Légal) ; la Chambre criminelle de son côté se contente d'inviter les juges du fond, à propos de l'hypothèse de collision de voitures, à rechercher lequel des deux accidents envisagés, selon que le conducteur invoquant l'état de nécessité, effectuait ou non sa manœuvre consistant à se déporter sur la gauche pour éviter d'écraser ses passagers projetés sur la chaussée, comportait les plus grands risques et les conséquences éventuelles les plus graves (■ Cass. crim., 28 juin 1958, préc.).

10) Un tribunal a jugé que la personne dont on poursuit la sauvegarde doit être déterminée, pour que l'état de nécessité puisse être invoqué (■ T. corr. Paris, 24 nov. 1980 : *D.* 1982, 101, note Mayer) ; pour la critique de cette condition, V. note Mayer, préc. – *Adde*, Larguier, obs. : *Rev. sc. crim.* 1982, 765.

11) Proportionnalité. Face à un danger actuel menaçant son animal, le prévenu a agi par nécessité en abattant un autre chien qui le mordait, le moyen de défense n'étant pas disproportionné (■ Cass. crim., 8 mars 2011, pourvoi n° 10-82.078 : *Dr. pénal* 2011, comm. 75, obs. M. Véron).

12) Danger provoqué. La personne qui invoque l'état de nécessité ne peut voir son action justifiée si elle a elle-même créé par sa faute le péril dont elle est menacée : ainsi le chauffeur de camion qui, ayant embouti une barrière fermée à un passage à niveau, a pris la décision d'emboutir également la seconde afin de pouvoir échapper au péril imminent représenté par l'arrivée d'un train, encourt condamnation (■ Rennes, 12 avr. 1954 : *S.* 1954, II, 185) ; V. aussi ■ Cass. crim., 28 juin 1958, préc. n° 1.

– Le prévenu ne saurait prétendre avoir agi en état de nécessité dès lors qu'il s'est volontairement placé dans la situation de devoir commettre une infraction en cas de survenance prévisible du danger (■ Cass. crim., 22 sept. 1999 : *Bull. crim.*, n° 193 ; *D.* 2000, somm. p. 114, obs. G. Roujou de Boubée ; *Rev. sc. crim.* 2000, p. 385, obs. B. Bouloc).

– Ne peut invoquer l'état de nécessité le chasseur qui tue une ourse, animal inscrit sur la liste des espèces protégées, au cours d'une partie de chasse alors qu'il s'est placé lui-même dans une situation de danger par son comportement fautif antérieur (■ Cass. crim., 1er juin 2010 : *Bull. crim.* n° 96 ; *Dr. pén.* 2010, comm. 89, obs. M. Véron).

13) Danger hypothétique ou éventuel. Le fait justificatif tiré de l'état de nécessité ne saurait être invoqué par l'éducateur de prévention qui s'est abstenu d'empêcher par une action immédiate, sans risque pour lui-même, un délit contre l'intégrité corporelle d'une personne, dès lors que son abstention a été seulement motivée par la crainte qu'il éprouvait de compromettre éventuellement l'efficacité de son action de prévention et de sacrifier ainsi un intérêt hypothétique (■ Cass. crim., 21 nov. 1974 : *Bull. crim.*, n° 345 ; *JCP* 1975, II, 18143, note Chambon).

14) Un danger simplement éventuel ne saurait justifier la commission de l'infraction ; ne caractérise pas l'existence d'un danger actuel et imminent de nature à justifier la commission de l'infraction, par application de l'article 122-7 du Code pénal, la cour d'appel qui, pour relaxer la gérante d'une bijouterie du chef d'omission de déposer les documents comptables au tribunal de commerce, relève qu'il s'agit d'un commerce particulièrement exposé aux vols et agressions et que la publicité des comptes sociaux, qui comportent des indications utilisables par les malfaiteurs pour cibler leurs exactions, place la prévenue face à un danger actuel et imminent (■ Cass. crim., 1er juin 2005 : *Bull. crim.*, n° 168 ; *Dr. pénal* 2005, comm. 121, obs. M. Véron, et comm. 130, obs. J.-H. Robert).

15) Danger autrement évitable. Un conducteur de camion qui a fait stationner son véhicule sur le trottoir pendant le temps de chargement ne peut invoquer, pour se justifier, le fait que l'accès des berges où il stationnait normalement était momentanément interdit et qu'il n'avait pas d'autre ressource pour exercer sa profession que d'embarrasser la voie publique en stationnant sur le trottoir (■ Cass. crim., 21 janv. 1959 : *Bull. crim.*, n° 60). Ecarte à bon droit l'état de nécessité allégué par le prévenu la même Cour d'appel qui, pour réfuter l'argumentation dans laquelle ce dernier faisait état d'une rupture de stocks inopinée, estime que l'intéressé disposait d'autres solutions que la commission d'un délit de contrefaçon pour pallier les simples difficultés commerciales que pouvait créer une défaillance de son fournisseur, à supposer que celle-ci fut démontrée et qu'ainsi les circonstances de l'espèce ne caractérisaient nullement le fait justificatif invoqué (■ Cass. crim., 11 févr. 1986 : *Bull. crim.*, n° 54, *D.* 1987, somm. 41, obs. Burst).

16) Invocation indue de l'état de nécessité. L'état de nécessité, au sens de l'article 122-7, ne saurait être invoqué pour justifier le délit d'entrave à l'interruption volontaire de grossesse, dès lors que celle-ci est autorisée, sous certaines conditions, par la loi du 17 janvier 1975 (■ Cass. crim., 31 janv. 1996 : *Bull. crim.*, n° 57).

17) Le prévenu, en état d'évasion d'une prison étrangère, ne saurait se prévaloir de l'état de nécessité pour justifier l'usage qu'il a fait d'un faux nom en présentant, lors de son interpellation, de faux documents administratifs (■ Cass. crim., 22 mai 1997 : *Bull. crim.*, n° 201 ; *JCP* 97, G, IV, 2409).

18) Le risque d'avoir d'importantes factures non payées et d'être dans la nécessité impérieuse de satisfaire aux exigences d'un acheteur, ne saurait justifier une discrimination économique (■ Cass. crim., 9 nov. 2004 : *Bull. crim.*, n° 273 ; V. note sous article 225-2 du Code pénal).

19) Justifient leur décision les juges du fond qui, pour écarter l'argumentation tirée de la cause d'irresponsabilité prévue par l'art. 122-7 C. pén. et de l'atteinte à l'art. 8 Conv. EDH, et retenir la culpabilité des prévenus qui ont détruit des plants de riz génétiquement modifiés cultivés à des fins expérimentales, retiennent qu'aucune des conditions de l'état de nécessité n'est remplie et que les dispositions conventionnelles ne peuvent être utilement invoquées pour justifier le délit de destruction ou dégradation du bien d'autrui en réunion, commis dans un entrepôt après effraction (■ Cass. crim., 19 nov. 2002 : *D.* 2003, jurispr. comm. p. 1315, note D. Mayer. ■ Cass. crim., 18 févr. 2004 : *Dr. pénal* 2004, note 107 ; la destruction d'OGM n'est pas justifiée par la nécessite d'alerter l'opinion publique sur les risques que causeraient ces produits pour la santé et l'environnement. – *Adde* ■ Cass. crim., 7 févr. 2007 : *JCP* 2007, II, 10059, note F. G. Trebulle ; *D.* 2007, p. 1310, note J.-Ph. Feldman).

20) Action civile. Sur les conséquences civiles de l'état de nécessité, qui ne fait pas obstacle à la responsabilité civile de l'auteur de l'infraction justifiée, V. ■ Cass. crim., 27 oct. 1884 : *DP* 85, 1, 219.

21) Sur la distinction de la contrainte morale et de l'état de nécessité, V. obs. Vitu : *Rev. sc. crim.* 1986, 87. Sur la distinction entre état de nécessité et permission de la loi, V. note Bouzat, sous ■ T. pol. Lyon, 20 nov. 1984 : *JCP* 86, II, 20684. Sur ce jugement, V. aussi la note de MM. Guinchard et Mayaud : *Gaz. Pal.* 21-22 mars 1986.

Art. 122-8 *(L. n° 2002-1138, 9 sept. 2002).* **– Les mineurs capables de discernement sont pénalement responsables des crimes, délits ou contraventions dont ils ont été reconnus coupables, dans des conditions fixées par une loi particulière qui détermine les mesures de protection, d'assistance, de surveillance et d'éducation dont ils peuvent faire l'objet.**

Cette loi détermine également les sanctions éducatives qui peuvent être prononcées à l'encontre des mineurs de dix à dix-huit ans ainsi que les peines auxquelles peuvent être condamnés les mineurs de treize à dix-huit ans, en tenant compte de l'atténuation de responsabilité dont ils bénéficient en raison de leur âge.

Voir : Ord. 2 févr. 1945 relative à l'enfance délinquante, Annexe 45 (Mineurs).

Bibliographie : *JCl. pén., Mineur délinquant* par M. C. Guérin. • Le nouveau droit pénal intéressant les mineurs : *Dr. pénal* 2003, chron. 14, par J. Pouyanne.

1) Si les articles 1 et 2 de l'ordonnance du 2 février 1945 posent le principe de l'irresponsabilité du mineur, abstraction faite du discernement de l'intéressé, et déterminent les juridictions compétentes pour prendre à l'égard des mineurs les mesures de redressement appropriées, encore faut-il, conformément aux principes généraux du droit, que le mineur dont la participation à l'acte matériel à lui reproché est établie, ait compris et voulu cet acte ; toute infraction, même non intentionnelle, suppose en effet que son auteur ait agi avec intelligence et volonté (■ Cass. crim., 13 déc. 1956 : *D.* 1957, 349, note Patin). En énonçant qu'un enfant de neuf ans avait volontairement allumé l'incendie qui avait détruit un camion et divers biens immobiliers, une cour d'appel, par ce seul motif, justifie sa décision de déclarer ce mineur coupable d'incendie volontaire (■ Cass. ass. plén.

9 mai 1984 : *Bull. crim.*, n° 162 ; *JCP* 84, II, 20291, rapport Fédou ; *D.* 1984, 525, concl. Cabannes et note Chabas).

2) Contrairement au texte de l'article 2, alinéa 2 de l'ordonnance du 2 février 1945, la Cour de cassation a décidé que les juges du fond, lorsqu'ils se prononcent pour la condamnation d'un mineur de 13 à 18 ans à une peine, doivent en ce cas se référer à la personnalité du mineur, à l'exclusion des circonstances de l'infraction (■ Cass. crim., 1er févr. 1951 : *JCP* 51, II, 6107, note Brouchot).

3) Pour une hypothèse où la sanction pénale vise indirectement à assurer le succès d'une mesure d'assistance, V. T. enfants Saint-Étienne, 6 févr. 1964 : *D.* 1964, 192, note Prélot ; *Rev. sc. crim.* 1964, 608, obs. Légal. – Comp. ■ Cass. crim., 20 mai 1965 : *JCP* 68, II, 15260, note Robert ; *Rev. sc. crim.* 1969, 608, obs. Légal.

4) La juridiction des mineurs ayant choisi conformément à l'article 2 de l'ordonnance du 2 février 1945 de prononcer une condamnation pénale, n'est pas tenue d'assortir la peine d'emprisonnement des mesures éducatives. C'est à l'administration pénitentiaire qu'il appartient de soumettre le mineur aux conditions d'emprisonnement prévues par le deuxième alinéa, *in fine*, de l'article précité (■ Cass. crim., 29 août 1981).

5) L'atténuation de la peine dérivant de la minorité de l'accusé a pour base la détermination préalable de la peine par lui encourue, compte tenu des circonstances atténuantes indépendamment de sa qualité de mineur (■ Cass. crim., 29 janv. 1970 : *Bull. crim.*, n° 45 ; *Rev. sc. crim.* 1970, 635, obs. Légal. ■ 7 sept. 1981 : *Bull. crim.*, n° 253. ■ 27 janv. 1988 : *Bull. crim.*, n° 42).

6) Sur l'excuse de minorité pour les mineurs de plus de 16 ans, V. ■ Cass. crim., 2 juin 1976 : *Bull. crim.*, n° 195 ; *Rev. sc. crim.* 1977, 803, obs. Larguier. ■ 4 mai 1983 : *Bull. crim.*, n° 128. Viole l'article 66 la cour d'assises qui condamne un mineur âgé de plus de 16 ans, coupable de vols commis avec port d'arme, sans l'exclure du bénéfice de l'excuse atténuante de minorité, à une peine de six années de réclusion criminelle, prononçant ainsi une peine de nature autre que celle prévue par la loi (■ Cass. crim., 13 févr. 1991 : *D.* 1991, inf. rap. 151).

7) L'âge d'une personne est déterminé par le temps écoulé depuis sa naissance, calculé d'heure à heure (■ Cass. crim., 3 sept. 1985 : *Bull. crim.*, n° 283 ; *Rev. sc. crim.* 1986, 355, obs. Vitu). La preuve de l'âge réel d'un inculpé, d'un prévenu ou d'un accusé de nationalité étrangère peut être rapportée par tous moyens, notamment par expertises médicales (■ Cass. crim., 13 oct. 1986 : *Bull. crim.*, n° 282 ; *Rev. sc. crim.* 1987, 863, obs. Vitu).

8) L'excuse de minorité ne doit être prise en compte que lors du prononcé de la peine par la juridiction de jugement (■ Cass. crim., 17 juin 1987 : *Bull. crim.*, n° 256).

9) Méconnaît les articles 122-8 du Code pénal et 593 du Code de procédure pénale la juridiction de proximité qui condamne, pour stationnement irrégulier et stationnement gênant, le titulaire du certificat d'immatriculation du véhicule, mineur âgé de 5 ans, sans rechercher si le prévenu était capable de discernement (■ Cass. crim., 14 nov. 2017, n° 17-85.205 : *Dr. pén.* 2018, comm. 10, note J.-H. Robert ; *D.* 2018, p. 399, note M. Bouchet).

Art. 122-9 ***(L. n° 2016-1691, 9 déc. 2016).*** **– N'est pas pénalement responsable la personne qui porte atteinte à un secret protégé par la loi, dès lors que cette divulgation est nécessaire et proportionnée à la sauvegarde des intérêts en cause, qu'elle intervient dans le respect des procédures de signalement définies par la loi et que la personne répond aux critères de définition du lanceur d'alerte prévus à l'article 6 de la loi n° 2016-1691 du 9 décembre 2016 relative à la transparence, à la lutte contre la corruption et à la modernisation de la vie économique.**

TITRE III. – DES PEINES

Art. 130-1 ***(Créé à compter du 1er oct. 2014, L. n° 2014-896, 15 août 2014).*** **– Afin d'assurer la protection de la société, de prévenir la commission de nouvelles infractions et de restaurer l'équilibre social, dans le respect des intérêts de la victime, la peine a pour fonctions :**

1° De sanctionner l'auteur de l'infraction ;

2° De favoriser son amendement, son insertion ou sa réinsertion.

CHAPITRE I. – DE LA NATURE DES PEINES

Section I. – Des peines applicables aux personnes physiques

Sous-section 1. – Des peines criminelles

Art. 131-1. – Les peines criminelles encourues par les personnes physiques sont :

1° La réclusion criminelle ou la détention criminelle à perpétuité ;

2° La réclusion criminelle ou la détention criminelle de trente ans au plus ;

3° La réclusion criminelle ou la détention criminelle de vingt ans au plus ;

4° La réclusion criminelle ou la détention criminelle de quinze ans au plus.

La durée de la réclusion criminelle ou de la détention criminelle à temps est de dix ans au moins.

Art. 131-2. – Les peines de réclusion criminelle ou de détention criminelle ne sont pas exclusives d'une peine d'amende et d'une ou de plusieurs des peines complémentaires prévues à l'article 131-10.

Voir : Loi constitutionnelle n° 2007-239 du 23 février 2007 relative à l'interdiction de la peine de mort (art. 66-1 de la Constitution).

Bibliographie : *JCl. pén., Peines criminelles applicables aux personnes physiques* par J.-Y. Maréchal.

Sous-section 2. – Des peines correctionnelles

Art. 131-3 ***(Mod., L. n° 2004-204, 9 mars 2004 ; mod. à compter du 1er oct. 2014, L. n° 2014-896, 15 août 2014).*** **– Les peines correctionnelles encourues par les personnes physiques sont :**

1° L'emprisonnement ;

2° La contrainte pénale ;

3° L'amende ;

4° Le jour-amende ;

5° Le stage de citoyenneté ;

6° Le travail d'intérêt général ;

7° Les peines privatives ou restrictives de droits prévues à l'article 131-6 ;

8° Les peines complémentaires prévues à l'article 131-10 ;

9° La sanction-réparation.

Par décision du Conseil constitutionnel du 7 août 2014 (n° 2014-695), celui-ci a décidé que la contrainte pénale ne méconnaît ni le principe d'égalité, ni les principes de nécessité et de proportionnalité des peines, pas plus que le principe d'égalité devant la loi (*Dr. pén.* 2014, comm. 133, obs. V. Peltier).

Bibliographie : *JCl. pén., Peines correctionnelles applicables aux personnes physiques* par G. Vermelle. • J.-H. Robert, *Commentaire de la loi du 15 août 2014 : Dr. pén.* 2014, étude 16, p. 6. • V. Peltier, *À propos de la loi du 15 août 2014 : JCP* 2014, aperçu rapide 883, p. 1510. • J.-H. Robert, *Un législateur bien imprudent, à propos de la loi du 15 août 2014 : JCP* 2014, étude 952, p. 1642. • R. Badinter et P. Beauvas, *À propos de la nouvelle réforme pénale : D.* 2014, point de vue, p. 1829. • G. Beaussonie et M. Segonds, *Loi du 15 août 2014 : Rev. sc. crim.* 2014, chron. p. 809. • L. Griffon-Yarza, *La contrainte pénale : premiers éléments d'analyse pratique : Dr. pén.* 2014, étude 18, p. 9.

Art. 131-4 ***(Mod., L. n° 2003-239, 18 mars 2003).*** **– L'échelle des peines d'emprisonnement est la suivante :**

1° Dix ans au plus ;

2° Sept ans au plus ;

3° Cinq ans au plus ;

4° Trois ans au plus ;

5° Deux ans au plus ;

6° Un an au plus ;

7° Six mois au plus ;

8° Deux mois au plus.

La durée de la réclusion criminelle étant de dix ans au moins, doit être cassé l'arrêt qui, après avoir déclaré l'accusé coupable de viols, le condamne à six ans de réclusion criminelle. Les peines privatives de liberté étant de même nature, la cassation a lieu sans renvoi, par application de l'article L. 131-5 du Code de l'organisation judiciaire, l'emprisonnement étant substitué à la réclusion criminelle (■ Cass. crim., 18 déc. 2002 : *Bull. crim.*, n° 236, et arrêts cités ; *Dr. pénal* 2003, comm. 46, obs. M. Véron).

Art. 131-4-1 *(Créé à compter du 1er oct. 2014, L. n° 2014-896, 15 août 2014).* **– Lorsque la personnalité et la situation matérielle, familiale et sociale de l'auteur d'un délit puni d'une peine d'emprisonnement** *(Mots suppr. à compter du 1er janv. 2017, L. n° 2014-896, 15 août 2014)* **« d'une durée inférieure ou égale à cinq ans » et les faits de l'espèce justifient un accompagnement socio-éducatif individualisé et soutenu, la juridiction peut prononcer la peine de contrainte pénale.**

La contrainte pénale emporte pour le condamné l'obligation de se soumettre, sous le contrôle du juge de l'application des peines, pendant une durée comprise entre six mois et cinq ans et qui est fixée par la juridiction, à des mesures de contrôle et d'assistance ainsi qu'à des obligations et interdictions particulières destinées à prévenir la récidive en favorisant son insertion ou sa réinsertion au sein de la société.

Dès le prononcé de la décision de condamnation, la personne condamnée est astreinte, pour toute la durée d'exécution de sa peine, aux mesures de contrôle prévues à l'article 132-44.

Les obligations et interdictions particulières auxquelles peut être astreint le condamné sont :

1° Les obligations et interdictions prévues à l'article 132-45 en matière de sursis avec mise à l'épreuve ;

2° L'obligation d'effectuer un travail d'intérêt général, dans les conditions prévues à l'article 131-8 ;

3° L'injonction de soins, dans les conditions prévues aux articles L. 3711-1 à L. 3711-5 du Code de la santé publique, si la personne a été condamnée pour un délit pour lequel le suivi socio-judiciaire est encouru et qu'une expertise médicale a conclu qu'elle était susceptible de faire l'objet d'un traitement.

Le condamné peut, en outre, bénéficier des mesures d'aide prévues à l'article 132-46 du présent code.

Si elle dispose d'éléments d'information suffisants sur la personnalité du condamné et sur sa situation matérielle, familiale et sociale, la juridiction qui prononce la contrainte pénale peut définir les obligations et interdictions particulières auxquelles celui-ci est astreint parmi celles mentionnées aux 1° à 3° du présent article.

La juridiction fixe également la durée maximale de l'emprisonnement encouru par le condamné en cas d'inobservation des obligations et interdictions auxquelles il est astreint. Cet emprisonnement ne peut excéder deux ans, ni le maximum de la peine d'emprisonnement encourue. Les conditions dans lesquelles l'exécution de l'emprisonnement peut être ordonnée, en tout ou partie, sont fixées par le Code de procédure pénale.

Après le prononcé de la décision, le président de la juridiction notifie à la personne condamnée, lorsqu'elle est présente, les obligations et interdictions qui lui incombent ainsi que les conséquences qui résulteraient de leur violation.

Dans des conditions et selon des modalités précisées par le Code de procédure pénale, après évaluation de la personnalité et de la situation matérielle, familiale et sociale du condamné par le service pénitentiaire d'insertion et de probation, le juge de l'application des peines, lorsqu'il n'a pas été fait application du neuvième alinéa du présent article, détermine les obligations et interdictions auxquelles est astreint le condamné parmi celles mentionnées aux 1° à 3°, ainsi que les mesures d'aide dont il bénéficie. S'il a été fait application du neuvième alinéa, le juge de l'application des peines peut modifier, supprimer ou compléter les obligations et interdictions décidées par la juridiction ; il détermine les mesures d'aide dont le condamné bénéficie. Au cours de l'exécution de la contrainte pénale, les obligations et interdictions et les mesures d'aide peuvent être modifiées, supprimées ou complétées par le juge de l'application des peines au regard de l'évolution du condamné.

La condamnation à la contrainte pénale est exécutoire par provision.

1) C'est à tort que, saisie d'un délit puni d'un maximum de cinq ans d'emprisonnement commis avant le 1er octobre 2014, la cour d'appel, statuant après cette date, dit la contrainte pénale non applicable au motif qu'il s'agit d'une nouvelle peine ne pouvant sanctionner les faits antérieurs à son entrée en vigueur, alors que, constituant une alternative à l'emprisonnement sans sursis, aux termes de l'article 131-4-1 nouveau du Code pénal, qui l'a créée, la contrainte pénale est d'application immédiate.

La cassation n'est cependant pas encourue, aucune peine d'emprisonnement sans sursis n'ayant été prononcée (■ Cass. crim., 14 avr. 2015, n° 15-80.858 : *JCP* 2015, II, 497, note J. Dubarry et II, 697, note V. Peltier ; *Dr. pén.* 2015, étude 13, note E. Bonis-Garçon ; *D.* 2015, p. 1307, note S. Detraz ; *Gaz. Pal.* 2015, 1, p. 19, note G. Pitti).

2) Le juge saisi, à partir du 1er octobre 2014, d'un délit puni de cinq ans d'emprisonnement au plus commis avant cette date peut substituer à l'emprisonnement ferme qu'il envisageait de prononcer la contrainte pénale, immédiatement applicable en ce qu'elle constitue, aux termes de l'article 131-4-1 nouveau du Code pénal, une peine alternative à la privation de liberté.

Ne saurait, pour autant, encourir l'annulation la peine d'emprisonnement sans sursis prononcée pour un tel délit, avant le 1er octobre 2014, par des motifs qui satisfont aux exigences de l'article 132-24, alinéa 3, du Code pénal, dans sa rédaction alors en vigueur (■ Cass. crim., 14 avr. 2015, n° 14-84.473 ; V. les commentaires précités).

Art. 131-5 ***(Mod., L. n° 2004-204, 9 mars 2004).*** **– Lorsqu'un délit est puni d'une peine d'emprisonnement, la juridiction peut prononcer une peine de jours-amende consistant pour le condamné à verser au Trésor une somme dont le montant global résulte de la fixation par le juge d'une contribution quotidienne pendant un certain nombre de jours. Le montant de chaque jour-amende est déterminé en tenant compte des ressources et des charges du prévenu ; il ne peut excéder 1 000 €. Le nombre de jours-amende est déterminé en tenant compte des circonstances de l'infraction ; il ne peut excéder trois cent soixante.**

Voir : art. 131-25, p. 107.

Bibliographie : Roure : *D.* 1996, chron. 64.

Art. 131-5-1. ***– (L. n° 2004-204, 9 mars 2004 ; L. n° 2017-86, 27 janv. 2017)*** **Lorsqu'un délit est puni d'une peine d'emprisonnement, la juridiction peut, à la place de l'emprisonnement, prescrire que le condamné devra accomplir un stage de citoyenneté, « tendant à l'apprentissage des valeurs de la République et des devoirs du citoyen. Les modalités et le contenu de ce stage sont fixés par décret en Conseil d'État ». La juridiction précise si ce stage, dont le coût ne peut excéder celui des amendes contraventionnelles de la troisième classe, doit être effectué aux frais du condamné.**

(Al. mod., L. n° 2016-731, 3 juin 2016) **Cette peine ne peut être prononcée contre le prévenu qui la refuse ou n'est pas présent à l'audience. Toutefois, cette peine peut être prononcée lorsque le prévenu, absent à l'audience, a fait connaître par écrit son accord et qu'il est représenté par son avocat.**

Voir : art. R. 131-35 s., p. 640.

1) Les dispositions de l'article 131-5-1 du Code pénal, qui prévoient, s'agissant d'un délit, que la juridiction peut prescrire à titre de sanction l'accomplissement d'un stage de citoyenneté, sauf si la personne poursuivie refuse cette peine ou si elle n'est pas présente à l'audience, sont applicables également en matière de contravention. Dès lors, encourt la censure le jugement d'une juridiction de proximité qui, après avoir déclaré la prévenue, représentée à l'audience par un avocat, coupable de la contravention de dissimulation du visage dans l'espace public, la condamne à accomplir un stage de citoyenneté (en application de l'article 131-16, 8°, du Code pénal) : (■ Cass. crim., 5 mars 2013, n° 12-80.891 : *Bull. crim.*, n° 54 ; *Dr. pénal* 2013, comm. 72, obs. M. Véron, et comm. 85, obs. E. Bonis-Garçon ; *AJP* 2013, p. 400, note P. de Combles de Nayves).

2) L'article 131-5-1 du Code pénal prévoit que la juridiction ne peut prescrire à titre de sanction l'accomplissement d'un stage de citoyenneté si la personne poursuivie refuse cette mesure ou si elle n'est pas présente à l'audience.

Dès lors, encourt la censure le jugement d'une juridiction de proximité qui, après avoir déclaré la prévenue, représentée à l'audience par un avocat, coupable de la contravention de dissimulation du visage dans l'espace public, la condamne, fût-ce à titre de peine complémentaire, à accomplir un stage de citoyenneté (■ Cass. crim., 9 déc. 2014, n° 14-80. 873).

Art. 131-6 ***(Mod., L. n° 92-1336, 16 déc. 1992 ; L. n° 2003-495, 12 juin 2003 ; L. n° 2004-204, 9 mars 2004 ; L. n° 2008-776, 4 août 2008).*** **– Lorsqu'un délit est puni d'une peine d'emprisonnement, la juridiction peut prononcer, à la place de l'emprisonnement, une ou plusieurs des peines privatives ou restrictives de liberté suivantes :**

1° La suspension, pour une durée de cinq ans au plus, du permis de conduire, cette suspension pouvant être limitée, selon des modalités déterminées par décret en Conseil d'État, à la conduite en dehors de l'activité

professionnelle ; cette limitation n'est toutefois pas possible en cas de délit pour lequel la suspension du permis de conduire, encourue à titre de peine complémentaire, ne peut pas être limitée à la conduite en dehors de l'activité professionnelle ;

2° L'interdiction de conduire certains véhicules pendant une durée de cinq ans au plus ;

3° L'annulation du permis de conduire avec interdiction de solliciter la délivrance d'un nouveau permis pendant cinq ans au plus ;

4° La confiscation d'un ou de plusieurs véhicules appartenant au condamné ;

5° L'immobilisation, pour une durée d'un an au plus, d'un ou de plusieurs véhicules appartenant au condamné, selon des modalités déterminées par décret en Conseil d'État ;

5° *bis (Créé à compter du 1er oct. 2014, L. n° 2014-896, 15 août 2014)* L'interdiction, pendant une durée de cinq ans au plus, de conduire un véhicule qui ne soit pas équipé, par un professionnel agréé ou par construction, d'un dispositif homologué d'anti-démarrage par éthylotest électronique. Lorsque cette interdiction est prononcée en même temps que la peine d'annulation ou de suspension du permis de conduire, elle s'applique, pour la durée fixée par la juridiction, à l'issue de l'exécution de cette peine ;

6° L'interdiction de détenir ou de porter, pour une durée de cinq ans au plus, une arme soumise à autorisation ;

7° La confiscation d'une ou de plusieurs armes dont le condamné est propriétaire ou dont il a la libre disposition ;

8° Le retrait du permis de chasser avec interdiction de solliciter la délivrance d'un nouveau permis pendant cinq ans au plus ;

9° L'interdiction pour une durée de cinq ans au plus d'émettre des chèques autres que ceux qui permettent le retrait de fonds par le tireur auprès du tiré ou ceux qui sont certifiés et d'utiliser des cartes de paiement ;

10° La confiscation de la chose qui a servi ou était destinée à commettre l'infraction ou de la chose qui en est le produit. Toutefois, cette confiscation ne peut pas être prononcée en matière de délit de presse ;

11° L'interdiction pour une durée de cinq ans au plus d'exercer une activité professionnelle ou sociale dès lors que les facilités que procure cette activité ont été sciemment utilisées pour préparer ou commettre l'infraction. Cette interdiction n'est toutefois pas applicable à l'exercice d'un mandat électif ou de responsabilités syndicales. Elle n'est pas non applicable en matière de délit de presse ;

12° L'interdiction, pour une durée de trois ans au plus, de paraître dans certains lieux ou catégories de lieux déterminés par la juridiction et dans lesquels l'infraction a été commise ;

13° L'interdiction, pour une durée de trois ans au plus, de fréquenter certains condamnés spécialement désignés par la juridiction, notamment les auteurs ou complices de l'infraction ;

14° L'interdiction, pour une durée de trois ans au plus, d'entrer en relation avec certaines personnes spécialement désignées par la juridiction, notamment la victime de l'infraction ;

15° L'interdiction, pour une durée de cinq ans au plus, d'exercer une profession commerciale ou industrielle, de diriger, d'administrer, de gérer ou de contrôler à un titre quelconque, directement ou indirectement, pour son propre compte ou pour le compte d'autrui, une entreprise commerciale ou industrielle ou une société commerciale.

1) L'article 43-3 peut jouer même lorsque l'emprisonnement n'est pas la seule peine prévue pour réprimer le délit commis (■ Cass. crim., 1er déc. 1980 : *JCP* 81, IV, 68 ; *Rev. sc. crim.* 1981, 601, obs. Larguier).

2) La peine de suspension du permis de conduire se substituant à l'emprisonnement peut être prononcée à l'égard de l'auteur de toute infraction punie d'une peine d'emprisonnement (■ Cass. crim., 6 oct. 1987 : *Bull. crim.*, n° 337).

3) La suspension du permis de conduire, assortie d'une autorisation de conduire certains véhicules pour l'exercice d'une activité professionnelle, est autorisée par le seul article 43-3 du Code pénal, applicable lorsque le tribunal prononce la suspension à titre de peine principale (■ Cass. crim., 6 juin 1990 : *Bull. crim.*, n° 228).

4) En cas de poursuites pour refus de restitution d'un permis de conduire suspendu ou annulé, les cours et tribunaux peuvent prononcer l'annulation du permis de conduire à titre de peine principale en application notamment de l'article 131-6 du nouveau Code pénal (■ Cass. crim., 1er juin 1994 : *Bull. crim.*, n° 218). Sur la suspension du permis de conduire prévue par l'article 131-6-1° du nouveau Code pénal, V. ■ Cass. crim., 26 juill. 1994 : *Bull. crim.*, n° 287 ; *Rev. sc. crim.* 1995, 344, obs. Bouloc.

5) L'article 43-3, 6°, qui permet de prononcer, à titre principal et comme substitut d'une peine d'emprisonnement sanctionnant un délit, la confiscation d'une ou plusieurs armes dont le prévenu est propriétaire ou a la libre disposition, n'exige nullement que l'arme ait été utilisée en vue de commettre l'infraction poursuivie ; en conséquence, a été légalement prononcée à l'encontre d'un prévenu auteur de menaces avec un couteau la confiscation d'un fusil qui avait été saisi en raison d'autres faits ayant motivé une procédure classée sans suite (■ Cass. crim., 10 oct. 1978 : *Bull. crim.*, n° 265 ; *D.* 1979, inf. rap. 38, obs. Puech ; *Rev. sc. crim.* 1981, 601, obs. Larguier).

6) Pour le prononcé, à titre de peine principale, d'une des sanctions ou mesures prévues aux articles 43-3 et suivants du Code pénal, les juges du fond disposent, dans les limites et sous les réserves fixées par la loi, d'une faculté discrétionnaire dont ils ne doivent aucun compte (■ Cass. crim., 11 oct. 1989 : *JCP* 90, IV, 33). Il en est ainsi pour la fixation du montant des jours-amendes (■ Cass. crim., 1er juill. 1997 : *Bull. crim.*, n° 262).

7) Est justifiée, au regard des articles 11 et 43-4 anciens et 131-6-10° du Code pénal, la confiscation du camion prononcée contre le dirigeant d'une entreprise de transports routiers, condamné pour avoir laissé ses préposés utiliser un contrôlographe défectueux, dès lors que le délit reproché ne peut concerner que des appareils en service sur des véhicules, lesquels constituent le moyen matériel de commettre l'infraction (■ Cass. crim., 13 févr. 1996 : *Bull. crim.*, n° 75).

8) Encourt la cassation l'arrêt qui prononce, contre le prévenu déclaré coupable de publicité de nature à induire en erreur et de tromperie, outre une peine d'emprisonnement avec sursis celle de l'interdiction temporaire d'exercer une activité professionnelle prévue par l'article 131-6, 11°, du Code pénal, ce cumul n'étant pas prévu par la loi (■ Cass. crim., 4 mai 2004 : *Bull. crim.*, n° 105).

9) La cour d'appel qui en application de l'article 131-6 11° du Code pénal prononce la peine principale de cinq ans d'interdiction d'exercer une activité professionnelle ou sociale contre le prévenu déclaré coupable de tromperies et de faux commis à l'occasion de contrôles techniques automobiles, apprécie souverainement l'étendue de l'interdiction (■ Cass. crim., 1er avr. 2008 : *Bull. crim.*, n° 87 ; *Dr. pénal* 2008, comm. 100, obs. J.-H. Robert).

Art. 131-7. – *(L. n° 2004-204, 9 mars 2004)* **Les peines privatives ou restrictives de droits énumérées à l'article 131-6 peuvent également être prononcées, à la place de l'amende, pour les délits qui sont punis seulement d'une peine d'amende.**

Art. 131-8 *(Mod., L. n° 2004-204, 9 mars 2004 ; L. n° 2007-297, 5 mars 2007 ; L. n° 2009-1436, 24 nov. 2009 ; mod. à compter du 1er oct. 2014, L. n° 2014-896, 15 août 2014)*. – **Lorsqu'un délit est puni d'une peine d'emprisonnement, la juridiction peut prescrire, à la place de l'emprisonnement, que le condamné accomplira, pour une durée de vingt à deux cent quatre-vingts heures, un travail d'intérêt général non rémunéré au profit soit d'une personne morale de droit public, soit d'une personne morale de droit privé chargée d'une mission de service public ou d'une association habilitées à mettre en œuvre des travaux d'intérêt général.**

(Al. mod., L. n° 2016-731, 3 juin 2016) **La peine de travail d'intérêt général ne peut être prononcée contre le prévenu qui la refuse ou qui n'est pas présent à l'audience. Le président du tribunal, avant le prononcé du jugement, informe le prévenu de son droit de refuser l'accomplissement d'un travail d'intérêt général et reçoit sa réponse.**

La peine de travail d'intérêt général peut être prononcée lorsque le prévenu, absent à l'audience, a fait connaître par écrit son accord et qu'il est représenté par son avocat.

Voir : Art. 131-22 s., p. 106 ; Art. R. 131-12 s., p. 637 ; Art. 434-42, p. 569.

1) Une peine de travail d'intérêt général ne peut, en application de l'article 43-3-1 du Code pénal, être prononcée à l'égard du prévenu qui a été condamné au cours des cinq années précédant les faits, pour crime ou délit de droit commun, soit à une peine criminelle soit à une peine d'emprisonnement sans sursis supérieure à quatre mois (■ Cass. crim., 26 nov. 1986 : *Bull. crim.*, n° 359 ; *Rev. sc. crim.* 1987, 682, obs. Vitu. ■ 15 déc. 1992 : *Bull. crim.*, n° 417 ; *Rev. sc. crim.* 1994, 102, obs. Bouloc ; V. également Durand-Cogos et Puechmaille : *Gaz. Pal.* 1994, n° 36, p. 11).

2) Sous réserve de l'application de l'article 471, alinéa 4 du Code de procédure pénale, qui permet aux juges de prescrire l'exécution provisoire, la condamnation, au titre de l'article 43-3-1 du Code pénal, à l'accomplissement d'un travail d'intérêt général est exécutoire à compter du jour où elle est définitive, ainsi que le prévoit l'article 708 du Code de procédure pénale, et doit être subie dans le délai imparti par la décision de condamnation. Le point de départ de ce délai ne saurait être différé quelle qu'en soit la cause, en raison du retard apporté par le juge de l'application des peines à rendre la décision prévue par l'article R. 61-12 du même code qui ne constitue qu'une modalité d'exécution de la peine prononcée. Si l'article 43-3-1 susvisé, en ses alinéas 3 et 4, autorise le juge de l'application des peines, pour les motifs énoncés par ce texte, à suspendre le cours de ce délai, il ne lui donne pas le pouvoir d'en déterminer le point de départ (■ Cass. crim., 1er mars 1988 : *Bull. crim.*, n° 110).

3) Il résulte des dispositions de l'article 43-3-1 du Code pénal que le délai maximum fixé par le tribunal pour l'accomplissement du travail d'intérêt général est de dix-huit mois. Encourt la cassation l'arrêt qui fixe ce délai à deux ans (■ Cass. crim., 30 mai 1989 : *Bull. crim.*, n° 223).

4) L'obligation d'accomplir le service national constitue un des motifs visés à l'article 43-3-1 du Code pénal permettant la suspension du délai imparti pour exécuter le travail d'intérêt général (■ Paris, 11e Ch. A, 13 avr. 1988 : *JurisData*, n° 1988-024239).

5) Dans le cadre de l'accomplissement d'un travail d'intérêt général, le fait de satisfaire aux obligations du service national ne saurait dispenser un condamné de maintenir avec le comité de probation une relation à laquelle il est soumis (■ Poitiers, 9 juin 1988 : *JurisData*, n° 044502).

Art. 131-8-1 *(L. n° 2007-297, 5 mars 2007)*. **– Lorsqu'un délit est puni d'une peine d'emprisonnement, la juridiction peut prononcer, à la place ou en même temps que la peine d'emprisonnement, la peine de sanction-réparation. Il en est de même lorsqu'un délit est puni à titre de peine principale d'une seule peine d'amende.**

La sanction-réparation consiste dans l'obligation pour le condamné de procéder, dans le délai et selon les modalités fixés par la juridiction, à l'indemnisation du préjudice de la victime.

Avec l'accord de la victime et du prévenu, la réparation peut être exécutée en nature. Elle peut alors consister dans la remise en état d'un bien endommagé à l'occasion de la commission de l'infraction ; cette remise en état est réalisée par le condamné lui-même ou par un professionnel qu'il choisit et dont il rémunère l'intervention.

L'exécution de la réparation est constatée par le procureur de la République ou son délégué.

Lorsqu'elle prononce la peine de sanction-réparation, la juridiction fixe la durée maximum de l'emprisonnement, qui ne peut excéder six mois, ou le montant maximum de l'amende, qui ne peut excéder 15 000 €, dont le juge de l'application des peines pourra ordonner la mise à exécution en tout ou partie dans les conditions prévues par l'article 712-6 du Code de procédure pénale si le condamné ne respecte pas l'obligation de réparation. Si le délit n'est puni que d'une peine d'amende, la juridiction ne fixe que le montant de l'amende, qui ne peut excéder 15 000 €, qui pourra être mis à exécution. Le président de la juridiction en avertit le condamné après le prononcé de la décision.

Voir : art. R. 131-45, p. 642.

Bibliographie : *La loi relative à la prévention de la délinquance et l'exécution des peines : D.* 2007, p. 2174, chr. par M. Herzog-Evans. • *Les peines de peine : Dr. pénal* 2008, étude 9, Ph. Salvage.

Art. 131-9 *(Mod., L. n° 2004-204, 9 mars 2004 ; mod. à compter du 1er act. 2014, L. n° 2014-896, 15 août 2014)*. **– L'emprisonnement ne peut être prononcé cumulativement avec une des peines privatives ou restrictives de droits prévues à l'article 131-6 ni avec la peine de contrainte pénale ou la peine de travail d'intérêt général.**

Lorsqu'elle prononce une ou plusieurs des peines prévues par les articles 131-5-1, 131-6 ou 131-8, la juridiction peut fixer la durée maximum de l'emprisonnement ou le montant maximum de l'amende dont le juge de l'application des peines pourra ordonner la mise à exécution en tout ou partie, dans des conditions prévues par l'article 712-6 du Code de procédure pénale, si le condamné ne respecte pas les obligations ou interdictions résultant de la ou des peines prononcées. Le président de la juridiction en avertit le condamné après le prononcé de la décision. L'emprisonnement ou l'amende que fixe la juridiction ne peuvent excéder les peines encourues pour le délit pour lequel la condamnation est prononcée ni celles prévues par l'article 434-41 du présent code. Lorsqu'il est fait application des dispositions du présent alinéa, les dispositions de l'article 434-41 ne sont alors pas applicables.

La peine de jours-amende ne peut être prononcée cumulativement avec la peine d'amende.

1) Si l'article 131-9, alinéa 1er, interdit le prononcé cumulatif de l'emprisonnement avec une des peines privatives ou restrictives de droits prévues à l'article 131-6, il en va autrement lorsque ces sanctions constituent des peines complémentaires prévues par la loi. Tel est le cas du permis de chasser et la suspension du permis de conduire prononcés cumulativement avec la peine principale d'emprisonnement en répression du délit de chasse dans une réserve commis avec l'usage d'une automobile (■ Cass. crim., 9 nov. 1994 : *JCP* 95, G, IV, 558).

2) V. *infra*, sous article 131-10.

Sous-section 3. – Des peines complémentaires encourues pour certains crimes ou délits

Art. 131-10 *(L. n° 98-468, 17 juin 1998 ; L. n° 2007-297, 5 mars 2007)*. – **Lorsque la loi le prévoit, un crime ou un délit peut être sanctionné d'une ou de plusieurs peines complémentaires qui, frappant les personnes physiques, emportent interdiction, déchéance, incapacité ou retrait d'un droit, injonction de soins ou obligation de faire, immobilisation ou confiscation d'un objet, confiscation d'un animal, fermeture d'un établissement ou affichage de la décision prononcée ou diffusion de celle-ci soit par la presse écrite, soit par tout moyen de communication au public par voie électronique.**

Bibliographie : N. Sempé, *Les sanctions à caractère réel : Gaz. Pal.* 25 mars 1999, doctr. p. 339.

Voir : art. 434-41, p. 569.

1) Si, selon l'article 131-9, alinéa 1er, du Code pénal entré en vigueur le 1er mars 1994, l'emprisonnement ne peut être prononcé cumulativement avec une des peines privatives ou restrictives de droits, dont la suspension du permis de conduire et le retrait du permis de chasser énumérés à l'article 131-6 du même code, lorsque l'une de ces mesures est prononcée à titre de peine principale, il en va autrement, par application de l'article 131-10 dudit code, lorsque ces conditions constituent des peines complémentaires prévues par la loi (■ Cass. crim., 9 nov. 1994 : *Bull. crim.*, n° 356).

2) Encourt la cassation l'arrêt qui, confirmant le jugement ayant prononcé une interdiction professionnelle pendant 5 ans, condamne en outre le prévenu à 3 mois d'emprisonnement, alors que ni l'article L. 376 du Code de la santé publique, ni l'article L. 377-1 du Code de la sécurité sociale ne prévoient le cumul d'une peine d'emprisonnement avec une interdiction professionnelle (■ Cass. crim., 10 mai 2000 : *Bull. crim.*, n° 184 ; *Dr. pénal* 2001, chron. 24 par C. Marsat).

3) Selon les articles 131-9 et 131-10 du Code pénal, l'emprisonnement ne peut être prononcé cumulativement avec une des peines privatives ou restrictive des droits prévues par l'article 131-6 du même code, sauf si la loi le prévoit expressément.

Par ailleurs l'article 313-7 du Code pénal qui édicte les peines complémentaires applicables en cas de condamnation pour escroqueries ne comprend pas la suspension permis de conduire.

A méconnu l'ensemble de ces dispositions, la cour d'appel qui, pour escroquerie, a condamné le prévenu à six mois d'emprisonnement avec sursis, 1 000 euros d'amende et six mois de suspension du permis de conduire (■ Cass. crim., 26 oct. 2004 : *Bull. crim.*, n° 256).

4) Selon les articles 131-9 et 131-10 du Code pénal, les peines privatives ou restrictives de droits, prévues par l'article 131-6, ne peuvent être prononcées cumulativement avec l'emprisonnement, sauf si la loi le prévoit expressément ; tel n'est pas le cas, dans les poursuites du chef de non-assistance à personne en péril, de l'emprisonnement et de l'interdiction d'exercer une activité professionnelle alors que les articles 223-6 et 223-16 du Code pénal ne prévoient pas un tel cumul (■ Cass. crim., 13 avr. 2005 : *Bull. crim.*, n° 133).

5) Les peines complémentaires encourues pour certains crimes ou délits en application des articles 131-10, 131-27 et 131-28 du Code pénal, peuvent, en vertu de l'article 471, alinéa 4, du Code de procédure pénale, être déclarées exécutoires par provision (■ Cass. crim., 2 nov. 2005 : *Bull. crim.*, n° 274).

Art. 131-11 *(L. n° 2004-204, 9 mars 2004)*. – **Lorsqu'un délit est puni d'une ou de plusieurs des peines complémentaires mentionnées à l'article 131-10, la juridiction peut ne prononcer que la peine complémentaire ou l'une ou plusieurs des peines complémentaires encourues à titre de peine principale.**

La juridiction peut alors fixer la durée maximum de l'emprisonnement ou le montant maximum de l'amende dont le juge de l'application des peines pourra ordonner la mise à exécution en tout ou partie, dans des conditions prévues par l'article 712-6 du Code de procédure pénale, en cas de violation par le condamné des

obligations ou interdictions résultant des peines prononcées en application des dispositions du présent article. Le président de la juridiction en avertit le condamné après le prononcé de la décision. L'emprisonnement ou l'amende que fixe la juridiction ne peuvent excéder les peines encourues pour le délit pour lequel la condamnation est prononcée, ni celles prévues par l'article 434-41 du présent code. Lorsqu'il est fait application des dispositions du présent alinéa, les dispositions de l'article 434-41 ne sont pas applicables.

Bibliographie : *JCl. pén., Peines complémentaires applicables aux personnes physiques* par J.-Y. Maréchal.

1) L'article 43-1 possède un champ d'application très large ; il s'étend à tous les délits, même si un emprisonnement n'est pas prévu, pourvu alors que l'amende soit prévue à titre de peine principale et qu'en outre l'auteur encoure une peine complémentaire ou accessoire.

2) Si à l'emprisonnement s'ajoutent l'amende et une autre peine, ou si une autre peine que l'amende s'ajoute à l'emprisonnement, non seulement l'article 43-1 peut jouer, mais encore l'article 43-3 (■ Cass. crim., 1er déc. 1980 : *JCP* 81, IV, 68 ; *Rev. sc. crim.* 1981, 601, obs. Larguier).

3) À l'encontre d'un prévenu du chef d'abandon pécuniaire de famille, parti sans laisser d'adresse et jamais condamné auparavant, il convient d'admettre l'existence de circonstances atténuantes, fussent-elles infimes et de pur principe juridique, et de tirer de l'incivisme et du manque d'esprit de famille du prévenu les conséquences prévues par l'alinéa 4 de l'article 357-2 du Code pénal, soit la privation des droits de l'article 42 du même code, prononcée en l'occurrence à titre de peine principale en vertu de l'article 43-1 du même code (■ Douai, 4e ch., 27 juin 1991, inédit).

4) Les mesures de démolition, de mise en conformité des lieux ou des ouvrages et de réaffectation du sol prévues par l'article L. 480-5 du Code de l'urbanisme, qui peuvent être ordonnées en cas de condamnation pour une infraction prévue par les articles L. 160-1 et L. 480-4 de ce code, sont à la fois des peines et des réparations civiles et ne constituent pas la sanction pénale visée par l'article 43-1 du Code pénal (■ Cass. crim., 31 mai 1988 : *Bull. crim.*, n° 239. ■ 8 juin 1989 : *Bull. crim.*, n° 248. ■ 22 nov. 1990 : *Dr. pénal* 1991, n° 101. – V. aussi obs. Vitu, *in Rev. sc. crim.* 1989, 313 et J.-H. Robert : *Dr. pénal* 1995, chron. 56).

5) La démolition ne peut pas constituer une peine de substitution prononcée à titre principal (■ Cass. crim., 20 mars 2001 : *JurisData* n° 009256 ; *Dr. pénal* 2001, comm. 105, obs. J.-H. Robert).

6) Il résulte de l'article 131-11 du Code pénal que seules les peines complémentaires peuvent être prononcées à titre principal.

Encourt la cassation l'arrêt qui, après avoir déclaré le prévenu coupable de construction sans permis, le condamne à la démolition de l'ouvrage, alors que cette mesure comme celles de mise en conformité des lieux ou des ouvrages ou la réaffectation du sol constituent des mesures à caractère réel destinées à faire cesser une situation illicite, et non des sanctions pénales (■ Cass. crim., 2 oct. 2007 : *Dr. pénal* 2007, comm. 162, obs. J.-H. Robert. ■ 30 oct. 2007 : *Dr. pénal* 2008, comm. 4, 4e espèce, obs. M. Véron).

7) Il résulte de l'article 131-11 du Code pénal que seules les peines complémentaires peuvent être prononcées à titre principal.

La mise en conformité des lieux ou des ouvrages, la démolition de ces derniers ou la réaffectation du sol, prévues par l'article L. 480-5 du Code de l'urbanisme, constituent des mesures à caractère réel destinées à faire cesser une situation illicite, et non des sanctions pénales.

Dès lors, doit être cassé l'arrêt qui prononce une de ces mesures à titre de peine principale (■ Cass. crim., 6 nov. 2012, n° 12-82.449 : *Bull. crim.*, n° 239 ; *Dr. pénal* 2013, comm. 8, obs. J.-H. Robert ; *JCP* 2013, note 144, p. 256, E. Dreyer ; *RDI* 2013, chron. p. 87, note Roujou de Boubée).

Sous-section 4. – Des peines contraventionnelles

Art. 131-12 *(L. n° 2007-297, 5 mars 2007)*. **– Les peines contraventionnelles encourues par les personnes physiques sont :**

1° L'amende ;

2° Les peines privatives ou restrictives de droits prévues à l'article 131-14.

3° La peine de sanction-réparation prévue par l'article 131-15-1.

Ces peines ne sont pas exclusives d'une ou de plusieurs des peines complémentaires prévues aux articles 131-16 et 131-17.

Art. 131-13. – *(Mod., L. n° 2003-495, 12 juin 2003 ; L. n° 2005-47, 26 janv. 2005)* Constituent des contraventions les infractions que la loi punit d'une amende n'excédant pas 3 000 €. Le montant de l'amende est le suivant :

1° 38 € au plus pour les contraventions de la 1re classe ;

2° 150 € au plus pour les contraventions de la 2e classe ;

3° 450 € au plus pour les contraventions de la 3e classe ;

4° 750 € au plus pour les contraventions de la 4e classe ;

5° 1 500 € au plus pour les contraventions de la 5e classe, montant qui peut être porté à 3 000 € en cas de récidive lorsque le règlement le prévoit, hors les cas où la loi prévoit que la récidive de la contravention constitue un délit.

Voir : art. R. 610-4, p. 663.

Bibliographie : *JCl. pén., Peines contraventionnelles applicables aux personnes physiques* par J.-H. Robert.

Art. 131-14. – Pour toutes les contraventions de la 5e classe, une ou plusieurs des peines privatives ou restrictives de droits suivantes peuvent être prononcées :

1° La suspension, pour une durée d'un an au plus, du permis de conduire, cette suspension pouvant être limitée à la conduite en dehors de l'activité professionnelle *(L. n° 2003-495, 12 juin 2003)*, cette limitation n'est toutefois pas possible en cas de contravention pour laquelle la suspension du permis de conduire, encourue à titre de peine complémentaire, ne peut pas être limitée à la conduite en dehors de l'activité professionnelle ;

2° L'immobilisation, pour une durée de six mois au plus, d'un ou de plusieurs véhicules appartenant au condamné ;

3° La confiscation d'une ou de plusieurs armes dont le condamné est propriétaire ou dont il a la libre disposition ;

4° Le retrait du permis de chasser, avec interdiction de solliciter la délivrance d'un nouveau permis pendant un an au plus ;

5° L'interdiction, pour une durée d'un an au plus, d'émettre des chèques autres que ceux qui permettent le retrait de fonds par le tireur auprès du tiré ou ceux qui sont certifiés et d'utiliser des cartes de paiement ;

6° La confiscation de la chose qui a servi ou était destinée à commettre l'infraction ou de la chose qui en est le produit. Toutefois, cette confiscation ne peut pas être prononcée en matière de délit de presse.

Art. 131-15. – La peine d'amende ne peut être prononcée cumulativement avec une des peines privatives ou restrictives de droits énumérées à l'article 131-14.

Les peines privatives ou restrictives de droits énumérées à cet article peuvent être prononcées cumulativement.

Art. 131-15-1 *(L. n° 2007-297, 5 mars 2007)*. – Pour toutes les contraventions de la cinquième classe, la juridiction peut prononcer à la place ou en même temps que la peine d'amende la peine de sanction-réparation selon les modalités prévues par l'article 131-8-1.

Dans ce cas, la juridiction fixe le montant maximum de l'amende, qui ne peut excéder 1 500 €, dont le juge de l'application des peines pourra ordonner la mise à exécution en tout ou partie dans les conditions prévues par l'article 712-6 du Code de procédure pénale si le condamné ne respecte pas l'obligation de réparation.

Voir : art. R. 131-45 p. 642.

Art. 131-16 *(Mod., L. n° 2003-495, 12 juin 2003 ; L. n° 2004-204, 9 mars 2004 ; L. n° 2007-297, 5 mars 2007 ; Ord. n° 2012-1218, 2 nov. 2012 ; L. n° 2016-444, 13 avr. 2016)*. – Le règlement qui réprime une contravention peut prévoir, lorsque le coupable est une personne physique, une ou plusieurs des peines complémentaires suivantes :

1° La suspension, pour une durée de trois ans au plus, du permis de conduire, cette suspension pouvant être limitée à la conduite en dehors de l'activité professionnelle sauf si le règlement exclut expressément cette limitation ;

2° L'interdiction de détenir ou de porter, pour une durée de trois ans au plus, une arme soumise à autorisation ;

3° La confiscation d'une ou de plusieurs armes dont le condamné est propriétaire ou dont il a la libre disposition ;

4° Le retrait du permis de chasser, avec interdiction de solliciter la délivrance d'un nouveau permis pendant trois ans au plus ;

5° La confiscation de la chose qui a servi ou était destinée à commettre l'infraction ou de la chose qui en est le produit ;

6° L'interdiction de conduire certains véhicules terrestres à moteur, y compris ceux pour la conduite desquels le permis de conduire n'est pas exigé, pour une durée de trois ans au plus ;

7° L'obligation d'accomplir, à ses frais, un stage de sensibilisation à la sécurité routière.

8° L'obligation d'accomplir, le cas échéant à ses frais, un stage de citoyenneté.

9° L'obligation d'accomplir, à ses frais, un stage de responsabilité parentale, selon les modalités fixées à l'article 131-35-1 ;

9° *bis* L'obligation d'accomplir, le cas échéant, à ses frais, un stage de sensibilisation à la lutte contre l'achat d'actes sexuels ;

10° La confiscation de l'animal ayant été utilisé pour commettre l'infraction ou à l'encontre duquel l'infraction a été commise ;

11° L'interdiction, pour une durée de trois ans au plus, de détenir un animal.

12° Le retrait pour une durée d'un an au plus des titres de conduite en mer des navires de plaisance à moteur et, à l'encontre de toute personne embarquée sur un navire étranger, l'interdiction pour un an au plus de pratiquer la navigation dans les eaux territoriales ou les eaux intérieures maritimes françaises.

Stage de citoyenneté. Les dispositions de l'article 131-5-1 du Code pénal, qui prévoient, s'agissant d'un délit, que la juridiction peut prescrire à titre de sanction l'accomplissement d'un stage de citoyenneté, sauf si la personne poursuivie refuse cette peine ou si elle n'est pas présente à l'audience, sont applicables également en matière de contravention (C. pén., art. 131-16, 8°). Dès lors, encourt la censure le jugement d'une juridiction de proximité qui, après avoir déclaré la prévenue, représentée à l'audience par un avocat, coupable de la contravention de dissimulation du visage dans l'espace public, la condamne à accomplir un stage de citoyenneté (■ Cass. crim., 5 mars 2013, n° 12-80.891 : *Bull. crim.*, n° 54 ; *Dr. pén.* 2013, comm. 72, obs. M. Véron, et comm. 85, obs. E. Bonis-Garçon). Préc., *supra*, sous l'article 131-5-1 du Code pénal.

Art. 131-17. – **Le règlement qui réprime une contravention de la 5e classe peut en outre prévoir la peine complémentaire d'interdiction, pour une durée de trois ans au plus, d'émettre des chèques autres que ceux qui permettent le retrait de fonds par le tireur auprès du tiré ou ceux qui sont certifiés.**

Le règlement qui réprime une contravention de la 5e classe peut également prévoir, à titre de peine complémentaire, la peine de travail d'intérêt général pour une durée de vingt à cent vingt heures.

Voir : art. 131-22, p. 106, art. 434-42, p. 569 et art. R. 131-12 s., p. 637 (travail d'intérêt général).

Art. 131-18. – **Lorsqu'une contravention est punie d'une ou de plusieurs des peines complémentaires mentionnées aux articles 131-16 et 131-17, la juridiction peut ne prononcer que la peine complémentaire ou l'une ou plusieurs des peines complémentaires encourues.**

Sous-section 5. – Du contenu et des modalités d'application de certaines peines

Art. 131-19. – **L'interdiction d'émettre des chèques emporte pour le condamné injonction d'avoir à restituer au banquier qui les avait délivrées les formules en sa possession et en celle de ses mandataires.**

Lorsque cette interdiction est encourue à titre de peine complémentaire pour un crime ou un délit, elle ne peut excéder une durée de cinq ans.

Bibliographie : *JCl. pén., Interdiction d'émettre des chèques ou d'utiliser des cartes de paiement* par J. Amar.

Art. 131-20. – **L'interdiction d'utiliser des cartes de paiement comporte pour le condamné injonction d'avoir à restituer au banquier qui les avait délivrées les cartes en sa possession et en celle de ses mandataires.**

Lorsque cette interdiction est encourue à titre de peine complémentaire pour un crime ou un délit, elle ne peut excéder une durée de cinq ans.

Art. 131-21 *(Mod., L. n° 2003-495, 12 juin 2003 ; L. n° 2004-204, 9 mars 2004 ; L. n° 2007-297, 5 mars 2007 ; L. n° 2010-768, 9 juill. 2010 ; L. n° 2012-409, 27 mars 2012 ; L. n° 2013-1117, 6 déc. 2013).* **– La peine complémentaire de confiscation est encourue dans les cas prévus par la loi ou le règlement. Elle est également encourue de plein droit pour les crimes et pour les délits punis d'une peine d'emprisonnement d'une durée supérieure à un an, à l'exception des délits de presse.**

La confiscation porte sur tous les biens meubles ou immeubles, quelle qu'en soit la nature, divis ou indivis, ayant servi à commettre l'infraction ou qui étaient destinés à la commettre, et dont le condamné est propriétaire ou, sous réserve des droits du propriétaire de bonne foi, dont il a la libre disposition.

Elle porte également sur tous les biens qui sont l'objet ou le produit direct ou indirect de l'infraction, à l'exception des biens susceptibles de restitution à la victime. Si le produit de l'infraction a été mêlé à des fonds d'origine licite pour l'acquisition d'un ou plusieurs biens, la confiscation peut ne porter sur ces biens qu'à concurrence de la valeur estimée de ce produit.

La confiscation peut en outre porter sur tout bien meuble ou immeuble défini par la loi ou le règlement qui réprime l'infraction.

S'il s'agit d'un crime ou d'un délit puni d'au moins cinq ans d'emprisonnement et ayant procuré un profit direct ou indirect, la confiscation porte également sur les biens meubles ou immeubles, quelle qu'en soit la nature, divis ou indivis, appartenant au condamné ou, sous réserve des droits du propriétaire de bonne foi, dont il a la libre disposition, lorsque ni le condamné, ni le propriétaire, mis en mesure de s'expliquer sur les biens dont la confiscation est envisagée, n'ont pu en justifier l'origine.

Lorsque la loi qui réprime le crime ou le délit le prévoit, la confiscation peut aussi porter sur tout ou partie des biens appartenant au condamné, ou, sous réserve des droits du propriétaire de bonne foi, dont il a la libre disposition, quelle qu'en soit la nature, meubles ou immeubles, divis ou indivis.

La confiscation est obligatoire pour les objets qualifiés de dangereux ou nuisibles par la loi ou le règlement, ou dont la détention est illicite, que ces biens soient ou non la propriété du condamné.

La peine complémentaire de confiscation s'applique dans les mêmes conditions à tous les droits incorporels, quelle qu'en soit la nature, divis ou indivis.

La confiscation peut être ordonnée en valeur. Pour le recouvrement de la somme représentative de la valeur de la chose confisquée, les dispositions relatives à la contrainte judiciaire sont applicables. La confiscation en valeur peut être exécutée sur tous biens, quelle qu'en soit la nature, appartenant au condamné ou, sous réserve des droits du propriétaire de bonne foi, dont il a la libre disposition.

La chose confisquée est, sauf disposition particulière prévoyant sa destruction ou son attribution, dévolue à l'État, mais elle demeure grevée, à concurrence de sa valeur, des droits réels licitement constitués au profit de tiers.

Lorsque la chose confisquée est un véhicule qui n'a pas été saisi ou mis en fourrière au cours de la procédure, le condamné doit, sur l'injonction qui lui en est faite par le ministère public, remettre ce véhicule au service ou à l'organisme chargé de sa destruction ou de son aliénation.

Bibliographie : *JCl. pén., Confiscation* par E. Camous. • Ch. Cutajar, *Commentaire de la loi du 9 juillet 2010 visant à faciliter la saisie et la confiscation en matière pénale : D.* 2010, chron. 2305. • E. Camous, *Commentaire de la même loi : Dr. pén.* 2011, étude 1. • *AJP* 2012, dossier, p. 124, *Les nouvelles saisies pénales.*

1) QPC. L'article 131-21 du Code pénal a été jugé conforme à la Constitution : ▪ Cons. const., n° 2010-66 QPC, 26 nov. 2010 : *D.* 2010, act. 2840. – *Adde* : ▪ Cass. crim., 24 avr. 2013, n° 12-87.473 QPC : *Dr. pén.* 2013, comm. 117, obs. A. Maron et M. Haas.

2) Nature. Peine accessoire ou complémentaire à propos de choses ayant un rapport avec l'infraction, la confiscation spéciale est soumise aux principes de légalité (▪ Cass. crim., 2 janv. 1925 : *S.* 1926, 1, 189. ▪ 10 mars 1993 : *Bull. crim.*, n° 108) et de personnalité des peines (▪ Cass. crim., 6 juin 1850 : *S.* 50, 1, 815).

Les juges ne peuvent prononcer la peine de la confiscation hors les cas où la loi l'ordonne. La confiscation ne peut être prononcée qu'une seule fois par objet de fraude (▪ Cass. crim., 5 juin 1997 : *Bull. crim.*, n° 227). – V. Ann. *Douanes*, sous art. 369.

3) Mais, en raison de son but de sûreté, elle est soustraite aux circonstances atténuantes et peut être prononcée même dans les cas où le délinquant n'est pas propriétaire de l'objet confisqué (▪ Cass. crim., 13 nov. 1931 : *DH* 1932, 7. ▪ 28 mars 1955 : *D.* 1955, 400. ▪ 2 déc. 1970 : *Bull. crim.*, n° 320).

4) Parfois même, la confiscation spéciale n'étant qu'une simple mesure de sûreté ou de police à caractère réel, elle peut être prononcée malgré la relaxe de la personne poursuivie (■ Cass. crim., 12 juill. 1860 : *S.* 60, 1, 1017) ou l'amnistie (■ Cass. crim., 13 févr. 1969 : *Bull. crim.*, n° 75 ; *Rev. sc. crim.* 1970, 854, obs. Légal. ■ 6 nov. 1969 : *JCP* 70, II, 16348, note Delpech), et contre tout détenteur de la chose (■ Cass. crim., 16 déc. 1898 : *S.* 99, 1, 529).

– La mesure de confiscation ordonnée à l'occasion de poursuites correctionnelles et visant l'instrument du délit ou la chose produite par le délit constitue une sanction à caractère réel qui survit à l'extinction de l'action publique (■ Cass. crim., 25 juin 2013, n° 12-80.859 : *Bull. crim.*, n° 150). – Le tiers dont la requête en restitution d'un bien objet d'une mesure de confiscation ordonnée en application de l'article 131-21 du Code pénal a été rejetée par le procureur général dispose d'un recours (effectif) devant la cour d'appel.

Fait une exacte application de l'article précité l'arrêt qui, pour dire n'y avoir lieu à restitution, caractérise l'existence d'un lien entre la somme confisquée et les activités du condamné (■ Cass. crim., 8 janv. 2014, n° 12-88.072).

5) Propriétaire de bonne foi. Selon les dispositions de l'article 131-21 du Code pénal, la confiscation de la chose qui a servi ou était destinée à commettre l'infraction, ou de la chose qui en est le produit, ne peut pas être ordonnée si les objets sont susceptibles de restitution ; il en est ainsi lorsque l'objet appartient à une personne de bonne foi dont le titre de propriété ou de détention est régulier (■ Cass. crim., 13 avr. 1999 : *Bull. crim.*, n° 74).

6) Mais justifie sa décision la chambre de l'instruction qui, pour écarter l'argumentation d'un mis en examen invoquant l'impossibilité de saisir des biens susceptibles de restitution à la victime, retient que cette argumentation ne concerne que la phase de jugement et non celle de l'information judiciaire (■ Cass. crim., 30 oct. 2012, n° 12-84.961 : *Bull. crim.*, n° 229).

7) Les juges apprécient souverainement la bonne foi du propriétaire de l'objet saisi ayant servi à commettre l'infraction ; justifie sa décision la cour d'appel qui décide que n'est pas un propriétaire de bonne foi la SARL dont le véhicule a servi à commettre l'infraction de conduite sans permis, l'auteur de ce délit étant l'unique gérant de la SARL (■ Cass. crim., 15 janv. 2014, n° 13-81.874 : *JCP* 2014, act., n° 130, p. 198).

8) Saisie en application de l'article 710 du Code de procédure pénale d'une requête portant sur une difficulté d'exécution de la mesure de confiscation d'un bien immobilier acquis en commun par deux époux et définitive à l'égard du mari, condamné pénalement, la cour d'appel est tenue de statuer sur la demande de l'épouse, non condamnée, après avoir précisé si celle-ci doit être considérée ou non comme propriétaire de bonne foi de sa part indivise au sens des articles 131-21 et 222-49 du Code pénal (■ Cass. crim., 20 mai 2015, n° 14-817.41).

9) Portée. La saisie des immeubles dont la confiscation est prévue par l'article 131-21 du Code pénal, prescrite par l'article 706-150 du Code de procédure pénale, n'est pas limitée aux biens dont les personnes visées par l'enquête sont propriétaires, mais s'étend à tous les biens qui sont l'objet ou le produit direct ou indirect de l'infraction (■ Cass. crim., 4 sept. 2012, n° 11-87.143 : *AJP* 2013, p. 56, obs. J. Lasserre-Capdeville).

– Sur la nature des biens et sur les conditions de saisie à titre conservation de biens dont le mis en examen a la libre disposition, rappr. ■ Cass. crim., 26 mai 2010 : *Bull. crim.*, n° 94. ■ 9 mai 2012 : *Bull. crim.*, n° 110.

– La confiscation s'étend à tout bien qui est le produit direct ou indirect de l'infraction, peu important que celui-ci ait été acquis pour partie avec des fonds licites (■ Cass. crim., 6 mai 2015, n° 14-87.902 : *Dr. pén.* 2015, comm. 93, obs. M. Véron).

– Un bien susceptible de confiscation par application de l'article 131-21, alinéa 6, du Code pénal peut être saisi même s'il est indivis. Si la personne mise en examen peut invoquer son droit à la vie privée et familiale pour s'opposer à la saisie, c'est à la condition qu'elle fasse état, devant les juges du fond, d'éléments propres à démontrer qu'il y a été porté atteinte. En revanche, elle est sans intérêt à invoquer les droits des autres propriétaires indivis (■ Cass. crim., 15 mars 2017, n° 16-80.801).

10) Le démembrement de propriété d'un bien immeuble, par l'effet d'une donation-partage, qui, au regard des conditions de sa réalisation et de ses modalités, n'a pas privé, effectivement, des attributs inhérents aux droits du propriétaire les personnes mises en examen pour des faits de blanchiment de fraude fiscale, pour lesquels elles encouraient, à la date des faits reprochés, la peine complémentaire de confiscation de tout ou partie de leur patrimoine, ne constitue pas un obstacle à la saisie pénale dudit bien (■ Cass. crim., 31 mai 2017, n° 16-86.872 : *D.* 2017, p. 2138, note J.-L. Lennon).

11) Ne méconnaît pas l'article 131-21 du Code pénal la cour d'appel qui ordonne, à titre de peine complémentaire, la confiscation de la créance figurant sur un contrat d'assurance-vie souscrit par l'auteur d'un abus de faiblesse même si les primes d'assurance sont issues de sommes que la victime lui a remises, dès lors que le droit de créance, dont seul bénéficie le souscripteur en exécution du contrat, n'est pas susceptible de restitution à la victime (■ Cass. crim., 19 avr. 2017, n° 16-80.718).

12) La personnalité morale dont jouit une société civile immobilière ne fait pas obstacle à la saisie par un juge d'instruction de l'actif net résultant d'une vente d'un immeuble de cette société afin de garantir la peine de confiscation à laquelle des associés, qui détiennent de façon indivise 99,55 % de son capital, sont susceptibles d'être condamnés pour des faits de blanchiment dès lors que ces derniers, qui ont le pouvoir de décider de l'affectation de cet actif, en ont la libre disposition, au sens des articles 131-21 du Code pénal et 706-148 du Code de procédure pénale, dans leur rédaction, issue de la loi du 27 mars 2012 (■ Cass. crim., 23 mai 2013, n° 12-87.473 : *Bull. crim.*, n° 113 ; *Bull. inf. C. cass.* 15 nov. 2013, n° 1310, avec communiqué joint ; *JurisData* n° 2013-009704 ; *JCP* 2013, act. n° 677, p. 1167 ; *Dr. pén.* 2013, comm. 117, obs. A. Maron et M. Haas ; *JCP* 2013, note n° 804, p. 1388, Ch. Cutajar ; *D.* 2013, chron., p. 1780, note P. Labrousse ; *Gaz. Pal.* 3-4 juill. 2013, jur., p. 9, note R. Mesa ; *AJP* 2013, p. 482, note L. Ascensi).

13) Il en est de même pour la saisie d'un immeuble appartenant à une société civile immobilière dont les mis en examen, des chefs d'infractions à la législation sur les stupéfiants, association de malfaiteurs, faux, usage, et non justification de ressources, sont les uniques porteurs de part, de sorte qu'ils ont la libre disposition de cet immeuble, le juge d'instruction pouvant, en application de l'alinéa 6 de l'article 131-21 du Code pénal, saisir tous les biens dont les mis en examen ont la libre disposition (■ Cass. crim., 29 janv. 2014, n° 13-80.062 : *D.* 2014, act., p. 373).

14) Caractérise la libre disposition d'un bien, propriété d'une société immobilière, par la personne physique mise en examen du chef de blanchiment, de nature à en permettre la saisie en application des articles 131-21, alinéa 6, et 324-7, 12°, du Code pénal, le recours à l'interposition de cette société entre le mis en examen et son patrimoine immobilier, ainsi qu'à des prête-noms de l'entourage familial pour exercer les fonctions ou les rôles de dirigeant de droit, d'administrateurs et d'associés, joint à une gestion de fait de la société par l'intéressé (■ Cass. crim., 8 nov. 2017, n° 17-82.632).

15) Il résulte de l'article 706-150 du Code de procédure pénale que le juge d'instruction peut, sans recueillir l'avis du ministère public, et sous réserve des droits des propriétaires de bonne foi, saisir les immeubles qui sont l'objet ou le produit, direct ou indirect, de l'infraction.

Fait dès lors une exacte application de cet article la cour d'appel qui, pour confirmer la saisie d'un immeuble par le magistrat instructeur, après avoir constaté que le transfert de la propriété de ce bien, revendiqué par un État étranger tiers à la procédure, n'est pas effectif et que l'immeuble, n'étant pas affecté à la mission diplomatique, ne bénéficie pas de l'immunité prévue à l'article 22 de la Convention de Vienne du 18 avril 1961, relève qu'il est le produit direct de l'infraction de blanchiment poursuivie (■ Cass. crim., 5 mars 2014, n° 13-84.977).

16) L'article 131-21 du Code pénal offre au juge la faculté de prononcer la confiscation d'un bien acquis avec des fonds dont une partie seulement provient de l'infraction.

Justifie en conséquence sa décision la cour d'appel qui ordonne la confiscation d'un bien immobilier acquis au moyen, en majeure partie, d'un prêt dont les mensualités de remboursement ont été essentiellement réglées par les sommes obtenues lors de la commission des délits d'abus de faiblesse et d'escroqueries et, pour une faible partie, de fonds propres d'origine licite (■ Cass. crim., 7 déc. 2016, n° 15-86.897 : *Dr. pén.* 2017, comm. 31, note V. Peltier).

17) Dévolution à l'État. Aux termes de l'article 131-21 du Code pénal, la chose confisquée est, sauf disposition particulière prévoyant sa destruction ou son attribution, dévolue à l'État ; encourt la cassation l'arrêt qui, après avoir ordonné la confiscation de sommes saisies, en prononce l'affectation aux pénalités douanières mises à la charge du prévenu, alors qu'aucun texte n'autorise une telle attribution (■ Cass. crim., 15 mai 1997 : *Bull. crim.*, n° 187).

18) Sur la confiscation obligatoire, facultative ou en valeur, V. ■ Cass. crim., 22 mai 1997 : *Bull. crim.*, n° 199 ; Ann. *Douanes*, sous art. 369.

19) La confiscation des biens ayant servi à commettre l'infraction n'est, sauf disposition contraire, prévue par l'article 131-21 du Code pénal, qu'à titre de simple faculté. Dès lors, ne peut être accueilli le moyen du ministère public pris de ce que la cour d'appel s'est abstenue de prononcer la confiscation d'un véhicule, fût-elle encourue de plein droit pour les crimes et délits punis d'une peine d'emprisonnement supérieure à un an (■ Cass. crim., 27 mai 2015, n° 14-84.086).

20) Prescription. La confiscation portant sur la chose qui est le produit de l'infraction, prévue par l'article 131-21, alinéa 2 du Code pénal, constitue une peine complémentaire soumise aux dispositions de l'article 133-3 dudit code relatives à la prescription des peines. Encourt la censure l'arrêt qui écarte l'exception de prescription de la mesure de confiscation, ordonnée à titre de peine complémentaire par une cour d'appel, portant sur une somme d'argent saisie sur un compte bancaire, sans s'être assurée que la décision avait été transmise, pour exécution, au comptable du Trésor Public, dans le délai de 5 ans à compter de la date à laquelle la décision de condamnation est devenue définitive (■ Cass. crim., 26 juin 2007 : *Bull. crim.*, n° 175).

21) Procédure. Encourt la censure l'arrêt de la chambre de l'instruction qui, pour confirmer la décision du juge d'instruction maintenant la saisie, par des officiers de police judiciaire, de sommes inscrites au crédit de comptes bancaires de personnes mises en examen des chefs d'infractions à la législation sur les stupéfiants et de blanchiment de fraude fiscale, et écarter leur argumentation invoquant l'irrégularité de la mesure conservatoire opérée en l'absence d'**avis préalable du procureur de la République**, retient que le magistrat instructeur n'était pas tenu de solliciter un tel avis au regard des dispositions de l'article 706-153 du Code de procédure pénale, alors que la saisie en cause, effectuée en application des articles 131-21, alinéa 6, et 324-7 12° du Code pénal, constituait en l'espèce, au sens de l'**article 706-148 du Code de procédure pénale**, une saisie de patrimoine requérant un avis de cette nature (■ Cass. crim., 11 juill. 2012, n° 12-82.050).

– Rappr. ■ Cass. crim., 27 nov. 2012, n° 12-85.344 : *AJP* 2013, jur. p. 171, note L. Ascensi.

22) Selon les dispositions de l'article 706-148 du Code de procédure pénale, dans les cas prévus aux cinquième et sixième alinéas de l'article 131-21 du Code pénal, lorsque l'infraction poursuivie est punie d'au moins cinq ans d'emprisonnement et que la saisie de patrimoine est prévue par le texte de répression, le juge d'instruction peut, sur requête du procureur de la République ou d'office après avis du ministère public, ordonner la saisie de tout ou partie des biens de la personne concernée.

Une saisie de cette nature constituant une mesure conservatoire et non une peine au sens de l'article 132-24 du Code pénal, n'encourt pas la censure l'arrêt de la chambre de l'instruction qui, statuant, en application de l'article 706-148 susvisé, dans une procédure suivie des chefs d'infractions à la législation sur les stupéfiants sur l'appel d'un mis en examen contre l'ordonnance du juge d'instruction ayant procédé, sur le fondement de l'article 131-21, alinéa 5, du Code pénal, à la saisie d'un bien immobilier lui appartenant et dont il n'a pu justifier l'origine, décide d'office, par substitution de motifs, l'avis du ministère public ayant été recueilli, qu'il y a lieu à saisie du bien en cause, susceptible de confiscation, sur le fondement de l'article 131-21, alinéa 6, du même code qui dispose que lorsque la loi le prévoit, la confiscation peut porter sur tout ou partie des biens appartenant à l'auteur de l'infraction (■ Cass. crim., 18 sept. 2012, n° 12-82.759).

23) Justifie sa décision la chambre de l'instruction qui, pour confirmer l'ordonnance du juge d'instruction prescrivant le maintien de la saisie de sommes inscrites au crédit du compte bancaire d'une personne mise en examen des chefs, notamment, d'escroqueries et captation frauduleuse de programme télédiffusés cryptés, retient que, d'une part, la **confiscation** des biens ayant servi à commettre ces infractions ou qui en sont le produit direct ou indirect est **encourue à titre de peine complémentaire**, et que, d'autre part, selon l'article 706-154 du Code de procédure pénale, seul applicable en l'espèce, la saisie s'applique indifféremment à l'ensemble des sommes inscrites au crédit du compte au moment de la saisie et ne nécessite pas l'avis préalable du ministère public, dès lors qu'elle ne constitue pas une saisie de patrimoine au sens de l'article 706-148 du Code de procédure pénale (■ Cass. crim., 18 sept. 2012, n° 12-80.662). V. art. 311-14, 4°, p. 404 et art. 313-7, 4°, p. 428 ainsi que L., 30 sept. 1986, art. 79-5, p. 1931 (ann. Médias).

24) L'article 131-21, alinéa 3, du Code pénal offre au juge la faculté de prononcer la confiscation d'un bien acquis avec des fonds dont une partie seulement provient de l'infraction (■ Cass. crim., 7 déc. 2016, n° 15-86.897).

Justifie sa décision la cour d'appel qui, pour ordonner la confiscation d'un immeuble dont le prévenu est propriétaire, retient que ce bien a été financé pour partie par des sommes provenant du produit de l'infraction et, s'agissant de la partie financée avec des fonds licites, apprécie, par des motifs afférents à la situation personnelle du prévenu et à la gravité concrète des faits, la nécessité et la proportionnalité de l'atteinte ainsi portée au droit de propriété et au droit au respect de la vie privée de l'intéressé (■ Cass. crim., 22 mars 2017, n° 16-82.051).

25) Les dispositions de l'article 131-21, alinéa 5, du Code pénal n'exige pas, pour qu'un bien soit susceptible de confiscation, qu'il ait été acquis à l'aide du profit direct ou indirect procuré par l'infraction (■ Cass. crim., 21 mars 2018, n° 16-87.296).

26) Le moyen, qui invoque pour la première fois devant la Cour de cassation le caractère disproportionné de l'atteinte spécifique portée au droit de propriété de l'intéressé, en violation de l'article 1er du Protocole additionnel n° 1 à la Convention européenne des droits de l'homme, par la mesure de confiscation de son véhicule prononcée par le tribunal de police pour la contravention d'excès de vitesse d'au moins 50 km/h, et confirmée par la cour d'appel, est nouveau, mélangé de fait et, comme tel, irrecevable (■ Cass. crim., 13 juin 2017, n° 16-83.201).

27) La saisie d'une créance figurant sur un **contrat d'assurance sur la vie** ne peut qu'entraîner la suspension des facultés de rachat, de renonciation et de nantissement de ce contrat ainsi que l'interdiction de toute acceptation postérieure du bénéfice dudit contrat, l'assureur ne pouvant plus consentir d'avances au contractant.

Encourt en conséquence la cassation l'arrêt qui retient qu'aucune disposition légale n'interdit de procéder, en application de l'article 706-153 du Code de procédure pénale, à la saisie des sommes placées sur des comptes d'assurance sur la vie, dès lors que ces sommes correspondent, au sens de l'article 131-21, alinéa 3, du Code pénal, aux produits directs ou indirects de l'infraction poursuivie (■ Cass. crim., 30 oct. 2012, n° 12-84.961 : *Bull. crim.*, n° 229, préc.).

28) Encourt la censure l'arrêt d'une chambre de l'instruction qui, pour confirmer l'ordonnance du juge d'instruction prescrivant, au visa de l'article 706-154 du Code de procédure pénale, le maintien de la **saisie de sommes inscrites au crédit des comptes bancaires d'une personne mise en examen des chefs d'infractions à la législation sur les stupéfiants** comme étant le produit direct ou indirect des infractions, et pour écarter son argumentation selon laquelle l'origine des fonds saisis était sans rapport avec ces infractions, retient, en substituant ses motifs à ceux du premier juge, que la personne en cause encourt, en application des articles 131-21, alinéa 6, et 222-49, alinéa 2, du Code pénal, la confiscation de ses biens quelle qu'en soit l'origine, alors que la mesure litigieuse constituait une saisie de patrimoine, au sens de l'article 706-148 du Code de procédure pénale, qui nécessitait l'avis préalable du ministère public (■ Cass. crim., 27 nov. 2012, n° 12-85.344 : *Bull. crim.*, n° 259).

29) Motivation de la mesure de confiscation. Il résulte des dispositions des articles 1er du protocole additionnel n° 1 à la Convention européenne des droits de l'homme et des libertés fondamentales, 132-1 et 131-21, alinéa 6, du Code pénal, 485 du Code de procédure pénale, que le juge qui prononce une mesure de confiscation de tout ou partie d'un patrimoine doit motiver sa décision au regard de la gravité des faits, de la personnalité de son auteur et de sa situation personnelle et apprécier le caractère proportionné de l'atteinte portée au droit de propriété de l'intéressé.

Méconnaît ces dispositions la cour d'appel qui justifie le prononcé, à titre de peine complémentaire, d'une mesure de confiscation de la propriété du prévenu qu'elle déclare coupable de faits de blanchiment, par le seul constat de ce que cette peine est adaptée à la nature des faits délictueux commis (■ Cass. crim., 8 mars 2017, n° 15-87.422).

Encourt la censure l'arrêt qui prononce une confiscation sans s'expliquer sur la personnalité du prévenu et sa situation familiale (■ Cass. crim., 21 mars 2018, n° 16-87.296).

30) Action civile. Le préjudice dont se prévaut le propriétaire d'un bien saisi au cours d'une information judiciaire, ne trouvant pas sa source dans les infractions poursuivies, est indirect au sens de l'article 2 du Code de procédure pénale.

Justifie dès lors sa décision la chambre de l'instruction qui déclare irrecevable la constitution de partie civile d'une personne qui allègue comme seul préjudice celui résultant de la saisie du bien dont elle revendique la propriété (■ Cass. crim., 5 mars 2014, n° 13-84.978).

Art. 131-21-1 *(L. n° 2007-297, 5 mars 2007)*. **– Lorsqu'elle est encourue comme peine complémentaire, la confiscation d'un animal ou d'une catégorie d'animal concerne l'animal qui a été utilisé pour commettre ou tenter de commettre l'infraction ou à l'encontre duquel l'infraction a été commise. Elle concerne également les animaux dont le condamné est propriétaire ou dont il a la libre disposition, si ces animaux étaient susceptibles d'être utilisés pour commettre l'infraction ou si l'infraction aurait pu être commise à leur encontre.**

La juridiction qui prononce la confiscation de l'animal prévoit qu'il sera remis à une fondation ou à une association de protection animale reconnue d'utilité publique ou déclarée, qui pourra librement en disposer.

Si l'animal n'a pas été placé en cours de procédure, le condamné doit, sur injonction qui lui est faite par le ministère public, le remettre à l'organisme visé à l'alinéa précédent. Les dispositions du quatrième alinéa de l'article 131-21 sont également applicables.

Lorsque l'animal a été placé en cours de procédure, la juridiction qui ordonne sa confiscation peut mettre les frais de placement à la charge du condamné.

Lorsqu'il s'agit d'un animal dangereux, la juridiction peut ordonner qu'il soit procédé à son euthanasie, le cas échéant aux frais du condamné.

Voir : art. R. 131-50 s., p. 642.

1) **QPC.** Non-lieu à renvoi au Conseil constitutionnel de la question prioritaire visant l'inconstitutionnalité de l'article 131-21-1 du Code pénal s'abstenant de définir l'animal « dangereux », dès lors que l'article 131-21-1 du Code pénal, qui détermine les modalités d'application de la peine complémentaire de confiscation d'un animal, plus particulièrement, lorsqu'il s'agit d'un animal dangereux, son euthanasie, n'est pas un texte d'incrimination, que cette peine n'est ni obligatoire ni automatique et qu'il entre nécessairement dans l'office du juge d'apprécier, au cas par cas, la dangerosité de chaque animal, notamment au regard des dispositions des articles L. 211-11 et L. 211-12 du Code rural, de sorte qu'il n'est porté aucune atteinte aux principes constitutionnels invoqués (■ Cass. crim., 20 nov. 2012, n° 12-82.218 QPC : *Dr. pénal* 2013, comm. 35, obs. M. Véron).

2) Sur les modalités et l'étendue de la confiscation, V. ■ Cass. crim., 10 janv. 2012, n° 11-81.211 : *Dr. pén.* 2012, comm. 50, obs. M. Véron.

3) Sur la confiscation et l'euthanasie de chiens dangereux ayant blessé des personnes : V. ■ Cass. crim., 29 janv. 2013, n° 12-82.2013 : *Dr. pénal* 2013, comm. 69, obs. M. Véron.

Art. 131-21-2 *(L. n° 2007-297, 5 mars 2007).* **– Lorsqu'elle est encourue à titre de peine complémentaire, l'interdiction de détenir un animal peut être limitée à certains animaux ou certaines catégories d'animaux.**

Lorsqu'elle est encourue pour un crime ou un délit, cette interdiction est soit définitive, soit temporaire ; dans ce dernier cas, elle ne peut excéder une durée de cinq ans.

Art. 131-22. – *(Mod., L. n° 2003-495, 12 juin 2003 ; L. n° 2004-204, 9 mars 2004 ; L. n° 2005-1549, 12 déc. 2005 ; L. n° 2009-1436, 24 nov. 2009).* **La juridiction qui prononce la peine de travail d'intérêt général fixe le délai pendant lequel le travail d'intérêt général doit être accompli dans la limite de dix-huit mois. Le délai prend fin dès l'accomplissement de la totalité du travail d'intérêt général ; il peut être suspendu provisoirement pour motif grave d'ordre médical, familial, professionnel ou social. Ce délai est suspendu pendant le temps où le condamné est assigné à résidence avec surveillance électronique, est placé en détention provisoire, exécute une peine privative de liberté ou accomplit les obligations du service national. Toutefois, le travail d'intérêt général peut être exécuté en même temps qu'une assignation à résidence avec surveillance électronique, qu'un placement à l'extérieur, qu'une semi-liberté ou qu'un placement sous surveillance électronique.**

Les modalités d'exécution de l'obligation d'accomplir un travail d'intérêt général et la suspension du délai prévu à l'alinéa précédent sont décidées par le juge de l'application des peines dans le ressort duquel le condamné a sa résidence habituelle ou, s'il n'a pas en France sa résidence habituelle, par le juge de l'application des peines du tribunal qui a statué en première instance.

Lorsque la personne a été condamnée pour un délit prévu par le Code de la route ou sur le fondement des articles 221-6-1, 222-19-1, 222-20-1 et 434-10, elle accompagne de préférence la peine de travail d'intérêt général dans un des établissements spécialisés dans l'accueil des blessés de la route.

Au cours du délai prévu par le présent article, le condamné doit satisfaire aux mesures de contrôle déterminées par l'article 132-55.

Voir : jurispr. sous art. 131-8, p. 95.

Voir : art. 434-42, p. 569 (violation des obligations résultant de la peine d'intérêt général) ; art. R. 131-12 s., p. 637.

Bibliographie : *JCl. pén., Travail d'intérêt général* par E. Bonis-Garçon.

Art. 131-23. **– Le travail d'intérêt général est soumis aux prescriptions législatives et réglementaires relatives au travail de nuit, à l'hygiène, à la sécurité ainsi qu'au travail des femmes et des jeunes travailleurs. Le travail d'intérêt général peut se cumuler avec l'exercice de l'activité professionnelle.**

Art. 131-24. **– L'État répond du dommage ou de la part du dommage qui est causé à autrui par un condamné et qui résulte directement de l'application d'une décision comportant l'obligation d'accomplir un travail d'intérêt général.**

L'État est subrogé de plein droit dans les droits de la victime.

L'action en responsabilité et l'action récursoire sont portées devant les tribunaux de l'ordre judiciaire.

Art. 131-25 *(Mod., L. n° 2004-204, 9 mars 2004 ; mod. à compter du 1er act. 2014, L. n° 2014-896, 15 août 2014).* **– En cas de condamnation à une peine de jours-amende, le montant global est exigible à l'expiration du délai correspondant au nombre de jours-amende prononcés.**

Sous réserve du second alinéa de l'article 747-1-2 du Code de procédure pénale, le défaut total ou partiel du paiement de ce montant entraîne l'incarcération du condamné pour une durée correspondant au nombre de jours-amende impayés. Il est procédé comme en matière de contrainte judiciaire. La détention ainsi subie est soumise au régime des peines d'emprisonnement.

Voir : art. 131-5, p. 93.

Bibliographie : *JCl. pén., jours-amende* par J.-H. Robert.

La peine de jours-amende est une modalité de l'amende et est de même nature que celle-ci (■ Cass. crim., 26 sept. 1990 : *Bull. crim.*, n° 323 ; *Rev. sc. crim.* 1991, 75, obs. Delmas-Saint-Hilaire). Voir également D. Roure : *D.* 1996, chron. 64.

Art. 131-26. – L'interdiction des droits civiques, civils et de famille porte sur :

1° Le droit de vote ;

2° L'éligibilité ;

3° Le droit d'exercer une fonction juridictionnelle ou d'être expert devant une juridiction, de représenter ou d'assister une partie devant la justice ;

4° Le droit de témoigner en justice autrement que pour y faire de simples déclarations ;

5° Le droit d'être tuteur ou curateur ; cette interdiction n'exclut pas le droit, après avis conforme du juge des tutelles, le conseil de famille entendu, d'être tuteur ou curateur de ses propres enfants.

L'interdiction des droits civiques, civils et de famille ne peut excéder une durée de dix ans en cas de condamnation pour crime et une durée de cinq ans en cas de condamnation pour délit.

La juridiction peut prononcer l'interdiction de tout ou partie de ces droits.

L'interdiction du droit de vote ou l'inéligibilité prononcées en application du présent article emportent interdiction ou incapacité d'exercer une fonction publique.

Voir : Art. 131-26-1, p. 108 (inéligibilité d'une personne exerçant une fonction de membre du Gouvernement ou un mandat électif public).

Bibliographie : *JCl. pén., Interdiction des droits civiques, civils et de famille* par X. Pin.

1) Doit être prononcée à la suite d'une délibération commune de la Cour et du jury prise dans les conditions posées par l'article 362 du Code de procédure pénale l'interdiction temporaire des droits énumérés à l'article 131-26 du Code pénal, laquelle constitue une peine complémentaire (■ Cass. crim., 8 févr. 1995 : *Bull. crim.*, n° 58).

2) Aux termes de l'article 112-1 du Code pénal, les dispositions nouvelles s'appliquent aux infractions commises avant leur entrée en vigueur et n'ayant pas donné lieu à une condamnation passée en force de chose jugée lorsqu'elles sont moins sévères que les dispositions anciennes ; tel est le cas de la peine complémentaire facultative de l'interdiction des droits civiques, civils et de famille prévue par l'article 131-26 du même code qui s'est substituée à la dégradation civique, peine accessoire que prévoyait l'article 28 du Code pénal applicable lors des faits (■ Cass. crim., 1er févr. 1995 : *Bull. crim.*, n° 41. ■ 15 oct. 1997 : *Bull. crim.*, n° 336. ■ 21 janv. 1998 : *Bull. crim.*, n° 28).

3) QPC. Non-lieu à renvoi au Conseil constitutionnel de la question prioritaire visant à l'inconstitutionnalité des dispositions de l'article 370 de la loi du 16 décembre 1992, qui ont maintenu l'interdiction des droits civiques résultant d'une condamnation pénale prononcée en dernier ressort avant le 1er mars 1994, car la question ne présente pas, à l'évidence, un caractère sérieux dès lors que, d'une part, les dispositions de droit transitoire prévues par l'article 370 de la loi du 16 décembre 1992, qui ne définit pas une peine, ont pour seul objet de maintenir, postérieurement au 1er mars 1994, les effets de l'incapacité électorale résultant, pour toutes les personnes se trouvant dans cette situation, des condamnations pénales définitives prononcées avant cette date et visées par l'article L. 5 du Code électoral, dans sa rédaction initiale, et que, d'autre part, elles ne privent pas le condamné du droit de solliciter, en application de l'article 702-1 du Code de procédure pénale, le relèvement de cette incapacité, de sorte qu'elles ne portent atteinte à aucun des principes constitutionnels invoqués (■ Cass. crim., 14 nov. 2012, n° 12-85.319 QPC : *Dr. pénal* 2013, comm. 25, obs. J.-H. Robert ; *AJP* 2013, p. 358, note M. Herzog-Evans).

4) QPC. Non-lieu à renvoi au Conseil constitutionnel de la question prioritaire visant les dispositions de l'article 131-26 du Code pénal dès lors que l'interdiction des droits civiques prévue par l'article 131-26 du Code pénal, à laquelle des élus sont susceptibles d'être condamnés, doit être expressément prononcée par le juge, qui a le pouvoir de la moduler, tant dans la durée que dans les effets, en tenant compte des circonstances propres à chaque espèce (■ Cass. crim., 18 sept. 2013, n° 13-81.221 : *Dr. pén.* 2013, comm. 167, obs. M. Véron).

5) L'interdiction du droit de représenter ou d'assister une partie devant la justice, qui n'était pas prévue par l'article 42 ancien du Code pénal, ne peut être prononcée pour des faits antérieurs au 1er mars 1994 (■ Cass. crim., 30 avr. 1996 : *Bull. crim.*, n° 176. ■ 6 juin 1996 : *Bull. crim.*, n° 242. ■ 19 juin 1996 : *Bull. crim.*, n° 265. ■ 30 juin 1999 : *Bull. crim.*, n° 175).

6) La durée de la peine de l'interdiction des droits civiques, civils et de famille doit être précisée (■ Cass. crim., 4 déc. 1996 : *Bull. crim.*, n° 448).

7) Selon l'article 131-26 du Code pénal, l'interdiction des droits civiques, civils et de famille peut être portée à 10 ans en cas de condamnation pour crime ; c'est, dès lors, à bon droit qu'une cour d'assises prononce cette interdiction, pendant 10 ans, contre l'auteur d'un crime, alors même qu'il n'a été condamné qu'à une peine correctionnelle d'emprisonnement (■ Cass. crim., 4 nov. 1998 : *Bull. crim.*, n° 285).

Art. 131-26-1 ***(L. n° 2013-907, 11 oct. 2013).*** **– Dans les cas prévus par la loi et par dérogation au septième alinéa de l'article 131-26, la peine d'inéligibilité mentionnée au 2° du même article peut être prononcée pour une durée de dix ans au plus à l'encontre d'une personne exerçant une fonction de membre du Gouvernement ou un mandat électif public au moment des faits.**

Art. 131-26-2 ***(L. n° 2017-1339, 15 sept. 2017).*** **– I. – Le prononcé de la peine complémentaire d'inéligibilité mentionnée au 2° de l'article 131-26 et à l'article 131-26-1 est obligatoire à l'encontre de toute personne coupable d'un délit mentionné au II du présent article ou d'un crime.**

Cette condamnation est mentionnée au bulletin n° 2 du casier judiciaire prévu à l'article 775 du Code de procédure pénale pendant toute la durée de l'inéligibilité.

II. – Les délits pour lesquels l'inéligibilité est obligatoirement prononcée sont les suivants :

1° Les délits prévus aux articles 222-9, 222-11, 222-12, 222-14, 222-14-1, 222-14-4, 222-15, 222-15-1 et 222-27 à 222-33-2-2 du présent code ;

2° Les délits prévus aux articles 225-1 à 225-2 ;

3° Les délits prévus aux articles 313-1, 313-2 et 314-1 à 314-3, ainsi que leur recel ou leur blanchiment ;

4° Les délits prévus au chapitre Ier du titre II du livre IV ;

5° Les délits prévus aux articles 432-10 à 432-15, 433-1 et 433-2, 434-9, 434-9-1, 434-43-1, 435-1 à 435-10 et 445-1 à 445-2-1, ainsi que leur recel ou leur blanchiment ;

6° Les délits prévus aux articles 441-2 à 441-6, ainsi que leur recel ou leur blanchiment ;

7° Les délits prévus aux articles L. 86 à L. 88-1, L. 91 à L. 104, L. 106 à L. 109, L. 111, L. 113 et L. 116 du Code électoral ;

8° Les délits prévus aux articles 1741 et 1743 du Code général des impôts, lorsqu'ils sont commis en bande organisée ou lorsqu'ils résultent de l'un des comportements mentionnés aux 1° à 5° de l'article L. 228 du Livre des procédures fiscales, ainsi que leur recel ou leur blanchiment ;

9° Les délits prévus aux articles L. 465-1 à L. 465-3-3 du Code monétaire et financier, ainsi que leur recel ou leur blanchiment ;

10° Les délits prévus aux articles L. 241-3 et L. 242-6 du Code de commerce, ainsi que leur recel ou leur blanchiment ;

11° Les délits prévus à l'article L. 113-1 du Code électoral et à l'article 11-5 de la loi n° 88-227 du 11 mars 1988 relative à la transparence financière de la vie politique ;

12° Les délits prévus au I de l'article LO 135-1 du Code électoral et à l'article 26 de la loi n° 2013-907 du 11 octobre 2013 relative à la transparence de la vie publique ;

13° ***[Dispositions déclarées non conformes à la Constitution par la décision n° 2017-752 DC du 8 septembre 2017.]***

14° Le délit de participation à une association de malfaiteurs prévu à l'article 450-1 du présent code, lorsqu'il a pour objet un crime ou un délit mentionné aux 1° à 13° du présent II.

III. – Toutefois, la juridiction peut, par une décision spécialement motivée, décider de ne pas prononcer la peine prévue par le présent article, en considération des circonstances de l'infraction et de la personnalité de son auteur.

V. sur la décision du Conseil constitutionnel du 8 septembre 2017 : *Dr. pén.* 2017, comm. 173, note V. Peltier.

Art. 131-27 ***(Mod., L. n° 2008-776, 4 août 2008 ; L. n° 2013-1117, 6 déc. 2013).*** **– Lorsqu'elle est encourue à titre de peine complémentaire pour un crime ou un délit, l'interdiction d'exercer une fonction publique ou d'exercer une activité professionnelle ou sociale est soit définitive, soit temporaire ; dans ce dernier cas, elle ne peut excéder une durée de cinq ans.**

L'interdiction d'exercer une profession commerciale ou industrielle, de diriger, d'administrer, de gérer ou de contrôler à un titre quelconque, directement ou indirectement, pour son propre compte ou pour le compte d'autrui, une entreprise commerciale ou industrielle ou une société commerciale est soit définitive, soit temporaire : dans ce dernier cas, elle ne peut excéder une durée de quinze ans.

Cette interdiction n'est pas applicable à l'exercice d'un mandat électif ou de responsabilités syndicales. Elle n'est pas non plus applicable en matière de délit de presse.

Voir : Ann. *Banqueroute, infra.*

Voir : art. 434-40, p. 569 et art. 434-40-1, p. 569.

1) QPC. Non-lieu à renvoi au Conseil constitutionnel de la QPC visant l'article 131-27 du Code pénal (■ Cass. crim., 26 janv. 2011, n° 11-82.961).

– Non-lieu à renvoi au Conseil constitutionnel des questions prioritaires visant les dispositions des articles 131-27 et 223-15-3 du Code pénal, en ce que, notamment, elles méconnaîtraient le principe de non-cumul des peines, dès lors que, d'une part, l'article 131-27 du Code pénal ne prévoit pas la possibilité, pour les autorités juridictionnelles, de prononcer une peine d'interdiction d'exercer une profession mais fixe la durée de cette peine susceptible d'être prononcée sur le fondement d'autres textes et, d'autre part, le principe de non-cumul des peines n'est pas applicable au cas de cumul entre sanctions pénales et disciplinaires et le principe de proportionnalité implique seulement que le montant global des sanctions éventuellement prononcées ne dépasse pas le montant maximum de la sanction la plus élevée encourue (■ Cass. crim., 19 juin 2013, n° 12-87.558 : *Dr. pén.* 2013, comm. 167, obs. M. Véron ; *Dr. pén.* 2014, chron. 3, n° 23, note E. Bonis-Garçon). Non-lieu à renvoi de l'alinéa 1 de l'article 131-27 : ■ Cass. crim., 12 juin 2014, n° 13-87.819).

2) L'article 131-27 du Code pénal n'impose nullement au juge répressif l'obligation de fixer la durée de la peine complémentaire d'interdiction d'exercer une activité professionnelle qui, lorsqu'elle est encourue pour un crime ou un délit, est soit définitive, soit limitée à une durée de 5 ans (■ Cass. crim., 6 août 1996 : *Bull. crim.*, n° 302).

3) Aux termes de l'article 112-1, alinéa 3, du Code pénal, les dispositions nouvelles s'appliquent aux infractions commises avant leur entrée en vigueur et n'ayant pas donné lieu à une condamnation passée en force de chose jugée, lorsqu'elles sont moins sévères que les dispositions anciennes. Selon l'article 131-27 du Code pénal, l'interdiction d'exercer une activité professionnelle ou sociale est soit définitive, soit temporaire ; dans ce dernier cas, elle ne peut excéder une durée de 5 ans. Encourt l'annulation l'arrêt d'une cour d'appel qui, pour escroquerie, abus de confiance, faux en écritures de commerce et abus de biens sociaux, condamne un prévenu notamment à 10 ans d'interdiction d'exercer une profession commerciale, en application de l'article 4 de la loi du 30 août 1947 (■ Cass. ass. plén., 22 nov. 2002 : *Bull. inf.* de la *C. cass.* 1er févr. 2003, p. 5 ; rapport Challe et avis F. Frechede ; *Bull. crim.*, n° 2 ; *JCP* 2003, II, 10042, note W. Jeandidier ; *Dr. pénal* 2003, comm. 37, obs. J.-H. Robert).

4) Selon l'article 131-27 du Code pénal, l'interdiction d'exercer une activité professionnelle ou sociale est soit définitive soit temporaire ; dans ce dernier cas, elle ne peut excéder la durée de cinq ans ; encourt dès lors la censure l'arrêt qui, après avoir déclaré le prévenu coupable de banqueroute, le condamne à dix ans d'interdiction de diriger, gérer, administrer, contrôler, directement ou indirectement, toute entreprise commerciale, industrielle, artisanale, agricole et toute personne morale (■ Cass. crim., 8 janv. 2003 : *Bull. crim.*, n° 3 ; *Dr. pénal* 2003, comm. 46 et 47, obs. M. Véron).

5) Justifie sa décision la cour d'appel qui condamne un chauffeur de taxi, reconnu coupable d'aide au séjour irrégulier d'étrangers, à la peine complémentaire d'interdiction d'exercice de sa profession pendant 2 ans, dès lors que l'infraction a été par lui commise dans son activité professionnelle ; une telle mesure ne porte pas atteinte aux droits fondamentaux et au respect de la vie privée et ne constitue pas une peine inhumaine et dégradante (■ Cass. crim., 21 janv. 2004 : *Dr. pénal* 2004, comm. 87, obs. J. H. Robert).

6) La peine complémentaire d'exercer une profession et la sanction disciplinaire de suspension d'activité professionnelle prononcés contre un huissier de justice étant de nature différente, leur cumul ne méconnaît pas le principe « non *bis* in idem » consacré par l'article 4 du protocole additionnel n° 7 de la CEDH (■ Cass. crim., 27 mars 2002 : *JurisData* n° 014213).

7) L'activité de sapeur-pompier volontaire est l'une des activités professionnelles ou sociales dont l'exercice peut, en application des articles 131-10 et 131-27 du Code pénal et selon les distinctions prévues par l'article 131-28 dudit code, faire l'objet d'une interdiction, soit définitive, soit temporaire, à titre de peine complémentaire (■ Cass. crim., 2 nov. 2005 : *Bull. crim.*, n° 274).

8) Sur l'exécution provisoire de la décision, V. *supra*, sous article 131-10 (même arrêt).

9) En prononçant la peine complémentaire d'**interdiction** définitive **de gérer, d'administrer et de diriger toute entreprise commerciale**, artisanale ou toute personne morale, pour sanctionner les délits de faux et d'usage commis par le prévenu, gérant de société, la cour d'appel a fait l'exacte application des dispositions des articles 131-27 et 441-10 du Code pénal relatives à l'interdiction d'exercer l'activité professionnelle dans l'exercice ou à l'occasion de l'exercice de laquelle l'infraction a été commise, qui n'ont pas été modifiées par la loi du 4 août 2008 (■ Cass. crim., 6 mai 2009, pourvoi n° A08-85.201).

10) Pour condamner la prévenue, déclarée coupable d'escroquerie, faux et usage, à cinq ans d'interdiction d'exercer une fonction publique, les juges n'ont pas à relever que les infractions avaient été commises dans l'exercice ou à l'occasion de l'exercice de cette fonction et, en outre, hormis les cas expressément prévus par la loi, les juges ne sont pas tenus de motiver spécialement le choix de la sanction qu'ils appliquent dans les limites légales (■ Cass. crim., 25 juin 2014, n° 13-83.072).

Art. 131-28. – **L'interdiction d'exercer une activité professionnelle ou sociale peut porter soit sur l'activité professionnelle ou sociale dans l'exercice de laquelle ou à l'occasion de laquelle l'infraction a été commise, soit sur toute autre activité professionnelle ou sociale définie par la loi qui réprime l'infraction.**

QPC. Non-lieu à renvoi au Conseil constitutionnel de la QPC visant l'article 131-28 : (■ Cass. crim., 12 juin 2014, n° 13-87.819).

Voir : art. 434-40, p. 569.

Art. 131-29. – **Lorsque l'interdiction d'exercer tout ou partie des droits énumérés à l'article 131-26, ou l'interdiction d'exercer une fonction publique ou une activité professionnelle ou sociale, accompagne une peine privative de liberté sans sursis, elle s'applique dès le commencement de cette peine et son exécution se poursuit, pour la durée fixée par la décision de condamnation, à compter du jour où la privation de liberté a pris fin.**

Voir : art. 434-40, p. 569.

Bibliographie : *JCl. pén., Interdiction d'exercer une fonction publique ou une activité professionnelle ou sociale* par X. Pin actualisé par M. Wagner.

Conformément aux règles qui régissent l'exécution des sentences pénales, le point de départ de l'interdiction des droits civiques, civils et de famille énumérés à l'article 131-26 du Code pénal – s'agissant d'une peine qui, par nature, n'exige aucun acte d'exécution – est nécessairement fixé au jour où la condamnation devient définitive ; toutefois, il résulte de l'article 131-29 du même code :

1° que l'interdiction des droits s'applique pendant la détention de la personne condamnée simultanément à une peine privative de liberté sans sursis, lorsqu'elle est détenue provisoirement à la date à laquelle la décision devient définitive – ou continue de s'appliquer, lorsque l'incarcération n'intervient qu'ultérieurement ;

2° que la durée de cette détention ne s'impute pas sur celle de la peine complémentaire de l'interdiction des droits, telle que prononcée par les juges ; cette dernière disposition, qui peut conduire à ce que la durée effective de l'interdiction des droits excède 10 ou 5 ans, n'est pas applicable à une détention pour autre cause (■ Cass. crim., 29 mars 1995 : *Bull. crim.*, n° 136).

Art. 131-30 *(Mod., L. n° 97-396, 24 avr. 1997 ; L. n° 2003-1119, 26 nov. 2003).* **– Lorsqu'elle est prévue par la loi, la peine d'interdiction du territoire français peut être prononcée, à titre définitif ou pour une durée de dix ans au plus, à l'encontre de tout étranger coupable d'un crime ou d'un délit.**

L'interdiction du territoire entraîne de plein droit la reconduite du condamné à la frontière, le cas échéant, à l'expiration de sa peine d'emprisonnement ou de réclusion.

Lorsque l'interdiction du territoire accompagne une peine privative de liberté sans sursis, son application est suspendue pendant le délai d'exécution de la peine. Elle reprend, pour la durée fixée par la décision de condamnation, à compter du jour où la privation de liberté a pris fin.

L'interdiction du territoire français prononcée en même temps qu'une peine d'emprisonnement ne fait pas obstacle à ce que cette peine fasse l'objet, aux fins de préparation d'une demande en relèvement, de mesures de semi-liberté, de placement à l'extérieur, de placement sous surveillance électronique ou de permissions de sortir.

Voir : C. étrangers, art. L. 541-1 s., p. 1510.

La peine d'interdiction définitive du territoire français ne peut être prescrite, dès lors que cette peine privative de droit n'exige, en application de l'article 131-30, alinéa 2, du Code pénal, aucun acte d'exécution (■ Cass. crim., 7 janv. 2009, pourvoi n° A08-82.892 : *Bull. crim.*, n° 7 ; *AJP* 2009, p. 305, obs. E. Hartmann).

Art. 131-30-1. – *(L. n° 2003-1119, 26 nov. 2003 ; L. n° 2006-911, 24 juill. 2006 ; L. n° 2016-274, 7 mars 2016)* **En matière correctionnelle, le tribunal ne peut prononcer l'interdiction du territoire français que par une décision spécialement motivée au regard de la gravité de l'infraction et de la situation personnelle et familiale de l'étranger lorsqu'est en cause :**

1° Un étranger, ne vivant pas en état de polygamie, qui est père ou mère d'un enfant français mineur résidant en France, à condition qu'il établisse contribuer effectivement à l'entretien et à l'éducation de l'enfant dans les conditions prévues par l'article 371-2 du Code civil depuis la naissance de celui-ci ou depuis au moins un an ;

2° Un étranger marié depuis au moins trois ans avec un conjoint de nationalité française, à condition que ce mariage soit antérieur aux faits ayant entraîné sa condamnation, que la communauté de vie n'ait pas cessé depuis le mariage et que le conjoint ait conservé la nationalité française ;

3° Un étranger qui justifie par tous moyens qu'il réside habituellement en France depuis plus de quinze ans, sauf s'il a été, pendant toute cette période, titulaire d'une carte de séjour temporaire ou pluriannuelle portant la mention « étudiant » ;

4° Un étranger qui réside régulièrement en France depuis plus de dix ans, sauf s'il a été, pendant toute cette période, titulaire d'une carte de séjour temporaire ou pluriannuelle portant la mention « étudiant » ;

5° Un étranger titulaire d'une rente d'accident du travail ou de maladie professionnelle servie par un organisme français et dont le taux d'incapacité permanente est égal ou supérieur à 20 %.

1) QPC. Non-lieu à renvoi au Conseil constitutionnel de l'article 131-30-1 : (■ Cass. crim., 9 avr. 2014, n° 13-85.513).

2) Il appartient au prévenu, qui se prévaut d'une situation susceptible de relever des prévisions des articles 131-30-1 ou 131-30-2 du Code pénal, d'apporter à la juridiction les éléments de nature à lui permettre de s'en assurer. Par suite, la cour d'appel, qui retient qu'un prévenu se prévalant des dispositions de l'article 131-30-1, 4°, du Code pénal ne justifie pas résider régulièrement en France depuis plus de dix ans, n'inverse pas la charge de la preuve de la durée de ce séjour (■ Cass. crim., 31 mars 2015, n° 14-86.584).

Voir : C. étrangers, art. L. 541-1 s., p. 1510.

Art. 131-30-2. – *(L. n° 2003-1119, 26 nov. 2003 ; L. n° 2006-911, 24 juill. 2006)* **La peine d'interdiction du territoire français ne peut être prononcée lorsqu'est en cause :**

1° Un étranger qui justifie par tous moyens résider en France habituellement depuis qu'il a atteint au plus l'âge de treize ans ;

2° Un étranger qui réside régulièrement en France depuis plus de vingt ans ;

3° Un étranger qui réside régulièrement en France depuis plus de dix ans et qui, ne vivant pas en état de polygamie, est marié depuis au moins quatre ans avec un ressortissant français ayant conservé la nationalité française, à condition que ce mariage soit antérieur aux faits ayant entraîné sa condamnation et que la communauté de vie n'ait pas cessé depuis le mariage ou, sous les mêmes conditions, avec un ressortissant étranger relevant du 1° ;

4° Un étranger qui réside régulièrement en France depuis plus de dix ans et qui, ne vivant pas en état de polygamie, est père ou mère d'un enfant français mineur résidant en France, à condition qu'il établisse contribuer effectivement à l'entretien et à l'éducation de l'enfant dans les conditions prévues par l'article 371-2 du Code civil depuis la naissance de celui-ci ou depuis au moins un an ;

5° Un étranger qui réside en France sous couvert du titre de séjour prévu par le 11° de l'article 12 *bis* de l'ordonnance n° 45-2658 du 2 novembre 1945 relative aux conditions d'entrée et de séjour des étrangers en France.

Les dispositions prévues au 3° et au 4° ne sont toutefois pas applicables lorsque les faits à l'origine de la condamnation ont été commis à rencontre du conjoint ou des enfants de l'étranger ou de tout enfant sur lequel il exerce l'autorité parentale.

Les dispositions du présent article ne sont pas applicables aux atteintes aux intérêts fondamentaux de la nation prévus par les chapitres Ier, II et IV du titre I du livre IV et par les articles 413-1 à 413-4, 413-10 et 413-11, ni aux actes de terrorisme prévus par le titre 11 du livre IV, ni aux infractions en matière de groupes de combat et de mouvements dissous prévues par les articles 431-14 à 431-17, ni aux infractions en matière de fausse monnaie prévues aux articles 442-1 à 442-4.

Voir : C. étrangers, art. L. 541-1 s., p. 1510.

Bibliographie : *JCl. pén., Interdiction du territoire français* par I. Harel-Dutirou. • A. Nasri, *Fondement de l'interdiction du territoire* : *Dr. pénal* 2000, chron. 5.

1) Cour d'assises. La délibération et le vote de la cour et du jury, intervenus conformément aux dispositions de l'article 362 du Code de procédure pénale, tiennent lieu de motivation spéciale, pour l'application de la peine d'interdiction du territoire français prise en considération de la gravité de l'infraction, ainsi que le prescrit l'alinéa 3 de l'article 131-30 du Code pénal (■ Cass. crim., 9 oct. 1996 : *Bull. crim.*, n° 353. ■ 18 févr. 2004 : *Bull. crim.*, n° 46).

2) La peine d'interdiction du territoire français peut être prononcée par la cour d'assises contre un accusé, lorsque celui-ci n'a, à aucun moment de l'instruction à l'audience et, notamment, après la lecture de l'arrêt de renvoi lui attribuant une nationalité étrangère, contesté cette nationalité et prétendu être français (■ Cass. crim., 13 nov. 1996 : *Bull. crim.*, n° 403).

3) Un accusé ne peut faire grief à une cour d'assises d'appel d'avoir prononcé la peine complémentaire d'interdiction définitive du territoire français, en application des dispositions de l'article 131-30 du Code pénal, dès lors que cette peine, qui avait été prononcée en première instance, se trouvait nécessairement dans le débat, et qu'il incombait à l'accusé, le cas échéant, de revendiquer le bénéfice de l'article 131-30-2 du même code (■ Cass. crim., 22 juin 2016, n° 15-82.685).

4) Compatibilité avec les règles conventionnelles. Aucune disposition de la Convention de Genève du 28 juillet 1951 ne s'oppose à ce qu'une juridiction répressive puisse la prononcer à l'encontre d'un réfugié condamné pour un crime ou un délit (■ Cass. crim., 26 mars 1997 : *Bull. crim.*, n° 120 ; *Dr. pénal* 1997, comm. 112, obs. J.-H. Robert).

5) Sur la compatibilité de l'alinéa 4 devenu l'alinéa 1 de l'article 131-30-1 avec l'article 8 de la Convention européenne des droits de l'homme, (V. ■ Cass. crim., 6 mai 1997 : *Bull. crim.*, n° 172. ■ 29 févr. 2000 : *Bull. crim.*, n° 95).

6) Office préalable du juge. Il résulte des articles 131-30-1 et 131-30-2 du Code pénal que le juge répressif ne peut prononcer la peine d'interdiction du territoire sans que le prévenu, présent ou représenté à l'audience, ait pu faire valoir ses observations sur sa situation au regard des dispositions desdits articles.

Encourt la cassation l'arrêt dont il ne résulte d'aucune mention que le prévenu, présent à l'audience, a pu présenter ses observations sur sa situation au regard des articles 131-30-1 et 131-30-2 du Code pénal, avant d'être condamné à une peine d'interdiction définitive du territoire, la Cour de cassation n'étant pas en mesure de s'assurer de la légalité de la décision rendue (■ Cass. crim., 11 juin 2008, pourvoi n° 07-83.024 : *Bull. crim.*, n° 147).

– Il en est de même si l'avocat qui représentait les prévenus à l'audience n'a pas été mis en mesure de présenter des observations sur leur situation au regard des articles susvisés (■ Cass. crim., 4 janv. 2011 : *Dr. pén.* 2011, comm. 48, obs. M. Véron).

7) Motivation spéciale. Motive spécialement sa décision au regard des dispositions de l'article 131-30 la cour d'appel qui condamne à l'interdiction temporaire du territoire français, en relevant que la gravité de l'infraction justifie la peine prononcée à l'encontre de l'étranger qui ne produit aucun document prouvant l'ancienneté de sa présence en France et soutient être père de deux enfants nés en France, de son union avec une étrangère, également en situation irrégulière (■ Cass. crim., 4 nov. 1999 : *Bull. crim.*, n° 249). *Adde*, pour une motivation spéciale en matière de trafic de stupéfiants, (■ Cass. crim., 29 févr. 2000 : préc).

8) Encourt la cassation l'arrêt de la cour d'appel qui prononce une peine d'interdiction temporaire du territoire français sans motiver spécialement sa décision, comme le lui en fait obligation l'article 131-30, alinéa 5, au regard de la situation personnelle et familiale de l'intéressé qui faisait valoir qu'il était marié à un conjoint de nationalité française (■ Cass. crim., 12 janv. 2000 : *Bull. crim.*, n° 22).

9) Encourt la censure, l'arrêt de la cour d'appel qui prononce l'interdiction définitive du territoire français à l'encontre d'un étranger, déclaré coupable d'infractions à l'article 222-37 du Code pénal, qui invoquait la durée de sa résidence en France et le fait qu'il est le père d'enfants français, sans motiver le choix de cette peine au regard de sa situation personnelle et familiale (■ Cass. crim., 27 avr. 2000 : *Bull. crim.*, n° 172. ■ 11 janv. 2001 : *JurisData* n° 008441 ; *Dr. pénal* 2001, comm. 59, obs. M. Véron).

10) Encourt la censure, limitée aux peines prononcées, l'arrêt qui, après avoir déclaré les prévenues coupables de racolage, les condamne, chacune, à 5 ans l'interdiction du territoire français sans rechercher si les prévenues ne se trouvaient pas dans l'un des cas prévus par les articles 131-30-1 et 131-30-2 du Code pénal (■ Cass. crim., 4 oct. 2006 : *JurisData* 2006-035739 ; *Dr. pénal* 2007, comm. 17, obs. M. Véron).

11) Relèvement. Le juge saisi d'une requête en relèvement d'interdiction est tenu de motiver sa décision et de répondre aux chefs péremptoires de l'argumentation du requérant. Il doit motiver sa décision au regard de la situation de l'intéressé au jour de la demande (■ Cass. crim., 15 oct. 2003 : *Bull. crim.*, n° 194). Ne donne pas de base légale à sa décision la cour d'appel qui rejette une requête en relèvement de la peine complémentaire d'interdiction définitive du territoire français, sans répondre à l'argumentation du requérant, qui faisait valoir que cette peine complémentaire ne satisfaisait pas, en ce qu'elle méconnaissait le droit au respect de sa vie familiale, aux exigences de l'article 8 de la Convention européenne des droits de l'homme (■ Cass. crim., 28 févr. 2001 : *Bull. crim.*, n° 55).

12) Méconnaît l'article 8 de la Convention européenne des droits de l'homme, une cour d'appel qui, saisie d'une demande de relèvement d'une peine d'interdiction du territoire français par un requérant invoquant le droit au respect de sa vie privée et familiale, ne recherche pas si le maintien de la mesure en cause respecte un juste équilibre entre le droit précité et les impératifs visés à l'article 8 de ladite Convention (■ Cass. crim., 13 mars 2001 : *Bull. crim.* n° 63. ■ 25 mai 2005 : *Bull. crim.*, n° 158).

13) En l'état de la motivation du rejet de la requête en relèvement, d'où il résulte que les juges ont souverainement apprécié qu'il n'y avait pas disproportion entre le respect de la vie privée et familiale de l'intéressé et le but recherché par la mesure d'éloignement, la cour d'appel a justifié sa décision au regard des textes légaux et conventionnels invoqués (■ Cass. crim., 7 janv. 2009 : *Bull. crim.*, n° 7 ; *AJP* 2009, p. 305, obs. E. Hartmann).

14) Justifie sa décision la cour d'appel qui, pour déclarer irrecevable la requête en relèvement de l'interdiction temporaire du territoire français d'un ressortissant étranger faisant valoir qu'il est contraint de résider en France en exécution d'une mesure de contrôle judiciaire, prononce par des motifs d'où il résulte que n'est réalisé aucun des deux seuls cas d'exception prévus par l'article 28 *bis* de l'ordonnance du 2 novembre 1945 (■ Cass. crim., 9 oct. 2002 : *Bull. crim.*, n° 185).

15) Justifie sa décision l'arrêt qui, pour rejeter la requête en relèvement d'interdiction définitive du territoire français, prononce, après avoir rappelé les raisons d'ordre privé et familial invoquées, par des motifs d'où il se déduit que les juges ont, sans insuffisance ni contradiction, souverainement apprécié l'absence de disproportion entre le respect de la vie privée et familiale de l'intéressé et le but recherché par la mesure d'éloignement (■ Cass. crim., 20 févr. 2013, n° 12-83.869).

16) Méconnaît le principe de proportionnalité la cour d'appel qui, par des motifs contradictoires, rejette la requête en relèvement de la peine complémentaire d'interdiction définitive du territoire français, relevant que l'intéressé, ne justifiant pas de démarches pour être admis dans un autre pays, bénéficie d'une assignation à résidence renouvelée tous les six mois, de sorte que le maintien de la mesure d'interdiction définitive du territoire national n'entraîne pas une atteinte à sa vie privée et familiale disproportionnée au regard des impératifs de sûreté publique, de prévention des infractions pénales et de protection de la santé publique (■ Cass. crim., 3 juin 2015, n° 14-86.507 : *Dr. pén.* 2015, comm. 113, obs. J.-H. Robert).

17) Le droit à un recours effectif devant une instance nationale n'est garanti qu'aux personnes qui justifient d'un grief sérieux d'atteinte à un droit reconnu par la Convention européenne des droits de l'homme. Encourt la cassation l'arrêt qui, pour déclarer recevable la requête aux fins de relèvement de la mesure d'interdiction définitive du territoire français, constate que, depuis l'exécution de sa peine privative de liberté, l'intéressé vit et travaille en France depuis six ans ; de tels éléments qui découlaient de la situation irrégulière en France du requérant ne constituaient pas un grief sérieux d'atteinte à un droit protégé par l'article 8, paragraphe I, de la Convention (■ Cass. crim., 13 juin 2007, pourvoi n° 06-80.065).

18) Selon l'article 736 du Code de procédure pénale, les incapacités, interdictions et déchéances résultant d'une condamnation avec sursis cesseront d'avoir effet du jour où, par application de l'article 132-35 du Code pénal, cette condamnation aura été réputée non avenue ; l'interdiction du territoire français ne figurant pas au nombre des exceptions prévues par le premier de ces textes, en méconnaît les dispositions la cour d'appel qui, avant de rejeter une requête en relèvement d'une telle interdiction résultant d'une condamnation non avenue, relève que les effets du non avenu sont limités à la peine principale d'emprisonnement partiellement assortie du sursis et que la peine d'interdiction du territoire français bénéficie d'un régime autonome (■ Cass. crim., 28 oct. 2003 : *Bull. crim.*, n° 206).

19) Lorsque l'interdiction du territoire français est prononcée par la chambre des appels correctionnels, la **chambre de l'application des peines est incompétente** pour statuer sur une requête en relèvement et doit relever d'office son incompétence (■ Cass. crim., 6 nov. 2013, n° 12-83.529 : *Bull. crim.*, n° 222).

20) Application dans le temps. Aux termes de l'article 112-1 du Code pénal, les dispositions nouvelles s'appliquent aux infractions commises avant leur entrée en vigueur et n'ayant pas donné lieu à une condamnation passée en force de chose jugée lorsqu'elles sont moins sévères que les dispositions anciennes. Tel est le cas de l'article 131-30-2 du même code qui édicté que la peine d'interdiction du territoire ne peut être prononcée dans cinq cas énumérés par ce texte, et, notamment, lorsque est en cause un étranger qui réside sous couvert d'un titre de séjour prévu par le 11° de l'article 12 *bis* de l'ordonnance du 2 novembre 1945. Doit, dès lors, être annulé l'arrêt rendu postérieurement à l'entrée en vigueur de ce texte, et doit être ordonné un nouvel examen de l'affaire, lorsque l'étranger concerné allègue être titulaire d'un tel titre de séjour (■ Cass. crim., 5 janv. 2004 : *Bull. crim.*, n° 3, *Act. jur.* 2004, p. 111, obs. J. Lebois-Harre).

21) Cour d'appel. Pour prononcer une peine complémentaire d'interdiction du territoire français qui n'a pas été ordonnée par les juges du premier degré la cour d'appel doit spécialement motiver sa décision en vérifiant au préalable que le prévenu n'entre pas dans l'une des catégories de personnes visées aux articles 131-30-1 et 131-30-2 du Code pénal. En l'absence de cette vérification et de toute motivation spécifique, l'arrêt encourt la censure pour insuffisance de motifs (■ Cass. crim., 15 mars 2006 : *Bull. crim.*, n° 82 ; *Gaz. Pal.* 25-26 oct. 2006, jurispr. p. 2, note Y. Monnet).

22) Mais le demandeur ne saurait se faire grief de ce que la cour d'appel ait prononcé, sur les réquisitions du procureur général et pour la première fois en cause d'appel, la peine complémentaire d'interdiction du territoire français, dès lors qu'il s'est abstenu de se prévaloir d'une situation prévue par les articles 131-30-1 ou 131-30-2 du Code pénal (■ Cass. crim., 29 mars 2007 : *Bull. crim.*, n° 97 ; *Dr. pénal* 2007, comm. 81, obs. M. Véron).

23) De même, le demandeur ne saurait se faire un grief de ce que, sans s'en expliquer spécialement, la cour d'appel ait confirmé la peine complémentaire d'interdiction du territoire français qui avait été prononcée par les premiers juges, dès lors qu'il s'est abstenu de se prévaloir d'une situation susceptible de relever des prévisions des articles 131-30-1 ou 130-30-2 du Code pénal (■ Cass. crim., 29 mars 2007 : *Bull. crim.*, n° 98 ; *Dr. pénal* 2007, comm. 81, obs. M. Véron).

24) À rapprocher de crim., 11 juin 2008, n° 07-83.024, préc. et 4 janv. 2011, n° 09-84.930, préc., V° *office préalable du juge*.

25) Ne justifie pas sa décision la cour d'appel qui, pour prononcer une peine de dix ans d'interdiction du territoire français énonce que la requérante n'est pas en possession d'un titre de séjour délivré « au regard de son état de santé » et que son pays d'origine offre la possibilité de soins nécessaires à une bonne prise en charge de sa maladie par un personnel compétent, sans rechercher si la situation de la prévenue entrait dans les prévisions des articles 131-30-2-5° du Code pénal et L. 313-11, 11° du Code de l'entrée et du séjour des étrangers et du droit d'asile et alors que l'appréciation de la gravité de cet état de santé et des soins qu'il exigeait relevait de la compétence exclusive du préfet saisi de la demande de renouvellement du titre (■ Cass. crim., 26 juin 2013, n° 13-80.594 : *Bull. crim.*, n° 168 ; *Dr. pén.* 2013, comm. 142, obs. J.-H. Robert).

Art. 131-31. – **La peine d'interdiction de séjour emporte défense de paraître dans certains lieux déterminés par la juridiction. Elle comporte, en outre, des mesures de surveillance et d'assistance. La liste des lieux interdits ainsi que les mesures de surveillance et d'assistance peuvent être modifiées par le juge de l'application des peines, dans les conditions fixées par le Code de procédure pénale.**

L'interdiction de séjour ne peut excéder une durée de dix ans en cas de condamnation pour crime et une durée de cinq ans en cas de condamnation pour délit.

Voir : C. étrangers, art. L. 541-1 s., p. 1510 ; art. 434-38, p. 568 (violation de la peine).

Bibliographie : *JCl. pén., Interdiction de séjour* par J.-L. Lennon • M.-H. Renaut, *Les avatars de l'interdiction de séjour : Rev. sc. crim.* 2001, p. 307. • L. Griffon-Yarza, *De l'exécution des interdictions de séjour et de paraître : Dr. pén.* 2015, étude 23.

1) L'interdiction de séjour est une peine complémentaire facultative, sauf exceptions (V. C. pén., art. 101, al. 5, art. 213, où elle devient peine principale facultative lorsque la peine faisant normalement fonction de peine principale est touchée par une excuse absolutoire ; V. aussi C. pén., art. 45, al. 2).

2) La peine d'interdiction de séjour est prescriptible, tant en matière criminelle qu'en matière correctionnelle (■ Cass. crim., 2 févr. 1983 : *Bull. crim.*, n° 44 ; *D.* 1983, 534, note J.M.R. ; *Rev. sc. crim.* 1984, n° 301, obs. Larguier. ■ 16 nov. 1983 : *Bull. crim.*, n° 302).

3) N'est pas contraire à la Convention de Genève la mesure d'interdiction de séjour prononcée à l'encontre de prévenus bénéficiant du statut de réfugié politique. En effet, il s'agit d'une peine complémentaire qui peut être appliquée à tous les condamnés, indépendamment de leur nationalité, limitée à certains départements, et qui n'exclut pas ceux qui en sont l'objet du territoire français (■ Paris, 10e Ch., 8 juill. 1988 : *JurisData*, n° 025349).

4) Aux termes de l'article 44 du Code pénal, la durée de l'interdiction de séjour en matière correctionnelle est de 2 à 5 ans. Doit donc être annulée la décision qui, pour vol avec violences et coups ou violences volontaires avec arme, condamne un prévenu à 10 ans de cette peine (■ Cass. crim., 27 juin 1989 : *Bull. crim.*, n° 274).

5) La peine complémentaire de l'interdiction de séjour n'est pas encourue par l'auteur d'une escroquerie. Doivent être annulées, par voie de retranchement et sans renvoi, en raison de l'absence d'indivisibilité entre la peine principale et la peine complémentaire, les dispositions d'un arrêt qui prononcent l'interdiction de séjour alors qu'elle n'est pas prévue par la loi (■ Cass. crim., 5 févr. 1990 : *Bull. crim.*, n° 63).

6) Il résulte de l'article 337 de la loi du 16 décembre 1992 qu'il appartient au juge de l'application des peines de fixer les modalités d'exécution des peines d'interdiction de séjour prononcées avant le 1er mars 1994, date d'entrée en vigueur de l'article 131-31 du Code pénal, selon lequel la liste des lieux interdits doit désormais être déterminée par la juridiction qui statue ; dès lors, n'encourt pas l'annulation l'arrêt d'une cour d'assises qui, à la date à laquelle elle a condamné un accusé à une peine d'interdiction de séjour, n'avait pas à fixer elle-même la liste des lieux interdits (■ Cass. crim., 8 juin 1994 : *Bull. crim.*, n° 230).

7) En matière criminelle, l'article 131-31 relatif au contenu et aux modalités d'application de la peine d'interdiction de séjour ne comporte pas l'exigence d'une décision spéciale et motivée (■ Cass. crim., 8 févr. 1995 : *Bull. crim.*, n° 59).

Art. 131-32. – **Lorsque l'interdiction de séjour accompagne une peine privative de liberté sans sursis, elle s'applique dès le commencement de cette peine et son exécution se poursuit, pour la durée fixée par la décision de condamnation, à compter du jour où la privation de liberté a pris fin.**

Toute détention intervenue au cours de l'interdiction de séjour s'impute sur la durée de celle-ci.

Sous réserve de l'application de l'article 763 du Code de procédure pénale, l'interdiction de séjour cesse de plein droit lorsque le condamné atteint l'âge de soixante-cinq ans.

Voir : C. étrangers, art. L. 541-1 s., p. 1510.

1) Conformément aux règles qui régissent l'exécution des sanctions pénales, le point de départ de l'interdiction de séjour prononcée par application de l'article 131-31 du Code pénal –

s'agissant d'une peine qui n'exige aucun acte d'exécution dès lors que la juridiction qui la prononce précise les lieux dans lesquels il est fait défense de paraître ainsi que les mesures de surveillance et d'assistance, si elle les ordonne – est nécessairement fixé au jour où la condamnation devient définitive ; toutefois, il résulte de l'article 131-32 du même code :

– que l'interdiction de séjour s'applique pendant la détention de la personne condamnée simultanément à une peine privative de liberté sans sursis, lorsqu'elle est détenue provisoirement à la date à laquelle la décision devient définitive – ou continue de s'appliquer, lorsque l'incarcération n'intervient qu'ultérieurement – au cas, notamment, où serait accordée une permission de sortir et sous réserve des dispositions des articles 762-1 à 762-5 du Code de procédure pénale ;

– que la durée de cette détention ne s'impute pas sur celle de la peine complémentaire de l'interdiction de séjour, telle que prononcée par les juges. Cette dernière disposition, qui peut conduire à ce que la durée effective de l'interdiction excède 10 ou 5 ans, n'est pas applicable à une détention pour autre cause (■ Cass. crim., 29 mars 1995 : *Bull. crim.*, n° 135).

2) Il se déduit de l'article 131-32 que l'interdiction de séjour ne peut être prononcée lorsque le condamné a atteint l'âge de 65 ans (■ Cass. crim., 17 janv. 1996 : *Bull. crim.*, n° 31).

Art. 131-33. – La peine de fermeture d'un établissement emporte l'interdiction d'exercer dans celui-ci l'activité à l'occasion de laquelle l'infraction a été commise.

Voir : art. 434-41, p. 569.

Une société, propriétaire d'un débit de boissons, ne saurait, pour remettre en cause la fermeture définitive de l'établissement, se prévaloir d'un changement de gérant survenu postérieurement à la constatation de l'infraction (■ Cass. crim., 7 oct. 2003 : *JurisData* n° 020934 ; *Dr. pén.* 2004, comm. 7, note J.-H. Robert).

Art. 131-34. – La peine d'exclusion des marchés publics emporte l'interdiction de participer, directement ou indirectement, à tout marché conclu par l'État et ses établissements publics, les collectivités territoriales, leurs groupements et leurs établissements publics, ainsi que par les entreprises concédées ou contrôlées par l'État ou par les collectivités territoriales ou leurs groupements.

Voir : art. 434-41, p. 569.

Bibliographie : *JCl. pén., Fermeture d'établissement, exclusion des marchés publics* par X. Pin.

Art. 131-35 ***(Mod., L. n° 2004-575, 21 juin 2004 ; L. n° 2011-525, 17 mai 2011).*** **– La peine d'affichage de la décision prononcée ou de diffusion de celle-ci est à la charge du condamné. Les frais d'affichage ou de diffusion recouvrés contre ce dernier ne peuvent toutefois excéder le maximum de l'amende encourue.**

La juridiction peut ordonner l'affichage ou la diffusion de l'intégralité ou d'une partie de la décision, ou d'un communiqué informant le public des motifs et du dispositif de celle-ci. Elle détermine, le cas échéant, les extraits de la décision et les termes du communiqué qui devront être affichés ou diffusés.

L'affichage ou la diffusion de la décision ou du communiqué ne peut comporter l'identité de la victime qu'avec son accord ou celui de son représentant légal ou de ses ayants droit.

La peine d'affichage s'exécute dans les lieux et pour la durée indiqués par la juridiction ; sauf disposition contraire de la loi qui réprime l'infraction, l'affichage ne peut excéder deux mois. En cas de suppression, dissimulation ou lacération des affiches apposées, il est de nouveau procédé à l'affichage aux frais de la personne reconnue coupable de ces faits.

La diffusion de la décision est faite par le *Journal officiel* de la République française, par une ou plusieurs autres publications de presse, ou par un ou plusieurs services de communication au public par voie électronique. Les publications ou les services de communication au public par voie électronique chargés de cette diffusion sont désignés par la juridiction. Ils ne peuvent s'opposer à cette diffusion.

L'affichage et la diffusion peuvent être ordonnés cumulativement.

Voir : art. 434-39, p. 569.

Bibliographie : *JCl. pén., Affichage ou diffusion de la décision* par D. Thomas.

1) L'affichage et la publication d'une décision de justice constituent des sanctions pénales étrangères aux prévisions des articles 3 et 8, § 1er de la Convention européenne des droits de l'homme (■ Cass. crim., 26 mars 1990 : *Bull. crim.*, n° 131).

2) Lorsque l'affichage est ordonné à titre de **peine complémentaire**, la durée de cet affichage doit être précisée par les juges, dans la limite de deux mois sauf disposition contraire de la loi (■ Cass. crim., 16 févr. 1993 : *Bull. crim.*, n° 75 ; *Rev. sc. crim.* 1994, 103, obs. Bouloc. ■ 20 juin 2006 : *Bull. crim.*, n° 188).

3) Les juridictions répressives ne peuvent ordonner la publication et l'affichage de leurs décisions à titre de peines qu'en vertu d'une disposition formelle de la loi ; encourt dès lors la cassation l'arrêt qui, dans des poursuites exercées pour diffamation publique envers un citoyen chargé d'un mandat public, ordonne l'affichage et la publication à titre de peines complémentaires, alors que ces mesures ne sont pas prescrites par la loi sur la liberté de la presse pour les faits retenus à l'encontre du prévenu (■ Cass. crim., 24 janv. 1995 : *Bull. crim.*, n° 33).

4) Selon l'article 111-3, alinéa 2, du Code pénal, nul ne peut être puni d'une peine qui n'est pas prévue par la loi ; encourt en conséquence la cassation l'arrêt qui, après condamnation d'une personne morale pour le délit de blessures involontaires prévu par l'article 222-20 du Code pénal, ordonne l'affichage et la publication de la décision, alors que l'article 222-21 du même code ne permet de prononcer que l'une ou l'autre de ces peines complémentaires, dans les conditions prévues par l'article 131-35 du Code pénal (ancienne rédaction) (■ Cass. crim., 12 juin 2007 : *Bull. crim.*, n° 156).

5) Les frais de publication et d'affichage d'une décision judiciaire, peine complémentaire définie par l'article 131-35 ne sont pas des frais de justice criminelle, correctionnelle ou de police au sens des articles 800 et R. 92 du Code de procédure pénale ; ils échappent donc à l'application de l'article 800-1 dudit code et ne peuvent être mis à la charge du Trésor (■ Cass. crim., 12 oct. 1995 : *Bull. crim.*, n° 306).

6) L'omission, par une juridiction répressive, de déterminer les extraits d'un jugement ou arrêt de condamnation dont l'affichage est ordonné, en application de l'article 131-35, alinéa 2, du Code pénal, relève du contentieux de l'exécution prévu par les articles 710 et 711 du Code de procédure pénale (■ Cass. crim., 3 avr. 1996 : *Bull. crim.*, n° 152).

7) La publication de presse, instrument de la peine de diffusion prévue à l'article 131-35 du Code pénal, s'entend, conformément à l'article 1er de la loi du 1er août 1986 portant réforme du régime juridique de la presse, comme tout service utilisant un mode écrit de diffusion de la pensée mis à la disposition du public en général ou de catégories de publics et paraissant à intervalles réguliers (■ Cass. crim., 6 mars 2001 : *Bull. crim.*, n° 57 ; *Dr. pénal* 2001, comm. 3, obs. J.-H Robert).

8) La publication de presse désignée par la juridiction pénale ne peut s'opposer à la diffusion de la décision ordonnée à titre de peine en application de l'article 131-35 du Code pénal (■ Cass. crim., 6 mars 2001, préc.).

9) La juridiction qui ordonne la publication et l'affichage de la décision aux frais du condamné, n'a pas à en fixer le coût, lequel ne doit toutefois pas excéder le maximum de l'amende encourue (■ Cass. crim., 10 sept. 2003 : *Bull. crim.*, n° 157 ; *Dr. pénal* 2003, comm. 126, obs. M. Véron).

10) Pour fixer le coût de la publication ordonnée à titre de **réparation civile**, il n'était pas interdit à la cour d'appel, dès lors que les parties civiles n'avaient pas elles-mêmes chiffré ce coût, de faire référence au maximum prévu par l'article 131-35 du Code pénal (■ Cass. crim., 13 janv. 2009 : *Dr. pénal*2009, comm. 51, obs. J.-H. Robert).

11) Les juges qui ordonnent, à la demande de la partie civile, la publication de la décision de condamnation sont tenus d'en préciser le coût maximum (■ Cass. crim., 28 jan. 2009 : *Dr. pénal* 2009, comm. 82, obs. J.-H. Robert).

Art. 131-35-1 *(L. n° 2007-297, 5 mars 2007 ; L. n° 2016-444, 13 avr. 2016)*. **– Lorsqu'elle est encourue à titre de peine complémentaire, l'obligation d'accomplir un stage de sensibilisation à la sécurité routière, un stage de sensibilisation aux dangers de l'usage de produits stupéfiants, un stage de sensibilisation à la lutte contre l'achat d'actes sexuels ou un stage de responsabilité parentale est exécutée dans un délai de six mois à compter de la date à laquelle la condamnation est définitive.**

La juridiction précise si le stage est exécuté aux frais du condamné. Le stage de sensibilisation à la sécurité routière est toujours exécuté aux frais du condamné.

L'accomplissement du stage donne lieu à la remise au condamné d'une attestation que celui-ci adresse au procureur de la République.

Voir : art. R. 131-11-1, p. 637, art. R. 132-45, p. 644 et C. route art. R. 223-5 s., p. 1038 (stage de sensibilisation à la sécurité routière).

art. R. 131-46 s., p. 642 (stage de sensibilisation aux dangers de l'usage de produits stupéfiants).
art. R. 131-48 s., p. 642 (stage de responsabilité parentale).

Voir : *JCl. pén., Stage de sensibilisation à la sécurité routière*, par X. Pin.

Art. 131-35-2 *(L. n° 2016-731, 3 juin 2016).* **– Lorsqu'une peine consiste dans l'obligation d'accomplir un stage, la durée de celui-ci ne peut excéder un mois et son coût, s'il est à la charge du condamné, ne peut excéder le montant de l'amende encourue pour les contraventions de la troisième classe.**

Art. 131-36 *(Mod., L. n° 2007-297, 5 mars 2007).* **– Un décret en Conseil d'État détermine les modalités d'application des dispositions de la présente sous-section.**

Ce décret détermine également les conditions dans lesquelles s'exécutera l'activité des condamnés à la peine de travail d'intérêt général ainsi que la nature des travaux proposés.

Il détermine en outre les conditions dans lesquelles :

1° Le juge de l'application des peines établit, après avis du ministère public et consultation de tout organisme public compétent en matière de prévention de la délinquance, la liste des travaux d'intérêt général susceptibles d'être accomplis dans son ressort ;

2° Le travail d'intérêt général peut, pour les condamnés salariés, se cumuler avec la durée légale du travail ;

3° Sont habilitées les associations mentionnées au premier alinéa de l'article 131-8.

4° Sont désignées les personnes physiques ou morales chargées de participer à la mise en œuvre des stages mentionnés à l'article 131-35-1.

Voir : art. R. 131-12 s., p. 637 (travail d'intérêt général).

Sous-section 6. – Du suivi socio-judiciaire

(L. n° 98-468, 17 juin 1998)

Bibliographie : *JCl. pén.*, Suivi socio-judiciaire par D. Roets. • J. Castaignède, *Le suivi sociojudiciaire applicable aux délinquants sexuels ou la dialectique sanction-traitement : D.* 1999, chron. 23 • P. Couvrat, *Le suivi socio-judiciaire, une peine pas comme les autres : Rev. sc. crim.* 1999, p. 376. • P. Darbeda, *L'injonction de soins et le suivi socio-judiciaire : Rev. sc. crim.* 2001, p. 624. • X. Lameyre, *Pour une éthique des soins pénalement obligés : Rev. sc. crim.* 2001, p. 521. • Ph. Salvage, *La grande délinquance est-elle une maladie ? : Dr. pénal* 2010, Études 3.

Art. 131-36-1 *(Mod., L. n° 2004-204, 9 mars 2004).* **– Dans les cas prévus par la loi, la juridiction de jugement peut ordonner un suivi socio-judiciaire.**

Le suivi socio-judiciaire emporte, pour le condamné, l'obligation de se soumettre, sous le contrôle du juge de l'application des peines et pendant une durée déterminée par la juridiction de jugement, à des mesures de surveillance et d'assistance destinées à prévenir la récidive. La durée du suivi socio-judiciaire ne peut excéder dix ans en cas de condamnation pour délit ou vingt ans en cas de condamnation pour crime. Toutefois, en matière correctionnelle, cette durée peut être portée à vingt ans par décision spécialement motivée de la juridiction de jugement ; lorsqu'il s'agit d'un crime puni de trente ans de réclusion criminelle, cette durée est de trente ans ; lorsqu'il s'agit d'un crime puni de la réclusion criminelle à perpétuité, la cour d'assises peut décider que le suivi socio-judiciaire s'appliquera sans limitation de durée, sous réserve de la possibilité pour le tribunal de l'application des peines de mettre fin à la mesure à l'issue d'un délai de trente ans, selon les modalités prévues par l'article 712-7 du Code de procédure pénale.

La décision de condamnation fixe également la durée maximum de l'emprisonnement encouru par le condamné en cas d'inobservation des obligations qui lui sont imposées. Cet emprisonnement ne peut excéder trois ans en cas de condamnation pour délit et sept ans en cas de condamnation pour crime. Les conditions dans lesquelles le juge de l'application des peines peut ordonner, en tout ou partie, l'exécution de l'emprisonnement sont fixées par le Code de procédure pénale.

Le président de la juridiction, après le prononcé de la décision, avertit le condamné des obligations qui en résultent et des conséquences qu'entraînerait leur inobservation.

Voir : art. 133-16, p. 179 (réhabilitation).

1) La peine complémentaire de suivi socio-judiciaire ne peut être infligée que dans les cas prévus par la loi ; ainsi, elle ne peut être prononcée pour l'infraction de meurtre d'un mineur de quinze ans (■ Cass. crim., 18 févr. 2004 : *Bull. crim.*, n° 47 ; *Rev. sc. crim.* 2004, p. 868, obs. Vermelle), ni pour le crime de violences mortelles en réunion (■ Cass. crim., 2 sept. 2004 : *Bull. crim.*, n° 198).

2) Le visa, dans un arrêt de condamnation, des art. 131-36-1 à 131-36-8 C. pén. suffit à établir que, conformément aux prescriptions de ces textes, une obligation de soins a été imposée au vu d'une expertise médicale et que le président, après le prononcé de la décision, a donné à l'accusé les avertissements prévus aux art. 131-36-1 et 131-36-4 (■ Cass. crim., 16 mars 2005 : *Bull. crim.*, n° 95 ; *D.* 2005, inf. rap. p. 1180).

3) Selon l'article 723-29 du Code de procédure pénale, le placement sous surveillance judiciaire peut être ordonné à l'encontre d'une personne condamnée à une peine privative de liberté d'une durée égale ou supérieure à dix ans pour un crime ou un délit pour lequel le suivi socio-judiciaire est encouru.

Il en est ainsi alors même que le crime ou le délit aurait été commis avant l'entrée en vigueur des dispositions ayant instauré le suivi socio-judiciaire (■ Cass. crim., 21 janv. 2009 : *Bull. crim.*, n° 23 ; *AJP* 2009, p. 124, note M. Herzog-Evans), lesdites dispositions étant compatibles avec l'article 7 de la Convention européenne des droits de l'homme dès que cette mesure de sûreté, limitée à la durée des réductions de la peine, constitue une modalité d'exécution de celle-ci (■ Cass. crim., 1er avr. 2009, pourvoi n° 08-84.367 : *Dr. pénal* 2009, comm. 103, comm. A. Maron et M. Haas).

Art. 131-36-2 *(L. n° 2010-242, 10 mars 2010)*. **– Les mesures de surveillance applicables à la personne condamnée à un suivi socio-judiciaire sont celles prévues à l'article 132-44.**

Le condamné peut aussi être soumis par la décision de condamnation ou par le juge de l'application des peines aux obligations prévues à l'article 132-45.

Art. 131-36-3. – Les mesures d'assistance auxquelles est soumise la personne condamnée à un suivi socio-judiciaire ont pour objet de seconder ses efforts en vue de sa réinsertion sociale.

Art. 131-36-4 *(Mod., L. n° 2007-1198, 10 août 2007)*. **– Sauf décision contraire de la juridiction, la personne condamnée à un suivi socio-judiciaire est soumise à une injonction de soins dans les conditions prévues aux articles L. 3711-1 et suivants du Code de la santé publique, s'il est établi qu'elle est susceptible de faire l'objet d'un traitement, après une expertise médicale ordonnée conformément aux dispositions du Code de procédure pénale. Le président avertit alors le condamné qu'aucun traitement ne pourra être entrepris sans son consentement mais que, s'il refuse les soins qui lui seront proposés, l'emprisonnement prononcé en application du troisième alinéa de l'article 131-36-1 pourra être mis à exécution.**

Lorsque la juridiction de jugement prononce une injonction de soins et que la personne a été également condamnée à une peine privative de liberté non assortie du sursis, le président informe le condamné qu'il aura la possibilité de commencer un traitement pendant l'exécution de cette peine.

Art. 131-36-5. – Lorsque le suivi socio-judiciaire accompagne une peine privative de liberté sans sursis, il s'applique, pour la durée fixée par la décision de condamnation, à compter du jour où la privation de liberté a pris fin.

Le suivi socio-judiciaire est suspendu par toute détention intervenue au cours de son exécution.

L'emprisonnement ordonné en raison de l'inobservation des obligations résultant du suivi socio-judiciaire se cumule, sans possibilité de confusion, avec les peines privatives de liberté prononcées pour des infractions commises pendant l'exécution de la mesure.

Art. 131-36-6. – Le suivi socio-judiciaire ne peut être ordonné en même temps qu'une peine d'emprisonnement assorti, en tout ou partie, du sursis avec mise à l'épreuve.

Art. 131-36-7. – En matière correctionnelle, le suivi socio-judiciaire peut être ordonné comme peine principale.

Art. 131-36-8. – Les modalités d'exécution du suivi socio-judiciaire sont fixées par le titre VII *bis* du livre V du Code de procédure pénale.

Sous-section 7. – Du placement sous surveillance électronique mobile à titre de mesure de sûreté

(L. n° 2005-1549, 12 déc. 2005)

Art. 131-36-9. – **Le suivi socio-judiciaire peut également comprendre, à titre de mesure de sûreté, le placement sous surveillance électronique mobile, conformément aux dispositions de la présente sous-section.**

Art. 131-36-10 *(Mod., L. n° 2011-267, 14 mars 2011)*. – **Le placement sous surveillance électronique mobile ne peut être ordonné qu'à l'encontre d'une personne majeure condamnée à une peine privative de liberté d'une durée égale ou supérieure à sept ans ou, lorsque la personne a été condamnée pour un crime ou un délit commis une nouvelle fois en état de récidive légale, d'une durée égale ou supérieure à cinq ans, et dont une expertise médicale a constaté la dangerosité, lorsque cette mesure apparaît indispensable pour prévenir la récidive à compter du jour où la privation de liberté prend fin.**

Art. 131-36-11 *(Abr., L. n° 2011-939, 10 août 2011)*.

Art. 131-36-12. – **Le placement sous surveillance électronique mobile emporte pour le condamné l'obligation de porter pour une durée de deux ans, renouvelable une fois en matière délictuelle et deux fois en matière criminelle, un émetteur permettant à tout moment de déterminer à distance sa localisation sur l'ensemble du territoire national.**

Le président de la juridiction avertit le condamné que le placement sous surveillance électronique mobile ne pourra être mis en œuvre sans son consentement, mais que, à défaut ou s'il manque à ses obligations, l'emprisonnement prononcé en application du troisième alinéa de l'article 131-36-1 pourra être mis à exécution.

Art. 131-36-12-1 *(L. n° 2010-769, 9 juill. 2010)*. – **Par dérogation aux dispositions de l'article 131-36-10, le placement sous surveillance électronique mobile peut être ordonné à l'encontre d'une personne majeure, dont une expertise médicale a constaté la dangerosité, condamnée à une peine privative de liberté d'une durée égale ou supérieure à cinq ans pour des violences ou des menaces commises :**

1° Soit contre son conjoint, son concubin ou son partenaire lié par un pacte civil de solidarité ;

2° Soit contre ses enfants ou ceux de son conjoint, concubin ou partenaire.

Le présent article est également applicable lorsque les violences ont été commises par l'ancien conjoint ou concubin de la victime, ou par la personne ayant été liée à elle par un pacte civil de solidarité, le domicile concerné étant alors celui de la victime.

Loi n° 2010-769 du 9 juillet 2010

relative aux violences faites spécifiquement aux femmes, aux violences au sein des couples et aux incidences de ces dernières sur les enfants

Art. 6. – [...]

III. – Lorsqu'une personne mise en examen pour un crime ou un délit commis à l'encontre de son conjoint, de son concubin ou de son partenaire lié par un pacte civil de solidarité est placée sous assignation à résidence avec surveillance électronique mobile et qu'une interdiction de rencontrer la victime a été prononcée, cette dernière peut, si elle y consent expressément, se voir proposer l'attribution d'un dispositif de téléprotection lui permettant d'alerter les autorités publiques en cas de violation des obligations imposées au mis en examen ou le port d'un dispositif électronique permettant de signaler à distance que la personne mise en examen se trouve à proximité.

De tels dispositifs peuvent également être proposés à la victime lorsqu'une personne condamnée pour un crime ou un délit commis à l'encontre de son conjoint, de son concubin ou de son partenaire lié par un pacte civil de solidarité est placée sous surveillance électronique mobile dans le cadre d'un suivi socio-judiciaire ou d'une libération conditionnelle et qu'une interdiction de rencontrer la victime a été prononcée.

Ces dispositions sont également applicables lorsque les faits ont été commis par un ancien conjoint ou par un ancien concubin de la victime ou par une personne ayant été liée à cette dernière par un pacte civil de solidarité.

Ces dispositions sont applicables à titre expérimental, pendant une durée de trois ans à compter de la publication de la présente loi, dans des ressorts déterminés par le ministère de la Justice, selon des modalités précisées par arrêté.

Art. 131-36-13. – Les modalités d'exécution du placement sous surveillance électronique mobile sont fixées par le titre VII *ter* du livre V du Code de procédure pénale.

Bibliographie : *JCl. pén., Commentaire de la loi n° 2005-1549 du 12 décembre 2005 relative au traitement de la récidive des infractions pénales* par J.-H. Robert ; *JCl. pén., Placement sous surveillance électronique mobile* par E. Camous.

Section II. – Des peines applicables aux personnes morales

Sous-section 1. – Des peines criminelles et correctionnelles

Art. 131-37 *(Mod., L. n° 2007-297, 5 mars 2007 ; L. n° 2016-1691, 9 déc. 2016)*. – Les peines criminelles ou correctionnelles encourues par les personnes morales sont :

1° L'amende ;

2° Dans les cas prévus par la loi, les peines énumérées à l'article 131-39 et la peine prévue à l'article 131-39-2.

En matière correctionnelle, les personnes morales encourent également la peine de sanction-réparation prévue par l'article 131-39-1.

Bibliographie : *JCl. pén., Peines applicables aux personnes morales* par J.-Y. Maréchal.

Art. 131-38 *(Mod., L. n° 2004-204, 9 mars 2004)*. – Le taux maximum de l'amende applicable aux personnes morales est égal au quintuple de celui prévu pour les personnes physiques par la loi qui réprime l'infraction.

Lorsqu'il s'agit d'un crime pour lequel aucune peine d'amende n'est prévue à rencontre des personnes physiques, l'amende encourue par les personnes morales est de 1 000 000 €.

QPC. Non-lieu à renvoi devant le Conseil constitutionnel de la QPC visant l'article 131-38, alinéa 1er, du Code pénal (■ Cass. crim., 19 avr. 2017, n° 17-90.004 : *Dr. pén.* 2017, comm. 138, note V. Peltier).

Art. 131-39 *(Mod., Ord. n° 2009-80, 22 janv. 2009 ; L. n° 2010-768, 9 juill. 2010)*. – Lorsque la loi le prévoit à l'encontre d'une personne morale, un crime ou un délit peut être sanctionné d'une ou de plusieurs des peines suivantes :

1° La dissolution, lorsque la personne morale a été créée ou, lorsqu'il s'agit d'un crime ou d'un délit puni en ce qui concerne les personnes physiques d'une peine d'emprisonnement supérieure ou égale à trois ans détournée de son objet pour commettre les faits incriminés ;

2° L'interdiction, à titre définitif ou pour une durée de cinq ans au plus, d'exercer directement ou indirectement une ou plusieurs activités professionnelles ou sociales ;

3° Le placement, pour une durée de cinq ans au plus, sous surveillance judiciaire ;

4° La fermeture définitive ou pour une durée de cinq ans au plus des établissements ou de l'un ou de plusieurs des établissements de l'entreprise ayant servi à commettre les faits incriminés ;

5° L'exclusion des marchés publics à titre définitif ou pour une durée de cinq ans au plus ;

6° L'interdiction, à titre définitif ou pour une durée de cinq ans au plus, de procéder à une offre au public de titres financiers ou de faire admettre ses titres financiers aux négociations sur un marché réglementé ;

7° L'interdiction, pour une durée de cinq ans au plus, d'émettre des chèques autres que ceux qui permettent le retrait de fonds par le tireur auprès du tiré ou ceux qui sont certifiés ou d'utiliser des cartes de paiement ;

8° *(L. n° 2010-768, 9 juill. 2010)* La peine de confiscation, dans les conditions et selon les modalités prévues à l'article 131-21 ;

9° L'affichage de la décision prononcée ou la diffusion de celle-ci soit par la presse écrite, soit par tout moyen de communication au public par voie électronique ;

10° La confiscation de l'animal ayant été utilisé pour commettre l'infraction ou à l'encontre duquel l'infraction a été commise ;

11° L'interdiction, à titre définitif ou pour une durée de cinq ans au plus, de détenir un animal ;

12° *(L. n° 2014-790, 10 juill. 2014)* L'interdiction, pour une durée de cinq ans au plus de percevoir toute aide publique attribuée par l'État, les collectivités territoriales, leurs établissements ou leurs groupements ainsi que toute aide financière versée par une personne privée chargée d'une mission de service public.

La peine complémentaire de confiscation est également encourue de plein droit pour les crimes et pour les délits punis d'une peine d'emprisonnement d'une durée supérieure à un an, à l'exception des délits de presse.

Les peines définies aux 1° et 3° ci-dessus ne sont pas applicables aux personnes morales de droit public dont la responsabilité pénale est susceptible d'être engagée. Elles ne sont pas non plus applicables aux partis ou groupements politiques ni aux syndicats professionnels. La peine définie au 1° n'est pas applicable aux institutions représentatives du personnel.

Voir : art. 434-43, p. 570.

1) Encourt la cassation l'arrêt qui prononce l'affichage et la diffusion de la décision alors que l'article 133-39, 9°, du Code pénal, auquel renvoie l'article 223-15-4 du même code, ne prévoit que l'affichage ou la diffusion (▪ Cass. crim., 7 févr. 2006 : *Dr. pénal* 2006, comm. 100, obs. M. Véron).

2) Le prononcé de la peine de dissolution d'une personne morale par les juges relève, dans les limites prévues à l'article 131-39, 1° du Code pénal, d'une faculté qu'ils tiennent de la loi. Le moyen qui, en se fondant sur l'article 8 de la Déclaration des droits de l'homme et du citoyen, tend à en contester la nécessité et la proportionnalité au regard de la gravité des faits de l'espèce, est irrecevable en ce qu'il revient à invoquer l'inconstitutionnalité du texte législatif même (▪ Cass. crim., 16 déc. 2015, n° 14-85.667).

Art. 131-39-1 ***(L. n° 2007-297, 5 mars 2007)*. – En matière délictuelle, la juridiction peut prononcer à la place ou en même temps que l'amende encourue par la personne morale la peine de sanction-réparation selon les modalités prévues par l'article 131-8-1.**

Dans ce cas, la juridiction fixe le montant maximum de l'amende, qui ne peut excéder ni 75 000 € ni l'amende encourue par la personne morale pour le délit considéré, dont le juge de l'application des peines pourra ordonner la mise à exécution en tout ou partie dans les conditions prévues par l'article 712-6 du Code de procédure pénale si le condamné ne respecte pas l'obligation de réparation.

Voir : art. R. 131-45, p. 642.

Art. 131-39-2 ***(L. n° 2016-1691, 9 déc. 2016)*. – I. – Lorsque la loi le prévoit à l'encontre d'une personne morale, un délit peut être sanctionné par l'obligation de se soumettre, sous le contrôle de l'Agence française anticorruption, pour une durée maximale de cinq ans, à un programme de mise en conformité destiné à s'assurer de l'existence et de la mise en œuvre en son sein des mesures et procédures définies au II.**

II. – La peine prévue au I comporte l'obligation de mettre en œuvre les mesures et procédures suivantes :

1° Un code de conduite définissant et illustrant les différents types de comportements à proscrire comme étant susceptibles de caractériser des faits de corruption ou de trafic d'influence ;

2° Un dispositif d'alerte interne destiné à permettre le recueil des signalements émanant d'employés et relatifs à l'existence de conduites ou de situations contraires au code de conduite de la personne morale ;

3° Une cartographie des risques prenant la forme d'une documentation régulièrement actualisée et destinée à identifier, analyser et hiérarchiser les risques d'exposition de la personne morale à des sollicitations externes aux fins de corruption, en fonction notamment des secteurs d'activités et des zones géographiques dans lesquels la personne morale exerce son activité ;

4° Des procédures d'évaluation de la situation de clients, fournisseurs de premier rang et intermédiaires au regard de la cartographie des risques ;

5° Des procédures de contrôles comptables, internes ou externes, destinées à s'assurer que les livres, registres et comptes ne sont pas utilisés pour masquer des faits de corruption ou de trafic d'influence. Ces contrôles peuvent être réalisés soit par les services de contrôle comptable et financier propres à la personne morale, soit en ayant recours à un auditeur externe à l'occasion de l'accomplissement des audits de certification de compte prévus à l'article L. 823-9 du Code de commerce ;

6° Un dispositif de formation destiné aux cadres et aux personnels les plus exposés aux risques de corruption et de trafic d'influence ;

7° Un régime disciplinaire permettant de sanctionner les salariés de la personne morale en cas de violation du code de conduite de la personne morale.

III. – Lorsque le tribunal prononce la peine prévue au I du présent article, les frais occasionnés par le recours par l'Agence française anticorruption à des experts ou à des personnes ou autorités qualifiées pour l'assister dans la réalisation d'analyses juridiques, financières, fiscales et comptables sont supportés par la personne morale condamnée, sans que le montant de ces frais ne puisse excéder le montant de l'amende encourue pour le délit au titre duquel cette peine est prononcée.

Un décret en Conseil d'État précise les règles déontologiques applicables à ces experts et à ces personnes ou autorités qualifiées.

Sous-section 2. – Des peines contraventionnelles

Art. 131-40 *(Mod., L. n° 2007-297, 5 mars 2007)*. – Les peines contraventionnelles encourues par les personnes morales sont :

1° L'amende ;

2° Les peines privatives ou restrictives de droits prévues à l'article 131-42.

3° La peine de sanction-réparation prévue par l'article 131-44-1.

Ces peines ne sont pas exclusives d'une ou de plusieurs des peines complémentaires prévues à l'article 131-43.

Art. 131-41. – Le taux maximum de l'amende applicable aux personnes morales est égal au quintuple de celui prévu pour les personnes physiques par le règlement qui réprime l'infraction.

Art. 131-42. – Pour toutes les contraventions de la 5e classe, la peine d'amende peut être remplacée par une ou plusieurs des peines privatives ou restrictives de droits suivantes :

1° L'interdiction, pour une durée d'un an au plus, d'émettre des chèques autres que ceux qui permettent le retrait de fonds par le tireur auprès du tiré ou ceux qui sont certifiés ou d'utiliser des cartes de paiement ;

2° La confiscation de la chose qui a servi ou était destinée à commettre l'infraction ou de la chose qui en est le produit.

Art. 131-43 *(Mod., L. n° 2007-297, 5 mars 2007)*. – Le règlement qui réprime une contravention peut prévoir, lorsque le coupable est une personne morale, les peines complémentaires mentionnées aux 5°, 10° et 11° de l'article 131-16. Pour les contraventions de la 5e classe, le règlement peut, en outre, prévoir la peine complémentaire mentionnée au premier alinéa de l'article 131-17.

Art. 131-44. – Lorsqu'une contravention est punie d'une ou de plusieurs des peines complémentaires prévues à l'article 131-43, la juridiction peut ne prononcer que la peine complémentaire ou l'une ou plusieurs des peines complémentaires encourues.

Art. 131-44-1 *(L. n° 2007-297, 5 mars 2007)*. – Pour les contraventions de la cinquième classe, la juridiction peut prononcer à la place ou en même temps que l'amende encourue par la personne morale la peine de sanction-réparation selon les modalités prévues par l'article 131-8-1.

Dans ce cas, la juridiction fixe le montant maximum de l'amende, qui ne peut excéder 7 500 €, dont le juge de l'application des peines pourra ordonner la mise à exécution en tout ou partie dans les conditions prévues par l'article 712-6 du Code de procédure pénale si le condamné ne respecte pas l'obligation de réparation.

Sous-section 3. – Du contenu et des modalités d'application de certaines peines

Art. 131-45. – La décision prononçant la dissolution de la personne morale comporte le renvoi de celle-ci devant le tribunal compétent pour procéder à la liquidation.

Art. 131-46. – La décision de placement sous surveillance judiciaire de la personne morale comporte la désignation d'un mandataire de justice dont la juridiction précise la mission. Cette mission ne peut porter que sur l'activité dans l'exercice ou à l'occasion de l'exercice de laquelle l'infraction a été commise. Tous les six mois, au moins, le mandataire de justice rend compte au juge de l'application des peines de l'accomplissement de sa mission.

Au vu de ce compte rendu, le juge de l'application des peines peut saisir la juridiction qui a prononcé le placement sous surveillance judiciaire. Celle-ci peut alors soit prononcer une nouvelle peine, soit relever la personne morale de la mesure de placement.

Voir : art. R. 131-52, p. 643.

Art. 131-47 *(Mod., Ord. n° 2009-80, 22 janv. 2009).* **– L'interdiction de procéder à une offre au public de titres financiers ou de faire admettre ses titres financiers aux négociations sur un marché réglementé emporte prohibition, pour le placement de titres quels qu'ils soient, d'avoir recours tant à des établissements de crédit, établissements financiers ou sociétés de bourse qu'à des procédés quelconques de publicité.**

Art. 131-48. – La peine d'interdiction d'exercer une ou plusieurs activités professionnelles ou sociales emporte les conséquences prévues à l'article 131-28.

La peine de fermeture d'un ou de plusieurs établissements emporte les conséquences prévues à l'article 131-33.

La peine d'exclusion des marchés publics emporte les conséquences prévues à l'article 131-34.

La peine d'interdiction d'émettre des chèques emporte les conséquences prévues au premier alinéa de l'article 131-19.

La peine de confiscation de la chose est prononcée dans les conditions prévues à l'article 131-21.

La peine d'affichage de la décision ou de diffusion de celle-ci est prononcée dans les conditions prévues à l'article 131-35.

Art. 131-49. – Un décret en Conseil d'État détermine les modalités d'application des dispositions des articles 131-45 à 131-47 et fixe les conditions dans lesquelles les représentants du personnel sont avisés de la date d'audience.

CHAPITRE II. – DU RÉGIME DES PEINES

Art. 132-1. – Lorsque la loi ou le règlement réprime une infraction, le régime des peines qui peuvent être prononcées obéit, sauf dispositions législatives contraires, aux règles du présent chapitre.

(Al. créé à compter du 1er oct. 2014, L. n° 2014-896, 15 août 2014) **Toute peine prononcée par la juridiction doit être individualisée.**

(Al. créé à compter du 1er oct. 2014, L. n° 2014-896, 15 août 2014) **Dans les limites fixées par la loi, la juridiction détermine la nature, le quantum et le régime des peines prononcées en fonction des circonstances de l'infraction et de la personnalité de son auteur ainsi que de sa situation matérielle, familiale et sociale, conformément aux finalités et fonctions de la peine énoncées à l'article 130-1.**

Il résulte des articles 132-1 du Code pénal et 485 du Code de procédure pénale qu'en matière correctionnelle toute peine doit être motivée au regard de la gravité des faits, de la personnalité de leur auteur et de sa situation personnelle.

– Justifie sa décision la cour d'appel qui a motivé le choix de la peine de cinq ans d'interdiction de gérer qu'elle a prononcée à l'encontre d'un prévenu poursuivi du chef d'abus de biens sociaux, en relevant que celui-ci avait suivi une école de commerce, était dirigeant de sociétés depuis 1978, avait repris la gérance d'une société, placée en redressement judiciaire en novembre 2013 et ne percevait pas de rémunération au titre de sa gérance et qu'il bénéficiait de revenus fonciers et en retenant qu'il avait privilégié les intérêts de ladite société dans laquelle il était particulièrement intéressé et qui se trouvait en état de cessation des paiements, en réalisant à son profit, en l'absence de convention de trésorerie, des apports effectués par une autre société, non remboursés, entraînant la déconfiture de cette dernière (■ Cass. crim., 17 janv. 2017, n° 15-85.199). Pour les amendes, V. arrêt sous art. 132-20, p. 145.

– Mais, est irrecevable, comme nouveau et mélangé de fait, le moyen pris de ce qu'une peine, d'interdiction de gérer ordonnée par le tribunal correctionnel et confirmée en appel, porterait une atteinte spécifique et disproportionnée au droit de la personne condamnée au respect de sa vie privée et familiale, garanti par l'article 8 de la Convention européenne des droits de l'homme, dès lors que l'intéressée ne l'a pas soutenu devant la cour d'appel et que son examen par la Cour de cassation nécessiterait la prise en considération d'éléments de fait qui ne résultent pas des constatations de l'arrêt attaqué (■ Cass. crim., 20 juin 2017, n° 16-80.982).

– Encourt la censure l'arrêt qui, pour abandon de famille, condamne le prévenu à quatre mois d'emprisonnement avec sursis et mise à l'épreuve sans s'expliquer sur sa personnalité et sa situation personnelle (■ Cass. crim., 28 juin 2017, n° 16-87.469).

Section I. – Dispositions générales

Sous-section 1. – Des peines applicables en cas de concours d'infractions

Voir : art. 433-9, p. 540, art. 434-23, p. 560 et art. 434-41, p. 569 (dispositions dérogatoires).

Art. 132-2. – Il y a concours d'infractions lorsqu'une infraction est commise par une personne avant que celle-ci ait été définitivement condamnée pour une autre infraction.

Bibliographie : *JCl. pén., Concours d'infractions* par P. Salvage. • *Rev. sc. crim.* 2002 p. 531 : le contentieux de la confusion des peines par D. Becheraoui. • *AJP* 2013, prat., p. 145, *Les confusions de peines et la réduction au maximum légal,* par L. Griffon. • *Dr. pén.* 2013, étude 17 : *la réduction au maximum légal*, par L. Griffon.

Art. 132-3. – Lorsque, à l'occasion d'une même procédure, la personne poursuivie est reconnue coupable de plusieurs infractions en concours, chacune des peines encourues peut être prononcée. Toutefois, lorsque plusieurs peines de même nature sont encourues, il ne peut être prononcé qu'une seule peine de cette nature dans la limite du maximum légal le plus élevé.

Chaque peine prononcée est réputée commune aux infractions en concours dans la limite du maximum légal applicable à chacune d'entre elles.

Voir : C. trav., art. L. 4741-9, p. 2199.

1) Lorsqu'à l'occasion d'une même procédure, la personne poursuivie est reconnue coupable de plusieurs infractions en concours, les unes visées par l'article L. 4741-1 du Code du travail, les autres prévues par les articles 221-6, 222-19 et 222-20 du Code pénal, les peines de même nature se cumulent, dès lors que leur total n'excède pas le maximum légal de la peine la plus élevée encourue (■ Cass. crim., 9 déc. 2014, n° 13-85.937).

2) Les dispositions dérogatoires de l'article 433-9 du Code pénal, selon lesquelles, lorsque l'auteur d'une rébellion est détenu, les peines prononcées pour le délit de rébellion se cumulent avec celles que l'intéressé subissait ou celles prononcées pour l'infraction à raison de laquelle il était détenu, sont inapplicables en cas de poursuite unique pour plusieurs délits en concours parmi lesquels celui de rébellion, la juridiction étant tenue, dans ce cas, de ne prononcer qu'une seule peine d'emprisonnement, conformément aux dispositions de l'article 132-3 du Code pénal (■ Cass. crim., 10 juin 2015, n° 14-86.068).

3) Fait une exacte application des articles 132-2, 132-3 et 132-7 du Code pénal, la cour d'appel qui, saisie d'infractions de réalisation de travaux modifiant le débit des eaux dans le lit d'une rivière, prononce une amende pour modification du profil de ce cours d'eau et une amende pour extraction de sédiments dans ce cours d'eau, les faits ne procédant pas de la même action coupable (■ Cass. crim., 16 févr. 2016, n° 15-82.402).

4) Lorsque, à l'occasion d'une même procédure, la personne poursuivie est reconnue coupable de plusieurs délits en concours, il ne peut être prononcé qu'une seule amende pour les délits dont le prévenu était déclaré coupable dans la limite du maximum légal le plus élevé (■ Cass. crim., 8 mars 2017, n° 15-87.422 : *Dr. pénal* 2017, comm. 83, note E. Bonis-Garçon).

Art. 132-4. – Lorsque, à l'occasion de procédures séparées, la personne poursuivie a été reconnue coupable de plusieurs infractions en concours, les peines prononcées s'exécutent cumulativement dans la limite du maximum légal le plus élevé. Toutefois, la confusion totale ou partielle des peines de même nature peut être ordonnée soit par la dernière juridiction appelée à statuer, soit dans les conditions prévues par le Code de procédure pénale.

1) QPC. Non-lieu à renvoi devant le Conseil constitutionnel de la QPC visant l'article 132-4 du Code pénal (■ Cass. crim., 7 mai 2014, n° 14-90.011).

2) Le condamné ne saurait se faire un grief de ce que, par suite de la mise à exécution préalable d'autres peines, dans l'ordre chronologique de réception des extraits de décisions de condamnation, une peine de réclusion criminelle ait été mise à exécution à une date postérieure à celle retenue, compte tenu de la détention provisoire, comme point de départ de la période de sûreté dont elle est assortie, dès lors que cette computation n'a pas eu pour effet de proroger, à son préjudice, la date d'expiration de ladite période de sûreté (■ Cass. crim., 1er févr. 2012, n° 10-84.178).

3) Lorsqu'une requête en confusion de peines est déposée par la partie intéressée, le désistement de celle-ci dessaisit la juridiction qui doit en donner acte (■ Cass. crim., 23 sept. 2015, n° 14-84.800).

4) Les décisions par lesquelles les juges prononcent sur la confusion de peines ont autorité de chose jugée (■ Cass. crim., 16 déc. 2015, n° 14-82.275 : *Dr. pén.* 2016, comm. 38, obs. V. Peltier).

5) Période de sûreté. Il se déduit de la combinaison des articles 132-4, 132-5 et 132-23 du Code pénal que, lorsque, à l'occasion de procédures séparées, la personne poursuivie a été reconnue coupable de plusieurs infractions en concours, le principe de l'exécution cumulative dans la limite du maximum légal le plus élevé s'applique, en l'absence de confusion, tant aux peines qu'aux périodes de sûreté (■ Cass. crim., 25 mai 2016, n° 15-86.024 : *Dr. pén.* 2016, comm. 134, note E. Bonis-Garçon).

6) La réduction au maximum légal, d'une durée de trente ans de réclusion criminelle, appliquée, de droit en application des articles 132-4 et 132-5, alinéa 3, du Code pénal, sur instructions du procureur de la République, à une personne ayant fait l'objet de plusieurs condamnations à des peines de même nature et non définitives dans leurs rapports entre elles, ne fait pas obstacle au droit, pour l'intéressée, de présenter une requête en confusion facultative de ces peines à la chambre de l'instruction à qui il appartient d'en apprécier les mérites (■ Cass. crim., 11 juill. 2017, n° 15-81.265 : *Dr. pén.* 2017, comm. 155, note E. Bonis-Garçon).

7) La juridiction statuant sur une demande de confusion facultative de peines doit motiver sa décision, notamment sur le fondement des dispositions de l'article 710 du Code de procédure pénale.

Il appartient au requérant de produire des éléments sur l'évolution de son comportement, sa personnalité et sa situation matérielle, familiale et sociale, afin de permettre à la juridiction, au besoin après vérifications ou investigations complémentaires, d'apprécier le mérite de la demande (■ Cass. crim., 11 juill. 2017, n° 16-85.676).

8) S'il résulte des dispositions de l'article 710, alinéa 1er, du Code de procédure pénale, que la juridiction statuant sur une demande de confusion de peines doit motiver sa décision en tenant compte du comportement de la personne condamnée depuis la condamnation, de sa personnalité ainsi que de sa situation matérielle, familiale et sociale, elle peut également retenir d'autres motifs relevant du pouvoir d'appréciation que lui reconnaît l'article 132-4 du Code pénal (■ Cass. crim., 10 janv. 2018, n° 16-87.611 : *Dr. pén.* 2018, comm. 57, note V. Peltier).

9) Si l'autorité de chose jugée s'attache à la décision par laquelle les juges prononcent sur une demande de confusion de peines, cette décision ne fait pas obstacle à la mise en œuvre de la règle de réduction au maximum légal le plus élevé (■ Cass. crim ;, 15 nov. 2017, n° 16-85.946 : *Dr. pén.* 2018, comm. 19, note V. Peltier).

Art. 132-5. – Pour l'application des articles 132-3 et 132-4, les peines privatives de liberté sont de même nature et toute peine privative de liberté est confondue avec une peine perpétuelle.

Il est tenu compte, s'il y a lieu, de l'état de récidive.

Lorsque la réclusion criminelle à perpétuité, encourue pour l'une ou plusieurs des infractions en concours, n'a pas été prononcée, le maximum légal est fixé à trente ans de réclusion criminelle.

Le maximum légal du montant et de la durée de la peine de jours-amendes et celui de la peine de travail d'intérêt général sont fixés respectivement par les articles 131-5 et 131-8.

Le bénéfice du sursis attaché en tout ou partie à l'une des peines prononcées pour des infractions en concours ne met pas obstacle à l'exécution des peines de même nature non assorties du sursis.

QPC. Non-lieu à renvoi au Conseil constitutionnel de la question prioritaire de constitutionnalité visant l'article 132-5, alinéa 5 du Code pénal (■ Cass. crim., 12 avr. 2012, n° 90-004 QPC : *Bull. crim.*, n° 100 ; *D.* 2012, act. p. 1063 ; *Gaz. Pal.* 18-22 mai 2012, jurispr. p. 17, note R. Mesa ; *JCP* 2012, note n° 795, p. 1322, J.-Y. Marechal).

Voir : Sur l'évolution de l'application des dispositions de l'article 132-5, dernier alinéa, V. notes sous l'art. 132-7, p. 127, *V° Concours et sursis.*

Art. 132-6. – Lorsqu'une peine a fait l'objet d'une grâce ou d'un relèvement, il est tenu compte, pour l'application de la confusion, de la peine résultant de la mesure ou de la décision.

Le relèvement intervenu après la confusion s'applique à la peine résultant de la confusion.

La durée de la réduction de peine s'impute sur celle de la peine à subir, le cas échéant, après confusion.

Art. 132-7. – Par dérogation aux dispositions qui précèdent, les peines d'amende pour contraventions se cumulent entre elles et avec celles encourues ou prononcées pour des crimes ou délits en concours.

• ***Sommaire***

I – CONCOURS MATÉRIEL D'INFRACTIONS

A – Principe : non-cumul des peines

1) Domaine. La règle du non-cumul des peines s'applique sans qu'il y ait lieu de distinguer selon que les infractions en concours font l'objet d'une seule poursuite ou de poursuites successives (■ Cass. crim., 21 mars 1989 : *Bull. crim.*, n° 141).

– L'article 5 du Code pénal, qui prohibe le cumul des peines pose un principe applicable à toutes les infractions punies de peines criminelles ou correctionnelles qui n'en ont pas été explicitement ou implicitement exceptées, soit par un texte formel de la loi soit par le caractère de réparations civiles attaché à certaines d'entre elles (■ Cass. crim., 15 juin 1973 : *Bull. crim.*, n° 269).

– La règle du non-cumul des peines ne s'applique pas au cas de deux condamnations dont la première était définitive avant la perpétration des faits qui ont motivé la seconde (■ Cass. crim., 21 mars 1990 : *Dr. pénal* 1990, n° 245).

– Le principe de non-cumul, pour les mêmes faits, des poursuites et des peines ne s'applique qu'aux infractions et sanctions pénales (■ Cass. crim., 19 févr. 2014, n° 12-87.558 : *JurisData* n° 2014-002716 ; *Dr. pén.* 2014, comm. 68, obs. V. Peltier). *Adde*, *Dr. pén.* 2014, chron. 3, n° 23, note E. B. G. et V. *infra*, B, *V° cumul des peines*).

2) Procédure unique. Doit être cassé l'arrêt qui, en cas *d'unité de poursuite*, prononce autant de peines principales que d'infractions imputées au condamné et ce même dans les cas où le juge a ordonné la confusion des peines plus faibles avec la peine la plus forte (■ Cass. crim., 13 juin 1918 : *S.* 1921, 1, 236. ■ 15 juin 1973 : *D.* 1973, inf. rap. 158. ■ 19 mai 1980 : *Bull. crim.*, n° 151) ; seule la peine la plus forte doit être prononcée (mêmes décisions). Doit être cassé l'arrêt qui, après avoir déclaré le prévenu coupable de deux délits, prononce deux peines distinctes, quand bien même le total des peines ainsi infligées n'excéderait pas le maximum encouru pour l'infraction la plus sévèrement réprimée (■ Cass. crim., 20 oct. 1987 : *Bull. crim.*, n° 358). De même méconnaît la règle du non-cumul des peines l'arrêt qui, après avoir condamné le prévenu à l'emprisonnement pour un délit, prononce également contre lui une peine d'emprisonnement pour une infraction constituant une contravention de 5e classe (■ Cass. crim., 26 mai 1988 : *Bull. crim.*, n° 227).

3) Doit être cassé l'arrêt qui, après avoir déclaré le prévenu coupable des délits de violation des obligations résultant de deux peines de travail d'intérêt général, prévues et réprimées par l'article 434-42 du Code pénal, prononce deux peines d'emprisonnement distinctes (■ Cass. crim., 5 déc. 1996 : *Bull. crim.*, n° 454 ; *Dr. pénal* 1997, comm. 77, obs. M. Véron).

4) En application de l'article 5 du Code pénal ancien, en cas de conviction de plusieurs crimes ou délits la peine la plus forte est seule prononcée ; si par exception la loi prévoit, dans le cas des infractions correctionnelles aux règles protectrices de la sécurité des travailleurs, qu'il soit prononcé autant d'amendes qu'il y a de salariés concernés, le cumul des peines principales est expressément exclu lorsqu'une telle infraction est poursuivie concurremment avec un délit d'homicide ou de blessures involontaires (■ Cass. crim., 21 sept. 1999 : *Bull. crim.*, n° 191).

5) Aux termes de l'article 132-3 du Code pénal, lorsque, à l'occasion d'une même procédure, plusieurs peines de même nature sont encourues pour des infractions en concours, il ne peut être prononcé qu'une seule peine de cette nature dans la limite du maximum légal le plus élevé.

Encourt dès lors la censure l'arrêt qui, après avoir déclaré le prévenu coupable d'homicide involontaire et d'entrave au fonctionnement du comité d'hygiène, de sécurité et des conditions de travail, prononce, notamment, deux peines d'amende en répression de ces délits (▪ Cass. crim., 5 déc. 2000 : *Bull. crim.*, n° 363. ▪ 2 mars 2010, pourvoi n° 09-82.607 : *Dr. pénal* 2010, comm. 66, obs. M. Véron).

6) Lorsque à l'occasion d'une même procédure, plusieurs peines de même nature, à l'exception des peines d'amende pour contraventions, sont encourues pour des infractions en concours, il ne peut être prononcé qu'une seule peine de cette nature dans la limite du maximum légal le plus élevé ; doit être cassé l'arrêt de la cour d'appel qui a prononcé trois **peines complémentaires** de trente jours, quinze jours et trente jours de suspension du permis de conduire en répression de trois contraventions au Code de la route (▪ Cass. crim., 11 janv. 2005 : *Bull. crim.*, n° 12), ou deux peines de suspension du permis de conduire en régression de deux contraventions au Code de la route (▪ Cass. crim., 22 juin 2010 : *Bull. crim.* n° 113).

7) Pour des faits commis avant l'entrée en vigueur du nouveau Code pénal, une cour d'assises ne peut pas prononcer une peine d'emprisonnement et une peine d'amende dès lors que, selon l'article 5 ancien du Code pénal, seule la peine la plus forte devait être prononcée (▪ Cass. crim., 17 mai 2000 : *Bull. crim.*, n° 198).

8) Indivisibilité. Cette unique peine est censée s'appliquer indivisiblement aux diverses infractions en concours, à la condition qu'elle n'excède pas le maximum légal prévu pour l'infraction la plus grave (▪ Cass. crim., 9 nov. 1878 : *D.* 79, 1, 388. ▪ Douai, 18 juill. 1871 : *S.* 73, 2, 81).

9) Critères du non-cumul. Pour l'application de la règle du non-cumul, les peines doivent être appréciées quant à leur nature et à leur durée ; quant à leur nature, d'après la classification du Code pénal ; quant à leur durée, d'après les circonstances aggravantes ou atténuantes, qui ont accompagné le crime ou le délit, ou d'après le nombre de ces crimes ou délits qui caractérisent la perversité plus ou moins opiniâtre de l'individu qui s'en est rendu coupable (▪ Cass. crim., 8 oct. 1824 : *Bull. crim.*, n° 133. ▪ 24 févr. 1943 : *Bull. crim.*, n° 18).

10) Procédures séparées. *En cas de pluralité de poursuites*, la règle du non-cumul des peines s'applique (▪ Cass. crim., 21 mars 1989 : *Bull. crim.*, n° 141) et le cumul des peines est possible dans la limite du maximum édicté par la loi pour le fait le plus sévèrement réprimé (▪ Cass. crim., 26 janv. 1988 : *Bull. crim.*, n° 37. ▪ 19 juill. 1989 : *Bull. crim.*, n° 294 ; *Rev. sc. crim.* 1990, 555, obs. Vitu).

11) Caractère définitif des condamnations. La confusion des peines prononcées pour des faits objet de poursuites distinctes ne concerne que leur exécution et ne saurait être ordonnée qu'à l'égard de condamnations devenues définitives (▪ Cass. crim., 4 mars 1991 : *D.* 1991, inf. rap. 160. ▪ 11 déc. 1997 : *Bull. crim.*, n° 425).

12) Les juges correctionnels ne peuvent statuer sur la confusion de la peine qu'ils prononcent avec une peine résultant d'une condamnation antérieure que si cette dernière est définitive ; encourt la censure l'arrêt qui, après condamnation du prévenu à des peines d'emprisonnement et d'amende, dit n'y avoir lieu à confusion avec les peines de même nature prononcées par un autre arrêt du même jour (▪ Cass. crim., 3 sept. 2008 : *Bull. crim.*, n° 176).

13) Une condamnation ne devient définitive qu'après l'expiration des délais pour exercer les voies de recours ou épuisement de celles-ci, ce qui n'est pas le cas d'une première condamnation prononcée par défaut et encore susceptible d'opposition (▪ Cass. crim., 27 oct. 1998 : *Bull. crim.*, n° 278). Ainsi, la règle posée par l'article 5 (ancien) du Code pénal n'intervient, s'il y a lieu, qu'après condamnation et est étrangère aux juridictions d'instruction (▪ Cass. crim., 27 févr. 1990 : *Bull. crim.*, n° 96).

14) Lorsque, à l'occasion de procédures séparées, la personne poursuivie a été reconnue coupable de plusieurs infractions en concours, **la confusion** totale ou partielle des peines de même nature **peut être ordonnée par la dernière juridiction appelée à statuer** ; encourt la censure l'arrêt qui, pour déclarer irrecevable une demande de confusion de peines présentées devant la dernière juridiction appelée à statuer, énonce que seules peuvent être confondues des peines définitivement prononcées (▪ Cass. crim., 4 janv. 2006 : *Bull. crim.*, n° 9 ; *Rev. sc. crim.* 2006, p. 316, obs. G. Vermelle). Il résulte de l'article 132-4 du Code pénal qu'il n'importe que la cour d'assises ait rejeté, en l'absence de demande des parties, la confusion entre la peine qu'elle infligeait et une autre peine prononcée antérieurement, dès lors qu'elle était compétente pour statuer d'office (▪ Cass. crim., 7 déc. 2005 : *Bull. crim.*, n° 328, comm. préc.).

15) Constatation nécessaire. Doit être cassé l'arrêt ordonnant que la peine qu'il prononce ne se confondra pas avec une peine précédemment prononcée contre l'accusé, sans indiquer en quoi consiste cette condamnation (▪ Cass. crim., 8 nov. 2000 : *Bull. crim.*, n° 334).

16) L'absorption de plein droit (article 5 ancien du Code pénal). La confusion est obligatoire lorsque les peines prononcées sont de nature différente et si la peine la plus faible a été prononcée la première, il faut déduire celle-ci de la peine la plus forte ainsi que la détention provisoire subie au titre de la première condamnation (■ Cass. crim., 23 juill. 1897 : *S.* 99, 1, 153, note Roux. ■ 24 mars 1955 : *JCP* 56, II, 9141, note Merle).

17) Absorption et récidive. Le condamné ayant à exécuter une peine unique, par suite de l'absorption de plein droit, en application de l'article 5 ancien du Code pénal alors en vigueur, d'une peine correctionnelle par une peine criminelle en concours, doit être considéré comme récidiviste pour la détermination du temps d'épreuve prévu par l'article 729, alinéa 2, du Code de procédure pénale, s'il était en état de récidive légale pour la condamnation correctionnelle prononcée contre lui ; il n'importe que cette peine ait reçu exécution avant d'être confondue dès lors que cette circonstance, à la supposer établie, ne saurait faire obstacle aux conséquences attachées à son absorption, celle-ci impliquant que les effets de l'état de récidive soient reportés sur la peine absorbante qui s'exécute en ce cas après imputation de la détention subie au titre de la peine confondue (■ Cass. crim., 30 sept. 1997 : *Bull. crim.*, n° 315).

18) Application dans le temps. Il résulte de l'article 112-2-3° du Code pénal que, les lois relatives au régime d'exécution et d'application des peines, lorsqu'elles auraient pour résultat de rendre plus sévères les peines prononcées par la décision de condamnation, ne sont pas applicables aux condamnations prononcées pour des faits commis antérieurement à leur entrée en vigueur. Tel est le cas des articles 132-4 et 132-5 dudit code, relatifs aux peines criminelles et correctionnelles en concours ; doit en conséquence être cassé, pour avoir méconnu que, conformément aux articles 18 et 40 anciens du Code pénal, une peine privative de liberté d'une durée de 8 ans, infligée pour un crime commis avant le 1er mars 1994, était nécessairement celle de la réclusion criminelle et que, en application de l'article 5, elle absorbait de plein droit une peine correctionnelle venue en concours, l'arrêt qui a écarté, au visa des articles 132-4 et 132-5 nouveaux, la confusion d'une peine d'emprisonnement, prononcée le 6 janvier 1994 par le tribunal correctionnel, avec une peine de 8 ans d'emprisonnement prononcée par la cour d'assises, le 10 mai 1995, pour un crime commis en 1992 ; et il appartient à la Cour de cassation, faisant application de la règle de droit, d'ordonner la confusion des peines ainsi prononcées (■ Cass. crim., 26 sept. 1996 : *Bull. crim.*, n° 336. ■ 20 nov. 1996 : *Bull. crim.*, n° 418. ■ 17 mars 1998 : *Bull. crim.*, n° 102). Pour déterminer, en application de l'article 371 de la loi du 16 décembre 1992, si la règle de l'absorption de plein droit déduite de l'article 5 ancien du Code pénal, abrogé à compter du 1er mars 1994, doit bénéficier à une personne déclarée coupable d'infractions en concours commises avant cette date, la nature des peines doit être appréciée au regard des dispositions applicables à l'époque des faits ; encourt donc la cassation l'arrêt de la chambre d'accusation qui a omis de constater qu'une peine de 8 ans d'emprisonnement prononcée le 22 février 1996 par une cour d'assises pour des faits de vol avec arme commis en mars 1993 constituait une peine de réclusion criminelle au regard des articles 18 et 40 anciens du Code pénal et absorbait ainsi de plein droit la peine correctionnelle de 4 ans d'emprisonnement prononcée le 27 juin 1994 pour des faits de vol avec violences commis en novembre 1993 (■ Cass. crim., 19 janv. 1999 : *Bull. crim.*, n° 10).

– Aux termes de l'article 371 de la loi du 16 décembre 1992 dite d'adaptation du Code pénal, l'application des dispositions des articles 132-2 à 132-5 de ce Code ne peut préjudicier aux personnes reconnues coupables de crimes ou délits qui ont tous été commis avant l'entrée en vigueur de ladite loi.

Doit en conséquence être cassé, pour avoir méconnu le principe maintenu par la loi susvisée de la confusion de droit entre les peines criminelles et les peines correctionnelles, l'arrêt de la chambre de l'instruction qui prononce la confusion partielle d'une peine correctionnelle prononcée pour des faits commis le 12 octobre 1985 avec une peine criminelle prononcée postérieurement pour un crime perpétré le même jour.

Et il appartient à la Cour de cassation, faisant application de la règle de droit, d'ordonner la confusion des peines ainsi prononcées (■ Cass. crim., 17 mars 2004 : *Bull. crim.*, n° 71).

19) Confusion obligatoire. La confusion est également obligatoire lorsque, les peines étant de même nature, leur total dépasse le maximum légal de la peine la plus forte (■ Cass. crim., 4 juin 1836 : *S.* 37, 1, 39. ■ 1er mars 1945 : *S.* 1946, 1, 38. ■ 22 juin 1983 : *Bull. crim.*, n° 193. ■ 3 mars 1986 : *Bull. crim.*, n° 83. ■ 20 janv. 1987 : *Bull. crim.*, n° 27). Cette limite est le maximum de la peine telle que celle-ci aurait pu être prononcée une fois que les juges ont choisi le degré de leur indulgence et non le maximum légalement encouru pour l'infraction commise avant toute individualisation judiciaire de la sanction (■ Cass. crim., 3 oct. 1974 : *Bull. crim.*, n° 273 ; *Gaz. Pal.* 1975, 1, 70 ; *Rev. sc. crim.* 1975, 1001, obs. Larguier. ■ 13 janv. 1981 : *Bull. crim.*, n° 20 ; *Rev. sc. crim.* 1982, 601, obs. Larguier. ■ 13 déc. 1988 : *Bull. crim.*, n° 427).

20) Selon les dispositions combinées des articles 132-2, 132-4 et 132-5 du Code pénal, lorsqu'à l'occasion de procédures séparées, la personne poursuivie a été reconnue coupable de plusieurs infractions en concours, les peines privatives de liberté successivement prononcées ne peuvent s'exécuter cumulativement que dans la limite du maximum légal le plus élevé, lequel est fixé à trente ans de réclusion criminelle lorsque la peine de réclusion criminelle à perpétuité, encourue pour l'une ou plusieurs des infractions en concours, n'a pas été prononcée ; doit être cassé d'office l'arrêt qui méconnaît ces principes, et il n'y a lieu à renvoi, conformément à l'article L. 131-5 du Code de l'organisation judiciaire, dès lors que les éléments de la cause permettent à la Cour de cassation de juger que la confusion est de droit dans la limite de trente ans (■ Cass. crim., 12 févr. 2003 : *Bull. crim.*, n° 38).

21) Maximum légal en cour d'assises spécialement composée. Si, selon l'article 362, alinéa 2, du Code de procédure pénale, lorsque la peine de trente ans de réclusion criminelle n'a pas été prononcée, le maximum légal de la réclusion criminelle est fixé à vingt ans, ces dispositions ne sont pas applicables devant la cour d'assises spécialement composée ; il s'ensuit que le maximum légal de la peine prononcée par une cour d'assises spécialement composée pour des faits d'importation de produits stupéfiants en bande organisée prévus et réprimés par l'article 222-36 du Code pénal est à bon droit fixé à trente ans (■ Cass. crim., 21 mai 2008 : *Bull. crim.*, n° 129). Rappr. ■ Cass. crim., 21 mai 2003 : *Bull. crim.*, n° 104).

22) Période de sûreté. En application de l'article 132-5 du Code pénal, toute peine privative de liberté est confondue avec une peine perpétuelle, lorsque lesdites peines ont été prononcées pour des infractions en concours. Il résulte de l'article 720-2 du Code de procédure pénale qu'en cas de confusion entre deux peines privatives de liberté, la durée de la détention subie antérieurement à cette mesure en exécution de la peine absorbée doit s'imputer sur la période de sûreté attachée à la peine absorbante. Dès lors encourt la cassation, l'arrêt de la chambre de l'application des peines, qui déclare une demande de libération conditionnelle irrecevable en omettant, dans le calcul de la période de sûreté exécutée qui était attachée à une peine de réclusion criminelle à perpétuité, d'imputer l'exécution d'une peine correctionnelle relative à une condamnation pour aide à l'évasion d'un condamné à une peine perpétuelle, prévue par l'article 240, al. 2, de l'ancien Code pénal et 434-32 du Code pénal, cette infraction n'entrant pas dans le champ d'application des articles 245 de l'ancien Code pénal et 434-31 du Code pénal (■ Cass. crim., 16 janv. 2008, pourvoi n° C 0781289 : *Bull. crim.*, n° 15).

23) Confusion facultative. Il ne peut y avoir de confusion de droit entre une peine de dix-huit mois d'emprisonnement prononcée par une juridiction correctionnelle et une peine de trois ans d'emprisonnement prononcée par une cour d'assises pour divers crimes, puisque la peine d'emprisonnement, même prononcée pour crime, demeure une peine correctionnelle et que le maximum normal de l'emprisonnement correctionnel est de cinq ans (■ Cass. crim., 13 janv. 1981, préc.). Ou encore la confusion est facultative dans le cas d'un condamné à six ans de réclusion criminelle pour vol avec port d'arme et à huit ans de réclusion criminelle pour vol avec port d'arme ; si bien que le rejet de la demande de confusion est légal, les deux peines prononcées n'excédant pas, par leur total de quatorze ans, le maximum encouru en l'espèce, soit vingt ans de réclusion, en raison de l'admission des circonstances atténuantes (■ Cass. crim., 13 déc. 1988, préc.).

24) Confusion partielle. En application de l'article 371 de la loi du 16 décembre 1992 et de l'article 132-4 du Code pénal, peut être prononcée la confusion partielle entre une peine d'emprisonnement pour des faits commis en 1991 et une peine de réclusion criminelle pour des faits perpétrés en 1995, soit postérieurement à l'entrée en vigueur du nouveau Code pénal (■ Cass. crim., 22 mars 2000 : *Bull. crim.*, n° 134).

25) Lorsque les juges disposent d'une **faculté discrétionnaire**, ils ne sauraient cependant, s'ils donnent les motifs de leur décision, fonder celle-ci sur une affirmation de fait ou de droit inexacte ; encourt ainsi la cassation l'arrêt qui, ayant constaté que les conditions légales rendant possible l'admission d'une requête en confusion de peines la rejette en se fondant sur le motif de fait erroné que les deux peines prononcées l'auraient été en répression de faits de même nature (■ Cass. crim., 13 juin 1989 : *Bull. crim.*, n° 255).

26) Autonomie des peines confondues. Lorsque la confusion est prononcée, les peines les plus faibles conservent leur existence propre et leurs conséquences légales (■ Cass. crim., 13 juill. 1888 : *D.* 88, 1, 445. ■ 24 juill. 1968 : *D.* 1968, 257, note J.M.R.) et sont censées s'exécuter en même temps que la peine la plus forte (■ Cass. crim., 13 juill. 1888, préc.).

En effet, la confusion n'est qu'une mesure affectant l'exécution et dont l'effet est subordonné à la survivance de la peine la plus forte ; au cas où celle-ci n'eut à disparaître, les autres peines, que la confusion n'a pas effacées et qui sont demeurées entières, doivent être intégralement subies jusqu'à concurrence du maximum édicté par la loi pour l'infraction la plus grave (■ Cass. crim., 19 juill. 1989 : *Bull. crim.*, n° 294).

27) Confusions exclues. En cas de confusion de deux condamnations dont l'une se trouvait elle-même confondue avec une troisième, il ne peut y avoir lieu à confusion globale de toutes les peines (■ Cass. crim., 29 juill. 1968 : *D.* 1969, 255, note J.M.R. ; *Rev. sc. crim.* 1969, 656, obs. Légal).

Une même condamnation ne peut être incluse dans plusieurs opérations distinctes tendant au cumul de peines en concours dans la limite du maximum légal encouru ; méconnaît ce principe, la chambre d'accusation qui, après avoir constaté qu'une peine A est en concours avec des peines B et C qui ne sont pas en concours entre elles, dit, d'une part, que la peine A se cumulera dans la limite du maximum légal encouru avec la peine B et, d'autre part, que cette même peine se cumulera également, dans la même limite, avec la peine C ; la Cour de cassation est en mesure de faire application de la règle de droit appropriée en disant que la peine C doit se cumuler avec la peine résultant du cumul des peines A et B dans la limite du maximum légal encouru (■ Cass. crim., 4 nov. 1997 : *Bull. crim.*, n° 368).

28) Les dispositions de l'article 132-4 du Code pénal sont inapplicables lorsqu'est sollicitée une mesure de confusion avec une précédente décision ayant prononcé une **dispense de peine** (■ Cass. crim., 8 nov. 2006 : *Bull. crim.*, n° 281).

29) Concours et sursis. Lorsque la plus élevée des deux condamnations est assortie du sursis, la peine ferme doit être exécutée, même si les juges en ont ordonné la confusion avec l'autre (■ Cass. crim., 16 mars 1964 : *JCP* 64, II, 13685, note A.-M. Larguier). Lorsque deux condamnations toutes les deux assorties d'un sursis partiel sont confondues, seule la plus forte doit être exécutée, l'octroi du sursis ne constituant qu'une modalité d'exécution et n'ayant pas à être pris en considération pour déterminer la gravité respective des peines (■ Cass. crim., 18 nov. 1980 : *Bull. crim.*, n° 304 ; *Rev. sc. crim.* 1982, 108, obs. Larguier). Jugé ensuite que lorsque deux condamnations comportant chacune une peine d'emprisonnement avec sursis partiel sont confondues, les deux parties d'emprisonnement sans sursis doivent être exécutées cumulativement dans la limite de la durée totale de la peine absorbée (■ Cass. crim., 24 janv. 2007 : *Bull. crim.*, n° 21). – **Mais jugé, en sens contraire**, que lorsque deux condamnations identiques à une peine d'emprisonnement assortie d'un sursis partiel ont été prononcées, et que la confusion totale a été accordée, seule doit être exécutée l'une des deux parties d'emprisonnement sans sursis (■ Cass. crim., 10 mai 2012, n° 11-87.301 : *Bull. crim.*, n° 117 ; *D.* 2012, p. 1482). Rappr. (■ Cass. crim., 12 avr. 2012, n° 12-90.004 QPC : *Bull. crim.*, n° 100).

30) La confusion de peines successivement infligées au prévenu avec le bénéfice du sursis a pour effet de reporter le point de départ du délai d'épreuve à la date à laquelle la dernière condamnation est devenue définitive (■ Cass. crim., 16 mai 1990 : *Bull. crim.*, n° 199). V. L. Rieuneau, *Mise à l'épreuve et confusion : le désordre dans la probation : Dr. pénal*1993, chron. 41. – Becheraoui, *La confusion des peines assorties du sursis avant et après le nouveau Code pénal : Rev. sc. crim.* 1999, p. 767. – Ch. Aubertin, *Confusion de peines assorties d'un sursis : Dr. pénal* 2012, étude 15).

31) Concours et grâce. La prise en compte de la grâce doit avoir lieu non seulement lorsque la peine principale fait l'objet d'une telle mesure (art. 5, al. 3) mais encore lorsque la peine la plus faible est touchée par une remise gracieuse, qui doit être prise en considération pour l'imputation du temps d'exécution de cette peine sur la durée de la peine la plus forte prononcée postérieurement (■ Paris, 2 avr. 1968 : *JCP* 68, II, 15648, note A. P. ; *Rev. sc. crim.* 1969, 393, obs. Légal).

32) S'il est vrai qu'en vertu des dispositions des articles 132-6 et 133-7 du Code pénal les remises gracieuses portant sur une peine ultérieurement absorbée ne peuvent s'imputer sur la durée de la peine absorbante, ces dispositions plus sévères ne sauraient s'appliquer, conformément à l'article 371 de la loi du 16 décembre 1992, aux personnes reconnues coupables de crimes ou de délits en concours commis avant le 1er mars 1994. Ces personnes demeurent soumises aux dispositions plus favorables de l'article 5 ancien du Code pénal qui, en ce qui concerne les remises gracieuses, ne déroge pas au principe général du droit alors applicable selon lequel la grâce vaut exécution de la peine (■ Cass. crim., 16 mars 1999 : *Bull. crim.*, n° 40).

33) Il résulte des articles 132-6 et 133-7 du Code pénal, applicables en la cause en raison de la date des faits ayant motivé la seconde condamnation (22 avril 1995) que, la grâce ne valant plus exécution de peine mais seulement dispense d'exécution, les remises gracieuses portant sur une peine ultérieurement absorbée ne peuvent s'imputer sur la durée de la peine absorbante (■ Cass. crim., 29 sept. 2004 : *Bull. crim.*, n° 228). *V. notes sous l'article 133-7, infra*).

34) Mais si les remises gracieuses accordées au condamné sur sa peine ultérieurement absorbée ne peuvent s'imputer sur la durée de la peine absorbante, leur imputation, en cas d'absorption partielle, s'effectue sur la partie non absorbée par la peine la plus élevée (■ Cass. crim., 31 oct. 2006 : *Bull. crim.*, n° 271).

35) Justifie sa décision la chambre de l'instruction qui, pour rejeter la requête du condamné, qui sollicitait le bénéficie des décrets de grâces collectives des 10 juillet 2002 et 9 juillet 2003, en soutenant qu'en application de l'article 132-3, alinéa 2, du Code pénal, la peine pour violences sur personnes dépositaires de l'autorité publique, infraction l'excluant du bénéfice desdits décrets, était purgée depuis le 13 juillet 2002, date à laquelle le maximum légal applicable à cette infraction avait été atteint, relève qu'une peine unique et indivisible a été prononcée pour des infractions en concours, de sorte que, tant que la peine la plus forte n'est pas purgée, les autres peines ne peuvent être considérées comme exécutées (■ Cass. crim., 11 mai 2006 : *Bull. crim.*, n° 129).

36) Concours et prescription. La prescription valant exécution, la peine confondue ne peut être exécutée si la peine absorbante est prescrite (■ Cass. crim., 4 déc. 1958 : *Bull. crim.*, n° 724 ; *Rev. sc. crim.* 1959, 669, obs. Légal). Mais jugé dans l'affaire *Barbie* que le principe d'imprescriptibilité des crimes contre l'humanité fait obstacle à ce qu'une règle de droit interne permette à une personne déclarée coupable de l'un de ces crimes de se soustraire à l'action de la justice en raison du temps écoulé, que ce soit depuis les actes incriminés ou depuis une précédente condamnation, dès lors que comme en l'espèce aucune peine n'a été subie (■ Cass. crim., 3 juin 1988 : *Gaz. Pal.* 2-3 nov. 1988, concl. E. Robert ; *JCP* 88, II, 21149, rapport Angevin).

37) Selon l'article 133-1 du Code pénal, la prescription de la peine empêche seulement l'exécution de celle-ci.

– Encourt dès lors la censure l'arrêt d'une cour d'appel qui, pour imputer sur la durée de la peine absorbante la peine absorbée prescrite, énonce, notamment, que la prescription de la peine vaut exécution de celle-ci (■ Cass. crim., 11 juin 2008, pourvoi n° 07-88.426 : *Bull. crim.*, n° 146).

38) Concours des peines complémentaires. Seules les peines accessoires attachées à la peine principale la plus forte frappent le condamné ; celles qui suivent l'application des peines principales plus faibles ne sont pas exécutoires (■ Cass. crim., 3 mars 1938 : *D.* 1938, 342. ■ 4 juin 1966 : *JCP* 67, II, 14985). Pour les peines complémentaires, le cumul est impossible, lorsqu'une même peine complémentaire temporaire, telle que l'interdiction d'émettre des chèques, a été prononcée plusieurs fois pour des infractions à la législation sur les chèques en concours réel, au-delà du maximum prévu par la loi (■ Cass. crim., 5 oct. 1978 : *D.* 1979, 138, note J. Mestre ; *Rev. sc. crim.* 1979, 309, obs. Larguier).

39) Méconnaît l'article 132-3 du Code pénal la cour d'appel qui prononce trois peines complémentaires du suspension du permis de conduire pour trois contraventions, en concours réel, au Code de la route, alors qu'il ne peut être prononcé qu'une seule peine de cette nature dans la limite du maximum légal le plus élevé (■ Cass. crim., 11 janv. 2005 : *Dr. pénal* 2005, comm. 40, obs. J.-H. Robert. ■ 22 juin 2010 : *Bull. crim.* n° 113).

40) Les juges ne peuvent prononcer cumulativement la confiscation en nature et la confiscation en valeur (■ Cass. crim., 21 mars 1996 : *Bull. crim.* n° 127. ■ 1er oct. 1998 : V. Ann. *Douanes*, *infra*, sous article 435).

41) Le rejet, par la dernière juridiction appelée à statuer, de la demande de confusion de peines d'emprisonnement ne fait pas obstacle à ce que le condamné saisisse ultérieurement d'une demande de confusion des peines d'interdiction de solliciter un permis de conduire, la juridiction ayant prononcé l'une des deux condamnations ; il ne saurait être fait grief à une cour d'appel de ne pas avoir statué sur la confusion des peines complémentaires alors que la demande de confusion ne portait que sur les peines d'emprisonnement (■ Cass. crim., 6 mars 2002 : *Bull. crim.*, n° 60 ; *Dr. pénal* 2002, comm. 85, obs. J.-H. Robert).

42) Compétence. Il résulte de la combinaison des articles 132-4 du Code pénal et 710 du Code de procédure pénale, qu'est compétente pour statuer sur une requête en confusion de peines résultant de condamnations devenues définitives la juridiction ayant prononcé l'une des peines visées par la requête ou, si cette juridiction est une cour d'assises, la chambre de l'instruction dans le ressort de laquelle cette cour a son siège (■ Cass. crim., 6 juin 2001 : *Bull. crim.*, n° 140 ; *Dr. pénal* 2001, obs. M. Véron).

43) Il résulte de l'article 710 du Code de procédure pénale que, lorsqu'une personne détenue dépose une demande de confusion de peines devenues définitives dont l'une a été prononcée par une cour d'assises et l'autre par un tribunal correctionnel, sont également compétents pour statuer sur cette requête la chambre de l'instruction dont dépend la cour d'assises qui a prononcé la condamnation criminelle ou le tribunal qui a prononcé la condamnation correctionnelle, ou, depuis le 1er janvier 2005, la chambre de l'instruction ou le tribunal correctionnel du lieu de détention (■ Cass. crim., 7 nov. 2007 : *Bull. crim.*, n° 271).

44) La cour d'appel saisie d'une requête aux fins de confusion entre trois peines, une prononcée par elle-même et les deux autres par une juridiction différente, ne saurait, sans excès de pouvoirs, ordonner la confusion entre les deux dernières et rejeter le surplus de la requête visant la confusion avec la peine infligée par elle. Ce n'est qu'en fonction de leur incidence sur celle-ci qu'elle se trouvait compétente pour connaître des deux autres peines (■ Cass. crim., 27 nov. 1979, inédit).

45) Compétence d'office. Il résulte de l'article 132-4 du Code pénal qu'il n'importe que la cour d'assises ait rejeté, en l'absence de demande des parties, la confusion entre la peine qu'elle infligeait et une autre peine prononcée antérieurement, dès lors qu'elle était compétente pour statuer d'office (■ Cass. crim., 7 déc. 2005 : *Bull. crim.*, n° 328).

46) Chose jugée. L'autorité de la chose jugée qui s'attache à une décision de refus d'une demande de confusion rend irrecevable toute nouvelle demande dès lors qu'il y a identité de partie, d'objet et de cause (■ Cass. crim., 25 juill. 1995 : *Bull. crim.*, n° 262 ; *Dr. pénal* 1996, chron. 19, obs. V. Lesclous et C. Marsat). Mais l'autorité de la chose jugée ne saurait mettre obstacle à ce que la personne condamnée présente une nouvelle demande tendant à faire constater la confusion de plein droit des peines en concours en application de l'article 5 ancien du Code pénal (■ Cass. crim., 19 janv. 1999, préc.).

B – Exception : cumul des peines

47) Contraventions. L'article 5 ne visant pas les contraventions, le principe du non-cumul des peines leur est étranger (Ch. réunies, 7 juin 1842 : *S.* 42, 1, 496, concl. Dupin. ■ 6 mai 1976 : *Bull. crim.*, n° 148. ■ 3 sept. 1986 : *Bull. crim.*, n° 253. ■ 17 févr. 1988 : *Bull. crim.*, n° 81). En conséquence, non seulement un concours réel entre plusieurs contraventions, mais aussi un concours réel entre contravention et crime ou contravention et délit entraîne un cumul de peines (■ Cass. crim., 24 mars 1981 : *Bull. crim.*, n° 37).

48) Ne méconnaît pas le sens et la portée de la règle du non-cumul des peines la cour d'appel qui prononce contre un prévenu, pour contravention au Code de la route, une amende distincte des peines par lui encourues pour délit de blessures involontaires : le délit et la contravention diffèrent en effet par leurs éléments constitutifs, cette dernière infraction consistant dans l'inobservation des prescriptions réglementaires, tandis que le délit consiste dans les blessures involontairement causées par cette inobservation (■ Cass. crim., 12 mai 1993 : *Bull. crim.*, n° 177).

En application de l'article 132-7 du Code pénal, les peines prononcées pour des contraventions ne se confondent pas avec celles qui le sont pour un délit compris dans la même poursuite lorsque, comme en l'espèce, ces infractions diffèrent par leurs éléments constitutifs ; dès lors, c'est à bon droit qu'une cour d'appel sanctionne par des peines distinctes le délit de propagation involontaire d'une épizootie dans l'espèce bovine et les contraventions d'omission de dépistage obligatoire de diverses maladies contagieuses (■ Cass. crim., 7 janv. 1998 : *Bull. crim.*, n° 4).

49) Conditions de cumul. Mais si la règle de non-cumul des peines n'est pas applicable en matière de contraventions, encore faut-il, pour que des condamnations cumulatives puissent être prononcées, que le contrevenant ait commis plusieurs fautes distinctes, punissables séparément ; tel n'est pas le cas de celui qui, en méconnaissance des dispositions des articles R. 59 et R. 238-1° du Code de la route, circule avec un véhicule dont plusieurs pneumatiques sont usés (■ Cass. crim., 25 mai 1994 : *Bull. crim.*, n° 200 ; V. également sur le nombre d'amendes égal au nombre de salariés pour défaut de livre de paie ■ Cass. crim., 7 avr. 1994 : *Dr. pénal* 1994, n° 220, obs. J.-H. Robert).

– Justifie sa décision la cour d'appel qui condamne le prévenu ayant mis en vente plusieurs exemplaires d'un produit comportant un mode d'utilisation en langue étrangère à autant d'amendes que de contraventions constatées à la législation sur l'emploi de la langue française, dès lors que la commercialisation de chaque article constitue une faute distincte, punissable séparément (■ Cass. crim., 26 avr. 2000 : *Bull. crim.*, n° 163).

– Pour prononcer à l'encontre de chacun des prévenus autant de peines d'amende que de produits concernés, la cour d'appel énonce que l'infraction (prévue par l'article R. 112-25 du Code de la consommation) concerne la détention de denrées alimentaires présentant des écarts par rapport à la température de conservation mentionnée sur les étiquetages et non les conditions de l'équipement du magasin ; en se déterminant ainsi, et dès lors que les faits ne procédaient pas de la même action coupable, la cour d'appel a fait une exacte application de l'article 132-7 du Code pénal (■ Cass. crim., 18 juin 2013, n° 12-86.338 : *Dr. pén.* 2013, comm. 144, obs. J.-H. Robert).

50) Autres cumuls. La règle du non-cumul ne s'applique pas en cas de concours d'une sanction pénale et d'une peine disciplinaire (■ CE, 19 juin 1964 : *Bull. Ordre des médecins* 1965, 215. ■ Cass. crim., 27 mars 1997 : *Bull. crim.*, n° 128 ; ■ Cass. com., 10 janv. 2017, n° 15–85.519 ; *Dr ; pénal* 2017, comm. 68, note V. Peltier).

51) – La règle *non bis idem* consacrée par l'article 4 du protocole n° 7, additionnel à la Convention européenne des droits de l'homme, ne trouve à s'appliquer, selon les réserves faites par la France en marge de ce protocole, que pour les infractions relevant en droit français de la compétence des tribunaux statuant en matière pénale et n'interdit pas le prononcé de sanctions disciplinaires parallèlement aux sanctions infligées par le juge répressif (■ Cass. crim., 7 sept. 2004 : *Bull. crim.*, n° 200 ; *Dr. pénal* 2005, comm. 24, obs. J.-H. Robert).

52) Il en est ainsi d'une peine d'interdiction d'exercer une profession et d'une sanction disciplinaire prononcées contre une même personne, ces mesures étant de nature différente (■ Cass. crim., 27 mars 2002 : *JurisData* n° 014213).

53) Justifie sa décision la cour d'appel qui, pour abus de faiblesse, condamne le prévenu à une peine d'emprisonnement avec sursis ainsi qu'à l'interdiction pendant un an de son activité de psychiatre (sans tenir compte de la décision de la juridiction disciplinaire), le principe du non-cumul ne s'appliquent qu'aux infractions et sanctions pénales (■ Cass. crim., 19 févr. 2014, n° 12-87.558 : *Dr. pén.* 2014, comm. 68, obs. V. Peltier).

• Noter que le cumul doit s'effectuer dans le respect du principe de proportionnalité des peines qui implique que le montant global des sanctions éventuellement prononcées ne dépasse pas le montant maximum de la sanction la plus élevée encourue (■ Cass. crim., 19 juin 2013, n° 12-87.558, cité *infra*, sous l'article 131-27, *V° QPC*).

54) Il en est de même d'une sanction pénale et d'une amende fiscale (■ Cass. crim., 28 juill. 1970 : *Bull. crim.*, n° 251), ou douanière (■ Cass. crim., 10 janv. 1973 ; *Bull. crim.*, n° 15). – *Adde :* ■ Cass. crim., 20 juin 1996 : *Bull. crim.*, n° 268, qui écarte l'application de l'art. 4 du protocole n° 7, additionnel à la Conv. EDH ; *D.* 1997, 249, note Tixier et Lamulle et ■ Cass. crim., 4 juin 1998 : *Bull. crim.*, n° 186), ou de sanctions fiscales, infligées par l'Administration sous le contrôle du juge de l'impôt et de sanctions pénales (■ Cass. crim., 6 nov. 1997 : *Bull. crim.*, n° 379 ; *JCP* 98, II, 10087, note N. Cliquennois, et V. Ann. *Impôts*, sous art. 1741). – V. aussi ■ Cass. crim., 11 déc. 1997 : *JurisData* n° 1997-005483 ; *Dr. pénal* 1998, comm. 55, obs. J.-H. Robert. ■ 10 nov. 1999 : *JurisData* n° 1999-004788 ; *Dr. pénal* 2000, comm. 46, obs. J.-H. Robert. – V. encore ■ Cass. crim., 4 sept. 2002 : *Bull. crim.*, n° 157 ; *Dr. pénal* 2002, comm. 137, obs. J.-H. Robert (une condamnation aux droits fraudés peut être cumulée avec le prononcé d'une amende douanière) ; *infra*, Ann. *Douanes*, note sous article 411 du Code des douanes.

– En matière de contributions indirectes, le principe du non-cumul des peines est étranger aux sanctions fiscales qui présentent à la fois le caractère d'une peine et celui d'une indemnisation pour le préjudice subi par l'État (■ Cass. crim., 12 déc. 2007 : *Dr. pénal* 2008, comm. 34, obs. J.-H. Robert).

55) La règle du non-cumul ne s'applique pas non plus en cas de concours d'une peine prononcée par une juridiction militaire et d'une peine prononcée par la juridiction ordinaire (■ Cass. crim., 27 avr. 1968 : *D.* 1968, 565, note Doll). La procédure de la conversion prévue à l'article 9, 1, b de la Convention du 21 mars 1983 ayant été exclue par la France, la confusion ne saurait être admise entre une peine prononcée par une juridiction étrangère, même exécutée en France, et celle émanant d'une juridiction nationale (■ Cass. crim., 6 févr. 1996 : *Bull. crim.*, n° 61 ; *JCP* 96, G, IV, 108).

56) Sanctions administratives et pénales en matière financière. L'article 50 de la Charte des droits fondamentaux de l'Union européenne ne s'oppose pas à ce qu'une personne sanctionnée pour un manquement relevant de la compétence de l'Autorité des marchés financiers puisse, en raison des mêmes faits, être poursuivie et condamnée pour un des délits définis par les articles L. 465-1 et suivants du Code monétaire et financier (en l'espèce, entrave au fonctionnement régulier du marché, art. 465-2, C. monét. fin.).

Sous la réserve que le montant global des amendes susceptibles d'être prononcées ne dépasse pas le plafond de la sanction encourue la plus élevée, ce cumul garantit en effet la sanction effective, proportionnée et dissuasive, au sens de l'article 14-1 de la directive n° 2003/6/CE du 28 janvier 2003, dont dépend la réalisation de l'objectif d'intérêt général de l'Union européenne d'assurer l'intégrité des marchés financiers communautaires et de renforcer la confiance des investisseurs, objectif qui entre dans les prévisions de l'article 52 de la Charte précitée (■ Cass. crim., 22 janv. 2014, n° 12-83.579 : *Bull. inf. C. cass.* 15 avr. 2014, n° 782 avec la note ; *JCP* 2014, note 345, p. 533, C. Mauro ; *Dr. pén.* 2014, comm. 67, obs. E. Bonis-Garçon, et études 6, par L. de Graeve ; *AJP* 2014, p. 180, note J. Lasserre Capdeville ; *Dr. pén.* 2014, comm. 77, obs. J.-H. Robert ; *Dr. sociétés* 2014, comm. 56, note R. Salomon).

57) L'interdiction d'une double condamnation à raison des mêmes faits, prévue par l'article 4-1 du protocole n° 7 additionnel à la Convention européenne des droits de l'homme, ne trouve à s'appliquer, selon les déclarations et réserves accompagnant l'instrument de ratification dudit protocole par la France, que pour les infractions relevant, en droit français, de la compétence des tribunaux statuant en matière pénale.

Encourt la cassation l'arrêt qui, statuant sur des poursuites pénales des chefs d'escroquerie, faux et usage, constate l'extinction de l'action publique à raison du prononcé, à l'encontre des prévenus, pour les mêmes faits, de sanctions disciplinaires par le Conseil des marchés financiers, alors que celui-ci n'est pas une juridiction pénale au sens de la réserve susvisée (■ Cass. crim., 13 sept. 2017, n° 15-84.823 : *D.* 2017, p. 2130, note S. Detraz ; *JCP* G 2017, II, 1318, note O. Décima).

58) À noter que la contrainte par corps, mesure à caractère pénal prévue par la loi pour garantir l'exécution des condamnations pécuniaires, sanctions fiscales et droits fraudés, ne constitue pas une peine subsidiaire d'emprisonnement et n'est pas susceptible, à ce titre, de se confondre avec une peine privative de liberté par application des dispositions des articles 5 ancien, 132-3 et 132-4 du Code pénal (■ Cass. crim., 29 mai 1997 : *Bull. crim.*, n° 212. ■ 16 sept. 1997 : *Bull. crim.*, n° 297).

Note. – V. Code de procédure pénale, art. 749, « De la contrainte judiciaire », qui s'est substituée à la contrainte par corps.

59) Dispositions spéciales. Divers textes spéciaux prévoient certains cumuls de peines : en matière fiscale (seulement en ce qui concerne les amendes ■ Cass. crim., 12 févr. 1964 : *Bull. crim.*, n° 48), forestière (■ Cass. crim., 22 juin 1965 : *D.* 1965, 686), de pêche fluviale (■ Cass. crim., 15 déc. 1949 : *Bull. crim.*, n° 349), de police des chemins de fer (■ Cass. crim., 31 oct. 1908 : *DP* 1910, 1, 228), d'hygiène et de sécurité du travail (C. trav., art. L. 263-2, al. 2, devenu l'article L. 4741-1 du même code ; V. pour son application ■ Cass. crim., 30 oct. 2012, n° 11-88.675 : *Dr. pénal* 2013, comm. 50, obs. V. Peltier). Pour les cas spéciaux de cumul prévus par le Code pénal, V. articles 433-9 (rébellion), 434-31 (évasion), 131-36-5 (Suivi socio-judiciaire), 314-8 (organisation frauduleuse d'insolvabilité), 434-23 (usurpation d'identité).

60) Le cumul entre les peines prononcées en matière d'hygiène et de sécurité du travail et celles prévues pour les homicides ou blessures involontaires n'est pas possible (■ Cass. crim., 3 févr. et 8 nov. 1977 : *Bull. crim.*, n°s 44 et 339. ■ 4 mai 1979 : *Bull. crim.*, n° 160. ■ 23 janv. 1985 : *Bull. crim.*, n° 38 ; *Rev. sc. crim.* 1985, 841, obs. Lazerges. ■ 21 sept. 1999 : *Bull. crim.*, n° 191). **Mais**, V. n° 56, *infra*.

61) En sens contraire, il a été jugé que lorsqu'à l'occasion d'une même procédure, la personne poursuivie est reconnue coupable de plusieurs infractions en concours, les unes visées à l'article L. 263-2, alinéa 1er, du Code du travail (devenu l'article L. 4741-1), les autres d'homicide ou de blessures involontaires prévus par les articles 221-6, 222-19 et 222-20 du Code pénal, les peines de même nature se cumulent dès lors que leur total n'excède pas le maximum légal de la peine la plus élevée qui est encourue ; justifie dès lors sa décision l'arrêt qui, après avoir déclaré un employeur coupable du délit de blessures involontaires et de trois infractions à la réglementation relative à la sécurité des travailleurs, le condamne à une amende de 6 000 euros pour la première infraction et à trois amendes de 3 000 euros pour les autres délits (■ Cass. crim., 13 sept. 2005 : *Bull. crim.*, n° 224. ■ 2 mars 2010, n° 09-82.607 : *Dr. pénal* 2010, comm. 66, obs. M. Véron. ■ 30 oct. 2012, n° 11-88.675 : *Dr. pénal* 2013, comm. 50, obs. V. Peltier, préc.).

62) Condamnation à l'étranger. En cas de poursuites successives devant une juridiction étrangère et devant une juridiction française, il n'y a pas lieu, à défaut de dispositions spéciales, d'appliquer le principe du non-cumul des peines ; tel est le cas, notamment, lorsqu'il s'agit d'une peine prononcée par une juridiction étrangère mais exécutée en France par application de l'article 713-1 du Code de procédure pénale (■ Cass. crim., 6 févr. 1996 : *Bull. crim.*, n° 61, préc. n° 34 ; *JCP* 1966, IV, p. 108. ■ 26 oct. 2005 : *Bull. crim.*, n° 271).

II – CONCOURS IDÉAL D'INFRACTIONS

63) Fait matériel unique. Un fait unique ne peut donner lieu à plusieurs sanctions pénales (■ Cass. crim., 16 mai 1984 : *Bull. crim.*, n° 182).

– Un même fait autrement qualifié ne peut entraîner une double déclaration de culpabilité. Doit dès lors être cassé l'arrêt d'une chambre d'accusation qui renvoie sous la double accusation de meurtre et de violences volontaires alors qu'il s'agit d'un fait unique et que les violences se confondent avec l'homicide dont elles ont été le moyen et constituent un élément indivisible (■ Cass. crim., 3 déc. 1931 : *Bull. crim.*, n° 281).

– Sur le non-cumul entre rébellion et violences, V. *infra*, sous l'article 433-6 du Code pénal ■ Cass. crim., 21 févr. 2006 : *Bull. crim.*, n° 47, avec les observations citées.

64) Les faits qui procèdent de manière indissociable d'une action unique caractérisée par une seule intention coupable ne peuvent donner lieu, contre le même prévenu, à deux déclarations de culpabilité de nature pénale, fussent-elles concomitantes.

– Encourt la cassation l'arrêt qui, pour condamner un prévenu du chef de recel, énonce que des fonds provenant de l'escroquerie commise par sa compagne ont été versés sur son compte bancaire, alors qu'il s'agit d'une opération préalable à l'achat du bien qu'il a réalisé et pour lequel il a été condamné du chef de blanchiment (■ Cass. crim., 26 oct. 2016, n° 15-84.552. – V. aussi, ■ Cass.

crim., 25 oct. 2017, n° 16-84.133 : *Dr. pén.* 2018, comm. 1, note P. Conte)

– Encourt la cassation l'arrêt qui, pour condamner un prévenu du chef de blanchiment, énonce que ce dernier a fait effectuer, par une société et au profit d'une autre, des virements correspondant à des prestations inexistantes, alors qu'elle juge, par le même arrêt, que ces virements sont constitutifs du délit d'abus de biens sociaux dont elle déclare le même prévenu coupable (■ Cass. crim., 7 déc. 2016, n° 15-87.335 : *Dr. pén.* 2017, comm. 36, note P. Conte).

65) Qualification unique. Lorsqu'un seul fait matériel peut recevoir plusieurs qualifications, il doit être envisagé sous la plus haute expression pénale dont il est susceptible (■ Cass. crim., 13 janv. 1953 : *Bull. crim.*, n° 12. ■ 21 avr. 1976 : *Bull. crim.*, n° 122 ; *adde*, ■ Cass. crim., 22 avr. 1986 : *Bull. crim.*, n° 133).

66) Peine unique. Une faute pénale unique ne pouvant être sanctionnée que par une seule peine, encourt la cassation la décision qui condamne à deux amendes un prévenu coupable d'avoir occasionné un accident de la circulation ayant entraîné pour chacune des deux victimes une incapacité de travail d'une durée inférieure à trois mois (■ Cass. crim., 22 févr. 1995 : *Bull. crim.*, nos 80 et 81. ■ 4 févr. 1998 : *Bull. crim.*, n° 46 ; *Dr. pénal*, 1998, chron. 15. ■ 11 mai 2004 : *Bull. crim.*, n° 115).

67) En raison du principe *non bis in idem*, le même fait ne peut entraîner une double déclaration de culpabilité ni être retenu à la fois comme élément constitutif d'un crime et comme circonstance aggravante d'une autre infraction : C'est ainsi que les mêmes violences ne peuvent être retenues à la fois comme élément constitutif d'un viol et d'un délit de violences volontaires et comme circonstance aggravante d'un vol (■ Cass. crim., 6 janv. 1999 : *Bull. crim.*, n° 6).

68) En application de l'article 5 du Code pénal ancien et des articles 132-3 et 132-7 du Code pénal, une faute unique ne peut être sanctionnée que par une seule peine. Encourt la cassation l'arrêt qui condamne le prévenu pour le délit et la contravention de blessures involontaires à la fois à une peine d'emprisonnement avec sursis et à une peine d'amende (■ Cass. crim., 21 sept. 1999 : *Bull. crim.*, n° 191 ; *Rev. sc. crim.* 2000, 200, obs. Y. Mayaud. ■ 8 mars 2005 : *Bull. crim.*, n° 78 ; *D.* 2005, IR, p. 1052), ou condamne une personne morale à une amende pour les délits d'homicides et blessures involontaires, et à une amende pour la contravention de blessures involontaires, alors que les délits et la contravention qui procédaient d'une même action coupable, ne pouvaient être punis séparément (■ Cass. crim., 26 oct. 2010 : *Dr. pén.* 2011, comm. 15, obs. M. Véron).

69) Le délit de mise en danger délibérée d'autrui ne peut se cumuler avec le délit de blessures involontaires aggravées, commis à l'égard des mêmes personnes (■ Cass. crim., 11 sept. 2001 : *Bull. crim.*, n° 176 ; *Rev. sc. crim.* 2002, p. 106, obs. Y. Mayaud).

70) Éléments distincts. Néanmoins, le concours de qualification équivaut à un concours réel d'infractions s'il existe plusieurs éléments moraux distinctement incriminés et si l'activité matérielle imputée au délinquant a entraîné la violation d'intérêts collectifs ou individuels distinctement protégés par la loi ; il a été ainsi jugé qu'un automobiliste violant le droit de priorité et blessant un cycliste réalisait deux éléments moraux distincts et qu'il devait être frappé d'autant de peines que de textes violés (■ Cass. crim., 19 avr. 1956 : *Bull. crim.*, n° 323. ■ 8 mars 1972 : *Bull. crim.*, n° 89 ; *D.* 1972, somm. 95. – V. notamment, ■ Cass. crim., 3 janv. 1960 : *Bull. crim.*, n° 178, – jet de grenade, non explosée, dans un café – qui a justifié la condamnation de son auteur pour tentative d'assassinat et tentative de destruction par explosif, ces deux crimes, simultanés, commis par le même moyen, relevant d'intentions coupables différentes ; *Rev. sc. crim.* 1961, p. 107, obs. A. Légal. ■ Cass. crim., 3 mars 1960 : *Bull. crim.*, n° 138 ; *Rev. sc. crim.* 1961, 105, obs. Légal).

71) Jugé encore qu'une poursuite fondée sur la publication du même écrit et intentée sous la double qualification de diffamation envers un citoyen chargé d'un service public et de violation du secret professionnel ne constitue pas la poursuite d'un fait unique sous deux qualifications différentes mais celle de deux infractions simultanées commises par le même moyen caractérisées par des éléments constitutifs différents (■ Cass. crim., 19 oct. 1982 : *Bull. crim.*, n° 225).

72) De même, dans le cas de deux poursuites engagées, l'une pour diffamation à caractère raciste, l'autre pour contestation de crime contre l'humanité, à raison de certains passages d'un même livre, il a été jugé que les intérêts protégés par l'une et l'autre incrimination sont d'une nature différente, qu'ils ne concernent pas nécessairement les mêmes personnes ou les mêmes groupes de personnes et qu'en conséquence ces deux infractions, lorsqu'elles sont en concours ne sauraient constituer un cumul idéal d'infractions (■ Cass. crim., 12 sept. 2000 : *JurisData* n° 006323 ; *Dr. pénal* 2001, comm. 4, obs. J.-H. Robert).

73) Un fait unique constituant un cumul idéal d'infractions peut recevoir plusieurs qualifications pénales différentes, dès lors que celles-ci ne présentent entre elles aucune incompatibilité et sont susceptibles d'être appliquées concurremment ; il n'est donc porté aucune atteinte à la règle *non bis in idem* par des poursuites concomitantes relatives au même article de presse, des chefs de diffamation et d'infraction à la loi du 2 juillet 1931 (■ Cass. crim., 19 mars 1996 : *Bull. crim.*, n° 117). Jugé de même pour les infractions à l'interdiction légale d'occuper un salarié plus de six jours par semaine et à la règle fixant à vingt-quatre heures la durée minimale du repos hebdomadaire (■ Cass. crim., 17 juill. 1986 : *Bull. crim.*, n° 237) et pour les délits de corruption et d'abus de biens sociaux (■ Cass. crim., 17 nov. 1986 : *Bull. crim.*, n° 342), ou de corruption et de complicité ou recel d'abus de biens sociaux – comportant au demeurant des éléments constitutifs différents, dès lors que, conformément aux articles 5 ancien et 132-3 nouveau du Code pénal, une seule peine a été prononcée (■ Cass. crim., 27 oct. 1997 : *Bull. crim.*, n° 352).

74) Constituent aussi des infractions distinctes, d'une part, les violences par personne dépositaire de l'autorité publique et, d'autre part, les actes attentatoires à la liberté individuelle (■ Cass. crim., 21 avr. 1998 : *Bull. crim.*, n° 140).

75) Commet cumulativement le délit de publicité de nature à induire en erreur et celui de tromperie, le voyagiste qui a fait diffuser une publicité comportant des allégations fausses ou de nature à induire en erreur et qui trompe volontairement les cocontractants sur la nature des prestations fournies (■ Cass. crim., 4 mai 2004 : *Bull. crim.*, n° 105). Les qualifications de fabrication ou de tromperie et d'usurpation d'appellations d'origine, qui ne présentent entre elles aucune incompatibilité, sont susceptibles d'être appliquées concurremment, les intérêts protégés étant différents (■ Cass. crim., 29 nov. 1983 : *D.* 1984, inf. rap. p. 145. ■ 16 janv. 2007 : *JurisData* 2007-037507 ; *Dr. pénal* 2007, comm. 57, obs. J.-H. Robert).

76) Les qualifications de tenue d'une comptabilité manifestement irrégulière ou incomplète, constitutive de banqueroute et d'omission d'écritures en comptabilité, prévue par l'article 1743 du Code général des impôts ne sont pas incompatibles entre elles et peuvent être retenues pour un même fait dès lors qu'elles sanctionnent la violation d'intérêts distincts, comportent des éléments constitutifs différents et qu'une seule peine a été prononcée conformément à l'article 132-3 du Code pénal (■ Cass. crim., 4 mai 2006 : *JurisData* 2006-033686 ; *Dr. pénal* 2006, comm. 101, obs. J.-H. Robert).

77) Est justifiée la décision des juges du fond qui déclare constitués, en raison des mêmes agissements d'un prévenu, les délits de discrimination syndicale et de harcèlement moral prévus par les articles L. 481-3 du Code du travail et 222-33-2 du Code pénal qui sanctionnent la violation d'intérêts distincts (■ Cass. crim., 6 févr. 2007 : *Bull. crim.*, n° 29 ; *Rev. sc. crim.* 2007, p. 527, obs. E. Fortis et p. 818, obs. Y. Mayaud ; *AJP* 2007, p. 179, obs. G. Royer ; *Rev. sc. crim.* 2007, p. 824, obs. A. Cerf-Hollender).

78) Le délit douanier réputé importation en contrebande et le délit d'importation de marchandises présentées sous une marque contrefaite, protégeant des intérêts différents, doivent être poursuivis sous cette double qualification (■ Cass. crim., 11 juin 2008 : *JurisData* n° 2008-044906 ; *Dr. pénal* 2008, comm. 127, obs. J.-H. Robert).

79) La prévenue ne saurait faire grief à la cour d'appel de l'avoir déclarée, pour la même construction, coupable d'exécution de travaux en méconnaissance du plan d'occupation des sols (C. urb., art. L. 160-1 et L. 480-4) et de construction dans une zone interdite par un plan d'occupation de prévention des risques naturels (C. env., art. L. 562-5) dès lors que ces deux incriminations visent à la protection de valeurs sociales, de réglementations et d'intérêts différents (■ Cass. crim., 29 oct. 2013, n° 12-85.395 : *Dr. pén.* 2014, comm. 8, obs. J.-H. Robert).

80) Ne méconnaît pas la règle *non bis in idem* la cour d'appel qui condamne un prévenu pour réalisation irrégulière d'affouillement ou d'exhaussement du sol et de violation du plan d'occupation des sols, dès lors que ces incriminations visent à l'application de réglementations distinctes et à la protection d'intérêts juridiquement différents, afférents pour les uns aux travaux, pour les autres, à l'occupation du sol, et qu'une seule peine a été prononcée (■ Cass. crim., 3 mai 2017, n° 16-84.240).

81) Ne méconnaît pas le principe *non bis in idem* la cour d'appel qui retient, à l'encontre du prévenu, les deux qualifications d'infraction à la législation sur les stupéfiants et de contrebande de marchandises prohibées, ces dernières étant susceptibles d'être appliquées concurremment dès lors qu'elles résultent de la mise en œuvre d'un système intégrant poursuites et actions pénales et douanières, permettant au juge pénal de réprimer un même fait sous ses deux aspects, de manière prévisible et proportionnée, le montant global des sanctions éventuellement prononcées ne devant pas dépasser le montant le plus élevé de l'une des sanctions encourues (■ Cass. crim., 11 juill. 2017, n° 16-81.797).

Sous-section 2. - Des peines applicables en cas de récidive

§ 1. - Personnes physiques

Art. 132-8. – Lorsqu'une personne physique, déjà condamnée définitivement pour un crime ou pour un délit puni de dix ans d'emprisonnement par la loi, commet un crime, le maximum de la peine de la réclusion criminelle ou de la détention criminelle est la perpétuité si le maximum fixé par la loi pour ce crime est de vingt ou trente ans. Le maximum de la peine est porté à trente ans de réclusion criminelle ou de détention criminelle si le crime est puni de quinze ans.

Bibliographie : *JCl. pén., Récidive* par D. Thomas. • *Rev. sc. crim.* 2000, 319, doctr. par M.-H. Renaut. • M. Herzog-Evans, *Les dispositions relatives à la récidive dans la loi du 12 décembre 2005 : D.* 2006, chron., p. 182. • J.-H. Robert, *Loi du 12 décembre 2005 relative au traitement de la récidive des infractions pénales : JCP* 2006, I, 116. • J.-H. Robert, *Loi du 10 août 2007 renforçant la lutte entre la récidive : Dr. pénal* 2007, Études 20. • E. Garçon, *Entre confiance et défiance à l'égard du juge pénal (loi du 10 août 2007) : JCP* 2007, I, 196. • J. Pradel, *Commentaire de la loi du 10 août 2007 sur les « peines plancher » : D.* 2007, p. 2247. • E. Camous, *Un droit de la récidive en quête de cohérence : Dr. pénal* 2009, Études 3. • A. Gallois, *À propos de la loi du 10 mars 2010 : JCP* G, act. 340. • V. « *Prévenir la récidive* », dossier *AJP* 2012, p. 63 et s., et notamment la note de V. Tellier-Caprol, « *La récidive : de quelques paradoxes et incohérences* ».

Art. 132-9. – Lorsqu'une personne physique, déjà condamnée définitivement pour un crime ou pour un délit puni de dix ans d'emprisonnement par la loi, commet, dans le délai de dix ans à compter de l'expiration ou de la prescription de la précédente peine, un délit puni de la même peine, le maximum des peines d'emprisonnement et d'amende encourues est doublé.

Lorsqu'une personne physique, déjà condamnée définitivement pour un crime ou pour un délit puni de dix ans d'emprisonnement par la loi, commet, dans le délai de cinq ans à compter de l'expiration ou de la prescription de la précédente peine, un délit puni d'une peine d'emprisonnement d'une durée supérieure à un an et inférieure à dix ans, le maximum des peines d'emprisonnement et d'amende encourues est doublé.

Art. 132-10. – Lorsqu'une personne physique, déjà condamnée définitivement pour un délit, commet, dans le délai de cinq ans à compter de l'expiration ou de la prescription de la précédente peine, soit le même délit, soit un délit qui lui est assimilé au regard des règles de la récidive, le maximum des peines d'emprisonnement et d'amende encourues est doublé.

1) QPC. Non-lieu à renvoi au Conseil constitutionnel de la QPC visant les articles 131-4, 132-9 et 132-10 du Code pénal (■ Cass. crim., 1er févr. 2012, n° 11-84.201).

2) Constatations nécessaires. Encourt la cassation la décision qui se borne à énoncer que l'état de récidive est constitué sans spécifier ni la nature du délit antérieur et de la peine prononcée, ni le caractère définitif de la condamnation intervenue lors de la perpétration des faits ayant motivé la nouvelle poursuite, et sans indiquer si le prévenu a été amené à s'expliquer sur l'état de récidive, alors même que la condamnation serait justifiée (■ Cass. crim., 8 juill. 1981 : *Bull. crim.*, n° 228. ■ 16 févr. 1983 : *Bull. crim.*, n° 61).

3) Encourt la cassation l'arrêt qui ne constate pas la condamnation antérieure justifiant l'application de l'article 58 (ancien) du Code pénal et le caractère définitif de cette condamnation (■ Cass. crim., 4 oct. 1989 : *Bull. crim.*, n° 340).

4) Loi nouvelle. Ne méconnaît pas la non-rétroactivité des lois l'arrêt qui, en application d'une loi nouvelle, constate l'état de récidive en retenant l'existence d'un premier terme antérieur à la loi (■ Cass. crim., 11 févr. 1981 : *Bull. crim.*, n° 56. ■ 23 mars 1981 : *Bull. crim.*, n° 103).

5) Il suffit pour entraîner l'application immédiate de la loi nouvelle instituant un nouveau régime de la récidive que l'infraction constitutive du second terme soit postérieure à son entrée en vigueur : l'aggravation de peine résultant de la récidive étant la conséquence de la seconde infraction qu'il dépend de l'agent de ne pas commettre ; encourt, dès lors, la censure l'arrêt qui, en l'état de poursuites pour conduite sous l'empire d'un état alcoolique commise postérieurement au 1er mars 1994, pour écarter l'application au prévenu des aggravations de peines résultant de la récidive, retient que la première condamnation pour ce délit, antérieure à cette date, ne comportant pas de peine d'emprisonnement, ne peut constituer le premier terme de la récidive au sens de l'ancien article 58, alinéa 2, du Code pénal dès lors qu'est plus sévère et non applicable l'article 132-10 dudit code qui prévoit que le premier terme peut être constitué par toute condamnation pour un délit (■ Cass. crim., 27 mars

1996 : *Bull. crim.*, n° 140. ■ 29 févr. 2000 : *Bull. crim.*, n° 95 ; *Rev. sc. crim.* 2001, p. 167, obs. J.-P. Delmas-Saint-Hilaire).

6) Condamnation amnistiée. Une condamnation effacée par une loi d'amnistie ne peut plus être comptée comme premier terme d'un état de récidive ; en matière de récidive, les principes consacrés par l'article 598 du Code de procédure pénale et relatifs à la peine justifiée, sont sans application (■ Cass. crim., 23 mars 1982 : *Bull. crim.*, n° 84. ■ 5 juin 1996 : *Bull. crim.*, n° 232).

7) Condamnation avec sursis. Il se déduit des derniers alinéas des articles 133-16 et 133-13 du Code pénal, issus de l'article 43 de la loi n° 2007-297 du 5 mars 2007, entré en vigueur le 7 mars 2008, qu'une condamnation avec sursis **réputée non avenue** peut constituer le premier terme de la récidive (■ Cass., avis, 26 janv. 2009 : *Bull. inf. C. cass.* 2009, I, p. 9, rapport Pometan et concl. Lucazeau ; *Bull. crim.*, avis n° 1).

8) Une condamnation assortie du sursis avec mise à l'épreuve, bien que réputée non avenue, peut constituer le premier terme de la récidive (■ Cass. crim., 11 janv. 2011, n° 10-81.781 : *Bull. crim.*, n° 4 ; *JCP* 2011, note 346, J.-H. Robert). V. sous art. 133-13, p. 179 et art. 133-16, p. 179.

9) Il résulte de l'article 132-10 du Code pénal que le délai de récidive court, non à partir du jour où la condamnation est devenue définitive, mais à compter de l'expiration ou de la prescription de la peine.

Encourt la cassation l'arrêt qui, pour écarter la récidive, retient qu'à la date de commission des faits ayant entraîné la seconde poursuite, la précédente condamnation était réputée non avenue et que cette condamnation est devenue définitive plus de cinq ans avant l'infraction constituant le second terme de la récidive, alors que le délai de récidive ne courait qu'à compter du jour où la condamnation assortie du sursis était non avenue (■ Cass. crim., 14 oct. 2014, n° 13-87.636 : *Bull. crim.*, n° 207).

10) Composition pénale. Une amende de composition pénale exécutée ne peut pas constituer le premier terme d'une récidive, au sens de l'article 132-10 du Code pénal (■ Cass., avis, 18 janv. 2010 : *Bull. inf. C. cass.*, 2010, I, Rapp. Mme Lazerges, obs. M. Robert ; *Bull. crim.*, avis n° 1 ; *D.* 2010, act. 327, obs. Lena).

– Il résulte de l'article 132-10 du Code pénal que seule une condamnation pénale définitive peut constituer le premier terme d'une récidive.

Tel n'est pas le cas de la composition pénale qui, en application des articles 40-1 et 41-2 du Code de procédure pénale, est une mesure alternative aux poursuites (■ Cass. crim., 30 nov. 2010, n° 10-80.460 : *Bull. crim.*, n° 190).

11) Mineurs. Il se déduit de l'article 20-2 de l'ordonnance du 2 février 1945 que seules des mesures ou sanctions éducatives prononcées contre un mineur ne peuvent constituer le premier terme de la récidive.

Tel n'est pas le cas d'une condamnation à une peine (3 mois d'emprisonnement en l'espèce pour violences) : ■ Cass. crim., 16 nov. 2010, pourvoi n° 09-87.691 : *D.* 2011, p. 428, note S. Detraz.

12) Autres mesures répressives. Encourt la cassation partielle l'arrêt qui, après avoir déclaré le prévenu coupable de séjour irrégulier d'un étranger en France en récidive, le condamne à 6 mois d'emprisonnement et à cinq ans d'interdiction du territoire, alors que cette dernière peine excède le maximum de trois ans prévu par l'article 9 de l'ordonnance du 2 novembre 1945 devenu l'article L. 621-1 du Code de l'entrée et du séjour des étrangers, et que **l'article 132-10 du Code pénal relatif à la récidive ne vise que les peines d'amende et d'emprisonnement** (■ Cass. crim., 18 janv. 2006 : *Dr. pénal* 2006, comm. 56).

13) Le premier terme de l'état de récidive criminelle, ne peut résulter que d'une condamnation définitive antérieure pour un crime ou pour un délit puni de dix ans d'emprisonnement.

La personne définitivement condamnée pour agression sexuelle avec arme, délit puni de sept ans d'emprisonnement, condamnée, par la suite, pour viols aggravés, viols, dégradation volontaire du bien d'autrui et vol n'est pas en état de récidive légale et n'encourt, de ce fait, qu'une peine maximum de vingt ans de réclusion criminelle.

L'arrêt la condamnant à vingt-cinq ans de réclusion criminelle doit, sur le pourvoi formé d'ordre du Garde des Sceaux, être cassé dans l'intérêt de la loi et du condamné, sans renvoi, la Cour de cassation étant en mesure de mettre fin au litige en fixant à vingt ans de réclusion criminelle la peine privative de liberté devant être subie (■ Cass. crim., 6 nov. 2013, n° 13-83-798 : *Bull. crim.*, n° 221 ; *Dr. pén.* 2014, comm. 18, obs. E. Bonis-Garçon).

14) Procédure. Est recevable le moyen invoqué pour la première fois devant la Cour de cassation critiquant les énonciations d'un arrêt relatives à l'état de récidive d'un prévenu.

N'encourt pas la censure l'arrêt qui déclare un prévenu coupable des délits de recel et corruption en récidive, sans constater que la condamnation retenue par la prévention comme premier terme de la procédure avait un caractère définitif au moment où les faits objet de la poursuite ont été commis, dès lors que la Cour de cassation est en mesure de s'assurer par la lecture du casier judiciaire du prévenu que la condamnation constituant ce premier terme est devenue définitive, à défaut d'appel interjeté par le prévenu ou le ministère public du jugement rendu contradictoirement, et qu'une partie des faits visés à la prévention des chefs de recel et de corruption est postérieure à la date à laquelle cette condamnation a acquis un caractère définitif (■ Cass. crim., 2 nov. 2016, n° 15-84.211 : *Dr. pén.* 2017, comm. 30, note E. Bonis-Garçon).

15) Garanties de la défense. Tout prévenu a droit à être informé d'une manière détaillée de la nature et de la cause de la prévention dont il est l'objet et doit, par suite, être mis en demeure de se défendre, tant sur les divers chefs d'infraction qui lui sont reprochés, que sur chacune des circonstances aggravantes susceptibles d'être retenues à sa charge.

Il en est ainsi de l'état de récidive, non visé à la prévention, mais retenu par la cour d'appel pour aggraver la peine (■ Cass. crim., 2 juill. 1991 : *Bull. crim.*, n° 290. ■ 17 déc. 1997 : *Bull. crim.*, n° 434. ■ 20 sept. 2000 : *Bull. crim.*, n° 274).

16) Si les juges disposent du droit de relever d'office l'état de récidive, ils ne peuvent le faire qu'en respectant les droits de la défense ; après avoir refusé le renvoi de l'affaire, l'arrêt attaqué, pour retenir l'état de récidive contre le prévenu, non comparant, énonce que cette circonstance a été visée par la citation délivrée à la personne pour être jugé en appel ; mais en prononçant ainsi, alors que la citation devant la cour d'appel, qui n'est qu'indicative de la date d'audience, est sans incidence sur l'étendue de la saisine de la juridiction, fixée par l'acte d'appel et alors que le prévenu, non excusé et ne pouvant être représenté, n'a pas été mis en mesure de se défendre sur ce point, la cour d'appel a méconnu le principe sus-énoncé (■ Cass. crim., 20 mars 1996 : *Bull. crim.*, n° 123).

17) L'état de récidive du prévenu, lorsqu'il a été relevé par les premiers juges, se trouve dans le débat devant la cour d'appel.

La cour d'appel, qui relève l'état de récidive légale pour les délits de corruption de mineur de quinze ans commis moins de cinq ans après l'expiration de la peine d'emprisonnement prononcée, du même chef, par un jugement définitif antérieur, fait l'exacte application des dispositions de l'article 132-10 du Code pénal (■ Cass. crim., 10 mai 2012, n° 10-87.493 : *Bull. crim.*, n° 118).

Art. 132-11 ***(Mod., L. n° 2003-495, 12 juin 2003).*** **– Dans les cas où le règlement le prévoit, lorsqu'une personne physique, déjà condamnée définitivement pour une contravention de la 5e classe, commet, dans le délai d'un an à compter de l'expiration ou de la prescription de la précédente peine, la même contravention, le maximum de la peine d'amende encourue est porté à 3 000 €.**

Dans les cas où la loi prévoit que la récidive d'une contravention de la cinquième classe constitue un délit, la récidive est constituée si les faits sont commis dans le délai de trois ans à compter de l'expiration ou de la prescription de la précédente peine.

§ 2. – Personnes morales

Art. 132-12 ***(Mod., L. n° 2013-1117, 6 déc. 2013).*** **– Lorsqu'une personne morale, déjà condamnée définitivement pour un crime ou pour un délit puni par la loi en ce qui concerne les personnes physiques de 100 000 € d'amende, engage sa responsabilité pénale par un crime, le taux maximum de l'amende applicable pour les personnes morales est doublé. Dans ce cas, la personne morale encourt, en outre, les peines mentionnées à l'article 131-39, sous réserve des dispositions du dernier alinéa de cet article.**

Art. 132-13 ***(Mod., L. n° 2001-504, 12 juin 2001 ; L. n° 2013-1117, 6 déc. 2013).*** **– Lorsqu'une personne morale, déjà condamnée définitivement pour un crime ou pour un délit puni par la loi en ce qui concerne les personnes physiques de 100 000 € d'amende, engage sa responsabilité pénale, dans le délai de dix ans à compter de l'expiration ou de la prescription de la précédente peine, par un délit puni de la même peine, le taux maximum de l'amende applicable pour les personnes morales est doublé.**

Lorsqu'une personne morale, déjà condamnée définitivement pour un crime ou pour un délit puni par la loi en ce qui concerne les personnes physiques de 100 000 € d'amende, engage sa responsabilité pénale, dans le délai de cinq ans à compter de l'expiration ou de la prescription de la précédente peine, par un délit puni par la loi en ce qui concerne les personnes physiques d'une peine d'amende d'au moins 15 000 €, le taux maximum de l'amende applicable pour les personnes morales est doublé.

Dans les cas prévus par les deux alinéas précédents, la personne morale encourt, en outre, les peines mentionnées à l'article 131-39, sous réserve des dispositions du dernier alinéa de cet article.

Art. 132-14 *(Mod., L. n° 2013-1117, 6 déc. 2013).* **– Lorsqu'une personne morale, déjà condamnée définitivement pour un délit, engage sa responsabilité pénale, dans un délai de cinq ans à compter de l'expiration ou de la prescription de la précédente peine, soit par le même délit, soit par un délit qui lui est assimilé au regard des règles de la récidive, le taux maximum de l'amende applicable aux personnes morales est doublé.**

Art. 132-15. – Dans les cas où le règlement le prévoit, lorsqu'une personne morale, déjà condamnée définitivement pour une contravention de la 5e classe, engage sa responsabilité pénale, dans le délai d'un an à compter de l'expiration ou de la prescription de la précédente peine, par la même contravention, le taux maximum de l'amende applicable est égal à dix fois celui qui est prévu par le règlement qui réprime cette contravention en ce qui concerne les personnes physiques.

§ 3. – Dispositions générales

Art. 132-16. – Le vol, l'extorsion, le chantage, l'escroquerie et l'abus de confiance sont considérés, au regard de la récidive, comme une même infraction.

Art. 132-16-1 *(L. n° 98-468, 17 juin 1998).* **– Les délits d'agressions sexuelles et d'atteintes sexuelles sont considérés, au regard de la récidive, comme une même infraction.**

Art. 132-16-2 *(L. n° 2003-495, 12 juin 2003).* **– Les délits d'homicide involontaire ou d'atteinte involontaire à l'intégrité de la personne commis à l'occasion de la conduite d'un véhicule terrestre à moteur prévus par les articles 221-6-1, 222-19-1 et 222-20-1 sont considérés, au regard de la récidive, comme une même infraction.**

Les délits prévus par les articles L. 221-2, L. 234-1, L. 235-1 et L. 413-1 du Code de la route sont considérés, au regard de la récidive, comme une même infraction. Ils sont également assimilés aux délits mentionnés à l'alinéa précédent lorsqu'ils constituent le second terme de la récidive.

1) Les délits de conduite sous l'empire d'un état alcoolique et de conduite en état d'ivresse manifeste, prévus à l'article L. 234-1 du Code de la route et le délit de refus de se soumettre aux vérifications destinées à établir la preuve de l'état alcoolique, réprimé par l'article L. 234-8 du même code, ne sont pas assimilés au regard des règles de la récidive par l'article 132-16-2 du Code pénal (■ Cass. crim., 21 juin 2005 : *Dr. pénal* 2005, comm. 139, obs. M. Véron).

2) Le délit de conduite sous l'empire d'un état alcoolique, prévu par l'article L. 234-1 du Code de la route, et le délit de blessures involontaires ayant entraîné une incapacité totale de travail n'excédant pas trois mois, par conducteur de véhicule sous l'empire d'un état alcoolique, prévu par l'article 222-20-1 du Code pénal, ne sont assimilés au regard de la récidive par l'article 132-16-2 du Code pénal, que si le délit de conduite sous l'empire d'un état alcoolique en constitue le second terme (■ Cass. crim., 31 mai 2016, n° 15-84.329).

Art. 132-16-3 *(L. n° 2005-1549, 12 déc. 2005).* **– Les délits de traite des êtres humains et de proxénétisme prévus par les articles 225-4-1, 225-4-2, 225-4-8, 225-5 à 225-7 et 225-10 sont considérés, au regard de la récidive, comme une même infraction.**

Art. 132-16-4 *(L. n° 2005-1549, 12 déc. 2005).* **– Les délits de violences volontaires aux personnes ainsi que tout délit commis avec la circonstance aggravante de violences sont considérés, au regard de la récidive, comme une même infraction.**

La violence que doit revêtir la résistance constitutive de la rébellion ne peut être retenue au regard de la récidive, comme caractérisant la circonstance aggravante de violences prévue par l'article 132-16-4 du Code pénal. Justifie, dès lors, sa décision, la cour d'appel qui, en pareille occurrence, écarte la circonstance de la récidive (■ Cass. crim., 8 déc. 2009 : *Bull. crim.*, n° 209 ; *Dr. pénal* 2010, comm. 32, obs. M. Véron).

Art. 132-16-4-1 *(Créé, L. n° 2016-731, 3 juin 2016).* **– Les délits relatifs au trafic d'armes prévus aux articles 222-52 à 222-67 sont considérés, au regard de la récidive, comme une même infraction.**

Art. 132-16-5 *(L. n° 2005-1549, 12 déc. 2005).* **– L'état de récidive légale peut être relevé d'office par la juridiction de jugement même lorsqu'il n'est pas mentionné dans l'acte de poursuites, dès lors qu'au cours de l'audience la personne poursuivie en a été informée et qu'elle a été mise en mesure d'être assistée d'un avocat et de faire valoir ses observations.**

1) Méconnaît l'article 132-16-5 du Code pénal, la cour d'assises qui relève d'office l'état de récidive non mentionné dans l'acte de renvoi, sans qu'il résulte des énonciations du procès-verbal des débats que le président ait mis l'accusé ou son avocat en mesure de présenter leurs observations, à ce sujet, avant réquisitoire et plaidoiries (■ Cass. crim., 16 janv. 2008, n° Z 07-83.218 : *Bull. crim.*, n° 11).

2) L'état de récidive non mentionné dans l'acte de renvoi ne peut être relevé d'office que si le président a mis en mesure l'accusé ou son avocat de présenter leurs observations à ce sujet avant réquisitoire et plaidoiries (■ Cass. crim., 17 févr. 2010, n° 09-84.193 : *Bull. crim.*, n° 33 ; *Dr. pén.* 2010, comm. 67, obs. M. Véron. ■ 31 août 2011, n° 10-87.066 : *Dr. pén.* 2011, note 184, obs. M. Véron).

3) Il ressort des dispositions de l'article 132-16-5 du Code pénal que l'état de récidive légale ne peut être relevé d'office par la juridiction de jugement, lorsqu'il n'est pas mentionné dans l'acte de poursuite que le prévenu en a été informé et qu'il a été mis en mesure d'être assisté par un avocat et de faire valoir ses observations. En conséquence, c'est à bon droit qu'une cour d'appel rejette la demande du ministère public, présentée en cause d'appel, tendant à ce que soit prononcée, contre un prévenu ayant demandé à être jugé en son absence en étant représenté par son avocat, une peine entrant dans les prévisions de l'article 132-19-1 du Code pénal, alors qu'il n'avait pas été satisfait aux prescriptions de l'article 132-16-5 du même code (■ Cass. crim., 11 oct. 2011, n° 11-81.298 : *Bull. crim.*, n° 201 ; *Dr. pén.* 2011, comm. 148, obs. M. Véron).

4) Si, aux termes de l'article 132-16-5 du Code pénal, l'état de récidive légale peut être relevé d'office par la juridiction de jugement, même lorsqu'il n'est pas mentionné dans l'acte de poursuite, c'est à la condition qu'au cours de l'audience, la personne poursuivie en ait été informée et qu'elle ait été mise en mesure d'être assistée d'un avocat et de faire valoir ses observations (■ Cass. crim., 23 mai 2013, n° 12-83.721 : *Bull. crim.*, n° 114 ; *Dr. pén.* 2013, comm. 137, obs. E. Bonis-Garçon, et comm. 140, obs. M. Véron ; *JCP* 2013, note 875, p. 1513, A. Bolze). – *Adde*, (■ Cass. crim., 17 déc. 2013, n° 12-87.258 : *Dr. pén.* 2014, comm. 22, obs. M. Véron).

Art. 132-16-6 *(Abr., L. n° 2010-242, 10 mars 2010).*

Sous-section 3. – Des peines applicables en cas de réitération d'infractions

Art. 132-16-7 *(L. n° 2005-1549, 12 déc. 2005).* **– Il y a réitération d'infractions pénales lorsqu'une personne a déjà été condamnée définitivement pour un crime ou un délit et commet une nouvelle infraction qui ne répond pas aux conditions de la récidive légale.**

Les peines prononcées pour l'infraction commise en réitération se cumulent sans limitation de quantum et sans possibilité de confusion avec les peines définitivement prononcées lors de la condamnation précédente.

Selon l'article 132-16-7 du Code pénal, il y a réitération d'infractions pénales, faisant obstacle à la confusion des peines, lorsqu'une personne déjà condamnée définitivement pour crime ou délit commet une nouvelle infraction ne répondant pas aux conditions de la récidive légale. La condamnation prononcée par un jugement encore susceptible d'appel, par le procureur général, ne peut constituer le premier terme de l'état de réitération d'infractions (■ Cass. crim., 12 mars 2014 : *Bull. crim.*, n° 76 ; *D.* 2014, p. 724).

Sous-section 4. – Du prononcé des peines

Art. 132-17. **– Aucune peine ne peut être appliquée si la juridiction ne l'a expressément prononcée.**

La juridiction peut ne prononcer que l'une des peines encourues pour l'infraction dont elle est saisie.

Bibliographie : *JCl. pén., Prononcé des peines* par J. Leblois-Happe.

Encourt la cassation l'arrêt de la Cour d'appel qui prononce une peine complémentaire facultative en énonçant qu'elle était légalement obligatoire (■ Cass. crim., 19 oct. 2004 : *Dr. pénal* 2005, comm. 8, obs. J.-H. Robert).

V. *infra*, sous article 132-24 et Ann. *Urbanisme*, sous article L. 480-5.

Art. 132-18. – Lorsqu'une infraction est punie de la réclusion criminelle ou de la détention criminelle à perpétuité, la juridiction peut prononcer une peine de réclusion criminelle ou de détention criminelle à temps, ou une peine d'emprisonnement qui ne peut être inférieure à deux ans.

Lorsqu'une infraction est punie de la réclusion criminelle ou de la détention criminelle à temps, la juridiction peut prononcer une peine de réclusion criminelle ou de détention criminelle pour une durée inférieure à celle qui est encourue, ou une peine d'emprisonnement qui ne peut être inférieure à un an.

1) QPC. Non-lieu à renvoi devant le Conseil constitutionnel de la QPC visant l'article 132-18 du Code pénal (■ Cass. crim., 4 mars 2015, n° 14-85.321).

2) L'article 132-18, alinéa 2, du Code pénal permet à la cour d'assises, lorsqu'une infraction est punie de la réclusion criminelle, de prononcer soit le minimum de cette peine, fixé à 10 ans par l'article 131-1 du même code, soit le maximum de la peine d'emprisonnement, également de 10 ans selon l'article 131-4 (■ Cass. crim., 20 nov. 1996 : *Bull. crim.*, n° 416).

3) Le visa sur la feuille de questions des articles 132-18 et 132-24 du Code pénal, n'est imposé par aucune disposition légale (■ Cass. crim., 18 nov. 1998 : *Bull. crim.*, n° 308).

Art. 132-18-1 ***(Abr. à compter du 1er oct. 2014, L. n° 2014-896, 15 août 2014).***

Art. 132-19 ***(Mod., L. n° 2005-1549, 12 déc. 2005 ; mod. à compter du 1er octobre 2014, L. n° 2014-896, 15 août 2014 ; L. n° 2016-731, 3 juin 2016).*** **– Lorsqu'une infraction est punie d'une peine d'emprisonnement, la juridiction peut prononcer une peine d'emprisonnement pour une durée inférieure à celle qui est encourue.**

En matière correctionnelle, une peine d'emprisonnement sans sursis ne peut être prononcée qu'en dernier recours si la gravité de l'infraction et la personnalité de son auteur rendent cette peine nécessaire et si toute autre sanction est manifestement inadéquate ; dans ce cas, la peine d'emprisonnement doit, si la personnalité et la situation du condamné le permettent, et sauf impossibilité matérielle, faire l'objet d'une des mesures d'aménagement prévues aux sous-sections 1 et 2 de la section 2 du présent chapitre.

Lorsque le tribunal correctionnel prononce une peine d'emprisonnement sans sursis et ne faisant pas l'objet d'une des mesures d'aménagement prévues aux mêmes sous-sections 1 et 2, il doit spécialement motiver sa décision, au regard des faits de l'espèce et de la personnalité de leur auteur ainsi que de sa situation matérielle, familiale et sociale.

1) QPC. Non-lieu à renvoi devant le Conseil constitutionnel de la QPC visant notamment l'article 132-19 : ■ Cass. crim., 9 mars 2016, n° 15-83.927 : *Dr. pén.* 2016, comm. 87, obs. E. Bonis-Garçon).

2) Application dans le temps de l'article 132-19 tel qu'issu de la loi du 15 août 2014. À partir du 1er octobre 2014, le prononcé de toute peine d'emprisonnement sans sursis ou partiellement assortie du sursis est subordonné au respect des prescriptions de l'article 132-19 du Code pénal, dans sa nouvelle rédaction en vigueur depuis cette date (■ Cass. crim., 8 oct. 2014, n° 14-80.633 : *Bull. crim.*, n° 202).

3) L'article 132-19, alinéa 3, du Code pénal, tel qu'il résulte de la loi n° 2014-896 du 15 août 2014, ne concerne ni la définition de faits punissables, ni la nature et le *quantum* des peines susceptibles d'être prononcées, et n'entre pas dans les prévisions de l'article 112-1, alinéa 3, mais dans celles de l'article 112-2, 2°, dudit code ; s'agissant d'une loi de procédure, il ne peut motiver l'annulation d'une décision sur le fond régulièrement rendue avant son entrée en vigueur (■ Cass. crim., 29 juin 2016, n° 14-86.372).

4) L'alinéa 3, ajouté à l'article 132-19 du Code pénal par la loi du 15 août 2014 relative à l'individualisation des peines et renforçant l'efficacité des sanctions pénales, en vertu duquel toute décision prononçant, notamment, une peine d'emprisonnement sans sursis doit être spécialement motivée au regard des faits de l'espèce et de la personnalité de leur auteur ainsi que de sa situation matérielle, familiale et sociale, est une loi de procédure qui ne peut entraîner l'annulation d'une décision régulièrement rendue avant son entrée en vigueur (■ Cass. crim., 31 mars 2015, n° 14-86.584).

5) L'article 132-19, alinéa 3, du Code pénal, tel qu'il résulte de la loi n° 2014-896 du 15 août 2014, selon lequel toute décision prononçant une peine d'emprisonnement sans sursis ou ne faisant pas l'objet d'une mesure d'aménagement doit être spécialement motivée au regard des faits de l'espèce et de la personnalité de leur auteur ainsi que de sa situation matérielle, familiale et sociale, constitue une loi de procédure qui ne peut fonder l'annulation d'une décision rendue avant son entrée en vigueur (■ Cass. crim., 16 juin 2015, n° 14-85.136).

6) Il résulte de l'article 132-19 du Code pénal que le juge qui prononce une peine d'emprisonnement sans sursis doit en justifier la nécessité au regard des faits de l'espèce, de la gravité de l'infraction, de la personnalité de son auteur, de sa situation matérielle, familiale et sociale ainsi que du caractère inadéquat de toute autre sanction, et s'il décide de ne pas aménager la peine, le juge doit, en outre, motiver spécialement cette décision, soit en établissant que la personnalité et la situation du condamné ne permettent pas un tel aménagement, soit en constatant une impossibilité matérielle (■ Cass. crim., 6 janv. 2016, n° 14-87.076).

7) Le juge qui prononce une peine d'emprisonnement sans sursis doit en justifier la nécessité au regard des faits de l'espèce, de la gravité de l'infraction, de la personnalité de son auteur, de sa situation matérielle, familiale et sociale ainsi que du caractère inadéquat de toute autre sanction. Dans le cas où la peine n'est pas supérieure à deux ans, ou à un an pour une personne en état de récidive légale, le juge, s'il décide de ne pas l'aménager, doit en outre motiver spécialement cette décision, soit en établissant que la personnalité et la situation du condamné ne permettent pas un tel aménagement, soit en constatant une impossibilité matérielle.

Ne justifie pas sa décision la cour d'appel qui, pour prononcer une peine en partie sans sursis, se borne à énoncer que le bulletin n° 1 du casier judiciaire du prévenu porte mention d'une condamnation pour des faits de même nature que ceux de l'espèce et que la personnalité de l'intéressé justifie une telle peine (■ Cass. crim., 4 mai 2016, n° 15-80.770 : *Dr. pén.* 2016, comm. 119, note E. Bonis-Garçon).

8) S'il résulte de l'article 132-19, alinéa 2, du Code pénal que le juge, qui prononce en matière correctionnelle une peine d'emprisonnement sans sursis, doit en justifier la nécessité au regard de la gravité de l'infraction, de la personnalité de son auteur et du caractère manifestement inadéquat de toute autre sanction, il n'est tenu, selon le troisième alinéa du même texte, de spécialement motiver sa décision au regard de la situation matérielle, familiale et sociale du prévenu que pour refuser d'aménager la peine d'emprisonnement sans sursis d'une durée n'excédant pas deux ans, ou un an en cas de récidive légale, ainsi prononcée.

– Justifie sa décision la cour d'appel qui, pour prononcer une peine d'un an d'emprisonnement sans sursis et sans aménagement, retient, par motifs exempts d'insuffisance comme de contradiction, dans l'exercice de son pouvoir souverain d'appréciation, que la gravité de l'infraction, la personnalité de son auteur et le caractère manifestement inadéquat de toute autre sanction rendent nécessaire une peine d'emprisonnement sans sursis et que les faits de l'espèce, la personnalité du prévenu et sa situation matérielle, familiale et sociale ne permettent pas d'aménager ladite peine (■ Cass. crim., 29 nov. 2016, n° 15-86.116 : *Dr. pén.* 2017, comm. 15, note E. Bonis-Garçon).

– N'encourt pas la censure l'arrêt qui, bien que ne se prononçant pas expressément sur le caractère manifestement inadéquat de toute autre sanction qu'une peine d'emprisonnement sans sursis, comporte des motifs dont il résulte que les juges ont entendu, implicitement mais nécessairement, fonder leur appréciation de la nécessité d'une telle peine sur l'inadéquation de toute autre sanction (■ Cass. crim., 29 nov. 2016, n° 15-83.108).

– N'est pas tenue, au regard des exigences de l'article 132-19 du Code pénal, de caractériser autrement l'impossibilité d'ordonner une mesure d'aménagement de peine, la cour d'appel qui prononce une peine d'emprisonnement sans sursis en l'absence du prévenu régulièrement cité et faute d'éléments lui permettant d'apprécier la situation personnelle de celui-ci en vue d'un tel aménagement (Arrêt précité).

– Encourt la censure l'arrêt qui, pour prononcer une peine de trois ans d'emprisonnement, retient que la gravité des faits et la personnalité du prévenu rendent nécessaire le prononcé d'une peine d'emprisonnement ferme et que toute autre sanction serait manifestement inadéquate, sans s'expliquer sur les éléments de la personnalité du prévenu qu'elle a pris en considération pour fonder sa décision et sur le caractère inadéquat de toute autre sanction (■ Cass. crim., 29 nov. 2016, n° 15-86.712).

9) Il résulte des articles 132-19 du Code pénal, 723-2 et 723-7-1 du Code de procédure pénale que la juridiction qui ordonne l'aménagement de la condamnation à une peine d'emprisonnement qu'elle prononce doit choisir la nature de la mesure d'aménagement tout en laissant au juge de l'application des peines le soin d'en définir les modalités d'exécution.

Doit en conséquence être cassé l'arrêt qui se borne à énoncer que la peine d'emprisonnement sans sursis prononcée à l'encontre du prévenu pourra faire l'objet d'un aménagement *ab initio* selon des modalités à définir en accord avec le juge d'application des peines (■ Cass. crim., 20 avr. 2017, n° 16-80.091 : *Dr. pén.* 2017, comm. 100, note E. Bonis-Garçon).

10) Justifie sa décision au regard de l'article 132-19 du Code pénal la cour d'appel qui prononce une peine d'emprisonnement ferme en se fondant sur des motifs dont il résulte que les juges ont nécessairement estimé que toute autre sanction était inadéquate (■ Cass. crim., 29 mars 2017, n° 16-82.192).

11) S'il résulte des articles 132-19, alinéa 2, et 132-20, alinéa 2, du Code pénal et des articles 485 et 512 du Code de procédure pénale, que le juge qui prononce en matière correctionnelle une peine d'emprisonnement sans sursis ainsi qu'une peine d'amende doit en justifier la nécessité, d'une part, au regard de la gravité de l'infraction, de la personnalité de son auteur et du caractère manifestement inadéquat de toute autre sanction, d'autre part compte tenu du montant de ses ressources comme de ses charges, il ne lui incombe pas, en possession des seuls éléments mentionnés en procédure sur ces différents points, de rechercher ceux qui ne lui auraient pas été soumis.

Justifie sa décision la cour d'appel qui, pour prononcer une peine d'un an d'emprisonnement sans sursis et sans aménagement ainsi qu'une amende de 20 000 euros, relève, après avoir caractérisé la gravité des faits dont elle a déclaré le prévenu coupable, notamment au regard des préjudices occasionnés, que la procédure ne comprend aucun élément suffisant de nature à envisager une sanction autre qu'une peine de prison ferme ni l'aménagement de cette dernière, dès lors que le prévenu, domicilié chez son avocat lors du jugement de première instance, puis sans domicile fixe au moment de l'audience tenue devant la cour d'appel, n'a comparu ni devant les premiers juges, ni devant la cour d'appel et n'a fourni, ni fait fournir, à aucun de ces stades à la juridiction d'éléments sur sa personnalité et sa situation personnelle, ainsi que sur le montant de ses ressources comme de ses charges (■ Cass. crim., 12 déc. 2017, n° 16-87.230).

12) Est inopérant le moyen qui invoque une violation de l'article 8 de la Convention européenne des droits de l'homme pour contester une condamnation à une peine d'emprisonnement prononcée conformément aux exigences de l'article 132-19 du Code pénal (■ Cass. crim., 28 juin 2017, n° 16-87.658).

13) Le moyen pris d'une insuffisance de motivation de la peine complémentaire de confiscation prononcée par la juridiction correctionnelle, au regard de la gravité des faits, de la personnalité de leur auteur et de sa situation personnelle, est inopérant s'agissant de la confiscation de biens qui sont le produit de l'infraction (■ Cass. crim., 31 janv. 2018, n° 17-81.896).

Bibliographie : A. Mihman, *La motivation spéciale des peines d'emprisonnement : Gaz. Pal.* 2016, p. 77. – L. Saenko, *La motivation comme moyen de limiter le recours à l'emprisonnement ferme : Gaz. Pal.* 2016, p. 81. – M. Giacopelli, *Vers une généralisation de l'exigence de motivation en droit de la peine ? : D.* 2017, 931. – E. Dreyer, *La motivation des peines : quoi et comment ? : JCP* N 2018, étude 330. – E. Dreyer, *Pourquoi motiver les peines ? : D.* 2018, p. 576.

Art. 132-19-1 et 132-19-2 *(Abr. à compter du 1er octobre 2014, L. n° 2014-896, 15 août 2014).*

Art. 132-20. – Lorsqu'une infraction est punie d'une peine d'amende, la juridiction peut prononcer une amende d'un montant inférieur à celle qui est encourue.

(Al. créé à compter du 1er oct. 2014, L. n° 2014-896, 15 août 2014) **Le montant de l'amende est déterminé en tenant compte des ressources et des charges de l'auteur de l'infraction.**

(Al. créé, L. n° 2016-731, 3 juin 2016) **Les amendes prononcées en matière contraventionnelle, correctionnelle et criminelle, à l'exception des amendes forfaitaires, peuvent faire l'objet d'une majoration, dans la limite de 10 % de leur montant, perçue lors de leur recouvrement. Cette majoration, prononcée dans les conditions prévues à l'article 707-6 du Code de procédure pénale, est destinée à financer l'aide aux victimes.**

1) Motivation. En matière correctionnelle, le juge qui prononce une amende doit motiver sa décision au regard des circonstances de l'infraction, de la personnalité et de la situation personnelle de son auteur, en tenant compte de ses ressources et de ses charges.

Encourt la censure la cour d'appel qui, pour porter le montant des amendes prononcées à l'encontre de deux personnes condamnées pour des délits de blanchiment et de recel, de 5 000 euros à 50 000 et 30 000 euros, fonde sa décision, pour la première, sur le bénéfice financier, pour la seconde, sur la gravité des faits et des éléments de personnalité, sans s'expliquer sur les ressources et les charges des prévenues qu'elle devait prendre en considération (■ Cass. crim., 1er févr. 2017, n° 15-83.984 : *D.* 2017, 961, note C. Saas ; *Dr. pénal* 2017, comm. 69, note E. Bonis-Garçon). ■ Cass. crim., 15 mars 2017, n° 16-83.838 : *JCP* 2017, 277, note J. Leblois-Happe).

2) Il appartient au prévenu qui fait valoir devant la cour d'appel le caractère disproportionné, eu égard à la faiblesse de ses revenus, de l'amende prononcée par les premiers juges, d'apporter à la juridiction les éléments de nature à justifier, non seulement du montant de ses ressources, mais également de celui de ses charges.

N'encourt pas la censure l'arrêt qui prononce une amende sans tenir compte des charges du prévenu dès lors que ce dernier, pour contester l'amende prononcée par le tribunal, ne faisait état que de ses ressources (■ Cass. crim., 22 mars 2017, n° 16-80.050).

3) Personnes morales. Il résulte de l'article 132-1 du Code pénal qu'en matière correctionnelle, l'exigence selon laquelle toute peine doit être motivée en tenant compte de la gravité des faits, de la personnalité de leur auteur et de sa situation personnelle s'impose en ce qui concerne les peines prononcées à l'encontre tant des personnes physiques que des personnes morales (■ Cass. crim., 9 janv. 2018, n° 17-80.200 : *Dr. pén.* 2018, comm. 58, note E. Bonis. ■ Cass. crim., 27 mars 2018, n° 16-87.585).

Art. 132-20-1 ***(L. n° 2007-1198, 10 août 2007 ; mod. à compter du 1er oct. 2014, L. n° 2014-896, 15 août 2014).*** **– Lorsque les circonstances de l'infraction ou la personnalité de l'auteur le justifient, le président de la juridiction avertit, lors du prononcé de la peine, le condamné des conséquences qu'entraînerait une condamnation pour une nouvelle infraction.**

Art. 132-21. – L'interdiction de tout ou partie des droits civiques, civils et de famille mentionnés à l'article 131-26 ne peut, nonobstant toute disposition contraire, résulter de plein droit d'une condamnation pénale.

Toute personne frappée d'une interdiction, déchéance ou incapacité quelconque qui résulte de plein droit, en application de dispositions particulières, d'une condamnation pénale, peut, par le jugement de condamnation ou par jugement ultérieur, être relevée en tout ou partie, y compris en ce qui concerne la durée, de cette interdiction, déchéance ou incapacité, dans les conditions fixées par le Code de procédure pénale.

1) La procédure de relèvement immédiat prévue par l'article 132-21, alinéa 2, du Code pénal, ne s'applique qu'aux peines qu'il énumère limitativement. Fait l'exacte application de la loi, la cour d'appel qui, pour rejeter la requête en relèvement des mesures de publication et d'affichage, formée verbalement à l'audience par le prévenu, poursuivi pour fraude fiscale, énonce que cet article ne vise que les interdictions, déchéances et incapacités (■ Cass. crim., 3 juin 2004 : *Bull. crim.*, n° 153 ; *Dr. pénal* 2004, comm. 132, obs. J.-H. Robert).

2) Cette procédure ne s'applique pas aux mesures d'affichage prévues par l'article 1741 du Code général des impôts (■ Cass. crim., 15 juin 2005, pourvoi n° 05-81.657).

Art. 132-22. – Le procureur de la République, le juge d'instruction ou le tribunal saisi peuvent obtenir des parties, de toute administration, de tout établissement financier, ou de toute personne détenant des fonds du prévenu, la communication des renseignements utiles de nature financière ou fiscale, sans que puisse être opposée l'obligation au secret.

Sous-section 5. – De la période de sûreté

Voir : Concernant les mineurs, Ord. n° 45-174, 2 févr. 1945, art. 20-2, p. 1963.

Art. 132-23. – En cas de condamnation à une peine privative de liberté, non assortie du sursis, dont la durée est égale ou supérieure à dix ans, prononcée pour les infractions spécialement prévues par la loi, le condamné ne peut bénéficier, pendant une période de sûreté, des dispositions concernant la suspension ou le fractionnement de la peine, le placement à l'extérieur, les permissions de sortir, la semi-liberté et la libération conditionnelle.

La durée de la période de sûreté est de la moitié de la peine ou, s'il s'agit d'une condamnation à la réclusion criminelle à perpétuité, de dix-huit ans. La cour d'assises ou le tribunal peut toutefois, par décision spéciale, soit porter ces durées jusqu'aux deux tiers de la peine ou, s'il s'agit d'une condamnation à la réclusion criminelle à perpétuité, jusqu'à vingt-deux ans, soit décider de réduire ces durées.

Dans les autres cas, lorsqu'elle prononce une peine privative de liberté d'une durée supérieure à cinq ans, non assortie du sursis, la juridiction peut fixer une période de sûreté pendant laquelle le condamné ne peut bénéficier d'aucune des modalités d'exécution de la peine mentionnée au premier alinéa. La durée de cette période de sûreté ne peut excéder les deux tiers de la peine prononcée ou vingt-deux ans en cas de condamnation à la réclusion criminelle à perpétuité.

Les réductions de peines accordées pendant la période de sûreté ne seront imputées que sur la partie de la peine excédant cette durée.

Voir : art. 720-2, C. proc. pén.

Bibliographie : *JCl. pén.*, *Période de sûreté* par P. Pedron. • L. Griffon-Yarza, *Les évolutions législatives et jurisprudentielles en matière de période de sûreté : un bilan très contrasté* : *Dr. pén.* 2016, étude 23.

1) QPC. Non-lieu à renvoi au Conseil constitutionnel de la QPC visant l'article 132-23 du Code pénal (■ Cass. crim., 11 juill. 2012, n° 11-88.430).

2) Il résulte de la combinaison des articles 112-1 et 132-23 du Code pénal que le nouveau maximum de la durée de la période de sûreté doit être substitué à la durée maximale retenue par une cour d'assises, sous l'empire de textes alors applicables, les dispositions nouvelles plus douces devant recevoir application immédiate aux infractions commises avant leur entrée en vigueur et n'ayant pas donné lieu à une condamnation passée en force de chose jugée (■ Cass. crim., 25 mai 1994 : *Bull. crim.*, n° 198. – V. également ■ Cass. crim., 7 juin 1994 : *Bull. crim.*, n° 224).

3) La peine de 30 ans de réclusion criminelle prononcée pour un meurtre commis le 19 avril 1993 peut être assortie, par délibération spéciale de la cour et du jury, d'une période de sûreté de 17 ans, les articles 720-2, alinéa 1er, 3°, du Code de procédure pénale applicable à la date des faits, et 132-23, alinéa 3, du Code pénal, entré en vigueur le 1er mars 1994, prévoyant la fixation possible par la juridiction d'une période de sûreté pouvant atteindre les 2/3 de la peine prononcée (■ Cass. crim., 23 juill. 1996 : *Bull. crim.*, n° 300).

4) La décision par laquelle une juridiction répressive fixe, en application de l'article 132-23 du Code pénal, la période de sûreté assortissant une peine privative de liberté, n'a pas à être motivée (■ Cass. crim., 29 janv. 1998 : *Bull. crim.*, n° 37 ; *Dr. pénal* 1998, comm. 67, obs. M. Véron).

5) Aucune disposition légale n'impose à la cour d'assises, dont les délibérations sont régies par le seul article 362 du Code de procédure pénale, de motiver la décision spéciale par laquelle elle porte aux deux tiers de peine la durée de la période de sûreté assortissant celle-ci, en application de l'article 132-23 du Code pénal (■ Cass. crim., 23 oct. 2013, n° 12-88.285 : *Dr. pén.* 2013, comm. 178, obs. E. Bonis-Garçon).

6) Il a été jugé que par application combinée des articles 132-2, 132-4, 132-5, alinéa 3, et 132-23 du Code pénal, et contrairement à ce qui est préconisé par la circulaire du 19 mars 1998, la période de sûreté résultant de la réduction au maximum légal encouru de deux peines comportant des périodes de sûreté doit être fixée à la moitié, et non aux deux tiers, de la peine à exécuter (Paris, pôle 6, 6e ch. inst., 11 avr. 2013, n° 2013/00346 : *D.* 2013, p. 2340, obs. M. Lena).

7) Aux termes de l'article 132-23, alinéa 1 du Code pénal, la durée de la période de sûreté est de la moitié de la peine ou, s'il s'agit d'une condamnation à la réclusion criminelle à perpétuité, de dix-huit ans. La cour d'assises peut toutefois, par décision spéciale, soit porter ces durées jusqu'aux deux tiers de la peine ou, s'il s'agit d'une condamnation à la réclusion criminelle à perpétuité, jusqu'à vingt-deux ans, soit décider de réduire ces durées.

Dès lors, encourt la cassation l'arrêt de la cour d'assises qui, après avoir condamné un accusé à la réclusion criminelle à perpétuité, prononce à son encontre une période de sûreté des deux-tiers de la peine (■ Cass. crim., 12 mars 2014, n° 13-83.536 : *Dr. pén.* 2014, comm. 74, obs. M. Véron).

8) Par application de l'article 132-23, dernier alinéa, du Code pénal, les réductions de peine ne modifient pas la durée de la période de sûreté (■ Cass. crim., 14 oct. 2009, pourvoi n° 09-82.267 : *Bull. crim.*, n° 171).

9) Le condamné ne saurait se faire un grief de ce que, par suite de la mise à exécution préalable d'autres peines, dans l'ordre chronologique de réception des extraits de décisions de condamnation, une peine de réclusion criminelle ait été mise à exécution à une date postérieure à celle retenue, compte tenu de la détention provisoire, comme point de départ de la période de sûreté dont elle est assortie, dès lors que cette computation n'a pas eu pour effet de proroger, à son préjudice, la date d'expiration de ladite période de sûreté (■ Cass. crim., 1er févr. 2012, n° 10-84.178).

10) Ne constitue pas une peine inhumaine ou dégradante au sens de l'article 3 de la Convention européenne des droits de l'homme la condamnation à la réclusion criminelle assortie d'une interdiction d'accorder au condamné les mesures énumérées à l'article 132-23 du Code pénal dès lors qu'il résulte de l'article 720-4 du Code de procédure pénale, que le tribunal de l'application des peines peut, à l'issue d'une période de trente ans, mettre fin à la mesure si le condamné présente des gages sérieux de réadaptation sociale (■ Cass. crim., 20 janv. 2010, pourvoi n° 08-88.301 : *Bull. crim.*, n° 14 ; *D.* 2010, Act. jur., p. 585 ; *Procédures* 2010, comm. 129, note A. S. Chavent-Leclere).

11) Imputation de la détention provisoire. La période de sûreté prévue par ce texte n'étant qu'une modalité d'exécution de la peine privative de liberté qu'elle assortit, court à compter de la mise à exécution de celle-ci ; si la condamnation qui l'emporte ou la prononce a été précédée d'une détention provisoire, l'entier temps de celle-ci doit s'imputer sur la durée de la période de sûreté, sans qu'il y ait lieu de tenir compte, pour diminuer d'autant cette durée, du temps pendant lequel ont été simultanément exécutées une ou plusieurs condamnations à des peines non assorties d'une période de sûreté (■ Cass. crim., 25 juin 2014 : *Bull. crim.*, n° 169 ; *Dr. pén.* 2014, comm. 123, obs. V. Peltier.).

12) Motivation. L'absence de motivation des peines prononcées par les cours d'assises, qui s'explique par l'exigence d'un vote, n'est contraire, ni à l'article 6 de la Convention de sauvegarde des droits de l'homme et des libertés fondamentales, ni aux articles 132-23 et 132-24 du Code pénal, ni au principe de personnalisation des peines (■ Cass. crim., 18 févr. 2015, n° 14-82.487 : *Dr. pén.* 2015, comm. 62, obs. V. Peltier).

13) Point de départ. . Justifie sa décision le président de la chambre de l'application des peines qui énonce que le point de départ de la période de sûreté doit être fixé à partir du titre d'écrou initial, peu important que pendant la période de détention provisoire, le détenu ait exécuté d'autres peines.

La période de sûreté, n'étant qu'une modalité d'exécution de la peine privative de liberté qu'elle assortit, court en effet à compter de la mise à exécution de celle-ci (■ Cass. crim., 10 déc. 2014, n° 14-83.130).

Sous-section 6. – Des effets des condamnations prononcées par les juridictions pénales d'un État membre de l'Union européenne

(L. n° 2010-242, 10 mars 2010)

Voir : art. 133-16-1, p. 180.

Art. 132-23-1. – Pour l'application du présent code et du Code de procédure pénale, les condamnations prononcées par les juridictions pénales d'un État membre de l'Union européenne sont prises en compte dans les mêmes conditions que les condamnations prononcées par les juridictions pénales françaises et produisent les mêmes effets juridiques que ces condamnations.

1) L'article 132-23-1 du Code pénal, tel qu'interprété à la lumière de la décision-cadre 2008/675/JAI du 24 juillet 2008 relative à la prise en compte des décisions de condamnation entre les États membres de l'Union européenne, ne donne pas aux juridictions françaises le pouvoir d'ordonner la confusion, avec une peine prononcée et exécutée en France, d'une peine prononcée à l'étranger, sur laquelle il ne peut être influé (■ Cass. crim., 19 nov. 2014, n° 13-80.161 : *Dr. pén.* 2015, comm. 28, obs. E. Bonis-Garçon).

2) L'article 132-23-1 du Code pénal, interprété à la lumière de l'article 3 de la décision-cadre 2008/675/JAI du Conseil du 24 juillet 2008 et de l'arrêt de la Cour de justice de l'Union européenne en date du 21 septembre 2017 (C-171/16), permet d'ordonner la confusion d'une peine prononcée par une juridiction française et d'une peine prononcée par une juridiction d'un État membre de l'Union européenne, dès lors que la seconde a été intégralement exécutée au jour où il est statué sur la requête en confusion (■ Cass. crim., 2 nov. 2017, n° 17-80.833 : *Dr. pén.* 2017, comm. 186, note E. Bonis-Garçon).

3) Pour la mise en œuvre des règles de la récidive en application de l'article 132-23-1 du Code pénal issu de la loi du 10 mars 2010 prenant en compte les condamnations prononcées par une juridiction pénale d'un autre État membre de l'Union européenne, il suffit que l'infraction constitutive du second terme, qu'il dépend de l'agent de ne pas commettre, soit postérieure à l'entrée en vigueur de ladite disposition (■ Cass. crim., 24 mars 2015, n° 15-80.023).

Art. 132-23-2. – **Pour l'appréciation des effets juridiques des condamnations prononcées par les juridictions pénales d'un État membre de l'Union européenne, la qualification des faits est déterminée par rapport aux incriminations définies par la loi française et sont prises en compte les peines équivalentes aux peines prévues par la loi française.**

Bibliographie : *JCl. pén., Des effets des condamnations prononcées par les juridictions pénales d'un État membre de l'Union européenne* par E. Bonis-Garçon.

Section II. – Des modes de personnalisation des peines

Art. 132-24 *(Mod., L. n° 2005-1549, 12 déc. 2005 ; L. n° 2007-1198, 10 août 2007 ; L. n° 2009-1436, 24 nov. 2009 ; mod. à compter du 1er oct. 2014, L. n° 2014-896, 15 août 2014).* – **Les peines peuvent être personnalisées selon les modalités prévues à la présente section.**

Bibliographie : *JCl. pén., Personnalisation des peines* par J. Leblois-Happe. • *Rev. sc. crim.* 1997, p. 15, *La personnalisation des peines dans le nouveau Code pénal français* par Th. Papathéodorou. • S. Frossard, *Réflexions relatives à la personnalité des peines : Rev. sc. crim.* 1998, p. 703. • M. Janas, *Dispositions relatives au prononcé et à l'application des peines de la loi du 24 nov. 2009 : Dr. pén.* 2010, étude 1. • J. Biguenet, *Les limites de la liberté du juge dans l'individualisation de la peine : Dr. pén.* 2011, étude 3. • V. Peltier, *L'individualisation de la peine dans les décisions liées aux questions prioritaires de constitutionnalité : Dr. pén.* 2011, étude 4. • H. Hasnaoui, *De la motivation spéciale des peines d'emprisonnement ferme après la loi du 24 novembre 2009.* • E. Pichon, *Une jurisprudence vivante : selon la chambre criminelle de la Cour de cassation, si le choix de la peine prononcée par le juge en matière correctionnelle demeure libre, il doit désormais être justifié : Dr. pén.* 2017, étude 7.

1) QPC. Non-lieu à renvoi devant le Conseil constitutionnel de la QPC visant l'article 132-24 du Code pénal (■ Cass. crim., 4 mars 2015, n° 14-85.321).

2) Une peine d'emprisonnement sans sursis ne peut être prononcée qu'en dernier recours si la gravité de l'infraction et la personnalité de son auteur rendent cette peine nécessaire et si toute autre sanction est manifestement inadéquate. Dans ce cas, la peine d'emprisonnement doit, si la personnalité et la situation du condamné le permettent, et sauf impossibilité matérielle, faire l'objet d'une des mesures d'aménagement prévues aux articles 132-25 à 132-28 (■ Cass. crim., 16 déc. 2014, n° 14-81.072. ■ Cass. crim., 14 janv. 2015, n° 14-80.343 : *Dr. pén.* 2015, comm. 45, note E. Bonis-Garçon ; ces arrêts visent l'article 132-24 alors en vigueur).

3) Méconnaît l'article 132-24 du Code pénal, dans sa rédaction alors en vigueur, la cour d'appel qui, pour condamner le prévenu à une peine de deux ans d'emprisonnement, dont un an avec sursis, se borne à mentionner la gravité des faits et la mauvaise foi de l'intéressé sans s'expliquer, ni sur le caractère manifestement inadéquat de toute autre sanction que la partie ferme de la peine d'emprisonnement qu'elle a prononcée, ni sur l'impossibilité matérielle d'ordonner une mesure d'aménagement d'une telle peine d'emprisonnement sans sursis (■ Cass. crim., 12 mars 2015, n° 14-83.310).

Sous-section 1. – De la semi-liberté, du placement à l'extérieur et du placement sous surveillance électronique

(Int. rempl., L. n° 2004-204, 9 mars 2004)

§ 1. – De la semi-liberté et du placement à l'extérieur

(L. n° 2004-204, 9 mars 2004)

Art. 132-25 *(Mod., L. n° 2004-204, 9 mars 2004 ; L. n° 2009-1436, 24 nov. 2009).* – **Lorsque la juridiction de jugement prononce une peine égale ou inférieure à deux ans d'emprisonnement ou, pour une personne en état de récidive légale, une peine égale ou inférieure à un an, elle peut décider que cette peine sera exécutée en tout ou partie sous le régime de la semi-liberté à l'égard du condamné qui justifie :**

1° Soit de l'exercice d'une activité professionnelle, même temporaire, du suivi d'un stage ou de son assiduité à un enseignement, à une formation professionnelle ou à la recherche d'un emploi ;

2° Soit de sa participation essentielle à la vie de sa famille ;

3° Soit de la nécessité de suivre un traitement médical ;

4° Soit de l'existence d'efforts sérieux de réadaptation sociale résultant de son implication durable dans tout autre projet caractérisé d'insertion ou de réinsertion de nature à prévenir les risques de récidive.

Ces dispositions sont également applicables en cas de prononcé d'un emprisonnement partiellement assorti du sursis ou du sursis avec mise à l'épreuve, lorsque la partie ferme de la peine est inférieure ou égale à deux ans, ou, si la personne est en état de récidive légale, inférieure ou égale à un an.

Dans les cas prévus aux alinéas précédents, la juridiction peut également décider que la peine d'emprisonnement sera exécutée sous le régime du placement à l'extérieur.

Semi-liberté. Il résulte de l'article 132-25 que, lorsque les juges prononcent une peine d'emprisonnement assortie d'un sursis partiel, ils peuvent décider que la partie ferme de cet emprisonnement, si elle est égale ou inférieure à un an, sera exécutée sous le régime de la semi-liberté (■ Cass. crim., 6 déc. 1994 : *Dr. pénal* 1995, comm. 87, obs. Véron).

Art. 132-26 *(Mod., L. n° 2004-204, 9 mars 2004 ; L. n° 2009-1436, 24 nov. 2009)*. – Le condamné admis au bénéfice de la semi-liberté est astreint à rejoindre l'établissement pénitentiaire selon les modalités déterminées par le juge de l'application des peines en fonction du temps nécessaire à l'activité, à l'enseignement, à la formation professionnelle à la recherche d'un emploi, au stage, à la participation à la vie de famille au traitement ou au projet d'insertion ou de réinsertion ; en vue duquel il a été admis au régime de la semi-liberté. Il est astreint à demeurer dans l'établissement pendant les jours où, pour quelque cause que ce soit, ses obligations extérieures se trouvent interrompues.

Le condamné admis au bénéfice du placement à l'extérieur est astreint, sous le contrôle de l'administration, à effectuer des activités en dehors de l'établissement pénitentiaire.

La juridiction de jugement peut également soumettre le condamné admis au bénéfice de la semi-liberté ou du placement à l'extérieur aux mesures prévues par les articles 132-43 à 132-46.

§ 2. – Du placement sous surveillance électronique
(L. n° 2004-204, 9 mars 2004)

Art. 132-26-1. – *(L. n° 2009-1436, 24 nov. 2009)* Lorsque la juridiction de jugement prononce une peine égale ou inférieure à deux ans d'emprisonnement, ou, pour une personne en état de récidive légale, une peine égale ou inférieure à un an, elle peut décider que la peine sera exécutée en tout ou partie sous le régime du placement sous surveillance électronique à l'égard du condamné qui justifie :

1° Soit de l'exercice d'une activité professionnelle, même temporaire, du suivi d'un stage ou de son assiduité à un enseignement, à une formation professionnelle ou à la recherche d'un emploi ;

2° Soit de sa participation essentielle à la vie de sa famille ;

3° Soit de la nécessité de suivre un traitement médical ;

4° Soit de l'existence d'efforts sérieux de réadaptation sociale résultant de son implication durable dans tout autre projet caractérisé d'insertion ou de réinsertion de nature à prévenir les risques de récidive.

Ces dispositions sont également applicables en cas de prononcé d'un emprisonnement partiellement assorti du sursis ou du sursis avec mise à l'épreuve, lorsque la partie ferme de la peine est inférieure ou égale à deux ans, ou, si la personne est en état de récidive légale, inférieure ou égale à un an.

La décision de placement sous surveillance électronique ne peut être prise qu'avec l'accord du prévenu préalablement informé qu'il peut demandera être assisté par son avocat, le cas échéant désigné d'office par le bâtonnier à sa demande, avant de donner son accord. S'il s'agit d'un mineur non émancipé, cette décision ne peut être prise qu'avec l'accord des titulaires de l'exercice de l'autorité parentale.

Art. 132-26-2. – *(L. n° 2004-204, 9 mars 2004)* Le placement sous surveillance électronique emporte, pour le condamné, interdiction de s'absenter de son domicile ou de tout autre lieu désigné par le juge de l'application des peines en dehors des périodes fixées par celui-ci. Les périodes et les lieux sont fixés en tenant compte : de l'exercice d'une activité professionnelle par le condamné ; du fait qu'il suit un enseignement ou une formation, effectue un stage ou occupe un emploi temporaire en vue de son insertion sociale ; de sa participation à la vie de famille ; de la prescription d'un traitement médical. Le placement sous surveillance électronique emporte également pour le condamné l'obligation de répondre aux convocations de toute autorité publique désignée par le juge de l'application des peines.

Art. 132-26-3. – *(L. n° 2004-204, 9 mars 2004)* La juridiction de jugement peut également soumettre le condamné admis au bénéfice du placement sous surveillance électronique aux mesures prévues par les articles 132-43 à 132-46.

Bibliographie : *JCl. pén., Placement sous surveillance électronique* ab initio *(ou prononcé par la juridiction de jugement)* par M. Janas.

Sous-section 2. – Du fractionnement des peines

Art. 132-27 *(L. n° 2009-1436, 24 nov. 2009)*. – En matière correctionnelle, la juridiction peut, pour motif d'ordre médical, familial, professionnel ou social, décider que l'emprisonnement prononcé pour une durée de deux ans, ou, si la personne est en état de récidive légale, égale ou inférieure à un an au plus sera, pendant une période n'excédant pas quatre ans, exécuté par fractions, aucune d'entre elles ne pouvant être inférieure à deux jours.

Art. 132-28. – *(Mod., L. n° 2003-495, 12 juin 2003)* En matière correctionnelle ou contraventionnelle, la juridiction peut, pour motif grave d'ordre médical, familial, professionnel ou social, décider que la peine d'amende sera, pendant une période n'excédant pas trois ans, exécutée par fractions. Il en est de même pour les personnes physiques condamnées à la peine de jours-amende ou à la peine de suspension du permis de conduire ; le fractionnement de la peine de suspension de permis de conduire n'est toutefois pas possible en cas de délits ou de contraventions pour lesquels la loi ou le règlement prévoit que cette peine ne peut pas être limitée à la conduite en dehors de l'activité professionnelle.

Bibliographie : *JCl. pén., Fractionnement de la peine* par C. Aubertin.

Sous-section 3. – Du sursis simple

Art. 132-29 *(Mod. à compter du 1er janv. 2015, L. n° 2014-896, 15 août 2014)*. – La juridiction qui prononce une peine peut, dans les cas et selon les conditions prévus ci-après, ordonner qu'il sera sursis à son exécution.

Le président de la juridiction, après le prononcé de la peine assortie du sursis simple, avertit le condamné, lorsqu'il est présent, qu'en cas de condamnation pour une nouvelle infraction qui serait commise dans les délais prévus aux articles 132-35 et 132-37, le sursis pourra être révoqué par la juridiction.

Bibliographie : *JCl. pén., Sursis simple* par Ph. Salvage.

Aucune disposition légale n'impose, en l'absence du condamné, que l'avis prévu par l'article 132-29 du Code pénal soit donné à son avocat (■ Cass. crim., 13 sept. 2006 : *Bull. crim.*, n° 222 ; *Dr. pénal* 2007, comm. 6, obs. M. Véron).

§ 1. – Des conditions d'octroi du sursis simple

Art. 132-30. – En matière criminelle ou correctionnelle, le sursis simple ne peut être ordonné à l'égard d'une personne physique que lorsque le prévenu n'a pas été condamné, au cours des cinq années précédant les faits, pour crime ou délit de droit commun, à une peine de réclusion ou d'emprisonnement.

Le sursis ne peut être ordonné à l'égard d'une personne morale que lorsque celle-ci n'a pas été condamnée, dans le même délai, pour un crime ou un délit de droit commun, à une amende d'un montant supérieur à 60 000 €.

Art. 132-31. – Le sursis simple est applicable, en ce qui concerne les personnes physiques, aux condamnations à l'emprisonnement prononcées pour une durée de cinq ans au plus, à l'amende ou à la peine de jours-amende, aux peines privatives ou restrictives de droits mentionnées à l'article 131-6, à l'exception de la confiscation, et aux peines complémentaires mentionnées à l'article 131-10, à l'exception de la confiscation, de la fermeture d'établissement et de l'affichage.

Le sursis simple ne peut être ordonné que pour l'emprisonnement lorsque le prévenu a été condamné dans le délai prévu à l'article 132-30 à une peine autre que la réclusion ou l'emprisonnement.

La juridiction peut décider que le sursis ne s'appliquera à l'exécution de l'emprisonnement que pour une partie dont elle détermine la durée dans la limite de cinq ans.

1) Il résulte tant des articles 40 ancien du Code pénal et 734 ancien du Code de procédure pénale que de l'article 132-31 nouveau du Code pénal que le sursis n'est applicable qu'aux condamnations à l'emprisonnement prononcées pour une durée de 5 ans au plus (■ Cass. crim., 10 janv. 1996 : *Bull. crim.*, n° 11 ; *Rev. sc. crim.* 1996, 849, obs. Bouloc).

2) Selon l'article 132-31 du Code pénal, qui ne comporte aucune restriction analogue à celle prévue par l'article L. 234-2, II, du Code de la route, le sursis simple est applicable à la peine de suspension du permis de conduire lorsque celle-ci est prononcée, à titre principal, sur le fondement des articles 131-6 et 131-9 du Code pénal (■ Cass. crim., 18 févr. 2004 : *Bull. crim.*, n° 48 ; *D.* 2004, inf. rap. p. 852 ; *AJP*, p. 201, obs. Enderlin).

3) Sur le seul appel du prévenu, dont le sort de ce fait ne peut être aggravé, la durée de la peine prononcée ne peut être élevée par la cour d'appel, même si pour partie le sursis ou le sursis avec mise à l'épreuve est substitué à la peine ferme prononcée par les 1ers juges (■ Cass. crim., 21 nov. 2001 : *Bull. crim.*, n° 242. ■ 4 avr. 2002 : *Bull. crim.*, n° 78 ; *Dr. pénal* 2003, chron. 11, obs. J. Leblois-Happe).

4) Le principe de l'autorité qui s'attache à la chose jugée, même de manière erronée, s'oppose à ce qu'une décision de justice devenue définitive soit remise en cause. Le condamné doit donc purger la partie sans sursis d'une peine de six ans d'emprisonnement dont deux ans avec sursis (■ Cass. crim., 4 avr. 2013, n° 10-88.834 : *Bull. crim.*, n° 78 ; *Dr. pén.* 2013, comm. 103, obs. V. Peltier ; *AJP* 2013, jur. p. 407, note L. Priou).

– A rapp. : ■ Cass. crim., 24 mars 1999, n° 97-85.833 : *Bull. crim.* 1999, n° 54 (cassation). ■ Cass. crim., 2 juin 1999, n° 97-81.863 : *Bull. crim.* 1999, n° 119, et l'arrêt cité. ■ Cass. crim., 28 sept. 2010, n° 10-80.530 : *Bull. crim.* 2010, n° 143, et les arrêts cités. – Avis de la Cour de cassation, 7 févr. 2011, n° 10-00.009 : *Bull. crim.* 2011, Avis, n° 1 (non-lieu à avis). Sur la force exécutoire reconnue à la partie ferme de la peine, en sens contraire : ■ Cass. crim., 27 avr. 2004, n° 03-85.311 : *Bull. crim.* 2004, n° 29.

Art. 132-32. – **Le sursis simple est applicable, en ce qui concerne les personnes morales, aux condamnations, à l'amende et aux peines mentionnées aux 2°, 5°, 6° et 7° de l'article 131-39.**

Art. 132-33. – **En matière contraventionnelle, le sursis simple ne peut être ordonné à l'égard d'une personne physique que lorsque le prévenu n'a pas été condamné, au cours des cinq années précédant les faits, pour crime ou délit de droit commun, à une peine de réclusion ou d'emprisonnement.**

Le sursis simple ne peut être ordonné à l'égard d'une personne morale que lorsque celle-ci n'a pas été condamnée, dans le même délai, pour crime ou délit de droit commun, à une amende d'un montant supérieur à 15 000 €.

Art. 132-34. – **Le sursis simple est applicable, en ce qui concerne les personnes physiques, aux condamnations aux peines privatives ou restrictives de droits mentionnées à l'article 131-14, à l'exception de la confiscation, aux peines complémentaires prévues par les 1°, 2° et 4° de l'article 131-16 ainsi qu'à la peine complémentaire prévue au premier alinéa de l'article 131-17. Il est également applicable à l'amende prononcée pour les contraventions de la 5e classe.**

En ce qui concerne les personnes morales, le sursis simple est applicable à la peine d'interdiction d'émettre des chèques ou d'utiliser des cartes de paiement prévue par les articles 131-42 et 131-43. Il est également applicable à l'amende prononcée pour les contraventions de la 5e classe.

1) QPC. Non-lieu à renvoi au Conseil constitutionnel de la question concernant les dispositions de l'article 132-34 du Code pénal dont il résulte que le sursis n'est pas applicable à l'amende prononcée pour les contraventions des quatre premières classes, dès lors que le principe d'égalité ne s'oppose à ce que le législateur règle de façon différente des situations différentes, qu'elles ne méconnaissent pas le principe d'individualisation de la peine dès lors qu'il appartient au juge de proportionner le montant de l'amende à la gravité de la contravention commise, à la personnalité de son auteur et à ses ressources dans les limites du maximum de l'amende encouru et qu'elles ne portent pas atteinte au principe de la proportionnalité des peines, en l'absence de disproportion manifeste entre les infractions des quatre premières classes et les peines d'amende encourues pour celles-ci (■ Cass. crim., 6 juin 2012, n° 12-90.013 QPC : *Dr. pénal* 2012, comm. 128, obs. M. Véron).

2) Il résulte de l'article 132-34 du Code pénal que le sursis n'est pas applicable à l'amende prononcée pour les contraventions des quatre premières classes (■ Cass. crim., 3 juin 2003 : *Bull. crim.*, n° 114 ; *JCP* 2003, IV, 2369. ■ 25 mai 2005 : *Bull. crim.*, n° 163. ■ 8 juin 2006 : *Bull. crim.*, n° 173. ■ 31 oct. 2006 : *Bull. crim.*, n° 272 ; *Dr. pénal* 2007, note 19).

3) Méconnaît l'article 132-34 la juridiction de proximité qui assortit du sursis une amende prononcée pour violences n'ayant pas entraîné d'incapacité de travail, contravention de la quatrième classe (■ Cass. crim., 15 juin 2011, n° 11-81.652 : *Bull. crim.*, n° 130).

§ 2. - Des effets du sursis simple

Art. 132-35 ***(Mod. à compter du 1er janv. 2015, L. n° 2014-896, 15 août 2014).*** **– La condamnation pour crime ou délit assortie du sursis simple est réputée non avenue si le condamné qui en bénéficie n'a pas commis, dans le délai de cinq ans à compter de celle-ci, un crime ou un délit de droit commun suivi d'une nouvelle condamnation ayant ordonné la révocation totale du sursis dans les conditions définies à l'article 132-36 ; le caractère non avenu de la condamnation ne fait pas obstacle à la révocation totale ou partielle du sursis en cas d'infraction commise dans le délai de cinq ans.**

1) Il résulte tant de l'article 735 ancien du Code de procédure pénale que de l'article 132-35 du Code pénal que, même postérieure à l'expiration du délai d'épreuve, une nouvelle condamnation emporte révocation du sursis, dès lors qu'elle a été prononcée pour un crime ou un délit commis au cours de ce délai (■ Cass. crim., 10 déc. 1996 : *Bull. crim.*, n° 459 ; *Dr. pénal* 1997, comm. 62, obs. M. Véron).

2) Selon l'article 736 du Code de procédure pénale, les incapacités, interdictions et déchéances résultant d'une condamnation avec sursis cesseront d'avoir effet du jour où, par application de l'article 132-35 du Code pénal, cette condamnation aura été réputée non avenue ; l'interdiction du territoire français ne figurant pas au nombre des exceptions prévues par le premier de ces textes, en méconnaît les dispositions la cour d'appel qui, avant de rejeter une requête en relèvement d'une telle interdiction résultant d'une condamnation non avenue, relève que les effets du non avenu sont limités à la peine principale d'emprisonnement partiellement assortie du sursis et que la peine d'interdiction du territoire français bénéficie d'un régime autonome (■ Cass. crim., 29 oct. 2003 : *Bull. crim.*, n° 206).

Art. 132-36 ***(Rempl. à compter du 1er janv. 2015, L. n° 2014-896, 15 août 2014).*** **– La juridiction peut, par décision spéciale, révoquer totalement ou partiellement, pour une durée ou un montant qu'elle détermine, le sursis antérieurement accordé, quelle que soit la peine qu'il accompagne, lorsqu'elle prononce une nouvelle condamnation à une peine de réclusion ou à une peine d'emprisonnement sans sursis.**

La juridiction peut, par décision spéciale, révoquer totalement ou partiellement, pour une durée ou un montant qu'elle détermine, le sursis antérieurement accordé qui accompagne une peine quelconque autre que la réclusion ou l'emprisonnement lorsqu'elle prononce une nouvelle condamnation d'une personne physique ou morale à une peine autre que la réclusion ou l'emprisonnement sans sursis.

Depuis le 1er janvier 2015, date d'entrée en vigueur de l'article 132-36 du Code pénal, dans sa rédaction consécutive à la loi du 15 août 2014, en cas de prononcé d'une peine d'emprisonnement sans sursis, le sursis antérieurement accordé n'est révoqué que par une décision spéciale. Encourt en conséquence la censure l'arrêt de la cour d'appel qui, pour rejeter la demande du prévenu de dispense de révocation du sursis prononcé auparavant par un tribunal correctionnel énonce que diverses circonstances n'autorisent pas envisager une dispense de révocation dudit sursis (■ Cass. crim., 18 mai 2016, n° 15-84.748).

Art. 132-37 ***(Mod. à compter du 1er janv. 2015, L. n° 2014-896, 15 août 2014).*** **– La condamnation pour contravention assortie du sursis simple est réputée non avenue si le condamné qui en bénéficie n'a pas commis, pendant le délai de deux ans à compter de celle-ci, un crime ou un délit de droit commun ou une contravention de la 5° classe suivie d'une nouvelle condamnation ayant ordonné la révocation du sursis dans les conditions définies à l'article 132-36.**

Art. 132-38 ***(Mod. à compter du 1er janv. 2015, L. n° 2014-896, 15 août 2014).*** **– En cas de révocation du sursis simple ordonnée par la juridiction, la première peine est exécutée sans qu'elle puisse se confondre avec la seconde.**

La juridiction prononçant une nouvelle condamnation est seule habilitée à dispenser le condamné de la révocation de plein droit du sursis simple prononcé par une décision antérieure, devenue définitive. Cette révocation n'est pas subordonnée à la régularité du prononcé du sursis, qui ne peut plus être remise en question. La juridiction saisie d'un incident contentieux d'exécution ne saurait donc dire, par avance, qu'un sursis simple illégalement prononcé ne pourra, de ce fait, faire l'objet d'aucune révocation (■ Cass. crim., 4 avr. 2013, n° 10-88.834 : *Bull. crim.*, n° 78 ; *Dr. pénal* 2013, comm. 103, obs. V. Peltier ; *AJP* 2013, jur. p. 407, note L. Priou).

Art. 132-39 ***(Mod. à compter du 1er janv. 2015, L. n° 2014-896, 15 août 2014).*** **– Lorsque le bénéfice du sursis simple n'a été accordé que pour une partie de la peine, la condamnation est réputée non avenue dans tous ses éléments si la révocation totale du sursis n'a pas été prononcée dans les conditions prévues à l'article 132-36, la peine de jours-amende ou l'amende ou la partie de l'amende non assortie du sursis restant due.**

Voir : Comp. art. 132-29 à 132-39 avec CPP, art. 734-1 à 737.

Sous-section 4. – Du sursis avec mise à l'épreuve

§ 1. – Des conditions d'octroi du sursis avec mise à l'épreuve

Art. 132-40 ***(Mod., L. n° 2003-1119, 26 nov. 2003 ; L. n° 2004-204, 9 mars 2004).*** **– La juridiction qui prononce un emprisonnement peut, dans les conditions prévues ci-après, ordonner qu'il sera sursis à son exécution, la personne physique condamnée étant placée sous le régime de la mise à l'épreuve.**

Après le prononcé de l'emprisonnement assorti du sursis avec mise à l'épreuve, le président de la juridiction notifie au condamné, lorsqu'il est présent, les obligations à respecter durant le sursis avec mise à l'épreuve et l'avertit des conséquences qu'entraînerait une condamnation pour une nouvelle infraction commise au cours du délai d'épreuve ou un manquement aux mesures de contrôle et aux obligations particulières qui lui sont imposées. Il l'informe de la possibilité qu'il aura de voir déclarer sa condamnation non avenue s'il observe une conduite satisfaisante.

Lorsque la juridiction prononce, à titre de peine complémentaire, la peine d'interdiction du territoire français pour une durée de dix ans au plus, il est sursis à son exécution durant le temps de la mise à l'épreuve prévue au premier alinéa.

Le défaut de notification au condamné, par le président de la juridiction, des obligations devant être respectées pendant la durée du sursis avec mise à l'épreuve, en méconnaissance des prescriptions de l'article 132-40, alinéa 2, du Code pénal, a pour seule sanction l'inopposabilité de ces obligations au condamné jusqu'à leur notification régulière à l'intéressé par le juge de l'application des peines ou par le service pénitentiaire d'insertion et de probation.

La formalité de l'avertissement prévue par le même texte n'est pas prescrite à peine de nullité (■ Cass. crim., 18 oct. 2017, n° 16-87.123 : *Dr. pén.* 2017, comm. 187, note V. Peltier).

Bibliographie : *JCl. pén., Sursis avec mise à l'épreuve* par J.-Y. Maréchal. • *Le sursis d'épreuve avec injonction de soins : Dr. pénal* 2009, Étude 2, par Philippe Salvage.

Art. 132-41 ***(Mod., L. n° 2005-1549, 12 déc. 2005).*** **– Le sursis avec mise à l'épreuve est applicable aux condamnations à l'emprisonnement prononcées pour une durée de cinq ans au plus, en raison d'un crime ou d'un délit de droit commun. Lorsque la personne est en état de récidive légale, il est applicable aux condamnations à l'emprisonnement prononcées pour une durée de dix ans au plus.**

Toutes les fois que la juridiction n'a pas prononcé l'exécution provisoire, la mise à l'épreuve n'est applicable qu'à compter du jour où la condamnation devient exécutoire selon les dispositions du deuxième alinéa de l'article 708 du Code de procédure pénale.

La juridiction pénale ne peut prononcer le sursis avec mise à l'épreuve à l'encontre d'une personne ayant déjà fait l'objet de deux condamnations assorties du sursis avec mise à l'épreuve pour des délits identiques ou assimilés au sens des articles 132-16 à 132-16-4 et se trouvant en état de récidive légale. Lorsqu'il s'agit soit d'un crime, soit d'un délit de violences volontaires, d'un délit d'agressions ou d'atteintes sexuelles ou d'un délit commis avec la circonstance aggravante de violences, la juridiction ne peut prononcer le

sursis avec mise à l'épreuve à l'encontre d'une personne ayant déjà fait l'objet d'une condamnation assortie du sursis avec mise à l'épreuve pour des infractions identiques ou assimilées et se trouvant en état de récidive légale. Toutefois, ces dispositions ne sont pas applicables lorsque le sursis avec mise à l'épreuve ne porte que sur une partie de la peine d'emprisonnement prononcée en application des dispositions du dernier alinéa de l'article 132-42.

1) Il résulte tant des articles 738 ancien du Code de procédure pénale et 40 ancien du Code pénal, que de l'article 132-41 nouveau du Code pénal que le sursis avec mise à l'épreuve n'est applicable qu'aux condamnations prononcées pour une durée de 5 ans au plus, en raison d'un crime ou d'un délit ; encourt dès lors la cassation l'arrêt d'une cour d'assises qui, après avoir déclaré un accusé coupable de violences avec arme ayant entraîné une mutilation ou une infirmité permanente, l'a condamné, notamment, à 6 ans d'emprisonnement dont 1 an assorti du sursis avec mise à l'épreuve pendant 3 ans (■ Cass. crim., 10 juill. 1996 : *Bull. crim.*, n° 292. ■ 31 mars 1999 : *Bull. crim.*, n° 68. ■ 3 févr. 2004 : *Bull. crim.*, n° 29).

2) Lorsqu'une condamnation assortie du sursis avec mise à l'épreuve, ou obligation d'accomplir un travail d'intérêt général est, en application de l'article 132-41 du Code pénal, remplaçant l'article 738 du Code de procédure pénale depuis le 1er novembre 1994, déclarée exécutoire par provision, le délai d'épreuve court à compter du jour où cette condamnation est prononcée (■ Cass. crim., 8 juin 1999 : *Bull. crim.*, n° 126).

3) Aux termes du premier alinéa de l'article 132-41 du Code pénal, le sursis avec mise à l'épreuve n'est applicable qu'aux condamnations à l'emprisonnement prononcées pour une durée de cinq ans au plus en raison d'un crime ou d'un délit de droit commun. Le principe selon lequel nul ne peut être puni d'une peine qui n'est pas prévue par la loi est d'ordre public et constitue une exception péremptoire qui doit être relevée par le juge à tous les stades de la procédure ; encourt la cassation l'arrêt qui, saisi d'une demande de révocation d'un sursis avec mise à l'épreuve prononcé pour des faits poursuivis sur le fondement de l'article 24 *bis* de la loi du 29 juillet 1881 assimilable à des délits politiques, refuse de statuer sur la légalité de la peine prononcée (■ Cass. crim., 27 avr. 2004 : *Bull. crim.*, n° 98).

4) Récidive légale. Méconnaît les prescriptions de l'article 132-41 du Code pénal la cour d'appel qui condamne, pour violences aggravées en récidive, à une peine d'emprisonnement assortie en totalité d'un sursis avec mise à l'épreuve une personne ayant déjà fait l'objet d'une condamnation assortie du sursis avec mise à l'épreuve pour une infraction identique ou assimilée, au sens de l'article 132-16-4, et se trouvant en état de récidive légale (■ Cass. crim., 16 déc. 2008, n° 08-85.469 : *Bull. crim.*, n° 256 ; *Dr. pénal* 2009, comm. 46, obs. M. Véron ; *D.* 2009, act. jurispr. p. 229, note M. Lena ; *AJP* 2009, p. 127, note M. Herzog-Evans).

Art. 132-42 ***(Mod., L. n° 2004-204, 9 mars 2004 ; L. n° 2005-1549, 12 déc. 2005).*** **– La juridiction pénale fixe le délai d'épreuve qui ne peut être inférieur à douze mois ni supérieur à trois ans. Lorsque la personne est en état de récidive légale, ce délai peut être porté à cinq ans. Ce délai peut être porté à sept ans lorsque la personne se trouve à nouveau en état de récidive légale.**

Elle peut décider que le sursis ne s'appliquera à l'exécution de l'emprisonnement que pour une partie dont elle détermine la durée.

Cette partie ne peut toutefois excéder cinq ans d'emprisonnement.

Si le délai d'épreuve imposé au bénéficiaire du sursis ne commence à courir que du jour où la condamnation est devenue définitive, lorsque celle-ci n'a pas été déclarée exécutoire par provision, ce délai est suspendu en cas d'incarcération du condamné, les mesures de surveillance et d'assistance attachées au sursis probatoire ne pouvant s'exécuter cumulativement avec un emprisonnement ferme (■ Cass. crim., 14 févr. 1994 : *Bull. crim.*, n° 65).

§ 2. – Du régime de la mise à l'épreuve

Art. 132-43. – Au cours du délai d'épreuve, le condamné doit satisfaire aux mesures de contrôle qui sont prévues par l'article 132-44 et à celles des obligations particulières prévues par l'article 132-45 qui lui sont spécialement imposées. En outre, le condamné peut bénéficier de mesures d'aide destinées à favoriser son reclassement social.

Ces mesures et obligations particulières cessent de s'appliquer et le délai d'épreuve est suspendu pendant le temps où le condamné est incarcéré. Le délai d'épreuve est également suspendu pendant le temps où le condamné accomplit les obligations du service national.

Art. 132-44 ***(Mod., L. n° 2000-516, 15 juin 2000).*** **– Les mesures de contrôle auxquelles le condamné doit se soumettre sont les suivantes :**

1° Répondre aux convocations du juge de l'application des peines ou du travailleur social désigné ;

2° Recevoir les visites du travailleur social et lui communiquer les renseignements ou documents de nature à permettre le contrôle de ses moyens d'existence et de l'exécution de ses obligations ;

3° Prévenir le travailleur social de ses changements d'emploi ;

4° Prévenir le travailleur social de ses changements de résidence ou de tout déplacement dont la durée excéderait quinze jours et rendre compte de son retour ;

5° ***(5° rempl. à compter du 1er oct. 2014, L. n° 2014-896, 15 août 2014)*** **Obtenir l'autorisation préalable du juge de l'application des peines pour tout changement d'emploi ou de résidence, lorsque ce changement est de nature à mettre obstacle à l'exécution de ses obligations ;**

6° ***(6° créé à compter du 1er oct. 2014, L. n° 2014-896, 15 août 2014)*** **Informer préalablement le juge de l'application des peines de tout déplacement à l'étranger.**

Sont d'application immédiate les dispositions de l'article 132-44, 6°, du Code pénal, issues de la loi n° 2014-896 du 15 août 2014, entrées en vigueur le 1er octobre 2014, qui ont supprimé l'obligation pour un condamné placé sous le régime de sursis avec mise à l'épreuve de solliciter l'autorisation du juge de l'application des peines pour tout déplacement à l'étranger et l'ont remplacée par l'information préalable de ce magistrat (■ Cass. crim., 4 nov. 2015, n° 15-80.310 : *Dr. pén.* 2016, comm. 19, obs. E. Bonis-Garçon).

Art. 132-45 ***(Mod., L. n° 2003-495, 12 juin 2003 ; L. n° 2004-204, 9 mars 2004 ; L. n° 2006-399, 4 avr. 2006 ; L. n° 2007-297, 5 mars 2007 ; L. n° 2010-242, 10 mars 2010 ; L. n° 2012-409, 27 mars 2012 ; L. n° 2016-731, 3 juin 2016 ; L. n° 2016-1547, 18 nov. 2016).*** **– La juridiction de condamnation ou le juge de l'application des peines peut imposer spécialement au condamné l'observation de l'une ou de plusieurs des obligations suivantes :**

1° Exercer une activité professionnelle ou suivre un enseignement ou une formation professionnelle ;

2° Établir sa résidence en un lieu déterminé ;

3° Se soumettre à des mesures d'examen médical, de traitement ou de soins, même sous le régime de l'hospitalisation. Ces mesures peuvent consister en l'injonction thérapeutique prévue par les articles L. 3413-1 à L. 3413-4 du Code de la santé publique, lorsqu'il apparaît que le condamné fait usage de stupéfiants ou fait une consommation habituelle et excessive de boissons alcooliques. Une copie de la décision ordonnant ces mesures est adressée par le juge de l'application des peines au médecin ou au psychologue qui doit suivre la personne condamnée. Les rapports des expertises réalisées pendant la procédure sont adressés au médecin ou au psychologue, à leur demande ou à l'initiative du juge de l'application des peines. Celui-ci peut également leur adresser toute autre pièce utile du dossier ;

4° Justifier qu'il contribue aux charges familiales ou acquitte régulièrement les pensions alimentaires dont il est débiteur ;

5° Réparer en tout ou partie, en fonction de ses facultés contributives, les dommages causés par l'infraction, même en l'absence de décision sur l'action civile ;

6° Justifier qu'il acquitte en fonction de ses facultés contributives les sommes dues au Trésor public à la suite de la condamnation ;

7° S'abstenir de conduire certains véhicules déterminés par les catégories de permis prévues par le Code de la route ; ou de conduire un véhicule qui ne soit pas équipé, par un professionnel agréé ou par construction, d'un dispositif homologué d'antidémarrage par éthylotest électronique.

7° *bis* ***(7° bis créé à compter du 1er oct. 2014, L. n° 2014-896, 15 août 2014)*** **Sous réserve de son accord, s'inscrire et se présenter aux épreuves du permis de conduire, le cas échéant après avoir suivi des leçons de conduite ;**

8° Ne pas se livrer à l'activité dans l'exercice ou à l'occasion de l'exercice de laquelle l'infraction a été commise ou ne pas exercer une activité impliquant un contact habituel avec des mineurs ;

9° S'abstenir de paraître en tout lieu, toute catégorie de lieux ou toute zone spécialement désignés ;

10° *(10° mod. à compter du 1er oct. 2014, L. n° 2014-896, 15 août 2014)* Ne pas engager de paris, notamment dans les organismes de paris mutuel, et ne pas prendre part à des jeux d'argent et de hasard ;

11° Ne pas fréquenter les débits de boissons ;

12° Ne pas fréquenter certains condamnés, notamment les auteurs ou complices de l'infraction ;

13° S'abstenir d'entrer en relation avec certaines personnes, dont la victime, ou certaines catégories de personnes, et notamment des mineurs, à l'exception, le cas échéant, de ceux désignés par la juridiction ;

14° Ne pas détenir ou porter une arme.

15° En cas d'infraction commise à l'occasion de la conduite d'un véhicule terrestre à moteur, accomplir, à ses frais, un stage de sensibilisation à la sécurité routière.

16° S'abstenir de diffuser tout ouvrage ou œuvre audiovisuelle dont il serait l'auteur ou le co-auteur et qui porterait, en tout ou partie, sur l'infraction commise et s'abstenir de toute intervention publique relative à cette infraction ; les dispositions du présent alinéa ne sont applicables qu'en cas de condamnation pour crimes ou délits d'atteintes volontaires à la vie, d'agressions sexuelles ou d'atteintes sexuelles ;

17° Remettre ses enfants entre les mains de ceux auxquels la garde a été confiée par décision de justice ;

18° Accomplir un stage de citoyenneté.

19° *(Mod., L. n° 2014-873, 4 août 2014)* En cas d'infraction commise soit contre son conjoint, son concubin ou son partenaire lié par un pacte civil de solidarité, soit contre ses enfants ou ceux de son conjoint, concubin ou partenaire, résider hors du domicile ou de la résidence du couple et, le cas échéant, s'abstenir de paraître dans ce domicile ou cette résidence ou aux abords immédiats de celui-ci, ainsi que, si nécessaire, faire l'objet d'une prise en charge sanitaire, sociale ou psychologique ; les dispositions du présent 19° sont également applicables lorsque l'infraction est commise par l'ancien conjoint ou concubin de la victime, ou par la personne ayant été liée à elle par un pacte civil de solidarité, le domicile concerné étant alors celui de la victime. Pour l'application du présent 19°, l'avis de la victime est recueilli, dans les meilleurs délais et par tous moyens, sur l'opportunité d'imposer au condamné de résider hors du logement du couple. Sauf circonstances particulières, cette mesure est prise lorsque sont en cause des faits de violences susceptibles d'être renouvelés et que la victime la sollicite. La juridiction peut préciser les modalités de prise en charge des frais afférents à ce logement ;

20° *(L. n° 2014-873, 4 août 2014)* Accomplir à ses frais un stage de responsabilisation pour la prévention et la lutte contre les violences au sein du couple et sexistes ;

21° *(L. n° 2014-873, 4 août 2014)* Obtenir l'autorisation préalable du juge de l'application des peines pour tout déplacement à l'étranger.

22° *(Al. créé, L. n° 2016-731, 3 juin 2016)* Respecter les conditions d'une prise en charge sanitaire, sociale, éducative ou psychologique, destinée à permettre sa réinsertion et l'acquisition des valeurs de la citoyenneté ; cette prise en charge peut, le cas échéant, intervenir au sein d'un établissement d'accueil adapté dans lequel le condamné est tenu de résider.

Voir : *infra*, C. santé publ., Annexe 62 concernant l'Injonction thérapeutique.

1) Le juge pénal ne peut placer un condamné sous le régime du sursis avec mise à l'épreuve et obligation spéciale de réparer les dommages causés par l'infraction que si ceux-ci sont évalués définitivement par une condamnation civile. Ainsi a été cassé l'arrêt d'une cour d'appel qui a placé le condamné sous un tel régime, alors que celui-ci avait été déclaré en liquidation judiciaire, et qui s'est borné par ailleurs à fixer le montant des créances des parties civiles (■ Cass. crim., 6 avr. 1994 : *Bull. crim.*, n° 138).

2) Ne satisfait pas à l'obligation qui lui a été spécialement imposée d'acquitter, en fonction de ses facultés contributives, les sommes dues à la victime de l'infraction, le condamné à une peine assortie du sursis avec mise à l'épreuve qui ne verse pas à la victime la somme allouée au titre de l'article 475-1 du Code de procédure pénale, laquelle entre dans les prévisions des articles 739 et R. 58-60 de ce code (■ Cass. crim., 27 juill. 1993 : *Bull. crim.*, n° 253).

3) Si le juge répressif peut, en application de l'article 132-45 du Code pénal, assortir une peine d'emprisonnement de l'obligation de s'abstenir de paraître dans tout lieu qu'il désigne, il ne saurait, sans méconnaître le principe de territorialité de la loi pénale, viser des lieux situés hors du territoire de la République, telle la Principauté d'Andorre (■ Cass. crim., 29 oct. 1998 : *Bull. crim.*, n° 283).

4) La juridiction ne peut imposer que les obligations prévues par l'article 132-45 du Code pénal. Tel n'est pas le cas de l'obligation faite à la prévenue de se conformer aux décisions de justice exécutoires réglant les modalités d'exercice de l'autorité parentale sur son enfant (■ Cass. crim., 23 juin 1999 : *Bull. crim.*, n° 155).

5) Le sursis avec mise à l'épreuve ne peut comporter l'interdiction faite à un contrebandier de séjourner dans le pays étranger avec lequel il trafique (■ Cass. crim., 29 oct. 1998 : *JCP* 99, G, I, 151 et les obs. de J.-H. Robert ; *Bull. crim.*, n° 283).

6) En prononçant, au titre du sursis avec mise à l'épreuve, l'interdiction de conduire les véhicules déterminés par les catégories des permis A, B, C, D, E, F prévues par le Code de la route, la cour d'appel a fait l'exacte application de l'article 132-45, 7° du Code pénal (■ Cass. crim., 22 sept. 1999 : *Bull. crim.*, n° 197).

7) Le juge qui condamne un prévenu à une peine d'emprisonnement assortie du sursis probatoire comportant l'obligation d'indemniser les victimes n'a pas à s'expliquer sur les facultés contributives visées à l'article 132-45-5° du Code pénal dès lors que ces facultés seront prises en considération à l'occasion de la mise en œuvre de la mesure (■ Cass. crim., 3 juin 1998 : *Dr. pénal* 1999, comm. n° 109, obs. A. Maron).

8) Si l'ouverture d'une procédure collective à l'encontre d'un prévenu ne fait pas obstacle à son placement sous le régime du sursis avec mise à l'épreuve comportant l'obligation spéciale, prévue à l'article 132-45, 5° du Code pénal, de réparer les dommages causés par l'infraction, même en l'absence de décision sur l'action civile, c'est à la condition, lorsqu'il s'agit de réparation pécuniaire, que la créance de la partie civile ne soit pas déclarée éteinte (■ Cass. crim., 10 nov. 1999 : *JurisData* n° 1999-004855 ; *Dr. pénal* 2000, comm. 60, obs. J.-H. Robert ; 10 sept. 2003 : *JurisData* n° 2003-020529 ; *Bull. crim.*, n° 159 ; *Dr. pénal* 2003, comm. 145, obs. J.-H. Robert).

9) Lorsqu'en application de l'article 132-45, 3° du Code pénal, la juridiction correctionnelle impose au condamné, à titre d'obligation du sursis avec mise à l'épreuve, de « suivre des soins médicaux », les modalités d'exécution de cette obligation doivent être déterminées par le juge de l'application des peines auquel l'article 739 du Code de procédure pénale donne le pouvoir de mettre en œuvre, aménager ou supprimer les obligations particulières auxquelles la juridiction de jugement a soumis le condamné (■ Cass. crim., 13 nov. 2001 : *Bull. crim.*, n° 235).

10) L'obligation du suivi des soins médicaux n'est pas contraire aux dispositions de l'article 8 de la Déclaration des droits de l'homme et du citoyen et de l'article 7 de la Convention européenne des droits de l'homme (même arrêt).

11) L'exigence selon laquelle, en matière correctionnelle, toute peine doit être motivée au regard de la gravité des faits, de la personnalité de leur auteur et de sa situation personnelle, s'applique au prononcé de la peine d'emprisonnement avec sursis et mise à l'épreuve, et non au choix de ses modalités que sont les obligations prévues à l'article 132-45 du Code pénal, lesquelles sont susceptibles d'être modifiées par le juge de l'application des peines (■ Cass. crim., 22 nov. 2017, n° 16-83.549 : *Dr. pén.* 2018, comm. 20, note E. Bonis-Garçon).

Art. 132-45-1 *(Abr., L. n° 2010-242, 10 mars 2010).*

Art. 132-46. – Les mesures d'aide ont pour objet de seconder les efforts du condamné en vue de son reclassement social.

Ces mesures, qui s'exercent sous forme d'une aide à caractère social et, s'il y a lieu, d'une aide matérielle, sont mises en œuvre par le service de probation avec la participation, le cas échéant, de tous organismes publics et privés.

§ 3. – De la révocation du sursis avec mise à l'épreuve en cas de nouvelle infraction

Art. 132-47 *(Mod., L. n° 92-1336, 16 déc. 1992 ; L. n° 2004-204, 9 mars 2004)*. **– Le sursis avec mise à l'épreuve peut être révoqué par la juridiction de jugement dans les conditions prévues par l'article 132-48.**

Il peut également l'être par le juge de l'application des peines, selon les modalités prévues par le Code de procédure pénale, lorsque le condamné n'a pas satisfait aux mesures de contrôle et aux obligations particulières

qui lui étaient imposées. Tout manquement à ces mesures et obligations commis après que la mise à l'épreuve est devenue exécutoire peut justifier la révocation du sursis. Si cette révocation est ordonnée alors que la condamnation n'avait pas encore acquis un caractère définitif, elle devient caduque dans le cas où cette condamnation serait ultérieurement infirmée ou annulée.

1) La juridiction appelée à se prononcer sur la révocation d'un sursis avec mise à l'épreuve ne doit se déterminer qu'en fonction du comportement du condamné au regard des obligations qui lui sont imposées, sans pouvoir remettre en question la régularité de la décision ayant ordonné la mesure (■ Cass. crim., 31 mars 1999 : *Bull. crim.*, n° 68).

2) V. (■ Cass. crim., 27 avr. 2004 : *Bull. crim.*, n° 98), note sous article 132-41.

3) Il résulte des articles 132-44, 132-45 et 132-47 du Code pénal, 739 du Code de procédure pénale, que la juridiction appelée à se prononcer sur la révocation d'un sursis avec mise à l'épreuve ne doit se déterminer qu'au regard des obligations légalement imposées au condamné ; encourt la censure l'arrêt qui, pour ordonner la révocation d'un sursis avec mise à l'épreuve retient que l'intéressé a exercé une activité bénévole le mettant en contact avec des mineurs et qu'il n'a pas satisfait à l'obligation d'exercer une activité professionnelle régulière, alors, d'une part, que le condamné n'avait été légalement soumis qu'à l'interdiction d'exercer une activité professionnelle le mettant en contact avec des mineurs et, d'autre part, que l'obligation facultative d'exercer une activité professionnelle ne lui avait pas été imposée (■ Cass. crim., 31 mars 2005 : *Bull. crim.*, n° 116).

4) Selon l'article 132-47 du Code pénal, le sursis avec mise à l'épreuve peut être révoqué par le juge de l'application des peines lorsque le condamné n'a pas satisfait aux mesures de contrôle et aux obligations particulières qui lui étaient imposées (en l'espèce, victime non indemnisée, même à hauteur des facultés contributives du condamné, et absence de communication de ses ressources, ainsi que dissimulation devant les premiers juges de ce qu'il était en liquidation judiciaire personnelle).

– Le mandataire liquidateur n'a pas à être appelé à la procédure (■ Cass. crim., 21 févr. 2007 : *Bull. crim.*, n° 57 ; *Dr. pénal* 2007, comm. 101, obs. M. Véron).

5) Il résulte des dispositions combinées des articles 132-47 du Code pénal, 742, 712-6, 712-13 et 712-15 du Code de procédure pénale que le pourvoi formé contre l'arrêt de la chambre de l'application des peines ordonnant la révocation du sursis avec mise à l'épreuve, en raison de l'inobservation, par le condamné, des mesures de contrôle et obligations particulières lui étant imposées, n'est pas suspensif (■ Cass. crim., 12 avr. 2012, n° 11-84.684 : *Bull. crim.*, n° 99).

6) La chambre de l'application des peines qui ordonne la révocation d'un sursis avec mise à l'épreuve n'est pas tenue de rechercher si un aménagement de la peine d'emprisonnement est possible dès lors qu'aucune demande n'a été présentée en ce sens (■ Cass. crim., 12 avr. 2012, n° 11-81.536 : *Bull. crim.*, n° 96 ; *Dr. pénal* 2012, comm. 98, obs. M. Véron).

Art. 132-48 *(Mod., L. n° 2003-1119, 26 nov. 2003)*. – **Si le condamné commet, au cours du délai d'épreuve, un crime ou un délit de droit commun suivi d'une condamnation à une peine privative de liberté sans sursis, la juridiction de jugement peut, après avis du juge de l'application des peines, ordonner la révocation en totalité ou en partie du ou des sursis antérieurement accordés. Cette révocation ne peut être ordonnée pour des infractions commises avant que la condamnation assortie du sursis ait acquis un caractère définitif.**

La mesure d'interdiction du territoire français est exécutoire de plein droit en cas de révocation totale du sursis avec mise à l'épreuve dans les conditions prévues au présent article.

1) Selon l'article 132-48, la révocation d'un sursis avec mise à l'épreuve ne peut être ordonnée par la juridiction de jugement qu'après avis du juge de l'application des peines. Cette condition relative aux formes de la procédure étant immédiatement applicable aux instances en cours, y compris pour la première fois devant la juridiction d'appel, encourt la cassation l'arrêt qui ne mentionne pas qu'un tel avis a été recueilli (■ Cass. crim., 3 avr. 1995 : *Bull. crim.*, n° 141 ; *Dr. pénal* 1995, comm. 169, obs. Véron).

2) Fait l'exacte application des dispositions de l'article 132-48 du Code pénal la cour d'appel qui ordonne la révocation d'un précédent sursis avec mise à l'épreuve en prononçant pour de nouveaux faits une peine pour partie assortie d'un nouveau sursis avec mise à l'épreuve (■ Cass. crim., 7 janv. 2009 : *Bull. crim.*, n° 8).

3) La juridiction répressive qui se prononce sur la révocation du sursis avec mise à l'épreuve accordé à un condamné, doit, dans sa décision, préciser que les faits ayant motivé la seconde condamnation ont été commis au cours du délai d'épreuve, lequel commence à courir du jour où la décision qui le fixe est devenue définitive ; la méconnaissance de cette règle doit entraîner l'annulation totale des dispositions pénales de la décision en raison de l'indivisibilité existant entre la déclaration de culpabilité et les peines (■ Cass. crim., 17 mai 1995 : *Bull. crim.*, n° 180).

4) Encourt la censure l'arrêt d'une cour d'appel, en date du 5 juillet 2007, qui ordonne la révocation totale d'un sursis avec mise à épreuve d'une durée de trois ans assortissant la peine de deux ans d'emprisonnement prononcée le 28 février 2002, au motif qu'entre ces deux dates l'intéressé a été condamné à trois reprises, mais omet de préciser la nature – emprisonnement ferme – et la durée des trois condamnations prononcées (■ Cass. crim., 12 mars 2008 : *Bull. crim.*, n° 64 ; pourvoi n° 07-87.532 ; *JCP* 2008, IV, n° 1789).

5) La condamnation à une peine de trente jours-amende ne peut entraîner la révocation d'une condamnation antérieure à trois mois d'emprisonnement assortie du sursis avec mise à l'épreuve (■ Cass. crim., 11 janv. 2012, n° 11-81.297 : *Dr. pén.* 2012, comm. 49, obs. M. Véron).

6) La révocation peut être prononcée, alors même que l'incarcération provisoire n'a pas été ordonnée (■ Cass. crim., 27 mai 1999 : *Bull. crim.*, n° 111).

7) La juridiction de l'application des peines doit s'assurer que la condamnation prononcée pendant le délai d'épreuve est définitive (■ Cass. crim., 30 mars 1999 : *Bull. crim.*, n° 63).

8) Selon les articles 132-47 et 132-48 du Code pénal, lorsqu'une demande de révocation du sursis avec mise à l'épreuve est présentée au tribunal correctionnel statuant comme juridiction de l'application des peines, l'acte de saisine de cette juridiction doit intervenir avant l'expiration du délai d'épreuve (■ Cass. crim., 20 juin 2000 : *Bull. crim.*, n° 235).

Art. 132-49. – *(Al. abr. à compter du 1er oct. 2014, L. n° 2014-896, 15 août 2014).*
La décision ordonnant la révocation partielle du sursis ne met pas fin au régime de la mise à l'épreuve et n'attache pas à la condamnation les effets d'une condamnation sans sursis.

Aux termes de l'article 112-2, 3° du Code pénal, les lois relatives au régime d'exécution et d'application des peines, dès lors qu'elles ont pour résultat de rendre plus sévères les peines prononcées par la décision de condamnation, ne sont applicables qu'aux condamnations prononcées pour des faits commis postérieurement à leur entrée en vigueur ; tel est le cas de l'article 132-49 qui autorise la révocation partielle du sursis avec mise à l'épreuve sans limitation de durée, alors que, suivant les dispositions abrogées de l'article 742-2 du Code de procédure pénale, une telle révocation partielle ne pouvait être ordonnée que pour une durée n'excédant pas 2 mois (■ Cass. crim., 12 déc. 1995 : *Bull. crim.*, n° 376. ■ 24 oct. 2000 : *Bull. crim.*, n° 307).

Art. 132-50 *(Rempl. à compter du 1er janv. 2015, L. n° 2014-896, 15 août 2014).* – **Si la juridiction ordonne l'exécution de la totalité de l'emprisonnement et si le sursis avec mise à l'épreuve a été accordé après une première condamnation déjà prononcée sous le même bénéfice, elle peut, par décision spéciale, ordonner que la première peine sera également exécutée.**

Art. 132-51. – **Lorsque la juridiction ordonne la révocation du sursis en totalité ou en partie, elle peut, par décision spéciale et motivée, exécutoire par provision, faire incarcérer le condamné.**

§ 4. – Des effets du sursis avec mise à l'épreuve

Art. 132-52. – **La condamnation assortie du sursis avec mise à l'épreuve est réputée non avenue lorsque le condamné n'a pas fait l'objet d'une décision ordonnant l'exécution de la totalité de l'emprisonnement.**

Lorsque le bénéfice du sursis avec mise à l'épreuve n'a été accordé que pour une partie de l'emprisonnement, la condamnation est réputée non avenue dans tous ses éléments si la révocation du sursis n'a pas été prononcée dans les conditions prévues par l'alinéa précédent.

(Al. créé à compter du 1er oct. 2014, L. n° 2014-896, 15 août 2014) **Le caractère non avenu de la condamnation ne fait pas obstacle à la révocation totale ou partielle du sursis avec mise à l'épreuve dès lors que le manquement ou l'infraction ont été commis avant l'expiration du délai d'épreuve.**

Bibliographie : L. Griffon, *Révocation partielle d'un sursis au-delà du délai d'épreuve et caractère non-avenu de la condamnation.* Interprétation et portée des arrêts du 28 avril 2011.

1) En application de l'article 132-52 du Code pénal, la condamnation assortie du sursis avec mise à l'épreuve est réputée non avenue lorsque le condamné n'a pas fait l'objet d'une décision ordonnant l'exécution de la totalité de l'emprisonnement ; il s'ensuit que ne justifie pas sa décision, la cour d'appel qui retient, comme premier terme d'un état de récidive, une condamnation avec sursis et mise à l'épreuve, sans s'expliquer sur son existence au regard du texte précité (■ Cass. crim., 30 mai 2006 : *Bull. crim.*, n° 153).

2) Par application de l'article 132-52, alinéa 2 du Code pénal, une condamnation à l'emprisonnement assortie partiellement d'un sursis avec mise à l'épreuve est réputée non avenue dans tous ses éléments à l'échéance du délai d'épreuve et perd ainsi son caractère exécutoire à partir de cette date, à moins qu'elle ne fasse l'objet d'une décision ordonnant la révocation totale du sursis.

Fait dès lors l'exacte application de ce texte la chambre de l'application des peines qui constate qu'est devenue sans objet la demande d'aménagement d'une peine d'emprisonnement initialement assortie d'un sursis avec mise à l'épreuve dont la révocation, partielle a été ordonnée postérieurement à l'expiration du délai d'épreuve (■ Cass. crim., 28 avr. 2011, n° 10-87.978 : *Bull. crim.*, n° 85).

3) Par application de l'article 132-52, alinéa 2 du Code pénal, une condamnation à l'emprisonnement assortie partiellement d'un sursis avec mise à l'épreuve est réputée non avenue dans tous ses éléments à l'échéance du délai d'épreuve et perd ainsi son caractère exécutoire à partir de cette date, à moins qu'elle ne fasse l'objet d'une décision ordonnant la révocation totale du sursis.

Fait dès lors l'exacte application de ce texte la chambre de l'application des peines qui constate, après l'échéance du délai d'épreuve, qu'est devenue sans objet la requête du condamné sollicitant une suspension de peine pour raison médicale, le sursis avec mise à l'épreuve n'ayant pas fait l'objet d'une révocation totale (■ Cass. crim., 28 avr. 2011, n° 10-87.986 : *Bull. crim.*, n° 84).

4) Il se déduit de l'article 132-52 du Code pénal qu'après l'expiration du délai d'épreuve, le sursis avec mise à l'épreuve assortissant la condamnation à une peine d'emprisonnement ne peut plus faire l'objet d'une révocation partielle (■ Cass. crim., 12 avr. 2012, n° 11-84.684 : *Bull. crim.*, n° 99 ; *D.* 2012, p. 1335 ; *Dr. pénal* 2012, études 13, p. 18, par L. Griffon ; *AJP* 2012, p. 497, obs. V. Dufourd).

5) Il se déduit de l'article 132-52 du Code pénal qu'après l'expiration du délai d'épreuve, le sursis avec mise à l'épreuve assortissant la condamnation à une peine d'emprisonnement ne peut plus faire l'objet d'une prolongation (■ Cass. crim., 7 mai 2014 : *Bull. crim.*, n° 129 ; *Dr. pén.* 2014, comm. 116, obs. V. Peltier).

6) Application de la loi dans le temps. Les dispositions de l'article 132-52, alinéa 3, du Code pénal, issues de la loi n° 2014-896 du 15 août 2014, qui permettent la révocation partielle d'un sursis avec mise à l'épreuve après l'expiration du délai d'épreuve, sont immédiatement applicables à une condamnation à un emprisonnement assorti d'un sursis avec mise à l'épreuve prononcée contre l'auteur d'une infraction commise avant la date d'entrée en vigueur de ces dispositions, le 1er octobre 2014. En effet, elles ne présentent pas un caractère plus sévère au sens de l'article 112-2, 3° du Code pénal (■ Cass. crim., 13 déc. 2017, n° 16-86.128 : *Dr. pén.* 2018, comm. 39, note E. Bonis).

Art. 132-53 ***(Mod., L. n° 2004-204, 9 mars 2004)*****. – Si le sursis avec mise à l'épreuve a été accordé après une première condamnation déjà prononcée sous le même bénéfice, cette première condamnation est réputée non avenue si la seconde vient elle-même à être déclarée ou réputée non avenue dans les conditions et les délais prévus par le premier alinéa de l'article 132-52 ci-dessus ou par l'article 744 du Code de procédure pénale.**

Voir : Comp. art. 132-40 à 132-53 avec art. 738 à 747, C. proc. pén.

Sous-section 5. – Du sursis assorti de l'obligation d'accomplir un travail d'intérêt général

Art. 132-54 ***(Mod., L. n° 2004-204, 9 mars 2004 ; L. n° 2009-1436, 24 nov. 2009 ; mod. à compter du 1er octobre 2014, L. n° 2014-896, 15 août 2014 ; L. n° 2016-731, 3 juin 2016)*****. – La juridiction peut, dans les conditions et selon les modalités prévues aux articles 132-40 et 132-41, prévoir que le condamné accomplira, pour une durée de vingt à deux cent quatre-vingts heures, un travail d'intérêt général non rémunéré au profit soit d'une personne morale de droit public, soit d'une personne morale de droit privé chargée d'une mission de service public ou d'une association habilitées à mettre en œuvre des travaux d'intérêt général.**

La juridiction peut en outre soumettre le condamné à tout ou partie des obligations prévues à l'article 132-45 pour une durée qui ne peut excéder dix-huit mois. L'exécution du travail d'intérêt général avant la fin de ce délai ne met pas fin à ces obligations.

Le sursis assorti de l'obligation d'accomplir un travail d'intérêt général ne peut être ordonné lorsque le prévenu le refuse ou n'est pas présent à l'audience. Toutefois, ce sursis peut être ordonné lorsque le prévenu, absent à l'audience, a fait connaître par écrit son accord et qu'il est représenté par son avocat.

Les modalités d'application de l'obligation d'accomplir un travail d'intérêt général sont régies par les dispositions des articles 131-22 à 131-24. Dès l'accomplissement de la totalité du travail d'intérêt général, la condamnation est considérée comme non avenue sauf s'il a été fait application des dispositions prévues au dernier alinéa de l'article 132-55.

Aux termes de l'article 132-54 du Code pénal, le sursis assorti de l'obligation d'accomplir un travail d'intérêt général ne peut être ordonné lorsque le prévenu le refuse ou n'est pas présent à l'audience.

Encourt dès lors la cassation l'arrêt d'une cour d'appel qui, sur le seul appel du ministère public, confirme, en l'absence du prévenu à l'audience, le jugement ayant prononcé une peine d'emprisonnement avec sursis assorti de l'obligation d'accomplir un travail d'intérêt général (■ Cass. crim., 10 nov. 2009 : *Bull. crim.*, n° 187 ; *Dr. pénal* 2010, comm. 18. obs. M. Véron).

Bibliographie : *JCl. pén., Sursis assorti de l'obligation d'accomplir un travail d'intérêt général* par Ph. Salvage.

Art. 132-55 ***(Mod., L. n° 2000-516, 15 juin 2000 ; L. n° 2004-204, 9 mars 2004 ; L. n° 2009-1436, 24 nov. 2009).*** **– Au cours du délai fixé par la juridiction pour accomplir un travail d'intérêt général, le condamné doit, outre l'obligation d'accomplir le travail prescrit, satisfaire aux mesures de contrôle suivantes :**

1° Répondre aux convocations du juge de l'application des peines ou du travailleur social désigné ;

2° Se soumettre à l'examen médical préalable à l'exécution de la peine qui a pour but de rechercher s'il n'est pas atteint d'une affection dangereuse pour les autres travailleurs et de s'assurer qu'il est médicalement apte au travail auquel il est envisagé de l'affecter ;

3° Justifier des motifs de ses changements d'emploi ou de résidence qui font obstacle à l'exécution du travail d'intérêt général selon les modalités fixées ;

4° Obtenir l'autorisation préalable du juge de l'application des peines pour tout déplacement qui ferait obstacle à l'exécution du travail d'intérêt général selon les modalités fixées ;

5° Recevoir les visites du travailleur social et lui communiquer tous documents ou renseignements relatifs à l'exécution de la peine.

Il doit également satisfaire à celles des obligations particulières prévues à l'article 132-45 que la juridiction lui a spécialement imposées et dont celle-ci a précisé la durée qui ne peut excéder dix-huit mois.

Art. 132-56 ***(Mod. à compter du 1er oct. 2014, L. n° 2014-896, 15 août 2014).*** **– Le sursis assorti de l'obligation d'accomplir un travail d'intérêt général suit les mêmes règles que celles qui sont prévues pour le sursis avec mise à l'épreuve, à l'exception de celles qui sont contenues au second alinéa de l'article 132-42 et au deuxième alinéa de l'article 132-52 ; l'obligation d'accomplir un travail d'intérêt général est assimilée à une obligation particulière du sursis avec mise à l'épreuve et le délai prévu à l'article 131-22 assimilé au délai d'épreuve.**

Art. 132-57 ***(Mod., L. n° 95-125, 8 févr. 1995 ; L. n° 2004-204, 9 mars 2004 ; L. n° 2009-1436, 24 nov. 2009 ; mod. à compter du 1er oct. 2014, L. n° 2014-896, 15 août 2014).*** **– Lorsqu'une condamnation pour un délit de droit commun comportant une peine d'emprisonnement ferme de six mois au plus a été prononcée, le juge de l'application des peines peut, lorsque cette condamnation n'est plus susceptible de faire l'objet d'une voie de recours par le condamné, ordonner qu'il sera sursis à l'exécution de cette peine et que le condamné accomplira, pour une durée de vingt à deux cent quatre-vingts heures, un travail d'intérêt général non rémunéré au profit soit d'une personne morale de droit public, soit d'une personne morale de droit privé chargée d'une mission de service public ou d'une association habilitées à mettre en œuvre des travaux d'intérêt général. L'exécution de l'obligation d'accomplir un travail d'intérêt général est soumise aux prescriptions du troisième alinéa de l'article 132-54 et des articles 132-55 et 132-56. Le juge de l'application des peines peut également décider que le condamné effectuera une peine de jours-amende, conformément aux dispositions des articles 131-5 et 131-25.**

Le présent article est applicable aux peines d'emprisonnement ayant fait l'objet d'un sursis partiel, assorti ou non d'une mise à l'épreuve, lorsque la partie ferme de la peine est inférieure ou égale à six mois. Dans ce cas, la partie de la peine avec sursis demeure applicable.

Le présent article est également applicable aux peines d'emprisonnement inférieures ou égales à six mois résultant de la révocation d'un sursis, assorti ou non d'une mise à l'épreuve.

En cas d'exécution partielle d'un travail d'intérêt général, le juge de l'application des peines peut ordonner la conversion de la partie non exécutée en jours-amende.

Voir : Comp. art. 132-54 à 132-57 avec art. 747-1 à 747-8, C. proc. pén.

1) Présence du condamné. Il résulte de l'article 747-2 du Code de procédure pénale que, devant la juridiction saisie, sur le fondement de l'article 132-57 du Code pénal, d'une requête en conversion d'une peine d'emprisonnement en peine avec sursis assorti d'un travail d'intérêt général, la présence du condamné n'est pas obligatoire, dès lors que le rapport du juge de l'application des peines mentionne l'adhésion de l'intéressé à cette mesure (■ Cass. crim., 10 mars 1998 : *Bull. crim.*, n° 92).

2) Ne peut faire l'objet de la conversion prévue par l'article 132-57 du Code pénal la peine d'emprisonnement prononcée avec sursis qui est devenue ferme à la suite d'une décision de révocation (■ Cass. crim., 26 mai 1999 : *Bull. crim.*, n° 108).

3) Il résulte de l'application combinée des articles 132-42, alinéa 2, 132-56 et 132-57 du Code pénal que le sursis assorti de l'obligation d'accomplir un travail d'intérêt général ne peut être octroyé que lorsqu'il porte sur la totalité de la peine d'emprisonnement prononcée (■ Cass. crim., 14 sept. 2005 : *Bull. crim.*, n° 229).

4) Selon l'article 112-2 3° du Code pénal, les lois relatives au régime d'exécution et d'application des peines sont **d'application immédiate**, sauf si elles ont pour résultat de rendre plus sévères les peines prononcées par la décision de condamnation.

Il résulte des dispositions de l'article 132-57 du Code pénal, dans leur rédaction issue de la loi n° 2009-1436 du 24 novembre 2009, que les juridictions de l'application des peines peuvent ordonner la conversion d'une peine d'emprisonnement ayant fait l'objet d'un sursis partiel, assorti ou non d'une mise à l'épreuve, lorsque la partie ferme de la peine est inférieure ou égale à six mois, ainsi que d'une peine d'emprisonnement inférieure ou égale à six mois résultant de la révocation d'un sursis, assorti ou non d'une mise à l'épreuve, en une peine de sursis assorti de l'obligation d'accomplir un travail d'intérêt général ou en une peine de jours-amende.

Un arrêt antérieur à la publication de la loi n° 2009-1436 du 24 novembre 2009 qui a déclaré irrecevable une demande de conversion d'une peine d'emprisonnement en une peine de jours-amende aux motifs que la conversion n'est pas applicable à une peine d'emprisonnement résultant de la révocation d'un sursis, doit donc être annulé et l'affaire renvoyée devant les juges du fond, afin que ceux-ci procèdent à un réexamen de la demande d'aménagement de peine au regard des dispositions plus douces de la loi nouvelle (■ Cass. crim., 12 mai 2010, n° 09-84.030 : *Bull. crim.*, n° 85).

5) Une peine ferme d'emprisonnement qui, en application des dispositions de l'article 132-57 du Code pénal, a fait l'objet d'une conversion en une peine de jours-amende, ne peut révoquer un sursis simple antérieurement prononcé (■ Cass. crim., 28 avr. 2011, n° 10-83.371 : *Bull. crim.*, n° 82 ; *AJP* 2011, jurispr. p. 302, note J. Lasserre-Capdeville ; *D.* 2011, chron. p. 1852, n° 3, A. Leprieur).

6) La conversion d'une peine d'emprisonnement, en application de l'article 132-57 du Code pénal, assortissant cette peine de l'obligation d'accomplir un travail d'intérêt général, ou la convertissant en peine de jours amende, fait perdre à cette condamnation son effet de révocation d'un sursis simple antérieurement accordé. Justifie sa décision la chambre de l'application des peines qui, pour dire n'y avoir lieu à aménagement de peine, énonce qu'une peine d'emprisonnement assortie d'une sursis avec obligation d'accomplir un travail d'intérêt général ne peut entraîner la révocation d'un sursis (■ Cass. crim., 28 avr. 2011, n° 10-87.481 : *Bull. crim.*, n° 83 ; *AJP* 2011, jurispr. p. 302, note J. Lasserre-Capdeville ; *D.* 2011, chron. p. 1852, n° 3, A. Leprieur).

7) Aux termes des dispositions de l'article 132-57 du Code pénal, les condamnations pour un délit de droit commun comportant une peine d'emprisonnement ferme de six mois au plus peuvent, seules, faire l'objet d'une conversion en sursis avec obligation d'accomplir un travail d'intérêt général ou en jours-amende.

Fait l'exacte application de ce texte, la chambre de l'application des peines qui rejette une demande de conversion présentée en application des dispositions de l'article 723-15 du Code de procédure pénale, dans sa rédaction issue de la loi du 24 novembre 2009, d'une peine de dix mois d'emprisonnement devant être exécutée à la suite de la révocation d'un sursis avec mise à l'épreuve

(■ Cass. crim., 26 oct. 2011, n° 10-88.030 : *Bull. crim.*, n° 223).

8) Seule la condamnation comportant une peine d'emprisonnement de six mois au plus peut faire l'objet d'une conversion en jours-amende (■ Cass. crim., 24 janv. 2012, n° 11-84.874 : *Dr. pén.* 2012, comm. 49, obs. M. Véron).

9) Il résulte de la combinaison des articles 132-57 du Code pénal et 723-15 du Code de procédure pénale que, lorsque plusieurs peines d'emprisonnement ferme ont été prononcées, pour des délits de droit commun, leur conversion en sursis avec obligation d'accomplir un travail d'intérêt général ou en jours-amende n'est possible que si leur durée totale n'excède pas six mois (■ Cass. crim., 3 sept. 2014, n° 13-80.045 : *Bull. crim.*, n° 180 ; *D.* 2014, p. 2160, note H. Dantras-Bioy).

10) Il se déduit des articles 132-57 du Code pénal et 723-15 du Code de procédure pénale qu'en cas de cumul de condamnations à des peines d'emprisonnement dont la durée totale n'excède pas six mois, la juridiction de l'application des peines qui prononce la conversion desdites peines doit statuer distinctement sur chacune d'elles (■ Cass. crim., 10 févr. 2016, n° 15-82.431 : *Dr. pén.* 2016, comm. 71, obs. E. Bonis-Garçon).

Sous-section 6. – De la dispense de peine et de l'ajournement

Voir : Concernant les mineurs, Ord. n° 45-174, 2 févr. 1945, art. 24-5, p. 1967.
C. trav., art. L. 1146-2, p. 2184.

Art. 132-58. – En matière correctionnelle ou, sauf dans les cas prévus aux articles 132-63 à 132-65, en matière contraventionnelle, la juridiction peut, après avoir déclaré le prévenu coupable et statué, s'il y a lieu, sur la confiscation des objets dangereux ou nuisibles, soit dispenser le prévenu de toute autre peine, soit ajourner le prononcé de celle-ci dans les cas et conditions prévus aux articles ci-après.

En même temps qu'elle se prononce sur la culpabilité du prévenu, la juridiction statue, s'il y a lieu, sur l'action civile.

Bibliographie : *JCl. pén., Dispense de peine et ajournement* par D. Caron.

1) Champ d'application. Les articles 469-1 et s. anciens du Code de procédure pénale (devenus les articles 132-58 et s. du Code pénal) ne s'appliquent ni devant les tribunaux militaires (■ Cass. crim., 11 juin 1976 : *Bull. crim.*, n° 204), ni en matière de presse (■ Cass. crim., 2 déc. 1980 : *Bull. crim.*, n° 326).

2) Les dispositions des articles 539 et 530-1, alinéa 2, du Code de procédure pénale ne font pas obstacle à ce que la juridiction de proximité prononce une dispense de peine prévue, en matière contraventionnelle, par les articles 132-58 et suivants du Code pénal, pour toute contravention ayant fait l'objet d'une procédure d'amende forfaitaire majorée (■ Cass. crim., 9 nov. 2005 : *Bull. crim.*, n° 291 ; *Dr. pénal* 2006, comm. 28, obs. A. Maron. ■ 18 janv. 2006 : *Dr. pénal* 2006, comm. 51, obs. J.-H. Robert).

3) Il semble résulter de ■ Cass. crim., 8 nov. 2011, n° 11-81.753, que le titulaire du certificat d'immatriculation d'un véhicule surpris en infraction ne peut pas être dispensé de l'obligation pécuniaire de payer l'amende encourue. V. *Dr. pén.* 2012, comm. 23, obs. J.-H. Robert et note sous l'article L. 121-3 du Code de la route, *infra*.

4) La dispense de peine ne constitue pas une condamnation permettant en application des dispositions de l'article 706-54, alinéa 1er, du Code de procédure pénale, l'inscription au fichier national automatisé des empreintes génétiques (■ Cass. crim., 9 avr. 2008, n° 07-85.972 : *Bull. crim.*, n° 97).

§ 1. – De la dispense de peine

Art. 132-59. – La dispense de peine peut être accordée lorsqu'il apparaît que le reclassement du coupable est acquis, que le dommage causé est réparé et que le trouble résultant de l'infraction a cessé.

La juridiction qui prononce une dispense de peine peut décider que sa décision ne sera pas mentionnée au casier judiciaire.

La dispense de peine ne s'étend pas au paiement des frais du procès.

1) Une cour d'appel, après avoir déclaré le prévenu coupable de faux matériel, a pu, sans contradiction, le dispenser de peine au motif qu'il avait agi sans intention de nuire (■ Cass. crim., 3 juin 2004 : *JurisData* n° 024519 ; *Bull. crim.* 2004, n° 149).

2) Les juridictions de proximité saisies à l'issue d'une procédure d'amende forfaitaire majorée peuvent prononcer, en matière contraventionnelle, une dispense de peine prévue par les articles 132-59 et suivants du Code pénal (■ Cass. crim., 9 nov. 2005, n° 05-84.504 : *Bull. crim.*, n° 291).

3) Ne méconnaît pas les dispositions de l'article 132-59 du Code pénal le jugement d'où il résulte qu'étaient remplies au cas d'espèce les conditions permettant à la juridiction de proximité de prononcer une dispense de peine (■ Cass. crim., 30 oct. 2012, n° 12-81.603 : *Bull. crim.*, n° 230).

4) Le prévenu déclaré coupable et dispensé de peine est, en application de l'article 132-59, dernier alinéa, du Code pénal, tenu au paiement du droit fixe de procédure défini à l'article 1018 A du Code général des impôts (■ Cass. crim., 24 juin 2014 : *Bull. crim.*, n° 160 ; *Dr. pén.* 2014, comm. 149, obs. J.-H. Robert).

§ 2. - De l'ajournement simple

Art. 132-60. – **La juridiction peut ajourner le prononcé de la peine lorsqu'il apparaît que le reclassement du coupable est en voie d'être acquis, que le dommage causé est en voie d'être réparé et que le trouble résultant de l'infraction va cesser.**

Dans ce cas, elle fixe dans sa décision la date à laquelle il sera statué sur la peine.

L'ajournement ne peut être ordonné que si la personne physique prévenue ou le représentant de la personne morale prévenue est présent à l'audience.

Selon l'article 132-60, alinéa 3, du Code pénal, l'ajournement du prononcé de la peine ne peut être ordonné qu'en présence du prévenu. Encourt la censure l'arrêt, qui a condamné la prévenue à une peine, alors qu'il ne résulte pas de cette décision que la prévenue était présente à l'audience lors de laquelle la juridiction avait prononcé son ajournement (■ Cass. crim., 24 mars 2015, n° 14-68.836).

Art. 132-61. – **À l'audience de renvoi, la juridiction peut soit dispenser le prévenu de peine, soit prononcer la peine prévue par la loi, soit ajourner une nouvelle fois le prononcé de la peine dans les conditions et selon les modalités prévues à l'article 132-60.**

1) Modalités des décisions. Est régulière la *composition d'une juridiction* qui, après avoir déclaré coupable le prévenu et ajourné le prononcé de la peine, en application de l'article 469-3 du Code de procédure pénale, statue sur la peine dans une composition différente (■ Cass. crim., 14 nov. 1989 : *Bull. crim.*, n° 415).

2) L'article 132-60 du Code pénal donne aux juges *la faculté* d'ajourner le prononcé de la peine. Aucune disposition légale ne prévoit que doivent être énoncées, dans leur décision, les conditions d'application définies par l'article 1er de ce texte (■ Cass. crim., 18 mai 2004 : *Bull. crim.*, n° 122 ; *Dr. pénal* 2004, comm. 139, obs. M. Véron ; *Rev. sc. crim.* 2004, p. 874, obs. G. Vermelle).

3) Lorsque la juridiction a, par une première décision, déclaré un prévenu coupable du délit qui lui était imputé et renvoyé le prononcé de la peine à une date ultérieure, cette même juridiction ne peut, par la suite, rendre une décision de relaxe incompatible avec la déclaration de culpabilité qui a acquis l'autorité de la *chose jugée* (■ Cass. crim., 12 juin 1979 : *Bull. crim.*, n° 206. ■ Cass. crim., 22 juin 1982 : *Bull. crim.*, n° 166).

4) Les juges peuvent dispenser le prévenu de toute peine, mais non d'une peine après l'avoir prononcée (■ Cass. crim., 27 nov. 1978 : *Bull. crim.*, n° 332 ; *Rev. sc. crim.* 1980, 114, obs. Larguier ; *Gaz. Pal.* 1979, 311, note X.).

5) L'ajournement de peine ne peut être prononcé qu'en *présence du prévenu*, et ne saurait résulter d'une décision rendue sur le fondement de l'article 411 du Code de procédure pénale (■ Cass. crim., 22 mai 1986 : *Bull. crim.*, n° 166).

La présence du prévenu est d'ordre public (■ Cass. crim., 17 nov. 1987 : *Bull. crim.*, n° 414. ■ Cass. crim., 25 févr. 1992 : *Dr. pénal* 1992, n° 192) et ne respecte pas les dispositions légales l'arrêt qui ne mentionne la présence du prévenu, ni à l'audience ayant ajourné le prononcé de la peine, ni à l'audience du prononcé de la peine après ajournement (■ Cass. crim., 11 mars 2009 : *Dr. pénal* 2009, comm. 75, obs. M. Véron).

6) Effets de l'ajournement. L'article 469-3, alinéa 4, a pour objet d'autoriser les juges à faire bénéficier le prévenu, reconnu coupable d'un délit, d'un ajournement de la décision sur la peine n'excédant pas un an, mais non d'assurer l'impunité à ce prévenu après l'expiration de ce délai (■ Cass. crim., 3 oct. 1984 : *Bull. crim.*, n° 286 ; *JCP* 85, II, 20447, note Chambon).

7) Il appartient au prévenu de satisfaire à l'obligation prise par lui, à l'audience d'ajournement, de réparer le dommage causé par l'infraction et, à l'audience du prononcé de la peine, de rapporter la preuve de cette réparation (■ Cass. crim., 16 oct. 1991 : *Bull. crim.*, n° 352).

8) Lorsqu'il a statué sur la culpabilité tout en ajournant le prononcé de la peine, le juge ne peut ultérieurement prononcer à nouveau sur la culpabilité (■ Cass. crim., 30 mai 2017, n° 16-87.183).

9) Appel de la décision d'ajournement. Le jugement rendu après ajournement du prononcé de la peine est contradictoire, et le délai d'appel court du jour où il est rendu sans qu'une signification soit nécessaire en cas d'absence du prévenu (■ Cass. crim., 14 juin 1983 : *Bull. crim.*, n° 180 ; *JCP* 83, IV, 268). L'erreur du tribunal qui a déclaré, à tort, son jugement contradictoire à signifier et celle du ministère public qui a fait procéder à cette signification sont sans incidence sur le point de départ du délai d'appel (■ Cass. crim., 4 nov. 1988 : *Bull. crim.*, n° 370).

10) Si le jugement rendu, après ajournement de la peine est contradictoire à l'égard du prévenu non comparant par application de l'article 469-3 du Code de procédure pénale devenu l'article 132-60 nouveau du Code pénal et, si le délai d'appel contre une telle décision court du jour où elle est rendue, sans qu'une signification soit nécessaire en cas d'absence du prévenu, il n'en va pas de même lorsque, par ce jugement, les juges statuent pour la première fois sur l'intervention des parties civiles dans les conditions prévues par l'article 421 du Code de procédure pénale, cette circonstance nouvelle imposant alors la signification du jugement du prévenu (■ Cass. crim., 7 févr. 1996 : *Bull. crim.*, n° 63).

11) Effets de l'appel. Lorsqu'un tribunal a, par jugement devenu définitif, déclaré un prévenu coupable, puis a par une décision ultérieure statué sur la peine, la cour d'appel saisie du seul recours formé contre cette dernière décision ne saurait, sans méconnaître à la fois l'autorité de la chose jugée et les règles de sa saisine, se prononcer à nouveau sur la culpabilité (■ Cass. crim., 2 janv. 1980 : *Bull. crim.*, n° 2. ■ 15 mai 1984 : *Bull. crim.*, n° 175. ■ 19 avr. 2000 : *Bull. crim.*, n° 155. ■ 13 déc. 2006 : *Bull. crim.*, n° 311).

12) En revanche, les juges du second degré saisis d'un appel contre un jugement qui déclare un prévenu coupable d'une infraction et renvoie le prononcé de la peine à une date ultérieure, ne sauraient, sans méconnaître les règles de leur saisine, statuer sur la seule culpabilité en laissant au tribunal le soin de fixer la peine (■ Cass. crim., 27 mars 1984 : *Bull. crim.*, n° 129 ; *Rev. sc. crim.* 1985, p. 122, obs. J.-H. Robert. ■ 11 juin 1986 : *Bull. crim.*, n° 201. ■ 18 mars 1987 : *Bull. crim.*, n° 129. ■ 28 févr. 1991 : *Bull. crim.*, n° 101).

13) Il appartient à la juridiction du second degré, si elle est saisie du seul appel du prévenu dont elle ne doit pas aggraver le sort, d'ordonner une remise de cause de façon à ne statuer sur la peine qu'après l'expiration du délai fixé par le tribunal (■ Cass. crim., 12 avr. 1988 : *Bull. crim.*, n° 147).

14) En cas d'appel de la décision ayant déclaré un prévenu coupable et ajourné le prononcé de la peine, le tribunal ne peut statuer sur la peine en méconnaissance de l'effet dévolutif de l'appel. La cour d'appel doit évoquer après avoir annulé le jugement ayant statué sur la peine en méconnaissance de l'effet dévolutif de l'appel attaché à la décision ayant prononcé sur la culpabilité avec ajournement de la peine (■ Cass. crim., 22 févr. 1988 : *Bull. crim.*, n° 83).

15) Les juges du second degré, lorsqu'il sont saisis de l'appel d'un jugement déclarant le prévenu coupable d'une infraction, ajournant le prononcé de la peine et ordonnant le sursis à statuer sur les intérêts civils ne sauraient, sans méconnaître l'étendue de leur saisine, statuer sur la culpabilité et la peine et renvoyer la procédure devant le tribunal correctionnel pour prononcer les intérêts civils (■ Cass. crim., 19 janv. 2005 : *Dr. pénal* 2005, comm. 81, obs. A.-M. Maron).

16) Lorsqu'elle est saisie de l'appel du ministère public contre un jugement déclarant le prévenu coupable mais ajournant le prononcé de la peine, la juridiction du second degré doit se prononcer sur la peine sans égard pour la date à laquelle le tribunal avait prévu de le faire (■ Cass. crim., 4 oct. 1995 : *Bull. crim.*, n° 294).

17) Dès lors que le représentant qualifié de l'Administration a formulé son avis, en première instance, sur l'opportunité de la démolition prévue par l'article L. 480-5 du Code de l'urbanisme, la cour d'appel peut, même lorsqu'elle a ajourné le prononcé de la peine en application des articles 132-60 et suivants du Code pénal, ordonner cette mesure sans être tenue d'entendre elle-même ledit représentant (■ Cass. crim., 16 déc. 2003 : *JurisData* n° 021653 ; *Bull. crim.* 2003, n° 248 ; *Dr. pén.* 2004, comm. 41, obs. J.-H. Robert).

18) Pourvoi. L'arrêt rendu après ajournement du prononcé de la peine, par application de l'article 469-3 du Code de procédure pénale, est contradictoire, et le délai du pourvoi contre une telle décision court du jour où il est rendu sans qu'une signification soit nécessaire en cas d'absence du prévenu (■ Cass. crim., 22 oct. 1986 : *Bull. crim.*, n° 298).

19) L'arrêt qui, après s'être prononcé sur la culpabilité ajourne le prononcé de la peine, n'entre pas dans les prévisions de l'article 570 du Code de procédure pénale, le pourvoi contre un tel arrêt est immédiatement recevable (■ Cass. crim., 8 févr. 1977 : *Bull. crim.*, n° 46).

Note : Certains des arrêts ci-dessus cités ont été rendus sous l'empire des anciens textes insérés au Code de procédure pénale, dont la substance a été reprise, dans l'ensemble, par les textes du Code pénal.

Art. 132-62. – La décision sur la peine intervient au plus tard un an après la première décision d'ajournement.

§ 3. – De l'ajournement avec mise à l'épreuve

Art. 132-63. – Lorsque le prévenu, personne physique, est présent à l'audience, la juridiction peut ajourner le prononcé de la peine dans les conditions et selon les modalités définies à l'article 132-60 en plaçant l'intéressé sous le régime de la mise à l'épreuve pendant un délai qui ne peut être supérieur à un an.

Sa décision est exécutoire par provision.

Art. 132-64. – Le régime de la mise à l'épreuve, tel qu'il résulte des articles 132-43 à 132-46, est applicable à l'ajournement avec mise à l'épreuve.

Art. 132-65 *(Mod., L. n° 2004-204, 9 mars 2004)*. – À l'audience de renvoi, la juridiction peut, en tenant compte de la conduite du coupable au cours du délai d'épreuve, soit le dispenser de peine, soit prononcer la peine prévue par la loi, soit ajourner une nouvelle fois le prononcé de la peine dans les conditions et selon les modalités prévues à l'article 132-63. Avec l'accord du procureur de la République, le juge de l'application des peines peut, trente jours avant l'audience de renvoi, prononcer lui-même la dispense de peine, à l'issue d'un débat contradictoire tenu conformément aux dispositions de l'article 712-6 du Code de procédure pénale.

La décision sur la peine intervient au plus tard un an après la première décision d'ajournement.

§ 4. – De l'ajournement avec injonction

Art. 132-66. – Dans les cas prévus par les lois ou les règlements qui répriment des manquements à des obligations déterminées, la juridiction qui ajourne le prononcé de la peine peut enjoindre à la personne physique ou à la personne morale déclarée coupable de se conformer à une ou plusieurs des prescriptions prévues par ces lois ou règlements.

La juridiction impartit un délai pour l'exécution de ces prescriptions.

Art. 132-67. – La juridiction peut assortir l'injonction d'une astreinte lorsque celle-ci est prévue par la loi ou le règlement ; dans ce cas, elle fixe, dans les limites prévues par la loi ou le règlement, le taux de l'astreinte et la durée maximale pendant laquelle celle-ci sera applicable.

L'astreinte cesse de courir le jour où les prescriptions énumérées par l'injonction ont été exécutées.

Art. 132-68. – L'ajournement avec injonction ne peut intervenir qu'une fois ; il peut être ordonné même si la personne physique prévenue ou le représentant de la personne morale prévenue n'est pas présent.

Dans tous les cas, la décision peut être assortie de l'exécution provisoire.

Art. 132-69. – À l'audience de renvoi, lorsque les prescriptions énumérées par l'injonction ont été exécutées dans le délai fixé, la juridiction peut soit dispenser le coupable de peine, soit prononcer les peines prévues par la loi ou le règlement.

Lorsque les prescriptions ont été exécutées avec retard, la juridiction liquide, s'il y a lieu, l'astreinte et prononce les peines prévues par la loi ou le règlement.

Lorsqu'il y a inexécution des prescriptions, la juridiction liquide, s'il y a lieu, l'astreinte, prononce les peines et peut en outre, dans les cas et selon les conditions prévus par la loi ou le règlement, ordonner que l'exécution de ces prescriptions sera poursuivie d'office aux frais du condamné.

Sauf dispositions contraires, la décision sur la peine intervient au plus tard un an après la décision d'ajournement.

Art. 132-70 *(Mod., L. n° 2004-204, 9 mars 2004)*. – **Le taux de l'astreinte, tel qu'il a été fixé par la décision d'ajournement, ne peut être modifié.**

Pour la liquidation de l'astreinte, la juridiction apprécie l'inexécution ou le retard dans l'exécution des prescriptions en tenant compte, s'il y a lieu, de la survenance d'événements qui ne sont pas imputables au coupable.

L'astreinte ne donne pas lieu à contrainte judiciaire.

Bibliographie : Th. Fossier, *Les astreintes prononcées par les juridictions pénales : JCP* 98, I, 126.

§ 5. – De l'ajournement aux fins d'investigations sur la personnalité ou la situation matérielle, familiale et sociale
(§ créé à compter du 1er oct. 2014, L. n° 2014-896, 15 août 2014).

Art. 132-70-1 *(Créé à compter du 1er oct. 2014, L. n° 2014-896, 15 août 2014)*. – **La juridiction peut ajourner le prononcé de la peine à l'égard d'une personne physique lorsqu'il apparaît nécessaire d'ordonner à son égard des investigations complémentaires sur sa personnalité ou sa situation matérielle, familiale et sociale, lesquelles peuvent être confiées au service pénitentiaire d'insertion et de probation ou à une personne morale habilitée.**

Dans ce cas, elle fixe dans sa décision la date à laquelle il sera statué sur la peine.

La décision sur la peine intervient au plus tard dans un délai de quatre mois après la décision d'ajournement, sous réserve des délais plus courts prévus au troisième alinéa de l'article 397-3 du Code de procédure pénale quand la personne est placée en détention provisoire. Ce délai peut être prolongé pour une nouvelle durée maximale de quatre mois.

Art. 132-70-2 *(Créé à compter du 1er oct. 2014, L. n° 2014-896, 15 août 2014)*. – **Lorsque la juridiction ajourne le prononcé de la peine, elle peut octroyer immédiatement à la victime des dommages et intérêts soit à titre provisionnel, soit à titre définitif.**

§ 6. – De l'ajournement aux fins de consignation d'une somme d'argent
(§ créé à compter du 1er oct. 2014, L. n° 2014-896, 15 août 2014).

Art. 132-70-3 *(Créé à compter du 1er oct. 2014, L. n° 2014-896, 15 août 2014)*. – **La juridiction peut ajourner le prononcé de la peine à l'égard d'une personne en la soumettant à l'obligation de consigner une somme d'argent en vue de garantir le paiement d'une éventuelle peine d'amende. Elle détermine le montant de cette consignation et le délai dans lequel celle-ci doit être déposée au greffe, qui ne saurait être supérieur à un an. Elle peut prévoir que cette consignation est effectuée en plusieurs versements, selon un échéancier qu'elle détermine.**

Elle fixe dans sa décision la date à laquelle il sera statué sur la peine.

La décision sur la peine intervient au plus tard dans un délai d'un an après la décision d'ajournement.

Section III. – De la définition de certaines circonstances entraînant l'aggravation, la diminution ou l'exemption des peines

(Intit. rempl. L. n° 2004-204, 9 mars 2004)

Art. 132-71. – **Constitue une bande organisée au sens de la loi tout groupement formé ou toute entente établie en vue de la préparation, caractérisée par un ou plusieurs faits matériels, d'une ou de plusieurs infractions.**

Bibliographie : *JCl. pén., Circonstances aggravantes* par H. Angevin, actualisé par P. Béghin.

1) C'est à bon droit que la chambre de l'instruction énonce que la bande organisée s'analyse en une circonstance aggravante réel qui a trait aux conditions dans lesquelles l'infractions a été commise et qui a vocation à s'appliquer à l'ensemble des coauteurs et complices (■ Cass. crim., 15 sept. 2004 : *Bull. crim.*, n° 213).

2) La question posée à la cour et au jury, portant sur la circonstance aggravante de bande organisée définie par l'article 132-71 du Code pénal, doit être posée en fait (■ Cass. crim., 15 mars 2006 :

Bull. crim., n° 77 ; *Dr. pénal* 2006, comm. 94, obs. M. Véron).

3) Il résulte de la décision du Conseil constitutionnel n° 2004-492 DC du 2 mars 2004 que la bande organisée suppose la préméditation des infractions et, à la différence de l'association de malfaiteurs, une organisation structurée entre ses membres.

Justifie en conséquence sa décision la chambre de l'instruction qui, pour retenir les qualifications correctionnelles de vols aggravés, destructions par incendie et association de malfaiteurs et renvoyer le prévenu devant le tribunal correctionnel, énonce que la seule constitution d'une équipe de plusieurs malfaiteurs ne peut suffire à qualifier la bande organisée dès lors que cette équipe ne répond pas au critère supplémentaire de structure existant depuis un certain temps et qu'en l'espèce, les équipes de malfaiteurs n'étaient pas toujours constituées de la même manière mais de façon variable avec trois, quatre ou cinq membres (■ Cass. crim., 8 juill. 2015, n° 14-88.329 : *Dr. pén.* 2015, comm. 120, obs. P. Conte ; *Gaz. Pal.* 2015, 1, p. 29, note S. Detraz. ■ Cass. crim., 22 juin 2016, n° 16-81.834 : *Dr. pén.* 2016, comm. 140, note P. Conte).

Art. 132-71-1 ***(L. n° 2007-297, 5 mars 2007).*** **– Le guet-apens consiste dans le fait d'attendre un certain temps une ou plusieurs personnes dans un lieu déterminé pour commettre à leur encontre une ou plusieurs infractions.**

Bibliographie : *L'originalité de la circonstance aggravante de guet-apens : Rev. sc. crim.* 2010, doctr. p. 545, par C. de Jacobet de Nombel.

Art. 132-72. **– La préméditation est le dessein formé avant l'action de commettre un crime ou un délit déterminé.**

Voir : art. 221-3, p. 189, art. 222-3, p. 224, art. 222-8, p. 228, art. 222-10, p. 230, art. 222-12 , p. 233 et art. 222-13, p. 235.

Bibliographie : *JCl. pén.*, *Préméditation*, par H. Angevin.

1) La préméditation implique que l'atteinte à l'intégrité physique est le résultat d'un mécanisme sciemment élaboré et mis en œuvre par l'auteur (■ Cass. crim., 17 juin 1992 : *Bull. crim.*, n° 243).

2) La préméditation doit être recherchée dans les faits qui ont accompagné l'acte (■ Cass. crim., 19 juill. 1951 : *Bull. crim.*, n° 223. ■ 17 déc. 1990 : *Dr. pénal* 1991, n° 141 ; *Rev. sc. crim.* 1991, p. 758, obs. Levasseur) ; et lorsqu'il y a plusieurs participants, la circonstance aggravante de préméditation doit être recherchée dans les faits qui ont accompagné l'acte de l'auteur principal et constatée pour cet auteur principal ; celui-ci fût-il resté inconnu, elle sert à qualifier le crime à l'égard des complices (■ Cass. crim., 12 mai 1970 : *D.* 1970, 516, rapp. Chapar).

Sur le caractère impulsif et irraisonné des faits, V. (■ Cass. crim., 16 déc. 2014, n° 13-85-351 : *Dr. pén.* 2015, comm. 49, obs. M. Véron).

3) Il suffit de demander à la cour et au jury si l'accusé a agi avec préméditation, ce mot exprimant par lui-même que le dessein a été formé avant l'action (■ Cass. crim., 5 janv. 1973 : *Bull. crim.*, n° 8 ; *Rev. sc. crim.* 1974, 870, obs. Levasseur. ■ 19 déc. 1974 : *Bull. crim.*, n° 376 ; *Rev. sc. crim.* 1976, 107, obs. Levasseur. ■ 21 avr. 1982 : *Bull. crim.*, n° 97 ; *Rev. sc. crim.* 1983, 79, obs. Levasseur).

4) Le crime de tentative d'homicide volontaire commis avec préméditation est caractérisé à la charge d'un accusé qui a déposé au domicile d'un de ses anciens employés, qu'un procès opposait à lui, un colis contenant une forte charge d'explosif, à la suite de quoi le colis, ayant été ouvert par un voisin en l'absence du destinataire, une explosion s'en serait suivie, dévastant l'immeuble et occasionnant de graves blessures à diverses personnes (■ Cass. crim., 4 janv. 1978 : *Bull. crim.*, n° 5).

5) Une question unique ne peut être posée sur des faits d'homicide volontaire commis sur deux personnes ni sur la circonstance aggravante de préméditation, sans encourir le grief de complexité prohibée, dès lors que ces faits ne procèdent pas d'un acte criminel unique et indivisible (■ Cass. crim., 8 oct. 1986 : *Bull. crim.*, n° 278).

6) Méconnaît l'article 6, § 3 a et b de la Convention européenne des droits de l'homme le président de la cour d'assises qui pose une question spéciale de préméditation, circonstance aggravante non mentionnée dans la décision de renvoi, sans avoir prévenu les parties avant les réquisitions et les plaidoiries, qu'il envisageait de poser, comme résultant des débats, ladite question spéciale, pour permettre à l'accusé ou à son conseil de faire valoir toutes observations utiles à la défense (■ Cass. crim., 4 févr. 2009 : *Bull. crim.*, n° 28).

7) Ni la préméditation ni le *guet-apens* n'impliquent que la victime soit d'avance déterminée (■ Cass. crim., 9 avr. 1989, inédit). L'article 132-72 du Code pénal n'exige pas que la victime d'un crime ou d'un délit prémédité soit, par avance, déterminée (■ Cass. crim., 21 oct. 1998 : *Bull. crim.*, n° 269).

Art. 132-73. – L'effraction consiste dans le forcement, la dégradation ou la destruction de tout dispositif de fermeture ou de toute espèce de clôture. Est assimilé à l'effraction l'usage de fausses clefs, de clefs indûment obtenues ou de tout instrument pouvant être frauduleusement employé pour actionner un dispositif de fermeture sans le forcer ni le dégrader.

Voir : *JCl. pén., Effraction et escalade* par H. Angevin.

1) L'effraction devant être commise dans un endroit fermé, il s'ensuit que le vol de ballots de marchandises commis en coupant les cordes ou les bâches d'une voiture dans laquelle ils étaient placés sur la voie publique n'est pas un vol qualifié (■ Cass. crim., 25 févr. 1830 : *Bull. crim.*, n° 52). Le forçage de la serrure d'une voiture pour y pénétrer et dérober des objets n'est pas une effraction au sens légal (■ Rennes, 14 déc. 1984 : *JurisData* n° 1984-042795. ■ Paris, 6 févr. 1986 : *JurisData* n° 1986-022695. ■ 9 avr. 1987 : *JurisData* n° 1987-023140. ■ 4 févr. 1988 : *JurisData* n° 1988-023010 ; en ce sens également, Vitu, *Droit pénal spécial*, n° 2277 ; *contra*, ■ Paris, 27 mars 1985 : *JurisData* n° 1985-022223. ■ Nancy, 23 avr. 1987 : *JurisData* n° 1987-041427. ■ Paris, 2 juill. 1987 : *JurisData* n° 1987-025268. ■ Limoges, 11 mars 1988 : *JurisData* n° 1988-040913). Jugé encore qu'il y avait effraction dans le fait de briser le plombage d'un wagon de la SNCF (■ Paris, 20 oct. 1986 : *JurisData* n° 027060), de fracturer des parcmètres (■ Nancy, 8 juin 1988 : *JurisData* n° 044886), de forcer le décodeur d'accès à un parking (■ Paris, 9 déc. 1985 : *JurisData* n° 027879) ou de forcer les appareils récepteurs de monnaie de cabines téléphoniques (■ Paris, 18 mars 1985 : *JurisData* n° 023668).

2) Le vol d'objets enfouis commis en enlevant la terre qui les recouvrait ne peut être considéré comme résultant d'une effraction (■ Cass. crim., 17 nov. 1814 : *D. jur. gén., V° Vol.*, n° 502).

3) L'effraction suppose l'emploi de moyens violents, ainsi l'enlèvement d'une grille de fer scellée dans le mur d'un édifice public (■ Cass. crim., 28 août 1807 : *Bull. crim.*, n° 187), le bris d'un carreau de vitre (■ Cass. crim., 20 avr. 1827 : *Bull. crim.*, n° 91) ou le bris des fils de fer entourant une pâture (■ Cass. crim., 3 nov. 1910 : *Bull. crim.*, n° 536) ; il n'y a donc pas effraction dans le fait de déplacer, en les soulevant et en les faisant basculer, les traverses mobiles d'une fermeture (■ Cass. crim., 18 juin 1812 : *S.* 12, 1, 126).

4) Le vol n'est commis avec la circonstance d'effraction qu'au cas où l'effraction est antérieure à l'appréhension de la chose volée (■ Cass. crim., 29 mars 1889 : *S.* 89, 1, 282).

5) L'effraction extérieure n'est pas seulement celle qui a pour objet de franchir la clôture séparant un édifice de la voie publique ou des propriétés voisines, mais encore celle qui commise à l'intérieur de ces clôtures permet de s'introduire dans les appartements ou logements fermés au public et c'est à bon droit que la circonstance d'effraction extérieure est retenue lorsque des individus se sont introduits dans un immeuble en empruntant le couloir du rez-de-chaussée, sont descendus au sous-sol, parties de l'immeuble communes à tous les habitants et où les tiers avaient accès, et ont percé le plafond du sous-sol, pénétrant par ce moyen dans un magasin pour y commettre un cambriolage (■ Cass. crim., 22 juin 1960 : *Bull. crim.*, n° 335).

6) Les caisses, boîtes ou autres meubles enlevés doivent avoir eu pour destination non de contenir les objets qu'ils renferment mais de les fermer ou de les protéger ; il ne doit donc pas s'agir de simples récipients ou meubles de rangement (■ Cass. crim., 9 mars 1860 : *Bull. crim.*, n° 73).

7) Le vol avec effraction ne saurait être constitué par le bris de cachets fermant une enveloppe ; mais si les scellés avaient été apposés par ordre du gouvernement ou en exécution d'une décision de justice, leur bris serait assimilé à l'effraction en vertu de l'article 253 du Code pénal (■ Cass. crim., 4 déc. 1952 : *Bull. crim.*, n° 294 ; *Rev. sc. crim.* 1952, 455, obs. Bouzat).

V. art. 434-22, C. pén.

8) Le seul enlèvement du meuble fermé laisse présumer l'intention de le fracturer et le ministère public n'a pas à faire la preuve que cette fracture a effectivement eu lieu (■ Cass. crim., 15 déc. 1853 : *Bull. crim.*, n° 579).

9) Une clef véritable devient une fausse clef toutes les fois qu'un individu en fait usage indûment sans le consentement de son propriétaire, qu'il l'ait trouvée, volée ou indûment retenue, parce qu'il la détourne alors de la destination voulue par le propriétaire (■ Cass. crim., 27 avr. 1855 : *Bull. crim.*, n° 142). Tel est par exemple le cas dans le fait de soustraire frauduleusement les clés d'un garage appartenant à une personne, puis à une date ultérieure d'utiliser ces clés pour s'introduire dans le local et y soustraire une chaîne hi-fi (■ Aix-en-Provence, 15 févr. 1988 : *JurisData* n° 045771).

10) Il résulte de la combinaison des articles 132-73 et 434-27 du Code pénal que le délit d'évasion par effraction n'est constitué que lorsque le détenu, gardé dans un endroit clos, brise le dispositif de fermeture qui fait obstacle à sa fuite (■ Cass. crim., 5 mai 1998 : *Bull. crim.*, n° 151).

Art. 132-74. – L'escalade est le fait de s'introduire dans un lieu quelconque, soit par-dessus un élément de clôture, soit par toute ouverture non destinée à servir d'entrée.

L'escalade est toujours extérieure : une fois entré dans un lieu clos par un mode normal, le voleur ne commet pas d'escalade s'il franchit les clôtures intérieures, ainsi s'il passe du grenier dans d'autres pièces en s'introduisant par des ouvertures non destinées au passage (■ Cass. crim., 18 août 1852 : *DP* 53, 1, 68) ou en sautant des cloisons ou des barrières intérieures (■ Cass. crim., 26 févr. 1932 : *S.* 33, 1, 200).

Art. 132-75 ***(Mod., L. n° 96-647, 22 juill. 1996).*** **– Est une arme tout objet conçu pour tuer ou blesser.**

Tout autre objet susceptible de présenter un danger pour les personnes est assimilé à une arme dès lors qu'il est utilisé pour tuer, blesser ou menacer ou qu'il est destiné, par celui qui en est porteur, à tuer, blesser ou menacer.

Est assimilé à une arme tout objet qui, présentant avec l'arme définie au premier alinéa une ressemblance de nature à créer une confusion, est utilisé pour menacer de tuer ou de blesser ou est destiné, par celui qui en est porteur, à menacer de tuer ou de blesser.

L'utilisation d'un animal pour tuer, blesser ou menacer est assimilée à l'usage d'une arme. En cas de condamnation du propriétaire de l'animal ou si le propriétaire est inconnu, le tribunal peut décider de remettre l'animal à une œuvre de protection animale reconnue d'utilité publique ou déclarée, laquelle pourra librement en disposer.

Bibliographie : *JCl. pén., Arme* par H. Angevin.

1) Un pulvérisateur automoteur, muni d'une rampe de 24 mètres de large destinée à diffuser du désherbant, lancé volontairement pour blesser constitue une arme au regard des articles 132-75, 222-12-10° et 222-13-10° du Code pénal (■ Cass. crim., 23 janv. 1995 : *Dr. pénal* 1995, 116, obs. Véron).

2) Un verre, utilisé pour menacer ou blesser, entre dans la catégorie des objets susceptibles de présenter un danger pour les personnes et est assimilé à une arme, au sens de l'article 132-75, alinéa 2, du Code pénal (■ Cass. crim., 7 mai 1996 : *Bull. crim.*, n° 191).

Art. 132-76 ***(L. n° 2017-86, 27 janv. 2017).*** **– Lorsqu'un crime ou un délit est précédé, accompagné ou suivi de propos, écrits, images, objets ou actes de toute nature qui soit portent atteinte à l'honneur ou à la considération de la victime ou d'un groupe de personnes dont fait partie la victime à raison de son appartenance ou de sa non-appartenance, vraie ou supposée, à une prétendue race, une ethnie, une nation ou une religion déterminée, soit établissent que les faits ont été commis contre la victime pour l'une de ces raisons, le maximum de la peine privative de liberté encourue est relevé ainsi qu'il suit :**

1° Il est porté à la réclusion criminelle à perpétuité lorsque l'infraction est punie de trente ans de réclusion criminelle ;

2° Il est porté à trente ans de réclusion criminelle lorsque l'infraction est punie de vingt ans de réclusion criminelle ;

3° Il est porté à vingt ans de réclusion criminelle lorsque l'infraction est punie de quinze ans de réclusion criminelle ;

4° Il est porté à quinze ans de réclusion criminelle lorsque l'infraction est punie de dix ans d'emprisonnement ;

5° Il est porté à dix ans d'emprisonnement lorsque l'infraction est punie de sept ans d'emprisonnement ;

6° Il est porté à sept ans d'emprisonnement lorsque l'infraction est punie de cinq ans d'emprisonnement ;

7° Il est porté au double lorsque l'infraction est punie de trois ans d'emprisonnement au plus.

Le présent article n'est pas applicable aux infractions prévues aux articles 222-13, 225-1 et 432-7 du présent code, ou au septième alinéa de l'article 24, au deuxième alinéa de l'article 32 et au troisième alinéa de l'article 33 de la loi du 29 juillet 1881 sur la liberté de la presse.

Art. 132-77 *(L. n° 2017-86, 27 janv. 2017).* – Lorsqu'un crime ou un délit est précédé, accompagné ou suivi de propos, écrits, images, objets ou actes de toute nature qui soit portent atteinte à l'honneur ou à la considération de la victime ou d'un groupe de personnes dont fait partie la victime à raison de son sexe, son orientation sexuelle ou identité de genre vraie ou supposée, soit établissent que les faits ont été commis contre la victime pour l'une de ces raisons, le maximum de la peine privative de liberté encourue est relevé ainsi qu'il suit :

1° Il est porté à la réclusion criminelle à perpétuité lorsque l'infraction est punie de trente ans de réclusion criminelle ;

2° Il est porté à trente ans de réclusion criminelle lorsque l'infraction est punie de vingt ans de réclusion criminelle ;

3° Il est porté à vingt ans de réclusion criminelle lorsque l'infraction est punie de quinze ans de réclusion criminelle ;

4° Il est porté à quinze ans de réclusion criminelle lorsque l'infraction est punie de dix ans d'emprisonnement ;

5° Il est porté à dix ans d'emprisonnement lorsque l'infraction est punie de sept ans d'emprisonnement ;

6° Il est porté à sept ans d'emprisonnement lorsque l'infraction est punie de cinq ans d'emprisonnement ;

7° Il est porté au double lorsque l'infraction est punie de trois ans d'emprisonnement au plus.

Le présent article n'est pas applicable aux infractions prévues aux articles 222-13, 222-33, 225-1 et 432-7 du présent code, ou au huitième alinéa de l'article 24, au troisième alinéa de l'article 32 et au quatrième alinéa de l'article 33 de la loi du 29 juillet 1881 sur la liberté de la presse, ni lorsque l'infraction est déjà aggravée soit parce qu'elle est commise par le conjoint, le concubin de la victime ou le partenaire lié à celle-ci par un pacte civil de solidarité, soit parce qu'elle est commise contre une personne afin de la contraindre à contracter un mariage ou à conclure une union ou en raison de son refus de contracter ce mariage ou cette union.

Art. 132-78. – *(L. n° 2004-204, 9 mars 2004)* La personne qui a tenté de commettre un crime ou un délit est, dans les cas prévus par la loi, exempte de peine si, ayant averti l'autorité administrative ou judiciaire, elle a permis d'éviter la réalisation de l'infraction et, le cas échéant, d'identifier les autres auteurs ou complices.

Dans les cas prévus par la loi, la durée de la peine privative de liberté encourue par une personne ayant commis un crime ou un délit est réduite si, ayant averti l'autorité administrative ou judiciaire, elle a permis de faire cesser l'infraction, d'éviter que l'infraction ne produise un dommage ou d'identifier les autres auteurs ou complices.

Les dispositions de l'alinéa précédent sont également applicables lorsque la personne a permis soit d'éviter la réalisation d'une infraction connexe de même nature que le crime ou le délit pour lequel elle était poursuivie, soit de faire cesser une telle infraction, d'éviter qu'elle ne produise un dommage ou d'en identifier les auteurs ou complices.

Aucune condamnation ne peut être prononcée sur le seul fondement de déclarations émanant de personnes ayant fait l'objet des dispositions du présent article.

La décision de la juridiction d'instruction portant sur l'application de l'article 132-78 du Code pénal, qui institue, dans certaines conditions, une exemption ou une diminution de la peine privative de liberté, ne lie pas la juridiction de jugement, devant laquelle le prévenu pourra toujours, s'il estime utile, invoquer le bénéfice des dispositions dudit article (■ Cass. crim., 16 nov. 2016, n° 16-85.101).

Bibliographie : *JCl. pén., Circonstances entraînant une réduction ou une exemption de peine*, par C. Saas. – A. Mihman, *Fixation et réduction de peine pour les repentis* : *Dr. pénal* 2005, étude 1, p. 6.

Art. 132-79. – *(L. n° 2004-575, 21 juin 2004)* **Lorsqu'un moyen de cryptologie au sens de l'article 29 de la loi n° 2004-575 du 21 juin 2004 pour la confiance dans l'économie numérique a été utilisé pour préparer ou commettre un crime ou un délit, ou pour en faciliter la préparation ou la commission, le maximum de la peine privative de liberté encourue est relevé ainsi qu'il suit :**

1° Il est porté à la réclusion criminelle à perpétuité lorsque l'infraction est punie de trente ans de réclusion criminelle ;

2° Il est porté à trente ans de réclusion criminelle lorsque l'infraction est punie de vingt ans de réclusion criminelle ;

3° Il est porté à vingt ans de réclusion criminelle lorsque l'infraction est punie de quinze ans de réclusion criminelle ;

4° Il est porté à quinze ans de réclusion criminelle lorsque l'infraction est punie de dix ans d'emprisonnement ;

5° Il est porté à dix ans d'emprisonnement lorsque l'infraction est punie de sept ans d'emprisonnement ;

6° Il est porté à sept ans d'emprisonnement lorsque l'infraction est punie de cinq ans d'emprisonnement ;

7° Il est porté au double lorsque l'infraction est punie de trois ans d'emprisonnement au plus.

Les dispositions du présent article ne sont toutefois pas applicables à l'auteur ou au complice de l'infraction qui, à la demande des autorités judiciaires ou administratives, leur a remis la version en clair des messages chiffrés ainsi que les conventions secrètes nécessaires au déchiffrement.

Art. 132-80 *(L. n° 2006-399, 4 avr. 2006 ; mod., L. n° 2010-769, 9 juill. 2010)*. – **Dans les cas respectivement prévus par la loi ou le règlement, les peines encourues pour un crime, un délit ou une contravention sont aggravées lorsque l'infraction est commise par le conjoint, le concubin ou le partenaire lié à la victime par un pacte civil de solidarité.**

La circonstance aggravante prévue au premier alinéa est également constituée lorsque les faits sont commis par l'ancien conjoint, l'ancien concubin ou l'ancien partenaire lié à la victime par un pacte civil de solidarité. Les dispositions du présent alinéa sont applicables dès lors que l'infraction est commise en raison des relations ayant existé entre l'auteur des faits et la victime.

Bibliographie : *D.* 2006, chron., p. 2350, commentaire de la loi du 4 avril 2006 renforçant la prévention et la répression des violences au sein du couple ou commises entre les mineurs, par D. Viriot-Barrial. • M.F. Vieville-Miravete, *La circonstance aggravante d'« ex » en matière de violences au sein d'un couple : Dr. pénal 2009*, Études 4. • V. Circ. min. just. n° 2006-10 E8, 19 avr. 2006 : *BO min. just.* 13 juill. 2006, n° 102.

1) QPC. Non-lieu à renvoi au Conseil constitutionnel de la question prioritaire de constitutionnalité concernant les dispositions de l'article 132-8 du Code pénal, dès lors que la disposition législative en cause, rédigée en termes suffisamment clairs et précis et dont l'application relève de l'appréciation, par les juges du fond, des éléments constitutifs de la circonstance aggravante, ne porte pas atteinte au principe constitutionnel de la légalité des délits et des peines (■ Cass. crim., 12 oct. 2011, n° 11-85.474 QPC : *Dr. pén.* 2012, comm. 15, obs. M. Véron).

2) Il a été jugé que la circonstance aggravante de l'article 132-80 du Code pénal, dans le cas prévu par l'article 222-13, 6° du même code, n'est applicable que si les violences ont été motivées par les relations de concubinage ayant existé entre les parties, ce qui n'était pas le cas en l'espèce (■ Toulouse, 8 sept. 2008 : *JurisData* n° 2008-370729 ; *Dr. pénal*2009, comm. 17, obs. M. Véron). V. sous l'article 222-13, 6°, *infra*, V° *Conjoint ou concubin*.

3) Encourt la cassation l'arrêt d'une chambre de l'instruction qui retient la circonstance aggravante définie à l'alinéa 2 de l'article 132-80 du Code pénal sans rechercher si l'infraction a été commise en raison des relations ayant existé entre l'auteur des faits et la victime (■ Cass. crim., 12 oct. 2011, n° 11-85.474 : *Bull. crim.*, n° 210 ; *Dr. pén.* 2012, comm. 15, 2e esp., obs. M. Véron).

4) V. pour la cassation d'un arrêt de cour d'appel ayant écarté, sans en avoir justifié, la circonstance aggravante de l'article 132-80 ■ Cass. crim., 7 avr. 2009, *infra*, sous l'article 222-13, ci-dessus cité.

5) La circonstance aggravante fondée sur les relations ayant existé entre l'ancien conjoint ou concubin de la victime de violences et leur auteur, telle qu'elle a été instituée par l'article 132-80, alinéa 2, du Code pénal, est applicable, selon le premier alinéa de cet article, aux seuls crimes et délits, et non à la contravention prévue à l'article R. 625-1 du même code (■ Cass. crim., 16 déc. 2009 : *Bull. crim.*, n° 213 ; *Dr. pénal* 2010, comm. 34, obs. M. Véron ; *D.* 2010, p. 1006, note S. Revel ; *Rev. sc. crim.* 2010, p. 136, obs. Y. Mayaud). Mais, depuis la loi du 9 juillet 2010, la circonstance aggravante s'applique aussi aux contraventions.

CHAPITRE III. – DE L'EXTINCTION DES PEINES ET DE L'EFFACEMENT DES CONDAMNATIONS

Art. 133-1. – Le décès du condamné ou la dissolution de la personne morale, sauf dans le cas où la dissolution est prononcée par la juridiction pénale, la grâce et l'amnistie, empêchent ou arrêtent l'exécution de la peine. Toutefois, il peut être procédé au recouvrement de l'amende et des frais de justice ainsi qu'à l'exécution de la confiscation après le décès du condamné ou après la dissolution de la personne morale jusqu'à la clôture des opérations de liquidation.

La prescription de la peine empêche l'exécution de celle-ci.

La réhabilitation efface la condamnation.

Bibliographie : *JCl. pén., Décès du condamné, Dissolution de la personne morale* par C. Saas. • *JCP* 2001, I, 345, *Le principe de personnalité des peines à l'épreuve des fusions et des scissions de sociétés* par L. Gamet.

1) Le principe de la personnalité des peines interdisant de poursuivre le délinquant après son décès ou de suivre la procédure contre ses héritiers, la chambre criminelle doit constater l'extinction de l'action publique en cas de décès du prévenu en cours d'instance de cassation.

Toutefois, s'il reste des intérêts civils en cause – lesquels peuvent être mis à charge des héritiers –, la Cour de cassation demeure compétente pour prononcer à leur égard.

En conséquence, s'il éteint, en matière douanière, les actions pour l'application des peines et des sanctions fiscales prévues à l'article 343 du Code des douanes, le décès du prévenu en cours d'instance ne dispense pas les juges de statuer sur l'action en recouvrement des droits et taxes éludés, visée à l'article 377 *bis* de ce code, ces droits pouvant être mis à charge de la succession (■ Cass. crim., 13 mars 1997 : *Bull. crim.*, n° 104).

2) La prescription de la peine ne vaut pas exécution de celle-ci ; elle ne peut donc pas s'imputer sur la durée d'une peine absorbante (■ Cass. crim., 11 juin 2008, pourvoi n° 07-88.426 : *Bull. crim.*, n° 146).

Section I. – De la prescription

Voir : Circulaire du 28 février 2017 présentant les dispositions de la loi n° 2017-242 du 27 février 2017 portant réforme de la prescription en matière pénale.

Art. 133-2 ***(L. n° 2017-242, 27 févr. 2017).*** **– Les peines prononcées pour un crime se prescrivent par vingt années révolues à compter de la date à laquelle la décision de condamnation est devenue définitive.**

Par dérogation au premier alinéa, les peines prononcées pour les crimes mentionnés aux articles 214-1 à 214-4 et 221-12 et au livre IV *bis* du présent code ainsi qu'aux articles 706-16, 706-26 et 706-167 du Code de procédure pénale se prescrivent par trente années révolues à compter de la date à laquelle la décision de condamnation est devenue définitive.

Par dérogation au premier alinéa du présent article, les peines prononcées pour les crimes mentionnés aux articles 211-1 à 212-3 du présent code sont imprescriptibles.

Bibliographie : JCl. pén., Prescription de la peine par D. Dassa-Le Deist. • *Prescription de la peine : de la prescription sans fin à la fin de la prescription : AJP* 2012, prat., p. 462, par L. Griffon.

Art. 133-3 ***(L. n° 2017-242, 27 févr. 2017).*** **– Les peines prononcées pour un délit se prescrivent par six années révolues à compter de la date à laquelle la décision de condamnation est devenue définitive.**

Les peines prononcées pour les délits mentionnés au livre IV *bis* du présent code, aux articles 706-16 et 706-26 du Code de procédure pénale et, lorsqu'ils sont punis de dix ans d'emprisonnement, à l'article 706-167 du même code se prescrivent par vingt années révolues à compter de la date à laquelle la décision de condamnation est devenue définitive.

Art. 133-4 *(Mod., L. n° 2002-1576, 30 déc. 2002).* **– Les peines prononcées pour une contravention se prescrivent par trois années révolues à compter de la date à laquelle la décision de condamnation est devenue définitive.**

Art. 133-4-1 *(L. n° 2017-242, 27 févr. 2017).* **– Le délai de prescription des peines est interrompu dans les conditions prévues à l'avant-dernier alinéa de l'article 707-1 du Code de procédure pénale.**

Art. 133-5. – Les condamnés par contumace ou par défaut dont la peine est prescrite ne sont pas admis à purger la contumace ou à former opposition.

Art. 133-6. – Les obligations de nature civile résultant d'une décision pénale devenue définitive se prescrivent d'après les règles du Code civil.

Voir : art. 763 à 767, C. proc. pén.

1) En raison du principe d'imprescriptibilité résultant du statut du tribunal international de Nuremberg annexé à l'accord de Londres du 8 août 1945, **les crimes contre l'humanité sont imprescriptibles** (■ Cass. crim., 3 juin 1988 : *Bull. crim.*, n° 246 ; *JCP* 88, II, 21149, rapp. Angevin ; *Gaz. Pal.* 1988, II, 745, concl. E. Robert. ■ 21 oct. 1993 : *Bull. crim.*, n° 307). V. art. 213-5 du Code pénal.

2) Selon les articles 706-25-1 du Code de procédure pénale et 706-31, pour les infractions de terrorisme et de trafic de stupéfiants, la prescription est de 30 ans pour les peines prononcées pour crimes, et de 20 ans pour celles prononcées pour délits. La durée de la prescription applicable est celle en vigueur au jour où la condamnation devient définitive (■ Cass. crim., 11 mai 1995 : *Bull. crim.*, n° 174).

3) L'annulation du permis de conduire, exécutable de plein droit dès son prononcé n'est pas soumise à prescription (comme en général les peines privatives de droit), mais il n'en est pas de même de la mesure d'interdiction de solliciter un nouveau permis (■ Cass. crim., 9 févr. 1994 : *Bull. crim.*, n° 62).

4) La peine d'interdiction de séjour est prescriptible (■ Cass. crim., 2 févr. 1983 : *Bull. crim.*, n° 44 ; *D.* 1983, p. 534, note J.M.R. ■ 16 nov. 1983 : *Bull. crim.*, n° 302 ; *D.* 1984, inf. rap. 136, obs. J.M.R.).

5) Il appartient à la juridiction saisie d'une demande de confusion de peines, de s'assurer qu'aucune d'entre elles n'est atteinte par la prescription (■ Cass. crim., 9 févr. 1994, préc.).

Si une peine, qui en absorberait une autre, est prescrite, l'autre peine ne peut plus être exécutée (■ Cass. crim., 4 déc. 1958 : *Bull. crim.*, n° 724).

6) La confiscation portant sur la chose qui est le produit de l'infraction, prévue par l'article 131-21, alinéa 2 du Code pénal, constitue une peine complémentaire soumise aux dispositions de l'article 133-3 dudit code relatives à la prescription des peines ; encourt la censure l'arrêt qui écarte l'exception de prescription de la mesure de confiscation, ordonnée à titre de peine complémentaire par une cour d'appel, portant sur une somme d'argent saisie sur un compte bancaire, sans s'être assurée que la décision avait été transmise, pour exécution, au comptable du Trésor public, dans le délai de cinq ans à compter de la date à laquelle la décision de condamnation est devenue définitive (■ Cass. crim., 26 juin 2007 : *Bull. crim.*, n° 175).

7) Constatation de la prescription. La juridiction correctionnelle saisie d'une requête demandant de constater la prescription d'une peine d'emprisonnement ne peut subordonner la recevabilité de cette requête à la mise à exécution de cette peine.

Encourt la cassation la cour d'appel qui, pour déclarer irrecevable la requête présentée par l'avocat du condamné en fuite demandant de constater la prescription de la peine d'emprisonnement prononcée à son encontre, énonce que l'existence de l'incident contentieux relatif à l'exécution de cette peine ne peut être considérée comme établie, dès lors que le mandat d'arrêt délivré par le tribunal correctionnel n'a pas été mis à exécution et que le condamné ne s'est pas présenté pour exécuter sa peine (■ Cass. crim., 15 févr. 2012, n° 11-84.535). – V. *contra*, ■ Cass. crim., 14 avr. 1992 : *Bull. crim.*, n° 161).

8) Point de départ de la prescription. Il se situe au jour où la décision est devenue définitive.

– En cas de décision rendue par défaut et si la signification a été faite au Parquet, le délai de la prescription commence à courir à partir de l'expiration du délai d'appel, y compris celui de l'appel incident (■ Cass. crim., 1er févr. 1981 : *Bull. crim.*, n° 59).

– Le jugement ou l'arrêt de condamnation prononcée par défaut fait courir à l'encontre de la personne condamnée le délai de prescription de la peine (■ Cass. crim., 20 mai 2003, n° W 02-883403 : *Bull. crim.*, n° 100).

– Le délai de prescription de la peine ne commence à courir à l'encontre de la personne condamnée qu'à compter de la signification régulière du jugement ou de l'arrêt de condamnation prononcé par défaut.

Justifie sa décision la cour d'appel qui, statuant en matière correctionnelle sur l'opposition formée par le prévenu contre un arrêt prononcé par défaut, dit que l'action publique est éteinte par l'effet de la prescription dès lors que cet arrêt n'a pas été régulièrement signifié dans un délai de trois ans suivant son prononcé (■ Cass. crim., 21 févr. 2012, n° 11-87.163).

– Dès lors que le sursis avec mise à l'épreuve assortissant une condamnation à l'emprisonnement est révoqué le point de départ de la prescription de la peine primitivement assortie du sursis révoqué se place au moment où la décision de révocation est devenue définitive (■ Cass. crim., 17 juill. 1985 : *Bull. crim.*, n° 266 ; *JCP* 86, II, 20534, note Salvage ; *Rev. sc. crim.* 1986, p. 357, note Vitu).

9) Interruption. La prescription est interrompue par tout acte légal d'exécution, arrestation, commandement (■ Cass. crim., 5 nov. 1953 : *Bull. crim.*, n° 288. ■ 15 déc. 1960 : *Bull. crim.*, n° 591).

10) L'opposition à un jugement de défaut, même si elle est déclarée irrecevable, est interruptive de la prescription (■ Cass. crim., 20 sept. 1994 : *Bull. crim.*, n° 299). – L'opposition à un jugement par défaut interrompt la prescription de la peine et constitue le point de départ d'un nouveau délai de prescription de l'action publique, la poursuite ayant repris son cours (■ Cass. crim., 20 mai 2003, pourvoi n° W 02-885403).

11) Les règles de droit afférentes à l'interruption de la prescription de la peine sont en relation avec la détermination de la peine applicable et, comme telles, **du ressort de la loi.**

Dès lors, c'est à bon droit qu'une chambre de l'instruction, pour refuser à l'émission d'un mandat d'arrêt européen un tel effet, écarte les dispositions de l'article D. 48-5 du Code de procédure pénale (■ Cass. crim., 26 juin 2013, n° 12-88.265 : *Bull. inf. C. cass.* 15 déc. 2013, n° 1538 et note afférente ; *Bull. crim.*, n° 170 ; *D.* 2013, p. 1686 ; *AJP* 2013, p. 493, note M. Herzog-Evans ; *Dr. pén.* 2013, comm. 150, obs. E. Bonis-Garçon).

12) Antérieurement à la loi du 27 mars 2012, et faute de disposition législative le prévoyant, les actes préparatoires à l'exécution d'une peine, tels que l'émission d'un mandat d'arrêt européen, n'étaient pas de nature à interrompre le cours de sa prescription (et ladite loi, qui a inséré de telles dispositions dans l'article 707-1, alinéa 5, du Code de procédure pénale n'est applicable, conformément à l'article 112-2, 4°, du Code pénal, qu'aux peines dont la prescription n'était pas définitivement acquise, selon le droit antérieur, à la date de son entrée en vigueur, soit le 29 mars 2012) : (■ Cass. crim., 26 juin 2013, n° 12-88.265 : *Bull. crim.*, n° 170, préc.).

13) Antérieurement à la loi du 27 mars 2012, et faute de disposition législative le prévoyant, les actes préparatoires à l'exécution d'une peine, tels que l'émission d'un mandat d'arrêt européen ou d'une demande d'extradition, ou l'autorisation, donnée par le juge des libertés et de la détention, de procéder à l'interception de correspondances émises par la voie des télécommunications, n'étaient pas de nature à interrompre le cours de sa prescription (■ Cass. crim., 26 juin 2013, n° 12-81.646 : *Bull. crim.*, n° 169 ; *Bull. inf. C. cass.* 15 déc. 2013, n° 1537 et note afférente ; *Dr. pén.* 2013, comm. 150, obs. E. Bonis-Garçon ; *Gaz. Pal.* 13-15 oct. 2013, chron. p. 32, note St. Detraz ; *Procédures* 2013, comm. 261, note A. S. Chavent-Leclere).

14) Suspension. Constitue une cause de suspension de la prescription de la peine, l'exécution en territoire étranger, d'une autre peine, prononcée par une juridiction de ce pays (■ Cass. crim., 2 juin 1964 : *Bull. crim.*, n° 189 ; *D.* 1965, somm. 3. ■ 5 oct. 1993 : *Bull. crim.*, n° 275).

Section II. – De la grâce

Art. 133-7. – La grâce emporte seulement dispense d'exécuter la peine.

Voir : art. 132-6, p. 127 ; art. R. 133-1 s., p. 644.

Bibliographie : *JCl. pén.*, *Grâce* par C. Étienne, actualisé par J.-B. Perrier. • P. Poncela, *Les grâces collectives à la recherche d'une identité* : *Rev. sc. crim.* 2005, p. 926.

1) Les peines privatives de liberté s'exécutant successivement, celles afférentes aux condamnations visées par l'article 2 des décrets de grâces collectives des 10 juillet 1998, 9 juillet 1999 et 16 décembre 1999 (en l'espèce pour infraction à la législation sur les stupéfiants), n'entraînent plus, une fois purgées, l'exclusion du bénéfice de l'article 1er desdits décrets (uniquement prévue pour les condamnés détenus pour son exécution) (■ Cass. crim., 20 juin 2001 : *Bull. crim.*, n° 155).

2) Aux termes de l'article 2 des décrets de grâces collectives des 9 juillet et 16 décembre 1999, 11 juillet 2000 et 10 juillet 2001, sont exclus du bénéfice de ces grâces les condamnés détenus pour l'exécution d'une ou plusieurs peines dont l'une au moins a été prononcée pour, notamment, infraction à la législation sur les stupéfiants ; cette exclusion est applicable en cas de confusion de cette peine avec une autre peine, qu'il s'agisse de la peine absorbante ou de la peine absorbée (■ Cass. crim., 11 sept. 2002 : *Bull. crim.*, n° 163 ; *D.* 2002, inf. rap. p. 2849). Il en est de même pour un condamné du chef de violences sur agents de la force publique, qui n'a pas encore purgé sa peine, celle-ci ayant été portée à l'écrou avant la parution des décrets de grâces collectives (■ Cass. crim., 22 juin 2005 : *Bull. crim.*, n° 189).

3) Les remises gracieuses régulièrement accordées sur le fondement de décrets de grâces collectives pour l'exécution d'une peine demeurent acquises au condamné en cas de confusion ultérieure de cette peine avec une autre peine exclue du bénéfice de ces décrets (■ Cass. crim., 17 mars 2004 : *Bull. crim.*, n° 70). Rappr. (■ Cass. crim., 31 oct. 2006 : *Bull. crim.*, n° 271, *supra*, note sous article 132-7, V° concours et grâce).

4) Justifie sa décision la chambre de l'instruction qui, pour rejeter la requête du condamné, qui sollicitait le bénéfice des décrets de grâces collectives des 10 juillet 2002 et 9 juillet 2003, en soutenant qu'en application de l'article 132-3, alinéa 2, du Code pénal, la peine pour violences sur personnes dépositaires de l'autorité publique, infraction l'excluant du bénéfice desdits décrets, était purgée depuis le 13 juillet 2002, date à laquelle le maximum légal applicable à cette infraction avait été atteint, relève qu'une peine unique et indivisible a été prononcée pour des infractions en concours, de sorte que, tant que la peine la plus forte n'est pas purgée, les autres peines ne peuvent être considérées comme exécutées (■ Cass. crim., 11 mai 2006 : *Bull. crim.*, n° 129).

5) Le condamné ne peut se prévaloir d'aucun droit acquis au bénéfice de grâces collectives irrégulièrement accordées par l'administration pénitentiaire (■ Cass. crim., 31 mai 2007 : *Bull. crim.*, n° 148).

Art. 133-8. – La grâce ne fait pas obstacle au droit, pour la victime, d'obtenir réparation du préjudice causé par l'infraction.

Section III. – De l'amnistie

Voir : Annexe 5 (Amnistie).

Art. 133-9. – L'amnistie efface les condamnations prononcées. Elle entraîne, sans qu'elle puisse donner lieu à restitution, la remise de toutes les peines. Elle rétablit l'auteur ou le complice de l'infraction dans le bénéfice du sursis qui avait pu lui être accordé lors d'une condamnation antérieure.

Bibliographie : *JCl. pén.*, *Amnistie* par J.-M. Gonnard et Ann., *Amnistie* ; Bruno Py, *Dr. pénal* 2002, chron. 12.

1) L'amnistie arrête les poursuites à partir du jour de la promulgation de la loi qui l'accorde et s'oppose à ce que les faits amnistiés reçoivent une qualification autre que celle qui leur avait été antérieurement donnée par la prévention et qui a été retenue dans un jugement (■ Cass. crim., 6 mars 1997 : *Bull. crim.*, n° 91).

2) L'amnistie éteint l'action publique à compter du jour de la promulgation de la loi qui l'accorde et s'oppose à ce que les mêmes faits reçoivent une qualification autre que celle qui leur avait été donnée dans des poursuites clôturées par une décision définitive (■ Cass. crim., 26 sept. 2006 : *Bull. crim.*, n° 235 ; *Rev. sc. crim.* 2007, p. 76, obs. Y. Mayaud). *Adde*, sur l'arrêt des poursuites (■ Cass. crim., 31 oct. 2006 : *Bull. crim.*, n° 262).

3) Aucun texte ou principe de droit n'exclut le prévenu poursuivi pour un délit entrant dans les prévisions de la loi d'amnistie du bénéfice de celle-ci en raison d'un lien de connexité entre ce délit et une autre infraction non amnistiée (■ Cass. crim., 25 juin 1997 : *Bull. crim.*, n° 254).

4) Le délit d'abus de confiance (ou de détournement de fonds publics) résultant du paiement de salaires rémunérant des emplois fictifs est une infraction instantanée, consommée lors de chaque paiement indu ; encourt, dès lors, la censure, l'arrêt qui refuse au prévenu le bénéfice de l'amnistie prévu par l'article 19 de la loi du 15 janvier 1990 pour les infractions commises avant le 15 juin 1989 en relation avec le financement de partis et de groupements politiques, au motif que les faits délictueux constitutifs de ce délit se sont poursuivis au-delà de cette date (■ Cass. crim., 13 sept. 2006 : *Bull. crim.*, n° 220).

Art. 133-10. – L'amnistie ne préjudicie pas aux tiers.

L'amnistie qui ne préjudicie pas aux tiers en application des articles 133-10 du Code pénal et 21 de la loi du 3 août 1995, ne fait pas obstacle à l'application de l'article 480-1 du Code de procédure pénale selon lequel les personnes condamnées pour un même délit sont tenues solidairement des dommages-intérêts (▪ Cass. crim., 10 janv. 2006 : *Bull. crim.*, n° 10).

Art. 133-11. – Il est interdit à toute personne qui, dans l'exercice de ses fonctions, a connaissance de condamnations pénales, de sanctions disciplinaires ou professionnelles ou d'interdictions, déchéances et incapacités effacées par l'amnistie, d'en rappeler l'existence sous quelque forme que ce soit ou d'en laisser subsister la mention dans un document quelconque. Toutefois, les minutes des jugements, arrêts et décisions échappent à cette interdiction. En outre, l'amnistie ne met pas obstacle à l'exécution de la publication ordonnée à titre de réparation.

1) Si les articles 23 de la loi du 3 août 1995 et 133-11 du Code pénal, qui interdisent le rappel d'une condamnation amnistiée, ne prévoient pas la nullité de l'acte contenant la mention prohibée, cette nullité peut cependant être prononcée lorsqu'il résulte des motifs d'une décision que la prise en considération de la condamnation amnistiée a influé sur l'appréciation de la peine sanctionnant la nouvelle infraction poursuivie (▪ Cass. crim., 6 mai 1997 : *Bull. crim.*, n° 176) ou sur l'appréciation du bien-fondé d'une requête en réhabilitation (▪ Cass. crim., 26 mai 2004 : *Bull. crim.*, n° 138).

2) Le demandeur ne saurait se faire un grief de ce que l'arrêt attaqué n'ait pas annulé le jugement (mentionnant que le prévenu avait déjà été condamné alors que la condamnation était amnistiée), dès lors qu'en cas d'annulation, la cour d'appel aurait été tenue d'évoquer et de statuer au fond en application de l'article 520 du Code de procédure pénale (▪ Cass. crim., 16 nov. 2005 : *Dr. pénal* 2006, comm. 37, obs. J.-H. Robert).

3) Sont réunis, à la charge d'un établissement public, les éléments constitutifs du délit de rappel ou mention d'une sanction effacée par l'amnistie, lorsque, à l'occasion d'une décision relative à la carrière d'un de ses agents, les supérieurs hiérarchiques de celui-ci mentionnent, dans un rapport, une sanction antérieurement amnistiée (▪ Cass. crim., 6 avr. 2004 : *Bull. crim.*, n° 84 ; *Dr. pénal* 2004, comm. 108, obs. J.-H. Robert).

4) Justifie sa décision la cour d'appel, qui pour déclarer le prévenu coupable de rappel de sanction disciplinaire amnistiée, retient que ce rappel, qui tendait uniquement à illustrer le caractère procédurier de la plaignante à l'appui d'une demande d'indemnité de procédure, n'était pas nécessaire à l'exercice des droits de la défense (▪ Cass. crim., 19 juin 2007 : *Bull. crim.*, n° 164).

5) Justifie sa décision la cour d'appel qui, pour relaxer le prévenu des poursuites exercées contre lui du chef de rappel de sanctions disciplinaires amnistiées, retient que leur évocation était inhérente à la nature du litige opposant les parties, dès lors que l'interdiction du rappel des sanctions amnistiées ne peut faire obstacle, pour les tiers, à l'exercice normal des droits de la défense (▪ Cass. crim., 19 juin 2007 : *Bull. crim.*, n° 163).

6) L'information du public par des journalistes ne saurait justifier, au bénéfice de la bonne foi, une diffamation lorsqu'elle consiste dans le rappel de condamnations amnistiées, lequel est interdit sous peine de sanctions pénales (▪ Cass. 1re civ., 16 mai 2013, n° 12-19.783 : *D.* 2013, p. 1280, obs. S. Lauric ; *JCP* 2013, act., n° 192, E. Dreyer).

7) Justifie sa décision la chambre de l'instruction qui, saisie d'une requête en annulation d'un réquisitoire définitif du procureur de la République comportant la mention d'une condamnation amnistiée, limite la nullité partielle qu'elle prononce à la cancellation de la mention prohibée, dès lors que ce réquisitoire répond par ailleurs aux conditions essentielles de son existence légale (▪ Cass. crim., 6 oct. 2015, n° 15-82.765).

Section IV. – De la réhabilitation

Voir : CPP, art. 782 et 783. La réhabilitation judiciaire demeure régie par les articles 785 à 798-1 du Code de procédure pénale.

Art. 133-12. – Toute personne frappée d'une peine criminelle, correctionnelle ou contraventionnelle peut bénéficier, soit d'une réhabilitation de plein droit dans les conditions prévues à la présente section, soit d'une réhabilitation judiciaire accordée dans les conditions prévues par le Code de procédure pénale.

Bibliographie : *JCl. pén.*, *Réhabilitation* par J.-F. Dreuille.

Art. 133-13 *(Mod., L. n° 2004-204, 9 mars 2004 ; L. n° 2007-297, 5 mars 2007).* – La réhabilitation est acquise de plein droit à la personne physique condamnée qui n'a, dans les délais ci-après déterminés, subi aucune condamnation nouvelle à une peine criminelle ou correctionnelle :

1° Pour la condamnation à l'amende ou à la peine de jours-amendes après un délai de trois ans à compter du jour du paiement de l'amende ou du montant global des jours-amende, de l'expiration de la contrainte judiciaire ou du délai de l'incarcération prévue par l'article 131-25 ou de la prescription accomplie ;

2° Pour la condamnation unique soit à un emprisonnement n'excédant pas un an, soit à une peine autre que la réclusion criminelle, la détention criminelle, l'emprisonnement, l'amende ou le jour-amende, après un délai de cinq ans à compter soit de l'exécution de la peine, soit de la prescription accomplie ;

3° Pour la condamnation unique à un emprisonnement n'excédant pas dix ans ou pour les condamnations multiples à l'emprisonnement dont l'ensemble ne dépasse pas cinq ans, après un délai de dix ans à compter soit de l'expiration de la peine subie, soit de la prescription accomplie.

Les délais prévus au présent article sont doublés lorsque la personne a été condamnée pour des faits commis en état de récidive légale.

Lorsqu'il s'agit de condamnations assorties en tout ou partie du sursis, du sursis avec mise à l'épreuve ou du sursis avec obligation d'accomplir un travail d'intérêt général, les délais de réhabilitation courent, pour chacune de ces condamnations et y compris en cas de condamnations multiples, à compter de la date à laquelle la condamnation est non avenue.

Voir : *infra,* sous l'article 133-16, C. cass., Avis, 26 janv. 2009.

Art. 133-14 *(Mod., L. n° 2007-297, 5 mars 2007).* – La réhabilitation est acquise de plein droit à la personne morale condamnée qui n'a, dans les délais ci-après déterminés, subi aucune condamnation nouvelle à une peine criminelle ou correctionnelle :

1° Pour la condamnation à l'amende, après un délai de cinq ans à compter du jour du paiement de l'amende ou de la prescription accomplie ;

2° Pour la condamnation à une peine autre que l'amende ou la dissolution, après un délai de cinq ans à compter soit de l'exécution de la peine, soit de la prescription accomplie.

Les délais prévus au présent article sont doublés lorsque la personne a été condamnée pour des faits commis en état de récidive légale.

Lorsqu'il s'agit d'une condamnation assortie du sursis, les délais de réhabilitation courent à compter de la date à laquelle la condamnation est non avenue.

Voir : *supra* L. n° 2007-297, 5 mars 2007, art. 43, III.

Art. 133-15. – Les peines dont la confusion a été accordée sont considérées comme constituant une peine unique pour l'application des dispositions des articles 133-13 et 133-14.

Art. 133-16 *(L. n° 98-468, 17 juin 1998 ; mod., L. n° 2007-297, 5 mars 2007 ; L. n° 2012-409, 27 mars 2012).* – La réhabilitation produit les mêmes effets que ceux qui sont prévus par les articles 133-10 et 133-11. Elle efface toutes les incapacités et déchéances qui résultent de la condamnation.

Toutefois, lorsque la personne a été condamnée au suivi socio-judiciaire prévu à l'article 131-36-1 ou à la peine d'interdiction d'exercer une activité professionnelle ou bénévole impliquant un contact habituel avec des mineurs, la réhabilitation ne produit ses effets qu'à la fin de la mesure. *(En vigueur le 1er janv. 2015, pour les condamnations concernant les faits commis après la publication de la loi du 27 mars 2012)* Par ailleurs, la réhabilitation ne produit ses effets qu'à l'issue d'un délai de quarante ans lorsqu'a été prononcée, comme peine complémentaire, une interdiction, incapacité ou déchéance à titre définitif.

La réhabilitation n'interdit pas la prise en compte de la condamnation, par les seules autorités judiciaires, en cas de nouvelles poursuites, pour l'application des règles sur la récidive légale.

Voir : *supra* L. n° 2007-297, 5 mars 2007, art. 43, III.

1) Si les dispositions de l'article 133-11 auxquelles renvoient celles de l'article 133-16, effacent toutes les incapacités et déchéances qui frappent un condamné dès lors que celui-ci est réhabilité et interdisent le rappel, sous quelque forme que ce soit, d'une telle condamnation, ne prévoient pas la nullité de l'acte contenant la mention prohibée, encourt cependant la cassation l'arrêt dont les motifs révèlent que la prise en considération de la condamnation effacée par la réhabilitation a influé sur l'appréciation de la peine sanctionnant la nouvelle infraction (■ Cass. crim., 8 nov. 1995 : *Bull. crim.*, n° 343. ■ 19 oct. 2005 : *Bull. crim.*, n° 261).

2) Mais, il se déduit des derniers alinéas des articles 133-16 et 133-13 du Code pénal, issus de l'article 43 de la loi n° 2007-297, entré en vigueur le 7 mars 2008, qu'une condamnation avec sursis réputée non avenue peut constituer le premier terme de la récidive (■ C. cass., avis, 26 janv. 2009 : *Bull. inf. C. cass.* 2009, I, p. 9, rapport Pomestan et concl. Lucazeau ; *Bull. crim.*, avis n° 1).

3) Une condamnation assortie du sursis avec mise à l'épreuve, bien que réputée non avenue, peut constituer le premier terme de la récidive (■ Cass. crim., 11 janv. 2011, n° 10-81.781 : *JCP* 2011, note 346, J.-H. Robert).

4) Il résulte de la combinaison des articles 133-16 et 769 du Code de procédure pénale qu'une condamnation réhabilitée, même si elle continue à figurer au casier judiciaire, ne peut être prise en compte, par les autorités judiciaires, sauf les cas prévus par la loi, pour la détermination de la peine.

Doit être cassé l'arrêt de la cour d'appel qui, avant de prononcer une peine contre le prévenu, relève qu'il ressort de son casier judiciaire qu'il a fait l'objet de condamnations antérieures, alors que ces condamnations sont réhabilitées de plein droit (■ Cass. crim., 10 nov. 2009, pourvoi n° 09-82.368 : *Bull. crim.*, n° 189).

5) N'encourt pas la censure l'arrêt d'une cour d'appel qui fixe la sanction qu'il prononce à l'encontre d'un prévenu après s'être référé aux éléments de personnalité résultant du bulletin du casier judiciaire figurant régulièrement au dossier de la procédure, concerneraient-ils des condamnations réhabilitées (■ Cass. crim., 28 mai 2013, n° 12-81.468 : *Bull. crim.*, n° 118).

Art. 133-16-1 *(En vigueur à compter du 27 avril 2012, L. n° 2012-409, 27 mars 2012)*. **– Si la personne a été condamnée par une juridiction pénale d'un État membre de l'Union européenne à une des peines suivantes, la réhabilitation n'est susceptible de produire ses effets sur les condamnations françaises antérieures qu'à l'issue des délais ci-après déterminés :**

1° Lorsque la peine prononcée est une sanction pécuniaire, qu'à partir de l'effacement de cette condamnation ou de l'écoulement d'un délai de trois ans à compter de son prononcé ;

2° Lorsque la peine prononcée est une peine d'emprisonnement d'une durée supérieure à un an, qu'à partir de l'effacement de cette condamnation ou de l'écoulement d'un délai de dix ans à compter de son prononcé ;

3° Lorsque la peine prononcée est une peine d'emprisonnement d'une durée supérieure à dix ans, qu'à partir de l'effacement de cette condamnation ou de l'écoulement d'un délai de quarante ans à compter de son prononcé ;

4° Lorsque la personne a été condamnée à une peine autre que celles définies aux 1° à 3°, qu'à partir de l'effacement de cette condamnation ou de l'écoulement d'un délai de cinq ans à compter de son prononcé.

Art. 133-17. – Pour l'application des règles sur la réhabilitation, la remise gracieuse d'une peine équivaut à son exécution.

LIVRE DEUXIÈME

DES CRIMES ET DÉLITS CONTRE LES PERSONNES

TITRE PREMIER. – DES CRIMES CONTRE L'HUMANITÉ ET CONTRE L'ESPÈCE HUMAINE

Sous-titre premier. – Des crimes contre l'humanité

Voir : Crimes de guerre, art. 461-1 et s., p. 603 ; Annexe 22 (Crimes de guerre et crimes contre l'Humanité).

CHAPITRE I. – DU GÉNOCIDE

Art. 211-1. – **Constitue un génocide le fait, en exécution d'un plan concerté tendant à la destruction totale ou partielle d'un groupe national, ethnique, racial ou religieux, ou d'un groupe déterminé à partir de tout autre critère arbitraire, de commettre ou de faire commettre, à l'encontre de membres de ce groupe, l'un des actes suivants :**

– atteinte volontaire à la vie ;
– atteinte grave à l'intégrité physique ou psychique ;
– soumission à des conditions d'existence de nature à entraîner la destruction totale ou partielle du groupe ;
– mesures visant à entraver les naissances ;
– transfert forcé d'enfants.

Le génocide est puni de la réclusion criminelle à perpétuité.

Les deux premiers alinéas de l'article 132-23 relatif à la période de sûreté sont applicables au crime prévu par le présent article.

Voir : art. R. 645-1, p. 683.

Bibliographie : P. Mistretta : *JCP* 2005, Étude, I, 100, not., p. 18. • P.-M. Martin : *D.* 2007, chron., p. 2121. • H. Ascensio, *À propos de la loi n° 2010-930 du 9 août 2010 : JCP* 2010, doctr. 910, p. 1691.

1) L'avortement, dans les limites autorisées par la loi du 17 janvier 1975, est étranger à l'incrimination de génocide (■ Cass. crim., 31 janv. 1996 : *Bull. crim.*, n° 57).

2) Selon les articles 1er et 2 de la loi du 22 mai 1996, portant adaptation de la législation française aux dispositions de la résolution 955 du Conseil de sécurité des Nations unies instituant un tribunal international en vue de juger les personnes présumées responsables d'actes de génocide ou d'autres violations graves du droit international humanitaire commis sur le territoire du Rwanda en 1994, les auteurs ou complices des actes qui constituent, au sens des articles 2 à 4 du statut du tribunal international, des infractions graves à l'article 3 commun aux conventions de Genève du 12 août 1949 et au protocole additionnel II auxdites conventions en date du 8 juin 1977, un génocide ou des crimes contre l'humanité, peuvent, s'ils sont trouvés en France, être poursuivis et jugés par les juridictions françaises en application de la loi française (■ Cass. crim., 6 janv. 1998 : *Bull. crim.*, n° 2 ; *JCP* 98, II, 10158, note Roulot ; *Dr. pénal* 1998, comm. 70, obs. J.-H. Robert).

Art. 211-2 *(L. n° 2010-930, 9 août 2010).* **– La provocation publique et directe, par tous moyens, à commettre un génocide est punie de la réclusion criminelle à perpétuité si cette provocation a été suivie d'effet.**

Si la provocation n'a pas été suivie d'effet, les faits sont punis de sept ans d'emprisonnement et de 100 000 € d'amende.

CHAPITRE II. – DES AUTRES CRIMES CONTRE L'HUMANITÉ

Art. 212-1. – *(L. n° 2010-930, 9 août 2010 ; L. n° 2013-711, 5 août 2013)* **Constitue également un crime contre l'humanité et est puni de la réclusion criminelle à perpétuité l'un des actes ci-après commis en exécution d'un plan concerté à l'encontre d'un groupe de population civile dans le cadre d'une attaque généralisée ou systématique :**

1° L'atteinte volontaire à la vie ;

2° L'extermination ;

3° La réduction en esclavage ;

4° La déportation ou le transfert forcé de population ;

5° L'emprisonnement ou toute autre forme de privation grave de liberté physique en violation des dispositions fondamentales du droit international ;

6° La torture ;

7° Le viol, la prostitution forcée, la grossesse forcée, la stérilisation forcée ou toute autre forme de violence sexuelle de gravité comparable ;

8° La persécution de tout groupe ou de toute collectivité identifiable pour des motifs d'ordre politique, racial, national, ethnique, culturel, religieux ou sexiste ou en fonction d'autres critères universellement reconnus comme inadmissibles en droit international ;

9° La disparition forcée ;

10° Les actes de ségrégation commis dans le cadre d'un régime institutionnalisé d'oppression systématique et de domination d'un groupe racial sur tout autre groupe racial ou tous autres groupes raciaux et dans l'intention de maintenir ce régime ;

11° Les autres actes inhumains de caractère analogue causant intentionnellement de grandes souffrances ou des atteintes graves à l'intégrité physique ou psychique.

Les deux premiers alinéas de l'article 132-23 relatif à la période de sûreté sont applicables aux crimes prévus par le présent article.

Voir : art. R. 645-1, p. 683.

Bibliographie : O. Pluen, *Le crime de réduction en esclavage : Rev. sc. crim.* 2015, p. 29.

Art. 212-2. – **Lorsqu'ils sont commis en temps de guerre en exécution d'un plan concerté contre ceux qui combattent le système idéologique au nom duquel sont perpétrés des crimes contre l'humanité, les actes visés à l'article 212-1 sont punis de la réclusion criminelle à perpétuité.**

Les deux premiers alinéas de l'article 132-23 relatif à la période de sûreté sont applicables aux crimes prévus par le présent article.

Art. 212-3. – **La participation à un groupement formé ou à une entente établie en vue de la préparation, caractérisée par un ou plusieurs faits matériels, de l'un des crimes définis par les articles 211-1, 212-1 et 212-2 est punie de la réclusion criminelle à perpétuité.**

Les deux premiers alinéas de l'article 132-23 relatif à la période de sûreté sont applicables au crime prévu au présent article.

1) Les principes de légalité des délits et des peines et de non-rétroactivité de la loi pénale plus sévère, énoncés par les articles 8 de la Déclaration des droits de l'homme et du citoyen, 7.1 de la

Convention européenne des droits de l'homme, 15-1 du Pacte international relatif aux droits civils et politiques, 111-3 et 112-1 du Code pénal, font obstacle à ce que les articles 211-1 à 212-3 de ce Code réprimant les crimes contre l'humanité s'appliquent aux faits commis avant la date de leur entrée en vigueur, le 1er mars 1994 ; la coutume internationale ne saurait pallier l'absence de texte incriminant, sous la qualification de crimes contre l'humanité, les faits dénoncés par la partie civile, en l'espèce des tortures et des exécutions sommaires commises en Algérie entre 1955 et 1957 (■ Cass. crim., 17 juin 2003 : *Bull. crim.*, n° 122 ; *Dr. pénal* 2003, comm. 96, obs. M. Véron ; *JCP* 2003, II, 10146, note J.-F. Roulot ; *D.* 2003, jur., p. 92, note J. Daniel).

2) Il résulte de l'article 689-2 du Code de procédure pénale que les juridictions françaises sont compétentes, dans les conditions prévues par l'article 689-1 du même code, pour juger les personnes qui se seraient rendues coupables, à l'étranger, de tortures, au sens de l'article 1er de la conventions de New York du 10 décembre 1984, dès lors que les faits délictueux sont susceptibles de revêtir, selon la loi française, une qualification entrant dans les prévisions de cet article (■ Cass. crim., 6 janv. 1998 : *Bull. crim.*, n° 2 ; *JCP* 1998, II, 10158, note J.-F. Roulot).

3) Les articles 689-1 et 689-2 du Code de procédure pénale donnent compétence aux juridictions françaises pour poursuivre et juger, si elle se trouve en France, toute personne qui, hors du territoire de la République, s'est rendue coupable de tortures au sens de l'article 1er de la Convention contre la torture et autres traitements cruels, inhumains ou dégradants adopté à New York le 10 décembre 1984 et entrée en vigueur en France le 26 juin 1987 ; il résulte d'autre part de l'article 680 du code précité, en vigueur depuis le 1er mars 1994, mais dont les dispositions ne font que reprendre le droit antérieur, que la loi française est applicable chaque fois que les tribunaux français sont compétents. Entre dans ces prévisions un officier mauritanien, présent sur le territoire français, auquel il est reproché de s'être, dans son pays, rendu coupable de tortures ou actes de barbarie lors de sa participation à une commission chargée d'interroger des militaires soupçonnés d'avoir fomenté un coup d'État. L'exercice par une juridiction française de la compétence universelle emporte compétence de la loi française même en présence d'une loi étrangère portant amnistie (■ Cass. crim., 23 oct. 2002 : *Bull. crim.*, n° 195 ; *JCP G* 2003, II, 10078, note J.-F. Roulot ; *D.* 2004, somm. p. 309, obs. M.-H. Gozzi).

4) Selon les articles 689, 689-1 et 689-2 du Code de procédure pénale, peut être poursuivie et jugée par les juridictions françaises si elle se trouve en France, toute personne qui s'est rendue coupable, hors du territoire de la République, de torture et autres peines ou traitements cruels ou dégradants au sens de l'article 1er de la Convention de New York du 10 décembre 1984 (■ Cass. crim., 10 janv. 2007 : *Bull. crim.*, n° 7).

5) Pour l'application de la compétence de la juridiction française au titre de la compétence universelle, la juridiction d'instruction doit rechercher des éléments de présence en France, des auteurs des faits incriminés au moment de l'engagement des poursuites.

Selon l'article 689 du Code de procédure pénale, les auteurs ou complices d'infractions commises hors du territoire de la République peuvent être poursuivis et jugés par les juridictions françaises soit lorsque, conformément aux dispositions du livre 1er du Code pénal ou d'un autre texte législatif, la loi française est applicable soit lorsqu'une Convention internationale donne compétence aux juridictions françaises pour en connaître.

En vertu des dispositions de l'article 689-2 du Code de procédure pénale, peut être poursuivie ou jugée par les juridictions françaises toute personne, auteur ou complice, national ou étranger qui s'est rendu coupable hors du territoire de la République de faits entrant dans le champ d'application de la Convention de New York du 10 décembre 1984.

Encourt la cassation, l'arrêt de la chambre de l'instruction qui après avoir constaté que les faits incriminés étaient susceptibles de recevoir la qualification d'actes de torture au sens de ladite Convention exclut la compétence de la juridiction française sur le fondement des règles fixées par le livre 1er du Code pénal (■ Cass. crim., 21 janv. 2009 : *Bull. crim.*, n° 22 ; *Dr. pénal* 2009, Études 7, par O. Beauvallet).

6) Les réponses affirmatives de la Cour et du jury aux questions relatives à la culpabilité de l'accusé des chefs de complicité d'arrestations, de tentatives d'arrestations et de séquestrations arbitraires de certaines victimes commises avec cette circonstance que ces actions constituent des actes inhumains ou une persécution réalisée de façon systématique, dans le cadre d'une plan concerté, pour le compte d'un État pratiquant une politique d'hégémonie idéologique, en l'occurrence l'État national socialiste allemand, à l'encontre de personnes, en raison de leur appartenance à une collectivité raciale ou religieuse, ne sont pas incompatibles avec les réponses négatives apportées par la Cour et le jury aux questions concernant sa culpabilité des chefs de complicité d'assassinats ou tentatives d'assassinats des mêmes victimes, commis avec la même circonstance aggravante, dès lors que la cour d'assises a pu, sans contradiction, estimer que l'accusé avait sciemment participé aux arrestations et séquestrations de ces personnes dans le cadre d'un plan concerté, dont il avait connaissance, visant à leur persécution systématique en raison de leur appartenance à une collectivité raciale ou religieuse, tout en ignorant que ces persécutions pouvaient conduire à leur extermination (■ *Cass. ass. plén.* 11 juin 2004 : *Bull. crim.*, n° 1 ; *Gaz. Pal.* 30 janv.-1er févr. 2005, p. 2, note Y. Monnet).

CHAPITRE III. – DISPOSITIONS COMMUNES

Art. 213-1 *(Mod., L. n° 2008-776, 4 août 2008 ; L. n° 2010-930, 9 août 2010 ; L. n° 2012-409, 27 mars 2012).* – **Les personnes physiques coupables des infractions prévues par le présent sous-titre encourent également les peines suivantes :**

1° L'interdiction des droits civiques, civils et de famille, selon les modalités prévues par l'article 131-26. Toutefois, le maximum de l'interdiction est porté à quinze ans ;

2° L'interdiction, suivant les modalités prévues par l'article 131-27, d'exercer une fonction publique ou d'exercer l'activité professionnelle ou sociale dans l'exercice ou à l'occasion de l'exercice de laquelle l'infraction a été commise. Toutefois, le maximum de l'interdiction temporaire est porté à dix ans ;

3° L'interdiction de séjour, selon les modalités prévues par l'article 131-31. Toutefois, le maximum de l'interdiction est porté à quinze ans ;

4° La confiscation de tout ou partie des biens leur appartenant ou, sous réserve des droits du propriétaire de bonne foi, dont elles ont la libre disposition ;

5° L'interdiction, suivant les modalités prévues par l'article 131-27, soit d'exercer une fonction publique ou d'exercer l'activité professionnelle ou sociale dans l'exercice ou à l'occasion de l'exercice de laquelle l'infraction a été commise, soit d'exercer une profession commerciale ou industrielle, de diriger, d'administrer, de gérer ou de contrôler à un titre quelconque, directement ou indirectement, pour son propre compte ou pour le compte d'autrui, une entreprise commerciale ou industrielle ou une société commerciale. Ces interdictions d'exercice peuvent être prononcées cumulativement.

Art. 213-2 *(Mod., L. n° 2003-1119, 26 nov. 2003).* – **L'interdiction du territoire français peut être prononcée dans les conditions prévues par l'article 131-30, soit à titre définitif, soit pour une durée de dix ans au plus, à l'encontre de tout étranger coupable de l'une des infractions définies au présent titre.**

Art. 213-3 *(Mod., L. n° 2009-526, 12 mai 2009 ; L. n° 2012-409, 27 mars 2012).* – **Les personnes morales déclarées responsables pénalement, dans les conditions prévues par l'article 121-2, de crimes contre l'humanité encourent, outre l'amende suivant les modalités prévues par l'article 131-38 :**

1° Les peines mentionnées à l'article 131-39 ;

2° La confiscation de tout ou partie des biens leur appartenant ou, sous réserve des droits du propriétaire de bonne foi, dont elles ont la libre disposition.

Art. 213-4. – **L'auteur ou le complice d'un crime visé par le présent sous-titre ne peut être exonéré de sa responsabilité du seul fait qu'il a accompli un acte prescrit ou autorisé par des dispositions législatives ou réglementaires ou un acte commandé par l'autorité légitime. Toutefois, la juridiction tient compte de cette circonstance lorsqu'elle détermine la peine et en fixe le montant.**

Art. 213-4-1 *(L. n° 2010-930, 9 août 2010 ; mod., L. n° 2013-711, 5 août 2013).* – **Sans préjudice de l'application des dispositions de l'article 121-7, est considéré comme complice d'un crime visé par le présent sous-titre commis par des subordonnés placés sous son autorité et son contrôle effectifs le chef militaire ou la personne qui en faisait fonction, qui savait ou, en raison des circonstances, aurait dû savoir que ces subordonnés commettaient ou allaient commettre ce crime et qui n'a pas pris toutes les mesures nécessaires et raisonnables qui étaient en son pouvoir pour en empêcher ou en réprimer l'exécution ou pour en référer aux autorités compétentes aux fins d'enquête et de poursuites.**

Sans préjudice de l'application des dispositions de l'article 121-7, est également considéré comme complice d'un crime visé par le présent sous-titre commis par des subordonnés placés sous son autorité et son contrôle effectifs le supérieur hiérarchique, n'exerçant pas la fonction de chef militaire, qui savait que ces subordonnés

commettaient ou allaient commettre ce crime ou a délibérément négligé de tenir compte d'informations qui l'indiquaient clairement et qui n'a pas pris toutes les mesures nécessaires et raisonnables qui étaient en son pouvoir pour en empêcher ou en réprimer l'exécution ou pour en référer aux autorités compétentes aux fins d'enquête et de poursuites, alors que ce crime était lié à des activités relevant de sa responsabilité et de son contrôle effectifs.

Art. 213-5 ***(Abr., L. n° 2017-242, 27 févr. 2017).***

Bibliographie : *JCl. pén., Crimes contre l'humanité* par H.-O. Beauvallet. • M. Masse, *Les crimes contre l'humanité dans le nouveau Code pénal français : Rev. sc. crim.* 1994, 376.

Sous-titre II. – Des crimes contre l'espèce humaine

CHAPITRE I. – DES CRIMES D'EUGÉNISME ET DE CLONAGE REPRODUCTIF

Bibliographie : *JCl. pén.*, Crimes contre l'espèce humaine par C. Byk. • A. Dorsner-Dollvet, *De l'interdiction du clonage à la réification de l'être humain : JCP* 2004, I, 172. • M. Véron, *Le contenu pénal de la loi du 6 août 2004 : Dr. pénal* 2004, Etude 16, p. 11. • R. Mistretta : *JCP* 2005, étude, I, 100, not. p. 19. • M.-P. Peis-Hitier, *Recherche d'une qualification juridique de l'espèce humaine : D.* 2005, chron. p. 865.

Voir : art. 511-1 et s., p. 609 (Infractions en matière d'éthique biomédicale).

Art. 214-1 ***(L. n° 2004-800, 6 août 2004).*** **– Le fait de mettre en œuvre une pratique eugénique tendant à l'organisation de la sélection des personnes est puni de trente ans de réclusion criminelle et de 7 500 000 € d'amende.**

Art. 214-2 ***(L. n° 2004-800, 6 août 2004).*** **– Le fait de procéder à une intervention ayant pour but de faire naître un enfant génétiquement identique à une autre personne vivante ou décédée est puni de trente ans de réclusion criminelle et de 7 500 000 € d'amende.**

Art. 214-3 ***(L. n° 2004-800, 6 août 2004).*** **– Les infractions prévues par les articles 214-1 et 214-2 sont punies de la réclusion criminelle à perpétuité et de 7 500 000 € d'amende lorsqu'elles sont commises en bande organisée.**

Les deux premiers alinéas de l'article 132-23 relatif à la période de sûreté sont applicables aux infractions prévues par le présent article.

Art. 214-4 ***(L. n° 2004-800, 6 août 2004).*** **– La participation à un groupement formé ou à une entente établie en vue de la préparation, caractérisée par un ou plusieurs faits matériels, de l'un des crimes définis par les articles 214-1 et 214-2 est punie de la réclusion criminelle à perpétuité et de 7 500 000 € d'amende.**

Les deux premiers alinéas de l'article 132-23 relatif à la période de sûreté sont applicables aux infractions prévues par le présent article.

CHAPITRE II. – DISPOSITIONS COMMUNES

Art. 215-1 ***(L. n° 2004-800, 6 août 2004 ; mod., L. n° 2008-776, 4 août 2008 ; L. n° 2009-1437, 24 nov. 2009 ; L. n° 2012-409, 27 mars 2012).*** **– Les personnes physiques coupables des infractions prévues par le présent sous-titre encourent également les peines suivantes :**

1° L'interdiction des droits civiques, civils et de famille, selon les modalités prévues à l'article 131-26 ;

2° L'interdiction d'exercer une fonction publique, selon les modalités prévues par l'article 131-27 ;

3° L'interdiction de séjour, selon les modalités prévues par l'article 131-31 ;

4° La confiscation de tout ou partie des biens leur appartenant ou, sous réserve des droits du propriétaire de bonne foi, dont elles ont la libre disposition, meubles ou immeubles, divis ou indivis ;

5° La confiscation du matériel qui a servi à commettre l'infraction.

6° L'interdiction, suivant les modalités prévues par l'article 131-27, soit d'exercer une fonction publique ainsi que l'activité de prestataire de formation professionnelle continue au sens de l'article L. 6313-1 du Code du

travail pour une durée de cinq ans, ou d'exercer l'activité professionnelle ou sociale dans l'exercice ou à l'occasion de l'exercice de laquelle l'infraction a été commise, soit d'exercer une profession commerciale ou industrielle, de diriger, d'administrer, de gérer ou de contrôler à un titre quelconque, directement ou indirectement, pour son propre compte ou pour le compte d'autrui, une entreprise commerciale ou industrielle ou une société commerciale. Ces interdictions d'exercice peuvent être prononcées cumulativement.

Art. 215-2 *(L. n° 2004-800, 6 août 2004)*. **– L'interdiction du territoire français peut être prononcée, dans les conditions prévues par l'article 131-30, soit à titre définitif, soit pour une durée de dix ans au plus, à l'encontre de tout étranger coupable de l'une des infractions prévues au présent sous-titre.**

Les dispositions des sept derniers alinéas de l'article 131-30 ne sont pas applicables.

Art. 215-3 *(Mod., L. n° 2009-526, 12 mai 2009 ; L. n° 2009-1437, 24 nov. 2009 ; L. n° 2012-409, 27 mars 2012)*. **– Les personnes morales déclarées responsables pénalement, dans les conditions prévues par l'article 121-2, des infractions définies au présent sous-titre encourent, outre l'amende suivant les modalités prévues par l'article 131-38 :**

1° *[1° vacant]*

2° Les peines mentionnées à l'article 131-39 ;

3° La confiscation de tout ou partie des biens leur appartenant ou, sous réserve des droits du propriétaire de bonne foi, dont elles ont la libre disposition, meubles ou immeubles, divis ou indivis.

4° L'interdiction d'exercer une fonction de prestataire de formation professionnelle continue au sens de l'article L. 6313-1 du Code du travail pour une durée de cinq ans.

Art. 215-4 *(Abr., L. n° 2017-242, 27 févr. 2017)*.

TITRE II. – DES ATTEINTES À LA PERSONNE HUMAINE

CHAPITRE I. – DES ATTEINTES À LA VIE DE LA PERSONNE

Section I. – Des atteintes volontaires à la vie

Art. 221-1. – Le fait de donner volontairement la mort à autrui constitue un meurtre. Il est puni de trente ans de réclusion criminelle.

Bibliographie : *JCl. pén., Atteintes volontaires à la vie* par H. Angevin.

1) L'élément matériel du meurtre consiste dans un acte positif de destruction de la vie humaine et il importe peu que l'acte mortel ait été unique ou que la mort ait été la conséquence d'actes successifs et répétés, ce qui implique que le crime n'est pas nécessairement commis en un lieu unique et à une date unique (■ Cass. crim., 9 juin 1977 : *Bull. crim.*, n° 211 ; *Rev. sc. crim.* 1978, 97, obs. Levasseur).

2) Il ne saurait y avoir meurtre lorsque la mort résulte d'une omission ; ainsi échappe à toute répression le fait de laisser pendant de longues années une personne majeure, atteinte d'aliénation mentale, dans un état de malpropreté indescriptible (■ Poitiers, 20 nov. 1901 : *DP* 1902, 2, 81, note Le Poittevin ; *S.* 1902, 2, 305, note Hémard).

3) Pour que le meurtre soit retenu, il n'est pas nécessaire que la victime soit identifiée (■ Cass. crim., 15 mai 1946 : *Gaz. Pal.* 1946, 1, 237).

4) L'erreur sur la personne de la victime est inopérante et ne saurait faire disparaître l'incrimination de meurtre (■ Cass. crim., 4 janv. 1978 : *Bull. crim.*, n° 5 ; *Rev. sc. crim.* 1978, 859, obs. Levasseur). Il en va encore de même lorsque le coupable a donné la mort par maladresse à une personne autre que celle qu'il voulait tuer (■ Cass. crim., 18 févr. 1922 : *Bull. crim.*, n° 82).

5) L'intention homicide. Le crime d'homicide volontaire implique que soit établie la volonté de tuer (■ Cass. crim., 8 janv. 1991 : *Bull. crim.*, n° 14).

6) Le fait d'épauler son arme, le fait de la diriger vers le pare-brise du véhicule où se trouvait la victime et le fait de tirer de façon groupée cinq coups de feu dont quatre ont atteint la victime notamment dans le dos, établissent l'intention homicide (■ Cass. crim., 22 mai 1989 : *Dr. pénal* 1989, n° 56). Établit également l'intention homicide la circonstance que l'auteur des violences volontaires a fait usage d'une arme dangereuse et frappé la victime sur une partie du corps particulièrement exposée (■ Cass. crim., 13 nov. 1990 : *Rev. sc. crim.* 1991, 345, obs. Levasseur. ■ 18 juin 1991 : *Dr. pénal* 1991, n° 227).

7) Preuve de l'intention homicide. L'acte de tirer sur une personne avec une arme à feu, s'il n'implique pas chez son auteur l'intention de tuer, n'en constitue pas moins une présomption sérieuse d'un fait criminel ; mais encore faut-il que cet acte ait été accompli volontairement ; encourt dès lors la censure pour insuffisance de motifs, l'arrêt de la cour d'appel qui, sans s'expliquer sur le caractère volontaire de l'acte de tirer avec une arme à feu sur la victime, accueille l'exception d'incompétence fondée sur la nature criminelle des faits poursuivis sous la qualification d'homicide involontaire, et infirme la décision des premiers juges qui avaient retenu que l'intention homicide n'était pas caractérisée (■ Cass. crim., 2 oct. 1996 : *Bull. crim.*, n° 342 ; *Rev. sc. crim.* 1997, 108, obs. Y. Mayaud).

Les chambres de l'instruction appréciant souverainement tous les éléments constitutifs des crimes, y compris l'intention coupable, a été rejeté le pourvoi du Procureur général contre un arrêt disqualifiant en coups mortels le meurtre retenu par le juge d'instruction dès lors que les juges d'appel énoncent que, s'il résulte des constatations médico-légales que l'accusé a porté des coups et fait heurter violemment à plusieurs reprises la tête de sa femme sur une surface dure, cet élément reste en soi insuffisant pour caractériser une intention homicide (■ Cass. crim., 23 août 2006 : *JurisData* n° 2006-035108 ; *Dr. pénal* 2006, comm. 151, obs. M. Véron).

8) Les mobiles n'ont aucune influence sur la criminalité du meurtre : ainsi en va-t-il notamment pour le meurtre d'un chef d'État (■ Cass. crim., 20 août 1932 : *DP* 1932, 1, 121, concl. Matter) ; de même, le *consentement* de la victime n'a aucun effet : ainsi le meurtre euthanasique reste un meurtre (V. Garçon, *Code pénal annoté*, art. 295, n° 204 s. ; Vitu, *Droit pénal spécial*, n° 1702), tout comme la mort donnée au cours d'un *duel* (Ch. réunies, 15 déc. 1837 : *S.* 38, 1, 5) ou celle donnée à une personne souhaitant se suicider (■ Toulouse, 9 août 1973 : *D.* 1974, 453).

– *Sur l'euthanasie*, V. l'étude de A. Prothais : *JCP* 2011, doctr. 536, p. 880.

9) Tentative d'homicide volontaire. La tentative d'homicide volontaire impliquant nécessairement l'intention de donner la mort, la question principale est régulièrement posée lorsque le terme « volontairement » n'a pas été employé (■ Cass. crim., 22 juin 1988 : *Bull. crim.*, n° 284).

10) Caractérise la tentative d'homicide volontaire l'envoi à des personnes d'un colis postal contenant une forte charge d'explosifs qui a blessé des victimes (■ Cass. crim., 4 janv. 1978 : *Bull. crim.*, n° 5, préc.) ; comme des coups de feu tirés vers des agents de police, et des engins explosifs lancés dans leur direction (■ Cass. crim., 10 avr. 1975 : *Bull. crim.*, n° 90) ou encore de lancer contre eux un camion poids-lourd à la direction bloquée (■ Cass. crim., 10 juin 1970 : *Bull. crim.*, n° 196).

11) Sur le meurtre impossible : à supposer établi que l'accusé, croyant sa victime encore en vie, ait exercé sur elle des violences dans l'intention de lui donner la mort, il n'importe, pour que soit caractérisée la tentative d'homicide volontaire, que la victime fut déjà décédée, cette circonstance étant indépendante de la volonté de l'auteur et les violences caractérisant un commencement d'exécution au sens de l'article 2 du Code pénal (■ Cass. crim., 16 janv. 1986 : *D.* 1986, 265, note Mayer et Gazounaud, et note Pradel ; *JCP* 87, II 20774, note Roujou de Boubée ; *Rev. sc. crim.* 1986, 839, obs. Vitu et 849, obs. Levasseur).

12) Le fait de tirer des coups de feu en direction de trois personnes au cours d'une même tentative d'homicide volontaire constitue un seul crime (■ Cass. crim., 23 janv. 1985 : *Bull. crim.*, n° 37 ; *Rev. sc. crim.* 1985, 808, obs. Levasseur).

13) Prescription. Si c'est à tort qu'une chambre de l'instruction a retenu que le point de départ de la *prescription de l'action publique* avait été reporté à la date à laquelle le ministère public avait eu connaissance de la découverte du cadavre d'une personne dont la disparition avait été signalée plus de dix ans auparavant, la censure n'est cependant pas encourue, dès lors qu'il résulte des propres constatations de l'arrêt que ni la date ni les causes de la mort de cette personne ne sont connues, de sorte que le point de départ de la prescription tel que fixé par l'article 7 du Code de procédure pénale ne peut être déterminé au stade initial de l'information ouverte pour meurtre (■ Cass. crim., 19 sept. 2006 : *Bull. crim.*, n° 226).

14) Selon l'article 7 du Code de procédure pénale, en matière de crime, l'action publique se prescrit par dix années révolues à compter du jour où il a été commis si, dans cet intervalle, il n'a été fait aucun acte d'instruction ou de poursuite.

Encourt la censure l'arrêt qui, pour reporter le point de départ de la prescription de l'action publique concernant des homicides volontaires commis sur des enfants nouveaux nés, énonce que le secret entourant les naissances et les décès concomitants, qui a subsisté jusqu'à la découverte des corps des victimes, a constitué un obstacle insurmontable à l'exercice de l'action publique (■ Cass. crim., 16 oct. 2013, n°s 11-89.002 et 13-85.232 : *Bull. inf. C. cass.* 15 févr. 2014, n° 304 et note ; *Bull. crim.*, n° 192 ; *Dr. pén.* 2013, étude 18, par J.-Y. Marechal ; *AJP* 2014, p. 30, note J. Pradel ; *D.* 2013, p. 2673, note Y. Mayaud ; *JCP* 2013, note 1309, p. 2275, St. Detraz ; *Rev. sc. crim.* 2013, p. 833, obs. X. Salvat).

15) La seule dissimulation du corps de la victime d'un meurtre ne caractérise pas un obstacle insurmontable à l'exercice des poursuites pouvant justifier la suspension de la prescription de l'action publique (■ Cass. crim., 13 déc. 2017 n° 17-83.330).

16) Action civile. Encourt la cassation l'arrêt qui écarte tout partage de responsabilité entre l'auteur de meurtres et les victimes au motif qu'il n'apporte pas la preuve d'une provocation ou de ce que les victimes auraient joué un rôle déterminant dans la réalisation des dommages, sans rechercher si, en volant des marchandises dans un commerce, malgré l'opposition des personnes présentes, les victimes n'ont pas commis une faute qui a concouru à la réalisation de leur propre dommage (■ Cass. crim., 29 juin 2010 : *Bull. crim.* n° 117).

Art. 221-2. – Le meurtre qui précède, accompagne ou suit un autre crime est puni de la réclusion criminelle à perpétuité.

Le meurtre qui a pour objet soit de préparer ou de faciliter un délit, soit de favoriser la fuite ou d'assurer l'impunité de l'auteur ou du complice d'un délit est puni de la réclusion criminelle à perpétuité.

Les deux premiers alinéas de l'article 132-23 relatif à la période de sûreté sont applicables aux infractions prévues par le présent article.

I – CONCOMITANCE

1) La circonstance de concomitance du meurtre est une *circonstance aggravante matérielle* qui étend nécessairement ses effets à tous les coauteurs (■ Cass. crim., 30 oct. 1952 : *Bull. crim.*, n° 238), même si certains ne sont pas coupables du crime concomitant et à leurs complices (■ Cass. crim., 7 mars 1935 : *Bull. crim.*, n° 26).

2) Crimes tentés ou consommés. La tentative d'un crime étant considérée comme le crime lui-même, il n'importe, pour que soit caractérisée la circonstance aggravante de concomitance que le meurtre et l'autre crime concomitant aient été consommés ou seulement tentés (■ Cass. crim., 12 juill. 1982 : *Bull. crim.*, n° 190 ; *Rev. sc. crim.* 1983, 261, obs. Levasseur).

3) Il importe peu que le second crime ait précédé le meurtre, l'ait accompagné ou l'ait suivi, chacune des trois circonstances prévues au texte suffisant à caractériser à elle seule la circonstance aggravante (■ Cass. crim., 5 oct. 1967 : *Bull. crim.*, n° 241).

4) Constatation de la simultanéité. Les deux crimes doivent être perpétrés en même temps ou se suivre à peu d'intervalle ; il appartient à la cour de se prononcer sur cette simultanéité qui ne résulterait pas de la simple constatation que les deux crimes ont eu lieu le même jour et dans le même lieu ou dans la même soirée (■ Cass. crim., 30 oct. 1947 : *Bull. crim.*, n° 209).

5) Caractérise légalement la circonstance de concomitance la question qui se réfère aux deux questions relatives aux faits principaux de meurtre et de viol, alors qu'il résulte en outre de cette question que le meurtre a suivi le viol (■ Cass. crim., 15 mai 1991 : *Bull. crim.*, n° 207).

6) Concomitance exclue. Il ne saurait y avoir concomitance lorsque les deux crimes ont été constitués par un acte matériel unique, tel un coup de feu atteignant deux personnes (■ Cass. crim., 6 juin 1878 : *DP* 79, 1, 482), ni si l'auteur ou le complice d'un des crimes commis dans le même laps de temps n'est ni auteur ni complice de l'autre crime (■ Cass. crim., 10 mars 1970 : *Bull. crim.*, n° 95).

7) Il résulte de l'article 221-2 du Code pénal qu'un accusé ne peut être déclaré coupable de meurtre ayant précédé, accompagné ou suivi un autre crime que si lui-même, ou l'un de ses coauteurs ou complices, a été déclaré coupable dudit crime concomitant.

Méconnaît le texte susvisé et le principe ci-dessus énoncé, l'arrêt qui déclare l'accusé coupable de meurtre accompagné ou suivi d'un autre crime, en l'espèce des viols, sans que la cour et le jury, ayant répondu affirmativement à la question portant sur l'existence de viols concomitants, aient été interrogés sur la culpabilité de l'accusé ou de quiconque d'autre de chef (■ Cass. crim., 26 févr. 2014, n° 12-84.993 : *D.* 2014, act., p. 607 ; *Dr. pén.* 2014, comm. 72, obs. M. Véron).

II – CORRÉLATION

8) La *circonstance* de corrélation est *personnelle* puisqu'elle tient au mobile de l'agent ; il est donc nécessaire de la constater séparément et individuellement à l'égard de tous les accusés (■ Cass. crim., 12 déc. 1889 : *Bull. crim.*, n° 384. ■ 5 mars 1981 : *Bull. crim.*, n° 83).

9) Au sens de l'article ancien 304 devenu l'article 221-2 du Code pénal, le terme de « délit » s'applique *a fortiori* à un crime (■ Cass. crim., 30 nov. 1965 : *Bull. crim.*, n° 255).

10) Position des questions. La circonstance aggravante de corrélation peut être décomposée en deux questions demandant, l'une si le meurtre a eu pour objet de préparer, faciliter ou exécuter la soustraction frauduleuse, l'autre s'il a eu pour objet de favoriser la fuite ou d'assurer l'impunité de l'auteur du vol. Il n'y a pas de contradiction entre les réponses affirmatives à chacune de ces deux questions (■ Cass. crim., 9 déc. 1987 : *Bull. crim.*, n° 454).

11) La circonstance de corrélation entre le meurtre et un délit suppose l'existence d'une relation de cause à effet voulue par l'agent entre les deux infractions (■ Cass. crim., 24 mars 1938 : *Bull. crim.*, n° 90) ; et il importe peu ici qu'un laps de temps plus ou moins long sépare les deux infractions (■ Cass. crim., 16 mai 1863 : *D.* 66, 5, 241).

12) Aucune complexité n'entache la question reproduisant les termes mêmes de l'article 304, alinéa 2 (221-2, al. 2) qui vise le meurtre qui a eu pour objet de préparer, faciliter ou exécuter le délit corrélatif (■ Cass. crim., 25 juin 1975 : *Bull. crim.*, n° 165 ; *Rev. sc. crim.* 1976, 109, obs. Levasseur) ; cette solution est transposable pour la question reproduisant les termes mêmes de l'article 304, alinéa 1 (221-2, al. 1) au cas de concomitance du meurtre avec un crime (■ Cass. crim., 9 juin 1976 : *Bull. crim.*, n° 201). Mais jugé (■ Cass. crim., 10 janv. 1990 : *Bull. crim.*, n° 19) qu'est entachée de complexité la question posée à la cour et au jury comprenant à la fois le fait principal de vol et la circonstance aggravante de corrélation entre un meurtre et ce délit.

III – PROBLÈMES COMMUNS

13) Les circonstances de concomitance et de corrélation peuvent être retenues cumulativement (■ Cass. crim., 13 juill. et 30 nov. 1965 : *Bull. crim.*, n° 175 et 255).

14) Un crime ou un délit de vol commis entre parents ou alliés et couvert ainsi par l'immunité de l'article 380 (311-12) du Code pénal, reste illicite ; l'article 380 (311-12) ne s'oppose pas à ce qu'une soustraction semblable qui comprend tous les éléments constitutifs du vol, forme une circonstance accessoire aggravante de l'homicide volontaire, objet de l'accusation (■ Cass. crim., 17 juill. 1976 : *Bull. crim.*, n° 257 ; *Rev. sc. crim.* 1977, 333, obs. Levasseur).

15) La confiscation spéciale doit figurer sur la feuille des questions sur lesquelles la cour et le jury auront à se prononcer (■ Cass. crim., 22 nov. 1989 : *Bull. crim.*, n° 439 ; *Dr. pénal* 1990, n° 115). (V. art. 131-21).

Art. 221-3 *(L. n° 94-89, 1er févr. 1994 ; L. n° 2011-267, 14 mars 2011 ; L. n° 2011-525, 17 mai 2011).* – **Le meurtre commis avec préméditation ou guet-apens constitue un assassinat. Il est puni de la réclusion criminelle à perpétuité.**

Les deux premiers alinéas de l'article 132-23 relatif à la période de sûreté sont applicables à l'infraction prévue par le présent article. Toutefois, lorsque la victime est un mineur de quinze ans et que l'assassinat est précédé ou accompagné d'un viol, de tortures ou d'actes de barbarie ou lorsque l'assassinat a été commis sur un magistrat, un fonctionnaire de la police nationale, un militaire de la gendarmerie, un membre du personnel de l'administration pénitentiaire ou toute autre personne dépositaire de l'autorité publique, à l'occasion de l'exercice ou en raison de ses fonctions, la cour d'assises peut, par décision spéciale, soit porter la période de sûreté jusqu'à trente ans, soit, si elle prononce la réclusion criminelle à perpétuité, décider qu'aucune des mesures énumérées à l'article 132-23 ne pourra être accordée au condamné ; en cas de commutation de la peine, et sauf si le décret de grâce en dispose autrement, la période de sûreté est alors égale à la durée de la peine résultant de la mesure de grâce.

Voir : art. 221-5-1, p. 193 (offres, promesses, dons aux fins de commettre un assassinat).

1) Sur la définition de la préméditation. V. les notes *supra*, sous l'article 132-72 du Code pénal.

2) La préméditation doit être recherchée dans les faits qui ont accompagné l'acte (■ Cass. crim., 17 déc. 1990 : *Dr. pénal* 1991, n° 141 ; *Rev. sc. crim.* 1991, 758, obs. Levasseur) ; et lorsqu'il y a plusieurs participants, la circonstance aggravante de préméditation doit être recherchée dans les faits qui ont accompagné l'acte de l'auteur principal et constatée pour cet auteur principal ; celui-ci fût-il resté inconnu, elle sert à qualifier le crime à l'égard des complices (■ Cass. crim., 12 mai 1970 : *D.* 1970, 516, rapp. Chapar).

3) Il suffit de demander à la cour et au jury si l'accusé a agi avec préméditation, *ce mot exprimant par lui-même que le dessein a été formé avant l'action* (■ Cass. crim., 5 janv. 1973 : *Bull. crim.*, n° 8 ; *Rev. sc. crim.* 1974, 870, obs. Levasseur. ■ 19 déc. 1974 : *Bull. crim.*, n° 376 ; *Rev. sc. crim.* 1976, 107, obs. Levasseur. ■ 21 avr. 1982 : *Bull. crim.*, n° 97 ; *Rev. sc. crim.* 1983, 79, obs. Levasseur).

4) Ainsi le dessein formé à l'avance peut s'induire du fait que l'auteur d'homicides volontaires et de tentative s'était auparavant procuré des armes à cette fin (■ Cass. crim., 19 févr. 1997 : *Gaz. Pal.* 1997, chron. 115).

5) La préméditation est une **circonstance aggravante personnelle** qui, au cas de pluralité d'accusés doit faire l'objet d'une question distincte pour chacun d'eux (■ Cass. crim., 14 avr. 1999 : *Bull. crim.*, n° 81).

6) Tout attentat contre la vie des personnes (en l'espèce une tentative d'assassinat par explosif dans un immeuble), quoiqu'il ait eu lieu en même temps et par le même moyen qu'un crime de destruction d'immeuble par explosif, n'en doit pas moins être distingué de ce crime, lequel ne suppose pas l'intention homicide (■ Cass. crim., 3 mars 1960 : *Bull. crim.*, n° 138 ; *Rev. sc. crim.* 1961, 105, obs. Légal).

7) Une juridiction d'instruction ne peut ordonner le renvoi d'une personne mise en examen devant une cour d'assises, du chef d'assassinat, sans avoir caractérisé que le meurtre a été commis avec préméditation ou guet-apens, au sens de l'article 221-3 du Code pénal (■ Cass. crim., 18 oct. 2016, n° 16-84.863).

V. *supra*, sous article 132-7, II, concours idéal d'infractions, V° *Éléments distincts*.

Art. 221-4 ***(L. n° 94-89, 1er févr. 1994 ; mod., L. n° 2003-88, 3 févr. 2003 ; L. n° 2003-239, 18 mars 2003 ; L. n° 2004-204, 9 mars 2004 ; L. n° 2006-399, 4 avr. 2006 ; L. n° 2010-201, 2 mars 2010 ; L. n° 2010-769, 9 juill. 2010 ; L. n° 2011-267, 14 mars 2011 ; L. n° 2012-954, 6 août 2012).*** **– Le meurtre est puni de la réclusion criminelle à perpétuité lorsqu'il est commis :**

1° Sur un mineur de quinze ans ;

2° Sur un ascendant légitime ou naturel ou sur les père ou mère adoptifs ;

3° Sur une personne dont la particulière vulnérabilité, due à son âge, à une maladie, à une infirmité, à une déficience physique ou psychique ou à un état de grossesse, est apparente ou connue de son auteur ;

4° Sur un magistrat, un juré, un avocat, un officier public ou ministériel, un militaire de la gendarmerie nationale, un fonctionnaire de la police nationale, des douanes, de l'administration pénitentiaire ou toute autre personne dépositaire de l'autorité publique, un sapeur-pompier professionnel ou volontaire, un gardien assermenté d'immeubles ou de groupes d'immeubles ou un agent exerçant pour le compte d'un bailleur des fonctions de gardiennage ou de surveillance des immeubles à usage d'habitation en application de l'article L. 127-1 du Code de la construction et de l'habitation, dans l'exercice ou du fait de ses fonctions, lorsque la qualité de la victime est apparente ou connue de l'auteur ;

4° ***bis*** **Sur un enseignant ou tout membre des personnels travaillant dans les établissements d'enseignement scolaire, sur un agent d'un exploitant de réseau de transport public de voyageurs ou toute personne chargée d'une mission de service public, ainsi que sur un professionnel de santé, dans l'exercice ou du fait de ses fonctions, lorsque la qualité de la victime est apparente ou connue de l'auteur ;**

4° ***ter*** **Sur le conjoint, les ascendants ou les descendants en ligne directe ou sur toute autre personne vivant habituellement au domicile des personnes mentionnées aux 4° et 4°** ***bis*****, en raison des fonctions exercées par ces dernières.**

5° Sur un témoin, une victime ou une partie civile, soit pour l'empêcher de dénoncer les faits, de porter plainte ou de déposer en justice, soit en raison de sa dénonciation, de sa plainte ou de sa déposition.

6° ***(Abr., L. n° 2017-86, 27 janv. 2017)*** **;**

7° ***(Abr., L. n° 2017-86, 27 janv. 2017)*** **;**

8° Par plusieurs personnes agissant en bande organisée.

9° Par le conjoint ou le concubin de la victime ou le partenaire lié à la victime par un pacte civil de solidarité.

10° Contre une personne en raison de son refus de contracter un mariage ou de conclure une union.

Les deux premiers alinéas de l'article 132-23 relatif à la période de sûreté sont applicables aux infractions prévues par le présent article. Toutefois, lorsque la victime est un mineur de quinze ans et que le meurtre est précédé ou accompagné d'un viol, de tortures ou d'actes de barbarie ou lorsque le meurtre a été commis en bande organisée sur un magistrat, un fonctionnaire de la police nationale, un militaire de la gendarmerie, un membre du personnel de l'administration pénitentiaire ou toute autre personne dépositaire de l'autorité publique, à l'occasion de l'exercice ou en raison de ses fonctions, la cour d'assises peut, par décision spéciale, soit porter la période de sûreté jusqu'à trente ans, soit, si elle prononce la réclusion criminelle à perpétuité, décider qu'aucune des mesures énumérées à l'article 132-23 ne pourra être accordée au condamné ; en cas de commutation de la peine, et sauf si le décret de grâce en dispose autrement, la période de sûreté est alors égale à la durée de la peine résultant de la mesure de grâce.

1) Circonstance aggravante de parricide. Pour que l'infraction de parricide soit constituée, l'agent doit avoir l'intention de tuer une personne qu'il savait être son ascendant (V. Roux, note : *S.* 1922, 1, 329) ; en revanche, s'agissant des complices, la circonstance tirée du lien de filiation entre l'auteur et la victime leur est applicable même s'ils ont ignoré cette circonstance (■ Cass. crim., 11 mai 1866 : *S.* 67, 1, 143. ■ 19 déc. 1989 : *D.* 1990, 198, note Mayer ; *Rev. sc. crim.* 1990, 337, obs. Levasseur).

2) La cour d'assises a compétence pour trancher la question relative au lien de filiation mais la solution qu'elle est amenée à donner sur ce point n'a d'autorité que pour le procès criminel (■ Cass. crim., 6 mars 1879 : *D.* 79, 1, 316).

3) Application dans le temps. Si l'article 221-4 érige en circonstance aggravante la qualité de la victime d'un meurtre, ce texte n'a pas pour effet d'aggraver les peines encourues, pour les faits de même nature, en application des articles 295 et 304 du Code pénal et 720-2, 1°, du Code de procédure pénale antérieurement en vigueur ; n'encourt dès lors pas la censure l'arrêt qui ordonne le renvoi de l'accusé devant la cour d'assises, pour un meurtre commis antérieurement au 1er mars 1994 sur une personne dépositaire de l'autorité publique ou chargée d'une mission de service public, en retenant la circonstance aggravante prévue, depuis cette date, par l'article 221-4, premier alinéa, 4° (■ Cass. crim., 20 déc. 1995 : *Bull. crim.*, n° 393).

Même solution pour un meurtre commis sur un mineur de quinze ans antérieurement au 1er mars 1994, en raison de la parité des peines (■ Cass. crim., 5 juin 1996 : *Bull. crim.*, n° 235).

4) Action civile d'association contre le racisme. Dans le cas d'une atteinte volontaire à la vie d'une personne en raison de son origine raciale, à défaut d'avoir pu recueillir l'accord de la victime elle-même, les associations entrant dans la catégorie de celles prévues par l'article 2-1, alinéa 1er, du Code de procédure pénale, sont irrecevables à exercer les droits reconnus à la partie civile ; dès lors, encourt la cassation l'arrêt de la chambre de l'instruction qui, pour infirmer l'ordonnance d'irrecevabilité de la constitution de partie civile du MRAP dans une information suivie pour meurtre à caractère racial, retient, d'une part, qu'en raison du décès de la victime antérieurement à l'intervention de l'association, la condition de l'accord de la personne ne peut être opposée à celle-ci, et, d'autre part, qu'en l'absence de disposition légale relative à la manifestation de la volonté des ayants droit de la victime, l'opposition manifestée par certains membres de la famille ne peut avoir d'effet juridique (■ Cass. crim., 25 sept. 2007 : *Bull. crim.*, n° 220).

5) Prescription. V. ■ Cass. crim., 16 oct. 2013, n° 11-89.002 : *Bull. crim.*, n° 192, cité *supra*, *V° prescription*, sous art. 221-1, p. 186.

Art. 221-5. – **Le fait d'attenter à la vie d'autrui par l'emploi ou l'administration de substances de nature à entraîner la mort constitue un empoisonnement.**

L'empoisonnement est puni de trente ans de réclusion criminelle.

Il est puni de la réclusion criminelle à perpétuité lorsqu'il est commis dans l'une des circonstances prévues aux articles 221-2, 221-3 et 221-4.

Les deux premiers alinéas de l'article 132-23 relatif à la période de sûreté sont applicables à l'infraction prévue par le présent article.

Voir : art. 222-15, p. 239.

Bibliographie : *JCl. pénal, Atteintes volontaires à la vie, Empoisonnement* par H. Angevin. • Prothais, *Plaidoyer pour le maintien de l'incrimination spéciale de l'empoisonnement : D.* 1982, chron., 107. • *Dialogue de pénalistes sur le SIDA : D.* 1988, chron., 25 ; *D.* 1992, 201 ; *D.* 2001, chron. p. 2053, par A. Prothais. • *Sang et droit pénal*, sous la direction de J. Pradel : *Travaux de l'I.S.C de Poitiers*, 1994, 14, Cujas.

1) Attentat à la vie par un moyen spécifique. La loi répute empoisonnement tout attentat à la vie d'une personne non pas seulement par l'effet de substances vénéneuses proprement dites, mais par l'effet de substances pouvant donner la mort (■ Cass. crim., 18 juin 1835 : *DP* 1836, I, p. 227).

2) Élément matériel. Emploi ou administration de substances de nature à entraîner la mort. La détermination de telles substances est une question de fait, propre à l'espèce (■ Cass. crim., 2 mai 1867 : *Bull. crim.*, n° 107. ■ 2 juill. 1886 : *Bull. crim.*, n° 238. ■ 5 févr. 1958 : *Bull. crim.*, n° 126. ■ 18 juin 2003 : *Bull. crim.*, n° 127, la Chambre criminelle retenant l'énonciation de la Chambre de l'instruction suivant laquelle « des incertitudes régnaient encore à l'époque, dans les milieux médicaux, quant aux conséquences mortelles du sida »).

3) L'administration d'une même substance peut motiver un renvoi d'une part pour le crime d'empoisonnement prévu par l'article 301 du Code pénal (ancien), d'autre part pour l'infraction visée par l'article 317, in fine, du même Code (administration des substances nuisibles) lorsque ladite substance a été employée dans des conditions différentes et pouvait, suivant les cas, soit occasionner la mort, soit entraîner une maladie ou incapacité de travail (■ Cass. crim., 18 juill. 1952 : *Bull. crim.*, n° 193 ; en l'espèce, dans un camp d'internement, les deux auteurs des faits avaient exposé des déportés au gaz phosgène, causant la mort de plusieurs d'entre eux, et inoculé le virus exanthématique à d'autres, ce qui pouvait provoquer une issue mortelle).

4) Aux termes de décisions relativement récentes ont été considérées comme des substances mortifères l'arséniate de plomb déversé dans de l'eau potable (■ Cass. crim., 5 févr. 1958 : *Bull. crim.*, n° 126, préc.) ou même un mélange de médicaments (■ Cass. crim., 8 juin 1993 : *Gaz. Pal.* 1993, 6-7 oct., jur., p. 121, note J.-P. Doucet) ; suivant cet arrêt la remise à la victime, en vue de leur absorption de médicaments susceptibles d'entraîner son décès, constitue l'acte d'administration visé par l'article 301 du Code pénal.

5) À noter qu'il fut jugé que ne réalisaient pas l'empoisonnement : l'administration de verre pilé (■ Riom, 25 avr. 1855, Rép. D., V. *Crimes entre les personnes*, suppl. n° 93), ni l'administration d'une énorme quantité d'eau-de-vie (■ Poitiers, 14 janv. 1850 : *D.* 53, 2, 192).

– V. D. Mayer, *La notion de substance mortelle en matière d'empoisonnement : Rec. Dalloz-Sirey* 1994, chron., p. 325.

6) Indifférence du résultat. Tentative. Dans le cas où le poison a été employé ou administré, le crime d'empoisonnement est consommé, quelles qu'en aient été les suites, il n'en résulte pas nécessairement que la tentative de ce crime ne puisse se manifester par un commencement d'exécution, indépendant de l'emploi ou de l'administration du poison ; que ce commencement d'exécution peut résulter notamment de ce que le poison aurait été jeté dans les aliments qui devaient servir à la personne qu'on voulait empoisonner (■ Cass. crim., 17 déc. 1874 : *Bull. crim.*, n° 309 ; *S.* 1875, I, p. 385, note Villey).

7) Constitue une tentative d'empoisonnement le fait de jeter dans l'eau d'un puits approvisionnant la propriété d'un tiers un produit dont la présence dans l'eau de boisson est de nature à provoquer des phénomènes d'intoxication lente pouvant aboutir à la mort d'un être humain (■ Cass. crim., 5 févr. 1958 : *Bull. crim.*, n° 126) ; ou encore la remise de poison à tiers qui ignorant le caractère du produit, est chargé de l'administrer (■ Cass. crim., 2 juill. 1886 : *S.* 87, 1, 489).

8) Élément intentionnel. Pour caractériser la volonté criminelle du demandeur (au pourvoi) les juges ont pu retenir que celui-ci connaissait l'effet mortifère de la prise massive des produits remis à la victime, pour en avoir absorbé une dose infime au cours d'une période de détention, dans le but d'impressionner l'administration pénitentiaire (■ Cass. crim., 8 juin 1993, préc.).

9) Saisie de la prévention de tromperie, une juridiction correctionnelle ne saurait, sans ajouter à cette prévention, retenir une qualification criminelle d'empoisonnement comportant des éléments constitutifs distincts, au regard notamment de l'intention coupable essentiellement différente, et qui serait susceptible de poursuites séparées (■ Cass. crim., 22 juin 1994 : *Bull. crim.*, n° 248 ; *JCP* 94, II, 22310, note M.-L. Rassat ; *Gaz. Pal.* 1994, n° 284, 2, note J.-P. Delmas-Saint-Hilaire ; *D.* 1995, 65, concl. Perfetti ; *D.* 1995, 85, note A. Prothais ; V. également Y. Mayaud : *Rev. sc. crim.* 1995, p. 347 ; M. Véron : *Dr. pénal* 1996, chron. 34).

10) La seule connaissance du pouvoir mortel de la substance administrée, en l'espèce le virus de l'immuno-déficience humaine transmis par rapport sexuel, ne suffit pas à caractériser l'intention homicide (■ Cass. crim., 2 juill. 1998 : *Bull. crim.*, n° 211 ; *JCP* 98, II, 10132, note M.-L. Rassat ; *D.* 1998, 457, note Pradel ; A. Prothais : *D.* 1998, chron., 334 ; *Gaz. Pal.* 16-17 déc. 1998, p. 9, obs. J.-P. Doucet ; *Rev. sc. crim.* 1999, 98, obs. Y. Mayaud).

11) Virus du sida. Le crime d'empoisonnement, prévu par l'article 221-5 du Code pénal, ne peut être caractérisé que si l'auteur a agi avec l'intention de donner la mort, élément moral commun à l'empoisonnement et aux autres crimes d'atteinte volontaire à la vie de la personne.

Justifie, dès lors, la décision de non-lieu des chefs d'empoisonnement et complicité la chambre de l'instruction qui, après avoir constaté que seuls pourraient avoir été les auteurs principaux de ce crime les médecins qui ont prescrit à leurs patients des produits sanguins contaminés par le virus du sida, énonce que la preuve n'est pas rapportée qu'ils aient eu connaissance du caractère nécessairement mortifère des lots fournis par le Centre national de transfusion sanguine, et que des incertitudes régnaient encore, à l'époque, dans les milieux médicaux, quant aux conséquences mortelles du sida (■ Cass. crim., 18 juin 2003 : *Bull. crim.*, n° 127, *Bull. inf. C. cass.* 2003, n° 583, I, concl. D. Commaret, rapp. P. Roman ; *JCP* 2003, II, 10121, note M.-L. Rassat ; *Dr. pénal* 2003, chron. 25 par Keinhad, comm. 97, obs. M. Véron ; *D.* 2004, 1620, note D. Rebut ; *Dr. pénal* 2004, chron. par V. Malabat et J.-C. Saint-Pau ; *Rev. sc. crim.* 2003, p. 781, obs. Y. Mayaud ; *D.* 2005, jur., p. 195, note A. Prothais).

12) Lien de causalité. Pour dire n'y avoir lieu à suivre des chefs de blessures et homicides involontaires, empoisonnement et administration de substances nuisibles à la santé, la cour d'appel, après avoir relevé qu'à ce jour, il n'a pas été constaté, en France, une augmentation significative des cancers de la thyroïde, a retenu que, compte tenu de l'impossibilité de déterminer la dose d'iode ingérée par chaque malade, il est, en l'état des connaissances scientifiques actuelles, impossible d'établir un lien de causalité certain entre les pathologies constatées et les retombées du panache radioactif de Tchernobyl. En se prononçant ainsi la chambre de l'instruction a justifié sa décision (■ Cass. crim., 20 nov. 2012, n° 11-87.531 : *Bull. crim.*, n° 251 ; *Dr. pénal* 2013, comm. 17, obs. M. Veron ; *D.* 2013, Et., p. 218, note C. Lacroix ; *CCE* 2013, comm. 7, p. 33, note A. Lepage).

Art. 221-5-1. – *(L. n° 2004-204, 9 mars 2004)*. – Le fait de faire à une personne des offres ou des promesses ou de lui proposer des dons, présents ou avantages quelconques afin qu'elle commette un assassinat ou un empoisonnement est puni, lorsque ce crime n'a été ni commis ni tenté, de dix ans d'emprisonnement et de 150 000 € d'amende.

Bibliographie : A. Ponseille, *L'incrimination du mandat criminel ou l'article 221-5-1 du Code pénal... : Dr. pénal* 2004, étude 10.

Art. 221-5-2. – *(Mod., L. n° 2009-526, 12 mai 2009)*. – Les personnes morales déclarées responsables pénalement, dans les conditions prévues par l'article 121-2, des infractions définies à la présente section encourent, outre l'amende suivant les modalités prévues par l'article 131-38, les peines prévues par l'article 131-39.

L'interdiction mentionnée au 2° de l'article 131-39 porte sur l'activité dans l'exercice ou à l'occasion de l'exercice de laquelle l'infraction a été commise.

Art. 221-5-3 *(L. n° 2004-204, 9 mars 2004)*. – Toute personne qui a tenté de commettre les crimes d'assassinat ou d'empoisonnement est exempte de peine si, ayant averti l'autorité administrative ou judiciaire, elle a permis d'éviter la mort de la victime et d'identifier, le cas échéant, les autres auteurs ou complices.

La peine privative de liberté encourue par l'auteur ou le complice d'un empoisonnement est ramenée à vingt ans de réclusion criminelle si, ayant averti l'autorité administrative ou judiciaire, il a permis d'éviter la mort de la victime et d'identifier, le cas échéant, les autres auteurs ou complices.

Art. 221-5-4 *(L. n° 2010-769, 9 juill. 2010)*. – Dans le cas où le crime prévu par le 10° de l'article 221-4 est commis à l'étranger à l'encontre d'une personne résidant habituellement sur le territoire français, la loi française est applicable par dérogation aux dispositions de l'article 113-7.

Art. 221-5-5 *(L. n° 2014-873, 4 août 2014 ; L. n° 2016-297, 14 mars 2016)*. – En cas de condamnation pour un crime ou un délit prévu à la présente section, commis par le père ou la mère sur la personne de son enfant ou de l'autre parent, la juridiction de jugement se prononce sur le retrait total ou partiel de l'autorité parentale, en application des articles 378, 379 et 379-1 du Code civil. Si les poursuites ont lieu devant la cour d'assises, celle-ci statue sur cette question sans l'assistance des jurés.

Section II. – Des atteintes involontaires à la vie

Art. 221-6 *(L. n° 2000-647, 10 juill. 2000 ; L. n° 2011-525, 17 mai 2011)*. – Le fait de causer, dans les conditions et selon les distinctions prévues à l'article 121-3, par maladresse, imprudence, inattention,

négligence ou manquement à une obligation de prudence ou de sécurité imposée par la loi ou le règlement, la mort d'autrui constitue un homicide involontaire puni de trois ans d'emprisonnement et de 45 000 € d'amende.

En cas de violation manifestement délibérée d'une obligation particulière de prudence ou de sécurité imposée par la loi ou le règlement, les peines encourues sont portées à cinq ans d'emprisonnement et à 75 000 € d'amende.

Voir : C. trav., art. L. 4741-2, p. 2198 et C. trav., art. L. 4741-11, p. 2202 (accidents du travail).

Bibliographie : *JCl. pén., Atteintes involontaires à l'intégrité de la personne* par D. Guihal, refondu par T. Fossier. • Sur la loi du 10 juillet 2000, V. la circulaire et les commentaires cités sous l'article 121-3 ; *Adde, Dr. pénal* 2001, chron. 2 par Ph. Conte ; *JCP* 2002, I, 149, *La responsabilité pénale médicale à l'aune de la loi du 10 juillet 2000* par P. Mistretta.

• ***Sommaire***

I – LA FAUTE (JURISPRUDENCE ANTÉRIEURE À LA LOI DU 10 JUILLET 2000)

A – Définitions

1) Indépendance des termes. Chacune des cinq conduites incriminées par l'article 319 du Code pénal (art. 221-6, 1er al.), considéré isolément, justifie l'application du texte et est donc parfaitement indépendante des autres : ainsi la maladresse ou la négligence peut être retenue même si les règlements régissant l'activité considérée ont été soigneusement observés par le prévenu ou si aucun règlement ne concernait cette activité (■ Cass. crim., 4 juin 1973 : *Bull. crim.*, n° 252. ■ 17 juill. 1973 : *Bull. crim.*, n° 332).

2) Maladresse. Se rendent coupables d'une *maladresse*, c'est-à-dire d'un manque d'habileté : l'employé de téléski qui ne parvient pas à interrompre le fonctionnement d'un remonte-pente et qui occasionne de graves blessures à une cliente (■ Cass. crim., 19 mars 1975 : *D.* 1976, 79, note Rabinovitch ; *Rev. sc. crim.* 1976, 725, obs. Levasseur) ; le chasseur qui, visant une pièce de gibier, atteint un passant ou un autre chasseur (■ Cass. crim., 13 nov. 1974 : *Gaz. Pal.* 1975, 1, 173, note Jenny ; *Rev. sc. crim.* 1976, 424, obs. Levasseur) ; le préparateur en pharmacie qui introduit 25 grammes de Laudanum dans un médicament au lieu des 25 gouttes prescrites et se trouve ainsi à l'origine du décès du malade (■ Angers, 11 avr. 1946 : *JCP* 46, II, 3163).

3) Imprudence. Se rendent coupables d'une *imprudence*, c'est-à-dire d'une conduite imprévoyante, d'un défaut de précaution : le conducteur qui cause un accident au cours d'une crise d'épilepsie alors qu'il se savait atteint d'une telle affection (■ Paris, 27 mai 1970 : *Rev. sc. crim.* 1971, 120, obs. Levasseur) ; le propriétaire d'un taureau qui s'est échappé d'un herbage par suite d'un défaut de surveillance et qui surgit brusquement devant un autocar qui, se plaçant de ce fait en travers de la route, est entré en collision avec une automobile (■ Cass. crim., 18 juill. 1974 : *Rev. sc. crim.* 1975, 143, obs. Levasseur) ; un chirurgien qui ne s'assure pas qu'un lavage d'estomac a été effectué avant une anesthésie (■ Cass. crim., 18 nov. 1976 : *JCP* 77, II, 18617) ; le prévenu qui, possesseur d'une « fendeuse rotative » dépourvue de tout système de protection, a accepté que la victime l'aide bénévolement à fendre du bois au moyen de cet appareil dangereux, commettant ainsi une imprudence qui a concouru, au moins pour partie, à la réalisation du dommage subi par ladite victime, gravement blessée au bras (■ Cass. crim., 8 mars 1995 : *Dr. pénal* 1995, comm. 139, obs. M. Véron).

4) Inattention. Commettent une *inattention*, c'est-à-dire une omission résultant d'une légèreté ou d'une distraction : le chirurgien qui oublie une pince dans les viscères d'un opéré (■ Aix-en-Provence, 12 janv. 1954 : *D.* 1954, 338 ; *JCP* 54, II, 8040, note J. Savatier. – V. aussi ■ Cass. crim., 22 oct.

1979 : *Gaz. Pal.* 1980, 1, 373) ; le médecin qui dirige un laboratoire pharmaceutique dont la mauvaise organisation suscite une erreur matérielle dans la délivrance de médicaments (■ Cass. crim., 29 avr. 1964 : *Bull. crim.*, n° 310).

5) Négligence. Constituent une *négligence*, l'absence de précaution venant ici de l'impéritie de l'agent ou de son mépris d'autrui : le fait pour un guide de montagne d'abandonner ses clients qui se perdent et meurent de froid (■ Pau, 2 déc. 1943 : *JCP* 44, II, 2724) ; le fait pour un propriétaire de ne pas avoir remédié à l'état défectueux des conduites de gaz ce qui a entraîné l'asphyxie d'un locataire (■ Cass. crim., 23 oct. 1968 : *Bull. crim.*, n° 264. – V. aussi ■ Cass. crim., 13 sept. 1988 : *Bull. crim.*, n° 321) ; le fait pour un garagiste de ne pas révéler l'existence d'un accident antérieur subi par un véhicule (■ Cass. crim., 20 oct. 1971 : *JCP* 72, II, 16968 ; *Rev. sc. crim.* 1972, 112, note Levasseur). Commet encore une négligence le pilote d'hélicoptère qui fait une démonstration de vol stationnaire en s'abstenant de reconnaître les lieux et d'en faire enlever les objets dangereux pour les spectateurs, telle la pique d'un parasol qui a blessé au visage un consommateur sur la terrasse d'un hôtel (■ Cass. crim., 18 avr. 1989 : *Dr. pénal* 1989, n° 59). V. également pour une négligence reprochée à une éducatrice d'établissement spécialisé (■ Cass. crim., 10 nov. 1992 : *Dr. pénal* 1993, comm. n° 131, obs. Véron ; ou un professeur d'éducation physique ■ Cass. crim., 23 juin 1993 : *Dr. pénal* 1993, comm. n° 236, obs. Véron ; ou un chirurgien ■ Cass. crim., 7 juill. 1993 : *Dr. pénal* 1993, comm. n° 265 ; ou encore un dirigeant d'un manège d'autos-tamponneuses ■ Cass. crim., 21 janv. 1998 : *Dr. pénal* 1998, comm. 78, obs. M. Véron).

6) Manquement à l'obligation. La notion de règlement, visée par l'article 221-6 dans sa rédaction issue de la loi du 10 juillet 2000, s'entend seulement de l'ensemble des textes d'ordre législatif ou réglementaire, émanant de la puissance publique, ainsi en matière de circulation (■ Cass. crim., 31 mai 1976 : *Bull. crim.*, n° 191 ; *Rev. sc. crim.* 1977, 97, note Levasseur) ou de chantiers (■ Cass. crim., 21 nov. 1973 : *Rev. sc. crim.* 1974, 872, obs. Levasseur) ou d'exploitation d'ouvrages (■ Cass. crim., 3 déc. 1997 : *Bull. crim.*, n° 413) ou de formation en matière de sécurité (■ Cass. crim., 15 janv. 1991 : *Dr. pénal*, n° 198), et non plus de l'ensemble des règles proprement professionnelles régissant un art ou un métier (■ Rouen, 26 févr. 1969 : *JCP* 71, II, 16849, note Brunet ; *D.* 1971, 153, note Savatier), voire de circulaires et instructions ministérielles (■ Paris, 20 déc. 1971 : *Rev. sc. crim.* 1972, 610, note Levasseur).

L'inobservation des prescriptions du Code de la route peut être retenue, même si elle n'a pas été poursuivie, pour caractériser l'un des éléments constitutifs des délits d'homicide et de blessures involontaires prévus par les articles 319 et 320 anciens du Code pénal (■ Cass. crim., 21 févr. 1996 : *Bull. crim.*, n° 83).

7) Il n'est pas nécessaire que l'inobservation des règlements constitue en elle-même une infraction (■ Cass. crim., 16 févr. 1972 : *JCP* 72, IV, 78).

B – Nature

8) Sur le principe de l'identité des fautes pénale et civile d'imprudence, V. (■ Cass. civ. 18 déc. 1912 : *S.* 1914, 1, 249, note Morel ; *D.* 1915, 1, 17, note Sarrut. ■ Cass. crim., 19 juin 1974 : *Rev. sc. crim.* 1975, 702, obs. Levasseur. ■ 18 nov. 1986 : *Bull. crim.*, n° 343 ; *Rev. sc. crim.* 1987, 426, obs. Levasseur).

Mais à noter que dans le cas défini par l'alinéa 4 de l'article 121-3 (L. 10 juillet 2000) la faute pénale devient distincte de la faute civile prévue par l'article 1383 du Code civil. Sur les conséquences de cette destination, V. l'article 4-1 nouveau du Code de procédure pénale. V. J.-D. Nuttens, *La loi du 10 juillet 2000 ou la fin de la confusion de la faute civile et de la faute pénale d'imprudence* : *Gaz. Pal.* 2000, n° 279, p. 7. V. aussi, quant à la non-identité des fautes pénale et civile : (■ Cass. 1re civ., 30 janv. 2001 : *Bull. civ.* I, n° 19 ; *JCP* 2001, I, 337, p. 1426, chron. par G. Viney).

9) La faute pénale diffère de la faute inexcusable (■ Cass. soc., 26 mai 1965 : *Bull. civ.* IV, n° 402. ■ Cass. crim., 15 oct. 1970 : *D.* 1970, 733, note Robert) – V. article 4-1 (L. 10 juillet 2000) du Code de procédure pénale ; tout comme la faute pénale ne constitue pas nécessairement une faute personnelle détachable de la fonction lorsqu'il s'agit d'un agent administratif et peut donc être une faute de service (■ Cass. crim., 19 juin 1974, préc.).

C – Applications particulières

10) Sports. Dans le domaine des *sports*, se rend coupable d'une faute d'imprudence le guide de haute montagne qui, skiant hors-piste et sur neige vierge, amorce un virage pour éprouver la solidité de la neige et provoque une avalanche, alors qu'il n'ignorait pas les risques graves découlant de l'état de la neige et qu'il savait que des skieurs évoluaient au-dessous de lui ; et le fait que ces derniers, victimes de l'avalanche, skiaient eux-mêmes hors-piste ne saurait exonérer le prévenu de sa propre responsabilité (■ Chambéry, 4 janv. 1979 : *JCP* 80, II, 19285, note Rabinovitch ; *Rev. sc. crim.* 1979, 557, obs. Levasseur. – V. aussi ■ Cass. crim., 8 nov. 1983 : *Bull. crim.*, n° 293 ; *D.* 1985, inf. rap. 486, obs. J.-P. Marty) ; doit être également condamné le joueur de football coupable de brutalités prohibées par les règles du jeu (■ Cass. crim., 24 janv. 1956 : *D.* 1956, 197). Mais le fait pour un footballeur de fracturer, au cours d'une partie, la jambe d'un adversaire ne constitue pas le délit de blessures involontaires dès lors que, dans la phase de jeu au cours de laquelle s'est produit l'accident, il a, sans qu'il puisse lui être reproché une imprudence ou une négligence, pratiqué un acte autorisé par les règles du sport (■ Cass. crim., 8 juin 1994 : *Dr. pénal* 1995, comm. 230, obs. M. Véron). Pour un exemple d'accident dans une compétition sportive, V. ■ Poitiers, 16 oct. 1981 : *D.* 1982, 644, note Daverat ; *Rev. sc. crim.* 1983, 81, obs. Levasseur. Pour les accidents en piscine, V. ■ T. corr. Bobigny, 26 janv. 1977 : *JCP* 79, II, 19100, note Millot. ■ T. corr. Boulogne-sur-Mer, 8 juill. 1987 : *Gaz. Pal.* 1988, 1, 117 ; *Rev. sc. crim.* 1988, 301, obs. Levasseur. ■ Grenoble, 4 oct. 1989 : *JurisData* n° 046209. ■ Bordeaux, 4 oct. 1989 : *JurisData* n° 045991).

Ne justifie pas sa décision la cour d'appel qui, confirmant des ordonnances de non-lieu pour homicide involontaire en raison du décès d'un enfant lors d'une sortie en hydrospeed sur la Durance, exclut les dispositions spéciales d'un arrêté, sans expliquer en quoi les règles plus strictes qu'il édictait avaient un caractère incompatible avec celles fixées par la réglementation nationale applicable aux établissements organisant la pratique et l'enseignement de la nage en eau vive (■ Cass. crim., 9 déc. 2014, n° 12-87.494).

11) Travail. Dans le domaine *des accidents du travail*, doit être condamné l'employeur qui n'a pas pris les dispositions nécessaires pour éviter l'électrocution d'ouvriers travaillant à proximité d'une ligne à haute tension (■ Cass. crim., 16 mars 1971 : *Bull. crim.*, n° 88 ; *Rev. sc. crim.* 1971, 942, obs. Levasseur) ou celui qui ne surveille pas l'utilisation, par ses salariés, des ceintures de sécurité mises à leur disposition (■ Cass. crim., 3 mai 1978 : *Bull. crim.*, n° 136 ; *Rev. sc. crim.* 1979, 87, obs. Levasseur) ou contrôle de façon insuffisante leurs conditions de travail (■ Cass. crim., 16 févr. 1982, inédit) ou organise mal son chantier (■ Cass. crim., 18 oct. 1977 : *D.* 1978, 472, note Benoit ; *Rev. sc. crim.* 1979, 87, obs. Levasseur. ■ 25 févr. 1981 : *Rev. sc. crim.* 1982, 788, obs. Levasseur) ou celui qui fournit des instructions incomplètes ou erronées à ses ouvriers (■ Cass. crim., 29 janv. 1976 : *Bull. crim.*, n° 38 ; *Rev. sc. crim.* 1977, 96, obs. Levasseur) ou le chef d'une entreprise d'entretien d'ascenseurs dont un salarié, travaillant seul sur un ascenseur situé en dehors de l'entreprise alors qu'il aurait dû être accompagné d'un surveillant qualifié chargé d'assurer la sécurité, a été écrasé par la cabine (■ Cass. crim., 11 oct. 1994, pourvoi n° Q 93-83.967) ou le directeur général des services techniques d'une commune, à qui il incombait de veiller au respect par ses agents des règles de sécurité et qui, en s'abstenant d'en vérifier l'observation par des contrôles périodiques, a contribué à la réalisation de l'accident survenu à la suite d'une faute de la victime, laquelle n'avait pas respecté les règles élémentaires de sécurité (■ Cass. crim., 22 févr. 1995 : *Bull. crim.*, n° 82). Est également responsable, le chef d'entreprise qui, faute d'avoir consigné un malaxeur en réparation, a permis sa remise en marche inopinée par un tiers, cause de la mort de l'artisan qui y travaillait (■ Cass. crim., 12 mai 1998 : *Bull. crim.*, n° 159). Mais, n'a pas donné de base légale à sa décision au regard de l'article 320 du Code pénal la cour d'appel qui retient la responsabilité pénale du directeur des ressources humaines de la société chargée de la gestion du restaurant d'entreprise d'une autre société, pour le dommage subi par son salarié lors de l'utilisation du monte-charge desservant la cuisine du restaurant, alors que le prévenu n'a commis aucune imprudence ayant concouru à la réalisation du dommage, les obligations d'entretien, de réparation et de remplacement du gros matériel pesant sur la société utilisatrice, et un organisme de sécurité ayant préconisé auprès de cette dernière le remplacement du monte-charge (■ Cass. crim., 5 mars 1997 : *JCP* 97, IV, 1286).

Mais, l'employeur, qui a remis au salarié un équipement présentant des défauts de conformité à la réglementation, a contribué à créer la situation ayant permis la réalisation du dommage et n'a pas pris les mesures permettant de l'éviter, et a violé de façon manifestement délibérée une obligation particulière de prudence ou de sécurité prévue par la loi ou le règlement (■ Cass. crim., 9 déc. 2014, n° 13-85.937).

En outre, en matière d'accident du travail, la circonstance que le juge d'instruction dise n'y avoir lieu de suivre du chef des infractions à la législation relative à la sécurité des travailleurs mentionnées au réquisitoire introductif, ne fait pas obstacle à ce qu'il retienne le comportement visé par lesdites infractions comme constitutif d'une faute caractérisée, fondement du délit d'homicide involontaire justifiant le renvoi de la personne mise en examen devant la juridiction de jugement (■ Cass. crim., 12 mai 2015, n° 13-80.345 : *Bull. crim.*, n° 104 ; *Dr. pén.* 2015, comm. 94, obs. M. Véron).

12) Fabrication de produits. La responsabilité d'un *fabricant* doit être retenue lorsqu'il lance dans le commerce des produits sans avoir averti les utilisateurs des risques qu'ils représentent : tel est le cas du fabricant d'un produit revêtant les parois d'un dancing, produit qui sous l'effet de la chaleur résultant de l'incendie du dancing, avait dégagé des gaz toxiques asphyxiant les victimes (■ Lyon, 13 juill. 1973 : *Gaz. Pal.* 1973, 2, 830 ; *Rev. sc. crim.* 1974, 98, obs. Levasseur).

Pour l'hypothèse où le fabricant a averti les clients, conformément à la réglementation, des risques de produits dangereux, V. (■ Cass. crim., 24 sept. 1997 : *JurisData* n° 004478 ; *Dr. pénal* 1998, comm. 53, obs. J.-H. Robert).

13) Médecine. Dans le domaine *médical et paramédical*, la responsabilité du praticien doit être retenue s'il est établi que, eu égard aux données actuelles de la science et aux règles consacrées par la pratique médicale, l'imprudence, la négligence ou l'inattention dont il a fait preuve sont révélatrices d'une méconnaissance certaine de ses devoirs ; c'est ainsi le cas du chirurgien qui ne surveille pas assez les suites de son intervention et l'administration des soins post-opératoires (■ Cass. crim., 9 nov. 1977 : *Gaz. Pal.* 1978, 1, 233, note Doll ; *Rev. sc. crim.* 1978, 341, obs. Levasseur) ou qui décide de différer une opération sans avoir effectué le moindre examen personnel, sans avoir vu la blessée et sans avoir recherché si l'importance des lésions et leur nature n'imposaient pas une intervention d'urgence (■ Cass. crim., 25 mai 1982 : *Bull. crim.*, n° 134 ; *Rev. sc. crim.* 1983, 264, obs. Levasseur). L'existence d'une faute relevée à l'encontre du médecin anesthésiste pendant la période post-opératoire n'exclut pas nécessairement l'éventualité de celle du chirurgien auquel a été confiée l'intervention (■ Cass. crim., 10 mai 1984 : *Bull. crim.*, n° 167 ; *JCP* 84, II, 20303, note Dorsner-Dolivet ; *D.* 1985, 256, note Penneau ; *Rev. sc. crim.* 1985, 79, obs. Levasseur). Si la surveillance post-opératoire incombe au médecin anesthésiste pour ce qui concerne sa spécialité, le chirurgien n'en demeure pas moins tenu, à cet égard, d'une obligation générale de prudence et de diligence (■ Cass. ass. plén. 30 mai 1986 : *Bull. crim.*, n° 184 ; *Rev. sc. crim.* 1986, 851, obs. Levasseur). Est ainsi responsable le chirurgien qui, après avoir opéré un enfant d'un mois après la constatation d'une sténose du pylore, devant l'aggravation de l'état du bébé, est demeuré passif au vu des résultats d'un simple examen sanguin, sans se soucier d'effectuer des recherches médicales supplémentaires pour déterminer l'origine de cette aggravation, l'enfant devant décéder le lendemain de l'opération à la suite d'une péritonite due à une perforation du pylore (■ Pau, 21 nov. 1989 : *JCP* 91, II, 21683, note Nérac-Croisier).

14) Erreur de diagnostic. V. A. Garey, *Le régime pénal de l'erreur de diagnostic : Gaz. Pal.* 2000, n° 354, p. 21. Justifie sa décision la cour d'appel qui, après avoir relevé que l'erreur de diagnostic imputable à un anesthésiste-réanimateur et à un chirurgien ne procédait pas d'une ignorance ou d'une négligence dans les examens préopératoires, et que la thérapeutique à laquelle ils n'avaient pas eu recours n'était pas encore de pratique courante, en déduit que les intéressés n'ont pas commis de faute (■ Cass. crim., 3 nov. 1988 : *Bull. crim.*, n° 366 ; *Rev. sc. crim.* 1990, 71, obs. Levasseur). En effet, l'erreur de diagnostic qui ne procède pas d'une négligence ne constitue pas une faute au sens des articles 221-6 et 221-19 du Code pénal (■ Cass. crim., 29 juin 1999 : *Bull. crim.*, n° 161). Mais commet une faute présentant un lien de causalité avec les blessures de la victime le chirurgien qui n'a pas pratiqué une intervention qualifiée de « priorité absolue » par les experts, compte tenu du diagnostic, intervention exigée par les données actuelles de la science (■ Cass. crim., 7 juill. 1993 : *Dr. pénal* 1993, n° 265, obs. Véron). Caractérise le délit d'homicide involontaire le fait, par un médecin, de s'abstenir des diligences normales qui auraient permis le diagnostic d'une lésion et la mise en place d'un traitement approprié, lorsque cette négligence contribue à causer le décès du malade ; est, dès lors, justifiée la condamnation d'un médecin, chef du service de gynécologie-obstétrique d'un hôpital, qui, après avoir constaté qu'une femme, ayant accouché la veille, présentait une anémie sévère avec tachycardie, n'a pas procédé à un examen clinique approfondi qui aurait révélé un thrombus vaginal, complication de l'accouchement grave mais curable par une intervention chirurgicale pratiquée à temps, sa négligence ayant retardé cette intervention et causé ainsi la mort de la patiente (■ Cass. crim., 29 juin 1999 : *Bull. crim.*, n° 162).

15) Cumul de fautes. Sur le cumul d'imprudences et de négligences d'un chirurgien et d'une anesthésiste lors du décès d'un patient survenu au cours d'une opération (■ Cass. crim., 23 nov. 1994 : *Dr. pénal* 1995, comm. 88, obs. M. Véron).

La responsabilité pénale des membres de l'équipe médicale n'est pas exclusive de celle du chef de service ; justifie dès lors sa décision, la cour d'appel qui, pour déclarer un médecin hospitalier coupable d'homicide involontaire, retient que, par suite de négligences qui lui sont imputables dans l'organisation du service qu'il dirige, le malade, dont l'affection, diagnostiquée avant son admission à l'hôpital, requérait l'administration d'un traitement en extrême urgence, n'a bénéficié d'aucun soin des membres de l'équipe soignante pendant plusieurs heures, ce qui a entraîné son décès (■ Cass. crim., 26 mars 1997 : *Bull. crim.*, n° 123). V. M. Véron, *La responsabilité pénale au sein d'une équipe médicale : Gaz. Pal.* 1966, n° 331.

16) Sage-femme. Commet une faute la sage-femme qui n'avertit pas le médecin accoucheur de l'entrée en clinique d'une parturiente dont l'accouchement s'avérait délicat (■ Nancy, 24 nov.

1966 : *JCP* 67, II, 15066, note R. Savatier ; *Rev. sc. crim.* 1967, 867, obs. Levasseur).

Il résulte des articles L. 370 et L. 374 du Code de la santé publique que les sages-femmes ont, dans la pratique des soins postnataux, un pouvoir et une responsabilité autonomes de surveillance et prescription. Dès lors, ne justifie pas sa décision, au regard de l'article 221-6 du Code pénal, la cour d'appel qui, pour relaxer une sage-femme du chef d'homicide involontaire, se borne à énoncer qu'en l'état d'un accouchement gémellaire présentant une haute probabilité de risques, il appartenait au médecin accoucheur, condamné pour le même délit, de lui donner les directives nécessaires au sujet de la durée de perfusion à la patiente de produits ocytociques, et de procéder lui-même à l'examen clinique qui aurait permis de diagnostiquer l'hémorragie interne apparue postérieurement à l'accouchement et à la délivrance (■ Cass. crim., 21 oct. 1998 : *Bull. crim.*, n° 270).

L'arrêt qui énonce à tort, pour relaxer une sage-femme poursuivie pour homicide involontaire, que, faute d'avoir interprété le tracé du rythme cardiaque fœtal comme l'indice d'une hypoxie, elle a commis non pas une négligence ou un manquement à une obligation de sécurité ou de prudence imposée par la loi, mais une simple erreur de diagnostic n'engageant pas sa responsabilité pénale, alors qu'il résulte de l'article L. 4151-3 du Code de la santé publique qu'en cas d'accouchement dystocique, les sages-femmes doivent faire appeler un médecin, n'encourt cependant pas la censure, dès lors que, l'enfant n'étant pas né vivant, les faits ne sont susceptibles d'aucune qualification pénale (■ Cass. crim., 4 mai 2004, pourvoi n° 30-86-175).

17) Surveillance des animaux. En matière de *surveillance des animaux*, le propriétaire de l'animal est par exemple responsable des suites des blessures causées par celui-ci alors qu'il divaguait (■ Cass. crim., 18 juill. 1974 : *Rev. sc. crim.* 1975, 143, obs. Levasseur).

18) Stupéfiants. En matière de *stupéfiants*, il a été jugé (■ Chambéry, 25 mai 1987 : *Gaz. Pal.* 8 oct. 1987 ; *Rev. sc. crim.* 1988, 86, obs. Levasseur) que l'individu qui fournit de la drogue à une jeune fille qui meurt d'une overdose est coupable d'homicide involontaire (dans le même sens, V. ■ Cass. crim., 1er oct. 1990 : *Dr. pénal* 1991, n° 7). Se rend coupable d'homicide involontaire le trafiquant de drogue qui a provoqué la mort d'un toxicomane par overdose en lui injectant de l'héroïne coupée avec des produits nocifs (■ Paris, 10e Ch., 28 juin 1988 : *JurisData*, n° 026027).

19) Transports. En matière de *transports*, V. *infra*, Annexes, rubriques Aviation, Chemin de fer, Circulation routière. A été condamné pour homicide involontaire et infraction au Code du travail un entrepreneur de transports routiers dont le préposé, chauffeur d'un camion, avait trouvé la mort au cours d'un accident auquel avaient contribué la surcharge du véhicule et l'inobservation du temps de repos du conducteur (■ Cass. crim., 8 déc. 1992 : *Bull. crim.*, n° 405 ; *Rev. sc. crim.* 1993, 405, obs. C. Lazerges). Justifie sa décision la cour d'appel qui, pour déclarer un transporteur aérien coupable d'homicides involontaires, retient que ce dernier, qui, en exerçant son activité sans l'autorisation requise, s'est soustrait aux contrôles préalables sur les conditions d'exploitation des aéronefs et sur la formation des équipages mais aussi aux prescriptions réglementaires régissant la sécurité des transports aériens, a placé le pilote de l'appareil en situation de commettre des fautes graves qui, jointes à des conditions climatiques difficiles et à un mauvais réglage des moteurs, l'ont amené à perdre la maîtrise de son appareil qui s'est écrasé au sol (■ Cass. crim., 19 févr. 1997 : *Bull. crim.*, n° 69).

Les articles 221-6 et 221-7 du Code pénal sont applicables lorsque la responsabilité d'une personne morale est engagée à l'occasion d'un accident causé sur les chemins de fer ou dans les gares ou stations, nonobstant les dispositions de l'article 19 de la loi du 15 juillet 1845 sur la police des chemins de fer (■ Cass. crim., 18 janv. 2000 : *Bull. crim.*, n° 28).

20) Justifie sa décision la cour d'appel qui, pour déclarer l'exploitante d'un établissement d'enseignement de la conduite des véhicules à moteur coupable d'homicide et de blessures involontaires et seule responsable des conséquences dommageables de l'accident survenu au cours d'une leçon de conduite automobile, retient qu'elle a demandé à l'élève de s'engager à l'intersection des routes au mépris des règles de priorité, qu'elle ne lui a pas ordonné de s'arrêter à la vue d'un véhicule prioritaire, qu'elle n'a pas actionné la pédale de frein dont elle disposait, et qu'ayant neutralisé la pédale d'accélérateur de la double commande, elle n'a pu accélérer le mouvement du véhicule pour le faire échapper à la collision (■ Cass. crim., 29 févr. 2000 : *Bull. crim.*, n° 94).

II – LES FAUTES (JURISPRUDENCE AFFÉRENTE À LA LOI DU 10 JUILLET 2000)

A – La faute, cause directe du dommage

21) Domaine médical. Caractérise le délit de blessures involontaires la cour d'appel qui, pour retenir la responsabilité pénale d'un médecin, énonce que la dégradation de l'état de santé d'un patient, ayant abouti à l'ablation de son rein, était la conséquence exclusive, certaine et *directe* de ses interventions maladroites et entachées d'erreurs de choix thérapeutiques (■ Cass. crim., 17 oct. 2000, pourvoi n° V 99.86-710).

V. aussi les notes sous l'article 121-3.

– Pour déclarer **un médecin** coupable d'homicide involontaire, les juges ont retenu que ce praticien, compte tenu des symptômes présentés par la patiente, a passé outre les données actuelles de la science en ne prenant pas, avant l'intervention chirurgicale, les précautions élémentaires de stopper l'alimentation et de mettre en place une sonde gastrique ; ainsi il est établi de façon certaine que la cause *directe* du décès réside dans une complication redoutable en relation avec la négligence commise.

En l'état de ces énonciations d'où il résulte que le prévenu n'a pas accompli les diligences normales qui lui incombaient compte tenu de la nature de sa mission et de sa fonction, de sa compétence ainsi que du pouvoir et des moyens dont il disposait, la cour d'appel, qui a, en outre, caractérisé le lien de causalité existant entre les manquements du médecin et le décès de la victime, a justifié sa décision au regard des articles 121-3 et 221-6 du Code pénal, tant dans leur rédaction antérieure à la loi du 10 juillet 2000 que dans leur rédaction issue de cette loi (■ Cass. crim., 29 mai 2001, pourvoi n° H 00-85.497).

– Les juges qui, pour déclarer un **médecin accoucheur** coupable d'homicide involontaire, retiennent que les fautes qu'il a commises en utilisant des forceps sont à l'origine directe des lésions cérébrales, seule et unique cause de la mort de l'enfant nouveau-né dont le décès est survenu quelques jours plus tard malgré des soins intensifs pratiqués en milieu hospitalier, constatent par là même que ce prévenu a causé directement le dommage (■ Cass. crim., 23 oct. 2001 : *Bull. crim.*, n° 217 ; *Rev. sc. crim.* 2002, p. 100, obs. Y. Mayaud).

– Les juges qui, pour déclarer **un chirurgien** coupable d'homicide involontaire, retiennent que les fautes commises, à savoir un mauvais positionnement de l'opérée sur une table mal adaptée à l'intervention, sont à l'origine directe du processus de détresse neurologique observé immédiatement après l'intervention, cause de la mort de la patiente survenue près de deux ans plus tard, après un épisode comateux, de multiples complications et des séquelles neurologiques, constatent par là même que ce prévenu a causé directement le dommage (■ Cass. crim., 23 oct. 2001 : *Bull. crim.*, n° 218 ; *Dr. pénal* 2002, comm. 27, obs. M. Véron et obs. préc. de Y. Mayaud).

– Les juges qui, pour déclarer un chirurgien coupable d'homicide involontaire, retiennent à sa charge, comme faute essentielle et déterminante ayant directement entraîné le décès, la décision d'intervention et la conduite d'ensemble du processus opératoire sans qu'ait été suffisamment examiné et pris en compte, à l'occasion d'une opération de chirurgie esthétique, le risque avéré de thrombose présenté par la victime en raison de son âge, constatent par là même que ce prévenu a causé directement le dommage (■ Cass. crim., 29 oct. 2002 : *Bull. crim.*, n° 196).

– Justifient leur décision les juges qui, pour déclarer coupable d'homicide involontaire **un médecin pédiatre** à qui un nouveau-né avait été confié à la suite d'un accouchement difficile, retiennent que le décès de l'enfant aurait pu être évité s'il avait été transféré à temps dans un service spécialisé, et qu'en portant son attention sur les seules lésions oculaires et orthopédiques, en négligeant le risque majeur d'extension rapide de l'hématome superficiel et les complications hémorragiques qui pourraient en résulter, et en omettant de mettre en place une surveillance médicale adaptée, l'intéressé a commis une faute en relation de causalité directe avec le décès (■ Cass. crim., 13 nov. 2002 : *Bull. crim.*, n° 203 ; *Rev. sc. crim.* 2003, p. 331, obs. Y. Mayaud ; *D.* 2004, jur., p. 1336, note Ph. Conte).

– Les juges qui, pour déclarer **un chirurgien orthopédiste** coupable de blessures involontaires, retiennent que les fautes commises en opérant, sans urgence, une patiente sans l'assistance d'un chirurgien thoracique, en commettant, en l'absence de contrôles préalables, une erreur de localisation de la hernie, puis en procédant à une seconde intervention par une voie inadaptée, en provoquant une rupture de la dure-mère, ont entraîné la paraplégie totale et définitive de l'opérée, constatent par là même que ce prévenu a causé directement le dommage (■ Cass. crim., 21 sept. 2004 : *Bull. crim.*, n° 216).

– Justifient leur décision les juges qui, pour déclarer **un chirurgien coupable de blessures involontaires**, retiennent qu'en procédant tardivement à l'ablation de prothèses mammaires qu'il avait placées sur une patiente au cours d'une première intervention faisant suite à une masectomie sous-cutanée, et en les remplaçant par d'autres prothèses, sans faire procéder aux examens bactériologiques nécessaires, dans les loges rétropectorales largement ouvertes sur une zone infectée, il a commis une faute en relation de causalité directe avec le dommage (■ Cass. crim., 19 oct. 2004 : *Bull. crim.*, n° 246).

– Est directement à l'origine du décès, par embolie pulmonaire, de patients placés dans un caisson hyperbare à la suite d'une intoxication sévère au monoxyde de carbone, la faute commise par un **cadre infirmier hyperbariste** qui, en méconnaissance du protocole d'utilisation, et sans respecter l'obligation de surveillance permanente au cours de la séance d'oxygénothérapie, prend l'initiative d'ouvrir au maximum, et en urgence, la vanne d'échappement du sas provoquant ainsi une décompression accélérée (■ Cass. crim., 16 janv. 2007 : *Bull. crim.*, n° 8 ; *Dr. pénal* 2007, comm. 49, obs. M. Véron ; *Rev. sc. crim.* 2007, p. 530, obs. Y. Mayaud).

– Justifie sa décision au regard tant de l'article 1147 du Code civil que des articles L. 1110-5 et L. 1142-1 du Code de la santé publique, la cour d'appel qui, pour déclarer **un médecin spécialisé en chirurgie plastique et réparatrice** responsable des conséquences dommageables du décès d'une patiente, retient qu'en lui appliquant, avant la réalisation de l'objectif de réduction de sa surcharge pondérale fixé par un endocrinologue, un traitement chirurgical qui ne pouvait être envisagé que comme un ultime recours, en omettant de lui délivrer l'information qu'il lui devait sur le traitement proposé et les risques prévisibles qu'il comportait et en n'appelant pas l'attention des anesthésistes sur le risque particulier de complication thromboembolique encouru, il a commis des fautes qui ont contribué de façon directe à la production du dommage. Il appartient au médecin de prouver qu'il a donné à la personne qu'il soigne une information loyale, claire et appropriée sur le traitement proposé et les risques prévisibles qu'il comporte (■ Cass. crim., 5 juin 2007 : *Bull. crim.*, n° 152 ; *Rev. sc. crim.* 2008, p. 78, obs. Y. Mayaud).

– Pour déclarer un **médecin spécialiste en oto-rhino-laryngologie** coupable d'homicide involontaire, l'arrêt retient qu'il résulte des pièces médicales du dossier que le décès de la victime est en relation directe, certaine et exclusive avec les lésions d'effraction liées à l'action d'un instrument chirurgical pendant l'intervention, la pénétration de cet instrument dans le crâne résultant d'une erreur de trajet répétée à plusieurs reprises ; en l'état de ces énonciations, dépourvues de caractère dubitatif, et qui caractérisent l'absence de diligences normales du chirurgien, compte tenu de la nature de ses fonctions et de ses compétences, la cour d'appel a justifié sa décision (■ Cass. crim., 30 oct. 2007 : *Dr. pénal* 2008, comm. 18, obs. M. Véron).

– Commet une faute de négligence et d'imprudence entretenant un lien certain et direct avec le dommage **l'infirmière** qui procède, sans mieux s'informer auprès du médecin-anesthésiste dont la prescription n'était pas claire, à l'administration par perfusion d'un sérum sur un enfant en réanimation post-opératoire, sans en contrôler le débit, entraînant ainsi une intoxication mortelle (■ Cass. crim., 1er avr. 2008 : *jurisData* n° 2008-043857 ; *Dr. pénal* 2008, comm. 93, obs. M. Véron). Le même arrêt retient la faute caractérisée du médecin-anesthésiste : V. *infra*, B, la faute cause indirecte du dommage, V° *Domaine médical*.

22) Circulation routière. Justifie sa décision au regard des articles 121-3 et 221-6 du Code pénal dans leur rédaction issue de la loi du 10 juillet 2000, la cour d'appel, qui, pour déclarer coupable d'homicide involontaire, le conducteur d'un véhicule entré en collision, après avoir heurté un sanglier, avec un véhicule arrivant en sens inverse, retient que sa vitesse excessive, déterminante des causes et des conséquences de l'accident, est constitutive d'une faute, en relation de causalité directe avec le décès de l'autre automobiliste (■ Cass. crim., 25 sept. 2001 : *Bull. crim.*, n° 188 ; *Rev. sc. crim.* 2002, p. 100, obs. Y. Mayaud).

Justifie sa décision la cour d'appel qui déclare coupable de blessures involontaires le pilote qui, à l'occasion d'une épreuve de vitesse spéciale d'un rallye automobile, perd le contrôle de son véhicule alors qu'il circule à une vitesse exagérée, sur une route mouillée et grasse, dans un virage rendu dangereux par une bosse dont la présence pouvait être décelée par une reconnaissance appropriée de l'itinéraire (■ Cass. crim., 8 mars 2005 : *Bull. crim.*, n° 78 ; *Rev. sc. crim.* 2006, p. 72, obs. Delmas Saint-Hilaire).

23) . Justifient leur décision les juges qui, pour déclarer le dirigeant d'une entreprise du bâtiment coupable d'homicide involontaire et d'infraction aux règles relatives à la sécurité des travailleurs, intervenu lors de la mise en place d'une dalle, retiennent que le prévenu a commis une imprudence caractérisée et un manquement à ses obligations en matière de sécurité, directement à l'origine de l'accident mortel dont a été victime le salarié ; ayant constaté que le prévenu, personne physique, avait directement causé le dommage au sens de l'article 121-3, alinéa 3, du Code pénal, la cour d'appel n'avait pas à rechercher si celui-ci avait commis une faute caractérisée qui exposait autrui à un risque d'une particulière gravité qu'il ne pouvait ignorer ou une violation manifestement délibérée d'une obligation particulière de prudence ou de sécurité entrant dans les prévisions de l'article 121-3, alinéa 4, dudit code (■ Cass. crim., 16 sept. 2008 : *Bull. crim.*, n° 186 ; *JCP* S 2008, jur. n° 1596, note J.-F. Cesaro).

24) Navigation aérienne. En l'état d'une collision survenue entre deux aéronefs autorisés à emprunter concomitamment la même piste d'envol, doivent être considérées comme la cause directe des délits d'homicide et blessures involontaires visés à la prévention les fautes commises simultanément par les personnes chargées d'assurer, ensemble, le contrôle des mouvements de ces avions (■ Cass. crim., 16 oct. 2007 : *Bull. crim.*, n° 245).

25) Autres cas. Cause directement le dommage du passant mordu par un chien la faute de négligence du propriétaire de l'animal l'ayant laissé sortir de chez lui sans être contrôlé et tenu en laisse (■ Cass. crim., 29 mai 2013, n° 12-85.427 : *Bull. crim.*, n° 121 ; *Dr. pén.* 2013, note 125 ; *Gaz. Pal.* 21-23 juill. 2013, chron. p. 34, note St. Detraz ; *D.* 2013, études, p. 2016, note F. Desprez ; *AJP* 2013, p. 678, note J. Lasserre Capville), ainsi que cela résulte de l'article 121-3 du Code pénal (■ Cass. crim., 21 janv. 2014, n° 13-80.267 : *Dr. pén.* 2014, comm. 39, obs. M. Véron ; *AJP* 2014, p. 135, obs. M.-C. Ordino ; *D.* 2014, act., p. 279).

– Arrêts cités *infra*, sous les articles 221-6-2 et 222-20 du Code pénal.

Note : pour l'auteur de l'infraction, personne physique, qui a causé directement le dommage, et dans ce cas seulement, la jurisprudence antérieure à la loi du 10 juillet 2000 paraît pouvoir conserver sa valeur.

– V., *infra*, article 221-6-1 et articles 222-19-1 et s. (L. du 12 juin 2003).

B – La faute, cause indirecte du dommage

26) Nécessité d'une faute qualifiée. Depuis l'entrée en vigueur de la loi du 10 juillet 2000 modifiant l'article 121-3 du Code pénal, les personnes physiques qui n'ont pas causé directement le dommage, mais qui ont créé ou contribué à créer la situation qui a permis la réalisation du dommage ou qui n'ont pas pris les mesures permettant de l'éviter, sont responsables pénalement s'il est établi qu'elles ont, soit violé de façon manifestement délibérée une obligation particulière de prudence ou de sécurité prévue par la loi ou le règlement, soit commis une faute caractérisée et qui exposait autrui à un risque d'une particulière gravité qu'elles ne pouvaient ignorer.

La loi nouvelle, qui contient des dispositions favorables au prévenu poursuivi pour blessures involontaires, s'applique aux faits commis avant son entrée en vigueur et non définitivement jugés.

A donc été annulé avec renvoi l'arrêt ayant condamné, pour blessures involontaires, un médecin chef de service qui avait prescrit le transfert dans un service de radiologie d'un patient qui, du fait d'une manipulation maladroite opérée durant le trajet par un interne stagiaire, avait subi des lésions cérébrales irréversibles (■ Cass. crim., 5 sept. 2000 : *Bull. crim.*, n° 262 ; *Dr. pénal* 2000, comm. 135, obs. M. Véron ; *JCP* 2001, II, 10507, note J.-Y. Chevallier).

– Doit, de même, être annulé l'arrêt qui, pour déclarer une **directrice d'école et une institutrice** coupables d'homicides et blessures involontaires, retient qu'elles ont commis des négligences ayant contribué à la réalisation du dommage (■ Cass. crim., 12 déc. 2000 : *Bull. inf. C. cass.* 2000, n° 529, p. 3, rapp. Mme Ferrari, concl. Mme Commaret ; *Bull. crim.*, n° 371 ; *D.* 2001, n° 7, p. 557, Forum [H. Moutouh] et 559, interview [A. Blanchot]).

– Annulation également de l'arrêt qui, pour déclarer **un médecin** coupable d'homicide involontaire, retient seulement qu'il a commis des négligences ayant causé le dommage (■ Cass. crim., 10 janv. 2001 : *Bull. crim.*, n° 3) ; comme de l'arrêt qui, à la suite de l'explosion d'une chaudière à vapeur, condamne pour homicides et blessures involontaires **un chef d'entreprise**, en raison des multiples négligences et manquements à l'entretien de l'appareil, et un inspecteur de l'APAVE qui n'a pas parfaitement rempli sa mission de contrôle de son mode d'exploitation et s'est montré négligent ou inattentif (■ Cass. crim., 13 févr. 2001 : *Bull. crim.*, n° 41).

– Solutions semblables pour l'arrêt qui, pour déclarer **un maire** coupable d'homicide involontaire à la suite d'un accident survenu sur une aire communale de jeu et provoqué par le déplacement d'une buse, retient, après avoir constaté le caractère inopérant du moyen tiré par lui de son ignorance de la dangerosité de la présence d'un tel engin non scellé, que l'élu, préalablement informé de la non-conformité des installations a, néanmoins, commis une faute pénale en relation causale avec le dommage (■ Cass. crim., 20 mars 2001 : *Bull. crim.*, n° 75, arrêt n° 1. ■ Cass. crim., 9 oct. 2001 : *Bull. crim.*, n° 204, sur la responsabilité d'un maire à la suite d'un accident survenu sur le domaine skiable de la commune) ; et pour l'arrêt qui, pour déclarer une directrice d'école communale coupable d'homicide involontaire, à la suite de la chute mortelle d'un élève au travers d'un hublot de plafond d'un bâtiment scolaire, retient que celle-ci a commis des négligences ayant concouru à l'accident en ne signalant pas à la commune le danger que l'accessibilité de la toiture en terrasse faisait courir aux enfants et en n'affectant pas un nombre suffisant d'instituteurs à la surveillance des élèves (■ Cass. crim., 20 mars 2001 : *Bull. crim.*, n° 75, arrêt n° 2).

– A été aussi annulé l'arrêt qui, à la suite d'un naufrage, déclare **le président de la société ayant construit le navire et le représentant d'un organisme de certification**, membre de la commission de visite technique ayant délivré le permis de navigation, le premier coupable d'homicide involontaire et le second responsable des mêmes faits à l'égard des parties civiles, en retenant contre eux des négligences lors de la construction et de la visite technique ayant précédé la mise en service du navire (■ Cass. crim., 20 mars 2001 : *Bull. crim.*, n° 71).

– Annulation de l'arrêt condamnant pour homicide involontaire un médecin contre lequel ont été retenues des fautes ayant indirectement contribué à causer le décès d'une femme accouchée par césarienne (■ Cass. crim., 29 mai 2001, pourvoi n° H 00-86.233).

27) Constatations de la faute qualifiée. Sur les notions de faute caractérisée ou délibérée, V. obs. Y. Mayaud, sous ■ Cass. crim., 5 févr. 2002, pourvoi n° 01-81470 : *Rev. sc. crim.* 2002, p. 585.

28) Se contredit et ne justifie pas sa décision, la cour d'appel qui, pour déclarer le loueur d'un engin de chantier coupable d'homicide involontaire retient, à sa charge, un défaut d'entretien rendant le verrouillage d'un bras de l'engin plus difficile, à la charge du locataire, l'omission du verrouillage de ce bras et qui énonce que la faute du loueur est la cause directe de l'accident sans rechercher si cette faute était caractérisée (■ Cass. crim., 11 janv. 2011, n° 09-87.842 : *Bull. crim.*, n° 5 ; *Rev. sc. crim.* 2011, p. 99, obs. Y. Mayaud). Rappr. ■ Cass. crim., 5 déc. 2000 : *Bull. crim.* n° 363.

29) Domaine du travail. Justifie sa décision la cour d'appel qui déclare un chef d'entreprise coupable d'homicide involontaire à la suite du décès d'un salarié dans l'éboulement d'une tranchée non étayée ou blindée, après avoir relevé que le prévenu avait pris la décision de ne pas utiliser le matériel de blindage dont l'installation est prescrite par l'article 72 du décret du 8 janvier 1965 ; une telle faute constitue en effet une faute délibérée au sens des dispositions de l'article 121-3, alinéa 4, du Code pénal dans leur rédaction issue de la loi du 10 juillet 2000 (■ Cass. crim., 12 sept. 2000 : *Bull. crim.*, n° 268).

30) Est justifiée la condamnation pour blessures involontaires du responsable d'une entreprise assurant la livraison de matériaux sur les chantiers, dès lors qu'il n'avait pas informé, en connaissance de cause, son salarié des règles d'utilisation, à proximité de lignes de haute tension, d'une grue télescopique susceptible de les atteindre, en méconnaissance des dispositions de l'article 172 du décret du 8 janvier 1965 ; ce manquement a concouru au dommage et caractérise à la charge du prévenu une faute délibérée au sens de l'article 121-3 issu de la loi du 10 juillet 2000 (■ Cass. crim., 24 oct. 2000, pourvoi n° S 00-80.170, inédit).

31) Justifie sa décision la cour d'appel qui déclare le chef d'une entreprise sous-traitante coupable d'homicide involontaire à la suite du décès d'un salarié dont la tête a été prise entre les tampons de deux wagons, après avoir relevé, d'une part, que les wagons étaient propulsés vers la victime, chargée de les arrimer, selon un procédé très dangereux, d'autre part, que le chef de manœuvre ne pouvait contrôler la position de celle-ci et le dégagement des voies et, enfin, que le salarié, pourtant isolé, et le chef de manœuvre ne disposaient d'aucun moyen efficace leur permettant de communiquer entre eux, le klaxon destiné à annoncer l'arrivée des wagons ne fonctionnant plus depuis plusieurs années.

32) Est également justifiée la déclaration de culpabilité du chef de l'entreprise ayant sous-traité l'exploitation du chantier, auquel il est reproché de n'avoir pas transmis au sous-traitant les consignes de sécurité élaborées par le maître de l'ouvrage et de n'avoir pas veillé à l'entretien des équipements de sécurité dont ladite entreprise avait conservé la charge.

Il résulte en effet de l'ensemble de ces éléments que les prévenus ont causé indirectement le décès de la victime en ne prenant pas les mesures qui eussent permis d'éviter le dommage et qu'ils ont commis une faute caractérisée, distincte de l'infraction à la réglementation du travail dont ils ont été relaxés, et qui exposait autrui à un risque d'une particulière gravité qu'ils ne pouvaient ignorer, de sorte qu'a été établi à leur encontre, en tous ses éléments constitutifs, le délit d'homicide involontaire, tant au regard des articles 121-3 et 221-6 du Code pénal dans leur rédaction issue de la loi du 10 juillet 2000 qu'au regard des textes antérieurement applicables (■ Cass. crim., 5 déc. 2000 : *Bull. crim.*, n° 363 ; *Rev. sc. crim.* 2001, p. 379, obs. Y. Mayaud).

33) Justifie sa décision, au regard de l'article 121-3 du Code pénal, dans sa rédaction issue de la loi du 10 juillet 2000 tendant à préciser la définition des délits non intentionnels, la cour d'appel qui, pour retenir la culpabilité du chef d'homicide involontaire des dirigeants d'une société, relève qu'ayant concédé à une filiale la licence d'exploitation d'un procédé de nettoyage des canalisations d'évacuation des eaux usées et établi le devis des travaux à exécuter dans un immeuble, ils ont omis d'informer le gérant de la filiale, opérateur local, du risque particulier de réaction chimique présenté par le produit dont l'utilisation a causé la mort par intoxication de l'une des occupantes de cet immeuble ; une telle négligence constitue en effet une faute caractérisée exposant autrui à un risque d'une particulière gravité que ses auteurs ne pouvaient ignorer (■ Cass. crim., 10 janv. 2001 : *Bull. crim.*, n° 2 ; *Rev. sc. crim.* 2001, p. 577, obs. Y. Mayaud).

34) Justifie sa décision la cour d'appel qui déclare coupables d'homicide involontaire le **gérant d'une société sous-traitante et le salarié de l'entreprise principale** titulaire d'une délégation de pouvoirs en matière de sécurité, à la suite de la chute mortelle d'un salarié employé par le premier, après avoir relevé que cette chute trouvait sa cause, d'une part, dans des manquements de l'employeur aux articles 2 et 13, alinéa 2 de l'arrêté du 21 septembre 1982 fixant les mesures de sécurité relatives à l'exécution des travaux en hauteur dans les chantiers de constructions et de réparations navales et, d'autre part, dans la méconnaissance, imputable au second prévenu, des prescriptions des articles 4, 6 et 20 du décret n° 77-1321 du 29 novembre 1977 fixant les prescriptions particulières d'hygiène et de sécurité applicables aux travaux effectués dans un établissement par une entreprise extérieure.

Il résulte en effet de ces motifs que les prévenus ont causé indirectement le décès de la victime en ne prenant pas les mesures qui eussent permis d'éviter le dommage et qu'ils ont commis une faute caractérisée et qui exposait autrui à un risque d'une particulière gravité qu'ils ne pouvaient ignorer, de sorte qu'a été établi à leur encontre, en tous ses éléments constitutifs, le délit d'homicide involontaire au regard de l'article 121-3 du Code pénal dans sa rédaction issue de la loi du 10 juillet 2000 applicable en la cause (■ Cass. crim., 16 janv. 2001 : *Bull. crim.*, n° 14 ; *Rev. sc. crim.* 2001, p. 577, obs. Y. Mayaud).

35) Solution semblable pour le **responsable d'une société**, déclaré coupable d'homicide involontaire à la suite du décès d'un salarié dans une cuve contenant des vapeurs toxiques et des acides, les juges ayant relevé l'absence de toute mesure de sécurité et de dispositif de sûreté tels qu'ils sont prescrits par les articles L. 230-2 et L. 233-2 du Code du travail (■ Cass. crim., 16 janv. 2001 : *Bull. crim.*, n° 15).

36) Mais encourt la cassation l'arrêt d'une cour d'appel qui relaxe un chef d'entreprise pour blessures involontaires sur un salarié, au cours d'opérations de levage, sans rechercher si en s'abstenant de donner des consignes suffisamment précises à la victime et de veiller personnellement à la stricte et constante application de la réglementation, le prévenu n'avait pas commis une faute caractérisée (■ Cass. crim., 5 mars 2002 : *Rev. sc. crim.* 2002, n° 837, obs. Giudicelli-Delage).

37) Une cour d'appel ne peut, sans se contredire, constater qu'un **chef d'entreprise**, poursuivi pour blessures involontaires et infraction à la législation du travail, a commis une faute caractérisée exposant autrui à un risque d'une particulière gravité en ne veillant pas personnellement au respect de la réglementation relative à la sécurité des machines dangereuses et relaxer néanmoins celui-ci, sur le fondement de l'article 121-3, alinéa 4, du Code pénal, au motif qu'il pouvait ignorer le risque découlant de son manquement (■ Cass. crim., 11 févr. 2003 : *Bull. crim.*, n° 28 ; *Rev. sc. crim.* 2003, p. 801, obs. G. Giudicelli-Delage).

38) Est justifiée la condamnation du **président d'une société de gros œuvre** qui s'est abstenu, malgré de nombreux rappels, d'installer l'échafaudage dont il avait pourtant accepté d'équiper le chantier sur lequel un salarié, privé de cette protection, a fini par faire une chute mortelle (■ Cass. crim., 31 janv. 2006 : *JCP* 2006, II, 10079, note E. Dreyer).

39) Justifie sa décision la cour d'appel, qui, pour relaxer le **directeur d'exploitation d'une station de ski** poursuivi du chef d'homicide involontaire à la suite du décès d'un pisteur dont le véhicule s'est renversé, retient, après avoir rappelé qu'il n'avait pas reçu de délégation en matière de sécurité, que, s'il aurait pu être plus précis dans ses instructions et confier à son remplaçant son propre poste de radio, d'usage plus facile, il n'a pas commis de faute caractérisée (■ Cass. crim., 16 mai 2006 : *Bull. crim.*, n° 136 ; *Dr. pénal* 2006, comm. 134, obs. M. Véron ; *Rev. sc. crim.* 2006, p. 600 (1b), obs. Y. Mayaud).

40) Justifie sa décision au regard des articles 121-3 et 221-6 du Code pénal la cour d'appel qui, pour déclarer coupable d'homicide involontaire le **coordonnateur en matière de sécurité**, à la suite du décès d'un enfant occasionné par la chute d'un panneau d'affichage, descellé pour pouvoir être déplacé, en fonction de l'avancement des travaux, par les salariés des diverses entreprises intervenant pour la réhabilitation d'une salle de sports municipale, retient qu'en laissant ledit panneau en appui instable contre un mur dans l'enceinte d'un chantier dont il avait omis d'interdire l'accès au public, le prévenu a commis une faute caractérisée exposant autrui à un risque d'une particulière gravité qu'il ne pouvait ignorer.

Il incombe en effet au coordonnateur en matière de sécurité, dans la phase de réalisation de l'ouvrage, d'anticiper les situations de risque pouvant résulter notamment des dispositions prises par les entreprises intervenant sur le chantier (■ Cass. crim., 9 juin 2009 : *Bull. crim.*, n° 117 ; *Dr. pén.* 2009, comm. 133, obs. M. Véron).

41) Le responsable d'une entreprise de nettoyage, déclaré coupable d'homicide involontaire, a commis une faute caractérisée en ce qu'il lui appartenait de veiller à la stricte et constante application des règles du Code du travail et qu'il ne pouvait se satisfaire de la seule élaboration par son prédécesseur d'un plan de prévention des risques, alors qu'il aurait dû se rendre sur les lieux ; il se devait de vérifier que les salariés n'encouraient aucun risque et il ne saurait imputer au chef de chantier un défaut de renseignements (■ Cass. crim., 9 nov. 2010 : *Dr. pén.* 2011, note 18).

42) Commet une faute caractérisée exposant autrui à un risque d'une particulière gravité qu'il ne pouvait ignorer, au sens de l'article 121-3 du Code pénal, **l'employeur** qui tolère le comportement dangereux d'un **salarié agricole** d'origine étrangère auquel il n'avait pas veillé à prodiguer une formation spécifique à la sécurité dans une langue comprise par lui, et qui a été tué lors d'un renversement du tracteur, qu'il avait laissé conduire à une vitesse excessive sur un terrain accidenté par un autre salarié (■ Cass. crim., 11 mars 2014, n° 12-86.769 : *JCP* 2014, act. n° 341, p. 528).

43) Personnes morales. Est justifiée la condamnation d'une personne morale du chef d'homicide involontaire à la suite de la chute mortelle d'un salarié d'une plate-forme hors-service dont la dangerosité n'était pas signalée et qui, du fait de sa corrosion a cédé sous son poids (■ Cass. crim., 20 juin 2006 : *Bull. crim.*, n° 188 ; *Dr. pén.* 2006, comm. 128, obs. M. Véron ; *JCP* 2006, II, 10199, note E. Dreyer ; *Rev. sc. crim.* 2006, p. 825, obs. Y. Mayaud).

44) Justifie sa décision la cour d'appel qui, en raison d'un accident du travail subi par le salarié d'une société mortellement blessé alors qu'il manœuvrait, avec l'aide d'un ouvrier intérimaire désigné dans les heures précédant l'accident, une nacelle autoportée de location mise le matin même à la disposition de la société sans aucune démonstration de fonctionnement, **déclare cette personne morale** du fait de ses organes ou représentants, **coupable de l'infraction d'homicide involontaire**, après avoir relevé que la victime n'avait pas reçu la formation à la sécurité correspondant au type de matériel utilisé, ainsi que le recommandait la notice d'utilisation dudit matériel remise à la société par le loueur.

Un tel manquement à une obligation de sécurité ou de prudence imposée par la loi ou le règlement rentrant dans les prévisions de l'article 221-6 du Code pénal qui définit et réprime le délit d'homicide involontaire, il n'importe que la société ait elle-même préalablement bénéficié d'une décision de non-lieu partiel s'agissant de l'infraction distincte prévue en matière de formation à la sécurité par l'article L. 231-3-1 du Code du travail, infraction pour laquelle, à l'époque des faits, la responsabilité pénale de la personne morale n'était pas encourue (■ Cass. crim., 15 janv. 2008, pourvoi n° w 07-80.800 : *Bull. crim.*, n° 6 ; *JCP* 2008, II, 10082, note J.-Y. Maréchal ; *Dr. pénal* 2008, comm. 71, obs. M. Véron).

45) Il résulte des articles 121-19, 121-3 et 222-19 du Code pénal que les personnes morales sont responsables pénalement de toute faute non intentionnelle de leurs organes ou représentants ayant entraîné une atteinte à l'intégrité physique constitutive du délit de blessures involontaires, **lors même qu'en l'absence de faute délibérée ou caractérisée au sens de l'article 121-3, alinéa 4 dudit code, la responsabilité pénale de ces derniers, en tant que personnes physiques, ne pourrait être recherchée** (■ Cass. crim., 24 oct. 2008 : *Bull. crim.*, n° 308. ■ Cass. crim., 28 avr. 2009, pourvoi n° 208-83.843 ; *Bull. crim.*, n° 80 ; *JCP* G 2009, n° 45, 402, note J.-Y. Maréchal).

Justifie, dès lors sa décision, la cour d'appel qui pour déclarer une société coupable d'homicide (ou de blessures) involontaire, après avoir relaxé son dirigeant, relève notamment que l'accident a eu lieu en raison d'un manquement aux règles de sécurité relatives à l'environnement de travail (■ Cass. crim., 28 avr. 2009, préc.).

46) Il résulte des dispositions de l'article L. 1251-21 du Code du travail que **la personne morale ayant recours aux services d'un travailleur intérimaire est chargée, en tant qu'entreprise utilisatrice, d'assurer à son égard la sécurité au travail.**

– Justifie sa décision la cour d'appel qui, à la suite d'un accident du travail subi par un travailleur intérimaire mis à la disposition d'une société, déclare établie à l'encontre de cette personne morale la prévention de blessures involontaires en se fondant sur la faute non intentionnelle de l'un de ses représentants, alors même qu'en l'absence de faute délibérée ou caractérisée au sens de l'article 121-3, alinéa 4, du Code pénal, la responsabilité des personnes physiques ne pouvait être recherchée (■ Cass. crim., 2 oct. 2012, n° 11-85.032 : *Bull. crim.*, n° 206 ; *D.* 2012, act. p. 2606 ; *JCP* S 2012, n° 1546, p. 37, A. Cœuret ; *AJP* 2013, p. 99, note J. Lasserre Capdeville).

47) Justifie sa décision la cour d'appel qui déclare une **personne morale et son dirigeant** coupables l'une et l'autre, d'homicide involontaire et, en outre, le second, d'infraction à la réglementation sur la sécurité des travailleurs, à la suite du décès d'un salarié tombé d'une passerelle d'une hauteur de 12 mètres par une trappe laissée ouverte et dénuée de toute protection, après avoir relevé que le terme « d'ouvrant » défini à l'article R. 235-3-6 devenu l'article R. 4214-5 du Code du travail peut être appliqué à une telle trappe et qu'en installant un caillebotis mobile sur une passerelle ne comportant aucun dispositif de sécurité de nature à protéger les travailleurs contre les risques de chute, les prévenus ont commis une faute de nature à entraîner leur condamnation des chefs précités (■ Cass. crim., 2 mars 2010, n° 09-82.607 : *Bull. crim.* n° 44).

48) Domaine médical. Pour déclarer une infirmière du service coupable d'homicide involontaire, la cour d'appel retient qu'en laissant une élève infirmière administrer une substance dangereuse à un patient, hors de sa présence et sans s'être assurée que l'intéressée connaissait le mode opératoire, la prévenue a commis une faute caractérisée ; en l'état de ces énonciations procédant de son appréciation souveraine, elle a justifié sa décision (■ Cass. crim., 26 juin 2001, pourvoi n° C. 00-87-816 : *Dr. pénal* 2001, comm. 124, obs. M. Véron).

49) Justifie sa décision la cour d'appel qui, pour condamner **un médecin** du chef de blessures involontaires aggravées, retient qu'il a pratiqué des endoscopies sur plusieurs personnes en milieu non hospitalier, inoculé un produit infecté ou avarié en utilisant un même flacon et deux seringues pour six patients, sans consultation pré-anesthésique, en méconnaissance du décret du 5 décembre 1994, sans surveillance post-intervention, se rendant ainsi coupable d'un manquement délibéré à une obligation particulière de prudence et de sécurité imposée par la loi ou le règlement (■ Cass. crim., 11 sept. 2001 : *Bull. crim.*, n° 176 ; *Dr. pénal* 2002, comm. 4, obs. M. Véron ; *Rev. sc. crim.* 2002, p. 100, obs. Y. Mayaud).

50) Pour déclarer **un chirurgien** coupable d'homicide involontaire, la cour d'appel retient notamment, à sa charge, comme « faute essentielle et déterminante » ayant directement entraîné le décès, la décision d'intervention et la conduite d'ensemble du processus opératoire sans qu'ait été suffisamment examiné et pris en compte le risque avéré de thrombose présenté par la victime en raison de son âge et de ses antécédents ; en l'état de ces énonciations, d'où il résulte que le prévenu n'a pas accompli les diligences normales qui lui incombaient compte tenu de la nature de sa mission et de sa fonction, de sa compétence ainsi que du pouvoir et des moyens dont il disposait, la cour d'appel a justifié sa décision au regard des articles 121-3 et 221-6 du Code pénal, tant dans leur rédaction antérieure à la loi du 10 juillet 2000 que dans leur rédaction issue de cette loi (■ Cass. crim., 29 oct. 2002 : *Bull. crim.*, n° 196).

51) Est coupable d'homicide involontaire l'interne de garde qui a commis une faute caractérisée en n'interrompant pas une perfusion devenue contre-indiquée au vu des résultats des examens biologiques, ayant ainsi exposé le patient à un risque d'une particulière gravité qu'il ne pouvait ignorer **et privé la victime de toute chance de survie** (■ Cass. crim., 1er avr. 2003 : *Dr. pénal* 2003, comm. 110, obs. M. Véron).

52) Un malade étant décédé à son domicile d'un infarctus du myocarde 50 minutes après que son épouse eut saisi par téléphone le SAMU d'une demande de secours, est justifiée, au regard des articles 121-3, alinéa 4, et 221-6 du Code pénal, la condamnation **du médecin régulateur des appels médicaux du SAMU**, dès lors que l'arrêt énonce que, en faisant le choix après avoir procédé de manière rapide, superficielle et incomplète à l'interrogatoire téléphonique de Josiane Maitrot, d'envoyer sur place un médecin de quartier dépourvu des moyens d'intervention nécessaires plutôt que l'une des trois ambulances du service médical d'urgence alors disponibles, le prévenu, qui a contribué à créer la situation qui a permis la réalisation du dommage, a commis une faute caractérisée exposant le malade à un risque d'une particulière gravité qu'il ne pouvait ignorer eu égard à son expérience de praticien et aux informations qui lui étaient communiquées (■ Cass. crim., 2 déc. 2003 : *Bull. crim.*, n° 226, *JCP* 2004, II, 10044, note P. Mistreta ; *Rev. sc. crim.* 2004, p. 344, obs. Y. Mayaud).

53) La seule sous-estimation de la gravité de l'affection présentée (comportant une évolution imprévisible et mortelle) et le fait de laisser les parents transporter eux-mêmes l'enfant ne peuvent suffire à caractériser une faute pénale à l'encontre du médecin (■ Cass. crim., 21 janv. 2014, n° 13-81.222 : *Dr. pén.* 2014, comm. 54, obs. M. Véron).

54) Justifie la relaxe **des professionnels de santé** poursuivis pour homicide involontaire, la décision qui constate que la victime, elle-même professionnel de santé, qui se savait atteinte d'asthme, s'est abstenue d'appeler les secours, ce qui aurait permis la mise en œuvre des traitements en temps utile (■ Cass. crim., 23 sept. 2014, n° 13-85.592 : *Dr. pén.* 2014, comm. 136, obs. M. Véron).

55) Personne responsable. En l'état d'une thyroïdectomie pratiquée par un chirurgien, chef de service, assisté d'un interne, sur un patient décédé des suites d'une complication hémorragique, après une opération qui aurait nécessité une reprise chirurgicale immédiate, encourt la cassation l'arrêt qui déclare l'interne coupable d'homicide involontaire sans répondre aux conclusions qui faisaient valoir, en se prévalant de l'article R. 6153-3 du Code de la santé publique, que la décision de réopérer dont la tardiveté était la cause du décès, appartenait au seul chef de service qui était présent lors de la survenance de l'hémorragie (■ Cass. crim., 3 mai 2006 : *Bull. crim.*, n° 117 ; *Rev. sc. crim.* 2006, p. 827, obs. Y. Mayaud).

56) Cassation de l'arrêt d'une cour d'appel qui, pour relaxer un médecin poursuivi du chef d'homicide involontaire, retient que la mort de sa patiente est due à une hémorragie secondaire à une plaie chirurgicale de l'aorte à la suite d'une incision cutanée pratiquée par une interne sous son contrôle, et que ledit médecin n'a commis aucune faute caractérisée, le retard de diagnostic, au surplus erroné, pouvant lui être reproché, s'expliquant par la morphologie particulière de la victime et le caractère exceptionnel des complications auxquelles il s'est trouvé confronté, alors qu'il appartenait à la cour d'appel de rechercher si le prévenu, auquel il incombait de contrôler l'acte pratiqué par l'interne, n'avait pas commis une faute entretenant un lien direct de causalité avec la mort de la patiente (■ Cass. crim., 10 févr. 2009 : *Bull. crim.*, n° 33 ; *JCP* 2009, II, 10069, note F. Desprez ; *Dr. pénal* 2009, comm. 60, obs. M. Véron).

57) Le médecin de service aux urgences d'un CHU est responsable du décès d'une patiente pour n'avoir pas tenu compte du diagnostic de son confrère de SOS médecins ayant amené la patiente et s'être fondé sur les constatations d'un jeune interne inexpérimenté (■ Cass. crim., 8 févr. 2011, n° 10-84.161 : *JurisData* n° 2011-003115 ; *Dr. pén.* 2011, comm. 61, obs. M. Véron). Voir aussi : ■ Cass. crim., 12 sept. 2006 : *Bull. crim.*, n° 219 ; *JCP* 2007, II, 10006, note T. Faict et P. Mistretta, rapporté *infra*, V° Direct ou indirect, IV – Lien de causalité.

58) Pour déclarer **un chirurgien** coupable d'homicide involontaire, les juges retiennent que le chirurgien n'a pas appliqué le « standard minimal des soins appropriés » en n'ayant pas recherché la cause des douleurs très importantes de sa patiente et en l'ayant laissée sortir sans avoir fait pratiquer d'analyse de sang, commettant ainsi une faute caractérisée en relation effective avec le décès (■ Cass. crim., 23 févr. 2010 : *JurisData* n° 2010-002456 ; *Dr. pén.* 2010, comm. 58, obs. M. Véron). *Adde*, pour défaut d'examens et recherches, ■ Cass. crim., 16 nov. 2010 : *Dr. pén.* 2011, comm. 19 et ■ Cass. crim., 18 oct. 2011 : *Dr. pén.* 2012, note 6.

59) L'anesthésiste qui ne donne pas aux infirmières des instructions suffisantes pour surveiller l'évolution de l'état d'un enfant ayant présenté des saignements importants à la suite d'une amygdalectomie, commet une faute caractérisée qui a conduit à sous-évaluer l'ampleur de l'hémorragie et contribué au décès du patient par arrêt cardiaque lors de l'anesthésie préalable à la tentative d'hémostase (■ Cass. crim., 13 févr. 2007 : *Bull. crim.*, n° 44 ; *JCP* 2007, II, 10107, note P. Mistretta ; *Rev. sc. crim.* 2007, p. 295, obs. Y. Mayaud). V. également pour la faute de négligence caractérisée de l'anesthésiste-réanimateur, ■ Cass. crim., 29 nov. 2005 ; *JCP* 2006, II, 10160, note F. Alt Maes.

60) Dans un **concours de fautes** imputées respectivement à **un médecin-anesthésiste** et à **une infirmière**, ayant entraîné le décès d'un enfant en réanimation post-opératoire, tous deux condamnés pour homicide involontaire, le premier l'a été pour faute caractérisée exposant la victime à un risque d'une particulière gravité qu'il ne pouvait ignorer dès lors qu'il n'a pas formulé avec toute la clarté indispensable sa prescription relative à une perfusion, et la seconde l'a été pour faute de négligence et d'imprudence entretenant un lien de causalité certain et direct avec le dommage dès lors qu'elle n'a pas demandé un complément d'informations au prescripteur avant de procéder à la perfusion dont elle n'a pas contrôlé le débit fatal (■ Cass. crim., 1er avril 2008 : *JurisData* n° 2008-043857 ; *Dr. pénal* 2008, comm. 93, obs. M. Véron). Pour la responsabilité de l'infirmière, voir *supra*, A. – la faute cause directe du dommage, V° *Domaine médical*.

61) Un médecin généraliste, réquisitionné par le préfet pour assurer une garde de nuit, qui ne prend pas les dispositions nécessaires pour être joint, commet une faute caractérisée exposant autrui à un risque d'une particulière gravité qu'il ne peut ignorer et sa condamnation pour homicide involontaire est justifiée (■ Cass. crim., 13 févr. 2007 : *Bull. crim.*, n° 43 ; *JCP* 2007, II, 10107, note P. Mistretta).

62) Justifie sa décision la cour d'appel qui, pour déclarer coupables d'homicides involontaires un **pharmacien d'officine** ainsi que le représentant légal d'une société, spécialisée dans la fabrication de médicaments à base de plantes, qui lui a livré six kilogrammes d'une herbe importée de Chine sous la dénomination de *Stephania tetranda*, réputée pour ses vertus amincissantes, retient que les prévenus ont commis des fautes caractérisées, le premier, en omettant d'analyser, en méconnaissance des bonnes pratiques des préparations officinales et des recommandations du conseil de l'ordre, l'identité de la matière première qui lui a été livrée, le second, en n'effectuant pas les contrôles, prévus par la monographie de la pharmacopée chinoise, alors que ces vérifications auraient permis de détecter la présence d'*Aristolochia fangchi*, plante dont est issu l'acide aristolochique, substance cancérigène et néphrotoxique (■ Cass. crim., 1er avr. 2008 : *Bull. crim.*, n° 88 ; *Dr. pénal* 2008, comm. 110, obs. M. Véron).

63) Constitue nécessairement une faute caractérisée le fait pour un médecin de prendre en charge, sauf circonstances exceptionnelles, une pathologie relevant d'une spécialité étrangère à sa qualification dans un établissement ne disposant pas des équipements nécessaires (■ Cass.

crim., 23 oct. 2012, n° 11-85.360 : *Dr. pénal* 2013, comm. 3, obs. M. Véron).

64) Justifie sa décision la cour d'appel qui, pour déclarer un **centre hospitalier** universitaire coupable d'homicide involontaire à la suite du décès d'une patiente dans le service des urgences, retient qu'en ne permettant pas, en infraction au règlement intérieur de l'hôpital imposant la présence d'un médecin senior dans chaque unité fonctionnelle de ce service, à celle-ci d'être examinée par un médecin senior tant lors de son arrivée qu'à son retour du service de radiologie alors que le diagnostic vital était engagé, il a commis une faute entretenant un lien de causalité certain avec la mort de sa victime (■ Cass. crim., 9 mars 2010, n° 09-80.543 : *Bull. crim.*, n° 49 ; *D.* 2010, p. 2135, note J.-Y. Maréchal).

65) Caractérisent, d'une part, un lien de causalité certain entre la faute et le dommage causé, d'autre part, **la violation manifestement délibérée d'une obligation particulière de prudence ou de sécurité prévue par la loi ou le règlement**, les juges qui, pour retenir la culpabilité des chefs d'homicide et blessures involontaires, relèvent notamment, qu'en s'abstenant délibérément de faire la déclaration prévue par les articles L. 512-8 du Code de l'environnement et 8 de l'arrêté préfectoral du 20 août 2000, dont ils savaient qu'elle leur incombait et dont ils ont faussement laissé ou fait mentionner qu'elle avait été effectuée, les prévenus ont privé de tout contrôle par l'inspecteur des installations classées la tour aéro-réfrigérante B, à l'origine de la contamination par la légionelle, contrôle à l'issue duquel, en cas de prélèvements et analyses se révélant positifs, les prévenus auraient dû mettre immédiatement un terme au fonctionnement du système de refroidissement de la tour concernée (■ Cass. crim., 16 oct. 2012, n° 11-87.369 : *Dr. pénal* 2013, comm. 3, obs. M. Véron).

66) Dans l'affaire de l'**hormone de croissance**, la cour d'appel de Paris a confirmé la relaxe des prévenus du chef d'homicides et blessures involontaires, l'examen des faits délimités par la prévention n'ayant pas permis de relever à leur encontre les éléments constitutifs de ces infractions par la commission d'une faute délibérée ou caractérisée (Paris, pôle 2, ch. corr. 8, 5 mai 2011, n° 09/03331 : *JurisData* n° 2011-0110201 ; *JCP* 2011, note 965, p. 1599, P. Mistretta).

– À noter que par arrêt du 7 janvier 2014, n° 11-84.456, la Chambre criminelle de la Cour de cassation a rejeté les pourvois permettant en cause cette décision sur ce point (*JCP* 2014, note 200, P. Mistretta ; *Dr. pén.* 2014, comm. 57, obs. J.-H. Robert).

67) Navigation aérienne. *(En l'espèce, condamnation des prévenus pour homicides involontaires à la suite de la chute en mer d'un avion de transport faisant de nombreuses victimes)* Constitue une faute caractérisée exposant autrui à un risque d'une particulière gravité qu'il ne pouvait ignorer le fait, pour l'instructeur d'une compagnie aérienne, de déclarer apte au pilotage et de programmer sur un vol un commandant de bord dont il connaissait l'insuffisance professionnelle et, de surcroît, sans lui fournir, pour la préparation du vol, un manuel d'exploitation approprié.

Constitue une faute caractérisée exposant autrui à un risque d'une particulière gravité qu'il ne pouvait ignorer, compte tenu des obligations que la tutelle des entreprises de transport aérien fait peser en matière de sécurité sur les services de l'aviation civile, le fait, pour le responsable en charge du contrôle d'une compagnie aérienne, d'autoriser la reprise de l'exploitation de l'avion, un temps suspendue par ses services à raison des insuffisances du manuel d'exploitation servant de support à la formation des pilotes, sans imposer à la compagnie de compléter ce document dont il connaissait les graves lacunes (■ Cass. crim., 15 oct. 2002 : *Bull. crim.*, n° 186 ; *Dr. pénal* 2003, comm. 4, obs. M. Véron ; *Rev. sc. crim.* 2003, p. 96, obs. Y. Mayaud). V. aussi, pour une vue complète de la décision. la note ss. art. 121-3.

68) Justifie sa décision, la cour d'appel qui, pour déclarer un prévenu coupable d'homicides et blessures involontaires, à la suite d'un accident d'avion dû à une panne de moteur trouvant son origine dans un défaut d'entretien ayant causé une rupture de fatigue du vilebrequin et dans un précédent accident survenu plusieurs années auparavant, qui avait causé des dommages importants au moteur, lesquels auraient nécessité des vérifications approfondies qui n'ont pas été faites, retient que le dirigeant de fait de l'association propriétaire de l'aéronef, qui exerçait également les fonctions de chef pilote, devait s'assurer que les conditions d'entretien et de révision des appareils étaient conformes aux règles en vigueur et répondaient aux nécessités liées à leur utilisation ; qu'en ne tenant pas à jour les documents où devaient être consignées les opérations d'entretien et leurs résultats, il n'a pas accompli les diligences normales lui incombant, compte tenu de la nature de ses fonctions ainsi que des moyens mis à sa disposition, ce qui a contribué à créer la situation ayant permis la réalisation du dommage et a violé de façon manifestement délibérée une obligation particulière de prudence et de sécurité prévue par un règlement (■ Cass. crim., 18 nov. 2008 ; pourvoi n° 08-81.672 ; *Bull. crim.*, n° 232 ; *Dr. pénal* 2009, comm. 18, obs. M. Véron).

69) Navigation maritime. Dans le cas d'un accident du travail subi par le matelot d'un navire à raison d'agissements imputables au marin d'un autre navire du même armement (ce marin ayant mélangé deux produits incompatibles dans un pulvérisateur, fait générateur de l'accident), justifie sa décision la cour d'appel qui déclare l'armateur coupable du délit de blessures involontaires en retenant que celui-ci, en sa qualité (aussi) de capitaine du second navire, a omis de remplir des obligations de sécurité lui incombant à l'égard des préposés se trouvant sous ses ordres, alors qu'il a été constaté qu'il n'avait établi aucun document écrit et notamment pas le document unique relatif à l'évaluation des risques et à la sécurité des travailleurs, rendu obligatoire par le décret du 5 novembre 2011, qu'il avait connaissance des caractéristiques des produits et de l'interdiction de les mélanger et qu'il n'avait cependant pris aucune mesure propre à éviter à ses salariés un risque d'une particulière gravité qu'il ne pouvait ignorer (■ Cass. crim., 25 juin 2013, n° 11-88.037 : *Bull. crim.*, n° 153).

70) Domaine éducatif. Justifie sa décision au regard de l'article 121-3 du Code pénal, dans sa rédaction issue de la loi du 10 juillet 2000, la cour d'appel qui, pour relaxer du chef d'homicides et de blessures involontaires la directrice d'une école primaire et l'institutrice ayant organisé une classe de découverte dans le lit d'une rivière où les victimes ont été surprises par la montée des eaux provoquée par un lâcher d'eau, seule cause directe des dommages, relève, après avoir analysé les conditions dans lesquelles cette sortie avait été autorisée, que les prévenues, qui n'ont pu envisager le risque auquel étaient exposés les élèves, n'ont ni commis une faute caractérisée, ni violé de façon manifestement délibérée une obligation particulière de prudence ou de sécurité prévue par la loi ou le règlement (■ Cass. crim., 18 juin 2002 : *Bull. crim.*, n° 139). V. *Gaz. Pal.* 29-31 juill. 2001, note S. Petit, et *Rev. sc. crim.* 2001, p. 804, *L'aboutissement de l'affaire du Drac*, par Y. Mayaud.

71) Justifie sa décision la cour d'appel qui, après avoir constaté que la seule cause directe du déclenchement de l'avalanche est la rupture d'une plaque de neige déstabilisée par le passage imprudent du guide de haute montagne responsable de la course et des randonneurs qui le suivaient, énonce, après avoir analysé leurs comportements respectifs, que le professeur d'éducation physique, le directeur du centre sportif de plein air et l'accompagnateur en moyenne montagne chargés d'organiser le séjour du groupe d'élèves et d'enseignants dont les victimes faisaient partie et d'encadrer leur randonnée en raquettes à neige, n'ont ni violé de façon manifestement délibérée une obligation de prudence ou de sécurité prévue par la loi ou le règlement, ni commis une faute caractérisée exposant autrui à un risque d'une particulière gravité qu'ils ne pouvaient ignorer (■ Cass. crim., 26 nov. 2002 : *Bull. crim.*, n° 211 ; *Dr. pénal* 2003, comm. 45, obs. M. Véron).

72) Justifie sa décision au regard des articles 121-3 et 221-6 du Code pénal la cour d'appel qui, dans la procédure suivie sur les circonstances du décès d'un élève pendant un cours dans les toilettes de son école, énonce, pour relaxer l'institutrice du chef d'homicide involontaire, qu'ignorant que l'enfant, autorisé pour des raisons médicales à se rendre aux toilettes pendant les cours, s'y livrait depuis peu au jeu dangereux dont il a été victime, la prévenue n'a ni violé une obligation particulière de prudence ou de sécurité prévue par la loi ou le règlement, ni commis une faute caractérisée exposant la victime à un risque qu'elle ne pouvait envisager (■ Cass. crim., 10 déc. 2002 : *Bull. crim.*, n° 223 ; *Dr. pénal* 2003, comm. 45).

73) Justifie sa décision au regard de l'article 121-3 du Code pénal la cour d'appel qui, pour déclarer un instituteur coupable d'homicide involontaire à la suite du décès de l'une de ses élèves, victime d'une chute par la fenêtre du deuxième étage de la classe sur laquelle elle s'était placée à son insu, retient que, connaissant la dangerosité de la situation résultant de l'ouverture des fenêtres pour les enfants, il n'a pas pris à leur arrivée dans la classe les mesures de fermeture permettant d'éviter le dommage et a ainsi commis une faute caractérisée exposant les élèves à un risque d'une particulière gravité qu'il ne pouvait ignorer (■ Cass. crim., 6 sept. 2005 : *Bull. crim.*, n° 218 ; *Dr. pénal* 2006, comm. 3, obs. M. Véron ; *Rev. sc. crim.* 2006, p. 62, obs. Y. Mayaud).

74) Justifie sa décision au regard de l'article 121-3 du Code pénal, la cour d'appel qui, pour déclarer un enseignant d'un centre de formation recevant des jeunes majeurs coupable d'homicide involontaire à la suite du décès de l'un de ses élèves en lien avec son alcoolisation, retient que cet enseignant a contribué à créer la situation ayant permis la réalisation du dommage en achetant et en introduisant dans l'établissement des boissons alcoolisées qui ont été consommées à l'occasion d'un repas de fin d'année organisé à l'initiative des élèves avec son aval et qu'il n'a pas pris les mesures permettant de l'éviter, en laissant, par suite d'un défaut de surveillance, la victime quitter l'établissement au volant de son véhicule alors qu'elle se trouvait sous l'emprise d'un état alcoolique, le tout étant constitutif d'une faute caractérisée et qui exposait autrui à un risque d'une particulière gravité qu'il ne pouvait ignorer

(■ Cass. crim., 12 janv. 2010, pourvoi n° 09-81.799 : *Bull. crim.*, n° 5 ; *Dr. pénal* 2010, comm. 31, obs. M. Véron ; *Rev. sc. crim.* 2010, p. 134, obs. Y. Mayaud).

75) Justifient leur décision les juges qui, pour déclarer coupable d'homicide involontaire un professeur d'éducation physique, retiennent que la faute caractérisée qu'il a commise, en exerçant seul avec l'assistance d'une collègue non qualifiée, au cours d'un stage d'initiation à la voile, une surveillance insuffisante sur un groupe de vingt et un enfants, embarqués sur onze dériveurs légers, dont il savait qu'ils n'avaient aucune expérience de la navigation et qu'ils étaient exposés à des réactions de panique, entretient un lien de causalité certain avec la noyade et le décès de l'un d'eux (■ Cass. crim., 4 oct. 2005 : *Bull. crim.*, n° 251 ; *Dr. pénal* 2006, comm. 2, obs. M. Véron ; *Rev. sc. crim.* 2006, p. 64, obs. Y. Mayaud).

76) Responsabilité des collectivités territoriales. Une communauté de communes a été déclarée coupable d'homicide et de blessures involontaires à l'occasion d'un accident de la circulation causé par une vache échappée de l'abattoir, vétuste et non sécurisé, propriété de cet établissement public dont aucun dirigeant ou représentant n'avait pris de mesures pour remédier à cette situation dangereuse ; en l'état était caractérisée à la charge de la communauté de communes une faute ayant contribué à l'accident (■ Cass. crim., 14 déc. 2010, n° 10-80.591 : *Dr. pén.* 2011, comm. 32, obs. M. Véron).

77) Responsabilité des maires. Absence de faute qualifiée. – V. *JCP* 2001, II, 10534, note Ph. Salvage sous ■ Poitiers 2 févr. 2001 : *JurisData*, n° 14096 : relaxant un maire du chef d'homicide involontaire, la faute n'étant pas caractérisée au sens de la loi du 10 juillet 2000.

78) Justifie sa décision la cour d'appel qui, après avoir constaté que le maire, prévenu d'homicide involontaire, en laissant à la portée du public sur un terrain municipal des cages de but ne répondant pas aux exigences de sécurité fixées par les articles 2 et 6 du décret du 4 juin 1996, n'a pas pris les mesures permettant d'éviter le décès de la victime, retient, pour le relaxer, qu'il ne résulte de l'information et des débats ni qu'il ait délibérément violé l'obligation prévue par ce règlement, ni qu'il ait été informé du risque auquel étaient exposés leurs utilisateurs éventuels et ait ainsi commis une faute caractérisée au sens de l'article 121-3, alinéa 4, du Code pénal, dans sa rédaction issue de la loi du 10 juillet 2000 (■ Cass. crim., 5 juin 2002 : *Bull. crim.*, n° 127 ; *D.* 2003, jur., p. 95, note S. Petit).

79) Ne donne pas de base légale à sa décision la cour d'appel qui condamne un maire pour blessures involontaires en retenant qu'il s'est borné à placer un conseiller municipal en avant du défilé de la fanfare pour alerter les automobilistes et que l'un d'eux, qui circulait à une vitesse excessive et dont le véhicule était équipé de pneus lisses, a heurté deux enfants, sans rechercher en quoi les diligences du prévenu n'étaient pas normales et adaptées aux risques prévisibles (■ Cass. crim., 18 juin 2002 ; *Bull. crim.*, n° 138 ; *Dr. pénal* 2002, comm. 120, obs. M. Véron ; *D.* 2003, jur., p. 240, note F. Gauvin).

80) Responsabilité des maires. *Faute qualifiée retenue.* – Justifie sa décision, au regard des articles 121-3 et 221-6 du Code pénal dans leur rédaction issue de la loi du 10 juillet 2000, la cour d'appel qui, pour déclarer coupable d'homicide involontaire le maire d'une commune gérant directement une station de ski, à la suite du décès d'un enfant déchiqueté par une dameuse qui a coupé la trajectoire de sa luge, retient que ce prévenu s'est borné à autoriser les engins de damage à accéder aux pistes de ski de fond sans réglementer leur circulation dans les autres lieux de la station, et notamment sur les pistes de luge et de fond. Ils en déduisent que le maire, qui connaissait la configuration des lieux, n'a pas pris les mesures qui auraient permis d'éviter un dommage prévisible et a commis une faute caractérisée exposant autrui à un risque d'une particulière gravité qu'il ne pouvait ignorer (■ Cass. crim., 18 mars 2003 : *Bull. crim.*, n° 71 ; *Rev. sc. crim.* 2003, p. 783, obs. Y. Mayaud).

81) Justifie sa décision au regard de l'article 121-3 du Code pénal la cour d'appel qui, pour déclarer un maire coupable d'homicide et de blessures involontaires au préjudice de trois personnes électrocutées, au cours du bal avec projection de mousse de la commune, au contact des rambardes métalliques du podium non relié à la terre mis par celle-ci à la disposition de l'entreprise de sonorisation, retient qu'en se désintéressant de l'organisation de cette manifestation après l'avoir confiée au comité des fêtes et en s'abstenant de vérifier ou de faire vérifier le respect des règles de sécurité, le prévenu a commis une faute caractérisée exposant autrui à un risque d'une particulière gravité qu'il ne pouvait ignorer (■ Cass. crim., 11 juin 2003 : *Bull. crim.*, n° 121 ; *Dr. pénal* 2003, comm. 120, obs. M. Véron ; *Rev. sc. crim.* 2003, p. 784, obs. Y. Mayaud).

82) Justifie sa décision au regard de l'article 121-3 du Code pénal la cour d'appel qui, pour déclarer un maire coupable d'homicide involontaire au préjudice d'un enfant décédé des suites d'un accident survenu sur une aire communale de jeux, retient que le prévenu, qui connaissait la dangerosité de cette installation et qui disposait des compétences, des moyens et de l'autorité nécessaires pour prévenir le dommage, a, en omettant de prendre les mesures utiles pour faire enlever l'élément de jeux à l'origine de l'accident, commis une faute caractérisée exposant autrui à un risque d'une particulière gravité que cet élu ne pouvait ignorer (■ Cass. crim., 2 déc. 2003 : *Bull. crim.*, n° 231 ; *Dr. pénal* 2004, comm. 17, obs. M. Véron ; *Rev. sc. crim.* 2004, p. 347, obs. Y. Mayaud).

83) Commet une faute caractérisée le maire qui ne prend pas, après un premier accident, les mesures de signalisation indispensables à la sécurité des baigneurs dans un étang municipal, contribuant ainsi à créer la situation ayant permis la réalisation du dommage corporel dont l'un d'eux a été victime (■ Cass. crim., 22 janv. 2008 : *JurisData* 2008-042792 ; *Dr. pénal* 2008, comm. 43, obs. M. Véron ; *Rev. sc. crim.* 2008, p. 899, obs. Y. Mayaud).

84) Commet une faute caractérisée entretenant un lien de causalité certain avec le dommage, le maire qui se borne à déléguer l'organisation de manifestations sans examiner les questions de sécurité avec les organisateurs et les services de secours, ces questions relevant de ses pouvoirs propres de police ; en l'espèce un enfant avait été blessé par un taurillon, l'incapacité ayant été inférieure à trois mois (■ Cass. crim., 10 juin 2008 : *Dr. pénal* 2008, comm. 123, obs. M. Véron).

85) Sports. Justifie sa décision au regard de l'article 121-3 du Code pénal la cour d'appel qui, pour déclarer coupable d'homicide et blessures involontaires le loueur professionnel d'un scooter des mers dont l'utilisateur, effectuant une manœuvre de dépassement sans respect des règles de prudence et de sécurité, est entré en collision avec un autre véhicule du même type, retient qu'en fournissant un engin potentiellement dangereux à un client qu'il savait dépourvu du permis imposé par la réglementation et totalement ignorant des règles de base de la navigation maritime, a commis une faute caractérisée exposant autrui à un risque d'une particulière gravité et a ainsi créé la situation ayant permis la réalisation du dommage (■ Cass. crim., 5 oct. 2004 : *Bull. crim.*, n° 236).

86) Méconnaît l'article 121-3 du Code pénal, dans sa rédaction issue de la loi du 10 juillet 2000, immédiatement applicable, la cour d'appel qui, pour déclarer coupable d'homicide involontaire le prévenu, organisateur d'une sortie au cours de laquelle la victime est décédée des suites d'un **accident de plongée sous-marine** survenu le 15 juillet 1999, relève à sa charge des fautes d'imprudence et divers manquements à des obligations de sécurité ou de prudence imposées par la loi ou les règlements, sans établir l'existence d'une faute qualifiée (■ Cass. crim., 16 mai 2006 : *Bull. crim.*, n° 137 ; *Dr. pénal* 2006, comm. 108, obs. M. Véron).

87) Est justifiée la condamnation d'**une association de ski**, personne morale, pour homicide involontaire sur la personne d'une skieuse, participant à une compétition organisée par cette association, qui avait heurté un arbre en bordure de piste en l'absence de dispositifs de sécurité que le danger constitué par les arbres implantés au lieu de l'accident exigeaient (■ Cass. crim., 18 juin 2013, n° 12-85.917 : *Bull. crim.*, n° 144).

88) Autres cas. Justifie sa décision, au regard des articles 121-3 et 221-6 du Code pénal dans leur rédaction issue de la loi du 10 juillet 2000, la cour d'appel qui, pour déclarer un agent forestier, chargé de la surveillance et du cubage d'une coupe de bois, coupable d'homicide involontaire à la suite du décès d'un enfant écrasé par la chute d'un tronc d'arbre placé en équilibre instable sur deux autres grumes, retient que ce prévenu, bien qu'ayant lui-même constaté le danger et sachant que la forêt serait fréquentée un jour férié, n'a pris aucune disposition ; il résulte en effet de ces motifs que le prévenu a causé indirectement le décès de la victime en ne prenant pas les mesures permettant d'éviter le dommage et qu'il a commis une faute caractérisée et qui exposait autrui à un risqué d'une particulière gravité qu'il ne pouvait ignorer (■ Cass. crim., 13 nov. 2002 : *Bull. crim.*, n° 204 ; *Rev. sc. crim.* 2003, p. 337, obs. Y. Mayaud).

89) Justifie sa décision au regard des articles 121-3 et 221-6 du Code pénal la cour d'appel qui, pour déclarer le prévenu, locataire d'une moissonneuse-batteuse en crédit-bail, coupable des homicides involontaires de deux pompiers intervenant dans la lutte contre l'incendie allumé par la projection, par son engin, de particules incandescentes, retient qu'en ne faisant pas contrôler la machine agricole, dont le moteur était encrassé, par un concessionnaire de la marque comme le préconisait la notice technique en sa possession et qu'en moissonnant, en période de sécheresse et par vent fort, un champ situé en lisière de forêt, il a commis deux fautes caractérisées exposant autrui à un risque d'une particulière gravité qu'il ne pouvait ignorer, en sa qualité d'agriculteur de la région (■ Cass. crim., 5 oct. 2004 : *Bull. crim.*, n° 235).

90) Justifie sa décision au regard de l'article 121-3 du Code pénal la cour d'appel qui, pour déclarer coupables d'homicides involontaire une **société de chasse et son président**, chargé, par elle, de l'organisation d'une battue au grand gibier, à l'occasion de laquelle un des chasseurs postés a été mortellement blessé par un tir horizontal effectué par un autre participant en direction de son poste, retient qu'en faisant sonner la traque sans avoir préalablement ni matérialisé les postes ni placé chacun des chasseurs, en déterminant, avec eux, les angles de tir autorisés et prohibés et en leur rappelant l'obligation de procéder à un tir fichant au sol, le président de cette association, qui connaissait ces consignes de sécurité diffusées par l'Office national de la chasse et qui n'ignorait pas le fort pouvoir de pénétration des balles utilisées pour ce type de chasse, a, par sa carence, contribué à créer la situation ayant permis la réalisation du dommage et commis, ainsi, une faute caractérisée ayant exposé autrui à un risque d'une particulière gravité (■ Cass. crim., 8 mars 2005 ; *Bull. crim.*, n° 80 ; *Dr. pénal* 2005, comm. 70, obs. M. Véron).

91) Justifie sa décision la cour d'appel qui déclare **le dirigeant d'une société de sécurité** coupable d'homicides involontaires en retenant qu'il avait commis des fautes caractérisées, en lien de causalité certain avec le décès des victimes, dès lors que, compte tenu de la grande affluence prévue et par lui constatée dans des locaux où était organisée une soirée, il n'avait pas fourni le nombre nécessaire d'agents de protection et ne s'était pas préoccupé d'assurer la régulation des entrées et des sorties du public alors que le dispositif d'accès aux locaux était défaillant (■ Cass. crim., 11 déc. 2007 : *JurisData* n° 2007-042587 ; *Dr. pénal* 2008, comm. 43, obs. M. Véron).

92) L'occupante d'un logement où s'est produite une fuite de gaz à l'origine d'une violente explosion qui a détruit partiellement un immeuble, tuant et blessant plusieurs personnes, a commis une faute qualifiée en s'abstenant de faire vérifier, au moment de son entrée dans les lieux, la conformité de son installation de gaz à la réglementation, en faisant changer, quelques mois avant l'accident, le tube de raccordement de la cuisinière par un non-professionnel, et en ne fermant pas le robinet d'arrivée de gaz pendant son absence prolongée.

Les agents de Gaz de France ont commis également une faute qualifiée en ne concentrant pas leurs contrôles à l'étage où était situé ce logement, alors que la poursuite de leurs investigations leur auraient permis de découvrir la fuite de gaz (■ Cass. crim., 18 nov. 2008, pourvoi n° 08-81.361 : *Bull. crim.*, n° 233 ; *Dr. pénal* 2009, comm. 18, obs. M. Véron ; *D. 2009*, p. 1320, note Y. Joseph-Ratineau ; *Rev. sc. crim.* 2009, p. 94, obs. Y. Mayaud).

93) Justifie sa décision de culpabilité d'homicide involontaire l'arrêt qui retient que le prévenu, sachant que la motocyclette serait utilisée par un mineur, a vendu au père de ce dernier un engin dont la puissance avait été portée à un niveau supérieur à celui du modèle homologué, imposant à son conducteur la possession depuis deux ans d'un permis A qui ne peut être obtenu qu'à l'âge de dix-huit ans, sans l'informer des modalités, du niveau et des conséquences exacts de cette augmentation de puissance ; que les juges ajoutent qu'il a ainsi créé ou contribué à créer la situation qui a permis la réalisation du dommage (décès du mineur à la suite de la perte du contrôle de l'engin) et commis une faute caractérisée exposant le mineur à un risque d'une particulière gravité qu'en sa qualité de professionnel il ne pouvait ignorer (■ Cass. crim., 15 juin 2010 : *JurisData* n° 2010-011257 ; *Dr. pén.* 2010, comm. 136, obs. M. Véron).

94) Lorsque le tiers, auquel a été prêté un véhicule automobile, et qui, de surcroît, se trouvait en état d'ivresse décède à la suite de la perte de contrôle dudit véhicule, justifie sa décision au regard de l'article 121-3 du Code pénal, la cour d'appel qui retient, pour déclarer le propriétaire du véhicule coupable d'homicide involontaire, qu'en remettant volontairement les clés à la victime, alors qu'il savait que celle-ci n'était pas titulaire du permis de conduire et qu'elle se trouvait sous l'emprise de l'alcool, il a commis une faute caractérisée exposant autrui à un risque d'accident d'une particulière gravité qu'il ne pouvait ignorer et contribué à créer la situation qui a permis la réalisation du dommage (■ Cass. crim., 14 déc. 2010, n° 10-81.189 : *Bull. crim.*, n° 200 ; *Dr. pén.* 2011, note 33 ; *Rev. sc. crim.* 2011, p. 96, obs. Y. Mayaud).

95) Commet une faute caractérisée le vendeur d'un volet roulant de porte de garage, qui ne répondait pas aux normes de sécurité, exerçant ainsi son activité commerciale sans s'informer des règles élémentaires de sécurité et des normes applicables aux produits qu'il vendait ; cette faute a indirectement permis la réalisation du dommage, un enfant ayant été retrouvé sans vie, la tête coincée sous le volet (■ Cass. crim., 29 juin 2010 : *Bull. crim.* n° 119 ; *Dr. pén.* 2010, comm. 136, préc.).

96) Pour déclarer la prévenue coupable d'homicide involontaire l'arrêt relève qu'elle avait loué **un logement dont l'installation électrique n'était pas conforme à la réglementation** et qu'elle n'avait pris aucune des mesures nécessaires pour la mise aux normes et la vérification de la sécurité de cette installation ; le mauvais état de celle-ci a joué un rôle déterminant dans un incendie ayant causé la mort de cinq pompiers à l'ouverture de la porte (■ Cass. crim., 7 sept. 2010 : *Dr. pén.* 2010, comm. 136, préc.).

97) V. aussi *supra*, sous l'article 11 *bis* A de la loi du 13 juillet 1983 concernant la responsabilité pénale des fonctionnaires pour homicide ou blessures involontaires ■ Cass. crim., 3 déc. 2002 : *Bull. crim.*, n° 219, retenant la violation d'une obligation particulière de sécurité et la faute caractérisée.

III – LE DOMMAGE

98) Personne vivante. Ne peut être condamné pour homicide involontaire le conducteur d'un véhicule qui passe sur le corps d'une personne renversée par un autre véhicule et dont il n'est pas prouvé qu'elle vivait encore au moment du second choc (■ Cass. crim., 12 déc. 1972 : *Rev. sc. crim.* 1973, 409, obs. Levasseur ; *Gaz. Pal.* 1973, I, 285, note Doucet). Rappr., ■ Cass. crim., 25 janv. 1978 : *Rev. sc. crim.* 1978, 861, obs. Levasseur.

99) Nouveau-né. Est justifiée la condamnation pour homicide involontaire d'un médecin qui, par son intervention incorrecte, a provoqué des fractures du crâne d'un nouveau-né, entraînant le décès par hémorragie méningée, à la suite de l'application du forceps, dès lors que l'enfant, dont le cœur battait lors de la naissance, a bien respiré et que, dans ces conditions, le décès est dû à la maladresse certaine et coupable du médecin accoucheur (■ Cass. crim., 14 juin 1957 : *D.* 1957, jur., 512). *Adde*, pour un enfant décédé quelques jours plus tard après l'utilisation de forceps à l'origine directe de lésions cérébrales, ■ Cass. crim., 23 oct. 2001 : *Bull. crim.*, n° 217, préc. note 21.

100) Il suffit, pour caractériser le délit d'homicide involontaire, que l'atteinte à la personne ait porté sur un être humain, même non séparé de sa mère, dès l'instant qu'il était venu à terme viable et que sa mort est imputable à la faute d'un tiers, en l'espèce une sage-femme (■ Amiens, 28 avr. 1964 : *Gaz. Pal.* 1964, 2, p. 167, note L. Hugueney).

101) Le délit d'homicide par imprudence doit être retenu à la charge de l'automobiliste qui a renversé une femme enceinte si celle-ci, quelques heures après l'accident, a mis au monde un enfant né viable mais décédé 12 heures plus tard et s'il est établi que l'enfant a été amené à décéder en conséquence des lésions relevées de congestion cérébrale généralisée, consécutives à une commotion cérébrale ayant sa cause dans le traumatisme subi lors du choc imputable au prévenu (■ Paris, 10 janv. 1959 : *Gaz. Pal.* 1959, 2, p. 223).

102) L'incrimination d'homicide involontaire s'applique au cas de l'enfant né vivant et décédé des suites de la maladresse, l'imprudence, l'inattention, la négligence ou le manquement à une obligation de sécurité ou de prudence prévue par la loi ou le règlement commis avant sa naissance : justifie en conséquence sa décision la cour d'appel qui déclare coupable de ce délit le conducteur d'un véhicule automobile dont le défaut de maîtrise a causé les lésions vitales irréversibles subies *in utero* par le fœtus au moment du choc et des suites desquelles l'enfant est décédé après sa naissance (■ Cass. crim., 2 déc. 2003 : *Bull. crim.*, n° 230 ; *Dr. pénal* 2004, comm. 18, obs. M. Véron ; *JCP* 2004, II, 10054, note M.-L. Rassat ; *D.* 2004, p. 449, note J. Pradel).

103) A justifié sa décision la cour d'appel qui, pour déclarer un **obstétricien coupable de blessures involontaires**, retient qu'en quittant la salle de naissance sans consulter le dossier de la parturiente, alors qu'il avait été informé par la sage-femme de la rupture prématurée des membranes, des anomalies du rythme cardiaque fœtal montrées par le monitorage et de la prématurité de l'enfant, ce qui aurait dû le conduire à pratiquer une césarienne le 17 février 1999, entre 14 et 15 heures, il a commis une faute ayant contribué à causer à l'enfant des lésions irréversibles dont les séquelles ont été constatées après la naissance, intervenue le 17 février 1999 à 15 heures 45 (■ Cass. crim., 2 oct. 2007 : *Bull. crim.*, n° 234 ; *Dr. pénal* 2008, comm. 1, obs. M. Véron ; *JCP* 2008, II, 10027, note V. Valette-Ercole ; *Rev. sc. crim.* 2008, p. 337, obs. Y. Mayaud).

104) Fœtus. L'homicide involontaire sur un fœtus a été notamment retenu : par une cour d'appel dans une espèce où une femme sur le point d'accoucher avait été blessée dans un accident qui avait nécessité une césarienne, permettant l'extraction d'un enfant « mort-né frais » à terme, dont rien ne pouvait établir qu'il était décédé avant l'accident et devait donc être considéré comme viable en raison de son état de maturité et de son poids (■ Douai, 2 juin 1987 : *Gaz. Pal.* 1989, 1, 145, note J.-P. Doucet ; *JCP* 89, II, 21250, note Labbée ; *Rev. sc. crim.* 1989, 319, obs. Levasseur) ; par une autre cour d'appel condamnant de ce chef un gynécologue qui avait tardé à pratiquer une césarienne et dont la négligence avait provoqué la mort de l'enfant comme de la mère (■ Bordeaux, 20 mars 1996 : *JurisData* n° 045257 ; V. aussi ■ Reims, 3 févr. 2000 : *JCP* 2000, II, 10406, note G. Fauré ; *Dr. pénal* 2000, comm. 54, obs. M. Véron).

105) En sens contraire à ces décisions, V. ■ Paris, 9 nov. 1951 : *Gaz. Pal.* 1952, 1, 236, et ■ Metz, 3 sept. 1998 : *JCP* 2000, II, note G. Fauré.

106) Il avait été encore jugé que la mort d'un fœtus, âgé de 20 à 24 semaines, due à l'imprudence ou à la négligence d'un médecin, constitue un homicide involontaire (■ Lyon, 13 mars 1997 :

JCP 97, II, 22955, note Y. Faure ; *D.* 1997, 557, note E. Serverin). Mais cet arrêt a été cassé ; la Cour de cassation a décidé que la loi pénale étant d'interprétation stricte, les faits reprochés au médecin qui a involontairement interrompu la vie de l'enfant à naître dont la mère était venue consulter pour un examen de grossesse n'entrent pas dans les prévisions des articles 319 ancien et 221-6 du Code pénal (■ Cass. crim., 30 juin 1999 : *Bull. crim.*, n° 174 ; *JCP* 2000, II, 10231, note G. Fauré ; *Rev. sc. crim.* 1999, 813, obs. Y. Mayaud ; *D.* 1999, jur. p. 710, note D. Vigneau ; Roujou de Boubée et B. de Lamy : *D.* 2000, chron. 181 ; M.-R. Rassat : *Dr. pénal* 2000, chron. n° 12 ; *D.* 2000, jur. p. 169, obs. C. Desnoyer et L. Dumaine).

Sur la question, *adde*, *Dr. pénal* 1997, chron. 7 par M. Véron et chron. 22 par C. Puigelier.

107) Sur les pourvois formés contre l'arrêt de la cour d'appel de Metz (3 sept. 1998 : préc.), l'Assemblée plénière de la Cour de cassation a décidé que « le principe de la légalité des délits et des peines, qui impose une interprétation stricte de la loi pénale, s'oppose à ce que l'incrimination prévue par l'article 221-6 du Code pénal réprimant l'homicide involontaire d'autrui, soit étendue au cas de l'enfant à naître dont le régime juridique relève de textes particuliers sur l'embryon et le fœtus » (■ Cass. ass. plén. 29 juin 2001 : *JCP* 2001, II, 10569, rapp. Sargos, concl. Sainte-Rose, note Rassat ; *Bull. crim.*, n° 165 ; *Dr. pénal* 2001, chron. 34 par L. Demont ; *Rev. trim. dr. civ.* 2001, p. 560, note J. Hauser ; *D.* 2001, chron. p. 2907, par J. Pradel ; *D.* 2001, jur., p. 2917, note Y. Mayaud).

108) Sur les pourvois formés contre l'arrêt de la cour d'appel de Versailles (19 janv. 2000), la chambre criminelle a encore jugé que le principe de la légalité des délits et des peines, qui impose une interprétation stricte de la loi pénale, s'oppose à ce que l'incrimination d'homicide involontaire s'applique au cas de l'enfant qui n'est pas né vivant ; méconnaît ce principe la cour d'appel qui retient l'incrimination d'homicide involontaire pour des fautes de négligence et d'imprudence, commises par une sage-femme et un médecin, ayant entraîné le décès d'un enfant *in utero*, aux motifs que « l'enfant était à terme depuis plusieurs jours et que si les fautes n'avaient pas été commises, il avait la capacité de survivre par lui-même, disposant d'une humanité distincte de sa mère » (■ Cass. crim., 25 juin 2002 : *Bull. crim.*, n° 144 ; *Dr. pénal* 2002, chron. 31, concl. D. Commaret, comm. 93, obs. M. Véron ; *JCP* 2002, II, 10155, note M.-L. Rassat ; *D.* 2003, somm. comm., p. 243 ; *D.* 2003, jur. p. 3099, note J. Pradel. ■ Cass. crim., 4 mai 2004 : *Bull. crim.*, n° 108 ; *D.* 2004, jur., p. 3097, note J. Pradel). *Adde* l'étude de J. Sainte-Rose : *JCP* 2004, I, 194 ; M. Levinet, note à propos de l'arrêt de la CEDH, cfr. ch., du 8 juill. 2004, n° 53924100, qui décide que la question de savoir quel est le point de départ de la vie relève de l'appréciation des États : *JCP* 2004, II, 10158. *Adde*. J. Mouly, *Du prétendu homicide de l'enfant à naître* : *Rev. sc. crim.* 2005, doctr., p. 47.

109) L'incapacité. Si le dommage n'apparaît que tardivement, le délit n'est caractérisé qu'au jour où apparaît l'incapacité (■ Cass. ch. mixte, 26 févr. 1971 : *D.* 1971, 241, concl. Lindon ; *Rev. sc. crim.* 1971, 683, obs. Levasseur). Dans le même sens, V. ■ Cass. crim., 22 oct. 1979 : *Gaz. Pal.* 1980, 1, 373 et ■ Bordeaux, 28 avr. 1987 : *Gaz. Pal.* 27 août 1987.

110) L'incapacité totale de travail personnel d'une durée déterminée est suffisamment caractérisée s'il est prouvé que la victime ne pouvait reprendre son activité professionnelle sans éprouver des fatigues et des douleurs excessives risquant de compromettre sa santé et d'aggraver son état (■ Cass. crim., 28 janv. 1969 : *Bull. crim.*, n° 51) ; mais l'incapacité n'est pas totale si la victime pouvait faire ses courses et se livrer à des travaux ménagers (■ T. corr. Paris, 28 juin 1971 : *D.* 1971, 602, note Le Roy). Le salarié victime d'un accident de la circulation qui n'a pu reprendre son travail et a été licencié en raison de son âge et de son état de santé n'est pas victime de la perte de chance de recevoir ses salaires jusqu'à l'âge normal de la retraite, mais de la perte totale de ces salaires dont il doit recevoir l'intégralité (■ Cass. crim., 25 avr. 1989 : *Dr. pénal* 1989, n° 62).

111) La durée de l'incapacité totale de travail personnel supérieure à trois mois, qui est l'un des éléments constitutifs du délit de blessures involontaires (art. 222-19), doit s'entendre de trois mois consécutifs. Dès lors, on ne peut additionner, pour atteindre cette durée, des périodes d'incapacité dont chacune est inférieure à celle-ci (■ Cass. crim., 15 mars 1988 : *Bull. crim.*, n° 130).

IV – LIEN DE CAUSALITÉ

112) Certain. L'existence du lien de causalité entre la faute et le dommage doit être certaine (■ Cass. crim., 30 mai 1980 : *Bull. crim.*, n° 166. ■ 14 févr. 1996 : *Bull. crim.*, n° 78. ■ 17 oct. 2000, pourvoi n° V 99-86.710, inédit), et constatée par les juges du fond (■ Cass. crim., 2 mars 1994 : *Bull. crim.*, n° 85. ■ 4 oct. 2005 : *Bull. crim.*, n° 251 ; V. *supra*, note sous « domaine éducatif »).

À défaut, l'arrêt de condamnation encourt la censure (■ Cass. crim., 7 janv. 1980 : *Bull. crim.*, n° 10. ■ 27 nov. 1984 : *Bull. crim.*, n° 369. ■ 10 janv. 1991 : *Dr. pénal* 1991, comm. 169).

113) L'article 221-6 du Code pénal exige pour recevoir application que soit constatée l'existence certaine d'un lien de causalité entre la faute du prévenu et le décès de la victime ; en conséquence, ne justifie pas sa décision, la cour d'appel qui, pour entrer en voie de condamnation du chef d'homicide involontaire, constate que les blessures de la victime trouvent leur cause directe dans la faute de conduite reprochée au prévenu et attribue son décès à une maladie nosocomiale ultérieurement contractée sans rechercher si cette infection n'était pas le seul fait en relation de causalité avec le décès (■ Cass. crim., 5 oct. 2004 : *Bull. crim.*, n° 230).

114) L'article 221-6 du Code pénal exige, pour recevoir application, que soit constatée l'existence certaine d'un lien de causalité entre la faute du prévenu et la mort de la victime ; encourt la cassation l'arrêt qui, pour les besoins de l'action civile, qualifie d'homicide involontaire le fait, pour un directeur adjoint et un médecin inspecteur de la DDASS, de ne pas avoir désigné un médecin psychiatre afin d'établir un certificat médical circonstancié qui aurait permis au préfet d'hospitaliser d'office, avant qu'elle ne commette un meurtre, une personne dont ils savaient qu'elle souffrait de troubles mentaux qui compromettaient l'ordre public et la sûreté des personnes, sans rechercher si la saisine du médecin psychiatre aurait nécessairement conduit à l'hospitalisation d'office de cette personne (■ Cass. crim., 4 mars 2008, pourvoi n° 07-81-108 : *Bull. crim.* n° 55 ; *JCP* 2008, II, 10098, note M. Benillouche ; *Dr. pénal* 2008, comm. 82, obs. M. Véron ; *Rev. sc. crim.* 2008, p. 901, obs. Y. Mayaud).

115) Mais encore faut-il que le dommage, élément constitutif de l'infraction, consiste non en une **perte de chance de survie** mais dans le décès de la victime ; justifie dès lors sa décision de relaxe la cour d'appel qui, dans les poursuites exercées contre deux médecins hospitaliers à la suite du décès d'une patiente, atteinte d'une affection cardiaque, qui avait absorbé divers médicaments dont un produit toxique à dose mortelle, retient que si le retard apporté dans l'exécution d'un lavage gastrique a fait perdre à la victime des chances de survie, il n'est pas établi que sans cette négligence elle aurait survécu (■ Cass. crim., 20 nov. 1996 : *Bull. crim.*, n° 417 ; *Dr. pénal* 1996, comm. 34, obs. M. Véron ; V. également ■ Cass. crim., 29 juin 1999 : *Bull. crim.*, n° 161).

116) Justifient leur décision les juges du second degré qui, pour relaxer des médecins poursuivis pour homicide involontaire, ont conclu que leur patiente ayant été **seulement privée d'une chance de survie**, il n'existe pas de relation certaine de causalité entre son décès et les anomalies médicales constatées qui, prises isolément, n'auraient pas été de nature à entraîner la mort (■ Cass. crim., 22 mars 2005 : *Dr. pénal* 2005, comm. 10, obs. M. Véron). Comp. avec ■ Cass. crim., 1er avr. 2003, *supra*, note 39.

117) Dans des poursuites contre deux médecins du chef d'homicide involontaire, la juridiction répressive, qui a relaxé les prévenus au motif que le lien de causalité entre les fautes et le décès n'était pas établi avec certitude, ne peut débouter les parties civiles de leur demande de réparation en application des règles du droit civil au motif que, si les fautes des prévenus ont probablement fait perdre une chance de survie à la victime, il n'existe aucune certitude à cet égard, dès lors que la réalisation d'une chance n'est, par définition, jamais certaine (■ Cass. crim., 3 nov. 2010, n° 09-87.375 : *Dr. pén.* 2011, comm. 2, obs. M. Véron ; *Gaz. Pal.*, 5-6 janv. 2011, jurispr. p. 11, note J. Lasserre Capdeville). Rappr. ■ Cass. crim., 4 déc. 1996 : *Bull. crim.* n° 445 et 20 mars 1996 : *Bull. crim.* n° 119.

118) En l'état d'une thyroïdectomie pratiquée par un chirurgien, chef de service, assisté d'un interne, sur un patient décédé des suites d'une complication hémorragique, après une opération qui aurait nécessité une reprise chirurgicale immédiate, encourt la cassation l'arrêt qui déclare l'interne coupable d'homicide involontaire sans répondre aux conclusions qui faisaient valoir, en se prévalant de l'article R. 6153-3 du Code de la santé publique, que la décision de réopérer dont la tardiveté était la cause du décès, appartenait au seul chef de service qui était présent lors de la survenance de l'hémorragie (■ Cass. crim., 3 mai 2006, pourvoi n° B 05-82.591).

119) Justifie sa décision, l'arrêt qui, pour relaxer le médecin, ayant, après une liposuccion, prescrit une injection de calmant ayant entraîné le décès de la patiente, retient que l'origine de la complication, hypersensibilité ou interaction avec d'autres produits, est inconnue et que l'absence d'analyse préopératoire ainsi que celle d'un anesthésiste-réanimateur ne suffisent pas à établir l'existence d'une faute entretenant un lien de causalité certain avec le décès (■ Cass. crim., 14 mai 2008 : *Bull. crim.*, n° 112 ; *Dr. pénal* 2008, comm. 111, obs. M. Véron ; *JCP* 2008, II, 10189, note P. Mistretta).

120) Pour dire n'y avoir lieu à suivre des chefs de blessures et homicides involontaires, empoisonnement et administration de substances nuisibles à la santé, la cour d'appel, après avoir relevé qu'à ce jour, il n'a pas été constaté, en France, une augmentation significative des cancers de la thyroïde, a retenu que, compte tenu de l'impossibilité de déterminer la dose d'iode ingérée par chaque malade, il est, en l'état des connaissances scientifiques actuelles, impossible d'établir un lien de causalité certain entre les pathologies constatées et les retombées du panache radioactif de Tchernobyl. En se prononçant ainsi la chambre de l'instruction a justifié sa décision (■ Cass. crim., 20 nov. 2012, n° 11-87.531 : *Bull. crim.*, n° 251 ; *Dr. pénal* 2013, comm. 17, obs. M. Véron ; *D.* 2013, Et., p. 218, note C. Lacroix ; *CCE* 2013, comm. 7, p. 33, note A. Lepage).

121) Appréciation souveraine. L'appréciation de la faute et du lien de causalité par les juges du fond étant souveraine, n'encourt pas la censure l'arrêt qui, pour dire n'y avoir lieu à suivre des chefs d'homicide et blessures involontaires sur des personnes décédées ou atteintes d'une maladie à la suite de l'administration de produits sanguins contaminés par le virus du sida, retient que les médecins n'avaient pas connaissance du caractère nécessairement mortifère des produits sanguins qu'ils prescrivaient et que, dans l'incertitude sur l'existence d'un lien de causalité entre les fautes reprochées aux responsables administratifs et le dommage, les manquements de ceux-ci ne peuvent être incriminés (■ Cass. crim., 18 juin 2003 : *Bull. crim.*, n° 127 ; *Bull. inf. C. cass.* 2003, n° 583, I, concl. D. Commaret, rapp. P. Roman ; *JCP* 2003, II, 10121, note M.-L. Rassat ; *Dr. pénal* 2003, comm. 97, obs. M. Véron ; *D.* 2005, jur., p. 195, note A. Prothais).

122) Direct ou indirect. Pour les personnes physiques, V. aussi *supra*, II.

123) En l'état des énonciations de l'arrêt, condamnant un automobiliste pour homicide involontaire, qui a considéré qu'il existait un lien de causalité entre l'accident dans lequel une personne avait été blessée et son décès par suicide quelques jours après en raison de douleurs insupportables, il y a lieu à annulation pour qu'il soit procédé à un nouvel examen de l'affaire au regard des dispositions nouvelles de l'article 121-3 du Code pénal, afin de rechercher si la faute du prévenu a été la cause directe ou indirecte du dommage (■ Cass. crim., 29 mai 2001, pourvoi, n° Z 00-85.421).

124) C'est à tort que la cour d'appel, pour déclarer un médecin spécialiste coupable d'homicide involontaire, retient que, consulté en urgence par une patiente présentant le tableau clinique d'un risque d'évolution vers un coma diabétique mortel, il a, en se bornant à prescrire par ordonnance des examens sanguins de dosage de la glycémie, causé directement le dommage, alors que, n'ayant pas pris les mesures permettant d'éviter celui-ci, il en est l'auteur indirect.

La censure n'est pas pour autant encourue, dès lors qu'il résulte des constatations de l'arrêt que le prévenu a commis une faute caractérisée exposant autrui à un risque d'une particulière gravité qu'il ne pouvait ignorer (■ Cass. crim., 12 sept. 2006 : *Bull. crim.*, n° 219 ; *JCP* 2007, II, 10006, note J. Faict et P. Mistretta ; *Dr. pénal* 2007, comm. 4, obs. M. Véron ; *Rev. sc. crim.* 2007, p. 82, obs. Y. Mayaud).

125) Ayant constaté que le prévenu, personne physique, avait directement causé le dommage au sens de l'article 121-3, alinéa 3, du Code pénal, la cour d'appel n'avait pas à rechercher si celui-ci avait commis une faute caractérisée qui exposait autrui à un risque d'une particulière gravité qu'il ne pouvait ignorer ou une violation manifestement délibérée d'une obligation particulière de prudence ou de sécurité entrant dans les prévisions de l'article 121-3, alinéa 4, dudit code (■ Cass. crim., 16 sept. 2008 : *Bull. crim.*, n° 186, préc. *supra*, II, *V° Domaine du travail*).

126) Non exclusif. Les articles 319 (art. 221-6) et 320 (art. 222-19) n'exigent pas que la faute retenue contre un auteur soit exclusive (■ Cass. crim., 30 mai 1972 : *Bull. crim.*, n° 179. ■ 24 janv. 1989 : *Bull. crim.*, n° 27. ■ 2 mars 1994 : *Bull. crim.*, n° 85. ■ 24 oct. 2000 : *Bull. crim.*, n° 308, sol. implicite). Ainsi, ont été retenues des responsabilités cumulées dans une espèce où une voiture légère, dont le conducteur a été tué, avait été percutée successivement par deux ensembles routiers, les fautes conjuguées des chauffeurs de ces deux poids lourds ayant concouru à la survenance de la mort de la victime (■ Cass. crim., 23 mars 1994 : *Bull. crim.*, n° 112 ; *Dr. pénal* 1994, comm. 151, obs. M. Véron).

127) Ne justifie pas sa décision la cour d'appel qui prononce une relaxe sans rechercher si la faute commise, sans être déterminante, n'avait pas concouru de manière certaine au décès (■ Cass. crim., 23 avr. 2013, n° 12-81.137 : *Dr. pén.* 2013, comm. 123, obs. M. Véron).

128) Force majeure. Il ne saurait y avoir de responsabilité pénale en cas de force majeure : ainsi il a été jugé que si la présence de verglas sur une route ne saurait, de façon générale et absolue, constituer le fait imprévisible et inévitable caractérisant la force majeure, il n'en est pas de même lorsque les juges du fond constatent que le danger en résultant s'est trouvé, en raison des conditions atmosphériques, subitement localisé sur une surface réduite (■ Cass. crim., 18 déc. 1978 : *Bull. crim.*, n° 357 ; *Rev. sc. crim.* 1979, 558, obs. Levasseur).

129) Ne constitue pas un cas de force majeure le malaise du conducteur dès lors que cette défaillance était prévisible, l'auteur du dommage connaissant la déficience de son état de santé (■ Cass. crim., 12 févr. 1976 : *Bull. crim.*, n° 57 ; *Rev. sc. crim.* 1977, 94, obs. Levasseur) Jugé par contre que n'est pas pénalement responsable de blessures involontaires le conducteur d'un véhicule qui n'a pas été en mesure de prévenir la défaillance physique survenue pour la première fois au moment de l'accident et qui a ainsi agi sous l'empire d'une contrainte à laquelle il n'a pas pu résister (■ Douai, 24 oct. 2000 : *JCP* 2002, II, 10012, note J.-Y. Maréchal. ■ Cass. crim., 15 nov. 2005 : *Bull. crim.*, n° 295 ; V. *supra* sous article 122-2). Mais il n'y a pas force majeure en cas de défaillance mécanique du véhicule, si le propriétaire n'a pas veillé au bon entretien de ce véhicule (■ Cass. crim., 8 juill. 1971 : *Bull. crim.*, n° 222 ; *Rev. sc. crim.* 1972, 113, obs. Levasseur).

Sur la notion de force majeure exonératrice, V. ■ Cass. crim., 15 sept. 1986 : *Bull. crim.*, n° 257.

130) Faute de la victime. La responsabilité du prévenu subsiste en cas de faute, même volontaire, imputable à la victime, sauf si la faute de cette dernière est assimilable à un cas de force majeure ; est ainsi responsable le pharmacien dont la cliente, intoxiquée par un médicament délivré par erreur, refuse de prendre l'antidote indiqué (■ Paris, 8 nov. 1955 : *D.* 1956, 475) ou l'auteur d'un accident dont la victime, témoin de Jehovah, refuse toute transfusion sanguine (■ Cass. crim., 30 août 1974 : *Rev. trim. dr. civ.* 1975, 712, obs. Durry. ■ Lyon, 6 juin 1975 : *D.* 1976, 415, note R. Savatier ; *Rev. sc. crim.* 1976, 971, note Levasseur).

131) La faute de la victime n'exonère le prévenu de la responsabilité de l'accident que si elle en a été la cause unique et exclusive ; doit, en conséquence, être rejeté le pourvoi dirigé contre l'arrêt d'une cour d'appel qui, pour recevoir la constitution de partie civile de la victime, blessée par l'explosion d'une bombe artificielle qu'elle avait contribué à fabriquer, retient que cette victime n'a pas été poursuivie du chef de blessures involontaires et que les autres prévenus, non appelants, ont été définitivement condamnés pour ces blessures sur sa personne, de sorte que le lien de causalité entre l'action des auteurs et le dommage ne pouvait plus être discuté (■ Cass. crim., 1er avr. 2008 : *Bull. crim.*, n° 85).

132) Bien entendu, la faute d'imprudence commise par la victime d'un homicide involontaire ne saurait exonérer le prévenu de la responsabilité pénale qu'il encourt du fait de sa propre faute (■ Cass. crim., 14 févr. 1989 : *Bull. crim.*, n° 75. ■ 3 mai 1989 : *Dr. pénal* 1989, n° 61).

133) Si l'état d'alcoolémie de la victime d'un accident de la circulation constitue bien une faute, celle-ci ne peut être de nature à limiter ou à exclure son droit à réparation que s'il est démontré qu'elle a joué un rôle causal dans la survenance de l'accident ; dès lors, c'est donc à bon droit qu'une cour d'appel, qui a relevé l'absence de lien de causalité entre l'état d'alcoolémie de la victime et la réalisation de son dommage, a refusé de limiter ou d'exclure l'indemnisation de ses ayants droit (■ Cass. crim., 6 avr. 2007 : *Bull. crim.*, n° 3).

134) Mais la faute de la victime exonère le prévenu de sa responsabilité si elle a été la cause unique et exclusive de l'accident (■ Cass. crim., 14 mars 1979 : *Bull. crim.*, n° 109. ■ 16 mars 1994 : *Dr. pénal* 1994, comm. 229, obs. M. Véron. ■ 30 sept. 1998 : *Bull. crim.*, n° 241), ou si elle présente les caractères de la force majeure (■ Cass. crim., 25 oct. 1972 : *Bull. crim.*, n° 309).

Dès lors, encourt la cassation, pour contradiction de motifs, l'arrêt qui, pour relaxer les prévenus des chefs d'homicide involontaire et débouter les parties civiles de toutes leurs demandes présentées tant au titre de l'action civile qu'en application des règles de droit civil, énonce que le chef de bord et le barreur d'un voilier n'ont commis aucune faute en relation avec l'accident dont la cause exclusive est l'imprudence et l'inattention de la victime qui n'a pas su éviter le coup de bôme, alors qu'il relève, par ailleurs, que l'accident de mer, dans lequel la victime a péri, trouve son origine dans un coup de roulis qui a déséquilibré le voilier d'une façon inattendue et imprévisible (■ Cass. crim., 21 janv. 2003 : *Bull. crim.*, n° 16).

135) Prédispositions de la victime. Les prédispositions de la victime n'ont aucune influence sur la responsabilité pénale de l'agent : ainsi lorsque la victime, atteinte de troubles psychiques, se suicide ■ Cass. crim., 14 janv. 1971 : *D.* 1971, 164, rapp. E. Robert ; *Rev. sc. crim.* 1975, 423, obs. Levasseur. N'encourt pas les critiques du pourvoi l'arrêt qui a déclaré coupable de blessures involontaires un employeur ayant fait travailler un ouvrier, qui souffrait d'une insuffisance respiratoire, dans des ateliers dont l'atmosphère contenait des poussières toxiques, ce qui avait aggravé cet état et provoqué des lésions entraînant diverses périodes d'incapacité totale de travail (■ Cass. crim., 15 mars 1988 : *Gaz. Pal.* 1988, 2, 842).

– L'imputabilité du dommage corporel doit être appréciée sans qu'il soit tenu compte des prédispositions de la victime dès lors que ces prédispositions n'avaient pas déjà eu de conséquences préjudiciables au moment où s'est produit le fait dommageable (■ Cass. crim., 30 janv. 2007 : *Bull. crim.*, n° 23 ; *Dr. pénal* 2007, comm. 80, obs. M. Véron).

136) L. 5 juillet 1985. La loi du 5 juillet 1985 concernant les droits à indemnisation des victimes d'un accident de la circulation est sans incidence sur la responsabilité pénale de ces victimes et leurs obligations en cas de faute personnelle (■ Cass. crim., 17 févr. 1986 : *Bull. crim.*, n° 60).

– Les dispositions d'ordre public de la loi du 5 juillet 1985 n'excluent pas la responsabilité des parents, recherchés comme civilement responsables (■ Cass. crim., 8 févr. 2011, n° 10-81.568 : *Bull. crim.*, n° 20 ; *JCP* 2011, note 555, L. Perdrix).

137) La cour d'appel qui a déduit de l'examen des circonstances de l'accident l'**absence de lien de causalité entre le défaut de permis** de conduire imputable au conducteur victime et **la réalisation des dommages** subis par celui-ci, a fait l'exacte application de l'article 4 de la loi du 5 juillet 1985 (■ Cass. crim., 27 nov. 2007 ; *JurisData* n° 2007-042021 : *JCP* 2008, II, 10022, note Bakouche).

138) Les dispositions d'ordre public de la loi du 5 juillet 1985 relatives à l'indemnisation des victimes d'accidents de la circulation n'excluent pas celles de l'article 1384, alinéa 5, du Code civil relatives à la responsabilité du commettant du fait de son préposé.

Justifie sa décision la cour d'appel qui dit non tenu à indemnisation à l'égard de la victime le préposé, condamné pour blessures involontaires, conducteur du véhicule d'un tiers dans le cadre de l'activité accomplie pour le compte de son commettant (■ Cass. crim., 27 mai 2014, n° 13-80.849).

139) Fait d'un tiers. Il n'est exonératoire que s'il est la cause unique du dommage ou s'il équivaut à la force majeure (■ Cass. crim., 18 oct. 1995 : *Bull. crim.*, n° 314. – 30 oct. et 22 nov. 1995 : *Dr. pénal* 1996, comm. 78, obs. M. Véron).

– L'admission de la contrainte obéit aux mêmes exigences (■ Cass. crim., 13 nov. 1980 : *Bull. crim.*, n° 2).

– La légitime défense est inconciliable avec le caractère involontaire de l'infraction. V. *supra*, sous art. 122-5, note 6.

– Sur l'état de nécessité, V. sous art. 122-7, notes 1, 4 et 5.

V – RÉPRESSION

140) Prescription. La prescription de l'action publique ne court que du jour où l'infraction, objet de la poursuite, est constituée en tous ses éléments. **Le délit de blessures involontaires** n'est caractérisé que du moment où existe l'incapacité, élément constitutif de l'infraction prévue et réprimée par l'article 320 (222-19) du Code pénal. Encourt la cassation l'arrêt qui juge le point de départ de l'action publique relative à des troubles de l'audition, contractés à l'occasion du travail, au jour du départ de l'ouvrier qui en est victime, de l'entreprise où il exerçait son activité, sans rechercher la date à laquelle s'est effectivement révélée ladite infirmité (■ Cass. crim., 4 déc. 1990 : *Bull. crim.*, n° 413).

141) Le délit de blessures involontaires n'est caractérisé qu'au jour où se révèle l'incapacité, élément constitutif de l'infraction prévue et réprimée par l'article 222-19 du Code pénal.

Dès lors, c'est à bon droit qu'une chambre de l'instruction confirme l'ordonnance de refus d'informer pour cause de prescription de l'action publique rendue par le juge d'instruction, en retenant que plus de trois ans se sont écoulés entre le moment où le plaignant a appris que la maladie dont il était atteint avait été contractée à l'occasion de l'exercice de son activité professionnelle et lui avait occasionné une incapacité totale de travail supérieure à trois mois, et le jour où il a porté plainte avec constitution de partie civile du chef du délit de blessures involontaires (■ Cass. crim., 3 juin 2008 : *Bull. crim.*, n° 137 ; *JurisData* n° 2008-044620 ; *Dr. pénal* 2008, comm. 122, obs. M. Véron ; *Rev. sc. crim.* 2008, p. 903, obs. Y. Mayaud. – *Adde* ■ Cass. crim., 22 oct. 1979 : *Bull. crim.*, n° 67).

142) Le délit d'homicide involontaire n'est constitué que du jour du décès ; encourt la cassation l'arrêt qui fixe le point de départ de la prescription de l'action publique non pas à la date du décès mais à celle, antérieure, du fait délictueux qui en aurait été la cause (■ Cass. crim., 4 nov. 1999 : *Bull. crim.*, n° 248). Ainsi, la date à laquelle ont été pratiquées des transfusions sanguines qui ont été à l'origine du SIDA dont a été atteinte la patiente, ne constitue pas le point de départ de la prescription d'homicide involontaire, constitué seulement au jour de son décès (■ Cass. crim., 4 nov. 1999 : *Dr. pénal* 2000, comm. n° 43, obs. M. Véron ; *Bull. crim.*, n° 248 ; *Rev. sc. crim.* 2000, p. 395, obs. Y. Mayaud).

143) Délégation. En l'état de ses énonciations, d'où il ressort qu'un salarié a été régulièrement subdélégué par le directeur pour ce qui concerne la sécurité de son chantier, la cour d'appel justifie sa décision de le condamner au regard tant de l'article 319 (221-6) du Code pénal que de l'article L. 263-2 du Code du travail (■ Cass. crim., 14 févr. 1991 : *JCP* 91, IV, 195).

Le chef d'entreprise ne peut être exonéré de sa responsabilité que s'il rapporte la preuve qu'il a délégué la direction du chantier à un préposé investi et pourvu de la compétence ainsi que de l'autorité nécessaires (■ Cass. crim., 12 janv. 1988 : *Bull. crim.*, n° 15. ■ 11 mars 1993 : *Bull. crim.*, n° 6 ; *Rev. sc. crim.* 1994, 101, obs. Bouloc) ou qu'en raison de la participation de plusieurs entreprises le travail aurait été placé sous une direction unique autre que la sienne (■ Cass. crim., 17 nov. 1987 : *Bull. crim.*, n° 416).

– La délégation de pouvoirs consentie par un maire à des organisateurs d'une manifestation, ne saurait le dégager de ses responsabilités s'il a négligé ses pouvoirs propres de police (■ Cass. crim., 10 juin 2008 : *supra*, V° *Responsabilité des maires*).

La délégation générale en matière d'hygiène et de sécurité du capitaine d'un navire ne décharge pas l'armateur de la responsabilité pénale qu'il encourt personnellement pour des actes et abstentions fautifs lui étant imputables et entretenant un lien certain de causalité avec le dommage (■ Cass. crim., 8 sept. 2015, n° 13-87.410 : *Dr. pén.* 2015, comm. 137, obs. P. Conte).

144) Autonomie de l'infraction. L'application des pénalités réprimant l'homicide ou les blessures involontaires n'étant pas subordonnée à l'existence d'une infraction légalement punissable, la circonstance qu'un fait infractionnel (défaut de maîtrise d'un véhicule) se trouve dépourvu de sanction pénale à l'époque à laquelle il a été poursuivi par l'effet de l'abrogation du texte qui l'incriminait, ne met pas obstacle à ce qu'il soit retenu comme l'un des éléments constitutifs du délit de blessures involontaires (■ Cass. crim., 28 juin 1995 : *Bull. crim.*, n° 242 ; *Dr. pénal* 1995, comm. 218, obs. Véron).

145) Fait unique. Dans le cas où un comportement fautif cause des dommages différents à plusieurs personnes (mort, blessures avec incapacités supérieures ou inférieures à 3 mois), une seule peine doit être prononcée, dans la limite de la peine la plus élevée encourue (■ Cass. crim., 13 mars 1956 : *D.* 1958, jur. 556, note Mabille de la Paumelière. ■ 4 janv. 1957 : *Bull. crim.*, n° 10. ■ 13 nov. 1962 : *Bull. crim.*, 316. ■ 28 janv. 1969 : *Bull. crim.*, n° 51. ■ 16 mai 1984 : *Bull. crim.*, 182. ■ 10 mai 2001, pourvoi n° K 00-86.029, inédit).

146) Qualification de la faute. Ne méconnaît pas le principe du contradictoire la juridiction pénale qui, pour déclarer le prévenu coupable d'homicide involontaire, retient qu'il a commis une faute caractérisée ayant causé indirectement le décès de la victime, dès lors que, si l'intéressé a été poursuivi pour avoir commis directement le dommage, il s'est expliqué dans ses conclusions sur l'existence d'une faute caractérisée (■ Cass. crim., 29 juin 2010 : *Bull. crim.* n° 119).

147) Si c'est à tort que la cour d'appel énonce que la faute du dirigeant est la cause directe du décès du salarié, sa décision n'encourt pas la censure dès lors qu'elle constate une faute caractérisée ayant causé indirectement le dommage (■ Cass. crim., 31 août 2011, n° 10-88.093 : *Dr. pén.* 2011, comm. 147, obs. M. Véron).

148) Recherche nécessaire de la faute. La juridiction correctionnelle ne peut entrer en voie de relaxe du chef d'homicide involontaire sans avoir [préalablement] recherché, dans le respect du principe de la contradiction, toute faute d'imprudence ou de négligence entrant dans les prévisions de l'article 221-6 du Code pénal (■ Cass. crim., 15 mars 2016, n° 13-88.530).

149) Action civile contre agent d'un service public. Ne justifie pas sa décision la cour d'appel qui condamne un gynécologue-obstétricien, agent du service public hospitalier, à réparer personnellement les conséquences dommageables de l'homicide involontaire dont il a été reconnu coupable, alors que les constatations de l'arrêt ne permettent pas de considérer que les fautes non intentionnelles retenues contre lui sont détachables de ses fonctions (■ Cass. crim., 13 févr. 2007 : *Bull. crim.*, n° 45).

150) La juridiction judiciaire est compétente pour statuer sur la réparation des conséquences dommageables de la faute commise par un agent public lorsque celle-ci revêt le caractère d'une faute personnelle, détachable de la fonction. Constitue une telle faute celle qui révèle un manquement volontaire et inexcusable à des obligations d'ordre professionnel et déontologique ; justifie dès lors sa décision la cour d'appel qui, après avoir déclaré coupable de blessures involontaires un chirurgien spécialiste en orthopédie, agent du service public hospitalier, qui, de garde de nuit à son domicile, avait différé l'intervention urgente que justifiait l'arrivée à l'hôpital de la victime d'un accident, se déclare incompétente pour statuer sur la réparation des conséquences dommageables de cette infraction après avoir déduit de ses constatations souveraines que la faute commise par l'intéressé n'est pas détachable de sa fonction (■ Cass. crim., 14 mai 2008 : *Bull. crim.*, n° 119).

151) Action civile de syndicat professionnel. Un syndicat professionnel ne saurait être partie civile dans la procédure suivie contre un membre de la profession qu'il représente, dès lors que la seule mise en examen de l'intéressé n'est pas de nature à causer un préjudice direct ou indirect aux intérêts collectifs défendus par ce syndicat.

Justifie dès lors sa décision la chambre de l'instruction qui déclare irrecevable la constitution de partie civile, par voie d'intervention, du syndicat national des pharmaciens hospitaliers et praticiens hospitaliers universitaires dans une procédure dans laquelle le pharmacien chef de service d'un groupe hospitalier, membre de ce syndicat, a été mis en examen du chef d'homicide involontaire en raison du décès d'un enfant par suite d'une erreur dans l'administration d'un produit, ces faits ne portant pas par eux-mêmes un préjudice direct ou indirect aux intérêts collectifs de la profession de pharmacien hospitalier représentée par ce syndicat (■ Cass. crim., 10 mai 2011 : *Bull. crim.*, n° 95).

152) Action civile d'un franchiseur. Est indirect, pour le franchiseur exploitant une marque de restauration rapide, le préjudice résultant de l'atteinte que porterait à l'image de la marque la commission, imputée à l'exploitant de l'un des établissements franchisés, d'un homicide involontaire résultant d'un manquement aux règles d'hygiène et de sécurité.

Justifie dès lors sa décision une chambre de l'instruction qui déclare irrecevable la constitution de partie civile du franchiseur (■ Cass. crim., 22 mai 2012, n° 11-85.507 : *Bull. crim.*, n° 128).

Art. 221-6-1 *(L. n° 2003-495, 12 juin 2003 ; mod., L. n° 2011-525, 17 mai 2011 ; L. n° 2016-41, 26 janv. 2016)*. **– Lorsque la maladresse, l'imprudence, l'inattention, la négligence ou le manquement à une obligation législative ou réglementaire de prudence ou de sécurité prévu par l'article 221-6 est commis par le conducteur d'un véhicule terrestre à moteur, l'homicide involontaire est puni de cinq ans d'emprisonnement et de 75 000 € d'amende.**

Les peines sont portées à sept ans d'emprisonnement et à 100 000 € d'amende lorsque :

1° Le conducteur a commis une violation manifestement délibérée d'une obligation particulière de prudence ou de sécurité prévue par la loi ou le règlement autre que celles mentionnées ci-après ;

2° Le conducteur se trouvait en état d'ivresse manifeste ou était sous l'empire d'un état alcoolique caractérisé par une concentration d'alcool dans le sang ou dans l'air expiré égale ou supérieure aux taux fixés par les dispositions législatives ou réglementaires du code de la route, ou a refusé de se soumettre aux vérifications prévues par ce code et destinées à établir l'existence d'un état alcoolique ;

3° Il résulte d'une analyse sanguine ou salivaire que le conducteur avait fait usage de substances ou de plantes classées comme stupéfiants, ou a refusé de se soumettre aux vérifications prévues par le code de la route destinées à établir s'il conduisait en ayant fait usage de stupéfiants ;

4° Le conducteur n'était pas titulaire du permis de conduire exigé par la loi ou le règlement ou son permis avait été annulé, invalidé, suspendu ou retenu ;

5° Le conducteur a commis un dépassement de la vitesse maximale autorisée égal ou supérieur à 50 km/h ;

6° Le conducteur, sachant qu'il vient de causer ou d'occasionner un accident, ne s'est pas arrêté et a tenté ainsi d'échapper à la responsabilité pénale ou civile qu'il peut encourir.

Les peines sont portées à dix ans d'emprisonnement et à 150 000 € d'amende lorsque l'homicide involontaire a été commis avec deux ou plus des circonstances mentionnées aux 1° et suivants du présent article.

Voir : art. 131-22, p. 106 ; C. route, art. L. 232-3, p. 954.

Bibliographie : J.-P. Guedon, *Les efforts du législateur français contre la violence routière : JCP* 2003, I, 179. • A. Paulin, *Vitesse, SMS... détresse : Dr. pénal* 2006 : Études, 11.

Art. 221-6-2 *(L. n° 2008-582, 20 juin 2008)*. **– Lorsque l'homicide involontaire prévu par l'article 221-6 résulte de l'agression commise par un chien, le propriétaire ou celui qui détient le chien au moment des faits est puni de cinq ans d'emprisonnement et de 75 000 € d'amende.**

Les peines sont portées à sept ans d'emprisonnement et à 100 000 € d'amende lorsque :

1° La propriété ou la détention du chien est illicite en application de dispositions législatives ou réglementaires ou d'une décision judiciaire ou administrative ;

2° Le propriétaire ou le détenteur du chien se trouvait en état d'ivresse manifeste ou sous l'emprise manifeste de produits stupéfiants ;

3° Le propriétaire ou le détenteur du chien n'avait pas exécuté les mesures prescrites par le maire, conformément à l'article L. 211-11 du Code rural, pour prévenir le danger présenté par l'animal ;

4° Le propriétaire ou le détenteur du chien n'était pas titulaire du permis de détention prévu à l'article L. 211-14 du Code rural ;

5° Le propriétaire ou le détenteur du chien ne justifie pas d'une vaccination antirabique de son animal en cours de validité lorsqu'elle est obligatoire ;

6° Il s'agissait d'un chien de la première ou de la deuxième catégorie prévues à l'article L. 211-12 du Code rural qui n'était pas muselé ou tenu en laisse par une personne majeure conformément aux dispositions prévues au II de l'article L. 211-16 du même code ;

7° Il s'agissait d'un chien ayant fait l'objet de mauvais traitements de la part de son propriétaire ou de son détenteur.

Les peines sont portées à dix ans d'emprisonnement et à 150 000 € d'amende lorsque l'homicide involontaire a été commis avec deux ou plusieurs des circonstances mentionnées aux 1° et suivants du présent article.

Il résulte de l'article 121-3 du Code pénal que cause directement le dommage subi par une personne mordue par un chien la faute de négligence du propriétaire de l'animal l'ayant laissé sortir de chez lui sans être contrôlé et tenu en laisse.

Encourt ainsi la cassation l'arrêt qui, pour relaxer le prévenu des fins de la poursuite du chef d'homicide involontaire, retient qu'aucune prévention n'est retenue contre lui au titre de la divagation d'animaux, que les chiens étaient habituellement enfermés pendant la journée dans un chenil clos et présentaient une apparente absence de dangerosité pour en déduire l'absence de violation d'une obligation particulière de sécurité prévue par la loi ou le règlement ainsi que l'inexistence d'une faute caractérisée (■ Cass. crim., 21 janv. 2014, n° 13-80.267 : *Dr. pénal* 2014, comm. 39, obs. M. Véron ; *AJP* 2014, p. 135, obs. M.-C. Ordino ; *D.* 2014, act. p. 279 ; *Rev. sc. crim.* 2014, p. 59, obs. Y. Mayaud).

Art. 221-7 ***(Mod., L. n° 2009-526, 12 mai 2009).*** **– Les personnes morales déclarées responsables pénalement, dans les conditions prévues par l'article 121-2, des infractions définies à l'article 221-6 encourent, outre l'amende suivant les modalités prévues par l'article 131-38, les peines prévues par les 2°, 3°, 8° et 9° de l'article 131-39.**

L'interdiction mentionnée au 2° de l'article 131-39 porte sur l'activité dans l'exercice ou à l'occasion de l'exercice de laquelle l'infraction a été commise.

Dans les cas visés au second alinéa de l'article 221-6, est en outre encourue la peine mentionnée au 4° de l'article 131-39.

1) **Note.** Sur la responsabilité des personnes morales en matière d'homicide et blessures involontaires, V. les arrêts cités sous art. 121-2, p. 50 et art. 221-6, p. 193.

2) Les articles 221-6 et 221-7 du Code pénal sont applicables lorsque la responsabilité d'une personne morale est engagée à l'occasion d'un accident causé sur les chemins de fer ou dans les gares ou stations, nonobstant les dispositions de l'article 19 de la loi du 15 juillet 1845 sur la police des chemins de fer (■ Cass. crim., 18 janv. 2000 : *Bull. crim.*, n° 28).

Section III. – Peines complémentaires applicables aux personnes physiques

Art. 221-8 ***(Mod., L. n° 2003-495, 12 juin 2003 ; L. n° 2007-297, 5 mars 2007 ; L. n° 2008-776, 4 août 2008 ; L. n° 2011-267, 14 mars 2011 ; L. n° 2012-304, 6 mars 2012).*** **– I. – Les personnes physiques coupables des infractions prévues au présent chapitre encourent également les peines complémentaires suivantes :**

1° L'interdiction, suivant les modalités prévues par l'article 131-27, soit d'exercer une fonction publique ou d'exercer l'activité professionnelle ou sociale dans l'exercice ou à l'occasion de l'exercice de laquelle l'infraction a été commise, soit, pour les crimes prévus par les articles 221-1, 221-2, 221-3, 221-4 et 221-5, d'exercer une profession commerciale ou industrielle, de diriger, d'administrer, de gérer ou de contrôler à un titre quelconque, directement ou indirectement, pour son propre compte ou pour le compte d'autrui, une entreprise commerciale ou industrielle ou une société commerciale. Ces interdictions d'exercice peuvent être prononcées cumulativement ;

2° L'interdiction de détenir ou de porter, pour une durée de cinq ans au plus, une arme soumise à autorisation ;

3° La suspension, pour une durée de cinq ans au plus, du permis de conduire, cette suspension pouvant être limitée à la conduite en dehors de l'activité professionnelle ; dans les cas prévus par l'article 221-6-1,

la suspension ne peut pas être assortie du sursis, même partiellement, et ne peut pas être limitée à la conduite en dehors de l'activité professionnelle ; dans les cas prévus par les 1° à 6° et le dernier alinéa de l'article 221-6-1, la durée de cette suspension est de dix ans au plus.

4° L'annulation du permis de conduire avec interdiction de solliciter la délivrance d'un nouveau permis pendant cinq ans au plus ;

4 *bis* L'obligation d'accomplir un stage de sensibilisation aux dangers de l'usage de produits stupéfiants, selon les modalités fixées à l'article 131-35-1 ;

5° La confiscation d'une ou de plusieurs armes dont le condamné est propriétaire ou dont il a la libre disposition ;

6° Le retrait du permis de chasser avec interdiction de solliciter la délivrance d'un nouveau permis pendant cinq ans au plus.

7° Dans les cas prévus par l'article 221-6-1, l'interdiction de conduire certains véhicules terrestres à moteur, y compris ceux pour la conduite desquels le permis de conduire n'est pas exigé, pour une durée de cinq ans au plus ;

8° Dans les cas prévus par l'article 221-6-1, l'obligation d'accomplir, à ses frais, un stage de sensibilisation à la sécurité routière ;

9° Dans les cas prévus par l'article 221-6-1, l'immobilisation, pendant une durée d'un an au plus, du véhicule dont le condamné s'est servi pour commettre l'infraction, s'il en est le propriétaire ;

10° Dans les cas prévus par l'article 221-6-1, la confiscation du véhicule dont le condamné s'est servi pour commettre l'infraction, s'il en est le propriétaire.

La confiscation du véhicule est obligatoire dans les cas prévus par les 4° et dernier alinéa de l'article 221-6-1 ainsi que, dans les cas prévus par les 2°, 3° et 5° du même article, en cas de récidive ou si la personne a déjà été définitivement condamnée pour un des délits prévus par les articles L. 221-2, L. 224-16, L. 234-1, L. 234-8, L. 235-1, L. 235-3 ou L. 413-1 du Code de la route ou pour la contravention mentionnée à ce même article L. 413-1. La juridiction peut toutefois ne pas prononcer cette peine, par une décision spécialement motivée ;

11° Dans les cas prévus par les 2° et dernier alinéa de l'article 221-6-1, l'interdiction, pendant une durée de cinq ans au plus, de conduire un véhicule qui ne soit pas équipé par un professionnel agréé ou par construction d'un dispositif d'anti-démarrage par éthylotest électronique, homologué dans les conditions prévues à l'article L. 234-17 du Code de la route. Lorsque cette interdiction est prononcée en même temps que la peine d'annulation ou de suspension du permis de conduire, elle s'applique, pour la durée fixée par la juridiction, à l'issue de l'exécution de cette peine.

Toute condamnation pour les délits prévus par les 1° à 6° et le dernier alinéa de l'article 221-6-1 donne lieu de plein droit à l'annulation du permis de conduire avec interdiction de solliciter un nouveau permis pendant dix ans au plus. En cas de récidive, la durée de l'interdiction est portée de plein droit à dix ans et le tribunal peut, par décision spécialement motivée, prévoir que cette interdiction est définitive.

II. – En cas de condamnation pour les infractions prévues à la section 1 du présent chapitre, le prononcé des peines complémentaires prévues aux 2°, 5° et 6° du I est obligatoire. La durée des peines prévues aux 2° et 6° du I est portée à quinze ans au plus.

Toutefois, la juridiction peut, par une décision spécialement motivée lorsque la condamnation est prononcée par une juridiction correctionnelle, décider de ne pas prononcer ces peines, en considération des circonstances de l'infraction et de la personnalité de son auteur.

En application des articles 42 de la Convention sur la circulation routière signée à Vienne le 8 novembre 1968 et 221-8 du Code pénal, le conducteur d'un véhicule, déclaré par une juridiction française coupable d'homicide et blessures involontaires, peut, lorsqu'il est ressortissant d'un État autre que la France où il n'a pas sa résidence habituelle, faire l'objet d'une **mesure de suspension du permis de conduire** qui lui a été délivré par son propre État, mais pas d'une annulation de ce permis ; dès lors, encourt la cassation l'arrêt de la cour d'appel qui, après avoir déclaré une ressortissante allemande ne résidant pas habituellement en France et titulaire d'un permis de conduire allemand, coupable d'homicides et blessures involontaires, prononce à l'encontre de celle-ci l'annulation de son permis de conduire avec interdiction de solliciter la délivrance d'un nouveau permis avant un délai de dix-huit mois (■ Cass. crim., 13 févr. 2007 : *Bull. crim.*, n° 42).

Art. 221-9. – Les personnes physiques coupables des infractions prévues par la section I du présent chapitre encourent également les peines complémentaires suivantes :

1° L'interdiction des droits civiques, civils et de famille, selon les modalités prévues par l'article 131-26 ;

2° L'interdiction d'exercer une fonction publique, selon les modalités prévues par l'article 131-27 ;

3° La confiscation prévue par l'article 131-21 ;

4° L'interdiction de séjour, suivant les modalités prévues par l'article 131-31.

Art. 221-9-1 *(L. 2005-1549, 12 déc. 2005).* – Les personnes physiques coupables des crimes prévus par la section 1 du présent chapitre encourent également le suivi socio-judiciaire selon les modalités prévues par les articles 131-36-1 à 131-36-13.

Art. 221-10. – Les personnes physiques coupables des infractions prévues par la section II du présent chapitre encourent également la peine complémentaire d'affichage ou de diffusion de la décision prévue par l'article 131-35.

La peine complémentaire prévue par l'article 221-10 du Code pénal est celle de l'affichage ou de la diffusion de la décision rendue ; encourt la cassation l'arrêt qui prononce, cumulativement, à l'égard du même condamné, ces deux sanctions (■ Cass. crim., 5 oct. 2004 : *Bull. crim.*, n° 236).

Art. 221-11. – L'interdiction du territoire français peut être prononcée dans les conditions prévues par l'article 131-30, soit à titre définitif, soit pour une durée de dix ans au plus, à l'encontre de tout étranger coupable de l'une des infractions définies à la section I du présent chapitre.

Art. 221-11-1 *(L. n° 2013-711, 5 août 2013).* – Dans le cas prévu au 10° de l'article 221-4, peut être également prononcée l'interdiction, pour une durée de dix ans au plus, de quitter le territoire de la République.

CHAPITRE Ier *BIS*. – DES ATTEINTES À LA PERSONNE CONSTITUÉES PAR LES DISPARITIONS FORCÉES

(L. n° 2013-711, 5 août 2013)

Art. 221-12 *(L. n° 2013-711, 5 août 2013).* – Constitue une disparition forcée l'arrestation, la détention, l'enlèvement ou toute autre forme de privation de liberté d'une personne, dans des conditions la soustrayant à la protection de la loi, par un ou plusieurs agents de l'État ou par une personne ou un groupe de personnes agissant avec l'autorisation, l'appui ou l'acquiescement des autorités de l'État, lorsque ces agissements sont suivis de sa disparition et accompagnés soit du déni de la reconnaissance de la privation de liberté, soit de la dissimulation du sort qui lui a été réservé ou de l'endroit où elle se trouve.

La disparition forcée est punie de la réclusion criminelle à perpétuité.

Les deux premiers alinéas de l'article 132-23, relatifs à la période de sûreté, sont applicables au crime prévu par le présent article.

Art. 221-13 *(L. n° 2013-711, 5 août 2013).* – Sans préjudice de l'application de l'article 121-7, est considéré comme complice d'un crime de disparition forcée mentionné à l'article 221-12 commis par des subordonnés placés sous son autorité et son contrôle effectifs le supérieur qui savait, ou a délibérément négligé de tenir compte d'informations qui indiquaient clairement que ses subordonnés commettaient ou allaient commettre un crime de disparition forcée et qui n'a pas pris toutes les mesures nécessaires et raisonnables qui étaient en son pouvoir pour en empêcher ou en réprimer l'exécution ou pour en référer aux autorités compétentes aux fins d'enquête et de poursuites, alors que ce crime était lié à des activités relevant de sa responsabilité et de son contrôle effectifs.

Art. 221-14 *(L. n° 2013-711, 5 août 2013).* – I. – Les personnes physiques coupables du crime prévu à l'article 221-12 encourent également les peines complémentaires suivantes :

1° L'interdiction des droits civiques, civils et de famille, selon les modalités prévues à l'article 131-26 ;

2° L'interdiction, suivant les modalités prévues à l'article 131-27, soit d'exercer une fonction publique ou l'activité professionnelle ou sociale dans l'exercice ou à l'occasion de l'exercice de laquelle l'infraction a étécommise, soit d'exercer une profession commerciale ou industrielle, de diriger, d'administrer, de gérer ou de contrôler à un titre quelconque, directement ou indirectement, pour son propre compte ou pour le compte d'autrui, une entreprise commerciale ou industrielle ou une société commerciale. Ces interdictions d'exercice peuvent être prononcées cumulativement ;

3° L'interdiction de séjour, selon les modalités prévues à l'article 131-31 ;

4° La confiscation prévue à l'article 131-21.

II. – En cas de condamnation pour le crime prévu à l'article 221-12, le prononcé des peines complémentaires suivantes est obligatoire :

1° L'interdiction de détenir ou de porter, pour une durée de quinze ans au plus, une arme soumise à autorisation ;

2° La confiscation d'une ou de plusieurs armes dont le condamné est propriétaire ou dont il a la libre disposition.

Toutefois, la cour d'assises peut décider de ne pas prononcer ces peines, en considération des circonstances de l'infraction et de la personnalité de son auteur.

Art. 221-15 *(L. n° 2013-711, 5 août 2013)*. **– Les personnes physiques coupables du crime prévu à l'article 221-12 encourent également le suivi socio-judiciaire selon les modalités prévues aux articles 131-36-1 à 131-36-13.**

Art. 221-16 *(L. n° 2013-711, 5 août 2013)*. **– L'interdiction du territoire français peut être prononcée dans les conditions prévues à l'article 131-30 soit à titre définitif, soit pour une durée de dix ans au plus, à l'encontre de tout étranger coupable du crime prévu à l'article 221-12.**

Art. 221-17 *(L. n° 2013-711, 5 août 2013)*. **– Les personnes morales déclarées responsables pénalement, dans les conditions prévues à l'article 121-2, du crime défini à l'article 221-12 encourent, outre l'amende suivant les modalités prévues à l'article 131-38, les peines mentionnées à l'article 131-39.**

Art. 221-18 *(Abr., L. n° 2017-242, 27 févr. 2017)*.

Bibliographie : *JCl. pén., Des atteintes à la personne constituées par les disparitions forcées* par W. Jeandidier.

CHAPITRE II. – DES ATTEINTES À L'INTÉGRITÉ PHYSIQUE OU PSYCHIQUE DE LA PERSONNE

Section I. – Des atteintes volontaires à l'intégrité de la personne

§ 1. – Des tortures et actes de barbarie

Art. 222-1. – Le fait de soumettre une personne à des tortures ou à des actes de barbarie est puni de quinze ans de réclusion criminelle.

Les deux premiers alinéas de l'article 132-23 relatif à la période de sûreté sont applicables à l'infraction prévue par le présent article.

1) **QPC.** Non-lieu à renvoi devant le Conseil constitutionnel de la QPC visant l'article 222-1 dès lors que les actes relevant de la torture ou de la barbarie sont définis par l'article premier de la Convention de New York du 10 décembre 1984 contre la torture et autres peines ou traitements cruels, inhumains ou dégradants (■ Cass. crim., 21 juin 2017, n° 17-82.068 : *Dr. pén.* 2017, comm. 121, note P. Conte).

2) **Acte de barbarie, circonstance aggravante (anciennes et nouvelles dispositions du Code pénal prévoyant cette circonstance pour certaines infractions).** Est régulière comme portant sur une question de fait et non de droit la question par laquelle il est demandé à la cour et au jury, sous le régime de l'ancien Code pénal, si l'accusé a, pour l'exécution d'un homicide, employé des actes de barbarie, cette cir-

constance n'étant pas définie par la loi (■ Cass. crim., 1er déc. 1993 : *Bull. crim.*, n° 368 ; *Rev. sc. crim.* 1994, 553, obs. G. Levasseur).

– Dans le même sens, pour la commission de viols, ■ Cass. crim., 24 oct. 2007 : *Bull. crim.*, n° 254.

3) Le fait, par des prévenus, pour contraindre un adolescent à leur remettre de l'argent, de l'entraîner dans un bois, de le déshabiller, de le ligoter, de le frapper en le menaçant de mort et de lui introduire un bâton dans l'anus, constitue la circonstance aggravante de tortures ou actes de barbarie de nature, en application de l'article 303, alinéa 2, du Code pénal ancien, à conférer à la tentative d'extorsion de fonds perpétrée une qualification criminelle (■ Cass. crim., 9 déc. 1993 : *Bull. crim.*, n° 383 ; *Dr. pénal* 1994, chron. 26, rapport Nivôse et chron. 31, concl. Perfetti).

4) Une cour d'assises a, en répondant affirmativement à une question spéciale qui lui était posée comme résultant des débats, condamné pour viol accompagné de tortures ou d'actes de barbarie en application de l'article 333-1 du Code pénal alors applicable, des accusés ayant utilisé pour commettre le crime « sur de très jeunes victimes » « des ustensiles de toute nature et de toute taille » en vue de tourner des séquences de film à caractère pornographique (■ C. assises Aisne, 18 mars 1994 : *Gaz. Pal.* 3-7 avr. 1994, somm. p. 32).

5) Acte de barbarie, crime distinct (Code pénal). Le crime ou la circonstance aggravante de tortures ou actes de barbarie suppose la démonstration et d'un élément matériel consistant dans la commission d'un ou plusieurs actes d'une gravité exceptionnelle qui dépassent de simples violences et occasionnent à la victime une douleur ou une souffrance aiguë, et d'un élément moral consistant dans la volonté de nier en la victime la dignité de la personne humaine (■ Ch. acc. ■ Lyon, 19 janv. 1996 : *D.* 1996, 258, note L. Coste).

6) Sur une distinction entre actes de barbarie et violences ayant entraîné une mutilation, V. *crim.* 16 nov. 2004, noté sous l'article 222-9.

7) Se rend complice du crime de tortures ou actes de barbarie ayant entraîné la mort sans intention de la donner celui qui, ayant sollicité les services de l'auteur principal du crime a en outre maintenu la victime pendant que des sévices étaient exercés sur elle et fourni les moyens de ceux-ci (■ Cass. crim., 3 sept. 1996 : *Dr. pénal* 1997, comm. 4, note M. Véron).

Art. 222-2. – L'infraction définie à l'article 222-1 est punie de la réclusion criminelle à perpétuité lorsqu'elle précède, accompagne ou suit un crime autre que le meurtre ou le viol.

Les deux premiers alinéas de l'article 132-23 relatif à la période de sûreté sont applicables à l'infraction prévue par le présent article.

Bibliographie : V. *JCl. pén., Tortures et actes de barbarie* par H.-R. Ollard.

Art. 222-3 ***(Mod., L. n° 2003-88, 3 févr. 2003 ; L. n° 2003-239, 18 mars 2003 ; L. n° 2006-399, 4 avr. 2006 ; L. n° 2007-297, 5 mars 2007 ; L. n° 2010-201, 2 mars 2010 ; L. n° 2010-769, 9 juill. 2010 ; L. n° 2010-930, 9 août 2010 ; L. n° 2012-954, 6 août 2012 ; L. n° 2016-444, 13 avr. 2016).*** **– L'infraction définie à l'article 222-1 est punie de vingt ans de réclusion criminelle lorsqu'elle est commise :**

1° Sur un mineur de quinze ans ;

2° Sur une personne dont la particulière vulnérabilité, due à son âge, à une maladie, à une infirmité, à une déficience physique ou psychique ou à un état de grossesse, est apparente ou connue de son auteur ;

3° Sur un ascendant légitime ou naturel ou sur les père ou mère adoptifs ;

4° Sur un magistrat, un juré, un avocat, un officier public ou ministériel, un membre ou un agent de la Cour pénale internationale, un militaire de la gendarmerie nationale un fonctionnaire de la police nationale, des douanes de l'administration pénitentiaire ou toute autre personne dépositaire de l'autorité publique, un sapeur-pompier professionnel ou volontaire, un gardien assermenté d'immeubles ou de groupes d'immeubles ou un agent exerçant pour le compte d'un bailleur des fonctions de gardiennage ou de surveillance des immeubles à usage d'habitation en application de l'article L. 127-1 du Code de la construction et de l'habitation, dans l'exercice ou du fait de ses fonctions, lorsque la qualité de la victime est apparente ou connue de l'auteur ;

4° *bis* Sur un enseignant ou tout membre des personnels travaillant dans les établissements d'enseignement scolaire, sur un agent d'un exploitant de réseau de transport public de voyageurs ou toute personne chargée d'une mission de service public, ainsi que sur un professionnel de santé, dans l'exercice ou du fait de ses fonctions, lorsque la qualité de la victime est apparente ou connue de l'auteur ;

4° *ter* Sur le conjoint, les ascendants ou les descendants en ligne directe ou sur toute autre personne vivant habituellement au domicile des personnes mentionnées aux 4° et 4° *bis*, en raison des fonctions exercées par ces dernières.

5° Sur un témoin, une victime ou une partie civile, soit pour l'empêcher de dénoncer les faits, de porter plainte ou de déposer en justice, soit en raison de sa dénonciation, ou de sa plainte, soit à cause de sa déposition devant une juridiction nationale ou devant la Cour pénal internationale ;

5° *bis (Abr., L. n° 2017-86, 27 janv. 2017)* ;

5° *ter (Abr., L. n° 2017-86, 27 janv. 2017)* ;

5° *quater* Sur une personne qui se livre à la prostitution, y compris de façon occasionnelle, si les faits sont commis dans l'exercice de cette activité ;

6° Par le conjoint ou le concubin de la victime ou le partenaire lié à la victime par un pacte civil de solidarité ;

6° *bis* Contre une personne afin de la contraindre à contracter un mariage ou à conclure une union ou en raison de son refus de contracter ce mariage ou cette union ;

7° Par une personne dépositaire de l'autorité publique ou chargée d'une mission de service public dans l'exercice ou à l'occasion de l'exercice de ses fonctions ou de sa mission ;

8° Par plusieurs personnes agissant en qualité d'auteur ou de complice ;

9° Avec préméditation ou avec guet-apens ;

10° Avec usage ou menace d'une arme.

L'infraction définie à l'article 222-1 est également punie de vingt ans de réclusion criminelle lorsqu'elle est accompagnée d'agressions sexuelles autres que le viol.

La peine encourue est portée à trente ans de réclusion criminelle lorsque l'infraction définie à l'article 222-1 est commise sur un mineur de quinze ans par un ascendant légitime, naturel ou adoptif ou par toute autre personne ayant autorité sur le mineur.

Les deux premiers alinéas de l'article 132-23 relatif à la période de sûreté sont applicables aux infractions prévues par le présent article.

1) **QPC.** Non-lieu à renvoi au Conseil constitutionnel de la QPC visant l'article 222-3 : (■ Cass. crim., 26 juin 2013, n° 13-83.409).

2) Fait l'exacte application de l'article 112-1 du Code pénal, l'arrêt qui énonce que l'article 222-3, alinéa 2, du Code pénal réprimant le crime de tortures ou d'actes de barbarie en concours avec une agression sexuelle assure la continuité de l'incrimination d'attentat à la pudeur accompagné de tortures ou d'actes de barbarie prévue par l'article 333-1 de l'ancien Code pénal (■ Cass. crim., 11 mai 2005 : *Bull. crim.*, n° 146 ; *Rev. sc. crim.* 2005, p. 835, obs. G. Vermelle).

Art. 222-4 ***(L. n° 2004-204, 9 mars 2004)*. – L'infraction définie à l'article 222-1 est punie de trente ans de réclusion criminelle lorsqu'elle est commise en bande organisée ou de manière habituelle sur un mineur de quinze ans ou sur une personne dont la particulière vulnérabilité, due à son âge, à une maladie, à une infirmité, à une déficience physique ou psychique ou à un état de grossesse, est apparente ou connue de son auteur.**

Les deux premiers alinéas de l'article 132-23 relatif à la période de sûreté sont applicables à l'infraction prévue par le présent article.

Art. 222-5. – L'infraction définie à l'article 222-1 est punie de trente ans de réclusion criminelle lorsqu'elle a entraîné une mutilation ou une infirmité permanente.

Les deux premiers alinéas de l'article 132-23 relatif à la période de sûreté sont applicables à l'infraction prévue par le présent article.

Art. 222-6. – L'infraction définie à l'article 222-1 est punie de la réclusion criminelle à perpétuité lorsqu'elle a entraîné la mort de la victime sans intention de la donner.

Les deux premiers alinéas de l'article 132-23 relatif à la période de sûreté sont applicables à l'infraction prévue par le présent article.

Art. 222-6-1 ***(Mod., L. n° 2009-526, 12 mai 2009)*. – Les personnes morales déclarées responsables pénalement, dans les conditions prévues par l'article 121-2, des infractions définies au présent paragraphe**

encourent, outre l'amende suivant les modalités prévues par l'article 131-38, les peines prévues par l'article 131-39.

L'interdiction mentionnée au 2° de l'article 131-39 porte sur l'activité dans l'exercice ou à l'occasion de l'exercice de laquelle l'infraction a été commise.

Art. 222-6-2. – *(L. n° 2004-204, 9 mars 2004).* – **Toute personne qui a tenté de commettre les crimes prévus par le présent paragraphe est exempte de peine si, ayant averti l'autorité administrative ou judiciaire, elle a permis d'éviter la réalisation de l'infraction et d'identifier, le cas échéant, les autres auteurs ou complices.**

La peine privative de liberté encourue par l'auteur ou le complice d'un des crimes prévus au présent paragraphe est réduite de moitié si, ayant averti l'autorité administrative ou judiciaire, il a permis de faire cesser l'infraction ou d'éviter que l'infraction n'entraîne mort d'homme ou infirmité permanente et d'identifier, le cas échéant, les autres auteurs ou complices. Lorsque la peine encourue est la réclusion criminelle à perpétuité, celle-ci est ramenée à vingt ans de réclusion criminelle.

Art. 222-6-3 *(L. n° 2010-769, 9 juill. 2010).* **– Dans le cas où le crime prévu par le 6° *bis* de l'article 222-3 est commis à l'étranger à l'encontre d'une personne résidant habituellement sur le territoire français, la loi française est applicable par dérogation aux dispositions de l'article 113-7.**

§ 2. – Des violences

Art. 222-7. – **Les violences ayant entraîné la mort sans intention de la donner sont punies de quinze ans de réclusion criminelle.**

Bibliographie : *JCl. pén., Violences* par J.-P. Valat.

1) **Rappel.** Auparavant constitutif d'une circonstance aggravante des violences volontaires prévues par l'article 309 ancien du Code pénal (■ Cass. crim., 30 avr. 1985 : *Bull. crim.*, n° 165), l'infraction de coups mortels a été érigée en crime distinct par la loi du 2 février 1981 (art. 311 ancien), actuellement incriminé en tant que tel par l'article 222-7 du Code pénal.

2) **Éléments constitutifs.** Les dispositions de l'article 309 du Code pénal sont applicables lorsqu'un **acte volontaire de violence** a été accompli, quel que soit le mobile qui l'ait provoqué, et alors même que son auteur n'aurait pas voulu le dommage qui en est résulté ; il en est spécialement ainsi lorsqu'un acte volontaire de violence a entraîné la mort sans intention de la donner (■ Cass. crim., 5 févr. 1979 : *Bull. crim.*, n° 49, et les arrêts cités).

3) L'acte de violence doit avoir été accompli volontairement ; encourt dès lors la censure pour insuffisance de motifs l'arrêt de la cour d'appel qui, sans s'expliquer sur le caractère volontaire de l'acte de tirer avec une arme à feu sur la victime, accueille l'exception d'incompétence fondée sur la nature criminelle des faits poursuivis sous la qualification d'homicide involontaire, et infirme la décision des premiers juges qui avaient retenu que l'intention homicide n'était pas caractérisée (■ Cass. crim., 2 oct. 1996 : *Bull. crim.*, n° 342 ; rappr. 2 avr. 1979 : *Bull. crim.*, n° 131).

4) **Applications.** Est justifié le renvoi par la chambre d'accusation devant la cour d'assises d'un accusé pour coups mortels dès lors qu'elle retient qu'il a dirigé un pistolet, de façon intentionnelle vers la victime et qu'il aurait volontairement appuyé sur la détente, le fait que la position du cran de sécurité ait été modifiée à son insu au cours des manipulations de l'arme important peu (■ Cass. crim., 6 juill. 1993 : *Dr. pénal* 1993, comm. 254, obs. M. Véron).

5) Les manœuvres pratiquées ayant eu pour résultat d'entraîner la mort de l'avortée, la Cour d'appel aurait dû reconnaître que les faits poursuivis constituaient, non le simple délit d'avortement, mais le crime de violences volontaires ayant entraîné la mort sans intention de la donner (■ Cass. crim., 1er déc. 1971 : *Bull. crim.*, n° 330).

6) **Lien de causalité.** En matière de violences volontaires il n'est pas exigé un lien de causalité direct et immédiat entre elles et leurs conséquences (■ Cass. crim., 18 mai 1982 : inédit). V. *infra* n° 7.

7) Le crime de coups mortels implique que la mort de la victime ait nécessairement procédé des violences volontairement commises à son encontre et ne soit pas due à une cause étrangère à ces violences, telle la déficience d'un appareil de réanimation à la suite de l'intervention chirurgicale nécessitée par les blessures subies (■ Cass. crim., 8 janv. 1991 : *Bull. crim.*, n° 14 ; *D.* 1991, somm., n° 271, obs. G. Azibert).

8) Mais, d'une part l'état de santé de la victime, antérieur aux violences, ne doit pas être pris en

compte (■ Cass. crim., 15 nov. 1928 : *DP* 1932, I, p. 56), et d'autre part il a été jugé que la même solution s'imposait si les violences avaient aggravé une affection pathologique entraînant une mort prématurée (■ Cass. crim., 7 nov. 1930 : *Sem. jur.* 1930, n° 595).

9) Justifie sa décision de renvoi du chef de coups mortels la chambre d'accusation qui relève que les violences, bien que non susceptibles d'entraîner la mort sur un sujet normal, avaient facilité une congestion cérébrale avec insuffisance respiratoire responsable du décès chez un sujet présentant un état morbide et un état alcoolique caractérisé (■ Cass. crim., 26 avr. 1994 : *Dr. pénal* 1994, comm. 176).

10) Question en cour d'assises. N'encourt pas la censure la question posée dans les termes de l'arrêt de renvoi et ne précisant pas que les violences exercées l'ont été volontairement, dès lors que l'article 222-7 du Code pénal prévoyant cette infraction ne mentionne pas l'élément intentionnel dont le principe est affirmé, pour tous les crimes et délits à l'exception des infractions d'imprudence, par l'article 121-3 du Code pénal (■ Cass. crim., 19 sept. 1996 : *Bull. crim.*, n° 326).

11) Le crime de violences ayant entraîné la mort sans intention de la donner, défini par l'article 222-7 du Code pénal, est une infraction distincte du délit de violences commises avec arme, défini par les articles 222-11 à 222-13 du Code pénal, et non pas une circonstance aggravante de ce délit.

En conséquence, méconnaît les dispositions de l'article 350 du Code de procédure pénale le président de la cour d'assises qui pose une question spéciale afin de rechercher si les faits qualifiés dans la décision de renvoi de violences avec arme ne constituent pas en réalité le crime de violences ayant entraîné la mort sans intention de la donner (■ Cass. crim., 29 nov. 2017, n° 17-80.224).

Code de la sécurité intérieure

Art. L. 211-1. – Sont soumis à l'obligation d'une déclaration préalable tous cortèges, défilés et rassemblements de personnes, et, d'une façon générale, toutes manifestations sur la voie publique.

Toutefois, sont dispensées de cette déclaration les sorties sur la voie publique conformes aux usages locaux.

Les réunions publiques sont régies par les dispositions de l'article 6 de la loi du 30 juin 1881.

Art. L. 211-2. – La déclaration est faite à la mairie de la commune ou aux mairies des différentes communes sur le territoire desquelles la manifestation doit avoir lieu, trois jours francs au moins et quinze jours francs au plus avant la date de la manifestation. À Paris, la déclaration est faite à la préfecture de police. Elle est faite au représentant de l'État dans le département en ce qui concerne les communes où est instituée la police d'État.

La déclaration fait connaître les noms, prénoms et domiciles des organisateurs et est signée par trois d'entre eux faisant élection de domicile dans le département ; elle indique le but de la manifestation, le lieu, la date et l'heure du rassemblement des groupements invités à y prendre part et, s'il y a lieu, l'itinéraire projeté.

L'autorité qui reçoit la déclaration en délivre immédiatement un récépissé.

Art. L. 211-3. – Si les circonstances font craindre des troubles graves à l'ordre public et à compter du jour de déclaration d'une manifestation sur la voie publique ou si la manifestation n'a pas été déclarée, dès qu'il en a connaissance, le représentant de l'État dans le département ou, à Paris, le préfet de police, peut interdire, pendant les vingt-quatre heures qui la précèdent et jusqu'à dispersion, le port et le transport, sans motif légitime, d'objets pouvant constituer une arme au sens de l'article 132-75 du Code pénal. L'aire géographique où s'applique cette interdiction se limite aux lieux de la manifestation, aux lieux avoisinants et à leurs accès, son étendue devant demeurer proportionnée aux nécessités que font apparaître les circonstances.

Les modalités d'application du présent article sont fixées par décret en Conseil d'État.

Art. L. 211-4. – Si l'autorité investie des pouvoirs de police estime que la manifestation projetée est de nature à troubler l'ordre public, elle l'interdit par un arrêté qu'elle notifie immédiatement aux signataires de la déclaration au domicile élu.

Le maire transmet, dans les vingt-quatre heures, la déclaration au représentant de l'État dans le département. Il y joint, le cas échéant, une copie de son arrêté d'interdiction.

Si le maire, compétent pour prendre un arrêté d'interdiction, s'est abstenu de le faire, le représentant de l'État dans le département peut y pourvoir dans les conditions prévues à l'article L. 2215-1 du Code général des collectivités territoriales.

Art. L. 211-12. – L'organisation sur la voie publique d'une manifestation n'ayant pas fait l'objet d'une déclaration préalable dans les conditions prévues par la loi, ayant fait l'objet d'une déclaration incomplète ou inexacte de nature à tromper sur l'objet ou les conditions de la manifestation projetée, ou ayant été interdite dans les conditions fixées par la loi et la participation à une manifestation ou à une réunion publique en étant porteur d'une arme sont réprimées dans les conditions prévues à la section 3 du chapitre Ier du titre III du livre IV du Code pénal.

Art. L. 211-13. – Les personnes s'étant rendues coupables, lors du déroulement de manifestations sur la voie publique, des infractions prévues aux articles 222-7 à 222-13, 322-1, premier alinéa, 322-2 et 322-3, dans le cas de l'infraction définie à l'article 322-1, premier alinéa, et 322-6 à 322-10 du Code pénal encourent également la peine complémentaire d'interdiction de participer à des manifestations sur la voie publique, dans des lieux fixés par la décision de condamnation, pour une durée ne pouvant excéder trois ans. Si cette interdiction accompagne une peine privative de liberté sans sursis, elle s'applique à compter du jour où la privation de liberté a pris fin.

Le fait pour une personne de participer à une manifestation en méconnaissance de cette interdiction est puni d'un an d'emprisonnement et de 15 000 euros d'amende.

Art. L. 211-14. – L'interdiction du territoire français peut être également prononcée, dans les conditions prévues par l'article 131-30 du Code pénal, pour une durée de trois ans au plus, à l'encontre de tout étranger s'étant rendu coupable, lors du déroulement de manifestations sur la voie publique, des infractions prévues aux articles 222-9, 222-11 à 222-13, 322-3 et 322-6 du Code pénal.

Art. 222-8 *(Mod., L. n° 2003-88, 3 févr. 2003 ; L. n° 2003-239, 18 mars 2003 ; L. n° 2006-399, 4 avr. 2006 ; L. n° 2007-297, 5 mars 2007 ; L. n° 2010-201, 2 mars 2010 ; L. n° 2010-769, 9 juill. 2010 ; L. n° 2010-930, 9 août 2010 ; L. n° 2012-954, 6 août 2012 ; L. n° 2016-444, 13 avr. 2016).* – **L'infraction définie à l'article 222-7 est punie de vingt ans de réclusion criminelle lorsqu'elle est commise :**

1° Sur un mineur de quinze ans ;

2° Sur une personne dont la particulière vulnérabilité, due à son âge, à une maladie, à une infirmité, à une déficience physique ou psychique ou à un état de grossesse, est apparente ou connue de son auteur ;

3° Sur un ascendant légitime ou naturel ou sur les père ou mère adoptifs ;

4° Sur un magistrat, un juré, un avocat, un officier public ou ministériel, un membre ou un agent de la Cour pénale internationale, un militaire de la gendarmerie nationale, un fonctionnaire de la police nationale, des douanes de l'administration pénitentiaire ou toute autre personne dépositaire de l'autorité publique, un sapeur-pompier professionnel ou volontaire, un gardien assermenté d'immeubles ou de groupes d'immeubles ou un agent exerçant pour le compte d'un bailleur des fonctions de gardiennage ou de surveillance des immeubles à usage d'habitation en application de l'article L. 127-1 du Code de la construction et de l'habitation, dans l'exercice ou du fait de ses fonctions, lorsque la qualité de la victime est apparente ou connue de l'auteur ;

4° ***bis*** **Sur un enseignant ou tout membre des personnels travaillant dans les établissements d'enseignement scolaire, sur un agent d'un exploitant de réseau de transport public de voyageurs ou toute personne chargée d'une mission de service public, ainsi que sur un professionnel de santé, dans l'exercice ou du fait de ses fonctions, lorsque la qualité de la victime est apparente ou connue de l'auteur ;**

4° ***ter*** **Sur le conjoint, les ascendants ou les descendants en ligne directe ou sur toute autre personne vivant habituellement au domicile des personnes mentionnées aux 4° et 4°** ***bis*** **en raison des fonctions exercées par ces dernières ;**

5° Sur un témoin, une victime ou une partie civile, soit pour l'empêcher de dénoncer les faits, de porter plainte ou de déposer en justice, soit en raison de sa dénonciation, ou de sa plainte, soit à cause de sa déposition devant une juridiction nationale ou devant la Cour pénale internationale ;

5° ***bis (Abr., L. n° 2017-86, 27 janv. 2017)*** **;**

5° ***ter (Abr., L. n° 2017-86, 27 janv. 2017)*** **;**

5° ***quater*** **Sur une personne qui se livre à la prostitution, y compris de façon occasionnelle, si les faits sont commis dans l'exercice de cette activité ;**

6° Par le conjoint ou le concubin de la victime ou le partenaire lié à la victime par un pacte civil de solidarité ;

6° *bis* Contre une personne afin de la contraindre à contracter un mariage ou à conclure une union ou en raison de son refus de contracter ce mariage ou cette union ;

7° Par une personne dépositaire de l'autorité publique ou chargée d'une mission de service public dans l'exercice ou à l'occasion de l'exercice de ses fonctions ou de sa mission ;

8° Par plusieurs personnes agissant en qualité d'auteur ou de complice ;

9° Avec préméditation ou avec guet-apens ;

10° Avec usage ou menace d'une arme.

La peine encourue est portée à trente ans de réclusion criminelle lorsque l'infraction définie à l'article 222-7 est commise sur un mineur de quinze ans par un ascendant légitime, naturel ou adoptif ou par toute autre personne ayant autorité sur le mineur.

Les deux premiers alinéas de l'article 132-23 relatif à la période de sûreté sont applicables aux infractions prévues par le présent article.

La qualité de concubin de la mère de la victime ne confère pas, pour elle seule, l'autorité de fait à laquelle l'article (312) du Code pénal attache une aggravation de peine (■ Cass. crim., 1er févr. 1989 : *Bull. crim.*, n° 42 ; *Rev. sc. crim.* 1989, 739, obs. Levasseur). En revanche, le coupable de violences volontaires sur un mineur de quinze ans, qui vit en concubinage avec la mère de celui-ci et a une habitation commune avec la mère et l'enfant, exerce nécessairement sur cet enfant une autorité de fait (■ Cass. crim., 28 févr. 1956 : *Bull. crim.*, n° 201).

Art. 222-9. – **Les violences ayant entraîné une mutilation ou une infirmité permanente sont punies de dix ans d'emprisonnement et de 150 000 € d'amende.**

Voir : art. 132-9, p. 138 (peines applicables).
art. L. 211-1, p. 930 (Outrage contre un inspecteur du permis de conduire et de la sécurité routière).

1) Caractère irréversible de l'infirmité. L'infirmité permanente suppose la mise hors de service de l'organe considéré ou son ablation : ainsi ne constitue pas une infirmité permanente un simple affaiblissement de la vue (■ Cass. crim., 22 mars 1946 : *D.* 1946, 242), ni une perte de dents (■ Cass. crim., 23 nov. 1945 : *S.* 1946, I, p. 21), ni l'affaiblissement de la paroi abdominale (■ Amiens, 29 juill. 1952 : *JCP* 53, IV, 59).

– Car une incapacité permanente ne saurait être assimilée à une infirmité permanente (même arrêt).

2) Justifie sa décision de non-lieu la chambre de l'instruction qui relève, notamment, qu'une ligature des trompes opérée par un médecin, sans le consentement d'une femme qui avait subi une césarienne, ne constituait ni une mutilation, ni une infirmité permanente au sens de l'article 222-9 du Code pénal, sa stérilité étant « réversible » (■ Cass. crim., 19 janv. 2005 : *Dr. pénal* 2005, comm. 55, obs. M. Véron).

3) *Constitue une infirmité permanente* l'état confusionnel variable mais permanent de la victime de coups et blessures volontaires dont les facultés mentales sont gravement et définitivement atteintes, incapable de mener une vie indépendante aux plans économique et personnel (■ Cass. crim., 25 mars 1980 : *D.* 1981, 660, note Jeandidier ; *Rev. sc. crim.* 1981, 87, obs. Levasseur).

4) La surdité affectant une oreille, lorsqu'elle a un caractère définitif, constitue une infirmité permanente (■ Cass. crim., 6 nov. 1985 : *Bull. crim.*, n° 347 ; *Rev. sc. crim.* 1986, 611, obs. Levasseur).

5) Sur l'infirmité permanente due à l'inoculation du virus du sida, V. (■ Cass. crim., 10 janv. 2006 : *Bull. crim.*, n° 11), rapporté *infra* sous l'article 222-15 du Code pénal.

6) Une atteinte sévère de l'organe de la phonation, dont l'altération de la fonction demeure irréversible, constitue une infirmité permanente (■ Cass. crim., 21 mars 2006 : *JurisData* n° 2006-033267 ; *Dr. pénal* 2006, comm. 98, obs. M. Véron).

7) Mutilation. Il a été jugé que l'arrachement du pavillon de l'oreille constituait une mutilation (■ Cass. crim., 8 mars 1912 : *S.* 1913, I, p. 532), comme l'ablation de la rate résultant de coups volontaires, la suppression de cet organe étant en outre de nature à entraîner une infirmité permanente (■ Cass. crim., 18 déc. 1962 : *Bull. crim.*, n° 375).

8) L'ablation du clitoris résultant de violences volontairement exercées, constitue une mutilation (■ Cass. crim., 20 août 1983 : *Bull. crim.*, n° 229. ■ 9 mai 1990 : *Dr. pénal* 1990, comm. 291, obs. M. Véron ; *Rev. sc. crim.* 1991, p. 565, obs. Y. Levasseur).

9) Rejet du pourvoi formé contre un arrêt de chambre de l'instruction renvoyant en cour d'assises un individu accusé d'avoir coupé le sexe de la victime, car à « supposer que les faits retenus ne caractérisent pas le crime d'actes de barbarie ayant entraîné une mutilation, ils n'en constitueraient pas moins le crime de violences ayant entraîné une mutilation » (■ Cass. crim., 16 nov. 2004 : *Dr. pénal* 2005, comm. 22, obs. M. Véron).

10) À rappeler que l'article 310 ancien du Code pénal visait spécialement la privation de l'usage d'un membre, la perte d'un œil et la cécité qui, avec la castration à l'époque crime autonome, rentrent actuellement dans les prévisions de l'article 222-9 du Code pénal.

Art. 222-10 *(Mod., L. n° 2003-88, 3 févr. 2003 ; L. n° 2003-239, 18 mars 2003 ; L. n° 2006-399, 4 avr. 2006 ; L. n° 2007-297, 5 mars 2007 ; L. n° 2010-201, 2 mars 2010 ; L. n° 2010-769, 9 juill. 2010 ; L. n° 2010-930, 9 août 2010 ; L. n° 2012-954, 6 août 2012 ; L. n° 2016-444, 13 avr. 2016).* **– L'infraction définie à l'article 222-9 est punie de quinze ans de réclusion criminelle lorsqu'elle est commise :**

1° Sur un mineur de quinze ans ;

2° Sur une personne dont la particulière vulnérabilité, due à son âge, à une maladie, à une infirmité, à une déficience physique ou psychique ou à un état de grossesse, est apparente ou connue de son auteur ;

3° Sur un ascendant légitime ou naturel ou sur les père ou mère adoptifs ;

4° Sur un magistrat, un juré, un avocat, un officier public ou ministériel, un membre ou un agent de la Cour pénale internationale, un militaire de la gendarmerie nationale, un fonctionnaire de la police nationale, des douanes, de l'administration pénitentiaire ou toute autre personne dépositaire de l'autorité publique, un sapeur-pompier professionnel ou volontaire, un gardien assermenté d'immeubles ou de groupes d'immeubles ou un agent exerçant pour le compte d'un bailleur des fonctions de gardiennage ou de surveillance des immeubles à usage d'habitation en application de l'article L. 127-1 du Code de la construction et de l'habitation, dans l'exercice ou du fait de ses fonctions, lorsque la qualité de la victime est apparente ou connue de l'auteur ;

4° ***bis*** **Sur un enseignant ou tout membre des personnels travaillant dans les établissements d'enseignement scolaire, sur un agent d'un exploitant de réseau de transport public de voyageurs ou toute personne chargée d'une mission de service public, ainsi que sur un professionnel de santé, dans l'exercice ou du fait de ses fonctions, lorsque la qualité de la victime est apparente ou connue de l'auteur ;**

4° ***ter*** **Sur le conjoint, les ascendants ou les descendants en ligne directe ou sur toute autre personne vivant habituellement au domicile des personnes mentionnées aux 4° et 4°** ***bis*** **en raison des fonctions exercées par ces dernières ;**

5° Sur un témoin, une victime ou une partie civile, soit pour l'empêcher de dénoncer les faits, de porter plainte ou de déposer en justice, soit en raison de sa dénonciation, ou de sa plainte, soit à cause de sa déposition devant une juridiction nationale ou devant la Cour pénale internationale ;

5° ***bis (Abr., L. n° 2017-86, 27 janv. 2017)*** **;**

5° ***ter (Abr., L. n° 2017-86, 27 janv. 2017)*** **;**

5° ***quater*** **Sur une personne qui se livre à la prostitution, y compris de façon occasionnelle, si les faits sont commis dans l'exercice de cette activité ;**

6° Par le conjoint ou le concubin de la victime ou le partenaire lié à la victime par un pacte civil de solidarité ;

6° ***bis*** **Contre une personne afin de la contraindre à contracter un mariage ou à conclure une union ou en raison de son refus de contracter ce mariage ou cette union ;**

7° Par une personne dépositaire de l'autorité publique ou chargée d'une mission de service public dans l'exercice ou à l'occasion de l'exercice de ses fonctions ou de sa mission ;

8° Par plusieurs personnes agissant en qualité d'auteur ou de complice ;

9° Avec préméditation ou avec guet-apens ;

10° Avec usage ou menace d'une arme.

La peine encourue est portée à vingt ans de réclusion criminelle lorsque l'infraction définie à l'article 222-9 est commise sur un mineur de quinze ans par un ascendant légitime, naturel ou adoptif ou par toute autre personne ayant autorité sur le mineur.

Les deux premiers alinéas de l'article 132-23 relatif à la période de sûreté sont applicables aux infractions prévues par le présent article.

Voir : , art. L. 211-1, p. 930 (Outrage contre un inspecteur du permis de conduire et de la sécurité routière).

Art. 222-11. – Les violences ayant entraîné une incapacité totale de travail pendant plus de huit jours sont punies de trois ans d'emprisonnement et de 45 000 € d'amende.

Voir : art. L. 211-1, p. 930 (Outrage contre un inspecteur du permis de conduire et de la sécurité routière).

1) Exigence d'acte positif. Ne saurait constituer le délit de coups et blessures volontaires le fait même pour des proches parents de laisser sous leur toit un faible d'esprit, un vieillard ou un malade dans un état d'abandon complet (■ Poitiers, 20 nov. 1901 : *S.* 1902, 2, 305, note Hémard ; *D.* 1901, 81, note Le Poittevin).

2) Atteinte corporelle. Les coups existent, que l'agent ait frappé la victime immédiatement, par exemple de la main, ou médiatement, c'est-à-dire au moyen d'un objet, ainsi une pierre (■ Cass. crim., 21 mars 1868 : *D.* 69, 1, 263) ; il y a encore coup lorsque l'agent saisit la victime pour lui faire cogner avec son corps ou une partie de celui-ci le sol ou un objet (■ Cass. crim., 19 déc. 1863 : *D.* 63, 5, 402). Peu importe que le coupable n'ait porté à la victime qu'un seul coup (■ Cass. crim., 5 mars 1831 : *Bull. crim.*, n° 42) ou que le fait délictueux n'ait causé à la victime qu'une lésion minime (■ T. corr. Seine, 23 févr. 1949 : *S.* 1950, 2, 149, note Légal ; *JCP* 49, II, 4796, note Vouin) : des coups, au sens de la loi, sont réalisés.

3) Atteinte physiologique on psychique. Les violences ou voies de fait sont non seulement des brutalités exercées sur le corps de la victime d'une gravité moindre que les coups, ainsi le déshabillage brutal d'un enfant pour l'enduire de cambouis (■ Cass. crim., 16 févr. 1938 : *Gaz. Pal.* 1938, 1, 750), mais encore tout acte qui, sans aucun contact matériel, est de nature à provoquer des atteintes à l'intégrité physique de la victime en raison de l'émotion qu'elle ressentira : ainsi le fait de frapper au plafond d'un appartement des coups d'une extrême violence, chaque nuit, déterminant chez l'un des voisins une maladie nerveuse (■ Cass. crim., 22 oct. 1936 : *D. Hebd.* 1937, p. 38), d'infliger des tortures morales à une personne dont la santé a été altérée (■ Cass. crim., 14 févr. 1970 : *D.* 1970, jur. p. 744), ou encore de foncer avec son automobile sur un piéton dans l'intention de lui faire peur (■ T. corr. Aix-en-Provence, 26 juin 1975 : *D.* 1975, somm. 108 ; *Rev. sc. crim.* 1976, 110, obs. Levasseur) ou d'entrer avec une tronçonneuse en marche dans la salle où avait lieu un repas organisé par une association et de menacer les convives de cet engin, provoquant chez l'un d'eux, en raison du choc nerveux éprouvé, une incapacité totale de travail (■ Cass. crim., 9 janv. 1986 : *Gaz. Pal.* 1986, 2, 598). L'infraction de violences peut aussi consister dans le fait d'envoyer un colis d'excréments (■ Cass. crim., 8 nov. 1990 : *Dr. pénal* 1991, n° 102), des lettres anonymes injurieuses et menaçantes (■ Cass. crim., 13 juin 1991 : *Bull. crim.*, n° 253 ; *Rev. sc. crim.* 1992, p. 74, obs. Levasseur), ainsi que de diffuser par minitel un message offensant, entraînant une atteinte psychique à la victime (■ Cass. crim., 17 juin 1993 : *Bull. crim.*, n° 243 ; *Dr. pénal* 1993, comm. 61, obs. M. Véron). Est également coupable le prévenu qui porte des coups sur le véhicule dans lequel se trouve assise la victime, de nature à causer à celle-ci un choc ou un trouble psychologique (■ Paris, 11ᵉ Ch. B, 25 nov. 1988 : *JurisData* n° 02750) ou, l'action pour un automobiliste de se diriger droit sur des gendarmes à une vitesse rapide compte tenu de la proximité des victimes, alors qu'il avait conscience de leur présence et en s'en remettant aux gendarmes eux-mêmes pour éviter le choc (■ Cass. crim., 19 oct. 1993 : *Dr. pénal* 1994, comm. 33).

4) Le délit de violence est constitué, même sans atteinte physique de la victime par tout acte de nature à impressionner vivement celle-ci et à lui causer un choc émotif (■ Cass. crim., 18 mars 2008 : *Bull. crim.*, n° 65 ; *JurisData*, n° 2008-043606 ; *Dr. pénal* 2008, comm. 84, obs. M. Véron ; *Rev. sc. crim.* 2008, p. 587, obs. Y. Mayaud). Rappr. ■ Cass. crim., 2 sept. 2005 : *Bull. crim.*, n° 212, *infra* sous article 222-13.

5) Mais ne donne pas de base légale à sa décision, la cour d'appel qui se borne à énoncer que la parution de son avis de décès « n'a pu qu'impressionner la victime et provoquer en elle un choc ou un trouble psychologique », sans rechercher si la victime avait eu connaissance de cet avis et si elle avait effectivement subi une atteinte à son intégrité physique ou psychique (■ Cass. crim., 27 oct. 1999 : *JurisData* n° 004318 ; *Dr. pénal* 2000, comm. 30, obs. M. Véron). V. *aussi infra, notes sous article 222-13.*

6) Le juge répressif ne peut prononcer une peine sans avoir relevé tous les éléments constitutifs de l'infraction qu'il réprime.

Ne caractérise pas le délit de violences le fait d'observer une femme et une jeune fille mineure en train de se changer à l'aide d'un miroir de poche passé sous la cloison séparant les cabines du vestiaire de la piscine (■ Cass. crim., 5 oct. 2010 : *Dr. pén.* 2011, comm. 6, obs. M. Véron).

7) Indifférence du mobile. Le mobile est sans influence sur la réalisation de l'infraction : le délit est ainsi constitué lorsque les prévenus ont agi par plaisanterie, par exemple lorsque les camarades d'un apprenti ont introduit dans son anus un gonfleur de pneus qui a perforé les intestins de la victime (■ Cass. crim., 7 juin 1961 : *Bull. crim.*, n° 290. ■ 21 oct. 1969 : *Bull. crim.*, n° 258. ■ 23 juin 1988 : *Bull. crim.*, n° 289, 1er arrêt ; *Rev. sc. crim.* 1989, 107, obs. Levasseur). *Adde* sur le sujet : *Rev. sc. crim.* 2002, p. 587, obs. Y. Mayaud, et *D.* 2003, jur. comm., p. 1001, note I. Moine-Dupuis, à propos d'un arrêt de Toulouse, du 21 février 2002, qui a relaxé un prévenu, auteur de l'envoi d'une lettre contenant de la poudre blanche, décelée par un agent des postes choqué par sa découverte, pour défaut d'intention coupable en considération des conditions auxquelles l'acte avait été commis, son auteur n'ayant pas eu conscience de son danger, dès lors que l'enveloppe portant son nom était destinée à un ami à titre de pure plaisanterie.

8) L'infraction prévue par l'article 309 du Code pénal se trouve constituée dès qu'il existe un acte volontaire de violence, quel que soit le mobile qui l'ait inspiré et alors même que son auteur n'aurait pas voulu causer le dommage qui en est résulté ; les juges du fond donnent une base légale à leur décision et déduisent des circonstances de fait souverainement appréciées par eux que le comportement du prévenu (ayant menacé son ancienne maîtresse d'un poignard) a été de nature à impressionner vivement la victime et à l'inciter, sous l'effet de la panique, à essayer de s'enfuir en sautant par une fenêtre (■ Cass. crim., 21 nov. 1988 : *Bull. crim.*, n° 392).

9) Indifférence de l'erreur sur la personne. Constitue une violence volontaire le fait d'occasionner des blessures à une personne autre que celle que l'auteur des violences voulait atteindre (■ Cass. crim., 21 nov. 1984 : *Bull. crim.*, n° 362). Le conducteur qui, cherchant à écraser une personne, en blesse d'autres, se rend coupable de coups et blessures volontaires à l'aide d'une arme car son acte initial a un caractère intentionnel et l'erreur sur la personne ne pouvant pas bénéficier au prévenu (■ Caen, 9 janv. 1987 : *JurisData*, n° 050381).

10) Indifférence du consentement. Le délit de coups et blessures volontaires ne disparaît pas lorsque la victime est consentante, il a été ainsi jugé qu'encouraient les sanctions prévues par la loi deux individus qui pratiquaient, à la demande de leurs clients, sur ces derniers, des interventions chirurgicales destinées à les rendre stériles (■ Cass. crim., 1er juill. 1937 : *S.* 1938, 1, 193, note Tortat). Ne peuvent invoquer le fait justificatif de la permission de la loi les chirurgiens qui ont procédé à l'ablation de l'appareil génital externe masculin de leur patient, avec plastie d'un néo-vagin, dès lors que les experts ont conclu qu'il n'est pas établi que la conservation par la partie civile de ses organes sexuels masculins était de nature à compromettre gravement son équilibre mental (■ Aix-en-Provence, 7e Ch., 23 avr. 1990 : *Gaz. Pal.* 12-13 oct. 1990, note Doucet).

11) Coaction. Des violences exercées par plusieurs personnes sur une ou plusieurs autres peuvent constituer un fait unique sans qu'il y ait eu nécessairement préméditation ou concertation, chacun pouvant avoir participé spontanément à la rixe et porté des coups volontairement sans avoir été sollicité par les autres auteurs de la scène de violence (■ Cass. crim., 25 févr. 1975 : *Bull. crim.*, n° 65 ; *Rev. sc. crim.* 1975, 1016, obs. Levasseur). La présence sur les lieux n'est cependant pas suffisante pour une déclaration de culpabilité (même arrêt).

– Lorsque des blessures ont été faites par plusieurs prévenus au cours d'une scène unique de violences, l'infraction est à apprécier dans son ensemble, sans qu'il soit nécessaire, pour les juges du fond, de préciser la nature des coups portés par chacun des prévenus à chacune des victimes (■ Cass. crim., 10 avr. 1975 : *JCP* 75, G, IV, 168).

12) Violences et sport. Les coups et blessures commis dans l'exercice de sports violents sont considérés comme justifiés par la permission de la coutume si les règles du jeu ont été respectées et si l'auteur des violences n'a pas été animé par l'intention de nuire (■ Cass. crim., 21 oct. 1965 : *D.* 1966, 26). Mais les brutalités délibérées sont constitutives du délit (■ Cass. crim., 24 janv. 1956 : *D.* 1956, jur., p. 197).

13) Sur l'application du fait justificatif de légitime défense aux coups et blessures volontaires, V. *infra*, sous article 122-5.

14) Définition de l'incapacité. L'expression « incapacité totale de travail personnel » désigne l'incapacité de s'adonner à un travail quelconque, à tout travail corporel en général ; mais l'article 309 n'exige pas que l'incapacité constatée soit absolue et interdise au blessé le moindre effort musculaire (■ Cass. crim., 6 oct. 1960 : *Gaz. Pal.* 1961, 1, 9).

L'incapacité totale de travail, élément constitutif de l'infraction de violences, n'implique pas nécessairement l'impossibilité pour la victime de se livrer à un effort physique afin d'accomplir elle-même certaines tâches ménagères ; encourt, dès lors, la censure l'arrêt qui, pour apprécier la durée de l'incapacité totale de travail et disqualifier le délit poursuivi sur le fondement de l'article 222-11 du Code pénal en contravention de violences, ne prend pas en compte la durée de l'incapacité de travail professionnel de la victime au motif que celle-ci était, au cours de cette période, néanmoins en état d'accomplir des tâches ménagères (■ Cass. crim., 6 févr. 2001 : *Bull. crim.*, n° 34 ; *Dr. pénal* 2001, comm. 71, M. Véron ; *Rev. sc. crim.* 2001, p. 582, obs. Y. Mayaud).

Le fait que la durée totale de l'incapacité ne soit pas encore déterminée au moment où les juges statuent n'empêche pas qu'elle puisse être d'ores et déjà supérieure à huit jours (■ Cass. crim., 18 sept. 1990, inédit).

15) QPC. Non-lieu à renvoi au Conseil constitutionnel de la question prioritaire concernant la légalité des articles 222-11 et 222-12 du Code pénal, faute de critères objectifs quant à la définition de l'incapacité totale de travail et au calcul de sa durée, dès lors que l'appréciation de l'existence d'une incapacité totale de travail et de la durée de celle-ci, qui conditionne les poursuites aux termes des articles 222-11 et 222-12 du Code pénal, relève de l'office du juge qui n'est pas tenu d'adopter les appréciations des certificats médicaux produits ou des expertises réalisées, et se prononce au vu des éléments de fait dont il dispose (■ Cass. crim., 2 mai 2012, n° 12-90.012 QPC ; *Dr. pénal* 2012, comm. 99, obs. M. Veron).

16) Lien de causalité. S'il résulte de coups ou violences volontaires une maladie ou une incapacité de travail personnel pendant plus de 8 jours, ces coups ou violences constituent, non la contravention prévue par l'article R. 40.1° du Code pénal, mais le délit de l'article 309, alinéa 1er, du même Code, sans que soit exigée la preuve d'un lien de causalité direct et immédiat entre les violences et la maladie ou l'incapacité de travail (■ Cass. crim., 27 févr. 1992 : *Bull. crim.*, n° 92).

– Pour un choc émotif apparu postérieurement aux faits, V. ■ Douai, 1er mars 2006 : *Dr. pénal* 2006, comm. 138, obs. M. Véron.

17) Élément intentionnel. L'élément intentionnel de l'infraction consiste dans la volonté de commettre l'acte et non dans le dommage même qui en a été la conséquence (■ Cass. crim., 29 nov. 1972 : *Gaz. Pal.* 1973, I, 109).

L'intention délictueuse existe même si l'auteur est parvenu à un résultat dépassant les limites qu'il s'était assignées, puisqu'il a agi dans le but de nuire à autrui (■ Cass. crim., 19 avr. 1972 : *Bull. crim.*, n° 131 ; *Rev. sc. crim.* 1973, 897, obs. Levasseur). Sur l'élément intentionnel des atteintes volontaires à l'intégrité physique des personnes (*JCP* 94, G, I, 3738, n° 4, note Véron). *Adde*, les notes de Y. Mayaud : *Rev. sc. crim.* 2002, p. 587, et de I. Moine-Dupuis : *D.* 2003, jur. comm., p. 1001, au sujet de ■ Toulouse, 21 févr. 2002 relaxant pour défaut d'intention délictueuse l'auteur d'une plaisanterie, préc. sous article 222-11, note 5.

18) Mais ne justifie pas sa décision la cour d'appel qui, pour condamner du chef du délit de violences volontaires un chirurgien ayant, au cours d'une intervention de chirurgie gynécologique, stérilisé une patiente présentant un risque d'embolie pulmonaire, se borne à relever, sans caractériser l'élément intentionnel des violences au regard des articles 121-3 et 222-11 du Code pénal, que cet acte n'était pas imposé par une nécessité évidente ou un danger immédiat (■ Cass. crim., 6 févr. 2001 : *Bull. crim.*, n° 33 ; *Dr. pénal* 2001, comm. 73, obs. M. Véron ; *Rev. sc. crim.* 2001, p. 580, obs. Y. Mayaud).

19) Les faits qui procèdent de manière indissociable d'une action unique caractérisée par une seule intention coupable ne peuvent donner lieu, contre le prévenu, à deux déclarations de culpabilité de nature pénale, fussent-elles concomitantes.

Méconnaît ce principe la cour d'appel qui, pour déclarer un prévenu coupable de violences, énonce que ces faits ont pour éléments matériels les infractions de faux et usage, dénonciation mensongère, menaces de mort et appels téléphoniques malveillants, alors qu'il résulte de ses propres constatations que l'infraction de violences et les autres infractions retenues à son encontre relevaient de la même intention coupable (■ Cass. crim., 24 janv. 2018, n° 16-83.045).

20) Action civile. En matière de violences volontaires, la réparation due à la victime doit être totale, quelle que soit la qualification retenue (■ Cass. crim., 8 nov. 1960 : *Bull. crim.*, n° 507), mais le partage de responsabilité est possible (■ Cass. crim., 15 déc. 1980 : *Bull. crim.*, n° 346).

Art. 222-12 ***(Mod., L. n° 96-647, 22 juill. 1996 ; L. n° 2002-1138, 9 sept. 2002 ; L. n° 2003-88, 3 févr. 2003 ; L. n° 2003-239, 18 mars 2003 ; L. n° 2006-399, 4 avr. 2006 ; L. n° 2007-297, 5 mars 2007 ; L. n° 2010-201, 2 mars 2010 ; L. n° 2010-769, 9 juill. 2010 ; L. n° 2010-930, 9 août 2010 ; L. n° 2012-954, 6 août 2012 ; L. n° 2016-444, 13 avr. 2016).*** **– L'infraction définie à l'article 222-11 est punie de cinq ans d'emprisonnement et de 75 000 € d'amende lorsqu'elle est commise :**

1° Sur un mineur de quinze ans ;

2° Sur une personne dont la particulière vulnérabilité, due à son âge, à une maladie, à une infirmité, à une déficience physique ou psychique ou à un état de grossesse, est apparente ou connue de son auteur ;

3° Sur un ascendant légitime ou naturel ou sur les père ou mère adoptifs ;

4° Sur un magistrat, un juré, un avocat, un officier public ou ministériel, un membre ou un agent de la Cour pénale internationale, un militaire de la gendarmerie nationale, un fonctionnaire de la police nationale, des douanes, de l'administration pénitentiaire ou toute autre personne dépositaire de l'autorité publique, un sapeur-pompier professionnel ou volontaire, un gardien assermenté d'immeubles ou de groupes d'immeubles, ou un agent exerçant pour le compte d'un bailleur des fonctions de gardiennage ou de surveillance des immeubles à usage d'habitation en application de l'article L. 127-1 du Code de la construction et de l'habitation, dans l'exercice ou du fait de ses fonctions, lorsque la qualité de la victime est apparente ou connue de l'auteur ;

4° *bis* Sur un enseignant ou tout membre des personnels travaillant dans les établissements d'enseignement scolaire, sur un agent d'un exploitant de réseau de transport public de voyageurs ou toute personne chargée d'une mission de service public, ainsi que sur un professionnel de santé, dans l'exercice ou du fait de ses fonctions, lorsque la qualité de la victime est apparente ou connue de l'auteur ;

4° *ter* Sur le conjoint, les ascendants ou les descendants en ligne directe ou sur toute autre personne vivant habituellement au domicile des personnes mentionnées aux 4° et 4° *bis* en raison des fonctions exercées par ces dernières ;

5° Sur un témoin, une victime ou une partie civile, soit pour l'empêcher de dénoncer les faits, de porter plainte ou de déposer en justice, soit en raison de sa dénonciation, ou de sa plainte, soit à cause de sa déposition devant une juridiction nationale ou devant la Cour pénale internationale ;

5° *bis (Abr., L. n° 2017-86, 27 janv. 2017)* ;

5° *ter (Abr., L. n° 2017-86, 27 janv. 2017)* ;

5° *quater* Sur une personne qui se livre à la prostitution, y compris de façon occasionnelle, si les faits sont commis dans l'exercice de cette activité ;

6° Par le conjoint ou le concubin de la victime ou le partenaire lié à la victime par un pacte civil de solidarité ;

6° *bis* Contre une personne, en raison de son refus de contracter un mariage ou de conclure une union ou afin de la contraindre à contracter un mariage ou à conclure une union ;

7° Par une personne dépositaire de l'autorité publique ou chargée d'une mission de service public dans l'exercice ou à l'occasion de l'exercice de ses fonctions ou de sa mission ;

8° Par plusieurs personnes agissant en qualité d'auteur ou de complice ;

9° Avec préméditation ou avec guet-apens ;

10° Avec usage ou menace d'une arme.

11° Dans des établissements d'enseignement ou d'éducation ou dans les locaux de l'administration, ainsi que, lors des entrées ou sorties des élèves ou du public ou dans un temps très voisin de celles-ci, aux abords de ces établissements ou locaux ;

12° Par un majeur agissant avec l'aide ou l'assistance d'un mineur.

13° Dans un moyen de transport collectif de voyageurs ou dans un lieu destiné à l'accès à un moyen de transport collectif de voyageurs.

14° Par une personne agissant en état d'ivresse manifeste ou sous l'emprise manifeste de produits stupéfiants.

15° Par une personne dissimulant volontairement en tout ou partie son visage afin de ne pas être identifiée.

Les peines encourues sont portées à dix ans d'emprisonnement et à 150 000 € d'amende lorsque l'infraction définie à l'article 222-11 est commise sur un mineur de quinze ans par un ascendant légitime, naturel ou adoptif ou par toute autre personne ayant autorité sur le mineur. Les peines sont portées à sept ans d'emprisonnement et 100 000 € d'amende lorsque cette infraction est commise dans deux des circonstances prévues aux 1° et suivants du présent article. Les peines sont portées à dix ans d'emprisonnement et 150 000 € d'amende lorsqu'elle est commise dans trois de ces circonstances.

Les deux premiers alinéas de l'article 132-23 relatif à la période de sûreté sont applicables aux infractions prévues par le précédent alinéa.

Voir : art. 132-19-2, p. 145 (peines applicables).

art. L. 211-1, p. 930 (Outrage contre un inspecteur du permis de conduire et de la sécurité routière).

1) Armes. Pour que la circonstance aggravante prévue par l'article 309-6° du Code pénal soit constituée, il suffit que les violences aient été commises « à l'aide ou sous la menace d'une arme ». Il n'est pas exigé que les blessures soient l'effet de coups portés avec l'arme elle-même (■ Cass. crim., 7 avr. 1987, *Kiennert*, inédit). Constituent des armes au sens de l'article 309, alinéa 2-6° du Code pénal, non seulement les armes par nature, mais encore les armes par l'usage qu'on en fait ; justifie dès lors sa décision la cour d'appel qui retient la circonstance aggravante prévue par ce texte contre un prévenu qui a volontairement causé des blessures à un tiers en le heurtant avec son automobile (■ Cass. crim., 14 mars 1989 : *Bull. crim.*, n° 126 ; *Rev. sc. crim.* 1989, 738, obs. Levasseur). Le drapeau d'un juge de touche est une arme (■ Cass. crim., 11 mai 1989 : *Dr. pénal* 1989, n° 57). Tout comme une bouteille (■ Cass. crim., 10 mai 1989, inédit) ou un verre (■ Cass. crim., 7 mai 1996 : *Bull. crim.*, n° 191).

2) Qualité de la victime. Est dépositaire de la force ou de l'autorité publiques le surveillant de maison d'arrêt dans l'exercice de ses fonctions (■ Cass. crim., 22 nov. 1989 : *Bull. crim.*, n° 436).

3) Il résulte de l'article 132-76, 2ᵉ alinéa, du Code pénal, que la circonstance aggravante visée au 5° *bis* de l'article 222-12 du Code pénal est constituée lorsque les violences incriminées par l'article 222-11 du même code sont précédées, accompagnées ou suivies de propos, écrits, images, objets ou actes de toute nature portant atteinte à l'honneur ou à la considération de la victime ou d'un groupe de personnes dont fait partie la victime à raison de leur **appartenance** ou de leur non-appartenance, vraie ou supposée, **à une ethnie, une nation, une race ou une religion** déterminée.

Encourt en conséquence la cassation l'arrêt d'une chambre de l'instruction, saisie de poursuites exercées sur le fondement des articles 222-11 et 222-12, 5 *bis*, du Code pénal, qui écarte la circonstance aggravante prévue par ce dernier texte au motif que manqueraient des éléments objectifs démontrant que la victime a subi des violences à raison de la couleur de sa peau, alors que cette juridiction a constaté que des propos racistes ont été tenus par les personnes mises en examen avant et pendant les violences (■ Cass. crim., 25 juin 2013, n° 12-84.790 : *Bull. crim.*, n° 152 ; *Gaz. Pal.* 13-15 oct. 2013, chron. n° 31, note St. Detraz).

4) Qualité de l'auteur : action civile contre fonctionnaire. Si la responsabilité de l'État est engagée en raison des fautes commises par ses agents lorsqu'elles ne sont pas dépourvues de tout lien avec le service, cette responsabilité n'est pas exclusive de celle des fonctionnaires auxquels est reprochée une faute personnelle détachable du service.

Cassation de l'arrêt d'une cour d'appel qui, après avoir condamné un fonctionnaire de la police nationale pour des violences aggravées commises sur le conducteur d'un véhicule qu'il venait d'interpeller, en lui portant des coups de poing au visage et en usant de « bien plus de force que nécessaire », se déclare incompétente pour connaître des demandes en réparation formées par la partie civile à l'encontre du policier, aux motifs que, si les violences exercées par le policier constituent une infraction pénale, elles l'ont été avec les moyens du service et à l'occasion de l'interpellation d'un délinquant, de sorte que la faute commise n'est pas détachable du service et que le contentieux de sa réparation relève des juridictions administratives (■ Cass. crim., 10 févr. 2009 : *Bull. crim.*, n° 34).

5) Disqualification. Encourt la censure l'arrêt qui requalifie d'office des faits poursuivis sous la qualification de violences ayant entraîné une incapacité totale de travail supérieure à huit jours sur personne chargée d'une mission de service public en violences ayant entraîné une incapacité totale de travail supérieure à huit jours sur gardien ou surveillant d'immeuble à usage d'habitation, et au surplus au visa erroné de l'article 222-12, alinéa 1ᵉʳ, 4° *ter*, du Code pénal, sans que le prévenu ait été invité à se défendre sur cette nouvelle qualification (■ Cass. crim., 16 mai 2007 : *Bull. crim.* n° 129).

Art. 222-13 ***(Mod., L. n° 96-647, 22 juill. 1996 ; L. n° 2002-1138, 9 sept. 2002 ; L. n° 2003-88, 3 févr. 2003 ; L. n° 2003-239, 18 mars 2003 ; L. n° 2006-399, 4 avr. 2006 ; L. n° 2007-297, 5 mars 2007 ; L. n° 2010-201, 2 mars 2010 ; L. n° 2010-769, 9 juill. 2010 ; L. n° 2010-930, 9 août 2010 ; L. n° 2012-954, 6 août 2012 ; L. n° 2016-444, 13 avr. 2016 ; L. n° 2017-86, 27 janv. 2017).*** **– Les violences ayant entraîné une incapacité de travail inférieure ou égale à huit jours ou n'ayant entraîné aucune incapacité de travail sont punies de trois ans d'emprisonnement et de 45 000 € d'amende lorsqu'elles sont commises :**

1° Sur un mineur de quinze ans ;

2° Sur une personne dont la particulière vulnérabilité, due à son âge, à une maladie, à une infirmité, à une déficience physique ou psychique ou à un état de grossesse, est apparente ou connue de leur auteur ;

3° Sur un ascendant légitime ou naturel ou sur les père ou mère adoptifs ;

4° Sur un magistrat, un juré, un avocat, un officier public ou ministériel, un membre ou un agent de la Cour pénale internationale, un militaire de la gendarmerie nationale, un fonctionnaire de la police nationale, des douanes, de l'administration pénitentiaire ou toute autre personne dépositaire de l'autorité publique, un sapeur-pompier professionnel ou volontaire, un gardien assermenté d'immeubles ou de groupes d'immeubles ou un agent exerçant pour le compte d'un bailleur des fonctions de gardiennage ou de surveillance des immeubles à usage d'habitation en application de l'article L. 127-1 du Code de la construction et de l'habitation, dans l'exercice ou du fait de ses fonctions, lorsque la qualité de la victime est apparente ou connue de l'auteur ;

4° *bis* Sur un enseignant ou tout membre des personnels travaillant dans les établissements d'enseignement scolaire, sur un agent d'un exploitant de réseau de transport public de voyageurs ou toute personne chargée d'une mission de service public, ainsi que sur un professionnel de santé, dans l'exercice ou du fait de ses fonctions, lorsque la qualité de la victime est apparente ou connue de l'auteur ;

4° *ter* Sur le conjoint, les ascendants ou les descendants en ligne directe ou sur toute autre personne vivant habituellement au domicile des personnes mentionnées aux 4° et 4° *bis* en raison des fonctions exercées par ces dernières ;

5° Sur un témoin, une victime ou une partie civile, soit pour l'empêcher de dénoncer les faits, de porter plainte ou de déposer en justice, soit en raison de sa dénonciation, ou de sa plainte, soit à cause de sa déposition devant une juridiction nationale ou devant la Cour pénale internationale ;

5° *bis* À raison de l'appartenance ou de la non-appartenance, vraie ou supposée, de la victime à une ethnie, une nation, une prétendue race ou une religion déterminée ;

5° *ter* À raison du sexe, de l'orientation sexuelle ou de l'identité de genre vraie ou supposée de la victime ;

5° *quater* Sur une personne qui se livre à la prostitution, y compris de façon occasionnelle, si les faits sont commis dans l'exercice de cette activité ;

6° Par le conjoint ou le concubin de la victime ou le partenaire lié à la victime par un pacte civil de solidarité ;

6° *bis* Contre une personne, en raison de son refus de contracter un mariage ou de conclure une union ou afin de la contraindre à contracter un mariage ou à conclure une union ;

7° Par une personne dépositaire de l'autorité publique ou chargée d'une mission de service public dans l'exercice ou à l'occasion de l'exercice de ses fonctions ou de sa mission ;

8° Par plusieurs personnes agissant en qualité d'auteur ou de complice ;

9° Avec préméditation ou avec guet-apens ;

10° Avec usage ou menace d'une arme.

11° Dans des établissements d'enseignement ou d'éducation ou dans les locaux de l'administration, ainsi que, lors des entrées ou sorties des élèves ou du public ou dans un temps très voisin de celles-ci, aux abords de ces établissements ou locaux ;

12° Par un majeur agissant avec l'aide ou l'assistance d'un mineur.

13° Dans un moyen de transport collectif de voyageurs ou dans un lieu destiné à l'accès à un moyen de transport collectif de voyageurs.

14° Par une personne agissant en état d'ivresse manifeste ou sous l'emprise manifeste de produits stupéfiants.

15° Par une personne dissimulant volontairement en tout ou partie son visage afin de ne pas être identifiée.

Les peines encourues sont portées à cinq ans d'emprisonnement et à 75 000 € d'amende lorsque l'infraction définie au premier alinéa est commise sur un mineur de quinze ans par un ascendant légitime, naturel ou adoptif ou par toute autre personne ayant autorité sur le mineur. Les peines sont également portées à cinq ans d'emprisonnement et 75 000 € d'amende lorsque cette infraction, ayant entraîné une incapacité totale de travail inférieure ou égale à huit jours, est commise dans deux des circonstances prévues aux 1° et suivants du présent article. Les peines sont portées à sept ans d'emprisonnement et 100 000 € d'amende lorsqu'elle est commise dans trois de ces circonstances.

Voir : Sur la définition de l'infraction de violences volontaires et les notions générales, V. les notes sous l'article 222-11.
art. 132-19-2, p. 145 (peines applicables) ; art. R. 624-1, p. 668 et art. R. 625-1, p. 670.

Voir : art. L. 211-1, p. 930 (Outrage contre un inspecteur du permis de conduire et de la sécurité routière).

1) QPC. Non-lieu à renvoi devant le Conseil constitutionnel de la QPC visant l'article 222-13 (■ Cass. crim., 5 mai 2015, n° 15-81.183).

2) Menace ou usage d'arme. Le fait de tirer deux coups de feu avec du plomb de chasse dans la direction d'une voiture sans atteindre ses passagers mais occasionnant des dégâts matériels au véhicule constitue des voies de fait n'ayant pas entraîné d'incapacité totale de travail personnel supérieure à huit jours commises avec arme (■ Cass. crim., 6 nov. 1989 : *Bull. crim.*, n° 391 ; *JCP* 90, IV, 53).

– Les violences visées à l'article 222-13 du Code pénal comprennent celles qui, sans atteindre matériellement la personne qui en est victime, ni lui causer d'incapacité de travail, sont de nature à provoquer un **choc émotif**. Caractérise ainsi le délit prévu par le 10° de ce texte un coup de feu tiré délibérément en direction de la victime, avec la seule intention de l'effrayer (■ Cass. crim., 30 avr. 1996 : *Bull. crim.*, n° 180).

– Constituent des violences avec arme le fait pour un automobiliste de heurter intentionnellement une personne (■ Cass. crim., 19 déc. 1991 : *Dr. pénal* 1992, comm. 171, obs. M. Véron), ou encore d'opérer une « queue de poisson » sur le véhicule, d'ailleurs embouti, d'un autre conducteur pour l'impressionner vivement (■ Toulouse, 19 sept. 2002 : *Dr. pénal* 2003, comm. 2 et 6, obs. M. Véron).

– Pour déclarer X... coupable de violence aggravée, l'arrêt attaqué énonce, par motifs propres, que le fait de projeter volontairement un objet solide, tel une pâtisserie, au visage d'une personne, et de l'atteindre, constitue par nature un acte de violence physique envers cette personne, et, par motifs adoptés, qu'au-delà de l'atteinte physique, cette violence est de nature à provoquer un choc émotif (■ Cass. crim., 9 juin 2004 : *Dr. pénal* 2004, note 173).

3) Pluralité d'auteurs ou complices. Caractérise le délit l'invasion en groupe d'un immeuble, provoquant une sérieuse émotion à ses occupants (■ Cass. crim., 16 déc. 1953 : *D.* 1954, jur., p. 129).

– Pour déclarer les prévenus coupables de violences n'ayant entraîné aucune incapacité de travail commises en réunion, l'arrêt attaqué, après avoir relevé qu'ils ont retenu, pendant environ une heure, trois personnes dans une salle de la préfecture dont ils avaient fermé les issues, énonce qu'une telle action constitue une forme de violence qui, si elle n'a pas atteint physiquement les victimes, a été de nature à leur causer une sérieuse émotion ; en l'état de ces motifs, qui caractérisent, en tous ses éléments, le délit prévu par l'article 222-13, alinéa 1er, 8°, du Code pénal, la cour d'appel a justifié sa décision (■ Cass. crim., 6 févr. 2002 : *D.* 2002, jur., p. 1510, note D. Mayer).

– Le délit de violences (en réunion) prévu par l'article 222-13 du Code pénal est constitué, en dehors de tout contact matériel avec le corps de la victime, par tout acte ou comportement de nature à causer sur la personne de celle-ci une atteinte à son intégrité physique ou psychique caractérisée par un choc émotif ou une perturbation psychologique (■ Cass. crim., 2 sept. 2005 : *Bull. crim.*, n° 212 ; *Rev. sc. crim.* 2006, p. 69, obs. Y. Mayaud). – Rappr. ■ Cass. crim., 18 mars 2008, pourvoi n° E07-86.075.

4) Mineur. Entre dans le champ d'application de l'article 312 du Code pénal le fait de gifler avec force un enfant de six ans, de l'entraîner dans les W.C. et de lui plonger la tête dans la cuvette avant de tirer la chasse d'eau (■ Cass. crim., 21 févr. 1990 : *Dr. pénal* 1990, n° 216).

5) Sont punissables, quand elles sont commises par des ascendants ou personnes ayant autorité sur le mineur, les violences qui, par leur nature et leurs conséquences, dépassent les limites du « **droit de correction** » (■ Cass. crim., 21 févr. 1990 : *Dr. pénal* 1990, comm. 216, obs. M. Véron). V. notamment, ■ Paris 4 mai et 11 mai 2004 : *Dr. pénal* 2004, comm. 156. Comp. avec ■ Angers 25 mars 2004, cité au même commentaire.

6) Conjoints, concubins, pacsés. L'article 222-13 du Code pénal, selon lequel les violences ayant entraîné une incapacité de travail inférieure ou égale à 8 jours constituent un délit lorsqu'elles sont commises par le conjoint de la victime, n'exige pas, pour son application, une communauté de vie entre les époux (■ Cass. crim., 7 avr. 1998 : *Bull. crim.*, n° 136 ; *Dr. pénal* 1998, comm. 114, obs. M. Véron).

7) Dans des poursuites fondées sur l'article 222-13, 6° du Code pénal, la circonstance aggravante de l'article 132-80 du même code ne peut être retenue que s'il est établi que les violences volontaires ont été motivées par les relations de concubinage ayant existé entre l'auteur et la victime (■ Toulouse, 8 sept. 2008 : *JurisData* n° 2008-370729 ; *Dr. pénal* 2009, comm. 17, obs. M. Véron). V. *supra*, sous l'article 132-80.

8) Ne justifie pas sa décision au regard de l'article 132-80 du Code pénal, la cour d'appel qui, pour écarter la circonstance aggravante prévue par ce texte, retient qu'il n'est pas établi avec certitude, compte tenu du délai écoulé depuis la séparation du prévenu et de la victime, que les violences objet de la poursuite, commises à l'occasion de la remise au prévenu des enfants communs du couple, et alors que la victime se plaignait du retard dans le paiement de la pension alimentaire, aient un lien avec l'ancienne relation de couple des intéressés (■ Cass. crim.,

7 avr. 2009 : *Bull. crim.*, n° 69 ; *Dr. pénal* 2009, comm. 93, obs. M. Véron ; *AJP* 2009, p. 313, obs. C. Duparc ; *Rev. sc. crim.* 2009, p. 593, obs. Y. Mayaud ; *D.* 2009, Pan. 2825, obs. S. Mirabail).

9) La circonstance aggravante fondée sur les relations ayant existé entre l'ancien conjoint ou concubin de la victime de violences et leur auteur, telle qu'elle a été instituée par l'article 132-80, alinéa 2, du Code pénal, est applicable, selon le premier alinéa de cet article, aux seuls crimes et délits, et non à la contravention prévue à l'article R. 625-1 du même Code (■ Cass. crim., 16 déc. 2009 : *Bull. crim.*, n° 213 ; *Dr. pénal* 2010, comm. 34, obs. M. Véron ; *D.* 2010, p. 1006, note S. Revel).

10) À noter qu'en l'absence de griefs invoqués à l'appui d'une demande de divorce ou de séparation de corps, la prohibition du témoignage des descendants, prévue par l'article 205 du Nouveau Code de procédure civile, n'est pas applicable à une procédure de violences entre époux (■ Cass. crim., 21 févr. 2006 : *Bull. crim.*, n° 49 ; *Rev. sc. crim.* 2006, p. 830, obs. Y. Mayaud).

11) La prohibition du témoignage des descendants en matière de divorce, prévue par l'article 205 du Code de procédure civile, n'est pas applicable devant la juridiction pénale en raison du principe de la liberté de la preuve (■ Cass. crim., 2 juin 2015, n° 14-85.130 : *JCP* 2015, act. 999, note F. Rousseau).

12) Préméditation. Des coups qui ont été portés avec préméditation mais qui n'ont pas entraîné, pour la victime, de maladie ou d'incapacité totale de travail personnel, n'en constituent pas moins un délit (■ Cass. crim., 19 nov. 1975 : *Bull. crim.*, n° 251).

– Caractérisent des violences avec préméditation des appels téléphoniques anonymes, injurieux, altérant la santé de la victime (■ Cass. crim., 18 févr. 1976 : *Bull. crim.*, n° 63 ; *Rev. sc. crim.* 1976, p. 967, obs. Levasseur).

13) Qualité de la victime. Constitue le délit de violences sur **une personne dépositaire de l'autorité publique**, à l'occasion de l'exercice de ses fonctions, le fait d'agripper par ses vêtements un maire, tout en l'invectivant, lorsque ces violences sont commises en raison même de la qualité de la victime, manifestée par le port de l'écharpe tricolore (■ Cass. crim., 23 nov. 1999 : *Bull. crim.*, n° 270).

14) L'employé de la Direction départementale de l'équipement qui, dans le cadre de travaux effectués aux abords d'une route nationale, a mis en place des panneaux de signalisation de travaux et de limitation de vitesse, est une personne chargée d'une mission de service public, au sens des articles 222-13, 4° et 433-5, alinéa 1er, du Code pénal (■ Cass. crim., 9 oct. 2002 : *Bull. crim.*, n° 182 ; *Rev. sc. crim.* 2003, p. 100, obs. Y. Mayaud).

Le fait de l'agripper par le col de sa veste a été de nature à lui provoquer une sérieuse émotion et est constitutif du délit (même arrêt).

15) Justifie sa décision la cour d'appel qui, saisie de poursuites du chef de violences aggravées commises, sur son lieu de travail, sur **une conseillère principale d'éducation** employée par un établissement privé d'enseignement sous contrat, par le père d'un élève, retient qu'en cette qualité, la victime participait à une mission de service public (■ Cass. crim., 1er déc. 2009 : *Bull. crim.*, n° 199 ; *Dr. pénal* 2010, comm. 33, obs. M. Véron).

16) La qualité de **personne chargée d'une mission de service public ne peut se déduire de la seule appartenance de la victime de violences volontaires à Électricité de France**, sans caractériser les actes personnellement accomplis par elle se rattachant directement à l'exécution de l'une des missions de service public spécifiquement imparties à cette société ; dès lors encourt la cassation l'arrêt de la cour d'appel, qui se borne à relever que les deux victimes de violences volontaires, respectivement hôtesse d'accueil et responsable d'une agence d'Électricité de France, participaient à des titres différents à la gestion et au bon fonctionnement de cette agence de cet établissement public chargé d'une mission de service public et qu'elles ont été agressées dans l'exercice de leurs fonctions (■ Cass. crim., 15 nov. 2006 : *Bull. crim.*, n° 285).

17) Justifie sa décision la cour d'appel qui, pour condamner le prévenu du chef de rébellion et le relaxer du chef de violences exercées sur trois gardiens de la paix, retient qu'il n'a pas commis d'actes de violences distincts de ceux constituant une résistance violente à son arrestation, élément constitutif de la rébellion (■ Cass. crim., 21 févr. 2006 : *Bull. crim.*, n° 47).

18) Qualité de l'auteur : action civile contre fonctionnaires. V. sous l'article 222-12.

Art. 222-14. – *(L. n° 2010-769, 9 juill. 2010).* – **Les violences habituelles sur un mineur de quinze ans ou sur une personne dont la particulière vulnérabilité, due à son âge, à une maladie, à une infirmité, à une déficience physique ou psychique ou à un état de grossesse, est apparente ou connue de leur auteur sont punies :**

1° De trente ans de réclusion criminelle lorsqu'elles ont entraîné la mort de la victime ;

2° De vingt ans de réclusion criminelle lorsqu'elles ont entraîné une mutilation ou une infirmité permanente ;

3° De dix ans d'emprisonnement et de 150 000 € d'amende lorsqu'elles ont entraîné une incapacité totale de travail pendant plus de huit jours ;

4° De cinq ans d'emprisonnement et de 75 000 € d'amende lorsqu'elles n'ont pas entraîné une incapacité totale de travail pendant plus de huit jours.

Les peines prévues par le présent article sont également applicables aux violences habituelles commises par le conjoint ou le concubin de la victime ou par le partenaire lié à celle-ci par un pacte civil de solidarité. Les dispositions du second alinéa de l'article 132-80 sont applicables au présent alinéa.

Les deux premiers alinéas de l'article 132-23 relatif à la période de sûreté sont applicables aux cas prévus aux 1° et 2° du présent article.

Voir : art. 132-19-2, p. 145 (peines applicables) ; art. R. 624-1, p. 668 et art. R. 625-1, p. 670.

Encourt la cassation l'arrêt de la chambre d'accusation prononçant un non-lieu du chef de coups ou violences habituelles envers une personne particulièrement vulnérable au motif que les sanctions infligées à des pensionnaires autistes d'un établissement spécialisé étaient proportionnées à la gravité des comportements ; en effet, ne peuvent constituer des mesures éducatives des traitements dégradants imposés à des êtres humains (■ Cass. crim., 2 déc. 1998 : *Bull. crim.*, n° 327 ; *JCP* 99, IV, 1721).

Art. 222-14-1 *(L. n° 2007-297, 5 mars 2007)*. **– Lorsqu'elles sont commises en bande organisée ou avec guet-apens, les violences commises avec usage ou menace d'une arme sur un fonctionnaire de la police nationale, un militaire de la gendarmerie, un membre du personnel de l'administration pénitentiaire ou toute autre personne dépositaire de l'autorité publique, ou sur un sapeur-pompier civil ou militaire ou un agent d'un exploitant de réseau de transport public de voyageurs dans l'exercice, à l'occasion de l'exercice ou en raison de ses fonctions ou de sa mission, sont punies :**

1° De trente ans de réclusion criminelle lorsqu'elles ont entraîné la mort de la victime ;

2° De vingt ans de réclusion criminelle lorsqu'elles ont entraîné une mutilation ou une infirmité permanente ;

3° De quinze ans de réclusion criminelle lorsqu'elles ont entraîné une incapacité totale de travail pendant plus de huit jours ;

4° De dix ans d'emprisonnement et de 150 000 € d'amende lorsqu'elles n'ont pas entraîné une incapacité totale de travail pendant plus de huit jours.

Les deux premiers alinéas de l'article 132-23 relatif à la période de sûreté sont applicables aux infractions prévues par le présent article.

L'incapacité totale de travail est, à la demande de la victime ou de la personne poursuivie, constatée par un médecin expert selon les modalités prévues par les articles 157 et suivants du Code de procédure pénale.

Art. 222-14-2 *(L. n° 2010-201, 2 mars 2010)*. **– Le fait pour une personne de participer sciemment à un groupement, même formé de façon temporaire, en vue de la préparation, caractérisée par un ou plusieurs faits matériels, de violences volontaires contre les personnes ou de destructions ou dégradations de biens est puni d'un an d'emprisonnement et de 15 000 € d'amende.**

Art. 222-14-3 *(L. n° 2010-769, 9 juill. 2010)*. **– Les violences prévues par les dispositions de la présente section sont réprimées quelle que soit leur nature, y compris s'il s'agit de violences psychologiques.**

Art. 222-14-4 *(L. n° 2013-711, 5 août 2013)*. **– Le fait dans le but de contraindre une personne à contracter un mariage ou à conclure une union à l'étranger, d'user à son égard de manœuvres dolosives afin de la déterminer à quitter le territoire de la République est puni de trois ans d'emprisonnement et de 45 000 € d'amende.**

Bibliographie : *JCl. pén., Manœuvres afin de déterminer une personne à quitter le territoire de la République dans le but de la contraindre à contracter un mariage ou à conclure une union à l'étranger* par W. Jeandidier.

Art. 222-15 *(Mod., L. n° 2007-297, 5 mars 2007)*. **– L'administration de substances nuisibles ayant porté atteinte à l'intégrité physique ou psychique d'autrui est punie des peines mentionnées aux articles 222-7 à 222-14-1 suivant les distinctions prévues par ces articles.**

Les deux premiers alinéas de l'article 132-23 relatif à la période de sûreté sont applicables à cette infraction dans les mêmes cas que ceux prévus par ces articles.

Bibliographie : *JCl. pén., Administration de substances nuisibles* par J. P. Valat. • B. Chapleau, *La pénalisation de la transmission du virus de l'immunodéficience humaine par voie sexuelle : Dr. pénal* 2006, étude 18. • Danti-Juan, *Quelques réflexions en droit pénal français sur les problèmes posés par le Sida : Rev. dr. pén. et crim.* 1988, 631.

1) Application. Le fait pour un ouvrier de dissimuler dans le véhicule de son chef de quart des emballages de combustible nucléaire constitue l'infraction prévue par l'article 318, alinéa 1er du Code pénal (■ TGI Cherbourg, 31 mars 1981 : *D.* 1982, 536, note Mayer ; *Rev. sc. crim.* 1982, 119, obs. Levasseur).

2) Le fait de mettre à la disposition des membres d'une équipe de football des bouteilles d'eau minérale, après y avoir introduit à dessein du Valium®, caractérise le délit d'administration de substances nuisibles à la santé, prévu et réprimé tant par l'article 318 du Code pénal applicable au moment des faits que par l'article 222-15 du Code pénal entré en vigueur le 1er mars 1994, dès lors qu'il est établi que l'absorption de ce breuvage par deux joueurs a entraîné une diminution de leurs facultés physiques caractérisant une altération de leur santé (■ Cass. crim., 14 juin 1995 : *Bull. crim.*, n° 218 ; *Dr. pénal* 1995, comm. 217, obs. Véron).

3) Transmission du virus du sida. Il a été jugé qu'était constitutive de l'infraction d'administration volontaire de substances nuisibles le fait par le prévenu, sachant qu'il était séropositif, d'avoir des relations sexuelles non protégées avec des personnes qui ont été contaminées et atteintes d'infirmités permanentes (■ Rouen, 22 sept. 1999 : *JCP* 2000, IV, 2736. ■ Colmar, 4 janv. 2005 : *D.* 2005, jur., p. 1069, note A. Paulin).

4) Caractérise en tous ses éléments le délit prévu et réprimé par les articles 222-15 et 222-9 du Code pénal l'arrêt qui retient que, sachant depuis 1998 qu'il était porteur du VIH, le prévenu a multiplié les relations sexuelles non protégées avec plusieurs jeunes femmes auxquelles il dissimulait volontairement son état de santé, et a ainsi contaminé par la voie sexuelle les deux plaignantes, désormais porteuses d'une affection virale constituant une infirmité permanente (■ Cass. crim., 10 janv. 2006 : *Bull. crim.*, n° 11 ; *Dr. pénal* 2006, comm. 30, obs. M. Véron ; *D.* 2006, chron. par A. Prothais, p. 1068, et jur. p. 1096 ; *Rev. sc. crim.* 2006, p. 312, obs. Y. Mayaud). V. *supra* sous l'article 222-9.

5) Se rend coupable du délit d'administration de substances nuisibles le prévenu qui, connaissant sa contamination déjà ancienne au virus de l'immunodéficience humaine (VIH), pour laquelle il devait suivre un traitement, a entretenu pendant plusieurs mois des relations sexuelles non protégées avec sa compagne en lui dissimulant volontairement son état de santé et ainsi contaminé par la voie sexuelle la plaignante, désormais porteuse d'une affection virale constituant une infirmité permanente (■ Cass. crim., 5 oct. 2010, n° 09-86.209 : *Bull. crim.*, n° 147 ; *Dr. pén.* 2010, comm. 133, obs. M. Véron ; *Gaz. Pal.* 17-18 nov. 2010, jurispr., p. 21, note S. Detraz ; *D.* 2010, act., p. 2519, note M. Bombled ; *Rev. sc. crim.* 2011, p. 101, obs. Y. Mayaud).

6) Pour dire n'y avoir lieu à suivre des chefs de blessures et homicides involontaires, empoisonnement et administration de substances nuisibles à la santé, l'arrêt, après avoir relevé qu'à ce jour, il n'a pas été constaté, en France, une augmentation significative des cancers de la thyroïde, retient que, compte-tenu de l'impossibilité de déterminer la dose d'iode ingérée par chaque malade, il est, en l'état des connaissances scientifiques actuelles, impossible d'établir un lien de causalité certain entre les pathologies constatées et les retombées du panache radioactif de Tchernobyl ; en prononçant ainsi, la chambre de l'instruction a justifié sa décision (■ Cass. crim., 20 nov. 2012, n° 11-87.531 : *Bull. crim.*, n° 251 ; *Dr. pénal* 2013, comm. 17, obs. M. Véron ; *D.* 2013, Et., p. 218, note C. Lacroix ; *CCE* 2013, comm. 7, p. 33, note A. Lepage).

Art. 222-15-1 *(L. n° 2007-297, 5 mars 2007).* **– Constitue une embuscade le fait d'attendre un certain temps et dans un lieu déterminé un fonctionnaire de la police nationale, un militaire de la gendarmerie, un membre du personnel de l'administration pénitentiaire ou toute autre personne dépositaire de l'autorité publique, ainsi qu'un sapeur-pompier civil ou militaire ou un agent d'un exploitant de réseau de transport public de voyageurs, dans le but, caractérisé par un ou plusieurs faits matériels, de commettre à son encontre, à l'occasion de l'exercice de ses fonctions ou de sa mission, des violences avec usage ou menace d'une arme.**

L'embuscade est punie de cinq ans d'emprisonnement et de 75 000 € d'amende.

Lorsque les faits sont commis en réunion, les peines sont portées à sept ans d'emprisonnement et à 100 000 € d'amende.

Voir : art. 132-19-2, p. 145 (peines applicables).

Bibliographie : *JCl. pén., Embuscade* par A.-G. Robert. • A. Ponseille, *À propos du délit d'embuscade de l'article 222-15-1 du Code pénal : Rev. sc. crim.* 2009, Doctr., p. 535.

Art. 222-16 ***(Mod., L. n° 2003-239, 18 mars 2003 ; L. n° 2014-873, 4 août 2014).*** **– Les appels téléphoniques malveillants réitérés, les envois réitérés de messages malveillants émis par la voie des communications électroniques ou les agressions sonores en vue de troubler la tranquillité d'autrui, sont punis d'un an d'emprisonnement et de 15 000 € d'amende.**

Bibliographie : *JCl. pén., Appels téléphoniques malveillants ou agressions sonores* par J.-P. Valat.

1) Caractérise le délit de l'article 222-16 du Code pénal la cour d'appel qui constate que, même s'il était animé par l'intention de nuire à un concurrent, le prévenu, gérant de société, a agi en vue de troubler la tranquillité de la personne destinataire de ses nombreux appels, réitérés sur plusieurs jours (■ Cass. crim., 25 oct. 2000 : *Bull. crim.*, n° 310).

2) Caractérise le délit de l'article 222-16 du Code pénal la cour d'appel qui constate que le prévenu a agi en vue de troubler la tranquillité de la personne destinataire des appels téléphoniques, qu'ils soient reçus directement ou sur une boîte vocale (■ Cass. crim., 20 févr. 2002 : *Bull. crim.*, n° 37).

3) Justifie sa décision la cour d'appel qui déclare un prévenu coupable du délit prévu et réprimé par l'article 222-16 du Code pénal pour avoir adressé à la partie civile des textos ou SMS malveillants et réitérés de jour comme de nuit en vue de troubler sa tranquillité dès lors que la réception desdits messages se traduit par l'émission d'un signal sonore par le téléphone portable de son destinataire (■ Cass. crim., 30 sept. 2009 : *Bull. crim.*, n° 162 ; *Dr. pénal* 2009, comm. 147, obs. M. Véron ; *JCP G* 2009, note 587, J. Lasserre-Capdeille ; *D.* 2009, jur., p. 2687, note K. Gachi ; *CCE* 2009, comm. 115, note A. Lepage).

4) Si l'article 222-16 du Code pénal exige que, pour être punissables, les appels téléphoniques malveillants soient réitérés, deux appels successifs même effectués à des destinataires différents suffisent à caractériser cette réitération. Saisis de poursuites sur le fondement de l'article 222-16 du Code pénal, les juges ne sauraient entrer en voie de relaxe sans rechercher si l'intention de troubler la tranquillité et le caractère malveillant des appels réitérés ne se déduisent pas du contenu même du message incriminé (■ Cass. crim., 4 mars 2003 : *Bull. crim.*, n° 57 ; *JCP* 2003, II, 10.112, note J. Y. Maréchal ; *Dr. pénal* 2003, comm. 82, obs. M. Véron).

5) Justifie sa décision l'arrêt qui relève le nombre des appels reçus et leur répétition à quelques secondes d'intervalle sur une assez longue période de temps (■ Cass. crim., 17 janv. 2012 : *Dr. pén.* 2012, comm. 66, obs. M. Véron).

6) Aucun délai n'est exigé en ce qui concerne la réitération des menaces et il importe peu qu'elles aient été proférées dans un même laps de temps dès lors qu'elles ont été exprimées à plusieurs reprises (■ Cass. crim., 12 févr. 2012 : *Dr. pén.* 2012, comm. 66, obs. M. Véron).

7) Caractérise le délit d'agressions sonores prévu et réprimé par l'article 222-16 du Code pénal l'arrêt qui énonce que le prévenu, en attisant les aboiements de ses chiens et en s'abstenant de prendre les mesures nécessaires pour limiter cette nuisance sonore, a agi en vue de troubler la tranquillité d'autrui (■ Cass. crim., 2 juin 2015, n° 14-85.073 : *Dr. pén.* 2015, comm. 135, P. Conte).

8) Ne justifie pas sa décision la cour d'appel qui condamne un prévenu du chef d'appels téléphoniques malveillants et réitérés, délit prévu par l'article 222-16 du Code pénal, dans sa rédaction antérieure à la loi n° 2014-873 du 4 août 2014, sans rechercher en quoi les messages émis caractérisent la volonté de l'auteur de nuire au destinataire (■ Cass. crim., 11 janv. 2017, n° 16-80.557 : *Dr. pén.* 2017, comm. 33, note P. Conte).

9) L'article 222-16 du Code pénal, dans sa rédaction issue de la loi n° 2003-239 du 18 mars 2003, n'exige pas, pour réprimer les appels téléphoniques malveillants réitérés, qu'ils aient été émis en vue de troubler la tranquillité d'autrui (■ Cass. crim., 28 mars 2018, n° 17-81.232).

Art. 222-16-1 ***(Mod., L. n° 2009-526, 12 mai 2009).*** **– Les personnes morales déclarées responsables pénalement, dans les conditions prévues par l'article 121-2, des infractions définies au présent paragraphe encourent, outre l'amende suivant les modalités prévues par l'article 131-38, les peines prévues par l'article 131-39.**

L'interdiction mentionnée au 2° de l'article 131-39 porte sur l'activité dans l'exercice ou à l'occasion de l'exercice de laquelle l'infraction a été commise.

Art. 222-16-2 *(L. n° 2006-399, 4 avr. 2006).* – **Dans le cas où les crimes et délits prévus par les articles 222-8, 222-10 ou 222-12 sont commis à l'étranger sur une victime mineure résidant habituellement sur le territoire français, la loi française est applicable par dérogation aux dispositions de l'article 113-7. S'il s'agit d'un délit, les dispositions de la seconde phrase de l'article 113-8 ne sont pas applicables.**

Art. 222-16-3 *(L. n° 2010-769, 9 juill. 2010).* – **Dans le cas où les infractions prévues par le 6°** ***bis*** **des articles 222-8, 222-10, 222-12 et 222-13 sont commises à l'étranger à l'encontre d'une personne résidant habituellement sur le territoire français, la loi française est applicable par dérogation aux dispositions de l'article 113-7. S'il s'agit d'un délit, les dispositions de la seconde phrase de l'article 113-8 ne sont pas applicables.**

§ 3. – Des menaces

Art. 222-17. – **La menace de commettre un crime ou un délit contre les personnes dont la tentative est punissable est punie de six mois d'emprisonnement et de 7 500 € d'amende lorsqu'elle est, soit réitérée, soit matérialisée par un écrit, une image ou tout autre objet.**

La peine est portée à trois ans d'emprisonnement et à 45 000 € d'amende s'il s'agit d'une menace de mort.

Bibliographie : *JCl. pén., Menaces* par P. Béghin.

Voir : art. 322-12 et s., p. 466 (menaces de destruction) ; art. R. 623-1, p. 667.

1) Caractère. La menace doit présenter un caractère suffisamment alarmant et il appartient aux tribunaux d'en apprécier les termes ; ainsi constituent des menaces de mort les expressions suivantes : « vulgaire crapule, tu n'y couperas pas » (■ Cass. crim., 17 mai 1930 : *DH* 1930, 493), « je te ferai passer le goût du pain » (■ Cass. crim., 20 oct. 1892 : *DP* 94, 1, 140).

2) En revanche, le délit de menaces de mort par écrit ne peut être retenu contre un hôtelier qui avait signifié par lettre au directeur d'un aéroport qu'à compter d'une date déterminée il interdirait aux avions le survol de son immeuble situé dans le prolongement d'une piste d'envol en dressant un barrage de ballonnets reliés au sol par des câbles d'acier (■ Lyon, 9 juill. 1954 : *JCP* 56, II, 9175, note Meurisse ; *Rev. sc. crim.* 1954, 767, obs. Hugueney).

3) Le simple geste accompagnant une menace verbale ne constitue pas l'image ou tout autre objet indispensable à la matérialisation d'une menace de mort au sens de l'article 222-17 du Code pénal (■ Cass. crim., 22 sept. 2015, n° 14-82.435 : *Dr. pén.* 2015, comm. 156, obs. P. Conte).

4) Personnalisation de la victime. La menace n'est punissable que si elle est adressée à une personne déterminée ou aisément déterminable ; dès lors est impunissable l'individu qui lance une menace adressée à « quiconque toucherait sa voiture » (■ T. corr. Paris, 16 févr. 1973 : *JCP* 73, II, 17408, note J. A. ; *Rev. sc. crim.* 1973, 903, obs. Levasseur).

5) Réitération. Si l'article 222-17 du Code pénal exige que, pour être punissables, les menaces, qui ne sont pas matérialisées par un écrit, une image ou un objet, soient réitérées, il ne prévoit pas de délai avant la réitération (■ Cass. crim., 26 févr. 2002 : *Bull. crim.*, n° 43 ; *Rev. sc. crim.* 2002, p. 691, obs. Y. Mayaud).

6) L'article 222-17 du Code pénal exige que, pour être punissables, les menaces de commettre un crime ou délit contre les personnes dont la tentative est punissable, qui ne sont pas matérialisées par un écrit, une image ou un objet, soient réitérées à l'égard de la même victime ; échappent aux prévisions de ce texte les menaces de violences correctionnelles ainsi que les menaces de mort qui n'ont pas été réitérées à l'égard de la même victime (■ Cass. crim., 24 oct. 2007 : *Bull. crim.*, n° 252 ; *Dr. pénal* 2008, comm. 19, obs. M. Véron).

7) La répétition, au cours d'une même altercation, de propos traduisant la détermination persistante de leur auteur caractérise l'infraction de menaces de mort (■ Cass. crim., 4 janv. 2017, n° 16-82. 888 : *Dr. pén.* 2017, comm. 34, note P. Conte).

8) Le lieu de commission de l'infraction. Est celui où les menaces ont été proférées et non pas les pays où elles ont ensuite été rapportées par la voie télévisée ou de presse écrite ou électronique et par lesquelles l'intéressé a pu en prendre connaissance (■ Cass. crim., 8 déc. 2009 : *Bull. crim.* n° 206 ; *Dr. pén.* 2010, étude 16, par T. Garé). V. sous , art. 113-8, note n° 12, p. 41.

9) Intention. Le délit de menace de commettre un crime contre une personne est établi lorsque son auteur ne pouvait ignorer que la menace formulée parviendrait à la connaissance de la ou des personnes visées (■ Cass. crim., 10 déc. 2014, n° 14-81.313 : *Dr. pén.* 2015, comm. 18, obs. M. Véron).

Art. 222-18. – La menace, par quelque moyen que ce soit, de commettre un crime ou un délit contre les personnes, est punie de trois ans d'emprisonnement et de 45 000 € d'amende, lorsqu'elle est faite avec l'ordre de remplir une condition.

La peine est portée à cinq ans d'emprisonnement et à 75 000 € d'amende s'il s'agit d'une menace de mort.

Voir : art. R. 623-1, p. 667.

1) Consistence. L'ordre de remplir une condition peut être aussi bien un ordre de faire qu'un ordre de ne pas faire (■ Cass. crim., 1er févr. 1834 : *S.* 34, 1, 266) ; et il importe peu que l'ordre soit juste, ainsi celui émanant d'un créancier de rembourser une dette échue depuis longtemps, les menaces portant par elles seules atteinte à la liberté et à la sécurité des citoyens et la loi prohibant en outre de se faire justice à soi-même (■ Cass. crim., 18 sept. 1851 : *Bull. crim.*, n° 390). Commet le délit l'individu qui, au cours d'une permission de sortie, a menacé de mort son ancienne amie par téléphone « si elle ne se dépêchait pas de lui écrire » (■ Cass. crim., 25 avr. 1990 : *Dr. pénal* 1990, n° 289) ; ou celui qui ordonne « partez avant qu'il vous arrive le pire » (■ Cass. crim., 4 juin 1966 : *JCP* 1967, II, 14985) ; ou encore ceux qui mettent une personne à l'amende faute de quoi elle serait descendue (■ Cass. crim., 21 févr. 1973 : *Gaz. Pal.* 1973, 1, somm. 151).

2) Intention. La menace verbale de mort ou de tout autre attentat faits avec ordre ou sous condition a été jugée punissable, alors même que son auteur n'aurait pas eu l'intention de passer la menace à l'exécution, cette dernière intention n'ayant nullement été prise en considération par le législateur (■ Bordeaux, 8 août 1867 : *S.* 67, 2, 273) ; en revanche, la relaxe doit être prononcée dès lors qu'on ne découvre en aucune partie des écrits incriminés l'indication d'un dessein criminel qu'avait formé leur auteur ni l'expression de sa volonté de se livrer à un attentat (■ Basse-Terre, 17 mars 1970 : *D.* 1970, 658).

3) Se rend coupable de menaces verbales d'assassinat assorties de l'ordre verbal de remplir une condition le prévenu qui, sous la menace de tuer sa fille, a ordonné aux policiers de s'abstenir d'intervenir à son domicile. L'illégitimité ou l'inopportunité de l'intervention de la police et la prétendue absence de danger réel pour l'enfant sont des circonstances de fait sans influence sur la constitution de l'infraction (■ Cass. crim., 5 déc. 1984, inédit).

4) Constitue le délit de menaces de mort avec ordre de remplir une condition le fait par un malfaiteur qui vient de commettre un meurtre de menacer un témoin d'une arme en le sommant de ne pas révéler le crime (■ Cass. crim., 15 déc. 1993 : *Bull. crim.*, n° 389 ; *Rev. sc. crim.* 1994, 554, obs. Levasseur).

5) L'article 222-18 du Code pénal n'exige pas que soit vérifié si l'auteur de la menace, par quelque moyen que ce soit, de commettre un crime ou un délit contre les personnes, accompagnée de l'ordre de remplir une condition, ait entendu ou non la mettre à exécution.

Dès lors encourt la censure l'arrêt qui, pour relaxer un prévenu, poursuivi du chef de menace sous condition, formulée dans un bureau de poste aux fins d'obtenir la remise d'un somme qu'il affirmait lui être due, retient que l'entrée et le maintien de ce dernier dans cet établissement ne constituait que l'expression d'un sentiment de colère et de frustration et une volonté de perturber le service de l'agent dans l'espoir d'être entendu, alors qu'il résultait des propres constatations des juges que, une fois dans les lieux, l'intéressé avait annoncé qu'il « allait y avoir une prise d'otage », déclaré être armé et avoir prévenu les médias, s'était adressé à la seule employée présente en lui intimant l'ordre de ne plus accepter de clients et s'était placé à la porte de l'agence pour empêcher toute entrée (■ Cass. crim., 20 sept. 2016, n° 15-84.746 : *Dr. pén.* 2017, comm. n° 3, note P. Conte).

6) Imputabilité. L'article 222-18 du Code pénal n'exclut pas que l'ordre de remplir une condition accompagnant les menaces qu'il réprime soit donné par une autre personne que leur auteur (■ Cass. crim., 6 mai 2002 : *Bull. crim.*, n° 100 ; *Dr. pénal* 2002, comm. 106, obs. M. Véron).

Art. 222-18-1 *(Abr., L. n° 2017-86, 27 janv. 2017).*

Art. 222-18-2 *(Mod., L. n° 2009-526, 12 mai 2009 ; L. n° 2017-86, 27 janv. 2017).* **– Les personnes morales déclarées responsables pénalement, dans les conditions prévues par l'article 121-2, des infractions définies au présent paragraphe encourent, outre l'amende suivant les modalités prévues par l'article 131-38 :**

1° Les peines mentionnées aux 2° à 9° de l'article 131-39 ;

2° La peine mentionnée au 1° de l'article 131-39 pour les infractions définies par les articles 222-17 (deuxième alinéa) et 222-18.

L'interdiction mentionnée au 2° de l'article 131-39 porte sur l'activité dans l'exercice ou à l'occasion de l'exercice de laquelle l'infraction a été commise.

Art. 222-18-3 *(L. n° 2010-769, 9 juill. 2010)*. **– Lorsqu'elles sont commises par le conjoint ou le concubin de la victime ou le partenaire lié à la victime par un pacte civil de solidarité, les menaces prévues au premier alinéa de l'article 222-17 sont punies de deux ans d'emprisonnement et de 30 000 € d'amende, celles prévues au second alinéa du même article et au premier alinéa de l'article 222-18 sont punies de cinq ans d'emprisonnement et de 75 000 € d'amende et celles prévues au second alinéa de l'article 222-18 sont punies de sept ans d'emprisonnement et de 100 000 € d'amende.**

Section II. – Des atteintes involontaires à l'intégrité de la personne

Voir : art. R. 622-1, p. 666 et art. R. 625-2 et s., p. 671.

Art. 222-19 *(L. n° 2000-647, 10 juill. 2000 ; L. n° 2011-525, 17 mai 2011)*. **– Le fait de causer à autrui, dans les conditions et selon les distinctions prévues à l'article 121-3, par maladresse, imprudence, inattention, négligence ou manquement à une obligation de prudence ou de sécurité imposée par la loi ou le règlement, une incapacité totale de travail pendant plus de trois mois est puni de deux ans d'emprisonnement et de 30 000 € d'amende.**

En cas de violation manifestement délibérée d'une obligation particulière de prudence ou de sécurité imposée par la loi ou le règlement, les peines encourues sont portées à trois ans d'emprisonnement et à 45 000 € d'amende.

Bibliographie : *JCl. pén., Atteintes involontaires à l'intégrité de la personne* par D. Guibral.

Voir : Sur les principes et la jurisprudence applicable, V. sous art. 221-6.

Voir : C. trav., art. L. 4741-2, p. 2198 et C. trav., art. L. 4741-11, p. 2202 (accidents du travail).

En classant le phénomène en alerte orange, Météo France n'a commis aucune erreur manifeste d'appréciation quant à son intensité « au regard de l'état de la science météorologique » et de la législation de l'époque (■ Cass. crim., 21 oct. 2014, n° 13-87.457 : *Dr. pén.* 2014, comm. 145, obs. M. Véron).

Art. 222-19-1 *(L. n° 2003-495, 12 juin 2003 ; L. n° 2011-525, 17 mai 2011 ; L. n° 2016-41, 26 janv. 2016)*. **– Lorsque la maladresse, l'imprudence, l'inattention, la négligence ou le manquement à une obligation législative ou réglementaire de prudence ou de sécurité prévu par l'article 222-19 est commis par le conducteur d'un véhicule terrestre à moteur, l'atteinte involontaire à l'intégrité de la personne ayant entraîné une incapacité totale de travail pendant plus de trois mois est punie de trois ans d'emprisonnement et de 45 000 € d'amende.**

Les peines sont portées à cinq d'emprisonnement et à 75 000 € d'amende lorsque :

1° Le conducteur a commis une violation manifestement délibérée d'une obligation particulière de prudence ou de sécurité prévue par la loi ou le règlement autre que celles mentionnées ci-après ;

2° Le conducteur se trouvait en état d'ivresse manifeste ou était sous l'empire d'un état alcoolique caractérisé par une concentration d'alcool dans le sang ou dans l'air expiré égale ou supérieure aux taux fixés par les dispositions législatives ou réglementaires du code de la route, ou a refusé de se soumettre aux vérifications prévues par ce code et destinées à établir l'existence d'un état alcoolique ;

3° Il résulte d'une analyse sanguine ou salivaire que le conducteur avait fait usage de substances ou de plantes classées comme stupéfiants, ou a refusé de se soumettre aux vérifications prévues par le code de la route destinées à établir s'il conduisait en ayant fait usage de stupéfiants ;

4° Le conducteur n'était pas titulaire du permis de conduire exigé par la loi ou le règlement ou son permis avait été annulé, invalidé, suspendu ou retenu ;

5° Le conducteur a commis un dépassement de la vitesse maximale autorisée égal ou supérieur à 50 km/h ;

6° Le conducteur, sachant qu'il vient de causer ou d'occasionner un accident, ne s'est pas arrêté et a tenté ainsi d'échapper à la responsabilité pénale ou civile qu'il peut encourir.

Les peines sont portées à sept ans d'emprisonnement et à 100 000 € d'amende lorsque l'atteinte involontaire à l'intégrité de la personne a été commise avec deux ou plus des circonstances mentionnées aux 1° et suivants du présent article.

Voir : art. 131-22, p. 106 (peines) ; C. route, art. L. 232-3, p. 954.

Art. 222-19-2 *(L. n° 2008-582, 20 juin 2008)*. **– Lorsque l'atteinte involontaire à l'intégrité de la personne ayant entraîné une incapacité totale de travail de plus de trois mois prévue par l'article 222-19 résulte de l'agression commise par un chien, le propriétaire ou celui qui détient le chien au moment des faits est puni de trois ans d'emprisonnement et de 45 000 € d'amende.**

Les peines sont portées à cinq ans d'emprisonnement et à 75 000 € d'amende lorsque :

1° La propriété ou la détention du chien est illicite en application de dispositions législatives ou réglementaires ou d'une décision judiciaire ou administrative ;

2° Le propriétaire ou le détenteur du chien se trouvait en état d'ivresse manifeste ou sous l'emprise manifeste de produits stupéfiants ;

3° Le propriétaire ou le détenteur du chien n'avait pas exécuté les mesures prescrites par le maire, conformément à l'article L. 211-11 du Code rural, pour prévenir le danger présenté par l'animal ;

4° Le propriétaire ou le détenteur du chien n'était pas titulaire du permis de détention prévu à l'article L. 211-14 du Code rural ;

5° Le propriétaire ou le détenteur du chien ne justifie pas d'une vaccination antirabique de son animal en cours de validité lorsqu'elle est obligatoire ;

6° Il s'agissait d'un chien de la première ou de la deuxième catégorie prévues à l'article L. 211-12 du Code rural qui n'était pas muselé ou tenu en laisse par une personne majeure conformément aux dispositions prévues au II de l'article L. 211-16 du même code ;

7° Il s'agissait d'un chien ayant fait l'objet de mauvais traitements de la part de son propriétaire ou de son détenteur.

Les peines sont portées à sept ans d'emprisonnement et à 100 000 € d'amende lorsque l'atteinte involontaire à l'intégrité de la personne a été commise avec deux ou plusieurs des circonstances mentionnées aux 1° et suivants du présent article.

Art. 222-20 *(L. n° 2000-647, 10 juill. 2000 ; L. n° 2011-525, 17 mai 2011)*. **– Le fait de causer à autrui, par la violation manifestement délibérée d'une obligation particulière de prudence ou de sécurité imposée par la loi ou le règlement, une incapacité totale de travail d'une durée inférieure ou égale à trois mois, est puni d'un an d'emprisonnement et de 15 000 € d'amende.**

Voir : art. R. 625-2, p. 671.

1) Cause directement le dommage du passant mordu par un chien la faute de négligence du propriétaire de l'animal l'ayant laissé sortir de chez lui sans être contrôlé et tenu en laisse (■ Cass. crim., 29 mai 2013, n° 12-85.427 : *Bull. crim.*, n° 121 ; *Dr. pén.* 2013, note 125 ; *Gaz. Pal.* 21-23 juill. 2013, chron. p. 34, note St. Detraz ; *D.* 2013, études, p. 2016, note F. Desprez ; *AJP* 2013, p. 678, note J. Lasserre-Capdeville).

2) Il résulte de l'article 121-3 du Code pénal que cause directement le dommage subi par une personne mordue par un chien la faute de négligence du propriétaire de l'animal l'ayant laissé sortir de chez lui sans être contrôlé et tenu en laisse.

Encourt ainsi la cassation l'arrêt qui, pour relaxer le prévenu des fins de la poursuite du chef d'homicide involontaire, retient qu'aucune prévention n'est retenue contre lui au titre de la divagation d'animaux, que les chiens étaient habituellement enfermés pendant la journée dans un chenil clos et présentaient une apparente absence de dangerosité pour en déduire l'absence de violation d'une obligation particulière de sécurité prévue par la loi ou le règlement ainsi que l'inexistence d'une faute caractérisée (■ Cass. crim., 21 janv. 2014, n° 13-80.267 : *Dr. pén.* 2014, comm. 39, obs. M. Véron ; *AJP* 2014, p. 135, obs. M.-C. Ordino ; *D.* 2014, act., p. 279 ; *Rev. sc. crim.* 2014, p. 59, obs. Y. Mayaud).

– Arrêts préc., *supra*, sous l'article 221-6 du Code pénal.

3) Ne justifie pas sa décision la cour d'appel qui a condamné une société du fait de l'accident survenu à un salarié brûlé aux chevilles et à une main par le liquide bouillant s'échappant de la trappe d'évacuation d'un tunnel de lavage qu'il était en train de manœuvrer, sans rechercher, d'une part, si l'obligation de formation spécifique en cause était constitutive d'une obligation particulière de sécurité ou de prudence au sens de l'article 222-20 du Code pénal dans sa rédaction alors applicable, d'autre part, si les faits reprochés avaient été commis, pour le compte de la personne morale poursuivie, par l'un de ses organes ou représentants au sens de l'article 121-2 du Code pénal (■ Cass. crim., 2 sept. 2014, n° 13-83.956).

4) Constitue la violation d'une obligation particulière de prudence ou de sécurité imposée par la loi, au sens de l'article 222-20 du Code pénal, le non-respect des dispositions de l'article L. 4142-2 du Code du travail prescrivant de faire bénéficier les salariés temporaires, affectés à des postes de travail présentant des risques particuliers pour leur santé ou leur sécurité, d'une formation renforcée à la sécurité (■ Cass. crim., 25 avr. 2017, n° 15-85.890).

Art. 222-20-1 *(L. n° 2003-495, 12 juin 2003 ; L. n° 2011-525, 17 mai 2011 ; L. n° 2016-41, 26 janv. 2016).* **– Lorsque la maladresse, l'imprudence, l'inattention, la négligence ou le manquement à une obligation législative ou réglementaire de prudence ou de sécurité prévu par l'article 222-19 est commis par le conducteur d'un véhicule terrestre à moteur, l'atteinte involontaire à l'intégrité de la personne ayant entraîné une incapacité totale de travail d'une durée inférieure ou égale à trois mois est punie de deux ans d'emprisonnement et de 30 000 € d'amende.**

Les peines sont portées à trois ans d'emprisonnement et à 45 000 € d'amende lorsque :

1° Le conducteur a commis une violation manifestement délibérée d'une obligation particulière de prudence ou de sécurité prévue par la loi ou le règlement autre que celles mentionnées ci-après ;

2° Le conducteur se trouvait en état d'ivresse manifeste ou était sous l'empire d'un état alcoolique caractérisé par une concentration d'alcool dans le sang ou dans l'air expiré égale ou supérieure aux taux fixés par les dispositions législatives ou réglementaires du code de la route, ou a refusé de se soumettre aux vérifications prévues par ce code et destinées à établir l'existence d'un état alcoolique ;

3° Il résulte d'une analyse sanguine ou salivaire que le conducteur avait fait usage de substances ou de plantes classées comme stupéfiants, ou a refusé de se soumettre aux vérifications prévues par le code de la route destinées à établir s'il conduisait en ayant fait usage de stupéfiants ;

4° Le conducteur n'était pas titulaire du permis de conduire exigé par la loi ou le règlement ou son permis avait été annulé, invalidé, suspendu ou retenu ;

5° Le conducteur a commis un dépassement de la vitesse maximale autorisée égal ou supérieur à 50 km/h ;

6° Le conducteur, sachant qu'il vient de causer ou d'occasionner un accident, ne s'est pas arrêté et a tenté ainsi d'échapper à la responsabilité pénale ou civile qu'il peut encourir.

Les peines sont portées à cinq ans d'emprisonnement et 75 000 € d'amende lorsque l'atteinte involontaire à l'intégrité de la personne a été commise avec deux ou plus des circonstances mentionnées aux 1° et suivants du présent article.

Voir : C. trav., art. L. 4741-2, p. 2198 et C. trav., art. L. 4741-11, p. 2202 (accidents du travail).
art. 131-22, p. 106 (peines) ; art. R. 625-2, p. 671.
C. route, art. L. 232-3, p. 954.

Art. 222-20-2 *(L. n° 2008-582, 20 juin 2008).* **– Lorsque l'atteinte involontaire à l'intégrité de la personne ayant entraîné une incapacité totale de travail de moins de trois mois prévue par l'article 222-20 résulte de l'agression commise par un chien, le propriétaire ou celui qui détient le chien au moment des faits est puni de deux ans d'emprisonnement et de 30 000 € d'amende.**

Les peines sont portées à trois ans d'emprisonnement et à 45 000 € d'amende lorsque :

1° La propriété ou la détention du chien est illicite en application de dispositions législatives ou réglementaires ou d'une décision judiciaire ou administrative ;

2° Le propriétaire ou le détenteur du chien se trouvait en état d'ivresse manifeste ou sous l'emprise manifeste de produits stupéfiants ;

3° Le propriétaire ou le détenteur du chien n'avait pas exécuté les mesures prescrites par le maire, conformément à l'article L. 211-11 du Code rural, pour prévenir le danger présenté par l'animal ;

4° Le propriétaire ou le détenteur du chien n'était pas titulaire du permis de détention prévu à l'article L. 211-14 du Code rural ;

5° Le propriétaire ou le détenteur du chien ne justifie pas d'une vaccination antirabique de son animal en cours de validité lorsqu'elle est obligatoire ;

6° Il s'agissait d'un chien de la première ou de la deuxième catégorie prévues à l'article L. 211-12 du Code rural qui n'était pas muselé ou tenu en laisse par une personne majeure conformément aux dispositions prévues au II de l'article L. 211-16 du même code ;

7° Il s'agissait d'un chien ayant fait l'objet de mauvais traitements de la part de son propriétaire ou de son détenteur.

Les peines sont portées à cinq ans d'emprisonnement et à 75 000 € d'amende lorsque l'atteinte involontaire à l'intégrité de la personne a été commise avec deux ou plusieurs des circonstances mentionnées aux 1° et suivants du présent article.

V. ■ Cass. crim., 29 janv. 2013, n° 12-82.218 : *Dr. pénal* 2013, comm. 69, obs. M. Véron, pour notamment, la caractérisation de la circonstance aggravante de l'article 222-20-2, 6°.

Art. 222-21 *(Mod., L. n° 2009-526, 12 mai 2009)*. **– Les personnes morales déclarées responsables pénalement, dans les conditions prévues par l'article 121-2, des infractions définies par la présente section encourent, outre l'amende suivant les modalités prévues par l'article 131-38, les peines prévues par les 2°, 3°, 8° et 9° de l'article 131-39.**

L'interdiction mentionnée au 2° de l'article 131-39 porte sur l'activité dans l'exercice ou à l'occasion de l'exercice de laquelle l'infraction a été commise.

Dans les cas visés au deuxième alinéa de l'article 222-19 est en outre encourue la peine mentionnée au 4° de l'article 131-39.

Encourt la cassation l'arrêt qui, après condamnation d'une personne morale pour le délit de blessures involontaires prévu par l'article 222-20 du Code pénal, ordonne l'affichage et la publication de la décision, alors que l'article 222-21 du même code ne permet de prononcer que l'une ou l'autre de ces peines complémentaires, dans les conditions prévues par l'article 131-35 du Code pénal (■ Cass. crim., 12 juin 2007 : *Bull. crim.*, n° 156).

Section III. – Des agressions sexuelles

Art. 222-22 *(L. n° 98-468, 17 juin 1998 ; mod., L. n° 2006-399, 4 avr. 2006 ; L. n° 2010-769, 9 juill. 2010)*. **– Constitue une agression sexuelle toute atteinte sexuelle commise avec violence, contrainte, menace ou surprise.**

Le viol et les autres agressions sexuelles sont constitués lorsqu'ils ont été imposés à la victime dans les circonstances prévues par la présente section, quelle que soit la nature des relations existant entre l'agresseur et sa victime, y compris s'ils sont unis par les liens du mariage.

Lorsque les agressions sexuelles sont commises à l'étranger contre un mineur par un Français ou par une personne résidant habituellement sur le territoire français, la loi française est applicable par dérogation au deuxième alinéa de l'article 113-6 et les dispositions de la seconde phrase de l'article 113-8 ne sont pas applicables.

Bibliographie : *JCl. pén., Agressions sexuelles* par M.-L. Rassat. • Y. Mayaud, *Les qualifications relatives aux atteintes sexuelles : Actualité Jur. Pénal* 2004, p. 9. • D. Germain, *Le consentement des mineurs victimes d'infractions sexuelles : Rev. sc. crim.* 2011, p. 817.

1) QPC. Non-lieu à renvoi au Conseil constitutionnel de la QPC visant l'article 222-22 du Code pénal dès lors que son interprétation qui définit de manière suffisamment claire et précise le délit d'agression sexuelle, entre dans l'office du juge pénal, de sorte qu'il n'est porté aucune atteinte au principe de légalité des délits et des peines (■ Cass. crim., 3 oct. 2012, n° 12-90.052. ■ 7 août 2013, n° 13-90.015 : *Dr. pén.* 2013, comm. 151, obs. M. Véron. ■ Cass. crim., 18 déc. 2014, n° 13-90.031).

2) Définition. L'article 222-22 du Code pénal donne du viol et des agressions sexuelles autres que le viol une définition qui n'étend pas leur champ d'application par rapport aux anciens textes ; en effet, la menace n'est qu'une forme de la contrainte (■ Cass. crim., 14 oct. 1998 : *Bull. crim.*, n° 263). V. art. 222-22-1 (L. 8 févr. 2010).

3) Caractérisation de la violence, contrainte ou surprise. Le délit d'agression sexuelle suppose l'usage, par son auteur, de violence, contrainte, menace ou surprise ; cet élément constitutif ne peut se déduire de la seule minorité de quinze ans de la victime et de la qualité d'ascendant ou de personne ayant autorité de l'auteur, ces circonstances ne constituant que des circonstances aggravantes de l'infraction (■ Cass. crim., 21 oct. 1998 *Bull. crim.*, n° 274 ; *D.* 1999, p. 75, note Y. Mayaud ; *Dr. pénal* 1999, comm. 5, obs. M. Véron. ■ 10 mai 2001 : *Bull. crim.*, n° 116 ; *Dr. pénal* 2001, comm. 110, obs. M. Véron. ■ 14 nov. 2001 : *Bull. crim.*, n° 239).

4) En l'absence même de toute autre manoeuvre, le fait de profiter, en connaissance de cause, de l'erreur d'identification commise par une personne pour pratiquer sur elle des gestes à caractère sexuel comportant un contact corporel constitue le délit d'agression sexuelle commise par surprise, prévu par les articles 222-22 et 222-27 du Code pénal (■ Cass. crim., 11 janv. 2017, n° 15-86.680 ; *Dr. pénal* 2017, comm. 71, note, Ph. Conte).

5) Enfants en bas âge. Justifie sa décision la cour d'appel qui, pour déclarer le prévenu coupable d'agressions sexuelles sur trois mineurs de quinze ans, âgés de un an et demi à cinq ans, énonce que l'état de contrainte ou de surprise résulte du très jeune âge des enfants qui les rendait incapables de réaliser la nature et la gravité des actes qui leur étaient imposés (■ Cass. crim., 7 déc. 2005 : *Bull. crim.*, n° 326 ; *Dr. pénal* 2006, comm. 31, obs. M. Véron ; *Rev. sc. crim.* 2006, p. 319, obs. Y. Mayaud).

6) Doit être cassé l'arrêt qui, pour condamner du chef d'agression sexuelle, se borne à retenir que les victimes ont déclaré, de façon crédible, avoir été l'objet d'attouchements sexuels de la part du prévenu sans caractériser en quoi les atteintes sexuelles dénoncées auraient été commises avec violence, contrainte ou surprise (■ Cass. crim., 17 mars 1999 : *Bull. crim.*, n° 49. ■ 14 avr. 1999 : *Bull. crim.*, n° 83. ■ 10 mai 2001 : *Bull. crim.*, n° 116 ; *Rev. sc. crim.* 2001, p. 808, obs. Y. Mayaud), ou se borne à réfuter les dénégations du prévenu, sans définir les atteintes sexuelles reprochées et sans caractériser en quoi elles auraient été commises avec violence, contrainte ou surprise (■ Cass. crim., 22 sept. 1999 : *Bull. crim.*, n° 195).

7) Doit être cassé l'arrêt qui, pour condamner du chef d'agression sexuelle, se borne à établir la réalité des atteintes sexuelles reprochées et à relever que le prévenu a agi en profitant de l'ignorance des victimes, sans caractériser en quoi cette ignorance aurait été constitutive d'un élément de violence, de contrainte, de menace ou de surprise (■ Cass. crim., 14 nov. 2001 : *Bull. crim.*, n° 239, préc.).

– *Adde* ■ Cass. crim., 21 févr. 2007 : *Bull. crim.*, n° 55, cassant un arrêt de la chambre de l'instruction dont les motifs ne caractérisaient, en l'espèce, aucun élément de contrainte ou de surprise, ni de violence concomitante aux actes de pénétration ou d'atteinte sexuelle.

8) Pour le renvoyer devant la cour d'assises sous l'accusation de viols sur mineur de quinze ans par ascendant, agressions sexuelles sur mineur de quinze ans par ascendant et corruption de mineurs de quinze ans, l'arrêt attaqué énonce que l'examen des éléments du dossier permet d'établir la réalité d'une emprise quotidienne du père sur ses enfants, également révélée par les examens psychologiques et que, dès lors, cette emprise quotidienne sur ses deux enfants caractérise la violence et la contrainte (■ Cass. crim., 28 avr. 2011, n° 11-80.617 : *Dr. pén.* 2011, comm. 105, obs. M. Véron).

9) Absence de consentement de la victime. Encourt la censure l'arrêt qui relève que le prévenu ne pouvait pas ne pas se rendre compte que sa victime n'était pas tout à fait consentante, alors que l'absence totale de consentement de la victime, élément constitutif de l'agression sexuelle, doit être caractérisée pour que l'infraction soit constituée (■ Cass. crim., 20 juin 2001 : *Dr. pénal* 2002, comm. 2, obs. M. Véron).

10) Caractérise la surprise ou la contrainte la cour d'appel qui, pour déclarer le prévenu coupable d'une agression sexuelle commise en novembre 1993, sur la personne d'une victime née le 19 septembre 1978, constate souverainement l'existence d'un **stratagème** de nature à surprendre le consentement d'un adolescent de l'âge de cette victime (■ Cass. crim., 22 janv. 1997 : *Bull. crim.*, n° 22).

11) Caractérise la surprise la cour d'appel qui, pour déclarer le prévenu, interne en ORL, coupable d'agressions sexuelles commises sur la personne d'une patiente, constate souverainement qu'il a agi sous le prétexte fallacieux de réaliser des examens cliniques (■ Cass. ass. plén. 14 févr. 2003 : *Bull. crim.*, n° 1 ; *Dr. pénal* 2003, comm. 55, obs. M. Véron).

12) La surprise, élément constitutif du délit d'agressions sexuelles, consiste à surprendre le consentement de la victime et ne saurait se confondre avec la surprise exprimée par cette dernière (■ Cass. crim., 25 avr. 2001 : *Bull. crim.*, n° 99 ; *Rev. sc. crim.* 2001, p. 808, obs. Y. Mayaud) ; *JCP* 2003, II, 10001, note A. Prothais). V. sur cette question la note de J.-Y. Maréchal à propos d'un arrêt de ■ Douai, 11 mars 2003, statuant dans le même sens : *JCP* 2004, II, 10070.

13) Requalification et peine justifiée. En cas de poursuites pour agression sexuelle sur mineur de 15 ans par personne ayant autorité, si les juges n'ont pas énoncé les circonstances propres à caractériser la violence, la contrainte, la menace ou la surprise, l'arrêt attaqué n'encourt pas pour autant la censure dès lors que la peine prononcée est justifiée au regard des articles 227-25, 227-26 et 227-29 du Code pénal, lesquels n'exigent pas, pour la répression des infractions qu'ils définissent l'existence de violence, contrainte, menace ou surprise (■ Cass. crim., 18 juin 2003 : *JurisData* n° 020139 ; *Dr. pénal* 2003, comm. 141, obs. M. Véron).

– Sur la distinction à cet égard entre, d'une part, viol, agression sexuelle et, d'autre part, atteinte sexuelle, V. aussi ■ Cass. crim., 29 mars 2006 : *Bull. crim.*, n° 96, cité *infra* sous l'article 227-25 ; *Rev. sc. crim.* 2006, p. 828, n° 3, obs. Y. Mayaud.

14) Un même fait ne peut donner lieu contre le même prévenu à deux actions pénales distinctes. La relaxe d'un prévenu du chef de harcèlement sexuel interdit une nouvelle poursuite de ce prévenu pour les mêmes faits qualifiés d'agression sexuelle (■ Cass. crim., 19 janv. 2005 : *Bull. crim.*, n° 25 ; *Rev. sc. crim.* 2005, p. 934, obs. J.-F. Renucci).

15) Prescription. Justifie sa décision la chambre de l'instruction qui confirme une ordonnance de refus d'informer sur une plainte du chef de viol aggravé en retenant que l'action publique était éteinte par acquisition de la prescription au jour du dépôt de cette plainte, dès lors qu'en matière d'infraction sexuelle aucun texte et aucune décision de justice n'ont fixé le point de départ du délai de prescription à la date à laquelle la victime en avait eu connaissance et qu'en l'espèce l'amnésie traumatique qu'aurait provoqué chez la victime d'une agression sexuelle ne pouvait constituer un obstacle insurmontable à l'exercice de l'action publique, et qu'ainsi le point de départ de la prescription ne pouvait être retardé (■ Cass. crim., 18 déc. 2013, n° 13-81.129 : *D.* 2014, act., p. 13).

– Rappr., en matière d'homicide volontaire, dans le même sens, ■ Cass. crim., 16 oct. 2013, n° 13-85.232 : *Bull. crim.*, n° 192, *supra*, note sous l'article 221-1, *V° Prescription*.

16) Mesure non prévue par la loi. Encourt la cassation l'arrêt qui, après condamnation d'un médecin pour agressions sexuelles aggravées, ordonne dans son dispositif la communication de la décision à l'Ordre national des médecins, cette mesure n'étant pas prévue par les textes réprimant cette infraction (■ Cass. crim., 25 mai 2016, n° 15-81.511 : *Gaz. Pal.* 2016, p. 48, note S. Detraz).

17) Action civile. Les constitutions de partie civile des sœurs de la victime d'agressions sexuelles aggravées, qui ont subi un dommage moral, personnel, distinct de celui subi par leur jeune sœur, et en relation avec les infractions à caractère sexuel dénoncées par cette dernière, sont recevables (■ Cass. crim., 27 mars 2008 : *JCP* 2008, IV, n° 1880).

Art. 222-22-1 *(L. n° 2010-121, 8 févr. 2010)*. **– La contrainte prévue par le premier alinéa de l'article 222-22 peut être physique ou morale. La contrainte morale peut résulter de la différence d'âge existant entre une victime mineure et l'auteur des faits et de l'autorité de droit ou de fait que celui-ci exerce sur cette victime.**

1) QPC. Le Conseil constitutionnel a déclaré l'article 222-22-1, dans sa version issue de la loi n° 2010-121 du 8 février 2010, conforme à la Constitution, ■ Cons. const. n° 2014-448 QPC, 6 févr. 2015, *JO 8 févr. 2015 ; JurisData n° 002161*. Il a relevé qu'en disposant que la contrainte, constitutive du crime de viol ou du délit d'agression sexuelle, « peut résulter de la différence d'âge existant entre une victime mineure et l'auteur des faits et de l'autorité de droit ou de fait que celui-ci exerce sur cette victime » alors que, par ailleurs, la peine encourue par l'auteur de ces infractions est aggravée lorsqu'il a, sur la victime, une autorité de droit ou de fait, les dispositions contestées n'instituent pas une sanction pénale qui méconnaît les principes de nécessité et de proportionnalité des peines (sur l'arrêt de la chambre criminelle du 13 novembre 2014, n° 14-81.249, ayant renvoyé la QPC devant le Conseil constitutionnel, V. *Dr. pén.* 2015, comm. 1, obs. M. Véron).

2) La contrainte est caractérisée lorsqu'elle résulte de l'autorité de fait exercée sur les victimes par le prévenu (■ Cass. crim., 18 févr. 2015, n° 14-80.772 : *Dr. pén.* 2015, comm. 63, obs. M. Véron).

3) Les dispositions de l'article 222-22-1 du Code pénal, issues de la loi n° 2010-121 du 8 février 2010, ayant un caractère interprétatif, la cour d'appel, saisie de poursuites pour des faits d'agression sexuelle aggravée antérieurs à l'entrée en vigueur de celle-ci, peut, sans méconnaître le principe de non-rétroactivité de la loi pénale, déduire la contrainte morale subie par la victime mineure de la différence d'âge avec le prévenu

(■ Cass. crim., 15 avr. 2015, n° 14-82.172. ■ Cass. crim., 1er sept. 2015, n° 15-83.392).

4) Les juges peuvent déduire la contrainte morale subie par la victime de sa différence d'âge avec le prévenu (■ Cass. crim., 23 sept. 2015, n° 13-83.881 : *Dr. pén.* 2015, comm. 154, obs. P. Conte. ■ Cass. crim., 18 nov. 2015, n° 14-86.100 : *Dr. pén.* 2016, comm. 24, obs. P. Conte).

5) L'autorité de fait ne saurait se déduire des seuls sentiments que la victime éprouve à l'égard de l'ancien concubin de sa mère (■ Cass. crim., 21 juin 2017, n° 16-82.861 : *Dr. pén.* 2017, comm. 118, note P. Conte).

Bibliographie : *Dr. pén.* 2015, étude 24, S. Detraz.

Art. 222-22-2 *(L. n° 2013-711, 5 août 2013)*. **– Constitue également une agression sexuelle le fait de contraindre une personne par la violence, la menace ou la surprise à subir une atteinte sexuelle de la part d'un tiers.**

Ces faits sont punis des peines prévues aux articles 222-23 à 222-30 selon la nature de l'atteinte subie et selon les circonstances mentionnées à ces mêmes articles.

La tentative du délit prévu au présent article est punie des mêmes peines.

Bibliographie : St. Detraz et L. Saenko, *L'article 222-22-2 du Code pénal, hypothèse d'emprunt de matérialité : Dr. pén.* 2014, étude 1.

§ 1. – Du viol

Art. 222-23. – Tout acte de pénétration sexuelle, de quelque nature qu'il soit, commis sur la personne d'autrui par violence, contrainte, menace ou surprise est un viol.

Le viol est puni de quinze ans de réclusion criminelle.

Voir : art. 222-31-2, p. 258 (viol incestueux) ; art. 221-3 et s., p. 189 (homicide volontaire précédé ou accompagné de viol).

1) Auteur et victime. Le viol doit être commis sur une personne vivante (■ Cass. crim., 13 juill. 1965 : *Bull. crim.*, n° 175). Peu importe désormais le sexe de l'auteur ou de la victime (■ Cass. crim., 4 janv. 1985 : *Bull. crim.*, n° 10 : viol d'une fillette par sa mère. ■ 24 juin 1987 : *Bull. crim.*, n° 265 : viol d'un homme par introduction de la verge et d'un manche à balai dans l'anus).

2) Viol conjugal. La jurisprudence traditionnelle considérait que le viol entre époux n'est pas punissable (■ Cass. crim., 19 mars 1910 : *Bull. crim.*, n° 153) ; mais il a été jugé qu'une telle conception ne saurait couvrir des agissements entièrement détachables de toute notion de mariage et de toute idée de ce que peuvent être des rapports intimes entre époux : tel le cas d'un homme qui, flanqué d'un tiers, s'est emparé de son épouse et après l'avoir déshabillée de force, giflée et lacérée au coupe-moquette, lui a imposé des rapports sexuels complets tandis qu'elle était maintenue à terre par le tiers complice (■ Grenoble Ch. acc., 4 juin 1980 : *D.* 1981, inf. rap. 154, obs. Puech). Jugé également que lorsque l'inculpé s'est livré à des actes de pénétration sexuelle par contrainte ou violence sur son épouse, en instance de divorce, une ordonnance du juge aux affaires matrimoniales ayant autorisé les époux à avoir une résidence séparée, les éléments constitutifs du crime de viol se trouvent caractérisés (■ Cass. crim., 17 juill. 1984 : *Bull. crim.*, n° 260 ; *D.* 1985, 7, note Mayer ; *Rev. sc. crim.* 1985, 82, obs. Levasseur). Un dernier arrêt (■ Cass. crim., 5 sept. 1990 : *Bull. crim.*, n° 313 ; *JCP* 91, II, 21629, note Rassat ; *D.* 1991, 13, note Angevin ; *Rev. sc. crim.* 1991, 348, obs. Levasseur), dans le même sens, a jugé que l'article 332 du Code pénal, qui n'a d'autre fin que de protéger la liberté de chacun, n'exclut pas de ses prévisions les actes de pénétration sexuelle entre personnes unies par les liens du mariage lorsque ces actes sont imposés par violence ou contrainte. Sur le viol entre époux et le refus d'informer, V. ■ Cass. crim., 11 juin 1992 : *D.* 1993, somm. 13, obs. Azibert.

3) Domaine d'application. En introduisant dans l'article 332 alinéa 1 ancien, du Code pénal, pour caractériser l'acte de pénétration sexuelle constitutif du viol, les mots « de quelque nature qu'il soit » la loi du 23 décembre 1980 (dont les termes ont été repris par l'article 222-23 du Code pénal), a institué une incrimination plus large que celle qui résultait de la loi ancienne (■ Cass. crim., 20 janv. 1982 : *Bull. crim.*, n° 23), et donné de ce crime une définition extensive (■ Cass. crim., 22 août 1981 : *Bull. crim.*, n° 246).

4) La cour d'assises doit être interrogée sur toutes les circonstances constitutives du crime de viol telles qu'elles résultent de l'article 332 du Code pénal. Il en résulte qu'il n'est pas nécessaire que dans la question posée figurent les mots « de quelque nature qu'il soit » qui ne déterminent pas un élément légal du viol, mais signifient seulement qu'aucune sorte d'acte de pénétration sexuelle n'est exclue du champ d'application de l'article précité (■ Cass. crim., 29 nov. 1984 : *Bull. crim.*, n° 378), et il n'est pas exigé que la question précise autrement la nature de l'acte de pénétration sexuelle (■ Cass. crim., 20 avr. 1984 : *Bull. crim.*, n° 146).

5) Éléments matériels du viol. Le crime de viol implique que l'acte de pénétration sexuelle soit commis sur la personne d'autrui, par violence, contrainte, menace ou surprise ; ne donne pas de base légale à sa décision, la chambre d'accusation qui, pour renvoyer une personne devant la cour d'assises du chef de viols, énonce qu'aucun élément de violence ou de contrainte ne résulte de l'information et qui déduit la surprise, malgré la répétition des faits, du seul âge des victimes (■ Cass. crim., 1er mars 1995 : *Bull. crim.*, n° 92).

Il résulte de l'article 349 du Code de procédure pénale que la cour d'assises doit être interrogée sur tous les éléments constitutifs de l'infraction et des circonstances qui l'aggravent (■ Cass. crim., 11 déc. 1996 : *Bull. crim.*, n° 461). La question interrogeante sur « un viol » est irrégulière (■ Cass. crim., 23 mai 1984 : *Bull. crim.*, n° 191).

– Un acte de pénétration sexuelle ne constitue un viol que s'il a été commis par violence, contrainte ou surprise. N'interroge pas la Cour et le jury sur l'un des éléments constitutifs du crime de viol, objet de l'accusation, la question qui ne mentionne pas que l'acte de pénétration sexuelle que l'accusé a tenté de commettre l'a été par violence, par contrainte ou par surprise (■ Cass. ass. plén. 8 juill. 2005 : *Bull. crim.*, n° 1).

Cet arrêt a été rendu au vu des dispositions de l'article 332 ancien ; la solution s'applique au cas de viol par menace, élément constitutif prévu par l'article 222-23 du Code pénal.

– V. aussi, ■ Cass. crim., 21 févr. 2007 : *Bull. crim.*, n° 55, cassant un arrêt de renvoi en cour d'assises pour viols alors que les motifs énoncés ne caractérisaient, en l'espèce, aucun élément de contrainte ou de surprise ni de violence concomitante avec actes de pénétration sexuelle.

6) L'élément matériel du crime de viol n'est caractérisé que si l'auteur réalise l'acte de pénétration sexuelle sur la personne de la victime (■ Cass. crim., 21 oct. 1998 : *Bull. crim.*, n° 274 ; *D.* 1999, p. 75, note Y. Mayaud ; *Dr. pénal* 1999, comm. 5, obs. Véron ; *JCP* 1998, II, 10215, note D. Mayer) ; ce n'était pas le cas en l'espèce (coït imposé par une femme à un homme). Cette solution a été réaffirmée par ■ Cass. crim., 22 août 2001 : *Bull. crim.*, n° 169, à propos de la fellation (V. *infra*).

7) Actes de pénétration. L'acte de pénétration actuellement défini ne se limite plus à une conjonction sexuelle imposée par un homme à une femme ; l'introduction vaginale d'un doigt ou d'un objet quelconque peut caractériser le viol (■ Cass. crim., 8 janv. 1991 : *JurisData* 1991-000851. ■ 22 mars 2000 : *JurisData* n° 002024). La défloration antérieure aux faits ou concomitante est indifférente à la constitution du crime (■ Cass. crim., 9 févr. 2000 : *JurisData* n° 001462).

8) Constituent le crime de viol, tant au regard de l'article 332 du Code pénal, alors applicable, que de l'article 222-23 du Code pénal en vigueur depuis le 1er mars 1994, les **actes de pénétration anale**, pratiqués avec le doigt ou avec des carottes, infligés par une mère à sa fille, dans un but d'initiation sexuelle (■ Cass. crim., 27 avr. 1994 : *Bull. crim.*, n° 157) ; ou l'introduction d'un manche de pioche dans l'anus d'un homme (■ Cass. crim., 6 déc. 1995 : *Bull. crim.*, n° 372 ; *Dr. pénal* 1995, comm. 101, obs. M. Véron).

9) Doit être cassé l'arrêt de la cour d'appel qui, pour les déclarer coupables d'agressions sexuelles, relève que les prévenus ont sodomisé la victime et se sont fait pratiquer des fellations par elle, de tels faits constituant des pénétrations sexuelles et se trouvant justiciables de la cour d'assises (■ Cass. crim., 12 janv. 2000 : *Bull. crim.*, n° 24) ou l'arrêt qui condamne pour délit d'attentat à la pudeur alors que le fait d'imposer par violence et contrainte des rapports sexuels à une jeune femme atteinte de troubles mentaux est constitutif du crime de viol (■ Cass. crim., 29 janv. 1997 : *Bull. crim.*).

10) Mais en l'état d'une plainte avec constitution de partie civile pour viol, dénonçant un toucher rectal effectué par l'expert commis par le juge d'instruction, est justifié, au regard de l'article 6-1 du Code de procédure pénale, l'arrêt de la chambre d'accusation qui, pour confirmer l'ordonnance de refus d'informer du juge d'instruction, relève qu'une précédente décision définitive avait constaté le caractère légal de l'expertise et qu'ainsi les faits reprochés n'en étaient que l'exécution régulière (■ Cass. crim., 29 janv. 1997 : *Bull. crim.*, n° 39).

11) La fellation entre dans les prévisions de l'article 332 dès lors qu'il y a eu pénétration de la verge dans la bouche de la victime (■ Cass. crim., 22 févr. 1984 : *Bull. crim.*, n° 71), comme de l'article 222-23 du Code pénal, ces deux articles visant tout acte de pénétration sexuelle, de quelque nature qu'il soit (■ Cass. crim., 22 mai 1996 : *Bull. crim.*, n° 212).

12) Justifie sa décision la chambre de l'instruction qui estime que les fellations pratiquées par l'auteur sur la victime ne constituent pas des viols, mais des délits d'agression sexuelle ; en effet l'élément matériel du crime de viol n'est caractérisé que si l'auteur réalise l'acte de pénétration sexuelle sur la personne de la victime (■ Cass. crim., 22 août 2001 : *Bull. crim.*, n° 169). V. *supra*, ■ Cass. crim., 21 oct. 1998, préc.).

13) À noter qu'auparavant la chambre criminelle avait jugé dans un autre sens en énonçant que tout acte de fellation constitue un viol au sens des articles 332 ancien et 222-23 nouveau du Code pénal, dès lors qu'il est imposé par violence, contrainte, menace ou surprise, à celui qui le subit ou à celui qui le pratique (■ Cass. crim., 16 déc. 1997 : *Bull. crim.*, n° 429 ; H. Angevin : *Dr. pénal* 1998, chron., 7 ; *JCP* 1998, II, n° 10074, note D. Mayer ; *D.* 1998, p. 212, note Y. Mayaud. ■ 29 janv. 1998 : *JurisData* n° 001458 ; L.-M. Nivôse : *Dr. pénal* 1998, chron., 10).

14) Encourt la censure pour violation des articles 111-4 et 222-23 du Code pénal l'arrêt qui renvoie devant la cour d'assises, sous l'accusation de viols aggravés, un médecin qui, agissant dans un contexte sexuel et animé par la volonté d'accomplir un acte sexuel, a contraint trois jeunes patientes à introduire dans leur bouche puis à sucer un objet de forme phallique dès lors que, pour être constitutive d'un viol, la fellation implique une pénétration par l'organe sexuel masculin de l'auteur et non par un objet le représentant (■ Cass. crim., 21 févr. 2007 : *Bull. crim.*, n° 61 ; *Dr. pénal* 2007, comm. 68, obs. M. Véron).

15) Absence de consentement de la victime. Le viol implique que l'acte de pénétration sur la victime soit accompli « contre la volonté de celle-ci, soit que le défaut de consentement résulte de violence physique ou morale, soit qu'il résulte de tout autre moyen de contrainte ou de surprise » (■ Cass. crim., 10 juill. 1973 : *Bull. crim.*, n° 322).

16) Le consentement donné par la victime sous l'empire de la contrainte n'a aucune valeur : ainsi celui donné à un policier par une femme qui avait eu avec lui des rapports sexuels après avoir été menacée de la prison (■ Cass. crim., 29 avr. 1960 : *S.* 1960, p. 253), ou celui donné par une femme à un individu menaçant de l'abandonner en pleine campagne par un froid intense (■ Cass. crim., 11 févr. 1992 : *Dr. pénal* 1992, comm. 174, obs. M. Véron ; *Rev. sc. crim.* 1993, p. 331, obs. Levasseur. – V. aussi ■ Cass. crim., 8 févr. 1995, 2e arrêt : *Dr. pénal* 1995, comm. 171, obs. M. Véron).

17) Est aussi sans valeur le consentement obtenu par surprise (■ Cass. crim., 25 juin 1857 : *S.* 1857, 1, 711 ; en l'espèce un homme s'était glissé dans le lit d'une femme endormie qui crut avoir des relations sexuelles avec son mari), ou de la part d'une femme en état d'hypnose ou encore d'une débile mentale (■ Cass. crim., 6 nov. 1960 : *D.* 1961, 733, note Holleaux ; *Rev. sc. crim.* 1962, 98, obs. Hugueney) ou d'une personne atteinte de troubles mentaux (■ Cass. crim., 4 janv. 1990 : *Bull. crim.*, n° 1, préc.).

18) N'a pu consentir à des relations sexuelles une malade hospitalisée, en complet désarroi en raison d'une psychonévrose dégressive obsessionnelle grave, exclusive d'une attitude incitative et d'une participation active aux violences perpétuées sur elle par un infirmier qui lui a imposé un acte de pénétration (■ Cass. crim., 8 juin 1994 : *Bull. crim.*, n° 226 ; *Dr. pénal* 1994, comm. 232, obs. M. Véron. – V. aussi ■ Cass. crim., 25 oct. 1994 : *Dr. pénal* 1995, comm. 63, obs. M. Véron).

19) La manifestation de la contrainte doit s'apprécier de manière concrète en fonction de la capacité de résistance de la victime (■ Cass. crim., 8 juin 1994 : *Bull. crim.*, n° 226, préc.).

20) La résistance de la victime est appréciée souverainement par les juges du fond ; il a été jugé qu'une résistance se manifestant par des supplications, alors que la victime avait accepté de monter dans la voiture de l'accusé et de se laisser embrasser, suffisait (■ Cass. crim., 10 juill. 1973 : *Bull. crim.*, n° 322 ; *Rev. sc. crim.* 1974, 594, obs. Levasseur. – V. en sens contraire, ■ Cass. crim., 11 oct. 1978 : *D.* 1979, inf. rap. 120). Le refus de se prêter à l'agression sexuelle peut se déduire des circonstances de l'espèce, telles que l'existence d'un trouble paralysant qui avait physiquement empêché la victime de protester et de s'enfuir, de la répugnance à de tels actes manifestée par la victime, ou encore du refus de revoir l'agresseur après les faits (■ Nîmes Ch. acc., 9 déc. 1983 : *JCP* 1985, II, 20482, note Pansier).

21) Élément intentionnel. Un acquittement du chef de viols peut se justifier par le défaut d'intention de l'auteur ou par un simple doute sur la réalité de ses intentions ; le défaut d'intention peut résulter de cette circonstance, prouvée ou présumée, que l'accusé s'est mépris ou a pu se méprendre sur les dispositions véritables de la femme et estimer à tort que sa résistance n'était pas sérieuse (■ Cour d'assises du Haut-Rhin : 21 avr. 1959 : *D.* 1969, p. 369, note H. Aberkane).

22) La qualification du viol pourra aussi être écartée s'il est établi que, par son attitude et son comportement, une femme a laissé croire qu'elle était consentante au rapprochement sexuel (■ Cass. crim., 11 oct. 1978 : *D.* 1979, Inf. rap. 120. ■ 20 oct. 1999 : *JurisData* 1999-004556).

V. cependant, en sens contraire, ■ Cass. crim., 17 juill. 1973 : *Bull. crim.*, n° 322, préc., et ■ Cass. crim., 4 mai 1993 : *Dr. pénal* 1993, comm. 179, obs. M. Véron (absence de consentement d'une femme à des rapports sexuels qui lui auraient été imposés par la contrainte morale et physique d'un homme qui aurait été encouragé dans la réalisation de son acte par la conduite équivoque de la victime).

23) Tentative. Commet une tentative de viol celui qui, après avoir mis un préservatif pour pénétrer la victime, renonce à son acte en raison d'une déficience physique momentanée (■ Cass. crim., 10 janv. 1996 : *Bull. crim.*, n° 14 ; *Dr. pénal* 1996, comm. 97, obs. Véron ; *Rev. sc. crim.* 1996, 656, obs. Y. Mayaud), ou qui doit l'interrompre du fait de la vive opposition de la victime (■ Cass. crim., 22 août 2001 : *JurisData* 2001-010866).

24) Question en cour d'assises. Une question unique sur des actes **répétés de viol** sur la même personne peut être posée à la Cour et au jury lorsqu'ils ont été accomplis dans les mêmes conditions et entraînent les mêmes conséquences pénales (■ Cass. crim., 17 oct. 1990 : *Bull. crim.*, n° 344).

25) Dès lors que les faits retenus par la décision de renvoi comme constitutifs de viol sont antérieurs à l'entrée en vigueur de la loi du 23 décembre 1980, la cour et le jury doivent, à peine de nullité, être interrogés sur la culpabilité de l'accusé dans les termes de l'article 332, alinéa 1er, du Code pénal en sa rédaction applicable au moment des faits, qui, incriminant le viol et le définissant par ce seul terme, soumet à la cour et au jury le point de fait auquel ils doivent répondre (■ Cass. crim., 15 nov. 2006 : *Bull. crim.*, n° 287).

26) Action civile. Il résulte des articles 2 et 3 du Code de procédure pénale que les proches de la victime d'une infraction sont recevables à rapporter la preuve d'un dommage dont ils ont personnellement souffert et qui découle des faits, objet de la poursuite ; encourt, dès lors, la cassation l'arrêt de la cour d'assises, qui, pour déclarer irrecevable la constitution de partie civile faite au nom d'un enfant, né des relations incestueuses imposées par un père à sa fille mineure, se borne à énoncer que l'enfant n'est pas la victime du viol commis sur la personne de sa mère et qu'il ne subit aucun préjudice découlant de cette infraction (■ Cass. crim., 4 févr. 1998 : *Bull. crim.*, n° 43 ; *Dr. pénal* 1998, comm. 104, obs. Maron ; *JCP* 1999, II, 10178, note I. Moine-Dupuis).

27) Justifie sa décision la cour d'appel qui, pour déclarer recevable la constitution de partie civile faite au nom d'un enfant, né de relations incestueuses imposées par un père à sa fille, et bien fondée la demande de réparation du préjudice moral de l'enfant, retient notamment que l'enfant est privé du droit de faire établir sa filiation en vertu de l'article 310-2 du Code civil et que les circonstances de sa conception justifient la réparation de traumatismes psychiques (■ Cass. crim., 23 sept. 2010, n° 09-84.108 : *Bull. crim.* n° 141 ; *D.* 2011, chron. 124, n° 2, par L. Lazerges-Cousquer ; *AJPI* 2011, jurispr., n° 27).

28) Aux termes des articles 2 et 3 du Code de procédure pénale, les proches de la victime d'une infraction sont recevables à rapporter la preuve d'un dommage dont ils ont personnellement souffert et qui découle des faits objet de la poursuite.

Encourt la cassation l'arrêt qui, pour écarter la demande tendant à la réparation du préjudice moral de l'enfant né d'un viol, partie civile, retient que celui-ci ne peut se prévaloir d'un préjudice du seul fait des circonstances dans lesquelles il a été conçu, la conception ne pouvant être dissociée de la naissance, alors que le préjudice invoqué résulte directement des faits criminels poursuivis (■ Cass. crim., 23 sept. 2010, n° 09-82.438 : *Bull. crim.* n° 139 ; *AJPI* 2011, jurispr. 27, note C. Ambroise-Casterot ; *D.* 2011, chron. 124, n° 2, par L. Lazerges-Cousquer).

29) Des faits constitutifs de viol et de harcèlement sexuel ne portent pas un préjudice direct ou indirect à l'intérêt collectif de la profession représentée par un syndicat dont l'action civile doit être déclarée irrecevable (■ Cass. crim., 23 janv. 2002 : *Bull. crim.*, n° 12 ; *Dr. pénal* 2002, comm. 66, obs. M. Véron).

Art. 222-24 ***(Mod., L. n° 98-468, 17 juin 1998 ; L. n° 2003-239, 18 mars 2003 ; L. n° 2005-1549, 12 déc. 2005 ; L. n° 2006-399, 4 avr. 2006 ; L. n° 2007-297, 5 mars 2007 ; L. n° 2010-121, 8 févr. 2010 ; L. n° 2011-525, 17 mai 2011 ; L. n° 2012-954, 6 août 2012 ; L. n° 2016-444, 13 avr. 2016).*** **– Le viol est puni de vingt ans de réclusion criminelle :**

1° Lorsqu'il a entraîné une mutilation ou une infirmité permanente ;

2° Lorsqu'il est commis sur un mineur de quinze ans ;

3° Lorsqu'il est commis sur une personne dont la particulière vulnérabilité, due à son âge, à une maladie, à une infirmité, à une déficience physique ou psychique ou à un état de grossesse, est apparente ou connue de l'auteur ;

4° Lorsqu'il est commis par un ascendant ou par toute autre personne ayant sur la victime une autorité de droit ou de fait ;

5° Lorsqu'il est commis par une personne qui abuse de l'autorité que lui confèrent ses fonctions ;

6° Lorsqu'il est commis par plusieurs personnes agissant en qualité d'auteur ou de complice ;

7° Lorsqu'il est commis avec usage ou menace d'une arme ;

8° Lorsque la victime a été mise en contact avec l'auteur des faits grâce à l'utilisation, pour la diffusion de messages à destination d'un public non déterminé, d'un réseau de communication électronique ;

9° *(Abr., L. n° 2017-86, 27 janv. 2017)* **;**

10° Lorsqu'il est commis en concours avec un ou plusieurs autres viols commis sur d'autres victimes ;

11° Lorsqu'il est commis par le conjoint ou le concubin de la victime ou le partenaire lié à la victime par un pacte civil de solidarité ;

12° Lorsqu'il est commis par une personne agissant en état d'ivresse manifeste ou sous l'emprise manifeste de produits stupéfiants ;

13° Lorsqu'il est commis, dans l'exercice de cette activité, sur une personne qui se livre à la prostitution, y compris de façon occasionnelle.

1) Élément constitutif et circonstance aggravante. Le même fait ne peut être retenu comme constitutif à la fois d'un délit et d'une circonstance aggravante accompagnant un crime. C'est ainsi que le même acte de violence ne peut être relevé à la fois comme constituant le délit de coups volontaires et la circonstance aggravante de vulnérabilité de la victime, en raison d'une déficience physique consécutive auxdites violences, accompagnant le crime de viol (■ Cass. crim., 18 mai 1983 : *Bull. crim.*, n° 147. ■ 6 janv. 1990 : *Bull. crim.*, n° 6).

2) Mais si un même fait ne peut être retenu comme constitutif à la fois d'un crime ou d'un délit et d'une circonstance aggravante accompagnant une autre infraction, rien ne s'oppose à ce qu'une même circonstance soit relevée comme aggravant des crimes ou délits distincts (■ Cass. crim., 14 févr. 1990 : *Bull. crim.*, n° 77).

3) Le même fait ne peut être constitutif de deux circonstances aggravantes ; encourt dès lors la cassation l'arrêt de la chambre d'accusation qui renvoie la personne mise en examen devant la cour d'assises sous l'accusation de viols sur mineure de quinze ans, personne particulièrement vulnérable en raison de son âge (■ Cass. crim., 4 févr. 1998 : *Bull, crim.*, n° 44).

4) Pluralité de viols et d'auteurs. Une question unique sur des actes de pénétration sexuelle qui, bien que commis sur la même victime, ne constituent pas un acte unique et indivisible accompli dans le même trait de temps, mais plusieurs actes de pénétration sexuelle de nature différente perpétrés sur trois jours par des auteurs différents et constituant par conséquent des crimes distincts qui devaient faire l'objet de questions séparées, est entachée de complexité prohibée. Il résulte du 3e alinéa de l'article 332 du Code pénal que constitue une circonstance aggravante du viol le fait que ce crime ait été commis par deux ou plusieurs auteurs ou complices. **Chaque circonstance aggravante doit faire l'objet d'une question distincte.** Il en résulte qu'est complexe la question unique relative à une circonstance aggravante, fût-elle réelle, qui se réfère à des faits principaux distincts (■ Cass. crim., 24 juin 1987 : *JCP* 1987, IV, 306 ; *Bull. crim.*, n° 265 ; *Rev. sc. crim.* 1988, 302, obs. Levasseur).

5) La question demandant si un viol a été commis en réunion ne caractérise pas l'une des circonstances aggravantes prévues par l'article 332 qui dispose que le viol est aggravé lorsqu'il a été commis par deux ou plusieurs auteurs ou complices (■ Cass. crim., 26 janv. 1983 : *Bull. crim.*, n° 36).

6) La circonstance aggravante de pluralité d'auteurs ou de complices d'un viol est constitué même si l'un des deux coauteurs est demeuré inconnu (■ Cass. crim., 21 sept. 1993 : *Bull. crim.*, n° 266).

7) Une question unique ne peut être posée sur des faits de viol commis sur **plusieurs victimes**, sans encourir le grief de complexité prohibée, ces faits constituant des crimes distincts devant faire l'objet de questions séparées (■ Cass. crim., 2 juill. 1984 : *Bull. crim.*, n° 251).

8) Arme. La question par laquelle il est demandé à la cour et au jury si un viol a été commis sous la menace d'une arme est régulière, sans qu'il soit nécessaire de préciser la nature de l'arme (■ Cass. crim., 7 déc. 1988 : *Bull. crim.*, n° 414 ; *Rev. sc. crim.* 1989, 508, obs. Levasseur).

9) Ascendant. La question par laquelle il est demandé si l'accusé, déclaré coupable de viols, est l'ascendant légitime de la victime dont, selon le dispositif de l'arrêt de renvoi, il est le père légitime, est posée dans les termes de la loi et caractérise exactement la circonstance aggravante prévue par l'article 332, alinéa 3, du Code pénal (■ Cass. crim., 23 déc. 1986 : *Bull. crim.*, n° 388. – V. aussi ■ Cass. crim., 11 janv. 1989 : *Bull. crim.*, n° 12). Le point de savoir si l'accusé est le grand-père de la victime est une question de fait dont la solution appartient à la cour et au jury (■ Cass. crim., 21 août 1990 : *Dr. pénal* 1990, n° 319).

Cette circonstance aggravante est personnelle et ne peut donc être applicable au coauteur de l'ascendant (■ Cass. crim., 27 mars 2001 : *JurisData* n° 009762).

10) Personnes ayant autorité. La circonstance aggravante personnelle d'autorité sur la victime étant distincte des éléments de contrainte, violence ou surprise, constitutifs du viol et de l'attentat à la pudeur, ne sont pas entachées de contradiction les réponses négatives de la cour et du jury aux questions posées sur l'existence de cette circonstance aggravante et affirmative sur celle du fait principal de viol (■ Cass. crim., 27 avr. 1994 : *Bull. crim.*, n° 154).

11) Caractérise au regard tant de l'article 332 de l'ancien Code pénal que des articles 222-23 et 222-24 du nouveau Code pénal, le crime de viol aggravé par **la particulière vulnérabilité de la victime et l'abus d'autorité de l'auteur**, la chambre d'accusation, qui relève que l'inculpé, infirmier en service de nuit, a imposé un acte de pénétration sexuelle à une malade de l'hôpital en complet désarroi pour être atteinte de psychonévrose dépressive et obsessionnelle grave, exclusive d'une attitude incitative et d'une participation active aux violences perpétrées sur elle (■ Cass. crim., 8 juin 1994 : *Bull. crim.*, n° 226). – *Adde* pour des abus d'autorité conférée par les fonctions ■ Cass. crim., 25 oct. 1994 : *Dr. pénal* 1995, comm. 63, obs. M. Véron : viol d'une patiente par un médecin. ■ Cass. crim., 8 févr. 1994 : *Dr. pénal* 1995, comm. 171, obs. M. Véron : viols par un directeur despotique de sa jeune collaboratrice craintive (arrêts préc.).

12) Mais la qualité de personne ayant autorité sur la victime ne saurait résulter des seuls sentiments de soumission éprouvés par cette dernière (■ Cass. crim., 21 févr. 2007 : *Bull. crim.*, n° 55).

13) QPC. Non-lieu à renvoi au Conseil constitutionnel de la question prioritaire de constitutionnalité concernant la circonstance aggravante d'abus d'autorité due aux fonctions, prévue par les articles 222-24, 5° et 222-28, 3° du Code pénal, dès lors que la circonstance aggravante d'abus d'autorité suppose, pour être caractérisée, l'existence entre l'auteur présumé de l'infraction et la victime d'une relation de subordination ou de dépendance de droit ou de fait ; que ces critères suffisamment précis et soumis au contrôle de la Cour de cassation excluent tout arbitraire (■ Cass. crim., 1er sept. 2011, n° 11-84.268 QPC : *Dr. pén.* 2011, comm. 132, obs. M. Véron).

14) Question en cour d'assises. Sont régulières, comme posées dans les termes de la loi, les questions par lesquelles il est demandé à la cour et au jury si l'auteur des viols et des agressions sexuelles avait autorité sur la victime, une telle circonstance de pur fait n'ayant pas à être autrement caractérisée (■ Cass. crim., 27 juin 2007 : *Bull. crim.*, n° 181).

15) La mort de la concubine de l'accusé n'a pas eu pour conséquence immédiate de priver ce dernier de l'autorité de fait dont il disposait à l'égard des enfants de celle-ci, lesquels, au demeurant, ignoraient, lorsqu'ils ont été victimes des faits (de viols) reprochés à l'accusé, que celui-ci venait de tuer leur mère (■ Cass. crim., 7 déc. 2005 : *Dr. pénal* 2006, comm. 50, obs. M. Véron).

16) Pour d'autres exemples, V. sous art. 222-30 et *JCl. pénal*, agressions sexuelles, préc., fasc. 20, n° 32-37.

17) Vulnérabilité. La circonstance aggravante de vulnérabilité particulière de la victime est réelle (■ Cass. crim., 10 oct. 1984 : *Bull. crim.*, n° 297) ; cette circonstance doit résulter d'un état préexistant aux faits objet de la poursuite et non être la conséquence de ces faits eux-mêmes (■ Cass. crim., 17 oct. 1984 : *Bull. crim.*, n° 308. ■ 9 août 2006 : *Dr. pénal* 2006, comm. 137, obs. M. Véron ; cassation d'un arrêt pour contradiction de motifs sur l'état préexistant de la vulnérabilité). Prive sa décision de base légale la cour d'assises qui, pour déclarer l'accusé coupable de viols sur une mineure particulièrement vulnérable en raison de l'hémiplégie dont elle était atteinte, fonde la condamnation qu'elle prononce sur des réponses affirmatives à des questions qui ont omis de caractériser l'apparence de cette vulnérabilité ou la connaissance qu'en avait l'auteur des faits, ainsi que l'exigent les dispositions de l'article 222-24, 3° du Code pénal, moins sévères que celles de l'article 332 ancien et donc applicables aux infractions commises avant leur entrée en vigueur (■ Cass. crim., 11 déc. 1996 : *Bull. crim.*, n° 461). Prononce par des motifs insuffisants l'arrêt qui, pour mettre en accusation devant la cour d'assises du chef de viol commis sur une personne particulièrement vulnérable, en raison de son âge de soixante-dix ans, apparent ou connu de l'auteur du crime, ne précise pas en quoi un tel âge mettait la victime dans une situation de particulière vulnérabilité (■ Cass. crim., 8 juin 2010 : *Bull. crim.* n° 102 ; *Dr. pén.* 2010, comm. 106, obs. M. Véron ; *D.* 2010, p. 2888, note H. Hasnaoui).

18) Conjoint, concubin, pacsé. Pour caractériser la circonstance aggravante de viol commis par l'ancien concubin de la victime, il y a lieu de rechercher si l'infraction a été commise en raison des relations ayant existé entre l'auteur des faits et la victime (■ Cass. crim., 12 oct. 2011, n° 11-85.474 : *Bull. crim.*, n° 210 ; *Dr. pén.* 2012, comm. 15, obs. M. Véron).

Art. 222-25. – Le viol est puni de trente ans de réclusion criminelle lorsqu'il a entraîné la mort de la victime.

Les deux premiers alinéas de l'article 132-23 relatif à la période de sûreté sont applicables à l'infraction prévue par le présent article.

Art. 222-26. – Le viol est puni de la réclusion criminelle à perpétuité lorsqu'il est précédé, accompagné ou suivi de tortures ou d'actes de barbarie.

Les deux premiers alinéas de l'article 132-23 relatif à la période de sûreté sont applicables à l'infraction prévue par le présent article.

1) Ne saurait être qualifié de viol, au sens de l'article 332 du Code pénal, l'introduction d'un bâton dans l'anus d'un jeune garçon, qui a été contraint à se déshabiller, après avoir été menacé de mort et ligoté aux pieds et aux mains, dans le seul but de lui extorquer une somme d'argent, ces faits caractérisant l'emploi de tortures ou d'actes de barbarie pour l'exécution d'une extorsion de fonds et constituant, dès lors, le crime prévu et puni par l'article 303, alinéa 2, du Code pénal (■ Cass. crim., 9 déc. 1993 : *Bull. crim.*, n° 383 ; *Dr. pénal* 1994, chron. 26, rapport Niuose ; *Dr. pénal* 1994, chron. 31, concl. Perfetti).

2) Constitue le crime de viol, aggravé de tortures ou d'actes de barbarie, au regard, tant des articles 303, 332, 333-1 anciens que des articles 222-23, 222-24 et 222-26 nouveaux du Code pénal, une pénétration anale pratiquée avec un manche de pioche recouvert d'un préservatif, dès lors que les juges établissent le caractère sexuel des circonstances dans lesquelles les faits ont été commis (■ Cass. crim., 6 déc. 1995 : *Bull. crim.*, n° 372 ; *Dr. pénal* 1996, comm. 101, obs. Véron ; *Rev. sc. crim.* 1996, 374, obs. Y. Mayaud).

3) Est régulière, comme portant sur une question de fait et non de droit, la question par laquelle il est demandé à la cour et au jury si l'accusé a, pour la commission de viols, employé des tortures ou des actes de barbarie, dès lors que cette circonstance n'est pas définie par la loi (■ Cass. crim., 24 oct. 2007 : *Bull. crim.*, n° 254).

§ 2. – Des autres agressions sexuelles

Art. 222-27. – Les agressions sexuelles autres que le viol sont punies de cinq ans d'emprisonnement et de 75 000 € d'amende.

1) QPC. Non-lieu à renvoi au Conseil constitutionnel de la QPC visant les articles 222-27 à 222-31 : ■ Cass. crim., 18 déc. 2014, n° 13-90.031.

2) Consistance. Constitue l'attentat à la pudeur commis avec violence : le fait, pour un individu, s'étant introduit furtivement la nuit dans le lit d'une femme mariée, de se livrer sur elle à des attouchements qu'elle croyait venir de son mari (■ Cass. crim., 27 déc. 1883 : *S.* 85, 1, 516. – V. aussi ■ Bourges, 21 juin 1990 : *JurisData* n° 046732) ou le fait, pour un médecin, à l'aide de manœuvres frauduleuses d'amener des malades à subir de sa part sans leur consentement, des caresses obscènes (■ Cass. crim., 1er juill. 1959 : *Gaz. Pal.* 1959, 2, 228).

3) Le fait pour un individu de se déguiser en médecin pour se rendre dans la division pour enfants d'un centre hospitalier afin de procéder à des attouchements sur les parties sexuelles de jeunes filles ou fillettes malades est constitutif d'attentats à la pudeur aggravés incriminés par les articles 331, alinéa 3 et 333, alinéas 1 et 2 du Code pénal (■ Aix-en-Provence, 21 févr. 1986 : *JurisData* n° 045739).

4) Commet une agression sexuelle l'hôtelier qui tente d'embrasser une apprentie-serveuse, lui caresse les seins et la fait tomber sur le lit (■ Cass. crim., 31 mai 2000 : *Bull. crim.*, n° 208).

5) Le fait de menacer la victime d'un attentat à la pudeur, de jeter un sort sur elle et sa famille en usant de prétendus pouvoirs surnaturels ne peut être assimilé à l'exercice d'une contrainte au sens de l'article 333 du Code pénal (■ Caen, 23 mars 1987 : *JurisData* n° 050299).

6) Tentative. Commet une tentative d'agression sexuelle, l'individu qui entre en contact avec une jeune femme à la recherche d'un emploi, se présente sous la fausse qualité de médecin, la conduit à son appartement sommairement aménagé pour l'occasion en cabinet et lui demande de se déshabiller pour subir l'examen médical, présenté comme un préalable obligatoire à son embauche, dès lors que de tels faits constituent un commencement d'exécution et non de simples actes préparatoires et que ladite tentative a échoué par suite, non d'un désistement volontaire du prévenu, mais de circonstances indépendantes de sa volonté, la victime ayant fui après avoir compris le stratagème (■ Cass. crim., 14 juin 1995 : *Bull. crim.*, n° 222).

7) Qualification des faits. Le fait, pour un professeur, d'embrasser sur la bouche l'une de ses élèves, âgée de 14 ans, ne saurait constituer un harcèlement sexuel. Il appartient aux juges de rechercher si lesdits faits ne peuvent recevoir la qualification pénale d'atteinte sexuelle commise par un majeur sur une mineure de 15 ans (■ Cass. crim., 10 nov. 2004 : *Bull. crim.*, n° 280 ; *Dr. pénal* 2005, comm. 53, obs. M. Véron).

8) Un même fait ne pouvant donner lieu contre le même prévenu à deux actions pénales distinctes, la relaxe du chef de harcèlement sexuel interdit une nouvelle poursuite pour les mêmes faits qualifiés d'agression sexuelle (■ Cass. crim., 19 janv. 2005 : *Bull. crim.*, n° 25 ; *Rev. sc. crim.* 2005, p. 934, obs. J.-F. Renucci).

V. aussi, *supra*, notes sous art. 222-22.

Art. 222-28 ***(Mod., L. n° 98-468, 17 juin 1998 ; L. n° 2006-399, 4 avr. 2006 ; L. n° 2007-297, 5 mars 2007 ; L. n° 2010-121, 8 févr. 2010 ; L. n° 2011-525, 17 mai 2011 ; L. n° 2016-444, 13 avr. 2016).*** **– L'infraction définie à l'article 222-27 est punie de sept ans d'emprisonnement et de 100 000 € d'amende :**

1° Lorsqu'elle a entraîné une blessure ou une lésion ;

2° Lorsqu'elle est commise par un ascendant ou par toute autre personne ayant sur la victime une autorité de droit ou de fait ;

3° Lorsqu'elle est commise par une personne qui abuse de l'autorité que lui confèrent ses fonctions ;

4° Lorsqu'elle est commise par plusieurs personnes agissant en qualité d'auteur ou de complice ;

5° Lorsqu'elle est commise avec usage ou menace d'une arme ;

6° Lorsque la victime a été mise en contact avec l'auteur des faits grâce à l'utilisation, pour la diffusion de messages à destination d'un public non déterminé, d'un réseau de communication électronique ;

7° Lorsqu'elle est commise par le conjoint ou le concubin de la victime ou le partenaire lié à la victime par un pacte civil de solidarité ;

8° Lorsqu'elle est commise par une personne agissant en état d'ivresse manifeste ou sous l'emprise manifeste de produits stupéfiants ;

9° Lorsqu'elle est commise, dans l'exercice de cette activité, sur une personne qui se livre à la prostitution, y compris de façon occasionnelle.

QPC. V., pour la question prioritaire de constitutionnalité concernant l'article 222-28, 3° (abus de l'autorité que confèrent les fonctions), l'arrêt de la Cour de cassation du 1er septembre 2011, noté sous l'article 222-24, 5°, *supra*.

Art. 222-29 ***(Mod., L. n° 2013-711, 5 août 2013).*** **– Les agressions sexuelles autres que le viol sont punies de sept ans d'emprisonnement et de 100 000 € d'amende lorsqu'elles sont imposées à une personne dont la particulière vulnérabilité due à son âge, à une maladie, à une infirmité, à une déficience physique ou psychique ou à un état de grossesse est apparente ou connue de son auteur.**

(1° et 2° abr., L. n° 2013-711, 5 août 2013).

L'infraction commise sur un enfant existe alors même qu'elle n'aurait produit aucun effet sur son esprit et sur ses sens et ne l'aurait pas corrompu (■ Cass. crim., 5 nov. 1881 : *Bull. crim.*, n° 232).

Art. 222-29-1 ***(L. n° 2013-711, 5 août 2013).*** **– Les agressions sexuelles autres que le viol sont punies de dix ans d'emprisonnement et de 150 000 € d'amende lorsqu'elles sont imposées à un mineur de quinze ans.**

Art. 222-30 ***(Mod., L. n° 2003-239, 18 mars 2003 ; L. n° 2007-297, 5 mars 2007 ; L. n° 2010-121, 8 févr. 2010 ; L. n° 2012-954, 6 août 2012).*** **– L'infraction définie à l'article 222-29 est punie de dix ans d'emprisonnement et de 150 000 € d'amende :**

1° Lorsqu'elle a entraîné une blessure ou une lésion ;

2° Lorsqu'elle est commise par un ascendant ou par toute autre personne ayant sur la victime une autorité de droit ou de fait ;

3° Lorsqu'elle est commise par une personne qui abuse de l'autorité que lui confèrent ses fonctions ;

4° Lorsqu'elle est commise par plusieurs personnes agissant en qualité d'auteur ou de complice ;

5° Lorsqu'elle est commise avec usage ou menace d'une arme ;

6° *(Abr., L. n° 2017-86, 27 janv. 2017)* ;

7° Lorsqu'elle est commise par une personne agissant en état d'ivresse manifeste ou sous l'emprise manifeste de produits stupéfiants.

1) Les personnes ayant une autorité, dont elles ont abusé, sur le mineur, sont celles ayant une autorité de droit ou de fait, ainsi le concubin de la mère du mineur (■ Cass. crim., 9 juin 1971 : *Bull. crim.*, n° 185 ; *Rev. sc. crim.* 1972, 390, obs. Levasseur) ; mais l'autorité de fait doit être décrite avec suffisamment de netteté par les juges du fond qui doivent souligner la communauté d'habitation entre coupable et victime ; ainsi, isolée de toute autre circonstance, la qualité d'oncle ne comporte pas l'autorité de fait (■ Cass. crim., 29 juin 1976 : *Bull. crim.*, n° 233). Comme pour un grand-oncle, les juges sont tenus de rechercher les circonstances de fait qui établissent l'exercice réel d'une autorité à l'égard de la victime (■ Cass. crim., 4 févr. 2004 : *Dr. pénal* 2004, note 105). Jugé que le second mari de la mère se trouve dans la classe de ceux qui ont autorité sur la victime sans qu'il y ait lieu de rechercher si est remplie la condition d'habitation commune (■ Cass. crim., 2 mai 1990 : *Dr. pénal* 1990, n° 297 ; *JCP* 90, II, 21593, note Véron ; *Rev. sc. crim.* 1991, 82, obs. Levasseur). Au sujet d'un chef scout, V. ■ Nîmes, ch. acc., 9 déc. 1983 : *JCP* 85, II, 20482, note Pansier.

2) Le mari de la nourrice chez qui est placé un enfant a la qualité de personne ayant autorité sur celui-ci, au sens des articles 222-24, 4°, 222-28, 2° du Code pénal (■ Cass. crim., 10 juill. 2002 : *D.* 2002, inf. rap. p. 2658).

3) Un interne des hôpitaux abuse de l'autorité que lui confèrent ses fonctions en se livrant à une agression sexuelle sur sa patiente (■ Cass. ass. plén., 14 févr. 2003 : *Bull. crim.*, n° 1).

4) Question en cour d'assises. V. *supra*, sous l'article 222-24, V° Personnes ayant autorité, ■ Cass. crim., 27 juin 2007 : *Bull. crim.*, n° 181.

Art. 222-31. – La tentative des délits prévus par les articles 222-27 à 222-30 est punie des mêmes peines.

Constitue le commencement d'exécution d'un attentat à la pudeur sur une mineure de moins de quinze ans par surprise et non des actes préparatoires le fait pour un individu d'attirer à l'écart une fillette, de s'exhiber devant elle, d'effleurer sa robe et de lui faire des propositions obscènes. La suspension de l'activité délictueuse du prévenu en raison de l'arrivée de son beau-frère ne saurait avoir le caractère d'un désistement volontaire (■ Aix-en-Provence, 5 mars 1986 : *JurisData* n° 045738).

§ 3. – De l'inceste commis sur les mineurs

Bibliographie : A. Lepage, *Réflexions sur l'inscription de l'inceste dans le Code pénal par la loi du 8 février 2010 : JCP* G 2010, Étude n° 335, p. 609. • O. Baldes, *Le retour de l'inceste dans le Code pénal : pourquoi faire ? : Dr. pénal* 2010, Études n° 7 p. 24.

Art. 222-31-1 *(L. n° 2016-297, 14 mars 2016)*. **– Les viols et les agressions sexuelles sont qualifiés d'incestueux lorsqu'ils sont commis sur la personne d'un mineur par :**

1° Un ascendant ;

2° Un frère, une sœur, un oncle, une tante, un neveu ou une nièce ;

3° Le conjoint, le concubin d'une des personnes mentionnées aux 1° et 2° ou le partenaire lié par un pacte civil de solidarité avec l'une des personnes mentionnées aux mêmes 1° et 2°, s'il a sur le mineur une autorité de droit ou de fait.

Art. 222-31-2 *(L. n° 2010-121, 8 févr. 2010 ; mod., L. n° 2013-711, 5 août 2013 ; L. n° 2016-297, 14 mars 2016)*. **– Lorsque le viol incestueux ou l'agression sexuelle incestueuse est commis contre un mineur par une personne titulaire sur celui-ci de l'autorité parentale, la juridiction de jugement doit se prononcer sur le retrait total ou partiel de cette autorité en application des articles 378 et 379-1 du Code civil.**

Elle peut alors statuer sur le retrait de cette autorité en ce qu'elle concerne les frères et sœurs mineurs de la victime.

Si les poursuites ont lieu devant la cour d'assises, celle-ci statue sur cette question sans l'assistance des jurés.

§ 4. – De l'exhibition sexuelle et du harcèlement sexuel

Art. 222-32. – L'exhibition sexuelle imposée à la vue d'autrui dans un lieu accessible aux regards du public est punie d'un an d'emprisonnement et de 15 000 € d'amende.

1) QPC. Non-lieu à renvoi au Conseil constitutionnel de la QPC visant l'article 222-32 : ■ Cass. crim., 9 avr. 2014, n° 14-80.867.

2) Il a été jugé que le fait pour une jeune femme de jouer **une partie de ping-pong les seins nus** sur une plage constituait une exhibition provocante de nature à offenser la pudeur publique et à blesser le sentiment moral de ceux qui ont pu en être les témoins (■ Cass. crim., 22 déc. 1965 : *D.* 1966, 144).

3) En matière d'outrage à la pudeur, *la publicité* existe non seulement au cas où l'acte immoral a été vu par une ou plusieurs personnes, mais aussi lorsqu'il est certain, notamment par la nature du lieu où il a été commis, que cet acte a été offert aux regards du public et qu'il a pu être aperçu, même fortuitement (■ Cass. crim., 14 nov. 1903 : *DP* 1904, 1, 592).

4) Un lieu est public non seulement lorsqu'il est ouvert en permanence au public, ainsi une rue (■ Cass. crim., 26 mars 1813 : *Bull. crim.*, n° 58), mais encore lorsqu'il n'est ouvert au public que par intermittence ou même à certaines catégories de personnes, ainsi le dortoir d'un pensionnat la nuit (T. corr. Chartres, 31 janv. 1872 : *DP* 72, 3, 79) ou un sauna (■ TGI Paris, 5 déc. 1978 : *JCP* 79, II, 19138, note Brière de l'Isle).

5) L'outrage est impunissable lorsqu'il est commis dans un lieu privé clos, même en présence de témoins indiscrets (■ Cass. crim., 5 juin 1874 : *Bull. crim.*, n° 158) ou volontaires (■ Cass. crim., 14 nov. 1903 : *D.* 1903, 1, 592), mais non en présence de témoins involontaires, le délit étant alors réalisé ; la Cour de cassation toutefois exige la pluralité de témoins (■ Cass. crim., 13 juill. 1954 : *Bull. crim.*, n° 259 ; *Rev. sc. crim.* 1955, 81, obs. Hugueney).

6) Un lieu privé perd son caractère d'intimité lorsque l'on peut y pénétrer sans restriction ou y plonger ses regards depuis l'extérieur ; commet donc le délit l'individu qui s'est exposé en une posture indécente dans un champ (■ T. corr. Poitiers, 24 juill. 1958 : *JCP* 58, II, 10855, note de Lestang ; *Rev. sc. crim.* 1959, 121, obs. Hugueney) ou qui, se trouvant à l'intérieur d'une maison, ouvre une des fenêtres donnant sur la rue et urine sur la voie publique (■ Poitiers, 18 févr. 1858 : *DP* 59, 5, 37) ou qui commet l'outrage dans une voiture circulant ou stationnant sur une voie publique (■ Cass. crim., 1er juill. 1970 : *Bull. crim.*, n° 220 ; *Rev. sc. crim.* 1971, 122, obs. Levasseur).

7) La publicité de l'acte obscène commis dans un lieu privé peut résulter encore du défaut de précautions prises pour le tenir caché : ainsi il a été jugé qu'avait commis le délit l'individu qui s'était livré, au domicile de la victime, à des actes impudiques sur la personne de celle-ci, dans une pièce dont la porte d'entrée était restée ouverte, ce qui aurait pu rendre des familiers de la maison témoins involontaires de ces faits (■ Cass. crim., 11 oct. 1979 : *D.* 1980, inf. rap. 105) ; mais le délit ne sera pas réalisé si la porte était close, mais non fermée à clé (■ Cass. crim., 11 déc. 1952 : *Bull. crim.*, n° 300).

8) Commet le délit d'exhibition sexuelle puni par l'article 222-32 le prévenu qui, dans le cabinet d'un avocat, en présence de la collaboratrice de celui-ci, exhibe son sexe en érection (■ Cass. crim., 31 mars 1999 : *Dr. pénal* 1999, comm. n° 127, note M. Véron).

9) Constitue le délit défini par l'article 222-32, le fait par un prévenu d'avoir exhibé ses parties sexuelles à la vue de deux préposées au péage d'une autoroute (■ Cass. crim., 4 juin 1997 : *JurisData* n° 003439 ; *JCP* 97, G, IV, 2109).

10) Se rend coupable du délit d'exhibition sexuelle le prévenu qui, à plusieurs reprises, montre soudainement son sexe à ses petits-enfants, en accompagnant son geste de commentaires obscènes, dès lors que les actes, bien que commis, en partie, dans un lieu privé, ont été imposés à la vue de témoins involontaires (■ Cass. crim., 12 mai 2004 : *Bull. crim.*, n° 119 ; *Rev. sc. crim.* 2004, p. 879, obs. Y. Mayaud).

11) Ne caractérise pas le délit d'exhibition sexuelle l'arrêt d'une cour d'appel qui se borne à relever que le prévenu a fait un geste obscène en direction d'un tiers en prenant son sexe avec ses mains à travers son short dès lors que l'infraction suppose que le corps ou la partie du corps volontairement exposé à la vue d'autrui soit ou paraisse dénudé (■ Cass. crim., 4 janv. 2006 : *Bull. crim.*, n° 3 ; *Dr. pénal* 2006, comm. 33, obs. M. Véron. ■ 7 déc. 2011, nos 11-85.355 et 11-82.808 : *Dr. pén.* 2012, comm. 32, obs. M. Véron).

12) Il suffit que l'auteur de l'exhibition ait su qu'il pouvait être vu (■ Cass. crim., 27 janv. 2016, n° 14-87.591 : *Dr. pén.* 2016, comm. 56, obs. P. Conte).

13) L'état d'ivresse du prévenu ne constitue pas, en soi, une cause d'irresponsabilité pénale (■ Cass. crim., 21 juin 2017, n° 16-84.158).

Art. 222-33 ***(Abr., à compter du 5 mai 2012, Cons. const. n° 2012-240 QPC, 4 mai 2012, art. 1er et 2 : JO 5 mai 2012 ; JurisData n° 2012-009007 ; rétabli dans la version suivante, L. n° 2012-954, 6 août 2012).*** **– I. – Le harcèlement sexuel est le fait d'imposer à une personne, de façon répétée, des propos ou comportements à connotation sexuelle qui soit portent atteinte à sa dignité en raison de leur caractère dégradant ou humiliant, soit créent à son encontre une situation intimidante, hostile ou offensante.**

II. – Est assimilé au harcèlement sexuel le fait, même non répété, d'user de toute forme de pression grave dans le but réel ou apparent d'obtenir un acte de nature sexuelle, que celui-ci soit recherché au profit de l'auteur des faits ou au profit d'un tiers.

III. – Les faits mentionnés aux I et II sont punis de deux ans d'emprisonnement et de 30 000 € d'amende. Ces peines sont portées à trois ans d'emprisonnement et 45 000 € d'amende lorsque les faits sont commis :

1° Par une personne qui abuse de l'autorité que lui confèrent ses fonctions ;

2° Sur un mineur de quinze ans ;

3° Sur une personne dont la particulière vulnérabilité, due à son âge, à une maladie, à une infirmité, à une déficience physique ou psychique ou à un état de grossesse, est apparente ou connue de leur auteur ;

4° Sur une personne dont la particulière vulnérabilité ou dépendance résultant de la précarité de sa situation économique ou sociale est apparente ou connue de leur auteur ;

5° Par plusieurs personnes agissant en qualité d'auteur ou de complice.

Voir : C. trav., art. L. 1153-1, p. 2186 ; art. 225-1-1, p. 300.

1) Application de la loi dans le temps. Ne peuvent être pris en compte, pour caractériser le délit de harcèlement sexuel, les propos ou comportements à connotation sexuelle antérieurs au 8 août 2012, date d'entrée en vigueur de la loi n° 2012-954 du 5 août 2012 qui a rétabli, dans une rédaction différente, cette infraction abrogée par la loi du 5 mai 2012 (■ Cass. crim., 16 nov. 2016, n° 16-82.377 : *JCP* 2016, act. 1386, note B. Lapérou-Schneider ; *Dr. pénal* 2017, comm. 53, note Ph. Conte).

2) Justifie sa décision la cour d'appel qui, pour déclarer le prévenu coupable de harcèlement sexuel, retient qu'il a, en connaissance de cause, même s'il a mésestimé la portée de ses agissements, imposé aux parties civiles, de façon répétée, des propos ou comportement à connotation sexuelle les ayant placées dans une situation intimidante, hostile ou offensante, objectivement constatée (■ Cass. crim., 18 nov. 2015, n° 14-85.591 : *Dr. pén.* 2016, comm. 21, obs. P. Conte ; *JCP* 2016, p. 400, note B. Lapérou-Schneider).

3) Pour que le délit de harcèlement sexuel soit constitué, chacun des propos ou comportements à connotation sexuelle, imposés de façon répétée à une personne déterminée, doit soit porter atteinte à sa dignité en raison de son caractère dégradant ou humiliant, soit créer à son encontre une situation intimidante, hostile ou offensante (Arrêt précité du 16 nov. 2016).

4) Justifie sa décision la juridiction qui, saisie de poursuites qualifiées de harcèlement sexuel relatives à des faits commis antérieurement à l'abrogation de l'article 222-33 du Code pénal résultant de la décision du Conseil constitutionnel n° 2012-240 QPC du 4 mai 2012, après avoir retenu que lesdits faits étaient constitutifs d'une faute civile, déclare leur auteur responsable des dommages occasionnés par celle-ci et le condamne à verser des dommages-intérêts à chacune des parties civiles (■ Cass. crim., 14 nov. 2017, n° 16-85.161).

Bibliographie : *JCl. pén., Harcèlement sexuel*, par C. Duvert. • M. Véron, *Nouvelle définition de l'infraction : Dr. pénal* 2012, comm. 127. • P. Conte, *Lecture critique de la nouvelle définition du harcèlement sexuel : Dr. pénal* 2012, études 24. • E. Dreyer, *Que veut-on protéger au titre du harcèlement sexuel ? : JCP* 2012, act. n° 1057, p. 1805. • J.-Y. Marechal, *Nouvelle définition et nouvelles malfaçons : JCP* 2012, act. 953, p. 1610.

§ 5. – Responsabilité pénale des personnes morales

Art. 222-33-1 *(Mod., L. n° 2009-526, 12 mai 2009)*. **– Les personnes morales déclarées responsables pénalement, dans les conditions prévues par l'article 121-2, des infractions définies aux articles 222-22 à 222-31 encourent, outre l'amende suivant les modalités prévues par l'article 131-38, les peines prévues par l'article 131-39.**

L'interdiction mentionnée au 2° de l'article 131-39 porte sur l'activité dans l'exercice ou à l'occasion de l'exercice de laquelle l'infraction a été commise.

Section III *bis*. – Du harcèlement moral

Art. 222-33-2 *(L. n° 2002-73, 17 janv. 2002 ; mod., L. n° 2012-954, 6 août 2012 ; L. n° 2014-873, 4 août 2014)*. **– Le fait de harceler autrui par des propos ou comportements répétés ayant pour objet ou pour effet une dégradation des conditions de travail susceptible de porter atteinte à ses droits et à sa dignité,**

d'altérer sa santé physique ou mentale ou de compromettre son avenir professionnel, est puni de deux ans d'emprisonnement et de 30 000 € d'amende.

Voir : C. trav., art. L. 1152-1, p. 2184.

Bibliographie : *JCl. pén., Harcèlement moral* par C. Duvert ; B. Platel et T. Viala : *JCP* E, 2002, p. 762 ; E. Monteiro : *Rev. sc. crim.* 2003, p. 277. • B. Ancel, *Vers une évolution des mœurs ? À propos de la loi n° 2014-873 du 4 août 2014 : JCP* 2014, aperçu rapide 918, p. 1572.

1) QPC. Non-lieu à renvoi au Conseil constitutionnel de la question prioritaire contestant les dispositions de l'article 222-33-2 du Code pénal, déjà déclarées conformes à la constitution par le conseil constitutionnel dans sa décision n° 2001-455 du 12 janvier 2002, et qui incriminent de façon précise les éléments constitutifs du délit de harcèlement moral (■ Cass. crim., 11 juill. 2012, n° 11-88.114 QPC : *Bull. inf. C. cass.* 15 déc. 2012, n° 1433 ; *D.* 2012, act. p. 1987 ; *Gaz. Pal.* 21-23 oct. 2012, chron. jur., p. 11-12 note A. Bonnet).

2) Les agissements répétés ayant pour objet ou pour effet d'entraîner une **dégradation des conditions de travail** susceptible de porter atteinte aux droits de la victime, au sens de l'article L. 120-2 du Code du travail, et à sa dignité, sont constitutifs du délit de harcèlement moral prévu par l'article 222-33-2 du Code pénal institué par la loi du 12 janvier 2002.

Caractérisent le délit en tous ses éléments tant matériels qu'intentionnel, les juges d'appel qui, pour dire le maire d'une commune coupable de harcèlement moral à l'égard d'une secrétaire de mairie, relèvent que le prévenu lui a tardivement appliqué les mesures relatives à la réduction du temps de travail votées par le conseil municipal, qu'il a modifié les permanences de la mairie en imposant délibérément à ladite secrétaire des heures de présence incompatibles avec ses occupations professionnelles dans une autre mairie, qu'il l'a empêchée d'accéder librement à son lieu de travail tout comme aux documents qu'elle devait traiter ainsi qu'à l'ordinateur de la mairie, qu'il lui a adressé, souvent devant témoins, des reproches injustifiés quant à l'exécution de son travail ou des réflexions désobligeantes, et qu'enfin, il l'a privée irrégulièrement de salaires (■ Cass. crim., 21 juin 2005 : *Bull. crim.*, n° 187 ; *Dr. pénal* 2005, comm. 157, obs. M. Véron ; *Rev. sc. crim.* 2005, p. 850, obs. Y. Mayaud).

A méconnu l'article 222-33-2, la cour d'appel, qui a ajouté à la loi des conditions qu'elle ne comporte pas en retenant que la caractérisation du délit de harcèlement moral exige, d'une part, que soient constatés des agissements répétés de nature différente, d'autre part, que ces agissements aient initialement eu pour objet ou pour effet une dégradation des conditions de travail susceptible de porter atteinte à la dignité et à la santé de la victime (■ Cass. crim., 26 janv. 2016, n° 14-80.455 : *Dr. pén.* 2016, comm. 58, obs. P. Conte).

3) Ne justifie pas sa décision la cour d'appel qui, pour relaxer le prévenu qui parlait « petit nègre » et en se moquant de lui à un collègue d'origine centrafricaine placé sous ses ordres, se borne à retenir que cette manière de s'adresser à l'intéressé, si elle révèle une forme d'esprit regrettable et un humour déplacé, ne constituait pas une atteinte portée à ses droits, sans rechercher si ce comportement régulier et répété n'était pas constitutif du délit tel qu'il est défini par l'article 222-33-2 du Code pénal (■ Cass. crim., 12 déc. 2006 : *JurisData* n° 2006-037132 ; *Dr. pénal* 2007, comm. 48, obs. M. Véron).

4) Doit être cassé pour insuffisance ou contradiction de motifs l'arrêt de non-lieu de la chambre de l'instruction qui, après avoir relevé la dégradation de l'état de santé des parties civiles, constate la dégradation des conditions de travail dues à la persistance de l'existence de difficultés relationnelles constantes venant de l'attitude du mis en examen qui pratiquait un dénigrement permanent de l'équipe, retient que ne sont pas décrits des agissements précis et répétés et que l'intéressé n'a pas eu la volonté de nuire ou d'humilier, alors que le délit de harcèlement moral n'implique pas que les agissements aient nécessairement pour objet la dégradation des conditions de travail (■ Cass. crim., 24 mai 2011, n° 10-87.100 : *Dr. pén.* 2011, comm. 118, obs. M. Véron).

5) Méconnaît les dispositions de l'article 222-33-2 du Code pénal relatives au harcèlement moral la cour d'appel qui, pour relaxer un prévenu poursuivi de ce chef, retient que les agissements commis doivent avoir nécessairement porté atteinte aux droits et à la dignité de la victime, ou altéré sa santé physique ou mentale, ou encore compromis son avenir professionnel, et que le prévenu, subordonné de la victime, n'avait ni les qualités ni les moyens de compromettre son avenir professionnel.

Il ressort en effet des dispositions dudit article, d'une part, que la simple possibilité d'une dégradation des conditions de travail de la victime suffit à consommer le délit de harcèlement moral et, d'autre part, que le fait que la personne poursuivie soit le subordonné de la victime est indifférent à la caractérisation de l'infraction (■ Cass. crim., 6 déc. 2011, n° 10-82.266 : *Bull. crim.*, n° 249 ; *JCP* 2012, note n° 410, p. 672, P. Mistretta ; *Dr. pén.* 2012, comm. 26, obs. A. Maron et M. Haas et comm. 47, obs. M. Véron ; *AJP* 2012, jurispr. p. 97, obs. J. Gallois ; *D.* 2012, act., p. 225, note C. Girault ; *Rev. sc. crim.* 2012, p. 138, obs. Y. Mayaud).

6) Selon l'article 222-33-2 du Code pénal, constitue le délit de harcèlement moral le fait de harceler autrui par des agissements répétés ayant pour objet ou pour effet une dégradation des conditions de travail susceptible de porter atteinte à ses droits et à sa dignité, d'altérer sa santé physique ou mentale, ou de compromettre son avenir professionnel.

Méconnaît ces dispositions, en ajoutant à la loi des conditions qu'elle ne comporte pas, la chambre de l'instruction qui, pour dire n'y avoir charges suffisantes contre les mis en examen d'avoir commis le délit de harcèlement moral, retient que la succession d'arrêts de travail de la partie civile fondés sur des certificats médicaux laconiques ne saurait démontrer, en l'absence de tout document médical sérieux, une altération de la santé physique ou mentale, alors que la simple possibilité d'une dégradation des conditions de travail de la victime suffit à consommer le délit de harcèlement moral (■ Cass. crim., 14 janv. 2014, n° 11-81.362 : *JCP* 2014, n° 199, p. 315 ; *Dr. pén.* 2014, comm. 53, obs. M. Véron ; *Rev. sc. crim.* 2014, p. 66, obs. Y. Mayaud).

7) Est justifiée la décision des juges du fond qui déclarent constitués, en raison des mêmes agissements d'un prévenu, les délits de discrimination syndicale et de harcèlement moral prévus par les articles L. 481-3 du Code du travail et 222-33-2 du Code pénal qui sanctionnent la violation d'intérêts distincts (■ Cass. crim., 6 févr. 2007 : *Bull. crim.*, n° 29 ; *Rev. sc. crim.* 2007, p. 527, obs. E. Fortis et p. 818, obs. Y. Mayaud ; *AJP* 2007, 179, obs. G. Royer ; *Rev. sc. crim.* 2007, p. 824, obs. A. Cerf-Hollander).

8) Justifie sa décision la cour d'appel qui, pour déclarer deux directeurs d'une entreprise coupables du délit de harcèlement moral, relève qu'ils ont multiplié des actes d'intimidation et de menaces, des mesures vexatoires à l'encontre d'une employée, déléguée du personnel, lui adressant plusieurs lettres comportant des propos blessants et des attaques inutiles, les agissements, qui ont outrepassé les limites de l'exercice de leur pouvoir disciplinaire, ayant eu pour effet de dégrader les conditions de travail de leur salariée et de porter atteinte à ses droits, à sa dignité et à sa santé (■ Cass. crim., 25 déc. 2007 : *Bull. crim.*, n° 222 ; *JCP* 2008, II, 10004, note J. Colonna).

9) Justifie sa décision de condamnation du prévenu, employeur de deux salariés de la société investis de fonctions représentatives, pour harcèlement moral, la cour d'appel qui retient que ses agissements répétés (plaintes infondées, mises à pied injustifiées, mises en causes violentes, ont entraîné pour les victimes une altération de leur santé avec une dégradation de leurs conditions de travail, au sens de l'article 222-32-2 du Code pénal (■ Cass. crim., 28 mai 2013, n° 12-81.468 : *AJP* 2013, p. 544, obs. L. Priou).

10) Constitue l'infraction le fait de maintenir plusieurs mois un salarié dans un poste pénible dont l'affectation ne peut excéder une journée selon un accord d'entreprise (■ Cass. crim., 25 nov. 2008 : *Dr. pénal* 2009, comm. 30, obs. M. Véron).

11) Est coupable de harcèlement moral l'employeur dont le comportement dégrade les conditions de travail de ses salariées et outrepasse les limites de l'exercice de son pouvoir de direction, compromettant leur avenir professionnel (■ Cass. crim., 30 sept. 2009 : *Dr. pénal* 2009, comm. 149, obs. M. Véron), ou dont les agissements délibérés et réitérés ont porté atteinte aux droits et à la santé de sa subordonnée (■ Cass. crim., 8 juin 2010 : *JurisData* n° 2010-011208 ; *Dr. pén.* 2010, comm. 117, obs. M. Véron). *Adde* pour un cas où pratiquement tous les agissements prohibés ont été employés en toute connaissance de cause de leurs effets, (■ Cass. crim., 19 juin 2012, n° 11-87.963 : *Dr. pénal* 2012, comm. 141, obs. M. Véron).

12) Mais doit être cassé pour insuffisance de motifs l'arrêt qui condamne sans caractériser les agissements de la prévenue ne rentrant pas dans l'exercice de son pouvoir de direction et ayant eu pour objet ou pour effet une dégradation des conditions de travail de salariés d'une maison de retraite (■ Cass. crim., 18 janv. 2011 : *Dr. pén.* 2011, comm. 47, obs. M. Véron).

13) La cour d'appel qui constate l'agressivité quotidienne de l'employeur à l'égard de la salariée et des insultes proférées en termes extrêmement violents « aurait dû rechercher » si ces faits non établis sous la qualification de violences pouvaient constituer le délit de harcèlement moral (■ Cass. crim., 25 janv. 2011 : *Dr. pén.* 2011, comm. 47, obs. M. Véron).

14) Ne justifie pas sa décision la cour d'appel qui, saisie de poursuites du chef de harcèlement moral d'une secrétaire générale par un président d'une communauté de communes, prononce la relaxe du prévenu, sans rechercher si les faits poursuivis, dont elle a admis qu'ils constituaient un comportement inadapté, n'outrepassaient pas, quelle qu'ait été la manière de servir de la partie civile, les limites de son pouvoir de direction et ne caractérisaient pas des agissements visés par l'article 222-33-2 du Code pénal (■ Cass. crim., 27 mai 2015, n° 14-81.489).

15) Justifie sa décision la chambre de l'instruction qui, pour dire n'y avoir lieu à suivre du chef de harcèlement moral au travail régi par l'article 222-33-2 du Code pénal, relève que la partie civile exerçait son activité de manière indépendante par rapport au mis en cause et qu'ainsi les faits allégués ne s'inscrivaient pas dans une relation de travail entre eux (■ Cass. crim., 13 déc. 2016, n° 16-81.253).

16) Civilement responsable. Il résulte des dispositions de l'article 1384, alinéa 5, du Code civil, que le commettant ne peut s'exonérer de sa responsabilité, s'agissant des actes commis par son préposé, que si ce dernier a agi en dehors de ses fonctions, sans autorisation et à des fins étrangères à ses attributions.

Justifie en conséquence sa décision la cour d'appel qui, à la suite de faits de harcèlement moral commis par un salarié investi de fonctions représentatives lors de réunions du comité d'établissement d'une société, déclare celle-ci civilement responsable de son préposé, aux motifs que les agissements dénoncés, commis au temps et sur les lieux du travail, étaient étrangers aux mandats du préposé poursuivi et à la défense des intérêts des salariés de l'entreprise, et qu'ils étaient connus des dirigeants de la personne morale qui n'étaient pas intervenus pour les faire cesser (■ Cass. crim., 22 mai 2013, n° 11-88.009 : *Bull. crim.*, n° 119).

17) Action civile de l'organisme social. Justifie sa décision la cour d'appel qui, après avoir déclaré le prévenu coupable de harcèlement moral dans le cadre du travail, déboute la caisse primaire d'assurance maladie, partie civile, de ses demandes indemnitaires, dès lors que l'élément intentionnel de ce délit ne se confond pas avec la faute intentionnelle, au sens de l'article L. 452-5 du Code de la sécurité sociale, fondement des demandes, qui suppose qu'il soit établi que l'auteur a voulu le dommage survenu à la victime du fait de ses agissements (■ Cass. crim., 13 déc. 2016, n° 15-81.853 ; *Dr. pénal* 2017, comm. 52, note Ph. Conte).

Art. 222-33-2-1 *(L. n° 2010-769, 9 juill. 2010 ; mod., L. n° 2014-873, 4 août 2014).* **– Le fait de harceler son conjoint, son partenaire lié par un pacte civil de solidarité ou son concubin par des propos ou comportements répétés ayant pour objet ou pour effet une dégradation de ses conditions de vie se traduisant par une altération de sa santé physique ou mentale est puni de trois ans d'emprisonnement et de 45 000 € d'amende lorsque ces faits ont causé une incapacité totale de travail inférieure ou égale à huit jours ou n'ont entraîné aucune incapacité de travail et de cinq ans d'emprisonnement et de 75 000 € d'amende lorsqu'ils ont causé une incapacité totale de travail supérieure à huit jours.**

Les mêmes peines sont encourues lorsque cette infraction est commise par un ancien conjoint ou un ancien concubin de la victime, ou un ancien partenaire lié à cette dernière par un pacte civil de solidarité.

QPC. Non-lieu à renvoi au Conseil constitutionnel de la QPC visant l'article 222-33-2-1 du Code pénal (■ Cass. crim., 18 sept. 2012, n° 12-90.047).

Ne justifie pas sa décision l'arrêt qui déclare le prévenu coupable de harcèlement moral sans rechercher si les agissements reprochés avaient, au sens de l'article 222-33-2-1 du Code pénal, pour objet une dégradation des conditions de vie de la victime se traduisant par une altération de sa santé physique ou mentale (■ Cass. crim., 24 juin 2015, n° 14-83.505).

Art. 222-33-2-2 *(L. n° 2014-873, 4 août 2014).* **– Le fait de harceler une personne par des propos ou comportements répétés ayant pour objet ou pour effet une dégradation de ses conditions de vie se traduisant par une altération de sa santé physique ou mentale est puni d'un an d'emprisonnement et de 15 000 € d'amende lorsque ces faits ont causé une incapacité totale de travail inférieure ou égale à huit jours ou n'ont entraîné aucune incapacité de travail.**

Les faits mentionnés au premier alinéa sont punis de deux ans d'emprisonnement et de 30 000 € d'amende :

1° Lorsqu'ils ont causé une incapacité totale de travail supérieure à huit jours ;

2° Lorsqu'ils ont été commis sur un mineur de quinze ans ;

3° Lorsqu'ils ont été commis sur une personne dont la particulière vulnérabilité, due à son âge, à une maladie, à une infirmité, à une déficience physique ou psychique ou à un état de grossesse, est apparente ou connue de leur auteur ;

4° Lorsqu'ils ont été commis par l'utilisation d'un service de communication au public en ligne.

Les faits mentionnés au premier alinéa sont punis de trois ans d'emprisonnement et de 45 000 € d'amende lorsqu'ils sont commis dans deux des circonstances mentionnées aux 1° à 4°.

Section III *ter*. – De l'enregistrement et de la diffusion d'images de violence

Art. 222-33-3 *(L. n° 2007-297, 5 mars 2007 ; mod., L. n° 2014-873, 4 août 2014)*. – **Est constitutif d'un acte de complicité des atteintes volontaires à l'intégrité de la personne prévues par les articles 222-1 à 222-14-1 et 222-23 à 222-31 et 222-33 et est puni des peines prévues par ces articles le fait d'enregistrer sciemment, par quelque moyen que ce soit, sur tout support que ce soit, des images relatives à la commission de ces infractions.**

Le fait de diffuser l'enregistrement de telles images est puni de cinq ans d'emprisonnement et de 75 000 € d'amende.

Le présent article n'est pas applicable lorsque l'enregistrement ou la diffusion résulte de l'exercice normal d'une profession ayant pour objet d'informer le public ou est réalisé afin de servir de preuve en justice.

Bibliographie : *D.* 2007, p. 1282, Études, P.-J. Delage ; *JCP* 2007, I, 167, Étude par C. Lacroix ; *Droit pénal* 2007, Études, 23, par S. Detraz ; *JCl pén., Enregistrement et diffusion d'images de violence* par S. Detraz.

Section IV. – Du trafic de stupéfiants

Art. 222-34. – **Le fait de diriger ou d'organiser un groupement ayant pour objet la production, la fabrication, l'importation, l'exportation, le transport, la détention, l'offre, la cession, l'acquisition ou l'emploi illicites de stupéfiants est puni de la réclusion criminelle à perpétuité et de 7 500 000 € d'amende.**

Les deux premiers alinéas de l'article 132-23 relatif à la période de sûreté sont applicables à l'infraction prévue par le présent article.

Bibliographie : *JCl. pén., Trafic de stupéfiants* par X. Samuel.

Art. 222-35. – **La production ou la fabrication illicites de stupéfiants sont punies de vingt ans de réclusion criminelle et de 7 500 000 € d'amende.**

Ces faits sont punis de trente ans de réclusion criminelle et de 7 500 000 € d'amende lorsqu'ils sont commis en bande organisée.

Les deux premiers alinéas de l'article 132-23 relatif à la période de sûreté sont applicables aux infractions prévues par le présent article.

Art. 222-36. – *(L. n° 2009-1437, 24 nov. 2009)* **L'importation ou l'exportation illicites de stupéfiants sont punies de dix ans d'emprisonnement et de 7 500 000 € d'amende.**

Ces faits sont punis de trente ans de réclusion criminelle et de 7 500 000 € d'amende lorsqu'ils sont commis en bande organisée.

Les deux premiers alinéas de l'article 132-23 relatif à la période de sûreté sont applicables aux infractions prévues par le présent article.

Les personnes physiques ou morales coupables du délit prévu à la présente section encourent également la peine complémentaire suivante : interdiction de l'activité de prestataire de formation professionnelle continue au sens de l'article L. 6313-1 du Code du travail pour une durée de cinq ans.

1) La déclaration de culpabilité prononcée par le juge du fond en vertu de l'article L. 627 du Code de la santé publique dans sa rédaction alors applicable, conserve son support légal, depuis l'entrée en vigueur des articles 132-71 et 222-36 du Code pénal qui répriment l'importation illicite de stupéfiants commise en bande organisée, la définition de cette dernière circonstance recouvrant celle de l'entente ; la peine prononcée, nonobstant les termes de l'article 131-4 du Code pénal, demeure justifiée par application de l'article 338 de la loi du 16 décembre 1992 (■ Cass. crim., 22 juin 1994 : *Bull. crim.*, n° 247).

2) L'importation illicite de stupéfiants est une infraction instantanée qui se commet chaque fois qu'une importation est effectuée ; en conséquence, c'est à bon droit qu'une qualification criminelle a été retenue pour des importations commises en bande organisée et réalisées postérieurement au 1er mars 1994 (■ Cass. crim., 5 sept. 1995 : *Bull. crim.*, n° 269 ; *Dr. pénal* 1996, comm. 4, obs. Véron).

3) Une personne peut être déclarée coupable d'importation illicite de stupéfiants même si elle n'a pas franchi elle-même la frontière avec les produits stupéfiants. Justifie sa décision la cour d'appel qui, pour condamner les prévenus de ce chef, relève que ces derniers se sont rendus aux Pays-Bas, où ils ont acheté de l'héroïne, qu'ils ont ensuite fait livrer à Strasbourg, par un passeur (■ Cass. crim., 7 avr. 2004 : *Bull. crim.*, n° 95 ; *Dr. pénal* 2004, comm. 121, obs. M. Véron).

4) La bande organisée s'analyse en une circonstance aggravante réelle qui a trait aux conditions de l'infraction et qui a vocation à s'appliquer à l'ensemble des coauteurs et complices (■ Cass. crim., 15 sept. 2004 : *Bull. crim.*, n° 213).

Art. 222-37. – Le transport, la détention, l'offre, la cession, l'acquisition ou l'emploi illicites de stupéfiants sont punis de dix ans d'emprisonnement et de 7 500 000 € d'amende.

Est puni des mêmes peines le fait de faciliter, par quelque moyen que ce soit, l'usage illicite de stupéfiants, de se faire délivrer des stupéfiants au moyen d'ordonnances fictives ou de complaisance, ou de délivrer des stupéfiants sur la présentation de telles ordonnances en connaissant leur caractère fictif ou complaisant.

Les deux premiers alinéas de l'article 132-23 relatif à la période de sûreté sont applicables aux infractions prévues par le présent article.

1) QPC. Non-lieu à renvoi au Conseil constitutionnel de la question prioritaire de constitutionnalité concernant les articles 222-37 et 222-41 du Code pénal, ainsi que l'article L. 5132-7 du Code de la santé publique, dès lors que les textes susvisés ne méconnaissent pas le principe de la légalité des délits et des peines en renvoyant à une définition des stupéfiants donnée par voie réglementaire en conformité avec la Convention unique sur les stupéfiants du 30 mars 1961 à laquelle la France a adhéré avec l'autorisation du législateur (■ Cass. crim., 11 janv. 2011, n° 10-90.116 QPC : *JCP* 2011, note 347, J. Huet ; *Dr. pén.* 2011, comm. 66, obs. J.-H. Robert. ■ Cass. crim., 16 sept. 2014, n° 14-90.036 : *Bull. crim.*, n° 188).

2) Caractérise la détention de stupéfiants au sens de l'article 222-37, l'arrêt qui constate que le prévenu, alors détenu, savait que de la drogue était cachée dans sa cellule (■ Cass. crim., 17 oct. 1994 : *Bull. crim.*, n° 334 ; *Dr. pénal* 1995, comm. 61, obs. Véron).

3) Les dispositions de l'alinéa 2 de l'article 222-37 du Code pénal incriminent non une simple abstention, mais le fait d'accomplir un acte de nature à faciliter à autrui l'usage illicite de stupéfiants : tel est le cas d'un prévenu qui, dans son établissement, a délibérément permis que celui-ci serve de lieu de rendez-vous à des toxicomanes pour y acheter, vendre ou consommer de l'héroïne ou de la résine de cannabis, allant même parfois jusqu'à confier à un revendeur le soin d'assurer un service d'ordre ou jusqu'à prêter à certains les fonds nécessaires à l'acquisition de stupéfiants (■ Cass. crim., 27 févr. 1997 : *Bull. crim.*, n° 81 ; *JurisData* n° 001670 ; *JCP* 97, IV, 1232).

4) Constitue le fait de **faciliter à autrui l'usage de stupéfiants**, délit prévu et puni par l'article 222-37, alinéa 2, du Code pénal, le fait, pour un dirigeant ou un animateur d'un établissement ouvert au public, de permettre sciemment le trafic et l'usage de stupéfiants dans son établissement ; justifie dès lors sa décision la cour d'appel, qui pour déclarer les prévenus coupables du délit précité, retient qu'ayant connaissance des faits de trafic et de consommation de stupéfiants qui se déroulaient dans les discothèques qu'ils dirigeaient ou animaient et qui contribuaient au succès commercial de celles-ci, ils ont facilité l'usage de stupéfiants en effectuant peu ou pas de contrôle et en mettant de fait leurs locaux à la disposition des vendeurs et consommateurs de stupéfiants (■ Cass. crim., 13 déc. 2000 : *Bull. crim.*, n° 379 ; *Dr. pénal* 2001, comm. 60, obs. M. Véron ; *Rev. sc. crim.* 2001, p. 376, obs. Y. Mayaud).

5) Les délits de détention de stupéfiants et de cession de ces produits, prévus et réprimés par le même article 222-37 du Code pénal constituent des infractions distinctes, dont la nature et les éléments constitutifs sont différents, quoique réprimés par le même texte. Dès lors, justifie sa décision la cour d'appel, qui pour déclarer un prévenu coupable de détention et de cession de stupéfiants, relève, d'une part, qu'au cours de la perquisition effectuée à son domicile, a été découvert du cannabis qu'il cultivait, d'autre part, qu'il remettait ponctuellement des stupéfiants à un tiers aux fins de revente (■ Cass. crim., 10 déc. 2014, n° 13-87.425 : *Dr. pén.* 2015, comm. 50, obs. M. Véron).

6) Un prévenu peut être condamné pour avoir à la fois acquis et détenu des stupéfiants, sauf s'il en fait usage pour sa propre consommation (■ Cass. crim., 21 oct. 2015, n° 14-82.832 : *Dr. pén.* 2015, comm. 158, obs. P. Conte).

7) Non-application. Les dispositions spéciales de l'article L. 3421-1 du Code de la santé publique, incriminant l'usage illicite de produits stupéfiants, excluent l'application de l'article 222-37 du Code pénal, incriminant la détention de tels produits, si les substances détenues étaient exclusivement destinées à la consommation personnelle du prévenu.

Encourt la cassation l'arrêt qui prononce une condamnation sur le fondement du second de ces textes sans caractériser des faits de détention indépendants de la consommation personnelle du prévenu (■ Cass. crim., 14 mars 2017, n° 16-81.805).

Art. 222-38 *(L. n° 96-392, 13 mai 1996).* **– Est puni de dix ans d'emprisonnement et de 750 000 € d'amende le fait de faciliter, par tout moyen, la justification mensongère de l'origine des biens ou des revenus de l'auteur de l'une des infractions mentionnées aux articles 222-34 à 222-37 ou d'apporter son concours à une opération de placement, de dissimulation ou de conversion du produit de l'une de ces infractions. La peine d'amende peut être élevée jusqu'à la moitié de la valeur des biens ou des fonds sur lesquels ont porté les opérations de blanchiment.**

Lorsque l'infraction a porté sur des biens ou des fonds provenant de l'un des crimes mentionnés aux articles 222-34, 222-35 et 222-36, deuxième alinéa, son auteur est puni des peines prévues pour les crimes dont il a eu connaissance.

Les deux premiers alinéas de l'article 132-23 relatif à la période de sûreté sont applicables aux infractions prévues par le présent article.

Bibliographie : F.-L. Meynot, P. Mousseron, *Blanchiment de capitaux : JCP* 2001, E. suppl. n° 5, p. 16.

1) QPC. Non-lieu à renvoi au Conseil constitutionnel de la QPC visant l'article 222-38 du Code pénal (■ Cass. crim., 12 sept. 2012, n° 12-80.374 : *JurisData* n° 2012-022192).

2) Commet le délit de blanchiment de capitaux provenant d'un trafic de stupéfiants, le notaire qui favorise l'achat d'un immeuble au moyen de fonds qu'il sait provenir d'un tel trafic, alors qu'il lui incombait de porter cette acquisition à la connaissance du procureur de la République (■ Cass. crim., 7 déc. 1995 : *Bull. crim.*, n° 375).

3) Caractérise le délit de blanchiment, la cour d'appel qui retient que participe à une opération de placement, de dissimulation ou de conversion du produit d'un trafic de stupéfiants celui qui, connaissant l'origine des fonds, alimente un compte bancaire ouvert à son nom au moyen de versements en espèces ou de chèques, dont certains obtenus d'une tierce personne en échange de sommes en numéraire et transfère ces fonds à l'étranger sous le couvert de mandats postaux (■ Cass. crim., 23 oct. 1997 : *Bull. crim.*, n° 350).

4) Caractérise en tous ses éléments le délit de blanchiment la cour d'appel, qui retient que participent à des opérations de placement, de dissimulation ou de conversion du produit d'un trafic de stupéfiants les prévenus qui, connaissant l'origine des fonds, les utilisent pour acquérir des biens immobiliers, les déposent sur de nombreux comptes bancaires ouverts, à leur demande, par des membres de leur famille et possèdent un patrimoine supérieur aux revenus qu'ils déclarent percevoir (■ Cass. ass. plén., 4 oct. 2002 : *Bull. crim.*, n° 1 ; *Bull. inf.* C. cass. 2002, n° 256, p. 7, rapp. Dulin et concl. Benmakhlouf ; *Dr. pénal* 2003, comm. 34, obs. M. Véron).

5) Est coupable de blanchiment le prévenu qui a commis des infractions lui ayant procuré un profit direct, dont il a opéré le placement, la dissimulation ou la conversion (■ Cass. crim., 28 oct. 2015, n° 14-85.120 : *Dr. pén.* 2016, comm. 3, obs. P. Conte).

6) Justifie sa décision la cour d'appel qui, après avoir déclaré une société civile immobilière coupable du délit de blanchiment spécial prévu et réprimé à l'article 222-38 du Code pénal, prononce sa dissolution, retient que, si la création de la société civile immobilière est antérieure de quelques mois aux faits d'infractions à la législation sur les stupéfiants, cette société a été détournée de son objet à partir du moment où elle a permis le blanchiment d'une somme en espèces provenant de ce trafic (■ Cass. crim., 16 déc. 2015, n° 14-85.667).

Art. 222-39 *(Mod., L. n° 2007-297, 5 mars 2007).* **– La cession ou l'offre illicites de stupéfiants à une personne en vue de sa consommation personnelle sont punies de cinq ans d'emprisonnement et de 75 000 € d'amende.**

La peine d'emprisonnement est portée à dix ans lorsque les stupéfiants sont offerts ou cédés, dans les conditions définies à l'alinéa précédent, à des mineurs ou dans des établissements d'enseignement ou d'éducation ou dans les locaux de l'administration, ainsi que, lors des entrées ou sorties des élèves ou du public ou dans un temps très voisin de celles-ci, aux abords de ces établissements ou locaux.

Les deux premiers alinéas de l'article 132-23 relatif à la période de sûreté sont applicables à l'infraction prévue par l'alinéa précédent.

1) L'achat de stupéfiants par un fonctionnaire de police à des revendeurs de rue qui les lui proposent, lorsqu'il est effectué en vue de constater l'infraction prévue à l'article 222-39, alinéa 1, du Code pénal, ne constitue pas une livraison surveillée entrant dans les prévisions de l'article 706-32 du Code de procédure pénale dont les dispositions ne sont applicables à peine de nullité, que pour la constatation des infractions prévues par les articles 222-34 à 222-38 du Code pénal (■ Cass. crim., 5 juin 1997 : *Bull. crim.*, n° 229).

2) Les dispositions spéciales de l'article 222-39 du Code pénal réprimant l'offre ou la cession de stupéfiants à une personne en vue de sa consommation personnelle sont applicables aux faits de détention de stupéfiants lorsque les substances détenues sont destinées à être offertes ou cédées à une personne en vue de sa consommation personnelle à l'exclusion des dispositions générales du même code réprimant le trafic de stupéfiants (■ Cass. crim., 22 juin 2005 : *Bull. crim.*, n° 193 ; *Rev. sc. crim.* 2005, p. 847, obs. Y. Mayaud).

Art. 222-39-1 *(Abr., L. n° 2006-64, 23 janv. 2006).*

Art. 222-40. – La tentative des délits prévus par les articles 222-36 (premier alinéa) à 222-39 est punie des mêmes peines.

Art. 222-41. – Constituent des stupéfiants au sens des dispositions de la présente section les substances ou plantes classées comme stupéfiants en application de l'article L. 627 du Code de la santé publique.

QPC. V. A. 11 janv. 2011 sous l'art. 222-37, p. 265.

Art. 222-42 *(Mod., L. n° 2009-526, 12 mai 2009).* **– Les personnes morales déclarées responsables pénalement, dans les conditions prévues par l'article 121-2, des infractions définies aux articles 222-34 à 222-39 encourent, outre l'amende suivant les modalités prévues par l'article 131-38, les peines prévues par l'article 131-39.**

L'interdiction mentionnée au 2° de l'article 131-39 porte sur l'activité dans l'exercice ou à l'occasion de l'exercice de laquelle l'infraction a été commise.

Art. 222-43 *(Mod., L. n° 2004-204, 9 mars 2004).* **– La peine privative de liberté encourue par l'auteur ou le complice des infractions prévues par les articles 222-35 à 222-39 est réduite de moitié si, ayant averti les autorités administratives ou judiciaires, il a permis de faire cesser les agissements incriminés et d'identifier, le cas échéant, les autres coupables. Dans le cas prévu à l'article 222-34, la peine de la réclusion criminelle à perpétuité est ramenée à vingt ans de réclusion criminelle.**

1) La reconnaissance du bénéfice de la réduction de moitié de la peine maximale encourue est une question de fait qui relève de l'appréciation souveraine des juges du fond (■ Cass. crim., 25 juill. 1991 : *Bull. crim.*, n° 307).

2) La réduction de peine prévue par l'article 222-43 du Code pénal n'est applicable à l'auteur ou au complice d'un trafic de stupéfiants que s'il a averti les autorités administratives ou judiciaires de l'existence de ce trafic, ce qui n'est pas le cas du prévenu qui s'est borné, après son arrestation, à répondre aux questions des enquêteurs (■ Cass. crim., 20 juin 1996, pourvoi n° R. 95-81-975).

Art. 222-43-1 *(L. n° 2004-204, 9 mars 2004).* **– Toute personne qui a tenté de commettre les infractions prévues par la présente section est exempte de peine si, ayant averti l'autorité administrative ou judiciaire, elle a permis d'éviter la réalisation de l'infraction et d'identifier, le cas échéant, les autres auteurs ou complices.**

Section V. – Peines complémentaires applicables aux personnes physiques

Art. 222-44 *(Mod., L. n° 2003-495, 12 juin 2003 ; L. n° 2007-297, 5 mars 2007 ; L. n° 2008-776, 4 août 2008 ; L. n° 2011-267, 14 mars 2011 ; L. n° 2012-304, 6 mars 2012 ; L. n° 2016-731, 3 juin 2016).* **– I. – Les personnes physiques coupables des infractions prévues aux sections 1 à 4 du présent chapitre encourent également les peines complémentaires suivantes :**

1° L'interdiction suivant les modalités prévues par l'article 131-27, soit d'exercer une fonction publique ou d'exercer l'activité professionnelle ou sociale dans l'exercice ou à l'occasion de l'exercice de laquelle l'infraction a été commise, soit, pour les infractions prévues par les articles 222-1 à 222-6, 222-7, 222-8, 222-10, les

1° et 2° de l'article 222-14, les 1° à 3° de l'article 222-14-1, les articles 222-15, 222-23 à 222-26, 222-34, 222-35, 222-36, 222-37, 222-38 et 222-39, d'exercer une profession commerciale ou industrielle, de diriger, d'administrer, de gérer ou de contrôler à un titre quelconque, directement ou indirectement, pour son propre compte ou pour le compte d'autrui, une entreprise commerciale ou industrielle ou une société commerciale. Ces interdictions d'exercice peuvent être prononcées cumulativement ;

2° L'interdiction de détenir ou de porter, pour une durée de cinq ans au plus, une arme soumise à autorisation ;

3° La suspension, pour une durée de cinq ans au plus, du permis de conduire, cette suspension pouvant être limitée à la conduite en dehors de l'activité professionnelle ; dans les cas prévus par les articles 222-19-1 et 222-20-1, la suspension ne peut pas être assortie du sursis, même partiellement, et ne peut pas être limitée à la conduite en dehors de l'activité professionnelle ; dans les cas prévus par les 1° à 6° et le dernier alinéa des articles 222-19-1 et 222-20-1, la durée de cette suspension est de dix ans au plus.

4° L'annulation du permis de conduire avec interdiction de solliciter la délivrance d'un nouveau permis pendant cinq ans au plus ;

5° La confiscation d'un ou plusieurs véhicules appartenant au condamné ;

6° La confiscation d'une ou plusieurs armes dont le condamné est propriétaire ou dont il a la libre disposition ;

7° La confiscation de la chose qui a servi ou était destinée à commettre l'infraction ou de la chose qui en est le produit.

8° Dans les cas prévus par les articles 222-19-1 et 222-20-1, l'interdiction de conduire certains véhicules terrestres à moteur, y compris ceux pour la conduite desquels le permis de conduire n'est pas exigé, pour une durée de cinq ans au plus ;

9° Dans les cas prévus par les articles 222-19-1 et 222-20-1, l'obligation d'accomplir, à leurs frais, un stage de sensibilisation à la sécurité routière ;

9 *bis* L'obligation d'accomplir un stage de sensibilisation aux dangers de l'usage de produits stupéfiants, selon les modalités fixées à l'article 131-35-1 ;

10° Dans les cas prévus par les articles 222-19-1 et 222-20-1, l'immobilisation, pendant une durée d'un an au plus, du véhicule dont le condamné s'est servi pour commettre l'infraction, s'il en est le propriétaire.

11° La confiscation de l'animal ayant été utilisé pour commettre l'infraction ;

12° L'interdiction, à titre définitif ou temporaire, de détenir un animal ;

13° Dans les cas prévus par les articles 222-19-1 et 222-20-1, la confiscation du véhicule dont le condamné s'est servi pour commettre l'infraction, s'il en est le propriétaire. La confiscation du véhicule est obligatoire dans les cas prévus par les 4° et dernier alinéa de ces articles ainsi que, dans les cas prévus par les 2°, 3° et 5° des mêmes articles, en cas de récidive ou si la personne a déjà été définitivement condamnée pour un des délits prévus par les articles L. 221-2, L. 224-16, L. 234-1, L. 234-8, L. 235-1, L. 235-3, L. 413-1 du Code de la route ou pour la contravention mentionnée à ce même article L. 413-1. La juridiction peut toutefois ne pas prononcer cette peine, par une décision spécialement motivée ;

14° Dans les cas prévus par les 2° et dernier alinéa des articles 222-19-1 et 222-20-1 du présent code, l'interdiction, pendant une durée de cinq ans au plus, de conduire un véhicule qui ne soit pas équipé par un professionnel agréé ou par construction d'un dispositif d'anti-démarrage par éthylotest électronique, homologué dans les conditions prévues à l'article L. 234-17 du Code de la route. Lorsque cette interdiction est prononcée en même temps que la peine d'annulation ou de suspension du permis de conduire, elle s'applique, pour la durée fixée par la juridiction, à l'issue de l'exécution de cette peine ;

15° *(L. n° 2014-873, 4 août 2014)* La réalisation, à leurs frais, d'un stage de responsabilisation pour la prévention et la lutte contre les violences au sein du couple et sexistes.

Toute condamnation pour les délits prévus par les 1° à 6° et le dernier alinéa de l'article 222-19-1 donne lieu de plein droit à l'annulation du permis de conduire avec interdiction de solliciter un nouveau permis pendant dix ans au plus.

II. – En cas de condamnation pour les crimes ou pour les délits commis avec une arme prévus aux sections 1, 3, 3 *ter* et 4 du présent chapitre, le prononcé des peines complémentaires prévues aux 2° et 6° du I est obligatoire. La durée de la peine prévue au 2° du I est portée à quinze ans au plus.

Toutefois, la juridiction peut, par une décision spécialement motivée lorsque la condamnation est prononcée par une juridiction correctionnelle, décider de ne pas prononcer ces peines, en considération des circonstances de l'infraction et de la personnalité de son auteur.

Pour la confiscation d'un animal, prévu au 11° de l'article 222-44 du Code pénal, V. (■ Cass. crim., 29 janv. 2013, n° 12-82.218 : *Dr. pénal* 2013, comm. 69, obs. M. Véron).

Art. 222-45 *(Mod., L. n° 98-468, 17 juin 1998 ; L. n° 2004-204, 9 mars 2004 ; L. n° 2007-297, 5 mars 2007).* **– Les personnes physiques coupables des infractions prévues par les sections I, III et IV encourent également les peines suivantes :**

1° L'interdiction, suivant les modalités prévues par l'article 131-26, des droits civiques, civils et de famille ;

2° L'interdiction, suivant les modalités prévues par l'article 131-27, d'exercer une fonction publique.

3° L'interdiction d'exercer, soit à titre définitif, soit pour une durée de dix ans au plus, une activité professionnelle ou bénévole impliquant un contact habituel avec des mineurs.

4° L'obligation d'accomplir un stage de citoyenneté, selon les modalités prévues par l'article 131-5-1.

5° L'obligation d'accomplir un stage de responsabilité parentale, selon les modalités fixées à l'article 131-35-1.

1) Aux termes de l'article 112-1 du Code pénal, les dispositions nouvelles s'appliquent aux infractions commises avant leur entrée en vigueur et n'ayant pas donné lieu à une condamnation passée en force de chose jugée, lorsqu'elles sont moins sévères que les dispositions anciennes ; tel est le cas de la peine complémentaire facultative de l'interdiction des droits civiques, civils et de famille, prévue par l'article 222-45 du même code pour le crime de viol, dès lors que selon les dispositions des articles 28, 34 et 463 du Code pénal applicables au moment des faits, toute condamnation à une peine criminelle emportait la dégradation civique (■ Cass. crim., 11 janv. 1995 : *Bull. crim.*, n° 17).

2) Il résulte de l'article 112-1 du Code pénal qu'une loi édictant une peine complémentaire ne peut s'appliquer à des faits antérieurs à son entrée en vigueur ; il en est ainsi de la loi du 17 juin 1998 instituant l'interdiction d'exercer une activité professionnelle ou bénévole impliquant un contact habituel avec des mineurs prévue par l'article 222-45, 3e, du Code pénal (■ Cass. crim., 4 janv. 2006 : *Bull. crim.*, n° 7).

3) Encourt la cassation l'arrêt qui prononce une condamnation à la peine d'interdiction d'exercer toute activité en lien avec des mineurs, prévue par l'article 222-45, 3° du Code pénal issu de la loi du 17 juin 1998 pour des agressions sexuelles aggravées commises entre le 1er septembre 1994 et le 30 juin 1996 (■ Cass. crim., 23 mai 2012, n° 11-85.768 : *Bull. crim.*, n° 132). Pour l'application de cette peine au co-gérant d'un magasin de jeux, exerçant une activité impliquant un contact avec des mineurs, V. ■ Cass. crim., 7 janv. 2015, n° 13-84.116 : *Dr. pén.* 2015, comm. 44, obs. V. Peltier.

Art. 222-46. – Les personnes physiques coupables des infractions prévues par la section II du présent chapitre encourent également la peine complémentaire d'affichage ou de diffusion de la décision prévue par l'article 131-35.

Art. 222-47 *(Mod., L. n° 2006-399, 4 avr. 2006 ; L. n° 2013-711, 5 août 2013).* **– Dans les cas prévus par les articles 222-1 à 222-15, 222-23 à 222-30 et 222-34 à 222-40, peut être prononcée à titre de peine complémentaire l'interdiction de séjour, suivant les modalités prévues par l'article 131-31.**

Dans les cas prévus par les articles 222-23 à 222-30, lorsqu'ils sont commis sur des mineurs par le 6° ***bis*** **des articles 222-3, 222-8, 222-10, 222-12 et 222-13, par l'article 222-14-4, et par les articles 222-34 à 222-40, peut être également prononcée l'interdiction, pour une durée de cinq ans au plus, de quitter le territoire de la République.**

Art. 222-48 *(Mod., L. n° 2003-1119, 26 nov. 2003).* **– L'interdiction du territoire français peut être prononcée dans les conditions prévues par l'article 131-30, soit à titre définitif, soit pour une durée de dix ans au plus, à l'encontre de tout étranger coupable de l'une des infractions définies aux articles 222-1 à 222-8 et 222-10, aux 1° et 2° de l'article 222-14, aux articles 222-23 à 222-26, 222-30, 222-34 à 222-39 ainsi qu'à l'article 222-15 dans les cas visés au deuxième alinéa de cet article.**

Art. 222-48-1 *(L. n° 2005-1549, 12 déc. 2005 ; mod., L. n° 2007-297, 5 mars 2007 ; L. n° 2010-769, 9 juill. 2010)*. – **Les personnes physiques coupables de tortures ou d'actes de barbarie ou des infractions définies aux articles 222-23 à 222-32 peuvent également être condamnées à un suivi socio-judiciaire selon les modalités prévues par les articles 131-36-1 à 131-36-13.**

Les personnes physiques coupables des infractions définies aux articles 222-8, 222-10, 222-12, 222-13 « , 222-14 et 222-18-3 » peuvent également être condamnées à un suivi socio-judiciaire, selon les modalités prévues par les articles 131-36-1 à 131-36-13, lorsque l'infraction est commise soit par le conjoint ou le concubin de la victime ou par le partenaire lié à celle-ci par un pacte civil de solidarité, ou par son ancien conjoint, son ancien concubin ou l'ancien partenaire lié à elle par un pacte civil de solidarité, soit, sur un mineur de quinze ans, par un ascendant légitime, naturel ou adoptif, ou par toute autre personne ayant autorité sur la victime.

Pour les infractions prévues par l'alinéa précédent qui sont commises sur un mineur de quinze ans par un ascendant légitime, naturel ou adoptif, ou par toute autre personne ayant autorité sur la victime, le suivi socio-judiciaire est obligatoire en matière correctionnelle lorsqu'il s'agit de violences habituelles, sauf en cas de condamnation à une peine d'emprisonnement assortie du sursis avec mise à l'épreuve ou si le tribunal correctionnel considère, par décision spécialement motivée, qu'il n'y a pas lieu de prononcer cette mesure ; en matière criminelle, la cour d'assises délibère de façon spécifique sur le prononcé d'un suivi socio-judiciaire.

En vertu de l'article 222-48, alinéa 2, du Code pénal, non contraire aux dispositions de l'article 8 de la Convention européenne des droits de l'homme, la juridiction correctionnelle a la faculté de prononcer, sans motivation particulière, l'interdiction du territoire français à l'encontre de tout étranger reconnu coupable d'importation de stupéfiants (■ Cass. crim., 6 mars 1997 : *Bull. crim.*, n° 94 ; *JurisData* n° 001674 ; *JCP* 97, IV, 1288).

Art. 222-48-2 *(L. n° 2014-873, 4 août 2014 ; L. n° 2016-297, 14 mars 2016)*. – **En cas de condamnation pour un crime ou un délit prévu aux sections 1, 3 ou 3 *bis*, commis par le père ou la mère sur la personne de son enfant ou de l'autre parent, la juridiction de jugement se prononce sur le retrait total ou partiel de l'autorité parentale, en application des articles 378, 379 et 379-1 du Code civil. Si les poursuites ont lieu devant la cour d'assises, celle-ci statue sur cette question sans l'assistance des jurés.**

Section VI. – Dispositions communes aux personnes physiques et aux personnes morales

Art. 222-49 *(Mod., L. n° 2004-204, 9 mars 2004 ; L. n° 2010-768, 9 juill. 2010 ; L. n° 2012-409, 27 mars 2012)*. – **2Dans les cas prévus par les articles 222-34 à 222-40, doit être prononcée la confiscation des installations, matériels et de tout bien ayant servi, directement ou indirectement, à la commission de l'infraction ainsi que tout produit provenant de celle-ci, à quelque personne qu'ils appartiennent et en quelque lieu qu'ils se trouvent, dès lors que leur propriétaire ne pouvait en ignorer l'origine ou l'utilisation frauduleuse.**

Dans les cas prévus par les articles 222-34, 222-35, 222-36, 222-37 et 222-38, peut également être prononcée la confiscation de tout ou partie des biens du condamné ou, sous réserve des droits du propriétaire de bonne foi, dont il a la libre disposition, quelle qu'en soit la nature, meubles ou immeubles, divis ou indivis.

1) Justifie sa décision au regard de l'article 222-49, alinéa 1, du Code pénal, la cour d'appel qui prononce la confiscation d'une maison appartenant à un prévenu, déclaré coupable d'infractions à l'article 222-37 du Code pénal, après avoir relevé que les matériaux utilisés pour sa construction et l'achat du terrain ont été financés par des sommes de provenance illicite (■ Cass. crim., 27 avr. 2000 : *Bull. crim.*, n° 172).

2) Les dispositions de l'article 222-49, alinéa 2, du Code pénal, non abrogées, sont de portée équivalente à celles aujourd'hui applicables, de l'article 321-10-1, alinéa 2 dudit code, en sa rédaction issue de la loi du 23 janvier 2006, en ce que ces dernières permettent le prononcé à l'encontre des auteurs du délit de non-justification de ressources des peines complémentaires encourues pour les crimes ou délits commis par les personnes avec lesquelles ils étaient en relation habituelle (notamment la confiscation de biens immobiliers appartenant à ces derniers) : (■ Cass. crim., 20 févr. 2008, pourvoi n° H07-81.247 : *Bull. crim.*, n° 47 ; *JurisData* 2008-043362 ; *Dr. pénal* 2008, comm. 80, obs. M. Véron).

3) Est justifiée la remise aux domaines d'un navire confisqué alors qu'il transportait plus de trois tonnes de cocaïne, dès lors que son propriétaire ne peut être identifié (■ Cass. crim., 5 janv. 2010, pourvoi n° 09-81.949 ; *Dr. pénal* 2010, comm. 68, obs. M. Véron ; *AJP* 2010, jur., p. 194, note G. Roussel).

4) Encourt la censure l'arrêt d'une chambre de l'instruction qui, pour confirmer l'ordonnance du juge d'instruction prescrivant, au visa de l'article 706-154 du Code de procédure pénale, le maintien de la saisie de sommes inscrites au crédit des comptes bancaires d'une personne mise en examen des chefs d'infractions à la législation sur les stupéfiants comme étant le produit direct ou indirect des infractions, et pour écarter son argumentation selon laquelle l'origine des fonds saisis était sans rapport avec ces infractions, retient, en substituant ses motifs à ceux du premier juge, que la personne en cause encourt, en application des articles 131-21, alinéa 6 et 222-49, alinéa 2, du Code pénal, la confiscation de ses biens quelle qu'en soit l'origine, alors que la mesure litigieuse constituait une saisie de patrimoine, au sens de l'article 706-148 du Code de procédure pénale, qui nécessitait l'avis préalable du ministère public (■ Cass. crim., 27 nov. 2012, n° 12-85.344 : *Bull. crim.*, n° 259). V. aussi les notes sous art. 131-21, p. 101.

5) Dans les cas visés à l'article 222-49, alinéa 2 du Code pénal, la confiscation de tout ou partie du patrimoine du condamné peut être prononcée sans qu'il soit nécessaire d'établir que le bien a été acquis illégalement ou qu'il constitue le produit direct ou indirect de l'infraction. Méconnaît ces dispositions la cour d'appel qui, pour dire n'y avoir lieu de prononcer la confiscation de biens mobiliers et immobiliers appartenant au prévenu déclaré coupable d'infractions à la législation sur les stupéfiants en récidive, relève que leur origine illicite n'est pas démontrée (■ Cass. crim., 8 juill. 2015, n° 14-86.938).

6) Justifient leur décision, sans méconnaître l'article premier du protocole additionnel à la Convention européenne des droits de l'homme, les juges qui s'expliquent, par des motifs dépourvus d'insuffisance, sur la nécessité et la proportionnalité de l'atteinte portée au droit de propriété de l'intéressé par la mesure de confiscation de tout ou partie du patrimoine, au regard de sa situation personnelle et de la gravité concrète des faits (■ Cass. crim., 7 déc. 2016, n° 15-85.136).

Art. 222-50. – Les personnes physiques ou morales coupables de l'une des infractions prévues par les articles 222-34 à 222-40 encourent également les peines complémentaires suivantes :

1° Le retrait définitif de la licence de débit de boissons ou de restaurant ;

2° La fermeture, à titre définitif ou pour une durée de cinq ans au plus, de tout établissement ouvert au public ou utilisé par le public dans lequel ont été commises, par l'exploitant ou avec la complicité de celui-ci, les infractions définies par ces articles.

Art. 222-50-1 *(L. n° 2010-769, 9 juill. 2010)*. **– Les personnes physiques ou morales coupables de l'une des infractions prévues par les articles 222-33 et 222-33-2 encourent également la peine complémentaire d'affichage ou de diffusion de la décision prévue par l'article 131-35.**

Art. 222-51. – La fermeture temporaire prévue par l'article 222-50 emporte suspension de la licence de débit de boissons ou de restaurant pour la même durée. Le délai de péremption de celle-ci est suspendu pendant la durée de la fermeture.

La fermeture définitive prévue par l'article 222-50 emporte retrait définitif de la licence de débit de boissons ou de restaurant.

Section VII. – Du trafic d'armes

(Section créée, L. n° 2016-731, 3 juin 2016)

Art. 222-52 *(L. n° 2016-731, 3 juin 2016)*. **– Le fait d'acquérir, de détenir ou de céder des matériels de guerre, armes, éléments d'armes ou munitions relevant des catégories A ou B, sans l'autorisation prévue au I de l'article L. 2332-1 du Code de la défense, en violation des articles L. 312-1 à L. 312-4, L. 312-4-3, L. 314-2 et L. 314-3 du Code de la sécurité intérieure, est puni de cinq ans d'emprisonnement et de 75 000 € d'amende.**

Les peines sont portées à sept ans d'emprisonnement et à 100 000 € d'amende si l'auteur des faits a été antérieurement condamné pour une ou plusieurs infractions mentionnées aux articles 706-73 et 706-73-1 du Code de procédure pénale à une peine égale ou supérieure à un an d'emprisonnement ferme. « Les peines

sont portées à dix ans d'emprisonnement et à 500 000 € d'amende lorsque l'infraction est commise par au moins deux personnes agissant en qualité d'auteur ou de complice.

Art. 222-53 *(L. n° 2016-731, 3 juin 2016).* – Le fait de détenir un dépôt d'armes ou de munitions des catégories A ou B est puni de cinq ans d'emprisonnement et de 75 000 € d'amende.

Les peines sont portées à dix ans d'emprisonnement et à 500 000 € d'amende si l'auteur des faits a été antérieurement condamné pour une ou plusieurs infractions mentionnées aux articles 706-73 et 706-73-1 du Code de procédure pénale à une peine égale ou supérieure à un an d'emprisonnement ferme.

Les mêmes peines sont applicables lorsque l'infraction est commise par au moins deux personnes agissant en qualité d'auteur ou de complice.

Art. 222-54 *(L. n° 2016-731, 3 juin 2016).* – Le fait de porter ou de transporter, hors de son domicile, sans motif légitime, et sous réserve des exceptions résultant des articles L. 315-1 et L. 315-2 du Code de la sécurité intérieure, des matériels de guerre, armes, éléments d'armes ou munitions relevant des catégories A ou B, même en en étant régulièrement détenteur, est puni de sept ans d'emprisonnement et de 100 000 € d'amende.

Les peines sont portées à dix ans d'emprisonnement et à 500 000 € d'amende si l'auteur des faits a été antérieurement condamné pour une ou plusieurs infractions mentionnées aux articles 706-73 et 706-73-1 du Code de procédure pénale à une peine égale ou supérieure à un an d'emprisonnement ferme.

Les mêmes peines sont applicables si deux personnes au moins sont trouvées ensemble porteuses de matériels de guerre, armes, éléments d'armes ou munitions ou si le transport est effectué par au moins deux personnes.

Art. 222-55 *(L. n° 2016-731, 3 juin 2016).* – Le fait pour une personne habilitée ou autorisée à pénétrer dans un établissement scolaire de pénétrer ou de se maintenir dans un tel établissement en étant porteuse d'une arme sans motif légitime est puni de sept ans d'emprisonnement et de 100 000 € d'amende.

Art. 222-56 *(L. n° 2016-731, 3 juin 2016).* – Le fait de frauduleusement supprimer, masquer, altérer ou modifier de façon quelconque les marquages, poinçons, numéros de série, emblèmes ou signes de toute nature apposés ou intégrés sur des matériels mentionnés à l'article L. 311-2 du Code de la sécurité intérieure, des armes ou leurs éléments essentiels afin de garantir leur identification de manière certaine suivant les modalités fixées par un décret en Conseil d'État est puni de cinq ans d'emprisonnement et de 75 000 € d'amende.

Art. 222-57 *(L. n° 2016-731, 3 juin 2016).* – L'acquisition, la vente, la livraison ou le transport de matériels, d'armes et de leurs éléments essentiels mentionnés à l'article L. 311-2 du Code de la sécurité intérieure dépourvus des marquages, poinçons, numéros de série, emblèmes ou signes de toute nature apposés ou intégrés sur les matériels, les armes ou leurs éléments essentiels, nécessaires à leur identification de manière certaine suivant les modalités fixées par le décret en Conseil d'État prévu à l'article 222-56 du présent code, ou dont les marquages, poinçons, numéros de série, emblèmes ou signes de toute nature ont été supprimés, masqués, altérés ou modifiés, est puni de cinq ans d'emprisonnement et de 75 000 € d'amende.

Les peines sont portées à dix ans d'emprisonnement et à 500 000 € d'amende lorsque l'infraction est commise en bande organisée.

Art. 222-58 *(L. n° 2016-731, 3 juin 2016).* – Le fait de contrefaire un poinçon d'épreuve ou d'utiliser frauduleusement des poinçons contrefaits est puni de cinq ans d'emprisonnement et de 75 000 € d'amende.

Art. 222-59 *(L. n° 2016-731, 3 juin 2016).* – Le fait de constituer ou de reconstituer une arme est puni de cinq ans d'emprisonnement et de 75 000 € d'amende.

Est puni des mêmes peines le fait de modifier une arme et d'en changer ainsi la catégorie au sens de l'article L. 311-2 du Code de la sécurité intérieure ou de détenir en connaissance de cause une arme ayant fait l'objet d'une modification mentionnée à l'article 222-56 du présent code.

Les peines sont portées à sept ans d'emprisonnement et à 100 000 € d'amende si l'auteur des faits a été antérieurement condamné pour une ou plusieurs infractions mentionnées aux articles 706-73 et 706-73-1 du Code de procédure pénale à une peine égale ou supérieure à un an d'emprisonnement ferme.

Les peines sont portées à dix ans d'emprisonnement et à 500 000 € d'amende lorsque l'infraction est commise en bande organisée.

Art. 222-60 *(L. n° 2016-731, 3 juin 2016)*. – La tentative des délits prévus aux articles 222-52 et 222-56 à 222-58 est punie des mêmes peines.

Art. 222-61 *(L. n° 2016-731, 3 juin 2016)*. – Les personnes morales déclarées responsables pénalement, dans les conditions prévues à l'article 121-2, des infractions définies à la présente section encourent, outre l'amende suivant les modalités prévues à l'article 131-38, les peines prévues à l'article 131-39.

L'interdiction mentionnée au 2° du même article 131-39 porte sur l'activité dans l'exercice ou à l'occasion de l'exercice de laquelle l'infraction a été commise.

Art. 222-62 *(L. n° 2016-731, 3 juin 2016)*. – I. – Les personnes physiques coupables des infractions prévues à la présente section encourent également les peines complémentaires suivantes :

1° L'interdiction de détenir ou de porter, pour une durée maximale de quinze ans, une arme soumise à autorisation ;

2° La confiscation d'une ou de plusieurs armes dont le condamné est propriétaire ou dont il a la libre disposition.

II. – En cas de condamnation pour les infractions prévues à la présente section, le prononcé des peines complémentaires est obligatoire. Toutefois, la juridiction peut, par une décision spécialement motivée, décider de ne pas prononcer ces peines, en considération des circonstances de l'infraction et de la personnalité de son auteur.

Art. 222-63 *(L. n° 2016-731, 3 juin 2016)*. – Pour les infractions prévues à la présente section, peut être prononcée à titre de peine complémentaire l'interdiction de séjour, suivant les modalités prévues à l'article 131-31.

Art. 222-64 *(L. n° 2016-731, 3 juin 2016)*. – L'interdiction du territoire français peut être prononcée dans les conditions prévues à l'article 131-30, soit à titre définitif, soit pour une durée maximale de dix ans, à l'encontre de tout étranger coupable de l'une des infractions prévues à la présente section.

Art. 222-65 *(L. n° 2016-731, 3 juin 2016)*. – Les personnes physiques coupables d'une infraction prévue à la présente section peuvent également être condamnées à un suivi socio-judiciaire, selon les modalités prévues aux articles 131-36-1 à 131-36-13.

Art. 222-66 *(L. n° 2016-731, 3 juin 2016)*. – Dans les cas prévus à la présente section, doit être prononcée, à l'encontre des personnes physiques et des personnes morales, la confiscation des installations, des matériels et de tout bien ayant servi, directement ou indirectement, à la commission de l'infraction, ainsi que de tout produit provenant de celle-ci, à quelque personne qu'ils appartiennent et en quelque lieu qu'ils se trouvent, dès lors que leur propriétaire ne pouvait en ignorer l'origine ou l'utilisation frauduleuse.

Peut également être prononcée la confiscation de tout ou partie des biens du condamné ou, sous réserve des droits du propriétaire de bonne foi, dont il a la libre disposition, quelle qu'en soit la nature, meubles ou immeubles, divis ou indivis.

Art. 222-67 *(L. n° 2016-731, 3 juin 2016)*. – L'article L. 317-1 du Code de la sécurité intérieure est applicable à la présente section.

Bibliographie : *JCl. pén., Trafic d'armes* par M. Daury-Fauveau.

CHAPITRE III. – DE LA MISE EN DANGER DE LA PERSONNE

Section I. – Des risques causés à autrui

Art. 223-1 *(Mod., L. n° 2011-525, 17 mai 2011)*. – Le fait d'exposer directement autrui à un risque immédiat de mort ou de blessures de nature à entraîner une mutilation ou une infirmité permanente par la

violation manifestement délibérée d'une obligation particulière de prudence ou de sécurité imposée par la loi ou le règlement est puni d'un an d'emprisonnement et de 15 000 € d'amende.

Voir : Ann. *Circulation routière.* Circ. 24 juin 1994 sur la mise en danger.

Bibliographie : V. également M. Puech, *De la mise en danger d'autrui : D.* 1994, chron. p. 154. • M. Pralus, *Le délit de risque causé à autrui dans ses rapports avec les infractions voisines : JCP* 95, G, I, 3830 et *JCl. pén., Risques causés à autrui* par D. Caron. • V. Malabat : *JCP* 2000, I, 208. • O. Maury, *A propos du délit de mise en danger, analyse du contentieux : Gaz. Pal.*, 22-23 déc. 2006, doctr. p. 2.

Art. 223-2 *(Mod., L. n° 2009-526, 12 mai 2009).* **– Les personnes morales déclarées responsables pénalement, dans les conditions prévues par l'article 121-2, des infractions définies à l'article 223-1 encourent, outre l'amende suivant les modalités prévues par l'article 131-38, les peines prévues par les 2°, 3°, 8° et 9° de l'article 131-39.**

L'interdiction mentionnée au 2° de l'article 131-39 porte sur l'activité dans l'exercice ou à l'occasion de l'exercice de laquelle l'infraction a été commise.

• ***Sommaire***

I – COMPOSANTES DE L'INFRACTION

1) Nécessité d'une obligation particulière. Ayant relevé que ni l'article 131-2-6° du Code des communes devenu l'article L. 2212-2-5° du Code général des collectivités locales ni le décret du 13 mai 1974 modifié, relatif à la qualité de l'air dans les agglomérations, ne mettent à la charge du maire ou du préfet aucune obligation particulière de sécurité au sens de l'article 223-1 du Code pénal, c'est à bon droit que la chambre d'accusation confirme l'ordonnance de refus d'informer rendue sur une plainte avec constitution de partie civile reprochant au maire et au préfet de police de Paris d'avoir exposé directement les personnes à un risque immédiat de mort ou de blessures en ne prenant pas de mesures suffisamment efficaces pour pallier les effets de la pollution atmosphérique (■ Cass. crim., 25 juin 1996 : *Bull. crim.*, n° 274 ; *Dr. pénal* 1996, comm. 265, obs. M. Véron ; *Rev. sc. crim.* 1997, 106, obs. Y. Mayaud).

2) En effet, le délit de mise en danger d'autrui ne peut être caractérisé qu'en cas de violation manifestement délibérée d'une obligation particulière de sécurité ou de prudence prévue par la loi ou le règlement ; pour déclarer la société poursuivie coupable de mise en danger d'autrui, les juges énoncent qu'elle a, par la violation manifestement délibérée d'une obligation de sécurité ou de prudence imposée par les articles L. 230-1 à L. 230-3 et L. 230-6 du Code du travail applicable dans la collectivité territoriale de Mayotte, exposé directement trois ouvriers travaillant sur le site de Pamandzi à un risque immédiat de mort ou de blessures de nature à entraîner une mutilation ou une infirmité permanente ; mais en se déterminant ainsi, alors qu'aucun règlement applicable dans la collectivité territoriale n'a été pris en application de ces dispositions générales du Code du travail local pour préciser les obligations particulières de protection de la sécurité des travailleurs dans les établissements qui mettent en œuvre des courants électriques, la cour d'appel a méconnu le sens et la portée du texte susvisé (■ Cass. crim., 17 sept. 2002 : *Dr. pénal* 2003, comm. 19, obs. M. Véron).

3) Le délit de mise en danger d'autrui ne pouvant être caractérisé qu'en cas de violation manifestement délibérée d'une obligation particulière de sécurité ou de prudence prévue par la loi ou le règlement, n'entre pas dans les prévisions de l'article 223-1 du Code pénal la méconnaissance par un médecin des obligations déontologiques définies par les articles R. 4127-32 et R. 4127-33 du Code de la santé publique, qui édictent des règles générales de conduite (■ Cass. crim., 18 mars 2008 : *Bull. crim.*, n° 67 ; pourvoi n° 07-83.067 ; *JCP* 2008, IV, n° 1788 ; *JCP* 2008, II, 10127, note P. Mistretta).

Encourt la censure l'arrêt, qui, pour déclarer le directeur technique d'une entreprise coupable de mise en danger d'autrui pour avoir omis de procéder à la neutralisation et à l'élimination des déchets de munitions et pyrotechniques dont il avait la charge, selon les procédés prévus par la réglementation en vigueur et conformes à l'autorisation d'exploitation, se borne à retenir que le prévenu n'a pas pris les mesures nécessaires au cours des mois précédant la cessation d'exploitation pour nettoyer le site, dont il connaissait la situation, afin d'éviter tout danger, alors qu'il appartenait aux juges de rechercher la loi ou le règlement édictant une obligation particulière de prudence ou de sécurité qui aurait été violée (■ Cass. crim., 22 sept. 2015, n° 14-84.355 : *Dr. pén.* 2015, comm. 157, obs. P. Conte ; *JCP* 2015, II, 1284, note H. Matsopoulou).

4) Pour déclarer le prévenu coupable de mise en danger de la vie d'autrui, l'arrêt attaqué retient qu'il pratiquait sans précaution des interventions de chirurgie esthétique et notamment qu'il avait recours à du personnel sans qualification, alors qu'il résulte de l'article 12 du décret du 11 février 2002 que seuls peuvent assister le chirurgien au cours d'une opération des infirmiers diplômés ou en cours de formation ; que les juges ajoutent que le prévenu, qui a faussement affirmé aux enquêteurs que l'une de ses assistantes était infirmière, était parfaitement conscient de cette obligation et qu'il ne pouvait ignorer les risques d'accidents cardiovasculaires, respiratoires et nosocomiaux, pouvant être mortels, qu'il faisait ainsi courir à ses patients ; en l'état de ses motifs procédant de ses constatations souveraines, qui caractérisent en tous ses éléments le délit de mise en danger de la vie d'autrui, la cour d'appel a justifié sa décision dès lors que l'article 12 du décret précité édicte une obligation particulière de sécurité au sens de l'article 223-1 du Code pénal (■ Cass. crim., 18 mai 2010 : *JurisData* n° 2010-009452 ; *Dr. pén.* 2010, comm. 105, obs. M. Véron).

5) Justifie sa décision la cour d'appel qui, pour déclarer un médecin coupable de mise en danger d'autrui, retient qu'en réalisant des assistances médicales à la procréation en méconnaissance des dispositions de l'article L. 2141-1 du Code de la santé publique et de l'arrêté du 12 janvier 1999 relatif aux règles de bonnes pratiques cliniques et biologiques en assistance médicale à la procréation, alors que les traitements de stimulations ovariennes réalisés à de fortes posologies peuvent entraîner un risque mortel d'hémorragie, d'épanchement, de phlébite ou d'embolie pulmonaire, il a, par la violation manifestement délibérée d'obligations particulières de sécurité ou de prudence imposées par la loi et le règlement, exposé plusieurs patientes à un risque immédiat de mort ou de blessures de nature à entraîner une mutilation ou une infirmité permanente (■ Cass. crim., 29 juin 2010 : *Bull. crim.* n° 120 ; *Dr. pén.* 2010, comm. 105, obs. M. Véron ; *Rev. sc. crim.* 2010, p. 856, obs. Y. Mayaud).

– V. aussi ■ Cass. crim., 25 juin 2013, n° 12-81.820 : *Bull. crim.*, n° 159.

6) Notion de règlement. Le règlement au sens de l'article 223-1 du Code pénal s'entend des actes des autorités administratives à caractère général et impersonnel ; tel n'est pas le cas d'un arrêté préfectoral ayant déclaré un immeuble insalubre et imposé au propriétaire des travaux de mise en conformité (■ Cass. crim., 10 mai 2000 : *Bull. crim.*, n° 183).

7) De même, ne relève pas de cette catégorie un arrêté préfectoral autorisant une installation classée et imposant à son exploitant des conditions de fonctionnement ; toutefois, il appartient au juge du fond, saisi de poursuites du chef de mise en danger d'autrui par la violation manifestement délibérée des prescriptions d'un tel acte, de rechercher si le préfet ne s'est pas borné à faire application à l'installation de normes fixées par des arrêtés ministériels à caractère réglementaire (■ Cass. crim., 30 oct. 2007 : *Bull. crim.*, n° 261 ; *Rev. sc. crim.* 2008, p. 75, obs. Y. Mayaud ; *Dr. pénal* 2008, comm. 65, obs. J.H. Robert).

8) Il a été jugé qu'un règlement non pénalement sanctionné peut servir de base aux poursuites (■ Cass. crim., 27 oct. 1993 : *D.* 1996, p. 445, note A. Cohen), tandis qu'un arrêté municipal nul ne saurait les fonder (■ Cass. crim., 17 déc. 1996 : *Dr. pénal* 1997, comm. 46, obs. M. Véron).

9) Exposition à un risque grave immédiat. Caractérise l'exposition d'autrui à un risque immédiat de mort ou de blessures graves, constitutive du délit prévu et réprimé par l'article 223-1 du Code pénal, la cour d'appel qui, après avoir relevé que le capitaine d'un navire de 600 places a accepté d'assurer le transport de 112 passagers en surnombre, en violation des prescriptions réglementaires concernant les engins de sauvetage individuels et collectifs, retient que l'existence de circonstances climatiques favorables ne saurait exclure le risque maritime majeur, auquel se sont trouvés exposés les passagers, dans l'hypothèse toujours possible d'un accident, de ne pouvoir tous disposer d'engins de sauvetage garantissant la sauvegarde de leur vie (■ Cass. crim., 11 févr. 1998 : *Bull. crim.*, n° 57 ; V. *JCP* 1997, II, 22902, note J.-Y. Chevallier ; *JCP* 1998, II, 10084, note A. Coche ; *Dr. pénal* 1998, comm. 81, obs. M. Véron ; *Rev. sc. crim.* 1998, 545, obs. Y. Mayaud).

10) Indifférence de la connaissance de la nature du risque. Il résulte de l'article 223-1 du Code pénal que la faute constitutive du délit de mise en danger d'autrui est caractérisée par la violation manifestement délibérée d'une obligation de prudence ou de sécurité imposée par la loi ou le règlement ; ce texte n'exige pas que l'auteur du délit ait eu connaissance de la nature du risque particulier effectivement causé par son manquement (■ Cass. crim., 16 févr. 1999 : *Bull. crim.*, n° 24 ;

D. 2000, p. 9, note A. Cerf et somm. p. 34, obs. Y. Mayaud ; *Rev. sc. crim.* 1999, p. 837, obs. Giudicelli-Delage).

11) Causalité directe entre manquement et risque. Le délit de mise en danger d'autrui n'est constitué que si le manquement défini par l'article 223-1 du Code pénal a été la cause directe et immédiate du risque auquel a été exposé autrui ; ne justifie pas sa décision au regard de cette exigence la cour d'appel qui, pour déclarer un chef d'entreprise coupable de mise en danger d'autrui, énonce, afin de caractériser le lien de causalité, que le risque auquel se sont trouvés exposés des salariés à la suite d'une fuite d'eau chaude aurait pu être évité si le prévenu avait procédé à l'inspection des lieux de travail et à l'élaboration d'un plan de sécurité en application des articles R. 237-6 et R. 237-7 du Code du travail, l'absence de ces mesures ayant « induit l'absence de vérification » des vannes en cause dans l'accident (arrêt précité).

12) Justifie sa décision de condamnation d'une société pour mise en danger d'autrui la cour d'appel qui retient que celle-ci, intervenant sur un chantier où le risque d'inhalation de fibres d'amiante est identifié et connu, a violé délibérément les obligations particulières relatives à la protection contre les risques liés à l'inhalation de poussière d'amiante, tant à l'égard des salariés qu'à l'égard du public avoisinant, et que, alors que le risque de dommage auquel était exposé la victime doit être certain sans qu'il soit nécessaire que ce risque se soit réalisé de manière effective, en l'état des données de la science disponibles, le degré de probabilité de développer un cancer du poumon ou un cancer de la plèvre dans les 30 à 40 ans de l'inhalation de poussière d'amiante est certain, sans qu'il n'y ait ni effet de seuil, en deçà duquel il n'existerait aucun risque ni traitement curatif efficace (■ Cass. crim., 19 avr. 2017, n° 16-80.695 ; *JCP* 2017, p. 1037, note F. Rousseau).

13) Le délit prévu par l'article 223-1 du Code pénal n'est constitué que si le manquement défini par cet article a été la cause directe et immédiate d'un risque de mort ou de blessures graves auquel autrui a été exposé ; une station de surveillance de la qualité de l'air ayant enregistré un taux de dioxyde de soufre supérieur au seuil d'alerte de la population, et cette pollution s'étant révélée imputable à un dysfonctionnement temporaire d'une raffinerie, installation classée, justifie sa décision de relaxe des exploitants du chef de mise en danger d'autrui, la cour d'appel qui relève qu'il n'est produit aucune expertise au soutien de l'action publique et qu'en revanche une étude réalisée à la demande des prévenus par un professeur de toxicologie conclut à l'absence d'impact mesurable de l'incident sur la population (■ Cass. crim., 4 oct. 2005 : *Bull. crim.*, n° 250 ; *Dr. pénal* 2006, comm. 10, obs. J.-H. Robert ; *Rev. sc. crim.* 2006, p. 68, obs. Y. Mayaud).

14) Doit être censurée la décision qui condamne un infirmier sans constater un lien de causalité direct et immédiat entre la faute ayant consisté à injecter au patient des doses supérieures à celles prescrites et des complications susceptibles de mettre en danger la vie du patient, celui-ci n'ayant pas été affecté par le surdosage (■ Cass. crim., 6 oct. 2009 : *Dr. pénal* 2010, comm. 15, obs. M. Véron).

15) Cause non exclusive. L'article 223-1 du Code pénal n'exige pas que les fautes reprochées au prévenu soient la cause exclusive du danger. Encourt la cassation l'arrêt qui, pour prononcer une relaxe de ce chef, retient qu'il n'est pas établi que le risque résultant pour les victimes de l'exposition à des émissions aériennes de plomb et de cadmium ait pour seule origine les faits d'inobservation des normes de rejet de ces substances pendant la période de trois années visée par la prévention (■ Cass. crim., 30 oct. 2007 : *Bull. crim.*, n° 261 ; *Rev. sc. crim.* 2008, p. 75, obs. Y. Mayaud ; *Dr. pénal* 2008, comm. 65, obs. J.-H. Robert).

16) Élément intentionnel. L'élément intentionnel de l'infraction de mise en danger d'autrui résulte du caractère manifestement délibéré de la violation d'une obligation particulière de prudence ou de sécurité (■ Cass. crim., 9 mars 1999 : *Bull. crim.*, n° 34 ; *JCP* 1999, II, 10188, note Do Carmo Silva ; *D.* 2000, jur. p. 81, note M.-C. Sordino ; *D.* 2000, jur. p. 227, note J. Mouly), les faits concernant la pratique du surf en montagne sur une piste interdite par un arrêté municipal et ayant provoqué une avalanche.

17) Ne justifie pas sa décision la cour d'appel qui, pour déclarer un chasseur coupable de mise en danger délibérée d'autrui, retient qu'il a tiré étant posté à 143 mètres d'une maison d'habitation, alors qu'un arrêté préfectoral interdisait un tel tir à moins de 150 mètres (l'élément intentionnel de l'infraction, qui nécessite d'établir le caractère manifestement délibéré de la violation d'une obligation particulière de prudence ou de sécurité imposée par la loi ou le règlement, n'ayant pas été établi) ; (■ Cass. crim., 16 oct. 2007 : *Bull. crim.*, n° 246 ; *Dr. pénal* 2008, comm. 3, obs. M. Véron).

II – APPLICATIONS

18) Circulation routière. Caractérise l'infraction prévue par l'article 223-1 du Code pénal l'arrêt qui énonce que le prévenu, au volant de son automobile, sur une bretelle d'autoroute ne comportant qu'une voie de circulation, a procédé, à vive allure, au dépassement par la droite du véhicule le précédant avant de se rabattre brusquement et de contraindre celui-ci à un écart, un tel comportement constituant une violation manifestement délibérée d'une obligation particulière de sécurité qui a exposé directement autrui à un risque immédiat de mort ou de blessures graves (■ Cass. crim., 12 mars 1997 : *Bull. crim.*, n° 102 ; *JurisData*, n° 002241) ; même solution pour un automobiliste qui s'est déporté sans nécessité, à trois reprises, sur la partie gauche de la chaussée lors du croisement de motocyclistes, provoquant la chute de l'un d'eux (■ Cass. crim., 12 nov. 1997 : *Bull. crim.*, n° 384).

19) Caractérise l'infraction prévue par l'article 223-1 du Code pénal, l'arrêt qui énonce que le prévenu s'est approché à grande vitesse, au point de le toucher, du véhicule, qui le précédait, et, après l'avoir dépassé, s'est brutalement rabattu devant lui (■ Cass. crim., 11 mars 1998 : *Bull. crim.*, n° 99 ; *JCP* 1999, II, 10064, note K. Hoyez). *Adde*. ■ Cass. crim., 23 juin 1999 : *D.* 1999, inf. rap., p. 209).

20) Caractérise l'infraction prévue par l'article 223-1 du Code pénal l'arrêt qui énonce que le prévenu, au volant d'une voiture, a, en fin de matinée, près d'une gare, dans un quartier urbain à forte densité de circulation, franchi délibérément plusieurs feux de signalisation en position rouge fixe, la survenance effective d'un accident sans gravité, non nécessaire à la caractérisation d'un tel délit, permettant seulement de faciliter la preuve du risque immédiat de mort ou de blessures graves ainsi engendré (■ Cass. crim., 6 juin 2000 : *Bull. crim.*, n° 213 ; *Rev. sc. crim.* 2000, p. 829, obs. Y. Mayaud).

21) Caractérise le délit prévu par l'article 223-1 du Code pénal, l'arrêt qui, après avoir constaté que le prévenu faisait la course au volant de son véhicule, avec deux autres voitures, sur une chaussée en mauvais état, dans une cité où jouaient de nombreux enfants et alors que la vitesse était limitée à 40 km/h, énonce qu'un tel comportement constitue une violation manifestement délibérée de l'obligation de respecter la vitesse et que le prévenu a ainsi exposé autrui à un risque immédiat de mort ou de blessures de nature à entraîner une mutilation ou une infirmité permanente (■ Cass. crim., 27 sept. 2000 : *Bull. crim.*, n° 284 ; *Dr. pénal* 2001, comm. 17, obs. M. Véron).

22) V. aussi pour des comportements jugés dangereux dans certaines conditions de circulation (■ Douai, 17 janv. et 24 août 1995 : *Jur. auto* 1995, p. 551 et 449 ; ■ Paris, 27 oct. 1995 : *D.* 1995, p. 445, note A. Coche). Commet également le délit de mise en danger d'autrui, l'accompagnateur qui laisse conduire un enfant sur une route fréquentée en faisant des embardées (■ Rouen, 31 mai 2000 : *JCP* 2001, IV, 1763). De même expose directement autrui à un risque immédiat de mort ou de blessures graves par la violation manifestement délibérée d'une obligation particulière de sécurité ou de prudence imposée par les dispositions du Code de la route relatives, notamment, à l'arrêt ou au stationnement sur une voie rapide urbaine, le passager d'un véhicule qui, conducteur de fait, tire soudainement le frein à main dudit véhicule alors qu'il effectuait le dépassement d'un camion et provoque une collision avec ce dernier puis l'arrêt brutal de la voiture sur la partie gauche de la voie sans que les autres usagers aient pu en être avertis (■ Cass. crim., 22 juin 2005 : *Bull. crim.*, n° 192 ; *JCP* 2006, I, 113, p. 309, obs. M. Véron ; *Dr. pénal* 2005, comm. 159 et comm. 161, obs. J.-H. Robert ; *Rev. sc. crim.* 2006, p. 69, obs. Y. Mayaud, et p. 72, obs. Delmas Saint-Hilaire).

23) Justifie sa décision la cour d'appel, qui, pour déclarer un conducteur coupable de mise en danger de la vie d'autrui retient qu'il a traversé, à une vitesse que des gendarmes ont évalué à 80 ou 100 km/h, une agglomération, dans laquelle la vitesse est limitée à 30 km/h, au moment où les élèves sortaient du collège (■ Cass. crim., 18 sept. 2007 : *Bull. crim.*, n° 210).

24) Il a été jugé que se rend coupable de l'infraction le garagiste qui prête à un client, par la suite sérieusement blessé dans un accident, un véhicule hors d'état de rouler sana danger en raison de défaillances techniques, dont celle du système de freinage, que cette voiture présentait et qu'un professionnel ne pouvait ignorer (■ Amiens, 22 sept. 1998 : *JCP* 1999, IV, 2562).

25) En revanche, la cour d'appel de Douai a considéré qu'il ne saurait être posé pour principe que le seul fait pour un automobiliste de rouler à plus de 200 km/h soit, à lui seul, une violation de la réglementation présentant une particulière gravité objectivement de nature à créer un risque direct et immédiat susceptible de constituer le délit des risques causés à autrui ; ainsi, n'est pas constitutif du délit de risques causés à autrui, le fait pour un automobiliste de rouler à plus de 200 km/h sur une chaussée d'autoroute rectiligne et sèche, avec une visibilité parfaite, une circulation fluide, dans un véhicule en parfait état de marche (■ CA Douai, 26 oct. 1994 : *D.* 1995, 172, note P. Couvrat et M. Massé).

26) Le seul fait de conduire sans permis n'établit pas la violation d'une obligation particulière de sécurité (■ Cass. crim., 14 nov. 2002 : *JurisData* n° 194317).

À défaut d'autres circonstances, le seul fait d'avoir fumé un joint de cannabis avant de conduire un véhicule ne suffit pas à caractériser le délit de mise en danger d'autrui (■ T. com. Poitiers, 28 mai 1998 : *D.* 1999, jur. p. 110, note G. Laporte).

Jugé encore que le jet d'un sac de détritus sur la chaussée avant le passage d'un véhicule ne saurait constituer le délit, faute d'obligation particulière prévue par le Code de la route (■ Bordeaux, 15 mai 1997 : *JCP* 1998, IV, 1647).

27) Ne justifie pas sa décision la cour d'appel qui, pour déclarer un conducteur circulant à une vitesse excessive coupable du délit de mise en danger d'autrui, ne caractérise pas un comportement particulier, s'ajoutant au dépassement de la vitesse autorisée, ou l'existence de circonstances de fait particulières, exposant directement autrui à un risque immédiat de mort ou de blessures de nature à entraîner une mutilation ou une infirmité permanente (■ Cass. crim., 16 déc. 2015, n° 15-80.916 : *Dr. pén.* 2016, comm. 43, obs. P. Conte).

28) Encourt la cassation l'arrêt qui déclare coupable de ce chef un automobiliste qui, lors d'un contrôle sur la voie publique, a brutalement accéléré alors qu'un gardien de la paix tenait ouverte la portière du véhicule, sans caractériser un comportement particulier, s'ajoutant à la rébellion et au refus de se soumettre aux vérifications, également visés par la prévention, ou l'existence de circonstances de fait exposant autrui à un risque immédiat de mort ou de blessures, et sans préciser l'obligation particulière de sécurité ou de prudence imposée par la loi ou le règlement qui aurait été violée en l'espèce (■ Cass. crim., 12 janv. 2016, n° 14-86.503).

29) Absence de circonstances d'exposition au risque. Méconnaît les exigences de l'article 223-1 l'arrêt qui déclare le prévenu coupable du délit prévu par ce texte, sans caractériser un comportement particulier, s'ajoutant au dépassement de la vitesse autorisée, et exposant directement autrui à un risque immédiat (■ Cass. crim., 19 avr. 2000 : *Bull. crim.*, n° 161 ; *Dr. pénal* 2000, comm. 98, obs. M. Véron ; *D.* 2000, jur. 631 note Y. Mayaud).

30) Méconnaît les exigences de l'article 223-1 du Code pénal l'arrêt qui déclare un prévenu coupable du délit prévu par ce texte, sans préciser les circonstances de fait caractérisant le risque immédiat de mort ou de blessures de nature à entraîner une mutilation ou une infirmité permanente auquel le prévenu, par la violation manifestement délibérée d'un arrêté municipal interdisant l'utilisation d'engins à chenilles sur les pistes du domaine skiable pendant leurs heures d'ouverture, a exposé directement autrui (■ Cass. crim., 3 avr. 2001 : *Bull. crim.*, n° 90 ; *Dr. pénal* 2001, comm. 100, obs. M. Véron ; *JCP* 2002, II, 10056, note F. Gauvin ; *Rev. sc. crim.* 2001, p. 575, obs. Y. Mayaud).

31) Méconnaît l'article 223-1 du Code pénal la cour d'appel qui, pour déclarer le prévenu coupable de mise en danger d'autrui pour avoir omis de procéder, sur un site, à la neutralisation et à l'élimination des déchets de munitions et pyrotechniques dont il avait la charge, selon les procédés prévus par la réglementation en vigueur et conformes à l'autorisation d'exploitation, se borne à retenir que le prévenu n'a pas pris les mesures nécessaires au cours des mois précédant la cessation d'exploitation pour nettoyer le site, dont il connaissait la situation, afin d'éviter tout danger, alors qu'il lui appartenait de rechercher la loi ou le règlement édictant une obligation particulière de prudence ou de sécurité qui aurait été violée de façon manifestement délibérée (■ Cass. crim., 20 sept. 2016, n° 14-84.355).

32) Force majeure (contrainte). Justifie une décision de relaxe d'un automobiliste la cour d'appel qui constate que la perte de contrôle de son véhicule a été due à un malaise brutal et imprévisible (■ Cass. crim., 15 nov. 2005 : *Bull. crim.*, n° 295 ; V. *supra* sous article 122-2).

33) Autres domaines d'application. En matière de réglementation du travail de pollution, de navigation et de sports d'hiver, V. aussi arrêts déjà cités *supra*.

34) Réglementation du travail. Le délit de mise en danger de la personne est constitué par le fait d'exposer directement autrui à un risque immédiat de mort ou de blessures de nature à entraîner une mutilation ou une infirmité permanente par la violation manifestement délibérée d'une obligation particulière de sécurité ou de prudence imposée par la loi ou le règlement ; encourt la cassation pour défaut de base légale l'arrêt qui, pour relaxer un prévenu responsable d'un chantier de travaux publics du chef de mise en danger de la vie ou de la santé d'un salarié, retient que l'article 2 du décret du 8 janvier 1965 texte réglementaire visé à la prévention n'était pas applicable, alors que le prévenu était tenu d'appliquer les mesures de sécurité qu'énonce ce texte, au regard des dispositions de l'article 1er du décret susvisé (■ Cass. crim., 8 oct. 2002 : *Bull. crim.*, n° 181).

35) Justifie sa décision la cour d'appel qui, pour condamner pour mise en danger d'autrui l'employeur d'un salarié ayant eu un malaise, causé par l'inhalation d'hydrogène sulfuré et ayant entraîné un jour d'incapacité totale de travail, alors qu'il travaillait dans un local équipé d'une ventilation au débit insuffisant, énonce des motifs établissant l'exposition d'autrui à un risque de mort, de mutilation ou d'infirmité permanente, en relation directe et immédiate avec la violation, manifestement délibérée et non contestée, de dispositions du Code du travail (■ Cass. crim., 7 janv. 2015, n° 12-86.653 : *Dr. pén.* 2015, comm. 33, obs. M. Véron).

36) Baux d'habitation. Ne justifie pas sa décision la cour d'appel qui relaxe les prévenus du chef de mise en danger d'un enfant dans un appartement par eux donné à bail, sans rechercher si le bailleur n'était pas tenu, depuis l'origine du bail, d'une obligation de remettre au locataire un logement décent ne laissant pas apparaître de risques manifestes pouvant porter atteinte à la sécurité physique ou à la santé (C. santé publ., art. L. 1334-2), et alors qu'il résultait de ses propres constatations que l'enfant avait été exposé au risque de saturnisme au cours de la période visée à la prévention (■ Cass. crim., 20 nov. 2012, n° 11-88.059 : *Dr. pénal* 2013, comm. 38, obs. M. Véron).

37) Divagation d'animaux. Le délit de mise en danger d'autrui a été retenu contre les propriétaires de chiens « pitbull » en divagation sur la voie publique, en contravention à des arrêtés (T. Bobigny, 29 mai 1998 : *Gaz. Pal.* 16-17 déc. 1998, p. 21), ou laissés en liberté dans un jardin mal clôturé (■ Paris, 25 févr. 2000 : *JCP* 2000, IV, 2861).

38) Commet le délit la personne qui, malgré les mises en demeure qui lui ont été faites, laisse le bétail de son élevage divaguer dans la nature et sur les voies ouvertes à la circulation en étant consciente des risques qu'elle fait courir à ses voisins et aux usagers de ces voies (■ Cass. crim., 26 sept. 2007 : *JurisData* n° 2007-040994 ; *Dr. pénal* 2008, comm. 3, obs. M. Véron).

39) A été jugé coupable l'organisateur clandestin d'une « **rave party** », en violation délibérée de la réglementation prévue pour les lieux ouverts au public, la mise en danger d'autrui résultant d'une affluence considérable de personnes dans un espace non aménagé et dépourvu de tout dispositif de sécurité (■ Paris, 31 mai 2000 : *D.* 2000, inf. rap. p. 203).

40) Par contre, ont été relaxés des prévenus, pratiquants inexpérimentés du **canyoning** dès lors qu'il n'était pas démontré que leur violation délibérée d'une obligation particulière de sécurité et de prudence imposée par des arrêtés préfectoraux, les mettant eux-mêmes en danger, avait directement exposé leurs sauveteurs à un risque immédiat de mort ou d'infirmité permanente (■ Aix-en-Provence, 26 nov. 2001 : *JurisData* n° 170310 ; *Dr. pénal* 2002, comm. 82, obs. M. Véron).

41) Jugé aussi, qu'en matière de **chasse** la mise en danger d'autrui ne saurait être retenue contre un chasseur qui, ayant perdu l'équilibre, a accidentellement pressé la détente de son fusil, atteignant mortellement un autre chasseur, la violation délibérée d'une obligation particulière de prudence ou de sécurité faisant défaut (■ Angers, 27 nov. 2001 : *JCP* 2002, IV, 2843).

III – RÉPRESSION

42) Citation. L'article 223-1 n'exige pas, pour son application, que soit visé dans la citation ou la convocation en justice le texte législatif ou réglementaire définissant et réprimant l'obligation particulière de sécurité ou de prudence dont la violation constitue l'élément matériel du délit de mise en danger d'autrui défini par cet article (■ Cass. crim., 23 juin 1999 : *Bull. crim.*, n° 154).

43) Complicité. Doit être déclaré complice du délit de mise en danger d'autrui le passager d'un véhicule qui donne ordre à son chauffeur de « brûler » un feu de signalisation en position rouge (■ Cass. crim., 6 juin 2000 : préc. ; *Dr. pénal* 2000, comm. 124, obs. M. Véron).

44) Concours de qualifications. Le délit de mise en danger délibérée d'autrui ne peut se cumuler avec le délit de blessures involontaires aggravées, commis à l'égard des mêmes personnes (■ Cass. crim., 11 sept. 2001 : *Bull. crim.*, n° 176, et arrêts cités).

Dans le même sens, il a été jugé que le délit de mise en danger est incompatible avec l'infraction de destruction ou dégradation volontaire de biens de nature à créer un danger pour les personnes (■ Douai, 28 sept. 1994 : *Rev. sc. crim.* 1995, p. 580, obs. Y. Mayaud. ■ 12 oct. 1994 : *Bull. inf. C. cass.* 1994, n° 1196).

45) En cas de mise en danger d'autrui par la violation manifestement délibérée de plusieurs contraventions au Code de la route, le délit de mise en danger d'autrui et les contraventions au Code de la route peuvent être poursuivies cumulativement. La juridiction doit sanctionner de manière distincte le délit et chacune des contraventions (■ Cass. crim., 16 nov. 2016, n° 15-85.949).

46) Constitution de partie civile. L'infraction de risques causés à autrui relève de la catégorie des atteintes à la personne humaine dont la sanction est exclusivement destinée à protéger la personne physique ; la cour d'appel, en indemnisant un préjudice d'image subi par une personne morale, étranger à la valeur protégée par l'article 223-1 du Code pénal, a méconnu le principe ci-dessus rappelé (■ Cass. crim., 5 avr. 2011 : *Dr. pén.* 2011, comm. 88, obs. M. Véron).

47) Justifie sa décision l'arrêt qui, pour déclarer irrecevable la constitution de partie civile d'une société d'autoroutes du chef de mise en danger d'autrui, relève que ce délit suppose, pour que soit établi un lien de causalité direct entre la faute et le dommage que la victime soit une personne physique, ce qui n'est pas le cas en l'espèce et que l'infraction en cause n'a porté atteinte ni aux conditions d'exercice par la demanderesse de sa mission ni à son image (■ Cass. crim., 25 mai 2005, n° 04-85.559).

Section II. – Du délaissement d'une personne hors d'état de se protéger

Art. 223-3. – Le délaissement, en un lieu quelconque, d'une personne qui n'est pas en mesure de se protéger en raison de son âge ou de son état physique ou psychique est puni de cinq ans d'emprisonnement et de 75 000 € d'amende.

Voir : art. 227-1, p. 362 (mineurs).

Bibliographie : *JCl. pén., Délaissement d'une personne hors d'état de se protéger* par F. Dreifuss-Netter.

1) Le délit de délaissement prévu par l'article 223-3 du Code pénal suppose un **acte positif, exprimant de la part de son auteur la volonté d'abandonner définitivement la victime.** Encourt la cassation l'arrêt qui, pour condamner les prévenus, se borne à constater qu'ils ont refusé de venir prendre en charge les enfants qui se sont retrouvés seuls sur les quais d'un port maritime (■ Cass. crim., 23 févr. 2000 : *Bull. crim.*, n° 84 ; *Rev. sc. crim.* 2000, 609, obs. Y. Mayaud).

2) De même, encourt la cassation l'arrêt qui, pour condamner une personne, citée pour avoir « délaissé sa mère, personne vulnérable hors d'état de se protéger en raison de son âge (84 ans), notamment en faisant obstacle à la venue d'une aide-ménagère », préalablement relaxée par le tribunal correctionnel au motif que le comportement de la prévenue, pour moralement blâmable qu'il fût, ne caractérisait pas le délit poursuivi, en l'absence de la démonstration d'une volonté d'abandon définitif, retient qu'elle s'est énergiquement opposée à l'intervention de l'aide-ménagère envoyée par une association au domicile de sa mère, sans apporter à celle-ci, âgée de 84 ans et venant d'être hospitalisée, une autre forme d'assistance, alors que les faits retenus n'entraient pas dans les prévisions de l'article 223-3 du Code pénal (■ Cass. crim., 13 nov. 2007 : *Bull. crim.*, n° 273 ; *Dr. pénal* 2008, comm. 17, obs. M. Véron ; *Rev. sc. crim.* 2008, p. 342, obs. Y. Mayaud).

3) Encourt la cassation l'arrêt qui énonce que ce délit est caractérisé par les conditions de vie dégradantes dans lesquelles le prévenu a maintenu sa mère âgée de 89 ans et présentant un état de délabrement physique et mental, alors que les faits retenus n'entraient pas dans les prévisions de l'article 223-3 du Code pénal (■ Cass. crim., 9 oct. 2012, n° 12-80.412 : *Bull. crim.*, n° 213 ; *Dr. pénal* 2013, comm. 1, obs. M. Véron ; *AJP* 2013, n° 39, note J. Lasserre Capdeville).

Art. 223-4. – Le délaissement qui a entraîné une mutilation ou une infirmité permanente est puni de quinze ans de réclusion criminelle.

Le délaissement qui a provoqué la mort est puni de vingt ans de réclusion criminelle.

Voir : art. 227-2, p. 363 (mineurs).

Section III. – De l'entrave aux mesures d'assistance et de l'omission de porter secours

Art. 223-5. – Le fait d'entraver volontairement l'arrivée de secours destinés à faire échapper une personne à un péril imminent ou à combattre un sinistre présentant un danger pour la sécurité des personnes est puni de sept ans d'emprisonnement et de 100 000 € d'amende.

Art. 223-6. – Quiconque pouvant empêcher par son action immédiate, sans risque pour lui ou pour les tiers, soit un crime, soit un délit contre l'intégrité corporelle de la personne s'abstient volontairement de le faire est puni de cinq ans d'emprisonnement et de 75 000 € d'amende.

Sera puni des mêmes peines quiconque s'abstient volontairement de porter à une personne en péril l'assistance que, sans risque pour lui ou pour les tiers, il pouvait lui prêter soit par son action personnelle, soit en provoquant un secours.

Bibliographie : *JCl. pén., Entrave aux mesures d'assistance, omission de porter secours* par P. Bonfils. • *Le médecin devant l'article 63* par R. Vouin : *Rev. sc. crim.* 1957, p. 353. • *JCP* 1995, I, 3868, chron. par J.-L. Fillette.

• ***Sommaire***

I – OMISSION D'EMPÊCHER UNE INFRACTION

1) Le suicide ne constitue pas un crime ou un délit contre l'intégrité corporelle d'une personne au sens de l'article 63 [223-6], alinéa 1 et ne peut donc être retenu contre quiconque se serait abstenu d'agir (■ Cass. crim., 23 avr. 1971 : *D.* 1971, somm., 121). Sur les conséquences civiles d'une aide au suicide, V. Mayer, note sous ■ TGI Paris, 25 janv. 1984 : *D.* 1984, 486. – V. aussi ■ TGI Paris, 23 janv. 1985 : *D.* 1985, 418, note Calais.

– Sur la provocation au suicide, la propagande ou la publicité en sa faveur, punissables V. *infra* les articles 223-13 à 223-15 du Code pénal.

2) L'obligation d'agir existe non seulement lorsque le crime ou le délit est en cours de consommation, mais encore avant toute tentative **et même dès que l'infraction est projetée**, pourvu que la préparation ou le projet ait pris suffisamment de consistance (■ Cass. crim., 18 janv. 1951 : *Bull. crim.*, n° 24. ■ 4 mai 1951 : S. 1952, 1, 65 ; *D.* 1951, 452. ■ Bourges, 16 févr. 1950 : *JCP* 50, II, 5629, note Chavanne ; *Rev. sc. crim.* 1950, 412, obs. Hugueney. ■ Cass. crim., 16 sept. 1992 : *Dr. pénal* 1992, n° 78, obs. Véron ; *JurisData* n° 003188).

3) Le fait par une prévenue, ayant connaissance d'un projet d'assassinat, de garder le silence, laissant ainsi s'accomplir le crime projeté, constitue le délit défini par l'article 223-6, alinéa 1, du Code pénal (■ Cass. crim., 27 nov. 1996 : *Rev. sc. crim.* 1997, p. 379, obs. Mayaud ; *Bull. crim.*, n° 431).

4) Ne constitue pas un risque au sens de la loi, la crainte d'être abandonnée par son amant pour une femme qui assiste aux préparatifs menés par cet amant qui a décidé d'assassiner son mari importun (■ Cass. crim., 4 mai 1951, préc.).

5) Le simple conseil de s'abstenir ou d'être prudent ne saurait être considéré comme une intervention sérieuse et ne saurait faire échapper dès lors son auteur aux sanctions prévues par la loi (■ T. corr. Auch, 26 juill. 1949 : *Rec. dr. pén.* 1949, 43).

6) A été déclaré coupable du délit d'omission d'empêcher un délit contre l'intégrité corporelle des personnes, en l'espèce du délit de tromperie sur les qualités substantielles de produits dont des hémophiles étaient acquéreurs et dont l'utilisation était rendue dangereuse pour leur santé, un médecin qui, alors qu'il avait connaissance de l'étendue de la contamination, s'est abstenu volontairement d'agir et d'intervenir personnellement de tout le poids que lui donnaient ses fonctions alors que son intervention, sans risque pour quiconque, pouvait empêcher la poursuite de la cession de produits contaminés (■ Paris, 13 juill. 1993 : *Bull. inf. C. cass.* 1993, 1221 ; *D.* 1994, 118, note Prothais).

7) Caractérise le délit d'omission d'empêcher une infraction, (après requalification du délit de non dénonciation de mauvais traitements sur personne vulnérable) le fait, pour un médecin hospitalier..., sachant que plusieurs membres du personnel avaient un comportement maltraitant envers des pensionnaires âgés et dépendants, de s'être abstenu d'intervenir auprès de l'encadrement des infirmiers, même s'il n'avait pas autorité sur le personnel soignant, afin que soient prises des dispositions, telles qu'une meilleure surveillance, tendant à prévenir le renouvellement de faits constituant des atteintes à l'intégrité de personnes hospitalisées, et, en cas d'échec de cette démarche, de ne pas s'être entretenu de la situation avec la direction de l'hôpital afin que la qualité des soins prodigués aux pensionnaires soit préservée par des mesures appropriées (■ Cass. crim., 23 oct. 2013 : *Bull. crim.*, n° 204 ; *Dr. pén.* 2013, comm. 166, obs. M. Véron ; *Dr. pén.* 2014, comm. 15, obs. A. Maron et M. Haas). V. note sous art. 434-3, p. 549.

8) Sur l'indifférence du mobile, V. ■ Cass. crim., 21 nov. 1974 : *Bull. crim.*, n° 345 ; *JCP* 75, II, 18143, note Chambon : l'obligation qu'impose à un éducateur de jeunes délinquants ou inadaptés l'article 63 [223-6], alinéa 1, du Code pénal d'empêcher, par une action immédiate, un délit contre l'intégrité corporelle d'une personne, alors qu'une telle action est sans risque pour lui-même, doit prévaloir sur la crainte qu'il peut éprouver de compromettre éventuellement l'efficacité de son action de prévention.

9) L'article 63 [223-6], alinéa 1er, n'impose pas l'obligation de dénonciation (■ Cass. crim., 7 nov. 1990 : *Bull. crim.*, n° 372).

II – REFUS DE PORTER SECOURS

A – Notion de péril

10) La personne à secourir peut être n'importe qui, notamment un nouveau-né (■ Cass. crim., 4 août 1949 : *Bull. crim.*, n° 275. ■ 23 juin 1955 : *D.* 1955, 575. ■ Paris, 3 déc. 1948 : *JCP* 49, II, 4931, note Pierrard) et il importe peu que l'enfant soit ou non viable, pourvu qu'il soit vivant. Par contre, le délit prévu par l'article 63 [223-6], alinéa 2 du Code pénal ne peut être constitué lorsque la personne est déjà morte, par exemple dans un accident de la circulation (■ Cass. crim., 1er févr. 1955 : *JCP* 55, II, 8582, note Pageaud) ; mais la répression réapparaît si la personne est seulement mourante et même si l'aide paraît vouée à l'échec, elle ne doit pas être refusée (■ Cass. crim., 21 janv. 1954 : *Bull. crim.*, n° 25 : *JCP* 54, II, 8050, note Pageaud).

11) Nature du péril. La loi ne distingue pas selon la nature du péril qui peut résulter d'un événement quelconque (■ Cass. crim., 31 mai 1949 : *JCP*49, II, 4945, note Magnol ; *Rev. sc. crim.* 1949, 746, obs. Hugueney) ; est ainsi en péril une personne blessée dans un accident de la circulation (■ Cass. crim., 23 mars 1953 : *D.* 1953, 372 ; *JCP* 53, II, 7598) ou la personne à qui a été délivré par erreur un médicament dangereux (■ Cass. crim., 23 juin 1962 : *Bull. crim.*, n° 252) ou la personne endormie, objet d'attouchements sexuels (■ Bourges, 21 juin 1990 : *JurisData* n° 046732).

12) Jugé que, commet le délit de non-assistance à personne en péril, l'auteur d'un livre sur le suicide qui, ayant reçu deux lettres successives d'un correspondant lui faisant part de son intention suicidaire et lui demandant conseil sur les méthodes de suicide, non seulement n'a pas essayé de faire renoncer celui-ci à son projet, mais lui a précisé la dose mortelle et les conditions d'absorption d'un médicament, alors que doit être considérée en péril toute personne qui risque de perdre la vie ou de souffrir d'une grave lésion corporelle quelle que soit l'origine du péril (■ TGI Paris, 20 nov. 1985 : *D.* 1986, 369, note Calais ; *Rev. sc. crim.* 1987, 202, obs. Levasseur). Cette solution a été confirmée par ■ Cass. crim., 26 avr. 1988 (*Bull. crim.*, n° 178 ; *D.* 1990, 479, note Fenaux).

13) Personnes tenues à l'obligation de secours. L'obligation de secours pèse non seulement sur toute personne étrangère à l'infraction si le péril procède de cette dernière, mais encore sur l'auteur de l'infraction pourvu qu'elle soit involontaire (■ Rennes, 20 déc. 1948 : *S.* 1949, 261. ■ Cass. crim., 4 mars 1998 : *Dr. pénal* 1998, comm. 97, obs. M. Véron).

– Ainsi, l'auteur d'un accident de la circulation, qui a eu conscience que la pilote de la motocyclette qu'il avait renversée courait un grave danger immédiat, et qui avait quitté les lieux sans alerter les secours, se rend coupable de l'infraction, bien que par la suite il soit revenu sur place, au moment où les secours, alertés par des tiers, y étaient déjà (■ Cass. crim., 15 avr. 2008 : *JurisData* n° 2008-044099 ; *Dr. pénal* 2008, comm. 94, obs. M. Véron ; *Rev. sc. crim.* 2008, p. 910, obs. Y. Mayaud).

14) Lorsque l'infraction est volontaire, la répression d'un refus de porter secours paraît inconcevable puisque justement l'auteur de l'infraction a voulu créer le péril (■ Douai, 30 déc. 1954 : *D.* 1955, 55, note Pageaud. – V. aussi M.R.M.P., note sous ■ Cass. crim., 19 févr. 1959 : *D.* 1959, 161).

15) Cependant, l'inculpation de coups et blessures volontaires ayant entraîné la mort sans intention de la donner n'est pas nécessairement exclusive de celle d'abstention volontaire de porter secours à une personne en péril (■ Cass. crim., 24 juin 1980 : *Bull. crim.*, n° 202 ; *Rev. sc. crim.* 1981, p. 618, obs. Levasseur ; en l'espèce l'auteur de coups de feu tirés sur la victime s'était ensuite enfui en laissant cette dernière allongée sur le sol, la tête ensanglantée). – Rappr. ■ Cass. crim., 22 avr. 1986 : *Bull. crim.*, n° 136, énonçant que le crime de coups mortels est distinct, en ses éléments constitutifs, du délit prévu par l'article 63 [art. 223-6] alinéa 2 du Code pénal.

16) Pour des périls n'ayant pas une source infractionnelle, V. outre les ex. cités *supra* ■ Cass. crim., 16 mars 1972 : *D.* 1972, 394, note Costa ; *Rev. sc. crim.* 1971, 880, obs. Levasseur (difficultés apparaissant après une intervention chirurgicale). ■ Besançon, 16 déc. 1975 : *D.* 1976, 166, note Pélier ; *Rev. sc. crim.* 1976, 972, obs. Levasseur (l'assistance est due au malfaiteur ou à l'agresseur blessé devenu inoffensif).

17) Imminence du péril. L'obligation de porter secours, prévue par l'article 63 [223-6] du Code pénal, concerne seulement le cas de personnes se trouvant en état de péril imminent et constant, et nécessitant une intervention immédiate (■ Cass. crim., 11 avr. 1964 : *Bull. crim.*, n° 113. ■ 13 janv. 1955 : *Bull. crim.*, n° 37. ■ 30 oct. 1990 : *Dr. pénal* 1991, comm. 39, obs. M. Véron. ■ 26 mars 1997 : *Bull. crim.*, n° 123). Un **médecin** ne saurait refuser son assistance, lorsqu'un appel lui est fait dans des conditions telles qu'un péril paraît imminent, sans avoir préalablement vérifié la nécessité de son intervention immédiate. Il en est ainsi quand bien même le péril n'aurait pas été si grave qu'il le paraissait quand l'appel lui a été adressé (■ Cass. crim., 21 janv. 1954 : *Bull. crim.*, n° 25, préc. ■ 14 nov. 1989 : *Gaz. Pal.* 1990, 2, p. 473. ■ 30 oct. 1990 : *Dr. pénal* 1991, comm. 36).

18) Le médecin-chef du service de gynécologie d'un hôpital public, auprès duquel une femme enceinte est venue solliciter l'interruption immédiate de sa grossesse, n'encourt pas les peines prévues par l'article 63 [223-6], alinéa 2, dès lors qu'il n'est pas allégué que la poursuite de la grossesse mettrait la santé de cette femme en péril grave et imminent (■ T. corr. Rouen, 9 juill. 1975 : *D.* 1976, 531, note Roujou de Boubée ; *JCP* 76, II, 18258, note R. Savatier ; *Rev. sc. crim.* 1976, 726, obs. Levasseur) ; le péril exigé par la loi devant être sérieux (même jugement).

19) Commet le délit, le médecin régulateur rattaché à un service public hospitalier qui, informé téléphoniquement du péril auquel se trouve exposé un enfant par les questions détaillées qui lui sont posées, n'ordonne pas son transfert immédiat à l'hôpital et s'abstient ainsi volontairement, dans l'exercice de ses fonctions et avec les moyens mis à sa disposition, d'intervenir par les modes utiles qu'il lui était possible d'employer pour lui prêter assistance (■ Cass. crim., 30 nov. 2010, n° 10-80.447 : *Bull. crim.*, n° 191). V. *infra*, note V° faute détachable.

20) Le péril ne doit pas être présumé mais constaté, et il doit s'agir d'un danger grave, imminent, constant et nécessitant une intervention immédiate (■ Poitiers, 3 févr. 1977 : *D.* 1978, 34, note Couvrat).

21) Consommation du délit. Peu importe que le péril disparaisse par la suite soit spontanément, soit par l'intervention de tiers : la personne ayant refusé son aide est punissable aux termes de l'article 63 [223-6], alinéa 2 (■ Cass. crim., 21 janv. 1954 : *D.* 1954, 224 ; *JCP* 54, II, 8050, note Pageaud). – La seule circonstance que la gravité des blessures rende toute assistance illusoire est indifférente (■ Cass. crim., 14 nov. 1989 : *Gaz. Pal.* 31 août-4 sept. 1990, préc.).

B – Notion d'assistance

22) La notion de risque exonératoire doit s'apprécier selon les circonstances tant factuelles que personnelles, la loi n'imposant d'ailleurs ni témérité ni héroïsme (■ T. corr. Mont-de-Marsan, 21 janv. 1959 : *JCP* 1959, II, 11086).

23) Ainsi, une personne sachant nager se doit de se jeter à l'eau pour secourir un enfant qui se noie (■ T. corr. Albertville, 12 juill. 1943 : *JCP* 1944, II, 2624, note Bornecque) ; un médecin ne saurait prétexter de maux de gorge pour ne pas se rendre auprès d'une personne souffrant d'une grave hémorragie, craignant pour sa propre santé (■ T. corr. Béthune, 19 oct. 1950 : *JCP* 1951, II, 5990, note Pageaud) ; des fermiers sont tenus d'apporter assistance à des blessés et non de la leur refuser en alléguant que leur mauvaise mine leur faisait craindre un mauvais coup de leur part (■ T. corr. Le Mans, 22 oct. 1951 : *JCP* 1951, II, 6557).

24) Se rend coupable du délit d'abstention volontaire de porter secours à une personne en péril, prévu à la date des faits par l'article 63, alinéa 2, du Code pénal et, depuis le 1er mars 1994, par l'article 223-6, alinéa 2, du nouveau code, le débitant de boissons qui, alors que se produisaient entre des consommateurs de violentes échauffourées et que l'un d'eux s'était muni d'un revolver et d'une baïonnette, s'est abstenu, alors que cette démarche ne présentait aucun risque pour lui-même ou pour des tiers, de faire appel aux services de police afin de faire cesser le trouble et de secourir la victime en difficulté (■ Cass. crim., 27 sept. 1995 : *Bull. crim.*, n° 290).

25) En revanche il a été jugé que ne commettait pas le délit l'automobiliste qui s'était employé à éteindre l'incendie de son véhicule, évitant ainsi une explosion, sans pouvoir se porter au secours du garagiste dont les vêtements commençaient de prendre feu (■ Riom, 20 mars 1947 : *D.* 1947, 304), ou un médecin menacé dans son intégrité physique par un malade qui s'oppose avec une extrême agressivité à la thérapeutique ordonnée (■ Cass. crim., 3 janv. 1973 : *D.* 1973, 220).

26) Ne justifie pas la déclaration de culpabilité du prévenu, la cour d'appel qui se borne à retenir que l'intéressé se trouvait sur les lieux d'une altercation et s'était abstenu de porter assistance à un protagonistes en situation de péril, ces énonciations n'établissant pas qu'il aurait pu, sans risque pour lui ou pour les tiers, porter assistance, alors que l'absence d'un tel risque est l'un des éléments constitutifs du délit (■ Cass. crim., 20 févr. 2013, n° 11-86.824 : *Dr. pénal* 2013, comm. 89, obs. M. Véron).

27) Cas particuliers. L'individu convaincu d'exercer habituellement (et illégalement) la médecine, de soigner régulièrement des malades, en faisant des diagnostics et en pratiquant des traitements suivis, invoque vainement l'obligation où il se serait trouvé, d'après l'article 63 [223-6] du Code pénal, de porter secours à des personnes en péril (■ Cass. crim., 9 déc. 1959 : *Bull. crim.*, n° 541 ; *Dr. pénal* 1960, 17 ; V. aussi ■ Cass crim., 30 déc. 1953 : *Bull. crim.*, n° 361).

28) Ne peut non plus invoquer un tel fait justificatif la personne qui cumule les exercices illégaux de la médecine et de la pharmacie, délivrant des médicaments de sa préparation, et qui, loin de se borner à porter secours à quelque personne en péril immédiat, tenait, au contraire, un cabinet médical et une officine pharmaceutique (■ Cass. crim., 2 juill. 1975 : *Bull. crim.*, n° 173).

29) Un individu, réputé pour être un thaumaturge, auquel les parents amènent leur jeune fils victime d'un accident qui, s'étant rendu compte de l'état grave de l'enfant et sachant qu'il est le seul à pouvoir décider les parents à faire donner à leur fils des soins médicaux, s'est volontairement abstenu de provoquer un secours, s'est rendu coupable du délit de l'article 63 [223-6] alinéa 2 du Code pénal (■ Cass. crim., 29 juin 1967 : *Bull. crim.*, n° 199 ; *JCP* 1968, II, 15377, note J. Pradel).

30) Jugé que commet le délit le guérisseur qui s'abstient de porter assistance à un malade en péril de mort que la médecine ne peut plus conjurer (■ T. corr. Orléans, 29 nov. 1950 : *D.* 1951, 246, note A. Tunc ; *JCP* 1951, II, 6195, note J. Larguier).

– Il demeure que ces personnes doivent en principe s'abstenir d'accomplir les actes réservés aux médecins et pharmaciens, sous peine d'encourir des poursuites pour exercice illégal de ces professions.

31) Mode d'intervention. Quoique permis, le choix du mode d'intervention n'est pas laissé à l'entière discrétion de l'intéressé sinon celui-ci pourrait trop facilement se décharger de son obligation d'agir sur un tiers ; ainsi est punissable celui qui, pouvant facilement secourir la victime, se contente d'aller chercher du secours au village voisin (■ T. corr. Aix-en-Provence, 27 mars 1947 : *D.* 1947, 304).

– Bien que l'intervention personnelle immédiate soit d'abord privilégiée (■ Cass. crim., 3 nov. 1954 : *Bull. crim.*, n° 311. ■ 7 mars 1991 : *Dr. pénal* 1991, comm. 246 ; *Rev. sc. crim.* 1992, p. 82, obs. Levasseur), la nature et les circonstances de la situation peuvent imposer le recours à un tiers ou encore le cumul des deux modes d'assistance (■ Cass. crim., 26 juill. 1954 : *Bull. crim.*, n° 276. ■ 9 oct. 1956 : *Bull. crim.*, n° 616).

– Sur la sévérité de la jurisprudence à propos des médecins, V. notamment : ■ Cass. crim., 17 févr. 1972 : *JCP* 73, II, 17474, note Moret ; *Rev. sc. crim.* 1972, 878, obs. Levasseur. ■ Nancy, 27 oct. 1965 : *D.* 1966, 30, note Lorentz. ■ Cass. crim., 4 févr. 1998 : *Dr. pénal* 1998, comm. 96, obs. M. Véron.

32) Commet l'infraction le capitaine du cargo qui se contente de signaler le naufrage du chalutier qu'il a provoqué, sans mettre en œuvre une intervention personnelle efficace qu'il pouvait entreprendre sans risque (■ Cass. crim., 13 mars 2007 : *JurisData* 2007, n° 38441 ; *Dr. pénal* 2007, comm. 82, obs. M. Véron).

33) En présence d'une pendaison qui venait de se produire, l'appel téléphonique effectué par le prévenu aux services de police pour provoquer des secours ne saurait l'exonérer dès lors que l'article 223-6, alinéa 2, du Code pénal qui fait devoir à celui qui est en état de le faire sans risque pour lui ou pour les tiers, de porter assistance à une personne en péril soit par son action personnelle, soit en provoquant un secours, n'a pas entendu ouvrir une option arbitraire entre deux modes d'assistance mais fait, tout au contraire, obligation d'intervenir, s'il le faut, par leur emploi cumulatif (■ Cass. crim., 4 juin 2013, n° 12-85.874 : *Dr. pén.* 2013, comm. 138, obs. M. Véron).

34) En l'état d'un viol subi par un mineur de quinze ans qui faisait l'objet d'une mesure d'assistance éducative, caractérise en tous ses éléments constitutifs le délit de non-assistance à personne en péril l'arrêt qui retient que les prévenus, professionnels de la santé ou de l'assistance à l'enfance, se sont bornés à prendre une mesure d'éloignement de l'agresseur sans se soucier de faire examiner la victime (■ Cass. crim., 8 oct. 1997 : *Bull. crim.*, n° 329).

35) Peu importe l'efficacité ou non du ou des secours. Mais celui qui s'est volontairement abstenu en raison de la gravité des blessures de la personne à secourir ne saurait invoquer l'inefficacité de son assistance éventuelle pour contester le délit (■ Cass. crim., 23 mars 1953 : *Bull. crim.*, n° 104 ; *JCP* 1953, II, 7584).

Même si l'aide apparaît vouée à l'inefficacité en raison de la gravité de l'atteinte corporelle, elle ne peut être refusée lorsqu'elle est exempte de risque pour celui qui y est tenu ou pour les tiers (■ Cass. crim., 4 juin 2013, préc.).

36) Élément moral. L'intention délictueuse suppose en premier lieu que le prévenu doit avoir eu connaissance du péril menaçant la victime (■ Cass. crim., 21 janv. 1954 : *JCP* 54, II, 8050, note Pageaud. ■ 3 févr. 1993 : *Bull. crim.*, n° 58), étant entendu qu'il ne peut dépendre de lui seul de minimiser de façon abusive la réalité du danger (■ Cass. crim., 16 mars 1972 : *D.* 1972, 394, note Costa ; *JCP* 73, II, 17474, note Moret ; *Rev. sc. crim.* 1972, 880, obs. Levasseur), et en second lieu la volonté de ne pas secourir, le plus souvent déduite des circonstances et du comportement de l'intéressé (■ Cass. crim., 23 mars 1953 : *JCP* 53, II, 7598. ■ 3 juin 1976 : *Bull. crim.*, n° 198. ■ 30 oct. 1990 : *Dr. pénal* 1991, comm. n° 39).

37) Justifie sa décision de condamnation la cour d'appel qui énonce que, la victime ayant été blessée accidentellement par une arme à feu, le prévenu, aidé de deux autres personnes, l'a, alors qu'elle était encore vivante, transportée sur un parking et abandonnée entre deux voitures pour faire croire à une agression, et que les services de secours n'ont été alertés qu'à la suite de l'organisation de cette mise en scène (■ Cass. crim., 11 janv. 1989, inédit).

38) La conscience de l'existence d'un péril imposant l'assistance prescrite par l'article 223-6, alinéa 2, du Code pénal s'apprécie concrètement, en tenant compte, notamment, de l'absence de connaissances médicales de la personne mise en cause, ainsi que de la complexité ou de l'ambiguïté de la situation dont elle a été témoin (■ Cass. crim., 22 juin 2016, n° 14-86.243).

39) Applications de ces conditions. Fait une exacte application de l'article 63 [223-6], 2° du Code pénal l'arrêt qui établit d'une part que le péril couru par la victime était imminent et constant ; que, d'autre part, aucun doute ne pouvait subsister dans l'esprit de la prévenue, femme avertie, quant à la nécessité absolue d'agir en vue de tenter de conjurer, par des soins ou un secours appropriés, les conséquences d'un état de santé alarmant (■ Cass. crim., 11 avr. 1964 : *Bull. crim.*, n° 113, préc.).

40) Le délit prévu par l'article 63 [223-6], alinéa 2, du Code pénal est constitué dès lors que le prévenu dont le concours est demandé, ne pouvait se méprendre sur la gravité du péril auquel se trouvait exposée une personne et qu'il s'est volontairement abstenu de lui porter secours : ainsi en est-il pour un médecin de garde et l'épouse de ce dernier qui, informés téléphoniquement d'un accouchement survenu à domicile dans des conditions d'hébergement précaires et ainsi avertis de la gravité imminente du péril couru par des nouveaux-nés, se sont volontairement abstenus d'intervenir par les modes qu'il leur était possible d'employer (■ Cass. crim., 17 févr. 1972 : *Bull. crim.*, n° 68, préc. avec les notes ; rappr. ■ Cass. crim., 29 juin et 26 nov. 1969 : *Bull. crim.*, n° 475 et 317. *Adde* 26 mars 1997 : *Bull. crim.*, n° 123, préc. avec la note).

41) Justifie sa décision de condamnation la cour d'appel qui énonce que, la victime ayant été blessée accidentellement par une arme à feu, le prévenu, aidé de deux autres personnes, l'a, alors qu'elle était encore vivante, transportée sur un parking et abandonnée entre deux voitures pour faire croire à une agression, et que les services de secours n'ont été alertés qu'à la suite de l'organisation de cette mise en scène (■ Cass. crim., 11 janv. 1989, inédit).

42) Le délit d'omission de porter secours prévu par l'article 63 [223-6], alinéa 2, du Code pénal, n'est constitué que lorsque le prévenu, ayant eu conscience du degré de gravité du péril auquel se trouvait exposée une personne, s'est abstenu volontairement de lui porter secours ; encourt dès lors la cassation l'arrêt qui, pour caractériser l'élément moral de ce délit, se fonde sur une **erreur de diagnostic** portant, en l'espèce, sur l'utilité d'une réanimation (■ Cass. crim., 3 févr. 1993 : *Bull. crim.*, n° 58).

43) Le délit prévu par l'article 223-6, alinéa 2, du Code pénal est constitué dès lors que le médecin dont le concours est demandé ne pouvait se méprendre sur la gravité du péril auquel se trouvait exposé le malade et qu'il s'est volontairement abstenu de lui porter secours (■ Cass. crim., 26 mars 1997 : *Bull. crim.*, n° 123 ; *Rev. sc. crim.* 1997, p. 838, obs. Y. Mayaud).

44) Le délit n'est pas caractérisé, lorsqu'il résulte des circonstances de fait constatées par les juges que les personnes mises en examen n'ont pu avoir conscience d'un péril d'une imminente gravité qu'elles auraient pu écarter par leur intervention immédiate (■ Cass. crim., 18 juin 2003 ; *Bull. crim.*, n° 127 ; *Bull. inf. C. cass.* 2003, n° 583, I, avis Mme Commaret, rapp. Roman ; *JCP* 2003, II, 10121, note M. L. Rassat ; *Dr. pénal* 2003, comm. 97, obs. M. Véron ; *D.* 2005, jur., p. 195, note A. Prothais).

45) Mais ne justifie pas sa décision la cour d'appel qui, après avoir relevé que le prévenu, brigadier-chef de police, avait refusé d'envoyer une équipe de police-secours sur les lieux d'où une mère de famille l'avait alerté à deux reprises, par téléphone, du danger encouru par ses deux jeunes enfants de la part de leur père, ivre et violent qui ne voulait pas les lui remettre, et avait brutalement mis fin à un troisième coup de téléphone, se mettant ainsi hors d'état d'apprécier et d'évaluer la gravité du péril, a cependant retenu qu'il n'était pas établi que ce fonctionnaire ait délibérément omis de porter secours à une personne dont il avait clairement conscience qu'elle était en danger, le renvoyant, par ces motifs contradictoires, des fins de la poursuite (■ Cass. crim., 4 avr. 2007 : *JurisData* n° 2007-038774 ; *Dr. pénal* 2007, comm. 100, obs. M. Véron).

46) Obstacles à l'assistance. Ils peuvent provenir soit de l'entourage (■ Cass. crim., 29 juin 1967 : *Bull. crim.*, n° 199 ; *D.* 1968, 2 ; *JCP* 1968, II,

15377, note Pradel, préc.), soit de la personne en péril elle-même :

Écarte à bon droit le chef d'inculpation fondé sur l'application de l'article 63, alinéa 2 du Code pénal, l'arrêt d'une chambre d'accusation qui constate que la thérapeutique adéquate ordonnée par le médecin n'a pu être appliquée en raison du refus obstiné du malade de se soumettre aux soins prescrits (■ Cass. crim., 3 janv. 1973 : *Bull. crim.*, n° 2 ; *Rev. sc. crim.*, 1974, p. 591, obs. Levasseur).

47) Sur le cumul de l'omission de porter secours et une autre infraction, notamment inintentionnelle, V. crim., 13 mars 2007 : *Dr. pénal* 2007, préc. et 15 avril 2008, préc., V° *Personnes tenues à l'obligation de secours* (homicide involontaire), et aussi ■ Aix-en-Provence, 22 juin 2004 : *JurisData* n° 2004-256324 (délit de fuite).

48) Prescription. L'abstention délictueuse reprochée à un médecin, qui n'est pas intervenu auprès de son patient alors qu'il avait été informé par le centre de transfusion sanguine de la contamination par le virus VIH du sang qu'il lui avait antérieurement transfusé au cours d'une opération, a été commise au moment où le médecin a eu connaissance de la contamination et avait l'obligation de la révéler. La prescription du délit d'omission de porter secours poursuivi commence à courir à cette date (■ Cass. crim., 17 sept. 1997 : *Bull. crim.*, n° 300).

49) Solidarité. Après avoir déclaré un prévenu coupable de coups ou violences volontaires et un autre prévenu coupable de non-assistance à personne en péril envers la même victime, les juges ne peuvent les condamner solidairement à des réparations civiles sans constater l'existence d'un lien de connexité entre les deux infractions (■ Cass. crim., 27 sept. 1995 : *Bull. crim.*, n° 290).

50) Action civile. Si les dispositions de l'article 63-2° du Code pénal ont pour objet l'intérêt général de la collectivité et répriment le trouble causé à l'ordre public par une abstention délictueuse elles ont aussi pour but la protection des intérêts privés ; dès lors l'action civile née de ce délit peut être régulièrement exercée devant la juridiction répressive dans les conditions prévues aux articles 2 et 3 du Code de procédure pénale et la victime du délit est en droit de demander réparation du dommage né de l'infraction (■ Cass. crim., 16 mars 1972 : *Bull. crim.*, n° 109).

– **Le préjudice résultant** pour la victime **d'un délit de blessures involontaires et celui résultant d'une omission volontaire de porter secours** à une personne en péril n'ayant pas le même fondement, la réparation qui en est ordonnée pour l'un et pour l'autre de chacun de ces délits, doit nécessairement être justifiée par des motifs distincts et donner lieu à une évaluation distincte du dommage ; cette obligation qui s'impose aux juges ne saurait toutefois faire obstacle à l'application éventuelle de la solidarité, si les conditions des articles 55 du Code pénal [ancien] ou 203 du Code de procédure pénale sur la connexité se trouvent remplies (■ Cass. crim., 20 mars 1972 : *Bull. crim.*, n° 112 ; *D.* 1972, p. 394, note Costa ; *JCP* 1973, II, 17474, note Moret, pour ces deux arrêts).

51) Faute détachable. La juridiction judiciaire est compétente pour statuer sur la réparation des conséquences dommageables de la faute commise par un agent public et revêtant le caractère d'une faute personnelle, détachable de la fonction ; encourt dès lors la cassation l'arrêt par lequel une cour d'appel se déclare incompétente pour statuer sur la responsabilité civile d'un médecin attaché à un service public hospitalier, définitivement condamné pour non-assistance à personnes en péril, alors que la faute commise par celui-ci révélait un manquement volontaire et inexcusable à des obligations d'ordre professionnel et déontologique (■ Cass. crim., 2 avr. 1992 : *Bull. crim.*, n° 140).

52) Ne commet pas une faute détachable du service, le médecin régulateur rattaché à un service public hospitalier qui, informé téléphoniquement du péril auquel se trouve exposé un enfant par les questions détaillées qui lui sont posées, n'ordonne pas son transfert immédiat à l'hôpital et s'abstient ainsi volontairement, dans l'exercice de ses fonctions et avec les moyens mis à sa disposition, d'intervenir par les modes utiles qu'il lui était possible d'employer pour lui prêter assistance (■ Cass. crim., 30 nov. 2010 : *Bull. crim.*, n° 191). – Rapp. sur la notion de faute personnelle non détachable du service dans le domaine médical, ■ Cass. crim., 13 févr. 2007 : *Bull. crim.*, n° 45.

Art. 223-7. – Quiconque s'abstient volontairement de prendre ou de provoquer les mesures permettant, sans risque pour lui ou pour les tiers, de combattre un sinistre de nature à créer un danger pour la sécurité des personnes est puni de deux ans d'emprisonnement et de 30 000 € d'amende.

Art. 223-7-1 ***(Mod., L. n° 2009-526, 12 mai 2009).*** **– Les personnes morales déclarées responsables pénalement, dans les conditions prévues par l'article 121-2, des infractions définies à la présente section encourent, outre l'amende suivant les modalités prévues par l'article 131-38 :**

1° Les peines mentionnées aux 2° à 9° de l'article 131-39 ;

2° La peine mentionnée au 1° de l'article 131-39 pour les infractions prévues aux articles 223-5 et 223-6.

L'interdiction mentionnée au 2° de l'article 131-39 porte sur l'activité dans l'exercice ou à l'occasion de l'exercice de laquelle l'infraction a été commise.

Section IV. – De l'expérimentation sur la personne humaine

Voir : Annexes 42 (Médecine).

Art. 223-8 ***(Mod., L. n° 2004-806, 9 août 2004 ; mod. à compter de la date prévue par l'article 11 de la loi n° 2012-300 du 5 mars 2012 ; Ord. n° 2016-800, 16 juin 2016).*** **– Le fait de pratiquer ou de faire pratiquer sur une personne une recherche mentionnée aux 1° ou 2° de l'article L. 1121-1** ***(Mots aj., Ord. n° 2016-800, 16 juin 2016)*** **« ou sur un essai clinique mentionné à l'article L. 1124-1 » du Code de la santé publique sans avoir recueilli le consentement libre, éclairé et, le cas échéant, écrit de l'intéressé, des titulaires de l'autorité parentale ou du tuteur ou d'autres personnes, autorités ou organes désignés pour consentir à la recherche ou pour l'autoriser, dans les cas prévus par le Code de la santé publique** ***(Mots aj., Ord. n° 2016-800, 16 juin 2016)*** **« ou par les articles 28 à 31 du règlement (UE) n° 536/2014 du Parlement européen et du Conseil du 16 avril 2014 relatif aux essais cliniques de médicaments », est puni de trois ans d'emprisonnement et de 45 000 € d'amende.**

Les mêmes peines sont applicables lorsque la recherche interventionnelle est pratiquée alors que le consentement a été retiré.

Les mêmes peines sont applicables lorsqu'une recherche non interventionnelle est pratiquée alors que la personne s'y est opposée.

Les dispositions du présent article ne sont pas applicables à l'examen des caractéristiques génétiques d'une personne ou à son identification par ses empreintes génétiques effectués à des fins de recherche scientifique.

Bibliographie : *JCl. pén., Expérimentation sur la personne humaine* par Ch. Byk.

Justifie sa décision au regard des dispositions de l'article 223-8 du Code pénal, la cour d'appel qui, pour déclarer un médecin coupable de recherche biomédicale non consentie, retient qu'il a entrepris cette recherche sur un patient très affaibli et manifestement dans l'impossibilité de donner un consentement libre, éclairé et exprès, lequel n'a été recueilli ni par écrit ni par une autre façon (■ Cass. crim., 24 févr. 2009 : *Bull. crim.*, n° 45 ; *JCP* 2009, IV, n° 1609 et Act. n° 177, obs. M.-H. Desfour ; *Dr. pénal* 2009, comm. 59, obs. M. Véron ; *AJ Pénal*, 2009, p. 227, obs. G. Royer ; *JCP* 2009, n° 25, 13, p. 29, note P. Mistretta).

Art. 223-9 ***(Mod., L. n° 2009-526, 12 mai 2009).*** **– Les personnes morales déclarées responsables pénalement, dans les conditions prévues par l'article 121-2, des infractions définies à l'article 223-8 encourent, outre l'amende suivant les modalités prévues par l'article 131-38, les peines prévues par l'article 131-39.**

L'interdiction mentionnée au 2° de l'article 131-39 porte sur l'activité dans l'exercice ou à l'occasion de l'exercice de laquelle l'infraction a été commise.

Section V. – De l'interruption illégale de la grossesse

Art. 223-10. – L'interruption de la grossesse sans le consentement de l'intéressée est punie de cinq ans d'emprisonnement et de 75 000 € d'amende.

Voir : Annexe 42 (Médecine, § VIII : Interruption volontaire de grossesse).

Bibliographie : *JCl. pén., Interruption de grossesse sans le consentement de l'intéressé* par H. Angevin actualisé par E. Letouzey.

Art. 223-11 ***(L. n° 2013-711, 5 août 2013).*** **– La tentative du délit prévu à l'article 223-10 est punie des mêmes peines.**

Art. 223-12 ***(Abr., L. n° 2001-588, 4 juill. 2001).***

Section VI. – De la provocation au suicide

Art. 223-13 *(L. n° 2009-1437, 24 nov. 2009)*. **– Le fait de provoquer au suicide d'autrui est puni de trois ans d'emprisonnement et de 45 000 € d'amende lorsque la provocation a été suivie du suicide ou d'une tentative de suicide.**

Les peines sont portées à cinq ans d'emprisonnement et à 75 000 € d'amende lorsque la victime de l'infraction définie à l'alinéa précédent est un mineur de quinze ans.

Les personnes physiques ou morales coupables du délit prévu à la présente section encourent également la peine complémentaire suivante : interdiction de l'activité de prestataire de formation professionnelle continue au sens de l'article L. 6313-1 du Code du travail pour une durée de cinq ans.

Bibliographie : *JCl. pén.*, *Provocation au suicide* par C. Claverie-Rousset.

1) La Cour de cassation a décidé que les éléments matériel et intentionnel du délit prévu à l'article 63 [223-6], alinéa 2, ancien du Code pénal étaient réunis en constatant que l'auteur de l'ouvrage « Suicide, mode d'emploi » a renseigné une personne lui faisant part de son projet de suicide sur l'efficacité de certaines méthodes préconisées puis sur la dose mortelle d'un médicament sans tenter de lui porter secours (■ Cass. crim., 26 avr. 1988 : *Bull. crim.*, n° 178 ; *D.* 1991, 479, note Fenaux ; *Gaz. Pal.* 1988, 2, 844, note Doucet).

2) Un tribunal a jugé que la simple remise d'une arme à une personne tenant des propos suicidaires ne constitue pas une provocation au suicide (■ TGI Lille, 5 avr. 1990 : *Dr. pénal* 1991, comm. 196, obs. Véron ; *Rev. sc. crim.* 1993, 325, obs. Levasseur ; *D.* 1993, somm. 14, obs. Azibert).

Art. 223-14. – La propagande ou la publicité, quel qu'en soit le mode, en faveur de produits, d'objets ou de méthodes préconisés comme moyens de se donner la mort est punie de trois ans d'emprisonnement et de 45 000 € d'amende.

1) Le délit de l'article 223-14 a été déclaré constitué à l'encontre de l'éditeur qui, dans le dernier trimestre de 1989, a réédité et rediffusé l'ouvrage « Suicide, mode d'emploi », se rendant ainsi coupable de publicité en faveur de méthodes préconisées comme moyens de se donner la mort (■ T. corr. Paris, 11 avr. 1995 : *JCP* 96, II, 22789, note Lucas-Yalley ; *Gaz. Pal.* 1997, I, chron. dr. crim. p. 20, comm. J.-P. Doucet ; ■ Paris, 18 janv. 2001 : *JurisData* n° 137734, obs. M. Véron).

2) Caractérise, à l'encontre du directeur de publication d'un journal, le délit de propagande ou de publicité en faveur de produits, objets ou méthodes préconisés comme moyen de se donner la mort, prévu et réprimé par l'article 223-14 du Code pénal, la cour d'appel qui constate qu'a été publié dans le journal concerné un entrefilet consacré à un livre présenté comme un « guide du suicide » préconisant environ vingt méthodes pour se donner la mort dont « l'asphyxie et l'overdose », le texte incriminé précisant les moyens de se procurer cet ouvrage, prétendument « censuré » en France, et communiquant l'adresse d'un site Internet permettant de localiser l'association la plus proche ayant pour objet la défense du droit à la mort ; il résulte en effet de ces constatations que le texte incriminé constitue une publicité en faveur des « procédés de suicide » décrits dans l'ouvrage, même si seulement deux d'entre eux y sont cités (■ Cass. crim., 13 nov. 2001 : *Bull. crim.*, n° 234 ; *Dr. pénal* 2002, comm. 13, obs. M. Véron ; *Rev. sc. crim.* 2002, p. 615, obs. J. Francillon).

Art. 223-15. – Lorsque les délits prévus par les articles 223-13 et 223-14 sont commis par la voie de la presse écrite ou audiovisuelle, les dispositions particulières des lois qui régissent ces matières sont applicables en ce qui concerne la détermination des personnes responsables.

Art. 223-15-1 *(Mod., L. n° 2009-526, 12 mai 2009)*. **– Les personnes morales déclarées responsables pénalement, dans les conditions prévues par l'article 121-2, des infractions définies à la présente section encourent, outre l'amende suivant les modalités prévues par l'article 131-38 :**

1° Les peines mentionnées aux 2° à 9° de l'article 131-39 ;

2° La peine mentionnée au 1° de l'article 131-39 pour l'infraction prévue au deuxième alinéa de l'article 223-13.

L'interdiction mentionnée au 2° de l'article 131-39 porte sur l'activité dans l'exercice ou à l'occasion de l'exercice de laquelle l'infraction a été commise.

Section VI *bis*. – De l'abus frauduleux de l'état d'ignorance ou de faiblesse

(L. n° 2001-504, 12 juin 2001)

Art. 223-15-2 ***(L. n° 2001-504, 12 juin 2001 ; mod., L. n° 2009-526, 12 mai 2009)*. – Est puni de trois ans d'emprisonnement et de 375 000 € d'amende l'abus frauduleux de l'état d'ignorance ou de la situation de faiblesse soit d'un mineur, soit d'une personne dont la particulière vulnérabilité, due à son âge, à une maladie, à une infirmité, à une déficience physique ou psychique ou à un état de grossesse, est apparente ou connue de son auteur, soit d'une personne en état de sujétion psychologique ou physique résultant de l'exercice de pressions graves ou réitérées ou de techniques propres à altérer son jugement, pour conduire ce mineur ou cette personne à un acte ou à une abstention qui lui sont gravement préjudiciables.**

Lorsque l'infraction est commise par le dirigeant de fait ou de droit d'un groupement qui poursuit des activités ayant pour but ou pour effet de créer, de maintenir ou d'exploiter la sujétion psychologique ou physique des personnes qui participent à ces activités, les peines sont portées à cinq ans d'emprisonnement et à 750 000 € d'amende.

Voir : C. consom., art. L. 121-8.

Bibliographie : Sur la loi du 12 juin 2001, V. *JCP* 2001, n° 48, Actu., aperçu rapide par A. Dosner-Dolivet, et, par le même auteur, *D.* 2002, chron. p. 1086. • *Rev. sc. crim.* 2001, p. 840, spéc. p. 852, chron. J. F. Seuvic. • *JCl. pén.*, *Abus frauduleux de l'état d'ignorance ou de faiblesse* par P. Salvage, actualisé par F. Archer : *Dr. pén.* 2015, *L'abus de faiblesse dans le Code de la consommation*, étude 19, par E. Bazin.

1) QPC. Non-lieu à renvoi au Conseil constitutionnel de la QPC visant l'article 223-15-2 : ■ Cass. crim., 9 avr. 2014, n° 13-84.585.

2) Mineur. Peu importe en quelle forme l'engagement pris par le mineur a été souscrit, dès lors qu'il a pour cause une opération de prêt ; ainsi des arrêtés de compte, de billets, des lettres de change constituent des obligations à la charge du mineur (■ Cass. crim., 14 nov. 1874 : *Bull. crim.*, n° 285).

3) L'engagement du mineur ayant pour cause un prêt, l'article 406 a été déclaré inapplicable à un cafetier qui recevait dans son établissement des étudiants mineurs, leur fournissant divers objets de consommation courante et se faisait régler leurs dettes en billets et lettres de change en y portant une date postérieure à celle de leur majorité, les opérations réalisées s'analysant en des ventes (■ Toulouse, 2 mai 1856 : *S.* 57, 2, 206) ; même solution lorsque les obligations ont été souscrites par pure libéralité (■ Paris, 16 juin 1887 : *DP* 88, 2, 44).

4) Le délit étant consommé par la souscription de l'obligation, l'infraction demeure punissable même si par la suite, la victime, devenue majeure, a ratifié l'engagement pris (■ Cass. crim., 22 févr. 1913 : *D.* 1916, 1, 217, note Donnedieu de Vabres) ; la ratification est d'ailleurs nulle, puisqu'elle a pour cause un fait constituant une infraction à la loi pénale (*même arrêt*).

5) Personne vulnérable. Caractérise en tous ses éléments constitutifs le délit prévu par l'article 313-4 (ancien) du Code pénal l'arrêt dont les motifs font apparaître que la situation de dépendance d'une personne âgée, dont elle était l'employée, ne pouvait être ignorée de la prévenue et que celle-ci l'a mise à profit pour obtenir des sommes indues, représentant une part importante des revenus de la victime (■ Cass. crim., 30 avr. 1996 : *Bull. crim.*, n° 175 ; *Rev. sc. crim.* 1997, 110, obs. R. Ottenhof ; *Dr. pénal* 1996, comm. 217, obs. M. Véron).

Le prévenu bénéficiaire des sommes obtenues ne pouvait ignorer l'état de faiblesse de la victime, ayant suivi des études médicales (■ Cass. crim., 7 oct. 2009 : *Dr. pénal* 2010, comm. 1, obs. M. Véron) ; ou encore le prévenu, voyant quotidiennement la victime, dont l'état altéré était constaté par les personnes qui la fréquentaient, ne pouvait ignorer sa particulière vulnérabilité (■ Cass. crim., 5 avr. 2011 : *Dr. pén.* 2011, note 91, obs. M. Véron).

Le montant exorbitant d'un chèque, eu égard au patrimoine de victime, chèque qui, en définitive, n'a pas été encaissé, démontre la particulière vulnérabilité de la victime, qui, en outre, avait remis de multiples chèques au prévenu, bénéficiaire aussi d'une vente en viager, tous agissements fort préjudiciaires (■ Cass. crim., 8 févr. 2012 : *Dr. pén.* 2012, comm. 65, obs. M. Véron).

6) Mais ne justifie pas sa décision la Cour d'appel qui n'établit pas que la situation de faiblesse de la victime était apparente ou connue du prévenu (■ Cass. crim., 27 mai 2004 : *Bull. crim.*, n° 141 ; *Dr. pénal* 2004, comm. 130, obs. M. Véron).

7) Sur le pourvoi des parties civiles, encourt la cassation l'arrêt qui, relaxant les prévenus, les a déboutées de leurs demandes en relevant que la victime se trouvait en état de particulière vulnérabilité et que les personnes auxquelles elle avait remis un chèque, sans y être contrainte, avaient connaissance de cet état, mais retient que cette victime n'a pas été conduite à un acte qui lui soit gravement préjudiciable, alors que la cour d'appel ne pouvait, sans se contredire, constater la particulière vulnérabilité de la victime tout en énonçant qu'elle avait agi de son plein gré (■ Cass. crim., 16 oct. 2007 : *JurisData* n° 2007-041523 ; *Dr. pénal* 2008, comm. 9, obs. M. Véron).

8) Ne justifie pas légalement sa décision la cour d'appel qui, pour renvoyer des fins de la poursuite la prévenue à qui il était reproché d'avoir abusé frauduleusement de l'état d'ignorance ou de la situation de faiblesse d'une personne atteinte de troubles neurologiques, pour obtenir la remise de plusieurs chèques d'un montant total de 120 000 € ainsi que le consentement à un mariage, après avoir énoncé qu'elle ne pouvait ignorer l'état de vulnérabilité de l'intéressé au moment des faits, retient que, d'une part, les libéralités consenties correspondaient à une volonté préalablement affirmée et que, d'autre part, la victime avait manifesté, avant sa maladie, le souhait de l'épouser.

En effet, l'abus de faiblesse doit s'apprécier seulement au regard de l'état de particulière vulnérabilité au moment où est accompli l'acte gravement préjudiciable à la personne (■ Cass. crim., 26 mai 2009 : *Bull. crim.*, n° 104 ; *Dr. pénal* 2009, comm. 118, obs. M. Véron ; *JCP* G 2009, n° 39, 261, note Ph. Salvage).

9) Applications. Justifie sa décision la cour d'appel qui, pour condamner du chef d'abus frauduleux de la situation de faiblesse d'une personne particulièrement vulnérable, retient que le prévenu, qui donnait verbalement à bail à la victime un appartement de 50 m², a déménagé le mobilier de sa locataire, âgée de 89 ans et souffrant d'une importante surdité, dans un studio de 18 m² pour la location duquel il lui a fait signer un bail d'un an non reconductible, les juges ajoutant que l'état de dépendance de la victime est établi par un certificat médical et que la personne qui lui prêtait habituellement assistance se trouvait absente au moment du déménagement et de la signature du contrat (■ Cass. crim., 17 janv. 2001 : *Bull. crim.*, n° 16).

10) Commet le délit la personne qui vit dans l'oisiveté la plus complète chez un couple de personnes âgées de 92 et 87 ans qu'il dépouille systématiquement et méthodiquement (■ Cass. crim., 29 nov. 2000 : *JurisData* n° 007909 ; *Dr. pénal* 2001, comm. 70, obs. M. Véron).

– V. aussi, pour une situation semblable : ■ Cass. crim., 11 déc. 2013, n° 12-86.489 : *Dr. pén.* 2014, comm. 20, obs. M. Véron (contrainte morale, exercée par le prévenu sur ses grands-parents très âgés et handicapés, qui se déduit de la nature des actes accomplis à leur préjudice).

11) A été déclaré coupable de l'infraction un agent d'assurance qui, au domicile d'une personne âgée, mal entendante et mal voyante, a profité de ses faiblesses physiques et psychiques pour lui faire souscrire une assurance vie (■ Paris, 2 avr. 2001 : *D.* 2002, somm. comm., p. 1804, note H. Gozzi ; *Rev. sc. crim.* 2002, p. 821, obs. R. Ottenhof).

12) Acte préjudiciable. Si l'article 313-4 du Code pénal prévoit que l'acte obtenu de la victime doit être de nature à lui causer un grave préjudice, il n'exige pas que cet acte soit valable, ni que le dommage se soit réalisé (■ Cass. crim., 12 janv. 2000 : *Bull. crim.*, n° 15 ; *Dr. pénal* 2000, comm. 69, obs. M. Véron ; *D.* 2001, jur. p. 813, J.-Y. Maréchal).

13) Justifie sa décision de condamnation la cour d'appel qui énonce que la prévenue avait obtenu d'une personne âgée, aux facultés mentales altérées, une procuration sur ses comptes bancaires, y procédant à des retraits d'espèces, et avait fait modifier en sa faveur des testaments rédigés pour la gardienne et la femme de ménage, dès lors que, pour une personne vulnérable, l'acte de disposer de ses biens par testament en faveur de la personne qui l'a obligée à cette disposition, constitue un acte gravement préjudiciable au sens tant de l'article 313-4 ancien que de l'article 223-15-2 nouveau du Code pénal (■ Cass. crim., 15 nov. 2005 : *Dr. pénal* 2006, comm. 29, obs. M. Véron ; *JCP* 2006, II, 10057, note J.-Y. Maréchal ; *Rev. sc. crim.* 2006, p. 833, obs. R. Ottenhof).

14) Constitue, au sens de l'article 223-15-2 du Code pénal, un acte gravement préjudiciable pour une personne vulnérable, celui de disposer de ses biens par testament en faveur d'une personne qui l'a conduite à cette disposition (■ Cass. crim., 21 oct. 2008 : *Bull. crim.*, n° 210 ; *Dr. pénal* 2009, comm. 12, obs. M. Véron ; *D.* 2009, p. 911, note G. Roujou de Boubée ; *Rev. sc. crim.* 2009, p. 100, obs. Y. Mayaud. ■ Cass. crim., 16 déc. 2014, n° 13.86.620 : *Dr. pén.* 2015, comm. 30, obs. M. Véron). De même : est un acte gravement préjudiciable pour une personne vulnérable le fait de la conduire à modifier le bénéficiaire d'une assurance-vie (■ Cass. crim., 10 nov. 2015, n° 14-85.936).

15) L'acte auquel a été conduite la personne vulnérable, au sens de l'article 223-15-3 du Code pénal, peut être tant matériel que juridique.

Commet un abus de faiblesse le psychiatre qui conduit sa patiente à avoir des relations sexuelles avec lui alors qu'elle souffrait de troubles psychiques entraînant une grande appétence sexuelle dont il avait conscience (■ Cass. crim.,

19 févr. 2014, n° 12-87.558 : *Dr. pén.* 2014, comm. 52, obs. M. Véron).

16) État de sujétion. Les violences et la domination exercées sur une victime psychologiquement fragile, dans un contexte qui l'a conduite à remettre l'intégralité de ses biens, caractérisent les pressions graves ou réitérées entraînant un état de sujétion psychologique l'ayant amenée à un acte qui lui est gravement préjudiciable (■ Cass. crim., 27 oct. 2015, n° 14-82.032 : *Dr. pén.* 2016, comm. 1, obs. P. Conte).

17) Altération des facultés mentales. Le délit d'abus frauduleux de l'état d'ignorance ou de la situation de faiblesse d'une personne particulièrement vulnérable du fait de son âge n'exige pas la preuve d'une altération des facultés mentales de cette personne (■ Cass. crim., 11 juill. 2017, n° 17-80.421).

18) La prescription, en matière d'abus de faiblesse, ne commence à courir qu'à partir du dernier prélèvement effectué sur le patrimoine de la victime lorsque l'abus frauduleux procède d'une opération délictueuse unique ; il en est ainsi dans le cas de prélèvements bancaires réalisés sur le compte de la victime, au moyen de la même procuration (■ Cass. crim., 27 mai 2004 : *Bull. crim.*, n° 141 ; *Dr. pénal* 2004, comm. 130, obs. M. Véron ; *Rev. sc. crim.* 2004, p. 881, obs. Y. Mayaud, et p. 886, obs. R. Ottenhof ; *D.* 2004, p. 2750, obs. S. Mirabail), ou en cas de prêts successifs obtenus, de manière frauduleuse, d'un de ses patients par un médecin, à l'occasion d'un traitement de plusieurs années (■ Cass. crim., 5 oct. 2004 : *Bull. crim.*, n° 233 ; *Dr. pénal* 2005, comm. 1, obs. M. Véron).

– **V. CPP, art. 8, al. 3** (L. du 14 mars 2011) qui diffère le point de départ de la prescription à compter du jour où l'infraction, prévue par l'article 223-15-2 du Code pénal, apparaît à la victime, personne vulnérable, dans des conditions permettant l'exercice de l'action publique.

19) Application dans le temps. Méconnaît les dispositions de l'article 112-1 du Code pénal l'arrêt d'une cour d'appel qui applique rétroactivement l'article 223-15-2 de ce code institué par la loi du 12 juin 2001 à des faits d'abus de faiblesse lui étant antérieurs, alors que ce dernier article, en modifiant les éléments constitutifs de l'infraction définie à l'ancien article 313-4 du même code par suppression de la condition de contrainte, étend le champ d'application de l'incrimination et constitue une disposition plus sévère pour le prévenu (■ Cass. crim., 23 juin 2009, *Bull. crim.*, n° 131).

20) Action civile. Il résulte des articles 2 et 3 du Code de procédure pénale que les enfants d'une personne victime d'un abus de l'état d'ignorance et de faiblesse sont recevables à rapporter la preuve d'un dommage dont ils ont directement souffert et qui découle directement des faits objet de la poursuite (■ Cass. crim., 3 nov. 2009 : *Bull. crim.*, n° 182 ; *Dr. pénal* 2010, comm. 2, obs. M. Véron).

Loi n° 2001-504 du 12 juin 2001

tendant à renforcer la prévention et la répression des mouvements sectaires portant atteinte aux droits de l'homme et aux libertés fondamentales

CHAPITRE IV. – DISPOSITIONS LIMITANT LA PUBLICITÉ DES MOUVEMENTS SECTAIRES

Art. 19. – Est puni de 7 500 € d'amende le fait de diffuser, par quelque moyen que ce soit, des messages destinés à la jeunesse et faisant la promotion d'une personne morale, quelle qu'en soit la forme juridique ou l'objet, qui poursuit des activités ayant pour but ou pour effet de créer, de maintenir ou d'exploiter la sujétion psychologique ou physique des personnes qui participent à ces activités, lorsque a été prononcée au moins une fois, contre la personne morale elle-même ou ses dirigeants de droit ou de fait, une condamnation pénale définitive pour l'une ou l'autre des infractions mentionnées ci-après :

1° Infractions d'atteintes volontaires ou involontaires à la vie ou à l'intégrité physique ou psychique de la personne, de mise en danger de la personne, d'atteinte aux libertés de la personne, d'atteinte à la dignité de la personne, d'atteinte à la personnalité, de mise en péril des mineurs ou d'atteinte aux biens prévues par les articles 221-1 à 221-6, 222-1 à 222-40, 223-1 à 223-15, 223-15-2, 224-1 à 224-4, 225-5 à 225-15, 225-17 et 225-18, 226-1 à 226-23, 227-1 à 227-27, 311-1 à 311-13, 312-1 à 312-12, 313-1 à 313-3, 314-1 à 314-3 et 324-1 à 324-6 du Code pénal ;

2° Infractions d'exercice illégal de la médecine ou de la pharmacie prévues par les articles L. 4161-5 et L. 4223-1 du Code de la santé publique ;

3° Infractions de publicité mensongère, de fraudes ou de falsifications prévues par les articles L. 121-6 et L. 213-1 à L. 213-4 du Code de la consommation.

Les mêmes peines sont applicables lorsque les messages visés au premier alinéa du présent article invitent à rejoindre une telle personne morale.

Les personnes morales peuvent être déclarées pénalement responsables dans les conditions prévues par l'article 121-2 du Code pénal des infractions définies au présent article. La peine encourue par les personnes morales est l'amende, suivant les modalités prévues par l'article 131-38 du Code pénal.

Art. 223-15-3 *(L. n° 2001-504, 12 juin 2001 ; L. n° 2009-1437, 24 nov. 2009)*. **– Les personnes physiques coupables du délit prévu à la présente section encourent également les peines complémentaires suivantes :**

1° L'interdiction des droits civiques, civils et de famille, suivant les modalités prévues par l'article 131-26 ;

2° L'interdiction, suivant les modalités prévues par l'article 131-27, d'exercer une fonction publique ou d'exercer l'activité professionnelle ou sociale dans l'exercice ou à l'occasion de l'exercice de laquelle l'infraction a été commise, pour une durée de cinq ans au plus, ainsi que l'activité de prestataire de formation professionnelle continue au sens de l'article L. 6313-1 du Code du travail, pour la même durée ;

3° La fermeture, pour une durée de cinq ans au plus, des établissements ou de l'un ou de plusieurs des établissements de l'entreprise ayant servi à commettre les faits incriminés ;

4° La confiscation de la chose qui a servi ou était destinée à commettre l'infraction ou de la chose qui en est le produit, à l'exception des objets susceptibles de restitution ;

5° L'interdiction de séjour, suivant les modalités prévues par l'article 131-31 ;

6° L'interdiction, pour une durée de cinq ans au plus, d'émettre des chèques autres que ceux qui permettent le retrait de fonds par le tireur auprès du tiré ou ceux qui sont certifiés ;

7° L'affichage ou la diffusion de la décision prononcée, dans les conditions prévues par l'article 131-35.

QPC. Non-lieu à renvoi au Conseil constitutionnel de la question prioritaire visant le 2° de l'article 223-15-3 : V. l'arrêt de la Chambre criminelle du 19 juin 2013, cité sous art. 131-27, p. 109.

Art. 223-15-4 *(Mod., L. n° 2009-526, 12 mai 2009)*. **– Les personnes morales déclarées pénalement, dans les conditions prévues par l'article 121-2, des infractions définies à la présente section encourent, outre l'amende suivant les modalités prévues par l'article 131-38, les peines prévues par l'article 131-39.**

L'interdiction mentionnée au 2° de l'article 131-39 porte sur l'activité dans l'exercice ou à l'occasion de l'exercice de laquelle l'infraction a été commise.

Voir : pour un exemple de culpabilité de la personne morale, ■ Cass. crim., 7 févr. 2006 : *Dr. pénal* 2006, comm. 100, obs. M. Véron, sa responsabilité pénale étant engagée par l'action délictuelle commise pour son compte par le directeur du développement qui avait reçu délégation de pouvoir des organes de la société et fut lui-même condamné.

Ce même arrêt a par contre cassé la disposition de celui de la cour d'appel qui avait prononcé à la fois les mesures d'affichage et de diffusion de la décision, alors que l'article 131-39 du Code pénal ne prévoit que l'une ou l'autre de ces peines complémentaires.

Section VII. – Peines complémentaires applicables aux personnes physiques

Art. 223-16. – Les personnes physiques coupables de l'une des infractions prévues par les articles 223-3 à 223-8, 223-10 à 223-14 encourent également l'interdiction des droits civiques, civils et de famille, suivant les modalités prévues par l'article 131-26.

Art. 223-17 *(Mod., L. n° 2008-776, 4 août 2008)*. **– Les personnes physiques coupables de l'une des infractions prévues aux articles 223-3, 223-4, 223-8, 223-10 à 223-14 encourent également les peines suivantes :**

1° L'interdiction, suivant les modalités prévues par l'article 131-27, soit d'exercer une fonction publique ou d'exercer l'activité professionnelle ou sociale dans l'exercice ou à l'occasion de l'exercice de laquelle l'infraction a été commise, soit, pour le crime prévu par l'article 223-4, d'exercer une profession commerciale ou industrielle, de diriger, d'administrer, de gérer ou de contrôler à un titre quelconque, directement ou indirectement, pour son propre compte ou pour le compte d'autrui, une entreprise commerciale ou industrielle ou une société commerciale. Ces interdictions d'exercice peuvent être prononcées cumulativement ;

2° La confiscation définie à l'article 131-21 ; dans les cas prévus aux articles 223-13 et 223-14, peuvent être saisis ou confisqués les documents écrits, visuels ou sonores ayant servi à réaliser l'infraction ; la juridiction peut en outre ordonner la destruction, en tout ou partie, de ces documents ;

3° La fermeture définitive ou pour une durée de cinq ans au plus de l'un, de plusieurs ou de l'ensemble des établissements de l'entreprise ayant servi à commettre l'infraction.

Dans le cas prévu par l'article 223-8, peut être également prononcée l'exclusion des marchés publics à titre définitif ou pour une durée de cinq ans au plus.

Art. 223-18 *(Mod., L. n° 2003-495, 12 juin 2003 ; L. n° 2007-297, 5 mars 2007).* – Les personnes physiques coupables de l'infraction prévue à l'article 223-1 encourent également les peines suivantes :

1° L'interdiction, suivant les modalités prévues par l'article 131-27, d'exercer l'activité professionnelle ou sociale dans l'exercice ou à l'occasion de l'exercice de laquelle l'infraction a été commise ;

2° L'interdiction, pour une durée de cinq ans au plus, de détenir ou de porter une arme soumise à autorisation ;

3° La suspension, pour une durée de cinq ans au plus, du permis de conduire, cette suspension pouvant être limitée à la conduite en dehors de l'activité professionnelle ; si le délit a été commis à l'occasion de la conduite d'un véhicule terrestre à moteur, la suspension ne peut pas être assortie du sursis, même partiellement, et ne peut pas être limitée à la conduite en dehors de l'activité professionnelle.

4° L'annulation du permis de conduire, avec interdiction de solliciter la délivrance d'un nouveau permis pendant cinq ans au plus.

4 *bis* L'obligation d'accomplir un stage de sensibilisation aux dangers de l'usage de produits stupéfiants, selon les modalités fixées à l'article 131-35-1 ;

4 *ter* L'obligation d'accomplir un stage de responsabilité parentale, selon les modalités fixées à l'article 131-35-1 ;

5° Lorsque l'infraction a été commise à l'occasion de la conduite d'un véhicule terrestre à moteur, l'interdiction de conduire certains véhicules terrestres à moteur, y compris ceux pour la conduite desquels le permis de conduire n'est pas exigé, pour une durée de cinq ans au plus ;

6° Lorsque l'infraction a été commise à l'occasion de la conduite d'un véhicule terrestre à moteur, l'obligation d'accomplir, à leurs frais, un stage de sensibilisation à la sécurité routière ;

7° Lorsque l'infraction a été commise à l'occasion de la conduite d'un véhicule terrestre à moteur, l'immobilisation, pendant une durée d'un an plus, du véhicule dont le condamné s'est servi pour commettre l'infraction, s'il en est le propriétaire ;

8° Lorsque l'infraction a été commise à l'occasion de la conduite d'un véhicule terrestre à moteur, la confiscation du véhicule dont le condamné s'est servi pour commettre l'infraction, s'il en est le propriétaire.

Interdiction d'activité professionnelle. Justifie sa décision la cour d'appel qui, condamnant un éleveur de bétail pour mise en danger de la personne d'autrui du fait de la divagation de ses animaux sur la voie publique, prononce, en application des dispositions des articles 223-18 et 131-27 du Code pénal, l'interdiction définitive de la profession d'éleveur dès lors que l'interdiction porte sur l'activité dans l'exercice de laquelle l'infraction a été commise et que les juges ont souverainement apprécié le risque de réitération des faits (■ Cass. crim., 26 sept. 2007 : *JurisData* n° 2007-040994 ; *Dr. pénal* 2008, comm. 3, obs. M. Véron). V. *supra*, sous l'article 223-1, note V° Divagation d'animaux.

Art. 223-19. – Les personnes physiques coupables de l'une des infractions prévues par les articles 223-10 et 223-11 encourent, outre les peines mentionnées par ces articles, l'interdiction, pour une durée de cinq ans au plus, d'exercer une activité de nature médicale ou paramédicale.

Art. 223-20. – Les personnes physiques coupables de l'une des infractions prévues par les articles 223-1 et 223-8 encourent également la peine complémentaire d'affichage ou de diffusion de la décision prévue par l'article 131-35.

CHAPITRE IV. – DES ATTEINTES AUX LIBERTÉS DE LA PERSONNE

Section I. – De la réduction en esclavage et de l'exploitation de personnes réduites en esclavage

(L. n° 2013-711, 5 août 2013)

Art. 224-1 A *(L. n° 2013-711, 5 août 2013)*. – **La réduction en esclavage est le fait d'exercer à l'encontre d'une personne l'un des attributs du droit de propriété.**

La réduction en esclavage d'une personne est punie de vingt années de réclusion criminelle.

Les deux premiers alinéas de l'article 132-23 relatif à la période de sûreté sont applicables à l'infraction prévue au présent article.

Art. 224-1 B *(L. n° 2013-711, 5 août 2013)*. – **L'exploitation d'une personne réduite en esclavage est le fait de commettre à l'encontre d'une personne dont la réduction en esclavage est apparente ou connue de l'auteur une agression sexuelle, de la séquestrer ou de la soumettre à du travail forcé ou du service forcé.**

L'exploitation d'une personne réduite en esclavage est punie de vingt années de réclusion criminelle.

Les deux premiers alinéas de l'article 132-23 relatif à la période de sûreté sont applicables à l'infraction prévue au présent article.

Art. 224-1 C *(L. n° 2013-711, 5 août 2013)*. – **Le crime de réduction en esclavage défini à l'article 224-1 A et le crime d'exploitation d'une personne réduite en esclavage définis à l'article 224-1 B sont punis de trente années de réclusion criminelle lorsqu'ils sont commis :**

1° À l'égard d'un mineur ;

2° À l'égard d'une personne dont la vulnérabilité due à son âge, à une maladie, à une infirmité, à une déficience physique ou psychique ou à un état de grossesse est apparente ou connue de l'auteur ;

3° Par un ascendant légitime, naturel ou adoptif ou par une personne qui a autorité sur la victime ou abuse de l'autorité que lui confèrent ses fonctions ;

4° Par une personne appelée à participer, par ses fonctions, à la lutte contre l'esclavage ou au maintien de l'ordre public ;

5° Lorsque le crime est précédé ou accompagné de tortures ou d'actes de barbarie.

Les deux premiers alinéas de l'article 132-23 relatif à la période de sûreté sont applicables aux infractions prévues au présent article.

Bibliographie : *JCl. pén., Réduction en esclavage et exploitation de personnes réduites en esclavage* par W. Jeandidier.

Section I *bis*. – De l'enlèvement et de la séquestration

(Ancienne sect. 1 dénum., L. n° 2013-711, 5 août 2013)

Art. 224-1. – **Le fait, sans ordre des autorités constituées et hors les cas prévus par la loi, d'arrêter, d'enlever, de détenir ou de séquestrer une personne, est puni de vingt ans de réclusion criminelle.**

Les deux premiers alinéas de l'article 132-23 relatif à la période de sûreté sont applicables à cette infraction.

Toutefois, si la personne détenue ou séquestrée est libérée volontairement avant le septième jour accompli depuis celui de son appréhension, la peine est de cinq ans d'emprisonnement et de 75 000 € d'amende, sauf dans les cas prévus par l'article 224-2.

Bibliographie : *JCl. pén., Enlèvement, arrestation, détention et séquestration arbitraires* par M.-L. Rassat.

1) QPC. Non-lieu à renvoi au Conseil constitutionnel de la QPC visant l'article 224-1 en soutenant que cet article ne définit pas la séquestration : ▪ Cass. crim., 9 avr. 2014, n° 13-84.826.

2) Extension de l'incrimination. Si un fonctionnaire a accompli des actes d'arrestation ou de séquestration illégaux dans un intérêt privé et pour la satisfaction de ses passions personnelles, il est justiciable non des articles 114 et suivants du Code pénal mais des articles 341 et s. du Code pénal et est donc assimilé à un simple particulier (▪ Cass. crim., 4 déc. 1862 : *DP* 65, 5, 232).

3) Incriminations distinctes. L'arrestation illégale et la séquestration qui s'ensuit constituent deux infractions distinctes dont les auteurs peuvent être différents et qui, en cas d'unicité d'auteurs, forment un cumul réel d'infractions (■ Cass. crim., 26 juill. 1966 : *Bull. crim.*, n° 211 ; *JCP* 66, II, 14864, notes n° S. ■ 12 juin 1981 : *Bull. crim.*, n° 198. ■ 23 mars 1983 : *Bull. crim.*, n° 92 ; *Rev. sc. crim.* 1984, 76, obs. Levasseur).

4) Les crimes d'arrestation illégale, d'une part, de détention illégale ou de séquestration, d'autre part, bien que prévus et réprimés par le même texte, constituent des crimes distincts, dont la nature et les éléments constitutifs sont différents ; est en conséquence entachée de complexité prohibée la question par laquelle il est demandé à la cour et au jury si un accusé est coupable d'avoir arrêté, détenu ou séquestré une personne (■ Cass. crim., 30 juin 1987 : *Bull. crim.*, n° 273 ; *Rev. sc. crim.* 1988, 303, obs. Levasseur).

5) Les crimes d'arrestation, d'une part, d'enlèvement, d'autre part, de détention ou de séquestration de personne, de troisième part, bien que prévus et réprimés par le même article 224-1 du Code pénal, constituent des crimes distincts, dont la nature et les éléments constitutifs sont différents ; est, en conséquence, entachée de complexité prohibée, la question par laquelle il est demandé à la cour et au jury s'il est constant qu'une personne a été arrêtée, enlevée, détenue ou séquestrée (■ Cass. crim., 30 oct. 1996 : *Bull. crim.*, n° 385).

6) Nature et effet de la durée de détention ou séquestration. La durée de la détention ou de la séquestration constitue en vertu de l'article 341 du Code pénal, non une circonstance aggravante, mais un élément constitutif de l'infraction (■ Cass. crim., 4 mai 1984 : *Bull. crim.*, n° 157).

7) Relève de peines criminelles, et non correctionnelles, la séquestration d'une personne dont la liberté n'a pas été rendue volontairement, sa rétention n'aurait-elle été que de très courte durée (■ Cass. crim., 11 mai 1995 : *Rev. sc. crim.* 1996, p. 372, obs. Y. Mayaud).

8) Application de l'article 73 du Code de procédure pénale sur les crimes et délits flagrants. Il n'est commis aucune arrestation ou détention illégale lorsque la personne qui a surpris le délinquant en flagrant délit s'assure de sa personne jusqu'à ce que celui-ci soit remis entre les mains de l'officier de police qui en a été avisé dans les meilleurs délais que les circonstances permettent (■ Cass. crim., 1er oct. 1979 : *Bull. crim.*, n° 263 ; *D.* 1980, inf. rap. 334, obs. Puech ; *Rev. sc. crim.* 1980, 984, obs. Levasseur).

9) Mais ne sauraient invoquer les dispositions de l'article 73 du Code de procédure pénale en ce qui concerne la séquestration arbitraire dont ils étaient prévenus ceux qui, après appréhension en flagrant délit de l'auteur d'un vol, attendent sept heures avant d'aviser l'officier de police judiciaire et ont ainsi privé de sa liberté pendant ce temps la personne ainsi séquestrée arbitrairement (■ Cass. crim., 16 févr. 1988 : *Bull. crim.*, n° 75).

10) Un directeur de magasin a été retenu comme complice, par instructions données, d'arrestation et de séquestration arbitraires commis par son subordonné sur une mineure gardée pendant 20 minutes dans un local jusqu'à l'arrivée des services de police, dès lors qu'en l'absence d'indices apparents d'un comportement délictueux ces mesures ne pouvaient être justifiées au regard des dispositions de l'article 73 du Code de procédure pénale (■ Cass. crim., 26 mai 1999 : *Gaz. Pal.* 1999, 2, chr. crim., n° 122).

11) Jugé que se rend complice du délit de séquestration arbitraire l'avocat qui donne instructions à sa secrétaire d'enfermer une avocate, son ancienne collaboratrice, ainsi qu'une accompagnatrice, dans les locaux professionnels qu'elles s'apprêtaient à quitter, et ce jusqu'à l'intervention d'un membre du conseil de l'Ordre, en présence des services de police, alors que le prévenu ne disposait d'aucun élément objectif de nature à lui laisser croire que celles-ci avaient commis ou allaient commettre une infraction pénale (■ Cass. crim., 3 oct. 2006 : *JurisData* n° 2006-035737 ; *Dr. pénal* 2007, comm. 3 et 5, obs. M. Véron).

12) Indifférence du mobile. Le mobile inspirant l'agent importe peu : ainsi constitue une séquestration le fait de retenir arbitrairement dans un service hospitalier de vénérologie, une personne soupçonnée de se livrer à la prostitution afin d'éviter qu'elle ne retourne à son activité coupable (■ Cass. crim., 12 mars 1959 : *Bull. crim.*, n° 175).

13) Contexte de conflits sociaux. Est de nature à constituer le délit de séquestration de personne le fait d'avoir retenu contre son gré pendant plusieurs heures dans un bureau le directeur d'une entreprise (■ Cass. crim., 18 mars 1980, inédit. ■ 19 févr. 1991 : *Dr. pénal* 1991, n° 227, obs. Véron. – V. aussi, pour des espèces relatives à des conflits sociaux, où le crime n'était pas réalisé, ■ Cass. crim., 9 oct. 1979, inédit. ■ 28 janv. 1981, inédit).

14) Constitue le délit de séquestration arbitraire le fait, par des salariés, de retenir contre son gré pendant moins de cinq jours un chef d'entreprise sur les lieux du travail, même s'il n'est pas usé de violences, afin de le contraindre d'accorder les avantages qu'ils réclament. Encourt la cassation pour contradiction de motifs l'arrêt qui, ayant expressément relevé l'existence en l'espèce des éléments tant matériel qu'intentionnel de l'infraction, relaxe néanmoins les prévenus au motif essentiel que les conflits collectifs du travail constituent souvent des sources d'affrontement pouvant impliquer des immobilisations de personnes plus ou moins prolongées qui ne sauraient, en l'absence de violences caractérisées, donner matière à poursuites répressives (■ Cass. crim., 23 déc. 1986 : *Bull. crim.*, n° 384 ; *Rev. sc. crim.*, 1987, 696, obs. Levasseur).

15) La présence des trois prévenus sur les lieux du mouvement de grève entrepris par une cinquantaine d'employés de la société ne suffit pas pour établir une participation directe et matérielle à la séquestration de deux de ses dirigeants ; cette présence au milieu de l'action, même si cette action n'a pas été désavouée par les prévenus qui entendaient s'y associer, ne saurait équivaloir à un rôle actif joué dans la volonté d'empêcher les victimes de circuler librement ou de les isoler du monde extérieur (■ Cass. crim., 6 sept. 1989 : *Dr. pénal* 1990, n° 55).

16) Justifie sa décision la chambre d'accusation qui énonce, pour renvoyer l'accusé devant une cour d'assises sous l'accusation de tentative d'enlèvement de mineure de 15 ans, que la qualification correctionnelle prévue par l'article 224-1, alinéa 3, du Code pénal, qui suppose une libération volontaire de la personne détenue ou séquestrée, est inapplicable à la tentative d'enlèvement, dès lors que la résistance opposée par la victime, mineure de 15 ans, a seule mis fin à l'acte en cours d'exécution (■ Cass. crim., 26 avr. 2000 : *Bull. crim.*, n° 164).

17) L'employeur qui a connaissance de faits répréhensibles commis dans l'entreprise, susceptibles de donner lieu à des sanctions disciplinaires, peut procéder à une enquête interne et recueillir les explications des salariés. Ne justifie pas sa décision l'arrêt qui retient à l'encontre de l'employeur le délit de détention arbitraire prévu par l'article 224-1 du Code pénal, commis à l'occasion d'une enquête interne, sans préciser les actes matériels dirigés contre la personne d'un employé qui l'auraient privé de sa liberté d'aller et de venir (■ Cass. crim., 28 févr. 2018, n° 17-81.929).

18) Répression. Les peines des articles 341 à 344 sont applicables à celui qui fait arrêter, détenir ou séquestrer des personnes, comme à celui qui accomplit personnellement ces actes (■ Cass. crim., 4 août 1948 : *Bull. crim.*, n° 222).

Art. 224-2. – L'infraction prévue à l'article 224-1 est punie de trente ans de réclusion criminelle lorsque la victime a subi une mutilation ou une infirmité permanente provoquée volontairement ou résultant soit des conditions de détention, soit d'une privation d'aliments ou de soins.

Elle est punie de la réclusion criminelle à perpétuité lorsqu'elle est précédée ou accompagnée de tortures ou d'actes de barbarie ou lorsqu'elle est suivie de la mort de la victime.

Les deux premiers alinéas de l'article 132-23 relatif à la période de sûreté sont applicables aux infractions prévues par le présent article.

QPC. Non-lieu à renvoi devant le Conseil constitutionnel de la QPC visant l'article 224-2, alinéa 2, dès lors que les actes relevant de la torture ou de la barbarie sont définis par l'article premier de la Convention de New York du 10 décembre 1984 contre la torture et autres peines ou traitements cruels, inhumains ou dégradants (■ Cass. crim., 21 juin 2017, n° 17-82.068 : *Dr. pén.* 2017, comm. 121, note P. Conte).

Art. 224-3 ***(Mod., L. n° 2004-204, 9 mars 2004).*** **– L'infraction prévue par l'article 224-1 est punie de trente ans de réclusion criminelle lorsqu'elle est commise à l'égard de plusieurs personnes.**

Les deux premiers alinéas de l'article 132-23 relatif à la période de sûreté sont applicables à cette infraction.

Toutefois, si la personne détenue ou séquestrée ou toutes les personnes détenues ou séquestrées sont libérées volontairement dans le délai prévu par le troisième alinéa de l'article 224-1, la peine est de dix ans d'emprisonnement, sauf si la victime ou l'une des victimes a subi l'une des atteintes à son intégrité physique mentionnées à l'article 224-2.

Art. 224-4. – Si la personne arrêtée, enlevée, détenue ou séquestrée l'a été comme otage soit pour préparer ou faciliter la commission d'un crime ou d'un délit, soit pour favoriser la fuite ou assurer l'impunité de l'auteur ou du complice d'un crime ou d'un délit, soit pour obtenir l'exécution d'un ordre ou d'une condition, notamment le versement d'une rançon, l'infraction prévue par l'article 224-1 est punie de trente ans de réclusion criminelle.

Les deux premiers alinéas de l'article 132-23 relatif à la période de sûreté sont applicables à cette infraction.

Sauf dans les cas prévus à l'article 224-2, la peine est de dix ans d'emprisonnement si la personne prise en otage dans les conditions définies au premier alinéa est libérée volontairement avant le septième jour accompli depuis celui de son appréhension, sans que l'ordre ou la condition ait été exécuté.

1) La circonstance aggravante de prise d'otage est une **circonstance aggravante réelle** ; elle s'applique à l'infraction commise par l'auteur de l'arrestation, de la détention ou de la séquestration illégales, quelle que soit la durée de la détention (■ Cass. crim., 24 oct. 1984 : *Bull. crim.*, n° 321).

2) Selon le troisième alinéa de l'article 224-4 du Code pénal, l'enlèvement ou la séquestration avec prise d'otage devient un **délit** lorsque la personne prise en otage est libérée volontairement avant le septième jour depuis celui de son appréhension ; cette disposition s'applique à l'ensemble des cas prévus par le premier alinéa du même texte, notamment à celui où la prise d'otage a été commise pour préparer ou faciliter la commission d'un crime ou d'un délit (■ Cass. crim., 8 juin 2006 : *Bull. crim.*, n° 171 ; *JCP* 2006, II, 10190, note Ph. Conte).

3) Les faits de prise d'otage sont de **nature criminelle** lorsque la libération, même avant le septième jour, n'intervient que par l'effet de l'exécution, par la victime, d'un ordre ou d'une condition (■ Cass. crim., 9 juill. 2008 : *Bull. crim.*, n° 169 ; *JurisData* n° 2008-044927 ; *Dr. pénal* 2008, comm. 126, obs. M. Véron ; *Rev. sc. crim.* 2008, p. 909, obs. Y. Mayaud).

4) **La question** relative à la circonstance aggravante de prise d'otage définie par l'article 343 du Code pénal doit se référer aux éléments constitutifs du crime que l'arrestation illégale ou la séquestration ont eu pour but de préparer ou faciliter (■ Cass. crim., 2 juill. 1987 : *Bull. crim.*, n° 279 ; *Rev. sc. crim.* 1988, 523, obs. Levasseur).

5) Cette circonstance aggravante doit, à peine de complexité, faire l'objet d'une question distincte (■ Cass. crim., 27 avr. 1988 : *Bull. crim.*, n° 184).

6) N'est pas entachée de complexité prohibée la question qui porte qu'une prise d'otages a été exécutée pour faciliter la commission d'un crime et pour permettre la fuite de ses auteurs, dès lors que l'une ou l'autre de ces circonstances, prévues par l'article 343 du Code pénal, entraîne à elle seule les mêmes conséquences pénales (■ Cass. crim., 27 avr. 1988 : *Bull. crim.*, n° 184).

7) **Répression.** V. sous l'article 224-1, *supra*, V° *Répression*.

Art. 224-5. – Lorsque la victime de l'un des crimes prévus aux articles 224-1 à 224-4 est un mineur de quinze ans, la peine est portée à la réclusion criminelle à perpétuité si l'infraction est punie de trente ans de réclusion criminelle et à trente ans de réclusion criminelle si l'infraction est punie de vingt ans de réclusion criminelle.

Les deux premiers alinéas de l'article 132-23 relatif à la période de sûreté sont applicables dans les cas prévus par le présent article.

1) L'article 354 du Code pénal ne peut s'appliquer, malgré la généralité de ses termes, au père ou à la mère du mineur (■ Cass. crim., 5 avr. 1900 : *S.* 1902, 1, 428).

2) Il ne peut y avoir enlèvement lorsque le mineur a été détourné très peu de temps et a ensuite été libre de regagner son domicile : ainsi est coupable uniquement de tentative de viol l'individu qui avait entraîné par fraude une fillette dans une maison de tolérance en vue d'en abuser et qui, sur les protestations de la victime, l'avait laissée repartir (■ Montpellier, 10 févr. 1846 : *D.* 47, 2, 5).

3) La victime de la fraude peut être non seulement le mineur lui-même, mais encore ses parents (■ Cass. crim., 12 mars 1925 : *S.* 1925, 1, 283).

4) L'utilisation abusive d'une possibilité ouverte par la loi – en l'occurrence une reconnaissance abusive de paternité d'un nouveau-né pour court-circuiter les services d'adoption – ne paraît pas de nature à constituer l'élément de fraude spécifié par l'article 354 du Code pénal (■ Douai, 4ᵉ Ch., 4 avr. 1991, inédit).

5) L'enlèvement d'un mineur avec rançon et la séquestration illégale du même mineur constituent des crimes distincts dont la nature et les éléments constitutifs sont différents ; en conséquence, le coauteur de la séquestration peut n'avoir été ni l'auteur, ni le coauteur, ni le complice de l'enlèvement qui a permis ensuite la réalisation de ladite séquestration (■ Cass. crim., 21 févr. 1979 : *Bull. crim.*, n° 80 ; *Rev. sc. crim.* 1980, 435, obs. Levasseur).

Art. 224-5-1 *(L. n° 2004-204, 9 mars 2004).* **– Toute personne qui a tenté de commettre les crimes prévus par la présente section est exempte de peine si, ayant averti l'autorité administrative ou judiciaire, elle a permis d'éviter la réalisation de l'infraction et d'identifier, le cas échéant, les autres auteurs ou complices.**

La peine privative de liberté encourue par l'auteur ou le complice d'un des crimes prévus à la présente section est réduite de moitié si, ayant averti l'autorité administrative ou judiciaire, il a permis de faire cesser l'infraction ou d'éviter que l'infraction n'entraîne mort d'homme ou infirmité permanente et d'identifier, le cas échéant, les autres auteurs ou complices. Lorsque la peine encourue est la réclusion criminelle à perpétuité, celle-ci est ramenée à vingt ans de réclusion criminelle.

Art. 224-5-2 *(L. n° 2004-204, 9 mars 2004).* **– Lorsque les infractions prévues par le premier alinéa de l'article 224-1 et par les articles 224-2 à 224-5 sont commises en bande organisée, les peines sont portées à 1 000 000 € d'amende et à :**

1° Trente ans de réclusion criminelle si l'infraction est punie de vingt ans de réclusion criminelle ;

2° La réclusion criminelle à perpétuité si l'infraction est punie de trente ans de réclusion criminelle.

Les deux premiers alinéas de l'article 132-23 relatif à la période de sûreté sont applicables dans les cas prévus aux 1° et 2°.

Les questions relatives aux circonstances aggravantes doivent être posées en fait ; encourt la censure la question qui se borne à demander si les faits ont été commis en bande organisée, alors que cette question doit être posée dans les termes de l'article 132-71 du Code pénal définissant les éléments constitutifs de cette circonstance aggravante et par référence aux faits de l'espèce (■ Cass. crim., 15 mars 2006 : *Bull. crim.*, n° 77 ; *Dr. pénal* 2006, comm. 94, obs. M. Véron).

Section II. – Du détournement d'aéronef, de navire ou de tout autre moyen de transport

Art. 224-6. – Le fait de s'emparer ou de prendre le contrôle par violence ou menace de violence d'un aéronef, d'un navire ou de tout autre moyen de transport à bord desquels des personnes ont pris place, ainsi que d'une plate-forme fixe située sur le plateau continental, est puni de vingt ans de réclusion criminelle.

Les deux premiers alinéas de l'article 132-23 relatif à la période de sûreté sont applicables à cette infraction.

Bibliographie : *JCl. pén., Détournement d'aéronef, de navire ou de tout autre moyen de transport* par L. de Graëve.

Art. 224-6-1 *(L. n° 2011-13, 5 janv. 2011).* **– Lorsque l'infraction prévue à l'article 224-6 est commise en bande organisée, la peine est portée à trente ans de réclusion criminelle.**

Les deux premiers alinéas de l'article 132-23 sont applicables à cette infraction.

Art. 224-7. – L'infraction définie à l'article 224-6 est punie de la réclusion criminelle à perpétuité lorsqu'elle est accompagnée de tortures ou d'actes de barbarie ou s'il en est résulté la mort d'une ou de plusieurs personnes.

Les deux premiers alinéas de l'article 132-23 sont applicables à cette infraction.

La cour d'assises doit être interrogée sur tous les éléments constitutifs de l'infraction et dans les termes de la loi ; tel n'est pas le cas lorsque la question, d'une part, omet de mentionner la présence à bord des navires détournés de personnes y ayant pris place et, d'autre part, vise à la fois le fait de s'emparer et de prendre le contrôle des navires (■ Cass. crim., 24 oct. 2007 : *Bull. crim.*, n° 255 ; *Dr. pénal* 2008, comm. 2, obs. M. Véron).

Art. 224-8. – Le fait par quiconque, en communiquant une fausse information, de compromettre sciemment la sécurité d'un aéronef en vol ou d'un navire est puni de cinq ans d'emprisonnement et de 75 000 € d'amende.

La tentative de l'infraction prévue au présent article est punie des mêmes peines.

Le fait de communiquer une fausse information selon laquelle une bombe avait été placée dans un avion dont les portes avaient été closes et qui était sur son axe de départ ne constitue le délit prévu et réprimé par l'article 462-1 du Code pénal que s'il est justifié, comme l'exige ce texte, que la sécurité de l'aéronef a été compromise. À défaut, ce fait constitue le délit prévu par l'article 308-1° du Code pénal qui punit toute personne qui aura communiqué une information qu'elle savait être fausse, dans le but de faire croire à un attentat contre les personnes ou contre les biens qui serait punissable de peines criminelles (■ Cass. crim., 24 févr. 1987 : *Bull. crim.*, n° 94).

Art. 224-8-1 *(L. n° 2004-204, 9 mars 2004)*. **– Toute personne qui a tenté de commettre les crimes prévus par la présente section est exempte de peine si, ayant averti l'autorité administrative ou judiciaire, elle a permis d'éviter la réalisation de l'infraction et d'identifier, le cas échéant, les autres auteurs ou complices.**

La peine privative de liberté encourue par l'auteur ou le complice d'un des crimes prévus à la présente section est réduite de moitié si, ayant averti l'autorité administrative ou judiciaire, il a permis de faire cesser l'infraction ou d'éviter que l'infraction n'entraîne mort d'homme ou infirmité permanente et d'identifier, le cas échéant, les autres auteurs ou complices. Lorsque la peine encourue est la réclusion criminelle à perpétuité, celle-ci est ramenée à vingt ans de réclusion criminelle.

Section III. – Peines complémentaires applicables aux personnes physiques

Art. 224-9 *(Mod., L. n° 2007-297, 5 mars 2007 ; L. n° 2008-776, 4 août 2008 ; L. n° 2012-304, 6 mars 2012 ; L. n° 2013-711, 5 août 2013)*. **– I. – Les personnes physiques coupables des infractions prévues au présent chapitre encourent les peines complémentaires suivantes :**

1° L'interdiction, suivant les modalités prévues par l'article 131-26, des droits civiques, civils et de famille ;

2° L'interdiction, suivant les modalités prévues par l'article 131-27, soit d'exercer une fonction publique ou d'exercer l'activité professionnelle ou sociale dans l'exercice ou à l'occasion de l'exercice de laquelle l'infraction a été commise, soit, pour les crimes prévus par le premier alinéa de l'article 224-1, l'article 224-2, le premier alinéa des articles 224-3 et 224-4 et 224-5 et les articles 224-5, 224-5-2, 224-6 et 224-7, d'exercer une profession commerciale ou industrielle, de diriger, d'administrer, de gérer ou de contrôler à un titre quelconque, directement ou indirectement, pour son propre compte ou pour le compte d'autrui, une entreprise commerciale ou industrielle ou une société commerciale. Ces interdictions d'exercice peuvent être prononcées cumulativement ;

3° *(Abr., L. n° 2012-304, 6 mars 2012)* **;**

4° S'il s'agit des crimes visés aux sections 1 et 1 *bis* du présent chapitre, l'obligation d'accomplir un stage de responsabilité parentale, selon les modalités fixées à l'article 131-35-1.

II. – En cas de condamnation pour les infractions prévues au présent chapitre, le prononcé de la peine complémentaire d'interdiction de détenir ou de porter, pour une durée de dix ans au plus, une arme soumise à autorisation est obligatoire.

Toutefois, la juridiction peut, par une décision spécialement motivée lorsque la condamnation est prononcée par une juridiction correctionnelle, décider de ne pas prononcer cette peine, en considération des circonstances de l'infraction et de la personnalité de son auteur.

Art. 224-10 *(L. n° 2005-1549, 12 déc. 2005 ; mod., L. n° 2013-711, 5 août 2013)*. **– Les personnes physiques coupables des crimes prévus par les sections 1 et 1 *bis* du présent chapitre encourent également le suivi socio-judiciaire selon les modalités prévues par les articles 131-36-1 à 131-36-13.**

CHAPITRE V. – DES ATTEINTES À LA DIGNITÉ DE LA PERSONNE

Section I. – Des discriminations

Art. 225-1 *(Mod., L. n° 2001-1066, 16 nov. 2001 ; L. n° 2002-303, 4 mars 2002 ; L. n° 2006-340, 23 mars 2006 ; L. n° 2012-954, 6 août 2012 ; L. n° 2014-173, 21 févr. 2014 ; L. n° 2016-832, 24 juin 2016 ; L. n° 2016-1547, 18 nov. 2016)*. **– Constitue une discrimination toute distinction opérée entre les personnes physiques sur le fondement de leur origine, de leur sexe, de leur situation de famille, de leur grossesse, de leur apparence physique, de la particulière vulnérabilité résultant de leur situation économique, apparente ou connue de son auteur, de leur patronyme, de leur lieu de résidence, de leur état de santé, de leur perte d'autonomie, de leur handicap, de leurs caractéristiques génétiques, de leurs mœurs, de leur**

orientation sexuelle, de leur identité de genre, de leur âge, de leurs opinions politiques, de leurs activités syndicales, de leur capacité à s'exprimer dans une langue autre que le français, de leur appartenance ou de leur non-appartenance, vraie ou supposée, à une ethnie, une Nation, une prétendue race ou une religion déterminée.

Constitue également une discrimination toute distinction opérée entre les personnes morales sur le fondement de l'origine, du sexe, de la situation de famille, de la grossesse, de l'apparence physique, de la particulière vulnérabilité résultant de la situation économique, apparente ou connue de son auteur, du patronyme, du lieu de résidence, de l'état de santé, de la perte d'autonomie, du handicap, des caractéristiques génétiques, des mœurs, de l'orientation sexuelle, de l'identité de genre, de l'âge, des opinions politiques, des activités syndicales, de la capacité à s'exprimer dans une langue autre que le français, de l'appartenance ou de la non-appartenance, vraie ou supposée, à une ethnie, une Nation, une prétendue race ou une religion déterminée des membres ou de certains membres de ces personnes morales.

Bibliographie : *JCl. pén., Discriminations* par J. Lasserre-Capdeville. • M. Keller, *La loi du 16 novembre 2001 relative à la lutte contre les discriminations : D.* 2002, Le point sur..., p. 1355. • S. Detraz, *La discrimination « par ricochet » : un aspect latent du délit : Dr. pénal* 2008, étude n° 10.

1) Égalité des sexes. La Convention sur l'élimination de toutes les formes de discrimination à l'égard des femmes, ouverte à la signature à New York le 1er mars 1980, a été publiée par D. n° 84-193 du 12 mars 1984 (JO 20 mars 1984).

2) Sécurité sociale. L'obligation d'adhérer aux régimes obligatoires de sécurité sociale ne constitue pas une discrimination, fondée sur la privation d'un droit de s'affilier à un régime d'assurances plus favorable, en raison de l'appartenance à une nation (■ Cass. crim., 24 nov. 1998 : V. sous article 432-7, *infra*).

3) Preuve de la discrimination. Aucune disposition légale ne permet aux juges répressifs d'écarter les moyens de preuve produits par les parties au seul motif qu'ils auraient été obtenus de façon illicite ou déloyale. Il leur appartient seulement, en application de l'article 427 du Code de procédure pénale, d'en apprécier la valeur probante après les avoir soumis à la discussion contradictoire ; méconnaît ce principe la cour d'appel qui, dans une procédure suivie du chef de discrimination, refuse d'examiner les éléments de preuve obtenus par les parties civiles au moyen du procédé dit « testing », consistant à solliciter la fourniture d'un bien ou d'un service à seule fin de constater d'éventuels comportements discriminatoires, au motif que ce procédé aurait été mis en œuvre de façon déloyale (■ Cass. crim., 11 juin 2002 : *Bull. crim.*, n° 131 ; D. 2003, chron. par L. Collet-Askri). Voir : suite des notes sous art. 225-2, p. 300. V. en outre , art. 432-7, p. 505 (discrimination par personne dépositaire de l'autorité publique).

Art. 225-1-1 *(L. n° 2012-954, 6 août 2012).* **– Constitue une discrimination toute distinction opérée entre les personnes parce qu'elles ont subi ou refusé de subir des faits de harcèlement sexuel tels que définis à l'article 222-33 ou témoigné de tels faits, y compris, dans le cas mentionné au I du même article, si les propos ou comportements n'ont pas été répétés.**

Art. 225-1-2 *(L. n° 2017-86, 27 janv. 2017).* **– Constitue une discrimination toute distinction opérée entre les personnes parce qu'elles ont subi ou refusé de subir des faits de bizutage définis à l'article 225-16-1 ou témoigné de tels faits.**

Art. 225-2 *(Mod., L. n° 2001-1066, 16 nov. 2001 ; L. n° 2004-204, 9 mars 2004 ; L. n° 2012-954, 6 août 2012 ; L. n° 2017-86, 27 janv. 2017).* **– La discrimination définie aux articles 225-1 à 225-1-2, commise à l'égard d'une personne physique ou morale, est punie de trois ans d'emprisonnement et de 45 000 € d'amende lorsqu'elle consiste :**

1° À refuser la fourniture d'un bien ou d'un service ;

2° À entraver l'exercice normal d'une activité économique quelconque ;

3° À refuser d'embaucher, à sanctionner ou à licencier une personne ;

4° À subordonner la fourniture d'un bien ou d'un service à une condition fondée sur l'un des éléments visés à l'article 225-1 ou prévue aux articles 225-1-1 ou 225-1-2 ;

5° À subordonner une offre d'emploi, une demande de stage ou une période de formation en entreprise, à une condition fondée sur l'un des éléments visés à l'article 225-1 ou prévue aux articles 225-1-1 ou 225-1-2

6° À refuser d'accepter une personne à l'un des stages visés par le 2° de l'article L. 412-8 du Code de la sécurité sociale.

Lorsque le refus discriminatoire prévu au 1° est commis dans un lieu accueillant du public ou aux fins d'en interdire l'accès, les peines sont portées à cinq ans d'emprisonnement et à 75 000 € d'amende.

1) QPC. Non-lieu à renvoi devant le Conseil constitutionnel de la QPC visant l'article 225-2 (■ Cass. crim., 23 juin 2015, n° 15-90.005).

I – REFUS DE BIEN OU SERVICE

2) Appartenance à une race ou une nation. Doit être condamné en application de l'article 416, alinéa 1, un hôtelier qui, après avoir reçu la visite d'une femme de race blanche lui demandant une chambre pour deux personnes, avait refusé ensuite de la lui louer en la voyant réapparaître accompagnée d'un homme de race noire (■ Douai, 25 juin 1974 : *D.* 1975, 492, note Foulon-Piganiol) ; ou encore, la tenancière d'un débit de boissons qui a refusé de servir de la bière à deux clients de type arabe, alors qu'ils n'étaient pas en état d'ébriété et ne causaient pas de scandale (■ T. corr. Strasbourg, 21 nov. 1974 : *D.* 1975, 492, note Foulon-Piganiol).

3) Doit être condamné le président de la filiale immobilière de la Caisse des dépôts dont les services ont refusé de fournir un appartement à une candidate de nationalité algérienne, au motif qu'un appartement libéré par un Français doit être obligatoirement reloué par un Français (■ T. corr. Paris, 25 mars 1991).

4) Ne justifie pas sa décision la cour d'appel qui relaxe une société exploitante d'une discothèque pour en avoir refusé l'entrée à des personnes en raison de leur origine alors que dans les motifs de l'arrêt elle avait mis en évidence des faits caractérisant l'élément matériel de l'infraction de discrimination prévue par l'article 225-2, 1° du Code pénal (■ Cass. crim., 27 nov. 2012, n° 11-84.395 : *Dr. pénal* 2013, comm. 37, obs. M. Véron).

5) État de santé ou handicap. Commet le délit de l'article 416 du Code pénal le restaurateur qui refuse de servir un client atteint d'un glaucome et ne portant pas de lunettes noires au motif qu'il pourrait importuner les autres clients (■ T. corr. Nantes, 23 avr. 1990).

6) C'est à bon droit qu'une cour d'appel déclare le propriétaire de locaux à usage d'habitation coupable de discrimination, sur le fondement de l'article 225-2, 4°, du Code pénal, après avoir relevé que celui-ci, ayant appris que l'un des preneurs était atteint du sida, a imposé à ses cocontractants, deux jours avant la remise des clés et la prise de possession des lieux, des obligations supplémentaires dont la nature et le délai d'exécution exorbitants n'avaient d'autre justification que l'état de santé déficient de l'un d'eux (■ Cass. crim., 25 nov. 1997 : *Bull. crim.*, n° 399).

7) Caractérise en tous ses éléments constitutifs de l'infraction, la cour d'appel qui retient que les représentants d'une société d'exploitation de cinémas ont refusé l'accès des salles à des personnes handicapées (fauteuil roulant) malgré les propositions d'aménagement des locaux émanant de la municipalité, alors que l'impossibilité technique de rendre les locaux accessibles à cette clientèle n'est pas démontrée (■ Cass. crim., 20 juin 2006 : *Dr. pénal* 2006, comm. 134, obs. M. Véron).

De même constitue une discrimination punissable le fait, en violation des dispositions du règlement européen n° 1107/2006 du 5 juillet 2006 obligeant une compagnie aérienne à former ses personnels à l'assistance aux personnes handicapées, d'une part, de refuser d'embarquer à bord d'un aéronef, sans motif légal de sécurité, une personne handicapée parce qu'elle n'est pas accompagnée, d'autre part, d'établir une réglementation interne qui soumet à une condition d'accompagnement l'accès à un avion d'une personne se déplaçant en fauteuil roulant (■ Cass. crim., 15 déc. 2015, n° 13-81.586 : *D.* 2016, p. 828, note S. Detraz).

8) Entrave à l'activité économique. Selon l'article 225-2, 2° du Code pénal, constitue une discrimination punissable le fait d'entraver l'exercice normal d'une activité économique quelconque en opérant une distinction entre les personnes notamment en raison de leur appartenance ou de leur non-appartenance à une nation déterminée.

Aux termes de l'article 122-7 du Code pénal, seul un danger actuel et imminent est de nature à justifier l'infraction.

Pour bénéficier de la cause d'irresponsabilité prévue par l'article 122-3 du Code pénal, la personne poursuivie doit justifier avoir cru, par une erreur sur le droit qu'elle n'était pas en mesure d'éviter, pouvoir légitimement accomplir l'acte reproché.

Encourt dès lors la cassation l'arrêt qui, après avoir relevé que le certificat, qu'une entreprise française avait accepté de fournir à une entreprise des Émirats arabes unis attestant que le matériel qu'elle lui vendait ne serait pas livré par le canal d'un transporteur israélien ni ne transiterait par Israël, avait pour conséquence de rendre plus difficile l'exercice d'une activité économique retient, pour relaxer les prévenus poursuivis pour discrimination économique à raison de l'origine nationale, que, compte tenu du conflit israélo-arabe, l'activité économique avec les Émirats arabes unis ne se déroulait pas dans des conditions normales, que le vendeur s'était trouvé, pour être payé, dans la nécessité impérieuse de satisfaire aux exigences de l'acheteur, que deux lettres adressées par le ministre du Commerce extérieur au président de l'assemblée permanente des chambres de commerce et d'industrie avaient provoqué une erreur de droit insurmontable (■ Cass. crim., 9 nov. 2004 : *Bull. crim.*, n° 273 ; *Dr. pénal* 2005, comm. 35, obs. M. Véron).

9) Selon les articles 225-2, 2° et 225-1 du Code pénal, constitue une discrimination punissable le fait d'entraver l'exercice normal d'une activité économique quelconque en opérant une distinction entre les personnes, notamment en raison de leur appartenance ou de leur non-appartenance à une nation déterminée.

– Il résulte de ces dispositions qu'une discrimination en matière économique ne peut être justifiée par l'existence d'un boycott prohibé, que l'article 225-2, 2° précité a précisément pour but de sanctionner (■ Cass. crim., 18 déc. 2007 : *Bull. crim.*, n° 312 ; *D.* 2008, p. 893, note S. Detraz ; *Dr. pénal* 2008, comm. 41, obs. M. Véron).

10) La vente d'un bien immobilier par un particulier à un autre ne caractérise pas l'exercice d'une activité économique au sens de l'article 432-7 2e du Code pénal ; justifie dès lors sa décision la cour d'appel qui, saisie du chef de discrimination économique par personne dépositaire de l'autorité publique contre un maire ayant fait pression sur une de ses administrées pour qu'elle renonce à vendre un terrain à une personne appartenant à la communauté des gens du voyage, requalifie les faits en complicité de discrimination par refus de fourniture d'un bien en raison de l'appartenance à une ethnie. Il n'importe que seul le complice ait été poursuivi, dès lors que le fait principal est punissable (■ Cass. crim., 28 nov. 2006 : *Bull. crim.*, n° 294 ; *Dr. pénal* 2007, comm. 31, obs. M. Véron ; *Rev. sc. crim.* 2007, p. 79, n° 2, obs. Y. Mayaud).

11) Relaxe justifiée du chef d'entrave qui aurait résulté du refus, en raison d'une origine étrangère, d'inclure une candidate aux élections municipales et de l'avoir ainsi privée d'un mandat électif.

En effet, l'exercice d'un mandat électif, fût-il assorti du versement à l'élu d'une indemnité, ne constitue pas une activité économique au sens de l'article 225-2, 2° du Code pénal (■ Cass. crim., 22 nov. 2011 : *JurisData* n° 2011-029384 ; *Dr. pén.* 2012, comm. 31, obs. M. Véron).

12) Imputabilité. Justifie sa décision la cour d'appel qui, pour relaxer des conseillers municipaux, poursuivis du chef de discrimination à raison d'une délibération du conseil municipal refusant un service, retient que cette délibération a été prise par un organe collégial de la commune et ne peut être en conséquence imputée à ceux des conseillers ayant exprimé un vote favorable (■ Cass. crim., 11 mai 1999 : *Bull. crim.*, n° 93).

13) Le fait de subordonner l'octroi d'une prime de naissance à une condition de nationalité est constitutif du délit de discrimination prévu par les articles 225-1 et 225-2 du Code pénal ; justifie sa décision la cour d'appel, qui, pour retenir la culpabilité du maire d'une commune et de son adjoint du chef de discrimination, retient que, si la délibération instaurant une prime discriminatoire a été votée à bulletins secrets par le conseil municipal, organe collégial de la commune, le délit de discrimination est néanmoins imputable au maire et à son adjoint qui ont personnellement participé à l'infraction, le maire, en en prenant l'initiative, en inscrivant la question à l'ordre du jour et en la soumettant au vote (■ Cass. crim., 17 déc. 2002 : *Bull. crim.*, n° 227 ; *Dr. pénal* 2003, comm. 44, obs. M. Véron).

II – REFUS D'EMBAUCHE

14) Annonces discriminatoires. Se rend complice du délit prévu par l'article 416 (3°) du Code pénal le directeur d'une agence nationale pour l'emploi qui accepte d'enregistrer et de diffuser des offres d'emploi excluant tout demandeur d'origine nord-africaine ou restreintes à des personnes de nationalité française (■ Cass. crim., 18 juill. 1985, inédit).

15) Tombe sous le coup de l'article 416-3° du Code pénal le prévenu, chargé de l'embauche d'aides ménagères, qui a été amené par ses fonctions, bien qu'il n'ait pas eu personnellement pouvoir de décision, à participer au recrutement – par la rédaction et la diffusion d'une note de service dont il a pris l'initiative – en soumettant l'offre d'emploi à une condition fondée sur la non-appartenance à une ethnie ou à une race déterminée, par la mention « éviter le personnel de couleur » qui constitue, non une simple recommandation, mais une injonction d'avoir à ne pas présenter à l'embauche des candidats d'ethnie ou de race déterminée ; ce faisant, le prévenu a eu conscience de contribuer à écarter les candidats de couleur, ce qui constitue de sa part un acte de discrimination raciale (■ Paris, 11e Ch. B, 21 janv. 1988 : *D.* 1988, inf. rap. 86 ; confirmé par ■ Cass. crim., 14 nov. 1989 : *Dr. pénal* 1990, n° 129).

16) La cour d'appel n'est pas liée par la qualification que donne aux faits poursuivis la citation devant le tribunal correctionnel. Elle a le pouvoir et le devoir, sous réserve de soumettre préalablement sa décision à la discussion contradictoire des parties, de restituer à la poursuite sa qualification véritable dès lors qu'elle puise les éléments de sa décision dans les faits mêmes dont elle est saisie ; justifient leur décision, les juges qui, après débat contradictoire sur ce point, déclarent le prévenu coupable d'offre d'emploi subordonnée à une condition discriminatoire, délit prévu par l'article 225-2, 5° du Code pénal alors que celui-ci était poursuivi du chef de refus discriminatoire d'embauche, infraction prévue par l'article 225-2, 3°, du même code, en raison de la parution d'offres d'emploi subordonnées à la présentation d'une carte d'électeur (■ Cass. crim., 20 janv. 2009 : *Bull. crim.*, n° 19 ; *Rev. sc. crim.* 2009, p. 589, obs. Y. Mayaud ; *D.* 2009, p. 997, note S. Detraz).

17) Justifie sa décision la cour d'appel qui condamne, sur le fondement du délit de discrimination prévu par l'article 225-2 5° du Code pénal, des sociétés ayant recherché des animatrices en vue d'une opération de promotion de produits coiffants représentant, pour l'une d'entre elles, une part importante de son chiffre d'affaires, en retenant que cette recherche s'est faite sur la base de critères d'origine et a exclu les personnes non européennes ou de couleur alors que les produits à promouvoir ne justifiaient pas leur exclusion, et qui ajoute que les personnes physiques ayant commis les agissements reprochés, dans leurs fonctions participant du pouvoir de direction au sein de ces sociétés, ont agi en tant que représentantes desdites personnes morales et pour leur compte, au sens de l'article 121-2 dudit code (■ Cass. crim., 23 juin 2009, pourvoi n° E 07-85.109 : *Bull. crim.*, n° 126 ; *Dr. pénal* 2009, comm. 121, obs. M. Véron).

18) Licenciement. Les dispositions de l'article 416-3° (ancien) du Code pénal répriment notamment toute discrimination fondée sur des considérations raciales ou de nationalité, non seulement à l'occasion du licenciement d'un salarié titulaire d'un contrat de travail mais également lors de l'embauche, laquelle ne revêt un caractère définitif qu'à l'expiration de la période d'essai. Justifie dès lors sa décision la cour d'appel qui condamne, en application du texte précité, un employeur qui, pendant la période d'essai, a congédié un salarié au motif, expressément invoqué, qu'il était de nationalité marocaine (■ Cass. crim., 14 oct. 1986 : *Bull. crim.*, n° 287).

19) Justifie sa décision au regard des articles 225-1 et 225-2 du Code pénal la cour d'appel qui déclare constitutif du délit de discrimination le licenciement d'un salarié auquel il était reproché d'avoir commis une faute lourde en quittant l'entreprise sans autorisation d'absence afin d'assurer les fonctions d'assistance et de représentation devant les juridictions prud'homales prévues par l'article L. 516-4, devenu l'article L. 1453-4 du Code du travail, en se fondant sur le défaut de dispositions légales ou conventionnelles imposant des modalités d'utilisation du crédit d'heures accordé par la loi pour assurer ces fonctions (■ Cass. crim., 6 mai 2008 : *Bull. crim.*, n° 106 ; *Dr. pénal* 2008, comm. 109 et 112, obs. M. Véron).

20) La décision de l'employeur affectant la carrière, la rémunération d'un salarié peut revêtir, si elle est infondée, le caractère d'une **sanction** au sens de l'article 225-2, 3° du Code pénal relatif aux discriminations (■ Cass. crim., 28 avr. 2009, pourvoi n° 07-82.901 : *Bull. crim.*, n° 74 ; *Dr. pénal* 2009, comm. 110, obs. J.-H. Robert).

21) Obstacle à l'embauche. Le refus, par une société recourant aux services d'une entreprise de travail temporaire, de conclure le contrat de mise à disposition prévu par l'article L. 124-3 du Code du travail constitue un refus d'embauche au sens de l'article 225-2-3° du Code pénal dès lors qu'il fait obstacle à l'embauche, par l'entreprise de travail temporaire, du salarié visé dans le contrat (■ Cass. crim., 2 sept. 2003 : *Bull. crim.*, n° 148 ; *Dr. pénal* 2004, comm. 3, obs. M. Véron).

22) Commet l'infraction l'Agence nationale pour l'emploi, établissement public, qui refuse de présenter la candidature d'un demandeur d'emploi à un employeur du fait de la consonance étrangère de son patronyme (■ Cass. crim., 30 sept. 2008 : *Bull. crim.* n° 199 ; *Dr. pénal* 2008, comm. 151, obs. M. Véron).

23) Constitue le délit une offre d'emploi qui, même si elle était assortie d'une condition suspensive implicite tenant à l'élection du prévenu en qualité de maire, était subordonnée à une condition fondée sur l'un des éléments visés à l'article 225-1 du Code pénal, en l'espèce les opinions politiques du bénéficiaire de l'embauche (■ Cass. crim., 11 mars 2014, n° 12-88.313 : *Dr. pénal* 2014, comm. 86, obs. M. Véron).

24) Le refus de renouvellement d'un contrat à durée déterminée d'un salarié, qui entre dans le champ d'application de l'article 225-2, 3°, du Code pénal, constitue une discrimination au sens de ce texte et de l'article 225-1 du même code, dès lors qu'est avérée la prise en considération, par l'auteur du refus, de l'engagement politique d'un membre de la famille du salarié concerné (■ Cass.

crim., 21 juin 2016, n° 15-80.365 : *Dr. pén.* 2016, comm. 136, note P. Conte).

III – PREUVE

25) Les dispositions des articles 225-2 du Code pénal et L. 412-2 du Code du travail concernant les délits de discrimination et d'entrave à l'exercice du droit syndical n'instituent aucune dérogation à la charge de la preuve en matière pénale, qui incombe à l'accusation ; dans ces conditions, il ne saurait être reproché aux juges du fond, statuant sur une poursuite exercée contre un employeur en application des textes précités, de ne pas s'être déterminés par référence à l'article L. 122-45 du Code du travail, selon lequel lorsque le salarié présente des éléments de fait laissant supposer l'existence d'une discrimination directe ou indirecte, il incombe à la partie défenderesse de prouver que sa décision est justifiée par des éléments objectifs étrangers à toute discrimination (■ Cass. crim., 3 avr. 2007 : *Bull. crim.*, n° 105).

IV – ACTION CIVILE

26) Il résulte de la loi des 16-24 août 1790 et du décret du 16 fructidor an III que, sauf dispositions contraires, les tribunaux judiciaires ne sont pas compétents pour réparer les conséquences dommageables d'une faute engageant la responsabilité d'une personne morale de droit public à l'occasion de la gestion d'un service public administratif, en l'espèce l'Agence nationale pour l'emploi (■ Cass. crim., 30 sept. 2008, préc. *supra*).

27) Lorsqu'une infraction de discrimination raciale (en l'espèce refus de service de location d'un bien) a été commise envers une personne considérée individuellement, l'accord de celle-ci est nécessaire pour rendre recevable la constitution de partie civile d'une association de lutte contre le racisme, que celle-ci ait été faite par voie d'action ou par voie d'intervention (■ Cass. crim., 25 nov. 2008 : *Bull. crim.*, n° 238 ; *Dr. pénal* 2009, comm. 27, obs. A. Maron et M. Haas).

Loi organique nº 2011-333 du 29 mars 2011

relative au Défenseur des droits

Art. 28. – I. – Le Défenseur des droits peut proposer à l'auteur de la réclamation et à la personne mise en cause de conclure une transaction dont il peut recommander les termes.

II. – Lorsqu'il constate des faits constitutifs d'une discrimination sanctionnée par les articles 225-2 et 432-7 du Code pénal et L. 1146-1 et L. 2146-2 du Code du travail, le Défenseur des droits peut, si ces faits n'ont pas déjà donné lieu à la mise en mouvement de l'action publique, proposer à l'auteur des faits une transaction consistant dans le versement d'une amende transactionnelle dont le montant ne peut excéder 3 000 € s'il s'agit d'une personne physique et 15 000 € s'il s'agit d'une personne morale et, s'il y a lieu, dans l'indemnisation de la victime. Le montant de l'amende est fixé en fonction de la gravité des faits ainsi que des ressources et des charges de l'auteur des faits.

La transaction proposée par le Défenseur des droits et acceptée par l'auteur des faits ainsi que, s'il y a lieu, par la victime doit être homologuée par le procureur de la République.

La personne à qui est proposée une transaction est informée qu'elle peut se faire assister par un avocat avant de donner son accord à la proposition du Défenseur des droits.

III. – Dans les cas prévus au II, le Défenseur des droits peut également proposer que la transaction consiste dans :

1° L'affichage d'un communiqué, dans des lieux qu'elle précise et pour une durée qui ne peut excéder deux mois ;

2° La transmission, pour information, d'un communiqué au comité d'entreprise ou aux délégués du personnel ;

3° La diffusion d'un communiqué, par son insertion au *Journal officiel* ou dans une ou plusieurs autres publications de presse, ou par la voie de services de communication électronique, sans que ces publications ou services de communication électronique puissent s'y opposer ;

4° L'obligation de publier la décision au sein de l'entreprise.

Les frais d'affichage ou de diffusion sont à la charge de l'auteur des faits, sans pouvoir toutefois excéder le montant maximal de l'amende transactionnelle prévue au II.

IV. – Les actes tendant à la mise en œuvre ou à l'exécution de la transaction mentionnée au même II sont interruptifs de la prescription de l'action publique.

L'exécution de la transaction constitue une cause d'extinction de l'action publique. Elle ne fait cependant pas échec au droit de la partie civile de délivrer citation directe devant le tribunal correctionnel. Le tribunal, composé d'un seul magistrat exerçant les pouvoirs conférés au président, ne statue alors que sur les seuls intérêts civils.

En cas de refus de la proposition de transaction ou d'inexécution d'une transaction acceptée et homologuée par le procureur de la République, le Défenseur des droits, conformément à l'article 1er du Code de procédure pénale, peut mettre en mouvement l'action publique par voie de citation directe.

V. – Un décret précise les modalités d'application des II à IV.

Art. 225-3 *(Mod., L. n° 2002-303, 4 mars 2002 ; L. n° 2008-496, 27 mai 2008 ; L. n° 2016-1547, 18 nov. 2016).* **– Les dispositions de l'article précédent ne sont pas applicables :**

1° Aux discriminations fondées sur l'état de santé, lorsqu'elles consistent en des opérations ayant pour objet la prévention et la couverture du risque décès, des risques portant atteinte à l'intégrité physique de la personne ou des risques d'incapacité de travail ou d'invalidité ; toutefois, ces discriminations sont punies des peines prévues à l'article précédent lorsqu'elles se fondent sur la prise en compte de tests génétiques prédictifs ayant pour objet une maladie qui n'est pas encore déclarée ou une prédisposition génétique à une maladie *(L. n° 2011-814, 7 juill. 2011)* **« ou qu'elles se fondent sur la prise en compte des conséquences sur l'état de santé d'un prélèvement d'organe tel que défini à l'article L. 1231-1 du Code de la santé publique » ;**

2° Aux discriminations fondées sur l'état de santé ou le handicap, lorsqu'elles consistent en un refus d'embauche ou un licenciement fondé sur l'inaptitude médicalement constatée soit dans le cadre du titre IV du livre II du Code du travail, soit dans le cadre des lois portant dispositions statutaires relatives à la fonction publique ;

3° Aux discriminations fondées, en matière d'embauche, sur un motif mentionné à l'article 225-1 du présent code, lorsqu'un tel motif constitue une exigence professionnelle essentielle et déterminante et pour autant que l'objectif soit légitime et l'exigence proportionnée ;

4° Aux discriminations fondées, en matière d'accès aux biens et services, sur le sexe lorsque cette discrimination est justifiée par la protection des victimes de violences à caractère sexuel, des considérations liées au respect de la vie privée et de la décence, la promotion de l'égalité des sexes ou des intérêts des hommes ou des femmes, la liberté d'association ou l'organisation d'activités sportives ;

5° Aux refus d'embauche fondés sur la nationalité lorsqu'ils résultent de l'application des dispositions statutaires relatives à la fonction publique ;

6° *(L. n° 2014-173, 21 févr. 2014)* **Aux discriminations liées au lieu de résidence lorsque la personne chargée de la fourniture d'un bien ou service se trouve en situation de danger manifeste.**

(L. n° 2014-173, 21 févr. 2014) **Les mesures prises en faveur des personnes résidant dans certaines zones géographiques et visant à favoriser l'égalité de traitement ne constituent pas une discrimination.**

1) A été condamné le président d'une compagnie aérienne qui avait écarté la candidature d'un homme à un emploi « d'hôtesse navigante » au motif que la société « recherchait uniquement du personnel féminin » (■ T. corr. Morlaix, 20 janv. 1984 : *Rev. fr. dr. aérien* 1984, 98, note Tillhet-Pretnar).

2) N'est inspirée d'aucune intention discriminatoire l'offre d'emploi sous condition de posséder la carte d'électeur, dès lors qu'elle a pour but de recruter du personnel pour nettoyer les locaux de la direction de la gendarmerie nationale et que se trouve imposée une procédure d'habilitation réservée aux personnes de nationalité française (■ Paris, 11e Ch. A, 8 mars 1989 : *JurisData* n° 023032).

3) N'est pas constitutif d'une infraction le refus de recruter en qualité de fonctionnaire une personne ne possédant pas la nationalité française (Rép. min. n° 4980 : *JO déb. Sénat*, 3 août 1989, p. 1190).

Art. 225-3-1 *(L. n° 2006-396, 31 mars 2006).* **– Les délits prévus par la présente section sont constitués même s'ils sont commis à l'encontre d'une ou plusieurs personnes ayant sollicité l'un des biens, actes, services ou contrats mentionnés à l'article 225-2 dans le but de démontrer l'existence du comportement discriminatoire, dès lors que la preuve de ce comportement est établie.**

1) V. pour une application de cet article, ■ Cass. crim., 27 nov. 1012, n° 11-84, 395 : *Dr. pénal* 2013, n° 37, obs. M. Véron, préc. sous art. 225-2, 1°, p. 300.

2) QPC. Il n'y a pas lieu à renvoi au Conseil constitutionnel de la question relative à l'atteinte aux droits de la défense et au droit à un procès équitable portée par l'article 225-3-1 du Code pénal, dès lors que tout en facilitant la constatation des comportements discriminatoires, ces dispositions ne prévoient aucune dérogation aux règles de poursuite et de jugement des infractions, qu'elles ne confèrent pas au procureur de la République la faculté de provoquer à la commission d'une infraction et ne remettent pas en cause le pouvoir du juge d'apprécier la valeur probante des éléments à charge produits par les parties, après les avoir soumis à la discussion contradictoire (■ Cass. crim., 4 févr. 2015, n° 14-90.048 : *Dr. pén.* 2015, comm. 46, obs. M. Véron ; *AJP* 2015, p. 139, note J. Lasserre Capdeville ; *JCP* 2015, note 440, p. 726, S. Detraz).

Art. 225-4 ***(Mod., L. n° 2009-526, 12 mai 2009).*** **– Les personnes morales déclarées responsables pénalement, dans les conditions prévues par l'article 121-2, des infractions définies à l'article 225-2 encourent, outre l'amende suivant les modalités prévues par l'article 131-38, les peines prévues par les 2° à 5°, 8° et 9° de l'article 131-39.**

L'interdiction mentionnée au 2° de l'article 131-39 porte sur l'activité dans l'exercice ou à l'occasion de l'exercice de laquelle l'infraction a été commise.

Voir : notes, *supra*, sous l'article 225-2.

Section I *bis*. – De la traite des êtres humains

(L. n° 2003-239, 18 mars 2003)

Bibliographie : *La traite des êtres humains : JCP* 2013, supplément au n° 19-20 du 6 mai 2013, not. p. 12, étude par J. Vernier.

Art. 225-4-1 ***(Rempl., L. n° 2013-711, 5 août 2013).*** **– I. – La traite des êtres humains est le fait de recruter une personne, de la transporter, de la transférer, de l'héberger ou de l'accueillir à des fins d'exploitation dans l'une des circonstances suivantes :**

1° Soit avec l'emploi de menace, de contrainte, de violence ou de manœuvre dolosive visant la victime, sa famille ou une personne en relation habituelle avec la victime ;

2° Soit par un ascendant légitime, naturel ou adoptif de cette personne ou par une personne qui a autorité sur elle ou abuse de l'autorité que lui confèrent ses fonctions ;

3° Soit par abus d'une situation de vulnérabilité due à son âge, à une maladie, à une infirmité, à une déficience physique ou psychique ou à un état de grossesse, apparente ou connue de son auteur ;

4° Soit en échange ou par l'octroi d'une rémunération ou de tout autre avantage ou d'une promesse de rémunération ou d'avantage.

L'exploitation mentionnée au premier alinéa du présent I est le fait de mettre la victime à sa disposition ou à la disposition d'un tiers, même non identifié, afin soit de permettre la commission contre la victime des infractions de proxénétisme, d'agression ou d'atteintes sexuelles, de réduction en esclavage, de soumission à du travail ou à des services forcés, de réduction en servitude, de prélèvement de l'un de ses organes, d'exploitation de la mendicité, de conditions de travail ou d'hébergement contraires à sa dignité, soit de contraindre la victime à commettre tout crime ou délit.

La traite des êtres humains est punie de sept ans d'emprisonnement et de 150 000 € d'amende.

II. – La traite des êtres humains à l'égard d'un mineur est constituée même si elle n'est commise dans aucune des circonstance prévue aux 1° à 4° du I.

Elle est punie de dix ans d'emprisonnement et de 1 500 000 € d'amende.

Ne justifie pas sa décision la cour d'appel qui, pour relaxer le prévenu du délit de traite des êtres humains, après avoir constaté que l'achat d'une mineure par l'intéressé, en vue d'un mariage, avait pour finalité réelle de la contraindre à commettre des vols, énonce que, pour immoral qu'il soit, ce comportement correspond à une pratique culturelle et n'entre pas dans les prévisions de l'article 225-4-1 du Code pénal qui a pour objet d'éradiquer le commerce des êtres humains dans un contexte de déséquilibre économique mondial (■ Cass. crim., 16 déc. 2015, n° 14-85.900 : *Dr. pén.* 2016, comm. 23, obs. P. Conte).

Art. 225-4-2 ***(Rempl., L. n° 2013-711, 5 août 2013).*** **– I. – L'infraction prévue au I de l'article 225-4-1 est punie de dix ans d'emprisonnement et de 1 500 000 € d'amende lorsqu'elle est commise dans deux des circonstances mentionnées aux 1° à 4° du même I ou avec l'une des circonstances supplémentaires suivantes :**

1° À l'égard de plusieurs personnes ;

2° À l'égard d'une personne qui se trouvait hors du territoire de la République ou lors de son arrivée sur le territoire de la République ;

3° Lorsque la personne a été mise en contact avec l'auteur des faits grâce à l'utilisation, pour la diffusion de messages à destination d'un public non déterminé, d'un réseau de communication électronique ;

4° Dans les circonstances qui exposent directement la personne à l'égard de laquelle l'infraction est commise à un risque immédiat de mort ou de blessures de nature à entraîner une mutilation ou une infirmité permanente ;

5° Avec l'emploi de violences qui ont causé à la victime une incapacité totale de travail de plus de huit jours ;

6° Par une personne appelée à participer, par ses fonctions, à la lutte contre la traite ou au maintien de l'ordre public ;

7° Lorsque l'infraction a placé la victime dans une situation matérielle ou psychologique grave.

II. – L'infraction prévue au II de l'article 225-4-1 est punie de quinze ans de réclusion criminelle et de 1 500 000 € d'amende lorsqu'elle a été commise dans l'une des circonstances mentionnées aux 1° à 4° du I du même article 225-4-1 ou dans l'une des circonstances mentionnées aux 1° à 7° du I du présent article.

Pour un exemple de caractérisation de l'infraction prévue et réprimée par l'article 225-4-2, V. (■ Paris, pôle 8, ch. 1, 5 avril 2011, n° 10/044909 : *JCP* 2011, act., n° 962, p. 1598, obs. J.-Y. Marechal).

Art. 225-4-3 *(L. n° 2003-239, 18 mars 2003).* **– L'infraction prévue à l'article 225-4-1 est punie de vingt ans de réclusion criminelle et de 3 000 000 € d'amende lorsqu'elle est commise en bande organisée.**

Art. 225-4-4 *(L. n° 2003-239, 18 mars 2003).* **– L'infraction prévue à l'article 225-4-1 commise en recourant à des tortures ou à des actes de barbarie est punie de la réclusion criminelle à perpétuité et de 4 500 000 € d'amende.**

Art. 225-4-5 *(L. n° 2003-239, 18 mars 2003).* **– Lorsque le crime ou le délit qui a été commis ou qui devait être commis contre la personne victime de l'infraction de traite des êtres humains est puni d'une peine privative de liberté d'une durée supérieure à celle de l'emprisonnement encouru en application des articles 225-4-1 à 225-4-3, l'infraction de traite des êtres humains est punie des peines attachées aux crimes ou aux délits dont son auteur a eu connaissance et, si ce crime ou délit est accompagné de circonstances aggravantes, des peines attachées aux seules circonstances aggravantes dont il a eu connaissance.**

Art. 225-4-6 *(Rempl., L. n° 2009-526, 12 mai 2009).* **– Les personnes morales déclarées responsables pénalement, dans les conditions prévues par l'article 121-2, des infractions définies à la présente section encourent, outre l'amende suivant les modalités prévues par l'article 131-38, les peines prévues par l'article 131-39.**

Art. 225-4-7 *(L. n° 2003-239, 18 mars 2003).* **– La tentative des délits prévus à la présente section est punie des mêmes peines.**

Art. 225-4-8 *(L. n° 2013-711, 5 août 2013).* **– Lorsque les infractions prévues aux articles 225-4-1 et 225-4-2 sont commises hors du territoire de la République par un Français, la loi française est applicable par dérogation au deuxième alinéa de l'article 113-6 et la seconde phrase de l'article 113-8 n'est pas applicable.**

Art. 225-4-9 *(L. n° 2004-204, 9 mars 2004).* **– Toute personne qui a tenté de commettre les infractions prévues par la présente section est exempte de peine si, ayant averti l'autorité administrative ou judiciaire, elle a permis d'éviter la réalisation de l'infraction et d'identifier, le cas échéant, les autres auteurs ou complices.**

La peine privative de liberté encourue par l'auteur ou le complice d'une des infractions prévues à la présente section est réduite de moitié si, ayant averti l'autorité administrative ou judiciaire, il a permis de faire cesser l'infraction ou d'éviter que l'infraction n'entraîne mort d'homme ou infirmité permanente et d'identifier, le cas échéant, les autres auteurs ou complices. Lorsque la peine encourue est la réclusion criminelle à perpétuité, celle-ci est ramenée à vingt ans de réclusion criminelle.

Bibliographie : *JCl. pén., Traite des êtres humains* par J. Amar. • *AJP* 2012, *La traite des êtres humains* : Dossier, 191 et s., not. articles de Y. Charpenel et B. Bourgeois sur les infractions pénales.

Section I *ter*. – De la dissimulation forcée du visage

Art. 225-4-10 *(L. n° 2010-1192, 11 oct. 2010)*. **– Le fait pour toute personne d'imposer à une ou plusieurs autres personnes de dissimuler leur visage par menace, violence, contrainte, abus d'autorité ou abus de pouvoir, en raison de leur sexe, est puni d'un an d'emprisonnement et de 30 000 € d'amende.**

Lorsque le fait est commis au préjudice d'un mineur, les peines sont portées à deux ans d'emprisonnement et à 60 000 € d'amende.

Bibliographie : *JCl. pén., Dissimulation forcée du visage*, par D. Guérin. • B. Bonnet, *La Cour EDH et l'interdiction de la dissimulation du visage dans l'espace public : JCP* 2014, p. 835.

Loi n° 2010-1192 du 11 octobre 2010
interdisant la dissimulation du visage dans l'espace public

Art. 1er. – Nul ne peut, dans l'espace public, porter une tenue destinée à dissimuler son visage.

Art. 2. – I. – Pour l'application de l'article 1er, l'espace public est constitué des voies publiques ainsi que des lieux ouverts au public ou affectés à un service public.

II. – L'interdiction prévue à l'article 1er ne s'applique pas si la tenue est prescrite ou autorisée par des dispositions législatives ou réglementaires, si elle est justifiée par des raisons de santé ou des motifs professionnels, ou si elle s'inscrit dans le cadre de pratiques sportives, de fêtes ou de manifestations artistiques ou traditionnelles.

Art. 3. – La méconnaissance de l'interdiction édictée à l'article 1er est punie de l'amende prévue pour les contraventions de la deuxième classe.

L'obligation d'accomplir le stage de citoyenneté mentionné au 8° de l'article 131-16 du Code pénal peut être prononcée en même temps ou à la place de la peine d'amende.

1) L'espace public dans lequel il est interdit de porter une tenue destinée à dissimuler le visage est constitué des voies publiques ainsi que des lieux ouverts au public ou affectés à un service public (■ Cass. crim., 5 mars 2013, n° 12-82.852 : *Bull. crim.*, n° 53 ; *AJP* 2013, p. 400, note P. de Combles de Nayves).

2) Si l'article 9 de la Convention européenne des droits de l'Homme garantit l'exercice de la liberté de pensée, de conscience et de religion, l'alinéa 2 de ce texte dispose que cette liberté peut faire l'objet de restrictions prévues par la loi et constituant, dans une société démocratique, des mesures nécessaires à la sécurité publique, à la protection de l'ordre, de la santé ou de la morale publiques, ou à la protection des droits et libertés d'autrui. Tel est le cas de la loi du 11 octobre 2010 interdisant la dissimulation intégrale du visage dans l'espace public, dès lors que cette loi vise à protéger l'ordre et la sécurité publics en imposant à toute personne circulant dans un espace public de montrer son visage. Justifie en conséquence sa décision la juridiction de proximité ayant, sur le fondement de ladite loi, condamné une prévenue qui, le visage dissimulé, avait été interpellée par les forces de police à proximité du Palais de l'Élysée où elle s'était rendue pour manifester en compagnie d'autres personnes portant des masques et de journalistes, et qui avait ensuite refusé de dévoiler son visage dans un commissariat (■ Cass. crim., 5 mars 2013, n° 12-80.891 : *Bull. crim.*, n° 54 ; *Dr. pénal* 2013, comm. 70, obs. M. Véron ; *D.* 2013, act., p. 710 ; *Gaz. Pal.* 8-11 mai 2013, chron. p. 35, note St. Detraz ; *Dr. pén.* 2013, comm. 72, obs. M. Véron, et comm. 85, obs. E. Bonis-Garçon ; *AJP* 2013, p. 400, note P. de Combles de Nayves).

3) Si l'article 9 de la Convention européenne des droits de l'homme garantit l'exercice de la liberté de pensée, de conscience et de religion, l'alinéa 2 de ce texte dispose que cette liberté peut faire l'objet de restrictions prévues par la loi et constituant, dans une société démocratique, des mesures nécessaires à la sécurité publique, à la protection de l'ordre, de la santé ou de la morale publics, ou à la protection des droits et libertés d'autrui.

Tel est le cas de la loi du 11 octobre 2010 interdisant la dissimulation intégrale du visage dans l'espace public en ce qu'elle vise à protéger l'ordre et la sécurité publics et à garantir les conditions du « vivre ensemble » en imposant à toute personne circulant dans un espace public de montrer son visage.

Justifie en conséquence sa décision la juridiction de proximité ayant, sur le fondement de ladite loi, déclaré coupable une personne qui, le visage dissimulé, effectuait des achats dans un magasin à grande surface (■ Cass. crim., 9 déc. 2014, n° 14-80.873. ■ CEDH, 1er juill. 2014, n° 43 835/11, *SAS c/ France : D.* 2014, chron. 1701, par C. Chassang).

Circulaire du 2 mars 2011
relative à la mise en œuvre de la loi n° 2010-1192 du 11 octobre 2010 interdisant la dissimulation du visage dans l'espace public

I. – *Le champ d'application de la loi*

1. **Les éléments constitutifs de la dissimulation du visage dans l'espace public**

La dissimulation du visage dans l'espace public est interdite à compter du 11 avril 2011 sur l'ensemble du territoire de la République, en métropole comme en outre-mer. Cette infraction est constituée dès lors qu'une personne porte une tenue destinée à dissimuler son visage et qu'elle se trouve dans l'espace public ; ces deux conditions sont nécessaires et suffisantes.

a) *La dissimulation du visage*

La portée de l'interdiction

Les tenues destinées à dissimuler le visage sont celles qui rendent impossible l'identification de la personne. Il n'est pas nécessaire, à cet effet, que le visage soit intégralement dissimulé.

Sont notamment interdits, sans prétendre à l'exhaustivité, le port de cagoules, de voiles intégraux (burqa, niqab...), de masques ou de tout autre accessoire ou vêtement ayant pour effet, pris isolément ou associé avec d'autres, de dissimuler le visage. Dès lors que l'infraction est une contravention, l'existence d'une intention est indifférente : il suffit que la tenue soit destinée à dissimuler le visage.

Les exceptions légales

L'article 2 de la loi prévoit plusieurs exceptions à l'interdiction de la dissimulation du visage.

En premier lieu, l'interdiction ne s'applique pas *« si la tenue est prescrite ou autorisée par des dispositions législatives ou réglementaires »*. Il s'agit par exemple de l'article L. 431-1 du Code de la route qui impose le port du casque aux conducteurs de deux-roues à moteur.

En deuxième lieu, l'interdiction ne s'applique pas « si la tenue est justifiée par des raisons de santé ou des motifs professionnels ». Les motifs professionnels concernent notamment le champ couvert par l'article L. 4122-1 du Code du travail aux termes duquel *« les instructions de l'employeur précisent, en particulier lorsque la nature des risques le justifie, les conditions d'utilisation des équipements de travail, des moyens de protection, des substances et préparations dangereuses. Elles sont adaptées à la nature des tâches à accomplir »*.

Enfin, l'interdiction ne s'applique pas *« si elle s'inscrit dans le cadre de pratiques sportives, de fêtes ou de manifestations artistiques ou traditionnelles »*. Ainsi les processions religieuses, dès lors qu'elles présentent un caractère traditionnel, entrent dans le champ des exceptions à l'interdiction posée par l'article 1er. Au titre des pratiques sportives figurent les protections du visage prévues dans plusieurs disciplines.

Les dispositions de la loi du 11 octobre 2010 s'appliquent sans préjudice des dispositions qui interdisent ou réglementent, par ailleurs, le port de tenues dans certains services publics et qui demeurent en vigueur.

Il en est ainsi de la loi n° 2004-228 du 15 mars 2004 encadrant, en application du principe de laïcité, le port de signes ou de tenues manifestant une appartenance religieuse dans les écoles, collèges et lycées publics (art. L. 141-5-1 du Code de l'éducation nationale et circulaire d'application du 18 mai 2004). Demeurent également applicables la charte du patient hospitalisé, annexée à la circulaire du 2 mars 2006 relative aux droits des patients hospitalisés, et la circulaire du 2 février 2005 relative à la laïcité dans les établissements de santé.

b) *La définition de l'espace public*

L'article 2 de la loi précise que *« l'espace public est constitué des voies publiques ainsi que des lieux ouverts au public ou affectés à un service public »*.

La notion de voies publiques n'appelle pas de commentaire. Il convient de préciser qu'à l'exception de ceux affectés aux transports en commun les véhicules qui empruntent les voies publiques sont considérés comme des lieux privés. La dissimulation du visage, par une personne se trouvant à bord d'une voiture particulière, n'est donc pas constitutive de la contravention prévue par la loi. Elle peut en revanche tomber sous le coup des dispositions du Code de la route prévoyant que la conduite du véhicule ne doit pas présenter de risque pour la sécurité publique.

Constituent des lieux ouverts au public les lieux dont l'accès est libre (plages, jardins publics, promenades publiques...) ainsi que les lieux dont l'accès est possible, même sous condition, dans la mesure où toute personne qui le souhaite peut remplir cette condition (paiement d'une place de cinéma ou de théâtre par exemple). Les commerces (cafés, restaurants, magasins), les établissements bancaires, les gares, les aéroports et les différents modes de transport en commun sont ainsi des espaces publics.

Les lieux affectés à un service public désignent les implantations de l'ensemble des institutions, juridictions et administrations publiques ainsi que des organismes chargés d'une mission de service public. Sont notamment concernés les diverses administrations et établissements publics de l'État, les collectivités territoriales et leurs établissements publics, les mairies, les tribunaux, les préfectures, les hôpitaux, les bureaux de poste, les établissements d'enseignement (écoles, collèges, lycées et universités), les caisses d'allocations familiales, les caisses primaires d'assurance maladie, les services de Pôle emploi, les musées et les bibliothèques.

2. **L'absence de restriction à l'exercice de la liberté religieuse dans les lieux de culte**

Lorsqu'ils sont ouverts au public, les lieux de culte entrent dans le champ d'application de la loi. Le Conseil constitutionnel a toutefois précisé que *« l'interdiction de dissimuler son visage dans l'espace public ne saurait, sans porter une atteinte excessive à l'article 10 de la Déclaration de 1789, restreindre l'exercice de la liberté religieuse dans les lieux de culte ouverts au public »*.

3. **La sanction de la dissimulation du visage**

L'article 3 de la loi prévoit que la méconnaissance de l'interdiction de la dissimulation du visage dans l'espace public est punie de l'amende prévue pour les contraventions de la deuxième classe (d'un montant maximal de 150 €). Le prononcé de cette amende relève de la compétence des juridictions de proximité.

L'obligation d'accomplir un stage de citoyenneté peut également être prononcée par les mêmes juridictions, à titre de peine alternative ou de peine complémentaire. Le stage de citoyenneté, adapté à la nature de l'infraction commise, doit notamment permettre de rappeler aux personnes concernées les valeurs républicaines d'égalité et de respect de la dignité humaine.

4. **La sanction de l'exercice d'une contrainte**

La dissimulation du visage constatée dans l'espace public peut résulter d'une contrainte exercée contre la personne concernée et révéler la commission par un tiers du délit de dissimulation forcée du visage.

Ce délit, prévu à l'article 4 de la loi (créant un nouvel article 225-4-10 du Code pénal), est puni d'un an d'emprisonnement et de 30 000 € d'amende. Lorsque le fait est commis au préjudice d'une personne mineure, les peines sont portées à deux ans d'emprisonnement et à 60 000 € d'amende.

La répression de ces agissements participe de la volonté des pouvoirs publics de lutter vigoureusement contre toutes les formes de discriminations et de violences envers les femmes, qui constituent autant d'atteintes inacceptables au principe d'égalité entre les sexes.

II. – *La conduite à tenir dans les services publics*

a) *Le rôle du chef de service*

Dans le cadre des pouvoirs qu'il détient pour assurer le bon fonctionnement de son administration, le chef de service est responsable du respect des dispositions de la loi du 11 octobre 2010 et des mesures mises en œuvre, en particulier l'actualisation des règlements intérieurs, pour assurer son application.

Il lui appartient de présenter et d'expliquer l'esprit et l'économie de la loi aux agents placés sous son autorité, afin que ces derniers se conforment à ses dispositions et puissent veiller, dans les meilleures conditions, à son respect par les usagers du service public.

Il lui appartient également de veiller à ce que l'information adéquate prévue par le Gouvernement sous la forme d'affiches et de dépliants soit mise en place dans les locaux accueillant du public ou ouverts au public.

b) *Le contrôle de l'accès aux lieux affectés au service public*

À compter du 11 avril 2011, les agents chargés d'un service public, qui pouvaient déjà être conduits à demander à une personne de se découvrir ponctuellement pour justifier de son identité, seront fondés à refuser l'accès au service à toute personne dont le visage est dissimulé.

Dans le cas où la personne dont le visage est dissimulé serait déjà entrée dans les locaux, il est recommandé aux agents de lui rappeler la réglementation applicable et de l'inviter au respect de la loi, en se découvrant ou en quittant les lieux. La dissimulation du visage fait obstacle à la délivrance des prestations du service public.

En revanche, la loi ne confère en aucun cas à un agent le pouvoir de contraindre une personne à se découvrir ou à sortir. L'exercice d'une telle contrainte constituerait une voie de fait et exposerait son auteur à des poursuites pénales. Elle est donc absolument proscrite.

En face d'un refus d'obtempérer, l'agent ou son chef de service doit faire appel aux forces de la police ou de la gendarmerie nationales, qui peuvent seules constater l'infraction, en dresser procès-verbal et procéder, le cas échéant, à la vérification de l'identité de la personne concernée. Des instructions particulières sont adressées à cet effet par le ministre de l'intérieur aux agents de la force publique.

Le refus d'accès au service ne pourra faire l'objet d'aménagements que pour tenir compte de situations particulières d'urgence, notamment médicales.

III. – *L'information du public*

La période précédant l'entrée en vigueur de l'interdiction de la dissimulation du visage doit être mise à profit pour assurer, selon des modalités adaptées, l'information du public.

a) *L'information générale*

Une affiche, distribuée sous format papier ou en version électronique par les ministères à destination de leurs réseaux respectifs, devra être apposée, de manière visible, dans les lieux ouverts au public ou affectés à un service public.

Cette affiche énonce que « la République se vit à visage découvert » et que l'interdiction de la dissimulation du visage dans l'espace public entre en vigueur à compter du 11 avril 2011.

Cette affiche pourra être complétée, au bénéfice des personnes qui souhaitent disposer d'informations plus précises sur les dispositions de la loi, par un dépliant diffusé dans les services sous la même forme et selon les mêmes voies que l'affiche.

À l'attention des voyageurs souhaitant se rendre en France, ce dépliant sera également disponible en langues anglaise et arabe dans les postes consulaires français à l'étranger.

Ces deux documents d'information générale seront également accessibles à l'adresse internet www.visage-decouvert.gouv.fr et complétés sur ce site par une rubrique destinée à apporter des réponses complémentaires aux questions soulevées par l'application de la loi.

b) *L'information des personnes directement concernées par la dissimulation du visage*

Un dispositif d'information des personnes concernées a été préparé par le ministère de la ville, en coordination avec le ministère des solidarités et de la cohésion sociale et le ministère de l'intérieur.

Ce plan d'information, de sensibilisation et d'accompagnement particulier a pour objet de donner toutes ses chances au dialogue, afin d'amener la petite minorité des personnes qui se dissimulent le visage à respecter l'interdiction posée par le législateur. Ce dialogue n'est pas une négociation ; il a vocation, par un travail d'explication, à amener les personnes concernées à renoncer d'elles-mêmes à une pratique qui heurte les valeurs de la République.

Ce dispositif, qui fait l'objet d'instructions particulières du ministre de la ville, s'appuie notamment sur les associations et les réseaux de proximité en charge des droits des femmes, en particulier le réseau des centres d'information des droits des femmes (CDIFF), les 300 « délégués du préfet » et les adultes relais travaillant dans les quartiers. Sont également mobilisés l'ensemble des acteurs de la médiation sociale, notamment les médiateurs de l'éducation nationale.

L'objectif est de proposer aux personnes qui se dissimulent le visage une information complète sur la loi et un accompagnement personnalisé.

Bibliographie : A. Levade, *Aperçu rapide de la loi du 11 octobre 2010 : JCP* 2010, doctr. 1043, n° 1978. • O. Cayla : *D.* 2011, p. 1166. • F. Desprez : *Gaz. Pal.* 2 sept. 2010, n° 245, p. 7. • M. Lacaze : *Dr. pén.* 2012, étude 5.

Section II. – Du proxénétisme et des infractions qui en résultent

(L. n° 2003-239, 18 mars 2003)

Art. 225-5 ***(Mod., L. n° 2001-1062, 15 nov. 2001).*** **– Le proxénétisme est le fait, par quiconque, de quelque manière que ce soit :**

1° D'aider, d'assister ou de protéger la prostitution d'autrui ;

2° De tirer profit de la prostitution d'autrui, d'en partager les produits ou de recevoir des subsides d'une personne se livrant habituellement à la prostitution ;

3° D'embaucher, d'entraîner ou de détourner une personne en vue de la prostitution ou d'exercer sur elle une pression pour qu'elle se prostitue ou continue à le faire.

Le proxénétisme est puni de sept ans d'emprisonnement et de 150 000 € d'amende.

Bibliographie : *JCl. pén., Proxénétisme et infractions assimilées* par M.-L. Rassat.

1) La prostitution est le fait d'employer son corps, moyennant une rémunération, à la satisfaction des plaisirs du public, quelle que soit la nature des actes de lubricité accomplis (■ Cass. crim., 19 nov. 1912 : *DP* 1913, 1, 353, note Le Poittevin) ; **il peut donc y avoir prostitution, et par conséquent proxénétisme,** sans rapports sexuels et tel est par exemple le cas de massages thaïlandais consistant en des masturbations (■ T. corr. Thionville, 8 mars 1977 : *JCP* 78, II, 18796, note de Lestang ; *Rev. sc. crim.* 1978, 350, obs. Levasseur).

2) Caractérise le délit de proxénétisme au sens des articles 334 ancien et 225-5 nouveau du Code pénal, l'arrêt qui, après avoir énoncé que la prostitution consiste à se prêter, contre rémunération, à des contacts physiques de quelque nature qu'ils soient, afin de satisfaire les besoins sexuels d'autrui, constate que les prévenus dirigeaient un établissement dans lequel les hôtesses procédaient à des attouchements destinés à provoquer l'éjaculation, moyennant le paiement de sommes tarifées (■ Cass. crim., 27 mars 1996 : *Bull. crim.*, n° 138 ; *Rev. sc. crim.* 1996, p. 853, obs. Y. Mayaud).

– Sur la notion de prostitution, V. *Dr. pénal* févr. 1990, chr. p. 1, par A. Maron.

3) Aide, assistance ou protection de la prostitution d'autrui. Aux termes de l'article 334, § 1er, du Code pénal, est considéré comme proxénète celui ou celle qui, d'une manière quelconque, aide, assiste ou protège la prostitution d'autrui. L'infraction ainsi définie, qu'un seul acte suffit à caractériser, n'exige l'élément d'habitude ni à l'égard du proxénète, ni en ce qui touche la prostitution (■ Cass. crim., 10 mars 1955 : *Bull. crim.*, n° 151. ■ 20 nov. 1956 : *Bull. crim.*, n° 764).

4) Le délit prévu par l'article 225-5, 1° n'exige pas que la personne qui, d'une manière quelconque, aide, assiste ou protège sciemment la prostitution d'autrui, retire un profit de cette prostitution (■ Cass. crim., 13 nov. 1980, inédit. – V. dans le même sens, sous l'empire de l'ancien texte, ■ Cass. crim., 24 mai 1946 : *Bull. crim.*, n° 125. ■ Cass. crim., 12 oct. 1994 : *Dr. pénal* 1995, comm. 38, obs. M. Véron).

5) Ne caractérise pas le délit prévu par l'article 334, 1°, du Code pénal l'arrêt qui se borne à reproduire les termes de la loi sans préciser les circonstances dans lesquelles le délit aurait été commis et, notamment les moyens par lesquels l'inculpé aurait aidé, assisté ou protégé sciemment la prostitution d'autrui (■ Cass. crim., 30 mai 1958 : *Bull. crim.*, n° 418 et les arrêts cités).

6) En l'absence de tout fait personnel constaté caractérisant l'aide ou l'assistance sciemment prêtée à la prostitution, c'est à bon droit que la Cour d'appel a refusé de faire application de l'article 334, alinéa 1er du Code pénal à un débitant de boissons contre qui il était seulement établi le fait d'avoir toléré la présence de prostituées fréquentant habituellement son établissement (■ Cass. crim., 13 juill. 1955 : *Bull. crim.*, n° 352). – Doit être cassé pour insuffisance de motifs l'arrêt déclarant le prévenu coupable de proxénétisme par aide et assistance en se fondant exclusivement sur le concubinage avec une prostituée, sans s'expliquer davantage sur l'aide que, par ce mode de vie, il aurait apportée à la prostitution d'autrui (■ Cass. crim., 24 nov. 1987, inédit).

7) L'élément intentionnel doit être établi par les juges du fait ; ils disposent à cet égard d'un pouvoir souverain d'appréciation (■ Cass. crim., 24 mai 1946 : *Bull. crim.*, n° 125, préc.).

8) Caractérise l'infraction. Le fait de conduire en voiture une fille sur les lieux de prostitution et de la ramener ensuite (■ Paris, 7 mai 1962, inédit), ou le fait pour un cafetier, agissant pour le compte d'un proxénète, d'exercer une surveillance sur sa protégée pour lui prêter assistance en cas de difficulté (■ Cass. crim., 13 juill. 1955 : *Bull. crim.*, n° 353), ou le fait d'escorter les jeunes femmes de l'aéroport à leur hôtel à Nice, leur séjour dans cet hôtel dans le seul but de les conduire à Monaco où elles auraient des relations sexuelles rémunérées (■ Cass. crim., 9 nov. 2011 : *Bull. crim.*, n° 230 ; *Dr. pén.* 2012, comm. 3, obs. M. Véron ; *JCP* 2011, act. n° 1318, p. 2354, obs. S. Detraz).

9) Se rend coupable de proxénétisme avec circonstance aggravante le directeur responsable d'un salon de coiffure qui fait bénéficier de son assistance plusieurs femmes qu'il sait être des prostituées, en leur prêtant refuge et en leur donnant les moyens de se dissimuler dans l'établissement à l'arrivée de la police (■ Cass. crim., 20 oct. 1971 : *Bull. crim.*, n° 278).

10) Il a encore été jugé que commettait le délit le vendeur d'un local à une prostituée s'il a su que ce local allait être utilisé par l'acquéreur pour l'exercice de la prostitution (■ Grenoble, 26 sept. 1974 : *D.* 1975, 560, note Roujou de Boubée) ou la femme d'un hôtelier recevant habituellement des prostituées dans son établissement et qui faisait le ménage dans les chambres (■ Cass. crim., 27 nov. 1984 : *D.* 1985, 241, note Mayer ; *Rev. sc. crim.* 1985, 815, obs. Levasseur).

11) Se rend coupable de proxénétisme par aide ou assistance à la prostitution d'autrui, le comptable d'un établissement hôtelier qui met son compte postal personnel à la disposition de l'exploitant pour accueillir le dépôt du produit de la prostitution (■ Cass. crim., 25 mars 1998 : *Dr. pénal* 1998, comm. 112, note M. Véron).

12) Mais ne constitue pas le délit de proxénétisme prévu par l'article 334-1° le fait par une prostituée de se rendre au domicile d'une autre prostituée, à la demande de celle-ci, et de participer à des scènes de débauche collective et rétribuées avec différents clients de cette dernière (■ Cass. crim., 7 nov. 1973 : *JCP* 74, II, 17717, note Dardet ; *D.* 1974, 56, note E. Robert).

13) Partage et subsides. Si le partage des produits de la prostitution (art. 334-2°) est une infraction instantanée (■ Cass. crim., 4 janv. 1969 : *Bull. crim.*, n° 7 ; *Rev. sc. crim.* 1969, 670, obs. Levasseur), la réception de subsides est une infraction d'habitude, exigeant le caractère habituel de la prostitution (■ Cass. crim., 13 mai 1954 : *D.* 1954, 695, note F.G. ; *Rev. sc. crim.* 1955, 83, obs. Hugueney).

Le délit de partage des produits de la prostitution d'autrui est une infraction instantanée qui se prescrit à compter du jour où les faits la consommant ont été commis. Doit être cassé l'arrêt qui, pour écarter l'exception de prescription de l'action publique, énonce que le partage des produits de la prostitution d'autrui est un délit continu successif (■ Cass. crim., 17 mars 2004 : *Bull. crim.*, n° 72).

14) Pour faire obstacle à l'application de l'article 334-2° du Code pénal, le prévenu ne saurait valablement invoquer les dispositions de l'article 12 de la Convention européenne des droits de l'homme ; en effet, la poursuite ne met pas en cause le droit d'une prostituée de contracter mariage et celui de son époux de vivre avec elle, mais tend seulement à sanctionner la remise des produits de la prostitution à ce dernier (■ Cass. crim., 4 juin 1980 : *Bull. crim.*, n° 174 ; *D.* 1981, inf. rap. 143, obs. Roujou de Boubée).

15) La réception d'une somme d'argent, imposée sur les gains d'une prostituée, constitue le délit de partage des produits de la prostitution d'autrui, prévu par l'article 334-2° du Code pénal et qui n'est pas un délit d'habitude (■ Cass. crim., 29 janv. 1965 : *Bull. crim.*, n° 30. ■ 4 janv. 1969 : *Bull. crim.*, n° 7, préc.).

16) Constitue le délit de proxénétisme le fait d'employer une masseuse qui se livre à des actes de prostitution dans un sauna à la connaissance des gérants qui percevaient un droit d'entrée pour chaque client (■ Aix-en-Provence, 4 juill. 1988 : *JurisData* n° 044944).

17) Élément intentionnel. La connaissance de l'origine prostitutionnelle des sommes perçues ou reçues doit être établie (■ Cass. crim., 24 janv. 1956 : *Bull. crim.*, n° 27. ■ 12 déc. 1956 : *Bull. crim.*, n° 838).

18) Infractions prévues à l'article 225-5, 3°. – Pour l'embauchage, V. *infra* sous l'article 225-7.

19) Caractérise tous les éléments du délit d'entraînement en vue de la prostitution en énonçant notamment qu'un individu, après avoir mis en rapport une femme avec sa maîtresse elle-même prostituée, avait décidé, par ses tentatives de séduction, sa victime à se livrer à la même activité, et que celle-ci, éloignée de sa famille et installée à l'hôtel par les soins des deux amants, était conduite au service des mœurs et, encore hésitante, menacée d'être giflée par « la maîtresse en titre » (■ Cass. crim., 29 juin 1960 : *Bull. crim.*, n° 349).

20) Relève tous les éléments constitutifs du délit de tentative de livrer une personne à la prostitution l'arrêt qui constate que le prévenu a tenu une femme enfermée pendant quinze jours dans son appartement en vue de la contraindre à avoir moyennant rémunération, des rapports sexuels avec d'autres hommes, et qui déclare que ces propositions se sont heurtées au refus de la femme (■ Cass. crim., 22 janv. 1963 : *Bull. crim.*, n° 37).

21) L'article 334, alinéa 4, du Code pénal qui réprime l'embauchage, l'entraînement ou l'entretien d'une personne, même majeure en vue de la prostitution n'exige pas pour son applicabilité l'élément d'habitude. Un seul fait suffit à caractériser le délit (■ Cass. crim, 5 mars 1953 : *Bull. crim.*, n° 80). – V. aussi *infra*, sous l'article 225-7.

22) Action civile. Victime et non complice du souteneur, la prostituée peut se constituer partie civile contre lui (■ Cass. crim., 7 juin 1945 : *D.* 1946, 148, note Savatier ; *JCP* 76, II, 2955, note Hémard).

Art. 225-6. – Est assimilé au proxénétisme et puni des peines prévues par l'article 225-5 le fait, par quiconque, de quelque manière que ce soit :

1° De faire office d'intermédiaire entre deux personnes dont l'une se livre à la prostitution et l'autre exploite ou rémunère la prostitution d'autrui ;

2° De faciliter à un proxénète la justification de ressources fictives ;

3° De ne pouvoir justifier de ressources correspondant à son train de vie tout en vivant avec une personne qui se livre habituellement à la prostitution ou tout en étant en relations habituelles avec une ou plusieurs personnes se livrant à la prostitution ;

4° D'entraver l'action de prévention, de contrôle, d'assistance ou de rééducation entreprise par les organismes qualifiés à l'égard des personnes en danger de prostitution ou se livrant à la prostitution.

1) Office d'intermédiaire. La simple débauche est désormais exclue du champ d'application de l'article 225-6, 1° nouveau du Code pénal, lequel, à la différence de l'article 334, 6° ancien dudit code, n'incrimine plus que l'aide à la prostitution d'autrui (■ Cass. crim., 9 oct. 1996 : *Bull. crim.*, n° 355 ; *Rev. sc. crim.* 1997, 384, obs. Y. Mayaud).

2) Il importe peu que l'intermédiaire se fasse ou non rémunérer (■ Cass. crim., 4 déc. 1958 : *Bull. crim.*, n° 735).

3) L'habitude n'est pas un élément constitutif du délit prévu par l'article 334-6° du Code pénal (■ Cass. crim., 18 juill. 1989 : *Bull. crim.*, n° 290 ; *Rev. sc. crim.* 1990, 73, obs. Levasseur).

Cette solution a été maintenue depuis que l'article 334, 6° ancien du Code pénal est devenu l'article 225-6, 1° nouveau du même code (■ Cass. crim., 9 oct. 1996, précité).

4) Il résulte des termes de l'article 225-6, 1°, du Code pénal, que le délit prévu par ce texte n'est constitué que si la personne qui se livre à la prostitution exerçait déjà cette activité au moment de l'entremise ; la cour d'appel, qui n'a pas recherché si les faits reprochés au prévenu pouvaient être constitutifs du délit prévu et puni par l'article 225-5, 3°, du même Code, n'a pas justifié sa décision (■ Cass. crim., 22 sept. 1999 : *JurisData* n° 004551 ; *Dr. pénal* 2000, comm. 44, obs. M. Véron).

5) Applications. Se rend coupable du délit prévu par l'article 334-6° du Code pénal la personne qui, sous le couvert d'une agence matrimoniale, présente des clients à des prostituées avec lesquelles ils n'entretiennent que des relations passagères (■ Cass. crim., 20 nov. 1952 : *Bull. crim.*, n° 274 ; *D.* 1953, 508), ou celle qui met à la disposition de tenanciers, individus exploitant la débauche d'autrui, un local où, moyennant le paiement de consommation de boissons, sont admis ceux qui désirent pratiquer des ébats sexuels collectifs (■ Cass. crim., 26 mars 1985 : *Bull. crim.*, n° 126), ou celle qui organise des spectacles pornographiques et des ébats sexuels collectifs dans un local où sont admis d'une part les hommes, moyennant le paiement d'une cotisation annuelle et d'un droit d'entrée, d'autre part, gratuitement, les femmes (■ Cass. crim., 29 oct. 1985 : *Bull. crim.*, n° 334 ; *Rev. sc. crim.* 1986, 373, obs. Levasseur).

6) Caractérise le délit de proxénétisme (aggravé) à l'encontre d'une personne morale et de son dirigeant la cour d'appel qui relève que les prévenus exploitaient un service de communication audiovisuelle favorisant en connaissance de cause un abondant réseau prostitutionnel dont ils tiraient de considérables bénéfices (■ Cass. crim., 12 janv. 2000 : *Bull. crim.*, n° 23).

7) Fait office d'intermédiaire le gérant d'un établissement dans lequel se déroulent des ébats sexuels en présence de consommateurs qui y assistaient moyennant le paiement de consommations (■ Cass. crim., 16 janv. 1991 : *Bull. crim.*, n° 28) ou le directeur de publication d'un journal qui assure la diffusion d'annonces contenant des offres d'activités manifestement prostitutionnelles, accompagnées des renseignements permettant d'entrer en relation avec les personnes qui se livrent à ces activités (■ Cass. crim., 9 oct. 1996, préc., note 1 et 3).

8) Il en est de même pour l'exploitant d'un service télématique (aff. du minitel rose) qui relie des prostituées à des clients racolés par ce moyen (■ Cass. crim., 25 oct. 2000 : *Bull. crim.*, n° 317), confirmant ■ Paris, 2 déc. 2000 : *D.* 2000,*IR*, 38

9) Fausse attestation de ressources. Celui qui par attestation, certificat ou document fictif aura facilité ou tenté de faciliter à un proxénète la justification de ressources qu'il ne possédait pas se rend coupable du délit prévu par l'article 335-5° du Code pénal (devenu l'article 226-6, 2°) (■ *Cass. crim.*, 19 juin 1969 : *Bull. crim.*, n° 209).

10) Non-justification de ressources. La cohabitation est un élément constitutif du délit de proxénétisme prévu et réprimé par l'article 334-3° (ancien et 225-6, 3° nouveau), qui n'est commis que s'il est constaté une vie en commun habituelle, d'une certaine durée, avec l'intention de transférer la résidence, et pas seulement des visites, même nombreuses et prolongées (■ T. corr. Paris, 27 oct. 1976 : *Gaz. Pal.* 1977, 2, somm. 272).

11) Il a été jugé que l'article 334-3° ne s'applique pas à l'époux légitime, mais uniquement à ceux qui cohabitent avec la prostituée sans être unis dans les liens du mariage (■ Colmar, 25 janv. 1980 : *D.* 1981, inf. rap. 156, obs. Puech, cassé, mais pour contradiction de motifs quant à la non-application de l'art. 334-2°, par ■ Cass. crim., 22 oct. 1980 : *D.* 1981, inf. rap. 143, obs. Roujou de Boubée et 156, obs. Puech).

12) Est légalement justifié l'arrêt qui prononce une condamnation pour proxénétisme alors qu'il constate que le prévenu a vécu en concubinage avec une fille mineure de 21 ans qui se livrait habituellement à la prostitution et dont il n'ignorait pas l'activité (■ Cass. crim., 20 avril 1961 : *Bull. crim.*, n° 218).

– De même, caractérise tous les éléments du délit prévu et réprimé par l'article 334-3°, du Code pénal, l'arrêt qui constate que se rend coupable de proxénétisme un individu qui cohabite avec une femme « se livrant assidûment à la prostitution » et la rejoint fréquemment dans un lieu voisin du lieu de prostitution (■ Cass. crim., 26 déc. 1961 : *Bull. crim.*, n° 561).

13) L'expression « personne se livrant habituellement à la prostitution » employée par l'article 334-3°, du Code pénal qui réprime le fait par un individu de vivre sciemment avec une femme répondant à cette définition n'est pas sacramentelle.

Il suffit pour caractériser le délit, les autres éléments de l'infraction étant réunis, que des constatations des juges du fond, ressorte le fait de prostitution habituelle (■ Cass. crim., 8 nov. 1966 : *Bull. crim.*, n° 253).

– Et l'expression « prostituée notoire » implique nécessairement que la femme ainsi qualifiée se livre habituellement à la prostitution (■ Cass. crim., 4 janv. 1957 : *Bull. crim.*, n° 11).

14) Prescription. Le proxénétisme constitué par le fait de vivre avec une personne se livrant habituellement à la prostitution, est un délit continu qui ne commence à se prescrire qu'au moment où prend fin la cohabitation avec la prostituée (■ Cass. crim., 29 juin 1983 : *Bull. crim.*, n° 207).

Art. 225-7 ***(Mod., L. n° 98-468, 17 juin 1998 ; L. n° 2011-525, 17 mai 2011).*** **– Le proxénétisme est puni de dix ans d'emprisonnement et de 1 500 000 € d'amende lorsqu'il est commis :**

1° À l'égard d'un mineur ;

2° À l'égard d'une personne dont la particulière vulnérabilité, due à son âge, à une maladie, à une infirmité, à une déficience physique ou psychique ou à un état de grossesse, est apparente ou connue de son auteur ;

3° À l'égard de plusieurs personnes ;

4° À l'égard d'une personne qui a été incitée à se livrer à la prostitution soit hors du territoire de la République, soit à son arrivée sur le territoire de la République ;

5° Par un ascendant légitime, naturel ou adoptif de la personne qui se prostitue ou par une personne qui a autorité sur elle ou abuse de l'autorité que lui confèrent ses fonctions ;

6° Par une personne appelée à participer, de par ses fonctions, à la lutte contre la prostitution, à la protection de la santé ou au maintien de l'ordre public ;

7° Par une personne porteuse d'une arme ;

8° Avec l'emploi de la contrainte, de violences ou de manœuvres dolosives ;

9° Par plusieurs personnes agissant en qualité d'auteur ou de complice, sans qu'elles constituent une bande organisée.

10° Grâce à l'utilisation, pour la diffusion de messages à destination d'un public non déterminé, d'un réseau de communication électronique.

Les deux premiers alinéas de l'article 132-23 relatif à la période de sûreté sont applicables aux infractions prévues par le présent article.

1) Pour un embauchage de jeunes filles mineures en vue de leur prostitution en Amérique (ancien article 334, § 2 et 225-5, 3°, 225-7 nouveaux), V. ■ Cass. crim., 13 juin 1913 : *Bull. crim.*, n° 288.

2) Pour l'aide et l'assistance à la prostitution de plusieurs personnes (ancien article 334-1, 6° et 225-7, 3° nouveau), V. not. ■ Cass. crim., 20 oct. 1971 : *Bull. crim.* n° 278, préc. sous l'article 225-5.

3) L'enlèvement d'une femme sur la voie publique, avec violence, peut constituer une tentative d'embauchage en vue de la prostitution (■ Cass. crim., 6 mai 1959 : *Bull. crim.*, n° 249).

4) Relève tous les éléments de la tentative d'embauchage en vue de la prostitution prévue par l'article 334-5° du Code pénal, avec la circonstance aggravante que ce délit a été accompagné de menaces et violences visées à l'article 334-1-2° dudit code, la cour d'appel qui énonce notamment qu'un prévenu a porté à une prostituée notoire un coup de crosse de revolver sur le nez en lui disant qu'elle devait se prostituer pour lui et l'a menacée de représailles si elle faisait appel à la police (■ Cass. crim., 11 févr. 1975 : *Gaz. Pal.* 1975, 1, somm. 151).

Art. 225-7-1 *(L. n° 2002-305, 4 mars 2002).* **– Le proxénétisme est puni de quinze ans de réclusion criminelle et de 3 000 000 € d'amende lorsqu'il est commis à l'égard d'un mineur de quinze ans.**

Art. 225-8. – Le proxénétisme prévu à l'article 225-7 est puni de vingt ans de réclusion criminelle et de 3 000 000 € d'amende lorsqu'il est commis en bande organisée.

Les deux premiers alinéas de l'article 132-23 relatif à la période de sûreté sont applicables à l'infraction prévue par le présent article.

Art. 225-9. – Le proxénétisme commis en recourant à des tortures ou des actes de barbarie est puni de la réclusion criminelle à perpétuité et de 4 500 000 € d'amende.

Les deux premiers alinéas de l'article 132-23 relatif à la période de sûreté sont applicables à l'infraction prévue au présent article.

Art. 225-10 *(Mod., L. n° 2003-239, 18 mars 2003).* **– Est puni de dix ans d'emprisonnement et de 750 000 € d'amende le fait, par quiconque, agissant directement ou par personne interposée :**

1° De détenir, gérer, exploiter, diriger, faire fonctionner, financer ou contribuer à financer un établissement de prostitution ;

2° Détenant, gérant, exploitant, dirigeant, faisant fonctionner, finançant ou contribuant à financer un établissement quelconque ouvert au public ou utilisé par le public, d'accepter ou de tolérer habituellement qu'une ou plusieurs personnes se livrent à la prostitution à l'intérieur de l'établissement ou de ses annexes ou y recherchent des clients en vue de la prostitution ;

3° De vendre ou de tenir à la disposition d'une ou de plusieurs personnes des locaux ou emplacements non utilisés par le public, en sachant qu'elles s'y livreront à la prostitution.

4° De vendre, de louer ou de tenir à la disposition, de quelque manière que ce soit, d'une ou plusieurs personnes, des véhicules de toute nature en sachant qu'elles s'y livreront à la prostitution.

Les deux premiers alinéas de l'article 132-23 relatif à la période de sûreté sont applicables aux infractions prévues par les 1° et 2° du présent article.

1) QPC. Non-lieu à renvoi au Conseil constitutionnel de la QPC visant l'article 225-10-2° du Code pénal (■ Cass. crim., 18 juin 2010, n° 09-88.372).

2) Établissement de prostitution. Est exclue du domaine d'application de l'article 335-1° (225-10, 1° nouveau) la débauche qu'une personne, propriétaire ou détentrice d'une maison de prostitution, pratique elle-même (■ Cass. crim., 17 janv. 1963 : *D.* 1963, 148) ; même solution pour le gérant d'une maison dite de rendez-vous qui organise des rencontres entre clients et femmes faciles, rencontres suivies ailleurs d'actes de prostitution (■ Cass. crim., 24 janv. 1957 : *Bull. crim.*, n° 85).

3) L'expression « établissement de prostitution », employée par l'article 335-1° du Code pénal englobe l'entreprise qui fournit aux clients un personnel non logé sur place (■ Cass. crim., 1er févr. 1956 : *Bull. crim.*, n° 120).

4) L'article 335 (ancien) comme l'article 225-10, 1° (nouveau) du Code pénal, réprime le fait d'exploiter un établissement de prostitution directement (même arrêt), ou de le faire fonctionner pour l'intermédiaire d'un gérant (■ Cass. crim., 13 oct. 1965 : *D.* 1965, p. 822).

5) Jugé que le propriétaire d'un hôtel-restaurant qui le donne en gérance à sa maîtresse, qui perçoit régulièrement le montant de la location, qui sait que l'établissement est connu comme une maison de débauche, et qui est considéré par les prostituées comme le véritable patron, devait être réputé détenir par **personne interposée** un établissement de prostitution au sens de l'article 335-1° du Code pénal (■ T. corr. Castres, 7 juill. 1948 : *JCP* 49, II, 4639, note L.M. et R.A.).

6) Constitue une contribution au **financement** d'un établissement de prostitution le fait de prêter, en connaissance de cause, des fonds pour son acquisition (■ Cass. crim., 30 oct. 1990 : *Bull. crim.*, n° 365). – V. aussi, *infra*, les arrêts sur le financement des maisons de tolérance, transposables à celles de prostitution.

7) Tolérance à la prostitution. L'article 335 (ancien, 225-10, 2° nouveau) du Code pénal incrimine le fait de tolérer habituellement la présence d'une ou plusieurs personnes se livrant à la prostitution à l'intérieur d'un établissement ou lieu ouvert au public ou ses annexes, tel un hôtel ou maison meublée (■ Cass. crim., 17 juin 1953 : *Bull. crim.*, n° 215).

8) Commet l'infraction l'hôtelier qui a toléré en pleine connaissance de cause et pendant un long délai les agissements de deux personnes qu'il hébergeait dans une annexe où elles se livraient à la prostitution (■ Cass. crim., 6 févr. 1957 : *Bull. crim.*, n° 118), ou toléré habituellement la présence dans son hôtel, de femmes qui se sont livrées à la prostitution, alors même que les actes de racolage auraient eu lieu en dehors de son établissement (■ Cass. crim., 22 janv. 1957 : *Bull. crim.*, n° 67).

9) Il en est de même pour l'exploitante de fonds de commerce, de maison meublée, bar, dancing, qui tolérait habituellement dans le bar ou le dancing la présence de femmes qui y racolaient des clients et se prostituaient dans les chambres meublées du même établissement à la connaissance de l'hôtelière (■ Cass. crim., 12 juill. 1956 : *Bull. crim.*, n° 536), ou la tenancière d'un bar-hôtel mettant habituellement des chambres à la disposition de prostituées moyennant rétribution (■ Cass. crim., 10 févr. 1959 : *Bull. crim.*, n° 92), ou l'exploitant d'un café-bar qui de façon habituelle remettait la clef d'une chambre de son établissement à des prostituées qui, après les y avoir racolés, conduisaient, au vu et au su du prévenu, leurs clients dans cette pièce destinée à leur commerce et louée à l'heure (■ Cass. crim., 24 mars 1958 : *Bull. crim.*, n° 294).

10) En cette matière aussi le délit est constitué dès lors que le prévenu fait fonctionner par l'**intermédiaire** d'un gérant libre, l'hôtel dont il est propriétaire (■ Cass. crim., 13 oct. 1965 : *Bull. crim.*, n° 196), ou exploite ou fait exploiter temporairement par un tiers son établissement où est toléré habituellement la présence de prostituées (■ Cass. crim., 12 déc. 1963 : *Bull. crim.*, n° 361), ou encore la propriétaire d'un hôtel qui le donne en gérance pour échapper à l'imputation du délit alors qu'elle se tenait informée de l'activité prostitutionnelle habituelle qui s'y exerçait (■ Cass. crim., 13 oct. 1965 : *Bull. crim.*, n° 196 ; *JCP* 1964, II, 13699, note Sacotte).

11) L'exercice de la prostitution à l'intérieur des établissements ou lieu ouvert au public ou ses annexes est l'un des éléments essentiels du délit prévu par l'article 335 du Code pénal (■ Cass. crim., 1er déc. 1955 : *Bull. crim.*, n° 536 et arrêts cités. – 27 janv. et 10 févr. 1959 : *Bull. crim.*, nos 70 et 92).

– En l'absence de cette circonstance, le fait de tolérer habituellement la présence, dans cet établissement ou lieu ouvert au public ou ses annexes, d'une ou plusieurs prostituées ne saurait constituer l'infraction réprimée par ce texte, mais seulement, si les éléments essentiels en sont réunis, le délit prévu par l'article 334, 1°, du Code pénal, lequel punit comme proxénète celui ou celle qui, d'une manière quelconque, aide, assiste ou protège sciemment la prostitution d'autrui (■ Cass. crim., 12 avril 1951 : *Bull. crim.*, n° 102). Rappr. ■ Cass. crim., 31 mai 1951 : *Bull. crim.*, n° 158.

12) Financement. L'incrimination s'applique aux porteurs de parts d'une société propriétaire d'un hôtel où est acceptée habituellement l'activité de prostituées (■ Cass. crim., 14 mai 1968 : *D.* 1968, p. 627 ; *Rev. sc. crim.* 1969, p. 408, obs. Levasseur. ■ 18 avr. 1989 : *Dr. pénal* 1990, comm. 53). – Mais les juges doivent préciser, pour le propriétaire qui charge un intermédiaire d'exploiter le fond, comme pour ceux qui le financent, les actes établissant sa participation consciente à son fonctionnement délictueux (■ Cass. crim., 24 juill. 1969 : *Bull. crim.*, n° 268 ; *Rev. sc. crim.* 1970, p. 392, obs. Levasseur).

13) Exigence de l'habitude dans la tolérance. Doit être annulé l'arrêt qui condamne le gérant d'un hôtel meublé pour avoir toléré dans son établissement la présence de personnes se livrant à la prostitution si la circonstance d'habitude n'est pas suffisamment constatée (■ Cass. crim., 31 janv. 1952 : *Bull. crim.*, n° 37).

14) Ne caractérise pas le délit prévu par l'article 335 du Code pénal l'arrêt qui se borne à reproduire les termes de la loi et ne précise pas les circonstances dans lesquelles le délit aurait été commis, et notamment les conditions dans lesquelles le prévenu aurait toléré habituellement la présence de femmes se livrant à la prostitution à l'intérieur de son hôtel (■ Cass. crim., 6 oct. 1955 : *Bull. crim.*, n° 390).

15) Encourt la cassation, en raison de l'absence de la condition d'habitude, l'arrêt qui a condamné pour proxénétisme, les tenanciers d'un hôtel meublé dans lequel la police a découvert une femme se livrant à la prostitution qui a déclaré qu'au cours de la même journée, elle s'était prostituée avec plusieurs individus dans l'établissement ; constatations qui établissent la présence d'une seule prostituée au cours d'une seule journée, dans l'hôtel exploité par les prévenus, mais ne démontrent pas, à la charge de ceux-ci, l'habitude, au sens de l'article 335 du Code pénal (■ Cass. crim., 18 juin 1958 : *Bull. crim.*, n° 475).

16) Mais si l'habitude suppose l'accomplissement de plusieurs faits de prostitution, elle n'implique pas forcément la prostitution de plusieurs femmes (■ Cass. crim., 9 juill. 1948 : *D.* 1948.410). – Sur cette notion d'habitude, V. également ■ Cass. crim., 29 janv. 1963 : *JCP* 63, G, II, 13215, note Le Gall ; *Dr. pénal* 1996, comm. 242, obs. M. Véron sur un arrêt de Grenoble du 15 mai 1996.

17) Élément intentionnel. Doit être cassé, pour insuffisance de motifs, l'arrêt qui se borne à déclarer que la prévenue a toléré habituellement, à l'intérieur de l'hôtel dont elle était la gérante, la présence de personnes se livrant à la prostitution, sans s'expliquer sur la connaissance qu'a pu avoir cette prévenue de la nature de l'activité des personnes qu'elle recevait habituellement dans son hôtel, par leur comportement dans ledit établissement (■ Cass. crim., 23 mai 1950 et 9 nov. 1950 : *Bull. crim.*, n° 173 et 252).

18) Les prévenus ont exploité un restaurant-bar dans lequel avaient lieu des **ébats sexuels collectifs** ; l'accès de la clientèle était en principe subordonné à la délivrance d'une carte et l'établissement fonctionnait donc comme un club privé ; il a été établi que des prostituées avaient amené leurs clients et participé aux scènes de débauche. L'infraction visée à l'article 335-2° (ancien) du Code pénal ne saurait être retenue, faute par les prévenus d'avoir eu connaissance des faits de prostitution dans les lieux qu'ils dirigeaient. En effet, les prostituées ne recherchaient pas leurs clients dans l'établissement mais ne faisaient que les y conduire, attirés qu'ils pouvaient être par la réputation de ce club « échangiste » (■ Versailles, 3 nov. 1988 : *JCP* 89, IV, 222).

19) Recherche de clients en vue de la prostitution. Le délit prévu et réprimé par l'article 335-2° (ancien, 225-10, 2°, in fine nouveau) du Code pénal n'exige pas que les personnes aient racolé des clients dans l'établissement en vue de la prostitution ; il suffit qu'elles les y aient recherchés, tel le cas de prostituées pratiquant le racolage passif (■ Cass. crim., 20 oct. 1964 : *Bull. crim.*, n° 271 ; *JCP* 65, II, 13984, rapp. Combaldieu) ; le délit est également constitué alors même que le racolage des prostituées, habituellement toléré par le prévenu dans le débit de boissons, s'adresse aux passants de l'intérieur de l'établissement ou de la terrasse qui en est l'annexe (■ Cass. crim., 17 oct. 1973 : *Bull. crim.*, n° 364).

20) Locaux ou emplacements non utilisés par le public. Justifie sa décision la cour d'appel qui condamne un notaire pour complicité de mise d'un local privé à la disposition d'une personne s'y livrant à la prostitution dès lors qu'il avait connaissance, lors de la passation de l'**acte de vente**, de ce que le studio vendu servirait à la prostitution, la cause d'irresponsabilité prévue par l'article 122-4 du Code pénal ne pouvant être invoquée (■ Cass. crim., 13 avr. 2005, pourvoi n° 04-87.147).

21) Avant la réception par **le propriétaire ou le bailleur** des locaux, de l'avertissement par le ministère public que ces locaux servent à la prostitution, le maître du local n'est pas présumé de façon irréfragable de bonne foi et le ministère public peut rapporter la preuve de sa mauvaise foi ; en prévoyant cette information à la diligence du ministère public, la loi nouvelle ne déroge pas au principe de la libre administration de la preuve et facilite seulement la preuve de l'élément intentionnel et l'exercice de l'action en résolution du bail devant le juge des référés, sans mettre obstacle à l'exercice de l'action publique (■ Cass. crim., 6 févr. 1980 : *Bull. crim.*, n° 58 ; *D.* 1980, inf. rap. 336, obs. Puech ; *Rev. sc. crim.* 1980, 985, obs. Levasseur, cassant ■ Colmar, 15 déc. 1978 : *D.* 1979, 203, note Koering-Joulin ; *Rev. sc. crim.* 1979, 331, obs. Levasseur).

– Sur l'information donnée au propriétaire ou bailleur par le ministère public, V. not. l'article 706-40 du Code procédure pénale.

22) Le délit prévu par l'article 335-6-2° (ancien, 225-10, 3° nouveau) du Code pénal est constitué à la charge d'un propriétaire qui n'avait introduit qu'en août 1981 une instance en expulsion contre l'occupant des lieux, de qui il avait accepté les loyers jusqu'en mai 1981, alors que, dès le 21 janvier, il avait été mis en demeure par les copropriétaires de faire vider le local en raison des activités du locataire, dont il avait été ainsi informé sans ambiguïté (■ Cass. crim., 9 oct. 1984, inédit).

Art. 225-10-1 ***(Abr., L. n° 2016-444, 13 avr. 2016).***

Art. 225-11. – La tentative des délits prévus par la présente section est punie des mêmes peines.

Art. 225-11-1 ***(L. n° 2004-204, 9 mars 2004).*** **– Toute personne qui a tenté de commettre les infractions prévues par la présente section est exempte de peine si, ayant averti l'autorité administrative ou judiciaire, elle a permis d'éviter la réalisation de l'infraction et d'identifier, le cas échéant, les autres auteurs ou complices.**

La peine privative de liberté encourue par l'auteur ou le complice d'une des infractions prévues à la présente section est réduite de moitié si, ayant averti l'autorité administrative ou judiciaire, il a permis de faire cesser l'infraction ou d'éviter que l'infraction n'entraîne mort d'homme ou infirmité permanente et d'identifier, le cas

échéant, les autres auteurs ou complices. Lorsque la peine encourue est la réclusion criminelle à perpétuité, celle-ci est ramenée à vingt ans de réclusion criminelle.

Art. 225-11-2 *(L. n° 2006-399, 4 avr. 2006)*. **– Dans le cas où le délit prévu par le 1° de l'article 225-7 est commis à l'étranger par un Français ou par une personne résidant habituellement sur le territoire français, la loi française est applicable par dérogation au deuxième alinéa de l'article 113-6 et les dispositions de la seconde phrase de l'article 113-8 ne sont pas applicables.**

(L. n° 2013-711, 5 août 2013) **Il en est de même dans le cas où l'un des crimes mentionnés aux articles 225-7-1, 225-8 ou 225-9 a été commis sur un mineur hors du territoire de la République par un étranger résidant habituellement sur le territoire français.**

Art. 225-12 *(Rempl., L. n° 2009-526, 12 mai 2009)*. **– Les personnes morales déclarées responsables pénalement, dans les conditions prévues par l'article 121-2, des infractions définies aux articles 225-5 à 225-10 encourent, outre l'amende suivant les modalités prévues par l'article 131-38, les peines prévues par l'article 131-39.**

Section II *bis*. – Du recours à la prostitution

(L. n° 2003-239, 18 mars 2003)

Art. 225-12-1 *(L. n° 2016-444, 13 avr. 2016)*. **– Lorsqu'il est commis en récidive dans les conditions prévues au second alinéa de l'article 132-11, le fait de solliciter, d'accepter ou d'obtenir des relations de nature sexuelle d'une personne qui se livre à la prostitution, y compris de façon occasionnelle, en échange d'une rémunération, d'une promesse de rémunération, de la fourniture d'un avantage en nature ou de la promesse d'un tel avantage est puni de 3 750 € d'amende.**

« Est puni de trois ans d'emprisonnement et de 45 000 € d'amende le fait de solliciter, d'accepter ou d'obtenir, en échange d'une rémunération, d'une promesse de rémunération, de la fourniture d'un avantage en nature ou de la promesse d'un tel avantage, des relations de nature sexuelle de la part d'une personne qui se livre à la prostitution, y compris de façon occasionnelle, lorsque cette personne est mineure ou présente une particulière vulnérabilité, apparente ou connue de son auteur, due à une maladie, à une infirmité, à un handicap ou à un état de grossesse. »

Art. 225-12-2 *(L. n° 2002-305, 4 mars 2002 ; mod., L. n° 2006-399, 4 avr. 2006; L. n° 2016-444, 13 avr. 2016)*. **– Les peines prévues au second alinéa de l'article 225-12-1 sont portées à cinq ans d'emprisonnement et 75 000 € d'amende :**

1° Lorsque l'infraction est commise de façon habituelle ou à l'égard de plusieurs personnes ;

2° Lorsque la personne a été mise en contact avec l'auteur des faits grâce à l'utilisation, pour la diffusion de messages à destination d'un public non déterminé, d'un réseau de communication ;

3° Lorsque les faits sont commis par une personne qui abuse de l'autorité que lui confèrent ses fonctions ;

4° Lorsque l'auteur des faits a délibérément ou par imprudence mis la vie de la personne en danger ou a commis contre elle des violences.

Les peines prévues au second alinéa de l'article 225-12-1 sont portées à sept ans d'emprisonnement et 100 000 € d'amende lorsqu'il s'agit d'un mineur de quinze ans.

Art. 225-12-3 *(L. n° 2002-305, 4 mars 2002 ; L. n° 2016-444, 13 avr. 2016)*. **– Dans le cas où les délits prévus au second alinéa de l'article 225-12-1 et à l'article 225-12-2 sont commis à l'étranger par un Français ou par une personne résidant habituellement sur le territoire français, la loi française est applicable par dérogation au deuxième alinéa de l'article 113-6 et les dispositions de la seconde phrase de l'article 113-8 ne sont pas applicables.**

Art. 225-12-4 *(Mod., L. n° 2009-526, 12 mai 2009)*. **– Les personnes morales déclarées responsables pénalement, dans les conditions prévues par l'article 121-2, des infractions définies à la présente section encourent, outre l'amende suivant les modalités prévues par l'article 131-38, les peines prévues par l'article 131-39.**

L'interdiction mentionnée au 2° de l'article 131-39 porte sur l'activité dans l'exercice ou à l'occasion de l'exercice de laquelle l'infraction a été commise.

Bibliographie : *JCl. pén., Recours à la prostitution de mineurs ou de personnes particulièrement vulnérables* par X. Samuel.

Section II *ter*. – De l'exploitation de la mendicité

(L. n° 2003-239, 18 mars 2003)

Art. 225-12-5 ***(L. n° 2003-239, 18 mars 2003).*** **– L'exploitation de la mendicité est le fait par quiconque de quelque manière que ce soit :**

1° D'organiser la mendicité d'autrui en vue d'en tirer profit ;

2° De tirer profit de la mendicité d'autrui, d'en partager les bénéfices ou de recevoir des subsides d'une personne se livrant habituellement à la mendicité ;

3° D'embaucher, d'entraîner ou de détourner une personne en vue de la livrer à la mendicité, ou d'exercer sur elle une pression pour qu'elle mendie ou continue de le faire ;

4° D'embaucher, d'entraîner ou de détourner à des fins d'enrichissement personnel une personne en vue de la livrer à l'exercice d'un service moyennant un don sur la voie publique.

Est assimilé à l'exploitation de la mendicité le fait de ne pouvoir justifier de ressources correspondant à son train de vie tout en exerçant une influence de fait, permanente ou non, sur une ou plusieurs personnes se livrant à la mendicité ou en étant en relation habituelle avec cette ou ces dernières.

L'exploitation de la mendicité est punie de trois ans d'emprisonnement et d'une amende de 45 000 €.

Bibliographie : *JCl. pén., Exploitation de la mendicité* par M.-C. Sordino.

Art. 225-12-6 ***(L. n° 2003-239, 18 mars 2003).*** **– L'exploitation de la mendicité est punie de cinq ans d'emprisonnement et d'une amende de 75 000 € lorsqu'elle est commise :**

1° À l'égard d'un mineur ;

2° À l'égard d'une personne dont la particulière vulnérabilité, due à son âge, à une maladie, à une infirmité, à une déficience physique ou psychique ou à un état de grossesse, est apparente ou connue de son auteur ;

3° À l'égard de plusieurs personnes ;

4° À l'égard d'une personne qui a été incitée à se livrer à la mendicité soit hors du territoire de la République, soit à son arrivée sur le territoire de la République ;

5° Par un ascendant légitime, naturel ou adoptif de la personne qui mendie ou par une personne qui a autorité sur elle ou abuse de l'autorité que lui confèrent ses fonctions ;

6° Avec l'emploi de la contrainte, de violences ou de manœuvres dolosives sur la personne se livrant à la mendicité, sur sa famille ou sur une personne étant en relation habituelle avec elle ;

7° Par plusieurs personnes agissant en qualité d'auteurs ou de complices, sans qu'elles constituent une bande organisée.

C. trav., art. L. 4741-8, p. 2199

Art. 225-12-7 ***(L. n° 2003-239, 18 mars 2003).*** **– L'exploitation de la mendicité d'autrui est punie de dix ans d'emprisonnement et de 1 500 000 € d'amende lorsqu'elle est commise en bande organisée.**

Section II quarter. – De l'exploitation de la vente à la sauvette

(L. n° 2011-267, 14 mars 2011)

Art. 225-12-8 ***(L. n° 2011-267, 14 mars 2011).*** **– L'exploitation de la vente à la sauvette est le fait par quiconque d'embaucher, d'entraîner ou de détourner une personne en vue de l'inciter à commettre l'une des infractions mentionnées à l'article 446-1, ou d'exercer sur elle une pression pour qu'elle commette l'une de ces infractions ou continue de le faire, afin d'en tirer profit de quelque manière que ce soit.**

Est assimilé à l'exploitation de la vente à la sauvette le fait de recevoir des subsides d'une personne commettant habituellement l'une des infractions mentionnées au même article 446-1.

Est également assimilé à l'exploitation de la vente à la sauvette le fait de ne pouvoir justifier de ressources correspondant à son train de vie tout en exerçant une influence de fait, permanente ou non, sur une ou plusieurs

personnes commettant habituellement l'une des infractions mentionnées audit article 446-1 ou en étant en relation habituelle avec cette ou ces dernières.

L'exploitation de la vente à la sauvette est punie de trois ans d'emprisonnement et d'une amende de 45 000 €.

Constitue le délit d'exploitation de vente à la sauvette, prévu à l'article 225-12-8 du Code pénal, le fait d'embaucher une personne, en la faisant stationner sur le domaine public, à bord d'un triporteur non mobile et sans l'autorisation requise par le règlement de police, en vue de lui faire vendre des marchandises (■ Cass. crim., 21 févr. 2017, n° 16-82.220 ; *Dr. pénal* 2017, comm. 61, note J.-H. Robert).

Bibliographie : *JCl. pén., Exploitation de la vente à la sauvette* par N. Rias.

Art. 225-12-9 ***(L. n° 2011-267, 14 mars 2011).*** **– L'exploitation de la vente à la sauvette est punie de cinq ans d'emprisonnement et d'une amende de 75 000 € lorsqu'elle est commise :**

1° À l'égard d'un mineur ;

2° À l'égard d'une personne dont la particulière vulnérabilité, due à son âge, à une maladie, à une infirmité, à une déficience physique ou psychique ou à un état de grossesse est apparente ou connue de son auteur ;

3° À l'égard de plusieurs personnes ;

4° À l'égard d'une personne qui a été incitée à commettre l'une des infractions mentionnées à l'article 446-1 soit hors du territoire de la République, soit à son arrivée sur le territoire de la République ;

5° Par un ascendant légitime, naturel ou adoptif de la personne qui commet l'une des infractions mentionnées à l'article 446-1 ou par une personne qui a autorité sur elle ou abuse de l'autorité que lui confèrent ses fonctions ;

6° Avec l'emploi de la contrainte, de violences ou de manœuvres dolosives sur la personne commettant l'une des infractions mentionnées à l'article 446-1, sur sa famille ou sur une personne étant en relation habituelle avec elle ;

7° Par plusieurs personnes agissant en qualité d'auteurs ou de complices, sans qu'elles constituent une bande organisée.

Art. 225-12-10 ***(L. n° 2011-267, 14 mars 2011).*** **– L'exploitation de la vente à la sauvette est punie de dix ans d'emprisonnement et de 1 500 000 € d'amende lorsqu'elle est commise en bande organisée.**

Section III. – Des conditions de travail et d'hébergement contraires à la dignité de la personne, du travail forcé et de la réduction en servitude

(Intitulé mod., L. n° 2013-711, 5 août 2013)

Art. 225-13 ***(Ord. n° 2000-916, 19 sept. 2000 ; mod., L. n° 2003-239, 18 mars 2003 ; L. n° 2009-1437, 24 nov. 2009).*** **– Le fait d'obtenir d'une personne, dont la vulnérabilité ou l'état de dépendance sont apparents ou connus de l'auteur, la fourniture de services non rétribués ou en échange d'une rétribution manifestement sans rapport avec l'importance du travail accompli est puni de cinq ans d'emprisonnement et de 150 000 € d'amende.**

Les personnes physiques ou morales coupables du délit prévu à la présente section encourent également la peine complémentaire suivante : interdiction de l'activité de prestataire de formation professionnelle continue au sens de l'article L. 6313-1 du Code du travail pour une durée de cinq ans.

Bibliographie : *JCl. pén., Conditions de travail et d'hébergement contraires à la dignité de la personne* par S. Ménotti.

1) Se rend coupable du délit défini à l'article 225-13 du Code pénal, le prévenu qui utilise les services d'étrangers en situation irrégulière employés clandestinement à la fabrication de chaussures six jours par semaine de 8 à 22 heures moyennant une rémunération mensuelle de 3 000 à 4 000 francs envoyée directement en Chine à leurs familles (■ Cass. crim., 6 mai 1997 : *JurisData* n° 003028 ; *Bull. crim.*, n° 172).

2) Statue par des motifs insuffisants et contradictoires la cour d'appel qui, pour dire non établie l'infraction prévue par l'article 225-13 du Code pénal, énonce que l'absence ou l'insuffisance de rétribution de la victime, eu égard à l'importance du travail accompli, « peut apparaître comme réelle » et que l'intention des prévenus de lui constituer un pécule pour le lui remettre à son départ n'a pas été contestée (■ Cass. crim., 11 déc.

2001 : *Bull. crim.*, n° 256 ; V. *infra*, sous art. 225-14).

3) Justifie sa décision au regard de l'article 225-13 du Code pénal l'arrêt qui, pour déclarer le prévenu, directeur d'un établissement hôtelier, titulaire d'une délégation de pouvoir, coupable d'obtention abusive de la part d'une personne vulnérable ou en situation de dépendance, de services non rétribués ou insuffisamment rétribués, retient que l'intéressé a abusé de la situation de dépendance de stagiaires, née du caractère obligatoire du stage que ces élèves devaient effectuer pour obtenir le brevet de technicien supérieur en hôtellerie, restauration et tourisme, en les affectant à la réception de l'hôtel, de 23 heures à 7 heures, 7 jours sur 7, pour une durée hebdomadaire comprise entre 56 et 63, en leur versant une rémunération 1760 F pour 190 heures, manifestement sans rapport avec l'importance du travail accompli (■ Cass. crim., 3 déc. 2002 : *Bull. crim.*, n° 215 ; *Dr. pénal* 2003, comm. 30, obs. M. Véron).

4) Sur un cumul de déclarations de culpabilité entre le délit de l'article 225-13 et celui de l'article 225-14, V. *infra* sous ce dernier article.

Art. 225-14 ***(Ord. n° 2000-916, 19 sept. 2000 ; mod., L. n° 2003-239, 18 mars 2003).*** **– Le fait de soumettre une personne, dont la vulnérabilité ou l'état de dépendance sont apparents ou connus de l'auteur, à des conditions de travail ou d'hébergement incompatibles avec la dignité humaine est puni de cinq ans d'emprisonnement et de 150 000 € d'amende.**

1) Applications. Caractérise **l'hébergement** incompatible avec la dignité humaine, dans les termes de l'article 225-14 du Code pénal, le fait de louer, à titre onéreux, à une famille de trois personnes dont un enfant et une femme enceinte, un logement de 20 m² qui, contrevenant aux dispositions du règlement sanitaire départemental, présente une humidité et des conditions de chauffage mettant en péril la santé des occupants.

L'étranger en situation irrégulière, contraint d'accepter pour travailler un logement insalubre, est une personne vulnérable ou dépendante au sens de l'article 225-14 du Code pénal.

Le délit de soumission d'une personne vulnérable ou dépendante à des conditions d'hébergement incompatibles avec la dignité humaine, prévu par l'article 225-14 du Code pénal, est une infraction continue, qui se poursuit tant que dure l'hébergement illicite ; il n'importe que cet hébergement trouve sa cause dans un contrat conclu avant l'entrée en vigueur de ce texte (■ Cass. crim., 11 févr. 1998 : *Bull. crim.*, n° 53 ; *Dr. pénal* 1998, comm. 64 et 65, obs. M. Véron).

2) L'élément intentionnel du délit de soumission d'autrui à des conditions d'hébergement incompatibles avec la dignité humaine n'est pas caractérisé dans le cas d'un prévenu qui, avant que ne s'effondre un palier de l'immeuble, avait mis en demeure le plaignant, comme ses autres locataires, de quitter les lieux afin de se conformer aux prescriptions administratives exigeant des travaux importants et, sur son refus, l'avait assigné en expulsion (■ Cass. crim., 10 mai 2000 : *Bull. crim.*, n° 183, rép. au 3ᵉ moyen).

3) Est pénalement responsable la présidente d'une société, syndic de copropriété, qui, en abusant de sa situation de dépendance, a soumis une gardienne d'immeuble à des conditions d'hébergement incompatibles avec la dignité humaine ; l'article 225-14 du Code pénal n'exige pas en effet que l'auteur de l'infraction soit l'employeur ou le bailleur de la victime (■ Cass. crim., 23 avr. 2003 : *Dr. pénal* 2003, comm. 107, obs. M. Véron ; *JCP* 2004, II, 10015, note M. B. Salgado. ■ Cass. crim., 5 sept. 2012, n° 11-87.770 : *Dr. pénal* 2012, comm. 155, obs. M. Véron pour la responsabilité pénale du mari de la propriétaire du logement et d'une tierce personne).

4) Encourt la censure pour insuffisance de motifs la décision de la Cour d'appel qui, pour dire non caractérisé le délit prévu par l'article 225-14 du Code pénal, se borne à affirmer que l'incompatibilité des **conditions de travail** de la victime avec la dignité humaine « n'a pas été relevée » (■ Cass. crim., 11 décembre 2001 : *Bull. crim.*, nᵒˢ 256 ; *Rev. sc. crim.* 2002, p. 324, obs. Y. Mayaud).

5) N'a pas tiré de ses constatations les conséquences légales qui s'imposaient, la cour d'appel qui, pour dire non établi l'**abus de la vulnérabilité** et de la situation de dépendance de la victime et prononcer la relaxe des chefs des délits prévus et réprimés par les articles 225-13 et 225-14 du Code pénal, après avoir constaté que les prévenus employaient et logeaient à leur domicile une jeune fille mineure, étrangère en situation irrégulière et sans ressources, retient néanmoins que celle-ci avait une certaine liberté de déplacement et énonce que l'état de vulnérabilité ne peut résulter de sa seule extranéité (■ Cass. crim., 11 déc. 2001 : même arrêt).

6) Ne donne pas de base légale à sa décision au regard de l'article 225-14 du Code pénal, l'arrêt qui, pour relaxer la prévenue poursuivie pour avoir, en abusant de leur situation de dépendance, soumis plusieurs salariés d'un magasin dont elle était directrice, à des **conditions de travail** incompatibles avec la dignité humaine, retient que, ceux-ci étant de nationalité française et titulaires d'un contrat de travail, ne sauraient se trouver en situation de dépendance ou de vulnérabilité vis-à-vis de leur employeur.

Prononce par des motifs contradictoires le même arrêt qui, après avoir constaté que la prévenue aurait fait subir à certains salariés des violences, brimades, injures et autres vexations, énonce que ces violences physiques et morales, si elles témoignent d'un comportement critiquable à l'égard de ceux-ci, ne caractérisent pas une atteinte à la dignité humaine mais relèvent plutôt d'un mode paternaliste de gestion (■ Cass. crim., 23 avr. 2003 : *Bull. crim.*, n° 85).

7) Justifie sa décision au regard de l'article 225-14 du Code pénal l'arrêt qui, pour déclarer le prévenu, dirigeant d'une entreprise de confection, coupable de soumission de personnes vulnérables ou dépendantes à des conditions de travail incompatibles avec la dignité humaine retient, d'une part, que la façon dont ce chef d'entreprise dirigeait ses salariés en ayant **recours à des hurlements permanents**, les vexations qu'il leur faisait subir en les insultant publiquement et en utilisant divers procédés inadmissibles pour les humilier ainsi que les cadences et les conditions de travail qu'il leur imposait, faisant d'eux « **le prolongement d'une machine-outil** », étaient incompatibles avec cette dignité et énonce, d'autre part, que pour imposer ces conditions de travail aux salariés concernés, l'intéressé a profité de **leur situation de vulnérabilité sociale et économique résultant de leur absence de qualification et de la situation particulièrement difficile de l'emploi en milieu rural**, notamment dans le secteur concerné (■ Cass. crim., 4 mars 2003 : *Bull. crim.*, n° 58 ; *Dr. pénal* 2003, comm. 83, obs. M. Véron).

8) Alors que tout **travail forcé** est incompatible avec la dignité humaine, n'a pas tiré les conséquences légales de ses constatations, la cour d'appel, qui, pour estimer qu'une jeune fille, en situation irrégulière, chargée en permanence d'exécuter des tâches domestiques, sans bénéficier de congés, rétribuée par quelque argent de poche ou envoi de subsides à des proches, dont le passeport était conservé par la prévenue, n'était pas soumise à des conditions de travail contraires à la dignité humaine et prononcer la relaxe du chef du délit prévu et réprimé par l'article 225-14 du Code pénal, retient que la partie civile était l'objet d'une affection véritable de la part de la prévenue et qu'il n'est pas établi qu'elle disposait de conditions de logement différentes de celles des membres de la famille (■ Cass. crim., 13 janv. 2009 : *Bull. crim.*, n° 9 ; *Dr. pénal* 2009, comm. 44, obs. M. Véron ; *D.* 2009, p. 1935, note B. Lavaud-Legendre).

9) Un prévenu, connaissant la vulnérabilité ou l'état de dépendance d'une personne, peut être condamné (à une seule peine) pour sa soumission à la fourniture de services non rétribués d'une part et à des conditions de travail et d'hébergement incompatibles avec la dignité humaine (■ Cass. crim., 30 mai 2006 : *Bull. crim.*, n° 9 ; *JurisData* 2006-034471 ; *Dr. pénal* 2006, comm. 117, obs. M. Véron). V. aussi, pour un majeur sous tutelle et employé dans des conditions indignes alors qu'il était en état de vulnérabilité et de dépendance caractérisées par une expertise psychiatrique (■ Cass. crim., 15 juin 2010 : *JurisData* n° 2010-011621 ; *Dr. pén.* 2010, comm. 104, obs. M. Véron).

10) Les termes des articles 225-13 et 225-14 du Code pénal ne sont pas incompatibles avec l'article 7 de la Convention européenne des droits de l'homme (mêmes arrêts).

11) La connaissance de l'état de vétusté de l'immeuble résulte de la notification des arrêtés préfectoraux mettant le propriétaire en demeure d'accomplir certains travaux (■ Cass. crim., 27 mai 2014, n° 13-83.088 : *Dr. pén.* 2014, comm. 118, obs. M. Véron).

12) Caractérisation de l'indignité. L'article 225-14 du Code pénal ne subordonne pas la caractérisation de l'indignité des conditions d'hébergement auxquelles est soumise une personne vulnérable à la preuve de la violation d'une norme d'hygiène ou de sécurité imposée par une disposition légale ou réglementaire spéciale (■ Cass. crim., 22 juin 2016, n° 14-80.041 : *Dr. pén.* 2016, comm. 139, note P. Conte).

13) Cumul d'infractions. Les délits d'aide à l'entrée, à la circulation ou au séjour irréguliers d'étrangers en France, de travail dissimulé, d'emploi d'étrangers non munis d'une autorisation de travail et de soumission de personnes vulnérables à des conditions d'hébergement indignes n'ont pas les mêmes éléments constitutifs et tendent à la protection d'intérêts distincts. Ces infractions ne sont pas incompatibles entre elles (arrêt précité).

14) Inapplicabilité. Justifie sa décision au regard de l'article 86 du Code de procédure pénale, la chambre de l'instruction qui confirme l'ordonnance d'un juge d'instruction ayant dit n'y avoir lieu à informer sur la plainte d'une personne détenue soutenant avoir été soumis pendant sa détention en maison d'arrêt à des conditions d'hébergement incompatibles avec la dignité humaine, dès lors que les faits dénoncés n'entrent pas dans les prévisions de l'article 225-14 du Code pénal et ne peuvent admettre aucune qualification pénale (■ Cass. crim., 20 janv. 2009 : *Bull. crim.*, n° 18).

Art. 225-14-1 *(L. n° 2013-711, 5 août 2013)*. – **Le travail forcé est le fait, par la violence ou la menace, de contraindre une personne à effectuer un travail sans rétribution ou en échange d'une rétribution manifestement sans rapport avec l'importance du travail accompli. Il est puni de sept ans d'emprisonnement et de 200 000 € d'amende.**

Art. 225-14-2 *(L. n° 2013-711, 5 août 2013)*. – **La réduction en servitude est le fait de faire subir de manière habituelle, l'infraction prévue à l'article 225-14-1 à une personne dont la vulnérabilité ou l'état de dépendance sont apparents ou connus de l'auteur. Elle est punie de dix ans d'emprisonnement et de 300 000 € d'amende.**

Art. 225-15 *(Rempl., L. n° 2013-711, 5 août 2013)*. – **I. – Lorsqu'elles sont commises à 1 égard de plusieurs personnes :**

1° Les infractions définies aux articles 225-13 et 225-14 sont punies de sept ans d'emprisonnement et de 200 000 € d'amende ;

2° L'infraction définie à l'article 225-14-1 est punie de dix ans d'emprisonnement et de 300 000 € d'amende ;

3° L'infraction définie à l'article 225-14-2 est punie de quinze ans de réclusion criminelle et de 400 000 € d'amende.

II. – Lorsqu'elles sont commises à l'égard d'un mineur :

1° Les infractions définies aux articles 225-13 et 225-14 sont punies de sept ans d'emprisonnement et de 200 000 € I d'amende ;

2° L'infraction définie à l'article 225-14-1 est punie de dix ans d'emprisonnement et de 300 000 € d'amende ;

3° L'infraction définie à l'article 225-14-2 est punie de quinze ans de réclusion criminelle et de 400 000 € d'amende.

III. – Lorsqu'elles sont commises à l'égard de plusieurs personnes parmi lesquelles figurent un ou plusieurs mineurs :

1° Les infractions définies aux articles 225-13 et 225-14 sont punies de dix ans d'emprisonnement et de 300 000 € d'amende ;

2° L'infraction définie à l'article 225-14-1 est punie de quinze ans de réclusion criminelle et de 400 000 € d'amende ;

3° L'infraction définie à l'article 225-14-2 est punie de vingt ans de réclusion criminelle et de 500 000 € d'amende.

Art. 225-15-1 *(L. n° 2003-239, 18 mars 2003 ; mod., L. n° 2013-711, 5 août 2013)*. – **Pour l'application des articles 225-13 à 225-14-2, les mineurs ou les personnes qui ont été victimes des faits décrits par ces articles à leur arrivée sur le territoire français sont considérés comme des personnes vulnérables ou en situation de dépendance.**

1) QPC. Non-lieu à renvoi au Conseil constitutionnel de la QPC visant l'article 225-15-1 en soutenant que celui-ci pose une présomption légale de vulnérabilité ou de dépendance : ■ Cass. crim., 9 janv. 2013, n° 12-82.627.

2) Doit être cassé, pour insuffisance ou contradiction de motifs, l'arrêt de la chambre de l'instruction confirmant une ordonnance de non-lieu, des chefs notamment de conditions de travail ou d'hébergement contraires à la dignité de la personne, après avoir relevé que la victime, mineure de nationalité étrangère, était venue pour s'occuper des enfants, qu'elle était employée sans rémunération aux soins de ces derniers et aux tâches domestiques comme l'avaient constaté plusieurs tiers, alors que l'intéressé est une personne vulnérable au sens de l'article 225-15-1 du Code pénal (■ Cass. crim., 29 mars 2011 : *Dr. pén.* 2011, comm. 86, obs. M. Véron).

Art. 225-16 *(Mod., L. n° 98-657, 29 juill. 1998 ; L. n° 2009-526, 12 mai 2009)*. – **Les personnes morales déclarées responsables pénalement, dans les conditions prévues par l'article 121-2, des infractions définies aux articles 225-13 à 225-15 encourent, outre l'amende suivant les modalités prévues par l'article 131-38 :**

1° Les peines mentionnées à l'article 131-39.

2° La confiscation du fonds de commerce destiné à l'hébergement de personnes et ayant servi à commettre l'infraction prévue à l'article 225-14.

Section III *bis*. – Du bizutage

(L. n° 98-468, 17 juin 1998)

Art. 225-16-1 *(L. n° 2016-41, 26 janv. 2016 ; L. n° 2017-86, 27 janv. 2017)*. **– Hors les cas de violences, de menaces ou d'atteintes sexuelles, le fait pour une personne d'amener autrui, contre son gré ou non, à subir ou à commettre des actes humiliants ou dégradants ou à consommer de l'alcool de manière excessive lors de manifestations ou de réunions liées aux milieux scolaire, sportif et socio-éducatif est puni de six mois d'emprisonnement et de 7 500 € d'amende.**

Bibliographie : *J. Cl. pén., Bizutage* par P. Beaudonnet.

Art. 225-16-2. – L'infraction définie à l'article 225-16-1 est punie d'un an d'emprisonnement et de 15 000 € d'amende lorsqu'elle est commise sur une personne dont la particulière vulnérabilité, due à son âge, à une maladie, à une infirmité, à une déficience physique ou psychique ou à un état de grossesse, est apparente ou connue de son auteur.

Art. 225-16-3 *(Rempl., L. n° 2009-526, 12 mai 2009)*. **– Les personnes morales déclarées responsables pénalement, dans les conditions prévues par l'article 121-2, des infractions définies aux articles 225-16-1 et 225-16-2 encourent, outre l'amende suivant les modalités prévues par l'article 131-38, les peines prévues par les 4° et 9° de l'article 131-39.**

Section IV. – Des atteintes au respect dû aux morts

Art. 225-17 *(Mod., L. n° 2008-1350, 19 déc. 2008)*. **– Toute atteinte à l'intégrité du cadavre, par quelque moyen que ce soit, est punie d'un an d'emprisonnement et de 15 000 € d'amende.**

La violation ou la profanation, par quelque moyen que ce soit, de tombeaux, de sépultures, d'urnes cinéraires ou de monuments édifiés à la mémoire des morts est punie d'un an d'emprisonnement et de 15 000 € d'amende.

La peine est portée à deux ans d'emprisonnement et à 30 000 € d'amende lorsque les infractions définies à l'alinéa précédent ont été accompagnées d'atteinte à l'intégrité du cadavre.

Bibliographie : *JCl. pén., Atteinte au respect dû aux morts* par C. Duvert.

1) L'infraction de violation de sépulture, pour être juridiquement constituée, doit résulter d'outrages faits au cercueil contenant le corps, tel le fait de lancer des pierres sur un cercueil (■ Bordeaux, 9 déc. 1830 : *S.* 31, 2, 263. ■ Paris, 22 nov. 1990 : *Dr. pénal* 1991, n° 200), ou de gestes irrespectueux sur le cadavre lui-même avant sa mise en bière (■ Paris, 8 juill. 1875 : *S.* 75, 2, 292) ; ou d'un corps placé dans un cercueil provisoire d'un institut médico-légal (■ T. corr. Paris, 16 févr. 1970 : *Gaz. Pal.* 1970, 2, 40).

2) Sont protégés par la loi pénale non seulement le tombeau mais ses accessoires : ainsi il a été jugé que rentraient dans le champ d'application de l'article 360 : les coups de bâton frappés sur des tombes accompagnés d'injures aux morts (■ Cass. crim., 22 août 1839 : *S.* 39, 1, 938), le creusement de la surface d'une tombe en vue de se procurer un morceau de corps humain pour nourrir des coqs de combat (■ T. corr. Fort-de-France, 22 sept. 1967 : *JCP* 68, II, 15583, note Biswang), le jet de boue sur une pierre tombale et l'apposition d'une inscription injurieuse (■ Cass. crim., 2 juin 1953 : *D.* 1953, 649 ; *Rev. sc. crim.* 1953, 670, obs. Hugueney), ou le fait de détruire des fleurs et des vases placés sur une tombe (■ Cass. crim., 8 févr. 1977 : *Bull. crim.*, n° 52 ; *Rev. sc. crim.* 1977, 580, obs. Levasseur. ■ Paris, 22 nov. 1990 : *Dr. pénal* 1991, n° 200, note Véron).

3) De simples paroles injurieuses ne peuvent à elles seules constituer le délit ; elles doivent être accompagnées de voies de fait qu'elles aident à caractériser (■ Cass. crim., 22 août 1839, préc.).

4) Il suffit que l'acte ait eu pour résultat possible et direct de violer le respect dû aux morts pour que le délit puisse être retenu, quels que soient les motifs de l'auteur (■ Cass. crim., 2 juin 1953 : *D.* 1953, 649, note F.G.). Est ainsi coupable le sacristain qui arrache la draperie recouvrant un cercueil au motif que le défunt n'avait pas contribué à l'entretien du culte (■ Bourges, 9 déc. 1909 : *DP* 1910, 2, 264).

En effet, caractérise l'élément intentionnel des délits de violation de sépultures et d'atteintes à l'intégrité des cadavres l'accomplissement volontaire d'un acte portant directement atteinte au respect dû aux morts (■ Cass. crim., 25 oct. 2000 : *Bull. crim.*, n° 318 ; *JCP* 2001, II, 10566, note P. Mistretta).

5) En principe toute exhumation constitue une violation de sépulture, sauf raisons valables, ainsi autopsie, exhumations ordonnées par la commune à l'expiration des concessions, ou par les familles pour transfert du corps ou transformation d'un caveau (sous réserve d'abus V. ■ T. corr. Bayonne, 10 oct. 1974 : *Gaz. Pal.* 1975, 1, somm. 163). Sur les problèmes posés par le transfert d'une dépouille dans le cas de conflits familiaux, V. ■ Riom, 23 juin 1981 et ■ Lyon, 18 nov. 1981 : *JCP* 83, II, 19956, note Almairac.

6) Justifie sa décision de relaxe pour violation de sépulture la cour d'appel qui relève, d'une part, que les opérations effectuées sur les instructions du maire étaient commandées par les exigences de la sécurité, d'autre part, que les actes poursuivis n'étaient pas par leur nature à même de troubler la paix d'une tombe (■ Cass. crim., 31 oct. 1984, inédit).

7) Justifie sa décision, tant au regard des dispositions de l'article 360 de l'ancien Code pénal que de celles de l'article 225-17 du nouveau code, la cour d'appel qui, pour relaxer le responsable d'une société de marbrerie prévenu de violation de sépulture, relève que si les ossements extraits d'un tombeau au cours de travaux effectués sur celui-ci ont été jetés dans une décharge publique, cet acte a été accompli par inadvertance et non d'une manière délibérée, la nature des travaux entrepris nécessitant l'emploi d'une pelleteuse (■ Cass. crim., 3 avr. 1997 : *Dr. pénal* 1997, comm. 122, note M. Véron).

8) La diffusion de photographies présentant le corps d'une personne décédée ne caractérise pas le délit prévu par l'article 225-17 du Code pénal, lequel induit un acte matériel commis sur le cadavre lui-même (■ Cass. crim., 1er mars 2017, n° 16-81.378 : *Dr. pén.* 2017, comm. 88, obs. P. Conte).

Art. 225-18 ***(Abr., L. n° 2017-86, 27 janv. 2017).***

Art. 225-18-1 ***(L. n° 2017-86, 27 janv. 2017).*** **– Les personnes morales déclarées responsables pénalement, dans les conditions prévues à l'article 121-2, de l'infraction définie à l'article 225-17 encourent, outre l'amende suivant les modalités prévues à l'article 131-38, les peines mentionnées aux 1° à 9° de l'article 131-39.**

L'interdiction mentionnée au 2° de l'article 131-39 porte sur l'activité dans l'exercice ou à l'occasion de l'exercice de laquelle l'infraction a été commise.

Section V. – Peines complémentaires applicables aux personnes physiques

Art. 225-19 ***(Mod., L. n° 2004-204, 9 mars 2004 ; L. n° 2006-911, 24 juill. 2006 ; L. n° 2008-776, 4 août 2008 ; L. n° 2013-711, 5 août 2013 ; L. n° 2014-366, 24 mars 2014).*** **– Les personnes physiques coupables des infractions prévues par les sections I et III du présent chapitre encourent également les peines complémentaires suivantes :**

1° L'interdiction des droits prévus aux 2° et 3° de l'article 131-26 pour une durée de cinq ans au plus ;

2° L'affichage ou la diffusion de la décision prononcée, dans les conditions prévues par l'article 131-35 ;

3° La fermeture, pour une durée de cinq ans au plus ou à titre définitif, de l'un, de plusieurs ou de l'ensemble des établissements de l'entreprise appartenant à la personne condamnée ;

4° L'exclusion des marchés publics à titre définitif ou pour une durée de cinq ans au plus ;

4° ***bis*** **La confiscation au profit de l'État de l'usufruit de tout ou partie de leurs biens, quelle qu'en soit la nature, meubles ou immeubles, divis ou indivis, ayant servi à commettre l'infraction prévue à l'article 225-14, les personnes physiques coupables gardant la nue-propriété de leurs biens ;**

5° La confiscation de tout ou partie de leurs biens, quelle qu'en soit la nature, meubles ou immeubles, divis ou indivis, ayant servi à commettre les infractions prévues aux articles 225-13 à 225-14-2 ;

5° ***bis*** **Pour l'infraction prévue à l'article 225-14, l'interdiction d'acheter pour une durée de cinq ans au plus soit à titre personnel, soit en tant qu'associé ou mandataire social de la société civile immobilière ou en nom collectif se portant acquéreur, soit sous forme de parts immobilières un bien immobilier à usage d'habitation, à d'autres fins que son occupation à titre personnel, ou un fonds de commerce d'un établissement recevant du public à usage total ou partiel d'hébergement ;**

6° L'obligation d'accomplir un stage de citoyenneté, selon les modalités prévues par l'article 131-5-1.

7° Pour les infractions prévues aux articles 225-13 à 225-15, l'interdiction, suivant les modalités prévues par l'article 131-27, soit d'exercer une fonction publique ou d'exercer l'activité professionnelle ou sociale dans l'exercice ou à l'occasion de l'exercice de laquelle l'infraction a été commise, soit d'exercer une profession commerciale ou industrielle, de diriger, d'administrer, de gérer ou de contrôler à un titre quelconque, directement ou indirectement, pour son propre compte ou pour le compte d'autrui, une entreprise commerciale ou industrielle ou une société commerciale. Ces interdictions d'exercice peuvent être prononcées cumulativement.

Art. 225-20 *(L. n° 2002-305, 4 mars 2002 ; mod., L. n° 2006-399, 4 avr. 2006 ; L. n° 2007-297, 5 mars 2007 ; L. n° 2008-776, 4 août 2008 ; L. n° 2012-304, 6 mars 2012 ; L. n° 2016-444, 13 avr. 2016).* – I. – Les personnes physiques coupables des infractions prévues par les sections 1 *bis*, 2, 2 *bis*, 2 *ter* et 2 *quater* du présent chapitre encourent également les peines complémentaires suivantes :

1° L'interdiction des droits civiques, civils et de famille, suivant les modalités prévues par l'article 131-26 ;

2° L'interdiction, suivant les modalités prévues par l'article 131-27, soit d'exercer une fonction publique ou d'exercer l'activité professionnelle ou sociale dans l'exercice ou à l'occasion de l'exercice de laquelle l'infraction a été commise, soit, pour les infractions prévues par les articles 225-4-3, 225-4-4, 225-5, 225-6, 225-7, 225-7-1, 225-8, 225-9, 225-10, 225-12-1 et 225-12-2, d'exercer une profession commerciale ou industrielle, de diriger, d'administrer, de gérer ou de contrôler à un titre quelconque, directement ou indirectement, pour son propre compte ou pour le compte d'autrui, une entreprise commerciale ou industrielle ou une société commerciale. Ces interdictions d'exercice peuvent être prononcées cumulativement ;

3° L'interdiction de séjour ;

4° L'interdiction d'exploiter, directement ou indirectement, les établissements ouverts au public ou utilisés par le public énumérés dans la décision de condamnation, d'y être employé à quelque titre que ce soit et d'y prendre ou d'y conserver une quelconque participation financière ;

5° L'interdiction, pour une durée de cinq ans au plus, de détenir ou de porter une arme soumise à autorisation ;

6° L'interdiction, pour une durée de cinq ans au plus, de quitter le territoire de la République ;

7° L'interdiction d'exercer, soit à titre définitif, soit pour une durée de dix ans au plus, une activité professionnelle ou bénévole impliquant un contact habituel avec des mineurs.

8° L'obligation d'accomplir un stage de responsabilité parentale, selon les modalités fixées à l'article 131-35-1 ;

9° L'obligation d'accomplir, le cas échéant à ses frais, un stage de sensibilisation à la lutte contre l'achat d'actes sexuels, selon les modalités fixées à l'article 131-35-1.

II. – En cas de condamnation pour les infractions prévues aux sections 1 *bis*, 2 et 2 *ter* du présent chapitre, le prononcé de la peine complémentaire prévue au 5° du I est obligatoire et la durée de l'interdiction est portée à dix ans au plus.

Toutefois, la juridiction peut, par une décision spécialement motivée lorsque la condamnation est prononcée par une juridiction correctionnelle, décider de ne pas prononcer cette peine, en considération des circonstances de l'infraction et de la personnalité de son auteur.

1) Au sujet de la privation du droit d'être tuteur ou curateur, désormais temporaire, V. ■ Cass. crim., 2 mars 1976 : *D.* 1976, 424, note Borel.

2) Les juges doivent, à peine de violation de la loi, déterminer la durée de l'interdiction qui court du jour où la peine principale aura été subie (■ Cass. crim., 7 févr. 1967 : *Bull. crim.*, n° 57).

Art. 225-21. – L'interdiction du territoire français peut être prononcée dans les conditions prévues par l'article 131-30, soit à titre définitif, soit pour une durée de dix ans au plus, à l'encontre de tout étranger coupable de l'une des infractions définies aux sections 1 *bis*, 2, 2 *ter* et 2 *quater* du présent chapitre.

Section VI. – Dispositions communes aux personnes physiques et aux personnes morales

Art. 225-22. – Les personnes physiques ou morales coupables de l'une des infractions prévues par l'article 225-10 encourent également les peines complémentaires suivantes :

1° Le retrait définitif de la licence de débit de boissons ou de restaurant ;

2° La fermeture, à titre définitif ou pour une durée de cinq ans au plus, de la totalité de l'établissement ou des parties de l'établissement utilisées en vue de la prostitution ;

3° La confiscation du fonds de commerce.

1) La fermeture est nécessairement encourue par cela seul que le fait contraire à l'article 335 a été commis et n'est restreinte en aucune façon par l'octroi des circonstances atténuantes (■ Cass. crim., 31 mai 1961 : *Bull. crim.*, n° 283).

2) La décision de fermeture pour trois mois d'une chambre d'hôtel, ordonnée par le juge d'instruction, constitue une mesure de sûreté destinée à mettre fin au trouble social causé par l'infraction sanctionnée par l'article 335-4 du Code pénal.

La mesure de fermeture ordonnée pour un an par la cour d'appel constitue une peine complémentaire obligatoire ; s'agissant de mesures de nature différente, la cour, en prononçant une fermeture d'un an de chambre d'hôtel, n'a pu décider et ne peut actuellement décider que la fermeture provisoire de trois mois s'imputerait sur cette durée (■ Paris, 13 avr. 1972 : *JCP* 73, II, 17477, obs. P.M.B.).

3) Selon l'article 706-38 du Code de procédure pénale, les peines prévues par l'article 225-22 du Code pénal, notamment la peine complémentaire de fermeture d'établissement, ne peuvent être prononcées que si la personne propriétaire du fonds a été citée à la diligence du ministère public ; encourt la cassation l'arrêt qui énonce que la société propriétaire du fonds n'avait pas à être citée dès lors que les poursuites étaient engagées contre son président-directeur général (■ Cass. crim., 6 sept. 2006 : *Bull. crim.*, n° 214).

Art. 225-23. – La fermeture temporaire prévue par le troisième alinéa (2°) de l'article 225-22 emporte suspension de la licence de débit de boissons ou de restaurant pour la même durée. Le délai de péremption de celle-ci est suspendu pendant la durée de la fermeture.

La fermeture définitive prévue à l'article 225-22 emporte retrait définitif de la licence de débit de boissons ou de restaurant.

Selon les dispositions de l'article 335-1 alors applicable et de l'article 225-23 du Code pénal, le retrait de la licence ne peut être prononcé que pour une durée égale à celle de la fermeture de l'établissement ; encourt, dès lors, la censure, l'arrêt qui ordonne le retrait de la licence sans en préciser la durée, alors que la fermeture avait été ordonnée pour 1 an (■ Cass. crim., 11 oct. 1995 : *Bull. crim.*, n° 302).

Art. 225-24 ***(L. n° 2010-768, 9 juill. 2010 ; L. n° 2016-444, 13 avr. 2016).*** **– Les personnes physiques ou morales coupables de l'une des infractions prévues par les articles 225-4-1 à 225-4-9 et 225-5 à 225-10 encourent également :**

1° La confiscation des biens « meubles ou immeubles, divis ou indivis » ayant servi directement ou indirectement à commettre l'infraction ainsi que les produits de l'infraction détenus par une personne autre que la personne victime de la traite des êtres humains ou se livrant à la prostitution elle-même ;

2° Le remboursement des frais de rapatriement de la ou des victimes.

Pour ordonner la confiscation des fonds déposés sur les comptes bloqués de la société, l'arrêt énonce que ces fonds sont le produit de l'infraction de tolérance habituelle de la prostitution dans un lieu public, dont le prévenu a été déclaré coupable ; les produits de la prostitution peuvent être saisis et confisqués à quelque personne qu'ils appartiennent, à l'exception de la personne se livrant à la prostitution elle-même, peu important que leur propriétaire ait été poursuivi ou condamné (■ Cass. crim., 8 avr. 2009 : *JurisData* n° 2009-048689 ; *Dr. pénal* 2009, comm. 106, obs. M. Véron).

Art. 225-25 ***(L. n° 2003-239, 18 mars 2003 ; mod., L. n° 2004-204, 9 mars 2004 ; L. n° 2012-409, 27 mars 2012 ; L. n° 2016-444, 13 avr. 2016).*** **– Les personnes physiques et morales reconnues coupables**

des infractions prévues aux sections 1 *bis* et 2 du présent chapitre, encourent également la peine complémentaire de confiscation de tout ou partie des biens leur appartenant ou sous réserve des droits du propriétaire de bonne foi, dont elles ont la libre disposition quelle qu'en soit la nature, meubles ou immeubles, divis ou indivis.

QPC. Non-lieu à renvoi au Conseil constitutionnel de la QPC visant l'article 225-25 : ■ Cass. crim., 12 févr. 2014, n° 13-83.760.

CHAPITRE VI. – DES ATTEINTES À LA PERSONNALITÉ

Section I. – De l'atteinte à la vie privée

Voir : art. R. 226-1 et s., p. 646.

Art. 226-1. – Est puni d'un an d'emprisonnement et de 45 000 € d'amende le fait, au moyen d'un procédé quelconque, volontairement de porter atteinte à l'intimité de la vie privée d'autrui :

1° En captant, enregistrant ou transmettant, sans le consentement de leur auteur, des paroles prononcées à titre privé ou confidentiel ;

2° En fixant, enregistrant ou transmettant, sans le consentement de celle-ci, l'image d'une personne se trouvant dans un lieu privé.

Lorsque les actes mentionnés au présent article ont été accomplis au vu et au su des intéressés sans qu'ils s'y soient opposés, alors qu'ils étaient en mesure de le faire, le consentement de ceux-ci est présumé.

Bibliographie : *JCl. pén., Atteinte à la vie privée* par H. Pelletier actualisé par D. Beauvais. • *Gaz. Pal.* 1994, I, n° 996 par G. Levasseur. • *D.* 2002, chr. p. 1502, par J. Ravanas. • *Gaz. Pal.* 2006, Doctr. p. 1, par N. Questiaux.

1) QPC. Non-lieu à renvoi au Conseil constitutionnel de la QPC visant les articles 226-1 et 226-2 : ■ Cass. crim., 5 févr. 2014, n° 13-21.929.

2) Observations préliminaires. À la différence de l'article 226-1, 1° du Code pénal, l'ancien article 368, 1° visait les « paroles prononcées dans un lieu privé ».

– Sur la notion de vie privée, V. aussi l'article 9 du Code civil et la jurisprudence y afférente.

• *Sommaire*

I – COMPOSANTES COMMUNES DES INFRACTIONS

1) Caractères. La protection accordée par la loi à la vie privée persiste au-delà de la mort (■ Cass. crim., 21 oct. 1980 : *Bull. crim.*, n° 262. ■ 20 oct. 1998 : *Bull. crim.*, n° 264, cités *infra*).

2) Le délit d'atteinte à l'intimité de la vie privée ne suppose nullement qu'une telle atteinte présente un caractère intolérable (■ Cass. crim., 5 mars 1982 : *Bull. crim.*, n° 68, cité *infra*), du moment qu'elle concerne l'intimité de la vie privée d'une personne (■ Cass. crim., 16 janv. 1990 : *Bull. crim.*, n° 25, *infra*).

3) Éléments matériels. Le simple fait de réaliser volontairement, au moyen d'un appareil quelconque, l'enregistrement des **propos** tenus *en un lieu privé* par une personne sans le consentement de celle-ci, constitue le délit d'atteinte à la vie privée, prévu par l'article *368* du Code pénal, l'infraction étant réalisée dès lors que l'enregistrement a été effectué et ce, quel que soit le résultat obtenu (■ Cass. crim., 19 mai 1981 : *Bull. crim.*, n° 161) et que ces propos concernent l'intimité de la vie privée (■ Cass. crim., 16 janv. 1990 : *Bull. crim.*, n° 25), ou le fait au moyen d'un procédé quelconque de fixer (notamment) **l'image** d'une personne se trouvant dans un lieu privé sans le consentement de celle-ci (■ Cass. crim., 12 avr. 2005 : *Bull. crim.*, n° 122, *infra*).

4) L'article 226-1 du Code pénal fait de la **clandestinité** un élément constitutif essentiel du délit d'atteinte à l'intimité de la vie privée d'autrui (■ Cass. crim., 4 mars 1997 : *Bull. crim.*, n° 83, *infra*).

5) Élément intentionnel. Le délit prévu et réprimé par l'article 368 du Code pénal suppose non seulement une atteinte à l'intimité de la vie privée d'autrui mais encore la volonté de porter cette atteinte (■ Cass. crim., 3 mars 1982 : *Bull. crim.* n° 68. ■ Cass. crim., 7 oct. 1997 : *Bull. crim.*, n° 324, *infra*, retenant que les agissements du prévenu ont impliqué qu'il a eu la conscience et la volonté de commettre des atteintes à l'intimité).

6) Convention EDH. Le respect étant dû à la personne humaine, qu'elle soit vivante ou morte, la protection accordée à la vie privée des personnes persiste au-delà de la mort et **les dispositions pénales relatives à l'atteinte à l'intimité de la vie privée d'autrui ne méconnaissent pas l'article 10 de la Convention européenne des droits de l'homme** garantissant l'exercice de la liberté de communication (■ Cass. crim., 20 oct. 1998 : *Bull. crim.*, n° 264 ; *Dr. pénal* 1999, comm. 18, obs. M. Véron ; *D.* 1999, p. 106, note B. Beignier ; *JCP* 99, II, 10044, note G. Loiseau, préc. et *infra*).

II - ATTEINTE

A - Parole

7) L'article 368 du Code pénal réprime notamment le fait d'enregistrer au moyen d'un appareil quelconque les paroles prononcées *dans un lieu privé* par une personne, sans le consentement de celle-ci ; il en est ainsi quels que soient les résultats techniques de l'enregistrement (■ Cass. crim., 19 mai 1981 : *D.* 1981, 544, note Mayer ; *Rev. sc. crim.* 1982, 125, obs. Levasseur). Voir aussi ■ Cass. crim., 8 déc. 1983 : *Bull. crim.*, n° 333, ces deux arrêts concernant des dispositifs posés par des salariés pour écouter les communications de leurs employeurs, et les enregistrer, dès lors qu'ils n'ignorent pas que ces communications ont, par nature, un caractère intime.

8) Les conversations échangées entre employés dans des locaux professionnels ne sauraient être enregistrées par l'employeur impunément, car ces conversations peuvent être relatives non seulement à la vie professionnelle, mais encore à l'intimité de la vie privée des différentes personnes (■ TGI Paris, 7 nov. 1975 : *D.* 1976, 270, note Lindon ; *Rev. sc. crim.* 1976, 729, obs. Levasseur. ■ TGI Saint-Étienne, 19 avr. 1977 : *D.* 1978, 123, note Lindon).

9) De même constitue le délit d'atteinte à la vie privée le fait par un employeur de dissimuler un magnétophone à déclenchement vocal dans le faux plafond du bureau occupé par deux de ses employés (■ Cass. crim., 24 janv. 1995 : *Dr. pénal* 1995, comm. 118, obs. M. Véron).

10) Commet le délit d'atteinte à la vie privée le tiers qui enregistre clandestinement les conversations téléphoniques tenues par un commerçant dans son magasin, lequel avait par son utilisation reçu le caractère d'un lieu privé (■ Cass. crim., 14 mars 1984 : *Bull. crim.*, n° 110 ; *Rev. sc. crim.* 1984, 745, obs. Levasseur ; V. aussi ■ Cass. crim., 8 déc. 1983 : *Bull. crim.*, n° 333 ; *Rev. sc. crim.*, 1985, 84, obs. Levasseur).

11) Justifie sa décision la cour d'appel qui déclare le prévenu coupable de **complicité** d'atteintes à l'intimité de la vie privée, en retenant que l'intéressé avait fourni les numéros de téléphone qui ont permis de procéder à des enregistrements des conversations téléphoniques de leurs titulaires à leur domicile ou dans leur bureau professionnel ; pour écarter l'argumentation du prévenu invoquant l'absence d'atteinte à l'intimité de la vie privée des plaignants, en raison du caractère professionnel des propos enregistrés, les juges ont énoncé que, quelle qu'ait été la nature des informations recherchées, les branchements clandestins ont, par leur conception, leur objet et leur durée, nécessairement conduit leur auteur à pénétrer dans la vie privée des personnes écoutées, ainsi qu'il ressort d'un rapport d'expertise relatant le contenu des enregistrements, et ont impliqué, à chaque fois, des atteintes à l'intimité que l'intéressé a eu la conscience et la volonté de commettre (■ Cass. crim., 7 oct. 1997 : *Bull. crim.*, n° 324 ; *D.* 1999, 152, note J.-C. Saint-Pau).

12) Justifient leur décision les juges du fond qui, pour dire établi en tous ses éléments, y compris l'élément intentionnel, le délit d'atteinte à l'intimité privée prévu par l'ancien article 368 du Code pénal, devenu l'article 226-1 du même code, retiennent que les interceptions pratiquées de façon clandestine et irrégulière sur les lignes téléphoniques du domicile ou du local professionnel des parties civiles, ont, par leur conception, leur objet et leur durée, nécessairement conduit les auteurs desdites écoutes à pénétrer dans l'intimité de la vie privée des personnes concernées et de leurs interlocuteurs (■ Cass. crim., 30 sept. 2008 : *Bull. crim.*, n° 197 ; *Dr. pénal* 2008, comm. 149, obs. M. Véron. – V. aussi *infra*, V° *Refus de fait justificatif*).

13) Le délit prévu et réprimé par l'article 368 du Code pénal suppose non seulement une atteinte à l'intimité de la vie privée d'autrui mais encore la **volonté de porter cette atteinte** (■ Cass. crim.,

7 oct. 1997, préc.) ; justifie sa décision l'arrêt qui constate que les propos téléphoniques tenus par une personne dans un lieu privé ont été enregistrés à son insu et qu'au cours de la communication cette personne a été notamment appelée à parler de sa vie conjugale et de ses relations personnelles avec un tiers, après avoir été mise en condition et soumise à un véritable questionnaire soigneusement préparé et orienté (■ Cass. crim., 5 mars 1982 : *Bull. crim.*, n° 68).

14) Caractérisent le délit d'atteinte à la vie privée les juges du fond qui énoncent que, après qu'une ordonnance de non-conciliation entre les époux eut été rendue, il a été constaté que deux **lignes téléphoniques** desservant l'appartement de l'épouse étaient dérivées vers celui occupé dans un autre immeuble par le mari et qu'un émetteur avait été implanté sur une autre ligne téléphonique et desservant les bureaux de l'épouse, le mari ayant été trouvé en possession d'un poste récepteur adapté, que **des enregistrements de conversation** entre elle et des particuliers ont été saisis et que le mari a reconnu avoir fait placer ce matériel d'écoutes car il était toujours intéressé par la vie privée de son épouse (■ Cass. crim., 11 févr. 1987 : *D.* 1987, somm., 142).

15) V. la note E. Dreyer, *De l'influence du droit pénal sur le droit civil en matière de vie privée : D.* 2011, p. 2771, à propos de l'arrêt ■ Cass. 1re civ., 6 oct. 2011, n° 10-21.822, cassant, au visa notamment des articles 226-1 et 226-2 du Code pénal, un arrêt de cour d'appel considérant, d'une part, que l'article 226-2 n'englobe pas dans sa prévention tout enregistrement de propos effectués sans le consentement de l'auteur et, d'autre part, que ces propos étant dans l'ensemble de nature professionnelle et patrimoniale tenus entre l'actionnaire d'un grand groupe industriel et un gestionnaire, relevaient de la légitime information du public, alors que constitue une atteinte à l'intimité de la vie privée, que ne légitime pas l'information du public, la captation, l'enregistrement ou la transmission sans le consentement de leur auteur des paroles prononcées à titre privé ou confidentiel et que ce caractère ressortait des propres constatations des juges.

B – Image

16) Exigence d'un lieu privé. Il ne saurait y avoir atteinte à la vie privée lorsque les agissements reprochés au prévenu ont eu lieu en un endroit accessible au public : ainsi il n'y a pas de délit dans le fait de photographier une femme s'exhibant, seins nus, sur une plage accessible à tous les estivants (■ T. corr. Paris, 18 mars 1971 : *D.* 1971, 447, note Frémond ; *Rev. sc. crim.* 1972, 118, obs. Levasseur) ni à publier la photographie d'une personne prise dans la rue (■ T. corr. Aix-en-Provence, 16 oct. 1973 : *JCP* 74, II, 17623, note Lindon ; *Rev. sc. crim.* 1976, 119, obs. Levasseur) ou sur une plage dite « privée » qui est un lieu accessible au public moyennant un prix d'entrée (■ TGI Paris, 18 mars 1971 : *D.* 1971, p. 447, note Foulon-Piganiol). – Mais un photographe professionnel, opérant sans autorisation, enfreindrait l'article R. 644-3 du Code pénal.

17) Un bateau revêt le caractère d'un lieu privé lorsque celui-ci ne se trouvant plus à proximité d'une plage ou d'un port, mais au large, toute personne à bord, si aucune embarcation n'évolue dans le voisinage, est fondée à se croire à l'abri des regards d'autrui, même si en l'espèce un cliché a pu être pris à l'aide d'un téléobjectif très puissant à partir d'une embarcation ayant suivi le yacht de très loin (■ Paris, 5 févr. 1979 : *JCP* 80, II, 19343, note Lindon ; *Rev. sc. crim.* 1980, 714, obs. Levasseur).

18) La prison n'est pas un lieu public ; est en effet un lieu public un endroit accessible à tous, sans autorisation spéciale de quiconque (■ T. corr. ■ Paris, 23 oct. 1986 : *Gaz. Pal.* 8 janv. 1987 et ■ Paris, 19 nov. 1986 : *D.* 1987, somm., 141). Mais une église ou une synagogue est un lieu public (■ Paris, 11 févr. 1987 : *Gaz. Pal.* 12 mars 1987).

19) La prise, sans le consentement de celles-ci, de photographies de personnes se trouvant dans un lieu public ne constitue pas le délit d'atteinte à la vie privée prévu par l'article 226-1 du Code pénal.

Justifie dès lors sa décision la cour d'appel qui, pour dire non établi ce délit, retient qu'en application de l'article 25 de la loi du 9 décembre 1905, le caractère public des cérémonies de mariage s'impose et que le contrôle temporaire de l'accès d'une synagogue n'établit pas le caractère privé de la cérémonie (■ Cass. crim., 25 oct. 2011, n° 11-80.266 : *Bull. crim.*, n° 214 ; *Dr. pén.* 2012, comm. 4, obs. M. Véron ; *AJP* 2011, jurispr. p. 595, note E. Allain).

20) Un véhicule automobile circulant sur la voie publique est un lieu privé au sens de l'article 226-1 du Code pénal (■ Cass. crim., 12 avr. 2005 : *Bull. crim.*, n° 122 ; *Rev. sc. crim.* 2005, p. 845, obs. Y. Mayaud). V. *infra*.

21) Sont aussi des lieux privés, notamment, le domicile (■ Cass. crim., 24 avr. 1985 : *Bull. crim.* n° 158 ; *Rev. sc. crim.* 1986, p. 103, obs. G. Levasseur), une chambre d'hôtel (■ Paris, 17 mars 1986 : *Gaz. Pal.* 1986, 2, p. 429), un bureau d'entreprise de par son utilisation (■ Cass. crim., 8 déc. 1983 : *Bull. crim.*, n° 333) ; mais une pharmacie n'est un lieu privé qu'après fermeture des portes (■ TGI Paris, 7 nov. 1975 : *D.* 1976, jur. p. 270, note R. Lindon).

22) Applications. La fixation de l'image d'une personne, vivante ou morte, est prohibée sans l'autorisation préalable des personnes ayant pouvoir de l'accorder, et la diffusion ou la publication de ladite image sans autorisation entre nécessairement dans le champ d'application des articles 368, 369 et 372 du Code pénal (■ Cass. crim., 21 oct. 1980 : *Bull. crim.*, n° 262 ; *D.* 1981, jur. p. 72, note R. Lindon ; *Rev. sc. crim.* 1981, 878, obs. Levasseur). – *Adde* ■ Cass. crim., 20 oct. 1998 : *Bull. crim.*, n° 264, visant les articles 226-1 et 226-2 du Code pénal ; *Dr. pénal* 1999, comm. 18, obs. M. Véron ; *D.* 1999, p. 106, note B. Beignier ; *JCP* 99, II, 10044, note G. Loiseau. – Dans chacune de ces affaires, un personnage avait été photographié sur son lit de mort, en un lieu privé, et les images en avaient été publiées sans autorisation ou malgré même l'opposition de leurs ayants droit.

23) De même, constitue le délit d'atteinte à la vie privée, la prise de photographie, sans son consentement, d'une actrice sur son lit d'hôpital, lieu privé (■ Paris, 17 mars 1986 : *Gaz. Pal.* 1986, 2, p. 429).

24) Constitue l'infraction prévue par l'article 368 du Code pénal le fait de photographier un tiers, sans son consentement, de l'extérieur à travers la fenêtre fermée de son appartement ; la publication d'une telle photographie, sans l'accord de l'intéressé, caractérise le délit prévu par l'article 369 du même code (■ Cass. crim., 25 avr. 1989 : *Bull. crim.*, n° 165 ; *Rev. sc. crim.* 1990, 78, obs. Levasseur).

25) Caractérise le délit prévu par l'article 226-1 du Code pénal, le fait au moyen d'un procédé quelconque, de porter volontairement atteinte à l'intimité de la vie privée d'autrui notamment en fixant l'image d'une personne se trouvant dans un lieu privé, **sans le consentement** de celle-ci. Un véhicule automobile circulant sur la voie publique est un lieu privé au sens de ce texte. La captation de l'image d'un couple transporté dans un tel véhicule est susceptible de caractériser le délit d'atteinte à l'intimité de la vie privée lors que les personnes concernées, voyant qu'elles allaient être photographiées, ont manifesté leur opposition, et les juges du fond sont tenus, à cet égard, de répondre aux chefs péremptoires des conclusions tenant à établir leur absence de consentement. Ni l'intervention des services de secours, ni l'exposition involontaire aux regards d'autrui de personnes gravement atteintes lors d'un accident de la circulation ne font perdre au véhicule les transportant son caractère de lieu privé, au sens de l'article 226-1 du Code pénal. Est prohibée par ce texte la fixation en un lieu de cette nature, sans autorisation, de toute image portant atteinte à l'intimité de la vie privée (■ Cass. crim., 12 avr. 2005 : *Bull. crim.*, n° 122 ; *Rev. sc. crim.* 2005, p. 845, obs. Y. Mayaud, préc.).

26) La captation, la fixation, l'enregistrement ou la transmission par les policiers de l'image d'une personne se trouvant dans un lieu privé, qui ne sont autorisés que dans les cas et conditions prévus par l'article 706-96 du Code de procédure pénale, ne peuvent être opérés au cours d'une enquête préliminaire. Constitue une ingérence, au sens de l'article 8 de la Convention européenne des droits de l'homme, dans l'exercice du droit au respect de la vie privée et du domicile, le fait, pour les policiers, de photographier clandestinement, au moyen d'un téléobjectif, les plaques d'immatriculation des véhicules se trouvant à l'intérieur d'une propriété privée non visible de la voie publique, aux fins d'identification des titulaires des cartes grises. Une telle immixtion, opérée en enquête préliminaire, qui n'est prévue par aucune disposition de procédure pénale, est nécessairement irrégulière (■ Cass. crim., 21 mars 2007, pourvoi n° 06-89.444 : *Bull. crim.* n° 89).

27) Justifient leur décision les juges du fond qui, pour dire établi en tous ses éléments le délit d'atteinte à l'intimité de la vie privée, prévu par l'article 226-1-2° du Code pénal, retiennent que le prévenu, profitant d'une opportunité technique, a filmé une scène se déroulant à l'intérieur de la **salle des délibérations de la cour d'assises**, lieu où quiconque ne peut pénétrer sous l'autorisation de l'occupant, et que l'un des jurés présents, ainsi filmé à son insu, a été vu et reconnu par des téléspectateurs (■ Cass. crim., 16 févr. 2010 : *Bull. crim.* n° 25 ; *D.* 2010, p. 805, note S. Lavric ; *Dr. pén.* 2010, comm. 56, obs. M. Véron ; *JCP* 2010, note 565, J. L. Lennon).

III – DÉFAUT D'ATTEINTE

28) Doit être relaxé du chef de poursuites pour atteinte à l'intimité de la vie privée, dans le cas d'une écoute d'une conversation téléphonique entre époux en instance de divorce, l'huissier qui a transcrit manuellement ces propos au fur et à mesure en sténographie et qu'il a ensuite reportés sur son procès-verbal, alors que *le caractère privé du lieu où les paroles ont été prononcées par le mari n'est pas établi* et que ses propos avaient trait exclusivement à des problèmes d'argent (■ Besançon, 5 janv. 1978 : *D.* 1978, 357, note Lindon).

29) Ne constitue pas une infraction à l'article 368 la pose, sur la ligne téléphonique d'un plaignant, et à sa demande, en vue d'identifier l'auteur d'appels répétés constituant des violences, d'un appareil enregistrant seulement le numéro de l'abonné appelant ainsi que les date et heure de l'appel (■ Cass. crim., 16 janv. 1974 : *JCP* 74, II,

17731, note Lindon). Même solution lorsque la victime a procédé elle-même à l'enregistrement et a remis les bandes à la gendarmerie (■ Cass. crim., 17 juill. 1984 : *Bull. crim.*, n° 259 ; *Rev. sc. crim.* 1985, 304, obs. Levasseur).

30) Doit être cassé l'arrêt qui a condamné le prévenu pour atteinte à l'intimité de la vie privée aux motifs qu'il avait fait installer dans son bureau au foyer d'hébergement qu'il dirige un dispositif permettant l'écoute des conversations téléphoniques des résidents du foyer, au motif qu'il paraissait étonnant qu'il ne se soit jamais servi de l'appareil et que les usagers du téléphone déclaraient avoir entendu des déclics successifs et suspects, de tels motifs relevant du domaine de l'hypothèse (■ Cass. crim., 27 janv. 1981 : *JCP* 82, II, 19742, note Bécourt ; *Rev. sc. crim.* 1982, 353, obs. Levasseur, cassant ■ Besançon, 13 déc. 1979 : *JCP* 80, II, 19449, note Bécourt, confirmant T. corr. Montbéliard, 1er déc. 1978 : *JCP* 79, II, 19248, note Lindon).

31) Le délit n'est constitué que si les propos enregistrés dans un lieu privé concernent **l'intimité de la vie privée** d'une personne, et ce sans son consentement. Tel n'est pas le cas de propos tenus dans le cadre de la seule activité professionnelle des intéressés, en l'espèce le licenciement du prévenu qui a fait enregistrer ces propos ou arguments dans le bureau de ses employeurs, lieu privé où il ne pouvait pénétrer sans leur autorisation (■ Cass. crim., 16 janv. 1990 : *Bull. crim.*, n° 25).

32) Ne constitue pas une atteinte à l'intimité de la vie privée l'enregistrement d'une conversation téléphonique par l'un des interlocuteurs, à l'insu de l'autre, lorsque celle-ci porte sur **l'activité professionnelle** des intéressés, peu important que les propos aient été tenus dans un lieu privé (■ Cass. crim., 14 févr. 2006 : *Bull. crim.*, n° 38 ; *D.* 2007, p. 1184, note J.-C. Saint-Pau ; *Dr. pénal* 2006, comm. 65, obs. M. Véron).

33) Justifie sa décision de relaxe des prévenus, des journalistes qui, sur autorisation du ministère de l'Intérieur, avaient suivi les activités des membres du groupe d'intervention régional de la gendarmerie et enregistré puis diffusé les propos de l'un d'eux qui les a fait citer devant le tribunal correctionnel du chef d'atteinte à l'intimité de la vie privée, alors que **la durée et les conditions du tournage** ne permettent pas de considérer que les propos litigieux l'ont été sans le consentement de l'intéressé, dont la demande tendant à voir dissimulé son visage n'établit pas qu'il souhaitait également voir sa voix déformée (■ Cass. crim., 12 févr. 2008 : *JurisData* n° 2008-043083 ; *Dr. pénal* 2008, comm. 61, obs. M. Véron).

34) Atteinte justifiée. L'atteinte aux droits de la personnalité alléguée par la personne renvoyée devant la cour d'assises sous l'accusation de complicité de crimes contre l'humanité, pouvant résulter de la reproduction ou de la diffusion de l'enregistrement des audiences, est justifiée par la loi du 11 juillet 1985 tendant à la constitution d'archives audiovisuelles de la justice, sur le fondement de laquelle l'ordonnance du premier président de la cour d'appel autorisant l'enregistrement audiovisuel des audiences de son procès a été prise ; l'intéressé ne saurait dès lors reprocher à l'autorité compétente de s'être prononcée sans avoir égard au droit qu'il détient sur son image (■ Cass. crim., 16 mars 1994 : *Bull. crim.*, n° 105 ; *JCP* 94, G, IV, 1616).

35) Refus de fait justificatif. Justifient également leur décision les juges du fond qui, pour refuser à des prévenus poursuivis pour atteinte à l'intimité de la vie privée le bénéfice du fait justificatif prévu par l'ancien article 327 du Code pénal, devenu l'article 122-4 du même code, retiennent qu'à le supposer donné par le chef de l'État l'ordre de procéder à des interceptions téléphoniques irrégulières pour protéger sa vie privée ne pouvait légitimer les actes commis dès lors qu'il émanait d'une autorité n'ayant pas le pouvoir de le faire, et qui ajoutent que le commandement de l'autorité légitime ne peut être retenu en faveur d'un officier supérieur de la gendarmerie et de hauts fonctionnaires, dès lors que ne leur était imposée aucune obéissance inconditionnelle à des ordres manifestement illégaux (■ Cass. crim., 30 sept. 2008 : *Bull. crim.*, n° 197 ; *Dr. pénal* 2008, comm. 149, obs. M. Veron ; *D.* 2008, p. 1975, obs. H. Matsopoulou ; *AJP* 2008, 505 et 511, obs. G. Royer ; *Rev. sc. crim.* 2009, p. 92, obs. E. Fortis).

36) Une surveillance à l'aide de jumelles effectuée dans le cadre d'une enquête préliminaire n'entre pas dans les prévisions de l'article 226-1 du Code pénal (■ Cass. crim., 23 août 1994 : *D.* 1994, inf. rap. 221 ; V. également *Gaz. Pal.* 2 sept. 1994, p. 21, note Levasseur).

37) Géolocalisation. Ne constitue pas une atteinte à l'intimité de la vie privée la pose d'un procédé de géolocalisation à l'extérieur d'un véhicule volé et faussement immatriculé, laquelle est étrangère aux prévisions de l'article 8, § 2, de la Convention européenne des droits de l'homme (■ Cass. crim., 15 oct. 2014, n° 14-85.056).

IV – PRESCRIPTION

38) L'article 226-1 du Code pénal faisant de la clandestinité un élément constitutif essentiel du délit d'atteinte à l'intimité de la vie privée d'autrui, et la clandestinité étant inhérente, selon l'article 226-19, au délit constitué par la mise en mémoire informatisée, sans l'accord exprès de l'intéressé, de données nominatives protégées, ces deux infractions ne peuvent être prescrites avant qu'elles aient pu être constatées en tous leurs éléments et que soit révélée aux victimes l'atteinte qui a pu être portée à leurs droits (■ Cass. crim., 4 mars 1997 : *Bull. crim.*, n° 83 ; *Gaz. Pal.* 18-22 mai 1997, p. 10, note J.-P. Doucet ; *Dr. pénal* 1997, comm. n° 75, obs. Véron). Pour des écoutes clandestines, (V. ■ Cass. crim., 8 juin 1999 : *JurisData* n° 003175 ; *Dr. pénal* 1999, comm. 146, obs. M. Véron. ■ 30 sept. 2008 : *Bull. crim.*, n° 197 ; *Dr. pénal* 2008, comm. 149, obs. M. Véron, préc.).

Voir : Pour la tentative, art. 226-5.

Sur la nécessité d'une plainte préalable de la victime ou ses ayants droit, art. 226-6.

Art. 226-2. – Est puni des mêmes peines le fait de conserver, porter ou laisser porter à la connaissance du public ou d'un tiers ou d'utiliser de quelque manière que ce soit tout enregistrement ou document obtenu à l'aide de l'un des actes prévus par l'article 226-1.

Lorsque le délit prévu par l'alinéa précédent est commis par la voie de la presse écrite ou audiovisuelle, les dispositions particulières des lois qui régissent ces matières sont applicables en ce qui concerne la détermination des personnes responsables.

1) L'article 369 du Code pénal ne fait pas de distinction quant à la nature de l'enregistrement porté à la connaissance du public ; il s'applique notamment dans le cas où un hebdomadaire a sciemment porté à la connaissance de ses lecteurs des extraits de l'enregistrement clandestin d'une conversation téléphonique tenue dans un lieu privé, et sans le consentement de l'intéressé (■ Paris, 11e ch. A, 4 juill. 1990 : *Gaz. Pal.* 2-3 août 1991).

2) La conservation d'un enregistrement de paroles prononcées à titre privé ou confidentiel, au sens de l'article 226-2 du Code pénal, ainsi que celle de données informatisées que réprime l'article 226-19, constituent des délits continus, à l'égard desquels la prescription de l'action publique ne commence à courir que lorsqu'ils ont cessé (■ Cass. crim., 4 mars 1997, préc. sous art. 226-1).

3) Applications. Le fait de divulguer au public une conversation téléphonique privée captée illicitement constitue le délit de l'article 369 (art. 226-2) du Code pénal (■ T. Corr. ■ Paris, 2 juill. 1981 : *Gaz. Pal.* 1983, I, somm. 49).

4) Les publications de photographies, soit d'une personne non consentante à travers la fenêtre fermée de son appartement depuis l'extérieur (■ Cass. crim., 25 avr. 1989 : *Bull. crim.* n° 165, préc. sous l'article 226-1), soit de personnes dans leurs chambres mortuaires (■ Cass. crim, 21 oct. 1980 : *Bull. crim.*, n° 262. ■ 20 oct. 1998 : *Bull. crim.*, n° 264, également précités) sont punissables tant par l'article 369 ancien que 226-2 du Code pénal.

5) De même pour un prévenu ayant communiqué à des tiers la copie d'une vidéocassette mettant en scène des ébats amoureux de lui-même avec une personne non consentante (■ Paris, 21 juin 2004 : *JurisData* n° 2004-258413), ou un autre diffusant sur internet des photographies d'une personne, à l'insu de celle-ci, la représentant dans un lieu privé et dans son intimité (■ Paris, 22 mars 2005 : *JurisData* n° 2005-277904).

6) Mais le délit n'est pas constitué si l'atteinte est justifiée par la loi (■ Cass. crim., 16 mars 1994 : *Bull. crim.*, n° 105, préc. sous l'article 226-1, *supra*).

7) Réserve faite de l'éventualité d'un pourvoi en cassation, il a été jugé que la diffusion télévisée du reflet de l'image des membres d'une cour d'assises durant le délibéré caractérise une atteinte à l'intimité de la vie privée, cette infraction n'étant pas soumise aux conditions procédurales de la loi de 1881 sur la presse (■ Amiens, 4 févr. 2009 : *JCP* 2009, II, 10063, note N. Benillouche).

8) Pour l'application de l'article 226-2 du Code pénal, le fait de porter à la connaissance du public ou d'un tiers, soit des paroles prononcées à titre privé ou confidentiel, soit l'image d'une personne se trouvant dans un lieu privé, n'est punissable que si l'enregistrement ou le document qui les contient a été réalisé sans le consentement de la personne concernée (■ Cass. crim., 16 mars 2016, n° 15-82.676 ; *D.* 2016, p. 935, note A. Serinet ; *Dr. pén.* 2016, comm. 73, obs. P. Comte ; *JCP* 2016, 658, note J.-C. Saint-Pau).

Art. 226-2-1 ***(L. n° 2016-1321, 7 oct. 2016).*** **– Lorsque les délits prévus aux articles 226-1 et 226-2 portent sur des paroles ou des images présentant un caractère sexuel prises dans un lieu public ou privé, les peines sont portées à deux ans d'emprisonnement et à 60 000 € d'amende.**

Est puni des mêmes peines le fait, en l'absence d'accord de la personne pour la diffusion, de porter à la connaissance du public ou d'un tiers tout enregistrement ou tout document portant sur des paroles ou des

images présentant un caractère sexuel, obtenu, avec le consentement exprès ou présumé de la personne ou par elle-même, à l'aide de l'un des actes prévus à l'article 226-1.

Bibliographie : *Dr. pén.* 2017, études 1, par A. Lepage.

Art. 226-3 *(Ord. n° 2011-1012, 24 août 2011 ; L. n° 2013-1168, 18 déc. 2013 ; L. n° 2015-912, 24 juill. 2015 ; L. n° 2016-731, 3 juin 2016).* – Est puni de cinq ans d'emprisonnement et de 300 000 € d'amende :

1° La fabrication, l'importation, la détention, l'exposition, l'offre, la location ou la vente d'appareils ou de dispositifs techniques de nature à permettre la réalisation d'opérations pouvant constituer l'infraction prévue par le second alinéa de l'article 226-15 ou qui, conçus pour la détection à distance des conversations, permettent de réaliser l'infraction prévue par l'article 226-1 ou ayant pour objet la captation de données informatiques prévue aux articles 706-102-1 et 706-102-2 du Code de procédure pénale et L. 853-2 du Code de la sécurité intérieure et figurant sur une liste dressée dans des conditions fixées par décret en Conseil d'État, lorsque ces faits sont commis, y compris par négligence, en l'absence d'autorisation ministérielle dont les conditions d'octroi sont fixées par ce même décret ou sans respecter les conditions fixées par cette autorisation ;

2° Le fait de réaliser une publicité en faveur d'un appareil ou d'un dispositif technique susceptible de permettre la réalisation des infractions prévues par l'article 226-1 et le second alinéa de l'article 226-15 lorsque cette publicité constitue une incitation à commettre cette infraction ou ayant pour objet la captation de données informatiques prévue aux articles 706-102-1 et 706-102-2 du Code de procédure pénale et L. 853-2 du Code de la sécurité intérieure lorsque cette publicité constitue une incitation à en faire un usage frauduleux.

Voir : arrêté du 4 juillet 2012 modifié par l'arrêté du 11 août 2016 fixant la liste des appareils prévus par l'article 226-3 (*JO* 1er août 2012 et *JO* 25 août 2016).

Voir : art. R. 226-1, p. 646.

Art. 226-4. – *(Mod., L. n° 2015-714, 24 juin 2015).* – L'introduction dans le domicile d'autrui à l'aide de manœuvres, menaces, voies de fait ou contraintes, hors les cas où la loi le permet, est puni d'un an d'emprisonnement et de 15 000 € d'amende.

Le maintien dans le domicile d'autrui à la suite de l'introduction mentionnée au premier alinéa, hors les cas où la loi le permet, est puni des mêmes peines.

Bibliographie : *JCl. pén., Violation de domicile* par H. Matsopoulou.

1) Définition. Le domicile est toute demeure permanente ou temporaire occupée par celui qui y a droit ou, de son consentement, par un tiers (■ Cass. crim., 15 févr. 1955 : *Bull. crim.*, n° 106 ; *Rev. sc. crim.* 1955, 521, obs. Hugueney) ou encore le lieu où, que l'intéressé y habite ou non, il a le droit de se dire chez lui, quels que soient le titre juridique de son occupation et l'affectation donnée aux locaux (■ Cass. crim., 4 janv. 1977 : *Bull. crim.*, n° 6. ■ 13 oct. 1982 : *Bull. crim.*, n° 218 ; *Rev. sc. crim.* 1983, 670, obs. Levasseur. ■ 23 mai 1995 : *Bull. crim.*, n° 193).

2) En effet, le terme de domicile au sens de l'article 184 (ancien, devenu 226-4) du Code pénal ne désigne pas seulement le lieu où une personne a son principal établissement mais encore le lieu, qu'elle y habite ou non, correspondant aux critères ci-dessus indiqués, tel un appartement meublé et momentanément inoccupé par elle en raison de travaux devant y être effectués (■ Cass. crim., 24 avr. 1985 : *Bull. crim.*, n° 158).

3) Il en est ainsi d'une chambre d'hôtel (■ Cass. crim., 31 janv. 1914 : *D.* 1918, 1, 76), d'une chambre d'hôpital (■ Paris, 17 mars 1986 : *Bull. inf. C. cass.*1987, n° 237, p. 15), d'une roulotte, caravane ou tente de camping (V. D. 7 févr. 1959, *infra*, Ann. *Camping*), mais pas en principe d'une automobile (■ Cass. crim., 24 févr. 1960 : *Bull. crim.*, n° 108 ; *Rev. sc. crim.* 1960, 649, obs. Hugueney) ou d'une simple hutte de chasse qui n'est qu'un poste d'observation pour le chasseur, dépourvu des équipements les plus élémentaires propres à caractériser le domicile (■ Cass. crim., 9 janv. 1992 : *Bull. crim.*, n° 6. ■ 6 mai 2002 : *Dr. pénal* 2002, comm. 130, obs. A. Maron - M. Haas) ou d'une consigne de gare (■ Cass. crim., 12 oct. 1993 : *Bull. crim.*, n° 287) ; ou du bloc opératoire d'un établissement de santé, public ou privé (■ Cass. crim., 27 nov. 1996 : *Bull. crim.*, n° 431), ou encore d'une cellule de maison d'arrêt (■ Cass. crim., 18 oct. 1989 : *Gaz. Pal.* 1990, I, somm. 235, obs. Doucet).

4) Sens de l'article 226-4. La violation de domicile n'est constituée, dans les conditions prévues par l'article 226-4 du Code pénal, qu'autant qu'il y a eu une introduction dans un lieu caractérisant un domicile, ce texte n'ayant pas pour objet de garantir d'une manière générale les propriétés immobilières contre une usurpation ; le fait de s'introduire par effraction dans un logement vacant, vide entre deux locations, ne constitue pas de délit. Cependant, en l'espèce, le juge ne saurait prononcer la relaxe sans rechercher si les faits ne sont pas constitutifs d'une autre infraction (dégradation de bien) (■ Cass. crim., 22 janv. 1997 : *Bull. crim.*, n° 31).

5) L'article 226-4 du Code pénal qui réprime le fait de s'introduire ou de se maintenir au domicile d'autrui, n'a pas pour objet de garantir d'une manière générale les propriétés immobilières contre une usurpation ; n'a pas légalement justifié sa décision l'arrêt qui a déclaré coupable le prévenu de violation de domicile alors que celui-ci a réintégré la roulotte d'où il avait été expulsé et que le propriétaire n'a jamais occupé (■ Cass. crim., 30 oct. 2006 : *Bull. crim.*, n° 261 ; *Dr. pénal* 2007, comm. 7, obs. M. Véron ; *Rev. sc. crim.* 2007, p. 83, n° 4, obs. Y. Mayaud).

6) Le délit de violation de domicile n'est pas imputable à un entrepreneur de démolition qui a causé accidentellement des dommages à un immeuble et créé des risques d'effondrement total, car le législateur n'a pas entendu protéger une valeur pécuniaire mais le cadre de la vie privée (■ Versailles, Ch. acc., 24 juin 1988 : *JurisData* n° 1988-043637).

7) Dès lors, ne peut constituer un domicile le bien immobilier que les propriétaires n'ont eux-mêmes jamais occupé (■ Cass. crim., 28 févr. 2001 : *JurisData* n° 009295 ; *Dr. pénal* 2001, comm. 85, obs. M. Véron. – *Adde*, ■ Cass. crim., 26 juin 2002 : *JurisData* n° 015356 ; *Dr. pénal* 2002, comm. 136, obs. M. Véron, pour un château ni habité ni habitable).

– Ne peut être qualifié de domicile, en l'état des constatations et énonciations de l'arrêt attaqué, la loge mise provisoirement, le temps d'un spectacle, à la disposition de son organisateur, fut-il chef d'orchestre (■ Cass. crim., 6 déc. 2005 : *Bull. crim.*, n° 315. – V. *infra*, sous article 432-8 du Code pénal).

8) Lieux assimilés. Les lieux accessoires du domicile sont assimilés à celui-ci pour la protection résultant de l'article 184 du Code pénal, ainsi les terrasses et balcons (■ Cass. crim., 4 mai 1965 : *D.* 1965, 631), les cours et jardins (■ Cass. crim., 13 mars 1974 : *Bull. crim.*, n° 110 ; *Rev. sc. crim.* 1975, 148, obs. Levasseur. ■ 9 août 1989 : *Dr. pénal* 1990, n° 45), caves, greniers et débarras (■ Cass. crim., 19 juin 1957 : *Bull. crim.*, n° 513).

9) Mais une cour d'immeuble, lorsqu'elle n'est pas close, ne peut être assimilée à un domicile, si bien que des agents de la police administrative ou judiciaire qui y pénètrent pour soumettre un individu auteur d'une infraction prévue par l'article L. 14 du Code de la route, aux épreuves de dépistage de l'imprégnation alcoolique, ne procèdent pas à une visite domiciliaire ou à une perquisition donnant lieu à application des dispositions des articles 53 et suivants et 76 du Code de procédure pénale (■ Cass. crim., 26 sept. 1990 : *Bull. crim.*, n° 321).

10) Est encore considéré comme domicile tout local affecté à l'usage d'une profession, ainsi une usine (■ T. corr. Bar-le-Duc, 12 févr. 1936 : *Gaz. Pal.* 1936, 1, 847), ou une chambre servant de bureau de comptabilité (■ Cass. crim., 21 mai 1957 : *Bull. crim.*, n° 434) ou le bureau du président d'une Chambre des métiers (■ Cass. crim., 24 juin 1987 : *JCP* 1987, IV, 302).

11) Personne morale. Une personne morale peut disposer d'un domicile au sens de l'article 184 de l'ancien Code pénal devenu l'article 226-4 ; ainsi, caractérise le défi de violation de domicile le fait pour une personne de pénétrer par escalade dans le centre d'essais d'une société de construction automobile, clos par un mur d'enceinte et gardé en permanence (■ Cass. crim., 23 mai 1995 : *Bull. crim.*, n° 193 ; *Dr. pénal* 1995, comm. 220, obs. M. Véron).

– Droit reconnu par la cour EDH : 16 avr. 2002 : *D.* 2003, p. 1541, note A. Lepage.

12) Détermination des actes délictueux. Le délit suppose l'introduction au domicile d'un tiers ; tel n'est pas le cas lorsque le prévenu occupait les lieux conjointement avec la partie civile (■ Cass. crim., 7 févr. 1994 : *Dr. pénal* 1994, n° 129, obs. Véron).

13) Peu importe que le local soit inoccupé lors de la violation du domicile, du moment que ce local présente les caractéristiques signalées plus haut (■ Cass. crim., 1er mars 1890 : *D.* 90, 1, 334) ; mais si le locataire a été précédemment régulièrement expulsé, le fait pour un maire de faire ouvrir la porte par un serrurier pour réintégrer cet ex-locataire ne constitue pas le délit, puisque le local était devenu vide et n'était plus un domicile (■ T. corr. Chalon-sur-Saône, 17 févr. 1950 : *JCP* 50, II, 5505, note Levasseur).

14) Il a été jugé qu'il n'y avait pas violation de domicile de la part d'un propriétaire qui, devant l'inertie des autorités chargées des décisions d'expulsion, est venu avec des déménageurs et des serruriers enlever les meubles d'un occupant sans droit ni titre condamné à l'expulsion, en référé, avec exécution provisoire (■ Paris, 11 juill. 1953 :

D. 1954, 49) ou qui pénètre dans un local lui appartenant où vit un inculpé qui, recherché par les autorités judiciaires, s'y est réfugié (■ Cass. crim., 30 mars 1971 : *Bull. crim.*, n° 113). La violation de domicile reprochée au propriétaire du logement n'est pas établie dès lors que l'ouverture de la porte par un serrurier a été effectuée en présence d'un officier de police judiciaire et de témoins en raison de la vacance supposée dudit logement (■ Versailles, Ch. acc., 24 juin 1988 : *JurisData* n° 043636).

15) En revanche, dans les **rapports propriétaire-locataire**, l'intrusion de force du premier constitue toujours une violation de domicile, même si le bail est arrivé à expiration, du moment que le locataire n'a pas encore rendu les clés (■ Cass. crim., 4 mai 1965 : *D.* 1965, 631. ■ 22 juin 1988 : *JCP* 88, IV, 307) et même si le locataire n'a plus droit au maintien dans les lieux (■ Cass. crim., 22 janv. 1957 : *Bull. crim.*, n° 68. ■ 28 janv. 1958 : *Rev. sc. crim.* 1958, 850, obs. Hugueney. ■ Montpellier, 14 févr. 1951 : *D.* 1951, 354). Constitue donc le délit le fait pour un ancien employeur de changer les serrures et de déménager le logement de fonction du salarié licencié ; celui-ci n'ayant pas encore quitté les lieux est fondé à s'y considérer chez lui quel que soit le titre de son occupation (■ Paris, 11e Ch. B, 13 mai 1988 : *JurisData* n° 023871).

16) Dans les **rapports entre époux**, la violation de domicile ne se conçoit que si ceux-ci ont, de par une décision de justice, une résidence séparée (■ Cass. crim., 16 avr. 1959 : *D.* 1956, 369. ■ Paris 11e Ch. B, 22 juin 1990 : *JurisData* n° 023388. ■ Cass. crim., 6 nov. 1996 : *D.* 1997, inf. rap. 48 ; *Rev. sc. crim.* 1997, 382, obs. Y. Mayaud). N'est pas coupable de violation de domicile l'épouse jouissant d'une partie d'une maison, la jouissance de l'autre partie étant réservée au mari, qui pénètre avec ses enfants dans cette autre partie louée par son mari alors que la pénétration a eu lieu en compagnie du locataire et afin de lui permettre d'accéder à ses locaux ; de même les enfants ne sont pas coupables de violation de domicile (■ Paris 11e Ch. B, 15 déc. 1989 : *JurisData* n° 027165).

17) Justifie sa décision au regard des dispositions de l'article 226-4 du Code pénal, la cour d'appel qui, pour condamner pour violation de domicile le prévenu qui s'est **maintenu au domicile** conjugal malgré les décisions de justice en attribuant la jouissance à son épouse, énonce notamment que ce maintien a eu lieu avec contrainte, dès lors qu'il a refusé d'exécuter spontanément le commandement de déguerpir qui lui avait été délivré (■ Cass. crim., 9 déc. 1998 : *Gaz. Pal.* 21-22 avr. 1999, chron. J.-P. Doucet, p. 57).

18) Le délit de violation de domicile impliquant une introduction à l'aide de manœuvres, voies de fait ou contraintes, la seule méconnaissance d'un panneau interdisant l'accès sur un terrain non clôturé ne saurait le caractériser (■ Cass. crim., 14 mai 1991 : *JCP* 91, G, IV, 330).

19) Ainsi, ne commettent pas le délit des squatters qui se sont installés dans un immeuble inoccupé en entrant par la porte principale restée entrouverte (■ Paris 11e Ch. B, 22 juin 1990 : *JurisData* n° 023389 ; V. *Dr. pénal* 1992, chron., n° 59 et 60, Lesclous et C. Marsat).

20) Constitue une introduction à l'aide de **menaces** le fait pour le secrétaire d'une section syndicale de se présenter avec soixante hommes à la porte des usines Renault afin d'y faire de l'agitation et, intimidant de la sorte les gardiens, d'entrer dans l'usine (■ Paris, 19 févr. 1951 : *Rev. sc. crim.* 1951, 518, obs. Hugueney).

21) Les **voies de fait ou contraintes** sont des violences, ainsi un bris de carreau (T. corr. Saint-Malo, 29 mars 1946 : *JCP* 47, II, 3709, note Colombini), l'enlèvement d'une toiture (■ Cass. crim., 22 janv. 1957 : *Bull. crim.*, n° 68), le fait de forcer une serrure (■ Cass. crim., 24 avr. 1947 : *S.* 1948, 1, 36), d'escalader un mur (■ Cass. crim., 4 mai 1965 : *D.* 1965, 631) ou l'usage de fausses clés (■ Cass. crim., 16 avr. 1959 : *JCP* 59, II, 11241, note Chavanne), et même de vraies clefs utilisées frauduleusement, en l'espèce par un conjoint qui les avait conservées indûment pour s'introduire dans l'ancien domicile conjugal attribué à son épouse (■ Cass. crim., 16 avr. 1959 : *D.* 1959, p. 369 ; *JCP* 1959, II, 11241, note Chavanne). Voir aussi : pour les délits commis par une personne morale, infra sous l'article 226-7.

22) Constitue une **manœuvre** le fait, pour un directeur financier d'une société de gérance d'un immeuble en multipropriété, de pénétrer dans l'appartement occupé par une personne en location meublée, de se faire ouvrir la porte par le concierge qui, sur son ordre, se sert d'un double destiné selon le règlement intérieur à permettre au gérant ou à ses employés d'avoir libre accès aux locaux de l'immeuble pour assurer l'entretien de l'immeuble, afin de vaincre en l'occurrence la résistance de l'occupant dans le conflit qui l'oppose au président-directeur de la société (■ Cass. crim., 30 mars 1977 : *Bull. crim.*, n° 120 ; *Rev. sc. crim.* 1978, 636, obs. Levasseur).

23) Pluralité d'auteurs. Ne justifie pas sa décision la cour d'appel qui déclare plusieurs prévenus coupables de violation de domicile sans caractériser, pour chacun d'eux, l'existence d'une introduction illicite à l'aide de manœuvres, menaces, voies de fait ou contrainte, et sans s'expliquer sur leur degré respectif d'implication en qualité d'auteur ou, le cas échéant, de complice (■ Cass. crim., 13 avr. 2016, n° 15-82.400).

24) Élément intentionnel. Il se déduit de la constatation des conditions illicites de l'acte (■ Cass. crim., 22 sept. 1930 : *Bull. crim.*, n° 243) commis volontairement (article 121-3 du Code pénal). Le mobile est indifférent (■ Cass. crim., 9 nov. 1971 : *Gaz. Pal.* 1972, I, 373. ■ 13 oct. 1982 : *Bull. crim.*, n° 218 ; *Rev. sc. crim.* 1983, p. 670, obs. Levasseur).

25) Invocation de l'erreur de droit. En faisant bénéficier le prévenu, poursuivi du chef de violation de domicile, des dispositions de l'article 122-3 du Code pénal, l'arrêt attaqué relève que le prévenu, qui s'était introduit, en l'absence de son épouse dont il vivait séparé, dans l'appartement attribué à celle-ci par décision judiciaire, avait consulté, au préalable, son avoué qui lui avait fait connaître, par écrit, que, la cour d'appel de Versailles ayant, par arrêt du 3 décembre 1992, rejeté la demande en divorce formée par l'épouse, tout en autorisant les époux à résider séparément, il ne lui était pas interdit de regagner ce logement où était implicitement fixée la résidence familiale ; en prononçant ainsi, alors qu'en l'espèce tout risque d'erreur pouvait être évité par une demande d'interprétation présentée en application de l'article 461 du nouveau Code de procédure civile, la cour d'appel a méconnu le principe sus-énoncé (■ Cass. crim., 11 oct. 1995 : *Bull. crim.*, n° 301 ; *D.* 1996, p. 469, note Muller ; *Rev. sc. crim.* 1996, p. 646, note B. Bouloc).

Art. 226-4-1 *(L. n° 2011-267, 14 mars 2011).* – **Le fait d'usurper l'identité d'un tiers ou de faire usage d'une ou plusieurs données de toute nature permettant de l'identifier en vue de troubler sa tranquillité ou celle d'autrui, ou de porter atteinte à son honneur ou à sa considération, est puni d'un an d'emprisonnement et de 15 000 € d'amende.**

Cette infraction est punie des mêmes peines lorsqu'elle est commise sur un réseau de communication au public en ligne.

1) Le délit d'usurpation d'identité prévu et réprimé par l'article 226-4-1 du Code pénal suppose qu'il soit fait usage de l'identité d'un tiers en vue de troubler sa tranquillité ou celle d'autrui, ou de porter atteinte à son honneur ou à sa considération.

Encourt la cassation l'arrêt qui déclare une personne coupable de ce délit, alors qu'il constate que l'identité prétendument usurpée correspond aussi à celle qui avait été attribuée au prévenu dans des circonstances extrinsèques – à savoir, lorsqu'il était mineur, à la demande d'une personne s'étant présentée comme son père – de sorte que ni le fait d'usurper l'identité d'un tiers ni la volonté d'en faire usage en vue de troubler la tranquillité du tiers ou celle d'autrui, ou de porter atteinte à son honneur ou à sa considération ne peuvent être caractérisés (■ Cass. crim., 17 févr. 2016, n° 15-80.211 ; *Dr. pén.* 2016, comm. 76, obs. P. Comte).

2) La qualification d'usurpation d'identité est exclusive de l'application de l'article 10 de la Convention européenne des droits de l'homme (■ Cass. crim., 16 nov. 2016, n° 16-80.207 : *Dr. pén.* 2017, comm. 20, note P. Comte).

Bibliographie : *JCl. pén., Usurpation d'identité ou usage de données permettant d'identifier un tiers* par N. Rias. • A. Lepage, *Le délit d'usurpation d'identité : questions d'interprétation : JCP* 2011, étude 913, p. 1499.

Art. 226-4-2 *(L. n° 2014-366, 24 mars 2014).* – **Le fait de forcer un tiers à quitter le lieu qu'il habite sans avoir obtenu le concours de l'État dans les conditions prévues à l'article L. 153-1 du Code des procédures civiles d'exécution, à l'aide de manœuvres, menaces, voies de fait ou contraintes, est puni de trois ans d'emprisonnement et de 30 000 € d'amende.**

Art. 226-5. – **La tentative des infractions prévues par la présente section est punie des mêmes peines.**

Voir : anc. art. 372, C. pén.

Art. 226-6 *(L. n° 2016-1321, 7 oct. 2016).* – **Dans les cas prévus par les articles 226-1 à 226-2-1, l'action publique ne peut être exercée que sur plainte de la victime, de son représentant légal ou de ses ayants droit.**

Voir : anc. art. 372, C. pén.

1) La plainte préalable étant une condition nécessaire de la poursuite, l'action publique s'éteint en cas de retrait de plainte (■ Cass. crim., 14 janv. 1997 : *Bull. crim.*, n° 9).

2) La plainte préalable de la victime d'une atteinte à l'intimité de la vie privée, prévue par l'article 226-6 du Code pénal, est exigée par ce texte pour l'exercice, par le procureur de la République, de l'action publique, laquelle suppose la saisine d'une juridiction d'instruction ou de jugement. Sont dès lors réguliers les actes d'enquête requis par le procureur de la République sur des faits susceptibles de recevoir cette qualification qui lui ont été dénoncés préalablement au dépôt d'une plainte par la personne qui en serait victime (■ Cass. crim., 31 janv. 2012, n° 11-85.464 : *Bull. crim.*, n° 27).

3) L'action publique, même si une photographie a été prise à l'étranger et représente des étrangers, peut être exercée en France dès lors qu'elle y a été publiée (■ Paris, 2 nov. 2000 : *Dr. pénal* 2001, comm. 42).

4) Est justifié l'arrêt qui, ayant rappelé qu'est détachable de la fonction d'un agent public la faute de cet agent impliquant une intention de nuire ou présentant une gravité particulière et révélant un manquement volontaire et inexcusable à des obligations d'ordre professionnel et déontologique, relève pour statuer sur **l'action civile** engagée contre des agents publics déclarés coupables d'atteintes à l'intimité de la vie privée, que les prévenus, par la commission de faits illégaux procédant d'un système institutionnalisé, ont jeté le discrédit sur l'ensemble de la fonction publique civile et militaire en affaiblissant l'autorité de l'État dans l'opinion publique, méconnaissant ainsi l'intérêt général au seul profit d'intérêts particuliers n'excluant nullement leurs propres intérêts de carrière (■ Cass. crim., 30 sept. 2008 : *Bull. crim.*, n° 197, préc. sous l'article 226-1).

Art. 226-7 ***(Mod., L. n° 2009-526, 12 mai 2009).*** **– Les personnes morales déclarées responsables pénalement, dans les conditions prévues par l'article 121-2, des infractions définies à la présente section encourent, outre l'amende suivant les modalités prévues par l'article 131-38 :**

1° L'interdiction, à titre définitif ou pour une durée de cinq ans au plus, d'exercer directement ou indirectement l'activité professionnelle ou sociale dans l'exercice ou à l'occasion de l'exercice de laquelle l'infraction a été commise ;

2° L'affichage ou la diffusion de la décision prononcée, dans les conditions prévues par l'article 131-35.

Est pénalement responsable du délit de violation de domicile la personne morale (en l'espèce une association) dont les membres ont pénétré par escalade sur un site clôturé en revendiquant leur appartenance à cette association et en agissant ouvertement en son nom (■ Caen, 17 déc. 1997 : *Dr. pénal* 1998, comm. 82, obs. M. Véron).

Section II. – De l'atteinte à la représentation de la personne

Art. 226-8. – Est puni d'un an d'emprisonnement et de 15 000 € d'amende le fait de publier, par quelque voie que ce soit, le montage réalisé avec les paroles ou l'image d'une personne sans son consentement, s'il n'apparaît pas à l'évidence qu'il s'agit d'un montage ou s'il n'en est pas expressément fait mention.

Lorsque le délit prévu par l'alinéa précédent est commis par la voie de la presse écrite ou audiovisuelle, les dispositions particulières des lois qui régissent ces matières sont applicables en ce qui concerne la détermination des personnes responsables.

Bibliographie : *JCl. pén., Atteinte à la représentation de la personne* par H. Pelletier, actualisé par D. Beauvais.

1) La publicité prévue à l'article 370 du Code pénal n'est pas soumise aux exigences de l'article 23 de la loi du 29 juillet 1881 : il n'importe que la publicité donnée aux montages photographiques incriminés ait été restreinte, alors d'ailleurs qu'en raison de leur fausseté rien ne justifiait leur production dans une procédure de divorce de la personne photographiée (■ Cass. crim., 30 janv. 1978 : *Bull. crim.*, n° 34 ; *Rev. sc. crim.* 1978, 864, obs. Levasseur).

2) Un montage photographique peut se trouver réalisé dès lors que l'insertion de la photographie dans un contexte d'images, de dessins ou de légendes en modifie la valeur artistique, la portée ou la signification (■ Toulouse, 26 févr. 1974 : *D.* 1974, 736 ; *Rev. sc. crim.* 1976, 119, obs. Levasseur).

3) Le délit de montage est une infraction instantanée (■ Paris, 9 juin 1972 : *Gaz. Pal.* 1973, 2, 680).

4) Dans un arrêt du 29 octobre 1997 (*Dr. pénal* 1998, comm. 30, note M. Véron) la cour d'appel de Paris a déduit de plusieurs éléments de fait relevés dans une photographie représentant la famille princière de Monaco « une absence d'authenticité qui impose le sentiment d'un montage manifeste et évident ». Elle a confirmé la décision du tribunal déclarant, pour ce motif, non constitué le délit défini par l'article 226-8 du Code pénal.

5) Justifie sa décision la chambre de l'instruction qui, pour dire n'y avoir lieu à suivre du chef d'atteinte à la représentation de la personne contre les auteurs d'un reportage télévisé, relève que l'article 226-8 du Code pénal ne réprime pas le montage en tant que tel, mais en ce qu'il tend à déformer de manière délibérée des images ou des paroles, soit par ajout, soit par retrait d'éléments qui sont étrangers à son objet, qu'en l'espèce le procédé n'a pas manipulé l'information délivrée, qu'il apparaît d'évidence que ce reportage est le fruit d'un montage, et retient que les auteurs de celui-ci n'ont utilisé ni trucage, ni manipulation de nature à altérer la réalité des images et paroles filmées et enregistrées, et n'ont pas opéré de modification de leur portée ou de leur signification (■ Cass. crim., 30 mars 2016, n° 15-82.039 : *Dr. pén.* 2016, comm. 104, note Ph. Conte).

Art. 226-9. – **Les articles 226-5 et 226-7 sont applicables à la présente section.**

Section III. – De la dénonciation calomnieuse

Art. 226-10 *(L. n° 2010-769, 9 juill. 2010 ; L. n° 2016-1524, 14 nov. 2016)*. – **La dénonciation, effectuée par tout moyen et dirigée contre une personne déterminée, d'un fait qui est de nature à entraîner des sanctions judiciaires, administratives ou disciplinaires et que l'on sait totalement ou partiellement inexact, lorsqu'elle est adressée soit à un officier de justice ou de police administrative ou judiciaire, soit à une autorité ayant le pouvoir d'y donner suite ou de saisir l'autorité compétente, soit aux supérieurs hiérarchiques ou à l'employeur de la personne dénoncée est punie de cinq ans d'emprisonnement et de 45 000 euros d'amende.**

La fausseté du fait dénoncé résulte nécessairement de la décision, devenue définitive, d'acquittement, « de relaxe ou de non-lieu, déclarant que le fait n'a pas été commis » ou que celui-ci n'est pas imputable à la personne dénoncée.

En tout autre cas, le tribunal saisi des poursuites contre le dénonciateur apprécie la pertinence des accusations portées par celui-ci.

Bibliographie : *JCl. pén., Dénonciation calomnieuse* par D. Commaret. • *JCP* 2006, I, 159, n° 7, chron. M. Véron.

1) QPC. Non-lieu à renvoi au Conseil constitutionnel de la question préalable visant la constitutionnalité de l'article 226-10 du Code pénal, dès lors que cet article définit les éléments constitutifs du délit de dénonciation calomnieuse sans créer une présomption de culpabilité, dès lors que, même lorsque la fausseté d'un fait dénoncé résulte nécessairement d'une décision définitive de relaxe, d'acquittement ou de non-lieu déclarant que le fait n'a pas été commis ou qu'il n'est pas imputable à la personne dénoncée, le délit n'est constitué que si la dénonciation a été faite par un prévenu qui savait que le fait qu'il dénonçait était totalement ou partiellement inexact (■ Cass. crim., 8 avr. 2014 : *Bull. crim.*, n° 106 ; *Dr. pénal* 2014, comm. 85, obs. M. Véron).

2) Auteur. Le délit est constitué bien que l'auteur de la dénonciation ne l'ait ni personnellement rédigée ni signée, dès lors qu'il est constaté que l'acte de poursuite a été établi conformément aux instructions données par lui à un mandataire légal, qui s'est borné à le mettre en forme et à le faire parvenir à son destinataire, ainsi qu'il avait mission de le faire (■ Cass. crim., 25 avr. 1979 : *Bull. crim.*, n° 148 ; *Rev. sc. crim.* 1980, 742, obs. Levasseur). L'article 373 du Code pénal ne vise que celui qui a pris l'initiative de porter, devant les autorités, des accusations mensongères contre un tiers (■ Cass. crim., 16 juin 1988 : *Bull. crim.*, n° 275 ; *Rev. sc. crim.* 1989, 509, obs. Levasseur ; V. également : *Rev. sc. crim.* 1994, 557, note Levasseur).

3) Destinataire. La décision de condamnation doit désigner nommément l'autorité qui a reçu la dénonciation, à peine de cassation pour insuffisance de motifs (■ Cass. crim., 9 nov. 1960 : *JCP* 60, IV, 174) ; il importe peu que l'autorité saisie soit de nationalité étrangère (■ Cass. crim., 18 mai 1928 : *DH* 1928, 385).

4) Lorsque la dénonciation est portée devant un subalterne, il suffit, pour que le délit soit constitué, que la volonté soit nettement exprimée de faire parvenir la dénonciation à l'officier compétent (■ Cass. crim., 17 janv. 1918 : *DP* 1920, 1, 64).

5) Commet le délit de dénonciation calomnieuse celui qui dénonce à un médecin et à une assistante sociale des faits d'atteinte sexuelle sur mineur dont il n'ignore pas le caractère mensonger. En effet, le médecin et l'assistante sociale sont tenus d'informer les autorités judiciaires des atteintes sexuelles infligées à un mineur de quinze ans dont ils ont eu connaissance dans l'exercice de leurs fonctions (■ Cass. crim., 22 oct. 2002 : *Bull. crim.*, n° 189).

6) Constituent des autorités ayant le pouvoir de donner suite à la dénonciation ou d'en saisir l'autorité compétente : un procureur général de cour d'appel compétent pour saisir le conseil de l'ordre des avocats des plaintes concernant un membre du barreau (■ Cass. crim., 9 mars 1950 : *S.* 1951, 1, 153, note Hugueney), un bâtonnier de l'ordre (■ Cass. crim., 18 sept. 2012, n° 11-87.612 : *Dr. pénal* 2012, comm. 154, obs. M. Véron) ; le président de la République saisi par pétition (■ Cass. crim., 3 juill. 1857 : *S.* 57, 1, 857) ; le président du conseil d'administration du centre de recherche d'une commune qui a qualité pour décider si les faits comportaient une suite disciplinaire et s'il devait en saisir la justice (■ Cass. crim., 2 nov. 1966 : *Bull. crim.*, n° 563) ; le ministre de l'Intérieur auquel un maire envoie une lettre avec la mention « confidentielle » afin d'obtenir la mutation d'un fonctionnaire de l'État ressortissant à un autre ministère mais administrant une institution municipale (■ Cass. crim., 19 mai 1987, inédit) ; la Commission nationale de l'informatique et des libertés (■ Cass. crim., 3 févr. 1998 : *Bull. crim.*, n° 40 ; *D.* 1998, 196 et 443, notes R. Gassin).

7) Le président d'un tribunal de commerce, auquel est adressée la dénonciation d'un fait de nature à entraîner des sanctions judiciaires, administratives ou disciplinaires contre une personne, est une autorité constituée, au sens de l'article 40 du Code de procédure pénale, qui, lorsqu'elle acquiert, dans l'exercice de ses fonctions, la connaissance d'un crime ou d'un délit, est tenue d'en donner avis sans délai au procureur de la République (■ Cass. crim., 26 juin 2007 : *Bull. crim.*, n° 173 ; *Dr. pénal* 2007, comm. 123, obs. M. Véron ; *Rev. sc. crim.* 2008, p. 81, n° 4, obs. Y. Mayaud).

8) Le commissaire aux comptes d'une société, auquel est adressée la dénonciation d'un fait de nature à entraîner des sanctions judiciaires, administratives ou disciplinaires contre une personne, est une autorité au sens de l'article 226-10 du Code pénal, dès lors que l'article L. 823-12 du Code de commerce lui fait obligation de révéler au procureur de la République les faits délictueux dont il a connaissance dans l'exercice de sa mission (■ Cass. crim., 26 mai 2010 : *Bull. crim.* n° 92 ; *Dr. pén.* 2010, comm. 91, obs. M. Véron).

9) Le délégué syndical, auquel est adressée la dénonciation d'un fait de nature à entraîner des sanctions judiciaires, administratives ou disciplinaires contre une personne, est une autorité ayant le pouvoir d'y donner suite ou de saisir l'autorité compétente au sens de l'article 226-10 du Code pénal.

Il est en revanche indifférent à la caractérisation du délit de dénonciation calomnieuse que cette autorité n'ait pas exercé cette faculté (■ Cass. crim., 29 nov. 2016, n° 15-87.332).

10) Détermination de la personne dénoncée. Aux termes de l'article 226-10 du Code pénal, la victime d'une dénonciation calomnieuse peut être une personne physique ou une personne morale, dès lors qu'une personne morale peut, non seulement, faire l'objet de poursuites pour diverses infractions, mais encore encourir des sanctions disciplinaires si elle exerce certaines professions. Que tel est le cas d'un organisme bancaire (■ Cass. crim., 22 juin 1999 : *Bull. crim.*, n° 142).

11) Il n'est pas nécessaire que la personne dénoncée soit nommément désignée, dès lors que l'article 226-10 du Code pénal exige seulement qu'elle soit identifiable (■ Cass. crim., 26 juin 2007 : *JurisData* n° 2007-040302 ; *Dr. pénal* 2007, comm. 123, obs. M. Véron).

12) Consistance. Le fait dénoncé doit exposer l'intéressé à des sanctions pénales, administratives ou judiciaires, ce qui n'est pas le cas de propos vagues tenus dans le contexte d'un conflit social au sein d'une entreprise et considérés comme menaçants par celui qui en a fait l'objet (■ Cass. crim., 17 mai 1994 : *Bull. crim.*, n° 184). De même, il n'y a pas de dénonciation calomnieuse mais diffamation si les faits dénoncés sont simplement de nature à faire suspecter l'honorabilité de la personne visée (■ Cass. crim., 20 juin 1914 : *Bull. crim.*, n° 296). Encourt la cassation l'arrêt qui ne s'explique pas sur la teneur des sanctions pouvant être prononcées (■ Cass. crim., 14 déc. 2016, n° 15-85.517).

13) Le délit de dénonciation calomnieuse exige, pour être constitué, que le fait dénoncé soit de nature à exposer son auteur à des sanctions pénales, administratives ou disciplinaires ; tel n'est pas le cas d'une dénonciation faite par une épouse imputant à son mari d'avoir cessé de régler les loyers de l'appartement et de lui avoir « coupé tous moyens de subsistance », en l'absence de décision imposant le versement d'une pension alimentaire ou d'une prestation compensatoire et en l'absence d'enfants communs (■ Cass. crim., 7 déc. 2004 : *Bull. crim.*, n° 308 ; *Dr. pénal* 2005, comm. 34, obs. M. Véron).

14) Encourt la cassation l'arrêt qui, pour dire non établis les faits de dénonciation calomnieuse, énonce que l'envoi par un avocat, au bâtonnier de l'Ordre, d'une lettre dénonçant la production d'un faux dans un litige l'opposant à un confrère, n'était pas de nature à entraîner une quelconque sanction à l'encontre de celui-ci, qu'il s'agissait d'une simple information destinée au bâtonnier concernant des faits soumis au débat contradictoire, et qui, en tout état de cause, ne pouvait pas donner lieu à poursuite, alors que la dénonciation litigieuse portait à la connaissance du bâtonnier de l'Ordre des avocats, auquel était inscrit l'avocat mis en cause, des faits de nature à constituer des infractions pénales et des fautes disciplinaires, et que le bâtonnier était une autorité ayant le pouvoir d'y donner suite ou de saisir l'autorité compétente (■ Cass. crim., 18 sept. 2012, n° 11-87.612 : *Dr. pénal* 2012, comm. 154, obs. M. Véron).

15) Aux termes de l'article 2 de l'ordonnance du 2 février 1945, un mineur âgé de moins de 10 ans auquel est imputée la commission d'une infraction ne peut faire l'objet que d'une mesure éducative, à l'exclusion de toute peine ou sanction éducative.

Dès lors fait une exacte application du principe d'interprétation stricte de la loi pénale figurant à l'article 111-4 du Code pénal la cour d'appel qui, pour relaxer une institutrice citée par les parents d'un enfant âgé de 8 ans et demi, dont elle avait dénoncé au procureur de la République un acte supposé de violence à son égard, énonce que le dépôt de plainte de l'intéressé n'était pas susceptible d'exposer le mineur à l'une des sanctions prévues par l'article 226-10 du même code (■ Cass. crim., 19 juin 2012, n° 11-85.324 : *Bull. crim.*, n° 150 ; *Dr. pénal* 2012, comm. 126, obs. M. Véron ; *D.* 2012, p. 2084, note S. Detraz ; *Gaz. Pal.* 12-13 sept. 2012, jur., p. 7, note E. Dreyer).

16) Mais il n'est pas nécessaire que le préjudice se soit effectivement réalisé : il a été ainsi jugé qu'était punissable le dénonciateur de faits couverts par l'immunité familiale de l'article 380 du Code pénal (■ Paris, 4 juin 1969 : *JCP* 70, II, 16464, note De Lestang), par la prescription (■ Cass. crim., 9 juin 1964 : *Bull. crim.*, n° 195), par l'amnistie (■ Nîmes, 24 nov. 1966 : *JCP* 67, II, 15209, note Michaud), ou commis par une victime décédée depuis (■ Bourges, 21 nov. 1878 : *S.* 79, 2, 81).

17) La calomnie est non seulement l'imputation de faits imaginaires ou de circonstances matérielles fausses (■ Cass. crim., 18 déc. 1924 : *DH* 1925, 25), mais encore l'allégation de faits authentiques dénaturés, en négligeant par exemple des détails susceptibles de faire disparaître le caractère fautif des faits dénoncés (■ Cass. crim., 17 juill. 1947 : *JCP* 47, II, 3867, note Colombini. ■ 2 juill. 1975 : *Bull. crim.*, n° 171. ■ 19 janv. 1982, inédit).

18) Spontanéité. L'article 373 du Code pénal n'exige nullement, pour constituer le délit de dénonciation calomnieuse qu'il réprime, que cette dénonciation n'ait pour objet qu'un fait inconnu jusque-là : il suffit qu'elle soit spontanée, calomnieuse et préjudiciable. Dès lors encourt la cassation l'arrêt qui, pour renvoyer un prévenu des fins de la poursuite en dénonciation calomnieuse, se borne à énoncer que la dénonciation était postérieure aux poursuites engagées par le procureur de la République (■ Cass. crim., 27 oct. 1987 : *Bull. crim.*, n° 373).

19) La dénonciation calomnieuse doit être spontanée, ce qui est le cas lorsque l'intéressé a pris une initiative directe, ainsi en se constituant partie civile (■ Cass. crim., 15 juin 1894 : *Bull. crim.*, n° 44) ou lorsque son initiative est déguisée mais réelle, ainsi le dépôt d'une plainte contre inconnu pour injures par des dessins outrageants avec le fait de signaler en même temps à la police qu'un différend l'a opposé à un de ses voisins (■ Paris, 22 nov. 1971 : *JCP* 72, II, 17057, note P.M.B.), ou lorsque a été envoyée par deux avocats une lettre au président de la chambre d'accusation affirmant que seul le juge d'instruction a pu communiquer à la presse trois procès-verbaux concernant un de leurs clients (■ Cass. crim., 30 mai 2000 : *Bull. crim.*, n° 205 ; *Rev. sc. crim.* 2000, 821, obs. Y. Mayaud).

20) Mais ne saurait être spontanée la dénonciation contenue dans les déclarations d'un témoin répondant aux questions posées par un magistrat instructeur (■ Cass. crim., 16 oct. 1969 : *Bull. crim.*, n° 264) ; n'est pas non plus spontanée la dénonciation contenue dans le rapport de service adressé par un commissaire de police à son supérieur hiérarchique (■ Cass. crim., 12 mars 1963 : *Bull. crim.*, n° 114) ; de même, un inculpé de dénonciation calomnieuse ayant déposé plainte à son tour contre la partie civile du chef de subornation de témoin, les juges ont pu considérer que cette plainte avait été faite dans le cadre de la défense et que manquait la spontanéité de la dénonciation (■ Cass. crim., 11 déc. 1979, inédit) ; il en est de même de la dénonciation d'un prévenu ou d'un accusé dès qu'elle se rattache étroitement à sa défense (■ Cass. crim., 3 mai 2000 : *Bull. crim.*, n° 174 ; *Dr. pénal* 2000, comm. 111, obs. M. Véron ; *Rev. sc. crim.* 2000, préc.).

21) En revanche a été cassé (■ Cass. crim., 4 oct. 1989 : *Bull. crim.*, n° 338) un arrêt de relaxe s'étant borné à énoncer que la prévenue n'avait fait qu'obéir à un ordre donné par son supérieur hiérarchique en déposant plainte pour vol et que seul celui-ci était habilité à déposer plainte, ou l'arrêt de condamnation d'un policier qui n'a fait que porter à la connaissance d'un supérieur hiérarchique un incident dont il avait le devoir de l'informer (■ Cass. crim., 3 mai 2000 : *Bull. crim.*, n° 175 ; *Dr. pénal* 2000, préc. ; *Rev. sc. crim.* 2000, préc.).

22) En application de l'article 226-10 du Code pénal, la dénonciation calomnieuse n'est caractérisée que si elle est spontanée. Est dépourvue d'un tel caractère la dénonciation opérée par le commandant d'un centre d'incendie et de secours qui n'a fait qu'informer son supérieur hiérarchique de la commission, dans l'enceinte du centre de secours, d'une infraction qu'il avait le devoir de porter à sa connaissance (■ Cass. crim., 8 nov. 2005 : *Bull. crim.*, n° 279 ; *Dr. pénal* 2006, comm. 22, obs. M. Véron).

23) La personne poursuivie ayant la faculté de contester la valeur probante des procès-verbaux des contrôleurs du travail par tous moyens de preuve devant la juridiction de jugement, une poursuite pour faux en écriture publique du fonctionnaire rédacteur du procès-verbal ne saurait être considérée comme se rattachant étroitement à sa défense ; il s'ensuit que la citation directe pour faux dont il a pris l'initiative établit le caractère spontané de la dénonciation (■ Cass. crim., 11 mars 2003 : *Bull. crim.*, n° 65).

24) Le délit de dénonciation calomnieuse prévu et réprimé par l'article 226-10 du Code pénal ne peut être constitué que si la dénonciation est spontanée.

En conséquence, justifie sa décision au regard de ce texte la chambre de l'instruction qui, pour confirmer une ordonnance de non-lieu, retient que la dénonciation opérée par le représentant des créanciers, en application de l'article 29 du décret du 27 décembre 1985, en vigueur au moment des faits, dans une procédure de redressement judiciaire et les constatations des rapports ultérieurement établis ne peuvent être considérées comme spontanées (■ Cass. crim., 14 janv. 2014, n° 12-86.781 : *JCP* 2014, act. n° 134, p. 197 ; *Dr. pén.* 2014, comm. 36, obs. M. Véron ; *Rev. sc. crim.* 2014, p. 64, obs. Y. Mayaud).

25) Constatation de la fausseté de la dénonciation. L'article 226-10, alinéa 2 du Code pénal, dans sa rédaction issue de la loi n° 2010-769 du 9 juillet 2010, immédiatement applicable, dispose, désormais, que **la fausseté du fait dénoncé résulte nécessairement de la décision**, devenue définitive, d'acquittement, de relaxe ou de non-lieu, déclarant que le fait n'a pas été commis ou que celui-ci n'est pas imputable à la personne dénoncée.

La loi nouvelle, qui contient des dispositions favorables au prévenu poursuivi pour dénonciation calomnieuse, en ce qu'elles restreignent l'étendue de la présomption de fausseté du fait dénoncé, s'applique aux faits commis avant son entrée en vigueur et non définitivement jugés.

Doit, dès lors, être annulé l'arrêt qui, pour dire constitué le délit de dénonciation calomnieuse, retient, reprenant les termes de l'article 226-10 du Code pénal, dans sa rédaction alors en vigueur, que la fausseté des faits dénoncés par le prévenu résulte de l'arrêt de la chambre de l'instruction, devenu définitif, qui a déclaré que la réalité des infractions dénoncées n'était pas établie (■ Cass. crim., 14 sept. 2010, n° 10-80.718 : *Bull. crim.* n° 133 ; *Dr. pén.* 2010, comm. 134, obs. M. Véron ; *Gaz. Pal.* 17-18 nov. 2010, jurispr., p. 17, note E. Dreyer ; *Rev. sc. crim.* 2011, p. 93, obs. Y. Mayaud).

26) Méconnaît les dispositions de l'article 226-10, alinéa 2, du Code pénal, la cour d'appel qui condamne l'épouse pour dénonciation calomnieuse, à la suite de la relaxe de l'époux pour violences aggravées sur son épouse, dès lors que l'arrêt de relaxe ne relevait pas que les faits de violences n'avaient pas été commis (■ Cass. crim., 6 mai 2014 : *Bull. crim.*, n° 122).

27) Il appartient à la juridiction saisie de poursuites pour dénonciation calomnieuse d'apprécier la pertinence des accusations lorsque la fausseté du fait dénoncé ne résulte pas d'une décision, devenue définitive, d'acquittement, de relaxe ou de non-lieu, déclarant que le fait n'a pas été commis ou que celui-ci n'est pas imputable à la personne dénoncée. Ainsi, la fausseté des accusations portées à l'encontre de gendarmes ne peut résulter d'une décision de refus d'informer au motif que les faits dénoncés ont été déclarés non susceptibles de recevoir une qualification pénale (■ Cass. crim., 9 déc. 2014, n° 13-83.679 : *Dr. pén.* 2015, comm. 16, obs. M. Véron).

28) Effets. Si, en cas de décision définitive d'acquittement, de relaxe ou de non-lieu déclarant que la réalité du fait n'est pas établie ou que celui-ci n'est pas imputable à la personne dénoncée, les juges ne peuvent pas apprécier la pertinence des accusations portées, ils restent néanmoins tenus de motiver leur décision au regard de l'existence de la mauvaise foi chez le dénonciateur (■ Cass. crim., 25 mars 2003 : *Bull. crim.* n° 75 ; *Dr. pén.* 2003, comm. 84, obs. M. Véron ; *Rev. sc. crim.* 2003, p. 787, obs. Y. Mayaud).

29) Les juges saisis d'une poursuite pour dénonciation calomnieuse n'ont pas le pouvoir de remettre en question la décision de relaxe prononcée par une juridiction de jugement, laquelle, dès lors qu'elle émane de l'autorité compétente, constitue la base légale de la poursuite ; il leur appartient seulement de rechercher si, au moment de la dénonciation, le prévenu connaissait ou non la fausseté des faits dénoncés (■ Cass. crim., 16 nov. 1993 : *Bull. crim.* n° 340 ; *Rev. sc. crim.* 1994, p. 559, obs. Levasseur. ■ 20 févr. 1996 : *Bull.*

crim. n° 80 ; *Rev. sc. crim.* 1996, 653, obs. Y. Mayaud).

30) Mais saisis d'une plainte en dénonciation calomnieuse, les juges ont le pouvoir d'apprécier la pertinence des faits dénoncés, lorsque l'ordonnance de non-lieu les visant ne fait pas apparaître que le juge d'instruction a estimé ces faits non établis ou non imputables à la personne dénoncée ; tel est le cas si la décision de non-lieu a été rendue, sans instruction approfondie, à raison d'une transaction intervenue avant l'ouverture de l'information (■ Cass. crim., 21 janv. 1997 : *Bull. crim.* n° 18 ; *Dr. pén.* 1997, comm. n° 74, obs. M. Véron ; *Rev. sc. crim.* 1997, 639, obs. Y. Mayaud).

31) Il se déduit du dernier alinéa de l'article 226-10 du Code pénal, que la juridiction saisie de poursuites pour dénonciation calomnieuse apprécie la pertinence des accusations lorsque les faits dénoncés ont été déclarés prescrits. Selon le même texte, en cas de décision définitive d'acquittement, de relaxe ou de non-lieu déclarant que la réalité du fait n'est pas établie ou que celui-ci n'est pas imputable à la personne dénoncée, les juges sont tenus de motiver leur décision au regard de l'existence de la mauvaise foi chez le dénonciateur.

Méconnaît le sens et la portée de ces dispositions l'arrêt qui, pour débouter la partie civile après avoir relaxé le prévenu du chef de dénonciation calomnieuse, se borne à retenir que les faits visés dans une plainte avec constitution de partie civile portée par celui-ci sous la qualification de détournements de fonds étaient prescrits et que, s'agissant de ceux qualifiés de tentative d'escroquerie, ils avaient abouti à une décision de non-lieu, le juge d'instruction ayant relevé qu'ils ne relevaient que « d'une légèreté blâmable » sans motiver leur décision au regard de la pertinence de l'accusation de détournements de fonds et de l'absence de mauvaise foi en ce qui concerne celle de tentative d'escroquerie (■ Cass. crim., 11 mars 2008 : *Bull. crim.* n° 60 ; *Dr. pén.* 2008, comm. 81, obs. M. Véron ; *Rev. sc. crim.* 2008, p. 907, obs. Y. Mayaud).

32) Appréciation de la pertinence des accusations. Il résulte des termes de l'article 226-10 du Code pénal qu'il appartient à la juridiction saisie de poursuites pour dénonciation calomnieuse d'apprécier la pertinence des accusations lorsque les faits dénoncés ont donné lieu à un classement sans suite. Encourt la cassation l'arrêt qui déduit la fausseté des faits dénoncés de la décision de classement sans suite dont ces faits ont fait l'objet (■ Cass. crim., 12 oct. 2010, n° 10-80.157 : *Bull. crim.*, n° 154 ; *Dr. pén.* 2010, comm. 134, obs. M. Véron ; *Rev. sc. crim.* 2011, p. 93, obs. Y. Mayaud).

33) Les juges peuvent procéder à cette appréciation à partir d'éléments résultant d'investigations postérieures à la dénonciation ou apparus après elle (■ Cass. crim., 12 janv. 2016, n° 14-86.710 : *Dr. pén.* 2016, comm. 55, obs. P. Conte).

34) Il résulte de l'article 226-10, alinéa 3 du Code pénal, que les juges répressifs saisis de poursuites pour dénonciation calomnieuse, doivent examiner la pertinence des accusations formulées par le dénonciateur sans être liés par l'appréciation ayant pu être portée sur ce point par l'autorité disciplinaire de la dénonciation incriminée (■ Cass. crim., 19 oct. 1999 : *Bull. crim.* n° 222 ; *Rev. sc. crim.* 2000, 397, obs. Y. Mayaud).

35) Lorsque les faits dénoncés n'ont donné lieu à aucune poursuite, il appartient à la juridiction saisie de poursuites pour dénonciation calomnieuse d'apprécier la pertinence des accusations ; encourt la cassation l'arrêt qui déduit la mauvaise foi du dénonciateur d'une simple absence de contestation du classement sans suite dont les faits dénoncés avaient fait l'objet (■ Cass. crim., 13 sept. 2005 : *Bull. crim.* n° 222 ; *Dr. pén.* 2005, comm. 168, obs. M. Véron).

36) Le fait que le ministère public prenne l'initiative des poursuites du chef de dénonciation calomnieuse, implique nécessairement de sa part une décision de classement de la dénonciation au sens de l'article 373, alinéa 3 du Code pénal (■ Cass. crim., 19 avr. 1989 : *Bull. crim.* n° 161 ; *Rev. sc. crim.* 1989, 745, obs. Levasseur). Il a, en outre, été jugé que le classement opéré par l'autorité hiérarchique de l'employeur avait cet effet, ainsi le classement d'une dénonciation par un inspecteur d'académie (■ Cass. crim., 25 juin 1964 : *Bull. crim.* n° 219). Encore faut-il que cette décision de classement soit expresse et sans ambiguïté. Il s'ensuit qu'un classement implicite ou tacite résultant de la plainte formée auprès du procureur de la République par l'autorité compétente, qui n'a pas ordonné d'enquête administrative, ne correspond pas à ces exigences (■ Basse-Terre, 14 nov. 1989, inédit). Par ailleurs, il est évident qu'une ordonnance d'irrecevabilité de constitution de partie civile rendue en application de l'article 5 du Code de procédure pénale n'entre pas dans les prévisions de l'article 373, alinéa 3 du Code pénal et ne peut donc servir de base légale à une poursuite en dénonciation calomnieuse (■ Cass. crim., 4 nov. 1980 : *D.* 1981, inf. rap. 140, obs. Roujou de Boubée). De même, les juges du fond ne sauraient se contenter de relever qu'« aux yeux de tous » les faits dénoncés étaient faux (■ Cass. crim., 13 mars 1990 : *Dr. pén.* 1990, n° 299). Enfin, évidemment, il ne saurait y avoir dénonciation calomnieuse si les faits dénoncés n'ont donné lieu à aucune enquête (■ Cass. crim., 21 nov. 1990 : *Bull. crim.* n° 396) ou si l'autorité compétente n'a pas pris de décision de classement (■ Cass. crim., 6 févr. 1991 : *JCP* 1991, IV, 185).

37) L'appréciation des juges du fond, quant à l'existence ou l'absence de mauvaise foi chez le dénonciateur, est souveraine, dès lors que les motifs de leur décision ne sont entachés ni d'insuffisance, ni de contradiction, et qu'ils ont répondu aux chefs péremptoires des conclusions dont ils étaient saisis (■ Cass. crim., 29 nov. 2016, n° 15-87.332).

38) Il appartient à la juridiction saisie de poursuites pour dénonciation calomnieuse, d'apprécier la pertinence des accusations lorsque les faits dénoncés ont donné lieu à une décision de non-lieu fondée sur d'autres motifs que l'absence de commission des faits ou leur imputabilité à la personne dénoncée.

Encourt la cassation l'arrêt qui déclare le prévenu coupable du délit prévu à l'article 226-10 du Code pénal sans avoir procédé à cette appréciation, alors que la procédure relative aux faits dénoncés avait été conclue par une décision de non-lieu ne constatant pas que ces derniers n'avaient pas été commis (■ Cass. crim., 11 juill. 2017, n° 16-83.932 : *Dr. pén.* 2017, comm. 160, note P. Conte).

39) Il appartient à la juridiction saisie des poursuites pour dénonciation calomnieuse, d'une part, de s'assurer auprès du ministère public que la plainte pour les faits dénoncés n'a pas donné lieu à l'ouverture d'une procédure, et, d'autre part, si elle en a la confirmation, d'apprécier la pertinence de la dénonciation (■ Cass. crim., 17 oct. 2017, n° 16-85.193 : *Dr. pén.* 2017, comm. 175, note P. Conte).

40) Intention. L'intention délictueuse est constatée souverainement par les juges du fond dès lors qu'elle se fonde sur des motifs qui ne sont ni insuffisants, ni contradictoires (■ Cass. crim., 22 juin 1982 : *Bull. crim.* n° 167. ■ 7 janv. 1987 : *Bull. crim.* n° 5. ■ 2 juill. 1992 : *Dr. pén.* 1993, n° 63, obs. M. Véron. ■ 8 juin 1999 : *Bull. crim.* n° 121). La mauvaise foi doit être appréciée à la date où la dénonciation a été faite (■ Cass. crim., 28 nov. 1978 : *Bull. crim.* n° 333 ; *Rev. sc. crim.* 1979, 840, obs. Levasseur. ■ 15 juill. 1981 : *Bull. crim.* n° 230) et elle implique que le dénonciateur connaisse au jour de sa dénonciation la fausseté du fait qu'il impute à autrui (■ Cass. crim., 30 janv. 1979 : *Bull. crim.* n° 41 ; *Rev. sc. crim.* 1980, 141, obs. Levasseur. ■ 13 mars 1984 : *Bull. crim.* n° 105. ■ Cass. crim., 17 févr. 2009 : *Dr. pén.* 2009, comm. 76, obs. M. Véron). La mauvaise foi résulte par exemple de la dénonciation de faits exacts en leur attribuant un caractère délictueux dans l'intention de nuire (■ Cass. crim., 8 janv. 1975 : *Bull. crim.* n° 8) ou de l'obstination à réitérer une action devant les juridictions pénales malgré la clôture d'une précédente information ayant souverainement constaté l'absence de tout fondement pénal aux faits articulés (■ Cass. crim., 19 janv. 1982, inédit) ou de l'impossibilité de croire raisonnablement à la réalité du fait dénoncé et de la volonté de paralyser les procédures pendantes devant la juridiction civile (■ Cass. crim., 10 juill. 1989, inédit) ; mais il ne saurait y avoir mauvaise foi si le dénonciateur a agi par légèreté ou témérité n'ayant pas conscience de la fausseté des faits qu'il dénonçait (■ Cass. crim., 20 juin 1963 : *Bull. crim.* n° 217). La simple constatation du fait que la plainte avait été portée dans le dessein de nuire ne suffit pas à qualifier la mauvaise foi (■ Cass. crim., 11 oct. 1983 : *Bull. crim.* n° 241). De même est insuffisante la constatation selon laquelle le prévenu avait agi par la voie pénale plutôt que par la voie administrative (■ Cass. crim., 9 janv. 1990 : *Dr. pén.* 1990, n° 128 ; *Rev. sc. crim.* 1990, 572, obs. Levasseur).

41) Les éléments constitutifs de la **dénonciation calomnieuse** doivent être appréciés au **moment** où celle-ci a été portée devant l'autorité compétente et non à l'occasion de l'exercice d'une voie de recours ; justifie sa décision, au regard de l'article 226-10 du Code pénal, la cour d'appel qui déclare le délit non constitué au motif qu'il n'est pas démontré que le plaignant connaissait l'inexactitude des faits au moment de sa plainte : l'appel formé par ce dernier contre la décision de relaxe n'est pas constitutif de dénonciation calomnieuse, mais peut seulement relever des dispositions de l'article 472 du Code de procédure pénale en cas d'exercice abusif (■ Cass. crim., 7 juin 2005 : *Bull. crim.* n° 171 ; *Dr. pén.* 2005, comm. 156, obs. M. Véron ; *Rev. sc. crim.* 2005, p. 849, Y. Mayaud).

– Pour déclarer la prévenue coupable, l'arrêt se borne à relever que la preuve est rapportée que les faits dénoncés sont en partie inexacts ; en se prononçant ainsi, sans rechercher si la prévenue connaissait au moment de la dénonciation la fausseté des faits dénoncés, la cour d'appel n'a pas justifié sa décision (■ Cass. crim., 17 févr. 2009 : *Dr. pén.* 2009, comm. 76, obs. M. Véron).

– Mais, compte tenu de la nature de ses fonctions, le directeur administratif et financier d'une société « ne pouvait pas ne pas avoir connaissance du caractère inexact et erroné des faits dénoncés » (■ Cass. crim., 26 mai 2010 : *Bull. crim.* n° 92 ; *Dr. pén.* 2010, comm. 91, obs. M. Véron).

42) Bonne foi. Justifie sa décision la cour d'appel qui, pour relaxer la directrice d'une maison de retraite poursuivie du chef de dénonciation calomnieuse à raison de l'appréciation portée par elle dans une fiche de notation, retient qu'en application des articles 4 et 65 de la loi du 6 janvier 1986 portant dispositions statutaires relatives à la fonction publique hospitalière, elle était tenue de noter les personnels placés sous son autorité et de faire connaître cette notation à la commission administrative paritaire présidée par le directeur départemental des affaires sanitaires et sociales et qu'elle a ainsi agi dans le cadre de ses obligations légales ; il se déduit en effet de tels motifs que la mauvaise foi de la prévenue n'est pas établie (■ Cass. crim., 8 juin 1999 : *Bull. crim.*, n° 121).

43) Il n'appartient pas au prévenu de dénonciation calomnieuse de prouver sa bonne foi ou l'ignorance qu'il avait de la fausseté des faits dénoncés ; encourt, dès lors, la censure l'arrêt qui, pour entrer en voie de condamnation du chef précité, retient que la fausseté des faits est établie par l'ordonnance de non-lieu rendue sur la plainte de la prévenue et que celle-ci ne peut apporter la preuve qu'elle ignorait la fausseté des faits dénoncés. (■ Cass. crim., 7 déc. 2004 : *Bull. crim.*, n° 307 ; *Dr. pénal* 2005, comm. 33, obs. M. Véron).

44) Autorité de la chose jugée. Un condamné pour viol n'est pas recevable à se constituer partie civile contre la victime du chef de dénonciation calomnieuse, la réalité du viol étant établie par l'arrêt de condamnation. Les faits qu'il allègue pour contester le viol pourraient seulement, s'ils sont nouveaux, être allégués au soutien d'un recours en révision (■ Cass. crim., 22 janv. 2002 : *JCP* G 2002, IV, 1453 ; *JurisData* n° 012938).

45) Ne méconnaît pas la règle *non bis in idem*, prévue à l'article 4 du protocole n° 7 additionnel à la Convention européenne des droits de l'homme, une cour d'appel qui condamne, pour dénonciation calomnieuse, une personne à l'encontre de laquelle une amende civile avait été prononcée précédemment, dès lors que les intérêts protégés respectivement par les articles 177-2 du Code de procédure pénale et 226-10 du Code pénal sont distincts, le premier sanctionnant une atteinte à une bonne administration de la justice tandis que le second réprime un comportement destiné à nuire à autrui (■ Cass. crim., 22 sept. 2015, n° 14-84.029 : *JCP* 2015, 11, 1285, note E. Dreyer).

46) Action civile. Le fait, pour une personne verbalisée par un contrôleur du Travail, de dénoncer faussement des faits de nature à entraîner des sanctions judiciaires, administratives ou disciplinaires contre ce fonctionnaire porte préjudice à la profession à laquelle appartient l'intéressé et dont les syndicats qui représentent cette profession peuvent demander réparation, en application de l'article L. 411-11 du Code du travail (■ Cass. crim., 11 mars 2003 : *Bull. crim.*, n° 65).

47) Sur la compatibilité de l'article 226-10 du Code pénal avec l'article 6, § 1 et 2 de la CEDH, V. ■ Cass. crim., 25 mars 2003 : *Bull. crim.*, n° 75 ; *Dr. pénal* 2003, comm. 84, obs. M. Véron).

48) La décision de placement sous contrôle judiciaire d'une personne mise en examen est de la seule responsabilité de l'autorité judiciaire. Dès lors, ne saurait être en lien de causalité direct et certain avec une mesure de contrôle judiciaire et ouvrir droit à réparation de ce chef pour la personne concernée, en application de l'article 2 du Code de procédure pénale, la faute d'une personne qui aurait dénoncé des faits qu'elles savait faux, ayant donné lieu à l'ouverture d'une information judiciaire à l'occasion de laquelle ce contrôle a été ordonné (■ Cass. crim., 27 févr. 2018, n° 17-81.702).

Art. 226-11. – Lorsque le fait dénoncé a donné lieu à des poursuites pénales, il ne peut être statué sur les poursuites exercées contre l'auteur de la dénonciation qu'après la décision mettant définitivement fin à la procédure concernant le fait dénoncé.

1) Sursis à statuer. La juridiction saisie des poursuites pour dénonciation calomnieuse doit surseoir à statuer sans même pouvoir arguer du caractère notoirement calomnieux des faits dénoncés, dès lors que des poursuites sont pendantes (■ Cass. crim., 22 févr. 1930 : *Bull. crim.*, n° 64. ■ 10 janv. 1961 : *Gaz. Pal.* 1961, 1, 259), mais il ne s'agit que d'une exception préjudicielle au jugement et non à l'action (même arrêt), laissant le tribunal correctionnel saisi et l'autorisant à prendre des mesures provisoires (■ Cass. crim., 2 déc. 1892 : *D.* 93, 1, 365, note M.M.B.).

– Cependant le tribunal correctionnel n'est pas tenu de surseoir à statuer jusqu'à ce que la fausseté des faits ait été déclarée par l'autorité compétente, lorsque le prévenu reconnaît lui-même la fausseté des imputations contenues dans sa dénonciation. Les juges du fond ont qualité pour apprécier souverainement la valeur de l'aveu rétracté (■ Cass. crim., 18 avr. 1961 : *Bull. crim.*, n° 396).

2) Les poursuites pendantes visées par le dernier alinéa de l'article 373 du Code pénal peuvent être aussi bien judiciaires que disciplinaires (■ Cass. crim., 12 févr. 1958 : *JCP* 58, IV, 41) ; sur la question de savoir s'il faut assimiler aux poursuites pendantes la saisine d'un employeur par une dénonciation concernant un de ses employés, V. D'Esparbes, *op. cit.*, n° 60. – Vitu : *Droit pénal spécial*, n° 521.

3) Exception préjudicielle au jugement. L'instance sur la dénonciation calomnieuse ne peut être reprise que lorsque la décision sur la fausseté des faits a été rendue par l'autorité compétente (■ Cass. crim., 22 févr. 1930 : *Gaz. Pal.* 1930, 1, 647. ■ 3 mars 2009 : *Dr. pénal* 2009, note 62). La juridiction répressive saisie d'une poursuite pour dénonciation calomnieuse ne saurait condamner le prévenu de ce chef dès lors qu'elle ne constate pas qu'il a été statué préalablement sur la fausseté du fait dénoncé par l'autorité compétente au sens de l'article 373 du Code pénal (■ Cass. crim., 16 févr. 1988 : *Bull. crim.*, n° 75 ; *Rev. sc. crim.* 1988, 786, obs. Levasseur). Sur l'incidence d'une loi d'amnistie survenue avant qu'une ordonnance de non-lieu soit devenue définitive, V. ■ Cass. crim., 14 févr. 1984 : *Bull. crim.*, n° 57. Lorsque les faits reprochés constituent à la fois une faute pénale et une faute administrative ou disciplinaire, la jurisprudence est divisée : le dernier arrêt publié de la Cour de cassation décide que l'instance peut reprendre dès que l'une quelconque des autorités saisies s'est prononcée (■ Cass. crim., 21 déc. 1900 : *S.* 1901, 1, 159) ; sur la question, V. Vitu, *op. cit.*, n° 517.

4) Condamnation définitive sur les faits dénoncés. Aucune poursuite pour dénonciation calomnieuse ne peut être exercée lorsque les faits dénoncés ont donné lieu à une condamnation pénale passée en force de chose jugée (■ Cass. crim., 22 janv. 2002 : *Bull. crim.*, n° 8 ; *Dr. pénal* 2002, comm. 50, obs. Véron).

5) Prescription. Le point de départ de la prescription est le jour où la dénonciation parvient à l'autorité compétente ; *toutefois la prescription est suspendue* pendant tout le cours des poursuites dirigées contre la personne dénoncée, tant que la fausseté des faits n'est pas établie (■ Cass. crim., 1er déc. 1955 : *D.* 1956, 451, note Larguier. ■ 30 mai 1967 : *Bull. crim.*, n° 165. ■ 24 sept. 2002 : *Bull. crim.*, n° 171 ; *Dr. pénal* 2003, comm. 17, obs. M. Véron).

6) Il se déduit de l'article 226-11 du Code pénal que la prescription de l'action publique du chef de dénonciation calomnieuse est *suspendue* tant que les poursuites pénales exercées du chef du délit dénoncé sont en cours et il importe peu, au regard de cette suspension, que la plainte du chef de dénonciation calomnieuse n'ait été déposée qu'après la décision définitive intervenue sur les faits dénoncés (■ Cass. crim., 20 mai 2003 : *Bull. crim.*, n° 98 ; *Dr. pénal* 2003, comm. 108, obs. M. Véron).

7) Lorsque le fait dénoncé a donné lieu à des poursuites, il se déduit de l'article 226-11 du Code pénal que la prescription de l'action publique est suspendue jusqu'au jour où la décision concernant le fait dénoncé est devenue définitive, soit, à date de la notification aux parties de l'arrêt rendu sur le pourvoi en cassation (■ Cass. crim., 16 sept. 2008 : *JurisData* 2008-045351 ; *Dr. pénal* 2008, comm. 150, obs. M. Veron).

S'agissant de poursuites pénales, il se déduit de l'article 226-11 du Code pénal que la prescription de l'action publique a été suspendue jusqu'à la décision mettant fin à cette procédure (■ Cass. crim., 22 mai 2012, n° 11-87.246 : *Dr. pénal* 2012, comm. 125, obs. M. Véron).

8) Il se déduit des articles 373 ancien et 226-11 du Code pénal que la prescription de l'action publique du chef de dénonciation calomnieuse est *suspendue* tant que les poursuites pénales exercées du chef du délit dénoncé sont en cours ; méconnaît ce principe, l'arrêt qui, après avoir relevé que l'appel interjeté contre l'ordonnance de non-lieu rendue dans ces poursuites avait été déclaré irrecevable par la chambre d'accusation, retient pour point de départ de la prescription, la date à laquelle l'ordonnance de non-lieu est devenue définitive en l'état de l'irrecevabilité de l'appel (■ Cass. crim., 27 oct. 1998 : *Bull. crim.*, n° 277. ■ 24 sept. 2002 : préc.).

9) La dénonciation calomnieuse est une infraction instantanée dont la prescription triennale commence à courir le jour où la dénonciation est parvenue à l'autorité ayant le pouvoir d'y donner suite ou de saisir l'autorité compétente.

La prescription de l'action publique du chef de dénonciation calomnieuse *ne peut être suspendue que par l'exercice effectif des poursuites, pénales ou disciplinaires,* relatives au fait dénoncé ; n'ouvre pas une procédure disciplinaire la lettre de dénonciation, concernant un expert-comptable, adressée au président du conseil régional de l'ordre qui ne la transmet pas au président de la chambre régionale de discipline (■ Cass. crim., 17 oct. 2006 : *Bull. crim.*, n° 250 ; *Dr. pénal* 2007, comm. 2, obs. M. Véron, et comm. 11, obs. A. Maron).

Art. 226-12 ***(Mod., L. n° 2009-526, 12 mai 2009).*** **– Les personnes morales déclarées responsables pénalement, dans les conditions prévues par l'article 121-2, de l'infraction définie à l'article 226-10 encourent, outre l'amende suivant les modalités prévues par l'article 131-38 :**

1° L'interdiction à titre définitif ou pour une durée de cinq ans au plus d'exercer directement ou indirectement une activité professionnelle ou sociale dans l'exercice ou à l'occasion de l'exercice de laquelle l'infraction a été commise ;

2° L'affichage ou la diffusion de la décision prononcée, dans les conditions prévues par l'article 131-35.

– Ne peuvent être prononcées, au titre des peines complémentaires sanctionnant la dénonciation calomnieuse, que l'affichage ou la publication et pas les deux cumulativement. L'arrêt ne peut, en outre, fixer le coût maximal de la publication (■ Cass. crim., 7 juin 2005, pourvoi n° 05-80.332).

Section IV. – De l'atteinte au secret

§ 1. – De l'atteinte au secret professionnel

Art. 226-13. – La révélation d'une information à caractère secret par une personne qui en est dépositaire soit par état ou par profession, soit en raison d'une fonction ou d'une mission temporaire, est punie d'un an d'emprisonnement et de 15 000 € d'amende.

Bibliographie : *JCl. pén.*, *Révélation d'une information à caractère secret* par V. Peltier ; G. Warenbourg-Auque : *Rev. sc. crim.* 1978, p. 238 ; A. Damien : *Gaz. Pal.* 1982, I, p. 136 ; M. Delmas-Marty : *D.* 1982, chron., p. 267 ; F. Altmaes : *Rev. sc. crim.* 1998, p. 301. • B. Py, *Le secret professionnel, croissance ou déclin : Actualité juridique Pénal*, 2004, p. 133. • B. Lavielle et P. Lemonnier, *Le secret professionnel : quelles évolutions ?* : *AJP* 2009, dossier, p. 153.

• ***Sommaire***

1) QPC. Non-lieu à renvoi au Conseil constitutionnel de la QPC visant l'article 226-13 du Code pénal (■ Cass. crim., 5 sept. 2012, n° 12-90.045 : *CCE* 2012, comm. 127, note A. Lepage.

I – ÉLÉMENTS DU DÉLIT

A – Personnes visées

2) Personnes astreintes. Sont concernés notamment par le secret professionnel : **les médecins** (■ Cass. crim., 8 avr. 1998 : *Bull. crim.*, n° 138), **pharmaciens, sages-femmes...** (V. C. santé publ.), **les assistantes sociales** (C. famille, art. 225. ■ Cass. crim., 14 févr. 1978 : *D.* 1978, 354, note Pradel ; *Rev. sc. crim.* 1979, 92, obs. Levasseur), **les jurés** (C. proc. pén., art. 304. ■ Cass. crim., 25 janv. 1968 : *D.* 1968, 153, rapp. Costa ; *Rev. sc. crim.* 1968, 344, obs. Levasseur), **les magistrats** et leurs auxiliaires, notamment les membres de la police (C. proc. pén., art. 11. ■ Cass. crim., 14 mars 1962 : *Bull. crim.*, n° 134) et les jurés (■ T. corr. Paris, 17e Ch., 31 mars 1989 : *JCP* 89, II, 21356, note Dubreuil), **les avocats** (■ Cass. crim., 18 oct. 1977 : *D.* 1978, 94, note Brunois. ■ 16 mai 2000 : *Bull. crim.*, n° 192).

3) Les membres des administrations fiscales (Livre proc. fisc., art. L. 103) et douanières (C. douanes, art. 59 *bis*), **les receveurs des postes** (D. 30 oct. 1901 et 5 août 1939. ■ Cass. crim., 12 juin 1979), **les notaires** (■ Cass. crim., 7 avr. 1870 : *S.* 70, 1, 277. ■ Paris, 13 juill. 1973 : *D.* 1974, 16, note de la Marnièrre. ■ T. corr. Reims, 21 oct. 1985 : *JCP* 86, II, 20554, note Thuillier. – *Adde*, ■ Riom, 30 janv. 1989 : *JCP* 89, II, 21352, note Sanséau), **les agents de change** (■ Cass. crim., 1er févr. 1922 : *S.* 1922, 1, 337, note Bourcart).

4) Les ministres du culte (■ Cass. crim., 30 nov. 1810 : *Bull. crim.*, n° 151. ■ T. corr. Bordeaux, 27 avr. 1977 : *Gaz. Pal.* 1977, 2, 506, note Gleizes ; *Rev. sc. crim.* 1978, 104, obs. Levasseur. – V. *D.* 2000, chron. p. 431, par H. Moutout ; V. C. Roca : *Petites affiches* 2001, n° 69), **les banquiers** (■ T. corr. Lure, 4 nov. 1970 : *D.* 1971, 276, note Gavalda. ■ Cass. crim., 30 janv. 2001 : *Bull. crim.*, n° 29 ; *JCP* E, p. 1328, note J. Stoufflet), **les experts-comptables** (■ Paris, 9e Ch. B, 29 mars 1990 : *Gaz. Pal.* 16-18 sept. 1990).

5) Les fonctionnaires de police sont tenus au secret professionnel en ce qui concerne les informations parvenues à leur connaissance dans l'exercice de leur profession, et auxquelles la loi a conféré un caractère confidentiel dans un intérêt général et d'ordre public ; se rend ainsi coupable de violation de secret professionnel le fonctionnaire de police qui, profitant de ses fonctions, se fait délivrer par le service des archives et du traitement informatique une fiche d'antécédents qu'il communique à un tiers (■ Cass. crim., 26 oct. 1995 : *Bull. crim.*, n° 328).

6) Pour le secret des sources des **journalistes,** V. L., 29 juill. 1881, art. 2, p. 1787, *infra*, Ann. *Médias*.

7) Encourt la censure l'arrêt qui, pour prononcer la relaxe **d'un inspecteur des impôts** poursuivi du chef de violation du secret professionnel pour avoir révélé à un contribuable qui faisait l'objet d'un contrôle fiscal des éléments relatifs à sa situation fiscale ainsi que les motivations et les objectifs de ce contrôle dont il n'était pas personnellement chargé, retient que le secret professionnel n'est pas opposable au contribuable concerné et que le prévenu n'a fait que lui communiquer, à l'exclusion de tout tiers, des éléments l'intéressant personnellement, sans rechercher si les informations révélées ne revêtaient pas un caractère secret à l'égard du contribuable au sens des articles L. 103 du livre des procédures fiscales et 226-13 du Code pénal (■ Cass. crim., 1er mars 2016, n° 14-87.577 : *Dr. pén.* 2016, comm. 91, note P. Conte).

8) Personnes non astreintes. Ne sont pas astreints au secret professionnel et n'encourent donc pas en cas de révélation les sanctions prévues par l'article 226-13 du Code pénal : **le président-directeur général** (■ Cass. crim., 7 févr. 1970 : *Bull. crim.*, n° 56 ; *Rev. sc. crim.* 1970, 652, obs. Levasseur) ou l'administrateur d'une société anonyme (■ Cass. crim., 9 oct. 1978 : *Bull. crim.*, n° 263 ; *D.* 1979, 185, note Chambon ; *Rev. sc. crim.* 1979, 560, obs. Levasseur), **les éducateurs de prévention**, d'enfants inadaptés ou de détenus (■ Cass. crim., 4 nov. 1971 : *JCP* 72, II, 17256, note Mayer-Jack), **le directeur d'un foyer** recevant des personnes libérées de prison (■ Cass. crim., 17 mars 1982 : *Bull. crim.*, n° 78), les membres de l'organisme professionnel de prévention du bâtiment et des travaux publics (■ Cass. crim., 6 juill. 1977 : *Bull. crim.*, n° 258), **le directeur du personnel** d'une compagnie d'assurance (■ Cass. crim., 19 nov. 1985 : *Bull. crim.*, n° 364), l'**assureur** qui a révélé le nom du bénéficiaire d'un contrat d'assurance sur la vie, cette désignation ne présentant pas un caractère secret (■ Cass. crim., 28 sept. 1999 : *Bull. crim.*, n° 201 ; *Rev. sc. crim.* 2000, 202 obs. Y. Mayaud).

B – Faits couverts

9) Nature. L'article 378 du Code pénal vise aussi bien les faits parvenus à la connaissance d'une personne dans l'exercice d'une profession aux actes de laquelle la loi, dans un intérêt général et d'ordre public, a imprimé le caractère confidentiel que ceux qui lui ont été confiés sous le sceau du secret en raison d'une semblable profession (■ Cass. crim., 17 mai 1973 : *Bull. crim.*, n° 228).

10) Encourt la cassation la cour d'appel qui se détermine par des motifs qui n'établissent pas, d'une part, que la lettre du garde des Sceaux saisissant le Conseil supérieur de la magistrature était couverte par le secret et, d'autre part, que sa divulgation avait été le fait d'une personne dépositaire d'un secret par état ou profession (■ Cass. crim., 24 mai 2005, pourvoi n° 03-86.460).

11) La lettre du garde des Sceaux saisissant le Conseil supérieur de la magistrature aux fins de poursuites disciplinaires d'un magistrat du siège, en application des dispositions de l'article 50-1 de l'ordonnance n° 58-1270 du 22 décembre 1958 portant loi organique relative aux statuts de la magistrature, ne constitue pas une information à caractère secret au sens de l'article 226-13 du Code pénal (■ Cass. crim., 4 déc. 2007 : *Bull. crim.*, n° 302 ; *Dr. pénal* 2008, comm. 37, obs. M. Véron).

12) Méconnaît les articles 226-13 et 321-1 du Code pénal la cour d'appel qui condamne un journaliste pour recel de violation du secret professionnel sans caractériser la révélation d'une information à caractère secret par une personne qui en aurait été dépositaire (■ Cass. crim., 6 mars 2012, n° 11-80.801 : *D.* 2012, p. 816, obs. S. Lavric ; *JCP* 2012, note 547, p. 897, note S. Detraz ; *Dr. pén.* 2012, comm. 68, obs. M. Véron ; *AJP* 2012, p. 340, obs. J. Lasserre Capdeville).

13) Justification. Toute personne recevant une confidence qui lui est faite dans l'exercice de sa profession n'est pas, par cela seul, tenue au secret professionnel. Ce que la loi a voulu garantir c'est la sécurité des confidences qu'un particulier est dans l'obligation de faire à une personne dont l'état ou la profession, dans un intérêt général et d'ordre public, fait d'elle un confident nécessaire (■ Cass. crim., 19 nov. 1985 : *Bull. crim.*, n° 364).

14) Divulgation consentie. Un fait confidentiel ne fera toutefois pas jouer l'article 378 du Code pénal si la personne qui a confié le fait au professionnel a manifesté nettement sa volonté qu'il soit divulgué à autrui : il en a ainsi été jugé au sujet d'un employé de la radiodiffusion qui avait publié un ouvrage dans lequel il reproduisait des lettres d'auditeurs qui avaient été adressées pour être lues en cours d'émission (■ Cass. crim., 13 mars 1956 : *JCP* 56, II, 9364).

15) Secret connu de tiers. Un fait peut demeurer confidentiel même s'il est connu de certaines personnes et peut donc donner lieu à application de l'article 378 du Code pénal : a notamment été condamné un ancien juré pour avoir confirmé, dans un livre, des indiscrétions répandues dans le public au sujet du délibéré de la juridiction (■ Cass. crim., 25 janv. 1968 : *D.* 1968, 153, rapp. Costa. – V. aussi ■ Lyon, 17 janv. 1980 : *Rev. sc. crim.* 1981, 876, obs. Levasseur ; V. également ■ Cass. crim., 8 févr. 1994 : *Dr. pénal* 1994, n° 134. ■ 16 mai 2000 : *Bull. crim.*, n° 192).

16) Un fait négatif peut constituer un secret, tel un certificat attestant qu'une personne n'est atteinte d'aucune maladie (▪ Cass. crim., 9 nov. 1901 : *D.* 1902, 1, 235. ▪ Cass. civ. 12 juin 1958 : *JCP* 59, II, 10940, note Chavanne).

17) Préjudice. Il n'est pas nécessaire que la violation du secret professionnel ait causé un préjudice : ainsi a été condamné un médecin qui, ami d'un peintre, avait fait certaines révélations de nature à défendre la mémoire de celui-ci (▪ Cass. crim., 19 déc. 1885 : *DP* 86, 1, 347. – V. aussi en ce sens ▪ Cass. crim., 8 mai 1947 : *JCP* 48, II, 4141, note Légal ; *D.* 1948, 109, note Gulphe).

18) Rapport entre confidence et fonctions. Le fait devant être nécessairement connu dans l'exercice des fonctions, l'article 378 ne saurait être appliqué lorsque l'intéressé a apporté son témoignage sur ce qu'il a appris en dehors de son activité professionnelle ; mais il est jugé que si le fait n'est pas expressément confié sous le sceau du secret il permet le jeu de l'article 378 s'il a un rapport avec l'exercice de l'activité professionnelle. En application de ces principes, il a ainsi été décidé qu'un prêtre n'avait pas commis le délit en montrant une lettre dans laquelle se trouvait exposée non un problème de conscience mais une question d'argent, l'expéditeur de la lettre s'étant adressé au prêtre en sa qualité d'ami personnel (▪ Cass. crim., 11 mai 1959 : *D.* 1959, 312).

19) Avocat. Si, en vertu du principe de la libre défense qui domine la procédure pénale, les correspondances adressées par les inculpés, prévenus ou accusés à leurs conseils, sont couvertes par le secret et échappent à toute saisie, il en va autrement lorsqu'il s'agit d'écrits n'ayant pas trait à une poursuite pénale et qui, en outre, sont susceptibles de constituer la preuve d'une infraction dès lors que l'existence en a été révélée par l'avocat destinataire à son client lequel n'étant pas tenu par leur caractère confidentiel, en a fait état dans sa plainte (▪ Cass. crim., 9 févr. 1988 : *Bull. crim.*, n° 63 ; *JCP* 88, II, 21056, rapp. Dardel ; *Gaz. Pal.* 21-22 oct. 1988, note Damien ; *Rev. sc. crim.* 1988, 789, obs. Levasseur).

20) Si, selon les principes rappelés par l'article 66-5 de la loi du 31 décembre 1971, les correspondances échangées entre le client et son avocat sont, en toute matière, couvertes par le secret professionnel, il demeure que le juge d'instruction tient de l'article 97 du Code de procédure pénale le pouvoir de les saisir dès lors qu'ils ne concernent pas l'exercice du droit de la défense (▪ Cass. crim., 7 mars 1994 : *Bull. crim.*, n° 87 ; *Rev. sc. crim.* 1994, 576, obs. J.-C. Marin).

21) Justifie sa décision la cour d'appel qui, pour refuser d'écarter des débats des pièces de correspondance échangées entre l'avocat et son client, relève que, le secret professionnel de l'avocat ne s'imposant pas au client, les pièces qui ont été versées au dossier de la procédure ont été remises spontanément par le client au juge d'instruction (▪ Cass. crim., 29 mai 1989 : *Bull. crim.*, n° 218).

22) Justifie sa décision la chambre de l'instruction qui, pour rejeter la requête en nullité présentée par une personne soutenant que sa mise en examen avait pour seul fondement la dénonciation faite en violation du secret professionnel par son associée, avocate, retient notamment que celle-ci avait eu connaissance des éléments, par elle révélés, à la faveur des liens d'amitié existant entre les deux personnes et que les faits rapportés ne pouvaient se rattacher à l'exercice de la profession.

En effet, ne sont pas couvertes par le secret professionnel les informations divulguées par un avocat dont il n'a pas été rendu dépositaire par son état ou sa profession (▪ Cass. crim., 2 mars 2010, n° 09-88.453 : *Bull. crim.* n° 40).

23) Justifie sa décision la chambre de l'instruction qui, pour confirmer une ordonnance de non-lieu, retient que la transmission, par un avocat en conflit avec son associé, de documents couverts par le secret professionnel, au bâtonnier de l'ordre, lequel a la mission de concilier les différends d'ordre professionnel entre les membres du barreau et d'instruire toute réclamation formulée par des tiers, a été effectuée dans le cadre d'un tel différend, pour prévenir une éventuelle mise en cause de la responsabilité professionnelle de la société d'avocats (▪ Cass. crim., 16 déc. 2015, n° 14-85.068).

24) Obligation générale et absolue. L'obligation au secret professionnel établie par l'article 378 du Code pénal s'impose aux avocats comme un devoir de leur fonction. Elle est générale et absolue même s'il s'agit d'un fait connu dans son ensemble lorsque l'intervention du dépositaire du secret entraîne la divulgation de précisions qu'il était seul à connaître (▪ Cass. crim., 7 mars 1989 : *Bull. crim.*, n° 109 ; *Rev. sc. crim.* 1990, 73, obs. Levasseur). Principe semblable au visa de l'article 226-13 du Code pénal (▪ Cass. crim., 16 mai 2000 : *Bull. crim.*, n° 192).

25) S'il ne concourt pas à la procédure au sens de l'article 11 du Code de procédure pénale, il résulte de l'article 160 du décret du 27 novembre 1991 que l'avocat ne doit commettre aucune divulgation contrevenant au secret professionnel et doit notamment respecter le secret de l'instruction en matière pénale ; caractérise le délit de violation du secret professionnel la cour d'appel qui constate que l'avocat de la personne mise en examen a sciemment révélé à une personne étrangère à la procédure le contenu d'un acte couvert par le secret de l'instruction (■ Cass. crim., 18 sept. 2001 : *Bull. crim.*, n° 179 ; *Dr. pénal* 2002, comm. 16, obs. M. Véron).

26) Il résulte de l'article 160 du décret du 27 novembre 1991 que l'avocat ne peut communiquer à quiconque, sauf à son client pour les besoins de sa défense, des renseignements concernant des procédures pénales (■ Cass. crim., 18 déc. 2001 : *Bull. crim.*, n° 273 ; *D.* 2002, jur., p. 860).

27) Caractérise le délit de violation du secret professionnel, la cour d'appel qui constate que l'avocat a révélé à un tiers, fût-ce avec l'accord de son client, le contenu de leur entretien avant la première comparution devant le juge d'instruction.

28) Caractérise encore le délit de violation du secret professionnel, la révélation par l'avocat à un tiers d'informations provenant du dossier de l'instruction (■ Cass. crim., 27 oct. 2004 : *Bull. crim.*, n° 259 ; V. également ■ Cass. crim., 28 sept. 2004, *JurisData* n° 025416, *JCP* II, 10054, note R. Martin).

29) Justifie sa décision la cour d'appel qui déclare coupables du délit de violation du secret professionnel et de complicité de cette infraction les avocats d'un même cabinet qui, en connaissance de cause, laissent consulter, par un tiers aux procédures dont ils sont chargés, un dossier commercial auquel avaient été annexées les copies de pièces d'une procédure pénale intéressant un de leurs clients, ou qui facilitent sciemment ladite consultation (■ Cass. crim., 20 juin 2006 : *Bull. crim.*, n° 183 ; *Dr. pénal* 2006, comm. 120, obs. M. Véron).

30) Justifie sa décision l'arrêt qui, pour entrer en voie de condamnation contre un avocat du chef de violation du secret professionnel, retient que l'obligation au secret professionnel résultant de l'article 160 du décret du 27 novembre 1992, applicable à la date des faits, consistant notamment à s'abstenir de communiquer, sauf pour l'exercice des droits de la défense, des renseignements extraits du dossier ou de publier des documents, pièces ou lettres intéressant une information en cours, n'a pas été abolie par le décret du 15 mai 2007 portant diverses dispositions relatives à la profession d'avocat.

C'est par une appréciation souveraine des faits et circonstances de la cause, que les juges du fond retiennent qu'en l'espèce, la violation de ce secret n'était pas rendue nécessaire par l'exercice des droits de la défense (■ Cass. crim., 28 oct. 2008 : *Bull. crim.*, n° 215 ; *Rev. sc. crim.* 2009, p. 97, obs. Y. Mayaud).

31) À noter. Dans cette affaire, la Cour européenne des droits de l'homme a estimé que la déclaration de culpabilité constituait une ingérence disproportionnée dans le droit de la liberté d'expression et a conclu à la violation de l'article 10 de la Convention EDH (■ CEDH, 15 déc. 2011, n° 28198/09 : *JCP* 2011, act., n° 1449, p. 2563 ; *Bull. inf. C. cass.* 1er mars 2012, n° 757, p. 11 ; *AJP* 2012, p. 337, note C. Porteron).

32) Implication dans une instance pénale. Sa qualité ne saurait autoriser un avocat à commettre une infraction pénale dans l'exercice de sa profession et sa seule inculpation ne peut constituer une atteinte au secret professionnel. Ce secret ne peut être invoqué par cet auxiliaire de justice pour éviter de s'expliquer sur les actes délictueux qu'il aurait lui-même commis (■ Cass. crim., 6 janv. 1989 : *Bull. crim.*, n° 3 ; *Rev. sc. crim.* 1990, 75, obs. Levasseur). Commet le délit de recel du produit de violation du secret professionnel l'avocat qui utilise, dans le cadre d'une procédure judiciaire, une fiche d'antécédents concernant la partie adverse et émanant apparemment de la Police nationale, document qu'il s'est procuré par l'intermédiaire d'un détective privé rémunéré à cette fin (■ Cass. crim., 26 oct. 1995 : *Bull. crim.*, n° 328 ; *Dr. pénal* 1996, comm. 83, obs. Véron).

33) Si les pièces échangées entre l'avocat et ses clients sont couvertes par le secret professionnel aux termes de l'article 66-5 de la loi du 31 décembre 1971, il n'en demeure pas moins que le juge d'instruction tient des articles 96 et 97 du Code de procédure pénale le pouvoir de saisir de telles pièces lorsqu'elles sont de nature à établir la preuve de la participation de l'avocat à une infraction (■ Cass. crim., 27 juin 2001 : *Bull. crim.*, n° 163).

34) Mais encourt la cassation l'arrêt d'une chambre d'accusation qui, pour rejeter, sur le fondement de l'article 97 du Code de procédure pénale, la requête d'un avocat resté étranger à l'instance pénale et sollicitant la restitution de notes de travail et de correspondances avec ses clients, saisies à son cabinet par le juge d'instruction, se borne à énoncer que ces documents, afférents à des montages juridiques et financiers intéressant l'information en cours, ne concernent pas la défense des personnes mises en examen, dont ledit avocat n'a pas été chargé, et ne sauraient revêtir un caractère de confidentialité ; en effet, la juridiction ne s'explique pas sur la nature ou le contenu des documents placés sous scellés, ni sur l'identité des clients concernés, et ne précise pas si la restitution sollicitée était de nature à faire obstacle à la manifestation de la vérité ou à la sauvegarde des droits des parties (■ Cass. crim., 6 févr. 1997 : *Gaz. Pal.* 16-18 mars 1997, 4, note A. Damien).

35) Le juge d'instruction tient des articles 81 et 100 du Code de procédure pénale le pouvoir de prescrire, lorsque les nécessités de l'information l'exigent, l'interception, l'enregistrement et la transcription des correspondances émises par la voie des télécommunications par une personne mise en examen, dès lors que n'est pas en cause l'exercice des droits de la défense. Le principe de confidentialité des conversations échangées entre une personne mise en examen et son avocat ne saurait s'opposer à la **transcription** de certaines d'entre elles, dès lors qu'il est établi que leur contenu est de nature à faire présumer la participation de cet avocat à des faits constitutifs d'une infraction, fussent-ils étrangers à la saisine du juge d'instruction (■ Cass. crim., 1er oct. 2003 : *Bull. crim.*, n° 177 ; *D.* 2004, jur., p. 671, note J. Pradel). – V. J.-J. Vettwiller, *Le secret professionnel de l'avocat : Gaz. Pal.* 1998, 2, doctr. p. 1467 ; V. aussi notes sous article 66-5, L. 31 déc. 1971, Ann. *Consultation juridique*.

C – Révélation

36) Médecin. L'obligation au secret professionnel, établie et sanctionnée par l'article 378 du Code pénal pour assurer la confiance nécessaire à l'exercice de certaines professions, s'impose aux médecins, hormis les cas où la loi en dispose autrement, comme un devoir de leur état ; sous cette seule réserve, elle est générale est absolue et il n'appartient à personne de les en affranchir (■ Cass. crim., 5 juin 1985 : *Bull. crim.*, n° 218. – V. M. Laure-Rassat, *La révélation médicale : D.* 1989 : chron., p. 207). – P. Sargos, *Principes d'immunité et de légitimité en matière de secret médical* : *JCP* 2004, I, 187.

37) Il ne saurait y avoir révélation punissable lorsqu'un médecin fait connaître à son client les résultats de ses investigations et examens ; il ne peut donc lui refuser délivrance d'un certificat constatant qu'il l'a examiné mais il est libre de déterminer le contenu du certificat (■ Cass. crim., 30 avr. 1909 : *Gaz. Pal.* 1909, 2, 323). La révélation à toute autre personne que le client est punissable si elle a lieu sans son consentement, même si le tiers est un proche (■ T. civ. Seine, 4 janv. 1928 : *Sem. jur.* 1928, 401, note Perraud-Charmantier). D'autre part, après le décès de l'intéressé, y a-t-il révélation punissable dans le fait pour le médecin de délivrer un certificat à son sujet à ses héritiers ? La jurisprudence est divisée : dans un sens hostile à cette délivrance, V. ■ Cass. civ. 13 oct. 1970 : *D.* 1970, 765, concl. Lindon ; dans un sens favorable, V. ■ Cass. civ. 26 mai 1964 : *D.* 1965, 199, note Le Bris ; *JCP* 64, II, 13751, concl. Lindon.

38) Limites du secret médical. L'obligation au secret ne s'impose que dans les relations du médecin avec son client ; ainsi, dans une attestation remise par un médecin à sa cliente, les appréciations portées sur le mari de celle-ci, qui n'est pas son patient, ne relèvent pas du secret médical (■ Cass. crim., 23 janv. 1996 : *Bull. crim.*, n° 37).

39) Ni l'article 378 du Code pénal relatif au secret que les médecins sont tenus d'observer, ni un autre texte concernant le fonctionnement des hôpitaux publics ou la communication de documents détenus par l'Administration, ni enfin un principe général du droit ne s'opposent à la mise à la disposition d'un médecin désigné à cet effet par la veuve d'une personne décédée dans un hôpital, après avoir subi une opération chirurgicale, du dossier médical que possède l'administration générale de l'Assistance publique ; en revanche, ce dossier n'a pas à être communiqué directement à la veuve (■ CE, 22 janv. 1982 : *JCP* 83, II, 19943, note Rapp).

40) Un vérificateur fiscal, pour reconstituer les recettes professionnelles réelles d'un chirurgien, a pu, sans violer le secret professionnel, procéder à des recoupements dans le livre de police de la clinique ; en effet, ce document ne contenait aucune indication sur le siège des affections dont étaient atteints les malades et le traitement qui leur était appliqué, la lettre K ne permettant pas, notamment, d'identifier la nature de ces affections (■ Cass. crim., 21 mai 1979 : *Bull. crim.*, n° 178 ; *Rev. sc. crim.* 1980, 439, obs. Levasseur).

41) La production d'une feuille de soins comprenant des mentions obligatoires ne constitue pas, par elle-même, une violation du secret médical tel qu'il est protégé par l'article 378 du Code pénal ; les restrictions apportées au secret médical sont des conséquences nécessaires des dispositions législatives prévoyant le remboursement des frais occasionnés par les soins (■ CE, 7 déc. 1990 : *D.* 1991, inf. rap. 19).

42) L'article 901 du Code civil vaut autorisation, au sens de l'article 226-14 du Code pénal, à l'égard du médecin de révéler les faits dont il a eu connaissance dans l'exercice de sa profession non seulement à son patient mais également aux personnes ayant un intérêt légitime à faire valoir cette protection (■ Cass. civ. I, 22 mai 2002 : *Bull. civ.* II, n° 144).

43) Consistance de la révélation. Pour qu'il y ait révélation, il n'est pas nécessaire que le fait couvert par le secret ait été communiqué à un public indéterminé : un seul destinataire suffit (■ Cass. crim., 21 nov. 1874 : *S.* 75, 1, 89, rapp. Baudouin, note Canivès). La révélation est par ailleurs constituée si elle est simplement partielle (■ Cass. crim., 27 juin 1967 : *Gaz. Pal.* 1967, 2, 178).

44) La révélation d'une information à caractère secret réprimée par l'article 226-13 du Code pénal n'en suppose pas la divulgation ; elle peut exister légalement, lors même qu'elle en est donnée à une personne unique et lors même que cette personne est elle-même tenue au secret. En outre, la connaissance par d'autres personnes, de faits couverts par le secret professionnel, n'est pas de nature à enlever à ces faits leur caractère confidentiel et secret (■ Cass. crim., 16 mai 2000 : *Bull. crim.*, n° 192 ; *Dr. pénal* 2000, comm. n° 127, obs. M. Véron).

45) Élément intentionnel. Il suffit, pour que l'intention soit caractérisée, que le professionnel ait eu conscience de révéler le secret dont il avait connaissance (■ Cass. crim., 9 mai 1913 : *S.* 1914, 1, 169, note Roux) et ses mobiles sont indifférents (■ Cass. crim., 19 déc. 1885, préc. *supra*, n° 7. ■ 7 mars 1989 : *Bull. crim.*, n° 109).

II – FAITS JUSTIFICATIFS

46) Prescriptions légales. Sur la liste des textes levant l'obligation de respecter le secret professionnel en matière médicale, V. Vitu, n° 2002 et *infra*, textes annexes ; *adde*, sur le secret professionnel des médecins : Honorat et Melennec, *Vers une relativisation du secret médical* : *JCP* 79, 1, 2936.

47) Dérogations dans l'intérêt de la justice, du fisc et des douanes. Si, sauf exceptions prévues par la loi, il ne saurait être dérogé à la règle générale et absolue édictée par l'article 378 du Code pénal, il ne résulte pas qu'un secret d'ordre médical ou des faits confidentiels dont le prévenu médecin aurait été dépositaire à l'occasion de l'exercice de sa profession, aient été divulgués soit par la saisie de registres faisant apparaître les noms des patients, la date et la durée de leur traitement et la gravité de leur opération, soit par leur communication aux fonctionnaires qualifiés des administrations fiscales, soit même par l'utilisation dans la poursuite (■ Cass. crim., 21 mai 1979 : *Bull. crim.*, n° 178 ; *Rev. sc. crim.* 1980, 439, obs. Levasseur. – V. aussi ■ Cass. crim., 7 nov. 1983 : *Bull. crim.*, n° 289). Mais, en revanche, il a été jugé pour des faits comparables que le secret professionnel pouvait être victorieusement opposé aux investigations du contrôle économique (■ Cass. crim., 17 juin 1980 : *JCP* 82, II, 19721, note Flécheux ; *Rev. sc. crim.* 1981, 385, obs. Levasseur).

48) Sur les dérogations à l'article 378 motivées par l'intérêt du fisc. V. Bergerès, *Le secret professionnel face aux prérogatives du fisc* : *D.* 1981, 81. – V. aussi ■ CE, 12 mars 1982 : *JCP* 82, II, 19857, note Duffar.

49) Le secret bancaire n'est ni général ni absolu et l'Administration tient de l'article 65 du Code des douanes la possibilité d'exercer son droit de communication à l'occasion de toutes opérations, régulières ou irrégulières, pourvu que ces opérations relèvent de la compétence du service des douanes et que les documents réclamés soient propres à faciliter l'accomplissement de sa mission (■ Cass. crim., 30 janv. 1975 : *JCP* 75, II, 18137, note Gavalda ; *Rev. sc. crim.* 1975, 1011, obs. Vitu. ■ 25 janv. 1977 : *D.* 1977, 666, note Vasseur ; *JCP* 77, II, 18651, note Gavalda ; *Rev. sc. crim.* 1977, 575, obs. Vitu). Il a été jugé que n'encourt aucune censure l'arrêt de la cour d'appel qui constate que les relevés de compte d'un client de la banque ont été communiqués spontanément, au cours d'une enquête préliminaire et sans qu'une saisie ait été effectuée dans les formes prévues par l'article 76 du Code de procédure pénale (■ Cass. crim., 27 avr. 1994 : *Bull. crim.*, n° 152 ; *D.* 1994, 402, note Ch. Gavalda).

50) Sur le conflit entre les articles 62 et 63 du Code pénal d'une part et l'article 378 du Code pénal d'autre part, la cour d'appel de Paris a fait prévaloir l'obligation au secret (■ Paris, 15 juin 1951 : *D.* 1951, 568 ; *Rev. sc. crim.* 1951, 668, obs. Hugueney) à la différence du tribunal correctionnel de Lille qui a adopté la position contraire (■ T. corr. Lille, 27 juin 1950 : *JCP* 50, II, 5837 ; *Rev. sc. crim.* 1951, 91, obs. Hugueney). Sur cette question, V. Pradel, *L'incidence du secret professionnel sur le cours de la justice pénale* : *JCP* 69, I, 2234, n° 14. Mais les nouveaux articles 434-1, dernier alinéa, et 434-11 du Code pénal ont pratiquement mis fin à cette controverse.

51) Sur le secret professionnel (celui de l'avocat en l'espèce) et le blanchiment de capitaux (obligation de déclarer à la cellule TRACFIN les opérations suspectes), V. ■ CE, 10 avr. 2008 : *JCP* 2008, Act., n° 160, aperçu rapide par Ch. Cutajar : le Conseil d'État a partiellement annulé le décret n° 2006-736 du 26 juin 2006 modifiant le Code monétaire et financier, articles R. 562-2 et R. 563-4.

52) Témoignage en justice. Sur le conflit entre l'article 109 du Code de procédure pénale et l'article 378 du Code pénal, la jurisprudence décide que certaines catégories de personnes sont liées par un secret professionnel général et absolu et même le consentement de celui qui leur a fait confidence ne peut les relever de leur obligation au silence (■ Cass. crim., 22 déc. 1966 : *D.* 1967, 122, concl. Combaldieu ; *JCP* 67, II, 15126, note R. Savatier ; *Rev. sc. crim.* 1967, 453, obs. Levasseur) ; sont notamment dispensés de témoigner en justice les médecins (■ Cass. crim., 5 juin 1985 : *Bull. crim.*, n° 218 ; *Rev. sc. crim.* 1986, 103, obs. Levasseur ; *D.* 1988, 106, note Fenaux. ■ 8 avr.

1998 : *Bull. crim.*, n° 138 ; *Dr. pénal* 1998, comm. 113, obs. M. Véron), les assistantes sociales (■ Cass. crim., 14 févr. 1978 : *Bull. crim.*, n° 56 ; *Rev. sc. crim.* 1979, 92, obs. Levasseur), les avocats, les notaires, sauf pour un fait matériel (■ Cass. 2e civ., 16 mars 1956 : *D.* 1956, jur., p. 351), ministres du culte et les policiers pour le nom de leurs indicateurs (■ Cass. crim., 6 juill. 1894 : *DP* 99, 1, 171), mais ces personnes doivent comparaître (■ C. ass. ■ Seine, 10 avr. 1877 : *DP* 78, 5, 442) ; en revanche, les fonctionnaires sont tenus de témoigner (■ Cass. crim., 6 juill. 1929 : *DH* 1929, 494). On rapprochera de cela un arrêt (■ Cass. 1re civ., 21 juill. 1987 : *Gaz. Pal.* 5 mai 1988 ; *Rev. sc. crim.* 1988, 788, obs. Levasseur) pour lequel l'inscription d'un abonné au téléphone sur la liste rouge n'autorise pas le ministre des PTT à invoquer le secret professionnel pour refuser d'exécuter une injonction qui lui a été faite pour les besoins de la manifestation de la vérité et de la protection des droits d'une partie. Il a encore été jugé que le secret défense peut être opposé au juge d'instruction par un témoin appartenant à la DST (■ Paris, 27 mai 1987 : *D.* 1987, somm. 410, obs. Pradel). Jugé encore que toute déclaration d'un témoin tenu au secret professionnel ne saurait en constituer la violation et entraîner la nullité du procès-verbal de déposition et le cas échéant de tout ou partie de la procédure ultérieure que si elle comporte la révélation d'une information protégée (■ Cass. crim., 15 sept. 1987 : *Bull. crim.*, n° 311 ; *JCP* 88, II, 21047, note Chambon).

53) Visites, perquisitions et saisies. En vertu de leurs pouvoirs de perquisition et de saisie, les autorités judiciaires peuvent saisir tous documents, chez une personne tenue au secret professionnel et qui n'est pas l'auteur de l'infraction motivant ces opérations, pourvu qu'ils soient utiles à la manifestation de la vérité (■ Cass. crim., 23 mars 1977 : *JCP* 79, II, 19039, note Chambon ; *Rev. sc. crim.* 1977, 832, obs. Robert. ■ 21 mai 1979 : *Bull. crim.*, n° 178 ; *Rev. sc. crim.* 1980, 439, obs. Levasseur) sous réserve de certaines mesures utiles pour assurer le respect du secret professionnel.

– Se reporter sur ce point aux articles 56 et s. du Code de procédure pénale. Sur le cas de l'avocat, V. les articles 56 et 56-1 du Code de procédure pénale, et not. ■ Cass. crim., 22 juin 2005 : *Bull. crim.*, n° 190. ■ 8 août 2007 : *Bull. crim.*, n° 188. Sur l'hypothèse dans laquelle le professionnel est l'inculpé et sur les précautions procédurales nécessaires, V. ■ Cass. crim., 24 mars 1960 : *JCP* 60, II, 11672, note Mimin ; *D.* 1960, 531, note Crémieu. ■ 5 juin 1975 : *JCP* 76, II, 18243, note Chambon.

54) Le secret professionnel des **experts-comptables** ne met pas obstacle à ce que soient autorisées la visite de leurs locaux et la saisie de documents détenus par eux, relatifs à ses relations avec ses clients, dès lors que le juge trouve des présomptions suffisants (de fraude fiscale) dans les informations fournies par l'Administration (■ Cass. crim., 22 févr. 2001 : *Bull. crim.*, n° 47).

55) S'agissant des **experts**, les juridictions sont en général peu favorables à écarter les conclusions ou les données des rapports d'expertise au motif qu'il y aurait violation du secret professionnel (■ Cass. soc., 27 avr. 1967 : *JCP* 68, II, 15411, note R. Savatier) ; sur la question, V. Vouin, *Le juge et son expert* : *D.* 1955, 131. Sur le problème des pouvoirs de l'expert face à des personnes liées par le secret professionnel, V. ■ Cass. soc., 31 janv. 1963 : *JCP* 63, II, 13122, note R. Savatier. ■ Cass. crim., 24 avr. 1969 : *D.* 1969, 637, note Chapar ; *JCP* 70, II, 16306, note R. Savatier.

56) Nécessité de la défense du confident. Le professionnel poursuivi peut se défendre en révélant des faits normalement couverts par le secret : ainsi il a été jugé que le médecin à qui on reproche d'être impliqué dans une escroquerie commise au moyen d'un certificat qu'il a délivré, peut faire certaines révélations pour justifier de sa bonne foi (■ Cass. crim., 20 déc. 1967 : *D.* 1969, 309, note Lepointe). Voir sur cette question Dubouis, note sous ■ Cass. crim., 18 juill. 1984 : *Rev. dr. sanit. et soc.*, 1985, 299. Au sujet d'un conseil fiscal, V. ■ Paris, 11 janv. 1985 : *D.* 1985, 276, note Decheix. De même l'obligation au secret professionnel d'un avocat ne saurait lui interdire, pour se justifier de l'accusation dont il est l'objet et résultant de la divulgation par un client d'une correspondance échangée entre eux, de produire d'autres pièces de cette même correspondance utile à ses intérêts (■ Cass. crim., 29 mai 1989 : *Bull. crim.*, n° 218 ; *Rev. sc. crim.* 1990, 76, obs. Levasseur). Mais justifie sa décision la cour d'appel, qui, par une appréciation souveraine des faits et circonstances de la cause, retient qu'en l'espèce, la violation du secret professionnel n'est pas rendue nécessaire par l'exercice des droits de la défense (■ Cass. crim., 16 mai 2000 : *Bull. crim.*, n° 192 ; *Dr. pénal* 2000, comm. 127, obs. M. Véron).

– Ne donne pas de base légale à sa décision, la cour d'appel qui déclare un journaliste coupable de recel de violation du secret de l'instruction au motif qu'il a détenu et produit en justice des copies de pièces issues d'une information pénale en cours, sans rechercher si, en l'espèce, la production de ces pièces par l'intéressé n'avait pas été rendue nécessaire pour sa défense dans une instance engagée à son encontre (■ Cass. crim., 11 juin 2002 : *Bull. crim.*, n° 132 ; *Dr. pénal* 2002, comm. 135, obs. M. Véron).

57) Ministres du culte. Il a été jugé que le secret professionnel ne pouvait être opposé par un ministre du culte, poursuivi pour non-dénonciation d'atteintes sexuelles sur un mineur, dès lors qu'il avait eu connaissance de ces faits en dehors même des confidences de leur auteur (■ T. corr. Caen, 4 sept. 2001 : *JurisData* n° 148248 ; *Dr. pénal* 2001, chron. 46 par L. Leturmy ; *D.* 2001, p. 3454, note Y. Mayaud). – V. H. Moutouh : *D.* 2000, I, p. 431.

58) L'obligation imposée aux ministres du culte de garder le secret des faits dont ils ont connaissance dans l'exercice de leur ministère ne met pas obstacle à ce que le juge d'instruction procède à la saisie de tous documents, pièces où objets utiles à la manifestation de la vérité (■ Cass. crim., 17 déc. 2002 : *Bull. crim.*, n° 231 ; *JCP* 2003, II, 10036, note M. L. Rassat ; *D.* 2004, p. 302, note C. Bouvier-Leberre).

III – PROCÉDURE

59) Citation. Un avocat, cité directement devant le tribunal correctionnel pour avoir, en cette qualité, commis une violation du secret professionnel n'est pas fondé à soutenir que la citation qui lui a été délivrée est irrégulière en ce qu'elle ne vise que les articles 226-13 et 226-31 du Code pénal, à l'exclusion des textes régissant la profession d'avocat (■ Cass. crim., 28 oct. 2008 : *Bull. crim.*, n° 215, préc. ; *Rev. sc. crim.* 2009, p. 97, obs. Y. Mayaud).

60) Délit instantané. La violation du secret professionnel constituée par la délivrance d'une attestation par une secrétaire d'avocat est un délit instantané indépendamment de la permanence de ses effets (■ Colmar, 30 juin 1988 : *JurisData* n° 044354).

61) Prescription. Les délits de violation du secret professionnel et de recel de violation du secret professionnel ne sont pas des infractions commises, par nature, de manière clandestine ; justifie, dès lors, sa décision la chambre de l'instruction qui retient pour point de départ de la prescription la date à laquelle les infractions ont été consommées et non celle où elles sont apparues et ont pu être constatées (■ Cass. crim., 8 nov. 2005 : *Bull. crim.*, n° 284).

62) Action civile. Le délit de violation du secret médical, lorsqu'il est commis à l'occasion de l'exercice par un employeur du contrôle des arrêts de maladie de ses employés, peut être de nature à préjudicier à l'intérêt collectif de la profession à laquelle appartient ce personnel et, par suite, à autoriser l'action civile des syndicats qui la représente (■ Cass. crim., 27 mai 1999 : *Bull. crim.*, n° 109).

63) Secret et CEDH. Si l'article 10 de la Convention européenne de sauvegarde des droits de l'homme et des libertés fondamentales reconnaît, en son premier paragraphe, à toute personne le droit à la liberté d'expression, ce texte prévoit, en son second paragraphe, que l'exercice de cette liberté comportant des devoirs et des responsabilités peut être soumis à certaines formalités, conditions, restrictions ou sanctions, prévues par la loi, qui constituent, dans une société démocratique, des mesures nécessaires notamment à la protection des droits d'autrui, au nombre desquels figure la présomption d'innocence, ainsi qu'à la préservation d'informations confidentielles, et à la garantie de l'autorité et l'impartialité du pouvoir judiciaire. Tel est l'objet des poursuites engagées contre les prévenus du chef de recel de violation de secret de l'instruction ou de secret professionnel, pour avoir divulgué le contenu demeuré confidentiel de pièces d'une information judiciaire en cours (■ Cass. crim., 19 juin 2001 : *Bull. crim.* n° 149 ; *JCP* 2001, II, 10064, note A. Lepage).

64) N'a pas donné de base légale à sa décision la cour d'appel qui, dans la procédure engagée, du chef de fausse attestation et usage, par le médecin psychiatre d'un établissement spécialisé, contre, notamment, la mère d'un majeur protégé qui y a séjourné, refuse d'écarter des débats les pièces du dossier médical et psychologique de ce dernier, produites par la partie poursuivante, sans rechercher si l'examen public et contradictoire, devant la juridiction correctionnelle, de ces pièces, couvertes par le secret professionnel, constitue une mesure nécessaire et proportionnée à la défense de l'ordre et à la protection des droits de la partie civile au sens de l'article 8 de la Convention européenne des droits de l'homme (■ Cass. crim., 24 avr. 2007 : *Bull. crim.*, n° 108 ; *Rev. sc. crim.* 2007, p. 815, obs. Y. Mayaud).

Art. 226-14 ***(L. n° 2004-1, 2 janv. 2004 ; mod., L. n° 2006-399, 4 avr. 2006 ; L. n° 2007-297, 5 mars 2007 ; L. n° 2015-1402, 5 nov. 2015).*** **– L'article 226-13 n'est pas applicable dans les cas où la loi impose ou autorise la révélation du secret. En outre, il n'est pas applicable :**

1° À celui qui informe les autorités judiciaires, médicales ou administratives de privations ou de sévices, y compris lorsqu'il s'agit d'atteintes ou mutilations sexuelles, dont il a eu connaissance et qui ont été infligées à un mineur ou à une personne qui n'est pas en mesure de se protéger en raison de son âge ou de son incapacité physique ou psychique ;

2° Au médecin : ou à tout autre professionnel de santé ; qui, avec l'accord de la victime, porte à la connaissance du procureur de la République « ou de la cellule de recueil, de traitement et d'évaluation des

informations préoccupantes relatives aux mineurs en danger ou qui risquent de l'être, mentionnée au deuxième alinéa de l'article L. 226-3 du Code de l'action sociale et des familles » ; les sévices ou privations qu'il a constatés, sur le plan physique ou psychique, dans l'exercice de sa profession et qui lui permettent de présumer que des violences physiques, sexuelles ou psychiques de toute nature ont été commises. Lorsque la victime est un mineur ou une personne qui n'est pas en mesure de se protéger en raison de son âge ou de son incapacité physique ou psychique, son accord n'est pas nécessaire ;

3° Aux professionnels de la santé ou de l'action sociale qui informent le préfet et, à Paris, le préfet de police du caractère dangereux pour elles-mêmes ou pour autrui des personnes qui les consultent et dont ils savent qu'elles détiennent une arme ou qu'elles ont manifesté leur intention d'en acquérir une.

Le signalement aux autorités compétentes effectué dans les conditions prévues au présent article ne peut engager la responsabilité civile, pénale ou disciplinaire de son auteur, sauf s'il est établi qu'il n'a pas agi de bonne foi.

1) Dès lors que la victime de violences sexuelles a accepté de se soumettre à des examens médicaux, il en résulte que le médecin a agi avec l'accord de la victime pour remettre un certificat médical à l'officier de police chargé de l'enquête, même si cet accord n'est pas expressément mentionné dans la procédure (▪ Cass. crim., 8 mars 2000 : *Bull. crim.*, n° 109 ; *Dr. pénal* 2000, comm. 100, obs. M. Véron).

2) L'article 901 du Code civil vaut autorisation, au sens de l'article 226-14 du Code pénal, à l'égard du médecin de révéler les faits dont il a eu connaissance dans l'exercice de sa profession non seulement à son patient mais également aux personnes ayant un intérêt légitime à faire valoir cette protection (▪ Cass. civ. I, 22 mai 2002 : *Bull. civ.* II, n° 144).

3) N'a pas justifié sa décision la cour d'appel qui condamne un médecin pour non-dénonciation de mauvais traitements sur personne vulnérable sans rechercher si le prévenu avait reçu l'accord des victimes pour la levée du secret médical, condition imposée, pour la levée du secret médical, par l'article 226-14, 2° du Code pénal dans sa rédaction antérieure à la loi du 5 mars 2007, les faits remontant aux années 2001-2005 (▪ Cass. crim., 27 avr. 2011 : *Dr. pénal* 2011, comm. 77, obs. M. Véron).

4) Justifie sa décision la cour d'appel qui requalifie le délit de non-dénonciation de mauvais traitements infligés à une personne vulnérable en omission d'empêcher une infraction dès lors que la requalification, ne portant pas sur des faits nouveaux, a été soumise au débat contradictoire, qu'elle a fait l'objet de réquisitions du ministère public et que le prévenu a été mis en mesure de s'en expliquer (▪ Cass. crim., 23 oct. 2013, n° 12-80.793 : *Bull. crim.*, n° 204). V. note sous art. 223-6, p. 280.

§ 2. - De l'atteinte au secret des correspondances

Art. 226-15 *(Mod., L. n° 2011-525, 17 mai 2011 ; L. n° 2013-1168, 18 déc. 2013).* **– Le fait, commis de mauvaise foi, d'ouvrir, de supprimer, de retarder ou de détourner des correspondances arrivées ou non à destination et adressées à des tiers, ou d'en prendre frauduleusement connaissance, est puni d'un an d'emprisonnement et de 45 000 € d'amende.**

Est puni des mêmes peines le fait, commis de mauvaise foi, d'intercepter, de détourner, d'utiliser ou de divulguer des correspondances émises, transmises ou reçues par la voie électronique ou de procéder à l'installation d'appareils de nature à permettre la réalisation de telles interceptions.

Bibliographie : *JCl. pén., Atteintes au secret des correspondances commises par des particuliers* par V. Peltier.

1) Le terme « correspondance » doit être pris dans son acception la plus générale de lettres quelconques et il s'entend de tous messages ou plis, fermés ou non, adressés par une personne à une autre personne dénommée, qu'ils soient confiés à l'administration des postes ou à un porteur particulier ; est ainsi une correspondance un exploit d'huissier (▪ T. corr. Seine, 10 juin 1959 : *JCP* 59, II, 11372).

2) La suppression de correspondance concerne aussi bien la correspondance close que celle circulant à découvert (▪ Poitiers, 1er déc. 1877 : *D.* 78, 2, 235) ; elle peut être partielle ou momentanée (▪ Cass. crim., 15 mai 1990 : *Bull. crim.*, n° 196 ; *Rev. sc. crim.* 1991, 572, obs. Levasseur) ; ainsi est coupable l'employé des postes qui s'abstient volontairement de transmettre des lettres au destinataire soit en retardant l'envoi, soit en les jetant au rebut ou en les détruisant, mais sans intention de s'approprier ces lettres ou leur contenu (▪ Cass. crim., 9 août 1889 : *D.* 89, 5, 368).

V. aussi pour le retard dans l'acheminement Ch. réun. 24 avr. 1961 : *D.* 1961, 733, note Bouzat ; *JCP* 61, II, 12131, rapp. Monguilan.

3) Sur la notion de correspondance protégée, V. ■ Cass. crim., 16 oct. 2012, n° 11-88.136, sous art. 432-9, p. 508.

4) L'infraction n'est pas constituée lorsque l'ouverture des correspondances adressées à leur destinataire avec la seule mention de son nom et de son appartenance à un service n'a été que l'exécution de directives générales données aux employés de ce service (■ Paris, 11e Ch. A, 25 avr. 1988 : *JurisData* n° 024852). Elle n'est pas non plus constituée lorsque le comportement du prévenu dénote sa bonne foi, ainsi en l'espèce l'ordre de réexpédition du courrier ouvert par erreur (■ Paris, 11e Ch. B, 21 sept. 1989 : *JurisData* n° 25252).

5) Les mobiles importent peu, telle la volonté chez un préfet d'empêcher la commission d'une infraction à la propagande et à l'affichage électoral (■ Cass. crim., 22 janv. 1953, préc.).

6) Les faits visés à l'article 187, alinéa 2 sont tous faits malveillants susceptibles de priver, même momentanément, le destinataire de la correspondance qui lui est destinée (■ Cass. crim., 9 févr. 1965 : *JCP* 65, II, 14165 ; *Rev. sc. crim.*1965, 653, obs. Hugueney. ■ 15 mai 1990 : *Bull. crim.*, n° 196). Constitue un détournement le seul fait de la part d'un concierge de photographier l'adresse d'une lettre destinée à un tiers (■ Paris, 26 oct. 1959 : *JCP* 60, II, 11592, note Larguier ; *Rev. sc. crim.* 1960, 284, obs. Hugueney), ou de renvoyer une lettre avec la mention « inconnu » (■ Paris, 30 mai 1960 : *Rev. sc. crim.* 1961, 118, obs. Hugueney). Constitue le délit prévu par l'article 187, alinéa 2 du Code pénal le fait d'ouvrir un courrier pour en examiner le contenu, par une personne à qui il n'était pas adressé, alors que ledit courrier était lors de son ouverture en voie d'acheminement puisque l'expéditeur s'en était dessaisi et qu'il n'était pas encore parvenu à son destinataire (■ Cass. crim., 17 févr. 1988 : *Bull. crim.*, n° 82 ; *Rev. sc. crim.* 1988, 787, obs. Levasseur).

7) Caractérise en tous ses éléments, tant matériels qu'intentionnels, le détournement de correspondance la cour d'appel qui énonce que le prévenu a pris connaissance d'une correspondance adressée à son cabinet d'avocat mais avec les mentions du nom de son destinataire, en l'espèce un autre avocat, ancien collaborateur du prévenu, et de son caractère « personnel », établissant ainsi qu'il s'agissait d'une correspondance privée ; que les juges relèvent en outre que le prévenu a envoyé l'enveloppe portant ces mentions ainsi que son contenu à une personne qui, comme lui, n'en était pas le destinataire et n'avait pas vocation à en connaître (■ Cass. crim., 3 oct. 2006 : *JurisData* n° 2006-035737 ; *Dr. pénal* 2007, comm. 3, obs. M. Véron).

8) En vertu du principe d'ordre public du libre choix du médecin par le malade, le client qui reçoit une lettre d'introduction d'un médecin adressée à un autre praticien, n'est tenu, ni de consulter ce dernier, ni de lui remettre cette lettre ; le caractère facultatif de cette remise de l'écrit exclut l'application de l'article 187, alinéa 2, au client qui a ouvert la lettre et s'est rendu chez un autre médecin (■ Ch. réun. 16 mai 1963 : *D.* 1963, 437, note Larguier ; *JCP* 63, II, 13254, note Savatier).

9) Le fait, pour l'employé d'une société habilité à recevoir le courrier, de conserver et de soustraire volontairement à la connaissance de cette société des lettres de commande qui lui sont destinées constitue une suppression de correspondance (■ Cass. crim., 26 oct. 1967 : *JCP* 68, II, 15374, note Chavanne).

10) Se rend coupable du délit de suppression de correspondance le gérant d'une clinique qui s'approprie des lettres adressées à des confrères par un ancien médecin de l'établissement alors que n'ayant pu être acheminées à leurs destinataires, elles avaient été réexpédiées à la clinique par l'administration des postes. La mauvaise foi du prévenu résulte de la connaissance qu'il avait de ce que ces lettres ne lui étaient pas destinées et de ce qu'il les a volontairement conservées pour empêcher leur transmission, quel que soit le mobile auquel il a obéi (■ Cass. crim., 26 janv. 1981 : *JCP* 82, II, 19879, note Jeandidier).

11) A été jugé que n'est pas coupable du délit de suppression de correspondance, l'intention faisant défaut, le préposé d'un organisme qui ouvre et remet à son destinataire des lettres adressées à celui-ci au siège de cet organisme, avec mention de son nom patronymique, ces lettres ayant été considérées comme professionnelles et non comme personnelles (■ Cass. crim., 16 janv. 1992 : *Dr. pénal* 1992, n° 170, obs. Véron).

12) La mauvaise foi résulte de la connaissance qu'a le prévenu de ce que les lettres ne lui étaient pas destinées et de ce qu'il les a volontairement conservées pour empêcher ou retarder leur transmission au destinataire (■ Cass. crim., 15 mai 1990 : *Bull. crim.*, n° 196).

13) Le délit de détournement de correspondance étant entièrement consommé au jour du détournement, le **délai de prescription** court à compter de ce jour (■ Cass. crim., 17 juin 1987 : *Bull. crim.*, n° 254), et le point de départ de la prescription ne saurait être retardé au jour où le plaignant déclare en avoir eu connaissance (■ Cass. crim.,

19 févr. 2013, n° 12-81.044 : *Dr. pénal* 2013, comm. 87, obs. M. Véron).

14) Constitue un service de communication audiovisuelle, au sens de la loi du 30 septembre 1986, tout service ayant pour objet de diffuser, à des personnes indifférenciées, des messages dont le contenu n'est pas personnel. Dès lors, les annonces ainsi émises ne peuvent avoir le caractère d'une correspondance privée, tant que l'auteur de l'annonce et l'un de ses lecteurs n'ont pas décidé de consentir à un dialogue (■ Cass. crim., 25 oct. 2000 : *Bull. crim.*, n° 317).

Section V. – Des atteintes aux droits de la personne résultant des fichiers ou des traitements informatiques

Bibliographie : *JCl. pén., Atteintes aux droits de la personne résultant des fichiers ou des traitements informatiques* par J. Frayssinet. • A. Lepage, *Réflexions de droit pénal sur la loi du 6 août 2004... : Dr. pénal* 2005, étude 5.

Voir aussi : Annexe 37 (Informatique).

Voir : art. R. 625-10 et s., p. 673.

Art. 226-16 *(L. n° 2004-801, 6 août 2004 ; L. n° 2016-1321, 7 oct. 2016).* **– Le fait, y compris par négligence, de procéder ou de faire procéder à des traitements de données à caractère personnel sans qu'aient été respectées les formalités préalables à leur mise en œuvre prévues par la loi est puni de cinq ans d'emprisonnement et de 300 000 € d'amende.**

Est puni des mêmes peines le fait, y compris par négligence, de procéder ou de faire procéder à un traitement qui a fait l'objet de l'une des mesures prévues au 3° du I de l'article 45 de la loi n° 78-17 du 6 janvier 1978 relative à l'informatique, aux fichiers et aux libertés.

(L. n° 2016-731, 3 juin 2016) **Est puni des mêmes peines le fait de permettre l'accès aux données contenues dans un traitement mentionné à l'article L. 4123-9-1 du Code de la défense sans avoir recueilli l'avis favorable mentionné au II du même article.**

Le fait, y compris par négligence, de procéder ou faire procéder à un traitement de données à caractère personnel sans qu'aient été respectées les formalités préalables prévues par la loi du 6 janvier 1978 est réprimé pénalement sans que soit exigé le franchissement d'un seuil de données ou de fichiers. Encourt en conséquence la cassation l'arrêt d'une chambre de l'instruction qui retient que ne constitue pas un fichier de données personnelles un répertoire comportant deux notes nominatives (■ Cass. crim., 8 sept. 2015, n° 13-85.587 : *Dr. pén.* 2016, comm. 25, obs. P. Conte).

Art. 226-16-1 A *(L. n° 2004-801, 6 août 2004).* **– Lorsqu'il a été procédé ou fait procéder à un traitement de données à caractère personnel dans les conditions prévues par le I ou le II de l'article 24 de la loi n° 78-17 du 6 janvier 1978 précitée, le fait de ne pas respecter, y compris par négligence, les normes simplifiées ou d'exonération établies à cet effet par la Commission nationale de l'informatique et des libertés est puni de cinq ans d'emprisonnement et de 300 000 € d'amende.**

Art. 226-16-1 *(L. n° 2004-801, 6 août 2004).* **– Le fait, hors les cas où le traitement a été autorisé dans les conditions prévues par la loi n° 78-17 du 6 janvier 1978 précitée, de procéder ou faire procéder à un traitement de données à caractère personnel incluant parmi les données sur lesquelles il porte le numéro d'inscription des personnes au répertoire national d'identification des personnes physiques, est puni de cinq ans d'emprisonnement et de 300 000 € d'amende.**

Art. 226-17 *(L. n° 2004-801, 6 août 2004).* **– Le fait de procéder ou de faire procéder à un traitement de données à caractère personnel sans mettre en œuvre les mesures prescrites à l'article 34 de la loi n° 78-17 du 6 janvier 1978 précitée est puni de cinq ans d'emprisonnement et de 300 000 € d'amende.**

Art. 226-17-1 *(Ord. n° 2011-1012, 24 août 2011).* **– Le fait pour un fournisseur de services de communications électroniques de ne pas procéder à la notification d'une violation de données à caractère personnel à la Commission nationale de l'informatique et des libertés ou à l'intéressé, en méconnaissance des dispositions du II de l'article 34 *bis* de la loi n° 78-17 du 6 janvier 1978, est puni de cinq ans d'emprisonnement et de 300 000 € d'amende.**

(Al. créé, L. n° 2016-731, 3 juin 2016) **Est puni des mêmes peines le fait pour un responsable de traitement de ne pas procéder à la notification à la Commission nationale de l'informatique et des libertés d'une divulgation ou d'un accès non autorisé de données à un traitement mentionné à l'article L. 4123-9-1 du Code de la défense.**

Art. 226-18 *(L. n° 2004-801, 6 août 2004)*. **– Le fait de collecter des données à caractère personnel par un moyen frauduleux, déloyal ou illicite est puni de cinq ans d'emprisonnement et de 300 000 € d'amende.**

1) Justifie sa décision l'arrêt qui, pour déclarer **l'association spirituelle de l'église de scientologie** d'Île-de-France et son président coupables de traitement d'informations nominatives malgré opposition légitime, retient que l'opposition peut être transmise à l'association par la Commission nationale de l'informatique et des libertés (CNIL), aucun formalisme n'étant prévu par la loi et qu'en matière politique, philosophique ou religieuse, la légitimité de l'opposition est remplie par le seul exercice de cette faculté (■ Cass. crim., 28 sept. 2004 : *Bull. crim.*, n° 224 ; *Dr. pénal* 2005, comm. 18, obs. M. Véron). V. *infra* Ann. *Informatique*.

2) Constitue une collecte de données nominatives le fait d'identifier des adresses électroniques et de les utiliser, même sans les enregistrer dans un fichier, pour adresser à leurs titulaires des messages électroniques ; est déloyal le fait de recueillir, à leur insu, les adresses électroniques personnelles de personnes physiques sur l'espace public d'internet, ce procédé faisant obstacle à leur droit d'opposition (■ Cass. crim., 14 mars 2006 : *Bull. crim.*, n° 69).

Art. 226-18-1 *(L. n° 2004-801, 6 août 2004)*. **– Le fait de procéder à un traitement de données à caractère personnel concernant une personne physique malgré l'opposition de cette personne, lorsque ce traitement répond à des fins de prospection, notamment commerciale, ou lorsque cette opposition est fondée sur des motifs légitimes, est puni de cinq ans d'emprisonnement et de 300 000 € d'amende.**

Art. 226-19 *(L. n° 2004-801, 6 août 2004 ; L. n° 2012-954, 6 août 2012 ; L. n° 2017-86, 27 janv. 2017)*. **– Le fait, hors les cas prévus par la loi, de mettre ou de conserver en mémoire informatisée, sans le consentement exprès de l'intéressé, des données à caractère personnel qui, directement ou indirectement, font apparaître les origines raciales ou ethniques, les opinions politiques, philosophiques ou religieuses, ou les appartenances syndicales des personnes, ou qui sont relatives à la santé ou à l'orientation sexuelle ou à l'identité de genre de celles-ci, est puni de cinq ans d'emprisonnement et de 300 000 € d'amende.**

Est puni des mêmes peines le fait, hors les cas prévus par la loi, de mettre ou de conserver en mémoire informatisée des données à caractère personnel concernant des infractions, des condamnations ou des mesures de sûreté.

1) QPC. Les dispositions du premier alinéa de l'article 226-19 du Code pénal ne portent aucune atteinte au principe de légalité des délits et des peines ; et sont donc conformes à la Constitution (■ Cons. const., 19 sept. 2014, n° 2014-412 QPC). V. également : ■ Cass. crim., 6 mai 2014, n° 13-86.267 qui avait dit n'y avoir lieu à renvoi au Conseil constitutionnel une QPC qui soutenait que les dispositions de l'article 226-19 prévoient une exception, dans les cas prévus par la loi, à l'obligation de recueillir le consentement exprès de la personne concernée pour mettre ou conserver en mémoire informatisée des données à caractère personnel relatives à la santé.

2) Ne constituent pas un traitement de données à caractère personnel relatives à des infractions, au sens des articles 2, 9 et 25 de la loi n° 78-17 du 6 janvier 1978, les constatations visuelles effectuées sur internet et les renseignements recueillis en exécution de l'article L. 331-2 du Code de la propriété intellectuelle par un agent assermenté qui, sans recourir à un traitement préalable de surveillance automatisé, utilise un appareillage informatique et un logiciel de pair à pair, pour accéder manuellement, aux fins de téléchargement, à la liste des œuvres protégées irrégulièrement proposées sur la toile par un internaute, dont il se contente de relever l'adresse IP pour pouvoir localiser son fournisseur d'accès en vue de la découverte ultérieure de l'auteur des contrefaçons (■ Cass. crim., 13 janv. 2009, pourvoi n° 08-84.088 : *Bull. crim.*, n° 13 ; *Dr. pénal* 2009, Étude 10, par L. Flament et comm. 66, obs. M. Veron. ■ 16 juin 2009 : *JurisData* n° 2009-049199 ; *Dr. pénal* 2009, comm. 123, obs. J.-H. Robert ; *Rev. sc. crim.* 2010, p. 173, obs. J. Francillon).

3) La transmission aux juridictions de proximité devenues compétentes pour juger les contraventions des quatre premières classes à compter du 1er avril 2005, des données à caractère personnel traitées par le système de contrôle automatisé autorisé par l'arrêté du 13 octobre 2004 ne constitue pas, au regard de l'article 30 de la loi du 6 janvier 1978 modifiée relative à l'informatique, aux fichiers et aux libertés, un changement affectant les finalités du traitement ou les catégories de destinataires habilitées à recevoir communication des données ; d'une part, en vertu de l'article 1er de l'arrêté précité, constitue l'une des finalités du traitement la transmission des dossiers relatifs aux infractions à la réglementation sur les vitesses maximales autorisées aux tribunaux et autorités judiciaires compétents ; d'autre part, en vertu de l'article 4, les autorités judiciaires peuvent être destinataires de ces données (■ Cass. crim., 7 avr. 2009 : *Bull. crim.*, n° 72 ; *Dr. pénal* 2009, comm. 96, obs. J.-H. Robert).

4) L'exception à l'exigence d'un consentement de la personne à l'enregistrement et à la conservation de données personnelles relatives à la santé ou à l'orientation sexuelle, qui découle des dispositions combinées des articles 226-19 du Code pénal et 8 de la loi du 6 janvier 1978, constitue une mesure légitime, nécessaire à la protection de la santé, définie par la loi avec suffisamment de précision pour éviter l'arbitraire, et de nature à assurer, en l'état, entre le respect de la vie privée et la sauvegarde de la santé publique, une conciliation qui n'est pas déséquilibrée (■ Cass. crim., 8 juill. 2015, n° 13-86.267 : *Dr. pén.* 2015, comm. 109, obs. M. Véron).

5) L'inscription d'un candidat au don du sang dans un fichier automatisé de données personnelles entre dans les prévisions du paragraphe II – 6° de l'article 8 de la loi du 6 janvier 1978, selon lesquelles l'interdiction, posée au paragraphe I du même article, de collecter ou de traiter des données à caractère personnel relatives, notamment, à la santé ou à la vie sexuelle des personnes, ne s'applique pas aux traitements nécessaires aux fins de la médecine préventive, des diagnostics médicaux, de l'administration de soins ou de traitements, ou de la gestion de services de santé, et mis en œuvre par un membre d'une profession de santé, ou par une autre personne soumise au secret professionnel ; il s'en déduit qu'à défaut même de consentement exprès de l'intéressé à la mise en mémoire ou à la conservation des données le concernant, le comportement à cet égard des personnels et établissements de santé ne saurait tomber sous le coup de l'incrimination prévue par l'article 226-19 du Code pénal, qui renvoie lui-même à des exceptions, prévues par la loi, à l'interdiction d'enregistrement informatique des données personnelles sensibles (arrêt préc.).

Art. 226-19-1 *(L. n° 2004-801, 6 août 2004)*. **– En cas de traitement de données à caractère personnel ayant pour fin la recherche dans le domaine de la santé, est puni de cinq ans d'emprisonnement et de 300 000 € d'amende le fait de procéder à un traitement :**

1° Sans avoir préalablement informé individuellement les personnes sur le compte desquelles des données à caractère personnel sont recueillies ou transmises de leur droit d'accès, de rectification et d'opposition, de la nature des données transmises et des destinataires de celles-ci ;

2° Malgré l'opposition de la personne concernée ou, lorsqu'il est prévu par la loi, en l'absence du consentement éclairé et exprès de la personne, ou s'il s'agit d'une personne décédée, malgré le refus exprimé par celle-ci de son vivant.

Art. 226-20 *(L. n° 2004-801, 6 août 2004)*. **– Le fait de conserver des données à caractère personnel au-delà de la durée prévue par la loi ou le règlement, par la demande d'autorisation ou d'avis, ou par la déclaration préalable adressée à la Commission nationale de l'informatique et des libertés, est puni de cinq ans d'emprisonnement et de 300 000 € d'amende, sauf si cette conservation est effectuée à des fins historiques, statistiques ou scientifiques dans les conditions prévues par la loi.**

Est puni des mêmes peines le fait, hors les cas prévus par la loi, de traiter à des fins autres qu'historiques, statistiques ou scientifiques des données à caractère personnel conservées au-delà de la durée mentionnée au premier alinéa.

Art. 226-21 *(L. n° 2004-801, 6 août 2004)*. **– Le fait, par toute personne détentrice de données à caractère personnel à l'occasion de leur enregistrement, de leur classement, de leur transmission ou de toute autre forme de traitement, de détourner ces informations de leur finalité telle que définie par la disposition législative, l'acte réglementaire ou la décision de la Commission nationale de l'informatique et des libertés autorisant le traitement automatisé, ou par les déclarations préalables à la mise en œuvre de ce traitement, est puni de cinq ans d'emprisonnement et de 300 000 € d'amende.**

Art. 226-22 *(L. n° 2004-801, 6 août 2004)*. **– Le fait, par toute personne qui a recueilli, à l'occasion de leur enregistrement, de leur classement, de leur transmission ou d'une autre forme de traitement, des données à caractère personnel dont la divulgation aurait pour effet de porter atteinte à la considération de**

l'intéressé ou à l'intimité de sa vie privée, de porter, sans autorisation de l'intéressé, ces données à la connaissance d'un tiers qui n'a pas qualité pour les recevoir est puni de cinq ans d'emprisonnement et de 300 000 € d'amende.

La divulgation prévue à l'alinéa précédent est punie de trois ans d'emprisonnement et de 100 00 € d'amende lorsqu'elle a été commise par imprudence ou négligence.

Dans les cas prévus aux deux alinéas précédents, la poursuite ne peut être exercée que sur plainte de la victime, de son représentant légal ou de ses ayants droit.

Art. 226-22-1 *(L. n° 2004-801, 6 août 2004).* **– Le fait, hors les cas prévus par la loi, de procéder ou de faire procéder à un transfert de données à caractère personnel faisant l'objet ou destinées à faire l'objet d'un traitement vers un État n'appartenant pas à la Communauté européenne en violation des mesures prises par la Commission des Communautés européennes ou par la Commission nationale de l'informatique et des libertés mentionnées à l'article 70 de la loi n° 78-17 du 6 janvier 1978 précitée est puni de cinq ans d'emprisonnement et de 300 000 € d'amende.**

Art. 226-22-2 *(L. n° 2004-801, 6 août 2004).* **– Dans les cas prévus aux articles 226-16 à 226-22-1, l'effacement de tout ou partie des données à caractère personnel faisant l'objet du traitement ayant donné lieu à l'infraction peut être ordonné. Les membres et les agents de la Commission nationale de l'informatique et des libertés sont habilités à constater l'effacement de ces données.**

Art. 226-23 *(L. n° 2004-801, 6 août 2004).* **– Les dispositions de l'article 226-19 sont applicables aux traitements non automatisés de données à caractère personnel dont la mise en œuvre ne se limite pas à l'exercice d'activités exclusivement personnelles.**

Art. 226-24 *(Mod., L. n° 2009-526, 12 mai 2009).* **– Les personnes morales déclarées responsables pénalement, dans les conditions prévues par l'article 121-2, des infractions définies à la présente section encourent, outre l'amende suivant les modalités prévues par l'article 131-38, les peines prévues par les 2° à 5° et 7° à 9° de l'article 131-39.**

L'interdiction mentionnée au 2° de l'article 131-39 porte sur l'activité dans l'exercice ou à l'occasion de l'exercice de laquelle l'infraction a été commise.

Section VI. – Des atteintes à la personne résultant de l'examen de ses caractéristiques génétiques ou de l'identification par ses empreintes génétiques

(L. n° 2004-800, 6 août 2004)

Voir : Annexe 42 (Médecine, § V).

Art. 226-25 *(L. n° 2004-800, 6 août 2004).* **– Le fait de procéder à l'examen des caractéristiques génétiques d'une personne à des fins autres que médicales ou de recherche scientifique, ou à des fins médicales ou de recherche scientifique, sans avoir recueilli préalablement son consentement dans les conditions prévues par l'article 16-10 du Code civil, est puni d'un an d'emprisonnement et de 15 000 € d'amende.**

Bibliographie : JCl. pén., *Atteintes à la personnalité résultant de l'étude génétique de ses caractéristiques ou de l'identification par ses empreintes génétiques* par C. Byk.

Art. 226-26 *(L. n° 94-653, 29 juill. 1994, art. 8).* **– Le fait de détourner de leurs finalités médicales ou de recherche scientifique les informations recueillies sur une personne au moyen de l'examen de ses caractéristiques génétiques est puni d'un an d'emprisonnement et de 15 000 € d'amende.**

Art. 226-27 *(L. n° 2011-267, 14 mars 2011).* **– Le fait de procéder, sans avoir recueilli le consentement de la personne dans les conditions prévues par l'article 16-11 du Code civil, à son identification par ses empreintes génétiques à des fins médicales ou de recherche scientifique ou au prélèvement de ses traces biologiques à titre d'ascendant, descendant ou collatéral aux fins de l'établissement, par ses empreintes génétiques, de l'identité d'une personne mentionnée au 3° du même article, est puni d'un an d'emprisonnement et de 15 000 € d'amende.**

Art. 226-28 *(L. n° 2005-270, 24 mars 2005 ; mod., L. n° 2007-1631, 20 nov. 2007 ; L. n° 2011-267, 14 mars 2011 ; L. n° 2011-814, 7 juill. 2011).* – Le fait de rechercher l'identification par ses empreintes génétiques d'une personne, en dehors des cas prévus à l'article 16-11 du Code civil ou en dehors d'une mesure d'enquête ou d'instruction diligentée lors d'une procédure de vérification d'un acte de l'état civil entreprise par les autorités diplomatiques ou consulaires dans le cadre des dispositions de l'article L. 111-6 du Code de l'entrée et du séjour des étrangers et du droit d'asile est puni d'un an d'emprisonnement ou de 15 000 € d'amende.

Est puni des mêmes peines le fait de divulguer des informations relatives à l'identification d'une personne par ses empreintes génétiques ou de procéder « à l'examen des caractéristiques génétiques d'une personne ou » à l'identification d'une personne par ses empreintes génétiques sans être titulaire de l'agrément prévu à l'article L. 145-16 du Code de la santé publique « et de l'autorisation prévue à l'article L. 1131-2-1 du même code ».

Art. 226-28-1 *(L. n° 2011-814, 7 juill. 2011).* – Le fait, pour une personne, de solliciter l'examen de ses caractéristiques génétiques ou de celles d'un tiers ou l'identification d'une personne par ses empreintes génétiques en dehors des conditions prévues par la loi est puni de 3 750 € d'amende.

Art. 226-29 *(L. n° 94-653, 29 juill. 1994).* – La tentative des infractions prévues aux articles 226-25, 226-26, 226-27 et 226-28 est punie des mêmes peines.

Art. 226-30 *(Mod., L. n° 2009-526, 12 mai 2009).* – Les personnes morales déclarées responsables pénalement, dans les conditions prévues par l'article 121-2, des infractions définies à la présente section encourent, outre l'amende suivant les modalités prévues par l'article 131-38, les peines prévues par les 2° à 5° et 7° à 9° de l'article 131-39.

L'interdiction mentionnée au 2° de l'article 131-39 porte sur l'activité dans l'exercice ou à l'occasion de l'exercice de laquelle l'infraction a été commise.

Section VII. – Peines complémentaires applicables aux personnes physiques

Art. 226-31. – Les personnes physiques coupables de l'une des infractions prévues par le présent chapitre encourent également les peines complémentaires suivantes :

1° L'interdiction des droits civiques, civils et de famille, suivant les modalités prévues par l'article 131-26 ;

2° L'interdiction d'exercer l'activité professionnelle ou sociale dans l'exercice ou à l'occasion de l'exercice de laquelle l'infraction a été commise, suivant les modalités prévues par l'article 131-27 ;

3° L'interdiction, pour une durée de cinq ans au plus, de détenir ou de porter une arme soumise à autorisation ;

4° L'affichage ou la diffusion de la décision prononcée, dans les conditions prévues par l'article 131-35 ;

5° Dans le cas prévu par les articles 226-1 à 226-3, 226-8, 226-15 et 226-28, la confiscation de la chose qui a servi ou était destinée à commettre l'infraction ou de la chose qui en est le produit. La confiscation des appareils visés à l'article 226-3 est obligatoire.

Art. 226-32. – Les personnes physiques coupables des infractions prévues à l'article 226-28 et de la tentative de ces infractions ayant la qualité d'expert judiciaire encourent également la radiation de la liste sur laquelle elles sont inscrites.

CHAPITRE VII. – DES ATTEINTES AUX MINEURS ET À LA FAMILLE

Section I. – Du délaissement de mineur

Art. 227-1. – Le délaissement d'un mineur de quinze ans en un lieu quelconque est puni de sept ans d'emprisonnement et de 100 000 € d'amende, sauf si les circonstances du délaissement ont permis d'assurer la santé et la sécurité de celui-ci.

Voir : pour les majeurs, V. art. 223-3, p. 280.

Bibliographie : *JCl. pén., Délaissement de mineur* par F. Dreiffus-Netter.

1) Il importe peu que l'enfant n'ait pas été seul, dès lors qu'il est constant que l'inculpée, dans le but de se soustraire à l'obligation d'en prendre soin, l'a abandonné, sans esprit de retour, aux mains d'un tiers qui n'avait consenti à s'en charger que momentanément (▪ Cass. crim., 14 janv. 1943 : *Bull. crim.*, n° 3).

2) Le fait pour l'épouse, à qui le jugement de divorce a confié la garde d'un enfant commun, de remettre, même de manière intempestive, cet enfant à son ancien mari, demeuré tenu des obligations de l'article 203 du Code civil, ne constitue ni l'abandon, ni le délaissement défini par l'article 352 du Code pénal, qui supposent l'abandon de l'enfant, soit à lui-même, soit à une personne n'ayant aucune obligation de s'en charger ou n'ayant consenti à s'en charger que momentanément (▪ T. corr. Dieppe, 8 mars 1977 : *D.* 1977, inf. rap. 279).

3) Une mère qui n'a pas signalé la disparition de sa fille âgée de trois ans qui, échappant à sa surveillance, s'était éloignée et vagabondait sur la voie publique, ne saurait se voir appliquer l'article 352 du Code pénal, les faits ne traduisant nullement une volonté de se soustraire définitivement à ses obligations (▪ Paris, 2 juin 1982 : *Rev. pénit.* 1984, 100, note Auby).

Art. 227-2. – Le délaissement d'un mineur de quinze ans qui a entraîné une mutilation ou une infirmité permanente de celui-ci est puni de vingt ans de réclusion criminelle.

Le délaissement d'un mineur de quinze ans suivi de la mort de celui-ci est puni de trente ans de réclusion criminelle.

Voir : pour les majeurs, V. art. 223-4, p. 280.

Section II. – De l'abandon de famille

Art. 227-3 ***(Mod., Ord. n° 2005-759, 4 juill. 2005 ; L. n° 2009-526, 12 mai 2009 ; L. n° 2011-525, 17 mai 2011 ; L. n° 2016-1547, 18 nov. 2016).*** **– Le fait, pour une personne, de ne pas exécuter une décision judiciaire, une convention judiciairement homologuée ou une convention prévue à l'article 229-1 du Code civil lui imposant de verser au profit d'un enfant mineur, d'un descendant, d'un ascendant ou du conjoint une pension, une contribution, des subsides ou des prestations de toute nature dues en raison de l'une des obligations familiales prévues par le Code civil, en demeurant plus de deux mois sans s'acquitter intégralement de cette obligation, est puni de deux ans d'emprisonnement et de 15 000 euros d'amende.**

Les infractions prévues par le premier alinéa du présent article sont assimilées à des abandons de famille pour l'application du 3° de l'article 373 du Code civil.

Bibliographie : anc. art. 357-2, C. pén. • *JCl. pén., Abandon de famille* par D. Commaret ; V. Jaworski : *JCP* 2004, I, 102. • N. Monachon Duchène, *L'obligation alimentaire devant le juge pénal : JCP* 2006, I, 165. • F. Gauvin, *À propos du délit d'abandon pécuniaire de famille : JCP* 2010, 141, p. 242. • S. Mirabail, *Abandon de famille, simplification ou destructuration : D.* 2010, p. 397.

• ***Sommaire***

1) QPC. Non-lieu à renvoi au Conseil constitutionnel de la question prioritaire contestant la constitutionnalité de l'article 227-3 du Code pénal, dès lors que l'article 227-3 n'instaure aucune présomption de culpabilité, la partie poursuivante ayant la charge de prouver que le prévenu est volontairement demeuré plus de deux mois sans acquitter le montant de la pension alimentaire qu'il a été condamné à payer par décision de justice (▪ Cass. crim., 12 juin 2013, n° 13-82.622 : *Dr. pén.* 2013, comm. 120, obs. M. Véron. ▪ Cass. crim., 24 juin 2015, n° 14-88.175 : *Dr. pén.* 2015, comm. 106, obs. M. Véron).

2) Références au Code civil. L'article 1er de la loi du 4 mars 2002 relative à l'autorité parentale a abrogé les articles 287 à 295 du Code civil et prévu que les conséquences du divorce pour les enfants seraient désormais réglées selon les dispositions du chapitre 1er du titre IX du livre 1er du Code civil.

Il se déduit du premier de ces textes que le législateur a entendu remplacer dans l'article 227-3 du Code pénal la référence aux anciennes dispositions abrogées par les nouvelles dispositions précitées (▪ Cass. crim., 10 déc. 2008, pourvoi n° 08-83-663 : *Bull. crim.*, n° 250).

3) Application dans le temps. Les dispositions d'une loi nouvelle s'appliquent aux infractions commises avant leur entrée en vigueur et n'ayant pas donné lieu à une condamnation passée en force de chose jugée, lorsqu'elles sont moins sévères que les dispositions anciennes.

L'article 133, III de la loi du 12 mai 2009 a remplacé, au premier alinéa de l'article 227-3 du Code pénal, les références aux titres V, VI, VII et VIII du livre 1er du Code civil par la seule référence au titre IX du livre 1er du même code, lequel ne concerne que l'autorité parentale.

Il s'ensuit que le non-paiement d'une prestation compensatoire allouée par un jugement de divorce échappe désormais aux prévisions de l'article 227-3 du Code pénal.

Cassation de l'arrêt qui a, postérieurement à l'entrée en vigueur de la loi du 12 mai 2009, condamné un prévenu pour abandon de famille, pour être demeuré plus de deux mois sans acquitter le montant intégral de la prestation compensatoire qu'il avait été condamné à verser à son ex-épouse (■ Cass. crim., 16 févr. 2011, n° 10-83.606 : *Bull. crim.*, n° 31 ; *Dr. pén.* 2011, comm. 60, obs. M. Véron ; *D.* 2011, act., p. 880, obs. M. Bombled ; *Rev. sc. crim.* 2011, p. 399, obs. J. Mayaud). *Adde*, ■ Cass. crim., 8 juin 2011, n° 10-87.050 : *Dr. pén.* 2011, comm. 115, obs. M. Véron ; suivant cet arrêt, les faits poursuivis étant postérieurs à la loi du 12 mai 2009, mais antérieurs à la loi du 17 mai 2011 qui a rétabli l'incrimination d'abandon de famille dans sa portée générale, le non-paiement d'une pension alimentaire allouée à un époux pendant l'instance de divorce échappait aux prévisions de l'article 227-3 du Code pénal tel que modifié par la loi du 12 mai 2009.

4) En cas de conflit entre plusieurs lois pénales de fond successives, lorsqu'une infraction a été commise sous l'empire d'une première loi, dont les dispositions ont ensuite été abrogées, ce qui a eu pour effet de la rendre inapplicable aux faits, cette deuxième loi étant elle-même remplacée par une troisième réprimant les faits objet de la poursuite, le principe de non-rétroactivité de la loi pénale implique que les faits ne puissent plus être poursuivis.

Encourt la cassation l'arrêt qui a déclaré le prévenu coupable d'abandon de famille alors que l'article 13, III de la loi du 12 mai 2009, abrogeant des dispositions de l'article 227-3 du Code pénal, a eu pour effet d'enlever leur caractère d'infraction, dans leur totalité, aux faits objet des poursuites, sans que la loi du 17 mai 2011, modifiant la précédente et incriminant à nouveau les faits concernés, puisse davantage leur être appliquée rétroactivement (■ Cass. crim., 23 mai 2012, n° 11-83.901 : *Bull. crim.*, n° 134 ; *D.* 2012, p. 2368, note M. Benillouche ; *AJP* 2012, p. 543, note J. Lasserre Capdeville).

I – ASPECT FAMILIAL DE L'INFRACTION

5) Mariage putatif. La nullité du mariage est sans effet sur les obligations alimentaires antérieures au prononcé du jugement lorsque le tribunal de grande instance en a constaté le caractère putatif à l'égard de l'épouse en raison de la bonne foi de celle-ci (■ Cass. crim., 23 mars 1981 : *Bull. crim.*, n° 101 ; *Rev. sc. crim.* 1982, 349, obs. Levasseur).

6) Émancipation. Le délit d'abandon de famille disparaît quand l'enfant a été émancipé notamment par l'effet du mariage (T. corr. Chartres, 4 mai 1964 : *Gaz. Pal.* 1964, 2, 92 ; *Rev. sc. crim.* 1965, 129, obs. Hugueney) sauf si l'émancipation a eu pour seul objet de soustraire le parent à l'obligation de payer une pension (■ Cass. crim., 20 déc. 1956 : *Bull. crim.*, n° 862).

7) Enfants majeurs. Sauf disposition contraire du jugement de divorce, la pension alimentaire versée aux enfants mineurs (qu'ils soient légitimes, adoptifs, naturels ou encore adultérins) ne cesse pas de plein droit après la majorité de ceux-ci. Il appartient au juge pénal, saisi d'une poursuite pour abandon de famille, de vérifier si les enfants en sont demeurés créanciers lorsqu'ils sont devenus majeurs (■ Cass. crim., 9 juin 1993 : *Bull. crim.*, n° 206. – V. également, ■ Cass. crim., 30 oct. 1995 : *Dr. pénal* 1996, comm. 82, obs. Véron, et ■ Cass. crim., 11 mars 1997 : *Bull. crim.*, n° 95 ; *JurisData* n° 002240).

– Jugé par ailleurs qu'il appartient au débiteur de solliciter la suppression de l'obligation de contribution à la charge d'entretien et d'éducation d'enfants devenus majeurs devant le juge compétent (■ Cass. crim., 7 févr. 2007 : *Bull. crim.*, n° 34).

– Mais en l'état de poursuites fondées sur une ordonnance non signifiée au prévenu, prolongeant le paiement de la pension après la majorité des enfants, doit être cassé l'arrêt qui énonce « qu'une décision de justice spécifique n'était pas indispensable et qui condamne le prévenu au motif que les effets du jugement de divorce n'avaient pas cessé à la majorité de l'enfant, sans qu'il ait été recherché si les dispositions de ladite ordonnance avaient été volontairement exécutées » (■ Cass. crim., 9 juin 1993 : *Bull. crim.*, n° 205).

L'inexécution d'une décision judiciaire imposant de verser une pension alimentaire au profit d'un descendant majeur entre en effet dans les prévisions tant de l'article 357-2 ancien que de l'article 227-3 nouveau du Code pénal (■ Cass. crim., 11 mars 1997, préc.).

8) Ascendants. Pour les ascendants autres que légitimes, V. les textes du Code civil, articles 358 et 367.

9) Alliés. La jurisprudence a étendu aux alliés en ligne directe la protection légale : ainsi des beaux-parents sont-ils tenus envers leur gendre ou leur bru (■ Cass. crim., 4 juill. 1925 : *S.* 1926, 1, 329, note Roux).

10) Extension de l'incrimination. L'article 357-2 ne saurait être appliqué à l'hypothèse d'une pension qu'un père avait été condamné à verser pour sa fille, placée par décision de justice dans un établissement de rééducation, en raison de la nature indemnitaire d'une telle pension (■ Cass. crim., 17 févr. 1938 : *DH* 1938, 230). Mais s'agissant des époux, soit en voie de séparation ou de divorce, soit déjà divorcés ou séparés, le nouveau libellé du texte étend la protection légale aux prestations et pensions de toute nature si bien que la jurisprudence antérieure à 1975 qui distinguait en l'occurrence selon l'aspect indemnitaire ou alimentaire de la pension (V. par ex. ■ Cass. crim., 17 nov. 1954 : *D.* 1955, 88) est devenue caduque.

11) Calcul du délai. Le délai de deux mois court sans aucune mise en demeure préalable (■ Cass. crim., 7 déc. 1967 : *D.* 1968, 353) à compter de la signification de la décision ordonnant le versement (■ Cass. crim., 3 nov. 1955 : *JCP* 55, II, 9167, note E.M.) ou, en cas d'interruption dans des versements déjà effectués, à partir du dernier versement ; le délit est pleinement consommé dès que les deux mois sont expirés et aucun événement postérieur ne peut en effacer rétroactivement l'existence, telle la cassation ultérieure de la décision judiciaire servant de base aux poursuites (■ Cass. crim., 26 juill. 1977 : *D.* 1977, inf. rap. 421, obs. Puech) ou un paiement tardif (■ Cass. crim., 23 mars 1981 : *Bull. crim.*, n° 101 ; *Rev. sc. crim.* 1982, 349, obs. Levasseur). Pour apprécier l'expiration du délai de deux mois, il faut se placer, non au jour de la plainte, mais au jour de la poursuite, c'est-à-dire de la citation (■ Cass. crim., 14 janv. 1991 : *Dr. pénal* 1991, n° 172).

La durée de la prévention doit être déterminée, ce qui n'est pas le cas si seul le point de départ de la prévention est fixé (■ Cass. crim., 9 juin 2004 : *Dr. pénal* 2004, comm. 154, obs. M. Véron).

12) Nouvelles poursuites. L'abandon pécuniaire peut être à nouveau poursuivi lorsqu'après une première condamnation le coupable demeure à nouveau deux mois sans verser ce qu'il doit (■ Cass. crim., 9 févr. 1965 : *D.* 1965, 475) ; et il en va de même lorsque le délit se poursuit postérieurement à la date d'application d'une loi d'amnistie (■ Colmar, 20 janv. 1967 : *JCP* 67, II, 15134, note Michaud).

Le délit d'abandon de famille qui, selon l'article 227-3 du Code pénal, est constitué notamment par le défaut de paiement intégral, pendant plus de 2 mois, d'une prestation compensatoire, définie et ordonnée par une décision judiciaire sous forme de capital, se renouvelle chaque fois que son auteur démontre, par son comportement, sa volonté de persévérer dans son attitude ; par suite, le prévenu, qui a déjà été condamné pour ce délit, peut faire l'objet d'une nouvelle condamnation, à l'expiration d'un nouveau délai de 2 mois dès lors qu'il n'a pas satisfait à son obligation de l'exigible existant (■ Cass. crim., 2 déc. 1998 : *Bull. crim.*, n° 326 ; *JCP* 1999, II, 10108, note D. Rebut).

II – ASPECT JUDICIAIRE DE L'INFRACTION

13) Nécessité d'une décision judiciaire. Il faut qu'il existe à la base de la poursuite correctionnelle une décision de justice civile définissant l'obligation de famille mise à la charge du prévenu, et que cette décision de justice soit légalement exécutoire à la date des faits incriminés (■ Cass. crim., 3 nov. 1977 : *Bull. crim.*, n° 326 ; *Rev. sc. crim.* 1978, 634, obs. Levasseur. ■ 30 sept. 1992 : *Bull. crim.*, n° 293) et les juges du fond doivent préciser sur le fondement de quelle décision judiciaire le prévenu a l'obligation de contribuer aux besoins du créancier (■ Cass. crim., 13 nov. 1980 : *Bull. crim.*, n° 296 ; *Rev. sc. crim.* 1981, 872, obs. Levasseur). La pension ayant sa source dans un acte de nature différente (ainsi un testament ■ Cass. crim., 24 avr. 1931 : *Bull. crim.*, n° 115 ; ou un accord des parties tendant à faire revivre un jugement devenu caduc par le prononcé d'une nouvelle décision judiciaire ■ Cass. crim., 6 déc. 1972 : *Bull. crim.*, n° 378 ; *Rev. sc. crim.* 1973, 674, obs. Levasseur) ne saurait être sanctionnée par l'article 357-2 du Code pénal. Il en va de même pour le jugement donnant acte de l'offre d'une prestation compensatoire (■ Cass. crim., 10 janv. 1984 : *D.* 1984, inf. rap. 224, obs. Roujou de Boubée ; *Bull. crim.*, n° 10). Une « prestation compensatoire » qui ne résulte ni d'un jugement exécutoire, ni d'une convention judiciairement homologuée, ne peut servir de base à une poursuite pour abandon de famille (■ Cass. crim., 15 oct. 1996 : *Bull. crim.*, n° 359). Par contre, le procès-verbal de la conciliation constatée par le juge, qui constitue une convention judiciairement homologuée, peut servir de base à une poursuite pour abandon de famille lorsque l'accord prévoit le versement de sommes dues en raison d'une obligation familiale (■ Cass. crim., 31 mars 1999 : *Bull. crim.*, n° 64).

14) Notion de décision judiciaire. La notion de décision de justice non exécutée recouvre entre autres une ordonnance autorisant une saisie-arrêt entre époux prise en application des articles 214 du Code civil et 864-1 du Code de procédure civile (■ Montpellier, 23 févr. 1955 : *Gaz. Pal.* 1955, 1, 404), le jugement de divorce fixant à titre d'avance sur la part de communauté la pension (■ Cass. crim., 19 oct. 1981 : *Bull. crim.*, n° 275), un jugement étranger revêtu de l'*exequatur* (■ Cass. crim., 1er févr. 1973 : *Bull. crim.*, n° 61 ; *Rev. sc. crim.* 1973, 411, obs. Levasseur), la convention judiciairement homologuée qui intervient dans un divorce ou une séparation de corps sur demande conjointe ; mais ne sauraient rentrer dans la notion la convention temporaire judiciairement homologuée (■ T. corr. Bressuire, 9 déc. 1980 : *Gaz. Pal.* 1981, 1, 167, note Brazier ; *Rev. sc. crim.* 1981, 383, obs. Levasseur) ni un procès-verbal de conciliation passé devant le juge d'instance, même si ce magistrat a donné acte de l'accord intervenu entre les parties (■ TGI Lisieux, 17 sept. 1976 : *JCP* 77, II, 18268, note R.L.).

15) Décision exécutoire. Les mesures provisoires prises par le juge aux affaires matrimoniales en cours d'instance sont exécutoires de plein droit par provision et l'époux débiteur doit verser la pension sans attendre à peine de poursuites pénales, même si l'ordonnance est frappée d'appel (■ Cass. crim., 9 mai 1968 : *D.* 1968, 640, note Rolland. ■ 21 mai 1980 : *Bull. crim.*, n° 157 ; *Rev. sc. crim.* 1981, 91, obs. Levasseur. – *Adde*, ■ Cass. crim., 14 févr. 1984 : *Bull. crim.*, n° 52) ou si ensuite un pourvoi en cassation est formé (■ Cass. crim., 9 mai et 26 juin 1968 : *D.* 1968, 640, note Rolland ; *Rev. sc. crim.* 1969, obs. Levasseur. ■ Cass. crim., 18 nov. 1981 : *Bull. crim.*, n° 306) ; mais le caractère exécutoire de l'ordonnance disparaît en cas de réconciliation des époux depuis la demande en justice (■ Cass. crim., 12 oct. 1971 : *Bull. crim.*, n° 256), de désistement par le demandeur de son action (■ Cass. crim., 4 févr. 1954 : *D.* 1954, 783, note A.L.P.), de caducité du permis de citer (■ Cass. crim., 3 nov. 1977 : *Bull. crim.*, n° 326), ou d'omission de remettre la copie de l'assignation au greffe (■ Cass. crim., 4 mai 1976 : *Bull. crim.*, n° 137).

16) Le jugement modifiant ou maintenant les mesures provisoires au cours de l'instance bénéficie, au même titre que l'ordonnance du magistrat conciliateur et sans même qu'il soit besoin de le préciser, de l'exécution provisoire en raison du caractère d'urgence que représentent lesdites mesures (■ Cass. crim., 8 mai 1979 : *Bull. crim.*, n° 164 ; *Rev. sc. crim.* 1980, 139, obs. Levasseur).

17) Si les mesures provisoires ordonnées au cours d'une instance en divorce se substituent d'office à la contribution aux charges du mariage décidée par un jugement antérieur dont les effets sont, de ce fait, suspendus, leur caducité met fin à cette suspension, le jugement reprenant dès lors son effet (■ Cass. crim., 31 mai 2000 : *Bull. crim.*, n° 207).

18) La **réformation** partielle de la décision judiciaire civile légalement exécutoire, fixant le montant de la pension alimentaire qui intervient postérieurement à la date des faits d'abandon de famille, ne peut faire disparaître cette infraction déjà consommée (■ Cass. crim., 27 mars 1991 : *Bull. crim.*, n° 146 ; *JCP* 91, IV, 260). – *Adde* cass. crim., 20 févr. 2002 : *D.* 2003, p. 171 et ■ Cass. crim., 4 févr. 2004 : *D.* 2004, p. 2748, obs. Mirabail.

19) Le délit d'abandon de famille est constitué dès lors que le débiteur s'abstient intentionnellement de fournir pendant plus de deux mois l'intégralité des subsides mis à sa charge par une décision de justice ou une convention judiciairement homologuée, la réduction ultérieure de cette obligation alimentaire, fût-ce avec effet rétroactif, ne pouvant avoir pour effet de faire disparaître l'infraction déjà consommée (■ Cass. crim., 4 juin 2008 : *Bull. crim.*, n° 139 ; pourvoi n° 07-87.697 ; *Dr. pénal* 2008, comm. 121, obs. M. Veron).

– La réduction ou la suppression des pensions alimentaires, fût-ce avec effet rétroactif, ne peut avoir pour effet de faire disparaître l'infraction déjà consommée (■ Cass. crim., 29 janv. 2014, n° 13-81.918 : *Dr. pén.* 2014, comm. 51, obs. M. Véron).

20) La caducité d'une décision judiciaire légalement exécutoire, intervenue postérieurement à la date des faits d'abandon de famille incriminés, n'a pas de caractère rétroactif et ne saurait, en conséquence, faire disparaître l'infraction (■ Cass. crim., 7 oct. 1992 : *Bull. crim.*, n° 306).

21) Connaissance par le débiteur. La décision judiciaire doit être portée à la connaissance du débiteur et cette connaissance ne peut résulter que d'un acte juridique qui est ordinairement la signification de la décision effectuée à la diligence du créancier (■ Cass. crim., 5 mars 1980 : *Bull. crim.*, n° 80 ; *Rev. sc. crim.* 1981, 90, obs. Levasseur). Le délit d'abandon de famille exige, pour être constitué, la méconnaissance d'une décision de justice légalement exécutoire définissant, dans son montant et sa périodicité, l'obligation de famille mise à la charge du prévenu ; ne saurait servir de fondement aux poursuites la décision autorisant la crédirentière à percevoir directement des revenus locatifs avec obligation pour elle d'en payer les charges (■ Cass. crim., 30 sept. 1992 : *Bull. crim.*, n° 293). Mais, caractérise en tous ses éléments constitutifs le délit d'abandon de famille pour non-paiement d'une pension alimentaire prévue par une ordonnance de non-conciliation, la cour d'appel qui relève que le prévenu a eu connaissance de cette décision, exécutoire par provision en vertu de l'article 514, alinéa 2, du nouveau Code de procédure civile, bien qu'elle ne lui ait pas été signifiée (■ Cass. crim., 9 oct. 1996 : *Bull. crim.*, n° 351 ; *Dr. pénal* 1997, comm. 58, obs. M. Véron). À noter que le prévenu n'ayant pas, pour sa défense, contesté le caractère exécutoire de la décision précitée, la cour d'appel n'était pas tenue de s'expliquer d'une manière spéciale sur les actes de procédure consécutifs à cette décision et notamment sur sa signification au débiteur (■ Cass. crim., 28 juin 2000 : *Bull. crim.*, n° 250). En visant par erreur une autre décision rendue dans la même instance mais non signifiée, la poursuite est inefficace, sans qu'il soit possible de substituer en cours d'instance pénale une décision civile à l'autre (■ Cass. crim., 25 févr. 1971 : *Bull. crim.*, n° 63 ; *Rev. sc. crim.* 1971, 846, obs. Levasseur). Le fait pour un huissier de signifier le jugement en mairie en se bornant à indiquer que le domicile du condamné est certain sans justifier d'investigations concrètes, ne permet pas d'établir que le jugement a été porté à la connaissance du prévenu (■ Cass. crim., 29 avr. 1985 : *Bull. crim.*, n° 160 ; *Rev. sc. crim.* 1986, 102, obs. Levasseur).

22) Exécution volontaire. Il a été jugé que doit être déclaré coupable d'abandon de famille le prévenu qui a volontairement payé pendant près de deux ans une pension alimentaire fixée par jugement non signifié, l'exécution volontaire de cette décision en établissant la connaissance, puis a cessé le paiement pendant plus de deux mois (■ Cass. crim., 23 oct. 1991 : *Dr. pénal* 1992, n° 60. ■ 30 mars 1994 : *Dr. pénal* 1994, n° 157).

Est exécutoire au sens des articles 357-2 ancien, 227-3 nouveau du Code pénal et 503 du nouveau Code de procédure civile, qu'elle ait ou non été signifiée, une décision de justice ayant reçu un commencement d'exécution volontaire (■ Cass. crim., 4 sept. 1996 : *Bull. crim.*, n° 312).

23) Exclusion de la compensation. Le prévenu ne saurait alléguer un paiement par compensation (■ Cass. crim., 4 janv. 1973 : *Bull. crim.*, n° 3 ; *Rev. sc. crim.* 1974, 592, obs. Levasseur. ■ 17 janv. 1979 : *D.* 1979, inf. rap. 258), ni se prévaloir de versements effectués à des tiers ou par des tiers pour l'entretien de ses enfants (■ Cass. crim., 27 janv. 1949 : *Bull. crim.*, n° 31), ni soutenir avoir réglé le loyer de l'appartement occupé par sa femme (■ Cass. crim., 7 déc. 1967 : *D.* 1968, 353), ni retenir sur le montant de la pension alimentaire les sommes perçues directement par l'époux créancier au titre des allocations familiales (■ Cass. crim., 9 janv. 1962 : *D.* 1962, 242), ni déduire de la pension alimentaire due pour l'entretien de l'enfant une somme correspondant au temps de présence de l'enfant au domicile du débiteur (■ Pau, 26 avr. 1989 : *JurisData* n° 042665) ; du moment qu'il ne verse pas la pension fixée par la décision de justice, le délit est constitué (mêmes arrêts).

– De même le versement direct de certaines sommes à l'enfant ne saurait décharger le débiteur de son obligation de verser la pension entre les mains de la mère créancière (■ Cass. crim., 26 oct. 2005 : *Dr. pénal* 2006, comm. 19, obs. M. Véron).

Toutefois, il convient de relaxer le prévenu des fins de la poursuite pour abandon de famille dès lors qu'il apparaît que les versements des pensions alimentaires effectués excèdent largement la totalité de la dette à laquelle il était tenu. En effet, s'il est de principe que la compensation avec une autre créance ne peut éteindre une créance de nature alimentaire, ce principe ne fait pas obstacle au jeu de la compensation lorsque la créance invoquée a également pour cause les aliments eux-mêmes (■ Paris, 24e ch. B, 7 juill. 1988 : *JurisData* n° 024705).

24) Prestation compensatoire. Dans le cas où la juridiction des affaires familiales ordonne le paiement d'une prestation compensatoire sous forme de versements périodiques pendant une période déterminée, le délit d'abandon de famille ne peut être constitué pour les défauts de paiement postérieurs à cette période (■ Cass. crim., 7 sept. 2016, n° 14-82.0.076 : *Dr. pén.* 2016, comm. 151, note P. Conté).

25) Débiteur en redressement judiciaire. Justifie sa décision l'arrêt qui, pour déclarer le prévenu coupable d'abandon de famille, relève qu'il ne pouvait se prévaloir de l'absence de déclaration de la créance de pension alimentaire au redressement judiciaire, s'agissant d'une obligation personnelle qu'il lui incombait de payer sur ses revenus propres. Une telle créance, qui présente un caractère alimentaire, n'a pas à être déclarée au passif du débiteur soumis à une procédure collective et échappe ainsi à l'extinction, faute de déclaration, édictée par l'article L. 621-46 du Code de commerce (■ Cass. crim., 7 janv. 2004 : *Bull. crim.*, n° 5 ; *Dr. pénal* 2004, comm. 45 et 49, obs. M. Véron ; *JCP* 2004, II, 1060, note Pomart ; *D.* 2004, jur., p. 419, obs. A. Lienard). Le débiteur soumis à une procédure collective est ainsi tenu de payer la créance d'aliments sur les revenus dont il conserve la disposition (■ Cass. crim., 9 juin 2004 : *Bull. crim.*, n° 158 ; *Dr. pénal* 2004, comm. 154, obs. M. Véron).

Le prévenu ne saurait invoquer une lettre du représentant des créanciers lui enjoignant de cesser de payer la pension alimentaire pour justifier avoir cru, par une **erreur sur le droit**, qu'il n'était pas en mesure d'éviter, pouvoir légitimement refuser de continuer de payer ladite pension (même arrêt).

26) Paiement intégral. Le délit d'abandon de famille est constitué dès lors que le prévenu n'a pas acquitté l'intégralité du montant de la pension alimentaire mise à sa charge, l'indexation étant une modalité de calcul de cette pension (■ Cass. crim., 26 oct. 1987 : *Bull. crim.*, n° 367). Mais aucun texte n'interdit à un débiteur d'aliments de se libérer de sa dette par un paiement anticipé (■ Cass. crim., 20 mars 1984 : *Bull. crim.*, n° 114).

– Le non-paiement de la pension, fût-il partiel, suffit à caractériser l'élément matériel du délit d'abandon de famille (■ Cass. crim., 26 oct. 2005 : *Dr. pénal* 2006, comm. 19, obs. M. Véron).

27) Interdiction de transaction. Il ne peut être transigé sur une pension alimentaire. Dès lors l'accord intervenu entre les ex-conjoints et aux termes duquel le père renonce à son droit de visite des enfants légitimes mais ne paie pas la pension, ne peut justifier le non-paiement pendant plus de deux mois de cette pension (■ Pau, 1er mars 1988 : *JurisData* n° 042626).

28) Réconciliation. Cassation de l'arrêt qui, pour relaxer le prévenu d'abandon de famille pour non-paiement de la contribution aux charges du mariage fixée par un jugement du tribunal d'instance, relève que les époux ont ensuite repris la vie commune et modifié au cours de cette période les modalités de financement des dépenses du mariage et énonce que « le prévenu a pu légitimement en conclure que son épouse avait ainsi renoncé à la contribution litigieuse » après une nouvelle rupture de la vie commune, alors que la caducité d'une décision de justice ne saurait se présumer, ni résulter de la seule volonté d'une des parties (■ Cass. crim., 3 oct. 1988 : *Bull. crim.*, n° 326 ; *Rev. sc. crim.* 1989, 508, obs. Levasseur). L'exception de réconciliation n'est ni une cause de non-culpabilité, ni un fait justifiant le non-paiement d'une pension alimentaire. Elle n'a aucun effet sur la culpabilité en l'état d'une poursuite pénale exercée pour abandon de famille (■ Bordeaux, 16 mars 1988 : *JurisData* n° 042635).

29) Élément intentionnel. L'article 227-3 qui incrimine le délit d'abandon de famille, n'a pas repris les dispositions de l'article 357-2 ancien présumant volontaire le défaut de paiement de la pension ; ces dispositions nouvelles, favorables au prévenu pour ce qui concerne les éléments constitutifs du délit, sont applicables aux infractions commises avant leur entrée en vigueur et n'ayant pas donné lieu à une condamnation passée en force de chose jugée (■ Cass. crim., 28 juin 1995 : *Bull. crim.*, n° 243 ; *JCP* 96, II, 22576, note Dekeuwer).

Justifie sa décision l'arrêt qui, pour caractériser l'élément intentionnel, constate que le prévenu ne peut se prévaloir d'une impossibilité matérielle de payer pendant la période visée à la prévention (■ Cass. crim., 28 juin 2000 : *Bull. crim.*, n° 250).

30) Les juges doivent caractériser l'élément intentionnel du délit d'abandon de famille retenu à la charge du prévenu ; encourt dès lors la censure, l'arrêt qui, pour le déclarer coupable de cette infraction, constate qu'il est resté plus de 2 mois sans payer le montant de la pension alimentaire judiciairement fixée, mais qui, pour ajourner le prononcé de la peine, relève qu'il a pu se méprendre sur ses obligations en raison de la mise en œuvre par le créancier d'aliments d'une procédure de paiement direct puis de la « faillite » du tiers débiteur de la pension (■ Cass. crim., 28 juin 1995 : *Bull. crim.*, n° 243 ; *JCP* 96, G, II, 22576, note A. Dekeuwer).

31) L'article 227-3 du Code pénal qui incrimine le délit d'abandon de famille, n'ayant pas repris les dispositions de l'article 357-2 ancien présumant volontaire le défaut de paiement reproché, les juges doivent, tant en vertu de ce texte que de l'article 121-3 du Code pénal, caractériser l'élément intentionnel de cette infraction ; encourt, dès lors, la censure, la cour d'appel qui déclare notamment que le caractère volontaire du défaut de paiement est déduit de l'existence préalable d'une décision civile qui a apprécié les capacités financières du débiteur (■ Cass. crim., 21 mai 1997 : *Bull. crim.*, n° 190 ; V. également ■ Cass. crim., 26 nov. 1997 : *D.* 1999, jur. p. 156, obs. S. Mirabail).

32) Ne caractérise pas suffisamment l'élément intentionnel de l'infraction la cour d'appel qui se borne à énoncer que le prévenu ne justifie pas avoir mis en œuvre devant le juge aux affaires matrimoniales une procédure de réduction ou de suppression de la pension alimentaire (■ Cass. crim., 9 juin 2004 : *Dr. pénal* 2004, comm. 154, obs. M. Véron).

33) Compétence territoriale. En désignant le tribunal correctionnel du domicile ou de la résidence du créancier de la pension (pour une application, V. ■ Cass. crim., 25 janv. 1982 : *Bull. crim.*, n° 26), la loi n'a pas pour autant retiré à la victime le bénéfice des règles de compétence du droit commun si tel est son intérêt (■ Cass. crim., 3 mars 1977 : *JCP* 78, II, 18790, rapp. Guerder).

34) S'agissant de la détermination du lieu de l'infraction, au niveau international, la jurisprudence est divisée : tantôt elle localise le délit au domicile du créancier d'aliments (■ Paris, 30 juin 1956 : *Rev. crit. dr. int. privé* 1957, 108, note Simon-Depitre), tantôt elle le situe au domicile du débiteur (■ Cass. crim., 3 mai 1967 : *Bull. crim.*, n° 144 ; *Rev. crit. dr. int. privé* 1968, 695, note Decocq).

35) Le délit d'abandon de famille est caractérisé dès lors que l'un de ses éléments constitutifs a été accompli en France (■ Cass. crim., 29 janv. 2003 : *D.* 2004, jur., p. 307, obs. S. Mirabail).

36) À noter que la mise en œuvre d'une procédure de recouvrement public par le créancier d'aliments ne saurait mettre obstacle à l'exercice de l'action civile tendant à la réparation du dommage causé par le délit d'abandon de famille (■ Cass. crim., 15 mai 1984 : *Bull. crim.*, n° 175).

37) Jugé que se rend coupable d'infraction à la loi du 2 janvier 1973 le directeur d'une agence bancaire qui a manqué à l'obligation de verser les pensions au créancier d'aliments par préférence à tous autres créanciers, alors qu'il existait une convention de découvert rendant le banquier débiteur de sommes liquides et exigibles (■ Cass. crim., 29 mai 1984 : *Bull. crim.*, n° 194 ; *Rev. sc. crim.* 1985, 83, obs. Levasseur).

Art. 227-4. – **Le fait, par une personne tenue, dans les conditions prévues à l'article 227-3, à l'obligation de verser une pension, une contribution, des subsides ou des prestations de toute nature, de ne pas notifier son changement de domicile au créancier dans un délai d'un mois à compter de ce changement, est puni de six mois d'emprisonnement et de 7 500 € d'amende.**

Art. 227-4-1 *(Mod., L. n° 2009-526, 12 mai 2009)*. – **Les personnes morales déclarées responsables pénalement, dans les conditions prévues par l'article 121-2, des infractions définies à la présente section encourent, outre l'amende suivant les modalités prévues par l'article 131-38, les peines prévues par les 2° à 9° de l'article 131-39.**

L'interdiction mentionnée au 2° de l'article 131-39 porte sur l'activité dans l'exercice ou à l'occasion de l'exercice de laquelle l'infraction a été commise.

Section II *bis*. – De la violation des ordonnances prises par le juge aux affaires familiales en cas de violences

(L. n° 2010-769, 9 juill. 2010, en vigueur à compter du 1er oct. 2010)

Art. 227-4-2 *(L. n° 2010-769, 9 juill. 2010, en vigueur à compter du 1er oct. 2010)*. – **Le fait, pour une personne faisant l'objet d'une ou plusieurs obligations ou interdictions imposées dans une ordonnance de protection rendue en application des articles 515-9 ou 515-13 du Code civil, de ne pas se conformer à cette ou ces obligations ou interdictions est puni de deux ans d'emprisonnement et de 15 000 € d'amende.**

Art. 227-4-3 *(L. n° 2010-769, 9 juill. 2010, en vigueur à compter du 1er oct. 2010)*. – **Le fait, pour une personne tenue de verser une contribution ou des subsides au titre de l'ordonnance de protection rendue en application de l'article 515-9 du Code civil, de ne pas notifier son changement de domicile au créancier dans un délai d'un mois à compter de ce changement est puni de six mois d'emprisonnement et de 7 500 € d'amende.**

Code civil

Titre XIV. – Des mesures de protection des victimes de violences

(L. n° 2010-769, 9 juill. 2010, en vigueur à compter du 1er oct. 2010)

Art. 515-9 *(L. n° 2010-769, 9 juill. 2010, en vigueur à compter du 1er oct. 2010)*. – Lorsque les violences exercées au sein du couple ou par un ancien conjoint, un ancien partenaire lié par un pacte civil de solidarité ou un ancien concubin mettent en danger la personne qui en est victime, un ou plusieurs enfants, le juge aux affaires familiales peut délivrer en urgence à cette dernière une ordonnance de protection.

Art. 515-10 *(L. n° 2010-769, 9 juill. 2010, en vigueur à compter du 1er oct. 2010)*. – L'ordonnance de protection est délivrée par le juge, saisi par la personne en danger, si besoin assistée, ou, avec l'accord de celle-ci, par le ministère public.

Dès la réception de la demande d'ordonnance de protection, le juge convoque, par tous moyens adaptés, pour une audition, la partie demanderesse et la partie défenderesse, assistées, le cas échéant, d'un avocat, ainsi que le ministère public. Ces auditions peuvent avoir lieu séparément. Elles peuvent se tenir en chambre du conseil.

Art. 515-11 *(L. n° 2010-769, 9 juill. 2010, en vigueur à compter du 1er oct. 2010 ; mod., L. n° 2011-525, 17 mai 2011 ; L. n° 2014-873, 4 août 2014)*. – L'ordonnance de protection est délivrée, dans les meilleurs délais, par le juge aux affaires familiales, s'il estime, au vu des éléments produits devant lui et contradictoirement débattus, qu'il existe des raisons sérieuses de considérer comme vraisemblables la commission des faits de violence allégués et le danger auquel la victime ou un ou plusieurs enfants sont exposés. À l'occasion de sa délivrance, le juge aux affaires familiales est compétent pour :

1° Interdire à la partie défenderesse de recevoir ou de rencontrer certaines personnes spécialement désignées par le juge aux affaires familiales, ainsi que d'entrer en relation avec elles, de quelque façon que ce soit ;

2° Interdire à la partie défenderesse de détenir ou de porter une arme et, le cas échéant, lui ordonner de remettre au service de police ou de gendarmerie qu'il désigne les armes dont elle est détentrice en vue de leur dépôt au greffe ;

3° Statuer sur la résidence séparée des époux en précisant lequel des deux continuera à résider dans le logement conjugal et sur les modalités de prise en charge des frais afférents à ce logement. Sauf circonstances particulières, la jouissance de ce logement est attribuée au conjoint qui n'est pas l'auteur des violences, même s'il a bénéficié d'un hébergement d'urgence ;

4° Préciser lequel des partenaires liés par un pacte civil de solidarité ou des concubins continuera à résider dans le logement commun et statuer sur les modalités de prise en charge des frais afférents à ce logement. Sauf circonstances particulières, la jouissance de ce logement est attribuée au partenaire lié par un pacte civil de solidarité ou au concubin qui n'est pas l'auteur des violences, même s'il a bénéficié d'un hébergement d'urgence ;

5° Se prononcer sur les modalités d'exercice de l'autorité parentale et, le cas échéant, sur la contribution aux charges du mariage pour les couples mariés, sur l'aide matérielle au sens de l'article 515-4 pour les partenaires d'un pacte civil de solidarité et sur la contribution à l'entretien et à l'éducation des enfants ;

6° Autoriser la partie demanderesse à dissimuler son domicile ou sa résidence et à élire domicile chez l'avocat qui l'assiste ou la représente ou auprès du procureur de la République près le tribunal de grande instance pour toutes les instances civiles dans lesquelles elle est également partie. Si, pour les besoins de l'exécution d'une décision de justice, l'huissier chargé de cette exécution doit avoir connaissance de l'adresse de cette personne, celle-ci lui est communiquée, sans qu'il puisse la révéler à son mandant ;

6° *bis* Autoriser la partie demanderesse à dissimuler son domicile ou sa résidence et à élire domicile pour les besoins de la vie courante chez une personne morale qualifiée ;

7° Prononcer l'admission provisoire à l'aide juridictionnelle de la partie demanderesse en application du premier alinéa de l'article 20 de la loi n° 91-647 du 10 juillet 1991 relative à l'aide juridique.

Le cas échéant, le juge présente à la partie demanderesse une liste des personnes morales qualifiées susceptibles de l'accompagner pendant toute la durée de l'ordonnance de protection. Il peut, avec son accord, transmettre à la personne morale qualifiée les coordonnées de la partie demanderesse, afin qu'elle la contacte.

Lorsque le juge délivre une ordonnance de protection en raison de violences susceptibles de mettre en danger un ou plusieurs enfants, il en informe sans délai le procureur de la République.

Art. 515-12 *(L. n° 2010-769, 9 juill. 2010, en vigueur à compter du 1er oct. 2010 ; mod., L. n° 2014-873, 4 août 2014)*. – Les mesures mentionnées à l'article 515-11 sont prises pour une durée maximale de six mois à compter de la notification de l'ordonnance. Elles peuvent être prolongées au-delà si, durant ce délai, une requête en divorce ou en séparation de corps a été déposée ou si le juge aux affaires familiales a été saisi d'une requête relative à l'exercice de l'autorité parentale. Le juge aux affaires familiales peut, à tout moment, à la demande du ministère public ou de l'une ou l'autre des parties, ou après avoir fait procéder à toute mesure d'instruction utile, et après avoir invité chacune d'entre elles à s'exprimer, supprimer ou modifier tout ou partie des mesures énoncées dans l'ordonnance de protection, en décider de nouvelles, accorder à la personne défenderesse une dispense temporaire d'observer certaines des obligations qui lui ont été imposées ou rapporter l'ordonnance de protection.

Art. 515-13 *(L. n° 2010-769, 9 juill. 2010, en vigueur à compter du 1er oct. 2010 ; mod., L. n° 2014-873, 4 août 2014)*. – Une ordonnance de protection peut également être délivrée en urgence par le juge à la personne majeure menacée de mariage forcé, dans les conditions fixées à l'article 515-10.

Le juge est compétent pour prendre les mesures mentionnées aux 1°, 2°, 6° et 7° de l'article 515-11. Il peut également ordonner, à sa demande, l'interdiction temporaire de sortie du territoire de la personne menacée. Cette interdiction de sortie du territoire est inscrite au fichier des personnes recherchées par le procureur de la République. L'article 515-12 est applicable aux mesures prises sur le fondement du présent article.

Section III. – Des atteintes à l'exercice de l'autorité parentale

Art. 227-5. – Le fait de refuser indûment de représenter un enfant mineur à la personne qui a le droit de le réclamer est puni d'un an d'emprisonnement et de 15 000 € d'amende.

Bibliographie : *JCl. pén., Atteintes à l'exercice de l'autorité parentale* par P. Bonfils et L. Grégoire et, *Soustraction internationale de mineurs et droit conventionnel de l'entraide judiciaire civile* par B. Sturlese.

1) Élément matériel. Il est constitué par le fait de refuser de remettre ou de restituer un enfant mineur à la personne qui en a la garde (■ Cass. crim., 4 mai 1961 : *Bull. crim.*, n° 238. ■ 8 févr. 1966 : *Bull. crim.*, n° 36), judiciairement ou légalement selon les dispositions nouvelles.

2) Encore faut-il que la décision judiciaire soit claire et précise et, notamment, fixe nettement les modalités du droit de visite et de la remise de l'enfant, les juges répressifs ne pouvant ni ajouter ni retrancher aux termes de la décision (■ Cass. crim., 14 avr. 1999 ; *Bull. crim.*, n° 85 ; *Dr. pénal* 1999, comm. 111, obs. M. Véron ; *D.* 2000, somm. p. 37, obs. Y. Mayaud. ■ 8 sept. 1999 : *Dr. pénal* 2000, comm. 14, obs. M. Véron). *Adde*, ■ Aix-en-Provence : 17 avr. 2002 : *Dr. pénal* 2002, comm. 122, obs. M. Véron ; (en l'espèce, la prévenue a été relaxée car la décision de justice n'avait pas précisé les « week-end » auxquels le père avait droit).

3) Caractérise le délit le fait, par la prévenue, d'user d'un stratagème pour parvenir à soustraire le mineur au titulaire du droit de visite en faisant croire à celui-ci que sa fille était malade et le dissuadant ainsi d'aller la chercher (■ Cass. crim., 18 déc. 2002 : *Bull. crim.*, n° 237 ; *D.* 2003, jur. comm., p. 1062, note Y. Mayaud).

4) Le délit de non-représentation d'enfant défini par l'article 227-5 du Code pénal suppose, pour être caractérisé en ses éléments constitutifs, qu'à la date des faits retenus par la prévention la décision ayant statué sur la résidence du mineur ait été exécutoire.

C'est à bon droit qu'une cour d'appel déclare le prévenu coupable de ce délit, la décision du juge aux affaires familiales fixant la résidence du mineur au domicile de la mère à la date des faits, ayant été exécutoire, alors même que le juge a ultérieurement fixé cette résidence, de manière rétroactive, à son domicile, à partir d'une date antérieure à celle retenue par la prévention (■ Cass. crim., 14 mars 2012, n° 11-85.421 : *Bull. crim.*, n° 74).

5) Abstention. La non-représentation peut consister en une abstention pure et simple, consistant à ne pas présenter l'enfant à celui qui a le droit de le réclamer : tel est le cas de l'individu qui produit un certificat médical de complaisance attestant que l'enfant souffrant ne peut quitter le parent qui en a la garde (■ Cass. crim., 28 nov. 1973 : *Bull. crim.*, n° 444 ; *Rev. sc. crim.* 1974, 367, obs. Levasseur).

Pour le cas de pluralité d'enfants, V. ■ Cass. crim., 13 févr. 1962 : *Bull. crim.*, n° 91 et 21 févr. 1967 : *Bull. crim.*, n° 74.

6) Refus du mineur. Lorsque c'est le mineur qui refuse d'être remis à la personne le réclamant, le gardien de l'enfant ne saurait s'abriter derrière cette attitude pour échapper à toute responsabilité pénale, car il doit user de son influence sur le mineur pour que soit respectée la décision judiciaire (■ Cass. crim., 29 avr. 1976 : *JCP* 76, II, 18505, note Vitu ; *Rev. sc. crim.* 1976, 967, obs. Levasseur. ■ 27 oct. 1993 : *Dr. pénal* 1994, n° 61). En effet, la résistance d'un mineur à l'égard de celui qui le réclame ne saurait, à moins de circonstances exceptionnelles, constituer pour celui qui a l'obligation de le représenter, ni une excuse légale ni un fait justificatif (■ Cass. crim., 17 juin 1992 : *Bull. crim.*, n° 245). Mais il en va autrement lorsque l'intéressé a en vain usé de son autorité et que seules des circonstances exceptionnelles, expressément constatées, l'ont empêché d'exécuter son obligation, ce qui est par exemple le cas lorsque l'attitude antérieure du demandeur a gravement perturbé les enfants et que la perspective d'un nouvel exercice du droit de visite soit de nature à mettre en péril leur santé (■ Cass. crim., 29 avr. 1976 : *Bull. crim.*, n° 132 ; *JCP* 76, II, 18505, note Vitu. ■ 15 déc. 1976 : *Bull. crim.*, n° 368 ; *Rev. sc. crim.* 1977, 339, obs. Levasseur. ■ 15 juin 1994 : *Gaz. Pal.* 1994, n° 336). Mais la vie nomade du père et l'exercice peu fréquent de son droit de visite ne constituent pas des circonstances exceptionnelles justifiant la résistance du mineur (■ Bordeaux, 15 févr. 1989 : *JurisData* n° 042657) ; tout comme l'opposition de l'enfant orchestrée par sa mère (■ Cass. crim., 13 avr. 1988 : *D.* 1989, 461, note Renucci ; *Rev. sc. crim.* 1990, 343, obs. Levasseur).

7) La jurisprudence retient aussi parfois pour exonérer le prévenu de toute responsabilité le développement physique et intellectuel du mineur qui peut alors le rendre rebelle à toute injonction (■ Cass. crim., 14 mars 1972 : *JCP* 73, II, 17405, note M. A. ; *Rev. sc. crim.* 1974, 103, obs. Levasseur).

8) Intention coupable. L'élément intentionnel du délit de non-représentation d'enfant est caractérisé par le refus délibéré de remettre l'enfant à la personne qui a le droit de le réclamer, en l'espèce la volonté de se soustraire à l'exécution d'une décision de justice, quel que soit le mobile qui guide cette attitude (■ Cass. crim., 13 févr. 1962 : *Bull. crim.*, n° 91 ; *Rev. sc. crim.* 1962, p. 755, obs. Hugueney. ■ 21 févr. 1967 : *Bull. crim.*, n° 74). La preuve de la connaissance chez le prévenu de la décision de justice exécutoire résulte de la notification de la décision (■ Cass. crim., 5 mars 1980 : *Bull. crim.*, n° 80). Caractérise en tous ses éléments constitutifs le délit de non-représentation d'enfant au mépris d'une ordonnance du juge aux affaires familiales statuant sur l'exercice de l'autorité parentale, la cour d'appel qui relève que la prévenue a eu connaissance de cette décision, exécutoire par provision (■ Cass. crim., 23 juin 1999 : *Bull. crim.*, n° 155). Dès lors qu'à la date des faits la décision statuant sur la garde était exécutoire, la réformation ultérieure de cette décision ne saurait faire disparaître le délit commis (■ Cass. crim., 29 nov. 1982 : *Bull. crim.*, n° 270).

9) Refus indu et refus justifié. Le refus délibéré ou indu comme étant notamment contraire à une décision de justice, caractérise l'élément intentionnel du délit de non-représentation d'enfant tant au regard de l'article 357 ancien que de l'article 227-5 nouveau du Code pénal. Commet dès lors cette infraction, le père qui, au mépris d'un jugement civil ayant statué sur la garde des enfants, refuse de les ramener à leur mère à l'issue de son droit de visite et d'hébergement, en l'absence de tout état de nécessité, aucun danger ne menaçant leur personne ou leur santé (■ Cass. crim., 3 sept. 1996 : *Bull. crim.*, n° 311 ; *Rev. sc. crim.* 1997, 104, obs. Y. Mayaud), ou l'opposition absolue de la prévenue à tout exercice du droit de visite dans les conditions fixées par le juge, exclusives d'un danger actuel ou imminent pour le mineur, en l'état de simples soupçons d'atteintes sexuelles pesant sur le père (■ Cass. crim., 2 sept. 2004 : *Dr. pénal* 2004, comm. 172, obs. M. Véron). Mais le refus est justifié si le mineur court le risque sérieux de subir de mauvais traitements de la part de celui qui le réclame (■ Cass. crim., 15 déc. 1976 : *Bull. crim.*, n° 368).

10) Autres applications. Est coupable la mère qui refuse au père l'exercice du droit de visite et d'hébergement en ajoutant à l'ordonnance de non-conciliation qui l'organise, des restrictions qu'elle ne contenait pas (■ Cass. crim., 8 sept. 1999 : *JurisData* n° 003447 ; *Dr. pénal* 2000, comm. 14, obs. M. Véron). Commet le délit le directeur départemental des affaires sanitaires et sociales qui, au mépris d'une ordonnance du juge des enfants, refuse à des parents nourriciers, tout droit de visite sur des mineurs pupilles de l'État (■ Cass. crim., 3 juill. 1984 : *Bull. crim.*, n° 254 ; *Rev. sc. crim.* 1985, 301, obs. Levasseur). Commet encore le délit le père qui retient un enfant pendant l'ensemble des vacances scolaires à son domicile, alors que son droit de visite est accordé pour la moitié de ces périodes seulement, même si le but d'un tel agissement est de compenser les périodes où les droits légaux du père n'ont pu être exercés en raison de la mauvaise volonté de la mère gardienne (■ Aix-en-Provence, 18 janv. 1989 : *JurisData* n° 041515).

11) Mais est justifiée la relaxe de la mère qui a refusé de remettre les enfants à la sœur de son ex-mari, le droit de visite et d'hébergement ayant été accordé personnellement au père (■ Cass. crim., 18 juin 1985, inédit). Ou encore, le fait pour la mère, titulaire d'un droit d'hébergement pendant les vacances, de ne pas avoir restitué les enfants au père gardien, au jour prévu ne suffit pas à caractériser le délit de non-représentation d'enfant lorsque le père n'a fait aucune réclamation ni sommation et que la mère n'a pas manifesté son intention de ne pas se conformer aux dispositions judiciaires (■ Pau, 15 déc. 1987 : *JurisData* n° 047282). Il a été jugé qu'il n'y a pas délit si la mère gardienne, en raison d'obligations professionnelles, a transféré son domicile en Guadeloupe, alors qu'elle ne s'est pas soustraite volontairement à l'exécution de la décision de justice fixant le droit de visite (■ Reims, 14 avr. 1972 : *D.* 1972, 432 ; *Rev. sc. crim.* 1973, 124, obs. Levasseur).

12) Encourt la cassation l'arrêt qui déclare une prévenue coupable du délit de non-représentation d'enfant, sans rechercher si le père des enfants la prévenait à l'avance du nom du tiers présent lors de l'exercice de son droit de visite alors que l'ordonnance du juge aux affaires familiales accordant au père des enfants un droit de visite simple sans hébergement, en présence constante d'un tiers digne de confiance choisi par lui, prévoyait qu'il devait l'informer à l'avance du nom du tiers choisi (■ Cass. crim., 3 oct. 2012, n° 12-80.569 : *Bull. crim.*, n° 212 ; *Dr. pénal* 2012, comm. 158, obs. M. Véron).

13) Imputabilité. Sera seule poursuivie la personne tenue par la décision judiciaire de représenter l'enfant, et non une autre personne qui, chargée occasionnellement du mineur, aurait négligé de respecter la décision (■ Cass. crim., 7 déc. 1972 : *D.* 1973, 172 ; *Rev. sc. crim.* 1973, 695, obs. Levasseur).

14) Perte d'autorité parentale. Justifie sa décision, la cour d'appel qui relaxe la mère d'un enfant mineur qui ne représente pas ce dernier à son père, dès lors que celui-ci a perdu l'exercice de l'autorité parentale sur cet enfant à la suite d'une condamnation pour abandon de famille (■ Cass. crim., 4 déc. 1984 : *Bull. crim.*, n° 385).

Mais l'infraction serait constituée si le bénéficiaire du droit de réclamer l'enfant justifie de ce qu'il a assumé durant six mois au moins ses obligations et recouvré de plein droit les attributs de l'autorité parentale, conformément aux termes de l'article 373, 3° du Code civil, quand bien même il subsisterait, dans le montant de la dette, un arriéré (■ Cass. crim., 29 sept. 1993 : *Bull. crim.*, n° 273 ; *Rev. sc. crim.* 1994, 555, obs. Levasseur. ■ 26 mai 1999 : *Dr. pénal* 1999, comm. 149, obs. M. Véron).

15) Rejette, à bon droit, l'exception de déchéance de l'autorité parentale prévue par l'article 373, 3° du Code civil motivée par une condamnation pour abandon de famille du parent ayant le droit de réclamer l'enfant, la cour d'appel qui relève que cette condamnation n'est devenue définitive qu'après les faits (■ Cass. crim., 24 juin 1992 : *Bull. crim.*, n° 260). A donné une base légale à sa décision, au regard de l'article 373-3° du Code civil, la cour d'appel qui relève que le délit de non-représentation d'enfant est caractérisé, bien qu'une déclaration de culpabilité avec ajournement de la peine ait été prononcée pour abandon de famille contre le bénéficiaire du droit de visite au cours du délai retenu par la prévention, cette décision ne constituant pas une condamnation, au sens de ce texte, dès lors qu'au terme d'un tel ajournement peut intervenir une dispense de peine qui, par l'effet de l'article 469-1 du Code de procédure pénale, exclut l'application des dispositions prévoyant des interdictions, déchéances ou incapacités de quelque nature qu'elles soient résultant de plein droit d'une condamnation (■ Cass. crim., 23 oct. 1996 : *Bull. crim.*, n° 371).

16) Compétence. Le délit prévu par l'article 357 du Code pénal est commis au lieu où doit être accomplie la remise du mineur, conformément aux dispositions de la décision de justice dont l'exécution doit être assurée. Il s'agit dans les hypothèses où cette décision l'exige, du lieu spécifique désigné expressément par la juridiction civile, et non du domicile de la personne ayant le droit de réclamer l'enfant (■ Cass. crim., 4 janv. 1990 : *Bull. crim.*, n° 8 ; *Rev. sc. crim.* 1990, 788, obs. Levasseur) ; mais en l'absence de désignation expresse du lieu spécifique où doit être accomplie la remise du mineur, par la décision de justice accordant le droit de visite, le délit de non-représentation d'enfant est commis au lieu du domicile de la personne ayant le droit de réclamer l'enfant, les dispositions prises par les parties à cet égard n'ayant aucune incidence (■ Cass. crim., 24 juin 1992 : *Bull. crim.*, n° 260. ■ 14 avr. 1999 : *Bull. crim.*, n° 85).

– En l'absence de communication par la prévenue à la partie civile du lieu de son domicile en vue de l'exercice par cette dernière de son droit de visite et d'hébergement, le délit de l'article 227-5 du Code pénal est commis au lieu du domicile de la personne ayant le droit de réclamer l'enfant (■ Cass. crim., 23 juin 2010 : *Dr. pén.* 2010, comm. 129, obs. A. Maron).

17) Poursuites. Il n'est pas nécessaire que la citation qui informe le prévenu des faits de non-représentation d'enfant relevés contre lui et réprimés par l'article 227-5 du Code pénal précise la nature du droit qui l'oblige à représenter l'enfant (■ Cass. crim., 13 mars 1996 : *Bull. crim.*, n° 114 ; *Rev. sc. crim.* 1997, 103, note Y. Mayaud).

18) Les poursuites n'étant pas subordonnées au dépôt d'une plainte préalable par la victime, le retrait par celle-ci de sa plainte n'arrête pas le cours de la procédure (■ Cass. crim., 29 avr. 1976 : *JCP* 76, II, 18505, note Vitu ; *Rev. sc. crim.* 1976, 967, obs. Levasseur. ■ 23 juin 2010 : *Dr. pén.* 2010, comm. 129, obs. A. Maron).

19) La désobéissance à une décision de justice statuant sur la garde d'un mineur constitue une infraction successive, qui se renouvelle chaque jour, ou du moins chaque fois qu'à une nouvelle mise en demeure l'intéressé répond négativement (■ Cass. crim., 14 févr. 1957 : *Bull. crim.*, n° 251).

20) C'est à la date de la citation qu'il convient d'apprécier si l'individu poursuivi pour non-représentation d'enfant a persévéré dans son attitude de refuser de représenter cet enfant à la personne investie du droit de garde (■ Cass. crim., 29 nov. 1982 : *Bull. crim.*, n° 270).

21) L'obligation faite à la prévenue, condamnée pour non-représentation d'enfant, à une peine d'emprisonnement assortie de sursis avec mise à l'épreuve de se conformer aux décisions de justice réglant les modalités d'exercice de l'autorité parentale n'entre pas dans les prévisions limitatives énumérées par l'article 132-45 du Code pénal (■ Cass. crim., 23 juin 1999 : *Bull. crim.*, n° 155).

Art. 227-6 ***(L. n° 2016-1547, 18 nov. 2016).*** **– Le fait, pour une personne qui transfère son domicile en un autre lieu, alors que ses enfants résident habituellement chez elle, de ne pas notifier son changement de domicile, dans un délai d'un mois a compter de ce changement, à ceux qui peuvent exercer à l'égard des enfants un droit de visite ou d'hébergement en vertu d'un jugement, d'une convention judiciairement homologuée ou d'une convention prévue à l'article 229-1 du Code civil, est puni de six mois d'emprisonnement et de 7 500 euros d'amende.**

1) Lorsqu'en l'état de ses constatations souveraines d'où il résulte que la prévenue, qui a respecté les obligations nées de la convention entre elle et son ex-époux, n'a pas eu l'intention de faire échec au droit de visite de celui-ci, la cour d'appel justifie sa décision de la relaxer du chef d'infraction à l'article 356-1 du Code pénal (▪ Cass. crim., 20 févr. 1991 : *Bull. crim.*, n° 87).

2) Le délit de défaut de notification de changement de domicile, prévu par l'article 227-6 du Code pénal, est commis au lieu du domicile de la personne qui peut exercer un droit de visite ou d'hébergement à l'égard de l'enfant (▪ Cass. crim., 21 janv. 2004 : *Bull. crim.*, n° 17) ; *Dr. pénal* 2004, comm. 81, obs. M. Véron).

Art. 227-7 ***(Mod., Ord. n° 2005-759, 4 juill. 2005).*** **– Le fait, par tout ascendant de soustraire un enfant mineur des mains de ceux qui exercent l'autorité parentale ou auxquels il a été confié ou chez qui il a sa résidence habituelle, est puni d'un an d'emprisonnement et de 15 000 € d'amende.**

Les dispositions de l'article 227-7 du Code pénal n'imposent pas que le mineur ait été soustrait des seules mains du titulaire de l'autorité parentale (▪ Cass. crim., 16 févr. 2005 : *JurisData* n° 2005-027765 ; *Dr. pénal* 2005, comm. 87, obs. M. Véron).

Art. 227-8. – Le fait, par une personne autre que celles mentionnées à l'article 227-7 de soustraire, sans fraude ni violence, un enfant mineur des mains de ceux qui exercent l'autorité parentale ou auxquels il a été confié ou chez qui il a sa résidence habituelle, est puni de cinq ans d'emprisonnement et de 75 000 € d'amende.

1) Pour que l'infraction soit constituée, il suffit que le mineur ait été sciemment et volontairement entraîné et déplacé par un tiers pendant un certain temps, quand bien même il y aurait consenti et sans même qu'il y ait lieu d'avoir égard à la circonstance que le mineur a abandonné de son plein gré le domicile qui était normalement le sien (▪ Cass. crim., 24 juill. 1957 : *D.* 1958, 288, note M. R. M. P. ; *S.* 1958, 1, note Hugueney. ▪ 21 mai 1980, inédit).

2) L'article 356 frappe d'une façon générale aussi bien celui qui, sans fraude ni violence, enlève un mineur de dix-huit ans, que celui qui, dans les mêmes conditions, le détourne notamment en ne le représentant pas à ceux qui tiennent de la loi le droit de le réclamer ou de le garder (▪ Cass. crim., 13 mai 1953 : *D.* 1954, 673, rapp. Patin et note Vouin ; *JCP* 53, II, 7729, note Chavanne ; *Rev. sc. crim.* 1953, 669, obs. Hugueney).

3) Ne constitue pas un détournement au sens du texte le fait pour un individu, poursuivant de ses assiduités une jeune fille, de l'avoir emmenée faire une promenade en automobile pour avoir des rapports sexuels avec elle, alors que cette promenade ne s'était pas prolongée plus longtemps qu'il a été nécessaire pour que les rapports sexuels aient eu lieu (▪ Cass. crim., 3 févr. 1972 : *Bull. crim.*, n° 45 ; *Rev. sc. crim.* 1972, 882, obs. Levasseur).

4) Est justifiée la condamnation de deux responsables d'une association agréée ayant procédé au placement des mineurs qui, invoquant la qualité de tuteur qu'un conseil de famille avait attribuée à cette association, avaient réussi à se faire remettre les mineurs par la directrice de l'école qu'ils fréquentaient et ont depuis toujours refusé de révéler le lieu où se trouvaient les enfants au mépris des décisions qui leur en faisaient l'obligation (▪ Cass. crim., 18 nov. 1980 : *Bull. crim.*, n° 303 ; *Rev. sc. crim.*, 1981, 873, obs. Levasseur).

5) Commet le délit de détournement de mineur le président d'une association agréée pour le placement familial et l'adoption d'orphelins qui, contrevenant aux dispositions des articles 348-3 et 351 du Code civil, place illégalement un enfant à l'étranger en vue de l'adoption et n'est plus, dès lors, en mesure de le rendre à ses parents qui le réclament (▪ Cass. crim., 24 mai 1982 : *Bull. crim.*, n° 133 ; *JCP* 83, II, 20033, note Vitu ; *Rev. sc. crim.* 1983, 270, obs. Levasseur).

6) L'erreur sur l'âge de la victime est admise (▪ Cass. crim., 6 nov. 1963 : *D.* 1965, 323, note Vouin ; *JCP* 64, II, 13463, note Larguier ; *Rev. sc. crim.* 1964, 375, obs. Hugueney).

7) Le délit de détournement d'enfant, qui consiste dans le refus persistant d'obtempérer à la décision de justice de représenter l'enfant à ceux qui ont le droit de le réclamer, se renouvelle chaque fois que son auteur démontre par son comportement sa volonté de persévérer dans son attitude (▪ Cass. crim., 30 juin 1981 : *Bull. crim.*, n° 223).

8) Ce délit présente le caractère d'un délit continu qui se poursuit aussi longtemps que son auteur persévère dans sa volonté de porter atteinte à l'exercice de l'autorité parentale (▪ Cass. crim., 23 févr. 2000 : *Bull. crim.*, n° 83 ; *Rev. sc. crim.* 2000, 608, obs. Y. Mayaud).

Art. 227-9 *(Mod., L. n° 2002-304, 4 mars 2002)*. **– Les faits définis par les articles 227-5 et 227-7 sont punis de trois ans d'emprisonnement et de 45 000 € d'amende :**

1° Si l'enfant mineur est retenu au-delà de cinq jours sans que ceux qui ont le droit de réclamer qu'il leur soit représenté sachent où il se trouve ;

2° Si l'enfant mineur est retenu indûment hors du territoire de la République.

Art. 227-10. – Si la personne coupable des faits définis par les articles 227-5 et 227-7 a été déchue de l'autorité parentale, ces faits sont punis de trois ans d'emprisonnement et de 45 000 € d'amende.

Art. 227-11. – La tentative des infractions prévues aux articles 227-7 et 227-8 est punie des mêmes peines.

Section IV. – Des atteintes à la filiation

Art. 227-12 *(Mod., L. n° 94-653, 29 juill. 1994)*. **– Le fait de provoquer soit dans un but lucratif, soit par don, promesse, menace ou abus d'autorité, les parents ou l'un d'entre eux à abandonner un enfant né ou à naître est puni de six mois d'emprisonnement et de 7 500 € d'amende.**

Le fait, dans un but lucratif, de s'entremettre entre une personne désireuse d'adopter un enfant et un parent désireux d'abandonner son enfant né ou à naître est puni d'un an d'emprisonnement et de 15 000 € d'amende.

Est puni des peines prévues au deuxième alinéa le fait de s'entremettre entre une personne ou un couple désireux d'accueillir un enfant et une femme acceptant de porter en elle cet enfant en vue de le leur remettre. Lorsque ces faits ont été commis à titre habituel ou dans un but lucratif, les peines sont portées au double.

La tentative des infractions prévues par les deuxième et troisième alinéas du présent article est punie des mêmes peines.

Bibliographie : Sur le contrat de substitution de mère, V. Atias : *D.* 1986, chron. 67 et *JCl. pén.*, *Atteintes à la filiation* par P. Bonfils et L. Grégoire.

1) Les pratiques selon lesquelles une femme accepte de concevoir un enfant par insémination artificielle en vue de céder, dès sa naissance, l'enfant qu'elle aura ainsi conçu, porté et mis au monde, à une autre femme ou à un couple, comportent nécessairement un acte, quelle qu'en soit la forme, au terme duquel l'un des parents s'engage à abandonner un enfant à naître, comportement réprimé par l'article 353-1, 2°, du Code pénal ; ont en conséquence un objet illicite les associations de mères dites porteuses ou de substitution (■ CE, 22 janv. 1988 : *D.* 1988, inf. rap. 45 ; *AJDA* 1988, 151, note Azibert et de Boisdeffre. ■ TA Strasbourg, 17 juin 1986 : *JCP* 87, II, 20719, concl. Kintz).

2) La convention par laquelle une femme s'engage, fût-ce à titre gratuit, à concevoir et à porter un enfant pour l'abandonner à sa naissance contrevient tant au principe d'ordre public de l'indisponibilité du corps humain qu'à celui de l'indisponibilité de l'état des personnes (■ Cass. ass. plén. 31 mai 1991 : *D.* 1991, 417, rapp. Chartier, note Thouvenin ; *ibid.* somm. 318, obs. Aubert ; *D.* 1992, somm. 59, obs. Dekeuwer-Défossez ; *JCP* 91, II, 21752, communication J. Bernard, concl. Dontenwille, note Terré ; *JCP* 92, I, 3547, obs. Rubellin-Devichi ; *RTD civ.* 1991, 517, obs. Huet-Weiller)... Et celui qui fait souscrire un tel acte est passible des peines prévues par l'article 353-1 du Code pénal (■ Pau, 19 févr. 1991 : *D.* 1991, 380, note LarribauTerneyre ; *D.* 1992, somm. 59, obs. Dekeuwer-Défossez).

Art. 227-13. – La substitution volontaire, la simulation ou dissimulation ayant entraîné une atteinte à l'état civil d'un enfant est punie de trois ans d'emprisonnement et de 45 000 € d'amende.

La tentative est punie des mêmes peines.

1) La loi n'ayant pas donné de précision, en l'absence de limite fixée par le code, l'infraction prévue par l'article 345, alinéa 1 est réalisée chaque fois qu'elle concerne un enfant trop jeune pour conserver mémoire de son état civil exact (■ Cass. crim., 4 mars 1875 : *S.* 75, 1, 433, note Villey).

2) Lorsqu'un enlèvement a lieu, mais sans que les preuves de la filiation soient détruites, l'article 345 est inapplicable et il faut recourir à l'article 354 du Code pénal (■ Cass. crim., 3 juin 1955 : *D.* 1955, 521, rapp. Patin).

3) La question préjudicielle de filiation autrefois à l'action publique et depuis 1972 au jugement ne concerne que les faits d'enlèvement, de recélé, de substitution et de supposition d'enfant et non celui de suppression d'enfant où est en jeu non plus l'état civil, mais l'existence même de celui-ci (■ Cass. crim., 2 sept. 1880 : *S.* 81, 1, 89).

4) Les délits de simulation et de dissimulation d'enfant, prévus par l'article 227-13 constituent les deux aspects des faits de supposition d'enfant, qualifiés par l'article 345 ancien. La supposition, qui consistait à attribuer la maternité d'un enfant à une femme qui n'avait pas accouché, impliquait tant la simulation de la naissance par la mère fictive que la dissimulation de la maternité de la mère réelle (■ Cass. crim., 12 janv. 2000 : *Bull. crim.*, n° 21 ; *Dr. pénal* 2000, comm. 84, obs. M. Véron).

5) Ces délits constituent des infractions clandestines par nature à l'égard desquelles le délai de **prescription** ne commence à courir que du jour où elles sont apparues et ont pu être constatées dans des conditions permettant l'exercice de l'action publique (■ Cass. crim., 23 juin 2004 : *Bull. crim.*, n° 173 ; *Dr. pénal* 2004, comm. 143, obs. M. Véron ; *Rev. sc. crim.* 2004, p. 883, obs. Y. Mayaud).

6) Sauf dans les cas où la loi en dispose autrement, la minorité de l'enfant victime d'un délit ne constitue pas un obstacle de droit ayant pour effet de suspendre le cours de la prescription (même arrêt).

Art. 227-14 ***(Mod., L. n° 2009-526, 12 mai 2009).*** **– Les personnes morales déclarées responsables pénalement, dans les conditions prévues par l'article 121-2, des infractions définies à la présente section encourent, outre l'amende suivant les modalités prévues par l'article 131-38, les peines prévues par les 1° à 3°, 8° et 9° de l'article 131-39.**

Section V. – De la mise en péril des mineurs

Art. 227-15 ***(Mod., L. n° 2003-239, 18 mars 2003 ; Ord. n° 2005-759, 4 juill. 2005).*** **– Le fait, par un ascendant ou toute autre personne exerçant à son égard l'autorité parentale ou ayant autorité sur un mineur de quinze ans, de priver celui-ci d'aliments ou de soins au point de compromettre sa santé est puni de sept ans d'emprisonnement et de 100 000 € d'amende.**

Constitue notamment une privation de soins le fait de maintenir un enfant de moins de six ans sur la voie publique ou dans un espace affecté au transport collectif de voyageurs, dans le but de solliciter la générosité des passants.

Bibliographie : *JCl. pén., Privation d'aliments ou de soins envers un mineur* par F. Alt-Maes.

Art. 227-16. **– L'infraction définie à l'article précédent est punie de trente ans de réclusion criminelle lorsqu'elle a entraîné la mort de la victime.**

1) Il résulte des dispositions de l'article 312 du Code pénal qu'en matière de privations de soins et d'aliments, la qualité de père, mère ou de personne ayant autorité ou chargée de la garde de l'enfant, d'une part, et la minorité de quinze ans de celui-ci, d'autre part, sont des éléments constitutifs de l'infraction. Par contre la mort survenue à la suite de ces privations sans que l'auteur ait eu l'intention de la donner est une circonstance aggravante. En conséquence, n'est pas entachée de complexité prohibée la question principale de privations de soins et d'aliments qui réunit en une formule unique la qualité de la personne ayant autorité sur la victime et la minorité de quinze ans de celle-ci (■ Cass. crim., 17 déc. 1986 : *Bull. crim.*, n° 375 ; *Rev. sc. crim.* 1987, 692, obs. Levasseur).

2) Doit être cassé l'arrêt d'une chambre d'accusation qui, pour retenir à l'encontre de l'inculpée une privation de soins par mère légitime à enfant de moins de quinze ans, énonce que par sa volonté délibérée de dissimuler pendant plusieurs mois les violences du père à l'égard de l'enfant, par sa passivité lors de la scène ultime dont elle avait compris la gravité, l'inculpée qui pourtant redoutait le pire... s'est rendue l'auteur d'un défaut de soins directement en rapport avec la mort de l'enfant. Les juges ne peuvent sans se contredire énoncer que la mort de l'enfant résultait de coups portés par le père et retenir en même temps à la charge de la mère le crime de privation de soins ayant entraîné la mort (■ Cass. crim., 8 oct. 1986, inédit).

3) Justifie sa décision la cour d'appel qui, pour relaxer la prévenue qui était poursuivie sur le fondement de l'article 227-15 du Code pénal pour avoir maintenu son fils âgé de moins de six ans sur la voie publique, afin de solliciter la générosité des passants, apprécie souverainement que la santé de l'enfant n'a pas été compromise (■ Cass.

crim., 12 oct. 2005 : *Bull. crim.*, n° 259 ; *Dr. pénal* 2006, comm. 6, obs. M. Véron ; *Gaz. Pal.* 30 oct.-3 nov. 2005, p. 10, concl. D. Commaret ; *JCP* 2006, II, 10022, note J. Leblois-Happe ; *D.* 2006, jur., p. 2446, note J.-Y. Maréchal).

4) La qualité de concubin de la mère de la victime ne confère pas, par elle seule, l'autorité de fait à laquelle l'article 312 du Code pénal attache une aggravation de peine (■ Cass. crim., 1er févr. 1989 : *Bull. crim.*, n° 42).

Art. 227-17 ***(Mod., L. n° 2002-1138, 9 sept. 2002 ; Ord. n° 2005-759, 4 juill. 2005).*** **– Le fait, par le père ou la mère de se soustraire, sans motif légitime, à ses obligations légales au point de compromettre la santé, la sécurité, la moralité ou l'éducation de son enfant mineur est puni de deux ans d'emprisonnement et de 30 000 € d'amende.**

L'infraction prévue par le présent article est assimilée à un abandon de famille pour l'application du 3° de l'article 373 du Code civil.

Bibliographie : *JCl. pén., Soustraction d'un parent à ses obligations légales* par P. Pedron.

1) QPC. La chambre criminelle (■ Cass. crim., 13 janv. 2015, n° 14-90.044 : *Dr. pén.* 2015, comm. 34, obs. M. Véron) a décidé de renvoyer au Conseil constitutionnel une QPC concernant notamment l'article 227-17 au motif que la question posée présente un caractère sérieux en ce qu'elle implique de déterminer si la protection individuelle et collective de la santé justifie de rendre obligatoires certaines vaccinations de mineurs, sauf contre-indication médicalement reconnue, et de poursuivre les titulaires de l'autorité parentale qui s'opposent à leur réalisation comme étant dangereuse pour leur enfants.

Mais, par décision n° 2015-458 QPC du 20 mars 2015, le Conseil constitutionnel a décidé que l'article 227-17 ne réprime pas spécifiquement le manquement à l'obligation de vaccination et que la QPC portait uniquement sur les articles L. 3111-1 à L. 3111-3 du Code de la santé publique (*Dr. pén.* 2015, comm. 83, obs. M. Véron).

2) Le délit prévu et réprimé tant par l'article 357-1, 3° du Code pénal alors applicable que par l'article 227-17 du Code pénal entré en vigueur le 1er mars 1994, s'il exige que le manque de direction reproché à des parents ait gravement compromis la santé, la moralité, la sécurité ou l'éducation de leur enfant mineur, n'impose pas qu'il en soit résulté, pour celui-ci, un dommage ou une atteinte irréversible (■ Cass. crim., 11 juill. 1994 : *Bull. crim.*, n° 269 ; *JCP* 95, II, 22441, note F. Eudier ; *Dr. pénal*1994, comm. 259, obs. Véron).

3) Le délit d'abandon moral d'enfant réprimé par les articles 357-1 ancien et 227-17 du Code pénal, est un délit intentionnel qui implique chez son auteur la conscience de s'être soustrait volontairement à ses obligations légales au point de compromettre gravement la santé, la sécurité, la moralité ou l'éducation de son enfant mineur (■ Cass. crim., 21 oct. 1998 : *Bull. crim.*, n° 274 ; *D.* 1999, p. 75, note Y. Mayaud).

4) En retenant, notamment, au vu du rapport de l'enquête éducative et d'une attestation scolaire qu'un enfant ne présente aucun trouble physique ou psychique et qu'il est socialement bien intégré, justifie sa décision la cour d'appel qui, pour relaxer des parents du délit prévu par l'article 227-17 du Code pénal, apprécie souverainement que la santé, la sécurité, la moralité ou l'éducation de l'enfant n'ont pas été gravement compromises (■ Cass. crim., 17 oct. 2001 : *Bull. crim.*, n° 214 ; *Dr. pénal* 2002, comm. 14, obs. M. Véron ; *D.* 2002, jur., p. 751, note M. Huyette).

Art. 227-17-1 ***(D. n° 2012-16, 5 janv. 2012 ; L. n° 2018-266, 13 avr. 2018).*** **– Le fait, par les parents d'un enfant ou toute personne exerçant à son égard l'autorité parentale ou une autorité de fait de façon continue, de ne pas l'inscrire dans un établissement d'enseignement, sans excuse valable, en dépit d'une mise en demeure de « l'autorité de l'État compétente en matière d'éducation », est puni de six mois d'emprisonnement et de 7 500 € d'amende.**

Le fait, par un directeur d'établissement privé accueillant des classes hors contrat, de n'avoir pas pris, malgré la mise en demeure de « l'autorité de l'État compétente en matière d'éducation », les dispositions nécessaires pour que l'enseignement qui y est dispensé soit conforme à l'objet de l'instruction obligatoire, tel que celui-ci est défini par les articles L. 131-1-1*(Mots rempl., L. n° 2018-266, 15 avr. 2018)* « du code de l'éducation, et permette aux élèves concernés l'acquisition progressive du socle commun défini à l'article L. 122-1-1 du même code », et de n'avoir pas procédé à la fermeture de ces classes est puni de six mois d'emprisonnement et de *(Mots rempl., L. n° 2018-266, 15 avr. 2018)* 15 000 € d'amende.

En outre, le tribunal peut ordonner à l'encontre de celui-ci l'interdiction de diriger ou d'enseigner ainsi que la fermeture de l'établissement.

Voir : art. R. 624-7, p. 670.

Bibliographie : *JCl. pén., Infractions à l'obligation scolaire* par P. Pédron.

Art. 227-17-2 *(Rempl., L. n° 2009-526, 12 mai 2009).* **– Les personnes morales déclarées responsables pénalement, dans les conditions prévues par l'article 121-2, des infractions définies aux articles 227-15 à 227-17-1 encourent, outre l'amende suivant les modalités prévues par l'article 131-38, les peines prévues par l'article 131-39.**

Art. 227-18 *(Mod., L. n° 98-468, 17 juin 1998 ; L. n° 2007-297, 5 mars 2007).* **– Le fait de provoquer directement un mineur à faire un usage illicite de stupéfiants est puni de cinq ans d'emprisonnement et de 100 000 € d'amende.**

Lorsqu'il s'agit d'un mineur de quinze ans, ou que les faits sont commis dans des établissements d'enseignement ou d'éducation ou dans les locaux de l'administration, ainsi que, lors des entrées ou sorties des élèves ou du public ou dans un temps très voisin de celles-ci, aux abords de ces établissements ou locaux, l'infraction définie par le présent article est punie de sept ans d'emprisonnement et de 150 000 € d'amende.

Bibliographie : *JCl. pén., Provocation de mineurs à commettre des actes illicites ou dangereux* par F. Desportes.

Art. 227-18-1 *(L. n° 96-392, 13 mai 1996 ; mod., L. n° 98-468, 17 juin 1998 ; L. n° 2007-297, 5 mars 2007).* **– Le fait de provoquer directement un mineur à transporter, détenir, offrir ou céder des stupéfiants est puni de sept ans d'emprisonnement et de 150 000 € d'amende.**

Lorsqu'il s'agit d'un mineur de quinze ans, ou que les faits sont commis dans des établissements d'enseignement ou d'éducation ou dans les locaux de l'administration, ainsi que, lors des entrées ou sorties des élèves ou du public ou dans un temps très voisin de celles-ci, aux abords de ces établissements ou locaux, l'infraction définie par le présent article est punie de dix ans d'emprisonnement et de 300 000 € d'amende.

Art. 227-19 *(Mod., L. n° 98-468, 17 juin 1998 ; L. n° 2007-297, 5 mars 2007 ; L. n° 2016-41, 26 janv. 2016).* **– Le fait de provoquer directement un mineur à la consommation excessive d'alcool est puni d'un an d'emprisonnement et de 15 000 € d'amende.**

Le fait de provoquer directement un mineur à la consommation habituelle d'alcool est puni de deux ans d'emprisonnement et de 45 000 € d'amende.

Lorsqu'il s'agit d'un mineur de quinze ans ou que les faits sont commis dans des établissements d'enseignement ou d'éducation ou dans les locaux de l'administration, ainsi que, lors des entrées ou sorties des élèves ou du public ou dans un temps très voisin de celles-ci, aux abords de ces établissements ou locaux, « le fait de se rendre coupable de l'une des infractions définies au présent article porte au double le maximum des peines encourues. »

Art. 227-20 *(Abr., L. n° 2003-239, 18 mars 2003).*

Art. 227-21 *(Mod., L. n° 98-468, 17 juin 1998 ; L. n° 2002-1138, 9 sept. 2002 ; L. n° 2007-297, 5 mars 2007).* **– Le fait de provoquer directement un mineur à commettre un crime ou un délit est puni de cinq ans d'emprisonnement et de 150 000 € d'amende.**

Lorsqu'il s'agit d'un mineur de quinze ans, que le mineur est provoqué à commettre habituellement des crimes ou des délits ou que les faits sont commis dans des établissements d'enseignement ou d'éducation ou dans les locaux de l'administration, ainsi que, lors des entrées ou sorties des élèves ou du public ou dans un temps très voisin de celles-ci, aux abords de ces établissements ou locaux, l'infraction définie par le présent article est punie de sept ans d'emprisonnement et de 150 000 € d'amende.

Art. 227-22 *(Mod., L. n° 98-468, 17 juin 1998 ; L. n° 2004-204, 9 mars 2004 ; L. n° 2007-297, 5 mars 2007 ; L. n° 2013-711, 5 août 2013).* **– Le fait de favoriser ou de tenter de favoriser la corruption d'un mineur est puni de cinq ans d'emprisonnement et de 75 000 € d'amende. Ces peines sont portées à sept ans d'emprisonnement et 100 000 € d'amende lorsque le mineur a été mis en contact avec l'auteur des faits grâce à l'utilisation, pour la diffusion de messages à destination d'un public non déterminé, d'un réseau de**

communications électroniques ou que les faits sont commis dans des établissements d'enseignement ou d'éducation ou dans les locaux de l'administration, ainsi que, lors des entrées ou sorties des élèves ou du public ou dans un temps très voisin de celles-ci, aux abords de ces établissements ou locaux.

Les mêmes peines sont notamment applicables au fait, commis par un majeur, d'organiser des réunions comportant des exhibitions ou des relations sexuelles auxquelles un mineur assiste ou participe ou d'assister en connaissance de cause à de telles réunions.

Les peines sont portées à dix ans d'emprisonnement et 1 000 000 € d'amende lorsque les faits ont été commis en bande organisée ou à l'encontre d'un mineur de quinze ans.

Bibliographie : *JCl. pén., Fait de favoriser la corruption d'un mineur* par M.-L. Rassat.

1) QPC. Non-lieu à renvoi au Conseil constitutionnel de la QPC visant l'article 227-22 du Code pénal, ce teste définissant de manière claire et précise le délit de corruption de mineur (■ Cass. crim., 20 févr. 2013, n° 12-10.074 : *Dr. pénal* 2013, comm. 86, obs. M. Véron).

2) L'acte matériel du délit d'excitation de mineurs à la débauche suppose des faits matériels d'immoralité et non de simples conseils, sauf si les conseils ont conduit le mineur à accomplir des actes déterminés : il a ainsi été jugé que le délit était constitué s'agissant de deux individus qui avaient attiré, dans une maison en construction, de jeunes garçons et filles, avaient eu avec eux des conversations lubriques et les avaient incités à se livrer entre eux à des gestes et attitudes d'un rapprochement obscène au point que les mineurs s'étaient livrés à des simulacres de rapports sexuels (■ Cass. crim., 17 oct. 1956 : *Bull. crim.*, n° 648).

3) L'envoi de correspondances érotiques et de dessins pornographiques à un mineur est constitutif du délit prévu et réprimé par l'article 334-2, alinéa 1er du Code pénal (■ Cass. crim., 25 janv. 1983 : *Bull. crim.*, n° 29 ; *Rev. sc. crim.* 1983, 668, obs. Levasseur).

4) Le délit d'excitation de mineurs à la débauche ne vise pas uniquement les proxénètes mais tous ceux qui recherchent seulement la satisfaction de leurs propres passions ; ainsi ceux qui donnent à des mineurs le spectacle de leurs vices (■ Cass. crim., 26 déc. 1879 : *Bull. crim.*, n° 235) ou qui organisent des rapprochements impudiques entre majeurs et mineurs, ou entre mineurs (■ Cass. crim., 25 janv. 1908 : *Bull. crim.*, n° 35).

5) L'excitation de mineurs à la débauche n'est punissable que si l'auteur des faits a eu en vue la perversion de la jeunesse et non pas seulement la satisfaction de ses propres passions ; tel n'est pas le cas d'un prévenu qui a pratiqué sur des mineurs des attouchements sexuels, ces scènes n'ayant à chaque fois eu lieu qu'entre lui et un seul mineur et hors la présence de tiers (■ Cass. crim., 14 nov. 1990 : *Dr. pénal* 1991, n° 105 ; *Gaz. Pal.* 1991, 2, somm. 272).

6) Les éléments constitutifs du délit de corruption de mineur, prévu et réprimé par l'article 227-22, ne diffèrent pas de ceux du délit d'excitation de mineur à la débauche que sanctionnait l'ancien article 334-2 ; ce délit est constitué dès lors qu'un prévenu associe une mineure à son comportement impudique, avec la volonté d'éveiller ses pulsions sexuelles (■ Cass. crim., 1er févr. 1995 : *Bull. crim.*, n° 43).

7) Le fait d'inviter des mineurs à monter dans son autocaravane pour leur montrer des photographies pornographiques qui s'y trouvaient et pratiquer sur eux des fellations constitue le délit de tentative de corruption de mineurs (■ Cass. crim., 19 juin 1996 : *Bull. crim.*, n° 265).

Art. 227-22-1 ***(L. n° 2007-297, 5 mars 2007).*** **– Le fait pour un majeur de faire des propositions sexuelles à un mineur de quinze ans ou à une personne se présentant comme telle en utilisant un moyen de communication électronique est puni de deux ans d'emprisonnement et de 30 000 € d'amende.**

Ces peines sont portées à cinq ans d'emprisonnement et 75 000 € d'amende lorsque les propositions ont été suivies d'une rencontre.

Le délit de corruption de mineur suppose l'intention de pervertir la sexualité du mineur ; en l'absence de cette intention, des propositions sexuelles faites par un majeur à une mineure de quinze ans par un moyen de communication électronique peuvent toutefois constituer l'infraction prévue et réprimée par l'article 227-22-1 du Code pénal (■ Cass. crim., 8 févr. 2017, n° 16-80.102 : *Dr. pénal* 2017, comm. 72, note Ph. Conte).

Bibliographie : *JCl. pén., Propositions sexuelles à mineur de quinze ans par voie de communication électronique* par A.-G. Robert.

Art. 227-23 *(L. n° 98-468, 17 juin 1998 ; L. n° 2002-304, 4 mars 2002 ; L. n° 2004-204, 9 mars 2004 ; L. n° 2004-575, 21 juin 2004 ; L. n° 2006-399, 4 avr. 2006 ; L. n° 2007-293, 5 mars 2007 ; L. n° 2013-711, 5 août 2013).* **– Le fait, en vue de sa diffusion, de fixer, d'enregistrer ou de transmettre l'image ou la représentation d'un mineur lorsque cette image ou cette représentation présente un caractère pornographique est puni de cinq ans d'emprisonnement et de 75 000 € d'amende. Lorsque l'image ou la représentation concerne un mineur de quinze ans, ces faits sont punis même s'ils n'ont pas été commis en vue de la diffusion de cette image ou représentation.**

Le fait d'offrir, de rendre disponible ou de diffuser une telle image ou représentation, par quelque moyen que ce soit, de l'importer ou de l'exporter, de la faire importer ou de la faire exporter, est puni des mêmes peines.

Les peines sont portées à sept ans d'emprisonnement et à 100 000 € d'amende lorsqu'il a été utilisé, pour la diffusion de l'image ou de la représentation du mineur à destination d'un public non déterminé, un réseau de communications électroniques.

Le fait de consulter habituellement ou en contrepartie d'un paiement un service de communication au public en ligne mettant à disposition une telle image ou représentation ou de détenir une telle image ou représentation d'acquérir par quelque moyen que ce soit est puni de deux ans d'emprisonnement et de 30 000 € d'amende.

Les infractions prévues au présent article sont punies de dix ans d'emprisonnement et de 500 000 € d'amende lorsqu'elles sont commises en bande organisée.

La tentative des délits prévus au présent article est punie des mêmes peines.

Les dispositions du présent article sont également applicables aux images pornographiques d'une personne dont l'aspect physique est celui d'un mineur, sauf s'il est établi que cette personne était âgée de dix-huit ans au jour de la fixation ou de l'enregistrement de son image.

Bibliographie : *JCl. pén., Exploitation à caractère pornographique de l'image d'un mineur* par M.-L. Rassat.

1) QPC. Non-lieu à renvoi au Conseil constitutionnel de la question prioritaire visant l'article 227-23 du Code pénal qui, notamment, ne définirait pas les notions de « caractère pornographique » et d'aspect physique (d'un mineur), dès lors que l'interprétation de l'article 227-23 du Code pénal, qui définit de manière suffisamment claire et précise le délit d'enregistrement ou fixation d'images ou représentations pornographiques de mineurs, entre dans l'office du juge pénal, de sorte qu'il n'est porté aucune atteinte au principe de légalité des délits et des peines (■ Cass. crim., 6 juin 2012, n° 12-90.016 QPC : *Dr. pénal* 2012, comm. 118, obs. M. Véron ; *Dr. pénal* 2013, étude 8 par Ph. Conte).

2) Caractérisation. Justifie sa décision l'arrêt qui, pour condamner du chef de recel, par la détention de photographies et de films provenant du délit de fixation, enregistrement ou transmission d'images de mineurs à caractère pornographique, en vue de leur diffusion, infraction édictée par l'article 227-23 du Code pénal, constate que la diffusion des images réalisées selon les procédés prévus par ce texte est postérieure au 1er mars 1994 (■ Cass. crim., 9 juin 1999 : *Bull. crim.*, n° 133).

3) Commet le délit d'importation d'images de mineur présentant un caractère pornographique le prévenu qui enregistre et conserve des photographies pornographiques mettant en scène des images de mineurs obtenues sur des sites Internet auxquels il s'était délibérément connecté (■ Douai, 21 mars 2002 : *JCP* G 2002, IV, 1040 ; *JurisData* n° 177654).

4) Le délit de diffusion de l'image à caractère pornographique d'un mineur est caractérisé même si cette diffusion n'a été effectuée qu'à une seule personne (■ Cass. crim., 26 mai 2004, pourvoi n° 30-85-896).

5) Justifie sa décision la cour d'appel qui déclare un instituteur coupable de recel du délit de fixation, enregistrement ou transmission, en vue de leur diffusion, d'images pornographiques de mineurs, pour avoir conservé lesdites images dans un fichier enregistré sur le disque dur d'un ordinateur de l'école (■ Cass. crim., 28 sept. 2005 : *Bull. crim.*, n° 248 ; *Dr. pénal* 2006, comm. 4, obs. M. Véron).

6) En application de la loi du 17 juin 1998, qui a étendu l'objet du délit à toute représentation d'un mineur, les images non réelles représentant un mineur imaginaire, telles que des dessins ou des images résultant de la transformation d'une image réelle, entrent dans les prévisions de ce texte ;

En l'espèce, justifie sa décision la cour d'appel qui condamne les prévenus pour importation et diffusion d'une vidéo cassette de bandes dessinées représentant un personnage, manifestement un jeune enfant, ayant des relations sexuelles avec des femmes adultes (■ Cass. crim., 12 sept. 2007 : *JurisData* n° 2007-040914 ; *Dr. pénal* 2007, comm. 152, obs. M. Véron ; *D.* 2008, p. 827, note D. Lefranc).

7) Délit non constitué. Justifie sa décision l'arrêt qui, pour renvoyer le prévenu des fins de la poursuite, retient que les images observées n'ont été ni imprimées ni enregistrées sur un support et que la simple consultation de sites pornographiques mettant en scène des mineurs ne suffit pas à caractériser le délit prévu par l'article 227-23, alinéa 4, du Code pénal (■ Cass. crim., 5 janv. 2005 : *Bull. crim.*, n° 9 ; *Dr. pénal* 2005, comm. 52, obs. M. Véron).

8) Porte atteinte, notamment, au droit à un procès équitable, la **provocation à la commission d'une infraction** par un agent public étranger, en l'espèce un service de police new-yorkais, réalisée par un site pédophile créé et exploité par ce dernier aux fins de découvrir tous internautes pédophiles, dès lors qu'un individu, inconnu des services de police français, a fait l'objet de poursuites en France du chef d'importation, détention et diffusion d'images pornographiques de mineurs après que les autorités étrangères eurent informé les autorités françaises de ce que l'intéressé s'était connecté sur leur site (■ Cass. crim., 7 févr. 2007 : *Bull. crim.*, n° 37, cassation de l'arrêt de la chambre de l'instruction ayant rejeté une demande d'annulation d'actes obtenus en violation du principe de loyauté des preuves ; *Rev. sc. crim.* 2007, p. 560, obs. J. Francillon).

– Dans cette même affaire, sur pourvoi contre l'arrêt de la chambre de l'instruction de renvoi, la chambre criminelle a réaffirmé le principe :

Porte atteinte au principe de loyauté des preuves et au droit à un procès équitable, la provocation à la commission d'une infraction par un agent de l'autorité publique, en l'absence d'éléments antérieurs permettant d'en soupçonner l'existence. La déloyauté d'un tel procédé rend irrecevable en justice les éléments de preuve ainsi obtenus, quand bien même ce stratagème aurait permis la découverte d'autres infractions déjà commises ou en cours de commission (■ Cass. crim., 4 juin 2008 : *Bull. crim.*, n° 141 ; *Rev. sc. crim.* 2008, p. 621, obs. J. Francillon).

9) Compétence. Les juridictions françaises sont compétentes pour connaître du délit prévu par l'article 227-23, alinéa 1er, dès lors qu'il est établi que des actes avaient été effectués en France en vue de la diffusion de cassettes pornographiques enregistrées en Thaïlande (■ Cass. crim., 4 févr. 2004 : *JurisData* n° 022560 ; *Dr. pénal* 2004, comm. 80, obs. M. Véron).

Loi nº 2004-575 du 21 juin 2004
pour la confiance dans l'économie numérique

Art. 6-1 *(L. n° 2014-1353, 13 nov. 2014)*. – Lorsque les nécessités de la lutte contre la provocation à des actes terroristes ou l'apologie de tels actes relevant de l'article 421-2-5 du Code pénal ou contre la diffusion des images ou des représentations de mineurs relevant de l'article 227-23 du même code le justifient, l'autorité administrative peut demander à toute personne mentionnée au III de l'article 6 de la présente loi ou aux personnes mentionnées au 2 du I du même article 6 de retirer les contenus qui contreviennent à ces mêmes articles 421-2-5 et 227-23. Elle en informe simultanément les personnes mentionnées au 1 du I de l'article 6 de la présente loi.

En l'absence de retrait de ces contenus dans un délai de vingt-quatre heures, l'autorité administrative peut notifier aux personnes mentionnées au même 1 la liste des adresses électroniques des services de communication au public en ligne contrevenant auxdits articles 421-2-5 et 227-23. Ces personnes doivent alors empêcher sans délai l'accès à ces adresses. Toutefois, en l'absence de mise à disposition par la personne mentionnée au III du même article 6 des informations mentionnées à ce même III, l'autorité administrative peut procéder à la notification prévue à la première phrase du présent alinéa sans avoir préalablement demandé le retrait des contenus dans les conditions prévues à la première phrase du premier alinéa du présent article.

L'autorité administrative transmet les demandes de retrait et la liste mentionnées, respectivement, aux premier et deuxième alinéas à une personnalité qualifiée, désignée en son sein par la Commission nationale de l'informatique et des libertés pour la durée de son mandat dans cette commission. Elle ne peut être désignée parmi les personnes mentionnées au 1° du I de l'article 13 de la loi n° 78-17 du 6 janvier 1978 relative à l'informatique, aux fichiers et aux libertés. La personnalité qualifiée s'assure de la régularité des demandes de retrait et des conditions d'établissement, de mise à jour, de communication et d'utilisation de la liste. Si elle constate une irrégularité, elle peut à tout moment recommander à l'autorité administrative d'y mettre fin. Si l'autorité administrative ne suit pas cette recommandation, la personnalité qualifiée peut saisir la juridiction administrative compétente, en référé ou sur requête.

L'autorité administrative peut également notifier les adresses électroniques dont les contenus contreviennent aux articles 421-2-5 et 227-23 du Code pénal aux moteurs de recherche ou aux annuaires, lesquels prennent toute mesure utile destinée à faire cesser le référencement du service de communication au public en ligne. La procédure prévue au troisième alinéa du présent article est applicable.

La personnalité qualifiée mentionnée au même troisième alinéa rend public chaque année un rapport d'activité sur les conditions d'exercice et les résultats de son activité, qui précise notamment le nombre de demandes de retrait, le nombre de contenus qui ont été retirés, les motifs de retrait et le nombre de recommandations faites à l'autorité administrative. Ce rapport est remis au Gouvernement et au Parlement.

Les modalités d'application du présent article sont précisées par décret, notamment la compensation, le cas échéant, des surcoûts justifiés résultant des obligations mises à la charge des opérateurs.

Tout manquement aux obligations définies au présent article est puni des peines prévues au 1 du VI de l'article 6 de la présente loi.

Décret nº 2015-125 du 5 février 2015

relatif au blocage des sites provoquant à des actes de terrorisme ou en faisant l'apologie et des sites diffusant des images et représentations de mineurs à caractère pornographique

Art. 1er. – L'autorité administrative mentionnée à l'article 6-1 de la loi [n° 2004-575] du 21 juin 2004 susvisée est la direction générale de la police nationale, Office central de lutte contre la criminalité liée aux technologies de l'information et de la communication.

Seuls les agents individuellement désignés et dûment habilités par le chef de l'office sont autorisés à mettre en œuvre la procédure prévue à l'article 2 du présent décret.

Art. 2. – La liste des adresses électroniques des services de communication au public en ligne contrevenant aux articles 227-23 et 421-2-5 du Code pénal est adressée aux personnes mentionnées au 1 du I de l'article 6 de la loi [n° 2004-575] du 21 juin 2004 susvisée selon un mode de transmission sécurisé, qui en garantit la confidentialité et l'intégrité. Elle est communiquée sans délai et dans les mêmes conditions à la personnalité qualifiée mentionnée au troisième alinéa de l'article 6-1 de la même loi.

Les adresses électroniques figurant sur la liste comportent soit un nom de domaine (DNS), soit un nom d'hôte caractérisé par un nom de domaine précédé d'un nom de serveur.

Art. 3. – Dans un délai de vingt-quatre heures suivant la notification prévue au deuxième alinéa de l'article 6-1 de la loi [n° 2004-575] du 21 juin 2004 susvisée, les personnes mentionnées au 1 du I de l'article 6 de la même loi empêchent par tout moyen approprié l'accès aux services fournis par les adresses électroniques figurant sur la liste et le transfert vers ces services.

Elles ne peuvent pas modifier la liste, que ce soit par ajout, suppression ou altération.

Elles préservent la confidentialité des données qui leur sont ainsi confiées.

Les utilisateurs des services de communication au public en ligne auxquels l'accès est empêché sont dirigés vers une page d'information du ministère de l'intérieur, indiquant pour chacun des deux cas de blocage les motifs de la mesure de protection et les voies de recours.

Les agents, individuellement désignés et dûment habilités par l'autorité hiérarchique dont ils relèvent, des services de l'État compétents en matière de prévention et de répression du terrorisme ou de lutte contre la pédopornographie, ainsi que la personnalité qualifiée désignée en son sein par la Commission nationale de l'informatique et des libertés, conservent un accès aux adresses électroniques des services de communication au public en ligne auxquels l'accès est empêché.

Art. 4. – L'Office central de lutte contre la criminalité liée aux technologies de l'information et de la communication vérifie au moins chaque trimestre que le contenu du service de communication contrevenant présente toujours un caractère illicite.

Lorsque ce service a disparu ou que son contenu ne présente plus de caractère illicite, l'office retire de la liste les adresses électroniques correspondantes et notifie sans délai ce retrait à la personnalité qualifiée et aux personnes mentionnées au 1 du I de l'article 6 de la loi [n° 2004-575] du 21 juin 2004 susvisée. Dans un délai de vingt-quatre heures suivant cette notification, celles-ci rétablissent par tout moyen approprié l'accès aux services fournis par les adresses électroniques retirées de la liste et le transfert vers ces services.

Art. 5. – La désignation de la personnalité qualifiée est publiée au *Journal officiel* de la République française.

La personnalité qualifiée dispose pour l'exercice de ses fonctions des services de la Commission nationale de l'informatique et des libertés. Lorsqu'il est nécessaire de traduire en langue française les contenus des services de communication au public en ligne contrevenant aux articles 227-23 et 421-2-5 du Code pénal, elle est assistée d'un interprète.

L'Office central de lutte contre la criminalité liée aux technologies de l'information et de la communication met à la disposition de la personnalité qualifiée les demandes de retrait adressées aux hébergeurs et aux éditeurs ainsi que les éléments établissant la méconnaissance par les contenus des services de communication au public en ligne des articles 227-23 et 421-2-5 du Code pénal.

Art. 6. – Les éventuels surcoûts résultant des obligations mises à la charge des personnes mentionnées au 1 du I de l'article 6 de la loi [n° 2004-575] du 21 juin 2004 susvisée en application de l'article 6-1 de la même loi font l'objet d'une compensation financière prise en charge par l'État.

Le terme de « surcoût » désigne les coûts des investissements et interventions spécifiques supplémentaires résultant de ces obligations.

Pour obtenir une compensation, les personnes mentionnées au 1 du I de l'article 6 de la loi [n° 2004-575] du 21 juin 2004 susvisée adressent à l'Office central de lutte contre la criminalité liée aux technologies de l'information et de la communication un document détaillant le nombre et la nature des interventions nécessaires ainsi que le coût de l'investissement éventuellement réalisé.

Le Conseil général de l'économie, de l'industrie, de l'énergie et des technologies analyse le document transmis, notamment au regard des coûts habituellement estimés dans le secteur concerné.

L'État procède, sur présentation d'une facture, au paiement des compensations correspondant aux surcoûts justifiés au vu de l'analyse du Conseil général de l'économie, de l'industrie, de l'énergie et des technologies.

Art. 7. – Le présent décret est applicable en Nouvelle-Calédonie, en Polynésie française et dans les îles Wallis et Futuna.

Art. 8. – Le présent décret peut être modifié par décret.

Décret n° 2015-253 du 4 mars 2015

relatif au déréférencement des sites provoquant à des actes de terrorisme ou en faisant l'apologie et des sites diffusant des images et représentations de mineurs à caractère pornographique

Art. 1er. – L'autorité mentionnée à l'article 1er du décret [n° 2015-125] du 5 février 2015 peut, sans préjudice des demandes de retrait ou de blocage effectuées en application de l'article 6-1 de la loi du 21 juin 2004 susvisée, notifier aux exploitants de moteurs de recherche ou d'annuaires les adresses électroniques dont les contenus contreviennent aux articles 421-2-5 et 227-23 du Code pénal selon un mode de transmission sécurisé, qui en garantit la confidentialité et l'intégrité.

Seuls les agents individuellement désignés et dûment habilités par le chef de l'office sont autorisés à mettre en œuvre cette procédure.

Art. 2. – Ces adresses électroniques sont également transmises sans délai et dans les mêmes conditions à la personnalité qualifiée mentionnée au troisième alinéa de l'article 6-1 de la loi [n° 2004-575] du 21 juin 2004.

Art. 3. – Dans un délai de quarante-huit heures suivant la notification, les exploitants de moteurs de recherche ou d'annuaires prennent toute mesure utile destinée à faire cesser le référencement de ces adresses.

Ils ne modifient pas les adresses électroniques, que ce soit par ajout, suppression ou altération.

Ils préservent la confidentialité des données qui leur sont ainsi confiées.

Art. 4. – L'office central de lutte contre la criminalité liée aux technologies de l'information et de la communication vérifie au moins chaque trimestre que les adresses électroniques notifiées ont toujours un contenu présentant un caractère illicite.

Il notifie sans délai les adresses électroniques dont le contenu ne présente plus de caractère illicite à la personnalité qualifiée et aux exploitants des moteurs de recherche ou d'annuaires. Dans un délai de quarante-huit heures suivant cette notification, ceux-ci rétablissent par tout moyen approprié le référencement de ces adresses électroniques.

Art. 5. – La personnalité qualifiée exerce ses fonctions dans les mêmes conditions que celles fixées par l'article 5 du décret [n° 2015-125] du 5 février 2015.

Art. 6. – Les éventuels surcoûts résultant des obligations mises à la charge des exploitants de moteurs de recherche ou d'annuaires font l'objet d'une compensation financière prise en charge par l'État dans les conditions fixées par l'article 6 du décret [n° 2015-125] du 5 février 2015.

Art. 7. – Le présent décret est applicable en Nouvelle-Calédonie, en Polynésie française et dans les îles Wallis et Futuna.

Art. 227-24 *(Mod., L. n° 2007-297, 5 mars 2007 ; L. n° 2011-267, 14 mars 2011 ; L. n° 2014-1353, 13 nov. 2014).* – **Le fait soit de fabriquer, de transporter, de diffuser par quelque moyen que ce soit et quel qu'en soit le support un message à caractère violent, incitant au terrorisme, pornographique ou de nature à porter gravement atteinte à la dignité humaine ou à inciter des mineurs à se livrer à des jeux les mettant physiquement en danger, soit de faire commerce d'un tel message, est puni de trois ans d'emprisonnement et de 75 000 € d'amende lorsque ce message est susceptible d'être vu ou perçu par un mineur.**

Lorsque les infractions prévues au présent article sont commises par la voie de la presse écrite ou audiovisuelle, ou de la communication au public en ligne, les dispositions particulières des lois qui régissent ces matières sont applicables en ce qui concerne la détermination des personnes responsables.

Voir : L. 16 juill. 1949, art. 7, p. 1900.

Bibliographie : *JCl. pén., Diffusion de messages à caractère violent ou pornographique susceptibles d'être perçus par un mineur* par M.-L. Rassat.

1) Champ d'application. L'article 227-24 reprend pour partie l'incrimination d'outrage aux bonnes mœurs prévue par les articles 283 et suivants anciens ; son champ d'application est limité au cas où le message présentant un caractère pornographique ou de nature à porter gravement atteinte à la dignité humaine est « susceptible d'être vu ou perçu par un mineur » ; doit être annulé l'arrêt d'une cour d'appel rendu avant l'entrée en vigueur du Code pénal nouveau pour permettre à la juridiction de renvoi de procéder à un nouvel examen au fond au regard de celles des dispositions de l'article 227-24 qui, plus restrictives que les précédentes, définissent l'infraction poursuivie (▪ Cass. crim., 5 avr. 1995 : *Bull. crim.*, n° 150).

Sont exclus des prévisions de ce texte les messages incriminés diffusés de façon exclusive et sûre à des adultes (▪ Cass. crim., 29 mai 1995 : *Gaz. Pal.* 1995, 2, somm. 457).

2) Finalité. Selon l'article 227-24 du Code pénal, est punissable la diffusion d'un message pornographique, s'il est susceptible d'être vu ou perçu par un mineur. La juridiction du fond apprécie souverainement si les mesures prises, pour empêcher la vision ou la perception du message par un mineur, ont été suffisantes (▪ Cass. crim., 23 févr. 2000 : *Bull. crim.*, n° 85 ; *Rev. sc. crim.* 2000, 610, obs. Y. Mayaud ; *Dr. pénal* 2000, comm. 85, obs. M. Véron).

3) Commet le délit le prévenu, exploitant, par une société dont il était le gérant, un service audiotel et diffusant des messages dont le contenu présentait un caractère pornographique décrivant notamment des comportements lubriques de nature à perturber ou la sensibilité ou l'affectivité d'enfants ou d'adolescents qui pouvaient y accéder (▪ Cass. crim., 12 sept. 2000 : *Bull. crim.*, n° 265, les dispositions des articles 100 et suivants du Code de procédure pénale ne s'appliquant pas à l'interception, l'enregistrement et la transcription par une personne privée des correspondances émises par la voie des télécommunications).

4) Justifie sa décision la cour d'appel qui, pour déclarer un enseignant coupable de diffusion d'un message pornographique susceptible d'être vu par un mineur, retient que les photographies licencieuses ont été prises par la personne mise en cause, que celle-ci est la seule à avoir pu les transférer sur le disque dur de l'un des ordinateurs du collège, permettant ainsi d'être vues par tout utilisateur du réseau informatique de l'établissement et, notamment, par des mineurs (▪ Cass. crim., 12 oct. 2005 : *Bull. crim.*, n° 258 ; *Dr. pénal* 2006, comm. 23, obs. M. Véron).

5) Mais ne commet pas le délit prévu par l'article 227-24 du Code pénal, l'expéditeur d'un courrier qui a commis une erreur sur l'identité du destinataire, dès lors que le message a été adressé à un majeur et qu'il ne contenait aucun lien permettant d'accéder au site sur lequel se trouvaient les photographies litigieuses (▪ Cass. crim., 3 févr. 2004 : *Bull. crim.*, n° 28 ; *Dr. pénal* 2004, comm. 82, obs. M. Véron).

6) L'envoi à un tiers majeur, d'un message Internet ne contenant que l'adresse d'un site et le lien permettant d'y accéder, ne suffit pas à caractériser le délit prévu par l'article 227-24 du Code pénal (▪ Cass. crim., 3 févr. 2004 : *JurisData* n° 022448 ; *Dr. pénal* 2004, comm. 82, obs. M. Véron ; *Comm. com. électr.* 2004, p. 41, note

A. Lepage ; AJ pénal 2004, p. 156, obs. Senderlin-Morieuls).

7) Contenu du message. Ainsi, quel qu'en soit le support, des représentations de violences et actes, ébats, perversions d'ordre sexuel, dégradantes pour la personne humaine (susceptibles d'être vus ou perçus par des mineurs) : V. not. (■ Cass. crim., 25 janv. 1979 : *Bull. crim.*, n° 37 ; *Rev. sc. crim.* 1979, p. 832, obs. Levasseur. ■ Paris, 10 juin 1977 : *JurisData* n° 1977-115097. ■ Paris, 10 nov. 1987 : *JurisData* n° 1987-078652. ■ Paris 15 oct. 1990 ; *JurisData* n° 1990-024436. ■ Paris, 15 juin et 12 nov. 1992 : *JurisData* n° 1992-021861 et 023701. ■ Cass. crim., 23 févr. 2002 :*Bull. crim.*, n° 85, préc.).

8) Il avait été jugé que la diffusion par Minitel de pseudonymes tels que « aime très jeune garçon », « cherche esclave » ou « tortionnaire hard cuir » tombe sous le coup de l'article 284 du Code pénal (■ T. corr. Paris, 4 juill. 1988 : *Gaz. Pal.* 1988, 2, 618, note Doucet). *Adde*, Périer-Daville : *Minitel Rose et délinquance télématique : Gaz. Pal.* 8-10 oct. 1989.

9) Il a été jugé que constitue le délit prévu par l'article 227-24 du Code pénal le fait de diffuser un reportage sur des enfants victimes de la prostitution, mettant en évidence et sans nécessité des photographies montrant des scènes de perversions et de pratiques sexuelles dégradantes (■ Paris, 11 mars 1998 ; *D.* 1998, inf. rap. p. 131).

10) Une cour d'appel a considéré que la diffusion à des mineurs n'ayant pas atteint l'âge requis d'un film interdit par décision administrative aux moins de douze ans, aux moins de seize ans, voire aux moins de dix-huit ans, n'est pas en elle-même constitutive de l'infraction prévue à l'article 227-24 du Code pénal, le « message » devant, pour entrer dans les prévisions de ce texte, présenter le risque d'être traumatisant pour les mineurs, ou encore compris par eux comme incitatif ou même avoir une visée prosélyte (■ Versailles, 13 oct. 2003 : *D.* 2003, p. 2803).

11) Nécessité de la réception, vision ou perception, même potentielles, par un mineur, du message incriminé. Sauf exposition ou étalage d'articles prohibés, visibles de l'extérieur (ou admission de mineur à l'intérieur des locaux), en elles-mêmes, l'ouverture et l'exploitation d'un « sex shop » ne constituent pas le délit de l'article 283 du Code pénal (■ Besançon, 9 mai 1972 : *JCP* 73, II, 17305, note Fayard ; *Gaz. Pal.* 1972, 2, 555, note Lambert ; *Rev. sc. crim.* 1972, 883, obs. Levasseur. ■ Reims, 7 oct. 1977 : *Rev. sc. crim.* 1978, 346, obs. Levasseur).

12) Solution semblable pour les kiosques, librairies ou autres lieux (■ Paris, 14 déc. 1994 : *Dr. pénal* 1995, comm. 90, obs. M. Véron. ■ Aix-en-Provence, 9 févr. 1996 : *JCP* 1996, IV, 2369).

13) Il en est également ainsi quant à la projection de films classés X, du moins lorsqu'ils sont essentiellement consacrés à la représentation minutieuse de violences et perversions sexuelles dégradantes pour la personne humaine (■ Cass. crim., 25 janv. 1979 : *Bull. crim.*, n° 37 ; *Rev. sc. crim.* 1979, p. 837, obs. Levasseur, préc. ■ Paris, 10 juin 1977, *Gaz. Pal.* 1978, 1, 190 ; *Rev. sc. crim.* 1978, p. 347, obs. Levasseur, préc. ■ Cass. crim., 6 mai 1986 : *Bull. crim.*, n° 152 ; *D.* 1987, somm. 150, obs. Colombet).

V. sur la réglementation des films pornographiques : V. Delbecq, *JCP* 76, I, 2785.

14) Paraît encore valable pour l'incrimination actuelle la décision suivant laquelle constitue le délit d'outrage aux bonnes mœurs le fait, après avoir rédigé un prospectus orné de photographies montrant une femme nue dans diverses attitudes suggestives, offrant aux destinataires de celui-ci d'acheter par correspondance divers ouvrages érotiques, de l'adresser à un nombre considérable de personnes, accompagné d'une lettre assurant les acheteurs éventuels sur le fait que ce prospectus pouvait tomber entre les mains de mineurs, la documentation étant selon le rédacteur de l'écrit spécialement étudiée pour ne pas les traumatiser (■ Cass. crim., 10 juill. 1973 : *JCP* 74, II, 17728, obs. Blin ; *D.* 1974, 242, note Maury).

15) Énonciations factuelles. Les juges du fond doivent spécifier les faits d'une façon précise et complète ; doit donc être cassé l'arrêt de condamnation qui se borne à énoncer que les prévenus se livraient au commerce d'objets et photographies obscènes (■ Cass. crim., 7 janv. 1937 : *DP* 1937,1, 53, note Mimin), ou à reproduire la loi sans autre précision (■ Cass. crim., 17 nov. 1970 : *Bull. crim.*, n° 298).

Ne justifie pas sa décision la cour d'appel qui condamne un prévenu du chef de diffusion de messages violents, pornographiques ou contraires à la dignité perceptibles par un mineur, sans établir, pour chacun des messages concernés, son caractère soit pornographique, soit violent, soit de nature à porter gravement atteinte à la dignité humaine (■ Cass. crim., 11 janv. 2017, n° 16-80.557).

16) Intention. L'élément intentionnel est caractérisé dès lors que le message à caractère pornographique est, soit, suivant la publicité faite, et l'intitulé du service audiotel. « Père Noël », destiné aux mineurs (■ Cass. crim., 12 sept. 2000 : *Bull. crim.*, n° 265, préc.), soit offert aux lecteurs d'une revue, sous forme de CD-ROM, dans des conditions telles que des enfants pouvaient les obtenir (■ Cass. crim., 23 févr. 2000 : *Bull. crim.*, n° 85, préc.), ou diffusé par l'auteur avec la conscience qu'il était susceptible d'être vu ou perçu par un mineur (■ Paris, 14 déc. 1994 : *Dr. pénal* 1995, comm. 90, obs. M. Véron), en l'absence ou en l'insuffisance des précautions soit disant prises pour en empêcher l'accès aux mineurs (mêmes arrêts).

17) L'élément intentionnel du délit de complicité d'outrage aux bonnes mœurs doit être apprécié à la date des faits. Ne justifie dès lors pas sa décision une cour d'appel qui, tout en énonçant que l'élément matériel de l'infraction est établi, relaxe les responsables de messageries télématiques au motif que ceux-ci ont pris des mesures pour éviter le renouvellement des infractions (■ Cass. crim., 15 nov. 1990 : *Bull. crim.*, n° 388 ; *Rev. sc. crim.* 1991, 337, obs. Delmas-Saint-Hilaire).

18) Responsabilités en matière de presse. L'imprimeur peut être poursuivi comme complice lorsque l'éditeur est poursuivi comme auteur principal (■ Lyon, 23 mars 1956 : *JCP* 56, II, 9656, note Colombini).

19) Lorsque l'auteur n'est pas poursuivi comme auteur principal, il l'est comme complice (■ Cass. crim., 14 nov. 1962 : *Bull. crim.*, n° 323).

20) Le directeur de la publication est, selon l'article 285 du Code pénal, responsable des textes qu'il publie. (■ Cass. crim., 6 oct. 1987 : *Bull. crim.*, n° 338 ; V. également, ■ Cass. crim., 23 févr. 2000 : *Bull. crim.*, n° 85), suivant lequel le directeur de publication d'une revue périodique a le devoir de surveiller et de vérifier tout ce qui y est inséré. Les dispositions de l'article 42 de la loi du 29 juillet 1881 sur la liberté de la presse, selon lesquelles il est l'auteur principal des infractions commises par voie de presse, ne sont, dès lors, pas contraires à l'article 121-1 du Code pénal ni à l'article 6.1 de la Convention européenne des droits de l'homme.

21) Pour le fonctionnement du « Minitel rose », le directeur de publication du service télématique ne peut être assimilé à un directeur d'organe de presse. Au surplus les messageries ne constituent pas des publications de presse en raison du caractère immédiatement effaçable des messages et de leur manque de périodicité (■ Paris, 9e ch. B, 2 mars 1990 : *JurisData* n° 022799).

22) Dans une poursuite en raison de la présence, sur les réseau Minitel, de programmes ou pseudonymes pornographiques et d'annonces outrageantes pour les bonnes mœurs, le centre serveur est un « outil entre les mains du fournisseur de service qui seul doit assumer la responsabilité des décisions à prendre quant à la validation ou à la non-validation des messages » et il n'est pas possible d'envisager que le directeur d'un tel centre, qui héberge souvent de nombreux services, assure une responsabilité quelconque quant au contenu des messages (■ Cass. crim., 15 nov. 1990 : *Bull. crim.*, n° 388 ; *Rev. sc. crim.* 1991, 337, obs. Delmas-Saint-Hilaire).

23) Législation douanière. L'alinéa 2 de l'article 1-3 de l'arrêté ministériel du 24 septembre 1987 pris pour l'application de l'article 215 du Code des douanes, soumettant expressément la détention de livres, photos, films, cassettes, à caractère licencieux ou pornographique, à la justification de leur origine régulière, il importe peu de savoir si de telles marchandises revêtent un caractère de « marchandises contraires aux bonnes mœurs » – au sens de l'article 283 du Code pénal (devenu 227-24) – et si elles entrent également dans les prévisions de l'alinéa 1 de l'article 1-3 précité (■ Cass. crim., 6 févr. 1997 : *Bull. crim.*, n° 50).

Art. 227-24-1 *(L. n° 2013-711, 5 août 2013).* **– Le fait de faire à un mineur des offres ou des promesses ou de lui proposer des dons, présents ou avantages quelconques, ou d'user contre lui de pressions ou de contraintes de toute nature, afin qu'il se soumette à une mutilation sexuelle est puni, lorsque cette cinq ans d'emprisonnement et de 75 000 € d'amende.**

Est puni des mêmes peines le fait d'inciter directement autrui, par l'un des moyens énoncés au premier alinéa, à commettre une mutilation sexuelle sur la personne d'un mineur, lorsque cette mutilation n'a pas été réalisée.

Art. 227-25 *(Mod., L. n° 98-468, 17 juin 1998).* **– Le fait, par un majeur, d'exercer sans violence, contrainte, menace ni surprise une atteinte sexuelle sur la personne d'un mineur de quinze ans est puni de cinq ans d'emprisonnement et 75 000 € d'amende.**

Bibliographie : *JCl. pén., Atteintes sexuelles sans violence sur mineur* par M.-L. Rassat.

1) Les dispositions nouvelles s'appliquent aux infractions commises avant leur entrée en vigueur et n'ayant pas donné lieu à une condamnation passée en force de chose jugée, lorsqu'elles sont moins sévères que les dispositions anciennes ; il en est ainsi de l'article 227-25 du Code pénal réprimant le délit d'atteinte sexuelle (■ Cass. crim., 15 mars 1995 : *Bull. crim.*, n° 106).

2) La personne poursuivie peut invoquer l'erreur sur l'âge de la victime et il lui appartient alors, pour obtenir son acquittement, de justifier qu'elle a été trompée sur cet âge (■ Cass. crim., 7 févr.

1957 : *Bull. crim.*, n° 126 ; *Rev. sc. crim.* 1957, 638, obs. Hugueney).

3) Si les juges n'ont pas énoncé les circonstances propres à caractériser la violence, la contrainte, la menace ou la surprise l'arrêt attaqué n'encourt pas pour autant la censure dès lors que la peine prononcée est justifiée au regard des articles 227-25, 227-26 et 227-29 du Code pénal. lesquels n'exigent pas, pour la répression des infractions qu'ils définissent, l'existence de violence, contrainte, menace ou surprise (■ Cass. crim., 18 juin 2003 : *Dr. pénal* 2003, comm. 141, obs. M. Véron).

4) A été rejeté le pourvoi d'une partie civile, déclaré recevable, contre un arrêt qui, après disqualification de faits initialement poursuivis des chefs de viols et agressions sexuelles, a renvoyé les prévenus devant le tribunal correctionnel pour atteintes sexuelles aggravées, les juges ayant constaté qu'aucun élément de violence, de contrainte, menace ou surprise n'était caractérisé, tout en ajoutant que l'absence de contrainte à l'égard de la mineure ne saurait expliquer ni justifier les atteintes sexuelles commises à son encontre par deux adultes qui ont su profiter de son jeune âge et de ses errements personnels (■ Cass. crim., 29 mars 2006 : *Bull. crim.*, n° 96 ; *Rev. sc. crim.* 2006, p. 828, n° 3, obs. Y. Mayaud).

5) Le délit d'atteinte sexuelle prévu et réprimé par les articles 227-25 et 227-26 du Code pénal suppose l'existence d'un contact corporel entre l'auteur et la victime (■ Cass. crim., 7 sept. 2016, n° 15-83.287 : *Dr. pén.* 2016, comm. 167, note P. Conte).

Art. 227-26 *(L. n° 94-89, 1er févr. 1994 ; mod., L. n° 95-116, 4 févr. 1995 ; L. n° 98-468, 17 juin 1998 ; L. n° 2007-297, 5 mars 2007 ; L. n° 2010-121, 8 févr. 2010 ; L. n° 2011-525, 17 mai 2011).* **– L'infraction définie à l'article 227-25 est punie de dix ans d'emprisonnement et de 150 000 € d'amende :**

1° Lorsqu'elle est commise par un ascendant ou par toute autre personne ayant sur la victime une autorité de droit ou de fait ;

2° Lorsqu'elle est commise par une personne qui abuse de l'autorité que lui confèrent ses fonctions ;

3° Lorsqu'elle est commise par plusieurs personnes agissant en qualité d'auteur ou de complice ;

4° Lorsque le mineur a été mis en contact avec l'auteur des faits grâce à l'utilisation, pour la diffusion de messages à destination d'un public non déterminé, d'un réseau de communication électronique ;

5° Lorsqu'elle est commise par une personne agissant en état d'ivresse manifeste ou sous l'emprise manifeste de produits stupéfiants.

1) Commet le délit de l'article 331-1 du Code pénal le directeur d'un centre d'accueil pour jeunes en difficulté qui a eu des relations sexuelles avec une de ses pensionnaires mineure de plus de quinze ans, désemparée et perturbée psychologiquement (■ Cass. crim., 3 mai 1989 : *Dr. pénal* 1990, n° 52).

2) Se rend coupable d'un attentat à la pudeur sans violence ni surprise, sur la personne d'une mineure de plus de quinze ans, au sens de l'article 331-1 du Code pénal, toute personne qui ayant autorité sur elle lui impose des relations sexuelles. Le prévenu ne peut pas invoquer le désir de parfaire l'éducation sexuelle de la mineure ou même son attitude consentante. Un tel comportement est condamnable, d'autant plus que le prévenu craignant une grossesse de l'enfant, lui fait subir un examen gynécologique. Cette démarche confirme le caractère délictueux des faits (■ Limoges, 26 mai 1989 : *JurisData* n° 042661).

3) La définition, par les articles 227-25 et 227-26 du Code pénal, du délit d'atteinte sexuelle aggravée, en termes suffisamment précis et explicites, n'est contraire ni au principe de légalité des délits et des peines ni à l'article 7 de la Convention européenne des droits de l'homme. (■ Cass. crim., 4 févr. 2004 : *Bull. crim.*, n° 32).

4) Pour déclarer le prévenu coupable du délit prévu par l'article 227-26 du Code pénal, les juges relèvent que les images enregistrées sur quatre cassettes vidéo saisies et placées sous scellés le montrent se livrant à des actes sexuels avec des jeunes filles mineures, et qu'il n'a pas contesté avoir un rôle actif dans le déroulement de ces scènes (■ Cass. crim., 4 févr. 2004 : *Bull. crim.*, n° 32).

5) Si les dispositions de l'article 227-26, alinéa 6, du Code pénal ont été abrogées par l'article 13 de la loi du 4 mars 2002, elles sont désormais reprises, par la même loi, aux articles 225-12-1 à 225-12-3 du Code pénal, et la loi française est applicable aux poursuites exercées de ce chef pour des faits commis à l'étranger, par dérogation au deuxième alinéa de l'article 113-6 du même Code sans que les dispositions de la seconde phrase de l'article 113-8 ne doivent recevoir application (même arrêt).

Art. 227-27 *(Mod., L. n° 2010-121, 8 févr. 2010 ; L. n° 2013-711, 5 août 2013).* – Les atteintes sexuelles sans violence, contrainte, menace ni surprise sur un mineur âgé de plus de quinze ans sont punies de trois ans d'emprisonnement et de 45 000 € d'amende :

1° Lorsqu'elles sont commises par un ascendant ou par toute autre personne ayant sur la victime une autorité de droit ou de fait ;

2° Lorsqu'elles sont commises par une personne qui abuse de l'autorité que lui confèrent ses fonctions.

Art. 227-27-1 *(L. n° 98-468, 17 juin 1998).* – Dans le cas où les infractions prévues par les articles 227-22, 227-23 ou 227-25 à 227-27 sont commises à l'étranger par un Français ou par une personne résidant habituellement sur le territoire français, la loi française est applicable par dérogation au deuxième alinéa de l'article 113-6 et les dispositions de la seconde phrase de l'article 113-8 ne sont pas applicables.

Art. 227-27-2 *(L. n° 2010-121, 8 févr. 2010 ; abr. à compter du 18 févr. 2012, Cons. const. n° 2011-222 QPC, 17 févr. 2012 ; rétabli dans la version suivante, L. n° 2013-711, 5 août 2013).* – La tentative des délits prévus aux articles 227-25, 227-26 et 227-27 est punie des mêmes peines.

Art. 227-27-2-1 *(L. n° 2016-297, 14 mars 2016).* – Les infractions définies aux articles 227-25 à 227-27 sont qualifiées d'incestueuses lorsqu'elles sont commises sur la personne d'un mineur par :

1° Un ascendant ;

2° Un frère, une sœur, un oncle, une tante, un neveu ou une nièce ;

3° Le conjoint, le concubin d'une des personnes mentionnées aux 1° et 2° ou le partenaire lié par un pacte civil de solidarité avec l'une des personnes mentionnées aux mêmes 1° et 2°, s'il a sur le mineur une autorité de droit ou de fait.

Art. 227-27-3 *(L. n° 2010-121, 8 févr. 2010 ; mod., L. n° 2013-711, 5 août 2013 ; L. n° 2016-297, 14 mars 2016).* – Lorsque l'atteinte sexuelle incestueuse est commise par une personne titulaire de l'autorité parentale sur le mineur, la juridiction du jugement doit se prononcer sur le retrait total ou partiel de cette autorité en application des articles 378 et 379-1 du Code civil.

Elle peut alors statuer sur le retrait de cette autorité en ce qu'elle concerne les frères et sœurs mineurs de la victime.

Si les poursuites ont lieu devant la cour d'assises, celle-ci statue sur cette question sans l'assistance des jurés.

Note : Pour ces infractions, sur la compétence de la loi française dans l'espace, V. aussi les articles 113-2 et s. du Code pénal et les notes.

Art. 227-28. – Lorsque les délits prévus aux articles 227-18 à 227-21 et 227-23 sont commis par la voie de la presse écrite ou audiovisuelle, les dispositions particulières des lois qui régissent ces matières sont applicables en ce qui concerne la détermination des personnes responsables.

Art. 227-28-1 *(Mod., L. n° 2002-304, 4 mars 2002 ; L. n° 2009-526, 12 mai 2009).* – Les personnes morales déclarées responsables pénalement, dans les conditions prévues par l'article 121-2, des infractions définies aux articles 227-18 à 227-26, encourent, outre l'amende suivant les modalités prévues par l'article 131-38, les peines prévues par les 2° à 5° et 7° à 9° de l'article 131-39.

L'interdiction mentionnée au 2° de l'article 131-39 porte sur l'activité dans l'exercice ou à l'occasion de l'exercice de laquelle l'infraction a été commise.

Art. 227-28-2 *(Abr., L. n° 2010-121, 8 févr. 2010).*

Art. 227-28-3 *(L. n° 2006-399, 4 avr. 2006).* – Le fait de faire à une personne des offres ou des promesses ou de lui proposer des dons, présents ou avantages quelconques afin qu'elle commette à l'encontre d'un mineur l'un des crimes ou délits visés aux articles 222-22 à 222-31, 225-5 à 225-11, 227-22, 227-23 et 227-25 à 227-28 est puni, lorsque cette infraction n'a été ni commise ni tentée, de trois ans d'emprisonnement et 45 000 € d'amende si cette infraction constitue un délit, et de sept ans d'emprisonnement et 100 000 € d'amende si elle constitue un crime.

Bibliographie : *JCl. pén., Provocation non suivie d'effet à commettre certaines infractions à l'encontre d'un mineur*, par H. Angevin, actualisé par E. Letouzay.

Section VI. – Peines complémentaires applicables aux personnes physiques

Art. 227-29 *(Mod., L. n° 98-468, 17 juin 1998 ; L. n° 2007-297, 5 mars 2007 ; L. n° 2008-776, 4 août 2008)*. – Les personnes physiques coupables des infractions prévues au présent chapitre encourent également les peines complémentaires suivantes :

1° L'interdiction des droits civiques, civils et de famille, suivant les modalités définies à l'article 131-26 ;

2° La suspension, pour une durée de cinq ans au plus, du permis de conduire, cette suspension pouvant être limitée à la conduite en dehors de l'activité professionnelle ;

3° L'annulation du permis de conduire avec interdiction de solliciter la délivrance d'un nouveau permis pendant cinq ans au plus ;

4° L'interdiction, pour une durée de cinq ans au plus, de quitter le territoire de la République.

5° La confiscation de la chose qui a servi ou était destinée à commettre l'infraction ou de la chose qui en est le produit ;

6° L'interdiction, soit à titre définitif, soit pour une durée de dix ans au plus, d'exercer une activité professionnelle ou bénévole impliquant un contact habituel avec des mineurs ;

7° L'obligation d'accomplir un stage de responsabilité parentale, selon les modalités fixées à l'article 131-35-1 ;

8° Pour les crimes prévus par les articles 227-2 et 227-16, l'interdiction, suivant les modalités prévues par l'article 131-27, soit d'exercer une fonction publique ou d'exercer l'activité professionnelle ou sociale dans l'exercice ou à l'occasion de l'exercice de laquelle l'infraction a été commise, soit d'exercer une profession commerciale ou industrielle, de diriger, d'administrer, de gérer ou de contrôler à un titre quelconque, directement ou indirectement, pour son propre compte ou pour le compte d'autrui, une entreprise commerciale ou industrielle ou une société commerciale. Ces interdictions d'exercice peuvent être prononcées cumulativement.

Art. 227-30. – Les personnes physiques coupables des infractions prévues par la section IV du présent chapitre encourent également la peine complémentaire d'affichage ou de diffusion de la décision prévue par l'article 131-35.

Art. 227-31 *(L. n° 98-468, 17 juin 1998)*. – Les personnes coupables des infractions définies aux articles 227-22 à 227-27 peuvent également être condamnées à un suivi socio-judiciaire selon les modalités prévues par les articles 131-36-1 à 131-36-13.

Art. 227-32 *(L. n° 2007-297, 5 mars 2007)*. – Les personnes physiques coupables des infractions définies aux articles 227-18 et 227-18-1 encourent également la peine complémentaire d'obligation d'accomplir un stage de sensibilisation aux dangers de l'usage de produits stupéfiants, selon les modalités fixées à l'article 131-35-1.

Section VII. – Peine complémentaire commune aux personnes physiques et aux personnes morales

Art. 227-33 *(L. n° 2007-297, 5 mars 2007 ; mod., L. n° 2012-409, 27 mars 2012)*. – Les personnes physiques ou morales coupables des infractions prévues au troisième alinéa de l'article 227-22 et au sixième alinéa de l'article 227-23 encourent également la peine complémentaire de confiscation de tout ou partie des biens leur appartenant ou, sous réserve des droits du propriétaire de bonne foi, dont elles ont la libre disposition, quelle qu'en soit la nature, meubles ou immeubles, divis ou indivis.

Section VI. – Peines complémentaires applicables aux personnes physiques

Art. 227-29 (*Mod., L. n° 98-468, 17 juin 1998 ; L. n° 2007-297, 5 mars 2007 ; L. n° 2008-776, 4 août 2008*). – Les personnes physiques coupables des infractions prévues au présent chapitre encourent également les peines complémentaires suivantes :

1° L'interdiction des droits civiques, civils et de famille, suivant les modalités définies à l'article 131-26 ;

2° La suspension, pour une durée de cinq ans au plus, du permis de conduire, cette suspension pouvant être limitée à la conduite en dehors de l'activité professionnelle ;

3° L'annulation du permis de conduire avec interdiction de solliciter la délivrance d'un nouveau permis pendant cinq ans au plus ;

4° L'interdiction, pour une durée de cinq ans au plus, de quitter le territoire de la République ;

5° La confiscation de la chose qui a servi ou était destinée à commettre l'infraction ou de la chose qui en est le produit ;

6° L'interdiction, soit à titre définitif, soit pour une durée de dix ans au plus, d'exercer une activité professionnelle ou bénévole impliquant un contact habituel avec des mineurs ;

7° L'obligation d'accomplir un stage de responsabilité parentale, selon les modalités fixées à l'article 131-35-1 ;

8° Pour les crimes prévus par les articles 227-2 et 227-16, l'interdiction, suivant les modalités prévues par l'article 131-27, soit d'exercer une fonction publique ou d'exercer l'activité professionnelle ou sociale dans l'exercice ou à l'occasion de l'exercice de laquelle l'infraction a été commise, soit d'exercer une profession commerciale ou industrielle, de diriger, d'administrer, de gérer ou de contrôler à un titre quelconque, directement ou indirectement, pour son propre compte ou pour le compte d'autrui, une entreprise commerciale ou industrielle ou une société commerciale. Ces interdictions d'exercice peuvent être prononcées cumulativement.

Art. 227-30. – Les personnes physiques coupables des infractions prévues par la section IV du présent chapitre encourent également la peine complémentaire d'affichage ou de diffusion de la décision prévue par l'article 131-35.

Art. 227-31 (*L. n° 98-468, 17 juin 1998*). – Les personnes coupables des infractions définies aux articles 227-22 à 227-27 peuvent également être condamnées à un suivi socio-judiciaire selon les modalités prévues par les articles 131-36-1 à 131-36-13.

Art. 227-32 (*L. n° 2007-297, 5 mars 2007*). – Les personnes physiques coupables des infractions définies aux articles 227-18 et 227-18-1 encourent également la peine complémentaire d'obligation d'accomplir un stage de sensibilisation aux dangers de l'usage de produits stupéfiants, selon les modalités fixées à l'article 131-35-1.

Section VII. – Peine complémentaire commune aux personnes physiques et aux personnes morales

Art. 227-33 (*L. n° 2007-297, 5 mars 2007 ; mod., L. n° 2012-409, 27 mars 2012*). – Les personnes physiques ou morales coupables des infractions prévues au troisième alinéa de l'article 227-22 et au sixième alinéa de l'article 227-23 encourent également la peine complémentaire de confiscation de tout ou partie des biens leur appartenant ou, sous réserve des droits du propriétaire de bonne foi, dont elles ont la libre disposition, quelle qu'en soit la nature, meubles ou immeubles, divis ou indivis.

LIVRE TROISIÈME

DES CRIMES ET DÉLITS CONTRE LES BIENS

TITRE PREMIER. – DES APPROPRIATIONS FRAUDULEUSES

CHAPITRE I. – DU VOL

Section I. – Du vol simple et des vols aggravés

Voir : art. 132-16, p. 141 et art. 321-5, p. 454 (récidive) ; art. 421-1, p. 487.

Art. 311-1. – **Le vol est la soustraction frauduleuse de la chose d'autrui.**

Bibliographie : *JCl. pén., Vol* par W. Jeandidier.

• ***Sommaire***

I – SOUSTRACTION

1) Interversion de possession. La soustraction consiste à faire passer la possession d'un objet de la main de son détenteur légitime dans celle de l'auteur du délit, contre le gré de ce détenteur (▪ Cass. crim., 18 nov. 1837 : S. 38, 1, 366) ; ainsi constitue l'appréhension frauduleuse de la chose d'autrui et caractérise le délit de vol le fait d'avoir, dans les magasins d'une société, enlevé des marchandises sans signer le bon de livraison qui devait en constater la remise et le prix (▪ Cass. crim., 4 nov. 1977 : *Bull. crim.*, n° 330). Le consentement du propriétaire à l'appropriation de sa chose est, à le supposer établi, exclusif d'une soustraction frauduleuse (▪ Cass. crim., 11 juin 1986 : *JurisData* n° 001711).

2) Caractérisation nécessaire de la soustraction. Pour déclarer la prévenue coupable de vol d'une photocopie de lettre adressée à un tiers, par les administrateurs judiciaires de l'étude d'huissiers dans laquelle elle travaillait, l'arrêt attaqué énonce qu'il résulte d'un témoignage que ce document a été retrouvé dans les dossiers d'un ancien salarié de l'étude, après le décès de celui-ci, et que ce dernier le tenait d'une remise qui lui en avait été faite par la prévenue, également salariée de l'étude ; mais en se déterminant ainsi, sans rechercher les circonstances dans lesquelles la prévenue serait entrée en possession de la photocopie du courrier litigieux, ni caractériser la soustraction frauduleuse indispensable à la constitution du délit de vol, la cour d'appel n'a pas justifié sa décision (▪ Cass. crim., 2 mars 2004 : *Dr. pénal* 2004, note 85).

Mais ne justifie pas sa décision la cour d'appel qui, pour dire coupable de vol un prévenu qui, se trouvant en désaccord avec son avocat, s'était emparé du dossier de cet avocat relatif à une procédure le concernant, retient que le dossier a été repris, sans l'accord de son légitime détenteur et avec une volonté manifeste d'appropriation, sans répondre aux conclusions du prévenu qui invoquaient les dispositions, alors applicables, de l'article 157 du décret du 27 novembre 1991 prescrivant à l'avocat chargé d'un mandat *ad litem*, de restituer sans délai les pièces dont il est dépositaire lorsque l'affaire est terminée ou qu'il en est déchargé, ni rechercher quelles pièces appartenant à l'avocat avaient pu être frauduleusement soustraites (▪ Cass. crim., 20 juin 2006 : *Bull. crim.*, n° 190).

3) Conflit de qualifications. Lorsqu'il y a abus d'automate, y a-t-il vol ou escroquerie ? La Cour de cassation a jugé qu'il y avait escroquerie dans une affaire de trafic de parcmètre, les manœuvres frauduleuses étant représentées par l'introduction d'une rondelle métallique dans l'appareil à la place d'une pièce de monnaie et la remise volontaire de la chose étant constituée par la décharge fournie par l'appareil et prouvée par la variation de l'aiguille sur le compteur horaire (▪ Cass. crim., 10 déc. 1970 : *D.* 1972, 155, note Roujou de Boubée ; *JCP*72, II, 17277, note Gassin). Au sujet des cartes de paiement magnétiques, la jurisprudence a été divisée : le fait d'utiliser une telle carte pour prélever au moyen de distributeurs automatiques de billets de banque des fonds excédant le montant du crédit a été tantôt analysé comme un vol (▪ Lyon, 20 avr. 1982 : *D.* 1982, 538, note Sousi-Roubi ; *Rev. sc. crim.* 1983, 91, obs. Bouzat. ▪ T. corr. Troyes, 27 avr. 1976 : *D.* 1977, 122, note Casals) tantôt considéré comme ne pouvant revêtir aucune des qualifications de vol, d'escroquerie ou d'abus de confiance (▪ Angers, 4 févr. 1982 : *D.* 1982, 312, note Sousi-Roubi ; *Rev. sc. crim.* 1982, 619, obs. Bouzat) ; sur la question, V. Larguier, *L'abus de distributeur de billets par le titulaire d'un compte insuffisamment approvisionné ne peut-il être pénalement incriminé ? : JCP* 82, I, 3061. La Cour de cassation s'est prononcée en faveur de la seconde analyse, les faits concernés consistant en « l'inobservation d'une obligation contractuelle et n'entrant dans les prévisions d'aucun texte répressif » (▪ Cass. crim., 24 nov. 1983 : *Bull. crim.*, n° 315 ; *D.* 1984, 465, note Lucas de Leyssac ; *JCP* 85, II, 20450, note Croze ; *Rev. sc. crim.* 1984, 515, obs. Bouzat ; *D.* 1985, inf. rap. 46, obs. Huet ; V. sur la question en général, Jeandidier, *Les truquages et usages frauduleux de cartes magnétiques : JCP* 86, I, 3229).

4) Eau et électricité. En matière de fourniture d'eau ou d'électricité, lorsque l'intéressé agit sur le compteur, il y a tromperie sur la quantité de marchandise vendue (▪ Cass. crim., 22 oct. 1959 : *JCP* 59, II, 11376, note Delpech) ; mais lorsqu'il a agi sur le système de distribution, il y a vol, ainsi en cas de branchement clandestin ou de dérivation (▪ Cass. crim., 8 janv. 1958 : *JCP* 58, II, 10546, note Delpech. ▪ Cass. crim., 10 avr. 1964 : *Bull. crim.*, n° 108. ▪ Pau, 28 oct. 1986 : *JurisData* n° 044956) ; V. toutefois, remettant en cause cette distinction, (▪ Cass. crim., 11 oct. 1978 *Bull. crim.*, n° 270 ; *D.* 1979, 76, note Vuitton ; *Rev. sc. crim.* 1979, 337, obs. Bouzat). Il n'importe que le mode de soustraction permette à la victime d'évaluer exactement son préjudice : est coupable de vol le prévenu qui opère un raccordement de fils contre la volonté de l'EDF bien que le raccordement s'effectue dans des conditions telles que le courant électrique continue à être enregistré par le compteur (▪ Cass. crim., 12 déc. 1984 : *Bull. crim.*, n° 403 ; *Rev. sc. crim.* 1985, 579, obs. Bouzat).

5) Champignons. Justifie sa décision la cour d'appel qui, pour déclarer un prévenu coupable de vol de champignons, retient que celui-ci reconnaît avoir ramassé des champignons sur des parcelles appartenant à autrui, sans justifier d'une autorisation spécifique.

En effet, lorsqu'un prévenu ne prélève pas des champignons dans des bois et forêts, mais les soustrait dans une truffière cultivée par le propriétaire, les faits ne constituent pas la contravention prévue par l'article R. 331-2 du Code forestier (▪ Cass. crim., 13 avr. 2010 : *Bull. crim.* n° 66 ; *D.* 2010, p. 2272, note G. Roujou de Boubée).

6) Remise par erreur. La remise par erreur de la possession est une véritable remise transférant une véritable possession et un détournement ne peut dans ces conditions être considéré comme un vol : il en va ainsi pour la personne à laquelle un colis postal a été remis par erreur et qui le retient dans un esprit de fraude (▪ Cass. crim., 22 janv. 1948 : *JCP* 48, 11, 4345, note Pierrard ; *Rev. sc. crim.* 1948, 301, obs. Bouzat) ; mais si l'erreur a été provoquée par dol, le vol peut être retenu, ainsi lorsque l'acheteur après avoir présenté au vendeur un billet de banque, empoche la monnaie et récupère le billet (▪ Cass. crim., 29 sept. 1898 : S.1900, 1, 249, note Roux) ; pour un exemple de remise volontaire par un tiers abusé par le prévenu, où il a été jugé qu'il y avait vol, V. (▪ Cass. crim., 24 oct. 1972 : *Bull. crim.*, n° 306 ; *Rev. sc. crim.* 1973, 417, obs. Bouzat. – V. aussi *infra* n° 7).

7) Remise volontaire. La vente d'un bien mobilier assortie d'une clause de réserve de propriété s'accompagne d'une remise volontaire de la chose, exclusive de toute appréhension frauduleuse du bien par l'acquéreur, même en cas de résolution du contrat (■ Cass. crim., 11 oct. 1990 : *Bull. crim.*, n° 341 ; *D.* 1991, 234, note Péano).

8) Remise involontaire. La remise de la chose est involontaire lorsqu'elle est déterminée par la violence ou la menace : est coupable de vol, l'individu qui a contraint une veuve de 86 ans, malade, à lui remettre des fonds pour un transport en taxi déjà payé par la fille de la victime, en la menaçant au cours du trajet de l'abandonner sur la route si elle ne se pliait pas à ses exigences (■ Cass. crim., 4 mai 1973 : *Bull. crim.*, n° 207). Le fait d'obtenir, par l'effet de la crainte et en jouant de la déficience mentale de la victime, la remise de sommes d'argent, constitue l'appréhension frauduleuse de la chose d'autrui et caractérise le délit de vol (■ Cass. crim., 16 mars 1989 : *Bull. crim.*, n° 133).

9) Remises diverses. De même, une remise par un enfant (■ Cass. crim., 31 août 1899 : *DP* 1902, 1, 331), par un dément ou un faible d'esprit (■ Cass. crim., 26 juin 1974 : *Bull. crim.*, n° 243. ■ Cass. crim., 17 janv. 1978 : *Bull. crim.*, n° 20), par une personne en état d'hypnose (■ T. corr. Versailles, 13 mai 1970 : *Gaz. Pal.*1971, 1, 34, note Doucet ; *Rev. sc. crim.* 1971, 428, obs. Bouzat), par une majeure protégée jetant des objets de valeur dans les poubelles (■ Paris, 22 mars 1988 : *JurisData* n° 024280), ne saurait exclure la qualification de vol.

10) Remise à titre de simple détention. Lorsque l'inculpé ne possédait pas réellement la chose mais qu'elle lui avait été remise à titre de simple détention purement matérielle, le détournement de cette chose peut constituer un vol (■ Cass. crim., 20 juin 1952 : *JCP* 52, IV, 122), que l'auteur de la remise n'ait pu transmettre que la détention (ainsi la remise faite par un tiers abusé par le prévenu sur le véritable propriétaire de la chose et qui n'a été qu'un instrument passif à l'aide duquel la personne qui recevait la chose l'a en réalité appréhendée frauduleusement (■ Cass. crim., 6 nov. 1920 : *D.* 1921, 1, 188) ou qu'il n'ait voulu transmettre que la détention, ainsi toutes les fois qu'un meuble vendu ou remis recèle des valeurs à l'insu de celui qui l'a transmis (■ T. corr. Seine, 9 mai 1956 : *Gaz. Pal.* 1956, 2, 56 ; *Rev. sc. crim.* 1957, 141, obs. Bouzat) ; (V. aussi ■ Cass. crim., 21 mars 1978 : *Bull. crim.*, n° 113).

11) Vols commis par des préposés. Commet un vol l'intéressé qui profite, pour s'approprier frauduleusement un objet, de ses fonctions, alors qu'il n'en a qu'une simple détention matérielle : tel le cas d'un policier qui faisait remettre en état par des fonctionnaires de son service des automobiles d'occasion lui appartenant, à l'aide de pièces détachées prélevées sur des véhicules en fourrière (■ Cass. crim., 11 janv. 1977 : *Bull. crim.*, n° 13 ; *Rev. sc. crim.* 1977, 823, obs. Bouzat) ou celui d'un préposé qui, détenant matériellement certains documents appartenant à son employeur, prend à des fins personnelles, à l'insu et contre le gré du propriétaire, des photocopies de ces documents et les appréhende ainsi frauduleusement pendant le temps nécessaire à leur reproduction (■ Cass. crim., 8 janv. 1979 : *D.* 1979, 509, note Corlay ; *Rev. sc. crim.* 1979, 571, obs. Bouzat), peu important que les reproductions effectuées concernent ou non des modèles protégés par un brevet (■ Cass. crim., 29 avr. 1986 : *Bull. crim.*, n° 148 ; *D.* 1987, 131, note M. P. Lucas de Leyssac ; *JCP* 87, II, 20788, note Croze. – V. aussi ■ Cass. crim., 6 juin 1989 : *Dr. pénal* 1990, n° 86) ou que les photocopies aient été réalisées en vue d'être produites dans une instance prud'homale ultérieure (■ Cass. crim., 24 oct. 1990 : *Bull. crim.*, n° 355), ou encore quelles que soient la valeur marchande des informations appréhendées et leur utilisation ultérieure (■ Cass. crim., 8 déc. 1998 : *Bull. crim.*, n° 336. ■ 16 mars 1999 : *JCP* 99, G, II, 10166, note S. Bouretz).

– Pour des vols commis par des croupiers dans un casino, V. (■ Rouen, 4 mars 1981 : *Rev. sc. crim.* 1982, 127, obs. Bouzat). Le fait pour une employée de maison de prendre dans la caisse de l'employeur des sommes déposées lors du paiement effectué par la clientèle ne constitue pas le délit d'abus de confiance mais celui de soustraction frauduleuse au sens de l'article 379 du Code pénal (■ Aix-en-Provence, 24 mars 1986 : *JurisData* n° 045466).

– Commet un vol le salarié qui, avant de quitter son poste, a gardé des copies et, en effectuant des photocopies de pièces qui ne lui appartenaient pas et en prenant possession et en disposant à son gré de documents, s'est approprié les informations (■ Cass. crim., 19 janv. 1994 : *Dr. pénal* 1994, n° 109, obs. Véron) ou le salarié d'une entreprise vendant des produits d'alimentation qui emporte des denrées que les dirigeants de l'entreprise avaient autorisé les salariés à consommer au réfectoire de l'établissement mais non à emporter hors de celui-ci (■ Cass. crim., 17 mai 1994 : *Gaz. Pal.* 1994, 2, somm. 541).

– Caractérise le délit de vol le fait par le gynécologue-obstétricien d'un centre hospitalier de s'emparer de dossiers médicaux, conservés sous sa responsabilité, pour les produire à l'appui de sa plainte à un officier de police judiciaire, qui l'avait invité à justifier de ses griefs sans pour autant l'inciter à commettre des soustractions de pièces (■ Cass. crim., 3 mai 2001 : *JurisData* n° 009976 ; *Dr. pénal* 2002, chron. 19, obs. C. Marsat).

12) Remise en communication. Pareillement, il y a vol lorsque la chose, détournée, avait été remise aux fins de pesage (■ Cass. crim., 4 nov. 1964 : *JCP* 65, II, 14066, note Chavanne), de prêt à usage (■ Cass. crim., 11 juin 1990 : *Bull. crim.*, n° 238), afin de faire l'objet d'un travail (■ Cass. crim., 28 mai 1975 : *Bull. crim.*, n° 138) ou pour examen (■ Cass. crim., 5 déc. 1984 : *Bull. crim.*, n° 387) ou pour répartition (■ Cass. crim., 25 mai 1988 : *Bull. crim.*, n° 223). Sur l'extension du domaine du vol qui en résulte, V. Cousin-Houppe, *Vers une continuité de la loi pénale dans le domaine des principales infractions portant atteinte juridique aux biens (vols, abus de confiance, escroquerie) : Rev. sc. crim.* 1977, 779.

13) Vente au comptant. En matière de vente au comptant, la remise de la marchandise n'est qu'une remise de détention matérielle tant que le prix n'a pas été payé et l'appréhension de la marchandise avant le paiement du prix est un vol (■ Cass. crim., 18 juill. 1963 : *Bull. crim.*, n° 262) ; la solution est identique au sujet des vols commis dans un magasin libre-service (■ Cass. crim., 14 et 30 mai 1958 : *D.* 1958, 513, note M. R. M. P. ; *JCP* 58, II, 10809, note Chavanne ; *Rev. sc. crim.* 1959, 125, obs. Bouzat. ■ Cass. crim., 4 nov. 1964 : *JCP* 65, II, 14066, note Chavanne). Il en est de même pour les distributeurs de carburant en libre-service : ne présente pas de difficulté sérieuse permettant la saisine pour avis de la Cour de cassation la question de savoir si le fait de se servir en carburant, puis de ne pouvoir le payer à la caisse constitue une infraction pénale et, dans l'affirmative, s'il s'agit d'un vol, d'une filouterie ou d'une autre infraction, dès lors que lorsque cette appréhension est frauduleuse, un tel comportement est constitutif de vol (■ C. cass., avis, 4 mai 2010 : *Bull. crim.* n° 2 ; *Bull. inf. C. cass.* 2010, n° 272, I, rapp. Mme Labrousse, avis Davenas).

14) Dès lors que ne peut être déclarée coupable de vol qu'une personne qui a soustrait frauduleusement la chose d'autrui, encourt la cassation l'arrêt qui – le propriétaire d'un véhicule qui avait remarqué que le compteur d'un distributeur de carburant revenait à zéro lorsque la somme affichée dépassait 999 F, s'étant servi à ce distributeur d'une quantité d'essence d'une valeur supérieure à cette somme et, alors que le ticket fourni par l'appareil mentionnait le nombre exact de litres mais indiquait une somme inférieure de 1 000 F à celle réellement due, ayant reconnu avoir volontairement bénéficié de l'inattention de l'employé de caisse pour ne payer que la somme portée sur le ticket – l'a condamné du chef de vol au motif qu'en ne versant pas la somme prévue pour le paiement, même en considérant que son abstention n'avait pas été le résultat d'une manœuvre active de sa part, il s'était approprié un produit dans des conditions qui fraudaient les droits du vendeur, possesseur légal du carburant jusqu'au paiement. En effet, il ne résulte pas de ces énonciations que l'appréhension réalisée par le prévenu ait eu un caractère frauduleux (■ Cass. crim., 1er juin 1988 : *Bull. crim.*, n° 245 ; *JCP* 89, II, 21172, note Devèze).

15) Défaut de remise de possession. La détention matérielle, non assortie d'une remise de possession, n'est pas exclusive de l'appréhension frauduleuse, élément constitutif du vol. Ainsi, une cour d'appel déclare à bon droit coupable du délit de vol la prévenue qui, après une période de vie commune et une séparation, refuse de restituer à son ex-ami, les œuvres d'art appartenant à ce dernier et dont elle a conservé la détention dans l'appartement qu'ils occupaient (■ Cass. crim., 8 févr. 1993 : *Bull. crim.*, n° 65). De même aux termes de l'article 815-3, alinéa 1, du Code civil, les actes d'administration et de disposition relatifs aux biens indivis requièrent le consentement de tous les indivisaires ; en conséquence, la personne qui acquiert des biens indivis, alors que certains des coïndivisaires se sont opposés à leur cession, se rend coupable de vol au préjudice de ces derniers (■ Cass. crim., 27 févr. 1996 : *Bull. crim.*, n° 96 ; *Dr. pénal* 1996, comm. 153, obs. M. Véron).

II – OBJET DU VOL

16) Meubles. Dès qu'un objet qui était immeuble se trouve détaché du fonds auquel il adhérait, il devient meuble et il peut faire l'objet d'un vol ; il en est ainsi des sables et graviers qui sont meubles dès qu'ils sont extraits et leur extraction sur un terrain d'alluvions appartenant à autrui constitue un vol (■ Cass. crim., 1er juill. 1864 : *Bull. crim.*, n° 169). La valeur minime voire nulle des objets volés est indifférente (■ Poitiers, 16 juin 1988 : *JurisData* n° 043406).

17) Biens incorporels. Si l'on ne peut voler un bien incorporel, on peut voler le titre corporel qui le représente, ainsi une reconnaissance de dette (■ Cass. crim., 20 juin 1929 : *Bull. crim.*, n° 171. ■ Cass. crim., 5 déc. 1984 : *Bull. crim.*, n° 387).

18) Disquettes et Minitel. N'encourt pas la cassation l'arrêt qui déclare les prévenus coupables, d'une part, de vol d'un certain nombre de « disquettes », et, d'autre part, du vol du contenu informationnel de certaines de ces disquettes, durant le temps nécessaire à la reproduction des informations (■ Cass. crim., 12 janv. 1989 : *Bull. crim.*, n° 14. – V. aussi ■ Cass. crim., 1er mars 1989 : *Bull. crim.*, n° 100). Constitue un vol l'appréhension avec un matériel approprié, des informations contenues sur les pistes magnétiques de cartes bancaires (■ Paris, 9e Ch. A, 28 févr. 1989, inédit). En revanche, l'usage du Minitel d'autrui, sans autorisation de l'abonné, ne constitue pas un vol (■ Cass. crim., 12 déc. 1990 : *Bull. crim.* n° 430 ; *Rev. sc. crim.* 1992, 84, obs. Bouzat).

19) Lettres missives. Le vol d'une lettre missive est constitué en tous ses éléments lorsque le prévenu a pénétré dans le bureau de la victime et s'est emparé, contre la volonté de celle-ci, d'une lettre missive appartenant à autrui, étant sans intérêt en la cause la nature synallagmatique du contrat dont la lettre avait pour objet de préciser les conditions (■ Cass. crim., 18 juin 1975 : *Gaz. Pal.* 1975, 2, 660 ; *Rev. sc. crim.* 1976, 124, obs. Bouzat).

20) Utilisation abusive. Dans l'hypothèse de l'« emprunt » d'une voiture ramenée ensuite à sa place, la Cour de cassation juge qu'il y a vol car, s'il est vrai que la loi pénale n'atteint pas celui qui, sans l'autorisation du propriétaire, utilise même abusivement la chose d'autrui, il y a vol au contraire lorsque l'appréhension a lieu dans des circonstances telles qu'elle révèle l'intention de se comporter, même momentanément, en propriétaire (■ Cass. crim., 19 févr. 1959 : *S.* 1959, 21, note M. R. M. P. ; *D.* 1959, 331, note Roujou de Boubée ; *JCP* 59, II, 11178, note Chambon. ■ Metz, 21 oct. 1987 : *JurisData* n° 1987-048890) ; sur le vol de documents pour les photocopier, V. (■ Cass. crim., 8 janv. 1979 : *D.* 1979, 509, note Corlay. ■ Cass. crim., 8 déc. 1998 : *Bull. crim.*, n° 336).

21) Stupéfiants. Le caractère illicite ou hors commerce des stupéfiants soustraits est sans influence sur la qualification de vol (■ Cass. crim., 5 nov. 1985 : *Bull. crim.*, n° 340).

22) Acte unique. La soustraction frauduleuse de plusieurs objets commise dans un même temps est constitutive d'un vol unique (■ Cass. crim., 20 mars 1985 : *Bull. crim.*, n° 120).

III – APPARTENANCE À AUTRUI DE LA CHOSE VOLÉE

23) Nécessité de l'appartenance à autrui. Le « vol » de sa propre chose est impunissable ; tel est par exemple le cas du prévenu qui a récupéré au domicile de son ancienne épouse des objets personnels (■ Versailles, 1er oct. 1986 : *JurisData* n° 047434) ou de l'entrepreneur qui a repris des portes-fenêtres et volets, alors que le client n'avait pas payé le solde du prix et qu'avait eu lieu une réception provisoire et informelle des travaux (■ Paris, 27 mai 1987 : *JurisData* n° 024345). Si la chose volée doit appartenir à autrui, il n'est pas nécessaire que l'on connaisse son propriétaire : il suffit qu'il s'agisse d'une chose appropriée par quelqu'un (■ Cass. crim., 11 mars 1942 : *Bull. crim.*, n° 23) ; la décision de condamnation est suffisante lorsqu'elle parle de la soustraction de la chose d'autrui sans désigner le propriétaire (■ Cass. crim., 26 juill. 1928 : *Bull. crim.*, n° 226), mais elle serait insuffisamment motivée si elle ne spécifiait pas que l'objet avait encore un propriétaire au moment où il avait été dérobé (■ Cass. crim., 16 mars 1923 : *DP* 1924, 1, 136).

24) Exception de propriété. C'est au prévenu, lorsqu'il soulève une exception, qu'incombe la charge de la preuve des faits allégués au soutien de cette exception. Il lui appartient donc de rapporter la preuve du don manuel qu'il invoque (■ Cass. crim., 28 févr. 1990 : *JurisData* n° 001101. ■ Cass. crim., 28 oct. 1991 : *Bull. crim.*, n° 383).

Encourt la cassation l'arrêt qui relaxe un prévenu au motif que celui-ci, se sachant héritier potentiel de son oncle, par la suite décédé, a pu légitimement penser qu'il bénéficiait d'une donation l'autorisant à prendre possession de ses biens, alors qu'à la date des faits les juges n'établissent pas que les biens litigieux étaient la propriété du prévenu (■ Cass. crim., 23 nov. 2004 : *Dr. pénal* 2005, note 39).

25) Les juridictions pénales peuvent, elles-mêmes, apprécier la validité des conventions dont dépend la décision sur l'action publique.

En conséquence, justifie sa décision la cour d'appel qui, pour dire établi à l'encontre de l'ancien dirigeant d'une société un délit de vol portant sur des biens meubles constituant l'actif de ladite société, mise en liquidation judiciaire, retient que ce n'est que par l'effet d'opérations frauduleuses que le prévenu est devenu fictivement propriétaire de ces biens appartenant en réalité à la société, et qu'il a ensuite procédé à leur donation à des membres de sa famille au cours de la période suspecte, ce dont il résultait que les conventions que ce prévenu invoquait étaient nulles et n'avaient pu lui conférer aucun droit (■ Cass. crim., 30 oct. 2012, n° 11-81.266 : *Bull. crim.*, n° 234 ; *AJP* 2013, p. 44, note J. Gallois ; *D.* 2013, ét., p. 134, n° 7, note M. L. Divialle).

26) Choses sans maître. Il n'y a pas de vol à s'approprier une chose sans maître ou *res nullius*, ainsi du gibier ou des poissons ; mais si ces animaux ont été appropriés par l'homme, le vol est possible (■ T. corr. Charleville, 13 févr. 1979 : *Gaz. Pal.* 1979, 2, 519, note Alauze). Le rivage de la mer, loin de constituer une *res nullius*, fait partie du domaine de l'État qui en est propriétaire ; est donc un vol le fait d'extraire sans autorisation du sable sur une plage, même si ce délit est susceptible d'être poursuivi également devant la juridiction administrative (■ Cass. crim., 23 oct. 1980 : *Bull. crim.*, n° 27). La tolérance du ramassage des champignons par les propriétaires du sol ne peut plus être présumée, les cèpes n'étant pas des *res nullius* ; les propriétaires n'ont pas besoin de clôturer leurs immeubles ou d'en interdire l'accès par voie d'affiches et le vol de fruits sera établi dès que la cueillette sera faite sur le terrain d'autrui (■ Bordeaux, 13 févr. 1986 : *JurisData* n° 040625. –

V. aussi ■ T. corr. Saint-Gaudens, 12 mars 1981 : *D.* 1983, 535, note Roujou de Boubée).

27) Choses abandonnées. Pareillement il ne saurait y avoir vol dans l'appropriation d'une chose abandonnée ou *res derelicta*, ainsi dans le fait de récupérer du rhum coulant sur le ballast à la suite d'une avarie de transport survenue à un wagon de chemin de fer (■ Rennes, 22 juin 1926 : *DP* 1927, 2, 32) ou de s'emparer de ferraille abandonnée depuis longtemps par son propriétaire dans une usine désaffectée et en ruine (■ Poitiers, 26 avr. 1990 : *JurisData* n° 042270) ; pour un exemple où la chose n'était pas abandonnée, V. (■ Cass. crim., 31 mai 1978 : *Gaz. Pal.* 1979, 1, somm., 150 ; *Rev. sc. crim.* 1979, 377, obs. Bouzat).

Ne sauraient être considérés comme choses volontairement abandonnées les bijoux et autres objets trouvés dans des caveaux, des cercueils, des fosses communes et des concessions non renouvelées ; en conséquence, les fossoyeurs qui s'approprient les objets trouvés par eux commettent le délit de vol par personne chargée d'une mission de service public (■ Cass. crim., 25 oct. 2000 : *Bull. crim.*, n° 318 ; *D.* 2001, jurispr. p. 1052, note T. Garé ; *JCP* 2001, II, 10566, note P. Mistretta).

S'il appartient au juge du fait de rechercher, d'après les circonstances, s'il y a eu abandon volontaire d'une chose, cette circonstance, susceptible de faire disparaître l'élément matériel du vol et par voie de conséquence du recel, ne peut être retenue que s'il est établi que le propriétaire ou détenteur légitime a renoncé définitivement à son bien. Tel n'est pas le cas d'une lettre déchirée et jetée dans une poubelle d'entreprise, par son dirigeant, celui-ci conservant la faculté de revenir sur sa décision et reprendre son bien (■ Cass. crim., 10 mai 2005 : *Bull. crim.*, n° 145 ; *JCP* 2005, II, 10162, note M. Daury-Fauveau ; *Dr. pénal* 2005, comm. 160, obs. M. Véron).

S'il y a eu abandon volontaire d'une chose, cette circonstance, susceptible de faire disparaître l'élément matériel du vol, ne peut être retenue que s'il est établi que le propriétaire ou détenteur légitime a renoncé définitivement à son bien. Tel n'est pas le cas d'une importante somme d'argent découverte dans un sac, dont le détenteur s'est dessaisi en vue d'échapper aux poursuites d'un tiers, mais avec l'intention manifeste de venir le rechercher ultérieurement (■ Cass. crim., 12 mai 2015, n° 14-83.310 : *Dr. pén.* 2015, comm. 96, obs. M. Véron).

28) Constitue une chose abandonnée, insusceptible d'appropriation frauduleuse, un produit impropre à la commercialisation, en raison du dépassement de la date limite de sa consommation, retiré, pour ce motif, de la vente d'un magasin et mis à la poubelle dans l'attente de sa destruction. Dès lors, ne justifie pas sa décision la cour d'appel qui, pour déclarer une salariée coupable du chef de vol de tels produits, se fonde essentiellement sur le règlement intérieur de l'établissement interdisant au personnel de les appréhender (■ Cass. crim., 15 déc. 2015, n° 14-84.906 : *D.* 2016, p. 644, note G. Beaussonie ; *Dr. pén.* 2016, comm. 59, obs. P. Conte).

29) Choses perdues. Les choses perdues étant encore la propriété de celui qui les a perdues, celui qui les soustrait se rend coupable de vol (■ Cass. crim., 17 janv. 1946 : *S.* 1947, 1, 15) ; ainsi constitue le délit de vol le fait de ramasser un chéquier perdu à côté de soi par autrui et de le mettre dans sa poche (■ Nancy, 19 déc. 1986 : *JurisData* n° 046775) cette même solution doit prévaloir lorsqu'au lieu d'appréhender lui-même la chose perdue, le coupable se l'est fait remettre par l'inventeur en s'en prétendant propriétaire (■ Cass. crim., 6 nov. 1920 : *D.* 1921, 1, 188, note A.L.) et en matière de trésor lorsque l'inventeur, au mépris de l'article 716 du Code civil, s'en approprie plus de la moitié (■ Cass. crim., 24 nov. 1976 : *Bull. crim.*, n° 342. ■ Cass. crim., 21 mars 1978 : *Bull. crim.*, n° 113). L'inventeur d'un trésor s'entend de celui qui, par le seul effet du hasard, met ce trésor à découvert, serait-il au service d'une entreprise, dès lors que les travaux qui le lui ont fait découvrir n'ont pas été effectués à cette fin (■ Cass. crim., 20 nov. 1990 : *Bull. crim.*, n° 395).

30) Choses communes. La soustraction, par l'un des communistes, d'une chose commune, constitue un vol : il en a ainsi été jugé pour le vol d'effets successoraux par un cohéritier (■ Cass. crim., 27 févr. 1836 : *S.* 36, 1, 526. ■ Cass. crim., 21 mars 1984 : *Bull. crim.*, n° 124), de meubles dépendant d'une société de fait existant entre concubins (■ Cass. crim., 13 janv. 1971 : *Bull. crim.*, n° 11), de fruits déposés dans un magasin commun par un colon partiaire au détriment du bailleur (■ Agen, 5 févr. 1850 : *D.* 50, 5, 478), de fonds remis par les employeurs qui étaient propriété indivise de l'ensemble des dockers (■ Cass. crim., 25 mai 1988 : *Bull. crim.*, n° 223). Mais le déménagement d'un appartement par un héritier ne constitue pas une soustraction frauduleuse dès lors que le droit au bail lui a été transmis avec la succession du locataire et que la plaignante ne justifie d'aucun droit au maintien dans les lieux (■ Paris, 13e Ch. B, 3 nov. 1988 : *JurisData* n° 027112).

Le détenteur de biens meubles indivis qui se les approprie ou en dispose à l'insu des autres coïndivisaires commet un vol au préjudice de ces derniers (■ Cass. crim., 12 mai 2015, n° 13-87.668 : *AJP* 2015, p. 369, note G. Beaussonie).

31) Moment du transfert de la propriété. En matière de vente, dès que la chose est vendue, la propriété est transférée à l'acquéreur, même s'il n'a pas payé le prix, et il y aurait soustraction frauduleuse si le vendeur reprend la chose contre le gré de l'acheteur (■ Cass. crim., 20 nov. 1947 : *S.* 1948, 1, 176 ; *Rev. sc. crim.* 1949, 347, obs. Bouzat) ; dans la vente à tempérament, il n'y a vol de la part du vendeur qui récupère le bien que si l'acheteur avait acquis la propriété dès la conclusion du contrat (■ Colmar, 25 mars 1958 : *D.* 1959, 196, note Chavanne).

32) Informatique. Constitue le délit de maintien frauduleux dans un système de traitement automatisé de données le fait de se maintenir dans ce système après s'y être introduit à la suite d'une défaillance technique et avoir constaté l'existence d'un contrôle d'accès.

Le téléchargement, effectué sans le consentement de leur propriétaire, de données que le prévenu savait protégées caractérise la soustraction frauduleuse constitutive du vol (■ Cass. crim., 20 mai 2015, n° 14-81.336 : *Dr. pén.* 2015, comm. 123, obs. P. Conte).

33) Le libre accès à des informations personnelles sur un réseau informatique d'une entreprise n'est pas exclusif de leur appropriation frauduleuse par tout moyen de reproduction (■ Cass. crim., 28 juin 2017, n° 16-81.113 : *Dr. pén.* 2017, comm. 141, note P. Conte ; *D.* 2017, p. 1885, note C. Beaussonie).

IV – INTENTION FRAUDULEUSE

34) Concomitance entre intention et soustraction. L'intention frauduleuse doit exister au moment de la soustraction, et il importe peu que, regrettant son vol, l'inculpé propose de son plein gré ou non de restituer la chose (■ Cass. crim., 9 août 1833 : *S.* 33, 847), le repentir tardif étant inopérant (■ Nancy, 29 mars 1988 : *JurisData* n° 043219).

35) Dol général. Le dol général exigé chez le voleur consiste en la volonté de soustraire une chose qui ne lui appartient pas et il peut se déduire d'une affirmation mensongère (■ Cass. crim., 30 janv. 1862 : *DP* 62, 1, 442), d'une dissimulation de l'objet (■ Cass. crim., 7 juill. 1944 : *Gaz. Pal.* 1944, 2, 155 ; *Rev. sc. crim.* 1946, 72, obs. Bouzat), ou de la fuite de l'intéressé (■ Cass. crim., 20 févr. 1963 : *Gaz. Pal.* 1963, 2, 119) ; mais l'erreur commise par l'agent supprime le dol général (■ Cass. crim., 16 févr. 1934 : *DH* 1934, 183). Les juges du fond apprécient souverainement au vu des éléments de preuve soumis au débat contradictoire, la régularité et la bonne foi dont peut se prévaloir, par application de l'article 2279, alinéa 1er du Code civil, le détenteur d'un bien mobilier poursuivi pour vol ; est à bon droit relaxé un prévenu qui avait pris possession de biens contenus dans un coffre de banque dont il était colocataire, constatation faite que le contrat de location conjointe lui conférait, après le décès de l'autre locataire, un accès libre et exclusif au coffre dont l'ouverture avait été faite publiquement, dans des conditions conformes au contrat et que le prévenu avait pu croire à la volonté libérale de la défunte (■ Cass. crim., 4 mai 1995 : *Bull. crim.*, n° 165 ; *Dr. pénal* 1995, comm. 196, obs. M. Véron). De même a été relaxé un prévenu qui avait pu croire de bonne foi avait l'autorisation tacite du propriétaire pour soustraire la chose (■ Cass. crim., 17 nov. 2015, n° 14-86.101 : *Dr. pén.* 2016, comm. 26, obs. P. Conte).

36) Indifférence des mobiles. Les mobiles, conformément aux principes généraux, sont inopérants (■ Cass. crim., 8 janv. 1992 : *Bull. crim.*, n° 5), tout comme l'utilisation du bien appréhendé (■ Cass. crim., 8 déc. 1998 :*Bull. crim.*, n° 336) ; est dès lors coupable la personne qui n'ayant plus la possibilité d'exercer un droit de rétention, soutient qu'elle avait voulu se procurer sur la chose un gage pour recouvrer une créance justifiée (■ Cass. crim., 25 oct. 1978 : *D.* 1979, inf. rap. 136) ou celle qui s'était emparée de journaux à la table de presse d'une église pour les détruire (■ Cass. crim., 12 mars 1970 : *JCP* 70, II, 16536, note De Lestang ; *D.* 1970, 385, note Delmas) ou encore sont punissables des éleveurs de porcs qui, après avoir intercepté un camion contenant de la viande porcine d'origine étrangère, ont déchargé celle-ci et l'ont arrosée de gazole (■ Cass. crim., 14 janv. 1986 : *D.* 1986, inf. rap. 405, obs. Roujou de Boubée). De même encore est coupable le préposé qui prend à des fins personnelles des photocopies de documents sans l'autorisation de son employeur ; en l'espèce en vue de les produire dans une instance prud'homale ultérieure (■ Cass. crim., 24 oct. 1990 : *Bull. crim.*, n° 355).

– Toute appropriation de la chose appartenant à autrui contre le gré de son propriétaire ou légitime détenteur caractérise la soustraction frauduleuse constitutive de vol quel que soit le mobile qui a inspiré son auteur (■ Cass. crim., 24 avr. 2001 : *Bull. crim.*, n° 98 et les notes citées *infra*).

A été cassé, pour violation des articles 379 ancien et 311-1 du Code pénal, l'arrêt qui, constatant qu'un salarié, à la suite de l'entretien préalable à son licenciement, a, dans le but de persuader l'employeur de ne pas le congédier, adressé à son supérieur hiérarchique un courrier dans lequel il contestait les griefs retenus contre lui, accompagné de photocopies de divers documents appartenant à l'employeur auxquels il avait accès dans l'exercice de ses fonctions, relaxe le salarié du chef de vol aux prétendus motifs que les informations figurant dans les documents reproduits, constitués de courriers administratifs de portée générale, n'ont aucune valeur marchande et que ces documents, outils de travail du prévenu, ont été communiqués aux seuls responsables de la société (■ Cass. crim., 8 déc. 1998 : *Bull. crim.*, n° 336). Constitue un vol par un salarié, le fait par celui-ci de reprendre dans un dossier dont il avait la détention matérielle, dans le but de se rétracter, une attestation qu'il avait précédemment délivrée à son employeur, celui-ci étant dès lors demeuré propriétaire du document (■ Cass. crim., 24 avr. 2001 : *Bull. crim.*, n° 98 ; *Rev. sc. crim.* 2001, p. 829, obs. Y. Mayaud ; *RTD comm. et écon.* 2001, p. 789, note B. Bouloc).

37) Fait justificatif : exercice des droits de la défense du salarié. Toutefois, si la production de documents appréhendés ou reproduits contre le gré de l'employeur, est strictement nécessaire à l'exercice des droits de la défense dans un litige opposant le salarié audit employeur, il n'y a pas vol (■ Cass. crim., 11 mai 2004 : *Bull. crim.*, n° 117).

38) Rappr. crim. 11 mai 2004 : *Bull. crim.*, n° 113, suivant lequel ne donne pas de base légale à sa décision la cour d'appel qui relaxe un salarié poursuivi pour vol de documents de l'entreprise sans avoir recherché si celui-ci a eu connaissance de ces documents dans l'exercice de ses fonctions et si leur production était strictement nécessaire à l'exercice des droits de sa défense dans le cadre du litige l'opposant à son employeur.

V. sur ces deux arrêts, *JCP* 2004, II, 10124, note C. Girault ; *Dr. pénal* 2004, comm. 122, obs. M. Véron ; *Rev. sc. crim.* 2004, p. 866, obs. G. Vermelle ; *D.* 2004, jurispr. p. 2322, note J.-C. Zarka ; *D.* 2004, somm. comm., obs. G. Roujou de Boubée).

39) Ne donne pas de base légale à sa décision une cour d'appel qui, pour déclarer coupable de vol de documents de l'entreprise, un salarié qui les a photocopiés, retient que les photocopies ont été réalisées à l'insu de son employeur et que le mobile de l'appréhension délictueuse est indifférent, sans rechercher si les documents dont il s'agit n'étaient pas strictement nécessaires à l'exercice des droits de la défense du salarié dans le litige l'opposant à son employeur (■ Cass. crim., 4 janv. 2005 : *Bull. crim.*, n° 5).

40) En l'état de ses constatations et énonciations procédant d'une appréciation souveraine des faits et circonstances de la cause dont elle a déduit que les documents de l'entreprise que la prévenu a appréhendés et reproduit sans l'autorisation de l'employeur étaient strictement nécessaire à l'exercice des droits de sa défense dans le litige l'opposant à ce dernier, la cour d'appel, abstraction faite de motifs erronés mais non déterminants relatifs à l'erreur de droit, a justifié sa décision de relaxe (■ Cass. crim., 15 févr. 2005 ; *Dr. pénal* 2005, comm. 72).

41) En l'état de ses énonciations, d'où il résulte que le prévenu, avisé du projet de son employeur de rompre son contrat de travail, a appréhendé des documents dont il avait eu connaissance à l'occasion de l'exercice de ses fonctions et dont la production était strictement nécessaire à l'exercice de sa défense dans la procédure prud'homale qu'il a engagée peu après, la chambre de l'instruction a justifié sa décision de non-lieu dans les poursuites engagées contre lui pour vol et abus de confiance (■ Cass. crim., 16 juin 2011, n° 10-85.079 : *Dr. pén.* 2011, comm. 100, obs. M. Véron ; *JCP* 2011, note 1020, p. 1701, S. Detraz ; *D.* 2011, p. 2254, note G. Beaussonie).

42) Justifie sa décision une cour d'appel qui, pour déclarer coupable de vol de documents de l'entreprise, un salarié qui les a photocopiés, retient que les photocopies réalisées à l'insu de l'employeur, ont été remises non pour assurer sa défense dans un litige prud'homal mais lors de son audition par les gendarmes sur la plainte pour diffamation déposée contre lui par cet employeur (■ Cass. crim., 9 juin 2009, n° 08-86.843 ; *Bull. crim.*, n° 118 ; *Dr. pénal* 2009, comm. 127, obs. M. Véron ; *D.* 2010, p. 306, note H. Kobinagaba ; M.-C. Sordino : *Dr. pénal* 2010, étude 6, précisant le domaine de ce fait justificatif).

43) Justifie sa décision la cour d'appel qui, pour déclarer coupable de vol de documents d'une société un salarié qui les a emportés lorsqu'il a démissionné de cette société pour rejoindre une entreprise concurrente, retient que cette appréhension frauduleuse, effectuée en nombre à l'insu de son employeur, n'était pas strictement nécessaire à l'exercice des droits de la défense dans le litige prud'homal l'opposant à ce dernier (■ Cass. crim., 21 juin 2011, n° 10-87.671 : *Bull. crim.*, n° 149 ; *D.* 2011, act. p. 1900 ; *Dr. social* 2011, p. 933, note J.-E. Rey ; *Dr. pén.* 2011, note 121).

44) Dol spécial. Si autrefois la jurisprudence exigeait en outre un dol spécial, consistant en la volonté de s'approprier la chose d'autrui, de s'en comporter en maître, elle a progressivement atténué cette exigence, n'exigeant plus qu'une volonté d'appropriation temporaire (■ Cass. crim., 19 févr. 1959 : *D.* 1959, 331, note Roujou de Boubée ; S. 1959, 21, note M. R. M. P. ; *JCP* 59, II, 11178, note Chambon), puisque cette volonté était suffisamment caractérisée par un acte de disposition non révélateur d'une véritable appropriation (■ Cass. crim., 12 mars 1970, préc. *supra*, n° 23) ; elle a même jugé au sujet de la prise de photocopies de documents que l'acte matériel d'appréhension suffisait et qu'aucune recherche de l'intention n'était nécessaire (■ Cass. crim., 8 janv. 1979 : *D.* 1979, 509, note Corlay). C'est à bon droit qu'une cour d'appel déclare coupable du délit de vol l'employé d'une entreprise qui, à l'insu de son employeur, a utilisé des documents comptables appartenant à l'entreprise pour établir des tableaux et graphiques communiqués à un concurrent (■ Cass. crim., 1er mars 1989 : *Bull. crim.*, n° 100).

45) Vol par plaisanterie. Il a été jugé que la plaisanterie fait disparaître l'intention. Ne sont pas coupables de vol des jeunes gens qui avaient enlevé la guérite placée devant la porte d'une prison et l'avaient déposée sur un chemin public (■ Cass. crim., 22 mai 1818 : *Bull. crim.*, n° 63). Un arrêt (■ Limoges, 1er avr. 1988 : *JurisData* n° 040912) en a jugé pareillement pour l'enlèvement de panneaux de signalisation, relevant l'absence de volonté d'appropriation même momentanée.

46) Preuve de l'intention. Le fait de détenir la photocopie d'une lettre de commande de marchandise ne suppose pas nécessairement que le détenteur ait appréhendé l'original pour en faire la reproduction ; par conséquent, il ne peut être condamné du chef de vol si la preuve n'a pas été rapportée qu'il a frauduleusement appréhendé le document litigieux pendant le temps nécessaire à sa reproduction (■ Paris, 11e ch. A, 8 nov. 1988 : *JurisData* n° 026651). C'est à la partie poursuivante qu'il incombe d'apporter la preuve que la soustraction a été effectuée avec une intention frauduleuse. Tel n'est pas le cas lorsqu'un salarié qui a appréhendé une bouteille de gaz affirme avoir agi avec l'accord de son employeur et que rien ne vient contredire cette affirmation (■ Cass. crim., 23 mai 1989 : *Dr. pénal* 1989, n° 5).

47) Les juges du fond apprécient souverainement, au vu des éléments de preuve soumis au débat contradictoire, la régularité de la possession et la bonne foi dont peut se prévaloir, par application de l'article 2279, alinéa 1er, du Code civil, le détenteur d'un bien mobilier poursuivi pour vol ; c'est dès lors à bon droit qu'une cour d'appel relaxe du chef de vol un prévenu qui avait pris possession des biens contenus dans un coffre de banque dont il était colocataire, après avoir constaté que le contrat de location conjointe lui conférait, après le décès de l'autre locataire, un accès libre et exclusif au coffre, que l'ouverture en avait été faite publiquement et dans des conditions conformes au contrat et que le prévenu avait pu croire à la volonté libérale de la défunte (■ Cass. crim., 4 mai 1995 : *Bull. crim.*, n° 165).

48) État de nécessité. Sur le *vol alimentaire* et l'absence d'état de nécessité, V. ■ Poitiers, 11 avr. 1997 : *JCP* 98, II, 22933, note A. Olive ; *Dr. pénal* 1998, chron. 4 par F. Debove.

V – RÉPRESSION

49) Tentative. Il y a commencement d'exécution d'une tentative de vol de voiture non seulement dans le fait de s'installer au volant, avant même de mettre en marche le moteur (■ Cass. crim., 2 nov. 1961 : *Gaz. Pal.* 1962, 1, 50), mais encore dans de simples essais pour tenter d'ouvrir la portière (■ Cass. crim., 1er mars 1979 : *Rev. sc. crim.* 1979, 101, obs. Bouzat) ; pour une tentative de hold-up, V. ■ Cass. crim., 29 déc. 1970 : *JCP* 71, II, 16770, obs. Bouzat.

50) Caractère le commencement d'exécution de la tentative de vol aggravé et l'absence de désistement volontaire de leurs auteurs l'arrêt de la cour d'appel qui, d'une part, retient qu'après avoir fait choix d'une habitation, de par son apparence isolée et inoccupée, afin d'y commettre un vol, un prévenu et son comparse ont frappé à la porte de ce logement, d'autre part, énonce que cette action n'a été interrompue que par la réaction, indépendante de la volonté des auteurs, d'une personne, résidant sur place, ayant allumé une lumière et s'étant penchée à l'extérieur (■ Cass. crim., 13 déc. 2016, n° 14-87.473).

51) Est coupable de tentative de vol la cliente qui, priée par la caissière avant toute opération de paiement, d'ouvrir son sac personnel, n'a pu dissimuler huit paquets de viande et une plaquette de beurre (■ T. corr. Dijon, 28 févr. 1973 : *JCP* 74, II, 17803, note Puech) ; V. aussi sur cette question ■ Cass. crim., 3 juin 1973 : *Gaz. Pal.* 1973, 1, 290 ; *Rev. sc. crim.* 1973, 703, obs. Bouzat.

52) Constitue une tentative de vol avec arme le fait pour un individu de provoquer l'ouverture des portes d'une banque et d'y pénétrer dans le but de faciliter l'entrée de deux complices armés en vue de commettre un vol dès lors que cet acte n'a manqué son effet que par suite d'un manque de coordination des complices entre eux (■ Cass. crim., 7 sept. 1993 : *Bull. crim.*, n° 262 ; *Rev. sc. crim.* 1994, obs. Bouloc).

53) Complicité. Celui qui aide et assiste dans sa fuite l'auteur d'un vol peut être retenu comme complice par aide et assistance, bien que le fait ainsi relevé soit postérieur à l'infraction, si les juges du fond constatent que cette protection a été assurée par un accord antérieur au vol (■ Cass. crim., 8 nov. 1972 : *Bull. crim.*, n° 329).

54) Action civile. La soustraction frauduleuse de la chose d'autrui n'est pas nécessairement préjudiciable au seul propriétaire de celle-ci ; les parents d'un enfant décédé subissent un dommage direct du fait de la soustraction frauduleuse commise, au détriment de la clinique où il avait été établi, du dossier médical concernant le décès de leur enfant (■ Cass. crim., 12 janv. 1994 : *Bull. crim.*, n° 16).

55) Encourt la cassation l'arrêt qui, statuant sur les seuls intérêts civils, déboute la victime, propriétaire d'un véhicule volé, en énonçant qu'elle avait laissé son véhicule ouvert avec les clés sur le tableau de bord, de sorte que la garde de l'automobile n'avait pas été obtenue contre le gré de son propriétaire, alors que la déclaration de culpabilité du prévenu, du chef de vol, passée en force de chose jugée, excluait que la victime ait consenti à la soustraction de son véhicule (■ Cass. crim., 19 juin 2007 : *Bull. crim.*, n° 165).

56) Encourt la cassation l'arrêt qui reçoit en sa constitution de partie civile un syndicat professionnel à la suite du vol subi par l'un de ses adhérents.

Un syndicat professionnel ne peut, en effet, exercer les droits réservés à la partie civile qu'en ce qui concerne les faits portant un préjudice direct ou indirect à l'intérêt collectif de la profession qu'il représente (■ Cass. crim., 13 avr. 2010 : *Bull. crim.* n° 66 ; *D.* 2010, p. 1288).

57) L'évaluation du préjudice causé par une infraction, lequel doit être réparé intégralement, doit être déterminée par le juge au moment où il rend sa décision, sauf circonstances propres à la cause. Encourt dès lors la cassation l'arrêt qui évalue le préjudice de la victime d'un vol à la date de l'infraction sans justifier la raison pour laquelle la prise en compte de la valeur, à cette date, de la marchandise volée était nécessaire pour que la réparation soit intégrale (■ Cass. crim., 1er mars 2011, n° 10-85965).

58) Est recevable l'action civile d'une personne condamnée pour vol, et elle-même victime du vol d'une partie de la somme dérobée, à l'encontre des auteurs du vol, dès lors que celui-ci dont elle a été victime l'a privée d'une somme dont elle était détentrice et qu'elle a été condamnée à verser aux victimes de son propre vol (■ Cass. crim., 9 mars 2016, n° 15-80.107).

Art. 311-2. – La soustraction frauduleuse d'énergie au préjudice d'autrui est assimilée au vol.

1) L'électricité est une chose dont la soustraction constitue un vol (■ Cass. crim., 3 août 1912 : *S.* 1913, 1, 377, note Roux). Jugé en revanche que le fait d'utiliser en fraude des décodeurs d'émissions de télévision n'est pas un vol. En effet le signal électrique n'est que le support de transmission de l'objet volé qui est le programme destiné aux seuls abonnés. Or un programme de télévision est une prestation de services qui ne fait pas partie des choses visées par l'article 379 du Code pénal (■ T. corr. Paris, 15 avr. 1986 : *Rev. sc. crim.* 1987, 209, obs. Bouzat. ■ Paris, 24 juin 1987 : *Gaz. Pal.* 2-3 sept. 1987 ; *Rev. sc. crim.* 1988, 793, obs. Bouzat). La loi n° 87-522 du 10 juillet 1987 est venue sur ce point combler un vide législatif (V. anc. art. 429-1 à 429-5).

2) Les communications téléphoniques constituent des prestations de services non susceptibles d'appropriation et n'entrent pas dans la catégorie des choses visées par l'article 379 du Code pénal (■ Cass. crim., 12 déc. 1990 : *Bull. crim.*, n° 430 ; *D.* 1991, 364, note Mirabail). Pareillement, ne constitue pas le délit de vol le fait pour un individu d'utiliser frauduleusement un Minitel pour s'adonner à la passion des jeux, le service constitué par l'obtention de communications téléphoniques n'étant pas la propriété du propriétaire du Minitel (■ Rennes, 2 févr. 1988 : *JurisData* n° 040918).

Art. 311-3. – Le vol est puni de trois ans d'emprisonnement et de 45 000 € d'amende.

Note. - Sur le délai de prescription de l'action publique des délits mentionnés aux articles 311-3 et 311-4 du Code pénal commis à l'encontre d'une personne vulnérable, V. CPP, art. 8.

Art. 311-4 *(Mod., L. n° 2004-204, 9 mars 2004 ; L. n° 2010-201, 2 mars 2010 ; L. n° 2011-267, 14 mars 2011 ; L. n° 2012-954, 6 août 2012)*. **– Le vol est puni de cinq ans d'emprisonnement et de 75 000 € d'amende :**

1° Lorsqu'il est commis par plusieurs personnes agissant en qualité d'auteur ou de complice, sans qu'elles constituent une bande organisée ;

2° Lorsqu'il est commis par une personne dépositaire de l'autorité publique ou chargée d'une mission de service public, dans l'exercice ou à l'occasion de l'exercice de ses fonctions ou de sa mission ;

3° Lorsqu'il est commis par une personne qui prend indûment la qualité d'une personne dépositaire de l'autorité publique ou chargée d'une mission de service public ;

4° Lorsqu'il est précédé, accompagné ou suivi de violences sur autrui n'ayant pas entraîné une incapacité totale de travail ;

5° ***(Abr., L. n° 2011-267, 14 mars 2011)*** **;**

6° Lorsqu'il est commis dans un local d'habitation ou dans un lieu utilisé ou destiné à l'entrepôt de fonds, valeurs, marchandises ou matériels ;

7° Lorsqu'il est commis dans un véhicule affecté au transport collectif de voyageurs ou dans un lieu destiné à l'accès à un moyen de transport collectif de voyageurs ;

8° Lorsqu'il est précédé, accompagné ou suivi d'un acte de destruction, dégradation ou détérioration ;

9° *(Abr., L. n° 2017-86, 27 janv. 2017)* ;

10° Lorsqu'il est commis par une personne dissimulant volontairement en tout ou partie son visage afin de ne pas être identifiée ;

11° Lorsqu'il est commis dans les établissements d'enseignement ou d'éducation ainsi que, lors des entrées ou sorties des élèves ou dans un temps très voisin de celles-ci, aux abords de ces établissements.

Les peines sont portées à sept ans d'emprisonnement et à 100 000 € d'amende lorsque le vol est commis dans deux des circonstances prévues par le présent article. Elles sont portées à dix ans d'emprisonnement et à 150 000 € d'amende lorsque le vol est commis dans trois de ces circonstances.

La circonstance aggravante de violences est constituée même sans atteinte physique de la victime, par tout acte de nature à impressionner celle-ci et à lui causer un choc émotif, tel le port d'une cagoule et d'un vêtement noir (■ Cass. crim., 30 oct. 2012, n° 11-84.152 : *Dr. pénal* 2013, comm. 21, obs. M. Véron).

Art. 311-4-1 *(L. n° 2002-1138, 9 sept. 2002)*. – **Le vol est puni de sept ans d'emprisonnement et de 100 000 € d'amende lorsqu'il est commis par un majeur avec l'aide d'un ou plusieurs mineurs, agissant comme auteurs ou complices.**

Les peines sont portées à dix ans d'emprisonnement et 150 000 € d'amende lorsque le majeur est aidé d'un ou plusieurs mineurs âgés de moins de treize ans.

Art. 311-4-2 *(L. n° 2008-696, 15 juill. 2008)*. – **Le vol est puni de sept ans d'emprisonnement et de 100 000 € d'amende lorsqu'il porte sur :**

1° Un objet mobilier classé ou inscrit en application des dispositions du Code du patrimoine ou un document d'archives privées classé en application des dispositions du même code ;

2° Une découverte archéologique faite au cours de fouilles ou fortuitement ;

3° Un bien culturel qui relève du domaine public mobilier ou qui est exposé, conservé ou déposé, même de façon temporaire, soit dans un musée de France, une bibliothèque, une médiathèque ou un service d'archives, soit dans un lieu dépendant d'une personne publique ou d'une personne privée assurant une mission d'intérêt général, soit dans un édifice affecté au culte.

Les peines sont portées à dix ans d'emprisonnement et 150 000 € d'amende lorsque l'infraction prévue au présent article est commise avec l'une des circonstances prévues à l'article 311-4.

Les peines d'amende mentionnées au présent article peuvent être élevées jusqu'à la moitié de la valeur du bien volé.

Art. 311-5 *(L. n° 2011-267, 14 mars 2011)*. – **Le vol est puni de sept ans d'emprisonnement et de 100 000 € d'amende :**

1° Lorsqu'il est précédé, accompagné ou suivi de violence sur autrui ayant entraîné une incapacité totale de travail pendant huit jours au plus ;

2° Lorsqu'il est facilité par l'état d'une personne dont la particulière vulnérabilité, due à son âge, à une maladie, à une infirmité, à une déficience physique ou psychique ou à un état de grossesse, est apparente ou connue de son auteur ;

3° Lorsqu'il est commis dans un local d'habitation ou dans un lieu utilisé ou destiné à l'entrepôt de fonds, valeurs, marchandises ou matériels, en pénétrant dans les lieux par ruse, effraction ou escalade.

Les peines sont portées à dix ans d'emprisonnement et à 150 000 € d'amende lorsque le vol est commis dans deux des circonstances prévues par le présent article ou lorsque le vol prévu au présent article est également commis dans l'une des circonstances prévues par l'article 311-4.

Art. 311-6. – **Le vol est puni de dix ans d'emprisonnement et de 150 000 € d'amende lorsqu'il est précédé, accompagné ou suivi de violences sur autrui ayant entraîné une incapacité totale de travail pendant plus de huit jours.**

Les deux premiers alinéas de l'article 132-23 relatif à la période de sûreté sont applicables à l'infraction prévue par le présent article.

Art. 311-7. – Le vol est puni de quinze ans de réclusion criminelle et de 150 000 € d'amende lorsqu'il est précédé, accompagné ou suivi de violences sur autrui ayant entraîné une mutilation ou une infirmité permanente.

Les deux premiers alinéas de l'article 132-23 relatif à la période de sûreté sont applicables à l'infraction prévue par le présent article.

Art. 311-8. – Le vol est puni de vingt ans de réclusion criminelle et de 150 000 € d'amende lorsqu'il est commis soit avec usage ou menace d'une arme, soit par une personne porteuse d'une arme soumise à autorisation ou dont le port est prohibé.

Les deux premiers alinéas de l'article 132-23 relatif à la période de sûreté sont applicables à l'infraction prévue par le présent article.

Les faits qui ont justifié, sous l'empire de l'article 384 du Code pénal ancien, la position de la question de port d'une arme apparente ou cachée aggravant le vol caractérisent aussi la nouvelle circonstance aggravante de menace et d'usage des armes prévue par l'article 311-8 du Code pénal, applicable aux faits de la cause en raison de son caractère moins sévère, dès lors qu'il résulte des énonciations de l'arrêt de renvoi que les auteurs ont utilisé les armes en leur possession pour menacer et frapper les victimes (■ Cass. crim., 29 juin 1994 : *Bull. crim.*, n° 260).

Art. 311-9. – Le vol en bande organisée est puni de quinze ans de réclusion criminelle et de 150 000 € d'amende.

Il est puni de vingt ans de réclusion criminelle et de 150 000 € d'amende lorsqu'il est précédé, accompagné ou suivi de violences sur autrui.

Il est puni de trente ans de réclusion criminelle et de 150 000 € d'amende lorsqu'il est commis soit avec usage ou menace d'une arme, soit par une personne porteuse d'une arme soumise à autorisation ou dont le port est prohibé.

Les deux premiers alinéas de l'article 132-23 relatif à la période de sûreté sont applicables aux infractions prévues par le présent article.

Art. 311-9-1 *(L. n° 2004-204, 9 mars 2004)*. – Toute personne qui a tenté de commettre un vol en bande organisée prévu par l'article 311-9 est exempte de peine si, ayant averti l'autorité administrative ou judiciaire, elle a permis d'éviter la réalisation de l'infraction et d'identifier, le cas échéant, les autres auteurs ou complices.

La peine privative de liberté encourue par l'auteur ou le complice d'un vol en bande organisée est réduite de moitié si, ayant averti l'autorité administrative ou judiciaire, il a permis de faire cesser l'infraction en cours ou d'éviter que l'infraction n'entraîne mort d'homme ou infirmité permanente et d'identifier, le cas échéant, les autres auteurs ou complices.

Art. 311-10. – Le vol est puni de la réclusion criminelle à perpétuité et de 150 000 € d'amende lorsqu'il est précédé, accompagné ou suivi soit de violences ayant entraîné la mort, soit de tortures ou d'actes de barbarie.

Les deux premiers alinéas de l'article 132-23 relatif à la période de sûreté sont applicables à l'infraction prévue par le présent article.

Art. 311-11. – Constitue, au sens des articles 311-4, 311-5, 311-6, 311-7, 311-9 et 311-10, un vol suivi de violences le vol à la suite duquel des violences ont été commises pour favoriser la fuite ou assurer l'impunité d'un auteur ou d'un complice.

Section II. – Dispositions générales

Art. 311-12 *(Mod., L. n° 2006-399, 4 avr. 2006 ; L. n° 2015-1776, 28 déc. 2015)*. – Ne peut donner lieu à des poursuites pénales le vol commis par une personne :

1° Au préjudice de son ascendant ou de son descendant ;

2° Au préjudice de son conjoint, sauf lorsque les époux sont séparés de corps ou autorisés à résider séparément.

Le présent article n'est pas applicable :

***a)* Lorsque le vol porte sur des objets ou des documents indispensables à la vie quotidienne de la victime, tels que des documents d'identité, relatifs au titre de séjour ou de résidence d'un étranger, ou des moyens de paiement ;**

***b)* Lorsque l'auteur des faits est le tuteur, le curateur, le mandataire spécial désigné dans le cadre d'une sauvegarde de justice, la personne habilitée dans le cadre d'une habilitation familiale ou le mandataire exécutant un mandat de protection future de la victime.**

Voir : L'immunité de l'article 311-12 est applicable à d'autres infractions pour laquelle elle est prévue expressément : art. 312-9 (extorsion), p. 409, art. 312-12 (chantage), p. 410, art. 313-3 (escroquerie), p. 425 et art. 314-4 (abus de confiance), p. 440.

Bibliographie : *Rev. sc. crim. 1998*, p. 291 *les immunités familiales*, par P. Mousseron. • J. Amar, *Pacs et immunités familiales* : Chron., n° 32, *Dr. pénal* 2000.

1) Application dans le temps. Fait une exacte application de l'article 112-1 du Code pénal l'arrêt qui relève que la loi du 16 décembre 1992, qui a exclu du bénéfice de l'immunité des soustractions commises par les alliés du même degré, constitue une loi pénale plus sévère et n'est donc pas applicable aux faits commis antérieurement (■ Cass. crim., 14 nov. 2007 : *Bull. crim.*, n° 281 ; *Dr. pénal* 2008, comm. 16, obs. M. Véron).

2) L'immunité n'existe pas pour les infractions commises avant le mariage entre fiancés (■ Cass. crim., 20 juill. 1949 : *JCP* 49, IV, 137) ou après sa dissolution par divorce (■ Cass. crim., 12 mai 1970 : *Bull. crim.*, n° 160).

3) Bénéficiaires. Le mari commun en biens ne saurait être considéré comme dépositaire ou mandataire à l'égard des biens de la communauté qu'il administre et dont il dispose librement durant le mariage ; dès lors, la disposition, au cours de cette période, de partie de ces biens par le mari en faveur d'un tiers ne peut constituer en elle-même un fait qualifié délit par la loi, ce qui dépouille par là même de tout caractère délictueux la possession, par ce tiers, des choses par lui reçues (■ Cass. crim., 3 oct. 1967 : *Gaz. Pal.* 1967, 2, 260).

4) N'étant pas recevable à invoquer l'inopposabilité en France d'une décision étrangère qui a prononcé le divorce sur sa propre demande, une prévenue de vol commis au préjudice de son ancien conjoint n'est pas fondée à réclamer le bénéfice de l'immunité prévue tant par l'article 380 ancien du Code pénal que par l'article 311-12 (2°) nouveau (■ Cass. crim., 11 juin 1996 : *Bull. crim.*, n° 245 ; *D.* 1997, 576, note E. Agostini).

5) L'immunité prévue par l'article 311-12 du Code pénal ne s'applique pas aux époux qui sont autorisés à résider séparément. L'un des conjoints, seul autorisé à s'établir séparément, ne saurait donc bénéficier des dispositions prévues par ce texte ; encourt, dès lors, la cassation l'arrêt d'une cour d'appel qui, pour renvoyer la prévenue des fins de la poursuite et débouter la partie civile de ses demandes, retient que l'autorisation donnée à cette dernière de quitter le domicile conjugal et de résider séparément constitue une mesure d'urgence dépourvue de tout caractère contradictoire ou définitif et que l'immunité dont bénéficie l'auteur du vol commis au préjudice de son conjoint n'est écartée que « lorsque les époux sont séparés de corps ou autorisés à résider séparément » (■ Cass. crim., 14 déc. 1999 : *Bull. crim.*, n° 303).

6) S'agissant des enfants naturels, seuls ceux dont la filiation est juridiquement déterminée peuvent se prévaloir des dispositions de l'article 380 du Code pénal (■ Cass. crim., 3 janv. 1873 : *DP*74, 5, 551). V. Code civil, article 334, alinéa 2. La dénégation par le père de la filiation prétendue est une circonstance indifférente, du moment que cette filiation est établie par la possession d'état (■ Paris, 6 mars 1984 : *JurisData* n° 024016).

7) Jugé que l'immunité joue au profit de l'enfant d'un premier lit qui vole le second mari de sa mère ou la seconde femme de son père (■ Orléans, 10 janv. 1859 : *D.* 59, 2, 190).

8) Objet. L'immunité s'applique non seulement aux vols simples, mais aux vols qualifiés (■ Cass. crim., 8 oct. 1853 : *Bull. crim.*, n° 492).

9) Le vol couvert par l'immunité peut servir de circonstance aggravante à une autre infraction, ainsi au meurtre dont il serait concomitant ou avec lequel il serait en corrélation (■ Cass. crim., 17 juill. 1976 : *Bull. crim.*, n° 257).

10) Un vol connexe à un autre vol couvert par l'immunité peut être poursuivi (■ Cass. crim., 1er juill. 1841 : *Bull. crim.*, n° 196).

11) Portée. L'immunité n'ayant qu'une portée familiale, elle ne saurait léser des tiers et dès lors le coupable ne pourra échapper aux poursuites si le délit porte atteinte aux droits d'un tiers en même temps qu'à ceux du parent : ainsi en va-t-il pour le vol commis sur des choses dont la victime n'était que copropriétaire ou dépositaire (■ Paris, 24 juin 1965 : *JCP* 66, II, 14700), ou détenteur à titre de mandataire (■ Cass. crim., 18 janv. 1849 : *Bull. crim.*, n° 13).

12) Ainsi la soustraction frauduleuse d'objets saisis, lorsqu'elle a été commise par le conjoint du saisi, n'est pas couverte par l'immunité établie par l'article 380 du Code pénal ; en effet les dispositions de cet article ne s'appliquent qu'aux vols qui lèsent exclusivement certaines personnes unies par des liens étroits de famille à l'auteur du fait délictueux (■ Cass. crim., 8 mars 1945 : *Bull. crim.*, n° 37).

13) L'épouse du gérant d'une société ne peut se prétendre copropriétaire des objets achetés par son mari au nom de la société et invoquer l'article 380, au prétexte que les fonds sociaux utilisés étaient en réalité des fonds de la communauté conjugale : en revendiquant elle-même ces objets, elle commet un vol aux dépens de la société (■ Cass. crim., 4 déc. 1974 : *Bull. crim.*, n° 361).

14) Le délit pouvant également porter atteinte à l'intérêt public, l'immunité ne saurait être étendue à d'autres infractions, tels le faux (■ Cass. crim., 11 avr. 1975 : *Gaz. Pal.* 1975, 2, somm. 206), l'abus de biens sociaux (■ Cass. crim., 13 avr. 1967 : *Bull. crim.*, n° 119), à la falsification de chèques (■ Paris, 10 janv. 2002 : *Dr. pénal* 2002, comm. 81, obs. M. Véron), les dispositions de l'article 380 ancien et 312-12 du Code pénal étant une règle exceptionnelle dont l'interprétation doit être restrictive (■ Paris, 10 janv. 2002, préc. ■ Cass. crim., 3 août 1901 : *D.P.* 1904, 1, 157).

15) Effet. L'individu qui bénéficie de l'immunité doit échapper à toutes poursuites pénales (Ch. réun., 25 mars 1845 : S. 45, 1, 290, req. Dupin) ; l'article 380 édicte un principe d'irrecevabilité qui s'impose à la juridiction d'instruction comme à la juridiction de jugement (■ Cass. crim., 4 janv. 1930 : *DH* 1930, 230) ; si le juge d'instruction devant qui a été soulevée l'immunité rend une ordonnance de non-lieu fondée sur l'insuffisance des charges, l'inculpé a un intérêt suffisant pour attaquer l'ordonnance afin de faire prévaloir l'application de l'article 380 du Code pénal (■ Cass. crim., 30 déc. 1932 : *DP* 1933, 1, 127, note Leloir ; S.1933, 1, 273, note Tortat). Sur le pourvoi de la partie civile contre l'arrêt d'une chambre d'accusation ayant retenu le jeu de l'immunité, V. ■ Cass. crim., 13 mai 1976 : *D.* 1977, 277, note Jeandidier.

16) Il incombe aux prévenus qui soulèvent l'immunité de rapporter la preuve de son bien-fondé (■ Cass. crim., 21 mars 1984 : *Bull. crim.*, n° 124).

17) Coaction, complicité, recel. Le complice doit être couvert par l'immunité bénéficiant à l'auteur principal (■ Cass. crim., 8 janv. 1921 : *D.* 1921, 1, 169), mais le coauteur est punissable (Ch. réun., 25 mars 1845,*S.* 1845, 1, 290, concl. Dupin ■ Cass. crim., 2 janv. 1869 : *S.* 70, 1, 367. ■ 22 janv. 1985 : *JurisData* n° 000186), ainsi que son complice (25 mars 1845, préc.) tout comme le tiers receleur (■ Cass. crim., 21 févr. 1952 : *Bull. crim.*, n° 55 ; en l'espèce des biens avaient été soustraits par une épouse au préjudice de la communauté et vendus à un tiers qui en connaissait la provenance frauduleuse).

Art. 311-13. – **La tentative des délits prévus au présent chapitre est punie des mêmes peines.**

Section III. – Peines complémentaires applicables aux personnes physiques et responsabilité des personnes morales

Art. 311-14 *(Mod., L. n° 2004-204, 9 mars 2004 ; L. n° 2008-776, 4 août 2008 ; L. n° 2012-304, 6 mars 2012).* – **I. – Les personnes physiques coupables de l'une des infractions prévues au présent chapitre encourent également les peines complémentaires suivantes :**

1° L'interdiction des droits civiques, civils et de famille, suivant les modalités prévues par l'article 131-26 ;

2° L'interdiction, suivant les modalités prévues par l'article 131-27, soit d'exercer une fonction publique ou d'exercer l'activité professionnelle ou sociale dans l'exercice ou à l'occasion de l'exercice de laquelle l'infraction a été commise, soit d'exercer une profession commerciale ou industrielle, de diriger, d'administrer, de gérer ou de contrôler à un titre quelconque, directement ou indirectement, pour son propre compte ou pour le compte d'autrui, une entreprise commerciale ou industrielle ou une société commerciale, cette interdiction étant définitive ou provisoire dans les cas prévus aux articles 311-6 à 311-10 et pour une durée de cinq ans au

plus dans les cas prévus aux articles 311-3 à 311-5. Ces interdictions d'exercice peuvent être prononcées cumulativement ;

3° L'interdiction de détenir ou de porter, pour une durée de cinq ans au plus, une arme soumise à autorisation ;

4° La confiscation de la chose qui a servi ou était destinée à commettre l'infraction ou de la chose qui en est le produit, à l'exception des objets susceptibles de restitution ;

5° L'interdiction de séjour, suivant les modalités prévues par l'article 131-31, dans les cas prévus par les articles 311-5 à 311-10.

6° L'obligation d'accomplir un stage de citoyenneté, selon les modalités prévues par l'article 131-5-1.

II. – En cas de condamnation pour vol commis avec violence ou pour vol puni d'une peine criminelle, le prononcé de la peine complémentaire prévue au 3° du I est obligatoire.

Toutefois, la juridiction peut, par une décision spécialement motivée lorsque la condamnation est prononcée par une juridiction correctionnelle, décider de ne pas prononcer cette peine, en considération des circonstances de l'infraction et de la personnalité de son auteur.

Sur le prononcé de la confiscation (4° de l'article 311-14), peine complémentaire, V. sous art. 131-21, p. 101 ; ■ Cass. crim., 18 sept. 2012, n° 12-80.662.

Art. 311-15. – L'interdiction du territoire français peut être prononcée dans les conditions prévues par l'article 131-30, soit à titre définitif, soit pour une durée de dix ans au plus, à l'encontre de tout étranger coupable de l'une des infractions définies aux articles 311-6 à 311-10.

Art. 311-16 ***(L. n° 2009-526, 12 mai 2009).*** **– Les personnes morales déclarées responsables pénalement, dans les conditions prévues par l'article 121-2, des infractions définies au présent chapitre encourent, outre l'amende suivant les modalités prévues par l'article 131-38 :**

1° La peine mentionnée au 2° de l'article 131-39, à titre définitif ou provisoire dans les cas prévus aux articles 311-6 à 311-10 et pour une durée de cinq ans au plus dans les cas prévus aux articles 311-3 à 311-5 ;

2° La peine mentionnée au 8° de l'article 131-39.

L'interdiction mentionnée au 2° de l'article 131-39 porte sur l'activité dans l'exercice ou à l'occasion de l'exercice de laquelle l'infraction a été commise.

CHAPITRE II. – DE L'EXTORSION

Section I. – De l'extorsion

Voir : art. 132-16, p. 141 et art. 321-5, p. 454 (récidive) ; art. 421-1, p. 487.

Art. 312-1. – L'extorsion est le fait d'obtenir par violence, menace de violences ou contrainte soit une signature, un engagement ou une renonciation, soit la révélation d'un secret, soit la remise de fonds, de valeurs ou d'un bien quelconque.

L'extorsion est punie de sept ans d'emprisonnement et de 100 000 € d'amende.

Voir : art. 132-16, p. 141 (récidive).

Bibliographie : *JCl. pén., Extorsion, chantage* par C. Soulard.

I – ACTES INCRIMINÉS

1) Obtention de signature de chèques (■ Cass. crim., 23 déc. 1983 : inédit. ■ 26 oct. 2005 : *Dr. pénal* 2006, comm. 25, obs. M. Véron), de testaments (23 déc. 1983, préc. ■ Cass. crim., 6 févr. 1997 : *Bull. crim.*, n° 53), de reconnaissance de dette (■ Cass. crim., 7 mars 2000, pourvoi n° 99-83819), de mandat d'administrateur des biens (■ Cass. crim., 30 juin 1999, pourvoi n° 98-85440), et autres écrits préjudiciables.

Ainsi, déjà jugé sous l'empire de l'ancien texte que l'obtention d'un blanc-seing pouvait constituer l'infraction, sous réserve de la preuve de l'intention d'adapter un écrit préjudiciable au blanc-seing (■ Cass. crim., 27 mars 1856 : *DP* 1856, 1, 229).

2) Obtention d'engagement, ce terme pouvant être appliqué à l'embauche d'un salarié (■ Paris, 9e ch. B, 23 févr. 1990 : *JurisData* n° 1990-022901) comme au versement d'un pourcentage sur le chiffre d'affaires (■ Cass. crim., 4 nov. 1997 : *JCP* 97, IV, 1400).

3) Obtention de renonciation. Ainsi de la renonciation à une indemnité de licenciement (■ Paris, 17e ch., 27 nov. 1987, inédit), ou à l'établissement d'un procès-verbal par un inspecteur du travail (■ Cass. crim., 9 janv. 1991 : *Bull. crim.*, n° 17 ; *Rev. sc. crim.* 1992, p. 323, obs. Bouzat).

4) Obtention de fonds, valeurs, biens quelconques : – Pour les fonds, peu importe le support.

– L'expression « valeurs » mentionnée par l'article 400, alinéa 1er, du Code pénal s'applique à tout objet ou denrée qui possède une valeur marchande. Doit être cassé l'arrêt énonçant « qu'un sac de graines ne peut être assimilé à des fonds ou valeurs » (■ Cass. crim., 26 avr. 1988 : *Proc. gén. Rennes*, inédit).

5) Indifférence de la nullité de l'acte. A été jugée caractérisée l'extorsion dans un cas où une femme mariée avait apposé sa signature et le « bon pour » réglementaire sur un billet constatant un engagement nul faute d'autorisation maritale (■ Cass. crim., 9 mai 1867 : *DP* 1968, 1, 236).

II – MOYENS INCRIMINÉS

6) L'emploi cumulatif des trois procédés visés par le texte n'est pas indispensable et une cour d'assises peut très bien, sans se contredire, écarter les deux premiers moyens d'extorsion et condamner sur la base du dernier seulement (■ Cass. crim., 15 janv. 1825 : *Bull. crim.*, n° 5).

7) Violence. Celui qui, par la violence, se fait remettre l'expédition d'un jugement par l'officier ministériel chargé d'en poursuivre l'exécution tombe sous le coup de l'article 400, alinéa 1er, bien que l'extorsion n'empêchât pas le créancier d'obtenir plus tard son paiement : il suffit que la saisie soit retardée et compromise par cet acte (■ Cass. crim., 24 févr. 1842 : *D. jurispr. gén.*, V° *Vol*, n° 615).

8) Caractérise l'extorsion le fait par les prévenus d'avoir séquestré un inspecteur du travail pour exiger qu'il s'engage à ne pas établir de procès-verbal à la suite de ses contrôles (■ Cass. crim., 9 janv. 1991 : *Bull. crim.*, n° 17 ; *Rev. sc. crim.* 1992, p. 325, obs. Bouzat, préc.).

9) Caractérisent en tous ses éléments le délit d'extorsion les juges qui énumèrent les procédés par lesquels les prévenus ont isolé une femme âgée, atteinte d'un affaiblissement intellectuel évolutif, l'ont soumise à leur volonté et sont ainsiparvenus à obtenir qu'elle signe à leur profit un testament, un chèque et plusieurs feuilles de papier timbré laissées en blanc (■ Cass. crim., 23 déc. 1983, inédit).

10) Menaces de violence. Ainsi, justifie sa décision la cour d'appel qui condamne le dirigeant d'une société de recouvrement de créances qui avait menacé des débiteurs de faire procéder à des saisies par des encaisseurs armés et experts en arts martiaux (■ Cass. crim., 14 déc. 1999, pourvoi n° 99-81255).

11) Contrainte. Se rend coupable d'extorsion par contrainte l'individu qui, profitant de la faiblesse des facultés mentales de sa victime, obtient plusieurs versements de sommes importantes contre la promesse d'un remboursement au moyen d'un chèque sans valeur (■ Paris, 11 mai 1987 : *JurisData* n° 028514).

12) L'embauche d'un salarié entre dans les prévisions de l'article 400, alinéa 1er du Code pénal ; dès lors que l'engagement a été accepté sous la contrainte, il importe peu qu'il n'y ait pas d'écrit, le contrat de travail pouvant être conclu verbalement (■ Paris, 9e Ch. B, 23 févr. 1990 : *JurisData* n° 022901, préc.).

13) La contrainte morale, visée tant par l'article 400, alinéa 1er, ancien, que par l'article 312-1, nouveau, du Code pénal, doit être appréciée compte tenu notamment de l'âge et de la condition physique ou intellectuelle de la personne sur laquelle elle s'exerce (■ Cass. crim., 6 févr. 1997 : *Bull. crim.*, n° 53 ; *Dr. pénal* 1997, comm. 94, obs. M. Véron).

14) Justifie sa décision la cour d'appel qui requalifie l'abus de faiblesse d'une personne vulnérable en extorsion de fonds du fait de la contrainte morale exercée par l'inspecteur des ventes d'une société d'assurances sur une personne très âgée pour obtenir la signature d'un chèque important destiné à transférer une partie de son épargne sur un contrat d'assurance-vie souscrit auprès de cette société (■ Cass. crim., 26 oct. 2005 : *JurisData* n° 2005-030961 ; *Dr. pénal* 2006, comm. 25, obs. M. Véron).

15) L'extorsion peut être obtenue par l'effet d'une contrainte dirigée contre la victime en lui inspirant la crainte de violences physiques d'une certaine gravité (■ Cass. crim., 14 nov. 1946 : *Bull. crim.*, n° 201).

16) La contrainte morale peut être constitutive d'une extorsion de fonds, même si elle vise à obtenir la signature d'une personne morale par l'intermédiaire de ses représentants légaux (■ T. corr. Paris, 16 déc. 1986 : *Gaz. Pal.* 13-15 sept. 1987, note Marchi).

17) La contrainte visée par l'article 400 du Code pénal incriminant l'extorsion de fonds peut s'analyser comme une force irrésistible dominant la volonté de celui qui la subit et lui inspirant la crainte d'un danger grave, certain et imminent. Ainsi, l'usage en vigueur dans le milieu professionnel de la presse parisienne, suivant lequel les salariés en quête de reclassement s'engagent à verser à la chambre syndicale leur indemnité de licenciement pour financer la formation professionnelle des demandeurs d'emploi, peut se transformer en contrainte, au sens dudit article, lorsque le salarié licencié n'a d'autre possibilité pour retrouver un emploi correspondant à sa qualification professionnelle que de renoncer à la quasi-totalité de son indemnité. Par suite, la tentative d'extorsion de fonds par contrainte morale n'exigeant pas pour être constituée la preuve d'un but de cupidité illégitime de la part des auteurs, sont punissables de ce délit les responsables syndicaux qui, quel que soit le mobile de solidarité invoqué, ont eu conscience de recevoir de la victime une promesse de remise de fonds qu'ils n'auraient pu obtenir par un accord librement consenti (■ TGI Paris, 17ᵉ Ch., 27 nov. 1987, inédit).

18) Constitue une extorsion le fait d'user de la contrainte pour se faire remettre des fonds, fût-ce à titre de prêt (■ Cass. crim., 23 mars 2016, n° 15-80.513 : *Dr. pén.* 2016, comm. 123, note P. Conte).

19) Justifie sa décision la cour d'appel qui, pour déclarer le prévenu coupable du délit d'extorsion, constate que la signature ou la remise de fonds ont été déterminées par l'existence d'une contrainte morale exercée en connaissance de cause sur la victime (■ Cass. crim., 3 nov. 2016, n° 15-83.892).

20) L'élément intentionnel du délit prévu par l'alinéa 1ᵉʳ de l'article 400 du Code pénal, est caractérisé par la conscience d'obtenir par la force, la violence ou la contrainte, ce qui n'aurait pu être obtenu par un accord librement consenti (■ Cass. crim., 9 janv. 1991 : *Bull. crim.*, n° 17 ; *Rev. sc. crim.* 1992, 323, obs. Bouzat).

21) Il n'y a pas extorsion de fonds dans le fait, pour le directeur et le garde d'une société de chasse, de réclamer à titre de transaction des sommes d'argent à des chasseurs ayant commis des infractions au détriment de la société de chasse (■ Cass. crim., 15 juin 1987 : *Rev. sc. crim.* 1988, 795, obs. Bouzat).

22) Mais la tentative d'extorsion de fonds commise par l'organisateur d'une foire à l'encontre d'un des participants ne peut être justifiée par le caractère prétendument légitime des exigences du prévenu à l'égard de la victime, celui-ci ayant utilisé sa position dominante pour imposer des conditions dures et, hors de toute clause contractuelle, l'engagement de verser un pourcentage sur le chiffre d'affaires (■ Cass. crim., 4 nov. 1997 : *JCP* 88, IV, 1400 ; *JurisData* n° 004981).

Art. 312-2 ***(Mod., L. n° 2004-204, 9 mars 2004 ; L. n° 2010-201, 2 mars 2010 ; L. n° 2012-954, 6 août 2012).*** **– L'extorsion est punie de dix ans d'emprisonnement et de 150 000 € d'amende :**

1° Lorsqu'elle est précédée, accompagnée ou suivie de violences sur autrui ayant entraîné une incapacité totale de travail pendant huit jours au plus ;

2° Lorsqu'elle est commise au préjudice d'une personne dont la particulière vulnérabilité, due à son âge, à une maladie, à une infirmité, à une déficience physique ou psychique ou à un état de grossesse, est apparente ou connue de son auteur ;

3° *(Abr., L. n° 2017-86, 27 janv. 2017)* ;

4° Lorsqu'elle est commise par une personne dissimulant volontairement en tout ou partie son visage afin de ne pas être identifiée ;

5° Lorsqu'elle est commise dans les établissements d'enseignement ou d'éducation ainsi que, lors des entrées ou sorties des élèves ou dans un temps très voisin de celles-ci, aux abords de ces établissements.

Doit être cassé l'arrêt qui, pour condamner du chef d'association de malfaiteurs en vue de la préparation d'un délit puni de dix ans d'emprisonnement, retient que l'infraction préparée était une extorsion commise au préjudice d'une personne particulièrement vulnérable, en raison de son âge de 64 ans, sans préciser en quoi un tel âge mettait la victime dans une situation de particulière vulnérabilité (■ Cass. crim., 23 juin 1999 : *Bull. crim.*, n° 152).

Art. 312-3. – L'extorsion est punie de quinze ans de réclusion criminelle et de 150 000 € d'amende lorsqu'elle est précédée, accompagnée ou suivie de violences sur autrui ayant entraîné une incapacité totale de travail pendant plus de huit jours.

Les deux premiers alinéas de l'article 132-23 relatif à la période de sûreté sont applicables à l'infraction prévue par le présent article.

Art. 312-4. – L'extorsion est punie de vingt ans de réclusion criminelle et de 150 000 € d'amende lorsqu'elle est précédée, accompagnée ou suivie de violences sur autrui ayant entraîné une mutilation ou une infirmité permanente.

Les deux premiers alinéas de l'article 132-23 relatif à la période de sûreté sont applicables à l'infraction prévue par le présent article.

Art. 312-5. – L'extorsion est punie de trente ans de réclusion criminelle et de 150 000 € d'amende lorsqu'elle est commise soit avec usage ou menace d'une arme, soit par une personne porteuse d'une arme soumise à autorisation ou dont le port est prohibé.

Les deux premiers alinéas de l'article 132-23 relatif à la période de sûreté sont applicables à l'infraction prévue par le présent article.

Art. 312-6. – L'extorsion en bande organisée est punie de vingt ans de réclusion criminelle et de 150 000 € d'amende.

Elle est punie de trente ans de réclusion criminelle et de 150 000 € d'amende lorsqu'elle est précédée, accompagnée ou suivie de violences sur autrui ayant entraîné une mutilation ou une infirmité permanente.

Elle est punie de la réclusion criminelle à perpétuité lorsqu'elle est commise soit avec usage ou menace d'une arme, soit par une personne porteuse d'une arme soumise à autorisation ou dont le port est prohibé.

Les deux premiers alinéas de l'article 132-23 relatif à la période de sûreté sont applicables aux infractions prévues par le présent article.

Art. 312-6-1 *(L. n° 2004-204, 9 mars 2004)*. – Toute personne qui a tenté de commettre une extorsion en bande organisée prévue par l'article 312-6 est exempte de peine si, ayant averti l'autorité administrative ou judiciaire, elle a permis d'éviter la réalisation de l'infraction et d'identifier, le cas échéant, les autres auteurs ou complices.

La peine privative de liberté encourue par l'auteur ou le complice d'une extorsion en bande organisée est réduite de moitié si, ayant averti l'autorité administrative ou judiciaire, il a permis de faire cesser l'infraction ou d'éviter que l'infraction n'entraîne mort d'homme ou infirmité permanente et d'identifier, le cas échéant, les autres auteurs ou complices. Lorsque la peine encourue est la réclusion criminelle à perpétuité, celle-ci est ramenée à vingt ans de réclusion criminelle.

Art. 312-7. – L'extorsion est punie de la réclusion criminelle à perpétuité et de 150 000 € d'amende lorsqu'elle est précédée, accompagnée ou suivie soit de violences ayant entraîné la mort, soit de tortures ou d'actes de barbarie.

Les deux premiers alinéas de l'article 132-23 relatif à la période de sûreté sont applicables à l'infraction prévue par le présent article.

Ne saurait être qualifié de viol, au sens de l'article 332 du Code pénal, l'introduction d'un bâton dans l'anus d'un jeune garçon, qui a été contraint à se déshabiller, après avoir été menacé de mort et ligoté aux pieds et aux mains, dans le seul but de lui extorquer une somme d'argent, ces faits caractérisant l'emploi de tortures ou d'actes de barbarie pour l'exécution d'une extorsion de fonds et constituant, dès lors, le crime prévu et puni par l'article 303, alinéa 2, du Code pénal (■ Cass. crim., 9 déc. 1993 : *Bull. crim.*, n° 383).

Art. 312-7-1 *(Abr., L. n° 2006-64, 23 janv. 2006)*.

Art. 312-8. – Constitue, au sens des articles 312-2, 312-3, 312-4, 312-6 et 312-7, une extorsion suivie de violences l'extorsion à la suite de laquelle des violences ont été commises pour favoriser la fuite ou assurer l'impunité d'un auteur ou d'un complice.

Art. 312-9. – La tentative des délits prévus par la présente section est punie des mêmes peines.

Les dispositions de l'article 311-12 sont applicables aux infractions prévues par la présente section.

Section II. – Du chantage

Art. 312-10. – Le chantage est le fait d'obtenir, en menaçant de révéler ou d'imputer des faits de nature à porter atteinte à l'honneur ou à la considération, soit une signature, un engagement ou une renonciation, soit la révélation d'un secret, soit la remise de fonds, de valeurs ou d'un bien quelconque.

Le chantage est puni de cinq ans d'emprisonnement et de 75 000 € d'amende.

Voir : art. 132-16, p. 141 (récidive).

1) La notion de valeur. La notion de valeur apparaît comme un avantage matériel de quelque nature que ce soit, d'un montant appréciable en argent : ainsi des souscriptions d'abonnement à un journal obtenues par la menace d'insertions diffamatoires dans ce journal (■ Cass. crim., 22 mars 1883 : *Bull. crim.*, n° 84).

2) Caractères de la menace. La menace doit être **précise** en ce sens qu'elle doit être de nature à impressionner une personne raisonnable et traduire la résolution du maître-chanteur ; mais cette menace est caractérisée même si les révélations ou imputations sont déguisées sous des réticences dissimulées sous des artifices de langage, tel le cas d'un prévenu qui avait écrit à une dame qu'il consentait à ne pas révéler le fait que celle-ci ne l'avait point déclaré à la Sécurité sociale comme ayant été son employé mais qu'il fallait qu'elle effectuât dans un délai de quelques jours un premier versement de 5 000 F pour permettre au demandeur de s'installer à son compte (■ Cass. crim., 20 déc. 1967 : *Bull. crim.*, n° 335).

3) La menace doit **précéder la révélation des faits diffamatoires** qu'elle annonce ; si elle est postérieure, il ne peut y avoir chantage ; il en va ainsi par exemple pour l'exigence d'une somme d'argent mise comme condition au retrait d'une plainte déjà déposée (■ Cass. crim., 22 avr. 1975 : *JCP* 76, II, 18417, note Mayer).

4) La menace doit avoir pour **contenu** des révélations ou des imputations diffamatoires et il importe peu que le fait imputé soit vrai ou faux ; constituent des menaces donnant lieu à l'application du texte : la menace d'impliquer la victime dans une affaire de vol (■ Cass. crim., 7 déc. 1900 : *D.* 1901, 512), l'imputation d'un délit imaginaire (■ Paris, 17 mars et 16 juin 1922 : *D.* 1922, 2, 145, note Leloir), la révélation pendant l'occupation allemande de la qualité d'israélite (■ Cass. crim., 20 janv. 1949 : *Bull. crim.*, n° 22), la révélation d'une condamnation encourue ou de poursuites judiciaires (■ Cass. crim., 20 déc. 1967 : *D.* 1968, 611) ; mais il ne saurait y avoir chantage dans le fait de menacer quelqu'un de brimades pendant son service militaire (■ Paris, 18 mai 1896 : *D.* 97, 2, 324) ou de signaler la présence de la victime à la police alors qu'on a déjà déposé plainte contre elle (■ Paris, 24 mars 1953 : *Gaz. Pal.* 1953, 2, 14).

5) Il n'importe pas que les juges du fond n'aient pas spécifié que le prévenu avait agi dans un dessein de cupidité illégitime, cette circonstance n'est pas mentionnée par l'article 400, alinéa 2 et n'est donc pas un des éléments constitutifs de l'infraction (■ Cass. crim., 22 juin 1972 : *JCP* 73, II, 17326, note Larguier ; *Rev. sc. crim.* 1972, 890, obs. Bouzat. ■ Cass. crim., 6 mars 1978 : *Bull. crim.*, n° 84 ; *Rev. sc. crim.* 1979, 102, obs. Bouzat).

6) Applications. Un créancier peut seulement menacer son débiteur de poursuites ordinaires pour obtenir le remboursement de sa créance (■ Cass. crim., 21 déc. 1894 : *D.* 98, 5, 333) et il y a chantage lorsqu'il y a menace de révéler des faits étrangers à la cause de la dette alléguée par le prévenu (■ Cass. crim., 5 mars 1975 : *Bull. crim.*, n° 72). Si la menace de recourir aux voies légales pour obtenir le paiement d'une dette ne tombe pas sous le coup de l'article 400, alinéa 2 du Code pénal, il en est différemment lorsque la menace de révéler une irrégularité susceptible d'entraîner des poursuites d'ordre fiscal ou disciplinaire tend à obtenir l'exécution d'une convention entachée de nullité (■ Cass. crim., 12 mars 1985 : *Bull. crim.*, n° 110).

7) La victime d'une infraction ne commet pas un chantage en menaçant le coupable de porter plainte si elle n'est pas désintéressée (■ Cass. crim., 23 oct. 1947 : *Bull. crim.*, n° 204) ; en transigeant sur l'exercice de son droit de porter plainte, la victime ne fait rien qui ne soit licite (■ Cass. crim., 2 avr. 1897 : *S.* 98, I, 111). Si la victime d'une infraction ne commet pas un chantage en menaçant l'auteur de porter plainte, il ne saurait en être de même de celui qui, pour obtenir une transaction, menace de dénoncer une infraction fiscale laquelle, par sa nature même, est étrangère à un litige entre particuliers (▪ Cass. crim., 13 mars 1990 : *Bull. crim.*, n° 116).

8) S'agissant des vols commis dans les grands magasins, le principe de la licéité de la transaction aux termes de laquelle les poursuites ne seront pas exercées moyennant le versement d'une somme d'argent, est admis, du momentque l'indemnité demandée est raisonnable (▪ Cass. crim., 20 févr. 1963 : *Gaz. Pal.* 1963, 2, 119 ; *Rev. sc. crim.* 1964, 143, obs. Bouzat). Il a même été jugé que le délit n'était pas constitué de la part du directeur et du chef du personnel d'un supermarché qui avaient exigé des sommes représentant jusqu'à cinq fois le prix de la marchandise dérobée, en l'absence de la conviction chez les prévenus d'avoir abusé de leur droit de transaction et la preuve n'étant pas rapportée que les frais de surveillance avaient été inclus dans le prix de vente des marchandises, les prévenus n'ayant pas eu en outre l'intention de retirer un profit personnel et un trouble commercial résultant de vols importants ayant été occasionné à l'établissement à l'intérieur duquel une surveillance spéciale avait dû être mise en place (▪ Poitiers, 7 févr. 1974 : *D.* 1974, 693, note Pradel et Alaphilippe).

9) Il a été jugé qu'une clause de non-concurrence extorquée avec la démission d'un salarié coupable de détournement de fonds était disproportionnée avec le préjudice subi : la clause stipulait que l'employé ne pouvait exercer une activité se rattachant directement ou indirectement à l'objet social de l'entreprise pendant cinq ans dans le département et les cinq départements limitrophes alors que la somme détournée était de 2 923 F (▪ Toulouse, 26 mars 1981 : *D.* 1981, 385, note Merle ; *Rev. sc. crim.*, 1982, 133, obs. Bouzat).

10) A été déclaré coupable de chantage le directeur d'une maison de retraite qui a menacé une employée d'afficher dans l'établissement, si elle ne démissionnait pas, un avis relatant sa condamnation pour vol ; cette révélation à quelques personnes n'excluait pas la menace d'une amplification de cette révélation (▪ Cass. crim., 8 févr. 1994 : *Dr. pénal* 1994, n° 135, obs. Véron ; *JCP* 95, G, I, 3819, n° 4, obs. M. Véron ; *Rev. sc. crim.* 1994, p. 766, obs. Ottenhof), ou un prévenu qui a menacé une femme de publier des photographies impudiques de celle-ci si elle ne lui versait pas l'argent, sans préciser le montant des fonds réclamés (▪ Cass. crim., 17 nov. 1993 : *Dr. pénal*1994, n° 62) ou le prévenu qui, sous la menace de dévoiler certains faits, a obtenu de la victime un chèque dont la remise a transmis au bénéficiaire la propriété de la provision (▪ Cass. crim., 22 juin 1994 : *Gaz. Pal.* 2-3 déc. 1994, p. 7 ; *Dr. pénal* 1994, comm. 253, obs. M. Véron ; *Rev. sc. crim.* 1995, 102, obs. Ottenhof).

11) Constitue une **tentative de chantage** (aux fins d'obtenir de son bailleur une remise de fonds correspondant au remboursement du montant de la location), l'envoi de courriers s'analysant comme des menaces de dénonciation à l'administration fiscale d'irrégularités susceptibles de caractériser des infractions (▪ Cass. crim., 8 nov. 2011 : *Dr. pén.* 2012, comm. 18, obs. M. Véron).

12) Justifie sa décision la cour d'appel, qui, pour condamner le prévenu du chef de tentative de chantage, retient qu'il a tenté d'obtenir de son ancienne épouse une somme d'argent en la menaçant de porter la liaison qu'elle entretenait avec un homme à la connaissance de l'épouse de ce dernier, une telle révélation étant de nature à porter atteinte à la considération de la victime (▪ Cass. crim., 28 janv. 2015, n° 14-81.610 : *Dr. pén.* 2015, comm. 31, obs. M. Véron).

13) Le délit prévu par l'article 312-10 du Code pénal est constitué par la menace, pour obtenir soit une signature, un engagement ou une renonciation, soit la révélation d'un secret, soit la remise de fonds, de valeurs ou d'un bien quelconque, de révélations ou d'imputations de faits de nature à porter atteinte à l'honneur et à la considération de la victime appréciés au regard de la situation concrète de celle-ci (▪ Cass. crim., 13 janv. 2016, n° 14-85.905).

Art. 312-11. – Lorsque l'auteur du chantage a mis sa menace à exécution, la peine est portée à sept ans d'emprisonnement et à 100 000 € d'amende.

Art. 312-12. – La tentative des délits prévus par la présente section est punie des mêmes peines.
Les dispositions de l'article 311-12 sont applicables aux infractions prévues par la présente section.

Section II *bis*. – De la demande de fonds sous contrainte

(L. n° 2003-239, 18 mars 2003)

Art. 312-12-1 ***(L. n° 2003-239, 18 mars 2003)*****. – Le fait, en réunion et de manière agressive, ou sous la menace d'un animal dangereux, de solliciter, sur la voie publique, la remise de fonds, de valeurs ou d'un bien est puni de six mois d'emprisonnement et de 3 750 € d'amende.**

Section III. – Peines complémentaires applicables aux personnes physiques et responsabilité des personnes morales

Art. 312-13 *(Mod., L. n° 2004-204, 9 mars 2004 ; L. n° 2007-297, 5 mars 2007 ; L. n° 2008-776, 6 août 2008 ; L. n° 2012-304, 6 mars 2012).* – I. – Les personnes physiques coupables de l'une des infractions prévues au présent chapitre encourent également les peines complémentaires suivantes :

1° L'interdiction des droits civiques, civils et de famille, suivant les modalités prévues par l'article 131-26 ;

2° L'interdiction, suivant les modalités prévues par l'article 131-27, soit d'exercer une fonction publique ou d'exercer l'activité professionnelle ou sociale dans l'exercice ou à l'occasion de l'exercice de laquelle l'infraction a été commise, cette interdiction étant définitive ou provisoire dans les cas prévus aux articles 312-3 à 312-7 et pour une durée de cinq ans au plus dans les cas prévus aux articles 312-1, 312-2 et 312-10, soit d'exercer une profession commerciale ou industrielle, de diriger, d'administrer, de gérer ou de contrôler à un titre quelconque, directement ou indirectement, pour son propre compte ou pour le compte d'autrui, une entreprise commerciale ou industrielle ou une société commerciale. Ces interdictions d'exercice peuvent être prononcées cumulativement ;

3° *(Abr., L. n° 2012-304, 6 mars 2012)* ;

4° La confiscation de la chose qui a servi ou était destinée à commettre l'infraction ou de la chose qui en est le produit, à l'exception des objets susceptibles de restitution ;

5° L'interdiction de séjour suivant les modalités prévues par l'article 131-31.

6° L'obligation d'accomplir un stage de citoyenneté, selon les modalités prévues par l'article 131-5-1 ;

7° L'obligation d'accomplir un stage de sensibilisation aux dangers de l'usage de produits stupéfiants, selon les modalités fixées à l'article 131-35-1.

II. – En cas de condamnation pour les infractions prévues au présent chapitre, le prononcé de la peine complémentaire d'interdiction de détenir ou de porter, pour une durée de cinq ans au plus, une arme soumise à autorisation est obligatoire.

Toutefois, la juridiction peut, par une décision spécialement motivée lorsque la condamnation est prononcée par une juridiction correctionnelle, décider de ne pas prononcer cette peine, en considération des circonstances de l'infraction et de la personnalité de son auteur.

Art. 312-14. – L'interdiction du territoire français peut être prononcée dans les conditions prévues par l'article 131-30, soit à titre définitif, soit pour une durée de dix ans au plus, à l'encontre de tout étranger coupable de l'une des infractions définies aux articles 312-2 à 312-7.

Art. 312-15. – *(L. n° 2009-526, 12 mai 2009)* Les personnes morales déclarées responsables pénalement, dans les conditions prévues par l'article 121-2, des infractions définies au présent chapitre encourent, outre l'amende suivant les modalités prévues par l'article 131-38, les peines prévues par l'article 131-39.

L'interdiction mentionnée au 2° de l'article 131-39 porte sur l'activité dans l'exercice ou à l'occasion de l'exercice de laquelle l'infraction a été commise.

CHAPITRE III. – DE L'ESCROQUERIE ET DES INFRACTIONS VOISINES

Section I. – De l'escroquerie

Voir : Récidive concernant l'escroquerie, art. 132-16, p. 141.

Art. 313-1. – L'escroquerie est le fait, soit par l'usage d'un faux nom ou d'une fausse qualité, soit par l'abus d'une qualité vraie, soit par l'emploi de manœuvres frauduleuses, de tromper une personne physique ou morale et de la déterminer ainsi, à son préjudice ou au préjudice d'un tiers, à remettre des fonds, des valeurs ou un bien quelconque, à fournir un service ou à consentir un acte opérant obligation ou décharge.

L'escroquerie est punie de cinq ans d'emprisonnement et de 375 000 € d'amende.

Note. – Sur le délai de prescription de l'action publique des délits mentionnés aux articles 313-1, 313-2 du Code pénal commis à l'encontre d'une personne vulnérable, V. CPP, art. 8.

Voir : C. trav., art. L. 5124-1, p. 2217, C. trav., art. L. 5429-1, p. 2217.

Bibliographie : *JCl. pén., Escroquerie* par M.-L. Rassat.

• ***Sommaire***

I – MOYENS FRAUDULEUX

1) Actes positifs. Les divers moyens frauduleux visés par la loi sont des actes positifs et il ne saurait y avoir d'escroquerie lorsque l'agent s'est contenté de garder le silence sur un fait qui, s'il avait été connu de la victime, l'aurait déterminée à ne point lui remettre la chose (▪ Cass. crim., 22 janv. 1914 : *S.* 1916, 1, 256). Ainsi le simple fait de ne pas détromper le tiers qui tenait le prévenu comme mandataire apparent ne constitue pas l'acte positif de prise d'une fausse qualité nécessaire pour caractériser le délit d'escroquerie (▪ Paris, 9e Ch. B, 16 déc. 1988 : *JurisData* n° 027511).

2) Déterminants de la remise. Les moyens frauduleux doivent avoir été déterminants de la remise ; ainsi, l'usage du faux nom de princesse Maria Pia de Bourbon Parme ne peut être retenu pour qualifier une escroquerie si l'hôtelier qui a logé la prétendue princesse reconnaît qu'il l'aurait tout aussi bien reçue dans son hôtel sous n'importe quel autre nom (▪ T. corr. Grasse, 1er sept. 1948 : *JCP* 49, II, 4753, note Pierrard). Encourt la cassation l'arrêt qui ne précise pas en quoi les manœuvres décrites sont frauduleuses et déterminantes de la remise d'une chose (▪ Cass. crim., 11 juill. 1990 : *Bull. crim.*, n° 284). Pour être déterminante de la remise, la manœuvre doit lui être antérieure (▪ Cass. crim., 21 mai 1990 : *Dr. pénal* 1990, n° 256. ▪ Cass. crim., 10 nov. 1999 : *Bull. crim.*, n° 253. ▪ Cass. crim., 21 mars 2012, n° 11-87.453 ; *JurisData* 2012-008147 ; *Dr. pénal* 2012, comm. 97, obs. M. Véron).

La Cour de cassation exerce son droit de contrôle sur les appréciations des cours d'appel et vérifie si les faits tels qu'ils résultent des constatations des arrêts constituent le délit prévu par l'article 405 du Code pénal (▪ Cass. crim., 8 déc. 1955 : *Bull. crim.*, n° 553).

A – Faux nom et fausse qualité

3) Élément matériel. L'usage d'un faux nom ou d'une fausse qualité portant toujours sur un fait simple qui ne peut être susceptible de différentes interprétations suffit pour constituer l'élément matériel de l'escroquerie ; il n'est donc pas nécessaire qu'il soit établi à la différence des manœuvres frauduleuses que l'usage d'un faux nom ou d'une fausse qualité ait tendu à l'un des buts spécifiés par l'article 405 (▪ Cass. crim., 5 mai 1820 : *Bull. crim.*, n° 72. ▪ Cass. crim., 12 févr. 1942 : *Bull. crim.*, n° 9. ▪ 23 juill. 1956 : *JCP* 56, II, 9539).

4) Faux nom. L'usage d'un faux nom peut se réaliser par usurpation du nom d'un tiers (▪ Paris, 12 déc. 1938 : *DH* 1939, 121), utilisation de son propre nom en abusant d'une homonymie (▪ Cass. crim., 20 nov. 1903 : *D.* 1904, 1, 415), d'un nom imaginaire.

5) Se rend coupable d'escroquerie la personne qui, en faisant usage d'un faux nom et en utilisant une carte magnétique dérobée, a procédé à des retraits de sommes à un distributeur automatique de billets (▪ Bordeaux, 25 mars 1987 : *D.* 1987, 424, note Pradel).

6) De même, l'usage par un prévenu du nom de sa mère et de faux documents à ce nom pour obtenir d'un établissement bancaire des fonds par le biais d'une réserve de crédit et une carte bancaire (▪ Cass. crim., 30 oct. 2013, n° 12-86.798 : *Dr. pén.* 2014, comm. 3, obs. M. Véron).

7) En cas de contestation, le tribunal correctionnel est compétent pour trancher le débat relatif au nom, mais sa décision n'a sur ce point aucune autorité de la chose jugée (▪ Cass. crim., 2 mai 1936 : *Gaz. Pal.* 1936, 2, 208).

8) Fausse qualité. La fausse qualité peut résulter d'abord de l'usurpation d'un état, c'est-à-dire le fait de se prévaloir d'un lien de parenté ou d'alliance, de la situation de personne mariée, veuve ou célibataire ou d'une certaine nationalité ; ainsi se prévaut d'une fausse qualité celui qui se dit homme marié (■ Cass. crim., 8 juin 1960 : *Bull. crim.*, n° 132) ou fils du marquis D. (■ Cass. crim., 18 juin 1958 : *Bull. crim.*, n° 473).

9) La fausse qualité résulte encore de l'usurpation d'un titre, soit titre de noblesse (■ Cass. crim., 31 juill. 1884 : *Bull. crim.*, n° 252), soit titre universitaire (■ Cass. crim., 23 oct. 1956 : *Bull. crim.*, n° 659), de fonctionnaire public ou d'agent du gouvernement (■ Cass. crim., 15 déc. 1943 : *D.* 1945, 131, note Donnedieu de Vabres : contrôleur des prix. ■ Cass. crim., 23 févr. 1888 : *Bull. crim.*, n° 77 : conseiller municipal. ■ Paris, 9e Ch. B, 26 avr. 1990 : *JurisData* n° 023180 : commandant dans l'armée), de pape (■ Cass. crim., 11 oct. 1966 : *JCP* 66, II, 14897, note Combaldieu) ou d'évêque (■ Paris, 12e Ch. B, 4 juill. 1989 : *JurisData* n° 024500).

10) La fausse qualité résulte enfin de l'affirmation mensongère d'une profession privée : inspecteur d'un guide gastronomique (■ Cass. crim., 26 juin 1974 : *Bull. crim.*, n° 240), inspecteur d'assurances (■ Cass. crim., 9 avr. 1857 : *S.* 57, 1, 610), banquier (■ Cass. crim., 30 oct. 1903 : *Bull. crim.*, n° 350), représentant de commerce (■ Cass. crim., 18 mai 1926 : *Bull. crim.*, n° 145), architecte (■ Cass. crim., 10 juin 1981 : *Bull. crim.*, n° 248), concessionnaire exclusif (■ Cass. crim., 4 déc. 1969 : *D.* 1970, 114), gérant de société (■ Cass. crim., 11 déc. 1973 : *Bull. crim.*, n° 457), conseiller financier (■ Cass. crim., 16 mars 1987 : *Bull. crim.*, n° 124), directeur commercial salarié d'une société (■ Cass. crim., 12 déc. 1988 : *Bull. crim.*, n° 421), commerçant (■ Cass. crim., 9 mai 1990 : *Bull. crim.*, n° 175), salarié (■ Rouen, 18 avr. 1990 : *JurisData* n° 042068).

Mais ne constitue pas l'usage d'une fausse qualité, au sens de l'article 313-1 du Code pénal, l'abstention, par un salarié, d'informer l'employeur de la protection dont il bénéficie, au regard du droit du licenciement, au titre d'un mandat extérieur (■ Cass. crim., 14 avr. 2015, n° 14-81.188 : *Dr. pén.* 2015, comm. 82, obs. M. Véron).

11) Se rendent coupable de tentative d'escroquerie par usage de la fausse qualité de salarié pour tenter d'obtenir des indemnités de l'association pour la gestion du régime de garantie des créances des salariés (AGS), les prévenus, embauchés sur la base de contrats à durée déterminée par une entreprise placée en liquidation judiciaire trois mois plus tard, alors qu'ils connaissaient le caractère fictif des contrats (■ Cass. crim., 12 nov. 2015, n° 14-82.765).

12) Se rend coupable d'escroquerie par usage d'une fausse qualité le président d'une association qui, alors que la dissolution de cette dernière a été décidée, achète des meubles au nom de ladite association, peu important que l'existence juridique de l'association perdure pour les besoins de sa liquidation (■ Cass. crim., 18 janv. 2017, n° 16-80.200).

13) Assimilations. Selon les hypothèses, la jurisprudence assimile ou non à la fausse qualité l'affirmation mensongère d'un droit. L'individu qui déclare faussement être propriétaire ne se sert pas d'une fausse qualité (■ Cass. crim., 13 déc. 1912 : *Bull. crim.*, n° 639. ■ 4 mars 1937 : *DH* 1937, 237 ; *Rev. sc. crim.* 1937, 694, obs. Donnedieu de Vabres), tout comme celui qui se prétend créancier (■ Cass. crim., 7 oct. 1969 : *D.* 1971, 286, note Guigue. ■ Cass. crim., 6 oct. 1980 : *Bull. crim.*, n° 248) ; en revanche, se prévaut d'une fausse qualité celui qui se dit chômeur (■ Cass. crim., 12 févr. 1942 : *Bull. crim.*, n° 9), parent de militaire (■ Cass. crim., 10 déc. 1926 : *DH* 1927, 287), salarié pour bénéficier de certaines prestations (■ Cass. crim., 10 avr. 1997 : *Bull. crim.*, n° 137), mandataire d'autrui (■ Cass. crim., 29 déc. 1949 : *JCP* 50, II, 5582, note Chavanne. ■ Cass. crim., 18 juill. 1968 : *Bull. crim.*, n° 233. ■ 11 mai 1981, inédit, notamment en cas de contrepartie occulte par un banquier ou un agent de change ■ Cass. crim., 12 mars 1909 : *D.* 1909, 1, 203, note Lacour, ou de contrepartie frauduleuse par un agent immobilier ■ Cass. crim., 18 juill. 1985 : *Bull. crim.*, n° 273). Le fait de ne pas déclarer l'exercice d'une activité professionnelle lors d'une demande d'allocations d'aide aux travailleurs privés d'emploi constitue un acte positif de la prise de fausse qualité de travailleur sans emploi (■ Cass. crim., 26 avr. 1994 : *Bull. crim.*, n° 149 ; *Dr. pénal* 1994, n° 181, obs. Véron. ■ Cass. crim., 8 avr. 1999 : *JurisData* n° 1999-002257 ; *Dr. pénal* 1999, comm. 126, obs. M. Véron). L'usurpation du titre de docteur en médecine n'étant pas un élément constitutif du délit d'exercice illégal de la médecine, et cette infraction n'exigeant pas le versement d'une rémunération, l'usage par le prévenu de la fausse qualité de médecin pour obtenir la remise de sommes d'argent à titre d'honoraires caractérise le délit d'escroquerie (■ Cass. crim., 8 févr. 1995 : *Bull. crim.*, n° 61). Sur l'usage de la fausse qualité d'infirme invalide pour obtenir le versement d'allocation (■ Cass. crim., 30 avr. 2003 : *JurisData* n° 019541 ; *Dr. pénal* 2003, comm. 119, obs. M. Véron).

14) Abus de qualité vraie. L'abus d'une qualité vraie constitue une manœuvre frauduleuse, spécialement lorsque, ayant donné une apparence de sincérité à des allégations mensongères, le prévenu a suscité la confiance des victimes ; ont été retenus l'abus des qualités de notaire (■ Cass. crim., 10 févr. 1855 : *Bull. crim.*, n° 39. ■ Cass. crim., 11 mars 2009 : *JurisData* n° 2009-047746 ; *Dr. pénal*

2009, comm. 81, obs. M. Vernon), de dentiste (■ Cass. crim., 10 janv. 1936 : *DH* 1936, 151), de conseil juridique (■ Cass. crim., 29 mars 1977 : *Bull. crim.*, n° 115 ; *Rev. sc. crim.* 1977, 824, obs. Bouzat), de directeur comptable d'une entreprise (■ Cass. crim., 23 mars 1978 : *D.* 1979, 319, note Bouloc ; *Rev. sc. crim.* 1979, 343, obs. Bouzat), de délégué syndical et membre du comité d'entreprise (■ Cass. crim., 8 juill. 1986 : *Bull. crim.*, n° 232), de négociateur immobilier (■ Cass. crim., 1er oct. 1986 : *Bull. crim.*, n° 263), d'infirmier (■ Cass. crim., 10 janv. 1990 : *Dr. pénal* 1990, n° 187), d'un avocat qui se fait remettre de l'argent en affirmant faussement à sa victime qu'il convient de corrompre l'administrateur judiciaire pour obtenir de la juridiction commerciale des décisions favorables (■ Cass. crim., 30 juin 1999 : *Bull. crim.*, n° 170), d'un receveur principal des impôts, se prévalant de sa qualité pour déterminer les victimes, reçues dans les locaux mêmes de la recette, à placer des fonds auprès de lui et qu'il n'a remboursé qu'une très faible partie (■ Cass. crim., 29 nov. 2000 : *JurisData* n° 007897 ; *Dr. pénal* 2000, comm. 45, obs. M. Véron).

B – Manœuvres frauduleuses

15) Exclusion du simple mensonge. Le simple mensonge, émanant de l'escroc, n'est pas considéré comme une manœuvre frauduleuse, quelle que soit sa gravité, même si c'est lui qui a déterminé la remise (■ Cass. crim., 7 mars 1817 : *Bull. crim.*, n° 18. ■ 20 juill. 1960 : *D.* 1961, 191, note Chavanne) ; ceci est vrai, que le mensonge soit verbal (■ Cass. crim., 20 juill. 1865 : *Bull. crim.*, n° 150), ou écrit (■ Cass. crim., 8 janv. 1953 : *JCP* 53, II, 7623, note Brouchot. ■ Cass. crim., 24 avr. 1984 : *Bull. crim.*, n° 142. ■ 15 janv. 1990 : *Dr. pénal* 1990, n° 188. ■ 26 nov. 1990 : *Dr. pénal* 1991, n° 107) et la réitération de ces mensonges reste sans effet tant qu'il s'agit de simples allégations qui ne sont pas corroborées et appuyées par des éléments externes (■ Cass. crim., 11 févr. 1976 : *D.* 1976, 295, rapp. Dauvergne) ; sur la question, V. M.-P. Lucas de Leyssac, *L'escroquerie par simple mensonge ?* : *D.* 1981, chron. p. 17. Le fait pour un garagiste de présenter une facture comprenant, outre le montant de ses propres prestations, les frais d'intervention d'une autre entreprise à laquelle il avait eu recours pour certains travaux ne saurait, en cas d'absence de paiement de ces frais, constituer qu'une allégation mensongère, susceptible de contestation, et non une manœuvre frauduleuse (■ Cass. crim., 2 mars 1989, *Sallet*, inédit).

– L'inobservation de la nomenclature générale des actes professionnels et de la tarification correspondante, par un médecin, lors de la fixation de ses honoraires, dans des feuilles de soins soumises à vérification et à discussion de la part de l'organisme social destinataire, ne constitue ni un faux, ni, *a fortiori*, une manœuvre frauduleuse, constitutive d'une escroquerie, mais seulement la contravention de cinquième classe prévue par les articles L. 162-38 du Code de la sécurité sociale et 1er du décret du 28 juillet 1998 pris pour son application (■ Cass. crim., 25 sept. 1997 : *Bull. crim.*, n° 313 ; *Rev. sc. crim.* 2002, p. 332, obs. R. Ottenhof).

– Un masseur-kinésithérapeute, qui ne respecte pas les temps de soins prévus par la nomenclature générale des actes professionnels ou applique des cotations supérieures à celles prévues pour les actes effectués, ne saurait, à défaut d'éléments extérieurs donnant force et crédit aux fausses déclarations portées sur les feuilles de soins, être déclaré coupable d'escroquerie (■ Cass. crim., 24 sept. 1998 : *Bull. crim.*, n° 236 ; *Dr. pénal* 1999, comm. 19, obs. M. Véron).

– Mais ne donne pas de base légale à sa décision la cour d'appel qui relaxe un médecin poursuivi pour escroquerie sans rechercher si ses fausses déclarations n'étaient pas corroborées par des faits extérieurs (■ Cass. crim., 30 mai 2001 : *Dr. pénal* 2001, comm. 113, obs. M. Véron ; *Rev. sc. crim.* 2002, p. 332, obs. R. Ottenhof).

– Un mensonge, même produit par écrit, ne peut constituer une manœuvre frauduleuse, au sens de l'article 313-1 du Code pénal, s'il ne s'y joint aucun fait extérieur ou acte matériel, aucune mise en scène ou intervention d'un tiers destinées à donner force et crédit à l'allégation du prévenu. Présente le caractère de mensonges écrits, et non de manœuvres frauduleuses, l'émission de chèques sans provision, sur une brève période de temps, de façon à devancer l'envoi par l'établissement bancaire d'une lettre invitant le tireur à régulariser sa situation (■ Cass. crim., 1er juin 2005 : *Bull. crim.*, n° 167 ; *Dr. pénal* 2005, comm. 147, obs. M. Véron).

– La présentation de **fausses factures** pour obtenir indûment une garantie constitue une manœuvre frauduleuse, et non pas un simple mensonge écrit, cette manœuvre excluant l'existence d'une pratique commerciale acceptée par la partie civile (■ Cass. crim., 12 sept. 2006 : *Dr. pénal* 2006, comm. 157, obs. M. Véron).

– Pour relaxer le prévenu du délit d'escroquerie, l'arrêt énonce que les simples allégations mensongères concernant la promesse de livraison d'objets proposés à la vente par internet ne sauraient en elles-mêmes constituer les manœuvres frauduleuses requises par l'article 313-1 du Code pénal ; en prononçant ainsi, sans rechercher si le fait de publier une annonce en vue d'une vente imaginaire puis de donner les indications nécessaires au paiement du prix n'était pas susceptible de constituer des manœuvres frauduleuses, la cour d'appel n'a pas justifié sa décision (■ Cass. crim., 5 mars 2014, n° 13-81.780 : *Dr. pén.* 2014, comm. 71, obs. M. Véron).

– L'envoi de feuilles de soins accompagnées de la prescription médicale aux caisses d'assurance maladie sans délivrance des produits aux destinataires constituent des manœuvres frauduleuses et non de simples mensonges (■ Cass. crim., 17 déc. 2014, n° 14-80.855 : *Dr. pén.* 2015, comm. 17, obs. M. Véron).

16) Le mensonge, corroboré par l'émission, par des tiers, de factures dissimulant de concert des commissions occultes rétrocédées au prévenu, constitue une manœuvre frauduleuse caractérisant le délit d'escroquerie.

Justifie sa décision la cour d'appel qui, pour déclarer une société et son dirigeant coupables d'escroquerie, relève que la société en cause qui, sur son site internet, vantait la transparence de ses prix, fixait sa rémunération à 10 % seulement du coût moyen de chaque construction et expliquait à ses clients que le montant des factures établies par les entreprises représentait le coût global des travaux, a délibérément trompé ces derniers en mettant en place, avec le concours et la participation de tiers, un stratagème qui lui a permis de percevoir, en sus des honoraires contractuellement prévus, des rémunérations substantielles par le biais de majorations de prix intégrées dans le montant des marchés de travaux ne correspondant à aucune prestation effective ou à de quelconques frais de dossiers, sommes que les victimes auraient, à l'évidence, refusé de payer si elles avaient eu connaissance de la destination des fonds et de l'importance de la majoration appliquée sur le prix des marchés en cause (■ Cass. crim., 18 janv. 2017, n° 15-85.209).

17) Justifie sa décision la cour d'appel qui, pour déclarer la prévenue coupable d'escroquerie, retient que les manœuvres frauduleuses sont caractérisées par un mensonge, consistant en l'affirmation en connaissance de cause d'avoir effectué personnellement les kilomètres, corroboré par un élément extérieur lui donnant force et crédit, en l'espèce la télétransmission à la CPAM des feuilles de soins établies à son nom, attestant des kilomètres fictifs parcourus, dès lors que ce mode de transmission implique nécessairement le recours à la carte Vitale ou d'assuré social remise par le patient au professionnel de santé (■ Cass. crim., 11 juill. 2017, n° 16-84.828 : *Dr. pén.* 2017, comm. 140, note S. Fournier).

18) But des manœuvres. Les manœuvres frauduleuses sont non seulement tout élément extérieur indépendant du mensonge qui en augmente la puissance de persuasion (ainsi l'intervention d'un tiers corroborant les affirmations du délinquant ■ Cass. crim., 16 févr. 1888 : *Bull. crim.*, n° 66) mais encore toute machination montée par l'escroc, destinée à dissimuler le mensonge et à tromper la vigilance de la victime, même si leur extériorité par rapport au mensonge n'est pas toujours évidente (ainsi la production de documents truqués ■ Cass. crim., 15 avr. 1937 : *S.* 1938, 1, 358). Constitue une escroquerie, au préjudice de l'organisme chargé, par la Communauté européenne, de mettre en œuvre, par voie d'adjudication, des achats de viande de bovins mâles pour soutenir les cours du marché, le fait, pour un adjudicataire, de livrer une marchandise non conforme aux engagements qu'il a souscrits, en faisant apposer par des tiers, sur des carcasses de bovins femelles non éligibles, à cet avantage les marques d'identification réservées aux bovins mâles, déterminant ainsi cet organisme à lui remettre les fonds alloués par la Communauté (■ Cass. crim., 15 mai 1997 : *Bull. crim.*, n° 189). Retiennent à bon droit la culpabilité du prévenu du chef d'escroquerie les juges qui relèvent que la victime, handicapé mental, a sympathisé avec ce dernier, que celui-ci lui a fait croire à la possibilité d'un mariage en vue duquel il lui a vendu des vêtements, qu'en outre il lui a fait croire, pour obtenir le versement de sommes d'argent, que sa future épouse avait eu un accident (■ Cass. crim., 22 oct. 1987 : *Gaz. Pal.* 1988, 1, 114, note Doucet).

Ont été déclarés coupables d'escroquerie des prévenus qui, usant de prédictions et de mises en scène pour persuader leur victime d'un pouvoir imaginaire, procédaient, contre remise de fonds, à des séances de désenvoûtement destinées à leur éviter les événements malheureux prédits (■ Cass. crim., 9 juill. 1996 : *Bull. crim.*, n° 287 ; *Dr. pénal* 1997, comm. 32, obs. M. Véron).

19) Manœuvres par intervention de tiers. Le tiers peut être un **être réel** (ainsi des complices d'un joueur de tiercé jouant apparemment pour leur compte sans dépasser le maximum des enjeux alors qu'en réalité ils agissaient pour le compte du tricheur ■ Cass. crim., 19 déc. 1974 : *Bull. crim.*, n° 377 ; *D.* 1975, 631, note Levasseur et Bouloc, en ouvrant notamment un compte téléphonique auprès du PMU pour aider ce joueur ■ Cass. crim., 26 mai 1983 : *Bull. crim.*, n° 156, ou le complice du tricheur dans un jeu de bonneteau qui feint de gagner afin d'allécher les badauds ■ Cass. crim., 19 mai 1971 : *Bull. crim.*, n° 41 ; ou les complices d'un prévenu qui avait démarché frauduleusement des personnes, ces complices ayant attesté la rentabilité des placements proposés ■ Cass. crim., 29 nov. 1993 : *Rev. dr. pén.* 1994, n° 85 ; ainsi encore un notaire ■ Cass. crim., 2 juin 1986 : *Bull. crim.*, n° 186), ou **fictif**, ainsi les prétendus clients d'un guérisseur fournissant des attestations de guérison (▪ Cass. crim., 31 mars 1854 : *D.* 54, 1, 199). Il importe peu que le tiers soit **de bonne foi** (▪ Cass. crim., 23 déc. 1957 : *D.* 1958, somm. 68. ▪ Cass. crim., 18 janv. 1988 : *Bull. crim.*, n° 22 ; *Rev. soc.* 1988, 576, note Bouloc, ce dernier arrêt étant relatif à une cession à un tiers par le gérant d'une SARL des parts sociales d'un des associés en obtenant du tiers l'adhésion à cet achat à l'aide de faux bilans sociaux certifiés exacts par un expert) ou ait fourni une coopération inconsciente (ainsi un comptable certifiant l'exactitude d'un faux bilan ▪ Cass. crim., 4 janv. 1969 : *Bull. crim.*, n° 5) pourvu que son intervention ait été provoquée par l'escroc (V. également sur l'utilisation à son insu d'un tiers de bonne foi ▪ Cass. crim., 6 déc. 1993 : *Dr. pénal* 1994, n° 84).

– Il a été jugé que des ordres de mission pour des déplacements imaginaires établis par des professeurs, qui les certifiaient exacts, et signés de bonne foi par un supérieur hiérarchique permettant à leurs auteurs de se faire rembourser des voyages fictifs, étaient constitutifs d'escroqueries (▪ Pau, 29 avr. 2004 : *D.* 2004, jurispr., p. 2401, note Ph. Nerac). Agissant comme **mandataire** de l'escroc, le tiers est nécessairement de mauvaise foi (▪ Cass. crim., 31 janv. 1935 : *DH* 1935, 167) et sera considéré comme complice (▪ Cass. crim., 19 déc. 1974, préc. – V. aussi ▪ Cass. crim., 17 janv. 1991 : *Dr. pénal* 1991, n° 201) ou coauteur (▪ Cass. crim., 25 janv. 1946 : *Bull. crim.*, n° 85 ; *JCP* 46, II, 3108, note M.S.). Le mandataire infidèle qui trompe volontairement son mandant, en participant aux manœuvres frauduleuses destinées à le dépouiller, ne saurait être assimilé à ce mandant. Il est un tiers, complice de l'escroc (▪ Cass. crim., 28 mars 1966 : *Bull. crim.*, n° 142). En cas de **pluralité de complices ou coauteurs**, la manœuvre est constituée par leur intervention combinée et par l'ensemble de leurs actes, et il n'est pas nécessaire que la participation de chacun constitue isolément une manœuvre frauduleuse (▪ Cass. crim., 3 nov. 1978 : *Bull. crim.*, n° 299).

– Ainsi est, notamment, déclaré coupable d'escroqueries un dirigeant social qui a défini les concepts et les méthodes de la politique commerciale agressive mise en œuvre, sur ses directives, par des commerciaux encouragés par lui et motivés par un système d'intéressement ; que doit être souligné le caractère dolosif des manœuvres, imaginées et mises en œuvre par le prévenu pour abuser une clientèle ciblée, et constituées par l'annonce de crédits faussement gratuits, d'exposés pseudo-techniques ou de l'intervention successive de plusieurs vendeurs (▪ Cass. crim., 17 déc. 2002 : *JurisData*, n° 016181 ; *Dr. pénal* 2003, comm. 9, obs. J.-H. Robert).

– Constituent des manœuvres frauduleuses au sens des articles 405 ancien et 313-1 nouveau du Code pénal, le fait par des époux qui, profitant de ce qu'ils sont suivis par des médecins différents et dépendent d'organismes de protection sociale distincts, se font verser chacun une pension d'invalidité de 3e catégorie, avec assistance d'une tierce personne, pour des troubles psychiques simulés, chacun assistant l'autre à chaque visite médicale et lui servant de tierce personne (▪ Cass. crim., 5 mai 1997 : *Bull. crim.*, n° 165).

– L'intervention préalable et concertée de faux joueurs dans un jeu de « bonneteau » organisé sur la voie publique, destinée à tromper sur ses espérances de gain une victime potentielle, ainsi déterminée à verser sa mise, suffit à caractériser, indépendamment de toute tricherie avérée dans le déroulement du jeu, les manœuvres frauduleuses constitutives du délit d'escroquerie (▪ Cass. crim., 25 mars 2015, n° 14-83.766).

20) Manœuvres par intervention de choses. Elles peuvent se réaliser *par production de pièces ou documents* : ainsi un bilan volontairement falsifié ▪ Cass. crim., 16 mars 1970 : *Bull. crim.*, n° 107. ▪ 18 janv. 1988 : *Rev. soc.* 1988, 576, note Bouloc. ▪ 9 août 1989 : *Rev. soc.* 1990, 63, note Bouloc. – factures inexactes ou fictives ▪ Cass. crim., 22 mars 1946 : *S.* 1946, 1, 90. ▪ Cass. crim., 9 nov. 1977 : *Bull. crim.*, n° 344 ; *D.* 1978, inf. rap. 71, obs. Roujou de Boubée ; *Rev. sc. crim.* 1978, 359, obs. Bouzat. ▪ Cass. crim., 24 avr. 1984 : *Bull. crim.*, n° 142. ▪ 12 sept. 2006 : *Dr. pénal* 2006, comm. 157. – bulletins de salaire fictifs ▪ Cass. crim., 4 déc. 1947 : *D.* 1948, 73.

21) Constitue une escroquerie le fait par un commerçant, à qui une banque a remis un terminal de paiement électronique pour recevoir les règlements de ses clients, d'utiliser cet appareil pour effectuer des achats fictifs avec sa carte bancaire personnelle à débit différé et d'obtenir ainsi des remises de fonds indus de la part de cet établissement bancaire (▪ Cass. crim., 13 sept. 2006 : *Bull. crim.*, n° 221 ; *Dr. pénal* 2006, comm. 158, obs. M. Véron ; *JCP* 2007, II, 10033, note J. Lassère-Capdeville ; *RTD civ.* 2007, p. 350, note J. Mestre et B. Fages).

22) Escroquerie au jugement. Documents mensongers présentés dans le cadre d'un procès (▪ Cass. crim., 22 mars 1973 : *D.* 1973, 379, note E. Robert ; et ayant notamment servi à l'avocat du prévenu pour établir ses conclusions et préparer son dossier ▪ Cass. crim., 18 mai 1988, inédit ou encore présentation au juge des ordres d'un jugement confirmé par un arrêt que le prévenu savait cassé par la Cour de cassation ▪ Cass. crim., 4 mars 1991 : *JCP* 91, IV, 227. – *Adde*, Bouzat, obs. sur l'escroquerie au jugement : *Rev. sc. crim.* 1981, 394. – action en justice exercée de mauvaise foi, étayée par la production de documents mensongers dans le but de surprendre la religion des juges ■ Cass. crim., 24 sept. 1996 : *Dr. pénal* 1997, comm. 2, obs. M. Véron ; *Rev. sc. crim.* 1997, p. 644, note Ottenhof. – de même, le fait pour une partie de présenter sciemment en justice un document mensonger destiné à tromper la religion du juge et susceptible, si la machination n'est pas déjouée, de faire rendre une décision de nature à préjudicier aux intérêts de l'adversaire ■ Cass. crim., 26 mars 1998 : *Bull. crim.*, n° 117. – production de documents inexacts pour étayer de fausses déclarations faites à une compagnie d'assurances ■ Cass. crim., 13 mars 1989 : *Bull. crim.*, n° 120 ; 22 févr. 1996 : *Bull. crim.*, n° 89 ; 3 oct. 1996 : *D.* 1998, 68, note B. de Lamy). Production en connaissance de cause d'un certificat médical inexact pour obtenir du juge une décision injustifiée : (■ Cass. crim., 2 avr. 2014, n° 13-80.563 : *Dr. pén.* 2014, comm. 102, obs. M. Véron). Substitution d'étiquettes sur des volailles destinées à dissimuler à un expert judiciaire et au tribunal le fait qu'elles étaient contaminées par la salmonelle (■ Cass. crim., 6 sept. 2000 : *JurisData* n° 006055 ; *Dr. pénal* 2001, comm. 30, obs. M. Véron).

Doit être cassé l'arrêt qui ne recherche pas si la production en justice d'une facture mensongère par le prévenu ne tente pas de tromper la religion du juge (■ Cass. crim., 3 juin 2004 : *Dr. pénal* 2004, comm. 155, obs. M. Véron).

Caractérise la complicité d'escroquerie au jugement le fait de participer en connaissance de cause à une offre de reprise d'activité d'une entreprise présentée au tribunal de commerce par une personne faisant usage d'une fausse qualité professionnelle, ou encore de soutenir une telle offre mensongère (■ Cass. crim., 11 janv. 2006 : *Dr. pénal* 2006, comm. 48, obs. M. Véron).

23) Par des mises en scène ou des machinations. Ainsi l'organisation de sociétés fictives en vue de permettre des remboursements indus de taxes à la valeur ajoutée et l'établissement d'un circuit fictif de marchandises ■ Cass. crim., 17 oct. 1967 : *Bull. crim.*, n° 252. – création d'une entreprise de façade permettant au prévenu d'acheter à terme et de revendre au comptant, souvent à perte, sans payer les fournisseurs, système appelé « carambouille » ■ Cass. crim., 28 janv. 1958 : *Bull. crim.*, n° 92. ■ Cass. crim., 2 févr. 1972 : *Bull. crim.*, n° 41. – la présentation à l'escompte d'une traite fictive grâce à un concert frauduleux ■ Cass. crim., 9 mai 1979 : *Bull. crim.*, n° 168. – une augmentation fictive de capital pour tromper un organisme de crédit ■ Cass. crim., 5 janv. 1973 : *JCP* 74, II, 17674, note Bouloc.

24) L'ouverture d'un compte bancaire dans le seul but de se faire délivrer un chéquier destiné à créer l'apparence d'une solvabilité et l'utilisation des chèques ainsi obtenus pour se voir remettre des marchandises avec le dessein formé dès l'origine de ne pas en payer le prix forment un stratagème caractérisant les manœuvres frauduleuses constitutives de l'escroquerie (■ Cass. crim., 1er juin 2011, n° 10-83.568 : *Bull. crim.*, n° 117 ; *D.* 2011, act. p. 1621, note Blombled, et p. 2008, note J. Lasserre-Capdeville ; *Dr. pén.* 2011, comm. 117, obs. M. Véron).

25) Escroquerie à la TVA. Constituent une mise en scène caractérisant les manœuvres frauduleuses visées par l'article 313-1 du Code pénal des demandes de paiement de crédits inclus de TVA justifiées par des déclarations mensuelles de chiffre d'affaires indiquant un montant fictif de taxe déductible sous le couvert d'une comptabilité inexacte, dissimulant le montant de la taxe effectivement décaissée ; encourt dès lors la censure l'arrêt d'une cour d'appel qui, pour relaxer le prévenu poursuivi du chef d'escroquerie pour avoir sollicité le remboursement de crédits fictifs de TVA, retient que les seules manœuvres frauduleuses qui lui sont imputées s'analysent en des mensonges écrits non susceptibles de caractériser l'élément matériel du délit (■ Cass. crim., 14 nov. 2007 : *Bull. crim.*, n° 280 ; *Dr. pénal* 2008, comm. 33, obs. M. Véron ; *Rév. sc. crim.* 2008, p. 613, obs. H. Matsopoulou).

Constitue une escroquerie à la taxe sur la valeur ajoutée (TVA) l'organisation, entre pays de l'Union européenne, d'un circuit triangulaire consistant à émettre des factures mentionnant faussement que la TVA sur des véhicules d'occasion acquis hors taxe auprès de professionnels étrangers a été acquittée, afin d'obtenir indûment le régime de la taxation sur la marge et de déterminer l'administration fiscale à délivrer aux acquéreurs de ces véhicules des quitus valant décharge.

Encourt dès lors la censure l'arrêt qui, pour dire non constitué le délit d'escroquerie, énonce que ce quitus fiscal n'emporte pas décharge de la TVA normalement due, alors que, prévu par l'article 298 *sexies*, V *bis*, du Code général des impôts, il n'est délivré que sur présentation d'une caution ou d'une garantie suffisante ou lorsque la taxe a été effectivement acquittée, et vaut ainsi acte opérant décharge, peu important la possibilité pour l'administration de revoir ultérieurement la situation (■ Cass. crim., 3 déc. 2014, n° 13-82.099 : *Dr. pén.* 2015, comm. 17, obs. M. Véron).

26) Constituent les manœuvres frauduleuses caractérisant le délit d'escroquerie des demandes de paiement de crédits indus de taxe sur la valeur ajoutée justifiées par des déclarations mensuelles de chiffre d'affaires indiquant un montant fictif de taxe déductible sous le couvert d'une comptabilité inexacte, établie sur le fondement d'écritures fictives et de fausses factures.

Encourt dès lors la censure l'arrêt d'une cour d'appel qui relaxe des prévenus, poursuivis du chef d'escroquerie pour avoir trompé l'État français pour le déterminer à effectuer des remboursements de crédits fictifs de taxe sur la valeur ajoutée, en retenant que lesdits remboursements ont été réalisés sur la seule présentation des déclarations mensuelles du chiffre d'affaires taxable et des demandes de remboursement trimestrielles dont les mentions inexactes ne constituent que des mensonges, exclusifs de manœuvres frauduleuses, et que la passation d'écritures fictives en « opérations diverses » et l'émission de fausses factures sont postérieures aux paiements des sommes indues et n'ont pu déterminer leur remise, n'ayant eu d'autre « utilité » que la dissimulation du caractère mensonger des déclarations et demandes précitées (■ Cass. crim., 6 avr. 2011, n° 10-85.209 : *Bull. crim.*, n° 71 ; *D.* 2011, act., p. 1141).

– Concernant une fraude à la TVA de type « carrousel », V. ■ Cass. crim., 15 juin 2016, n° 14-87.715.

27) Escroquerie à l'assurance. La simulation d'un cambriolage pour obtenir une indemnité d'assurance ■ Cass. crim., 19 juin 1931 : *DH*1931, 398. – production à l'assureur d'un état infidèle d'objets mobiliers détruits, assorti d'une plainte à la gendarmerie spécifiant faussement la disparition de meubles, avec leur évaluation ■ Cass. crim., 28 nov. 1978 : *Gaz. Pal.* 1979, II, somm. 354. – simulation d'un accident pour obtenir une indemnisation ■ Cass. crim., 7 janv. 1980 : *Bull. crim.*, n° 8 ; *D.* 1980, inf. rap. 251. – la fausse déclaration de vol de voiture, volontairement immergée, aux services de police et l'obtention par ce moyen du remboursement de sa valeur par l'assureur ■ Cass. crim., 11 oct. 1989 : *Bull. crim.*, n° 352 ; *JCP* 90, IV, 33, ou le fait de déclarer comme accidentel un incendie volontairement provoqué ■ Cass. crim., 1er juin 1994 : *Dr. pénal* 1994, comm. 234, obs. M. Véron ; *Gaz. Pal.* 1994, n° 76, p. 7, note Ph. de la Simone.

– A été cassé l'arrêt d'une cour d'appel ayant relaxé le prévenu, alors que la production de certificats médicaux, destinés à donner force et crédit à des déclarations mensongères d'arrêt de travail, est susceptible de constituer des manœuvres frauduleuses ayant pu déterminer la société d'assurance à verser au prévenu des indemnités indues (■ Cass. crim., 20 juin 2005 : *Dr. pénal* 2005, comm. 147, obs. M. Véron).

28) Escroquerie à la Sécurité sociale. La remise à une caisse de Sécurité sociale de feuilles de maladie faisant état de soins fictifs, accompagnée de faits extérieurs pour leur donner force et crédit (■ Cass. crim., 4 févr. 1981 : *Bull. crim.*, n° 47). – le fait, pour le directeur d'une maison de soins, d'établir les factures de frais de séjours indus, mentionnant la présence de malades absents de l'établissement, et d'obtenir par ce moyen, d'une caisse primaire d'assurance maladie, le versement d'indemnités journalières, après avoir détruit les titres de sortie en vue d'empêcher tout contrôle (■ Cass. crim., 21 mars 1996 : *Bull. crim.*, n° 129), le fait, pour un infirmier, d'établir des feuilles de soins faisant état de prestations fictives dont la teneur est authentifiée et corroborée par la signature des patients (■ Cass. crim., 20 mai 2009 : *JurisData* n° 2009-049050 ; *Dr. pénal* 2009, comm. 124, obs. M. Véron), ou le fait pour un médecin de mentionner des actes fictifs sur des feuilles de soins suivis d'une demande de remboursement par l'assuré (■ Cass. crim., 4 nov. 2009 : *Dr. pénal* 2010, note 25, obs. M. Véron).

29) Les manœuvres frauduleuses constitutives de l'escroquerie sont caractérisées par le procédé consistant, pour un masseur kinésithérapeute, à faire intervenir, pour des actes totalement ou partiellement inexistants, les patients supposés en avoir bénéficié, dont il a imité la signature sur les feuilles de soins qu'il a adressées à la caisse primaire d'assurance maladie (■ Cass. crim., 19 mars 2014 : *Bull. crim.*, n° 89 ; *Dr. pén.* 2014, comm. 71, obs. M. Véron).

30) Autres procédés et trucages. La remise au service informatique d'une banque d'une bande magnétique confectionnée sous la dénomination d'emprunt d'une société industrielle et dont les données apocryphes tendaient à des virements bancaires d'un montant supérieur à 21 millions de francs ■ TGI Paris, 13 janv. 1982 : *D.* 1982, inf. rap. 501, obs. Vasseur. – la présentation d'un billet de 500 F dont on demande la monnaie et auquel on substitue un billet de moindre valeur ■ Cass. crim., 26 juill. 1957 : *D.* 1957, 677. – le fait d'apposer sur une marchandise mise en vente dans un commerce à libre-service une étiquette portant un prix minoré par rapport à celui originairement porté ■ Cass. crim., 9 mars 1983 : *Bull. crim.*, n° 76 ; *D.* 1984, 209, note Devèze. – le truquage d'un compteur électrique ou d'un taximètre ■ Cass. crim., 20 déc. 1928 : *S.* 1929, 1, 196. – l'usage d'une rondelle sans valeur pour enclencher le compteur d'un parcmètre ■ Cass. crim., 10 déc. 1970 : *D.* 1972, 155, note Roujou de Boubée ; *JCP* 72, II, 17277, note Gassin. – le fait d'installer et d'utiliser sur une ligne téléphonique un appareillage dont l'usage permettait d'éviter, lorsque le titulaire de la ligne était appelé de l'extérieur par un de ses correspondants, que les taxes de communication dues soient imputées à ces correspondants ■ Cass. crim., 4 mai 1987 : *Bull. crim.*, n° 175. – la présentation à l'escompte d'une traite fictive grâce à un concert frauduleux ■ Cass. crim., 9 mai 1979 : *Bull. crim.*, n° 168. – le fait de trafiquer le monnayeur d'une cabine téléphonique et d'obtenir ainsi des communications gratuites avec l'étranger ■ Angers, 18 déc. 1986 : *JurisData* n° 045961. – le fait d'utiliser un coupon de carte orange après en avoir surchargé le numéro, pour faire croire en l'existence d'un crédit imaginaire ■ Paris, 9 mars 1987 : *JurisData* n° 022380. – le fait d'obtenir la fourniture de carburant à l'aide de cartes accréditives périmées : ■ T. corr. Bayonne, 6 nov. 1986 : *JurisData* n° 041839. – la facturation de sommes incluses par un procédé informatique ■ Cass. crim., 13 nov. 1989 : *Dr. pénal* 1990, n° 91. – le fait de la part des gérants d'une société prestataire de services télématiques d'utiliser une ligne interne à l'administration des Télécommunications non taxée à l'arrivée et leur permettant d'interroger gratuitement leur propre centre serveur ■ Cass. crim., 13 déc. 1990 : *Bull. crim.*, n° 435.

– L'utilisation frauduleuse d'un code d'accès bancaire ayant permis à l'auteur de l'escroquerie d'obtenir de la banque la remise de sommes indûment prélevées sur le compte d'un tiers (■ Cass. crim., 14 nov. 2007 : *Bull. crim.*, n° 277).

31) Fausses créances « loi Dailly ». Le fait de produire, en vue de mobiliser des créances sous forme de cession de créances professionnelles instituée par la loi dite « loi Dailly », d'un bordereau, document valant titre, faisant état de créances inexistantes ou sorties du patrimoine du cédant (■ Cass. crim., 22 févr. 1993 : *Bull. crim.*, n° 83). – le fait de produire des factures fictives à l'appui des bordereaux de cession de créances prévus par « la loi Dailly » pour obtenir, par leur escompte, une ouverture de crédit (■ Cass. crim., 6 avr. 1994 : *Bull. crim.*, n° 134).

32) Escroquerie à la divination et magie. V. *supra*, note 11, *in fine*. – *Adde* ■ Cass. crim., 28 avr. 1964 : *Bull. crim.*, n° 130. ■ Cass. crim., 17 févr. 1970 : *Bull. crim.*, n° 67. Sur le problème, V. Larguier, *Le juge et l'astrologue* : *JCP* 63, I, 1744 ; Vitu : *Rev. sc. crim.* 1967, 860 et 1968, 331.

33) Cumul de manœuvres. Constitue une escroquerie, *caractérisée par l'intervention de tiers et la production de faux documents*, le fait, pour le dirigeant d'une entreprise de travail temporaire, de se faire rembourser des heures de formation au titre de contrats de qualification, en produisant des attestations de présence signées en blanc par les stagiaires, alors que, contrairement aux clauses des contrats, aucune formation n'a été assurée en dehors de l'entreprise par l'organisme qui est censé l'avoir fournie (■ Cass. crim., 21 nov. 1996 : *Bull. crim.*, n° 421).

– Caractérise également une telle escroquerie le fait d'utiliser une procuration, devenue caduque en raison du décès de la personne qui l'avait consentie, pour continuer à percevoir une retraite versée par la Mutualité sociale agricole au défunt, sur un compte ouvert au nom de celui-ci à la Caisse d'Épargne, tiers de bonne foi (■ Cass. crim., 20 mars 1997 : *JurisData* n° 001915 ; *Dr. pénal* 1997, comm. 108, obs. M. Véron).

– V. ■ Cass. crim., 16 oct. 2013, n° 12-81.532, pour des manœuvres frauduleuses en bande organisée : note sous art. 313-2, p. 424.

II – REMISE D'UNE CHOSE

A – La chose, objet de la remise

34) Immeubles. L'escroquerie peut porter sur un immeuble, lequel constitue un bien au sens de l'article 313-1 du Code pénal (■ Cass. crim., 28 sept. 2016, n° 15-84.485 : *Dr. pén.* 2016, comm. 168, note P. Conte ; *JCP* 2016, 1389, note V. Malabat ; *D.* 2016, 2382, note S. Detraz).

35) Choses mobilières. Parmi les meubles susceptibles d'être l'objet d'une remise en matière d'escroquerie, la loi vise, outre les fonds et valeurs, les obligations, dispositions, promesses, quittances ou décharges, c'est-à-dire des actes qui forment un lien de droit avec le prévenu et peuvent préjudicier à la fortune d'autrui (■ Cass. crim., 1er avr. 1963 : *Bull. crim.*, n° 140) ; il s'agit notamment d'un contrat de prêt (■ Cass. crim., 25 oct. 1967 : *Bull. crim.*, n° 269), d'une promesse d'achat ou de vente (■ Cass. crim., 11 nov. 1897 : *D.* 98, 1, 255), d'une quittance (■ Cass. crim., 7 mai 1892 : *Bull. crim.*, n° 132. ■ 24 avr. 1984 : *Bull. crim.*, n° 142), d'un titre d'allocation de vieillesse (■ T. corr. Avranches, 22 juill. 1952 : *Gaz. Pal.* 1952, 2, 350 ; *Rev. sc. crim.* 1953, 101, obs. Bouzat), d'un blanc-seing (■ Cass. crim., 19 févr. 1887 : *Bull. crim.*, n° 67), de la reconnaissance d'un droit à l'occupation d'une villa (■ Cass. crim., 26 févr. 1990 : *Bull. crim.*, n° 94).

36) Fourniture de services. L'escroquerie peut non seulement porter sur la quittance du prix d'un service, quittance résultant de certains procédés nouveaux, ainsi le déplacement d'une aiguille sur un parcmètre (■ Cass. crim., 10 déc. 1970, préc. *supra*, n° 13) ou l'obtention de la communication demandée dans un taxiphone (■ Aix-en-Provence, 13 sept. 1972 : *JCP* 72, II, 17240, note A. C.) ou l'obtention d'une quittance téléphonique minorée (■ Cass. crim., 4 mai 1987 : *Bull. crim.*, n° 175), mais sur le service lui-même, ce qu'excluait l'article 405. Sur le problème des cartes de paiement magnétique, V. *supra*, art. 311-1 (anc. art. 379, n° 2).

37) Décision de justice. Un jugement peut être considéré comme une chose entrant dans les prévisions de la loi et notamment a ainsi été condamné un plaideur ayant présenté au juge des documents sans valeur en vue d'obtenir l'autorisation de prendre un nantissement sur le fonds de commerce de son prétendu débiteur et de saisir sa voiture, puis, ces autorisations obtenues, de procéder à ces mesures (■ Cass. crim., 12 mai 1970 : *Bull. crim.*, n° 160) ; V. Rassat, *L'escroquerie, le juge et les plaideurs : JCP* 65, I, 1951 ; V. également ■ Cass. crim., 19 oct. 1993 : *Dr. pénal* 1994, n° 36, obs. Véron ; mais il ne saurait y avoir escroquerie au jugement dans la production en justice de lettres ambiguës émanant de l'adversaire et dont le juge a pour mission de déterminer la portée exacte ou la valeur probante (■ Cass. crim., 30 mars 1960 : *Bull. crim.*, n° 181).

38) L'objet de la remise doit nécessairement appartenir à autrui et n'est donc pas coupable d'escroquerie le débiteur qui, par ses manœuvres, s'est fait remettre des sommes saisies arrêtées, après le jugement de validité, mais avant que le jugement soit devenu définitif (■ Cass. crim., 5 nov. 1897 : *Bull. crim.*, n° 345).

39) Il importe peu que l'objet de la remise soit une chose dont la possession est délictueuse, ainsi est coupable d'escroquerie celui qui vend, à la suite de manœuvres frauduleuses, de fausses pièces d'or à une époque où toutes opérations sur l'or étaient interdites (■ Cass. crim., 3 juill. 1947 : *JCP* 48, II, 4474, note Carbonnier).

B – La remise de la chose

40) Conditions de la remise. L'article 405 n'exige comme condition de son application, ni que la remise des choses qu'il énumère ait été faite entre les mains de l'auteur du délit ou entre celles de ses complices, ni que les valeurs escroquées aient tourné au profit de ces mêmes agents (■ Cass. crim., 23 nov. 1976 : *Bull. crim.*, n° 335. ■ Cass. crim., 4 mai 1987 : *Bull. crim.*, n° 175) ; peu importe que la remise soit faite par une personne autre que la victime (■ Cass. crim., 6 janv. 1962 : *Bull. crim.*, n° 11). Encourt la censure l'arrêt qui, après avoir constaté que le prévenu, poursuivi du chef d'escroquerie, avait recouru à un prête-nom pour obtenir un prêt au bénéfice d'un tiers, sur la base d'un dossier contenant des documents falsifiés, le relaxe au motif que les fonds ne lui ont pas été remis (■ Cass. crim., 4 mai 2016, n° 15-81.244 : *JCP* 2016, 717, note J. Lasserre Capdeville).

41) La remise doit être la conséquence des manœuvres frauduleuses (■ Cass. crim., 23 avr. 1932 : *Gaz. Pal.* 1932, 2, 194) ; ne commet donc pas une escroquerie mais un vol ou un abus de confiance selon les cas le gérant d'une société qui opère des prélèvements sur la caisse sociale et qui accomplit des manœuvres frauduleuses pour que son acte soit ignoré (■ Cass. crim., 20 juin 1913 : *Bull. crim.*, n° 305). Les juges ne peuvent considérer que l'abus d'une qualité vraie et l'emploi de manœuvres frauduleuses constituent le délit d'escroquerie sans constater ou sans qu'il puisse se déduire de leurs constatations que cet abus et ces manœuvres ont été déterminants de la remise des fonds (■ Cass. crim., 8 nov. 1988 : *Bull. crim.*, n° 381). V. *supra*, n° 2.

42) Forme de la remise. En principe, la remise doit s'entendre comme un acte matériel, la tradition de l'un des objets visés par la loi (■ Cass. crim., 16 juill. 1903 : *D.* 1904, 1, 447) ; mais elle peut consister en une abstention lorsque l'agent a agi afin qu'on ne lui réclame pas ce qu'il doit réellement (V. *supra*, n° 20). Le délit d'escroquerie n'exige pas que les fonds aient été remis directement par la victime entre les mains de l'escroc (■ Cass. crim., 26 oct. 1995 : *Bull. crim.*, n° 326). La remise peut aussi résulter d'un paiement scriptural (■ Cass. crim., 25 janv. 1967 : *D.* 1967, 400 ; *Gaz. Pal.* 1967, 1, 229, note Cosson).

III – PRÉJUDICE

43) Consistance. Le délit d'escroquerie existe indépendamment de tout préjudice éprouvé par les victimes, dès lors que la remise a été extorquée par des moyens frauduleux (■ Cass. crim., 19 déc. 1979 : *Bull. crim.*, n° 369. ■ Cass. crim., 16 avr. 1980 : *Bull. crim.*, n° 107. ■ Cass. crim., 20 juin 1983 : *Bull. crim.*, n° 189. ■ Cass. crim., 15 juin 1992 : *Bull. crim.*, n° 234) ; doit être ainsi condamné le ramoneur qui se prétend habilité par le propriétaire même s'il effectue un véritable ramonage (■ Paris, 5 mai 1954 : *Gaz. Pal.* 1954, 2, 96) ou l'individu qui achète à la Croix-Rouge quinze colis destinés à des prisonniers de guerre alors qu'il n'y en avait que treize, et qui garde pour lui les deux colis supplémentaires (■ Cass. crim., 29 déc. 1949 : *JCP* 50, II, 5582, note A. C.).

44) Mais jugé (■ Cass. crim., 3 avr. 1991 : *Bull. crim.*, n° 155 ; *D.* 1992, p. 400, note Mascala, rejetant le pourvoi contre ■ Douai, 14 déc. 1989 : *D.* 1991, somm., 62, obs. Azibert), que pour caractériser l'escroquerie, il est nécessaire de constater l'existence d'un préjudice ; qu'en l'espèce, dès lors qu'un automobiliste, victime sur la route du bris accidentel du pare-brise de son véhicule, a déclaré ce sinistre à son assureur et a demandé à titre d'indemnité la contre-valeur d'un pare-brise neuf, qu'à l'appui de cette demande il a présenté la facture d'un pare-brise neuf acheté par lui auprès d'un garagiste chargé de la réparation et qu'en réalité, pour cette valeur l'intéressé avait obtenu du garagiste la pose d'un pare-brise d'occasion et le débosselage d'une aile de son véhicule, la cour d'appel qui, pour relaxer les deux prévenus des fins de la poursuite et débouter la partie civile de ses demandes, relève que l'automobiliste, en application de son contrat d'assurance, avait droit au remboursement de la valeur d'un pare-brise neuf, que l'assureur est tenu à une réparation en argent et ne saurait exercer son droit de contrôle sur l'utilisation des sommes versées par lui, et qu'enfin, en l'absence de tout préjudice, l'un des éléments du délit d'escroquerie fait défaut, justifie sa décision.

45) Mais subit un préjudice personnel et direct rendant recevable son action civile le conjoint d'une personne victime d'une escroquerie portant sur des fonds provenant de la communauté de biens des époux (■ Cass. crim., 9 juill. 1996 : *Bull. crim.*, n° 287 ; *Dr. pénal* 1997, comm. 32, obs. M. Véron).

46) L'utilisation frauduleuse d'un code d'accès bancaire ayant permis à l'auteur de l'escroquerie d'obtenir de la banque la remise de sommes indûment prélevées sur le compte d'un tiers porte directement préjudice à l'établissement bancaire, dépossédé des fonds qu'il détient et qu'il est tenu de représenter à son client (■ Cass. crim., 14 nov. 2007 : *Bull. crim.*, n° 277 ; *JCP* 2008, II, 10043, note J. Lasserre-Capdeville).

47) Il n'est pas nécessaire que le coupable ait cherché à réaliser un bénéfice (■ Cass. crim., 25 oct. 1934 : *Bull. crim.*, n° 168) ni que les biens obtenus aient tourné à son profit (■ Cass. crim., 29 déc. 1949, préc.).

48) Dès lors qu'il n'est pas porté atteinte à la fortune d'autrui, le fait de se faire remettre par l'Administration un titre de séjour en employant des manœuvres frauduleuses, ne caractérise pas le délit d'escroquerie (■ Cass. crim., 26 oct. 1994 : *Bull. crim.*, n° 341).

49) Le préjudice, élément constitutif du délit d'escroquerie, n'est pas nécessairement pécuniaire et est établi lorsque l'acte opérant obligation n'a pas été librement consenti par la victime mais a été obtenu par des moyens frauduleux (■ Cass. crim., 28 janv. 2015, n° 13-86.772 : *D.* 2015, p. 845, note L. Saenko ; *Dr. pén.* 2015, comm. 64, obs. M. Véron).

IV – INTENTION FRAUDULEUSE

50) Appréciation. L'appréciation de l'élément intentionnel en matière d'escroquerie entre exclusivement dans les attributions des juges du fond, et leur déclaration de ce chef ne saurait encourir la censure de la Cour de cassation que si elle est en opposition avec les constatations de l'arrêt attaqué (■ Cass. crim., 4 févr. 1980, inédit).

51) Se rend coupable d'escroquerie le gérant d'une société exploitant un camping-caravaning qui, obligé de quitter les lieux et sachant que l'autorisation préfectorale d'aménager un autre terrain ne lui serait pas accordée, procède à des cessions de parts sociales donnant à leurs titulaires le droit d'occuper temporairement des parcelles de ce terrain (■ Cass. crim., 23 oct. 1978 : *Bull. crim.*, n° 283 ; *Rev. sc. crim.* 1979, 342, obs. Bouzat).

52) Indifférence des mobiles. Peu importent la légitimité du but poursuivi par l'agent ou la participation de la victime à un acte illicite qui a donné l'occasion de commettre l'escroquerie (■ Cass. crim., 15 déc. 1943 : *D.* 1945, 131, note Donnedieu de Vabres) ; commettent ainsi le délit, le créancier qui par des manœuvres frauduleuses obtient le paiement (■ Cass. crim., 2 août 1866 : *D.* 66, 1, 456), celui qui, se croyant volé, obtient par des moyens frauduleux restitution (■ Cass. crim., 10 janv. 1947 : *Gaz. Pal.* 1947, 1, 137).

53) Bonne foi. Il n'y a pas escroquerie si l'auteur croit, de bonne foi, avoir le droit de porter le nom ou de se prévaloir de la qualité (■ Cass. crim., 20 janv. 1855 : *D.* 55, 1, 87) ou encore lorsqu'un individu a remis des faux billets à un bureau de poste pour qu'on crédite son livret de caisse d'épargne, sa bonne foi ayant été admise puisqu'il n'avait pas pris la peine de dissimuler son identité et s'était adressé au bureau de poste le plus proche de son domicile où il était connu (■ T. corr. Seine, 29 mai 1946 : *Gaz. Pal.* 1946, 2, 10).

54) Fait justificatif. N'encourt pas la censure l'arrêt qui confirme une ordonnance de non-lieu rendue dans une information suivie du chef d'escroquerie à l'encontre d'une journaliste qui avait utilisé le procédé de l'infiltration pour pénétrer un mouvement politique et recueillir des informations dont elle avait tiré un livre, dès lors qu'il se déduit de ses énonciations que les agissements dénoncés se sont inscrits dans le cadre d'une enquête sérieuse, destinée à nourrir un débat d'intérêt général sur le fonctionnement d'un mouvement politique, de sorte que, eu égard au rôle des journalistes dans une société démocratique et compte tenu de la nature des agissements en cause, leur incrimination constituerait, en l'espèce, une ingérence disproportionnée dans l'exercice de la liberté d'expression (■ Cass. crim., 26 oct. 2016, n° 15-83.774 : *JCP* 2016, 1314, note G. Beaussonie et B. de Lamy ; *Dr. pén.* 2017, comm. 2, note P. Conte).

V – RÉPRESSION

55) Tentative. Les manœuvres frauduleuses ne sont que des actes préparatoires tant que l'agent n'a pas essayé, par des agissements positifs, de se faire remettre l'objet convoité ; ainsi il a été jugé qu'il n'y avait pas tentative d'escroquerie dans l'incendie volontaire d'un camion assuré, dès lors que le propriétaire n'avait entrepris aucune démarche auprès de son assureur pour obtenir un remboursement (■ Cass. crim., 27 mai 1959 : *Bull. crim.*, n° 282 ; *Rev. sc. crim.* 1959, 842, obs. Légal. ■ 22 mai 1984 : *Bull. crim.*, n° 187 ; *D.* 1984, 602, note Robert ; *Rev. sc. crim.* 1985, 63, obs. Vitu).

56) Il avait été jugé que la destruction volontaire du véhicule accompagnée d'une plainte pour vol réalise une tentative d'escroquerie (■ Cass. crim., 19 avr. 1989 : *Dr. pénal* 1989, n° 12). Mais, par un arrêt du 17 décembre 2008, pourvoi n° P 08-82.085 : *Bull. crim.*, n° 259, la chambre criminelle a jugé que la destruction volontaire d'un bien et la plainte pour vol de ce dernier ne constituent que des actes préparatoires qui ne sauraient, en l'absence de déclaration de sinistre à la compagnie d'assurance, constituer un commencement d'exécution justifiant une condamnation pour tentative d'escroquerie (V. *Dr. pénal* 2009, comm. 35, obs. M. Véron ; *AJP* 2009, p. 130, note J. Lasserre-Capdeville ; *D.* 2009, p. 1796, note A. Prothais).

57) La déclaration d'un sinistre à une compagnie d'assurances, accompagnée d'un certificat de dépôt de plainte pour vol, destiné à donner force et crédit à la réalité de ce vol, caractérise le commencement d'exécution d'une tentative d'escroquerie (■ Cass. crim., 6 avr. 1994 : *Bull. crim.*, n° 135). ■ 22 févr. 1996 : *Bull. crim.*, n° 96 ; *Rev. sc. crim.* 1996, p. 846, obs. Bouloc. ■ 8 sept. 2004 : *Dr. pénal* 2005, note 13). Jugé encore que la déclaration à une compagnie d'assurances d'un sinistre survenu lors d'un transport de mobilier, accompagnée d'une demande d'évaluation par expert du bien assuré, constitue une demande d'indemnisation et caractérise, dès lors qu'elle est assortie de la production d'une fausse lettre de voiture, le commencement d'exécution d'une tentative d'escroquerie (■ Cass. crim., 10 mai 1990 : *Bull. crim.*, n° 182).

58) A caractérisé tous les éléments de la tentative d'escroquerie l'arrêt des constatations duquel il résulte que les prévenus ont organisé de concert une mise en scène destinée à persuader faussement l'existence d'un vol avec effraction, qu'une déclaration de sinistre mensongère a été adressée à la compagnie d'assurances et que cette manœuvre n'a manqué son effet que parce que les services de police ont déjoué la machination ; le fait que les clauses du contrat d'assurance auraient pu faire obstacle en l'espèce à l'escroquerie projetée n'eût été, à le supposer démontré, qu'une des circonstances indépendantes de la volonté des prévenus et par lesquelles la tentative a manqué son effet (■ Cass. crim., 7 janv. 1980 : *Bull. crim.*, n° 8 ; *D.* 1980, inf. rap. 521, obs. Puech ; *Rev. sc. crim.* 1981, 365, obs. Larguier). Constitue une tentative d'escroquerie le fait pour une partie de présenter sciemment en justice un document mensonger destiné à tromper la religion du juge et susceptible, si la machination n'est pas déjouée, de faire rendre une décision de nature à préjudicier aux intérêts de l'adversaire (■ Cass. crim., 26 mars 1998 : *D.* 1998, inf. rap. p. 149).

59) Justifie sa décision la cour d'appel qui, pour déclarer le prévenu coupable du délit de tentative d'escroquerie, retient qu'il a ouvert un compte dans un établissement bancaire en remettant quatre chèques, émis par des particuliers en contrepartie d'engagements qu'il n'entendait pas honorer, ainsi qu'un chèque dont il ne pouvait ignorer qu'il fût sans provision, et qui, mettant à profit les délais d'encaissement, a tenté d'obtenir de cette banque le transfert d'une somme sur un compte qu'il venait d'ouvrir au Luxembourg où il avait formé le projet de s'établir, ladite tentative ayant échoué après que le banquier eut découvert que les quatre premiers chèques étaient frappés d'opposition tandis que le dernier était sans provision (■ Cass. ass. plén., 18 janv. 2006 : *Bull. crim.*, n° 1 ; *Dr. pénal* 2006, comm. 49, obs. M. Véron ; *JCP* 2006, II, 10075, note. J. Leblois-Happe ; *D.* 2006, jurispr., p. 1950, note D. Père).

60) Complicité. Constitue un acte de complicité de l'escroquerie commise par un joueur effectuant, par l'intermédiaire de tiers, des mises dépassant le montant autorisé, le fait d'ouvrir un compte téléphonique auprès du PMU pour aider ce joueur (■ Cass. crim., 26 mai 1983 : *Bull. crim.*, n° 156). Est complice de tentative d'escroquerie le concessionnaire d'une marque de fours qui est l'instigateur de manœuvres de boulangers faisant croire à la destruction de leurs fours par explosion et qui leur a fourni les indications techniques nécessaires à la simulation des sinistres (■ Cass. crim., 8 janv. 1990 : *Dr. pénal* 1990, n° 189). Le dirigeant d'un élevage de volailles qui fournit à un salarié des instructions pour tromper un expert judiciaire et un tribunal sur la contamination de ces animaux par la salmonelle se rend coupable d'une complicité de tentative d'escroquerie au jugement (■ Cass. crim., 6 sept. 2000 : *JurisData* n° 006055 ; *Dr. pénal* 2001, comm. 30, obs. M. Véron).

61) Justifie sa décision la cour d'appel qui, pour déclarer un expert-comptable et un commissaire aux comptes coupables de complicité d'escroqueries commises par un dirigeant de société, après avoir constaté que le premier a attesté la conformité et la sincérité de comptes dont le caractère fictif ne pouvait lui échapper, et que le second a certifié ces comptes en toute connaissance de cause durant plusieurs exercices, énonce qu'ils ont sciemment fourni à l'auteur principal les moyens lui permettant de réitérer l'escroquerie commise en matière de TVA (arrêt n° 1) et de commettre les escroqueries relatives à l'obtention d'ouvertures de crédits (■ Cass. crim., 31 janv. 2007 : *Bull. crim.*, n° 25, deux arrêts ; *Dr. pénal* 2007, comm. 56, obs. M. Véron ; *D.* 2007, p. 1843, note B. Bouloc).

62) Encourt la censure l'arrêt d'une cour d'appel qui relaxe un commissaire aux comptes du chef de complicité d'escroqueries à la TVA après avoir retenu que le prévenu avait connaissance des faits délictueux commis par l'auteur principal et relevé que les certifications réitérées de comptes annuels fictifs en avaient permis la continuation (■ Cass. crim., 25 févr. 2004 : *Bull. crim.*, n° 53 ; *Dr. pénal* 2004, comm. 91, obs. M. Véron).

Ne justifie pas sa décision la cour d'appel qui renvoie des fins de la poursuite, du chef de complicité d'escroqueries à la TVA, un expert-comptable qui a établi et attesté la sincérité de comptes annuels et de déclarations de chiffre d'affaires dont il ne pouvait ignorer la fictivité, sans rechercher si le prévenu n'avait pas ainsi permis la réitération de l'infraction, commise, chaque mois, au préjudice du Trésor public (même arrêt).

– Sur la complicité d'escroquerie au jugement, V. *supra*, ■ Cass. crim., 11 janv. 2006.

63) Se rend coupable de complicité d'escroquerie le notaire qui établit de fausses attestations de dépôt de chèques sur un compte bloqué par le dirigeant d'un club sportif, pour permettre à celui-ci de justifier de la situation financière saine de ce club et lui éviter une mesure de relégation (■ Cass. crim., 9 sept. 2009 : *Dr. pénal* 2009, comm. 152, obs. M. Véron).

64) Justifie sa décision la cour d'appel qui déclare les prévenues coupables, cumulativement, des délits de complicité et de recel d'une infraction principale d'escroquerie, en retenant, au titre de la complicité, les instructions données pour l'établissement de fausses feuilles de présence à des formations, permettant à l'auteur de l'escroquerie d'obtenir des fonds d'un organisme assurant le financement de formations, et, au titre du recel, le fait d'avoir bénéficié d'un soutien juridique et administratif frauduleusement financé par les fonds ainsi escroqués, dès lors que les faits reprochés ne procédaient pas de manière indissociable d'une action unique caractérisée par une seule intention coupable (■ Cass. crim., 5 janv. 2017, n° 15-86.362).

65) Complicité indirecte. Est justifiée la condamnation pour complicité d'escroquerie d'un prévenu qui, démarché par un autre complice et moyennant rétribution, encaisse sur ses compte bancaire un chèque frauduleusement obtenu par l'auteur principal, recrute d'autres personnes aux mêmes fins, puis reverse les sommes résultant des encaissement au complice initial, dès lors que l'aide ou l'assistance apportée en connaissance de cause à l'auteur de l'escroquerie, même par l'intermédiaire d'un autre complice, constitue la complicité incriminée par l'article 121-7 du Code pénal (■ Cass. crim., 15 déc. 2004 : *Bull. crim.*, n° 322 ; *JCP* 2005, II, 10050, note J.-Y. Maréchal).

66) Prescription. V. CPP, art. 8, al. 3 pour le délai de prescription de l'action publique si la victime est une personne vulnérable.

67) En matière d'escroquerie, la prescription court du jour où le délit est consommé par la remise de la chose frauduleusement obtenue (■ Cass. crim., 30 juin 1999 : *Bull. crim.* n° 170 ; *Dr. pén.* 2000, comm. 13, obs. M. Véron). Le point de départ de la prescription ne peut ni être avancé à la date des manœuvres, ni retardé à la date de la découverte par la victime (■ Cass. crim., 16 févr. 1965 : *Bull. crim.* n° 279. ■ Cass. crim., 27 mai 1991 : *Bull. crim.* n° 222).

68) L'escroquerie est une infraction instantanée dont le point de départ du délai de prescription ne saurait être retardé à la date où le bien acquis a été donné à bail, à celle où les emprunts contractés pour financer l'opération ont été remboursés ou encore à celle où les parties civiles soutiennent avoir eu connaissance du délit (■ Cass. crim., 8 sept. 2010 : *JurisData* n° 2010-017692 ; *Dr. pén.* 2010, note 144).

69) Lorsque des manœuvres frauduleuses répétées sont exécutées et se poursuivent sur une longue période, formant entre elles un tout indivisible, et provoquent des remises successives, la prescription ne commence à courir qu'à partir de la dernière remise ou délivrance (■ Cass. crim., 17 déc. 1974 : *Bull. crim.*, n° 371. ■ Paris, 9e ch. A, 13 févr. 1990 : *Gaz. Pal.* 13-15 mai 1990. ■ Cass. crim., 26 avr. 1994 : *Bull. crim.*, n° 149. ■ 20 juin 1994 : *Dr. pénal* 1994, n° 260. ■ Cass. crim., 26 sept. 1995 : *Bull. crim.*, n° 288 ; *Rev. sc. crim.* 1996, p. 658, obs. Ottenhof, pour une rente d'accident du travail servie par une caisse d'assurance-maladie continuant d'être versée après la découverte du caractère frauduleux des déclarations d'accident). *Adde.* ■ Cass. crim., 6 oct. 2004 : *Dr. pénal* 2005, note 27. V. Ch. Guery, *De l'escroquerie et de l'usage de faux envisagés sous l'angle d'un régime dérogatoire à la prescription de l'action publique* : *D.* 2012, p. 1839.

70) Mais lorsque l'escroquerie alléguée porte sur une remise de fonds unique, c'est à compter de la date de cette remise, et non de celle de la découverte du délit, que commence à courir le délai de prescription (■ Cass. crim., 2 avr. 1996 : *Dr. pénal* 1996, comm. 185, obs. M. Véron).

71) Dans le cadre d'une remise effectuée par virement à un compte courant, ce n'est qu'au jour de l'arrêté de clôture du compte que la remise est effectuée et que commence à courir la prescription (■ Cass. crim., 4 juin 1935 : *DP* 1936, 1, 55, note Hamel).

72) Faute de date certaine antérieure, caractérise la remise la présentation d'un chèque à l'encaissement (■ Cass. crim., 30 juin 1999 : *Bull. crim.*, n° 170, préc.).

73) L'escroquerie au jugement étant consommée au jour où la décision (sentence arbitrale) obtenue frauduleusement est devenue exécutoire, c'est à cette date que doit être fixé le point de départ du délai de prescription (■ Cass. crim., 30 juin 2004 : *Bull. crim.*, n° 178 ; *Dr. pénal* 2004, comm. 156, obs. M. Véron).

– L'escroquerie au jugement est consommée le jour où la décision frauduleusement obtenue est devenue définitive, sans que les procédures d'exécution de cette décision ne puissent interrompre le délai, dès lors que le point de départ du délai de prescription du délit d'escroquerie, infraction instantanée, ne peut être retardé à la date à laquelle la partie civile en a eu connaissance (■ Cass. crim., 24 sept. 2008 : *JurisData* n° 2008-045559 ; *Dr. pénal* 2008, comm. 157, obs. J.-H. Robert).

74) Compétence. En matière de compétence territoriale, il a été décidé que les tribunaux français sont compétents pour juger une escroquerie commise à l'étranger alors que l'un de ses éléments constitutifs a eu lieu en France (■ Cass. crim., 9 déc. 1933 : *S.* 1936, 1, 313, note Légal. ■ Cass. crim., 19 avr. 1983 : *Bull. crim.*, n° 108). Une tentative d'escroquerie est réputée commise en France si des actes préparatoires constituant l'une des composantes nécessaires des manœuvres frauduleuses retenues ont été perpétrés sur le territoire national (■ Cass. crim., 11 avr. 1988 : *Bull. crim.*, n° 144).

75) La juridiction correctionnelle est incompétente pour connaître d'une prévention d'escroquerie, lorsque l'un des éléments constitutifs de cette escroquerie consiste en l'usage d'un faux en écriture publique (■ Cass. crim., 7 nov. 1974 : *Bull. crim.*, n° 319).

76) Disqualification. Les juges correctionnels, qui ont le droit et le devoir de restituer aux faits leur véritable qualification, peuvent, dans la limite de leur saisine, qualifier en délits de faux et usage de faux, les faits d'escroquerie reprochés au prévenu qui a comparu, assisté de son avocat, et a été mis en mesure de s'expliquer sur cette requalification, requise à l'audience par le ministère public (■ Cass. crim., 16 oct. 2013, n° 12-87.096 : *Bull. crim.*, n° 193).

77) Peines complémentaires. La publication de la condamnation, à titre de peine complémentaire, n'est pas prévue par la loi (■ Cass. crim., 12 juin 1989 : *Bull. crim.*, n° 252).

78) Aucune peine autre que celle appliquée par la loi à la nature de l'infraction ne peut être prononcée. Par suite, la cour d'appel ne saurait infliger au prévenu, déclaré coupable d'escroquerie, la peine complémentaire de l'interdiction de séjour que n'encourt pas l'auteur de cette infraction, selon les dispositions des articles 44 et 405 du Code pénal (■ Cass. crim., 5 févr. 1990 : *JCP* 90, IV, 167).

79) Action civile. L'obtention frauduleuse d'un crédit par l'utilisation du nom d'un tiers porte directement préjudice à l'établissement bancaire, dépossédé des fonds qu'il détient et dont il ne peut réclamer le montant au client dont le nom a été usurpé (■ Cass. crim., 30 oct. 2013, n° 12-86.798 : *Dr. pén.* 2014, comm. 3, obs. M. Véron). Préc. *supra*, I, A.

80) Le fait de recourir à un prête-nom pour obtenir un prêt sur la base d'un dossier contenant des documents falsifiés est constitutif de manœuvres frauduleuses susceptibles d'établir une faute civile ouvrant droit à la réparation des préjudices des parties civiles (■ Cass. crim., 4 mai 2016, n° 15-81.244).

Art. 313-2 ***(Mod., L. n° 2004-204, 9 mars 2004 ; L. n° 2013-1203, 23 déc. 2013).*** **– Les peines sont portées à sept ans d'emprisonnement et à 750 000 € d'amende lorsque l'escroquerie est réalisée :**

1° Par une personne dépositaire de l'autorité publique ou chargée d'une mission de service public, dans l'exercice ou à l'occasion de l'exercice de ses fonctions ou de sa mission ;

2° Par une personne qui prend indûment la qualité d'une personne dépositaire de l'autorité publique ou chargée d'une mission de service public ;

3° Par une personne qui fait appel au public en vue de l'émission de titres ou en vue de la collecte de fonds à des fins d'entraide humanitaire ou sociale ;

4° Au préjudice d'une personne dont la particulière vulnérabilité, due à son âge, à une maladie, à une infirmité, à une déficience physique ou psychique ou à un état de grossesse, est apparente ou connue de son auteur ;

5° Au préjudice d'une personne publique, d'un organisme de protection sociale ou d'un organisme chargé d'une mission de service public, pour l'obtention d'une allocation, d'une prestation, d'un paiement ou d'un avantage indu.

Les peines sont portées à dix ans d'emprisonnement et à 1 000 000 € d'amende lorsque l'escroquerie est commise en bande organisée.

Pour caractériser, en tous ses éléments constitutifs, le délit d'escroquerie en bande organisée, à l'encontre de chacun des prévenus, personnes physiques et personnes morales, la cour d'appel a énoncé que les manœuvres frauduleuses ont consisté à proposer aux victimes un test de personnalité, sans aucune valeur scientifique, conçu pour donner de mauvais résultats dont la communication était suivie de propositions de cours, de ventes de services de prestations à caractère religieux et d'ouvrages censés résoudre les difficultés ainsi décelées, les victimes étaient incitées, par des pratiques commerciales particulièrement offensives, à verser des sommes importantes, sans aucune mesure avec leurs ressources réelles ; pour retenir la circonstance aggravante de bande organisée, la cour d'appel a relevé l'existence d'un dispositif destiné à obtenir des fonds de la part de personnes conditionnées par les résultats négatifs des tests de personnalité et mis en place, à des degrés divers, par plusieurs intervenants, qui se sont répartis les initiatives et les rôles auprès des victimes, prises en charge dès leur arrivée à l'association, puis orientées vers deux prévenus qui sont devenus leurs interlocuteurs privilégiés ; les juges du fond ont ainsi justifié leur décision, dès lors que, par ailleurs, l'invocation d'une appartenance religieuse et la liberté de manifester ses convictions par des enseignements ou des pratiques ne sauraient légitimer la commission d'infractions pénales (■ Cass. crim., 16 oct. 2013, n° 12-81.532 : *D.* 2013, p. 2399 ; *AJP* 2013, p. 665, note J. Lasserre-Capdeville).

Art. 313-3. – La tentative des infractions prévues par la présente section est punie des mêmes peines.

Les dispositions de l'article 311-12 sont applicables au délit d'escroquerie.

Voir : *supra*, note sous art. 313-1.

Il a été jugé que l'immunité familiale, applicable au délit d'escroquerie, ne saurait être étendue au délit de falsification de chèque et usage, la loi pénale étant d'interprétation stricte (■ Paris, 10 janv. 2002 ; *Dr. pénal* 2002, comm. 81, obs. M. Véron ; (V. art. C. pén., 111-4).

Section II. – Des infractions voisines de l'escroquerie

Art. 313-4 ***(Abr., L. n° 2001-504, 12 juin 2001).***

Voir : désormais art. 223-15-2, p. 289.

Art. 313-5. – La filouterie est le fait par une personne qui sait être dans l'impossibilité absolue de payer ou qui est déterminée à ne pas payer :

1° De se faire servir des boissons ou des aliments dans un établissement vendant des boissons ou des aliments ;

2° De se faire attribuer et d'occuper effectivement une ou plusieurs chambres dans un établissement louant des chambres, lorsque l'occupation n'a pas excédé dix jours ;

3° De se faire servir des carburants ou lubrifiants dont elle fait remplir tout ou partie des réservoirs d'un véhicule par des professionnels de la distribution ;

4° De se faire transporter en taxi ou en voiture de place.

La filouterie est punie de six mois d'emprisonnement et de 7 500 € d'amende.

Bibliographie : *JCl. pén.*, *Filouterie* par B. de Lamy.

1) La seule présentation de la note est inopérante pour interrompre le délai légal d'occupation prévu par l'article 401, alinéa 5 et restituer aux faits leur caractère délictueux ; seules ont cet effet une plainte ou la cessation de l'occupation des lieux par le client qui disparaît (■ Cass. crim., 25 mars 1965 : *JCP* 65, II, 14235, rapp. Combaldieu).

2) L'intention coupable dans la grivèlerie est la conscience de se trouver dans l'impossibilité absolue de payer (■ Cass. crim., 21 avr. 1976 : *Bull. crim.*, n° 120) et cette circonstance doit être expressément relevée par les juges du fond *(même arrêt)* ; est dès lors impunissable celui qui s'esquive au moment de payer alors qu'il a les moyens de payer (■ Cass. crim., 24 nov. 1900 : *Bull. crim.*, n° 351).

3) S'agissant d'une station libre-service dans laquelle le client procède lui-même au remplissage de son réservoir, il n'apparaît pas que le prévenu se soit fait servir du carburant ; ainsi l'infraction de grivèlerie n'est pas caractérisée (■ Rennes, 8 déc. 1980 : *JurisData* n° 080223).

4) A été déclaré coupable du délit le prévenu qui, après avoir consommé dans un débit de boissons, s'est enfui sans payer et que de son propre aveu, il détenait une somme insuffisante pour régler les consommations par lui commandées (■ Cass. crim., 17 mars 1987 : *Gaz. Pal.* 1987, 2, somm. 294, note Doucet).

5) Ne justifie pas sa décision la cour d'appel qui, pour déclarer le prévenu coupable de filouterie de logement, retient qu'il a séjourné dans un hôtel à deux reprises, chacun des séjours excédant dix jours (■ Cass. crim., 29 nov. 2005 : *Bull. crim.*, n° 310).

Art. 313-6 ***(Mod., L. n° 2000-642, 10 juill. 2000).*** **– Le fait, dans une adjudication publique, par dons, promesses, ententes ou tout autre moyen frauduleux, d'écarter un enchérisseur ou de limiter les enchères ou les soumissions, est puni de six mois d'emprisonnement et de 22 500 € d'amende. Est puni des mêmes peines le fait d'accepter de tels dons ou promesses.**

Est puni des mêmes peines :

1° Le fait, dans une adjudication publique, d'entraver ou de troubler la liberté des enchères ou des soumissions, par violences, voies de fait ou menaces ;

2° Le fait de procéder ou de participer, après une adjudication publique, à une remise aux enchères sans le concours de l'officier ministériel ***(Mots rempl. à compter du 1er sept. 2011, L. n° 2011-850, 20 juill. 2011)*** **« ou du courtier de marchandises assermenté compétent ou d'un opérateur de ventes volontaires de meubles aux enchères publiques déclaré ».**

La tentative des infractions prévues au présent article est punie des mêmes peines.

Bibliographie : *JCl. pén., Entraves à la liberté des enchères* par D. Thomas.

1) Domaine. L'article 412 (art. 313-6) du Code pénal s'applique à toutes les ventes judiciaires d'immeubles, volontaires ou forcées (■ Cass. crim., 29 déc. 1893 : *Bull. crim.*, n° 376) ; il est également applicable alors même que l'adjudication serait faite par voie de rabais (■ Cass. crim., 5 juin 1896 : *Bull. crim.*, n° 182).

2) L'article 412 du Code pénal s'applique à la surenchère comme à l'enchère elle-même (■ Cass. crim., 12 mai 1975 : *Bull. crim.*, n° 123).

3) Menaces, promesses. Il n'y a pas menace dans le fait d'annoncer l'exercice éventuel d'un droit : il en est ainsi de l'avertissement du propriétaire de l'immeuble à l'acquéreur éventuel d'un fonds de commerce qu'aucun bail ne lui sera consenti (■ Cass. crim., 3 nov. 1944 : *Bull. crim.*, n° 172) ; il en est encore ainsi de la publication par le maire d'une commune qu'une enquête en vue de faire déclarer d'utilité publique l'acquisition par la commune d'un bien immobilier vendu aux enchères est organisée et qu'il y aura lieu de traiter avec les nouveaux acquéreurs (■ Cass. crim., 22 nov. 1988 : *Bull. crim.*, n° 396).

4) Mais est punissable la menace de cesser toute relation d'affaires avec une personne participant à une certaine adjudication en y offrant des prix supérieurs ou inférieurs à un niveau déterminé par l'auteur de la menace (■ Cass. crim., 20 mars 1926 : *DH*1926, 218).

– Commet le délit prévu par l'article 412, alinéa 2, du Code pénal l'acheteur éventuel qui accepte au cours d'une vente la **promesse** d'une somme d'argent à lui faite sous la condition qu'il cesse d'enchérir.

L'infraction étant consommée par l'acceptation de la promesse, il n'importe que, celle-ci ayant été rétractée, son auteur ait ultérieurement recommencé à participer aux enchères (■ Cass. crim., 6 mai 1970 : *Bull. crim.*, n° 155).

5) Entente. Est illicite l'entente par laquelle plusieurs personnes conviennent qu'une seule se portera adjudicataire ou soumissionnaire et partagera avec les autres le bénéfice tiré de leur abstention (■ Cass. crim., 15 mai 1857 : *S.* 57, 1, 790).

6) Commet le délit prévu et réprimé par l'article 412 du Code pénal le prévenu qui, pour obtenir l'adjudication à son profit d'un immeuble à usage commercial mis en vente par adjudication publique, a élaboré un plan concerté avec le propriétaire de l'immeuble, obtenu par promesse de remise de loyers la renonciation aux enchères du locataire du fonds et usé de pressions pour dissuader une autre personne d'y participer (■ Cass. crim., 11 mai 1993 : *Dr. pénal* 1993, comm. 185, obs. Véron).

7) Constitue une entente frauduleuse, au sens de l'article 412, du Code pénal, la convention par laquelle le surenchérisseur s'était engagé à porter les enchères à un niveau plus élevé et avait obtenu en contrepartie la renonciation de toute indemnité d'éviction par le locataire commerçant. Ignorée de l'adjudicataire initial, une telle convention a permis au prévenu de faire monter les enchères sans risque et a donc faussé le libre jeu de ces dernières (■ Cass. crim., 18 oct. 1982 : *Bull. crim.*, n° 220).

8) Autre moyen frauduleux. Justifie sa décision la cour d'appel qui, pour déclarer les prévenus coupables d'entrave à la liberté des enchères, énonce que c'est par une abstention volontaire et frauduleuse destinée à écarter des enchérisseurs potentiels éclairés qu'ils ont omis de mentionner, dans la publicité, le nom de deux ouvrages exceptionnels d'une collection provenant d'un héritage, qu'ils avaient, avant la vente, le projet d'acheter et qu'ils ont acquis à une valeur très inférieure à celle retenue par l'expert judiciaire (■ Cass. crim., 14 janv. 2009 : *JurisData* n° 2009-047073 ; *Dr. pénal* 2009, comm. 50, obs. M. Véron).

9) Délit non caractérisé. Ne justifie pas sa décision, la cour d'appel qui, pour condamner le prévenu du chef d'entrave à la liberté des enchères, retient que ce dernier a proposé, contre paiement d'une somme, de s'abstenir d'enchérir, puis est intervenu dans le cours des enchères, sans caractériser en quoi il avait porté atteinte à leur liberté par la mise à l'écart d'éventuels enchérisseurs, et sans rechercher si les faits n'étaient pas susceptibles de revêtir la qualification de tentative d'escroquerie (■ Cass. crim., 30 mars 2005 : *Bull. crim.*, n° 106 ; *Dr. pénal* 2005, comm. 111, obs. M. Véron).

10) Le paiement de la dette du saisi, après surenchère et avant la nouvelle adjudication, met un terme à la procédure de vente sur saisie immobilière et exclut toute entrave à la liberté des enchères dès lors que ce paiement est effectué par le débiteur lui-même, fût-ce au moyen d'un prêt consenti par le surenchérisseur (■ Cass. crim., 22 juin 1994 : *Bull. crim.*, n° 250 ; *JCP* 94, G, IV, 2205).

11) Prescription. L'entrave aux enchères publiques est un délit instantané consommé par l'acceptation d'un don ou d'une promesse en contrepartie de la renonciation à enchérir. Justifie sa décision une cour d'appel qui fixe le point de départ de la prescription à la date à laquelle l'adjudicataire a remis à un intermédiaire un chèque en contrepartie duquel le bénéficiaire s'était engagé à ne pas surenchérir (■ Cass. crim., 5 juin 2007 : *Bull. crim.*, n° 151 ; *Dr. pénal* 2007, comm. 126, obs. M. Véron).

12) L'annulation de l'adjudication ne conditionne pas l'ouverture des poursuites (■ Cass. crim., 30 déc. 1875 : *Bull. crim.*, n° 366).

Art. 313-6-1 ***(L. n° 2003-239, 18 mars 2003).*** **– Le fait de mettre à disposition d'un tiers, en vue qu'il y établisse son habitation moyennant le versement d'une contribution ou la fourniture de tout avantage en nature, un bien immobilier appartenant à autrui, sans être en mesure de justifier de l'autorisation du propriétaire ou de celle du titulaire du droit d'usage de ce bien, est puni d'un an d'emprisonnement et de 15 000 € d'amende.**

Bibliographie : *JCl. pén., Mise à disposition frauduleuse du bien immobilier d'autrui*, par A. Darsonville.

1) QPC. Non-lieu à renvoi au Conseil constitutionnel de la QPC visant l'article 313-6-1 du Code pénal (■ Cass. crim., 4 déc. 2012, n° 12-90.061 : *JurisData* n° 2012-001272).

2) L'infraction est consommée chaque fois que les locataires indiquent avoir remis des sommes au soi-disant propriétaire de l'appartement en contrepartie d'un bail qui se révèle faux (■ Paris, 18 oct. 2005 : *JurisData* n° 2005-29536 ; *Dr. pén.* 2006, comm. 90, obs. M. Véron).

Art. 313-6-2 ***(L. n° 2012-348, 12 mars 2012 et rect. JO 20 mars 2012).*** **– Le fait de vendre, d'offrir à la vente ou d'exposer en vue de la vente ou de la cession ou de fournir les moyens en vue de la vente ou de la cession des titres d'accès à une manifestation sportive, culturelle ou commerciale ou à un spectacle vivant, de manière habituelle et sans l'autorisation du producteur, de l'organisateur ou du propriétaire des droits d'exploitation de cette manifestation ou de ce spectacle, est puni de 15 000 € d'amende. Cette peine est portée à 30 000 € d'amende en cas de récidive.**

Pour l'application du premier alinéa, est considéré comme titre d'accès tout billet, document, message ou code, quels qu'en soient la forme et le support, attestant de l'obtention auprès du producteur, de l'organisateur ou du propriétaire des droits d'exploitation du droit d'assister à la manifestation ou au spectacle.

Bibliographie : *JCl. pén., Vente ou cession illicite de titres d'accès à une manifestation sportive, culturelle ou commerciale ou à un spectacle vivant*, par N. Rias.

Section III. – Peines complémentaires applicables aux personnes physiques et responsabilités des personnes morales

Art. 313-7 *(Mod., L. n° 2003-239, 18 mars 2003 ; L. n° 2008-776, 4 août 2008 ; L. n° 2009-1437, 24 nov. 2009)*. **– Les personnes physiques coupables de l'un des délits prévus aux articles 313-1, 313-2, 313-6 et 313-6-1 encourent également les peines complémentaires suivantes :**

1° L'interdiction des droits civiques, civils et de famille, suivant les modalités prévues par l'article 131-26 ;

2° L'interdiction, suivant les modalités prévues par l'article 131-27, soit d'exercer une fonction publique ou d'exercer l'activité professionnelle ou sociale dans l'exercice ou à l'occasion de l'exercice de laquelle l'infraction a été commise, soit d'exercer une profession commerciale ou industrielle, de diriger, d'administrer, de gérer ou de contrôler à un titre quelconque, directement ou indirectement, pour son propre compte ou pour le compte d'autrui, une entreprise commerciale ou industrielle ou une société commerciale. Ces interdictions d'exercice peuvent être prononcées cumulativement ;

3° La fermeture, pour une durée de cinq ans au plus, des établissements ou de l'un ou de plusieurs des établissements de l'entreprise ayant servi à commettre les faits incriminés ;

4° La confiscation de la chose qui a servi ou était destinée à commettre l'infraction ou de la chose qui en est le produit, à l'exception des objets susceptibles de restitution ;

5° L'interdiction de séjour, suivant les modalités prévues par l'article 131-31 ;

6° L'interdiction, pour une durée de cinq ans au plus, d'émettre des chèques autres que ceux qui permettent le retrait de fonds par le tireur auprès du tiré ou ceux qui sont certifiés ;

7° L'affichage ou la diffusion de la décision prononcée dans les conditions prévues par l'article 131-35.

Les personnes physiques ou morales coupables du délit prévu à la présente section encourent également la peine complémentaire suivante : interdiction de l'activité de prestataire de formation professionnelle continue au sens de l'article L. 6313-1 du Code du travail pour une durée de cinq ans.

1) QPC. Non-lieu à renvoi au Conseil constitutionnel de la QPC visant l'article 313-7, 2° (■ Cass. crim., 12 juin 2014, n° 13-87.819).

2) L'article 313-7 du Code pénal qui édicté les peines complémentaires applicables en cas de condamnation pour escroqueries ne comprend pas la suspension du permis de conduire (■ Cass. crim., 26 oct. 2004 : *Bull. crim.*, n° 256).

3) Sur le prononcé de la confiscation (4° de l'article 313-7), peine complémentaire, V., sous art. 131-21, p. 101 : ■ Cass. crim., 18 sept. 2012, n° 12-80.662.

4) Pour condamner une prévenue, déclarée coupable d'escroquerie, faux et usage, à cinq ans d'interdiction d'exercer une fonction publique, peine complémentaire prévue par les articles 313-7 et 441-10 du Code pénal, les juges n'avaient pas à relever que les infractions avaient été commises dans l'exercice ou à l'occasion de l'exercice de cette fonction. Par ailleurs, hormis les cas expressément prévus par la loi, les juges ne sont pas tenus de motiver spécialement le choix de la sanction qu'ils appliquent dans les limites légales (■ Cass. crim., 25 juin 2014, n° 13-84.955).

Art. 313-8. – Les personnes physiques coupables de l'un des délits prévus aux articles 313-1, 313-2, 313-6 et 313-6-1 encourent également l'exclusion des marchés publics pour une durée de cinq ans au plus.

Art. 313-9. – *(Mod., L. n° 2009-526, 12 mai 2009 ; L. n° 2009-1437, 24 nov. 2009 ; L. n° 2012-348, 12 mars 2012)* **Les personnes morales déclarées responsables pénalement, dans les conditions prévues par l'article 121-2, des infractions définies aux articles 313-1 à 313-3 et aux articles 313-6-1 et 313-6-2 encourent, outre l'amende suivant les modalités prévues par l'article 131-38, les peines prévues par l'article 131-39.**

L'interdiction mentionnée au 2° de l'article 131-39 porte sur l'activité dans l'exercice ou à l'occasion de l'exercice de laquelle l'infraction a été commise.

CHAPITRE IV. – DES DÉTOURNEMENTS

Section I. – De l'abus de confiance

Voir : Récidive concernant l'abus de confiance, art. 132-16, p. 141.

Art. 314-1. – L'abus de confiance est le fait par une personne de détourner, au préjudice d'autrui, des fonds, des valeurs ou un bien quelconque qui lui ont été remis et qu'elle a acceptés à charge de les rendre, de les représenter ou d'en faire un usage déterminé.

L'abus de confiance est puni de trois ans d'emprisonnement et de 375 000 € d'amende.

Voir : C. transports, art. L. 5142-8, p. 1726.

Bibliographie : *JCl. pén., Abus de confiance* par W. Jeandidier. • Souweine, *Le domaine de l'abus de confiance dans le nouveau Code pénal* in *Mélange*, Larguier 1993. • M. Véron : *Dr. pénal* 1995, chron. 21. • L. Godon, *Abus de confiance et abus de biens sociaux : Rev. sociétés* 1997, p. 289. • R. Ollard, *Du sens de l'évolution de l'abus de confiance ; la propriété... : Dr. pén.* 2012, étude 9. • N. Thomassin, *Le bien susceptible d'abus de confiance (réflexion sur la jurisprudence récente) : D.* 2012, chron. p. 964. • S. Detraz et R. Ollard, *La dissociation de l'objet de l'abus de confiance : Dr. pén.* 2014, étude 20 et 22. • F. Safi, *Les nouvelles frontières de l'abus de confiance : Rev. pénit.* 2014, p. 553. • M.-L. Rassat, *De l'objet de l'abus de confiance : Dr. pén.* 2015, étude 10, p. 6.

1) Choses détournées. L'abus de confiance ne peut porter que sur des fonds, des valeurs ou un bien quelconque, à l'exclusion d'un immeuble ; encourt la cassation un arrêt qui, sous le couvert de la non-restitution des clefs permettant d'accéder à un bien immobilier, a réprimé l'utilisation abusive de ce bien (■ Cass. crim., 10 oct. 2001 : *Bull. crim.*, n° 222 ; *Dr. pénal* 2002, comm. 1, obs. M. Véron ; *Rev. sc. crim.* 2002, p. 108, obs. Ottenhof).

– Ne peut être réprimée l'utilisation abusive d'un bien immobilier ou de droits réels portant sur un immeuble (■ Cass. crim., 14 janv. 2009 : *JurisData* n° 2009-047163 ; *Dr. pénal* 2009, comm. 65, obs. M. Véron ; *JCP* G 2009, n° 31-35, 166, note G. Beaussonie).

– Mais les immeubles par destination, reprenant un caractère mobilier après le détachement de l'immeuble, peuvent faire l'objet d'un abus de confiance (■ Cass. crim., 27 avr. 1866 : *D.* 66, 1, 288). L'inscription en compte de valeurs incorporelles constitue un écrit qui entre dans les prévisions tant de l'article 408 ancien que de l'article 314-1 nouveau du Code pénal (■ Cass. crim., 30 mai 1996 : *Bull. crim.*, n° 224 ; *Rev. sc. crim.* 1997, 129, note J. Riffault-Treca ; *JurisData* n° 002195).

2) Caractérise une société en participation, impliquant l'existence de mandats réciproques entre ses membres, la souscription à plusieurs de bulletins du jeu de loto. Dès lors, le détournement de gains constitue un abus de confiance, au sens de l'article 408 du Code pénal alors applicable (■ Cass. crim., 29 avr. 1996 : *Bull. crim.*, n° 169).

3) La chose détournée peut consister en des correspondances, convocations et notifications de justice emportant obligations à sa charge que le prévenu n'avait reçues qu'en sa qualité de représentant de son employeur (■ Cass. crim., 2 juill. 1998 : *Rev. sc. crim.* 1999, p. 585, obs. R. Ottenhof) ou en une carte de crédit remise à un chauffeur d'une entreprise par son employeur pour le seul achat de carburant destiné au véhicule de la société et qui a été détournée à des fins personnelles (■ Cass. crim., 19 mai 2004 : *Bull. crim.*, n° 125 ; *Dr. pénal* 2004, comm. 129, obs. M. Véron).

4) Les dispositions de l'article 314-1 du Code pénal s'appliquent à un bien quelconque, tel le numéro de carte bancaire, et non pas seulement à un bien corporel (■ Cass. crim., 14 nov. 2000 : *Bull. crim.*, n° 338 ; *Dr. pénal* 2001, comm. 28, obs. M. Véron, et chron. 16 par S. Jacopin ; *D.* 2001, 1423, note de Bertrand de Lamy ; *Rev. sc. crim.*, 2001, p. 386, obs. R. Ottenhof ; *Rev. trim. dr. civ.* 2001, p. 912, note Th. Revet).

5) Les dispositions de l'article 314-1 du Code pénal s'appliquent à un bien quelconque, susceptible d'appropriation.

Méconnaît le textes susvisé et le principe susénoncé, l'arrêt qui, pour confirmer l'ordonnance de non-lieu rendue par le juge d'instruction dans la procédure suivie du chef d'abus de confiance contre un salarié ayant détourné la clientèle de son entreprise pour le compte d'une société concurrente, en utilisant les informations dont il était dépositaire, énonce que l'abus de confiance ne peut porter que sur un bien mobilier et qu'aucun détournement de fichier n'a été établi, alors que les informations relatives à la clientèle constituent un bien susceptible d'être détourné (■ Cass. crim., 16 nov. 2011, n° 10-87.866 : *Bull. crim.*, n° 233 ; *D.* 2011, act. p. 2935, note M. Lena ; *Gaz. Pal.* 13-14 janv. 2012, chron. p. 40, note E. Dreyer ; *Dr. pén.* 2012, comm. 1, obs. M. Véron ; *D.* 2012, p. 137, note G. Beaussonie ; *JCP* 2012, note

322, p. 538, S. Detraz ; *AJP* 2012, jurispr. p. 163, note J. Lasserre-Capdeville ; *Rev. sc. crim.* 2012, p. 169, obs. J. Francillon).

6) Les dispositions de l'article 314-1 du Code pénal s'appliquent à un bien quelconque, susceptible d'appropriation. Tel est le cas d'un enregistrement d'images et de sons. Méconnaît ce texte l'arrêt qui, pour relaxer une personne poursuivie pour avoir détourné l'enregistrement d'une interview, retient que, pour être susceptible d'appropriation, il est nécessaire que ledit enregistrement soit qualifié d'œuvre de l'esprit au sens des dispositions du Code de la propriété intellectuelle, et partant protégeable par le droit d'auteur (■ Cass. crim., 16 déc. 2015, n° 14-83.140 : *D.* 2016, 587, note L. Saenko ; *JCP* 2016, p. 575, note S. Detraz ; *Dr. pén.* 2016, comm. 40, obs. P. Conte ; *Dr. pén.* 2016, comm. 42, obs. P. Conte).

7) Se rend coupable d'abus de confiance le salarié qui, au moyen de l'ordinateur et de la connexion internet mis à sa disposition pour les besoins de son activité professionnelle, visite des sites pornographiques et stocke sur son disque dur de très nombreux messages de même nature (■ Cass. crim., 19 mai 2004 : *Bull. crim.*, n° 126 ; *Dr. pénal* 2004, comm. 129, obs. M. Véron ; *D.* 2004, somm. comm. p. 2748, obs. B. de Lamy).

8) Constitue un abus de confiance le fait pour un salarié chargé de mettre au point un projet de borne informatique, d'en disposer comme d'un bien propre au profit d'un tiers, alors que, dès sa réalisation, le projet était propriété de l'employeur et qu'il n'en était que détenteur (■ Cass. crim., 22 sept. 2004 : *Bull. crim.*, n° 218 ; *Dr. pénal* 2004, comm. 179, obs. M. Véron ; *D.* 2005, jurispr. p. 411, note B. de Lamy ; *JCP* 2005, II, 10034, note A. Mendoza-Caminade ; *Rev. sc. crim.* 2005, p. 852, obs. R. Ottenhof).

9) Constitue un abus de confiance le fait, pour une personne qui a été destinataire, en tant que salariée d'une société, d'informations relatives à la clientèle de celle-ci, de les utiliser par des procédés déloyaux, dans le but d'attirer une partie de cette clientèle vers une autre société (■ Cass. crim., 22 mars 2017, n° 15-85.929 : *Dr. pén.* 2017, comm. 84, note P. Conte).

10) L'utilisation, par un salarié, de son temps de travail à des fins autres que celles pour lesquelles il perçoit une rémunération de son employeur, constitue un abus de confiance (■ Cass. crim., 19 juin 2013, n° 12-83.031 : *Bull. inf. C. cass.* 1er déc. 2013, n° 792, n° 1358 avec note ; *Bull. crim.*, n° 145 ; *Dr. pén.* 2013, comm. 158, obs. M. Véron ; *D.* 2013, p. 1936, note G. Beaussonie ; *Gaz. Pal.* 4-8 août 2013, jur., p. 9, note R. Mesa ; *JCP* 2013, note n° 933, p. 1623, note St. Detraz ; *AJP* 2013, p. 608, note J. Gallois ; *Rev. sc. crim.* 2013, p. 813, obs. H. Matsopoulou).

11) Commet un abus de confiance le titulaire d'un contrat d'agrément avec la société La Française des Jeux qui, ne réglant pas les mises personnelles qu'il enregistre sur le terminal de jeux, utilise cet appareil à des fins autres que celles pour lesquelles il lui avait été confié et détourne le montant des sommes qu'il aurait dû verser.

Encourt dès lors la cassation, l'arrêt qui, pour relaxer le prévenu de ce chef, énonce qu'il ne peut lui être reproché d'avoir détourné à son profit ni les mises d'autres joueurs ni la machine à enregistrer les paris, utilisée dans ce seul but (■ Cass. crim., 16 oct. 2013, n° 12-86.241 : *Bull. crim.*, n° 191 ; *D.* 2013, p. 2755, note L. Saenko ; *AJP* 2014, p. 33, note J. Gallois ; *Gaz. Pal.* 11-12 déc. 2013, p. 12, note R. Mesa).

12) Le détournement d'un contrat n'est pénalement punissable que s'il porte sur l'écrit le constatant, mais non sur les stipulations qu'il contient (■ Cass. crim., 1er déc. 2010 : *JurisData* n° 2010-025198 ; *Dr. pén.* 2011, comm. 29, obs. M. Véron).

13) Remise préalable à titre précaire. L'abus de confiance suppose la remise de la chose (■ Cass. crim., 17 août 1843 : *S.* 44, 1, 82) ; cette remise peut revêtir une forme matérielle ou simplement juridique, notamment en cas de mandat ou de dépôt, le vendeur d'objets mobiliers à un tiers les conservant à titre de mandat ou de dépôt lorsque la livraison a été différée (■ Cass. crim., 14 juin 1978 : *Bull. crim.*, n° 197). Concernant une remise de fonds à titre précaire qui n'ont pas été, utilisés par le prévenu selon l'usage convenu, voir : ■ Cass. crim., 22 févr. 2017, n° 15-85.799 : *Dr. pénal* 2017, comm. 70, note P. Conte.

14) En application d'un contrat de dépôt-vente de véhicules le garagiste n'est pas propriétaire de ces véhicules et ne pouvait les aliéner sans en aviser immédiatement le déposant et lui en transmettre le prix reçu (■ Cass. crim., 20 févr. 2008 : *JurisData* n° 2008-043300 ; *Dr. pénal* 2008, comm. 66, obs. M. Véron).

15) Selon la convention passée entre les parties, les véhicules facturés par le constructeur au départ de l'usine restent sa propriété jusqu'au paiement du prix par le concessionnaire, celui-ci ne les avaient reçus qu'à titre précaire et en les revendant sans en acquitter le prix il s'est rendu coupable d'abus de confiance (■ Cass. crim., 8 avr. 2009 : *JurisData* 2009, n° 048442 ; *Dr. pénal* 2009, comm. 108, obs. M. Véron).

– V. pour un contrat de vente de titres de transport entre un transporteur et une agence de voyages ■ Cass. crim., 9 févr. 2011, n° 10-80.801 : *Dr. pén.* 2011, comm. 59, obs. M. Véron.

16) Dès lors que l'abus de confiance ne suppose pas nécessairement que la somme détournée ait été remise en vertu d'un contrat, justifie sa décision la cour d'appel qui retient l'infraction entre un prévenu ayant refusé, sans justification, de rendre des fonds qui ne lui avaient été remis qu'à charge pour lui de les restituer dans les conditions qui avaient été prévues (■ Cass. crim., 18 oct. 2000 : *JurisData* n° 2000-006919 ; *Dr. pénal* 2001, comm. 28, obs. M. Véron ; *Rev. sc. crim.* 2001, p. 385, obs. R. Ottenhof).

17) L'abus de confiance ne suppose pas nécessairement que l'objet détourné ait été remis au prévenu en vertu d'un contrat conclu directement avec son propriétaire (■ Cass. crim., 20 oct. 2011 : *Dr. pén.* 2011, comm. 1, obs. M. Véron) ; dans le même sens que ■ Cass. crim., 15 févr. 1939 : *Bull. crim.* n° 34 et ■ Cass. crim., 13 avr. 1971 : *Bull. crim.* n° 155.

18) Méconnaît les dispositions de l'article 314-1 du Code pénal, la cour d'appel qui déclare coupable d'abus de confiance le prestataire de services qui n'a pas rempli ses obligations contractuelles, les fonds, remis en vertu du contrat de prestations de service, l'ayant été en pleine propriété, peu important la connaissance par le prévenu, dès la remise des fonds, de son impossibilité d'exécuter le contrat (■ Cass. crim., 5 avr. 2018, n° 17-81.085).

19) À charge de rendre ou représenter. Ainsi, ne sont pas remises à titre précaire, et l'abus de confiance n'est pas constitué, dans le cas de versements de sommes à une **salarié** qui n'effectue pas le travail convenu (■ Cass. crim., 17 mars 1976 : *D.* 1976, p. 632, rapport Dauvergne. ■ Cass. crim., 17 juin 1991 : *Bull. crim.*, n° 257), ou à un **avocat**, à titre d'honoraires, ce qui entraîne un transfert de propriété exclusif d'abus de confiance, pour un mandat non exécuté (■ Cass. crim., 26 janv. 2005 : *Bull. crim.*, n° 29 ; *Dr. pénal* 2005, comm. 60, obs. M. Véron).

20) Pour écarter la qualification d'abus de confiance, l'arrêt attaqué retient que le support matériel du cours d'un enseignant a été remis par celui-ci à un autre en dehors de toute relation contractuelle entre les intéressés et sans que la preuve ait été rapportée qu'un usage déterminé ou une restitution à son propriétaire ait été convenus (■ Cass. crim., 18 oct. 2011 : *JurisData* n° 2011-025892 ; *Dr. pén.* 2012, comm. 2, obs. M. Véron).

21) Nécessité d'un détournement. L'article 408 du Code pénal n'exige pas comme élément constitutif du délit d'abus de confiance que le prévenu se soit approprié la chose confiée, ni qu'il en ait tiré un profit personnel : il suffit qu'elle ait été détournée (■ Cass. crim., 16 févr. 1977 : *Bull. crim.*, n° 60. ■ Cass. crim., 8 juin 1977 : *Bull. crim.*, n° 207).

22) Commet un détournement d'une somme d'argent qui lui avait été remise à charge de la rendre, le serveur d'un établissement qui s'est abstenu volontairement de remettre à son employeur le prix des boissons qu'il était chargé d'encaisser et qu'il n'a pas facturé aux clients (■ Cass. crim., 5 oct. 2011, n° 10-88.722 : *Bull. crim.*, n° 193 ; *Dr. pén.* 2011, comm. 145, obs. M. Véron ; *AJP* 2011, jurispr. p. 591, note J. Lasserre-Capdeville).

23) Usage abusif. D'une façon générale, l'usage abusif de la chose, dans des conditions différentes de celles prévues lors de la remise, n'entraîne pas application de l'article 408 : ainsi il n'y a pas abus de confiance dans le fait d'approvisionner des clients avec des wagons-réservoirs qui devaient être retournés après un temps et un usage déterminés (■ Cass. crim., 8 mai 1919 : *D.* 1920, 1, 76).

24) L'usage abusif de la chose confiée est exclusif de tout détournement s'il n'implique pas la volonté du possesseur de se comporter, même momentanément, comme le propriétaire de la chose ; le détournement d'un ordinateur ou d'une connexion interne ne saurait être constitué par un usage privé ponctuel, qui n'est pas de nature à priver le légitime propriétaire de l'utilisation de son bien, ni de le gêner dans l'exercice de ses propres prérogatives (■ Cass. crim., 16 juin 2011, n° 10-83.758 : *Dr. pén.* 2011, comm. 116, obs. M. Véron ; *Rev. sc. crim.* 2011, p. 833, obs. H. Matsopoulou).

25) Toutefois, l'abus de confiance est consommé lorsque l'usage est manifestement contraire à l'affectation de la chose prévue par le contrat : ainsi lorsqu'un commerçant dispose sciemment, pour les besoins de son commerce, d'une somme reçue à titre de dépôt (■ Cass. crim., 11 juin 1960 : *Bull. crim.*, n° 314 ; *Rev. sc. crim.* 1961, 116, obs. Bouzat) ou lorsqu'un dirigeant social emploie pour des besoins personnels des fonds sociaux (■ Cass. crim., 5 mars 1937 : *Gaz. Pal.* 1937, 2, 69. ■ 1er avr. 1968 : *JCP* 69, II, 15930, note Bouloc). De même l'usage de la chose confiée entre dans les prévisions de l'article 408 lorsqu'il implique la volonté du possesseur de se comporter, même momentanément, comme le propriétaire de la chose (■ Cass. crim., 13 févr. 1984 : *D.* 1984, inf. rap. 225, obs. Roujou de Boubée ; *Bull. crim.*, n° 49 ; *Rev. sc. crim.* 1985, 307, obs. Bouzat).

26) L'inscription du montant des soldes des comptes créditeurs aux comptes d'exploitation de la banque, sous le couvert de prétendus « frais d'écriture » démontre l'intention de cette dernière de s'approprier ces sommes, à l'époque où ces opérations ont été passées, quand bien même la banque ait tenté de régulariser cette opération ultérieurement ; l'appropriation indue par la banque du solde créditeur d'un compte clôturé caractérise le délit d'abus de confiance, peu important que durant le fonctionnement du compte, l'établissement ait eu la libre disposition des fonds (■ Cass. crim., 20 juill. 2011, n° 10-81.726 : *Bull. crim.*, n° 158 ; *Dr. pén.* 2011, comm. 116, obs. M. Véron ; *D.* 2011, act. p. 2114, note M. Bombled, et p. 2242, note J. Lasserre-Capdeville ; *JCP* 2011, étude 1226, p. 1999, T. Samin et St. Torck ; *Rev. sc. crim.* 2011, p. 833, obs. H. Matsopoulou).

27) Il a été jugé que le prévenu, en passant, sciemment et à l'insu de son employeur sur les marchés des ordres d'un montant exorbitant, dépourvus de toutes couvertures faisant courir pour la banque des risques considérables, qui n'entraient pas dans son mandat, et hors des limites autorisées, a détourné les moyens techniques mis à sa disposition en les utilisant à d'autres fins que celles qui lui avaient été assignées ; et qu'ainsi le délit d'abus de confiance est établi peu important que ne se soit aggravée la chose confiée ou qu'il en ait tiré un profit personnel (■ Paris, pôle 5, ch. 12, 24 oct. 2012 : *JCP* 2012, note 1371, p. 2309, J. Lasserre-Capdeville).

28) Commet le délit d'abus de confiance le salarié d'une banque chargé des fonctions d'opérateur de marché qui, en prenant, à l'insu de son employeur, des positions spéculatives au mépris de son mandat et au-delà de la limite autorisée, détourne de l'usage auquel ils étaient destinés les fonds et les moyens techniques qui lui étaient confiés (■ Cass. crim., 19 mars 2014 : *Bull. crim.*, n. 86 ; *D.* 2014, p. 912, note Lasserre Capdeville ; *JCP* 2014, note 449, p. 730, V. Wester-Ouisse ; *Dr. pén.* 2014, comm. 70, obs. M. Véron ; *Gaz. Pal.* 9-10 avr. 2014, jur. p. 5, note G. Pitti ; *Procédures* 2014, comm. 157, note A.-S. Chavent-Leclere).

– V. *infra*, *V° Faute de la victime*, quant à la décision de ce même arrêt sur l'action civile.

29) Exclusion de l'abus de confiance. La prolongation de l'usage ou de la jouissance d'une chose n'est pas suffisante pour constituer un détournement prohibé par la loi (■ Cass. crim., 17 déc. 1963 : *Bull. crim.*, n° 362. ■ 11 juin 1980 : *D.* 1981, inf. rap. 154, obs. Puech ; *Rev. sc. crim.*1980, 991, obs. Bouzat. ■ Cass. crim., 17 févr. 1992 : *Bull. crim.*, n° 72), tout comme la détérioration ou la perte de la chose sauf si la fraude ressort suffisamment des faits relevés par les juges du fond, tel le cas du locataire d'une automobile qui, au lieu de la restituer, l'abandonne sur la voie publique (■ Cass. crim., 19 mai 1969 : *JCP* 69, II, 16104, note De Lestang ; *Rev. sc. crim.* 1969, 882, obs. Bouzat. ■ 14 févr. 1979 : *Bull. crim.*, n° 68). Le simple retard dans l'exécution des engagements contractuels ne suffit pas à caractériser un détournement constitutif d'abus de confiance (■ Cass. crim., 25 juill. 1991 : *Dr. pénal*1992, n° 35, obs. Véron) ; il en est d'autant plus ainsi que le créancier ne manifeste aucun empressement à exiger son dû (■ Cass. crim., 19 sept. 1989 : *Dr. pénal* 1990, n° 90. – V. aussi ■ Cass. crim., 12 nov. 1990 : *Dr. pénal* 1991, n° 111).

Mais le caractère systématique d'un retard excessif dans des reversements de fonds à des organismes, érigé en pratique de fonctionnement, constitue un détournement (■ Cass. crim., 6 sept. 2000 : *JurisData* n° 006056 ; *Dr. pénal* 2001, comm. 14, obs. M. Véron).

30) Méconnaît les dispositions de l'article 314-1 du Code pénal la cour d'appel qui déclare coupable d'abus de confiance l'emprunteur qui n'a pas respecté l'obligation contractuelle d'affecter le montant d'un **prêt immobilier** qui lui a été accordé par une banque pour la construction d'immeubles, dès lors que cet emprunteur est devenu propriétaire des fonds qui lui ont été remis (■ Cass. crim., 14 févr. 2007 : *Bull. crim.*, n° 48 ; *Dr. pénal* 2007, comm. 84, obs. M. Véron ; *AJPI* 2007, 275, note Y. Muller), ou la cour d'appel qui déclare un médecin coupable d'abus de confiance pour avoir perçu les honoraires de ses clients, alors qu'il était lié par un contrat de société avec d'autres confrères suivant lequel tous les honoraires de leurs clients respectifs constitueraient des biens indivis à partager ultérieurement (■ Cass. crim., 5 mai 2010, n° 09-85.455 : *D.* 2010, 2494, note Y. Muller).

31) L'abus de confiance ne peut porter que sur des fonds, valeurs ou biens remis à titre précaire. Ne commet pas cette infraction la personne qui refuse de restituer des fonds qui lui ont été prêtés (■ Cass. crim., 5 sept. 2007 : *Bull. crim.*, n° 194 ; *Dr. pénal* 2007, comm. 157, obs. M. Véron ; *JCP* 2007, II, 10186, note S. Detraz), ou la personne qui affecte les sommes prêtées à d'autres destinations que celles initialement prévues, alors qu'elle en était devenue propriétaire (■ Cass. crim., 19 sept. 2007 : *D.* 2008, p. 958, note D. Rebut).

32) Détournement d'un corps certain. Le détournement d'un corps certain résulte d'une appropriation ou tout acte de disposition que seul un propriétaire a le pouvoir d'accomplir : telle la disposition frauduleuse, par un banquier, d'actions déposées chez lui, réalisée par le biais d'une condition opérant rétroactivement (■ Cass. crim., 1er mars 1935 : *S.* 1935, 1, 158) ou le fait pour un individu qui a reçu des objets d'art avec mandat de les vendre à un certain prix ou à défaut de les restituer, de les remettre à un tiers pour les transférer en fraude à l'étranger sans pouvoir justifier de l'accord de son mandat (■ Cass. crim., 4 janv. 1982, inédit).

33) Détournement de destination et d'affectation. Il y a abus de confiance lorsque l'affectation d'un bien n'est pas respectée : il en est ainsi en cas de détournement d'une traite de la destination en vue de laquelle elle a été signée et remise (■ Toulouse, 23 janv. 1930 : *D.* 1930, 2, 32) ou encore dans le fait de donner à des fonds reçus une affectation autre que celle prévue par la convention conclue entre les parties (■ Cass. crim., 11 mai 1981, inédit).

– Constitue un abus de confiance le fait de détourner le numéro de carte bancaire communiqué par un client pour un paiement déterminé et, par là même, d'en faire un usage non convenu entre les parties (■ Cass. crim., 14 nov. 2000 : *Bull. crim.*, n° 338 ; *Dr. pénal* 2001, comm. 28, obs. M. Véron).

– C'est à bon droit que, pour dire les faits, **initialement poursuivis sous la qualification d'abus de biens sociaux constitutifs d'abus de confiance**, l'arrêt, après avoir mis le prévenu en mesure d'assurer sa défense sur cette nouvelle qualification, énonce qu'il a vendu à des sociétés italiennes dans lesquelles il était directement intéressé et au profit desquelles il a laissé s'accumuler un encours démesuré, des marchandises qui ne lui avaient été livrées par la société dont il était salarié, qu'à charge pour lui de les distribuer en Italie (■ Cass. crim., 25 avr. 2007 : *JurisData*, n° 2007-039322 ; *Dr. sociétés* 2007, comm. 167, obs. R. Salomon).

– Encourt la cassation l'arrêt qui, pour renvoyer le prévenu des fins de la poursuite, énonce qu'en affectant, sans attendre les concours financiers nécessaires, les fonds versés par la région au fonctionnement de la société, à sa rémunération de gérant et à l'achat d'un terrain, l'intéressé n'a pas intentionnellement détourné de leur objet les fonds qui lui avaient été remis ; alors qu'en prononçant ainsi, alors qu'il résulte de ces énonciations, que le prévenu ne pouvait ignorer qu'il utilisait les subventions accordées par le conseil général à des fins étrangères à celles qui avaient été expressément stipulées dans les conventions, la cour d'appel n'a pas tiré les conséquences légales de ses propres constatations (■ Cass. crim., 9 janv. 2008 : *JurisData* n° 2008-042703 ; *Dr. pénal* 2008, comm. 50, obs. M. Véron ; *Rev. sc. crim.* 2008, p. 595, obs. C. Mascala).

– Est constitutif du délit d'abus de confiance le fait, pour le responsable d'un rayon d'un grand magasin, d'apposer, sur les marchandises qui lui étaient confiées par son employeur, une étiquette déterminant l'application d'un prix différent de celui qui était prévu, dès lors qu'en agissant ainsi le prévenu s'est momentanément substitué au propriétaire des marchandises, dont il a indûment exercé les droits (■ Cass. crim., 9 mars 2005, pourvoi 03-87.371 : *Dr. pénal* 2005, comm. 107, obs. M. Véron).

– Est déclarée coupable de malversation et d'abus de confiance la mandataire judiciaire convaincue d'avoir irrégulièrement transféré des fonds provenant des procédures collectives et déposés sur les comptes ouverts à la Caisse des dépôts et consignations sur des comptes professionnels et personnels, sous le couvert d'avances sur honoraires non autorisées par les juges-commissaires et d'écritures comptables fictives, son étude étant placée sous administration provisoire (■ Cass. crim., 12 déc. 2007 : *Bull. crim.* n° 307 ; *Dr. pénal* 2007, comm. 28, obs. M. Véron) ;

– Entre dans les prévisions de l'article 314-1 du Code pénal, incriminant l'abus de confiance, le fait, pour un avocat, de déposer les fonds reçus pour le compte de ses clients sur un compte autre que celui ouvert au nom de la CARPA, en violation de l'article 240 du décret du 27 novembre 1991, organisant la profession d'avocat, peu important qu'un accord existe ou non sur ce point avec l'auteur de la remise (■ Cass. crim., 23 mai 2013, n° 12-83.677 : *Bull. crim.*, n° 112 ; *Gaz. Pal.* 19-20 juill. 2013, jur., p. 18, note J.-Ch. Marrigues ; *AJP* 2013, p. 543, obs. C. Porteron).

34) Élus. De même justifie sa décision la cour d'appel qui, pour condamner un président de conseil général du chef d'abus de confiance, caractérise, d'une part, le mandat qu'il tient de l'article 25 alinéa 3 de la loi du 2 mars 1982 devenu l'article L. 3221-2 du Code général des collectivités territoriales, en tant qu'ordonnateur des dépenses du département, d'autre part, le détournement des deniers correspondant aux dépenses engagées en dehors des prévisions de la délibération qu'il avait pour mission d'exécuter, en application de l'article 25, alinéa 2 de la loi du 2 mars 1982 devenu l'article L. 3221-1 du même code (■ Cass. crim., 1er mars 2000 : *Bull. crim.*, n° 97). Peu importe que l'intéressé n'ait pas eu la détention matérielle de ces fonds (■ Cass. crim., 18 oct. 2000 : *Bull. crim.*, n° 301).

Se rend coupable d'abus de confiance et détournement de fonds publics, au sens des articles 408 ancien et 432-15 du Code pénal, le maire, titulaire d'un mandat en tant qu'ordonnateur des dépenses de la commune, en application de l'article L. 2122-21 du Code général des collectivités territoriales, qui donne l'ordre de payer des dépenses étrangères au fonctionnement de ladite commune ; encourt, dès lors, la cassation l'arrêt qui relaxe un maire poursuivi pour avoir détourné et tenté de détourner des sommes correspondant au remboursement à son profit et à celui du secrétaire général de la commune de frais de déplacement indus, en énonçant « qu'il n'existe, en l'espèce, aucun contrat et qu'il n'y a pas eu de remise de fonds pour en faire un usage déterminé » (■ Cass. crim., 19 juin 2002 : *Bull. crim.*, n° 140).

35) Il a été jugé que commettent un abus de confiance les membres élus du comité d'entreprise qui disposent à des fins personnelles de la subvention de fonctionnement versée par l'employeur au titre de l'article L. 434-8 du Code du travail, en méconnaissance des missions imparties par la loi au comité d'entreprise, et alors qu'ils doivent en rendre compte dans les conditions prévues par les articles R. 432-14 et R. 432-15 du Code du travail (■ Cass. crim., 16 oct. 1997 : *Bull. crim.*, n° 341).

36) Détournement de loyers. Commet l'infraction le gérant d'une société de gestion immobilière, chargé de collecter les loyers pour le compte de propriétaires, qui a confondu les sommes recueillies avec celles de sa société, alors qu'il n'ignorait pas que celle-ci était en difficulté financière (■ Cass. crim., 26 nov. 1998 : *Bull. crim.*, n° 318 ; *JurisData* n° 005116 ; *JCP* 1999, IV, 1712), ou qui a versé les sommes recueillies sur son compte personnel (■ Cass. crim., 7 sept. 2005 ; *Dr. pénal* 2005, comm. 175, obs. J.-H. Robert).

37) Détournement de fonds. Lorsque le mandant a autorisé le mandataire à utiliser les fonds encaissés par celui-ci pour son compte, l'impossibilité où vient à se trouver le mandataire de rendre ou de représenter les fonds confiés ne peut servir de fondement à une déclaration de culpabilité du chef d'abus de confiance (■ Cass. crim., 20 févr. 1980 : *Bull. crim.*, n° 66).

38) La seule constatation d'un manquant dans la caisse tenue par le prévenu ne suffit pas à caractériser un acte de détournement (■ Cass. crim., 15 oct. 1990 : *Dr. pénal*1991, n° 12).

39) Ont suffisamment caractérisé le détournement constitutif du délit les juges du fond qui énoncent que le prévenu a effectué des retraits importants sur le compte d'une association, qu'il n'a pas justifié de l'emploi de l'intégralité des sommes retirées et qu'il a usé de procédés malicieux et méthodiques pour échapper à la représentation de ces sommes (■ Cass. crim., 22 nov. 1978 : *Bull. crim.*, n° 325).

– Se rend coupable d'abus de confiance le prévenu, investi d'une mandat de président d'un association exploitant une maison de retrait, qui utilise la trésorerie de cette association pour assurer, sans contrepartie, le financement d'autres établissement qu'il contrôle, donc à des fins étrangère à l'association (■ Cass. crim., 28 janv. 2004 : *JurisData* n° 022242 ; *JCP* G, 2004, IV, 1485).

40) Commet le délit d'abus de confiance, le gérant d'une société en nom collectif qui détourne tout ou partie des fonds de cette société (■ Cass. crim., 10 avr. 2002 : *Bull. crim.*, n° 86 ; *Dr. pénal* 2002, comm. 119, obs. M. Véron).

41) Constitue le délit d'abus de confiance le fait pour une personne désignée afin d'exercer la tutelle et la curatelle d'État d'effectuer des prélèvements forfaitaires sur les revenus des majeurs protégés avant que ne soient connues leurs ressources, dès lors que ces prélèvements sont réalisés en dehors des prévisions des textes réglementaires portant organisation de la tutelle et de la curatelle d'État (■ Cass. crim., 3 déc. 2003 : *Bull. crim.*, n° 232).

42) Le fait, pour un directeur d'association, d'employer les salariés de celle-ci, pendant leur temps de travail, à des fins personnelles, s'analyse comme un détournement de fonds de l'association destinés à rémunérer des prestations ne devant être effectuées que dans son seul intérêt (■ Cass. crim., 20 oct. 2004 : *Bull. crim.*, n° 248 ; *D.* 2005, jurispr., note B. de Lamy).

43) Commet un abus de confiance un syndic de copropriété qui, en méconnaissance des dispositions de l'article 1993 du Code civil, ne fait pas raison au mandant de tout ce qu'il a reçu en vertu de sa procuration (■ Cass. crim., 15 déc. 2004 : *Bull. crim.*, n° 320).

44) Commet un abus de confiance le mandataire d'une association qui perçoit d'une compagnie d'assurance des sommes destinées à conserver la clientèle de l'association, lesquelles constituent des ristournes et auraient dû être restituées à cette dernière, le mandataire étant tenu, selon l'article 1993 du Code civil, de faire raison au mandant de tout ce qu'il a reçu en vertu de sa procuration (■ Cass. crim., 2 déc. 2009 : *Bull. crim.*, n° 200).

45) Commet un abus de confiance le responsable d'un établissement de formation bénéficiant de la taxe d'apprentissage qui rétrocède partie de la taxe perçue à un tiers dont l'entremise lui a permis de recevoir des fonds des organismes collecteurs dès lors que, d'une part, les fonds remis à un établissement d'enseignement au titre de la taxe d'apprentissage ne le sont qu'à titre précaire, d'autre part, l'existence d'un préjudice, qui peut n'être qu'éventuel, se trouve nécessairement incluse dans la constatation du détournement (■ Cass. crim., 13 janv. 2010 : *Bull. crim.*, n° 6 ; *JCP* G 2010, note 500, J. Lasserre-Capdeville).

46) Se rendent coupables d'abus de confiance les dirigeants d'une société de construction de maisons individuelles qui procèdent à des appels de fonds sans qu'aucune attestation de garantie ne soit délivrée par un organisme habilité, et s'abstiennent de rembourser ces avances, dès lors que ces sommes, perçues en violation des dispositions d'ordre public du Code de la construction et de l'habitation, ne pouvaient constituer des acomptes et étaient détenues à titre précaire (■ Cass. crim., 24 févr. 2010, n° 08-87.806 : *Bull. crim.* n° 36).

47) Constitue un détournement caractérisant un abus de confiance le fait, pour le trésorier et le trésorier adjoint d'un comité d'entreprise, d'avoir, outrepassant leur mandat, attribué, à l'insu du président, de manière irrégulière et pour un montant global dépassant celui prévu pour l'aide sociale, des prêts sociaux aux salariés en grève, alors que certains ne pouvaient juridiquement y prétendre (■ Cass. crim., 30 juin 2010 : *Bull. crim.* n° 121 ; *D.* 2010, p. 2820, note J. Lasserre-Capdeville).

48) Justifie sa décision la cour d'appel qui déclare le prévenu, gérant d'une société, coupable d'abus de confiance pour avoir détourné des avances remises par un couple qui avait conclu avec la société un contrat de construction de maison individuelle, dès lors que le caractère précaire de la remise de ces fonds découle de la nature de la convention conclue entre les parties (■ Cass. crim., 6 avr. 2016, n° 15-81.272 : *JCP* 2016, 854, note N. Catelan ; *D.* 2016, 1409, note N. Balat et F. Safi).

49) Détournement de fichiers informatiques. Se rend coupable d'abus de confiance le prévenu qui a, en connaissance de cause, détourné en les dupliquant, pour son usage personnel, au préjudice de son employeur, des fichiers informatiques contenant des informations confidentielles et mis à sa disposition pour un usage professionnel (■ Cass. crim., 22 oct. 2014, n° 13-82.630 : *D.* 2015, 415, note A. Mendoza-Caminade ; *JCP* 2015, act. 89, note G. Beaussonie et G. Bargain).

50) Fonds de commerce. Si la preuve du déficit d'exploitation d'un fonds de commerce dont la gestion a été confiée à un mandataire ne suffit pas, à elle seule, pour caractériser un abus de confiance, il n'en est pas de même lorsqu'il est établi que le déficit résulte des agissements frauduleux de ce mandataire (■ Cass. crim., 10 févr. 1986 : *Bull. crim.*, n° 48).

51) Mise en demeure. La mise en demeure, qui peut prendre la forme de toute réclamation suffisamment nette et précise (ainsi une plainte au parquet ■ Cass. crim., 21 févr. 1936 : *DH* 1936, 197) est inutile si le détournement peut être constaté directement (■ Cass. crim., 16 oct. 1957 : *Bull. crim.*, n° 634) ; lorsqu'elle est restée sans effet, elle indique à la victime que quelque chose d'anormal se passe (■ Cass. crim., 16 mars 1970 : *D.* 1970, 497, note J. M. R.) et elle fixe le point de départ de la prescription (■ Cass. crim., 19 oct. 1971 : *Bull. crim.*, n° 267).

Un mise en demeure n'est pas exigée pour que l'abus de confiance soit constitué, l'existence d'une transaction non respectée important peu (■ Cass. crim., 17 nov. 2004 : *Dr. pénal* 2005, comm. 78, obs. M. V.).

Encourt la cassation pour contradiction de motifs la cour d'appel qui, pour relaxer du chef d'abus de confiance, énonce que le prévenu n'a jamais été expressément informé de son obligation de restituer le véhicule loué à partir d'une date déterminée, tout en retenant que la lettre de mise en demeure ne saurait constituer le préalable nécessaire à l'infraction (■ Cass. crim., 16 nov. 2005 : *Dr. pénal* 2006, comm. 42, obs. M. Véron).

52) Abus de blanc-seing. Si la déclaration de culpabilité du chef d'abus de blanc-seing prononcée à l'encontre d'un prévenu convaincu d'avoir prélevé à des fins personnelles sur le compte bancaire de la victime des sommes importantes à l'aide de chèques signés en blanc par celle-ci et destinés à régler de simples dépenses courantes est dépourvue de base légale sous l'empire du Code pénal entré en vigueur le 1er mars 1994, qui a supprimé cette qualification pénale, les faits relatés par les juges d'appel n'en restent pas moins pénalement punissables, comme constitutifs d'un abus de confiance rentrant dans les prévisions tant de l'article 408 du Code pénal applicable à la date des faits reprochés que de l'article 314-1 du nouveau Code pénal (■ Cass. crim., 21 sept. 1994 : *JCP* G 1995, IV, 23 ; *Dr. pénal* 1995, comm. 3, obs. M. Véron ; *Bull. crim.*, n° 300 ; *Rev. sc. crim.* 1995, p. 101, obs. Ottenhof).

53) Intention frauduleuse. L'intention frauduleuse est indispensable à l'exercice des poursuites (■ Cass. crim., 3 mars 1949 : *Bull. crim.*, n° 79) et elle suppose chez l'agent la connaissance de la précarité de sa possession et la prévisibilité du résultat dommageable de son comportement ; ainsi il a notamment été jugé que l'intention coupable était réalisée toutes les fois que le prévenu avait disposé de choses fongibles dans des conditions telles qu'il devait normalement prévoir qu'elles l'empêcheraient de restituer en temps utile (■ Cass. crim., 12 juill. 1956 : *Bull. crim.*, n° 531. ■ Cass. crim., 22 déc. 1960 : *Bull. crim.*, n° 602 ; *Rev. sc. crim.* 1961, 593, obs. Bouzat). De même, le délit est constitué lorsque le prévenu a encaissé un acompte en sachant, dès l'origine, qu'il n'exécuterait pas la prestation convenue (■ Cass. crim., 3 févr. 2016, n° 14-83.427 ; *Dr. pén.* 2016, comm. 72, obs. P. Conte).

54) Caractérise à la fois le détournement et l'intention frauduleuse de son auteur, l'arrêt qui énonce que le prévenu qui s'était engagé à vendre des titres de transport et à en représenter périodiquement le prix, en a disposé dans des conditions dont il devait prévoir qu'elles l'empêcheraient de les rendre ou d'en représenter la valeur à son mandant (■ Cass. crim., 3 juill. 1997 : *Bull. crim.*, n° 265 ; *Rev. sc. crim.* 1998, 552, obs. R. Ottenhof ; *D.* 1999, jurispr. p. 157, obs. B. de Lamy).

55) L'intention frauduleuse est aussi caractérisée lorsque le prévenu a délibérément utilisé des fonds remis à une fin étrangère à celle qui avait été stipulée (■ Cass. crim., 16 mars 1987 : *Bull. crim.*, n° 122. ■ Cass. crim. 20 juin 2017, n° 14-85.879) ; *adde*, sur l'intention, les problèmes soulevés en la matière par le pacte de *quota litis* (■ Versailles, 14 janv. 1980 : *D.* 1980, 422, note Brunois ; *Rev. sc. crim.* 1980, 992, obs. Bouzat). De même ont été déclarés coupables d'abus de confiance des prévenus, garagistes, qui avaient pris en charge, à la demande de la police, un véhicule volé et qui, de mauvaise foi, n'ont pas restitué ce dernier (■ Cass. crim., 2 mars 1994 : *Dr. pénal*1994, n° 159 ; *Rev. sc. crim.* 1994, p. 765, obs. Ottenhof).

56) L'intention frauduleuse fait défaut si l'agent ignorait la précarité de sa possession, tel le cas d'un héritier vendant la chose déposée chez le *de cujus* ignorant le dépôt, ou encore s'il a pris des précautions destinées à dégager sa responsabilité, ainsi le dépositaire d'épaves de guerre pour le compte des domaines qui refuse de restituer au vrai propriétaire tant qu'il n'aura pas reçu d'instructions de cette administration (■ Cass. crim., 1er juin 1954 : *JCP* 54, IV, 101), ou encore en cas de force majeure (■ Cass. crim., 12 juill. 1956 : *Bull. crim.*, n° 529). Il n'y a pas intention frauduleuse lorsqu'il résulte des faits de la cause que le mandataire a pris soin d'informer son mandant de son déficit d'exploitation (■ Cass. crim., 20 nov. 1989 : *Dr. pénal* 1990, n° 94).

57) Il n'est pas nécessaire, pour établir l'abus de confiance, que l'intention frauduleuse soit constatée en termes particuliers et il suffit qu'elle se déduise des circonstances retenues par le juge, l'affirmation de la mauvaise foi étant nécessairement incluse dans la constatation du détournement (■ Cass. crim., 17 mai 1976 : *Bull. crim.*, n° 159. ■ Cass. crim., 12 janv. 1977 : *Bull. crim.*, n° 16. ■ 3 mai 1989 : *Dr. pénal* 1989, n° 16. ■ 12 mai 2009 : *JurisData* 2009-048280 ; *Dr. pénal* 2009, comm. 108, obs. M. Véron).

58) Il suffit, pour constituer le délit, qu'il soit établi que la propriété de la somme détournée reposait sur une tête autre que celle de l'auteur du détournement et que ce dernier ait agi avec mauvaise foi (■ Cass. crim., 19 févr. 1939 : *DH*1939, 294. ■ Cass. crim., 6 déc. 1961 : *Bull. crim.*, n° 499) ; mais il a été aussi jugé qu'était irrecevable la constitution de partie civile de plaignants qui n'étaient ni propriétaires, ni possesseurs, ni détenteurs des sommes détournées mais seulement destinataires de ces deniers confiés à leur intention par le mandant à son mandataire (■ Cass. crim., 23 févr. 1966 : *Bull. crim.*, n° 64. ■ Cass. crim., 6 mai 1969 : *Bull. crim.*, n° 150). Doit être cassé pour contradiction de motifs, l'arrêt qui relaxe un prévenu poursuivi pour abus de confiance au motif qu'il n'avait pas eu la volonté de se comporter en propriétaire des sommes, tout en relevant qu'il avait exécuté les ordres de paiement avec retard (■ Cass. crim., 22 janv. 2003 : *JurisData* n° 018122, *Dr. pénal* 2003, comm. 69, obs. M. Véron).

59) En l'état de ses énonciations, d'où il résulte que le prévenu, avisé du projet de son employeur de rompre son contrat de travail, a appréhendé des documents dont il avait eu connaissance à l'occasion de l'exercice de ses fonctions et dont la production était strictement nécessaire à l'exercice de sa défense dans la procédure prud'homale qu'il a engagée peu après, la chambre de l'instruction a justifié sa décision de non-lieu dans les poursuites exercées contre lui pour vol et abus de confiance (■ Cass. crim., 16 juin 2011, n° 10-85.079 : *Dr. pén.* 2011, comm. 100, obs. M. Véron ; *JCP* 2011, note n° 1020, p. 1701, St. Detraz ; *D.* 2011, p. 2254, note G. Beaussonie ; *Rev. sc. crim.* 2011, p. 836, obs. H. Matsopoulou). – V. aussi, sur la caractérisation de l'élément intentionnel, cités *supra*, *V°* usage abusif, les arrêts du ■ 16 juin 2011, n° 10-83.758 et ■ 20 juillet 2011, n° 10-81.726, ainsi que les observations de H. Matsopoulou à la *Rev. sc. crim.* 2011, p. 832.

60) Préjudice. L'abus de confiance peut préjudicier et ouvrir droit à réparation, non seulement aux propriétaires, mais encore aux détenteurs des dossiers détournés (■ Cass. crim., 8 janv. 1998 : *Bull. crim.*, n° 7), ou possesseurs des effets ou deniers détournés (■ Cass. crim., 11 oct. 1993 : *Bull. crim.*, n° 281).

61) Le délit d'abus de confiance ne cause un **préjudice personnel et direct** qu'aux propriétaires, détenteurs ou possesseurs des effets ou deniers détournés, encourt dès lors la censure l'arrêt qui, pour condamner la prévenue du chef de recel d'abus de confiance, retient que l'infraction principale, reprochée à une association, résulte de l'utilisation abusive de sa trésorerie bénéficiant, pour partie, d'une subvention municipale, **alors que la propriété des fonds avait été transférée** à ladite association (■ Cass. crim., 17 déc. 2008, pourvoi n° 07-87.611 : *Bull. crim.*, n° 257 ; *AJP* 2009, p. 130, note G. Royer).

62) L'article 408 (ancien art. 314-1 du Code pénal) est inapplicable si le détournement ou la dissipation a porté sur une chose qui était la propriété exclusive de l'agent (■ Cass. crim., 27 janv. 1938 : S. 1939, 1, 195).

63) Existence et nature du préjudice. Le préjudice peut être non seulement matériel mais aussi moral (■ Cass. crim., 6 avr. 1882 : *Bull. crim.*, n° 98) ou éventuel (■ Cass. crim., 18 mars 1936 : *Gaz. Pal.* 1936, 1, 880 ; *Rev. sc. crim.* 1936, 562, obs. Donnedieu de Vabres), à condition, bien sûr, qu'il soit justifié qu'il a été directement causé par l'infraction (■ Cass. crim., 20 juin 2002 : *Bull. crim.*, n° 141).

– L'existence d'un préjudice, qui peut être seulement éventuel, se trouve incluse dans la constatation du détournement de sommes appartenant aux majeurs protégés (■ Cass. crim., 3 déc. 2003 : *Bull. crim.*, n° 232. ■ Cass. crim., 13 janv. 2010 : *Bull. crim.*, n° 6 ; *Dr. pénal* 2010, comm. 60, obs. M. Véron).

64) Dès lors qu'il appartient aux juridictions du fond de réparer, dans les limites des conclusions des parties, l'intégralité du préjudice dont elles reconnaissent le principe, a été cassé l'arrêt de la cour d'appel qui, après avoir déclaré le prévenu coupable d'abus de confiance pour avoir utilisé un terminal de jeux de la Société française des jeux, dont il était dépositaire, à des fins autres que celles prévues, en l'espèce en effectuant des mises fictives lui ayant permis de percevoir des gains, a limité la valeur du détournement aux gains produits, alors que le préjudice était constitué par le montant des mises fictives qui ont conditionné la perception des gains (■ Cass. crim., 11 oct. 2006 : *JurisData* n° 2006-035743 ; *Dr. pénal* 2007, comm. 1, obs. M. Véron).

65) Les détournements commis par un associé d'une société en nom collectif occasionnent aux autres associés, qui répondent indéfiniment et solidairement des dettes sociales, un préjudice personnel et direct (■ Cass. crim., 10 avr. 2002 : *Bull. crim.*, n° 86).

66) La Chambre nationale et la chambre départementale des huissiers de justice ne sont pas recevables à se constituer parties civiles dans une poursuite exercée à l'encontre d'un de leur pair pour des faits d'abus de confiance commis par ce dernier dans l'exercice de ses fonctions, le préjudice résultant de l'atteinte à la réputation de la profession d'huissier de justice causé par le délit reproché ne pouvant qu'être indirect (■ Cass. crim., 2 mai 2007 : *Bull. crim.*, n° 111).

67) Les délits de malversation et d'abus de confiance, commis par un mandataire judiciaire dans et à l'occasion de l'exercice de ses fonctions, ne causent un préjudice direct qu'aux seules personnes pouvant revendiquer les sommes détournées.

Encourt dès lors la censure l'arrêt d'une cour d'appel qui, pour allouer des dommages-intérêts au Conseil national des administrateurs et mandataires judiciaires, pour l'atteinte portée à l'image des professions, énonce que ce conseil a pour mission la défense de leurs intérêts collectifs, alors qu'aucune disposition légale ne l'autorise à se constituer partie civile pour obtenir le remboursement des sommes exposées en exécution de ses obligations légales (■ Cass. crim., 12 déc. 2007 : *Bull. crim.*, n° 307 ; *Dr. pénal* 2008, comm. 28, obs. M. Véron).

68) Indifférence du profit. Il n'est pas nécessaire que le détournement ait tourné au profit personnel du coupable (■ Cass. crim., 9 avr. 1973 : *D.* 1975, 257, note Delmas-Marty. ■ T. corr. Seine, 2 nov. 1951 : *JCP* 52, II, 6701, note Larguier. ■ Cass. crim., 10 mai 1989 : *Dr. pénal* 1989, n° 17), il suffit qu'il ait eu lieu au préjudice du propriétaire, du possesseur ou du détenteur de la chose (■ Cass. crim., 8 juin 1977 : *Bull. crim.*, n° 207).

69) Désintéressement de la victime. Le désintéressement de la victime intervenu après la consommation du détournement n'efface pas l'abus de confiance (■ Cass. crim., 18 janv. 1972 : *Bull. crim.*, n° 26. ■ Cass. crim., 21 janv. 1976 : *Bull. crim.*, n° 25. ■ Cass. crim., 6 mars 1997 : *Bull. crim.*, n° 90) ; tout comme l'assentiment des associés ne saurait faire disparaître le caractère délictueux des détournements commis par le prévenu coupable, en sa qualité de mandataire d'association, d'abus de confiance (■ Cass. crim., 16 déc. 1975 : *Bull. crim.*, n° 279. ■ 9 févr. 2011, n° 10-80.801 : *Dr. pén.* 2011, comm. 59, obs. M. Véron).

Une transaction intervenue entre les parties accordant des délais de paiement à l'auteur d'un détournement déjà réalisé et l'éventuel désintéressement de la victime ne sauraient faire disparaître le délit (■ Cass. crim., 17 nov. 2004 : *Dr. pénal* 2005, comm. 78, obs. M. V.).

70) Prescription. V. CPP, art. 8, al. 3 pour le délai de prescription de l'action publique si la victime est une personne vulnérable.

71) Le point de départ de la prescription se situe au moment où le détournement est apparu et a pu être constaté (■ Cass. crim., 10 mars 1976 :

Bull. crim., n° 88. ▪ 30 nov. 1993 : *Dr. pénal* 1994, comm. 110, obs. M. Véron ; *Rev. sc. crim.* 1994, p. 764, obs. Ottenhof. ▪ 2 juill. 1998 : *Rev. sc. crim.* 1999, p. 585, obs. Ottenhof) dans des conditions permettant l'exercice de l'action publique (▪ Cass. crim., 29 oct. 1984 : *Bull. crim.*, n° 323. ▪ Cass. crim., 7 mai 2002 : *Bull. crim.*, n° 107. ▪ 23 mai 2002 : *Dr. pénal* 2002, comm. 104, obs. M. Véron. ▪ 19 nov. 2003 : *Dr. pénal* 2004, comm. 31 et 36, obs. M. Véron. ▪ 27 janv. 2010 : *Dr. pénal* 2010, comm. 60, obs. M. Véron). Il appartient aux juges du fond de rechercher à quelle date ont pu être constatés les faits caractérisant un abus de confiance et leur appréciation est souveraine dès lors que les motifs ne contiennent ni insuffisance ni contradiction (▪ Cass. crim., 7 mai 2002 : *Bull. crim.*, n° 107, préc.). Une mesure d'expertise est sans effet sur ce délai (▪ Cass. crim., 4 sept. 1995 : *Dr. pénal* 1996, comm. 6, obs. M. Véron).

72) Encourt, la censure, l'arrêt de la chambre de l'instruction qui constate la prescription des faits d'abus de confiance résultant de la rémunération d'un emploi fictif, sans rechercher à quelle date, à la supposer établie, l'absence de prestation de travail, correspondant à la rémunération versée, est apparue et a pu être constatée dans des conditions permettant l'exercice de l'action publique (▪ Cass. crim., 8 févr. 2006 : *Bull. crim.*, n° 34 ; *D.* 2006, jurispr., p. 2297, note L. Saenko).

73) Des détournements de fonds ayant été dissimulés, au regard de la victime, par des avis de placements de ces fonds par le prévenu, mandataire d'une société d'assurance, la prescription n'a commencé à courir qu'à compter de la découverte des faits délictueux par un contrôle de l'assureur (▪ Cass. crim., 11 déc. 2013, n° 12-86.624 : *Bull. crim.*, n° 251 ; *D.* 2013, p. 2916 ; *JCP* 2013, act. 1374, obs. J.-Y. Marechal ; *Dr. pén.* 2014, comm. 19, obs. M. Véron ; *AJP* 2014, p. 132, note J. Gallois).

74) Le délit d'abus de confiance résultant du paiement de salaires rémunérant des emplois fictifs est une infraction instantanée consommée lors de chaque paiement indu (▪ Cass. crim., 13 sept. 2006 : *Bull. crim.*, n° 220).

75) QPC. Non-lieu à renvoi au Conseil constitutionnel de la question prioritaire de constitutionnalité relative au point de départ du délai de prescription de l'abus de confiance (▪ Cass. ass. plén., 20 mai 2011, n° 11-90.025 : *Bull. crim.*, n° 7, et 11-90.033 : *Bull. crim.*, n° 6, ainsi que n° 11-90.032 : *Bull. crim.*, n° 8 ; *D.* 2011, p. 1346, obs. A. Lienhard ; *Dr. pén.* 2011, comm. 95, obs. J.-H. Robert). V. *infra*, Ann. société, V° *Abus de biens sociaux*.

76) Compensation et novation. Le délit d'abus de confiance existe par le seul fait que le détournement a été consommé et la compensation ou la novation, dès lors qu'elle est intervenue après ce détournement, ne saurait constituer une fin de non-recevoir (▪ Cass. crim., 12 mai 1980, inédit).

77) Réparation. L'abus de confiance peut préjudicier et ouvrir droit à réparation, non seulement aux propriétaires, mais encore aux détenteurs et possesseurs des effets ou deniers détournés : une banque est recevable à se constituer partie civile pour demander la réparation du préjudice résultant de la dissipation par son préposé de fonds prélevés sur les comptes des clients (▪ Cass. crim., 11 oct. 1993 : *Bull. crim.*, n° 281. ▪ Cass. crim., 8 janv. 1998 : *Bull. crim.*, n° 7, préc.), et ces derniers, bien que remboursés par la banque, subissent un préjudice distinct dont ils peuvent demander réparation (▪ Cass. crim., 5 mars 2003 : *Dr. pénal* 2003, comm. 94, obs. M. Véron) ; même solution pour un détenteur de chèques à l'ordre de tiers, auxquels il doit les remettre (▪ Cass. crim., 6 mars 1997 : *Bull. crim.*, n° 90 ; *Dr. pénal* 1997, comm. 105, obs. M. Véron), ou pour un employeur, tenu de justifier de l'encaissement et du versement à son personnel – art. R. 147-1 et L. 141-7 du Code du travail – de toutes sommes remises volontairement par les clients « pour le service », du fait du détournement de ces sommes par un employé (▪ Cass. crim., 24 avr. 1997 : *Bull. crim.*, n° 144).

– Justifie sa décision la cour d'appel qui, pour allouer des dommages-intérêts à l'employeur du prévenu, relève que, pour prendre contact avec les internautes consultant son site, il utilisait une adresse électronique comportant le nom dudit employeur et que cette association du nom d'une société renommée à des activités à caractère pornographique ou échangiste a indéniablement porté atteinte de marque et à la réputation de l'entreprise (▪ Cass. crim., 19 mai 2004 : *Bull. crim.*, n° 126, préc. note 4).

78) Une condamnation pour abus de confiance impliquant nécessairement un détournement, ce qui inclut l'affirmation de l'existence d'un préjudice, les juges qui la prononcent sont tenus de rechercher l'étendue de ce préjudice et de le réparer dans son intégralité (▪ Cass. crim., 26 oct. 1994 : *Bull. crim.*, n° 340 ; *Rev. sc. crim.* 1995, p. 582, obs. Ottenhof).

79) Le montant des dommages-intérêts dus à une compagnie d'assurances qui a dû payer à la veuve d'un assuré sur la vie le montant du capital souscrit alors que l'agent général, agissant à l'insu de la compagnie, avait détourné les primes, est celui du montant des primes dont l'assureur a été frustré et non celui du capital versé à la veuve en exécution du contrat d'assurance (■ Cass. crim., 23 janv. 1995 : *Dr. pénal* 1995, comm. 119, obs. M. Véron).

80) Le préjudice direct subi par une compagnie d'assurance du fait de son mandataire qui a détourné des fonds remis par des clients en vue de souscrire à des placements financiers est constitué par le montant de ces placements dont elle a été privée et qu'elle a dû reverser à leurs souscripteurs (■ Cass. crim., 16 nov. 2005 : *Bull. crim.*, n° 297).

– La société d'assurances subit un préjudice direct du fait de l'abus de confiance commis par son mandataire qui a détourné les placements financiers dont elle était détentrice et qu'elle a dû rembourser à ses clients (■ Cass. crim., 11 déc. 2013, n° 12-86.624, préc. : *Bull. crim.*, n° 251 ; *D.* 2013, p. 2916 ; *JCP* 2013, act. 1374, obs. J.-Y. Marechal ; *Dr. pén.* 2014, comm. 19, obs. M. Véron ; *AJP* 2014, p. 132, note J. Gallois).

81) L'auteur du détournement n'est pas dispensé de réparer le préjudice qui en découle en cas d'indemnisation de la victime par son assureur (■ Cass. crim., 9 févr. 1994 : *Bull. crim.*, n° 59. ■ Cass. crim., 6 mars 1997 : *Bull. crim.*, n° 90, préc.).

82) Le préposé qui a intentionnellement commis une infraction ayant porté préjudice à une tiers engage sa responsabilité civile à l'égard de celui-ci, alors même que la juridiction répressive qui, saisie de la seule action civile, a déclaré l'infraction constituée en tous ses éléments, n'a prononcé contre lui aucune condamnation pénale. C'est donc à bon droit que la cour d'appel a condamné le trésorier d'une mutuelle, définitivement relaxé, à indemniser la caisse primaire d'assurance maladie, partie civile, du préjudice découlant de l'abus de confiance qui lui était reproché, après avoir déclaré réunis à son encontre les éléments constitutifs de ce délit (■ Cass. crim., 7 avr. 2004 : *JurisData* n° 023601 ; *JCP* G 2004, IV, 2313).

83) Faute de la victime. Lorsque plusieurs fautes ont concouru à la production du dommage, la responsabilité de leurs auteurs se trouve engagée dans une mesure dont l'appréciation appartient souverainement aux juges du fond ; encourt la cassation, l'arrêt qui, après avoir relevé, de la part de la victime d'infractions volontaires contre les biens, des fautes ayant concouru au développement de la fraude et à ses conséquences financières, n'en tire pas les conséquences sur l'évaluation du montant de l'indemnité due par le prévenu (■ Cass. crim., 19 mars 2014, n° 12-87.416, préc., *supra*, *V° usage abusif* : *Bull. inf. C. cass.* 15 juin 2014, n° 971, p. 22, avec communiqué et note ; *D.* 2014, p. 912, note J. Lasserre-Capdeville ; *JCP* 2014, note 449, p. 730, V. Wester-Ouisse ; *Gaz. Pal.* 9-10 avr. 2014, jur., p. 5, note G. Pitti ; *D.* 2014, p. 713, note F. Rome, et p. 716, note Th. Coustet ; *Procédures* 2014, comm. 157, note A.-S. Chauent-Leclere).

– Rappr. ■ Cass. crim., 25 juin 2014, n° 13-84.450.

84) Justifie sa décision la cour d'appel qui rejette la demande d'indemnisation de la compagne du prévenu relaxé en première instance du chef d'abus de confiance, pour avoir utilisé, pour financer des dépenses de nature personnelle, la carte bancaire qu'elle lui avait confiée pour effectuer des achats répondant aux besoins du ménage, dès lors qu'aucune faute civile, à l'origine du préjudice invoqué, n'est démontrée à partir et dans la limite des faits objet de la poursuite (■ Cass. crim., 17 févr. 2016, n° 15-80.634).

85) Civilement responsable. Le commettant ne s'exonère de sa responsabilité qu'à la triple condition que le préposé ait agi en dehors des fonctions auxquelles il était employé, sans autorisation, et à des fins étrangères à ses attributions ; doit, en conséquence, être déclarée civilement responsable la banque dont le préposé, après avoir démarché un client et alimenté le compte ouvert au nom de ce dernier par des versements en espèces reçus de sa part, détourne les fonds par des virements au profit de son compte personnel dans le même établissement (■ Cass. crim., 4 janv. 1996 : *Bull. crim.*, n° 6).

Art. 314-2 ***(Mod., L. n° 2004-204, 9 mars 2004).*** **– Les peines sont portées à sept ans d'emprisonnement et à 750 000 € d'amende lorsque l'abus de confiance est réalisé :**

1° Par une personne qui fait appel au public afin d'obtenir la remise de fonds ou de valeurs soit pour son propre compte, soit comme dirigeant ou préposé de droit ou de fait d'une entreprise industrielle ou commerciale ;

2° Par toute autre personne qui, de manière habituelle, se livre ou prête son concours, même à titre accessoire, à des opérations portant sur les biens des tiers pour le compte desquels elle recouvre des fonds ou des valeurs.

3° Au préjudice d'une association qui fait appel au public en vue de la collecte de fonds à des fins d'entraide humanitaire ou sociale ;

4° Au préjudice d'une personne dont la particulière vulnérabilité, due à son âge, à une maladie, à une infirmité, à une déficience physique ou psychique ou à un état de grossesse, est apparente ou connue de son auteur.

1) L'article 408, alinéa 2 n'exige aucune concomitance entre les appels à l'épargne et les détournements (■ Cass. crim., 25 juill. 1983 : *D.* 1983, inf. rap. 501).

2) Constitue la circonstance aggravante prévue par l'article 408, alinéa 4, du Code pénal, le fait pour les exploitants d'une agence immobilière de ne pas restituer au propriétaire d'appartements tous les loyers qu'ils avaient reçu mandat de percevoir auprès des locataires (■ Cass. crim., 26 mai 1987, inédit).

3) Il se déduit de l'article 207 ancien de la loi du 25 janvier 1985, selon lequel les malversations incriminées par cet article sont punies « des peines prévues par le 2e alinéa de l'article 408 du Code pénal », que le législateur a, quant à la répression, entendu assimiler ces malversations aux faits d'abus de confiance définis par ce second texte ; qu'il s'ensuit que les dispositions de l'article 408, alinéa 2, ayant été reprises, à compter du 1er mars 1994, à l'article 314-2 du Code pénal, les peines prévues par ce texte ont, dès cette date, été applicables au délit prévu par l'article 207 précité (■ Cass. crim., 30 juin 1998 : *Bull. crim.*, n° 209 ; *Dr. pénal* 1998, comm. 157, obs. J.-H. Robert).

Art. 314-3. – Les peines sont portées à dix ans d'emprisonnement et à 1 500 000 € d'amende lorsque l'abus de confiance est réalisé par un mandataire de justice ou par un officier public ou ministériel soit dans l'exercice ou à l'occasion de l'exercice de ses fonctions, soit en raison de sa qualité.

1) La circonstance aggravante prévue par le paragraphe 5 de l'article 408 du Code pénal s'attache à la qualité seule de l'officier ministériel, sans qu'il soit nécessaire que les sommes par lui détournées lui aient été remises dans l'exercice ou à l'occasion de l'exercice de ses fonctions, dès lors qu'elles l'ont été en considération de sa qualité (■ Cass. crim., 6 juin 1978 : *Bull. crim.*, n° 179). Pour l'application de l'article 408, alinéa 5, à un huissier associé chargé de la liquidation d'une société civile professionnelle, V. ■ Cass. crim., 10 janv. 1984 : *Bull. crim.*, n° 11.

2) L'article 408, alinéa 5 n'est applicable à un officier ministériel que si celui-ci a reçu des fonds qui lui ont été remis volontairement, à raison de la confiance qu'il inspire ; dans le cas contraire, lorsqu'il s'agit d'un dépôt d'origine légale, est seul applicable l'article 169 (■ Cass. crim., 18 oct. 1924 : S. 1925, 1, 89, note Roux). Justifie sa décision de non-lieu du chef d'abus de confiance qualifié la chambre d'accusation qui relève qu'aucun des comptes clients du notaire n'a été concerné par le déficit de caisse de l'étude, et que l'impossibilité dans laquelle se trouvait le prévenu de rembourser des prêts contractés pour ses besoins personnels n'entrait pas dans les prévisions de l'article 408 du Code pénal (■ Cass. crim., 21 mai 1986, inédit).

3) Est entachée de complexité la question unique posée à la cour et au jury, se rapportant à des actes distincts constitutifs du crime d'abus de confiance qualifié, commis à des dates différentes au préjudice de plusieurs victimes (■ Cass. crim., 26 janv. 1989 : *Bull. crim.*, n° 32. – V. aussi ■ Cass. crim., 27 mai 1988 : *Bull. crim.*, n° 231).

Art. 314-4. – Les dispositions de l'article 311-12 sont applicables au délit d'abus de confiance.

Section II. – Du détournement de gage ou d'objet saisi

Art. 314-5. – Le fait, par un débiteur, un emprunteur ou un tiers donneur de gage, de détruire ou de détourner l'objet constitué en gage est puni de trois ans d'emprisonnement et de 375 000 € d'amende.

La tentative de l'infraction prévue au présent article est punie des mêmes peines.

Art. 314-6. – Le fait, par le saisi, de détruire ou de détourner un objet saisi entre ses mains en garantie des droits d'un créancier et confié à sa garde ou à celle d'un tiers est puni de trois ans d'emprisonnement et de 375 000 € d'amende.

La tentative de l'infraction prévue au présent article est punie des mêmes peines.

Note. – Sur le délai de prescription de l'action publique des délits mentionnés aux articles.. 314-6... du Code pénal, commis à l'encontre d'une personne vulnérable..., V. CPP, art. 8, al. 3.

Bibliographie : *JCl. pén., Détournement de gage ou d'objet saisi* par M. Daury-Fauveau.

I – DÉTOURNEMENT DE SAISIE

1) **Portée de l'incrimination.** Une saisie pratiquée pour servir à la manifestation de la vérité n'a ni pour but ni pour effet de sauvegarder l'intérêt d'un créancier saisissant ou les droits éventuels d'un tiers et n'entre pas dans le cadre de l'incrimination de l'article 400 ; ainsi ce texte n'est pas applicable à l'individu qui détruit des lettres que vient de saisir le commissaire de police chargé d'une perquisition (■ Cass. crim., 11 nov. 1904 : *DP* 1905, 1, 147).

2) Mais lorsque la saisie au cours d'une procédure criminelle est opérée en vue d'une confiscation éventuelle au profit de l'État ou de la victime, l'article 400 trouve application (■ Cass. crim., 21 nov. 1895 : *DP* 96, 1, 191. ■ Cass. crim., 18 juin 1943 : *Bull. crim.*, n° 56).

3) **Formes du placement sous autorité de la justice.** L'article 400 concerne non seulement les saisies visant à mettre un bien sous le contrôle de la justice en vue d'en assurer la protection à des fins d'ordre privé (saisie-arrêt ■ Cass. crim., 6 déc. 1945 : *Bull. crim.*, n° 132. – saisie-brandon ■ Cass. crim., 29 nov. 1888 : *Bull. crim.*, n° 341. – saisie-exécution ■ Cass. crim., 18 juill. 1895 : *D.* 96, 1, 55. ■ 29 janv. 1990, *Benchetrit*, inédit. – saisie immobilière ■ Cass. crim., 14 févr. 1895 : *DP* 97, 1, 393) mais encore le séquestre judiciaire (■ Cass. crim., 14 avr. 1961 : *Bull. crim.*, n° 197), la mise sous scellés (■ T. corr. Seine, 27 janv. 1951 : *D.* 1951, 214 ; *Rev. sc. crim.* 1951, 277, obs. Bouzat), la saisie-vente (■ Cass. crim., 6 mai 1998 : *Bull. crim.*, n° 156).

4) **Validité de l'acte.** Peu importe que la saisie soit nulle quant au fond ou irrégulière quant à la forme pourvu qu'elle présente tous les caractères extérieurs d'un acte régulier (■ Cass. crim., 18 avr. 1964 : *Bull. crim.*, n° 209) ; la victime peut seulement se prévaloir de l'irrégularité pour demander la mainlevée judiciaire de la saisie *(même arrêt)* et l'annulation ultérieure de la saisie ne saurait effacer le délit consommé (■ T. corr. Seine, 18 déc. 1926 : *DP* 1928, 2, 199).

5) Les effets de la saisie subsistent tant qu'une décision judiciaire ne l'a pas annulée (■ Cass. crim., 18 avr. 1961 : *Bull. crim.*, n° 209).

6) L'indisponibilité des biens saisis se poursuivant tant qu'une décision n'a pas prononcé la nullité ou la mainlevée de la saisie, il suffit, pour caractériser le délit prévu par l'article 314-6 du Code pénal, que le détournement ait été commis, en connaissance de cause, par le débiteur après un acte de saisie opéré dans les formes prescrites par la loi (■ Cass. crim., 6 mai 1998 : *Bull. crim.*, n° 156 ; *Dr. pénal* 1998, comm. 126, obs. M. Véron). – Rappr. ■ Cass. crim., 1er sept. 2004, *infra*, note 14.

7) **Détournement.** Le détournement peut consister dans un acte portant aliénation de la chose, avec (■ Cass. crim., 10 oct. 1973 : *Gaz. Pal.* 1974, 1, 8) ou sans déplacement de l'objet (■ Cass. crim., 1er avr. 1954 : *JCP* 54, II, 8178, note G. M. ; *Rev. sc. crim.* 1954, 551, obs. Bouzat : vente d'un fonds de commerce), dans l'enlèvement de la chose (■ Cass. crim., 6 févr. 1875 : *Bull. crim.*, n° 43. ■ Cass. crim., 28 avr. 1982 : *Bull. crim.*, n° 107) pourvu que le déplacement ne soit pas temporaire (■ Paris, 15 janv. 1950 : *JCP* 50, II, 5896, note Magnol ; *Rev. sc. crim.* 1951, 96, obs. Bouzat), dans sa mise en gage au profit d'un tiers (■ Cass. crim., 17 févr. 1844 : *S.* 44, 1, 282).

8) Constitue un détournement d'objet saisi la vente de parts sociales réalisée postérieurement à la saisie-arrêt effectuée entre les mains de la société qui les a rendues indisponibles (■ Cass. crim., 24 sept. 1997 : *Dr. pénal* 1998, comm. 18, obs. M. Véron).

9) **Imputabilité.** Lorsque la personne saisie est une **société**, seuls les mandataires sociaux peuvent être regardés comme auteurs du délit : l'article 400 a ainsi été appliqué au président-directeur général d'une société (■ Cass. crim., 7 nov. 1973 : *D.* 1974, 456) ; il a même été jugé applicable au représentant d'une société qui, au mépris d'une saisie conservatoire dont il avait eu connaissance, avait consenti par écrit à l'aliénation et à l'enlèvement d'un lot de bois (■ Cass. crim., 16 avr. 1980 : *Bull. crim.*, n° 106).

10) L'indisponibilité de biens gagés par une société, placée ultérieurement en redressement judiciaire, s'impose au repreneur de celle-ci dans le cadre d'un plan de cession lui donnant la qualité de débiteur du créancier gagiste (■ Cass. crim., 16 mai 2001 : *Bull. crim.*, n° 125 ; *Dr. pénal* 2001, comm. 127, obs. M. Véron).

11) **Elément intentionnel.** La connaissance de la saisie est nécessaire chez le prévenu pour caractériser l'intention ; la seule décision ordonnant le séquestre ne suffit pas (■ Cass. crim., 20 juin 1973 : *Bull. crim.*, n° 286).

12) L'intention fait défaut dans le cas d'une autorisation de déplacement donnée au saisi par le créancier gagiste lui-même (■ Cass. crim., 25 avr. 1890 : *DP* 90, 1, 456) ou même par un seul créancier saisissant alors qu'il en existe plusieurs (■ Cass. crim., 17 sept. 1852 : *Bull. crim.*, n° 321).

13) **Nécessité de désignation d'un gardien.** Le délit de détournement d'objets saisis n'est punissable que dans la mesure où il a été procédé à la désignation d'un gardien (■ Orléans, 4 déc. 1987 : *JurisData* n° 1987-049402), que ce soit le saisi lui-même ou un tiers.

14) Une cour d'appel, ayant constaté que le prévenu, constitué gardien de meubles saisis par le fisc, les a déménagés puis revendus à un tiers, ne peut, sans méconnaître l'article 314-6 du Code pénal, retenir l'absence d'élément intentionnel chez celui-ci au motif qu'une saisie pratiquée par un autre créancier sur les mêmes meubles avait été levée par décision du juge de l'exécution.

En effet, l'indisponibilité des biens saisis se poursuivait tant que la nullité ou la mainlevée de la saisie opérée par le fisc n'avait pas été prononcée (■ Cass. crim., 1er sept. 2004 : *Bull. crim.*, n° 191 ; *Dr. pénal* 2004, comm. 171, obs. M. Véron).

II – DÉTOURNEMENT DE GAGE

15) Objet. Ne pouvant porter que sur un objet **mobilier**, le gage ne saurait s'appliquer à un immeuble par destination, *a fortiori* à un immeuble par nature et un objet devenu immeuble par destination ne saurait être détourné (■ Cass. crim., 26 oct. 1960 : *JCP* 60, IV, 166).

16) L'article 400, alinéa 5 est applicable en cas de remise en gage d'une créance (■ Caen, 19 mai 1870 : *D.* 71, 2, 228), de délégation de loyers (■ Cass. crim., 2 févr. 1935 : *Bull. crim.*, n° 19), de remise des recettes d'un film données en garantie d'un nantissement de films (■ Cass. crim., 3 juill. 1964 : *D.* 1965, somm. 46), de détournement de certains éléments d'un fonds de commerce donnés en nantissement (■ Cass. crim., 25 juill. 1912 : *S.* 1914, 1, 116, note Roux), ou d'un véhicule automobile acheté à crédit et gagé (■ Cass. crim., 27 nov. 1927 : *S.* 1929, 1, 153, note Roux. ■ 18 janv. 1950 : *S.* 1950, 1, 193, note Légal ; *JCP* 50, II, 5422, note Gruffy. ■ Montpellier, 1er juill. 1936 : *Gaz. Pal.* 1936, 2, 262 ; *Rev. sc. crim.* 1937, 77, obs. Donnedieu de Vabres).

– L'indisponibilité de biens gagés par une société, placée ultérieurement en redressement judiciaire, s'impose au repreneur de celle-ci dans le cadre d'un plan de cession lui donnant la qualité de débiteur du créancier gagiste (■ Cass. crim., 16 mai 2001 : *Bull. crim.*, n° 125 ; *Dr. pénal* 2001, comm. 127, obs. M. Véron).

17) Exclusions. Les sanctions de l'article 400 du Code pénal ne doivent pas s'appliquer aux **privilèges légaux** qui ne sont que les modalités particulières d'une créance, tel le privilège du bailleur d'immeuble sur les biens garnissant les lieux loués ou le privilège des caisses de crédit agricole sur le cheptel vif et mort et les récoltes de l'emprunteur (■ Orléans, 8 nov. 1957 : *JCP* 58, II, 10383, note Becqué).

18) Commet un vol et non un détournement de gage, le garagiste non payé qui enlève sur la voie publique la voiture de son client en prétendant exercer son **droit de rétention** (■ Cass. crim., 25 oct. 1978 : *D.* 1979, inf. rap. 136).

19) Le délit devant être commis par le propriétaire de l'objet donné en gage, il n'est pas commis par l'acheteur qui vend une voiture avant d'en avoir payé le prix si elle a été vendue à crédit après **réserve de propriété** au profit du vendeur puisqu'elle ne peut, en ce cas, être le gage de celui-ci (■ Cass. crim., 6 mars 1937 : *D.* 1938, 1, 92, note Nast).

20) Preuve et validité du gage. Si la preuve de l'existence du nantissement est indispensable, il n'en va pas de même pour celle de la validité du contrat, la loi civile ne déterminant les cas de nullité ou d'annulation qu'au point de vue des intérêts civils, abstraction faite des éléments délictueux et de leurs conséquences ; les poursuites prennent leur source non dans le contrat mais dans le détournement frauduleux de la chose remise en gage (■ Cass. crim., 27 févr. 1970 : *JCP* 70, IV, 101) ; ainsi l'inaccomplissement de la publicité prévue en matière de gage d'un véhicule automobile est sans effet dans les rapports entre le créancier gagiste et le débiteur donneur de gage (■ Cass. crim., 10 mars 1976 : *Bull. crim.*, n° 89. – V. aussi ■ Douai, 6 janv. 1989 : *D.* 1991, somm., 64, obs. Azibert).

21) Détournement. Le détournement peut consister dans un refus ou une impossibilité de représenter le véhicule gagé après sommation (■ Cass. crim., 18 janv. 1950, préc. *supra*, 16), dans l'abandon du véhicule sur la voie publique ou dans un garage (■ Cass. crim., 20 févr. 1973 : *Gaz. Pal.* 1973, 1, 285), ou dans le fait de changer de domicile sans en avertir l'établissement prêteur (■ T. corr. Verdun, 19 nov. 1965 : *JCP* 66, II, 14735, note Meurisse).

22) A été déclaré coupable de détournement de gage le prévenu qui n'a pu représenter une partie du matériel nanti et a ainsi paralysé le droit que le créancier tenait de son gage (■ Cass. crim., 14 juin 1994 : *Dr. pénal* 1994, comm. 233, obs. Véron).

23) Un arrêt ne saurait se borner, pour relaxer du délit de détournement de gage un prévenu, à constater que ce dernier déclare, d'une part que le véhicule donné en gage est tombé en panne au bout de quelques semaines et a été remisé dans un garage et d'autre part qu'il n'a pas disposé de la voiture qui lui appartient toujours mais qu'il est en procès avec son vendeur en raison de l'état défectueux du véhicule vendu sous garantie (■ Cass. crim., 23 juin 1965 : *D.* 1965, 778).

24) En application des articles 33 et 36 du Code de l'industrie cinématographique, et par l'effet de son inscription au registre public de la cinématographie, l'affectation des recettes d'un film à la sûreté de la créance du distributeur constitue un gage au profit de celui-ci ; se rend dès lors coupable de détournement de gage le débiteur ayant consenti la délégation de recettes qui, en fraude des droits du créancier, perçoit et dispose des produits de l'exploitation du film sans restituer les fonds au distributeur qui en formait légitimement la demande (■ Cass. crim., 12 avr. 1995 : *Bull. crim.*, n° 155).

25) Prescription. Le point de départ de la prescription est retardé au jour où le plaignant a eu connaissance des agissements du prévenu s'il était dans leur ignorance au moment du détournement (■ Bordeaux, 9 oct. 1962 : *JCP* 63, II, 13128, note Larguier).

26) Action civile. Le préjudice résultant du détournement de gage ne saurait être confondu avec la créance préexistante (■ Cass. crim., 10 mars 1992 : *Dr. pénal* 1992, n° 229 ; *JCP* 93, G, I, 3641, n° 8, obs. Véron).

27) Le paiement, postérieur au détournement du gage, de la créance garantie, ne fait pas disparaître le délit ni le préjudice en résultant, celui-ci ne se confondant pas avec la créance préexistante (■ Cass. crim., 16 mai 2001 : *Bull. crim.*, n° 125). De même, il importe peu qu'un paiement soit effectué au profit de l'un des prêteurs postérieurement au détournement du gage (■ Cass. crim., 19 nov. 2014, n° 13-84.841 : *Dr. pén.* 2015, comm. 3, obs. M. Véron).

Section III. – De l'organisation frauduleuse de l'insolvabilité

Art. 314-7. – Le fait, par un débiteur, même avant la décision judiciaire constatant sa dette, d'organiser ou d'aggraver son insolvabilité soit en augmentant le passif ou en diminuant l'actif de son patrimoine, soit en diminuant ou en dissimulant tout ou partie de ses revenus, soit en dissimulant certains de ses biens, en vue de se soustraire à l'exécution d'une condamnation de nature patrimoniale prononcée par une juridiction répressive ou, en matière délictuelle, quasi délictuelle ou d'aliments, prononcée par une juridiction civile, est puni de trois ans d'emprisonnement et de 45 000 € d'amende.

Commet le même délit le dirigeant de droit ou de fait d'une personne morale qui organise ou aggrave l'insolvabilité de celle-ci dans les conditions définies à l'alinéa précédent en vue de la soustraire aux obligations pécuniaires résultant d'une condamnation prononcée en matière pénale, délictuelle ou quasi délictuelle.

Bibliographie : *JCl. pén., Organisation ou aggravation frauduleuse d'insolvabilité* par M. Daury-Fauveau.

1) Absence de toute condamnation. Le jugement par lequel un tribunal de commerce prononce la liquidation des biens d'un commerçant ne peut être regardé comme étant de la nature de celles des condamnations prévues par l'article 404-1 (devenu l'article 314-7) du Code pénal (■ Paris, 9e Ch., 25 févr. 1988 : *Gaz. Pal.* 1988, 1, 319, note J. P. D.).

2) L'offre de régler les emprunts de la communauté ne constitue pas une convention judiciairement homologuée et ne peut servir de base à une poursuite pour insolvabilité frauduleuse lorsqu'elle figure dans une ordonnance de non-conciliation et n'a pas fait l'objet d'une condamnation valant titre exécutoire (■ Cass. crim., 7 sept. 1999 : *Bull. crim.*, n° 178 ; *Dr. pénal* 2000, comm. 5, obs. M. Véron).

3) La dissimulation de biens invoquée par la plaignante ne peut résulter du seul fait que le débiteur de la pension a apporté son concours sans rémunération à l'activité professionnelle de sa deuxième épouse, cette contribution devant s'analyser comme l'exécution du devoir d'assistance entre époux (■ Cass. crim., 8 avr. 1986, inédit).

4) Caractérisation de l'organisation frauduleuse. À noter que la condamnation prononcée par la juridiction civile pour recel d'effets de la communauté, prévu par l'article 1477 du Code civil, entre dans les prévisions de l'article 314-7 du Code pénal (■ Cass. crim., 24 mars 2004 : *Bull. crim.*, n° 78 ; *Dr. pénal* 2004, comm. 101, obs. M. Véron ; *D.* 2004, somm. comm., p. 2756, obs. S. Mirabail).

5) Caractérise sans insuffisance le délit d'insolvabilité frauduleuse l'arrêt qui constate que le prévenu, après s'être dessaisi, par donation de ses biens, meubles et immeubles, a demandé au juge des affaires matrimoniales la suppression de la pension alimentaire dont il est débiteur en invoquant son impécuniosité (■ Cass. crim., 29 mai 1989 : *Bull. crim.*, n° 217).

6) Est coupable d'organisation d'insolvabilité et de complicité du même délit le prévenu, à titre personnel et pris en sa qualité de gérant, qui a créé une société destinée à diminuer l'actif de son patrimoine dans le but de se soustraire à l'exécution de condamnations pécuniaires (■ Aix-en-Provence, 14 sept. 1987 : *JurisData* n° 051063).

7) Commet les délits d'organisation d'insolvabilité en vue de se soustraire à l'exécution d'une condamnation pécuniaire et d'abandon de famille le prévenu qui ne paie pas pendant deux mois une pension alimentaire pour l'entretien d'un enfant commun dont il est débiteur, qui diminue son actif en démissionnant brutalement de son emploi après la mise en œuvre d'une procédure de paiement direct de la pension par son conjoint et qui augmente ses charges en louant son appartement inoccupé par lui (■ Rouen, 3 nov. 1987 : *JurisData* n° 051063).

8) Entre dans les prévisions de l'article 404-1 du Code pénal le fait pour le débiteur d'une prestation compensatoire de renoncer volontairement à un emploi rémunéré, ce qui a pour résultat de diminuer l'actif de son patrimoine ; ainsi ne justifie pas sa décision la cour d'appel qui, pour relaxer ce débiteur, énonce que l'article 404-1 « d'interprétation stricte, ne vise que le patrimoine... et non pas le salaire qui est la rémunération d'un travail et ne peut être assimilé à un patrimoine mais constitue un revenu » (■ Cass. crim., 1er févr. 1990 : *Bull. crim.*, n° 55 ; V. également *D.* 1994, 551, note J.-P. Verschave).

9) S'agissant du délit d'insolvabilité frauduleuse, le caractère ostensible d'une donation, faite avec le ministère d'un notaire, autorisé à cet effet par le juge d'instruction à rendre visite à son client détenu dans un établissement pénitentiaire, n'est pas exclusif de l'intention délictuelle, dès lors que le donateur diminuait ainsi son patrimoine en sachant qu'il allait être renvoyé devant la cour d'Assises (■ Cass. crim., 23 août 1994 : *Bull. crim.*, n° 293 ; *Rev. sc. crim.* 1995, 103, obs. Ottenhof).

10) Caractérise le délit d'insolvabilité frauduleuse, prévu à l'article 404-1 ancien du Code pénal, devenu l'article 314-7 de ce code, l'arrêt qui constate que, pour se soustraire à l'exécution d'une condamnation pécuniaire prononcée par une juridiction répressive, le prévenu qui, après la saisie de ses parts dans la société immobilière qu'il avait constituée avec son épouse séparée de biens, dépose au greffe du tribunal de commerce un procès-verbal d'une assemblée générale de la société qui se serait tenue à une date antérieure à celle de la saisie et qui aurait décidé l'augmentation du capital social par création de parts intégralement souscrites sans contrepartie réelle par son épouse, en transférant ainsi à cette dernière la presque totalité des droits sur l'actif social et en réduisant corrélativement la valeur des parts saisies (■ Cass. crim., 3 oct. 1996 : *Bull. crim.*, n° 347 ; *Dr. pénal* 1997, comm. 20, obs. M. Véron).

11) Justifie sa décision, la cour d'appel, qui, pour déclarer un prévenu coupable d'avoir organisé ou aggravé son insolvabilité, retient que ce dernier, placé en redressement judiciaire, dont le patrimoine immobilier ne pouvait aisément être saisi, a, en faisant donation de la nue-propriété de ses meubles à ses parents, diminué son patrimoine et tenté de se soustraire à l'exécution d'une condamnation prononcée au profit de la partie civile (■ Cass. crim., 6 mai 2002 : *Bull. crim.*, n° 99 ; *Dr. pénal* 2002, comm. 123, obs. M. Véron).

12) Caractérise en tous ses éléments le délit d'organisation frauduleuse d'insolvabilité, prévu à l'article 314-7 du Code pénal, l'arrêt qui constate que, pour se soustraire à l'exécution des condamnations de nature patrimoniale qu'il encourait, le prévenu a, deux mois avant la date de l'audience du tribunal correctionnel à laquelle l'affaire avait été renvoyée par un jugement avant-dire droit ordonnant une expertise, et alors qu'il pouvait redouter une condamnation par cette juridiction, diminué l'actif de son patrimoine (■ Cass. crim., 5 avr. 2005 : *Bull. crim.*, n° 118 ; *Dr. pénal* 2005, comm. 104, obs. M. Véron).

13) Commet le délit celui qui, pour se soustraire aux obligations alimentaires découlant des décisions prononcées par le juge aux affaires matrimoniales et le juge de la mise en état, au cours de la procédure de divorce, contemporaine de ses agissements, cède, à vil prix, ses cabinets de courtage et de gestion patrimoniale à une société créée à cette fin par sa concubine, et emprunte des sommes importantes en vue d'aggraver son passif (■ Cass. crim., 6 oct. 2010 : *JurisData* n° 2010-020177 ; *Dr. pén.* 2011, comm. 3, obs. M. Véron).

14) Mais, doit être cassé pour insuffisance de motifs l'arrêt qui, pour déclarer coupable un débiteur de pension alimentaire d'avoir organisé frauduleusement son insolvabilité, au sens des dispositions de l'article 314-7 du Code pénal, retient qu'il a obtenu la suspension du paiement de cette pension en dissimulant, au juge des affaires familiales, son activité de gérant de fait de société (■ Cass. crim., 25 avr. 2006 : *Bull. crim.*, n° 108).

15) Le délit d'organisation frauduleuse d'insolvabilité n'est caractérisé que lorsque l'intéressé a commis les faits dans le but de se soustraire à l'exécution d'une condamnation patrimoniale définitive, même postérieure aux agissements incriminés.

Encourt la censure l'arrêt qui déclare le prévenu coupable de cette infraction sans constater qu'il a fait l'objet d'une telle condamnation (■ Cass. crim., 17 févr. 2016, n° 14-86.969 ; *Dr. pén.* 2016, comm. 75, obs. P. Conte).

16) Le fait pour un débiteur d'aliments de déclarer de très faibles ressources, en réalité compensées par des avantages en nature considérables non révélés, équivaut à une dissimulation de ses revenus (■ Cass. crim., 29 juin 2016, n° 14-84.037 : *Dr. pén.* 2016, comm. 137, note P. Conte).

17) Complicité. Caractérise en tous ses éléments le délit de complicité d'organisation d'insolvabilité retenue contre l'épouse d'un escroc, la cour d'appel qui retient que celle-ci a permis à son mari de percevoir de manière occulte des revenus d'une activité qu'elle exerçait officiellement en son seul nom et relève que les époux ont acquis et exploité une discothèque sous forme de société à responsabilité limitée, dont la prévenue était associée puis gérante de droit et son mari dirigeant de fait et que l'épouse a sciemment dissimulé son état de femme mariée dans tous les actes relatifs à cette société et la position créditrice de son compte courant, les époux ayant ainsi perçu des distributions occultes de bénéfices de plus de deux millions de francs en deux ans (■ Cass. crim., 11 déc. 1989 : *Bull. crim.*, n° 471).

Art. 314-8. – **La juridiction peut décider que la personne condamnée comme complice de l'infraction définie à l'article 314-7 est tenue solidairement, dans la limite des fonds ou de la valeur vénale des biens reçus à titre gratuit ou onéreux, aux obligations pécuniaires résultant de la condamnation à l'exécution de laquelle l'auteur de l'infraction a voulu se soustraire.**

Lorsque la condamnation de nature patrimoniale a été prononcée par une juridiction répressive, le tribunal peut décider que la peine qu'il prononce ne se confondra pas avec celle qui a été précédemment prononcée.

La prescription de l'action publique ne court qu'à compter de la condamnation à l'exécution de laquelle le débiteur a voulu se soustraire ; toutefois, elle ne court qu'à compter du dernier agissement ayant pour objet d'organiser ou d'aggraver l'insolvabilité du débiteur lorsque le dernier agissement est postérieur à cette condamnation.

1) La faculté offerte par l'article 314-8 du Code pénal permet à la juridiction répressive, non pas d'apprécier le montant de l'indemnité destinée à réparer le dommage né de l'organisation frauduleuse de l'insolvabilité et mise à la charge de l'ensemble des personnes condamnées pour ladite infraction, mais seulement de déclarer le complice de ce délit tenu solidairement, avec l'auteur principal, dans la limite prévue par ce texte, aux obligations pécuniaires résultant de la condamnation à l'exécution de laquelle celui-ci a voulu se soustraire (■ Cass. crim., 16 nov. 2004 : *Bull. crim.*, n° 288).

2) La fixation d'un point de départ spécifique de la prescription du délit d'organisation frauduleuse d'insolvabilité par l'article 314-8, alinéa 3, du Code pénal, exclut son report en raison du caractère occulte d'éléments constitutifs du délit.

Par ailleurs, une procédure d'exequatur rendue nécessaire pour la saisie d'un bien à l'étranger ne modifie pas la date de la condamnation définitive, point de départ de la prescription.

Justifie sa décision la chambre de l'instruction, qui, pour retenir la prescription de faits d'organisation frauduleuse d'insolvabilité, énonce que ce délit est une infraction instantanée, que le point de départ de la prescription, fixé au jour de la condamnation devenue définitive, ne peut être retardé par l'exequatur de cette décision et par la prise en compte de décisions rendues par les juridictions civiles dans le cadre de procédures en recouvrement de la créance principale, dont n'était pas saisi le juge d'instruction (■ Cass. crim., 12 juill. 2016, n° 15-80.923).

Art. 314-9. – **Pour l'application de l'article 314-7, les décisions judiciaires et les conventions judiciairement homologuées portant obligation de verser des prestations, subsides ou contributions aux charges du mariage sont assimilées aux condamnations au paiement d'aliments.**

Section IV. – Peines complémentaires applicables aux personnes physiques et responsabilité des personnes morales

Art. 314-10 *(Mod., L. n° 2008-776, 4 août 2008)*. – **Les personnes physiques coupables de l'un des délits prévus aux articles 314-1, 314-2 et 314-3 encourent également les peines complémentaires suivantes :**

1° L'interdiction des droits civiques, civils et de famille, suivant les modalités prévues par l'article 131-26 ;

2° L'interdiction, suivant les modalités prévues par l'article 131-27, soit d'exercer une fonction publique ou d'exercer l'activité professionnelle ou sociale dans l'exercice ou à l'occasion de l'exercice de laquelle l'infraction a été commise, soit d'exercice une profession commerciale ou industrielle, de diriger, d'administrer, de gérer ou de contrôler à un titre quelconque, directement ou indirectement, pour son propre compte ou pour le compte d'autrui, une entreprise commerciale ou industrielle ou une société commerciale. Ces interdictions d'exercice peuvent être prononcées cumulativement ;

3° La fermeture, pour une durée de cinq ans au plus, des établissements ou de l'un ou de plusieurs des établissements de l'entreprise ayant servi à commettre les faits incriminés ;

4° L'exclusion des marchés publics pour une durée de cinq ans au plus ;

5° L'interdiction, pour une durée de cinq ans au plus, d'émettre des chèques autres que ceux qui permettent le retrait de fonds par le tireur auprès du tiré ou ceux qui sont certifiés ;

6° La confiscation de la chose qui a servi ou était destinée à commettre l'infraction ou de la chose qui en est le produit, à l'exception des objets susceptibles de restitution ;

7° L'affichage ou la diffusion de la décision prononcée dans les conditions prévues par l'article 131-35.

QPC. Non-lieu à renvoi un Conseil constitutionnel de la QPC visant l'article 314-10, 2° (■ Cass. crim., 12 juin 2014, n° 13-87.819. ■ Cass. crim. 23 juill. 2014, n° 14-80.428 : *Dr. pén.* 2014, comm. 125, obs. M. Véron).

Art. 314-11. – Les personnes physiques coupables de l'un des délits prévus aux articles 314-5, 314-6 et 314-7 encourent également les peines complémentaires suivantes :

1° La confiscation de la chose qui a servi ou était destinée à commettre l'infraction ou de la chose qui en est le produit, à l'exception des objets susceptibles de restitution ;

2° L'affichage ou la diffusion de la décision prononcée dans les conditions prévues par l'article 131-35.

Art. 314-12 *(Mod., L. n° 2009-526, 12 mai 2009)*. – Les personnes morales déclarées responsables pénalement, dans les conditions prévues par l'article 121-2, des infractions définies aux articles 314-1 et 314-2 encourent, outre l'amende suivant les modalités prévues par l'article 131-38, les peines prévues à l'article 131-39.

L'interdiction mentionnée au 2° de l'article 131-39 porte sur l'activité dans l'exercice ou à l'occasion de l'exercice de laquelle l'infraction a été commise.

Art. 314-13 *(Mod., L. n° 2009-526, 12 mai 2009)*. – Les personnes morales déclarées responsables pénalement, dans les conditions prévues par l'article 121-2, des infractions définies aux articles 314-5, 314-6 et 314-7 encourent, outre l'amende suivant les modalités prévues par l'article 131-38, les peines prévues par les 8° et 9° de l'article 131-39.

TITRE II. – DES AUTRES ATTEINTES AUX BIENS

CHAPITRE I. – DU RECEL ET DES INFRACTIONS ASSIMILÉES OU VOISINES

Section I. – Du recel

Art. 321-1. – Le recel est le fait de dissimuler, de détenir ou de transmettre une chose, ou de faire office d'intermédiaire afin de la transmettre, en sachant que cette chose provient d'un crime ou d'un délit.

Constitue également un recel le fait, en connaissance de cause, de bénéficier, par tout moyen, du produit d'un crime ou d'un délit.

Le recel est puni de cinq ans d'emprisonnement et de 375 000 € d'amende.

Note. – Sur la question du délai de prescription de l'action publique des délits mentionnés aux articles... 321-1... du Code pénal, commis à l'encontre d'une personne vulnérable..., V. CPP, art. 8, al. 3.

Art. 321-2. – Le recel est puni de dix ans d'emprisonnement et de 750 000 € d'amende :

1° Lorsqu'il est commis de façon habituelle ou en utilisant les facilités que procure l'exercice d'une activité professionnelle ;

2° Lorsqu'il est commis en bande organisée.

Art. 321-3. – Les peines d'amende prévues par les articles 321-1 et 321-2 peuvent être élevées au-delà de 375 000 € jusqu'à la moitié de la valeur des biens recelés.

Bibliographie : *JCl. pén.*, *Recel* par M. Daury-Fauveau.

• ***Sommaire***

I – CHOSES RECELÉES

1) Nature mobilière. La chose recelée est nécessairement une chose mobilière ; il s'agit de tout objet susceptible d'être matériellement soustrait et peu importe sa valeur (ainsi peuvent être recelées des lettres missives ■ Cass. crim., 10 févr. 1927 : *S.* 1929, 1, 77). Sur le problème du recel dit d'usage ou de service, V. *infra*, n° 12. Une information, quelle qu'en soit la nature ou l'origine, échappe aux prévisions de l'article 321-1 du Code pénal qui ne réprime que le recel de choses, et ne relève, le cas échéant – si elle fait l'objet d'une publication contestée par ceux qu'elle concerne – que des dispositions légales spécifiques à la liberté de la presse ou de la communication audiovisuelle (■ Cass. crim., 3 avr. 1995 : *Bull. crim.*, n° 142 ; *JCP* 95, II, 22429, note Derieux ; *Rev. sc. crim.* 1995, p. 599, obs. J. Francillon et p. 821, obs. Ottenhof ; 1996, p. 645, obs. B. Bouloc ; *Dr. pénal* 1995, comm. 175, obs. M. Véron ; ■ Cass. crim., 19 juin 2001 : *Bull. crim.*, n° 149 ; *JCP* 2002, II, 10064, note A. Lepage. ■ Cass. crim., 12 juin 2007 : *Bull. crim.*, n° 157 ; *infra*, V° violation de secrets et recel).

Il a été jugé que constitue l'infraction le fait de receler un stock de fichiers images de nature pornographique et pédophile obtenus à l'aide du délit de corruption de mineurs de moins de quinze ans et du délit d'enregistrement de l'image d'un mineur présentant un caractère pornographique (■ T. corr. Mans, 16 févr. 1998 : *JCP* 99, II, 10011, note J. Frayssinet).

Justifie sa décision l'arrêt qui, pour condamner du chef de recel, par la détention de photographies de films provenant du délit de fixation, enregistrement ou transmission d'images de mineurs à caractère pornographique, en vue de leur diffusion, infraction édictée par l'article 227-23 du Code pénal, constate que la diffusion des images réalisées selon les procédés prévus par ce texte est postérieure au 1er mars 1994 (■ Cass. crim., 9 juin 1999 : *Bull. crim.*, n° 133).

2) Objet. L'objet du recel peut être non seulement la chose obtenue directement du délit originaire, mais encore son produit : ainsi l'article 460 a été appliqué à celui qui a reçu les deniers provenant de la négociation de la chose (■ Cass. crim., 11 févr. 1964 : *Bull. crim.*, n° 46) ; à celui qui a acquis la chose avec des deniers volés (■ Cass. crim., 9 mars 1900 : *D.* 1902, 1, 173) ; à celui qui achète des choses qu'un individu s'était procurées en les ayant payées avec un chèque sans provision (■ Cass. crim., 4 avr. 1962 : *Bull. crim.*, n° 163) ; ou encore à celui qui investit dans ses propres affaires des fonds obtenus initialement à l'aide d'une infraction (■ Cass. crim., 22 juin 1972 : *Bull. crim.*, n° 220). Il a même été jugé (■ Aix-en-Provence, 9 mai 1989 : *JurisData* n° 043316) que le détenteur de cartons de bouteilles volés et retrouvés vides est receleur au motif qu'il a été constaté par les services de gendarmerie que ces cartons, quoique vides de tout objet litigieux, avaient une forte odeur de pastis. *Adde*, Véron, *Le recel d'odeur de pastis : Dr. pénal* 1990, avr., chron., 1.

3) Nécessité d'une infraction initiale. L'objet recelé doit provenir d'une infraction antérieure et en raison de ses termes généraux, l'article 460 ne comporte pas de distinction entre les divers crimes ou délits à l'aide desquels la chose recelée a été enlevée, détournée ou obtenue ni d'exception pour le cas où la fabrication de la chose constitue l'infraction (■ Cass. crim., 10 juill. 1969 : *D.* 1969, 546), ainsi l'infraction d'origine peut être non seulement un vol (■ Cass. crim., 9 nov. 1965 : *Bull. crim.*, n° 227. ■ Cass. crim., 12 janv. 1981 : *Bull. crim.*, n° 15), une escroquerie (■ Cass. crim., 3 août 1935 : *DP* 1937, 1, 94, note Leloir. ■ 18 janv. 1988 : *Bull. crim.*, n° 22) ou un abus de confiance (■ Cass. crim., 15 juin 1973 : *Bull. crim.*, n° 270), mais encore une suppression de correspondance (■ Cass. crim., 18 févr. 1927 : *Bull. crim.*, n° 61), un abus de biens sociaux (■ Cass. crim., 6 janv. 1970 : *Bull. crim.*, n° 11 ; *Rev. soc.* 1971, 25, note Bouloc. ■ Cass. crim., 3 mai 1982 : *Bull. crim.*, n° 110), une émission de chèque sans provision (■ Cass. crim., 3 oct. 1972 : *Bull. crim.*, n° 265), une banqueroute frauduleuse (■ Cass. crim., 4 oct. 1974 : *Bull. crim.*, n° 276), un faux en écritures (■ Cass. crim., 1er mai 1970 : *Bull. crim.*, n° 162), un délit assimilé à la banqueroute simple (■ Cass. crim., 1er oct. 1980 : *Bull. crim.*, n° 243), une violation de secret de fabrique (■ Cass. crim., 7 nov. 1974 : *Bull. crim.*, n° 323), un crime d'intelligence avec l'ennemi (■ Cass. crim., 31 août 1922 : *D.* 1922, 1, 218), un usage de faux et une corruption passive d'employé (■ Cass. crim., 7 avr. 1986 : *Bull. crim.*, n° 115), un trafic d'influence (■ Cass. crim., 16 déc. 1997 : *Bull. crim.*, n° 428), la violation du secret de l'enquête ou de l'instruction (■ Cass. crim., 13 mai 1991 : *Bull. crim.*, n° 200), ou encore du secret professionnel et du secret fiscal (■ Cass. crim., 3 avr. 1995 : *Bull. crim.*, n° 142, précité), une fraude fiscale (■ Cass. crim., 14 déc. 2000 : *Bull. crim.*, n° 381), une prise illégale d'intérêt (■ Cass. crim., 24 oct. 2001 : *Dr. pénal* 2002, comm. 29, obs. M. Véron), une détention d'images de mineur à caractère pornographique (V. ■ Cass. crim., 28 sept. 2005, *supra*, sous art. 227-23).

4) Constatation nécessaire. Encourt la cassation l'arrêt qui déclare le prévenu coupable de recel de violation du secret professionnel sans caractériser le délit principal de violation du secret professionnel, faute d'avoir constaté la révélation d'une information à caractère secret par une personne qui en aurait été dépositaire (■ Cass. crim., 6 mars 2012, n° 11-80.801 : *D.* 2012, p. 816, obs. S. Lavric ; *Dr. pén.* 2012, comm. 68, obs. M. Véron).

Sur le recel d'abus de biens sociaux, V. Ann. *Sociétés*, sous art. L. 246-2, Code de commerce.

5) Caractère punissable de l'infraction initiale. L'infraction d'origine doit être punissable : ainsi le recel ne pourrait être retenu si elle est amnistiée (■ Cass. crim., 2 févr. 1925 : *Bull. crim.*, n° 47) ou si elle a été abrogée par une loi nouvelle (■ Cass. crim., 17 mai 1989 : *Bull. crim.*, n° 205), ou si elle a été déclarée non constituée (■ Cass. crim., 17 déc. 2008 : *Bull. crim.*, n° 257). La punition effective de l'auteur principal importe peu, du moment que l'existence du crime ou délit fondamental est constatée (■ Cass. crim., 9 nov. 1965 : *Bull. crim.*, n° 227) ; ainsi le recel est constitué même si l'auteur de l'infraction originaire est décédé, en fuite ou inconnu (■ Cass. crim., 7 mai 1942 : *Bull. crim.*, n° 56. ■ Cass. crim., 10 oct. 1972 : *Bull. crim.*, n° 277. ■ 3 avr. 1995, préc.). Peu importe que l'auteur de l'infraction originaire soit couvert par l'immunité familiale de l'article 380 (■ Cass. crim., 7 mai 1942, préc.), ou que cette infraction soit couverte par la prescription (■ Cass. crim., 16 juill. 1964 : *Bull. crim.*, n° 241).

6) Auteurs différents. L'infraction originaire qui a procuré les objets recelés doit avoir été commise par un autre que le receleur et les qualifications de voleur et de receleur sont inconciliables (■ Cass. crim., 15 déc. 1949 : *Bull. crim.*, n° 350. ■ Cass. crim., 2 déc. 1971 : *Bull. crim.*, n° 337) ; en revanche, le complice de l'infraction principale peut être receleur (■ Cass. crim., 18 nov. 1965 : *D.* 1966, 248, note Combaldieu. ■ Cass. crim., 25 avr. 1974 : *Bull. crim.*, n° 152).

7) La personne morale, dont le dirigeant est déclaré coupable de déclaration mensongère en vue d'obtenir d'un organisme chargé d'une mission de service public, des avantages indus (infraction pour le compte de la société), peut être condamnée pour recel des avantages ainsi obtenus, dès lors qu'elle-même n'est pas poursuivie pour le délit d'origine (■ Cass. crim., 19 nov. 2008, pourvoi n° 07-82.789 : *Bull. crim.*, n° 234).

8) Sur l'antériorité du délit préalable, V. ■ Cass. crim., 24 oct. 1979 : *D.* 1982, 430, note Durrande.

II – ACTE MATÉRIEL DE RECEL

9) L'acte de cacher l'objet enlevé, détourné ou obtenu à l'aide d'un crime ou d'un délit ne constitue pas une circonstance nécessaire pour caractériser l'infraction (■ Cass. crim., 16 juill. 1857 : *Bull. crim.*, n° 269. ■ 31 déc. 1920 : *S.* 1920, 1, 45).

10) Titre de réception de la chose. Peu importe le titre en vertu duquel le receleur a reçu la chose : achat (■ Cass. crim., 24 déc. 1869 : *DP* 70, 1, 382) ; acceptation à titre de gage (■ Cass. crim., 18 juin 1936 : *S.* 1937, 1, 193, note Hugueney) ; dépôt (■ Cass. crim., 21 nov. 1908 : *Bull. crim.*, n° 462) ; paiement d'une créance (■ Cass. crim., 16 déc. 1871 : *S.* 74, 1, 254) ; présentation de chèque en vue d'encaisser des fonds d'origine délictueuse (■ Cass. crim., 3 août 1935 : *DP* 1937, 1, 194, note Leloir ; *Rev. sc. crim.* 1936, 242, obs. Donnedieu de Vabres) ; escompte de billets à ordre détournés (■ Cass. crim., 19 nov. 1932 : *Bull. crim.*, n° 240), prélèvement d'une rémunération sur le compte bancaire d'une société alors que ce compte avait été alimenté par un abus de confiance (■ Cass. crim., 12 janv. 1972 : *Bull. crim.*, n° 18).

11) Encourt la censure l'arrêt qui, pour déclarer coupable de recel d'abus de confiance un expert-comptable ayant reçu, en paiement d'honoraires dus par deux personnes morales, des fonds provenant d'une autre association ayant le même dirigeant, se borne, pour écarter l'argumentation du prévenu qui faisait valoir que l'opération constituait une délégation au sens de l'article 1275 du Code civil, à retenir que celui-ci ne justifie pas d'une déclaration expresse pouvant justifier le règlement par une personne autre que ses débiteurs, dès lors que le consentement du délégué à la **délégation de créance**, s'il doit être certain, peut être tacite (■ Cass. crim., 23 nov. 2004 : *Bull. crim.*, n° 294).

12) Absence de détention matérielle. La participation à un délit de recel n'implique pas nécessairement la détention matérielle de l'objet recelé ; est donc justifiée la condamnation d'un prévenu qui avait accepté que soient expédiées au Liban sous son nom et à son adresse un certain nombre de voitures volées et avait été intéressé à ce trafic sous forme de commissions (■ Cass. crim., 6 oct. 1980, inédit). Le recel n'impliquant pas nécessairement la détention matérielle des fonds recelés, se rend coupable de ce délit celui qui bénéficie du règlement de ses propres créanciers, effectué directement par l'auteur de l'infraction d'origine d'où proviennent les fonds (■ Cass. crim., 29 avr. 1996 : *Bull. crim.*, n° 174).

– Justifie sa décision la cour d'appel qui, pour déclarer une prévenue coupable de recel de vols, retient que cette dernière a indiqué que son concubin et ses amis, qu'elle avait hébergés, avaient rapporté chez elle toutes sortes d'objets qu'ils se procuraient à l'occasion de leurs activités nocturnes et dont elle connaissait l'origine frauduleuse (■ Cass. crim., 16 nov. 1999 : *Bull. crim.*, n° 262).

– Commet aussi le délit celui qui a fait office d'intermédiaire dans la négociation de bons du Trésor dont il connaissait l'origine frauduleuse (■ Cass. crim., 30 nov. 1999 : *Bull. crim.*, n° 282 ; *Dr. pénal* 2000, comm. 55, obs. M. Véron ; *JCP* 2000, II, 10359, note J. Biguenet). V. aussi ■ Cass. crim., 24 sept. 2008 : *Dr. pénal* 2008, obs. M. Véron, pour le recel d'une commission, versée sur un compte occulte et provenant d'un abus de biens sociaux.

– Jugé qu'une société de commerce en ligne, en percevant des commissions sur la vente d'articles dont elle connaissait le caractère contrefaisant a bien commis le délit de recel de vente de produits présentés sous une marque contrefaite commis par d'autres personnes condamnées pour la contrefaçon (■ Paris, 12ᵉ, 23 janv. 2012 : *JCP* 2012, n° 675, p. 1112, note D. Dechenaud).

13) Il n'est pas nécessaire que la chose ait été remise par un détenteur de mauvaise foi (■ Cass. crim., 3 avr. 1936 : *DP* 1937, 94, note Leloir). Peut encore être déclaré receleur celui qui, connaissant leur origine, a soustrait à son profit des choses obtenues par un autre individu à l'aide d'un crime (■ Cass. crim., 17 févr. 1953 : *Bull. crim.*, n° 57). Dans cette dernière espèce, le receleur est en même temps voleur, cumul de qualifications possible ici, car le deuxième vol n'est pas l'infraction de base donnant origine au recel (V. Vitu, *Traité de droit pénal spécial*, p. 2003, note 2).

14) Prescription. V. CPP, art. 8, al. 3 pour le délai de prescription de l'action publique si la victime est une personne vulnérable.

15) Le recel est une infraction continue, caractérisée lorsque le prévenu a conservé des biens d'origine frauduleuse (■ Cass. crim., 22 juin 1972 : *Bull. crim.*, n° 270) ; en conséquence, la prescription ne court pas tant que le receleur détient l'objet de provenance délictueuse (■ Cass. crim., 16 juill. 1964 : *Bull. crim.*, n° 241 ; *Rev. sc. crim.* 1965, 133, obs. Bouzat. ■ Cass. crim., 17 mai 1983 : *Bull. crim.*, n° 143).

16) Le recel prend fin lorsque le receleur se libère de l'objet recelé entre les mains d'un tiers de bonne foi ; tel est le cas lorsqu'il s'agit d'un document et qu'il est produit en justice (■ Cass. crim., 17 mai 1983 : *Bull. crim.*, n° 143).

17) S'il est de principe que la prescription du recel de choses commence à courir du jour où la détention a pris fin, le délit est punissable dès lors qu'il n'est ni établi ni allégué que le prévenu ait cessé de détenir les fonds recelés (■ Cass. crim., 28 mars 1996 : *Bull. crim.*, n° 142).

18) Lorsque les infractions sont connexes, tout acte interruptif de prescription concernant l'une d'elles a nécessairement le même effet à l'égard des autres, et ce, même en cas de poursuites exercées séparément ; tel est le cas du recel, connexe selon l'article 203 du Code de procédure pénale, aux délits originaires (■ Cass. crim., 19 déc. 1995 : *Bull. crim.*, n° 390).

19) Infraction clandestine initiale. Les dispositions des articles 203 du Code de procédure pénale et 321-3 à 321-5 du Code pénal impliquent que le recel du produit d'un abus de confiance ne saurait commencer à se prescrire avant que l'infraction dont il procède soit apparue et ait pu être constatée dans des conditions permettant l'exercice de l'action publique (■ Cass. crim., 7 mai 2002 : *Bull. crim.*, n° 107 ; *Dr. pénal* 2002, comm. 108, obs. M. Véron).

20) En écartant la prescription du délit de recel d'abus de biens sociaux, par les motifs reproduits au moyen, et dès lors que ce délit ne saurait commencer à se prescrire avant que l'infraction dont il procède soit apparue et ait pu être constatée dans des conditions permettant l'exercice de l'action publique, la cour d'appel a justifié sa décision (■ Cass. crim., 24 sept. 2008 : *JurisData* n° 2008-045563 ; *Dr. pénal* 2009, note 15, obs. J.-H. Robert).

Sur la prescription du recel d'abus de biens sociaux, V. Ann. *Sociétés*, sous art. L. 246-2 du Code de commerce.

21) Profit. Conçu en termes généraux, l'article 460 atteint tous ceux qui, en connaissance de cause, ont par un moyen quelconque, bénéficié du produit d'un crime ou d'un délit. Ainsi commet un recel celui qui, en se faisant transporter dans une voiture qu'il savait volée, a bénéficié personnellement du produit du vol (■ Cass. crim., 9 juill. 1970 : *D.* 1971, 3, note Littmann ; *JCP* 71, II, 16616, note Bénabent. ■ 24 août 1981 : *JCP* 82, II, 19801, note Allix ; *Rev. sc. crim.* 1982, 620, obs. Bouzat) ; ou encore le mari qui tire profit du train de vie luxueux que son épouse assure au ménage par ses détournements (■ Cass. crim., 9 mai 1974 : *Bull. crim.*, n° 170. – *Adde*, ■ Cass. crim., 5 juill. 1982, inédit), ou encore le mari d'une antiquaire qui avait remis à sa femme des fonds pour qu'elle puisse acquérir à vil prix un bijou dont des voleurs lui proposaient l'achat (■ Cass. crim., 17 juill. 1976 : *Bull. crim.*, n° 255). – V. aussi ■ Cass. crim., 24 oct. 1979 : *D.* 1982, 430, note Durrande. Jugé encore que se rend coupable de recel d'escroquerie l'associé qui, en connaissance de cause de la situation financière exacte de la société, devient, grâce au gérant de celle-ci, propriétaire de la créance du prix de cession de ses parts, l'escroquerie commise par le gérant auteur de l'infraction, ayant porté, non sur les fonds non remis par la victime, mais sur la souscription par elle d'une obligation d'achat (■ Cass. crim., 18 janv. 1988 : *Bull. crim.*, n° 22 ; *Rev. sociétés* 1988, 576, note Bouloc). – *Adde*, sur ce problème : Vouin, *Le recel et la détention de la chose : D.* 1972, chron. 281. – Culioli, *Le recel commis par le passager connaissant la provenance frauduleuse du véhicule utilisé : Rev. sc. crim.* 1973, 81. – Rassat, obs. : *JCP* 83, 1, 3123, n° 95. L'article 460 n'exige pas que le prévenu ait tiré un profit personnel des choses recelées (■ Cass. crim., 14 févr. 1991 : *Bull. crim.*, n° 74) et cette solution est la même au regard des dispositions de l'article 321-1 nouveau du Code pénal (■ Cass. crim., 27 oct. 1997 : *Bull. crim.*, n° 352 ; *Dr. pénal* 1998, comm. 20, obs. M. Véron. ■ 16 déc. 1997 : *Dr. pénal* 1998, comm. 51, obs. M. Véron).

22) Justifie sa décision la cour d'appel qui, pour déclarer le prévenu coupable de recel, relève que sa concubine a perçu, pendant une période de dix-huit mois, une somme supérieure à 48 000 euros au titre de salaires fictifs, ainsi qu'une somme de plus de 5 000 euros au titre d'indemnités de maladie indues et que du fait de leur vie commune ininterrompue, ces sommes ont bénéficié tant à celle-ci qu'au prévenu (■ Cass. crim., 23 nov. 2010 : *JurisData* n° 2010-024676 ; *Dr. pén.* 2011, comm. 30, obs. M. Véron).

23) Violation de secrets et recel. Encourt la cassation l'arrêt qui déclare le prévenu coupable de recel de violation du secret professionnel sans caractériser le délit principal de violation du secret professionnel, faute d'avoir constaté la révélation d'une information à caractère secret par une personne qui en aurait été dépositaire (■ Cass. crim., 6 mars 2012, n° 11-80.801 : *Bull. crim.*, n° 61 ; *D.* 2012, p. 816, obs. S. Lavric ; *AJP* 2012, p. 340, obs. J. Lasserre-Capdeville).

24) La détention et la publication du fac-similé d'un avis d'imposition, couvert par le **secret fiscal** et obtenu par une personne inconnue à l'aide d'un vol ou d'un détournement, constitue l'infraction (■ Cass. crim., 3 avr. 1995 : *Bull. crim.*, n° 142 ; *JCP* 95, II, 22429, note E. Derieux. – À noter que la **CEDH**, par décision du 21 janvier 1999, a dit qu'il y a eu violation de l'article 10 de la Convention : *JCP* 99, II, 10120, note E. Derieux ; sur la question, V. F. Deboissy et J.-C. Saint-Paul, *La divulgation d'une information patrimoniale : D.* 2000, doctr. p. 267 ; V. aussi, *sur le caractère recelable ou non d'une information* : D. Cheurotin, *Dr. pénal* 2001, chron. 12).

25) Commet le délit de **recel du produit de violation de secret professionnel** l'avocat qui utilise, dans le cadre d'une procédure judiciaire, une fiche d'antécédents concernant la partie adverse et émanant apparemment de la Police nationale, document qu'il s'est procuré par l'intermédiaire d'un détective privé rémunéré à cette fin (■ Cass. crim., 26 oct. 1995 : *Bull. crim.*, n° 328). V. aussi pour la détention de documents provenant d'une violation du **secret de l'instruction** : ■ T. corr. Paris, 10 sept. 1998 : *Dr. pénal* 1998, comm. 144, obs. M. Véron.

26) Ne donne pas de base légale à sa décision la cour d'appel qui déclare un journaliste coupable de recel de violation du secret de l'instruction au motif qu'il a détenu et produit en justice des copies de pièces issues d'une information pénale en cours, sans rechercher si, en l'espèce, la production de ces pièces par l'intéressé n'avait pas été rendue nécessaire pour sa défense dans une instance engagée à son encontre (■ Cass. crim., 11 juin 2002 : *Bull. crim.*, n° 132 ; *Dr. pénal* 2002, comm. 135, obs. M. Véron ; *Rev. sc. crim.* 2002, p. 619, obs. J. Francillon ; *JCP* 2003, II, 10061, note E. Dreyer).

Voir : dernier alinéa de l'article 35 de la loi du 29 juillet 1881, créé par la loi du 4 janvier 2010.

27) – Prive sa décision de base légale la cour d'appel qui, pour déclarer les prévenus coupables de recel de violation du secret professionnel, se détermine par des motifs qui n'établissent pas, d'une part, que la lettre du garde des Sceaux saisissant le Conseil supérieur de la magistrature était couverte par le secret, d'autre part, que sa divulgation a été le fait d'une personne dépositaire d'un secret par état ou par profession (■ Cass. crim., 24 mai 2005 : *Bull. crim.*, n° 155).

– La lettre du garde des Sceaux saisissant le Conseil supérieur de la magistrature aux fins de poursuites disciplinaires ne constitue pas une information à caractère secret au sens de l'article 226-13 du Code pénal ; encourt la cassation l'arrêt qui, pour déclarer les prévenus coupables de recel de violation du secret professionnel, énonce que l'article 38 de la loi du 29 juillet 1881 interdisant la publication d'informations relatives aux travaux et délibérations du Conseil supérieur de la magistrature inclut par ces termes l'acte de saisine dudit Conseil, et que l'auteur de la transmission du document en cause, dans la perspective d'une publication interdite par la loi, ne peut être qu'un magistrat ou un fonctionnaire nécessairement dépositaire du secret protégeant ce document (■ Cass. crim., 4 déc. 2007 : *Bull. crim.*, n° 302 ; *Dr. pénal* 2008, comm. 37, obs. M. Véron).

28) Pour caractériser le délit de recel d'un document provenant d'une violation du secret de l'enquête ou de l'instruction, seule est exigée la démonstration que l'auteur de la révélation fait partie des dépositaires de ce secret, et non l'identification de celui-ci.

De même, entre dans les prévisions de l'article 321-1 du Code pénal, qui n'est pas incompatible avec l'article 38 de la loi sur la presse, le recel d'un document reproduisant une pièce de l'instruction dès lors qu'il est établi qu'il provient d'une violation du secret de l'instruction (■ Cass. crim., 9 juin 2015, n° 14-80.713 : *Dr. pén.* 2015, comm. 122, obs. P. Conte ; *JCP* 2015, 950, note F. Fourment).

Si l'article 10 de la Convention européenne de sauvegarde des droits de l'homme et des libertés fondamentales reconnaît, en son premier paragraphe, à toute personne le droit à la liberté d'expression, ce texte prévoit, en son second paragraphe, que l'exercice de cette liberté comportant des devoirs et des responsabilités peut être soumis à certaines formalités, conditions, restrictions ou sanctions, prévues par la loi, qui constituent, dans une société démocratique, des mesures nécessaires notamment à la protection des droits d'autrui, au nombre desquels figure la présomption d'innocence, ainsi qu'à la préservation d'informations confidentielles, et à la garantie de l'autorité et l'impartialité du pouvoir judiciaire.

Tel est l'objet des poursuites engagées contre les prévenus du chef de **recel de violation de secret de l'instruction ou de secret professionnel**, pour avoir divulgué le contenu demeuré confidentiel de pièces d'une information judiciaire en cours (■ Cass. crim., 19 juin 2001 : *Bull. crim.*, n° 149 ; *JCP* 2002, II, 10064, concl. Mme Commaret, note A. Lepage ; *Rev. sc. crim.* 2002, p. 119, note J. Francillon ; *D.* 2002, jurispr., p. 2538, note B. Beignier et B. De Lamy ; *Rev. sc. crim.* 2002, p. 592, obs. Delmas Saint-Hilaire). – À noter que la **CEDH**, par décision du 7 juin 2007, a dit qu'il y a eu violation de l'article 10 de la Convention : *JCP* 2007, II, 10127, note E. Derieux ; *Rev. sc. crim.* 2007, p. 563, obs. J. Francillon.

29) Il résulte de l'article 10, § 2, de la Convention européenne des droits de l'homme que la liberté d'expression peut être soumise à des restrictions nécessaires à la protection de la sûreté publique et la prévention des crimes, dans lesquelles s'inscrivent les recherches mises en œuvre pour interpeller une personne dangereuse. Dès lors, ne méconnaît pas ces dispositions la poursuite exercée à l'encontre d'un journaliste qui, s'étant procuré à la suite d'une violation du secret de l'instruction le portrait-robot d'un violeur en série activement recherché, l'a publié, de sa seule initiative, sans en vérifier la fiabilité et au moment choisi par lui, de sorte qu'il en est résulté une entrave au déroulement normal des investigations (■ Cass. crim., 9 juin 2015, n° 14-80.713).

30) Justifie sa décision au regard de l'article 321-1 du Code pénal, l'arrêt qui, pour déclarer le prévenu coupable de recel, après avoir énoncé que celui-ci avait, lors d'un reportage télévisé dont il était l'auteur, présenté à l'écran des procès-verbaux issus d'une information en cours, retient que l'article 38 de la loi du 29 juillet 1881 interdisant de publier des actes d'accusation et tous autres actes de procédure criminelle ou correctionnelle avant toute lecture en audience publique, n'emporte pas, pour la partie civile, l'impossibilité de poursuivre l'auteur de la publication pour recel de violation du secret de l'instruction dès lors que, comme en l'espèce, ces faits comportent la détention matérielle des écrits litigieux.

En effet, si une information échappe aux prévisions de l'article 321-1 précité qui réprime le seul recel d'une chose et ne relève, le cas échéant, que des dispositions légales spécifiques au droit de la presse, tel n'est pas le cas du recel de documents provenant d'une violation du secret de l'instruction ou du secret professionnel (■ Cass. crim., 12 juin 2007 : *Bull. crim.*, n° 157 ; *Dr. pénal* 2007, comm. 143, obs. J.-H. Robert ; *JCP* 2007, II, 10159, note F. Fourment, C. Michalski et Ph. Piot ; *Rev. sc. crim.* 2008, p. 95, obs. J. Francillon).

– Ne méconnaît pas les exigences de l'article 10 de la Convention européenne des droits de l'homme, l'arrêt qui, pour déclarer le prévenu coupable de recel, retient, à bon droit, qu'en l'espèce, la poursuite était justifiée, dès lors que la présentation des procès-verbaux obtenus au mépris du secret de l'information suivie contre une personne dont la présomption d'innocence devait être assurée, ne s'imposait pas, ces extraits ne constituant pas un complément indispensable à la compréhension du reportage diffusé ou répondant à une attente du téléspectateur (même arrêt).

31) Justifie sa décision la cour d'appel qui, pour condamner le prévenu, journaliste, du chef de recel de violation du secret de l'enquête, retient qu'il a fait illustrer un article relatant l'arrestation d'une personne, par une photographie de celle-ci qu'il s'était fait remettre par un fonctionnaire de police, et ajoute qu'il ne pouvait ignorer que, prise par les policiers au cours de la garde à vue, elle provenait d'une enquête en cours et constituait un document protégé par le secret prévu par l'article 11 du Code de procédure pénale (■ Cass. crim., 25 oct. 2005 : *Bull. crim.*, n° 268).

– Est justifiée au regard de l'article 10-2 de la CEDH, la poursuite engagée contre un journaliste pour avoir publié la photographie d'une personne prise au cours de sa garde à vue, alors que cette publication ne répondait à aucune nécessité d'informer le lecteur (même arrêt).

32) Le recel de violation du secret professionnel n'étant pas une infraction commise, par nature, de façon clandestine, sa **prescription**, a pour point de départ la date à laquelle l'infraction a été consommée (■ Cass. crim., 8 nov. 2005 : *Bull. crim.* n° 284 – V. *supra*, sous art. 226-13, procédure III).

33) Le recel de délit d'initié est caractérisé, non par la détention d'informations privilégiées, mais par le fait de bénéficier du produit de leur exploitation sur le marché, avant qu'elles soient connues du public (■ Cass. crim., 26 oct. 1995 : *Bull. crim.*, n° 324).

III – INTENTION FRAUDULEUSE

34) Connaissance de l'origine frauduleuse. C'est au ministère public et aux parties civiles qu'il appartient d'établir l'élément intentionnel du recel (■ Cass. crim., 16 mars 1989 : *Bull. crim.*, n° 131). Le prévenu doit avoir eu connaissance de l'origine frauduleuse de la chose (■ Cass. crim., 4 janv. 1963 : *Bull. crim.*, n° 5. ■ Cass. crim., 22 avr. 1977 : *Bull. crim.*, n° 131. ■ Cass. crim., 12 janv. 1981 : *Bull. crim.*, n° 15. ■ 7 nov. 1990 : *Dr. pénal* 1991, n° 77) et cette connaissance peut s'induire des constatations de fait appréciées souverainement par les juges du fond (■ Cass. crim., 30 oct. 1962 : *Bull. crim.*, n° 298. ■ Cass. crim., 2 mai 1983 : *Bull. crim.*, n° 122), telle la revente sous une fausse identité d'un tableau acquis à vil prix (■ Cass. crim., 3 mai 1989 : *Dr. pénal* 1989, n° 18), telle la vileté du prix payé pour l'achat de bijoux au regard de l'estimation du prévenu et de celle résultant d'une expertise antérieure au vol (■ Cass. crim., 12 déc. 1989 : *Dr. pénal* 1990, n° 196), tel le paiement d'autoradios hors comptabilité par des chèques n'étant pas établis à l'ordre de la société venderesse (■ Cass. crim., 19 déc. 1989 : *Dr. pénal* 1990, n° 196), tels l'achat et le paiement en espèces d'objets et meubles de valeur à des personnes présentant l'aspect de nomades, inconnues du prévenu jusqu'alors, sans facture ni bordereau comptable (■ Cass. crim., 19 déc. 1989 : *Dr. pénal* 1990, n° 196), tel le défaut d'inscription par le prévenu sur le registre prévu à cet effet, des achats qu'il faisait à son coprévenu et qu'il réglait toujours en espèces (■ Cass. crim., 17 janv. 1990 : *Dr. pénal* 1990, n° 196), tel encore pour un avocat le fait de recevoir d'un de ses clients, poursuivi pour les escroqueries envers des personnes âgées, un chèque signé par l'une des victimes de ce client et de le faire encaisser par un tiers pour en dissimuler l'origine frauduleuse qu'il connaissait (■ Cass. crim., 11 févr. 2009 : *Bull. crim.*, n° 38 ; *D.* 2009, p. 2403, note B. Sarcy ; *Dr. pénal* 2009, comm. 52, obs. M. Véron). V. également en ce qui concerne la détermination de l'origine des biens recélés : ■ Cass. crim., 12 mai 2015, n° 14-80.766 : *Dr. pén.* 2015, comm. 95, obs. M. Véron.

35) Le recel peut résulter de l'appropriation d'un bien dont la valeur a été améliorée avec le produit d'un délit, quelle que soit la forme juridique revêtue par l'appropriation, dès lors que tout ou partie de l'origine frauduleuse de cette amélioration était connue du receleur (■ Cass. crim., 9 févr. 1987 : *Bull. crim.*, n° 61).

36) Encourt la cassation, pour insuffisance de motifs et défaut de réponse à conclusions, la cour d'appel qui relaxe la prévenue du recel du produit provenant d'un vol de manuscrit, sans répondre aux conclusions de la partie civile, qui faisait valoir qu'eu égard à sa profession et à ses compétences, cette prévenue ne pouvait ignorer que les sommes obtenues avaient une origine frauduleuse et que, compte tenu de leur montant, elles ne pouvaient être, comme elle prétendait l'avoir cru, le produit d'expertises qu'auraient effectuées son mari, auteur du vol, en dehors de son emploi (■ Cass. crim., 27 nov. 2007 : *JurisData* n° 2007-042096 ; *Dr. pénal* 2008, comm. 36, obs. M. Véron).

37) Étendue de cette connaissance. Le recel est constitué même si le prévenu n'a pas connu les conditions détaillées et exactes dans lesquelles l'infraction initiale a été commise (■ Cass. crim., 19 déc. 1992. ■ Cass. crim., 5 mai 1993 : *Dr. pénal* 1993, comm. 132 et 256, obs. M. Véron. ■ Cass. crim., 6 oct. 2004 : *Dr. pénal* 2005, note 38. ■ 24 sept. 2008 : *Dr. pénal* 2008, comm. 139, obs. M. Véron, préc.).

Mais si l'infraction a été accompagnée de **circonstances aggravantes**, seules sont encourues les peines attachées aux circonstances dont il a eu connaissance (■ Cass. crim., 18 mai 1989 : *Dr. pénal* 1989, comm. 65, obs. M. Véron).

38) Bonne foi. Ne saurait être déclaré coupable de recel l'acquéreur d'un bien mobilier lorsque la régularité de la possession et la bonne foi de cet acquéreur impliquent la réunion des conditions d'application de l'article 2279, alinéa 1er du Code civil : n'est donc pas punissable pour recel l'individu qui continue à détenir une chose après en avoir appris l'origine frauduleuse, s'il était de bonne foi lors de son entrée en possession (■ Cass. crim., 24 nov. 1977 : *Bull. crim.*, n° 371 ; *D.* 1978, 42, note Kehrig. ■ Cass. crim., 24 janv. 1978 : *Bull. crim.*, n° 27). Mais ne peut se prévaloir des dispositions de l'article 2279, alinéa 1er du Code civil un prévenu antiquaire qui, agissant en qualité de professionnel et non de simple particulier, n'a pas respecté à l'occasion d'un achat de biens mobiliers, les obligations mises à sa charge par le décret du 29 août 1968 (art. 2, § 2) qui impose l'inscription de l'opération sur un registre et la production d'une carte d'identité par le vendeur (■ Cass. crim., 3 déc. 1984 : *Bull. crim.*, n° 381).

IV – RÉPRESSION

39) Lorsqu'ils appliquent l'article 58 du Code pénal, les juges doivent préciser la nature de l'infraction préalable au recel afin de permettre à la Cour de cassation d'exercer son contrôle sur la régularité de la condamnation prononcée ; ont ainsi été cassées des décisions qui s'étaient bornées à viser une condamnation antérieure pour recel sans spécifier que ce recel portait sur des objets provenant de vol, escroquerie ou abus de confiance (■ Cass. crim., 19 mai 1932 : *Bull. crim.*, n° 240. ■ Cass. crim., 29 mai 1933 : *Bull. crim.*, n° 122).

De même, encourt la cassation l'arrêt de la cour d'appel qui déclare un prévenu coupable de recel de fraude fiscale sans caractériser le délit principal de fraude fiscale, faute d'avoir constaté l'existence d'une plainte préalable de l'Administration et de la procédure fiscale antérieure (■ Cass. crim., 14 déc. 2000 : *Bull. crim.*, n° 381).

40) Lorsque le juge veut appliquer l'article 460, alinéa 2 en dépassant le maximum prévu par l'article 381, il doit, sous peine de cassation, préciser dans son jugement la valeur des objets afin de permettre à la Chambre criminelle de vérifier si l'amende est prononcée proportionnellement à cette valeur dans les limites fixées par la loi (■ Cass. crim., 31 mai 1947 : *JCP* 47, IV, 126. ■ Cass. crim., 12 mai 1950 : *Bull. crim.*, n° 157. ■ Cass. crim., 12 mars 1990 : *Bull. crim.*, n° 114) ; mais cette évaluation ne s'impose pas si l'amende prononcée ne dépasse pas le maximum fixé par la loi (■ Cass. crim., 12 juill. 1945 : *Rec. dr. pén.* 1947, 188). Les juges répressifs disposent quant à l'application de la peine, dans les limites fixées par la loi, d'une faculté discrétionnaire dont ils ne doivent aucun compte. Il en est ainsi de l'amende qui, aux termes de l'article 460, alinéa 2, du Code pénal, pourra être élevée jusqu'à la moitié de la valeur des objets recelés (■ Cass. crim., 9 févr. 1987 : *Bull. crim.*, n° 61).

41) Lorsque plus de trois ans après le vol, le propriétaire d'un meuble volé en demande la restitution en concurrence avec l'acheteur de bonne foi, c'est ce dernier qui doit l'emporter (■ Cass. crim., 30 oct. 1969 : *JCP* 70, II, 16333, note Goubeaux).

42) Solidarité. Si le receleur qui n'a reçu qu'une partie des objets provenant du délit est solidairement responsable avec l'auteur principal de la totalité des dommages-intérêts, c'est à la condition que la condamnation s'applique tant à l'auteur identifié du délit qu'au receleur (■ Cass. crim., 2 févr. 1982 : *Bull. crim.*, n° 37. – V. aussi ■ Cass. crim., 14 mai 1984 : *Bull. crim.*, n° 174. ■ Cass. crim., 20 mars 1985 : *Bull. crim.*, n° 120. ■ Cass. crim., 10 mai 1988 : *Bull. crim.*, n° 204. ■ 22 mai 1991 : *Dr. pénal* 1992, n° 10. ■ 19 nov. 2003 : *Dr. pénal* 2004, comm. 36, obs. M. Véron).

43) La solidarité édictée par l'article 480-1 du Code de procédure pénale, qui s'impose au juge comme une conséquence légale de la condamnation qu'il prononce, ne saurait être étendue aux dommages-intérêts résultant de faits connexes pour lesquels aucune personne n'a été condamnée ; encourt dès lors la censure l'arrêt qui condamne solidairement deux receleurs à réparer la totalité du préjudice subi par la victime d'un vol alors qu'ils ne sont condamnés que pour le recel d'une partie des objets volés et que les auteurs du vol n'ont pas été identifiés (■ Cass. crim., 18 janv. 2005 : *Bull. crim.*, n° 21).

44) Modalités des poursuites. S'il est possible de poursuivre et juger ensemble les auteurs du recel et ceux des infractions originaires, il n'en va plus de même lorsque ces derniers sont décédés ou inconnus (■ Cass. crim., 4 janv. 1963 : *Bull. crim.*, n° 5) ou lorsque l'infraction principale est prescrite (■ Cass. crim., 16 juill. 1964 : *Bull. crim.*, n° 241 ; *Rev. sc. crim.* 1965, 133, obs. Bouzat).

45) La détention d'une arme peut être sanctionnée en raison de la connaissance par le prévenu de son origine frauduleuse même si le tribunal a déjà réprimé le fait matériel de détention d'arme soumise à la délivrance d'une autorisation administrative dont le prévenu n'était pas titulaire (■ Cass. crim., 7 janv. 1989, inédit).

46) Aucune violation des principes qui gouvernent le libre exercice des droits de la défense ne saurait résulter du renvoi devant les juges répressifs d'un avocat qui aurait reçu, à titre de provision sur honoraires, une somme d'argent dont il connaîtrait la provenance frauduleuse (■ Cass. crim., 25 juin 1985, inédit).

47) La règle de l'indivisibilité de l'aveu édictée par l'article 1356 du Code civil n'est applicable qu'à l'aveu judiciaire, et, en matière pénale, que lorsqu'il s'agit de retenir un tel aveu comme preuve d'un contrat civil dont la violation est nécessaire pour caractériser le délit. Tel n'est pas le cas en matière de délit de recel (■ Cass. crim., 10 mai 1988 : *Bull. crim.*, n° 204).

48) Préjudice. Le recel d'un bien, s'agissant d'une infraction continue, est de nature à causer un préjudice de jouissance personnel et direct aux héritiers du propriétaire auquel le bien a été soustrait de façon délictueuse, dès lors que ce délit se poursuit à un moment où ils ont acquis cette qualité (■ Cass. crim., 29 nov. 2016, n° 15-86.409).

49) Compétence. Si le recel s'est poursuivi en plusieurs lieux, toutes les juridictions dans le ressort desquelles l'infraction s'est manifestée seront compétentes (■ Cass. crim., 31 août 1922 : *S.* 1923, 1, 237).

50) Des faits de recel imputés à un étranger résidant hors du territoire national peuvent être de la compétence de la juridiction répressive française, en vertu des dispositions de l'article 693 du Code de procédure pénale non pas en raison de la localisation en France d'un acte caractérisant l'intention frauduleuse, mais lorsqu'un des éléments matériels constitutifs de l'infraction a été accompli sur le territoire de la République ; il en est ainsi de la prise de possession en France d'objets de provenance frauduleuse réalisée par l'intermédiaire de tiers agissant pour le compte du prévenu (■ Cass. crim., 1er oct. 1986 : *Bull. crim.*, n° 262).

Art. 321-4. – Lorsque l'infraction dont provient le bien recelé est punie d'une peine privative de liberté d'une durée supérieure à celle de l'emprisonnement encouru en application des articles 321-1 ou 321-2, le receleur est puni des peines attachées à l'infraction dont il a eu connaissance et, si cette infraction est accompagnée de circonstances aggravantes, des peines attachées aux seules circonstances dont il a eu connaissance.

1) Si l'infraction d'origine appelle une peine afflictive et infamante à raison de ses seuls éléments constitutifs, le recel est criminel et celui qui recèle des objets provenant d'un fait de cette nature encourt la peine prévue pour ce dernier, alors même que le receleur aurait ignoré les conditions dans lesquelles il a été commis, dès lors qu'il n'a pu ignorer la provenance frauduleuse de l'objet (■ Cass. crim., 3 avr. 1936 : *Bull. crim.*, n° 43 ; *DP* 1937, 1, 94, note Leloir. ■ Cass. crim., 31 mars 1981 : *Bull. crim.*, n° 112). Cette solution, postulée selon la jurisprudence par l'ancienne rédaction de l'article 461 du Code pénal, est désormais condamnée par la nouvelle rédaction de ce texte.

2) En revanche, si l'infraction initiale appelle une peine afflictive ou infamante à raison de certaines circonstances aggravantes, le receleur n'encourt que la peine découlant des seules circonstances aggravantes dont il a eu connaissance au temps du recelé (■ Cass. crim., 17 janv. 1947 : *Bull. crim.*, n° 27. ■ Cass. crim., 16 mars 1965 : *Bull. crim.*, n° 79. ■ Cass. crim., 27 mai 1981 : *Bull. crim.*, n° 175. ■ Cass. crim., 3 sept. 1986 : *Bull. crim.*, n° 252). Les juges du fond doivent établir avec certitude cette connaissance (■ Cass. crim., 18 mai 1989 : *Dr. pénal* 1989, n° 65).

3) Il résulte de l'article 461 du Code pénal qu'il doit être posé à l'égard de l'accusé receleur une question sur chaque circonstance aggravante. Dès lors, en cas de recel du produit d'un vol avec arme, une question doit être posée sur le point de savoir si le receleur a eu connaissance de la circonstance que le vol a été commis avec une arme apparente ou cachée (■ Cass. crim., 19 mars 1986 : *Bull. crim.*, n° 112).

4) V. *supra*, sous article 321-1, V° *Intention frauduleuse*, crim. 11 févr. 2009 : *Dr. pénal* 2009, comm. 52.

Art. 321-5. – Le recel est assimilé, au regard de la récidive, à l'infraction dont provient le bien recelé.

Section II. – Des infractions assimilées au recel ou voisines de celui-ci

Art. 321-6 *(L. n° 2006-64, 23 janv. 2006)*. **– Le fait de ne pas pouvoir justifier de ressources correspondant à son train de vie ou de ne pas pouvoir justifier de l'origine d'un bien détenu, tout en étant en relations habituelles avec une ou plusieurs personnes qui soit se livrent à la commission de crimes ou de délits punis d'au moins cinq ans d'emprisonnement et procurant à celles-ci un profit direct ou indirect, soit sont les victimes d'une de ces infractions, est puni d'une peine de trois ans d'emprisonnement et de 75 000 € d'amende.**

Est puni des mêmes peines le fait de faciliter la justification de ressources fictives pour des personnes se livrant à la commission de crimes ou de délits punis d'au moins cinq ans d'emprisonnement et procurant à celles-ci un profit direct ou indirect.

Voir : art. 324-1, p. 471.

1) QPC. Non-lieu à renvoi au Conseil constitutionnel de la question prioritaire de constitutionnalité visant l'article 321-6 du Code pénal (■ Cass. crim., 25 janv. 2012, n° 664 QPC, n° 11-90.117. ■ 13 juin 2012, n° 12-90.027 QPC : les articles 321-6 et 321-6-1 du Code pénal définissant de façon claire et précise l'incrimination contestée de non-justification de ressources et n'édictant aucune présomption de responsabilité pénale mais créent un délit spécifique dont il appartient à l'accusation de rapporter la preuve ; *Dr. pénal* 2012, comm. 128, obs. M. Véron. ■ 26 sept. 2012, n° 12-90.051 QPC : *Dr. pénal* 2013, comm. 2, obs. M. Véron).

2) Le délit de non-justification de ressources ne nécessite pas que soit caractérisée la connaissance par le prévenu des délits effectivement commis par la personne avec laquelle elle est en relations habituelles (■ Cass. crim., 3 nov. 2016, n° 15-85.751 : *Dr. pén.* 2017, comm. 18, note P. Conte).

Art. 321-6-1 ***(L. n° 2006-64, 23 janv. 2006 ; Ord. n° 2012-351, 12 mars 2012 ; mod., L. n° 2016-731, 3 juin 2016).*** **– Les peines prévues par l'article 321-6 sont portées à cinq ans d'emprisonnement et 150 000 € d'amende lorsque les crimes et délits sont commis par un mineur sur lequel la personne ne pouvant justifier ses ressources à l'autorité.**

Elles sont portées à sept ans d'emprisonnement et 200 000 € d'amende lorsque les infractions commises constituent les crimes ou délits de traite des êtres humains, d'extorsion ou d'association de malfaiteurs ou les délits et crimes en matière d'armes et de produits explosifs prévus par les articles 222-52 et 222-53 du Code pénal, par les articles L. 2339-2, L. 2339-3, L. 2339-10, L. 2341-4, L. 2353-4 et L. 2353-5 du Code de la défense ainsi que par les articles L. 317-2 et L. 317-7 du Code de la sécurité intérieure. Il en est de même lorsqu'elles constituent les crimes ou délits de trafic de stupéfiants, y compris en cas de relations habituelles avec une ou plusieurs personnes faisant usage de stupéfiants.

Elles sont portées à dix ans d'emprisonnement et 300 000 € d'amende lorsqu'il s'agit d'une infraction mentionnée à l'alinéa précédent commise par un ou plusieurs mineurs.

Voir : Annexe 5 (Armes, poudres et explosifs) concernant les infractions en matière d'armes et de produits explosifs prévus le Code de la défense et le Code de la sécurité intérieure.

Bibliographie : *JCl. pén., Recel présumé de délinquance habituelle de mineur* par M. Culioli. ● *Non-justification de ressources et facilitation de la justification de ressources fictives* par M. Daury-Fauveau.

1) Caractérise en tous ses éléments le délit prévu et réprimé par l'article 461-1 (ancien) du Code pénal la cour d'appel qui énonce que le numéraire et les vêtements trouvés en la possession des prévenus provenaient de vols commis par des enfants à l'instigation de leurs parents, tous vivant en un groupe étroit et organisé, et que la possession d'une grosse somme d'argent et de véhicules de grande puissance ne pouvait s'expliquer par les ressources dont ils justifiaient (■ Cass. crim., 8 févr. 1989 : *Bull. crim.*, n° 61 ; *Rev. sc. crim.* 1989, 491, obs. Vitu).

2) Justifie sa décision et fait une exacte application de l'article 321-6 du Code pénal, sans méconnaître la présomption d'innocence, une cour d'appel qui, pour déclarer un prévenu coupable de non-justification des ressources, retient que celui-ci était en relations habituelles avec une personne se livrant à la commission d'infractions à la législation sur les stupéfiants, peu important que cette personne n'ait pas fait l'objet d'une condamnation définitive de ce chef (■ Cass. crim., 27 févr. 2013, n° 12-81.063 : *Bull. crim.*, n° 50 ; *Dr. pénal* 2013 comm. 71, obs. M. Véron ; *AJP* 2013, p. 276, note G. Ruyer).

Art. 321-7 ***(Mod., L. n° 2011-267, 14 mars 2011).*** **– Est puni de six mois d'emprisonnement et de 30 000 € d'amende le fait, par une personne dont l'activité professionnelle comporte la vente d'objets mobiliers usagés ou acquis à des personnes autres que celles qui les fabriquent ou en font le commerce, d'omettre, y compris par négligence, de tenir jour par jour, dans des conditions prévues par décret en Conseil d'État, un registre indiquant la nature, les caractéristiques, la provenance, le mode de règlement de l'objet et, contenant une description des objets acquis ou détenus en vue de la vente ou de l'échange et permettant l'identification de ces objets ainsi que celle des personnes qui les ont vendus ou apportés à l'échange.**

Est puni des mêmes peines le fait, par une personne, à l'exception des officiers publics ou ministériels, qui organise dans un lieu public ou ouvert au public, une manifestation en vue de la vente ou de l'échange d'objets visés à l'alinéa précédent, d'omettre, y compris par négligence, de tenir jour par jour, dans des conditions prévues par décret en Conseil d'État, un registre permettant l'identification des vendeurs.

Lorsque l'activité professionnelle définie au premier alinéa est exercée par une personne morale, ou que l'organisateur de la manifestation prévue au deuxième alinéa est une personne morale, l'obligation de tenir le registre incombe aux dirigeants de cette personne morale.

Voir : art. R. 321-1 et s., p. 651, art. R. 633-1 et s., p. 675 et art. R. 635-3 et s., p. 678.

1) Des fiches de dépôt tenues par la prévenue, quoiqu'elles permissent la reconnaissance des objets déposés et l'identification des déposants, ne peuvent être considérées comme suppléant le registre exigé par la loi, faute d'enregistrement au jour le jour qui doit en garantir l'authenticité (■ Cass. crim., 18 sept. 1990 : *D.* 1990, inf. rap. 262).

2) Les articles 321-7 et 321-8 du Code pénal, qui ont repris les dispositions de la loi du 30 décembre 1987 relative à la prévention et à la répression du recel et organisant la vente ou l'échange d'objets mobiliers, imposent aux professionnels concernés de tenir un registre et de le présenter à tout moment à l'autorité compétente, aux fins de contrôle et d'exploitation ; il s'en déduit que les vérifications effectuées, sur le fondement de ces textes, par des officiers de police judiciaire, ne sont pas soumises aux dispositions du Code de procédure pénale relatives aux perquisitions et saisies (■ Cass. crim., 13 oct. 1998 : *Bull. crim.*, n° 254).

3) Se rend coupable du délit prévu et réprime par l'article 321-7 du Code pénal le brocanteur qui achète des objets en s'abstenant volontairement de demander une pièce d'identité à la personne ayant réalisé la vente (■ Cass. crim., 1er mars 2005 : *JurisData* n° 2005-027880 ; *Dr. pénal* 2005, comm. 94, note M. Véron).

4) Sur la non-tenue du registre par un brocanteur, qui avait argué qu'il avait constitué une société en Grande-Bretagne, ce qui l'aurait affranchi de la législation française, et condamné pour cette infraction, ainsi que pour travail dissimulé : V. ■ Cass. crim., 3 oct. 2006 : *Bull. crim.*, n° 242 ; *Dr. pénal* 2006, comm. 159, obs. J.-H. Robert). Cité *infra*, *Ann. Travail*, sous article L. 324-10 du Code du travail.

Art. 321-8. – Est puni de six mois d'emprisonnement et de 30 000 € d'amende le fait, par une personne visée à l'article précédent, d'apposer sur le registre prévu par cet article des mentions inexactes.

Est puni des mêmes peines le fait, par cette personne, de refuser de présenter ce registre à l'autorité compétente.

Voir : art. R. 321-1 et s., p. 651, art. R. 633-1 et s., p. 675 et art. R. 635-3 et s., p. 678.

Bibliographie : *JCl. pén., Infractions relatives à la vente ou l'échange de certains objets mobiliers* par M. Daury-Fauveau.

Section III. – Peines complémentaires applicables aux personnes physiques et responsabilité des personnes morales

Art. 321-9 *(Mod., L. n° 2007-297, 5 mars 2007 ; L. n° 2008-776, 4 août 2008)*. **– Les personnes physiques coupables des infractions prévues au présent chapitre encourent également les peines complémentaires suivantes :**

1° L'interdiction des droits civiques, civils et de famille, suivant les modalités prévues par l'article 131-26 ;

2° L'interdiction, suivant les modalités prévues par l'article 131-27, soit d'exercer une fonction publique ou d'exercer l'activité professionnelle ou sociale dans l'exercice ou à l'occasion de l'exercice de laquelle l'infraction a été commise, cette interdiction étant définitive ou provisoire dans les cas prévus aux articles 321-2 et 321-4 et pour une durée de cinq ans au plus dans les cas prévus aux articles 321-1, 321-6, 321-7 et 321-8, soit d'exercer une profession commerciale ou industrielle, de diriger, d'administrer, de gérer ou de contrôler à un titre quelconque, directement ou indirectement, pour son propre compte ou pour le compte d'autrui, une entreprise commerciale ou industrielle ou une société commerciale. Ces interdictions d'exercice peuvent être prononcées cumulativement ;

3° La fermeture des établissements ou de l'un ou de plusieurs des établissements de l'entreprise ayant servi à commettre les faits incriminés, cette fermeture étant définitive ou temporaire dans les cas prévus aux articles 321-2 et 321-4 et pour une durée de cinq ans au plus dans les cas prévus aux articles 321-1, 321-6, 321-7 et 321-8 ;

4° L'exclusion des marchés publics à titre définitif ou temporaire dans les cas prévus aux articles 321-2 et 321-4 et pour une durée de cinq ans au plus dans les cas prévus aux articles 321-1, 321-6, 321-7 et 321-8 ;

5° L'interdiction, pour une durée de cinq ans au plus, d'émettre des chèques autres que ceux qui permettent le retrait de fonds par le tireur auprès du tiré ou ceux qui sont certifiés ;

6° La confiscation de la chose qui a servi ou était destinée à commettre l'infraction ou de la chose qui en est le produit, à l'exception des objets susceptibles de restitution ;

7° La confiscation d'une ou de plusieurs armes dont le condamné est propriétaire ou dont il a la libre disposition ;

8° L'interdiction de séjour, suivant les modalités prévues par l'article 131-31, dans les cas prévus aux articles 321-1 à 321-4 ;

9° L'affichage ou la diffusion de la décision prononcée dans les conditions prévues par l'article 131-35 :

10° L'obligation d'accomplir un stage de responsabilité parentale, selon les modalités fixées à l'article 131-35-1.

Art. 321-10 *(Mod., L. n° 2012-304, 6 mars 2012)*. **– Dans les cas prévus aux articles 321-1 à 321-4, peuvent être également prononcées les autres peines complémentaires encourues pour les crimes ou les délits dont provient le bien recelé.**

Lorsque les peines complémentaires prévues pour ces crimes ou délits sont obligatoires, elles doivent également être obligatoirement prononcées contre la personne condamnée pour recel, sauf décision spécialement motivée de la juridiction, s'il s'agit d'une juridiction correctionnelle, en considération des circonstances de l'infraction et de la personnalité de son auteur.

Art. 321-10-1 *(L. n° 2006-64, 23 janv. 2006)*. **– Les personnes physiques coupables des délits prévus aux articles 321-6 et 321-6-1 encourent également la peine complémentaire de confiscation de tout ou partie de leurs biens, quelle qu'en soit la nature, meuble ou immeuble, divis ou indivis, dont elles n'ont pu justifier l'origine.**

Peuvent également être prononcées les peines complémentaires encourues pour les crimes ou les délits commis par la ou les personnes avec lesquelles l'auteur des faits était en relations habituelles.

1) Les dispositions de l'article 222-49 alinéa 2 du Code pénal, non abrogées, sont de portée équivalente à celles, aujourd'hui applicables, de l'article 321-10-1 alinéa 2 dudit code, en sa rédaction issue de la loi du 23 janvier 2006, en ce que ces dernières permettent le prononcé à l'encontre des auteurs du délit de non justification de ressources des peines complémentaires encourues pour les crimes ou délits commis par les personnes avec lesquelles ils étaient en relation habituelle (notamment la confiscation de biens immobiliers appartenant à ces derniers) : (■ Cass. crim., 20 févr. 2008 : *Bull. crim.* n° 47 ; n° H07-81.247 ; *JurisData* n° 2008-043362 ; *Dr. pénal* 2008, comm. 80, obs. M. Véron).

2) La confiscation des biens ni peut être prononcée indépendamment d'un lien quelconque avec l'infraction d'origine (■ Cass. crim., 5 mars 2014, n° 12-80.799 : *JurisData* 2014-093814 ; *Dr. pénal* 2014, comm. 88, obs. M. Véron).

3) Doit être approuvée la cour d'appel qui, pour confisquer l'immeuble indivis d'un prévenu déclaré coupable de non-justification de ressources, peine prévue par l'article 321-10-1 du Code pénal, retient que l'intéressé ne justifie pas de l'origine des fonds au moyen desquels il a, même partiellement, remboursé l'emprunt souscrit pour l'acquisition du bien confisqué (■ Cass. crim., 3 nov. 2016, n° 15-85.751).

4) L'article 321-10-1 du Code pénal permet la confiscation d'un bien dont l'origine n'est que partiellement injustifiée.

N'encourt pas la censure l'arrêt qui, pour confisquer un immeuble appartenant à une personne déclarée coupable de non-justification de ressources, énonce que l'intéressée n'a pu justifier de la provenance des sommes importantes investies dans la rénovation de ce bien et qui ont permis d'accroître sa valeur de 128 % (■ Cass. crim., 7 déc. 2016, n° 15-85.429).

5) Le prévenu contre lequel a été prononcée la confiscation d'un immeuble indivis n'a pas la qualité pour invoquer une atteinte aux droits de son coïndivisaire dans le bien confisqué, lequel est dévolu en situation d'indivision à l'État (■ Cass. crim., 3 nov. 2016, n° 15-85.751).

Art. 321-11. – L'interdiction du territoire français peut être prononcée dans les conditions prévues par l'article 131-30, soit à titre définitif, soit pour une durée de dix ans au plus, à l'encontre de tout étranger coupable de l'une des infractions définies à l'article 321-2.

Art. 321-12 *(Mod., L. n° 2009-526, 12 mai 2009).* – **Les personnes morales déclarées responsables pénalement, dans les conditions prévues par l'article 121-2, des infractions définies aux articles 321-1 à 321-4, 321-7 et 321-8 encourent, outre l'amende suivant les modalités prévues par l'article 131-38 :**

1° Dans les cas prévus par les articles 321-1 à 321-4, les peines mentionnées à l'article 131-39 ;

2° Dans les cas prévus par les articles 321-7 et 321-8, les peines mentionnées aux 2°, 4°, 5°, 6°, 7°, 8° et 9° de l'article 131-39.

L'interdiction mentionnée au 1° de l'article 131-39 porte sur l'activité dans l'exercice ou à l'occasion de laquelle l'infraction a été commise.

CHAPITRE II. – DES DESTRUCTIONS, DÉGRADATIONS ET DÉTÉRIORATIONS

Section I. – Des destructions, dégradations et détériorations ne présentant pas de danger pour les personnes

Art. 322-1 *(Mod., L. n° 2002-1138, 9 sept. 2002).* – **La destruction, la dégradation ou la détérioration d'un bien appartenant à autrui est punie de deux ans d'emprisonnement et de 30 000 € d'amende, sauf s'il n'en est résulté qu'un dommage léger.**

Le fait de tracer des inscriptions, des signes ou des dessins, sans autorisation préalable, sur les façades, les véhicules, les voies publiques ou le mobilier urbain est puni de 3 750 € d'amende et d'une peine de travail d'intérêt général lorsqu'il n'en est résulté qu'un dommage léger.

Voir : L. n° 95-73, 21 janv. 1995, sous art. 222-7 ; art. R. 635-1, p. 676 (destructions, dégradations et détériorations dont il n'est résulté qu'un dommage léger).

Bibliographie : *JCl. pén., Destructions, dégradations et détériorations ne présentant pas de danger pour les personnes* par E. Bonis et R. Ollard.

1) QPC. Non-lieu à renvoi au Conseil constitutionnel de la question prioritaire de constitutionnalité visant les dispositions de l'article 322-1, alinéa 1 (■ Cass. crim., 4 nov. 2014, n° 14-90.038).

2) Les dispositions de l'article 322-1 sont applicables à toute personne qui détruit, dégrade ou détériore intentionnellement un bien mobilier ou immobilier dont elle n'est pas l'unique propriétaire. Tel est le cas d'un véhicule appartenant à la communauté de biens existant entre un prévenu et son conjoint (■ Cass. crim., 9 mars 1994 : *Bull. crim.*, n° 94 ; *Dr. pénal* 1994, comm. 152, obs. M. Véron).

Lorsque des faits de destruction visent des biens mobiliers sis au domicile conjugal, la détermination préalable de la propriété du bien détruit relève non de la loi nationale des époux mais, en l'absence du choix fait par eux d'une loi applicable à leur régime matrimonial, de la loi à laquelle ils ont entendu soumettre ledit régime, en tenant compte spécialement, si le mariage est intervenu avant le 1er septembre 1992, de leur premier domicile commun, et s'il est intervenu après cette date, de leur première résidence habituelle commune, au sens de la Convention de La Haye du 14 mars 1978 sur la loi applicable aux régimes matrimoniaux (■ Cass. crim., 5 sept. 2001 : *Bull. crim.*, n° 14 ; *Dr. pénal* 2002, chron. 15, Castella et de Lamy).

3) Entre dans les prévisions de l'article 434 du Code pénal alors applicable comme dans celles de l'article 322-1 du nouveau Code pénal le fait de tracer sur un wagon des signes au moyen de produits ayant atteint et détérioré la substance même du revêtement peint du wagon ainsi que son support métallique (■ Cass. crim., 1er juin 1994 : *Dr. pénal* 1994, comm. 254, obs. M. Véron). Voir à ce sujet D. Fontanaud, *La question du tag en droit pénal : Dr. pénal* 1992, chron. 36).

4) La détérioration ou la destruction volontaire de modèles réduits d'avions, par des émissions radioélectriques parasitaires brouillant les ondes et provoquant leur chute, caractérise le délit (■ Cass. crim., 8 oct. 1997 : *JurisData* n° 004476 ; *Dr. pénal* 1998, comm. 56, obs. J.-H. Robert).

5) Caractérise en tous ses éléments, y compris l'élément intentionnel, l'arrêt qui, pour condamner un prévenu pour dégradation ou détérioration grave d'un bien appartenant à autrui, relève qu'après s'être vu refuser, en raison de son état d'imprégnation alcoolique, par le gérant d'une station-service, une boisson alcoolisée, ledit prévenu, ayant repris place à bord de son véhicule auquel il a fait faire demi-tour, est venu défoncer le parvis de la station-service et les deux pompes distributrices de carburant qu'il a démolies (■ Cass. crim., 22 sept. 1999, pourvoi n° 98-86.577 : *JurisData* n° 003691).

6) Commet le délit défini à l'article 322-1, alinéa 1er du Code pénal le prévenu qui procède, sur l'ordre de son employeur, au démontage d'équipements dont la société qui les avait commandés refusait d'en payer le coût (■ Cass. crim., 26 juin 2002 : *JurisData* n° 015295 ; *Bull. crim.*, n° 148 ; *Dr. pénal* 2002, comm. 133, note M. Véron ; *D.* 2003, somm. p. 171, obs. M. Segonds).

7) Ne justifie pas sa décision la cour d'appel qui déclare les prévenus coupables de dégradation ou détérioration aggravée du bien d'autrui, sans caractériser à l'encontre de chacun d'eux des actes matériels constitutifs de dégradation ou de détérioration, et sans mieux s'expliquer sur leur degré respectif d'implication en qualité d'auteur ou, le cas échéant, de complice de l'action ainsi l'entreprise (■ Cass. crim., 16 nov. 2016, n° 14-86.980).

8) Le délit de destruction, dégradation ou détérioration d'un bien n'est constitué que si le prévenu a commis des actes matériels constitutifs de destruction, dégradation ou détérioration. La responsabilité pénale de l'organisateur d'une opération conduite par des militants placés sous son autorité, qui commettent des actes de cette nature, doit éventuellement être recherchée sur le terrain de la complicité (■ Cass. crim., 30 nov. 2016, n° 14-86.980).

9) Graffitis. La liberté de création artistique ne saurait légitimer l'infraction (■ Cass. crim., 11 juill. 2017, n° 16-83.588 : *Dr. pén.* 2017, comm. 159, note P. Conte).

10) Personne morale. Une personne morale ne peut être déclarée coupable du délit de destruction, dégradation ou détérioration d'un bien que s'il est démontré que la destruction, la dégradation ou la détérioration a été commise par ses représentants et pour son compte (arrêt précité).

11) Encourt la cassation la cour d'appel qui déclare irrecevable **l'action civile** de l'utilisateur du véhicule endommagé appartenant à autrui, sans rechercher s'il n'a pas souffert personnellement des faits, objet de la poursuite, alors que la détérioration d'un bien n'est pas nécessairement préjudiciable, au seul propriétaire de celui-ci (■ Cass. crim., 21 janv. 1998 : *Bull. crim.*, n° 25).

Voir : Il convient de se référer aussi aux notes figurant sous l'article 322-4, *infra*.

Art. 322-2 ***(Mod., L. n° 2008-696, 15 juill. 2008 ; L. n° 2017-86, 27 janv. 2017).*** **– L'infraction définie au premier alinéa de l'article 322-1 est punie de trois ans d'emprisonnement et de 45 000 € d'amende et celle définie au deuxième alinéa du même article de 7 500 € d'amende et d'une peine de travail d'intérêt général, lorsque le bien détruit, dégradé ou détérioré est :**

1° ***(Abr., L. n° 2011-267, 14 mars 2011)*** **;**

2° Un registre, une minute ou un acte original de l'autorité publique.

1) Utilité publique. L'article 257 a pour but de protéger tous les objets élevés pour l'utilité du public et dont la destruction troublerait la tranquillité publique, ainsi des urinoirs (■ Cass. crim., 5 août 1858 : *D.* 58, 5, 130), des conduites d'eau (■ Cass. crim., 11 déc. 1931 : *Bull. crim.*, n° 290), des mines de charbon nationalisées (■ Cass. crim., 23 juin 1955 : *D.* 1955, 578), les bâtiments d'une foire-exposition (T. enfants ■ Nancy, 19 juin 1974 : *Rev. sc. crim.* 1974, 129, obs. Vitu), les immeubles et meubles d'un ministère (■ Cass. crim., 4 févr. 1971 : *JCP* 72, II, 17272, note Koering-Joulin), le sol d'une pelouse ensemencée d'un jardin public (■ Cass. crim., 18 janv. 1967 : *D.* 1967, 188 ; *Rev. sc. crim.* 1967, 654, obs. Vitu), un établissement pénitentiaire (■ Cass. crim., 9 nov. 1988 : *Bull. crim.*, n° 385), les dispositifs des cabines téléphoniques installées par l'administration des PTT sur les voies publiques (■ Paris, 18 mars 1985 : *JurisData* n° 023668) ou ces cabines elles-mêmes (■ Bourges, 12 févr. 1987 : *JurisData* n° 041644), le claustra d'une cellule de prison (■ Grenoble, 28 sept. 1989 : *JurisData* n° 046208), le pare-brise d'un autobus (■ Paris, 13e Ch. A, 23 oct. 1989 : *JurisData* n° 026498), des banquettes des rames de la RATP (■ Paris 13e Ch. B, 14 déc. 1989 : *JurisData* n° 002768).

2) Il n'y a pas dégradation si les inscriptions sur un mur sont facilement lavables et ne sont pas de nature à altérer le mur dans sa substance (■ Cass. crim., 23 juin 1953 : *D.* 1953, 557) ; l'article 257 est au contraire applicable si la peinture est indélébile et a altéré la substance même du monument d'utilité publique (■ Cass. crim., 28 sept. 1970 : *D.* 1971, 36, note Chabas. ■ 23 févr. 1972 : *D.* 1973, 333, note Littmann). Quoique les inscriptions présentent un caractère politique, l'infraction reste de droit commun (■ Cass. crim., 23 févr. 1972, préc. ■ 15 nov. 1983 : *D.* 1984, inf. rap. 227, obs. Roujou de Boubée).

3) Le caractère officiel du monument subsiste même si la décision de l'Administration est illégale : ainsi l'article 257 trouve application à propos de dégradations causées par le propriétaire d'un terrain à une baraque illégalement construite sur celui-ci (■ Cass. crim., 13 déc. 1951 : *D.* 1952, 88).

4) **Archéologie.** *(Art. 322-3-1, infra)* Celui qui est surpris alors qu'il ramasse des minéraux dans les déblais d'une mine, malgré un panneau situé à l'extérieur de la mine, portant la mention : « ministère de l'Agriculture, sous-direction de l'archéologie, site archéologique, accès, fouilles, prélèvements interdits, lois des 27 septembre 1941 et 15 juillet 1980 », commet le délit de détérioration d'un terrain contenant des vestiges archéologiques (■ Cass. crim., 28 nov. 1989 : *Bull. crim.*, n° 444).

5) En déclarant un promoteur immobilier coupable de destruction volontaire de terrain contenant des vestiges archéologiques, une cour d'appel, qui relève que bien que le permis de construire qui lui avait été délivré, eût été subordonné à l'accomplissement de fouilles archéologiques que jugeait nécessaire la direction des antiquités, le prévenu avait procédé à des travaux d'excavation et de nivellement avec apport de remblai sur des fouilles non encore exploitées, ayant eu pour effet de faire disparaître les vestiges, a caractérisé en tous ses éléments constitutifs, tant matériel qu'intentionnel, le délit prévu par l'article 257-1 du Code pénal dans sa rédaction alors applicable, infraction également réprimée par l'article 322-2 du nouveau code (■ Cass. crim., 13 avr. 1994 : *Dr. pénal* 1994, comm. n° 177, obs. M. Véron. – V. également, *Dr. pénal* 1996, chron. 15, C. Saujot).

6) Outre des infractions aux lois du 18 décembre 1999 et du 27 septembre 1941 pour utilisation irrégulière d'un détecteur de métaux et fouilles archéologiques sans autorisation, le prévenu a été condamné pour dégradation de terrain contenant des vestiges, exhumant en particulier des pièces de monnaies anciennes à l'aide d'une pelle et sans les précautions nécessaires (■ Nancy, 19 oct. 2000, le pourvoi contre cet arrêt ayant été rejeté par ■ Cass. crim., 26 juin 2001 : *Dr. pénal* 2002, chron. 20, par G. Launoy).

7) L'extraction, à l'aide de burins et de massettes, de cristaux de quartz du sein de la paroi granitique où ils se trouvent, dans des filons ou cavités appelés fours, a pour effet de supprimer partie de la substance du site protégé et constitue une dégradation volontaire de site classé (■ Cass. crim., 9 août 1993 : *Bull. crim.*, n° 254).

Art. 322-3 ***(Mod., L. n° 2008-696, 15 juill. 2008 ; L. n° 2009-928, 29 juill. 2009 ; L. n° 2010-201, 2 mars 2010 ; L. n° 2011-267, 14 mars 2011).*** **– L'infraction définie au premier alinéa de l'article 322-1 est punie de cinq ans d'emprisonnement et de 75 000 € d'amende et celle définie au deuxième alinéa du même article de 15 000 € d'amende et d'une peine de travail d'intérêt général :**

1° Lorsqu'elle est commise par plusieurs personnes agissant en qualité d'auteur ou de complice ;

2° Lorsqu'elle est facilitée par l'état d'une personne dont la particulière vulnérabilité, due à son âge, à une maladie, à une infirmité, à une déficience physique ou psychique ou à un état de grossesse, est apparente ou connue de son auteur ;

3° Lorsqu'elle est commise au préjudice d'un magistrat, d'un juré, d'un avocat, d'un officier public ou ministériel, d'un militaire de la gendarmerie, d'un fonctionnaire de la police nationale, des douanes, de l'administration pénitentiaire ou de toute autre personne dépositaire de l'autorité publique ou chargée d'une mission de service public, en vue d'influencer son comportement dans l'exercice de ses fonctions ou de sa mission ;

3° *bis* Lorsqu'elle est commise au préjudice du conjoint, d'un ascendant ou d'un descendant en ligne directe ou de toute autre personne vivant habituellement au domicile des personnes mentionnées au 3°, en raison des fonctions ou de la qualité de ces personnes ;

4° Lorsqu'elle est commise au préjudice d'un témoin, d'une victime ou d'une partie civile, soit pour l'empêcher de dénoncer le fait, de porter plainte ou de déposer en justice, soit en raison de sa dénonciation, de sa plainte ou de sa déposition ;

5° Lorsqu'elle est commise dans un local d'habitation ou dans un lieu utilisé ou destiné à l'entrepôt de fonds, valeurs, marchandises ou matériels, en pénétrant dans les lieux par ruse, effraction ou escalade.

6° Lorsqu'elle est commise à l'encontre d'un lieu classifié au titre du secret de la défense nationale.

7° Lorsqu'elle est commise par une personne dissimulant volontairement en tout ou partie son visage afin de ne pas être identifiée.

8° Lorsque le bien détruit, dégradé ou détériore est destiné à l'utilité ou à la décoration publique et appartient à une personne publique ou chargée d'une mission de service public.

Lorsque l'infraction définie au premier alinéa de l'article 322-1 est commise à l'encontre d'un établissement scolaire, éducatif ou de loisirs ou d'un véhicule transportant des enfants, les peines encourues sont également portées à cinq ans d'emprisonnement et à 75 000 € d'amende.

Les peines sont portées à sept ans d'emprisonnement et 100 000 € d'amende lorsque l'infraction définie au premier alinéa de l'article 322-1 est commise dans deux des circonstances prévues aux 1° et suivants du présent article.

Art. 322-3-1 *(L. n° 2008-696, 15 juill. 2008 ; L. n° 2016-925, 7 juill. 2016).* **– La destruction, la dégradation ou la détérioration est punie de sept ans d'emprisonnement et de 100 000 € d'amende lorsqu'elle porte sur :**

1° Un immeuble ou objet mobilier classé ou inscrit en application des dispositions du Code du patrimoine ou un document d'archives privées classé en application des dispositions du même code ;

2° Le patrimoine archéologique, au sens de l'article L. 510-1 du Code du patrimoine ;

3° Un bien culturel qui relève du domaine public mobilier ou qui est exposé, conservé ou déposé, même de façon temporaire, soit dans un musée de France, une bibliothèque, une médiathèque ou un service d'archives, soit dans un lieu dépendant d'une personne publique ou d'une personne privée assurant une mission d'intérêt général, soit dans un édifice affecté au culte ;

4° Un édifice affecté au culte.

Les peines sont portées à dix ans d'emprisonnement et 150 000 € d'amende lorsque l'infraction prévue au présent article est commise avec la circonstance prévue au 1° de l'article 322-3.

Les peines d'amende mentionnées au présent article peuvent être élevées jusqu'à la moitié de la valeur du bien détruit, dégradé ou détérioré.

Voir : les notes figurent sous l'article 322-2, V° Archéologie.

Art. 322-3-2 *(L. n° 2016-731, 3 juin 2016).* **– Est puni de sept ans d'emprisonnement et de 100 000 € d'amende le fait d'importer, d'exporter, de faire transiter, de transporter, de détenir, de vendre, d'acquérir ou d'échanger un bien culturel présentant un intérêt archéologique, artistique, historique ou scientifique en sachant que ce bien a été soustrait d'un territoire qui constituait, au moment de la soustraction, un théâtre d'opérations de groupements terroristes et sans pouvoir justifier la licéité de l'origine de ce bien.**

Les peines sont portées à dix ans d'emprisonnement et à 150 000 € d'amende lorsque l'infraction prévue au présent article est commise avec la circonstance mentionnée au 1° de l'article 322-3.

Art. 322-4. – La tentative des infractions prévues à la présente section est punie des mêmes peines.

I – INCRIMINATION

1) S'est rendu coupable d'avoir volontairement détruit des objets mobiliers et immobiliers appartenant à autrui, le maire adjoint d'une commune qui, après le départ sous la pression populaire d'une famille vivant dans une vieille caravane, dans des carcasses de voitures et un baraquement implantés sur terrain d'autrui, a fait volontairement et en sa présence, mettre le feu au campement et nivelé le sol alors que, pour arriver aux mêmes fins, il pouvait agir régulièrement, en usant des pouvoirs qu'il tenait de la loi. L'article 434 trouve application dans les cas où la destruction a lieu par tout moyen, y compris l'incendie, lorsque la sécurité des personnes n'est pas menacée (■ Metz, 21 avr. 1983 : *D.* 1983, 567, note Mayer-Jack et Mayer).

2) L'arrachage d'une borne est une dégradation et non une détérioration légère (■ Cass. crim., 8 juill. 1986 : *Bull. crim.*, n° 231).

3) Le bris de pare-brise et de la lunette arrière d'un véhicule privé tombe sous le coup de l'article 434 du Code pénal et non de l'article 257 du même code (■ Pau, 28 juin 1989 : *JurisData* n° 044534).

4) Constitue le délit de destruction d'objet mobilier appartenant à autrui le fait, après avoir intercepté un camion transportant de la viande porcine d'origine étrangère, de la décharger et de l'arroser de gazole (■ Cass. crim., 14 janv. 1986 : *D.* 1986, inf. rap. 405, obs. Roujou de Boubée). Est coupable de destruction et dégradation le prévenu qui dévaste une maison en fracassant le mobilier (■ Poitiers, 18 déc. 1986 : *JurisData* n° 047106). Est encore coupable le cultivateur qui, sous l'égide d'un groupement d'exploitants agricoles, détruit la récolte d'autrui afin de cultiver le terrain pour son propre compte (■ Colmar, 22 sept. 1988 : *JurisData*, n° 047303). Commet également le délit celui qui, se prétendant toujours propriétaire de biens remembrés, a fait procéder, en invoquant l'illégalité des opérations de remembrement, au labourage des parcelles ensemencées par leurs nouveaux propriétaires, dès lors que l'exception soulevée, à la supposer fondée, n'était pas de nature à enlever aux faits leur caractère délictueux (■ Cass. crim., 11 oct. 1989 : *Bull. crim.*, n° 346).

5) Est justifiée la condamnation, pour dégradation du bien d'autrui en réunion, avec effraction, et pour deux d'entre eux en récidive, de prévenus qui, en brisant la porte, se sont introduits dans une serre du CIRAD où ils ont détruit plusieurs milliers de plants de riz génétiquement modifiés, excipant vainement de la cause d'irresponsabilité de l'article 122-7 du Code pénal et de l'article 8 de la CEDH en soutenant que leur agissements étaient justifiés par le risque pour la santé et l'environnement de ces organismes modifiés (■ Cass. crim., 19 nov. 2002 : *D.* 2003, jurispr. comm. p. 1315, note D. Mayer).

6) N'est pas coupable de destructions ou dégradations, celui qui force et fracture les fermetures de la porte d'entrée d'un pavillon dans le seul but d'entrer dans les lieux (éléments du délit de violation de domicile) et non dans l'intention volontaire de commettre la détérioration incriminée (■ Paris, 11e Ch. B, 4 nov. 1988 : *JurisData*, n° 027018).

II – RÉPRESSION

7) La prévention visée par l'article 434 du Code pénal et le délit de fuite sont des qualifications incompatibles (■ T. corr. Foix, 26 avr. 1983 : *JCP* 86, II, 20581, note Bonzom).

8) Les dommages matériels occasionnés à un véhicule par l'auteur d'une tentative de vol ne sauraient être réprimés sous la qualification distincte de dégradation volontaire d'un bien appartenant à autrui car ils ne sont que l'élément matériel qui caractérise la tentative (■ Paris, 12e Ch. B, 29 avr. 1988 : *JurisData* n° 024313).

9) La provocation, en matière de dégradations volontaires d'objet mobilier, ne constitue pas une excuse légale (■ Cass. crim., 10 juin 1987 : *Bull. crim.*, n° 238 ; *Rev. sc. crim.* 1988, 287, obs. Vitu).

Art. 322-4-1 ***(L. n° 2003-239, 18 mars 2003 ; L. n° 2017-86, 27 janv. 2017).*** **– Le fait de s'installer en réunion, en vue d'y établir une habitation, même temporaire, sur un terrain appartenant soit à une commune qui s'est conformée aux obligations lui incombant en vertu du schéma départemental prévu à l'article 1er de la loi n° 2000-614 du 5 juillet 2000 relative à l'accueil et à l'habitat des gens du voyage ou qui n'est pas inscrite à ce schéma, soit à tout autre propriétaire autre qu'une commune, sans être en mesure de justifier de son autorisation ou de celle du titulaire du droit d'usage du terrain, est puni de six mois d'emprisonnement et de 3 750 € d'amende.**

Lorsque l'installation s'est faite au moyen de véhicules automobiles, il peut être procédé à leur saisie, à l'exception des véhicules destinés à l'habitation, en vue de leur confiscation par la juridiction pénale.

Voir : Annexe 4 (Ambulants, forains et nomades).

Section II. – Des destructions, dégradations et détériorations dangereuses pour les personnes

Art. 322-5 ***(L. n° 2000-647, 10 juill. 2000 ; mod., L. n° 2004-204, 9 mars 2004 ; L. n° 2005-1549, 12 déc. 2005 ; L. n° 2011-525, 17 mai 2011).*** **– La destruction, la dégradation ou la détérioration involontaire d'un bien appartenant à autrui par l'effet d'une explosion ou d'un incendie provoqués par manquement à une obligation de prudence ou de sécurité imposée par la loi ou le règlement est punie d'un an d'emprisonnement et de 15 000 € d'amende.**

En cas de violation manifestement délibérée d'une obligation particulière de prudence ou de sécurité prévue par la loi ou le règlement, les peines encourues sont portées à deux ans d'emprisonnement et à 30 000 € d'amende.

Lorsqu'il s'agit de l'incendie de bois, forêts, landes, maquis, plantations ou reboisements d'autrui, les peines sont portées à deux ans d'emprisonnement et à 30 000 € d'amende dans le cas prévu par le premier alinéa, et à trois ans d'emprisonnement et à 45 000 € d'amende dans le cas prévu par le deuxième alinéa.

Si cet incendie est intervenu dans des conditions de nature à exposer les personnes à un dommage corporel ou à créer un dommage irréversible à l'environnement, les peines sont portées à trois ans d'emprisonnement et à 45 000 € d'amende dans le cas prévu par le premier alinéa, et à cinq ans d'emprisonnement et à 100 000 € d'amende dans le cas prévu par le deuxième alinéa.

Si l'incendie a provoqué pour autrui une incapacité totale de travail pendant au moins huit jours les peines sont portées à cinq ans d'emprisonnement et à 75 000 € d'amende dans le cas prévu par le premier alinéa, et à sept ans d'emprisonnement et à 100 000 € d'amende dans le cas prévu par le deuxième alinéa.

S'il a provoqué la mort d'une ou plusieurs personnes, les peines sont portées à sept ans d'emprisonnement et à 100 000 € d'amende dans le cas prévu par le premier alinéa, et à dix ans d'emprisonnement et à 150 000 € d'amende dans le cas prévu par le deuxième alinéa.

Bibliographie : *JCl. pén., Destructions, dégradations et détériorations dangereuses pour les personnes* par E. Garçon et R. Ollard. • J.-Ph. Guédon, *Le maquis juridique de la répression des incendies de forêts : Dr. pénal* 2004, étude 11.

1) Justifie sa décision la cour d'appel qui, pour déclarer les prévenus coupables d'avoir involontairement détruit ou dégradé des bois ou des landes appartenant à autrui par l'effet d'un incendie provoqué par le manquement à une obligation de sécurité ou de prudence imposé par la loi ou le règlement (article 322-5, alinéa 1er, du Code pénal), retient qu'il résulte de l'article L. 322-3 du Code forestier, dans sa rédaction issue de la loi n° 92-613 du 6 juillet 1992, que le propriétaire d'un immeuble situé en zone particulièrement exposée aux incendies de forêts est tenu d'une obligation de résultat de débroussaillement des abords des constructions édifiées sur son fonds jusqu'à une distance de 50 mètres, y compris, le cas échéant, sur les héritages voisins (■ Cass. crim., 4 sept. 2007 : *Bull. crim.*, n° 192 ; *Dr. pénal* 2007, comm. 136, obs. J.-H. Robert).

2) Ne donne pas de base légale à sa décision la cour d'appel qui condamne le prévenu pour dégradation involontaire par explosion ou incendie en retenant qu'il a eu conscience d'avoir commis un manquement à une obligation de sécurité ou de prudence prévue par la loi ou le règlement en fumant dans le local où il travaillait et en y abandonnant sans l'éteindre un mégot de cigarette, sans préciser la source et la nature de cette obligation (■ Cass. crim., 12 janv. 2010, n° 09-81.936 : *Bull. crim.*, n° 3 ; *Dr. pénal* 2010, comm. 44, obs. M. Véron).

3) Le délit de dégradation involontaire par explosion ou incendie prévu par l'article 322-5, alinéa 1 du Code pénal ne peut être caractérisé qu'en cas de manquement à une obligation de sécurité ou de prudence imposée par la loi ou le règlement.

N'édicte pas d'obligation de sécurité ou de prudence, au sens de ce texte, l'article 1728 du Code civil, qui dispose que le preneur est tenu d'user de la chose louée en bon père de famille (■ Cass. crim., 18 janv. 2012, n° 11-81.324 : *Bull. crim.*, n° 17 ; *Dr. pén.* 2012, comm. 30, obs. M. Véron ; *D.* 2012, p. 360, obs. M. Bombled).

4) Ne justifie pas sa décision, la chambre de l'instruction qui, pour annuler la mise en examen d'une personne morale du chef de destruction involontaire du bien d'autrui par l'effet d'un incendie, retient qu'il ne résulte pas de la procédure qu'un manquement à une obligation de sécurité ou prudence imposé par la loi ou le règlement soit à l'origine de l'incendie, alors qu'elle avait relevé que de tels manquements pouvaient avoir effectivement contribué aux destructions résultant de la propagation de l'incendie (■ Cass. crim., 22 févr. 2011, n° 10-87.676 : *Bull. crim.*, n° 33 ; *D.* 2011, p. 985, note J. Lassere Capdeville ; *D.* 2011, act. p. 752, obs. M. Bombled ; *Dr. pén.* 2011, comm. 73, obs. M. Véron ; *Gaz Pal.* 30-31 mars 2011, jurispr., p. 8 à 11, note J.-C. Saint-Paul).

5) Pour déclarer le prévenu coupable de destruction involontaire du bien d'autrui par l'effet d'un incendie, les juges retiennent que les biens détruits appartenaient à la société, dont il était le président directeur général et que les manquements à des obligations réglementaires de sécurité et de prudence relevés à son encontre, peuvent avoir effectivement contribué aux destructions résultant de la propagation de l'incendie ; en l'état de ces énonciations, la cour d'appel a justifié sa décision (■ Cass. crim., 7 févr. 2012 : *JurisData* n° 2012-004201 ; *Dr. pén.* 2012, note 69).

6) Le délit de destruction ou dégradation involontaire d'un bien par explosion ou incendie ne peut être constitué qu'en cas de manquement à une obligation de prudence ou de sécurité imposée par la loi ou le règlement. Encourt la censure l'arrêt qui, pour déclarer des prévenus coupables de ce délit, se réfère implicitement aux fautes de maladresse, imprudence, inattention ou négligence constitutives des délits d'homicides et de blessures involontaires retenues à leur encontre (■ Cass. crim., 13 janv. 2015, n° 12-87.059 ; *AJP* 2015, note Y. Mayaud, p. 191).

7) La contravention de conduite d'un véhicule à une vitesse excessive et le délit de destruction ou détérioration involontaire du bien d'autrui par l'effet d'un incendie provoqué par un manquement à une obligation de prudence ou de sécurité imposée par la loi ou le règlement constituent des infractions différentes qui, lorsqu'elles s'appliquent à un même fait, peuvent être réprimées distinctement (■ Cass. crim., 31 mars 2016, n° 15-85.082).

Art. 322-6 *(Mod., L. n° 2004-209, 9 mars 2004)*. **– La destruction, la dégradation ou la détérioration d'un bien appartenant à autrui par l'effet d'une substance explosive, d'un incendie ou de tout autre moyen**

de nature à créer un danger pour les personnes est punie de dix ans d'emprisonnement et de 150 000 € d'amende.

Lorsqu'il s'agit de l'incendie de bois, forêts, landes, maquis, plantations ou reboisements d'autrui intervenu dans des conditions de nature à exposer les personnes à un dommage corporel ou à créer un dommage irréversible à l'environnement, les peines sont portées à quinze ans de réclusion criminelle et à 150 000 € d'amende.

1) La circonstance que la destruction ou la détérioration d'un objet mobilier ou d'un bien immobilier appartenant à autrui a été effectuée par l'effet d'une substance explosive ou incendiaire, ou de tout autre moyen de nature à créer un danger pour la sécurité des personnes, est un élément constitutif de l'infraction prévue et réprimée par l'article 435, alinéa 1er, du Code pénal. La question unique posée dans les termes de ce texte n'est en conséquence pas entachée de complexité prohibée (■ Cass. crim., 27 nov. 1985 : *Bull. crim.*, n° 382).

2) Les juges du fond doivent mettre la Cour de cassation en mesure de s'assurer que les éléments légaux de la complicité du délit prévu par l'article 435 du Code pénal sont réunis, et notamment que le bien immobilier détruit ou détérioré n'était pas la propriété de l'auteur principal, non identifié, de l'infraction dont les prévenus ont été reconnus complices (■ Cass. crim., 3 janv. 1985, inédit).

3) Se rend coupable du délit de complicité d'incendie volontaire l'individu qui a mis au défi un autre ouvrier d'incendier l'usine dans laquelle ils travaillaient, qui lui a promis un repas ou mille francs, qui lui a remis une boîte d'allumettes et lui a indiqué l'endroit où les matériaux inflammables se trouvaient (■ Cass. crim., 24 juill. 1985 : *Gaz. Pal.* 1986, 1, somm. 115).

4) L'aspersion de pièces de viande par de l'huile de vidange ne constituant pas un procédé de destruction dangereux pour la sécurité des personnes, a été écartée l'application de l'article 435 et a été retenue celle de l'article 434 (■ Bordeaux, 5 mars 1992 : *D.* 1994, 305, note S. Lirtabail).

5) Constitue, tant au regard de l'article 435 de l'ancien Code pénal que de l'article 322-6 du nouveau, une tentative punissable de destruction volontaire d'un bien appartenant à autrui le fait de mettre volontairement le feu à une discothèque dont le prévenu est le propriétaire mais qui est située dans un immeuble appartenant à son épouse, les meubles et la charpente de cet immeuble ayant été épargnés par le feu (■ Cass. crim., 15 juin 1994 : *Dr. pénal* 1994, comm. 255, obs. M. Véron).

6) L'élément intentionnel de l'infraction définie à l'article 322-6 du Code pénal est caractérisé par la seule utilisation, par l'auteur des faits, d'une substance explosive, d'un incendie ou de tout autre moyen de nature à créer un danger pour les personnes sans qu'il soit nécessaire qu'il ait eu en vue de créer un tel danger (■ Cass. crim., 24 juin 1998 : *Bull. crim.*, n° 206 ; *Dr. pénal* 1998, comm. 153, obs. M. Véron).

7) Il a été jugé que le fait de reculer pour heurter violemment et volontairement avec sa voiture un autre véhicule constitue un moyen de dégradation dangereux pour le conducteur placé à côté de ce véhicule (■ Toulouse : 19 sept. 2002 ; *JurisData* n° 188328 ; *Dr. pénal* 2003, comm. 2, obs. M. Véron).

8) Celui qui met volontairement le feu à l'immeuble d'habitation d'autrui se rend coupable du délit de destruction, dégradation ou détérioration d'un bien prévu par l'article 322-6 du Code pénal qui n'exige pas la présence effective d'une personne dans les lieux où l'infraction est commise (■ Cass. crim., 30 sept. 2003 : *Bull. crim.* n° 171).

9) Caractérise la tentative de destruction volontaire du bien d'autrui par l'effet d'une substance explosive de nature à créer un danger pour les personnes, le fait d'ouvrir les vannes du gaz dans des locaux professionnels après avoir confectionné un système de mise à feu, qui en définitive n'a pas fonctionné, en vue d'y provoquer une explosion.

Est complice de cette tentative la personne qui exerçait des fonctions de mandataire judiciaire dans ces locaux et dont l'étude était placée sous administration judiciaire, dès lors qu'elle a enjoint à l'auteur des faits, sa fille, assistée d'un tiers, de les détruire, en lui fournissant les instructions nécessaires pour y parvenir, à la veille d'un audit approfondi par le commissaire aux comptes, afin de dissimuler des fraudes par elles commises (■ Cass. crim., 12 déc. 2007 : *Bull. crim.*, n° 307 ; *Dr. pénal* 2008, comm. 28, obs. M. Véron).

10) Élément intentionnel. L'article 322-6 du Code pénal n'exige pas de l'auteur de l'infraction qu'il ait l'intention, en détruisant, dégradant ou détériorant des biens appartenant à l'autrui, de porter atteinte à l'intégrité physique des personnes par l'un des moyens énumérés par ce texte, mais seulement que ceux-ci, en raison de leur nature, soient susceptibles de créer un danger pour les personnes.

Il en est de même de celui qui détient ou transporte des substances, produits incendiaires ou explosifs en vue de préparer des infractions définies à l'article 322-6 précité ou des atteintes aux personnes (■ Cass. crim., 28 mars 2017, n° 17-80.041).

Art. 322-6-1 *(L. n° 2004-204, 9 mars 2004 ; mod., L. n° 2011-525, 17 mai 2011 ; L. n° 2016-731, 3 juin 2016)*. **– Le fait de diffuser par tout moyen, sauf à destination des professionnels, des procédés permettant la fabrication d'engins de destruction élaborés à partir de poudre ou de substances explosives, de matières nucléaires, biologiques ou chimiques, ou à partir de tout autre produit destiné à l'usage domestique, industriel ou agricole, est puni e trois ans d'emprisonnement et de 45 000 € d'amende.**

Les peines sont portées à cinq ans d'emprisonnement et à 75 000 € d'amende lorsqu'il a été utilisé, pour la diffusion des procédés, un réseau de communication électronique à destination d'un public non déterminé.

Art. 322-7 *(Mod., L. n° 2004-204, 9 mars 2004)*. **– L'infraction définie à l'article 322-6 est punie de quinze ans de réclusion criminelle et de 150 000 € d'amende lorsqu'elle a entraîné pour autrui une incapacité totale de travail pendant huit jours au plus.**

Lorsqu'il s'agit de l'incendie de bois, forêts, landes, maquis, plantations ou reboisements d'autrui, les peines sont portées à vingt ans de réclusion criminelle et à 200 000 € d'amende.

Art. 322-8 *(Mod., L. n° 2003-88, 3 févr. 2003 ; L. n° 2004-204, 9 mars 2004 ; L. n° 2017-258, 28 févr. 2017)*. **– L'infraction définie à l'article 322-6 est punie de vingt ans de réclusion criminelle et de 150 000 € d'amende :**

1° Lorsqu'elle est commise en bande organisée ;

2° Lorsqu'elle a entraîné pour autrui une incapacité totale de travail pendant plus de huit jours ;

3° Lorsqu'elle est commise en raison de la qualité de magistrat, de militaire de la gendarmerie nationale, de fonctionnaire de la police nationale, des douanes ou de l'administration pénitentiaire ou de toute autre personne dépositaire de l'autorité publique, ou de sapeur-pompier professionnel ou volontaire, de la personne propriétaire ou utilisatrice du bien.

Lorsqu'il s'agit de l'incendie de bois, forêts, landes, maquis, plantations ou reboisements d'autrui, les peines sont portées à trente ans de réclusion criminelle et à 200 000 € d'amende.

Les deux premiers alinéas de l'article 132-23 relatif à la période de sûreté sont applicables aux infractions prévues par le présent article.

Constitue une bande organisée, toute réunion de plusieurs personnes en vue de commettre une destruction volontaire d'objet mobilier ou d'un bien immobilier et caractérisée par la préparation ainsi que par la possession des moyens utiles à l'action (■ Cass. crim., 11 juin 1985 : *Bull. crim.*, n° 226).

Art. 322-9 *(Mod., L. n° 2004-204, 9 mars 2004)*. **– L'infraction définie à l'article 322-6 est punie de trente ans de réclusion criminelle et de 150 000 € d'amende lorsqu'elle a entraîné pour autrui une mutilation ou une infirmité permanente.**

Lorsqu'il s'agit de l'incendie de bois, forêts, landes, maquis, plantations ou reboisements d'autrui, les peines sont portées à la réclusion criminelle à perpétuité et à 200 000 € d'amende.

Les deux premiers alinéas de l'article 132-23 relatif à la période de sûreté sont applicables à l'infraction prévue par le présent article.

Ne constituent pas une infirmité permanente les blessures à la jambe qui n'ont entraîné ni mutilation, ni amputation, ni privation de l'usage de ce membre, mais seulement une incapacité permanente partielle (■ Cass. crim., 2 juill. 1986 : *Bull. crim.*, n° 229 ; *Rev. sc. crim.* 1987, 202, obs. Levasseur).

Art. 322-10. **– L'infraction définie à l'article 322-6 est punie de la réclusion criminelle à perpétuité et de 150 000 € d'amende lorsqu'elle a entraîné la mort d'autrui.**

Les deux premiers alinéas de l'article 132-23 relatif à la période de sûreté sont applicables à l'infraction prévue par le présent article.

Art. 322-11. – La tentative du délit prévu par l'article 322-6 est punie des mêmes peines.

Art. 322-11-1 *(L. n° 2007-297, 5 mars 2007 ; mod., L. n° 2016-731, 3 juin 2016)*. – La détention ou le transport de substances ou produits incendiaires ou explosifs ainsi que d'éléments ou substances destinés à entrer dans la composition de produits ou engins incendiaires ou explosifs en vue de la préparation, caractérisée par un ou plusieurs faits matériels, des infractions définies à l'article 322-6 ou d'atteintes aux personnes est puni de sept ans d'emprisonnement et de 100 000 € d'amende.

Les peines sont portées à dix ans d'emprisonnement et à 500 000 € d'amende lorsque ces faits sont commis en bande organisée.

Hors les cas prévus aux deux premiers alinéas, est puni de trois ans d'emprisonnement et de 45 000 € d'amende la détention ou le transport sans motif légitime :

1° De substances ou produits explosifs permettant de commettre les infractions définies à l'article 322-6, lorsque ces substances ou produits ne sont pas soumis, pour la détention ou le transport, à un régime particulier ;

2° De substances ou produits incendiaires permettant de commettre les infractions définies à l'article 322-6 ainsi que d'éléments ou substances destinés à entrer dans la composition de produits ou engins incendiaires ou explosifs, lorsque leur détention ou leur transport ont été interdit par arrêté préfectoral en raison de l'urgence ou du risque de trouble à l'ordre public.

L'infraction prévue par l'article 322-11-1 du Code pénal ne requiert pas que son auteur ait eu l'intention de causer une atteinte à l'intégrité physique d'une personne par l'un des moyens énumérés à l'article 322-6 (■ Cass. crim., 28 mars 2017, n° 17-80.041 : *Dr. pén.* 2017, comm. 106, note P. Conte).

Section III. – Des menaces de destruction, de dégradation ou de détérioration et des fausses alertes

Art. 322-12. – La menace de commettre une destruction, une dégradation ou une détérioration dangereuses pour les personnes est punie de six mois d'emprisonnement et de 7 500 € d'amende lorsqu'elle est soit réitérée, soit matérialisée par un écrit, une image ou tout autre objet.

Art. 322-13. – La menace, par quelque moyen que ce soit, de commettre une destruction, une dégradation ou une détérioration est punie d'un an d'emprisonnement et de 15 000 € d'amende lorsqu'elle est faite avec l'ordre de remplir une condition.

La peine est portée à trois ans d'emprisonnement et 45 000 € d'amende s'il s'agit d'une menace de destruction, de dégradation ou de détérioration dangereuses pour les personnes.

Voir : art. R. 631-1, p. 674 et art. R. 634-1, p. 676.

1) La menace doit présenter un **caractère** suffisamment alarmant et il appartient aux tribunaux d'en apprécier les termes ; ainsi constituent des menaces de destruction l'expression suivante : « j'ai du plastic et je vais transformer ton établissement en charcuterie » (■ Cass. crim., 13 mars 1967 : *Bull. crim.*, n° 97 ; *Rev. sc. crim.* 1967, 661, obs. Levasseur).

2) En revanche, le délit de menaces de mort par écrit ne peut être retenu contre un hôtelier qui avait signifié par lettre au directeur d'un aéroport qu'à compter d'une date déterminée il interdirait aux avions le survol de son immeuble situé dans le prolongement d'une piste d'envol en dressant un barrage de ballonnets reliés au sol par des câbles d'acier (■ Lyon, 9 juill. 1954 : *JCP* 56, II, 9175, note Meurisse ; *Rev. sc. crim.* 1954, 767, obs. Hugueney).

3) Réitération. Il a été jugé que si l'article 322-12 du Code pénal exige que les menaces de destruction soient réitérés, le texte n'exige cependant pas qu'elles soient réitérées contre la même personne et le même bien (■ Toulouse, 21 oct. 2008 : *JurisData* n° 2008-370752 ; *Dr. pénal* 2009, comm. 19, obs. M. Véron). *Comp.*, en sens contraire, pour les menaces contre les personnes : ■ Cass. crim., 24 oct. 2007 : *Bull. crim.*, n° 252 ; *Dr. pénal* 2008, comm. 19, obs. M. Véron.

4) Ordre de remplir une condition. L'ordre de remplir une condition peut être aussi bien un ordre de faire qu'un ordre de ne pas faire (■ Cass. crim., 1er févr. 1834 : *S.* 1834, 1, 266).

5) La menace verbale de mort ou de tout autre attentat faite avec ordre ou sous condition a été jugée punissable, alors même que son auteur n'aurait pas eu l'intention de passer la menace à l'exécution, cette dernière intention n'ayant nullement été prise en considération par le législateur (■ Bordeaux, 8 août 1867 : *S.* 67, 2, 273) ; en revanche, la relaxe doit être prononcée dès lors qu'on ne découvre en aucune partie des écrits incriminés l'indication d'un dessein criminel qu'avait formé leur auteur ni l'expression de sa volonté de se livrer à un attentat (■ Basse-Terre, 17 mars 1970 : *D.* 1970, 658).

Art. 322-14. – Le fait de communiquer ou de divulguer une fausse information dans le but de faire croire qu'une destruction, une dégradation ou une détérioration dangereuse pour les personnes va être ou a été commise est puni de deux ans d'emprisonnement et de 30 000 € d'amende.

Est puni des mêmes peines le fait de communiquer ou de divulguer une fausse information faisant croire à un sinistre et de nature à provoquer l'intervention inutile des secours.

Le fait de communiquer une fausse information selon laquelle une bombe avait été placée dans un avion dont les portes avaient été closes et qui était sur son axe de départ, constitue le délit prévu par l'article 308-1 du Code pénal (■ Cass. crim., 24 févr. 1987 : *Bull. crim.*, n° 94).

Section IV. – Peines complémentaires applicables aux personnes physiques et responsabilité des personnes morales

Art. 322-15 *(Mod., L. n° 2004-204, 9 mars 2004 ; L. n° 2007-297, 5 mars 2007 ; L. n° 2008-776, 4 août 2008 ; L. n° 2012-304, 6 mars 2012)*. **– I. – Les personnes physiques coupables de l'une des infractions prévues au présent chapitre encourent également les peines complémentaires suivantes :**

1° L'interdiction des droits civiques, civils et de famille, suivant les modalités prévues par l'article 131-26 ;

2° L'interdiction, suivant les modalités prévues par l'article 131-27, soit d'exercer une fonction publique ou d'exercer l'activité professionnelle ou sociale dans l'exercice ou à l'occasion de l'exercice de laquelle l'infraction a été commise, cette interdiction étant définitive ou provisoire dans les cas prévus aux articles 322-6 à 322-10 et pour une durée de cinq ans au plus dans les cas prévus aux articles 322-1, 322-2, 322-3, 322-3-1, 322-5, 322-12, 322-13 et 322-14 soit, pour les crimes prévus au second alinéa de l'article 322-6 ainsi qu'aux articles 322-7, 322-8, 322-9 et 322-10, d'exercer une profession commerciale ou industrielle, de diriger, d'administrer, de gérer ou de contrôler à un titre quelconque, directement ou indirectement, pour son propre compte ou pour le compte d'autrui, une entreprise commerciale ou industrielle ou une société commerciale. Ces interdictions d'exercice peuvent être prononcées cumulativement ;

3° L'interdiction de détenir ou de porter, pour une durée de cinq ans au plus, une arme soumise à autorisation ;

4° L'interdiction de séjour, suivant les modalités prévues par l'article 131-31, dans les cas prévus par les articles 322-7 à 322-10.

5° L'obligation d'accomplir un stage de citoyenneté, selon les modalités prévues par l'article 131-5-1.

6° L'obligation d'accomplir un stage de sensibilisation aux dangers de l'usage de produits stupéfiants, selon les modalités fixées à l'article 131-35-1.

II. – En cas de condamnation pour les crimes ou délits prévus aux articles 322-6 à 322-11-1, le prononcé de la peine complémentaire prévue au 3° du I du présent article est obligatoire.

Toutefois, la juridiction peut, par une décision spécialement motivée lorsque la condamnation est prononcée par une juridiction correctionnelle, décider de ne pas prononcer cette peine, en considération des circonstances de l'infraction et de la personnalité de son auteur.

Art. 322-15-1 *(L. n° 2003-239, 18 mars 2003)*. **– Les personnes physiques coupables de l'infraction prévue à l'article 322-4-1 encourent les peines complémentaires suivantes :**

1° La suspension, pour une durée de trois ans au plus, du permis de conduire ;

2° La confiscation du ou des véhicules automobiles utilisés pour commettre l'infraction, à l'exception des véhicules destinés à l'habitation.

Art. 322-16. – L'interdiction du territoire français peut être prononcée dans les conditions prévues par l'article 131-30, soit à titre définitif, soit pour une durée de dix ans au plus, à l'encontre de tout étranger coupable de l'une des infractions définies aux articles 322-7 à 322-10.

Art. 322-17 *(Mod., L. n° 2009-526, 12 mai 2009)*. **– Les personnes morales déclarées responsables pénalement, dans les conditions prévues par l'article 121-2, des infractions définies au présent chapitre encourent, outre l'amende suivant les modalités prévues par l'article 131-38, la peine prévue par le 2° de l'article 131-39, pour une durée de cinq ans au plus dans les cas prévus par les articles 322-1, 322-3, 322-5, 322-12, 322-13 et 322-14 et sans limitation de durée dans les cas prévus par les articles 322-6 à 322-10.**

L'interdiction mentionnée au 2° de l'article 131-39 porte sur l'activité dans l'exercice ou à l'occasion de l'exercice de laquelle l'infraction a été commise.

Art. 322-18 *(L. n° 2005-1549, 12 déc. 2005)*. **– Les personnes physiques coupables des infractions définies aux articles 322-6 à 322-11 peuvent également être condamnées à un suivi socio-judiciaire selon les modalités prévues par les articles 131-36-1 à 131-36-13.**

CHAPITRE III. – DES ATTEINTES AUX SYSTÈMES DE TRAITEMENT AUTOMATISÉ DE DONNÉES

Voir : Annexe 37 (Informatique).

Art. 323-1 *(Mod., L. n° 2004-575, 21 juin 2004 ; L. n° 2012-410, 27 mars 2012 ; L. n° 2015-912, 24 juill. 2015)*. **– Le fait d'accéder ou de se maintenir, frauduleusement, dans tout ou partie d'un système de traitement automatisé de données est puni [de] deux ans d'emprisonnement et de 60 000 € d'amende.**

Lorsqu'il en est résulté soit la suppression ou la modification de données contenues dans le système, soit une altération du fonctionnement de ce système, la peine est de trois ans d'emprisonnement et de 100 000 € d'amende.

Lorsque les infractions prévues aux deux premiers alinéas ont été commises à l'encontre d'un système de traitement automatisé de données à caractère personnel mis en œuvre par l'État, la peine est portée à cinq ans d'emprisonnement et à 150 000 € d'amende.

Bibliographie : *JCl. pén., Atteintes aux systèmes de traitement automatisé de données* par C. Robaczewski.

1) Doit être censuré l'arrêt qui relaxe un prévenu du chef de maintien frauduleux dans un système de traitement automatisé de données alors qu'il relève que celui-ci, quand bien même il y aurait accédé régulièrement, a utilisé pendant plus de deux ans, et avec un code qui ne lui avait été remis que pour une période d'essai, une base de données qui n'était accessible qu'aux personnes autorisées (■ Cass. crim., 3 oct. 2007 : *Bull. crim.*, n° 236 ; *Dr. pénal* 2007, comm. 158, obs. M. Véron ; *Rev. sc. crim.* 2008, p. 99, obs. J. Francillon).

2) Constitue le délit de maintien frauduleux dans un système de traitement automatisé de données le fait de se maintenir dans ce système après s'y être introduit à la suite d'une défaillance technique et avoir constaté l'existence d'un contrôle d'accès. Le téléchargement, effectué sans le consentement de leur propriétaire, de données que le prévenu savait protégées caractérise la soustraction frauduleuse constitutive du vol (■ Cass. crim., 20 mai 2015, n° 14-81.336 : *Dr. pén.* 2015, comm. 106, obs. M. Véron ; *JCP* 2015, II, 887, note G. Beaussonie ; *D.* 2015, p. 1466, note L. Saenko ; *Gaz. Pal.* 2015, 1, p. 8, note S. Detraz ; *AJP* 2015, 413, note E. Dreyer).

3) Se rend coupable de l'infraction prévue à l'article 323-1 du Code pénal, la personne qui détient et installe un keylogger sur des ordinateurs, pour intercepter à l'insu de leurs utilisateurs, par l'espionnage de la frappe du clavier, les codes d'accès et accéder ainsi aux courriels (■ Cass. crim., 16 janv. 2018, n° 16-87.168).

Art. 323-2 *(Mod., L. n° 2004-575, 21 juin 2004 ; L. n° 2012-410, 27 mars 2012 ; L. n° 2015-912, 24 juill. 2015)*. **– Le fait d'entraver ou de fausser le fonctionnement d'un système de traitement automatisé de données est puni de cinq ans d'emprisonnement et de 150 000 € d'amende.**

Lorsque cette infraction a été commise à l'encontre d'un système de traitement automatisé de données à caractère personnel mis en œuvre par l'État, la peine est portée à sept ans d'emprisonnement et à 300 000 € d'amende.

Art. 323-3 *(Mod., L. n° 2004-575, 21 juin 2004 ; L. n° 2012-410, 27 mars 2012 ; L. n° 2014-1353, 13 nov. 2014 ; L. n° 2015-912, 24 juill. 2015).* – **Le fait d'introduire frauduleusement des données dans un système de traitement automatisé, d'extraire, de détenir, de reproduire, de transmettre, de supprimer ou de modifier frauduleusement les données qu'il contient est puni de cinq ans d'emprisonnement et de 150 000 € d'amende.**

Lorsque cette infraction a été commise à l'encontre d'un système de traitement automatisé de données à caractère personnel mis en œuvre par l'État, la peine est portée à sept ans d'emprisonnement et à 300 000 € d'amende.

1) QPC. Non-lieu à renvoi au Conseil constitutionnel de la question prioritaire visant l'article 323-3 du Code pénal, les termes de ce texte étant clairs et précis (■ Cass. crim., 10 avr. 2013, n° 12-85.618 : *Rev. sc. crim.* 2014, p. 559, obs. Francillon).

2) L'introduction délibérée d'un « virus informatique » dans le logiciel d'un client ou le fait de s'abstenir d'informer ce dernier de l'introduction, même accidentelle, d'un tel virus, lorsqu'on en a connaissance, ainsi que de l'altération de l'ensemble du système informatique qui peut en résulter lors de la mise en œuvre du logiciel, constituent des atteintes à des systèmes de traitement automatisé de données entrant dans les prévisions des articles 462-3 et 462-4 du Code pénal (devenus 323-2 et 323-3 de ce code) ; encourt la censure la cour d'appel qui, après avoir constaté l'introduction d'un virus, lors d'un compactage des données du logiciel d'un client, dans des circonstances laissant penser qu'elle a été volontaire, relaxe le prévenu sans ordonner les auditions et autres mesures d'investigations dont elle reconnaît la nécessité en précisant les modalités (■ Cass. crim., 12 déc. 1996 : *Bull. crim.*, n° 465 ; *Rev. sc. crim.* 1998, 144, obs. Francillon).

3) Le fait de modifier ou supprimer intentionnellement, en violation de la réglementation en vigueur, des données contenues dans un système de traitement automatisé caractérise le délit prévu à l'article 323-3 du Code pénal, sans qu'il soit nécessaire que ces modifications ou suppressions émanent d'une personne n'ayant pas un droit d'accès au système ni que leur auteur soit animé de la volonté de nuire. Justifie sa décision la cour d'appel qui, pour déclarer le prévenu coupable de ce délit, relève que l'intéressé a modifié, en violation des règles et principes comptables, des données qui avaient été enregistrées de manière définitive dans le système automatisé de comptabilité dont il avait la charge (■ Cass. crim., 8 déc. 1999 : *Bull. crim.*, n° 296 ; *Dr. pénal* 2000, comm. 53, obs. M. Véron).

4) Jugé que le prévenu a sciemment introduit dans le système *ELIOT*, des données fictives, à savoir des ordres de bourses fictifs, sans aucune réalité économique, qu'il a par la suite annulées, les dites données ayant notamment pour but de faire disparaître son exposition aux risques de marché et de masquer ses engagements hors mandat et hors limite ; dès lors le délit visé à la prévention est établi en tous ses éléments (■ Paris, pôle 5, ch. 12, 24 oct. 2012, n° 11/00404 : *JCP* 2012, note 1371, p. 2309, J. Lasserre-Capdeville).

5) Celui qui procède à la désinstallation d'un logiciel est coupable du délit de modification frauduleuse de données dans un système de traitement automatisé (■ Cass. crim., 9 déc. 2015, n° 14-87.835 : *Dr. pén.* 2016, comm. 20, obs. P. Conte).

Art. 323-3-1 *(L. n° 2004-575, 21 juin 2004 ; L. n° 2013-1168, 18 déc. 2013).* – **Le fait, sans motif légitime, notamment de recherche ou de sécurité informatique d'importer, de détenir, d'offrir, de céder ou de mettre à disposition un équipement, un instrument, un programme informatique ou toute donnée conçus ou spécialement adaptés pour commettre une ou plusieurs des infractions prévues par les articles 323-1 à 323-3 est puni des peines prévues respectivement pour l'infraction elle-même ou pour l'infraction la plus sévèrement réprimée.**

La constatation qu'il a agi sans motif légitime et en connaissance de cause établit l'intention coupable de celui qui, en violation de l'article 323-3-1 du Code pénal, importe, détient, offre, cède ou met à disposition un moyen ou une information conçu ou spécialement adapté pour commettre une infraction d'atteinte aux systèmes de traitement automatisé de données.

Justifie sa décision la cour d'appel qui retient qu'un prévenu ne pouvait arguer d'un motif légitime tiré de la volonté d'information dès lors que, du fait de son expertise, il savait qu'il diffusait des informations présentant un risque d'utilisation à des fins de piratage (■ Cass. crim., 27 oct. 2009 : *Bull. crim.*, n° 177 ; *Dr. pénal* 2010, comm. 3, obs. M. Véron ; *JCP* G 2010, note 19, A. Lepage ; *D.* 2010, p. 806, note J. Lasserre-Capdeville ; *Rev. sc. crim.* 2010, p. 178, obs. J. Francillon).

Art. 323-4. – **La participation à un groupement formé ou à une entente établie en vue de la préparation, caractérisée par un ou plusieurs faits matériels, d'une ou de plusieurs des infractions prévues par les articles 323-1 à 323-3-1 est punie des peines prévues pour l'infraction elle-même ou pour l'infraction la plus sévèrement réprimée.**

La mise à disposition des internautes d'un protocole de communication textuelle instantané sur internet (Web Irc), qui permet d'avoir connaissance de modalités concrètes d'opérations d'un collectif de pirates informatiques à l'encontre d'opérateurs d'importance vitale qui ont pour but d'entraver le fonctionnement d'un service de traitement automatisé de données, lorsqu'elle est effectuée de manière consciente, est constitutive du délit d'entente en vue de la préparation d'entraves au bon fonctionnement de systèmes de traitement automatisé de données (■ Cass. crim., 7 nov. 2017, n° 16-84.918).

Art. 323-4-1 *(L. n° 2014-1353, 13 nov. 2014 ; mod., L. n° 2015-912, 24 juill. 2015).* – **Lorsque les infractions prévues aux articles 323-1 à 323-3-1 ont été commises en bande organisée et à l'encontre d'un système de traitement automatisé de données à caractère personnel mis en œuvre par l'État, la peine est portée à dix ans d'emprisonnement et à 300 000 € d'amende.**

Art. 323-5. – **Les personnes physiques coupables des délits prévus au présent chapitre encourent également les peines complémentaires suivantes :**

1° L'interdiction, pour une durée de cinq ans au plus, des droits civiques, civils et de famille, suivant les modalités de l'article 131-26 ;

2° L'interdiction, pour une durée de cinq ans au plus, d'exercer une fonction publique ou d'exercer l'activité professionnelle ou sociale dans l'exercice de laquelle ou à l'occasion de laquelle l'infraction a été commise ;

3° La confiscation de la chose qui a servi ou était destinée à commettre l'infraction ou de la chose qui en est le produit, à l'exception des objets susceptibles de restitution ;

4° La fermeture, pour une durée de cinq ans au plus, des établissements ou de l'un ou de plusieurs des établissements de l'entreprise ayant servi à commettre les faits incriminés ;

5° L'exclusion, pour une durée de cinq ans au plus, des marchés publics ;

6° L'interdiction, pour une durée de cinq ans au plus, d'émettre des chèques autres que ceux qui permettent le retrait de fonds par le tireur auprès du tiré ou ceux qui sont certifiés ;

7° L'affichage ou la diffusion de la décision prononcée dans les conditions prévues par l'article 131-35.

Art. 323-6 *(Mod., L. n° 2009-526, 12 mai 2009).* – **Les personnes morales déclarées responsables pénalement, dans les conditions prévues par l'article 121-2, des infractions définies au présent chapitre encourent, outre l'amende suivant les modalités prévues par l'article 131-38, les peines prévues par l'article 131-39.**

L'interdiction mentionnée au 2° de l'article 131-39 porte sur l'activité dans l'exercice ou à l'occasion de l'exercice de laquelle l'infraction a été commise.

Art. 323-7. – **La tentative des délits prévus par les articles 323-1 à 323-3-1 est punie des mêmes peines.**

Pour un exemple d'application des articles 462-5, 462-6 et 462-8, V. (■ TGI Paris, 11e Ch., 12 oct. 1988 : *JCP* 89, II, 21253, note Devèze) ; et en appel (■ Paris, 9e Ch. A, 22 mai 1989 : *Gaz. Pal.* 1989, 2, 559, note Marchi).

Art. 323-8 *(L. n° 2015-912, 24 juill. 2015).* – **Le présent chapitre n'est pas applicable aux mesures mises en œuvre, par les agents habilités des services de l'État désignés par arrêté du Premier ministre parmi les services spécialisés de renseignement mentionnés à l'article L. 811-2 du Code de la sécurité intérieure, pour assurer hors du territoire national la protection des intérêts fondamentaux de la Nation mentionnés à l'article L. 811-3 du même code.**

CHAPITRE IV. – DU BLANCHIMENT

(L. n° 96-392, 13 mai 1996)

Bibliographie : F. Le Gunehec : *JCP* 96, 3 juill. 96, *Actualités : Premier aperçu des dispositions pénales de la loi n° 96-392 du 13 mai 1996 relative à la lutte contre le blanchiment et les stupéfiants.* • D. Desurvire, *Les lois des 29 avril et 13 mai 1996 relatives à la lutte contre le trafic de stupéfiants et le blanchiment d'argent : LPA* 21 juin 1996. • S. Manacorda, *La réglementation du blanchiment des capitaux en droit international : les coordonnées du système : Rev. sc. crim.* 1999, p. 251. • J. Riffault, *Le blanchiment de capitaux en droit pénal comparé : Rev. sc. crim.* 1999, p. 231. • E. Leverbe, *Le banquier et l'article 324-1 du Code pénal : Dr. pénal* 2004, chron. 4.

Voir : C. monét. fin. art. L. 561-1 et s., p. 2129.

Section I. – Du blanchiment simple et du blanchiment aggravé

Art. 324-1. – Le blanchiment est le fait de faciliter, par tout moyen, la justification mensongère de l'origine des biens ou des revenus de l'auteur d'un crime ou d'un délit ayant procuré à celui-ci un profit direct ou indirect.

Constitue également un blanchiment le fait d'apporter un concours à une opération de placement, de dissimulation ou de conversion du produit direct ou indirect d'un crime ou d'un délit.

Le blanchiment est puni de cinq ans d'emprisonnement et de 375 000 € d'amende.

Voir : art. 321-6, p. 454.

Bibliographie : *JCl. pén., Infraction générale de blanchiment* par M. Daury-Fauveau. • H. Robert, *Réflexions sur la nature de l'infraction de blanchiment d'argent : JCP* 2008, J, 146. • A. Létocart, *La revitalisation du traitement judiciaire du blanchiment : JCP* 2015, étude, 899.

1) QPC. Non-lieu à renvoi au conseil constitutionnel de la question prioritaire de constitutionnalité visant l'article 324-1, alinéa 2 du Code pénal, dès lors que ces dispositions, rédigées en termes clairs et précis, ne portent pas atteinte au principe de légalité des délits et des peines (■ Cass. crim., 27 mars 2013, n° 12-85.115 : *Bull. crim.*, n° 71 ; *JCP* 2013, chron. n° 623, spéc. n° 17, p. 1079, B. Mathieu. ■ Cass. crim., 25 mars 2015, n° 14-85.251). En outre, une QPC a été déclarée irrecevable en ce qu'elle ne concerne pas la compatibilité de la portée d'une disposition législative résultant d'une interprétation jurisprudentielle constante de la Cour de cassation avec les droits et libertés que la Constitution garantit ; qu'elle ne revient, en effet, qu'à contester la conformité de cette interprétation avec le libellé du texte législatif en cause (■ Cass. crim., 16 sept. 2015, n° 15-83.204 : *Dr. pén.* 2015, comm. 136, obs. P. Conte).

2) Le délit nécessite que soient relevés précisément les éléments constitutifs d'un crime ou d'un délit principal ayant procuré à son auteur un profit direct ou indirect, et que l'élément intentionnel de l'infraction, caractérisé par la connaissance de l'origine délictueuse des fonds, soit établi (■ Cass. crim., 25 juin 2003 : *Dr. pénal* 2003, comm. 142, obs. M. Véron ; *Rev. sc. crim.* 2004, p. 350, obs. R. Ottenhof).

La preuve d'un lien entre la détention des fonds saisis et un trafic de stupéfiants est ainsi établie par la présence de traces de cocaïne sur les billets contenus dans un sac (■ Cass. crim., 7 août 2009 : *Dr. pénal* 2009, comm. 151, obs. M. Véron).

3) Se rend coupable du délit de blanchiment le ministre d'un pays étranger qui, ayant perçu de compagnies pétrolières des commissions en contrepartie de l'octroi de concessions ou de licences d'exploitation dans son pays, transfère les fonds ainsi obtenus sur le territoire national pour les déposer dans des banques et les utiliser pour l'acquisition de biens immobiliers ou mobiliers, dès lors que de tels faits sont réprimés en France sous la qualification de corruption et que les textes qui définissent le délit de blanchiment, infraction générale, distincte et autonome, n'impose ni que l'infraction ayant permis d'obtenir les sommes blanchies ait été commise sur le territoire national ni que les juridictions françaises soient compétentes pour la juger (■ Cass. crim., 24 févr. 2010, n° 09-82.857 : *Bull. crim.*, n° 37 ; *Dr. pénal* 2010, comm. 42, obs. M. Véron ; *JCP* 2010, note 629, C. Cutajar).

4) Caractérise le délit de blanchiment, infraction générale, distincte et autonome, l'utilisation en France de fonds provenant d'un commerce d'armes non déclaré et non autorisé, mais soustrait à l'appréciation des tribunaux français, l'immunité de juridiction étant sans effet sur la licéité des actes auxquels elle s'applique (■ Cass. crim., 16 janv. 2013 : *Bull. crim.*, n° 17).

5) Il résulte de l'article L. 562-8 du Code monétaire et financier que la cause d'irresponsabilité pénale instituée au profit des personnes qui ont effectué, auprès du service TRACFIN, la déclaration mentionnée à l'article L. 562-2 du même code, s'applique au délit de blanchiment prévu à l'article 324-1 du Code pénal (■ Cass. crim., 3 déc. 2003 : *Bull. crim.* n° 234 ; *JCP* 2004, 1006, note C. Cutajar ; *AJP* 2004, 116, note C. Girault).

6) Mais la cause d'irresponsabilité pénale instituée par l'article L. 562-8 du Code monétaire et financier au profit des personnes qui ont effectué, auprès du service TRACFIN, la déclaration mentionnée à l'article L. 562-2 du même code, ne s'applique pas lorsqu'il y a eu concertation frauduleuse entre le prévenu et le propriétaire des fonds ; n'encourt pas la censure l'arrêt qui écarte cette cause d'irresponsabilité invoquée par un assureur conseil en gestion de patrimoine, dès lors qu'il résulte des constatations des juges du fond que ce dernier avait agi en concertation frauduleuse avec le propriétaire des sommes qu'il était chargé de placer (même arrêt).

7) L'article 324-1, alinéa 2, du Code pénal, est applicable à l'auteur du blanchiment du produit d'une infraction qu'il a lui-même commise ; encourt, en conséquence, la censure l'arrêt qui, pour relaxer une personne poursuivie pour avoir apporté son concours à une opération de placement, de dissimulation ou de conversion du produit direct ou indirect des délits de travail clandestin et fraude fiscale, énonce que l'auteur principal d'une infraction ne peut être poursuivi pour blanchiment des sommes produites par sa propre activité illicite et qu'en l'espèce il n'est pas établi que les fonds proviennent d'infractions commises par d'autres personnes (■ Cass. crim., 14 janv. 2004 : *Bull. crim.*, n° 12 ; *Dr. pénal* 2004, comm. 48, obs. M. Véron ; *Gaz. Pal.* 16-17 avr. 2004, p. 5, note O. Raynaud ; *JCP* 2004, II, 10081, note H. Matsopoulou ; *D.* 2004, jurispr., p. 1377, note C. Cutajar ; *Rev. sc. crim.* 2004, p. 350, obs. R. Ottenhof).

8) La poursuite du délit de blanchiment, infraction générale, distincte et autonome, n'est pas soumise aux dispositions de l'article L. 228 du Livre des procédures fiscales. Justifie dès lors sa décision la cour d'appel qui, pour déclarer le prévenu coupable de blanchiment de fraude fiscale, retient, notamment, que l'article 324-1 du Code pénal n'impose pas que des poursuites aient été préalablement engagées ni qu'une condamnation ait été prononcée du chef du crime ou du délit ayant permis d'obtenir les sommes d'argent blanchies mais qu'il suffit que soient établis les éléments constitutifs de l'infraction principale ayant procuré les sommes litigieuses (■ Cass. crim., 20 févr. 2008, pourvoi n° 07-82-977 : *Bull. crim.*, n° 43 ; *Dr. pénal* 2008, comm. 67, obs. M. Véron ; *JCP* 2008, II, 10103, note J. Lasserre-Capdeville ; *D.* 2008, p. 1585, note C. Cutajar ; *Rev. sc. crim.* 2008, p. 607, obs. H. Matsopoulou).

9) Pour déclarer le prévenu coupable de blanchiment aggravé **en bande organisée**, l'arrêt retient qu'il a facilité la justification mensongère de l'origine des biens ou des revenus de l'auteur des délits d'introduction de viandes anglaises en violation de l'embargo du 21 mars 1996, de tromperies aggravées et de falsifications, en établissant la comptabilité de sociétés sans activité réelle, en déposant les statuts d'une société fictive, en effectuant des opérations de versements et de retraits en espèces sur les comptes d'autres sociétés, en connaissance de cause de l'origine délictueuse des fonds (■ Cass. crim., 7 oct. 2009 : *Dr. pénal* 2009, comm. 22, obs. M. Véron).

10) Selon l'article 415 du Code des douanes, procède à une opération financière entre l'étranger et la France celui qui importe des fonds qu'il savait provenir d'un délit douanier.

Encourt dès lors la censure l'arrêt d'une cour d'appel qui, pour relaxer le prévenu, poursuivi du chef de blanchiment, retient, notamment, que l'importation de ces fonds ne peut être assimilée à une opération financière (■ Cass. crim., 15 déc. 2010, n° 10-81.734).

11) Commet le délit prévu par l'article 324-1, alinéa 2 du Code pénal, celui qui a servi d'intermédiaire dans la revente d'engins de travaux publics, qui provenaient de vols, en fabriquant de faux certificats de vente, des attestations mensongères et des factures fictives, les fonds étant utilisés pour l'acquisition d'aéronefs par la personne, destinataire des documents mensongers (■ Cass. crim., 26 janv. 2011, n° 10-84.081 : *Dr. pén.* 2011, comm. 44, obs. M. Véron ; *Rev. sc. crim.* 2011, p. 840, obs. H. Matsopoulou ; *D.* 2011, p. 1859, obs. C. Mascala).

12) Est coupable de **blanchiment aggravé** l'avocat qui utilise les facilités que lui procurait sa profession d'avocat pour apporter sciemment son concours au placement de sommes d'argent dont il savait qu'elles avaient été prélevées sur des comptes bloqués judiciairement (■ Cass. crim., 4 mai 2011, n° 10-84.456 : *Bull. crim.*, n° 90 ; *Dr. pén.* 2011, comm. 101, obs. M. Véron ; *Rev. sc. crim.* 2011, p. 840, obs. H. Matsopoulou).

13) Encourt la cassation l'arrêt qui, pour déclarer le prévenu coupable de blanchiment, énonce qu'afin de ne pas attirer l'attention des employés de banque, les chèques contrefaits étaient déposés dans des automates situés à des endroits différents, les fonds d'origine frauduleuse étant ainsi mélangés avec les revenus légaux du couple et non déclarés fiscalement, dès lors que cette décision ne caractérise pas un fait de blanchiment imputable au prévenu (■ Cass. crim., 17 févr. 2016, n° 14-86.969).

14) L'article 324-1, alinéa 2, du Code pénal, instituant une infraction générale et autonome de blanchiment, distincte, dans ses éléments matériel et intentionnel, du crime ou du délit ayant généré un produit, réprime, quel qu'en soit leur auteur, des agissements spécifiques de placement, dissimulation ou conversion de ce produit, de sorte que cette disposition est applicable à celui qui blanchit le produit d'une infraction qu'il a commise (■ Cass. crim., 9 déc. 2015, n° 15-83.204. ■ Cass. crim., 14 juin 2017, n° 16-84.921 : *Dr. pén.* 2017, comm. 120, note P. Conte).

15) Se rend coupable de blanchiment la personne qui encaisse des chèques correspondant aux salaires de travailleurs en situation irrégulière puis remet à ces derniers les fonds correspondant en espèces. En effet, les salaires versés proviennent directement du profit retiré par l'employeur de l'infraction de travail dissimulé (■ Cass. crim., 17 juin 2015, n° 14-80.977).

16) La fraude aux accises, infraction aux contributions indirectes prévue à l'article 1791 du Code général des impôts, peut constituer le délit d'origine du blanchiment sanctionné par l'article 324-1 du Code pénal, infraction générale, distincte et autonome qui ne relève pas de l'action de l'administration fiscale et dont la recherche ou la constatation peut être confiée aux agents de la douane judiciaire en application de l'article 28-1 du Code de procédure pénale (■ Cass. crim., 9 avr. 2015, n° 14-87.660).

17) *Non bis in idem.* Des faits qui procèdent de manière indissociable d'une action unique caractérisée par une seule intention coupable ne peuvent donner lieu, contre le même prévenu, à deux déclarations de culpabilité de nature pénale, fussent-ils concomitants.

Ainsi un même fait ne peut pas fonder une condamnation pour blanchiment et pour recel (■ Cass. crim., 26 oct. 2016, n° 15-84.552 : *Dr. pén.* 2017, comm. 1 et 4, notes P. Conte ; *JCP* 2017, 16, note N. Catelan).

18) Prescription. Le blanchiment étant un délit autonome, la prescription qui le concerne est indépendante de celle qui s'applique à l'infraction originaire (■ Cass. crim., 31 mai 2012, n° 12-80.715 : *Bull. crim.*, n° 139 ; *Dr. pénal* 2012, comm. 117, obs. M. Véron ; *D.* 2012, act. p. 1678, obs. S. Lavric ; *Gaz. Pal.* 3-4 août 2012, chron. p. 37, note C. Robaczewski ; *Rev. sc. crim.* 2012, p. 868, obs. H. Matsopoulou).

Art. 324-1-1 *(L. n° 2013-1117, 6 déc. 2013)*. **– Pour l'application de l'article 324-1 les biens ou les revenus sont présumés être le produit direct ou indirect d'un crime ou d'un délit dès lors que les conditions matérielles, juridiques ou financières de l'opération de placement, de dissimulation ou de conversion ne peuvent avoir d'autre justification que de dissimuler l'origine ou le bénéficiaire effectif de ces biens ou revenus.**

QPC. Non-lieu à renvoi devant le Conseil constitutionnel de la QPC visant l'article 324-1-1 dès lors que, d'une part, la présomption d'illicéité, instituée par le texte contesté, de l'origine des biens ou revenus sur lesquels porte le délit de blanchiment prévu par l'article 324-1 du Code pénal, n'est pas irréfragable, et, d'autre part, nécessite, pour être mise en œuvre, la réunion de conditions de fait ou de droit faisant supposer la dissimulation de l'origine ou du bénéficiaire effectif de ces biens ou revenus (■ Cass. crim., 9 déc. 2015, n° 15-90.019 : *Dr. pén.* 2016, comm. 41, obs. P. Conte).

Art. 324-2. – Le blanchiment est puni de dix ans d'emprisonnement et de 750 000 € d'amende :

1° Lorsqu'il est commis de façon habituelle ou en utilisant les facilités que procure l'exercice d'une activité professionnelle ;

2° Lorsqu'il est commis en bande organisée.

Art. 324-3. – Les peines d'amende mentionnées aux articles 324-1 et 324-2 peuvent être élevées jusqu'à la moitié de la valeur des biens ou des fonds sur lesquels ont porté les opérations de blanchiment.

Art. 324-4. – Lorsque le crime ou le délit dont proviennent les biens et les fonds sur lesquels ont porté les opérations de blanchiment est puni d'une peine privative de liberté d'une durée supérieure à celle de l'emprisonnement encouru en application des articles 324-1 ou 324-2, le blanchiment est puni des peines attachées à l'infraction dont son auteur a eu connaissance et, si cette infraction est accompagnée de circonstances aggravantes, des peines attachées aux seules circonstances dont il a eu connaissance.

Art. 324-5. – Le blanchiment est assimilé, au regard de la récidive, à l'infraction à l'occasion de laquelle ont été commises les opérations de blanchiment.

Art. 324-6. – La tentative des délits prévus à la présente section est punie des mêmes peines.

Art. 324-6-1 *(L. n° 2013-1117, 6 déc. 2013)*. – Toute personne qui a tenté de commettre les infractions prévues à la présente section est exemple de peine si, ayant averti l'autorité administrative ou judiciaire, elle a permis d'éviter la réalisation de l'infraction et d'identifier, le cas échéant, les autres auteurs ou complices.

La peine privative de liberté encourue par l'auteur ou le complice d'une des infractions prévues à la présente section est réduite de moitié si, ayant averti l'autorité administrative ou judiciaire, il a permis de faire cesser l'infraction ou d'identifier, le cas échéant, les autres auteurs ou complices.

Section II. – Peines complémentaires applicables aux personnes physiques et responsabilité pénale des personnes morales

Art. 324-7 *(Mod., L. n° 2001-420, 15 mai 2001 ; L. n° 2008-776, 4 août 2008 ; L. n° 2012-409, 27 mars 2012 ; L. n° 2013-907, 11 oct. 2013)*. – Les personnes physiques coupables des infractions définies aux articles 324-1 et 324-2 encourent également les peines complémentaires suivantes :

1° L'interdiction, suivant les modalités prévues par l'article 131-27, soit d'exercer une fonction publique ou d'exercer l'activité professionnelle ou sociale dans l'exercice ou à l'occasion de l'exercice de laquelle l'infraction a été commise, cette interdiction étant définitive ou provisoire dans le cas prévu à l'article 324-2 et d'une durée de cinq ans au plus dans le cas prévu à l'article 324-1, soit d'exercice une profession commerciale ou industrielle, de diriger, d'administrer, de gérer ou de contrôler à un titre quelconque, directement ou indirectement, pour son propre compte ou pour le compte d'autrui, une entreprise commerciale ou industrielle ou une société commerciale. Ces interdictions d'exercice peuvent être prononcées cumulativement ;

2° L'interdiction de détenir ou de porter, pour une durée de cinq ans au plus, une arme soumise à autorisation ;

3° L'interdiction, pour une durée de cinq ans au plus, d'émettre des chèques autres que ceux qui permettent le retrait de fonds par le tireur auprès du tiré ou ceux qui sont certifiés et d'utiliser les cartes de paiement ;

4° La suspension, pour une durée de cinq ans au plus, du permis de conduire, cette suspension pouvant être limitée à la conduite en dehors de l'activité professionnelle ;

5° L'annulation du permis de conduire avec l'interdiction de solliciter la délivrance d'un nouveau permis pendant cinq ans au plus ;

6° La confiscation d'un ou plusieurs véhicules appartenant au condamné ;

7° La confiscation d'une ou plusieurs armes dont le condamné est le propriétaire ou dont il a la libre disposition ;

8° La confiscation de la chose qui a servi ou était destinée à commettre l'infraction ou de la chose qui en est le produit, à l'exception des objets susceptibles de restitution ;

9° L'interdiction, suivant les modalités prévues aux articles 131-26 et 131-26-1, des droits civiques, civils et de famille ;

10° L'interdiction de séjour suivant les modalités prévues par l'article 131-31 ;

11° L'interdiction, pour une durée de cinq ans au plus, de quitter le territoire de la République.

12° La confiscation de tout ou partie des biens du condamné ou, sous réserve des droits du propriétaire de bonne foi, dont il a la libre disposition, quelle qu'en soit la nature, meubles ou immeubles, divis ou indivis.

1) QPC. – Confiscation. Non-lieu à renvoi au Conseil constitutionnel de la question prioritaire visant la constitutionnalité de l'article 324-7, 12°, du Code pénal, dès lors que ces dispositions, rédigées en termes clairs et précis, ne portent pas atteinte au principe de légalité des délits et des peines (■ Cass. crim., 27 mars 2013, n° 12-85.115 : *Bull. crim.*, n° 71 ; *JCP* 2013, chron. n° 623, spéc. n° 17, p. 1079, B. Mathieu).

2) Il résulte de la Convention relative au blanchiment, au dépistage, à la saisine et à la confiscation des produits du crime, du 8 novembre 1990, applicable notamment dans les relations entre la France et l'Italie, qu'une partie ayant reçu de l'autre partie une demande de confiscation concernant des produits situés sur son territoire, est tenue de l'exécuter lorsque les conditions prévues par le texte conventionnel et la loi de l'État requis sont réunies (■ Cass. crim., 13 nov. 2003 : *Bull. crim.*, n° 213).

3) Sur la nécessité de l'avis préalable du Ministère Public pour les mesures conservatoires (saisie de patrimoine, article 324-7, 12° du Code pénal), V. ▪ Cass. crim., 11 juill. 2012, n° 11-82.050, *supra*, sous l'article 131-21 du même code.

4) Justifient leur décision, sans méconnaître l'article 1er du Premier protocole additionnel de la Convention européenne des droits de l'homme, les juges qui, prononçant la confiscation d'un bien immobilier, n'ont fait qu'user de leur pouvoir d'appréciation de la nécessité de l'atteinte portée au droit de propriété d'une prévenue, au regard de la gravité des faits et de la situation personnelle de l'intéressée (▪ Cass. crim., 30 mars 2016, n° 15-81.550).

5) Le blanchiment de fraude fiscale est un délit puni, en application de l'article 324-7, 12° du Code pénal, de la peine complémentaire de confiscation de tout ou partie du patrimoine, laquelle peut, selon les dispositions de l'article 131-21, alinéa 6, du Code pénal, tant dans sa rédaction issue de la loi n° 2007-597 du 5 mars 2007 que dans ses versions ultérieures, porter sur tout ou partie des biens appartenant au condamné, quels qu'en soient la nature, meubles ou immeubles, et le régime, divis ou indivis (▪ Cass. crim., 31 mai 2017, n° 16-86.872).

Art. 324-8. – L'interdiction du territoire français peut être prononcée dans les conditions prévues par l'article 131-30, soit à titre définitif, soit pour une durée de dix ans au plus, à l'encontre de tout étranger coupable de l'une des infractions définies aux articles 324-1 et 324-2.

Art. 324-9 ***(Mod., L. n° 2009-526, 12 mai 2009 ; L. n° 2013-1117, 6 déc. 2013).*** **– Les personnes morales déclarées responsables pénalement, dans les conditions prévues par l'article 121-2, des infractions définies aux articles 324-1 et 324-2 encourent, outre l'amende suivant les modalités prévues par l'article 131-38, les peines prévues à l'article 131-39 ainsi que la confiscation de tout ou partie de leurs biens ou, sous réserve des droits du propriétaire de bonne foi, de ceux dont elles ont la libre disposition, quelle qu'en soit la nature, meubles ou immeubles, divis ou indivis.**

L'interdiction mentionnée au 2° de l'article 131-39 porte sur l'activité dans l'exercice ou à l'occasion de l'exercice de laquelle l'infraction a été commise.

LIVRE QUATRIÈME

DES CRIMES ET DÉLITS CONTRE LA NATION, L'ÉTAT ET LA PAIX PUBLIQUE

TITRE PREMIER. – DES ATTEINTES AUX INTÉRÊTS FONDAMENTAUX DE LA NATION

Voir : art. 113-10, p. 43 (Infractions commises hors du territoire de la République) ; art. 434-2, p. 549.

Art. 410-1. – Les intérêts fondamentaux de la nation s'entendent au sens du présent titre de son indépendance, de l'intégrité de son territoire, de sa sécurité, de la forme républicaine de ses institutions, des moyens de sa défense et de sa diplomatie, de la sauvegarde de sa population en France et à l'étranger, de l'équilibre de son milieu naturel et de son environnement et des éléments essentiels de son potentiel scientifique et économique et de son patrimoine culturel.

Bibliographie : *JCl. pén., Atteintes aux intérêts fondamentaux de la nation* par F. Rousseau.

CHAPITRE I. – DE LA TRAHISON ET DE L'ESPIONNAGE

Art. 411-1. – Les faits définis par les articles 411-2 à 411-11 constituent la trahison lorsqu'ils sont commis par un Français ou un militaire au service de la France et l'espionnage lorsqu'ils sont commis par toute autre personne.

Bibliographie : *JCl. pén., Trahison et espionnage* par A. Vitu.

Les dispositions de l'article 698-1 du Code de procédure pénale, qui imposent au procureur de la République d'obtenir, soit une dénonciation, soit un avis du ministre chargé de la Défense ou de l'autorité militaire habilitée par lui pour exercer l'action publique devant les juridictions mentionnées à l'article 697 du même code, ne sauraient être invoquées lorsqu'il s'agit des infractions définies par les articles 411-1 à 411-11 et 413-1 à 413-12 du Code pénal concernant les atteintes à la défense nationale (■ Cass. crim., 20 févr. 2002 : *Bull. crim.*, n° 36).

Section I. – De la livraison de tout ou partie du territoire national de forces armées ou de matériel à une puissance étrangère

Art. 411-2. – Le fait de livrer à une puissance étrangère, à une organisation étrangère ou sous contrôle étranger ou à leurs agents soit des troupes appartenant aux forces armées françaises, soit tout ou partie du territoire national est puni de la détention criminelle à perpétuité et de 750 000 € d'amende.

Les deux premiers alinéas de l'article 132-23 relatif à la période de sûreté sont applicables au crime prévu par le présent article.

Voir : art. 414-2, p. 485.

Art. 411-3. – Le fait de livrer à une puissance étrangère, à une entreprise ou une organisation étrangère ou sous contrôle étranger ou à leurs agents des matériels, constructions, équipements, installations, appareils affectés à la défense nationale est puni de trente ans de détention criminelle et de 450 000 € d'amende.

Voir : art. 414-2, p. 485.

Section II. – Des intelligences avec une puissance étrangère

Art. 411-4. – Le fait d'entretenir des intelligences avec une puissance étrangère, avec une entreprise ou organisation étrangère ou sous contrôle étranger ou avec leurs agents, en vue de susciter des hostilités ou des actes d'agression contre la France, est puni de trente ans de détention criminelle et de 450 000 € d'amende.

Est puni des mêmes peines le fait de fournir à une puissance étrangère, à une entreprise ou une organisation étrangère ou sous contrôle étranger ou à leurs agents les moyens d'entreprendre des hostilités ou d'accomplir des actes d'agression contre la France.

Voir : art. 414-4, p. 486.

Un seul acte suffit pour réaliser l'intelligence avec une puissance étrangère (art. 70-2°) (■ Cass. crim., 20 févr. 1920 : *Bull. crim.*, n° 90) ; est coupable d'intelligence avec une puissance étrangère l'officier de marine qui a livré à l'étranger des documents secrets sur la flotte française (■ Cass. crim., 22 mai 1908 : *Bull. crim.*, n° 212) ou l'individu qui a dénoncé des patriotes en territoire occupé par les troupes allemandes (■ Cass. crim., 20 févr. 1908, préc.). Il n'est pas nécessaire que l'intelligence avec une puissance étrangère revête un caractère secret (■ Cass. crim., 24 mai 1917 : *Bull. crim.*, n° 135).

Art. 411-5. – Le fait d'entretenir des intelligences avec une puissance étrangère, avec une entreprise ou organisation étrangère ou sous contrôle étranger ou avec leurs agents, lorsqu'il est de nature à porter atteinte aux intérêts fondamentaux de la nation, est puni de dix ans d'emprisonnement et de 150 000 € d'amende.

Voir : art. 414-4, p. 486.

1) Les intelligences avec une puissance étrangère (art. 80-3° du Code pénal) ne se conçoivent-elles qu'en temps de paix ? Dans un ancien arrêt rendu sous l'empire du décret-loi de 1939, la Cour de cassation avait décidé que l'incrimination n'était pas spéciale au temps de paix (■ Cass. crim., 9 mars 1950 : *Bull. crim.*, n° 92). Aujourd'hui, la question n'est pas clairement tranchée (la solution la plus convaincante est celle qui attribue au texte le plus large domaine d'application : V. Vitu, *op. cit.*, fasc. 3, n° 80 et *Traité de droit pénal spécial*, t. 1, n° 65 *in fine*).

2) Sont inopérantes les conclusions par lesquelles un accusé soutiendrait qu'il n'a pas commis l'infraction punie par l'article 80-3°, parce que les documents fournis par lui aux agents d'une puissance étrangère ne comportaient que des données ou des renseignements non secrets : l'exigence du caractère secret des documents communiqués n'entre pas dans les composantes de cette disposition légale (■ Cass. crim., 21 oct. 1965 : *Bull. crim.*, n° 208 ; *D.* 1965, 842. ■ 17 févr. 1987 : *Bull. crim.*, n° 78).

3) Le crime d'intelligences avec agents d'une puissance étrangère est caractérisé indépendamment de tout résultat positif, dès lors que les intelligences étaient de nature à porter atteinte à la situation militaire ou diplomatique de la France, ou à ses intérêts économiques essentiels ; est dès lors justifié le renvoi aux assises d'une personne si la chambre d'accusation a estimé qu'il existait des charges suffisantes tout en énonçant qu'il n'était contesté par personne que le comportement de l'inculpé n'avait pas effectivement causé un préjudice important aux situations ou aux intérêts protégés par la loi (■ Cass. crim., 23 mars 1982 : *Bull. crim.*, n° 85 ; *Rev. sc. crim.* 1983, 253, obs. Vitu. – V. aussi ■ Cass. crim., 12 févr. 1985 : *Bull. crim.*, n° 70 ; *Rev. sc. crim.* 1985, 802, obs. Delmas-Saint-Hilaire. ■ 12 janv. 1988 : *Bull. crim.*, n° 14).

4) Les dispositions de l'article 80-3° du Code pénal, qui n'exigent pas que les renseignements fournis aient un caractère secret, ne sont pas incompatibles avec les articles 7 et 10 de la Convention européenne des droits de l'homme (■ Cass. crim., 4 janv. 1990 : *Bull. crim.*, n° 4).

Section III. – De la livraison d'informations à une puissance étrangère

Art. 411-6. – Le fait de livrer ou de rendre accessibles à une puissance étrangère, à une entreprise ou organisation étrangère ou sous contrôle étranger ou à leurs agents des renseignements, procédés, objets, documents, données informatisées ou fichiers dont l'exploitation, la divulgation ou la réunion est de nature à porter atteinte aux intérêts fondamentaux de la nation est puni de quinze ans de détention criminelle et de 225 000 € d'amende.

Voir : art. 414-2, p. 485.

Les renseignements visés par l'article 72 du Code pénal peuvent être de nature militaire (■ Cass. crim., 1er févr. 1935 : *DH* 1935, 181) ou non (■ Cass. crim., 10 mai 1928 : *Gaz. Pal.* 1928, 2, 82).

Pour des exemples d'objets et documents, V. ■ Cass. crim., 20 juill. 1911 : *S.* 1913, 1, 473. ■ Douai, 22 mars 1910 : *S.* 1913, 2, 4.

Art. 411-7. – Le fait de recueillir ou de rassembler, en vue de les livrer à une puissance étrangère, à une entreprise ou organisation étrangère ou sous contrôle étranger ou à leurs agents, des renseignements, procédés, objets, documents, données informatisées ou fichiers dont l'exploitation, la divulgation ou la réunion est de nature à porter atteinte aux intérêts fondamentaux de la nation est puni de dix ans d'emprisonnement et de 150 000 € d'amende.

Voir : art. 414-4, p. 486.

Il a été jugé que si le centre de recherche de Ladoux fait l'objet d'un classement comme Établissement à régime restrictif (ERR), conformément aux termes de l'instruction interministérielle du 1er mars 1993, il n'est pas démontré que les données informatiques en possession du prévenu concernaient des recherches effectuées sur ce site ; qu'au demeurant, le seul fait du classement en ERR n'induit pas nécessairement que des éléments essentiels du potentiel économique de la France, au sens de l'article 410-1 du Code pénal, soient concernés ; qu'ainsi les éléments constitutifs de l'infraction prévue par l'article 411-7 du Code pénal n'apparaissent en définitive pas caractérisés (■ T. corr. Clermont-Ferrand, 21 juin 2010 : *Dr. pén.* 2010, comm. 116, obs. M. Véron ; *JCP* G 2011, doctr. 191, p. 340, D., A. Maron, J.-H. Robert et M. Véron).

Art. 411-8. – Le fait d'exercer, pour le compte d'une puissance étrangère, d'une entreprise ou organisation étrangère ou sous contrôle étranger ou de leurs agents, une activité ayant pour but l'obtention ou la livraison de dispositifs, renseignements, procédés, objets, documents, données informatisées ou fichiers dont l'exploitation, la divulgation ou la réunion est de nature à porter atteinte aux intérêts fondamentaux de la nation est puni de dix ans d'emprisonnement et de 150 000 € d'amende.

Voir : art. 414-4, p. 486.

Section IV. – Du sabotage

Art. 411-9. – Le fait de détruire, détériorer ou détourner tout document, matériel, construction, équipement, installation, appareil, dispositif technique ou système de traitement automatisé d'informations ou d'y apporter des malfaçons, lorsque ce fait est de nature à porter atteinte aux intérêts fondamentaux de la nation, est puni de quinze ans de détention criminelle et de 225 000 € d'amende.

Lorsqu'il est commis dans le but de servir les intérêts d'une puissance étrangère, d'une entreprise ou organisation étrangère ou sous contrôle étranger, le même fait est puni de vingt ans de détention criminelle et de 300 000 € d'amende.

Voir : art. 414-2, p. 485.

Section V. – De la fourniture de fausses informations

Art. 411-10. – Le fait de fournir, en vue de servir les intérêts d'une puissance étrangère, d'une entreprise ou organisation étrangère ou sous contrôle étranger, aux autorités civiles ou militaires de la France des

informations fausses de nature à les induire en erreur et à porter atteinte aux intérêts fondamentaux de la nation est puni de sept ans d'emprisonnement et de 100 000 € d'amende.

Section VI. – De la provocation aux crimes prévus au présent chapitre

Art. 411-11. – **Le fait, par promesses, offres, pressions, menaces ou voies de fait, de provoquer directement à commettre l'un des crimes prévus au présent chapitre, lorsque la provocation n'est pas suivie d'effet en raison de circonstances indépendantes de la volonté de son auteur, est puni de sept ans d'emprisonnement et de 100 000 € d'amende.**

CHAPITRE II. – DES AUTRES ATTEINTES AUX INSTITUTIONS DE LA RÉPUBLIQUE OU À L'INTÉGRITÉ DU TERRITOIRE NATIONAL

Section I. – De l'attentat et du complot

Art. 412-1. – **Constitue un attentat le fait de commettre un ou plusieurs actes de violence de nature à mettre en péril les institutions de la République ou à porter atteinte à l'intégrité du territoire national.**

L'attentat est puni de trente ans de détention criminelle et de 450 000 € d'amende.

Les peines sont portées à la détention criminelle à perpétuité et à 750 000 € d'amende lorsque l'attentat est commis par une personne dépositaire de l'autorité publique.

Les deux premiers alinéas de l'article 132-23 relatif à la période de sûreté sont applicables à l'infraction prévue au présent article.

Voir : art. 414-2, p. 485.

Bibliographie : *JCl. pén., Atteintes aux intérêts fondamentaux de la nation*, par F. Rousseau.

1) Pour des exemples d'attentats, V. ▪ Cass. crim., 1er févr. 1849 : *Bull. crim.*, n° 23. – Haute Cour, 13 nov. 1849 : *S.* 49, 1, 722. ▪ 14 août 1889 : *S.* 90, 2, 245. ▪ 30 oct. 1899 et 4 janv. 1900 : *D.* 1903, 2, 345 et 370.

2) De simples paroles, écrits ou discours ne constituent jamais l'acte d'exécution de l'attentat (▪ Cass. crim., 26 avr. 1817 : *Bull. crim.*, n° 3. ▪ 12 avr. 1833 : *S.* 33, 1, 715) ; mais peut être considéré comme complice de l'attentat l'auteur des écrits ou discours dont les provocations auraient été suivies d'effet (▪ Cass. crim., 9 nov. 1871 : *S.* 1871, 1, 254).

3) La constitution de groupes de combat armés et organisés, leur mise en place et leur activité sont une forme de l'attentat contre l'intégrité de l'État (▪ Cass. crim., 28 févr. 1952 : *Bull. crim.*, n° 61. ▪ 17 juin 1953 : *D.* 1953, 667, note Pageaud) et réalisent un cumul de qualifications avec l'infraction de formation de bandes armées prévue par les articles 95 et 96 du Code pénal *(mêmes arrêts)*.

Art. 412-2. – **Constitue un complot la résolution arrêtée entre plusieurs personnes de commettre un attentat lorsque cette résolution est concrétisée par un ou plusieurs actes matériels.**

Le complot est puni de dix ans d'emprisonnement et de 150 000 € d'amende.

Les peines sont portées à vingt ans de détention criminelle et à 300 000 € d'amende lorsque l'infraction est commise par une personne dépositaire de l'autorité publique.

Voir : art. 414-3, p. 486.

1) La résolution d'agir doit s'affirmer en une volonté précise, bien arrêtée, que l'on doit établir avec soin (▪ Cass. crim., 12 mai 1950 : *Bull. crim.*, n° 153).

2) Les expressions de « concert » ou d'« accord » n'excluent pas que tel ou tel accusé puisse être acquitté pour défaut d'intention criminelle ; l'accusation demeure pour les autres coupables et l'acquittement de l'un ne rend pas impossible la condamnation des autres (▪ Cass. crim., 9 oct. 1851 : *D.* 51, 1, 331).

3) Il est sans importance, pour la constitution de

l'infraction, que le complot soit connu d'autres personnes que des conspirateurs, et même d'un assez large public ou de la police qui en suivrait le développement pour mieux en saisir les membres au moment opportun (■ Cass. crim., 13 oct. 1832 : *S.* 32, 1, 772).

Section II. – Du mouvement insurrectionnel

Art. 412-3. – Constitue un mouvement insurrectionnel toute violence collective de nature à mettre en péril les institutions de la République ou à porter atteinte à l'intégrité du territoire national.

Voir : anc. art. 97 à 99, C. pén.

Art. 412-4. – Est puni de quinze ans de détention criminelle et de 225 000 € d'amende le fait de participer à un mouvement insurrectionnel :

1° En édifiant des barricades, des retranchements ou en faisant tous travaux ayant pour objet d'empêcher ou d'entraver l'action de la force publique ;

2° En occupant à force ouverte ou par ruse ou en détruisant tout édifice ou installation ;

3° En assurant le transport, la subsistance ou les communications des insurgés ;

4° En provoquant des rassemblements d'insurgés, par quelque moyen que ce soit ;

5° En étant, soi-même, porteur d'une arme ;

6° En se substituant à une autorité légale.

Art. 412-5. – Est puni de vingt ans de détention criminelle et de 300 000 € d'amende le fait de participer à un mouvement insurrectionnel :

1° En s'emparant d'armes, de munitions, de substances explosives ou dangereuses ou de matériels de toute espèce soit à l'aide de violences ou de menaces, soit par le pillage, soit en désarmant la force publique ;

2° En procurant aux insurgés des armes, des munitions ou des substances explosives ou dangereuses.

Voir : anc. art. 98, C. pén.

Art. 412-6. – Le fait de diriger ou d'organiser un mouvement insurrectionnel est puni de la détention criminelle à perpétuité et de 750 000 € d'amende.

Voir : art. 414-4, p. 486.

Section III. – De l'usurpation de commandement, de la levée de forces armées et de la provocation à s'armer illégalement

Art. 412-7. – Est puni de trente ans de détention criminelle et de 450 000 € d'amende le fait :

1° Sans droit ou sans autorisation, de prendre un commandement militaire quelconque ou de le retenir contre l'ordre des autorités légales ;

2° De lever des forces armées, sans ordre ou sans autorisation des autorités légales.

Art. 412-8. – Le fait de provoquer à s'armer contre l'autorité de l'État ou contre une partie de la population est puni de cinq ans d'emprisonnement et de 75 000 € d'amende.

Lorsque la provocation est suivie d'effet, les peines sont portées à trente ans de détention criminelle et à 450 000 € d'amende.

Lorsque la provocation est commise par la voie de la presse écrite ou audiovisuelle, les dispositions particulières des lois qui régissent ces matières sont applicables en ce qui concerne la détermination des personnes responsables.

Lorsque le but de l'attentat est d'exciter la population à porter atteinte à l'intégrité du territoire national, il ne suffit pas d'établir que les coupables ont eu en vue de porter atteinte à cette intégrité, mais il faut prouver qu'ils ont excité les citoyens à cet effet (■ Cass. crim., 5 avr. 1961 : *Bull. crim.*, n° 207).

CHAPITRE III. – DES AUTRES ATTEINTES À LA DÉFENSE NATIONALE

Section I. – Des atteintes à la sécurité des forces armées et aux zones protégées intéressant la défense nationale

Voir : art. 414-1, p. 485.

Art. 413-1. – Le fait, en vue de nuire à la défense nationale, de provoquer des militaires appartenant aux forces armées françaises à passer au service d'une puissance étrangère est puni de dix ans d'emprisonnement et de 150 000 € d'amende.

Bibliographie : *JCl. pén., Atteintes à la sécurité des forces armées et aux zones protégées intéressant la défense nationale, atteintes au secret de la défense nationale* par A. Vitu, actualisé par F. Rousseau.

1) Les infractions prévues par l'article 71 du Code pénal ne peuvent être commises qu'en temps de guerre, ce qui inclut l'armistice signé entre les belligérants qui ne constitue qu'une suspension provisoire des hostilités (■ Cass. crim., 3 nov. 1944 : *S.* 1945, 1, 29).

2) En ce qui concerne l'enrôlement de Français pour une puissance en guerre avec la France (C. pén., art. 71-1°), il importe peu que l'enrôlement ait eu lieu en France ou en territoire étranger (■ Cass. crim., 28 nov. 1946 : *Bull. crim.*, n° 211) et qu'il soit le fait d'ennemis ou d'autres étrangers (■ Cass. crim., 24 juill. 1946 : *Bull. crim.*, n° 170).

3) Les dispositions de l'article 698-1 du Code de procédure pénale ne sauraient être invoquées lorsqu'il s'agit des infractions définies par les articles 413-1 à 413-12 du Code pénal concernant les atteintes à la défense nationale (■ Cass. crim., 20 févr. 2002, préc. sous art. 411-1).

Art. 413-2. – Le fait, en vue de nuire à la défense nationale, d'entraver le fonctionnement normal du matériel militaire est puni de cinq ans d'emprisonnement et de 75 000 € d'amende.

Est puni des mêmes peines le fait, en vue de nuire à la défense nationale, d'entraver le mouvement de personnel ou de matériel militaire.

Art. 413-3. – Le fait, en vue de nuire à la défense nationale, de provoquer à la désobéissance par quelque moyen que ce soit des militaires ou des assujettis affectés à toute forme du service national est puni de cinq ans d'emprisonnement et de 75 000 € d'amende.

Lorsque la provocation est commise par la voie de la presse écrite ou audiovisuelle, les dispositions particulières des lois qui régissent ces matières sont applicables en ce qui concerne la détermination des personnes responsables.

Art. 413-4. – Le fait de participer à une entreprise de démoralisation de l'armée en vue de nuire à la défense nationale est puni de cinq ans d'emprisonnement et de 75 000 € d'amende.

Lorsque l'infraction est commise par la voie de la presse écrite ou audiovisuelle, les dispositions particulières des lois qui régissent ces matières sont applicables en ce qui concerne la détermination des personnes responsables.

Constitue une entreprise de démoralisation de l'armée la diffusion massive d'imprimés, brochures, tracts, accusant d'atrocités commises en Algérie des militaires français (■ T. civ. Seine, 23 déc. 1959 : *JCP* 60, II, 11586, note Mimin) ; l'article 84 ne joue que si les agissements du prévenu ont eu pour but de démoraliser l'armée et si la diffusion a été systématiquement organisée à cette fin (■ Cass. crim., 27 oct. 1960 : *Bull. crim.*, n° 490).

Art. 413-5 *(Mod., L. n° 2013-1168, 18 déc. 2013)*. **– Le fait, sans autorisation des autorités compétentes, de s'introduire frauduleusement sur un terrain, dans un port, dans une construction ou dans un engin ou appareil quelconque affecté à l'autorité militaire ou placé sous son contrôle est puni d'un an d'emprisonnement et de 15 000 € d'amende.**

Voir : art. R. 644-1, p. 682.

1) Au sujet de l'introduction frauduleuse dans un ouvrage, intéressant la défense nationale (C. pén., art. 79-1°), le texte n'exige pas de relation de cause à effet entre l'introduction et la dissimulation, contrairement à ce que décidait la jurisprudence sous l'empire de la loi du 18 avril 1886 (■ Cass. crim., 23 juill. 1891 : *D.* 91, 1, 493. ■ 10 mai 1928 : *Bull. crim.*, n° 137).

2) En application de l'article 702, alinéa 2, du Code de procédure pénale, lorsque les faits poursuivis constituent un crime ou un délit prévu et réprimé par l'article 413-5 du Code pénal ou une infraction connexe, la compétence est dévolue aux juridictions pénales statuant en matière militaire, telles que prévues et organisées par l'article 697 du Code de procédure pénale (■ Cass. crim., 31 mars 2004 : *Bull. crim.*, n° 83).

Art. 413-6. – **Le fait, en vue de nuire à la défense nationale, d'entraver le fonctionnement normal des services, établissements ou entreprises, publics ou privés, intéressant la défense nationale, est puni de trois ans d'emprisonnement et de 45 000 € d'amende.**

Art. 413-7. – **Est puni de six mois d'emprisonnement et de 7 500 € d'amende le fait, dans les services, établissements ou entreprises, publics ou privés, intéressant la défense nationale, de s'introduire, sans autorisation, à l'intérieur des locaux et terrains clos dans lesquels la libre circulation est interdite et qui sont délimités pour assurer la protection des installations, du matériel ou du secret des recherches, études ou fabrications.**

Un décret en Conseil d'État détermine, d'une part, les conditions dans lesquelles il est procédé à la délimitation des locaux et terrains visés à l'alinéa précédent et, d'autre part, les conditions dans lesquelles les autorisations d'y pénétrer peuvent être délivrées.

Voir : art. R. 413-1 s., p. 655.

Art. 413-8. – **La tentative des délits prévus aux articles 413-2 et 413-5 à 413-7 est punie des mêmes peines.**

Section II. – Des atteintes au secret de la défense nationale

Art. 413-9 *(L. n° 94-89, 1er févr. 1994 ; mod., L. n° 2009-928, 29 juill. 2009).* – **Présentent un caractère de secret de la défense nationale au sens de la présente section les procédés, objets, documents, informations, réseaux informatiques, données informatisées ou fichiers intéressant la défense nationale qui ont fait l'objet de mesures de classification ou leur accès destinées à restreindre leur diffusion.**

Peuvent faire l'objet de telles mesures les procédés, objets, documents, informations, réseaux informatiques, données informatisées ou fichiers dont la divulgation ou auxquels l'accès est de nature à nuire à la défense nationale ou pourrait conduire à la découverte d'un secret de la défense nationale.

Les niveaux de classification des procédés, objets, documents, informations, réseaux informatiques, données informatisées ou fichiers présentant un caractère de secret de la défense nationale et les autorités chargées de définir les modalités selon lesquelles est organisée leur protection sont déterminés par décret en Conseil d'État.

Voir : art. R. 413-6, p. 656.

QPC. L'article 413-9 du Code pénal est conforme à la constitution (■ Cons. const., 10 nov. 2011, n° 2011-192 QPC : *JO* 11 nov. 2011).

Art. 413-9-1 *(Abr. à compter du 1er décembre 2011, Cons. const. n° 2011-192 QPC 10 nov. 2011, art. 1er et 2 : JO 11 nov. 2011).*

Art. 413-10 *(Mod., L. n° 2009-928, 29 juill. 2009).* – **Est puni de sept ans d'emprisonnement et de 100 000 € d'amende le fait, par toute personne dépositaire, soit par état ou profession, soit en raison d'une fonction ou d'une mission temporaire ou permanente, d'un procédé, objet, document, information, réseau informatique, donnée informatisée ou fichier qui a un caractère de secret de la défense nationale, soit de le**

détruire, détourner, soustraire ou de le reproduire, soit d'en donner l'accès à une personne non qualifiée ou de le porter à la connaissance du public ou d'une personne non qualifiée.

Est puni des mêmes peines le fait, par la personne dépositaire, d'avoir laissé accéder à détruire, détourner, soustraire, reproduire ou divulguer le procédé, objet, document, information, réseau informatique, donnée informatisée ou fichier visé à l'alinéa précédent.

Lorsque la personne dépositaire a agi par imprudence ou négligence, l'infraction est punie de trois ans d'emprisonnement et de 45 000 € d'amende.

1) QPC. L'article 413-10 du Code pénal est conforme à la constitution (■ Cons. const., 10 nov. 2011, n° 2011-192 QPC : *JO* 11 nov. 2011).

2) Constitue une atteinte au secret de la défense nationale le fait, pour des ingénieurs d'une société, habilités défense, d'adresser des extraits d'un cahier des charges classé « confidentiel défense » à un sous-traitant dont ils savaient qu'il ne possédait pas d'habilitation (■ Cass. crim., 19 nov. 2014, n° 13-84.841 : *Dr. pén.* 2015, comm. 2, obs. M. Véron).

Art. 413-10-1 ***(Abr. à compter du 1er décembre 2011, Cons. const. n° 2011-192 QPC 10 nov. 2011, art. 1er et 2 : JO 11 nov. 2011).***

Art. 413-11 ***(Mod., L. n° 2009-928, 29 juill. 2009).*** **– Est puni de cinq ans d'emprisonnement et de 75 000 € d'amende le fait, par toute personne non visée à l'article 413-10 de :**

1° S'assurer la possession, accéder à, ou prendre connaissance d'un renseignement, procédé, objet, document, donnée informatisée ou fichier qui présente le caractère d'un secret de la défense nationale ;

2° Détruire, soustraire ou reproduire, de quelque manière que ce soit, un tel renseignement, procédé, objet, document, donnée informatisée ou fichier ;

3° Porter à la connaissance du public ou d'une personne non qualifiée un tel renseignement, procédé, objet, document, donnée informatisée ou fichier.

1) QPC. L'article 413-11 du Code pénal est conforme à la constitution (■ Cons. const., 10 nov. 2011, n° 2011-192 QPC : *JO* 11 nov. 2011).

2) Les infractions prévues par les articles 75, 76 et 79, alinéa 6, anciens, et 413-10, 413-11 nouveaux du Code pénal ont pour objet exclusif la protection de l'intérêt général qui s'attache au secret de la Défense nationale, qu'assure seul le ministère public (■ Cass. crim., 1er oct. 1996 : *Bull. crim.*, n° 338 ; *Dr. pénal* 1997, comm. 28, obs. Maron).

Art. 413-11-1 ***(Abr. à compter du 1er décembre 2011, Cons. const. n° 2011-192 QPC 10 nov. 2011, art. 1er et 2 : JO 11 nov. 2011).***

Art. 413-12. – La tentative des délits prévus au premier alinéa de l'article 413-10 et à l'article 413-11 est punie des mêmes peines.

QPC. L'article 413-12 du Code pénal est conforme à la constitution (■ Cons. const., 10 nov. 2011, n° 2011-192 QPC : *JO* 11 nov. 2011).

Section III. – Des atteintes à certains services ou unités spécialisés

(L. n° 2011-267, 14 mars 2011)

Art. 413-13 ***(L. n° 2011-267, 14 mars 2011 ; mod. à compter du 3 octobre 2015, L. 2015-912, 24 juill. 2015).*** **– La révélation de toute information qui pourrait conduire, directement ou indirectement, à la découverte de l'usage, en application de l'article L. 861-2 du Code de la sécurité intérieure, d'une identité d'emprunt ou d'une fausse qualité, de l'identité réelle d'un agent d'un service mentionné à l'article L. 811-2 du même code ou d'un service désigné par le décret en Conseil d'État prévu à l'article L. 811-4 dudit code ou de son appartenance à l'un de ces services est punie de cinq ans d'emprisonnement et de 75 000 € d'amende.**

Lorsque cette révélation a causé une atteinte à l'intégrité physique ou psychique à l'encontre de ces personnes ou de leur conjoint ou partenaire lié par un pacte civil de solidarité ou de leurs descendants ou ascendants directs, les peines sont portées à sept ans d'emprisonnement et à 100 000 € d'amende.

Lorsque cette révélation a causé la mort de ces personnes ou de leur conjoint ou partenaire lié par un pacte civil de solidarité ou de leurs descendants ou ascendants directs, les peines sont portées à dix ans d'emprisonnement et à 150 000 € d'amende, sans préjudice, le cas échéant, de l'application du chapitre Ier du titre II du livre II.

La révélation, commise par imprudence ou par négligence, par une personne dépositaire soit par état ou profession, soit en raison d'une fonction ou d'une mission temporaire ou permanente, de l'information mentionnée au premier alinéa est punie de trois ans d'emprisonnement et de 45 000 € d'amende.

Le présent article est applicable à la révélation de toute information qui pourrait conduire, directement ou indirectement, à l'identification réelle ou supposée d'une personne comme source ou collaborateur d'un service mentionné au premier alinéa du présent article.

NB : Le projet de loi relatif au renseignement adopté le 24 juin 2015 (Texte Adopté n° 542), déféré au Conseil constitutionnel le 25 juin 2015 et en cours d'examen au jour de l'impression du présent code, modifie l'article 413-13 en ces termes : au premier alinéa, la référence : « L. 2371-1 du Code de la défense » est remplacée par la référence : « L. 861-2 L. 855-2 du Code de la sécurité intérieure » et les mots : « des services spécialisés de renseignement mentionnés à l'article 6 *nonies* de l'ordonnance n° 58-1100 du 17 novembre 1958 relative au fonctionnement des assemblées parlementaires » sont remplacés par les mots : « d'un service mentionné à l'article L. 811-2 du même code ou d'un service désigné par le décret en Conseil d'État prévu à l'article L. 811-4 dudit code » ; à la fin du dernier alinéa, les mots : « spécialisé de renseignement » sont remplacés par les mots : « mentionné au premier alinéa du présent article ».

QPC. Non-lieu à renvoi au Conseil constitutionnel de la question prioritaire contestant la constitutionnalité des dispositions de l'article 413-13, alinéa 1er, du Code pénal dès lors que la disposition contestée, qui n'institue aucune immunité pénale au bénéfice des agents des services de renseignement qui se rendraient coupables de crimes ou de délits, crée une limite à la liberté de l'information concernant leur identité, justifiée par la protection des intérêts de la nation et de la sécurité des intéressés tant que ceux-ci remplissent leur mission dans le respect des lois (■ Cass. crim., 17 avr. 2013, n° 13-90.009, QPC : *Bull. crim.*, n° 93 ; *Dr. pén.* 2013, comm. 104, obs. M. Véron ; *CCE* 2014, comm. 80, obs. A. Lepage).

Art. 413-14 *(L. n° 2016-483, 20 avr. 2016)*. **– La révélation ou la divulgation, par quelque moyen que ce soit, de toute information qui pourrait conduire, directement ou indirectement, à l'identification d'une personne comme membre des unités des forces spéciales désignées par arrêté du ministre de la Défense ou des unités d'intervention spécialisées dans la lutte contre le terrorisme désignées par arrêté du ministre de l'Intérieur est punie de cinq ans d'emprisonnement et de 75 000 € d'amende.**

Les deuxième à avant-dernier alinéas de l'article 413-13 sont applicables à cette révélation ou à cette divulgation.

CHAPITRE IV. – DISPOSITIONS PARTICULIÈRES

Art. 414-1. – En cas d'état de siège ou d'urgence déclaré, ou en cas de mobilisation générale ou de mise en garde décidée par le Gouvernement, les infractions prévues par les articles 413-1 à 413-3 sont punies de trente ans de détention criminelle et de 450 000 € d'amende et l'infraction prévue par l'article 413-6 est punie de sept ans d'emprisonnement et de 100 000 € d'amende.

Dans les cas visés à l'alinéa qui précède, le fait, en vue de nuire à la défense nationale, de provoquer à commettre les infractions prévues par l'article 413-2 est puni de dix ans d'emprisonnement et de 150 000 € d'amende et l'infraction prévue par l'article 413-6 de cinq ans d'emprisonnement et de 75 000 € d'amende.

Voir : Annexe 29 (État de siège) et Annexe 30 (État d'urgence).

Bibliographie : *JCl. pén., Atteintes aux intérêts fondamentaux de la nation* par A. Vitu, actualisé par F. Rousseau.

Art. 414-2. – Toute personne qui a tenté de commettre l'une des infractions prévues par les articles 411-2, 411-3, 411-6, 411-9 et 412-1 sera exempte de peine si, ayant averti l'autorité administrative ou judiciaire, elle a permis d'éviter que l'infraction ne se réalise et d'identifier, le cas échéant, les autres coupables.

Voir : anc. art. 101, C. pén.

L'excuse atténuante ne peut jouer si, avant la dénonciation, les autorités judiciaires avaient déjà recueilli assez de renseignements pour provoquer une arrestation (■ Cass. crim., 24 sept. 1891 : *D.* 92, 1, 475) ou si l'efficacité de la dénonciation est subordonnée aux résultats d'un complément d'information sollicité de la juridiction de jugement (■ Cass. crim., 7 févr. 1935 : *Bull. crim.*, n° 20) ou si la dénonciation, trop vague, ne précise pas le domicile et l'identité de la personne dénoncée (■ Cass. crim., 7 avr. 1936 : *Bull. crim.*, n° 46).

Art. 414-3. – **Toute personne ayant participé au complot défini par l'article 412-2 sera exempte de peine si elle a, avant toute poursuite, révélé le complot aux autorités compétentes et permis l'identification des autres participants.**

Voir : anc. art. 101, C. pén.

Art. 414-4. – **La peine privative de liberté encourue par l'auteur ou le complice des infractions prévues par les articles 411-4, 411-5, 411-7, 411-8 et 412-6 est réduite de moitié si, ayant averti les autorités administratives ou judiciaires, il a permis de faire cesser les agissements incriminés ou d'éviter que l'infraction n'entraîne mort d'homme ou infirmité permanente et d'identifier, le cas échéant, les autres coupables.**

Lorsque la peine encourue est la détention criminelle à perpétuité, celle-ci est ramenée à vingt ans de détention criminelle.

Voir : anc. art. 101, C. pén.

Art. 414-5 *(Mod., L. n° 2008-776, 4 août 2008)*. – **Les personnes physiques coupables des crimes et des délits prévus au présent titre encourent également les peines complémentaires suivantes :**

1° L'interdiction des droits civiques, civils et de famille suivant les modalités prévues par l'article 131-26 ;

2° L'interdiction, suivant les modalités prévues par l'article 131-27, soit d'exercer une fonction publique ou d'exercer l'activité professionnelle ou sociale dans l'exercice ou à l'occasion de l'exercice de laquelle l'infraction a été commise, soit, pour les crimes prévus par les articles 411-2, 411-3, 411-4, 411-6, 411-9, 412-1, le dernier alinéa de l'article 412-2, les articles 412-4, 412-5, 412-6, 412-7, le deuxième alinéa de l'article 412-8 et le premier alinéa de l'article 414-1, d'exercer une profession commerciale ou industrielle, de diriger, d'administrer, de gérer ou de contrôler à un titre quelconque, directement ou indirectement, pour son propre compte ou pour le compte d'autrui, une entreprise commerciale ou industrielle ou une société commerciale. Ces interdictions d'exercice peuvent être prononcées cumulativement ;

3° La confiscation de la chose qui a servi ou était destinée à commettre l'infraction ou de la chose qui en est le produit, à l'exception des objets susceptibles de restitution ;

4° L'interdiction de séjour, suivant les modalités prévues par l'article 131-31.

Art. 414-6 *(Mod., L. n° 2003-1119, 26 nov. 2003)*. – **L'interdiction du territoire français peut être prononcée dans les conditions prévues par l'article 131-30, soit à titre définitif, soit pour une durée de dix ans au plus, à l'encontre de tout étranger coupable de l'une des infractions définies aux chapitres Ier, II et IV du présent titre et aux articles 413-1 à 413-4, 413-10 et 413-11.**

Art. 414-7 *(L. n° 2009-526, 12 mai 2009)*. – **Les personnes morales déclarées responsables pénalement, dans les conditions prévues par l'article 121-2, des infractions définies au présent titre encourent, outre l'amende suivant les modalités prévues par l'article 131-38, les peines prévues par l'article 131-39.**

L'interdiction mentionnée au 2° de l'article 131-39 porte sur l'activité dans l'exercice ou à l'occasion de l'exercice de laquelle l'infraction a été commise.

Art. 414-8 *(L. n° 2007-288, 5 mars 2007)*. – **Les dispositions des articles 411-1 à 411-11 et 413-1 à 413-12 sont applicables aux actes mentionnés par ces dispositions qui seraient commis au préjudice :**

1° Des puissances signataires du traité de l'Atlantique Nord ;

2° De l'organisation du traité de l'Atlantique Nord.

Art. 414-9 *(L. n° 2007-288, 5 mars 2007)*. – **Les dispositions des articles 411-6 à 411-11 et 413-9 à 413-12 sont applicables :**

1° Aux informations échangées en vertu d'un accord de sécurité relatif à la protection des informations classifiées conclu entre la France et un ou des États étrangers ou une organisation internationale, régulièrement approuvé et publié ;

2° Aux informations échangées entre la France et une institution ou un organe de l'Union européenne et classifiées en vertu des règlements de sécurité de ces derniers qui ont fait l'objet d'une publication au *Journal officiel de l'Union européenne*.

TITRE II. – DU TERRORISME

Voir : art. 113-13, p. 44 (Infractions commises à l'étranger par un Français ou par une personne résidant habituellement sur le territoire français) ; art. 434-2, p. 549.

CHAPITRE I. – DES ACTES DE TERRORISME

Art. 421-1 *(Mod., L. n° 96-647, 22 juill. 1996 ; L. n° 2001-1062, 15 nov. 2001 ; L. n° 2005-1550, 12 déc. 2005 ; L. n° 2011-266, 14 mars 2011 ; Ord., n° 2012-351, 12 mars 2012 ; L. n° 2016-731, 3 juin 2016 ; L. n° 2016-819, 21 juin 2016)*. **– Constituent des actes de terrorisme, lorsqu'elles sont intentionnellement en relation avec une entreprise individuelle ou collective ayant pour but de troubler gravement l'ordre public par l'intimidation ou la terreur, les infractions suivantes :**

1° Les atteintes volontaires à la vie, les atteintes volontaires à l'intégrité de la personne, l'enlèvement et la séquestration ainsi que le détournement d'aéronef, de navire ou de tout autre moyen de transport, définis par le livre II du présent code ;

2° Les vols, les extorsions, les destructions, dégradations et détériorations, ainsi que les infractions en matière informatique définis par le livre III du présent code ;

3° Les infractions en matière de groupes de combat et de mouvements dissous définies par les articles 431-13 à 431-17 et les infractions définies par les articles 434-6 et 441-2 à 441-5 ;

4° *(4° rempl., à compter du 1er mai 2012, Ord. n° 2012-351, 12 mars 2012 ; mod., L. n° 2014-1353, 13 nov. 2014)* **Les infractions en matière d'armes, de produits explosifs ou de matières nucléaires définies par les articles articles 222-52 à 222-54,322-6-1 et 322-11-1 du présent code, le I de l'article L. 1333-9, les articles L. 1333-11 et L. 1333-13-2, le II des articles L. 1333-13-3 et L. 1333-13-4, les articles L. 1333-13-6, L. 2339-2, L. 2339-14, L. 2339-16, L. 2341-1, L. 2341-4, L. 2341-5, L. 2342-57 à L. 2342-62, L. 2353-4, le 1° de l'article L. 2353-5 et l'article L. 2353-13 du Code de la défense, ainsi que les articles L. 317-7 et L. 317-8 à l'exception des armes de la 6e catégorie, du Code de la sécurité intérieure ;**

5° Le recel du produit de l'une des infractions prévues aux 1° à 4° ci-dessus ;

6° Les infractions de blanchiment prévues au chapitre IV du titre II du livre III du présent code ;

7° Les délits d'initié prévus *(Mots aj., L. n° 2016-819, 21 juin 2016)* **« aux articles L. 465-1 à L. 465-3 » du Code monétaire et financier.**

L'article 421-1 du Code pénal n'exige, pour qualifier des agissements comme étant des actes de terrorisme, ni qu'ils aient eu une finalité terroriste, ni que les actes de sabotage incriminés aient été susceptibles de provoquer des atteintes à l'intégrité physique des personnes.

Si c'est à tort qu'un arrêt de renvoi devant la juridiction de jugement rendu par une chambre de l'instruction énonce de telles exigences, il n'encourt néanmoins pas la censure dès lors qu'il retient par ailleurs qu'il n'existe pas charges suffisantes permettant de retenir que les infractions reprochées auraient été commises en relation avec une entreprise individuelle ou collective ayant pour but de troubler gravement l'ordre public par l'intimidation ou la terreur (■ Cass. crim., 10 janv. 2017, n° 16-84.596 : *Dr. pén.* 2017, comm. 35, note P. Conte).

Bibliographie : *JCl. pén., Terrorisme* par J. Alix. • *JCl pén., La provocation à des actes de terrorisme et leur apologie* par J.-H. Robert. • Ph. Chrestia, *La loi du 23 janvier 2006 relative à la lutte contre le terrorisme : premières observations : D.* 2006, chron. p. 1409. • R. Carlo, *L'indemnisation des victimes d'actes de terrorisme en droit français : AJP* 2013, p. 264. • C. Mauro, *Une nouvelle loi contre le terrorisme : quelles innovations ? À propos de la loi n° 2014-1353 du 13 novembre 2014 : JCP* 2014, aperçus rapides n° 1203, p. 2126. • R. Ollard et O. Desaulnay, *La réforme de la législation anti-terroriste ou le règne de l'exception pérenne : Dr. pén.* 2015, étude 1. • J. Alix, *Réprimer la participation au terrorisme : Rev. sc. crim.* 2014, chron.

p. 849. • H. Rouidi, *La loi du 13 novembre 2014 : quelles évolutions ? : AJP* 2014, dossier p. 556. • C. Godeberge et E. Daoud, *La loi du 13 novembre 2014 constitue-t-elle une atteinte à la liberté d'expression ? : AJP* 2014, dossier p. 563. • M. Quéméner, *Les nouvelles dispositions de lutte contre la cybercriminalité issues de la loi du 13 novembre 2014 : AJP* 2015, p. 32. • E. Dreyer, *Le blocage de l'accès aux sites terroristes ou pédopornographiques : JCP* 2015, étude 423, p. 685. • - E. Raschel, *La sécurité intérieure et la lutte contre le terrorisme entre cadence et décadence : commentaire de la loi n° 2017-1510 du 30 octobre 2017 : Dr. pén.* 2017, étude 23.

Art. 421-2 *(Mod., L. n° 96-647, 22 juill. 1996 ; L. n° 2004-204, 9 mars 2004).* **– Constitue également un acte de terrorisme, lorsqu'il est intentionnellement en relation avec une entreprise individuelle ou collective ayant pour but de troubler gravement l'ordre public par l'intimidation ou la terreur, le fait d'introduire dans l'atmosphère, sur le sol, dans le sous-sol, dans les aliments ou les composants alimentaires ou dans les eaux, y compris celles de la mer territoriale, une substance de nature à mettre en péril la santé de l'homme ou des animaux ou le milieu naturel.**

Art. 421-2-1 *(L. n° 96-647, 22 juill. 1996).* **– Constitue également un acte de terrorisme le fait de participer à un groupement formé ou à une entente établie en vue de la préparation, caractérisée par un ou plusieurs faits matériels, d'un des actes de terrorisme mentionnés aux articles précédents.**

1) Se rend coupable d'association de malfaiteurs en vue de la préparation d'actes de terrorisme un responsable d'un mouvement révolutionnaire qui a activement participé à l'organisation d'actions violentes de représailles à Paris à la suite de l'attentat contre un membre de son réseau, dès lors que ce mouvement révolutionnaire avait pour but, par la commission d'infractions comportant des assassinats et tentatives d'assassinats, des violences volontaires, des extorsions de fond, au préjudice de commerçants, des ports d'armes et des attentats à l'explosif, de pratiquer à l'encontre de ses adversaires et opposants une violence révolutionnaire troublant gravement l'ordre public par l'intimidation ou la terreur, et constituait ainsi une entreprise terroriste (■ Cass. crim., 2 déc. 2015, n° 14-81.866).

2) Il résulte des articles 421-2-1 et 421-6 du Code pénal que l'association de malfaiteurs en vue de commettre certains crimes à caractère terroriste constitue une infraction indépendante, tant des crimes préparés ou commis par certains de ses membres, que des infractions caractérisées par certains des faits qui la concrétisent.

Méconnaît ce principe la chambre de l'instruction qui, pour dire n'y avoir lieu à mise en examen du chef de participation à un groupement ou une entente terroriste ayant pour objet la préparation d'un ou plusieurs crimes d'atteintes aux personnes, relève que les éléments de la procédure n'apportent pas la démonstration de la participation des intéressés à la préparation desdits crimes ou à la commission du crime de destructions par substances explosives ou incendiaires de nature à causer la mort d'une ou plusieurs personnes (■ Cass. crim., 12 juill. 2016, n° 16-82.692 : *Dr. pén.* 2016, comm. 152, note P. Conte).

3) Il résulte de la combinaison des articles 421-1, 421-2-1 et 421-6 du Code pénal qu'est punissable en tant que crime la participation à un groupement formé ou une entente établie en vue de la préparation, caractérisée par un ou plusieurs faits matériels, d'un acte de terrorisme, dès lors qu'il a pour objet de porter volontairement atteinte à la vie ou à l'intégrité de la personne. Méconnaît le sens et la portée des textes précités la chambre de l'instruction qui exige, pour retenir cette circonstance aggravante à l'encontre de celui qui s'associe à une entreprise terroriste ayant un tel objet, la démonstration de la connaissance précise et concrète du projet d'attenter volontairement à la vie ou à l'intégrité de personnes fomenté par l'auteur (■ Cass. crim., 5 oct. 2016, n° 16-84.597).

Art. 421-2-2 *(L. n° 2001-1062, 15 nov. 2001).* **– Constitue également un acte de terrorisme le fait de financer une entreprise terroriste en fournissant, en réunissant ou en gérant des fonds, des valeurs ou des biens quelconques ou en donnant des conseils à cette fin, dans l'intention de voir ces fonds, valeurs ou biens utilisés ou en sachant qu'ils sont destinés à être utilisés, en tout ou partie, en vue de commettre l'un quelconque des actes de terrorisme prévus au présent chapitre, indépendamment de la survenance éventuelle d'un tel acte.**

Art. 421-2-3 *(L. n° 2003-239, 18 mars 2003).* **– Le fait de ne pouvoir justifier de ressources correspondant à son train de vie, tout en étant en relations habituelles avec une ou plusieurs personnes se livrant à l'un ou plusieurs des actes visés aux articles 421-1 à 421-2-2, est puni de sept ans d'emprisonnement et de 100 000 € d'amende.**

Art. 421-2-4 *(L. n° 2012-1432, 21 déc. 2012)*. – **Le fait d'adresser à une personne des offres ou des promesses, de lui proposer des dons, présents ou avantages quelconques, de la menacer ou d'exercer sur elle des pressions afin qu'elle participe à un groupement ou une entente prévu à l'article 421-2-1 ou qu'elle commette un des actes de terrorisme mentionnés aux articles 421-1 et 421-2 est puni, même lorsqu'il n'a pas été suivi d'effet, de dix ans d'emprisonnement et de 150 000 € d'amende.**

Art. 421-2-4-1 *(L. n° 2017-1510, 30 oct. 2017)*. – **Le fait, par une personne ayant autorité sur un mineur, de faire participer ce mineur à un groupement formé ou à une entente établie en vue de la préparation, caractérisée par un ou plusieurs faits matériels, d'un des actes de terrorisme mentionnés aux articles 421-1 et 421-2 est puni de quinze ans de réclusion criminelle et de 225 000 € d'amende.**

Lorsque le fait est commis par une personne titulaire de l'autorité parentale sur le mineur, la juridiction de jugement se prononce sur le retrait total ou partiel de l'autorité parentale en application des articles 378 et 379-1 du Code civil. Elle peut alors statuer sur le retrait de l'autorité parentale en ce qu'elle concerne les autres enfants mineurs de cette personne. Si les poursuites ont lieu devant la cour d'assises, celle-ci statue sur cette question sans l'assistance des jurés.

Art. 421-2-5 *(L. n° 2014-1353, 13 nov. 2014)*. – **Le fait de provoquer directement à des actes de terrorisme ou de faire publiquement l'apologie de ces actes est puni de cinq ans d'emprisonnement et de 75 000 € d'amende.**

Les peines sont portées à sept ans d'emprisonnement et à 100 000 € d'amende lorsque les faits ont été commis en utilisant un service de communication au public en ligne.

Lorsque les faits sont commis par la voie de la presse écrite ou audiovisuelle ou de la communication au public en ligne, les dispositions particulières des lois qui régissent ces matières sont applicables en ce qui concerne la détermination des personnes responsables.

1) Le délit d'apologie d'actes de terrorisme, prévu et réprimé par l'article 421-2-5 du Code pénal, consiste dans le fait d'inciter publiquement à porter sur ces infractions ou leurs auteurs un jugement favorable.

Encourt la cassation l'arrêt qui, pour renvoyer un prévenu des fins de la poursuite de ce chef, énonce que, si, lors d'un rassemblement en hommage aux victimes des attentats ayant frappé la France entre les 7 et 9 janvier 2015, il a arboré une pancarte sur laquelle il avait inscrit « je suis Charlie » d'un côté et « je suis Kouachi » de l'autre, ce qui était une référence indéniable à des personnes impliquées dans les attentats terroristes visés par cette manifestation, l'intéressé n'a pas eu la volonté de les légitimer ou d'en faire l'apologie, alors qu'il résulte de ces constatations que le prévenu, par son comportement lors d'un rassemblement public, a manifesté une égale considération pour des victimes d'actes de terrorisme et l'un de leurs auteurs à qui il s'identifiait, ce qui caractérise le délit d'apologie d'actes de terrorisme (■ Cass. crim., 25 avr. 2017, n° 16-83.331 : *Dr. pén.* 2017, comm. 103, note P. Conte).

Voir : sous art. 227-23, L. n° 2004-575, 21 juin 2004, art. 6-1, D. n° 2015-125, 5 févr. 2015 et D. n° 2015-253, 4 mars 2015.

2) Le délit d'apologie d'actes de terrorisme, prévu et réprimé par l'article 421-2-5 du Code pénal, est constitué lorsque les propos qu'il incrimine ont été prononcés publiquement, c'est-à-dire tenus à haute voix dans des circonstances traduisant une volonté de les rendre publics.

Sont prononcés publiquement des propos tenus dans un fourgon cellulaire ou dans les geôles d'un palais de justice par une personne qui s'adresse aux gendarmes chargés de l'escorte (■ Cass. crim., 11 juill. 2017, n° 16-86.965 : *Dr. pén.* 2017, comm. 158, note P. Conte).

3) QPC. Non-lieu à renvoi devant le Conseil constitutionnel de la QPC visant l'article 421-2-5 (■ Cass. crim., 1er déc. 2015, n° 15-90.017 : *Dr. pén.* 2016, comm. 44, obs. P. Conte).

Bibliographie : V. Brengarth, *L'apologie et la provocation au terrorisme dans le Code pénal* : *JCP* 2015, étude 1003.

Art. 421-2-5-1 *(L. n° 2016-731, 3 juin 2016)*. – **Le fait d'extraire, de reproduire et de transmettre intentionnellement des données faisant l'apologie publique d'actes de terrorisme ou provoquant directement à ces actes afin d'entraver, en connaissance de cause, l'efficacité des procédures prévues à l'article 6-1 de la loi n° 2004-575 du 21 juin 2004 pour la confiance dans l'économie numérique ou à l'article 706-23 du Code de procédure pénale est puni de cinq ans d'emprisonnement et de 75 000 € d'amende.**

Art. 421-2-5-2 *(Abr., décision du Conseil constitutionnel n° 2017-682 QPC du 15 décembre 2017 : Dr. pén. 2018, comm. 22, note P. Conte ; D. 2018, p. 97, note Y. Mayaud).*

Art. 421-2-6 *(L. n° 2014-1353, 13 nov. 2014 ; mod., déc. n° 2017-625 QPC, 7 avr. 2017).* **– I. - Constitue un acte de terrorisme le fait de préparer la commission d'une des infractions mentionnées au II, dès lors que la préparation de ladite infraction est intentionnellement en relation avec une entreprise individuelle ayant pour but de troubler gravement l'ordre public par l'intimidation ou la terreur et qu'elle est caractérisée par :**

1° Le fait de détenir, de se procurer ou de fabriquer des objets ou des substances de nature à créer un danger pour autrui ;

2° Et l'un des autres faits matériels suivants :

***a)* Recueillir des renseignements sur des lieux ou des personnes permettant de mener une action dans ces lieux ou de porter atteinte à ces personnes ou exercer une surveillance sur ces lieux ou ces personnes ;**

***b)* S'entraîner ou se former au maniement des armes ou à toute forme de combat, à la fabrication ou à l'utilisation de substances explosives, incendiaires, nucléaires, radiologiques, biologiques ou chimiques ou au pilotage d'aéronefs ou à la conduite de navires ;**

***c)* Consulter habituellement un ou plusieurs services de communication au public en ligne ou détenir des documents provoquant directement à la commission d'actes de terrorisme ou en faisant l'apologie ;**

***d)* Avoir séjourné à l'étranger sur un théâtre d'opérations de groupements terroristes.**

II. - Le I s'applique à la préparation de la commission des infractions suivantes :

1° Soit un des actes de terrorisme mentionnés au 1° de l'article 421-1 ;

2° Soit un des actes de terrorisme mentionnés au 2° du même article 421-1, lorsque l'acte préparé consiste en des destructions, dégradations ou détériorations par substances explosives ou incendiaires devant être réalisées dans des circonstances de temps ou de lieu susceptibles d'entraîner des atteintes à l'intégrité physique d'une ou plusieurs personnes ;

3° Soit un des actes de terrorisme mentionnés à l'article 421-2, lorsque l'acte préparé est susceptible d'entraîner des atteintes à l'intégrité physique d'une ou plusieurs personnes.

QPC. Par décision n° 2017-625 QPC du 7 avril 2017, le Conseil constitutionnel a décidé que les mots « de rechercher » figurant au 1° du paragraphe I sont contraires à la Constitution et que les autres dispositions de l'article 421-2-6 sont conformes à ladite Constitution (*JurisData* n° 2017-006331). – *JCP* 2017, p. 670, note S. Pellé ; *D.* 2017, p. 1180, note N. Catelan et J.-B. Perrier.

Code de la sécurité intérieure

Interdiction de sortie du territoire

Art. L. 224-1 *(L. n° 2014-1353, 13 nov. 2014 ; L. n° 2016-987, 21 juill. 2016).* – Tout Français peut faire l'objet d'une interdiction de sortie du territoire lorsqu'il existe des raisons sérieuses de penser qu'il projette :

1° Des déplacements à l'étranger ayant pour objet la participation à des activités terroristes ;

2° Ou des déplacements à l'étranger sur un théâtre d'opérations de groupements terroristes, dans des conditions susceptibles de le conduire à porter atteinte à la sécurité publique lors de son retour sur le territoire français.

L'interdiction de sortie du territoire est prononcée par le ministre de l'Intérieur pour une durée maximale de six mois à compter de sa notification. La décision est écrite et motivée. Le ministre de l'Intérieur ou son représentant met la personne concernée en mesure de lui présenter ses observations dans un délai maximal de huit jours après la notification de la décision. Cette personne peut se faire assister par un conseil ou représenter par un mandataire de son choix.

Lorsque les conditions en sont réunies, l'interdiction de sortie du territoire peut être renouvelée par décision expresse et motivée. Elle est levée aussitôt que ces conditions ne sont plus satisfaites.

La personne qui fait l'objet d'une interdiction de sortie du territoire peut, dans le délai de deux mois suivant la notification de la décision et suivant la notification de chaque renouvellement, demander au tribunal administratif l'annulation de cette décision. Le tribunal administratif statue dans un délai de quatre mois à compter de sa saisine. Ces recours s'exercent sans préjudice des procédures ouvertes aux articles L. 521-1 et L. 521-2 du Code de justice administrative.

L'interdiction de sortie du territoire emporte dès son prononcé et à titre conservatoire l'invalidation du passeport et de la carte nationale d'identité de la personne concernée ou, le cas échéant, fait obstacle à la délivrance d'un tel document. L'autorité administrative informe la personne concernée par tout moyen.

Dès notification de l'interdiction de sortie du territoire, et au plus tard dans les vingt-quatre heures à compter de celle-ci, la personne concernée est tenue de restituer son passeport et sa carte nationale d'identité.

Un récépissé valant justification de son identité est remis à la personne concernée en échange de la restitution de son passeport et de sa carte nationale d'identité ou, à sa demande, en lieu et place de la délivrance d'un tel document. Ce récépissé suffit à justifier de l'identité de la personne concernée sur le territoire national en application de l'article 1er de la loi n° 2012-410 du 27 mars 2012 relative à la protection de l'identité.

Le fait de quitter ou de tenter de quitter le territoire français en violation d'une interdiction de sortie du territoire prise en application du présent article est puni de trois ans d'emprisonnement et de 45 000 € d'amende.

Le fait, pour toute personne s'étant vu notifier une décision d'interdiction de sortie du territoire, de se soustraire à l'obligation de restitution de son passeport et de sa carte nationale d'identité est puni de deux ans d'emprisonnement et de 4 500 € d'amende.

Un décret en Conseil d'État précise les modalités de mise en œuvre du présent article, s'agissant notamment des modalités d'établissement du récépissé mentionné au neuvième alinéa.

QPC. Par décision n° 205-490 QPC du 14 octobre 2015, le Conseil constitutionnel a décidé que les dispositions de l'article L. 224-1 du Code de la sécurité intérieure, qui ne méconnaissent ni le droit à la vie privée ni aucun autre droit ou liberté que la Constitution garantit, doivent être déclarées conformes à la Constitution.

Voir : Décret n° 2015-26 du 14 janvier 2015 relatif à l'interdiction de sortie du territoire des ressortissants français projetant de participer à des activités terroristes à l'étranger ; CSI, art. R. 224-1 à R. 224-6.

Art. 421-3 *(Mod., L. n° 2016-731, 3 juin 2016)*. **– Le maximum de la peine privative de liberté encourue pour les infractions mentionnées à l'article 421-1 est relevé ainsi qu'il suit lorsque ces infractions constituent des actes de terrorisme :**

1° Il est porté à la réclusion criminelle à perpétuité lorsque l'infraction est punie de trente ans de réclusion criminelle ;

2° Il est porté à trente ans de réclusion criminelle lorsque l'infraction est punie de vingt ans de réclusion criminelle ;

3° Il est porté à vingt ans de réclusion criminelle lorsque l'infraction est punie de quinze ans de réclusion criminelle ;

4° Il est porté à quinze ans de réclusion criminelle lorsque l'infraction est punie de dix ans d'emprisonnement ;

5° Il est porté à dix ans d'emprisonnement lorsque l'infraction est punie de sept ans d'emprisonnement ;

6° Il est porté à sept ans d'emprisonnement lorsque l'infraction est punie de cinq ans d'emprisonnement ;

7° Il est porté au double lorsque l'infraction est punie d'un emprisonnement de trois ans au plus.

Art. 421-4 *(Mod., L. n° 2002-1138, 9 sept. 2002 ; mod., L. n° 2016-731, 3 juin 2016)*. **– L'acte de terrorisme défini à l'article 421-2 est puni de vingt ans de réclusion criminelle et de 350 000 € d'amende.**

Lorsque cet acte a entraîné la mort d'une ou plusieurs personnes, il est puni de la réclusion criminelle à perpétuité et de 750 000 € d'amende.

Art. 421-5 *(Mod., L. n° 96-647, 22 juill. 1996 ; L. n° 2001-1062, 15 nov. 2001 ; L. n° 2004-204, 9 mars 2004 ; L. n° 2016-731, 3 juin 2016 ; L. n° 2016-987, 21 juill. 2016)*. **– Les actes de terrorisme définis aux articles 421-2-1 et 421-2-2 sont punis de dix ans d'emprisonnement et de 225 000 € d'amende.**

Le fait de diriger ou d'organiser le groupement ou l'entente défini à l'article 421-2-1 est puni de trente ans de réclusion criminelle et de 500 000 € d'amende.

La tentative du délit défini à l'article 421-2-2 est punie des mêmes peines.

***(L. n° 2014-1353, 13 nov. 2014)* L'acte de terrorisme défini à l'article 421-2-6 est puni de dix ans d'emprisonnement et de 150 000 € d'amende.**

1) QPC. Par décision n° 2017-625 QPC du 7 avril 2017, le Conseil constitutionnel a déclaré le quatrième alinéa de l'article 421-5 conforme à la Constitution (*JurisData* n° 2017-006331).

2) Sauf lorsque la loi en dispose autrement, les articles du Code de procédure pénale relatifs à la poursuite, à l'instruction et au jugement des actes de terrorisme sont applicables aux faits commis avant le 1er mars 1994, dès lors que ces faits entrent dans les prévisions tant de l'article 706-16 ancien de ce code que des articles 421-1 à 421-5 nouveaux du Code pénal (■ Cass. crim., 22 sept. 1998 : *Bull. crim.*, n° 231).

3) Est justifiée la décision de la cour d'appel qui déclare une association coupable d'association de malfaiteurs en relation avec une entreprise terroriste, financement du terrorisme, par des constatations qui établissent que certains membres identifiés de cette association, mandatés par une organisation terroriste et également poursuivis, organisaient, supervisaient, coordonnaient la partie clandestine des activités de cette association, au profit de l'organisation terroriste, notamment les réunions régulières de cadres venus de divers pays européens, la propagande, le recueil des fonds, la tenue de la comptabilité et, plus généralement, dirigeaient, pour son compte, les opérations représentant la contribution délibérée de celle-ci au soutien de l'organisation terroriste (■ Cass. crim., 21 mai 2014 : *Bull. crim.*, n° 136 ; *Dr. pén.* 2014, comm. 106, obs. M. Véron).

Art. 421-6 *(L. n° 2006-64, 23 janv. 2006 ; mod., L. n° 2016-731, 3 juin 2016 ; L. n° 2016-987, 21 juill. 2016)*. – Les peines sont portées à trente ans de réclusion criminelle et 450 000 € d'amende lorsque le groupement ou l'entente définie à l'article 421-2-1 a pour objet la préparation :

1° Soit d'un ou plusieurs crimes d'atteintes aux personnes visés au 1° de l'article 421-1 ;

2° Soit d'une ou plusieurs destructions par substances explosives ou incendiaires visées au 2° de l'article 421-1 et devant être réalisées dans des circonstances de temps ou de lieu susceptibles d'entraîner la mort d'une ou plusieurs personnes ;

3° Soit de l'acte de terrorisme défini à l'article 421-2 lorsqu'il est susceptible d'entraîner la mort d'une ou plusieurs personnes.

Le fait de diriger ou d'organiser un tel groupement ou une telle entente est puni de la réclusion criminelle à perpétuité et de 500 000 € d'amende.

La circonstance aggravante incriminée par l'article 421-6, 1° du Code pénal peut être retenue à l'égard de l'un des participants au groupement sans qu'il soit nécessaire d'établir qu'il en a eu une connaissance précise et concrète (■ Cass. crim., 7 oct. 2016, n° 16-84.597 : *Dr. pén.* 2016, comm. 170, note C. de Jacobet de Nombel).

Art. 421-7 *(L. n° 2016-731, 3 juin 2016)*. – Les deux premiers alinéas de l'article 132-23 relatif à la période de sûreté sont applicables aux crimes ainsi qu'aux délits punis de dix ans d'emprisonnement prévus au présent chapitre. Toutefois, lorsque le crime prévu au présent chapitre est puni de la réclusion criminelle à perpétuité, la cour d'assises peut, par décision spéciale, soit porter la période de sûreté jusqu'à trente ans, soit, si elle prononce la réclusion criminelle à perpétuité, décider qu'aucune des mesures énumérées au même article 132-23 ne pourra être accordée au condamné. En cas de commutation de la peine, et sauf si le décret de grâce en dispose autrement, la période de sûreté est égale à la durée de la peine résultant de la mesure de grâce.

Art. 421-8 *(L. n° 2016-731, 3 juin 2016)*. – Les personnes coupables des infractions définies aux articles 421-1 à 421-6 peuvent également être condamnées à un suivi socio-judiciaire selon les modalités prévues aux articles 131-36-1 à 131-36-13.

CHAPITRE II. – DISPOSITIONS PARTICULIÈRES

Art. 422-1. – Toute personne qui a tenté de commettre un acte de terrorisme est exempte de peine si, ayant averti l'autorité administrative ou judiciaire, elle a permis d'éviter la réalisation de l'infraction et d'identifier, le cas échéant, les autres coupables.

Art. 422-2. – La peine privative de liberté encourue par l'auteur ou le complice d'un acte de terrorisme est réduite de moitié si, ayant averti les autorités administratives ou judiciaires, il a permis de faire cesser les agissements incriminés ou d'éviter que l'infraction n'entraîne mort d'homme ou infirmité permanente et d'identifier, le cas échéant, les autres coupables. Lorsque la peine encourue est la réclusion criminelle à perpétuité, celle-ci est ramenée à vingt ans de réclusion criminelle.

Art. 422-3 *(Mod., L. n° 96-647, 22 juill. 1996 ; L. n° 2008-776, 4 août 2008)*. – Les personnes physiques coupables de l'une des infractions prévues par le présent titre encourent également les peines complémentaires suivantes :

1° L'interdiction des droits civiques, civils et de famille, suivant les modalités prévues par l'article 131-26. Toutefois, le maximum de la durée de l'interdiction est porté à quinze ans en cas de crime et à dix ans en cas de délit ;

2° L'interdiction, suivant les modalités, prévues par l'article 131-27, soit d'exercer une fonction publique ou d'exercer l'activité professionnelle ou sociale dans l'exercice ou à l'occasion de l'exercice de laquelle l'infraction a été commise, le maximum de la durée de l'interdiction temporaire étant porté à dix ans, soit, pour les crimes prévus par les 1° à 4° de l'article 421-3, l'article 421-4, le deuxième alinéa de l'article 421-5 et l'article 421-6, d'exercer une profession commerciale ou industrielle, de diriger, d'administrer, de gérer ou de contrôler à un titre quelconque, directement ou indirectement, pour son propre compte ou pour le compte d'autrui, une entreprise commerciale ou industrielle ou une société commerciale. Ces interdictions d'exercice peuvent être prononcées cumulativement ;

3° L'interdiction de séjour, suivant les modalités prévues par l'article 131-31. Toutefois, le maximum de la durée de l'interdiction est porté à quinze ans en cas de crime et à dix ans en cas de délit.

Art. 422-4 *(L. n° 2016-987, 21 juill. 2016)*. – L'interdiction du territoire français est prononcée par la juridiction de jugement dans les conditions prévues à l'article 131-30, soit à titre définitif, soit pour une durée de dix ans au plus, à l'encontre de tout étranger coupable de l'une des infractions définies au présent titre.

Toutefois, la juridiction peut, par une décision spécialement motivée, décider de ne pas prononcer ces peines, en considération des circonstances de l'infraction et de la personnalité de son auteur.

Art. 422-5. – *(L. n° 2009-526, 12 mai 2009)* Les personnes morales déclarées responsables pénalement, dans les conditions prévues par l'article 121-2, des infractions définies au présent titre encourent, outre l'amende suivant les modalités prévues par l'article 131-38, les peines prévues par l'article 131-39.

L'interdiction mentionnée au 2° de l'article 131-39 porte sur l'activité dans l'exercice ou à l'occasion de l'exercice de laquelle l'infraction a été commise.

Art. 422-6 *(L. n° 2001-1062, 15 nov. 2001 ; L. n° 2012-409, 27 mars 2012)*. – Les personnes physiques ou morales reconnues coupables d'actes de terrorisme encourent également la peine complémentaire de confiscation de tout ou partie des biens leur appartenant ou, sous réserve des droits du propriétaire de bonne foi, dont elles ont la libre disposition quelle qu'en soit la nature, meubles ou immeubles, divis ou indivis.

Art. 422-7 *(L. n° 2001-1062, 15 nov. 2001)*. – Le produit des sanctions financières ou patrimoniales prononcées à l'encontre des personnes reconnues coupables d'actes de terrorisme est affecté au fonds de garantie des victimes des actes de terrorisme et d'autres infractions.

TITRE III. – DES ATTEINTES À L'AUTORITÉ DE L'ÉTAT

CHAPITRE I. – DES ATTEINTES À LA PAIX PUBLIQUE

Section I. – Des entraves à l'exercice des libertés d'expression, du travail, d'association, de réunion ou de manifestation

Art. 431-1 *(Mod., L. n° 2011-267, 14 mars 2011 ; L. n° 2016-925, 7 juill. 2016).* – **Le fait d'entraver, d'une manière concertée et à l'aide de menaces, l'exercice de la liberté d'expression, du travail, d'association, de réunion ou de manifestation ou d'entraver le déroulement des débats d'une assemblée parlementaire ou d'un organe délibérant d'une collectivité territoriale est puni d'un an d'emprisonnement et de 15 000 euros d'amende.**

Le fait d'entraver, d'une manière concertée et à l'aide de menaces, l'exercice de la liberté de création artistique ou de la liberté de la diffusion de la création artistique est puni d'un an d'emprisonnement et de 15 000 euros d'amende.

Le fait d'entraver, d'une manière concertée et à l'aide de coups, violences, voies de fait, destructions ou dégradations au sens du présent code, l'exercice d'une des libertés visées aux alinéas précédents est puni de trois ans d'emprisonnement et de 45 000 euros d'amende.

Bibliographie : *JCl. pén., Entraves à l'exercice des libertés d'expression, du travail, d'association, de réunion ou de manifestation* par X. Samuel ; *D.* 2004, chron. p. 716, C. Rosinsky et E. Dreyer ; *Dr. pén.* 2014, dossier 3, p. 29, C. Claverie-Rousset.

1) QPC. Non-lieu à renvoi au Conseil constitutionnel de la QPC visant l'article 431-1, alinéa 2, du Code pénal (■ Cass. crim., 22 août 2012, n° 12-90.043).

2) Le terme « menaces » doit être employé dans son sens normal : tout acte d'intimidation inspirant la crainte d'un mal (■ Cass. crim., 5 avr. 1867 : *Bull. crim.*, n° 79), ainsi le fait d'entourer un non-gréviste et le menacer de continuer la grève s'il persiste à travailler (■ Cass. crim., 14 janv. 1921 : *S.* 1922, 1, 215). Les piquets de grève peuvent avoir un caractère suffisant d'intimidation pour constituer les menaces visées par l'article 414 (■ Cass. crim., 10 mars 1939 : *Bull. crim.*, n° 54. ■ 5 févr. 1957 : *Bull. crim.*, n° 166).

3) L'article 414 du Code pénal, réprimant les atteintes portées, au cours d'une grève, à la liberté du travail, n'a pas pour objet la protection du travail en soi, mais exclusivement celle de la liberté des travailleurs contre les procédés de nature à faire obstacle à leur droit de prendre une décision personnelle en ce qui concerne leur participation à une action collective et concertée, liée à des revendications professionnelles (■ Cass. crim., 15 mai 1987 : *Bull. crim.*, n° 198).

4) Les juges du fond disposent d'un pouvoir souverain pour apprécier les éléments constitutifs tant matériels qu'intentionnels, de l'infraction d'entrave concertée à la liberté d'expression et de réunion à l'aide de menaces, violences et voies de fait, délit prévu par l'article 431-1 du Code pénal (■ Cass. crim., 22 juin 1999 : *Bull. crim.*, n° 141 ; *D.* 2000, jur. 127, obs. B. de Lamy).

5) Encourt la censure l'arrêt de la cour d'appel qui, pour dire coupables du délit prévu par l'article 431-1 du Code pénal des prévenus auxquels il était reproché d'avoir investi les locaux de la direction départementale des affaires maritimes en vue d'obtenir le réexamen de la situation d'un marin victime d'un accident du travail, retient que si l'ancien article 414 du Code pénal avait pour unique but d'empêcher la grève forcée, l'article 431-1 précité sanctionne désormais toute entrave à la liberté du travail et que tel est le cas en la circonstance, les prévenus ayant, pour obtenir gain de cause, empêché les personnes présentes dans les locaux d'exercer librement leur travail.

En effet, le trouble apporté volontairement à l'exercice d'activités professionnelles ne saurait constituer l'élément matériel du délit d'entrave à la liberté du travail, au sens de l'article 431-1 du Code pénal (■ Cass. crim., 3 juin 2008, pourvoi n° 07-80.079 : *Bull. crim.*, n° 135).

6) Le simple trouble apporté à la délibération d'un conseil municipal ne saurait constituer une entrave au sens de l'article 431-1 du Code pénal.

Justifie sa décision la cour d'appel qui, pour relaxer le prévenu du chef de complicité d'entrave au déroulement des débats d'un organe délibérant d'une collectivité territoriale, relève que l'attitude des manifestants n'a fait que troubler quelques instants la réunion sans entraver en rien le déroulement des débats du conseil municipal (■ Cass. crim., 11 juin 2013, n° 12-85.104 : *Bull. crim.*, n° 131 ; *Dr. pén.* 2013, comm. 122, obs. M. Véron ; *D.* 2013, act., p. 1550, et chron., p. 1790, n° 7, note M.-L. Divielle).

7) L'entrave à la liberté d'expression de la victime ne peut être justifiée par la liberté d'expression du prévenu (■ Cass. crim., 28 juin 2017, n° 16-83.680 : *Dr. pén.* 2017, comm. 139, note P. Conte).

8) Action civile. Le droit d'exercer l'action civile devant les juridictions répressives n'appartient qu'à ceux qui ont personnellement et directement souffert du dommage causé par l'infraction ; le préjudice résultant pour une entreprise d'une perte commerciale due à la fermeture momentanée d'un magasin causée par l'existence de barrages ayant empêché ses salariés non grévistes de se rendre à leur poste de travail n'est que la conséquence indirecte de l'infraction prévue par l'article 431-1 du Code pénal, qui a pour seul objet la protection de la liberté du travail (■ Cass. crim., 23 avr. 2003 : *Bull. crim.*, n° 84 ; *Rev. sc. crim.* 2003, p. 806, obs. G. Giudicelli-Delage).

Art. 431-2. – Les personnes physiques coupables de l'une des infractions prévues par l'article 431-1 encourent également les peines complémentaires suivantes :

1° L'interdiction des droits civiques, civils et de famille, suivant les modalités prévues par l'article 131-26 ;

2° L'interdiction, suivant les modalités prévues par l'article 131-27, d'exercer une fonction publique ou d'exercer l'activité professionnelle ou sociale dans l'exercice ou à l'occasion de l'exercice de laquelle l'infraction a été commise ;

3° L'interdiction de détenir ou de porter, pour une durée de cinq ans au plus, une arme soumise à autorisation.

Section II. – De la participation délictueuse à un attroupement

Art. 431-3 ***(Mod., L. n° 2009-971, 3 août 2009 ; mod. à compter du 1er mai 2012, Ord. n° 2012-351, 12 mars 2012).*** **– Constitue un attroupement tout rassemblement de personnes sur la voie publique ou dans un lieu public susceptible de troubler l'ordre public.**

Un attroupement peut être dissipé par la force publique après deux sommations de se disperser restées sans effet adressées dans les conditions et selon les modalités prévues par l'article L. 211-9 du Code de la sécurité intérieure.

Code de la sécurité intérieure

Art. L. 211-9. – Un attroupement, au sens de l'article 431-3 du Code pénal, peut être dissipé par la force publique après deux sommations de se disperser demeurées sans effet, adressées, lorsqu'ils sont porteurs des insignes de leur fonction, par :

1° Le représentant de l'État dans le département ou, à Paris, le préfet de police ;

2° Sauf à Paris, le maire ou l'un de ses adjoints ;

3° Tout officier de police judiciaire responsable de la sécurité publique, ou tout autre officier de police judiciaire.

Il est procédé à ces sommations suivant des modalités propres à informer les personnes participant à l'attroupement de l'obligation de se disperser sans délai.

Toutefois, les représentants de la force publique appelés en vue de dissiper un attroupement peuvent faire directement usage de la force si des violences ou voies de fait sont exercées contre eux ou s'ils ne peuvent défendre autrement le terrain qu'ils occupent.

Les modalités d'application des alinéas précédents sont précisées par un décret en Conseil d'État, qui détermine également les insignes que doivent porter les personnes mentionnées aux 1° à 3° et les conditions d'usage des armes à feu pour le maintien de l'ordre public.

....

Art. D. 211-10. – Dans le cas d'un attroupement mentionné à l'article L. 211-9, le maintien de l'ordre relève exclusivement du ministre de l'Intérieur.

Art. R. 211-11. – Pour l'application de l'article L. 211-9, l'autorité habilitée à procéder aux sommations avant de disperser un attroupement par la force :

1° Annonce sa présence en énonçant par haut-parleur les mots : « Obéissance à la loi. Dispersez-vous » ;

2° Procède à une première sommation en énonçant par haut-parleur les mots : « Première sommation : on va faire usage de la force » ;

3° Procède à une deuxième et dernière sommation en énonçant par haut-parleur les mots : « Dernière sommation : on va faire usage de la force. »

Si l'utilisation du haut-parleur est impossible ou manifestement inopérante, chaque annonce ou sommation peut être remplacée ou complétée par le lancement d'une fusée rouge.

Toutefois, si, pour disperser l'attroupement par la force, il doit être fait usage des armes mentionnées à l'article R. 211-16, la dernière sommation ou, le cas échéant, le lancement de fusée qui la remplace ou la complète doivent être réitérés.

Art. R. 211-12. – Les autorités mentionnées aux 1° à 3° de l'article L. 211-9 doivent, pour procéder aux sommations, porter les insignes suivants :

1° Le préfet ou le sous-préfet : écharpe tricolore ;

2° Le maire ou l'un de ses adjoints : écharpe tricolore ;

3° L'officier de police judiciaire de la police nationale : écharpe tricolore ;

4° L'officier de police judiciaire de la gendarmerie nationale : brassard tricolore.

Art. R. 211-13. – L'emploi de la force par les représentants de la force publique n'est possible que si les circonstances le rendent absolument nécessaire au maintien de l'ordre public dans les conditions définies par l'article L. 211-9. La force déployée doit être proportionnée au trouble à faire cesser et son emploi doit prendre fin lorsque celui-ci a cessé.

Art. R. 211-14. – Hors les deux cas prévus au sixième alinéa de l'article L. 211-9, les représentants de la force publique ne peuvent faire usage d'armes à feu pour le maintien de l'ordre public que sur ordre exprès des autorités habilitées à décider de l'emploi de la force dans des conditions définies à l'article R. 211-21.

Cet ordre est transmis par tout moyen permettant d'en assurer la matérialité et la traçabilité.

Art. R. 211-15. – Pour les forces armées mentionnées aux 1° et 3° de l'article L. 3211-1 du Code de la défense, l'ordre exprès mentionné à l'article R. 211-14 du présent code prend la forme d'une réquisition spéciale écrite délivrée par les autorités mentionnées à l'article R. 211-21.

Art. R. 211-16 *(Mod. à compter du 1er déc. 2014, D. n° 2014-1253, 27 oct. 2014).* – Hors les deux cas prévus au sixième alinéa de l'article L. 211-9, les armes à feu susceptibles d'être utilisées pour le maintien de l'ordre public sont les grenades principalement à effet de souffle et leurs lanceurs entrant dans le champ d'application de l'article R. 311-2 et autorisés par décret.

Art. D. 211-17. – Les armes à feu susceptibles d'être utilisées par les représentants de la force publique pour le maintien de l'ordre public en application de l'article R. 211-16 sont les suivantes :

(Tableau rempl. à compter du 1er déc. 2014, D. n° 2014-1253, 27 oct. 2014 ; mod., D. n° 2017-1029, 10 mai 2017)

APPELLATION	CLASSIFICATION
Grenades GLI F4 Grenades lacrymogène instantanée	Article R. 311-2 5° et 6° de la catégorie A2
Grenades instantanée	
Lanceurs de grenades de 56 mm et leurs munitions	Article R. 311-2 4°, 5° et 6° de la catégorie A2
Lanceurs de grenades de 40 mm et leurs munitions	Article R. 311-2 4°, 5° et 6° de la catégorie A2
Grenades à main de désencerclement	Article R. 311-2 6° de la catégorie A2

Art. R. 211-18 *(Mod. à compter du 1er déc. 2014, D. n° 2014-1253, 27 oct. 2014).* – Sans préjudice des articles 122-5 et 122-7 du Code pénal, peuvent être utilisées dans les deux cas prévus au sixième alinéa de l'article L. 211-9 du présent code, outre les armes mentionnées à l'article R. 211-16, les armes à feu des catégories A, B et C adaptées au maintien de l'ordre correspondant aux conditions de ce sixième alinéa, entrant dans le champ d'application de l'article R. 311-2 et autorisées par décret.

Art. D. 211-19. – Les armes à feu susceptibles d'être utilisées par les représentants de la force publique pour le maintien de l'ordre public en application de l'article R. 211-18 sont celles prévues à l'article D. 211-17 ainsi que celles énumérées ci-après :
(Tableau rempl. à compter du 1er déc. 2014, D. n° 2014-1253, 27 oct. 2014)

APPELLATION	CLASSIFICATION
Projectiles non métalliques tirés par les lanceurs de grenades de 56 mm	Article R. 311-2 3° de la catégorie B
Lanceurs de grenades et de balles de défense de 40 × 46 mm et leurs munitions	Article R. 311-2 4°, 5° et 6° de la catégorie A2 et les munitions de la catégorie B
Lanceurs de balles de défense de 44 mm et leurs munitions	Article R. 311-2 3° de la catégorie B

Art. D. 211-20. – En application de l'article R. 211-18, outre les armes à feu prévues à l'article D. 211-19, est susceptible d'être utilisée pour le maintien de l'ordre public, à titre de riposte en cas d'ouverture du feu sur les représentants de la force publique, celle mentionnée ci-après :
(Tableau rempl. à compter du 1er déc. 2014, D. n° 2014-1253, 27 oct. 2014)

APPELLATION	CLASSIFICATION
Fusil à répétition de précision de calibre 7,62 × 51 mm et ses munitions	Article R. 311-2 *b* du 2° de la catégorie B ou *b* du 1° de la catégorie C et les munitions classées au 7° de la catégorie C

Art. R. 211-21. – Dans les cas d'attroupements prévus à l'article 431-3 du Code pénal, le préfet du département ou le sous-préfet, le maire ou l'un de ses adjoints, le commissaire de police, le commandant de groupement de gendarmerie départementale ou, mandaté par l'autorité préfectorale, un commissaire de police ou l'officier de police chef de circonscription ou le commandant de compagnie de gendarmerie départementale doivent être présents sur les lieux en vue, le cas échéant, de décider de l'emploi de la force après sommation.

Si elle n'effectue pas elle-même les sommations, l'autorité civile responsable de l'emploi de la force désigne un officier de police judiciaire pour y procéder.

Art. R. 211-21-1 *(Créé à compter du 1er déc. 2014, D. n° 2014-1253, 27 oct. 2014).* – Les attributions dévolues au représentant de l'État dans le département dans le cadre de la présente section sont exercées, dans le département des Bouches-du-Rhône, par le préfet de police des Bouches-du-Rhône.

Bibliographie : *JCl. pén., Attroupements* par J.-F. Dreuille.

QPC. La question prioritaire de constitutionnalité visant l'article 431-3 du Code pénal et l'article L. 211-9 du Code de la sécurité intérieure :

– D'une part est irrecevable pour ce qui concerne l'article L. 211-9 du Code de la sécurité intérieure et le second alinéa de l'article 431-3 du Code pénal, ces textes ayant été créés par une ordonnance à ce jour non ratifiée et présentant donc un caractère réglementaire, de telles dispositions ne relevant pas des textes législatifs visés par l'article 61-1 de la Constitution et l'article 23-1 de l'ordonnance du 7 novembre 1958 ;

– D'autre part, pour ce qui concerne les termes du premier alinéa de l'article 431-3 du Code pénal, ne peut donner lieu à renvoi au conseil constitutionnel dès lors que ces termes qui définissent l'attroupement comme un rassemblement de personnes susceptibles de troubler l'ordre public, sont suffisamment clairs et précis pour que l'interprétation de ce texte, qui entre dans l'office du juge pénal, puisse se faire sans risque d'arbitraire ; que, d'autre part, en laissant au pouvoir réglementaire le soin de fixer les conditions de dissipation d'un tel rassemblement, le législateur n'a pas méconnu l'étendue de la compétence que lui confère l'article 34 de la Constitution en matière de fixation des règles concernant la détermination des crimes et délits ainsi que des peines qui leur sont applicables ; qu'enfin, les dispositions contestées, en ce qu'elles incriminent la méconnaissance d'une injonction de dispersion d'un attroupement adressée par les représentants de la force publique, dans l'exercice de leurs pouvoirs de police administrative, dont l'objet est de concilier la prévention des atteintes à l'ordre public, nécessaire à la sauvegarde de droits et principes de valeur constitutionnelle, et l'exercice des libertés constitutionnellement garanties, dont la liberté individuelle et la liberté de manifester, ne méconnaissent pas le principe selon lequel l'autorité judiciaire est gardienne de la liberté individuelle, dès lors qu'il revient à celle-ci, en dernier lieu de s'assurer que le rassemblement a le caractère d'un attroupement au sens précité, de sorte que le juge saisi de poursuites pénales doit vérifier réflectivité du risque de trouble à l'ordre public créé par le rassemblement (■ Cass. crim., 25 févr. 2014, n° 13-90.039, QPC : *D.* 2014, act., p. 608 ; *Dr. pén.* 2014, comm. 73, obs. M. Véron) ;

– De même, par arrêt du 18 octobre 2016, n° 15-84.940, il a été décidé de ne pas renvoyer au Conseil constitutionnel la QPC visant les articles 431-3, alinéa 1, du Code pénal et L. 211-9 du Code de la sécurité intérieure.

Art. 431-4 ***(Mod., L. n° 2010-201, 2 mars 2010).*** **– Le fait, pour celui qui n'est pas porteur d'une arme, de continuer volontairement à participer à un attroupement après les sommations est puni d'un an d'emprisonnement et de 15 000 € d'amende.**

L'infraction définie au premier alinéa est punie de trois ans d'emprisonnement et de 45 000 € d'amende lorsque son auteur dissimule volontairement en tout ou partie son visage afin de ne pas être identifié.

1) QPC. Non-lieu à renvoi au Conseil constitutionnel (■ Cass. crim., 25 févr. 2014, n° 13-90.039, préc.) et, en ce qui concerne l'alinéa 1, V. ■ Cass. crim., 18 oct. 2016, n° 15-84.940, préc. : *Dr. pén.* 2017, comm. 6, note P. Conte..

2) L'existence de sommations régulières est une composante indispensable de l'incrimination de participation à un attroupement (■ Cass. crim., 23 févr. 1954 : *D.* 1955, 465, rapp. Patin) et la preuve doit être faite que les prévenus aient pu entendre effectivement les injonctions de l'autorité (■ Grenoble, 17 janv. 1907 : *S.* 1908, 2, 75).

3) Lorsque des violences sont exercées contre les représentants de la force publique appelés en vue de dissiper un attroupement, le recours aux sommations est exclu (■ Cass. crim., 12 déc. 1963 : *D.* 1964, 185).

4) Les sommations sont nulles si elles sont faites par une autorité non revêtue des insignes de sa fonction (■ Cass. crim., 4 déc. 1903 : *D.* 1903, 1, 623).

5) L'acte de consommation du délit de participation à attroupement réside dans le simple fait pour le prévenu de ne pas avoir abandonné les lieux après cette première sommation ; il importe peu que le manifestant s'attribue des intentions pacifiques (■ Paris, 12 juill. 1972 : *D.* 1972, somm., 177).

6) Selon les dispositions de l'article 397-6 du Code de procédure pénale, la convocation par procès-verbal, prévue par l'article 394 du même code, n'est pas applicable en matière de délits politiques.

Constitue un tel délit, l'infraction de participation sans arme à un attroupement après sommation de se disperser, prévue et réprimée par l'article 431-4, premier alinéa, du Code pénal.

Doit être cassé l'arrêt ayant, d'une part, retenu que le seul fait de participer à une manifestation, interdite et organisée par un parti politique, ne conférait pas de caractère politique à cet événement, dès lors que l'objet de celle-ci était exclusif d'une volonté de remise en cause des institutions et des intérêts de la Nation, d'autre part, considéré que le maintien de la manifestation, nonobstant l'interdiction précitée, ne caractérisait qu'une désobéissance à une restriction, décidée par l'autorité publique dans le cadre de l'État de droit, à l'exercice d'une liberté (■ Cass. crim., 28 mars 2017, n° 15-84.940 : *Dr. pén.* 2017, comm. 104, note P. Conte ; *D.* 2017, p. 1233, note J. Pradel).

Art. 431-5 ***(Mod., L. n° 2010-201, 2 mars 2010).*** **– Le fait de participer à un attroupement en étant porteur d'une arme est puni de trois ans d'emprisonnement et de 45 000 € d'amende.**

Si la personne armée a continué volontairement à participer à un attroupement après les sommations, la peine est portée à cinq ans d'emprisonnement et à 75 000 € d'amende.

Si la personne armée dissimule volontairement en tout ou partie son visage afin de ne pas être identifiée, la peine est également portée à cinq ans d'emprisonnement et à 75 000 € d'amende.

La Cour de cassation a jugé, au sujet d'un couteau-poignard, que le délit de port d'arme dans un attroupement est constitué indépendamment de l'usage que le détenteur en a fait, ou auquel il a pu l'avoir destiné, et quand bien même la participation du prévenu à la manifestation n'aurait été que fortuite (■ Cass. crim., 26 janv. 1965 : *D.* 1965, 302).

Art. 431-6. – **La provocation directe à un attroupement armé, manifestée soit par des cris ou discours publics, soit par des écrits affichés ou distribués, soit par tout autre moyen de transmission de l'écrit, de la parole ou de l'image, est punie d'un an d'emprisonnement et de 15 000 € d'amende.**

Lorsque la provocation est suivie d'effet, la peine est portée à sept ans d'emprisonnement et à 100 000 € d'amende.

Art. 431-7 *(Mod., L. n° 2012-304, 6 mars 2012)*. – **I. – Les personnes physiques coupables de l'une des infractions prévues par les articles 431-5 et 431-6 encourent également les peines complémentaires suivantes :**

1° L'interdiction des droits civiques, civils et de famille, suivant les modalités prévues par l'article 131-26 ;

2° *(Abr., L. n° 2012-304, 6 mars 2012)* **;**

3° *(Abr., L. n° 2012-304, 6 mars 2012)* **;**

4° L'interdiction de séjour, suivant les modalités prévues par l'article 131-31.

II. – En cas de condamnation pour l'une des infractions prévues par les articles 431-5 et 431-6, le prononcé des peines complémentaires suivantes est obligatoire :

1° L'interdiction de détenir ou de porter, pour une durée de cinq ans au plus, une arme soumise à autorisation ;

2° La confiscation d'une ou de plusieurs armes dont le condamné est propriétaire ou dont il a la libre disposition.

Toutefois, la juridiction peut, par une décision spécialement motivée, décider de ne pas prononcer ces peines, en considération des circonstances de l'infraction et de la personnalité de son auteur.

Art. 431-8. – **L'interdiction du territoire français peut être prononcée dans les conditions prévues par l'article 131-30, soit à titre définitif, soit pour une durée de dix ans au plus, à l'encontre de tout étranger coupable de l'une des infractions définies aux articles 431-5 et 431-6.**

Section III. – Des manifestations illicites et de la participation délictueuse à une manifestation ou à une réunion publique

Art. 431-9. – **Est puni de six mois d'emprisonnement et de 7 500 € d'amende le fait :**

1° D'avoir organisé une manifestation sur la voie publique n'ayant pas fait l'objet d'une déclaration préalable dans les conditions fixées par la loi ;

2° D'avoir organisé une manifestation sur la voie publique ayant été interdite dans les conditions fixées par la loi ;

3° D'avoir établi une déclaration incomplète ou inexacte de nature à tromper sur l'objet ou les conditions de la manifestation projetée.

Bibliographie : *JCl. pén., Manifestations et réunions publiques* par J.-F. Dreville.

1) QPC. Non-lieu à renvoi au Conseil constitutionnel de la QPC visant l'alinéa 1 de l'article 431-9 (■ Cass. crim., 8 avr. 2014, n° 14-90.008).

2) Si l'existence d'un usage local dispense, selon l'article 1er du décret-loi du 23 octobre 1935, de la déclaration préalable aux réunions sur la voie publique, un tel usage, à le supposer établi, ne saurait priver l'autorité investie des pouvoirs de police de son droit d'interdire une manifestation contraire à l'ordre public ; ainsi, le préfet de police de Paris a pu interdire une manifestation sur la voie publique au motif qu'elle était contraire aux dispositions de l'article L. 630 du Code de la santé publique, en ce qu'elle constituait une incitation à braver l'interdiction légale de l'usage de stupéfiants (■ Cass. crim., 2 avr. 1998 : *Bull. crim.*, n° 130 ; *Dr. pénal* 1998, comm. 111, obs. M. Véron).

3) Dans des poursuites pour organisation d'une manifestation interdite, une cour d'appel, saisie par le prévenu d'une exception d'illégalité de l'arrêté ayant interdit la manifestation en application du décret-loi du 23 octobre 1935, apprécie souverainement si la mesure d'interdiction prise, constitutive d'une restriction à l'exercice du droit de manifester ses opinions et convictions, est justifiée, au regard des circonstances de la cause, par les risques pour l'ordre et la sécurité publics. Constitue le même délit de manifestation illicite, du point de vue de la récidive, l'organisation d'une manifestation sans déclaration préalable et l'organisation d'une manifestation ayant été interdite, infractions toutes deux prévues par l'article 431-9 du Code pénal (■ Cass. crim., 3 avr. 2001 : *Bull. crim.*, n° 89).

4) Constitue une manifestation, au sens et pour l'application des articles L. 211-1 du Code de la sécurité intérieure et 431-9 du Code pénal, tout rassemblement, statique ou mobile, sur la voie publique d'un groupe organisé de personnes aux fins d'exprimer collectivement et publiquement une opinion ou une volonté commune.

Méconnaît ces textes et principe, en ajoutant à la loi des conditions qu'elle ne prévoit pas quant aux modalités matérielles d'expression des buts de la manifestation, la cour d'appel qui, pour entrer en voie de relaxe du chef d'organisation de manifestation sans déclaration préalable, retient que l'opération de distribution de tracts syndicaux à une barrière de péage d'autoroute par une centaine de militants, que le prévenu avait organisée sans l'avoir préalablement déclarée, ne constituait pas une manifestation, en l'absence d'utilisation de banderoles ou de drapeaux, ou de discours proférés à l'aide d'une sonorisation (■ Cass. crim., 9 févr. 2016, n° 14-82.234 : *JCP* 2016, 465, note P. Collet ; *Dr. pén.* 2016, comm. 74, obs. P. Comte).

Art. 431-10. – Le fait de participer à une manifestation ou à une réunion publique en étant porteur d'une arme est puni de trois ans d'emprisonnement et de 45 000 € d'amende.

Art. 431-11 *(Mod., L. n° 2012-304, 6 mars 2012)*. **– I. – Les personnes physiques coupables de l'infraction prévue par l'article 431-10 encourent également les peines complémentaires suivantes :**

1° L'interdiction des droits civiques, civils et de famille, suivant les modalités prévues par l'article 131-26 ;

2° *(Abr., L. n° 2012-304, 6 mars 2012)* **;**

3° *(Abr., L. n° 2012-304, 6 mars 2012)* **;**

4° L'interdiction de séjour, suivant les modalités prévues par l'article 131-31.

II. – En cas de condamnation pour l'infraction prévue à l'article 431-10, le prononcé des peines complémentaires suivantes est obligatoire :

1° L'interdiction de détenir ou de porter, pour une durée de cinq ans au plus, une arme soumise à autorisation ;

2° La confiscation d'une ou de plusieurs armes dont le condamné est propriétaire ou dont il a la libre disposition.

Toutefois, la juridiction peut, par une décision spécialement motivée, décider de ne pas prononcer ces peines, en considération des circonstances de l'infraction et de la personnalité de son auteur.

Art. 431-12. – L'interdiction du territoire français peut être prononcée dans les conditions prévues par l'article 131-30, soit à titre définitif, soit pour une durée de dix ans au plus, à l'encontre de tout étranger coupable de l'infraction définie à l'article 431-10.

Section IV. – Des groupes de combat et des mouvements dissous

Voir : CSI art. L. 212-1, p. 822.

Art. 431-13. – Constitue un groupe de combat, en dehors des cas prévus par la loi, tout groupement de personnes détenant ou ayant accès à des armes, doté d'une organisation hiérarchisée et susceptible de troubler l'ordre public.

Bibliographie : *JCl. pén., Groupes de combat et mouvements dissous* par H. Angevin.

Art. 431-14. – Le fait de participer à un groupe de combat est puni de trois ans d'emprisonnement et de 45 000 € d'amende.

Art. 431-15. – Le fait de participer au maintien ou à la reconstitution, ouverte ou déguisée, d'une association ou d'un groupement dissous en application de la loi du 10 janvier 1936 sur les groupes de combat et les milices privées est puni de trois ans d'emprisonnement et de 45 000 € d'amende.

Lorsque l'association ou le groupement maintenu ou reconstitué est un groupe de combat au sens de l'article 431-14, la peine est portée à cinq ans d'emprisonnement et à 75 000 € d'amende.

Art. 431-16. – Le fait d'organiser un groupe de combat est puni de cinq ans d'emprisonnement et de 75 000 € d'amende.

Art. 431-17. – **Le fait d'organiser le maintien ou la reconstitution, ouverte ou déguisée, d'un groupe de combat dissous en application de la loi du 10 janvier 1936 précitée est puni de sept ans d'emprisonnement et de 100 000 € d'amende.**

Art. 431-18. – **Les personnes physiques coupables des infractions prévues par la présente section encourent également les peines complémentaires suivantes :**

1° L'interdiction des droits civiques, civils et de famille, suivant les modalités prévues par l'article 131-26 ;

2° La diffusion intégrale ou partielle de la décision ou d'un communiqué informant le public des motifs et du dispositif de celle-ci, dans les conditions prévues par l'article 221-10 ;

3° L'interdiction de séjour, suivant les modalités prévues par l'article 131-31.

Art. 431-19 *(Mod., L. n° 2003-1119, 26 nov. 2003).* – **L'interdiction du territoire français peut être prononcée dans les conditions prévues par l'article 131-30, soit à titre définitif, soit pour une durée de dix ans au plus, à l'encontre de tout étranger coupable de l'une des infractions définies à la présente section.**

Art. 431-20. – *(L. n° 2009-526, 12 mai 2009)* **Les personnes morales déclarées responsables pénalement, dans les conditions prévues par l'article 121-2, des infractions définies à la présente section encourent, outre l'amende suivant les modalités prévues par l'article 131-38, les peines prévues par l'article 131-39.**

L'interdiction mentionnée au 2° de l'article 131-39 porte sur l'activité dans l'exercice ou à l'occasion de l'exercice de laquelle l'infraction a été commise.

Art. 431-21. – **Les personnes physiques ou morales coupables des infractions prévues par la présente section encourent également les peines suivantes :**

1° La confiscation des biens mobiliers et immobiliers appartenant à ou utilisés par le groupe de combat ou l'association ou le groupement maintenu ou reconstitué ;

2° La confiscation des uniformes, insignes, emblèmes, armes et tous matériels utilisés ou destinés à être utilisés par le groupe de combat ou par l'association ou le groupement maintenu ou reconstitué.

Section V. – De l'intrusion dans un établissement d'enseignement scolaire

(L. n° 2010-201, 2 mars 2010)

Art. 431-22 *(L. n° 2010-201, 2 mars 2010).* – **Le fait de pénétrer ou de se maintenir dans l'enceinte d'un établissement d'enseignement scolaire sans y être habilité en vertu de dispositions législatives ou réglementaires ou y avoir été autorisé par les autorités compétentes, dans le but de troubler la tranquillité ou le bon ordre de l'établissement, est puni d'un an d'emprisonnement et de 7 500 € d'amende.**

Bibliographie : *JCl. pén., Intrusion dans un établissement d'enseignement scolaire*, par J.-F. Dreuille.

L'article 431-22 du Code pénal vise le fait de pénétrer ou de se maintenir dans l'enceinte d'un établissement d'enseignement scolaire sans y être habilité ou y avoir été autorisé par les autorités compétentes, dans le but de troubler la tranquillité ou le bon ordre de l'établissement.

Selon l'article 1er du décret n° 2009-1533 du 10 décembre 2009 et l'article 1er du décret n° 2012-715 du 7 mai 2012, l'École normale supérieure de Lyon, établissement d'enseignement supérieur, constitue un établissement public à caractère scientifique, culturel et professionnel au sens de l'article L. 711-1 du Code de l'éducation, et non un établissement scolaire au sens du Livre IV dudit code.

En conséquence, encourt la cassation l'arrêt d'une cour d'appel qui, pour condamner du chef d'intrusion dans un établissement d'enseignement scolaire un prévenu ayant pénétré et s'étant maintenu indûment dans l'enceinte de l'École normale supérieure de Lyon, énonce que cette institution, même qualifiée sur le plan administratif d'établissement public à caractère scientifique et culturel, n'en demeure pas moins un établissement scolaire (■ Cass. crim., 11 déc. 2012, nos 11-88.431 et 11-84.304, (deux arrêts) : *Bull. crim.*, n° 272 ; *Dr. pénal* 2013, comm. 19, obs. M. Véron).

Art. 431-23 *(L. n° 2010-201, 2 mars 2010).* – **Lorsque le délit prévu à l'article 431-22 est commis en réunion, les peines sont portées à trois ans d'emprisonnement et 45 000 € d'amende.**

Art. 431-24 *(L. n° 2010-201, 2 mars 2010)*. – Lorsque le délit prévu à l'article 431-22 est commis par une personne porteuse d'une arme, les peines sont portées à trois ans d'emprisonnement et 45 000 € d'amende.

Art. 431-25 *(L. n° 2010-201, 2 mars 2010)*. – Lorsque le délit prévu à l'article 431-22 est commis en réunion par une personne porteuse d'une arme, les peines sont portées à cinq ans d'emprisonnement et 75 000 € d'amende.

Art. 431-26 *(L. n° 2010-201, 2 mars 2010 ; L. n° 2012-304, 6 mars 2012)*. – I. – Les personnes physiques coupables de l'une des infractions prévues par la présente section encourent également les peines complémentaires suivantes :

1° L'interdiction des droits civiques, civils et de famille, suivant les modalités prévues par l'article 131-26 ;

2° L'interdiction de détenir ou de porter, pour une durée de cinq ans au plus, une arme soumise à autorisation ;

3° Une peine de travail d'intérêt général ;

4° La confiscation d'une ou de plusieurs armes dont le condamné est propriétaire ou dont il a la libre disposition ;

5° L'interdiction de séjour, suivant les modalités prévues par l'article 131-31.

II. – En cas de condamnation pour les délits prévus aux articles 431-24 et 431-25, le prononcé de la peine complémentaire prévue aux 2° et 4° du I est obligatoire et la durée de l'interdiction est portée à dix ans au plus.

Toutefois, la juridiction peut, par une décision spécialement motivée, décider de ne pas prononcer ces peines, en considération des circonstances de l'infraction et de la personnalité de son auteur.

Art. 431-27 *(L. n° 2010-201, 2 mars 2010)*. – L'interdiction du territoire français peut être prononcée dans les conditions prévues par l'article 131-30, soit à titre définitif, soit pour une durée de dix ans au plus, à l'encontre de tout étranger coupable de l'infraction définie à l'article 431-25.

Section VI. – De l'introduction d'armes dans un établissement scolaire

(L. n° 2010-201, 2 mars 2010)

Art. 431-28 *(Abr., L. n° 2016-731, 3 juin 2016)*.

Bibliographie : *JCl. pénal, Introduction d'armes dans un établissement scolaire*, par J.-F. Dreuille.

Section VII. – De la distribution d'argent à des fins publicitaires sur la voie publique

(L. n° 2011-267, 14 mars 2011)

Art. 431-29 *(L. n° 2011-267, 14 mars 2011)*. – La distribution sur la voie publique, à des fins publicitaires, de pièces de monnaie ou de billets de banque ayant cours légal est puni de six mois d'emprisonnement et 30 000 € d'amende.

Le fait d'annoncer publiquement, par tout moyen, qu'il sera procédé sur la voie publique, à des fins publicitaires, à la distribution de pièces de monnaie ou de billets de banque ayant cours légal est punie de trois mois d'emprisonnement et 15 000 € d'amende.

Dans le cas prévu par le premier alinéa, la peine d'amende peut être portée au double des sommes ayant été distribuées.

Art. 431-30 *(L. n° 2011-267, 14 mars 2011)*. – Les personnes morales déclarées responsables pénalement, dans les conditions prévues par l'article 121-2, des infractions définies à la présente section encourent, outre l'amende suivant les modalités prévues par l'article 131-38, la peine d'affichage de la décision prononcée ou de diffusion de celle-ci soit par la presse écrite, soit par tout moyen de communication au public par voie électronique.

Bibliographie : *JCl. pén., Distribution d'argent à des fins publicitaires sur la voie publique*, par N. Rias.

CHAPITRE II. – DES ATTEINTES À L'ADMINISTRATION PUBLIQUE COMMISES PAR DES PERSONNES EXERÇANT UNE FONCTION PUBLIQUE

Section I. – Des abus d'autorité dirigés contre l'administration

Art. 432-1. – Le fait, par une personne dépositaire de l'autorité publique, agissant dans l'exercice de ses fonctions, de prendre des mesures destinées à faire échec à l'exécution de la loi est puni de cinq ans d'emprisonnement et de 75 000 € d'amende.

Bibliographie : *JCl. pén., Mesures destinées à faire échec à l'exécution de la loi* par A. Vitu, actualisé par C. Ribeyre.

1) QPC. – Non-lieu à renvoi au Conseil constitutionnel de la question visant l'article 432-1 du Code pénal dont les termes précis et dépourvus d'ambiguïté ne portent pas atteinte au principe de légalité des délits et des peines (■ Cass. crim., 11 juill. 2012, n° 11-88.664 QPC : *Dr. pénal* 2012, comm. 128, obs. M. Véron).

– Non-lieu à renvoi au conseil constitutionnel de la question faisant grief à l'article 432-1 du Code pénal de ne pas préciser si, pour son application, la « loi » doit être entendue au sens matériel ou au sens formel, dès lors qu'il résulte du texte même de l'article 432-1 du Code pénal que celui-ci ne réprime que la prise de mesures destinées à faire échec à l'exécution d'une loi, ce qui correspond à la prévention retenue contre le demandeur qui est prévenu d'avoir pris les mesures destinées à faire échec à l'application d'un article législatif du Code de procédure pénale (■ Cass. crim., 4 sept. 2012, n° 12-80.081, QPC : *Dr. pénal* 2012, comm. 140, obs. M. Véron).

2) Il a été jugé que l'expression « dépositaire de l'autorité publique » était équivalente à celle de citoyen chargé d'un ministère de service public et permettait d'appliquer l'article 123 à un percepteur et à des commis des contributions directes auxquels il était imputé d'avoir entraîné leurs collègues à faire grève et à manifester dans la cour du ministère des Finances (■ T. corr. Seine, 4 déc. 1934 : *DP* 1935, 2, 57, note Waline ; sur la critique de cette solution, V. Vitu et Dardel, *op. cit.*, n° 12 à 16).

3) Les articles 432-1 et 432-2 du Code pénal, qui ne concernent que les abus d'autorité commis au préjudice de l'Administration, ne sauraient autoriser une personne privée, fût-ce un syndicat, à engager l'action civile et à mettre ainsi en mouvement l'action publique, alors que l'exercice de cette dernière action est réservé, en pareille hypothèse, au ministère public, s'agissant manifestement de la seule défense des intérêts de l'État (■ Paris, 19 juin 1996 : *Dr. pénal* 1996, comm. 244, obs. M. Véron).

4) L'inertie des successeurs de ceux qui ont pris la mesure litigieuse ne peut être assimilée aux mesures positives d'abus d'autorité seules sanctionnées par la loi (■ Cass. crim., 19 févr. 2003 : *Dr. pénal* 2003, comm. 93, obs. M. Véron ; *JurisData* n° 018394).

5) Justifie sa décision la cour d'appel qui, pour déclarer établi le délit prévu par l'article 432-1 du Code pénal, retient que le prévenu, en sa qualité de maire, a fait échec à l'application de l'article 21-2 du Code de procédure pénale en donnant l'ordre à des policiers municipaux placés sous son autorité de ne pas rendre compte à l'officier de police judiciaire compétent d'un délit commis sur le territoire de la commune peu importe que l'interpellation de la personne mise en cause pour ce délit ait eu lieu dans une commune voisine (■ Cass. crim., 5 févr. 2013, n° 12-80.081 : *Bull. crim.*, n° 34 ; *Dr. pénal* 2013, comm. 54, obs. M. Véron).

6) Justifie sa décision la cour d'appel qui, pour déclarer établi le délit prévu par l'article 432-1 du Code pénal, retient que le prévenu, en sa qualité de maire, a fait échec à l'application des articles 21 du Code de procédure pénale et L. 511-1 du Code de la sécurité intérieure, en donnant des instructions à des policiers municipaux placés sous son autorité, de ne pas constater certaines contraventions qu'il leur appartenait cependant de relever dans le cadre de leur mission d'agents de police judiciaire adjoints, qu'ils exercent sous la seule autorité du procureur de la République (■ Cass. crim., 21 mars 2018, n° 17-81.011).

Art. 432-2. – L'infraction prévue à l'article 432-1 est punie de dix ans d'emprisonnement et de 150 000 € d'amende si elle a été suivie d'effet.

Art. 432-3. – Le fait, par une personne dépositaire de l'autorité publique ou chargée d'une mission de service public ou par une personne investie d'un mandat électif public, ayant été officiellement informée de

la décision ou de la circonstance mettant fin à ses fonctions, de continuer à les exercer, est puni de deux ans d'emprisonnement et de 30 000 € d'amende.

Bibliographie : *JCl. pén., Exercice de l'autorité publique illégalement prolongé* par A. Vitu actualisé par C. Ribeyre.

1) L'exercice illégal peut résulter soit de l'accomplissement d'actes normaux de la fonction (■ Cass. crim., 26 févr. 1948 : *Bull. crim.*, n° 66), soit de gestes de protestation ou de violence accomplis en la qualité ancienne (■ Cass. crim., 12 mai 1894 : *Bull. crim.*, n° 132).

2) L'article 432-3 du Code pénal punit celui qui, chargé d'une mission de service public, continue à l'exercer alors qu'il a été officiellement informé de la décision ou de la circonstance mettant fin à ses fonctions. Justifie sa décision, la cour d'appel qui, pour relaxer le secrétaire général d'une chambre des métiers poursuivi de ce chef, retient que, s'il a été informé d'un jugement du tribunal administratif annulant la révocation du précédent secrétaire général, le second jugement ordonnant la réintégration de celui-ci et annulant la nomination de son successeur, n'a été notifié que postérieurement à la période visée à la prévention (■ Cass. crim., 5 avr. 2005 : *Bull. crim.*, n° 117).

Section II. – Des abus d'autorité commis contre les particuliers

§ 1. – Des atteintes à la liberté individuelle

Art. 432-4. – Le fait, par une personne dépositaire de l'autorité publique ou chargée d'une mission de service public, agissant dans l'exercice ou à l'occasion de l'exercice de ses fonctions ou de sa mission, d'ordonner ou d'accomplir arbitrairement un acte attentatoire à la liberté individuelle est puni de sept ans d'emprisonnement et de 100 000 € d'amende.

Lorsque l'acte attentatoire consiste en une détention ou une rétention d'une durée de plus de sept jours, la peine est portée à trente ans de réclusion criminelle et à 450 000 € d'amende.

Bibliographie : *JCl. pén., Atteintes à la liberté individuelle par des personnes exerçant une fonction publique* par A. Vitu, actualisé par D. Guérin.

1) L'article 114 du Code pénal est applicable à des commissaires de police (■ Cass. crim., 25 nov. 1882 : S. 84, 1, 451), à des gardes champêtres et forestiers (■ Cass. crim., 25 mai 1827 : *Bull. crim.*, n° 122), à des agents de police (■ Cass. crim., 23 juin 1892 : *D.* 93, 1, 297), à des agents des douanes (■ Cass. 1re civ., 20 nov. 1963 : *D.* 1964, 446, note Ruzié ; *JCP* 64, II, 13774, note Escande) et même à tout préposé à un service public (■ Cass. crim., 4 déc. 1862 : S. 63, 1, 51). L'article 114 est inapplicable si le fonctionnaire a agi dans un intérêt privé et pour satisfaire ses passions personnelles (■ Cass. crim., 23 juin 1892, préc.).

2) L'attentat à la liberté individuelle peut résulter d'une simple arrestation, indépendamment de toute détention ultérieure (■ Paris, 8 mai 1946 : *D.* 1946, 316) ; lorsqu'il y a détention, peu importe la durée de celle-ci (■ Cass. crim., 5 janv. 1973 : *D.* 1973, 541, note Roujou de Boubée).

3) L'article 432-4 du Code pénal incrimine, au titre des atteintes à la liberté individuelle, les seuls actes d'arrestation, de détention ou rétention arbitraires commis par des fonctionnaires publics. Les litiges relatifs aux conditions matérielles d'exécution de la rétention des étrangers en instance d'éloignement prévue par l'article 35 *bis* de l'ordonnance du 2 novembre 1945 ressortissent à la compétence des juridictions administratives (■ T. confl. 25 avr. 1994 : *D.* 1994, 389, concl. Abraham, note Didier ; *Gaz. Pal.* 25 août 1994, note Petit).

4) Ne constitue pas un acte attentatoire à la liberté, le fait par des agents des douanes de procéder, en utilisant la clef trouvée au bureau du prévenu, en la présence de celui-ci, à l'ouverture du coffre loué par lui dans une banque sans qu'un procès-verbal de saisie de la clef fut établi (■ Cass. crim., 18 févr. 1992 : *Dr. pénal* 1992, n° 251).

5) Constitue le délit prévu par l'article 432-4 du Code pénal, le fait pour un dépositaire de l'autorité publique, dans l'exercice ou à l'occasion de l'exercice de ses fonctions, d'avoir, à la suite d'un contrôle initié sur le fondement de l'article 60 du Code des douanes, décidé de retenir la personne contrôlée en s'affranchissant des règles en matière de retenue douanière, et ce faisant commis un acte arbitraire, attentatoire à la liberté de celle-ci (■ Cass. crim., 8 févr. 2012, n° 11-81.259 : *Bull. crim.*, n° 38 ; *AJP* 2012, p. 291, note G. Rousset). Il en est de même lorsque le prévenu, officier de gendarmerie, a fait conduire et retenir pendant plusieurs heures une personne dans des locaux dépendant de son autorité, en connaissance de l'absence de fondement légal de la mesure (■ Cass. crim., 24 mai 2016, n° 15-80.848).

6) L'article 432-4 du Code pénal réprime les seules atteintes à la liberté d'aller et venir commises par des personnes dépositaires de l'autorité publique ou chargées d'une mission de service public. Par suite, encourt la cassation l'arrêt qui condamne de ce chef un maire qui a fermé la vanne de raccordement d'eau alimentant une habitation non conforme au permis de construire délivré, en retenant que « les plaignants en étant privés de l'élément aussi essentiel à la vie quotidienne qu'à la poursuite de travaux de construction qu'était l'eau, ont été empêchés de s'installer physiquement sur le territoire de la commune » (■ Cass. crim., 14 sept. 2004 : *Bull. crim.*, n° 204 ; *Dr. pénal* 2004, comm. 170, obs. M. Véron).

7) L'article 432-4 du Code pénal incrimine au titre des atteintes à la liberté individuelle, les seuls actes d'arrestation, de détention ou de rétention arbitraires commis par des fonctionnaires publics.

Est donc justifiée la décision de refus d'informer sur une plainte avec constitution de partie civile du chef d'acte attentatoire à la liberté individuelle consistant en une expropriation à vil prix d'une maison au profit d'une société d'économie mixte (■ Cass. crim., 8 nov. 2011 : *Dr. pén.* 2012, comm. 16, obs. M. Véron).

8) Il n'est pas porté atteinte à la règle *non bis in idem* par des poursuites concomitantes relatives à une même action des chefs de violences par une personne dépositaire de l'autorité publique et d'actes attentatoires à la liberté individuelle (■ Cass. crim., 21 avr. 1998 : *Bull. crim.*, n° 140).

Art. 432-5. – Le fait, par une personne dépositaire de l'autorité publique ou chargée d'une mission de service public ayant eu connaissance, dans l'exercice ou à l'occasion de l'exercice de ses fonctions ou de sa mission, d'une privation de liberté illégale, de s'abstenir volontairement soit d'y mettre fin si elle en a le pouvoir, soit, dans le cas contraire, de provoquer l'intervention d'une autorité compétente, est puni de trois ans d'emprisonnement et de 45 000 € d'amende.

Le fait, par une personne visée à l'alinéa précédent ayant eu connaissance, dans l'exercice ou à l'occasion de l'exercice de ses fonctions ou de sa mission, d'une privation de liberté dont l'illégalité est alléguée, de s'abstenir volontairement soit de procéder aux vérifications nécessaires si elle en a le pouvoir, soit, dans le cas contraire, de transmettre la réclamation à une autorité compétente, est puni d'un an d'emprisonnement et de 15 000 € d'amende lorsque la privation de liberté, reconnue illégale, s'est poursuivie.

Art. 432-6. – Le fait, par un agent de l'administration pénitentiaire, de recevoir ou retenir une personne sans mandat, jugement ou ordre d'écrou établi conformément à la loi, ou de prolonger indûment la durée d'une détention, est puni de deux ans d'emprisonnement et de 30 000 € d'amende.

Voir : anc. art. 120, C. pén.

§ 2. – Des discriminations

Art. 432-7 ***(Mod., L. n° 2004-204, 9 mars 2004 ; L. n° 2012-954, 6 août 2012).*** **– La discrimination définie aux articles 225-1 et 225-1-1, commise à l'égard d'une personne physique ou morale par une personne dépositaire de l'autorité publique ou chargée d'une mission de service public, dans l'exercice ou à l'occasion de l'exercice de ses fonctions ou de sa mission, est punie de cinq ans d'emprisonnement et de 75 000 € d'amende :**

1° À refuser le bénéfice d'un droit accordé par la loi ;

2° À entraver l'exercice normal d'une activité économique quelconque.

Bibliographie : *JCl. pén., Discriminations par des personnes exerçant une fonction publique* par J. Lasserre-Capdeville.

1) Ne commet pas un abus d'autorité et n'est pas coupable du délit de refus de prestation pour discrimination raciale le maire qui interdit pour des motifs de sécurité et non en raison de leur origine l'occupation d'un foyer d'hébergement à des ouvriers étrangers (■ Paris, 11e Ch. B, 1er juin 1989 : *JurisData* n° 024476).

2) Justifie sa décision la cour d'appel qui, pour relaxer des conseillers municipaux, poursuivis du chef de discrimination à raison d'une délibération du conseil municipal refusant un service, retient que cette délibération a été prise par un organe collégial de la commune et ne peut être en conséquence imputée à ceux des conseillers ayant exprimé un vote favorable (■ Cass. crim., 11 mai 1999 : *Bull. crim.*, n° 93 ; *Rev. sc. crim.* 2000, 197, note Y. Mayaud).

3) L'article 432-7 du Code pénal ne réprime la discrimination définie à l'article 225-1 dudit code, commise à l'égard d'une personne physique ou morale par une personne dépositaire de l'autorité publique ou chargée d'une mission de service public, que lorsqu'elle consiste à refuser le bénéfice d'un droit accordé par la loi ou à entraver l'exercice normal d'une activité économique ; en l'espèce, doit être approuvé l'arrêt qui énonce qu'un candidat ayant échoué à un concours, en raison, selon lui, de ses idées politiques, ne peut légitimement revendiquer que le seul droit de s'y présenter, lequel n'implique pas celui d'être admis, la notation des copies anonymes relevant de l'appréciation souveraine des examinateurs (■ Cass. crim., 24 mars 1998 : *Bull. crim.*, n° 108 ; *Dr. pénal* 1998, comm. 95, obs. M. Véron).

4) Le fait de devoir s'affilier aux régimes obligatoires de sécurité sociale, en l'espèce pour un médecin à la Caisse nationale d'assurance vieillesse des professions libérales, ne saurait constituer une discrimination au sens de l'article 432-7 du Code pénal ; le monopole consacré par le droit interne en matière d'assurances sociales n'est pas incompatible avec la réglementation communautaire (■ Cass. crim., 24 nov. 1998 : *Bull. crim.*, n° 311 ; *JurisData* n° 005081 ; *Dr. pénal* 1999, comm. 52, obs. M. Véron).

5) La vente d'un bien immobilier par un particulier à un autre ne caractérise pas l'exercice d'une activité économique au sens de l'article 432-7, 2° du Code pénal. Encourt dès lors la cassation l'arrêt qui déclare coupable de discrimination économique par personne dépositaire de l'autorité publique, le maire d'une commune qui a fait pression sur le vendeur d'un terrain pour qu'il renonce à vendre ce bien à un acquéreur en raison de l'appartenance de celui-ci à la communauté des gens du voyage (■ Cass. crim., 24 mai 2005 : *Bull. crim.*, n° 151 ; *Dr. pénal* 2005, comm. 120, obs. M. Véron).

– Et, sur renvoi après cassation dans cette même affaire, justifie sa décision la cour d'appel qui requalifie les faits en complicité de discrimination par refus de fourniture d'un bien en raison de **l'appartenance à une ethnie**. Il n'importe que seul le complice ait été poursuivi, dès lors que le fait principal est punissable (■ Cass. crim., 28 nov. 2006 : *Bull. crim.*, n° 294 ; *Dr. pénal* 2007, comm. 31, obs. M. Véron ; *Rev. sc. crim.* 2007, p. 79, n° 2, obs. Y. Mayaud).

6) Le délit de discrimination prévu à l'article 432-7 du Code pénal suppose, dans le premier cas visé par cet article, le **refus du bénéfice d'un droit accordé par la loi**.

Encourt dès lors la cassation l'arrêt d'une cour d'appel qui, pour dire coupable du délit défini par l'article 432-7, 1° du Code pénal le maire d'une commune auquel il était reproché d'avoir fait obstacle à la vente d'un bien immobilier situé dans ladite commune en exerçant de façon abusive le droit de préemption lui ayant été délégué, retient que le prévenu, en raison de la consonance du nom des acheteurs laissant supposer leur origine étrangère ou leur appartenance à l'islam, leur a refusé le droit d'acquérir la propriété d'un immeuble et de fixer librement le lieu de leur résidence.

En effet, la loi pénale étant d'interprétation stricte, l'exercice du droit de préemption délégué au maire d'une commune en application de l'article L. 2122-22 du Code général des collectivités territoriales ne saurait, même s'il est abusif, constituer le refus du bénéfice d'un droit accordé par la loi au sens dudit article 432-7 (■ Cass. crim., 17 juin 2008 : *Bull. crim.*, n° 148 ; pourvoi n° 07-81.666 ; *Dr. pénal* 2008, comm. 125, obs. M. Véron).

7) Justifie sa décision la cour d'appel qui, pour déclarer un maire coupable du délit de discrimination en raison de **l'appartenance religieuse**, retient qu'il résulte des propos tenus par celui-ci, lors d'une réunion du conseil municipal, qu'il a privé une élue de l'exercice de son droit de parole en raison du port par cette dernière d'un insigne symbolisant son appartenance à la religion chrétienne, qu'il n'est nullement établi qu'en l'espèce, le port d'une croix ait été un facteur de trouble susceptible de justifier que le maire, usant de son pouvoir de police, la prive de son droit à s'exprimer et qu'aucune disposition législative, nécessaire en vertu de l'article 9 de la Convention européenne des droits de l'homme, pour que des restrictions soient apportées à la liberté de manifester sa religion ou ses convictions, ne permet au maire d'une commune, dans le cadre des réunions du conseil municipal, lieu de débats et de confrontations d'idées, d'interdire aux élus de manifester publiquement, notamment par le port d'un insigne, leur appartenance religieuse (■ Cass. crim., 1er sept. 2010 : *Bull. crim.* n° 127 ; *Dr. pén.* 2010, comm. 135, obs. M. Véron ; *D.* 2010, p. 2624, note S. Detraz ; *JCP* 2010, note 1208, E. Dreyer ; *Rev. sc. crim.* 2010, p. 853, obs. Y. Mayaud).

8) Jugé que commet le délit un maire qui refuse de procéder au mariage d'un couple de personnes de sexes opposés, mais dont l'une était une transsexuelle (■ Papeete, 1er sept. 2011 : *JurisData* n° 2011-021235 ; *JCP* 2011, note 1132, p. 1873, P. Gourdon).

9) Le délit de discrimination prévu à l'article 432-7 du Code pénal suppose, dans le premier cas visé par cet article, le refus du bénéfice d'un droit accordé par la loi. Encourt dès lors la cassation l'arrêt d'une cour d'appel qui, pour dire coupable du délit défini par l'article 432-7 1° du

Code pénal le maire d'une commune auquel il était reproché d'avoir fait obstacle à la vente de biens immobiliers situés dans ladite commune en exerçant de façon abusive le droit de préemption lui ayant été délégué, retient que le prévenu, bien qu'arguant agir au nom d'une politique de mixité sociale, de réhabilitation d'immeubles insalubres et de relogement, a refusé la possibilité à certaines personnes dont les noms avaient une consonance étrangère d'user du droit qu'elles avaient acquis, en signant un compromis de vente, d'être propriétaire d'un bien immobilier. En effet, la loi pénale étant d'interprétation stricte, l'exercice du droit de préemption délégué au maire d'une commune en application de l'article L. 2122-22 du Code général des collectivités territoriales ne saurait, même s'il est abusif, constituer le refus du bénéfice d'un droit accordé par la loi au sens dudit article 432-7 (■ Cass. crim., 21 juin 2011, n° 10-85.641 : *Bull. crim.*, n° 143 ; *D.* 2011, act. p. 1821, note M. Blombled ; *Gaz. Pal.* 14-18 août 2011, jurispr. p. 11, note, J. Lasserre-Capdeville et L. Mourey ; *Dr. pén.* 2011, note 1205 ; *Rev. sc. crim.* 2012, p. 147, obs. C. Mascala).

§ 3. – Des atteintes à l'inviolabilité du domicile

Art. 432-8. – Le fait, par une personne dépositaire de l'autorité publique ou chargée d'une mission de service public, agissant dans l'exercice ou à l'occasion de l'exercice de ses fonctions ou de sa mission, de s'introduire ou de tenter de s'introduire dans le domicile d'autrui contre le gré de celui-ci hors les cas prévus par la loi est puni de deux ans d'emprisonnement et de 30 000 € d'amende.

Bibliographie : *JCl. pén., Atteintes à l'inviolabilité du domicile par des personnes exerçant une fonction publique* par H. Matsopoulou.

1) Il a été jugé que le délit était constitué à l'encontre d'un maire, bien que l'occupant n'ait pas opposé de résistance, dès lors que, d'après l'appréciation souveraine des juges du fond, l'attitude passive qu'il a gardée doit être expliquée par la crainte qu'il a nécessairement éprouvée d'être mis en état d'arrestation s'il refusait de laisser opérer la perquisition (■ Cass. crim., 25 juin 1909 : *S.*1912, 1, 541).

2) De même ne peut-on considérer qu'il y a consentement en cas d'absence de l'occupant des lieux, ainsi lorsqu'un maire fait ouvrir la porte d'un logement par un serrurier alors que le détenteur des clés refusait de les lui livrer (■ Cass. crim., 1er mars 1890 : *D.* 90, 1, 334).

3) L'huissier de justice chargé de l'exécution d'une décision judiciaire, lorsqu'il se trouve en présence d'une résistance, doit requérir l'assistance de la force publique, faute de quoi en pénétrant dans de telles circonstances dans un domicile, il se rendrait coupable du délit prévu par l'article 184 du Code pénal (■ Cass. crim., 3 févr. 1972 : *D.* 1972, 185, rapp. Chapar ; *Rev. sc. crim.* 1972, 612, obs. Levasseur). Lorsque l'huissier se trouve simplement devant une porte close mais qu'il n'y a pas de résistance active, le fait pour lui de s'introduire en profitant d'une fenêtre ouverte ne constitue pas une violation de domicile (■ Cass. ass. plén., 16 déc. 1974 : *JCP* 75, II, 17962, note Lindon ; *Rev. sc. crim.* 1975, 146, obs. Levasseur). Lorsqu'il est accompagné par un commissaire de police, l'huissier régulièrement commis peut pénétrer, au besoin par la force, au domicile d'un citoyen pour accomplir sa mission (■ Cass. crim., 12 juill. 1972 : *D.* 1972, 753).

4) Il a été jugé qu'était exclusive de toute intention délictuelle l'introduction de policiers dans le bureau privé d'une association afin d'interpeller un étranger objet d'un arrêté d'expulsion mentionnant le caractère d'urgence, dès lors que les agissements des prévenus ne pouvaient impliquer qu'ils aient eu conscience, au cours de leur mission, qu'ils pénétraient dans un local privé et que celui d'entre eux qui avait commandé l'opération, sans participer au déroulement des faits, n'était pas en mesure de prendre les dispositions de nature à arrêter à temps l'entrée dans ce local (■ Cass. crim., 19 oct. 1982 : *Gaz. Pal.* 1983, 1, Pan. 96).

5) Il ressort de l'article 78-2-1 du Code de procédure pénale que, sur réquisitions écrites du procureur de la République précisant les infractions aux articles L. 324-9 et L. 341-6 du Code du travail qu'il entend faire rechercher, les officiers et, sous leur ordre ou responsabilité, les agents de police judiciaire sont habilités à entrer dans les lieux à usage professionnel ainsi que dans leurs annexes et dépendances, sauf s'ils constituent un domicile, aux fins de contrôle ; est à bon droit déclaré régulier par la chambre de l'instruction, au regard des dispositions précitées, le contrôle d'identité des membres d'un orchestre qui a été pratiqué dans les couloirs et lieux de passage séparant la salle de spectacle de la loge des artistes et constituant les annexes de ladite salle ; n'est pas légalement justifiée, en revanche, la décision de la même juridiction qui annule le contrôle effectué dans la loge du chef d'orchestre, également gérant de la société à l'initiative de laquelle a eu lieu le spectacle, en retenant que ce lieu d'intimité constitue un domicile, alors qu'en l'état des seules constatations et énonciations de l'arrêt, ne pouvait être qualifiée de domicile la loge mise provisoirement, le temps d'un spectacle à la disposition de son organisateur, fut-il chef d'orchestre (■ Cass. crim., 6 déc. 2005 : *Bull. crim.*, n° 315).

§ 4. - Des atteintes au secret des correspondances

Art. 432-9. – Le fait, par une personne dépositaire de l'autorité publique ou chargée d'une mission de service public, agissant dans l'exercice ou à l'occasion de l'exercice de ses fonctions ou de sa mission, d'ordonner, de commettre ou de faciliter, hors les cas prévus par la loi, le détournement, la suppression ou l'ouverture de correspondances ou la révélation du contenu de ces correspondances, est puni de trois ans d'emprisonnement et de 45 000 € d'amende.

Est puni des mêmes peines le fait, par une personne visée à l'alinéa précédent ou un agent *(L. n° 2004-669, 9 juill. 2004)* « d'un exploitant de réseaux ouverts au public de communications électroniques » ou d'un fournisseur de services de télécommunications, agissant dans l'exercice de ses fonctions, d'ordonner, de commettre ou de faciliter, lors les cas prévus par la loi, l'interception ou le détournement de correspondances émises, transmises ou reçues par la voie des télécommunications, l'utilisation ou la divulgation de leur contenu.

Bibliographie : *JCl. pén., Atteintes au secret des correspondances commises par des personnes dépositaires de l'autorité publique* par V. Peltier : *JCP* 2002, II, 10087, note J. Devèze et M. Vivant : *Courrier électronique et secret.*

1) L'abus d'autorité peut émaner de n'importe quel fonctionnaire ou agent du Gouvernement, même s'il n'appartient pas à l'administration des postes : ainsi un préfet ayant ordonné à un receveur des postes de ne pas distribuer des plis (■ Cass. crim., 22 janv. 1953 : *D.* 1953, 109, rapp. Patin).

2) Ne constitue pas une correspondance protégée, au sens de l'article 432-9 du Code pénal, un billet circulant à découvert.

Dès lors, la loi pénale étant d'interprétation stricte, justifie sa décision la chambre de l'instruction qui confirme l'ordonnance de non-lieu rendue dans une information suivie sur la plainte avec constitution de partie civile déposée, sur le fondement du délit d'atteinte au secret des correspondances prévu par l'article 432-9 du Code pénal, contre le fonctionnaire d'une escorte de police qui avait pris connaissance d'un billet, plié en deux et non fermé, remis en sa présence par un avocat à son client retenu par ladite escorte en vue de sa comparution devant un magistrat (■ Cass. crim., 16 oct. 2012, n° 11-88.136 : *Bull. crim.*, n° 216 ; *AJP* 2013, p. 41, obs. Ph. Belloir ; *Dr. pénal* 2012, comm. 159, obs. M. Veron).

3) L'article 432-9 du Code pénal requiert, pour que soit constituée l'infraction dans son élément intellectuel, que soit établie non pas l'intention de nuire, mais celle de porter atteinte au contenu des correspondances protégées, au sens dudit article (■ Cass. crim., 27 févr. 2018, n° 17-81.850).

4) V., *supra*, art. 226-15, p. 356 et les notes.

Section III. – Des manquements au devoir de probité

§ 1. - De la concussion

Art. 432-10 *(Mod., L. n° 2013-1117, 6 déc. 2013)*. – Le fait, par une personne dépositaire de l'autorité publique ou chargée d'une mission de service public, de recevoir, exiger ou ordonner de percevoir à titre de droits ou contributions, impôts ou taxes publics, une somme qu'elle sait ne pas être due, ou excéder ce qui est dû, est puni de cinq ans d'emprisonnement et d'une amende de 500 000 €, dont le montant peut être porté au double du produit tiré de l'infraction.

Est puni des mêmes peines le fait, par les mêmes personnes, d'accorder sous une forme quelconque et pour quelque motif que ce soit une exonération ou franchise des droits, contributions, impôts ou taxes publics en violation des textes légaux ou réglementaires.

La tentative des délits prévus au présent article est punie des mêmes peines.

Bibliographie : *JCl. pén., Concussion* par Y. Muller.

1) QPC. Non-lieu à renvoi au Conseil constitutionnel de la QPC visant l'article 432-10, alinéa 2 (■ Cass. crim., 25 juin 2014, n° 13-88.069).

2) Concussion et corruption. Alors que dans le crime de corruption, le fonctionnaire sollicite ou accepte pour lui-même ou pour autrui un don ou une promesse afin d'accomplir, retarder ou omettre un acte de sa fonction, dans le crime de concussion, le fonctionnaire exige, comme un droit prétendument fondé sur la loi, de l'argent (■ Cass. crim., 26 juill. 1917 : *D.* 1921, 1, 142).

3) Personnes concernées. Sont des fonctionnaires ou officiers publics un magistrat (■ Cass. crim., 2 avr. 1896 : *D.* 96, 1, 440), un commissaire de police (■ Cass. crim., 1er oct. 1852 : *Bull. crim.*, n° 331), un maire (■ Cass. crim., 21 oct. 1897 : *Bull. crim.*, n° 323. ■ 16 mars 2001 : *Bull. crim.*, n° 124), un auxiliaire de bureau (■ Cass. crim., 4 mai 1979 : *Bull. crim.*, n° 159 ; *Rev. sc. crim.* 1980, 126, obs. Vitu). *Adde*, les personnes qualifiées citées dans les notes suivantes.

4) La formule « droits, taxes, contributions et deniers » vise entre autres le prix du tabac vendu par un entreposeur à des débitants buralistes venus s'approvisionner chez lui (■ Cass. crim., 18 juill. 1873 : *Bull. crim.*, n° 199) ou la perception par un adjudicataire de droits de place, de sommes indues (■ Cass. crim., 6 mai 1943 : *Bull. crim.*, n° 33) ou des prestations en nature, telles que des travaux de labour, exigées par un maire (■ Cass. crim., 11 oct. 1897 : *Bull. crim.*, n° 323) ou des livraisons de carburant exigées par un fonctionnaire des Ponts et Chaussées (■ Cass. crim., 27 févr. 1978, inédit).

5) Mais jugé que ne constitue pas une concussion le fait pour un maire de rédiger de faux mandats de paiement correspondant à des factures majorées afin de permettre à un complice d'encaisser des sommes que la commune ne devait pas (■ Cass. crim., 30 juill. 1925 : *S.* 1926, 1, 334) ni celui pour un maire de se faire remettre par le Trésor des sommes compensatoires de frais de téléphone et de missions excessifs (■ Cass. crim., 24 juin 1959 : *JCP*59, II, 11210, rapp. Rolland ; *Rev. sc. crim.* 1959, 348, obs. Hugueney).

6) Élément matériel. Il est réalisé par un acte consistant à recevoir, exiger ou ordonner de percevoir (■ Cass. crim., 7 mai 2002 : *Bull. crim.*, n° 102 ; *Dr. pénal* 2002, comm. 92, obs. M. Véron), étant précisé qu'un ordre de paiement ne peut être assimilé à un ordre de percevoir (■ Cass. crim., 27 juin 2001 : *Bull. crim.*, n° 162 ; *Dr. pénal* 2001, comm. 125 ; *D.* 2002, jur., p. 1798, note M. Segonds), ou encore, selon l'article 432-10, 2e alinéa, par le fait d'accorder une exonération ou franchise de droits, contributions, impôts ou taxes publiques en violation des textes légaux ou réglementaires (■ Cass. crim., 19 mai 1999 : *Bull. crim.*, n° 100).

7) Ainsi, ne caractérise pas l'élément matériel du délit de concussion le fait pour un directeur des services fiscaux de refuser d'ordonner le dégrèvement d'impôts, ceux-ci ne seraient-ils pas dus (■ Cass. crim., 7 mai 2002 : *Bull. crim.*, n° 102, préc.).

8) Ne donne pas de base légale à sa décision la cour d'appel qui déclare un maire, qui signe des ordres de paiement d'indemnités de fonction au profit de conseillers municipaux, coupable de concussion, et ces derniers coupables de recel de concussion, alors que, d'une part, le délit de concussion n'est constitué que s'il y a eu un ordre de percevoir et non un ordre de paiement que d'autre part, n'entrent pas dans la catégorie des droits visés par les articles 174 ancien et 432-10 du Code pénal, les indemnités librement attribuées à des conseillers municipaux, qu'enfin, ces indemnités ont été perçues par des personnes qui n'étaient ni dépositaires de l'autorité publique, ni chargées d'une mission de service public au sens des articles précités (■ Cass. crim., 27 juin 2001 : *Bull. crim.*, n° 162, préc.).

9) Justifie sa décision la cour d'appel qui, pour condamner un maire du chef de concussion, retient qu'il a imposé à chaque promoteur ou particulier le paiement d'une somme par logement construit, qui n'était prévue par aucun texte ni par une délibération du conseil municipal, et que ces perceptions, qui avaient donné lieu à un registre de la mairie ayant fait office de rôle, étaient versées sur un compte occulte d'un établissement public communal (■ Cass. crim., 16 mai 2001 : *Bull. crim.*, n° 124, préc.).

10) Élément intentionnel. L'appréciation des juges du fond sur l'existence de l'intention coupable est souveraine (■ Cass. crim., 9 déc. 1904 : *S. 1905*, I, 112).

11) Justifie sa décision de relaxe pour défaut d'intention coupable des fonctionnaires des impôts poursuivis pour concussion par un contribuable ayant fait l'objet d'un redressement fiscal la cour d'appel qui relève notamment qu'à supposer qu'une erreur ait été commise lors de la vérification fiscale entreprise, rien ne permet de dire qu'elle ait été commise volontairement, alors que « le mode de raisonnement des agents des impôts était fondé en raison, ce qui est exclusif de la mauvaise foi caractéristique du délit de concussion » et que les juridictions administratives saisies « n'ont pas relevé de manquement à la procédure » (■ Cass. crim., 13 mars 1995 : *Dr. pénal* 1995, comm. 144, obs. M. Véron).

12) Applications. Est à bon droit condamné pour concussion le maire qui, afin de continuer à percevoir la partie de ses indemnités de fonction, frappée par la réglementation sur le cumul des mandats, la délègue fictivement à un adjoint et se la fait reverser par ce dernier ; de telles indemnités, dont l'attribution est réglementée par l'autorité publique, sont constitutives de droits, au sens tant de l'article 174 du Code pénal, alors applicable, que de l'article 432-10 du Code pénal entré en vigueur le 1er mars 1994, et leur perception indue, par un maire, caractérise le délit prévu par ces textes (■ Cass. crim., 14 févr. 1995 : *Bull. crim.*, n° 65 ; *Dr. pénal* 1995, comm. 198, obs. Véron).

13) Justifie sa décision la cour d'appel qui, pour déclarer un maire coupable de concussion, retient qu'il a laissé son fils, garagiste, exposer des véhicules à la vente sur la place située devant son garage, en le dispensant sciemment du paiement de la redevance d'occupation du domaine public prévue par l'article L. 2331-4 du Code général des collectivités territoriales (■ Cass. crim., 19 mai 1999 : *Bull. crim.*, n° 100).

14) Justifie sa décision la cour d'appel qui, pour condamner un maire du chef de concussion, retient qu'il a imposé à chaque promoteur ou particulier le paiement d'une somme par logement construit, qui n'était prévue par aucun texte ni par une délibération du conseil municipal, et que ces perceptions, qui avaient donné lieu à un registre de la mairie ayant fait office de rôle, étaient versées sur un compte occulte d'un établissement public communal (■ Cass. crim., 16 mai 2001 : *Bull. crim.*, n° 124).

15) Commet le délit de concussion le maire qui, sans y être autorisé par une délibération du conseil municipal prise en application des articles L. 2121-29 et L. 2122-21 du Code des collectivités territoriales, donne à bail gratuitement un bien communal à usage d'habitation (■ Cass. crim., 31 janv. 2007 : *Bull. crim.*, n° 24).

16) Entre dans les prévisions de l'article 432-10, alinéa 2, du Code pénal incriminant le délit de concussion le fait pour un maire d'exonérer l'acquéreur et occupant d'un terrain communal du paiement du prix de ce dernier en s'abstenant volontairement de passer l'acte de vente dudit terrain, autorisé par le conseil municipal, en violation de l'article L. 2122-21, alinéa 7, du Code général des collectivités territoriales (■ Cass. crim., 10 oct. 2012, n° 11-85.914 : *Bull. crim.*, n° 214 ; *Dr. pénal* 2013, comm. 4, obs. M. Véron ; *D.* 2013, pan., p. 143, obs. T. Wickeks, et ét., p. 132, n° 6, note M.-L. Divialle).

17) Justifie sa décision la cour d'appel qui déclare coupable de concussion l'agent contractuel d'une collectivité territoriale qui perçoit, au-delà de ceux auxquels il sait avoir droit, des salaires et indemnités dont l'attribution et le montant sont arrêtés, conformément aux textes applicables, par l'autorité publique compétente ; de tels salaires et indemnités sont perçus à titre de droits, au sens, tant de l'article 174 ancien, dans sa rédaction en vigueur au moment des faits, que de l'article 432-10 du Code pénal (■ Cass. crim., 24 oct. 2001 : *Bull. crim.*, n° 220 ; *Dr. pénal* 2002, comm. 25, obs. M. Véron).

18) Entre dans les prévisions de l'article 432-10, alinéa 1er, du Code pénal incriminant le délit de concussion le fait, pour le directeur d'une URSSAF, chargé en cette qualité d'une mission de service public, d'ouvrir frauduleusement, à son bénéfice, deux comptes épargne temps et de les alimenter de manière fictive grâce à des pressions exercées sur le personnel chargé de l'enregistrement des données, de tels agissements lui permettant de partir en congé de fin de carrière avant le jour de sa retraite tout en percevant jusqu'à cette date une rémunération qu'il savait ne pas lui être due (■ Cass. crim., 29 juin 2016, n° 15-82.296 : *Dr. pén.* 2016, comm. 154, note P. Conte).

19) Imputation et prescription. Le délit de concussion est circonscrit pour chaque fonctionnaire à son intervention personnelle et n'est pas renouvelé par la position prise, au nom de l'Administration, par un autre agent à l'occasion d'une procédure contentieuse ultérieure ; c'est l'acte commis personnellement par chacun des fonctionnaires impliqués qui sert de point de départ de la prescription à son égard (■ Cass. crim., 3 mai 1995 : *Dr. pénal* 1995, comm. 198, obs. M. Véron).

20) La prescription du délit de concussion résultant d'opérations indivisibles ne commence à courir qu'à compter de la dernière des perceptions ou exonérations indûment accordées (■ Cass. crim., 31 janv. 2007 : *Bull. crim.*, n° 24 ; *Dr. pén.* 2007, comm. 74, obs. M. Véron. ■ 16 nov. 2011, n° 10-88.898 : *Dr. pén.* 2012, note 20, obs. M. Véron).

Justifie sa décision la cour d'appel qui, saisie de poursuites exercées contre un prévenu pour des faits consistant, alors qu'il était directeur d'une URSSAF, à bénéficier de congés fictifs générés par l'ouverture et l'alimentation frauduleuses de deux comptes épargne temps, fixe le point de départ de la prescription de l'action publique à la date de versement du dernier salaire afférent à la période de congé (■ Cass. crim., 29 juin 2016, n° 15-82.296).

21) Le point de départ de la prescription du délit de concussion, infraction instantanée, ne peut être retardé à la date à laquelle la partie civile en a eu connaissance (■ Cass. crim., 3 déc. 2008 : *Dr. pénal* 2009, comm. 49, obs. M. Véron).

§ 2. – De la corruption passive et du trafic d'influence commis par des personnes exerçant une fonction publique

Voir : art. 435-1 s., p. 571.

Art. 432-11 *(L. n° 2000-595, 30 juin 2000 ; L. n° 2007-1598, 13 nov. 2007 ; L. n° 2011-525, 17 mai 2011 ; L. n° 2013-1117, 6 déc. 2013).* **– Est puni de dix ans d'emprisonnement et d'une amende de 1 000 000 €, dont le montant peut être porté au double du produit tiré de l'infraction le fait, par une personne dépositaire de l'autorité publique, chargée d'une mission de service public, ou investie d'un mandat électif public, de solliciter ou d'agréer, sans droit, à tout moment, directement ou indirectement, des offres, des promesses, des dons, des présents ou des avantages quelconques pour elle-même ou pour autrui :**

1° Soit pour accomplir ou avoir accompli, pour s'abstenir ou s'être abstenue d'accomplir un acte de sa fonction, de sa mission ou de son mandat ou facilité par sa fonction, sa mission ou son mandat ;

2° Soit pour abuser ou avoir abusé de son influence réelle ou supposée en vue de faire obtenir d'une autorité ou d'une administration publique des distinctions, des emplois, des marchés ou toute autre décision favorable.

Voir : CCH art. L. 651-1, p. 1700.

Bibliographie : *JCl. pén., Corruption passive et trafic d'influence commis par des personnes exerçant une fonction publique*, par E. Dreyer. • *Commentaire de la loi du 30 juin 2000*, par Cartier et Maure : *Rev. sc. crim.* 2000, p. 737. • W. Jeandidier, *Du délit de corruption et des défauts qui l'affectent* : *JCP* 2002, I, 166. • Ch. Cutajar, C. Ducouloux-Favard, J. Lelieur, J.-P. Philippe, M. Pieth, M. Segonds, *La lutte contre la corruption : D.* 2008, p. 1068 (dossier loi du 13 nov. 2007). • J. Lelieur, *La loi du 13 nov. 2007, quelles avancées du droit français... : Dr. pénal* 2008, Étude, 25.

I – CORRUPTION PASSIVE

1) Les personnes investies d'un mandat électif sont les membres du parlement (■ Cass. crim., 24 févr. 1893 : *DP* 93, 1, 393), des conseils généraux (■ Cass. crim., 3 nov. 1933 : *DH* 1933, 573), des conseils municipaux (■ Cass. crim., 29 mai 1886 : *DP* 87, 1, 238) et même un président de chambre des métiers (■ Cass. crim., 8 mars 1966 : *Bull. crim.*, n° 83).

2) Les fonctionnaires de l'ordre administratif ou judiciaire agents et préposés des administrations publiques, comprennent notamment les membres du gouvernement (■ Cass. crim., 24 févr. 1893, préc.), les fonctionnaires des administrations fiscales (■ Cass. crim., 26 déc. 1929 : *Bull. crim.*, n° 287), départementales ou communales (■ Cass. crim., 7 juill. 1949 : *Bull. crim.*, n° 229), les magistrats (■ Cass. crim., 13 janv. 1916 : *D.* 1921, 1, 63), les officiers ministériels, lorsqu'ils concourent à l'œuvre de la justice (■ Cass. crim., 15 avr. 1932 : *S.* 1933, 1, 320).

3) Les agents des administrations placées sous le contrôle de la puissance publique sont par exemple ceux de la Sécurité sociale (■ Cass. crim., 21 janv. 1959 : *Bull. crim.*, n° 59), de la SNCF (■ T. corr. Villefranche-sur-Saône, 29 nov. 1949 : *D.* 1950, somm. 9), le président d'une chambre des métiers (■ Cass. crim., 8 mars 1966 : *Bull. crim.*, n° 83), de France Télécom, établissement public (■ Cass. crim., 30 juin 2010 : *Dr. pén.* 2010, note 143).

4) Le syndic de faillite entre dans l'énumération des personnes visées par l'article 177 en ce qu'il est, au sens de ce texte, un citoyen chargé d'un ministère de service public (■ Cass. crim., 23 janv. 1973 : *Bull. crim.*, n° 29 ; *Rev. sc. crim.* 1973, 684, obs. Vitu). Mais jugé que le syndic rédigeant une consultation en qualité de membre d'une profession libérale n'entre pas dans la catégorie des personnes visées à l'article 177 du Code pénal (■ Colmar, 26 mai 1988 : *JurisData* n° 044355).

5) Un ingénieur au commissariat à l'énergie atomique, mis à la disposition de l'agence nationale de valorisation de la recherche, qui avait notamment pour mission d'apporter son concours à un délégué régional dans l'instruction des dossiers de demande d'aide à l'innovation, doit être regardé comme une personne chargée d'une mission de service public, au sens des articles 432-11 et 432-12 du Code pénal, dès lors qu'il était chargé d'accomplir des actes ayant pour but de satisfaire à l'intérêt général, peu important qu'il ne disposât d'aucun pouvoir de décision (■ Cass. crim., 27 févr. 2002 : *Bull. crim.*, n° 48).

6) Des journalistes pigistes employés par une chaîne du service public de la communication audiovisuelle ont la qualité de personne chargée d'une mission de service public au sens de l'article 432-11 du Code pénal ; est, dès lors, justifiée la décision d'une cour d'appel qui déclare coupables de corruption passive deux journalistes professionnels pigistes employés depuis de nombreuses années par la chaîne de télévision France 3 qui ont sollicité des dons ou avantages quelconques pour assurer la couverture médiatique de manifestations sportives (■ Cass. crim., 19 mars 2003 : *Bull. crim.*, n° 73).

7) En dehors des *moyens* classiques générateurs de la corruption (par ex. : argent liquide ■ Cass. crim., 6 févr. 1969 : *Bull. crim.*, n° 67 ; *Rev. sc. crim.* 1969, 871, obs. Vitu. ■ 14 mai 1986 : *Bull. crim.*, n° 163. – objets précieux ■ Cass. crim., 7 janv. 1808 : *Bull. crim.*, n° 3. – fournitures à des prix très bas dans un magasin ■ Cass. crim., 6 févr. 1968 : *Bull. crim.*, n° 39 ; *Rev. sc. crim.* 1968, 850, obs. Vitu), il a été jugé que rentraient dans le champ d'application du texte la promesse de relations sexuelles (enfants Sarreguemines, 11 mai 1967 : *JCP* 68, II, 15359, note Sigalas ; *Rev. sc. crim.* 1968, 329, obs. Vitu), un travail gratuit (■ Cass. crim., 1er oct. 1984 : *Bull. crim.*, n° 277) ou une participation aux affaires traitées (■ Cass. crim., 28 janv. 1987 : *Bull. crim.*, n° 47 ; *Rev. sc. crim.* 1987, 686, obs. Delmas-Saint-Hilaire) ; mais la Cour de cassation a refusé d'assimiler la sollicitation d'un avantage subjectif consistant en l'assouvissement d'une haine, à la sollicitation d'offres, promesses, dons ou présents prévus par l'article 177 (■ Cass. crim., 14 oct. 1975 : *Bull. crim.*, n° 214 ; *Rev. sc. crim.* 1976, 415, obs. Vitu).

8) Constitue *la sollicitation* prévue par l'article 177, l'exploit introductif d'instance par lequel le directeur d'une société réclame paiement de commissions qui lui seraient dues à la suite de marchés que par son influence personnelle réelle ou supposée, il aurait fait obtenir à la société défenderesse (■ Cass. crim., 13 juin 1978 : *Bull. crim.*, n° 194). Le délit de corruption est caractérisé par la simple sollicitation, directe ou indirecte, d'avantages quelconques ; il n'importe que la contrepartie promise n'ait pas été effectivement perçue (■ Cass. crim., 9 nov. 1995 : *D.* 1996, inf. rap. p. 13). Il n'importe pas non plus que les corrompus n'aient pas eu le pouvoir de choisir seuls les entreprises attributaires des marchés dans la mesure où il entrait dans leurs fonctions de les proposer à l'autorité compétente (■ Cass. crim., 30 juin 2010, n° 09-83.689 : *Dr. pén.* 2010, note 143, préc.).

9) Justifie sa décision la cour d'appel qui, pour déclarer un maire coupable de corruption passive, retient qu'il a sollicité les entreprises liées contractuellement avec la commune, en situation de dépendance économique à son égard, sous la forme d'un pourcentage du montant des marchés (■ Cass. crim., 30 juin 1999 : *Bull. crim.*, n° 168).

10) Finalité et pacte de corruption. *(Jurisprudence antérieure à la loi du 30 juin 2000 prévoyant le fait de solliciter ou d'agréer « à tout moment »).* Il ne suffit pas de constater que les dons ou promesses ont eu pour résultat l'accomplissement ou le non-accomplissement d'un acte de la fonction, mais que tel était leur but précis (■ Cass. crim., 21 nov. 1972 : *Bull. crim.*, n° 350 ; *Rev. sc. crim.* 1973, 684, obs. Vitu). Le caractère d'antériorité de la convention conclue entre le corrupteur et le corrompu résulte suffisamment du fait que les avantages reçus ont été consentis de façon régulière, de telle sorte qu'ils ont nécessairement précédé les agissements du corrupteur et déterminé le corrompu (■ Cass. crim., 18 juill. 1985 : *Bull. crim.*, n° 269. ■ 28 janv. 1987 : *Bull. crim.*, n° 47 ; *Rev. sc. crim.* 1987, 686, obs. Delmas-Saint-Hilaire). Sur la nécessité de l'antériorité de la convention par rapport à l'acte ou l'action demandée (V. ■ Cass. crim., 14 mai 1986 : *Bull. crim.*, n° 163 ; *Rev. sc. crim.* 1987, 685, obs. Delmas-Saint-Hilaire. ■ 26 nov. 1991 : *Dr. pénal* 1992, n° 116, obs. Véron. ■ 1er mars 2000 : *Bull. crim.*, n° 101 ; *Dr. pénal* 2000, comm. 110, obs. M. Véron). Le caractère d'antériorité de la convention conclue entre le corrupteur et le corrompu résulte suffisamment du fait que les avantages reçus ont été réitérés, de telle sorte qu'ils ont nécessairement précédé les agissements du corrupteur et déterminé le corrompu (■ Cass. crim., 29 sept. 1993 : *Bull. crim.*, n° 271. ■ 12 mai 1998 : *Dr. pénal* 1998, comm. n° 152, obs. M. Véron).

11) Si le délit de corruption est une infraction instantanée, consommée dès la conclusion du pacte entre le corrupteur et le corrompu, il se renouvelle à chaque acte d'exécution dudit pacte (■ Cass. crim., 27 oct. 1997 : *Bull. crim.*, n° 352 ; *Dr. pénal* 1998, comm. 16, obs. M. Véron).

12) Acte de la fonction. Le délit de corruption ne peut être retenu dans le cas où le fonctionnaire se fait payer pour accomplir un acte ou s'en abstenir lorsque cet acte échappe à ses attributions (■ Ch. réunies, 31 mars 1827 : *Bull. crim.*, n° 71). Il y a acte de la fonction au sens de l'article 177, alinéa 1er et donc corruption lorsque par exemple un fonctionnaire de police accepte de ne pas dresser procès-verbal d'une infraction qu'il a compétence pour constater (■ Cass. crim., 10 juin 1948 : *S.* 1948, 1, 117, note Rousselet et Patin. ■ 7 nov. 1955 : *Bull. crim.*, n° 494 ; *Rev. sc. crim.* 1956, 323, obs. Hugueney).

13) Acte facilité par la fonction. Il y a acte facilité par la fonction au sens de l'article 177, dernier alinéa et donc corruption lorsque par exemple un administrateur civil à l'Agence judiciaire du Trésor communique les noms de fonctionnaires victimes d'accidents au directeur d'un « bureau de défense » qui se met en relation avec les intéressés pour les représenter en justice (■ Cass. crim., 6 févr. 1969 : *JCP* 69, II, 16004, note Chambon ; *Rev. sc. crim.* 1969, 871, obs. Vitu).

14) De même, le délit est constitué lorsque le prévenu, fonctionnaire à la préfecture affecté au service du logement, délivre, contre rémunération, des titres de séjour à des étrangers en situation irrégulière, dès lors que ces actes, sans relever de ses fonctions, ont été facilités par elles (■ Cass. crim., 3 juin 1997 : *JurisData* n° 003489 ; *Dr. pénal* 1997, comm. 150, obs. M. Véron).

15) La cession des parts qu'il détient dans la société civile professionnelle au sein de laquelle il exerce son activité ne constitue pas, pour un notaire, un acte relevant de ses fonctions ou facilitées par elles au sens de l'article 432-11, 1° du Code pénal (■ Cass. crim., 7 déc. 2016, n° 16-81.698).

16) Action civile. Par un arrêt du 1er décembre 1992 (*Dr. pénal* 1993, comm. 126, obs. M. Véron) la Cour de cassation a admis la recevabilité de la constitution de partie civile d'un contribuable victime du délit de corruption passive commis par un receveur des impôts qui avait exigé et obtenu de lui la remise d'une somme d'argent en contrepartie de l'accomplissement d'un acte de sa fonction tendant à lui accorder une diminution de majorations de retard dont il était débiteur.

17) La condamnation du maire pour corruption cause un *préjudice moral* à la ville en portant atteinte à une notoriété connue dans le monde entier, et rend la constitution de partie civile de la commune recevable (■ Cass. crim., 8 févr. 2006 : *JurisData*, n° 2006-032537 ; *Dr. pénal* 2006, comm. 73 obs. M. Véron. ■ Cass. crim., 14 mars 2007 : *JurisData* n° 2007-038462, *Dr. pénal* 2007, comm. 85, obs. M. Véron).

II – TRAFIC D'INFLUENCE

18) Conditions d'application. Seules les décisions prises par les autorités publiques françaises peuvent entrer en jeu dans un trafic d'influence, et non celles émanant d'autorités étrangères (■ Paris, 15 févr. 1941 : *DA* 1941, 217 ; *Rev. sc. crim.* 1941, 192, obs. Hugueney).

19) Le délit de trafic d'influence exige que le fonctionnaire, bénéficiaire des dons, soit considéré ou se présente comme un intermédiaire dont l'influence réelle ou supposée serait de nature à faire obtenir un avantage ou une décision favorable d'une autorité ou d'une administration (■ Cass. crim., 1er oct. 1984 : *Bull. crim.*, n° 277 ; *D.* 1985, note Feneaux).

20) En conséquence, *constitue le délit de corruption passive et non le délit de trafic d'influence* le fait, pour un fonctionnaire de la Direction départementale de l'équipement, de solliciter ou de recevoir des dons d'un entrepreneur pour renseigner ce dernier sur les futurs marchés de travaux publics envisagés dans la circonscription ou pour atténuer la rigueur des contrôles dont il a la responsabilité *(même arrêt)*.

21) Caractérisation du délit. Constitue le délit de trafic d'influence le fait, par un agent d'une commune, de se présenter à des personnes ayant formé des demandes de permis de construire comme étant, en raison de ses fonctions et de ses relations, en mesure d'obtenir la délivrance des permis sollicités, de déterminer ainsi lesdites personnes à lui confier le soin d'établir des plans ou devis en vue de la constitution de leurs dossiers et de les persuader de lui remettre diverses sommes en rémunération de ses travaux et de ses demandes (■ Cass. crim., 4 juill. 1974 : *Bull. crim.*, n° 249 ; *Rev. sc. crim.* 1975, 411, obs. Vitu).

22) Le délit de trafic d'influence est constitué à la charge d'un directeur régional du service de la garantie-or qui a sollicité d'un bijoutier le versement d'une somme d'argent pour intervenir en sa faveur afin que deux procès-verbaux établis à l'égard de ce dernier, qu'il n'était pas en son pouvoir de classer, n'aient pas de suites pénales (■ Cass. crim., 6 juin 1989, inédit).

23) Est justifiée la condamnation d'un adjoint au maire, délégué à la commission des travaux publics, qui, en exécution d'un concert frauduleux, perçoit des fonds pour user de son influence à l'effet de faire attribuer à une entreprise l'adjudication d'un marché public, et la condamnation des deux responsables de la société pour complicité de trafic d'influence (■ Cass. crim., 8 janv. 1998 : *Dr. pénal* 1998, comm. 98, obs. M. Véron).

24) Il n'importe que le marché obtenu par les manœuvres constitutives du trafic d'influence ait eu un caractère privé, dès lors qu'il nécessitait *l'agrément de l'autorité publique*. Le délit de trafic d'influence se renouvelle lors de l'exécution, en connaissance de cause, d'un pacte illicite conclu antérieurement entre des tiers (■ Cass. crim., 15 mars 2000 : *Bull. crim.*, n° 115).

25) Peine complémentaire et complicité. Il résulte des termes des articles 121-6 et 432-17, 3°, du Code pénal que la peine complémentaire de la confiscation peut être prononcée, non seulement à l'encontre de l'auteur principal du trafic d'influence, mais aussi de son complice (■ Cass. crim., 19 mars 2008, pourvoi n° K07-82.134).

26) Prescription. La simple sollicitation de dons suffit à consommer l'infraction ; dès lors, il n'importe que la perception de ces dons ait été postérieure à l'obtention de l'avantage recherché. Lorsque le délit est caractérisé par la perception illicite de dons, c'est seulement à compter du jour de cette perception que court le délai de prescription (■ Cass. crim., 12 déc. 1989 : *JCP* 90, IV, 102 ; *Bull. crim.*, n° 474).

27) Si le délit de trafic d'influence est une infraction instantanée qui se prescrit à compter de la perception du dernier versement effectué en exécution du pacte litigieux, le délai de prescription de l'action publique ne commence à courir, en **cas de dissimulation**, qu'à partir du jour où l'infraction a pu être constatée dans des conditions permettant l'exercice des poursuites (■ Cass. crim., 19 mars 2008, pourvoi n° K07-82.124 : *Dr. pénal* 2008, comm. 102, obs. M. Véron).

28) Action civile. La personne qui, de mauvaise foi, a remis une somme d'argent à l'auteur principal d'un délit de trafic d'influence ou à son complice, en vue d'obtenir une décision favorable d'une autorité publique, est irrecevable à se constituer partie civile contre eux. Encourt, dès lors, la censure l'arrêt qui, après avoir constaté que les parties civiles avaient sciemment remis des fonds au prévenu afin qu'il abuse de son influence pour leur faire obtenir une décision favorable d'une autorité publique, condamne ce dernier, solidairement avec son complice, à leur rembourser les sommes versées, à titre de dommages-intérêts (■ Cass. crim., 7 févr. 2001 : *Bull. crim.*, n° 38).

Art. 432-11-1 *(L. n° 2013-1117, 6 déc. 2013)*. **– La peine privative de liberté encourue par l'auteur ou le complice de l'infraction prévue à l'article 432-11 est réduite de moitié si, ayant averti l'autorité administrative ou judiciaire, il a permis de faire cesser l'infraction ou d'identifier, le cas échéant, les autres auteurs ou complices.**

§ 3. – De la prise illégale d'intérêts

Art. 432-12 *(Mod., L. n° 2013-1117, 6 déc. 2013)*. **– Le fait, par une personne dépositaire de l'autorité publique ou chargée d'une mission de service public ou par une personne investie d'un mandat électif public, de prendre, recevoir ou conserver, directement ou indirectement, un intérêt quelconque dans une entreprise ou dans une opération dont elle a, au moment de l'acte, en tout ou partie, la charge d'assurer la surveillance, l'administration, la liquidation ou le paiement, est puni de cinq ans d'emprisonnement et d'une amende de 500 000 €, dont le montant peut être porté au double du produit tiré de l'infraction.**

Toutefois, dans les communes comptant 3 500 habitants au plus, les maires, adjoints ou conseillers municipaux délégués ou agissant en remplacement du maire peuvent chacun traiter avec la commune dont ils sont élus pour le transfert de biens mobiliers ou immobiliers ou la fourniture de services dans la limite d'un montant annuel fixé à 16 000 €.

En outre, dans ces communes, les maires, adjoints ou conseillers municipaux délégués ou agissant en remplacement du maire peuvent acquérir une parcelle d'un lotissement communal pour y édifier leur habitation personnelle ou conclure des baux d'habitation avec la commune pour leur propre logement. Ces actes doivent être autorisés, après estimation des biens concernés par le service des domaines, par une délibération motivée du conseil municipal.

Dans les mêmes communes, les mêmes élus peuvent acquérir un bien appartenant à la commune pour la création ou le développement de leur activité professionnelle. Le prix ne peut être inférieur à l'évaluation du service des domaines. L'acte doit être autorisé, quelle que soit la valeur des biens concernés, par une délibération motivée du conseil municipal.

Pour l'application des trois alinéas qui précèdent, la commune est représentée dans les conditions prévues par l'article L. 122-12 du Code des communes et le maire, l'adjoint ou le conseiller municipal intéressé doit s'abstenir de participer à la délibération du conseil municipal relative à la conclusion ou à l'approbation du contrat. En outre, par dérogation au deuxième alinéa de l'article L. 121-15 du Code des communes, le conseil municipal ne peut décider de se réunir à huis clos.

Bibliographie : *JCl. pén., Prise illégale d'intérêts* par Y. Muller.

• ***Sommaire***

1) QPC. Non-lieu à renvoi au Conseil constitutionnel de la question prioritaire de constitutionnalité concernant l'article 432-12 du Code pénal, la rédaction du texte en cause étant conforme aux principes de précision et de prévisibilité de la loi pénale dont elle permet de déterminer le champ d'application sans porter atteinte au principe constitutionnel de légalité des délits et des peines (■ Cass. crim., 30 nov. 2011, n° 11-90.093 QPC : *Bull. crim.*, n° 241 ; *D.* 2012, p. 98. ■ Cass. crim., 19 mars 2014, n° 14-90.001).

I – QUALITÉ DU DÉLINQUANT

2) Principe. Le texte n'exige pas que la fonction entre dans la hiérarchie de l'organisation administrative, pourvu que la personne agisse au nom de la puissance publique (■ Cass. crim., 20 nov. 1980 : *D.* 1982, jur. p. 246, note Jeandidier ; *Rev. sc. crim.* 1981, p. 607, obs. Vitu).

– Rappr. ■ Cass. crim., 27 juin 2012, n° 11-86.920, noté sous l'article 432-13 du Code pénal, *infra*.

3) Personnes concernées. L'article 413-12 du Code pénal s'applique : à un expert chargé par l'État de donner son avis à des commissions de réquisition ou de dommages de guerre (■ Cass. crim., 28 févr. 1925 : *Bull. crim.*, n° 80), à l'agent technique d'un ministère (■ Cass. crim., 21 déc.1935 : *Gaz. Pal.*1936, 1, 138), à un directeur de services techniques d'une commune (■ Cass. crim., 14 juin 1972 : *Bull. crim.*, n° 204), à un juge consulaire (■ Lyon, 26 juill. 1910 : *D.* 1913, 2, 30), à un économe de lycée (■ Cass. crim., 11 janv. 1956 : *Bull. crim.*, n° 39), aux élus municipaux (■ Cass. crim., 7 oct. 1976 : *Bull. crim.*, n° 285 ; *Rev. sc. crim.* 1977, 325, obs. Vitu. ■ 2 févr. 1988 : *Bull. crim.*, n° 51), au président d'une chambre de commerce et d'industrie (■ Cass. crim., 20 nov. 1980 : *D.* 1982, 246, note Jeandidier ; *Rev. sc. crim.* 1981, 607, obs. Vitu), au directeur général d'une société d'aménagement foncier et d'établissement rural (■ Cass. crim., 21 nov. 1985 : *Bull. crim.*, n° 370 ; *Rev. sc. crim.* 1986, 607, obs. Delmas-Saint-Hilaire ; *JCP* 87, II, 20782, note Ourliac et de Juglart), à un inspecteur des impôts (■ Fort-de-France, 9 nov. 1989 : *D.* 1991, somm., 64, obs. Azibert et ■ Cass. crim., 3 avr. 1991 : *D.* 1991, inf. rap. 152 ; *JCP* 91, IV, 270 ; V. également : *JCP*94, I, 3808, note S. Majerowiez). Il en est de même d'un président du conseil départemental de la Croix-Rouge chargé en tant que tel d'exercer une fonction ou d'accomplir des actes ayant pour but de satisfaire à l'intérêt général (■ Cass. crim., 3 avr. 2007 : *Bull. crim.*, n° 100 ; *Dr. pénal* 2007, comm. 126, obs. M. Véron). *Adde*, pour un président d'université, ■ Cass. crim., 17 déc. 2008 : *Bull. crim.*, n° 258 ; *Dr. pénal* 2009, comm. 36 et 39, obs. M. Véron).

4) Un architecte investi d'une mission de maîtrise d'œuvre par, et pour le compte d'une collectivité ou d'un organisme publics, doit être regardé comme une personne chargée d'une mission de service public au sens de l'article 432-12 du Code pénal, qui n'exige pas que cette personne dispose d'un pouvoir de décision au nom de la puissance publique (■ Cass. crim., 14 juin 2000 : *Bull. crim.*, n° 221 ; *Dr. pénal* 2001, comm. 5, obs. M. Véron).

5) Le secrétaire général d'une chambre des métiers, à laquelle a été confiée par l'État une mission d'intérêt général, doit être regardé tant comme un agent du gouvernement, au sens de l'article 175 ancien, du Code pénal, que comme une personne chargée d'une mission de service public, au sens de l'article 432-12 du même Code (■ Cass. crim., 10 sept. 2003 : *Bull. crim.* n° 158 ; *Dr. pénal* 2004, comm. 19, obs. M. Véron ; *D.* 2004, somm. com., p. 2758, obs. M. Segonds).

6) Même solution pour les administrateurs judiciaires et les mandataires judiciaires à la liquidation des entreprises (■ Cass. crim., 26 sept. 2001 : *Bull. crim.*, n° 193 ; *Dr. pénal* 2002, comm. 34, obs. J.-H. Robert).

7) – Un membre du conseil d'administration d'un port autonome, établissement public à caractère industriel et commercial auquel a été confiée une mission d'intérêt général, doit être regardé comme une personne chargée d'une mission de service public, au sens de l'article 432-12 du Code pénal (■ Cass. crim., 21 nov. 2001 : *Bull. crim.*, n° 243).

8) Un ingénieur au commissariat à l'énergie atomique, mis à la disposition de l'agence nationale de valorisation de la recherche, qui avait notamment pour mission d'apporter son concours à un délégué régional dans l'instruction des dossiers de demande d'aide à l'innovation, doit être regardé comme une personne chargée d'une mission de service public, au sens des articles 432-11 et 432-12 du Code pénal, dès lors qu'il était chargé d'accomplir des actes ayant pour but de satisfaire à l'intérêt général, peu important qu'il ne disposât d'aucun pouvoir de décision (■ Cass. crim., 27 févr. 2001 : *Bull. crim.*, n° 48).

9) Un délégataire de signature qui accomplit l'acte par lequel se réalise la prise illégale d'intérêts (■ Cass. crim., 27 nov. 2002 : *Bull. crim.*, n° 212). V. *infra*, note 24.

10) Le président d'un conseil régional des notaires, établissement d'utilité publique, auquel a été confiée par le Conseil supérieur du notariat, également établissement d'utilité publique, la mission d'intérêt général de faciliter l'obtention de stages aux futurs notaires, doit être regardé comme une personne chargée d'une mission de service public, au sens des articles 432-12 et 432-15 du Code pénal, peu important qu'il ne disposât pas, dans l'exercice de cette mission, de prérogatives de puissance publique (■ Cass. crim., 21 Sept. 2005 : *Bull. crim.*, n° 233).

11) L'article 432-12 du Code pénal s'applique à un praticien hospitalier membre puis président de la Commission d'autorisation de mise sur le marché des médicaments, dès lors que pendant dix-sept ans, il a participé aux travaux de ladite commission, en qualité de membre puis de président, en donnant son avis sur les mérites des médicaments et est apparu ainsi comme un agent de l'Administration par la régularité et la durée de ses fonctions, et la nature de ses avis qui concernaient l'intérêt public (■ Cass. crim., 16 déc. 2014, n° 14-82.815).

12) Doit être regardée comme chargée d'une mission de service public, au sens de l'article 432-12 du Code pénal, toute personne chargée, directement ou indirectement, d'accomplir des actes ayant pour but de satisfaire à l'intérêt général, peu important qu'elle ne disposât d'aucun pouvoir de décision au nom de la puissance publique. Justifie en conséquence sa décision, la cour d'appel qui déclare coupable de prise illégale d'intérêts le dirigeant de fait d'une association chargée de la gestion de mesures de protection judiciaire (■ Cass. crim., 30 janv. 2013, n° 11-89.224 : *Bull. crim.*, n° 33 ; *Dr. pénal* 2013, comm. 73, obs. M. Véron ; *AJP* 2013, p. 613, obs. J. Lasserre-Capdeville).

À noter : la loi du 13 juillet 2006, portant engagement national pour le logement, a abrogé l'infraction spéciale de prise illégale d'intérêts, applicable aux dirigeants et aux employés des organismes d'habitations à loyers modérés, ainsi qu'à ceux des organismes agréés collecteurs de la participation des employeurs à l'effort de construction.

La loi nouvelle prévoit que les conventions entre ces organismes et leurs dirigeants doivent être autorisées par le conseil d'administration.

Il en résulte que, si la prise d'intérêts par lesdits dirigeants reste punissable par application des dispositions générales de l'article 432-12 du Code pénal, c'est à la condition de n'avoir pas été régulièrement autorisée (■ Cass. crim., 9 sept. 2008 : Bull. crim., n° 181). V. infra, V° En matière de construction.

13) Personnes non visées. – Mais les agents subalternes des services publics industriels ou commerciaux n'ont pas la qualité d'agent public ; il en va ainsi pour des ingénieurs d'Électricité de France, alors que ces agents n'étaient chargés d'aucune mission officielle leur donnant droit de délibérer, d'administrer, de liquider ou de surveiller une affaire au nom de la puissance publique (■ Cass. crim., 10 févr. 1988 : *Bull. crim.*, n° 69). De même n'est pas chargé d'une mission de service public un administrateur provisoire nommé par décision de justice (■ Cass. crim., 19 juin 1997 : *Bull. crim.*, n° 250).

– Cependant il n'importe que l'acte par lequel se réalise la prise illégale d'intérêts soit accompli par un délégataire de signature (■ Cass. crim., 27 nov. 2002 : *Bull. crim.*, n° 212).

14) L'article 18 de la loi d'orientation des transports intérieurs, modifié par la loi n° 2006-10 du 5 janvier 2006 transposant les dispositions de la directive 2004/51/CE, puis codifié en 2010 pour devenir l'article L. 2141-1 du Code des transports, applicable au moment des faits, a supprimé la référence à la notion de service public pour l'exploitation des services de fret.

Justifie sa décision la cour d'appel qui énonce que le directeur général adjoint de « fret SNCF » ne peut être considéré comme chargé d'une mission de service public au sens de l'article 432-12 du Code pénal (■ Cass. crim., 28 oct. 2015, n° 14-82.186 : *JCP* 2016, p. 347, note J.-M. Brigant).

II – ACTE D'INGÉRENCE

15) Domaine. – L'affaire dans laquelle le fonctionnaire s'est ingéré peut être un acte juridique isolé (■ Cass. crim., 15 déc. 1905 : *D.* 1907, 1, 195, rapp. Mercier) ou une entreprise, par exemple une société (■ Cass. crim., 2 nov. 1961 : *Bull. crim.*, n° 438).

16) Notion de surveillance. – Le terme « surveillance » signifie tout contrôle, direct ou non et il importe peu que le fonctionnaire ait eu en l'occurrence un pouvoir de décision personnel ou partagé ou un pouvoir de préparation des décisions (■ Cass. crim., 11 mars 1976 : *JCP* 76, II, 18460, note Vitu. ■ 7 oct. 1976 : *Bull. crim.*, n° 285 ; *Rev. sc. crim.* 1977, 325, obs. Vitu) ou de propositions de décisions prises par d'autres (■ Cass. crim., 22 sept. 1998 : *Dr. pénal* 1999, comm. 21, obs. M. Véron). Sur l'existence, ou non, de la fonction de surveillance, nécessaire à la constitution de l'infraction, V. ■ Cass. crim., 18 juin 1996 : *JurisData* n° 003527 et ■ Cass. crim., 6 août 1996 : *Bull. crim.*, n° 305 ; *JurisData* n° 003482 ; *Dr. pénal* 1996, comm. 263, obs. M. Véron. – *Adde* ■ Cass. crim., 11 févr. 2009 : *JCP* 2009, n° 26, 44, p. 26, notes E. Dupie.

17) La participation d'un conseiller d'une collectivité territoriale à un organe délibérant de celle-ci, lorsque la délibération porte sur une affaire dans laquelle il a un intérêt, vaut surveillance ou administration de l'opération au sens de l'article 432-12 du Code pénal (■ Cass. crim., 19 mai 1999 : *Bull. crim.*, n° 101. ■ 24 oct. 2001 : *Dr.*

pénal 2002, comm. 29, obs. M. Véron), même si cette participation est exclusive de tout vote (■ Cass. crim., 14 nov. 2007 : *Bull. crim.*, n° 279).

– *Adde*, dans le même sens ■ Cass. crim., 3 déc. 2008 : *JurisData* n° 2008-046509 ; *Dr. pénal* 2009, comm. 38, obs. M. Véron.

18) Notion de liquidation. Le délit de prise illégale d'intérêts est consommé dès que le prévenu a pris, reçu ou conservé, directement ou indirectement, un intérêt dans une affaire dont il avait l'administration ou la surveillance, celles-ci se réduiraient-elles à de simples pouvoirs de préparation ou de proposition de décisions prises par d'autres.

Le mandatement des charges afférentes à une opération dans laquelle le prévenu a pris, reçu ou conservé un intérêt vaut liquidation au sens de l'article 432-12 du Code pénal, peu important que les paiements fussent effectués par une tierce personne (■ Cass. crim., 14 déc. 2005 : *Bull. crim.*, n° 333 ; *Dr. pénal* 2006, comm. 59, obs. M. Véron).

19) Notion d'intérêt. – Le délit prévu par l'article 432-12 du Code pénal, est caractérisé par la prise d'un **intérêt quelconque, matériel ou moral, direct ou indirect ;** il en est ainsi d'un président de chambre de commerce et d'industrie qui accorde une sous-concession du domaine public, dont il a l'administration ou la surveillance, à une société dans laquelle il est intéressé par l'intermédiaire de son gendre (■ Cass. crim., 5 nov. 1998 : *Bull. crim.*, n° 289 ; *JCP* 99, II, 10182, note W. Jeandidier). – Même solution pour un maire qui signe ou fait signer par le premier adjoint, en faveur de son gendre, architecte, des actes d'engagement portant sur des travaux de construction de bâtiments communaux (■ Cass. crim., 29 sept. 1999 : *Bull. crim.*, n° 202 ; *Dr. pénal* 2000, comm. 15, obs. M. Véron). De même, pour un maire qui est intervenu en qualité de président de la commission d'appel d'offres et de membre du bureau d'un district urbain, dans l'attribution de plusieurs marchés de travaux publics à des sociétés gérées par ses enfants et dont l'une exploitait en location-gérance le fonds de commerce de son entreprise personnelle (■ Cass. crim., 21 juin 2000 : *Bull. crim.*, n° 239. *Adde*, ■ Cass. crim., 3 mai 2001 : *Bull. crim.* n° 106 ; *JCP* 2002, I, 107, note M. Véron ; *Rev. sc. crim.* 2002, p. 111, étude J. P. Delmas-Saint-Hilaire).

20) Caractérise le délit de prise illégale d'intérêts, par prise d'un intérêt moral, le fait, pour un maire, d'ordonner à l'entreprise attributaire d'un marché de travaux de réaliser des travaux non compris dans le marché initial, à la demande d'un élu municipal, afin de favoriser ce dernier (■ Cass. crim., 29 juin 2011, n° 10-87.498 : *Bull. crim.*, n° 153 ; *Gaz. Pal.* 21-26 août 2011, jurispr. p. 15, note J. Lasserre-Capdeville).

21) Pour déclarer le président du conseil général coupable de prise illégale d'intérêts lors de l'attribution d'un marché des travaux publics, la cour d'appel relève que le prévenu a présidé la première réunion de la commission d'appel d'offres, au cours de laquelle a eu lieu l'ouverture des plis, puis la seconde réunion, à l'issue de laquelle la société gérée par ses enfants a été déclarée attributaire du marché. Les juges ajoutent qu'il a pris un **intérêt moral, en l'espèce familial**, du fait que ce marché a bénéficié à une entreprise gérée par ses enfants. La cour d'appel a justifié sa décision, dès lors que le président du conseil général a seul l'administration de l'ensemble des affaires du département, en application de l'article L. 3221-3 du Code général des collectivités territoriales, notamment celles relevant de ses pouvoirs de préparation et d'exécution des décisions de la commission d'appel d'offres qu'il préside (■ Cass. crim., 9 févr. 2005 : *Bull. crim.*, n° 48 ; *JurisData*, n° 027420 ; *JCP* 2005, IV, 1783).

22) L'article 432-12 du Code pénal, incriminant le délit de prise illégale d'intérêts, n'exige pas que l'intérêt pris par le prévenu, alors maire, soit en contradiction avec l'intérêt communal (■ Cass. crim., 19 mars 2008, pourvoi n° 07-84.288 : *Bull. crim.*, n° 69 ; *Rev. sc. crim.* 2008, p. 592, obs. C. Mascala).

23) L'intérêt, matériel ou moral, direct ou indirect, pris par des élus municipaux en participant au vote des subventions bénéficiant aux associations qu'ils président entre dans les prévisions de l'article 432-12 du Code pénal ; il n'importe que ces élus n'en aient retiré un quelconque profit et que l'intérêt pris ou conservé ne soit pas en contradiction avec l'intérêt communal (■ Cass. crim., 22 oct. 2008 : *Bull. crim.*, n° 212 ; *Dr. pénal* 2009, comm. 3, obs. M. Véron).

24) Un lien d'amitié est constitutif de l'intérêt quelconque, au sens de l'article 432-12 du Code pénal, pris par une personne chargée d'une mission de service public dans une opération dont elle a, au moment de l'acte, en tout ou partie, la charge d'assurer la surveillance, l'administration ou le paiement.

Justifie en conséquence sa décision la cour d'appel qui, constatant, par des motifs non critiqués au moyen proposé par le demandeur au pourvoi, l'existence d'un lien d'amitié entre le maire d'une commune cédante d'un terrain communal et le cessionnaire, déclare le premier coupable de prise illégale d'intérêt (■ Cass. crim., 5 avr. 2018, n° 17-81.912).

25) Matérialité et consommation de l'infraction. Le délit d'ingérence est consommé dès que le prévenu a reçu un intérêt dans une affaire dont il a la surveillance sans qu'il y ait lieu de tenir compte de la durée plus ou moins longue des avantages qu'il peut procurer ou même qu'il ait réalisé un bénéfice (■ Cass. crim., 5 juin 1890 : *Bull. crim.*, n° 117. ■ 16 déc. 1975 : *Bull. crim.*, n° 379 ; *Rev. sc. crim.* 1976, 713, obs. Vitu). – Peu importe que, pour des raisons indépendantes de sa volonté, l'opération en cause n'ait pu aboutir (■ Cass. crim., 21 févr. 2001 : *Bull. crim.*, n° 46) ou que l'administration ou la surveillance de l'affaire en cause se réduise à de simples pouvoirs de préparation ou de proposition de décisions prises par d'autres (■ Cass. crim., 14 juin 2000 : *Bull. crim.*, n° 221).

26) Le délit de prise illégale d'intérêt est consommé dès lors que le prévenu a confié à une société dirigée par les membres de sa famille des prestations effectuées pour le compte de la Croix-Rouge et payées par elle (■ Cass. crim., 3 avr. 2007 : *Bull. crim.*, n° 100, préc.).

27) Le délit de prise illégale d'intérêts est consommé dès que le prévenu a pris directement ou indirectement un intérêt dans une entreprise ou dans une opération dont il avait, au moment de l'acte, la surveillance ou l'administration, celles-ci se réduiraient-elles au simple pouvoir d'émettre un avis en vue de décisions prises par d'autres (■ Cass. crim., 9 mars 2005 : *Bull. crim.*, n° 81 ; *Rev. sc. crim.* 2006, p. 75, obs. Delmas-Saint-Hilaire). Le délit d'ingérence est caractérisé dès lors qu'il est établi, d'une part, que les prévenus devaient exercer, en qualité de maire ou d'adjoint au maire, une surveillance sur l'activité de la société civile immobilière chargée de l'aménagement du littoral et dont la constitution avait été décidée par le conseil municipal et, d'autre part, qu'ils ont pris un intérêt personnel, même sans rémunération ou contrepartie pécuniaire, dans le fonctionnement de ladite société (■ Cass. crim., 25 juin 1996 : *Bull. crim.* n° 273 ; *Dr. pénal* 1996, comm. 264, obs. M. Véron).

28) Entre dans les prévisions de l'article 175 du Code pénal le fait, pour l'adjoint au maire, exerçant les fonctions de notaire, d'intervenir dans la préparation comme dans l'adoption de décisions du conseil municipal ayant une influence sur la réalisation d'actes passés dans l'office notarial dont il est l'un des titulaires ; il en est de même lorsqu'il participe à la fixation des limites dans lesquelles la commune pourra enchérir lors d'une vente par adjudication publique de biens immobiliers dépendant d'une succession dont son office assure la liquidation (■ Cass. crim., 2 févr. 1988 : *Bull. crim.*, n° 51).

29) Se rend coupable d'ingérence le prévenu qui, après son élection comme maire, continue d'exercer la fonction de médecin de l'état civil et donne à bail aux services municipaux un immeuble lui appartenant, même s'il n'en a tiré aucun profit (■ Cass. crim., 23 févr. 1988, inédit) ; ou un maire qui a signé en cette qualité deux contrats avec une société dont les associés n'étaient que des prête-noms de son fils, lui-même membre de son cabinet (■ Cass. crim., 20 févr. 1995 : *JurisData* n° 001642 ; *Dr. pénal* 1995, comm. 173, obs. Véron) ; ou un maire qui fait acheter par une société dont il est gérant de fait une partie de l'immeuble acquis par la commune (■ Cass. crim., 27 févr. 2013, n° 12-80.632 : *Dr. pénal* 2013, comm. 73, obs. M. Véron).

30) Se rend coupable d'ingérence ou prise illégale d'intérêts le prévenu qui, en qualité de maire, ayant la charge d'assurer la surveillance et l'administration du personnel communal et d'ordonnancer les dépenses afférentes aux emplois communaux, recrute comme agents techniques des personnes qu'il emploie à son service personnel (■ Cass. crim., 7 mai 1998 :*Bull. crim.*, n° 157 ; V. également ■ Cass. crim., 21 juin 2000 : *Bull. crim.*, n° 239).

31) Les dispositions dérogatoires de l'article 432-12, alinéas 2 et suivants du Code pénal, applicables aux communes comptant moins de 3 500 habitants, ne peuvent être invoquées par un maire qui conclut lui-même avec un tiers, au nom de la commune, un contrat dans lequel il prend un intérêt (■ Cass. crim., 29 juin 2005 : *Bull. crim.*, n° 198).

32) Commet aussi le délit, le président de la Commission du développement de la Polynésie française qui, dans son intérêt, a préparé et proposé des contrats de travail en faveur de son épouse et de sa sœur, recrutées pour l'assister dans son mandat (■ Cass. crim., 22 sept. 1998 : *Dr. pénal* 1999, comm. 21, obs. M. Véron).

33) Est constitutif du délit de prise illégale d'intérêts, le fait, pour un président d'université, de signer un contrat d'enseignement engageant sa sœur en qualité de professeur contractuel de l'Université, administration dont il avait en charge la direction, la gestion et la surveillance (■ Cass. crim., 17 déc. 2008 : *Bull. crim.*, n° 258 ; pourvoi n° 08-82.318 ; *Dr. pénal* 2009, comm. 36 et 39, obs. M. Véron).

34) Le délit prévu par l'article 432-12 du Code pénal est constitué, notamment, par le fait, pour une personne investie d'un mandat électif public, de prendre directement ou indirectement un intérêt dans une opération dont elle a, au moment de l'acte, en tout ou en partie, la charge d'assurer la surveillance ou l'administration ; il en est ainsi d'un président de conseil général qui, en sa qualité d'ordonnateur des dépenses du département, a ordonnancé les dépenses de communication de cette collectivité territoriale au profit d'une société ayant accordé un important soutien financier à deux autres sociétés dont l'intéressé est actionnaire et administrateur (■ Cass. crim., 27 nov. 2002 : *Bull. crim.*, n° 213 ; *JCP* 2003, II, 10.093, note W. Jeandidier ; *D.* 2003, jur., p. 2406, note M. Segonds).

35) Le délit de prise illégale d'intérêts est constitué dès lors que le prévenu, dépositaire de l'autorité publique (en l'espèce un officier, chef d'un centre logistique militaire), a pris des intérêts dans des opérations dont il détenait un pouvoir de surveillance, de décision et d'administration ; justifie sa décision la cour d'appel qui relève que le prévenu, agent de l'État recourait, pour des actions de formation continue dont il avait la surveillance et l'administration, à des entreprises dans lesquelles il détenait des participations et au bénéfice desquelles il effectuait lui-même des prestations rémunérées (■ Cass. ass. plén. 4 juill. 2008 : *Bull. inf. C. cass.*, nov. 2008, II, p. 31, Rapp. Rognon, Avis Lucazeau ; *Bull. crim.*, n° 2).

36) Interposition de personnes. L'interposition de personnes peut être occulte (■ Cass. crim., 2 nov. 1961 : *Bull. crim.*, n° 438 ; *Rev. sc. crim.* 1962, 327, obs. Hugueney) ou non (■ Cass. crim., 13 févr. 1969 : *Bull. crim.*, n° 80). La participation d'un conseiller municipal, par personne interposée munie d'un pouvoir spécial, aux délibérations d'un conseil municipal, lorsque celles-ci portent sur une affaire dans laquelle il a un intérêt, vaut surveillance ou administration de l'opération au sens de l'article 432-12 du Code pénal (■ Cass. crim., 24 oct. 2001 : *Dr. pénal* 2002, comm. 29, obs. M. Véron). Il en est de même pour un membre d'une assemblée territoriale (■ Cass. crim., 10 avr. 2002 : *Bull. crim.*, n° 84 ; *Dr. pénal* 2002, comm. 105, obs. M. Véron).

37) Ingérence par délégataire de signature. Il n'importe que l'acte par lequel se réalise la prise illégale d'intérêts soit accompli par un délégataire de signature.

Justifie sa décision la cour d'appel, qui, pour déclarer coupable de prise illégale d'intérêts le directeur d'un service départemental d'incendie et de secours (SDIS), après avoir rappelé qu'en application de l'article L. 1424-34 du Code général des collectivités territoriales, il avait la charge de l'administration dudit service, relève qu'ayant reçu délégation de signature du président de cet organisme, il a notamment signé des états et mandats relatifs au paiement des loyers versés à la société civile immobilière qui était propriétaire du logement qu'il occupait et dont son épouse et sa famille détenaient 98 % des parts (■ Cass. crim., 27 nov. 2002 : *Bull. crim.*, n° 212).

38) Autres applications. Le délit d'ingérence (prise illégale d'intérêts) n'exigeant qu'une prise d'intérêts quelconque à l'acte dont le fonctionnaire a la surveillance ou l'administration, se rend coupable de cette infraction le directeur départemental de l'équipement qui conclut avec le directeur des services fiscaux du département une convention d'occupation précaire d'un logement dépendant du domaine privé de l'État, puis fait réaliser au nom de celui-ci des travaux de remise en état (■ CA Rennes, 13 déc. 1994 : *D.* 1995, p. 361, note J. Benoit).

39) Pour rejeter l'argument du maire qui faisait valoir qu'il avait renoncé à la qualité d'associé que lui conférait la détention des parts par son épouse, commune de biens, et le déclarer coupable de prise illégale d'intérêts, la cour d'appel retient que, malgré cette renonciation, le prévenu avait, de par ses liens familiaux ainsi qu'en raison du prêt consenti et non encore remboursé à la date des faits, reçu et conservé des intérêts directs et indirects dans l'entreprise attributaire du marché, alors qu'en tant que maire, ordonnateur des dépenses de la municipalité, il était chargé d'assurer la surveillance, l'administration, et la liquidation des opérations (■ Cass. crim., 19 nov. 2003 : *Dr. pénal* 2004, comm. 35, obs. M. Véron).

40) Mais justifie sa décision, la cour d'appel, qui, pour relaxer le prévenu du chef de conservation d'un intérêt illégalement pris ou reçu, constate que l'infraction n'est pas constituée en son élément matériel, faute pour ce dernier d'avoir continué à exercer la surveillance ou l'administration de l'entreprise ou de l'opération (■ Cass. crim., 1er juin 2005, pourvoi n° 04-85.059).

41) Prise illégale d'intérêt en matière de construction. La loi du 13 juillet 2006, portant engagement national pour le logement, a abrogé l'infraction spéciale de prise illégale d'intérêts, applicable aux dirigeants et aux employés des organismes d'habitations à loyers modérés, ainsi qu'à ceux des organismes agréés collecteurs de la participation des employeurs à l'effort de construction. La loi nouvelle prévoit que les conventions entre ces organismes et leurs dirigeants doivent être autorisées par le conseil d'administration.

Il en résulte, d'une part, que, si la prise d'intérêts par lesdits dirigeants reste punissable par applicable des dispositions générales de l'article 432-12 du Code pénal, c'est à la condition de n'avoir pas été régulièrement autorisée et, d'autre part, que, s'agissant de faits commis avant l'entrée en vigueur de la loi du 13 juillet 2006, seules les peines plus douces prévues par l'article L. 423-11, ancien, du Code de la construction et de l'habitation peuvent être prononcées. En cet état, justifie sa décision, la cour d'appel, qui, uniquement saisie de l'action civile et pour dire que le prévenu a commis l'infraction de prise illégale d'intérêts, retient qu'en 1998 et 1999, il a acquis la majorité du capital d'une société qui fournissait des services informatiques à l'organisme collecteur, dont il était le directeur, et qu'il ne peut se prévaloir d'une autorisation, antérieure à sa prise d'intérêts, donnée par le conseil d'administration à la convention de services entre l'organisme et la société (■ Cass. crim., 9 sept. 2008 : *Bull. crim.*, n° 181 ; *Dr. pénal 2008*, com. 144, obs. J.-H. Robert).

42) Complicité. Justifie son arrêt de condamnation la cour d'appel qui, pour déclarer le prévenu coupable de complicité d'ingérence – délit par ailleurs retenu contre son beau-frère, maire d'une commune – a relevé que ce prévenu, premier adjoint, s'est substitué au maire pour acquérir un terrain à un prix neuf fois inférieur à sa valeur réelle et a délivré un permis de construire ; il résulte de ses énonciations que c'est en connaissance de cause que le complice a apporté son assistance à l'auteur principal du délit (■ Cass. crim., 14 juin 1988 : *Bull. crim.*, n° 272 ; *JCP* 89, II, 21218, note Jeandidier). Sur l'élément moral du délit et son évolution, V. Delmas-Saint-Hilaire, obs. *in Rev. Sc.* ■ *Cass. crim.* 1988, 83.

Le délit de complicité de prise illégale d'intérêt n'exige pas la caractérisation d'un tel intérêt pour le complice (■ Cass. crim., 15 juin 2016, n° 15-81.124).

43) Recel. Pour déclarer deux époux, conseillers municipaux, coupables de recel de favoritisme et prise illégale d'intérêts, les juges retiennent que les intéressés ont commis le délit de recel qui leur est reproché, ayant eu connaissance des multiples aléas de procédure qui n'ont eu pour but que de favoriser indûment leur entreprise et de lui faire obtenir finalement le marché source de profit (■ Cass. crim., 24 oct. 2001 : *JurisData* n° 2001-012251 ; *Dr. pénal* 2002, comm. 29, obs. M. Véron).

III – INTENTION

44) Accomplissement conscient de l'acte. Il n'est pas nécessaire que le coupable ait été animé d'une intention frauduleuse et il suffit qu'il ait pris sciemment un intérêt dans une affaire soumise à sa surveillance, même sans avoir voulu tirer profit (■ Cass. crim., 23 déc. 1952 : *Rev. sc. crim.* 1953, 304, obs. Hugueney. ■ 11 janv. 1956 : *Bull. crim.*, n° 39 ; *Rev. sc. crim.* 1956, 539, obs. Hugueney) ; le délit se consomme par le seul abus de la fonction indépendamment de la recherche d'un gain ou d'un avantage personnel (■ Cass. crim., 14 juin 2000 : *Bull. crim.*, n° 221 ; *JurisData* n° 002991. ■ 3 mai 2001 : *Bull. crim.*, n° 106).

L'intention coupable est caractérisée par le seul fait que l'auteur a accompli sciemment l'acte constituant l'élément matériel du délit de prise illégale d'intérêts (■ Cass. crim., 21 nov. 2001 : *Bull. crim.*, n° 243. ■ 27 nov. 2002 : *Bull. crim.*, n° 213).

Pour relaxer le président du conseil général du chef de prise illégale d'intérêts, et ses enfants du chef de recel, s'agissant de l'attribution d'un marché de travaux publics, l'arrêt relève que, si le prévenu a pris un intérêt moral, en l'espèce familial, dans cette entreprise, en revanche, il n'est pas établi qu'il ait pris une part quelconque, de façon directe ou indirecte, dans le processus de décision comme dans l'ensemble des opérations relatives à ce marché. Les juges énoncent que, si celui-ci a été signé par un délégataire du président du conseil général et son paiement effectué par les services de cette collectivité territoriale, on ne saurait néanmoins déduire du seul fonctionnement régulier d'un organisme administratif l'existence de l'élément intentionnel requis par l'article 121-3 du Code pénal. Ils ajoutent que le délit n'étant pas établi en la personne de l'auteur principal, le recel n'est pas constitué à l'encontre de ses enfants. En se prononçant ainsi, alors que, nonobstant la délégation de signature donnée à un chef de service du conseil général, le président de ce conseil général avait conservé la surveillance ou l'administration de la conclusion du marché avec la société gérée par ses enfants et accompli sciemment l'acte constituant l'élément matériel du délit, la cour d'appel a méconnu le sens et la portée des articles 432-12 et 121-3 du Code pénal (■ Cass. crim., 9 févr. 2005 : *Bull. crim.*, n° 48 ; *JurisData* n° 027420 ; *JCP* 2005, IV, 1783, préc.).

IV – RÉPRESSION

45) Nature de l'infraction. Si le délit de l'article 175 du Code pénal n'a pas le caractère d'un délit successif et se consomme par la seule prise d'intérêt, l'infraction doit cependant être retenue à chaque fois qu'elle se produit (■ Cass. crim., 7 oct. 1976 : *Bull. crim.*, n° 285 et 283 ; *Rev. sc. crim.* 1977, 325, obs. Vitu). Sur l'article 432-12 du nouveau Code pénal et l'interdiction faite aux maires et adjoints d'acquérir des biens de leur commune, V. *Petites affiches* 1993, n° 146, p. 4, note E. Boehler. Sur le caractère continu ou instantané du délit d'ingérence, V. *Dr. pénal* 1994, chron. n° 10, J.-H. Robert ; V. également *Gaz. Pal.* 24-25 juin 1992, p. 8, note P. Conte et *JCP* 94, G, I, 3808, note S. Majerowicz. Le délit d'ingérence ou prise illégale d'intérêts résultant de l'emploi, par un maire, d'un agent communal à des fins privatives se réalise au moment de chaque ordonnancement des rémunérations mensuelles de cet agent (■ Cass. crim., 7 mai 1998 : *Bull. crim.*, n° 157).

46) Prescription. Lorsqu'une personne investie d'un mandat électif public a pris un intérêt dans des opérations successives, indépendantes les unes des autres, dont elle avait, au moment de l'acte, en tout ou en partie, la charge d'assurer la surveillance, le délit de prise illégale d'intérêts, consommé à l'occasion de chacune de ces opérations, a conservé son caractère d'infraction instantanée. Justifie, dès lors, sa décision la chambre d'accusation qui déclare prescrits les faits de prise illégale d'intérêts, résultant de la participation du prévenu aux délibérations d'un conseil municipal ayant adopté des décisions favorables à ses activités professionnelles, commis plus de trois années avant le premier acte interruptif de prescription (■ Cass. crim., 4 avr. 2001 : *Bull. crim.*, n° 93).

47) Le délit de prise illégale d'intérêts se prescrit à compter du dernier acte administratif accompli par l'agent public par lequel il prend ou reçoit un intérêt dans une opération dont il a l'administration ou la surveillance (■ Cass. crim., 4 oct. 2000 : *Bull. crim.*, n° 287 ; *Dr. pénal* 2001, comm. 16, obs. M. Véron ; *D.* 2001, 1654, note M. Segonds). Constitue un tel acte le mandatement par lequel un maire ordonne le paiement du prix d'une vente dans laquelle il a pris un intérêt illégal (■ Cass. crim., 10 avr. 2002 : *Bull. crim.*, n° 84 ; *Dr. pénal* 2002, comm. 105, obs. M. Véron). De même constitue un tel acte le dernier versement d'honoraires effectué par un maire, au nom de la commune, au profit de son beau-frère, architecte, attributaire d'un marché de maîtrise d'œuvre pour l'extension et la rénovation d'un bâtiment communal (■ Cass. crim., 29 juin 2005 : *Dr. pénal* 2005, comm. 150, obs. M. Véron).

48) La conservation d'un intérêt dont la prise illégale n'était pas prescrite à la date d'entrée en vigueur du nouveau Code pénal peut être poursuivie après le 17 mars 1994 en application de l'article 432-12 de ce nouveau Code pénal (■ Cass. crim., 3 mai 2001 : *JurisData* n° 009667 ; *Bull. crim.*, n° 106 ; *Dr. pénal* 2001, comm. 99, obs. M. Véron).

49) La conservation d'un intérêt dans l'entreprise dont le prévenu avait la charge d'assurer la surveillance confère à l'infraction un caractère continu (■ Cass. crim., 29 avr. 2014, n° 14-80.060 : *Dr. pén.* 2014, comm. 104, obs. M. Véron).

50) Si le délit de prise illégale d'intérêts se prescrit à compter du jour où la participation a pris fin, le délai de prescription de l'action publique ne commence à courir, en cas de dissimulation destinée à empêcher la connaissance de l'infraction, qu'à partir du jour où celle-ci est apparue et a pu être constatée dans des conditions permettant l'exercice des poursuites (■ Cass. crim., 16 déc. 2014, n° 14-82.939).

51) Le délit de recel de prise illégale d'intérêts ne peut être reproché à la personne qui aurait commis l'infraction principale, celle-ci fût-elle prescrite (■ Cass. crim., 12 nov. 2015, n° 14-83.073).

52) Amnistie. Saisie, sur le fondement de la loi du 20 juillet 1988, d'une requête tendant à la constatation de l'amnistie d'un délit d'ingérence, en raison du *quantum* de la peine prononcée, une cour d'appel écarte, à bon droit, la demande en retenant que les faits étaient postérieurs au 20 mai 1988, dès lors que la déclaration définitive de culpabilité visait la vente, par un maire, d'un terrain communal à une société qu'il dirige, suivie des actes d'ingérence réitérés en 1989 après la signature de l'acte authentique en février 1988, ces actes consistant en une délibération du conseil municipal autorisant la vente, à la diligence du maire, et en la réquisition de celui-ci au receveur percepteur pour encaisser le prix (■ Cass. crim., 20 févr. 2001 : *Bull. crim.*, n° 45).

53) Action civile. Les syndicats peuvent se constituer partie civile devant le juge d'instruction, du chef de prise illégale d'intérêts, dès lors que les faits invoqués rendent possible l'existence d'un préjudice, fût-il indirect, résultant de l'atteinte aux intérêts moraux de la profession et distinct de celui pu subir individuellement les salariés (■ Cass. crim., 27 juin 2012, n° 11-86.920 : *Bull. crim.*, n° 160 ; *JCP* 2012, act. 1305, p. 2202, obs. C. Ducouloux-Favard ; *D.* 2012, p. 2782, note E. Dreyer).

54) Dispositions dérogatoires de l'article 432-12. Les dispositions de l'article 432-12 nouveau du Code pénal sont divisibles, de sorte que les dispositions moins sévères relatives aux seuils de tolérance de la prise d'intérêts sont applicables aux infractions commises avant leur entrée en vigueur. La circonstance que le maire ait présidé une délibération du conseil municipal, autorisant la conclusion d'un contrat dans lequel il prend un intérêt, rend inapplicables les dispositions relatives aux seuils de tolérance de la prise d'intérêts au sens tant de l'article 175 ancien que de l'article 432-12 nouveau du Code pénal s'apprécie par référence au montant global du contrat soumis à la délibération du conseil municipal, et non d'après le montant de la prise effective d'intérêts (■ Cass. crim., 4 juin 1996 : *Bull. crim.*, n° 231 ; *Dr. pénal* 1996, comm. 262, obs. M. Véron.).

55) Les dispositions dérogatoires de l'article 432-2, alinéas 2 et suivants du Code pénal, applicables aux communes comptant moins de 3 500 habitants ne peuvent être invoquées par un maire qui conclut lui-même avec un tiers au nom de la commune, un contrat dans lequel il prend un intérêt (■ Cass. crim., 29 juin 2005 : *Bull. crim.*, n° 198 ; *Dr. pénal* 2005, comm. 150, obs. M. Véron).

Art. 432-13 *(Rempl. à compter de la publication d'un décret d'application, et au plus tard le 1er juill. 2007, L. n° 2007-148, 2 févr. 2007 ; mod., L. n° 2013-907, 11 oct. 2013 ; L. n° 2016-483, 20 avr. 2016 ; L. n° 2017-55, 20 janv. 2017).* **– Est puni de trois ans d'emprisonnement et d'une amende de 200 000 €, dont le montant peut être porté au double du produit tiré de l'infraction, le fait, par une personne ayant été chargée, en tant que membre du Gouvernement, membre d'une autorité administrative indépendante ou d'une autorité publique indépendante, titulaire d'une fonction exécutive locale, fonctionnaire, militaire ou agent d'une administration publique, dans le cadre des fonctions qu'elle a effectivement exercées, soit d'assurer la surveillance ou le contrôle d'une entreprise privée, soit de conclure des contrats de toute nature avec une entreprise privée ou de formuler un avis sur de tels contrats, soit de proposer directement à l'autorité compétente des décisions relatives à des opérations réalisées par une entreprise privée ou de formuler un avis sur de telles décisions, de prendre ou de recevoir une participation par travail, conseil ou capitaux dans l'une de ces entreprises avant l'expiration d'un délai de trois ans suivant la cessation de ces fonctions.**

Est punie des mêmes peines toute participation par travail, conseil ou capitaux dans une entreprise privée qui possède au moins 30 % de capital commun ou a conclu un contrat comportant une exclusivité de droit ou de fait avec l'une des entreprises mentionnées au premier alinéa.

Pour l'application des deux premiers alinéas, est assimilée à une entreprise privée toute entreprise publique exerçant son activité dans un secteur concurrentiel et conformément aux règles du droit privé.

Ces dispositions sont applicables aux agents des établissements publics, des entreprises publiques, des sociétés d'économie mixte dans lesquelles l'État ou les collectivités publiques détiennent directement ou indirectement plus de 50 % du capital et des exploitants publics prévus par la loi n° 90-568 du 2 juillet 1990 relative à l'organisation du service public de la poste et à France Télécom.

L'infraction n'est pas constituée par la seule participation au capital de sociétés cotées en bourse ou lorsque les capitaux sont reçus par dévolution successorale.

1) Il appartient à la juridiction d'instruction, saisie d'une plainte avec constitution de partie civile du chef de prise illégale d'intérêts, en application de l'article 432-13 du Code pénal, de rechercher la nature des fonctions effectivement exercées par le fonctionnaire ou l'agent d'une administration publique.

Encourt dès lors la cassation l'arrêt qui, pour dire n'y avoir lieu à informer, se borne à énoncer que, de façon manifeste, au regard de la nature de ses fonctions, l'intéressé n'est pas intervenu et ne pouvait pas intervenir dans le processus formalisé des décisions administratives, alors qu'il lui appartenait de rechercher la nature des fonctions effectivement exercées par celui-ci, l'article du Code pénal précité n'exigeant pas qu'une telle intervention s'inscrive dans le processus formalisé des décisions administratives (■ Cass. crim., 27 juin 2012, n° 11-86.920 : *Bull. crim.*, n° 160 ; *JCP* 2012, act. 1305, p. 2202, obs. C. Ducouloux-Favard ; *Gaz. Pal.* 5-9 août 2012, p. 14, note R. Mesa ; *AJP* 2012, jur., p. 489, obs. E. Daoud).

2) Il a été jugé que la prise d'intérêt par un ancien fonctionnaire ne s'appliquait pas à un ministre (Haute Cour de Justice, 21 juill. 1931 : S. 1931, 2, 182) ; sur la critique de cette solution, V. Vitu, *op. cit.*, n° 33.

3) L'article 175-1 exige une participation, c'est-à-dire une participation se prolongeant dans le temps ; le délit imputé à l'ancien fonctionnaire est ainsi une infraction continue (■ Cass. crim., 11 mai 1928 : *Bull. crim.*, n° 140).

4) Entre dans les prévisions de l'article 175-1, alinéa 1er du Code pénal le fait pour un fonctionnaire public, agent ou préposé d'une administration publique, d'avoir, dans le délai de cinq ans à compter de la cessation de la fonction, pris ou reçu une participation par travail, conseils ou capitaux, dans une entreprise privée sur laquelle il était en droit d'exercer, en raison même de ses attributions, une surveillance ou un contrôle général et alors même qu'il n'a jamais procédé sur ladite entreprise à des contrôles directs (■ Cass. crim., 15 nov. 1982 : *Bull. crim.*, n° 254 ; *Rev. sc. crim.* 1983, 469, obs. Vitu). La répression de la prise d'intérêts n'est pas subordonnée à des modalités particulières de l'expression des conseils fournis par l'ancien fonctionnaire d'une entreprise antérieurement soumise à son contrôle (■ Cass. crim., 18 juill. 1984 : *Bull. crim.*, n° 262 ; *Rev. sc. crim.* 1985, 291, obs. Delmas-Saint-Hilaire).

§ 4. – Des atteintes à la liberté d'accès et à l'égalité des candidats dans les marchés publics et les contrats de concession

Art. 432-14 *(L. n° 95-127, 8 févr. 1995 ; L. n° 2013-1117, 6 déc. 2013 ; L. n° 2016-1691, 9 déc. 2016).* **– Est puni de deux ans d'emprisonnement et d'une amende de 200 000 €, dont le montant peut être porté au double du produit tiré de l'infraction, le fait par une personne dépositaire de l'autorité publique ou chargée d'une mission de service public ou investie d'un mandat électif public ou exerçant les fonctions de représentant, administrateur ou agent de l'État, des collectivités territoriales, des établissements publics, des sociétés d'économie mixte d'intérêt national chargées d'une mission de service public et des sociétés d'économie mixte locales ou par toute personne agissant pour le compte de l'une de celles susmentionnées de procurer ou de tenter de procurer à autrui un avantage injustifié par un acte contraire aux dispositions législatives ou réglementaires ayant pour objet de garantir la liberté d'accès et l'égalité des candidats dans les marchés publics et les contrats de concession.**

Voir : art. 131-34, p. 116 (peine d'exclusion des marchés publics).

Bibliographie : *JCl. pén., Marchés publics* par H. Matsopoulou. • J. Savoye, *Du délit de favoritisme et autres infractions en matière de marchés publics : D.* 1999, chron. 169. • T. Dal Farra : *Gaz. Pal.* 9-10 févr. 2000, doctr. p. 2.

1) QPC. Non-lieu à renvoi au Conseil constitutionnel de la question prioritaire de constitutionnalité concernant les dispositions de l'article 432-14 du Code pénal, dès lors qu'en visant la nature législative ou réglementaire de la norme dont la violation est susceptible d'être sanctionnée pénalement, en définissant l'objet de celle-ci par référence aux principes constitutionnels de liberté d'accès et d'égalité des candidats gouvernant la commande publique, en précisant qu'une telle violation doit intervenir dans un marché public ou une délégation de service public et en énumérant de façon limitative les personnes à qui cette violation pourra être imputée, l'article 432-14 définit les manquements réprimés en termes suffisamment clairs et précis pour exclure l'arbitraire (■ Cass. crim., 30 nov. 2011, n° 11-82.961 QPC : *Dr. pén.* 2012, comm. 29, obs. M. Véron. ■ Cass. crim., 23 juill. 2014, n° 14-90.024 : *Dr. pén.* 2014, comm. 124, obs. M. Véron).

2) Imputabilité. Le coordonnateur d'un groupement de commandes publiques, qui, selon les articles 364 et 375 du Code des marchés publics applicable en 1994, était habilité à procéder aux opérations de consultation collective et à choisir, après avis de la commission de coordination des commandes publiques, l'offre qu'il jugeait la plus intéressante pour les membres du groupement, est une personne entrant dans les prévisions de l'article 432-14 du Code pénal (■ Cass. crim., 7 avr. 2004 : *Bull. crim.*, n° 93, arrêt n° 2).

3) Entre dans la catégorie des personnes visées à l'article 432-14 du Code pénal le secrétaire général d'une commune, agissant en qualité de représentant ou agent d'une collectivité territoriale, qui a le pouvoir d'intervenir dans le déroulement d'une procédure d'attribution de marchés en vue de préparer ou de proposer les décisions prises par d'autres (■ Cass. crim., 19 avr. 2005 : *Bull. crim.*, n° 139).

4) Lorsqu'une association est créée à l'initiative d'une personne publique qui en contrôle l'organisation et le fonctionnement et lui procure l'essentiel de ses ressources, le juge pénal est compétent pour qualifier cette personne privée d'association « transparente » et en déduire que les contrats qu'elle conclut pour l'exécution de la mission qui lui est confiée sont des contrats administratifs soumis au Code des marchés publics (■ Cass. crim., 7 nov. 2012, n° 11-82.961 : *Bull. crim.*, n° 243 ; *Gaz. Pal.* 8-9 févr. 2013, chron. p. 39, note E. Dreyer).

5) Caractérisation. Caractérise le délit en tous ses éléments, tant matériels qu'intentionnels, la cour d'appel qui déclare un maire coupable pour avoir laissé contrevenir aux prescriptions régissant la procédure et la composition des commissions d'appel d'offres, une entreprise ayant ainsi été favorisée (■ Cass. crim., 15 sept. 1999 : *JurisData* n° 003934 ; *Dr. pénal* 2000, comm. 28, obs. M. Véron).

6) Commet le délit prévu et réprimé par l'article 432-14 du Code pénal le maire qui fractionne un marché pour éviter d'avoir recours à la procédure d'appel d'offres et paie des factures émises par des filiales d'une société de travaux publics bien qu'elles n'aient fourni aucune prestation. Ces agissements ont pour conséquence directe d'écarter de l'accès au marché des candidats potentiels, créant ainsi au bénéfice de la société de travaux publics une inégalité de traitement injustifiée (■ Cass. crim., 13 déc. 2000 : *Bull. crim.*, n° 374).

– Enfreint les règles du Code des marchés publics le maire qui fractionne un marché en plusieurs contrats dont les objets sont très proches, conclus avec des sociétés appartenant au même groupe, dont le dirigeant était commun et rémunérait l'un de ses collaborateurs, octroyant ainsi nécessairement et consciemment un avantage injustifié aux sociétés attributaires (■ Cass. crim., 10 sept. 2008 : *Dr. pénal* 2008, comm. 158, obs. M. Véron).

7) Caractérise l'infraction la cour d'appel qui retient que la procédure des marchés négociés utilisée par un maire n'avait pas été précédée d'une mise en concurrence par publication d'un nouvel avis et par une consultation écrite de la moitié au moins des candidats au précédent appel.

L'intention de frauder par l'attribution du marché à l'entreprise qui avait la préférence du maire ressort tant de la réitération des irrégularités relevées que de l'absence de consultation de sa part auprès de la direction départementale de l'agriculture, l'incompétence alléguée du prévenu n'étant nullement exclusive de sa mauvaise foi (■ Cass. crim., 24 oct. 2001 : *Dr. pénal* 2002, comm. 26, obs. M. Véron).

8) Est coupable de favoritisme le maire qui a procuré un avantage injustifié à deux dirigeants d'entreprises, eux-mêmes adjoints au maire, en ayant un recours à un appel d'offres ouvert selon la procédure d'urgence, limitant ainsi le nombre des candidats, et qui a présidé le conseil municipal dont il avait fixé l'ordre du jour, sa participation personnelle aux faits poursuivis étant par là même caractérisée (■ Cass. crim., 19 nov. 2003 : *Dr. pénal* 2004, comm. 32, obs. M. Véron ; *D.* 2004, somm. com., p. 2753, obs. G. Roujou de Boubée).

9) Marchés publics. La participation, fût-elle minoritaire, d'une entreprise privée dans le capital d'une société à laquelle participe également une collectivité locale exclut que cette dernière puisse exercer sur cette société un contrôle analogue à celui qu'elle exerce sur ses propres services.

Justifie sa décision, la cour d'appel, qui, pour déclarer le prévenu coupable de favoritisme, pour avoir attribué, sans concurrence, les marchés relatifs à la création et à la réalisation d'un bulletin municipal, pour les années 2003 à 2006, à une société d'économie mixte locale, transformée en société anonyme, écarte notamment l'application de l'article 3 1° du Code des marchés publics alors applicable, excluant du champ d'application du Code des marchés publics les contrats à prestations intégrées (■ Cass. crim., 25 juin 2008, pourvoi n° 07-88.373 : *Bull. crim.*, n° 166).

10) Est susceptible de caractériser le délit de favoritisme la violation, en connaissance de cause, des règles de publicité et de concurrence, prévues par le décret n° 93-990 du 3 août 1993, pris pour l'application de la loi du 11 décembre 1992, notamment de celles relatives aux critères d'attribution et aux conditions de légalité des variantes (■ Cass. crim., 4 mai 2011, n° 10-87.447 : *Bull. crim.*, n° 91).

11) La méconnaissance des dispositions de l'ordonnance n° 2005-649, du 6 juin 2005, relative aux marchés passés par certaines personnes publiques ou privées non soumises au Code des marchés publics, et notamment de son article 6 qui impose à celles-ci le respect des principes à valeur constitutionnelle de liberté d'accès à la commande publique, d'égalité de traitement des candidats et de transparence des procédures, entre dans les prévisions de l'article 432-14 du Code pénal (■ Cass. crim., 17 févr. 2016, n° 15-85.363 : *Dr. pén.* 2016, comm. 57, obs. C. Claverie-Rousset ; *JCP* 2016, 787, note J.-H. Robert).

12) Le fait par une personne dépositaire de l'autorité publique (en l'espèce, le responsable d'une DDE) de demander à des dirigeants d'entreprises de déposer des offres de couverture, simulant une proposition concurrente pour faire apparaître une autre entreprise comme mieux-disante, dans le cadre d'une procédure d'appel d'offres est de nature à entraver le libre jeu de la concurrence, de façon contraire aux articles 47 du Code des marchés publics de 1964 et 1er du Code des marchés publics de 2001, alors applicables, et procure nécessairement un avantage injustifié à l'entreprise attributaire, ce qui caractérise le délit de favoritisme (■ Cass. crim., 16 nov. 2011, n° 11-80.433 : *Dr. pén.* 2012, comm. 29, obs. M. Véron).

13) Portée. La méconnaissance de l'article 1er du Code des marchés publics, dans sa rédaction issue du décret du 7 mars 2001, s'applique à tous les marchés publics, quel que soit leur montant, et entre dans les prévisions de l'article 432-14 du Code pénal (■ Cass. crim., 14 févr. 2007 : *Bull. crim.*, n° 47).

14) Une collectivité locale, qui a décidé, bien qu'elle n'y soit pas légalement tenue, de recourir à la procédure d'appel d'offres doit se conformer aux règles imposées par cette dernière (■ Cass. crim., 15 mai 2008, pourvoi n° 07-88.369 : *Bull. crim.*, n° 121 ; en l'espèce l'arrêt attaqué a déclaré le prévenu coupable de **recel** d'atteinte à l'égalité dans l'accès aux marchés publics).

15) L'élément intentionnel du délit prévu par l'article 432-14 du Code pénal est caractérisé par l'accomplissement, en connaissance de cause, d'un acte contraire aux dispositions législatives ou réglementaires ayant pour objet de garantir la liberté d'accès et l'égalité des candidats dans les marchés publics et les délégations de service public (■ Cass. crim., 14 janv. 2004 : *Bull. crim.*, n° 11 ; *Dr. pénal* 2004, comm. 50, obs. M. Véron ; *JCP* 2004, II, 10-084, note F. Linditch. ■ 14 déc. 2011 : *JurisData* n° 2011-031066, cassant un arrêt énonçant, pour prononcer la relaxe, que l'élément intentionnel se définit comme l'intention de nuire ; *Dr. pén.* 2012, comm. 29, obs. M. Véron).

16) Non rétroactivité des dispositions réglementaires nouvelles. Lorsqu'une disposition législative, support légal d'une incrimination, demeure en vigueur, l'abrogation de textes réglementaires pris pour son application n'a pas d'effet rétroactif. Justifie sa décision la cour d'appel qui écarte l'application de l'article 28 du décret du 7 mars 2001, ayant relevé le seuil au-delà duquel la procédure d'appel d'offres est obligatoire, dès lors, d'une part, que les faits ont été commis avant l'entrée en vigueur de ce texte et, d'autre part, que les dispositions législatives, support légal de l'incrimination, n'ont pas été modifiées ; justifient leur décision les juges qui, pour déclarer le prévenu coupable de recel du délit d'atteinte à la liberté d'accès et à l'égalité des candidats dans les marchés publics, énoncent que l'intéressé avait détenu des documents et des renseignements privilégiés et ainsi bénéficié en connaissance de cause de l'attribution d'un marché irrégulièrement passé (■ Cass. crim., 28 janv. 2004 : *Bull. crim.*, n° 23 ; *JCP* 2004, II, 10-084, note F. Linditch). – *Adde*, ■ Cass. crim., 7 avr. 2004 : *Bull. crim.*, n° 93, arrêts 1 et 2. ■ Cass. crim., 19 mai 2004 : *Bull. crim.*, n° 131.

17) Encourt la cassation l'arrêt qui, pour relaxer du chef de favoritisme un président de conseil général, par ailleurs président d'une association pour la promotion et la communication du département, laquelle a attribué, courant 1991 à 1995, à une société, sans mise en concurrence préalable, le marché d'impression de la revue mensuelle du conseil général dont le montant excédait le seuil alors applicable à partir duquel devait être mise en œuvre la procédure d'appel d'offres énonce que l'article 9 de la loi du 3 janvier 1991 qui a soumis à des mesures de publicité et de mise en concurrence la passation de certains contrats par un organisme de droit privé créé en vue de satisfaire spécifiquement un besoin d'intérêt général et répondant à l'une des conditions prévues par ledit article, ne s'appliquait pas, pendant la période visée à la prévention, aux marchés de fournitures et de services qui n'ont été inclus dans le droit positif que par la loi du 22 janvier 1997, alors que, selon les propres constatations de l'arrêt, ladite association n'était qu'un simple démembrement des services du département et que, par suite, les marchés qu'elle passait relevaient des articles 250 et suivants du Code des marchés publics, alors applicables, relatifs aux marchés passés au nom des collectivités territoriales (■ Cass. crim., 30 juin 2004 : *Bull. crim.*, n° 177).

18) Prescription. Le délit d'atteinte à la liberté d'accès et à l'égalité des candidats dans les marchés publics et les délégations de service public est une infraction instantanée qui se prescrit à compter du jour où les faits la consommant ont été commis ; toutefois, le délai de prescription de l'action publique ne commence à courir, lorsque les actes irréguliers ont été dissimulés ou accomplis de manière occulte, qu'à partir du jour où ils sont apparus et ont pu être constatés dans des conditions permettant l'exercice des poursuites ; ne donne donc pas une base légale à sa décision la cour d'appel qui retarde le point de départ de la prescription au jour du dépôt de plainte, sans établir que les actes irréguliers avaient été dissimulés ou accomplis de manière occulte (■ Cass. crim., 27 oct. 1999 : *Bull. crim.*, n° 238 et 239 ; *Dr. pénal* 2000, comm. n° 27, obs. M. Véron ; *Rev. sc. crim.* 2000, n° 618, obs. Delmas-Saint-Hilaire).

19) Lorsqu'un agent comptable alerte le nouveau président d'Université du dépassement du seuil de commandes publiques passées par son prédécesseur et de l'impossibilité de régler les factures, faute de mise en concurrence préalable, la dissimulation permettant de retarder le point de départ du délai de prescription du délit de favoritisme ne peut être retenue au-delà de cet avertissement (■ Cass. crim., 17 déc. 2008 : *Bull. crim.*, n° 261 ; *Dr. pénal* 2009, comm. 36, obs. M. Véron ; *Rev. sc. crim.* 2010, p. 141, obs. C. Mascala ; *AJP* 2009, 131, obs. J. Lasserre-Capdeville).

20) Caractérise la dissimulation des actes irréguliers de nature à retarder le point de départ de la prescription, l'arrêt qui relève qu'un marché d'édition et de diffusion du numéro spécial d'un magazine d'information d'une collectivité territoriale, d'un montant excédent le seuil alors en vigueur, a été confié, sans appel public à la concurrence, à une société déjà attributaire du marché d'édition de ce magazine, en ayant recours à une structure de droit privé qui a eu pour effet d'empêcher les contrôles habituels et a fait obstacle à la découverte de l'aspect irrégulier d'une opération présentée comme s'inscrivant dans l'exécution d'un marché déjà passé alors qu'il s'agissait d'une opération autonome (■ Cass. crim., 5 mai 2004 : *Bull. crim.*, n° 110. ■ 19 mai 2004 : *Bull. crim.*, n° 131).

21) Acte interruptif. Les actes ayant pour objet la constatation de l'infraction prévue par l'article 432-14 du Code pénal, accomplis par les membres de la Mission interministérielle d'enquête sur les marchés publics, habilités à cet effet par l'article 7 de la loi du 3 janvier 1991, sont interruptifs de prescription (■ Cass. crim., 1er déc. 2004 : *Bull. crim.*, n° 303. ■ 30 nov. 2005 : *Bull. crim.*, n° 313).

Constitue un tel acte le courrier qu'adresse le chef de la Mission interministérielle d'enquête sur les marchés, au préfet, dans le cadre de l'enquête dont ce dernier l'a saisie, et qui a pour objet de permettre à cette mission d'accéder à des documents et à des éléments d'information détenus par les services de l'État (■ Cass. crim., 8 avr. 2010, n° 09-86.691 : *Bull. crim.* n° 64 ; *AJPI* 2010, jurispr., p. 296, note J.-P. Perrier).

22) Les instructions du procureur général au procureur de la République aux fins d'enquête constituent des actes interruptifs de prescription (■ Cass. crim., 17 déc. 2008 : *Bull. crim.*, n° 261, préc.).

23) Recel. Le délit de *recel* de favoritisme est caractérisé à l'égard du prévenu qui bénéficie, en connaissance de cause, du produit de l'attribution irrégulière d'un marché (V. arrêt précité et ■ Cass. crim., 28 janv. 2004 : *supra* ; *Dr. pénal* 2004, comm. 92, obs. M. Véron. ■ 1er déc. 2004 : *Bull. crim.*, n° 303. ■ 7 nov. 2012, n° 11-82.961 : préc.).

24) Action civile. Est recevable la constitution de partie civile d'un candidat ayant postulé valablement à l'appel d'offres et que l'attribution irrégulière des marchés a eu pour conséquence de lui faire perdre une chance d'en être déclaré attributaire (■ Cass. crim., 28 janv. 2004 : *Bull. crim.*, n° 23. ■ 21 sept. 2005 : *Dr. pénal* 2006, comm. 26, obs. M. Véron).

25) Justifie sa décision la cour d'appel qui, ayant déclaré coupable et condamné l'auteur du délit (le directeur d'un commissariat de l'armée de terre), qui a fait fractionner un important marché en douze commandes attribuées à une société avec la complicité du responsable de celle-ci, a alloué à l'État des dommages et intérêts à raison de son **préjudice moral**, en lien direct avec les infractions qui ont jeté le discrédit sur l'ensemble des personnels civils et militaires du ministère de la Défense, constituant un facteur d'affaiblissement de l'autorité de l'État dans l'opinion publique (■ Cass. crim., 4 mai 2006 : *JurisData* n° 2006-033687 ; *Dr. pénal* 2006, comm. 113, obs. M. Véron).

26) N'encourt pas la censure la juridiction répressive qui se reconnaît compétente pour statuer sur la responsabilité civile d'un maire, ayant agi dans l'exercice de ses fonctions, condamné pour atteinte à la liberté d'accès et à l'égalité dans les marchés publics, dès lors qu'il résulte des constatations de l'arrêt que la faute imputée à celui-ci présentait le caractère d'une faute personnelle détachable du service (■ Cass. crim., 7 nov. 2012, n° 11-82.961 : *Bull. crim.*, n° 243 ; *Gaz. Pal.* 8-9 févr. 2013, chron. p. 39, note E. Dreyer).

§ 5. - De la soustraction et du détournement de biens

Art. 432-15 *(Mod., L. n° 2013-1117, 6 déc. 2013)*. **- Le fait, par une personne dépositaire de l'autorité publique ou chargée d'une mission de service public, un comptable public, un dépositaire public ou l'un de ses subordonnés, de détruire, détourner ou soustraire un acte ou un titre, ou des fonds publics ou privés, ou effets, pièces ou titres en tenant lieu, ou tout autre objet qui lui a été remis en raison de ses fonctions ou de sa mission, est puni de dix ans d'emprisonnement et d'une amende de 1 000 000 €, dont le montant peut être porté au double du produit de l'infraction.**

La tentative du délit prévu à l'alinéa qui précède est punie des mêmes peines.

Bibliographie : *JCl. pén., Soustraction et détournement de biens par des personnes exerçant une fonction publique* par A. Vitu réactualisé par W. Jeandidier. • Sur le détournement d'archives publiques, V. article L. 214-3 du Code du patrimoine.

1) QPC. Non-lieu à renvoi devant le Conseil constitutionnel de la QPC visant l'article 432-15 (■ Cass. crim., 20 mai 2015, n° 14-86.842).

2) Personnes concernées. L'article 169 du Code pénal est applicable à tout fonctionnaire public qui a la qualité de dépositaire ou de comptable, ce qui est par exemple le cas d'un inspecteur du Trésor affecté à un centre hospitalier régional (■ Cass. crim., 22 févr. 1966 : *Bull. crim.*, n° 67 ; *Rev. sc. crim.* 1966, 614, obs. Hugueney), de l'économe d'un lycée (■ Cass. crim., 14 mai 1870 : *Bull. crim.*, n° 107), d'un officier ministériel (■ Cass. crim., 12 janv. 1938 : *Bull. crim.*, n° 179), d'un militaire chargé du maniement des fonds (■ Cass. crim., 14 janv. 1958 : *Bull. crim.*, n° 51), d'un greffier en chef de conseil de prud'hommes (■ Cass. crim., 26 févr. 1990 : *Dr. pénal* 1990, n° 248), mais non celui d'un secrétaire de mairie (■ Cass. crim., 7 févr. 1929 : *Bull. crim.*, n° 39) ou d'un maire (■ Cass. crim., 23 mai 1921 : *Bull. crim.*, n° 150. ■ 30 avr. 1980, préc. ■ 19 juin 2002, pourvoi n° H01-84.397).

3) L'article 173 (432-15) du Code pénal a été appliqué au préfet de police de la Seine (■ Paris, 13 déc. 1887 : S. 89, 2, 81), à un facteur (■ Cass. crim., 3 janv. 1947 : *D.* 1947, 117 ; *Rev. sc. crim.* 1947, 226, obs. Hugueney), à des membres d'administrations fiscales (■ Cass. crim., 14 févr. 1937 : *Bull.*

crim., n° 152), à des officiers ministériels (■ Cass. crim., 24 sept. 1888 : *D. rép.*, *V. Forfaiture*, n° 54. ■ 13 févr. 1985 : *Bull. crim.*, n° 75), au président d'un conseil général (■ Cass. crim., 18 oct. 2000 : *Bull. crim.*, n° 301. ■ 4 mai 2006 : *Bull. crim.*, n° 119).

4) L'article 432-15 du Code pénal, relatif à la destruction, au détournement ou à la soustraction d'un acte commis par un dépositaire public s'applique, comme l'ancien article 173 dudit code, à un notaire qui détruit un acte sous seing privé qui lui avait été remis ou communiqué à raison de ses fonctions. L'officier public ne peut s'exonérer de la responsabilité pénale qu'il encourt en vertu du texte précité qu'en rapportant la preuve du consentement de toutes les parties en cause à la destruction de l'acte (■ Cass. crim., 11 oct. 1994 : *Bull. crim.*, n° 323).

5) Selon l'article 432-15, le subordonné d'un dépositaire public peut être déclaré coupable du délit de détournement de biens ; justifie sa décision la cour d'appel qui, pour déclarer coupables de ce délit des prévenus employés par un dépositaire public, énonce que les dispositions de cet article ne comportent aucune restriction quant à la nature du contrat de travail ou le statut du salarié, dès lors que les billets détournés leur avaient été remis en raison de leurs fonctions ou de leurs missions (■ Cass. crim., 29 mars 2000 : *Bull. crim.*, n° 144).

6) A la qualité de personne chargée d'une mission de service public, au sens de l'article 432-15 du Code pénal le directeur d'une agence de la Banque postale, qui, à ce titre, veille à l'accomplissement de la mission de service public d'accessibilité bancaire définie par la loi.

Justifie sa décision l'arrêt qui condamne, sur le fondement de ce texte, un directeur d'agence postale après avoir relevé qu'il avait détourné des fonds déposés dans l'agence, peu important que les détournements n'aient pas été commis à l'occasion de l'exécution de la mission d'accessibilité bancaire dont il était investi (■ Cass. crim., 20 avr. 2017, n° 16-80.091 : *D.* 2017, p. 1459, note J. Lasserre Capdeville).

7) Acte commis dans l'exercice des fonctions. Les détournements et soustractions que réprime l'article 169 du Code pénal sont ceux commis dans l'exercice de leurs fonctions par les dépositaires ou comptables publics, sur les deniers ou effets placés entre leurs mains. La qualité de fonctionnaire constitue un élément essentiel de l'infraction. Spécialement, l'intéressé qui était au moment des faits reprochés président et qui faisait fonction de trésorier de la Chambre des métiers, établissement public, n'a pas été investi de ses fonctions par une décision de l'autorité publique (■ Cass. crim., 24 juin 1987 : *Bull. crim.*, n° 267 ; *Rev. sc. crim.* 1988, 293, obs. Delmas-Saint-Hilaire).

8) Le comptable ou dépositaire public doit être nécessairement dans l'exercice de ses fonctions lorsqu'il commet la soustraction ou le détournement, pour que l'article 169 lui soit applicable (■ Cass. crim., 12 juill. 1938 : *Bull. crim.*, n° 179).

9) À noter que les billets retirés de la circulation et dont la destruction a été ordonnée conservent la qualité de fonds publics jusqu'à la fin du processus de destruction (■ Cass. crim., 29 mars 2000 : *Bull. crim.*, n° 144, préc.).

10) L'examen des comptes du comptable public constitue une *exception préjudicielle* au jugement (■ Cass. crim., 30 juin 1898 : *S.* 99, I, 535).

11) L'affirmation, par les juges du fond, que le coupable a détourné ou soustrait des deniers publics constate suffisamment *l'intention frauduleuse* (■ Cass. crim., 19 janv. 1959 : *Bull. crim.*, n° 26).

12) Applications. Justifie sa décision la cour d'appel qui, pour condamner le président d'un conseil général du chef d'abus de confiance et de détournement de fonds publics par une personne dépositaire de l'autorité publique, caractérise, d'une part, le mandat qu'il tient de l'article L. 3221-2 du Code général des collectivités territoriales, en tant qu'ordonnateur des dépenses du département ayant le pouvoir d'engager et de liquider lesdites dépenses, d'autre part, le détournement des fonds correspondant aux dépenses engagées et liquidées à des fins étrangères à celles prévues pour le fonctionnement du conseil général, peu important que l'intéressé n'ait pas eu la détention matérielle de ces fonds (■ Cass. crim., 18 oct. 2000 : *Bull. crim.*, n° 301).

13) Justifie sa décision la cour d'appel qui déclare coupable de détournement de fonds publics le président d'un conseil général, dépositaire de l'autorité publique, qui utilise à des fins contraires à celles autorisées des crédits destinés à des actions ayant pour objet l'insertion des personnes en difficulté et inscrits au budget du département au titre des dépenses obligatoires et qui a personnellement participé à l'attribution de ces crédits (■ Cass. crim., 4 mai 2006 : *Bull. crim.*, n° 119).

14) Se rend coupable d'abus de confiance et détournement de fonds publics, au sens des articles 408 ancien et 432-15 du nouveau Code pénal, le maire, titulaire d'un mandat en tant qu'ordonnateur des dépenses de la commune, en application de l'article L. 2122-21 du Code général des collectivités territoriales, qui donne l'ordre de payer des dépenses étrangères au fonctionnement de ladite commune ; encourt, dès lors, la cassation, l'arrêt qui relaxe un maire poursuivi pour avoir détourné et tenté de détourner les sommes correspondant au remboursement à son profit et à celui du secrétaire général de la commune de frais de déplacement indus, en énonçant « qu'il n'existe, en l'espèce, aucun contrat et qu'il n'y a pas eu de remise de fonds pour en faire un usage déterminé » (■ Cass. crim., 19 juin 2002 : *Bull. crim.*, n° 240).

15) Se rend coupable de détournement de fonds publics par une personne chargée d'une mission de service public, le président du syndicat mixte d'un parc naturel régional qui accepte qu'un employé détaché dans ce syndicat n'y exerce aucune activité et soit rémunéré par imputation de ses traitements et des charges afférentes à cet emploi fictif sur la dotation budgétaire annuelle allouée par l'organisme public ayant mis ce salarié à sa disposition, peu important que le président du syndicat n'ait pas eu la détention matérielle des fonds, dès lors qu'il avait la disposition de la dotation (■ Cass. crim., 30 mai 2001 : *Bull. crim.*, n° 137 ; *Dr. pénal* 2001, comm. 126, obs. M. Véron).

16) L'affectation, en connaissance de cause, d'agents municipaux, à des tâches non conformes aux emplois prévus, implique le détournement de leur rémunération, opérée par prélèvement sur le budget de la commune (■ Cass. crim., 13 sept. 2006 : *Bull. crim.*, n° 220).

17) Se rend coupable de détournement de biens le dépositaire public qui utilise, à des fins étrangères à celles prévues, les fonds publics ou privés qui lui ont été remis en raison de ses fonctions ou de sa mission, sans que l'article 432-15 du Code pénal exige que le prévenu ait eu l'intention de s'approprier les fonds détournés ou qu'il en ait tiré un profit ; encourt, dès lors, la cassation l'arrêt qui relaxe des greffiers associés, de tribunaux de commerce qui ont utilisés des fonds reçus de commerçants et de sociétés pour publication d'avis au bulletin officiel des annonces civiles et commerciales, à d'autres fins que celles prévues, notamment en versant des salaires à l'épouse de l'un d'eux sans qu'aucune prestation n'ait été fournie, retardant l'envoi de ces avis afin de différer le paiement de leur publication jusqu'à ce que la trésorerie du greffe le permette (■ Cass. crim., 20 avr. 2005 : *Bull. crim.*, n° 140 ; *Dr. pénal* 2005, comm. 102, obs. M. Véron).

18) Justifie sa décision la cour d'appel qui déclare coupable de détournement de fonds publics le maire qui utilise à des fins étrangères à celles prévues des subventions destinées à financer un projet de coopération en affectant ces dernières au paiement de biens ou de prestations de services qui n'ont pas été commandés pour les besoins dudit programme (■ Cass. crim., 19 déc. 2012, n° 22-88.190 : *Bull. crim.*, n° 283 ; *Dr. pénal* 2013, comm. 36, obs. M. Véron).

19) Commet l'infraction le maire qui, pendant de longs mois et gratuitement, met à la disposition d'un de ses amis un photocopieur loué et payé par la commune (■ Cass. crim., 20 mai 2009 : *Dr. pénal* 2009, comm. 138, obs. M. Véron).

20) Constituent le délit de détournement de fonds publics par personne dépositaire de l'autorité publique les agissements d'un maire qui fait acquérir par la commune des véhicules de luxe hors de proportion avec les besoins communaux, véhicules de service qu'il utilise essentiellement à des fins personnelles, et qui fait usage, également à des fin personnelles, de la carte de carburant qui lui a été attribuée pour l'exercice de sa fonction d'élu (■ Cass. crim., 29 juin 2016, n° 15-83.598).

21) Ne peut être accueillie par la juridiction répressive l'exception préjudicielle de débet présentée par un maire poursuivi du chef de détournement de fonds publics par personne dépositaire de l'autorité publique, cet élu n'étant ni dépositaire public ni comptable public (Arrêt précité).

22) Il n'importe que l'arrêté n° 885 CM du 22 août 1991 autorise ou non la mise à disposition d'agents de cabinet, dès lors que s'analyse en un dévoiement frauduleux du recrutement et de la mise à disposition de ces agents caractérisant un détournement de fonds publics le fait, par le président du gouvernement de la Polynésie française, simultanément, de recruter des responsables syndicaux comme agents de cabinet et de les mettre à la disposition des organisations syndicales pour lesquelles ils exerçaient déjà leurs activités, la conclusion de tels contrats, dépourvus de toute réalité, étant exclusivement destinée à faire supporter par le territoire les rémunérations versées au titre des prestations qu'ils ont continué d'accomplir au seul profit de leur organisation syndicale (■ Cass. crim., 23 juill. 2014, n° 13-82.193 : *Bull. crim.* n° 173).

23) Recel. Commet le délit de recel de détournement de fonds publics la personne qui bénéficie sciemment d'une prestation de travail gratuite, assurée par des travailleurs handicapés rémunérés sur fonds publics, accordée illégalement par le directeur d'un établissement et service d'aide par le travail (■ Cass. crim., 28 févr. 2017, n° 15-81.969).

24) Requalification et prescription. Le fait par un notaire de se dessaisir d'actes qui lui avaient été confiés en cette qualité constitue non une soustraction mais un détournement. Le point de départ du délai de prescription, dans des poursuites exercées sur la base de l'article 173 du Code pénal pour détournement par un notaire d'un testament qui lui a été confié, doit être fixé au jour où ce détournement est apparu et a pu être constaté (■ Cass. crim., 10 mars 1992 : *Bull. crim.*, n° 197 ; *Gaz. Pal.* 1992, chron. Doucet, p. 374 ; *Dr. pénal* 1992, comm. 197, obs. M. Véron).

25) Justifie sa décision la cour d'appel qui, pour écarter la prescription, a caractérisé l'existence d'une dissimulation de nature à retarder le point de départ de cette prescription (■ Cass. crim., 2 déc. 2009, pourvoi n° 09-81.967 : *Dr. pénal* 2010, comm. 39, obs. M. Véron).

26) Le délit du recel du produit d'un détournement de fonds publics ne saurait commencer à se prescrire avant que l'infraction dont il procède soit apparue et ait pu être constatée dans des conditions permettant l'exercice de l'action publique (■ Cass. crim., 28 févr. 2017, n° 15-81.969).

27) Le délit d'abus de confiance (ou de détournement) résultant du paiement de salaires rémunérant des emplois fictifs est une infraction instantanée consommée lors de chaque paiement indu (■ Cass. crim., 13 sept. 2006 : *Bull. crim.*, n° 220).

Art. 432-16. – **Lorsque la destruction, le détournement ou la soustraction par un tiers des biens visés à l'article 432-15 résulte de la négligence d'une personne dépositaire de l'autorité publique ou chargée d'une mission de service public, d'un comptable public ou d'un dépositaire public, celle-ci est punie d'un an d'emprisonnement et de 15 000 € d'amende.**

1) Encourt les peines de l'article 254 l'instituteur secrétaire de mairie qui, en quittant son école, avait par négligence abandonné les registres d'état civil dans un tiroir de bureau où ils avaient été dérobés (■ Nancy, 23 déc. 1965 : *JCP* 67, II, 14949, note De Lestang ; *Rev. sc. crim.* 1967, 653, obs. Vitu).

2) Justifie sa décision au regard des articles 121-3 et 432-16 du Code pénal, la cour d'appel qui condamne un maire pour avoir signé des bons de commandes et des factures destinés à régler des acquisitions, payées par la commune, dans l'intérêt personnel de la secrétaire de mairie, ses graves négligences et l'absence d'accomplissement des diligences normales qui lui incombaient en sa qualité de maire, étant caractérisées (■ Cass. crim., 9 nov. 1998 : *JurisData* n° 005059 ; *Dr. pénal* 1999, comm. 53, obs. M. Véron).

3) À défaut de preuve du détournement, les faits poursuivis peuvent être requalifiés en négligence ayant permis le détournement (■ Cass. crim., 22 févr. 2006 : *JurisData* n° 2006-032772 ; *Dr. pénal* 2006, comm. 88, obs. J.-H. Robert).

4) Le délit prévu à l'article 432-16 du Code pénal constitue une infraction distincte de celle visée à l'article 433-4 du même code et autonome par rapport à cette dernière (■ Cass. ass. plén., 22 juill. 2016, n° 16-80.133 : *JCP* 2016, 1066, note J.-M. Brigant).

5) L'article 432-16 du Code pénal, qui incrimine la négligence commise par un dépositaire public, un comptable public ou une personne chargée d'une mission de service public et ayant permis un détournement de fonds publics, n'exige pas la violation délibérée d'une obligation particulière de prudence ou de sécurité.

Justifie sa décision la cour d'appel qui, pour déclarer un maire coupable de cette infraction, relève qu'il a signé, en négligeant d'en contrôler le contenu, des ordres de paiement non causés et étayés par de fausses factures, au profit du mari de la secrétaire qui les lui présentait (■ Cass. crim., 22 févr. 2017, n° 15-87.328).

Section IV. – Peines complémentaires

Art. 432-17 *(Mod., L. n° 2007-1598, 13 nov. 2007 ; L. n° 2008-776, 4 août 2008 ; L. n° 2013-907, 11 oct. 2013 ; L. n° 2016-1691, 9 déc. 2016 ; L. n° 2017-1339, 15 sept. 2017).* – **Dans les cas prévus par le présent chapitre, peuvent être prononcées, à titre complémentaire, les peines suivantes :**

1° L'interdiction des droits civils, civiques et de famille, suivant les modalités prévues aux articles 131-26 et 131-26-1 ;

2° L'interdiction, suivant les modalités prévues par l'article 131-27, soit d'exercer une fonction publique ou d'exercer l'activité professionnelle ou sociale dans l'exercice ou à l'occasion de l'exercice de laquelle l'infraction a été commise, soit pour les infractions prévues par le second alinéa de l'article 432-4 et les articles 432-11, 432-15 et 432-16, d'exercer une profession commerciale ou industrielle, de diriger, d'administrer, de gérer ou de contrôler à un titre quelconque, directement ou indirectement, pour son propre compte ou pour le compte d'autrui, une entreprise commerciale ou industrielle ou une société commerciale. Ces interdictions d'exercice peuvent être prononcées cumulativement ;

3° La confiscation, suivant les modalités prévues par l'article 131-21, des sommes ou objets irrégulièrement reçus par l'auteur de l'infraction, à l'exception des objets susceptibles de restitution ;

4° Dans les cas prévus aux articles 432-7, 432-10, 432-11 et 432-12 à 432-16, l'affichage ou la diffusion de la décision prononcée, dans les conditions prévues par l'article 131-35.

QPC. Non-lieu à renvoi au Conseil constitutionnel de la QPC visant l'article 432-17 du Code pénal (■ Cass. crim., 21 sept. 2011, n° 11-81.918. ■ 30 nov. 2011, n° 11-82.961).

CHAPITRE III. – DES ATTEINTES À L'ADMINISTRATION PUBLIQUE COMMISES PAR LES PARTICULIERS

Section I. – De la corruption active et du trafic d'influence commis par les particuliers

Art. 433-1 *(Rempl., L. n° 2011-525, 17 mai 2011 ; mod., L. n° 2013-1117, 6 déc. 2013).* **– Est puni de dix ans d'emprisonnement d'une amende de 1 000 000 €, dont le montant peut être porté au double du produit tiré de l'infraction, le fait, par quiconque, de proposer sans droit, à tout moment, directement ou indirectement, des offres, des promesses, des dons, des présents ou des avantages quelconques à une personne dépositaire de l'autorité publique, chargée d'une mission de service public ou investie d'un mandat électif public, pour elle-même ou pour autrui :**

1° Soit pour qu'elle accomplisse ou s'abstienne d'accomplir, ou parce qu'elle a accompli ou s'est abstenue d'accomplir, un acte de sa fonction, de sa mission ou de son mandat, ou facilité par sa fonction, sa mission ou son mandat ;

2° Soit pour qu'elle abuse, ou parce qu'elle a abusé, de son influence réelle ou supposée en vue de faire obtenir d'une autorité ou d'une administration publique des distinctions, des emplois, des marchés ou toute autre décision favorable.

Est puni des mêmes peines le fait de céder à une personne dépositaire de l'autorité publique, chargée d'une mission de service public ou investie d'un mandat électif public qui sollicite sans droit, à tout moment, directement ou indirectement, des offres, des promesses, des dons, des présents ou des avantages quelconques, pour elle-même ou pour autrui, pour accomplir ou avoir accompli, pour s'abstenir ou s'être abstenue d'accomplir un acte mentionné au 1° ou pour abuser ou avoir abusé de son influence dans les conditions mentionnées au 2°.

Voir : CCH art. L. 651-1, p. 1700.

Bibliographie : *JCl. pén., Corruption active et trafic d'influence commis par des particuliers* par E. Dreyer ; *JCP* 2002, I, 166 : du délit de corruption et des défauts qui l'affectent, par W. Jeandidier. • V. *supra*, sous article 432-11 : *D.* 2008, p. 1068, dossier sur la lutte contre la corruption (Loi du 13 nov. 2007). • J. Lelieur, *La loi du 13 nov. 2007 : quelles avancées du droit français par rapport aux exigences du droit international ? : Dr. pénal* 2008, Étude 25.

1) Personnes sollicitées. Un agent de la Régie autonome des transports parisiens (RATP) a la qualité de citoyen chargé d'un ministère de service public au sens de l'article 177, alinéa 1er, ancien du Code pénal ou de personne chargée d'une mission de service public, au sens de l'article 433-1 du Code pénal (■ Cass. crim., 2 avr. 1998 : *Bull. crim.*, n° 127).

Pour leur détermination, se référer aux notes *infra*, ainsi, qu'à celles visées sous l'article 432-11.

2) Distinction entre corruption active et passive. La corruption, dans le système du Code pénal, suppose, par sa nature même, deux faits principaux, dont l'un ne saurait être considéré comme l'accessoire de l'autre, puisque chacun des deux agents qui concourent à l'infraction, l'un en corrompant, l'autre en se laissant corrompre, y joue un rôle égal et séparément qualifié. Il suit de là que la corruption passive prévue par l'article 177 du Code pénal constitue un délit distinct de celui de corruption active prévu par l'article 179 du même code (■ Cass. crim., 4 nov. 1948 : *Bull. crim.*, n° 250). – Pour un exemple de distinction et de combinaison entre corruption active et passive, V. ■ Cass. crim., 30 juin 1999 : *Bull. crim.*, n° 168.

3) Délit consommé. Peu importe que la corruption active réprimée par l'article 179 ait ou non produit son effet ; le délit est ainsi consommé dès que le prévenu a usé des moyens prévus par la loi, en vue du but qu'elle définit (■ Cass. crim., 10 juin 1948 : *D.* 1949, 15, note Carteret ; *S.* 1948, I, 127, note Rousselet et Patin. ■ 1er juill. 1948 : *Bull.*

crim., n° 172). Il n'importe ainsi que la décision favorable escomptée se soit avérée inutile ou sans objet (■ Cass. crim., 20 mars 1997 : *Bull. crim.*, n° 117).

4) Constitue le délit de corruption active de fonctionnaire, le fait par un étudiant ajourné à un examen, d'adresser à un maître-assistant de la faculté un chèque accompagné d'une lettre par laquelle « il s'en remettait à l'indulgence et à la bienveillance de son professeur pour obtenir une note de treize sur vingt soit par nouvelle interrogation orale, soit par tout autre moyen » (■ Cass. crim., 16 oct. 1985 : *Gaz. Pal.* 19-20 mai 1986, p. 156 ; *Rev. sc. crim.* 1986, p. 608, obs. Delmas-Saint-Hilaire).

5) Il a été jugé (**avant la loi modificative du 30 juin 2000**) que le caractère d'antériorité de la convention conclue entre le corrupteur et le corrompu résulte suffisamment du fait que les avantages reçus ont été réitérés, de telle sorte qu'ils ont nécessairement précédé les agissements du corrupteur et déterminé le corrompu (■ Cass. crim., 29 sept. 1993 : *Bull. crim.*, n° 271. ■ 12 mai 1998 : *Dr. pénal* 1998, comm. 152, obs. M. Véron).

– V. aussi, ■ Cass. crim., 26 janv. 2011 : *Dr. pén.* 2011, comm. 45, obs. M. Véron (le prévenu avait reçu d'un agent de l'EDF, personne chargée d'une mission de service public, au domicile duquel il a ensuite fait effectuer gratuitement des travaux, des renseignements lui ayant permis d'obtenir un chantier).

6) *Le délit de corruption*, consommé dès la conclusion du pacte entre le corrupteur et le corrompu, *se renouvelle à chaque acte d'exécution*. Il s'ensuit que l'aide ou l'assistance apportée en connaissance de cause à ces actes d'exécution constitue la complicité du délit (■ Cass. crim., 9 nov. 1995 : *Bull. crim.*, n° 346. – *Adde*, quant au renouvellement du délit, ■ Cass. crim., 27 oct. 1997 : *Bull. crim.*, n° 352. ■ 12 mai 1998, préc.).

7) Lorsque les faits de corruption active consistent en l'octroi, par le corrupteur, d'un prêt à taux avantageux, en contrepartie du dépôt, dans l'établissement bancaire qu'il dirige, de fonds dont le corrompu dispose dans le cadre de sa mission de service public, le maintien du taux, par le corrupteur, constitue, à chaque échéance, un acte d'exécution du pacte de corruption, dès lors qu'il est subordonné à l'exécution, par le corrompu, d'actes de sa fonction ; justifie dès lors sa décision la chambre de l'instruction qui, pour refuser de constater l'extinction de l'action publique par la prescription pour des faits de corruption active relatifs à des contrats de prêts à taux préférentiel conclus entre une banque et des mandataires de justice et dont l'amortissement s'est poursuivi au cours des trois années précédant le premier acte interruptif de prescription, énonce que les pièces de la procédure font apparaître que la banque se serait notamment ménagé la possibilité de revoir les taux consentis, en cas de cessation des apports de fonds convenus (■ Cass. crim., 8 oct. 2003 : *Bull. crim.*, n° 185 ; *D.* 2004, jur., p. 3023, note M. Segonds).

8) Le conseil d'un dirigeant de société qui demande à son client de remettre une somme d'argent à l'administrateur judiciaire afin que celui-ci retarde la décision de redressement judiciaire, peut faire l'objet de poursuites pour corruption active, dès lors que l'administrateur judiciaire désigné par le tribunal de commerce est une personne chargée d'une mission de service public au sens de l'article 433-1 du Code pénal (■ Cass. crim., 17 déc. 2003 : *JurisData* n° 2003-021900).

9) Est nécessairement sans droit, au sens de l'article 433-1, dernier alinéa du Code pénal, la sollicitation de la part d'un élu de fonds destinés au financement d'activités politiques, en vue d'accomplir ou s'abstenir d'accomplir un acte de sa fonction (■ Cass. crim., 30 juin 1999 : *Bull. crim.*, n° 168).

10) Constitue le délit de corruption active l'offre d'une somme d'argent à un magistrat dans des conditions qui, même en l'absence de sollicitations précises, impliquaient l'attente d'une contrepartie (■ Cass. crim., 11 févr. 2004 : *Bull. crim.*, n° 39).

11) Point de départ de la prescription. Si le délit de corruption est une infraction instantanée, consommée dès la conclusion du pacte entre le corrupteur et le corrompu, il se renouvelle chaque fois que le corrompu accomplit un acte de sa fonction ou facilité par sa fonction. Il n'importe que le corrompu n'ait pas accompli lui-même ledit acte dès lors qu'il entrait dans ses attributions d'en proposer ou préparer la réalisation (■ Cass. crim., 29 juin 2005 : *Bull. crim.*, n° 200 ; *Dr. pénal* 2005, comm. 163, obs. M. Véron).

Art. 433-2 ***(Rempl., L. n° 2007-1598, 13 nov. 2007 ; mod., L. n° 2011-525, 17 mai 2011 ; L. n° 2013-1117, 6 déc. 2013).*** **– Est puni de cinq ans d'emprisonnement et d'une amende de 500 000 €, dont le montant peut être porté au double du produit tiré de l'infraction, le fait, par quiconque, de solliciter ou d'agréer, à tout moment, directement ou indirectement, des offres, des promesses, des dons, des présents ou des avantages quelconques, pour lui-même ou pour autrui, pour abuser ou avoir abusé de son influence**

réelle ou supposée en vue de faire obtenir d'une autorité ou d'une administration publique des distinctions, des emplois, des marchés ou toute autre décision favorable.

Est puni des mêmes peines le fait de céder aux sollicitations prévues au premier alinéa ou de proposer, sans droit, à tout moment, directement ou indirectement, des offres, des promesses, des dons, des présents ou des avantages quelconques à une personne, pour elle-même ou pour autrui, pour qu'elle abuse ou parce qu'elle a abusé de son influence réelle ou supposée en vue de faire obtenir d'une autorité ou d'une administration publique des distinctions, des emplois, des marchés ou toute autre décision favorable.

1) Se rend **complice du trafic d'influence** imputé à son beau-père pour avoir exigé le versement de sommes d'argent afin d'user de son influence pour faire aboutir un dossier d'indemnisation, le président d'une société d'économie mixte d'aménagement d'une grande ville convaincu d'avoir informé l'auteur principal des circonstances du litige, de l'avoir introduit auprès des intéressés et de lui avoir fourni des informations administratives propres à accréditer son influence réelle ou supposée (■ Cass. crim., 17 oct. 1995 : *Bull. crim.*, n° 309).

2) Justifie sa décision la cour d'appel qui, pour déclarer des prévenus coupables de trafic d'influence, relève qu'ils ont, en exécution d'accords préalables, reçu des fonds d'entreprises ayant obtenu des marchés publics, pour rémunérer leur intervention auprès des élus chargés de les attribuer, appartenant à des partis politiques financés par des organisations dirigées par ces prévenus (■ Cass. crim., 16 déc. 1997 : *Bull. crim.*, n° 428).

3) Justifie sa décision la cour d'appel qui, pour déclarer le prévenu coupable de *recel* de fonds provenant d'un trafic d'influence, retient que des fonds provenant d'un trafic d'influence ont été affectés au paiement de dépenses d'un parti politique dont le prévenu était trésorier, à la rémunération de salariés permanents de ce parti, et énonce que des charges dont le paiement incombait à l'intéressé en sa qualité de trésorier dudit parti ont été réglées par des tiers au moyen de sommes dont il connaissait la provenance frauduleuse (■ Cass. crim., 16 déc. 1997 : préc.).

4) Il n'importe que le marché obtenu par les manœuvres constitutives du trafic d'influence ait eu un caractère privé, dès lors qu'il nécessitait l'agrément de l'autorité publique (■ Cass. crim., 15 mars 2000 : *Bull. crim.*, n° 115).

5) Le délit de trafic d'influence *se renouvelle lors de l'exécution*, en connaissance de cause, d'un pacte illicite conclu antérieurement entre des tiers (■ Cass. crim., 15 mars 2000 : même arrêt).

6) Constitue le délit de trafic d'influence passif, et non une simple activité de conseil en stratégie, le fait, pour un particulier, moyennant rémunération, de mettre à la disposition d'une société un réseau d'influence et un carnet d'adresses en vue de lui faire obtenir un marché d'armement grâce à des interventions auprès de différentes autorités civiles et militaires (■ Cass. crim., 4 mai 2011, n° 10-85.381 : *Bull. crim.*, n° 93 ; *Dr. pén.* 2011, comm. 104, obs. M. Véron ; *Gaz. Pal.* 27-28 juill. 2011, chron. p. 20, note E. Dreyer).

7) Le fait de se faire remettre par un agent d'une administration publique une information ou un document, même non accessible au public, ne peut constituer l'obtention d'une décision favorable de cette administration au sens de l'article 433-2 du Code pénal.

Encourt, dès lors, la censure l'arrêt qui retient dans les liens de la prévention du chef de trafic d'influence actif le prévenu qui a obtenu, en rémunérant un intermédiaire, des fichiers, des relevés bancaires et téléphoniques et une liste de clients d'une chambre de compensation, remis par des agents d'administrations publiques (■ Cass. crim., 25 oct. 2017, n° 16-83.724 ; *Dr. pén.* 2018, comm. 23, note P. Conte).

8) Prescription. Si le délit de trafic d'influence est une infraction instantanée qui se prescrit à compter de la perception du dernier versement effectué en exécution du pacte litigieux, le délai de prescription de l'action publique ne commence à courir, en cas de dissimulation, qu'à partir du jour où l'infraction a pu être constatée dans des conditions permettant l'exercice des poursuites (■ Cass. crim., 19 mars 2008, pourvoi n° 07-82.124 : *Bull. crim.*, n° 71).

9) Peine complémentaire. Il résulte des termes des articles 121-6 et 432-17, 3°, du Code pénal que la peine complémentaire de la confiscation peut être prononcée, non seulement à l'encontre de l'auteur principal du trafic d'influence, mais aussi de son complice (■ Cass. crim., 19 mars 2008 : préc.).

10) Action civile. La personne qui, de mauvaise foi, a remis une somme d'argent à l'auteur principal d'un délit de trafic d'influence est irrecevable à se constituer partie civile contre lui (■ Cass. crim., 7 févr. 2001 : *Bull. crim.*, n° 38 ; *JurisData* n° 2001-008890 ; *Dr. pénal* 2001, comm. 82, obs. M. Véron).

Art. 433-2-1 *(L. n° 2013-1117, 6 déc. 2013)*. – **La peine privative de liberté encourue par l'auteur ou le complice d'une des infractions prévues à la présente section est réduite de moitié si, ayant averti l'autorité administrative ou judiciaire, il a permis de faire cesser l'infraction ou d'identifier, le cas échéant, les autres auteurs ou complices.**

Section II. – Des menaces et actes d'intimidation commis contre les personnes exerçant une fonction publique

(L. n° 96-647, 22 juill. 1996)

Art. 433-3 *(L. n° 2003-239, 18 mars 2003 ; L. n° 2006-11, 5 janv. 2006 ; L. n° 2010-201, 2 mars 2010 ; L. n° 2017-258, 28 févr. 2017)*. – **Est punie de trois ans d'emprisonnement et de 45 000 € d'amende la menace de commettre un crime ou un délit contre les personnes ou les biens proférée à l'encontre d'une personne investie d'un mandat électif public, d'un magistrat, d'un juré, d'un avocat, d'un officier public ou ministériel, d'un militaire de la gendarmerie nationale, d'un fonctionnaire de la police nationale, des douanes, de l'inspection du travail, de l'administration pénitentiaire ou de toute autre personne dépositaire de l'autorité publique, d'un sapeur-pompier professionnel ou volontaire, d'un gardien assermenté d'immeubles ou de groupes d'immeubles ou d'un agent exerçant pour le compte d'un bailleur des fonctions de gardiennage ou de surveillance des immeubles à usage d'habitation en application de l'article L. 127-1 du Code de la construction et de l'habitation, dans l'exercice ou du fait de ses fonctions, lorsque la qualité de la victime est apparente ou connue de l'auteur.**

Est punie des mêmes peines la menace de commettre un crime ou un délit contre les personnes ou les biens proférée à l'encontre d'un agent d'un exploitant de réseau de transport public de voyageurs, d'un enseignant ou de tout membre des personnels travaillant dans les établissements d'enseignement scolaire ou de toute autre personne chargée d'une mission de service public ainsi que d'un professionnel de santé, dans l'exercice de ses fonctions, lorsque la qualité de la victime est apparente ou connue de l'auteur.

Les mêmes peines sont applicables en cas de menace proférée à l'encontre du conjoint, des ascendants ou des descendants en ligne directe des personnes mentionnées aux deux premiers alinéas ou de toute autre personne vivant habituellement à leur domicile, en raison des fonctions exercées par ces personnes.

La peine est portée à cinq ans d'emprisonnement et 75 000 € d'amende lorsqu'il s'agit d'une menace de mort ou d'une menace d'atteinte aux biens dangereuse pour les personnes.

Est puni de dix ans d'emprisonnement et de 150 000 € d'amende le fait d'user de menaces, de violences ou de commettre tout autre acte d'intimidation pour obtenir d'une personne mentionnée au premier ou au deuxième alinéa soit qu'elle accomplisse ou s'abstienne d'accomplir un acte de sa fonction, de sa mission ou de son mandat, ou facilité par sa fonction, sa mission ou son mandat, soit qu'elle abuse de son autorité vraie ou supposée en vue de faire obtenir d'une autorité ou d'une administration publique des distinctions, des emplois, des marchés ou toute autre décision favorable.

Bibliographie : *JCl. pén., Actes d'intimidation commis contre des personnes exerçant une fonction publique* par A. Vitu.

1) Caractérise le délit prévu par l'article 433-3 du Code pénal l'arrêt qui relève que les prévenus, membres de la Confédération de défense des commerçants, professions libérales et agriculteurs, ont exercé des actes d'intimidation à l'encontre d'un huissier de justice, dans le but de dissuader celui-ci de poursuivre le recouvrement forcé de cotisations sociales dont les intéressés refusaient de s'acquitter (■ Cass. crim., 25 juin 1997 : *Bull. crim.*, n° 254).

2) Constitue, même en l'absence de violences, un acte d'intimidation au sens de l'article 433-3 du Code pénal, l'action concertée de plusieurs personnes, de nature à empêcher un officier ministériel d'accomplir, sans le concours de la force publique, un acte de sa fonction (■ Cass. crim., 18 mai 1999 : *Bull. crim.*, n° 98).

3) Le délit de menace de commettre un crime contre un avocat, prévu à l'article 433-3 du Code pénal, est établi lorsque son auteur ne pouvait ignorer que la menace formulée dans un support écrit adressé à des tiers parviendrait à la connaissance de la ou des personnes visées (■ Cass. crim., 10 déc. 2014, n° 14-81.313).

4) Le renvoi par un lien hypertexte à une vidéo contenant des menaces de mort proférées par des tiers n'est pas susceptible de constituer, à lui seul, la commission par le prévenu de l'infraction prévue par l'article 433-3 du Code pénal (■ Cass. crim., 31 mars 2016, n° 15-82.417 : *Dr. pén.* 2016, comm. 90, note P. Conte).

Section III. – De la soustraction et du détournement de biens contenus dans un dépôt public

Art. 433-4. – Le fait de détruire, détourner ou soustraire un acte ou un titre, ou des fonds publics ou privés, ou des effets, pièces ou titres en tenant lieu ou tout autre objet, qui ont été remis, en raison de ses fonctions, à une personne dépositaire de l'autorité publique ou chargée d'une mission de service public, à un comptable public, à un dépositaire public ou à l'un de ses subordonnés, est puni de sept ans d'emprisonnement et de 100 000 € d'amende.

La tentative du délit prévu à l'alinéa précédent est punie des mêmes peines.

Bibliographie : *JCl. pén., Soustraction et détournement de biens contenus dans un dépôt public* par A. Vitu.

Constituent notamment des dépôts publics : un cabinet d'instruction (■ Cass. crim., 6 juill. 1934 : *Bull. crim.*, n° 135), un wagon postal (■ Cass. crim., 6 août 1914 : *DP*1918, I, 51) ou le bureau d'un président de cour d'assises (■ Cass. crim., 19 oct. 1993 : *Bull. crim.*, n° 297), ou une mairie (■ Cass. crim., 19 févr. 1998 : *Bull. crim.*, n° 47).

Section IV. – De l'outrage

Art. 433-5 ***(Mod., L. n° 96-647, 22 juill. 1996 ; L. n° 2002-1138, 9 sept. 2002 ; L. n° 2017-258, 28 févr. 2017).*** **– Constituent un outrage puni de 7 500 € d'amende les paroles, gestes ou menaces, les écrits ou images de toute nature non rendus publics ou l'envoi d'objets quelconques adressés à une personne chargée d'une mission de service public, dans l'exercice ou à l'occasion de l'exercice de sa mission, et de nature à porter atteinte à sa dignité ou au respect dû à la fonction dont elle est investie.**

Lorsqu'il est adressé à une personne dépositaire de l'autorité publique, l'outrage est puni d'un an d'emprisonnement et de 15 000 € d'amende.

Lorsqu'il est adressé à une personne chargée d'une mission de service public et que les faits ont été commis à l'intérieur d'un établissement scolaire ou éducatif, ou, à l'occasion des entrées ou sorties des élèves, aux abords d'un tel établissement, l'ouvrage est puni de six mois d'emprisonnement et de 7 500 € d'amende.

Lorsqu'il est commis en réunion, l'outrage prévu au premier alinéa est puni de six mois d'emprisonnement et de 7 500 € d'amende, et l'outrage prévu au deuxième alinéa est puni de deux ans d'emprisonnement et de 30 000 € d'amende.

Voir : , art. L. 211-1, p. 930 (Outrage contre un inspecteur du permis de conduire et de la sécurité routière).

Bibliographie : *JCl. pén., Outrage envers un dépositaire de l'autorité publique* par A. Vitu • J.-F. Seuvic, *Outrage commis dans un établissement scolaire ou éducatif : Rev. sc. crim.* 2002, p. 860.

1) QPC. Non-lieu à renvoi devant le Conseil constitutionnel de la QPC visant l'article 433-5 (■ Cass. crim., 22 juill. 2015, n° 15-80.815 : *Dr. pén.* 2015, comm. 159, obs. P. Conte).

2) Note. – Pour les outrages envers magistrats et jurés, V. *infra*, article 434-24 du Code pénal.

– L'application des dispositions nouvelles du Code pénal est susceptible d'entraîner des modifications dans la classification ci-dessous opérée, en grande partie fondée sur des décisions rendues sous l'empire des textes anciens.

3) Personnes dépositaires de l'autorité publique. Relèvent notamment de cette catégorie, le président de la République (■ Cass. crim., 15 janv. 1904 : *Bull. crim.*, n° 209), les ministres (■ Aix-en-Provence, 6 nov. 1903 : *DP* 1904, 2, p. 162), les préfets et sous-préfets (■ Cass. crim., 15 févr. 1902 : *Bull. crim.*, n° 75), les maires et adjoints (■ Cass. crim., 17 nov. 1944 : *Bull. crim.*, n° 182. ■ 22 nov. 1966 : *Bull. crim.*, n° 263. ■ 14 mai 2013, n° 12-85.787 : *Dr. pén.* 2013, comm. 124, obs. M. Véron), les représentants ou agents de la force publique comme les commissaires de police (■ Cass. crim., 19 févr. 1974 : *Bull. crim.*, n° 271), les officiers de police (■ Cass. crim., 2 déc. 1986 : *Rev. sc. crim.* 1987, p. 423, obs. Delmas-Saint-Hilaire. ■ 4 déc. 2001 : *Dr. pénal* 2002, comm. 53, obs. M. Véron), les membres des compagnies républicaines de sécurité et les gardiens de la paix (■ Cass. crim., 18 juin 1969 : *Bull. crim.*, n° 203. ■ 18 oct. 1972 : *Bull. crim.*, n° 294), les gradés de l'armée (■ Cass. crim., 15 déc. 1964 : *Bull. crim.*, n° 337) et de la gendarmerie (■ Cass. crim., 20 mars

1963 : *Bull. crim.*, n° 127), ainsi que les gendarmes (■ Cass. crim., 14 nov. 1989 : *Bull. crim.*, n° 417 ; *Rev. sc. crim.* 1990, p. 561, obs. Delmas-Saint-Hilaire), ou encore les douaniers (■ Cass. crim., 7 mars 1984 : *Bull. crim.*, n° 96), les gardes-chasse de l'Office national de la chasse (■ Cass. crim., 17 avr. 1985 : *Bull. crim.*, n° 148. ■ 21 nov. 1989 : *Dr. pénal* 1990, comm. 119).

– L'article 222 ancien du Code pénal a été aussi appliqué aux directeurs des établissements pénitentiaires (■ Cass. crim., 10 déc. 1887 : *Bull. crim.*, n° 426).

4) Officiers ministériels. Sont ainsi protégées à ce titre les fonctions de notaire (■ Cass. crim., 30 juill. 1927 : *Bull. crim.*, n° 199. ■ 1er mars 1951 : *Bull. crim.*, n° 70), d'avoué (■ Cass. crim., 15 déc. 1959 : *Bull. crim.*, n° 551), d'huissier, qu'il agisse pour l'exécution d'une décision de justice (■ Cass. crim., 9 janv. 1958 : *Bull. crim.*, n° 46) ou sur requête d'un particulier (■ Cass. crim., 19 juin 1985 : *Gaz. Pal.* 1985, 2, p. 654, note PJD).

– Un huissier de justice est une personne dépositaire de l'autorité publique au sens de l'article 433-5, alinéa 2 du Code pénal (■ Cass. crim., 21 mai 1997 : *Bull. crim.*, n° 196).

5) Autres exemples. Exercent des fonctions d'autorité publique, les fonctionnaires des contributions directes et indirectes (■ Cass. crim., 13 mars 1908 : *Bull. crim.*, n° 116. ■ 5 nov. 1927 : *DH* 1928, p. 21). Ainsi, un chef de section du service des impôts est une personne dépositaire de l'autorité publique au sens de l'article 433-5, alinéa 2 du Code pénal (■ Cass. crim., 21 mai 1997 : *Bull. crim.*, n° 196, préc.).

6) Un président d'université, en raison de la nature de ses fonctions et de ses attributions, est dépositaire de l'autorité publique au sens de l'article 433-5 du Code pénal (■ Cass. crim., 18 avr. 2000 : *Bull. crim.*, n° 152 ; *Dr. pénal* 2000, comm. 113, obs. M. Véron).

7) Personnes chargées d'une mission de service public. L'employé de la Direction départementale de l'Équipement qui, dans le cadre de travaux effectués aux abords d'une route nationale, a mis en place des panneaux de signalisation de travaux et de limitation de vitesse est une personne chargée d'une mission de service public, au sens des articles 222-13.4° et 433-5, alinéa 1er, du Code pénal (■ Cass. crim., 9 oct. 2002 : *Bull. crim.*, n° 182 ; *Dr. pénal* 2003, comm. 20, obs. M. Véron).

8) Les gardes-chasse particuliers assermentés, étant investis en application des articles L. 428-21 du Code de l'environnement et 29 du Code de procédure pénale, du pouvoir de dresser procès-verbal des délits et contraventions entrant dans les prévisions de ces textes, bénéficient de la protection instituée par l'article 433-5 du Code pénal (■ Cass. crim., 14 mars 2006 : *Bull. crim.*, n° 67 ; *Dr. pénal* 2006, comm. 95, obs. M. Véron).

9) Un directeur de maison d'arrêt a été considéré comme une personne chargée d'une mission de service public (■ Cass. crim., 7 déc. 2004 : *Bull. crim.*, n° 306). V. *infra* les circonstances particulières de cette affaire.

10) La qualité de personne chargée d'une mission de service public ne peut se déduire de la seule appartenance de la victime de violences volontaires (et d'outrage) à Électricité de France, sans caractériser les actes personnellement accomplis par elle se rattachant directement à l'exécution de l'une des missions de service public spécifiquement imparties à cette société ; dès lors encourt la cassation l'arrêt de la cour d'appel, qui se borne à relever que les deux victimes de violences volontaires, respectivement hôtesse d'accueil et responsable d'une agence d'Électricité de France, participaient à des titres différents à la gestion et au bon fonctionnement de cette agence de cet établissement public chargé d'une mission de service public et qu'elles ont été agressées dans l'exercice de leurs fonctions (■ Cass. crim., 15 nov. 2006 : *Bull. crim.*, n° 285 ; *Dr. pénal* 2007, comm. 18, obs. M. Véron).

11) Autres personnes protégées. Les dispositions anciennes visant les citoyens chargés d'un ministère de service public ont été jugées applicables, notamment, aux experts judiciaires (■ Cass. crim., 17 mars 1980 : *Bull. crim.*, n° 110), aux interprètes judiciaires assermentés (■ Cass. crim., 20 nov. 1958 : *Bull. crim.*, n° 276), aux élèves d'huissier significateurs et assermentés (■ Paris, 16 déc. 1987 : *JurisData* n° 1987-029636), aux vétérinaires assermentés, directeurs d'abattoirs publics (■ Cass. crim., 2 juin 1959 : *Bull. crim.*, n° 10), aux examinateurs conventionnés du permis de conduire (■ Cass. crim., 11 janv. 1956 : *Bull. crim.*, n° 38), aux agents assermentés verbalisateurs de la SNCF et de la RATP (■ Cass. crim., 17 mai 1906 : *Bull. crim.*, n° 212. ■ Paris, 9 juill. 1986 : *JurisData* n° 1986-026465).

12) Il en a été de même pour des fonctionnaires chargés de relever les infractions à une législation particulière, comme les ingénieurs des Ponts et Chaussées (■ Cass. crim., 23 juin 1954 : *Bull. crim.*, n° 232), les ingénieurs du génie rural (■ Cass. crim., 10 févr. 1959 : *Bull. crim.*, n° 91), les inspecteurs de la navigation (■ Cass. crim., 3 nov. 1971 : *Bull. crim.*, n° 296 ; *Rev. sc. crim.* 1972, p. 381, obs. Vitu). Les inspecteurs du travail (■ Cass. crim., 6 mai 2008 : *Bull. crim.*, n° 106 ; *Dr. pénal* 2008, comm. 112, obs. M. Véron ; V. *infra*).

13) Notion d'outrage. Manque de base légale l'arrêt prononçant la relaxe pour outrage d'un prévenu qui s'était rendu à la brigade de gendarmerie pour déclarer « qu'il n'avait rien à foutre que son véhicule n'ait pas de plaque à l'avant, que celle-ci était dans le coffre et qu'elle serait remise par le réparateur », au motif que de tels propos ne constituaient pas une *atteinte à l'honneur ou à la délicatesse* de la gendarmerie ou du gendarme qui les a entendus, alors que selon les constatations des juges le prévenu s'était présenté devant un gendarme uniquement pour lui signifier le peu de cas qu'il faisait de son intervention et le tourner en dérision (■ Cass. crim., 4 juin 1985, inédit).

14) Le conducteur d'un véhicule automobile s'étant fait volontairement verbaliser pour défaut de port de ceinture de sécurité, alors qu'il se savait dispensé pour raisons médicales de cette obligation légale, la cour d'appel pour le déclarer coupable du délit d'outrages à agents de la force publique énonce qu'il a mis les gendarmes « dans la nécessité de dresser un procès-verbal alors qu'il n'ignorait pas que ce procès-verbal ne pourrait avoir de suite... » et qu'il a ainsi eu une attitude « provocante et offensante pour les gendarmes » ; elle justifie sa décision au regard de l'article 224 du Code pénal, dès lors que le comportement du prévenu impliquait la conscience, chez son auteur, qu'il portait *atteinte à l'autorité* des agents de la force publique (■ Cass. crim., 14 nov. 1989 : *Bull. crim.*, n° 417 ; *JCP* 90, II, 21441, note Vitu ; *Rev. sc. crim.* 1990, p. 561, obs. Delmas-Saint-Hilaire).

15) Moyens de l'outrage. L'outrage par parole et par écrit se réalise par l'emploi de termes ou de propos grossiers, injurieux, insultants, des invectives ou des expressions méprisantes, déshonorantes pour la qualité de la personne ou la fonction (V. not., pour les paroles ■ Cass. crim., 18 janv. 1956 : *Bull. crim.*, n° 73. ■ 15 déc. 1964 : *Bull. crim.*, n° 337 ; *Rev. sc. crim.* 1965, p. 418, obs. Bouzat. ■ 22 mars 1966 : *Bull. crim.*, n° 107. ■ 19 févr. 1974 : *Bull. crim.*, n° 71 ; pour les écrits ■ Cass. crim., 28 févr. 1974 : *Bull. crim.*, n° 90. ■ 2 déc. 1986 : *Rev. sc. crim.* 1987, p. 423, obs. Delmas-Saint-Hilaire. ■ 21 mai 1997 : *Bull. crim.*, n° 196. ■ 18 avr. 2000 : *Bull. crim.*, n° 152, préc.).

16) Est un outrage par geste, le fait de montrer le poing à un gendarme (■ Cass. crim., 20 mars 1963 : *Bull. crim.*, n° 127), ou d'arracher un dossier des mains d'un huissier (■ Cass. crim., 19 juin 1985 : *Gaz. Pal.* 1985, 2, p. 654, note JPD).

17) Constitue un outrage par menace, le fait de dire à un agent de police « ... je vais te faire révoquer » (■ Cass. crim., 5 mai 1900 : *Bull. crim.*, n° 172. ■ 5 juill. 1956 : *Bull. crim.*, n° 519), ou le fait de réserver « un mauvais parti » à des fonctionnaires de l'administration fiscale (■ Cass. crim., 28 mai 1957 : *Bull. crim.*, n° 452).

18) Publicité. Pour l'outrage par parole, menace ou envoi d'objet, peu importe que l'outrage ait eu un caractère public ou privé (■ Cass. crim., 18 oct. 1972 : *Bull. crim.*, n° 294. ■ 20 juill. 1866 : *Bull. crim.*, n° 187).

19) Diffusion publique. Toute expression injurieuse ou diffamatoire adressée à une personne dépositaire de l'autorité publique dans l'exercice de ses fonctions caractérise le délit de l'article 433-5 du Code pénal, même si elle a fait l'objet d'une diffusion publique (■ Cass. crim., 25 nov. 2014, n° 13-88.268 : *Dr. pén.* 2015, comm. 19, obs. M. Véron).

20) Exigence d'écrits non rendus publics. L'outrage par écrit adressé à un magistrat (en l'espèce un préfet) ne tombe sous le coup de l'article 222 du Code pénal qu'autant qu'il n'a pas été l'objet d'une publication antérieure ou concomitante à la réception par le magistrat de l'écrit outrageant (C. pén., art. 222) ;

Si la réception par le magistrat de l'écrit outrageant a été postérieure ou même concomitante à la publication de cet écrit dans un journal, le fait rentre dans les prévisions de la loi du 29 juillet 1881 sur la presse (■ Cass. crim., 31 oct. 1890 : *DP* 1891, p. 45, rapp. Tanon).

21) L'outrage adressé par écrit ou dessin aux magistrats de l'ordre administratif ou judiciaire (en l'espèce un maire), et tendant à inculper leur honneur ou leur délicatesse, est puni des peines de l'article 222 du Code pénal quand l'écrit ou le dessin n'a pas été rendu public (■ Cass. crim., 9 mai 1936 : *DH* 1936, p. 333).

Adde ■ Cass. crim., 24 janv. 1991 : *Dr. pénal* 1991, comm. 193, obs. M. Véron).

22) Constitue un outrage un tract diffusé au sein d'un groupement de personnes liées par une communauté d'intérêts (donc non public) et qui comporte à l'égard d'une personne dépositaire de l'autorité publique des allégations mettant en cause sa compétence professionnelle et son intégrité (■ Cass. crim., 4 déc. 2001 : *JurisData* n° 2001-012580 ; *Dr. pénal* 2002, comm. 53, obs. M. Véron).

23) Selon l'article 433-5 du Code pénal, constituent un outrage les écrits ou images de toute nature non rendus publics envers une personne chargée d'une mission de service public, dans l'exercice ou à l'occasion de l'exercice de sa mission, de nature à porter atteinte à sa dignité ou au respect dû à la fonction dont elle est investie ; justifie sa décision de relaxer une personne prévenue d'outrage envers le directeur d'une maison d'arrêt dans un tract apposé sur un panneau syndical, la cour d'appel qui, après avoir relevé que ce panneau se trouvant dans le hall de l'établissement ou était accessible au passage de personnes étrangères à l'administration pénitentiaire, en déduit que l'écrit litigieux doit être considéré comme un écrit rendu public échappant aux prévisions du texte précité (■ Cass. crim., 7 déc. 2004 : *Bull. crim.*, n° 306 ; *Dr. pénal* 2005, comm. 54, obs. M. Véron).

24) Expression injurieuse ou diffamatoire. Les expressions diffamatoires ou injurieuses proférées publiquement par l'un des moyens énoncés à l'article 23 de la loi du 29 juillet 1881 sur la liberté de la presse, contre une personne chargée d'une mission de service public ou dépositaire de l'autorité publique à raison de ses fonctions ou à l'occasion de leur exercice, sans être directement adressées à l'intéressé et sans qu'il soit établi que le prévenu ait voulu qu'elles lui soient rapportées par une personne présente, n'entrent pas dans les prévisions de l'article 433-5 du Code pénal incriminant l'outrage, et ne peuvent être poursuivies et réprimées que sur le fondement des articles 31 et 33 de ladite loi (■ Cass. crim., 29 mars 2017, n° 16-82.884).

25) Exercice de la liberté d'expression. Les propos qui, adressés à une personne chargée d'une mission de service public, dans l'exercice ou à l'occasion de l'exercice de sa mission, et de nature à porter atteinte à sa dignité ou au respect dû à la fonction dont elle est investie, sont constitutifs d'outrage, ne rentrent pas dans le champ de l'article 10, § 1, de la Convention européenne des droits de l'homme (■ Cass. crim., 29 mars 2017, n° 16-82.884 : *Dr. pén.* 2017, comm. 107, note P. Conte).

26) Les propos qui, adressés à une personne chargée d'une mission de service public, dans l'exercice ou à l'occasion de l'exercice de sa mission, et de nature à porter atteinte à sa dignité ou au respect dû à la fonction dont elle est investie, sont constitutifs d'outrage ne rentrent pas dans le champ de l'article 10, § 1, de la Convention européenne des droits de l'homme (■ Cass. crim., 29 mars 2017, n° 16-80.637 : *Dr. pén.* 2017, comm. 86, note S. Detraz).

27) Outrage direct ou indirect. En ce qui concerne l'outrage indirect, il a été jugé que l'article 222 du Code pénal punit l'outrage adressé à un magistrat, alors même qu'il n'aurait pas été directement adressé à celui-ci, s'il est parvenu à sa connaissance par la volonté de son auteur, spécialement, les propos outrageants proférés contre un maire, dans la mairie, en présence du secrétaire de la mairie, lequel, à raison même de sa qualité, devait nécessairement rendre compte au maire, tombent sous le coup dudit article (■ Cass. crim., 30 mars 1944 : *Bull. crim.*, n° 88).

Doit être cassé l'arrêt qui ne constate pas que des propos outrageants proférés devant un tiers soient parvenus à la connaissance de la personne visée, par la volonté de son auteur (■ Cass. crim., 30 mars 1944, n° 89 ; *Rev. sc. crim.*, 1944, n° 62, obs. L. Hugueney).

L'outrage par paroles envers un magistrat de l'ordre administratif ou judiciaire, prévu par l'article 222 du Code pénal, n'est punissable que lorsque cet outrage a été adressé au magistrat lui-même, ou lorsque, ayant été proféré devant un tiers, il est parvenu à la connaissance du magistrat par la volonté de son auteur ; ne met pas la Cour de cassation en mesure d'exercer son contrôle sur l'existence de tous les éléments du délit, l'arrêt qui, après avoir constaté que le prévenu a manifesté sa volonté de faire parvenir l'outrage à la personne du magistrat, omet de préciser si ce dernier en avait eu connaissance (■ Cass. crim., 19 déc. 1946 : *D.* 1947, jur. 110).

28) Pour être constitué, le délit prévu par l'article L. 631-2, devenu l'article L. 8114-2 du Code du travail et par l'article 433-5 du Code pénal suppose, si l'outrage est indirect, que puisse être constatée chez son auteur l'intention de faire parvenir à la personne concernée l'écrit ou les propos outrageants. Justifie en conséquence sa décision la cour d'appel qui, à la suite du procès-verbal dressé par un inspecteur du travail contre un chef d'établissement, dit non établi à la charge de ce dernier le délit d'outrage lui étant reproché pour avoir adressé au directeur départemental du travail un écrit mettant en cause l'impartialité du fonctionnaire, en retenant que le courrier litigieux n'était pas parvenu à la connaissance de l'inspecteur du travail par la volonté de son auteur. En cet état, il ne saurait être reproché aux juges du fond de ne pas avoir requalifié les faits poursuivis au regard des dispositions de l'article 226-10 du Code pénal relative à l'infraction de dénonciation calomnieuse, dès lors qu'il se déduit de la Convention internationale du travail n° 81 signée le 19 juillet 1947 et du décret du 20 août 2003 portant statut du corps de l'inspection du travail, que lorsqu'ils décident de dresser procès-verbal d'une infraction, les inspecteurs du travail ne sont pas placés sous le contrôle hiérarchique du directeur départemental du travail (■ Cass. crim., 6 mai 2008 : *Bull. crim.*, n° 106 ; *Dr. pénal* 2008, comm. 112, obs. M. Véron).

29) Lien de l'outrage avec les fonctions. Encourt la cassation l'arrêt de condamnation qui ne précise pas les circonstances établissant que les faits d'outrage avaient trait à la fonction ou à la qualité de la personne outragée, qu'ils aient été commis dans l'exercice ou à l'occasion de l'exercice desdites fonctions (■ Cass. crim., 22 mars 1966 : *Bull. crim.*, n° 107 ; *D.* 1966, somm. p. 71).

30) Même s'il concerne sa vie privée, l'outrage proféré à l'égard d'une personne dans l'exercice de ses fonctions rejaillit nécessairement sur celle-ci (en l'espèce paroles outrageantes prononcées entre un adjoint au maire au cours d'une altercation en mairie au sujet d'un plan d'urbanisme) (■ Cass. crim., 14 mai 2013, n° 12-85.787 : *JurisData* n° 2013-011353 ; *Dr. pén.* 2013, comm. 124, obs. M. Véron).

31) Est puni par l'article 433-5 du Code pénal le seul outrage commis au préjudice d'une personne chargée d'une mission de service public, dans l'exercice ou à l'occasion de l'exercice de sa mission.

Encourt en conséquence la cassation l'arrêt qui retient comme constituant des outrages au sens de l'article précité des écrits mettant en cause des fonctionnaires, non à l'occasion de l'exercice de leur mission de service public, mais dans le seul cadre de la mise en œuvre de leurs prérogatives hiérarchiques de notation d'un fonctionnaire placé sous leur autorité (■ Cass. crim., 24 mai 2011, n° 10-87.966 : *Bull. crim.*, n° 104).

32) L'irrégularité de l'acte accompli par un agent de la force publique dans l'exercice de ses fonctions, à la supposer établie, est sans incidence sur la régularité de la procédure dirigée contre un prévenu déclaré coupable d'avoir outragé ledit agent et d'avoir exercé sur lui des violences (■ Cass. crim., 7 févr. 1995 : *Bull. crim.*, n° 51 ; *Dr. pénal* 1995, comm. 156, obs. M. Véron ; *Rev. sc. crim.* 1995, 131, obs. Delmas-Saint-Hilaire).

33) Constatations nécessaires. Ne justifie pas sa décision l'arrêt d'une cour d'appel qui relaxe un prévenu du chef d'outrages envers une enseignante sans rechercher, d'une part, si les propos reprochés n'étaient pas de nature à porter atteinte à l'autorité morale de la personne visée ou à diminuer le respect dû à la fonction d'enseignant, d'autre part, si l'intéressé, bien qu'ayant proféré ses propos à des tiers, n'avait pas conscience qu'ils seraient nécessairement rapportés à la victime (■ Cass. crim., 24 juin 2015, n° 14-82.890 : *Dr. pén.* 2015, comm. 110, obs. M. Véron).

34) Élément moral. Le délit d'outrage, prévu et réprimé par l'article 224 du Code pénal, n'est pas constitué lorsqu'il est établi que le prévenu ignorait la qualité de l'officier ministériel auquel il s'adressait et qu'après en avoir été avisé, loin de réitérer l'outrage, il a cherché à atténuer la portée du mot prononcé (■ Cass. crim., 12 avr. 1967 : *Bull. crim.*, n° 116 ; *Rev. sc. crim.* 1967, p. 859, obs. Vitu).

35) En matière d'outrages, l'élément intentionnel du délit fait défaut et la relaxe est justifiée, lorsqu'il est constaté par les juges du fait qu'à raison de circonstances particulières, affectant l'état physique et moral du prévenu, celui-ci n'a pas eu conscience du caractère outrageant de ses propos et de ses gestes (■ Cass. crim., 24 juill. 1931 : *Bull. crim.*, n° 214. ■ 30 juin 1965 : *Bull. crim.*, n° 169).

36) Le juge du fond est souverain pour apprécier l'existence de l'élément intentionnel de l'infraction d'outrage, à la condition que cette existence ne soit contredite ni par les termes des propos incriminés, ni par les motifs mêmes de l'arrêt attaqué (■ Cass. crim., 30 juin 1965 : *Bull. crim.*, n° 169).

37) Le simple mensonge commis dans le but d'échapper à une poursuite et ne comportant ni parole outrageante, ni geste, ni menace, ne suffit pas à caractériser le délit d'outrage (■ Cass. crim., 12 déc. 1931 : *Bull. crim.*, n° 294).

38) Jugé qu'une fausse déclaration à la police pour couvrir une infraction commise par un coprévenu, ne constitue pas un outrage (■ Paris 11e Ch. B, 31 oct. 1990 : *JurisData*, n° 1990-024896).

39) Constatation de l'outrage. Si aux termes de l'article L. 611-10 du Code du travail, les inspecteurs du travail constatent les infractions par des procès-verbaux qui font foi jusqu'à preuve contraire, il n'en est ainsi que dans les cas où leur auteur constate une infraction entrant dans le champ de compétence qui lui est reconnu par l'article L. 611-1 du même code.

Tel n'est pas le cas du procès-verbal par lequel l'inspecteur du travail relève un délit d'outrage prévu et réprimé par l'article 433-5 du Code pénal (■ Cass. crim., 6 févr. 2007 : *Bull. crim.*, n° 33).

Art. 433-5-1 *(L. n° 2003-239, 18 mars 2003).* – **Le fait, au cours d'une manifestation organisée ou réglementée par les autorités publiques, d'outrager publiquement l'hymne national ou le drapeau tricolore est puni de 7 500 euros d'amende.**

Lorsqu'il est commis en réunion, cet outrage est puni de six mois d'emprisonnement et de 7 500 euros d'amende.

Bibliographie : M. Segonds, *JCl. pén., Outrage à l'hymne national ou au drapeau tricolore.*

Voir : art. R. 645-15, p. 687.

Section V. – De la rébellion

Art. 433-6. – Constitue une rébellion le fait d'opposer une résistance violente à une personne dépositaire de l'autorité publique ou chargée d'une mission de service public agissant, dans l'exercice de ses fonctions, pour l'exécution des lois, des ordres de l'autorité publique, des décisions ou mandats de justice.

Bibliographie : *JCl. pén., Rébellion* par R. Bernardini.

1) Personnes protégées. Les personnes visées par l'article 209 ne sont protégées au titre de la rébellion que lorsqu'elles agissent pour l'exécution des lois et des ordres de l'autorité, tel le cas d'un huissier mettant à exécution un jugement d'expulsion d'un locataire (■ T. corr. Chalon-sur-Saône, 15 févr. 1950 : *JCP*50, II, 5505, note Levasseur).

Mais la rébellion ne peut être retenue contre la personne résistant avec violence à un officier public agissant hors de ses fonctions ou sans titre légal ou judiciaire appuyant son action (■ Cass. crim., 25 mars 1852 : *Bull. crim.*, n° 108).

2) Rébellion active. Il y a rébellion chaque fois que les violences ou voies de fait ont été opposées à un agent de la force publique agissant dans le cadre de ses fonctions, même si une irrégularité entachait l'acte mis à exécution ou les conditions mêmes de l'exécution (■ Cass. crim., 11 août 1905 : *D.* 1907, 1, 309. ■ 3 mai 1961 : *Bull. crim.*, n° 234. ■ 2 juill. 1987 : *Bull. crim.*, n° 281 ; *Rev. sc. crim.* 1988, 519, obs. Delmas-Saint-Hilaire).

3) Est coupable de rébellion l'individu qui tente de s'enfuir en cherchant à faire tomber un gardien de la paix qui venait de l'arrêter en flagrant délit et lui porte des coups (■ Cass. crim., 28 sept. 1970 : *D.* 1971, 36, note Chabas ; *JCP* 72, II, 17272, note Koering-Joulin), ou qui essaie de libérer une personne appréhendée par la police en la tirant vigoureusement vers lui pour faire lâcher prise au policier (■ Cass. crim., 29 janv. 1974 : *Bull. crim.*, n° 42) ou même qui oppose une résistance à un officier ministériel, l'accompagnant de violences qui, sans atteindre matériellement sa personne, sont de nature à l'impressionner vivement (■ Cass. crim., 15 mars 1972 : *Bull. crim.*, n° 106 ; V. également ■ Cass. crim., 20 mars 1991 : *Dr. pénal* 1991, n° 224).

4) La Cour de cassation a encore jugé (■ Cass. crim., 7 févr. 1990 : *Gaz. Pal.* 4 févr. 1990) qu'il y a rébellion dès lors que la résistance a été accompagnée de violences ou voies de fait qui, sans atteindre matériellement l'agent public, a entravé son action, et qu'elle est caractérisée notamment par tout acte de résistance active à l'intervention des dépositaires de l'autorité publique, même sans atteinte physique à la personne de ces derniers (■ Cass. crim., 10 nov. 1998 : *Bull. crim.*, n° 295 ; *JCP* 99, somm. n° 1481. ■ 11 mai 2005 : *Dr. pénal* 2005, comm. 124, obs. M. Véron).

5) Ne tire pas les conséquences légales de ses propres constatations la cour d'appel qui relaxe du chef de rébellion après avoir relevé que le prévenu s'était débattu au moment de son interpellation et avait pu se libérer avant de prendre la fuite, le délit étant caractérisé par tout acte de résistance active à l'intervention d'une personne dépositaire de l'autorité publique, même sans atteinte physique à l'encontre de cette personne (■ Cass. crim., 7 nov. 2006 : *Bull. crim.*, n° 273 ; *Dr. pénal* 2007, note 20).

6) Il a été jugé que la circonstance que l'inculpé ignorait être l'objet d'un mandat d'arrêt ne saurait être considérée comme un fait propre à légitimer les actes de violence qui auraient été commis sur des agents de la force publique agissant pour l'exécution d'un mandement de justice (■ Cass. crim., 27 nov. 1931 : *Bull. crim.*, n° 276) ; sur la critique de cet arrêt, V. Vitu, *op. cit.*, n° 63.

7) Le fait qu'au cours d'une manifestation une personne ait été soumise au port des menottes par un agent dépositaire de la force publique en violation des dispositions de l'article 803 du Code de procédure pénale ne justifie pas les actes de rébellion commis par cette personne (■ Paris, 7 janv. 1997 : *Dr. pénal* 1998, comm. 140, note A. Maron).

8) Constitue une rébellion le fait de résister et de refuser que les gendarmes mettent au prévenu, déjà retenu, des menottes à l'autre poignet (■ Cass. crim., 14 avr. 2015, n° 14-84.260 : *Dr. pén.* 2015, comm. 84, obs. M. Véron).

9) Résistance passive. Il n'y a pas de rébellion dans la résistance opposée par un individu qui, au moment d'être arrêté, refuse de marcher, se couche à terre et se laisse traîner par les agents chargés de l'appréhender (■ Cass. crim., 23 mai 1913 : *Bull. crim.*, n° 244) ; il n'y a pas non plus rébellion en l'absence de résistance avec violences et voies de fait, le prévenu, lors d'une interpellation par des fonctionnaires de police, ayant simplement fait de grands gestes pour empêcher un fonctionnaire de police de le palper et n'ayant pas touché ce fonctionnaire (■ Paris, 11e Ch. B, 17 oct. 1990 : *JurisData* n° 024438).

10) Ne justifie pas sa décision la cour d'appel qui condamne pour rébellion sans répondre aux conclusions du prévenu qui déniait toute résistance violente et soutenait que les agents de l'office national des forêts l'avaient jeté à terre pour l'immobiliser alors qu'il leur tournait le dos, sans d'ailleurs qu'il ait été établi la commission d'un débit de chasse justificatif d'une arrestation (■ Cass. crim., 26 juin 2012, n° 11-87.416 : *Dr. pénal* 2012, comm. 142, obs. M. Véron ; *Rév. sc. crim.* 2012, p. 83, obs. C. Mascala).

11) Justifie sa décision la cour d'appel qui, pour renvoyer un prévenu des fins de la poursuite du chef de rébellion, après avoir rappelé que le délit exclut la simple résistance passive à l'usage de la force d'inertie, relève qu'il ressort des constatations du procès-verbal que le prévenu s'est agrippé à son volant en refusant de suivre les gendarmes (■ Cass. crim., 1er mars 2006 : *Bull. crim.*, n° 58 ; *Rev. sc. crim.* 2007, p. 85, obs. C. Mascala ; *JurisData* n° 2006-032778 ; *Dr. pénal* 2006, comm. 68, obs. M. Véron).

12) Violence constitutive de la rébellion. Justifie sa décision la cour d'appel qui, pour condamner le prévenu du chef de rébellion et le relaxer du chef de violences exercées sur trois gardiens de la paix, retient qu'il n'a pas commis d'actes de violences distincts de ceux constituant une résistance violente à son arrestation, élément constitutif de la rébellion (■ Cass. crim., 21 févr. 2006 : *Bull. crim.*, n° 47 ; *JurisData* n° 2006-032588 ; *Dr. pénal* 2006, comm. 69, obs. M. Véron ; *Rev. sc. crim.* 2006, p. 604, n° 4, obs. Y. Mayaud).

13) Justifie sa décision la cour d'appel qui, pour infirmer le jugement sur intérêts civils et dire réunis les éléments constitutifs du délit de rébellion, retient, qu'au cours d'un contrôle régulier sur sa personne, le prévenu a tenté d'y échapper en effectuant un mouvement violent qui a causé une blessure à l'agent des douanes (■ Cass. crim., 8 nov. 2011 : *JurisData* n° 2011-028165 ; *Dr. pén.* 2012, comm. 19, obs. M. Véron).

14) Complicité. Pour des exemples de faits de complicité, V. ■ Cass. crim., 8 déc. et 15 déc. 2009 : *Dr. pénal* 2010, comm. 32, obs. M. Véron ; *D.* 2010, p. 1132, note J.-L. Lennon ; *Rev. sc. crim.* 2010, p. 859, obs. C. Mascala.

15) Récidive. La violence que doit revêtir la résistance constitutive de la rébellion ne peut être retenue au regard de la récidive, comme caractérisant la circonstance aggravante de violences prévue par l'article 132-16-4 du Code pénal (■ Cass. crim., 8 déc. 2009 : *Bull. crim.*, n° 209 ; ■ 15 déc. 2009, préc. et comm. préc.).

16) Action civile. Justifie sa décision la cour d'appel qui, pour rejeter les demandes d'indemnisation de préjudices moraux formées par des fonctionnaires de police, parties civiles retient que l'infraction de rébellion n'engendre pas nécessairement un préjudice pour les agents ayant procédé à l'interpellation et que ces derniers ne justifient pas, en l'espèce, de l'existence, d'un préjudice personnel en lien direct avec les faits objet de la poursuite (■ Cass. crim., 16 juin 2015, n° 14-84.491).

Art. 433-7 ***(L. n° 2007-297, 5 mars 2007 ; L. n° 2017-258, 28 févr. 2017).*** **– La rébellion est punie de deux ans d'emprisonnement et de 30 000 € d'amende.**

La rébellion commise en réunion est punie de trois ans d'emprisonnement et de 45 000 € d'amende.

Art. 433-8 ***(L. n° 2007-297, 5 mars 2007).*** **– La rébellion armée est punie de cinq ans d'emprisonnement et de 75 000 € d'amende.**

La rébellion armée commise en réunion est punie de dix ans d'emprisonnement et de 150 000 € d'amende.

Art. 433-9. – Lorsque l'auteur de la rébellion est détenu, les peines prononcées pour le délit de rébellion se cumulent, par dérogation aux articles 132-2 à 132-5, sans possibilité de confusion, avec celles que l'intéressé subissait ou celles prononcées pour l'infraction à raison de laquelle il était détenu.

Les dispositions dérogatoires de l'article 433-9 du Code pénal, selon lesquelles, lorsque l'auteur d'une rébellion est détenu, les peines prononcées pour le délit de rébellion se cumulent avec celles que l'intéressé subissait ou celles prononcées pour l'infraction à raison de laquelle il était détenu, sont inapplicables en cas de poursuite unique pour plusieurs délits en concours parmi lesquels celui de rébellion, la juridiction étant tenue, dans ce cas de ne prononcer qu'une seule peine d'emprisonnement, conformément aux dispositions de l'article 132-3 du Code pénal (■ Cass. crim., 10 juin 2015, n° 14-86.068).

Art. 433-10 ***(Mod., L. n° 2007-297, 5 mars 2007).*** **– La provocation directe à la rébellion, manifestée soit par des cris ou des discours publics, soit par des écrits affichés ou distribués, soit par tout autre moyen de transmission de l'écrit, de la parole ou de l'image, est punie de deux mois d'emprisonnement et de 7 500 € d'amende.**

Lorsque le délit prévu à l'alinéa précédent est commis par la voie de la presse écrite ou audiovisuelle, les dispositions particulières des lois qui régissent ces matières sont applicables en ce qui concerne la détermination des personnes responsables.

Justifie sa décision la cour d'appel qui, pour caractériser le délit de provocation à la rébellion, retient que la personne qui, pour faire obstacle à son interpellation par des policiers, harangue la foule, en l'incitant par des propos violents à commettre des violences sur ceux-ci (■ Cass. crim., 21 févr. 2017, n° 16-83.641).

Section VI. – De l'opposition à l'exécution de travaux publics

Art. 433-11. – Le fait de s'opposer, par voies de fait ou violences, à l'exécution de travaux publics ou d'utilité publique est puni d'un an d'emprisonnement et de 15 000 € d'amende.

Bibliographie.: *JCl. pén., Opposition à l'exécution de travaux publics* par D. Thomas.

1) QPC. Non-lieu à renvoi au Conseil constitutionnel de la QPC visant l'article 433-11 (■ Cass. crim., 29 janv. 2013, n° 12-90.070).

2) Est protégée par l'article 438 la construction d'un chemin d'exploitation de diverses parcelles entreprise par une association foncière de remembrement créée en exécution du plan de remembrement établi sur ordre de l'autorité administrative et rendu définitif et exécutoire par arrêté préfectoral (■ Cass. crim., 21 févr. 1961 : *Bull. crim.*, n° 110).

3) L'irrégularité des travaux autorisés par le Gouvernement ne saurait justifier les voies de fait imputées au prévenu (■ Cass. crim., 30 avr. 1974 : *Bull. crim.*, n° 155).

4) Il n'est pas nécessaire, pour que le délit soit caractérisé, que l'opposition ait eu pour résultat d'empêcher les travaux ; il suffit qu'elle ait eu pour but d'y faire obstacle (■ Cass. crim., 14 févr. 1956 : *Bull. crim.*, n° 153).

5) Ne justifie pas sa décision de condamnation d'un prévenu du chef d'opposition à l'exécution de travaux publics l'arrêt qui se borne à constater qu'après une manifestation contre la construction d'une section d'autoroute au cours de laquelle le chantier avait été envahi par plusieurs personnes, ledit prévenu avait lui-même pénétré sur le chantier, sans rechercher s'il était, par son fait personnel, volontairement opposé à l'exécution des travaux. La simple participation à une action collective ne suffit pas à caractériser le délit (■ Cass. crim., 8 oct. 1997 : *Dr. pénal* 1998, comm. 19, note M. Véron).

Section VII. – De l'usurpation de fonctions

Art. 433-12. – Est puni de trois ans d'emprisonnement et de 45 000 € d'amende le fait, par toute personne agissant sans titre, de s'immiscer dans l'exercice d'une fonction publique en accomplissant l'un des actes réservés au titulaire de cette fonction.

Bibliographie : *JCl. pén., Usurpation de fonctions* par C. Ribeyre.

1) Les fonctions protégées par l'article 258 sont toutes celles qui donnent à celui qui en est investi une participation quelconque à l'exercice de la puissance publique ; le texte s'applique ainsi aux fonctions exercées par les inspecteurs du travail (■ Cass. crim., 22 avr. 1969 : *Bull. crim.*, n° 143 ; *Rev. sc. crim.* 1970, 642, obs. Vitu), par les autorités militaires (■ Cass. crim., 15 mai 1942 : *Bull. crim.*, n° 62), par les notaires (■ Cass. crim., 10 juill. 1968 : *Bull. crim.*, n° 221 ; *Rev. sc. crim.* 1969, 136, obs. Vitu), par les huissiers (■ Cass. crim., 15 nov. 1967 : *Bull. crim.*, n° 291 ; *Rev. sc. crim.* 1968, 331, obs. Vitu), par les commissaires-priseurs (■ Cass. crim., 3 nov. 1970 : *Bull. crim.*, n° 287 ; *Rev. sc. crim.* 1971, 413, obs. Vitu), par les administrateurs civils (■ Cass. crim., 1er oct. 1990 : *Dr. pénal*1991, n° 2).

2) L'acte d'immixtion peut consister soit en un ou plusieurs actes de la fonction usurpée (■ Cass. crim., 3 nov. 1970, préc.), soit en des agissements tendant à faire croire que l'intéressé possédait les qualités et pouvoirs des fonctionnaires dans les fonctions desquels il s'immisçait, sans qu'il accomplisse pourtant exactement aucun acte de la fonction (■ Cass. crim., 11 juin 1964 : *Bull. crim.*, n° 202 ; *Rev. sc. crim.* 1965, 126, obs. Hugueney), ainsi l'individu se faisant passer pour fonctionnaire de police et pratiquant des surveillances (■ Cass. crim., 21 juill. 1971 : *Bull. crim.*, n° 325).

3) Pour que soit constitué le délit d'usurpation de fonctions, il n'est pas nécessaire que des tiers aient cru que le prévenu était investi des fonctions usurpées (■ Cass. crim., 24 mars 1987 : *Bull. crim.*, n° 140).

4) Le délit d'usurpation de fonctions publiques peut résulter de faits qui, sans être des actes déterminés et caractéristiques de la fonction usurpée, constituent des manœuvres ou une mise en scène de nature à faire croire au pouvoir du fonctionnaire prétendu ; tel n'est pas le cas de la simple affirmation mensongère (■ Cass. crim., 2 févr. 1994 : *Bull. crim.*, n° 53).

5) Le seul fait d'exercer les fonctions de mandataire-liquidateur incompatibles avec celles de commissaire aux comptes de la même société ne saurait constituer le délit d'usurpation de fonctions (■ Cass. crim., 9 sept. 1998 : *Dr. pénal* 1999, comm. 4, obs. M. Véron).

6) Le délit d'usurpation de fonctions est constitué sans qu'il soit nécessaire que l'acte de la fonction dont l'auteur n'était pas investi ait été régulièrement accompli (■ Cass. crim., 21 févr. 2001 : *Bull. crim.*, n° 46. ■ 20 mai 2009 : *Dr. pénal* 2009, comm. 134, obs. M. Véron ; *Bull. crim.*, n° 100).

7) Se présenter comme policier en produisant une carte tricolore pour pénétrer dans un appartement ne caractérise pas le délit dès lors qu'il ne résulte pas des motifs de l'arrêt que le prévenu ait accompli un acte réservé à la fonction de policier (■ Cass. crim., 13 oct. 2009 : *Dr. pénal* 2010, comm. 5, obs. M. Véron).

8) Encourt la cassation l'arrêt qui, statuant sur des intérêts civils, pour dire qu'un premier surveillant de maison d'arrêt a commis une faute entrant dans les prévisions de l'article 433-12 du Code pénal réprimant le délit d'usurpation de fonctions, retient que le prévenu a procédé à une enquête à l'intérieur de l'établissement pénitentiaire sans l'accord de sa hiérarchie et a monté un stratagème en vue de provoquer l'interpellation d'un infirmier qu'il suspectait de fournir de la résine de cannabis à un détenu. En effet, de tels motifs ne caractérisent pas l'immixtion dans l'exercice d'une fonction dont il n'était pas investi (■ Cass. crim., 14 sept. 2004 : *Bull. crim.*, n° 205).

Pour une distinction entre le délit d'usurpation de fonctions et celui de confusion avec l'exercice d'une fonction publique, V. ■ Cass. crim., 13 oct. 2009 : *Dr. pénal* 2010, comm. 5, obs. M. Véron, préc.

9) Les deux qualifications de complicité de prise illégale d'intérêts et d'usurpation de fonctions ne sont pas incompatibles entre elles et peuvent être retenues pour un même fait, dès lors qu'elles sanctionnent la violation d'intérêts distincts, comportent des éléments constitutifs différents et qu'une seule peine a été prononcée conformément aux articles 5 ancien et 132-3 du Code pénal (■ Cass. crim., 21 févr. 2001, préc.).

10) Justifie sa décision, la cour d'appel qui déclare recevable la constitution de partie civile de la chambre régionale des huissiers de justice et lui alloue des dommages-intérêts, dès lors que l'infraction d'usurpation de fonction porte directement atteinte aux droits et intérêts communs des membres que cette chambre représente, par application de l'ordonnance du 2 novembre 1945 (■ Cass. crim., 20 mai 2009 : *Bull. crim.*, n° 100, préc.).

11) Justifie sa décision, sans méconnaître le principe *Ne bis in idem*, la cour d'appel qui déclare le prévenu coupable, à la fois, d'immixtion dans une fonction publique pour avoir procédé à des classements sans suite de contraventions, et de détournement ou destruction, au préjudice de l'État et de la commune dont il est maire, de procès-verbaux constatant des contraventions, dès lors que le fait de filtrer les procès-verbaux des contraventions, en lieu et place du ministère public, est dissociable de l'action d'annuler des références de la souche ou carte maîtresse de l'infraction enregistrée sur un logiciel dédié afin d'éviter toute communication au Trésor public aux fins de recouvrement (■ Cass. crim., 21 mars 2018, n° 17-81.011).

Art. 433-13. – Est puni d'un an d'emprisonnement et de 15 000 € d'amende le fait par toute personne :

1° D'exercer une activité dans des conditions de nature à créer dans l'esprit du public une confusion avec l'exercice d'une fonction publique ou d'une activité réservée aux officiers publics ou ministériels ;

2° D'user de documents ou d'écrits présentant, avec des actes judiciaires ou extrajudiciaires ou avec des documents administratifs, une ressemblance de nature à provoquer une méprise dans l'esprit du public ;

Le délit prévu et puni par l'article 433-13-1° du Code pénal peut résulter d'actes constituant des manœuvres ou une mise en scène effectués dans des conditions de nature à créer, dans l'esprit du public, la confusion avec l'exercice d'une fonction publique ou d'une activité réservée aux officiers publics et ministériels ; en conséquence, justifie sa décision la cour d'appel qui, pour condamner un agent privé de recherche, relève que le prévenu, conscient d'être pris pour un commissaire de police ou un officier ministériel, s'est introduit dans les locaux d'une entreprise à la suite d'un huissier chargé d'y faire un constat et s'est fait remettre des photocopies de documents, a questionné des salariés et a consulté des fichiers informatiques (■ Cass. crim., 9 avr. 2002 : *Bull. crim.*, n° 83).

Voir : anc. art. 258-1, C. pén.

Section VIII. – De l'usurpation de signes réservés à l'autorité publique

Art. 433-14 *(L. n° 2013-711, 5 août 2013)*. **– Est puni d'un an d'emprisonnement et de 15 000 € d'amende le fait, par toute personne, publiquement et sans droit :**

1° De porter un costume, un uniforme ou une décoration réglementés par l'autorité publique ;

2° D'user d'un document justificatif d'une qualité professionnelle ou d'un insigne réglementés par l'autorité publique ;

3° D'utiliser un véhicule dont les signes extérieurs sont identiques à ceux utilisés par les fonctionnaires de la police nationale ou les militaires ;

4° D'user de l'emblème ou de la dénomination de l'un des signes distinctifs définis par les conventions signées à Genève le 12 août 1949 et leurs protocoles additionnels.

Voir : Conventions de Genève du 12 août 1949 (prisonniers de guerre, protection des personnes civiles en temps de guerre, amélioration du sort des blessés, des malades et des naufragés des forces armées sur mer, et amélioration du sort des blessés et des malades dans les forces armées en campagne), publiées par D. n° 52-253, 28 févr. 1952 (*JO* 6 mars 1952) ; Protocoles I et II, 8 juin 1977 (protection des victimes des conflits armés), publiés par D. n° 2001-565, 25 juin 2001 (*JO* 30 juin 2001) et D. n° 84-727, 17 juill. 1984 (*JO* 26 juill. 1984).

Bibliographie : *JCl. pén., Usurpation de signes réservés à l'autorité publique* par C. Ribeyre.

1) Pour des exemples de costumes et uniformes protégés, V. ■ Cass. civ. 29 juill. 1936 : *DP* 1936, 1, 86, note Appleton (robe d'avocat). ■ T. corr. Orange, 28 déc. 1916 : *Gaz. Pal.* 1916, 2, 464 (costume officiel étranger).

2) Si le port par un Français de décorations étrangères est réglementé, un étranger séjournant en France peut y porter librement les décorations qui lui ont été conférées par son pays d'origine ou par un autre pays (■ Cass. crim., 25 mars 1899 : *S.* 1900, 1, 428).

3) L'article 259, alinéa 1er est applicable à un avocat qui, rayé du tableau, persistait à se présenter en robe pour plaider devant le tribunal de commerce (■ Alger, 16 déc. 1898 : *D.* 99, 2, 38).

4) La robe que les avocats revêtent, conformément aux prévisions de l'article 3 de la loi du 31 décembre 1971, dans l'exercice de leurs fonctions judiciaires, est un costume réglementé par l'autorité publique au sens de l'article 433-14 du Code pénal ; l'Ordre des avocats est recevable à se constituer partie civile en réparation du préjudice causé aux intérêts collectifs de la profession, notamment par le port illégal du costume d'avocat (■ Cass. crim., 5 nov. 1997 : *Bull. crim.*, n° 377).

Art. 433-15 *(Mod., L. n° 2013-711, 5 août 2013)*. **– Est puni de six mois d'emprisonnement et de 7 500 € d'amende le fait, par toute personne, publiquement, de porter un costume ou un uniforme, d'utiliser un véhicule, ou de faire usage d'un insigne ou d'un document présentant, avec les costumes, uniformes, véhicules, insignes ou documents distinctifs réservés aux fonctionnaires de la police nationale ou aux militaires, une ressemblance de nature à causer une méprise dans l'esprit du public.**

Les mêmes peines sont applicables au fait, par toute personne, de faire publiquement usage d'un emblème ou d'une dénomination présentant avec l'un des signes distinctifs des conventions signées à Genève le 12 août 1949 et de leurs protocoles additionnels une ressemblance de nature à causer une méprise dans l'esprit du public.

Voir : art. R. 643-1, p. 681.

Voir : Conventions de Genève du 12 août 1949 (prisonniers de guerre, protection des personnes civiles en temps de guerre, amélioration du sort des blessés, des malades et des naufragés des forces armées sur mer, et amélioration du sort des blessés et des malades dans les forces armées en campagne), publiées par D. n° 52-253, 28 févr. 1952 (*JO* 6 mars 1952) ; Protocoles I et II, 8 juin 1977 (protection des victimes des conflits armés), publiés par D. n° 2001-565, 25 juin 2001 (*JO* 30 juin 2001) et D. n° 84-727, 17 juill. 1984 (*JO* 26 juill. 1984).

Art. 433-16. – Les infractions définies par les articles 433-14 et 433-15 sont punies de trois ans d'emprisonnement et de 45 000 € d'amende lorsqu'elles ont pour objet de préparer ou de faciliter la commission d'un crime ou d'un délit.

Section IX. – De l'usurpation de titres

Art. 433-17 ***(L. n° 2009-1437, 24 nov. 2009).*** **– L'usage, sans droit, d'un titre attaché à une profession réglementée par l'autorité publique ou d'un diplôme officiel ou d'une qualité dont les conditions d'attribution sont fixées par l'autorité publique est puni d'un an d'emprisonnement et de 15 000 € d'amende.**

Les personnes physiques ou morales coupables du délit prévu à la présente section encourent également la peine complémentaire suivante : interdiction de l'activité de prestataire de formation professionnelle continue au sens de l'article L. 6313-1 du Code du travail pour une durée de cinq ans.

Bibliographie : *JCl. pén., Usurpation de titres* par A. Vitu.

1) Applications. L'article 259, alinéa 2, a été appliqué à un individu non inscrit à un barreau qui se paraît du titre d'avocat-conseil (■ Cass. crim., 11 mai 1971 : *D.* 1971, 428 ; *Rev. sc. crim.*1971, 934, obs. Vitu. ■ 14 févr. 1991 : *JCP* 91, IV, 194) ou de celui d'avocat (■ Cass. crim., 29 janv. 1958 : *D.* 1958, 44), à une femme qui, pour faire pression sur un débiteur, lui avait écrit en se faisant passer pour un avoué dont elle avait inventé le nom (■ T. corr. Le Mans, 25 mars 1955 : *JCP* 55, II, 8694, note G. M.), à un individu qui avait usurpé la qualité d'expert agréé près une cour d'appel (■ Cass. crim., 26 juin 1968 : *D.* 1968, 671, note Doll ; *Rev. sc. crim.* 1969, 136, obs. Vitu), à un autre qui avait utilisé le titre de conseil en propriété industrielle, créant une confusion avec celui de conseil en brevet d'invention (■ Cass. crim., 30 mai 1985, inédit).

2) Se rend coupable d'usage illégal du titre d'avocat la collaboratrice d'un avocat, qui, préparant l'examen d'entrée au centre de formation professionnelle des avocats, a représenté une des parties devant un conseil de prud'hommes. La circonstance que l'avocat dont elle était la collaboratrice ait fait preuve de légèreté en la chargeant d'une telle mission ne saurait suffire à justifier qu'elle ait fait usage à l'audience d'un titre auquel elle ne pouvait prétendre (■ Cass. crim., 11 oct. 1988 : *Gaz. Pal.* 1988, I, somm. p. 80, note J.-P. Doucet). Est également coupable d'usage irrégulier du titre d'avocat le prévenu qui figure en cette qualité sur l'annuaire électronique des PTT, alors que le Conseil de l'ordre n'avait pas encore statué sur sa demande d'inscription au tableau (■ Cass. crim., 10 mai 1989 : *Dr. pénal* 1990, n° 47). – V. également en ce qui concerne l'usage illégal du titre de conseil juridique (■ Cass. crim., 11 avr. 1991 : *Dr. pénal* 1992, n° 3, note Véron. ■ 10 févr. 1993 : *Dr. pénal* 1993, n° 152. ■ 31 mars 1993 : *Bull. crim.*, n° 142), de conseil en brevet d'invention (■ Cass. crim., 1er mars 1990 : *Dr. pénal* 1990, n° 249. ■ 11 avr. 1991 : *JCP* G 91, IV, 280), de géomètre expert (■ Cass. crim., 20 juin 1991 : *Bull. crim.*, n° 271) ou d'architecte (■ Rennes, 10 mai 1988 : *JurisData* n° 043657) ou d'expert-comptable (■ Cass. crim., 22 févr. 1996 : *Bull. crim.*, n° 90. ■ 18 juin 2002 : *Bull. crim.*, n° 135), ou d'ingénieur de l'École centrale de Paris dans un rapport d'expertise destiné à un juge d'instruction (■ Cass. crim., 20 nov. 2001 : *JurisData* n° 012576 ; *Dr. pénal* 2002, comm. 54, obs. Véron), ou encore d'huissier (■ Cass. crim., 3 avr. 1957 : *Bull. crim.*, n° 32), de notaire (■ Cass. crim., 10 juill. 1968 : *Bull. crim.*, n° 221), ou de médecin (■ Cass. crim., 12 janv. 2010 : *Dr. pénal* 2010, comm. 47, obs. J.-H. Robert, et comm. 45, obs. M. Véron).

3) L'usage sans droit du titre peut se faire par écrit ainsi dans des lettres à en-tête (■ Cass. crim., 28 déc. 1959 : *Bull. crim.*, n° 592) ou verbalement (■ Cass. crim., 29 janv. 1956 : *D.* 1958, 449) ou encore par des actes extérieurs telle l'apposition d'une plaque sur la porte d'un local.

4) Le délit n'est pas constitué à la charge d'un prévenu rédacteur d'un article dans une revue auquel le directeur de publication a attribué le titre de conseil en brevet d'invention. Il ne saurait lui être reproché de ne pas avoir procédé à une rectification dès lors que le délit d'usage d'un titre protégé suppose un acte positif et non une simple abstention (■ Paris, 21 nov. 1986 : *JurisData* n° 028675).

5) A légalement justifié sa décision la cour d'appel qui, pour relaxer les employés d'un groupement d'intérêt économique (GIE), prévenus d'exercice illégal de la profession d'expert-comptable, et le dirigeant d'une société d'expertise comptable, prévenu de complicité de ce délit, retient que les premiers se sont bornés, sans faire usage du titre d'expert-comptable, à assurer la tenue, le classement et la centralisation des comptes des membres du GIE, au nom et sous la responsabilité de chacun de ceux-ci, alors que la société d'expertise comptable établissait leurs bilans et comptes de résultats (■ Cass. crim., 20 nov. 2001 : *Bull. crim.*, n° 240 ; *Dr. pénal* 2002, comm. 32, obs. J.-H. Robert).

6) Mais commettent le délit d'exercice illégal de la profession d'expert-comptable les prévenus qui, sans être inscrits au tableau de l'Ordre créé par l'ordonnance du 19 septembre 1945, interviennent directement, en leur nom propre et sous leur responsabilité dans la tenue des comptes de plusieurs entreprises dont ils étaient indépendants en dépit de l'apparence créée par les contrats de travail salarié à domicile passés avec chacune d'elles (■ Cass. crim., 18 juin 2002 : *Bull. crim.*, n° 135).

7) Les articles L. 127-1 à L. 127-9 du Code du travail, qui régissent les groupements d'employeurs, ne comportent aucune dérogation aux dispositions de l'ordonnance du 19 septembre 1945 ; commet le délit d'exercice illégal de la profession d'expert-comptable ou de comptable agréé le président d'un tel groupement qui a mis à la disposition de ses adhérents des salariés qui ont effectué, au siège de l'association, des travaux de comptabilité facturés sur la base d'un tarif horaire, sans que ces employés soient liés à chaque adhérent par un contrat de travail (■ Cass. crim., 19 mai 2004 : *Bull. crim.*, n° 128).

8) Se rendent coupables de l'infraction d'usurpation de titre prévue à l'article 74 de la loi du 31 décembre 1971 et réprimée par l'article 433-17 du Code pénal, les prévenus qui, sans droit, apposent à l'entrée de leurs locaux professionnels respectifs des plaques portant les inscriptions, pour l'un, « juriste d'entreprise, droit fiscal, droit des affaires, droit des sociétés », pour l'autre, « assistance juridique, rédaction d'actes, représentation devant le tribunal de commerce », l'utilisation conjointe de ces termes étant de nature à entraîner dans l'esprit du public la confusion avec le titre de conseil juridique (■ Cass. crim., 8 juin 1995 : *Bull. crim.*, n° 211).

9) Constitue le délit d'usurpation de titre ou de fonction l'usage, dans l'exercice d'une activité d'assistance ou de représentation des parties devant le tribunal de commerce, des titres de mandataire ou de mandataire près le tribunal de commerce, de nature à entraîner dans l'esprit du public une confusion avec le titre de mandataire judiciaire à la liquidation des entreprises (■ Cass. crim., 1er févr. 2000 : *Bull. crim.*, n° 53).

10) Justifie sa décision la cour d'appel qui, pour relaxer un géomètre topographe prévenu d'exercice illégal de la profession de géomètre-expert, retient que les travaux qu'il a réalisés en vue de l'établissement de documents d'arpentage déposés au service du cadastre par un géomètre-expert n'ont pas eu directement pour objet de fixer les limites des biens fonciers et de définir les droits qui y sont attachés (■ Cass. crim., 16 mai 2006 : *Bull. crim.*, n° 134).

11) Titres sportifs réglementés. Nul ne peut se prévaloir d'un dan ou d'un grade équivalent dans les disciplines sportives relevant des arts martiaux s'il n'a pas été délivré par la commission spécialisée des dans et grades équivalents de la fédération délégataire ou, à défaut, de la fédération agréée consacrée exclusivement aux arts martiaux.

Encourt dès lors la cassation l'arrêt qui, pour relaxer des chefs d'usurpation de titre et de publicité de nature à induire en erreur un professeur de judo, titulaire du 5e dan, retient que le titre de 6e dan dont il a fait état dans des annonces publicitaires après l'entrée en vigueur de la loi du 15 juin 1999, qui a attribué le monopole de la délivrance des dans à la commission spécialisée des dans et grades équivalents de la fédération délégataire, lui a été délivré, avant cette entrée en vigueur et après l'annulation par le Conseil d'État du décret du 2 août 1993 fixant les conditions de délivrance de certains titres dans les disciplines relevant des arts martiaux, par un jury constitué par le syndicat national des enseignants professionnels de judo auquel il appartient (■ Cass. crim., 10 oct. 2006 : *Bull. crim.*, n° 245 ; *JCP* 2007, II, 10043, note Y. Gaudemet). À noter que la Cour d'appel de renvoi a retenu la culpabilité du prévenu, dont le pourvoi a été rejeté (■ Cass. crim., 18 nov. 2008 : *Dr. pénal* 2009, comm. 21, obs. M. Véron).

12) Élément moral. L'intention coupable consiste à savoir que l'on n'a aucun droit à se réclamer ou à faire usage du titre, du diplôme ou de la qualité usurpée et il n'est pas nécessaire d'exiger une volonté délibérée de tromper le public sur la compétence et la confiance accordées par les milieux professionnels (■ Cass. crim., 18 déc. 1979 : *Bull. crim.*, n° 366 ; *Rev. sc. crim.* 1980, 709, obs. Vitu).

13) L'élément moral du délit d'usurpation de titre, tel celui d'avocat, qui n'exige pas une intention spéciale de tromperie, est caractérisé par l'utilisation en connaissance de cause d'un titre dont le prévenu n'est pas titulaire (■ Cass. crim., 30 oct. 1995 : *Bull. crim.*, n° 337), ou d'une dénomination voisine pouvant susciter une confusion avec ce titre dans l'esprit du public (■ Cass. crim., 27 mars 1996 : *Bull. crim.*, n° 141).

14) Répression. Dans tous les cas d'application de l'article 433-17 du Code pénal, la peine complémentaire de la diffusion de la décision, prévue par l'article 433-22 du même code, peut être prononcée ; prononce, dès lors, à bon droit cette peine, la cour d'appel qui condamne le prévenu pour le délit d'exercice illégal de la profession d'expert-comptable, prévu par l'article 20 de l'ordonnance du 19 septembre 1945 et puni des peines de l'article 433-17 du Code pénal (■ Cass. crim., 22 févr. 1996 : *Bull. crim.*, n° 90).

15) Action civile. En application de l'article 20, alinéa 4, de l'ordonnance du 19 septembre 1945 modifiée, les Conseils régionaux de l'Ordre peuvent, par exception aux dispositions des articles 31.3° et 37.8° de l'ordonnance du 19 septembre 1945 modifiée, qui réservent au Conseil supérieur de l'Ordre des experts-comptables le droit de se constituer partie civile devant les juridictions pénales relativement aux faits portant un préjudice direct ou indirect à l'intérêt collectif des professions qu'il représente, saisir le tribunal, par voie de citation directe, des délits d'exercice illégal de la profession d'expert-comptable ou d'usage, sans droit, du titre ou de la qualité attachés à cette profession (■ Cass. crim., 18 juin 2002 : *Bull. crim.*, n° 135, préc.).

Section X. – De l'usage irrégulier de qualité

Art. 433-18. – Est puni de six mois d'emprisonnement et de 7 500 € d'amende le fait, par le fondateur ou le dirigeant de droit ou de fait d'une entreprise qui poursuit un but lucratif, de faire figurer ou de laisser figurer, dans une publicité réalisée dans l'intérêt de l'entreprise qu'il se propose de fonder ou qu'il dirige :

1° Le nom, avec mention de sa qualité, d'un membre ou d'un ancien membre du Gouvernement, du Parlement, du Parlement européen, d'une assemblée délibérante d'une collectivité territoriale, du Conseil constitutionnel, du Conseil d'État, du Conseil économique et social, du Conseil supérieur de la magistrature, de la Cour de cassation, de la Cour des comptes, de l'Institut de France, du conseil de direction de la Banque de France ou d'un organisme collégial investi par la loi d'une mission de contrôle ou de conseil ;

2° Le nom, avec mention de sa fonction, d'un magistrat ou d'un ancien magistrat, d'un fonctionnaire ou d'un ancien fonctionnaire ou d'un officier public ou ministériel ;

3° Le nom d'une personne avec mention de la décoration réglementée par l'autorité publique qui lui a été décernée.

Est puni des mêmes peines le fait, par un banquier ou un démarcheur, de faire usage de la publicité visée à l'alinéa qui précède.

Bibliographie : *JCl. pén., Usage irrégulier de qualité* par A. Vitu et C. Ribeyre.

1) Doit être considéré comme fonctionnaire un chercheur, titularisé comme maître de recherches dans un établissement public national à caractère administratif (■ Cass. crim., 10 janv. 1967 : *Bull. crim.*, n° 17 ; *Rev. sc. crim.* 1967, 654, obs. Vitu).

2) Doit être considéré comme un ancien fonctionnaire un officier de réserve, ancien chef de la section des réquisitions de la région de Paris qui, après sa démobilisation, avait créé un office technique de réquisitions et de dommages de guerre à Paris et offrait son concours à des personnes dont les biens avaient été réquisitionnés, en leur adressant des lettres où figurait son titre d'ancien chef de la section des réquisitions (■ Cass. crim., 28 oct. 1943 : *JCP* 44, II, 2578, note Charlier).

3) Bien que ne concernant pas les sociétés civiles ordinaires, les articles 262 et 263 peuvent être utilisés contre les dirigeants de telles sociétés lorsqu'en fait l'activité de ces dernières est commerciale ou financière ; il en fut ainsi notamment dans la célèbre affaire dite de la « Garantie foncière » où le consortium formé par deux sociétés civiles immobilières et une société anonyme de gestion immobilière dissimulait en réalité un groupe à objet purement financier (■ Cass. crim., 27 juin 1972 : *JCP* 73, II, 17335, note Mayer ; *D.* 1972, 695, note Ph. le T. ; *Rev. sc. crim.* 1973, 114, obs. Vitu).

4) Sur l'intention coupable, V. ■ Cass. crim., 10 janv. 1967 : *Bull. crim.*, n° 17 ; *Rev. sc. crim.* 1967, 654, obs. Vitu. ■ 27 juin 1972, préc.

Section XI. – Des atteintes à l'état civil des personnes

Art. 433-18-1 ***(L. n° 2007-293, 5 mars 2007).*** **– Le fait, pour une personne ayant assisté à un accouchement, de ne pas faire la déclaration prescrite par l'article 56 du Code civil dans les délais fixés par l'article 55 du même code est puni de six mois d'emprisonnement et de 3 750 € d'amende.**

Bibliographie : *JCl. pén., Atteintes à l'état civil des personnes* par P. Bonfils.

Art. 433-19. – Est puni de six mois d'emprisonnement et de 7 500 € d'amende le fait, dans un acte public ou authentique ou dans un document administratif destiné à l'autorité publique et hors les cas où la réglementation en vigueur autorise à souscrire ces actes ou documents sous un état civil d'emprunt :

1° De prendre un nom ou un accessoire du nom autre que celui assigné par l'état civil ;

2° De changer, altérer ou modifier le nom ou l'accessoire du nom assigné par l'état civil.

Bibliographie : *JCl. pén., Usage d'un faux nom dans un acte public* par C. Ribeyre.

1) Se rend coupable du délit le prévenu qui, dans une plainte adressée au juge d'instruction avait usé du pseudonyme Micberth alors que son acte de naissance indique Berthe comme nom patronymique. En effet, la connaissance que le nom patronymique utilisé dans l'un des actes énumérés à l'article 261 du Code pénal n'est pas légalement le sien, suffit à caractériser l'élément intentionnel du délit (■ Cass. crim., 11 janv. 1990 : *Gaz. Pal.* 8-11 mai 1990).

2) Pour des exemples d'usurpations de titres nobiliaires et de noms, V. ■ Cass. crim., 14 févr. 1957 : *Bull. crim.*, n° 160. ■ 14 janv. 1959 : *Bull. crim.*, n° 44. ■ T. corr. Seine, 9 déc. 1936 : *S.* 1937, 2, 133.

Art. 433-20. – Le fait, pour une personne engagée dans les liens du mariage, d'en contracter un autre avant la dissolution du précédent est puni d'un an d'emprisonnement et de 45 000 € d'amende.

Est puni des mêmes peines l'officier public ayant célébré ce mariage en connaissant l'existence du précédent.

Bibliographie : *JCl. pén., Bigamie* par C. Duvert.

1) Il n'y a pas lieu de distinguer entre nullités absolues et nullités relatives du premier mariage : toutes deux prenant naissance au jour de la célébration du mariage et possédant les mêmes effets, peuvent être invoquées par le prévenu (■ Cass. crim., 13 avr. 1867 : *DP* 67, 1, 353).

2) Le tribunal de grande instance est exclusivement compétent pour statuer sur la validité du premier mariage, mais le tribunal correctionnel a qualité pour juger de la validité du second mariage (■ Cass. crim., 18 févr. 1942 : *Bull. crim.*, n° 11 : *D.* 1942, 83. ■ Rennes, 27 août 1879 ; *D.* 80, 2, 189) ; il y a donc, en ce qui concerne le premier point, exception préjudicielle au jugement.

3) La nullité du second mariage prend effet au jour de la célébration de ce mariage et, ses effets remontant à cette date, le délit de bigamie n'est pas constitué (■ Toulouse : 27 juin 2002 ; *Dr. pénal* 2003, comm. 1, obs. M. Véron).

4) Est coupable de bigamie l'étranger marocain qui contracte un second mariage en France alors qu'il est déjà marié selon la loi marocaine. Son intention coupable est caractérisée par la production d'un faux certificat de célibat. L'ordre public français interdit à un étranger de conclure, en France, un mariage bigame même si son statut personnel le lui permet (■ Pau, 6 juill. 1988 : *JurisData* n° 044484).

5) La bigamie étant un délit instantané, la prescription de l'action part du jour de la célébration du second mariage (■ Cass. crim., 5 févr. 1963 : *Bull. crim.*, n° 65. ■ 12 avr. 1983 : *Bull. crim.*, n° 97).

6) Sur les difficultés d'ordre international, V. ■ T. corr. Brest, 18 oct. 1949 : *S.* 1950, 2, 74 ; *Rev. sc. crim.* 1950, 415, obs. Hugueney. ■ T. corr. Lyon, 20 nov. 1975 : *Rev. crit. DIP* 1976, 477, note Lagarde. ■ T. corr. Paris, 8 avr. 1987 : *Gaz. Pal.* 11 août 1987, note Domingo ; *Rev. sc. crim.* 1988, 87, obs. Levasseur.

Art. 433-21. – Tout ministre d'un culte qui procédera, de manière habituelle, aux cérémonies religieuses de mariage sans que lui ait été justifié l'acte de mariage préalablement reçu par les officiers de l'état civil sera puni de six mois d'emprisonnement et de 7 500 € d'amende.

Bibliographie : *JCl. pén., Célébration d'un mariage religieux sans mariage civil préalable* par A. Vitu, actualisé par M.-F. Homassel.

Art. 433-21-1. – Toute personne qui donne aux funérailles un caractère contraire à la volonté du défunt ou à une décision judiciaire, volonté ou décision dont elle a connaissance, sera punie de six mois d'emprisonnement et de 7 500 € d'amende.

Bibliographie : *JCl. pén., Atteinte à la liberté des funérailles* par M. Viennois, actualisé par M.-F. Homassel.

Section XII. – Peines complémentaires et responsabilité des personnes morales

Art. 433-22 ***(Mod., L. n° 2008-776, 4 août 2008 ; L. n° 2016-1691, 9 déc. 2016 ; L. n° 2017-1339, 15 sept. 2017).*** **– Les personnes physiques coupables de l'une des infractions prévues au présent chapitre encourent également les peines complémentaires suivantes :**

1° L'interdiction des droits civiques, civils et de famille, suivant les modalités prévues par l'article 131-26 ;

2° L'interdiction, suivant les modalités prévues par l'article 131-27, soit d'exercer une fonction publique ou d'exercer l'activité professionnelle ou sociale dans l'exercice ou à l'occasion de l'exercice de laquelle l'infraction a été commise le maximum de la durée de l'interdiction temporaire étant porté à dix ans, soit, pour les infractions prévues par les articles 433-1, 433-2 et 433-4, d'exercer une profession commerciale

ou industrielle, de diriger, d'administrer, de gérer ou de contrôler à un titre quelconque, directement ou indirectement, pour leur propre compte ou pour le compte d'autrui, une entreprise commerciale ou industrielle ou une société commerciale. Ces interdictions d'exercice peuvent être prononcées cumulativement ;

3° L'affichage ou la diffusion de la décision prononcée dans les conditions prévues par l'article 131-35.

Art. 433-23. – Dans les cas prévus aux articles 433-1, 433-2 et 433-4, peut être également prononcée la confiscation des sommes ou objets irrégulièrement reçus par l'auteur de l'infraction, à l'exception des objets susceptibles de restitution.

Art. 433-24 *(L. n° 2012-304, 6 mars 2012)*. – En cas de condamnation pour les infractions prévues à l'article 433-8, le prononcé des peines complémentaires suivantes est obligatoire :

1° L'interdiction de détenir ou de porter, pour une durée de dix ans au plus, une arme soumise à autorisation ;

2° La confiscation d'une ou de plusieurs armes dont le condamné est propriétaire ou dont il a la libre disposition ;

3° Le retrait du permis de chasser avec interdiction de solliciter la délivrance d'un nouveau permis pendant trois ans au plus.

Toutefois, la juridiction peut, par une décision spécialement motivée, décider de ne pas prononcer ces peines, en considération des circonstances de l'infraction et de la personnalité de son auteur.

Art. 433-25. – *(Mod., L. n° 2009-526, 12 mai 2009)* Les personnes morales déclarées responsables pénalement, dans les conditions prévues par l'article 121-2, des infractions définies aux sections 1, 6, 7, 9 et 10 du présent chapitre encourent, outre l'amende suivant les modalités prévues par l'article 131-38 :

1° Pour une durée de cinq ans au plus, les peines mentionnées aux 2°, 3°, 4°, 5°, 6° et 7° de l'article 131-39 ;

2° La confiscation prévue à l'article 131-21 ;

3° L'affichage ou la diffusion de la décision prononcée dans les conditions prévues par l'article 131-35.

L'interdiction mentionnée au 2° de l'article 131-39 porte sur l'activité dans l'exercice ou à l'occasion de l'exercice de laquelle l'infraction a été commise.

Art. 433-26 *(L. n° 2016-1691, 9 déc. 2016)*. – Les personnes morales reconnues pénalement responsables dans les conditions prévues à l'article 121-2 des infractions prévues aux articles 433-1 et 433-2 encourent également la peine prévue à l'article 131-39-2.

CHAPITRE IV. – DES ATTEINTES À L'ACTION DE JUSTICE

Section I. – Des entraves à la saisine de la justice

Art. 434-1 *(L. n° 2016-297, 14 mars 2016)*. – Le fait, pour quiconque ayant connaissance d'un crime dont il est encore possible de prévenir ou de limiter les effets, ou dont les auteurs sont susceptibles de commettre de nouveaux crimes qui pourraient être empêchés, de ne pas en informer les autorités judiciaires ou administratives est puni de trois ans d'emprisonnement et de 45 000 € d'amende.

Sont exceptés des dispositions qui précèdent, sauf en ce qui concerne les crimes commis sur les mineurs :

1° Les parents en ligne directe et leurs conjoints, ainsi que les frères et sœurs et leurs conjoints, de l'auteur ou du complice du crime ;

2° Le conjoint de l'auteur ou du complice du crime, ou la personne qui vit notoirement en situation maritale avec lui.

Sont également exceptées des dispositions du premier alinéa les personnes astreintes au secret dans les conditions prévues par l'article 226-13.

Bibliographie : *JCl. pén., Non-dénonciation de crime* par P. Bonfils.

1) La Cour de cassation considère que l'article 62, alinéa 1er impose de dénoncer le crime, mais pas d'en indiquer l'auteur, son identité, ni le lieu de son refuge (■ Cass. crim., 2 mars 1961 : *D.* 1962, 121, note Bouzat ; *JCP* 61, II, 12092, note Larguier).

2) Le délit prévu par l'article 62 du Code pénal qui réprime la non-dénonciation de crime suppose, pour être constitué, que le prévenu avait connaissance d'un crime déjà tenté ou consommé (■ Cass. crim., 7 nov. 1990 : *Bull. crim.*, n° 372).

3) Un juré d'assises ne saurait se prévaloir d'un fait justificatif fondé sur l'article 62 du Code pénal et tiré d'infractions supposées commises par le président de la cour d'assises, que ce texte lui ferait l'obligation de dénoncer ; en effet, contrairement aux prescriptions de cet article, la dénonciation n'en a pas été faite aux autorités judiciaires ou administratives. Par ailleurs, l'ordre de la loi résultant des dispositions de l'article 62 précité ne saurait être retenu pour justifier les révélations faites concernant les opinions manifestées par les membres d'une cour d'assises sur les questions soumises à son avis (■ T. corr. Paris, 17e Ch., 31 mars 1989 : *JCP* 89, II, 21356, note Dubreuil).

4) Le médecin inspecteur de la santé, appartenant à la direction départementale de la santé, qui reçoit d'un médecin la dénonciation d'un viol est une autorité administrative ; dès lors que cette dénonciation a été faite à ce fonctionnaire, les autres personnes qui viennent à avoir connaissance du crime ne peuvent être condamnées pour non-dénonciation de celui-ci (■ Cass. crim., 13 oct. 1992 : *Bull. crim.*, n° 320).

5) Constitue le délit de non-dénonciation de crime défini par l'article 434-1 du Code pénal le fait par une prévenue, informée d'un projet d'assassinat dirigé contre le chef de l'entreprise où elle était employée et au préjudice de laquelle elle avait commis un abus de confiance, d'avoir gardé le silence, laissant ainsi commettre le crime projeté (■ Cass. crim., 27 nov. 1996 : *Rev. sc. crim.* 1997, p. 379, obs. Y. Mayaud).

6) Une femme, à qui il était reproché d'avoir toléré, pendant plusieurs années, à son domicile, des viols et des agressions sexuelles commis sur ses enfants par une personne dont elle était la débitrice, ayant été renvoyée devant la cour d'assises sous l'accusation de complicité de viols et d'agressions sexuelles, c'est à bon droit que le président de la cour d'assises a posé, comme résultant des débats, la question subsidiaire portant sur le délit de non-dénonciation de crime (■ Cass. crim., 12 mai 1999 : *JurisData* n° 003263).

7) La loi n'a pas défini, à l'article 434-1, les circonstances qui rendent la dénonciation obligatoire pour prévenir ou empêcher les effets des crimes commis ou la survenance de nouveaux crimes. Leur appréciation est donc confiée à la juridiction répressive qui possède à cet égard un pouvoir souverain que la Cour de cassation ne saurait remettre en cause (■ Cass. crim., 12 mai 1999, cité *supra*, n° 6).

8) Si les dispositions de l'article 434-1 du Code pénal ont pour objet l'intérêt général et répriment le trouble causé à l'ordre public par une abstention délictueuse, elles ont aussi pour but la protection des intérêts privés. Dès lors, justifie sa décision la chambre d'accusation qui, pour déclarer recevable la constitution de partie civile, à la suite d'une plainte portée pour non-dénonciation de crime, contre un évêque, par les parents d'enfants ayant, au temps de leur minorité, subi des viols et des atteintes sexuelles de la part d'un prêtre, retiennent qu'en ne révélant pas aux autorités judiciaires ou administratives le comportement sexuel du prêtre envers les enfants dont celui-ci avait la charge, l'évêque a privé les parents d'une information qui leur eût permis de comprendre le comportement de leurs fils et d'adopter envers eux une attitude propre à apaiser leurs difficultés à un âge difficile de leur existence et que ce silence a empêché les parents de faire obstacle à la poursuite des rencontres entre leurs enfants et le prêtre (■ Cass. crim., 27 févr. 2001 : *Bull. crim.*, n° 48).

Art. 434-2 ***(Mod., L. n° 2016-731, 3 juin 2016).*** **– Lorsque le crime visé au premier alinéa de l'article 434-1 constitue une atteinte aux intérêts fondamentaux de la nation prévue par le titre Ier du présent livre ou un acte de terrorisme prévu par le titre II du présent livre, la peine est portée à cinq ans d'emprisonnement et à 75 000 € d'amende. Les deuxième, troisième et avant-dernier alinéas de l'article 434-1 ne sont pas applicables.**

Art. 434-3 ***(Mod., L. n° 98-468, 17 juin 1998 ; L. n° 2016-297, 14 mars 2016).*** **– Le fait, pour quiconque ayant eu connaissance de privations, de mauvais traitements ou d'agressions ou atteintes sexuelles infligés à un mineur ou à une personne qui n'est pas en mesure de se protéger en raison de son âge, d'une maladie, d'une infirmité, d'une déficience physique ou psychique ou d'un état de grossesse, de ne pas en informer les autorités judiciaires ou administratives est puni de trois ans d'emprisonnement et de 45 000 € d'amende.**

Sauf lorsque la loi en dispose autrement, sont exceptées des dispositions qui précèdent les personnes astreintes au secret dans les conditions prévues par l'article 226-13.

Bibliographie : *JCl. pén., Non-dénonciation de mauvais traitements à un mineur de quinze ans ou à une personne vulnérable par P. Bonfils.*

1) Constitution du délit. Entrent dans les prévisions de l'article 434-3 du Code pénal dans sa rédaction antérieure à l'entrée en vigueur de la loi du 17 juin 1998 la non-dénonciation aux autorités judiciaires ou administratives des atteintes sexuelles infligées à un mineur, les dispositions de l'article 15 de ladite loi qui précisent que l'obligation de dénoncer les mauvais traitements infligés à un mineur s'applique également en cas d'atteintes sexuelles, revêtant sur ce point un caractère interprétatif (■ Cass. crim., 12 janv. 2000 : *Bull. crim.*, n° 20).

2) Le délit prévu par l'article 434-3 du Code pénal n'exige pas pour sa constitution que la dénonciation ait pu prévenir ou limiter les effets produits par les atteintes sexuelles infligées ou encore empêcher leur renouvellement (■ Cass. crim., 6 sept. 2006 : *JurisData* n° 2006-035229 ; *Dr. pénal* 2006, comm. 149, obs. M. Véron).

3) Applications. Se rendent coupables du délit de non-dénonciation de sévices ou de privations infligés à un mineur de quinze ans, prévu et réprimé à l'époque des faits par l'article 62, alinéa 2 du Code pénal alors applicable et, depuis son entrée en vigueur, par l'article 434-3 du nouveau code, les directeur et membres du personnel d'un service de placement familial spécialisé qui, sachant qu'un enfant de sept ans atteint de mucoviscidose, aurait été, à plusieurs reprises sodomisé par un jeune majeur placé chez la même assistante maternelle, omettent d'en avertir les autorités administratives ou judiciaires (■ Angers, 12 juill. 1994 : *Gaz. Pal.* 16-18 oct. 1994, note J. Bonneau).

4) Si les dispositions de l'article 62, alinéa 2, du Code pénal ont pour objet l'intérêt général et répriment le trouble causé à l'ordre public par une abstention délictueuse, elles ont aussi pour but la protection des intérêts privés ; dès lors, l'**action civile** née de ce délit peut être régulièrement exercée devant les juridictions répressives dans les conditions prévues aux articles 2 et 3 du Code de procédure pénale et la victime est en droit de demander réparation du dommage né de l'infraction (■ Cass. crim., 17 nov. 1993 : *Bull. crim.*, n° 347. ■ 6 sept. 2006, préc.).

5) Caractérise l'infraction de non-dénonciation de sévices ou de privations infligés à un mineur de 15 ans prévue aux dispositions de l'article 62, alinéa 2, du Code pénal alors applicable, la cour d'appel qui relève que le responsable d'un service social, chargé de l'exécution d'une mesure de placement décidée par le juge des enfants dans une procédure d'assistance éducative, a l'obligation de dénoncer à l'autorité judiciaire qui lui a confié le mineur les sévices et privations subis par celui-ci dont il est informé dans l'exécution de sa mission (■ Cass. crim., 24 janv. 1995 : *Bull. crim.*, n° 32 ; *JCP* 95, G, IV, 1074 ; *D.* 1996, 384, note F. Dekeuwer-Défossez et A. Waxin).

6) Sur la non-dénonciation d'atteintes sexuelles infligées à un mineur par un ministre du culte, V. ■ T. corr. Caen, 4 sept. 2001 : *Dr. pénal* 2001, chron. 46 par. L. Leturmy ; *D.* 2001, p. 3454, note Y. Mayaud.

7) Sur la non-dénonciation par un médecin de mauvais traitements sur personnes vulnérables, V. ■ Cass. crim., 27 avril 2011 : *Dr. pénal* 2011, comm. 77, obs. M. Véron, cité sous art. 226-14, p. 355.

8) *Le secret professionnel* imposé aux membres d'un service éducatif sur la situation d'un mineur confié à celui-ci par le juge des enfants est inopposable à cette autorité judiciaire, à laquelle ils sont tenus de rendre compte, notamment de tous mauvais traitements, en vertu des dispositions de l'article 375 du Code civil et de l'article 1199-1 du nouveau Code de procédure civile pris pour son application, tout comme un tel secret est inopposable, selon l'article 80 du Code de la famille et de l'aide sociale, au président du conseil général pour les mineurs relevant de sa compétence ; ces dispositions spéciales de la loi privent les personnes astreintes au secret de l'exception prévue en leur faveur par l'article 434-3 du Code pénal, réprimant la non-dénonciation de mauvais traitements à mineur de 15 ans (■ Cass. crim., 8 oct. 1997 : *Bull. crim.*, n° 329 ; *Dr. pénal* 1998, comm. 50, obs. M. Véron).

9) Prescription. Le délit de non dénonciation de mauvais traitements sur mineur de quinze ans, prévu et puni par l'article 434-3 du Code pénal, est un délit instantané dont la prescription court à compter du jour où le prévenu a eu connaissance des faits (■ Cass. crim., 7 avr. 2009 : *Bull. crim.*, n° 66 ; *Dr. pénal* 2009, comm. 91, obs. M. Véron).

10) Requalification. Justifie sa décision la cour d'appel qui requalifie le délit de non-dénonciation de mauvais traitements infligés à une personne vulnérable en omission d'empêcher une infraction, dès lors que la requalification, ne portant pas sur des faits nouveaux, a été soumise au débat contradictoire, qu'elle a fait l'objet de réquisitions du ministère public et que le prévenu a été mis en mesure de s'en expliquer (■ Cass. crim., 23 oct. 2013, n° 12-80.793 : *Dr. pén.* 2013, comm. 166, obs. M. Véron).

Voir : V. note sous art. 223-6, p. 280.

Art. 434-4. – Est puni de trois ans d'emprisonnement et de 45 000 € d'amende le fait, en vue de faire obstacle à la manifestation de la vérité :

1° De modifier l'état des lieux d'un crime ou d'un délit soit par l'altération, la falsification ou l'effacement des traces ou indices, soit par l'apport, le déplacement ou la suppression d'objets quelconques ;

2° De détruire, soustraire, receler ou altérer un document public ou privé ou un objet de nature à faciliter la découverte d'un crime ou d'un délit, la recherche des preuves ou la condamnation des coupables.

Lorsque les faits prévus au présent article sont commis par une personne qui, par ses fonctions, est appelée à concourir à la manifestation de la vérité, la peine est portée à cinq ans d'emprisonnement et à 75 000 € d'amende.

Bibliographie : *JCl. pén., Altération des preuves au cours d'une procédure judiciaire* par C. Duvert.

1) V. ■ Cass. crim., 24 janv. 1967 : *Bull. crim.*, n° 35 ; *Gaz. Pal.* 1967, 1, 273, obs. Vitu.

2) Les délits de recel de cadavre et de destruction, soustraction d'objet ou document de preuves en vue de faire obstacle à la manifestation de la vérité prévus par les articles 434-7 et 434-4 du Code pénal ne sauraient s'appliquer à l'auteur de l'infraction principale et ne peuvent être constitués que par le fait de celui qui n'a pas participé à l'infraction (■ Cass. crim., 24 nov. 2010 : *JurisData* n° 2010-024680 ; *Dr. pén.* 2011, comm. 31, obs. M. Véron).

3) L'article 439, alinéa 1er ne concerne pas les billets de banque (■ Cass. crim., 4 juin 1975 : *Bull. crim.*, n° 143) ni une simple lettre (■ Paris, 9 févr. 1974 : *D.* 1974, 439).

4) L'article 439, alinéa 2, du Code pénal a pour objet la protection d'un intérêt public, lié à l'administration de la justice, et le délit qu'il réprime ne peut être commis que dans le dessein de mettre obstacle à l'action de la justice, conduite par les personnes habilitées à rechercher les preuves, ou à poursuivre le châtiment des crimes et des délits. Méconnaît le sens et la portée de cet article la cour d'appel qui en fait application à des personnes poursuivies sur plainte avec constitution de partie civile et qui avaient refusé de communiquer un dossier médical à cette partie civile (■ Cass. crim., 18 janv. 1989 : *Bull. crim.*, n° 22 ; *Rev. sc. crim.* 1989, 500, obs. Delmas-Saint-Hilaire).

5) Les pièces originales des procédures d'information judiciaire suivies par un juge d'instruction constituent des documents de nature à faciliter la recherche des crimes et délits (■ Cass. crim., 29 juin 1993 : *Bull. crim.*, n° 227).

6) Le fait d'avoir sciemment détruit, soustrait ou dissimulé des actes de l'autorité publique implique nécessairement le dessein, chez l'auteur, de faire obstacle à la manifestation de la vérité (■ Cass. crim., 25 oct. 1995 : *Bull. crim.*, n° 319).

7) Un médecin poursuivi pour blessures involontaires, occasionnées à un enfant lors d'un accouchement, peut faire l'objet d'une poursuite du chef d'altération de preuves en vue de faire obstacle à la manifestation de la vérité, ayant consisté à modifier le rapport médical de cet accouchement, dès lors que ce délit ne constitue pas la suite indivisible des blessures involontaires (■ Cass. crim., 16 mai 2012, n° 11-83.834 : *Bull. crim.*, n° 123 ; *Dr. pénal* 2012, comm. 114, obs. M. Véron ; *Gaz. Pal.* 6-7 juill. 2012, chron. p. 25, note A. Renelier ; *Gaz. Pal.* 27-28 juill. 2012, chron. p. 28, note S. Detraz).

8) Les dispositions de l'article 434-4 ont aussi pour but la protection des intérêts privés. Dès lors, l'action civile née de ce délit peut être régulièrement exercée devant les juridictions répressives dans les conditions prévues par les articles 2 et 3 du Code de procédure pénale (■ Cass. crim., 23 févr. 2000 : *Bull. crim.*, n° 78 ; *Dr. pénal* 2000, comm. 70, obs. M. Véron. ■ 14 janv. 2003 : *Dr. pénal* 2003, comm. 66, obs. A. Maron).

9) La prescription du délit prévu par l'article 434-4 du Code pénal court du jour où cesse l'ignorance des procédés frauduleux dans laquelle a été tenue la partie lésée (■ Cass. crim., 17 déc. 2002 : *Bull. crim.*, n° 233 ; *Dr. pénal* 2003, comm. 29, obs. M. Véron. ■ 16 mai 2012, n° 11-83.834, préc.).

Art. 434-4-1 ***(L. n° 2007-297, 5 mars 2007)*****. – Le fait pour une personne ayant connaissance de la disparition d'un mineur de quinze ans de ne pas en informer les autorités judiciaires ou administratives, en**

vue d'empêcher ou de retarder la mise en œuvre des procédures de recherche prévues par l'article 74-1 du Code de procédure pénale, est puni de deux ans d'emprisonnement et de 30 000 € d'amende.

Art. 434-4-2 *(L. n° 2010-930, 9 août 2010).* **– L'article 434-4 est applicable aux atteintes à l'administration de la justice par la Cour pénale internationale.**

Bibliographie : *JCl. pén., Non information de disparition de mineur de quinze ans* par P. Bonfils.

Art. 434-5. – Toute menace ou tout autre acte d'intimidation à l'égard de quiconque, commis en vue de déterminer la victime d'un crime ou d'un délit à ne pas porter plainte ou à se rétracter, est puni de trois ans d'emprisonnement et de 45 000 € d'amende.

Art. 434-6 *(Mod., L. n° 96-647, 22 juill. 1996).* **– Le fait de fournir à la personne auteur ou complice d'un crime ou d'un acte de terrorisme puni d'au moins dix ans d'emprisonnement un logement, un lieu de retraite, des subsides, des moyens d'existence ou tout autre moyen de la soustraire aux recherches ou à l'arrestation est puni de trois ans d'emprisonnement et de 45 000 € d'amende. Les peines sont portées à cinq ans d'emprisonnement et à 75 000 € d'amende lorsque l'infraction est commise de manière habituelle.**

Sont exceptés des dispositions qui précèdent :

1° Les parents en ligne directe et leurs conjoints, ainsi que les frères et sœurs et leurs conjoints, de l'auteur ou du complice du crime ou de l'acte de terrorisme ;

2° Le conjoint de l'auteur ou du complice du crime ou de l'acte de terrorisme, ou la personne qui vit notoirement en situation maritale avec lui.

Bibliographie : *JCl. pén., Recel de malfaiteur* par P. Salvage.

1) QPC. Non-lieu à renvoi au Conseil constitutionnel de la QPC visant l'article 434-6 (■ Cass. crim., 12 mars 2014, n° 13-84.427).

2) En ce qui concerne le recel de malfaiteur, la simple connaissance que le receleur a du crime commis, pourvu que cette connaissance soit certaine, suffit à rendre le logeur punissable (■ Cass. crim., 17 févr. 1899 : *D.* 99, 1, 326. ■ 2 mai 1946 : *S.* 1948, 1, 57. ■ 17 sept. 2003 : *Bull. crim.*, n° 165 ; *Dr. pénal* 2004, comm. 5, obs. M. Véron) ; le simple avertissement donné par un policier à un criminel qu'il était recherché et allait être arrêté est un fait de recel punissable (■ Cass. crim., 14 juin 1951 : *JCP* 51, II, 6425 ; *Rev. sc. crim.* 1951, 665, obs. Hugueney).

3) Mais il a été jugé que les mensonges tendant à égarer les enquêteurs et à fournir un alibi au criminel ne constituent pas un recel au sens de l'article 61 (■ Bourges, 16 févr. 1950 : *D.* 1950, 405 ; *JCP* 50, II, 5629, note Chavanne ; *Rev. sc. crim.* 1950, 413, obs. Hugueney).

4) Justifie le renvoi du prévenu devant la cour d'assises sous l'accusation de recel de malfaiteursla chambre d'accusation qui relève qu'après avoir reçu à son cabinet d'avocat un homme qu'il pensait être un des complices en fuite de l'auteur de faits criminels et téléphoné à un hôtel pour finalement s'y présenter afin de récupérer des bagages, l'intéressé, bien qu'il s'en défende, ne pouvait ignorer que s'y trouvait un faux passeport dont la disparition aurait rendu impossible l'identification de l'individu recherché (■ Cass. crim., 25 juin 1985, *Dessaix*, inédit).

5) La solidarité édictée pour les restitutions et les dommages-intérêts par l'article 55 du Code pénal alors en vigueur, s'applique aux auteurs de crimes ou de délits connexes. Aux termes de l'article 203 du Code de procédure pénale, les infractions sont connexes lorsque, notamment, les coupables ont commis les unes pour assurer l'impunité des autres. Ceux qui ont sciemment recelé l'auteur de coups mortels devront donc répondre solidairement de l'entière réparation envers les parties civiles, même si leur action délictueuse est postérieure au crime principal (■ Cass. crim., 4 janv. 1995 : *Bull. crim.*, n° 4 ; *JCP*95, G, IV, 888).

6) Si les dispositions de l'article 434-6 du Code pénal ont pour objet l'intérêt général et répriment le trouble causé à l'ordre public par une atteinte à l'action de la justice, elles ont aussi pour but la protection des intérêts privés ; dès lors, l'action civile née du délit peut être régulièrement exercée devant les juridictions répressives dans les conditions prévues par les articles 2 et 3 du Code de procédure pénale et la victime est en droit de demander réparation du dommage né de l'infraction (■ Cass. crim., 17 sept. 2003 : *Bull. crim.*, n° 165, préc. ; *D.* 2004, jur., p. 666, note J. Pradel).

Art. 434-7. – Le fait de receler ou de cacher le cadavre d'une personne victime d'un homicide ou décédée des suites de violences est puni de deux ans d'emprisonnement et de 30 000 € d'amende.

Bibliographie : *JCl. pén., Recel de cadavre* par A. Vitu, actualisé par R. Bernardini.

1) L'article 359 ne s'applique qu'à des tiers et non à l'auteur des blessures mortelles ou de l'homicide (■ Cass. crim., 19 juill. 1956 : *Bull. crim.*, n° 556). À l'égard de l'auteur de l'homicide volontaire, le fait d'avoir recelé ou caché le cadavre de sa victime, qui n'est que la suite de ce crime, ne peut jamais prendre le caractère d'un délit distinct de l'homicide volontaire (■ Cass. crim., 24 nov. 2010 : *Dr. pén.* 2011, comm. 31, obs. M. Véron).

2) Le recel d'un fœtus n'est pas assimilable au recel d'un cadavre, le fœtus n'étant pas une personne au sens de l'article 359 (■ Cass. crim., 6 août 1945 : *Gaz. Pal.*1945, 2, 143 ; *Rev. sc. crim.* 1946, 67, obs. Hugueney).

3) Le recel du cadavre d'une personne victime d'un homicide involontaire est punissable aussi bien que celui d'une personne victime d'un meurtre ou de coups volontaires ayant entraîné la mort, l'article 359 exigeant simplement que la personne ait été homicidée (■ Cass. crim., 24 mai 1855 : *D.* 55, 1, 224).

4) La dissimulation d'une personne victime d'un homicide involontaire, pendant le temps mis à profit pour faire disparaître les preuves de la culpabilité de l'auteur de l'infraction, et qui a eu pour conséquences d'apporter une entrave à l'action de la justice, constitue un recel de cadavre (■ Angers, 24 janv. 1985 : *Bull. inf. C. cass.*1985, n° 219, p. 9).

Section II. – Des entraves à l'exercice de la justice

Art. 434-7-1. – Le fait, par un magistrat, toute autre personne siégeant dans une formation juridictionnelle ou toute autorité administrative, de dénier de rendre la justice après en avoir été requis et de persévérer dans son déni après avertissement ou injonction de ses supérieurs est puni de 7 500 € d'amende et de l'interdiction de l'exercice des fonctions publiques pour une durée de cinq à vingt ans.

Bibliographie : *JCl. pén., Déni de justice* par A. Benmakhlouf.

1) Une décision de classement sans suite, prise en application de l'article 40 du Code de procédure pénale, ne saurait constituer le délit prévu par l'article 185 du Code pénal (■ Cass. crim., 6 juill. 1982 : *Bull. crim.*, n° 181 ; *Rev. sc. crim.* 1983, 254, obs. Vitu. ■ Cass. crim., 14 nov. 2013, n° 12-85.085, (au visa de l'article 434-7-1) : *Dr. pén.* 2014, comm. 2, obs. M. Véron).

2) La partie civile ne pouvant enjoindre à un juge d'instruction de prononcer une inculpation, le refus qui lui est opposé par ce magistrat ne saurait être un déni de justice (■ Cass. crim., 6 janv. 1988 : *Bull. crim.*, n° 8).

Art. 434-7-2 ***(L. n° 2005-1549, 12 déc. 2005).*** **– Sans préjudice des droits de la défense, le fait, pour toute personne qui, du fait de ses fonctions, a connaissance, en application des dispositions du Code de procédure pénale, d'informations issues d'une enquête ou d'une instruction en cours concernant un crime ou un délit, de révéler sciemment, ces informations à des personnes qu'elle sait susceptibles d'être impliquées, comme auteurs, coauteurs, complices ou receleurs, dans la commission de ces infractions, lorsque cette révélation est réalisée dans le dessein d'entraver le déroulement des investigations ou la manifestation de la vérité, est puni de deux ans d'emprisonnement et de 30 000 € d'amende.**

Lorsque l'enquête ou l'instruction concerne un crime ou un délit puni de dix ans d'emprisonnement relevant des dispositions de l'article 706-73 du Code de procédure pénale, les peines sont portées à cinq ans d'emprisonnement et à 75 000 € d'amende.

Bibliographie : *JCl. pén., Révélation d'informations issues d'une enquête ou d'une instruction* par C. Duvert.

QPC. Non-renvoi au Conseil constitutionnel de la QPC visant l'article 437-7-2 du Code pénal car le comportement qu'il vise, dès lors qu'il est établi, est étranger à l'exercice des droits de la défense au regard de la déontologie de la profession d'avocat. L'intérêt spécifique qu'il protège est différent de la simple protection du secret professionnel auquel est astreint l'avocat et l'existence d'un délit distinct pour atteindre cet objectif n'apparaît pas contraire au principe de nécessité et de proportionnalité (■ Cass. crim., 7 juin 2011, n° 10-88.960).

Art. 434-8. – Toute menace ou tout acte d'intimidation commis envers un magistrat, un juré ou toute autre personne siégeant dans une formation juridictionnelle, un arbitre, un interprète, un expert ou l'avocat d'une partie en vue d'influencer son comportement dans l'exercice de ses fonctions est puni de trois ans d'emprisonnement et de 45 000 € d'amende.

Sur des menaces à un juge d'instruction, V. (■ Poitiers, 6 mars 1986 : *JurisData* n° 043393, ou à un avocat ■ Paris, 29 mars 1991 : *JurisData* n° 021445).

Art. 434-9 *(L. n° 2007-1598, 13 nov. 2007 ; mod., L. n° 2011-525, 17 mai 2011 ; L. n° 2013-1117, 6 déc. 2013)*. **– Est puni de dix ans d'emprisonnement et d'une amende de 1 000 000 €, dont le montant peut être porté au double du produit tiré de l'infraction, le fait, par :**

1° Un magistrat, un juré ou toute autre personne siégeant dans une formation juridictionnelle ;

2° Un fonctionnaire au greffe d'une juridiction ;

3° Un expert nommé, soit par une juridiction, soit par les parties ;

4° Une personne chargée par l'autorité judiciaire ou par une juridiction administrative d'une mission de conciliation ou de médiation ;

5° Un arbitre exerçant sa mission sous l'empire du droit national sur l'arbitrage,

de solliciter ou d'agréer, sans droit, à tout moment, directement ou indirectement, des offres, des promesses, des dons, des présents ou des avantages quelconques, pour lui-même ou pour autrui, pour accomplir ou avoir accompli, pour s'abstenir ou s'être abstenu d'accomplir un acte de sa fonction ou facilité par sa fonction.

Le fait de céder aux sollicitations d'une personne mentionnée aux 1° à 5° ou de lui proposer sans droit, à tout moment, directement ou indirectement, des offres, des promesses, des dons, des présents ou des avantages quelconques, pour elle-même ou pour autrui, pour qu'elle accomplisse ou s'abstienne d'accomplir, ou parce qu'elle a accompli ou s'est abstenue d'accomplir un acte de sa fonction ou facilité par sa fonction est puni des mêmes peines.

Lorsque l'infraction définie au premier à septième alinéas est commise par un magistrat au bénéfice ou au détriment d'une personne faisant l'objet de poursuites criminelles, la peine est portée à quinze ans de réclusion criminelle et à 225 000 € d'amende.

Bibliographie : *JCl. pén., Corruption et trafic d'influence des autorités judiciaires* par E. Dreyer.

1) S'abstient d'un acte de sa fonction au sens de l'article 434-9 du Code pénal le magistrat qui, en s'affranchissant du secret que lui imposent ses fonctions, divulgue des pièces contenant des informations confidentielles sur une instance en cours ; encourt, dès lors, la cassation l'arrêt qui, pour entrer en voie de relaxe du chef de corruption passive d'un magistrat, retient que le fait pour un conseiller d'une chambre régionale des comptes, de remettre à un tiers, contre la promesse de l'embauche d'un ami, les copies d'un rapport et d'un avis confidentiel d'un collègue en charge d'un dossier sur lequel il devait être débattu à une audience ultérieure à laquelle ce magistrat n'a pas participé, constitue un acte facilité par la fonction, exclu du champ d'application de l'article 434-9 du Code pénal (■ Cass. crim., 16 nov. 1999 : *Bull. crim.*, n° 258 ; *Dr. pénal* 2000, comm. 40, obs. M. Véron. ■ 4 juin 2002 ; *Dr. pénal* 2003, chron. 2 par C. Marsat).

2) Le seul fait de consentir des dons ou de faire des cadeaux à un magistrat, qui accepte de les recevoir, ne constitue pas par lui-même le délit de corruption, lequel suppose la promesse, l'abstention ou l'accomplissement d'un acte en contrepartie des avantages reçus (■ Cass. crim., 14 nov. 2013, n° 12-85.085 : *Dr. pén.* 2014, comm. 1, obs. M. Véron).

Art. 434-9-1 *(L. n° 2007-1598, 13 nov. 2007 ; mod., L. n° 2011-525, 17 mai 2011 ; L. n° 2013-1117, 6 déc. 2013)*. **– Est puni de cinq ans d'emprisonnement et d'une amende de 500 000 €, dont le montant peut être porté au double du produit tiré de l'infraction, le fait, par quiconque, de solliciter ou d'agréer, à tout moment, directement ou indirectement, des offres, des promesses, des dons, des présents ou des avantages quelconques, pour lui-même ou pour autrui, pour abuser ou avoir abusé de son influence réelle ou supposée en vue de faire obtenir d'une des personnes visées à l'article 434-9 toute décision ou tout avis favorable.**

Est puni des mêmes peines le fait, par quiconque, à tout moment, de céder aux sollicitations prévues au premier alinéa ou de proposer, sans droit, directement ou indirectement, des offres, des promesses, des dons, des présents ou des avantages quelconques à une personne, pour elle-même ou pour autrui, pour qu'elle abuse

ou parce qu'elle a abusé de son influence réelle ou supposée en vue de faire obtenir d'une des personnes visées à l'article 434-9 une décision ou un avis favorable.

Art. 434-9-2 *(L. n° 2013-1117, 6 déc. 2013).* **– La peine privative de liberté encourue par l'auteur ou le complice d'une des infractions prévues aux articles 434-9 et 434-9-1 est réduite de moitié si, ayant averti l'autorité administrative ou judiciaire, il a permis de faire cesser l'infraction ou d'identifier, le cas échéant, les autres auteurs ou complices.**

Art. 434-10 *(Mod., L. n° 2003-495, 12 juin 2003 ; L. n° 2011-267, 14 mars 2011).* **– Le fait, pour tout conducteur d'un véhicule ou engin terrestre, fluvial ou maritime, sachant qu'il vient de causer ou d'occasionner un accident, de ne pas s'arrêter et de tenter ainsi d'échapper à la responsabilité pénale ou civile qu'il peut avoir encourue, est puni de trois ans d'emprisonnement et de 75 000 € d'amende.**

Lorsqu'il y a lieu à l'application des articles 221-6 et 222-19, les peines prévues par ces articles sont portées au double hors les cas prévus par les articles 221-6-1, 222-19-1 et 222-20-1.

Voir : Annexe *Circulation routière*, articles L. 231-1 à L. 231-3 du Code de la route et les notes.
art. 131-22, p. 106.

Bibliographie : *JCl. pén., Délit de fuite* par X. Samuel.

1) QPC. Non-lieu à renvoi devant le Conseil constitutionnel de la QPC visant l'article 434-10 (■ Cass. crim., 19 août 2015, n° 15-81.055 : *Dr. pén.* 2015, comm. 155, obs. P. Conte).

2) A été jugé que se rend coupable de délit de fuite l'automobiliste qui, après une collision, s'arrête puis quitte les lieux en refusant d'établir un constat et sans communiquer à la victime toutes indications utiles à son identification (■ Cass. crim., 10 févr. 1993 : *Bull. crim.*, n° 68).

3) Justifie sa décision la cour d'appel qui déclare un prévenu coupable du délit de fuite tout en énonçant qu'il a laissé son véhicule sur une aire de stationnement, dès lors qu'elle retient d'autres circonstances établissant qu'il a tenté d'échapper à sa responsabilité pénale ou civile ; l'obligation de s'arrêter est, en effet, destinée à permettre la détermination des causes de l'accident, ou tout au moins, l'identification du conducteur qui l'a causé (■ Cass. crim., 29 oct. 1997 : *Bull. crim.*, n° 361 ; *Dr. pénal* 1998, comm. 17, obs. M. Véron).

4) L'obligation de s'arrêter, imposée en cas d'accident par l'article 434-10 du Code pénal, à toute personne susceptible d'encourir une responsabilité pénale ou civile, a pour objet de permettre de déterminer les causes de l'accident ou l'identification du conducteur auquel il peut être imputé. Une immobilisation de quelques secondes du véhicule qui en a percuté un autre ne répond pas aux exigences de la loi (■ Cass. crim., 4 juin 2002 : *Dr. pén.* 2003, chron. 2, obs. C. Marsat ; *JurisData* n° 015345).

Art. 434-11. – Le fait, pour quiconque connaissant la preuve de l'innocence d'une personne détenue provisoirement ou jugée pour crime ou délit, de s'abstenir volontairement d'en apporter aussitôt le témoignage aux autorités judiciaires ou administratives est puni de trois ans d'emprisonnement et de 45 000 € d'amende.

Toutefois, est exempt de peine celui qui apportera son témoignage tardivement, mais spontanément.

Sont exceptés des dispositions du premier alinéa :

1° L'auteur ou le complice de l'infraction qui motivait la poursuite, ses parents en ligne directe et leurs conjoints, ainsi que ses frères et sœurs et leurs conjoints ;

2° Le conjoint de l'auteur ou du complice de l'infraction qui motivait la poursuite, ou la personne qui vit notoirement en situation maritale avec lui.

Sont également exceptées des dispositions du premier alinéa les personnes astreintes au secret dans les conditions prévues par l'article 226-13.

Bibliographie : *JCl. pén., Omission de témoigner en faveur d'un innocent* par P. Bonfils.

1) Commet le délit prévu par l'article 434-11 du Code pénal la personne qui, connaissant la preuve de l'innocence d'une personne jugée pour crime ou pour délit, s'abstient volontairement d'en apporter aussitôt le témoignage aux autorités judiciaires ou administratives ; la loi pénale étant d'interprétation stricte, encourt la cassation l'arrêt d'une cour d'appel qui, pour dire une telle infraction constituée, se borne à retenir que le prévenu a exprimé de manière non équivoque sa connaissance d'informations de nature à innocenter un condamné, sans constater qu'il connaissait la preuve de l'innocence dudit condamné (■ Cass. crim., 22 nov. 2005 : *Bull. crim.*, n° 301 ; *Dr. pénal* 2006, comm. 34, obs. M. Véron).

2) L'article 434-11 du Code pénal incrimine le fait, pour quiconque connaît la preuve de l'innocence d'une **personne détenue** provisoirement de s'abstenir volontairement d'en apporter aussitôt le témoignage aux autorités judiciaires.

Encourt la censure l'arrêt qui retient l'existence d'une faute civile découlant de faits n'entrant pas dans les prévisions de l'article 434-11 (en l'espèce la personne pouvant bénéficier du témoignage n'étant pas détenue mais en garde à vue) (■ Cass. crim., 11 mars 2014, n° 12-88.131 : *Dr. pén.* 2014, comm. 69, obs. M. Véron, et comm. 80, obs. A. Maron et M. Haas ; *D.* 2014, p. 1188, note H. Dantras-Bioy ; *JCP* 2014, note 653, p. 1116, J. Pradel). Arrêt préc. sous l'article 111-4 du Code pénal, *supra*.

Art. 434-12. – Le fait, pour toute personne ayant déclaré publiquement connaître les auteurs d'un crime ou d'un délit, de refuser de répondre aux questions qui lui sont posées à cet égard par un juge est puni d'un an d'emprisonnement et de 15 000 € d'amende.

Bibliographie : *JCl. pén., Refus de déposer* par C. Ribeyre.

Art. 434-13. – Le témoignage mensonger fait sous serment devant toute juridiction ou devant un officier de police judiciaire agissant en exécution d'une commission rogatoire est puni de cinq ans d'emprisonnement et de 75 000 € d'amende.

Toutefois, le faux témoin est exempt de peine s'il a rétracté spontanément un témoignage avant la décision mettant fin à la procédure rendue par la juridiction d'instruction ou par la juridiction de jugement.

Voir : CSS art. L. 471-4, p. 2081.

Bibliographie : *JCl. pén., Faux témoignage* par Y. Mayaud.

1) La prestation du serment a donc un caractère substantiel (■ Cass. crim., 19 mai 1978 : *Bull. crim.*, n° 157) et il ne peut y avoir faux témoignage si le serment, prêté dans une forme irrégulière, est nul (■ Cass. crim., 2 déc. 1864 : *D.* 65, 1, 317). Cette exigence du serment exclut naturellement l'individu poursuivi et la partie civile. Mais si cette dernière a fait une déposition avant sa constitution, sa nouvelle qualité exclut des poursuites pour faux témoignage (■ Cass. crim., 25 janv. 1955 : *Bull. crim.*, n° 56). Enfin, le faux témoignage concerne non seulement le témoin qui dépose dans la cause d'autrui, mais encore le témoin qui altère la vérité pour éviter de se nuire (■ Cass. crim., 11 avr. 1964 : *JCP* 64, II, 13770, note Larguier).

2) Il n'y a faux témoignage que si l'affirmation mensongère, portant sur un fait principal et non sur une circonstance accessoire, était de nature à influencer la décision du juge et à causer préjudice à l'accusation ou à la défense (■ Cass. crim., 30 avr. 1954 : *D.* 1954, 573. ■ 11 oct. 1989 : *Bull. crim.*, n° 354) ; mais il n'y a pas faux témoignage dans les déclarations mensongères faites par un témoin sur un reproche dirigé contre lui, de telles déclarations ne faisant point partie intégrante de la déposition (■ Cass. crim., 10 nov. 1949 : *D.* 1949, 549, note A. L. P. ; *S.* 1950, 1, 123 ; *JCP* 50, II, 5537, note Chavanne ; *Rev. sc. crim.* 1950, 54, obs. Hugueney ; *Rev. trim. dr. civ.* 1950, 99, obs. Raynaud).

3) Le faux témoignage peut consister dans l'affirmation d'un fait mensonger (■ Cass. crim., 6 avr. 1954 : *Bull. crim.*, n° 145), ou dans la négation d'un fait véritable (■ Cass. crim., 6 mars 1973 : *Bull. crim.*, n° 108), ou encore dans une réticence se traduisant par un refus de répondre sur une question déterminée ou par une réponse partielle (■ Cass. crim., 29 nov. 1951 : *Bull. crim.*, n° 329) mais certainement pas dans le refus pur et simple de répondre qui est un refus de témoigner réprimé par des textes spéciaux (■ Cass. crim., 6 févr. 1863 : *S.* 63, 1, 279).

4) Le faux témoignage est une infraction instantanée, qui est constituée et dont la prescription commence à courir du jour où la déposition mensongère a été faite.

Les dispositions de l'article 434-13, alinéa 2, du Code pénal, qui prévoient une exemption de peine si le faux témoin a rétracté spontanément son témoignage, n'ont pas pour effet de reporter le point de départ de la prescription à la date à laquelle le témoignage est devenu irrévocable.

Et le préjudice n'est pas un élément constitutif de l'infraction (■ Cass. crim., 17 déc. 2002 : *Bull. crim.*, n° 234 ; *Dr. pénal* 2003, comm. 29 et 32, obs. M. Véron).

5) C'est à bon droit qu'une chambre de l'instruction confirme une ordonnance de non-lieu du chef de faux témoignage sous serment, s'agissant d'une personne ayant témoigné sous couvert d'anonymat en application de la procédure prévue par les articles 706-58 et suivants du Code de procédure pénale et dont l'article 706-59 interdit la révélation de l'identité ou de l'adresse (■ Cass. crim., 7 déc. 2016, n° 15-87.290).

Art. 434-14. – **Le témoignage mensonger est puni de sept ans d'emprisonnement et de 100 000 € d'amende :**

1° Lorsqu'il est provoqué par la remise d'un don ou d'une récompense quelconque ;

2° Lorsque celui contre lequel ou en faveur duquel le témoignage mensonger a été commis est passible d'une peine criminelle.

Voir : CSS art. L. 471-4, p. 2081.

Art. 434-15. – **Le fait d'user de promesses, offres, présents, pressions, menaces, voies de fait, manœuvres ou artifices au cours d'une procédure ou en vue d'une demande ou défense en justice afin de déterminer autrui soit à faire ou délivrer une déposition, une déclaration ou une attestation mensongère, soit à s'abstenir de faire ou délivrer une déposition, une déclaration ou une attestation, est puni de trois ans d'emprisonnement et de 45 000 € d'amende, même si la subornation n'est pas suivie d'effet.**

Voir : CSS art. L. 471-4, p. 2081.

Bibliographie : *JCl. pén., Subornation de témoin* par Y. Mayaud.

1) QPC. Non-lieu à renvoi devant le Conseil constitutionnel de la QPC visant l'article 434-15 (■ Cass. crim., 7 oct. 2015, n° 15-81.787 : *Dr. pén.* 2015, comm. 160, obs. P. Conte).

2) Le délit est constitué, que la subornation ait produit ou non son effet (■ Cass. crim., 6 nov. 1962 : *Bull. crim.*, n° 305), par exemple si le témoin n'a pas déposé (■ Cass. crim., 31 janv. 1956 : *D.* 1956, somm. 130). Il n'est pas exigé que les promesses ou pressions aient précédé la demande de déposition mensongère (■ Cass. crim., 4 févr. 1997 : *Bull. crim.*, n° 45 ; *Gaz. Pal.* 6-8 avr. 1997, 17, note J.-P. Doucet) ou que les promesses ou offres, faites pour déterminer un témoin à des dépositions ou à des déclarations mensongères, soient adressées personnellement à ce témoin (■ Cass. crim., 20 oct. 1999 : *Bull. crim.*, n° 230).

3) Le délit est caractérisé à l'encontre de la personne qui menace de poursuites en faux témoignage l'auteur d'une attestation pour lui faire délivrer une autre attestation rétractant la première, seule conforme à la vérité ; la menace doit s'interpréter en fonction de la psychologie de celui qui en est l'objet, et il suffit de relever que la crainte de subir des poursuites a été à l'origine de sa rétractation (■ Cass. crim., 4 avr. 1978 : *D.* 1978, 512, rapp. E. Robert ; *Rev. sc. crim.* 1979, 83, obs. Vitu).

– Constitue le délit le fait pour des dirigeants de société de menacer des employés de licenciements s'ils n'établissent pas d'attestations mensongères contredisant les attestations initiales confirmées sincères qu'ils avaient délivrées à une de leurs collègues en procès (■ Cass. crim., 28 juin 2011 : *Dr. pén.* 2011, comm. 119, obs. M. Véron).

4) Si les menaces n'ont été qu'implicites, le délit de subornation de témoins n'apparaît pas caractérisé (■ Bordeaux, 31 janv. 1990 : *JurisData* n° 040564). Ne sauraient constituer des pressions visées par l'article 365 de simples recommandations faites à d'éventuels coïnculpés, en vue de se concerter avant toute procédure pour assurer leur défense commune (■ Cass. crim., 26 janv. 1972 : *Bull. crim.*, n° 35 ; *Rev. sc. crim.* 1972, 867, obs. Vitu), ou une simple sollicitation en vue d'une attestation sur « un élément important et inexact » (■ Cass. crim., 2 nov. 2005 : *JurisData* n° 2005-031101 ; *Dr. pénal* 2006, comm. 24).

5) Mais constitue une des pressions, manœuvres et artifices le fait, pour obtenir une attestation mensongère, de se rendre, accompagné d'un tiers, chez une personne affectée par un deuil récent, de la tromper sur l'utilisation qui sera faite de cette pièce, de lui en dicter les termes et de lui cacher les motifs pour lesquels elle doit être établie (■ Cass. crim., 3 avr. 1974 : *Bull. crim.*, n° 145).

6) Se rendent coupables du délit de subornation d'autrui, prévu et réprimé par l'article 365 du Code pénal, un inculpé et des avocats qui ont usé, au cours d'une procédure, de manœuvres pour déterminer un autre inculpé à faire des déclarations mensongères (■ Cass. crim., 25 janv. 1984 : *Bull. crim.*, n° 33 ; *Rev. sc. crim.* 1985, 72, obs. Delmas-Saint-Hilaire).

7) La Cour de cassation refuse le sursis à statuer, dans la procédure diligentée contre le suborneur, jusqu'à la solution définitive du procès principal (■ Cass. crim., 3 avr. 1974 : *Bull. crim.*, n° 145).

8) Justifie sa décision l'arrêt qui, pour déclarer la prévenue coupable de subordination de témoin, retient que celle-ci, bénéficiant d'une emprise sur une amie entendue en qualité de témoin, a pesé sur la volonté de l'intéressée en lui fournissant un modèle de lettre mensongère à recopier et en lui adressant des appels et messages téléphoniques répétés et insistants, ces actes ayant été de nature à la déterminer à revenir sur sa déposition (■ Cass. crim., 2 mars 2016, n° 15-81.787 : *Dr. pén.* 2016, comm. 124, note P. Conte).

Art. 434-15-1 *(L. n° 2000-516, 15 juin 2000 ; mod., L. n° 2000-1354, 30 déc. 2000 ; L. n° 2002-1138, 9 sept. 2002).* **– Le fait de ne pas comparaître, de ne pas prêter serment ou de ne pas déposer sans excuse ni justification, devant le juge d'instruction ou devant un officier de police judiciaire agissant sur commission rogatoire par une personne qui a été citée par lui pour y être entendue comme témoin est puni de 3 750 € d'amende.**

Bibliographie : *JCl. pén., Refus de comparaître, de prêter serment ou de déposer devant le juge d'instruction* par C. Ribeyre.

Art. 434-15-2 *(L. n° 2001-1062, 15 nov. 2001 ; mod., L. n° 2016-731, 3 juin 2016).* **– Est puni de trois ans d'emprisonnement et de 270 000 € d'amende le fait, pour quiconque ayant connaissance de la convention secrète de déchiffrement d'un moyen de cryptologie susceptible d'avoir été utilisé pour préparer, faciliter ou commettre un crime ou un délit, de refuser de remettre ladite convention aux autorités judiciaires ou de la mettre en œuvre, sur les réquisitions de ces autorités délivrées en application des titres II et III du livre Ier du Code de procédure pénale.**

Si le refus est opposé alors que la remise ou la mise en œuvre de la convention aurait permis d'éviter la commission d'un crime ou d'un délit ou d'en limiter les effets, la peine est portée à cinq ans d'emprisonnement et à 450 000 € d'amende.

QPC. Par décision n° 2018-696 QPC du 30 mars 2018, le Conseil constitutionnel a déclaré conforme à la Constitution le premier alinéa de l'article 434-15-2.

Bibliographie : *JCl. pén., Refus de déchiffrement d'un moyen de cryptologie utilisé à des fins criminelles* par C. Ribeyre.

Art. 434-16. **– La publication, avant l'intervention de la décision juridictionnelle définitive, de commentaires tendant à exercer des pressions en vue d'influencer les déclarations des témoins ou la décision des juridictions d'instruction ou de jugement est punie de six mois d'emprisonnement et de 7 500 € d'amende.**

Lorsque l'infraction est commise par la voie de la presse écrite ou audiovisuelle, les dispositions particulières des lois qui régissent ces matières sont applicables en ce qui concerne la détermination des personnes responsables.

Bibliographie : *JCl. pén., Publication en vue d'influencer les témoins ou une décision judiciaire* par A. Vitu.

1) Ont été relaxés des prévenus qui, dans des articles dont certains étaient intitulés « une escroquerie qui sort de l'ordinaire », relataient une affaire où était mis en cause un éleveur de chiens dans une information judiciaire concernant de faux certificats (■ Cass. crim., 2 mai 1963 : *Bull. crim.*, n° 164 ; *Rev. sc. crim.* 1963, 802, obs. Hugueney). Ou encore échappe à l'article 227 le fait pour un avocat de soutenir que le groupe de presse dirigé par les deux plaignants était contraire à la loi et de souhaiter que soient prises par le gouvernement et la majorité parlementaire des mesures propres à assurer l'engagement de poursuites pénales (■ Cass. crim., 4 nov. 1987 : *Bull. crim.*, n° 388). Pour une hypothèse limite, V. ■ Cass. crim., 15 mai 1961 : *Bull. crim.*, n° 257 ; *JCP*61, II, 12233, note Mimin ; *Rev. sc. crim.* 1961, 803, obs. Hugueney.

2) Ne sont incriminés les commentaires que dans la mesure où ils tendent à exercer des pressions sur les déclarations des témoins ou la décision des juridictions d'instruction ou de jugement (■ Cass. crim., 27 oct. 1992 : *Bull. crim.*, n° 343).

3) Les commentaires peuvent éventuellement causer un préjudice direct et personnel de nature à servir de base à une action civile devant la juridiction répressive (■ Cass. crim., 2 oct. 1985 : *Bull. crim.*, n° 291).

4) Il y a lieu de débouter les parties civiles de leur demande fondée sur l'article 227 du Code pénal dès lors que l'article incriminé ne recèle aucune pression sur le juge d'instruction et s'inscrit simplement dans le cadre d'une polémique, l'auteur donnant son opinion sur le dessaisissement d'un juge d'instruction (■ Paris, 11e ch. A, 22 nov. 1989 : *JurisData* n° 027505).

Art. 434-17. **– Le faux serment en matière civile est puni de trois ans d'emprisonnement et de 45 000 € d'amende.**

Bibliographie : *JCl. pén., Faux serment en matière civile* par S. Detraz.

1) L'article 366 est applicable aussi bien aux serments décisoires déférés ou référés qu'aux serments supplétoires (■ Cass. crim., 20 janv. 1843 : *Bull. crim.*, n° 7) ; il s'applique non seulement aux serments prêtés devant les juridictions civiles mais encore à ceux prêtés devant les juridictions commerciales (■ Cass. crim., 11 mai 1878 : *D.* 78, 1, 487).

2) Le serment étant un mode de preuve admis par la loi civile, sa fausseté ne peut résulter que de la preuve du fait civil au sujet duquel il a été prêté ; ainsi la preuve par écrit, ou par un commencement de preuve par écrit renforcé de témoignages est seule recevable pour établir l'existence d'une obligation non commerciale d'une valeur supérieure à la somme fixée par l'article 1341 du Code civil (■ Cass. crim., 15 juill. 1964 : *JCP* 64, II, 13817), soit aujourd'hui 5 000 F.

3) Lorsque le serment prêté est décisoire, l'action de la partie civile n'est pas recevable et celle-ci ne peut ni mettre en mouvement l'action publique ni se joindre à l'action intentée par le ministère public (■ Cass. crim., 7 juill. 1843 : *S.* 44, 1, 36) ; au contraire, la victime peut intervenir au procès pénal si elle y a intérêt dans l'hypothèse où le serment prêté a revêtu la forme supplétoire (■ Cass. crim., 20 janv. 1843 : *S.* 43, 1, 659).

4) A commis le délit de faux serment le prévenu qui, dans une instance prud'homale, a fait, sous serment décisoire déféré par son adversaire, une affirmation qu'il savait fausse. N'a pas eu pour effet de retirer à ce serment son caractère judiciaire décisoire le fait que, par une erreur de droit, le conseil des prud'hommes n'en a pas tiré les conséquences légales prévues par les articles 1357-1°, 1363 et 1365 du Code civil (■ Cass. crim., 26 avr. 1988 : *Bull. crim.*, n° 174).

Art. 434-18. – Le fait, par un interprète, en toute matière, de dénaturer la substance des paroles ou documents traduits est puni, selon les distinctions des articles 434-13 et 434-14, de cinq ans d'emprisonnement et 75 000 € d'amende ou de sept ans d'emprisonnement et 100 000 € d'amende.

Art. 434-19. – La subornation de l'interprète est réprimée dans les conditions prévues par l'article 434-15.

Bibliographie : *JCl. pén., Entraves à l'exercice de la justice* par S. Detraz.

Art. 434-20. – Le fait, par un expert, en toute matière, de falsifier, dans ses rapports écrits ou ses exposés oraux, les données ou les résultats de l'expertise est puni, selon les distinctions des articles 434-13 et 434-14, de cinq ans d'emprisonnement et 75 000 € d'amende ou de sept ans d'emprisonnement et 100 000 € d'amende.

Ne relève pas de l'article 434-20 du Code pénal, le rapport établi par un expert inscrit sur une liste d'experts judiciaires mais qui n'a pas été désigné pour exécuter une mission judiciaire (■ Cass. crim., 28 mai 2008 : *Bull. crim.*, n° 133).

Art. 434-21. – La subornation de l'expert est réprimée dans les conditions prévues par l'article 434-15.

Art. 434-22. – Le bris de scellés apposés par l'autorité publique est puni de deux ans d'emprisonnement et de 30 000 € d'amende. La tentative de bris de scellés est punie des mêmes peines.

Est puni des mêmes peines tout détournement d'objet placé sous scellés ou sous main de justice.

Bibliographie : *JCl. pén., Bris de scellés* par S. Detraz.

1) Il n'est pas nécessaire que l'ordonnance de justice contienne spécialement l'autorisation d'apposer les scellés ; on doit ainsi considérer comme ordonnance de justice au sens de l'article 249 l'ordonnance du juge du tribunal d'instance fixant la date du transport de ce magistrat pour procéder à l'apposition des scellés (■ Cass. crim., 28 juin 1894 : *DP* 99, 1, 128).

2) Les tribunaux répressifs n'ont pas à rechercher si la mesure ordonnée par l'autorité administrative est légale ou illégale ; dès lors que la décision de l'autorité publique existe antérieurement à l'apposition des scellés, l'infraction est constituée, même si cette apposition, faite suivant les formes légales par un fonctionnaire compétent, l'a été en dehors des cas précis où elle est autorisée par la loi (■ Cass. crim., 28 nov. 1902 : *DP* 1903, 1, 193, concl. Baudouin ; S. 1904, 1, 57, note Chavegrin).

3) L'infraction ne saurait exister au cas de bris de scellés apposés par des particuliers (■ Cass. crim., 4 déc. 1952 : *Bull. crim.*, n° 294).

4) Il suffit, pour que soit constitué le délit défini par l'article 434-22 du Code pénal, que le prévenu, fût-il un tiers, ait brisé en pleine connaissance de cause des scellés apposés par l'autorité publique, sans qu'il soit nécessaire qu'il ait reçu notification de la décision de les apposer (■ Montpellier, 24 avr. 2001 : *Dr. pénal* 2001, comm. 137, note M. Véron).

5) Selon l'article 6-1 du Code de procédure pénale, lorsqu'un crime ou un délit est dénoncé comme ayant été commis à l'occasion d'une poursuite judiciaire, l'absence de décision définitive de la juridiction répressive constatant le caractère illégal de la poursuite ou de l'acte accompli ne met obstacle à l'exercice de l'action publique, pour la répression dudit crime ou délit, que lorsque les infractions dénoncés impliqueraient la violation d'une disposition de procédure pénale.

Ne justifie pas sa décision, au regard de ce texte, l'arrêt qui déclare qu'il n'y a pas lieu d'informer des chefs de faux en écriture publique, destruction ou soustraction de preuve alors que les faits dénoncés, consistant en la substitution et la destruction d'objets qui avaient été régulièrement saisis et placés sous scellés n'impliquent pas la violation d'une règle de procédure pénale (■ Cass. crim., 6 janv. 2009, pourvoi n° 08-81.464).

6) Est constitutif d'un détournement, au sens de l'article 434-22 du Code pénal, le fait, pour un mandataire liquidateur, de verser sur un compte ouvert à la Caisse des dépôts et consignations au nom d'une société en liquidation judiciaire des fonds appartenant à cette dernière, mais provenant d'un compte bloqué par décision d'un juge d'instruction sans en informer ce dernier (■ Cass. crim., 4 mai 2011, n° 10-84.456 : *Bull. crim.*, n° 90 ; *Dr. pén.* 2011, comm. 101, obs. M. Véron ; *JCP* 2011, note 894, p. 1478, E. Dreyer).

Art. 434-23. – Le fait de prendre le nom d'un tiers, dans des circonstances qui ont déterminé ou auraient pu déterminer contre celui-ci des poursuites pénales, est puni de cinq ans d'emprisonnement et de 75 000 € d'amende.

Nonobstant les dispositions des articles 132-2 à 132-5, les peines prononcées pour ce délit se cumulent, sans possibilité de confusion, avec celles qui auront été prononcées pour l'infraction à l'occasion de laquelle l'usurpation a été commise.

Est punie des peines prévues par le premier alinéa la fausse déclaration relative à l'état civil d'une personne, qui a déterminé ou aurait pu déterminer des poursuites pénales contre un tiers.

Bibliographie : *JCl. pén., Usurpation d'état civil* par G. Lorho.

1) Eléments constitutifs. Le délit d'usurpation d'état civil prévu et puni par l'article 780, § 1, du Code de procédure pénale, (abrogé et remplacé par l'article 434-23 du Code pénal) n'est constitué qu'autant que la fausse identité était susceptible de déterminer l'inscription d'une condamnation au casier judiciaire d'un tiers réellement existant.

Encourt la cassation l'arrêt condamnant un prévenu pour usurpation d'état civil, dès lors qu'il ne précise pas que l'identité usurpée correspondait à celle d'une personne réellement existante (■ Cass. crim., 15 avr. 1972 : *Bull. crim.* n° 123. ■ 9 mai 1972 : *Bull. crim.* n° 162) ; et est insuffisamment motivé l'arrêt qui ne précise pas que cette prise d'une fausse identité a déterminé ou était susceptible de déterminer l'inscription d'une condamnation au casier judiciaire d'un tiers réellement existant (■ Cass. crim., 14 déc. 1971 : *Bull. crim.* n° 349).

2) Il suffit pour que le délit de l'article 780, alinéa 1er, du Code de procédure pénale soit constitué que l'usurpation du nom d'un tiers réellement existant s'accompagne de précisions suffisantes pour entraîner l'inscription d'une condamnation au casier judiciaire de ce tiers.

Les dispositions susvisées ne prévoient aucune tentative mais punissent comme auteur du délit quiconque a pris le nom d'un tiers dans des conditions qui ont déterminé ou auraient pu déterminer l'inscription d'une condamnation au casier judiciaire de ce tiers ; la rétractation ultérieure ne saurait avoir aucun effet sur le délit consommé dès le moment où le nom a été usurpé (■ Cass. crim., 13 janv. 1987 : *Bull. crim.* n° 19).

3) Il résulte de l'article 780 du Code de procédure pénale que l'usurpation du nom d'un tiers n'est punissable que lorsqu'elle a été commise dans des conditions qui ont déterminé ou qui auraient pu déterminer l'inscription d'une condamnation au casier judiciaire de celui-ci.

Encourt dès lors la cassation l'arrêt condamnant, pour usurpation d'identité, l'auteur d'une infraction à l'article R. 9-1 du Code de la route qui, lors du constat de cette infraction, a pris le nom d'un tiers, alors que ladite infraction, sanctionnée, en vertu de l'article R. 232-6 du même code, d'une amende de 600 F à 1 200 F et d'un emprisonnement de cinq jours au plus, ou de l'une de ces deux peines seulement, ne pouvait entraîner une condamnation susceptible d'être inscrite au casier judiciaire de la personne dont l'identité a été usurpée, la juridiction de jugement ayant statué postérieurement à la modification par la loi du 28 décembre 1979 de l'article 768-2 du Code de procédure pénale (■ Cass. crim., 12 janv. 1983 : *Bull. crim.* n° 18).

4) Encourt la censure l'arrêt d'une cour d'appel qui déclare un prévenu coupable de prise du nom d'un tiers dans des circonstances qui ont déterminé ou auraient pu déterminer contre celui-ci des poursuites pénales du chef de diffamation sans établir en quoi le message indûment attribué à un tiers contenait des imputations portant atteinte à l'honneur ou à la considération de personnes nommément désignées (■ Cass. crim., 29 mars 2006 : *Bull. crim.*, n° 94 ; *Dr. pénal* 2006, comm. 82, obs. M. Véron).

5) Prescription. Justifie sa décision, une chambre d'accusation qui, pour confirmer une ordonnance portant refus d'informer rendue par le juge d'instruction, retient que les faits d'usurpation dénoncés par la partie civile sont prescrits, le délit prévu et réprimé par l'article 434-23 du Code pénal étant une infraction instantanée, dont la prescription a commencé à courir dès le moment où l'identité est usurpée dans des circonstances de nature à déterminer des poursuites pénales (■ Cass. crim., 16 févr. 1999 : *Bull. crim.*, n° 25).

6) Cumul des peines. Il résulte des termes de l'article 780 du Code de procédure pénale que, par exception à la règle posée par l'article 5 du Code pénal, la peine prononcée pour usurpation de nom doit se cumuler avec celle prononcée pour l'infraction à l'occasion de laquelle l'usurpation de nom a été commise (■ Cass. crim., 17 nov. 1965 : *Bull. crim.* n° 238).

7) Il est dérogé à la règle du non-cumul des peines par l'article 434-23 du Code pénal entré en vigueur le 1er mars 1994, applicable au délit d'usurpation d'état civil et qui se substitue à l'article 780 du Code de procédure pénale abrogé (■ Cass. crim., 26 sept. 1994 : *Bull. crim.*, n° 304).

8) Il résulte des dispositions de l'article 434-23, alinéa 2, du Code pénal que les peines prononcées pour le délit de prise du nom d'un tiers se cumulent, sans possibilité de confusion, avec les seules peines prononcées pour l'infraction à l'occasion de laquelle l'usurpation a été commise ; en conséquence, encourt la censure d'une cour d'appel qui prononce cumulativement une peine d'emprisonnement pour le délit de prise du nom d'un tiers et une peine d'emprisonnement pour deux autres délits étrangers à l'usurpation commise (même arrêt).

9) Si, aux termes des articles 434-23, alinéa 2 du Code pénal et 706-56, II, alinéa 3, du Code de procédure pénale, les peines prononcées pour le délit de prise du nom d'un tiers ou pour celui de refus de prélèvement biologique se cumulent, sans possibilité de confusion, avec les peines prononcées pour l'infraction à l'occasion de laquelle l'usurpation a été commise ou à l'occasion de laquelle les prélèvements devaient être effectués, elles ne se cumulent pas entre elles. Encourt la censure, l'arrêt de la cour d'appel qui, après avoir déclaré une personne coupable de vol en récidive et prise du nom d'un tiers en récidive (les faits ayant été commis le 31 mai 2006) et refus de se soumettre tant à des relevés signalétiques qu'à des prélèvements biologiques (les faits ayant eu lieu le lendemain lors de l'exécution d'une mesure de garde à vue), la condamne à six mois d'emprisonnement pour le vol en récidive et le refus de se soumettre à des relevés signalétiques, à dix mois d'emprisonnement pour la prise du nom d'un tiers en récidive et à deux mois d'emprisonnement pour le refus de se soumettre à des prélèvements biologiques, alors qu'une seule peine devait être prononcée pour ces deux dernières infractions, le délit de prise du nom d'un tiers n'entrant pas dans la liste des infractions énumérées par l'article 706-55 du Code de procédure pénale (■ Cass. crim., 13 juin 2007 : *Bull. crim.*, n° 158).

Art. 434-23-1 ***(L. n° 2010-930, 9 août 2010).*** **– Les articles 434-8, 434-9, 434-13 à 434-15 sont applicables aux atteintes à l'administration de la justice par la Cour pénale internationale.**

Section III. – Des atteintes à l'autorité de la justice

§ 1. – Des atteintes au respect dû à la justice

Art. 434-24. – L'outrage par paroles, gestes ou menaces, par écrits ou images de toute nature non rendus publics ou par l'envoi d'objets quelconques adressé à un magistrat, un juré ou toute personne siégeant dans une formation juridictionnelle dans l'exercice de ses fonctions ou à l'occasion de cet exercice et tendant à porter atteinte à sa dignité ou au respect dû à la fonction dont il est investi est puni d'un an d'emprisonnement et de 15 000 € d'amende.

Si l'outrage a lieu à l'audience d'une cour, d'un tribunal ou d'une formation juridictionnelle, la peine est portée à deux ans d'emprisonnement et à 30 000 € d'amende.

Bibliographie : *JCl. pén., Outrage à magistrat* par A. Vitu.

1) Personnes concernées. Sont des magistrats de l'ordre administratif : le Président de la République (■ Cass. crim., 6 janv. 1900 : *S.* 1902, 1, 425), les membres du gouvernement (■ Aix-en-Provence, 6 nov. 1903 : *D.* 1904, 2, 62), de l'administration préfectorale (■ Cass. crim., 15 févr. 1902 : *S.* 1904, 1, 476), les maires et leurs adjoints (■ Cass. crim., 16 févr. 1889 : *D.* 90, 1, 188. ■ 22 nov. 1966 : *Bull. crim.*, n° 263 ; *Rev. sc. crim.* 1967, 448, obs. Vitu), un commissaire de police (■ Cass. crim., 4 janv. 1991 : *Dr. pénal* 1991, n° 137).

2) Les membres de la commission des requêtes de la Cour de justice de la République ont, indépendamment de leur statut, la qualité de magistrat au sens de l'article 434-24 du Code pénal (■ Cass. crim., 21 janv. 1998 : *Bull. crim.*, n° 29).

3) Définition de l'outrage. Doit être considérée comme un outrage toute expression de mépris de nature à diminuer le respect des citoyens pour l'autorité morale du fonctionnaire et pour le caractère dont il est revêtu (■ Cass. crim., 13 mars 1823 : *Bull. crim.*, n° 36. ■ 8 mai 1891 : *S.* 92, 1, 41, note Villey) ; ainsi le fait de dire à un juge de paix venant de rendre une sentence que son jugement méritait d'être encadré (Ch. réun. 25 juin 1855 : *DP* 55, 1, 431) ou le fait pour une personne condamnée à des amendes d'émettre la prétention dans un écrit correct en la forme, de les faire payer par le magistrat qui les a prononcées (■ Cass. crim., 17 nov. 1922 : *S.* 1924, 1, 235) ou encore la dénonciation d'un délit imaginaire (■ Cass. crim., 13 mai 1971 : *JCP* 71, I, 16844 ; *Rev. sc. crim.* 1971, 933, obs. Vitu. ■ Cass. crim., 4 janv. 1991 : *Dr. pénal* 1991, n° 137) ou le prévenu qui a envoyé aux juges ayant statué sur sa détention des lettres dans lesquelles il les assimilait à des nazis (■ Angers, 29 août 1992 : *JurisData* n° 048171).

4) Toute expression injurieuse ou diffamatoire, lorsqu'elle s'adresse à un magistrat de l'ordre administratif ou judiciaire dans l'exercice de ses fonctions ou à l'occasion de cet exercice, est qualifiée d'outrage par l'article 222 et entre même, lorsqu'elle a été proférée publiquement, dans les prévisions de ce texte, dont les articles 31 et 33 de la loi du 29 juillet 1881 n'ont pas modifié la portée ni affecté l'application (■ Cass. crim., 13 févr. 1975 : *Gaz. Pal.* 1975, 1, 357 ; *Rev. sc. crim.* 1976, 101, obs. Vitu. ■ Cass. crim., 24 janv. 1991 : *Dr. pénal* 1991, n° 193).

5) Constitue un outrage à magistrat, le fait pour un prévenu comparaissant à une audience correctionnelle, d'accuser le procureur de la République de forfaiture en ajoutant que « ce parquet est la honte de la nation » ; ces propos ayant excédé les limites des droits de la défense, l'immunité de l'article 41, alinéa 3, de la loi du 29 juillet 1881 ne peut recevoir application (■ Cass. crim., 24 nov. 1998 : *JurisData* n° 005144 ; *Dr. pénal* 1999, comm. 65, obs. M. Véron). Sur la répression des délits d'audience au regard de la Convention européenne des droits de l'homme après la loi du 4 janvier 1993 portant réforme de la procédure pénale, V. *Micou : D.* 1994, chron. 85.

6) L'outrage par geste ne doit pas atteindre la personne physique directement, ni être de nature à l'impressionner vivement : ainsi constituent des violences ou voies de fait et non un outrage le fait de saisir un agent de la force publique par le col et de le secouer (V. Vitu, *op. cit.*, n° 70). Mais jugé que se rend coupable d'outrage par geste le prévenu qui, au cours d'une saisie-exécution, pendant qu'un huissier de justice faisait le relevé du mobilier, arrache des mains de cet officier ministériel le dossier qu'il tenait (■ Cass. crim., 19 juin 1985 : *Gaz. Pal.* 1985, n° 293 à 295, p. 8).

7) L'outrage par écrits ou dessins doit n'être pas public ; dans le cas contraire, le délit est réprimé par la loi du 29 juillet 1881 sur la presse (■ Cass. crim., 31 oct. 1890 : *D.* 91, 1, 46).

8) L'outrage proféré hors la présence de la personne visée, ou formulé dans un écrit envoyé à un tiers ne tombe sous le coup de l'article 222 que si le magistrat a eu effectivement connaissance des paroles blessantes ou de l'écrit outrageant et si l'auteur du délit a voulu que l'outrage parvienne à la victime (■ Cass. crim., 15 sept. 1898 : *D.* 1900, 1, 307. – T. corr. Brive, 9 mars 1979 : *Gaz. Pal.* 1979, 1, 157, note Damien ; *Rev. sc. crim.* 1979, 547, obs. Vitu et en appel ■ Limoges, 11 juill. 1979 : *Rev. sc. crim.* 1979, 831, obs. Vitu).

9) Le délit n'est constitué que lorsqu'il est établi que l'auteur des propos a voulu que ceux-ci soient rapportés à la personne visée.

Pour confirmer le jugement ayant déclaré le demandeur coupable d'outrage à magistrat, l'arrêt retient, notamment, que le gendarme qui avait entendu les propos outrageants à l'encontre de la présidente de la chambre de l'instruction ne pouvait que rendre compte au juge d'instruction et qu'il existe un lien judiciaire sur le fondement de l'article 40 du Code de procédure pénale reliant ce gendarme à la personne outragée par l'intermédiaire du juge mandant ou du procureur de la République, ce qui ne pouvait échapper au prévenu.

Mais en se prononçant ainsi, alors que ne peut être qualifié de rapporteur nécessaire que celui dont le prévenu savait que par ses liens avec la personne outragée il lui rapporterait l'outrage, la cour d'appel a méconnu le texte susvisé et le principe ci-dessus rappelé (■ Cass. crim., 26 oct. 2010, n° 09-88.460 : *Dr. pén.* 2011, comm. 4, obs. M. Véron ; *D.* 2011, p. 570, note E. Dreyer).

10) Le délit d'outrage à magistrat, prévu par l'article 434-24 du Code pénal n'est constitué que lorsqu'il est établi que l'auteur des propos a voulu que ceux-ci soient rapportés à la personne visée.

Encourt la cassation l'arrêt qui déclare coupable de ce délit l'auteur d'un écrit produit devant un tribunal, mettant en cause deux magistrats extérieurs à la formation de jugement, sans rechercher en quoi les termes litigieux seraient nécessairement rapportés aux magistrats concernés (■ Cass. crim., 8 sept. 2015, n° 14-84.380).

11) Cumul de qualifications. Lorsque l'offense résulte de paroles proférées publiquement envers des personnes visées à la fois par les articles 222 et suivants du Code pénal et la loi du 29 juillet 1881 sur la presse, à l'occasion de l'exercice de leurs fonctions mais en dehors de cet exercice, doivent être appliqués les textes du Code pénal dès lors que les outrages se manifestent plus par des grossièretés que par des critiques (■ Cass. crim., 18 janv. 1956 : *Bull. crim.*, n° 73 ; *Rev. sc. crim.* 1956, 540, obs. Hugueney).

12) Toute expression injurieuse ou diffamatoire, lorsqu'elle s'adresse à un magistrat de l'ordre administratif ou judiciaire dans l'exercice de ses fonctions ou à l'occasion de cet exercice, est qualifiée d'outrage par l'article 434-24 du Code pénal et, même lorsqu'elle a été proférée publiquement, entre dans les prévisions de ce texte (■ Cass. crim., 19 avr. 2000 : *Bull. crim.*, n° 154).

13) Les expressions diffamatoires ou injurieuses proférées publiquement par l'un des moyens énoncés à l'article 23 de la loi du 29 juillet 1881 sur la liberté de la presse, contre un magistrat de l'ordre administratif ou judiciaire à raison de ses fonctions ou à l'occasion de leur exercice, sans être directement adressées à l'intéressé, n'entrent pas dans les prévisions de l'article 434-24 du Code pénal incriminant l'outrage à magistrat, et ne peuvent être poursuivies et réprimées que sur le fondement des articles 31 et 33 de ladite loi (■ Cass. crim., 1er mars 2016, n° 15-82.824).

14) A été déclaré coupable du délit de **complicité** d'outrage à magistrat le prévenu qui rédige pour le compte d'un plaideur mécontent une lettre à l'adresse de son juge dans laquelle il écrit : « nous constatons que vous faites volontairement un blocage à notre plainte au pénal », ce qui revient à accuser le magistrat d'avoir commis un déni de justice (■ Cass. crim., 16 févr. 1994 : *Dr. pénal* 1994, comm. 130, obs. M. Véron).

15) Immunité ou excuse. Ne constituent pas un outrage les mensonges proférés par un prévenu ou un inculpé tentant d'égarer les enquêteurs afin d'échapper aux poursuites (■ Cass. crim., 12 déc. 1931 : *Gaz. Pal.* 1932, 1, 172).

16) Il a été jugé qu'un prévenu, interrogé et retenu longuement à la gendarmerie, malgré ses protestations et dénégations, qui avait fini par émettre des propos outrageants, pouvait être relaxé, la fatigue, l'exaspération et la maladie lui ayant ôté la conscience du caractère outrageant de ses actes (■ Cass. crim., 24 juill. 1931 : *Bull. crim.*, n° 214).

17) Celui qui dénonce à l'autorité compétente des faits délictueux imputés à un magistrat ne commet à l'égard de ce magistrat aucun outrage s'il se borne à spécifier et qualifier les faits dénoncés. Mais les faits injurieux ou outrageants employés dans la dénonciation et distincts de l'énonciation des faits dénoncés peuvent donner lieu à des poursuites pour outrage ; justifie dès lors sa décision la cour d'appel qui constate que le prévenu a adressé au garde des Sceaux et au procureur général une dénonciation accusant de forfaiture, de faux en écritures publiques et authentiques et de coalition de fonctionnaires le juge de l'application des peines qui avait rejeté sa demande de libération conditionnelle et traitant ce magistrat de « fasciste » (■ Cass. crim., 27 sept. 2000 : *Bull. crim.*, n° 280).

18) L'immunité instituée par l'article 41 de la loi du 29 juillet 1881, destinée à garantir le libre exercice du droit d'agir et de se défendre en justice, est applicable aux écrits produits et aux propos tenus devant toute juridiction. Cette règle ne reçoit exception que dans le cas où les écrits outrageants sont étrangers à la cause. Encourt en conséquence la cassation l'arrêt qui condamne un avocat du chef d'outrage à magistrat pour avoir adressé à des juges saisis de procédures le concernant des lettres contenant des propos qui n'étaient pas étrangers à sa cause (■ Cass. crim., 8 juin 1999 : *Bull. crim.*, n° 127 ; *Dr. pénal* 1999, comm. n° 128, note M. Véron).

Adde, pour des imputations outrageantes envers les magistrats, contenues dans un mémoire produit à l'appui d'une demande de mise en liberté, non étrangers à la cause et devant bénéficier de l'immunité de l'article 41 de la loi du 29 juillet 1881 ■ Cass. crim., 13 févr. 2001 : *Dr. pénal* 2001, comm. 98, obs. M. Véron ; *D.* 2004, jur., p. 977, note B. Beignier.

Art. 434-25 *(L. n° 2017-242, 27 févr. 2017)*. **– Le fait de chercher à jeter le discrédit, publiquement par actes, paroles, écrits ou images de toute nature, sur un acte ou une décision juridictionnelle, dans des conditions de nature à porter atteinte à l'autorité de la justice ou à son indépendance est puni de six mois d'emprisonnement et de 7 500 € d'amende.**

Les dispositions de l'alinéa précédent ne s'appliquent pas aux commentaires techniques ni aux actes, paroles, écrits ou images de toute nature tendant à la réformation, la cassation ou la révision d'une décision.

Lorsque l'infraction est commise par la voie de la presse écrite ou audiovisuelle, les dispositions particulières des lois qui régissent ces matières sont applicables en ce qui concerne la détermination des personnes responsables.

Bibliographie : *JCl. pén., Discrédit sur une décision juridictionnelle* par J.-H. Robert.

1) QPC. Non-lieu à renvoi au Conseil constitutionnel de la QPC visant l'article 434-25 (■ Cass. crim., 9 déc. 2014, n° 14-90.041).

2) Sont protégées par l'article 226 les décisions juridictionnelles répressives ou non (■ Aix-en-Provence, 9 nov. 1962 : *D.* 1963, 84, note Borricand) ; mais il a été jugé que les décisions sur le sort de l'action publique émanant du parquet échappent au texte (■ T. corr. Pointe-à-Pitre, 1er déc. 1971 : *Gaz. Pal.* 1972, 1, 172 ; *Rev. sc. crim.* 1972, 590, obs. Vitu).

3) Se rend coupable du délit de discrédit jeté sur un acte juridictionnel le prévenu qui, en relatant la décision d'une juridiction d'expropriation, l'a qualifiée de « chef-d'œuvre d'incohérence, d'extravagance et d'abus du droit tel que rarement les annales judiciaires françaises, pourtant assez bien pourvues d'ordinaire en pareille matière, n'en ont recelé » (■ Aix-en-Provence, 9 nov. 1962, préc. et sur pourvoi ■ Cass. crim., 27 févr. 1964 : *D.* 1964, 623).

4) Se rend coupable du délit de l'article 226 du Code pénal le député qui, interrogé au téléphone dans le cadre d'une émission de radio, a critiqué avec violence et démesure une décision de justice venant de condamner le leader du mouvement indépendantiste néo-calédonien pour atteinte à l'intégrité territoriale (■ Paris, 29 oct. 1986, cassé par ■ Cass. crim., 7 mars 1988 : *JCP* 88, II, 21133, note Jeandidier). Entrent dans les prévisions de l'article 434-25 des déclarations qui, en mettant en cause, en termes outranciers, l'impartialité des juges ayant rendu la décision critiquée et en présentant leur attitude comme une manifestation de « l'injustice judiciaire », ont excédé les limites de la libre critique permise aux citoyens et voulu atteindre dans son autorité, par-delà les magistrats concernés, la justice considérée comme une institution fondamentale de l'État (■ Cass. crim., 11 mars 1997 : *Bull. crim.*, n° 96 ; *Bull. inf. C. cass.* 1997, n° 455, p. 7, concl. B. Cotte).

5) Les syndicats de magistrats ne tiennent d'aucune disposition de la loi le droit de poursuivre la réparation du trouble que l'infraction prévue par l'article 226 du Code pénal porte à l'autorité et à l'indépendance de la justice, institution fondamentale de l'État (■ Cass. crim., 9 déc. 1993 : *Bull. crim.*, n° 382).

6) Il résulte de la combinaison des dispositions de l'article 434-25 du Code pénal instituant une prescription de 3 mois de l'action publique et de celles des articles 7 et 8 du Code de procédure pénale, que la prescription abrégée reprend son cours après chaque acte d'instruction ou de poursuite accompli dans le même délai. Sont interruptifs de prescription, tant les actes de poursuite ou d'instruction accomplis au cours de l'information, que ceux accomplis au cours d'une procédure incidente devant la chambre d'accusation (■ Cass. crim., 30 avr. 1996 : *Bull. crim.*, n° 177).

Art. 434-26. – **Le fait de dénoncer mensongèrement à l'autorité judiciaire ou administrative des faits constitutifs d'un crime ou d'un délit qui ont exposé les autorités judiciaires à d'inutiles recherches est puni de six mois d'emprisonnement et de 7 500 € d'amende.**

Bibliographie : *JCl. pén., Dénonciation d'une infraction imaginaire* par A.-G. Robert.

1) La dénonciation doit, pour constituer le délit, être claire et précise, ce qui n'est pas le cas de simples soupçons exprimés (■ Cass. crim., 3 nov. 1993 : *Dr. pénal* 1994, comm. 31, obs. M. Véron).

2) La dénonciation dont le caractère mensonger ne porte que sur une circonstance aggravante d'une infraction n'est pas constitutive du délit prévu par l'article 434-26 du Code pénal (■ Cass. crim., 20 déc. 2006 : *Bull. crim.*, n° 323, effraction simulée pour un vol réel ; *Dr. pénal* 2007, comm. 30, obs. M. Véron ; *AJP* 2007, 134, obs. C. Saas ; *Rev. sc. crim.* 2007, p. 539, obs. C. Mascala).

3) L'article 434-26 du Code pénal, qui réprime la dénonciation mensongère à l'autorité publique d'un crime ou d'un délit ayant exposé les autorités judiciaires à d'inutiles recherches, n'exige pas que l'inexistence des faits dénoncés ait été constatée par une décision judiciaire d'acquittement, de relaxe ou de non-lieu devenue définitive (■ Cass. crim., 10 oct. 2000 : *Bull. crim.*, n° 291 ; *Dr. pénal* 2001, comm. 2, obs. M. Véron).

4) Une dénonciation mensongère entrant dans les prévisions de l'article 434-26 du Code pénal ne peut recevoir en outre la qualification d'outrage lorsque l'atteinte portée à la dignité et à l'autorité des membres de l'autorité publique trouve uniquement sa cause dans le fait même de la dénonciation (même arrêt).

5) L'article 434-26 du Code pénal n'exige pas que les autorités judiciaires aient effectivement conduit les recherches inutiles auxquelles la dénonciation mensongère d'un crime ou d'un délit, reçue par elles ou l'autorité administrative, les exposait (■ Cass. crim., 18 oct. 2016, n° 16-80.579).

6) Il appartient à la juridiction saisie de poursuites pour dénonciation mensongère de crimes imaginaires, d'apprécier la pertinence des accusations lorsque les faits dénoncés ont donné lieu à un classement sans suite (■ Cass. crim., 30 mars 2016, n° 15-81.660 : *Dr. pén.* 2016, comm. 125, note P. Conte).

7) Action civile. Ne constituent pas des dommages directement causés par l'infraction de dénonciation mensongère à l'autorité judiciaire, prévue par l'article 434-26 du Code pénal, les frais exposés par l'État à la suite de la mobilisation de la force publique pour effectuer des investigations relatives à des faits d'enlèvement et de séquestration qui se sont révélés imaginaires.

Font l'exacte application des articles 2 et 3 du Code de procédure pénale, les juges qui déclarent irrecevable la constitution de partie civile de l'agent judiciaire du trésor tendant à obtenir le remboursement de tels frais (■ Cass. crim., 20 janv. 2009, pourvoi n° 08-82.357).

§ 2. – De l'évasion

Art. 434-27 *(Mod., L. n° 2004-204, 9 mars 2004)*. **– Constitue une évasion punissable le fait, par un détenu, de se soustraire à la garde à laquelle il est soumis.**

L'évasion est punie de trois ans d'emprisonnement et de 45 000 € d'amende.

Lorsque l'évasion est réalisée par violence, effraction ou corruption, lors même que celles-ci auraient été commises, de concert avec le détenu, par un tiers, les peines sont portées à cinq ans d'emprisonnement et à 75 000 € d'amende.

Voir : anc. art. 245, C. pén.

Bibliographie : *JCl. pén., Évasion, remise ou sortie irrégulière d'objet* par D. Thomas. • S. Cébirac, *Évasion et mesures d'aménagement de la peine : Rev. pénit.* 2003, p. 489.

Il résulte de la combinaison des articles 132-73 et 434-27 du Code pénal que le délit d'évasion par effraction n'est constitué que lorsque le détenu, gardé dans un endroit clos, brise le dispositif de fermeture qui fait obstacle à sa fuite ; dès lors, c'est à bon droit qu'une cour d'appel relaxe du chef précité un détenu qui, profitant d'un moment d'inattention du seul policier chargé de sa garde, qui avait lâché ses menottes, a réussi à s'enfuir en passant par la grille ouverte du palais de justice (■ Cass. crim., 5 mai 1998 : *Bull. crim.*, n° 151 ; *Dr. pénal* 1998, comm. 110, obs. M. Véron).

Art. 434-28. – Pour l'application du présent paragraphe, est regardée comme détenue toute personne :

1° Qui est placée en garde à vue ;

2° Qui se trouve en instance ou en cours de présentation à l'autorité judiciaire à l'issue d'une garde à vue ou en exécution d'un mandat d'amener ou d'arrêt ;

3° Qui s'est vu notifier un mandat de dépôt ou un mandat d'arrêt continuant de produire effet ;

4° Qui exécute une peine privative de liberté ou qui a été arrêtée pour exécuter cette peine ;

5° Qui est placée sous écrou extraditionnel.

Voir : anc. art. 245, C. pén.

Art. 434-29 *(Mod., L. n° 97-1159, 19 déc. 1997)*. **– Constitue également une évasion punie des mêmes peines le fait :**

1° Par un détenu placé dans un établissement sanitaire ou hospitalier, de se soustraire à la surveillance à laquelle il est soumis ;

2° Par tout condamné, de se soustraire au contrôle auquel il est soumis alors qu'il a fait l'objet d'une décision soit de placement à l'extérieur d'un établissement pénitentiaire, soit de placement sous surveillance électronique ou qu'il bénéficie soit du régime de la semi-liberté, soit d'une permission de sortir ;

3° Par tout condamné, de ne pas réintégrer l'établissement pénitentiaire à l'issue d'une mesure de suspension ou de fractionnement de l'emprisonnement, de placement à l'extérieur, de semi-liberté ou de permission de sortir.

4° Par tout condamné placé sous surveillance électronique, de neutraliser par quelque moyen que ce soit le procédé permettant de détecter à distance sa présence ou son absence dans le lieu désigné par le juge de l'application des peines.

Voir : anc. art. 245, C. pén.

1) Constitue une évasion tant au sens de l'article 245, dernier alinéa, que de l'article 434-29, alinéa 3 du Code pénal, le seul fait pour un condamné bénéficiant d'une permission de sortir d'un établissement pénitentiaire, de ne pas rejoindre cet établissement, à l'expiration de sa permission (■ Cass. crim., 22 juin 1994 : *Bull. crim.*, n° 251 ; *Dr. pénal* 1994, n° 257, obs. Véron ; *Rev. sc. crim.* 1995, 105, obs. Delmas-Saint-Hilaire ; *Gaz. Pal.* 1994, 2, somm., 690, obs. Doucet).

2) Il a été jugé qu'une personne appréhendée pour des infractions au Code de la route et ayant fait l'objet d'une décision de garde à vue, qui s'enfuit alors qu'il était conduit à son domicile pour la recherche d'une pièce d'identité, ne pouvait avoir commis le délit d'évasion, faute d'intention, dès lors que la mesure ne lui avait pas été notifiée, pas plus que les droits attachés à la garde à vue, en raison de l'état d'ébriété dans lequel il se trouvait (■ Toulouse, 13 avr. 2006 : *JurisData* n° 2006-301203 ; *Dr. pénal* 2007, Études 3, par R. Maman).

3) Le délit d'évasion étant un délit instantané, entièrement consommé à la date même où le condamné n'a pas réintégré l'établissement pénitentiaire, à l'issue d'une permission de sortir, l'intervention d'un tiers postérieurement à cette date aux fins d'aider l'auteur principal dans sa fuite, ne saurait constituer un acte de complicité punissable en l'absence d'un accord antérieur à l'infraction (■ Cass. crim., 4 mai 2000 : *Bull. crim.*, n° 178 ; *D.* 2000, inf. rap. p. 177 ; *Rev. sc. crim.* 2001, p. 164, obs. J.-P. Delmas-Saint-Hilaire).

4) S'il appartient à la juridiction correctionnelle de modifier la qualification des faits et de substituer une qualification nouvelle à celle qui leur est déférée, c'est à la condition de ne pas statuer sur d'autres faits que ceux visés à la prévention. Il en résulte que le juge qui relaxe un prévenu du chef d'évasion par neutralisation du dispositif de surveillance électronique ne peut le condamner du chef de dégradation d'un objet d'utilité publique non visée dans la poursuite (■ Cass. crim., 13 avr. 2016, n° 15-82.982 : *D.* 2016, 1538, note O. Décima ; *Dr. pén.* 2016, comm. 103, note E. Bonis-Garçon).

5) Justifie sa décision la cour d'appel qui, pour écarter l'état de nécessité invoqué par le prévenu et déclarer ce dernier coupable d'évasion lors de son transport dans un fourgon de police, lequel était attaqué par des malfaiteurs armés, retient que l'intéressé a refusé de se coucher au sol pour se protéger, alors qu'il était invité à le faire par un policier, qu'il a au sauté du fourgon afin de prendre la fuite et qu'il s'est volontairement exposé aux tirs en provenance de l'extérieur (■ Cass. crim., 11 janv. 2017, n° 15-80.610).

Art. 434-30 *(Mod., L. n° 2004-204, 9 mars 2004).* **– Les infractions prévues à l'article 434-27 et au 1° de l'article 434-29 sont punies de sept ans d'emprisonnement et de 100 000 € d'amende lorsqu'elles ont été commises sous la menace d'une arme ou d'une substance explosive, incendiaire ou toxique.**

Les peines sont portées à dix ans d'emprisonnement et à 150 000 € d'amende lorsqu'il a été fait usage d'une arme ou d'une substance explosive, incendiaire ou toxique ou lorsque les faits sont commis en bande organisée, que les membres de cette bande soient ou non des détenus.

1) Une double condamnation est justifiée dès lors que sont caractérisés en tous leurs éléments, tant matériel qu'intentionnel, par des faits matériels distincts, les délits d'association de malfaiteurs et d'évasion en bande organisée (■ Cass. crim., 19 janv. 2010, pourvoi n° 09-84.056 : *Bull. crim.*, n° 11 ; *Dr. pénal* 2010, comm. 43, obs. M. Véron).

2) La circonstance aggravante de bande organisée présente un caractère réel et non pas personnel ; elle s'applique à tous les coauteurs et complices de l'infraction (■ Cass. crim., 11 janv. 2017, n° 15-80.610 : *Dr. pén.* 2017, comm. 39, note P. Conte).

Art. 434-31. – Nonobstant les dispositions des articles 132-2 à 132-5, les peines prononcées pour le délit d'évasion se cumulent, sans possibilité de confusion, avec celles que l'évadé subissait ou celles prononcées pour l'infraction à raison de laquelle il était détenu.

La peine prononcée pour évasion doit être subie cumulativement avec celle encourue pour le crime ou délit à raison duquel le prévenu était détenu (■ Cass. crim., 11 déc. 1947 : *D.* 1948, 154) ; encourt ainsi la cassation l'arrêt qui prononce deux peines distinctes, l'une à raison d'un délit de vol, l'autre à raison d'un délit d'évasion, sans constater que le délit de vol était la cause de la détention du prévenu (■ Cass. crim., 16 sept. 1920 : *DP* 1922, 5, 6 ; V. aussi ■ Cass. crim., 27 mai 1972 : *Bull. crim.*, n° 173 ; *Rev. sc. crim.* 1973, 113, obs. Vitu. ■ Cass. crim., 22 janv. 2013, n° 12-80.964 : *JurisData* n° 2013-001639 ; *Dr. pénal* 2013, note 56).

Art. 434-32. – **Est puni de trois ans d'emprisonnement et de 45 000 € d'amende le fait, par toute personne, de procurer à un détenu tout moyen de se soustraire à la garde à laquelle il était soumis.**

Si le concours ainsi apporté s'accompagne de violence, d'effraction ou de corruption, l'infraction est punie de cinq ans d'emprisonnement et de 75 000 € d'amende.

Si ce concours consiste en la fourniture ou l'usage d'une arme ou d'une substance explosive, incendiaire ou toxique, l'infraction est punie de sept ans d'emprisonnement et de 100 000 € d'amende.

Se rend coupable de complicité de tentative de connivence à évasion, le détenu qui fait parvenir des renseignements permettant de réaliser son évasion, à une personne, elle-même complice, qui a recruté des exécutants et fourni les moyens de réaliser le délit, la tentative ayant été interrompue par l'arrivée des forces de police (■ Douai, 21 oct. 2003 : *JCP* 2004, II, 10115, note J.-Y. Maréchal ; *Dr. pénal* 2004, comm. 59, obs. M. Véron).

Art. 434-33. – **Est puni de dix ans d'emprisonnement et de 150 000 € d'amende le fait, par toute personne chargée de sa surveillance, de faciliter ou de préparer, même par abstention volontaire, l'évasion d'un détenu.**

Ces dispositions sont également applicables à toute personne habilitée par ses fonctions à pénétrer dans un établissement pénitentiaire ou à approcher, à quelque titre que ce soit, des détenus.

Dans les cas prévus par le présent article, si le concours apporté consiste en la fourniture ou l'usage d'une arme ou d'une substance explosive, incendiaire ou toxique, l'infraction est punie de quinze ans de réclusion criminelle et de 225 000 € d'amende.

1) La qualité de gardien est reconnue à tous ceux qui étant tenus par leurs fonctions à une mission de contrôle ou de surveillance générale d'un établissement pénitentiaire, ont favorisé par des faits personnels de négligence l'évasion des prisonniers (■ Cass. crim., 10 nov. 1960 : *Bull. crim.*, n° 515).

2) L'évasion d'un prisonnier de guerre n'est consommée qu'à sa sortie du territoire français ; par suite, tous les actes d'assistance dont il bénéficie depuis son départ du camp jusqu'à sa sortie du territoire national sont punissables comme des actes de connivence (■ Cass. crim., 27 mai 1948 : *Gaz. Pal.* 1948, 2, 16).

3) Une mise en liberté ordonnée par une décision judiciaire, même si celle-ci est fondée sur des certificats médicaux inexacts, ne saurait constituer une évasion (■ Cass. crim., 21 févr. 1985 : *Bull. crim.*, n° 84 ; *Rev. sc. crim.* 1985, 803, obs. Delmas-Saint-Hilaire).

4) L'arrêt qui condamne un prévenu pour avoir laissé s'évader un prisonnier doit préciser exactement la fonction qu'il remplissait et la nature de sa négligence (■ Cass. crim., 14 nov. 1903 : *Bull. crim.*, n° 376).

5) Sur la connivence à l'évasion, V. Vitu, obs. in *Rev. sc. crim.* 1984, 499.

6) Infraction particulière, la connivence prévue par l'article 240, alinéa 2 est punissable même si l'évasion n'a été réalisée ni tentée et même si les préparatifs ont été menés à l'insu du prisonnier (■ Cass. crim., 11 juin 1949 : *JCP* 49, II, 5039, note Colombini) ; il y a ainsi tentative punissable de faciliter l'évasion dans le fait de remettre des scies à métaux à un détenu, bien que celui-ci n'en ait pas fait usage et n'ait pas tenté de s'évader *(même arrêt).*

7) Le fait de rechercher un pilote d'hélicoptère susceptible de poser son appareil dans la cour d'une prison constitue, alors même que le détenu concerné n'a pas été identifié, une tentative de connivence à évasion dès lors que le projet a été abandonné par suite du refus de tous les pilotes pressentis (■ Cass. crim., 3 sept. 1996 : *Dr. pénal* 1997, comm. 17, obs. M. Véron).

Art. 434-34. – **Les personnes visées aux articles 434-32 et 434-33 peuvent être condamnées solidairement aux dommages-intérêts que la victime aurait eu le droit d'obtenir du détenu par l'exercice de l'action civile en raison de l'infraction qui motivait la détention de celui-ci.**

Art. 434-35 *(Mod., L. n° 2003-239, 18 mars 2003 ; L. n° 2017-258, 28 févr. 2017).* **– Est puni d'un an d'emprisonnement et de 15 000 € d'amende le fait, en quelque lieu qu'il se produise, de remettre ou de faire parvenir à un détenu, ou de recevoir de lui et de transmettre des sommes d'argent, correspondances, objets ou substances quelconques ainsi que de communiquer par tout moyen avec une personne détenue, en dehors des cas autorisés par les règlements.**

Est puni des mêmes peines le fait, pour une personne se trouvant à l'extérieur d'un établissement pénitentiaire ou d'un établissement de santé habilité à recevoir des détenus, de communiquer avec une personne détenue à l'intérieur de l'un de ces établissements, y compris par la voie des communications électroniques, hors les cas où cette communication est autorisée en application de l'article 145-4 du Code de procédure pénale ou des articles 39 et 40 de la loi n° 2009-1436 du 24 novembre 2009 pénitentiaire et réalisée par les moyens autorisés par l'administration pénitentiaire.

La peine est portée à trois ans d'emprisonnement et à 45 000 € d'amende si le coupable est chargé de la surveillance de détenus ou s'il est habilité par ses fonctions à pénétrer dans un établissement pénitentiaire ou à approcher, à quelque titre que ce soit, des détenus.

1) Commet le délit de sortie irrégulière de correspondance l'avocat qui remet à leur destinataire réel des lettres qu'un détenu lui avait transmises à cette fin, par voie postale sous pli fermé (■ Cass. crim., 21 nov. 1979 : *Bull. crim.*, n° 332 ; *Gaz. Pal.* 1980, 1, 266, note P. L. G. ; *Rev. sc. crim.* 1980, 707, obs. Vitu ; V. également ■ Cass. crim., 12 mai 1992 : *Bull. crim.*, n° 184 ; *Rev. sc. crim.* 1993, 137, note P. Couvrat ; *D.* 1993, somm. 17, obs. G. Azibert).

2) Il a été jugé que le détenu était complice de l'infraction commise par son épouse, celle-ci, sur son injonction, lui ayant remis une puce électronique pour le téléphone portable qu'il détenait irrégulièrement, appareil avec lequel tous deux avaient pu communiquer notamment par l'envoi de textos (■ Douai, 23 juin 2004 : *Dr. pénal* 2005, comm. 5, obs. M. Véron).

Art. 434-35-1 *(L. n° 2003-239, 18 mars 2003).* **– Est puni d'un an d'emprisonnement et de 15 000 € d'amende le fait de pénétrer dans un établissement pénitentiaire ou d'en escalader l'enceinte sans y être habilité en vertu de dispositions législatives ou réglementaires ou y avoir été autorisé par les autorités compétentes.**

Est coupable du délit de pénétration sans autorisation dans un établissement pénitentiaire la personne qui force le passage pour pénétrer dans l'établissement alors qu'elle a été informée de la suspension de son permis de visite (■ Cass. crim., 19 sept. 2012, n° 11-86.760 : *Dr. pénal* 2012, comm. 156, obs. M. Véron).

Art. 434-36. – La tentative des délits prévus au présent paragraphe est punie des mêmes peines.

Art. 434-37. – Toute personne qui a tenté de commettre, en qualité d'auteur ou de complice, l'une des infractions prévues au présent paragraphe, sera exempte de peine si, ayant averti l'autorité judiciaire ou l'administration pénitentiaire, elle a permis d'éviter que l'évasion ne se réalise.

§ 3. – Des autres atteintes à l'autorité de la justice pénale

Art. 434-38. – Le fait, par un interdit de séjour, de paraître dans un lieu qui lui est interdit est puni de deux ans d'emprisonnement et de 30 000 € d'amende.

Est puni des mêmes peines le fait pour l'interdit de séjour de se soustraire aux mesures de surveillance prescrites par le juge.

Bibliographie : *JCl. pén., Violation de l'interdiction de séjour* par J.-L. Lennon.

Le jugement condamnant pour infraction à un arrêté portant interdiction de séjour doit mentionner la date à laquelle l'interdiction de séjour a été notifiée, la durée de l'interdiction de séjour et la date de la fin de la peine principale (■ Cass. crim., 17 nov. 1959 : *Bull. crim.*, n° 489), c'est-à-dire, en particulier, la date de la libération du condamné ou la date à laquelle la décision est devenue définitive (■ Cass. crim., 15 févr. 1961 : *Bull. crim.*, n° 101) et, dans le cas où la notification a été faite après la libération de l'intéressé, si celui-ci a satisfait aux obligations prescrites par l'article 48, alinéa 3 du Code pénal (■ Cass. crim., 4 juill. 1968 : *Bull. crim.*, n° 217).

Art. 434-39. – Dans le cas où un jugement a ordonné, à titre de peine, l'affichage de la décision de condamnation, le fait de supprimer, dissimuler ou lacérer totalement ou partiellement des affiches apposées est puni de six mois d'emprisonnement et de 7 500 € d'amende.

Le jugement ordonnera à nouveau l'exécution de l'affichage aux frais du condamné.

Art. 434-40 *(L. n° 2011-525, 17 mai 2011)*. **– Lorsqu'a été prononcée, à titre de peine, l'interdiction d'exercer une activité professionnelle ou sociale ou une fonction publique prévue au premier alinéa de l'article 131-27 et aux articles 131-28 et 131-29, toute violation de cette interdiction est punie de deux ans d'emprisonnement et de 30 000 € d'amende.**

Art. 434-40-1 *(L. n° 2011-525, 17 mai 2011)*. **– Lorsqu'a été prononcée, à titre de peine, l'interdiction d'exercer une profession commerciale ou industrielle, de diriger, d'administrer, de gérer ou de contrôler à un titre quelconque, directement ou indirectement, pour son propre compte ou pour le compte d'autrui, une entreprise commerciale ou industrielle ou une société commerciale prévue au deuxième alinéa de l'article 131-27, toute violation de cette interdiction est punie de deux ans d'emprisonnement et de 375 000 € d'amende.**

Art. 434-41 *(L. n° 2003-495, 12 juin 2003 ; L. n° 2004-204, 9 mars 2004 ; L. n° 2007-297, 5 mars 2007 ; L. n° 2009-1311, 28 oct. 2009 ; L. n° 2013-1117, 6 déc. 2013 ; L. n° 2014-366, 24 mars 2014 ; L. n° 2014-366, 24 mars 2014)*. **– Est punie de deux ans d'emprisonnement et de 30 000 € d'amende la violation, par le condamné, des obligations ou interdictions résultant des peines de suspension ou d'annulation du permis de conduire, d'interdiction de conduire certains véhicules terrestres à moteur, d'interdiction de paraître dans certains lieux ou de rencontrer certaines personnes, d'obligation d'accomplir un stage, d'interdiction de détenir ou de porter une arme, de retrait du permis de chasser, d'interdiction de détenir un animal, d'interdiction d'émettre des chèques ou d'utiliser des cartes de paiement, de fermeture d'établissement ou d'exclusion des marchés publics prononcées en application des articles 131-5-1, 131-6, 131-10, 131-14, 131-16 ou 131-17, d'interdiction de souscrire un nouveau contrat d'abonnement à un service de communication au public en ligne résultant de la peine complémentaire prévue en matière délictuelle par l'article L. 335-7 du Code de la propriété intellectuelle, d'interdiction d'acheter un bien immobilier ou un fonds de commerce d'un établissement recevant du public à usage total ou partiel d'hébergement résultant de la peine complémentaire prévue au 5°** ***bis*** **de l'article 225-19 du présent code, au 3° du III de l'article L. 511-6 du Code de la construction et de l'habitation et au 3° du IV de l'article L. 1337-4 du Code de la santé publique.**

Est puni des mêmes peines le fait de détruire, détourner ou tenter de détruire ou de détourner un véhicule immobilisé ou un véhicule, une arme, tout autre bien, corporel ou incorporel, ou un animal confisqués en application des articles 131-6, 131-10, 131-14, 131-16, 131-21 ou 131-39, tout autre objet ou un animal confisqués en application des articles 131-6, 131-10, 131-14 ou 131-16.

Est également puni des mêmes peines le fait, par une personne recevant la notification d'une décision prononçant à son égard, en application des articles précités, la suspension ou l'annulation du permis de conduire, le retrait du permis de chasser ou la confiscation d'un véhicule, d'une arme, de tout autre bien corporel ou incorporel ou d'un animal, de refuser de remettre le permis suspendu, annulé ou retiré, le bien ou l'animal confisqué à l'agent de l'autorité chargé de l'exécution de cette décision.

Art. 434-42. – La violation, par le condamné, des obligations résultant de la peine de travail d'intérêt général prononcée à titre de peine principale ou de peine complémentaire est punie de deux ans d'emprisonnement et de 30 000 € d'amende.

1) Déclare légalement coupable de violation d'une des obligations résultant d'une peine de travail d'intérêt général, la cour d'appel qui constate que le condamné a omis en toute connaissance de cause de se présenter sur les lieux du travail qui lui avait été imparti aux jour et heure fixés par décision du juge de l'application des peines (■ Cass. crim., 6 nov. 1986 : *Bull. crim.*, n° 329 ; *D.* 1987, 237, note Pradel).

2) Est coupable du délit de non-respect d'une décision ordonnant un travail d'intérêt général, prévu et puni par l'article 43-6 du Code pénal, le prévenu qui n'a pas accompli le travail d'intérêt général auquel il a été condamné du chef de vol avec effraction, dès lors que cette non-exécution découle directement de la faute personnelle qu'il a commise en commettant un nouveau vol pour lequel il a été à juste titre incarcéré, et que, de son propre fait, il a ainsi rendu impossible l'exécution de ladite mesure (■ Douai, 21 mai 1987 : *Gaz. Pal.* 13-15 nov. 1988).

3) La condamnation prononcée, en application de l'article 434-42 du Code pénal, pour violation des obligations résultant d'une peine de travail d'intérêt général, ne dispense pas le condamné de l'exécution de cette peine ; encourt dès lors la cassation l'arrêt qui, avant de condamner le prévenu de ce chef, ordonne « la révocation » de la peine inexécutée (■ Cass. crim., 7 janv. 1997 : *Bull. crim.*, n° 1 ; *Dr. pénal* 1997, comm. 76, obs. Véron ; *JCP* 97, II, 22878, note Salvage ; *JCP* 98, I, 105, obs. Maron ; *Rev. sc. crim.* 1997, 829, obs. Bouloc).

Art. 434-42-1 ***(Créé à compter du 1er oct. 2015, L. n° 2015-993, 17 août 2015).*** **– Le fait, pour une personne faisant l'objet d'une ou plusieurs obligations ou interdictions imposées par une ordonnance du juge des libertés et de la détention prise en application d'une décision de protection européenne conformément à l'article 696-102 du Code de procédure pénale, de ne pas se conformer à l'une de ces obligations ou interdictions, est puni de deux ans d'emprisonnement et de 30 000 € d'amende.**

Art. 434-43 ***(Mod., L. n° 2001-504, 12 juin 2001).*** **– Lorsqu'a été prononcée contre une personne morale l'une des peines prévues à l'article 131-39, la violation par une personne physique des obligations qui en découlent est punie de deux ans d'emprisonnement et de 30 000 € d'amende.**

Le fait, pour toute personne physique, de participer au maintien ou à la reconstitution, ouverte ou déguisée, d'une personne morale dont la dissolution a été prononcée en application des dispositions du 1° de l'article 131-39 est puni de trois ans d'emprisonnement et de 45 000 € d'amende.

Lorsque la dissolution a été prononcée pour une infraction commise en récidive, ou pour l'infraction prévue à l'alinéa précédent, la peine est portée à cinq ans d'emprisonnement et 75 000 € d'amende.

Bibliographie : *JCl. pén., Violation des obligations résultant des peines prononcées contre une personne morale* par J.-Y. Maréchal.

Art. 434-43-1 ***(L. n° 2016-1691, 9 déc. 2016).*** **– Le fait, pour les organes ou représentants d'une personne morale condamnée à la peine prévue à l'article 131-39-2, de s'abstenir de prendre les mesures nécessaires ou de faire obstacle à la bonne exécution des obligations qui en découlent est puni de deux ans d'emprisonnement et de 50 000 € d'amende.**

Le montant de l'amende prononcée à l'encontre des personnes morales déclarées responsables pénalement pour le délit prévu au premier alinéa du présent article peut être porté au montant de l'amende encourue au titre du délit pour lequel elles ont été condamnées et qui a donné lieu au prononcé de la peine prévue à l'article 131-39-2. Les personnes morales déclarées responsables pénalement encourent également l'ensemble des autres peines encourues au titre du délit pour lequel elles ont été condamnées et qui a donné lieu au prononcé de cette peine.

Les personnes physiques et les personnes morales déclarées responsables pénalement encourent également la peine complémentaire d'affichage ou de diffusion de la décision prononcée dans les conditions prévues à l'article 131-35.

Section IV. – Peines complémentaires et responsabilité des personnes morales

Art. 434-44 ***(Mod., L. n° 2008-776, 4 août 2008 ; L. n° 2017-258, 28 févr. 2017).*** **– Les personnes physiques coupables de l'un des délits prévus aux articles 434-4 à 434-9-1, 434-11, 434-13 à 434-15, 434-17 à 434-23, 434-27, 434-29, 434-30, 434-32, 434-33, 434-35, 434-36 et 434-40 à 434-43 encourent également l'interdiction des droits civiques, civils et de famille, suivant les modalités prévues par l'article 131-26.**

Dans les cas prévus aux articles 434-9, 434-9-1, 434-16 et 434-25, peuvent être également ordonnés l'affichage ou la diffusion de la décision prononcée dans les conditions prévues par l'article 131-35.

Les personnes physiques coupables de l'une des infractions prévues au troisième alinéa de l'article 434-9, à l'article 434-33 et au dernier alinéa de l'article 434-35 encourent également la peine complémentaire d'interdiction, suivant les modalités prévues par l'article 131-27, soit d'exercer une fonction publique ou d'exercer l'activité professionnelle ou sociale dans l'exercice ou à l'occasion de l'exercice de laquelle l'infraction a été commise, soit, pour les seules infractions prévues au dernier alinéa des articles 434-9 et 434-33, d'exercer

une profession commerciale ou industrielle, de diriger, d'administrer, de gérer ou de contrôler à un titre quelconque, directement ou indirectement, pour leur propre compte ou pour le compte d'autrui, une entreprise commerciale ou industrielle ou une société commerciale. Ces interdictions d'exercice peuvent être prononcées cumulativement.

Dans tous les cas prévus au présent chapitre, est en outre encourue la confiscation de la chose qui a servi ou était destinée à commettre l'infraction, à l'exception des objets susceptibles de restitution.

Art. 434-45 *(Mod., L. n° 2003, 12 juin 2003).* – Les personnes physiques coupables du délit prévu par l'article 434-10 encourent également la suspension, pour une durée de cinq ans au plus, du permis de conduire, cette suspension ne pouvant pas être limitée à la conduite en dehors de l'activité professionnelle.

Art. 434-46. – L'interdiction du territoire français peut être prononcée dans les conditions prévues par l'article 131-30, soit à titre définitif, soit pour une durée de dix ans au plus, à l'encontre de tout étranger coupable de l'une des infractions définies au huitième alinéa de l'article 434-9, aux articles 434-9-1 et 434-30, au dernier alinéa de l'article 434-32 et à l'article 434-33.

Art. 434-47 *(Mod., L. n° 2001-504, 12 juin 2001 ; L. n° 2007-1598, 13 nov. 2007).* – Les personnes morales reconnues pénalement responsables, dans les conditions prévues à l'article 121-2, des infractions prévues au huitième alinéa de l'article 434-9, au deuxième alinéa de l'article 434-9-1 et aux articles 434-39 et 434-43 encourent les peines suivantes :

1° L'amende, suivant les modalités prévues par l'article 131-38 ;

2° Pour une durée de cinq ans au plus, les peines mentionnées aux 2°, 3°, 4°, 5°, 6° et 7° de l'article 131-39 ;

3° La confiscation prévue à l'article 131-21 ;

4° L'affichage ou la diffusion de la décision prononcée dans les conditions prévues par l'article 131-35 ;

5° Pour les infractions prévues aux deuxième et troisième alinéas de l'article 434-43, la peine de dissolution mentionnée au 1° de l'article 131-39.

L'interdiction mentionnée au 2° de l'article 131-39 porte sur l'activité dans l'exercice ou à l'occasion de l'exercice de laquelle l'infraction a été commise.

Art. 434-48 *(L. n° 2016-1691, 9 déc. 2016).* – Les personnes morales reconnues pénalement responsables dans les conditions prévues à l'article 121-2 des infractions prévues à l'avant-dernier alinéa de l'article 434-9 et au second alinéa de l'article 434-9-1 encourent également la peine prévue à l'article 131-39-2.

CHAPITRE V. – DES ATTEINTES À L'ADMINISTRATION PUBLIQUE ET À L'ACTION DE LA JUSTICE DES COMMUNAUTÉS EUROPÉENNES, DES ÉTATS MEMBRES DE L'UNION EUROPÉENNE, DES AUTRES ÉTATS ÉTRANGERS ET DES AUTRES ORGANISATIONS INTERNATIONALES PUBLIQUES

(L. n° 2007-1598, 13 nov. 2007)

Section I. – Des atteintes à l'administration publique

Sous-section 1. – De la corruption et du trafic d'influence passifs

Art. 435-1 *(Mod., L. n° 2011-525, 17 mai 2011 ; L. n° 2013-1117, 6 déc. 2013).* – Est puni de dix ans d'emprisonnement et d'une amende de 1 000 000 €, dont le montant peut être porté au double du produit tiré de l'infraction, le fait, par une personne dépositaire de l'autorité publique, chargée d'une mission de service public ou investie d'un mandat électif public dans un État étranger ou au sein d'une organisation internationale publique, de solliciter ou d'agréer, sans droit, à tout moment, directement ou indirectement, des offres, des promesses, des dons, des présents ou des avantages quelconques, pour elle-même ou pour autrui, pour accomplir ou avoir accompli, pour s'abstenir ou s'être abstenue d'accomplir un acte de sa fonction, de sa mission ou de son mandat ou facilité par sa fonction, sa mission ou son mandat.

Art. 435-2 *(Mod., L. n° 2011-525, 17 mai 2011 ; L. n° 2013-1117, 6 déc. 2013 ; L. n° 2016-1691, 9 déc. 2016).* **– Est puni de cinq ans d'emprisonnement et d'une amende de 500 000 €, dont le montant peut être porté au double du produit tiré de l'infraction, le fait, par quiconque, de solliciter ou d'agréer, à tout moment, directement ou indirectement, des offres, des promesses, des dons, des présents ou des avantages quelconques, pour lui-même ou pour autrui, pour abuser ou avoir abusé de son influence réelle ou supposée en vue de faire obtenir des distinctions, des emplois, des marchés ou toute autre décision favorable d'une personne dépositaire de l'autorité publique, chargée d'une mission de service public ou investie d'un mandat électif public dans un État étranger ou au sein d'une organisation internationale publique.**

Sous-section 2. – De la corruption et du trafic d'influence actifs

Art. 435-3 *(Mod., L. n° 2011-525, 17 mai 2011 ; L. n° 2013-1117, 6 déc. 2013).* **– Est puni de dix ans d'emprisonnement et d'une amende de 1 000 000 €, dont le montant peut être porté au double du produit tiré de l'infraction, le fait, par quiconque, de proposer, sans droit, à tout moment, directement ou indirectement, à une personne dépositaire de l'autorité publique, chargée d'une mission de service public ou investie d'un mandat électif public dans un État étranger ou au sein d'une organisation internationale publique, des offres, des promesses, des dons, des présents ou des avantages quelconques, pour elle-même ou pour autrui, pour qu'elle accomplisse ou s'abstienne d'accomplir, ou parce qu'elle a accompli ou s'est abstenue d'accomplir un acte de sa fonction, de sa mission ou de son mandat, ou facilité par sa fonction, sa mission ou son mandat.**

Est puni des mêmes peines le fait, par quiconque, de céder à une personne visée au premier alinéa qui sollicite, sans droit, à tout moment, directement ou indirectement, des offres, des promesses, des dons, des présents ou des avantages quelconques, pour elle-même ou pour autrui, pour accomplir ou avoir accompli, pour s'abstenir ou s'être abstenue d'accomplir un acte visé audit alinéa.

1) QPC. Une question prioritaire de constitutionnalité mettant en cause l'article 435-3 du Code pénal a été déclarée irrecevable en ce que, sous couvert d'atteinte aux principes de réciprocité, de souveraineté nationale et d'immunité du chef d'État français, elle portait en réalité sur la compatibilité de la loi avec le droit international coutumier en matière d'immunité des chefs d'État étrangers (■ Cass. crim., 28 juin 2017, n° 17-80.228).

2) Entre dans les prévisions du deuxième alinéa de l'article 435-3 du Code pénal dans sa version en vigueur à la date des faits, le fait, par toute personne physique ou morale, de céder aux sollicitations dépourvues de fondement juridique des agents d'un organisme ayant la qualité de personne chargée d'une mission de service public au sens des mêmes dispositions, relayant une demande de paiement de commissions occultes formulées par les instances représentatives d'un État qui en sont les bénéficiaires et à défaut du paiement desquelles toute relation commerciale serait interrompue (■ Cass. crim., 14 mars 2018, n° 16-82.117).

Art. 435-4 *(Mod., L. n° 2011-525, 17 mai 2011 ; L. n° 2013-1117, 6 déc. 2013 ; L. n° 2016-1691, 9 déc. 2016).* **– Est puni de cinq ans d'emprisonnement et d'une amende de 500 000 €, dont le montant peut être porté au double du produit tiré de l'infraction, le fait, par quiconque, de proposer, sans droit, à tout moment, directement ou indirectement, des offres, des promesses, des dons, des présents ou des avantages quelconques à une personne, pour elle-même ou pour autrui, pour qu'elle abuse ou parce qu'elle a abusé de son influence réelle ou supposée en vue de faire obtenir des distinctions, des emplois, des marchés ou toute autre décision favorable d'une personne dépositaire de l'autorité publique, chargée d'une mission de service public ou investie d'un mandat électif public dans un État étranger ou au sein d'une organisation internationale publique.**

Est puni des mêmes peines le fait, par quiconque, de céder à toute personne qui sollicite, à tout moment, directement ou indirectement, des offres, des promesses, des dons, des présents ou des avantages quelconques, pour elle-même ou pour autrui, pour abuser ou avoir abusé de son influence réelle ou supposée en vue de faire obtenir des distinctions, des emplois, des marchés ou toute autre décision favorable d'une personne visée au premier alinéa.

Sous-section 3. – Dispositions communes

Art. 435-5. – **Les organismes créés en application du traité sur l'Union européenne sont considérés comme des organisations internationales publiques pour l'application des dispositions de la présente section.**

Art. 435-6 *(Abr., L. n° 2013-1117, 6 déc. 2013).*

Art. 435-6-1 *(L. n° 2013-1117, 6 déc. 2013).* – **La peine privative de liberté encourue par l'auteur ou le complice d'une des infractions prévues aux articles 435-1 à 435-4 est réduite de moitié si, ayant averti l'autorité administrative ou judiciaire, il a permis de faire cesser l'infraction ou d'identifier, le cas échéant, les autres auteurs ou complices.**

Art. 435-6-2 *(L. n° 2016-1691, 9 déc. 2016).* – **Dans le cas où les infractions prévues aux articles 435-1 à 435-4 sont commises à l'étranger par un Français ou par une personne résidant habituellement ou exerçant tout ou partie de son activité économique sur le territoire français, la loi française est applicable en toutes circonstances, par dérogation au deuxième alinéa de l'article 113-6, et l'article 113-8 n'est pas applicable.**

Pour la poursuite de la personne qui s'est rendue coupable sur le territoire français, comme complice, d'une infraction prévue aux articles 435-1 à 435-4 commise à l'étranger, la condition de constatation de l'infraction par une décision définitive de la juridiction étrangère prévue à l'article 113-5 n'est pas applicable.

Section II. – Des atteintes à l'action de la justice

Sous-section 1. – De la corruption et du trafic d'influence passifs

Art. 435-7 *(Mod., L. n° 2011-525, 17 mai 2011 ; L. n° 2013-1117, 6 déc. 2013).* – **Est puni de dix ans d'emprisonnement et d'une amende de 1 000 000 €, dont le montant peut être porté au double du produit tiré de l'infraction, le fait, par :**

1° Toute personne exerçant des fonctions juridictionnelles dans un État étranger ou au sein ou auprès d'une cour internationale ;

2° Tout fonctionnaire au greffe d'une juridiction étrangère ou d'une cour internationale ;

3° Tout expert nommé par une telle juridiction ou une telle cour ou par les parties ;

4° Toute personne chargée d'une mission de conciliation ou de médiation par une telle juridiction ou par une telle cour ;

5° Tout arbitre exerçant sa mission sous l'empire du droit d'un État étranger sur l'arbitrage,

de solliciter ou d'agréer, sans droit, à tout moment, directement ou indirectement, des offres, des promesses, des dons, des présents ou des avantages quelconques, pour lui-même ou pour autrui, pour accomplir ou avoir accompli, pour s'abstenir ou s'être abstenu d'accomplir un acte de sa fonction ou facilité par sa fonction.

Art. 435-8 *(Mod., L. n° 2011-525, 17 mai 2011 ; L. n° 2013-1117, 6 déc. 2013).* – **Est puni de cinq ans d'emprisonnement et d'une amende de 500 000 €, dont le montant peut être porté au double du produit tiré de l'infraction, le fait, par quiconque, de solliciter ou d'agréer, à tout moment, directement ou indirectement, des offres, des promesses, des dons, des présents ou des avantages quelconques, pour lui-même ou pour autrui, pour abuser ou avoir abusé de son influence réelle ou supposée en vue de faire obtenir toute décision ou tout avis favorable d'une personne visée à l'article 435-7, lorsqu'elle exerce ses fonctions au sein ou auprès d'une cour internationale ou lorsqu'elle est nommée par une telle cour.**

Sous-section 2. – De la corruption et du trafic d'influence actifs

Art. 435-9 *(Mod., L. n° 2011-525, 17 mai 2011 ; L. n° 2013-1117, 6 déc. 2013).* – **Est puni de dix ans d'emprisonnement et d'une amende de 1 000 000 €, dont le montant peut être porté au double du produit tiré de l'infraction, le fait, par quiconque, de proposer, sans droit, à tout moment, directement ou indirectement, à :**

1° Toute personne exerçant des fonctions juridictionnelles dans un État étranger ou au sein ou auprès d'une cour internationale ;

2° Tout fonctionnaire au greffe d'une juridiction étrangère ou d'une cour internationale ;

3° Tout expert nommé par une telle juridiction ou une telle cour ou par les parties ;

4° Toute personne chargée d'une mission de conciliation ou de médiation par une telle juridiction ou une telle cour ;

5° Tout arbitre exerçant sa mission sous l'empire du droit d'un État étranger sur l'arbitrage,

pour lui-même ou pour autrui, des offres, des promesses, des dons, des présents ou des avantages quelconques pour que cette personne accomplisse ou s'abstienne d'accomplir, ou parce qu'elle a accompli ou s'est abstenue d'accomplir un acte de sa fonction ou facilité par sa fonction.

Est puni des mêmes peines le fait, par quiconque, de céder à une personne mentionnée aux 1° à 5° qui sollicite, sans droit, à tout moment, directement ou indirectement, des offres, des promesses, des dons, des présents ou des avantages quelconques, pour elle-même ou pour autrui, pour accomplir ou avoir accompli, pour s'abstenir ou s'être abstenue d'accomplir un acte de sa fonction ou facilité par sa fonction.

Art. 435-10 *(Mod., L. n° 2011-515, 17 mai 2011 ; L. n° 2013-1117, 6 déc. 2013)*. – Est puni de cinq ans d'emprisonnement et d'une amende de 500 000 €, dont le montant peut être porté au double du produit tiré de l'infraction, le fait, par quiconque, de proposer, sans droit, à tout moment, directement ou indirectement, des offres, des promesses, des dons, des présents ou des avantages quelconques à une personne, pour elle-même ou pour autrui, pour qu'elle abuse ou parce qu'elle a abusé de son influence réelle ou supposée en vue de faire obtenir toute décision ou avis favorable d'une personne visée à l'article 435-9, lorsqu'elle exerce ses fonctions au sein ou auprès d'une cour internationale ou lorsqu'elle est nommée par une telle cour.

Est puni des mêmes peines le fait, par quiconque, de céder à toute personne qui sollicite, à tout moment, directement ou indirectement, des offres, des promesses, des dons ou des présents ou des avantages quelconques, pour elle-même ou pour autrui, pour abuser ou avoir abusé de son influence réelle ou supposée en vue de faire obtenir d'une personne visée au premier alinéa toute décision ou tout avis favorable.

Sous-section 3. – Dispositions communes

Art. 435-11 *(Abr., L. n° 2013-1117, 6 déc. 2013)*.

Art. 435-11-1 *(L. n° 2013-1117, 6 déc. 2013)*. – La peine privative de liberté encourue par l'auteur ou le complice d'une des infractions prévues aux articles 435-7 à 435-10 est réduite de moitié si, ayant averti l'autorité administrative ou judiciaire, il a permis de faire cesser l'infraction ou d'identifier, le cas échéant, les autres auteurs ou complices.

Art. 435-11-2 *(L. n° 2016-1691, 9 déc. 2016)*. – Dans le cas où les infractions prévues aux articles 435-7 à 435-10 sont commises à l'étranger par un Français ou par une personne résidant habituellement ou exerçant tout ou partie de son activité économique sur le territoire français, la loi française est applicable en toutes circonstances, par dérogation au deuxième alinéa de l'article 113-6, et l'article 113-8 n'est pas applicable.

Pour la poursuite de la personne qui s'est rendue coupable sur le territoire français, comme complice, d'une infraction prévue aux articles 435-7 à 435-10 commise à l'étranger, la condition de constatation de l'infraction par une décision définitive de la juridiction étrangère prévue à l'article 113-5 n'est pas applicable.

Sous-section 4. – Des autres entraves à l'exercice de la justice

Art. 435-12. – Est puni de trois ans d'emprisonnement et de 45 000 € d'amende le fait, par quiconque, d'user de promesses, offres, présents, pressions, menaces, voies de fait, manœuvres ou artifices à l'occasion d'une procédure ou en vue d'une demande ou défense en justice, dans un État étranger ou devant une cour internationale, afin de déterminer autrui soit à fournir une déposition, une déclaration ou une attestation mensongère, soit à s'abstenir de fournir une déposition, une déclaration ou une attestation, même si la subornation n'est pas suivie d'effet.

Art. 435-13. – Est puni de dix ans d'emprisonnement et de 150 000 € d'amende le fait, par quiconque, d'user de menaces, de violences ou de commettre tout autre acte d'intimidation pour obtenir d'un magistrat, d'un juré, de toute personne siégeant dans une formation juridictionnelle ou participant au service public de la justice, ou d'un agent des services de détection ou de répression des infractions dans un État étranger ou dans une cour internationale, qu'il accomplisse ou s'abstienne d'accomplir un acte de sa fonction, de sa mission ou facilité par sa fonction ou sa mission.

Section III. – Peines complémentaires et responsabilité des personnes morales

Art. 435-14. – **Les personnes physiques coupables de l'une des infractions prévues au présent chapitre encourent également les peines complémentaires suivantes :**

1° L'interdiction des droits civiques, civils et de famille, suivant les modalités prévues par l'article 131-26 ;

2° L'interdiction, pour une durée de cinq ans au plus, d'exercer une fonction publique ou d'exercer l'activité professionnelle ou sociale dans l'exercice ou à l'occasion de l'exercice de laquelle l'infraction a été commise ;

3° L'affichage ou la diffusion de la décision prononcée dans les conditions prévues par l'article 131-35 ;

4° La confiscation, suivant les modalités prévues par l'article 131-21, de la chose qui a servi ou était destinée à commettre l'infraction ou de la chose qui en est le produit.

L'interdiction du territoire français peut en outre être prononcée dans les conditions prévues par les articles 131-30 à 131-30-2 soit à titre définitif, soit pour une durée de dix ans au plus, à l'encontre de tout étranger qui s'est rendu coupable de l'une des infractions prévues au présent chapitre.

Art. 435-15 *(L. n° 2016-1691, 9 déc. 2016)*. – **Les personnes morales reconnues pénalement responsables, dans les conditions prévues à l'article 121-2, des infractions prévues aux articles 435-3, 435-4, 435-9 et 435-10 encourent les peines suivantes :**

1° L'amende, suivant les modalités prévues par l'article 131-38 ;

2° Pour une durée de cinq ans au plus, les peines prévues aux 2° à 7° de l'article 131-39 ;

3° La confiscation, suivant les modalités prévues par l'article 131-21, de la chose qui a servi ou était destinée à commettre l'infraction ou de la chose qui en est le produit ;

4° L'affichage ou la diffusion de la décision prononcée dans les conditions prévues par l'article 131-35 ;

5° La peine prévue à l'article 131-39-2.

Bibliographie : *JCl. pén., Atteintes à l'administration publique et à l'action de la justice des Communautés européennes, des États membres de l'Union européenne, des autres États étrangers et des autres organisations internationales publiques* par E. Dreyer. • F. Chopin, *L'adaptation de la lutte contre la corruption en droit français à l'Espace économique européen et international : Rev. pénit.* 2002, p. 51. • J.-P. Zanoto, *La corruption : un combat sans fin : Rev. pénit.* 2002, p. 43. • Ch. Cutajar, C. Ducoulou-Favard, J. Lelieur, J.-P. Philippe, M. Pieth, M. Segonds, *La lutte contre la corruption (Loi du 13 nov. 2007 : D.* 2008, p. 1068 (dossier). • J. Lelieur, *La loi du 13 nov. 2007, quelles avancées... : Dr. pénal* 2008, Étude 25.

CHAPITRE VI. – DE LA PARTICIPATION À UNE ACTIVITÉ DE MERCENAIRE

(L. n° 2003-340, 14 avr. 2003)

Art. 436-1 *(L. n° 2003-340, 14 avr. 2003)*. – **Est puni de cinq ans d'emprisonnement et de 75 000 € d'amende le fait :**

1° Par toute personne, spécialement recrutée pour combattre dans un conflit armé et qui n'est ni ressortissante d'un État partie audit conflit armé, ni membre des forces armées de cet État, ni n'a été envoyée en mission par un État autre que l'un de ceux parties au conflit en tant que membre des forces armées dudit État, de prendre ou tenter de prendre une part directe aux hostilités en vue d'obtenir un avantage personnel ou une rémunération nettement supérieure à celle qui est payée ou promise à des combattants ayant un rang et des fonctions analogues dans les forces armées de la partie pour laquelle elle doit combattre ;

2° Par toute personne, spécialement recrutée pour prendre part à un acte concerté de violence visant à renverser les institutions ou porter atteinte à l'intégrité territoriale d'un État et qui n'est ni ressortissante de l'État contre lequel cet acte est dirigé, ni membre des forces armées dudit État, ni n'a été envoyée en mission par un État, de prendre ou tenter de prendre part à un tel acte en vue d'obtenir un avantage personnel ou une rémunération importante.

Art. 436-2 *(L. n° 2003-340, 14 avr. 2003)*. – **Le fait de diriger ou d'organiser un groupement ayant pour objet le recrutement, l'emploi, la rémunération, l'équipement ou l'instruction militaire d'une personne définie à l'article 436-1 est puni de sept ans d'emprisonnement et de 100 000 € d'amende.**

Art. 436-3 *(L. n° 2003-340, 14 avr. 2003)*. – **Lorsque les faits mentionnés au présent chapitre sont commis à l'étranger par un Français ou par une personne résidant habituellement sur le territoire français, la loi française**

est applicable par dérogation au deuxième alinéa de l'article 113-6 et les dispositions de la seconde phrase de l'article 113-8 ne sont pas applicables.

Art. 436-4 *(L. n° 2003-340, 14 avr. 2003)*. **– Les personnes physiques coupables des infractions prévues par le présent chapitre encourent également les peines complémentaires suivantes :**

1° L'interdiction des droits civiques, civils et de famille, suivant les modalités prévues par l'article 131-26 ;

2° La diffusion intégrale ou partielle de la décision ou d'un communiqué informant le public des motifs et du dispositif de celle-ci dans les conditions prévues par l'article 131-35 ;

3° L'interdiction de séjour, suivant les modalités prévues par l'article 131-31.

Art. 436-5 *(L. n° 2009-526, 12 mai 2009)*. **– Les personnes morales déclarées responsables pénalement, dans les conditions prévues par l'article 121-2, de l'infraction définie à l'article 436-2 encourent, outre l'amende suivant les modalités prévues par l'article 131-38, les peines prévues par l'article 131-39.**

L'interdiction mentionnée au 2° de l'article 131-39 porte sur l'activité dans l'exercice ou à l'occasion de l'exercice de laquelle l'infraction a été commise.

Bibliographie : *JCl. pén. Participation à une activité de mercenaire*, par J. Amar.

TITRE IV. – DES ATTEINTES À LA CONFIANCE PUBLIQUE

CHAPITRE I. – DES FAUX

Art. 441-1. – Constitue un faux toute altération frauduleuse de la vérité, de nature à causer un préjudice et accomplie par quelque moyen que ce soit, dans un écrit ou tout autre support d'expression de la pensée qui a pour objet ou qui peut avoir pour effet d'établir la preuve d'un droit ou d'un fait ayant des conséquences juridiques.

Le faux et l'usage de faux sont punis de trois ans d'emprisonnement et de 45 000 € d'amende.

Bibliographie : *JCl. pén., Faux* par M. Segonds.

• ***Sommaire***

I – PROCÉDÉS DU FAUX

A – Faux matériel

1) Fausse signature. Elle est réalisée par l'apposition dans un document d'une signature au nom d'un tiers, imaginaire ou réel ou homonyme (■ Cass. crim., 15 mars 1917 : *Bull. crim.*, n° 76. ■ Cass. crim., 18 janv. 1961 : *Bull. crim.*, n° 33. ■ Cass. crim., 21 mai 1963 : *Bull. crim.*, n° 180. ■ 28 nov. 1968 : *Bull. crim.*, n° 323 ; *Rev. sc. crim.* 1969, p. 399, obs. Vitu. ■ Cass. crim., 30 juill. 1836 : S. 1836, I, 941), que la signature soit manuscrite ou imprimée (■ Cass. crim., 14 mars 1913 : *Bull. crim.*, n° 140). Il en est de même s'il y a eu imitation de signature d'autrui (■ Cass. crim., 29 oct. 1979 : *D.* 1980, inf. rap. 443. ■ Cass. crim., 2 oct. 2001 : *Bull. crim.*, n° 197), celle-ci pouvant consister en une griffe (■ Cass. crim., 5 janv. 1971 : *Bull. crim.*, n° 2) ou en l'utilisation d'un timbre humide (■ Cass. crim., 11 janv. 1956 : *Bull. crim.*, n° 43).

2) Altération de documents. Constitue aussi un faux matériel le fait de modifier des écritures, en l'espèce par surcharges et additions de menou d'en supprimer grâce à l'utilisation de procédés divers, tels le lavage (■ Cass. crim., 21 mai 1963 : *Bull. crim.*, n° 180 ; *Rev. sc. crim.* 1963, p. 801, obs. Hugueney), la plastification d'un ticket d'autobus en vue d'empêcher son oblitération, l'altération d'écritures étant ainsi caractérisée (■ Cass. crim., 19 déc. 1974 : *Bull. crim.*, n° 378 ; *Rev. sc. crim.* 1975, p. 690, obs. Vitu).

3) Fabrication de documents. Nul ne pouvant se constituer un titre à soi-même, la fabrication d'un document, même comportant des énonciations pour partie exactes, forgé pour servir de preuve, constitue un faux matériel susceptible de porter préjudice à autrui (■ Cass. crim., 31 janv. 1994 : *Dr. pénal* 1994, n° 104, obs. Véron) ; il en est ainsi même si le document fabriqué est conforme à l'original (■ Cass. crim., 26 nov. 1974 : *Bull. crim.*, n° 348).

Constitue un faux l'acte fabriqué par une ou plusieurs personnes à seule fin d'éluder la loi et de créer l'apparence d'une situation juridique de nature à porter préjudice à autrui ; justifie ainsi la déclaration de culpabilité d'un vétérinaire pour faux la cour d'appel qui retient qu'il a, sur la demande d'un pharmacien qui le rémunérait, rédigé de manière habituelle des ordonnances prescrivant des médicaments contenant des substances vénéneuses à des animaux d'élevage dont il n'assurait pas les soins ni la surveillance sanitaire, à seule fin de régulariser la vente des médicaments déjà effectuée par le pharmacien, en méconnaissance de la réglementation pharmaceutique, et que ces pratiques ont porté atteinte à la filière alimentaire de l'élevage (■ Cass. crim., 6 févr. 2001 : *Bull. crim.*, n° 35).

Tel est aussi le cas des ordonnances à en-tête d'un médecin d'exercice libéral, signées à l'avance par celui-ci, que le médecin salarié d'un organisme gérant un régime obligatoire de sécurité sociale délivrait à ceux de ses patients affiliés à cet organisme qui le consultaient au titre du régime général des pensions militaires d'invalidité (■ Cass. crim., 18 mai 2005 : *Bull. crim.*, n° 148).

Le faux par fabrication de conventions, dispositions, obligations ou décharges est caractérisé alors même que la fausseté du fait attesté ne serait pas constaté (■ Cass. crim., 28 avr. 1970 : *Bull. crim.*, n° 1480. ■ 31 janv. 1994 : préc.) ; l'insertion frauduleuse d'une mention postérieurement à la rédaction de l'acte est également constitutive du faux (■ Cass. crim., 18 avr. 1970 : *D.* 1970, p. 575).

– Est **complice** d'un faux certificat de vente, celui qui a confectionné un tampon apocryphe d'un tribunal de commerce intégré dans l'acte (■ Cass. crim., 31 oct. 2001 : *JurisData* n° 007185 ; *Dr. pénal* 2001, comm. 31, obs. M. Véron).

La fabrication d'un document, forgé pour servir de preuve, constitue un faux matériel susceptible de porter préjudice à un tiers, même si ce document est conforme à l'original (■ Cass. crim., 3 juin 2004 : *Bull. crim.*, n° 149 ; *Dr. pénal* 2004, comm. 141, obs. M. Véron ; *D.* 2004, somm. com., p. 2752, obs. B. de Lamy).

4) Pour déclarer le prévenu coupable de faux en ayant porté de fausses mentions dans le procès-verbal de l'assemblée générale du 8 mai 1993 de la Mutuelle dont il était le directeur, l'arrêt relève, notamment, qu'il a admis, de par ses fonctions, avoir l'habitude d'assister aux assemblées générales pour y prendre des notes à partir desquelles était rédigé le procès-verbal de ces assemblées et avoir la responsabilité de sa mise en forme ; qu'il retient que le prévenu est à l'origine de l'établissement du faux procès-verbal dont il est le véritable auteur intellectuel ; qu'en l'état de ces énonciations, et dès lors que se rend coupable de faux celui qui coopère sciemment à la fabrication d'un faux procès-verbal portant la signature de tiers, même s'il n'y concourt pas matériellement, la cour d'appel a justifié sa décision (■ Cass. crim., 3 juin 2004 ; *Dr. pénal* 2004, note 144, obs. M.V.).

5) Particularités. En cas de faux matériel, le délit est caractérisé quelle que soit la valeur de l'écrit et sans qu'il soit une source de droit, dès lors qu'un préjudice peut en résulter et qu'il y a intention coupable (■ Cass. crim., 9 juin 1964 : *Bull. crim.*, n° 196). L'écrit fabriqué ou falsifié peut ainsi être une lettre missive (■ Cass. crim., 15 mars 1917 : *Bull. crim.*, n° 76. ■ 28 nov. 1968 : *Bull. crim.*, n° 323 ; *Rev. sc. crim.* 1969, p. 399, obs. Vitu. ■ 4 mai 1987 : *Bull. crim.*, n° 176), une pétition revêtue de fausses signatures adressée à l'Assemblée nationale (■ Cass. crim., 19 sept. 1850 : *Bull. crim.*, n° 318), ou encore une demande de permis de construire portant la signature contrefaite d'un architecte, un tel document pouvant atteindre la réputation professionnelle de l'intéressé et étant de nature à engager sa responsabilité (■ Cass. crim., 13 oct. 1999 : *Bull. crim.*, n° 218).

6) La reproduction et la diffusion d'un curriculum vitae en usurpant l'identité d'un tiers, pour nuire à ce dernier, caractérisent les infractions de faux et usage de faux en tous leurs éléments tant matériels qu'intentionnels, sans qu'importe le mobile (■ Cass. crim., 5 déc. 2012, n° 12-81.121 : *JurisData* n° 2012-032691 ; *JCP* 2012, note n° 206, p. 367, O. Decima et St. Detraz).

7) Toujours en cas de faux matériel, il est indifférent que le fait énoncé dans le document soit inexact ou corresponde à la réalité (■ Cass. crim., 28 avr. 1970 : *Bull. crim.*, n° 148), ou qu'un document fabriqué soit conforme à celui ayant existé puis disparu (■ Cass. crim., 7 févr. 1973 : *Bull. crim.*, n° 70 ; *Rev. sc. crim.* 1973, p. 890, obs. Vitu).

B – Faux intellectuel

8) Documents valant titres. L'altération de la vérité dans un document n'est susceptible de constituer un faux en écriture au sens des articles 145 à 152 du Code pénal que si le document falsifié constitue un titre ; justifie sa décision la cour d'appel qui énonce que l'acte argué de faux n'est pas susceptible d'établir la preuve d'un droit ou d'un fait entraînant quelques conséquences que ce soit (▪ Cass. crim., 7 oct. 1991 : *Bull. crim.*, n° 332). L'altération frauduleuse de la vérité, préjudiciable à autrui, ne constitue un faux pénalement punissable, au sens des articles 147 ancien et 441-1 du Code pénal, que lorsqu'elle est commise dans un document faisant titre (▪ Cass. crim., 5 nov. 1998 : *Bull. crim.*, n° 288 ; *D.* 2000, jur. p. 128, note M.-H. Gozzi).

– Constitue le délit de faux, la fabrication d'un document pour servir de preuve, au cours d'une instance civile, lorsque le document ainsi versé aux débats est, comme il résulte des constatations des juges, de nature à avoir valeur probatoire et à entraîner des effets juridiques. Il s'agissait en l'espèce d'une lettre postdatée d'une candidature à un emploi que son auteur avait déjà établie frauduleusement afin d'éviter une condamnation de son employeur pour concurrence déloyale envers son ancien employeur qui ne l'avait pas débauché (▪ Cass. crim., 25 févr. 2009 : *JurisData* n° 2009-047645 ; *Dr. pénal* 2009, comm. 78, obs. M. Veron).

9) Écrits de commerce ou de banque. Constitue un faux entrant dans les prévisions tant de l'article 150 du Code pénal que de l'article 441-1 du Code pénal entré en vigueur le 1er mars 1994 l'altération frauduleuse de la vérité, préjudiciable à autrui, accomplie dans un document faisant titre ; tel est le cas de la fausse indication de la date de valeur d'opérations financières affectant un compte bancaire et de l'inscription à un compte bancaire d'opérations concernant un autre compte, le préjudice résultant pour la banque de ces altérations de la vérité, consistant dans le manque à gagner sur les agios exigibles et dans le versement d'intérêts indus (▪ Cass. crim., 8 juin 1994 : *Bull. crim.*, n° 228).

10) Un ordre de virement d'une somme d'argent établi par le gérant d'une société au nom d'une ancienne société dont il avait été le gérant de fait, et qui n'a pu être honoré en raison de cette altération de la vérité, constitue les délits de faux et usage de faux (▪ Cass. crim., 16 oct. 2013, n° 12-87.096 : *AJP* 2014, p. 183, obs. J. Lasserre-Capdeville).

11) Une lettre de change acceptée par le tiré constitue un titre et l'inexistence, lors de son émission, d'une créance du tireur sur le tiré s'analyse en une altération frauduleuse de la vérité caractérisant un faux intellectuel de nature à causer un préjudice (▪ Cass. crim., 8 janv. 2014, n° 13-80.087 : *JurisData* n° 2014-000032 ; *Dr. pén.* 2014, comm. 38, obs. M. Véron).

12) Tel est aussi le cas de l'altération de la vérité dans les procès-verbaux d'assemblées générales d'une société (▪ Cass. crim., 20 mars 2007 : *Bull. crim.*, n° 86 ; *Rev. sc. crim.* 2007, p. 536, obs. C. Mascala). V. *infra*, II.

13) Factures fausses. La fabrication de factures sans cause, au nom d'une entreprise de pure façade ou d'une société fictive, constitue l'élément matériel du délit de faux en écritures de commerce et leur comptabilisation, celui d'usage de faux (▪ Cass. crim., 19 oct. 1987 : *Bull. crim.*, n° 353).

Constituent des documents valant titres, les factures fausses jointes à la comptabilité par un mandataire social pour justifier les mouvements de fonds (▪ Cass. crim., 5 avr. 1993 : *Bull. crim.*, n° 144. ▪ 20 juin 1996 : *JurisData* n° 003426). Constitue un faux le fait d'établir, en vue de justifier des mouvements de fonds en comptabilité, des pièces justificatives inexactes, en l'espèce des factures contenant des mentions contraires à la vérité, concernant les opérations correspondantes (▪ Cass. crim., 16 déc. 1997 : *Bull. crim.*, n° 428).

Valent aussi titres de fausses pièces justificatives créées dans la comptabilité d'une banque (▪ Cass. crim., 3 janv. 1991 : *D.* 1991, inf. rap. 66), comme les fausses factures jointes à l'appui de bordereaux de cessions des créances transmises par un commerçant à son banquier par application de la loi du 2 janvier 1981 (▪ Cass. crim., 30 mars 1992 : *Bull. crim.*, n° 132).

V. J. Djoudi, *Les fausses factures et le délit de faux : Rev. sc. crim.* 1996, p. 357.

S'il est vrai que des documents ou écrits mensongers tels que des notes et factures, qui sont par leur nature soumis à discussion et à vérification, ne constituent pas en eux-mêmes des titres susceptibles d'entrer dans les prévisions des articles 147 et 150 du Code pénal, il en est autrement dès lors que, comme en l'espèce, les fausses énonciations résultant de ces opérations fictives ont été reportées sur les livres comptables de la société, pour leur donner l'apparence d'actes de commerce réels et y traduire l'existence d'une activité commerciale, en fait imaginaire (▪ Cass. crim., 24 avr. 1984 : *D.* 1986, 126, note Cosson).

Constitue un faux le fait d'établir, en vue de justifier des mouvements de fonds en comptabilité, des pièces justificatives inexactes concernant le prix de marchandises facturées (sous-évalué pour diminuer le coût des droits de douane) et de prestations inexistantes (▪ Cass. crim., 20 juin

2007 : *JurisData* n° 2007-040206 ; *Dr. pénal* 2007, comm. 142, obs. M. Véron) ; *Rev. sc. crim.* 2008, p. 591, obs. C. Mascala).

14) La circonstance que l'obtention d'un avantage commercial injustifié ne soit passible, en vertu de l'article L. 442-6, I, 2°, a du Code de commerce, que d'une amende civile, ne met pas obstacle aux poursuites exercées du chef de faux, relativement à l'établissement de factures constatant des prestations inexistantes et des prix erronés (■ Cass. crim., 25 juin 2008, pourvoi n° 07-80.261 : *Bull. crim.*, n° 167).

– Sur les fausses factures, V. aussi *infra*, II, préjudice, les notes.

15) Faux par omissions. Le délit de faux en écriture de commerce ou de banque est constitué par le fait, pour une personne chargée de la tenue des comptes d'une entreprise, de faire apparaître, par l'omission intentionnelle de certaines écritures, une situation comptable fausse, caractérisant une altération de la vérité (■ Cass. crim., 25 févr. 1982 : *D.* 1982, inf. rap. 333).

16) Constitue un faux l'omission volontaire d'un bien dans l'inventaire établi par un curateur et remis au juge des tutelles, cette omission ayant pour conséquence d'éluder le contrôle judiciaire institué dans l'intérêt des majeurs protégés (■ Cass. crim., 5 févr. 2008, pourvoi n° 07-84.724 : *Bull. crim.*, n° 29 ; *Dr. pénal* 2008, comm. 442, obs. M. Véron ; *Rev. sc. crim.* 2008, p. 591, obs. C. Mascala).

17) Comptes fictifs. Les documents falsifiés par un employé de banque pour ouvrir des comptes fictifs sont des titres au sens de l'article 150 du Code pénal pour justifier de la comptabilité de la banque et constituent des faux en écriture de banque (■ Cass. crim., 3 janv. 1991 : *Bull. crim.*, n° 2).

18) Écrits privés. Commet un faux en écriture privée le conducteur d'un véhicule qui, après avoir refusé de procéder à l'établissement d'un constat amiable d'accident de la circulation, falsifie un tel constat en y ajoutant sa signature et des mentions écrites dont certaines inexactes. Ce faux constat amiable peut être préjudiciable dans la mesure où il influe sur l'indemnisation du dommage (■ Cass. crim., 1er juin 1981 : *Bull. crim.*, n° 46).

19) Commettent le délit un titulaire du CAPA qui adresse au Bâtonnier de fausses conventions de stage en vue de sa réinscription sur la liste du stage, ainsi que l'employé de l'organisme qui a signé irrégulièrement ces conventions constitutives d'une altération de la vérité (■ Cass. crim., 17 déc. 2008 : *JurisData* n° 2008-046813 ; *Dr. pénal* 2009, comm. 45, obs. M. Véron).

20) Altérations imposées. Le fait de tenir la main passive d'une personne en état de pré-coma et dépourvue de lucidité pour l'amener à rédiger un testament olographe implique nécessairement l'altération de la vérité dans l'écrit argué de faux, sans avoir à rechercher quelle était l'intention réelle du testateur ; il s'en déduit, en effet, qu'une volonté étrangère a été substituée à la volonté propre dudit testateur, au moment de la rédaction de l'acte (■ Cass. crim., 30 nov. 1971 : *Bull. crim.*, n° 326).

Constitue un faux l'acte, mentionnant des faits ou circonstances ne répondant pas à la réalité, rédigé par un tiers sous la dictée du prévenu qui en impose le contenu (■ Cass. crim., 8 oct. 1996 : *Dr. pénal* 1997, comm. 45, obs. M. Véron).

21) Falsifications. Constitue un faux la fabrication de tout document, tel un bail, susceptible de constituer un titre, dès lors qu'intentionnellement commise elle est de nature à porter préjudice à un tiers (■ Cass. crim., 26 févr. 1990 : *Bull. crim.*, n° 94).

Le faux par fabrication de conventions, dispositions, obligations ou décharges se commet dans la rédaction même de l'acte et avant sa signature. Il n'est pas nécessaire que la signature soit faussée, il suffit qu'elle ait été obtenue frauduleusement (■ Cass. crim., 6 févr. 1978 : *Bull. crim.*, n° 44. ■ 1er oct. 1990 : *Bull. crim.*, n° 325).

La falsification de feuilles de décomptes d'indemnités journalières de maladie, émanant d'une Caisse primaire de sécurité sociale, constitue un faux en écritures privées et non pas, comme l'a retenu à tort la cour d'appel, le faux portant sur des documents administratifs entrant dans les prévisions de l'article 153 du Code pénal (■ Cass. crim., 4 août 1980 : *Bull. crim.*, n° 46).

Constituent des faux documents faisant titre, entrant dans les prévisions de l'article 441-1 du Code pénal, des décomptes informatisés de remboursement de prestations sociales établis, sur papier, à partir des données erronées introduites frauduleusement dans un système de traitement automatisé (■ Cass. crim., 24 janv. 2001 : *Bull. crim.*, n° 24 ; *Rev. trim. dr. com. et écon.*, 2001, p. 788, note B. Bouloc).

L'altération frauduleuse de la vérité dans un bulletin de salaire constitue un faux au sens de l'article 441-1 du Code pénal, dès lors qu'un tel document peut avoir pour effet d'établir la preuve de faits ayant des conséquences juridiques (■ Cass. crim., 7 sept. 2005 : *Bull. crim.*, n° 220 ; *Dr. pénal* 2005, comm. 176, obs. M. Véron.

22) Faux par simulation. Si les énonciations mensongères auxquelles les parties croient pouvoir consentir dans une convention peuvent ne constituer qu'une simple simulation non punissable, il en est autrement lorsque les fausses énonciations ont été concertées avec l'intention coupable de tromper les tiers et de leur porter éventuellement un préjudice (■ Cass. crim., 12 déc. 1977 : *Bull. crim.*, n° 393).

Le fait de porter sciemment dans des conventions des clauses opérant des simulations, constatant des prestations et honoraires fictifs, des suppositions ou interpositions de personnes ou d'actes, caractérise en tous ses éléments, tant matériels qu'intentionnels, le délit de faux, sans que puisse influer le consentement des signatures des actes faux, dont le concert frauduleux a précisément pour objet de tromper des tiers, fussent-ils des personnes morales dans lesquelles ils ont des intérêts (■ Paris, 21 sept. 1998 : *Bull. inf. C. cass.* 1999, n° 700).

23) Abus de blanc-seing. Le délit d'abus de blanc-seing prévu par l'article 407 de l'ancien Code pénal peut entrer dans les prévisions du nouvel article 441-1 (■ Cass. crim., 18 mai 1994 : *Bull. crim.*, n° 187).

C'est, dès lors, à bon droit qu'une cour d'appel, sans excéder sa saisine ni violer le principe du débat contradictoire, requalifie en faux, après réquisitions en ce sens du ministère public, des faits poursuivis comme abus de blanc-seing (■ Cass. crim., 20 juin 1996 : *Bull. crim.*, n° 269).

Constitue un faux entrant dans les prévisions de l'article 441-1 du Code pénal l'altération frauduleuse de la vérité, préjudiciable à autrui, accomplie dans un document susceptible d'entraîner des conséquences juridiques. Tel est le cas d'une pétition adressée au procureur de la République, dénonçant de prétendus détournements de fonds publics imputés à un maire et aux responsables d'une association, écrite au-dessus des signatures données en blanc par plusieurs personnes en vue d'une demande d'indemnisation, une telle plainte exposant, notamment, ses auteurs à des poursuites pour dénonciation calomnieuse (■ Cass. crim., 20 juin 1996, préc.).

Mais ne constitue pas une altération de la vérité punissable comme faux le fait de compléter une convention par l'indication d'un prix laissé en blanc lors de sa signature par les parties, mais résultant d'un document estimatif auquel elle se réfère (■ Cass. crim., 23 nov. 1995 : *Bull. crim.*, n° 357), non plus que la mention marginale ajoutée par un notaire, en présence des parties, après la signature d'un acte, dès lors que cette mention, non signée par les parties, ne leur est pas opposable et ne peut entraîner aucun préjudice (■ Cass. crim., 26 sept. 1995 : *Bull. crim.*, n° 284).

C – Exclusions du faux

24) Absence d'altération de la vérité. L'altération frauduleuse de la vérité dans un écrit, élément constitutif du faux, ne saurait se déduire de la seule irrégularité ou illicéité de l'acte incriminé ; justifie sa décision la cour d'appel qui, pour relaxer le directeur d'une agence bancaire, énonce qu'en dépit de l'irrégularité des pratiques suivies au regard des usages bancaires, pour retarder les débits d'un compte client –, les comptes internes de l'établissement ont, en définitive, correspondu aux opérations réellement effectuées, de sorte qu'aucune altération de la vérité n'en est résultée (■ Cass. crim., 23 janv. 1997 : *Bull. crim.*, n° 35).

25) Déclarations personnelles. De simples déclarations établies par un prévenu en sa propre faveur ne représentent que ses seules affirmations sujettes à vérification ; l'écrit qu'il relate ne peut constituer un faux en écritures privées au sens de l'article 150 du Code pénal, cet écrit ne constituant pas un titre au profit de celui qui l'a établi et ne faisant pas preuve pour lui (■ Cass. crim., 23 nov. 1972 : *Bull. crim.*, n° 357).

Une lettre de change tirée sur un établissement imaginaire et ne portant que la signature du tireur, est un faux intellectuel qui ne comporte pas d'obligations pour un tiers et ne peut constituer le délit ; aucune obligation pour un tiers ne peut résulter de la seule signature du créancier qui se donne un débiteur imaginaire (■ Cass. crim., 28 mai 1962 : *Bull. crim.*, n° 212).

Encourt la cassation, pour violation des articles 147 ancien et 441-1 du Code pénal, l'arrêt qui, pour condamner un président de société pour faux et usage, relève qu'il a présenté à l'escompte des lettres de change dépourvues de cause, tirées sur des clients, et qu'il a obtenu ainsi de deux établissements bancaires une remise de fonds, alors que, en l'absence de toute autre circonstance, les effets de commerce, qui n'ont pas été acceptés par les tirés, ne constituent pas des titres au sens de ces textes (■ Cass. crim., 5 nov. 1998 : *Bull. crim.*, n° 288 ; *D.* 2000, jur. p. 128, note M.-H. Gozzi ; *D.* 2000, jur. p. 431, note J. Djoudi).

26) Documents vérifiables. Des devis simplement minorés, qui sont par leur nature soumis à discussion et vérification, ne constituent pas, en l'absence de toutes autres précisions, des titres susceptibles d'entrer dans les prévisions de l'article 441-1 du Code pénal (■ Cass. crim., 15 sept. 1999 : *JurisData* n° 003933 ; *Dr. pénal* 2000, comm. 42, obs. M. Véron).

– Les notes d'honoraires, soumises par leur nature à discussion et vérification de la part de celui à qui elles sont opposées, n'ont aucun caractère probatoire au sens de l'article 441-1 du Code pénal (■ Cass. crim., 13 févr. 2002 : *Bull. crim.*, n° 29 ; *D.* 2003, jur., p. 448, note B. Bouloc).

– A un effet probatoire la note d'honoraires présentée par un commissaire-priseur, fondée sur l'application du tarif minimal prévu par la loi et non discutable (■ Cass. crim., 9 mars 2005 : *Dr. Pénal* 2005, comm. 93, obs. M. Véron).

– Le bilan ou le compte de résultat, documents obligatoires établis par l'expert-comptable, ont par eux-mêmes un caractère probatoire, indépendamment du contrôle exercé postérieurement par le commissaire aux comptes (■ Cass. crim., 17 déc. 2003 ; *JurisData* n° 021902 ; *Dr. pénal* 2004, comm. 60, obs. M. Véron).

27) Documents sans valeur juridique. Ne constitue pas un écrit valant titre et ayant pour objet ou pour effet d'établir la preuve d'un droit ou d'un fait ayant des conséquences juridiques, et n'entre pas dans les prévisions de l'article 441-1 du Code pénal une télécopie adressée à un quotidien en vue de faire paraître un avis de décès faussement imputé à un conseil général (■ Cass. crim., 27 oct. 1999 : *Bull. crim.*, n° 235 ; *Dr. pénal* 2000, comm. 42, obs. M. Véron).

28) Conclusions en justice. En l'absence de toute falsification matérielle dans les actes, la simple production en justice de conclusions ne saurait, faute de valeur probatoire, caractériser un faux au sens des articles 145 et suivants du Code pénal (■ Cass. crim., 22 nov. 1977 : *Bull. crim.*, n° 378).

29) Mentions non substantielles. Le faux n'est pas non plus constitué si une mention mensongère, inexacte ou erronée n'intéresse pas la substance de l'acte considéré et n'était pas de nature à causer un préjudice (■ Cass. crim., 9 avr. 1962 : *Bull. crim.*, n° 175, pour la prise de la fausse qualité de célibataire dans une transaction. ■ 20 oct. 1982 : *Bull. crim.*, n° 229, pour une substitution de date correspondant à la réalité).

II – PRÉJUDICE

30) Notion. Il n'existe de faux ou d'usage de faux punissable qu'autant que la pièce contrefaite ou altérée est susceptible d'occasionner à autrui un préjudice actuel ou possible (■ Cass. crim., 2 juill. 1980 : *Bull. crim.*, n° 210. ■ 15 oct. 1982 : *Bull. crim.*, n° 252), ou éventuel (■ Cass. crim., 9 mai 1984 : *Bull. crim.*, n° 161). Il peut être patrimonial (■ Cass. crim., 30 oct. 1975 : *Bull. crim.*, n° 235), commercial (■ Cass. crim., 27 mars 2007 : *Dr. pénal* 2007, comm. 99, obs. M. Véron), moral (■ Cass. crim., 13 oct. 1999 : *Bull. crim.*, n° 218), social ou public (■ Cass. crim., 19 mars 1920 : *D.* 1920, I, 182. ■ 2 oct. 2001 : *Bull. crim.*, n° 197, concernant la falsification d'un formulaire de changement d'adresse de nature à nuire à la sincérité d'un scrutin électoral).

31) Une facture est une écriture de commerce dont la falsification peut donner naissance aussi bien à un préjudice individuel qu'à un préjudice social. Il n'importe que ce préjudice puisse n'être qu'éventuel, la possibilité d'un préjudice suffisant à faire tomber la falsification de la vérité sous l'application de la loi pénale (■ Cass. crim., 3 févr. 1970 : *Bull. crim.*, n° 47).

32) La passation en comptabilité de factures fausses ou fictives caractérise en tous ses éléments constitutifs le délit de faux, le préjudice résultant de l'atteinte portée à la force probante reconnue aux écritures comptables et aux pièces les justifiant (■ Cass. ass. plén., 4 juill. 2008 : *Bull. inf.* ■ *Cass.* 2008, II, p. 31, rapp. Rognon, avis Lucazeau ; *Bull. crim.*, n° 2).

33) L'omission de porter une somme (due aux instances ordinales) sur le tableau de bord comptable remis à la chambre départementale des notaires cause un préjudice résultant de l'atteinte à la force probante des écritures comptables (■ Cass. crim., 14 nov. 2013, n° 12-88.309 : *Dr. pén.* 2014, comm. 21, obs. M. Véron ; *Rev. sc. crim.* 2014, p. 74, obs. C. Mascala).

34) Le préjudice causé par la falsification d'un écrit peut résulter de la nature même de la pièce falsifiée. Tel est le cas de l'altération des procès-verbaux d'assemblée générale d'une société, qui est de nature à permettre de contester la régularité et les pouvoirs de cet organe (■ Cass. crim., 20 mars 2007 : *Bull. crim.*, n° 86 ; *Rev. sc. crim.* 2007, p. 536, obs. C. Mascala).

35) Constatation. Les juges du fond ne sont tenus d'affirmer l'existence du préjudice résultant de l'altération de documents que si celui-ci ne résulte pas de la nature même des pièces incriminées ; tel n'est pas le cas lorsque les faux s'appliquent à des écritures de commerce (■ Cass. crim., 27 nov. 1978 : *Bull. crim.*, n° 331. ■ 25 janv. 1988 : *Bull. crim.*, n° 30. ■ 6 mars 1989 : *Bull. crim.*, n° 103), à des procès-verbaux d'un conseil d'administration, à des feuilles de présence d'assemblée générale de société anonyme (■ Cass. crim., 13 mars 1970 : *Bull. crim.*, n° 107), à des procès-verbaux de l'assemblée générale extraordinaire d'une société anonyme dont la falsification met en cause la validité des décisions apparemment prises (■ Cass. crim., 21 mars 1972 : *Bull. crim.*, n° 115), ou encore à certains faux en écritures privées comme une reconnaissance de dette ou un reçu (■ Cass. crim., 15 juin 1962 : *Bull. crim.*, n° 222).

Une condamnation pour délits de faux et usage de faux ayant acquis l'autorité de la chose jugée implique nécessairement l'existence d'un préjudice. La fabrication, par un concert frauduleux, d'une sentence arbitrale, portant condamnation au paiement d'une somme indue et extinction d'une créance par compensation, est constitutive des délits de faux et d'usage de faux, dès lors que cette sentence a fait l'objet d'écritures de débit dans la comptabilité de la partie perdante (■ Cass. crim., 11 janv. 1996 : *Bull. crim.*, n° 17).

Dès lors qu'un faux matériel occasionne un préjudice à la personne dont il est censé émaner, il n'importe qu'il ait eu ou non pour objet ou pour effet d'établir la preuve d'un droit ou d'un fait ayant eu des conséquences juridiques (■ Cass. crim., 6 avr. 2016, n° 14-85.501 : *Dr. pén.* 2016, comm. 106, note P. Conte).

36) Appréciation souveraine. Dès lors qu'il admet l'existence d'un faux en écriture privée, le juge du fond est tenu d'apprécier l'existence ou non d'un préjudice. Ses énonciations de ce chef sont souveraines (■ Cass. crim., 20 oct. 1982 : *Bull. crim.*, n° 229), mais il est tenu de préciser en quoi et à qui le document tenu pour faux est susceptible de causer un préjudice dès lors que ce préjudice ne résulte pas nécessairement de la nature même de l'acte incriminé (■ Cass. crim., 19 févr. 1964 : *D.* 1964, p. 376. ■ 6 mars 1989 : préc.).

Ainsi, encourt la censure l'arrêt de la chambre de l'instruction, qui, dans l'information suivie contre le comptable salarié d'une société pour faux et usage, abus de confiance, déclare recevable la constitution de partie civile du commissaire aux comptes, qui invoque l'action en responsabilité civile dont il est l'objet de la part de la société, mais qui ne justifie pas d'un préjudice directement causé par l'infraction (■ Cass. crim., 20 juin 2002 : *Bull. crim.*, n° 141).

Sur la question, en général, V. M. Véron, *Du préjudice éventuel au préjudice virtuel : Dr. pénal* 1999, chron. n° 7.

III – INTENTION FRAUDULEUSE

37) Conscience de l'altération préjudiciable. Justifie sa décision l'arrêt déclarant établis les délits de faux en écriture privée et d'usage de faux, dès lors qu'il résulte de ses constatations et énonciations que l'altération de la vérité, sciemment commise par le prévenu dans une quittance de règlement amiable, était susceptible de porter préjudice à autrui et que l'intéressé en avait connaissance (■ Cass. crim., 24 févr. 1972 : *Bull. crim.*, n° 78. ■ 11 déc. 1974 : *Bull. crim.*, n° 366). Constitue un faux la fabrication de conventions, dispositions, obligations ou décharges, ainsi que de tout document susceptible de constituer un mode de preuve, dès lors qu'intentionnellement commise, elle est de nature à préjudicier à un tiers (■ Cass. crim., 26 nov. 1974 : *Bull. crim.*, n° 348).

38) Appréciation souveraine. Les juges du fond apprécient souverainement l'existence d'une intention frauduleuse en matière de faux et d'usage de faux ; justifie sa décision de relaxe, la cour d'appel qui constate que le prévenu, en complétant un document par l'indication de la date et du prix global, s'était référé à un état estimatif mentionné dans la convention (■ Cass. crim., 23 nov. 1995 : *Bull. crim.*, n° 357).

Il n'y a pas d'intention coupable lorsqu'il est établi que le prétendu faussaire a agi avec l'autorisation de la personne dont il a imité la signature (■ Cass. crim., 6 nov. 1989 : *Dr. pénal* 1990, comm. 85, obs. M. Véron).

Le seul manquement d'un notaire à ses obligations professionnelles de conseil et de vérification de l'identité des parties ne suffit pas à caractériser l'intention frauduleuse exigée par les articles 441-1 et 441-4 du Code pénal (■ Cass. crim., 29 janv. 1998 : *D.* 2000, jur., 128, note M.-H. Gozzi).

De même, le seul manquement à ses obligations professionnelles par un contrôleur technique de véhicules, qui a omis de mentionner de graves défauts qui les affectaient, ne suffit pas à caractériser l'intention frauduleuse exigée (■ Cass. crim., 7 sept. 2004 : *Dr. pénal 2004*, comm. 180, obs. M. Véron).

Par contre commet le délit le contrôleur qui a faussement affirmé dans son rapport que, vérifications faites, le véhicule, accidenté, était apte à circuler, alors qu'il n'avait effectué en réalité qu'un examen formel, ne faisant que « jeter un coup d'œil », ce qui constitue une altération frauduleuse de la vérité (■ Cass. crim., 18 mai 2005 : *Dr. pénal* 2005, comm. 131, obs. M. Véron).

IV – USAGE DE FAUX

39) Usage en justice. La production en justice, au cours d'une instance pénale, de la photocopie d'une fausse attestation obtenue par un montage photographique, constitue un usage de faux lorsque le document ainsi versé aux débats est de nature à avoir une valeur probatoire et à entraîner des effets juridiques (■ Cass. crim., 6 déc. 1973 : *Bull. crim.*, n° 455).

Il en est de même de la production en justice, au cours d'une instance commerciale, de la photocopie d'un écrit émanant de la partie adverse et dont la portée a été volontairement modifiée par la suppression matérielle de certains passages (■ Cass. crim., 30 oct. 1975 : *Bull. crim.*, n° 235. – *Adde* ■ Cass. crim., 16 févr. 1977 : *Bull. crim.*, n° 63).

Caractérise le délit d'usage de faux en écriture privée le fait de produire en justice, pour s'opposer à une demande en payement d'honoraires émanant d'un géomètre, le calque d'un plan établi par ce technicien et revêtu d'une signature substituée à celle de son auteur ainsi que d'une fausse date, le document ayant été forgé par le prévenu dans le seul but de se constituer à lui-même un titre (■ Cass. crim., 13 juin 1978 : *Bull. crim.*, n° 195).

Constituent les délits de faux et d'usage de faux la fabrication d'un document par un montage photographique, à partir d'une lettre émanant d'un tiers, et sa production, sous forme de photocopie, au cours d'une instance civile, dès lors que le document ainsi versé aux débats est, comme il résulte des constatations des juges, de nature à avoir une valeur probatoire et à entraîner des effets juridiques (■ Cass. crim., 16 nov. 1995 : *Bull. crim.*, n° 354. – *Adde* ■ Cass. crim., 12 nov. 1998 : *Bull. crim.*, n° 298).

40) Le contrôle de la Cour de cassation ne portant que sur la légalité des décisions qui lui sont soumises et n'impliquant aucune discussion des éléments de preuve souverainement appréciés par les juges du fond, le simple fait de viser un document argué de faux dans un mémoire en défense produit devant cette juridiction ne saurait constituer un usage de faux ; dès lors, c'est à bon droit que la chambre de l'instruction confirme l'ordonnance du juge d'instruction portant refus d'informer de ce chef (■ Cass. crim., 18 déc. 2007 : *Bull. crim.*, n° 314 ; *Dr. pénal* 2008, comm. 45, obs. M. Véron).

41) L'usage de faux se caractérise par un fait positif d'utilisation et ne peut résulter de la seule abstention, même volontaire, destinée à laisser produire en justice par un tiers les documents falsifiés (■ Cass. crim., 4 nov. 2010 : *JurisData* n° 2010-022605 ; *Dr. pén.* 2011, comm. 17, obs. M. Véron).

42) Se rend coupable du délit d'usage de faux en écriture privée, la personne qui produit en justice, au soutien de ses prétentions, un document sachant qu'il était faux, peu important que cette production ait été spontanée ou effectuée en exécution d'une décision de justice (■ Cass. crim., 3 mai 2012, n° 11-82.431 : *Bull. crim.*, n° 106 ; *Dr. pénal* 2012, comm. 113, obs. M. Véron ; *AJP* 2012, p. 481, obs. J. Gallois).

43) Autres usages. Constitue l'usage d'une pièce fausse le fait de l'utiliser auprès d'une administration publique pour lui faire conférer, par la certification de sa date, une opposabilité aux tiers (■ Cass. crim., 11 déc. 1974 : *Bull. crim.*, n° 366).

Il a été jugé que commet un usage de faux le prévenu qui présente des photocopies d'attestations falsifiées de diplômes universitaires pour s'inscrire à une maîtrise en droit (■ Paris, 12 nov. 1998 : *JurisData* n° 023488 ; *Dr. pénal* 1999, comm. 66, obs. M. Véron).

44) Usages successifs. L'usage de faux constituant, dans les conditions déterminées par la loi, une infraction instantanée, cette infraction se produit chaque fois que, dans ces conditions intervient un nouveau fait d'utilisation de la pièce fausse en vue du but auquel elle est destinée. Il en est ainsi lorsque cette pièce est présentée de nouveau au cours d'un procès civil, après une reprise d'instance (■ Cass. crim., 12 nov. 1979 : *Bull. crim.*, n° 313. ■ 30 mars 1999 : *Bull. crim.*, n° 58).

V – PRESCRIPTION DES DÉLITS DE FAUX ET USAGE

45) Le faux et l'usage de faux étant des infractions distinctes, le délai de prescription de l'action publique court séparément pour chacune d'elles (■ Cass. crim., 25 oct. 1983 : *Bull. crim.*, n° 261).

46) Les délits de faux et usage de faux constituent des infractions instantanées dont la prescription commence à courir du jour de l'établissement du faux ou de celui de son dernier usage délictueux et non de la découverte de l'existence de l'écrit argué de faux (■ Cass. crim., 3 mai 1993 : *Bull. crim.*, n° 162. ■ 25 mai 2004 : *Dr. pénal* 2004, note 183).

47) À l'égard du délit d'usage de faux, infraction instantanée, le délai de prescription court à partir de la date de chacun des actes par lesquels le prévenu se prévaut de la pièce fausse. Ne donne donc pas de base légale à sa décision la chambre d'accusation qui retient la prescription comme acquise, sans rechercher si les documents argués de faux, après leur versement au dossier de première instance, n'avaient pas été invoqués, dans des conclusions régulièrement déposées, aux différents stades du procès civil en cause, et n'avaient ainsi pas fait l'objet d'un nouveau fait positif d'usage (■ Cass. crim., 19 janv. 2000 : *Bull. crim.*, n° 32). V. Ch. Guery, *De l'escroquerie et de l'usage de faux envisagés sous l'angle d'un régime dérogatoire à la prescription de l'action publique : D.* 2012, p. 1839.

48) Requalification. Sur la disqualification de l'escroquerie en faux et usage, V. note sous art. 313-1, V, V° *Disqualification*, p. 411 : ■ Cass. crim., 16 oct. 2013, n° 12-87.096.

Art. 441-2. – **Le faux commis dans un document délivré par une administration publique aux fins de constater un droit, une identité ou une qualité ou d'accorder une autorisation est puni de cinq ans d'emprisonnement et de 75 000 € d'amende.**

L'usage du faux mentionné à l'alinéa précédent est puni des mêmes peines.

Les peines sont portées à sept ans d'emprisonnement et à 100 000 € d'amende lorsque le faux ou l'usage de faux est commis :

1° Soit par une personne dépositaire de l'autorité publique ou chargée d'une mission de service public agissant dans l'exercice de ses fonctions ;

2° Soit de manière habituelle ;

3° Soit dans le dessein de faciliter la commission d'un crime ou de procurer l'impunité à son auteur.

Voir : anc. art. 153, C. pén.

1) L'article 153 s'applique aux passeports français ou étrangers (■ Cass. crim., 5 juill. 1950 : *Bull. crim.*, n° 200. ■ 17 janv. 1984 : *Bull. crim.*, n° 21), aux cartes nationales d'identité et aux certificats de nationalité (■ Cass. crim., 19 mai 1981 : *Bull. crim.*, n° 162 ; *Rev. sc. crim.* 1982, 607, obs. Vitu), aux cartes consulaires d'identité délivrées à des étrangers par leur consulat (■ Cass. crim., 9 juill. 1978 : *Rev. sc. crim.* 1979, 829, obs. Vitu), aux cartes grises (■ Cass. crim., 7 déc. 1965 : *D.* 1966, somm. 59), aux permis de conduire et aux vignettes fiscales relatives aux automobiles (■ Cass. crim., 22 juin 1961 : *Bull. crim.*, n° 310 ; *Rev. sc. crim.* 1962, 95, obs. Hugueney), aux permis de chasse (■ Cass. crim., 13 déc. 1894 : *Bull. crim.*, n° 316).

2) Entrent dans la définition de l'article 441-2 du Code pénal les ordres de mission délivrés par le président d'un conseil général aux agents de cette collectivité territoriale (■ Cass. crim., 18 oct. 2000 : *Bull. crim.*, n° 301), ou encore un bon de commande fictif établi par un agent administratif en matière de marché public (■ Cass. crim., 22 sept. 2004 : *JCP* 2005, II, 10043, note F. Linditch). *V. note sous article 441-4.*

3) La fabrication d'un document administratif relatif à l'état civil des personnes, même comportant des mentions pour partie exactes, constitue un faux matériel qui cause un préjudice résultant de l'atteinte portée aux intérêts de la société et dont la production au cours d'une instance civile constitue l'usage de faux ; constitue ainsi l'usage de faux la production dans une instance en divorce en France, suite à un mariage coutumier au Sénégal non transcrit sur les registres d'état civil de ce pays, d'un certificat de mariage, document fabriqué et sur lequel la seule mention inexacte est la signature de l'officier d'état civil (■ Cass. crim., 22 oct. 2003 : *Bull. crim.*, n° 200).

4) Se rend coupable non pas d'un vol simple mais d'un faux en écriture publique le prévenu sous-brigadier de police qui prélève les timbres fiscaux régulièrement apposés sur des avis de contraventions pour les coller sur d'autres avis, supprimant ainsi la preuve d'un paiement effectif pour fournir celle d'un règlement n'ayant pas eu lieu (■ Metz, 24 mars 1988 : *JurisData* n° 043430).

5) Ne caractérise pas le délit, des mentions erronées ou incomplètes portées au journal de bord d'un chalutier, ces déclarations unilatérales étant soumises à vérification (■ Cass. crim., 14 déc. 2004 : *Bull. crim.*, n° 318 ; *Dr. pénal* 2005, comm. 69, obs. M. Véron).

6) La reproduction par photocopie et l'usage non frauduleux d'un document administratif, en l'espèce une carte verte, ne peuvent constituer le délit de falsification (■ Grenoble, 29 juin 1988 : *JurisData* n° 045557).

7) Fait usage d'un faux un individu qui s'est présenté aux services de l'aide sociale à l'enfance muni d'une copie certifiée conforme d'un extrait d'acte de naissance établissant son état de minorité alors qu'il était majeur ainsi qu'il a été souverainement apprécié par les juges du fond (■ Cass. crim., 19 juin 2013, n° 12-82.912 : *Bull. crim.*, n° 147 ; *Dr. pén.* 2013, comm. 142, obs. J.-H. Robert). V. aussi sous art. 441-7, p. 587.

8) Le préjudice causé par la falsification d'un permis de conduire, qui découle de la nature de l'acte falsifié, n'a pas à être expressément constaté (■ Cass. crim., 12 nov. 1998 : *Bull. crim.*, n° 298 ; *JurisData* n° 004734 ; *Dr. pénal* 1999, comm. 37 et chron. 7 par M. Véron).

9) Encourt la censure l'arrêt d'une cour d'appel qui déclare coupable de complicité de faux documents administratifs le prévenu qui a déposé en mairie des demandes mensongères d'inscriptions sur les listes électorales, qu'il a lui-même signées, alors que, d'une part, une demande d'inscription sur une liste électorale, établie unilatéralement par son auteur, et qui doit être soumise au contrôle d'une commission administrative pour produire effet, n'a aucune valeur probante, et que, d'autre part, cette demande, établie sur un simple formulaire émanant de l'administré, ne saurait entrer dans la classe des documents délivrés par une administration publique au sens de l'article 441-2 du Code pénal (■ Cass. crim., 2 sept. 2014, n° 13-83.698 : *Bull. crim.* n° 177 ; *Dr. pén.* 2014, comm. 135, obs. M. Véron).

10) Un avis de vérification fiscale ne constate pas un droit, une identité ou une qualité au sens de l'article 441-2 du Code pénal.

Encourt la censure l'arrêt qui, pour déclarer le prévenu coupable de faux dans un document administratif et usage, relève qu'à l'occasion d'un contrôle fiscal il a produit un faux avis de vérification fiscale se rapportant à une année antérieure (■ Cass. crim., 5 janv. 2017, n° 16-80.045).

Art. 441-3. – La détention frauduleuse de l'un des faux documents définis à l'article 441-2 est punie de deux ans d'emprisonnement et de 30 000 € d'amende.

La peine est portée à cinq ans d'emprisonnement et à 75 000 € d'amende en cas de détention frauduleuse de plusieurs faux documents.

Art. 441-4. – Le faux commis dans une écriture publique ou authentique ou dans un enregistrement ordonné par l'autorité publique est puni de dix ans d'emprisonnement et de 150 000 € d'amende.

L'usage du faux mentionné à l'alinéa qui précède est puni des mêmes peines.

Les peines sont portées à quinze ans de réclusion criminelle et à 225 000 € d'amende lorsque le faux ou l'usage de faux est commis par une personne dépositaire de l'autorité publique ou chargée d'une mission de service public agissant dans l'exercice de ses fonctions ou de sa mission.

1) Figurent dans cette catégorie les actes judiciaires dressés par les magistrats et leurs auxiliaires dans les procédures répressives, civiles ou administratives ; ainsi le procès-verbal dressé par un gendarme (■ Cass. crim., 11 févr. 1842 : *D. Jur. gén., V° Faux*, n° 172), une sentence arbitrale (■ Cass. crim., 18 mai 1960 : *Bull. crim.*, n° 558) ou le jugement d'un tribunal civil (■ Cass. crim., 23 sept. 1880 : *D.* 81, 1, 489).

2) Sont des écritures authentiques celles dressées par un notaire (■ Cass. crim., 21 mars 1963 : *Bull. crim.*, n° 180 ; *Rev. sc. crim.* 1963, 801, obs. Hugueney. ■ 1er juin 1976 : *Bull. crim.*, n° 193 ; *Rev. sc. crim.* 1977, 85, obs. Vitu. ■ 13 nov. 1991 : *Bull. crim.*, n° 405), un huissier (■ Cass. crim., 16 juill. 1887 : *Bull. crim.*, n° 273), un clerc d'huissier assermenté (■ Cass. crim., 29 oct. 1990 : *Dr. pénal* 1991, n° 71), un commissaire-priseur (■ Cass. crim., 16 juin 1955 : *Bull. crim.*, n° 302).

3) Sont des écritures publiques les actes émanant de diverses autorités administratives ou des préposés des diverses administrations publiques ; ainsi les actes de l'état civil (■ Cass. crim., 7 nov. 1974 : *Bull. crim.*, n° 319 ; *Rev. sc. crim.* 1975, 689, obs. Vitu), et les registres des délibérations des conseils municipaux (■ Cass. crim., 5 déc. 1973, *Gaz. Pal.* 1974, 1, p. 129). les arrêtés préfectoraux (■ Nîmes, 19 déc. 1878 : *D.* 80, 2, 37), les registres tenus par les administrations fiscales (■ Cass. crim., 13 avr. 1857 : *Bull. crim.*, n° 254. ■ 10 janv. 1962 : *Bull. crim.*, n° 10. ■ 29 avr. 1996 : *Bull. crim.*, n° 172), les avis de contraventions (■ Metz, 24 mars 1988 : *JurisData* n° 043430) ; mais non les actes émanant d'établissements qui ne possèdent pas la qualité d'établissement public malgré un certain contrôle de l'État ou dressés par des personnes n'ayant pas la qualité de fonctionnaire public (■ Cass. crim., 11 juin 1959 : *Bull. crim.*, n° 312).

4) Constitue un faux en écriture publique la modification opérée sur les notes destinées à l'établissement du registre des délibérations d'un conseil municipal (■ Cass. crim., 30 avr. 2003 : *Dr. pénal* 2003, comm. 109, obs. M. Véron).

5) Caractérise les délits en tous leurs éléments, tant matériels qu'intentionnel, la cour d'appel qui déclare le prévenu (agent administratif) coupable de faux en écriture publique et dans un document administratif, usage, en établissant un bon de commande qui a masqué en location de matériel une prestation de service afin de contourner les règles du marché public dont une société avait l'exclusivité pour confier les travaux à une autre (■ Cass. crim., 22 sept. 2004 : *JCP* 2005, II, 10042, note F. Lindltch).

6) Justifie sa décision la cour d'appel qui déclare un notaire coupable de faux en écriture authentique pour avoir, par sa signature, certifié un acte établi par un clerc et qui faisait faussement état de la présence de deux héritiers réservataires qui auraient été informés du contenu de cet acte et l'auraient signé (■ Cass. crim., 7 avr. 2009, pourvoi n° 08-84.300 : *JurisData* n° 2009-048208 ; *Dr. pénal* 2009, comm. 90, obs. M. Véron ; *Rev. sc. crim.* 2010, p. 139, obs. C. Mascala).

7) La fabrication et l'envoi d'une assignation devant un tribunal, présentée comme émanant d'un huissier de justice, sont constitutifs de faux en écriture publique de nature à causer un préjudice à autrui, et d'usage (■ Cass. crim., 20 mai 2009 : *JurisData* n° 2009-048554 ; *Dr. pénal* 2009, comm. 140, obs. M. Véron ; *Bull. crim.*, n° 100).

8) Constitue un faux en écriture publique le fait, pour un doyen de faculté, de transmettre au secrétariat de l'université, en faveur de deux étudiants, des notes manuscrites mentionnant des décisions spéciales d'un jury, en réalité inexistantes ; la faute ainsi commise est détachable du service (■ Cass. crim., 26 janv. 2011 : *Dr. pén.* 2011, comm. 46, obs. M. Véron).

9) Ne donne pas de base légale à sa décision l'arrêt de la chambre de l'instruction qui, pour confirmer l'ordonnance du juge d'instruction refusant d'informer, en raison de la prescription triennale, sur les faits dénoncés par la partie civile qui arguait de faux les énonciations d'un procès-verbal dressé par un commissaire de police, retient que le procès-verbal incriminé n'avait pour objet que de relater les motifs et circonstances de la remise de la personne concernée à l'autorité administrative aux fins d'examen médical dans les conditions prévues par les articles L. 342 à L. 349, alors applicables, du Code de la santé publique, et que, même rédigé par un représentant de l'autorité publique dans l'exercice de ses fonctions, et fût-il entaché du faux intellectuel allégué, il ne saurait constituer le crime prévu par l'article 441-4 du Code pénal.

En effet, à la supposer établie, l'altération frauduleuse de la vérité affectant la substance d'un procès-verbal dressé par un commissaire de police, fonctionnaire public, dans l'exercice de ses fonctions, revêt la qualification criminelle prévue audit article et ce, lors même qu'un tel procès-verbal ne vaudrait qu'à titre de simple renseignement (▪ Cass. crim., 28 oct. 2003 : *Bull. crim.*, n° 201).

10) Pour un exemple d'écriture publique représenté par un acte politique, émanant d'un des grands pouvoirs de l'État, V. ▪ Cass. crim., 17 nov. 1855 : *DP* 56, 1, 112.

11) La qualification d'écriture publique est attachée aux titres étrangers comme aux titres nationaux, même avant qu'ils ne soient revêtus des formalités nécessaires pour qu'il en soit fait usage en France (▪ Cass. crim., 21 févr. 1978 : *JCP* 79, II, 19260, note Brulliard ; *Rev. sc. crim.*1978, 851, obs. Vitu).

12) Ne constituent pas des écritures publiques, des fiches de renseignements établies à usage interne par des préposés de la Loterie nationale et du Loto national, société d'économie mixte, personne morale de droit privé (▪ Cass. crim., 10 mai 1994 : *Bull. crim.*, n° 179).

De même, ne constitue pas un faux l'ordonnance rendue par un magistrat au seul motif allégué qu'elle a été mise en forme à une date ultérieure par rapport à celle que mentionne l'acte, laquelle correspond au jour effectif où la formalité indiquée avait été accomplie (▪ Nancy, 18 nov. 2004 : *JCP* 2005, II, 10158, note Y. Mayaud).

13) Les faits et motifs énoncés dans une décision de justice ne sont pas susceptibles de constituer des actes de faux en écriture publique ou authentique, au sens de l'article 441-4 du Code pénal (▪ Cass. crim., 9 nov. 2016, n° 15-86.922 : *Dr. pén.* 2017, comm. 17, note P. Conte).

14) Prescription. Sur la prescription de l'action publique, à la suite de la transformation de crime à délit, V. ▪ Cass. crim., 29 avr. 1997 : *Bull. crim.*, n° 155, sous art. 112-2, note 2.

15) Le faux commis dans un acte authentique par un clerc de notaire est soumis à la prescription triennale dès lors que l'intéressé n'est pas dépositaire de l'autorité publique (▪ Cass. crim., 15 mai 2007 : *JurisData* n° 2007-039380 ; *Dr. pénal* 2007, comm. 118, obs. M. Véron).

16) Le préjudice auquel peut donner lieu un faux dans un acte authentique résulte nécessairement de l'atteinte portée à la foi publique et à l'ordre social par une falsification de cette nature (▪ Cass. crim., 24 mai 2000 : *Bull. crim.*, n° 202).

Art. 441-5. – Le fait de procurer frauduleusement à autrui un document délivré par une administration publique aux fins de constater un droit, une identité ou une qualité ou d'accorder une autorisation est puni de cinq ans d'emprisonnement et de 75 000 € d'amende.

Les peines sont portées à sept ans d'emprisonnement et à 100 000 € d'amende lorsque l'infraction est commise :

1° Soit par une personne dépositaire de l'autorité publique ou chargée d'une mission de service public agissant dans l'exercice de ses fonctions ;

2° Soit de manière habituelle ;

3° Soit dans le dessein de faciliter la commission d'un crime ou de procurer l'impunité à son auteur.

Voir : art. R. 645-8, p. 685.

L'élément intentionnel du délit prévu par l'article 154, alinéa 3, du Code pénal est caractérisé dès qu'il est constaté que l'auteur a délivré en connaissance de cause des documents administratifs à des personnes qui n'y avaient pas droit (▪ Cass. crim., 26 janv. 1993 : *Bull. crim.*, n° 40).

Art. 441-6 *(Mod., L. n° 2013-1203, 23 déc. 2013)*. **– Le fait de se faire délivrer indûment par une administration publique ou par un organisme chargé d'une mission de service public, par quelque moyen**

frauduleux que ce soit, un document destiné à constater un droit, une identité ou une qualité ou à accorder une autorisation est puni de deux ans d'emprisonnement et de 30 000 € d'amende.

Est puni des mêmes peines le fait de fournir sciemment une fausse déclaration ou une déclaration incomplète en vue d'obtenir ou de tenter d'obtenir, de faire obtenir ou de tenter de faire obtenir d'une personne publique, d'un organisme de protection sociale ou d'un organisme chargé d'une mission de service public une allocation, une prestation, un paiement ou un avantage indu.

Voir : art. R. 645-8, p. 685.

Bibliographie : Sur l'alinéa 2 de l'article 441-6, V. J.-H. Robert : *Dr. pénal* 1994, chron. n° 61.

1) La demande de renouvellement d'un passeport obtenu sous un faux nom constitue une nouvelle infraction punissable même si l'obtention frauduleuse du document est actuellement prescrite (■ Cass. crim., 11 févr. 1927 : *DH* 1927, 209).

2) L'adverbe « indûment » figurant à l'ancien article 154 ne vise pas le droit ou la qualité constatés par un document administratif, mais seulement les moyens frauduleux utilisés pour obtenir celui-ci (■ Cass. crim., 19 mai 1981 : *Bull. crim.*, n° 162 ; *Rev. sc. crim.* 1983, 73, obs. Vitu. ■ 4 janv. 1982 : *Bull. crim.*, n° 2 ; *JCP* 82, IV, 106).

3) Constitue la prise de fausse qualité, au sens de l'article 154 ancien du Code pénal, le fait, pour un étranger qui a contracté un mariage simulé, de se prévaloir de la qualité de conjoint d'un ressortissant français (■ Cass. crim., 26 oct. 1994 : *Bull. crim.*, n° 341. ■ 14 juin 1995 : *Dr. pénal* 1995, comm. 219, obs. Véron).

4) La validité de son mariage avec une personne de nationalité française ne constitue pas une exception préjudicielle au jugement d'un ressortissant de nationalité étrangère, poursuivi pour obtention frauduleuse de document administratif (■ Cass. crim., 5 oct. 2005 : *Bull. crim.*, n° 253).

5) S'agissant de la falsification d'un certificat d'hébergement remis à l'administration pénitentiaire à l'appui d'une demande de permission de sortir, les faits reprochés au prévenu sont constitutifs, non du délit de faux en écriture privée et usage, mais de la tentative de délivrance indue d'une autorisation, prévue et réprimée tant par l'article 154, alinéa 1er, du Code pénal ancien que par les articles 441-6 et 441-9 du Code pénal entré en vigueur le 1er mars 1994 (■ Cass. crim., 30 mars 1994 : *Bull. crim.*, n° 129 ; *Dr. pénal* 1994, 154, obs. Véron).

6) L'altération des empreintes digitales ne saurait, à elle seule, constituer un commencement E d'exécution du délit d'obtention indue de documents administratifs (■ Cass. crim., 11 mai 2011, n° 10-84.344 : *Dr. pén.* 2011, comm. 103, obs. M. Véron).

7) Mais constitue le délit le fait pour un individu, convaincu d'être majeur, d'obtenir indûment une ordonnance d'ouverture de tutelle en fournissant une copie certifiée conforme d'un extrait d'acte de naissance établissant son état de minorité (■ Cass. crim., 19 juin 2013, n° 12-82.912 : *Bull. crim.*, n° 147 ; *Dr. pén.* 2013, comm. 142, obs. J.-H. Robert). V. aussi, note sous art. 441-2, p. 583.

8) La demande de paiement présentée par une infirmière correspondant à 24 heures de travail par jour et pendant 730 jours témoigne de sa volonté délibérée d'obtenir des honoraires indus (■ Cass. crim., 28 janv. 2015, n° 14-80.040 : *Dr. pén.* 2015, comm. 47, obs. M. Véron).

9) Fait l'exacte application des articles 441-6, 2e alinéa, du Code pénal et L. 322-5, R. 322-10-5 du Code de la sécurité sociale, la cour d'appel qui, pour déclarer le prévenu coupable de déclaration mensongère en vue d'obtenir d'une administration publique une allocation, une prestation, un paiement ou un avantage indu, relève qu'il a facturé les kilomètres d'approche dans le calcul des distances parcourues lors des transports de patients en méconnaissance de l'article R. 322-10-5 du Code de la sécurité sociale issu du décret du 23 décembre 2006, en vertu duquel le remboursement des frais de transport est calculé sur la base de la distance séparant le point de prise en charge du malade de la structure de soins prescrite appropriée la plus proche et en conformité duquel les conventions locales signées entre les entreprises de taxi et les organismes locaux d'assurance maladie doivent être conclues (■ Cass. crim., 8 déc. 2015, n° 14-88.517 : *Dr. pén.* 2016, comm. 29, J.-H. Robert).

Art. 441-7. – Indépendamment des cas prévus au présent chapitre, est puni d'un an d'emprisonnement et de 15 000 € d'amende le fait :

1° D'établir une attestation ou un certificat faisant état de faits matériellement inexacts ;

2° De falsifier une attestation ou un certificat originairement sincère ;

3° De faire usage d'une attestation ou d'un certificat inexact ou falsifié.

Les peines sont portées à trois ans d'emprisonnement et à 45 000 € d'amende lorsque l'infraction est commise en vue de porter préjudice au Trésor public ou au patrimoine d'autrui.

Voir : CSS art. L. 471-4, p. 2081.

1) Il n'est pas nécessaire que le certificat soit rédigé en une forme brève et concise et il peut être rédigé sous forme de lettre ou de rapport (■ Cass. crim., 21 avr. 1964 : *D.* 1964, 363). Le certificat ne fait qu'attester un fait et s'il constitue véritablement un titre ayant valeur probatoire, l'article 161 n'est plus applicable (■ Cass. crim., 23 avr. 1859 : *D.* 59, 1, 188. ■ 18 janv. 1961 : *Bull. crim.*, n° 33) ; tel est ainsi le cas d'une personne qui rédige un « certificat attestant que fils de veuve », il doit être exempté du service militaire (■ Cass. crim., 23 avr. 1859, préc.) ou d'un congé amiable, revêtu d'une fausse signature, produit dans une procédure d'expulsion (■ Cass. crim., 3 mai 1960 : *Bull. crim.*, n° 234).

2) Constituent des certificats propres à attirer la bienveillance (C. pén., art. 161, al. 1er à 3), une fausse lettre d'obédience rédigée en latin utilisée par un prétendu religieux sollicitant la charité publique (■ Cass. crim., 23 nov. 1815 : *Bull. crim.*, n° 64) ou les documents portant des fausses signatures de généraux vendéens produits par des prétendus chouans afin d'obtenir des décorations (■ Cass. crim., 22 oct. 1825 : *Bull. crim.*, n° 128) mais non des certificats attestant des faits faux de nature à procurer à un étranger le bénéfice d'une naturalisation (■ Cass. crim., 6 août 1924 : *DH* 1924, 599).

3) Constituent des certificats au sens de l'article 161, alinéa 4 le document attestant l'existence et la qualité de marchandises d'exportation déposées chez un transitaire et gagées au profit d'une banque (■ Cour suprême d'Abidjan, 14 janv. 1966 : *D.* 1966, 489, note Bouloc ; *JCP* 66, II, 14886, note Larguier ; *Rev. sc. crim.* 1967, 446, obs. Vitu), la déclaration par laquelle la victime d'un accident reconnaît être l'unique responsable pour exonérer le vrai coupable (■ Cass. crim., 30 janv. 1962 : *Bull. crim.*, n° 70), mais non la simple photocopie d'un reçu falsifié (■ Cass. crim., 25 janv. 1961 : *D.* 1961, 406 ; *Rev. sc. crim.* 1961, 585, obs. Hugueney) ni des bulletins de salaires non signés et inexacts remis par un employeur à ses ouvriers (■ Cass. crim., 7 févr. 1962 : *Bull. crim.*, n° 84 ; *Rev. sc. crim.* 1962, 751, obs. Hugueney). Pour un exemple d'application inexacte de l'article 161, alinéa 4 par les juges du fond, V. ■ Cass. crim., 27 févr. 1984 : *JCP* 84, IV, 145.

4) Caractérise le délit prévu et puni par l'article 161, alinéa 4, 1° du Code pénal, le fait pour le signataire d'une attestation ou d'un certificat, de n'avoir pas eu personnellement connaissance des faits qu'il atteste avoir constatés ; tel est le cas d'un médecin qui a établi des certificats concernant une malade, soignée par un autre praticien appartenant au même cabinet de groupe (■ Cass. crim., 22 mars 1989 : *Bull. crim.*, n° 147). L'article 441-7 du Code pénal incrimine l'attestation de faits matériellement inexacts, qu'ils aient été ou non personnellement constatés par l'auteur de l'attestation (■ Cass. crim., 1er juin 2005 : *Bull. crim.*, n° 169 ; *Dr. pénal* 2005, comm. 141).

5) Il résulte de l'article 441-7, 1° du Code pénal que **seules les déclarations établies en faveur d'un tiers bénéficiaire constituent une attestation ou un certificat** au sens de l'article précité ; la déclaration établie par la prévenue dans son intérêt ne constitue pas une attestation ou un certificat au sens de ce texte.

Encourt, en conséquence, la cassation l'arrêt d'une cour d'appel qui condamne la prévenue pour avoir produit, au soutien de sa demande tendant à la fixation d'une prestation compensatoire, une déclaration sur l'honneur établie en application de l'article 271 du Code civil ne mentionnant pas la donation en avancement d'hoirie, consentie par sa mère (■ Cass. crim., 7 mars 2012, n° 11-82.153 : *Bull. crim.*, n° 66 ; *AJP* 2012, p. 287, note J. Gallois).

6) Pour que l'article 441-7, 1°, soit applicable, il faut que la signature faisant état de faits matériellement inexacts soit authentique (■ Cass. crim., 7 nov. 1973 : *Bull. crim.*, n° 407 ; *Rev. sc. crim.* 1974, 355, obs. Vitu). Encourt, dès lors, la censure l'arrêt qui déclare un prévenu coupable de ce délit, alors qu'à défaut de signature de son auteur, le document litigieux ne constituait pas une attestation ou un certificat au sens du texte précité, et ne recherche pas si les faits poursuivis pouvaient recevoir une autre qualification (■ Cass. crim., 15 mars 2000 : *Bull. crim.*, n° 117 ; *Dr. pénal* 2000, comm. 86, obs. M. Véron).

7) Les attestations prévues par l'article 202 du nouveau Code de procédure civile ne constituent pas des témoignages, lesquels sont réglementés par les articles 204 et suivants du même code ; commet le délit prévu et réprimé par l'article 161, alinéa 4 du Code pénal, celui qui use d'une telle attestation faisant état de faits inexacts (■ Cass. crim., 3 févr. 1982 : *Bull. crim.*, n° 40).

8) Le délit de l'article 161, alinéa 4 est réalisé dans tous ses éléments lorsque l'auteur d'une attestation établie en faveur d'un tiers connaît l'inexactitude matérielle des faits qu'il certifie, sans qu'il soit nécessaire qu'il ait en outre prévu l'usage frauduleux auquel cette fausse attestation aurait pu être ensuite employée (■ Cass. crim., 14 mars 1972 : *Bull. crim.*, n° 98) et sans qu'il y ait lieu de subordonner l'application de la loi à la condition de l'existence d'un préjudice qui n'est pas exigée (■ Cass. crim., 15 janv. 1990 : *Bull. crim.*, n° 23). L'article 161, alinéa 4, vise le faux intellectuel, c'est-à-dire l'attestation par celui qui la délivre, de faits qu'il savait matériellement inexacts, ce qui exclut les appréciations et commentaires même mensongers, pour ne retenir que l'attestation mensongère d'un fait matériel (■ Cass. crim., 16 juin 1986, inédit).

9) Le délit prévu par l'article 161 du Code pénal est constitué au lieu où l'auteur établit en faveur d'un tiers une attestation ou un certificat faisant état d'un fait dont il connaît l'inexactitude matérielle, indépendamment de l'usage qui pourra être fait de cette pièce. Les dispositions de l'article 693 du Code de procédure pénale ne sauraient donc recevoir application en un tel cas (■ Cass. crim., 26 juill. 1989, inédit).

10) Ne rentre pas dans les prévisions de l'article 161, alinéa 4, devenu l'article 441-7 du Code pénal le document qui s'analyse en un simple avis, sans contenir l'affirmation de faits matériels présentés comme indiscutables (■ Cass. crim., 16 mars 1994 : *Bull. crim.*, n° 104).

Les dispositions de l'article 441-7 du Code pénal ne s'appliquent qu'aux certificats ou attestations faisant état de faits matériellement inexacts ; ne rentrent pas dans les prévisions de ce texte les documents qui, se bornant à faire état d'un projet de prêt, ne contiennent aucune affirmation de faits matériel inexacts (■ Cass. crim., 18 févr. 2003 : *Bull. crim.*, n° 39 ; *Dr. pénal* 2003, comm. 70, obs. M. Véron).

11) Mais entre dans les prévisions des articles 161 ancien et 441-7 nouveau du Code pénal, le fait, pour un greffier, d'avoir attesté faussement (par la remise d'un récépissé) le fait matériel du dépôt d'un dossier par des étrangers en situation irrégulière en vue de la délivrance d'un certificat de nationalité française (■ Cass. crim., 29 oct. 1996 : *Bull. crim.*, n° 378).

12) La participation d'un dirigeant de club sportif à l'élaboration, en connaissance de cause, d'un document certifiant mensongèrement l'accord officiel de la commission de sécurité sur les conditions de la tenue d'un match, afin d'obtenir, de la fédération sportive compétente, la délivrance de billets complémentaires, caractérise en tous leurs éléments constitutifs, à la charge du prévenu, les délits d'établissement et usage d'une attestation inexacte, au sens des articles 161, alinéa 4, ancien, et 441-7, nouveau, du Code pénal, dont l'application n'est pas subordonnée à l'existence d'un préjudice (■ Cass. crim., 24 juin 1997 : *Bull. crim.*, n° 251).

13) Se rend coupable du délit prévu par l'article 441-7 le prévenu qui, sans avoir porté une appréciation erronée sur une décision prise par un salarié de la société qui les emploie l'un et l'autre, a attesté faussement le fait matériel de cette décision (■ Cass. crim., 2 déc. 1997 : *Bull. crim.*, n° 408 ; *JCP* 98, IV, p. 682).

14) Il a été jugé que l'infraction est constituée à la charge d'un prévenu qui a présenté un faux certificat de réussite à un examen d'aptitude professionnelle pour s'inscrire dans un centre de formation (■ Paris, 5 nov. 1998 : *JurisData* n° 023487 ; *Dr. pénal* 1999, comm. 66, obs. M. Véron).

15) Justifie sa décision déclarant caractérisé à l'encontre d'une société le délit d'usage d'une attestation faisant état de faits matériellement inexacts, la cour d'appel qui, après avoir rappelé que le conseiller en ressources humaines a engagé la société en procédant au licenciement d'un salarié, auquel une collègue reprochait des faits de harcèlement sexuel, fondé sur une attestation faisant état de faits matériellement inexacts et contenant un faux intellectuel manifeste, énonce qu'en produisant cette attestation, la société savait utiliser, par des organes ayant pouvoir de l'engager, un document faisant état de faits matériellement inexacts et formellement contestés (■ Cass. crim., 24 mai 2000 : *Bull. crim.*, n° 203).

16) Dès lors que le prévenu avait connaissance du caractère inexact des attestations (établies par ses employés) dont il a fait usage, il suffit que la circonstance aggravante tirée de la volonté de porter préjudice au patrimoine d'autrui soit réalisée en la personne de l'auteur de l'usage desdites attestations (■ Cass. crim., 26 sept. 2001 : *JurisData* n° 011720 ; *Dr. pénal* 2002, comm. 15, obs. M. Véron).

17) N'a pas donné de base légale à sa décision la cour d'appel qui, dans la procédure engagée, du chef de fausse attestation et usage, par le médecin psychiatre d'un établissement spécialisé, contre, notamment, la mère d'un majeur protégé qui y a séjourné, refuse d'écarter des débats les pièces du dossier médical et psychologique de ce dernier, produites par la partie poursuivante, sans rechercher si l'examen public et contradictoire, devant la juridiction correctionnelle, de ces pièces, couvertes par le secret professionnel, constitue une mesure nécessaire et proportionnée à la défense de l'ordre et à la protection des droits de la partie civile au sens de l'article 8 de la Convention européenne des droits de l'homme (■ Cass. crim., 24 avr. 2007, pourvoi n° 06-88.051).

Art. 441-8 *(L. n° 2016-274, 7 mars 2016)*. **– Le fait d'utiliser un document d'identité ou de voyage appartenant à un tiers, avec ou sans son consentement, aux fins d'entrer ou de se maintenir sur le territoire de l'espace Schengen ou d'obtenir indûment un titre, une qualité, un statut ou un avantage est puni de cinq ans d'emprisonnement et de 75 000 € d'amende.**

Le fait pour le titulaire du document d'identité ou de voyage d'avoir sciemment facilité la commission de l'infraction mentionnée au premier alinéa est puni de la même peine.

Les peines sont portées à sept ans d'emprisonnement et à 100 000 € d'amende lorsque ces infractions sont commises de manière habituelle.

Art. 441-9. – La tentative des délits prévus aux articles 441-1, 441-2 et 441-4 à 441-8 est punie des mêmes peines.

Art. 441-10 *(Mod., L. n° 2008-776, 4 août 2008)*. **– Les personnes physiques coupables des crimes et délits prévus au présent chapitre encourent également les peines suivantes :**

1° L'interdiction des droits civiques, civils et de famille suivant les modalités prévues par l'article 131-26 ;

2° L'interdiction, suivant les modalités prévues par l'article 131-27, soit d'exercer une fonction publique ou d'exercer l'activité professionnelle ou sociale dans l'exercice ou à l'occasion de l'exercice de laquelle l'infraction a été commise, soit d'exercer une profession commerciale ou industrielle, de diriger, d'administrer, de gérer ou de contrôler à un titre quelconque, directement ou indirectement, pour son propre compte ou pour le compte d'autrui, une entreprise commerciale ou industrielle ou une société commerciale. Ces interdictions d'exercice peuvent être prononcées cumulativement ;

3° L'exclusion des marchés publics ;

4° La confiscation de la chose qui a servi ou était destinée à commettre l'infraction ou de la chose qui en est le produit, à l'exception des objets susceptibles de restitution.

1) QPC. Non-lieu à renvoi au Conseil constitutionnel de la QPC visant l'article 441-10 du Code pénal (■ Cass. crim., 9 mars 2011, n° 10-87.103). Il en est de même pour la QPC visant l'article 441-10, 2° (■ Cass. crim., 12 juin 2014, n° 13-87.819). Il en est de même pour la QPC visant l'article 441-10, 2° (■ Cass. crim., 12 juin 2014, n° 13-87.819).

2) En prononçant la peine complémentaire d'interdiction définitive de gérer, d'administrer et de diriger toute entreprise commerciale, artisanale ou toute personne morale, pour sanctionner les délits de faux et d'usage commis par le prévenu, gérant de société, la cour d'appel a fait l'exacte application des dispositions des articles 131-27 et 441-10 du Code pénal relatives à l'interdiction d'exercer l'activité professionnelle dans l'exercice ou à l'occasion de l'exercice de laquelle l'infraction a été commise, qui n'ont pas été modifiées par la loi du 4 août 2008 (■ Cass. crim., 6 mai 2009 : *Bull. crim.*, n° 87).

3) Pour condamner une prévenue, déclarée coupable d'escroquerie, faux et usage, à cinq ans d'interdiction d'exercer une fonction publique, peine complémentaire prévue par les articles 313-7 et 441-10 du Code pénal, les juges n'avaient pas à relever que les infractions avaient été commises dans l'exercice ou à l'occasion de l'exercice de cette fonction.

Par ailleurs, hormis les cas expressément prévus par la loi, les juges ne sont pas tenus de motiver spécialement le choix de la sanction qu'ils appliquent dans les limites légales (■ Cass. crim., 25 juin 2014, n° 13-83.955).

Art. 441-11. – L'interdiction du territoire français peut être prononcée dans les conditions prévues par l'article 131-30, soit à titre définitif, soit pour une durée de dix ans au plus, à l'encontre de tout étranger coupable de l'une des infractions définies au présent chapitre.

Art. 441-12 *(L. n° 2009-526, 12 mai 2009)*. **– Les personnes morales déclarées responsables pénalement, dans les conditions prévues par l'article 121-2, des infractions définies au présent chapitre**

encourent, outre l'amende suivant les modalités prévues par l'article 131-38, les peines prévues par l'article 131-39.

L'interdiction mentionnée au 2° de l'article 131-39 porte sur l'activité dans l'exercice ou à l'occasion de l'exercice de laquelle l'infraction a été commise.

CHAPITRE II. – DE LA FAUSSE MONNAIE

Voir : art. R. 642-2 s., p. 679 et art. R. 645-9 s., p. 685.

Art. 442-1 *(Mod., L. n° 2004-204, 9 mars 2004)*. **– La contrefaçon ou la falsification des pièces de monnaie ou des billets de banque ayant cours légal en France ou émis par les institutions étrangères ou internationales habilitées à cette fin est punie de trente ans de réclusion criminelle et de 450 000 € d'amende.**

Est punie des mêmes peines la fabrication des pièces de monnaie et des billets de banque mentionnés à l'alinéa précédent réalisée à l'aide d'installations ou de matériels autorisés destinés à cette fin, lorsqu'elle est effectuée en violation des conditions fixées par les institutions habilitées à émettre ces signes monétaires et sans l'accord de ces institutions.

Les deux premiers alinéas de l'article 132-23 relatif à la période de sûreté sont applicables aux infractions prévues par le présent article.

Voir : art. 113-10, p. 43 (Infractions commises hors du territoire de la République).

Bibliographie : *JCl. pén., Fausse monnaie* par M.-L. Rassat.

1) Sur la notion de monnaie de billon, V. ▪ Cass. crim., 21 oct. 1936 : *S.* 1937, 1, 399 ; *Rev. sc. crim.*1937, 63, obs. Hugueney.

2) Une monnaie a cours légal dans un pays lorsque tous les citoyens sont obligés de l'accepter (▪ Cass. crim., 27 juill. 1883 : *Bull. crim.*, n° 190).

3) Il suffit pour qu'il y ait crime de contrefaçon que l'apparence soit suffisante pour assurer la circulation de la monnaie contrefaite, et l'accusé ne pourrait invoquer en sa faveur l'imperfection de son travail (▪ Cass. crim., 2 juin 1853 : *D.* 53, 5, 225) et il appartient aux juges du fond d'apprécier souverainement l'aptitude de la monnaie contrefaite à tromper celui qui la reçoit *(même arrêt)*.

4) Pour l'émission, l'exposition et l'introduction en France, la Cour de cassation exige que la question posée à la cour d'assises constate expressément que l'accusé connaissait la fausseté des pièces émises et qu'il avait l'intention d'en assurer la diffusion (▪ Cass. crim., 16 déc. 1880 : *S.* 81, 1, 330. ▪ 27 févr. 1947 : *D.* 1947, 252).

5) Sur la jurisprudence antérieure à la loi du 27 novembre 1968, relative à la contrefaçon de monnaies d'or ou d'argent n'ayant plus cours légal, V. ▪ Cass. crim., 4 mars 1954 : *D.* 1954, 242, note F. G. ; *Rev. sc. crim.* 1954, 541, obs. Hugueney. ▪ 13 févr. 1969 : *D.* 1969, 269, rapp. Ezcolier ; *Rev. sc. crim.* 1969, 660, obs. Vitu. ▪ Rouen, 16 juin 1952 : *D.* 1953, 720, note Carbonnier.

6) Le crime d'exposition de billets de banque contrefaits ne constitue qu'une modalité du crime d'usage de tels billets (▪ Cass. crim., 3 févr. 1993 : *Bull. crim.*, n° 57).

Art. 442-2. – *(L. n° 2004-204, 9 mars 2004 ; mod., L. n° 2007-1544, 29 oct. 2007)* **Le transport, la mise en circulation ou la détention en vue de la mise en circulation des signes monétaires contrefaisants ou falsifiés mentionnés au premier alinéa de l'article 442-1 ou des signes monétaires irrégulièrement fabriqués mentionnés au deuxième alinéa de cet article sont punis de dix ans d'emprisonnement et de 150 000 € d'amende.**

Les infractions prévues au précédent alinéa sont punies de trente ans de réclusion criminelle et de 450 000 € d'amende lorsqu'elles sont commises en bande organisée.

Les deux premiers alinéas de l'article 132-23 relatif à la période de sûreté sont applicables aux infractions prévues au deuxième alinéa du présent article.

Voir : art. 113-10, p. 43 (Infractions commises hors du territoire de la République).

Prive sa décision de base légale la cour d'assises qui, pour déclarer un accusé coupable de détention en vue de leur mise en circulation de billets de banque contrefaits ou falsifiés, fonde la condamnation qu'elle prononce sur une réponse affirmative à une question qui a omis de caractériser la connaissance qu'aurait eu cet accusé de la contrefaçon ou de la falsification des billets détenus (■ Cass. crim., 8 nov. 2000 : *Bull. crim.*, n° 333 ; *Dr. pénal* 2001, comm. 58, obs. M. Véron).

Art. 442-3. – La contrefaçon ou la falsification de pièces de monnaie ou de billets de banque français ou étrangers n'ayant plus cours légal ou n'étant plus autorisés est punie de cinq ans d'emprisonnement et de 75 000 € d'amende.

1) La disposition de l'article 133 est applicable sans gradation de peine à toutes les monnaies étrangères, aux monnaies de billon et de cuivre comme aux monnaies d'or et d'argent (■ Cass. crim., 9 juin 1887 : *S. V° Faux et fausse monnaie*, 22).

2) Une monnaie contrefaite dont l'avers imite une pièce française et le revers une pièce étrangère prend la nationalité de l'effigie du prince représenté sur l'avers (■ Cass. crim., 25 mars 1837 : S. 38, 1, 71).

3) Constitue le délit prévu par l'article 133 alinéa 2 du Code pénal le fait de vendre des reproductions de pièces d'argent ayant eu cours légal en Grèce à l'époque d'Alexandre le Grand (■ Cass. crim., 13 mai 1987 : *Bull. crim.*, n° 196 ; *Rev. sc. crim.* 1988, 99, obs. Massé).

Art. 442-4. – La mise en circulation de tout signe monétaire non autorisé ayant pour objet de remplacer les pièces de monnaie ou les billets de banque ayant cours légal en France est punie de cinq ans d'emprisonnement et de 75 000 € d'amende.

1) L'article 136 du Code pénal ne s'applique pas aux titres dont la loi consacre la licéité, ainsi le chèque (■ CE, 12 févr. 1960 : *JCP* 60, II, 11629 *bis*, note Vedel ; *D.* 1960, 263, note L'Huillier).

2) Se rend coupable d'une émission de monnaie parallèle, incriminée par l'article 136 du Code pénal, celui qui introduit dans un appareil automatique en vue de se procurer à bon compte les services qu'il rend, une rondelle métallique grossière et sans l'apparence extérieure d'une pièce de monnaie (T. corr. Saint-Étienne, 17 avr. 1970 : *JCP* 72, II, 17277, note Gassin).

3) Le prévenu qui utilise de la monnaie étrangère, ayant les mêmes caractéristiques physiques que les anciennes pièces françaises de 10 F, pour retirer des timbres-poste dans un distributeur automatique, se rend coupable de mise en circulation de moyens de paiement illégaux aux fins de suppléer les signes monétaires ayant cours légal en France (■ Paris, 9e Ch. B, 15 déc. 1988 : *JurisData* n° 027513).

4) Sont coupables du délit de mise en circulation de moyens de paiement ayant pour objet de suppléer ou de remplacer les signes monétaires ayant cours légal, les prévenus qui ont acheté de faux billets pour les écouler dans le commerce (■ Paris, 9e Ch. B, 1er déc. 1988 : *JurisData* n° 027502).

Art. 442-5 *(L. n° 2001-1168, 11 déc. 2001)*. – La fabrication, l'emploi ou la détention sans autorisation des matières, instruments, programmes informatiques ou de tout autre élément spécialement destiné à la fabrication ou à la protection contre la contrefaçon ou la falsification des billets de banque ou des pièces de monnaie sont punis de deux ans d'emprisonnement et de 30 000 € d'amende.

Voir : art. 113-10, p. 43 (Infractions commises hors du territoire de la République).

Art. 442-6. – Sont punies d'un an d'emprisonnement et de 15 000 € d'amende la fabrication, la vente, la distribution de tous objets, imprimés ou formules qui présentent avec les signes monétaires visés à l'article 442-1 une ressemblance de nature à faciliter l'acceptation desdits objets, imprimés ou formules aux lieu et place des valeurs imitées.

1) L'article 144-1° est applicable à un éditeur qui a encarté dans un porte-billets distribué à ses lecteurs la reproduction d'un billet de banque de 500 F, l'effigie de Pascal ayant été remplacée par celle d'un chanteur connu et la mention « Banque de France » par les initiales du titre de la revue (■ Cass. crim., 21 févr. 1978 : *Gaz. Pal.* 1978, 1, 310, note Doll ; *Rev. sc. crim.* 1978, 855, obs. Vitu).

2) Commet l'infraction prévue par l'article 144-1° le metteur en scène de cinéma ou le producteur qui, pour pouvoir mieux filmer des effets de foule, fait projeter d'un lieu élevé dans une rue passante des centaines d'imprimés présentant avec le billet de 500 F français une forte ressemblance même si, à un examen un peu sérieux, cet imprimé révèle l'impossibilité d'être présenté aux lieu et place d'un billet véritable ; il suffit qu'il puisse y avoir confusion de la part des personnes peu averties ou négligentes (■ T. corr. Paris, 22 oct. 1968 : *JCP* 69, IV, 93).

Art. 442-7 *(Mod., L. n° 2007-1544, 29 oct. 2007)*. **– Le fait, pour celui qui a reçu les signes monétaires contrefaisants ou falsifiés visés à l'article 442-1 en les tenant pour bons, de les remettre en circulation après en avoir découvert les vices est puni de 7 500 € d'amende.**

Art. 442-8. – La tentative des délits prévus par le premier alinéa de l'article 442-2 et par les articles 442-3 à 442-7 est punie des mêmes peines.

Art. 442-9. – Toute personne qui a tenté de commettre l'une des infractions prévues au présent chapitre sera exempte de peine si, ayant averti l'autorité administrative ou judiciaire, elle a permis d'éviter que l'infraction ne se réalise et d'identifier, le cas échéant, les autres coupables.

Art. 442-10. – La peine privative de liberté encourue par l'auteur ou le complice des infractions prévues par les articles 442-1 à 442-4 est réduite de moitié si, ayant averti les autorités administratives ou judiciaires, il a permis de faire cesser les agissements incriminés et d'identifier, le cas échéant, les autres coupables.

Art. 442-11 *(Mod., L. n° 2008-776, 4 août 2008)*. **– Les personnes physiques coupables des crimes et délits prévus aux articles 442-1 à 442-6 encourent également les peines suivantes :**

1° L'interdiction des droits civiques, civils et de famille suivant les modalités prévues par l'article 131-26 ;

2° L'interdiction, suivant les modalités prévues par l'article 131-27, soit d'exercer une fonction publique ou d'exercer l'activité professionnelle ou sociale dans l'exercice ou à l'occasion de l'exercice de laquelle l'infraction a été commise, soit d'exercer une profession commerciale ou industrielle, de diriger, d'administrer, de gérer ou de contrôler à un titre quelconque, directement ou indirectement, pour son propre compte ou pour le compte d'autrui, une entreprise commerciale ou industrielle ou une société commerciale. Ces interdictions d'exercice peuvent être prononcées cumulativement ;

3° L'interdiction de séjour, suivant les modalités prévues par l'article 131-31.

Art. 442-12 *(Mod., L. n° 2003-1119, 26 nov. 2003)*. **– L'interdiction du territoire français peut être prononcée dans les conditions prévues par l'article 131-30, soit à titre définitif, soit pour une durée de dix ans au plus, à l'encontre de tout étranger coupable de l'une des infractions définies aux articles 442-1 à 442-4.**

Art. 442-13 *(Mod., L. n° 2007-1544, 29 oct. 2007)*. **– Dans tous les cas prévus au présent chapitre, peut être également prononcée la confiscation de la chose qui a servi ou était destinée à commettre l'infraction ou de la chose qui en est le produit, à l'exception des objets susceptibles de restitution.**

La confiscation des pièces de monnaie et des billets de banque contrefaisants ou falsifiés ainsi que des matières et instruments destinés à servir à leur fabrication est obligatoire.

Selon que la contrefaçon ou la falsification a porté sur des pièces de monnaie ou des billets de banque, les signes monétaires contrefaisants ou falsifiés sont remis à l'administration des monnaies et médailles ou à la Banque de France, aux fins de destruction éventuelle. Leur sont également remis, aux mêmes fins, ceux des matériels et instruments confisqués qu'elles désignent.

La confiscation des objets, imprimés ou formules visés à l'article 442-6 est également obligatoire. Elle entraîne remise de la chose confisquée à l'administration des monnaies et médailles ou à la Banque de France, selon la distinction prévue à l'alinéa précédent, aux fins de destruction éventuelle.

Art. 442-14 *(L. n° 2009-526, 12 mai 2009)*. **– Les personnes morales déclarées responsables pénalement, dans les conditions prévues par l'article 121-2, des infractions définies au présent chapitre encourent, outre l'amende suivant les modalités prévues par l'article 131-38 :**

1° Les peines mentionnées à l'article 131-39 ;

2° La confiscation, suivant les modalités prévues par l'article 442-13.

L'interdiction mentionnée au 2° de l'article 131-39 porte sur l'activité dans l'exercice ou à l'occasion de l'exercice de laquelle l'infraction a été commise.

Art. 442-15 *(Abr., L. n° 2001-1168, 11 déc. 2001)*. **– Les dispositions des articles 442-1, 442-2 et 442-5 à 442-14 sont applicables lorsque sont en cause les billets de banque et pièces de monnaie qui, bien que destinés à être mis en circulation, n'ont pas été encore émis par les institutions habilitées à cette fin et n'ont pas encore cours légal.**

Voir : art. 113-10, p. 43 (Infractions commises hors du territoire de la République).

Art. 442-16 *(L. n° 2007-297, 5 mars 2007 ; L. n° 2012-409, 27 mars 2012)*. **– Les personnes physiques ou morales coupables des crimes et délits prévus aux articles 442-1 à 442-3 encourent également la peine complémentaire de confiscation de tout ou partie des biens leur appartenant ou, sous réserve des droits du propriétaire de bonne foi, dont elles ont la libre disposition, quelle qu'en soit la nature, meubles ou immeubles, divis ou indivis.**

CHAPITRE III. – DE LA FALSIFICATION DES TITRES OU AUTRES VALEURS FIDUCIAIRES ÉMISES PAR L'AUTORITÉ PUBLIQUE

Art. 443-1 *(Mod., L. n° 2007-1544, 29 oct. 2007)*. **– La contrefaçon ou la falsification des effets émis par le Trésor public avec son timbre ou sa marque ou des effets émis par les États étrangers avec leur timbre ou leur marque, ainsi que l'usage ou le transport de ces effets contrefaisants ou falsifiés sont punis de sept ans d'emprisonnement et de 100 000 € d'amende.**

Voir : art. 113-10, p. 43 (Infractions commises hors du territoire de la République).

Bibliographie : *JCl. pén., Falsification des titres ou autres valeurs fiduciaires émises par l'autorité publique* par M.-L. Rassat.

Art. 443-2 *(Mod., L. n° 2007-1544, 29 oct. 2007)*. **– Sont punis de cinq ans d'emprisonnement et de 75 000 € d'amende, la contrefaçon ou la falsification des timbres-poste ou autres valeurs fiduciaires postales, ainsi que des timbres émis par l'administration des finances, la vente, le transport, la distribution ou l'usage de ces timbres ou valeurs contrefaisants ou falsifiés.**

Voir : CGIart. 1840 Q, p. 1625.

1) L'article 142-4° du Code pénal n'est applicable que si les timbres contrefaits ou falsifiés ont cours légal (■ T. corr. Seine, 18 déc. 1922 : *Gaz. Pal.* 1923, 1, 59) ; le fait d'imiter des timbres oblitérés et hors d'usage postal pour les vendre à des collectionneurs ne constitue pas l'infraction prévue par l'article 142, mais peut rentrer dans la prévention de l'escroquerie (■ T. corr. Seine, 23 nov. 1895 : *DP* 97, 2, 313).

2) Pour condamner la prévenu du chef de transport et vente de timbres-poste contrefaits ou falsifiés, la cour d'appel relève, notamment, que l'infraction est constituée en tous ses éléments puisque le prévenu a reconnu qu'il avait transporté et vendu des timbres contrefaits ; par ces énonciations, et, dès lors qu'il en résulte que les timbres n'étaient pas oblitérés, les juges du second degré ont fait l'exacte application de l'article 443-2 du Code pénal (■ Cass. crim., 30 janv. 2002 ; *Dr. pénal* 2002, comm. 81, obs. M. Véron).

Art. 443-3. – Sont punis d'un an d'emprisonnement et de 15 000 € d'amende, la fabrication, la vente, le transport ou la distribution de tous objets, imprimés ou formules qui présentent, avec les titres ou autres valeurs fiduciaires émises par l'État, les collectivités locales, les établissements publics ou les exploitants publics prévus par la loi n° 90-568 du 2 juillet 1990 relative à l'organisation du service public de la poste et des télécommunications, une ressemblance de nature à faciliter l'acceptation desdits objets, imprimés ou formules aux lieu et place des valeurs imitées.

Voir : anc. art. 144-1°, C. pén.

1) Caractérise le délit prévu et puni par l'article 444-3, 1°, du Code pénal, la reproduction de la figure de la Liberté, telle qu'elle est prévue pour le sceau de l'État, avec l'inscription, sur le pourtour « ministère de la Justice », qui donne à cet ensemble l'apparence d'une marque de l'autorité publique (■ Cass. crim., 9 mars 2004 : *Bull. crim.*, n° 62).

2) Caractérise le délit prévu et puni par l'article 444-5 du Code pénal, la fabrication et la distribution, sur le pare-brise de véhicules, de tracts publicitaires dont le recto, qui prend la forme de faux avis de contravention au stationnement, présente, avec l'imprimé officiel utilisé pour verbaliser les conducteurs, une ressemblance étroite de nature à causer une méprise dans l'esprit du public (■ Cass. crim., 9 mars 2004 : *Bull. crim.*, n° 63).

Art. 443-4 *(Mod., L. n° 2007-1544, 29 oct. 2007)*. – **Sont punis de six mois d'emprisonnement et de 7 500 € d'amende la contrefaçon ou la falsification des timbres-poste étrangers ou autres valeurs postales émises par le service des postes d'un pays étranger, ainsi que la vente, le transport, la distribution ou l'usage de ces timbres ou valeurs contrefaisants ou falsifiés.**

Voir : anc. art. 144-5°, C. pén.

Art. 443-5. – **La tentative des délits prévus au présent chapitre est punie des mêmes peines.**

Art. 443-6 *(Mod., L. n° 2008-776, 4 août 2008)*. – **Les personnes physiques coupables des délits prévus au présent chapitre encourent également les peines suivantes :**

1° L'interdiction des droits civiques, civils et de famille suivant les modalités prévues par l'article 131-26 ;

2° L'interdiction, suivant les modalités prévues par l'article 131-27, soit d'exercer une fonction publique ou d'exercer l'activité professionnelle ou sociale dans l'exercice ou à l'occasion de l'exercice de laquelle l'infraction a été commise, soit d'exercer une profession commerciale ou industrielle, de diriger, d'administrer, de gérer ou de contrôler à un titre quelconque, directement ou indirectement, pour son propre compte ou pour le compte d'autrui, une entreprise commerciale ou industrielle ou une société commerciale ou industrielle ou une société commerciale. Ces interdictions d'exercice peuvent être prononcées cumulativement ;

3° La confiscation de la chose qui a servi ou était destinée à commettre l'infraction ou de la chose qui en est le produit, à l'exception des objets susceptibles de restitution.

Dans tous les cas, la confiscation du corps du délit est obligatoire. Elle entraîne remise à l'Administration de la chose confisquée aux fins de destruction éventuelle.

Art. 443-7. – **L'interdiction du territoire français peut être prononcée dans les conditions prévues par l'article 131-30, soit à titre définitif, soit pour une durée de dix ans au plus, à l'encontre de tout étranger coupable de l'une des infractions définies aux articles 443-1 et 443-2.**

Art. 443-8 *(Mod., L. n° 2009-526, 12 mai 2009)*. – **Les personnes morales déclarées responsables pénalement, dans les conditions prévues par l'article 121-2, des infractions définies au présent chapitre encourent, outre l'amende suivant les modalités prévues par l'article 131-38 :**

1° Les peines mentionnées à l'article 131-39 ;

2° La confiscation suivant les modalités prévues par l'article 443-6.

L'interdiction mentionnée au 2° de l'article 131-39 porte sur l'activité dans l'exercice ou à l'occasion de l'exercice de laquelle l'infraction a été commise.

CHAPITRE IV. – DE LA FALSIFICATION DES MARQUES DE L'AUTORITÉ

Art. 444-1 *(Mod., L. n° 2007-1544, 29 oct. 2007)*. – **La contrefaçon ou la falsification soit du sceau de l'État, soit des timbres nationaux, soit des poinçons servant à marquer les matières d'or, d'argent ou de platine, ou l'usage de ces sceaux, timbres ou poinçons, contrefaisants ou falsifiés, est punie de dix ans d'emprisonnement et de 150 000 € d'amende.**

Voir : art. 113-10, p. 43 (Infractions commises hors du territoire de la République).

Bibliographie : *JCl. pén., Falsification des marques de l'autorité* par M.-L. Rassat.

1) Un timbre est national lorsqu'il est utilisé, pour les affaires de l'État, par une administration ou par une autorité publique représentant l'État, et lorsqu'il est conforme au type prescrit par la loi ; ainsi a le caractère national le timbre apposé sur le papier timbré (■ Cass. crim., 13 oct. 1843 : *Bull. crim.*, n° 265).

2) Le timbre ou cachet d'oblitération d'un bureau de poste aux lettres, bien que fourni par le gouvernement et apposé par une administration, n'est pas un timbre national car il ne porte qu'un nom de lieu et une date (■ Cass. crim., 28 nov. 1812 : *Bull. crim.*, n° 253).

3) L'article 140 du Code pénal vise également la falsification de l'empreinte elle-même, quel que soit l'instrument que l'on ait employé pour arriver à cette falsification pratiquée sur l'objet même, avec l'intention de faire passer cette marque pour l'empreinte de l'État (■ Cass. crim., 21 oct. 1813 : *Bull. crim.*, n° 226. ■ 22 nov. 1861 : *DP* 63, 5, 291).

Art. 444-2. – L'usage frauduleux du sceau de l'État, des timbres nationaux ou des poinçons servant à marquer des matières d'or, d'argent ou de platine est puni de sept ans d'emprisonnement et de 100 000 € d'amende.

Art. 444-3 ***(L. n° 99-574, 9 juill. 1999 ; L. n° 2007-1544, 29 oct. 2007).*** **– Sont punies de cinq ans d'emprisonnement et de 75 000 € d'amende :**

1° La contrefaçon ou la falsification des sceaux, timbres ou marques d'une autorité publique, ou l'usage de ces sceaux, timbres ou marques, contrefaisants ou falsifiés ;

2° La contrefaçon ou la falsification des papiers à en-tête ou imprimés officiels utilisés dans les assemblées instituées par la Constitution, les administrations publiques ou les juridictions, la vente, la distribution ainsi que l'usage de ces papiers ou imprimés ainsi contrefaisants ou falsifiés ;

3° La contrefaçon ou la falsification d'estampilles et de marques attestant l'intervention des services d'inspection ou de surveillance sanitaire de la France ou d'un pays étranger.

1) L'article 142-2° du Code pénal s'applique aux cachets que les administrations ou les fonctionnaires emploient comme signes de leur autorité, ainsi le sceau des préfectures (■ Cass. crim., 28 févr. 1957 : *JCP* 57, II, 9858, rapp. Rolland), les cachets servant à l'oblitération des timbres-poste (■ Cass. crim., 7 janv. 1971 : *Bull. crim.*, n° 2 ; *Rev. sc. crim.* 1971, 412, obs. Vitu), les bons d'essence instaurés en période de restriction (■ Cass. crim., 1er juill. 1943 : *DA* 1943, 71).

2) L'article 142 ayant une portée générale, il vise le « différent » de l'Hôtel des Monnaies, garantie de l'origine du titre et du poids des pièces émises par la Régie des Monnaies ; ce « différent » doit donc être considéré comme une marque de l'autorité (■ Cass. crim., 4 mars 1954 : *D.* 1954, 242. – V. note Carbonnier sous ■ Rouen, 16 juin 1952 : *D.* 1953, 720).

3) Caractérise le délit prévu et puni par l'article 444-3, 1° du Code pénal, la reproduction de la figure de la Liberté, telle qu'elle est prévue pour le Sceau de l'État, avec l'inscription, sur le pourtour « ministère de la Justice », qui donne à cet ensemble l'apparence d'une marque de l'autorité publique (■ Cass. crim., 9 mars 2004 : *Bull. crim.*, n° 62 ; *Dr. pénal* 2004, comm. 100, obs. M. Véron ; *D.* 2004, somm. com., p. 2753, obs. B. de Lamy).

Art. 444-4 ***(Mod., L. n° 99-574, 9 juill. 1999).*** **– L'usage frauduleux des sceaux, marques, timbres, papiers, imprimés ou estampilles et marques attestant l'intervention des services d'inspection ou de surveillance sanitaire visés à l'article 444-3 est puni de trois ans d'emprisonnement et de 45 000 € d'amende.**

1) Il a été jugé que le fait, par un militaire, de se procurer indûment le vrai sceau d'un colonel pour l'apposer sur trois permissions en blanc ne portant aucune signature et de remettre ces pièces à une autre personne, ne pouvait être puni alors qu'il n'avait été fait aucun usage de ces permissions (■ Besançon, 21 mai 1890 : *DP* 91, 2, 336).

2) Il y a usage frauduleux d'un timbre, ou au moins tentative de ce délit, dans le fait de se procurer indûment le cachet de la régie dans le dessein de dissimuler un enlèvement clandestin d'alcool et d'éluder ainsi le paiement des droits (■ Cass. crim., 22 juin 1901 : S. 1905, 1, 431).

3) L'article 143 du Code pénal réprime l'usage frauduleux de vrais sceaux, marques ou timbres de l'État, par ceux qui se les sont indûment procurés. En conséquence, encourt la cassation l'arrêt qui condamne, en vertu de cet article le titulaire d'un plan de chasse individuel au grand gibier qui a fait un usage illégal d'un bracelet de marquage qui lui avait été régulièrement délivré (■ Cass. crim., 30 mai 1985 : *Bull. crim.*, n° 205).

4) Justifie sa décision la cour d'appel qui, pour dire établi le délit d'usage frauduleux d'une estampille, relève que les prévenus procédaient à l'acquisition auprès de fournisseurs de viande conditionnée et estampillée, qu'ils en assuraient ensuite la découpe et le reconditionnement, pour la vendre et la livrer aux restaurants du même groupe exploités par des personnes morales distinctes, non sous une estampille propre mais sous l'estampille des fournisseurs (■ Cass. crim., 1er avr. 2014 : *Bull. crim.*, n° 95 ; *Dr. pénal* 2014, comm. 87, obs. M. Véron).

Art. 444-5. – Sont punies d'un an d'emprisonnement et de 15 000 € d'amende la fabrication, la vente, la distribution ou l'utilisation d'imprimés qui présentent avec les papiers à en-tête ou imprimés officiels en usage dans les assemblées instituées par la Constitution, les administrations publiques ou les juridictions une ressemblance de nature à causer une méprise dans l'esprit du public.

Caractérise le délit prévu et puni par l'article 444-5 du Code pénal, la fabrication et la distribution, sur le pare-brise de véhicules, de tracts publicitaires dont le recto, qui prend la forme de faux avis de contravention au stationnement, présente, avec l'imprimé officiel utilisé pour verbaliser les conducteurs, une ressemblance étroite de nature à causer une méprise dans l'esprit du public (■ Cass. crim., 9 mars 2004 : *Bull. crim.*, n° 63 ; *Dr. pénal* 2004, comm. 100, obs. M. Véron ; *D.* 2005, jur., p. 40, note J. Daniel).

Art. 444-6. – La tentative des délits prévus au présent chapitre est punie des mêmes peines.

Art. 444-7 ***(Mod., L. n° 2008-776, 4 août 2008).*** **– Les personnes physiques coupables des crimes et délits prévus au présent chapitre encourent également les peines suivantes :**

1° L'interdiction des droits civiques, civils et de famille suivant les modalités prévues par l'article 131-26 ;

2° L'interdiction, suivant les modalités prévues par l'article 131-27, soit d'exercer une fonction publique ou d'exercer l'activité professionnelle ou sociale dans l'exercice ou à l'occasion de l'exercice de laquelle l'infraction a été commise, soit d'exercer une profession commerciale ou industrielle, de diriger, d'administrer, de gérer ou de contrôler à un titre quelconque, directement ou indirectement, pour son propre compte ou pour le compte d'autrui, une entreprise commerciale ou industrielle ou une société commerciale. Ces interdictions d'exercice peuvent être prononcées cumulativement ;

3° L'exclusion des marchés publics ;

4° La confiscation de la chose qui a servi ou était destinée à commettre l'infraction ou de la chose qui en est le produit, à l'exception des objets susceptibles de restitution.

Dans tous les cas, la confiscation du corps du délit est obligatoire. Elle entraîne remise à l'Administration de la chose confisquée aux fins de destruction éventuelle.

Art. 444-8. – L'interdiction du territoire français peut être prononcée dans les conditions prévues par l'article 131-30, soit à titre définitif, soit pour une durée de dix ans au plus, à l'encontre de tout étranger coupable de l'une des infractions définies au présent chapitre.

Art. 444-9 ***(Mod., L. n° 2009-526, 12 mai 2009).*** **– Les personnes morales déclarées responsables pénalement, dans les conditions prévues par l'article 121-2, des infractions définies au présent chapitre encourent, outre l'amende suivant les modalités prévues par l'article 131-38 :**

1° Les peines mentionnées à l'article 131-39 ;

2° La confiscation, suivant les modalités prévues par l'article 444-7.

L'interdiction mentionnée au 2° de l'article 131-39 porte sur l'activité dans l'exercice ou à l'occasion de l'exercice de laquelle l'infraction a été commise.

CHAPITRE V. – DE LA CORRUPTION DES PERSONNES N'EXERÇANT PAS UNE FONCTION PUBLIQUE

(L. n° 2005-750, 4 juill. 2005)

Section I. – De la corruption passive et active des personnes n'exerçant pas une fonction publique

Art. 445-1 ***(L. n° 2007-1598, 13 nov. 2007 ; mod., L. n° 2011-525, 17 mai 2011 ; L. n° 2013-1117, 6 déc. 2013).*** **– Est puni de cinq ans d'emprisonnement et d'une amende de 500 000 €, dont le montant peut être porté au double du produit tiré de l'infraction, le fait, par quiconque, de proposer, sans droit, à tout moment, directement ou indirectement, à une personne qui, sans être dépositaire de l'autorité publique, ni**

chargée d'une mission de service public, ni investie d'un mandat électif public exerce, dans le cadre d'une activité professionnelle ou sociale, une fonction de direction ou un travail pour une personne physique ou morale ou pour un organisme quelconque, des offres, des promesses, des dons, des présents ou des avantages quelconques, pour elle-même ou pour autrui, pour qu'elle accomplisse ou s'abstienne d'accomplir, ou parce qu'elle a accompli ou s'est abstenue d'accomplir un acte de son activité ou de sa fonction ou facilité par son activité ou sa fonction, en violation de ses obligations légales, contractuelles ou professionnelles.

Est puni des mêmes peines le fait, par quiconque, de céder à une personne visée au premier alinéa qui sollicite, sans droit, à tout moment, directement ou indirectement, des offres, des promesses, des dons, des présents ou des avantages quelconques, pour elle-même ou pour autrui, pour accomplir ou avoir accompli, pour s'abstenir ou s'être abstenue d'accomplir un acte visé audit alinéa, en violation de ses obligations légales, contractuelles ou professionnelles.

Art. 445-1-1 *(L. n° 2012-158, 1er févr. 2012 ; L. n° 2017-261, 1er mars 2017 ; L. n° 2018-202, 26 mars 2018)*. – **Est puni de cinq ans d'emprisonnement et d'une amende de 500 000 €, dont le montant peut être porté au double du produit tiré de l'infraction, le fait, par quiconque, de proposer, sans droit, à tout moment, directement ou indirectement, à un acteur d'une manifestation sportive donnant lieu à des paris, des offres, des promesses, des présents, des dons ou des avantages quelconques, pour lui-même ou pour autrui, pour que cet acteur, par un acte ou une abstention, modifie le déroulement normal et équitable de cette manifestation ou parce que cet acteur, par un acte ou une abstention, a modifié le déroulement normal et équitable de cette manifestation.**

Art. 445-2 *(L. n° 2007-1598, 13 nov. 2007 ; mod., L. n° 2011-529, 17 mai 2011 ; L. n° 2013-1117, 6 déc. 2013)*. – **Est puni de cinq ans d'emprisonnement et d'une amende de 500 000 €, dont le montant peut être porté au double du produit tiré de l'infraction, le fait, par une personne qui, sans être dépositaire de l'autorité publique, ni chargée d'une mission de service public, ni investie d'un mandat électif public exerce, dans le cadre d'une activité professionnelle ou sociale, une fonction de direction ou un travail pour une personne physique ou morale ou pour un organisme quelconque, de solliciter ou d'agréer, sans droit, à tout moment, directement ou indirectement, des offres, des promesses, des dons, des présents ou des avantages quelconques, pour elle-même ou pour autrui, pour accomplir ou avoir accompli, pour s'abstenir ou s'être abstenue d'accomplir un acte de son activité ou de sa fonction ou facilité par son activité ou sa fonction, en violation de ses obligations légales, contractuelles ou professionnelles.**

Le délit de corruption de personnes n'exerçant pas une fonction publique a été instauré par l'article 445-2 du Code pénal résultant de la loi n° 2005-750 du 4 juillet 2005.

Justifie sa décision la cour d'appel qui déclare coupable de complicité de ce délit le prévenu qui a, après l'entrée en vigueur de la loi précitée, continué de provoquer à la corruption en maintenant ses instructions, qui ont entraîné la poursuite des sollicitations et des remises de fonds (■ Cass. crim., 25 févr. 2015, n° 13-88.506 : *Dr. pén.* 2015, comm. 81, obs. M. Véron).

Art. 445-2-1 *(L. n° 2012-158, 1er févr. 2012 ; L. n° 2017-261, 1er mars 2017 ; L. n° 2018-202, 26 mars 2018)*. – **Est puni de cinq ans d'emprisonnement et d'une amende de 500 000 €, dont le montant peut être porté au double du produit tiré de l'infraction, le fait, par un acteur d'une manifestation sportive donnant lieu à des paris, de solliciter ou d'agréer de quiconque, sans droit, à tout moment, directement ou indirectement, des offres, des promesses, des présents, des dons ou des avantages quelconques, pour lui-même ou pour autrui, pour modifier ou pour avoir modifié, par un acte ou une abstention, le déroulement normal et équitable de cette manifestation.**

Section II. – Peines complémentaires applicables aux personnes physiques et responsabilité pénale des personnes morales

Art. 445-3 *(L. n° 2005-750, 4 juill. 2005 ; L. n° 2008-776, 4 août 2008 ; L. n° 2012-158, 1er févr. 2012)*. – **Les personnes physiques coupables des infractions définies aux articles 445-1, 445-1-1, 445-2 et 445-2-1 encourent également les peines complémentaires suivantes :**

1° L'interdiction, suivant les modalités prévues par l'article 131-26, des droits civiques, civils et de famille ;

2° L'interdiction, suivant les modalités prévues par l'article 131-27, soit d'exercer une fonction publique ou d'exercer l'activité professionnelle ou sociale dans l'exercice ou à l'occasion de l'exercice de laquelle l'infraction a été commise, soit d'exercer une profession commerciale ou industrielle, de diriger, d'administrer, de gérer ou de contrôler à un titre quelconque, directement ou indirectement, pour son propre compte ou pour le compte d'autrui, une entreprise commerciale ou industrielle ou une société commerciale. Ces interdictions d'exercice peuvent être prononcées cumulativement ;

3° La confiscation, suivant les modalités prévues par l'article 131-21, de la chose qui a servi ou était destinée à commettre l'infraction ou de la chose qui en est le produit, à l'exception des objets susceptibles de restitution ;

4° L'affichage ou la diffusion de la décision prononcée dans les conditions prévues par l'article 131-35.

Bibliographie : *J. Cl. pén., Corruption active et passive de personnes n'exerçant pas une fonction publique* par M. Segonds.

Art. 445-4 *(Mod., L. n° 2009-526, 12 mai 2009 ; L. n° 2012-158, 1er févr. 2012 ; L. n° 2016-1691, 9 déc. 2016).* **– Les personnes morales déclarées responsables pénalement, dans les conditions prévues par l'article 121-2, des infractions définies aux articles 445-1, 445-1-1, 445-2 et 445-2-1 encourent, outre l'amende suivant les modalités prévues par l'article 131-38 :**

1° Pour une durée de cinq ans au plus, les peines mentionnées aux 2°, 3°, 4°, 5°, 6° et 7° de l'article 131-39. L'interdiction mentionnée au 2° de l'article 131-39 porte sur l'activité dans l'exercice ou à l'occasion de laquelle l'infraction a été commise ;

2° La confiscation, suivant les modalités prévues par l'article 131-21, de la chose qui a servi ou était destinée à commettre l'infraction ou de la chose qui en est le produit, à l'exception des objets susceptibles de restitution ;

3° L'affichage ou la diffusion de la décision prononcée dans les conditions prévues par l'article 131-35 ;

4° La peine prévue à l'article 131-39-2.

Bibliographie : *JCl. pén., Corruption active et passive de personnes n'exerçant pas une fonction publique* par M. Segonds.

CHAPITRE VI. – DE LA VIOLATION DES DISPOSITIONS RÉGLEMENTANT LES PROFESSIONS EXERCÉES DANS LES LIEUX PUBLICS

(L. n° 2011-267, 14 mars 2011)

Art. 446-1 *(L. n° 2011-267, 14 mars 2011).* **– La vente à la sauvette est le fait, sans autorisation ou déclaration régulière, d'offrir, de mettre en vente ou d'exposer en vue de la vente des biens ou d'exercer toute autre profession dans les lieux publics en violation des dispositions réglementaires sur la police de ces lieux.**

La vente à la sauvette est punie de six mois d'emprisonnement et de 3 750 € d'amende.

Art. 446-2 *(L. n° 2011-267, 14 mars 2011).* **– Lorsque la vente à la sauvette est accompagnée de voies de fait ou de menaces ou lorsqu'elle est commise en réunion, la peine est portée à un an d'emprisonnement et à 15 000 € d'amende.**

Art. 446-3 *(L. n° 2011-267, 14 mars 2011).* **– Les personnes physiques coupables des délits prévus au présent chapitre encourent également les peines complémentaires suivantes :**

1° La confiscation de la chose qui a servi ou était destinée à commettre l'infraction ou de la chose qui en est le produit ;

2° La destruction de la chose qui a servi ou était destinée à commettre l'infraction ou de la chose qui en est le produit.

Art. 446-4 *(L. n° 2011-267, 14 mars 2011).* **– Les personnes morales déclarées responsables pénalement, dans les conditions prévues par l'article 121-2, des infractions définies au présent chapitre encourent, outre l'amende suivant les modalités prévues par l'article 131-38, les peines prévues par l'article 131-39.**

L'interdiction mentionnée au 2° de l'article 131-39 porte sur l'activité dans l'exercice ou à l'occasion de l'exercice de laquelle l'infraction a été commise.

Bibliographie : *JCl. pén., Violation des dispositions réglementant les professions exercées dans les lieux publics* par N. Rias.

TITRE V. – DE LA PARTICIPATION À UNE ASSOCIATION DE MALFAITEURS

Art. 450-1 *(L. n° 2001-420, 15 mai 2001)*. **– Constitue une association de malfaiteurs tout groupement formé ou entente établie en vue de la préparation, caractérisée par un ou plusieurs faits matériels, d'un ou plusieurs crimes ou d'un ou plusieurs délits punis d'au moins cinq ans d'emprisonnement.**

Lorsque les infractions préparées sont des crimes ou des délits punis de dix ans d'emprisonnement, la participation à une association de malfaiteurs est punie de dix ans d'emprisonnement et de 150 000 € d'amende.

Lorsque les infractions préparées sont des délits punis d'au moins cinq ans d'emprisonnement, la participation à une association de malfaiteurs est punie de cinq ans d'emprisonnement et de 75 000 € d'amende.

Bibliographie : *JCl. pén., Participation à une association de malfaiteurs* par A. Vitu, actualisé par D. Beauvais ; *Association de malfaiteurs et circonstance de bande organisée : Rev. pénit.* 2007, p. 277, par P. Lemoine.

1) Avant la loi du 2 février 1981, la Cour de cassation avait jugé que l'incrimination prévue par l'article 265 s'appliquait même lorsque les malfaiteurs n'auraient accompli que des actes préparatoires (■ Cass. crim., 29 déc. 1970 : *JCP* 71, II, 16770, note Bouzat ; *Rev. sc. crim.* 1971, 675, obs. Vitu) ; cette jurisprudence est toujours d'actualité.

2) Il importe peu que les crimes auxquels tend l'association soient déterminés ou non (■ Cass. crim., 22 août 1959 : *Bull. crim.*, n° 389). L'article 265 du Code pénal n'exige pas comme élément constitutif du délit le dessein, formé par des individus rassemblés, de commettre un crime déterminé de forme précise (■ Cass. crim., 20 juin 1989, *Martin*, inédit).

3) Il importe peu que chaque membre ait été mis au courant de toutes les activités envisagées par l'association et il suffit que chacun ait adhéré volontairement au groupement dont il connaissait le caractère infractionnel (■ Cass. crim., 11 juin 1970 : *Bull. crim.*, n° 199 ; *Rev. sc. crim.* 1971, 108, obs. Vitu).

4) L'association de malfaiteurs constitue une incrimination indépendante des crimes contre les personnes ou les biens qui sont préparés ou commis par les membres de l'association. Est ainsi justifiée la condamnation de trois prévenus à la charge desquels il est relevé qu'ils sont allés, à l'aide d'un véhicule volé pour cette occasion, aux abords d'une agence bancaire où ils avaient l'intention de commettre un vol, qu'arrivés sur les lieux ils ont sursis à opérer en raison des difficultés ou des risques, et que revenus à leur point de départ, ils ont été interpellés porteurs d'armes de poing (■ Cass. crim., 22 janv. 1986 : *Bull. crim.*, n° 29). Se rend coupable du délit de participation à une association de malfaiteurs, au sens de l'article 450-1 du Code pénal, celui qui, dans le dessein de faire défigurer au vitriol une ancienne amie, recrute et rétribue un homme de main, qu'il accompagne en repérage sur les lieux de l'agression projetée et auquel il fournit les instructions et renseignements nécessaires à son exécution. Il n'importe que l'homme chargé de commettre l'infraction, ayant dilapidé l'argent reçu, ait renoncé à l'action (■ Cass. crim., 30 avr. 1996 : *Bull. crim.*, n° 176 ; *Rev. sc. crim.* 1997, 113, obs. J.-P. Delmas-Saint-Hilaire).

5) Le délit d'association de malfaiteurs est commis en tous lieux où se trouvent rassemblés, avec résolution d'agir, les individus entre lesquels l'association a été formée ou l'entente établie. En outre, l'article 265 du Code pénal n'exige pas que les membres de l'association aient personnellement participé à plusieurs crimes (■ Cass. crim., 4 juill. 1989, inédit).

6) Le vol d'un véhicule et l'achat de postiches sont des faits matériels concrétisant une association de malfaiteurs (■ Cass. crim., 13 nov. 1990 : *Dr. pénal* 1991, n° 74). Même solution lorsqu'il y a découverte dans la voiture des prévenus d'armes de poing, de cagoules, de paires de gants de chirurgie, de sparadrap, de documents relatant des surveillances et de plaques d'immatriculation, et découverte au domicile des prévenus de plans de surveillance d'un établissement spécialisé dans le traitement des bijoux (■ Cass. crim., 6 sept. 1990 : *Dr. pénal* 1991, n° 3).

7) Doit être considérée comme réputée commise en France une association de malfaiteurs formée en vue de la préparation de crimes contre les personnes ou les biens tant en France qu'à l'étranger. Peut dès lors être jugé en France l'étranger qui participe à une telle association, même s'il n'a pas pris personnellement part à la préparation des projets de crimes en France (■ Cass. crim., 20 févr. 1990 : *Bull. crim.*, n° 84).

8) L'article 265 n'exige pas comme élément constitutif du délit d'association de malfaiteurs le dessein formé par les individus rassemblés de commettre un crime déterminé de façon précise ; il suffit que l'entente établie ait été concrétisée par un ou plusieurs actes préparatoires (■ Cass. crim., 15 déc. 1993 : *Dr. pénal* 1994, comm. n° 131, obs. M. Véron).

9) L'association ou l'entente formée en vue de commettre un trafic de stupéfiants, définie, avant le 1er mars 1994, par l'article L. 627 du Code de la santé publique, entre désormais dans les prévisions du délit d'association de malfaiteurs, qui, selon l'article 450-1 du Code pénal, réprime la participation à tout groupement formé ou entente établie en vue de la préparation, caractérisée par un ou plusieurs faits matériels, d'un ou plusieurs crimes ou d'un ou plusieurs délits punis de 10 ans d'emprisonnement ; justifie ainsi sa décision la cour d'appel qui, après avoir constaté que le prévenu, avant le 1er mars 1994, a formé avec plusieurs coauteurs un groupement qui a pris contact avec des fournisseurs à l'étranger en vue d'acheter de la drogue, et qui a recherché des acheteurs en France, le déclare coupable d'association de malfaiteurs, et le condamne (en application des dispositions de l'article 450-3) à la peine complémentaire de l'interdiction du territoire français (■ Cass. crim., 13 mars 1997 : *Bull. crim.*, n° 105 ; *JurisData* n° 001682).

Il résulte de l'arrêt attaqué que, pour réaliser l'acquisition d'une quantité importante d'héroïne, « le couple formé par Michel et Vincent » a eu des contacts avec un fournisseur et a organisé de concert une livraison en utilisant divers véhicules, dont une voiture volée, et en disposant d'une forte somme d'argent ; de tels faits matériels caractérisant une association de malfaiteurs (■ Cass. crim., 3 juin 2004 : *Dr. pénal* 2004, note 182).

10) Doit être cassé l'arrêt qui, pour condamner du chef d'association de malfaiteurs en vue de la préparation d'un délit puni de 10 ans d'emprisonnement, retient que l'infraction préparée était une extorsion commise au préjudice d'une personne particulièrement vulnérable, en raison de son âge de 64 ans, sans préciser en quoi un tel âge mettait la victime dans une situation de particulière vulnérabilité (■ Cass. crim., 23 juin 1999 : *Bull. crim.*, n° 152).

11) Caractérise le délit d'association de malfaiteurs en vue de la préparation d'un délit puni de 10 ans d'emprisonnement, la cour d'appel qui précise les éléments objectifs desquels résulte l'intention manifeste des auteurs d'user de leurs armes, nonobstant leur interpellation, antérieure à la mise à exécution de leur projet (■ Cass. crim., 26 mai 1999 : *Bull. crim.*, n° 103).

12) Ne méconnaît pas le principe selon lequel un même fait ne peut être retenu comme élément constitutif d'une infraction et circonstance aggravante d'une autre infraction, la cour d'appel qui déclare le prévenu coupable d'association de malfaiteurs en vue de la préparation d'une évasion et d'évasion en bande organisée, dès lors qu'elle constate que les éléments constitutifs du premier de ces délits et la circonstance aggravante du second correspondent en l'espèce à des faits distincts (■ Cass. crim., 19 janv. 2010, pourvoi n° 09-84.056 : *Bull. crim.*, n° 11 ; *Dr. pénal* 2010, comm. 43, obs. M. Véron). L'association de malfaiteurs constitue une infraction autonome distincte des délits préparés (■ Cass. crim., 30 juin 2010 : *Dr. pén.* 2010, comm. 125, obs. M. Véron).

– L'association de malfaiteurs constitue un délit distinct tant des crimes préparés ou commis par ses membres que des infractions caractérisées par certains faits qui la concrétisent (■ Cass. crim., 15 juin 2011, n° 09-87.135 : *Dr. pén.* 2011, note 133, obs. M. Véron).

13) Il résulte de la décision du Conseil constitutionnel n° 2004-492 DC du 2 mars 2004 que la bande organisée suppose la préméditation des infractions et, à la différence de l'association de malfaiteurs, une organisation structurée entre ses membres.

Justifie en conséquence sa décision la chambre de l'instruction qui, pour retenir les qualifications correctionnelles de vols aggravés, destructions par incendie et association de malfaiteurs et renvoyer le prévenu devant le tribunal correctionnel, énonce que la seule constitution d'une équipe de plusieurs malfaiteurs ne peut suffire à qualifier la bande organisée dès lors que cette équipe ne répond pas au critère supplémentaire de structure existant depuis un certain temps et qu'en l'espèce les équipes de malfaiteurs n'étaient pas toujours constituées de la même manière mais de façon variable avec trois, quatre ou cinq membres (■ Cass. crim., 8 juill. 2015, n° 14-88.329 : *D.* 2015, p. 2541, note R. Parizot).

14) L'association de malfaiteurs constitue une infraction indépendante, tant des crimes préparés ou commis par certains de ses membres que des infractions caractérisées par certains des faits qui la concrétisent (■ Cass. crim., 12 juill. 2016, n° 16-82.692).

Art. 450-2. – Toute personne ayant participé au groupement ou à l'entente définis par l'article 450-1 est exempte de peine si elle a, avant toute poursuite, révélé le groupement ou l'entente aux autorités compétentes et permis l'identification des autres participants.

Art. 450-2-1 *(Abr., L. n° 2006-64, 23 janv. 2006).*

Art. 450-3 *(Mod., L. n° 2008-776, 4 août 2008).* **– Les personnes physiques coupables de l'infraction prévue par l'article 450-1 encourent également les peines complémentaires suivantes :**

1° L'interdiction des droits civiques, civils et de famille, suivant les modalités prévues par l'article 131-26 ;

2° L'interdiction, suivant les modalités prévues par l'article 131-27, soit d'exercer une fonction publique ou d'exercer l'activité professionnelle ou sociale dans l'exercice ou à l'occasion de l'exercice de laquelle l'infraction a été commise, soit d'exercer une profession commerciale ou industrielle, de diriger, d'administrer, de gérer ou de contrôler à un titre quelconque, directement ou indirectement, pour son propre compte ou pour le compte d'autrui, une entreprise commerciale ou industrielle ou une société commerciale. Ces interdictions d'exercice peuvent être prononcées cumulativement ;

3° L'interdiction de séjour, suivant les modalités prévues par l'article 131-31.

Peuvent être également prononcées à l'encontre de ces personnes les autres peines complémentaires encourues pour les crimes et les délits que le groupement ou l'entente avait pour objet de préparer.

Art. 450-4 *(Mod., L. n° 2009-516, 12 mai 2009).* **– Les personnes morales déclarées responsables pénalement, dans les conditions prévues par l'article 121-2, de l'infraction définie à l'article 450-1 encourent, outre l'amende suivant les modalités prévues par l'article 131-38, les peines prévues par l'article 131-39.**

L'interdiction mentionnée au 2° de l'article 131-39 porte sur l'activité dans l'exercice ou à l'occasion de l'exercice de laquelle l'infraction a été commise.

Art. 450-5 *(L. n° 2004-204, 9 mars 2004 ; L. n° 2012-409, 27 mars 2012).* **– Les personnes physiques et morales reconnues coupables des infractions prévues au deuxième alinéa de l'article 450-1 et à l'article 321-6-1 encourent également la peine complémentaire de confiscation de tout ou partie des biens leur appartenant ou, sous réserve des droits du propriétaire de bonne foi, dont elles ont la libre disposition, quelle qu'en soit la nature, meubles ou immeubles, divis ou indivis.**

1) La cour d'appel qui, pour rejeter la demande de confiscation du patrimoine immobilier appartenant au prévenu, retient que l'acquisition de ces biens est ancienne et sans lien avec la période de la prévention, et qui n'était pas tenue de motiver sa décision, n'a fait qu'user d'une faculté qu'elle tient de l'article 450-5 du Code pénal (■ Cass. crim., 16 déc. 2015, n° 14-85.900).

2) Justifient leur décision, sans méconnaître l'article premier du protocole additionnel à la Convention européenne des droits de l'homme, les juges qui s'expliquent, par des motifs dépourvus d'insuffisance, sur la nécessité et la proportionnalité de l'atteinte portée au droit de propriété de l'intéressé par la mesure de confiscation de tout ou partie du patrimoine, au regard de sa situation personnelle et de la gravité concrète des faits (■ Cass. crim., 7 déc. 2016, n° 15-85.136).

LIVRE QUATRIÈME BIS

DES CRIMES ET DES DÉLITS DE GUERRE

(L. n° 2010-930, 9 août 2010)

Voir : Crimes contre l'Humanité, art. 211-1 s., p. 181 ; *infra* Annexe 22. – Crimes de guerre et crimes contre l'Humanité.

CHAPITRE Ier. – DES DIFFÉRENTS CRIMES ET DÉLITS DE GUERRE

Section I. – De la définition des crimes et délits de guerre

Art. 461-1 *(L. n° 2010-930, 9 août 2010)*. **– Constituent des crimes ou des délits de guerre les infractions définies par le présent livre commises, lors d'un conflit armé international ou non international et en relation avec ce conflit, en violation des lois et coutumes de la guerre ou des conventions internationales applicables aux conflits armés, à l'encontre des personnes ou des biens visés aux articles 461-2 à 461-31.**

Section II. – Des crimes et délits de guerre communs aux conflits armés internationaux et non internationaux

Sous-section 1. – Des atteintes à la personne humaine perpétrées lors d'un conflit armé international ou non international

§ 1. – Des atteintes à la vie et à l'intégrité physique ou psychique

Art. 461-2 *(L. n° 2010-930, 9 août 2010)*. **– Sont passibles des aggravations de peines prévues à l'article 462-1 les atteintes volontaires à la vie, les atteintes volontaires à l'intégrité physique ou psychique de la personne ainsi que l'enlèvement et la séquestration, définis par le livre II du présent code et commis à l'encontre d'une personne protégée par le droit international des conflits armés en vertu des lois et coutumes de guerre et du droit international humanitaire.**

Art. 461-3 *(L. n° 2010-930, 9 août 2010)*. **– Le fait de soumettre des personnes d'une partie adverse à des mutilations ou à des expériences médicales ou scientifiques qui ne sont ni justifiées par des raisons thérapeutiques, ni pratiquées dans l'intérêt de ces personnes et qui entraînent leur mort ou portent gravement atteinte à leur santé ou à leur intégrité physique ou psychique est puni de la réclusion criminelle à perpétuité.**

Art. 461-4 *(L. n° 2010-930, 9 août 2010)*. **– Le fait de forcer une personne protégée par le droit international des conflits armés à se prostituer, de la contraindre à une grossesse non désirée, de la stériliser contre sa volonté ou d'exercer à son encontre toute autre forme de violence sexuelle de gravité comparable est puni de la réclusion criminelle à perpétuité.**

Art. 461-5 *(L. n° 2010-930, 9 août 2010)*. **– Le fait de se livrer à des traitements humiliants et dégradants sur des personnes de la partie adverse et qui portent gravement atteinte à leur intégrité physique ou psychique est puni de quinze ans de réclusion criminelle.**

§ 2. – Des atteintes à la liberté individuelle

Art. 461-6 *(L. n° 2010-930, 9 août 2010).* – Sont passibles des aggravations de peines prévues à l'article 462-1 les atteintes à la liberté individuelle définies à l'article 432-4 et commises à l'encontre d'une personne protégée par le droit international des conflits armés, en dehors des cas admis par les conventions internationales.

§ 3. – Des atteintes aux droits des mineurs dans les conflits armés

Art. 461-7 *(L. n° 2010-930, 9 août 2010).* – Le fait de procéder à la conscription ou à l'enrôlement de mineurs de dix-huit ans dans les forces armées ou dans des groupes armés, ou de les faire participer activement à des hostilités est puni de vingt ans de réclusion criminelle. Ces dispositions ne font pas obstacle à l'enrôlement volontaire des mineurs de plus de quinze ans.

Sous-section 2. – Des crimes et délits de guerre liés à la conduite des hostilités

§ 1. – Des moyens et des méthodes de combat prohibés

Art. 461-8 *(L. n° 2010-930, 9 août 2010).* – Le fait d'ordonner qu'il n'y ait pas de survivants ou d'en menacer l'adversaire est puni de la réclusion criminelle à perpétuité.

Art. 461-9 *(L. n° 2010-930, 9 août 2010).* – Le fait de lancer des attaques délibérées contre la population civile en tant que telle ou contre des personnes civiles qui ne prennent pas part directement aux hostilités est puni de la réclusion criminelle à perpétuité.

Art. 461-10 *(L. n° 2010-930, 9 août 2010).* – Le fait de causer des blessures ayant porté gravement atteinte à son intégrité physique à un combattant de la partie adverse qui, ayant déposé les armes ou n'ayant plus de moyens de se défendre, s'est rendu est puni de vingt ans de réclusion criminelle.

La peine est portée à trente ans de réclusion criminelle si les blessures ont entraîné une mutilation ou une infirmité permanente ou la mort de la victime sans intention de la donner.

Le fait de lui donner volontairement la mort dans les circonstances définies au premier alinéa est puni de la réclusion criminelle à perpétuité.

Art. 461-11 *(L. n° 2010-930, 9 août 2010).* – Le fait de causer, par traîtrise, à un individu appartenant à la Nation ou à l'armée adverse ou à un combattant de la partie adverse des blessures ayant porté gravement atteinte à son intégrité physique est puni de vingt ans de réclusion criminelle.

La peine est portée à trente ans de réclusion criminelle si les blessures ont entraîné une mutilation ou une infirmité permanente ou la mort de la victime sans intention de la donner.

Le fait de lui donner volontairement la mort dans les circonstances définies au premier alinéa est puni de la réclusion criminelle à perpétuité.

Art. 461-12 *(L. n° 2010-930, 9 août 2010).* – Est puni de vingt ans de réclusion criminelle le fait :

1° De lancer des attaques délibérées contre le personnel, les bâtiments, le matériel, les unités et les moyens de transport sanitaires portant, conformément au droit international, les signes distinctifs prévus par les conventions de Genève du 12 août 1949 ou leurs protocoles additionnels ;

2° De lancer des attaques délibérées contre le personnel, les installations, le matériel, les unités ou les véhicules employés dans le cadre d'une mission d'aide humanitaire ou de maintien de la paix conformément à la Charte des Nations unies, pour autant qu'ils aient droit à la protection que le droit international des conflits armés garantit aux civils et aux biens de caractère civil.

Lorsque les infractions décrites aux 1° et 2° ont causé aux personnels susmentionnés des blessures ayant entraîné une mutilation ou une infirmité permanente, la peine est portée à trente ans de réclusion criminelle.

Lorsque ces mêmes infractions ont eu pour conséquence la mort des personnels considérés, la peine est portée à la réclusion criminelle à perpétuité.

Art. 461-13 *(L. n° 2010-930, 9 août 2010).* – Le fait de lancer des attaques délibérées contre des bâtiments consacrés à la religion, à l'enseignement, à l'art, à la science ou à l'action caritative, des monuments historiques, des hôpitaux et des lieux où des malades ou des blessés sont rassemblés, pour autant que ces bâtiments ne soient pas alors utilisés à des fins militaires, est puni de vingt ans de réclusion criminelle.

Art. 461-14 *(L. n° 2010-930, 9 août 2010)*. – Le fait de lancer des attaques délibérées contre des biens de caractère civil qui ne sont pas des objectifs militaires est puni de quinze ans de réclusion criminelle.

§ 2. – Des atteintes aux biens dans les conflits armés

Art. 461-15 *(L. n° 2010-930, 9 août 2010)*. – Le fait de se livrer, avec des armes ou à force ouverte, au pillage d'une ville ou d'une localité, même prise d'assaut, est puni de quinze ans de réclusion criminelle.

Art. 461-16 *(L. n° 2010-930, 9 août 2010)*. – À moins qu'elles ne soient justifiées par des nécessités militaires, constituent également des crimes ou des délits de guerre et sont passibles des aggravations de peines prévues à l'article 462-1 les infractions suivantes commises à l'encontre d'une personne protégée par le droit international des conflits armés :

1° Les vols, les extorsions ainsi que les destructions, dégradations et détériorations de biens définis par le livre III du présent code ;

2° Le recel du produit de l'une des infractions prévues au 1° du présent article.

Art. 461-17 *(L. n° 2010-930, 9 août 2010)*. – La tentative des délits prévus au 1° de l'article 461-16 est passible des mêmes causes d'aggravation des peines.

Sous-section 3. – Des groupements formés ou des ententes établies en vue de préparer des crimes ou des délits de guerre

Art. 461-18 *(L. n° 2010-930, 9 août 2010)*. – Le fait de participer à un groupement formé ou à une entente établie en vue de la préparation, caractérisée par un ou plusieurs faits matériels, de l'un des crimes ou des délits de guerre définis au présent chapitre est puni de dix ans d'emprisonnement et de 225 000 € d'amende.

Section III. – Des crimes et délits de guerre propres aux conflits armés internationaux

Sous-section 1. – Des atteintes à la liberté et aux droits des personnes dans les conflits armés internationaux

Art. 461-19 *(L. n° 2010-930, 9 août 2010)*. – Le fait d'employer une personne protégée par le droit international des conflits armés pour éviter que certains points, zones ou forces militaires ne soient la cible d'opérations militaires est puni de vingt ans de réclusion criminelle.

Art. 461-20 *(L. n° 2010-930, 9 août 2010)*. – Est puni de vingt ans de réclusion criminelle le fait, pour le compte d'une puissance belligérante :

1° De contraindre une personne protégée par le droit international des conflits armés à servir dans ses forces armées ;

2° De contraindre les nationaux de la partie adverse à prendre part aux opérations de guerre dirigées contre leur pays, même s'ils étaient au service de la puissance belligérante avant le commencement de la guerre.

Art. 461-21 *(L. n° 2010-930, 9 août 2010)*. – Le fait de faire obstacle au droit d'une personne protégée par le droit international des conflits armés d'être jugée régulièrement et impartialement, selon les prescriptions des conventions internationales applicables, est puni de vingt ans de réclusion criminelle.

Lorsque l'infraction a conduit à l'exécution de la personne qui a fait l'objet de la condamnation prononcée, la peine est portée à la réclusion criminelle à perpétuité.

Art. 461-22 *(L. n° 2010-930, 9 août 2010)*. – Le fait de déclarer les droits et actions des nationaux de la partie adverse irrecevables en justice, forclos ou suspendus, en raison de la nationalité des requérants, est puni de quinze ans de réclusion criminelle.

Sous-section 2. – Des moyens et méthodes de combat prohibés dans un conflit armé international

Art. 461-23 *(L. n° 2010-930, 9 août 2010)*. – Est puni de la réclusion criminelle à perpétuité le fait :

1° D'utiliser du poison ou des armes empoisonnées ;

2° D'utiliser des gaz asphyxiants, toxiques ou assimilés et tous liquides, matières ou procédés analogues ;

3° D'utiliser des balles qui se déforment facilement dans le corps humain ;

4° D'employer des armes, des projectiles, des matériels ou des méthodes de combat ayant fait l'objet d'une interdiction générale et ayant été inscrits dans une annexe au statut de la Cour pénale internationale acceptée par la France.

Art. 461-24 *(L. n° 2010-930, 9 août 2010)*. – Le fait d'attaquer ou de bombarder, par quelque moyen que ce soit, des villes, villages, habitations ou bâtiments, qui ne sont pas défendus et qui ne sont pas des objectifs militaires, est puni de la réclusion criminelle à perpétuité.

Art. 461-25 *(L. n° 2010-930, 9 août 2010)*. – Le fait d'affamer des personnes civiles, comme méthode de guerre, en les privant délibérément de biens indispensables à leur survie, y compris en empêchant intentionnellement l'envoi des secours prévus par les conventions de Genève du 12 août 1949 et leurs protocoles additionnels, est puni de la réclusion criminelle à perpétuité.

Art. 461-26 *(L. n° 2010-930, 9 août 2010)*. – Le fait de participer soit au transfert, direct ou indirect, par une puissance occupante, d'une partie de sa population civile dans le territoire qu'elle occupe, soit à la déportation ou au transfert à l'intérieur ou hors du territoire occupé de la totalité ou d'une partie de la population civile de ce territoire, est puni de la réclusion criminelle à perpétuité.

Art. 461-27 *(L. n° 2010-930, 9 août 2010)*. – Le fait de lancer une attaque délibérée en sachant qu'elle causera incidemment des pertes en vies humaines dans la population civile ou des blessures parmi cette population, qui seraient manifestement disproportionnées par rapport à l'avantage militaire concret et direct attendu de l'ensemble de l'attaque, est puni de la réclusion criminelle à perpétuité.

Art. 461-28 *(L. n° 2010-930, 9 août 2010)*. – Est puni de vingt ans de réclusion criminelle le fait de lancer une attaque délibérée en sachant qu'elle causera incidemment :

1° Des dommages aux biens de caractère civil, qui seraient manifestement disproportionnés par rapport à l'avantage militaire concret et direct attendu de l'ensemble de l'attaque ;

2° Des dommages étendus, durables et graves à l'environnement naturel, qui seraient manifestement disproportionnés par rapport à l'avantage militaire concret et direct attendu de l'ensemble de l'attaque.

Art. 461-29 *(L. n° 2010-930, 9 août 2010)*. – Le fait d'employer indûment le pavillon parlementaire, le drapeau ou les insignes militaires et l'uniforme de l'ennemi ou de l'Organisation des Nations unies, ainsi que les signes distinctifs prévus par les conventions de Genève du 12 août 1949 et leurs protocoles additionnels et, ce faisant, de causer à un combattant de la partie adverse des blessures ayant porté gravement atteinte à son intégrité physique, est puni de vingt ans de réclusion criminelle.

Lorsque l'infraction définie au premier alinéa a eu pour effet de causer audit combattant des blessures ayant entraîné une mutilation ou une infirmité permanente, la peine est portée à trente ans de réclusion criminelle.

Lorsque l'infraction a eu pour conséquence la mort de la victime, la peine est portée à la réclusion criminelle à perpétuité.

Section IV. – Des crimes et délits de guerre propres aux conflits armés non internationaux

Art. 461-30 *(L. n° 2010-930, 9 août 2010)*. – À moins que la sécurité des personnes civiles ou des impératifs militaires ne l'exigent, le fait d'ordonner le déplacement de la population civile pour des raisons ayant trait au conflit est puni de la réclusion criminelle à perpétuité.

Art. 461-31 *(L. n° 2010-930, 9 août 2010)*. – Le fait de prononcer des condamnations et d'exécuter des peines sans un jugement préalable, rendu par un tribunal régulièrement constitué, assorti des garanties judiciaires prévues par les conventions de Genève du 12 août 1949 et leurs protocoles additionnels, est puni de vingt ans de réclusion criminelle.

Lorsque l'infraction définie au premier alinéa a conduit à l'exécution de la personne qui a été condamnée, la peine est portée à la réclusion criminelle à perpétuité.

CHAPITRE II. – DISPOSITIONS PARTICULIÈRES

Art. 462-1 *(L. n° 2010-930, 9 août 2010)*. – Le maximum de la peine privative de liberté encourue pour les infractions mentionnées aux articles 461-2, 461-6, 461-16 et 461-17 est relevé ainsi qu'il suit lorsque ces infractions constituent des crimes ou des délits de guerre :

1° Il est porté à la réclusion criminelle à perpétuité lorsque l'infraction est punie de trente ans de réclusion criminelle ;

2° Il est porté à trente ans de réclusion criminelle lorsque l'infraction est punie de vingt ans de réclusion criminelle ;

3° Il est porté à vingt ans de réclusion criminelle lorsque l'infraction est punie de quinze ans de réclusion criminelle ;

4° Il est porté à quinze ans de réclusion criminelle lorsque l'infraction est punie de dix ans d'emprisonnement ;

5° Il est porté à dix ans d'emprisonnement lorsque l'infraction est punie de sept ans d'emprisonnement ;

6° Il est porté à sept ans d'emprisonnement lorsque l'infraction est punie de cinq ans d'emprisonnement ;

7° Il est porté au double lorsque l'infraction est punie de trois ans au plus.

Art. 462-2 *(L. n° 2010-930, 9 août 2010)*. – Les deux premiers alinéas de l'article 132-23 relatif à la période de sûreté sont applicables aux crimes, ainsi qu'aux délits punis de dix ans d'emprisonnement, prévus par le présent livre.

Art. 462-3 *(L. n° 2010-930, 9 août 2010)*. – Les personnes physiques coupables de l'une des infractions prévues par le présent livre encourent également les peines suivantes :

1° L'interdiction des droits civiques, civils et de famille, suivant les modalités prévues par l'article 131-26. Toutefois, le maximum de la durée de l'interdiction est porté à quinze ans en cas de crime et à dix ans en cas de délit ;

2° L'interdiction, suivant les modalités prévues par l'article 131-27, d'exercer une fonction publique ou d'exercer l'activité professionnelle ou sociale dans l'exercice ou à l'occasion de l'exercice de laquelle l'infraction a été commise. Toutefois, le maximum de la durée de l'interdiction temporaire est porté à dix ans ;

3° L'interdiction de séjour, suivant les modalités prévues par l'article 131-31. Toutefois, le maximum de la durée de l'interdiction est porté à quinze ans en cas de crime et à dix ans en cas de délit.

Art. 462-4 *(L. n° 2010-930, 9 août 2010)*. – L'interdiction du territoire français peut être prononcée dans les conditions prévues par l'article 131-30 soit à titre définitif, soit pour une durée de dix ans au plus à l'encontre de tout étranger coupable de l'une des infractions définies au présent livre.

Art. 462-5 *(L. n° 2010-930, 9 août 2010)*. – Les peines encourues par les personnes morales déclarées responsables pénalement, dans les conditions prévues par l'article 121-2, des crimes ou des délits de guerre définis au présent livre sont, outre l'amende, suivant les modalités prévues par l'article 131-38, les peines mentionnées à l'article 131-39.

L'interdiction mentionnée au 2° de l'article 131-39 porte sur l'activité dans l'exercice ou à l'occasion de l'exercice de laquelle l'infraction a été commise.

Art. 462-6 *(L. n° 2010-930, 9 août 2010 ; L. n° 2012-409, 27 mars 2012)*. – Les personnes physiques ou les personnes morales reconnues coupables d'un crime ou d'un délit de guerre visé par le présent livre encourent également la peine complémentaire de confiscation de tout ou partie des biens leur appartenant ou, sous réserve des droits du propriétaire de bonne foi, dont elles ont la libre disposition.

Art. 462-7 *(L. n° 2010-930, 9 août 2010)*. – Sans préjudice de l'application des dispositions de l'article 121-7, est considéré comme complice d'un crime ou d'un délit de guerre visé par le présent livre commis par des subordonnés placés sous son autorité et son contrôle effectifs le chef militaire ou la personne qui en faisait fonction qui savait ou, en raison des circonstances, aurait dû savoir que ces subordonnés commettaient ou allaient commettre ce crime ou ce délit et qui n'a pas pris toutes les mesures nécessaires et raisonnables qui étaient en son pouvoir pour en empêcher ou en réprimer l'exécution ou pour en référer aux autorités compétentes aux fins d'enquête et de poursuites.

Sans préjudice de l'application des dispositions de l'article 121-7, est également considéré comme complice d'un crime ou d'un délit de guerre visé par le présent livre et commis par des subordonnés placés sous son autorité et son contrôle effectifs le supérieur hiérarchique, n'exerçant pas la fonction de chef militaire, qui savait que ces subordonnés commettaient ou allaient commettre une telle infraction ou a délibérément négligé de tenir compte d'informations qui l'indiquaient clairement et qui n'a pas pris toutes les mesures nécessaires et raisonnables qui étaient en son pouvoir pour en empêcher ou en réprimer l'exécution ou pour en référer aux autorités compétentes aux fins d'enquête et de poursuites, alors que le crime ou le délit était lié à des activités relevant de sa responsabilité ou de son contrôle effectifs.

Art. 462-8 *(L. n° 2010-930, 9 août 2010)*. – L'auteur ou le complice d'un crime ou d'un délit de guerre visé par le présent livre ne peut être exonéré de sa responsabilité pénale du seul fait qu'il a accompli un acte prescrit ou autorisé par des dispositions législatives ou réglementaires ou un acte commandé par l'autorité légitime. Toutefois, la juridiction tient compte de cette circonstance lorsqu'elle détermine la peine et en fixe le montant.

En outre, l'auteur ou le complice n'est pas pénalement responsable dans le cas où il ne savait pas que l'ordre de l'autorité légitime était illégal et où cet ordre n'était pas manifestement illégal.

Art. 462-9 *(L. n° 2010-930, 9 août 2010)*. – N'est pas pénalement responsable d'un crime ou d'un délit de guerre visé par le présent livre la personne qui a agi raisonnablement pour sauvegarder des biens essentiels à sa survie ou à celle d'autrui ou essentiels à l'accomplissement d'une mission militaire contre un recours imminent et illicite à la force, sauf s'il y a disproportion entre les moyens de défense employés et la gravité du danger couru.

Art. 462-10 *(Abr., L. n° 2017-242, 27 févr. 2017)*.

Art. 462-11 *(L. n° 2010-930, 9 août 2010)*. – N'est pas constitutif d'une infraction visée par le présent livre le fait, pour accomplir un acte nécessaire à l'exercice par la France de son droit de légitime défense, d'user de l'arme nucléaire ou de toute autre arme dont l'utilisation n'est pas prohibée par une convention internationale à laquelle la France est partie.

LIVRE CINQUIÈME

DES AUTRES CRIMES ET DÉLITS

TITRE PREMIER. – DES INFRACTIONS EN MATIÈRE DE SANTÉ PUBLIQUE

CHAPITRE I. – DES INFRACTIONS EN MATIÈRE D'ÉTHIQUE BIOMÉDICALE

(L. n° 94-653, 29 juill. 1994)

Section I. – De la protection de l'espèce humaine

Bibliographie : *JCl. pén., Infractions en matière d'éthique biomédicale* par C. Byk ; Véron : *Dr. pénal* 1994, chron. 65 et 67 ; Byk : *JCP* 95, I, 3848. • A. Prothais : *JCP* 99, I, 129. • N. Le Douarin et C. Puigelier, *L'expérimentation à partir de cellules souches embryonnaires humaines* : *JCP* 2002, I, 127 ; V. aussi Ann. *Médecine.*

Voir : art. 214-2 et s., p. 185 (Eugénisme et clonage reproductif) ; Annexe 42. – Médecine.

Art. 511-1 *(L. n° 2004-800, 6 août 2004).* **– Est puni de dix ans d'emprisonnement et de 150 000 € d'amende le fait de se prêter à un prélèvement de cellules ou de gamètes, dans le but de faire naître un enfant génétiquement identique à une autre personne, vivante ou décédée.**

Art. 511-1-1 *(L. n° 2004-800, 6 août 2004).* **– Dans le cas où le délit prévu à l'article 511-1 est commis à l'étranger par un Français ou par une personne résidant habituellement sur le territoire français, la loi française est applicable par dérogation au deuxième alinéa de l'article 113-6 et les dispositions de la seconde phrase de l'article 113-8 ne sont pas applicables.**

Art. 511-1-2 *(L. n° 2004-800, 6 août 2004).* **– Est puni de trois ans d'emprisonnement et de 45 000 € d'amende le fait, par don, promesse, menace, ordre, abus d'autorité ou de pouvoir, de provoquer autrui à se prêter à un prélèvement de cellules ou de gamètes, dans le but de faire naître un enfant génétiquement identique à une autre personne, vivante ou décédée.**

Est punie des mêmes peines la propagande ou la publicité, quel qu'en soit le mode, en faveur de l'eugénisme ou du clonage reproductif.

Section II. – De la protection du corps humain

Art. 511-2. – Le fait d'obtenir d'une personne l'un de ses organes contre un paiement, quelle qu'en soit la forme, est puni de sept ans d'emprisonnement et de 100 000 € d'amende.

Est puni des mêmes peines, le fait d'apporter son entremise pour favoriser l'obtention d'un organe contre le paiement de celui-ci, ou de céder à titre onéreux un tel organe du corps d'autrui.

Les mêmes peines sont applicables dans le cas où l'organe obtenu dans les conditions prévues au premier alinéa provient d'un pays étranger.

Art. 511-3 *(Rempl., L. n° 2004-800, 6 août 2004 ; mod., L. n° 2011-814, 7 juill. 2011)*. – Le fait de prélever un organe sur une personne vivante majeure, y compris dans une finalité thérapeutique, sans que le consentement de celle-ci ait été recueilli dans les conditions prévues au quatrième alinéa de l'article L. 1231-1 du Code de la santé publique ou sans que l'autorisation prévue aux deuxième et sixième alinéas du même article ait été délivrée est puni de sept ans d'emprisonnement et de 100 000 € d'amende.

Est puni des mêmes peines le fait de prélever un organe, un tissu ou des cellules ou de collecter un produit en vue de don sur une personne vivante mineure ou sur une personne vivante majeure faisant l'objet d'une mesure de protection légale, hormis les cas prévus aux articles L. 1241-3 et L. 1241-4 du Code de la santé publique.

Art. 511-4. – Le fait d'obtenir d'une personne le prélèvement de tissus, de cellules ou de produits de son corps contre un paiement, quelle qu'en soit la forme, est puni de cinq ans d'emprisonnement et de 75 000 € d'amende.

Est puni des mêmes peines le fait d'apporter son entremise pour favoriser l'obtention de tissus, de cellules ou de produits humains contre un paiement, quelle qu'en soit la forme, ou de céder à titre onéreux des tissus, des cellules ou des produits du corps d'autrui.

Art. 511-5 *(Rempl., L. n° 2004-800, 6 août 2004 ; mod., L. n° 2011-814, 7 juill. 2011)*. – Le fait de prélever un tissu ou des cellules ou de collecter un produit sur une personne vivante majeure sans qu'elle ait exprimé son consentement dans les conditions prévues aux trois derniers alinéas de l'article L. 1241-1 du Code de la santé publique est puni de cinq ans d'emprisonnement et de 75 000 € d'amende.

Le fait de prélever sur une personne vivante mineure ou sur une personne vivante majeure faisant l'objet d'une mesure de protection légale des cellules hématopoïétiques issues de la moelle osseuse, qu'elles soient recueillies par prélèvement osseux ou dans le sang périphérique, sans avoir respecté les conditions prévues, selon le cas, aux articles L. 1241-3 ou L. 1241-4 du Code de la santé publique est puni de sept ans d'emprisonnement et de 100 000 € d'amende.

Art. 511-5-1 *(L. n° 2004-800, 6 août 2004)*. – Le fait de procéder à des prélèvements à des fins scientifiques sur une personne décédée sans avoir transmis le protocole prévu à l'article L. 1232-3 du Code de la santé publique est puni de deux ans d'emprisonnement et de 30 000 € d'amende.

Est puni des mêmes peines le fait de mettre en œuvre un protocole suspendu ou interdit par le ministre chargé de la recherche.

Art. 511-5-2 *(L. n° 2004-800, 6 août 2004)*. – I. – Est puni de cinq ans d'emprisonnement et de 75 000 € d'amende le fait de conserver et transformer à des fins scientifiques, y compris à des fins de recherche génétique, des organes, des tissus, des cellules ou du sang, ses composants et ses produits dérivés :

1° Sans en avoir fait la déclaration préalable prévue à l'article L. 1243-3 du Code de la santé publique ;

2° Alors que le ministre chargé de la recherche s'est opposé à l'exercice de ces activités ou les a suspendues ou interdites.

II. – Est puni des mêmes peines le fait de conserver et transformer, en vue de leur cession pour un usage scientifique, y compris à des fins de recherche génétique, des organes, des tissus, des cellules ou du sang, ses composants et ses produits dérivés, sans avoir préalablement obtenu l'autorisation prévue à l'article L. 1243-4 du Code de la santé publique ou alors que cette autorisation est suspendue ou retirée.

Art. 511-6. – Le fait de recueillir ou de prélever des gamètes sur une personne vivante sans son consentement écrit est puni de cinq ans d'emprisonnement et de 75 000 € d'amende.

Art. 511-7 *(L. n° 2004-800, 6 août 2004)*. – Le fait de procéder à des prélèvements d'organes ou des greffes d'organes, à des prélèvements de tissus ou de cellules, à des greffes de tissus ou à des administrations de préparations de thérapie cellulaire, à la conservation ou à la transformation de tissus ou de préparations de thérapie cellulaire dans un établissement n'ayant pas obtenu l'autorisation prévue par les articles L. 1233-1, L. 1234-2, L. 1242-1, L. 1243-2 ou L. 1243-6 du Code de la santé publique, ou après le retrait ou la suspension de cette autorisation, est puni de deux ans d'emprisonnement et de 30 000 € d'amende.

Art. 511-8 *(L. n° 2004-800, 6 août 2004)*. – Le fait de procéder à la distribution ou à la cession d'organes, de tissus, de produits cellulaires à finalité thérapeutique ou de produits humains en vue d'un don sans qu'aient été respectées les règles de sécurité sanitaire exigées en application des dispositions de l'article L. 1211-6 du Code de la santé publique est puni de deux ans d'emprisonnement et de 30 000 € d'amende.

Art. 511-8-1 *(Rempl., L. n° 2004-800, 6 août 2004 ; mod., L. n° 2012-387, 22 mars 2012).* – Le fait de procéder à la distribution ou à la cession en vue d'un usage thérapeutique de tissus ou de préparations de thérapie cellulaire en violation des dispositions de l'article L. 1243-2 du Code de la santé publique est puni de deux ans d'emprisonnement et de 30 000 € d'amende.

Art. 511-8-2 *(L. n° 2004-800, 6 août 2004 ; L. n° 2017-220, 23 févr. 2017).* – Le fait de se procurer auprès d'un État membre de l'Union européenne ou partie à l'accord sur l'Espace économique européen ou de lui fournir ou d'importer ou d'exporter des organes, des tissus, leurs dérivés, des cellules issus du corps humain et des préparations de thérapie cellulaires, en violation des dispositions prises pour l'application des articles L. 1235-1, L. 1245-5 et L. 1245-5-1 du Code de la santé publique, est puni de cinq ans d'emprisonnement et de 75 000 € d'amende.

Art. 511-9. – Le fait d'obtenir des gamètes contre un paiement, quelle qu'en soit la forme, à l'exception du paiement des prestations assurées par les établissements effectuant la préparation et la conservation de ces gamètes, est puni de cinq ans d'emprisonnement et de 75 000 € d'amende.

Est puni des mêmes peines le fait d'apporter son entremise pour favoriser l'obtention de gamètes contre un paiement, quelle qu'en soit la forme, ou de remettre à des tiers, à titre onéreux des gamètes provenant de dons.

Art. 511-10. – Le fait de divulguer une information permettant à la fois d'identifier une personne ou un couple qui a fait don de gamètes et le couple qui les a reçus est puni de deux ans d'emprisonnement et de 30 000 € d'amende.

Art. 511-11. – Le fait de recueillir ou de prélever des gamètes sur une personne vivante en vue d'une assistance médicale à la procréation sans procéder aux tests de dépistage des maladies transmissibles exigés en application de l'article L. 665-15 du Code de la santé publique est puni de deux ans d'emprisonnement et de 30 000 € d'amende.

Art. 511-12. – Le fait de procéder à une insémination artificielle par sperme frais ou mélange de sperme provenant de dons en violation de l'article L. 673-3 du Code de la santé publique est puni de deux ans d'emprisonnement et de 30 000 € d'amende.

Art. 511-13. – Le fait de subordonner le bénéfice d'un don de gamètes à la désignation par le couple receveur d'une personne ayant volontairement accepté de procéder à un tel don en faveur d'un couple tiers en violation de l'article L. 673-7 du Code de la santé publique est puni de deux ans d'emprisonnement et de 30 000 € d'amende.

Art. 511-14 *(Abr., Ord. n° 2008-480, 22 mai 2008).*

Section III. – De la protection de l'embryon humain

Art. 511-15. – Le fait d'obtenir des embryons humains contre un paiement, quelle qu'en soit la forme, est puni de sept ans d'emprisonnement et de 100 000 € d'amende.

Est puni des mêmes peines le fait d'apporter son entremise pour favoriser l'obtention d'embryons humains contre un paiement, quelle qu'en soit la forme, ou de remettre à des tiers, à titre onéreux, des embryons humains.

Art. 511-16 *(L. n° 2004-800, 6 août 2004).* – Le fait d'obtenir des embryons humains sans respecter les conditions prévues aux articles L. 2141-5 et L. 2141-6 du Code de la santé publique est puni de sept ans d'emprisonnement et de 100 000 € d'amende.

Art. 511-17 *(L. n° 2004-800, 6 août 2004).* – Le fait de procéder à la conception *in vitro* ou à la constitution par clonage d'embryons humains à des fins industrielles ou commerciales est puni de sept ans d'emprisonnement et de 100 000 € d'amende.

Est puni des mêmes peines le fait d'utiliser des embryons humains à des fins industrielles ou commerciales.

Art. 511-18 *(L. n° 2004-800, 6 août 2004)*. – Le fait de procéder à la conception *in vitro* ou à la constitution par clonage d'embryons humains à des fins de recherche est puni de sept ans d'emprisonnement et de 100 000 € d'amende.

Art. 511-18-1 *(L. n° 2004-800, 6 août 2004)*. – Le fait de procéder à la constitution par clonage d'embryons humains à des fins thérapeutiques est puni de sept ans d'emprisonnement et de 100 000 € d'amende.

Art. 511-19 *(L. n° 2004-800, 6 août 2004)*. – I. – Le fait de procéder à une étude ou une recherche sur l'embryon humain :

1° Sans avoir préalablement obtenu le consentement écrit et l'autorisation visés à l'article L. 2151-5 du Code de la santé publique, ou alors que cette autorisation est retirée, suspendue, ou que le consentement est révoqué,

2° Sans se conformer aux prescriptions législatives et réglementaires ou à celles fixées par cette autorisation, est puni de sept ans d'emprisonnement et de 100 000 € d'amende.

II. – Le fait de procéder à une étude ou une recherche sur des cellules souches embryonnaires :

1° Sans avoir préalablement obtenu le consentement écrit et l'autorisation visés à l'article L. 2151-5 du Code de la santé publique, ou alors que cette autorisation est retirée, suspendue, ou que le consentement est révoqué,

2° Sans se conformer aux prescriptions législatives et réglementaires ou à celles fixées par cette autorisation, est puni de deux ans d'emprisonnement et de 30 000 € d'amende.

Art. 511-19-1 *(L. n° 2004-800, 6 août 2004)*. – Le fait, à l'issue d'une interruption de grossesse, de prélever, conserver ou utiliser des tissus ou cellules embryonnaires ou fœtaux dans des conditions non conformes à celles prévues par les premier, deuxième et quatrième alinéas de l'article L. 1241-5 du Code de la santé publique ou pour des finalités autres que diagnostiques, thérapeutiques ou scientifiques est puni de deux ans d'emprisonnement et de 30 000 € d'amende.

Art. 511-19-2 *(L. n° 2004-800, 6 août 2004)*. – Est puni de deux ans d'emprisonnement et de 30 000 € d'amende :

1° Le fait de conserver des cellules souches embryonnaires sans avoir obtenu l'autorisation mentionnée à l'article L. 2151-7 du Code de la santé publique ou alors que cette autorisation est retirée ou suspendue ;

2° Le fait de conserver des cellules souches embryonnaires sans se conformer aux règles mentionnées au deuxième alinéa de l'article L. 2151-7 du même code ;

3° Le fait de céder des cellules souches embryonnaires à des organismes non titulaires de l'autorisation délivrée en application de l'article L. 2151-5 ou de l'article L. 2151-7 du même code ;

4° Le fait d'avoir cédé des cellules souches embryonnaires sans en avoir informé préalablement l'Agence de la biomédecine.

Art. 511-19-3 *(L. n° 2004-800, 6 août 2004)*. – Est puni de deux ans d'emprisonnement et de 30 000 € d'amende le fait d'importer ou d'exporter, à des fins de recherche, des tissus ou des cellules embryonnaires ou fœtaux sans avoir obtenu l'autorisation mentionnée à l'article L. 2151-6 du Code de la santé publique.

Art. 511-20. – Le fait de procéder au diagnostic prénatal sans avoir reçu l'autorisation mentionnée à l'article L. 162-16 du Code de la santé publique est puni de deux ans d'emprisonnement et de 30 000 € d'amende.

Art. 511-21 *(L. n° 2004-800, 6 août 2004)*. – Le fait de méconnaître les dispositions des articles L. 2131-4 et L. 2131-4-1 relatifs au diagnostic préimplantatoire est puni de deux ans d'emprisonnement et de 30 000 € d'amende.

Art. 511-22 *(L. n° 2004-800, 6 août 2004 ; mod., Ord. n° 2008-480, 22 mai 2008)*. – Le fait de mettre en œuvre des activités d'assistance médicale à la procréation sans avoir recueilli l'autorisation prévue par le quatrième alinéa de l'article L. 2142-1 du Code de la santé publique ou sans se conformer aux prescriptions de cette dernière est puni de deux ans d'emprisonnement et de 30 000 € d'amende.

Art. 511-23 *(L. n° 2004-800, 6 août 2004)*. – Le fait d'introduire des embryons humains sur le territoire où s'applique le Code de la santé publique ou de les sortir de ce territoire sans l'autorisation prévue à l'article L. 2141-9 du Code de la santé publique est puni de trois ans d'emprisonnement et de 45 000 € d'amende.

Art. 511-24. – Le fait de procéder à des activités d'assistance médicale à la procréation à des fins autres que celles définies à l'article L. 152-2 du Code de la santé publique est puni de cinq ans d'emprisonnement et de 75 000 € d'amende.

Art. 511-25 *(L. n° 2004-800, 6 août 2004)*. – I. – Le fait d'exercer les activités nécessaires à l'accueil d'un embryon humain dans des conditions fixées à l'article L. 2141-6 du Code de la santé publique :

1° *Sans s'être préalablement assuré qu'a été obtenue l'autorisation judiciaire prévue au deuxième alinéa dudit article,*

2° Ou sans avoir pris connaissance des résultats des tests de dépistage des maladies infectieuses exigés au sixième alinéa du même article,

3° Ou en dehors d'un établissement autorisé conformément aux dispositions du septième alinéa du même article,

est puni de deux ans d'emprisonnement et de 30 000 € d'amende.

II. – Est puni des mêmes peines le fait de divulguer une information nominative permettant d'identifier à la fois le couple qui a renoncé à l'embryon et le couple qui l'a accueilli.

Art. 511-25-1 *(Ord. n° 2008-480, 22 mai 2008)*. – Est puni de deux ans d'emprisonnement et de 30 000 € d'amende :

1° Le fait d'importer ou d'exporter des gamètes ou des tissus germinaux sans avoir recueilli l'autorisation prévue à l'article L. 2141-11-1 du Code de la santé publique ;

2° Le fait d'importer ou d'exporter des gamètes ou des tissus germinaux pour des finalités autres que celles prévues dans l'autorisation mentionnée à l'article L. 2141-11-1 du Code de la santé publique.

Section IV. – Autres dispositions et peines complémentaires applicables aux personnes physiques et responsabilité des personnes morales

Art. 511-26 *(L. n° 2004-800, 6 août 2004)*. – La tentative des délits prévus par les articles 511-2, 511-3, 511-4, 511-5, 511-5-1, 511-5-2, 511-6, 511-9, 511-15, 511-16 et 511-19 est punie des mêmes peines.

Art. 511-27. – Les personnes physiques coupables des infractions prévues au présent chapitre encourent également la peine complémentaire d'interdiction pour une durée de dix ans au plus, d'exercer l'activité professionnelle ou sociale dans l'exercice de laquelle ou à l'occasion de laquelle l'infraction a été commise.

Art. 511-28. – *(Mod., L. n° 2009-526, 12 mai 2009)* Les personnes morales déclarées responsables pénalement, dans les conditions prévues par l'article 121-2, des infractions définies au présent chapitre encourent, outre l'amende suivant les modalités prévues par l'article 131-38, les peines prévues à l'article 131-39.

L'interdiction mentionnée au 2° de l'article 131-39 porte sur l'activité dans l'exercice ou à l'occasion de l'exercice de laquelle l'infraction a été commise.

TITRE II. – AUTRES DISPOSITIONS

CHAPITRE UNIQUE. – DES SÉVICES GRAVES OU ACTES DE CRUAUTÉ ENVERS LES ANIMAUX

Art. 521-1 *(Mod., L. n° 99-5, 6 janv. 1999 ; L. n° 2004-204, 9 mars 2004 ; Ord. n° 2006-1224, 5 oct. 2006).* **– Le fait, publiquement ou non, d'exercer des sévices graves, ou de nature sexuelle, ou de commettre un acte de cruauté envers un animal domestique, ou apprivoisé, ou tenu en captivité, est puni de deux ans d'emprisonnement et de 30 000 € d'amende.**

En cas de condamnation du propriétaire de l'animal ou si le propriétaire est inconnu, le tribunal statue sur le sort de l'animal, qu'il ait été ou non placé au cours de la procédure judiciaire. Le tribunal peut prononcer la confiscation de l'animal et prévoir qu'il sera remis à une fondation ou à une association de protection animale reconnue d'utilité publique ou déclarée, qui pourra librement en disposer.

Les personnes physiques coupables des infractions prévues au présent article encourent également les peines complémentaires d'interdiction, à titre définitif ou non, de détenir un animal et d'exercer, pour une durée de cinq ans au plus, une activité professionnelle ou sociale dès lors que les facilités que procure cette activité ont été sciemment utilisées pour préparer ou commettre l'infraction. Cette interdiction n'est toutefois pas applicable à l'exercice d'un mandat électif ou de responsabilités syndicales.

Les personnes morales, déclarées pénalement responsables dans les conditions prévues à l'article 121-2 du Code pénal, encourent les peines suivantes :

– l'amende suivant les modalités prévues à l'article 131-38 du Code pénal ;

– les peines prévues aux 2°, 4°, 7°, 8° et 9° de l'article 131-39 du Code pénal.

Les dispositions du présent article ne sont pas applicables aux courses de taureaux lorsqu'une tradition locale ininterrompue peut être invoquée. Elles ne sont pas non plus applicables aux combats de coqs dans les localités où une tradition ininterrompue peut être établie.

Est punie des peines prévues au présent article toute création d'un nouveau gallodrome.

Est également puni des mêmes peines l'abandon d'un animal domestique, apprivoisé ou tenu en captivité, à l'exception des animaux destinés au repeuplement.

Voir : art. R. 654-1, p. 689 ; CPP, art. 99-1 ; C. rur., art. L 214-1.

Bibliographie : *JCl. pén., Sévices graves ou actes de cruauté envers les animaux* par J.-Y. Maréchal. • V. aussi J.-P. Marguénaud, *L'animal dans le nouveau Code pénal : D.* 1995, chron. p. 187 et S. Antoine, *La loi n° 99-5 du 6 janvier 1999 et la protection animale : D.* 1999, 167. • Sur les courses de taureaux, V. G. Azibert, *Droit pénal dans l'arène : Gaz. Pal.* 9-11 avr. 1995, p. 18 et C. Pasta, *Droit pénal et tauromachie : Gaz. Pal.* 9-11 avr. 1995, p. 20.

I – INFRACTION

1) Définitions. L'article 521-1 du Code pénal réprime le fait, publiquement ou non, d'exercer des **sévices graves ou** de commettre des **actes de cruauté** accomplis intentionnellement *dans le dessein de provoquer la souffrance ou la mort d'un animal domestique* (■ Cass. crim., 13 janv. 2004 : *Bull. crim.*, n° 7. ■ 30 mai 2006 : *JurisData* n° 2006-034470 ; *Dr. pénal* 2006, comm. 119, obs. M. Véron). Cette définition de l'incrimination reste telle qu'elle était sous l'empire de l'article 453 ancien du Code pénal (V. *infra*, ■ Cass. crim., 23 janv. 1989 : *Bull. crim.*, n° 23).

2) Des actes de pénétration sexuelle commis par une personne sur un animal constituent des **sévices de nature sexuelle** au sens de l'article 521-1 du Code pénal, dans sa rédaction issue de la loi du 9 mars 2004 (■ Cass. crim., 4 sept. 2007 : *Bull. crim.*, n° 191 ; *Dr. pénal* 2007, comm. 133, obs. M. Véron ; *D.* 2008, p. 524, note J. Chacornac ; *JCP* 2008, II, 1005, note J. Ségura).

3) Applications. Se rend coupable d'un acte de cruauté celui qui tend un piège à mâchoires avec des truites comme appât et capture de la sorte un chat dont il coupe la queue après l'avoir pendu ; bien qu'elle ait été rencontrée à plus de deux cent cinquante mètres d'une habitation et puisse être assimilée à un « chat haret » aux termes de l'arrêté ministériel du 26 mai 1956 interdisant la divagation des chats, la bête n'en conservait pas moins la qualité d'un animal domestique (■ Douai, 20 mars 1980, inédit ; V. aussi en ce sens ■ Cass. crim., 28 févr. 1989 : *Bull. crim.*, n° 93).

4) Constitue un acte de cruauté le fait d'organiser un concours de chiens ratiers qui, dans une cage, mettent à mort des rats capturés sur les décharges publiques et auxquels aucune chance de salut par la fuite n'est donnée (■ Douai, 5 juill. 1983 : *Gaz. Pal.* 1983, 2, 540). Le fait pour le propriétaire de chiennes se trouvant dans sa cour, d'ailleurs non hermétiquement close, de tirer de sang-froid depuis sa fenêtre un coup de carabine, qui a blessé gravement, au point que celui-ci dut ensuite être sacrifié, un chien, qui y avait pénétré, attiré par l'une des bêtes en chaleur, sans avoir tenté d'éloigner par des moyens moins extrêmes ce chien qui n'était pas menaçant, constitue le délit de l'article 453 du Code pénal et non la contravention de l'article R. 38-12° du même code (■ Paris, 2 févr. 1977 : *JCP* 78, II, 18843, note R. de L.). Constitue encore un acte de cruauté le fait d'attacher des chiens méchants et de les abattre avec une carabine (■ Metz, 13 juin 1990 : *JurisData* n° 045281).

5) Constitution de l'infraction. Le délit d'actes de cruauté est constitué lorsqu'il est établi que la quasi-totalité des animaux se trouvant chez l'éleveur en cause étaient privés de nourriture ainsi que de boisson, que les locaux où ils étaient détenus parfois sans lumière, sans soin ni nettoyage ni désinfection, dégageaient une odeur pestilentielle, que certains étaient soit enchaînés en permanence à un radiateur, soit reclus dans des cages trop exiguës, que parmi les animaux en vie se trouvaient des cadavres parfois en état de décomposition et que parmi les animaux encore vivants, certains, outre leur maigreur extrême, avaient perdu leur système pileux (■ T. corr. Évry, 5 nov. 1985 : *Gaz. Pal.* 1986, 1, somm. 205). Doit également être condamné pour cruauté envers un animal domestique, le prévenu qui traîne son poney derrière son véhicule sur une longue distance et l'abandonne pendant plusieurs heures, grièvement blessé, avant de revenir l'achever (■ Paris, 13e Ch., 28 mars 1990 : *JurisData* n° 023188). Le fait de s'abstenir volontairement de fournir à boire et à manger à un cheptel pendant une longue période réalise le délit d'acte de cruauté envers des animaux domestiques (■ Dijon, 27 avr. 1989 : *JurisData* n° 046275). Comp. ■ Cass. crim., 23 janv. 1989 : *Bull. crim.*, n° 23, *infra*, et ■ Cass. crim. 13 janv. 2004 : *Bull. crim.*, n° 7, *supra*.

6) Délit non constitué. Ne constitue pas le délit de l'article 453 l'écornage pratiqué par un éleveur sur de jeunes animaux afin de les empêcher de se blesser mutuellement en stabulation libre (■ Poitiers, 18 déc. 1964 : *D.* 1965, somm. 75) ; de même aucun acte de cruauté n'est susceptible d'être retenu à la charge de prévenus qui avaient organisé des chasses au cours desquelles étaient tirés des faisans élevés en enclos et qui venaient d'être lâchés dans la nature (■ Cass. crim., 25 févr. 1981 : *Bull. crim.*, n° 74 ; *JCP* 81, II, 19621, note De Malafosse) ; jugé encore qu'il n'y avait pas acte de cruauté dans le fait de foncer avec une vedette à moteur sur un groupe de cygnes et de les tuer ou de les blesser (■ Paris, 11 déc. 1970 : *D.* 1971, 480, note Souty).

7) Le seul fait de laisser des animaux dans un pré sans nourriture ni abreuvement, en l'absence de sévices ou d'actes de cruauté accomplis volontairement dans le but de provoquer la souffrance ou la mort, ne constitue pas le délit prévu par l'article 453 du Code pénal (■ Cass. crim., 23 janv. 1989 : *Bull. crim.*, n° 23).

8) Ne justifie pas sa décision, la cour d'appel, qui, pour condamner un prévenu pour sévices graves et actes de cruauté sur une pouliche, énonce que l'animal se trouvait dans un état lamentable et que le certificat du vétérinaire qui lui a prodigué des soins est éloquent (■ Cass. crim., 13 janv. 2004 : préc., note 1. ■ 30 mai 2006, préc.). Même solution encore pour le fait, par un agent de police municipale, de donner un coup de pied à un chien Saint-Bernard en liberté qui se bat avec un autre tenu en laisse, dès lors que cet acte est mesuré et nécessaire et que l'existence d'un lien de causalité entre le coup et le décès de l'animal survenu deux jours plus tard, n'est pas démontrée (■ Aix-en-Provence, 15 févr. 1989 : *JurisData* n° 040792). Le propriétaire d'une jument âgée qui se refuse à lui donner la mort alors qu'elle était moribonde, ne saurait tomber sous le coup de l'article 453 du Code pénal (■ T. pol. Bordeaux, 20 févr. 1984 : *D.* 1984, 383, note Pradel ; *JCP* 85, II, 20380, note Mémeteau).

9) Il a été jugé qu'il n'y avait pas d'actes de cruauté dans le tir aux pigeons vivants (■ Cass. crim., 13 janv. 1966 : *JCP* 66, II, 14538, rapp. Combaldieu et concl. Touren) ; sur la question, V. Alauze, *Le tir aux pigeons vivants : Gaz. Pal.* 1980, 2, doctr. 593.

10) Chasse à courre. Un cerf chassé à courre s'étant réfugié dans un étang boueux où il s'est enlisé et ayant été aussitôt assailli par les chiens de la meute, le « piqueux » qui est monté dans une barque et a mis à mort l'animal, est à bon droit relaxé du chef de la poursuite dirigée contre lui, pour avoir enfreint les dispositions de l'article 453, alinéa 1er, du Code pénal, aux motifs que l'enlisement de cet animal vivant dans un état de liberté naturelle totale, ne permet pas de considérer le cerf comme étant, au moment de sa mise à mort, tenu en captivité au sens de la loi (■ Cass. crim., 22 oct. 1980 : *Bull. crim.*, n° 265).

11) Imputabilité. Lorsqu'il résulte de l'examen des pièces de la procédure que les actes, causes des poursuites pour actes de cruauté envers les animaux, ont été commis par du personnel subalterne, contrairement aux interventions du directeur départemental adjoint des services vétérinaires et en l'absence d'un technicien du service, ce dernier et le directeur de la Régie d'exploitation de l'abattoir n'ont commis personnellement aucun acte de cruauté pouvant caractériser ce délit dont ils doivent être relaxés, les responsabilités morale et administrative éventuelles des prévenus, susceptibles de découler uniquement de l'absence d'initiative de sanctions émanant directement d'eux, ne peuvent donc instaurer leur responsabilité pénale (■ Cass. crim., 18 févr. 1987 : *JCP* 87, IV, 140 ; *Bull. crim.*, n° 81).

12) Abandon. Constitue un abandon le fait de se désintéresser volontairement et consciemment de ses animaux en très mauvais état de santé, qui ont été confiés à une personne dépourvue de la capacité et de la compétence pour les soigner (■ Cass. crim., 4 mai 2010 : *Dr. pén.* 2010, comm. 88, obs. M. Véron).

En outre, le délit d'abandon d'animaux, prévu à l'article 521-1, alinéa 7, du Code pénal, distinct de l'infraction punie des mêmes peines prévue à l'alinéa 1 du même article, est constitué sans que ne soit exigée l'existence de sévices ou d'actes de cruauté accomplis volontairement dans le but de provoquer la souffrance ou la mort (■ Cass. crim., 16 juin 2015, n° 14-86.387 : *Dr. pén.* 2015, comm. 121, obs. P. Conte).

II – FAIT JUSTIFICATIF

13) QPC. – La première phrase du septième alinéa de l'article 521-1 du Code pénal est conforme à la Constitution ■ Cons. const., 21 sept. 2012, n° 2012-271 QPC : *JO* 22 sept. 2012 ; *JurisData* n° 2012-021421. Le Conseil constitutionnel a relevé que l'exclusion de responsabilité pénale instituée par les dispositions contestées du septième alinéa de l'article 521-1 du Code pénal n'est applicable que dans les parties du territoire national où l'existence d'une tradition ininterrompue est établie et pour les seuls actes qui relèvent de cette tradition. Le législateur, par ces dispositions, a entendu que le premier alinéa de l'article 521-1 du Code pénal ne remette pas en cause des traditions de courses de taureaux. Ainsi, la différence de traitement instaurée par le législateur entre agissements de même nature accomplis dans des zones géographiques différentes est en rapport direct avec l'objet de la loi qui l'établit. Il appartient par ailleurs aux juridictions compétentes d'apprécier les situations de fait répondant à la « tradition locale ininterrompue ». Cette notion n'est pas ambiguë.

– V. *D.* 2012, p. 2486, note X. Daverat ; *Dr. pénal* 2012, étude 25 par J.-Y. Marechal.

– Le huitième alinéa de l'article 521-1 concernant la création d'un nouveau gallodrome est déclaré conforme à la Constitution, (■ Cons. const., 31 juill. 2015, n° 2015-477 QPC). Le Conseil constitutionnel a relevé que si le législateur a entendu, tant pour les courses de taureaux que pour les combats de coqs, fonder l'exclusion de responsabilité pénale sur l'existence d'une tradition ininterrompue, il s'agit toutefois de pratiques distinctes par leur nature. En interdisant la création de nouveaux gallodromes, le législateur a traité différemment des situations différentes. La différence de traitement qui résulte de l'incrimination de toute création d'un nouveau gallodrome est en rapport direct avec l'objet de la loi qui l'établit. Par suite, le grief tiré d'une atteinte au principe d'égalité devant la loi doit être écarté.

14) La tradition locale ininterrompue, s'agissant des courses de taureaux, ne doit pas être appréciée au regard du seul territoire d'une commune. L'expression « locale » a le sens d'ensemble démographique, notion exclusive de toute frontière administrative et synonyme de région (■ Cass. crim., 27 mai 1972 : *Bull. crim.*, n° 171 ; *Gaz. Pal.* 1972, 2, 607, note Lambert. ■ 16 sept. 1997 : *Bull. crim.*, n° 295).

– V., en l'absence de précision sur la localité concernée, ■ Cass. civ. 2e, 10 juin 2004 : *JCP* 2004, II, 10162, note E. de Monredon.

15) Il ressort de la jurisprudence de la Cour de cassation que les corridas seraient licites lorsqu'une tradition ininterrompue existerait dans un ensemble démographique déterminé, cette notion correspondant seulement à une zone où les habitants ont les mêmes aspirations et les mêmes traditions et qui n'est en soi ni régionale, ni communale, ni départementale. En l'espèce, le seul fait que plusieurs personnes auraient un goût pour ce genre de spectacle et ont assisté à la corrida, ne peut à lui seul attester la permanence d'une tradition manifestement interrompue, le délai de vingt-six ans entre les dernières corridas, ne pouvant s'expliquer dans une région où il est soutenu qu'existerait une tradition populaire vivante (■ T. corr. Bordeaux, 27 avr. 1989 : *JCP* 89, II, 21344, note Agostini).

16) Les courses à la mode espagnole avec mise à mort ou simulacre de mise à mort n'étant pratiquées dans la région d'Arles qu'exceptionnellement, on ne peut parler de persistance vivante d'une tradition tauromachique ininterrompue de corridas pouvant constituer l'excuse *(sic)* de l'article 453, alinéa 4, du Code pénal (■ Aix-en-Provence, 5e Ch., 15 févr. 1990, inédit).

17) L'interruption de la tradition locale ne permettant pas au prévenu de bénéficier des dispositions du quatrième alinéa de l'article 453 du Code pénal ne saurait résulter d'un fait matériel et fortuit comme un effondrement dans des arènes. Elle doit s'entendre d'une désuétude née de l'évolution des mœurs, d'un changement des mentalités locales. En l'espèce, la permanence et la persistance du goût de l'ensemble démographique bordelais pour la corrida sont établies. Dès lors, les dispositions répressives de l'alinéa 1er de l'article 453 du Code pénal ne sont pas applicables aux prévenus (■ Bordeaux, 11 juill. 1989 : *JCP* 89, II, 21344, note Agostini).

18) Justifie sa décision la cour d'appel qui, par des énonciations relevant de son appréciation souveraine, constate, pour faire bénéficier les prévenus de l'immunité légale instituée par l'alinéa 4 de l'article 453 du Code pénal applicable à la date des faits, devenu l'article 521-1 du Code pénal entré en vigueur le 1er mars 1994, l'existence d'une tradition locale ininterrompue (■ Cass. crim., 8 juin 1994 : *Bull. crim.*, n° 225 ; *JCP* 95, II, 22483, note E. de Monredon. ■ 19 juin 1996, pourvoi R. 95-83.4470, précisant qu'aucune distinction n'est à faire entre les diverses variétés de courses de taureaux, comme en l'espèce « à la portugaise ». ■ 16 sept. 1997 : *Bull. crim.*, n° 295, ajoutant que les juges ne sauraient être liés par les termes d'un arrêté préfectoral relatif à l'absence de coutume locale).

19) Bénéficient de l'immunité légale les organisateurs et participants d'une corrida dans une propriété privée mise à la disposition d'une association ayant pour objet la pratique et l'enseignement de la tauromachie à des amateurs lorsque n'est pas contestée une tradition locale ininterrompue, même en l'absence d'autorisation municipale et en non-conformité avec le règlement de l'Union des Villes Taurines de France, document élaboré par une association qui ne peut s'imposer qu'à ses seuls membres ; est inopérante la distinction faite par le tribunal entre professionnels et amateurs (■ Nîmes, 1er déc. 2000 : *JurisData* n° 136384 ; *JCP* 2002, II, 10016, note E. de Monredon).

20) La cour d'appel, qui a apprécié souverainement, par une décision motivée, l'existence d'une tradition locale ininterrompue, et qui a retenu exactement que les organisateurs de la manifestation pouvaient se prévaloir de l'immunité légale instituée par l'article 521-1 du Code pénal en raison de l'appartenance de la commune concernée à une région dans laquelle persiste cette tradition, a pu déduire de ces constatations et énonciations l'absence d'un trouble manifestement illicite (■ Cass. 2e civ., 22 nov. 2001 : *JCP* 2002, II, 10073, note X. Daverat, rejetant le pourvoi formé par une association de défense des animaux contre un arrêt de la cour d'appel de Toulouse refusant, en référé, d'interdire un spectacle de tauromachie avec pose de banderilles).

21) Après avoir rappelé l'inapplicabilité de l'article 521-1 du Code pénal aux courses de taureaux lorsqu'une tradition locale ininterrompue peut être invoquée, une cour d'appel qui a constaté l'ancienneté de l'existence de celle-ci et déduit sa pertinence de l'intérêt que lui portait un nombre suffisant de personnes, rejette valablement une demande en dissolution d'une association ayant pour objet l'organisation de corridas dans une ville et ses environs (■ Cass. civ. 7 févr. 2006 : *JurisData* n° 2006-032049 ; *D.* 2006, II, 10073, note E. de Monredon).

Art. 521-2. – **Le fait de pratiquer des expériences ou recherches scientifiques ou expérimentales sur les animaux sans se conformer aux prescriptions fixées par décret en Conseil d'État est puni des peines prévues à l'article 521-1.**

Voir : art. R. 511-1, p. 659.

LIVRE SIXIÈME

DES CONTRAVENTIONS

(Ord. n° 96-267, 28 mars 1996)

Néant.

TITRE UNIQUE. – DU RECOURS À LA DISPOSITION

Art. 611-1 *(L. n° 2016-444, 13 avr. 2016)*. **– Le fait de solliciter, d'accepter ou d'obtenir des relations de nature sexuelle d'une personne qui se livre à la prostitution, y compris de façon occasionnelle, en échange d'une rémunération, d'une promesse de rémunération, de la fourniture d'un avantage en nature ou de la promesse d'un tel avantage est puni de l'amende prévue pour les contraventions de la cinquième classe.**

Les personnes physiques coupables de la contravention prévue au présent article encourent également une ou plusieurs des peines complémentaires mentionnées à l'article 131-16 et au second alinéa de l'article 131-17.

LIVRE SEPTIÈME

DISPOSITIONS RELATIVES À L'OUTRE-MER

(Ord. n° 96-267, 28 mars 1996 ; mod. à compter du 1er avr. 2011, Ord. n° 2011-337, 29 mars 2011 ; mod. L. n° 2016-731, 3 juin 2016)

TITRE PREMIER. – DISPOSITIONS APPLICABLES DANS LES COLLECTIVITÉS D'OUTRE-MER

CHAPITRE I. – DISPOSITIONS GÉNÉRALES

Voir : art. R. 711-1 s., p. 691.

Art. 711-1 *(L. n° 2017-1510, 30 oct. 2017).* **– Sous réserve des adaptations prévues au présent titre, les livres Ier à V du présent code sont applicables, dans leur rédaction résultant de la loi n° 2017-1510 du 30 octobre 2017 renforçant la sécurité intérieure et la lutte contre le terrorisme, en Nouvelle-Calédonie, en Polynésie française et dans les îles Wallis-et-Futuna.**

Art. 711-2. – Les livres I à V du présent code sont applicables dans les Terres australes et antarctiques françaises.

Art. 711-3 *(Mod., Ord. n° 2000-916, 19 sept. 2000 ; mod. L. n° 2016-731, 3 juin 2016).* **– En Nouvelle-Calédonie, de la Polynésie française et dans les îles Wallis-et-Futuna, les sanctions pécuniaires encourues en vertu du présent code sont prononcées en monnaie locale, compte tenu de la contre-valeur dans cette monnaie de l'euro.**

Art. 711-4 *(Mod., L. n° 2016-731, 3 juin 2016).* **– Pour l'application du présent code dans les collectivités d'outre-mer et en Nouvelle-Calédonie :**

1° Les références au département sont remplacées par la référence à la collectivité ;

2° Les références au préfet et au sous-préfet sont remplacées par la référence au représentant de l'État dans la collectivité.

En l'absence d'adaptation, les références faites, par des dispositions du présent code applicables dans les collectivités d'outre-mer et en Nouvelle-Calédonie, à des dispositions qui n'y sont pas applicables sont remplacées par les références aux dispositions ayant le même objet applicables localement.

Pour l'application du présent code à Saint-Pierre-et-Miquelon, en Nouvelle-Calédonie, en Polynésie française et à Wallis-et-Futuna, les références au tribunal de grande instance sont remplacées par la référence au tribunal de première instance.

CHAPITRE II. – ADAPTATION DU LIVRE PREMIER

Art. 712-1. – Le dernier alinéa de l'article 131-35 est ainsi rédigé :

La diffusion de la décision est faite par le Journal officiel de la République française, par le Journal officiel du territoire, par une ou plusieurs autres publications de presse, ou par un ou plusieurs services de communication audiovisuelle. Les publications ou les services de communication audiovisuelle chargés de cette diffusion sont désignés par la juridiction. Ils ne peuvent s'opposer à cette diffusion.

Art. 712-2. – Le 7° de l'article 132-45 est ainsi rédigé :

7° S'abstenir de conduire certains véhicules terrestres pour la conduite desquels un permis est nécessaire.

CHAPITRE III. – ADAPTATION DU LIVRE DEUXIÈME

Art. 713-1 *(Abr., Ord. n° 2008-1339, 18 déc. 2008).*

Art. 713-2 *(Abr., L. n° 2001-588, 4 juill. 2001).*

Art. 713-3. – Les 2° et 3° de l'article 225-3 sont rédigés comme suit :

2° Aux discriminations fondées sur l'état de santé ou le handicap, lorsqu'elles consistent en un refus d'embauche ou un licenciement fondé sur l'inaptitude médicalement constatée dans le cadre des dispositions relatives à la médecine du travail ou à la fonction publique applicables localement ;

3° Aux discriminations fondées, en matière d'embauche, sur le sexe lorsque l'appartenance à l'un ou l'autre sexe constitue, conformément aux dispositions applicables localement en matière de droit du travail ou de droit de la fonction publique, la condition déterminante de l'exercice d'un emploi ou d'une activité professionnelle.

Art. 713-3-1 *(L. n° 2015-1402, 5 nov. 2015).* – Pour l'application de l'article 226-14 :

1° Au 2°, les mots : « ou de la cellule de recueil, de traitement et d'évaluation des informations préoccupantes relatives aux mineurs en danger ou qui risquent de l'être, mentionnée au deuxième alinéa de l'article L. 226-3 du Code de l'action sociale et des familles, » sont supprimés ;

2° Au dernier alinéa, le mot : « civile, » et les mots : « ou disciplinaire » sont supprimés.

Art. 713-4 *(L. n° 2011-267, 14 mars 2011).* – Pour son application en Polynésie française et en Nouvelle-Calédonie, l'article 226-28 est ainsi rédigé :

Art. 226-28. – Le fait de rechercher l'identification par ses empreintes génétiques d'une personne en dehors des cas prévus à l'article 16-11 du Code civil est puni d'un an d'emprisonnement et de 15 000 € d'amende.

Est puni des mêmes peines le fait de divulguer des informations relatives à l'identification d'une personne par ses empreintes génétiques ou de procéder à l'identification d'une personne par ses empreintes génétiques sans être titulaire de l'agrément prévu par la réglementation localement applicable.

Art. 713-5 *(L. n° 2011-267, 14 mars 2011).* – Pour son application à Wallis-et-Futuna et dans les Terres australes et antarctiques françaises, l'article 226-28 est ainsi rédigé :

Art. 226-28. – Le fait de rechercher l'identification par ses empreintes génétiques d'une personne en dehors des cas prévus à l'article 16-11 du Code civil est puni d'un an d'emprisonnement et de 15 000 € d'amende.

Est puni des mêmes peines le fait de divulguer des informations relatives à l'identification d'une personne par ses empreintes génétiques ou de procéder à l'identification d'une personne par ses empreintes génétiques sans être titulaire de l'agrément prévu à l'article L. 1131-3 du Code de la santé publique.

CHAPITRE IV. – ADAPTATION DU LIVRE TROISIÈME

Art. 714-1 *(Rempl., L. n° 2008-696, 15 juill. 2008).* – Les quatre premiers alinéas de l'article 322-3-1 sont remplacés par un alinéa ainsi rédigé :

La destruction, la dégradation ou la détérioration est punie d'une peine de sept ans d'emprisonnement et de 100 000 € d'amende lorsqu'elle porte sur un immeuble ou un objet mobilier classé, inscrit ou protégé en vertu de la réglementation applicable localement, une découverte archéologique faite au cours de fouilles ou fortuitement, un terrain contenant des vestiges archéologiques ou un objet conservé ou déposé dans des musées, bibliothèques ou archives appartenant à une personne publique, chargée d'un service public ou reconnue d'utilité publique.

CHAPITRE V. – ADAPTATION DU LIVRE QUATRIÈME

Art. 715-1. – Le 3° de l'article 421-1 est rédigé comme suit :

3° La fabrication ou la détention de machines, engins meurtriers ou explosifs définies à l'article 3 de la loi du 19 juin 1871 qui abroge le décret du 4 septembre 1870 sur la fabrication des armes de guerre ;

– la production, la vente, l'importation ou l'exportation de substances explosives en infraction à la réglementation applicable localement ;

– l'acquisition, la détention, le transport ou le port illégitimes de substances explosives ou d'engins fabriqués à l'aide desdites substances en infraction à la réglementation applicable localement ;

– la détention, le port ou le transport d'armes et de munitions en infraction à la réglementation applicable localement ;

– les infractions définies aux articles 1er et 4 de la loi n° 72-467 du 9 juin 1972 interdisant la mise au point, la fabrication, la détention, le stockage, l'acquisition et la cession d'armes biologiques ou à base de toxines.

Art. 715-2. – Le deuxième alinéa de l'article 432-9 est rédigé comme suit :

Est puni des mêmes peines le fait, par une personne visée à l'alinéa précédent ou un agent d'un exploitant de réseau de télécommunications autorisé en vertu de la réglementation applicable localement en matière de postes et télécommunications ou d'un fournisseur de services de télécommunications, agissant dans l'exercice de ses fonctions, d'ordonner, de commettre ou de faciliter, hors les cas prévus par la loi, l'interception ou le détournement des correspondances émises, transmises ou reçues par la voie des télécommunications, l'utilisation ou la divulgation de leur contenu.

Art. 715-3. – Le dernier alinéa [de l'article] 432-12 est rédigé comme suit :

Pour l'application des trois alinéas qui précèdent, la commune est représentée dans les conditions prévues par l'article L. 122-12 du Code des communes tel qu'il a été rendu applicable localement et le maire, l'adjoint ou le conseiller municipal intéressé doit s'abstenir de participer à la délibération du conseil municipal relative à la conclusion ou à l'approbation du contrat. En outre, par dérogation au deuxième alinéa de l'article L. 121-15 du Code des communes tel qu'il a été rendu applicable localement, le conseil municipal ne peut décider de se réunir à huis clos.

Art. 715-4. – Le quatrième alinéa de l'article 432-13 est rédigé comme suit :

Ces dispositions sont applicables aux agents des établissements publics, des entreprises nationalisées, des sociétés d'économie mixte dans lesquelles l'État ou les collectivités publiques détiennent directement ou indirectement plus de 50 % du capital et des exploitants publics intervenant dans le fonctionnement du service public de la poste et des télécommunications.

Art. 715-5. – L'article 443-3 est rédigé comme suit :

Art. 443-3. – Sont punis d'un an d'emprisonnement et de 15 000 € d'amende, la fabrication, la vente, le transport ou la distribution de tous objets, imprimés ou formules qui présentent, avec les titres ou autres valeurs fiduciaires émises par l'État, les collectivités locales, les établissements publics ou les exploitants publics intervenant dans le fonctionnement du service public de la poste et des télécommunications, une ressemblance de nature à faciliter l'acceptation desdits objets, imprimés ou formules aux lieu et place des valeurs imitées.

CHAPITRE VI. – ADAPTATION DU LIVRE CINQUIÈME

Art. 716-1 à 716-15 *(Abr., Ord. n° 2008-1339, 18 déc. 2008).*

Art. 716-16. – L'article 521-2 est ainsi rédigé :

Art. 521-2. – Le fait de pratiquer des expériences ou recherches scientifiques ou expérimentales sur les animaux sans se conformer aux prescriptions applicables localement est puni des peines prévues à l'article 521-1.

CHAPITRE VII. – DISPOSITIONS DIVERSES

Art. 717-1 *(Abr., L. n° 2011-525, 17 mai 2011).*

Art. 717-2. – Le fait, en diffusant, par quelque moyen que ce soit, des informations mensongères ou calomnieuses, en jetant sur le marché des offres destinées à troubler les cours ou des sur-offres faites au prix demandé par les vendeurs, ou en utilisant tout autre moyen frauduleux, d'opérer ou de tenter d'opérer la hausse ou la baisse artificielle du prix de biens ou de services ou d'effets publics ou privés est puni de deux ans d'emprisonnement et de 30 000 € d'amende.

Lorsque la hausse ou la baisse artificielle des prix concerne des produits alimentaires, la peine est portée à trois ans d'emprisonnement et 45 000 € d'amende.

Les personnes physiques coupables des infractions prévues au présent article encourent également les peines complémentaires suivantes :

1° L'interdiction des droits civiques, civils et de famille, suivant les modalités prévues par l'article 131-26 ;

2° L'affichage ou la diffusion de la décision prononcée dans les conditions prévues par l'article 131-35.

Art. 717-3. – *(Mod., L. n° 2009-526, 12 mai 2009)* Les personnes morales déclarées responsables pénalement, dans les conditions prévues par l'article 121-2, des infractions définies aux deux premiers alinéas de l'article 717-2 encourent, outre l'amende suivant les modalités prévues par l'article 131-38, les peines prévues à l'article 131-39.

L'interdiction mentionnée au 2° de l'article 131-39 porte sur l'activité dans l'exercice ou à l'occasion de l'exercice de laquelle l'infraction a été commise.

TITRE II. – DISPOSITIONS PARTICULIÈRES AU DÉPARTEMENT DE MAYOTTE

(Mod. à compter du 1er avril 2011, Ord. n° 2011-337, 29 mars 2011)

Voir : art. 721-1 s., p. 624.

CHAPITRE I. – DISPOSITIONS GÉNÉRALES

Art. 721-1 *(Rempl. à compter du 1er avr. 2011, Ord. n° 2011-337, 29 mars 2011).* – Pour l'application des livres Ier à V du présent code dans le Département de Mayotte, il est tenu compte des adaptations prévues par le présent titre.

Art. 721-2 *(Rempl. à compter du 1er avr. 2011, Ord. n° 2011-337, 29 mars 2011).* – Pour l'application du présent code dans le Département de Mayotte, les références à des dispositions qui n'y sont pas applicables sont remplacées par les références aux dispositions ayant le même objet applicables localement.

CHAPITRE II. – ADAPTATION DU LIVRE PREMIER

Art. 722-1. – Le 7° de l'article 132-45 est rédigé comme suit :

7° S'abstenir de conduire certains véhicules terrestres pour la conduite desquels un permis est nécessaire.

CHAPITRE III. – ADAPTATION DU LIVRE DEUXIÈME

Art. 723-1. – Le premier alinéa de l'article 223-8 est rédigé comme suit :

Le fait de pratiquer ou de faire pratiquer sur une personne une (L. n° 2012-300, 5 mars 2012) « recherche impliquant la personne humaine » sans avoir recueilli le consentement libre, éclairé et exprès de l'intéressé, des titulaires de l'autorité parentale ou du tuteur est puni de trois ans d'emprisonnement et de 45 000 € d'amende.

Art. 723-2 *(Abr., L. n° 2001-588, 4 juill. 2001).*

Art. 723-3. – Les 2° et 3° de l'article 225-3 sont rédigés comme suit :

2° Aux discriminations fondées sur l'état de santé ou le handicap, lorsqu'elles consistent en un refus d'embauche ou un licenciement fondé sur l'inaptitude médicalement constatée dans le cadre des dispositions relatives à la médecine du travail ou à la fonction publique applicables localement ;

3° Aux discriminations fondées, en matière d'embauche, sur le sexe lorsque l'appartenance à l'un ou l'autre sexe constitue, conformément aux dispositions applicables localement en matière de droit du travail ou de droit de la fonction publique, la condition déterminante de l'exercice d'un emploi ou d'une activité professionnelle.

Art. 723-4. – L'article 226-25 est rédigé comme suit :

Art. 226-25. – Le fait de procéder à l'étude des caractéristiques génétiques d'une personne à des fins médicales sans avoir préalablement recueilli son consentement par écrit est puni d'un an d'emprisonnement et de 15 000 € d'amende.

Les dispositions de l'alinéa précédent ne sont pas applicables :

1° Lorsque l'étude est réalisée dans le cadre d'une procédure judiciaire ;

2° Ou lorsque, à titre exceptionnel, dans l'intérêt de la personne et le respect de sa confiance, le consentement de celle-ci n'est pas recueilli.

Art. 723-5 *(Rempl., L. n° 2011-267, 14 mars 2011).* – L'article 226-27 est ainsi rédigé :

Art. 226-27. – Le fait de procéder, sans avoir recueilli le consentement de la personne dans les conditions prévues par l'article 16-11 du Code civil, à son identification par ses empreintes génétiques à des fins médicales ou de recherche scientifique ou au prélèvement de ses traces biologiques à titre d'ascendant, descendant ou collatéral aux fins de l'établissement, par ses empreintes génétiques, de l'identité d'une personne mentionnée au 3° du même article, est puni d'un an d'emprisonnement et de 15 000 € d'amende.

L'alinéa précédent n'est pas applicable :

1° Lorsque l'étude est réalisée dans le cadre d'une procédure judiciaire ;

2° Ou lorsque, à titre exceptionnel, dans l'intérêt de la personne et le respect de sa confiance, le consentement de celle-ci n'est pas recueilli.

Art. 723-6 *(Rempl., L. n° 2011-267, 14 mars 2011).* – L'article 226-28 est ainsi rédigé :

Art. 226-28. – Le fait de rechercher l'identification par ses empreintes génétiques d'une personne en dehors des cas prévus à l'article 16-11 du Code civil est puni d'un an d'emprisonnement et de 15 000 € d'amende.

Est puni des mêmes peines le fait de divulguer des informations relatives à l'identification d'une personne par ses empreintes génétiques ou de procéder à l'identification d'une personne par ses empreintes génétiques sans être titulaire de l'agrément prévu à l'article L. 1131-3 du Code de la santé publique.

CHAPITRE IV. – ADAPTATION DU LIVRE TROISIÈME

Art. 724-1 *(Rempl., L. n° 2008-696, 15 juill. 2008).* – Les quatre premiers alinéas de l'article 322-3-1 sont remplacés par un alinéa ainsi rédigé :

La destruction, la dégradation ou la détérioration est punie d'une peine de sept ans d'emprisonnement et de 100 000 € d'amende lorsqu'elle porte sur un immeuble ou un objet mobilier classé, inscrit ou protégé en vertu de la réglementation applicable localement, une découverte archéologique faite au cours de fouilles ou fortuitement, un terrain contenant des vestiges archéologiques ou un objet conservé ou déposé dans des musées, bibliothèques ou archives appartenant à une personne publique, chargée d'un service public ou reconnue d'utilité publique.

CHAPITRE V. – ADAPTATION DU LIVRE QUATRIÈME

Art. 725-1. – Le 3° de l'article 421-1 est rédigé comme suit :

3° La fabrication ou la détention de machines, engins meurtriers ou explosifs définies à l'article 3 de la loi du 19 juin 1871 qui abroge le décret du 4 septembre 1870 sur la fabrication des armes de guerre ;

– la production, la vente, l'importation ou l'exportation de substances explosives en infraction à la réglementation applicable localement ;

– l'acquisition, la détention, le transport ou le port illégitimes de substances explosives ou d'engins fabriqués à l'aide desdites substances en infraction à la réglementation applicable localement ;

– la détention, le port ou le transport d'armes et de munitions en infraction à la réglementation applicable localement ;

– les infractions définies aux articles 1er et 4 de la loi n° 72-467 du 9 juin 1972 interdisant la mise au point, la fabrication, la détention, le stockage, l'acquisition et la cession d'armes biologiques ou à base de toxines.

Art. 725-2. – Le deuxième alinéa de l'article 432-9 est rédigé comme suit :

Est puni des mêmes peines le fait, par une personne visée à l'alinéa précédent ou un agent d'un exploitant de réseau de télécommunications autorisé en vertu de la réglementation applicable localement en matière de postes et télécommunications ou d'un fournisseur de services de télécommunications, agissant dans l'exercice de ses fonctions, d'ordonner, de commettre ou de faciliter, hors les cas prévus par la loi, l'interception ou le détournement des correspondances émises, transmises ou reçues par la voie des télécommunications, l'utilisation ou la divulgation de leur contenu.

Art. 725-3. – Le dernier alinéa de l'article 432-12 est rédigé comme suit :

Pour l'application des trois alinéas qui précèdent, la commune est représentée dans les conditions prévues à l'article L. 122-12 du Code des communes tel qu'il a été rendu applicable localement et le maire, l'adjoint ou le conseiller municipal intéressé doit s'abstenir de participer à la délibération du conseil municipal relative à la conclusion ou à l'approbation du contrat. En outre, par dérogation au deuxième alinéa de l'article L. 121-15 du Code des communes tel qu'il a été rendu applicable localement, le conseil municipal ne peut décider de se réunir à huis clos.

Art. 725-4. – Le quatrième alinéa de l'article 432-13 est rédigé comme suit :

Ces dispositions sont applicables aux agents des établissements publics, des entreprises nationalisées, des sociétés d'économie mixte dans lesquelles l'État ou les collectivités publiques détiennent directement ou indirectement plus de 50 % du capital et des exploitants publics intervenant dans le fonctionnement du service public de la poste et des télécommunications.

Art. 725-5 *(Abr., Ord. n° 2010-590, 3 juin 2010).*

Art. 725-6. – L'article 443-3 est rédigé comme suit :

Art. 443-3. – Sont punis d'un an d'emprisonnement et de 15 000 € d'amende, la fabrication, la vente, le transport ou la distribution de tous objets, imprimés ou formules qui présentent, avec les titres ou autres valeurs fiduciaires émises par l'État, les collectivités locales, les établissements publics ou les exploitants publics intervenant dans le fonctionnement du service public de la poste et des télécommunications, une ressemblance de nature à faciliter l'acceptation desdits objets, imprimés ou formules aux lieu et place des valeurs imitées.

CHAPITRE VI. – ADAPTATION DU LIVRE CINQUIÈME

Art. 726-1. – L'article 511-3 est ainsi rédigé :

Art. 511-3. – Le fait de prélever un organe sur une personne vivante majeure sans avoir recueilli son consentement ou sans l'avoir préalablement éclairée sur les risques et les conséquences de l'acte est puni de sept ans d'emprisonnement et de 100 000 € d'amende.

Est puni des mêmes peines le fait de prélever un organe sur un donneur vivant mineur ou sur un donneur vivant majeur faisant l'objet d'une mesure de protection légale. Toutefois, un prélèvement de moelle osseuse sur un mineur au profit de son frère ou de sa sœur peut être autorisé par un comité médical constitué dans les conditions fixées par la réglementation applicable localement, sous réserve du consentement de chacun des titulaires de l'autorité parentale ou du représentant légal du mineur.

Les consentements prévus aux alinéas précédents sont exprimés devant le président du tribunal de première instance ou le magistrat désigné par lui. Ils peuvent être révoqués sans forme à tout moment.

En cas d'urgence, le consentement est recueilli par tout moyen par le procureur de la République.

Le comité médical s'assure que le mineur a été informé du prélèvement envisagé en vue d'exprimer sa volonté, si celui-ci y est apte. Le refus du mineur fait obstacle au prélèvement.

Art. 726-2. – Le deuxième alinéa de l'article 511-5 est ainsi rédigé :

Art. 511-5. – Est puni des mêmes peines le fait de prélever un tissu ou des cellules ou de collecter un produit sur une personne vivante mineure ou sur une personne vivante majeure faisant l'objet d'une mesure de protection légale.

Art. 726-3. – L'article 511-7 est ainsi rédigé :

Art. 511-7. – Le fait de procéder à des prélèvements d'organes ou des transplantations d'organes, à des prélèvements ou des greffes de tissus, à la conservation ou à la transformation de tissus ou à la greffe de cellules (L. n° 96-1240, 30 déc. 1996) hors d'un établissement autorisé à cet effet est puni de deux ans d'emprisonnement et de 30 000 € d'amende.

Art. 726-4. – L'article 511-8 est ainsi rédigé :

Art. 511-8. – Le fait de procéder à la distribution ou à la cession d'organes, de tissus, de cellules et produits humains en vue d'un don sans qu'aient été respectées les règles de sécurité sanitaires exigées par les dispositions applicables localement (L. n° 96-1240, 30 déc. 1996) « ... » est puni de deux ans d'emprisonnement et de 30 000 € d'amende.

Art. 726-5. – L'article 511-11 est ainsi rédigé :

Art. 511-11. – Le fait de recueillir ou de prélever des gamètes sur une personne vivante en vue d'une assistance médicale à la procréation sans procéder aux tests de dépistage des maladies transmissibles exigés en vertu de la réglementation applicable localement est puni de deux ans d'emprisonnement et de 30 000 € d'amende.

Art. 726-6. – L'article 511-12 est ainsi rédigé :

Art. 511-12. – Le fait de procéder à une insémination artificielle par sperme frais ou mélange de sperme provenant de dons est puni de deux ans d'emprisonnement et de 30 000 € d'amende.

Art. 726-7. – L'article 511-13 est ainsi rédigé :

Art. 511-13. – Le fait de subordonner le bénéfice d'un don de gamètes à la désignation par le couple receveur d'une personne ayant volontairement accepté de procéder à un tel don en faveur d'un couple tiers anonyme est puni de deux ans d'emprisonnement et de 30 000 € d'amende.

Art. 726-8. – L'article 511-14 est ainsi rédigé :

Art. 511-14. – Le fait de procéder à des activités de recueil, de traitement, de conservation et de cession de gamètes provenant de dons hors d'un établissement ou organisme à but non lucratif autorisé à cet effet est puni de deux ans d'emprisonnement et de 30 000 € d'amende.

Art. 726-9. – L'article 511-16 est ainsi rédigé :

Art. 511-16. – Le fait d'obtenir des embryons humains sans autorisation préalable de l'autorité judiciaire est puni de sept ans d'emprisonnement et de 100 000 € d'amende. L'autorité judiciaire ne peut délivrer une telle autorisation qu'à titre exceptionnel, au vu du consentement écrit du couple à l'origine de la conception ou, si l'un des membres du couple est décédé, du membre survivant, et après avoir vérifié que l'acte ne tombe pas sous le coup des dispositions de l'article 511-24 et que le couple receveur offre des garanties d'accueil satisfaisantes à l'enfant à naître.

Est également puni d'une peine de sept ans d'emprisonnement et de 100 000 € d'amende le fait d'obtenir un embryon humain :

– si l'anonymat entre le couple accueillant l'embryon et celui y ayant renoncé n'est pas respecté ;

– ou si le couple accueillant l'embryon ne se trouve pas dans une situation où l'assistance médicale à la procréation sans recours à un tiers donneur ne peut aboutir.

Art. 726-10. – L'article 511-19 est ainsi rédigé :

Art. 511-19. – Est puni de sept ans d'emprisonnement et de 100 000 € d'amende le fait de procéder à une étude ou à une expérimentation sur l'embryon.

L'alinéa précédent n'est pas applicable à une étude réalisée, à titre exceptionnel, à des fins médicales à condition qu'elle ne porte pas atteinte à l'embryon et qu'elle concerne l'embryon issu d'un couple ayant donné son consentement par écrit (L. n° 96-1240, 30 déc. 1996), après avis conforme d'une commission constituée dans les conditions fixées par décret en Conseil d'État.

Art. 726-11. – L'article 511-20 est ainsi rédigé :

Art. 511-20. – Le fait de procéder au diagnostic prénatal hors d'un établissement autorisé à cet effet est puni de deux ans d'emprisonnement et de 30 000 € d'amende.

Art. 726-12. – L'article 511-21 est ainsi rédigé :

Art. 511-21. – Le fait de procéder à un diagnostic préimplantatoire sans que soit attestée, par un médecin exerçant son activité dans un établissement mentionné à l'article 511-20, la forte probabilité, pour le couple, de donner naissance à un enfant atteint d'une maladie génétique (L. n° 96-1240, 30 déc. 1996) d'une particulière gravité reconnue comme incurable au moment du diagnostic, est puni de deux ans d'emprisonnement et de 30 000 € d'amende.

Est puni des mêmes peines le fait de procéder à un diagnostic préimplantatoire :

1° Sans avoir recueilli par écrit le consentement des deux membres du couple ;

2° Ou à d'autres fins que de rechercher l'affection, de la prévenir et de la traiter ;

3° Ou hors d'un établissement autorisé à cet effet.

Art. 726-13. – L'article 511-22 est ainsi rédigé :

Art. 511-22. – Le fait de procéder à des activités d'assistance médicale à la procréation hors d'un établissement autorisé à cet effet est puni de deux ans d'emprisonnement et de 30 000 € d'amende.

Art. 726-14. – L'article 511-24 est ainsi rédigé :

Art. 511-24. – Est puni de cinq ans d'emprisonnement et de 75 000 € d'amende le fait de procéder à des activités d'assistance médicale à la procréation lorsque celles-ci ne répondent pas à la demande parentale d'un couple ou lorsque le couple bénéficiaire n'est pas composé d'un homme et d'une femme vivants, en âge de procréer, mariés ou en mesure d'apporter la preuve d'une vie commune d'au moins deux ans et ayant préalablement consenti au transfert des embryons ou à l'insémination artificielle.

Est puni des mêmes peines le fait de procéder à des activités d'assistance médicale (L. n° 96-1240, 30 déc. 1996) à la procréation en vue d'un objet autre que de remédier à une infertilité dont le caractère pathologique a été médicalement diagnostiqué ou d'éviter la transmission à un enfant d'une maladie d'une particulière gravité.

Art. 726-15. – L'article 511-25 est ainsi rédigé :

Art. 511-25. – Le fait de procéder au transfert d'un embryon sans avoir pris connaissance des résultats des tests de dépistage de maladies infectieuses exigés en application des dispositions en vigueur localement (L. n° 96-1240, 30 déc. 1996) est puni de deux ans d'emprisonnement et de 30 000 € d'amende.

CHAPITRE VII. – DISPOSITIONS DIVERSES

Art. 727-1 *(Abr., L. n° 2011-525, 17 mai 2011).*

Art. 727-2. – Le fait, en diffusant, par quelque moyen que ce soit, des informations mensongères ou calomnieuses, en jetant sur le marché des offres destinées à troubler les cours ou des sur-offres faites aux prix demandés par les vendeurs, ou en utilisant tout autre moyen frauduleux, d'opérer ou de tenter d'opérer la hausse ou la baisse artificielle du prix de biens ou de services ou d'effets publics ou privés est puni de deux ans d'emprisonnement et de 30 000 € d'amende.

Lorsque la hausse ou la baisse artificielle des prix concerne des produits alimentaires, la peine est portée à trois ans d'emprisonnement et 45 000 € d'amende.

Les personnes physiques coupables des infractions prévues au présent article encourent également les peines complémentaires suivantes :

1° L'interdiction des droits civiques, civils et de famille, suivant les modalités prévues par l'article 131-26 ;

2° L'affichage ou la diffusion de la décision prononcée dans les conditions prévues par l'article 131-35.

Art. 727-3. – *(Mod., L. n° 2009-526, 12 mai 2009)* Les personnes morales déclarées responsables pénalement, dans les conditions prévues par l'article 121-2, des infractions définies aux deux premiers alinéas de l'article 727-2 encourent, outre l'amende suivant les modalités prévues par l'article 131-38, les peines prévues par les 2° à 6° et 9° de l'article 131-39.

L'interdiction mentionnée au 2° de l'article 131-39 porte sur l'activité dans l'exercice ou à l'occasion de l'exercice de laquelle l'infraction a été commise.

PARTIE RÉGLEMENTAIRE

DÉCRETS EN CONSEIL D'ÉTAT

(D. n° 93-726, 29 mars 1993)

LIVRE PREMIER

DISPOSITIONS GÉNÉRALES

TITRE PREMIER. – DE LA LOI PÉNALE

Néant.

TITRE II. – DE LA RESPONSABILITÉ PÉNALE

Néant.

TITRE III. – DES PEINES

CHAPITRE I. – DE LA NATURE DES PEINES

Section I. – Des peines applicables aux personnes physiques

Sous-section 1. – De la suspension du permis de conduire, de l'interdiction de conduire certains véhicules, de l'immobilisation du véhicule et de l'obligation d'accomplir un stage de sensibilisation à la sécurité routière

(D. n° 2003-642, 11 juill. 2003)

§ 1. – De la suspension du permis de conduire

Art. R. 131-1. – **La juridiction qui prononce une suspension du permis de conduire en limitant cette suspension à la conduite en dehors de l'activité professionnelle définit dans sa décision la nature de cette activité et fixe les diverses conditions, notamment de lieu et de temps, auxquelles l'usage du droit de conduire est subordonné ainsi que, le cas échéant, la ou les catégories de véhicules dont la conduite est autorisée.**

Art. R. 131-2. – **L'agent de l'autorité chargé de l'exécution de la décision prononçant la suspension du permis de conduire limitée à la conduite en dehors de l'activité professionnelle remet au condamné, en échange de son permis suspendu, un certificat établi par le greffier de la juridiction. Ce certificat mentionne :**

1° La date de la décision, la juridiction qui l'a prononcée et la durée de la suspension du permis de conduire ;

2° Les nom, prénoms, date et lieu de naissance et domicile de l'intéressé ;

3° Les références du permis de conduire ainsi que les diverses indications qui y sont portées, y compris éventuellement les limitations et restrictions de validité qu'il comporte ;

4° L'activité professionnelle en vue de laquelle la conduite est autorisée, les diverses conditions, notamment de lieu et de temps, auxquelles cette autorisation est subordonnée et, le cas échéant, la ou les catégories de véhicules dont la conduite est autorisée.

Le certificat doit comporter, en outre, une photographie récente du condamné et indiquer qu'il vaut, notamment au regard de l'article R. 123 du Code de la route, justification du droit de conduire, lorsque sont respectées les conditions fixées par la juridiction.

À l'issue de la période de suspension, le permis de conduire est restitué au condamné par le greffier de la juridiction contre remise du certificat.

§ 2. – De l'interdiction de conduire certains véhicules ou des véhicules non équipés d'un éthylotest électronique antidémarrage

(Mod., D. n° 2011-1048, 5 sept. 2011)

Art. R. 131-3. – La juridiction qui prononce une interdiction temporaire de conduire certains véhicules définit dans sa décision la ou les catégories de véhicules dont la conduite est interdite et la durée de cette interdiction.

Art. R. 131-4 *(D. n° 2017-198, 16 févr. 2017)*. – Lorsque le condamné est titulaire d'un permis de conduire, l'agent de l'autorité chargé de l'exécution de la décision lui remet, en échange de ce permis, un certificat établi par le greffier de la juridiction. Ce certificat mentionne :

1° La date de la décision, la juridiction qui l'a prononcée et la durée de l'interdiction de conduire ;

2° Les nom, prénoms, date et lieu de naissance, profession et domicile de l'intéressé ;

3° Les références du permis de conduire ainsi que les diverses indications qui y sont portées, y compris éventuellement les limitations et restrictions de validité qu'il comporte ;

4° La ou les catégories de véhicules pour lesquelles le permis de conduire cesse d'être valable.

Le certificat doit comporter, en outre, une photographie récente du condamné et indiquer qu'il vaut, notamment au regard des articles R. 221-1-1 à R. 221-3 du nouveau Code de la route, justification du droit de conduire, à l'exception de la ou des catégories de véhicules pour lesquelles la juridiction a prononcé l'interdiction de conduire.

À l'issue de la période d'interdiction, le permis de conduire est restitué au condamné par le greffier de la juridiction contre remise du certificat.

Art. R. 131-4-1 *(D. n° 2011-1048, 5 sept. 2011)*. – Lorsqu'est prononcée la peine d'interdiction de conduire un véhicule qui ne soit pas équipé par un professionnel agrée ou par construction d'un dispositif homologué d'antidémarrage par éthylotest électronique, les dispositions de l'article R. 131-4 sont applicables, à l'exception du 4°.

Le certificat remis au condamné mentionne que celui-ci n'est autorisé à conduire qu'un véhicule équipé du dispositif prévu au premier alinéa. Il indique que, lorsque l'intéressé conduit un véhicule, il doit être en mesure de présenter, à toute réquisition de l'autorité publique, les documents mentionnés au 5° de l'article R. 233-1 du Code de la route.

Le certificat comporte le rappel des dispositions des articles L. 234-16 et R. 234-5 du même code.

Lorsque la peine mentionnée au premier alinéa est prononcée en même temps que celle d'annulation ou de suspension du permis de conduire, ce certificat n'est remis à la personne qu'à l'issue de l'exécution de celle-ci.

§ 3. – De l'immobilisation de véhicule

Art. R. 131-5. – L'agent de l'autorité chargé de l'exécution de la décision de justice prononçant une immobilisation de véhicule est un officier de police judiciaire ou, sous l'autorité de celui-ci, un agent de police judiciaire.

Art. R. 131-6. – L'agent de l'autorité met en demeure le condamné de présenter son véhicule aux date et lieu qu'il fixe.

Art. R. 131-7. – L'immobilisation du véhicule est exécutée dans un local dont le condamné à la libre disposition dans le département de sa résidence. À défaut, elle est exécutée dans un lieu désigné par l'agent de l'autorité.

Le condamné remet à l'agent de l'autorité le certificat d'immatriculation du véhicule immobilisé.

Un procès-verbal est dressé sur-le-champ, qui mentionne la date de la condamnation et la juridiction qui l'a prononcée, la durée de l'immobilisation, les nom, prénoms, date et lieu de naissance et domicile de l'intéressé, les date, heure et lieu d'immobilisation, les éléments d'identification du véhicule et son kilométrage.

Art. R. 131-8. – Pendant l'exécution de la peine, le véhicule est placé sous scellés et, en tant que de besoin, immobilisé par un moyen technique.

Art. R. 131-9. – L'agent de l'autorité a le droit d'accéder au lieu d'immobilisation du véhicule.

Il rend compte au procureur de la République de tout incident d'exécution.

Art. R. 131-10. – L'immobilisation cesse et le certificat d'immatriculation est restitué dès la fin de la peine.

Art. R. 131-10-1 *(D. n° 2005-320, 30 mars 2005)*. – Lorsque la peine d'immobilisation concerne un véhicule déjà immobilisé et mis en fourrière en application des dispositions de l'article L. 325-1-1 du Code de la route, l'immobilisation effectuée en application de cet article s'impute sur la durée de la peine.

Art. R. 131-11. – L'immobilisation d'un véhicule ne fait obstacle ni aux saisies ni aux confiscations ordonnées par l'autorité judiciaire ni à l'action du créancier qui disposerait d'un droit réel constitué antérieurement au prononcé de la décision de condamnation.

§ 4. – De l'obligation d'accomplir un stage de sensibilisation à la sécurité routière

(D. n° 2003-642, 11 juill. 2003)

Art. R. 131-11-1 *(D. n° 2003-642, 11 juill. 2003 ; mod., D. n° 2014-1295, 31 oct. 2014 ; D. n° 2016-1709, 12 déc. 2016)*. – Le stage de sensibilisation à la sécurité routière prévu par l'article 131-35-1 est dispensé, dans les conditions fixées par les articles R. 223-5 à R. 223-13 du Code de la route, par les personnes agréées selon les modalités définies par ces articles.

Un arrêté conjoint du garde des Sceaux, ministre de la Justice, et du ministre chargé de la sécurité routière peut fixer un programme et une durée de stage différents, sans que cette durée puisse excéder cinq jours.

Sous-section 2. – Du travail d'intérêt général

Voir : art. 131-22 et s., p. 106.

§ 1. – Des modalités d'habilitation des personnes morales et d'établissement de la liste des travaux d'intérêt général

a) Des modalités d'habilitation des personnes morales

Art. R. 131-12 *(D. n° 2007-1388, 26 sept. 2007)*. – Les personnes morales de droit privé chargées d'une mission de service public ou les associations qui désirent obtenir l'habilitation prévue au premier alinéa de l'article 131-8 en font la demande au juge de l'application des peines du ressort dans lequel elles envisagent de mettre en œuvre des travaux d'intérêt général.

Pour les personnes morales de droit privé chargées d'une mission de service public, la demande comporte :

1° La copie des statuts de la personne morale ;

2° Un extrait du registre du commerce et des sociétés (extraits K ou K *bis*) datant de moins de trois mois ;

3° Une copie des comptes annuels et des bilans du dernier exercice.

Pour les associations, la demande comporte :

1° La copie du *Journal officiel* portant publication de la déclaration de l'association ou, pour les associations déclarées dans les départements du Bas-Rhin, du Haut-Rhin et de la Moselle, une copie du registre des associations du tribunal d'instance ;

2° Un exemplaire des statuts et, s'il y a lieu, du règlement intérieur de l'association ;

3° La liste des établissements de l'association avec indication de leur siège ;

4° Un exposé indiquant les conditions de fonctionnement de l'association et, le cas échéant, l'organisation et les conditions de fonctionnement des comités locaux, ainsi que leurs rapports avec l'association ;

5° La mention des nom, prénoms, date et lieu de naissance, nationalité, profession et domicile des membres du conseil d'administration et du bureau de l'association ainsi que, le cas échéant, ceux de leurs représentants locaux ;

6° Les pièces financières qui doivent comprendre les comptes du dernier exercice, le budget de l'exercice courant et un bilan ou un état de l'actif mobilier et immobilier et du passif.

Art. R. 131-13 *(Rempl., D. n° 2010-671, 18 juin 2010 ; D. n° 2018-329, 3 mai 2018)*. – Le juge de l'application des peines procède à toutes diligences qu'il juge utiles. Il peut, notamment, consulter le conseil départemental de prévention de la délinquance et de lutte contre la drogue, les dérives sectaires et les violences faites aux femmes qui dispose alors d'un délai de deux mois pour donner son avis. Il communique ensuite au procureur de la République la demande d'habilitation et les éléments d'information recueillis par lui. Au vu de l'avis du procureur de la République ou un mois au plus tôt après lui avoir communiqué la demande d'habilitation, le juge de l'application des peines statue sur celle-ci.

Le juge de l'application des peines communique sa décision d'habilitation au président du tribunal de grande instance, au procureur de la République et au conseil départemental mentionné au premier alinéa. Il informe de cette décision l'assemblée générale des magistrats du siège et du parquet du tribunal ou, dans les tribunaux où sa constitution est obligatoire, la commission restreinte, lors de sa prochaine réunion.

L'habilitation accordée est valable pour une durée de cinq ans.

Art. R. 131-14 *(Abr., D. n° 2010-671, 18 juin 2010)*.

Art. R. 131-15 *(Mod., D. n° 2007-1388, 26 sept. 2007)*. – La personne morale habilitée porte à la connaissance du juge de l'application des peines toute modification de l'un des éléments mentionnés à l'article R. 131-12. Elle est tenue de faire parvenir chaque année le budget et ses comptes.

Art. R. 131-16 *(Mod., D. n° 2010-671, 18 juin 2010)*. – Le président du tribunal de grande instance ou le procureur de la République peut saisir l'assemblée générale des magistrats du siège et du parquet ou, dans les tribunaux où sa constitution est obligatoire, la commission restreinte, aux fins de retrait de l'habilitation. L'assemblée générale ou la commission statue à la majorité des membres présents au vu des observations du représentant de la personne morale concernée et après rapport du juge de l'application des peines.

En cas d'urgence, le juge de l'application des peines peut, sur proposition ou après avis conforme du procureur de la République, retirer provisoirement l'habilitation jusqu'à la décision de la prochaine assemblée générale ou commission restreinte.

Art. R.131-16-1 *(D. n° 2011-1310, 17 oct. 2011)*. – Par dérogation aux articles R. 131-12 à R. 131-16, l'habilitation peut être délivrée par le ministre de la Justice lorsqu'il s'agit d'une association ou d'une personne morale de droit privé chargée d'une mission de service public exerçant ou ayant vocation à exercer son activité sur l'ensemble du territoire national.

Pour les associations, la demande d'habilitation comporte la copie du *Journal officiel* portant publication de la déclaration de l'association, un exemplaire des statuts, ainsi que l'identité de ses dirigeants.

Pour les personnes morales de droit privé chargées d'une mission de service public, la demande comporte la copie des statuts de la personne morale ainsi qu'un extrait du registre du commerce et des sociétés (extraits K ou K *bis*) datant de moins de trois mois.

La personne morale habilitée porte à la connaissance du ministre de la Justice toute modification de l'un des éléments mentionnés aux deux alinéas précédents.

Les habilitations sont accordées pour une durée de cinq ans et pour l'ensemble du territoire national.

La liste des personnes morales habilitées est fixée par arrêté du ministre de la Justice.

b) De l'établissement de la liste des travaux d'intérêt général

Art. R. 131-17 *(Mod., D. n° 2007-1388, 26 sept. 2007 ; D. n° 2010-671, 18 juin 2010)*. – Les collectivités publiques, les établissements publics les personnes morales de droit privé chargées d'une mission de service public ; et les associations qui désirent faire inscrire des travaux d'intérêt général sur la liste prévue par l'article R. 131-36 en font la demande au juge de l'application des peines du ressort dans lequel ils envisagent de faire exécuter ces travaux.

Pour les collectivités publiques et les établissements publics, la demande mentionne les nom, prénoms, date et lieu de naissance ainsi que les fonctions des représentants qualifiés.

Pour les personnes morales de droit privé qui ne sont pas encore habilitées, la demande prévue par le premier alinéa du présent article est jointe à la demande d'habilitation. Pour les associations déjà habilitées, elle comporte mention de la date de cette habilitation sans qu'il soit nécessaire de demander une nouvelle habilitation.

À la demande est annexée une note indiquant la nature et les modalités d'exécution des travaux proposés, les nom, prénoms, date et lieu de naissance et qualité des personnes chargées de l'encadrement technique ainsi que le nombre de postes de travail susceptibles d'être offerts.

Art. R. 131-18 *(Mod., D. n° 2010-671, 18 juin 2010 ; D. n°2018-329, 3 mai 2018)*. – Le juge de l'application des peines procède à toutes diligences et consultations utiles. À cette fin, il adresse copie de la demande au conseil départemental de prévention de la délinquance et de lutte contre la drogue, les dérives sectaires et les violences faites aux femmes.

Art. R. 131-19 *(Mod., D. n° 2010-671, 18 juin 2010)*. – Après que le procureur de la République a donné son avis ou dix jours au plus tôt après l'avoir saisi, le juge de l'application des peines prend sa décision en tenant compte de l'utilité sociale des travaux proposés et des perspectives d'insertion sociale ou professionnelle qu'ils offrent aux condamnés. Il communique sa décision au président du tribunal de grande instance, au procureur de la République et au conseil départemental mentionné à l'article R. 131-18.

Art. R. 131-20. – La radiation d'un travail inscrit sur la liste peut être prononcée selon la procédure prévue par l'article R. 131-19.

c) Dispositions diverses

Art. R. 131-21 *(Mod., D. n° 2010-671, 18 juin 2010)*. – Toutes les décisions relatives à l'habilitation ou au retrait d'habilitation des associations sont portées à la connaissance du garde des sceaux et du préfet par le juge de l'application des peines.

Art. R. 131-22. – Les organismes mettant en œuvre des travaux d'intérêt général adressent chaque année un rapport au juge de l'application des peines.

§ 2. – De l'exécution du travail d'intérêt général

a) De la décision du juge de l'application des peines fixant les modalités d'exécution du travail d'intérêt général

Art. R. 131-23. – Le juge de l'application des peines fixe les modalités d'exécution du travail d'intérêt général.

Sa décision précise :

1° L'organisme au profit duquel le travail sera accompli ;

2° Le travail ou les travaux que le condamné accomplira ;

3° Les horaires de travail.

La décision prise en application du présent article peut être modifiée à tout moment.

Art. R. 131-24. – Le juge de l'application des peines choisit un travail d'intérêt général parmi ceux inscrits sur la liste de son ressort ou, avec l'accord du juge de l'application des peines territorialement compétent, sur la liste d'un autre ressort.

Art. R. 131-25. – Lorsqu'un condamné exerce une activité salariée, la durée hebdomadaire cumulée de cette activité et du travail d'intérêt général ne peut excéder de plus de douze heures, la durée légale du travail.

Art. R. 131-26. – La durée du travail d'intérêt général n'inclut pas les délais de route et le temps des repas.

Art. R. 131-27. – Le juge de l'application des peines notifie sa décision au condamné et à l'organisme au profit duquel le travail d'intérêt général sera accompli. Il en donne avis au procureur de la République.

Art. R. 131-28. – Avant d'exécuter sa peine, le condamné se soumet à un examen médical qui a pour but :

1° De rechercher s'il n'est pas atteint d'une affection dangereuse pour les autres travailleurs ;

2° De s'assurer qu'il est médicalement apte au travail auquel le juge de l'application des peines entend l'affecter ;

3° De s'assurer, si le travail auquel le juge de l'application des peines entend l'affecter doit s'exercer dans un établissement ou organisme public ou privé de prévention ou de soins visé à l'article L. 10 du Code de la santé publique et l'expose à des risques de contamination, qu'il est immunisé contre les maladies mentionnées à cet article.

b) Du contrôle de l'exécution du travail d'intérêt général

Art. R. 131-29. – Le juge de l'application des peines s'assure de l'exécution du travail d'intérêt général soit par lui-même, soit par l'intermédiaire d'un agent de probation.

Si le travail à exécuter est inscrit sur la liste d'un autre ressort, il délègue son pouvoir de contrôle au juge de l'application des peines territorialement compétent.

Art. R. 131-30. – Pour chaque condamné, l'organisme au profit duquel le travail d'intérêt général est effectué fait connaître au juge de l'application des peines ou à l'agent de probation le responsable désigné pour assurer la direction et le contrôle technique du travail.

Art. R. 131-31. – Le juge de l'application des peines ou l'agent de probation s'assure de l'exécution du travail auprès du responsable désigné. Il visite, le cas échéant, le condamné sur son lieu de travail.

Art. R. 131-32. – Le responsable désigné informe sans délai le juge de l'application des peines ou l'agent de probation de toute violation de l'obligation de travail et de tout incident causé ou subi par le condamné à l'occasion de l'exécution de son travail.

Art. R. 131-33. – En cas de danger immédiat pour le condamné ou pour autrui ou en cas de faute grave du condamné, le responsable désigné peut suspendre l'exécution du travail. Il en informe sans délai le juge de l'application des peines ou l'agent de probation.

Art. R. 131-34. – L'organisme au profit duquel le travail d'intérêt général a été accompli délivre au juge de l'application des peines ou à l'agent de probation ainsi qu'au condamné un document attestant que ce travail a été exécuté.

Sous-section 3. – De la peine de stage de citoyenneté

(D. n° 2004-1021, 27 sept. 2004)

§ 1. – Objet et durée du stage

Art. R. 131-35 *(D. n° 2004-1021, 27 sept. 2004)*. – Le stage de citoyenneté prévu à l'article 131-5-1 et rendu applicable aux mineurs de 13 à 18 ans par l'article 20-4-1 de l'ordonnance n° 45-174 du 2 février 1945 relative à l'enfance délinquante a pour objet de rappeler au condamné les valeurs républicaines de tolérance et de respect de la dignité de la personne humaine et de lui faire prendre conscience de sa responsabilité pénale et civile ainsi que des devoirs qu'implique la vie en société. Il vise également à favoriser son insertion sociale.

Lorsqu'il concerne une personne condamnée pour une infraction commise avec la circonstance aggravante prévue par l'article 132-76, il rappelle en outre à l'intéressé l'existence des crimes contre l'humanité, notamment ceux commis pendant la Seconde Guerre mondiale.

Art. R. 131-36 *(D. n° 2004-1021, 27 sept. 2004)*. – La durée du stage de citoyenneté est fixée par la juridiction en tenant compte, pour le condamné majeur de ses obligations familiales, sociales ou professionnelles, pour le condamné mineur de ses obligations scolaires et de sa situation familiale. Elle ne peut excéder un mois.

La durée journalière de formation effective ne peut excéder six heures. Pour le mineur, elle doit être adaptée en fonction de son âge et de sa personnalité.

§ 2. – Organisation du stage
(D. n° 2004-1021, 27 sept. 2004)

Art. R. 131-37 *(D. n° 2004-1021, 27 sept. 2004)*. – Le stage de citoyenneté est organisé en sessions collectives, continues ou discontinues, composées d'un ou plusieurs modules de formation adaptés à la personnalité des condamnés et à la nature de l'infraction commise. Pour les mineurs, les modules sont en outre adaptés à leur âge.

(Deuxième al. suppr., D. n° 2015-1272, 13 oct. 2015).

Les stages sont mis en œuvre sous le contrôle du délégué du procureur de la République du lieu d'exécution de la peine. Ils peuvent également être mis en œuvre sous le contrôle du service pénitentiaire d'insertion ou de probation.

Le contenu du stage de citoyenneté fait l'objet d'un projet élaboré par la personne ou le service chargé de procéder au contrôle de sa mise en œuvre. Ce projet est validé par le procureur de la République après avis du président du tribunal de grande instance.

Art. R. 131-38 *(D. n° 2004-1021, 27 sept. 2004)*. – Les modules du stage de citoyenneté peuvent être élaborés avec le concours des collectivités territoriales et des établissements publics et, le cas échéant, de personnes morales de droit privé ou de personnes physiques participant à des missions d'intérêt général, notamment d'accès au droit.

Lorsqu'un module de formation est élaboré avec l'une des personnes publiques ou privées mentionnées à l'alinéa précédent, il fait l'objet d'une convention entre le procureur de la République, agissant au nom de l'État, et cette personne. Cette convention précise le contenu de ce module, sa durée, les objectifs particuliers qui lui sont assignés, les modalités de la prestation assurée par la personne privée ou publique ainsi que les modalités de financement des frais engagés.

§ 3. – Déroulement et fin du stage
(D. n° 2004-1021, 27 sept. 2004)

Art. R. 131-39 *(D. n° 2004-1021, 27 sept. 2004)*. – Préalablement à la mise en œuvre du stage, la personne ou le service qui en a la charge reçoit le condamné et lui en expose les objectifs. Il lui précise les conséquences du non-respect de ses obligations résultant du stage, telles qu'elles découlent de l'article 434-41 ou telles qu'elles ont été, le cas échéant, fixées par la juridiction en application de l'article 131-9.

Art. R. 131-40 *(D. n° 2004-1021, 27 sept. 2004)*. – Une attestation de fin de stage est délivrée au condamné, qui l'adresse à la personne ou au service chargé d'en contrôler la mise en œuvre.

§ 4. – Dispositions spécifiques applicables aux mineurs
(D. n° 2004-1021, 27 sept. 2004)

Art. R. 131-41 *(D. n° 2004-1021, 27 sept. 2004)*. – Lorsque le stage de citoyenneté concerne des mineurs, il est élaboré et mis en œuvre sous le contrôle d'un service du secteur public de protection judiciaire de la jeunesse. Le projet de stage est transmis par le responsable de ce service au directeur départemental de la protection judiciaire de la jeunesse. Pour en autoriser la mise en œuvre, le directeur recueille l'avis du juge des enfants et l'accord du procureur de la République du lieu où se déroulera habituellement le stage.

Art. R. 131-42 *(D. n° 2004-1021, 27 sept. 2004)*. – La convention prévue à l'article R. 131-38 est passée entre les personnes mentionnées au premier alinéa de cet article et le service du secteur public de la protection judiciaire de la jeunesse.

Le directeur départemental de la protection judiciaire de la jeunesse informe le juge des enfants et le procureur de la République de l'identité des services mettant en œuvre des stages de citoyenneté pour les mineurs dans le département et du contenu de ces stages.

Art. R. 131-43 *(D. n° 2004-1021, 27 sept. 2004)*. – Les formalités prévues à l'article R. 131-39 sont accomplies en présence des parents, du tuteur, du responsable de l'établissement ou de la personne à qui le mineur est confié, ou ceux-ci dûment convoqués.

Le stage se déroule sous le contrôle et en présence permanente d'un personnel éducatif du service chargé de sa mise en œuvre. En cas de difficulté d'exécution du stage liée notamment au comportement du mineur, le représentant du service peut en suspendre l'exécution. Il en informe alors sans délai le juge des enfants et le procureur de la République et leur adresse un rapport.

Art. R. 131-44 *(D. n° 2004-1021, 27 sept. 2004)*. – En fin de stage, le service en charge de la mesure reçoit le mineur et les parents, le tuteur, le responsable de l'établissement ou la personne à qui le mineur est confié afin d'établir un bilan du déroulement du stage et de vérifier que ses objectifs ont été atteints.

Dans le délai d'un mois suivant la fin du stage, un rapport de synthèse est transmis par le service au juge des enfants et au procureur de la République.

Sous-section 4. – De la peine de sanction-réparation

(D. n° 2007-1388, 26 sept. 2007)

Art. R. 131-45. – Dès que la condamnation est exécutoire, la personne condamnée à la peine de sanction-réparation est informée par le procureur de la République ou par son délégué qu'elle doit lui adresser, au plus tard à l'expiration du délai fixé pour indemniser la victime ou procéder à la remise en état des lieux, la justification qu'il a été procédé à cette indemnisation ou à cette remise en état. Si l'indemnisation se fait en plusieurs fois selon des modalités fixées par la juridiction, la justification doit intervenir pour chaque versement, sauf décision contraire du procureur ou de son délégué.

Lorsque la réparation s'exécute en nature et consiste en une remise en état des lieux, ou en cas de retard dans l'indemnisation de la victime, le délégué du procureur peut convoquer le condamné, le cas échéant avec la partie civile, afin de faciliter l'exécution de la peine ou d'en vérifier l'exécution.

Sous-section 5. – De la peine de stage de sensibilisation aux dangers de l'usage de produits stupéfiants

(D. n° 2007-1388, 26 sept. 2007)

Art. R. 131-46. – Le stage de sensibilisation aux dangers de l'usage de produits stupéfiants prévu à l'article 131-35-1 a pour objet de faire prendre conscience au condamné des conséquences dommageables pour la santé humaine et pour la société de l'usage de tels produits.

Art. R. 131-47 *(D. n° 2016-1709, 12 déc. 2016)*. – Les dispositions des articles R. 131-36 à R. 131-44 sont applicables à ces stages, dont les modules peuvent être élaborés avec le concours des personnes privées dont l'activité est d'assister ou d'aider les usagers de stupéfiants, telles que les associations de lutte contre la toxicomanie et le trafic de stupéfiants prévues à l'article 2-16 du Code de procédure pénale.

Sous-section 6. – De la peine de stage de responsabilité parentale

(D. n° 2007-1388, 26 sept. 2007)

Art. R. 131-48. – Le stage de responsabilité parentale prévu à l'article 131-35-1 a pour objet de rappeler au condamné les obligations juridiques, économiques, sociales et morales qu'implique l'éducation d'un enfant.

Art. R. 131-49 *(D. n° 2016-1709, 12 déc. 2016)*. – Les dispositions des article R. 131-36 à R. 131-44 sont applicables à ce stage, dont les modules peuvent être élaborés avec le concours des personnes publiques ou privées mettant en œuvre les accompagnements parentaux prévus par l'article L. 141-1 du Code de l'action sociale et des familles.

Sous-section 7. – De la peine de confiscation d'un animal

(D. n° 2007-1388, 26 sept. 2007)

Art. R. 131-50. – Lorsque la juridiction qui prononce la peine de confiscation d'un animal prévue par l'article 131-21-1 ordonne que l'animal sera remis à une fondation ou à une association sans préciser l'identité de cette personne morale, le procureur de la République met à exécution cette peine auprès de la personne morale qu'il détermine.

Art. R. 131-51. – Lorsqu'en application des dispositions de l'article 99-1 du Code de procédure pénale l'animal confisqué a été placé au cours d'une procédure dirigée contre une personne qui n'en est pas propriétaire, la juridiction se prononce sur la mise à la charge du condamné des frais de placement.

Sous-section 8. – De la peine de stage de responsabilisation pour la prévention et la lutte contre les violences au sein du couple et sexistes

(D. n° 2016-1709, 12 déc. 2016)

Art. R. 131-51-1. – Le contenu du stage de responsabilisation pour la prévention et la lutte contre les violences au sein du couple et sexistes doit permettre de rappeler au condamné le principe républicain d'égalité entre les femmes et les hommes, la gravité des violences, quelle que soit leur forme, au sein du couple ou à caractère sexiste et, le cas échéant, le devoir de respect mutuel qu'implique la vie en couple. Il vise également à lui faire prendre conscience de sa responsabilité pénale et civile pour les faits commis.

Art. R. 131-51-2. – Les dispositions des articles R. 131-36 à R. 131-44, qui régissent le stage de citoyenneté, sont applicables à ces stages, dont les modules de formation peuvent être élaborés avec le concours des personnes publiques ou privées dont l'activité est d'assister ou d'aider les victimes.

Sous-section 9. – De la peine de stage de sensibilisation à la lutte contre l'achat d'actes sexuels

(D. n° 2016-1709, 12 déc. 2016)

Art. R. 131-51-3. – Le contenu du stage de sensibilisation à la lutte contre l'achat d'actes sexuels doit permettre de rappeler au condamné ce que sont les réalités de la prostitution et les conséquences de la marchandisation du corps. Il vise également à lui faire prendre conscience de sa responsabilité pénale et civile pour les faits commis.

Art. R. 131-51-4. – Les dispositions des articles R. 131-36 à R. 131-44, qui régissent le stage de citoyenneté, sont applicables à ces stages, dont les modules de formation peuvent être élaborés avec le concours des personnes publiques ou privées dont l'activité est d'assister ou d'aider les victimes de la prostitution.

Section II. – Des peines applicables aux personnes morales

Art. R. 131-52. – Le mandataire de justice prévu par l'article 131-46 est choisi soit parmi les personnes inscrites sur la liste prévue par l'article 2 de la loi n° 85-99 du 25 janvier 1985 relative aux administrateurs judiciaires, aux mandataires judiciaires à la liquidation des entreprises et experts en diagnostic d'entreprise, soit parmi celles inscrites sur l'une des listes prévues par l'article 157 du Code de procédure pénale. Toutefois, à titre exceptionnel, la juridiction peut, par décision motivée, désigner comme mandataire une personne physique ne figurant sur aucune des listes précitées mais ayant une expérience ou une qualification particulière.

Art. R. 131-53. – Lorsqu'il existe, au sein d'une personne morale citée ou amenée à comparaître devant une juridiction de jugement, des représentants du personnel, le ministère public les avise de la date et de l'objet de l'audience, par lettre recommandée adressée dix jours au moins avant la date de l'audience.

Lorsque le personnel de cette personne morale est régi par les dispositions du Code du travail relatives à la représentation des salariés, l'avis mentionné au premier alinéa est adressé au secrétaire du comité d'entreprise ou, le cas échéant, au secrétaire du comité central d'entreprise et, en l'absence de tels comités, aux délégués du personnel titulaire.

CHAPITRE II. – DU RÉGIME DES PEINES

(D. n° 2003-642, 11 juill. 2003)

Section I. – Dispositions générales

Néant.

Section II. – Des modes de personnalisation des peines

Sous-section 1 à 3

Néant.

Sous-section 4. – Du sursis avec mise à l'épreuve

Art. R. 132-45 *(D. n° 2016-1709, 12 déc. 2016 ; D. n° 2017-198, 16 févr. 2017).* – **Lorsque le sursis avec mise à l'épreuve comprend l'obligation mentionnée au 7° de l'article 132-45, les dispositions des articles R. 131-3 à R. 131-4-1 sont applicables.**

Lorsqu'il comprend comme obligation l'accomplissement d'un stage de sensibilisation à la sécurité routière prévu au 15° de l'article 132-45, les dispositions de l'article R. 131-11-1 sont applicables.

Lorsqu'il comprend comme obligation l'accomplissement d'un stage de citoyenneté prévu au 18° de l'article 132-45, les dispositions des articles R. 131-36 à R. 131-44 qui régissent le stage de citoyenneté sont applicables.

Lorsqu'il comprend comme obligation l'accomplissement d'un stage de responsabilisation pour la prévention et la lutte contre les violences au sein du couple et sexistes prévu au 20° de l'article 132-45, les dispositions des articles R. 131-51-1 et R. 131-51-2 sont applicables.

Lorsque le stage n'a pas été organisé par le service pénitentiaire d'insertion et de probation, son accomplissement donne lieu à la remise au condamné d'une attestation que celui-ci adresse au service pénitentiaire d'insertion et de probation. Ce service en avise le juge de l'application des peines.

Voir : Arrêté 25 févr. 2004 relatif aux documents établis à l'occasion du suivi des stages de sensibilisation à la sécurité routière (*JO* 13 mars 2004) mod. Arrêté 2 mai 2013 (*JO* 17 mai 2013).

CHAPITRE III. – DE L'EXTINCTION DES PEINES ET DE L'EFFACEMENTDES CONDAMNATIONS

Section I

Néant.

Section II. – De la grâce

Voir : art. 133-7 s., p. 176.

Art. R. 133-1 *(D. n° 95-152, 7 févr. 1995).* – **Les recours en grâce sont instruits par le ministre de la Justice après, le cas échéant, examen préalable par le ou les ministres intéressés.**

Art. R. 133-2 *(D. n° 95-152, 7 févr. 1995).* – **Le décret de grâce, signé par le Président de la République, est contresigné par le Premier ministre, par le ministre de la Justice et, le cas échéant, le ou les ministres ayant procédé à l'examen préalable du recours.**

LIVRE DEUXIÈME

DES CRIMES ET DÉLITS CONTRE LES PERSONNES

TITRE PREMIER. – DES CRIMES CONTRE L'HUMANITÉ

Néant.

TITRE II. – DES ATTEINTES À LA PERSONNE HUMAINE

CHAPITRE I. – DES ATTEINTES À LA VIE DE LA PERSONNE

Néant.

CHAPITRE II. – DES ATTEINTES À L'INTÉGRITÉ PHYSIQUE OU PSYCHIQUE DE LA PERSONNE

Néant.

CHAPITRE III. – DE LA MISE EN DANGER DE LA PERSONNE

Néant.

CHAPITRE IV. – DES ATTEINTES AUX LIBERTÉS DE LA PERSONNE

Néant.

CHAPITRE V. – DES ATTEINTES À LA DIGNITÉ DE LA PERSONNE

Néant.

CHAPITRE VI. – DES ATTEINTES À LA PERSONNALITÉ

Section I. – De l'atteinte à la vie privée

Art. R. 226-1 ***(D. n° 97-757, 10 juill. 1997 ; D. n° 2016-67, 29 janv. 2016).*** **– La liste d'appareils et de dispositifs techniques prévue par l'article 226-3 est établie par arrêté du Premier ministre.**

Par dérogation aux dispositions de l'article 1er du décret n° 97-34 du 15 janvier 1997 relatif à la déconcentration des décisions administratives individuelles, les autorisations prévues aux articles R. 226-3 et R. 226-7 sont délivrées par le Premier ministre.

Arrêté du 4 juillet 2012

fixant la liste d'appareils et de dispositifs techniques prévue par l'article 226-3 du Code pénal *(JO 1er août 2012 ; mod., A. 11 août 2016 : JO 25 août 2016)*

Art. 1er. – La liste prévue par l'article 226-3 du Code pénal des appareils et des dispositifs techniques soumis à l'autorisation mentionnée à l'article R. 226-3 de ce code figure en annexe I au présent arrêté.

Art. 2. – La liste prévue par l'article 226-3 du Code pénal des appareils et des dispositifs techniques soumis à l'autorisation mentionnée à l'article R. 226-7 de ce code figure en annexe II au présent arrêté.

Art. 3. – L'arrêté du 29 juillet 2004 fixant la liste d'appareils prévue par l'article 226-3 du Code pénal est abrogé.

Annexe I

Appareils et dispositifs techniques soumis à autorisation
en application de l'article R. 226-3 du Code pénal

1. Appareils, à savoir tous dispositifs matériels et logiciels, de nature à permettre l'interception, l'écoute, l'analyse, la retransmission, l'enregistrement ou le traitement de correspondances émises, transmises ou reçues sur des réseaux de communications électroniques, opérations pouvant constituer l'infraction prévue par le deuxième alinéa de l'article 226-15 du Code pénal.

Entrent notamment dans cette catégorie :

- les appareils dont les fonctionnalités qui participent à l'interception, l'écoute, l'analyse, la retransmission, l'enregistrement ou le traitement de correspondances ne sont pas activées, quel que soit le moyen d'activation ;
- les appareils qui permettent aux opérateurs de communications électroniques de connecter les équipements de leurs clients au cœur de leur réseau radioélectrique mobile ouvert au public, dès lors que ces appareils disposent de fonctionnalités, pouvant être configurées et activées à distance, permettant de dupliquer les correspondances des clients, à l'exclusion des appareils installés chez ceux-ci ;
- les appareils permettant, par des techniques non intrusives d'induction électromagnétique ou de couplage optique, d'intercepter ou d'écouter les correspondances transitant sur les câbles filaires ou les câbles optiques des réseaux de communications électroniques.

N'entrent pas dans cette catégorie :

- les appareils de tests et de mesures utilisables exclusivement pour l'établissement, la mise en service, le réglage et la maintenance des réseaux et systèmes de communications électroniques ;
- les appareils conçus pour un usage grand public et permettant uniquement l'exploration manuelle ou automatique du spectre radioélectrique en vue de la réception et de l'écoute de fréquences ;
- les dispositifs permettant de réaliser l'enregistrement des communications reçues ou émises par des équipements terminaux de télécommunications, lorsque cet enregistrement fait partie des fonctionnalités prévues par les caractéristiques publiques de ces équipements.

2. Appareils qui, spécifiquement conçus pour détecter à distance les conversations afin de réaliser à l'insu du locuteur l'interception, l'écoute ou la retransmission de la parole, directement ou indirectement, par des moyens acoustiques, électromagnétiques ou optiques, permettent de réaliser l'infraction prévue par l'article 226-1 du Code pénal.

Entrent dans cette catégorie :

- les dispositifs microémetteurs permettant la retransmission de la voix par moyens hertziens, optiques ou filaires, à l'insu du locuteur ;
- les appareils d'interception du son à distance de type microcanon ou équipés de dispositifs d'amplification acoustique ;
- les systèmes d'écoute à distance par faisceaux laser.

3. Dispositifs techniques, à savoir tous matériels ou logiciels, spécifiquement conçus pour, sans le consentement des intéressés, accéder aux données informatiques, les enregistrer, les conserver et les transmettre, telles qu'elles s'affichent sur un écran pour l'utilisateur d'un système de traitement automatisé de données ou telles qu'il les y introduit par saisie de caractères, opérations ayant pour objet la captation de données informatiques prévue par l'article 706-102-1 du Code de procédure pénale.

N'entrent pas dans cette catégorie les dispositifs de tests et de mesures des signaux radioélectriques émis par un équipement électronique destinés exclusivement à évaluer la compatibilité ou le champ électromagnétique.

Annexe II

Appareils et dispositifs techniques soumis à autorisation en application de l'article R. 226-7 du Code pénal

1. Appareils, à savoir tous dispositifs matériels et logiciels, conçus pour réaliser l'interception, l'écoute, l'analyse, la retransmission, l'enregistrement ou le traitement de correspondances émises, transmises ou reçues sur des réseaux de communications électroniques, opérations pouvant constituer l'infraction prévue par le deuxième alinéa de l'article 226-15 du Code pénal.

Entrent notamment dans cette catégorie :

- les appareils dont les fonctionnalités qui participent à l'interception, l'écoute, l'analyse, la retransmission, l'enregistrement ou le traitement de correspondances ne sont pas activées, quel que soit le moyen d'activation ;

- les appareils qui permettent aux opérateurs de communications électroniques de connecter les équipements de leurs clients au cœur de leur réseau radioélectrique mobile ouvert au public, dès lors que ces appareils disposent de fonctionnalités, pouvant être configurées et activées à distance, permettant de dupliquer les correspondances des clients, à l'exclusion des appareils installés chez ceux-ci ;

- les appareils permettant, par des techniques non intrusives d'induction électromagnétique ou de couplage optique, d'intercepter ou d'écouter les correspondances transitant sur les câbles filaires ou les câbles optiques des réseaux de communications électroniques.

N'entrent pas dans cette catégorie :

- les appareils de tests et de mesures acquis exclusivement pour l'établissement, la mise en service, le réglage et la maintenance des réseaux et systèmes de communications électroniques ;

- les dispositifs permettant de réaliser l'enregistrement des communications reçues ou émises par des équipements terminaux de télécommunications, lorsque cet enregistrement fait partie des fonctionnalités prévues par les caractéristiques publiques de ces équipements.

2. Appareils permettant l'analyse du spectre radioélectrique ou son exploration manuelle ou automatique en vue de la réception et de l'écoute des fréquences n'appartenant pas aux bandes de fréquences attribuées seules ou en partage par le tableau national de répartition des bandes de fréquences au service de radiodiffusion, ou au service radioamateur, ou aux installations radioélectriques pouvant être établies librement en application de l'article L. 33-3 du Code des postes et des communications électroniques, ou aux postes émetteurs et récepteurs fonctionnant sur les canaux banalisés dits « CB ».

3. Appareils qui, spécifiquement conçus pour détecter à distance les conversations afin de réaliser à l'insu du locuteur l'interception, l'écoute ou la retransmission de la parole, directement ou indirectement, par des moyens acoustiques, électromagnétiques ou optiques, permettent de réaliser l'infraction prévue par l'article 226-1 du Code pénal.

Entrent dans cette catégorie :

- les dispositifs microémetteurs permettant la retransmission de la voix par moyens hertziens, optiques ou filaires, à l'insu du locuteur ;

- les appareils d'interception du son à distance de type microcanon ou équipés de dispositifs d'amplification acoustique ;

- les systèmes d'écoute à distance par faisceaux laser.

4. Dispositifs techniques, à savoir tous matériels ou logiciels, spécifiquement conçus pour, sans le consentement des intéressés, accéder aux données informatiques, les enregistrer, les conserver et les transmettre, telles qu'elles s'affichent sur un écran pour l'utilisateur d'un système de traitement automatisé de données ou telles qu'il les y introduit par saisie de caractères, opérations ayant pour objet la captation de données informatiques prévue par l'article 706-102-1 du Code de procédure pénale.

N'entrent pas dans cette catégorie les dispositifs de tests et de mesures des signaux radioélectriques émis par un équipement électronique, destinés exclusivement à évaluer la compatibilité ou le champ électromagnétique.

Art. R. 226-2 *(D. n° 97-757, 10 juill. 1997 ; mod., D. n° 2009-1657, 24 déc. 2009 ; D. n° 2016-67, 29 janv. 2016)*. – Il est institué auprès du Premier ministre une commission consultative composée comme suit :

1° Le directeur général de l'Agence nationale de la sécurité des systèmes d'information ou son représentant, président ;

2° Un représentant du ministre de la Justice ;

3° Un représentant du ministre de l'Intérieur ;

4° Un représentant du ministre de la Défense ;

5° Un représentant du ministre chargé des Douanes ;

6° Un représentant du ministre chargé de l'Industrie ;

7° Un représentant du ministre chargé des Télécommunications ;

8° Un représentant de la Commission nationale de contrôle des techniques de renseignement ;

9° Un représentant du directeur général de l'Agence nationale des fréquences ;

10° Deux personnalités choisies en raison de leur compétence, désignées par le Premier ministre.

La commission peut entendre, à titre d'expert, toute personne compétente.

Elle est saisie pour avis des projets d'arrêtés pris en application des articles R. 226-1 et R. 226-10. Elle peut formuler des propositions de modification de ces arrêtés.

Elle est également consultée sur les demandes d'autorisation présentées en application des articles R. 226-3 et R. 226-7.

Le secrétariat de la commission est assuré par l'Agence nationale de la sécurité des systèmes d'information.

Art. R. 226-3 *(Mod., D. n° 97-757, 10 juill. 1997 ; D. n° 2016-67, 29 janv. 2016)*. – La fabrication, l'importation, l'exposition, l'offre, la location ou la vente de tout appareil ou dispositif technique figurant sur la liste mentionnée à l'article R. 226-1 est soumise à une autorisation délivrée par le Premier ministre, après avis de la commission mentionnée à l'article R. 226-2.

Art. R. 226-4 *(Mod., D. n° 97-757, 10 juill. 1997 ; D. n° 2009-1657, 24 déc. 2009 ; D. n° 2016-67, 29 janv. 2016)*. – La demande d'autorisation est déposée auprès du directeur général de l'Agence nationale de la sécurité des systèmes d'information. Elle comporte pour chaque type d'appareil ou de dispositif technique :

1° Le nom et l'adresse du demandeur, s'il est une personne physique, ou sa dénomination et son siège, s'il est une personne morale ;

2° La ou les opérations mentionnées à l'article R. 226-3 pour lesquelles l'autorisation est demandée et, le cas échéant, la description des marchés visés ;

3° L'objet et les caractéristiques techniques du type de l'appareil, ou du dispositif technique accompagnés d'une documentation technique ;

4° Le lieu prévu pour la fabrication de l'appareil ou du dispositif technique ou pour les autres opérations mentionnées à l'article R. 226-3 ;

5° L'engagement de se soumettre aux contrôles nécessaires à la vérification du respect des indications fournies dans la demande d'autorisation.

Art. R. 226-5 *(D. n° 2016-67, 29 janv. 2016)*. – L'autorisation mentionnée à l'article R. 226-3 est délivrée pour une durée maximale de six ans.

Elle peut fixer les conditions de réalisation de l'opération et le nombre des appareils ou des dispositifs techniques concernés.

Elle est accordée de plein droit aux services de l'État désignés par arrêté du Premier ministre pour la fabrication d'appareils ou de dispositifs techniques.

Art. R. 226-6 *(Mod., D. n° 97-757, 10 juill. 1997 ; D. n° 2016-67, 29 janv. 2016)*. – Chaque appareil ou dispositif technique fabriqué, importé, exposé, offert, loué ou vendu doit porter la référence du type correspondant à la demande d'autorisation et un numéro d'identification individuel.

Art. R. 226-7 *(Mod., D. n° 97-757, 10 juill. 1997 ; D. n° 2016-67, 29 janv. 2016)*. – L'acquisition ou la détention de tout appareil ou dispositif technique figurant sur la liste mentionnée à l'article R. 226-1 est soumise à une autorisation délivrée par le Premier ministre, après avis de la commission mentionnée à l'article R. 226-2.

Art. R. 226-8 *(Mod., D. n° 97-757, 10 juill. 1997 ; D. n° 2009-1657, 24 déc. 2009 ; D. n° 2016-67, 29 janv. 2016).* – La demande d'autorisation est déposée auprès du directeur général de l'Agence nationale de la sécurité des systèmes d'information. Elle comporte pour chaque type d'appareil ou de dispositif technique :

1° Le nom et l'adresse du demandeur, s'il est une personne physique, ou sa dénomination et son siège, s'il est une personne morale ;

2° Le type de l'appareil ou du dispositif technique et le nombre d'appareils pour la détention desquels l'autorisation est demandée ;

3° L'utilisation prévue ;

4° L'engagement de se soumettre aux contrôles nécessaires à la vérification du respect des indications fournies dans la demande d'autorisation.

Art. R. 226-9 *(D. n° 2016-67, 29 janv. 2016).* – L'autorisation mentionnée à l'article R. 226-7 est délivrée pour une durée maximale de trois ans.

Elle peut subordonner l'utilisation des appareils ou des dispositifs techniques à des conditions destinées à en éviter tout usage abusif.

Elle est accordée de plein droit aux agents ou services de l'État habilités à réaliser des interceptions autorisées par la loi.

Art. R. 226-10 *(Mod., D. n° 97-757, 10 juill. 1997 ; D. n° 2016-67, 29 janv. 2016).* – Les titulaires de l'une des autorisations mentionnées à l'article R. 226-3 ne peuvent proposer, céder, louer ou vendre les appareils ou dispositifs techniques figurant sur la liste prévue à l'article R. 226-1 qu'aux titulaires de l'une des autorisations mentionnées à l'article R. 226-3 ou à l'article R. 226-7.

Ils tiennent un registre retraçant l'ensemble des opérations relatives à ces matériels. Le modèle de ce registre est déterminé par arrêté du Premier ministre, pris après avis de la commission mentionnée à l'article R. 226-2.

Voir : Arrêté 16 août 2006 relatif au registre visé par l'article R. 226-10 : *JO* 5 nov. 2006, p. 16456.

Voir : art. R. 623-4 et R. 625-9, p. 668.

Art. R. 226-11. – Les autorisations prévues à l'article R. 226-3 et à l'article R. 226-7 peuvent être retirées :

1° En cas de fausse déclaration ou de faux renseignement ;

2° En cas de modification des circonstances au vu desquelles l'autorisation a été délivrée ;

3° Lorsque le bénéficiaire de l'autorisation n'a pas respecté les dispositions de la présente section ou les obligations particulières prescrites par l'autorisation ;

4° Lorsque le bénéficiaire de l'autorisation cesse l'exercice de l'activité pour laquelle a été délivrée l'autorisation.

Le retrait ne peut intervenir, sauf urgence, qu'après que le titulaire de l'autorisation a été mis à même de faire valoir ses observations.

Les autorisations prennent fin de plein droit en cas de condamnation du titulaire pour l'une des infractions prévues par les articles 226-1, 226-15 ou 432-9.

Art. R. 226-12 *(D. n° 2016-67, 29 janv. 2016).* – Les personnes qui fabriquent, importent, détiennent, exposent, offrent, louent ou vendent des appareils ou des dispositifs techniques figurant sur la liste prévue à l'article R. 226-1 doivent se mettre en conformité avec les prescriptions de la présente section en sollicitant les autorisations nécessaires dans un délai de trois mois à compter de la publication de l'arrêté prévu à l'article R. 226-1.

Si l'autorisation n'est pas délivrée, ces personnes disposent d'un délai d'un mois pour procéder à la destruction de ces appareils ou des dispositifs techniques ou pour les vendre ou les céder à une personne titulaire de l'une des autorisations prévues à l'article R. 226-3 ou à l'article R. 226-7. Il en est de même dans les cas d'expiration ou de retrait de l'autorisation.

Section II à VI

Néant.

CHAPITRE VII. – DES ATTEINTES AUX MINEURS ET À LA FAMILLE

Néant.

LIVRE TROISIÈME

DES CRIMES ET DÉLITS CONTRE LES BIENS

TITRE PREMIER. – DES APPROPRIATIONS FRAUDULEUSES

Néant.

TITRE II. – DES AUTRES ATTEINTES AUX BIENS

CHAPITRE I. – DU RECEL ET DES INFRACTIONS ASSIMILÉES OU VOISINES

Section I

Néant.

Section II. – Des infractions assimilées au recel ou voisines de celui-ci

Sous-section 1. – Dispositions relatives aux personnes dont l'activité professionnelle comporte la vente ou l'échange de certains objets mobiliers

Art. R. 321-1 *(Mod., D. n° 2009-16, 7 janv. 2009 ; D. n° 2015-73, 24 juin 2015 ; D. n° 2017-1522, 2 nov. 2017)*. **– Toute personne soumise à l'obligation de tenir le registre d'objets mobiliers prévu au premier alinéa de l'article 321-7 doit effectuer une déclaration préalable à la préfecture ou la sous-préfecture dont dépend son établissement principal. À Paris, la déclaration est faite à la préfecture de police.**

En l'absence d'établissement fixe ouvert au public, le lieu du domicile ou, à défaut, le lieu d'élection de domicile au sens de l'article L. 264-1 du Code de l'action sociale et des familles est considéré comme le lieu d'établissement.

La déclaration comporte les indications suivantes : nom et prénoms du déclarant ; date et lieu de naissance ; nationalité ; lieu d'exercice habituel de la profession ; statut de l'entreprise ainsi qu'un extrait d'immatriculation au registre du commerce et des sociétés.

Il est remis un récépissé de déclaration qui doit être présenté à toute réquisition des services de police et de gendarmerie, des services fiscaux, des douanes ainsi que des services de la concurrence, de la consommation et de la répression des fraudes.

Voir : Art. R. 633-1 s., p. 675, Art. R. 635-3 s., p. 678.

Art. R. 321-2. – En cas de changement du lieu de l'établissement principal, les personnes mentionnées à l'article R. 321-1 sont tenues de faire une déclaration au commissariat de police, ou, à défaut, à la mairie tant du lieu qu'elles quittent que de celui où elles vont s'établir.

Le déplacement d'un établissement secondaire doit également faire l'objet d'une déclaration au commissariat de police ou, à défaut, à la mairie du lieu de l'établissement principal.

Il est remis un récépissé de ces déclarations.

Voir : Art. R. 635-3, p. 678 et Art. R. 635-7, p. 678.

Art. R. 321-3 *(Mod., D. n° 2012-99, 26 janv. 2012)*. – Le registre d'objets mobiliers prévu au premier alinéa de l'article 321-7 comporte :

1° Les nom, prénoms, qualité et domicile de chaque personne qui a vendu, apporté à l'échange ou remis en dépôt en vue de la vente un ou plusieurs objets, ainsi que la nature, le numéro et la date de délivrance de la pièce d'identité produite par la personne physique qui a réalisé la vente, l'échange ou le dépôt, avec l'indication de l'autorité qui l'a établie ;

2° Lorsqu'il s'agit d'une personne morale, la dénomination et le siège de celle-ci ainsi que les nom, prénoms, qualité et domicile du représentant de la personne morale qui a effectué l'opération pour son compte, avec les références de la pièce d'identité produite ;

3° La nature, la provenance et la description des objets acquis ou détenus en vue de la vente ou de l'échange.

La description de chaque objet comprend ses caractéristiques ainsi que les noms, signatures, monogrammes, lettres, chiffres, numéros de série, emblèmes et signes de toute nature apposés sur lui et qui servent à l'identifier.

Toutefois, les objets dont la valeur unitaire n'excède pas un montant fixé par un arrêté conjoint du garde des Sceaux, ministre de la Justice, du ministre de l'Intérieur et du ministre chargé du commerce et qui ne présentent pas un intérêt artistique ou historique peuvent être regroupés et faire l'objet d'une mention et d'une description communes sur le registre.

Voir : art. R. 633-3, p. 675.

Art. R. 321-4. – Chaque objet exposé à la vente ou détenu en stock est affecté d'un numéro d'ordre.

Les objets mentionnés au dernier alinéa de l'article R. 321-3 peuvent faire l'objet d'un numéro d'ordre commun.

Le numéro d'ordre est porté sur le registre et figure de manière apparente sur chaque objet ou lot d'objets.

Voir : art. R. 633-2, p. 675.

La détermination du nombre des contraventions ne résulte pas de celui des objets exposés mais des numéros d'ordre figurant sur le registre (■ Cass. crim., 23 oct. 1997 : *Dr. pénal* 1998, comm. 32, obs. M. Véron).

Art. R. 321-5 *(Mod., D. n° 2012-99, 26 janv. 2012 ; D. n° 2013-287, 4 avr. 2013)*. – Le registre comporte également :

1° Le prix d'achat et le mode de règlement de chaque objet ou lot d'objets ou, en cas d'échange, d'acquisition à titre gratuit ou de dépôt en vue de la vente, une estimation de la valeur vénale de chaque objet ou lot d'objets ;

2° Le cas échéant, l'indication de la mesure de protection de l'objet mobilier en application des dispositions du Code du patrimoine, lorsqu'il en est donné connaissance au revendeur d'objets mobiliers.

Art. R. 321-6. – Les mentions figurant sur le registre sont inscrites à l'encre indélébile, sans blanc, rature ni abréviation.

Le registre est coté et paraphé par le commissaire de police ou, à défaut, par le maire de la commune où est situé l'établissement ouvert au public.

Lorsque les personnes mentionnées à l'article R. 321-1 possèdent plusieurs établissements ouverts au public, un registre est tenu pour chaque établissement.

Lorsque ces mêmes personnes ne possèdent pas d'établissement fixe ouvert au public, le registre est coté et paraphé par un commissaire de police ou un maire.

Le registre est conservé pendant un délai de cinq ans à compter de sa date de clôture.

Voir : art. R. 633-3, p. 675.

Art. R. 321-6-1 *(D. n° 2013-287, 4 avr. 2013)*. – La tenue du registre au moyen d'un traitement automatisé de données à caractère personnel dispense de la tenue d'un registre physique coté et paraphé.

Le registre tenu au moyen d'un traitement automatisé comporte les mentions prévues aux articles R. 321-3 à R. 321-5.

Le traitement automatisé garantit l'intégrité, l'intangibilité et la sécurité des données enregistrées.

La durée de conservation des données est de dix ans à compter de leur enregistrement dans le traitement.

Art. R. 321-7. – Lorsque la personne mentionnée à l'article R. 321-1 est une personne morale, les obligations prévues par la présente sous-section incombent aux dirigeants de celle-ci.

Art. R. 321-8 *(D. n° 2013-287, 4 avr. 2013)*. – Le modèle du registre d'objets mobiliers est déterminé par arrêté conjoint du ministre de l'Intérieur et du ministre chargé du commerce.

Les modalités de tenue du registre d'objets mobiliers au moyen d'un traitement automatisé de données à caractère personnel prévu à l'article R. 321-6-1 et les obligations techniques devant être respectées par un tel traitement sont déterminées par arrêté conjoint du ministre de l'Intérieur et du ministre de la Culture.

Voir : art. R. 633-3, p. 675.

Sous-section 2. – Dispositions concernant les manifestations publiques en vue de la vente ou de l'échange de certains objets mobiliers

Art. R. 321-9 *(Mod., D. n° 2009-16, 7 janv. 2009)*. – Le registre tenu à l'occasion de toute manifestation mentionnée au deuxième alinéa de l'article 321-7 doit comprendre :

1° Les nom, prénoms, qualité et domicile de chaque personne qui offre à la vente ou à l'échange des objets mobiliers usagés ou acquis de personnes autres que celles qui les fabriquent ou en font commerce ainsi que la nature, le numéro et la date de délivrance de la pièce d'identité produite par celle-ci avec l'indication de l'autorité qui l'a établie ;

2° Pour les participants non professionnels, la mention de la remise d'une attestation sur l'honneur de non-participation à deux autres manifestations de même nature au cours de l'année civile ;

3° Lorsqu'il s'agit d'une personne morale, la dénomination et le siège de celle-ci ainsi que les nom, prénoms, qualité et domicile du représentant de la personne morale à la manifestation, avec les références de la pièce d'identité produite.

Voir : art. R. 633-5, p. 676 et art. R. 635-5, p. 678.

Art. R. 321-10. – Le registre doit être coté et paraphé par le commissaire de police ou, à défaut, par le maire de la commune du lieu de la manifestation.

Il est tenu à la disposition des services de police et de gendarmerie, des services fiscaux, des douanes ainsi que des services de la concurrence, de la consommation et de la répression des fraudes pendant toute la durée de la manifestation.

Au terme de celle-ci et au plus tard dans le délai de huit jours, il est déposé à la préfecture ou à la sous-préfecture du lieu de la manifestation.

Voir : art. R. 633-5, p. 676.

Art. R. 321-11. – Lorsque l'organisateur de la manifestation est une personne morale, les obligations prévues par la présente sous-section incombent aux dirigeants de celle-ci.

Art. R. 321-12. – Le modèle du registre est déterminé par arrêté conjoint du ministre de l'Intérieur et du ministre chargé du Commerce.

Section III

Néant.

CHAPITRE II. – DES DESTRUCTIONS, DÉGRADATIONS ET DÉTÉRIORATIONS

Néant.

CHAPITRE III. – DES ATTEINTES AUX SYSTÈMES DE TRAITEMENT AUTOMATISÉ DE DONNÉES

Néant.

LIVRE QUATRIÈME

DES CRIMES ET DÉLITS CONTRE LA NATION, L'ÉTAT ET LA PAIX PUBLIQUE

TITRE PREMIER. – DES ATTEINTES AUX INTÉRÊTS FONDAMENTAUX DE LA NATION

CHAPITRE I. – DE LA TRAHISON ET DE L'ESPIONNAGE

Néant.

CHAPITRE II. – DES AUTRES ATTEINTES AUX INSTITUTIONS DE LA RÉPUBLIQUE OU À L'INTÉGRITÉ DU TERRITOIRE NATIONAL

Néant.

CHAPITRE III. – DES AUTRES ATTEINTES À LA DÉFENSE NATIONALE

Section I. – Des atteintes à la sécurité des forces armées et aux zones protégées intéressant la défense nationale

Art. R. 413-1. – Les zones protégées que constituent les locaux et terrains clos mentionnés à l'article 413-7 sont délimitées dans les conditions prévues à la présente section.

Art. R. 413-2 *(Mod., D. n° 2001-744, 24 août 2001)*. – Le besoin de protection est déterminé par le ministre qui a la charge des installations, du matériel ou des recherches, études, fabrications à caractère secret qu'il désigne.

Les autorités dont relèvent les services, établissements ou entreprises concernés peuvent recevoir par décret délégation pour déterminer ce besoin de protection.

Art. R. 413-3 *(Mod., D. n° 2001-744, 24 août 2001)*. – Lorsque l'activité principale du service, de l'établissement ou de l'entreprise relève du ministre ayant déterminé le besoin de protection, l'implantation et les limites des zones protégées sont fixées par arrêté de ce ministre.

Lorsque l'activité principale du service, de l'établissement ou de l'entreprise relève d'un autre ministre, l'implantation et les limites de zones protégées sont fixées par arrêté conjoint de ce ministre et du ministre ayant déterminé le besoin de protection.

Les autorités dont relèvent ces services, établissements ou entreprises peuvent recevoir par décret délégation pour prendre les arrêtés prévus par le présent article.

Art. R. 413-4 *(Mod., D. n° 2001-744, 24 août 2001)*. – L'arrêté portant création d'une zone protégée est notifié au chef du service, de l'établissement ou de l'entreprise. Celui-ci prend alors, sous le contrôle de l'autorité qui a déterminé le besoin de protection, toutes dispositions pour rendre apparentes les limites de la zone et les mesures d'interdiction dont elle est l'objet.

Un exemplaire de l'arrêté est adressé, pour leur information et éventuellement aux fins d'application des dispositions qui les concernent, au ministre de l'Intérieur et aux préfets territorialement compétents.

Art. R. 413-5. – L'autorisation de pénétrer dans la zone protégée est donnée par le chef du service, de l'établissement ou de l'entreprise, selon les directives et sous le contrôle du ministre ayant déterminé le besoin de protection.

Toutefois, lorsque la zone a été instituée pour protéger des recherches, études ou fabrications qui doivent être tenues secrètes dans l'intérêt de la défense nationale, l'autorisation est délivrée par le ministre qui a déterminé le besoin de protection.

Dans tous les cas, l'autorisation est délivrée par écrit. Elle peut être retirée à tout moment dans les mêmes formes.

Art. R. 413-5-1 *(D. n° 2011-1425, 2 nov. 2011)*. – I. – Sont dites « zones à régime restrictif » celles des zones, mentionnées à l'article R. 413-1, dont le besoin de protection tient à l'impératif qui s'attache à empêcher que des éléments essentiels du potentiel scientifique ou technique de la nation :

1° Fassent l'objet d'une captation de nature à affaiblir ses moyens de défense, à compromettre sa sécurité ou à porter préjudice à ses autres intérêts fondamentaux ;

2° Ou soient détournés à des fins de terrorisme, de prolifération d'armes de destruction massive et de leurs vecteurs ou de contribution à l'accroissement d'arsenaux militaires.

Les zones à régime restrictif peuvent inclure, dans leur périmètre, des locaux dont la protection renforcée est justifiée par l'entreposage de produits ou par l'exécution d'activités comportant des risques particuliers au regard des impératifs mentionnés aux trois premiers alinéas.

II. – Par dérogation aux deux premiers alinéas de l'article R. 413-5, l'accès à une zone à régime restrictif pour y effectuer un stage, y préparer un doctorat, y participer à une activité de recherche, y suivre une formation, y effectuer une prestation de service ou y exercer une activité professionnelle est soumis à l'autorisation du chef du service, d'établissement ou d'entreprise, après avis favorable du ministre chargé d'en exercer la tutelle ou, à défaut de ministre de tutelle, du ministre qui a déterminé le besoin de protection en application de l'article R. 413-2.

La demande d'avis est adressée par le chef de service, d'établissement ou d'entreprise au ministre mentionné au précédent alinéa. Le silence gardé par le ministre au cours des deux mois suivant la réception de la demande vaut avis favorable.

Le refus d'autorisation d'accès n'est pas motivé.

III. – Toute personne bénéficiant d'une habilitation au titre de la protection du secret de la défense nationale est réputée avoir obtenu l'avis ministériel favorable mentionné au II.

Les prestataires extérieurs de services relevant de catégories précisées par arrêté du Premier ministre et exerçant leur activité habituelle dans une zone à régime restrictif sont réputés avoir obtenu l'avis ministériel favorable mentionné au II pour accéder, dans les conditions prévues par un contrat de prestation de service, à la zone à régime restrictif.

IV. – Dans tous les cas, le chef du service, de l'établissement ou de l'entreprise informe le ministre mentionné au premier alinéa du II de sa décision relative à l'autorisation d'accès.

Voir : A. 3 juill. 2012 relatif à la protection du potentiel scientifique et technique de la nation (*JO* 5 juill. 2012) pour l'application du second alinéa du III (prestataires extérieurs réputés avoir obtenu l'avis ministériel favorable pour accéder aux zones à régime restrictif).

Section II. – Des atteintes au secret de la défense nationale

Art. R. 413-6 *(D. n° 94-167, 25 févr. 1994)*. – Pour l'application de l'article 413-9, les niveaux de classification des renseignements, procédés, objets, documents, données informatisées ou fichiers présentant

un caractère de secret de la défense nationale ainsi que les autorités chargées de définir les modalités selon lesquelles est organisée leur protection sont déterminés par le décret n° 98-608 du 17 juillet 1998 relatif à la protection des secrets de la défense nationale.

CHAPITRE IV. – DISPOSITIONS PARTICULIÈRES

Néant.

TITRE II. – DU TERRORISME

Néant.

TITRE III. – DES ATTEINTES À L'AUTORITÉ DE L'ÉTAT

CHAPITRE I. – DES ATTEINTES À LA PAIX PUBLIQUE

Section I

Néant.

Section II. – De la participation délictueuse à un attroupement

Art. R. 431-1 à R. 431-5 *(Abr. et recodifiés à compter du 1er janv. 2014, D. n° 2013-1113, 4 déc. 2013. - V. CSI, art. R. 211-11 à R. 211-16, R. 211-18, R. 211-21 et R. 214-1 à R. 214-3).*

Voir : CSI art. R. 211-11 s., p. 495 sous art. 431-3.

Section III et IV

Néant.

CHAPITRE II. – DES ATTEINTES À L'ADMINISTRATION PUBLIQUE COMMISES PAR DES PERSONNES EXERÇANT UNE FONCTION PUBLIQUE

Néant.

CHAPITRE III. – DES ATTEINTES À L'ADMINISTRATION PUBLIQUE COMMISES PAR LES PARTICULIERS

Néant.

CHAPITRE IV. – DES ATTEINTES À L'ACTION DE LA JUSTICE

Néant.

TITRE IV. – DES ATTEINTES À LA CONFIANCE PUBLIQUE

Néant.

TITRE V. – DE LA PARTICIPATION À UNE ASSOCIATION DE MALFAITEURS

Néant.

LIVRE CINQUIÈME

DES AUTRES CRIMES ET DÉLITS

CHAPITRE I. – DES SÉVICES GRAVES OU ACTES DE CRUAUTÉ ENVERS LES ANIMAUX

Art. R. 511-1. – Les prescriptions relatives aux expériences ou recherches scientifiques ou expérimentales sur les animaux mentionnées à l'article 511-2 [art. 521-2] sont fixées par le décret n° 87-848 du 19 octobre 1987 pris pour l'application de cet article et du troisième alinéa de l'article 276 du Code rural.

Code rural et de la pêche maritime

Art. R. 214-90 *(D. n° 2013-118, 1er févr. 2013).* – Les animaux utilisés ou destinés à être utilisés dans des procédures expérimentales appartenant aux espèces dont la liste est fixée par arrêté conjoint des ministres chargés de l'environnement, de l'agriculture et de la recherche doivent avoir été élevés à cette fin et provenir d'éleveurs ou de fournisseurs agréés selon les modalités prévues aux articles R. 214-99 à R. 214-103.

À compter d'une date fixée par arrêté conjoint des ministres chargés de l'environnement, de l'agriculture et de la recherche, les primates sont issus d'élevages en captivité ou de colonies entretenues sans apport d'effectifs extérieurs.

Des dérogations au premier alinéa du présent article peuvent être accordées par le ministre chargé de la recherche, après avis des autres ministres concernés, sur la base d'éléments scientifiques dûment justifiés lorsque la production des éleveurs agréés est insuffisante ou ne convient pas aux besoins spécifiques du projet.

Art. R. 214-91 *(D. n° 2013-118, 1er févr. 2013).* – Les animaux d'espèces domestiques errants ou vivant à l'état sauvage ne sont pas utilisés dans des procédures expérimentales. À titre exceptionnel, des dérogations peuvent être accordées par les ministres chargés de l'agriculture et de la recherche après avis favorable de la Commission nationale de l'expérimentation animale pour autant que les conditions suivantes soient satisfaites :

a) Il existe une nécessité essentielle de mener cette procédure expérimentale qui concerne la santé et le bien-être des animaux de la même espèce ou une menace sérieuse pour la santé humaine ou animale ou pour l'environnement ;

b) Il existe des éléments scientifiques démontrant que la finalité de la procédure expérimentale ne peut être atteinte qu'en utilisant un animal errant ou vivant à l'état sauvage.

....

Art. R. 214-99 *(D. n° 2013-118, 1er févr. 2013).* – Tout établissement éleveur, fournisseur ou utilisateur doit être agréé. À cet effet, sous réserve des dispositions de l'article R. 214-127, une demande d'agrément est adressée par le responsable de l'établissement au préfet du département du lieu d'implantation de l'établissement.

Cette demande est accompagnée d'un dossier dont les éléments sont précisés par arrêté conjoint des ministres chargés de l'agriculture et de la recherche et du ministre de la Défense.

Art. R. 214-100 *(D. n° 2013-118, 1er févr. 2013).* – L'agrément est accordé en fonction de la vocation de l'établissement, de la nature de ses installations, des espèces animales hébergées, du type de procédures expérimentales mises en œuvre et de la qualification de son personnel. Le préfet peut restreindre l'étendue de l'agrément demandé ou l'assortir de toute condition jugée utile.

L'agrément est accordé pour une durée de six ans.

Toute modification des éléments pris en compte pour l'octroi de l'agrément initial de même que la cessation d'activité doivent être notifiées au préfet. Le cas échéant, une extension de l'étendue de l'agrément peut être accordée par le préfet, après justification par le responsable de l'établissement.

Une modification de l'agrément est requise dès qu'un changement significatif de la structure ou du fonctionnement de l'établissement éleveur, fournisseur ou utilisateur est susceptible de nuire au bien-être des animaux.

L'agrément devient caduc si l'établissement cesse son activité. Il peut être suspendu ou retiré si les conditions qui ont permis l'octroi de l'agrément ne sont plus respectées, dans les conditions prévues à l'article L. 206-2.

Art. R. 233-3-7 *(D. n° 2011-239, 3 mars 2011 ; mod., D. n° 2012-842, 30 juin 2012).* – Lorsqu'un agent mentionné à l'article L. 221-5 constate un manquement à l'application des dispositions de la présente sous-section et des arrêtés pris pour son application, ou aux dispositions communautaires et nationales applicables aux maladies réglementées, à l'identification et à la tenue du registre d'élevage, aux notifications des mouvements des animaux, à la protection animale, ou aux conditions de circulation des animaux, il rédige un rapport relatant les faits constatés et le transmet au préfet, qui peut suspendre ou retirer l'agrément dans les conditions fixées à l'article L. 233-3. Le préfet met en demeure le responsable du centre de rassemblement de se conformer aux exigences qu'il lui prescrit dans un délai qui n'excède pas trois mois. Pendant ce délai, le préfet peut prononcer la suspension de l'agrément. À l'issue de ce délai et en l'absence de mise en conformité, le préfet prononce le retrait de l'agrément.

....

Art. R. 215-10 *(Rempl., D. n° 2013-118, 1er févr. 2013).* – I. - Sont punis de la peine d'amende prévue pour les contraventions de la 4e classe :

1° Le fait, pour toute personne responsable d'un établissement utilisateur dans lequel sont pratiquées des procédures expérimentales sur les animaux, de ne pas s'assurer :

a) Que les animaux qui sont utilisés ou destinés à être utilisés dans des procédures expérimentales proviennent d'établissements éleveurs ou fournisseurs, agréés conformément aux dispositions fixées aux articles R. 214-99 à R. 214-103 et R. 214-127 ;

b) Que les animaux détenus reçoivent les soins nécessaires à leur bon état d'entretien prévus par les dispositions de l'article R. 214-17 ;

c) Que les chiens, les chats et les primates détenus soient identifiés par un marquage individuel et permanent ;

d) Que l'établissement dispose d'un agrément en cours de validité, dont le champ est compatible avec les procédures expérimentales qui sont réalisées dans son enceinte ;

e) Que tous les projets mis en œuvre dans l'établissement soient couverts par une autorisation de projet en cours de validité conformément aux dispositions fixées aux articles R. 214-122 à R. 214-126 ;

f) Que les normes auxquelles doivent être conformes les installations mentionnées à l'article R. 214-95 et les textes pris pour son application soient respectées ;

g) Que les personnes mentionnées aux articles R. 214-101 à R. 214-103 soient en nombre suffisant et disposent de la qualification requise ;

h) Que les méthodes définies aux articles R. 214-98 et R. 214-106 à R. 214-113 et aux textes pris pour leur application, lorsqu'il est procédé à l'euthanasie d'animaux, soient respectées ;

2° Le fait, pour toute personne responsable d'un établissement d'élevage ou de fourniture d'animaux destinés à être utilisés dans des procédures expérimentales :

a) De ne pas s'assurer que l'établissement dispose d'un agrément en cours de validité ;

b) De ne pas assurer aux animaux détenus les soins nécessaires à leur bon état d'entretien prévus par les dispositions de l'article R. 214-17 ;

c) De ne pas respecter les règles particulières applicables aux installations et au fonctionnement des locaux mentionnés à l'article R. 214-95 ;

d) De ne pas s'assurer que les chiens, les chats et les primates détenus sont identifiés par un marquage individuel et permanent ;

e) De ne pas recourir aux méthodes définies à l'article R. 214-98 lorsqu'il est procédé à l'euthanasie d'animaux.

II. - Sont punis de la peine d'amende prévue pour les contraventions de la 3e classe :

1° Le fait, pour toute personne responsable d'un établissement utilisateur dans lequel sont pratiquées des procédures expérimentales sur les animaux, de ne pas être en mesure de présenter aux agents chargés du contrôle les éléments permettant de justifier que les agents placés sous sa responsabilité ont acquis une compétence et qu'ils maintiennent leurs compétences dans le domaine scientifique et spécifique des procédures expérimentales concernées et des espèces animales concernées ;

2° Le fait, pour toute personne responsable d'un établissement utilisateur, éleveur ou fournisseur, de ne pas être en mesure de présenter aux agents chargés du contrôle le registre dûment renseigné permettant d'établir l'origine et la destination des animaux détenus lors du contrôle ou qui ont été détenus antérieurement.

LIVRE SIXIÈME

DES CONTRAVENTIONS

TITRE PREMIER. – DISPOSITIONS GÉNÉRALES

Art. R. 610-1. – Les contraventions, ainsi que les classes dont elles relèvent, sont déterminées par décrets en Conseil d'État.

Bibliographie : *JCl. pén., Contraventions* par J.-H. Robert.

Art. R. 610-2. – *(D. n° 2001-883, 20 sept. 2001)* Les dispositions des troisième et quatrième alinéas de l'article 121-3 sont applicables aux contraventions pour lesquelles le règlement exige une faute d'imprudence ou de négligence.

Le complice d'une contravention au sens du second alinéa de l'article 121-7 est puni conformément à l'article 121-6.

Art. R. 610-3. – Le montant des amendes encourues pour les cinq classes de contraventions est fixé par l'article 131-13.

Art. R. 610-4. – Les contraventions punies d'une amende dont le taux est proportionnel au montant ou à la valeur exprimée en numéraire du préjudice, des réparations ou de l'objet de l'infraction constituent des contraventions de la 5e classe dont la peine d'amende ne peut excéder les montants fixés par le 5° de l'article 131-13.

Art. R. 610-5. – La violation des interdictions ou le manquement aux obligations édictées par les décrets et arrêtés de police sont punis de l'amende prévue pour les contraventions de la 1re classe.

Voir : C. route, , art. R. 130-1, p. 1003 (compétences des agents ONF) et C. route, , art. R. 130-4, p. 1004 (compétences des gardes champêtres).

Bibliographie : *JCl. pén., Décrets et arrêtés sanctionnés* par J.-H. Robert.

1) **Innaplicabilité en cas de textes spéciaux.** L'article R. 610-5 du Code pénal n'est pas applicable lorsque la méconnaissance des interdictions ou obligations prévues par un décret ou un arrêté de police est sanctionnée par un texte spécial ; tel est le cas de la violation d'un arrêté préfectoral pris en application de l'article L. 221-17 du Code du travail qui constitue exclusivement la contravention de la 5e classe prévue par l'article R. 262-1 du Code du travail (■ Cass. crim., 1er juill. 1997 : *Bull. crim.*, n° 261 ; *Dr. pénal* 1998, comm. 9, obs. J.-H. Robert ; *Rev. sc. crim.* 1998, 342, note Cerf). Tel est le cas de la violation d'un arrêté préfectoral pris en application de l'article L. 3132-29 du Code du travail, qui ne peut constituer que la contravention de la 5e classe prévue par l'article R. 3135-2 du même code (■ Cass. crim., 6 sept. 2016, n° 14-85.205).

2) En obligeant le conducteur d'une voiture de grande remise à présenter à toute réquisition un bon de commande, une ordonnance préfectorale tend, notamment, à assurer le bon ordre ainsi que la sûreté et la sécurité publiques.

Dès lors, encourt la cassation le jugement énonçant, pour relaxer le prévenu d'une contravention sanctionnée par l'article R. 610-5, que cette ordonnance qui tend à préserver les conducteurs de voitures de place, aujourd'hui appelées taxis, d'une concurrence illégale, a pour objet la protection d'intérêts privés et financiers (■ Cass. crim., 25 avr. 2001 : *Bull. crim.*, n° 102).

3) Les maires peuvent, en application de l'article L. 2212-2 du Code général des collectivités territoriales, **réglementer la pratique de la planche à roulettes**, afin d'assurer le bon ordre, la sûreté, la sécurité et la salubrité publiques ; encourt dès lors la cassation le jugement du tribunal de police qui, pour relaxer le contrevenant, énonce que l'arrêté municipal interdit cette activité en dehors d'un espace spécialement aménagé porte aux libertés individuelles une atteinte disproportionnée par rapport au but de sécurité et de tranquillité publiques qu'il vise (■ Cass. crim., 18 nov. 2003 : *Bull. crim.*, n° 215 ; *Dr. pénal* 2004, comm. 22, obs. M. Véron).

TITRE II. – DES CONTRAVENTIONS CONTRE LES PERSONNES

CHAPITRE I. – DES CONTRAVENTIONS DE LA 1re CLASSE CONTRE LES PERSONNES

Section I. – De la diffamation et de l'injure non publiques

Voir : L. 29 juill. 1881, p. 1787.

Art. R. 621-1. – La diffamation non publique envers une personne est punie de l'amende prévue pour les contraventions de la 1re classe.

La vérité des faits diffamatoires peut être établie conformément aux dispositions législatives relatives à la liberté de la presse.

Voir : art. R. 624-3, p. 669 (diffamation non publique à caractère raciste ou discriminatoire).

1) Exclusion de la responsabilité pénale des personnes morales. Il se déduit de l'article 43-1 de la loi du 29 juillet 1881 qu'en dehors des cas expressément prévus par les textes, les personnes morales ne sauraient encourir de responsabilité pénale à raison des contraventions de presse.

Justifie sa décision la cour d'appel qui, pour mettre hors de cause le Syndicat national du travail temporaire, poursuivi en qualité de prévenu, du chef de diffamation non publique, énonce qu'aucune disposition de la loi du 29 juillet 1881, ni aucun texte ultérieur, n'autorisent la poursuite d'une personne morale du chef de diffamation, et que le régime juridique de la contravention de diffamation non publique étant celui des infractions de presse, le premier juge ne pouvait pas entrer en voie de condamnation à l'encontre de ce syndicat (■ Cass. crim., 10 sept. 2013, n° 12-83.672 : *Bull. crim.*, n° 178 ; *Dr. pén.* 2013, comm. 169, obs. M. Veron).

2) Caractérisation de l'infraction. Lorsque l'élément de publicité fait défaut, les imputations diffamatoires caractérisent la contravention prévue et réprimée tant par l'article R. 26-11° du Code pénal, applicable aux faits commis avant le 1er mars 1994, que par l'article R. 621-1 du nouveau Code pénal (■ Cass. crim., 21 févr. 1995 : *Bull. crim.* n° 76 ; *Rev. sc. crim.* 1996, 122, obs. Mayaud).

Encourt la cassation l'arrêt qui après avoir constaté l'absence de publicité s'abstient de rechercher si les imputations visant le plaignant, à les supposer diffamatoires, ne pouvaient constituer la contravention prévue et réprimée par l'article R. 621-1 du Code pénal (■ Cass. crim., 12 sept. 2000 : *Bull. crim.*, n° 267).

3) Lorsque l'élément de publicité fait défaut, les imputations diffamatoires caractérisent la contravention prévue et réprimée par l'article R. 621-1 du Code pénal et la juridiction ayant constaté que les faits retenus constituent l'infraction de diffamation non publique a le devoir de statuer sur cette prévention ; encourt la censure, l'arrêt qui, en pareille occurrence, prononce une relaxe motivée par la prohibition de requalifier la prévention en matière de presse (■ Cass. crim., 8 avr. 2008, pourvoi n° F07-87.226).

4) Même lorsqu'elles dégénèrent, faute de publicité, en injures non publiques, les imputations diffamatoires sont réputées faites avec intention de nuire (■ Cass. crim., 1er déc. 1987 : *Bull. crim.*, n° 440).

5) C'est à bon droit, que les juges du fond peuvent écarter la bonne foi du prévenu pour avoir inutilement usé du ton de la polémique et commis des excès de langage tout en reconnaissant sa sincérité et son désintéressement (■ Cass. crim., 26 oct. 1982 : *Bull. crim.*, n° 235).

6) Justifie sa décision la cour d'appel qui estime non caractérisée la diffamation non publique résultant de l'envoi, à un salarié, d'une lettre de licenciement lui imputant des faits de harcèlement sexuel, dès lors que la nécessité d'énoncer le ou les motifs du licenciement prévue par l'article L. 122-14-2 du Code du travail constitue un fait justificatif, et que les juges retiennent que le courrier litigieux ne développait aucun grief, ni aucune circonstance superflus (■ Cass. crim., 12 oct. 2004 : *Bull. crim.*, n° 239).

7) Les imputations diffamatoires contenues dans une correspondance personnelle et privée et visant le seul destinataire de la lettre qui les contient, ne sont punissables, sous la qualification de diffamation non publique, que si ladite lettre a été adressée dans des conditions exclusives de tout caractère confidentiel (■ Cass. crim., 11 avr. 2012, n° 11-87.688 : *Bull. crim.*, n° 89).

8) Les expressions diffamatoires contenues dans une correspondance personnelle et privée, et visant une personne autre que le destinataire du message qui les contient, ne sont punissables, sous la qualification de diffamation non publique, que si cette correspondance a été adressée dans des conditions exclusives de tout caractère confidentiel. Ce principe est applicable à un courriel, qui revêt le caractère d'une correspondance personnelle et privée (■ Cass. crim., 14 mai 2013, n° 12-84.042 : *Bull. crim.*, n° 105 ; *D.* 2013, p. 1351, obs. S. Lavric ; *Dr. pén.* 2013, comm. 121, obs. M. Veron).

9) Aux termes de l'article 547, alinéa 3 du Code de procédure pénale, pour l'appel des jugements de police, la cour est composée du seul président de la chambre des appels correctionnels, siégeant à juge unique ; le jugement de la contravention de diffamation non publique prévue par l'article R. 621-1 du Code pénal ne fait pas exception à cette disposition (■ Cass. crim., 11 avr. 2012, même arrêt).

10) À noter que les abus de la liberté d'expression, prévus et réprimés par la loi du 29 juillet 1881 et par l'article R. 621-1 du Code pénal, ne peuvent être poursuivis et réparés sur le fondement de l'article 1382 du Code civil, et que la prescription prévue par l'article 65 de la loi du 29 juillet 1881 n'a pu être interrompue par des actes fondés à tort sur l'article 1382 du Code civil (■ Cass. 2e civ., 10 mars 2004 : *JurisData* n° 022736 ; *Comm. com. électr.*2004, p. 42, note A. Lepage).

11) Sur la preuve de la vérité des faits diffamatoires, V. les notes sous L., 29 juill. 1881, art. 55, p. 1880, Ann. *Médias*, spécialement ■ Cass. crim., 22 oct. 2013, n° 12-86.197, concernant l'article R. 621-5 du Code pénal.

12) Les expressions diffamatoires, formulées au cours d'un entretien privé entre deux personnes et visant un tiers, ne sont punissables, sous la qualification de diffamation non publique, que si les propos ont été tenus dans des conditions exclusives de tout caractère confidentiel.

Encourt dès lors la cassation l'arrêt d'une cour d'appel qui condamne un prévenu pour diffamation non publique, alors que le propos litigieux a été tenu au cours d'une conversation confidentielle, sans que soit démontrée la volonté de son auteur de le voir porter à la connaissance des tiers (■ Cass. crim., 14 oct. 2014, n° 13-85.512 : *CCE*, nov. 2014, n° 87, p. 39-40, note A. Lepage ; *Dr. pén.* 2015, comm. 4, obs. M. Véron).

13) Imputation d'un fait précis. Pour constituer une diffamation, l'allégation ou l'imputation qui porte atteinte à l'honneur ou à la considération de la victime doit se présenter sous la forme d'une articulation précise de faits de nature à être, sans difficulté, l'objet d'une preuve et d'un débat contradictoire. En l'espèce, pour caractériser la contravention de diffamation non publique à l'encontre de la prévenue, l'arrêt retient que les propos incriminés, même rédigés sous une forme dubitative, dépassent le cadre de la simple critique en jetant le discrédit sur les capacités de la partie civile à diriger une entreprise, et sont bien attentatoires à l'honneur et à la considération de celle-ci. Cette décision encourt la cassation dès lors que le propos litigieux ne comportait pas en lui-même l'allégation ou l'imputation d'un fait suffisamment précis pour faire l'objet d'une preuve et d'un débat contradictoire, et que les juges ne relevaient pas de circonstances extrinsèques à l'écrit incriminé, de nature à lui donner son véritable sens, et à caractériser l'infraction poursuivie (■ Cass. crim., 8 sept. 2015, n° 14-84.270 : *JurisData* n° 2015-019987).

14) Fait justificatif. Selon l'article 122-4 du Code pénal, n'est pas responsable la personne qui accomplit un acte prescrit ou autorisé par des dispositions législatives ou réglementaires. En application de l'article L. 2132-5 du Code général des collectivités territoriales, le contribuable qui se propose d'exercer, avec l'autorisation du tribunal administratif, les actions qu'il croit appartenir à la commune, et que celle-ci a refusé ou négligé d'exercer, doit, préalablement, appeler les organes de la commune à en délibérer.

Encourt en conséquence la cassation l'arrêt qui déclare coupable de la contravention de diffamation non publique le prévenu qui a adressé au maire de sa commune une lettre lui demandant d'exercer au nom de celle-ci, une action pour prise illégale d'intérêts en raison défaits imputés au maire lui-même, alors qu'il invoquait l'application de l'article L. 2132-5 du Code général des collectivités territoriales, et qu'il lui incombait d'énoncer les motifs de sa démarche, de justifier du bien-fondé de l'action en justice qu'il requérait, et de mettre les organes de la commune à même de se prononcer (■ Cass. crim., 27 mai 2015, n° 14-83.061 ; *D.* 2015, p. 1583, note A. Serinet ; *Dr. pén.* 2015, comm. 143, obs. P. Conte).

Art. R. 621-2. – **L'injure non publique envers une personne, lorsqu'elle n'a pas été précédée de provocation, est punie de l'amende prévue pour les contraventions de la 1re classe.**

Voir : art. R. 624-3, p. 669 (injure non publique à caractère raciste ou discriminatoire).

Bibliographie : *JCl. pén., Diffamation et injure non publiques* avec, ou sans, caractère discriminatoire par E. Dreyer.

1) Exclusion de la responsabilité pénale des personnes morales. V. note sous art. R. 621-1, p. 664, sous art. 121-2, p. 50 et sous L. 29 juill. 1881, art. 43-1, p. 1858, Ann. *Médias*.

2) En cas de pluralité d'écrits distincts, non publics, comportant des propos diffamatoires ou injurieux, des condamnations cumulatives à des peines contraventionnelles peuvent être prononcées (■ Cass. crim., 25 mai 1993 : *Bull. crim.*, n° 190).

3) Les expressions injurieuses visant une personne autre que le destinataire de la lettre qui les contient ne sont punissables que si ladite lettre a été adressée dans des conditions exclusives d'un caractère confidentiel (■ Cass. crim., 17 janv. 1995 : *Dr. pénal* 1995, comm. 120, obs. M. Véron).

CHAPITRE II. – DES CONTRAVENTIONS DE LA 2e CLASSE CONTRE LES PERSONNES

Section I. – Des atteintes involontaires à l'intégrité de la personne n'ayant entraîné aucune incapacité totale de travail

Art. R. 622-1 *(Mod., D. n° 2001-883, 20 sept. 2001 ; D. n° 2010-671, 18 juin 2010).* – **Hors le cas prévu par l'article R. 625-3, le fait, par maladresse, imprudence, inattention, négligence ou manquement à une obligation de sécurité ou de prudence imposée par la loi ou le règlement, dans les conditions et selon les distinctions prévues à l'article 121-3, de porter atteinte à l'intégrité d'autrui sans qu'il en résulte d'incapacité totale de travail est puni de l'amende prévue pour les contraventions de la 2e classe.**

Les personnes coupables de la contravention prévue au présent article encourent également la peine complémentaire de confiscation de la chose qui a servi à commettre l'infraction.

Les personnes morales déclarées responsables pénalement, dans les conditions prévues par l'article 121-2, de l'infraction définie au présent article encourent, outre l'amende suivant les modalités prévues par l'article 131-41, la peine de confiscation de la chose qui a servi à commettre l'infraction.

Bibliographie : *JCl. pén., Atteintes involontaires à l'intégrité de la personne sans incapacité de travail* par L. Leturmy.

Section II. – De la divagation d'animaux dangereux

Art. R. 622-2. – **Le fait, par le gardien d'un animal susceptible de présenter un danger pour les personnes, de laisser divaguer cet animal est puni de l'amende prévue pour les contraventions de la 2e classe.**

En cas de condamnation du propriétaire de l'animal ou si le propriétaire est inconnu, le tribunal peut décider de remettre l'animal à une œuvre de protection animale reconnue d'utilité publique ou déclarée, laquelle pourra librement en disposer.

Bibliographie : *JCl. pén., Divagation d'animaux dangereux* par J.-Y. Maréchal.

1) N'est pas en état de divagation le chien qui est resté sous le contrôle de son maître (■ Cass. crim., 5 avr. 1990 : *Bull. crim.*, n° 146. ■ Limoges, 21 sept. 1990 : *JurisData* n° 043775).

2) L'animal qui se jette spontanément sur les personnes pour les mordre est nécessairement un animal malfaisant ou féroce (■ Cass. crim., 19 mars 1992 : *Bull. crim.*, n° 120 ; *Rev. sc. crim.* 1993, 330, obs. Levasseur).

CHAPITRE III. – DES CONTRAVENTIONS DE LA 3e CLASSE CONTRE LES PERSONNES

Section I. – Des menaces de violences

Art. R. 623-1. – Hors les cas prévus par les articles 222-17 et 222-18, la menace de commettre des violences contre une personne, lorsque cette menace est soit réitérée, soit matérialisée par un écrit, une image ou tout autre objet, est punie de l'amende prévue pour les contraventions de la 3e classe.

Section II. – Des bruits ou tapages injurieux ou nocturnes

Art. R. 623-2. – Les bruits ou tapages injurieux ou nocturnes troublant la tranquillité d'autrui sont punis de l'amende prévue pour les contraventions de la 3e classe.

Les personnes coupables de contraventions prévues au présent article encourent également la peine complémentaire de confiscation de la chose qui a servi ou était destinée à commettre l'infraction.

Le fait de faciliter sciemment, par aide ou assistance, la préparation ou la consommation des contraventions prévues au présent article est puni des mêmes peines.

Voir : C. santé publ. art. R. 1337-6 s., p. 1441.

Bibliographie : *JCl. pén., Bruits ou tapages injurieux ou nocturnes* par T. Fossier.

1) Sont considérés comme coupables de bruits ou tapages injurieux ou nocturnes, non seulement ceux qui prennent une part active à ces bruits ou tapages mais aussi ceux qui, par leur présence ou leur fait, ont favorisé ou facilité la commission de cette infraction (■ Cass. crim., 17 févr. 1988 : *Bull. crim.*, n° 80 ; V. également *Dr. pénal* 1993, Véron, chron. n° 58).

2) Lorsque les bruits ont été mesurés à l'aide d'un appareil dit « sonomètre », les juges sont tenus, si le prévenu le conteste, de rechercher si l'appareil utilisé répondait aux exigences de la réglementation en vigueur sur sa conformité et son contrôle (■ Cass. crim., 18 mars 1992 : *Gaz. Pal.* 30-31 oct. 1991, somm. 8).

3) Même en l'absence de toute volonté de nuire et même si des bruits peuvent résulter de l'exercice d'une profession, la contravention de tapage nocturne prévue par l'article R. 34-8° du Code pénal est caractérisée dès lors que le prévenu a eu conscience du trouble causé au voisinage par l'installation dont il était responsable et n'a pris aucune mesure pour y remédier (■ Cass. crim., 17 janv. 1990 : *Bull. crim.*, n° 30. ■ 11 janv. 2005 : même solution pour les aboiements d'un chien dont le maître n'a pris aucune mesure pour y remédier (*Dr. pénal* 2005, comm. 71, obs. M. Véron).

4) Un adjoint engage sa responsabilité pénale pour les infractions qu'il commet dans l'exercice d'une fonction déléguée par le maire d'une commune, dès lors qu'il dispose de la compétence, des pouvoirs et des moyens nécessaires à l'accomplissement de sa mission ; justifie sa décision la cour d'appel qui condamne du chef de tapage nocturne l'adjoint titulaire d'une délégation du maire pour les fêtes et cérémonies, en retenant qu'il est l'organisateur d'une fête communale bruyante, dont il surveillait les émissions acoustiques à l'aide d'un appareil approprié (■ Cass. crim., 4 sept. 2007 : *Bull. crim.*, n° 193 ; *Dr. pénal* 2007, comm. 153, obs. M. Véron).

5) L'infraction de tapage nocturne englobe nécessairement l'ensemble des faits reprochés au prévenu au cours de la nuit, à la date mentionnée par la citation (■ Cass. crim., 5 nov. 1996 : *Bull. crim.*, n° 391 ; *Dr. pénal* 1997, comm. 30, obs. Maron).

6) Doit être cassé l'arrêt qui décide que même en l'absence de toute volonté de nuire, et même si les bruits résultent de l'exercice d'une profession, la contravention de tapage injurieux ou nocturne est caractérisée dès lors que le prévenu, comme en l'espèce, a eu conscience du trouble causé au voisinage par les engins dont il est responsable et n'a pris aucune mesure pour y remédier (■ Cass. crim., 15 sept. 2015, n° 14-86.840).

Section III. – De l'excitation d'animaux dangereux

Art. R. 623-3. – Le fait, par le gardien d'un animal susceptible de présenter un danger pour les personnes, d'exciter ou de ne pas retenir cet animal lorsqu'il attaque ou poursuit un passant, alors même qu'il n'en est résulté aucun dommage, est puni de l'amende prévue pour les contraventions de la 3e classe.

En cas de condamnation du propriétaire de l'animal ou si le propriétaire est inconnu, le tribunal peut décider de remettre l'animal à une œuvre de protection animale reconnue d'utilité publique ou déclarée, laquelle pourra librement en disposer.

Bibliographie : *JCl. pén., Excitation d'animaux dangereux* par J.-Y. Maréchal.

Section IV. – De la violation des dispositions réglementant le commerce de certains matériels susceptibles d'être utilisés pour porter atteinte à l'intimité de la vie privée

Art. R. 623-4 ***(Mod., D. n° 2010-671, 18 juin 2010).*** **– Le fait, par une personne titulaire de l'une des autorisations mentionnées à l'article R. 226-3, de ne pas tenir le registre prévu par le deuxième alinéa de l'article R. 226-10 est puni de l'amende prévue pour les contraventions de la 3e classe.**

CHAPITRE IV. – DES CONTRAVENTIONS DE LA 4e CLASSE CONTRE LES PERSONNES

Section I. – Des violences légères

Art. R. 624-1. – Hors les cas prévus par les articles 222-13 et 222-14, les violences volontaires n'ayant entraîné aucune incapacité totale de travail sont punies de l'amende prévue pour les contraventions de la 4e classe.

Les personnes coupables de la contravention prévue au présent article encourent également les peines complémentaires suivantes :

1° La suspension, pour une durée de trois ans au plus, du permis de conduire, cette suspension pouvant être limitée à la conduite en dehors de l'activité professionnelle ;

2° L'interdiction de détenir ou de porter, pour une durée de trois ans au plus, une arme soumise à autorisation ;

3° La confiscation d'une ou de plusieurs armes dont le condamné est propriétaire ou dont il a la libre disposition ;

4° Le retrait du permis de chasser, avec interdiction de solliciter la délivrance d'un nouveau permis pendant trois ans au plus ;

5° La confiscation de la chose qui a servi ou était destinée à commettre l'infraction ou de la chose qui en est le produit.

Le fait de faciliter sciemment, par aide ou assistance, la préparation ou la consommation de la contravention prévue au présent article est puni des mêmes peines.

Voir : En cas d'incapacité totale du travail d'une durée inférieure ou égale à huit jours, art. R. 625-1, p. 670.

Bibliographie : *JCl. pén., Violences légères* par D. Thomas.

Sont notamment des violences légères le fait de se précipiter sur une personne et de la bousculer (■ Cass. crim., 19 avr. 1958 : *Bull. crim.*, n° 321), le fait d'asperger une personne avec un tuyau d'arrosage (■ Cass. crim., 16 févr. 1984 : *Gaz. Pal.* 1984, 2, somm. 271) ou le fait de s'opposer pendant un long moment, sans droit et par la force, à un conducteur d'un véhicule désirant quitter son stationnement (■ Cass. crim., 10 nov. 1992 : *Bull. crim.*, n° 368).

Section II. – De la diffusion de messages contraires à la décence

Art. R. 624-2. – Le fait de diffuser sur la voie publique ou dans les lieux publics des messages contraires à la décence est puni de l'amende prévue pour les contraventions de la 4e classe.

Est puni de la même peine le fait, sans demande préalable du destinataire, d'envoyer ou de distribuer à domicile de tels messages.

Les personnes coupables des contraventions prévues au présent article encourent également la peine complémentaire de confiscation de la chose qui a servi ou était destinée à commettre l'infraction ou de la chose qui en est le produit.

Le fait de faciliter sciemment, par aide ou assistance, la préparation ou la consommation des contraventions prévues au présent article est puni des mêmes peines.

***(D. n° 2010-671, 18 juin 2010)* Les personnes morales déclarées responsables pénalement, dans les conditions prévues par l'article 121-2, des infractions définies au présent article encourent, outre l'amende suivant les modalités prévues par l'article 131-41, la peine de confiscation de la chose qui a servi ou était destinée à commettre l'infraction ou de la chose qui en est le produit.**

Bibliographie : *JCl. pén., Diffusion de messages contraires à la décence* par A.-G. Robert.

Section III. – De la diffamation et de l'injure non publiques présentant un caractère raciste ou discriminatoire

Art. R. 624-3 *(Mod., D. n° 2005-284, 25 mars 2005)*. – La diffamation non publique commise envers une personne ou un groupe de personnes à raison de leur origine ou de leur appartenance ou de leur non-appartenance, vraie ou supposée, à une ethnie, une nation, une race ou une religion déterminée est punie de l'amende prévue pour les contraventions de la 4e classe.

Est punie de la même peine la diffamation non publique commise envers une personne ou un groupe de personnes à raison de leur sexe, de leur orientation sexuelle ou de leur handicap.

Voir : art. 32, al. 2, L. 29 juill. 1881, sur la liberté de la presse.

Bibliographie : *JCl. pén., Contravention de diffamation et injure non publiques présentant un caractère raciste ou discriminatoire* par R. Pugnière.

Art. R. 624-4 *(Mod., D. n° 2005-284, 25 mars 2005)*. – L'injure non publique commise envers une personne ou un groupe de personnes à raison de leur origine ou de leur appartenance ou de leur non-appartenance, vraie ou supposée, à une ethnie, une nation, une race ou une religion déterminée est punie de l'amende prévue pour les contraventions de la 4e classe.

Est punie de la même peine l'injure non publique commise envers une personne ou un groupe de personnes à raison de leur sexe, de leur orientation sexuelle ou de leur handicap.

Voir : art. 33, al. 3, L. 29 juill. 1881.

1) La contravention d'injure raciale non publique prévue par l'article R. 624-4 du Code pénal est soumise, en ce qui concerne la procédure, aux dispositions particulières de la loi du 29 juillet 1881 et notamment à son article 65 qui fixe à trois mois le délai de la prescription de l'action publique et de l'action civile (■ Cass. crim., 11 mars 2003 : *Bull. crim.*, n° 62 ; *Dr. pénal* 2003, comm. 111, obs. M. Véron).

2) La contravention d'injure raciale non publique se prescrit par trois mois. Les dispositions de l'article 45 de la loi du 9 mars 2004 portant le délai de prescription à un an ne concernent que les délits prévus par les articles 24, alinéa 8, 24 *bis*, 32, alinéa 2, et 33, alinéa 3 (■ Cass. crim. 23 mai 2006 : *Bull. crim.*, n° 144 ; *Dr. pénal* 2006, comm. 110, obs. M. Véron) ; cette contravention ne figure pas au nombre des infractions énumérées à l'article 65-3 de la loi sur la liberté de la presse (■ Cass. crim., 7 juin 2006 : *Bull. crim.*, n° 162).

Art. R. 624-5. – Les personnes coupables des infractions définies aux articles R. 624-3 et R. 624-4 encourent, outre les peines d'amende prévues pour ces articles, les peines complémentaires suivantes :

1° L'interdiction de détenir ou de porter, pour une durée de trois ans au plus, une arme soumise à autorisation ;

2° La confiscation d'une ou de plusieurs armes dont le condamné est propriétaire ou dont il a la libre disposition ;

3° La confiscation de la chose qui a servi ou était destinée à commettre l'infraction ou de la chose qui en est le produit.

Art. R. 624-6 *(Rempl., D. n° 2010-671, 18 juin 2010)*. – Les personnes morales déclarées responsables pénalement, dans les conditions prévues par l'article 121-2, des infractions définies aux articles R. 624-3 et R. 624-4 encourent, outre l'amende suivant les modalités prévues par l'article 131-41, la peine de confiscation de la chose qui a servi ou était destinée à commettre l'infraction ou de la chose qui en est le produit.

Section IV. – Du manquement à l'obligation d'assiduité scolaire

(D. n° 2004-162, 19 févr. 2004)

Art. R. 624-7 *(D. n° 2004-162, 19 févr. 2004 ; mod., D. n° 2004-703, 13 juill. 2004 ; D. n° 2010-671, 18 juin 2010 ; D. n° 2012-16, 5 janv. 2012)*. – Le fait, pour l'un ou l'autre parent d'un enfant soumis à l'obligation scolaire ou pour toute personne exerçant à son égard l'autorité parentale ou une autorité de fait de façon continue, après avertissement donné par le directeur académique des services de l'éducation nationale agissant sur délégation du recteur d'académie et mise en œuvre des procédures définies à l'article R. 131-7 du Code de l'éducation, de ne pas imposer à l'enfant l'obligation d'assiduité scolaire sans faire connaître de motif légitime ou d'excuse valable ou en donnant des motifs d'absence inexacts est puni de l'amende prévue pour les contraventions de la 4e classe.

Le fait de faciliter, par aide ou assistance, la commission de la contravention prévue au présent article est puni des mêmes peines.

Voir : art. 227-17-1, p. 377.

Bibliographie : *JCl. pén., Manquement à l'obligation d'assiduité scolaire* par J. Amar.

CHAPITRE V. – DES CONTRAVENTIONS DE LA 5e CLASSE CONTRE LES PERSONNES

Section I. – Des violences

Art. R. 625-1. – Hors les cas prévus par les articles 222-13 et 222-14, les violences volontaires ayant entraîné une incapacité totale du travail d'une durée inférieure ou égale à huit jours sont punies de l'amende prévue pour les contraventions de la 5e classe.

Les personnes coupables de la contravention prévue au présent article encourent également les peines complémentaires suivantes :

1° La suspension, pour une durée de trois ans au plus, du permis de conduire, cette suspension pouvant être limitée à la conduite en dehors de l'activité professionnelle ;

2° L'interdiction de détenir ou de porter, pour une durée de trois ans au plus, une arme soumise à autorisation ;

3° La confiscation d'une ou de plusieurs armes dont le condamné est propriétaire ou dont il a la libre disposition ;

4° Le retrait du permis de chasser, avec interdiction de solliciter la délivrance d'un nouveau permis pendant trois ans au plus ;

5° La confiscation de la chose qui a servi ou était destinée à commettre l'infraction ou de la chose qui en est le produit ;

6° Le travail d'intérêt général pour une durée de vingt à cent vingt heures.

Le fait de faciliter sciemment, par aide ou assistance, la préparation ou la consommation de la contravention prévue au présent article est puni des mêmes peines.

La récidive de la contravention prévue au présent article est réprimée conformément à l'article 132-11.

Voir : art. R. 624-1, p. 668.

Renvoi : Sur la faute, les principes et la jurisprudence applicable, V. *supra*, les notes sous l'article 221-6.

Bibliographie : *JCl. pén., Violences* par D. Thomas.

L'emprisonnement ayant disparu de la nomenclature des peines contraventionnelles en application de la loi du 19 juillet 1993 et de l'article 131-12 du Code pénal, a été cassé un arrêt qui a prononcé, pour la contravention prévue par l'ancien article R. 40-1er alors applicable et devenu l'article R. 625-1, une peine d'emprisonnement (■ Cass. crim., 7 avr. 1994 : *Bull. crim.*, n° 141).

Section II. – Des atteintes involontaires à l'intégrité de la personne

Art. R. 625-2 ***(Mod., D. n° 2001-883, 20 sept. 2001 ; D. n° 2003-642, 11 juill. 2003).*** **– Hors les cas prévus par les articles 222-20 et 222-20-1, le fait de causer à autrui, par maladresse, imprudence, inattention, négligence ou manquement à une obligation de sécurité ou de prudence imposée par la loi ou le règlement, dans les conditions et selon les distinctions prévues à l'article 121-3, une incapacité totale de travail d'une durée inférieure ou égale à trois mois est puni de l'amende prévue pour les contraventions de la 5e classe.**

Renvoi : Sur la faute, les principes et la jurisprudence applicables, V. *supra*, les notes sous l'article 221-6.

Bibliographie : *JCl. pén., Atteintes involontaires à l'intégrité de la personne* par L. Leturmy.

Un fait unique ne peut donner lieu à plusieurs sanctions pénales lorsque le conducteur d'un véhicule occasionne, par son imprudence, des blessures à plusieurs personnes, une seule peine devant être prononcée quelle que soit la durée de l'incapacité totale de travail (■ Cass. crim., 22 févr. 1995 : *Bull. crim.*, n° 80).

Art. R. 625-3 ***(D. n° 2001-883, 20 sept. 2001).*** **– Le fait, par la violation manifestement délibérée d'une obligation particulière de sécurité ou de prudence prévue par la loi ou le règlement, de porter atteinte à l'intégrité d'autrui sans qu'il en résulte d'incapacité totale de travail est puni de l'amende prévue pour les contraventions de la 5e classe.**

Voir : art. R. 622-1, p. 666 ; C. route, art. R. 130-1, p. 1003.

Art. R. 625-4. – Les personnes coupables des infractions définies aux articles R. 625-2 et R. 625-3 encourent, outre les peines d'amende prévues par ces articles, les peines complémentaires suivantes :

1° La suspension, pour une durée de trois ans au plus, du permis de conduire, cette suspension pouvant être limitée à la conduite en dehors de l'activité professionnelle ;

2° L'interdiction de détenir ou de porter, pour une durée de trois ans au plus, une arme soumise à autorisation ;

3° La confiscation d'une ou de plusieurs armes dont le condamné est propriétaire ou dont il a la libre disposition ;

4° Le retrait du permis de chasser, avec interdiction de solliciter la délivrance d'un nouveau permis pendant trois ans au plus ;

5° La confiscation de la chose qui a servi à commettre l'infraction ;

6° Le travail d'intérêt général pour une durée de vingt à cent vingt heures.

Art. R. 625-5 ***(Rempl., D. n° 2010-671, 18 juin 2010).*** **– Les personnes morales déclarées responsables pénalement, dans les conditions prévues par l'article 121-2, des infractions définies aux articles R. 625-2 et R. 625-3 encourent, outre l'amende suivant les modalités prévues par l'article 131-41, la peine de confiscation de la chose qui a servi à commettre l'infraction.**

Art. R. 625-6. – La récidive des contraventions prévues aux articles R. 625-2 et R. 625-3 est réprimée conformément aux articles 132-11 et 132-15.

Section III. – Des provocations, diffamations et injures non publiques présentant un caractère raciste ou discriminatoire

Art. R. 625-7 ***(D. n° 2017-1230, 3 août 2017).*** **– La provocation non publique à la discrimination, à la haine ou à la violence à l'égard d'une personne ou d'un groupe de personnes à raison de leur origine ou de leur appartenance ou de leur non-appartenance, vraie ou supposée, à une ethnie, une nation, une prétendue race ou une religion déterminée est punie de l'amende prévue pour les contraventions de la 5e classe.**

Est punie de la même peine la provocation non publique à la haine ou à la violence à l'égard d'une personne ou d'un groupe de personnes à raison de leur sexe, de leur orientation sexuelle ou identité de genre, ou de leur handicap, ainsi que la provocation non publique, à l'égard de ces mêmes personnes, aux discriminations prévues par les articles 225-2 et 432-7.

Art. R. 625-8 *(D. n° 2017-1230, 3 août 2017).* – La diffamation non publique commise envers une personne ou un groupe de personnes à raison de leur origine ou de leur appartenance ou de leur non-appartenance, vraie ou supposée, à une ethnie, une nation, une prétendue race ou une religion déterminée est punie de l'amende prévue pour les contraventions de la 5e classe.

Est punie de la même peine la diffamation non publique commise envers une personne ou un groupe de personnes à raison de leur sexe, de leur orientation sexuelle ou identité de genre, ou de leur handicap.

Art. R. 625-8-1 *(D. n° 2017-1230, 3 août 2017).* – L'injure non publique commise envers une personne ou un groupe de personnes à raison de leur origine ou de leur appartenance ou de leur non-appartenance, vraie ou supposée, à une ethnie, une nation, une prétendue race ou une religion déterminée est punie de l'amende prévue pour les contraventions de la 5e classe.

Est punie de la même peine l'injure non publique commise envers une personne ou un groupe de personnes à raison de leur sexe, de leur orientation sexuelle ou identité de genre, ou de leur handicap.

Art. R. 625-8-2 *(D. n° 2017-1230, 3 août 2017).* – Les personnes coupables des infractions prévues par la présente section encourent, outre les peines d'amende prévues par ces articles, les peines complémentaires suivantes :

1° L'interdiction de détenir ou de porter, pour une durée de trois ans au plus, une arme soumise à autorisation ;

2° La confiscation d'une ou de plusieurs armes dont le condamné est propriétaire ou dont il a la libre disposition ;

3° La confiscation de la chose qui a servi ou était destinée à commettre l'infraction ou de la chose qui en est le produit ;

4° Le travail d'intérêt général pour une durée de vingt à cent vingt heures ;

5° L'obligation d'accomplir, le cas échéant à ses frais, un stage de citoyenneté.

Les personnes morales déclarées responsables pénalement, dans les conditions prévues par l'article 121-2, des infractions prévues par la présente section encourent, outre l'amende suivant les modalités prévues par l'article 131-41, la peine de confiscation de la chose qui a servi ou était destinée à commettre l'infraction ou de la chose qui en est le produit.

La récidive des contraventions prévues par la présente section est réprimée conformément aux articles 132-11 et 132-15.

Voir : art. 24, al. 6, L. 29 juill. 1881.

Bibliographie : *JCl. pén., Provocation non publique à la discrimination, à la haine ou à la violence* par E. Dreyer.

Section IV. – Du racolage

(Abr., D. n° 2004-1021, 27 sept. 2004)

Art. R. 625-8 *(Abr., D. n° 2004-1021, 27 sept. 2004).*

Section V. – De la violation des dispositions réglementant le commerce de certains matériels susceptibles d'être utilisés pour porter atteinte à l'intimité de la vie privée

Art. R. 625-9 *(D. n° 2010-671, 18 juin 2010).* – Le fait, par une personne titulaire de l'une des autorisations mentionnées à l'article R. 226-3, de proposer, céder, louer ou vendre un appareil figurant sur la liste visée à l'article R. 226-1 en violation des dispositions du premier alinéa de l'article R. 226-10 est puni de l'amende prévue pour les contraventions de la 5e classe.

Les personnes coupables de la contravention prévue au présent article encourent également la peine complémentaire de confiscation de la chose qui a servi ou était destinée à commettre l'infraction ou de la chose qui en est le produit.

Les personnes morales déclarées responsables pénalement, dans les conditions prévues par l'article 121-2, de l'infraction définie au présent article encourent, outre l'amende suivant les modalités prévues par l'article 131-41, la peine de confiscation de la chose qui a servi ou était destinée à commettre l'infraction ou de la chose qui en est le produit.

La récidive de la contravention prévue au présent article est réprimée conformément aux articles 132-11 et 132-15.

Section VI. – Des atteintes aux droits de la personne résultant des fichiers ou des traitements informatiques

(D. n° 2005-1309, 20 oct. 2005)

Art. R. 625-10 *(D. n° 2005-1309, 20 oct. 2005)*. **– Lorsque cette information est exigée par la loi, est puni de l'amende prévue pour les contraventions de la cinquième classe le fait, pour le responsable d'un traitement automatisé de données à caractère personnel :**

1° De ne pas informer la personne auprès de laquelle sont recueillies des données à caractère personnel la concernant :

***a)* De l'identité du responsable du traitement et, le cas échéant, de celle de son représentant ;**

***b)* De la finalité poursuivie par le traitement auquel les données sont destinées ;**

***c)* Du caractère obligatoire ou facultatif des réponses ;**

***d)* Des conséquences éventuelles, à son égard, d'un défaut de réponse ;**

***e)* Des destinataires ou catégories de destinataires des données ;**

***f)* De ses droits d'opposition, d'interrogation, d'accès et de rectification ;**

***g)* Le cas échéant, des transferts de données à caractère personnel envisagés à destination d'un État non membre de la Communauté européenne ;**

2° Lorsque les données sont recueillies par voie de questionnaire, de ne pas porter sur le questionnaire les informations relatives :

***a)* À l'identité du responsable du traitement et, le cas échéant, à celle de son représentant ;**

***b)* À la finalité poursuivie par le traitement auquel les données sont destinées ;**

***c)* Au caractère obligatoire ou facultatif des réponses ;**

***d)* Aux droits d'opposition, d'interrogation, d'accès et de rectification des personnes auprès desquelles sont recueillies les données ;**

3° De ne pas informer de manière claire et précise toute personne utilisatrice des réseaux de communications électroniques :

***a)* De la finalité de toute action tendant à accéder, par voie de transmission électronique, à des informations stockées dans son équipement terminal de connexion ou à inscrire, par la même voie, des informations dans son équipement terminal de connexion ;**

***b)* Des moyens dont elle dispose pour s'y opposer ;**

4° De ne pas fournir à la personne concernée, lorsque les données à caractère personnel n'ont pas été recueillies auprès d'elle, les informations énumérées au 1° et au 2° dès l'enregistrement des données ou, si une communication des données à des tiers est envisagée, au plus tard lors de la première communication des données.

Art. R. 625-11 *(D. n° 2005-1309, 20 oct. 2005)*. **– Est puni de l'amende prévue pour les contraventions de la cinquième classe le fait, pour le responsable d'un traitement automatisé de données à caractère personnel, de ne pas répondre aux demandes d'une personne physique justifiant de son identité qui ont pour objet :**

1° La confirmation que des données à caractère personnel la concernant font ou ne font pas l'objet de ce traitement ;

2° Les informations relatives aux finalités du traitement, aux catégories de données à caractère personnel traitées et aux destinataires ou aux catégories de destinataires auxquels les données sont communiqées ;

3° Le cas échéant, les informations relatives aux transferts de données à caractère personnel envisagés à destination d'un État non membre de la Communauté européenne ;

4° La communication, sous une forme accessible, des données à caractère personnel qui la concernent ainsi que de toute information disponible quant à l'origine de celles-ci ;

5° Les informations permettant de connaître et de contester la logique qui sous-tend le traitement automatisé en cas de décision prise sur le fondement de celui-ci et produisant des effets juridiques à l'égard de l'intéressé.

Est puni de la même peine le fait de refuser de délivrer, à la demande de l'intéressé, une copie des données à caractère personnel le concernant, le cas échéant, contre paiement d'une somme qui ne peut excéder le coût de la reproduction.

Les contraventions prévues par le présent article ne sont toutefois pas constituées si le refus de réponse est autorisé par la loi soit afin de ne pas porter atteinte au droit d'auteur, soit parce qu'il s'agit de demandes manifestement abusives, notamment par leur nombre, leur caractère répétitif ou systématique, soit parce que les données à caractère personnel sont conservées sous une forme excluant manifestement tout risque d'atteinte à la vie privée des personnes concernées et pendant une durée n'excédant pas celle nécessaire aux seules finalités d'établissement de statistiques ou de recherche scientifique ou historique.

La contravention d'opposition à l'exercice du droit d'accès à une information nominative, prévue et réprimée par les articles 35 de la loi du 6 janvier 1978 dans sa rédaction antérieure à la loi du 6 août 2004, 1er 3° du décret du 23 décembre 1981 et consistant dans la fourniture de données présentées sous une forme non directement intelligible, constitue une infraction instantanée, consommée à la date d'envoi de l'information à la personne titulaire du droit d'accès.

Ne caractérisent pas la réitération de cette infraction, les réponses faites ultérieurement aux réclamations du titulaire du droit d'accès se plaignant de l'absence de clarté des informations données.

Justifie, dès lors, sa décision, la cour d'appel qui constate l'extinction de l'action publique par la prescription après avoir retenu qu'il s'était écoulé plus d'une année entre l'envoi des informations au titulaire du droit d'accès et la plainte adressée par lui au procureur de la République (■ Cass. crim., 6 mai 2008 : *Bull. crim.*, n° 102 ; *Dr. pénal* 2008, comm. 97, obs. J.-H. Robert ; *Rev. sc. crim.* 2008, p. 626, 4, obs. J. Francillon).

Art. R. 625-12 *(D. n° 2005-1309, 20 oct. 2005)*. **– Est puni de l'amende prévue pour les contraventions de la cinquième classe le fait, pour le responsable d'un traitement automatisé de données à caractère personnel, de ne pas procéder, sans frais pour le demandeur, aux opérations demandées par une personne physique justifiant de son identité et qui exige que soient rectifiées, complétées, mises à jour, verrouillées ou effacées les données à caractère personnel la concernant ou concernant la personne décédée dont elle est l'héritière, lorsque ces données sont inexactes, incomplètes, équivoques, périmées, ou lorsque leur collecte, leur utilisation, leur communication ou leur conservation est interdite.**

Art. R. 625-13 *(D. n° 2005-1309, 20 oct. 2005 ; mod., D. n° 2010-671, 18 juin 2010)*. **– La récidive des contraventions prévues par la présente section est réprimée conformément aux articles 132-11 et 132-15.**

TITRE III. – DES CONTRAVENTIONS CONTRE LES BIENS

CHAPITRE I. – DES CONTRAVENTIONS DE LA 1re CLASSE CONTRE LES BIENS

Section unique. – Des menaces de destruction, de dégradation ou de détérioration n'entraînant qu'un dommage léger

Art. R. 631-1 *(Mod., D. n° 2010-671, 18 juin 2010)*. **– Hors le cas prévu par l'article 322-13, la menace de commettre une destruction, une dégradation ou une détérioration n'entraînant qu'un dommage léger, lorsqu'elle est soit réitérée, soit matérialisée par un écrit, une image ou tout autre objet, est punie de l'amende prévue pour les contraventions de la 1re classe.**

Les personnes coupables de la contravention prévue au présent article encourent également les peines complémentaires suivantes :

1° L'interdiction de détenir ou de porter, pour une durée de trois ans au plus, une arme soumise à autorisation ;

2° La confiscation d'une ou de plusieurs armes dont le condamné est propriétaire ou dont il a la libre disposition.

Bibliographie : *JCl. pén., Menaces de destruction, de dégradation ou de détérioration n'entraînant qu'un dommage léger* par R. Pugnière.

CHAPITRE II. – DES CONTRAVENTIONS DE LA 2e CLASSE CONTRE LES BIENS

Section unique. – Du non-respect de la réglementation en matière de collecte des ordures

Art. R. 632-1. – *(D. n° 2007-1388, 26 sept. 2007 ; mod., D. n° 2010-671, 18 juin 2010 ; rempl., D. n° 2015-337, 25 mars 2015)* **Est puni de l'amende prévue pour les contraventions de la 2e classe le fait de déposer, aux emplacements désignés à cet effet par l'autorité administrative compétente, des ordures, déchets, matériaux ou tout autre objet de quelque nature qu'il soit, en vue de leur enlèvement par le service de collecte, sans respecter les conditions fixées par cette autorité, notamment en matière d'adaptation du contenant à leur enlèvement, de jours et d'horaires de collecte ou de tri des ordures.**

1) Viole l'article R. 632-1 du Code pénal la juridiction qui déclare coupable de la contravention réprimée par l'article R. 632-1 du Code pénal le directeur d'un magasin en raison du fait que des détritus, jetés par des clients sur le parking de son établissement, sont emportés par le vent sur des fonds voisins (■ Cass. crim., 28 juin 2005 : *Bull. crim.*, n° 195 ; *Dr. pénal* 2005, comm. 137, obs. M. Véron).

2) Prive sa décision de base légale, la cour d'appel qui, pour relaxer le prévenu de la contravention réprimée par l'article R. 632-1 du Code pénal, retient que des gravats, déposés par l'intéressé sur un terrain lui appartenant, en bordure d'une voie communale, n'empiètent pas sur la chaussée, sans rechercher si l'accotement de la voie, sur lequel elle relève expressément la présence d'une partie des déchets, ne constitue pas une dépendance du domaine public communal (■ Cass. crim., 7 nov. 2006 : *Bull. crim.*, n° 278 ; *Dr. pénal* 2007, comm. 14, obs. M. Véron).

Voir : anc. art. R. 30-14°, C. pén.

Bibliographie : *JCl. pén., Abandon d'ordures, déchets, matériaux ou autres objets* par R. Pugnière.

CHAPITRE III. – DES CONTRAVENTIONS DE LA 3e CLASSE CONTRE LES BIENS

Section I. – De la violation des dispositions réglementant la vente ou l'échange de certains objets mobiliers

Art. R. 633-1. – **Le fait, par une personne mentionnée à l'article R. 321-1, lorsqu'elle est requise par l'autorité compétente, de s'abstenir de présenter le récépissé de déclaration prévu au dernier alinéa du même article, est puni de l'amende prévue pour les contraventions de la 3e classe.**

Art. R. 633-2. – **Le fait, par une personne mentionnée à l'article R. 321-1, d'omettre de faire figurer de manière apparente sur un objet ou lot d'objets exposé à la vente ou détenu en stock le numéro d'ordre correspondant, conformément aux prescriptions de l'article R. 321-4, est puni de l'amende prévue pour les contraventions de la 3e classe.**

Art. R. 633-3 *(D. n° 2013-287, 4 avr. 2013)*. – **Le fait, par une personne mentionnée à l'article R. 321-1, d'omettre de faire parapher le registre d'objets mobiliers prévu à l'article R. 321-3, conformément aux prescriptions de l'article R. 321-6, est puni de l'amende prévue pour les contraventions de la 3e classe.**

Le fait, par une personne mentionnée à l'article R. 321-1, tenant un registre d'objets mobiliers au moyen d'un traitement automatisé de données à caractère personnel, de ne pas tenir ce registre dans les conditions garantissant l'intégrité, l'intangibilité et la sécurité des données enregistrées telles que définies par l'arrêté prévu au deuxième alinéa de l'article R. 321-8 est puni de l'amende prévue pour les contraventions de la 3e classe.

Art. R. 633-4 *(Abr., D. n° 2010-671, 18 juin 2010).*

Section II. – De la violation des dispositions concernant les manifestations publiques en vue de la vente ou de l'échange de certains objets mobiliers

Art. R. 633-5 *(Mod., D. n° 2010-671, 18 juin 2010).* **– Le fait, par une personne mentionnée au deuxième alinéa de l'article 321-7, d'omettre de faire parapher le registre prévu par l'article R. 321-9, conformément aux prescriptions de l'article R. 321-10, est puni de l'amende prévue pour les contraventions de la 3e classe.**

Section III. – De l'abandon d'ordures, déchets, matériaux ou autres objets

(D. n° 2015-337, 25 mars 2015)

Art. R. 633-6 *(D. n° 2015-337, 25 mars 2015).* **– Hors les cas prévus par les articles R. 635-8 et R. 644-2, est puni de l'amende prévue pour les contraventions de la 3e classe le fait de déposer, d'abandonner, de jeter ou de déverser, en lieu public ou privé, à l'exception des emplacements désignés à cet effet par l'autorité administrative compétente, des ordures, déchets, déjections, matériaux, liquides insalubres ou tout autre objet de quelque nature qu'il soit, y compris en urinant sur la voie publique, si ces faits ne sont pas accomplis par la personne ayant la jouissance du lieu ou avec son autorisation.**

CHAPITRE IV. – DES CONTRAVENTIONS DE LA 4e CLASSE CONTRE LES BIENS

Section I. – Des menaces de destruction, de dégradation ou de détérioration ne présentant pas de danger pour les personnes

Art. R. 634-1 *(Mod., D. n° 2010-671, 18 juin 2010).* **– Hors le cas prévu par l'article 322-13, la menace de commettre une destruction, une dégradation ou une détérioration ne présentant pas de danger pour les personnes, lorsqu'elle est soit réitérée, soit matérialisée par un écrit, une image ou tout autre objet, est punie de l'amende prévue pour les contraventions de la 4e classe.**

Les personnes coupables de la contravention prévue au présent article encourent également les peines complémentaires suivantes :

1° L'interdiction de détenir ou de porter, pour une durée de trois ans au plus, une arme soumise à autorisation ;

2° La confiscation d'une ou de plusieurs armes dont le condamné est propriétaire ou dont il a la libre disposition.

CHAPITRE V. – DES CONTRAVENTIONS DE LA 5e CLASSE CONTRE LES BIENS

Section I. – Des destructions, dégradations et détériorations dont il n'est résulté qu'un dommage léger

Art. R. 635-1 *(D. n° 2010-671, 18 juin 2010).* **– La destruction, la dégradation ou la détérioration volontaires d'un bien appartenant à autrui dont il n'est résulté qu'un dommage léger est punie de l'amende prévue pour les contraventions de la 5e classe.**

Les personnes coupables de la contravention prévue au présent article encourent également les peines complémentaires suivantes :

1° La suspension, pour une durée de trois ans au plus, du permis de conduire, cette suspension pouvant être limitée à la conduite en dehors de l'activité professionnelle ;

2° L'interdiction de détenir ou de porter, pour une durée de trois ans au plus, une arme soumise à autorisation ;

3° La confiscation d'une ou de plusieurs armes dont le condamné est propriétaire ou dont il a la libre disposition ;

4° Le retrait du permis de chasser, avec interdiction de solliciter la délivrance d'un nouveau permis pendant trois ans au plus ;

5° La confiscation de la chose qui a servi ou était destinée à commettre l'infraction ou de la chose qui en est le produit ;

6° Le travail d'intérêt général pour une durée de vingt à cent vingt heures.

Le fait de faciliter sciemment, par aide ou assistance, la préparation ou la consommation de la contravention prévue au présent article est puni des mêmes peines.

Les personnes morales déclarées responsables pénalement, dans les conditions prévues par l'article 121-2, de l'infraction définie au présent article encourent, outre l'amende suivant les modalités prévues par l'article 131-41, la peine de confiscation de la chose qui a servi ou était destinée à commettre l'infraction ou de la chose qui en est le produit.

La récidive de la contravention prévue au présent article est réprimée conformément aux articles 132-11 et 132-15.

Bibliographie : *JCl. pén., Destructions, dégradations et détériorations dont il n'est résulté qu'un dommage léger* par A. Vitu.

1) Entraient dans les prévisions de l'ancien article R. 38-6°, notamment le fait d'avoir, en dégonflant les pneumatiques d'une voiture appartenant à autrui, mis volontairement ce véhicule hors d'état de rouler (■ Cass. crim., 12 févr. 1994 : *Bull. crim.*, n° 61), le fait, à l'occasion d'une grève, de répandre sur le sol le lait contenu dans des bidons (■ T. corr. Nancy, 21 oct. 1964 : *Gaz. Pal.* 1965, I, 50) ou le fait de s'opposer à la surélévation d'un mur en démolissant sa partie en briques et en retirant son coffrage (■ Cass. crim., 25 avr. 1990 : *Gaz. Pal.* 1990, 2, somm. 526).

2) Il résulte de la rédaction même de l'article R. 38-6° du Code pénal que la contravention de dommage causé à un bien appartenant à autrui est une infraction intentionnelle ; les juges du fond apprécient souverainement l'existence ou l'absence de l'élément moral de cette contravention (■ Cass. crim., 19 déc. 1989 : *Bull. crim.*, n° 490).

3) Dès lors qu'une ordonnance d'expropriation pour cause d'utilité publique éteint, par elle-même et à sa date, tous droits réels et personnels existant sur les immeubles expropriés par application de l'article L. 12-2 du Code de l'expropriation, ne se rend pas coupable de la contravention de dégradation légère du bien d'autrui prévue par l'article R. 635-1 du Code pénal la personne morale qui procède à des travaux de démolition de l'immeuble faisant l'objet d'une telle ordonnance.

L'annulation ultérieure de l'ordonnance d'expropriation de saurait avoir pour effet de faire revivre l'infraction (■ Cass. crim., 16 avr. 2013, n° 12-81.588 : *Bull. crim.*, n° 86).

Section II. – De la vente forcée par correspondance

Voir : C. consom., art. L. 122-3 et s., p. 1233.

Art. R. 635-2 ***(D. n° 2010-671, 18 juin 2010).*** **– Le fait d'adresser à une personne, sans demande préalable de celle-ci, un objet quelconque accompagné d'une correspondance indiquant que cet objet peut être accepté contre versement d'un prix fixé ou renvoyé à son expéditeur, même si ce renvoi peut être fait sans frais pour le destinataire, est puni de l'amende prévue pour les contraventions de la 5e classe.**

Les personnes coupables de la contravention prévue au présent article encourent également les peines complémentaires suivantes :

1° L'interdiction, pour une durée de trois ans au plus, d'émettre des chèques autres que ceux qui permettent le retrait de fonds par le tireur auprès du tiré ou ceux qui sont certifiés ;

2° La confiscation de la chose qui a servi ou était destinée à commettre l'infraction ou de la chose qui en est le produit.

Les personnes morales déclarées responsables pénalement, dans les conditions prévues par l'article 121-2, de l'infraction définie au présent article encourent, outre l'amende suivant les modalités prévues par l'article 131-41, les peines suivantes :

1° L'interdiction, pour une durée de trois ans au plus, d'émettre des chèques autres que ceux qui permettent le retrait de fonds par le tireur auprès du tiré ou ceux qui sont certifiés ;

2° La confiscation de la chose qui a servi ou était destinée à commettre l'infraction ou de la chose qui en est le produit.

La récidive de la contravention prévue au présent article est réprimée conformément aux articles 132-11 et 132-15.

Bibliographie : *JCl. pén., Vente forcée par correspondance* par S. Detraz.

1) Le destinataire peut être soit un particulier, soit une personne morale (■ Cass. crim., 5 nov. 1985 : *Bull. crim.*, n° 346 ; *JCP* 87, éd. E, I, 15975, obs. Devèze).

2) Le terme « objet quelconque » peut s'appliquer à une carte d'adhérent d'association (■ Paris, 27 oct. 1965 : *JCP* 66, II, 14662, note Guérin) ou une carte d'abonnement à une revue (■ Cass. crim., 14 avr. 1972 : *Bull. crim.*, n° 120).

3) Une lettre accompagne la transmission d'un objet spécifié dès lors qu'elle en annonce l'envoi (■ Cass. crim., 25 oct. 1972 : *Bull. crim.*, n° 313).

Section III. – De la violation des dispositions réglementant la vente ou l'échange de certains objets mobiliers

Art. R. 635-3. – Le fait, par une personne mentionnée à l'article R. 321-1, d'omettre de procéder aux déclarations prévues par ce même article et par l'article R. 321-2 est puni de l'amende prévue pour les contraventions de la 5e classe.

Art. R. 635-4. – Le fait, par une personne mentionnée à l'article R. 321-1, de recevoir, à titre gratuit ou onéreux, un objet mobilier d'un mineur non émancipé sans le consentement exprès des père, mère ou tuteur est puni de l'amende prévue pour les contraventions de la 5e classe.

Art. R. 635-5. – Le fait, par une personne mentionnée au deuxième alinéa de l'article 321-7, d'omettre de déposer le registre prévu par l'article R. 321-9 auprès des services compétents dans les conditions prévues à l'article R. 321-10 est puni de l'amende prévue pour les contraventions de la 5e classe.

Art. R. 635-6 *(Abr., D. n° 2010-671, 18 juin 2010).*

Art. R. 635-7. – La récidive des contraventions prévues aux articles R. 635-3, R. 635-4 et R. 635-5 est réprimée conformément aux articles 132-11 et 132-15.

Section IV. – De l'abandon d'épaves de véhicules ou d'ordures, déchets, matériaux et autres objets transportés dans un véhicule

Art. R. 635-8 *(D. n° 2007-1388, 26 sept. 2007 ; D. n° 2010-671, 18 juin 2010).* **– Est puni de l'amende prévue pour les contraventions de la 5e classe le fait de déposer, d'abandonner, de jeter ou de déverser, en lieu public ou privé, à l'exception des emplacements désignés à cet effet par l'autorité administrative compétente, soit une épave de véhicule, soit des ordures, déchets, déjections, matériaux, liquides insalubres ou tout autre objet de quelque nature qu'il soit, lorsque ceux-ci ont été transportés avec l'aide d'un véhicule, si ces faits ne sont pas accomplis par la personne ayant la jouissance du lieu ou avec son autorisation.**

Les personnes coupables de la contravention prévue au présent article encourent également la peine complémentaire de confiscation de la chose qui a servi ou était destinée à commettre l'infraction ou de la chose qui en est le produit.

Les personnes morales déclarées responsables pénalement, dans les conditions prévues par l'article 121-2, de l'infraction définie au présent article encourent, outre l'amende suivant les modalités prévues par

l'article 131-41, la peine de confiscation de la chose qui a servi ou était destinée à commettre l'infraction ou de la chose qui en est le produit.

La récidive de la contravention prévue au présent article est réprimée conformément aux articles 132-11 et 132-15.

Voir : art. R. 632-1, p. 675 et art. R. 633-6, p. 676.

Bibliographie : *JCl. pén., Abandon d'épaves de véhicules ou d'ordures, déchets, matériaux et autres objets transportés dans un véhicule* par R. Pugnière.

TITRE IV. – DES CONTRAVENTIONS CONTRE LA NATION, L'ÉTAT OU LA PAIX PUBLIQUE

CHAPITRE I. – DES CONTRAVENTIONS DE LA 1re CLASSE CONTRE LA NATION, L'ÉTAT OU LA PAIX PUBLIQUE

Section unique. – De l'abandon d'armes ou d'objets dangereux

Art. R. 641-1. – Le fait d'abandonner, en un lieu public ou ouvert au public, une arme ou tout autre objet présentant un danger pour les personnes et susceptible d'être utilisé pour commettre un crime ou un délit est puni de l'amende prévue pour les contraventions de la 1re classe.

Les personnes coupables de la contravention prévue au présent article encourent également la peine complémentaire de confiscation de la chose qui a servi à commettre l'infraction.

Bibliographie : *JCl. pén., Abandon d'armes ou d'objets dangereux* par M. Wagner.

CHAPITRE II. – DES CONTRAVENTIONS DE LA 2e CLASSE CONTRE LA NATION, L'ÉTAT OU LA PAIX PUBLIQUE

Section I. – Du défaut de réponse à une réquisition des autorités judiciaires ou administratives

Art. R. 642-1. – Le fait, sans motif légitime, de refuser ou de négliger de répondre soit à une réquisition émanant d'un magistrat ou d'une autorité de police judiciaire agissant dans l'exercice de ses fonctions, soit, en cas d'atteinte à l'ordre public ou de sinistre ou dans toute autre situation présentant un danger pour les personnes, à une réquisition émanant d'une autorité administrative compétente, est puni de l'amende prévue pour les contraventions de la 2e classe.

Bibliographie : *JCl. pén., Défaut de réponse à réquisition* par R. Pugnière.

Constitue la contravention le refus d'un commandant de sapeurs-pompiers de déférer à la réquisition d'un commissaire de police aux fins de procéder à l'enlèvement d'un corps d'une victime faisant obstacle à la circulation ferroviaire (■ Cass. crim., 24 juin 1992 : *Bull. crim.*, n° 255).

Section II. – Des atteintes à la monnaie

Voir : art. 442-1 s., p. 591 (fausse monnaie).

Art. R. 642-2 ***(D. n° 2010-671, 18 juin 2010).*** **– Le fait d'accepter, de détenir ou d'utiliser tout signe monétaire non autorisé ayant pour objet de remplacer les pièces de monnaie ou les billets de banque ayant cours légal en France est puni de l'amende prévue pour les contraventions de la 2e classe.**

Les personnes coupables de la contravention prévue au présent article encourent également la peine complémentaire de confiscation de la chose qui a servi ou était destinée à commettre l'infraction ou de la chose qui en est le produit.

Les personnes morales déclarées responsables pénalement, dans les conditions prévues par l'article 121-2, de l'infraction définie au présent article encourent, outre l'amende suivant les modalités prévues par l'article 131-41, la peine de confiscation de la chose qui a servi ou était destinée à commettre l'infraction ou de la chose qui en est le produit.

La peine de confiscation est obligatoire pour les signes monétaires visés au premier alinéa du présent article en application des articles 131-21 et 131-48.

Bibliographie : *JCl. pén., Atteintes à la monnaie* par R. Pugnière.

Art. R. 642-3 ***(Mod., D. n° 2010-671, 18 juin 2010).*** **– Le fait de refuser de recevoir des pièces de monnaie ou des billets de banque ayant cours légal en France selon la valeur pour laquelle ils ont cours est puni de l'amende prévue pour les contraventions de la 2e classe.**

1) Selon l'article L. 112-5 du Code monétaire et financier, en cas de paiement en billets et pièces, il appartient au débiteur de faire l'appoint ; encourt, dès lors, la cassation, l'arrêt qui déclare coupable de la contravention prévue par l'article R. 642-3 du Code pénal, le responsable d'un magasin poursuivi par avoir refusé de recevoir d'une cliente un billet de 500 euros en paiement d'achats d'un montant de 51,13 euros (■ Cass. crim., 14 déc. 2005 : *Bull. crim.*, n° 334 ; *Dr. pénal* 2006, comm. 57, obs. M. Véron ; *D.* 2006, p. 498, note V. Avena-Robardet ; *Rev. sc. crim.* 2006, p. 607 et s., obs. Delmas Saint-Hilaire).

2) Justifie sa décision la juridiction de proximité qui, pour déclarer coupable de la contravention prévue par l'article R. 642-3 du Code pénal le responsable d'une société poursuivi pour avoir refusé de recevoir d'un client un règlement en espèces, relève que ladite société n'acceptant aucun règlement en numéraire, le débiteur n'était pas en mesure de s'acquitter de l'obligation de faire l'appoint, prévue à l'article L. 112-5 du Code monétaire et financier (■ Cass. crim., 3 oct. 2007 : *Bull. crim.*, n° 235).

3) Carte prépayée (stationnement). La perception de la redevance de stationnement, légalement fixée par le maire dans le cadre des pouvoirs qu'il tient de l'article L. 2213-6 du Code général des collectivités territoriales, au moyen d'appareils horodateurs, échappe au Code de la consommation ; n'est pas entachée d'illégalité l'instauration d'un système de règlement de cette redevance exclusivement au moyen d'une carte prépayée, qui répond à l'objectif d'intérêt public de sécuriser les appareils contre le vol et qui n'apparaît pas imposer aux usagers de sujétions disproportionnées par rapport au but légitime en vue duquel cette mesure a été prise par l'autorité publique (■ Cass. crim., 26 avr. 2006 : *Bull. crim.*, n° 114 ; *Dr. pénal* 2006, comm. 111, obs. J.-H. Robert ; *Rev. sc. crim.* 2007, p. 87, n° 2, obs. C. Mascala).

4) La carte prépayée nécessaire au paiement de la redevance de stationnement n'est pas une carte de paiement au sens de l'article L. 132-1 du Code monétaire et financier ; la redevance d'utilisation du domaine public aux fins de stationnement ne saurait s'analyser en la contrepartie d'un service offert par la puissance publique dans le cadre d'une activité commerciale, au sens de l'article L. 410-1 du Code de commerce (■ Cass. crim., 13 juin 2007 : *JurisData* n° 2007-040193 ; *Dr. pénal* 2007, comm. 137, obs. J.-H. Robert).

5) La redevance d'utilisation du domaine public, légalement fixée par le maire dans le cadre des pouvoirs qu'il tient de l'article L. 2213-6 du Code général des collectivités territoriales et qui échappe au Code de la consommation, ne s'impose qu'au seul usager désireux d'utiliser l'aire de stationnement réglementée et qui est ainsi tenu de se conformer aux modalités établies par l'autorité publique ; l'instauration d'un système de règlement de cette redevance exclusivement au moyen d'une carte prépayée qui répond à l'objectif d'intérêt public de sécuriser les horodateurs contre le vol, n'apparaît pas imposer aux usagers d'autre contrainte que celle d'en faire l'acquisition auprès des buralistes, laquelle s'opère par tout moyen de paiement, incluant les pièces de monnaie et les billes de banque ayant cours légal, cette seule circonstance ne pouvant être considérée comme imposant des sujétions apparaissant disproportionnées par rapport au but légitime en vue duquel cette mesure a été prise par l'autorité publique ni constitutive d'une rupture de l'égalité entre les usagers de la voie publique (■ Cass. crim., 23 janv. 2013, n° 12-84.164 : *Bull. crim.*, n° 28 ; *D.* 2013, act., 506 ; *Dr. pénal* 2013, comm. 57, obs. J.-H. Robert).

6) L'utilisation de la carte prépayée « Paris

carte » constitue un moyen de paiement dépourvu d'incidence sur le montant de la redevance due par l'usager et n'induit pas de discrimination tarifaire.

En conséquence, justifie sa décision la juridiction de proximité qui rejette l'exception de nullité de la procédure proposée par le prévenu et prise de la violation du principe d'égalité devant la loi, en ce que les automobilistes ne résidant pas à Paris et ne s'y trouvant que de passage sont dans l'obligation de procéder à l'achat d'une carte prépayée pour régler le coût du stationnement de leur véhicule (■ Cass. crim., 5 févr. 2013, n° 12-83.633 : *Bull. crim.*, n° 37 ; *Dr. pénal* 2013, comm. 57, obs. J.-H. Robert).

Voir : anc. art. R. 30-11°, C. pén.

Art. R. 642-4 *(D. n° 2010-671, 18 juin 2010)*. **– Le fait d'utiliser comme support d'une publicité quelconque des pièces de monnaie ou des billets de banque ayant cours légal en France ou émis par les institutions étrangères ou internationales habilitées à cette fin est puni de l'amende prévue pour les contraventions de la 2e classe.**

Les personnes coupables de la contravention prévue au présent article encourent également la peine complémentaire de confiscation de la chose qui a servi ou était destinée à commettre l'infraction ou de la chose qui en est le produit.

Les personnes morales déclarées responsables pénalement, dans les conditions prévues par l'article 121-2, de l'infraction définie au présent article encourent, outre l'amende suivant les modalités prévues par l'article 131-41, la peine de confiscation de la chose qui a servi ou était destinée à commettre l'infraction ou de la chose qui en est le produit.

La peine de confiscation est obligatoire pour les signes monétaires visés au premier alinéa du présent article en application des articles 131-21 et 131-48. Les dispositions du troisième alinéa de l'article 442-13 sont applicables.

CHAPITRE III. – DES CONTRAVENTIONS DE LA 3e CLASSE CONTRE LA NATION, L'ÉTAT OU LA PAIX PUBLIQUE

Section I. – De l'usurpation de signes réservés à l'autorité publique

Art. R. 643-1 *(D. n° 2010-671, 18 juin 2010)*. **– Hors les cas prévus par l'article 433-15, est puni de l'amende prévue pour les contraventions de la 3e classe le fait de porter publiquement un costume ou un uniforme ou de faire usage d'un insigne ou d'un document présentant avec des costumes, uniformes, insignes ou documents réglementés par l'autorité publique une ressemblance de nature à causer une méprise dans l'esprit du public.**

Les personnes coupables de la contravention prévue au présent article encourent également la peine complémentaire de confiscation de la chose qui a servi ou était destinée à commettre l'infraction ou de la chose qui en est le produit.

Les personnes morales déclarées responsables pénalement, dans les conditions prévues par l'article 121-2, de l'infraction définie au présent article encourent, outre l'amende suivant les modalités prévues par l'article 131-41, la peine de confiscation de la chose qui a servi ou était destinée à commettre l'infraction ou de la chose qui en est le produit.

Bibliographie : *JCl. pén., Usurpation de signes réservés à l'autorité publique* par A. Vitu.

Section II. – De l'utilisation de poids ou mesures différents de ceux établis par les lois et règlements en vigueur

Art. R. 643-2 *(D. n° 2010-671, 18 juin 2010)*. **– L'utilisation de poids ou mesures différents de ceux qui sont établis par les lois et règlements en vigueur est punie de l'amende prévue pour les contraventions de la 3e classe.**

Les personnes coupables de la contravention prévue au présent article encourent également la peine complémentaire de confiscation de la chose qui a servi ou était destinée à commettre l'infraction ou de la chose qui en est le produit.

Les personnes morales déclarées responsables pénalement, dans les conditions prévues par l'article 121-2, de l'infraction définie au présent article encourent, outre l'amende suivant les modalités prévues par l'article 131-41, la peine de confiscation de la chose qui a servi ou était destinée à commettre l'infraction ou de la chose qui en est le produit.

Bibliographie : *JCl. pén., Utilisation de poids ou mesures différents de ceux établis par les lois et règlements en vigueur* par R. Pugnière.

CHAPITRE IV. – DES CONTRAVENTIONS DE LA 4e CLASSE CONTRE LA NATION, L'ÉTAT OU LA PAIX PUBLIQUE

Section I. – De l'accès sans autorisation à un terrain, une construction, un engin ou un appareil militaires

Art. R. 644-1 *(Mod., D. n° 2015-159, 11 févr. 2015).* **– Hors le cas prévu par l'article 413-5, le fait, sans autorisation des autorités compétentes, de pénétrer, séjourner ou circuler sur un terrain, dans un port, dans une construction ou dans un engin ou appareil quelconque affecté à l'autorité militaire ou placé sous son contrôle est puni de l'amende prévue pour les contraventions de la 4e classe.**

L'interdiction d'accès aux terrains, constructions, engins ou appareils visés à l'alinéa précédent fait l'objet d'une signalisation particulière lorsqu'aucune marque distinctive ne signale qu'ils sont affectés à l'autorité militaire ou placés sous son contrôle.

Bibliographie : *JCl. pén., Accès sans autorisation à un établissement militaire* par D. Dassa-Le Deist.

Section II. – Des entraves à la libre circulation sur la voie publique

Art. R. 644-2. – Le fait d'embarrasser la voie publique en y déposant ou y laissant sans nécessité des matériaux ou objets quelconques qui entravent ou diminuent la liberté ou la sûreté de passage est puni de l'amende prévue pour les contraventions de la 4e classe.

Les personnes coupables de la contravention prévue au présent article encourent également la peine complémentaire de confiscation de la chose qui a servi ou était destinée à commettre l'infraction ou de la chose qui en est le produit.

Voir : art. R. 633-6, p. 676 ; C. route, art. R. 130-1, p. 1003 (compétences des agents ONF) et C. route, art. R. 130-4, p. 1004 (compétences des gardes champêtres).

Bibliographie : *JCl. pén., Entraves à la libre circulation sur la voie publique* par R. Pugnière.

1) Est constitutive de l'infraction la présence d'un étal sur un trottoir si elle occasionne une gêne pour les piétons (■ Paris, 13 janv. 1990 : *JurisData* n° 021273).

2) Toute voie de communication terrestre ouverte à la libre circulation du public constitue une voie publique, au sens de l'article R. 38-11° ancien du Code pénal, devenu R. 644-2 nouveau dudit code ; tel est le cas d'un chemin rural qui, bien que relevant du domaine privé de la commune, est affecté, par détermination de la loi, à la circulation publique (■ Cass. crim., 7 févr. 1996 : *Bull. crim.*, n° 68).

Section III. – De la violation des dispositions réglementant les professions exercées dans les lieux publics

Art. R. 644-3 *(D. n° 2010-671, 18 juin 2010).* **– Le fait, sans autorisation ou déclaration régulière, d'offrir, de mettre en vente ou d'exposer en vue de la vente des marchandises ou d'exercer toute autre profession dans les lieux publics en violation des dispositions réglementaires sur la police de ces lieux est puni de l'amende prévue pour les contraventions de la 4e classe.**

Les personnes coupables de la contravention prévue au présent article encourent également la peine complémentaire de confiscation de la chose qui a servi ou était destinée à commettre l'infraction ou de la chose qui en est le produit.

Les personnes morales déclarées responsables pénalement, dans les conditions prévues par l'article 121-2, de l'infraction définie au présent article encourent, outre l'amende suivant les modalités prévues par l'article 131-41, la peine de confiscation de la chose qui a servi ou était destinée à commettre l'infraction ou de la chose qui en est le produit.

Bibliographie : *JCl. pén., Violation des dispositions réglementant les professions exercées dans les lieux publics* par R. Pugnière.

1) La délibération d'un conseil municipal ne constitue pas une disposition réglementaire relative à la police des lieux (■ Cass. crim., 6 mars 1984 : *Bull. crim.*, n° 91. ■ 24 févr. 2009 : *Bull. min.*, n° 44 ; *Dr. pénal* 2009, comm. 72, obs. M. Véron) ; sur la vente du muguet sur la voie publique à l'occasion du 1er mai, V. ■ Cass. crim., 30 oct. 1984 : *JCP* 85, IV, 12. ■ Paris, 13 févr. 1992 : *D.* 1992, IR 143.

2) Le fait de vendre, sans autorisation ou déclaration régulière, des marchandises dans un lieu public, ne peut être sanctionné, par application de l'article R. 644-3 du Code pénal, qu'à la condition que les dispositions réglementaires exigeant une autorisation ou déclaration soient expressément mentionnées dans le jugement (■ Cass. crim., 3 juin 1998 : *Bull. crim.*, n° 180).

3) Ne donne pas de base légale à sa décision le tribunal qui condamne sans préciser quel règlement de police soumet l'exercice de l'activité dans les lieux où les faits ont été constatés (■ Cass. crim., 6 sept. 2005 : *JurisData* n° 2005-030006 ; *Dr. pénal* 2005, comm. 179, obs. J.-H. Robert).

CHAPITRE V. – DES CONTRAVENTIONS DE LA 5e CLASSE CONTRE LA NATION, L'ÉTAT OU LA PAIX PUBLIQUE

Section I. – Du port ou de l'exhibition d'uniformes, insignes ou emblèmes rappelant ceux d'organisations ou de personnes responsables de crimes contre l'humanité

Art. R. 645-1 ***(D. n° 2010-671, 18 juin 2010).*** **– Est puni de l'amende prévue pour les contraventions de la 5e classe le fait, sauf pour les besoins d'un film, d'un spectacle ou d'une exposition comportant une évocation historique, de porter ou d'exhiber en public un uniforme, un insigne ou un emblème rappelant les uniformes, les insignes ou les emblèmes qui ont été portés ou exhibés soit par les membres d'une organisation déclarée criminelle en application de l'article 9 du statut du tribunal militaire international annexé à l'accord de Londres du 8 août 1945, soit par une personne reconnue coupable par une juridiction française ou internationale d'un ou plusieurs crimes contre l'humanité prévus par les articles 211-1 à 212-3 ou mentionnés par la loi n° 64-1326 du 26 décembre 1964.**

Les personnes coupables de la contravention prévue au présent article encourent également les peines complémentaires suivantes :

1° L'interdiction de détenir ou de porter, pour une durée de trois ans au plus, une arme soumise à autorisation ;

2° La confiscation d'une ou de plusieurs armes dont le condamné est propriétaire ou dont il a la libre disposition ;

3° La confiscation de la chose qui a servi ou était destinée à commettre l'infraction ou de la chose qui en est le produit ;

4° Le travail d'intérêt général pour une durée de vingt à cent vingt heures.

Les personnes morales déclarées responsables pénalement, dans les conditions prévues par l'article 121-2, de l'infraction définie au présent article encourent, outre l'amende suivant les modalités prévues par l'article 131-41, la peine de confiscation de la chose qui a servi ou était destinée à commettre l'infraction ou de la chose qui en est le produit.

La récidive de la contravention prévue au présent article est réprimée conformément aux articles 132-11 et 132-15.

Bibliographie : *JCl. pén., Port ou exhibition d'uniformes, insignes ou emblèmes rappelant ceux d'organisations ou de personnes responsables de crimes contre l'humanité* par R. Pugnière.

Section II. – Des dessins, levés ou enregistrements effectués sans autorisation dans une zone d'interdiction fixée par l'autorité militaire

Art. R. 645-2. – Le fait, dans une zone d'interdiction fixée par l'autorité militaire et faisant l'objet d'une signalisation particulière, d'effectuer, sans l'autorisation de cette autorité, des dessins, levés ou des enregistrements d'images, de sons ou de signaux de toute nature est puni de l'amende prévue pour les contraventions de la 5e classe.

Les personnes coupables de la contravention prévue au présent article encourent également la peine complémentaire de confiscation de la chose qui a servi ou était destinée à commettre l'infraction ou de la chose qui en est le produit.

La récidive de la contravention prévue au présent article est réprimée conformément à l'article 132-11.

Bibliographie : *JCl. pén., Dessins, levés ou enregistrements effectués sans autorisation dans une zone d'interdiction militaire* par D. Dassa-Le Deist.

Section III. – Des atteintes à l'état civil des personnes

Art. R. 645-3 *(D. n° 2017-270, 1er mars 2017)*. **– Est puni de l'amende prévue pour les contraventions de la 5e classe le fait, par un officier d'état civil ou une personne déléguée par lui en vertu des dispositions de l'article R. 2122-10 du Code général des collectivités territoriales :**

1° De contrevenir aux dispositions réglementaires concernant la tenue des registres et la publicité des actes d'état civil ;

2° De ne pas s'assurer de l'existence du consentement des père, mère ou autres personnes lorsque la loi le prescrit pour la validité d'un mariage.

Les contraventions prévues par le présent article sont constituées même lorsque la nullité des actes de l'état civil n'a pas été demandée ou a été couverte.

La récidive des contraventions prévues au présent article est réprimée conformément à l'article 132-11.

Bibliographie : *JCl. pén., Contraventions commises par un officier d'état civil* par J. Bruneau.

Art. R. 645-4. – Le fait, par une personne ayant assisté à un accouchement, de ne pas faire la déclaration prescrite par l'article 56 du Code civil dans les délais fixés par l'article 55 du même code est puni de l'amende prévue pour les contraventions de la 5e classe.

Bibliographie : *JCl. pén., Défaut de déclaration d'un accouchement* par J. Bruneau.

Art. R. 645-5. – Le fait, par une personne ayant trouvé un enfant nouveau-né, de ne pas faire la déclaration prescrite par l'article 58 du Code civil ou, si elle ne consent pas à se charger de l'enfant, de ne pas le remettre à l'officier d'état civil est puni de l'amende prévue pour les contraventions de la 5e classe.

Bibliographie : *JCl. pén., Non-remise d'un enfant trouvé nouveau-né* par J. Bruneau.

Art. R. 645-6 *(Mod., D. n° 2010-671, 18 juin 2010)*. **– Le fait de procéder ou faire procéder à l'inhumation d'un individu décédé sans que cette inhumation ait été préalablement autorisée par l'officier public, dans le cas où une telle autorisation est prescrite, ou en violation des dispositions législatives et réglementaires relatives aux délais prévus en cette matière est puni de l'amende prévue pour les contraventions de la 5e classe.**

La récidive de la contravention prévue au présent article est réprimée conformément aux articles 132-11 et 132-15.

Bibliographie : *JCl. pén., Atteintes à l'état civil des personnes* par C. Duvert.

Section IV. – De la soustraction d'une pièce produite en justice

Art. R. 645-7 *(Mod., D. n° 2010-671, 18 juin 2010)*. **– Le fait, pour une personne ayant produit, dans une contestation judiciaire, un titre, une pièce ou un mémoire, de le soustraire, de quelque manière que ce soit, est puni de l'amende prévue pour les contraventions de la 5e classe.**

La récidive de la contravention prévue au présent article est réprimée conformément aux articles 132-11 et 132-15.

Bibliographie : *JCl. pén., Soustraction d'une pièce produite en justice* par M. Segonds.

Section V. – De l'utilisation d'un document délivré par une administration publique comportant des mentions devenues incomplètes ou inexactes

Art. R. 645-8 *(D. n° 2010-671, 18 juin 2010).* **– L'usage d'un document délivré par une administration publique aux fins de constater un droit, une identité ou une qualité ou d'accorder une autorisation, lorsque les mentions invoquées par l'intéressé sont devenues incomplètes ou inexactes, est puni de l'amende prévue pour les contraventions de la 5e classe.**

Les personnes coupables de la contravention prévue au présent article encourent également la peine complémentaire de confiscation de la chose qui a servi ou était destinée à commettre l'infraction ou de la chose qui en est le produit.

Les personnes morales déclarées responsables pénalement, dans les conditions prévues par l'article 121-2, de l'infraction définie au présent article encourent, outre l'amende suivant les modalités prévues par l'article 131-41, la peine de confiscation de la chose qui a servi ou était destinée à commettre l'infraction ou de la chose qui en est le produit.

La récidive de la contravention prévue au présent article est réprimée conformément aux articles 132-11 et 132-15.

Bibliographie : *JCl. pén., Utilisation d'un document délivré par une administration publique comportant des mentions devenues incomplètes ou inexactes* par A. Gallois.

Section V *bis*. – De l'usurpation de fonction ou de titre de délégué ou de médiateur du procureur de la République

(D. n° 2004-1021, 27 sept. 2004)

Art. R. 645-8-1 *(Mod., D. n° 2010-671, 18 juin 2010).* **– Le fait d'accomplir les actes réservés aux délégués ou médiateurs du procureur de la République ou d'user du titre attaché à ces fonctions, sans y avoir été habilité ou après avoir fait l'objet d'un retrait d'habilitation, est puni de l'amende prévue pour les contraventions de la cinquième classe.**

Bibliographie : *JCl. pén., Usurpation de fonction ou de titre de délégué ou de médiateur du procureur de la République* par A. Gallois.

Section VI. – Du refus de restitution de signes monétaires contrefaits ou falsifiés

Voir : art. 442-1 s., p. 591 (fausse monnaie).

Art. R. 645-9 *(D. n° 2010-671, 18 juin 2010).* **– Le fait, par une personne ayant reçu des pièces de monnaie ou billets de banque ayant cours légal en France contrefaits ou falsifiés, de refuser de les remettre ou de les faire remettre à la Banque de France ou à l'administration des Monnaies et médailles, conformément aux prescriptions de l'article 38-2 du Code des instruments monétaires et des médailles, est puni de l'amende prévue pour les contraventions de la 5e classe.**

Les personnes coupables de la contravention prévue au présent article encourent également la peine complémentaire de confiscation de la chose qui a servi à commettre l'infraction ou de la chose qui en est le produit.

Les personnes morales déclarées responsables pénalement, dans les conditions prévues par l'article 121-2, de l'infraction définie au présent article encourent, outre l'amende suivant les modalités prévues par l'article 131-41, la peine de confiscation de la chose qui a servi ou était destinée à commettre l'infraction ou de la chose qui en est le produit.

La peine de confiscation est obligatoire pour les signes monétaires visés au premier alinéa du présent article en application des articles 131-21 et 131-48. Les dispositions du troisième alinéa de l'article 442-13 sont applicables.

Bibliographie : *JCl. pén., Du refus de restitution de signes monétaires contrefaits ou falsifiés* par A. Darsonville.

Section VII. – De l'altération ou de la contrefaçon des timbres-poste ou des timbres émis par l'administration des finances

Art. R. 645-10 ***(D. n° 2010-671, 18 juin 2010).*** **– L'altération des timbres-poste ou des timbres émis par l'administration des finances dans le but de les soustraire à l'oblitération et de permettre ainsi leur réutilisation est punie de l'amende prévue pour les contraventions de la 5ᵉ classe.**

Les personnes coupables de la contravention prévue au présent article encourent également la peine complémentaire de confiscation de la chose qui a servi ou était destinée à commettre l'infraction ou de la chose qui en est le produit.

Les personnes morales déclarées responsables pénalement, dans les conditions prévues par l'article 121-2, des infractions définies au présent article encourent, outre l'amende suivant les modalités prévues par l'article 131-41, la peine de confiscation de la chose qui a servi ou était destinée à commettre l'infraction ou de la chose qui en est le produit.

La peine de confiscation est obligatoire pour les timbres visés au premier alinéa du présent article en application des articles 131-21 et 131-48.

La récidive de la contravention prévue au présent article est réprimée conformément aux articles 132-11 et 132-15.

Bibliographie : *JCl. pén., De l'altération ou de la contrefaçon des timbres-poste ou des timbres émis par l'administration des finances* par R. Pugnière.

Art. R. 645-11 ***(D. n° 2010-671, 18 juin 2010).*** **– La contrefaçon ou la falsification des timbres-poste ou autres valeurs fiduciaires postales périmés, français ou étrangers, ainsi que l'usage de ces timbres ou valeurs fiduciaires contrefaits ou falsifiés, sont punis de l'amende prévue pour les contraventions de la 5ᵉ classe.**

Les personnes coupables des contraventions prévues au présent article encourent également la peine complémentaire de confiscation de la chose qui a servi ou était destinée à commettre l'infraction ou de la chose qui en est le produit.

Les personnes morales déclarées responsables pénalement, dans les conditions prévues par l'article 121-2, des infractions définies au présent article encourent, outre l'amende suivant les modalités prévues par l'article 131-41, la peine de confiscation de la chose qui a servi ou était destinée à commettre l'infraction ou de la chose qui en est le produit.

La peine de confiscation est obligatoire pour les timbres et autres valeurs fiduciaires postales, visés au premier alinéa du présent article en application des articles 131-21 et 131-48.

La récidive des contraventions prévues au présent article est réprimée conformément aux articles 132-11 et 132-15.

Est punissable le fait d'apposer de fausses surcharges sur des timbres-poste, périmés ou non (■ Cass. crim., 5 janv. 1971 : *Bull. crim.*, n° 2).

Section VIII. – De l'intrusion dans les établissements scolaires

(D. n° 96-378, 6 mai 1996)

Art. R. 645-12 ***(D. n° 2008-1412, 19 déc. 2008).*** **– Le fait de pénétrer ou de se maintenir dans l'enceinte d'un établissement scolaire, public ou privé, sans y être habilité en vertu de dispositions législatives ou réglementaires ou y avoir été autorisé par les autorités compétentes est puni de l'amende prévue pour les contraventions de la 5ᵉ classe.**

Les personnes coupables de la contravention prévue au présent article encourent également les peines complémentaires suivantes :

1° La confiscation de la chose qui a servi à commettre l'infraction ou de la chose qui en est le produit ;

2° Le travail d'intérêt général pour une durée de vingt à cent vingt heures.

La récidive de la contravention prévue au présent article est réprimée conformément à l'article 132-11.

Bibliographie : *JCl. pén., De l'intrusion dans les établissements scolaires* par J.-F. Dreuille.

Section IX. – De l'intrusion dans les lieux historiques ou culturels

(D. n° 2008-1412, 19 déc. 2008)

Art. R. 645-13 ***(D. n° 2008-1412, 19 déc. 2008).*** **– Le fait de pénétrer ou de se maintenir dans un immeuble classé ou inscrit en application des dispositions des articles L. 621-1 et L. 621-25 du Code du patrimoine, un musée de France, une bibliothèque ou une médiathèque ouvertes au public, un service d'archives, ou leurs dépendances, appartenant à une personne publique ou à une personne privée assurant une mission d'intérêt général, dont l'accès est interdit ou réglementé de façon apparente, sans y être habilité en vertu de dispositions législatives ou réglementaires ou y avoir été autorisé par les autorités compétentes ou le propriétaire est puni de l'amende prévue pour les contraventions de la 5e classe.**

Est puni des mêmes peines le fait de pénétrer ou de se maintenir dans les mêmes conditions sur un terrain sur lequel se déroulent des opérations archéologiques.

Les personnes coupables de la contravention prévue au présent article encourent également les peines complémentaires suivantes :

1° La confiscation de la chose qui a servi à commettre l'infraction conformément à l'article 131-21 ;

2° Un travail d'intérêt général pour une durée de vingt à cent vingt heures.

La récidive de la contravention prévue au présent article est réprimée conformément à l'article 132-11.

Remarque : dispositions applicables sur tout le territoire de la République, D. n° 2009-1412, 19 déc. 2008, art. 2.

Bibliographie : *JCl. pén., Intrusion dans les lieux historiques ou culturels* par J.-F. Dreuille.

Section X. – De la dissimulation illicite du visage à l'occasion de manifestations sur la voie publique

(D. n° 2009-724, 19 juin 2009)

Art. R. 645-14 ***(D. n° 2009-724, 19 juin 2009).*** **– Est puni de l'amende prévue pour les contraventions de la cinquième classe le fait pour une personne, au sein ou aux abords immédiats d'une manifestation sur la voie publique, de dissimuler volontairement son visage afin de ne pas être identifiée dans des circonstances faisant craindre des atteintes à l'ordre public.**

La récidive de la contravention prévue au présent article est réprimée conformément aux articles 132-11 et 132-15.

Les dispositions du présent article ne sont pas applicables aux manifestations conformes aux usages locaux ou lorsque la dissimulation du visage est justifiée par un motif légitime.

L'espace public dans lequel il est interdit de porter une tenue destinée à dissimuler le visage est constitué des voies publiques ainsi que des lieux ouverts au public ou affectés à un service public (■ Cass. crim., 5 mars 2013, n° 12-82.852 : *Bull. crim.*, n° 53).

Section XI. – De l'outrage au drapeau tricolore

(D. n° 2010-835, 21 juill. 2010)

Art. R. 645-15 ***(D. n° 2010-835, 21 juill. 2010).*** **– Hors les cas prévus par l'article 433-5-1, est puni de l'amende prévue pour les contraventions de la cinquième classe le fait, lorsqu'il est commis**

dans des conditions de nature à troubler l'ordre public et dans l'intention d'outrager le drapeau tricolore :

1° De détruire celui-ci, le détériorer ou l'utiliser de manière dégradante, dans un lieu public ou ouvert au public ;

2° Pour l'auteur de tels faits, même commis dans un lieu privé, de diffuser ou faire diffuser l'enregistrement d'images relatives à leur commission.

La récidive des contraventions prévues au présent article est réprimée conformément aux articles 132-11 et 132-15.

TITRE V. – DES AUTRES CONTRAVENTIONS

CHAPITRE I. – DES CONTRAVENTIONS DE LA 1re CLASSE

Néant.

CHAPITRE II. – DES CONTRAVENTIONS DE LA 2e CLASSE

Néant.

CHAPITRE III. – DES CONTRAVENTIONS DE LA 3e CLASSE

Section unique. – Des atteintes involontaires à la vie d'un animal

Art. R. 653-1. – Le fait par maladresse, imprudence, inattention, négligence ou manquement à une obligation de sécurité ou de prudence imposée par la loi ou les règlements, d'occasionner la mort ou la blessure d'un animal domestique ou apprivoisé ou tenu en captivité est puni de l'amende prévue pour les contraventions de la 3e classe.

En cas de condamnation du propriétaire de l'animal ou si le propriétaire est inconnu, le tribunal peut décider de remettre l'animal à une œuvre de protection animale reconnue d'utilité publique ou déclarée, laquelle pourra librement en disposer.

Voir : anc. art. R. 34-2°, 3° et 4°, C. pén.

Bibliographie : *JCl. pén., Atteintes involontaires à la vie ou à l'intégrité d'un animal* par J.-Y. Maréchal.

1) Les juges du fond ont souverainement apprécié qu'un éleveur qui ne fait pas parer les sabots de ses chevaux durant plus d'un an commet la contravention de défaut de soins à animaux domestiques prévue aux articles R. 214-17 et R. 215-4 du Code rural et non pas celle de mauvais traitements à animaux prévue à l'article R. 654-1 du Code pénal (■ Cass. crim., 22 mai 2007 : *Bull. crim.*, n° 133 ; *Dr. pénal* 2007, comm. 113, obs. M. Véron).

2) C'est à bon droit que les juges du fond qui retiennent la qualification de défaut de soins à animaux domestiques déclarent irrecevable la constitution de partie civile d'une association de défense ou de protection des animaux, l'article 2-13 du Code de procédure pénale n'autorisant cette association à intervenir devant la juridiction pénale qu'en ce qui concerne les infractions réprimant les sévices graves ou actes de cruauté et les mauvais traitements envers les animaux ainsi que les atteintes volontaires à la vie d'un animal prévus par le Code pénal (même arrêt).

CHAPITRE IV. - DES CONTRAVENTIONS DE LA 4e CLASSE

Section unique. – Des mauvais traitements envers un animal

Art. R. 654-1. – Hors le cas prévu par l'article 511-1 [art. 521-1], le fait, sans nécessité, publiquement ou non, d'exercer volontairement des mauvais traitements envers un animal domestique ou apprivoisé ou tenu en captivité est puni de l'amende prévue pour les contraventions de la 4e classe.

En cas de condamnation du propriétaire de l'animal ou si le propriétaire est inconnu, le tribunal peut décider de remettre l'animal à une œuvre de protection animale reconnue d'utilité publique ou déclarée, laquelle pourra librement en disposer.

Les dispositions du présent article ne sont pas applicables aux courses de taureaux lorsqu'une tradition locale ininterrompue peut être invoquée. Elles ne sont pas non plus applicables aux combats de coqs dans les localités où une tradition ininterrompue peut être établie.

Bibliographie : *JCl. pén., Mauvais traitements envers un animal* par J.-Y. Maréchal.

1) Ont été considérés comme mauvais traitements, le fait de blesser par balles le chien de son voisin (■ Pau, 6 juill. 1988 : *JurisData* n° 044140), le fait de laisser plusieurs bovins dans un pré, au mois de décembre par une température descendant la nuit par moins dix degrés centigrades (■ Cass. crim., 7 oct. 1975 : *D.* 1975, IR, 225 ; à rapprocher ■ Cass. crim., 23 janv. 1989 : *Bull. crim.*, n° 23. ■ 12 mars 1992 : *Bull. crim.*, n° 253), le fait d'abandonner des chevaux sans surveillance, sans subsistances et sans soins (■ Cass. crim., 4 déc. 2001 : *Dr. pénal* 2002, comm. 38, obs. M. Véron).

2) Les juges du fond ont souverainement apprécié qu'un éleveur, qui ne fait pas parer les sabots de ses chevaux durant plus d'un an, commet la contravention de défaut de soins à animaux domestiques prévue aux articles R. 214-17 et R. 215-17 du Code rural et non pas celle de mauvais traitements à animaux prévue à l'article R. 654-1 du Code pénal (■ Cass. crim., 22 mai 2007, pourvoi n° 06-86339).

CHAPITRE V. - DES CONTRAVENTIONS DE LA 5e CLASSE

Section unique. – Des atteintes volontaires à la vie d'un animal

Art. R. 655-1. – Le fait, sans nécessité, publiquement ou non, de donner volontairement la mort à un animal domestique ou apprivoisé ou tenu en captivité est puni de l'amende prévue pour les contraventions de la 5e classe.

La récidive de la contravention prévue au présent article est réprimée conformément à l'article 132-11.

Les dispositions du présent article ne sont pas applicables aux courses de taureaux lorsqu'une tradition locale ininterrompue peut être invoquée. Elles ne sont pas non plus applicables aux combats de coqs dans les localités où une tradition ininterrompue peut être établie.

Bibliographie : *JCl. pén., Atteintes volontaires à la vie d'un animal* par J.-Y. Maréchal.

Face à un danger actuel menaçant son chien attaqué par un autre chien, le prévenu a agi par nécessité et sans disproportion en abattant cet animal agresseur (■ Cass. crim., 8 mars 2011 : *Dr. pén.* 2011, comm. 75, obs. M. Véron). V. aussi art. 122-7, p. 87. – *Adde*, ■ Cass. crim., 5 avr. 2011 : *Dr. pén.* 2011, note 92, pour l'abattage d'un chien s'attaquant à des canards appelants.

LIVRE SEPTIÈME

DISPOSITIONS RELATIVES À L'OUTRE-MER

(D. n° 97-544, 28 mai 1997 ; mod. à compter du 1er avr. 2011, D. n° 2011-338, 29 mars 2011)

TITRE PREMIER. – DISPOSITIONS APPLICABLES DANS LES TERRITOIRES D'OUTRE-MER

CHAPITRE I. – DISPOSITIONS GÉNÉRALES

Art. R. 711-1 *(D. n° 97-544, 28 mai 1997 ; mod., D. n° 2015-337, 25 mars 2015 ; D. n° 2017-198, 16 févr. 2017 ; D. n° 2017-1230, 3 août 2017).* – **Sous réserve des adaptations prévues au présent titre, les livres Ier à VI de la deuxième partie du présent code (Décrets en Conseil d'État), à l'exception des articles R. 321-1 à R. 321-12, R. 633-1 à R. 633-5, R. 635-3 à R. 635-7 et R. 645-6, sont applicables dans les territoires de la Nouvelle-Calédonie, de la Polynésie française et des îles Wallis-et-Futuna dans leur rédaction résultant du décret n° 2017-1230, 3 août 2017.**

Art. R. 711-2 *(D. n° 97-544, 28 mai 1997).* – **Les livres Ier à VI de la deuxième partie du présent code (Décrets en Conseil d'État) sont applicables dans les Terres australes et antarctiques françaises.**

Art. R. 711-3 *(D. n° 97-544, 28 mai 1997).* – **Pour l'application du présent code aux territoires visés à l'article R. 711-1, les termes énumérés ci-après sont remplacés comme suit :**

- **« tribunal de grande instance » ou « tribunal d'instance » par « tribunal de première instance » ;**
- **« département » par « territoire » ;**
- **« préfet » et « sous-préfet » par « représentant de l'État dans le territoire » ;**
- **« Banque de France » par « Institut d'émission d'outre-mer ».**

De même, les références à des dispositions non applicables dans ces territoires sont remplacées par les références aux dispositions ayant le même objet applicables localement.

CHAPITRE II. – ADAPTATION DU LIVRE PREMIER

Art. R. 712-1 *(D. n° 97-544, 28 mai 1997).* – **Le deuxième alinéa de l'article R. 131-2 est rédigé comme suit :**

« Le certificat doit comporter, en outre, une photographie récente du condamné et indiquer qu'il vaut, au regard du Code de la route applicable localement, justification du droit de conduire, lorsque sont respectées les conditions fixées par la juridiction ».

Art. R. 712-2 *(D. n° 97-544, 28 mai 1997)*. – L'avant-dernier alinéa de l'article R. 131-4 est rédigé comme suit :

« Le certificat doit comporter, en outre, une photographie récente du condamné et indiquer qu'il vaut, au regard du Code de la route applicable localement, justification du droit de conduire, à l'exception de la ou des catégories de véhicules pour lesquelles la juridiction a prononcé l'interdiction de conduire ».

Art. R. 712-3 *(D. n° 97-544, 28 mai 1997)*. – Le 1° de l'article R. 131-12 est rédigé comme suit :

« 1° La copie du Journal officiel ou du Journal officiel du territoire portant publication de la déclaration de l'association ».

Art. R. 712-4 *(Rempl., D. n° 2010-671, 18 juin 2010)*. – La première phrase du troisième alinéa de l'article R. 131-13 est rédigée comme suit :

« Le juge de l'application des peines communique sa décision d'habilitation au président du tribunal de première instance, au procureur de la République et aux organismes ou services locaux de prévention de la délinquance ».

Art. R. 712-5 *(D. n° 97-544, 28 mai 1997)*. – La deuxième phrase de l'article R. 131-18 est rédigée comme suit :

« Il adresse copie de la demande aux organismes ou services locaux de prévention de la délinquance lorsqu'ils existent ; ceux-ci ont trois mois pour donner leur avis ».

Art. R. 712-6 *(D. n° 97-544, 28 mai 1997)*. – L'article R. 131-25 est rédigé comme suit :

« Art. R. 131-25. – Lorsqu'un condamné exerce une activité salariée, la durée hebdomadaire cumulée de cette activité et du travail d'intérêt général ne peut excéder de plus de douze heures la durée légale de travail en vigueur localement ».

Art. R. 712-7 *(D. n° 97-544, 28 mai 1997)*. – Le 3° de l'article R. 131-28 est rédigé comme suit :

« 3° De s'assurer, si le travail auquel le juge de l'application des peines entend l'affecter doit s'exercer dans un établissement ou organisme public ou privé de prévention ou de soins et l'expose à des risques de contamination, qu'il est immunisé contre l'hépatite B, la diphtérie, le tétanos, la poliomyélite et la fièvre typhoïde, ainsi que contre les maladies prévues par la réglementation applicable localement ».

Art. R. 712-8 *(D. n° 97-544, 28 mai 1997)*. – Le deuxième alinéa de l'article R. 131-36 est rédigé comme suit :

« Lorsque le personnel de cette personne morale est régi par les dispositions applicables localement relatives à la représentation des salariés, l'avis mentionné au premier alinéa est adressé au secrétaire du comité d'entreprise ou, le cas échéant, au secrétaire du comité central d'entreprise et, en l'absence de tels comités, aux délégués du personnel titulaire ».

CHAPITRE III. – ADAPTATION DU LIVRE DEUXIÈME

Néant.

CHAPITRE IV. – ADAPTATION DU LIVRE TROISIÈME

Néant.

CHAPITRE V. – ADAPTATION DU LIVRE QUATRIÈME

Néant.

CHAPITRE VI. – ADAPTATION DU LIVRE CINQUIÈME

Art. R. 716-1 *(D. n° 97-544, 28 mai 1997).* – L'article R. 511-1 est rédigé comme suit :

« Art. R. 511-1. – Les prescriptions relatives aux expériences ou recherches scientifiques ou expérimentales sur les animaux mentionnées à l'article 521-2 sont fixées par la réglementation applicable localement ».

CHAPITRE VII. – ADAPTATION DU LIVRE SIXIÈME

Néant.

TITRE II. – DISPOSITIONS PARTICULIÈRES AU DÉPARTEMENT DE MAYOTTE

(Mod. à compter du 1er avr. 2011, D. n° 2011-338, 29 mars 2011)

CHAPITRE I. – DISPOSITIONS GÉNÉRALES

Art. R. 721-1 *(D. n° 97-544, 28 mai 1997 ; rempl. à compter du 1er avr. 2011, D. n° 2011-338, 29 mars 2011).* – Pour l'application des livres Ier à VI de la deuxième partie du présent code (Décrets en Conseil d'État) dans le Département de Mayotte, les références à des dispositions qui n'y sont pas applicables sont remplacées par les références aux dispositions ayant le même objet applicables localement.

Art. R. 721-2 *(Abr. à compter du 1er avr. 2011, D. n° 2011-338, 29 mars 2011).*

CHAPITRE II. – ADAPTATION DU LIVRE PREMIER

Art. R. 722-1 et R. 722-2 *(Abr. à compter du 1er avr. 2011, D. n° 2011-338, 29 mars 2011).*

Art. R. 722-3 *(Rempl., D. n° 2010-671, 18 juin 2010).* – La première phrase du troisième alinéa de l'article R. 131-13 est rédigée comme suit :

« Le juge de l'application des peines communique sa décision d'habilitation au président du tribunal de première instance, au procureur de la République et aux organismes ou services locaux de prévention de la délinquance. »

Art. R. 722-4 *(D. n° 97-544, 28 mai 1997).* – La deuxième phrase de l'article R. 131-18 est rédigée comme suit :

« Il adresse copie de la demande aux organismes ou services locaux de prévention de la délinquance, lorsqu'ils existent ; ceux-ci ont trois mois pour donner leur avis ».

Art. R. 722-5 *(D. n° 97-544, 28 mai 1997).* – L'article R. 131-25 est rédigé comme suit :

« Art. R. 131-25. – Lorsqu'un condamné exerce une activité salariée, la durée hebdomadaire cumulée de cette activité ne peut excéder de plus de douze heures la durée légale de travail en vigueur localement ».

Art. R. 722-6 *(Abr. à compter du 1er avr. 2011, D. n° 2011-338, 29 mars 2011).*

Art. R. 722-7 *(D. n° 97-544, 28 mai 1997).* – Le deuxième alinéa de l'article R. 131-36 est rédigé comme suit :

« Lorsque le personnel de cette personne morale est régi par les dispositions applicables localement relatives à la représentation des salariés, l'avis mentionné au premier alinéa est adressé au secrétaire du comité d'entreprise ou, le cas échéant, au secrétaire du comité central d'entreprise et, en l'absence de tels comités, aux délégués du personnel titulaire ».

CHAPITRE III. – ADAPTATION DU LIVRE DEUXIÈME

Néant.

CHAPITRE IV. – ADAPTATION DU LIVRE TROISIÈME

Néant.

CHAPITRE V. – ADAPTATION DU LIVRE QUATRIÈME

Néant.

CHAPITRE VI. – ADAPTATION DU LIVRE CINQUIÈME

Néant.

CHAPITRE VII. – ADAPTATION DU LIVRE SIXIÈME

Néant.

ANNEXES

ANNEXE 1

AGENCES DE VOYAGES

Bibliographie : O. Sautel, *Agences de voyages et autres organismes de voyages : JCl. Lois pénales spéciales* • B. Py : *ALD* 1993, 33.

Code du tourisme

TITRE PREMIER. – DES AGENTS DE VOYAGE ET AUTRES OPÉRATEURS DE LA VENTE DE VOYAGES ET DE SÉJOURS

(Rempl., L. n° 2009-888, 22 juill. 2009)

CHAPITRE UNIQUE. – RÉGIME DE LA VENTE DE VOYAGES ET DE SÉJOURS

Section I. – Dispositions générales

Art. L. 211-1 *(Rempl., L. n° 2009-888, 22 juill. 2009)*. **– I. – Le présent chapitre s'applique aux personnes physiques ou morales qui se livrent ou apportent leur concours, quelles que soient les modalités de leur rémunération, aux opérations consistant en l'organisation ou la vente :**

a) De voyages ou de séjours individuels ou collectifs ;

b) De services pouvant être fournis à l'occasion de voyages ou de séjours, notamment la délivrance de titres de transport, la réservation de chambres dans des établissements hôteliers ou dans des locaux d'hébergement touristique et la délivrance de bons d'hébergement ou de restauration ;

c) De services liés à l'accueil touristique, notamment l'organisation de visites de musées ou de monuments historiques.

Le présent chapitre s'applique également aux opérations de production ou de vente de forfaits touristiques, tels que ceux-ci sont définis à l'article L. 211-2, ainsi qu'aux opérations liées à l'organisation et à l'accueil de foires, salons et congrès ou de manifestations apparentées dès lors que ces opérations incluent tout ou partie des prestations prévues aux *a*, *b* et c du présent I.

II. – *(Mod., L. n° 2014-344, 17 mars 2014)* Les personnes physiques ou morales immatriculées au registre mentionné au I de l'article L. 211-18 peuvent réaliser sous forme électronique les opérations mentionnées au I du présent article dans les conditions prévues par le présent chapitre et par les articles 1369-4 à 1369-6 du Code civil, L. 121-15-1 à L. 121-15-3 du Code de la consommation et la section 2 du chapitre Ier du titre II du livre Ier du même code, à l'exception des dispositions prévues au premier alinéa de l'article L. 121-19-4.

III. – Les organismes locaux de tourisme bénéficiant du soutien de l'État, des collectivités territoriales ou de leurs groupements peuvent se livrer ou apporter leur concours, dans l'intérêt général, à des opérations mentionnées au I, dès lors que celles-ci permettent de faciliter l'accueil ou d'améliorer les conditions de séjour des touristes dans leur zone géographique d'intervention.

IV. – Les associations et les organismes sans but lucratif ne peuvent réaliser tout ou partie des opérations mentionnées au I qu'en faveur de leurs membres.

V. – Le présent chapitre s'applique aux personnes physiques ou morales qui émettent des bons permettant d'acquitter le prix de l'une des prestations mentionnées au présent article et à l'article L. 211-2.

Art. L. 211-2 *(Rempl., L. n° 2009-888, 22 juill. 2009).* – Constitue un forfait touristique la prestation :

1° Résultant de la combinaison préalable d'au moins deux opérations portant respectivement sur le transport, le logement ou d'autres services touristiques non accessoires au transport ou au logement et représentant une part significative dans le forfait ;

2° Dépassant vingt-quatre heures ou incluant une nuitée ;

3° Vendue ou offerte à la vente à un prix tout compris.

Art. L. 211-3 *(Rempl., L. n° 2009-888, 22 juill. 2009).* – Le présent chapitre n'est pas applicable :

a) À l'État, aux collectivités territoriales, à leurs établissements publics à caractère administratif et aux établissements publics à caractère scientifique et technique pour les seules manifestations liées à leur statut ;

b) Aux personnes physiques ou morales qui effectuent les opérations mentionnées à l'article L. 211-1, à l'exception du *a* du I, pour des services dont elles sont elles-mêmes producteurs ;

c) Aux personnes physiques ou morales qui n'effectuent, parmi les opérations mentionnées à l'article L. 211-1, que la délivrance de titres de transport terrestre pour le compte d'un ou de plusieurs transporteurs de voyageurs ;

d) Aux transporteurs aériens qui n'effectuent, parmi les opérations mentionnées à l'article L. 211-1, que la délivrance de titres de transport aérien ou de titres de transports consécutifs incluant un parcours de transport aérien et, à titre accessoire, un ou plusieurs parcours de transport terrestre assurés par un ou plusieurs transporteurs de voyageurs ;

e) Aux transporteurs ferroviaires qui n'effectuent, parmi les opérations mentionnées à l'article L. 211-1, que la délivrance de titres de transport ferroviaire ou de titres de transports consécutifs incluant un parcours de transport ferroviaire et, à titre accessoire, d'autres parcours de transport terrestre ou aérien assurés par un ou plusieurs transporteurs de voyageurs ;

f) Aux personnes physiques ou morales titulaires d'une carte professionnelle délivrée en application de la loi n° 70-9 du 2 janvier 1970 réglementant les conditions d'exercice des activités relatives à certaines opérations portant sur les immeubles et les fonds de commerce, lorsqu'elles ne réalisent les opérations mentionnées à l'article L. 211-1 qu'à titre accessoire. Ces personnes doivent souscrire, pour la réalisation de ces opérations, une assurance garantissant les conséquences pécuniaires de la responsabilité professionnelle et une garantie financière permettant le remboursement des fonds, effets ou valeurs déposés, dont le montant est modulé par décret en fonction de la nature des activités exercées ;

g) Aux personnes physiques ou morales qui n'effectuent que la vente de bons permettant d'acquitter le prix de l'une des prestations mentionnées aux articles L. 211-1 et L. 211-2.

Toutefois, les sections 2 et 3 du présent chapitre sont applicables aux personnes énumérées aux *b*, *c*, *d*, *e*, *f* et *g* du présent article, pour leurs activités d'organisation et de vente de forfaits touristiques tels que définis à l'article L. 211-2.

Art. L. 211-4 *(Rempl., L. n° 2009-888, 22 juill. 2009).* – Les personnes physiques ou morales immatriculées au registre mentionné au I de l'article L. 211-18 peuvent réaliser pour le compte d'autrui des locations meublées d'immeubles bâtis, dites locations saisonnières, telles que définies à l'article 1er-1 de la loi n° 70-9 du 2 janvier 1970 précitée. Elles sont soumises, pour l'exercice de cette activité, à l'article 8 de la même loi.

Art. L. 211-5 *(Rempl., L. n° 2009-888, 22 juill. 2009).* – Les personnes physiques ou morales immatriculées au registre mentionné au I de l'article L. 211-18 doivent tenir leurs livres et documents à la disposition des agents habilités à les consulter ; elles doivent également mentionner leur immatriculation au registre dans leur enseigne, dans les documents remis aux tiers et dans leur publicité.

Art. L. 211-6 *(Rempl., L. n° 2009-888, 22 juill. 2009).* – Les conditions d'application du présent chapitre sont fixées par décret en Conseil d'État.

Section II. – Contrat de vente de voyages et de séjours

Art. L. 211-7 *(Rempl., L. n° 2009-888, 22 juill. 2009).* – La présente section s'applique aux opérations et activités énumérées à l'article L. 211-1, au dernier alinéa de l'article L. 211-3 et à l'article L. 211-4.

Toutefois, elle ne s'applique aux opérations suivantes que lorsque celles-ci entrent dans le cadre d'un forfait touristique tel que défini à l'article L. 211-2 :

a) La réservation et la vente de titres de transport aérien ou d'autres titres de transport sur ligne régulière ;

b) La location de meublés saisonniers, qui demeurent régis par la loi n° 70-9 du 2 janvier 1970 précitée et par les textes pris pour son application.

Art. L. 211-8 *(Rempl., L. n° 2009-888, 22 juill. 2009)*. – Le vendeur informe les intéressés, par écrit préalablement à la conclusion du contrat, du contenu des prestations proposées relatives au transport et au séjour, du prix et des modalités de paiement, des conditions d'annulation du contrat ainsi que des conditions de franchissement des frontières.

Art. L. 211-9 *(Rempl., L. n° 2009-888, 22 juill. 2009)*. – L'information préalable prévue à l'article L. 211-8 engage le vendeur, à moins que des modifications dans ces informations n'aient été portées par écrit à la connaissance des intéressés avant la conclusion du contrat.

Il ne peut être apporté de modification à l'information préalable que si le vendeur s'en réserve expressément la faculté dans celle-ci.

Art. L. 211-10 *(Rempl., L. n° 2009-888, 22 juill. 2009)*. – Le contrat conclu entre le vendeur et l'acheteur doit comporter, selon les modalités fixées par voie réglementaire, toutes indications relatives aux noms et adresses de l'organisateur, du vendeur, du garant et de l'assureur, à la description des prestations fournies, aux droits et obligations réciproques des parties en matière notamment de prix, de calendrier, de modalités de paiement et de révision éventuelle des prix, d'annulation ou de cession du contrat et à l'information de l'acheteur avant le début du voyage ou du séjour.

Art. L. 211-11 *(Rempl., L. n° 2009-888, 22 juill. 2009)*. – L'acheteur peut céder son contrat, après en avoir informé le vendeur dans un délai fixé par voie réglementaire avant le début du voyage ou du séjour, à une personne qui remplit toutes les conditions requises pour le voyage ou le séjour. Le cédant et le cessionnaire sont responsables solidairement, vis-à-vis du vendeur, du paiement du solde du prix ainsi que des frais supplémentaires éventuels occasionnés par cette cession.

Art. L. 211-12 *(Rempl., L. n° 2009-888, 22 juill. 2009)*. – Les prix prévus au contrat ne sont pas révisables, sauf si celui-ci prévoit expressément la possibilité d'une révision tant à la hausse qu'à la baisse et en détermine les modalités précises de calcul, uniquement pour tenir compte des variations :

a) Du coût des transports, lié notamment au coût du carburant ;

b) Des redevances et taxes afférentes aux prestations offertes, telles que les taxes d'atterrissage, d'embarquement ou de débarquement dans les ports et les aéroports ;

c) Des taux de change appliqués au voyage ou au séjour considéré.

Au cours des trente jours qui précèdent la date de départ prévue, le prix fixé au contrat ne peut faire l'objet d'une majoration.

Art. L. 211-13 *(Rempl., L. n° 2009-888, 22 juill. 2009)*. – Lorsque, avant le départ, le respect d'un des éléments essentiels du contrat est rendu impossible par suite d'un événement extérieur qui s'impose au vendeur, celui-ci doit le plus rapidement possible en avertir l'acheteur et informer ce dernier de la faculté dont il dispose soit de résilier le contrat, soit d'accepter la modification proposée par le vendeur.

Cet avertissement et cette information doivent être confirmés par écrit à l'acheteur, qui doit faire connaître son choix dans les meilleurs délais. Lorsqu'il résilie le contrat, l'acheteur a droit, sans supporter de pénalités ou de frais, au remboursement de la totalité des sommes qu'il a versées.

Le présent article s'applique également en cas de modification significative du prix du contrat intervenant conformément aux conditions prévues à l'article L. 211-12.

Art. L. 211-14 *(Rempl., L. n° 2009-888, 22 juill. 2009)*. – Lorsque, avant le départ, le vendeur résilie le contrat en l'absence de faute de l'acheteur, la totalité des sommes versées par ce dernier lui est restituée, sans préjudice des dommages et intérêts auxquels celui-ci pourrait prétendre.

Art. L. 211-15 *(Rempl., L. n° 2009-888, 22 juill. 2009)*. – Lorsque, après le départ, un des éléments essentiels du contrat ne peut être exécuté, le vendeur doit, sauf impossibilité dûment justifiée, proposer à l'acheteur des prestations en remplacement de celles qui ne sont pas fournies.

Le vendeur prend à sa charge les suppléments de prix qui en résultent ou rembourse la différence de prix entre les prestations prévues et fournies.

Si l'acheteur n'accepte pas la modification proposée, le vendeur doit lui procurer les titres de transport nécessaires à son retour, sans préjudice des dommages et intérêts auxquels l'acheteur pourrait prétendre.

Section III. – Responsabilité civile professionnelle

Art. L. 211-16 *(Rempl., L. n° 2009-888, 22 juill. 2009).* – **Toute personne physique ou morale qui se livre aux opérations mentionnées à l'article L. 211-1 est responsable de plein droit à l'égard de l'acheteur de la bonne exécution des obligations résultant du contrat, que ce contrat ait été conclu à distance ou non et que ces obligations soient à exécuter par elle-même ou par d'autres prestataires de services, sans préjudice de son droit de recours contre ceux-ci et dans la limite des dédommagements prévus par les conventions internationales.**

Toutefois, elle peut s'exonérer de tout ou partie de sa responsabilité en apportant la preuve que l'inexécution ou la mauvaise exécution du contrat est imputable soit à l'acheteur, soit au fait, imprévisible et insurmontable, d'un tiers étranger à la fourniture des prestations prévues au contrat, soit à un cas de force majeure.

Ayant constaté que la prestation litigieuse n'avait qu'un caractère facultatif, qu'elle n'était pas comprise dans la facture émise par l'agence de voyages, et que, souscrite au Maroc, elle avait donné lieu à un paiement supplémentaire réglé en monnaie locale, la cour d'appel en a exactement déduit que cette prestation était autonome et n'entrait pas dans le champ de l'article L. 211-17 du Code du tourisme (devenu art. L. 211-16) (■ Cass. 1re civ., 15 janv. 2015, n° 13-26.446 : *JCP* 2015, p. 481, note C. Lachièze).

Art. L. 211-17 *(Rempl., L. n° 2009-888, 22 juill. 2009).* – **L'article L. 211-16 ne s'applique pas aux personnes physiques ou morales pour les opérations de réservation ou de vente, conclues à distance ou non, n'entrant pas dans un forfait touristique tel que défini à l'article L. 211-2, relatives soit à des titres de transport aérien, soit à d'autres titres de transport sur ligne régulière.**

Section IV. – Obligations et conditions d'immatriculation

Art. L. 211-18 *(Rempl., L. n° 2009-888, 22 juill. 2009 ; mod., L. n° 2014-344, 17 mars 2014 ; mod. à compter du 1er janv. 2015, L. n° 2014-1104, 1er oct. 2014).* – **I. – Les personnes physiques ou morales mentionnées à l'article L. 211-1 sont immatriculées au registre mentionné au premier alinéa de l'article L. 141-3.**

II. – Afin d'être immatriculées, ces personnes doivent :

***a)* Justifier, à l'égard des clients, d'une garantie financière suffisante, spécialement affectée au remboursement des fonds reçus au titre des forfaits touristiques et de ceux des services énumérés à l'article L. 211-1 qui ne portent pas uniquement sur un transport. Cette garantie doit résulter de l'engagement d'un organisme de garantie collective, d'un établissement de crédit ou d'une entreprise d'assurance établis sur le territoire d'un État membre de la Communauté européenne ou d'un autre État partie à l'accord sur l'Espace économique européen ou d'une société de financement. Elle doit couvrir les frais de rapatriement éventuel. Le remboursement peut être remplacé, avec l'accord du client, par la fourniture d'une prestation différente en remplacement de la prestation prévue. Cette prestation différente proposée par l'organisme de garantie financière ne requiert pas, en situation d'urgence, l'accord exprès du client, dès lors que sa mise en œuvre n'entraîne pas une modification substantielle du contrat ;**

***b)* Justifier d'une assurance garantissant les conséquences pécuniaires de la responsabilité civile professionnelle ;**

***c)* Justifier, pour la personne physique ou pour le représentant de la personne morale, de conditions d'aptitude professionnelle par :**

– la réalisation d'un stage de formation professionnelle d'une durée minimale définie par décret ;

– ou l'exercice d'une activité professionnelle, d'une durée minimale fixée par décret, en rapport avec les opérations mentionnées au I de l'article L. 211-1 ou avec des prestations d'hébergement touristique ou de transport touristique ;

– ou la possession d'un diplôme, titre ou certificat mentionné sur une liste fixée par arrêté pris par les ministres chargés du tourisme, de l'éducation et de l'enseignement supérieur.

III. – Ne sont pas tenus de satisfaire aux conditions prévues aux I et II :

a) Les associations et organismes sans but lucratif qui n'ont pas pour objet l'organisation de voyages ou de séjours et qui ne se livrent à ces opérations qu'à l'occasion de leurs assemblées générales ou de voyages exceptionnels, liés à leur fonctionnement et qu'ils organisent pour leurs adhérents ou ressortissants ;

b) Les associations et organismes sans but lucratif appartenant à une fédération ou une union déclarée s'en portant garantes à la condition que ces dernières satisfassent aux obligations mentionnées aux I et II ;

c) Les associations et organismes sans but lucratif organisant sur le territoire national des accueils collectifs de mineurs à caractère éducatif conformément à l'article L. 227-4 du Code de l'action sociale et des familles ou ceux gérant des villages de vacances ou des maisons familiales agréées, dans le cadre exclusif de leurs activités propres, y compris le transport lié au séjour.

Section V. – De la liberté d'établissement

Art. L. 211-19 *(Rempl., L. n° 2009-888, 22 juill. 2009).* – Pour s'établir en France, est considéré comme répondant aux conditions d'aptitude visées au *c* du II de l'article L. 211-18 tout ressortissant d'un État membre de la Communauté européenne ou d'un autre État partie à l'accord sur l'Espace économique européen, dès lors qu'il produit les pièces justificatives émanant de l'autorité compétente d'un de ces États prouvant qu'il possède l'expérience professionnelle ou un diplôme, titre ou certificat pour l'exercice d'activités mentionnées au I de l'article L. 211-1 ou d'activités de prestations d'hébergement touristique ou de transport touristique.

Section VI. – De la libre prestation de services

Art. L. 211-20 *(Rempl., L. n° 2009-888, 22 juill. 2009).* – Tout ressortissant d'un État membre de la Communauté européenne ou d'un autre État partie à l'accord sur l'Espace économique européen, légalement établi dans l'un de ces États, pour l'exercice d'activités mentionnées au I de l'article L. 211-1, peut exercer ces activités de façon temporaire et occasionnelle en France.

Toutefois, lorsque les activités mentionnées à l'article L. 211-1 ou la formation y conduisant ne sont pas réglementées dans l'État dans lequel est établi le prestataire, celui-ci doit avoir exercé cette activité dans cet État pendant au moins deux ans au cours des dix années qui précèdent la prestation.

Art. L. 211-21 *(Rempl., L. n° 2009-888, 22 juill. 2009).* – Lorsque le prestataire fournit pour la première fois des services en France, il en informe au préalable l'organisme mentionné à l'article L. 141-2 par une déclaration écrite, comprenant notamment les informations relatives à sa garantie financière et son assurance de responsabilité civile professionnelle.

Cette déclaration est réitérée en cas de changement matériel dans les éléments de la déclaration et doit être renouvelée chaque année si le prestataire envisage d'exercer cette activité au cours de l'année concernée.

Art. L. 211-22 *(Rempl., L. n° 2009-888, 22 juill. 2009).* – La déclaration visée à l'article L. 211-21 vaut immatriculation automatique et temporaire au registre mentionné au I de l'article L. 211-18.

Section VII. – Sanctions et mesures conservatoires

Art. L. 211-23 *(L. n° 2009-888, 22 juill. 2009 ; mod., L. n° 2014-1545, 20 déc. 2014 ; Ord. n° 2016-301, 14 mars 2016).* – I. – Est puni d'un an d'emprisonnement et de 15 000 € d'amende le fait :

– de se livrer ou d'apporter son concours à l'une des opérations mentionnées aux articles L. 211-1 et L. 211-4 sans respecter ou en ayant cessé de remplir les conditions prévues au présent chapitre ;

– d'exercer les fonctions de représentant légal ou statutaire d'une personne morale qui se livre ou apporte son concours à l'une des opérations mentionnées aux articles L. 211-1 et L. 211-4 lorsque cette personne morale ne respecte pas ou a cessé de remplir les conditions prévues au présent chapitre ;

– pour toute personne physique ou morale immatriculée au registre mentionné au I de l'article L. 211-18, de prêter son concours à la conclusion d'un contrat de jouissance d'immeuble à temps partagé régi par les articles L. 121-60 et suivants du Code de la consommation sans justifier du mandat, de l'assurance et de la garantie financière prévus à l'article L. 211-24 du présent code.

Le tribunal peut, en outre, ordonner la fermeture temporaire ou définitive de l'établissement exploité par les personnes condamnées.

II. – Lorsqu'une personne physique ou morale réalise l'une des opérations mentionnées aux articles L. 211-1 et L. 211-4 sans respecter les conditions prévues au présent chapitre, le représentant de l'État dans le département où l'infraction a été dûment constatée peut ordonner par décision motivée la fermeture à titre provisoire de l'établissement dans lequel ont été réalisées lesdites opérations, après que la personne physique ou le représentant de la personne morale a été mis en mesure de présenter ses observations. Il en avise sans délai le procureur de la République. En cas d'inexécution de la mesure de fermeture, il peut y pourvoir d'office. Toutefois, cette fermeture provisoire cesse de produire effet à l'expiration d'un délai de six mois.

La mesure de fermeture provisoire est levée de plein droit en cas de classement sans suite de l'affaire par le procureur de la République, d'ordonnance de non-lieu rendue par une juridiction d'instruction ou lors du prononcé du jugement rendu en premier ressort par la juridiction saisie.

III. – Tout manquement à la section 2 du présent chapitre est passible d'une amende administrative dont le montant ne peut excéder 3 000 € pour une personne physique et 15 000 € pour une personne morale. L'amende est prononcée dans les conditions prévues au chapitre II du titre II du livre V du Code de la consommation.

Ces manquements sont recherchés et constatés par les agents mentionnés aux articles L. 511-3 et L. 511-21 du Code de la consommation, dans les conditions prévues à l'article L. 511-7 du même code.

Art. L. 211-24 *(Ord. n° 2005-174, 24 févr. 2005 ; mod., L. n° 2006-437, 14 avr. 2006).* – Est puni de six mois d'emprisonnement et de 7 500 € d'amende le fait :

– de se livrer ou d'apporter son concours à l'une des opérations mentionnées aux articles L. 211-1 et L. 211-4 en l'absence de la licence ou de l'habilitation prévues aux articles L. 212-1 et L. 213-1 ou après avoir cessé de remplir les conditions auxquelles sa délivrance est subordonnée ;

– d'exercer les fonctions de représentant légal ou statutaire d'une personne morale qui se livre ou apporte son concours à l'une des opérations mentionnées aux articles L. 211-1 et L. 211-4 lorsque cette personne morale ne possède pas la licence ou l'habilitation prévues aux articles L. 212-1 et L. 213-1 ;

– pour tout titulaire d'une licence d'agent de voyages de prêter son concours à la conclusion d'un contrat de jouissance d'immeuble à temps partagé régi par les articles L. 121-60 et suivants du Code de la consommation sans justifier du mandat, de l'assurance et de la garantie financière prévus à l'article L. 212-4.

Le tribunal peut, en outre, ordonner la fermeture temporaire ou définitive de l'établissement exploité par les personnes condamnées.

En cas d'exécution, dûment constatée, sans la licence ou l'habilitation prévue aux articles L. 212-1 et L. 213-1, de l'une des opérations mentionnées aux articles L. 211-1 et L. 211-4, le représentant de l'État dans le département dans le ressort duquel se trouve exploité l'établissement en infraction peut en ordonner la fermeture à titre provisoire par décision motivée après que l'intéressé a été mis à même de présenter ses observations. Le représentant de l'État dans le département en avise sans délai le procureur de la République. En cas d'inexécution de la mesure de fermeture, le représentant de l'État dans le département peut y pourvoir d'office. Toutefois, cette fermeture provisoire cesse de produire effet à l'expiration d'un délai de six mois.

La mesure de fermeture provisoire est levée de plein droit en cas de classement sans suite de l'affaire par le procureur de la République, d'ordonnance de non-lieu rendue par une juridiction d'instruction ou lors du prononcé du jugement rendu en premier ressort par la juridiction saisie.

1) Commet le délit prévu tant par les articles 1er, 5 et 13 de la loi du 11 juillet 1975 applicable au moment des faits que par les articles 1er, 7 et 29 de la loi du 13 juillet 1992 entrée en vigueur le 1er décembre 1994, le directeur d'une association non titulaire de l'agrément prévu par la loi qui, jouant le rôle d'intermédiaire rémunéré en encaissant le coût des prestations et en percevant une participation aux frais, organise de nombreux séjours en France et à l'étranger ; le fait que le prévenu se soit adressé à un large public, par voie d'affiches et de presse, ne constitue que l'une des circonstances de l'infraction retenue et non un délit distinct (■ Cass. crim., 14 févr. 1996 : *Bull. crim.*, n° 76).

2) Encourt la censure pour défaut de base légale l'arrêt qui déclare constitué le délit d'exercice illégal d'une activité d'agent de voyages, prévu par l'article 29 de la loi du 13 juillet 1992, sans avoir caractérisé l'une des opérations mentionnées à l'article 1er de cette loi, consistant en l'organisation ou la vente des voyages, séjours ou services visés par ce texte, auxquelles le prévenu se serait livré ou aurait prêté son concours (■ Cass. crim., 23 oct. 2001 : *Bull. crim.*, n° 215, en l'espèce, organisation de parties de chasse à l'étranger).

3) Si le délit d'exercice d'une activité de transporteur public de voyageurs sans être inscrit à un plan ou à un registre correspondant à l'activité concernée, sanctionné par l'article 25-II-A de la loi de finances du 14 avril 1952 modifiée, et celui d'exercice sans licence d'une activité relative à l'organisation de voyages ou de séjours, prévu et réprimé par l'article 13 de la loi du 11 juillet 1975, repris par l'article 29 de la loi du 13 juillet 1992, portent atteinte à l'intérêt général, ils peuvent également causer à des particuliers un préjudice direct et personnel de nature à servir de fondement à l'action civile devant la juridiction répressive ; encourt, dès lors, la censure la cour d'appel qui, à l'occasion de poursuites fondées sur les textes susvisés, déclare irrecevable l'action civile engagée par des membres des professions concernées, invoquant le manque à gagner résultant pour eux de l'exercice illicite de ces activités concurrentielles (■ Cass. crim., 27 févr. 1996 : *Bull. crim.*, n° 91).

ANNEXE 2

AGENTS IMMOBILIERS

Voir : *infra*, Annexe 40 (Loyers).

Bibliographie : E. Verny, *Agents immobiliers et administrateurs de biens : JCl. Lois pénales spéciales*.

Loi n° 70-9 du 2 janvier 1970

réglementant les conditions d'exercice des activités relatives à certaines opérations portant sur les immeubles et les fonds de commerce

Bibliographie : E. Verny, *Agents immobiliers et administrateurs de biens : JCl. Lois pénales spéciales*. • G. Roujou de Boubée, *Responsabilité pénale des agents immobiliers : Rev. dr. immobilier* 1991, p. 396. • D. Tomasin, *L'agent immobilier et l'Europe : Rev. dr. immobilier* 1994, p. 1.

TITRE PREMIER. – DE L'EXERCICE DES ACTIVITÉS D'ENTREMISE ET DE GESTION DES IMMEUBLES ET FONDS DE COMMERCE

(Ord. n° 2004-634, 1er juill. 2004)

Art. 1er ***(Mod., L. n° 94-624, 21 juill. 1994 ; L. n° 98-566, 8 juill. 1998 ; Ord. n° 2004-634, 1er juill. 2004).*** **– Les dispositions de la présente loi s'appliquent aux personnes physiques ou morales qui, d'une manière habituelle, se livrent ou prêtent leur concours, même à titre accessoire, aux opérations portant sur les biens d'autrui et relatives à :**

1° L'achat, la vente, l'échange, la location ou sous-location, saisonnière ou non, en nu ou en meublé d'immeubles bâtis ou non bâtis ;

2° L'achat, la vente ou la location-gérance de fonds de commerce ;

3° La cession d'un cheptel mort ou vif ;

4° La souscription, l'achat, la vente d'actions ou de parts de sociétés immobilières donnant vocation à une attribution de locaux en jouissance ou en propriété ;

5° L'achat, la vente de parts sociales non négociables lorsque l'actif social comprend un immeuble ou un fonds de commerce ;

6° La gestion immobilière ;

7° À l'exclusion des publications par voie de presse, la vente de listes ou de fichiers relatifs à l'achat, la vente, la location ou sous-location en nu ou en meublé d'immeubles bâtis ou non bâtis.

8° La conclusion de tout contrat de jouissance d'immeuble à temps partagé régi par les articles L. 121-60 et suivants du Code de la consommation.

1) Enfreint les dispositions de la loi du 2 janvier 1970 et du décret du 20 juillet 1972 et s'expose aux sanctions pénales édictées par la première l'agent d'affaires qui, sans être muni d'un mandat écrit préalable, entame, en exigeant de ce chef une commission, la négociation relative à l'une des opérations immobilières visées par ces textes (■ Cass. crim., 15 déc. 1987 : *Bull. crim.*, n° 460. ■ 28 nov. 2000 : *Bull. crim.*, n° 355 ; *D. aff.* 2001, p. 856, note Y. Rouquet).

2) Ne s'entremet pas entre les parties pour la réalisation d'opérations portant sur les biens d'autrui, au sens de la loi du 2 janvier 1970, la société d'expertise comptable qui fait insérer, sous sa raison sociale, dans un journal d'annonces légales, à but de diffusion d'actes, plusieurs publications concernant des locations-gérances (■ Cass. crim., 20 févr. 1989 : *Bull. crim.*, n° 80).

3) La loi du 2 janvier 1970 étant, aux termes de son article 1er, 2°, applicable à l'achat, la vente ou la location-gérance d'un fonds de commerce, les faits incriminés (infractions aux articles 5 et 6 de la loi du 2 janvier 1970) qui portent sur un droit au bail, élément essentiel de la vente d'un fonds de commerce, tombent sous les prévisions de la loi (■ Cass. crim., 25 mars 1991 : *D.* 1991, inf. rap. 153).

4) L'agent commercial d'un constructeur d'immeubles est assujetti à la loi du 2 janvier 1970 dès lors qu'il prête de manière habituelle son concours à la conclusion de contrats préliminaires à la vente, par son mandant, d'immeubles à construire (■ Cass. crim., 17 nov. 1993 : *Bull. crim.*, n° 342).

Art. 1er-1 ***(Ord. n° 2004-634, 1er juill. 2004).*** **– Est considérée comme une location saisonnière pour l'application de la présente loi la location d'un immeuble conclue pour une durée maximale et non renouvelable de quatre-vingt-dix jours consécutifs.**

Lorsque ces locations font intervenir un intermédiaire, leurs conditions de conclusion sont précisées par un décret en Conseil d'État.

Art. 2 ***(Mod., L. n° 98-566, 8 juill. 1998 ; Ord. n° 2004-634, 1er juill. 2004 ; Ord. n° 2005-1278, 13 oct. 2005 ; L. n° 2006-1770, 30 déc. 2006 ; Ord. n° 2013-676, 25 juill. 2013).*** **– Les dispositions de la présente loi ne sont pas applicables :**

Aux membres des professions dont la liste sera fixée par décret, en considération du contrôle dont leur activité professionnelle fait l'objet ainsi que des garanties financières qu'ils offrent pour l'exercice de cette activité ;

Aux personnes ou à leur conjoint qui, à titre non professionnel, se livrent ou prêtent leur concours à des opérations relatives à des biens sur lesquels elles ont des droits réels divis ou indivis ;

Aux personnes agissant pour le compte de leur conjoint, de parents en ordre successible, ou pour le compte de majeurs protégés ou de mineurs dans les conditions prévues aux titres X et XI du Code civil ;

Aux représentants légaux ou statutaires de sociétés de construction régies par les articles L. 212-1 et suivants du Code de la construction et de l'habitation pour la réalisation des premières cessions des parts ou actions.

Aux titulaires d'une licence d'agent de voyages, en vertu de la loi n° 92-645 du 13 juillet 1992 fixant les conditions d'exercice des activités relatives à l'organisation et à la vente de voyages ou de séjours, pour la conclusion de tout contrat de jouissance d'immeuble à temps partagé régi par les articles L. 121-60 et suivants du Code de la consommation.

Aux organismes de placement collectif immobilier, organismes professionnels de placement collectif immobilier, sociétés civiles de placement immobilier et à leurs sociétés de gestion, sauf lorsqu'elles gèrent des actifs immobiliers faisant l'objet de mandats de gestion spécifiques.

1) Aux termes de son article 2, la loi du 2 janvier 1970 exclut de son domaine d'application les personnes qui, à titre non professionnel, se livrent ou prêtent leur concours à des opérations relatives à des biens sur lesquels elles ont des droits réels divis ou indivis ; spécialement une personne ne saurait être condamnée du chef d'infraction à la législation sur la gestion immobilière lorsque sans être titulaire de la carte professionnelle exigée par l'article 3 de la loi du 2 janvier 1970 elle a assumé la gestion bénévolement et non à titre professionnel de l'ensemble immobilier dont elle est copropriétaire (■ Cass. crim., 8 nov. 1982 : *Bull. crim.*, n° 244).

2) Ne constitue pas une infraction aux dispositions de la loi du 2 janvier 1970 complétée par le décret du 20 juillet 1972 le fait de constituer par voie de presse et par des contacts personnels, sans être titulaire de la carte professionnelle d'agent immobilier, un fichier de propriétaires désirant louer des appartements ou des villas et d'attirer ensuite des candidats à la location, puis de leur donner contre versement d'une somme d'argent, communication des renseignements recueillis (■ Cass. crim., 20 oct. 1981 : *Bull. crim.*, n° 279).

Art. 3 ***(Mod., Ord. n° 2004-634, 1er juill. 2004 ; L. n° 2010-853, 23 juill. 2010 ; Ord. n° 2013-544, 27 juin 2013 ; L. n° 2014-366, 24 mars 2014).*** **– Les activités visées à l'article 1er ne peuvent être exercées que par les personnes physiques ou morales titulaires d'une carte professionnelle, délivrée, pour une durée et selon des modalités fixées par décret en Conseil d'État, par le président de la chambre de commerce et d'industrie territoriale ou par le président de la chambre de commerce et d'industrie départementale d'Île-de-France, précisant celles des opérations qu'elles peuvent accomplir. Lorsque le président de la chambre de commerce**

et d'industrie territoriale ou de la chambre départementale d'Île-de-France exerce une activité mentionnée à l'article 1er, la carte est délivrée par le vice-président, dans des conditions fixées par décret en Conseil d'État.

L'assemblée des chambres françaises de commerce et d'industrie établit et tient à jour un fichier des personnes titulaires de la carte professionnelle, selon des modalités définies par décret.

Cette carte ne peut être délivrée qu'aux personnes physiques qui satisfont aux conditions suivantes :

1° Justifier de leur aptitude professionnelle ;

2° Justifier d'une garantie financière permettant le remboursement des fonds, effets ou valeurs déposés et spécialement affectée à ce dernier, y compris les sommes versées au fonds de travaux mentionné à l'article 14-2 de la loi n° 65-557 du 10 juill. 1965 fixant le statut de la copropriété des immeubles bâtis, à l'exception toutefois des personnes déclarant leur intention de ne détenir aucun fonds, effet ou valeur pour les activités mentionnées à l'article 1er, à l'exception de celles mentionnées aux 6° et 9° du même article, dans des conditions fixées par décret en Conseil d'État. Seuls les garants financiers ayant mis en place des procédures de contrôle internes, au moyen d'un référentiel et de modèles de suivi des risques, sont habilités à délivrer la garantie financière. Un décret en Conseil d'État définit les procédures et les conditions dans lesquelles les garants exercent leurs missions de contrôle sur les fonds qu'ils garantissent en application du présent article ;

3° Contracter une assurance contre les conséquences pécuniaires de leur responsabilité civile professionnelle ;

4° Ne pas être frappées d'une des incapacités ou interdictions d'exercer définies au titre II ci-après.

La garantie mentionnée au 2° ci-dessus résulte d'un engagement écrit fourni par une entreprise d'assurance spécialement agréée, par un établissement de crédit, une société de financement ou une institution mentionnée à l'article L. 518-1 du Code monétaire et financier.

Les modalités de détermination du montant de la garantie sont fixées par décret en Conseil d'État.

La carte n'est délivrée aux personnes morales que si lesdites personnes satisfont aux conditions prévues aux 2° et 3° ci-dessus et si leurs représentants légaux et statutaires satisfont aux conditions prévues aux 1° et 4° ci-dessus.

Il doit être procédé à une déclaration préalable d'activité pour chaque établissement, succursale, agence ou bureau par la personne qui en assure la direction. Cette personne doit, en outre, satisfaire aux conditions posées par les 1° et 4° ci-dessus.

Ne s'est pas borné à exercer les actes de sa profession d'expert immobilier mais a, habituellement, apporté son concours à la réalisation de ventes, ou d'achats d'immeubles et s'est ainsi rendu coupable d'exercice illégal de la profession d'agent immobilier celui qui, sans être titulaire de la carte professionnelle prévue à l'article 3 de la loi du 2 janvier 1970, a fait paraître à différentes reprises des annonces dans les journaux pour proposer à la vente des maisons de campagne appartenant à des tiers, en invitant les lecteurs intéressés à se renseigner auprès de lui en l'appelant au téléphone et qui, à plusieurs reprises, a fait visiter à d'éventuels acquéreurs les propriétés ainsi mises en vente (■ Cass. crim., 2 nov. 1978 : *Bull. crim.*, n° 292).

Art. 3-1 *(L. n° 2014-366, 24 mars 2014)*. **– Les personnes mentionnées à l'article 1er, au dernier alinéa de l'article 3 et à l'article 4 sont, à l'exception de celles mentionnées à l'article 8-1, soumises à une obligation de formation continue. Leur carte professionnelle ne peut être renouvelée si elles ne justifient pas avoir rempli cette obligation.**

Un décret détermine la nature et la durée des activités susceptibles d'être validées au titre de l'obligation de formation continue, les modalités selon lesquelles elle s'accomplit, celles de son contrôle et celles de sa justification en cas de renouvellement de la carte professionnelle.

Art. 4 *(Mod., L. n° 2006-872, 13 juill. 2006 ; L. n° 2014-366, 24 mars 2014)*. **– Toute personne habilitée par un titulaire de la carte professionnelle à négocier, s'entremettre ou s'engager pour le compte de ce dernier justifie d'une compétence professionnelle, de sa qualité et de l'étendue de ses pouvoirs dans les conditions fixées par décret en Conseil d'État. Les dispositions du titre II de la présente loi lui sont applicables.**

Les dispositions du chapitre IV du titre III du livre Ier du Code de commerce sont applicables aux personnes visées au premier alinéa lorsqu'elles ne sont pas salariées. Ces personnes doivent contracter une assurance

contre les conséquences pécuniaires de leur responsabilité civile professionnelle, dans des conditions fixées par décret en Conseil d'État.

Ces personnes ne peuvent pas :

1° Recevoir ou détenir, directement ou indirectement, des sommes d'argent, des biens, des effets ou des valeurs ou en disposer à l'occasion des activités mentionnées à l'article 1er de la présente loi ;

2° Donner des consultations juridiques ni rédiger des actes sous seing privé, à l'exception de mandats conclus au profit du titulaire de la carte professionnelle mentionnée à l'article 3 ;

3° Assurer la direction d'un établissement, d'une succursale, d'une agence ou d'un bureau.

Les personnes qui, à la date d'entrée en vigueur de la loi n° 2014-366 du 24 mars 2014 pour l'accès au logement et un urbanisme rénové, disposent de l'habilitation mentionnée au premier alinéa sont réputées justifier de la compétence professionnelle mentionnée au présent article.

Voir : ■ Cass. avis, n° 10-30.087, SA Groupe France terre c. Foenard : JurisData n° 2011-022472 (droits et obligations des collaborateurs non salariés d'agent immobilier).

Art. 4-1 *(L. n° 2009-323, 25 mars 2009 ; L. n° 2014-366, 24 mars 2014)*. – Lorsque les personnes mentionnées à l'article 1er proposent à leurs clients les services d'une entreprise, elles sont tenues de les informer, dans des conditions définies par décret en Conseil d'État et avant la conclusion de tout contrat avec ladite entreprise, des éventuels liens directs de nature capitalistique ou des liens de nature juridique qu'elles ont ou que les personnes mentionnées au dernier alinéa de l'article 3 et à l'article 4, intervenant pour ces clients, ont avec cette entreprise.

Cette obligation s'applique également lorsque les personnes mentionnées au même article 1er proposent à leurs clients les services d'un établissement bancaire ou d'une société financière.

Les personnes mentionnées au dernier alinéa du même article 3 et les personnes habilitées par un titulaire de la carte professionnelle conformément au même article 4 sont tenues de l'informer des liens mentionnés aux premier et deuxième alinéas du présent article qu'elles ont avec une entreprise, un établissement bancaire ou une société financière dont le titulaire de la carte professionnelle propose les services à ses clients.

Art. 5. – Les personnes visées à l'article 1er qui reçoivent, détiennent des sommes d'argent *(Mots ajoutés à compter du 1er juill. 2015, L. n° 2014-366, 24 mars 2014)* « ne constituant ni une rémunération, ni des honoraires », des biens, des effets ou des valeurs, ou en disposent, à quelque titre et de quelque manière que ce soit, à l'occasion des opérations spécifiées audit article, doivent respecter les conditions prévues par décret en Conseil d'État, notamment les formalités de tenue des registres et de délivrance de reçus, ainsi que les autres obligations découlant du mandat.

Art. 6 *(Mod., L. 94-624, 21 juill. 1994 ; Ord. n° 2004-634, 1er juill. 2004 ; L. n° 2006-872, 13 juill. 2006 ; à compter du 1er juill. 2015, L. n° 2014-366, 24 mars 2014)*. – I. Les conventions conclues avec les personnes visées à l'article 1er ci-dessus et relatives aux opérations qu'il mentionne en ses 1° à 6°, doivent être rédigées par écrit et préciser conformément aux dispositions d'un décret en Conseil d'État :

Les conditions dans lesquelles ces personnes sont autorisées à recevoir, verser ou remettre des sommes d'argent, biens, effets ou valeurs à l'occasion de l'opération dont il s'agit ;

Les modalités de la reddition de compte ;

Les conditions de détermination de la rémunération, ainsi que l'indication de la partie qui en aura la charge.

Les moyens employés par ces personnes et, le cas échéant, par le réseau auquel elles appartiennent pour diffuser auprès du public les annonces commerciales afférentes aux opérations mentionnées au 1° du même article 1er.

En outre, lorsqu'une convention comporte une clause d'exclusivité, elle précise les actions que le mandataire s'engage à réaliser pour exécuter la prestation qui lui a été confiée ainsi que les modalités selon lesquelles il rend compte au mandant des actions effectuées pour son compte, selon une périodicité déterminée par les parties.

Les dispositions de l'article 1325 du Code civil leur sont applicables.

Aucun bien, effet, valeur, somme d'argent, représentatif d'honoraires, de frais de recherche, de démarche, de publicité ou d'entremise quelconque, n'est dû aux personnes indiquées à l'article 1er ou ne peut être exigé ou accepté par elles, avant qu'une des opérations visées audit article ait été effectivement conclue et constatée dans un seul acte écrit contenant l'engagement des parties.

Toutefois, lorsqu'un mandat est assorti d'une clause d'exclusivité ou d'une clause pénale ou lorsqu'il comporte une clause aux termes de laquelle des honoraires sont dus par le mandant, même si l'opération est conclue sans les soins de l'intermédiaire, cette clause recevra application dans les conditions qui seront fixées par décret. La somme versée par le mandant en application de cette clause ne peut excéder un montant fixé par décret en Conseil d'État.

Lorsque le mandant agit dans le cadre de ses activités professionnelles, tout ou partie des sommes d'argent visées ci-dessus qui sont à sa charge peuvent être exigées par les personnes visées à l'article 1er avant qu'une opération visée au même article n'ait été effectivement conclue et constatée. La clause prévue à cet effet est appliquée dans des conditions fixées par décret en Conseil d'État.

La convention conclue entre la personne qui se livre à l'activité mentionnée au 7° de l'article 1er et le propriétaire du bien inscrit sur la liste ou le fichier, ou le titulaire de droits sur ce bien, comporte une clause d'exclusivité d'une durée limitée aux termes de laquelle ce dernier s'engage, d'une part, à ne pas confier la location ou la vente de son bien à une autre personne exerçant une activité mentionnée à l'article 1er et, d'autre part, à ne pas publier d'annonce par voie de presse.

II. – Entre la personne qui se livre à l'activité mentionnée au 7° de l'article 1er et son client, une convention est établie par écrit. Cette convention dont, conformément à l'article 1325 du Code civil, un original est remis au client précise les caractéristiques du bien recherché, l'ensemble des obligations professionnelles qui incombent au professionnel mentionné au présent alinéa, la nature de la prestation promise au client et le montant de la rémunération incombant à ce dernier. Elle précise également les conditions de remboursement de tout ou partie de la rémunération lorsque la prestation fournie au client n'est pas conforme à la nature promise dans ladite convention.

Les conditions et les modalités d'application de la mesure de remboursement partiel ou total prévue au premier alinéa du présent II sont définies par décret.

Aucune somme d'argent ou rémunération de quelque nature que ce soit n'est due à une personne qui se livre à l'activité mentionnée au 7° de l'article 1er ou ne peut être exigée par elle, préalablement à la parfaite exécution de son obligation de fournir effectivement des listes ou des fichiers, que cette exécution soit instantanée ou successive.

Le dépôt de chèques représentatifs de la commission de l'agent immobilier fait par l'acheteur, entre les mains d'un tiers désigné comme séquestre conventionnel, constitue l'acceptation par ledit agent de sommes ou valeurs, qui ne peut intervenir avant la signature de l'acte unique prévu par l'article 6 de la loi du 2 janvier 1970 (■ Cass. crim., 6 mars 1984 : *Bull. crim.*, n° 87).

Art. 6-1 *(L. n° 2014-366, 24 mars 2014)*. – Toute publicité effectuée par une personne mentionnée à l'article 1er et relative aux opérations prévues au 1° de ce même article mentionne, quel que soit le support utilisé, le montant toutes taxes comprises de ses honoraires exprimé, pour ce qui concerne les opérations de vente, en pourcentage du prix, lorsqu'ils sont à la charge du locataire ou de l'acquéreur.

Art. 6-2 *(L. n° 2014-366, 24 mars 2014)*. – Toute publicité relative à des opérations mentionnées au 1° de l'article 1er et proposées par une personne habilitée par un titulaire de la carte professionnelle à négocier, s'entremettre ou s'engager pour le compte de ce dernier, et non salariée, mentionne que cette personne exerce sous le statut d'agent commercial.

Cette obligation de mentionner le statut d'agent commercial est étendue au mandat de vente ou de recherche et à tous les documents d'une transaction immobilière à laquelle la personne habilitée mentionnée au premier alinéa participe.

Art. 7 *(Mod., L. n° 2014-366, 24 mars 2014)*. – Sont nulles les promesses et les conventions de toute nature relatives aux opérations visées à l'article 1er qui ne comportent pas une limitation de leurs effets dans le temps.

Lorsque le mandant n'agit pas dans le cadre de ses activités professionnelles :

1° Les modalités de non-reconduction des contrats définies aux deux premiers alinéas de l'article L. 136-1 du Code de la consommation sont mentionnées de manière lisible et visible dans les conventions prévues au premier alinéa du I de l'article 6 de la présente loi ;

2° Lorsque ces conventions portent sur des opérations mentionnées aux 1° et 4° de l'article 1er et qu'elles comportent une clause d'exclusivité, elles mentionnent en caractères très apparents les dispositions du deuxième alinéa de l'article 78 du décret n° 72-678 du 20 juill. 1972 fixant les conditions d'application de la loi n° 70-9 du 2 janv. 1970 réglementant les conditions d'exercice des activités relatives à certaines opérations portant sur les immeubles et fonds de commerce, exception faite des mandats portant sur les opérations exclues par les troisième à sixième alinéas de ce même article.

Art. 8 *(Ord. n° 2004-634, 1er juill. 2004).* – Les personnes titulaires d'une autorisation administrative délivrée en application de la loi [n° 92-645] du 13 juillet 1992 susmentionnée, qui ont une activité de location saisonnière de meublés hors forfait touristique, sont dispensées de la carte professionnelle prévue à l'article 3 de la présente loi lorsque cette activité est accessoire à leur activité principale.

Elles doivent souscrire, pour l'exercice de cette activité, une garantie financière permettant le remboursement des fonds, effets ou valeurs déposés et une assurance garantissant les conséquences pécuniaires de la responsabilité civile professionnelle qu'elles encourent en raison de cette activité.

L'exercice de ces activités est régi par les dispositions de la présente loi et des textes pris pour son application.

Art. 8-1 *(Ord. n° 2008-507, 30 mai 2008 ; L. n° 2012-387, 22 mars 2012 ; L. n° 2014-366, 24 mars 2014).* – Tout ressortissant légalement établi dans un État membre de l'Union européenne ou dans un autre État partie à l'accord sur l'Espace économique européen pour exercer l'une des activités prévues à l'article 1er de la présente loi peut exercer cette activité de façon temporaire et occasionnelle en France après en avoir fait la déclaration préalable auprès du président de la chambre de commerce et d'industrie territoriale ou de la chambre départementale d'Île-de-France, dans des conditions fixées par décret en Conseil d'État. Toutefois, lorsque l'activité concernée ou la formation y conduisant n'est pas réglementée dans l'État d'établissement, le prestataire doit l'avoir exercée dans cet État pendant au moins deux années au cours des dix années qui précèdent la prestation.

Art. 8-2 *(Ord. n° 2009-104, 30 janv. 2009).* – Les personnes exerçant les activités désignées aux 1°, 2°, 4°, 5° et 8° de l'article 1er de la présente loi, à l'exclusion de l'échange, la location ou la sous-location saisonnière ou non, en nu ou en meublé, mettent en œuvre les obligations relatives à la lutte contre le blanchiment des capitaux et le financement du terrorisme définies au chapitre Ier du titre VI du livre V du Code monétaire et financier.

L'autorité administrative en charge de l'inspection mentionnée au II de l'article L. 561-36 du Code monétaire et financier assure le contrôle du respect des obligations prévues à l'alinéa précédent, dans les conditions définies à l'article L. 141-1 du Code de la consommation.

Art. 8-3 *(L. n° 2014-366, 24 mars 2014).* – I. – La commission de contrôle des activités de transaction et de gestion immobilières mentionnée à l'article 13-5 de la présente loi transmet à l'autorité administrative chargée de la concurrence et de la consommation toute information relative à des infractions ou manquements mentionnés à l'article L. 141-1 du Code de la consommation susceptibles d'être imputables à des personnes mentionnées à l'article 1er de la présente loi.

II. – Les personnes mentionnées au même article 1er sont soumises à des contrôles menés par l'autorité administrative chargée de la concurrence et de la consommation, conformément à l'article L. 141-1 du Code de la consommation.

TITRE II. – DE L'INCAPACITÉ D'EXERCER DES ACTIVITÉS D'ENTREMISE ET DE GESTION DES IMMEUBLES ET FONDS DE COMMERCE

Art. 9 *(Ord. n° 2004-634, 1er juill. 2004 ; mod., L. n° 2006-437, 14 avr. 2006 ; L. n° 2006-872, 13 juill. 2006).* – Nul ne peut, d'une manière habituelle, se livrer ou prêter son concours, même à titre accessoire, aux opérations portant sur les biens d'autrui mentionnées à l'article 1er s'il a fait l'objet depuis moins de dix ans d'une condamnation définitive :

I. – Pour crime.

II. – À une peine d'au moins trois mois d'emprisonnement sans sursis pour :

1° L'une des infractions prévues au titre Ier du livre III du Code pénal et pour les délits prévus par des lois spéciales et punis des peines prévues pour l'escroquerie et l'abus de confiance ;

2° Recel ou l'une des infractions assimilées au recel ou voisines de celui-ci prévues à la section 2 du chapitre Ier du titre II du livre III du Code pénal ;

3° Blanchiment ;

4° Corruption active ou passive, trafic d'influence, soustraction et détournement de biens ;

5° Faux, falsification de titres ou autres valeurs fiduciaires émises par l'autorité publique, falsification des marques de l'autorité ;

6° Participation à une association de malfaiteurs ;

7° Trafic de stupéfiants ;

8° Proxénétisme ou l'une des infractions prévues par les sections 2 et 2 *bis* du chapitre V du titre II du livre II du Code pénal ;

9° L'une des infractions prévues à la section 3 du chapitre V du titre II du livre II du Code pénal ;

10° L'une des infractions à la législation sur les sociétés commerciales prévues au titre IV du livre II du Code de commerce ;

11° Banqueroute ;

12° Pratique de prêt usuraire ;

13° L'une des infractions prévues par la loi du 21 mai 1836 portant prohibition des loteries, par la loi du 15 juin 1907 relative aux casinos et par la loi n° 83-628 du 12 juillet 1983 relative aux jeux de hasard ;

14° Infraction à la législation et à la réglementation des relations financières avec l'étranger ;

15° Fraude fiscale ;

16° L'une des infractions prévues aux articles L. 111-34, L. 241-1, L. 241-2, L. 263-1 et L. 311-6 du Code de la construction et de l'habitation ;

17° L'une des infractions prévues aux articles L. 115-16 et L. 115-18, L. 115-24, L. 115-30, L. 121-6, L. 121-28, L. 122-8 à L. 122-10, L. 213-1 à L. 213-5, L. 217-1 à L. 217-3, L. 217-6 et L. 217-10 du Code de la consommation ;

18° L'infraction prévue à l'article L. 353-2 du Code monétaire et financier ;

19° L'une des infractions prévues aux articles L. 324-9, L. 324-10 et L. 362-3 du Code du travail ;

20° Les atteintes aux systèmes de traitement automatisé prévues par le chapitre III du titre II du livre III du Code pénal.

21° L'une des infractions prévues à la section I du chapitre V du titre II du livre II du Code pénal.

III. – À la destitution des fonctions d'officier public ou ministériel.

1) Le prévenu qui se livre de manière habituelle à des opérations d'achats, de ventes ou de locations d'immeubles alors qu'il avait fait l'objet d'une condamnation du chef d'escroquerie, doit être condamné pour exercice illégal de la profession d'agent immobilier sur le fondement de la loi du 2 janvier 1970 et non pas sur celui de la loi du 30 août 1947 relative à l'assainissement des professions commerciales (■ Bordeaux, 21 sept. 1989 : *JurisData*, n° 45993).

2) L'incapacité attachée à certaines condamnations, édictée par le texte régissant les conditions d'accès à la profession d'agent immobilier, ne constitue pas une peine complémentaire mais une mesure de sûreté qui, dès l'entrée en vigueur de la loi qui l'institue, frappe la personne antérieurement condamnée ; il s'ensuit que les dispositions de l'article 46 de la loi du 21 juillet 1994, qui a notamment étendu aux condamnations pour tromperie les causes d'incapacité prévues par l'article 9 de la loi du 2 janvier 1970 réglementant les conditions d'exercice des activités relatives à certaines opérations sur les immeubles et les fonds de commerce, s'appliquent aux condamnations antérieures à leur entrée en vigueur le 1er juillet 1995 (■ Cass. crim., 26 nov. 1997 : *Bull. crim.*, n° 404 ; *D.* 1998, p. 495, note D. Rebut).

Art. 10 ***(Ord. n° 2004-634, 1er juill. 2004 ; Ord. n° 2009-104, 30 janv. 2009).*** **– L'incapacité prévue à l'article 9 s'applique également :**

***a)* À toute personne à l'égard de laquelle a été prononcée une mesure définitive de faillite personnelle ou une autre mesure définitive d'interdiction dans les conditions prévues par le livre VI du Code de commerce ;**

***b)* Aux administrateurs judiciaires et mandataires judiciaires au redressement et à la liquidation des entreprises ayant fait l'objet d'une décision de radiation de la liste prévue aux articles L. 811-12 et L. 812-9 du Code de commerce ;**

c) Aux membres et anciens membres des professions libérales soumises à un statut législatif ou réglementaire ou dont le titre est protégé ayant fait l'objet d'une décision définitive prononçant une interdiction d'exercer d'une durée au moins égale à six mois.

d) À toute personne morale dont les associés ou actionnaires détenant au moins 25 % des parts ou des droits de vote ont fait l'objet d'une condamnation irrévocable depuis moins de dix ans pour les infractions visées à l'article 9.

Art. 11 *(Ord. n° 2004-634, 1er juill. 2004).* – En cas de condamnation prononcée par une juridiction étrangère et passée en force de chose jugée pour une infraction constituant, selon la loi française, un crime ou l'un des délits mentionnés à l'article 9, le tribunal correctionnel du domicile du condamné, à la requête du ministère public, déclare, après constatation de la régularité et de la légalité de la condamnation et l'intéressé dûment appelé en chambre du conseil, qu'il y a lieu d'appliquer l'incapacité d'exercer.

Cette incapacité s'applique également à toute personne non réhabilitée ayant fait l'objet d'une interdiction d'exercer prononcée par une juridiction étrangère quand le jugement a été déclaré exécutoire en France. La demande d'exequatur peut être, à cette fin seulement, formée par le ministère public devant le tribunal de grande instance du domicile du condamné.

Art. 12. – Les personnes auxquelles l'exercice d'une activité professionnelle est interdit par la présente loi ne peuvent ni exercer cette activité sous le couvert d'un tiers ni être employées à un titre quelconque, soit par l'établissement qu'elles exploitaient, soit par la société qu'elles dirigeaient, géraient, administraient ou dont elles avaient la signature, ni gérer, diriger, administrer une personne morale quelconque exerçant cette activité. Elles ne peuvent davantage être employées au service de l'acquéreur, du gérant ou du locataire de leur ancienne entreprise.

Art. 13 *(Ord. n° 2004-634, 1er juill. 2004).* – Les personnes exerçant une profession ou une activité mentionnée aux articles 1er et 4 qui encourent cette incapacité doivent cesser leur profession ou activité dans le délai d'un mois à compter du jour où la décision entraînant l'incapacité est devenue définitive et leur a été notifiée. Ce délai peut être réduit ou supprimé par la juridiction qui a rendu cette décision.

Sans préjudice des dispositions du deuxième alinéa de l'article 132-21 du Code pénal, la juridiction prononçant la décision qui entraîne cette incapacité peut en réduire la durée.

TITRE II *bis*. – De l'encadrement et du contrôle des activités de transaction et de gestion immobilières *(L. n° 2014-366, 24 mars 2014)*

Chapitre Ier. – Du Conseil national de la transaction et de la gestion immobilières

Art. 13-1 *(L. n° 2014-366, 24 mars 2014).* – Il est créé un Conseil national de la transaction et de la gestion immobilières dont la mission est de veiller au maintien et à la promotion des principes de moralité, de probité et de compétence nécessaires au bon accomplissement des activités mentionnées à l'article 1er par les personnes mentionnées au même article 1er.

Le conseil propose au garde des Sceaux, ministre de la Justice, et aux ministres chargés de la consommation et du logement :

1° Les règles constituant le code de déontologie applicable aux personnes mentionnées à l'article 1er, dont le contenu est fixé par décret ;

2° La nature de l'obligation d'aptitude professionnelle définie au 1° de l'article 3 ;

3° La nature de l'obligation de compétence professionnelle définie à l'article 4 ;

4° La nature et les modalités selon lesquelles s'accomplit la formation continue mentionnée à l'article 3-1 ;

5° Parmi les personnes ayant cessé d'exercer les activités mentionnées à l'article 1er, les représentants des personnes mentionnées au même article 1er qui siègent dans la commission de contrôle mentionnée à l'article 13-5.

Le conseil est consulté pour avis sur l'ensemble des projets de textes législatifs ou réglementaires relatifs à l'exercice des activités mentionnées audit article 1er.

Le conseil établit chaque année un rapport d'activité.

Art. 13-2 *(L. n° 2014-366, 24 mars 2014).* – Le conseil est composé majoritairement de représentants des personnes mentionnées à l'article 1er. Ceux-ci sont choisis, en veillant à assurer la représentativité de la profession, sur proposition d'un syndicat professionnel ou d'une union de syndicats professionnels, au sens des articles L. 2133-1 et L. 2133-2 du Code du travail, représentatifs des personnes mentionnées à l'article 1er.

Le conseil comprend également des représentants des consommateurs choisis parmi les associations de défense des consommateurs œuvrant dans le domaine du logement, agréées en application de l'article L. 411-1 du Code de la consommation.

Assistent de droit aux réunions du conseil les représentants du ministre de la Justice et des ministres chargés du logement et de la consommation.

La composition et les modalités de constitution et de fonctionnement du conseil sont fixées par décret.

Chapitre II. – Du contrôle des activités de transaction et de gestion immobilières

Art. 13-3 *(L. n° 2014-366, 24 mars 2014).* – Sous réserve des dispositions leur imposant la divulgation de certaines informations, les personnes mentionnées à l'article 1er respectent la confidentialité des données dont elles ont connaissance dans l'exercice de leurs activités. Ce principe ne fait pas obstacle à la communication aux copropriétaires de tout élément nécessaire au bon fonctionnement du syndicat. Il ne fait également pas obstacle au signalement d'un habitat manifestement indigne au sens de l'article 1er-1 de la loi n° 90-449 du 31 mai 1990 visant à la mise en œuvre du droit au logement au maire de la commune concernée.

Chapitre III. – De la discipline des personnes exerçant de manière habituelle des activités de transaction et de gestion immobilières

Art. 13-4 *(L. n° 2014-366, 24 mars 2014).* – Tout manquement aux lois, aux règlements et aux obligations fixées par le code de déontologie mentionné à l'article 13-1 ou toute négligence grave, commis par une personne mentionnée à l'article 1er dans l'exercice de ses activités, l'expose à des poursuites disciplinaires.

La cessation des activités des personnes mentionnées au premier alinéa ne fait pas obstacle aux poursuites disciplinaires pour des faits commis pendant l'exercice de leurs fonctions.

L'action disciplinaire se prescrit par cinq ans à compter de la commission des faits.

Art. 13-5 *(L. n° 2014-366, 24 mars 2014).* – *(L. n° 2014-366, 24 mars 2014)*

Art. 13-6 *(L. n° 2014-366, 24 mars 2014).* – La commission de contrôle des activités de transaction et de gestion immobilières comprend :

1° Des représentants de l'État, désignés conjointement par le garde des Sceaux, ministre de la Justice, et par le ministre chargé du logement ;

2° Un magistrat de l'ordre judiciaire ;

3° Des membres d'une profession juridique ou judiciaire qualifiés dans le domaine de l'immobilier ;

4° Des personnes ayant cessé d'exercer les activités mentionnées à l'article 1er ;

5° Des personnes représentant les cocontractants des personnes mentionnées à l'article 1er dans l'exercice des opérations citées au même article.

Le président de la commission de contrôle est désigné conjointement par le garde des Sceaux, ministre de la Justice, et par le ministre chargé du logement, parmi les représentants de l'État mentionnés au 1°.

La commission comporte des sections spécialisées dédiées à une ou plusieurs activités mentionnées à l'article 1er. Ces sections spécialisées instruisent les dossiers et formulent des avis.

Les modalités de fonctionnement, de désignation des membres, de saisine et d'organisation de la commission et des sections spécialisées ainsi que la composition de ces dernières sont fixées par décret en Conseil d'État.

Art. 13-7 *(L. n° 2014-366, 24 mars 2014).* – La commission statue par décision motivée, dans des conditions définies par décret en Conseil d'État. Avant toute décision, la commission informe la personne mise en cause de la sanction envisagée à son encontre, en lui indiquant qu'elle peut prendre connaissance des pièces du dossier et se faire assister par le conseil de son choix et en l'invitant à présenter, dans le délai de soixante jours, ses observations écrites ou orales.

Art. 13-8 *(L. n° 2014-366, 24 mars 2014).* – Les sanctions disciplinaires sont, compte tenu de la gravité des faits reprochés :

1° L'avertissement ;

2° Le blâme ;

3° L'interdiction temporaire d'exercer tout ou partie des activités mentionnées à l'article 1er, pour une durée n'excédant pas trois ans ;

4° L'interdiction définitive d'exercer tout ou partie des activités mentionnées au même article 1er.

En cas d'urgence, et à titre conservatoire, le président de la commission peut prononcer la suspension provisoire de l'exercice de tout ou partie des activités d'une personne mentionnée audit article 1er. Le président en informe sans délai la commission. Cette mesure peut être ordonnée pour une durée qui ne peut excéder un mois, sauf prolongation décidée par la commission pour une durée qui ne peut excéder trois mois. La suspension ne peut être prononcée sans que les griefs aient été communiqués à la personne, qu'elle ait été mise à même de prendre connaissance du dossier et qu'elle ait été entendue ou dûment appelée par le président de la commission.

L'interdiction temporaire et l'interdiction définitive peuvent être assorties du sursis. Si, dans le délai de cinq ans à compter du prononcé de la sanction disciplinaire, la personne sanctionnée a commis une infraction ou une faute ayant entraîné le prononcé d'une nouvelle sanction disciplinaire, celle-ci entraîne, sauf décision motivée de la part de la commission mentionnée à l'article 13-5, l'exécution de la première peine sans confusion possible avec la seconde.

L'avertissement, le blâme et l'interdiction temporaire peuvent être assortis de la sanction complémentaire de l'interdiction d'être membre de la commission de contrôle pendant dix ans au plus.

L'avertissement et le blâme peuvent être accompagnés, pendant un délai d'un an, de mesures de contrôle et de formation soumettant la personne sanctionnée à des obligations particulières fixées dans la décision de la commission. Ces mesures peuvent également être prescrites par la commission lorsque la personne ayant fait l'objet d'une interdiction temporaire reprend ses fonctions. Le coût de ces mesures est supporté par la personne sanctionnée, qui ne peut le mettre à la charge de son mandant.

Lorsqu'elle prononce une sanction disciplinaire, la commission peut décider de mettre à la charge de la personne sanctionnée tout ou partie des frais occasionnés par l'action disciplinaire.

La commission communique ses décisions devenues définitives à la chambre de commerce et d'industrie territoriale ou à la chambre départementale d'Île-de-France ayant délivré la carte professionnelle de l'intéressé ou auprès de laquelle la déclaration préalable d'activité prévue à l'article 8-1 a été effectuée.

Elle peut publier ses décisions dans les journaux ou supports qu'elle détermine. Les frais de publication sont à la charge de la personne sanctionnée.

Art. 13-9 *(L. n° 2014-366, 24 mars 2014).* **–** Les décisions de la commission de contrôle des activités de transaction et de gestion immobilières et de son président sont susceptibles de recours de pleine juridiction devant la juridiction administrative.

Art. 13-10 *(L. n° 2014-366, 24 mars 2014).* **–** La commission de contrôle des activités de transaction et de gestion immobilières crée et tient à jour un répertoire des personnes sanctionnées, avec l'indication des sanctions devenues définitives.

Les modalités et le fonctionnement du répertoire sont déterminés par décret en Conseil d'État, pris après avis de la Commission nationale de l'informatique et des libertés.

TITRE III. – DES SANCTIONS PÉNALES ET ADMINISTRATIVES
(Ord. n° 2004-634, 1er juill. 2004 ; L. n° 2014-366, 24 mars 2014)

Art. 14 *(Ord. n° 2004-634, 1er juill. 2004 ; L. n° 2014-366, 24 mars 2014).* **–** Est puni de six mois d'emprisonnement et de 7 500 € d'amende le fait :

a) De se livrer ou prêter son concours, d'une manière habituelle, même à titre accessoire, à des opérations visées à l'article 1er sans être titulaire de la carte instituée par l'article 3 ou après l'avoir restituée ou en ayant omis de la restituer après injonction de l'autorité administrative compétente ;

a bis) De se livrer ou de prêter son concours, d'une manière habituelle, même à titre accessoire, à des opérations mentionnées à l'article 1er en méconnaissance d'une interdiction définitive ou temporaire d'exercer, prononcée en application de l'article 13-8, et devenue définitive ;

b) Pour toute personne qui assume la direction d'un établissement, d'une succursale, d'une agence ou d'un bureau, de n'avoir pas effectué la déclaration préalable d'activité prévue au onzième alinéa de l'article 3 ;

c) Pour toute personne qui exerce les fonctions de représentant légal ou statutaire d'une personne morale, de se livrer ou de prêter son concours, même à titre accessoire, d'une manière habituelle à des opérations visées à l'article 1er sans remplir ou en ayant cessé de remplir les conditions prévues aux 1° et 4° de l'article 3 ;

d) Pour toute personne mentionnée à l'article 1er, de ne pas délivrer à ses clients les informations prévues à l'article 4-1

Est puni des mêmes peines le fait de négocier, s'entremettre ou prendre des engagements pour le compte du titulaire d'une carte professionnelle, sans y avoir été habilité dans les conditions de l'article 4 ci-dessus.

Art. 15 *(Ord. n° 2004-634, 1er juill. 2004)*. – Est puni des peines prévues à l'article 313-1 du Code pénal le fait d'exercer ou de tenter d'exercer une activité professionnelle en violation de l'incapacité résultant de l'application des articles 9 à 12.

Art. 16 *(Ord. n° 2004-634, 1er juill. 2004)*. – Est puni de deux ans d'emprisonnement et de 30 000 € d'amende le fait :

1° De recevoir ou de détenir, à quelque titre et de quelque manière que ce soit, à l'occasion d'opérations visées à l'article 1er, des sommes d'argent, biens, effets ou valeurs quelconques :

a) Soit en violation de l'article 3 ;

b) Soit en violation des conditions prévues par l'article 5 pour la tenue des documents et la délivrance des reçus lorsque ces documents et reçus sont légalement requis ;

2° D'exiger ou d'accepter des sommes d'argent, biens, effets, ou valeurs quelconques, en infraction aux dispositions de l'article 6.

Art. 17 *(Ord. n° 2004-634, 1er juill. 2004)*. – Est puni de six mois d'emprisonnement et de 7 500 € d'amende le fait de mettre obstacle à l'exercice de la mission des agents publics chargés du contrôle en refusant de leur communiquer les documents réclamés, notamment les documents bancaires ou comptables ainsi que les mandats écrits.

Art. 17-1 *(L. n° 2014-366, 24 mars 2014)*. – Est sanctionné par une amende administrative, prononcée par l'autorité administrative chargée de la concurrence et de la consommation, dont le montant ne peut excéder 15 000 € pour une personne physique et 75 000 € pour une personne morale, selon les modalités et la procédure prévues au VIII de l'article L. 141-1 du Code de la consommation, le fait, pour une personne mentionnée à l'article 1er de la présente loi et exerçant l'activité mentionnée au 1° de ce même article, de mettre en location aux fins d'habitation des locaux frappés d'un arrêté d'insalubrité pris en application des articles L. 1331-22, L. 1331-25, L. 1331-26-1 ou L. 1331-28 du Code de la santé publique ou d'un arrêté de péril pris en application des articles L. 511-1 et suivants du Code de la construction et de l'habitation. Le représentant de l'État dans le département ou le maire transmet à l'autorité administrative chargée de la concurrence et de la consommation, à sa demande, les mesures de police arrêtées permettant de caractériser l'infraction.

Art. 17-2 *(L. n° 2014-366, 24 mars 2014)*. – Est puni de la peine d'amende prévue au 5° de l'article 131-13 du Code pénal le fait, pour une personne mentionnée à l'article 1er de la présente loi, d'effectuer une publicité en violation de l'article 6-1.

Sont punis de la même peine d'amende le fait, pour un agent commercial, d'effectuer une publicité en violation de l'article 6-2 ainsi que le fait de ne pas respecter l'obligation de mentionner le statut d'agent commercial prévue au même article. »

Art. 18 *(Ord. n° 2004-634, 1er juill. 2004)*. – Les personnes morales peuvent être déclarées responsables pénalement, dans les conditions prévues par l'article 121-2 du Code pénal, des infractions définies aux articles 14, 15, 16 et 17.

Les peines encourues par les personnes morales sont les suivantes :

1° L'amende, suivant les modalités prévues par l'article 131-38 du Code pénal ;

2° Les peines mentionnées à l'article 131-39 du même code. L'interdiction mentionnée au 2° de ce dernier article a pour objet l'activité qui a donné lieu à l'infraction, que cette dernière ait été commise dans l'exercice de l'activité ou à l'occasion de cet exercice.

ANNEXE 2

Voir : D. n° 72-678 du 20 juill. 1972, fixant les conditions d'application de la loi n° 70-9 du 2 janv. 1970 : *JO* 22 juill. 1972, modifié par D. n° 93-199 du 9 févr. 1993 (*JO* 13 févr. 1993) et D. n° 95-818 du 29 juin 1995 (*JO* 30 juin 1995).

1) Sur l'exigence du mandat écrit (art. 18-2°), V. ■ Cass. crim., 24 juin 1976 : *Bull. crim.*, n° 231. ■ 4 janv. 1978 : *Bull. crim.*, n° 4. ■ 19 mars 1979 : *Bull. crim.*, n° 112. ■ 2 janv. 1980 : *JCP* 80, éd. N, Prat. 7771. ■ 9 juill. 1985 : *Bull. crim.*, n° 260.

2) L'article 18 de la loi n° 70-9 du 2 janvier 1970, qui interdit à toute personne prêtant son concours à des opérations immobilières de recevoir ou de détenir à quelque titre que ce soit et de quelque manière que ce soit, des effets ou valeurs quelconques sans satisfaire aux exigences de la loi relative à la garantie financière, ne contient aucune exception qui viserait les effets reçus ou détenus par l'intermédiaire professionnel et dont le bénéficiaire ne serait pas l'intermédiaire lui-même (■ Cass. crim., 12 janv. 1981 : *Bull. crim.*, n° 9).

3) Sur la délivrance d'un reçu et l'inscription à un compte bancaire spécial, V. ■ Cass. crim., 11 févr. 1986 : *Bull. crim.*, n° 53.

4) Le « conseil d'entreprise », spécialisé dans l'assistance à la reprise de sociétés en redressement ou liquidation judiciaire, est soumis à la loi du 2 janvier 1970 dès lors que, de manière habituelle, il prête son concours, même à titre accessoire, aux opérations relatives à l'achat de fonds de commerce, la circonstance que les cessions interviennent en matière de procédure collective ne faisant pas obstacle à l'application de cette loi (■ Cass. crim., 28 mai 1997 : *Bull. crim.*, n° 207).

5) La création de sociétés et la rédaction de leurs statuts, à l'occasion d'une entremise dans la vente d'un fonds de commerce, n'entrent pas dans les prévisions de la loi du 2 janvier 1970 à laquelle un mandataire en transaction immobilière est professionnellement soumis (■ Cass. crim., 29 avr. 1998 : *Dr. pénal* 1998, comm. 115, obs. J.-H. Robert).

ANNEXE 3

AGENTS DE RECHERCHES PRIVÉES

Voir : *infra*, Annexe 50 (Police privée).

Bibliographie : V. Wester-Ouisse, *Agent de recherches privées : JCl. Lois pénales spéciales.*

Loi n° 83-629 du 12 juillet 1983

réglementant les activités privées de sécurité

Art. 20 à 25 *(Abr. et codifiés à compter du 1er mai 2012, Ord. n° 2012-351, 12 mars 2012. – V. infra CSI, art. L. 621-1 et L. 622-1 à L. 622-4, L. 622-6 à L. 622-13, L. 622-19, L. 622-21 et L. 622-22).*

....

Art. 31 à 33-11 *(Abr. et codifiés à compter du 1er mai 2012, Ord. n° 2012-351, 12 mars 2012. – V. infra CSI, art. L. 624-1 à L. 624-14, L. 631-1, L. 632-1 à L. 632-4, L. 633-1 et L. 633-2, L. 634-1 à L. 634-4 et L. 635-1).*

Code de la sécurité intérieure

Livre VI. – Activités privées de sécurité

Titre II. – Activités des agences de recherches privées

Chapitre Ier. – Dispositions générales

Art. L. 621-1. – Est soumise aux dispositions du présent titre la profession libérale qui consiste, pour une personne, à recueillir, même sans faire état de sa qualité ni révéler l'objet de sa mission, des informations ou renseignements destinés à des tiers, en vue de la défense de leurs intérêts.

Chapitre II. – Conditions d'exercice

Section 1. – Dispositions générales

Art. L. 622-1. – Seules peuvent être autorisées à exercer à titre professionnel l'activité mentionnée à l'article L. 621-1 :

1° Les personnes physiques ou morales immatriculées auprès de l'organisme mentionné par le deuxième alinéa de l'article 2 de la loi n° 94-126 du 11 février 1994 relative à l'initiative et à l'entreprise individuelle ;

2° Les personnes physiques ou morales non immatriculées auprès de l'organisme mentionné par le deuxième alinéa de l'article 2 de la loi n° 94-126 du 11 février 1994 précitée, qui sont établies dans un autre État membre de l'Union européenne ou un autre État partie à l'accord sur l'Espace économique européen et qui exercent cette activité.

Art. L. 622-2. – L'exercice de l'activité mentionnée à l'article L. 621-1 est exclusif de celui de toute activité mentionnée à l'article L. 611-1.

Art. L. 622-3. – La dénomination d'une personne morale exerçant l'activité mentionnée à l'article L. 621-1 doit faire ressortir qu'il s'agit d'une personne de droit privé et éviter toute confusion avec un service public, notamment un service de police.

Art. L. 622-4. – Les fonctionnaires de la police nationale et les officiers ou sous-officiers de la gendarmerie nationale ne peuvent exercer l'activité mentionnée à l'article L. 621-1 durant les cinq années suivant la date à laquelle ils ont cessé définitivement ou temporairement leurs fonctions que sous réserve d'avoir obtenu au préalable l'autorisation écrite du ministre de l'Intérieur. Les officiers ou sous-officiers n'appartenant pas à la gendarmerie nationale qui étaient affectés dans l'un des services mentionnés par arrêté du ministre de la Défense sont soumis aux mêmes règles.

Art. L. 622-5. – Les entreprises individuelles ou les personnes morales exerçant les activités mentionnées au présent titre justifient d'une assurance couvrant leur responsabilité professionnelle, préalablement à leur entrée.

Section 2. – Agrément des exploitants individuels et des dirigeants et gérants de personnes morales

Art. L. 622-6. – Nul ne peut exercer à titre individuel l'activité mentionnée à l'article L. 621-1, ni diriger, gérer ou être l'associé d'une personne morale exerçant cette activité, s'il n'est titulaire d'un agrément délivré par la commission régionale d'agrément et de contrôle selon des modalités définies par décret en Conseil d'État.

Art. L. 622-7. – L'agrément prévu à l'article L. 622-6 est délivré aux personnes qui satisfont aux conditions suivantes :

1° Être de nationalité française ou ressortissant d'un État membre de l'Union européenne ou d'un des États parties à l'accord sur l'Espace économique européen ;

2° Ne pas avoir fait l'objet d'une condamnation à une peine correctionnelle ou à une peine criminelle inscrite au bulletin n° 2 du casier judiciaire ou, pour les ressortissants étrangers, dans un document équivalent, pour des motifs incompatibles avec l'exercice des fonctions ;

3° Ne pas avoir fait l'objet d'un arrêté d'expulsion non abrogé ou d'une interdiction du territoire français non entièrement exécutée ;

4° Ne pas avoir fait l'objet d'une décision, prononcée sur le fondement des dispositions du chapitre III du titre V du livre VI du Code de commerce ou prise en application des textes antérieurs à ce code et ne pas avoir fait l'objet d'une décision de nature équivalente dans un autre État membre de l'Union européenne ou un autre État partie à l'accord sur l'Espace économique européen ;

5° Ne pas exercer l'une des activités mentionnées à l'article L. 611-1 ;

6° Détenir une qualification professionnelle définie par décret en Conseil d'État.

L'agrément ne peut être délivré s'il résulte de l'enquête administrative, ayant le cas échéant donné lieu à consultation, par des agents des commissions nationale et régionales d'agrément et de contrôle spécialement habilités par le représentant de l'État dans le département, ou, à Paris, le préfet de police, et individuellement désignés, des traitements de données à caractère personnel gérés par les services de police et de gendarmerie nationales relevant des dispositions de l'article 26 de la loi n° 78-17 du 6 janvier 1978 relative à l'informatique, aux fichiers et aux libertés, à l'exception des fichiers d'identification, que son comportement ou ses agissements sont contraires à l'honneur, à la probité, aux bonnes mœurs ou sont de nature à porter atteinte à la sécurité des personnes ou des biens, à la sécurité publique ou à la sûreté de l'État et sont incompatibles avec l'exercice des fonctions susmentionnées.

Art. L. 622-8. – L'agrément peut être retiré lorsque son titulaire cesse de remplir l'une des conditions prévues à l'article L. 622-7. En cas d'urgence, le président de la commission régionale d'agrément et de contrôle peut retirer la carte professionnelle. En outre, le représentant de l'État dans le département, ou, à Paris, le préfet de police, peut retirer la carte professionnelle en cas de nécessité tenant à l'ordre public.

Section 3. – Autorisation d'exercice délivrée aux exploitants individuels et aux personnes morales

Art. L. 622-9. – L'exercice de l'activité mentionnée à l'article L. 621-1 est subordonné à une autorisation distincte pour l'établissement principal et pour chaque établissement secondaire.

Art. L. 622-10 et L. 622-11 *(Abr., D. n° 2016-515, 26 avr. 2016).*

Art. L. 622-12. – L'autorisation est refusée si l'exercice de l'activité mentionnée à l'article L. 621-1 par la personne intéressée est de nature à causer un trouble à l'ordre public.

Art. L. 622-13 *(Abr., D. n° 2016-515, 26 avr. 2016).*

Art. L. 622-14. – L'autorisation prévue à l'article L. 622-9 peut être retirée :

1° À la personne physique qui, titulaire de l'agrément prévu à l'article L. 622-6, ne remplit plus les conditions exigées à l'article L. 622-7 ou dont l'agrément a été retiré ;

2° À la personne morale qui conserve comme dirigeant ou gérant une personne titulaire de l'agrément mais ne remplissant plus les conditions exigées à l'article L. 622-7 ou une personne dont l'agrément a été retiré ;

3° À la personne morale dont la direction ou la gestion est exercée en fait par une personne agissant directement ou par personne interposée en lieu et place des représentants légaux ;

4° À la personne morale dont tout ou partie du capital social est constitué par des fonds apportés directement ou indirectement par l'auteur d'un crime ou d'un délit dans les conditions prévues à l'article 324-1 du Code pénal ;

5° À la personne physique ou morale dont l'activité porte atteinte à la sécurité publique, à la sûreté de l'État ou aux intérêts fondamentaux de la Nation dans les domaines économique, scientifique, industriel ou commercial ;

6° À la personne physique ou morale qui ne se conforme pas aux dispositions du présent titre, à celles du Code de l'entrée et du séjour des étrangers et du droit d'asile ou à celles du Code du travail.

Sauf dans les cas prévus aux 4° et 5°, le retrait ne peut être prononcé qu'après une mise en demeure restée sans effet.

Art. L. 622-15. – Dans les cas prévus aux 1° à 5° de l'article L. 622-14, l'autorisation peut être suspendue pour six mois au plus.

L'autorisation peut être également suspendue lorsque la personne physique ou l'un des dirigeants ou gérants de la personne morale titulaire de l'autorisation prévue à l'article L. 622-9 fait l'objet de poursuites pénales. Il est mis fin à la suspension dès que l'autorité administrative ou la commission régionale d'agrément et de contrôle a connaissance d'une décision de l'autorité judiciaire intervenue sur le fond.

Art. L. 622-16. – Sauf urgence ou nécessité tenant à l'ordre public, la suspension ou le retrait intervient au terme d'une procédure contradictoire.

Art. L. 622-17. – L'autorisation devient caduque en cas de cessation définitive d'activité de son titulaire.

Art. L. 622-18. – Tout document informatif, publicitaire ou contractuel, toute correspondance, émanant d'une personne exerçant l'activité mentionnée à l'article L. 621-1 doit comporter le numéro de l'autorisation prévue à l'article L. 622-9 et la mention du caractère privé de cette activité.

En aucun cas, il ne peut être fait état de la qualité d'ancien fonctionnaire ou d'ancien militaire éventuellement détenue par la personne titulaire de l'autorisation ou par l'un de ses dirigeants ou employés.

Section 4. – Autorisation d'exercice des employés

Sous-section 1. – Délivrance de la carte professionnelle

Art. L. 622-19. – Nul ne peut être employé pour participer à l'activité mentionnée à l'article L. 621-1 :

1° S'il a fait l'objet d'une condamnation à une peine correctionnelle ou à une peine criminelle inscrite au bulletin n° 2 du casier judiciaire ou, pour les ressortissants étrangers, dans un document équivalent, pour des motifs incompatibles avec l'exercice des fonctions ;

2° Pour un ressortissant étranger, s'il ne dispose pas d'un titre de séjour lui permettant d'exercer une activité sur le territoire national, après consultation des traitements de données à caractère personnel relevant des dispositions de l'article R. 611-1 du Code de l'entrée et du séjour des étrangers et du droit d'asile par des agents des commissions nationale et régionales d'agrément et de contrôle spécialement habilités par le représentant de l'État territorialement compétent et individuellement désignés ;

3° S'il a fait l'objet d'un arrêté d'expulsion non abrogé ou d'une interdiction du territoire français non entièrement exécutée ;

4° S'il résulte de l'enquête administrative, ayant le cas échéant donné lieu à consultation, par des agents des commissions nationale et régionales d'agrément et de contrôle spécialement habilités par le représentant de l'État dans le département, ou, à Paris, par le préfet de police, et individuellement désignés, des traitements de données à caractère personnel gérés par les services de police et de gendarmerie nationales relevant des dispositions de l'article 26 de la loi n° 78-17 du 6 janvier 1978 relative à l'informatique, aux fichiers et aux libertés, à l'exception des fichiers d'identification, que son comportement ou ses agissements sont contraires à l'honneur, à la probité, aux bonnes mœurs ou sont de nature à porter atteinte à la sécurité des personnes ou des biens, à la sécurité publique ou à la sûreté de l'État et sont incompatibles avec l'exercice des fonctions susmentionnées ;

5° S'il ne justifie pas de son aptitude professionnelle selon des modalités définies par décret en Conseil d'État.

Le respect de ces conditions est attesté par la détention d'une carte professionnelle délivrée par la commission régionale d'agrément et de contrôle selon des modalités définies par décret en Conseil d'État. La carte professionnelle peut être retirée lorsque son titulaire cesse de remplir l'une des conditions prévues aux 1°, 4° ou 5°.

En cas d'urgence, le président de la commission régionale d'agrément et de contrôle peut retirer la carte professionnelle. En outre, le représentant de l'État dans le département, ou, à Paris, le préfet de police, peut retirer la carte professionnelle en cas de nécessité tenant à l'ordre public.

Art. L. 622-20. – Sous réserve des dispositions transitoires fixées par le décret en Conseil d'État prévu au 5° de l'article L. 622-19, le contrat de travail du salarié qui cesse de remplir les conditions posées aux 1° à 5° de cet article est rompu de plein droit.

Cette rupture ouvre droit au versement, par l'employeur, de l'indemnité légale de licenciement dans les conditions prévues à l'article L. 1234-9 du Code du travail, sauf dispositions conventionnelles plus favorables.

Le salarié a également droit au revenu de remplacement dans les conditions prévues à l'article L. 5421-1 de ce code.

Sous-section 2. – Autorisation d'accès à la formation professionnelle

Art. L. 622-21. – L'accès à une formation en vue d'acquérir l'aptitude professionnelle est soumis à la délivrance d'une autorisation préalable, fondée sur le respect des conditions fixées aux 1°, 4° et 5° de l'article L. 622-19.

Sous-section 3. – Autorisation provisoire d'exercice

Art. L. 622-22. – Par dérogation à l'article L. 622-19, une autorisation provisoire d'être employé pour participer à une activité mentionnée à l'article L. 621-1 est délivrée à la personne non titulaire de la carte professionnelle, sur sa demande, au vu des conditions fixées aux 1°, 4° et 5° de l'article L. 622-19.

Toute personne physique ou morale exerçant une activité mentionnée à l'article L. 621-1 concluant un contrat de travail avec une personne titulaire de cette autorisation lui assure la délivrance sans délai d'une formation en vue de justifier de l'aptitude professionnelle. La personne titulaire de l'autorisation provisoire mentionnée ci-dessus ne peut pas être affectée à un poste correspondant à une activité mentionnée au même article L. 621-1.

La période d'essai du salarié est prolongée d'une durée égale à celle de la période de formation mentionnée au premier alinéa du présent article, dans la limite maximale d'un mois, à défaut de stipulation particulière d'une convention ou d'un accord collectifs étendus.

Section 5. – Dispositions communes

Art. L. 622-23 *(D. n° 2016-515, 26 avr. 2016)*. – Pour l'application des dispositions des articles L. 622-6 à L. 622-13 à l'une des personnes mentionnées au 2° de l'article L. 622-1, la commission d'agrément et de contrôle territorialement compétente délivre l'autorisation ou l'agrément au vu des conditions et garanties exigées, pour l'exercice de la même activité, par la législation et la réglementation de l'État membre de l'Union européenne ou de l'État partie à l'accord sur l'Espace économique européen dans lequel cette personne est établie, dès lors que les justifications produites en vertu de cette législation et de cette réglementation sont regardées comme équivalentes à celles qui sont exigées en vertu du présent titre.

Lorsqu'il est fondé sur la méconnaissance des conditions et garanties mentionnées à l'alinéa précédent, le retrait de l'autorisation ou de l'agrément prononcé par les autorités de l'État membre de l'Union européenne ou de l'État partie à l'accord sur l'Espace économique européen dans lequel la personne est établie entraîne le retrait de l'autorisation ou de l'agrément accordé sur le fondement du présent titre.

Art. L. 622-24. – Sans préjudice des dispositions des articles 73 du Code de procédure pénale et 122-7 du Code pénal, il est interdit aux personnes physiques ou morales qui exercent l'activité mentionnée à l'article L. 621-1 de recourir à quelque forme que ce soit d'entrave au libre usage des biens et de coercition à l'égard des personnes.

....

Chapitre VI. – Dispositions pénales

Section 1. – Conditions d'exercice

Sous-section 1. – Dispositions générales

Art. L. 624-1. – Est puni de trois ans d'emprisonnement et de 45 000 euros d'amende :

1° Le fait, sauf pour les personnes mentionnées au 2° de l'article L. 622-1 et sous réserve des dispositions de l'article 29 du Code de procédure pénale, d'exercer pour autrui, à titre professionnel, l'activité mentionnée à l'article L. 621-1, sans être immatriculé auprès de l'organisme mentionné au deuxième alinéa de l'article 2 de la loi n° 94-126 du 11 février 1994 relative à l'initiative ou à l'entreprise individuelle ;

2° Le fait d'exercer l'activité mentionnée à l'article L. 621-1 et d'avoir en outre l'une des activités mentionnées à l'article L. 611-1.

Art. L. 624-2. – Est puni de deux ans d'emprisonnement et de 30 000 euros d'amende le fait d'exercer l'activité mentionnée à l'article L. 621-1 en méconnaissance des dispositions des articles L. 622-2 à L. 622-4.

Art. L. 624-3. – Est puni de 3 750 euros d'amende le fait de ne pas mentionner, comme l'exige l'article L. 622-3, dans la dénomination de la personne morale exerçant une activité mentionnée à l'article L. 621-1 son caractère de personne de droit privé.

Sous-section 2. – Agrément des exploitants individuels et des dirigeants et gérants de personnes morales

Art. L. 624-4. – Est puni de trois ans d'emprisonnement et de 45 000 euros d'amende le fait d'exercer à titre individuel, en violation des dispositions des articles L. 622-6 à L. 622-8, l'activité mentionnée à l'article L. 621-1, ou de diriger ou gérer, en violation de ces dispositions, une personne morale exerçant cette activité, ou d'exercer en fait, directement ou par personne interposée, la direction ou la gestion d'une telle personne morale, en lieu et place de ses représentants légaux.

Sous-section 3. – Autorisation d'exercice délivrée aux exploitants individuels et aux personnes morales

Art. L. 624-5. – Est puni de trois ans d'emprisonnement et de 45 000 euros d'amende :

1° Le fait d'exercer l'activité mentionnée à l'article L. 621-1 sans être titulaire de l'autorisation prévue à l'article L. 622-9 ou de continuer à exercer cette activité alors que l'autorisation est suspendue ou retirée ;

2° Le fait de sous-traiter l'exercice de l'activité mentionnée à l'article L. 621-1 à une entreprise dépourvue de l'autorisation prévue à l'article L. 622-9.

Art. L. 624-6. – Est puni de six mois d'emprisonnement et de 7 500 euros d'amende le fait de ne pas avoir souscrit l'une des déclarations prévues à l'article L. 622-13.

Art. L. 624-7. – Est puni de 3 750 euros d'amende le fait de ne pas reproduire les mentions exigées à l'article L. 622-18 dans tout document mentionné à cet article ou de faire état de la qualité d'ancien fonctionnaire ou d'ancien militaire éventuellement détenue par la personne titulaire de l'autorisation ou l'un de ses dirigeants ou employés.

Sous-section 4. – Autorisation d'exercice des employés

Art. L. 624-8. – Est puni de deux ans d'emprisonnement et de 30 000 euros d'amende le fait d'employer une personne non titulaire de la carte professionnelle mentionnée à l'article L. 622-19 en vue de la faire participer à l'activité mentionnée à l'article L. 621-1.

Art. L. 624-9. – Est puni de six mois d'emprisonnement et de 7 500 euros d'amende le fait d'être l'employé d'une entreprise exerçant l'activité mentionnée à l'article L. 621-1, en vue de participer à cette activité en violation de l'article L. 622-19.

Art. L. 624-10. – Est puni d'un an d'emprisonnement et de 15 000 euros d'amende le fait de conclure un contrat de travail en tant que salarié d'une entreprise exerçant l'activité mentionnée à l'article L. 621-1, en vue de participer à cette activité sans être titulaire de la carte professionnelle mentionnée à l'article L. 622-19.

Sous-section 5. – Dispositions communes

Art. L. 624-11. – Est puni de trois ans d'emprisonnement et de 45 000 euros d'amende le fait de commettre l'un des agissements mentionnés à l'article L. 622-24.

Section 2. – Contrôle administratif

Art. L. 624-12. – Est puni de six mois d'emprisonnement et de 7 500 euros d'amende le fait de mettre obstacle à l'accomplissement des contrôles exercés, dans les conditions prévues à l'article L. 623-1, par les agents mentionnés au premier alinéa de cet article.

Section 3. – Dispositions communes

Art. L. 624-13. – Les personnes physiques déclarées coupables de l'une des infractions aux dispositions du présent titre encourent les peines complémentaires suivantes :

1° La fermeture, à titre définitif ou pour une durée de cinq ans au plus, du ou des établissements exerçant l'activité mentionnée à l'article L. 621-1 qu'elles dirigent ou qu'elles gèrent ;

2° L'interdiction, à titre définitif ou pour une durée de cinq ans au plus, d'exercer l'activité mentionnée à l'article L. 621-1 ;

3° L'interdiction, pour une durée de cinq ans au plus, de détenir ou de porter une arme soumise à autorisation en vertu des dispositions réglementaires en vigueur.

Art. L. 624-14. – Les personnes morales déclarées responsables, dans les conditions prévues à l'article 121-2 du Code pénal, des infractions prévues aux articles L. 624-1 à L. 624-12, encourent, outre l'amende, dans les conditions prévues par l'article 131-38 du Code pénal, les peines mentionnées aux 1°, 2°, 4°, 7°, 8° et 9° de l'article 131-39 du même code.

L'interdiction mentionnée au 2° de l'article 131-39 du même code porte sur les activités dans l'exercice ou à l'occasion de l'exercice desquelles l'infraction a été commise.

Titre II *bis*. – Formation aux activités privées de sécurité

(L. n° 2015-993, 17 août 2015)

Chapitre Ier. – Dispositions générales

Art. L. 625-1. – Est soumise au présent titre, lorsqu'elle est délivrée par des exploitants individuels et des personnes morales de droit privé, établis sur le territoire français, et n'ayant pas conclu un contrat d'association avec l'État :

1° La formation permettant de justifier de l'aptitude professionnelle à exercer les activités mentionnées aux 1° à 3° de l'article L. 611-1 et à l'article L. 621-1 ;

2° La formation permettant le renouvellement des cartes professionnelles mentionnées aux articles L. 612-20-1 et L. 622-19-1.

Les personnes mentionnées au premier alinéa du présent article sont dénommées « prestataires de formation. »

Chapitre II. – Conditions d'exercice

Art. L. 625-2. – L'exercice d'une activité mentionnée à l'article L. 625-1 est subordonné à la délivrance d'une autorisation, dans des conditions fixées par décret en Conseil d'État, par la commission d'agrément et de contrôle territorialement compétente, aux prestataires de formation qui satisfont aux conditions suivantes :

1° Être titulaire d'une déclaration d'activité enregistrée dans les conditions fixées aux articles L. 6351-1 à L. 6351-8 du Code du travail ;

2° Être dirigé par une personne physique répondant aux conditions prévues aux 1° à 4° de l'article L. 612-20 du présent code ;

3° Avoir fait l'objet d'une certification dans des conditions fixées par décret en Conseil d'État.

....

Chapitre III. – Dispositions pénales

Art. L. 625-6. – Est puni de trois ans d'emprisonnement et de 45 000 € d'amende le fait de diriger, en violation de l'article L. 625-2, un organisme exerçant une activité mentionnée à l'article L. 625-1, ou d'exercer en fait, directement ou par personne interposée, la direction ou la gestion d'une telle personne morale, en lieu et place de ses représentants légaux.

Art. L. 625-7. – Est puni de six mois d'emprisonnement et de 7 500 € d'amende le fait de mettre obstacle à l'accomplissement des contrôles prévus aux articles L. 634-1 et L. 634-3, lorsqu'ils sont relatifs à l'activité mentionnée à l'article L. 625-1.

Titre III. – Conseil national des activités privées de sécurité

Chapitre Ier. – Dispositions générales

Art. L. 631-1. – Sont soumises aux dispositions du présent titre, dès lors qu'elles ne sont pas exercées par un service public administratif, les activités mentionnées aux titres Ier et II exercées par les personnes physiques ou morales, opérant pour le compte d'un tiers ou pour leur propre compte.

Chapitre II. – Missions et fonctionnement du Conseil national des activités privées de sécurité

Section 1. – Missions

Art. L. 632-1. – Le Conseil national des activités privées de sécurité, personne morale de droit public, est chargé :

1° D'une mission de police administrative. Il délivre, suspend ou retire les différents agréments, autorisations et cartes professionnelles prévus par le présent livre ;

2° D'une mission disciplinaire. Il assure la discipline de la profession et prépare un Code de déontologie de la profession approuvé par décret en Conseil d'État. Ce code s'applique à l'ensemble des activités mentionnées aux titres Ier et II ;

3° D'une mission de conseil et d'assistance à la profession.

Le Conseil national des activités privées de sécurité remet au ministre de l'Intérieur un rapport annuel dans lequel est établi le bilan de son activité. Il peut émettre des avis et formuler des propositions concernant les métiers de la sécurité privée et les politiques publiques qui leur sont applicables. Toute proposition relative aux conditions de travail des agents de sécurité privée est préalablement soumise à la concertation avec les organisations syndicales de salariés et d'employeurs.

Voir : *infra* Code de déontologie des personnes physiques ou morales exerçant des activités privées de sécurité.

Section 2. – Fonctionnement

Art. L. 632-2. – Le Conseil national des activités privées de sécurité est administré par un collège composé :

1° De représentants de l'État, de magistrats de l'ordre judiciaire et de membres des juridictions administratives ;

2° De personnes issues des activités privées de sécurité mentionnées aux titres Ier et II ;

3° De personnalités qualifiées.

La répartition des sièges, qui assure une majorité aux représentants de l'État, aux magistrats de l'ordre judiciaire et aux membres des juridictions administratives, ainsi que le mode de désignation des membres sont déterminés par un décret en Conseil d'État.

Le président du collège est élu par les membres de ce collège. Il dispose d'une voix prépondérante en cas de partage. Il représente le Conseil national des activités privées de sécurité.

Le collège comprend en son sein une formation spécialisée, la Commission nationale d'agrément et de contrôle. Elle est composée, pour au moins trois quarts de ses membres, de représentants de l'État, de magistrats de l'ordre judiciaire et de membres des juridictions administratives. Elle élit son président parmi les membres mentionnés au deuxième alinéa du présent article.

Art. L. 632-3. – Le Conseil national des activités privées de sécurité peut recruter des salariés soumis aux dispositions du Code du travail, des agents contractuels de droit public ou des fonctionnaires détachés auprès de lui. Le directeur du Conseil national des activités privées de sécurité est nommé par décret, sur proposition du ministre de l'Intérieur.

Art. L. 632-4. – Les membres et le personnel du Conseil national des activités privées de sécurité sont tenus au secret professionnel.

Chapitre III. – Commissions régionales ou interrégionales d'agrément et de contrôle

Art. L. 633-1. – Dans chaque région, *(Mod., D. n° 2016-515, 26 avr. 2016)* « les commissions régionales d'agrément et de contrôle territorialement compétentes sont chargées », au nom du Conseil national des activités privées de sécurité :

1° De délivrer les autorisations, agréments et cartes professionnelles prévus aux articles L. 612-6, L. 612-7, L. 612-9, L. 612-11, L. 612-12, L. 612-20, L. 612-22, L. 612-23, L. 612-24, L. 612-25, L. 613-3, L. 622-6, L. 622-7, L. 622-9, L. 622-11, L. 622-12, L. 622-13, L. 622-19, L. 622-21 et L. 622-22 ;

2° De refuser, retirer ou suspendre les agréments, autorisations et cartes professionnelles pour exercer ces activités dans les conditions prévues aux articles L. 612-8, L. 612-16 à L. 612-19, L. 612-20, L. 622-8, L. 622-14 à L. 622-17 et L. 622-19 ;

3° De prononcer les sanctions disciplinaires prévues à l'article L. 634-4.

(Mod., D. n° 2016-515, 26 avr. 2016) « Elles sont composées » selon les mêmes modalités que la commission nationale d'agrément et de contrôle. *(Mod., D. n° 2016-515, 26 avr. 2016)* « Elles élisent leur président » parmi les représentants de l'État, les magistrats de l'ordre judiciaire ou les membres des juridictions administratives. *(Mod., D. n° 2016-515, 26 avr. 2016)* « Le président » exerce les décisions qu'appelle l'urgence.

(Mod., D. n° 2016-515, 26 avr. 2016) « Leurs » membres sont soumis aux mêmes obligations que les membres du Conseil national des activités privées de sécurité.

Art. L. 633-2 *(Abr., D. n° 2016-515, 26 avr. 2016).*

Art. L. 633-3. – Tout recours contentieux formé par une personne physique ou morale à l'encontre d'actes pris par une commission d'agrément et de contrôle est précédé d'un recours administratif préalable devant la Commission nationale d'agrément et de contrôle, à peine d'irrecevabilité du recours contentieux.

Chapitre IV. – Contrôles

Section I. – Exercice du contrôle

Art. L. 634-1. – Les membres et les agents du Conseil national des activités privées de sécurité ainsi que les membres des commissions d'agrément et de contrôle assurent le contrôle des personnes exerçant les activités mentionnées aux titres Ier et II. Ils peuvent, pour l'exercice de leurs missions, accéder aux locaux à usage professionnel de l'employeur ou du donneur d'ordres, à l'exclusion des locaux affectés au domicile privé, ainsi qu'à tout site d'intervention des agents exerçant les activités mentionnées aux mêmes titres Ier et II, en présence de l'occupant des lieux ou de son représentant. Le procureur de la République territorialement compétent en est préalablement informé.

Art. L. 634-2. – En cas d'opposition du responsable des lieux ou de son représentant, la visite ne peut se dérouler qu'avec l'autorisation du juge des libertés et de la détention statuant au siège du tribunal de grande instance dans le ressort duquel sont situés les locaux à visiter.

Ce magistrat est saisi à la requête du président de la Commission nationale ou de la commission régionale d'agrément et de contrôle. Il statue par une ordonnance motivée, conformément aux dispositions des articles 493 à 498 du Code de procédure civile. La procédure est sans représentation obligatoire.

La visite s'effectue sous l'autorité et le contrôle du juge qui l'a autorisée. Celui-ci peut se rendre dans les locaux durant l'intervention. À tout moment, il peut décider de l'arrêt ou de la suspension de la visite.

Le responsable des lieux ou son représentant est informé de la faculté de refuser cette visite et du fait qu'en ce cas elle ne peut intervenir qu'avec l'autorisation du juge des libertés et de la détention.

Art. L. 634-3 *(D. n° 2016-515, 26 avr. 2016).* – Les membres et les agents du Conseil national des activités privée de sécurité peuvent demander communication de tout document nécessaire à l'accomplissement de leur mission, quel qu'en soit le support, et en prendre copie ; ils peuvent recueillir, sur place ou sur convocation, tout renseignement et toute justification utiles. Ils peuvent consulter le registre unique du personnel prévu à l'article L. 1221-13 du Code du travail. Ils peuvent, à la demande du président de la Commission nationale ou de la commission régionale d'agrément et de contrôle, être assistés par des experts désignés par l'autorité dont ceux-ci dépendent. Il est dressé contradictoirement un compte rendu de visite en application du présent article dont une copie est remise immédiatement au responsable de l'entreprise.

Section II. – Sanctions disciplinaires

Art. L. 634-4. – Tout manquement aux lois, règlements et obligations professionnelles et déontologiques applicables aux activités privées de sécurité peut donner lieu à sanction disciplinaire. Le Conseil national des activités privées de sécurité ne peut être saisi de faits remontant à plus de trois ans s'il n'a été fait aucun acte tendant à leur recherche, leur constatation ou leur sanction.

(Mod., L. n° 2014-1353, 13 nov. 2014 ; L. n° 2017-258, 28 févr. 2017) Les sanctions disciplinaires applicables aux personnes physiques et morales exerçant les activités définies aux titres Ier et II sont, compte tenu de la gravité des faits reprochés : l'avertissement, le blâme et l'interdiction d'exercice de l'activité privée de sécurité ou de l'activité mentionnée à l'article L. 625-1 à titre temporaire pour une durée qui ne peut excéder cinq ans. En outre, les personnes morales et les personnes physiques non salariées peuvent se voir infliger des pénalités financières. Le montant des pénalités financières est fonction de la gravité des manquements commis et, le cas échéant, en relation avec les avantages tirés du manquement, sans pouvoir excéder 150 000 €. Ces pénalités sont prononcées dans le respect des droits de la défense.

Section III. – Sanctions pénales

Art. L. 634-5 *(L. n° 2017-258, 28 févr. 2017).* – Est puni d'un an d'emprisonnement et de 15 000 € d'amende le fait de ne pas respecter une interdiction temporaire d'exercer prononcée en application de l'article L. 634-4.

Les personnes morales déclarées responsables pénalement dans les conditions prévues à l'article 121-2 du Code pénal de l'infraction définie au premier alinéa du présent article encourent une amende de 75 000 €.

Les personnes physiques ou morales coupables de l'infraction définie au même premier alinéa encourent également la peine complémentaire d'affichage ou de diffusion de la décision prononcée dans les conditions prévues à l'article 131-35 du Code pénal.

Chapitre V. – Dispositions finales

Art. L. 635-1. – Un décret en Conseil d'État fixe les conditions d'application du présent titre.

Code de déontologie des personnes physiques ou morales exerçant des activités privées de sécurité

(D. n° 2012-870, 10 juill. 2012 : JO 11 juill. 2012 ; code abr. et recodifié à compter du 1er déc. 2014, D. n° 2014-1253, 27 oct. 2014. - V. CSI, art. R. 631-1 à R. 631-32).

ANNEXE 4

AMBULANTS, FORAINS ET NOMADES

Loi n° 69-3 du 3 janvier 1969

relative à l'exercice des activités ambulantes et au régime applicable aux personnes circulant en France sans domicile ni résidence fixe

(Abrogé, L. n° 2017-86, 27 janvier 2017)

TITRE PREMIER. – EXERCICE DES ACTIVITÉS AMBULANTES ET DÉLIVRANCE DES TITRES DE CIRCULATION

Art. 1er *(Abr., L. n° 2008-776, 4 août 2008).*

Art. 2 *(Abr., L. n° 2017-86, 27 janv. 2017).* **– Les personnes n'ayant ni domicile ni résidence fixes de plus de six mois dans un État membre de l'Union européenne doivent être munies d'un livret spécial de circulation délivré par les autorités administratives.**

Les personnes qui accompagnent celles mentionnées à l'alinéa précédent, et les préposés de ces dernières doivent, si elles sont âgées de plus de seize ans et n'ont en France ni domicile, ni résidence fixe depuis plus de six mois, être munies d'un livret de circulation identique.

Les employeurs doivent s'assurer que leurs préposés sont effectivement munis de ce document, lorsqu'ils y sont tenus.

Art. 3 *(Abr., L. n° 2017-86, 27 janv. 2017).* **– Les personnes âgées de plus de seize ans autres que celles mentionnées à l'article 2 et dépourvues de domicile ou de résidence fixe depuis plus de six mois doivent, pour pouvoir circuler en France, être munies du titre de circulation prévu à l'article 4 si elles logent de façon permanente dans un véhicule, une remorque ou tout autre abri mobile.**

Art. 4 *(Abr., L. n° 2017-86, 27 janv. 2017).* **– Il leur est remis un livret de circulation qui devra être visé à des intervalles qui ne pourront être inférieurs à trois mois par l'autorité administrative. Un livret identique est remis aux personnes qui sont à leur charge.**

Art. 5 *(Abr. à compter du 6 octobre 2012, Cons. const. n° 2012-279 QPC, 5 oct. 2012, art. 1er et 2 : JO 6 oct. 2012).*

Art. 6 *(Abr., L. n° 2017-86, 27 janv. 2017).* **– Les titres de circulation ne peuvent être délivrés aux personnes venant de l'étranger que si elles justifient de façon certaine de leur identité.**

La validité du livret spécial de circulation prévu à l'article 2 et du livret de circulation prévu aux articles 3 et 4, doit être prorogée périodiquement par l'autorité administrative.

....

TITRE III. – DISPOSITIONS DIVERSES

Art. 11 *(Abr., L. n° 2017-86, 27 janv. 2017).* **– Des décrets en Conseil d'État déterminent les modalités d'application des titres Ier et II et, notamment, les conditions dans lesquelles les titres de circulation sont délivrés et renouvelés et les mentions devant y figurer, les modalités des contrôles particuliers permettant d'établir**

que les détenteurs des titres de circulation mentionnés aux articles 2, 3 et 4, et les mineurs soumis à leur autorité ont effectivement satisfait aux mesures de protection sanitaire prévues par les lois et règlements en vigueur et les conditions dans lesquelles le maire, conformément à l'article 7, doit donner son avis motivé et dans lesquelles les personnes titulaires d'un titre de circulation apportent les justifications motivant la dérogation prévue par l'article 9.

Art. 12 *(Abr., L. n° 2017-86, 27 janv. 2017)*. – Les dispositions qui précèdent ne sont pas applicables aux bateliers.

Elles ne font pas obstacle à l'application des conventions et traités internationaux.

Art. 13 *(Abr., L. n° 2017-86, 27 janv. 2017)*. – Sont abrogées toutes dispositions contraires à la présente loi et notamment la loi modifiée du 16 juillet 1912 sur l'exercice des professions ambulantes et la réglementation de la circulation des nomades, l'article 1649 *quater*, paragraphe 3, du Code général des impôts, le troisième alinéa de l'article 102 du Code civil.

Art. 14 *(Abr., L. n° 2017-86, 27 janv. 2017)*. – Les dispositions de la présente loi entreront en vigueur le 1er janvier 1971.

Toutefois, dès la publication de la loi, le visa des carnets anthropométriques prévus aux articles 3 et suivants de la loi modifiée du 16 juillet 1912 sera remplacé par un visa mensuel délivré par le commissaire de police ou le commandant de brigade de gendarmerie.

Décret n° 70-708 du 31 juillet 1970

portant application du titre 1er et de certaines dispositions du titre 2
de la loi n° 69-3 du 3 janvier 1969
relative à l'exercice des activités ambulantes et au régime applicable
aux personnes circulant en France sans domicile ni résidence fixe
(Abr., D. n° 2017-1522, 2 nov. 2017)

Code général des impôts

(D. 6 avr. 1950)

Art. 302 *octies* *(L. n° 85-1403, 30 déc. 1985)*. – Quiconque exerce une activité lucrative sur la voie ou dans un lieu public sans avoir en France de domicile ou de résidence fixe depuis plus de six mois est tenu de se faire connaître à l'administration fiscale et de déposer une somme en garantie du recouvrement des impôts et taxes dont il est redevable. Le récépissé qui lui est délivré en contrepartie doit être produit à toute réquisition des fonctionnaires et magistrats désignés à l'article L. 225 du livre des procédures fiscales.

....

Art. 1788 *(Ord. n° 2005-1512, 7 déc. 2005)*. – Les infractions à l'article 302 *octies* sont passibles d'une amende de 750 €.

ANNEXE 5

ARMES, POUDRES ET EXPLOSIFS

Bibliographie : M. Daury-Fauveau *Armes et munitions. Matériels de guerre : JCl. Lois pénales spéciales.*

Code de la défense

(Ord. n° 2004-1374, 20 déc. 2004)

TITRE III. – MATÉRIELS DE GUERRE, ARMES ET MUNITIONS SOUMIS À AUTORISATION

CHAPITRE I. – DISPOSITIONS GÉNÉRALES

Art. L. 2331-1 ***(Mod. à compter du 30 juin 2012, L. n° 2011-702, 22 juin 2011 ; rempl. à compter du 6 sept. 2013, L. n° 2012-304, 6 mars 2012 ; L. n° 2018-133, 26 févr. 2018).*** **– I. – Les matériels de guerre et les armes, munitions et éléments désignés par le présent titre sont classés dans les catégories suivantes :**

1° Catégorie A : matériels de guerre et armes interdits à l'acquisition et à la détention, sous réserve des dispositions *(Ord. n° 2013-518, 20 juin 2013)* « des articles L. 312-1 à L. 312-4-3 du Code de la sécurité intérieure ».

Cette catégorie comprend :

– A1 : les armes et éléments d'armes interdits à l'acquisition et à la détention ;

– A2 : les armes relevant des matériels de guerre, les matériels destinés à porter ou à utiliser au combat les armes à feu, les matériels de protection contre les gaz de combat ;

2° Catégorie B : armes soumises à autorisation pour l'acquisition et la détention ;

3° Catégorie C : armes soumises à déclaration pour l'acquisition et la détention ;

4° Catégorie D : armes et matériels dont l'acquisition et la détention sont libres.

Un décret en Conseil d'État détermine les matériels, armes, munitions, éléments essentiels, accessoires et opérations industrielles compris dans chacune de ces catégories ainsi que les conditions de leur acquisition et de leur détention. Il fixe les modalités de délivrance des autorisations ainsi que celles d'établissement des déclarations.

En vue de préserver la sécurité et l'ordre publics, le classement prévu aux 1° à 4° est fondé sur la dangerosité des matériels et des armes. Pour les armes à feu, la dangerosité s'apprécie en particulier en fonction des modalités de répétition du tir ainsi que du nombre de coups tirés sans qu'il soit nécessaire de procéder à un réapprovisionnement de l'arme.

Par dérogation à l'avant-dernier alinéa du présent I, les armes utilisant des munitions de certains calibres fixés par décret en Conseil d'État sont classées par la seule référence à ce calibre.

II. – Les matériels qui sont soumis à des restrictions ou à une procédure spéciale pour l'importation ou l'exportation hors du territoire de l'Union européenne ou pour le transfert au sein de l'Union européenne sont définis au chapitre V du présent titre.

III. – Les différents régimes d'acquisition et de détention mentionnés au présent article ne s'appliquent pas aux personnes se livrant à la fabrication ou au commerce des matériels de guerre, des armes et des munitions conformément au chapitre II du présent titre, ou au chapitre III du titre Ier du livre III du Code de la sécurité intérieure auxquelles s'appliquent les règles spécifiques au titre de l'autorisation de fabrication et de commerce.

1) Une arme de chasse devient arme de la 4e catégorie dès lors que les modifications qui lui ont été apportées : canons ou (et) crosse sciés, l'ont transformée en fait en arme de poing de la 4e catégorie (■ Cass. crim., 17 juill. 1966 : *Bull. crim.*, n° 254).

2) Sont des armes de la 6e catégorie : un couteau à cran d'arrêt (■ Cass. crim., 20 févr. 1957 : *Bull. crim.*, n° 177), un rasoir à main (■ Cass. crim., 16 nov. 1965 : *Bull. crim.*, n° 232), un nerf de bœuf, un tube d'acier, un rondin de bois et des pieds métalliques de chaise (■ Cass. crim., 5 juin 1971 : *Bull. crim.*, n° 180 ; *JCP* 72, II, 17039, note Vitu ; *Rev. sc. crim.* 1972, 382, obs. Vitu).

3) Une arme des 1re ou 4e catégories peut être considérée comme une arme historique ou de collection lorsque, hors d'état de servir, elle est conservée à titre de trophée de guerre (■ Paris, 5 mai 1938 : *DP* 1938, 1, 238 ; *Rev. sc. crim.* 1938, obs. Hugueney) ; mais elle continue d'appartenir à sa catégorie initiale lorsqu'elle reste en état de fonctionner, même si le détenteur ne possède pas actuellement de munitions pour l'approvisionner (■ Cass. crim., 24 févr. 1960 : *Bull. crim.*, n° 108 ; V. sur la question Vitu, *Problèmes juridiques posés par les armes historiques ou de collection* : *Rev. sc. crim.* 1977, 89).

Art. L. 2331-1-1 ***(En vigueur le 6 septembre 2013, Ord. n° 2013-518, 20 juin 2013).*** **– La collection des matériels de guerre relevant de la catégorie A est régie par l'article L. 311-3 et par la section 2 du chapitre II du titre Ier du livre III du Code de la sécurité intérieure.**

Art. L. 2331-2 ***(En vigueur à compter du 1er mai 2012, Ord. n° 2012-351, 12 mars 2012).*** **– La fabrication et le commerce, l'importation et l'exportation des matériels de guerre, armes et munitions, ainsi que les marchés relatifs aux matériels de guerre, sont régis par les dispositions du présent titre. Ces dispositions sont complétées, en ce qui concerne le commerce de détail, par celles du chapitre III du titre Ier du livre III du Code de la sécurité intérieure.**

L'acquisition, la détention, la conservation, le port et le transport des matériels de guerre, armes et munitions sont régis par les dispositions du titre Ier du livre III du Code de la sécurité intérieure.

Avertissement : Deux versions de l'article L. 2331-2 coexistent.

Art. L. 2331-2 ***(En vigueur à compter du 6 septembre 2013, L. n° 2012-304, 6 mars 2012).*** **– I. – Les armes et matériels historiques et de collection ainsi que leurs reproductions sont :**

1° Sauf lorsqu'elles présentent une dangerosité avérée, les armes dont le modèle est antérieur au 1er janvier 1900 ;

2° Les armes dont le modèle est postérieur au 1er janvier 1900 et qui sont énumérées par un arrêté conjoint des ministres de l'Intérieur et de la Défense compte tenu de leur intérêt culturel, historique ou scientifique ;

3° Les armes rendues inaptes au tir de toutes munitions, quels qu'en soient le modèle et l'année de fabrication, par l'application de procédés techniques et selon des modalités qui sont définis par arrêtés conjoint des ministres de l'Intérieur et de la Défense, ainsi que des ministres chargés de l'Industrie et des Douanes.

Les chargeurs de ces armes doivent être rendus inaptes au tir dans les conditions fixées par l'arrêté prévu au premier alinéa du présent 3° ;

4° Les reproductions d'armes historiques et de collection dont le modèle est antérieur à la date prévue au 1°, sous réserve qu'elles ne tirent pas de munitions à étui métallique ;

5° Les matériels relevant de la catégorie A dont le modèle est antérieur au 1er janvier 1946 et dont la neutralisation est effectivement garantie par l'application de procédés techniques et selon les modalités définis par arrêté de l'autorité ministérielle compétente ;

6° Les matériels de guerre relevant de la catégorie A dont le modèle est postérieur au 1er janvier 1946, dont la neutralisation est garantie dans les conditions prévues au 5° et qui sont énumérés dans un arrêté du ministre de la Défense compte tenu de leur intérêt culturel, historique ou scientifique.

II. – Les armes et matériels historiques et de collection ainsi que leurs reproductions mentionnés au I sont classés en catégorie D.

Avertissement : Deux versions de l'article L. 2331-2 coexistent.

CHAPITRE II. – FABRICATION ET COMMERCE

Section I. – Principes

Art. L. 2332-1 ***(Mod. à compter du 6 sept. 2013, L. n° 2012-304, 6 mars 2012).*** **– I. – Les entreprises de fabrication ou de commerce de matériels de guerre et d'armes et munitions de défense des catégories A**

ou B ne peuvent fonctionner et l'activité de leurs intermédiaires ou agents de publicité ne peut s'exercer qu'après autorisation de l'État et sous son contrôle.

II. – Toute personne qui se propose de créer ou d'utiliser un établissement pour se livrer à la fabrication ou au commerce, autre que de détail, des matériels de guerre, armes, munitions ou de leurs éléments essentiels des catégories A, B, C ainsi que des armes de catégorie D énumérées par décret en Conseil d'État est tenue d'en faire au préalable la déclaration au préfet du département où est situé l'établissement.

La cessation de l'activité, ainsi que la fermeture ou le transfert de l'établissement, doivent être déclarés dans les mêmes conditions.

III. – L'ouverture de tout local destiné au commerce de détail des armes et munitions, ou de leurs éléments essentiels, des catégories C ou D énumérés par décret en Conseil d'État est soumise à autorisation. Celle-ci est délivrée par le préfet du département où est situé ce local, après avis du maire.

Cette autorisation est refusée si la protection de ce local contre le risque de vol ou d'intrusion est insuffisante. Elle peut, en outre, être refusée s'il apparaît que l'exploitation de ce local présente, notamment du fait de sa localisation, un risque particulier pour l'ordre et la sécurité publics.

IV. – Un établissement ayant fait l'objet d'une déclaration avant la date d'entrée en vigueur de la loi n° 2001-1062 du 15 novembre 2001 relative à la sécurité quotidienne n'est pas soumis à l'autorisation mentionnée au premier alinéa du III. Il peut être fermé par arrêté du préfet du département où il est situé s'il apparaît que son exploitation a été à l'origine de troubles répétés à l'ordre et à la sécurité publics ou que sa protection contre le risque de vol ou d'intrusion est insuffisante : dans ce dernier cas, la fermeture ne peut être décidée qu'après une mise en demeure, adressée à l'exploitant, de faire effectuer les travaux permettant d'assurer une protection suffisante de cet établissement contre le risque de vol ou d'intrusion.

V. – Un décret en Conseil d'État détermine les modalités d'application du présent article.

Art. L. 2332-1-1 *(L. n° 2011-267, 14 mars 2011 ; abrogé et recodifié à compter du 1er mai 2012, Ord. n° 2012-351, 12 mars 2012. – V. CSI, art. L. 313-2).*

Art. L. 2332-2 *(Rempl. à compter du 6 sept. 2013, Ord. n° 2013-518, 20 juin 2013)*. – L'ouverture des locaux destinés au commerce de détail des armes, éléments d'armes et munitions des catégories C et D est régie par les dispositions de l'article L. 313-3 du Code de la sécurité intérieure.

Code de la sécurité intérieure

Art. L. 313-3. – L'ouverture de tout local destiné au commerce de détail des armes et munitions, ou de leurs *(En vigueur le 6 septembre 2013, Ord. n° 2013-518, 20 juin 2013)* « éléments essentiels, des catégories C ou D énumérés » par décret en Conseil d'État est soumise à autorisation. Celle-ci est délivrée par le représentant de l'État dans le département où est situé ce local, ou, à Paris, par le préfet de police, après avis du maire.

Cette autorisation est refusée si la protection de ce local contre le risque de vol ou d'intrusion est insuffisante. Elle peut, en outre, être refusée s'il apparaît que l'exploitation de ce local présente, notamment du fait de sa localisation, un risque particulier pour l'ordre et la sécurité publics.

Un établissement ayant fait l'objet d'une déclaration avant le 11 juillet 2010 n'est pas soumis à l'autorisation mentionnée au premier alinéa. Il peut être fermé par arrêté du représentant de l'État dans le département où il est situé, ou par le préfet de police à Paris, s'il apparaît que son exploitation a été à l'origine de troubles répétés à l'ordre et à la sécurité publics ou que sa protection contre le risque de vol ou d'intrusion est insuffisante : dans ce dernier cas, la fermeture ne peut être décidée qu'après une mise en demeure, adressée à l'exploitant, de faire effectuer les travaux permettant d'assurer une protection suffisante de cet établissement contre le risque de vol ou d'intrusion.

Art. L. 2332-3 *(Mod. à compter du 30 juin 2012, L. n° 2011-702, 22 juin 2011 ; abr., D. n° 2017-909, 9 mai 2017).*

Art. L. 2332-4 *(Mod., L. n° 2011-702, 22 juin 2011 ; Ord. n° 2014-792, 10 juill. 2014)*. – Le contrôle est exercé sur place et sur pièces, suivant leurs attributions respectives, par les agents habilités des ministères intéressés.

Art. L. 2332-5. – Le contrôle institué au I de l'article L. 2332-1 porte sur les opérations techniques et comptables, notamment sous le rapport de la production, des perfectionnements réalisés dans la fabrication, des bénéfices et des dépenses de publicité et de représentation et, d'une manière générale, sur l'application des obligations résultant des dispositions du présent titre relatives au régime des matériels de guerre, armes et munitions.

Les écritures à tenir, les comptes rendus à produire et les autres obligations des assujettis sont précisés par décret, s'il y a lieu.

Art. L. 2332-6 *(Ord. n° 2015-1534, 26 nov. 2015)*. – Les entreprises fabriquant des matériels de guerre et des armes et munitions de défense des catégories A et B, des matériels assimilés à des matériels de guerre ou des biens à double usage au sens du règlement (CE) n° 428/2009 du Conseil du 5 mai 2009 instituant un régime communautaire de contrôle des exportations, des transferts, du courtage et du transit de biens à double usage sont tenues, dans le délai de huit jours après le dépôt de toute demande de brevet ou d'addition à un brevet concernant ces matériels et biens, faite par elles ou pour leur compte, de faire connaître à l'administration la description de la découverte, invention ou application faisant l'objet du brevet ou de l'addition demandé.

L'autorité administrative définit la liste des matériels et biens soumis à l'obligation prévue au présent article. Les modalités d'application du présent article sont précisées par décret.

Art. L. 2332-7 *(Abr. à compter du 30 juin 2012, L. n° 2011-702, 22 juin 2011).*

Art. L. 2332-8 *(Abr., Ord. n° 2014-792, 10 juill. 2014).*

Art. L. 2332-8-1 *(En vigueur à compter du 30 juin 2012, L. n° 2011-702, 22 juin 2011)*. – Les canons d'arme de guerre fabriqués en France sont soumis à des épreuves constatées par l'application d'un poinçon.

Section II. – Obligations des titulaires d'autorisation

Art. L. 2332-9 *(Abr. à compter du 30 juin 2012, L. n° 2011-702, 22 juin 2011).*

Art. L. 2332-10 *(Mod. à compter du 30 juin 2012, L. n° 2011-702, 22 juin 2011, art. 1er, III et 9, I ; mod. à compter du 6 septembre 2013, L. n° 2012-304, 6 mars 2012 ; abr., Ord. n° 2014-792, 10 juill. 2014).*

Section III. – Retrait des autorisations

Art. L. 2332-11. – L'autorité administrative peut retirer l'autorisation prévue au I de l'article L. 2332-1 à tout individu ayant commis un manquement aux dispositions du présent chapitre ou des dispositions réglementaires afférentes, ou à la législation du travail.

La même sanction peut être prise à l'encontre de tout individu ayant encouru une condamnation pour crime ou à plus de trois mois d'emprisonnement, avec ou sans sursis, pour l'une des infractions énumérées par décret.

Dans ce cas l'intéressé dispose, pour liquider le matériel faisant l'objet du retrait de licence ou d'autorisation, d'un délai qui lui est fixé lors de la notification de cette décision.

Dans la limite de ce délai, l'assujetti peut effectuer les opérations de vente prévues par la réglementation, à l'exclusion de toute fabrication et de tout achat des matériels concernés par le retrait ainsi que des pièces ne pouvant servir qu'à la fabrication de ces matériels.

À l'expiration de ce délai, l'administration peut faire vendre aux enchères tout le matériel non encore liquidé.

CHAPITRE III. – CONTRÔLE ADMINISTRATIF DES MARCHÉS RELATIFS AUX MATÉRIELS DE GUERRE

Section I. – Champ d'application

Art. L. 2333-1. – Les matériels de guerre désignés au présent chapitre sont ceux qui sont compris dans les catégories I, II, III, IV du chapitre 1er de la convention du 17 juin 1925 sur le commerce international des armes, ratifiée par la France le 9 mai 1930 ; ils comprennent, en outre, les poudres et explosifs, ainsi que les produits chimiques utilisés dans leur fabrication.

Art. L. 2333-2. – Un décret en Conseil d'État détermine la nature et l'importance des marchés auxquels le présent chapitre est applicable.

Section II. – Modalités du contrôle

Sous-section I. – Principes généraux

Art. L. 2333-3. – Les administrations passant des marchés relatifs aux matériels de guerre peuvent imposer aux titulaires de ces marchés le contrôle permanent ou temporaire d'un commissaire du Gouvernement dont le rôle est défini ci-après.

Sous-section II. – Commissaires du Gouvernement

Art. L. 2333-4. – Les commissaires du Gouvernement mentionnés à l'article L. 2333-3 sont chargés de recueillir, pour le compte du département ministériel qui les a nommés, les renseignements d'ordre administratif, financier et comptable concernant l'entreprise auprès de laquelle ils sont placés et dont la connaissance est jugée utile ou nécessaire par ledit département ministériel.

Art. L. 2333-5. – Les commissaires du Gouvernement sont désignés parmi les fonctionnaires civils et militaires en activité de service appartenant au ministère de la Défense ; ils ne peuvent communiquer les renseignements recueillis sur les entreprises auprès desquelles ils sont accrédités qu'aux services qualifiés du ministère de la Défense ; ils sont astreints au secret professionnel à peine des sanctions édictées par l'article 226-13 du Code pénal.

Sous-section III. – Obligations des entreprises assujetties

Art. L. 2333-6. – Le fournisseur est tenu de communiquer, sur place, au commissaire du Gouvernement, tous documents comptables et statistiques demandés par lui pour l'accomplissement de sa mission, ainsi que toutes pièces justificatives à l'appui.

Art. L. 2333-7. – Les entreprises soumises aux dispositions du présent chapitre peuvent être assujetties à présenter leurs bilans, comptes de résultats et toutes pièces justificatives nécessaires au contrôle des marchés. L'autorité administrative peut également déterminer les règles à suivre pour la tenue de comptabilités spéciales à chaque marché.

Art. L. 2333-8. – La non-communication des pièces et documents demandés par le commissaire du Gouvernement, en exécution des articles L. 2333-4 et L. 2333-6, est sanctionnée par les pénalités prévues dans les cahiers des charges régissant les marchés.

CHAPITRE IV. – CONTRÔLE DES PRIX DE REVIENT DES MARCHÉS RELATIFS AUX MATÉRIELS DE GUERRE

Le présent chapitre ne comprend pas de dispositions législatives.

CHAPITRE V. – IMPORTATIONS ET EXPORTATIONS. – TRANSFERTS AU SEIN DE L'UNION EUROPÉENNE

(Chap. rempl. à compter du 30 juin 2012, L. n° 2011-702, 22 juin 2011)

*Section 1. – **Importations et exportations des matériels de guerre et matériels assimilés hors du territoire de l'Union européenne***

Sous-section 1. – Autorisations d'importation et dérogations

Art. L. 2335-1 *(Mod. à compter du 6 sept. 2013, L. n° 2012-304, 6 mars 2012 ; mod., Ord. n° 2014-792, 10 juill. 2014).* – I. - L'importation sans autorisation préalable des matériels des catégories A, B ainsi que des matériels des catégories C et D figurant sur une liste fixée par un décret en Conseil d'État mentionnés à l'article L. 2331-1 provenant des États non membres de l'Union européenne ainsi que des territoires exclus du territoire douanier de l'Union européenne est prohibée.

Un décret en Conseil d'État détermine les conditions dans lesquelles il peut être dérogé à cette prohibition et les conditions dans lesquelles une autorisation d'importation peut être délivrée.

II. – Aucun des matériels catégories A ou B mentionnés au même article L. 2331-1 dont l'importation en France est prohibée ne peut figurer dans une vente publique à moins d'avoir été au préalable rendu impropre à son usage normal.

III. – Aucun importateur des matériels appartenant aux catégories A et B mentionnées audit article L. 2331-1 ne peut obtenir une autorisation d'importation s'il n'est pas déjà titulaire de l'autorisation prévue au I de l'article L. 2332-1.

Les personnes non titulaires de cette autorisation peuvent, à titre exceptionnel, demander à bénéficier d'une autorisation d'importation des matériels des catégories A et B dans des conditions définies par décret en Conseil d'État.

IV. – L'autorité administrative peut à tout moment, dans les conditions fixées par décret en Conseil d'État, suspendre, modifier, abroger ou retirer les autorisations d'importation qu'elle a délivrées, pour des raisons de respect des engagements internationaux de la France, de protection des intérêts essentiels de sécurité, d'ordre public ou de sécurité publique, ou pour non-respect des conditions spécifiées dans l'autorisation.

Sous-section 2. – Autorisations d'exportation et dérogations

Art. L. 2335-2 *(Mod., Ord. n° 2014-792, 10 juill. 2014)*. – L'exportation sans autorisation préalable de matériels de guerre et matériels assimilés vers des États non membres de l'Union européenne ainsi que des territoires exclus du territoire douanier de l'Union européenne est prohibée.

L'autorité administrative définit la liste de ces matériels de guerre et matériels assimilés soumis à autorisation préalable ainsi que les dérogations à cette autorisation.

Art. L. 2335-3 *(Mod., L. n° 2012-304, 6 mars 2012, Ord. n° 2014-792, 10 juill. 2014)*. – I. – L'autorisation préalable d'exportation, dénommée licence d'exportation, est accordée par l'autorité administrative, sous l'une des formes suivantes :

1° Des arrêtés dénommés « licences générales d'exportation », comportant des listes de matériels et autorisant directement tout exportateur établi en France remplissant certaines conditions définies par l'autorité administrative à expédier ces matériels vers une ou plusieurs catégories de destinataires situés dans un État non membre de l'Union européenne ainsi que dans les territoires exclus du territoire douanier de l'Union européenne ;

2° Des licences globales d'exportation, faisant l'objet d'une notification, autorisant, à sa demande, un exportateur établi en France à expédier des matériels de guerre et matériels assimilés spécifiques à un ou plusieurs destinataires identifiés, situés dans un État non membre de l'Union européenne ainsi que dans les territoires exclus du territoire douanier de l'Union européenne, pour une durée déterminée, sans limite de quantité ni de montant ;

3° Des licences individuelles d'exportation, faisant l'objet d'une notification, autorisant, à sa demande, un exportateur établi en France à expédier, en une ou plusieurs fois, un ou plusieurs matériels de guerre et matériels assimilés à un destinataire situé dans un État non membre de l'Union européenne ainsi que dans les territoires exclus du territoire douanier de l'Union européenne.

Les licences d'exportation peuvent comporter des conditions ou des restrictions concernant l'utilisation finale de ces matériels.

II. – Les licences générales d'exportation autorisent tout exportateur établi en France à effectuer des exportations de matériels de guerre et matériels assimilés, y compris toutes les opérations commerciales préalables.

III. – Les licences globales et les licences individuelles d'exportation autorisent un exportateur établi en France à procéder à l'exportation de matériels de guerre et matériels assimilés, y compris toutes les opérations commerciales préalables.

IV. – Les opérations préalables mentionnées aux II et III comprennent la communication d'informations dans le cadre de la négociation d'un contrat, l'acceptation d'une commande ou la signature d'un contrat.

À la demande de l'exportateur ou lorsque l'autorité administrative l'estime nécessaire, compte tenu de l'opération d'exportation, l'autorisation peut être limitée à la communication d'informations dans le cadre de la négociation d'un contrat, à l'acceptation d'une commande ou à la signature d'un contrat.

V. – Aucun exportateur des matériels appartenant aux catégories A et B mentionnées à l'article L. 2331-1 ne peut utiliser une licence générale d'exportation ou obtenir une licence globale ou individuelle d'exportation s'il n'est déjà titulaire de l'autorisation prévue au I de l'article L. 2332-1.

Les personnes non titulaires de cette autorisation peuvent, à titre exceptionnel, demander à bénéficier d'une licence générale, globale ou individuelle d'exportation des matériels de catégories A et B.

VI. – Les modalités d'application du présent article sont déterminées par décret en Conseil d'État.

Art. L. 2335-4. – L'autorité administrative peut à tout moment, dans les conditions fixées par un décret en Conseil d'État, suspendre, modifier, abroger ou retirer les licences d'exportation qu'elle a délivrées, pour des raisons de respect des engagements internationaux de la France, de protection des intérêts essentiels de sécurité, d'ordre public ou de sécurité publique ou pour non-respect des conditions spécifiées dans la licence.

Sous-section 3. – Obligations des exportateurs et des importateurs

Art. L. 2335-5 *(En vigueur à compter du 30 juin 2012, L. n° 2011-702, 22 juin 2011).* – Les exportateurs de matériels de guerre et matériels assimilés informent le ministre de la Défense, dans un délai fixé par voie réglementaire, de leur intention d'utiliser une licence générale d'exportation pour la première fois.

Les exportateurs de matériels de guerre et matériels assimilés informent les destinataires des conditions dont est assortie la licence d'exportation ainsi que, le cas échéant, des restrictions dont elle fait l'objet concernant l'utilisation finale de ces matériels ou leur réexportation. Ces conditions et restrictions doivent être reproduites dans le contrat ou dans tout acte liant les parties.

Art. L. 2335-6 *(En vigueur à compter du 30 juin 2012, L. n° 2011-702, 22 juin 2011).* – Les exportateurs de matériels de guerre et matériels assimilés tiennent, dans des conditions déterminées par l'autorité administrative, un registre des exportations qu'ils ont effectuées.

Le registre des exportations ainsi que l'ensemble des documents commerciaux nécessaires à leur réalisation sont conservés pendant dix ans à compter de la fin de l'année civile au cours de laquelle l'exportation a eu lieu.

Les exportateurs sont également tenus de transmettre à l'administration un compte rendu des prises de commande et des exportations effectuées. Les importateurs sont tenus de transmettre à l'administration un compte rendu des importations effectuées. L'autorité administrative définit le contenu de ce document, la périodicité de sa transmission et la liste des catégories de matériels concernées par cette obligation.

L'autorité administrative définit, en outre, les obligations spécifiques qui s'appliquent aux exportateurs sollicitant une licence globale d'exportation.

Sans préjudice des compétences du ministre chargé des douanes, le ministre de la Défense exerce le contrôle du respect des obligations définies à la présente sous-section.

Les modalités d'application du présent article sont déterminées par décret en Conseil d'État.

Art. L. 2335-7 *(En vigueur à compter du 30 juin 2012, L. n° 2011-702, 22 juin 2011).* – Lors du dépôt d'une demande de licence d'exportation, les exportateurs de matériels de guerre et matériels assimilés qu'ils ont reçus au titre d'une licence de transfert publiée ou notifiée par un autre État membre de l'Union européenne et faisant l'objet de restrictions à l'exportation déclarent à l'autorité administrative qu'ils ont respecté ces restrictions ou, le cas échéant, qu'ils ont obtenu l'accord de cet État membre. Les modalités de cette déclaration sont fixées par l'autorité administrative.

....

CHAPITRE VI. – ACQUISITION ET DÉTENTION

Art. L. 2336-1 *(Rempl. à compter du 6 sept. 2013, L. n° 2012-304, 6 mars 2012).* – I. – Nul ne peut acquérir et détenir légalement des matériels ou des armes de toute catégorie s'il n'est pas âgé de dix-huit ans révolus, sous réserve des exceptions définies par décret en Conseil d'État pour la chasse et les activités encadrées par la fédération sportive ayant reçu, au titre de l'article L. 131-14 du Code du sport, délégation du ministre chargé des sports pour la pratique du tir.

II. – L'acquisition et la détention des matériels de guerre, armes et éléments d'armes relevant de la catégorie A sont interdites, sauf pour les besoins de la défense nationale et de la sécurité publique. Un décret en Conseil d'État définit les conditions dans lesquelles l'État, pour les besoins autres que ceux de la défense nationale et de la sécurité publique, les collectivités territoriales et les organismes d'intérêt général ou à vocation culturelle, historique ou scientifique peuvent être autorisés à acquérir et à détenir des matériels de guerre, armes et éléments d'armes de catégorie A. Il fixe également les conditions dans lesquelles certains matériels de guerre peuvent être acquis et détenus à fin de collection, professionnelle ou sportive par des personnes, sous réserve des engagements internationaux en vigueur et des exigences de l'ordre et de la sécurité publics.

III. – Nul ne peut acquérir et détenir légalement des matériels ou des armes des catégories B et C s'il ne remplit pas les conditions suivantes :

1° Disposer d'un bulletin n° 2 de son casier judiciaire ne comportant pas de mention de condamnation pour l'une des infractions suivantes :

– meurtre, assassinat ou empoisonnement prévus aux articles 221-1 et suivants du Code pénal ;

– tortures et actes de barbarie prévus aux articles 222-1 et suivants du Code pénal ;

– violences volontaires prévues aux articles 222-7 et suivants du Code pénal ;

– menaces d'atteinte aux personnes prévues aux articles 222-17 et suivants du Code pénal ;

– viol et agressions sexuelles prévus aux articles 222-22 et suivants du Code pénal ;

– exhibition sexuelle prévue à l'article 222-32 du Code pénal ;

– harcèlement sexuel prévu à l'article 222-33 du Code pénal ;

– harcèlement moral prévu aux articles 222-33-2 et 222-33-2-1 du Code pénal ;

– enregistrement et diffusion d'images de violence prévus à l'article 222-33-3 du Code pénal ;

– trafic de stupéfiants prévu aux articles 222-34 et suivants du Code pénal ;

– enlèvement et séquestration prévus aux articles 224-1 et suivants du Code pénal ;

– détournement d'aéronef, de navire ou de tout autre moyen de transport prévu aux articles 224-6 et suivants du Code pénal ;

– traite des êtres humains prévue aux articles 225-4-1 et suivants du Code pénal ;

– proxénétisme et infractions qui en résultent prévus aux articles 225-5 et suivants du Code pénal ;

– recours à la prostitution des mineurs ou de personnes particulièrement vulnérables prévu aux articles 225-12-1 et suivants du Code pénal ;

– exploitation de la mendicité prévue aux articles 225-12-5 et suivants du Code pénal ;

– vols prévus aux articles 311-1 et suivants du Code pénal ;

– extorsions prévues aux articles 312-1 et suivants du Code pénal ;

– recel de vol ou d'extorsion prévu aux articles 321-1 et suivants du Code pénal ;

– destructions, dégradations et détériorations dangereuses pour les personnes prévues aux articles 322-5 et suivants du Code pénal ;

– menaces de destruction, de dégradation ou de détérioration et fausses alertes prévues aux articles 322-12 et 322-14 du Code pénal ;

– blanchiment prévu aux articles 324-1 et suivants du Code pénal ;

– participation à un attroupement en étant porteur d'une arme ou provocation directe à un attroupement armé prévues aux articles 431-5 et 431-6 du Code pénal ;

– participation à une manifestation ou à une réunion publique en étant porteur d'une arme prévue à l'article 431-10 du Code pénal ;

– intrusion dans un établissement d'enseignement scolaire par une personne porteuse d'une arme prévue aux articles 431-24 et 431-25 du Code pénal ;

– introduction d'armes dans un établissement scolaire prévue à l'article 431-28 du Code pénal ;

– rébellion armée et rébellion armée en réunion prévues à l'article 433-8 du Code pénal ;

– destructions, dégradations et détériorations ne présentant pas de danger pour les personnes prévues aux articles 322-1 et suivants du Code pénal commises en état de récidive légale ;

– fabrication ou commerce des matériels de guerre ou d'armes ou de munitions de défense sans autorisation prévus et réprimés par les articles L. 2339-2, L. 2339-3 et L. 2339-4 du présent code ;

– acquisition, cession ou détention, sans autorisation, d'une ou plusieurs armes ou matériels des catégories A, B, C ou d'armes de catégorie D mentionnées au VI du présent article ou de leurs munitions prévues et réprimées par les articles L. 2339-5, L. 2339-6, L. 2339-7 et L. 2339-8 ;

– port, transport et expéditions d'armes des catégories A, B, C ou d'armes de la catégorie D soumises à enregistrement sans motif légitime prévus et réprimés par l'article L. 2339-9 ;

– importation sans autorisation des matériels des catégories A, B, C ou d'armes de la catégorie D énumérées par un décret en Conseil d'État prévue et réprimée par les articles L. 2339-10 et L. 2339-11 ;

– fabrication, vente, exportation, sans autorisation, d'un engin ou produit explosif ou incendiaire, port ou transport d'artifices non détonants prévus et réprimés par les articles L. 2353-4 à L. 2353-13 ;

2° Ne pas se signaler par un comportement laissant objectivement craindre une utilisation de l'arme ou du matériel dangereuse pour soi-même ou pour autrui.

IV. – L'acquisition et la détention des armes, éléments d'armes et de munitions de catégorie B sont soumises à autorisation dans des conditions définies par décret en Conseil d'État qui prévoit notamment la présentation de la copie d'une licence de tir en cours de validité délivrée par une fédération sportive ayant reçu délégation du ministre chargé des sports au titre de l'article L. 131-14 du Code du sport.

Nul ne peut acquérir et détenir légalement des matériels ou des armes, éléments d'armes et munitions classés en catégorie B s'il ne peut produire un certificat médical datant de moins d'un mois, attestant de manière circonstanciée d'un état de santé physique et psychique compatible avec l'acquisition et la détention d'une arme et établi dans les conditions fixées à l'article L. 2336-3 du présent code.

Quiconque devient propriétaire par voie successorale ou testamentaire d'une arme de catégorie B, sans être autorisé à la détenir, doit s'en défaire dans un délai de trois mois à compter de la mise en possession, dans les conditions prévues à l'article L. 2337-3.

V. – L'acquisition des armes de catégorie C nécessite l'établissement d'une déclaration par l'armurier ou par leur détenteur dans des conditions définies par décret en Conseil d'État. Pour les personnes physiques, leur acquisition et subordonnée à la production d'un certificat médical datant de moins d'un mois, attestant de manière circonstanciée d'un état de santé physique et psychique compatible avec l'acquisition et la détention d'une arme et établi dans les conditions fixées à l'article L. 2336-3 ou, dans des conditions prévues par décret en Conseil d'État, à la présentation d'une copie :

1° D'un permis de chasser revêtu de la validation de l'année en cours ou de l'année précédente ;

2° D'une licence de tir en cours de validité délivrée par une fédération sportive ayant reçu délégation du ministre chargé des Sports au titre de l'article L. 131-14 du Code du sport ;

3° Ou d'une carte de collectionneur d'armes délivrée en application de l'article L. 2337-1-1 du présent code.

VI. – L'acquisition et la détention des armes de catégorie D sont libres.

Un décret en Conseil d'État peut toutefois soumettre l'acquisition de certaines d'entre elles à des obligations particulières de nature à garantir leur traçabilité, compte tenu de leurs caractéristiques techniques, de leur valeur patrimoniale ou de leur utilisation dans le cadre de la pratique d'une activité sportive ou de loisirs.

VII. – Sont interdites :

1° L'acquisition ou la détention de plusieurs armes de la catégorie B par un seul individu, sauf dans les cas prévus par décret en Conseil d'État ;

2° L'acquisition ou la détention de plus de 50 cartouches par arme de la catégorie B, sauf dans les cas prévus par décret en Conseil d'État.

1) Le dépôt d'une arme dans une maison à l'insu du propriétaire transforme celui-ci en détenteur à partir du moment où, ayant constaté la présence de cet objet chez lui, il le conserve à sa disposition (■ Cass. crim., 15 juin 1877 : *D.* 78, 1, 140).

2) Il a été jugé que deux concubins, poursuivis du chef de détention d'arme détenue sans autorisation sous le même toit, étaient tous deux coupables de détention illégale (T. corr. Saint-Étienne, 7 déc. 1936 : *Gaz. Pal.* 1937, 1, 407).

3) Pour pouvoir acquérir une arme de 1re ou 4e catégorie, il faut non seulement appartenir à une des catégories prévues par décret, mais encore y être spécialement et individuellement autorisé par l'autorité compétente (■ Cass. crim., 24 févr. 1976 : *Bull. crim.*, n° 69 ; *Rev. sc. crim.* 1976, 959, obs. Vitu) ; sur les pouvoirs du préfet et le contrôle de ses décisions par les juridictions administratives, V. ■ CE, 14 janv. 1976 : *JCP* 76, II, 18360, note Julien-Laferrière.

4) Se rendent coupables de complicité de détention illégale d'armes de la quatrième catégorie des prévenus qui, ayant neutralisé de telles armes, les ont vendues ensuite comme armes de collection tout en donnant aux acquéreurs les moyens et constructions pour rendre aux armes leur aptitude au tir et leur état primitif (■ Cass. crim., 4 juill. 1983, inédit).

5) Un prévenu ne saurait se prévaloir d'un statut de collectionneur d'armes, non reconnu par la législation actuelle. Au surplus un collectionneur inoffensif se contente d'échantillons représentatifs et variés d'armes et de munitions qui ne lui confèrent aucune puissance de feu véritable, alors que le prévenu disposait à la fois d'un atelier d'armurerie et d'un entrepôt et pouvait mettre sur pied de guerre une escouade (■ Douai, 4e Ch., 19 oct. 1989, inédit).

Art. L. 2336-2 *(Abrogé et recodifié à compter du 1er mai 2012, Ord. n° 2012-351, 12 mars 2012. – V. CSI, art. L. 312-5).*

Art. L. 2336-2 *(Mod. à compter du 6 sept. 2013, L. n° 2012-304, 6 mars 2012).* – Dans les ventes publiques, seules peuvent se porter acquéreurs des matériels de guerre, armes et munitions et de leurs éléments des catégories A et B ainsi que des armes de catégorie D figurant sur une liste établie par un décret en Conseil d'État les personnes physiques ou morales qui peuvent régulièrement acquérir et détenir des matériels et armes de ces différentes catégories en application des articles L. 2332-1, L. 2336-1 ou L. 2337-1-1.

La vente de ces mêmes matériels par les brocanteurs est interdite.

Un décret en Conseil d'État détermine les conditions d'application du présent article.

Art. L. 2336-3 *(Abrogé et recodifié à compter du 1er mai 2012, Ord. n° 2012-351, 12 mars 2012. – V. CSI, art. L. 312-6).*

Art. L. 2336-3 *(Mod. à compter du 6 sept. 2013, L. n° 2012-304, 6 mars 2012).* – Toute personne physique sollicitant la délivrance ou le renouvellement d'une autorisation d'acquisition ou de détention de matériels, d'armes ou de munitions catégories A et B ou faisant une déclaration de détention d'armes de catégorie C doit produire un certificat médical attestant que son état de santé physique et psychique n'est pas incompatible avec la détention de ces matériels, armes ou munitions.

Dans le cas où la personne mentionnée au précédent alinéa suit ou a suivi un traitement dans un service ou un secteur de psychiatrie d'un établissement de santé, l'autorité administrative lui demande de produire également un certificat médical délivré par un médecin psychiatre.

Un décret en Conseil d'État, pris après avis du Conseil national de l'ordre des médecins, définit les modalités d'application du présent article. Il prévoit notamment les conditions que doivent remplir la délivrance, le renouvellement ou la validation du permis de chasser ou de la licence de tir pour que la présentation de ces documents, au moment de la demande d'autorisation d'acquisition ou de détention, ou de son renouvellement, ou de la déclaration, supplée l'obligation prévue au premier alinéa. Il prévoit également les conditions dans lesquelles le préfet peut vérifier si la personne mentionnée au premier alinéa est ou a été dans le cas mentionné au deuxième alinéa.

Art. L. 2336-4 *(Abrogé et recodifié à compter du 1er mai 2012, Ord. n° 2012-351, 12 mars 2012. – V. CSI, art. L. 312-7 à L. 312-10 et L. 312-15).*

Art. L. 2336-4 *(Mod. à compter du 6 sept. 2013, L. n° 2012-304, 6 mars 2012).* – I. – Si le comportement ou l'état de santé d'une personne détentrice d'armes et de munitions présente un danger grave pour elle-même ou pour autrui, le préfet peut lui ordonner, sans formalité préalable ni procédure contradictoire, de les remettre à l'autorité administrative, quelle que soit leur catégorie.

II. – L'arme et les munitions faisant l'objet de la décision prévue au I doivent être remises immédiatement par le détenteur, ou, le cas échéant, par un membre de sa famille ou par une personne susceptible d'agir dans son intérêt, aux services de police ou de gendarmerie. Le commissaire de police ou le commandant de la brigade de gendarmerie peut procéder, sur autorisation du juge des libertés et de la détention, à la saisie de l'arme et des munitions entre 6 heures et 21 heures au domicile du détenteur.

III. – La conservation de l'arme et des munitions remises ou saisies est confiée pendant une durée maximale d'un an aux services de la police nationale ou de la gendarmerie nationale territorialement compétents.

Durant cette période, le préfet décide, après que la personne intéressée a été mise à même de présenter ses observations, soit la restitution de l'arme et des munitions, soit la saisie définitive de celles-ci.

Les armes et les munitions définitivement saisies en application du présent alinéa sont vendues aux enchères publiques. Le produit net de la vente bénéficie aux intéressés

IV. – Il est interdit aux personnes dont l'arme et les munitions ont été saisies en application du I ou du III d'acquérir ou de détenir des armes et des munitions, quelle que soit leur catégorie.

Le préfet peut cependant décider de limiter cette interdiction à certaines catégories ou à certains types d'armes.

Cette interdiction cesse de produire effet si le préfet décide la restitution de l'arme et des munitions dans le délai mentionné au premier alinéa du III. Après la saisie définitive, elle peut être levée par le préfet en considération du comportement du demandeur ou de son état de santé depuis la décision de saisie.

V. – Un décret en Conseil d'État détermine les conditions d'application du présent article.

Art. L. 2336-5 *(Abrogé et recodifié à compter du 1er mai 2012, Ord. n° 2012-351, 12 mars 2012. - V. CSI, art. L. 312-11 à L. 312-14).*

Art. L. 2336-5 *(Mod. à compter du 6 sept. 2013, L. n° 2012-304, 6 mars 2012).* – Sans préjudice des dispositions de l'article L. 2336-4, le préfet peut, pour des raisons d'ordre public ou de sécurité des personnes, ordonner à tout détenteur d'une arme des catégories B, C et D de s'en dessaisir.

Le dessaisissement consiste soit à vendre l'arme à une personne mentionnée à l'article L. 2332-1 ou à un tiers remplissant les conditions légales d'acquisition et de détention, soit à la neutraliser, soit à la remettre à l'État. Un décret en Conseil d'État détermine les modalités du dessaisissement.

Sauf urgence, la procédure est contradictoire. Le préfet fixe le délai au terme duquel le détenteur doit s'être dessaisi de son arme.

Lorsque l'intéressé ne s'est pas dessaisi de l'arme dans le délai fixé par le préfet, celui-ci lui ordonne de la remettre, ainsi que ses munitions, aux services de police ou de gendarmerie.

Le commissaire de police ou le commandant de la brigade de gendarmerie peut demander au juge des libertés et de la détention l'autorisation de procéder à la saisie de l'arme et des munitions, entre 6 heures et 21 heures, au domicile du détenteur. La demande d'autorisation comporte toutes les informations en leur possession de nature à justifier cette saisie, afin de permettre au juge des libertés et de la détention de vérifier que cette demande est fondée.

La saisie de l'arme désignée à l'alinéa précédent s'effectue sous l'autorité et le contrôle du juge des libertés et de la détention qui l'a autorisée ou d'un juge par lui désigné. Ce magistrat peut se rendre sur les lieux. À tout moment, il peut suspendre ou interrompre la saisie au domicile. Celle-ci est effectuée en présence de l'occupant des lieux ou de son représentant ; en cas d'impossibilité, le commissaire de police ou le commandant de la brigade de gendarmerie requiert deux témoins choisis en dehors des personnes relevant de son autorité. Le procès-verbal de saisie est dressé sur-le-champ, il relate les modalités et le déroulement de l'intervention et comporte s'il y a lieu un inventaire des armes saisies. Il est signé par le commissaire de police ou par le commandant de la brigade de gendarmerie ainsi que par les personnes présentes ; en cas de refus, mention en est faite au procès-verbal. Il est transmis dans les meilleurs délais au juge des libertés et de la détention.

La remise ou la saisie des armes et des munitions ne donne lieu à aucune indemnisation.

Il est interdit aux personnes ayant fait l'objet de la procédure prévue au présent article d'acquérir ou de détenir des armes des catégories B, C et D.

Le préfet peut cependant décider de limiter cette interdiction à certaines catégories ou à certains types d'armes.

Cette interdiction est levée par le préfet s'il apparaît que l'acquisition ou la détention d'armes par la personne concernée n'est plus de nature à porter atteinte à l'ordre public ou à la sécurité des personnes.

À Paris, les pouvoirs conférés au préfet par le présent article sont exercés par le préfet de police.

Art. L. 2336-6 *(Abrogé et recodifié à compter du 1er mai 2012, Ord. n° 2012-351, 12 mars 2012. – V. CSI, art. L. 312-16).*

CHAPITRE VII. – CONSERVATION, PERTE ET TRANSFERT DE PROPRIÉTÉ

Art. L. 2337-1-1 *(En vigueur à compter du 6 sept. 2013, L. n° 2012-304, 6 mars 2012).* – I. – Peuvent obtenir une carte de collectionneur d'armes délivrée par l'autorité compétente de l'État les personnes physiques qui :

1° Exposent dans des musées ouverts au public ou contribuent, par la réalisation de collections, à la conservation, à la connaissance ou à l'étude des armes ;

2° Remplissent les conditions prévues au I et aux 1° et 2° du III de l'article L. 2336-1 ;

3° Produisent un certificat médical dans les conditions prévues à l'article L. 2336-3 ;

4° Justifient avoir été sensibilisées aux règles de sécurité dans le domaine des armes.

II. – Peuvent obtenir une carte de collectionneur d'armes délivrée par l'autorité compétente de l'État les personnes morales :

1° Qui exposent dans des musées ouverts au public ou dont l'objet est de contribuer, par la réalisation de collections, à la conservation, à la connaissance ou à l'étude des armes ;

2° Dont les représentants remplissent les conditions prévues au I et aux 1° et 2° du III de l'article L. 2336-1 ;

3° Dont les représentants produisent un certificat médical dans les conditions prévues à l'article L. 2336-3 ;

4° Dont les représentants justifient avoir été sensibilisés aux règles de sécurité dans le domaine des armes.

III. – La carte de collectionneur d'armes permet d'acquérir et de détenir des armes de la catégorie C.

IV. – Un décret en Conseil d'État fixe la durée de la validité de la carte ainsi que les conditions de son renouvellement. Il détermine également les modalités d'application du 4° des I et II et les conditions de déclaration des armes. Il précise les collections qui, en raison de leur taille et de la nature des armes qu'elles comportent, doivent faire l'objet de mesures tendant à prévenir leur vol.

Art. L. 2337-2 *(Abrogé et recodifié à compter du 1er mai 2012, Ord. n° 2012-351, 12 mars 2012. – V. CSI, art. L. 312-17).*

Art. L. 2337-3 *(Rempl. à compter du 6 sept. 2013, L. n° 2012-304, 6 mars 2012).* – I. – Une arme de catégorie B ne peut être cédée par un particulier à un autre que dans le cas où le cessionnaire est autorisé à la détenir dans les conditions fixées à l'article L. 2336-1.

Dans tous les cas, les transferts d'armes ou de munitions de la catégorie B sont opérés suivant des formes définies par décret en Conseil d'État.

II. – Toute cession entre particuliers d'une arme de catégorie C ou de catégorie D soumises à enregistrement donne lieu à l'établissement et au dépôt d'une déclaration dans les conditions définies au V de l'article L. 2336-1 ou, le cas échéant, à un enregistrement, dans un délai d'un mois, auprès du représentant de l'État dans le département du lieu de son domicile ou, à Paris, du préfet de police.

Art. L. 2337-4 *(L. n° 2012-304, 6 mars 2012).* – Les cessions, à quelque titre que ce soit, d'armes ou de munitions des catégories A et B non destinées au commerce, ne peuvent être faites qu'aux personnes munies d'une autorisation.

Les modalités de délivrance des autorisations d'achat et les indications à y porter sont définies par décret.

Art. L. 2337-5 *(Abrogé et recodifié à compter du 1er mai 2012, Ord. n° 2012-351, 12 mars 2012. – V. CSI, art. L. 314-4).*

CHAPITRE VIII. – PORT, TRANSPORT ET USAGE

Art. L. 2338-1 *(Mod. à compter du 6 sept. 2013, L. n° 2012-304, 6 mars 2012).* – Le port des armes catégories A, B, ainsi que des armes de la catégorie D figurant sur une liste fixée par un décret en Conseil d'État ou d'éléments essentiels des armes des catégories A et B ou de munitions correspondantes est interdit ainsi que leur transport sans motif légitime.

Les fonctionnaires et agents des administrations publiques exposés par leurs fonctions à des risques d'agression, ainsi que les personnels auxquels est confiée une mission de gardiennage et qui ont été préalablement agréés à cet effet par le préfet, peuvent être autorisés à s'armer pendant l'exercice de leurs fonctions, dans les conditions définies par décret.

Avertissement : Deux versions de l'article L. 2338-1 coexistent.

Art. L. 2338-2. – Les militaires peuvent porter leurs armes dans les conditions définies par les règlements particuliers qui les concernent.

Art. L. 2338-3 *(L. n° 2017-258, 28 févr. 2017).* – Les militaires de la gendarmerie nationale peuvent faire usage de leurs armes dans les conditions prévues à l'article L. 435-1 du Code de la sécurité intérieure. Ils peuvent également faire usage de matériels appropriés pour immobiliser les moyens de transport dans les conditions prévues à l'article L. 214-2 du même code.

Les militaires déployés sur le territoire national dans le cadre des réquisitions prévues à l'article L. 1321-1 du présent code peuvent faire usage de leurs armes et immobiliser les moyens de transport dans les mêmes conditions.

Les militaires chargés de la protection des installations militaires situées sur le territoire national peuvent faire usage de leurs armes dans les conditions prévues aux 1° à 4° de l'article L. 435-1 du Code de la sécurité intérieure en cas d'absolue nécessité et de manière strictement proportionnée. Ils peuvent également immobiliser les moyens de transport dans les conditions prévues à l'article L. 214-2 du même code.

CHAPITRE IX. – DISPOSITIONS PÉNALES

Section I. – Procédure

Art. L. 2339-1 *(Mod. à compter du 30 juin 2012, L. n° 2011-702, 22 juin 2011 ; mod. à compter du 6 sept. 2013, L. n° 2012-304, 6 mars 2012, Ord. n° 2013-518, 20 juin 2013).* **– Toute infraction aux prescriptions du présent titre peut être constatée par les agents des contributions indirectes et des douanes et par les autorités de police judiciaire qui en dressent procès-verbal.**

Les agents du ministère de la Défense habilités dans des conditions fixées par décret en Conseil d'État peuvent également constater les infractions aux dispositions du présent titre ainsi qu'aux dispositions réglementaires prises pour leur application.

Les titulaires des autorisations et des licences définies au présent titre sont tenus de laisser pénétrer, dans toutes les parties de leurs locaux, les agents habilités de l'État.

Ils sont tenus de fournir les renseignements verbaux ou écrits et les comptes rendus demandés par ces mêmes agents.

Ils sont également tenus de n'apporter aucune entrave aux investigations nécessaires à l'exécution des missions des agents habilités. Ces investigations peuvent comporter, outre l'examen des lieux, des matériels et du système d'information, les recensements et les vérifications des comptabilités ou registres de toute espèce paraissant utiles.

Les agents habilités de l'État qui ont connaissance à titre quelconque des renseignements recueillis au sujet des entreprises en application du présent titre sont tenus au secret professionnel sous les peines définies à l'article 226-13 du Code pénal.

Par dérogation à l'alinéa précédent, les agents des douanes et les agents habilités du ministère de la Défense mentionnés au présent article peuvent se communiquer spontanément tous les renseignements et documents détenus ou recueillis dans le cadre de leurs missions respectives.

Les procès-verbaux des infractions constatées aux prescriptions du présent titre sont transmis au représentant de l'État dans le département ou, à Paris, au préfet de police.

En cas d'infraction aux dispositions du présent titre, les services compétents du ministère de la Défense adressent au procureur de la République les procès-verbaux des constatations effectuées. Une expédition est également transmise au ministre de la Défense.

Sans préjudice de l'application de l'article 36 du Code de procédure pénale, l'action publique en matière d'infraction aux dispositions des chapitres II à V du présent titre relatives aux matériels de guerre et aux matériels assimilés visés aux I et III de l'article L. 2331-1 du présent code et commise par une personne morale visée au I de l'article L. 2332-1 ou par une personne morale fabricant de matériels assimilés est mise en mouvement par le procureur de la République territorialement compétent.

Il apprécie la suite à donner aux faits portés à sa connaissance, notamment par la dénonciation du ministre de la Défense ou de l'autorité habilitée par lui.

À défaut de cette dénonciation, le procureur de la République informe le ministre de la Défense ou l'autorité habilitée par lui.

Hormis le cas d'urgence, le ministre de la Défense ou l'autorité habilitée par lui donne son avis dans le délai d'un mois, par tout moyen.

L'autorité visée au neuvième alinéa du présent article est habilitée par arrêté du ministre de la Défense.

1) L'article 36, alinéa 3, du décret-loi du 18 avril 1939, qui exige la plainte préalable des ministres compétents pour que l'action publique soit régulièrement exercée, est expressément applicable à l'infraction aux dispositions de l'article 2, alinéa 3, dudit décret, qui font obligation à quiconque exerce le commerce des armes de guerre d'y être autorisé par l'État et qui forment avec le texte sanctionnateur de l'article 24 un tout indissociable (■ Cass. crim., 5 déc. 1996 : *Bull. crim.*, n° 450 ; *Rev. sc. crim.* 1997, 399, obs. Dintilhac).

2) Les poursuites pour commerce illicite d'armes des quatre premières catégories ne peuvent être engagées que sur plainte préalable des ministres compétents (■ Cass. crim., 27 juin 2001 : *Bull. crim.*, n° 163).

3) Mais l'exportation des armes de guerre, pour sa poursuite, n'est pas soumise à une telle autorisation car elle est sanctionnée par l'article 414 du Code des douanes (■ Cass. crim., 24 oct. 2001 : *Bull. crim.*, n° 219 ; *Dr. pénal* 2002, comm. 30, obs. J. H. Robert).

4) Lorsque des poursuites sont exercées à la fois pour commerce illicite d'armes et pour le délit douanier d'importation en contrebande de marchandises prohibées, l'annulation de la poursuite du premier de ces chefs comme ayant été exercée sans l'autorisation des ministres compétents prévue par l'article 36 du décret-loi du 18 avril 1939 n'affecte pas la validité de l'enquête ayant précédé l'ensemble des poursuites, l'engagement de celle exercée pour commerce illicite d'armes étant seul soumis à l'autorisation précitée (■ Cass. crim., 12 mai 2004 : *Bull. crim.*, n° 118).

Section II. – Sanctions pénales de la fabrication et du commerce

Art. L. 2339-2 *(Mod., L. n° 2009-526, 12 mai 2009 ; L. n° 2011-266, 14 mars 2011 ; mod. à compter du 6 sept. 2013, L. n° 2012-304, 6 mars 2012)*. **– I. – Est puni d'un emprisonnement de sept ans et d'une amende de 100 000 € quiconque, sans respecter les obligations résultant** *(Mots rempl. à compter du 6 septembre 2013, Ord. n° 2013-518, 20 juin 2013)* **« des I et II » de l'article L. 2332-1, se livre à la fabrication ou au commerce de matériels, armes, munitions et de leurs éléments essentiels, ou exerce son activité en qualité d'intermédiaire ou d'agent de publicité à l'occasion de la fabrication ou du commerce de matériels, armes, munitions et de leurs éléments essentiels.**

Les peines sont portées à dix ans d'emprisonnement et à 500 000 € d'amende lorsque l'infraction est commise en bande organisée.

La confiscation du matériel fabriqué ou du matériel à vendre, ainsi que sa vente aux enchères publiques, est ordonnée par le même jugement.

L'autorité administrative peut prescrire ou faire effectuer la mise hors d'usage, aux frais de l'auteur de l'infraction, du matériel avant sa mise aux enchères publiques.

II. – Les personnes morales déclarées responsables pénalement, dans les conditions prévues par l'article 121-2 du Code pénal, des infractions définies au présent article encourent, outre l'amende suivant les modalités prévues par l'article 131-38 du Code pénal, les peines prévues par les 1°, 2°, 4°, 5°, 8° et 9° de l'article 131-39 du même code.

Voir : art. 321-6-1, p. 455.

Art. L. 2339-3 *(Rempl. à compter du 6 septembre 2013, Ord. n° 2013-518, 20 juin 2013)*. **– I. - Le fait de contrevenir aux dispositions de l'article L. 2332-6, du premier alinéa de l'article L. 2332-10 et de l'article L. 2339-1 est puni de cinq ans d'emprisonnement et de 75 000 € d'amende.**

II. - Les peines sont portées à dix ans d'emprisonnement et 500 000 € d'amende si les infractions prévues au I sont commises en bande organisée.

III. - Les personnes morales déclarées responsables pénalement, dans les conditions prévues par l'article 121-2 du Code pénal, des infractions définies au présent article encourent, outre l'amende suivant les modalités prévues par l'article 131-38 du Code pénal, les peines prévues par les 2°, 4°, 5°, 8° et 9° de l'article 131-39 du même code.

Voir : art. 321-6-1, p. 455.

Art. L. 2339-3-1 *(En vigueur à compter du 1er mai 2012, Ord. n° 2012-351, 12 mars 2012)*. **– Les sanctions pénales de l'exercice illicite du commerce de détail et de la vente et de la cession illicites des matériels de guerre, des armes et des munitions sont définies par les dispositions du chapitre VII du titre du livre III du Code de la sécurité intérieure.**

Code de la sécurité intérieure

Art. L. 317-1 *(En vigueur le 6 septembre 2013, Ord. n° 2013-518, 20 juin 2013)*. – Toute infraction aux prescriptions du présent titre peut être constatée par les agents des contributions indirectes et des douanes et par les autorités de police judiciaire qui en dressent procès-verbal.

Les agents du ministère de la Défense habilités dans des conditions fixées par décret en Conseil d'État peuvent également constater les infractions aux dispositions du présent titre ainsi qu'aux dispositions réglementaires prises pour leur application.

Les titulaires des autorisations et des licences définies au présent titre sont tenus de laisser pénétrer, dans toutes les parties de leurs locaux, les agents habilités de l'État.

Ils sont tenus de fournir les renseignements verbaux ou écrits et les comptes rendus demandés par ces mêmes agents.

Ils sont également tenus de n'apporter aucune entrave aux investigations nécessaires à l'exécution des missions des agents habilités. Ces investigations peuvent comporter, outre l'examen des lieux, des matériels et du système d'information, les recensements et les vérifications des comptabilités ou registres de toute espèce paraissant utiles.

Les agents habilités de l'État qui ont connaissance à titre quelconque des renseignements recueillis au sujet des entreprises en application du présent titre sont tenus au secret professionnel sous les peines définies à l'article 226-13 du Code pénal.

Par dérogation à l'alinéa précédent, les agents des douanes et les agents habilités du ministère de la Défense mentionnés au présent article peuvent se communiquer spontanément tous les renseignements et documents détenus ou recueillis dans le cadre de leurs missions respectives.

Les procès-verbaux des infractions constatées aux prescriptions du présent titre sont transmis au représentant de l'État dans le département ou, à Paris, au préfet de police.

En cas d'infraction aux dispositions du présent titre, les services compétents du ministère de la Défense adressent au procureur de la République les procès-verbaux des constatations effectuées. Une expédition est également transmise au ministre de la Défense.

Sans préjudice de l'application de l'article 36 du Code de procédure pénale, l'action publique en matière d'infraction aux dispositions du chapitre III du présent titre relatives aux matériels de guerre et aux matériels assimilés mentionnés à l'article L. 311-2 du présent code et commise par une personne morale mentionnée au I de l'article L. 2332-1 du Code de la défense ou par une personne morale fabricant de matériels assimilés est mise en mouvement par le procureur de la République territorialement compétent.

Il apprécie la suite à donner aux faits portés à sa connaissance, notamment par la dénonciation du ministre de la Défense ou de l'autorité habilitée par lui.

À défaut de cette dénonciation, le procureur de la République informe le ministre de la Défense ou l'autorité habilitée par lui.

Hormis le cas d'urgence, le ministre de la Défense ou l'autorité habilitée par lui donne son avis dans le délai d'un mois, par tout moyen.

L'autorité mentionnée au neuvième alinéa du présent article est habilitée par arrêté du ministre de la Défense.

Art. L. 317-1-1 *(En vigueur le 6 septembre 2013, Ord. n° 2013-518, 20 juin 2013).* – Est puni de sept ans d'emprisonnement et de 100 000 € d'amende quiconque, sans respecter les obligations résultant des premier et deuxième alinéas de l'article L. 313-3, se livre à la fabrication ou au commerce de matériels, armes, munitions et de leurs éléments essentiels, ou exerce son activité en qualité d'intermédiaire ou d'agent de publicité à l'occasion de la fabrication ou du commerce de matériels, armes, munitions et de leurs éléments essentiels.

Les peines sont portées à dix ans d'emprisonnement et à 500 000 € d'amende lorsque l'infraction est commise en bande organisée.

La confiscation du matériel fabriqué ou du matériel à vendre, ainsi que sa vente aux enchères publiques, est ordonnée par le même jugement.

L'autorité administrative peut prescrire ou faire effectuer la mise hors d'usage, aux frais de l'auteur de l'infraction, du matériel avant sa mise aux enchères publiques.

Art. L. 317-1-2 *(En vigueur le 6 septembre 2013, Ord. n° 2013-518, 20 juin 2013).* – Les personnes morales déclarées responsables pénalement, dans les conditions prévues par l'article 121-2 du Code pénal, des infractions définies à l'article L. 317-1-1 encourent, outre l'amende suivant les modalités prévues par l'article 131-38 du Code pénal, les peines prévues par les 1°, 2°, 4°, 5°, 8° et 9° de l'article 131-39 du même code.

Art. L. 317-2 *(En vigueur le 6 septembre 2013, Ord. n° 2013-518, 20 juin 2013).* – Est puni de cinq ans d'emprisonnement et de 75 000 € d'amende :

1° Le fait de contrevenir aux dispositions des articles L. 312-5 et L. 317-1 ;

2° Le fait de vendre ou d'acheter des matériels de guerre, des armes, des munitions ou leurs éléments en méconnaissance des dispositions des articles L. 313-4 et L. 313-5 ;

3° Le fait de céder ou de vendre des matériels de guerre, des armes, des munitions ou leurs éléments constitutifs à un mineur, hors les cas où cette vente est autorisée dans les conditions fixées par décret en Conseil d'État.

Voir : Art. 321-6-1, p. 455.

Art. L. 317-2-1 *(En vigueur le 6 septembre 2013, Ord. n° 2013-518, 20 juin 2013).* – Les peines sont portées à dix ans d'emprisonnement et 500 000 € d'amende si les infractions prévues à l'article L. 317-2 sont commises en bande organisée.

Art. L. 317-3 *(En vigueur le 6 septembre 2013, Ord. n° 2013-518, 20 juin 2013).* – Les personnes morales déclarées responsables pénalement, dans les conditions prévues par l'article 121-2 du Code pénal, des infractions définies aux articles L. 317-2 et L. 317-2-1 encourent, outre l'amende suivant les modalités prévues par l'article 131-38 du Code pénal, les peines prévues par les 2°, 4°, 5°, 8° et 9° de l'article 131-39 du même code.

Art. L. 317-3-1 *(En vigueur le 6 septembre 2013, Ord. n° 2013-518, 20 juin 2013 ; L. n° 2018-133, 26 févr. 2018).* – Est punie de trois ans d'emprisonnement et de 45 000 € d'amende la cession, à quelque titre que ce soit, par un fabricant ou commerçant, détenteur de l'une des autorisations mentionnées à l'article L. 313-3, d'une ou plusieurs armes ou munitions des catégories A, B ou C, en violation des articles L. 312-1 à L. 312-4-3 ou de l'article L. 314-3.

Le tribunal ordonne, en outre, la confiscation des armes et des munitions.

Art. L. 317-3-2 *(En vigueur le 6 septembre 2013, Ord. n° 2013-518, 20 juin 2013 ; L. n° 2018-133, 26 févr. 2018).* – Est punie de six mois d'emprisonnement et de 7 500 € d'amende toute personne titulaire de l'une des autorisations de fabrication ou de commerce d'armes et de munitions mentionnées à l'article L. 313-3 qui :

1° Ne tient pas à jour le registre spécial dans lequel sont enregistrés, dans des conditions fixées par décret en Conseil d'État, les matériels mis en fabrication, en réparation, en transformation, achetés, vendus, loués ou détruits ;

2° Dans le cas d'opérations d'intermédiation, ne tient pas à jour le registre spécial dans lequel sont enregistrés, dans des conditions fixées par le même décret en Conseil d'État, le nom des entreprises mises en relation ou des autres participants à l'opération d'intermédiation ainsi que le contenu de ces opérations ;

3° En cas de cessation d'activité, ne dépose pas auprès de l'autorité administrative compétente les registres spéciaux mentionnés aux 1° et 2° ou n'en assure pas la conservation pendant un délai et dans des conditions fixés par le même décret en Conseil d'État ;

4° Cède à un autre commerçant ou fabricant autorisé un matériel, une arme, un élément essentiel ou des munitions des catégories A, B ou C, sans accomplir les formalités déterminées par le même décret en Conseil d'État ;

5° Vend par correspondance des matériels, armes, munitions et leurs éléments essentiels sans avoir reçu et conservé les documents nécessaires à leur inscription sur le registre spécial mentionné au 1° du présent article.

Art. L. 317-4 *(Abr., L. n° 2016-731, 3 juin 2016).*

Voir : art. 321-6-1, p. 455.

Art. L. 317-4-1 *(En vigueur le 6 septembre 2013, Ord. n° 2013-518, 20 juin 2013 ; L. n° 2018-133, 26 févr. 2018).* – Sont punies de deux ans d'emprisonnement et de 30 000 € d'amende l'acquisition, la cession ou la détention d'une ou de plusieurs armes de la catégorie C en l'absence de la déclaration prévue à l'article L. 312-4-1 ou à l'article L. 314-2-1.

Les peines sont portées à sept ans d'emprisonnement et à 100 000 € d'amende lorsque l'infraction est commise en bande organisée.

Art. L. 317-5 *(En vigueur le 6 septembre 2013, Ord. n° 2013-518, 20 juin 2013).* – Est puni de trois ans d'emprisonnement et de 45 000 € d'amende le fait d'acquérir ou de détenir des armes et des munitions en violation d'une interdiction prévue à l'article L. 312-10 ou à l'article L. 312-13.

Art. L. 317-6 *(En vigueur le 6 septembre 2013, Ord. n° 2013-518, 20 juin 2013 ; L. n° 2018-133, 26 févr. 2018).* – Est puni de trois mois d'emprisonnement et de 3 750 € d'amende le fait de mettre obstacle à la saisie prévue par les articles L. 312-8 et L. 312-12.

Art. L. 317-7 *(L. n° 2016-731, 3 juin 2016).* – La détention d'un dépôt d'armes ou de munitions de la catégorie C, ainsi que des armes de la catégorie D figurant sur une liste fixée par un décret en Conseil d'État, est punie de trois ans d'emprisonnement et de 45 000 € d'amende.

Les peines sont portées à sept ans d'emprisonnement et à 100 000 € d'amende lorsque l'infraction est commise en bande organisée.

Les peines sont portées à sept ans d'emprisonnement et à 100 000 € d'amende si l'auteur des faits a été antérieurement condamné pour une ou plusieurs infractions mentionnées aux articles 706-73 et

706-73-1 du Code de procédure pénale à une peine égale ou supérieure à un an d'emprisonnement ferme. En outre, la peine complémentaire d'interdiction de séjour peut être prononcée suivant les modalités prévues à l'article 131-31 du Code pénal.

Le tribunal ordonne, en outre, la confiscation des armes ou des munitions.

Ces dispositions ne sont pas applicables, dans la mesure où ils exercent leur industrie ou leur commerce, aux fabricants et aux vendeurs régulièrement autorisés.

Voir : Art. 321-6-1, p. 455.

Art. L. 317-7-1 à L. 317-7-4 *(Abr., L. n° 2016-731, 3 juin 2016).*

Art. L. 317-8 *(L. n° 2016-731, 3 juin 2016 ; en vigueur le 6 septembre 2013, Ord. n° 2013-518, 20 juin 2013 ; mod., L. n° 2013-711, 5 août 2013).* **–** Quiconque, hors de son domicile et sauf les exceptions résultant des articles L. 315-1 et L. 315-2, est trouvé porteur ou effectue sans motif légitime le transport, d'une ou plusieurs armes, de leurs éléments essentiels ou de munitions, même s'il en est régulièrement détenteur, est puni :

1° *(Abr., L. n° 2016-731, 3 juin 2016)* ;

2° S'il s'agit d'armes, de leurs éléments essentiels ou de munitions de la catégorie C, de deux ans d'emprisonnement et de 30 000 € d'amende ;

3° S'il s'agit d'armes, de munitions ou de leurs éléments de la catégorie D, à l'exception de ceux qui présentent une faible dangerosité et figurent sur une liste fixée par arrêté soumis à enregistrement, d'un an d'emprisonnement et de 15 000 € d'amende.

Art. L. 317-9 *(L. n° 2016-731, 3 juin 2016).* **–** Si le transport d'armes est effectué par au moins deux personnes ou si deux personnes au moins sont trouvées ensemble porteuses d'armes, les peines prévues à l'article L. 317-8 sont portées :

1° *(Abrogé)* ;

2° S'il s'agit d'armes, de leurs éléments essentiels ou de munitions de catégorie C, à cinq ans d'emprisonnement et 75 000 € d'amende ;

3° S'il s'agit d'armes, de munitions ou de leurs éléments de la catégorie D, à l'exception de ceux qui présentent une faible dangerosité et figurent sur une liste fixée par arrêté, à deux ans d'emprisonnement et 30 000 € d'amende.

Art. L. 317-9-1 *(En vigueur le 6 septembre 2013, Ord. n° 2013-518, 20 juin 2013).* **–** La licence de tir en cours de validité délivrée par une fédération sportive ayant reçu délégation du ministre chargé des sports au titre de l'article L. 131-14 du Code du sport ou la carte de collectionneur d'armes délivrée en application des articles L. 312-6-1 à L. 312-6-4 du présent code valent titre de transport légitime des armes qu'elles permettent d'acquérir régulièrement.

Le permis de chasser vaut titre de transport légitime pour les armes qu'il permet de détenir.

Le permis de chasser accompagné de la validation de l'année en cours ou de l'année précédente vaut titre de port légitime des armes qu'il permet d'acquérir pour leur utilisation en action de chasse ou pour toute activité qui y est liée.

Art. L. 317-9-2 *(Abr., L. n° 2016-731, 3 juin 2016).*

Art. L. 317-10 *(En vigueur le 6 septembre 2013, Ord. n° 2013-518, 20 juin 2013).* **–** En cas de récidive, les peines complémentaires de l'interdiction de séjour et l'interdiction des droits mentionnés à l'article 131-26 du Code pénal peuvent être prononcées.

Les délits prévus et réprimés par le présent titre ainsi que ceux prévus et réprimés par le titre III du livre III de la deuxième partie du Code de la défense, sont considérés comme étant, du point de vue de la récidive, un même délit.

Art. L. 317-10-1 *(L. n° 2018-133, 26 févr. 2018).* **–** La tentative des délits prévus aux articles L. 317-4-1, L. 317-5 et L. 317-6 est punie des mêmes peines que celles prévues pour chacun de ces délits.

Art. L. 317-11 *(En vigueur le 6 septembre 2013, Ord. n° 2013-518, 20 juin 2013).* **–** La peine privative de liberté encourue par l'auteur ou le complice des infractions prévues à l'article L. 317-7 est réduite de moitié si, ayant averti l'autorité administrative ou judiciaire, il a permis de faire cesser les agissements incriminés et d'identifier, le cas échéant, les autres auteurs ou complices.

Art. L. 317-12 *(En vigueur le 6 septembre 2013, Ord. n° 2013-518, 20 juin 2013).* **–** En cas de condamnation pour les infractions prévues au présent chapitre, le prononcé des peines complémentaires suivantes est obligatoire :

1° L'interdiction de détenir ou de porter, pour une durée de cinq ans au plus, une arme soumise à autorisation ;

2° La confiscation d'une ou de plusieurs armes dont le condamné est propriétaire ou dont il a la libre disposition ;

3° Le retrait du permis de chasser avec interdiction de solliciter la délivrance d'un nouveau permis pendant cinq ans au plus.

Toutefois, la juridiction peut, par une décision spécialement motivée, décider de ne pas prononcer ces peines, en considération des circonstances de l'infraction et de la personnalité de son auteur.

Art. L. 2339-4 *(Mod. à compter du 6 sept. 2013, L. n° 2012-304, 6 mars 2012, Ord. n° 2013-518, 20 juin 2013 ; L. n° 2018-133, 26 févr. 2018).* **– Est punie d'un emprisonnement de trois ans et d'une amende de 45 000 € la cession, à quelque titre que ce soit, par un fabricant ou commerçant, détenteur de l'une des autorisations mentionnées à l'article L. 2332-1 du présent code, d'une ou plusieurs armes ou munitions des catégories A, B ou C, en violation des articles L. 312-1 à L. 312-4-3 ou L. 314-3 du Code de la sécurité intérieure.**

Le tribunal ordonne, en outre, la confiscation des armes et des munitions.

Art. L. 2339-4-1 *(En vigueur à compter du 6 sept. 2013, L. n° 2012-304, 6 mars 2012 ; L. n° 2018-133, 26 févr. 2018).* **– Est punie d'un emprisonnement de six mois et d'une amende de 7 500 € toute personne titulaire de l'une des autorisations de fabrication ou de commerce d'armes et de munitions mentionnées à l'article L. 2332-1 qui :**

1° Ne tient pas à jour le registre spécial dans lequel sont enregistrés, dans des conditions fixées par décret en Conseil d'État, les matériels mis en fabrication, en réparation, en transformation, achetés, vendus, loués ou détruits ;

2° Dans le cas d'opérations d'intermédiation, ne tient pas à jour le registre spécial dans lequel sont enregistrés, dans des conditions fixées par le même décret en Conseil d'État, le nom des entreprises mises en relation ou des autres participants à l'opération d'intermédiation, ainsi que le contenu de ces opérations ;

3° En cas de cessation d'activité, ne dépose pas auprès de l'autorité administrative compétente les registres spéciaux mentionnés aux 1° et 2° ou n'en assure pas la conservation pendant un délai et dans des conditions fixés par le même décret en Conseil d'État ;

4° Cède à un autre commerçant ou fabricant autorisé un matériel, une arme, un élément essentiel ou des munitions des catégories A, B ou C, sans accomplir les formalités déterminées par le même décret en Conseil d'État ;

5° Vend par correspondance des matériels, armes, munitions et leurs éléments essentiels sans avoir reçu et conservé les documents nécessaires à leur inscription sur le registre spécial mentionné au 1° du présent article.

Section III. – Sanctions pénales de l'acquisition et de la détention

Art. L. 2339-5 *(L. n° 2016-731, 3 juin 2016).* **– Les sanctions pénales de l'acquisition et de la détention illicites des matériels de guerre, des armes et des munitions sont définies par la section 7 du chapitre II du titre II du livre II du Code pénal et le chapitre VII du titre Ier du livre III du Code de la sécurité intérieure.**

A fait l'exacte application de la loi la cour d'appel qui, après avoir déclaré un prévenu coupable d'infraction à la législation sur les armes avec la circonstance aggravante qu'il a été antérieurement condamné à l'emprisonnement pour un délit, retient la même condamnation pour caractériser l'état de récidive rendant applicables les peines minimales prévues par l'article 132-19-1 du Code pénal (■ Cass. crim., 22 sept. 2010 : *Bull. crim.* n° 138).

Art. L. 2339-5-1 *(En vigueur à compter du 6 sept. 2013, L. n° 2012-304, 6 mars 2012).* **– Sont punies de deux ans d'emprisonnement et d'une amende de 30 000 € l'acquisition, la cession ou la détention d'une ou de plusieurs armes de la catégorie C en l'absence de la déclaration prévue au V de l'article L. 2336-1 ou au II de l'article L. 2337-3.**

Sont punies d'un an d'emprisonnement et d'une amende de 15 000 € l'acquisition, la cession ou la détention d'une ou de plusieurs armes de catégorie D en violation des obligations particulières mentionnées au second alinéa du VI du même article L. 2336-1.

Les peines sont portées à sept ans d'emprisonnement et à 100 000 € d'amende lorsque l'infraction est commise en bande organisée.

Art. L. 2339-6 et L. 2339-7 *(Abrogés et recodifiés à compter du 1er mai 2012, Ord. n° 2012-351, 12 mars 2012. – V. CSI, art. L. 317-5 et L. 317-6).*

Art. L. 2339-8 *(Mod. à compter du 6 sept. 2013, L. n° 2012-304, 6 mars 2012).* – La détention d'un dépôt d'armes ou de munitions des catégories A, B, ainsi que des armes de la catégorie D figurant sur une liste fixée par un décret en Conseil d'État est punie d'un emprisonnement de cinq ans et d'une amende de 3 750 €.

Les peines sont portées à dix ans d'emprisonnement et à 500 000 € d'amende lorsque l'infraction est commise en bande organisée.

La peine est portée à dix ans d'emprisonnement et la peine complémentaire d'interdiction de séjour peut être prononcée suivant les modalités prévues par l'article 131-31 du Code pénal lorsque le coupable a antérieurement été condamné à l'emprisonnement ou à une peine plus grave pour crime ou délit.

Le tribunal ordonne, en outre, la confiscation des armes ou des munitions.

Ces dispositions ne sont pas applicables, dans la mesure où ils exercent leur industrie ou leur commerce, aux fabricants et aux vendeurs régulièrement autorisés.

Avertissement : Deux versions de l'article L. 2339-8 coexistent.

Art. L. 2339-8-1 *(En vigueur à compter du 6 sept. 2013, L. n° 2012-304, 6 mars 2012).* – Est puni de cinq ans d'emprisonnement et de 75 000 € d'amende le fait de frauduleusement supprimer, masquer, altérer ou modifier de façon quelconque les marquages, poinçons, numéros de série, emblèmes ou signes de toute nature apposés ou intégrés sur des matériels mentionnés à l'article L. 2331-1, des armes ou leurs éléments essentiels afin de garantir leur identification de manière certaine suivant les modalités fixées par un décret en Conseil d'État ou de détenir, en connaissance de cause, une arme ainsi modifiée.

Art. L. 2339-8-2 *(En vigueur à compter du 6 sept. 2013, L. n° 2012-304, 6 mars 2012).* – I. – Est puni de cinq ans d'emprisonnement et d'une amende de 75 000 € l'acquisition, la vente, la livraison ou le transport de matériels, d'armes et de leurs éléments essentiels mentionnés à l'article L. 2331-1 dépourvus des marquages, poinçons, numéros de série, emblèmes ou signes de toute nature apposés ou intégrés sur les matériels, les armes ou leurs éléments essentiels, nécessaires à leur identification de manière certaine suivant les modalités fixées par le décret en Conseil d'État prévu à l'article L. 2339-8-1, ou dont les marquages, poinçons, numéros de série, emblèmes ou signes de toute nature auraient été supprimés, masqués, altérés ou modifiés.

II. – Les peines peuvent être portées à dix ans d'emprisonnement et 150 000 € d'amende si les infractions mentionnées au I sont commises en bande organisée.

III. – La tentative des délits prévus au présent article est punie des mêmes peines.

Section IV. – Sanctions pénales du port, du transport et des expéditions

Art. L. 2339-9 *(L. n° 2016-731, 3 juin 2016).* – Les sanctions pénales du port, du transport et des expéditions illicites des matériels de guerre, des armes et des munitions sont définies par la section 7 du chapitre II du titre II du livre II du Code pénal et le chapitre VII du titre Ier du livre III du Code de la sécurité intérieure.

Section V. – Sanctions pénales des importations, exportations et transferts

(Mod. à compter du 30 juin 2012, L. n° 2011-702, 22 juin 2011)

Art. L. 2339-10 *(L. n° 2016-731, 3 juin 2016).* – Est punie de cinq ans d'emprisonnement et d'une amende de 75 000 € l'importation, sans autorisation, des matériels *(Mots rempl. à compter du 6 sept. 2013, L. n° 2012-304, 6 mars 2012)* « des catégories A, B, C et D figurant sur une liste fixée par un décret en Conseil d'État ».

Le fait de contrevenir au I de l'article L. 2335-17 est puni des mêmes peines.

Les peines sont portées à dix ans d'emprisonnement et à 500 000 € d'amende lorsque l'infraction est commise en bande organisée.

La tentative des délits prévus aux alinéas précédents est punie des mêmes peines.

Voir : art. 321-6-1, p. 455.

Art. L. 2339-11 *(Mod., L. n° 2007-1544, 29 oct. 2007 ; mod. à compter du 30 juin 2012, L. n° 2011-702, 22 juin 2011 ; rempl. à compter du 6 sept. 2013, L. n° 2012-304, 6 mars 2012 ; L. n° 2016-731, 3 juin 2016).* – Est puni d'un emprisonnement de deux ans et d'une amende de 30 000 € l'usage, par une personne non qualifiée, du poinçon mentionné à l'article L. 2332-8-1.

Art. L. 2339-11-1 *(En vigueur à compter du 30 juin 2012, L. n° 2011-702, 22 juin 2011).* – Est puni d'un emprisonnement de cinq ans et d'une amende de 75 000 € :

1° Sans préjudice de l'application du Code des douanes, le fait de contrevenir aux articles L. 2335-2, L. 2335-3, L. 2335-9 et L. 2335-10 et au I de l'article L. 2335-18 ;

2° Le fait de ne pas tenir ou de ne pas conserver durant le délai prévu le registre des exportations mentionné à l'article L. 2335-6 et le registre des transferts mentionné à l'article L. 2335-14 ;

3° Le fait de ne pas présenter le registre des exportations ou le registre des transferts aux agents visés à l'article L. 2339-1 à leur première demande ;

4° Le fait d'omettre, de manière répétée et significative, de renseigner une ou plusieurs des informations obligatoires des registres prévus aux articles L. 2335-6 et L. 2335-14.

Art. L. 2339-11-2 *(En vigueur à compter du 30 juin 2012, L. n° 2011-702, 22 juin 2011).* – Est puni d'un emprisonnement de trois ans et d'une amende de 45 000 € :

1° Le fait de ne pas reproduire les mentions obligatoires prescrites au second alinéa des articles L. 2335-5 ou L. 2335-13 ;

2° Le fait pour le destinataire de transférer ou d'exporter des matériels non intégrés dans ses produits en violation de l'engagement prévu à l'article L. 2335-15 ;

3° Le fait d'obtenir la licence d'exportation mentionnée à l'article L. 2335-7 à la suite d'une déclaration mensongère ou frauduleuse selon laquelle les restrictions à l'exportation de produits liés à la défense, reçus au titre d'une licence de transfert d'un État membre de l'Union européenne, ont été respectées ou levées par l'État membre d'origine ;

4° Le fait pour un destinataire d'omettre ou de refuser de répondre aux demandes qui lui sont adressées par les agents mentionnés à l'article L. 2339-1 concernant les utilisateurs finaux et l'utilisation finale de tous les produits exportés, transférés ou reçus par l'entreprise au titre d'une licence de transfert d'un autre État membre de l'Union européenne.

Art. L. 2339-11-3 *(En vigueur à compter du 30 juin 2012, L. n° 2011-702, 22 juin 2011).* – Est puni d'une amende de 15 000 € :

1° Le fait pour un fournisseur ou un exportateur de ne pas informer le ministre de la Défense, dans le délai fixé, y compris par négligence, de son intention d'utiliser une licence générale d'exportation ou une licence générale de transfert pour la première fois ;

2° Le fait de ne pas transmettre à l'autorité administrative la déclaration des matériels exportés mentionnée à l'article L. 2335-6 et la déclaration des matériels transférés mentionnée à l'article L. 2335-14.

Art. L. 2339-11-4 *(En vigueur à compter du 30 juin 2012, L. n° 2011-702, 22 juin 2011).* – Pour les infractions prévues aux articles L. 2339-11-1 et L. 2339-11-2, les personnes morales encourent :

1° L'amende, suivant les modalités prévues par l'article 131-38 du Code pénal ;

2° Les peines mentionnées aux 2°, 4°, 5°, 8° et 9° de l'article 131-39 du même code.

Section VI. – Sanctions pénales de la récidive

Art. L. 2339-12 *(Mod. à compter du 1er mai 2012, Ord. n° 2012-351, 12 mars 2012).* – En cas de récidive les peines complémentaires de l'interdiction de séjour et l'interdiction des droits mentionnés à l'article 131-26 du Code pénal peuvent être prononcées.

Les délits prévus et réprimés par le présent titre, ainsi que ceux prévus et réprimés par le titre Ier du livre III du Code de la sécurité intérieure sont considérés comme étant, du point de vue de la récidive, un même délit.

Section VII. – Protection des personnes bénéficiant de réduction de peines pour avoir permis d'éviter la réalisation d'infractions, de faire cesser ou d'atténuer le dommage causé par une infraction, ou d'identifier les auteurs ou complices d'infractions

Art. L. 2339-13 *(Mod. à compter du 1er mai 2012, Ord. n° 2012-351, 12 mars 2012)*. **– La peine privative de liberté encourue par l'auteur ou le complice des infractions prévues aux articles L. 2339-2 et L. 2339-10 est réduite de moitié si, ayant averti l'autorité administrative ou judiciaire, il a permis de faire cesser les agissements incriminés et d'identifier, le cas échéant, les autres auteurs ou complices.**

Section VIII. – De la prolifération des vecteurs d'armes de destruction massive
(L. n° 2011-266, 14 mars 2011)

Art. L. 2339-14 *(L. n° 2016-731, 3 juin 2016)*. **– Les infractions définies aux articles 222-52 à 222-54 du Code pénal, au premier alinéa du I de l'article L. 2339-2, à l'article L. 2339-4 et aux deux premiers alinéas de l'article L. 2339-10 du présent code, ainsi qu'au premier alinéa de l'article L. 317-7 du Code de la sécurité intérieure, sont punies de quinze ans de réclusion criminelle et un million et demi d'euros d'amende lorsqu'elles concernent des missiles, fusées ou autres systèmes sans pilote capables de conduire à leur cible des armes nucléaires telles que définies au III de l'article L. 1333-13-4, chimiques ou biologiques et spécialement conçus à cet usage.**

Ces faits sont punis de vingt ans de réclusion criminelle et de trois millions d'euros d'amende lorsqu'ils sont commis en bande organisée.

Art. L. 2339-15 *(L. n° 2011-266, 14 mars 2011)*. **– Le fait de procurer un financement en fournissant, réunissant ou gérant des fonds, des valeurs ou des biens quelconques ou en donnant des conseils à cette fin, dans l'intention de voir ces fonds, valeurs ou biens utilisés ou en sachant qu'ils sont destinés à être utilisés, en tout ou partie, en vue de commettre l'une quelconque des infractions prévues à l'article L. 2339-14, indépendamment de la commission effective d'une telle infraction, est puni des peines prévues à ce même article.**

Art. L. 2339-16 *(L. n° 2011-266, 14 mars 2011 ; mod., Ord. n° 2012-351, 12 mars 2012)*. **– Le fait de se faire délivrer indûment, par quelque moyen frauduleux que ce soit, les autorisations ou agréments mentionnés au I de l'article L. 2332-1 et aux articles L. 2335-1 à L. 2335-3 du présent code, ainsi qu'à l'article L. 312-2 et à l'article L. 314-3 du Code de la sécurité intérieure, est puni de dix ans d'emprisonnement et un million et demi d'euros d'amende lorsque ces autorisations ou agréments concernent des missiles, fusées ou autres systèmes sans pilote capables de conduire à leur cible des armes nucléaires telles que définies au III de l'article L. 1333-13-4 du présent code, chimiques ou biologiques et spécialement conçus à cet usage.**

Art. L. 2339-17 *(L. n° 2011-266, 14 mars 2011)*. **– Les personnes physiques coupables de l'une des infractions prévues à la présente section encourent les peines complémentaires suivantes :**

1° L'interdiction, suivant les modalités prévues par l'article 131-26 du Code pénal, des droits civiques, civils et de famille ;

2° L'interdiction, suivant les modalités prévues par l'article 131-27 du même code, d'exercer une fonction publique ou d'exercer l'activité professionnelle ou sociale dans l'exercice ou à l'occasion de l'exercice de laquelle l'infraction a été commise ;

3° La fermeture soit à titre définitif, soit pour une durée de cinq ans au plus des établissements ou de l'un ou de plusieurs des établissements de l'entreprise ayant servi à commettre les faits incriminés ;

4° L'exclusion des marchés publics pour une durée de cinq ans au plus ;

5° La confiscation des missiles, fusées ou autres systèmes sans pilote capables de conduire à leur cible des armes nucléaires telles que définies au III de l'article L. 1333-13-4 du présent code, chimiques ou biologiques et spécialement conçus à cet usage, ainsi que celle des équipements ayant servi à l'élaboration, à l'utilisation ou au transport de ces biens ;

6° L'affichage ou la diffusion de la décision prononcée dans les conditions prévues par l'article 131-35 du Code pénal ;

7° L'interdiction de séjour, suivant les modalités prévues par l'article 131-31 du même code ;

8° L'interdiction du territoire français, lorsqu'il s'agit d'étrangers, prononcée dans les conditions prévues par l'article 131-30 du même code, soit à titre définitif, soit pour une durée de dix ans au plus.

Art. L. 2339-18 *(L. n° 2011-266, 14 mars 2011)*. – Les personnes morales coupables de l'une des infractions prévues à la présente section encourent, outre l'amende suivant les modalités prévues par l'article 131-38 du même code, les peines suivantes :

1° Dans les cas prévus par les articles L. 2339-14 et L. 2339-15 du présent code, les peines mentionnées à l'article 131-39 du Code pénal ;

2° Dans les cas prévus par l'article L. 2339-16 du présent code, les peines mentionnées aux 2° à 11° de l'article 131-39 du Code pénal.

L'interdiction mentionnée au 2° du même article 131-39 porte sur l'activité dans l'exercice ou à l'occasion de l'exercice de laquelle l'infraction a été commise.

Section IX. – ***Peines complémentaires applicables aux personnes physiques***
(En vigueur à compter du 6 sept. 2013, L. n° 2012-304, 6 mars 2012)

Art. L. 2339-19 *(En vigueur à compter du 6 sept. 2013, L. n° 2012-304, 6 mars 2012)*. – En cas de condamnation pour les infractions prévues au présent chapitre, le prononcé des peines complémentaires suivantes est obligatoire :

1° L'interdiction de détenir ou de porter, pour une durée de cinq ans au plus, une arme soumise à autorisation ;

2° La confiscation d'une ou de plusieurs armes dont le condamné est propriétaire ou dont il a la libre disposition ;

3° Le retrait du permis de chasser avec interdiction de solliciter la délivrance d'un nouveau permis pendant cinq ans au plus.

Toutefois, la juridiction peut, par une décision spécialement motivée, décider de ne pas prononcer ces peines, en considération des circonstances de l'infraction et de la personnalité de son auteur.

TITRE IV. – ARMES SOUMISES À INTERDICTION

CHAPITRE I. – ARMES BIOLOGIQUES OU À BASE DE TOXINES

Section I. – Interdictions

Art. L. 2341-1 *(Mod., L. n° 2011-266, 14 mars 2011)*. – Sont interdits la mise au point, la fabrication, la détention, le stockage, le transport, l'acquisition, la cession, l'importation, l'exportation, le commerce et le courtage des agents microbiologiques, des autres agents biologiques et des toxines biologiques, quels qu'en soient l'origine et le mode de production, des types et en quantité non destinés à des fins prophylactiques, de protection ou à d'autres fins pacifiques.

Art. L. 2341-2 *(Rempl., L. n° 2011-266, 14 mars 2011)*. – Il est interdit de procurer un financement en fournissant, réunissant ou gérant des fonds, des valeurs ou des biens quelconques ou en donnant des conseils à cette fin, dans l'intention de voir ces fonds, valeurs ou biens utilisés ou en sachant qu'ils sont destinés à être utilisés, en tout ou partie, en vue de commettre l'un quelconque des actes interdits à l'article L. 2341-1, indépendamment de la réalisation effective d'un tel acte.

Section II. – Dispositions pénales

Art. L. 2341-3. – Dans le cas où des poursuites pénales ont été engagées en application des articles L. 2341-1 et L. 2341-2, le juge d'instruction peut, par ordonnance, prononcer, à titre provisoire, la fermeture totale ou partielle de l'établissement où a été mis au point, fabriqué, détenu ou stocké l'un des agents ou toxines définis à l'article L. 2341-1.

Art. L. 2341-4 *(Rempl., L. n° 2011-266, 14 mars 2011)*. – Les infractions aux articles L. 2341-1 et L. 2341-2 sont punies de vingt ans de réclusion criminelle et de trois millions d'euros d'amende.

Les peines sont portés à trente ans de réclusion criminelle et à cinq millions d'euros d'amende lorsque l'infraction est commise en bande organisée.

En cas de condamnation, la juridiction de jugement ordonne la confiscation, en vue de leur destruction, des agent ou toxines définis à l'article L. 2341-1.

Voir : art. 321-6-1, p. 455.

Art. L. 2341-5 *(Rempl., L. n° 2011-266, 14 mars 2011)*. – Le fait de provoquer, d'encourager ou d'inciter quiconque, de quelque manière que ce soit, à commettre les infractions prévues à l'article L. 2341-4, lorsque ce fait a été suivi d'effet, est puni des peines prévues pour ces infractions.

Lorsque les faits mentionnés au premier alinéa du présent article ne sont pas suivis d'effet en raison de circonstances indépendantes de la volonté de leur auteur, la peine est de sept ans d'emprisonnement et de 100 000 € d'amende.

Art. L. 2341-5-1 *(L. n° 2011-266, 14 mars 2011)*. – Les personnes physiques coupables de l'une des infractions prévues à la présence section encourent les peines complémentaires suivantes :

1° L'interdiction, suivant les modalités prévues par l'article 131-26 du Code pénal, les droits civiques, civils et de famille ;

2° L'interdiction, suivant les modalités prévues par l'article 131-27 du même code, d'exercer une fonction publique ou d'exercer l'activité professionnelle ou sociale dans l'exercice ou à l'occasion de l'exercice de laquelle l'infraction a été commise ;

3° La fermeture soit à titre définitif, soit pour une durée de cinq ans au plus des établissements ou de l'un ou de plusieurs des établissements de l'entreprise ayant servi à commettre les faits, incriminés ;

4° L'exclusion des marchés publics pour une durée de cinq ans au plus ;

5° La confiscation des équipements ayant servi à la mise au point, à la fabrication, au transport, à la détention et au stockage des agents ou toxines définis à l'article L. 2341-1 du présent code ;

6° L'affichage ou la diffusion de la décision prononcée dans les conditions prévues par l'article 131-35 du Code pénal ;

7° L'interdiction de séjour, suivant les modalités prévues par l'article 131-31 du même code ;

8° L'interdiction du territoire français, lorsqu'il s'agit d'étrangers, prononcée dans les conditions prévues par l'article 131-30 du même code, soit à titre définitif, soit pour une durée de dix ans au plus.

Art. L. 2341-5-2 *(L. n° 2011-266, 14 mars 2011)*. – Les personnes morales coupables de l'une des infractions prévues à la présente section encourent, outre l'amende suivant les modalités prévues par l'article 131-38 du Code pénal, les peines mentionnées à l'article 131-39 du même code.

L'interdiction mentionnée au 2° du même article 131-39 porte sur l'activité dans l'exercice ou à l'occasion de l'exercice de laquelle l'infraction a été commise.

Art. L. 2341-6 *(Mod., L. n° 2011-266, 14 mars 2011)*. – La peine privative de liberté encourue par l'auteur ou le complice des infractions prévues par la présente section est réduite de moitié si, ayant averti l'autorité administrative ou judiciaire, il a permis de faire cesser les agissements incriminés ou d'éviter que l'infraction n'entraîne mort d'homme ou infirmité permanente et d'identifier, le cas échéant, les autres auteurs ou complices.

Art. L. 2341-6-1 *(L. n° 2011-266, 14 mars 2011)*. – Toute personne qui a tenté de commettre les infractions prévues par la présente section est exempte de peine si, ayant averti l'autorité administrative ou judiciaire, elle a permis d'éviter la réalisation de l'une des infractions et d'identifier, le cas échéant, les autres auteurs ou complices.

Art. L. 2341-6-2 *(L. n° 2011-266, 14 mars 2011)*. – Les deux premiers alinéas de l'article 132-23 du Code pénal sont applicables aux infractions prévues par la présente section.

Art. L. 2341-7. – Un décret en Conseil d'État détermine les mesures d'application du présent chapitre.

CHAPITRE IV. – Armes à sous-munitions
(En vigueur à compter du 2 août 2010, L. n° 2010-819, 20 juill. 2010)

Section II. – Régime juridique

Art. L. 2344-2 ***(En vigueur à compter du 2 août 2010, L. n° 2010-819, 20 juill. 2010).*** **– La mise au point, la fabrication, la production, l'acquisition, le stockage, la conservation, l'offre, la cession, l'importation, l'exportation, le commerce, le courtage, le transfert et l'emploi des armes à sous-munitions sont interdits.**

Est également interdit le fait d'assister, d'encourager ou d'inciter quiconque à s'engager dans une des activités interdites susmentionnées.

Ces interdictions s'appliquent également aux petites bombes explosives qui sont spécifiquement conçues pour être dispersées ou libérées d'un disperseur fixé à un aéronef.

Art. L. 2344-3 ***(En vigueur à compter du 2 août 2010, L. n° 2010-819, 20 juill. 2010).*** **– Nonobstant les dispositions de l'article L. 2344-2, toute personne peut participer à une coopération en matière de défense ou de sécurité ou à une opération militaire multinationale ou au sein d'une organisation internationale avec des États non parties à la convention d'Oslo qui pourraient être engagés dans des activités interdites par ladite convention.**

Est interdit le fait pour une personne agissant dans le cadre susmentionné de mettre au point, de fabriquer, de produire, d'acquérir de quelque autre manière des armes à sous-munitions, de constituer elle-même des stocks, de transférer ces armes, de les employer elle-même ou d'en demander expressément l'emploi, lorsque le choix des munitions est sous son contrôle exclusif.

Section III. – Dispositions pénales

Art. L. 2344-7 ***(En vigueur à compter du 2 août 2010, L. n° 2010-819, 20 juill. 2010).*** **– Le fait de méconnaître les interdictions mentionnées à l'article L. 2344-2 et au second alinéa de l'article L. 2344-3 est puni de dix ans d'emprisonnement et de 150 000 € d'amende.**

La tentative des délits mentionnés à l'alinéa précédent est punie des mêmes peines.

Art. L. 2344-8 ***(En vigueur à compter du 2 août 2010, L. n° 2010-819, 20 juill. 2010).*** **– Les personnes physiques coupables de l'une des infractions prévues à la présente sous-section encourent les peines complémentaires suivantes :**

1° L'interdiction, suivant les modalités prévues par l'article 131-26 du Code pénal, des droits civiques, civils et de famille ;

2° L'interdiction, suivant les modalités prévues par l'article 131-27 du même code, d'exercer une fonction publique ou d'exercer l'activité professionnelle ou sociale dans l'exercice ou à l'occasion de l'exercice de laquelle l'infraction a été commise ;

3° La fermeture, soit à titre définitif, soit pour une durée de cinq ans au plus, des établissements ou de l'un ou de plusieurs des établissements de l'entreprise ayant servi à commettre les faits incriminés ;

4° L'exclusion des marchés publics pour une durée de cinq ans au plus ;

5° La confiscation des équipements ayant servi à la mise au point, à la fabrication, à la détention ou au stockage des armes à sous-munitions, suivant les modalités prévues à l'article 131-21 du même code ;

6° L'affichage et la diffusion de la décision prononcée dans les conditions prévues par l'article 131-35 du même code ;

7° L'interdiction de séjour, suivant les modalités prévues par l'article 131-31 du même code ;

8° L'interdiction du territoire français, lorsqu'il s'agit d'étrangers, prononcée dans les conditions prévues par l'article 131-30 du même code, soit à titre définitif, soit pour une durée de dix ans au plus.

Art. L. 2344-9 ***(En vigueur à compter du 2 août 2010, L. n° 2010-819, 20 juill. 2010).*** **– Les personnes morales déclarées responsables pénalement, dans les conditions prévues par l'article 121-2 du Code pénal, des infractions définies à l'article L. 2344-7 du présent code encourent, outre l'amende suivant les modalités prévues par l'article 131-39 du même code.**

L'interdiction mentionnée au 2° du même article 131-39 porte sur l'activité dans l'exercice ou à l'occasion de l'exercice de laquelle l'infraction a été commise.

Art. L. 2344-10 *(En vigueur à compter du 2 août 2010, L. n° 2010-819, 20 juill. 2010).* – Lorsque les infractions définies à l'article L. 2344-2 et au second alinéa de l'article L. 2344-3 du présent code sont commises hors du territoire de la République par un Français, la loi pénale française est applicable alors même que les faits ne seraient pas punis par la législation du pays où ils ont été commis. La seconde phrase de l'article 113-8 du Code pénal n'est pas applicable.

Loi n° 85-706 du 12 juillet 1985

relative à la publicité faite en faveur des armes à feu et de leurs munitions

Art. 1er *(L. n° 2012-304, 6 mars 2012).* – La publicité relative aux armes à feu des catégories A, B ainsi qu'aux armes des catégories C et D figurant sur une liste fixée par un décret en Conseil d'État ne peut comporter que la représentation de ces seules armes et de leurs munitions et les mentions ci-après :

1° Nom et nationalité du fabricant et, le cas échéant, nom du distributeur et du vendeur ;

2° Dénomination de l'arme ou de la munition ;

3° Type, calibre, portée, mode de percussion, système de visée, système d'alimentation, longueur et caractéristiques du canon, poids et projectiles ;

4° Mode de fabrication, brevets et matériaux utilisés ;

5° Date de première mise en vente ;

6° Prix et conditions de vente ;

7° Accessoires adaptables, à l'exclusion des silencieux.

Art. 2. – Toute publicité faite en faveur des armes à feu et munitions mentionnées à l'article 1er doit être accompagnée de l'indication de la catégorie à laquelle appartiennent ces armes et munitions et du régime auquel leur acquisition est soumise.

Art. 3. – Les armes à feu et munitions mentionnées à l'article premier, exception faite des armes de signalisation et de starter à condition qu'elles ne permettent pas de tir de cartouches à balle, ne peuvent être proposées à la vente ou faire l'objet de publicité sur des catalogues, prospectus, publications périodiques ou tout autre support de l'écrit, de la parole ou de l'image que lorsque l'objet, le titre et l'essentiel du contenu de ces supports ont trait à la chasse, à la pêche ou au tir sportif. Les modalités d'application du présent article seront définies par un décret en Conseil d'État.

Art. 4. – Les documents publicitaires, catalogues et périodiques faisant de la publicité pour les armes à feu et munitions mentionnées à l'article premier, autres que les armes de signalisation et de starter à condition qu'elles ne permettent pas le tir de cartouches à balle, ne peuvent être distribués ou envoyés qu'aux personnes qui en ont fait la demande, ainsi qu'à celles dont l'activité professionnelle relève des dispositions de l'article 2 du décret du 18 avril 1939 précité.

Art. 5. – Les armes à feu et munitions mentionnées à l'article premier ne peuvent être mises en loterie ni être offertes en récompense de concours, à l'exception des concours dont le thème est cynégétique ou des compétitions de tir sportif.

Art. 6 *(Mod., L. n° 2009-526, 12 mai 2009).* – Toute infraction aux dispositions des articles 1er à 5 de la présente loi est punie d'une amende de 45 000 €.

En cas de récidive, le tribunal peut ordonner, aux frais du condamné, la publication de sa décision, intégralement ou par extraits, dans un ou plusieurs journaux qu'il désigne, et la diffusion d'un message, dans les conditions prévues au sixième alinéa du paragraphe II de l'article 44 de la loi n° 73-1193 du 27 décembre 1973 d'orientation du commerce et de l'artisanat, informant le public de sa décision ; il peut également ordonner l'affichage de sa décision dans les conditions prévues à l'article 51[131-35] du Code pénal.

Les officiers de police judiciaire peuvent, avant toute poursuite, saisir les documents publicitaires à l'exception des publications périodiques, édités ou diffusés en infraction aux dispositions de la présente loi.

En cas de condamnation, le tribunal ordonne la destruction des exemplaires saisis.

Art. 7. – Les dispositions de la présente loi ne sont pas applicables aux documents exclusivement destinés à la prospection des marchés étrangers.

Ces documents ne peuvent sous peine des sanctions figurant à l'article 6, être distribués ou envoyés à des Français sur le territoire national, à l'exception de ceux dont l'activité professionnelle relève des dispositions de l'article 2 du décret du 18 avril 1939 précité.

Art. 8. – Les dispositions des articles 3, relatives aux publications périodiques, et 4 de la présente loi entreront en vigueur trois mois après sa publication au *Journal officiel* de la République française. Les dispositions de l'article 3 relatives aux catalogues, prospectus ou autres supports de l'écrit, de la parole ou de l'image entreront en vigueur à une date fixée par décret, tenant compte des impératifs techniques de confection et de diffusion des documents concernés.

Art. 9 *(Ord. n° 2009-537, 14 mai 2009)*. – Les dispositions de la présente loi sont applicables dans les îles Wallis-et-Futuna, en Polynésie française, dans les Terres australes et antarctiques françaises et en Nouvelle-Calédonie, sous réserve des modifications suivantes :

1° À l'article 6, les mots : « , et la diffusion d'un message dans les conditions prévues au sixième alinéa du paragraphe II de l'article 44 de la loi n° 73-1193 du 27 décembre 1973 d'orientation du commerce et de l'artisanat, informant le public de sa décision ; » sont supprimés ;

2° Les montants exprimés en euros sont applicables compte tenu de leur contre-valeur en monnaie locale.

Décret n° 90-153 du 16 février 1990

portant diverses dispositions relatives au régime des produits explosifs

(Abr. et codifié au Code de la défense, D. n° 2009-1440, 23 nov. 2009)

Code de la défense

Art. R. 2352-1 *(D. n° 2009-1440, 23 nov. 2009)*. – Pour l'application du présent titre, on entend :

1° Par « produits explosifs » toutes poudres et substances explosives et tous produits ouvrés comportant, sous quelque forme que ce soit, des poudres et substances explosives ;

2° Par « installations fixes de produits explosifs » :

a) Les « installations » où des produits explosifs sont fabriqués, conditionnés, encartouchés, conservés, débités, utilisés à des fins industrielles telles que découpage, formage, emboutissage, placage de métaux, ou détruits ;

b) Les « dépôts » où des produits explosifs sont conservés ;

c) Les « débits » où des produits explosifs sont vendus au détail ;

3° Par « installations mobiles de produits explosifs » les installations de produits explosifs constituées par un véhicule ou placées sur un véhicule et conçues pour être exploitées successivement sur différents sites. Ces installations sont soit des dépôts mobiles, soit des installations mobiles de fabrication de produits explosifs ;

4° Par « emploi » ou « utilisation » des produits explosifs, l'emploi ou l'utilisation par explosion.

....

§ 1. – Produits explosifs soumis au marquage CE

Art. R. 2352-49 à R. 2352-63 *(Abr. à compter du 4 juill. 2010, D. n° 2010-455, 4 mai 2010)*.

Art. R. 2352-64 *(D. n° 2009-1440, 23 nov. 2009 ; mod. à compter du 4 juill. 2010, D. n° 2010-455, 4 mai 2010)*. – [L]e ministre chargé de l'intérieur, ou le préfet en ce qui concerne la circulation *(Mots remplacés, D. n° 2012-1238, 7 nov. 2012)* « des produits soumis aux règles d'identification et de traçabilité ainsi que des produits mentionnés à l'article 4 du décret n° 2010-455 du 4 mai 2010 » à l'intérieur du territoire national et le ministre chargé des douanes en ce qui concerne le transfert de ces produits en provenance ou à destination d'un autre État membre de la Communauté européenne peuvent, en cas de menaces graves ou d'atteintes à l'ordre public en raison de la détention ou de l'emploi illicites de ces produits, prendre toutes mesures nécessaires pour prévenir cette détention ou cet emploi illicites.

§ 2. – Produits explosifs non soumis au marquage CE

Art. R. 2352-65 à R. 2352-72 *(Abr. à compter du 4 juill. 2010, D. n° 2010-455, 4 mai 2010).*

Sous-section 6. – Installations de produits explosifs

§ 1. – Règles générales

Art. R. 2352-89 *(D. n° 2009-1440, 23 nov. 2009 ; mod. à compter du 4 juill. 2010, D. n° 2010-455, 4 mai 2010).* **– L'exploitant d'une installation fixe ou mobile de produits explosifs doit en assurer la sûreté, en application des règles mentionnées à l'article R. 2352-90.**

Il doit donner libre accès aux autorités compétentes chargées du contrôle de l'application des règles mentionnées à l'article R. 2352-90.

Art. R. 2352-90 *(D. n° 2009-1440, 23 nov. 2009 ; mod. à compter du 4 juill. 2010, D. n° 2010-455, 4 mai 2010).* **– Les ministres de l'Intérieur et de la Défense et le ministre chargé du travail fixent, par arrêtés, les règles techniques et de sûreté relatives à l'aménagement et à l'exploitation des installations fixes ou mobiles de produits explosifs.**

Les règles techniques relatives à la sûreté ont pour objet la prévention des crimes et délits susceptibles d'être commis à l'intérieur d'une installation fixe ou mobile de produits explosifs à l'extérieur de cette installation au moyen de produits explosifs qui y ont été volés. Elles visent notamment à assurer la protection du périmètre, des accès et des bâtiments de l'installation, à détecter les intrusions et tentatives d'intrusion, en privilégiant le recours à des dispositifs techniques et à faciliter l'intervention des forces de l'ordre.

Art. R. 2352-91 *(D. n° 2009-1440, 23 nov. 2009).* **– Les règles techniques relatives à la sûreté varient selon la masse nette de matière active et la quantité de détonateurs dont la conservation est autorisée.**

Art. R. 2352-92 *(D. n° 2009-1440, 23 nov. 2009 ; mod. à compter du 4 juill. 2010, D. n° 2010-455, 4 mai 2010).* **– Par dérogation aux dispositions de l'article R. 2352-90, les installations où ne sont conservés que des produits explosifs ouvrés qui, compte tenu de leur caractère détonant ou non et de la quantité de matière active qu'ils contiennent, ne présentent pas de risque d'une utilisation à des fins criminelles ou délictueuses sont soumises à des règles techniques de sûreté particulières, fixées par arrêtés conjoints des ministres de l'Intérieur et de la Défense. La liste de ces produits est fixée par arrêté conjoint des ministres de l'Intérieur et de la Défense.**

Art. R. 2352-93 *(D. n° 2009-1440, 23 nov. 2009 ; mod. à compter du 4 juill. 2010, D. n° 2010-455, 4 mai 2010).* **– Les arrêtés fixant les règles techniques de sûreté précisent les délais et les conditions selon lesquels les règles qu'ils édictent s'appliquent aux installations existant à la date de leur entrée en vigueur.**

Art. R. 2352-94 *(D. n° 2009-1440, 23 nov. 2009).* **– Les services de police ou de gendarmerie territorialement compétents sont informés par l'exploitant de la localisation et de l'exploitation des installations mobiles de produits explosifs. Un arrêté du ministre de l'Intérieur fixe les règles relatives à l'information du maire de la commune intéressée.**

Art. R. 2352-95 *(D. n° 2009-1440, 23 nov. 2009).* **– En cas d'infraction aux règles mentionnées aux articles R. 2352-89 et R. 2352-94, le préfet du département où est en service une installation fixe ou mobile de produits explosifs peut, après mise en demeure non suivie d'effet, ordonner par décision motivée l'interruption de l'exploitation de cette installation.**

Il prescrit alors que les produits explosifs qui se trouvent dans l'installation fixe ou mobile soient transférés dans une ou plusieurs autres installations qu'il désigne. Le transport de ces produits est effectué aux frais de l'exploitant.

Art. R. 2352-96 *(D. n° 2009-1440, 23 nov. 2009).* **– En ce qui concerne les installations de l'État relevant du ministre de la Défense et celles qui sont couvertes par le secret de la défense nationale et exploitées par des entreprises publiques ou privées travaillant pour la défense, les pouvoirs prévus par les articles R. 2352-89 à R. 2352-95 sont exercés par le ministre de la Défense.**

§ 2. – Agrément technique

Art. R. 2352-97 *(D. n° 2009-1440, 23 nov. 2009 ; mod. à compter du 4 juill. 2010, D. n° 2010-455, 4 mai 2010).* – L'exploitation d'une installation fixe ou mobile de produits explosifs est subordonnée à la délivrance préalable d'un agrément technique.

Sont toutefois dispensées de l'obligation d'agrément technique :

1° Les installations de l'État relevant du ministre de la Défense ;

2° Les installations du Commissariat à l'énergie atomique ;

3° Les installations couvertes par le secret défense de la défense nationale et exploitées par des entreprises publiques ou privées travaillant pour la défense ;

4° Les installations relatives aux munitions et éléments de munitions des armes qui sont énumérées dans le décret n° 95-589 du 6 mai 1995 relatif à l'application du décret du 18 avril 1939 fixant le régime des matériels de guerre, armes et munitions ;

5° Les installations de l'État relevant du ministre de l'Intérieur.

Art. R. 2352-98 *(D. n° 2009-1440, 23 nov. 2009 ; mod. à compter du 4 juill. 2010, D. n° 2010-455, 4 mai 2010).* – La demande d'agrément technique prévu à l'article R. 2352-97 est adressée par le futur exploitant au préfet du département où est située l'installation projetée, s'il s'agit d'une installation fixe, ou du département du siège social ou du domicile du futur exploitant, s'il s'agit d'une installation mobile. À Paris, cette demande est adressée au préfet de police.

Art. R. 2352-99 *(D. n° 2009-1440, 23 nov. 2009 ; mod. à compter du 4 juill. 2010, D. n° 2010-455, 4 mai 2010).* – Le dossier de demande d'agrément technique prévu à l'article R. 2352-97 comprend :

1° *(Abr. à compter du 4 juill. 2010, D. n° 2010-455, 4 mai 2010)* ;

2° Une étude de sûreté réalisée dans les conditions définies à l'article R. 2352-100 ;

3° Une notice relative à la conformité de l'installation fixe ou mobile projetée avec les prescriptions législatives et réglementaires relatives à la sécurité du personnel.

Art. R. 2352-100 *(D. n° 2009-1440, 23 nov. 2009 ; mod. à compter du 4 juillet 2010, D. n° 2010-455, 4 mai 2010).* – 1° L'étude de sûreté mentionnée au 2° de l'article R. 2352-99 est réalisée à la charge du futur exploitant, dans des conditions fixées par arrêté conjoint du ministre de l'Intérieur et du ministre de la Défense.

Elle comporte :

1) Une liste des mesures de sûreté préconisées, en fonction des caractéristiques géographiques et physiques de l'installation fixe ou mobile projetée, par un organisme agréé par le préfet selon un cahier des charges défini par arrêté conjoint du ministre de l'Intérieur et du ministre de la Défense ;

2) La liste des mesures de sûreté que le futur exploitant propose de mettre en œuvre.

2° S'agissant des installations mentionnées à l'article R. 2352-92, l'étude de sûreté mentionnée au 1° est remplacée par un descriptif des mesures envisagées par le futur exploitant pour prévenir les intrusions et les vols de produits explosifs, conformément aux règles techniques de sûreté prévues à l'article R. 2352-92.

3° Le futur exploitant justifie la compatibilité des mesures de sûreté qu'il propose de mettre en œuvre avec les mesures de sécurité mises en place.

Art. R. 2352-101 *(D. n° 2009-1440, 23 nov. 2009 ; mod. à compter du 4 juill. 2010, D. n° 2010-455, 4 mai 2010).* – 1° Le préfet ou, à Paris, le préfet de police transmet pour avis :

a) À l'inspection de l'armement pour les poudres et explosifs et à la direction départementale du travail, de l'emploi et de la formation professionnelle, le dossier de demande d'agrément technique prévu à l'article R. 2352-97, à l'exception du volet relatif à la sûreté ;

b) Aux services de police ou de gendarmerie, le volet du dossier relatif à la sûreté accompagné du justificatif, prévu à l'article R. 2352-100, relatif à la compatibilité des mesures de sûreté et de sécurité.

2° S'il s'agit d'une installation fixe, le préfet informe le maire, qui présente, s'il y a lieu, ses observations.

3° Le préfet communique au futur exploitant les avis mentionnés aux 1° et 2° ci-dessus et recueille ses observations.

4° *(Abr. à compter du 4 juill. 2010, D. n° 2010-455, 4 mai 2010).*

Art. R. 2352-102 *(D. n° 2009-1440, 23 nov. 2009 ; mod. à compter du 4 juill. 2010, D. n° 2010-455, 4 mai 2010)*. – L'arrêté du préfet délivrant l'agrément technique prévu à l'article R. 2352-97 précise les mesures spécifiques relatives à la sûreté prescrites au titre de la présente sous-section. Ces mesures peuvent, en vue de mieux assurer la sûreté de l'installation fixe ou mobile projetée, être différentes de celles proposées par le futur exploitant dans sa demande.

Les dispositions de l'arrêté du préfet relatives aux mesures de sûreté ne font l'objet d'aucune publicité.

L'arrêté du préfet délivrant l'agrément technique cesse de produire effet lorsque l'installation n'a pas été mise en service dans le délai d'un an ou a cessé d'être exploitée depuis un an.

§ 3. – Suivi de l'exploitation des installations fixes ou mobiles de produits explosifs

Art. R. 2352-103 *(D. n° 2009-1440, 23 nov. 2009)*. – Le contrôle de l'application des mesures de sûreté est assuré par les services de police ou de gendarmerie territorialement compétents.

Art. R. 2352-104 *(D. n° 2009-1440, 23 nov. 2009 ; mod. à compter du 4 juill. 2010, D. n° 2010-455, 4 mai 2010)*. – Les quantités fabriquées et les mouvements d'entrée et de sortie des produits explosifs d'une installation fixe ou mobile de produits explosifs sont inscrits sur des registres dont les modèles et les règles de tenue sont fixés par un arrêté conjoint des ministres de l'Intérieur et de la Défense.

Art. R. 2352-105 *(D. n° 2009-1440, 23 nov. 2009 ; mod. à compter du 4 juill. 2010, D. n° 2010-455, 4 mai 2010)*. – Si, postérieurement à la délivrance de l'agrément technique prévu à l'article R. 2352-97, des circonstances particulières le justifient, le préfet peut imposer toute prescription complémentaire.

Art. R. 2352-106 *(D. n° 2009-1440, 23 nov. 2009 ; mod. à compter du 4 juill. 2010, D. n° 2010-455, 4 mai 2010)*. – Lorsque l'exploitant envisage d'apporter des modifications à l'aménagement d'une installation fixe ou mobile de produits explosifs ou à ses conditions d'exploitation, il en informe le préfet au moins trois mois avant la mise en œuvre de ces modifications, en lui précisant la nature. En cas d'urgence, le préfet est informé sans délai.

Lorsque ces modifications peuvent avoir des conséquences sur les mesures de sûreté, l'exploitant d'une installation fixe ou mobile ayant fait l'objet d'une étude de sûreté fait procéder à une nouvelle étude de sûreté dans des conditions fixées par les arrêtés mentionnés au 1° de l'article R. 2352-100 et la communique au préfet.

L'exploitant mentionné au 2° de l'article R. 2352-100 fait connaître au préfet les modifications qu'il se propose d'apporter aux mesures de sûreté prescrites par l'agrément technique dont il bénéficie.

Si, dans le délai de trois mois à compter de sa saisine, le préfet n'a pas enjoint à l'intéressé de présenter une nouvelle demande d'agrément technique prévu par l'article R. 2352-97 ou ne lui a pas imposé de prescriptions complémentaires en application de l'article R. 2352-105, les modifications de l'installation ou de ses conditions d'exploitation sont réputées acceptées.

Art. R. 2352-107 *(D. n° 2009-1440, 23 nov. 2009 ; mod. à compter du 4 juill. 2010, D. n° 2010-455, 4 mai 2010)*. – Si l'exploitant d'une installation fixe ou mobile ne respecte pas les prescriptions définies par les articles R. 2352-102, R. 2352-104 ou R. 2352-105, le préfet peut suspendre l'agrément technique et prendre, par décision motivée après mise en demeure non suivie d'effet, les mesures mentionnées à l'article R. 2352-95.

Art. R. 2352-108 *(D. n° 2009-1440, 23 nov. 2009 ; mod. à compter du 4 juill. 2010, D. n° 2010-455, 4 mai 2010)*. – Une installation fixe ou mobile de produits explosifs ayant obtenu l'agrément technique prévu à l'article R. 2352-97 fait l'objet, tous les cinq ans à compter de la dernière étude de sûreté effectuée, d'une étude de sûreté dans les conditions fixées par les arrêtés mentionnés au 1° de l'article R. 2352-100.

Art. R. 2352-109 *(D. n° 2009-1440, 23 nov. 2009)*. – Le préfet ou, à Paris, le préfet de police est informé par l'exploitant de la mise en exploitation d'une installation fixe ou mobile de produits explosifs.

ANNEXE 5

Sous-section 7. – Dispositions particulières aux dépôts, débits et installations mobiles de produits explosifs

§ 1. – Autorisations individuelles d'exploitation

Art. R. 2352-110 *(D. n° 2009-1440, 23 nov. 2009 ; mod. à compter du 4 juill. 2010, D. n° 2010-455, 4 mai 2010).* – L'exploitation d'un dépôt, d'un débit ou d'une installation mobile de produits explosifs est subordonnée, indépendamment de l'agrément technique prévu à l'article R. 2352-97, à la délivrance par le préfet d'une autorisation individuelle à la personne physique qui entend se livrer à cette exploitation, ou, dans le cas d'une personne morale, à la personne physique ayant qualité pour représenter celle-ci.

Est dispensée de l'obligation d'autorisation individuelle l'exploitation :

1° Des installations de l'État relevant du ministre de la Défense et de celles du Commissariat à l'énergie atomique ;

2° Des installations couvertes par le secret défense nationale et exploitées par des entreprises publiques ou privées travaillant pour la défense ;

3° Des installations de l'État relevant du ministre de l'Intérieur ;

4° Des dépôts et débits de munitions et éléments de munitions des armes énumérées au décret n° 95-589 du 6 mai 1995 relatif à l'application du décret du 18 avril 1939 fixant le régime des matériels de guerre, armes et munitions ;

5° Des dépôts ou débits remplissant les conditions mentionnées à l'article R. 2352-92.

Art. R. 2352-111 *(D. n° 2009-1440, 23 nov. 2009).* – L'autorisation individuelle est délivrée par le préfet du département d'implantation du dépôt ou débit d'explosifs ou, à Paris, par le préfet de police.

Dans le cas d'une installation mobile, l'autorisation individuelle est délivrée par le préfet du département du siège social de l'exploitation, si l'installation est exploitée par une personne morale, ou par le préfet du département de résidence de l'exploitant, si l'installation est exploitée par une personne physique. L'autorisation individuelle détermine sa durée de validité et la zone géographique où l'installation mobile peut être exploitée.

Art. R. 2352-112 *(D. n° 2009-1440, 23 nov. 2009).* – Nul ne peut se voir délivrer l'autorisation d'exploiter un dépôt, un débit ou une installation mobile de produits explosifs :

1° S'il a fait l'objet, pour des motifs incompatibles avec cette délivrance, d'une condamnation à une peine correctionnelle ou criminelle inscrite au bulletin n° 2 du casier judiciaire ou, pour les ressortissants étrangers, dans un document équivalent ;

2° Si son comportement, apprécié, le cas échéant, au vu des mentions figurant dans les traitements automatisés de données personnelles gérés par les services de police et de gendarmerie, a été contraire à l'honneur, à la probité ou de nature à porter atteinte à la sécurité des personnes ou des biens, à la sécurité publique ou à la sûreté de l'État.

Art. R. 2352-113 *(D. n° 2009-1440, 23 nov. 2009 ; mod. à compter du 4 juill. 2010, D. n° 2010-455, 4 mai 2010).* – Un arrêté du ministre de l'Intérieur fixe la composition du dossier qui doit être joint à la demande d'autorisation individuelle ainsi que les modalités de délivrance de cette autorisation.

Art. R. 2352-114 *(D. n° 2009-1440, 23 nov. 2009).* – Le titulaire d'une autorisation qui envisage de cesser l'exploitation de l'installation concernée en avise l'autorité qui a donné l'autorisation et lui précise les conditions dans lesquelles le transfert des produits explosifs restants est assuré.

Art. R. 2352-115 *(D. n° 2009-1440, 23 nov. 2009).* – Tout changement d'exploitant ne peut prendre effet qu'à la suite de la délivrance d'une autorisation individuelle au nouvel exploitant dans les conditions prévues aux articles R. 2352-111 à R. 2352-113.

Le nouvel exploitant joint à sa demande d'autorisation un document dans lequel l'ancien exploitant déclare cesser son exploitation.

Art. R. 2352-116 *(D. n° 2009-1440, 23 nov. 2009).* – L'autorisation individuelle peut être retirée, dans les conditions définies par la loi n° 2000-321 du 12 avril 2000 relative aux droits des citoyens dans leurs relations avec les administrations, notamment son article 24, lorsque son titulaire cesse de remplir l'une des conditions prévues à la présente sous-section.

Elle peut être suspendue immédiatement en cas d'urgence ou de nécessité tenant à l'ordre public.

Art. R. 2352-117 *(D. n° 2009-1440, 23 nov. 2009 ; mod. à compter du 4 juill. 2010, D. n° 2010-455, 4 mai 2010)*. – Lorsqu'il estime que la sûreté d'un dépôt ou d'un débit n'est plus, compte tenu des circonstances, convenablement assurée, le préfet peut prendre toutes mesures adaptées à la situation et, en particulier, ordonner que les produits explosifs qui y sont conservés soient transférés dans un autre dépôt. En cas d'urgence, et si le transfert n'est pas possible, il peut ordonner la destruction de ces produits.

§ 2. – Agrément des personnes intervenant dans les dépôts, débits et installations mobiles de produits explosifs

Art. R. 2352-118 *(D. n° 2009-1440, 23 nov. 2009)*. – Les préposés et salariés du titulaire d'une autorisation individuelle d'exploitation, affectés à une activité dans un établissement faisant l'objet de la présente sous-section ou qui ont, de par leurs fonctions, connaissance des mouvements des produits explosifs, ainsi que toute personne qui intervient dans un tel établissement en vue de l'entretien des équipements de sûreté doivent être agréés par le préfet de leur domicile ou, à Paris, par le préfet de police.

L'agrément est valable cinq ans.

Art. R. 2352-119 *(D. n° 2009-1440, 23 nov. 2009)*. – Nul ne peut se voir délivrer l'agrément mentionné à l'article R. 2352-118 dans les cas prévus aux 1° et 2° de l'article R. 2352-112.

Art. R. 2352-120 *(D. n° 2009-1440, 23 nov. 2009 ; mod. à compter du 4 juill. 2010, D. n° 2010-455, 4 mai 2010)*. – Un arrêté du ministre de l'Intérieur fixe les modalités de délivrance de l'agrément mentionné à l'article R. 2352-118.

Art. R. 2352-121 *(D. n° 2009-1440, 23 nov. 2009)*. – Les dispositions du présent paragraphe ne sont pas applicables dans les dépôts, débits ou installations mobiles de produits explosifs dont les exploitants sont dispensés de l'obligation d'autorisation individuelle en application des alinéas 2 à 7 de l'article R. 2352-110.

Section 4. – Études et recherches relatives aux produits explosifs

Art. R. 2352-122 *(D. n° 2009-1440, 23 nov. 2009 ; mod. à compter du 4 juill. 2010, D. n° 2010-455, 4 mai 2010)*. – Toute personne physique ou morale qui désire faire des études ou recherches relatives aux produits explosifs autres que ceux relevant de la réglementation des matériels de guerre, armes et munitions doit y avoir été préalablement autorisée par arrêté conjoint des ministres de la Défense, de l'Intérieur et du ministre chargé de l'industrie.

Toutefois, cette autorisation n'est pas requise pour les études et recherches poursuivies par le ministère de la Défense et le Commissariat à l'énergie atomique ou pour leur compte.

Un arrêté conjoint des ministres de la Défense, de l'Intérieur fixe les modalités de présentation de la demande ainsi que la composition du dossier qui doit être joint à celle-ci.

Art. R. 2352-123 *(D. n° 2009-1440, 23 nov. 2009)*. – L'autorisation présente un caractère précaire et révocable et peut n'être délivrée que pour la durée, les études et recherches et les installations fixes et mobiles qu'elle détermine.

Art. R. 2352-124 *(Abr. à compter du 4 juill. 2010, D. n° 2010-455, 4 mai 2010)*.

Art. R. 2352-125 *(D. n° 2009-1440, 23 nov. 2009)*. – Préalablement à l'intervention d'une décision de retrait, l'intéressé est invité à présenter ses observations.

....

Art. R. 2353-3 à R. 2353-6 *(Abr. à compter du 4 juill. 2010, D. n° 2010-455, 4 mai 2010)*.

Art. R. 2353-7 *(D. n° 2009-1440, 23 nov. 2009)*. – Est puni des peines prévues pour les contraventions de la 5e classe le fait d'établir ou d'exploiter une installation fixe ou mobile de produits explosifs en infraction avec les règles techniques prévues aux articles R. 2352-90 et R. 2352-92.

Art. R. 2353-8 *(D. n° 2009-1440, 23 nov. 2009)*. – Est puni de la peine d'amende prévue pour les contraventions de la 5e classe le fait d'exploiter une installation fixe ou mobile en infraction avec les règles prévues aux articles R. 2352-94 à R. 2352-104.

Art. R. 2353-9 *(D. n° 2009-1440, 23 nov. 2009)*. – Est puni des peines prévues pour les contraventions de la 5e classe le fait d'établir ou d'exploiter une installation fixe ou mobile de produits explosifs, autre que de production, sans que celle-ci possède l'agrément technique prévu à l'article R. 2352-97 ou en infraction avec les prescriptions mentionnées au premier alinéa de l'article R. 2352-102 et à l'article R. 2352-105.

Art. R. 2353-10 *(D. n° 2009-1440, 23 nov. 2009)*. – Est puni des peines prévues pour les contraventions de la 5e classe le fait d'établir ou d'exploiter une installation fixe ou mobile de production de produits explosifs en infraction avec les prescriptions mentionnées au premier alinéa de l'article R. 2352-102 et à l'article R. 2352-105.

Art. R. 2353-11 *(D. n° 2009-1440, 23 nov. 2009)*. – Est puni des peines d'amende prévues pour les contraventions de la 4e classe tout exploitant d'une installation fixe ou mobile pour laquelle un agrément technique a été accordé qui, en méconnaissance des prescriptions de l'article R. 2352-106, a omis d'informer le préfet des modifications apportées à celle-ci ou à ses conditions d'exploitation.

Art. R. 2353-12 *(D. n° 2009-1440, 23 nov. 2009)*. – Est puni des peines prévues pour les contraventions de la 5e classe le fait d'exploiter une installation fixe ou mobile de produits explosifs en infraction avec les prescriptions des articles R. 2352-108 et R. 2352-109.

Est puni des mêmes peines tout titulaire d'une autorisation individuelle d'exploitation dont les préposés et salariés mentionnés à l'article R. 2352-118 n'ont pas obtenu l'agrément prévu au même article.

Art. R. 2353-13 *(D. n° 2009-1440, 23 nov. 2009)*. – Est puni de la peine d'amende prévue pour les contraventions de la 5e classe le fait d'exploiter un dépôt, un débit ou une installation mobile de produits explosifs sans être titulaire de l'autorisation mentionnée à l'article R. 2352-110.

Art. R. 2353-14 *(D. n° 2009-1440, 23 nov. 2009)*. – Est punie de la peine d'amende prévue pour les contraventions de la 5e classe toute personne qui a effectué des études et recherches en violation des dispositions des articles R. 2352-122 et R. 2352-123.

Art. R. 2353-15 *(D. n° 2009-1440, 23 nov. 2009)*. – En cas de récidive des infractions prévues aux articles précédents, à l'exclusion de l'article R. 2353-11, les peines prévues pour la récidive des contraventions de la 5e classe sont applicables.

Art. R. 2353-16 *(D. n° 2009-1440, 23 nov. 2009)*. – En cas de condamnation d'une personne physique ou d'une personne morale, le tribunal peut également prononcer la confiscation de la chose qui a servi ou était destinée à commettre l'infraction ou de la chose qui en est le produit.

Art. R. 2353-17 *(D. n° 2017-1308, 29 août 2017)*. – Est puni de l'amende prévue pour les contraventions de la 5e classe le fait, pour tout consommateur, d'introduire, d'acquérir ou de détenir :

1° Un des précurseurs d'explosifs désignés à l'article 4, paragraphe 3, du règlement (UE) n° 98/2013 du 15 janvier 2013, dans une concentration excédant les valeurs fixées à ce même article, ou l'un des autres précurseurs d'explosifs faisant l'objet de restrictions au sens de l'article 3, paragraphe 10, de ce même règlement, dans une concentration excédant les valeurs fixées à l'annexe I de ce règlement ;

2° Un des précurseurs d'explosifs désignés à l'article 4, paragraphe 3, du règlement (UE) n° 98/2013 du 15 janvier 2013 sans avoir, lors de l'acquisition, fourni les informations requises à l'article R. 2351-3.

La récidive des contraventions prévues au présent article est réprimée conformément aux articles 132-11 et 132-15 du Code pénal.

Art. R. 2353-18 *(D. n° 2017-1308, 29 août 2017)*. – Est puni de l'amende prévue pour les contraventions de la 5e classe le fait, pour tout opérateur économique ou son représentant établi sur le territoire français :

1° De mettre à la disposition de tout consommateur un des précurseurs d'explosifs désignés à l'article 4, paragraphe 3, du règlement (UE) n° 98/2013 du 15 janvier 2013, dans une concentration excédant les valeurs fixées à ce même article, ou l'un des autres précurseurs d'explosifs faisant l'objet de restrictions au sens l'article 3, paragraphe 10, de ce même règlement, dans une concentration excédant les valeurs fixées à l'annexe I de ce règlement ;

2° De mettre à la disposition de tout consommateur, sans avoir effectué l'enregistrement prévu à l'article R. 2351-1, un des précurseurs d'explosifs mentionnés à l'article 4, paragraphe 3, du règlement (UE) n° 98/2013 du 15 janvier 2013 ;

3° De ne pas conserver pendant cinq ans, à partir du jour de la transaction, l'enregistrement de chaque transaction concernant les précurseurs d'explosifs mentionnés à l'article 4, paragraphe 3, du règlement (UE) n° 98/2013 du 15 janvier 2013 ;

4° De ne pas permettre le contrôle, à tout moment, du registre ou du traitement prévu à l'article R. 2351-3 ;

5° De ne pas signaler les transactions suspectes au sens des articles 3 et 9 du règlement (UE) n° 98/2013 du 15 janvier 2013, les disparitions et les vols importants de précurseurs d'explosifs au point de contact national mentionné à l'article R. 2351-7.

La récidive des contraventions prévues au présent article est réprimée conformément aux articles 132-11 et 132-15 du Code pénal.

Art. R. 2353-19 *(D. n° 2017-1308, 29 août 2017)*. – Est puni de l'amende prévue pour les contraventions de la 4e classe le fait, pour tout opérateur économique ou son représentant établi sur le territoire français :

1° D'omettre d'enregistrer, à l'occasion d'une transaction portant sur un des trois précurseurs d'explosifs mentionnés à l'article 4, paragraphe 3, du règlement (UE) n° 98/2013 du 15 janvier 2013, une ou plusieurs informations prévues à l'article R. 2351-3 ;

2° De ne pas remettre son registre papier ou les données enregistrées dans le traitement automatisé au service habilité, en cas de cessation d'activité, en violation de l'article R. 2351-5.

Art. R. 2353-20 *(D. n° 2017-1308, 29 août 2017)*. – Est puni de l'amende prévue pour les contraventions de la 3e classe le fait pour tout opérateur économique ou son représentant établi sur le territoire français de ne pas s'assurer qu'une étiquette apposée sur le conditionnement d'un précurseur d'explosif faisant l'objet de restrictions au sens du paragraphe 10 de l'article 3 du règlement mentionné à l'article R. 2351-1 indique clairement que l'introduction, la mise à disposition, l'acquisition, la détention et l'utilisation de ce précurseur d'explosif font l'objet des restrictions prévues aux paragraphes 1, 2 et 3 de l'article 4 de ce règlement.

Décret nº 2010-455 du 4 mai 2010

relatif à la mise sur le marché et au contrôle des produits explosifs

Titre premier. – Dispositions générales

Art. 1er. – Le présent décret s'applique, sous réserve de l'article 3, aux produits explosifs destinés à être utilisés pour les effets de leur explosion ou leurs effets pyrotechniques et qui répondent à au moins l'une des définitions suivantes :

– explosif : toute matière ou objet affecté à la classe 1 des recommandations des Nations unies relatives au transport de matières dangereuses ;

– article pyrotechnique : tout article contenant des matières explosives ou un mélange explosif de substances conçues pour produire de la chaleur, de la lumière, des sons, des gaz, de la fumée ou une combinaison de ces effets par une réaction chimique exothermique autoentretenue.

Ces produits explosifs sont dénommés « produits » dans le présent décret.

Art. 2. – Au sens du présent décret, on entend par :

– « artifice de divertissement » : un article pyrotechnique destiné au divertissement ;

– « article pyrotechnique destiné au théâtre » : un article pyrotechnique destiné à être utilisé en scène, à l'intérieur ou à l'extérieur, y compris dans des productions cinématographiques et télévisuelles, ou à une utilisation analogue ;

– « article pyrotechnique destiné aux véhicules » : des composants de dispositifs de sécurité des véhicules contenant des substances pyrotechniques servant à activer ces dispositifs ou d'autres dispositifs.

Art. 3. – Le présent décret ne s'applique pas aux produits explosifs suivants :

– produits destinés à être utilisés exclusivement par les forces armées, la police nationale, la gendarmerie nationale, les services de déminage ;

– équipements entrant dans le champ d'application de la directive 96/98/CE du 20 décembre 1996 relative aux équipements marins ;

– amorces à percussion conçues spécialement pour des jouets entrant dans le champ d'application de la directive 88/378/CEE du 3 mai 1988 concernant le rapprochement des législations des États membres relatives à la sécurité des jouets ;

– munitions, c'est-à-dire projectiles, charges propulsives et munitions à blanc utilisées dans les armes à feu et dans l'artillerie ;

– articles pyrotechniques destinés à être utilisés dans l'industrie aérospatiale ;

– articles pyrotechniques destinés à être présentés et utilisés, lors d'expositions, de foires commerciales ou de démonstrations organisées pour leur commercialisation, pour autant qu'ils comportent une marque apparente et lisible répondant aux exigences définies par arrêté du ministre chargé de la sécurité industrielle ;

– les produits fabriqués à des fins de recherche, de développement et d'essais pour autant qu'ils comportent une marque apparente et lisible répondant aux exigences définies par arrêté du ministre chargé de la sécurité industrielle.

Titre II. – Conformité aux exigences essentielles de sécurité

Art. 4. – Les produits entrant dans le champ d'application du présent décret ne peuvent être mis sur le marché à titre onéreux ou gracieux, stockés en vue de leur mise sur le marché, utilisés, importés ou transférés que s'ils sont conformes aux exigences essentielles de sécurité fixées par arrêté du ministre chargé de la sécurité industrielle.

Cette conformité est évaluée dans les conditions définies aux articles 6 à 14. Elle est attestée par un marquage de conformité tel que prévu à l'article 22.

....

Titre IV. – Marquage et étiquetage

Art. 22. – La conformité d'un produit aux dispositions du présent décret est attestée par la présence d'un marquage « CE » de conformité apposé par le fabricant sous sa responsabilité. Ce marquage est visible, lisible et indélébile. Il est apposé sur le produit ou, si cela n'est pas possible, sur une étiquette fixée sur celui-ci ou, si aucune des deux premières méthodes n'est réalisable, sur l'emballage. L'étiquette est conçue de manière à ne pas pouvoir être réutilisée.

Les modalités d'application du présent article, notamment les caractéristiques du marquage, sont précisées par arrêté du ministre chargé de la sécurité industrielle.

Art. 23. – Lorsque des produits soumis au présent décret sont également soumis à d'autres réglementations prises en application de directives européennes et imposant le marquage « CE », celui-ci ne peut être apposé que si ces produits satisfont également aux exigences de ces autres réglementations.

Toutefois, lorsque certaines de ces réglementations laissent au fabricant le choix, pendant une période transitoire, du régime à appliquer, le marquage « CE » indique la conformité des produits aux seules réglementations que le fabricant déclare avoir appliquées ; dans ce cas, les références de la publication de ces réglementations au *Journal officiel* de la République française sont indiquées sur les documents, notices ou instructions qui accompagnent ces produits.

Art. 24. – L'apposition, sur un produit soumis au présent décret, de marquages ou inscriptions susceptibles, par leur signification ou leur apparence, d'induire une confusion avec le marquage de conformité est interdite. D'autres marquages peuvent y être apposés à condition qu'ils ne réduisent ni la visibilité ni la lisibilité du marquage de conformité.

Art. 25. – Les fabricants munissent les articles pyrotechniques d'un étiquetage visible, lisible et indélébile, dans la langue du pays dans lequel le produit sera mis sur le marché, permettant d'identifier l'origine de l'article et portant les prescriptions particulières de sécurité à respecter lors de son stockage, de sa mise sur le marché et de son utilisation.

Un arrêté du ministre chargé de la sécurité industrielle définit le contenu et la forme de cet étiquetage. Il prévoit les dispositions particulières applicables aux articles pyrotechniques destinés aux véhicules.

Art. 26. – Les produits sont accompagnés d'une notice d'emploi comportant les informations relatives à leur destination, à leur fonctionnement et les recommandations liées à leur mise en œuvre. Cette notice accompagne le produit durant toute sa durée de vie et est mise à jour en tant que de besoin en fonction des évolutions du produit. Elle est rédigée en français.

Cette notice peut constituer une partie des fiches de données de sécurité diffusées avec les produits en application de la réglementation en vigueur.

Titre V. – Modalités de délivrance aux personnes

Art. 27. – Les articles pyrotechniques ne peuvent être vendus ou cédés de toute autre manière à des consommateurs dont l'âge est inférieur à 18 ans et, en ce qui concerne les artifices de divertissement de catégorie 1, à 12 ans.

Les distributeurs vérifient que le produit porte le ou les marquages de conformité obligatoires et est accompagné des documents exigés au titre du présent décret correspondant au produit vendu : notice d'emploi et documents attestant la conformité du produit aux exigences essentielles de sécurité.

Art. 28. – Les fabricants, importateurs et distributeurs ne peuvent vendre ou céder de toute autre manière les artifices de divertissement de la catégorie 4, les articles pyrotechniques destinés au théâtre de la catégorie T2 et les articles pyrotechniques de la catégorie P2 à une personne ne pouvant justifier que seules des personnes possédant les connaissances particulières définies ci-après en assureront la manipulation ou l'utilisation.

Sans préjudice des autres réglementations applicables concernant la formation relative à la mise en œuvre de ces produits, ne sont autorisées à manipuler ou utiliser les articles pyrotechniques des catégories 4, T2 et P2 que les personnes physiques titulaires d'un certificat de formation ou d'une habilitation délivrés par un organisme agréé par le ministre chargé de la sécurité industrielle. Cet agrément est délivré sur la base d'un dossier dont le contenu est défini par arrêté du même ministre et établi sur la base d'un cahier des charges validé par celui-ci et après une évaluation de ce dossier par l'Institut national de l'environnement industriel et des risques.

L'agrément des organismes est délivré pour une période de cinq ans renouvelable.

Les organismes transmettent annuellement au ministre chargé de la sécurité industrielle la liste des personnes ayant obtenu un certificat de formation ou une habilitation.

Les opérations de manipulation subordonnées à la détention d'un certificat de formation ou d'une habilitation, les connaissances requises, les modalités relatives au contenu des formations et à leur organisation, les conditions d'agrément des organismes ainsi que le contenu et les modalités de délivrance et de reconnaissance des certificats de formation et des habilitations ainsi que de leur durée de validité sont définis par un arrêté du ministre chargé de la sécurité industrielle.

Le ministre chargé de la sécurité industrielle fixe par arrêté la liste des organismes et des formations réputés satisfaire aux exigences du présent article.

Sont également autorisées à manipuler ou utiliser les articles pyrotechniques des catégories 4, T2 et P2 les personnes qui y ont été autorisées par un autre État membre de l'Union européenne en application d'une réglementation transposant dans cet État les dispositions de la directive 2007/23/CE du 23 mai 2007 relative à la mise sur le marché d'articles pyrotechniques.

Titre VI. – Contrôles et sanctions

Art. 29. – Dans le cadre des contrôles mentionnés à l'article L. 2352-1 du Code de la défense, les agents mentionnés à l'article L. 2353-1 de ce code peuvent procéder ou faire procéder à des analyses de conformité et au transport des produits visés à l'article 1er auprès des fabricants ou de leurs mandataires, importateurs, exportateurs dans l'Union européenne ou distributeurs.

Les contrôles portent notamment sur la conformité des produits aux exigences essentielles de sécurité mentionnées à l'article 4.

Tous les documents attestant la conformité des produits, notamment l'attestation d'examen « CE » de type, les déclarations de conformité et les documents justifiant de la provenance et de la destination des produits sont tenus à disposition des agents mentionnés à l'article L. 2353-1 du Code de la défense.

Art. 30. – Le ministre chargé de la sécurité industrielle peut prendre toute décision de nature à faire mettre un produit en conformité, exiger son retrait du marché et, le cas échéant, son rappel et sa destruction, ou interdire ou restreindre sa mise sur le marché, son stockage, son utilisation, son importation ou son transfert :

– s'il est établi, par quelque moyen que ce soit, qu'un marquage de conformité a été apposé à tort, du fait d'erreurs dans le marquage ou d'une absence de conformité du produit marqué pour quelque cause que ce soit, ou si un fabricant ne s'est pas soumis aux obligations qui lui sont imposées par le présent décret et les textes pris pour son application ;

– si un produit, bien que muni d'un marquage « CE », accompagné de la déclaration de conformité et utilisé conformément à sa destination, risque de mettre en danger la santé et la sécurité des personnes.

La décision du ministre chargé de la sécurité industrielle est motivée et sa notification au fabricant ou à l'importateur indique les voies et délais de recours ouverts à son encontre. Sauf urgence, elle prévoit un délai de consultation de l'intéressé de dix jours ouvrables, durant lequel celui-ci peut présenter ses observations.

Cette décision est publiée au *Journal officiel* de la République française.

Le fabricant ou l'importateur prend toutes les dispositions pour informer les utilisateurs et distributeurs dans le cas où ceux-ci pourraient être concernés par les mesures imposées par ladite décision.

Lorsque les produits sont retirés du marché, le fabricant ou l'importateur reprend ses produits et en apporte les justificatifs sous un mois au ministre chargé de la sécurité industrielle.

Art. 31. – Est puni de la peine d'amende prévue pour les contraventions de la 5ᵉ classe le fait de :

– détenir ou utiliser en connaissance de cause un produit non muni du marquage de conformité tel que prévu aux articles 4 et 5 ou non muni d'un étiquetage conforme aux dispositions prévues à l'article 25 ;

– apposer le marquage de conformité en violation des dispositions de l'article 22 ;

– présenter à un public ou utiliser un article pyrotechnique lors d'expositions, de foires commerciales ou de démonstrations organisées pour sa commercialisation, sans marque apparente et lisible répondant aux exigences définies par arrêté du ministre chargé de la sécurité industrielle ;

– utiliser un produit fabriqué à des fins de recherche, de développement et d'essais sans marque apparente et lisible répondant aux exigences définies par arrêté du ministre chargé de la sécurité industrielle ;

– introduire plusieurs demandes d'évaluation de la conformité auprès de plusieurs organismes visés au premier alinéa de l'article 15 pour un même produit ;

– procéder à des opérations de manipulation telles que définies à l'alinéa 5 de l'article 28 ou utiliser des produits des catégories 4, P2 et T2 mentionnées à l'article 13 sans le certificat de formation ou l'habilitation prévus à l'article 28.

Voir aussi : D. n° 2010-580, 31 mai 2010.

Décret n° 95-589 du 6 mai 1995

relatif à l'application du décret du 18 avril 1939

(Abr., D. n° 2013-700, 30 juill. 2013)

Décret-loi du 23 octobre 1935

portant réglementation des mesures relatives
au renforcement du maintien de l'ordre public

Art. 2 bis *(Abr. et codifié à compter du 1ᵉʳ mai 2012, Ord. n° 2012-351, 12 mars 2012. – V. infra CSI, art. L. 211-3).*

Code de la sécurité intérieure

Art. L. 211-3. – Si les circonstances font craindre des troubles graves à l'ordre public et à compter du jour de déclaration d'une manifestation sur la voie publique ou si la manifestation n'a pas été déclarée, dès qu'il en a connaissance, le représentant de l'État dans le département ou, à Paris, le préfet de police, peut interdire, pendant les vingt-quatre heures qui la précèdent et jusqu'à dispersion, le port et le transport, sans motif légitime, d'objets pouvant constituer une arme au sens de l'article 132-75 du Code pénal. L'aire géographique où s'applique cette interdiction se limite aux lieux de la manifestation, aux lieux avoisinants et à leurs accès, son étendue devant demeurer proportionnée aux nécessités que font apparaître les circonstances.

Les modalités d'application du présent article sont fixées par décret en Conseil d'État.

Code de la défense

(Ord. n° 2004-1374, 20 déc. 2004)

CHAPITRE II. – ARMES CHIMIQUES

Art. L. 2342-1. – Pour l'application du présent chapitre, les mots « convention de Paris » désignent la Convention sur l'interdiction de la mise au point, de la fabrication, du stockage et de l'emploi d'armes chimiques et sur leur destruction, publiée par le décret n° 2001-269 du 26 mars 2001.

Art. L. 2342-2. – Pour l'application du présent chapitre, le terme : « Organisation » désigne l'organisation instituée par la Convention de Paris.

Les termes et expressions : « accord d'installation », « armes chimiques », « armes chimiques anciennes », « armes chimiques abandonnées », « consommation », « équipe d'inspection », « fabrication », « fins de protection », « inspection par mise en demeure », « installation », « installation de fabrication d'armes chimiques », « mandat d'inspection », « matériels de fabrication d'armes chimiques », « observateur », « périmètre », « périmètre alternatif », « périmètre final », « point d'entrée », « précurseur », « produit chimique toxique », « produit chimique organique défini », « site d'inspection », « site d'usines » et « traitement » ont le sens qui leur est donné par la Convention de Paris.

Section I. – Élimination des armes chimiques

Sous-section I. – Interdictions

Art. L. 2342-3 *(L. n° 2011-266, 14 mars 2011)*. – Sont interdits l'emploi d'armes chimiques, leur mise au point, leur fabrication, leur stockage, leur détention, leur conservation, leur acquisition, leur cession, leur importation, leur exportation, leur transit, leur commerce et leur courtage.

Il est interdit d'entreprendre tous préparatifs en vue d'utiliser des armes chimiques, ainsi que d'aider, encourager ou inciter quiconque de quelque manière que ce soit à entreprendre toute activité interdite par le présent chapitre.

(L. n° 2011-266, 14 mars 2011) Il est interdit de procurer un financement en fournissant, réunissant ou gérant des fonds, des valeurs ou des biens quelconques ou en donnant des conseils à cette fin, dans l'intention de voir ces fonds, valeurs ou biens utilisés ou en sachant qu'ils sont destinés à être utilisés, en tout ou partie, en vue d'entreprendre une activité interdite par le présent chapitre, indépendamment de la réalisation effective d'une telle activité.

Les services de l'État sont toutefois autorisés, dans des conditions prévues par décret, à détenir, stocker ou conserver des armes chimiques en vue de leur destruction. Ils peuvent confier ces opérations à des personnes agréées dans des conditions définies par le même décret.

Art. L. 2342-4. – Sont interdits :

1° La conception, la construction ou l'utilisation :

a) D'une installation de fabrication d'armes chimiques ;

b) D'une installation, y compris ses matériels de fabrication, utilisée exclusivement pour la fabrication de pièces non chimiques d'armes chimiques ou de matériels spécifiquement conçus pour être utilisés en liaison directe avec l'emploi d'armes chimiques, ci-après dénommée installation de fabrication de munitions chimiques non remplies et de matériels destinés à l'emploi d'armes chimiques ;

2° La modification d'installations ou de matériels de toute nature dans le but d'exercer une activité interdite par la présente sous-section ;

3° L'importation, l'exportation, le commerce et le courtage de tout matériel de fabrication d'armes chimiques ou de tout document ou objet en vue de permettre ou de faciliter la violation des dispositions de la présente sous-section ;

4° La communication de toute information en vue de permettre ou de faciliter la violation des dispositions de la présente sous-section.

Sous-section II. – Déclarations

Art. L. 2342-5. – Sont soumis à déclaration :

1° Par leur détenteur :

a) Les armes chimiques anciennes ;

b) Les autres armes chimiques détenues à la date du 18 juin 1998 ;

2° Par leur exploitant :

a) Les installations de fabrication, de stockage ou de conservation d'armes chimiques, les installations de fabrication de munitions chimiques non remplies et de matériels destinés à l'emploi d'armes chimiques ;

b) Les autres installations ou établissements conçus, construits ou utilisés principalement pour mettre au point des armes chimiques, y compris les laboratoires et les sites d'essais et d'évaluation ;

c) Les installations de destruction d'armes chimiques.

Sous-section III. – Destruction

Art. L. 2342-6. – Les armes chimiques fabriquées avant le 18 juin 1998 sont détruites dans des conditions définies par décret.

Les armes chimiques et les produits chimiques inscrits au tableau 1 annexé à la Convention de Paris fabriqués depuis le 18 juin 1998 à des fins autres que des fins médicales, pharmaceutiques, de recherche ou de protection sont saisis et mis sous scellés par l'autorité administrative. Sous réserve des mesures nécessitées par l'exécution des poursuites pénales, cette autorité fait procéder à leur destruction aux frais de leur détenteur.

Art. L. 2342-7. – Les installations désignées au 1° de l'article L. 2342-4 sont mises hors d'état de fonctionner et fermées par l'autorité administrative. Tous les accès aux installations sont également fermés. La fermeture n'empêche pas la poursuite des activités visant au maintien de la sécurité des installations.

Ces installations et leurs matériels sont ensuite détruits à l'initiative et aux frais de l'administration. Toutefois, ils peuvent être convertis avec l'accord de l'organisation. Ils sont alors soumis à la vérification systématique.

Les installations et les matériels désignés au présent article conçus, construits ou importés postérieurement au 18 juin 1998 sont détruits à l'initiative de l'administration et aux frais de l'exploitant.

Section II. – Contrôle de certains produits chimiques et des installations de fabrication, traitement, stockage ou consommation de ces produits

Sous-section I. – Produits chimiques du tableau 1

Art. L. 2342-8. – I. – La mise au point, la fabrication, l'acquisition, la cession, l'utilisation, la détention, la conservation, le stockage, l'importation, l'exportation, le transit, le commerce et le courtage des produits chimiques inscrits au tableau 1 annexé à la Convention de Paris sont interdits sauf à des fins médicales, pharmaceutiques, de recherche ou de protection et dans des quantités limitées à ce que peuvent strictement justifier ces fins.

II. – Lorsqu'ils ne sont pas interdits au I :

1° La mise au point, la fabrication, l'acquisition, la cession, l'utilisation, la détention, la conservation ou le stockage des produits chimiques inscrits au tableau 1 sont soumis à autorisation. Celle-ci fixe les quantités pour lesquelles elle est accordée ;

2° L'importation, l'exportation et le transit des produits chimiques inscrits au tableau 1 sont interdits lorsqu'ils sont en provenance ou à destination d'un État non partie à la Convention de Paris.

Dans les autres cas, sans préjudice des dispositions communautaires applicables en la matière :

a) Ces opérations sont soumises aux autorisations prévues par les articles L. 2335-1, L. 2335-2 et L. 2335-3 ;

b) La réexportation de ces produits à destination de tout État est interdite.

Sans préjudice des dispositions douanières, la réalisation des opérations d'importation et d'exportation autorisées est soumise à déclaration préalable ;

3° Le commerce et le courtage de ces produits :

a) Sont interdits lorsque ces opérations sont réalisées en provenance d'un État non partie à la Convention de Paris ou à destination d'un tel État ;

b) Sont soumis à autorisation lorsque ces opérations sont réalisées en provenance et à destination d'un État partie à la Convention de Paris.

Art. L. 2342-9. – Les exploitants des installations mentionnées au I de l'article L. 2342-10 et à l'article L. 2342-11 indiquent chaque année à l'autorité administrative :

1° Les quantités de produits chimiques inscrits au tableau 1 qu'ils ont fabriquées, acquises, cédées, traitées, consommées ou stockées et les quantités de précurseurs inscrits à l'un des trois tableaux qu'ils ont utilisées pour la fabrication de ces produits chimiques ;

2° Les quantités de produits chimiques inscrits au tableau 1 qu'ils prévoient, le cas échéant, de fabriquer au cours de l'année suivante.

Art. L. 2342-10. – I. – La fabrication à des fins médicales, pharmaceutiques, de recherche ou de protection des produits chimiques inscrits au tableau 1 ne peut être réalisée que dans une seule installation, appartenant à l'État.

Toutefois, les mêmes produits chimiques peuvent être également fabriqués dans la limite de quantités globales maximales annuelles :

1° À des fins de protection, dans une seule installation en plus de celle mentionnée au premier alinéa ;

2° À des fins médicales, pharmaceutiques ou de recherche, dans d'autres installations. Ces installations sont soumises à autorisation.

II. – Toutefois, ne sont pas soumis à autorisation les laboratoires qui fabriquent par synthèse des produits chimiques inscrits au tableau 1 à des fins médicales, pharmaceutiques ou de recherche, dans la limite de quantités maximales annuelles. Ces laboratoires sont soumis à déclaration.

Art. L. 2342-11. – Les installations de traitement, de stockage ou de consommation de produits chimiques inscrits au tableau 1 sont soumises à déclaration.

Sous-section II. – Produits chimiques du tableau 2

Art. L. 2342-12. – La fabrication, le traitement et la consommation de produits chimiques inscrits au tableau 2 annexé à la Convention de Paris sont soumis à déclaration.

Toutefois, ne sont pas soumis à cette déclaration les mélanges comportant une concentration de ces produits inférieure à des taux déterminés.

Art. L. 2342-13. – L'importation, l'exportation, le commerce et le courtage de produits chimiques inscrits au tableau 2 en provenance ou à destination d'un État non partie à la Convention de Paris sont interdits.

Art. L. 2342-14. – Les installations de fabrication, de traitement ou de consommation de produits chimiques inscrits au tableau 2 sont soumises à déclaration lorsqu'elles fabriquent, traitent ou consomment des quantités supérieures à des seuils déterminés.

Toutefois, ces installations ne sont pas soumises à déclaration lorsqu'elles ne fabriquent, traitent ou consomment que des mélanges comportant une concentration de ces produits inférieure à des taux déterminés.

Sous-section III. – Produits chimiques du tableau 3

Art. L. 2342-15. – La fabrication de produits chimiques inscrits au tableau 3 annexé à la Convention de Paris est soumise à déclaration.

Toutefois, ne sont pas soumis à cette déclaration les mélanges comportant une concentration de ces produits inférieure à des taux déterminés.

Art. L. 2342-16. – L'exportation de produits chimiques inscrits au tableau 3 à destination d'un État non partie à la convention de Paris est soumise à autorisation. L'autorisation est refusée si l'État de destination ne fournit pas, sur demande de l'autorité administrative, un certificat d'utilisation finale et un certificat de non-réexportation.

Leur commerce et leur courtage à destination d'un État non partie à la Convention de Paris sont soumis à autorisation.

Art. L. 2342-17. – Les installations de fabrication de produits chimiques inscrits au tableau 3 sont soumises à déclaration lorsqu'elles fabriquent des quantités supérieures à des seuils déterminés.

Toutefois, ces installations ne sont pas soumises à déclaration lorsqu'elles ne fabriquent que des mélanges comportant une concentration de ces produits inférieure à des taux déterminés.

Sous-section IV. – Installations de fabrication par synthèse de produits chimiques organiques définis

Art. L. 2342-18. – Les installations de fabrication par synthèse de produits chimiques organiques définis non inscrits à l'un des trois tableaux annexés à la Convention de Paris sont soumises à déclaration lorsqu'elles fabriquent des quantités supérieures à des seuils déterminés.

(2e al. suppr., L. n° 2011-266, 14 mars 2011).

Les sites d'usines dans lesquels sont exclusivement fabriqués des hydrocarbures ou des substances explosives ne sont pas soumis à déclaration.

Sous-section V. – Dispositions communes

Art. L. 2342-19. – Les importateurs et les exportateurs de produits chimiques inscrits à l'un des trois tableaux, ou leurs représentants, informent l'autorité administrative des opérations qu'ils ont réalisées.

Art. L. 2342-20. – Les autorisations d'importation ou d'exportation mentionnées à la présente section peuvent être suspendues ou abrogées soit pour la mise en œuvre de mesures prises en application d'un accord international ratifié ou dans le cadre de l'Union européenne, soit lorsque la réalisation de l'opération peut porter atteinte aux intérêts de la sécurité extérieure de l'État ou de la défense nationale.

Art. L. 2342-21. – Les conditions d'application des articles L. 2342-8 à L. 2342-19 sont définies par décret en Conseil d'État.

Ce décret définit notamment les quantités de produits chimiques en deçà desquelles les autorisations et les déclarations mentionnées auxdits articles ne sont pas requises.

Section III. – Vérification internationale

Sous-section I. – Inspecteurs et accompagnateurs

Art. L. 2342-22. – Les vérifications internationales sont effectuées par des inspecteurs habilités par l'Organisation et agréés par l'autorité administrative. Pour l'exécution de leur mission, les inspecteurs disposent des pouvoirs et jouissent des privilèges et immunités prévus par la Convention de Paris.

Des accompagnateurs accueillent les inspecteurs au point d'entrée sur le territoire, assistent à leurs opérations et les raccompagnent au point de sortie du territoire.

Art. L. 2342-23. – À l'occasion de chaque inspection, l'autorité administrative désigne une équipe d'accompagnement dont chaque membre a la qualité d'accompagnateur.

Le chef de l'équipe d'accompagnement veille à la bonne exécution de la vérification internationale. Dans le cadre de ses attributions, il représente l'État auprès du chef de l'équipe d'inspection et des personnes soumises à vérification internationale. Il peut déléguer certaines de ses attributions aux autres accompagnateurs.

Les accompagnateurs et les inspecteurs sont soumis à une obligation de confidentialité.

Art. L. 2342-24. – Le chef de l'équipe d'accompagnement vérifie la capacité des équipements utilisés par les inspecteurs pour communiquer avec le siège du Secrétariat technique de l'Organisation à protéger la confidentialité des informations qu'ils recueillent.

Le chef de l'équipe d'accompagnement vérifie au point d'entrée et à la sortie du territoire que les matériels détenus par les inspecteurs sont conformes aux modèles homologués par l'Organisation pour ce type d'inspection.

Art. L. 2342-25. – Lorsque, au cours de l'inspection, les inspecteurs demandent à avoir accès aux relevés mentionnés au 47 de la deuxième partie de l'annexe sur la vérification de la Convention de Paris, le chef de l'équipe d'accompagnement :

1° Veille, s'il s'agit d'une installation de fabrication, de traitement ou de consommation de produits chimiques inscrits au tableau 1, à ce que cet accès ne soit utilisé que pour vérifier que la nature et les quantités des produits chimiques sont conformes aux déclarations et qu'il n'y a pas de détournement ou d'utilisation de ces produits à d'autres fins que celles déclarées ;

2° Veille, s'il s'agit d'une installation de fabrication, de traitement ou de consommation de produits inscrits au tableau 2, à ce que cet accès ne soit utilisé que pour vérifier que la nature et les quantités des produits chimiques sont conformes aux déclarations et qu'il n'y a pas de détournement de ces produits ;

3° Fixe, s'il s'agit d'une installation de fabrication de produits chimiques inscrits au tableau 3 ou de produits chimiques organiques définis, les conditions de cet accès après consultation de l'exploitant ou de son représentant.

Art. L. 2342-26. – Le chef de l'équipe d'accompagnement vérifie qu'aucune information nominative relative à la vie privée des personnes n'est communiquée aux inspecteurs.

Art. L. 2342-27. – Lorsqu'un inspecteur s'entretient avec un membre du personnel de l'installation, un accompagnateur est présent. L'exploitant peut demander à assister à l'entretien. L'accompagnateur peut soulever des objections quant aux questions posées lorsqu'il juge que ces questions sont étrangères à l'inspection ou de nature à compromettre la protection de la confidentialité des informations. En attente de la décision finale prise par le chef de l'équipe d'accompagnement, la personne interrogée est tenue de ne pas répondre à la question.

Art. L. 2342-28. – L'exploitant ou un accompagnateur prend, pour le compte des inspecteurs, les photographies des installations que ces derniers lui demandent, après vérification par le chef de l'équipe d'accompagnement que ces photographies sont nécessaires à leur mission et conformes aux dispositions de la Convention de Paris et de ses annexes.

Art. L. 2342-29. – I. – Après vérification par le chef de l'équipe d'accompagnement qu'ils sont nécessaires pour l'accomplissement de l'inspection conformément à la Convention de Paris, l'exploitant ou un accompagnateur prélève, pour le compte des inspecteurs et en leur présence, les échantillons physiques et chimiques que ces derniers lui demandent. Le prélèvement peut être effectué par les inspecteurs eux-mêmes en accord avec le chef de l'équipe d'accompagnement et de l'exploitant eu égard à la sécurité des personnes et des installations.

II. – L'équipe d'inspection analyse sur place, en présence d'un accompagnateur et de l'exploitant, les échantillons et prélèvements à l'aide des matériels vérifiés conformément à l'article L. 2342-24 ou de matériels fournis par l'exploitant. Elle peut demander que l'analyse soit faite sur place par l'exploitant en présence d'un inspecteur et d'un accompagnateur.

Toutefois, lorsque le chef de l'équipe d'accompagnement ne s'y oppose pas, ces analyses peuvent être faites dans des laboratoires désignés par l'Organisation.

Les analyses sont réalisées en présence d'un accompagnateur et de l'exploitant si celui-ci le demande.

III. – Sauf dans le cas d'une inspection par mise en demeure soumise aux dispositions particulières de l'article L. 2342-45, les prélèvements et analyses sont effectués dans le seul but de vérifier l'absence ou la présence de produits chimiques non déclarés et inscrits à l'un des trois tableaux.

Art. L. 2342-30. – Lorsqu'un inspecteur demande des éclaircissements sur les ambiguïtés apparues au cours de l'inspection, le chef de l'équipe d'accompagnement prend, après avis de l'exploitant, les mesures appropriées pour lever ces ambiguïtés.

Sous-section II. – Exécution de la vérification internationale

Art. L. 2342-31. – La vérification internationale porte sur :

1° Les installations déclarées par la France à l'Organisation. Elle comprend une inspection initiale, des inspections ultérieures et, le cas échéant, une vérification systématique et des visites mentionnées à l'article L. 2342-36 ;

2° Toute installation ou tout emplacement dans le cas d'une inspection par mise en demeure.

Art. L. 2342-32. – Lorsque la vérification porte sur un lieu dont l'accès, pour tout ou partie de la zone spécifiée, ne dépend pas de l'État, l'autorité administrative ou le chef de l'équipe d'accompagnement avise dès que possible la personne soumise à la vérification à laquelle il fournit une copie de la notification.

Art. L. 2342-33. – L'équipe d'inspection évite de gêner ou de retarder le fonctionnement de l'installation.

Le chef de l'équipe d'accompagnement peut s'opposer aux activités de l'équipe d'inspection qui sont de nature à gêner ou retarder abusivement le fonctionnement de l'installation.

Art. L. 2342-34. – L'exploitant décide seul des conditions dans lesquelles peuvent être exécutées, pour les besoins de la vérification, les opérations ou les manipulations liées au fonctionnement des installations.

Les membres de l'équipe d'inspection, les accompagnateurs, les autres personnes autorisées mentionnées au cinquième alinéa de l'article L. 2342-42 et, le cas échéant, l'observateur se conforment strictement aux règles de sécurité en vigueur sur le site. Toutefois, l'exploitant ne peut opposer aux membres de l'équipe d'inspection ou aux accompagnateurs les règles internes à l'entreprise relatives au suivi médical ou à la formation à la sécurité.

Dans le cas où il ne pourrait être satisfait à une demande d'un inspecteur sans contrevenir aux règles de sécurité en vigueur sur le site, le chef de l'équipe d'accompagnement détermine, en accord avec l'exploitant et avec le chef de l'équipe d'inspection, une solution de substitution qui satisfait aux besoins de la vérification.

Art. L. 2342-35. – L'équipe d'accompagnement et, s'ils le souhaitent, l'exploitant et les autres personnes autorisées mentionnées au cinquième alinéa de l'article L. 2342-42 observent toutes les activités de vérification auxquelles procède l'équipe d'inspection.

Après avoir pris l'avis de l'exploitant, le chef de l'équipe d'accompagnement peut autoriser la prolongation de la durée de l'inspection.

Art. L. 2342-36. – L'avis de l'exploitant est requis avant la conclusion d'un accord d'installation.

Dans le cas de la vérification systématique, les équipements de surveillance mis en place par l'exploitant peuvent être utilisés par l'équipe d'inspection.

L'exploitant informe immédiatement l'autorité administrative de tout fait qui influe sur le bon fonctionnement des équipements de surveillance implantés dans les installations placées sous sa responsabilité. Il ne peut s'opposer aux visites de contrôle du bon fonctionnement de ces équipements effectuées par des inspecteurs habilités par l'Organisation et agréés par l'autorité administrative.

Art. L. 2342-37. – Avant de proposer un périmètre alternatif, le chef de l'équipe d'accompagnement prend dans la mesure du possible l'avis des personnes concernées. Le périmètre final leur est notifié.

Avant le début de l'inspection, le chef de l'équipe d'accompagnement notifie aux personnes concernées le plan d'inspection fourni par l'équipe d'inspection.

Art. L. 2342-38. – Douze heures au plus tard après l'arrivée de l'équipe d'inspection au point d'entrée, l'équipe d'accompagnement ou, si elle n'est pas encore sur place, l'autorité administrative établit un relevé de tous les véhicules sortant du périmètre demandé. Elle peut utiliser à cet effet des prises de vue photographiques, des enregistrements vidéo et des équipements de recueil de preuve chimique, vérifiés conformément à aux dispositions de l'article L. 2342-24, appartenant à l'équipe d'inspection. Lorsque l'équipe d'inspection procède au verrouillage du site, c'est-à-dire met en place les procédures de surveillance des sorties, le chef de l'équipe d'accompagnement peut l'autoriser à prendre des photographies ou à utiliser des enregistrements vidéo et des équipements de recueil de preuve chimique agréés vérifiés conformément aux dispositions de l'article L. 2342-24.

Art. L. 2342-39. – Lorsqu'il est autorisé par l'autorité administrative à assister à la vérification, l'observateur accède au périmètre final. Le chef de l'équipe d'accompagnement peut l'autoriser à accéder au site d'inspection dans les conditions qu'il définit après avis de la personne soumise à vérification.

Sous-section III. – Droit d'accès

Art. L. 2342-40. – Dans le cas d'une inspection par mise en demeure portant sur un lieu dont l'accès, pour tout ou partie de la zone spécifiée, dépend d'une personne privée, l'inspection ne peut commencer qu'avec l'autorisation du président du tribunal de grande instance dans le ressort duquel s'effectue le premier accès ou du juge délégué par lui. Le président du tribunal de grande instance est saisi par l'autorité administrative.

Lorsque le lieu soumis à inspection dépend d'une personne publique autre que l'État, l'autorisation d'accès est donnée par une autorité administrative de l'État.

Art. L. 2342-41. – Le président du tribunal de grande instance ou le juge délégué par lui s'assure de l'existence du mandat d'inspection. Il vérifie l'habilitation des membres de l'équipe d'inspection et des accompagnateurs et de toute autre personne pour laquelle l'accès est demandé ainsi que, le cas échéant, l'autorisation donnée à l'observateur. Il s'assure également que la demande d'inspection est conforme aux stipulations de la Convention de Paris. S'il estime que ce n'est pas le cas, il en informe sur-le-champ l'autorité administrative qui l'a saisi.

Art. L. 2342-42. – Le président du tribunal de grande instance ou le juge délégué par lui statue immédiatement par ordonnance.

Celle-ci comporte, outre le visa du mandat d'inspection et, le cas échéant, la référence à l'accord d'installation :

1° Le cas échéant mention de la délégation du président du tribunal de grande instance ;

2° Le nom et la qualité de l'autorité administrative qui a sollicité et obtenu l'autorisation de faire procéder à la vérification ;

3° La liste nominative des membres de l'équipe d'inspection autorisés à procéder à la vérification, à laquelle est jointe celle des accompagnateurs, de toute autre personne autorisée par le juge et, le cas échéant, de l'observateur ;

4° La localisation des lieux soumis à la vérification ;

5° Le périmètre.

Art. L. 2342-43. – L'ordonnance est notifiée par l'autorité administrative, sur place au moment de l'inspection, aux personnes concernées qui en reçoivent copie intégrale contre récépissé. En leur absence, la notification est faite après l'inspection par lettre recommandée avec avis de réception.

Art. L. 2342-44. – Le président du tribunal de grande instance ou le juge délégué par lui désigne un officier de police judiciaire, chargé d'assister à l'inspection.

L'officier de police judiciaire dresse un procès-verbal de l'inspection et en adresse l'original au juge. Une copie du procès-verbal est remise à la personne dont dépend l'accès au lieu inspecté.

Art. L. 2342-45. – La personne soumise à inspection peut, dans les conditions prévues au 48 de la dixième partie de l'annexe sur la vérification de la Convention de Paris et avec l'accord du chef de l'équipe d'accompagnement, limiter l'accès des membres de l'équipe d'inspection aux installations en vue d'empêcher la divulgation d'informations et de données confidentielles sans rapport avec le mandat d'inspection.

Le chef de l'équipe d'accompagnement peut, après avis de l'exploitant, prendre des mesures en vue de limiter l'analyse d'échantillons à la détermination de la présence ou de l'absence de produits chimiques inscrits à l'un des trois tableaux ou de leurs produits de dégradation pertinents.

Art. L. 2342-46. – Dans les cas de vérification autres que ceux prévus aux articles L. 2342-40 à L. 2342-45, le chef de l'équipe d'accompagnement avise de la demande de vérification la personne ayant qualité pour autoriser l'accès. Cet avis est donné par tous moyens et dans les délais compatibles avec ceux de l'exécution de la vérification. L'avis indique l'objet et la portée de la vérification.

Si la personne qui a qualité pour autoriser l'accès ne peut être avisée ou si elle s'oppose à tout ou partie de l'accès, l'inspection ne peut se dérouler qu'avec l'autorisation du président du tribunal de grande instance ou du juge délégué par lui selon les procédures et dans les conditions mentionnées aux articles L. 2342-40 à L. 2342-45. L'ordonnance comporte, dans ce cas, au lieu et place du périmètre, la désignation de l'installation soumise à vérification.

Toutefois, si la personne mentionnée à l'alinéa précédent est une personne publique autre que l'État, l'autorisation d'accès est donnée par une autorité administrative de l'État.

Art. L. 2342-47. – Dans le cas d'une demande d'éclaircissement portant sur une installation de fabrication de produits chimiques inscrits au tableau 3 ou de produits chimiques organiques définis, l'autorisation d'accès à d'autres parties du site d'usines peut être donnée aux inspecteurs par le chef de l'équipe d'accompagnement après avis de l'exploitant.

Si l'exploitant refuse l'accès à l'une de ces parties du site d'usines ou les mesures de substitution mentionnées à l'article L. 2342-50 proposées par le chef de l'équipe d'accompagnement, le juge statue d'urgence après s'être fait communiquer la demande formulée par le chef de l'équipe d'inspection et les mesures de substitution proposées par le chef de l'équipe d'accompagnement, et après avoir invité l'exploitant à présenter ses observations.

Art. L. 2342-48. – Le chef de l'équipe d'accompagnement s'assure qu'aucun document, donnée, prélèvement ou autre type d'information sans rapport avec la vérification n'est détenu par l'équipe d'inspection. À l'issue de l'inspection, il vérifie que les documents et informations qu'il désigne comme confidentiels bénéficient d'une protection appropriée.

Cette protection peut consister, à l'exception des échantillons, en la conservation sur place des documents et informations de toute nature dans des conditions qui garantissent leur intégrité et l'accès ultérieur des inspecteurs.

Lorsqu'il n'est pas en mesure d'autoriser la mise à disposition ou l'emport des documents ou informations que le chef de l'équipe d'inspection juge nécessaires à l'établissement de son rapport, le chef de l'équipe d'accompagnement peut proposer à ce dernier de conserver provisoirement ces documents ou informations dans les conditions prévues à l'alinéa précédent. La décision définitive du chef de l'équipe d'accompagnement intervient dans un délai arrêté d'un commun accord.

Art. L. 2342-49. – Lorsque l'équipe d'inspection demande à accéder à des zones, locaux, documents, données ou informations ayant un caractère confidentiel ou privé, le chef de l'équipe d'accompagnement, le cas échéant à la demande de la personne concernée, informe par écrit le chef de l'équipe d'inspection du caractère confidentiel ou privé susmentionné.

Après avoir pris l'avis de l'exploitant ou sur sa demande, le chef de l'équipe d'accompagnement peut prendre toutes dispositions qu'il estime nécessaires à la protection de la confidentialité et du secret relatif aux zones, locaux, documents, données ou informations concernés ainsi que des droits de la personne. Il peut à ce titre restreindre ou prohiber l'utilisation par l'équipe d'inspection d'équipements dont l'emploi est incompatible, en raison de leur nature, avec les informations à protéger.

Art. L. 2342-50. – Le chef de l'équipe d'accompagnement est tenu, lorsqu'il fait usage des pouvoirs mentionnés à la présente sous-section, de faire, après avis de l'exploitant, tout ce qui est raisonnablement possible pour proposer des mesures de substitution visant à démontrer le respect de la Convention de Paris et à satisfaire aux demandes que l'équipe d'inspection formule en application du mandat d'inspection.

Section IV. – Investigations nationales

Art. L. 2342-51. – L'autorité administrative peut :

1° Procéder, ou faire procéder par un établissement public habilité, à des enquêtes portant sur les produits chimiques inscrits à l'un des trois tableaux ou sur les produits chimiques organiques définis ;

2° Exiger de toute personne les renseignements destinés à permettre à l'État de répondre, en temps voulu, aux demandes d'éclaircissement de l'Organisation.

Art. L. 2342-52. – Des agents assermentés habilités exercent les contrôles nécessaires en vue de vérifier le respect des obligations énoncées au présent chapitre, et dans les textes pris pour son application, par une personne qui est assujettie.

À ce titre, ils peuvent :

1. Accéder aux installations et aux locaux professionnels utilisés pour les activités portant sur les produits chimiques inscrits à l'un des trois tableaux ou sur des produits chimiques organiques définis ;

2. Prendre communication et copie, pour une opération donnée, des documents commerciaux la concernant tels que factures, manifestes, pièces administratives, documents de transport et autres documents d'expédition ainsi que, s'il y a lieu, les documents relatifs à l'importation, à l'exportation et au transit desdits produits ;

3. Prélever ou faire prélever en leur présence, si nécessaire, des échantillons dans des conditions définies par décret en Conseil d'État.

Art. L. 2342-53. – Les contrôles et prélèvements prévus à l'article L. 2342-52 sont pratiqués pendant les heures de travail des services concernés de l'établissement où est située l'installation et en présence de l'exploitant.

Art. L. 2342-54. – Les agents procédant à un contrôle dressent un procès-verbal de leurs constatations. Une copie du procès-verbal est remise à la personne concernée.

Art. L. 2342-55. – Il est régulièrement communiqué au comité d'établissement la liste des produits inscrits à l'ordre des trois tableaux.

Section V. – Dispositions pénales et sanctions administratives

Sous-section I. – Agents habilités à constater les infractions

Art. L. 2342-56. – Peuvent constater les infractions aux prescriptions du présent chapitre, ainsi qu'aux dispositions réglementaires prises pour son application, outre les officiers de police judiciaire agissant conformément aux dispositions du Code de procédure pénale :

1° Les inspecteurs généraux et les inspecteurs des armées, les membres du corps militaire du contrôle général des armées et les officiers de l'armée de terre, de la marine nationale, de l'armée de l'air et de la gendarmerie nationale titulaires d'un commandement et les membres du corps militaire des ingénieurs de l'armement. Leur habilitation est individuelle. Elle est délivrée pour une durée limitée par arrêté du ministre de la Défense. Copie en est jointe aux procès-verbaux de constatation ;

2° Les agents des douanes à l'occasion des contrôles effectués par application du Code des douanes. Les agents du ministère de la Défense et les agents des douanes mentionnés aux alinéas ci-dessus adressent sans délai au procureur de la République le procès-verbal de leurs constatations.

Sous-section II. – Sanctions pénales

Art. L. 2342-57. – Est puni de la réclusion criminelle à perpétuité et de 7 500 000 € d'amende le fait d'employer :

1° Une arme chimique ;

2° Un produit chimique inscrit au tableau 1 à des fins autres que médicales, pharmaceutiques, de recherche ou de protection.

Les deux premiers alinéas de l'article 132-23 du Code pénal relatif à la période de sûreté sont applicables aux infractions prévues par le présent article.

Art. L. 2342-58. – Sont punies de la réclusion criminelle à perpétuité et de 7 500 000 € d'amende la conception, la construction ou l'utilisation d'une installation :

1° De fabrication d'armes chimiques ;

2° De fabrication de munitions chimiques non remplies et de matériels destinés à l'emploi d'armes chimiques.

La modification d'installations ou de matériels de toute nature dans le but d'exercer une activité interdite par la sous-section 1 de la première section du présent chapitre est punie des mêmes peines. Les deux premiers alinéas de l'article 132-23 du Code pénal relatif à la période de sûreté sont applicables aux infractions prévues par le présent article.

Art. L. 2342-59. – Est puni de la réclusion criminelle à perpétuité et de 7 500 000 € d'amende le fait de diriger ou d'organiser un groupement ayant pour objet l'emploi, la mise au point, la fabrication, le stockage, la détention, la conservation, l'acquisition, la cession, l'importation, l'exportation, le transit, le commerce ou le courtage :

1° D'une arme chimique ;

2° D'un produit chimique inscrit au tableau 1 à des fins autres que médicales, pharmaceutiques, de recherche ou de protection.

Les deux premiers alinéas de l'article 132-23 du Code pénal relatif à la période de sûreté sont applicables aux infractions prévues par le présent article.

Art. L. 2342-60 *(L. n° 2011-266, 14 mars 2011)*. – Sont punis de vingt ans de réclusion criminelle et de 3 000 000 € d'amende la mise au point, la fabrication, le stockage, la détention, la conservation, l'acquisition, la cession, l'importation, l'exportation, le transit, le commerce ou le courtage :

1° D'une arme chimique autre qu'une arme chimique ancienne ou qu'une arme chimique abandonnée ;

2° D'un produit chimique inscrit au tableau 1 à des fins autres que des fins médicales, pharmaceutiques, de recherche ou de protection.

Est puni des mêmes peines le fait de procurer un financement en fournissant, réunissant ou gérant des fonds, valeurs ou biens quelconques ou en donnant des conseils à cette fin, dans l'intention de voir ces fonds, valeurs ou biens utilisés ou en sachant qu'ils sont destinés à être utilisés, en tout ou partie, en vue de commettre l'une quelconque des infractions prévues aux articles L. 2342-57 et L. 2342-58 et aux alinéas ci-dessus, indépendamment de la commission effective d'une telle infraction.

Sont punis des mêmes peines l'importation, l'exportation, le commerce ou le courtage de tout matériel de fabrication d'armes chimiques ou de tout document ou objet en vue de permettre ou de faciliter la violation des dispositions de la sous-section 1 de la première section du présent chapitre.

Est punie de la même peine la communication de toute information en vue de permettre ou de faciliter la violation des dispositions de la sous-section 1 de la première section du présent chapitre.

Les infractions prévues par le présent article sont punies de trente ans de réclusion criminelle et de cinq millions d'euros d'amende lorsqu'elles sont commises en bande organisée.

Les deux premiers alinéas de l'article 132-23 du Code pénal relatif à la période de sûreté sont applicables aux infractions prévues par le présent article.

Art. L. 2342-61. – Le fait de provoquer, d'encourager ou d'inciter quiconque de quelque manière que ce soit à commettre les infractions prévues aux articles L. 2342-57, L. 2342-58 et L. 2342-60, lorsque ce fait a été suivi d'effet, est puni des peines prévues pour ces infractions.

Lorsque les faits mentionnés au premier alinéa ne sont pas suivis d'effet en raison de circonstances indépendantes de la volonté de leur auteur, la peine est de sept ans d'emprisonnement et de 100 000 € d'amende.

Art. L. 2342-62. – Sont punis de cinq ans d'emprisonnement et de 75 000 € d'amende l'acquisition, la cession, l'importation, l'exportation, le transit, le commerce ou le courtage d'une arme chimique ancienne ou d'une arme chimique abandonnée.

Art. L. 2342-63. – Les dispositions des articles L. 2342-60 et L. 2342-62 ne s'appliquent pas à la détention, au stockage et à la conservation des armes chimiques en vue de leur destruction par l'État ou la personne agréée par lui.

Art. L. 2342-64. – Est puni de cinq ans d'emprisonnement et de 75 000 € d'amende le fait de s'opposer à la saisie par l'autorité administrative d'une arme chimique ou d'un produit chimique mentionné au second alinéa de l'article L. 2342-6.

Art. L. 2342-65. – Est puni de deux ans d'emprisonnement et de 30 000 € d'amende le défaut de déclaration par l'exploitant :

1° D'une installation de fabrication, de stockage, de conservation ou de destruction d'armes chimiques ou d'une installation de fabrication de munitions chimiques non remplies ou de matériels destinés à l'emploi d'armes chimiques ;

2° D'une autre installation ou établissement conçu, construit ou utilisé principalement pour mettre au point des armes chimiques, y compris les laboratoires et les sites d'essais et d'évaluation.

Art. L. 2342-66. – Est puni de deux ans d'emprisonnement et de 30 000 € d'amende le défaut de déclaration, par son détenteur, d'une arme chimique détenue au 18 juin 1998.

Est puni des mêmes peines le défaut de déclaration, par son détenteur, d'une arme chimique ancienne ou abandonnée.

Art. L. 2342-67. – Est puni de six mois d'emprisonnement et de 7 500 € d'amende le fait, pour l'exploitant responsable d'équipements de surveillance mentionnés à l'article L. 2342-36, d'omettre d'informer l'autorité administrative de tout fait qui influe sur leur bon fonctionnement.

Art. L. 2342-68. – Sont punis de sept ans d'emprisonnement et de 100 000 € d'amende :

1° L'exploitation d'une installation de fabrication de produits chimiques inscrits au tableau 1 à des fins médicales, pharmaceutiques, de recherche ou de protection sans autorisation lorsque celle-ci est obligatoire, ou en violation des conditions de l'autorisation délivrée ;

2° L'importation, l'exportation, le transit, le commerce ou le courtage de produits chimiques inscrits au tableau 1, à des fins médicales, pharmaceutiques, de recherche ou de protection, en provenance ou à destination d'un État non partie à la Convention de Paris.

Art. L. 2342-69. – Sont punis de trois ans d'emprisonnement et de 45 000 € d'amende :

1° La mise au point, la fabrication, l'acquisition, la cession, l'utilisation, la détention, la conservation ou le stockage de produits chimiques inscrits au tableau 1 réalisé à des fins médicales, pharmaceutiques, de recherche ou de protection sans autorisation ou en violation des autorisations délivrées ;

2° L'importation, l'exportation, le transit, le commerce ou le courtage, sans autorisation, de produits chimiques inscrits au tableau 1 réalisé à des fins médicales, pharmaceutiques, de recherche ou de protection en provenance ou à destination d'un État partie à la Convention de Paris.

Art. L. 2342-70. – Sont punis de deux ans d'emprisonnement et de 30 000 € d'amende :

1° Le défaut de déclaration d'une installation de traitement, de stockage ou de consommation de produits chimiques inscrits au tableau 1 ;

2° Le commerce ou le courtage de produits inscrits au tableau 2 en provenance d'un État non partie à la Convention de Paris ou à destination d'un tel État ;

3° Le défaut d'information annuelle, par l'exploitant, des quantités de produits chimiques inscrits au tableau 1 qu'il a fabriquées, acquises, cédées, traitées, consommées ou stockées, des quantités de précurseurs inscrits à l'un des trois tableaux qu'il a utilisées pour la fabrication de ces produits chimiques et des quantités de ces produits qu'il prévoit de fabriquer au cours de l'année suivante.

Art. L. 2342-71. – Est puni d'un an d'emprisonnement et de 15 000 € d'amende le commerce ou le courtage sans autorisation de produits chimiques inscrits au tableau 3 à destination d'un État non partie à la Convention de Paris.

Art. L. 2342-72. – La tentative de commettre les délits prévus au second alinéa de l'article L. 2342-61, aux articles L. 2342-62, L. 2342-64, L. 2342-68, L. 2342-69 et aux 2° et 3° de l'article L. 2342-70 est punie des mêmes peines.

Art. L. 2342-73. – Les infractions prévues au second alinéa de l'article L. 2342-61, aux articles L. 2342-62, L. 2342-65 et L. 2342-68 à L. 2342-70 sont considérées, au regard de la récidive, comme une même infraction.

Art. L. 2342-74. – Est puni de cinq ans d'emprisonnement et de 75 000 € d'amende le fait de s'opposer ou de faire obstacle aux vérifications internationales prévues à la section 3 du présent chapitre.

Art. L. 2342-75. – Toute personne qui a tenté de commettre l'une des infractions prévues par les articles L. 2342-57 à L. 2342-61 est exempte de peine si, ayant averti l'autorité administrative ou judiciaire, elle a permis d'éviter la réalisation de l'infraction et d'identifier, le cas échéant, les autres coupables.

Art. L. 2342-76. – La peine privative de liberté encourue par l'auteur ou le complice de l'une des infractions prévues aux articles L. 2342-57 à L. 2342-61 est réduite de moitié si, ayant averti l'autorité administrative ou judiciaire, il a permis de faire cesser les agissements incriminés ou d'éviter que l'infraction n'entraîne mort d'homme ou infirmité permanente et d'identifier, le cas échéant, les autres coupables. Lorsque la peine encourue est la réclusion criminelle à perpétuité, celle-ci est ramenée à vingt ans de réclusion criminelle.

Art. L. 2342-77 *(Mod., L. n° 2008-776, 4 août 2008)*. – I. – Les personnes physiques coupables de l'une des infractions prévues au présent chapitre encourent les peines complémentaires suivantes :

1° L'interdiction, suivant les modalités prévues par l'article 131-26 du Code pénal, des droits civiques, civils et de famille ;

2° L'interdiction, suivant les modalités prévues par l'article 131-27 du Code pénal, soit d'exercer une fonction publique ou d'exercer l'activité professionnelle ou sociale dans l'exercice ou à l'occasion de l'exercice de laquelle l'infraction a été commise, soit d'exercer une profession commerciale ou industrielle, de diriger, d'administrer, de gérer ou de contrôler à un titre quelconque, directement ou indirectement, pour son propre compte ou pour le compte d'autrui, une entreprise commerciale ou industrielle ou une société commerciale. Ces interdictions d'exercice peuvent être prononcées cumulativement ;

3° La fermeture, soit à titre définitif, soit pour une durée de cinq ans au plus, des établissements ou de l'un ou de plusieurs des établissements de l'entreprise ayant servi à commettre les faits incriminés ;

4° L'exclusion des marchés publics pour une durée de cinq ans au plus ;

5° La confiscation de la chose qui a servi ou était destinée à commettre l'infraction ou de la chose qui en est le produit, à l'exception des objets susceptibles de restitution ;

6° L'affichage ou la diffusion de la décision prononcée dans les conditions prévues par l'article 131-35 du Code pénal.

II. – Les personnes physiques coupables de l'une des infractions prévues aux articles L. 2342-57 à L. 2342-62, L. 2342-64, L. 2342-68, L. 2342-69, L. 2342-74 et L. 2342-79 encourent également les peines complémentaires suivantes :

1° L'interdiction de séjour, suivant les modalités prévues par l'article 131-31 du Code pénal ;

2° L'interdiction du territoire français, lorsqu'il s'agit d'étrangers, prononcée dans les conditions prévues par l'article 131-30 du Code pénal, soit à titre définitif, soit pour une durée de dix ans au plus.

Art. L. 2342-78 *(Mod., L. n° 2009-526, 12 mai 2009)*. – Les personnes morales déclarées responsables pénalement, dans les conditions prévues par l'article 121-2 du Code pénal, des infractions définies aux articles L. 2342-57 à L. 2342-62, L. 2342-64 à L. 2342-71, L. 2342-74 et L. 2342-79 encourent, outre l'amende suivant les modalités prévues par l'article 131-38 du Code pénal :

[1°] Dans les cas prévus par les articles L. 2342-57 à L. 2342-61, les peines mentionnées à l'article 131-39 du Code pénal ;

[2°] Dans les cas prévus par les articles L. 2342-62, L. 2342-64 à L. 2342-71, L. 2342-74 et L. 2342-79, les peines mentionnées aux 2° à 9° de l'article 131-39 du Code pénal.

L'interdiction mentionnée au 2° de l'article 131-39 du Code pénal porte sur l'activité dans l'exercice ou à l'occasion de l'exercice de laquelle l'infraction a été commise.

Art. L. 2342-79. – Est punie d'un emprisonnement de trois ans et de 45 000 € d'amende toute communication ou toute divulgation sans l'autorisation de la personne concernée ou de ses ayants droit, ou du signataire ou du destinataire d'un document provenant d'une vérification prévue à la section 3 du présent chapitre, à une personne non qualifiée par les dispositions du présent chapitre pour en prendre connaissance.

Art. L. 2342-80. – Dans les cas prévus aux articles L. 2342-57 à L. 2342-62, L. 2342-64, au deuxième alinéa de l'article L. 2342-65 et aux articles L. 2342-66, L. 2342-68 et L. 2342-69 est prononcée la confiscation des armes chimiques et des produits chimiques inscrits au tableau 1 à quelque personne qu'ils appartiennent et en quelque lieu qu'ils se trouvent.

Art. L. 2342-81. – Lorsque les délits prévus aux articles L. 2342-68, L. 2342-69, au 2° de l'article L. 2342-70 et à l'article L. 2342-71 sont commis dans un État non partie à la Convention de Paris par un Français, la loi française est applicable, par dérogation aux dispositions du deuxième alinéa de l'article 113-6 du Code pénal, et les dispositions de la seconde phrase de l'article 113-8 du même code ne sont pas applicables.

Sous-section III. – Sanctions administratives

Art. L. 2342-82. – Lorsqu'un procès-verbal, dressé en application de l'article L. 2342-54, constate qu'une personne refuse aux agents de l'administration d'exercer leur pouvoir de contrôle prévu par l'article L. 2342-52, l'autorité administrative invite la personne ayant opposé ce refus à présenter ses observations dans un délai de quinze jours.

Passé ce délai, au vu du procès-verbal constatant le refus et des observations susmentionnées, l'autorité administrative peut, par une décision motivée, ordonner une astreinte journalière.

Le montant de l'astreinte journalière ne peut être supérieur à 7 500 € et, le cas échéant, à 0,1 % du chiffre d'affaires inscrit au compte de résultat du dernier exercice clos.

Toutefois, lors de la liquidation de l'astreinte, le total des sommes demandées ne peut être supérieur à 225 000 € et, le cas échéant, à 3 % du chiffre d'affaires inscrit au compte de résultat du dernier exercice clos.

La décision de l'autorité administrative est susceptible d'un recours de pleine juridiction.

Le président du tribunal administratif ou son délégué peut, si au moins l'un des moyens énoncés dans la requête paraît sérieux et de nature à justifier l'annulation de la décision, ordonner la suspension de l'astreinte jusqu'à ce qu'intervienne un jugement au principal.

Le président du tribunal administratif ou son délégué statue en urgence.

Art. L. 2342-83. – **Lorsqu'il a été constaté un manquement à une obligation de déclaration prévue par les articles L. 2342-12, L. 2342-14, L. 2342-15 et L. 2342-17 à L. 2342-19 ou lorsqu'il n'a pas été répondu à une demande d'information prévue par l'article L. 2342-51, l'autorité administrative invite la personne concernée à prendre connaissance du dossier et à présenter ses observations dans un délai de quinze jours.**

Passé ce délai et au vu des observations susmentionnées, l'autorité administrative peut, par une décision motivée, prononcer une amende au plus égale à 75 000 €.

La décision de l'autorité administrative est susceptible d'un recours de pleine juridiction.

Art. L. 2342-84. – **Les amendes et astreintes prévues à la présente sous-section ne peuvent porter sur des faits remontant à plus de trois ans s'il n'a été accompli dans ce délai aucun acte tendant à leur recherche, leur constatation ou leur sanction.**

CHAPITRE III. – MINES ANTIPERSONNEL

Section I. – Définition

Art. L. 2343-1. – **Pour l'application du présent chapitre, les mots : « convention d'Ottawa » désignent la Convention sur l'interdiction de l'emploi, du stockage, de la production et du transfert des mines antipersonnel et sur leur destruction, publiée par le décret n° 99-303 du 13 avril 1999.**

Au titre du présent chapitre, les termes : « mines antipersonnel » et « transfert » ont le sens qui leur est donné par la convention d'Ottawa.

Section II. – Régime juridique

Art. L. 2343-2. – **La mise au point, la fabrication, la production, l'acquisition, le stockage, la conservation, l'offre, la cession, l'importation, l'exportation, le transfert et l'emploi des mines antipersonnel sont interdits.**

Art. L. 2343-3. – **Nonobstant les dispositions de l'article L. 2343-2, les services de l'État sont autorisés :**

1° À transférer des mines antipersonnel en vue de leur destruction ;

2° À conserver ou transférer un certain nombre de mines antipersonnel pour la mise au point de techniques de détection des mines, de déminage ou de destruction des mines et pour la formation à ces techniques, le nombre de mines détenues à ces fins ne pouvant excéder 5 000 à partir du 31 décembre 2000.

Les services de l'État peuvent confier ces opérations à des personnes agréées.

Art. L. 2343-4. – **Sont soumis à déclaration, dans les conditions prévues à l'article 7 de la convention d'Ottawa :**

1° Par leur détenteur :

***a)* Le total des stocks de mines antipersonnel, incluant une répartition par type, quantité et, si cela est possible, par numéro de lot pour chaque type de mines antipersonnel stockées ;**

***b)* Les types et quantités et, si possible, les numéros de lots de toutes les mines antipersonnel conservées ou transférées pour la mise au point de techniques de détection des mines antipersonnel, de déminage ou de destruction des mines antipersonnel et pour la formation à ces techniques ;**

***c)* Les types et quantités et, si possible, les numéros de lots de toutes les mines antipersonnel transférées dans un but de destruction ;**

***d)* L'état des programmes de destruction des stocks de mines antipersonnel, y compris des précisions sur les méthodes utilisées pour la destruction et les normes observées en matière de sécurité et de protection de l'environnement ;**

***e)* Les types et quantités de toutes les mines antipersonnel détruites après l'entrée en vigueur de la convention d'Ottawa, y compris une répartition de la quantité de chaque type de mines antipersonnel détruites de même que, si possible, les numéros de lots de chaque type de mines antipersonnel.**

2° Par leur exploitant :

a) Les installations autorisées à conserver ou à transférer des mines antipersonnel à des fins de destruction ou pour la mise au point de techniques de détection des mines antipersonnel, de déminage ou de destruction des mines antipersonnel et pour la formation à ces techniques ;

b) L'état des programmes de reconversion ou de mise hors service des installations de production des mines antipersonnel.

Section III. – Contrôles

Art. L. 2343-5. – Les missions d'établissement des faits prévues à l'article 8 de la convention d'Ottawa portent sur toutes les zones ou toutes les installations situées sur le territoire français où il pourrait être possible de recueillir des faits pertinents relatifs au cas de non-respect présumé qui motive la mission.

Dans les conditions prévues aux huitième à dixième alinéas de l'article 8 de la convention d'Ottawa, les missions d'établissement des faits sont effectuées par des inspecteurs désignés par le secrétaire général des Nations unies qui n'ont pas été récusés par l'autorité administrative d'un État. Pour l'exécution de leur mission, les inspecteurs disposent des pouvoirs et jouissent des privilèges et immunités prévus par la convention d'Ottawa.

À l'occasion de chaque mission d'établissement des faits, l'autorité administrative de l'État désigne une équipe d'accompagnement dont chaque membre a la qualité d'accompagnateur.

Les accompagnateurs accueillent les inspecteurs à leur point d'entrée sur le territoire, assistent aux opérations effectuées par ceux-ci et les accompagnent jusqu'à leur sortie du territoire.

Le chef de l'équipe d'accompagnement veille à la bonne exécution de la mission. Dans le cadre de ses attributions, il représente l'État auprès du chef de l'équipe d'inspection et des personnes soumises à l'inspection. Il peut déléguer certaines de ses attributions aux autres accompagnateurs.

Le chef de l'équipe d'accompagnement se fait communiquer le mandat d'inspection. Il vérifie au point d'entrée sur le territoire de la mission d'établissement des faits que les équipements détenus par les inspecteurs sont exclusivement destinés à être utilisés pour la collecte de renseignements sur le cas de non-respect présumé. Il s'assure que ces équipements sont conformes à la liste communiquée par la mission avant son arrivée.

Art. L. 2343-6. – Lorsque le lieu soumis à inspection dépend d'une personne publique autre que l'État, l'autorisation d'accès est donnée par une autorité administrative de l'État.

Si la mission d'établissement des faits porte sur un lieu dont l'accès, pour tout ou partie de la zone spécifiée, dépend d'une personne privée, le chef de l'équipe d'accompagnement avise de cette demande la personne ayant qualité pour autoriser l'accès à ce lieu. Cet avis est donné par tous les moyens et dans les délais compatibles avec ceux de l'exécution de la mission d'établissement des faits. L'avis indique l'objet et les conditions de l'inspection. La personne qui a qualité pour autoriser l'accès assiste aux opérations d'inspection ou s'y fait représenter.

Si la personne qui a qualité pour autoriser l'accès ne peut être atteinte par l'avis mentionné à l'alinéa précédent ou si elle refuse l'accès, l'inspection ne peut commencer qu'avec l'autorisation du président du tribunal de grande instance ou du juge délégué par lui. Le président du tribunal de grande instance est saisi par l'autorité administrative de l'État.

Le président du tribunal de grande instance ou le juge délégué par lui s'assure que la demande d'inspection est conforme aux stipulations de la convention d'Ottawa. Il s'assure également de l'existence du mandat d'inspection. Il vérifie l'habilitation des membres de l'équipe d'inspection et des accompagnateurs et de toute autre personne pour laquelle l'accès est demandé. Le président ou le juge délégué par lui statue immédiatement par ordonnance. L'ordonnance comporte le mandat d'inspection, la liste nominative des membres de l'équipe d'inspection, des accompagnateurs et de toute autre personne autorisée, la localisation des lieux soumis à la visite.

La visite s'effectue sous le contrôle du juge qui l'a autorisée et qui désigne, à cet effet, un officier de police judiciaire territorialement compétent chargé d'assister aux opérations. L'ordonnance est notifiée par l'autorité administrative de l'État, sur place au moment de la visite, aux personnes concernées qui en reçoivent copie intégrale contre récépissé. En leur absence, la notification est faite après la visite par lettre recommandée avec avis de réception.

Art. L. 2343-7. – Lorsque la mission d'établissement des faits demande l'accès à des zones, locaux, documents, données ou informations ayant un caractère confidentiel ou privé, le chef de l'équipe d'accompagnement, le cas échéant à la demande de la personne concernée, informe par écrit le chef de la mission d'établissement des faits du caractère confidentiel ou privé susmentionné.

Le chef de l'équipe d'accompagnement peut prendre toutes dispositions qu'il estime nécessaires à la protection de la confidentialité et du secret relatif aux zones, locaux, documents, données ou informations concernés ainsi que des droits de la personne.

Le chef de l'équipe d'accompagnement s'assure qu'aucun document, donnée ou autre type d'information sans rapport avec la mission d'établissement des faits n'est détenu par les inspecteurs. À l'issue de la mission de vérification des faits, il vérifie que les documents et informations qu'il désigne comme confidentiels bénéficient d'une protection appropriée.

Le chef de l'équipe d'accompagnement est tenu, lorsqu'il fait usage des pouvoirs mentionnés aux deux alinéas précédents, de faire tout ce qui est raisonnablement possible pour proposer des mesures de substitution visant à démontrer le respect de la convention d'Ottawa et à satisfaire aux demandes que l'équipe d'inspection formule en application du mandat de la mission d'établissement des faits.

Section IV. – Dispositions pénales

Sous-section I. – Agents habilités à constater les infractions

Art. L. 2343-8. – Peuvent constater les infractions aux prescriptions du présent chapitre, ainsi qu'aux dispositions réglementaires prises pour son application, outre les officiers de police judiciaire agissant conformément aux dispositions du Code de procédure pénale :

1° Les inspecteurs généraux et les inspecteurs des armées, les membres du corps militaire du contrôle général des armées et les officiers de l'armée de terre, de la marine nationale, de l'armée de l'air et de la gendarmerie nationale titulaires d'un commandement et les membres du corps militaire des ingénieurs de l'armement. Leur habilitation est individuelle. Elle est délivrée pour une durée limitée par arrêté du ministre de la Défense. Copie en est jointe aux procès-verbaux de contestation ;

2° Les agents des douanes à l'occasion des contrôles effectués en application du Code des douanes.

Les agents du ministère de la Défense et les agents des douanes mentionnés à l'alinéa ci-dessus adressent sans délai au procureur de la République le procès-verbal de leurs constatations.

Sous-section II. – Sanctions pénales

Art. L. 2343-9. – Les infractions aux dispositions de l'article L. 2343-2, sous réserve des dispositions de l'article L. 2343-3, sont punies de dix ans d'emprisonnement et de 150 000 € d'amende.

Les tentatives d'infraction sont punies de la même peine.

Est puni de cinq ans d'emprisonnement et de 75 000 € d'amende le fait de s'opposer ou de faire obstacle aux procédures internationales d'établissement des faits prévues à l'article L. 2343-5.

Art. L. 2343-10. – Les personnes physiques coupables des infractions prévues à l'article L. 2343-9, sous réserve des dispositions de l'article L. 2343-3, encourent également les peines complémentaires prévues aux articles 221-8 à 221-11 du Code pénal.

Art. L. 2343-11 *(Mod., L. n° 2009-526, 12 mai 2009)*. – Les personnes morales déclarées responsables pénalement, dans les conditions prévues par l'article 121-2 du Code pénal, des infractions définies à l'article L. 2343-9, sous réserve des dispositions de l'article L. 2343-3, encourent, outre l'amende suivant les modalités prévues par l'article 131-38 du Code pénal, les peines prévues par l'article 131-39 du même code.

L'interdiction mentionnée au 2° de l'article 131-39 du Code pénal porte sur l'activité dans l'exercice ou à l'occasion de l'exercice de laquelle l'infraction a été commise.

Art. L. 2343-12. – Lorsque les infractions aux dispositions de l'article L. 2343-2, sous réserve des dispositions de l'article L. 2343-3, sont commises hors du territoire de la République par un Français, la loi pénale française est applicable, par dérogation aux dispositions du deuxième alinéa de l'article 113-6 du Code pénal, et les dispositions de la deuxième phrase de l'article 113-8 du même code ne sont pas applicables.

....

TITRE V. – EXPLOSIFS

CHAPITRE I

(Abr., L. n° 2005-1550, 12 déc. 2005)

Art. L. 2351-1 *(Abr., L. n° 2005-1550, 12 déc. 2005).*

CHAPITRE II. – AUTORISATIONS ET AGRÉMENTS

Art. L. 2352-1 *(Mod. à compter du 30 juin 2012, L. n° 2011-702, 22 juin 2011).* **– La production, l'importation et l'exportation hors du territoire de l'Union européenne, le transfert entre États membres de l'Union européenne, le commerce, l'emploi, le transport et la conservation des produits explosifs sont subordonnés à un agrément technique et aux autorisations et contrôles nécessités par les exigences de la sécurité publique et de la défense nationale.**

L'autorité administrative peut à tout moment suspendre, modifier, abroger ou retirer l'agrément technique et les autorisations d'importation et d'exportation hors du territoire de l'Union européenne ou de transfert entre États membres de l'Union européenne prévus à l'alinéa précédent qu'elle a délivrés, pour des raisons de respect des engagements internationaux de la France, de protection des intérêts essentiels de sécurité, d'ordre public ou de sécurité publique, ou pour non-respect des conditions fixées dans l'agrément technique ou spécifiées dans l'autorisation.

Les conditions dans lesquelles l'agrément technique et les autorisations sont accordés, suspendus, modifiés, abrogés ou retirés et les opérations de contrôle effectuées sont déterminées par décret en Conseil d'État.

Les conditions dans lesquelles l'agrément technique et les autorisations sont accordés et les opérations de contrôle effectuées sont déterminées par décret en Conseil d'État.

Art. L. 2352-2. – Les autorisations ou habilitations réglementaires portent mention des dispositions des articles L. 2353-11 et L. 2353-12.

Avant de lui confier la garde des produits explosifs, l'employeur avertit, dans les conditions définies par décret en Conseil d'État, le préposé des obligations que lui crée l'article L. 2353-12, et obtient reconnaissance de cet avertissement.

CHAPITRE III. – DISPOSITIONS PÉNALES

Section I. – Agents habilités à constater les infractions

Art. L. 2353-1. – Peuvent constater les infractions aux prescriptions du présent titre, ainsi qu'aux dispositions réglementaires prises pour son application, outre les officiers de police judiciaire agissant conformément aux dispositions du Code de procédure pénale :

1° Les ingénieurs des mines et les ingénieurs et fonctionnaires assimilés placés sous leurs ordres, les ingénieurs de l'armement et les ingénieurs des études et techniques d'armement ainsi que les officiers placés sous leurs ordres, désignés par le ministre dont ils relèvent ;

2° Les agents des douanes à l'occasion des contrôles effectués en application du Code des douanes.

Les agents du ministère de la Défense et du ministère chargé de l'industrie, ainsi que les agents des douanes mentionnés aux alinéas ci-dessus adressent sans délai au procureur de la République le procès-verbal de leurs constatations.

Section II. – Sanctions pénales

Art. L. 2353-2 et L. 2353-3 *(Abr., L. n° 2005-1550, 12 déc. 2005).*

Art. L. 2353-4 *(Mod., L. n° 2005-1550, 12 déc. 2005 ; L. n° 2016-731, 3 juin 2016).* **– Sont punies d'un emprisonnement de cinq ans et d'une amende de 75 000 € :**

1° La fabrication, sans autorisation, d'un engin explosif ou incendiaire ou d'un produit explosif, quelle que soit sa composition ;

2° La fabrication de tout autre élément ou substance destinés à entrer dans la composition d'un produit explosif.

Les peines sont portées à dix ans d'emprisonnement et à 500 000 € d'amende lorsque l'infraction est commise en bande organisée.

La peine privative de liberté encourue par l'auteur ou le complice des infractions prévues au présent article est réduite de moitié, si ayant averti l'autorité administrative ou judiciaire, il a permis de faire cesser les agissements incriminés et d'identifier, le cas échéant, les autres auteurs ou complices.

Voir : art. 321-6-1, p. 455.

Art. L. 2353-5 *(Mod., L. n° 2005-1550, 12 déc. 2005)*. – Sont punis d'un emprisonnement de cinq ans et d'une amende de 4 500 € :

1° *(1° rempl. à compter du 30 juin 2012, L. n° 2011-702, 22 juin 2011)* Toute violation de l'article L. 2352-1 ou des textes pris pour son application ;

2° Le fait de refuser de se soumettre aux contrôles prévus à l'article L. 2352-1, ou d'y apporter des entraves, ou de ne pas fournir les renseignements demandés en vue de ces contrôles.

Les peines sont portées à dix ans d'emprisonnement et à 500 000 € d'amende lorsque l'infraction est commise en bande organisée.

Voir : art. 321-6-1, p. 455.

Art. L. 2353-6. – Est punie d'un emprisonnement de deux ans et d'une amende de 3 750 € la vente des produits explosifs non susceptibles d'un usage militaire en dehors des conditions prévues par le présent titre et les dispositions réglementaires prises pour son application.

Art. L. 2353-7. – Est punie d'une amende de 3 750 € l'exportation de produits explosifs non susceptibles d'un usage militaire, en dehors des conditions prévues par le présent titre et les textes pris pour son application.

Art. L. 2353-8. – Est punie comme l'auteur des infractions prévues aux articles L. 2353-5, L. 2353-6 et L. 2353-7 la personne exerçant une activité d'intermédiaire ou d'agent de publicité à l'occasion d'opérations portant sur les produits précités.

Art. L. 2353-9 *(Mod., L. n° 2005-1550, 12 déc. 2005)*. – La peine privative de liberté encourue par l'auteur ou le complice des infractions prévues aux articles L. 2353-5 à L. 2353-8 est réduite de moitié, si ayant averti l'autorité administrative ou judiciaire, il a permis de faire cesser les agissements incriminés et d'identifier, le cas échéant, les autres auteurs ou complices.

En cas d'application des dispositions des articles L. 2353-4 à L. 2353-8, le tribunal peut ordonner en outre la confiscation des engins explosifs ou incendiaires et des produits explosifs fabriqués, vendus, exportés ou importés sans autorisation.

Art. L. 2353-10. – Le port ou le transport, sans motif légitime, d'artifices non détonants sont punis de six mois d'emprisonnement et de 3 750 € d'amende.

Le tribunal peut ordonner la confiscation de l'objet de l'infraction.

Art. L. 2353-11. – Toute personne détentrice d'une autorisation de fabriquer, d'acquérir, de transporter ou de conserver en dépôt des produits explosifs, qui n'a pas déclaré auprès des services de police ou de gendarmerie dans les vingt-quatre heures suivant le moment où elle a eu connaissance de la disparition de tout ou partie de ces produits, est punie d'un emprisonnement d'un an et d'une amende de 6 000 €.

Lorsque la personne détentrice d'une autorisation est une personne morale, les mêmes peines sont applicables à ses dirigeants si ces derniers ont eu connaissance de cette disparition et ne l'ont pas déclarée dans le délai prévu à l'alinéa précédent.

Art. L. 2353-12. – Sans préjudice de l'application des dispositions de l'article L. 2353-11, tout préposé auquel a été confiée la garde de produits explosifs est tenu, s'il constate la disparition de tout ou partie de ces derniers, d'en faire dans les vingt-quatre heures la déclaration aux services de police ou de gendarmerie. L'omission de cette déclaration est punie d'un emprisonnement de six mois et d'une amende de 3 750 €.

Art. L. 2353-13 *(L. n° 2005-1550, 12 déc. 2005 ; L. n° 2016-731, 3 juin 2016)*. – L'acquisition, la détention, le transport ou le port illégal de produits explosifs ou d'engins explosifs sont punis selon les dispositions du chapitre IX du titre III du présent livre applicables aux armes de la catégorie A ainsi que selon celles de la section 7 du chapitre II du titre II du livre II du Code pénal.

ANNEXE 5

Les dispositions du premier alinéa ne sont pas applicables à l'acquisition, à la détention, au transport ou au port d'une quantité de 2 kilogrammes au plus de poudre noire ou de poudre à usage civil, en vue de la confection de munitions de chasse ou de tir.

Art. L. 2353-14 *(En vigueur à compter du 6 sept. 2013, L. n° 2012-304, 6 mars 2012)*. – En cas de condamnation pour une infraction prévue par la présente section, le prononcé de la peine complémentaire d'interdiction de détenir ou de porter, pour une durée de cinq ans au plus, une arme soumise à autorisation est obligatoire.

Toutefois, la juridiction peut, par une décision spécialement motivée, décider de ne pas prononcer cette peine, en considération des circonstances de l'infraction et de la personnalité de son auteur.

Décret n° 99-240 du 24 mars 1999

relatif aux conditions de commercialisation de certains objets ayant l'apparence d'une arme à feu

Art. 1er. – L'offre, la mise en vente, la vente, la distribution à titre gratuit ou la mise à disposition à titre onéreux ou gratuit des objets neufs ou d'occasion ayant l'apparence d'une arme à feu, destinés à lancer des projectiles rigides, lorsqu'ils développent à la bouche une énergie supérieure à 0,08 joule et inférieure ou égale à 2 joules, sont réglementées dans les conditions définies par le présent décret.

Art. 2. – La vente, la distribution à titre gratuit à des mineurs ou la mise à leur disposition à titre onéreux ou gratuit des produits visés à l'article 1er du présent décret sont interdites.

Art. 3. – L'indication de l'énergie exprimée en joules développée par les produits visés à l'article 1er du présent décret doit figurer à la fois sur le produit, sur son emballage et sur la notice d'emploi obligatoirement jointe.

Art. 4. – L'emballage ainsi que la notice d'emploi des produits visés à l'article 1er du présent décret doivent indiquer, en caractères lisibles, visibles et indélébiles, les deux mentions : « Distribution interdite aux mineurs » et « Attention : ne jamais diriger le tir vers une personne ».

Art. 5. – Est puni de la peine d'amende prévue pour les contraventions de la 5e classe :

1° Le fait de vendre, de distribuer à titre gratuit à des mineurs, de mettre à leur disposition à titre gratuit ou onéreux les produits visés à l'article 1er du présent décret ;

2° Le fait d'offrir à la vente, de mettre en vente, de vendre, de distribuer à titre gratuit, de mettre à disposition à titre gratuit ou onéreux les produits visés à l'article 1er du présent décret en méconnaissant les dispositions des articles 3 et 4 du présent décret.

En cas de récidive, la peine d'amende prévue pour la récidive de la contravention de 5e classe est applicable.

Les personnes morales peuvent être déclarées pénalement responsables, dans les conditions prévues à l'article 121-2 du Code pénal, des infractions définies au présent article ; elles encourent la peine d'amende selon les modalités prévues à l'article 131-41 du même code.

Loi n° 2011-267 du 14 mars 2011

d'orientation et de programmation pour la performance de la sécurité intérieure

Art. 68. – Le fait d'acheter, de détenir ou d'utiliser un appareil à laser non destiné à un usage spécifique autorisé d'une classe supérieure à 2 est puni de six mois d'emprisonnement et de 7 500 € d'amende.

Est puni des mêmes peines le fait de fabriquer, importer, mettre à disposition à titre gratuit ou onéreux, détenir en vue de la vente ou de la distribution gratuite, mettre en vente, vendre ou distribuer à titre gratuit ces mêmes matériels.

La liste des usages spécifiques autorisés pour les appareils à laser sortant d'une classe supérieure à 2 est fixée par décret.

Code de la sécurité intérieure

Titre Ier. – Armes et munitions

Chapitre Ier. – Dispositions générales

Section 1. – Définitions

Art. R. 311-1 *(Mod., D. n° 2017-909, 9 mai 2017)*. **– On entend par :**

I. - Armes par nature et munitions :

1° Accessoires : pièces additionnelles ne modifiant pas le fonctionnement intrinsèque de l'arme, constituées par tous dispositifs destinés à atténuer le bruit causé par le tir de l'arme. Les accessoires suivent le régime juridique des éléments d'arme ;

2° Arme : tout objet ou dispositif conçu ou destiné par nature à tuer, blesser, frapper, neutraliser ou à provoquer une incapacité ;

3° Arme à canon lisse : arme dont l'âme du canon est de section circulaire et ne peut donner aucun mouvement de rotation à un projectile unique ou multiple ;

4° Arme à canon rayé : arme dont l'âme du canon n'est pas de section circulaire et présente une ou plusieurs rayures conventionnelles ou polygonales destinées à donner un mouvement de rotation à un projectile unique ou multiple ;

5° Arme à feu : arme qui tire un projectile par l'action de la combustion d'une charge propulsive ;

6° Arme à répétition automatique : toute arme qui, après chaque coup tiré, se recharge automatiquement et qui peut, par une seule pression sur la détente, lâcher une rafale de plusieurs coups ;

7° Arme à répétition manuelle : arme qui, après chaque coup tiré, est rechargée manuellement par introduction dans le canon d'une munition prélevée dans un système d'alimentation et transportée à l'aide d'un mécanisme ;

8° Arme à répétition semi-automatique : arme qui, après chaque coup tiré, se recharge automatiquement et qui ne peut, par une seule pression sur la détente, lâcher plus d'un seul coup ;

9° Arme à un coup : arme sans système d'alimentation, qui est chargée avant chaque coup par introduction manuelle de la munition dans la chambre ou dans un logement prévu à cet effet à l'entrée du canon ;

10° Arme blanche : toute arme dont l'action perforante, tranchante ou brisante n'est due qu'à la force humaine ou à un mécanisme auquel elle a été transmise, à l'exclusion d'une explosion ;

11° Arme camouflée : toute arme dissimulée sous la forme d'un autre objet, y compris d'un autre type d'arme ;

12° Arme d'épaule : arme que l'on épaule pour tirer.

La longueur hors tout d'une arme d'épaule à crosse amovible ou repliable se mesure sans la crosse ou la crosse repliée. La longueur de référence du canon d'une arme d'épaule se mesure de l'extrémité arrière de la chambre jusqu'à l'autre extrémité du canon, les parties démontables non comprises ;

13° Arme de poing : arme qui se tient par une poignée à l'aide d'une seule main et qui n'est pas destinée à être épaulée. La longueur de référence d'une arme de poing se mesure hors tout ;

14° Arme incapacitante agissant par projection ou émission : arme ayant pour effet de provoquer une incapacité et agissant par projection à distance ou émission du procédé ou moyen incapacitant ;

15° Arme incapacitante de contact : arme de défense ayant pour effet de provoquer une incapacité et agissant à bout touchant ;

16° Arme neutralisée : arme qui a été rendue définitivement impropre au tir de toute munition par l'application de procédés techniques définis assurant que tous les éléments de l'arme à feu à neutraliser ont été rendus définitivement inutilisables et impossibles à modifier ;

17° Douille amorcée : douille qui comporte une amorce sans autre charge de poudre ;

18° Douille chargée : douille qui comporte une charge de poudre ;

19° Élément d'arme : partie d'une arme essentielle à son fonctionnement : canon, carcasse, culasse, système de fermeture, barillet, conversion, y compris les systèmes d'alimentation qui leur sont assimilés ;

20° Élément d'arme neutralisé : partie d'une arme essentielle à son fonctionnement rendue définitivement impropre à son usage par l'application de procédés techniques définis ;

21° Élément de munition : partie essentielle d'une munition telle que projectile, amorce, douille, douille amorcée, douille chargée, douille amorcée et chargée ;

22° Munition à projectile expansif : munition dont le projectile est spécialement façonné, de quelque façon que ce soit, pour foisonner, s'épandre ou champignonner à l'impact. Entrent notamment dans cette catégorie les projectiles à pointe creuse ;

23° Munition à projectile explosif : munition avec projectile contenant une charge explosant lors de l'impact ;

24° Munition à projectile incendiaire : munition avec projectile contenant un mélange chimique s'enflammant au contact de l'air ou lors de l'impact ;

25° Munition à projectile perforant : munition avec projectile chemisé à noyau dur perforant ;

26° Munition neutralisée : munition dont le projectile a un diamètre inférieur à 20 mm et dont la chambre à poudre présente un orifice latéral d'un diamètre au moins égal à 2 mm ne contenant plus de poudre et dont l'amorce a été percutée. Cette opération est réalisée par un armurier.

Les munitions à chargement d'emploi particulier, explosives ou incendiaires, restent dans tous les cas réputées fonctionnelles ;

27° Systèmes d'alimentation des armes : constitués par les magasins faisant partie intégrante de l'arme, tubulaires ou intégrés dans la boîte de culasse, et les magasins indépendants de l'arme, réservoirs, chargeurs et bandes, fixes ou mobiles pendant le tir.

II. - Autres armes :

1° Arme à blanc : objet ou dispositif ayant ou non l'apparence d'une arme à feu conçu et destiné par la percussion de la munition à provoquer uniquement un effet sonore et dont les caractéristiques excluent le tir ou la conversion sans recourir à un procédé industriel pour le tir de tout projectile (arme de starter, arme d'alarme) ;

Rédaction future. 1° *(Mod., D. n° 2017-909, 9 mai 2017. – Dispositions entrant en vigueur à compter de la publication de l'arrêté mentionné au dernier alinéa du II qui sera publié au plus tard dans le délai de six mois à compter de la publication du décret n° 2017-909 du 9 mai 2017)* Arme à blanc : objet ou dispositif ayant ou non l'apparence d'une arme à feu conçu et destiné par la percussion de la munition à provoquer uniquement un effet sonore et dont les caractéristiques excluent le tir ou la conversion pour le tir de tout projectile (arme de starter, arme d'alarme) ;

2° Arme de signalisation : arme à feu destinée à tirer un dispositif pyrotechnique de signalisation, dont les caractéristiques excluent le tir ou la conversion sans recourir à un procédé industriel pour le tir de tout autre projectile ;

Rédaction future. 2° *(Mod., D. n° 2017-909, 9 mai 2017. – Dispositions entrant en vigueur à compter de la publication de l'arrêté mentionné au dernier alinéa du II qui sera publié au plus tard dans le délai de six mois à compter de la publication du décret n° 2017-909 du 9 mai 2017)* Arme de signalisation : arme à feu destinée à tirer un dispositif pyrotechnique de signalisation, dont les caractéristiques excluent le tir ou la conversion pour le tir de tout autre projectile ;

3° Arme de spectacle : toute arme à feu transformée de manière à ne pouvoir tirer qu'une munition à blanc destinée à provoquer uniquement un effet sonore. L'arme de spectacle reste classée dans sa catégorie originelle, avant sa transformation ;

4° Arme didactique : arme authentique sur laquelle ont été pratiquées des coupes ou des opérations permettant d'en observer les mécanismes internes, sans en modifier le fonctionnement et n'ayant pas subi le procédé de neutralisation ;

5° Arme factice : objet ayant l'apparence d'une arme à feu susceptible d'expulser un projectile non métallique avec une énergie à la bouche inférieure à 2 joules ;

6° Maquette : reproduction d'arme à feu à une échelle autre que 1 :1 et garantissant la non-interchangeabilité des pièces ;

7° Munition inerte : munition factice qui ne peut être transformée en une munition active ;

8° Lanceur de paintball : système permettant de propulser de façon non pyrotechnique un projectile destiné à ne laisser sur la cible qu'une trace visualisant l'emplacement de l'impact ;

9° Reproduction d'arme : arme à feu reproduisant à l'identique une arme ayant existé dans sa forme et dans son fonctionnement.

Les caractéristiques mentionnées aux 1° et 2° sont définies par arrêté conjoint du ministre de l'Intérieur et des ministres chargés des douanes et de l'industrie.

III. - Activités en relation avec les armes :

1° Activité d'intermédiation : toute opération à caractère commercial ou à but lucratif dont l'objet est soit de rapprocher des personnes souhaitant conclure un contrat d'achat ou de vente de matériels de guerre, armes et munitions ou de matériels assimilés, soit de conclure un tel contrat pour le compte d'une des parties. Cette opération d'intermédiation faite au profit de toute personne quel que soit le lieu de son établissement prend la forme d'une opération de courtage ou celle d'une opération faisant l'objet d'un mandat particulier ou d'un contrat de commission ;

2° Activité de fabrication : conception, réparation, fabrication, transformation, modification ou assemblage d'une arme, de ses éléments essentiels finis ou non finis, ou de munitions ;

3° Armurier : toute personne physique ou morale dont l'activité professionnelle consiste en tout ou en partie dans la fabrication, le commerce, l'échange, la location, la réparation ou la transformation d'armes, d'éléments essentiels et accessoires d'armes et de munitions ;

4° Commerce de détail : activité d'armurier au sens de l'article L. 313-2, effectuée à destination d'un consommateur final ;

5° Courtier : toute personne physique ou morale qui se livre à une activité d'intermédiation ;

6° Dépôt d'armes : détention illicite, par une personne ou en bande organisée, dans un ou plusieurs lieux, d'armes ou munitions au-delà du nombre maximum légalement autorisé ;

7° Fabrication illicite :

a) Fabrication, transformation, modification ou assemblage d'une arme, de ses éléments essentiels finis ou non finis, ou de munitions sans autorisation ou sans avoir appliqué les marquages d'identification, à l'exclusion des opérations de rechargement effectuées dans un cadre privé à partir d'éléments obtenus de manière licite ;

b) Détention de tout outillage ou matériel spécifique à la fabrication d'une arme sans disposer des autorisations de fabrication et de commerce ;

8° Marquage : apposition sur l'un ou plusieurs éléments essentiels de toute arme à feu, de façon définitive et visible sans démontage, des éléments d'identification constitués par :

a) L'indication du fabricant, du pays ou lieu de fabrication, de l'année de fabrication, du modèle, du calibre et du numéro de série ;

b) Les poinçons d'épreuve selon les modalités prévues par les stipulations de la convention du 1er juillet 1969 pour la reconnaissance réciproque des poinçons d'épreuves des armes à feu portatives ;

c) L'éventuelle indication d'une cession opérée par l'État ;

d) L'éventuelle indication d'une neutralisation de l'arme, dont le poinçon, apposé par l'autorité qui constate la neutralisation, atteste du caractère inutilisable de l'arme.

Ce marquage appliqué aux munitions comporte les mentions du nom du fabricant, du numéro d'identification du lot, du calibre, du type de munition et du signe de contrôle d'épreuve sur les conditionnements élémentaires ;

9° Opérations industrielles : opérations industrielles entrant dans le champ d'application de l'article L. 2331-1 du Code de la défense constituées par les opérations de montage, assemblage des matériels des catégories A, B et C, de chargement industriel des munitions ainsi que par les opérations d'usinage, de moulage ou d'emboutissage les amenant à leur forme définitive ou très approchée ;

10° Port d'arme : fait d'avoir une arme sur soi utilisable immédiatement ;

11° Traçabilité : obligation d'enregistrement des différents détenteurs successifs d'une arme et de ses éléments numérotés, de leur fabrication à la possession finale par le dernier acquéreur ;

12° Trafic illicite : acquisition, vente, livraison, transport d'armes à feu, d'éléments d'arme, de munitions ou d'éléments de munitions, d'outils ou matériels spécifiques à la fabrication des armes, sans autorisation ou en violation d'une réglementation européenne ou internationale, à partir, à destination ou au travers du territoire national ou vers le territoire d'un autre État ;

13° Transport d'arme : fait de déplacer une arme en l'ayant auprès de soi et inutilisable immédiatement.

IV. - Ne sont pas des armes au sens du présent titre les objets tirant un projectile ou projetant des gaz lorsqu'ils développent à la bouche une énergie inférieure à 2 joules.

Section 2. – Classement des matériels de guerre, armes et munitions

Art. R. 311-2 *(Mod., D. n° 2017-909, 9 mai 2017)*. – Les matériels de guerre, armes, munitions et éléments désignés par le présent titre sont classés dans les catégories suivantes :

I. - Armes de catégorie A :

Les matériels de guerre et armes interdits à l'acquisition et à la détention qui relèvent de la catégorie A sont les suivants :

Rubrique 1 :

Les armes et les éléments d'arme interdits à l'acquisition et à la détention qui relèvent de la catégorie A1 sont les suivants :

1° Armes à feu camouflées sous la forme d'un autre objet ;

2° Armes à feu de poing, quel que soit le type ou le système de fonctionnement, cumulant les caractéristiques suivantes :

– permettant le tir de plus de 21 munitions sans qu'intervienne un réapprovisionnement ;

– accompagnées d'un système d'alimentation de plus de 20 cartouches ;

3° Armes à feu d'épaule, quel que soit le type ou le système de fonctionnement, cumulant les caractéristiques suivantes :

– permettant le tir de plus de 31 munitions sans qu'intervienne un réapprovisionnement ;

– accompagnées d'un système d'alimentation de plus de 30 cartouches ou alimentées par bande quelle qu'en soit la capacité ;

4° Armes à feu à canons rayés et leurs munitions dont le projectile a un diamètre maximum supérieur ou égal à 20 mm à l'exception des armes conçues pour tirer exclusivement des projectiles non métalliques ;

5° Armes à feu à canon lisse et leurs munitions d'un calibre supérieur au calibre 8, à l'exclusion des armes de catégorie C ou D, classées par arrêté conjoint du ministre de l'Intérieur et des ministres chargés des douanes et de l'industrie ;

6° Munitions dont le projectile est supérieur ou égal à 20 mm, à l'exception de celles utilisées par les armes classées en catégorie D 1° ;

7° Éléments de ces armes et éléments de ces munitions ;

8° Système d'alimentation d'arme de poing contenant plus de 20 munitions ;

9° Système d'alimentation d'arme d'épaule contenant plus de 30 munitions ;

10° Armes ou type d'armes présentant des caractéristiques techniques équivalentes et qui, pour des raisons tenant à leur dangerosité, à l'ordre public ou à la sécurité nationale, sont classées dans cette catégorie par arrêté conjoint du ministre de l'Intérieur et des ministres chargés des douanes et de l'industrie.

Rubrique 2 :

Les armes relevant des matériels de guerre, les matériels destinés à porter ou à utiliser au combat les armes à feu, les matériels de protection contre les gaz de combat, qui sont classés en catégorie A2, sont les suivants :

1° Armes à feu à répétition automatique, leurs éléments essentiels spécifiquement conçus pour elles et tout dispositif additionnel permettant le tir en rafale ;

2° Munitions à projectiles perforants, explosifs ou incendiaires et leurs éléments ;

3° Armes auxquelles un rayon laser confère des capacités de mise hors de combat ou de destruction ;

4° Canons, obusiers, mortiers, lance-roquettes et lance-grenades, de tous calibres, lance-projectiles et systèmes de projection spécifiquement destinés à l'usage militaire ou au maintien de l'ordre, ainsi que leurs tourelles, affûts, bouches à feu, tubes de lancement, lanceurs à munition intégrée, culasses, traîneaux, freins et récupérateurs ;

5° Munitions et éléments de munitions pour les armes énumérées au 4° ;

6° Bombes, torpilles, mines, missiles, grenades, engins incendiaires, chargés ou non chargés, leurres ; équipements de lancement ou de largage pour les matériels visés au présent alinéa ; artifices et appareils, chargés ou non chargés, destinés à faire éclater les engins ou munitions visés au 5° et au 6° ;

7° Engins nucléaires explosifs, leurs composants spécifiques et les matériels ou logiciels spécialisés de développement, de fabrication et d'essai ;

8° Véhicules de combat blindés ou non blindés, équipés à poste fixe ou munis d'un dispositif spécial permettant le montage ou le transport d'armes ainsi que leurs blindages et leurs tourelles ;

9° Aéronefs plus lourds ou plus légers que l'air, montés ou non, à voilure fixe ou tournante, pilotés ou non pilotés, conçus pour les besoins militaires ainsi que leurs éléments suivants : moteurs, fuselages, cellules, ailes, empennages ;

10° Navires de guerre de toutes espèces ainsi que leurs blindages, tourelles, affûts, rampes et tubes de lancement et les éléments suivants de ces navires : systèmes de combat, chaufferies nucléaires, accumulateurs d'électricité pour sous-marins, systèmes de propulsion anaérobies ;

11° Moteurs aéronautiques spécialement conçus ou modifiés pour les missiles ;

12° Matériels de transmission et de télécommunication conçus pour les besoins militaires ou pour la mise en œuvre des forces et leurs logiciels spécialement conçus ; matériels de contre-mesures électroniques et leurs logiciels spécialement conçus ;

13° Moyens de cryptologie spécialement conçus ou modifiés pour porter, utiliser ou mettre en œuvre les armes, soutenir ou mettre en œuvre les forces armées ;

14° Matériels d'observation ou de prise de vues conçus pour l'usage militaire ; matériels de visée ou de vision nocturne ou par conditions de visibilité réduite utilisant l'intensification de lumière ou l'infrarouge passif destinés exclusivement à l'usage militaire et matériels utilisant les mêmes technologies qui peuvent être mis en œuvre sans l'aide des mains ;

15° Matériels, y compris les calculateurs, de navigation, de détection, d'identification, de pointage, de visée ou de désignation d'objectif, de conduite de tir, pour l'utilisation des armes et matériels de la présente catégorie ;

16° Matériels de détection ou de brouillage des communications conçus pour l'usage militaire ou la sécurité nationale ;

17° Matériels, spécialement conçus pour l'usage militaire, de détection et de protection contre les agents biologiques ou chimiques et contre les risques radiologiques ;

18° Armes ou type d'armes, matériels ou type de matériels présentant des caractéristiques techniques équivalentes classées dans cette catégorie pour des raisons d'ordre public ou de sécurité nationale définies par arrêté conjoint des ministres de la Défense, de l'Intérieur et des ministres chargés des douanes et de l'industrie.

II.- Armes de catégorie B :

Les armes soumises à autorisation pour l'acquisition et la détention, qui relèvent de la catégorie B, sont les suivantes :

1° Armes à feu de poing et armes converties en armes de poing non comprises dans les autres catégories ;

2° Armes à feu d'épaule :

a) À répétition semi-automatique, dont le projectile a un diamètre inférieur à 20 mm, d'une capacité supérieure à 3 coups ou équipées d'un système d'alimentation amovible et n'excédant pas 31 coups sans qu'intervienne un réapprovisionnement ;

b) À répétition manuelle, dont le projectile a un diamètre inférieur à 20 mm, d'une capacité supérieure à 11 coups et n'excédant pas 31 coups sans qu'intervienne un réapprovisionnement ;

c) Dont la longueur totale minimale est inférieure ou égale à 80 centimètres ou dont la longueur du canon est inférieure ou égale à 45 centimètres ;

d) À canon lisse à répétition ou semi-automatiques dont la longueur totale minimale est inférieure ou égale à 80 cm ou dont la longueur du canon est inférieure ou égale à 60 cm ;

e) Ayant l'apparence d'une arme automatique de guerre ;

f) À répétition à canon lisse munies d'un dispositif de rechargement à pompe ;

3° Armes à feu fabriquées pour tirer une balle ou plusieurs projectiles non métalliques et munitions classées dans cette catégorie par arrêté conjoint du ministre de l'Intérieur et des ministres chargés des douanes et de l'industrie ;

4° Armes chambrant les calibres suivants, quel que soit leur type ou le système de fonctionnement ainsi que leurs munitions, à l'exception de celles classées dans la catégorie A :

a) Calibre 7,62 × 39 ;

b) Calibre 5,56 × 45 ;

c) Calibre 5,45 × 39 ;

d) Calibre 12,7 × 99 ;

e) Calibre 14,5 × 114 ;

5° Éléments des armes classées aux 1°, 2°, 3° et 4° de la présente catégorie ;

6° Armes à impulsion électrique permettant de provoquer un choc électrique à distance et leurs munitions ;

7° Armes à impulsion électrique de contact permettant de provoquer un choc électrique à bout touchant, sauf celles classées dans une autre catégorie définie par arrêté conjoint du ministre de l'Intérieur et des ministres chargés des douanes et de l'industrie ;

8° Générateurs d'aérosols incapacitants ou lacrymogènes, sauf ceux classés dans une autre catégorie par arrêté conjoint du ministre de l'Intérieur et des ministres chargés des douanes et de l'industrie ;

9° Armes ou type d'armes présentant des caractéristiques techniques équivalentes qui, pour des raisons tenant à leur dangerosité, à l'ordre public ou à la sécurité nationale sont classées dans cette catégorie par arrêté conjoint du ministre de l'Intérieur et des ministres chargés des douanes et de l'industrie ;

10° Munitions à percussion centrale et leurs éléments conçus pour les armes de poing mentionnées au 1° à l'exception de celles classées en catégorie C par un arrêté conjoint du ministre de l'Intérieur et des ministres chargés des douanes et de l'industrie.

III. - Armes de catégorie C :

Les armes soumises à déclaration pour l'acquisition et la détention, qui relèvent de la catégorie C, sont les suivantes :

1° Armes à feu d'épaule :

a) À répétition semi-automatique dont le projectile a un diamètre inférieur à 20 mm équipées de systèmes d'alimentation inamovibles permettant le tir de 3 munitions au plus sans qu'intervienne le réapprovisionnement ;

b) À répétition manuelle dont le projectile a un diamètre inférieur à 20 mm équipées de systèmes d'alimentation permettant le tir de 11 munitions au plus, sans qu'intervienne le réapprovisionnement, ainsi que les systèmes d'alimentation de ces armes ;

c) À un coup par canon dont l'un au moins n'est pas lisse ;

2° Éléments de ces armes ;

3° Armes à feu fabriquées pour tirer une balle ou plusieurs projectiles non métalliques classées dans cette catégorie par arrêté conjoint des ministres de la Défense, de l'lintérieur et des ministres chargés des douanes et de l'industrie ;

4° Armes et lanceurs dont le projectile est propulsé de manière non pyrotechnique avec une énergie à la bouche supérieure ou égale à 20 joules ;

5° Armes ou type d'armes présentant des caractéristiques équivalentes qui, pour des raisons tenant à leur dangerosité, à l'ordre public ou à la sécurité nationale sont classées dans cette catégorie par arrêté conjoint du ministre de l'Intérieur et des ministres chargés des douanes et de l'industrie ;

6° Munitions et éléments de munitions classés dans cette catégorie selon les modalités prévues au 10° de la catégorie B ;

7° Munitions et éléments de munitions classés dans cette catégorie par arrêté conjoint du ministre de l'Intérieur et des ministres chargés des douanes et de l'industrie ;

8° Autres munitions et éléments de munitions des armes de catégorie C.

IV. - Armes de catégorie D :

Les armes soumises à enregistrement et les armes et matériels dont l'acquisition et la détention sont libres, qui relèvent de la catégorie D, sont les suivants :

1° Armes à feu soumises à enregistrement :

a) Armes d'épaule à canon lisse tirant un coup par canon ;

b) Éléments de ces armes ;

c) Munitions et éléments des munitions de ces armes ;

2° Armes et matériels dont l'acquisition et la détention sont libres :

a) Tous objets susceptibles de constituer une arme dangereuse pour la sécurité publique dont :

– les armes non à feu camouflées ;

– les poignards, les couteaux-poignards, les matraques, les projecteurs hypodermiques et les autres armes figurant sur un arrêté du ministre de l'Intérieur ;

b) Générateurs d'aérosols lacrymogènes ou incapacitants d'une capacité inférieure ou égale à 100 ml et les générateurs d'aérosols lacrymogènes ou incapacitants installés de manière fixe classés dans cette catégorie par arrêté conjoint du ministre de l'Intérieur et des ministres chargés des douanes et de l'industrie ;

c) Armes à impulsions électriques de contact permettant de provoquer un choc électrique à bout touchant classées dans cette catégorie par arrêté conjoint du ministre de l'Intérieur et des ministres chargés des douanes et de l'industrie ;

d) Armes à feu dont tous les éléments ont été neutralisés :

– par l'application de procédés techniques et selon des modalités définies par arrêté conjoint du ministre de l'Intérieur et des ministres chargés des douanes et de l'industrie ;

– ou par des procédés définis et contrôlés par un autre État membre de l'Union européenne et attestés par l'apposition de poinçons et la délivrance d'un certificat, sous réserve qu'ils offrent des garanties équivalentes à la neutralisation réalisée en France ;

e) Armes historiques et de collection dont le modèle est antérieur au 1er janvier 1900, à l'exception de celles classées dans une autre catégorie, en raison de leur dangerosité avérée, notamment en raison de leur année de fabrication, par arrêté conjoint du ministre de l'Intérieur et des ministres chargés des douanes et de l'industrie.

Le contrôle de la date du modèle et de l'année de fabrication des armes importées est effectué dans les cas et selon des modalités qui sont définis par arrêté conjoint du ministre et des ministres chargés de l'industrie et des douanes ;

f) Reproductions d'arme dont le modèle est antérieur au 1er janvier 1900 ne pouvant tirer que des munitions sans étui métallique.

Ces reproductions d'armes historiques et de collection ne peuvent être importées, mises sur le marché ou cédées que si elles sont conformes aux caractéristiques techniques définies par arrêté conjoint du ministre et des ministres chargés de l'industrie et des douanes et constatées dans un procès-verbal d'expertise effectuée par un établissement technique désigné par le ministre de l'Intérieur, dans les cas et les conditions déterminés par l'arrêté interministériel prévu ci-dessus.

Les reproductions d'armes historiques et de collection qui ne satisfont pas à ces dispositions relèvent, selon leurs caractéristiques techniques, du régime applicable aux armes des catégories A, B, C et du 1° de la présente catégorie ;

g) Armes historiques et de collection dont le modèle est postérieur au 1er janvier 1900 et qui sont énumérées par un arrêté conjoint du ministre de l'Intérieur et de la défense compte tenu de leur intérêt culturel, historique ou scientifique ;

h) Armes et lanceurs dont le projectile est propulsé de manière non pyrotechnique avec une énergie à la bouche comprise entre 2 et 20 joules ;

i) Armes conçues exclusivement pour le tir de munitions à blanc, à gaz ou de signalisation et non convertibles pour le tir d'autres projectiles et les munitions de ces armes ;

j) Munitions et éléments de munition à poudre noire utilisables dans les armes historiques et de collection ainsi que les munitions des armes du *h* de la présente catégorie ;

k) Matériels de guerre antérieurs au 1er janvier 1946 et dont les armements sont rendus impropres au tir par l'application de procédés techniques définis par arrêté du ministre de la Défense ;

l) Matériels de guerre postérieurs au 1er janvier 1946 dont les armements sont neutralisés et qui sont énumérés par arrêté du ministre de la Défense.

Art. R. 311-3 *(Rempl., D. n° 2017-909, 9 mai 2017)*. – Les mesures de classement des armes dans les catégories définies à l'article R. 311-2, autres que celles prévues par arrêtés interministériels, sont prises par le ministre de l'Intérieur, à l'exclusion de celles des matériels de guerre de la catégorie A2, prises par le ministre de la Défense.

À cette fin, toute arme fabriquée, transformée, introduite ou importée en France, sous réserve, dans ces deux derniers cas, des dispositions respectivement prévues aux articles R. 316-17 et R. 316-32 et qui, à ce titre, est réglementairement soumise à épreuve obligatoire, au sens de la convention relative à la reconnaissance réciproque des poinçons d'épreuve des armes à feu portatives et du règlement avec annexes I et II, faits à Bruxelles le 1er juillet 1969, fait concomitamment l'objet d'une décision de classement du ministre de l'Intérieur préalable à sa mise sur le marché.

Les armes d'alarme et les armes de signalisation sont transmises au banc national d'épreuve de Saint-Étienne aux fins d'expertise des modalités techniques définies au dernier alinéa de l'article R. 311-1.

Pour instruire ces décisions de classement, le ministre de l'Intérieur peut solliciter l'avis d'experts techniques, au sein d'un réseau constitué, notamment, du banc national d'épreuve de Saint-Étienne, des laboratoires de police technique et scientifique de la direction générale de la police nationale et de la direction générale de la gendarmerie nationale. Le cas échéant, il peut également solliciter le concours d'un établissement technique désigné par le ministre de la Défense, s'il s'agit d'armes susceptibles de présenter des caractéristiques techniques comparables à celles définies à la rubrique 2 du I de l'article R. 311-2.

Art. R. 311-3-1 *(Créé, D. n° 2017-909, 9 mai 2017)*. – Pour le classement des armes mentionnées au premier alinéa de l'article R. 311-3, le ministre de l'Intérieur peut solliciter l'avis d'une commission de classement comprenant des représentants des ministères concernés. Un arrêté conjoint des ministres de la

Défense, de l'Intérieur, de la Justice et des ministres chargés de l'industrie, du commerce, de la chasse, des douanes et des sports précise l'organisation et les modalités de fonctionnement de cette commission de classement.

S'il s'avère que le matériel relève de la compétence du ministre de la Défense, au titre de l'article R. 2332-1 du Code de la défense, le ministre de l'Intérieur lui transmet le dossier de classement dans les meilleurs délais.

Art. R. 311-4 *(Rempl., D. n° 2017-909, 9 mai 2017)*. – En vue de garantir leur traçabilité, toutes les armes à feu fabriquées, importées ou introduites en France, sont enregistrées selon des modalités définies par un arrêté du ministre de l'Intérieur.

Toutefois, ne sont pas enregistrées :

a) Les armes à feu importées en France bénéficiant des dérogations à l'obligation d'autorisation préalable prévues par l'article R. 316-32 et par l'arrêté pris en application de l'article R. 2335-4 du Code de la défense, à l'exception de l'importation des armes à percussion annulaire mentionnées aux 1° et 2° de la catégorie C ;

b) Les armes à feu introduites en France bénéficiant des dérogations à l'obligation d'accord préalable prévues par l'article R. 316-17, à l'exception des transferts définitifs mentionnés au 3° de cet article ;

c) Les armes à feu du 2° de la catégorie D.

À cette fin, qu'elles soient ou non soumises à épreuve obligatoire, elles sont transmises au banc national d'épreuve de Saint-Étienne.

En tant que de besoin, le ministre de la Défense peut déroger aux règles de traçabilité définies au présent article pour les armes à feu mentionnées au 1° de la catégorie A2.

Art. R. 311-4-1 *(D. n° 2017-909, 9 mai 2017)*. – Par dérogation à l'article R. 311-4, les titulaires d'une autorisation mentionnée au premier alinéa de l'article R. 313-8 ou au deuxième alinéa de l'article R. 313-28 communiquent au banc national d'épreuve une liste comprenant les numéros de série et les caractéristiques techniques des armes importées d'un pays partie à la convention pour la reconnaissance réciproque des poinçons d'épreuves des armes à feu portatives et de son règlement, signés à Bruxelles le 1er juillet 1969. En tant que de besoin, le directeur du banc national d'épreuve peut demander que certaines de ces armes lui soient présentées.

....

Chapitre II. – Acquisition et détention

Section 1. – Dispositions générales

Sous-section 1. – Interdiction d'acquisition par les mineurs

Art. R. 312-1. – La vente aux mineurs des armes, des munitions et de leurs éléments est interdite.

L'acquisition est faite par la personne qui exerce l'autorité parentale, sauf si celle-ci est inscrite au fichier national des interdits d'acquisition et de détention d'armes :

1° Sur présentation du permis de chasser délivré en France ou à l'étranger au nom du mineur, ou de toute autre pièce tenant lieu de permis de chasser étranger, accompagné d'un titre de validation de l'année en cours ou de l'année précédente ;

2° Ou d'une licence au nom du mineur en cours de validité d'une fédération sportive ayant reçu, au titre de l'article L. 131-14 du Code du sport, délégation du ministre chargé des sports pour la pratique du tir ou du ball-trap.

Sous-section 2. – Armes soumises à autorisation

§ 1. – Autorité compétente pour délivrer des autorisations

Art. R. 312-2. – Les autorisations mentionnées aux articles R. 312-26, R. 312-27, R. 312-30, R. 312-39 et R. 312-40, R. 312-44 et R. 312-65 sont délivrées, dans chaque cas, par les autorités suivantes :

1° *(Abr., D. n° 2017-909, 9 mai 2017)* ;

2° *(Abr., D. n° 2017-1844, 29 déc. 2017)* ;

3° Pour les autorisations mentionnées à l'article R. 312-26, par le préfet du département dans lequel se trouve situé le siège de l'entreprise ou du théâtre national ;

4° Pour les autorisations mentionnées aux 1° et 2° de l'article R. 312-40, par le préfet du département du lieu de domicile ou du siège de l'association ;

5° Pour les autorisations mentionnées à l'article R. 312-44, par le préfet du département de la commune de rattachement ou, en cas d'implantation supérieure à trois mois, du lieu d'implantation de la manifestation ;

6° Pour les autorisations mentionnées aux articles R. 312-39 et R. 312-65, par le préfet du département du lieu de domicile ;

7° Pour les autorisations mentionnées à l'article R. 312-27, par le préfet du département dans lequel se trouvent situés le musée, autre qu'un musée de l'État, le siège de la personne morale ou de l'établissement d'enseignement ou le domicile de la personne physique. Lorsque le matériel de guerre est classé au titre des monuments historiques, la décision est prise après avis du ministre chargé de la culture ;

8° Pour les autorisations mentionnées à l'article R. 312-30, par le préfet du département dans lequel se trouvent situés le siège de l'entreprise ou ses établissements.

Art. R. 312-3. – Les demandes d'autorisation ou de renouvellement d'autorisation d'acquisition et de détention d'armes, de munitions ou de leurs éléments accompagnées des pièces justificatives nécessaires sont transmises pour décision au préfet du lieu de domicile ou, pour les personnes ne possédant pas la nationalité française, du lieu de leur résidence.

§ 2. Dépôt et instruction des demandes d'autorisation

Art. R. 312-4. – Dans tous les cas, les demandes d'autorisation doivent être accompagnées des pièces suivantes :

1° Pièce justificative de l'identité du demandeur en cours de validité ;

2° Pièces justificatives du domicile ou du lieu d'exercice de l'activité ;

3° Déclaration remplie lisiblement et signée faisant connaître le nombre des armes détenues au moment de la demande, leurs catégories, calibres, marques, modèles et numéros ;

4° Certificat médical datant de moins d'un mois attestant que l'état de santé physique et psychique du demandeur n'est pas incompatible avec la détention d'arme et de munitions, sauf pour les autorisations demandées au titre de l'article R. 312-31 ;

5° Certificat médical datant de moins d'un mois, délivré dans les conditions prévues à l'article R. 312-6, lorsque le demandeur suit ou a suivi un traitement dans le service ou le secteur de psychiatrie d'un établissement de santé ;

6° Justification des installations mentionnées aux articles R. 314-2 à R. 314-11.

Art. R. 312-5 *(Mod., D. n° 2017-909, 9 mai 2017)*. – Les demandes d'autorisation sont accompagnées des pièces complémentaires suivantes :

1° Pour les autorisations mentionnées à l'article R. 312-38, note ou tout autre document justifiant l'obligation d'assurer la sécurité des biens ou le gardiennage des immeubles de l'entreprise ;

2° Pour les autorisations mentionnées à l'article R. 312-26, déclaration écrite et signée attestant que les armes détenues, désignées par leurs marques, modèles, numéros de série et calibres, ont été rendues inaptes au tir des munitions à balle ou à grenaille ;

3° Pour les autorisations mentionnées au 1° de l'article R. 312-40, déclaration précisant :

a) La date de la décision portant agrément ou autorisation de l'autorité de tutelle ;

b) La ou les spécialités de tir ;

c) Le nombre des membres inscrits ;

4° Pour les autorisations mentionnées au 2° de l'article R. 312-40 :

a) Extrait d'acte de naissance avec mentions marginales datant de moins de trois mois ;

b) Licence tamponnée par le médecin, en cours de validité, d'une fédération sportive ayant reçu, au titre de l'article L. 131-14 du Code du sport, délégation du ministre chargé des sports pour la pratique du tir. Cette licence dispense de la production du certificat médical prévu à l'article L. 312-6 du présent code lorsque sa délivrance ou son renouvellement a nécessité la production d'un certificat médical datant de moins d'un an et mentionnant l'absence de contre-indication à la pratique du tir ;

c) Avis favorable d'une fédération sportive ayant reçu, au titre de l'article L. 131-14 du Code du sport, délégation du ministre chargé des sports pour la pratique du tir ;

d) Pour les tireurs sportifs mineurs, preuve de la sélection en vue de concours internationaux ;

e) Pour les mineurs, attestation de la personne qui exerce l'autorité parentale mentionnant que l'arme est détenue pour la pratique du tir sportif ;

5° Pour les autorisations mentionnées à l'article R. 312-44, déclaration précisant le nombre et la nature des armes mises en service au moyen de leurs marques, modèles, numéros et calibres ;

6° Pour les autorisations mentionnées aux articles R. 312-39 et R. 312-65, fiche donnant les caractéristiques des armes conforme au modèle fixé par l'arrêté prévu à l'article R. 311-6 et mentionnant les dates d'acquisition des armes ;

7° Pour les autorisations mentionnées à l'article R. 312-39 :

a) Pour les personnes majeures ne possédant pas la nationalité française, certificat de résidence ou tout document équivalent. Sont dispensés de cette obligation les membres du corps diplomatique ainsi que les membres du corps consulaire admis à l'exercice de leur activité sur le territoire français ;

b) Indication de l'adresse du local professionnel ou de la résidence secondaire pour les personnes demandant à détenir une seconde arme pour ce local ou cette résidence ;

c) Attestation du suivi de la formation initiale aux règles de sécurité, de stockage et de manipulation de ces armes ;

8° Pour les autorisations mentionnées à l'article R. 312-27 :

a) Pour tous les demandeurs, un rapport sur les moyens de protection contre le vol ou les intrusions et sur les modalités de conservation du matériel, avec l'avis du préfet du département concerné, s'il diffère de celui du préfet délivrant l'autorisation ;

b) Pour les demandeurs autres que les musées, tout document décrivant le matériel de guerre faisant l'objet de la demande, par ses types, marques, modèles, numéros de séries et calibres, précisant notamment la catégorie, les dates d'entrée en service du premier exemplaire du même type et de fabrication du dernier exemplaire du même type ; le certificat de neutralisation des systèmes d'armes et armes embarqués ; pour les aéronefs du 9° de la catégorie A2 aptes au vol, la copie des documents de navigabilité en cours de validité ;

c) Pour les personnes morales, les pièces justificatives de l'identité et de la qualité de leurs représentants, de leur siège et de leur activité ;

9° Pour les autorisations mentionnées à l'article R. 312-31, preuve de l'inscription sur la liste des experts agréés en armes et munitions près la Cour de cassation ou près d'une cour d'appel et pièces justificatives du domicile et du lieu d'exercice de l'activité ;

10° Pour la demande d'exemption prévue à l'article R. 312-45, justification de la pratique du tir sportif de vitesse apportée par la fourniture d'un certificat de la Fédération française de tir.

Art. R. 312-6. – Le certificat prévu au deuxième alinéa de l'article L. 312-6 ne peut être délivré que par l'un des médecins psychiatres suivants :

1° Praticiens hospitaliers exerçant ou ayant exercé dans un établissement de santé public ou privé accueillant des malades atteints de troubles mentaux et médecins psychiatres exerçant dans les centres médico-psychologiques ;

2° Enseignants de psychiatrie des unités de formation et de recherche médicales ;

3° Médecins de l'infirmerie spéciale de la préfecture de police ;

4° Experts agréés par les tribunaux en matière psychiatrique ;

5° Médecins spécialisés titulaires du certificat d'études spéciales ou du diplôme d'études spécialisées en psychiatrie.

Le certificat attestant que l'état de santé psychique et physique est compatible avec l'acquisition et la détention d'une arme a une durée de validité limitée à un mois à partir de la date de son établissement.

Art. R. 312-7. – Le préfet de département statue après :

1° S'être fait délivrer le bulletin n° 2 du casier judiciaire du demandeur ;

2° S'être assuré que le demandeur n'est pas au nombre des personnes interdites d'acquisition et de détention d'armes en vertu des articles L. 312-10 et L. 312-13.

Art. R. 312-8. – Le préfet peut également, avant de statuer, s'il l'estime nécessaire, demander à l'agence régionale de santé de l'informer, dans le respect des règles du secret médical, de l'éventuelle admission en soins psychiatriques sans consentement dans un établissement de santé mentionné à l'article L. 3222-1 du Code de la santé publique ou de l'éventuel traitement dans un service ou secteur de psychiatrie d'un demandeur qui n'a pas produit le certificat médical prévu au deuxième alinéa de l'article L. 312-6 du présent code. Si ces informations confirment que le demandeur aurait dû joindre ce certificat à sa demande, le préfet lui demande de le produire sans délai ou d'apporter tous éléments de nature à établir que sa demande n'est pas soumise aux dispositions de cet article.

§ 3. – Décision

Art. R. 312-9. – Les autorisations d'acquisition et de détention d'armes, d'éléments d'arme, de munitions ou d'éléments de munition sont conformes aux modèles fixés par l'arrêté prévu à l'article R. 311-6.

Art. R. 312-10 *(Mod., D. n° 2017-909, 9 mai 2017).* – Les autorisations d'acquisition et de détention sont complétées :

1° Dans les conditions prévues par les articles R. 314-16 à R. 314-18 lorsque le vendeur n'est pas titulaire d'une autorisation de fabrication ou de commerce ;

2° Dans les conditions prévues par le II de l'article R. 313-44 du présent code et le II de l'article R. 2332-22 du Code de la défense lorsque le vendeur est titulaire d'une autorisation de fabrication ou de commerce. Le volet n° 1 est rendu au titulaire. Le volet n° 2 est adressé par les soins du vendeur au préfet qui a reçu la demande d'autorisation et pris la décision.

Art. R. 312-11. – L'autorisation court à compter de sa date de délivrance. Elle est notifiée, par tout moyen permettant de donner une date certaine, dans les quinze jours qui suivent la délivrance.

Dans le cas où l'autorisation d'acquisition et de détention d'armes est demandée sur le fondement des dispositions du 2° de l'article R. 312-40, le préfet informe l'association sportive agréée des décisions de refus d'autorisation concernant ses membres.

Art. R. 312-12 *(Mod., D. n° 2017-909, 9 mai 2017).* – L'acquisition de l'arme doit être réalisée dans un délai de six mois à partir de la date de notification de l'autorisation. Passé ce délai, cette autorisation est caduque.

§ 4. – Validité de l'autorisation

Art. R. 312-13. – L'autorisation d'acquisition et de détention prévue à l'article R. 312-21 ainsi qu'au 2° de l'article R. 312-40 et à l'article R. 312-44 est accordée pour une durée maximale de cinq ans, sous réserve des dispositions des articles R. 312-14 et R. 312-15.

Son renouvellement est accordé dans les conditions prévues aux articles R. 312-2, R. 312-4 et R. 312-5.

Art. R. 312-14. – La demande de renouvellement doit être déposée au plus tard trois mois avant la date d'expiration de l'autorisation. Il en est délivré récépissé. Celui-ci vaut autorisation provisoire à compter de la date d'expiration de l'autorisation jusqu'à la décision expresse de renouvellement. Si la demande de renouvellement d'autorisation pour une arme n'est pas déposée dans le délai prescrit, il ne peut plus être délivré d'autorisation de renouvellement pour cette arme, sauf si le retard du dépôt est justifié par un empêchement de l'intéressé.

Dans le cas où l'autorisation d'acquisition et de détention d'armes a été délivrée sur le fondement des dispositions du 2° de l'article R. 312-40, le préfet informe l'association sportive agréée des décisions de refus de renouvellement des autorisations concernant ses membres.

Art. R. 312-15. – Les autorisations d'acquisition et de détention de matériels de guerre, armes et munitions peuvent être retirées, pour des raisons d'ordre public ou de sécurité des personnes, par l'autorité qui les a délivrées.

Dans le cas où l'autorisation d'acquisition et de détention d'armes a été délivrée sur le fondement des dispositions du 2° de l'article R. 312-40, le préfet informe l'association sportive agréée des décisions de retrait des autorisations concernant ses membres.

Art. R. 312-16 *(D. n° 2017-1844, 29 déc. 2017)*. – Les autorisations mentionnées aux articles R. 312-22, R. 312-24 à R. 312-27, R. 312-30, R. 312-31, R. 315-10 à R. 312-41 et R. 312-44 sont nulles de plein droit aussitôt que leur titulaire cesse de remplir les conditions requises ou s'il est inscrit au fichier national des interdits d'acquisition et de détention d'armes.

Art. R. 312-17. – Sous réserve de l'article R. 312-19, doivent se dessaisir de leurs armes et munitions selon les modalités prévues aux articles R. 312-74 et R. 312-75 :

1° Les bénéficiaires d'autorisations venues à expiration et dont le renouvellement n'a pas été demandé ;

2° Les bénéficiaires d'autorisations retirées ;

3° Les bénéficiaires d'autorisations dont le renouvellement a été refusé ;

4° Les bénéficiaires d'autorisations qui n'ont pas respecté l'obligation des séances de tir contrôlées.

Art. R. 312-18. – Le détenteur de l'arme ou des munitions s'en dessaisit dans le délai de trois mois qui suit soit la notification de la décision préfectorale de retrait ou de refus, soit la date d'expiration de son autorisation. En cas de risque pour l'ordre public ou la sécurité des personnes, le préfet peut fixer un délai inférieur.

Art. R. 312-19. – Les matériels de guerre de la catégorie A2, dont l'autorisation d'acquisition et de détention, accordée en application des dispositions de l'article R. 312-27 du présent code, a été retirée sont, sous réserve qu'ils n'aient pas fait l'objet d'une reconnaissance en qualité de trésor national ou d'un classement au titre des monuments historiques :

1° Soit cédés pour destruction à une entreprise titulaire de l'autorisation de fabrication ou de commerce de matériels de guerre de la catégorie A2 prévue par l'article L. 2332-1 du Code de la défense ;

2° Soit exportés dans les conditions prévues par l'article L. 2335-3 du Code de la défense ;

3° Soit transférés dans les conditions prévues par l'article L. 2335-10 du Code de la défense et par les articles R. 111-1 à R. 111-21 du Code du patrimoine ;

4° Soit cédés à un titulaire de l'autorisation d'acquisition et de détention prévue à l'article R. 312-28 du présent code dans le respect des dispositions de l'article L. 622-16 du Code du patrimoine si les matériels sont classés au titre des monuments historiques.

§ 5. – Conditions générales de délivrance de l'autorisation

Art. R. 312-20. – Les conditions dans lesquelles peuvent être autorisées, en application de l'article L. 312-2, l'acquisition et la détention des matériels de guerre, armes et éléments d'armes de la catégorie A sont déterminées, par catégorie de personnes intéressées, au paragraphe 6 de la présente sous-section.

Art. R. 312-21. – L'acquisition et la détention des armes, munitions et leurs éléments de la catégorie B peut être autorisée aux personnes relevant de l'une des catégories prévues au paragraphe 6 et remplissant les conditions propres à cette catégorie. L'autorisation est délivrée par le préfet.

L'autorisation n'est pas accordée lorsque le demandeur :

1° Est inscrit au fichier national des interdits d'acquisition et de détention d'armes ;

2° A été condamné pour l'une des infractions mentionnées au 1° de l'article L. 312-3 du présent code figurant au bulletin n° 2 de son casier judiciaire ou dans un document équivalent pour les ressortissants d'un État membre de l'Union européenne ou d'un autre État partie à l'accord sur l'Espace économique européen ;

3° À un comportement incompatible avec la détention d'une arme, révélé par l'enquête diligentée par le préfet. Cette enquête peut donner lieu à la consultation des traitements automatisés de données personnelles mentionnés à l'article 26 de la loi n° 78-17 du 6 janv. 1978 ;

4° Fait l'objet d'un régime de protection en application de l'article 425 du Code civil, a été ou est admis en soins psychiatriques sans consentement en application de l'article 706-135 du Code de procédure pénale et des articles L. 3212-1 à L. 3213-11 du Code de la santé publique ou est dans un état physique ou psychique manifestement incompatible avec la détention de ces matériels, armes et munitions.

L'autorisation peut toutefois être accordée par le préfet dès lors que la personne ayant fait l'objet de soins psychiatriques sans consentement présente un certificat médical conforme aux dispositions de l'article R. 312-6.

§ 6. – Conditions particulières de délivrance d'autorisation

Sous-§ 1. – Fonctionnaires et agents publics

Art. R. 312-22 *(Mod., D. n° 2017-909, 9 mai 2017)*. – **Sous réserve des dispositions de l'article R. 312-23, les administrations ou services publics peuvent acquérir et détenir les matériels de guerre, armes, munitions et leurs éléments de toute catégorie en vue de leur remise à leurs fonctionnaires et agents relevant de certaines catégories, pour l'exercice de leurs fonctions.**

Art. R. 312-23 *(Mod., D. n° 2017-909, 9 mai 2017)*. – **Le ministère de l'Intérieur, l'administration des douanes et l'administration pénitentiaire peuvent acquérir et détenir des matériels de guerre, armes, munitions et leurs éléments de toute catégorie en vue de leur remise à leurs fonctionnaires et agents pour l'exercice de leurs fonctions.**

Art. R. 312-24. – Les fonctionnaires et agents des administrations publiques chargés d'une mission de police sont autorisés à acquérir et à détenir des armes, éléments d'arme et munitions et leurs éléments de la catégorie B.

Les fonctionnaires et agents des administrations ou services publics, exposés à des risques d'agression, peuvent être autorisés à acquérir et à détenir des armes, éléments d'arme et munitions et leurs éléments de la catégorie B.

Les officiers d'active, les officiers généraux du cadre de réserve, les officiers de réserve et les sous-officiers d'active sont autorisés à acquérir et à détenir des armes, munitions et leurs éléments de la catégorie B.

Préalablement à tout achat, les personnes mentionnées au présent article déclarent au préfet du lieu d'exercice leur intention d'acquérir des armes et des munitions. À cette déclaration est jointe une attestation délivrée par l'administration ou le service public dont elles relèvent, spécifiant que les armes ou les munitions dont l'acquisition est envisagée sont nécessaires à l'accomplissement du service.

Art. R. 312-25. – Les catégories de fonctionnaires et agents appelés à bénéficier des autorisations mentionnées à l'article R. 312-22 et aux premier et deuxième alinéas de l'article R. 312-24 sont déterminées par arrêtés conjoints du ministre de l'Intérieur et des ministres intéressés qui précisent les autorités ayant compétence pour délivrer les attestations requises.

Les autorisations individuelles sont visées par le préfet du département où les intéressés exercent leurs fonctions.

....

Sous-§ 6. – Activités privées de sécurité

(Abr., D. n° 2017-1844, 29 déc. 2017)

Sous-§ 7. – Personnes exposées à des risques sérieux du fait de leur activité professionnelle

Art. R. 312-39. – Peuvent être autorisées à acquérir une arme, munitions et leurs éléments des 1°, 8° et 10° de la catégorie B et à les détenir sur le lieu d'exercice de leur activité professionnelle les personnes majeures, exposées à des risques sérieux pour leur sécurité du fait de la nature ou du lieu d'exercice de cette activité.

Ces personnes peuvent être autorisées à acquérir et détenir à leur domicile ou dans une résidence secondaire, pour le même motif, une seconde arme de poing de la même catégorie.

§ 7. – Acquisition et détention des systèmes d'alimentation et des munitions

Art. R. 312-45. – L'acquisition des systèmes d'alimentation de la catégorie B est soumise à la présentation de l'autorisation de l'arme détenue.

L'acquisition des systèmes d'alimentation de la catégorie C utilisables par les armes semi-automatiques classées au a du 2° de la catégorie B est soumise à la présentation du récépissé de déclaration de l'arme détenue.

Nul ne peut détenir un système d'alimentation sans avoir été autorisé à acquérir l'arme correspondante.

Nul ne peut acquérir et détenir plus de dix systèmes d'alimentation par arme.

Par dérogation, les personnes pratiquant une discipline de tir nécessitant l'utilisation de tels systèmes d'alimentation et en possession du certificat fédéral peuvent acquérir et détenir des systèmes d'alimentation permettant le tir de plus de vingt munitions, dans les conditions définies au 10° de l'article R. 312-5.

Art. R. 312-46. – Les personnes majeures peuvent acquérir les munitions des armes de la catégorie B, sous réserve des dispositions des articles R. 312-6 à R. 312-8.

Art. R. 312-47 *(Rempl., D. n° 2017-909, 9 mai 2017)*. – L'autorisation d'acquisition et de détention d'une arme vaut autorisation d'acquisition et de détention des munitions correspondantes, sous réserve des dispositions du présent article.

Le détenteur d'une arme peut acquérir, pendant la durée de l'autorisation mentionnée au premier alinéa, et par période de douze mois à compter de la date de délivrance de celle-ci :

1° 50 cartouches par arme au titre de l'article R. 312-39 ;

2° 1 000 cartouches par arme au titre des articles R. 312-26 et R. 312-30 ;

3° 2 000 cartouches par arme au titre du 2° de l'article R. 312-40 et de l'article R. 312-41 ;

4° 3 000 cartouches par arme au titre du 1° de l'article R. 312-40 pour les associations sportives autorisées à détenir de 1 à 30 armes ;

5° 6 000 cartouches par arme au titre du 1° de l'article R. 312-40 pour les associations sportives autorisées à détenir de 31 à 50 armes ;

6° 10 000 cartouches par arme au titre du 1° de l'article R. 312-40 pour les associations sportives autorisées à détenir de 51 à 60 armes.

Art. R. 312-48 *(Rempl., D. n° 2017-909, 9 mai 2017)*. – Les personnes mentionnées à l'article R. 312-40 sont autorisées à acquérir et détenir, sans limitation, des éléments de munitions, pour les calibres des armes qu'elles détiennent.

Les autorisations d'acquisition et de détention d'armes accordées aux entreprises mentionnées à l'article R. 312-26 valent autorisation d'acquisition et de détention, dans les limites mentionnées au 2° de l'article R. 312-47, pour des munitions inertes ou à blanc.

Art. R. 312-49 *(Rempl., D. n° 2017-909, 9 mai 2017)*. – Nul ne peut détenir plus de 1 000 munitions par arme.

Par dérogation, les associations sportives mentionnées au 1° de l'article R. 312-40 qui détiennent de 51 à 60 armes ne peuvent à aucun moment détenir plus de 3 000 munitions par arme.

§ 8. – Dispositions diverses

Art. R. 312-50. – Lorsqu'ils transfèrent leur domicile dans un autre département, les titulaires d'autorisation d'acquisition et de détention doivent déclarer au préfet de ce département le nombre et la nature des armes et éléments d'arme des catégories B et C et du 1° de la catégorie D qu'ils détiennent.

Cette disposition ne s'applique pas aux armes soumises à enregistrement acquises et détenues avant le 1er décembre 2011.

Art. R. 312-51. – Toute personne mise en possession d'une arme, d'un élément d'arme ou de munitions de catégorie B, trouvés par elle ou qui lui sont attribués par voie successorale, sans être autorisée à les détenir, doit faire constater sans délai la mise en possession ou l'attribution par le commissaire de police ou le commandant de brigade de gendarmerie du lieu de domicile, qui en délivre récépissé.

Elle doit s'en dessaisir selon les modalités prévues aux articles R. 312-74 et R. 312-75.

Si la personne souhaite conserver l'arme, l'élément d'arme ou les munitions, elle dispose d'un délai de douze mois à partir de la mise en possession pour remplir les conditions nécessaires à l'obtention de l'autorisation prévue au premier alinéa de l'article R. 312-21 ou pour s'en dessaisir selon les modalités prévues aux articles R. 312-74 et R. 312-75. Durant cette période, l'arme est conservée par un commerçant autorisé et inscrite à ce titre au registre spécial.

Sous-section 3. – Armes soumises à déclaration ou à enregistrement

§ 1. – Acquisition et détention des armes

Art. R. 312-52. – L'acquisition et la détention par des personnes majeures des armes et leurs éléments du 2° de la catégorie D sont libres.

L'acquisition par des personnes majeures des armes et leurs éléments de la catégorie C et des armes mentionnées au 1° de la catégorie D s'effectuent dans les conditions prévues aux articles R. 312-53 à R. 312-58.

Les armes et leurs éléments des catégories C et D peuvent être détenus par des mineurs s'ils ont plus de seize ans, y sont autorisés par la personne exerçant l'autorité parentale, sauf si celle-ci est inscrite au fichier national des interdits d'acquisition et de détention d'armes, et, hormis pour les armes des *d* au *g* du 2° de la catégorie D, sont titulaires du permis de chasser, délivré en France ou à l'étranger, ou de toute autre pièce tenant lieu de permis de chasser étranger accompagné d'un titre de validation de l'année en cours ou de l'année précédente.

Les armes et leurs éléments des catégories C et du 1° de la catégorie D peuvent être détenus par des mineurs s'ils ont plus de douze ans, y sont autorisés par la personne exerçant l'autorité parentale, sauf si celle-ci est inscrite au fichier national des interdits d'acquisition et de détention d'armes et sont titulaires d'une licence d'une fédération sportive ayant reçu, au titre de l'article L. 131-14 du Code du sport, délégation du ministre chargé des sports pour la pratique du tir ou du ball-trap.

Les armes, leurs éléments, les munitions et leurs éléments des *h* et *j* du 2° de la catégorie D, à l'exception des munitions à poudre noire, peuvent être détenues par des mineurs s'ils ont plus de neuf ans, y sont autorisés par la personne exerçant l'autorité parentale, sauf si celle-ci est inscrite au fichier national des interdits d'acquisition et de détention d'armes, et sont titulaires d'une licence d'une fédération sportive ayant reçu, au titre de l'article L. 131-14 du Code du sport, délégation du ministre chargé des sports pour la pratique du tir ou du ball-trap.

Les mineurs de plus de douze ans sont autorisés à utiliser les lanceurs de paintball du *h* du 2° de la catégorie D sur les terrains de paintball déclarés en application du Code du sport.

Art. R. 312-53. – L'acquisition par des personnes majeures des armes et de leurs éléments de la catégorie C et du 1° de la catégorie D est subordonnée à la présentation d'un permis de chasser délivré en France ou à l'étranger ou de toute autre pièce tenant lieu de permis de chasser étranger, accompagné d'un titre de validation de l'année en cours ou de l'année précédente ou, dans les conditions prévues au 4° de l'article R. 312-5 du présent code, d'une licence en cours de validité d'une fédération sportive ayant reçu, au titre de l'article L. 131-14 du Code du sport, délégation du ministre chargé des sports pour la pratique du tir ou du ball-trap.

La présentation de l'un des titres prévus à l'alinéa précédent supplée à la production du certificat médical prévu à l'article L. 312-6 du présent code.

Art. R. 312-54 *(Mod., D. n° 2017-909, 9 mai 2017)*. – N'est pas subordonnée à la présentation de l'un des titres prévus au premier alinéa de l'article R. 312-53 :

1° L'acquisition des armes, munitions et de leurs éléments des 1°, 2°, 3° et 8° de la catégorie C et des armes, munitions et leurs éléments du 1° de la catégorie D lorsqu'elle est faite en vue du transfert vers un autre État membre de l'Union européenne ou de l'exportation vers un pays tiers. Cette acquisition est subordonnée à la présentation de l'autorisation d'exportation lorsqu'elle est exigible ;

2° L'acquisition des armes du 3° de la catégorie C ;

3° L'acquisition des armes, des munitions ou de leurs éléments de la catégorie C lorsqu'elle est faite par une association agréée pour la pratique du tir sportif ou par un exploitant de tir forain ;

4° L'acquisition des armes, munitions ou leurs éléments de la catégorie C et du 1° de la catégorie D par les experts agréés en armes et munitions près la Cour de cassation ou près d'une cour d'appel lorsqu'ils sont titulaires d'une autorisation accordée en application de l'article R. 312-31.

Les armes de la catégorie C et du 1° de la catégorie D ainsi acquises dans le cadre de leur activité sont soumises aux dispositions des articles R. 312-32, R. 312-33, R. 312-34 et R. 312-36.

Art. R. 312-55. – Toute personne physique en possession d'une arme ou d'un élément d'arme de la catégorie C ou du 1° de la catégorie D qui lui est dévolu par voie successorale procède sans délai, pour une arme de la catégorie C, à une déclaration, sur l'imprimé conforme au modèle fixé par l'arrêté prévu à l'article R. 311-6, au préfet du lieu de domicile et pour une arme du 1° de la catégorie D à une demande d'enregistrement.

Cette déclaration ou cette demande d'enregistrement est accompagnée d'une copie de l'un des titres prévus au premier alinéa de l'article R. 312-53.

À défaut de l'un de ces titres, la déclaration ou la demande d'enregistrement est accompagnée d'un certificat médical datant de moins d'un mois et attestant que l'état de santé physique et psychique du déclarant ou du demandeur n'est pas incompatible avec la détention de ces armes et éléments d'arme.

La déclaration ou la demande d'enregistrement, accompagnée de l'un de ces titres ou du certificat médical, placé sous pli fermé, est transmise directement au préfet du département du domicile du déclarant ou du demandeur. Le préfet en délivre récépissé.

Art. R. 312-56. – Toute personne physique qui acquiert en France auprès d'un armurier, ou d'un particulier en présence d'un armurier, une arme ou un élément d'arme de la catégorie C ou du 1° de la catégorie D procède, pour une arme de la catégorie C à une déclaration, sur l'imprimé conforme au modèle fixé par l'arrêté prévu à l'article R. 311-6 et pour une arme du 1° de la catégorie D à une demande d'enregistrement.

Cette déclaration pour les armes de la catégorie C et cette demande d'enregistrement pour les armes du 1° de la catégorie D sont transmises par l'armurier au préfet du département du domicile du déclarant ou du demandeur. Elles sont accompagnées d'une copie de l'un des titres prévus au premier alinéa de l'article R. 312-53.

Pour les armes du 3° de la catégorie C la déclaration peut être accompagnée du seul certificat médical mentionné à l'article L. 312-6, placé sous pli fermé, datant de moins d'un mois, attestant que l'état de santé physique et psychique du déclarant n'est pas incompatible avec leur détention.

Le préfet en délivre récépissé.

Art. R. 312-57. – Le préfet demande au déclarant de produire un certificat médical datant de moins d'un mois délivré dans les conditions prévues à l'article R. 312-6 du présent code, si l'agence régionale de santé, consultée par ses soins, a signalé que le déclarant a été admis en soins psychiatriques sans consentement dans un établissement de santé habilité en vertu des dispositions de l'article L. 3222-1 du Code de la santé publique ou a suivi ou suit un traitement dans un service ou un secteur de psychiatrie.

Art. R. 312-58. – Toute personne morale, dont les statuts ont pour objet la pratique du tir sportif, la gestion de la chasse, du ball-trap, la formation, l'exploitation d'un stand de tir forain ou la location à des sociétés de production de films, de spectacles ou à des théâtres nationaux, qui acquiert une arme ou un élément d'arme de la catégorie C ou du 1° de la catégorie D auprès d'un particulier en présence d'un armurier ou auprès d'un armurier fait faire, par son représentant légal, une déclaration pour une arme de la catégorie C sur l'imprimé conforme au modèle fixé par l'arrêté prévu à l'article R. 311-6 et procède à une demande d'enregistrement pour une arme du 1° de la catégorie D. Il lui en est délivré récépissé.

Toute personne morale, dont les statuts n'ont pas cet objet, peut, sur autorisation du préfet du département du lieu d'implantation du site, acquérir une arme ou un élément d'arme de la catégorie C ou du 1° de la catégorie D pour les nécessités de son activité.

Art. R. 312-59. – Lorsqu'ils transfèrent leur domicile dans un autre département, les titulaires d'un récépissé de déclaration ou d'enregistrement doivent déclarer au préfet de ce département le nombre et la nature des armes et éléments d'arme des catégories B, C et du 1° de la catégorie D qu'ils détiennent.

Cette disposition ne s'applique pas aux armes soumises à enregistrement, acquises ou détenues avant le 1er décembre 2011.

§ 2. – Acquisition et détention de munitions

Art. R. 312-60. – L'acquisition de munitions et éléments de munition classés dans le 8° de la catégorie C et dans le *c* du 1° de la catégorie D se fait sur présentation du permis de chasser délivré en France ou à l'étranger, ou de toute autre pièce tenant lieu de permis de chasser étranger accompagné d'un titre de validation de l'année en cours ou de l'année précédente ou de la licence de tir en cours de validité.

L'acquisition des munitions des armes du 3° de la catégorie C se fait sur présentation du récépissé de la déclaration de l'arme détenue.

Art. R. 312-61. – L'acquisition des munitions et éléments de munition classés dans les 6° et 7° de la catégorie C se fait sur présentation du récépissé de déclaration de l'arme légalement détenue et du permis de chasser accompagné d'un titre de validation de l'année en cours ou de l'année précédente ou de la licence de tir en cours de validité.

Nul ne peut détenir plus de 1 000 munitions du 6° ou du 7° de la catégorie C par arme détenue légalement.

Art. R. 312-62. – L'acquisition par des personnes majeures des munitions à poudre noire utilisables dans les armes historiques et de collection est libre.

Art. R. 312-63. – Nul ne peut détenir plus de 500 munitions classées dans les 6°, 7° et 8° de la catégorie C ou dans le c du 1° de la catégorie D sans détenir l'arme correspondante, sauf à les détenir dans les conditions définies à l'article R. 314-8.

§ 3. – Dispositions diverses

Art. R. 312-64. – L'article R. 312-26, à l'exception de son premier alinéa, est applicable à l'acquisition et la détention d'armes de la catégorie C et du 1° de la catégorie D par les entreprises qui se livrent à la location à des sociétés de production de films ou de spectacles, ainsi que par les théâtres nationaux.

Sous-section 4. – Dispositions diverses

Art. R. 312-65. – Peuvent être autorisés à conserver leurs armes les détenteurs d'armes acquises comme armes de 5e, 7e ou 8e catégorie ou comme armes de catégorie C ou D et classées ultérieurement à l'achat en catégorie A ou B s'ils remplissent les conditions posées par les dispositions du présent chapitre pour la détention des armes nouvellement classées dans la catégorie.

Cette autorisation rédigée conformément au modèle fixé par l'arrêté prévu à l'article R. 311-6 ne peut être délivrée que si la demande en est faite dans le délai de six mois qui suit l'entrée en vigueur de la décision portant classification des armes comme armes de catégorie A ou B.

Art. R. 312-66. – Les associations sportives mentionnées au 1° de l'article R. 312-40 sont autorisées à céder des munitions à leurs adhérents dans les conditions suivantes :

1° En faire la déclaration à la préfecture du lieu d'implantation de l'association ;

2° Les vendre à un prix au moins égal au prix d'achat ;

3° Respecter la réglementation sur les dépôts de poudres ;

4° Ne céder à l'acquéreur que des munitions pour l'arme qu'il utilise ;

5° Que l'utilisation en soit faite exclusivement dans l'enceinte du stand de tir déclaré.

....

Section 3. – Injonctions préfectorales

Sous-section 1. – Dispositions générales

Art. R. 312-67. – Le préfet ordonne la remise ou le dessaisissement de l'arme ou de ses éléments dans les conditions prévues aux articles L. 312-7 ou L. 312-11 lorsque :

1° Le demandeur ou le déclarant est inscrit au fichier national des interdits d'acquisition et de détention d'armes ;

2° Le demandeur ou le déclarant a été condamné pour l'une des infractions mentionnées au 1° de l'article L. 312-3 figurant au bulletin n° 2 de son casier judiciaire ou dans un document équivalent pour les ressortissants d'un État membre de l'Union européenne ou d'un autre État partie à l'accord sur l'Espace économique européen ;

3° Il résulte de l'enquête diligentée par le préfet que le comportement du demandeur ou du déclarant est incompatible avec la détention d'une arme ; cette enquête peut donner lieu à la consultation des traitements automatisés de données personnelles mentionnés à l'article 26 de la loi n° 78-17 du 6 janv. 1978 ;

4° Le certificat médical prévu au premier alinéa de l'article L. 312-6 établit que l'état de santé du demandeur ou du déclarant est incompatible avec la détention d'une arme.

Sous-section 2. – Remise d'une arme à l'autorité administrative

Art. R. 312-68. – Pour l'application de l'article L. 312-8, le préfet saisit le juge des libertés et de la détention et informe le procureur de la République.

Art. R. 312-69. – Avant de prendre la décision prévue au deuxième alinéa de l'article L. 312-9, le préfet invite la personne qui détenait l'arme et les munitions à présenter ses observations, notamment quant à son souhait de les détenir à nouveau et quant aux éléments propres à établir que son comportement ou son état de santé ne présente plus de danger grave et immédiat pour elle-même ou pour autrui, au vu d'un certificat médical délivré par un médecin spécialiste mentionné à l'article R. 312-6.

Art. R. 312-70. – Lorsque l'acquisition et la détention de l'arme et des munitions remises ou saisies provisoirement sont prohibées, le préfet prononce leur saisie définitive.

Sans préjudice des dispositions des articles R. 312-71 et R. 312-72 du présent code, la saisie définitive de l'arme, des munitions et des éléments dont l'acquisition et la détention ne sont pas prohibées peut être prononcée lorsque la personne intéressée fait l'objet d'un régime de protection en application de l'article 425 du Code civil.

Art. R. 312-71. – Lorsque la détention de l'arme, des munitions et de leurs éléments remis ou saisis provisoirement est soumise à déclaration, le préfet prononce l'annulation de celle-ci.

Dans le cas où, dans le délai prévu au premier alinéa de l'article L. 312-9, la personne titulaire d'une autorisation de détention en cours de validité, d'une déclaration ou d'un enregistrement, lors de la remise ou de la saisie provisoire de l'arme, des munitions et de leurs éléments est, sur sa demande, autorisée à les détenir à nouveau dans les conditions et selon les modalités prévues au présent chapitre, cette arme et ces munitions lui sont restituées.

Si la même personne, dans le même délai, ne demande pas l'autorisation de les détenir à nouveau ou si, ayant sollicité l'autorisation, elle ne l'obtient pas, le préfet prononce la saisie définitive de cette arme et de ces munitions.

Art. R. 312-72. – Dans le cas où l'arme relève de la catégorie C ou du 1° de la catégorie D, le préfet ne peut la restituer que sur présentation par la personne intéressée de l'un des titres prévus au premier alinéa de l'article R. 312-53, sauf si cette personne en a hérité.

Si l'acquisition de l'arme est soumise à déclaration ou à une demande d'enregistrement, le préfet ne peut la restituer que si la personne intéressée a déclaré l'arme ou a fait une demande d'enregistrement, dans les conditions prévues aux articles R. 312-55 et R. 312-56 du présent code.

Art. R. 312-73. – L'arme, les munitions et leurs éléments saisis définitivement par le préfet, dont l'acquisition et la détention ne sont pas prohibées, sont :

1° Soit vendus aux enchères publiques au profit de la personne à qui elles ont été saisies ;

2° Soit cédés à un commerçant autorisé pour la catégorie de l'arme ;

3° Soit remises à l'État si le détenteur manifeste son intention de renoncer au bénéfice des procédures mentionnées aux 1° et 2°.

Dans ce dernier cas, ainsi que dans celui d'absence d'adjudication lors de la vente, cette arme et ces munitions sont remises définitivement à l'État dans les conditions prévues par arrêté conjoint du ministre de la Justice, du ministre chargé du budget, du ministre de l'Intérieur et du ministre de la Défense.

Sous-section 3. – Dessaisissement

Art. R. 312-74 *(Mod., D. n° 2017-909, 9 mai 2017)*. – Pour l'application de l'article L. 312-11, le détenteur se dessaisit de l'arme, des munitions ou de leurs éléments dans le délai de trois mois qui suit la notification de la décision lui ordonnant de s'en dessaisir, selon l'une des modalités suivantes :

1° Vente à un armurier ou à un particulier dans les conditions fixées aux articles R. 314-16 et R. 314-17 ;

2° Neutralisation dans un établissement désigné par arrêté conjoint du ministre de l'Intérieur et des ministres chargés de l'industrie et des douanes ;

3° Destruction par un armurier dans les conditions prévues par arrêté du ministre de l'Intérieur ». ;

4° Remise à l'État aux fins de destruction dans les conditions prévues par arrêté conjoint du ministre de l'Intérieur, du ministre de la Justice et du ministre chargé du budget.

En cas de risque pour l'ordre public ou la sécurité des personnes, le préfet peut fixer un délai inférieur au délai prévu au premier alinéa.

Art. R. 312-75. – Le détenteur apporte la preuve qu'il s'est dessaisi de l'arme, des munitions et de leurs éléments selon l'une des modalités mentionnées à l'article R. 312-74, en adressant au préfet du département de son domicile, au plus tard à l'expiration du délai mentionné à l'article R. 312-74, le document justificatif de ce dessaisissement.

À défaut, le préfet informe le procureur de la République.

Art. R. 312-76. – À la suite de l'établissement du procès-verbal prévu au quatrième alinéa de l'article L. 312-12, le commissaire de police ou le commandant de la brigade de gendarmerie informe le préfet de la saisie opérée.

Section 4. – Fichiers

Art. R. 312-77 *(Mod., D. n° 2017-909, 9 mai 2017)*. – Le fichier de données à caractère personnel relatif aux personnes interdites d'acquisition et de détention d'armes institué par l'article L. 312-16 est mis en œuvre par le ministère de l'Intérieur (service central des armes). Il est dénommé : « Fichier national des interdits d'acquisition et de détention d'armes » (FINIADA).

Ce fichier a pour finalité la mise en œuvre et le suivi, au niveau national, des interdictions d'acquisition et de détention des armes en application de l'article L. 312-16.

Art. R. 312-78. – Les catégories de données à caractère personnel enregistrées dans le fichier national des interdits d'acquisition et de détention d'armes sont les suivantes :

1° État civil (noms, prénoms, date et lieu de naissance), nationalité ;

2° Domicile ;

3° Profession ;

4° Catégorie ou type d'arme et de munition dont l'acquisition et la détention sont interdites ;

5° Date de l'interdiction d'acquisition et de détention ;

6° Date de levée de l'interdiction ;

7° Fondement juridique de l'interdiction (articles L. 312-7 et L. 312-11) ;

8° Date d'inscription et service ayant procédé à l'inscription.

Les informations relatives à la personne interdite d'acquisition et de détention d'armes peuvent être conservées durant vingt ans à compter de la date de levée de l'interdiction.

Art. R. 312-79 *(Créé, D. n° 2014-1253, 27 oct. 2014)*. – Peuvent seuls accéder aux données à caractère personnel enregistrées dans le fichier national des interdits d'acquisition et de détention d'armes :

1° Les agents des services centraux du ministère de l'intérieur (service central des armes) individuellement désignés et spécialement habilités par le chef du service central des armes ;

2° Les agents des services préfectoraux chargés de l'application de la réglementation relative aux armes, éléments d'arme et munitions, individuellement désignés et spécialement habilités par le préfet.

Art. R. 312-80. – Peuvent consulter tout ou partie des données enregistrées dans le fichier national des interdits d'acquisition et de détention d'armes, dans le cadre de leurs attributions et dans la limite du besoin d'en connaître :

1° Les agents des services de la police nationale, individuellement désignés et spécialement habilités soit par les chefs des services déconcentrés de la police nationale, soit par les chefs des services de la préfecture de police ou, le cas échéant, le préfet de police, soit par les chefs des services centraux de la police nationale ou, le cas échéant, le directeur général de la police nationale ;

2° Les militaires des unités de la gendarmerie nationale, individuellement désignés et spécialement habilités par le commandant du groupement de gendarmerie départementale, les commandants des formations spécialisées de la gendarmerie nationale ou, le cas échéant, par le directeur général de la gendarmerie nationale ;

3° Les agents des services des douanes, individuellement désignés et spécialement habilités par le directeur régional ou, le cas échéant, par le directeur général des douanes ;

4° Les agents du service national de la douane judiciaire, individuellement désignés et spécialement habilités par le magistrat délégué aux missions judiciaires de la douane ou, le cas échéant, par le directeur général des douanes.

Art. R. 312-81. – Sur requête individuelle et dans la limite de leurs attributions légales, l'Office national de la chasse et de la faune sauvage, les armuriers et représentants de la Fédération nationale des chasseurs sont destinataires du statut des personnes enregistrées dans le fichier national des interdits d'acquisition et de détention d'armes.

Art. R. 312-82. – Le fichier national des interdits d'acquisition et de détention d'armes peut être consulté à partir de l'application de gestion du répertoire informatisé des propriétaires et possesseurs d'armes (AGRIPPA) par les personnes habilitées au titre de l'article R. 312-80.

Art. R. 312-83. – Les droits d'accès et de rectification s'exercent auprès du préfet dans les conditions fixées aux articles 39 et 40 de la loi n° 78-17 du 6 janvier 1978 relative à l'informatique, aux fichiers et aux libertés.

Le droit d'opposition prévu à l'article 38 de la loi n° 78-17 du 6 janvier 1978 ne s'applique pas au fichier national des interdits d'acquisition et de détention d'armes.

Chapitre III. – Fabrication et commerce

(Intitulé rempl., D. n° 2017-909, 9 mai 2017)

Section 1. – Agrément d'armurier

Art. R. 313-1. – L'agrément des armuriers prévu à l'article L. 313-2 est délivré par arrêté préfectoral pour une durée de dix ans.

La demande d'agrément est présentée par la personne qui exerce l'activité d'armurier. S'il s'agit d'une personne morale, elle est présentée par son représentant légal et l'agrément est délivré à celui-ci.

La demande est adressée au préfet du lieu d'implantation de l'établissement ou, à défaut, du domicile du demandeur. Il en est délivré un récépissé.

Sont dispensées d'agrément les activités exclusivement relatives :

1° Aux lanceurs de paintball classés au *h* du 2° de la catégorie D ;

2° Aux munitions spécifiquement conçues pour les lanceurs de paintball et classées au *j* du 2° de la catégorie D.

Art. R. 313-2. – Toute demande de renouvellement est effectuée selon les modalités du présent chapitre et doit être déposée six mois avant la date d'expiration de l'agrément. Il en est délivré récépissé. Celui-ci permet la poursuite de l'activité pendant un délai de six mois à compter de la date d'expiration de l'agrément. La copie de l'agrément est jointe à la demande de renouvellement.

Art. R. 313-3 *(D. n° 2016-515, 26 avr. 2016 ; mod., D. n° 2017-909, 9 mai 2017)*. – Les documents suivants sont joints à la demande d'agrément :

1° Un document établissant l'état civil de l'intéressé ainsi qu'un extrait d'acte de naissance avec mentions marginales datant de moins de trois mois ;

2° Un document établissant les compétences professionnelles de l'intéressé consistant en la copie :

a) Soit d'un diplôme délivré par la France ou d'un diplôme ou titre équivalent délivré par un autre État membre de l'Union européenne ou par un autre État partie à l'accord sur l'Espace économique européen, sanctionnant une compétence professionnelle dans les métiers de l'armurerie ou de l'armement ;

b) Soit du certificat de qualification professionnelle élaboré par la branche professionnelle de l'armurerie et agréé par arrêté du ministre de l'Intérieur ;

c) Soit, lorsque le dirigeant de l'entreprise ne procède pas directement à la vente au public, d'un diplôme de niveau IV délivré par la France, par un autre État membre de l'Union européenne ou par un autre État partie à l'accord sur l'Espace économique européen. Dans ce cas, l'établissement doit comporter dans son personnel au moins un salarié titulaire de l'un des diplômes, titres ou certificats de qualification mentionnés aux alinéas précédents ;

3° « Pour les ressortissants d'un État membre de l'Union européenne autre que la France ou d'un autre État partie à l'accord sur l'Espace économique européen, à défaut de produire un document mentionné au 2°, un document établissant la capacité professionnelle de l'intéressé consistant en la copie de l'agrément ou du titre équivalent délivré par l'autorité administrative de cet État et justifiant la capacité à exercer la profession d'armurier » ;

4° Un ou des documents établissant l'honorabilité du demandeur et consistant en :

a) Une déclaration sur l'honneur du demandeur selon laquelle il ne fait l'objet d'aucune interdiction, même temporaire, d'exercer une profession commerciale ;

b) Pour les ressortissants étrangers, un document équivalent au bulletin n° 2 du casier judiciaire.

Tout document rédigé dans une langue étrangère est accompagné de sa traduction en français.

Art. R. 313-4. – I. - Le certificat de qualification professionnelle mentionné au *b* du 2° de l'article R. 313-3 atteste notamment de compétences relatives à la maîtrise :

1° De l'encadrement législatif et réglementaire de l'acquisition et de la détention des armes, éléments d'arme et munitions ;

2° Des règles de leur commercialisation ;

3° Des règles de leur sécurisation et conservation ;

4° Du savoir-faire technique dans le domaine des armes, des éléments d'arme et munitions.

II. - Le certificat de qualification professionnelle est agréé dans les conditions suivantes :

1° Un arrêté du ministre de l'Intérieur détermine le cahier des charges auquel le certificat de qualification professionnelle doit satisfaire ;

2° Un arrêté du ministre de l'Intérieur agrée, au regard de ce cahier des charges, pour une durée maxi male de cinq ans, le certificat de qualification professionnelle élaboré par la branche professionnelle de l'armurerie.

L'agrément peut être retiré dans les mêmes formes si la formation dispensée ne respecte pas le cahier des charges.

Art. R. 313-5. – L'agrément peut être refusé lorsque le demandeur a été condamné à une peine d'emprisonnement avec ou sans sursis supérieure à trois mois, inscrite à son casier judiciaire ou, pour les ressortissants étrangers, dans un document équivalent au bulletin n° 2 du casier judiciaire.

Art. R. 313-6. – L'agrément est refusé au demandeur :

1° Qui fait l'objet d'un régime de protection en application de l'article 425 du Code civil ;

2° Qui a fait ou fait l'objet d'une admission en soins psychiatriques en application de l'article 706-135 du Code de procédure pénale ;

3° Qui a été ou est hospitalisé sans son consentement en raison de troubles mentaux en application des articles L. 3212-1 à L. 3213-11 du Code de la santé publique ;

4° Dont l'état psychique est manifestement incompatible avec la détention d'une arme ;

5° Inscrit au fichier national des interdits d'acquisition et de détention d'armes ;

6° Qui a fait l'objet d'une décision judiciaire d'interdiction d'acquisition et de détention d'armes devenue définitive ;

7° Qui fait l'objet dans un État autre que la France de mesures équivalentes à celles définies aux 1° à 6°.

....

Section 2. – Autorisation d'ouverture du commerce de détail

Art. R. 313-8. – Le commerce de détail des armes, des munitions et de leurs éléments de la catégorie C, du 1° de la catégorie D et des *a*, *b*, *c*, *h*, *i*, *j* du 2° de la catégorie D est soumis à autorisation en application de l'article L. 313-3.

La demande d'autorisation est présentée par le représentant légal de l'exploitant au préfet du département d'implantation de l'établissement. Elle indique l'identité et la qualité du représentant, l'adresse du local, la nature de l'activité et les catégories des armes et munitions ou de leurs éléments objet du commerce de détail.

Art. R. 313-9. – Sont joints à la demande les documents suivants :

1° Un plan de situation prévisionnel (1/25 000) ;

2° Un rapport détaillé sur les moyens de protection prévus contre le vol ou les intrusions et sur les modalités de conservation des matériels et de leur présentation au public conformément aux dispositions de l'article R. 313-16 ;

3° Un extrait, à jour, du registre du commerce et des sociétés ;

4° Une copie de l'agrément ou du récépissé de dépôt de la demande d'agrément, dès lors que l'agrément prévu à l'article L. 313-2 est exigé.

Art. R. 313-10. – Le préfet sollicite pour avis le maire de la commune où est situé l'établissement. L'avis du maire est donné dans un délai d'un mois. Passé ce délai, l'avis est réputé rendu.

Art. R. 313-11. – L'autorisation est délivrée par arrêté préfectoral, sans limitation de durée.

L'autorisation indique :

1° Le nom commercial ou l'enseigne du local et, s'il s'agit d'une société, sa raison sociale ;

2° L'adresse complète de l'établissement où s'effectue l'activité et correspondant à l'adresse mentionnée sur l'extrait du registre du commerce et des sociétés ;

3° L'identité et la qualité du représentant légal ;

4° Le numéro d'inscription au registre du commerce et des sociétés ;

5° Les catégories d'armes et de munitions ou de leurs éléments dont le commerce de détail est réalisé dans le local ;

6° Que le titulaire doit permettre aux agents habilités de l'État d'accéder au local.

Art. R. 313-12. – Le préfet tient à jour la liste des locaux répondant aux conditions du troisième alinéa de l'article L. 313-3.

Il délivre, sur demande du commerçant concerné, une attestation certifiant que le local remplit les conditions mentionnées à l'alinéa précédent.

Sous-section 2. – Obligations du commerçant titulaire de l'autorisation

Art. R. 313-13. – Le commerçant titulaire de l'autorisation informe sans délai le préfet qui a délivré l'autorisation d'ouverture du local en cas de :

1° Fermeture du local objet de l'autorisation ;

2° Cession du local exploité ;

3° Radiation du registre du commerce et des sociétés ;

4° Changement de la nature juridique de l'établissement titulaire de l'autorisation ;

5° Changement relatif soit aux catégories des matériels, objet du commerce de détail exercé dans le local autorisé, soit à la nature de l'activité commerciale exercée dans le local autorisé.

Si le changement porte sur les catégories des matériels, le préfet vérifie que les mesures de sécurité sont conformes aux conditions prévues à l'article R. 313-16.

Art. R. 313-14. – Le repreneur d'un établissement ayant fait l'objet d'une autorisation préfectorale informe sans délai le préfet territorialement compétent de la reprise du local et des changements liés à cette reprise en ce qui concerne :

1° Le nom commercial ou l'enseigne du local et, s'il s'agit d'une société, sa raison sociale ;

2° L'adresse complète de l'établissement ;

3° L'identité et la qualité du représentant légal ;

4° Le numéro d'inscription au registre du commerce et des sociétés ;

5° Les catégories d'armes et de munitions dont le commerce de détail est réalisé dans le local ;

6° L'agrément d'armurier, à l'exception des commerces de détail de lanceurs de paintball et de leurs munitions classés aux *h* et *j* du 2° de la catégorie D.

Art. R. 313-15. – Le commerçant bénéficiaire des dispositions prévues à la première phrase du troisième alinéa de l'article L. 313-3 informe, sans délai, le préfet du lieu où est situé le local, en cas de :

1° Fermeture du local exploité ;

2° Radiation du registre du commerce et des sociétés ;

3° Changement de la nature juridique de l'établissement ;

4° Changement relatif soit aux catégories des matériels, objet du commerce de détail exercé dans le local exploité, soit à la nature de l'activité de commerce de détail exercée dans le local exploité ;

5° Cession du local exploité.

Lorsque le changement porte sur les catégories des matériels, le préfet vérifie que les mesures de sécurité sont conformes aux conditions prévues à l'article R. 313-16.

Les informations énumérées à l'article R. 313-14 sont communiquées au préfet par le repreneur d'un établissement mentionné à la première phrase du troisième alinéa de l'article L. 313-3.

Art. R. 313-15-1 *(D. n° 2017-909, 9 mai 2017)*. – Le commerçant titulaire de l'autorisation ne peut présenter à sa clientèle, pour des tirs d'essai ou de démonstration, d'autres armes que celles relevant des catégories mentionnées dans l'autorisation. Les armes mentionnées au 1° de la catégorie A2 ne peuvent être présentées à la clientèle pour des tirs d'essai ou de démonstration.

Sous-section 3. – Mesures de sécurité

Art. R. 313-16. – Toute personne physique ou morale se livrant à la fabrication ou au commerce d'armes, de munitions et de leurs éléments des catégories A, B, C, du 1° de la catégorie D, des *h*, *i* et *j* du 2° de la catégorie D, tout expert agréé et autorisé pour ce qui le concerne, doit prendre, en vue de se prémunir contre les vols, les mesures de sécurité suivantes :

1° Les armes, munitions et leurs éléments des catégories A et B ne peuvent être exposés à la vue du public. Ils peuvent être présentés à un éventuel acheteur. Ils sont conservés dans des locaux commerciaux.

La vitrine extérieure du magasin ne doit comporter aucune mention, sous quelque forme que ce soit, afférente à ces armes.

Les armes, munitions et leurs éléments des catégories A et B détenus dans des locaux accessibles au public doivent être enfermés dans des coffres-forts ou des armoires fortes scellés dans les murs ou au sol, ou d'un poids à vide supérieur à 350 kg.

Les armes de ces catégories détenues dans des locaux différents des lieux de vente doivent être :

a) Soit rendues inutilisables, même en combinant plusieurs éléments, par enlèvement de l'un ou de plusieurs des éléments de l'arme, lesquels sont conservés dans des coffres-forts ou des armoires fortes scellés dans les murs ou au sol, ou d'un poids à vide supérieur à 350 kg ;

b) Soit conservées dans des coffres-forts ou des armoires fortes scellés dans les murs ou au sol ou d'un poids à vide supérieur à 350 kg, ou dans des chambres fortes ou des resserres comportant une porte blindée et dont les ouvertures sont protégées par des barreaux ou des volets métalliques.

Toute pièce de sécurité doit être conservée dans les mêmes conditions que les armes qui n'auront pas été rendues inutilisables ;

2° Les armes de la catégorie C, du 1° de la catégorie D et du *h* du 2° de la catégorie D, exposées en vitrine ou détenues dans les locaux où l'accès du public est autorisé sont enchaînées par passage d'une chaîne ou d'un câble dans les pontets, la chaîne ou le câble étant fixés au mur.

À défaut d'enchaînement, les armes sont exposées sur des râteliers ou dans des vitrines munis de tout système s'opposant à leur enlèvement contre la volonté du fabricant ou du commerçant. Ces dispositions ne sont pas applicables à l'occasion des opérations de présentation des armes à la clientèle ainsi que durant les opérations de réparation ;

3° En cas d'exposition permanente des armes de la catégorie C, du 1° de la catégorie D et du *h* du 2° de la catégorie D :

a) La vitrine extérieure et la porte principale d'accès sont protégées, en dehors des heures d'ouverture au public, soit par une fermeture métallique du type rideau ou grille, soit par tout autre dispositif équivalent tel que glace anti-effraction ;

b) Les portes d'accès secondaires intéressant le magasin et les locaux affectés au commerce sont renforcées, en cas de besoin, et munies de systèmes de fermeture de sûreté ;

c) Les fenêtres et portes vitrées (autres que la vitrine proprement dite) sont protégées par des barreaux ou des volets métalliques ;

4° Un système d'alarme sonore ou relié à un service de télésurveillance doit être installé dans les locaux où sont mises en vente ou conservées les armes mentionnées au premier alinéa. Seuls peuvent être installés et utilisés les dispositifs d'alarme sonores audibles sur la voie publique ;

5° Les munitions doivent être conservées ou présentées dans des conditions interdisant l'accès libre au public ;

6° Les restrictions à l'acquisition et à la détention des armes, munitions et de leurs éléments doivent faire l'objet d'un affichage sur les lieux de la vente et sur ceux de l'exposition.

Art. R. 313-17 *(Mod., D. n° 2017-909, 9 mai 2017)*. – Toute personne qui se livre au commerce des armes, munitions et de leurs éléments des catégories A, B, C, du 1° de la catégorie D et des *h*, *i* et *j* du 2° de la catégorie D doit disposer d'un local fixe et permanent dans lequel elle doit conserver les armes, les munitions et leurs éléments qu'elle détient ainsi que les registres spéciaux mentionnés articles R. 313-24 et R. 313-40 et à l'article R. 2332-18 du Code de la défense et conservés dans les conditions définies à l'article R. 313-25.

Lorsqu'il se livre au commerce de détail, le commerçant doit exercer son activité dans ce local. Seules la présentation et la vente au détail d'armes du *a* à *g* du 2° de la catégorie D peuvent être effectuées en dehors de ce local fixe.

Sous-section 4. – Conditions de suspension ou de retrait

Art. R. 313-18 *(Mod., D. n° 2017-909, 9 mai 2017)*. – L'autorisation d'ouverture du local commercial peut être suspendue ou retirée :

1° Lorsque l'exploitant a manqué aux obligations prévues aux articles R. 313-13, R. 313-14 et R. 313-15-1 ;

2° Lorsque ne sont plus remplies les conditions auxquelles cette autorisation est soumise lors de sa délivrance, notamment lorsque l'exploitation du local est à l'origine de troubles répétés à l'ordre ou à la sécurité publics, ou lorsque la protection du local contre le risque de vol ou d'intrusion n'est plus conforme aux conditions fixées par l'article R. 313-16.

Dans ce dernier cas, le préfet peut, au préalable, mettre en demeure le commerçant d'effectuer les travaux nécessaires à la mise en sécurité contre le vol ou l'intrusion dans un délai de trois mois à compter de la notification de la mise en demeure.

Section 3. – Vente au détail hors d'un local fixe et permanent

Art. R. 313-20 *(Mod., D. n° 2017-909, 9 mai 2017)*. – Par dérogation aux dispositions de l'article R. 313-17 :

1° Des manifestations commerciales peuvent être organisées dans les conditions prévues par l'article L. 762-2 du Code de commerce ;

2° Sans préjudice de l'application éventuelle des dispositions de l'article L. 310-2 du Code de commerce, des ventes au détail hors d'un local fixe et permanent peuvent être autorisées à l'occasion de manifestations autres que celles définies par l'article L. 762-2 du Code de commerce par le préfet du département du lieu où elles se tiennent.

Seules peuvent être autorisées à y vendre des armes, des éléments d'arme et des munitions des catégories B, C, du 1° de la catégorie D et des *a*, *b*, *c*, *h*, *i* et *j* du 2° de la catégorie D les personnes titulaires :

a) Soit de l'autorisation mentionnée à l'article R. 313-8 ;

b) Soit de l'autorisation d'un local de vente au détail délivrée dans les conditions prévues au second alinéa de l'article R. 313-28 ;

c) Soit d'une autorisation spéciale délivrée par le préfet attestant que les conditions de la vente des armes, des éléments d'arme et des munitions ne présentent pas de risque pour l'ordre et la sécurité publics ;

d) Soit de l'agrément d'armurier prévu à l'article L. 313-2.

Les organisateurs de ces manifestations commerciales où sont présentés ou vendus des armes, leurs éléments ou leurs munitions sont tenus de vérifier que les exposants possèdent l'une de ces autorisations ;

3° Lors des rencontres organisées sur les sites accueillant des participants aux activités de paintball, la vente de lanceurs de paintball classés au 4° de la catégorie C et au *h* du 2° de la catégorie D peut être réalisée par des commerçants autorisés.

Art. R. 313-21 *(Rempl., D. n° 2017-909, 9 mai 2017).* – Pour procéder à des ventes aux enchères publiques, les organisateurs de la vente doivent être titulaires d'une autorisation :

1° Pour la vente publique des armes et des éléments d'arme des catégories A1 et B, l'autorisation est demandée au ministre de l'Intérieur au moins quinze jours francs avant la date de la vente. L'absence de réponse de l'administration dans les délais vaut autorisation ;

2° Pour la vente publique des matériels de guerre de la catégorie A2, l'autorisation est demandée au ministre de la Défense au moins quinze jours francs avant la date de la vente. L'absence de réponse de l'administration dans les délais vaut autorisation ;

3° Pour la vente publique des armes et des éléments d'arme de la catégorie C et du 1° de la catégorie D et des *a*, *b*, *c*, *h* et *i* du 2° de la catégorie D, l'autorisation est demandée au moins quinze jours francs avant la date de la vente au préfet du département dont relève le lieu d'exercice de la profession.

Lorsqu'ils vendent de manière habituelle des armes de ces catégories, le ministre de l'Intérieur ou le ministre de la Défense peuvent leur donner les autorisations respectivement prévues au second alinéa de l'article R. 313-28 du présent code et à l'article R. 2332-1 du Code de la défense.

Les organisateurs de ventes publiques doivent se conformer aux obligations faites aux titulaires des autorisations, notamment en matière de conservation, d'expédition et de transport des armes.

Chaque vente d'armes et de leurs éléments des catégories A1 et B doit faire l'objet d'un procès-verbal signé à adresser au ministre de l'iIntérieur. Chaque vente de matériels de guerre de la catégorie A2 doit faire l'objet d'un procès-verbal signé à adresser au ministre de la Défense. Les dispositions du présent alinéa ne s'appliquent pas aux agents du service des domaines.

Art. R. 313-22 *(Mod., D. n° 2017-909, 9 mai 2017).* – Lors des ventes aux enchères publiques, seules peuvent enchérir :

1° Pour les matériels de guerre de la catégorie A2, les personnes titulaires d'une autorisation mentionnée au premier alinéa de l'article R. 2332-5 du Code de la défense ;

1° *bis* Pour les armes de la catégorie A1, les personnes titulaires d'une autorisation mentionnée au second alinéa de l'article R. 313-28 ;

2° Pour les matériels de la catégorie B, les personnes titulaires d'une autorisation mentionnée au second alinéa de l'article R. 313-28 ;

3° Pour les armes de la catégorie C et du 1° de la catégorie D, les titulaires d'une autorisation mentionnée à l'article R. 313-8 du présent code ou les personnes titulaires de l'un des titres prévus au premier alinéa de l'article R. 312-53.

Les organisateurs de la vente doivent se faire présenter ces documents avant la vente.

Les armes et leurs éléments destinés à la vente aux enchères publiques sont conservés dans les conditions prévues aux 1° et 2° de l'article R. 314-10.

Art. R. 313-23. – En application de l'article L. 313-5, les armes et leurs éléments des catégories B, C, du 1° et des *g* et *h* du 2° de la catégorie D et les munitions de toute catégorie peuvent, par dérogation à l'article L. 313-4, être livrés directement à l'acquéreur dans le cadre d'une vente par correspondance ou à distance, dans le respect des dispositions du chapitre V.

Section 4. – Obligations de l'armurier dans la procédure de cession des armes et munitions

Art. R. 313-24. – Les personnes physiques et les représentants des personnes morales se livrant au commerce des armes et éléments d'arme de la catégorie C et du 1° de la catégorie D sont tenus d'inscrire jour par jour sur un registre spécial visé par le commissaire de police compétent ou par le commandant de brigade de gendarmerie les armes et éléments d'arme de ces catégories achetés, loués ou vendus au public (catégorie, type, marque/modèle, calibre, numéro de série, nom et adresse du fournisseur et de l'acquéreur).

Cette inscription comporte en outre l'indication des nom et prénom, de la résidence, de la date et du lieu de naissance de l'acquéreur ou du vendeur non commerçant, relevée sur un document officiel portant une photographie. Sont également portées sur le registre spécial, pour l'acquisition d'armes et d'éléments d'arme de la catégorie C et du 1° de la catégorie D, les références du titre présenté en application de l'article R. 312-53. L'acquéreur ou le vendeur particulier doit apposer sa signature sur le registre spécial.

Art. R. 313-25 *(Rempl., D. n° 2017-909, 9 mai 2017)*. – Les registres spéciaux, dont la tenue est prévue par les articles R. 313-24 et R. 313-40 et par l'article R. 2332-18 du Code de la défense, doivent être conservés pendant toute la durée de l'activité.

En cas de changement de propriétaire, ils sont transmis au successeur, qui peut continuer à les utiliser.

En cas de fermeture définitive du commerce, ils doivent être déposés dans un délai de trois mois soit au commissariat de police, soit à la brigade de gendarmerie de la circonscription où se trouve le fonds de commerce.

Les préfets font procéder, au moins deux fois par an, au collationnement de ces registres.

Art. R. 313-26 *(Mod., D. n° 2017-909, 9 mai 2017)*. – Afin de procéder aux inscriptions sur les registres spéciaux tenus par les commerçants en cas de vente par correspondance des matériels des catégories B et C et du 1° de la catégorie D, l'acheteur ou le vendeur non commerçant doit adresser au commerçant ou au fabricant d'armes ou de munitions la photocopie du document officiel portant sa photographie et sa signature. S'il s'agit d'un étranger résidant en France : carte de résident ou toute autre pièce en tenant lieu ou son passeport national ; si l'étranger réside hors du territoire national, son passeport national ou sa carte d'identité nationale. Cette photocopie doit être conservée pendant un délai de dix ans par le commerçant ou le fabricant.

Chapitre IV. – Conservation, perte et transfert de propriété

Section 1. – Conservation

Sous-section 1. – Dispositions générales

Art. R. 314-1. – Les armes, munitions et leurs éléments appartenant aux services de l'État ou placés sous leur contrôle font l'objet de dispositions particulières édictées par les ministres dont relèvent ces services.

Art. R. 314-2. – Les personnes physiques ou morales détentrices d'armes à feu sont tenues de prendre toute disposition de nature à éviter l'usage de ces armes par un tiers.

Art. R. 314-3. – Les armes à feu, leurs éléments et leurs munitions de catégorie A et B doivent être conservés :

1° Soit dans des coffres-forts ou des armoires fortes adaptés au type et au nombre de matériels détenus ;

2° Soit à l'intérieur de pièces fortes comportant une porte blindée et dont les ouvrants sont protégés par des barreaux.

(Al. abr., D. n° 2017-909, 9 mai 2017).

Art. R. 314-4. – Les personnes physiques ou morales détentrices d'armes à feu, de leurs éléments de catégorie C et du 1° de la catégorie D doivent les conserver :

1° Soit dans des coffres-forts ou des armoires fortes adaptés au type et au nombre de matériels détenus ;

2° Soit par démontage d'une pièce essentielle de l'arme la rendant immédiatement inutilisable, laquelle est conservée à part ;

3° Soit par tout autre dispositif empêchant l'enlèvement de l'arme.

Les munitions doivent être conservées séparément dans des conditions interdisant l'accès libre.

Sous-section 2. – Activités privées

Art. R. 314-5. – Lorsqu'ils ne sont pas utilisés, doivent être remisés dans des coffres-forts ou des armoires fortes scellés dans les murs ou dans des chambres fortes les armes, les munitions et leurs éléments :

1° Des catégories A, B et C détenus par les entreprises qui testent ces armes ou qui se livrent à des essais de matériaux à l'aide de ces armes sur des produits ou matériels qu'elles fabriquent ;

2° *(Abr., D. n° 2017-1844, 29 déc. 2017)* ;

3° Des catégories A, B et C et du 1° de la catégorie D détenus par les personnes dont l'activité est d'effectuer leur location à des entreprises de production de films cinématographiques et de films de télévision ainsi qu'à des entreprises de spectacles.

Art. R. 314-6. – Seules les personnes responsables désignées par le chef d'entreprise ou d'établissement ont accès aux armes mentionnées à l'article R. 314-5.

Sous-section 3. – Spectacles

Art. R. 314-7. – **Les locataires et les utilisateurs temporaires, tels qu'acteurs ou figurants, des armes mentionnées au 3° de l'article R. 314-5 sont tenus de prendre, pendant la durée de leur service, les mesures de sécurité adaptées aux nécessités du tournage, du spectacle ou de la représentation, en vue de se prémunir contre les vols.**

Pour tout contrat de location, les entreprises propriétaires des armes doivent dresser un inventaire des armes qui sont remises, précisant les marques, modèles, calibres, numéros et catégories des armes utiles à leur identification. Cet inventaire est annexé au contrat de location.

Sous-section 4. – Tir sportif

Art. R. 314-8. – **Les associations sportives agréées pour la pratique du tir en dehors des heures d'accès aux installations doivent prendre les mesures de sécurité suivantes :**

1° Les armes de la catégorie B sont conservées dans des coffres-forts ou des armoires fortes scellés dans les murs ou dans des chambres fortes. Elles peuvent également être conservées dans des resserres comportant une porte blindée et dont les ouvertures sont protégées par des barreaux ou des volets métalliques. Les munitions correspondantes sont conservées dans les mêmes conditions ;

2° Les armes de la catégorie C et du 1° de la catégorie D sont enchaînées par passage d'une chaîne ou d'un câble dans les pontets, la chaîne ou le câble étant fixés au mur. À défaut, elles peuvent être munies d'un système de sécurité individuel ou collectif assurant leur fixation.

Seules les personnes responsables désignées par le président de l'association ont accès à ces armes.

Sous-section 5. – Tir forain

Art. R. 314-9. – **Les armes des catégories B et C détenues par les exploitants de tir forain doivent, pendant la durée de leur utilisation, être enchaînées au banc de tir. Les armes des catégories B, C et du *h* du 2° de la catégorie D doivent, lorsqu'elles ne sont pas mises en service, être retirées des installations de tir et entreposées dans un local surveillé, leur transport devant s'effectuer en caisses fermées.**

Sous-section 6. – Collectivités publiques, musées et collections

Art. R. 314-10. – **Les armes, les munitions, leurs éléments des catégories A, B, C et du 1° de la catégorie D présentés au public dans des musées autres que les musées de l'État sont soumis aux prescriptions suivantes :**

1° Les locaux ouverts au public et les locaux de stockage des collections de la réserve sont munis de systèmes de fermeture de sûreté tels qu'ils sont définis aux 3° et 4° de l'article R. 313-16 ;

2° Les armes exposées sont rendues inutilisables par l'enlèvement d'une des pièces de sécurité mentionnées au 1° de l'article R. 313-16. Les armes et les éléments d'arme exposés en permanence sont, en outre, enchaînés ou équipés d'un système d'accrochage de sécurité s'opposant à leur enlèvement ;

3° Les armes stockées dans la réserve sont conservées dans les conditions définies au 1° ou au 2° de l'article R. 313-16 selon leur catégorie ;

4° Les musées autres que les musées de l'État, propriétaires des collections, tiennent un registre inventaire particulier des armes, munitions et leurs éléments des catégories A, B, C et du 1° de la catégorie D comportant toutes les indications de marques, modèles, calibres, numéros de série et catégories utiles à leur identification. Ce registre inventaire est visé par le commissaire de police ou par le commandant de brigade de gendarmerie et présenté à toute réquisition des représentants de l'administration ;

5° Les musées nouvellement soumis aux dispositions du présent article disposent d'un délai de cinq ans à compter du 6 septembre 2013 pour se mettre en conformité avec ces nouvelles obligations.

Art. R. 314-11 ***(Abr., D. n° 2017-909, 9 mai 2017).***

Section 2. – Perte et vol

Art. R. 314-12. – **La perte ou le vol d'une arme, d'un élément d'arme ou de munitions des catégories A, B, C et du 1° de la catégorie D doit faire l'objet dans les meilleurs délais, de la part du détenteur qu'il soit personne physique ou morale, d'une déclaration auprès du commissaire de police ou du commandant de**

brigade de gendarmerie et donnant toutes indications utiles sur les circonstances de la perte ou du vol ainsi que sur la marque, le modèle, le calibre, le numéro de série et la catégorie de l'arme, de l'élément d'arme ou des munitions concernés.

Lors d'une expédition, la déclaration est faite dans les mêmes conditions par le propriétaire.

Si le détenteur est un locataire mentionné à l'article R. 314-7, il doit fournir sans délai copie de cette déclaration au loueur.

Art. R. 314-13. – Il est délivré au déclarant récépissé de sa déclaration. Le commissaire de police ou le commandant de brigade de gendarmerie transmet l'information précisant la marque, le modèle, le calibre, le numéro de série et la catégorie de l'arme, de l'élément d'arme ou des munitions concernés au préfet ayant accordé l'autorisation ou délivré le récépissé.

Mention du vol ou de la perte est portée dans l'application de gestion du répertoire informatisé des propriétaires et possesseurs d'armes.

Art. R. 314-14. – Une nouvelle autorisation peut être accordée ou un nouveau récépissé délivré à l'intéressé, sur sa demande.

Art. R. 314-15. – La perte ou le vol d'armes, d'éléments d'arme ou de munitions de la catégorie A, B, C et du 1° de la catégorie D détenus par une administration ou remis par cette dernière à ses agents, conformément aux dispositions des articles R. 312-22 et R. 312-24, doit faire l'objet sans délai de la part de cette administration d'une déclaration écrite adressée au commissaire de police ou au commandant de brigade de gendarmerie et donnant toutes indications utiles sur les circonstances de la perte ou du vol.

Section 3. – Transfert de propriété

Sous-section 1. – Armes soumises à autorisation

Art. R. 314-16 *(Mod., D. n° 2017-909, 9 mai 2017)*. – Toute personne qui n'est pas titulaire d'une autorisation de fabrication ou de commerce et qui transfère la propriété d'une arme, d'un élément d'arme ou de munitions des catégories A et B doit en faire la déclaration au préfet qui lui a accordé l'autorisation ou délivré le récépissé d'acquisition et de détention.

Lorsque l'arme, l'élément d'arme ou les munitions sont transférés à un fabricant ou à un commerçant autorisé, ce dernier :

1° Annule l'acquisition correspondante portée sur l'autorisation ou sur le récépissé de la personne opérant le transfert et adresse copie de ce document au préfet compétent ;

2° Inscrit le transfert sur les registres spéciaux mentionnés à l'article R. 313-40 et à l'article R. 2332-18 du Code de la défense.

Lorsque l'arme, l'élément d'arme ou les munitions sont transférés à un particulier, celui-ci doit être régulièrement autorisé à les acquérir et à les détenir dans les conditions fixées à la sous-section 2 de la section 1 du chapitre II.

Art. R. 314-17. – Le transfert est constaté par le commissaire de police ou le commandant de brigade de gendarmerie ou opéré en présence d'un commerçant autorisé qui, après s'être assuré de l'identité des parties et s'être fait présenter les documents nécessaires à l'acquisition ainsi que l'arme objet de la transaction :

1° Porte la mention de la cession correspondante sur l'autorisation ou sur le récépissé de la personne opérant le transfert ;

2° Complète les volets nos 1 et 2 de l'autorisation ou du récépissé d'acquisition et de détention dont le bénéficiaire de l'opération de transfert doit être titulaire ; remet le volet n° 1 à l'intéressé ; transmet le volet n° 2 au préfet qui l'a émis.

Art. R. 314-18. – La personne qui a transféré la propriété d'une arme, d'un élément d'arme et de munitions peut acquérir une arme, un élément d'arme et des munitions de remplacement classés dans la même catégorie, à condition de procéder à une acquisition dans le délai prévu à l'article R. 312-12.

Ce délai court soit de la date d'annulation de l'acquisition de l'arme transférée soit de la date de remise du volet n° 1 au bénéficiaire du transfert.

Selon que cette nouvelle acquisition est réalisée auprès d'un commerçant autorisé ou auprès d'un particulier, le commerçant ou le commissaire de police ou le commandant de brigade de gendarmerie adressent au préfet toutes indications nécessaires à la mise à jour du volet n° 2 détenu par celui-ci.

Sous-section 2. – Armes soumises à déclaration ou à enregistrement

Art. R. 314-19. – Toute personne physique qui transfère à un armurier, ou à un particulier en présence d'un armurier, la propriété d'une arme ou un élément d'arme de la catégorie C ou du 1° de la catégorie D procède, pour une arme de la catégorie C, à une déclaration sur l'imprimé conforme au modèle fixé par l'arrêté prévu à l'article R. 311-6 et, pour une arme du 1° de la catégorie D, à une demande d'enregistrement.

Cette déclaration pour les armes de la catégorie C et cette demande d'enregistrement pour les armes du 1° de la catégorie D sont transmises par l'armurier au préfet du département du domicile du déclarant.

Le vendeur adresse à la préfecture auprès de laquelle il avait déclaré ou enregistré l'arme une copie de la demande de déclaration ou d'enregistrement.

Art. R. 314-20. – Tout particulier qui transfère à un autre particulier la propriété d'une arme ou d'un élément d'arme de la catégorie C ou du 1° de la catégorie D :

1° S'assure de l'identité de l'acquéreur et se fait présenter les documents nécessaires à l'acquisition ;

2° Adresse le récépissé de sa déclaration ou éventuellement de son enregistrement rayé de la mention « vendu » au préfet du lieu de domicile dans les conditions prévues à l'article R. 312-56 ;

3° Conserve pendant une durée de cinq ans copies des documents présentés par l'acquéreur.

Cette vente peut être constatée par l'armurier.

Chapitre IV. – Port et transport

Section 1. – Autorisation de port et de transport

Sous-section 1. – Règles générales

Art. R. 315-1 *(D. n° 2017-1844, 29 déc. 2017)*. – Sont interdits :

1° Sauf dans les cas prévus aux articles R. 315-5 à R. 315-10, le port des armes, éléments d'arme et munitions des catégories A et B ;

2° Le transport sans motif légitime des armes, éléments d'arme et munitions de catégorie B ;

3° Le port et le transport sans motif légitime des armes, éléments d'arme et munitions des catégories C et D.

Art. R. 315-2. – En matière de chasse et de tir sportif :

1° Le permis de chasser délivré en France ou à l'étranger ou toute autre pièce tenant lieu de permis de chasser étranger, accompagné d'un titre de validation de l'année en cours ou de l'année précédente vaut titre de port légitime pour les armes, éléments d'arme et munitions de la catégorie C et du 1° de la catégorie D ainsi que pour les armes du *a* du 2° de la catégorie D pour leur utilisation en action de chasse ou pour toute activité qui y est liée ;

2° Le permis de chasser délivré en France ou à l'étranger ou toute autre pièce tenant lieu de permis de chasser étranger, vaut titre de transport légitime des armes, éléments d'arme et munitions de catégorie C et du 1° de la catégorie D ainsi que des armes du *a* du 2° de la catégorie D, destinés à être utilisés en action de chasse ou pour toute activité qui y est liée ;

3° La licence de tir en cours de validité délivrée par une fédération sportive ayant reçu délégation du ministre chargé des sports au titre de l'article L. 131-14 du Code du sport pour la pratique du tir vaut titre de transport légitime des armes, éléments d'arme et munitions des catégories B, C et du 1° de la catégorie D ainsi que des armes, éléments d'arme et munitions du 2° de la catégorie D utilisés dans la pratique du sport relevant de ladite fédération.

Art. R. 315-3. – La justification de la participation à une reconstitution historique constitue le motif légitime de port pour les armes et éléments d'arme des *a*, *d*, *e*, *f*, *g* et *k* du 2° de la catégorie D, dans le strict cadre du déroulement de cette manifestation.

Cette justification constitue un des motifs légitimes de transport pour les armes et éléments d'arme des *a*, *d*, *e*, *f*, *g* et k du 2° de la catégorie D.

Art. R. 315-4 *(Mod., D. n° 2017-909, 9 mai 2017)*. – Les armes à feu mentionnées aux 2° et 3° de l'article R. 315-1 sont transportées de manière à ne pas être immédiatement utilisables, soit en recourant à un dispositif technique répondant à cet objectif, soit par démontage d'une de leurs pièces de sécurité.

Sous-section 2. – Situations particulières

Art. R. 315-5 *(D. n° 2017-1844, 29 déc. 2017)*. – Le ministre de l'Intérieur peut autoriser par arrêté toute personne exposée à des risques exceptionnels d'atteinte à sa vie, sur sa demande, à porter et transporter une arme de poing ainsi que les munitions correspondantes dans les limites fixées au 1° de l'article R. 312-47.

Le silence gardé par le ministre pendant quatre mois vaut décision de refus.

La demande d'autorisation ou de renouvellement d'autorisation comprend :

1° Une attestation de suivi d'une formation initiale aux règles de sécurité, de stockage et de manipulation et d'usage de cette arme au cours des douze mois précédant la demande. Cette formation est effectuée au sein d'une association sportive agréée pour la pratique du tir, membre d'une fédération ayant reçu délégation du ministre chargé des sports au titre de l'article L. 131-14 du Code des sports. Le président de l'association sportive agréée ou une personne désignée par lui est chargé d'assurer la formation initiale susmentionnée ;

2° Une justification de la participation à trois séances contrôlées de pratique du tir, espacées d'au moins deux mois, au cours des douze mois précédant la demande d'autorisation et un engagement personnel à poursuivre une pratique du tir selon la même périodicité et selon les modalités prévues à l'alinéa précédent.

« Toutefois, à titre exceptionnel, lorsque l'urgence le justifie, il peut être dérogé à l'obligation de fournir le justificatif de participation à trois séances de pratique du tir au cours des douze mois précédant la demande. » ;

L'autorisation, délivrée pour une période qui ne peut excéder un an, est renouvelable. Elle peut être retirée à tout moment.

Le préfet du département du domicile du titulaire de cette autorisation de port d'arme lui délivre, sur présentation des pièces mentionnées à l'article R. 312-4, l'autorisation d'acquérir et de détenir, pour la même durée, l'arme de poing et, dans les limites prévues au 1° de l'article R. 312-47, les munitions correspondantes. En cas de retrait ou de non-renouvellement de l'autorisation de port d'arme, l'autorisation d'acquisition et de détention d'arme devient aussitôt caduque. Son titulaire se dessaisit alors de l'arme et des munitions selon les modalités prévues aux articles R. 312-74 et R. 312-75.

Art. R. 315-6 *(D. n° 2017-1844, 29 déc. 2017)*. – Le ministre de l'Intérieur peut autoriser par arrêté toute personnalité étrangère séjournant en France ainsi que les personnes assurant sa sécurité « ou toute personne y exerçant des fonctions au sein d'une représentation diplomatique ou d'une organisation internationale ou d'une institution, organe, organisme ou service de l'Union européenne » sur la demande du gouvernement du pays dont cette personnalité est ressortissante « ou sur la demande d'une organisation internationale ou d'une institution, organe, organisme ou service de l'Union européenne, ayant son siège ou un bureau en France » à détenir, porter et transporter une arme de poing et, dans les limites fixées au 1° de l'article R. 312-47, les munitions correspondantes.

L'autorisation ne peut être délivrée pour une durée supérieure à celle du séjour en France de la personnalité « ou à celle de l'exercice des fonctions. Dans ce dernier cas, l'autorisation est délivrée pour une durée maximale d'un an, renouvelable ».

Les personnes assurant la sécurité de la personnalité étrangère mentionnée au premier alinéa peuvent également être autorisées, à titre exceptionnel, à détenir, porter ou transporter une arme à feu d'épaule et les munitions correspondantes.

Le silence gardé par le ministre sur ces demandes pendant quatre mois vaut décision de rejet.

« Les armes sont portées de façon non apparente. Les armes de poing sont portées dans leur étui. Elles sont approvisionnées. Elles sont, suivant le type d'arme, en position de sécurité ou non armées. »

Art. R. 315-7 *(D. n° 2017-1844, 29 déc. 2017)*. – Un arrêté du ministre de l'Intérieur détermine la catégorie et les caractéristiques des armes dont le port est autorisé pour les personnes mentionnées aux articles R. 315-5 et R. 315-6.

Sous-section 3.– Situation des fonctionnaires

Art. R. 315-8. – Les fonctionnaires et agents mentionnés au premier alinéa de l'article R. 312-24 sont autorisés à porter, dans l'exercice ou à l'occasion de leurs fonctions, des armes et munitions du 1° de la catégorie B et du 2° de la catégorie D qu'ils détiennent dans des conditions régulières.

Pour les fonctionnaires et agents mentionnés aux premier et deuxième alinéas de l'article R. 312-24, les arrêtés d'autorisation prévus à l'article R. 312-25 emportent autorisations individuelles de port d'armes.

Art. R. 315-9. – Les militaires mentionnés au troisième alinéa de l'article R. 312-24 portent leurs armes et munitions dans les conditions définies par les règlements particuliers qui les concernent.

Art. R. 315-10. – Les fonctionnaires et agents de l'administration des douanes et de l'administration pénitentiaire sont autorisés dans l'exercice de leurs fonctions à transporter, à porter et utiliser les armes des catégories A, B, C et D qui leur ont été remises par leur administration.

Art. R. 315-11 *(Abr., D. n° 2017-1844, 29 déc. 2017).*

Section 2. – Sécurité des expéditions et des transports des armes

Art. R. 315-12. – Les dispositions du présent chapitre sont applicables aux expéditions et transports d'armes et de leurs éléments des catégories A, B, C et des 1° et des *g* et *h* du 2° de la catégorie D à l'exception des lanceurs de paintball, que ces expéditions et transports soient ou non soumis à autorisation, lorsqu'ils sont effectués à titre professionnel ou par des particuliers.

Art. R. 315-13. – Les expéditions d'armes à feu et de leurs éléments des catégories mentionnées à l'article R. 315-12 doivent être effectuées sans qu'aucune mention faisant apparaître la nature du contenu ne figure sur l'emballage extérieur.

En outre, toute arme à feu des catégories A et B doit faire l'objet de deux expéditions séparées :

1° D'une part, des armes proprement dites sur lesquelles a été prélevée l'une des pièces de sécurité mentionnées au 1° de l'article R. 313-16 ;

2° D'autre part, des pièces de sécurité prélevées, qui doivent être acheminées séparément, à vingt-quatre heures d'intervalle au moins.

Ces dispositions ne sont pas applicables aux expéditions d'armes sous scellés judiciaires.

Art. R. 315-14 *(Mod., D. n° 2017-909, 9 mai 2017).* – Des dérogations aux dispositions des deuxième à quatrième alinéas de l'article R. 315-13 peuvent être accordées par le ministre de l'Intérieur pour les expéditions d'armes à feu, munitions et leurs éléments transférés, importés ou exportés au sens du chapitre VI, après avis des ministres intéressés. Les décisions accordant ces dérogations peuvent imposer des mesures de sécurité renforcées à la charge des bénéficiaires.

Art. R. 315-15. – Toute expédition par la voie postale d'armes à feu, d'éléments de ces armes des catégories A, B, C du 1° et des *g* et *h* du 2° de la catégorie D, à l'exception des lanceurs de paintball, doit être effectuée par envoi suivi délivré contre signature.

Art. R. 315-16. – Les expéditions par la voie ferrée, aérienne ou maritime d'armes à feu et d'éléments de ces armes des catégories A, B, C, du 1° et des *g* et *h* du 2° de la catégorie D, à l'exception des lanceurs de paintball, doivent être effectuées par un régime d'acheminement permettant de satisfaire aux conditions de délai prévues à l'article R. 315-18. Les armes et éléments de ces armes classés dans ces catégories doivent être placés dans des cartons ou des caisses cerclés ou des conteneurs métalliques cadenassés.

Art. R. 315-17. – L'expédition par la voie routière d'armes à feu et d'éléments de ces armes des catégories A, B, C, du 1° et des *g* et *h* du 2° de la catégorie D, à l'exception des lanceurs de paintball, doit être effectuée en utilisant des véhicules fermés à clé.

Les armes et éléments de ces armes classés dans ces catégories doivent être placés dans des cartons ou des caisses cerclés ou des conteneurs métalliques cadenassés ; ils doivent rester pendant toute la durée du transport, notamment pendant les opérations de chargement et de déchargement ainsi que pendant les arrêts en cours de trajet, sous la garde permanente du conducteur du véhicule ou d'un convoyeur.

Lorsque le transport ou l'expédition par la voie routière est effectué dans le cadre d'un groupage de marchandises, l'entreprise de transport doit être informée du contenu des colis qui lui sont remis. Elle doit prendre les mesures de sécurité appropriées pour se prémunir contre les vols au cours des diverses manipulations ainsi que, s'il y a lieu, pendant les stockages provisoires des armes et éléments de ces armes dans ses magasins.

Art. R. 315-18. – Les entreprises expéditrices ou destinataires d'armes et d'éléments de ces armes des catégories A, B, C, du 1° et des *g* et *h* du 2° de la catégorie D, à l'exception des lanceurs de paintball, doivent prendre toutes dispositions utiles pour que le séjour de ces matériels n'excède pas vingt-quatre heures dans les gares et les aéroports et soixante-douze heures dans les ports.

Les conditions de sécurité auxquelles doivent satisfaire les opérations de chargement, de déchargement et de transit dans les gares routières, ferroviaires, les ports et les aéroports des armes et éléments des armes classés dans ces catégories sont fixées par arrêté conjoint des ministres de l'Intérieur et de la Défense et des ministres chargés de l'industrie, des transports et des douanes.

Chapitre VII. – Dispositions pénales

Section 1. – Acquisition et détention

Art. R. 317-1. – Est punie de l'amende prévue pour les contraventions de la quatrième classe la détention par un mineur d'une arme, d'un élément d'arme, de munitions ou éléments de munition :

1° De la catégorie B sans remplir les conditions mentionnées au 2° de l'article R. 312-40 ;

2° Des catégories C et D sans remplir les conditions mentionnées aux troisième à sixième alinéas de l'article R. 312-52.

Art. R. 317-2. – Est puni de l'amende prévue pour les contraventions de la quatrième classe le fait pour :

1° Toute personne de ne pas faire la déclaration de perte ou de vol prévue à l'article R. 314-12 ;

2° Tout locataire mentionné à l'article R. 314-7 de ne pas fournir au loueur la copie de la déclaration de perte prévue au même article.

Art. R. 317-3. – Est puni de l'amende prévue pour les contraventions de la quatrième classe le fait pour :

1° Toute personne qui transfère son domicile dans un autre département de ne pas faire la déclaration prévue à l'article R. 312-50 ou celle prévue à l'article R. 312-59 ;

2° Toute personne qui transfère la propriété d'une arme ou d'un élément d'arme soumis à déclaration ou à enregistrement de la catégorie C ou du 1° de la catégorie D de ne pas accomplir les formalités prévues à l'article R. 314-20 ;

3° Toute personne qui entre en possession d'un matériel, d'une arme ou d'un élément d'arme de la catégorie C ou du 1° de la catégorie D de ne pas faire la déclaration ou l'enregistrement prévus à l'article R. 312-55.

Art. R. 317-4. – Est puni de l'amende prévue pour les contraventions de la quatrième classe le fait pour :

1° Toute association sportive agréée membre d'une fédération sportive ayant reçu du ministre chargé des sports, au titre de l'article L. 131-14 du Code du sport, délégation pour la pratique du tir ou du ball-trap, d'acquérir ou de détenir plus d'une arme pour quinze tireurs ou fraction de quinze tireurs ou plus de soixante armes en violation du 1° de l'article R. 312-40 du présent code ;

2° Toute personne majeure d'acquérir ou de détenir plus de douze armes en violation de la limitation prévue à l'article R. 312-40 ;

3° Toute personne âgée de plus de douze ans, sans remplir les conditions prévues à l'article R. 312-40, de détenir plus de trois armes de poing à percussion annulaire à un coup du 1° de la catégorie B ;

4° Toute personne d'acquérir ou de détenir plus de dix armes de poing à percussion annulaire à un coup en violation du quota fixé à l'article R. 312-41.

Art. R. 317-5 *(Mod., D. n° 2017-909, 9 mai 2017)*. – Est puni de l'amende prévue pour les contraventions de la quatrième classe le fait pour toute personne d'acquérir ou de détenir plus de dix systèmes d'alimentation par arme, en violation du quota fixé à l'article R. 312-45.

Art. R. 317-6. – Est puni de l'amende prévue pour les contraventions de la quatrième classe le fait pour toute personne d'acquérir ou de détenir des munitions classées dans le 8° de la catégorie C ou dans le c du 1° de la catégorie D sans présentation du permis de chasser, accompagné d'un titre de validation de l'année en cours ou de l'année précédente ou de la licence de tir en cours de validité.

Art. R. 317-7. – Est puni de l'amende prévue pour les contraventions de la quatrième classe le fait pour :

1° Toute personne d'acquérir ou de détenir des munitions classées dans les 6° et 7° de la catégorie C sans présentation du récépissé de déclaration de l'arme légalement détenue et du permis de chasser, accompagné d'un titre de validation de l'année en cours ou de l'année précédente ou de la licence de tir en cours de validité ;

2° Toute personne d'acquérir ou de détenir plus de 1 000 munitions classées dans les 6° et 7° de la catégorie C par arme.

Art. R. 317-8. – Est puni de l'amende prévue pour les contraventions de la quatrième classe le fait pour toute personne de détenir plus de 500 munitions classées dans les 6°, 7° et 8° de la catégorie C ou dans le c du 1° de la catégorie D sans détenir l'arme correspondante.

Section 1 *bis*. – Transfert entre États membres de l'Union européenne, acquisition et détention par un résident d'un État membre

(D. n° 2017-909, 9 mai 2017)

Art. R. 317-8-1 *(D. n° 2017-909, 9 mai 2017)*. – Est puni de la peine d'amende prévue pour les contraventions de la 4e classe le fait pour toute personne :

1° De ne pas inscrire sur les exemplaires des accords préalables de transfert mentionnés à l'article R. 316-16 et sur les autorisations d'importation mentionnées à l'article R. 316-29 les quantités d'armes, d'éléments d'arme, munitions ou éléments de munition qu'elle a reçus conformément aux dispositions de ces articles ;

2° De refuser de présenter le permis, l'autorisation d'importation ou la déclaration de transfert et l'attestation de transfert ainsi que l'arme, les munitions et leurs éléments concernés sur réquisition des autorités habilitées conformément aux dispositions des articles R. 316-14, R. 316-15, R. 316-16, R. 316-24 et R. 316-27 ;

3° De céder à un résident d'un autre État membre une arme, des munitions ou leurs éléments chargés de la catégorie C ou du 1° de la catégorie D sans avoir obtenu la copie de la déclaration d'intention dans les conditions prévues au I de l'article R. 316-5 ou la copie de l'accord préalable de transfert dans les conditions prévues à l'article R. 316-13.

Art. R. 317-8-2 *(D. n° 2017-909, 9 mai 2017)*. – Est puni de la peine d'amende prévue pour les contraventions de la 4ème classe le fait pour :

1° Toute personne, dans les cas prévus au quatrième alinéa de l'article R. 316-7, de ne pas restituer ou de ne pas faire mettre à jour sa carte européenne d'arme à feu ;

2° Tout résident d'un autre État membre de détenir, au cours d'un voyage en France, une arme, un élément d'arme ou des munitions de la catégorie C ou du 1° de la catégorie D sans y être autorisé conformément aux dispositions de l'article R. 316-10 ;

3° Tout tireur sportif, dans les cas prévus à l'article R. 316-11, soit de détenir une arme ou un élément d'arme de la catégorie C ou du 1° de la catégorie D mentionné à cet article sans que cette arme ou cet élément d'arme soit inscrit sur sa carte européenne d'arme à feu, soit de ne pas être en possession de l'invitation écrite ou de la preuve de son inscription prévue au même alinéa du même article. Il en est de même de la détention des munitions sans l'autorisation prévue à cet article ;

4° Tout chasseur résident d'un autre État membre de détenir une arme de la catégorie C ou du 1° de la catégorie D mentionnée à l'article R. 316-11 sans que cette arme soit inscrite sur sa carte européenne d'arme à feu.

Section 2. – Commerce de détail

Art. R. 317-9. – Est puni de l'amende prévue pour les contraventions de la cinquième classe le fait pour toute personne d'exercer à titre individuel l'activité qui consiste à titre principal ou accessoire en la fabrication, le commerce, l'échange, la location, la réparation ou la transformation d'une arme, d'élément d'arme et de munitions, ou de diriger ou gérer une personne morale exerçant cette activité, sans être titulaire d'un agrément relatif à son honorabilité et à ses compétences professionnelles délivré par l'autorité administrative.

ANNEXE 5

Art. R. 317-9-1 *(D. n° 2017-909, 9 mai 2017)*. – Est puni de l'amende prévue pour les contraventions de 4ème classe, le fait pour tout commerçant autorisé d'organiser une séance de tir en violation de l'une des interdictions énoncées à l'article R. 313-15-1.

Section 3. – Conservation

Art. R. 317-10. – Est puni de l'amende prévue pour les contraventions de la quatrième classe le fait pour :

1° Toute personne mentionnée à l'article R. 313-16 de ne pas conserver un matériel, une arme ou un de ces éléments qu'elle détient conformément aux dispositions de cet article ;

2° Toute personne responsable d'une association sportive de ne pas conserver une arme, un de ses éléments et les munitions mentionnés à l'article R. 314-8 dans les conditions fixées par cet article ;

3° L'exploitant de tir forain de ne pas conserver les armes mentionnées à l'article R. 314-9 dans les conditions prévues par cet article ;

4° Toute personne responsable d'une entreprise mentionnée aux articles R. 314-5 et R. 314-6 de ne pas conserver les armes, munitions et leurs éléments dans les conditions fixées aux mêmes articles ;

5° Tout loueur, locataire ou utilisateur temporaire mentionné à l'article R. 314-7 de ne pas conserver les armes, munitions et leurs éléments dans les conditions fixées au même article ;

6° Tout propriétaire d'armes mentionnées à l'article R. 314-7 de ne pas faire, en cas de location, l'inventaire des armes conformément aux dispositions de cet article ou de ne pas annexer cet inventaire au contrat de location ;

7° Tout propriétaire, dirigeant, responsable d'un musée ou propriétaire de collections présentées au public mentionné à l'article R. 314-10 de ne pas respecter les dispositions que prescrit cet article au regard des mesures de sécurité, pour l'exposition et la conservation des armes, des éléments d'arme et des munitions ou concernant la tenue du registre inventaire ou de ne pas le présenter à toute réquisition des représentants de l'administration.

Section 4. – Port et transport

Art. R. 317-11. – Est puni de l'amende prévue pour les contraventions de la quatrième classe le fait pour toute personne de ne pas observer les dispositions de sécurité prévues à l'article R. 315-4 ou, sans motif légitime, de porter hors de son domicile ou de transporter une arme du 2° de la catégorie D figurant sur une liste fixée par arrêté des ministres de la Justice et de l'Intérieur.

Art. R. 317-12. – Est puni de l'amende prévue pour les contraventions de la quatrième classe le fait pour :

1° Toute personne d'expédier, sauf dérogation prévue par l'article R. 315-14, une arme et un élément d'arme mentionnés au premier alinéa de l'article R. 315-13 sans se conformer aux dispositions édictées par cet alinéa et par l'article R. 315-15 ;

2° Toute personne d'expédier, sauf dérogation prévue par l'article R. 315-14, une arme mentionnée au deuxième alinéa de l'article R. 315-13, à l'exception des armes expédiées sous scellés judiciaires, sans se conformer aux mesures de sécurité édictées par cet alinéa ;

3° Toute personne d'expédier à titre professionnel par voie ferrée une arme et un élément d'arme mentionnés à l'article R. 315-16 sans respecter les mesures de sécurité édictées par cet article ;

4° Toute personne de transporter, en connaissance de cause, à titre professionnel par voie routière une arme et un élément d'arme mentionnés à l'article R. 315-17 sans respecter les mesures de sécurité édictées par cet article ;

5° Toute personne d'expédier ou de faire transporter à titre professionnel par voie routière une arme et un élément d'arme mentionnés à l'article R. 315-17 sans respecter les mesures de sécurité édictées par cet article ;

6° Toute personne de transporter à titre particulier par voie routière une arme mentionnée au premier alinéa de l'article R. 315-17 sans respecter la mesure de sécurité édictée à cet alinéa ;

7° Toute personne qui expédie à titre professionnel ou est destinataire d'une arme ou d'un élément d'arme mentionnés à l'article R. 315-18 de laisser par négligence séjourner ces armes et éléments d'arme plus de vingt-quatre heures dans les gares et les aéroports et soixante-douze heures dans les ports ;

8° Toute personne agissant à titre professionnel de ne pas se conformer aux conditions de sécurité fixées à l'article R. 315-18 auxquelles doivent satisfaire les opérations de chargement, de déchargement et de transit

dans les gares routières ou ferroviaires, les ports et les aéroports des armes et éléments d'arme mentionnés à cet article.

Section 5. – Peines complémentaires applicables aux personnes physiques et aux personnes morales

Art. R. 317-13 *(D. n° 2017-909, 9 mai 2017).* **– Les personnes physiques coupables de l'une des contraventions prévues au présent chapitre encourent également les peines complémentaires suivantes :**

1° L'interdiction de détenir ou de porter, pour une durée de trois ans au plus, une arme soumise à autorisation ;

2° La confiscation d'une ou de plusieurs armes dont le condamné est propriétaire ou dont il a la libre disposition ;

3° La confiscation de la chose qui a servi ou était destinée à commettre l'infraction ou de la chose qui en est le produit ;

4° L'obligation d'accomplir un stage de citoyenneté, selon les modalités prévues par les articles 131-5-1 et R. 131-35 à R. 131-44 du Code pénal.

ANNEXE 6

ASSOCIATIONS

Bibliographie : A. Dosner-Dolivet, *La loi sur les sectes : D.* 2002, chron. p. 1086.

Loi du 1er juillet 1901
relative au contrat d'association

Voir : art. 431-1, p. 494 (Entrave à la liberté d'association).

Art. 5 *(L. n° 71-604, 20 juill. 1971 ; L. n° 81-909, 9 oct. 1981 ; Ord. n° 2005-856, 28 juill. 2005 ; Ord. n° 2015-904, 23 juill. 2015).* **– Toute association qui voudra obtenir la capacité juridique prévue par l'article 6 devra être rendue publique par les soins de ses fondateurs.**

La déclaration préalable en sera faite au représentant de l'État dans le département où l'association aura son siège social. Elle fera connaître le titre et l'objet de l'association, le siège de ses établissements et les noms, professions, domiciles et nationalités de ceux qui, à un titre quelconque, sont chargés de son administration. Un exemplaire des statuts est joint à la déclaration. Il sera donné récépissé de celle-ci dans le délai de cinq jours.

Lorsque l'association aura son siège social à l'étranger, la déclaration préalable prévue à l'alinéa précédent sera faite au représentant de l'État dans le département où est situé le siège social de son principal établissement.

L'association n'est rendue publique que par une insertion au *Journal officiel*, sur production de ce récépissé.

Les associations sont tenues de faire connaître, dans les trois mois, tous changements survenus dans leur administration, ainsi que toutes les modifications apportées à leurs statuts.

Ces modifications et changements ne sont opposables aux tiers qu'à partir du jour où ils auront été déclarés. *(Abr., Ord. n° 2015-904, 23 juill. 2015).*

1) **QPC.** Le Conseil constitutionnel a déclaré le troisième alinéa conforme à la Constitution, sous la réserve énoncée au considérant 7 de sa décision, ■ Cons. const. n° 2014-424 QPC, 7 nov. 2014 (JO 9 nov. 2014).

Consid. 7 : « *7. Considérant, toutefois, que les dispositions du troisième alinéa de l'article 5 de la loi du 1er juillet 1901 n'ont pas pour objet et ne sauraient, sans porter une atteinte injustifiée au droit d'exercer un recours juridictionnel effectif, être interprétées comme privant les associations ayant leur siège à l'étranger, dotées de la personnalité morale en vertu de la législation dont elles relèvent mais qui ne disposent d'aucun établissement en France, de la qualité pour agir devant les juridictions françaises dans le respect des règles qui encadrent la recevabilité de l'action en justice ; que, sous cette réserve, les dispositions contestées ne méconnaissent pas les exigences de l'article 16 de la Déclaration de 1789* ; »

2) Si toute personne morale qui se prétend victime d'une infraction est habilitée à se constituer partie civile devant la juridiction pénale, ce droit qui s'exerce dans les conditions prévues par l'article 2 du Code de procédure pénale requiert, s'agissant d'une association, qu'elle remplisse les formalités exigées par l'article 5 de la loi du 1er juillet 1901 auxquelles toute association, française ou étrangère doit se soumettre pour obtenir la qualité d'ester en justice ; l'exigence d'une telle formalité ne constitue donc aucune discrimination au sens des articles 6 et 14 de la Convention européenne de sauvegarde des droits de l'homme et des libertés fondamentales (■ Cass. crim., 16 nov. 1999 : *Bull. crim.*, n° 260. ■ Cass. crim., 12 avr. 2005 : *Bull. crim.*, n° 121).

3) Mais jugé depuis en sens contraire aux arrêts précités. Selon les dispositions combinées des articles 6 § 1 et 14 de la Convention européenne des droits de l'homme, toute personne morale, quelle que soit sa nationalité, a droit à ce que sa cause soit entendue par un tribunal indépendant et impartial.

Méconnaît ces textes et ce principe la cour d'appel qui déclare irrecevable l'action d'une organisation de droit étranger pour inobservation des formalités exigées par l'article 5 de la loi du 1er juillet 1901, alors que toute personne morale étrangère, qui se prétend victime d'une infraction, est habilitée à se constituer partie civile, devant une juridiction française, dans les conditions prévues par l'article 2 du Code de procédure pénale, même si elle n'a pas d'établissement en France, et n'a pas fait de déclaration préalable à la préfecture (■ Cass. crim., 8 déc. 2009 : *Bull. crim.*, n° 205 ; *JCP* G 2010, note 417, F. Forgues ; *Rev. sc. crim.* 2010, p. 182, obs. A. Giudicelli ; *D.* 2010, p. 202, obs. M. Lena).

4) Encourt la cassation l'arrêt qui, pour déclarer irrecevable l'action civile d'une association, relève que ses statuts n'habilitent pas son président à agir en justice et ajoute que ce dernier ne dispose pas d'un mandat exprès, sans rechercher si lesdits statuts, qui autorisent son président à la représenter en justice, n'emportent pas pour ce dernier, en l'absence de stipulations contraires, le pouvoir d'agir en justice (■ Cass. crim., 2 déc. 2008, pourvoi n° 08-83.759 ; *Bull. crim.* n° 242).

5) La Cour européenne des droits de l'Homme a jugé « qu'en exigeant la déclaration prévue à l'article 5 de la loi de 1901 pour une association étrangère n'ayant pas de "principal établissement" en France et souhaitant introduire une action en diffamation afin de lui permettre d'ester en justice, les autorités françaises [...] ont [...] imposé aux requérantes une véritable restriction, au demeurant non suffisamment prévisible, qui porte atteinte à la substance même de leur droit d'accès à un tribunal, de sorte qu'il y a eu violation de l'article 6 de la Convention [publiée par D. n° 74-360, 5 mai 1974] », ■ CEDH, 15 janv. 2009, n° 36497/05, Aff. Ligue du monde islamique et Organisation islamique mondiale du secours islamique c/ France, § 58. – V. ultérieurement ■ Cass. crim., 8 déc. 2009, n° 09-81.607 : *JurisData* n° 2009-050975

6) Les dispositions de l'article 5 de la loi du 1er juillet 1901 tel qu'interprété par le Conseil constitutionnel dans sa décision n° 2014-424 du 7 novembre 2014 ne sauraient priver les associations ayant leur siège à l'étranger, dotées de la personnalité morale en vertu de la législation dont elles relèvent mais qui ne disposent d'aucun établissement en France, de la qualité pour agir devant les juridictions françaises dans le respect des règles qui encadrent la recevabilité de l'action en justice.

Méconnaît ce texte la chambre de l'instruction qui, sur le fondement de l'article 2 du Code de procédure pénale, retient que la preuve n'est pas rapportée que l'association requérante est une personne morale de nationalité étrangère et qu'elle peut agir en justice, faute d'avoir communiqué les articles du Code civil suisse applicables (■ Cass. crim., 1er déc. 2015, n° 14-80.394).

Art. 7 ***(L. n° 71-604, 20 juill. 1971 ; L. n° 2012-387, 22 mars 2012).*** **– En cas de nullité prévue par l'article 3, la dissolution de l'association est prononcée par le tribunal de grande instance, soit à la requête de tout intéressé, soit à la diligence du ministère public. Celui-ci peut assigner à jour fixe et le tribunal, sous les sanctions prévues à l'article 8, ordonner par provision et nonobstant toute voie de recours, la fermeture des locaux et l'interdiction de toute réunion des membres de l'association.**

Art. 8 ***(D. n° 93-726, 29 mars 1993 ; L. n° 2001-504, 12 juin 2001).*** **– Seront punis des peines d'amende prévues pour les contraventions de la 5e classe et, en cas de récidive, d'une amende double, ceux qui auront contrevenu aux dispositions de l'article 5.**

Seront punis de trois ans d'emprisonnement et de 45 000 € d'amende, les fondateurs, directeurs ou administrateurs de l'association qui se serait maintenue ou reconstituée illégalement après le jugement de dissolution.

Seront punies de la même peine toutes les personnes qui auront favorisé la réunion des membres de l'association dissoute, en consentant l'usage d'un local dont elles disposent.

Le président d'une association régie par la loi du 1er juillet 1901 est le représentant légal de cette association. À ce titre, il est tenu d'assurer le respect des prescriptions du Code du travail et est pénalement responsable de leur inobservation (■ Cass. crim., 5 déc. 1989 : *Bull. crim.*, n° 467).

Loi du 10 janvier 1936

sur les groupes de combat et milices privées

(Abr., Ord. n° 2012-351, 12 mars 2012)

Voir : CSI art. L. 212-1 et L. 212-2, p. 822.

Loi n° 87-571 du 23 juillet 1987

sur le développement du mécénat

....

Art. 20 *(Mod., L. n° 2009-526, 12 mai 2009)*. – Seules les fondations reconnues d'utilité publique peuvent faire usage, dans leur intitulé, leurs statuts, contrats, documents ou publicité, de l'appellation de fondation. Toutefois, peut également être dénommée fondation l'affectation irrévocable, en vue de la réalisation d'une œuvre d'intérêt général et à but non lucratif, de biens, droits ou ressources à une fondation reconnue d'utilité publique dont les statuts ont été approuvés à ce titre, dès lors que ces biens, droits ou ressources sont gérés directement par la fondation affectataire, et sans que soit créée à cette fin une personne morale distincte.

Seules les fondations d'entreprise répondant aux conditions prévues aux articles 19-1 à 19-10 de la présente loi peuvent faire usage, dans leur intitulé, leurs statuts, contrats, documents ou publicité, de l'appellation de fondation d'entreprise. Elle peut être accompagnée du ou des noms des fondateurs.

Les groupements constitués avant la publication de la présente loi, qui utilisent dans leur dénomination les termes de fondation ou de fondation d'entreprise, doivent se conformer à ses dispositions avant le 31 décembre 1991.

Les présidents, administrateurs ou directeurs des groupements qui enfreindront les dispositions du présent article seront punis d'une amende de 3 750 €.

Remarque : Récidive abrogée, L. n° 2009-526, 12 mai 2009, art. 122.

Code monétaire et financier

(Ord. n° 2000-1233, 14 déc. 2000)

Art. L. 213-8 *(L. n° 2014-856, 31 juill. 2014)*. – Les associations régies par la loi du 1er juillet 1901 relative au contrat d'association ou par les articles 21 à 79 du Code civil local applicable dans les départements du Bas-Rhin, du Haut-Rhin et de la Moselle peuvent, lorsqu'elles exercent, exclusivement ou non, une activité économique effective depuis au moins deux années, émettre des obligations dans les conditions prévues à la présente sous-section.

Les obligations émises par les associations sont inscrites en compte, dans les conditions posées à l'article L. 211-7 du présent code.

....

Art. L. 213-10. – Préalablement à l'émission d'obligations, l'association doit :

1. Être immatriculée au registre du commerce et des sociétés dans des conditions et selon des modalités fixées par décret ;

2. Prévoir dans ses statuts les conditions dans lesquelles seront désignées les personnes chargées de la diriger, de la représenter et de l'engager vis-à-vis des tiers, ainsi que la constitution d'un organe collégial chargé de contrôler les actes de ces personnes.

Si les statuts prévoient la nomination d'un conseil d'administration, l'association n'est pas tenue de constituer l'organe collégial mentionné ci-dessus.

L'organe collégial ou le conseil d'administration sont composés de trois personnes au moins élues parmi les membres.

....

Art. L. 231-2 *(Abr., L. n° 2012-387, 22 mars 2012).*

Rédaction antérieure. Art. L. 231-2. – Est puni d'une amende de 9 000 € le fait, pour tout dirigeant, de droit ou de fait, d'association, d'émettre des obligations sans respecter les conditions prévues par les articles L. 213-8 et L. 213-10.

Code de la sécurité intérieure

(Ord. n° 2012-351, 12 mars 2012)

Suspension ou dissolution de certains groupements et associations

Section 1. – Groupes de combat et milices privées

Voir : Art. 431-13 s., p. 500.

Art. L. 212-1. – Sont dissous, par décret en conseil des ministres, toutes les associations ou groupements de fait :

1° Qui provoquent à des manifestations armées dans la rue ;

2° Ou qui présentent, par leur forme et leur organisation militaires, le caractère de groupes de combat ou de milices privées ;

3° Ou qui ont pour but de porter atteinte à l'intégrité du territoire national ou d'attenter par la force à la forme républicaine du Gouvernement ;

4° Ou dont l'activité tend à faire échec aux mesures concernant le rétablissement de la légalité républicaine ;

5° Ou qui ont pour but soit de rassembler des individus ayant fait l'objet de condamnation du chef de collaboration avec l'ennemi, soit d'exalter cette collaboration ;

6° Ou qui, soit provoquent à la discrimination, à la haine ou à la violence envers une personne ou un groupe de personnes à raison de leur origine ou de leur appartenance ou de leur non-appartenance à une ethnie, une nation, une race ou une religion déterminée, soit propagent des idées ou théories tendant à justifier ou encourager cette discrimination, cette haine ou cette violence ;

7° Ou qui se livrent, sur le territoire français ou à partir de ce territoire, à des agissements en vue de provoquer des actes de terrorisme en France ou à l'étranger.

Le maintien ou la reconstitution d'une association ou d'un groupement dissous en application du présent article, ou l'organisation de ce maintien ou de cette reconstitution, ainsi que l'organisation d'un groupe de combat sont réprimées dans les conditions prévues par la section 4 du chapitre Ier du titre III du livre IV du Code pénal.

Section 2. – Associations de supporters

Art. L. 212-2. – Les conditions dans lesquelles les associations ou groupements de fait ayant pour objet le soutien à une association sportive mentionnée à l'article L. 122-1 du Code du sport peuvent être dissous ou suspendus d'activité par voie réglementaire sont fixées par les dispositions de l'article L. 332-18 du même code.

La participation au maintien ou à la reconstitution d'une association ou d'un groupement dissous en application de ce dernier article, ou l'organisation de ce maintien ou de cette reconstitution, ainsi que la participation aux activités qu'une association suspendue d'activité s'est vue interdire en application du même article, ou l'organisation de ces activités, sont réprimées dans les conditions prévues à l'article L. 332-19 du même code.

ANNEXE 7

AVIATION CIVILE

Bibliographie : J. Chevrier, *Réflexions sur les dispositions pénales de la loi du 10 juillet 1989 : Rev. fr. dr. aérien* 1989, p. 503. • J.-P. Tosi, *Responsabilité aérienne,* Litec 1978.

Code des transports

(Ord., n° 2010-1307, 28 oct. 2010)

Circulation des aéronefs

Identification de l'aéronef

Art. L. 6142-4. – Est puni d'un an d'emprisonnement et de 75 000 € d'amende le fait pour l'exploitant technique, le propriétaire et, le cas échéant, l'exploitant commercial de mettre ou laisser en service un aéronef :

1° Sans avoir obtenu un certificat d'immatriculation lorsque celui-ci est exigible ;

2° Sans les marques d'identification prévues par l'article L. 6111-2.

Les engins de type ULM en tant qu'appareils capables de s'élever ou de circuler dans les airs constituent des aéronefs tels que les définit l'article L. 110-1 du Code de l'aviation civile et sont donc soumis aux dispositions dudit code (■ Cass. crim., 7 juin 1990 : *Dr. pénal* 1990, n° 260).

Art. L. 6142-5. – Est puni d'un an d'emprisonnement et de 75 000 € d'amende le fait pour le pilote :

1° De détruire le certificat d'immatriculation mentionné à l'article L. 6142-4 ou porter sur ce dernier des indications sciemment inexactes ;

2° De conduire sciemment un aéronef dans les conditions prévues par les articles L. 6142-4 et L. 6232-4.

Art. L. 6142-6. – Est puni de trois ans d'emprisonnement et de 18 000 € d'amende le fait pour le possesseur, le détenteur ou le pilote d'apposer ou de faire apposer sur l'aéronef des marques d'immatriculation non conformes à celles du certificat d'immatriculation ou de supprimer ou faire supprimer, rendre ou faire rendre illisibles les marques exactement apposées.

Est puni des mêmes peines le fait d'apposer ou de faire apposer sur un aéronef privé les marques distinctives réservées aux aéronefs publics ou de faire usage d'un aéronef privé portant lesdites marques.

Art. L. 6142-7. – Est puni des peines de l'abus de confiance prévues par les articles 314-1 et 314-10 du Code pénal le fait de détruire ou de détourner ou de tenter de détruire ou de détourner un aéronef ou des pièces de rechange grevés d'une hypothèque régulièrement inscrite.

Sont punies des mêmes peines toutes manœuvres frauduleuses destinées à priver le créancier de sa garantie.

Jets d'objets

Art. L. 6142-8. – Est puni de deux mois d'emprisonnement et de 3 750 € d'amende le jet volontaire et inutile, depuis un aéronef en évolution, d'objet ou de marchandise susceptible de causer des dommages aux personnes et aux biens à la surface, même si ce jet n'a causé aucun dommage et sans préjudice des peines plus fortes qui peuvent être encourues en cas de délit ou de crime.

Délit de fuite

Art. L. 6142-9. – En cas d'accident causé par un aéronef aux personnes situées à la surface, l'article 434-10 du Code pénal, prévoyant et réprimant le délit de fuite, est applicable, sauf lorsqu'il est établi que l'arrêt de l'aéronef aurait compromis la sécurité des passagers.

....

Droit de circulation

Art. L. 6232-2. – Est puni de six mois d'emprisonnement et de 15 000 € d'amende le fait pour le pilote de survoler, par maladresse ou négligence, une zone du territoire français en violation d'une interdiction prononcée dans les conditions prévues par le premier alinéa de l'article L. 6211-4.

Est puni d'un an d'emprisonnement et de 45 000 € d'amende le fait pour le pilote de :

1° S'engager ou de se maintenir au-dessus d'une zone mentionnée au premier alinéa ;

2° Ne pas se conformer aux prescriptions des articles L. 6211-4 et L. 6211-5.

Art. L. 6232-3. – Sans préjudice de l'application des peines prévues par la législation douanière, est puni de trois ans d'emprisonnement et de 30 000 € d'amende le fait pour le pilote, en infraction aux dispositions de l'article L. 6212-2, de ne pas utiliser, sauf cas de force majeure, un aéroport international au départ ou à l'arrivée d'un vol international.

Est puni des mêmes peines le fait pour un membre d'équipage de tenter de se soustraire aux contrôles réglementaires sur un tel aéroport.

Documents de bord

Art. L. 6232-4. – Est puni d'un an emprisonnement et de 75 000 € d'amende le fait pour l'exploitant technique, le propriétaire et, le cas échéant, l'exploitant commercial de :

1° Mettre ou laisser en service un aéronef sans avoir obtenu un document de navigabilité ou un certificat de limitation de nuisances lorsque ceux-ci sont exigibles ;

2° Faire ou laisser circuler un aéronef dont le document de navigabilité ou le certificat de limitation de nuisances ont cessé d'être valables ;

3° Faire ou laisser circuler un aéronef ne répondant pas à tout moment tant aux conditions techniques de navigabilité ayant servi de base à la délivrance du document de navigabilité qu'aux règles relatives au maintien en état de validité de ce document ;

4° Faire ou laisser circuler un aéronef dans des conditions d'utilisation non conformes aux règles édictées en vue d'assurer la sécurité par la présente partie ou par les textes pris en application de la présente partie par le ministre chargé de l'aviation civile et relatifs à l'équipement des aéronefs, aux modalités de leur utilisation, à la composition des équipages et à leurs conditions d'emploi.

Art. L. 6232-5. – L'interdiction de conduite d'un aéronef quelconque peut être prononcée par le jugement ou l'arrêt pour une durée de trois mois à trois ans contre le pilote condamné, en vertu des articles L. 6142-5, L. 6142-6, L. 6232-2, L. 6232-7 et *(Réf. rempl., Ord. n° 2011-204, 24 févr. 2011)* « L. 6541-1 ».

Si le pilote est condamné une seconde fois pour l'un de ces mêmes délits dans un délai de cinq ans après l'expiration de la peine d'emprisonnement ou le paiement de l'amende ou la prescription de ces deux peines, *(Mots rempl. à compter du 1er déc. 2010, Ord. n° 2011-204, 24 févr. 2011)* « la durée de l'interdiction de conduire un aéronef peut être doublée ».

Les brevets dont sont titulaires les pilotes restent déposés pendant toute la durée de l'interdiction au greffe de la juridiction qui a prononcé l'interdiction. Les condamnés doivent effectuer les dépôts de ces brevets soit à ce greffe, soit à celui de leur domicile, dans les cinq jours qui suivent la date à laquelle la condamnation est devenue définitive, faute de quoi ils sont punis d'un an d'emprisonnement et de 9 000 € d'amende, sans préjudice des peines prévues par les articles L. 6142-5 et L. 6232-7 s'ils conduisent un aéronef pendant la période d'interdiction et qui ne peuvent se confondre.

Art. L. 6232-6. – Est puni d'un an d'emprisonnement et de 75 000 € d'amende le fait d'exploiter un aéronef pour une ou plusieurs opérations de transport aérien public, en l'absence du certificat de transporteur aérien exigé en application de l'article L. 6412-2, en cours de validité à la date du transport, ou dans des conditions non conformes à celles fixées par ce certificat.

Art. L. 6232-7. – Est puni d'un an d'emprisonnement et de 75 000 € d'amende le fait, pour le pilote, de détruire un des documents de bord de l'aéronef prévus par la présente partie, autre que le certificat d'immatriculation prévu par l'article L. 6142-4, ou de porter sur l'un de ces documents des indications sciemment inexactes.

Transport de certaines substances, de certains animaux ou objets et usage aérien de certains appareils

Art. L. 6232-8. – Est puni des peines prévues par l'article L. 6232-4 le fait de :

1° Transporter par aéronef sans autorisation spéciale des explosifs, armes et munitions de guerre, des pigeons voyageurs ou des objets de correspondance y compris ceux du secteur réservé à La Poste tel qu'il est fixé par l'article L. 2 du Code des postes et des communications électroniques ;

2° Transporter, utiliser des appareils photographiques ou faire usage d'objets ou d'appareils dont le transport et l'usage sont interdits par les autorités administratives compétentes ;

3° Faire usage, sans autorisation spéciale, d'appareils photographiques au-dessus des zones interdites.

Art. L. 6232-9. – Outre le procureur de la République, le juge d'instruction et les officiers de police judiciaire désignés à l'article 16 du Code de procédure pénale peuvent, sous réserve des autorisations spéciales prévues par décret en Conseil d'État, saisir les explosifs, les armes et munitions de guerre, les pigeons voyageurs, les appareils photographiques, les clichés et les correspondances postales, ainsi que les appareils radiotélégraphiques et radiotéléphoniques qui se trouvent à bord :

1° Les fonctionnaires des corps techniques de l'aviation civile, les militaires ou marins et les agents de l'autorité militaire ou maritime, commissionnés à cet effet ;

2° Les gendarmes, les ingénieurs de l'armement affectés à l'aéronautique, les techniciens supérieurs d'études et de fabrication ;

3° Les agents des contributions indirectes, les agents des douanes, les agents techniques des eaux et forêts et les gardes champêtres.

Les mêmes autorités peuvent saisir les pigeons voyageurs, les appareils photographiques et les clichés qui se trouveraient à bord d'aéronefs autorisés à transporter ces objets dans le cas où ces aéronefs seraient passés au-dessus de zones interdites.

Elles peuvent également saisir les pigeons voyageurs ainsi que les messages dont ils seraient porteurs.

La confiscation des objets et appareils régulièrement saisis est prononcée par le tribunal.

Enquêtes techniques relatives aux incidents et accidents d'aviation civile

Art. L. 6232-10 *(Ord. n° 2012-872, 12 juill. 2012)*. – Est puni d'un an d'emprisonnement et de 15 000 € d'amende le fait, pour les personnes qui, de par leurs fonctions, sont appelées à connaître d'un accident ou d'un incident grave définis à l'article 2 du règlement (UE) n° 996/2010 du Parlement européen et du Conseil du 20 octobre 2010 sur les enquêtes et la prévention des accidents et des incidents dans l'aviation civile et survenus à un aéronef visé à l'article L. 6222-1, de ne pas en rendre compte.

....

Actes de malveillance

Art. L. 6372-4. – Est puni de cinq ans d'emprisonnement et de 18 000 € d'amende sans préjudice, le cas échéant, de l'application des articles 322-1 à 322-11 et 322-15 du Code pénal réprimant les destructions, dégradations et détériorations, le fait, volontairement de :

1° Détruire ou endommager les immeubles ou installations destinés à assurer le contrôle de la circulation des aéronefs, les télécommunications aéronautiques, l'aide à la navigation aérienne ou l'assistance météorologique ;

2° Troubler, par quelque moyen que ce soit, le fonctionnement de ces installations ;

3° Détruire ou endommager un aéronef dans l'emprise d'un aérodrome ;

4° Entraver, de quelque manière que ce soit, la navigation ou la circulation des aéronefs, hors les cas prévus aux articles 224-6 et 224-7 du Code pénal ;

5° Interrompre à l'aide d'un dispositif matériel, d'une substance ou d'une arme, le fonctionnement des services d'un aérodrome si cet acte porte atteinte ou est de nature à porter atteinte à la sécurité à l'intérieur de cet aérodrome.

Pour toutes les infractions prévues par le présent article, la tentative du délit est punie comme le délit lui-même.

Art. L. 6372-5. – La juridiction saisie peut condamner à la réparation de l'atteinte portée aux aérodromes ou installations mentionnés à l'article L. 6332-1 qui ne font pas partie du domaine public, et notamment à l'enlèvement des ouvrages faits. Les personnes condamnées supportent les frais des mesures provisoires et urgentes que l'administration a pu être amenée à prendre pour faire cesser le trouble provoqué par cette infraction.

Art. L. 6372-6. – En cas de blessures ou de maladies résultant des faits prévus par l'article L. 6372-4 la peine est celle de la réclusion criminelle à temps de vingt ans.

S'il en résulte la mort d'une ou plusieurs personnes, la peine est celle de la réclusion criminelle à perpétuité, sans préjudice, s'il y a lieu, de l'application des dispositions des articles 221-1 à 221-4 du Code pénal réprimant les atteintes volontaires à la vie.

Les personnes physiques déclarées coupables des crimes prévus par le présent article encourent également, à titre de peines complémentaires, l'interdiction, suivant les modalités prévues par l'article 131-27 du Code pénal, soit d'exercer une fonction publique ou d'exercer l'activité professionnelle ou sociale dans l'exercice ou à l'occasion de l'exercice de laquelle l'infraction a été commise, soit d'exercer une profession commerciale ou industrielle, de diriger, d'administrer, de gérer ou de contrôler à un titre quelconque, directement ou indirectement, pour leur propre compte ou pour le compte d'autrui, une entreprise commerciale ou industrielle ou une société commerciale. Ces interdictions d'exercice peuvent être prononcées cumulativement.

L'attaque ou la résistance avec violence et voies de fait envers les agents préposés à la garde ou au fonctionnement des aérodromes ou installations mentionnés à l'article L. 6332-1, dans l'exercice de leurs fonctions, est punie des peines applicables à la rébellion, suivant les distinctions faites par les articles 433-7 et 433-8 du Code pénal.

Art. L. 6372-7. – Toute personne qui s'est rendue coupable, hors du territoire de la République, de l'une des infractions prévue par l'article 689-7 du Code de procédure pénale ou de la tentative de l'une de ces infractions peut être poursuivie et jugée par les juridictions françaises, si elle se trouve en France.

Servitudes aéronautiques

Art. L. 6372-8. – Les infractions aux dispositions régissant les servitudes aéronautiques de dégagement et de balisage instituées dans l'intérêt de la circulation aérienne sont punies de 3 750 € d'amende.

Art. L. 6372-9. – Sur réquisition du ministère public agissant à la demande du ministre intéressé, le tribunal saisi de la poursuite impartit aux personnes qui contreviennent aux dispositions de l'article L. 6372-8, sous peine d'une astreinte de 1,50 € à 15 € par jour de retard, un délai pour enlever ou modifier les ouvrages frappés de servitudes ou pour pourvoir à leur balisage.

Dans le cas où ce délai n'est pas observé, l'astreinte prononcée court à partir de l'expiration du délai jusqu'au jour où la situation est effectivement régularisée.

Si cette régularisation n'est pas intervenue dans l'année de l'expiration du délai, le tribunal peut, sur réquisition du ministère public agissant dans les mêmes conditions, relever à une ou plusieurs reprises le montant de l'astreinte, même au-delà du maximum prévu par le premier alinéa.

Le tribunal peut autoriser le reversement d'une partie des astreintes lorsque la situation a été régularisée et que le redevable établit qu'il a été empêché d'observer par une circonstance indépendante de sa volonté le délai qui lui avait été imparti.

En outre, si, à l'expiration du délai fixé par le jugement, la situation n'a pas été régularisée, l'administration peut faire exécuter les travaux d'office aux frais et risques des personnes civilement responsables.

....

Violences commises dans un aéronef ou dans un lieu destiné à l'accès à un aéronef

Art. L. 6433-2. – Lorsque des violences sont commises dans un aéronef ou dans un lieu destiné à l'accès à un aéronef, la sanction est celle prévue par les articles 222-12 et 222-13 du Code pénal.

Lorsque l'auteur de l'un des délits mentionnés au premier alinéa se trouve hors d'état de justifier d'un domicile ou d'un emploi sur le territoire français ou d'une caution agréée par l'administration habilitée à percevoir les amendes garantissant le paiement éventuel des condamnations pécuniaires encourues, le ou les bagages ainsi que le contrat de transport de la personne peuvent être retenus par l'officier ou l'agent de police judiciaire, jusqu'au versement d'une consignation dont le montant ne peut excéder 1500 €.

La décision imposant le paiement d'une consignation est prise par le procureur de la République, qui est tenu de statuer dans le délai de la garde à vue si la personne fait l'objet de cette mesure ou, à défaut, dans un délai de quatre heures à compter soit de la constatation du délit si celui-ci a été commis dans un lieu destiné à l'accès à un aéronef, soit de l'arrivée des passagers si le délit a été commis dans un aéronef.

La consignation est versée à un comptable du Trésor ou à un agent mentionné à l'article L. 6431-1 porteur d'un carnet de quittances à souche.

....

Sanctions pénales et administratives

Art. L. 6541-1 *(Anc. art. L. 6531-1, dénum., Ord. n° 2011-204, 24 févr. 2011).* – Est puni d'un an d'emprisonnement et de 75 000 € d'amende le fait de conduire un aéronef sans être titulaire d'un brevet ou d'une licence.

Art. L. 6541-2 *(Anc. art. L. 6531-2, dénum., Ord. n° 2011-204, 24 févr. 2011).* – Est puni d'un mois d'emprisonnement et de 3 750 € d'amende le fait d'exercer un des emplois correspondant aux brevets, licences et qualifications du personnel navigant professionnel de l'aéronautique civile en infraction aux dispositions du titre II du présent livre.

Est puni de la même peine le fait, pour le responsable d'une entreprise, de confier un de ces emplois à une personne ne remplissant pas les conditions exigées par les dispositions du même titre.

Art. L. 6541-3 *(Anc. art. L. 6531-3, dénum., Ord. n° 2011-204, 24 févr. 2011).* – Est passible des peines de l'abus de confiance prévues par les articles 314-1 et 314-10 du Code pénal le fait pour l'exploitant de retenir indûment la contribution ouvrière précomptée sur le salaire, en application de l'article L. 6527-10.

ANNEXE 8

BANQUE

Voir : Annexe 10 (Bourse), Annexe 12 (Changes), Annexe 15 (Chèque et carte de paiement).
Concernant le blanchiment de capitaux, C. monét. fin., art. L. 561-1 s., p. 2129.

Bibliographie : C. Claverie-Rousset, *Banque : JCl. Lois pénales spéciales.* • Ph. Conte, *Banque : aspect pénal des obligations de vigilance tendant à prévenir le blanchiment : JCP* 2005, I, 126. • Th. Bonneau, *La responsabilité du banquier pour non-respect de la législation relative au blanchiment des capitaux : Rev. dr. banc. et fin.*, 2005, Analyses, p. 41.

Code monétaire et financier

(Ord. n° 2000-1223, 14 déc. 2000)

Établissements du secteur bancaire

Les établissements de crédit

Art. L. 511-1 ***(Rempl. à compter du 1er janv. 2014, Ord. n° 2013-544, 27 juin 2013 ; mod., Ord. n° 2015-558, 21 mai 2015).*** **– I. - Les établissements de crédit sont les entreprises dont l'activité consiste, pour leur propre compte et à titre de profession habituelle, à recevoir des fonds remboursables du public mentionnés à l'article L. 312-2 et à octroyer des crédits mentionnés à l'article L. 313-1.**

II *(II mod., Ord. n° 2014-158, 20 févr. 2014).* - Les sociétés de financement sont des personnes morales, autres que des établissements de crédit, qui effectuent à titre de profession habituelle et pour leur propre compte des opérations de crédit dans les conditions et limites définies par leur agrément. Elles sont des établissements financiers au sens du 4 de l'article L. 511-21.

Art. L. 511-2 ***(Mod. à compter du 1er janv. 2014, Ord. n° 2013-544, 27 juin 2013 ; mod., L. n° 2013-672, 26 juill. 2013).*** **– Les établissements de crédit et les sociétés de financement peuvent, en outre, dans des conditions définies par le ministre chargé de l'économie, prendre et détenir des participations après, selon le cas, autorisation préalable de l'Autorité de contrôle prudentiel et de résolution, déclaration ou notification.**

Art. L. 511-3 ***(Mod, L. n° 2013-672, 26 juill. 2013 ; L. n° 2014-773, 7 juill. 2014).*** **– Les établissements de crédit et les sociétés de financement ne peuvent exercer à titre habituel une activité autre que celles mentionnées aux articles L. 311-1, L. 311-2 et L. 511-2 « ou régies par le chapitre VIII du titre Ier du livre III » que dans des conditions définies par le ministre chargé de l'économie.**

Ces opérations doivent, en tout état de cause, demeurer d'une importance limitée par rapport à l'ensemble des activités habituelles de l'établissement ou de la société et ne pas empêcher, restreindre ou fausser le jeu de la concurrence sur le marché considéré.

....

Art. L. 511-5 ***(Mod. à compter du 1er janv. 2014, Ord. n° 2013-544, 27 juin 2013).*** **– Il est interdit à toute personne autre qu'un établissement de crédit ou une société de financement d'effectuer des opérations de crédit à titre habituel.**

Il est, en outre, interdit à toute personne autre qu'un établissement de crédit de recevoir à titre habituel des fonds remboursables du public ou de fournir des services bancaires de paiement.

....

Art. L. 511-8 *(Mod. à compter du 1er janv. 2014, Ord. n° 2013-544, 27 juin 2013).* – Il est interdit à toute entreprise autre qu'un établissement de crédit ou une société de financement d'utiliser une dénomination, une raison sociale, une publicité ou, d'une façon générale, des expressions faisant croire qu'elle est agréée respectivement en tant qu'établissement de crédit ou société de financement, ou de créer une confusion en cette matière.

Il est interdit à un établissement de crédit ou une société de financement de laisser entendre qu'il appartient à une catégorie autre que celle au titre de laquelle il a obtenu son agrément ou de créer une confusion sur ce point.

....

Art. L. 511-33 *(Rempl., L. n° 2008-776, 4 août 2008 ; Ord. n° 2010-76, 21 janv. 2010 ; mod. à compter du 1er janv. 2014, Ord. n° 2013-544, 27 juin 2013 ; mod., L. n° 2013-672, 26 juill. 2013 ; Ord. n° 2014-158, 20 févr. 2014 ; Ord. n° 2017-1107, 22 juin 2017).* – I. – Tout membre d'un conseil d'administration et, selon le cas, d'un conseil de surveillance et toute personne qui à un titre quelconque participe à la direction ou à la gestion d'un établissement de crédit, d'une société de financement ou d'un organisme mentionné aux 5 et 8 de l'article L. 511-6 ou qui est employée par l'un de ceux-ci est tenu au secret professionnel.

Outre les cas où la loi le prévoit, le secret professionnel ne peut être opposé ni à l'Autorité de contrôle prudentiel et de résolution ni à la Banque de France ni à l'Institut d'émission des départements d'outre-mer, ni à l'Institut d'émission d'outre-mer, ni à l'autorité judiciaire agissant dans le cadre d'une procédure pénale, ni aux commissions d'enquête créées en application de l'article 6 de l'ordonnance n° 58-1100 du 17 novembre 1958 relative au fonctionnement des assemblées parlementaires.

Les établissements de crédit et les sociétés de financement peuvent par ailleurs communiquer des informations couvertes par le secret professionnel, d'une part, aux agences de notation pour les besoins de la notation des produits financiers et, d'autre part, aux personnes avec lesquelles ils négocient, concluent ou exécutent les opérations ci-après énoncées, dès lors que ces informations sont nécessaires à celles-ci :

1° Opérations de crédit effectuées, directement ou indirectement, par un ou plusieurs établissements de crédit ou sociétés de financement ;

2° Opérations sur instruments financiers, de garanties ou d'assurance destinées à la couverture d'un risque de crédit ;

3° Prises de participation ou de contrôle dans un établissement de crédit, une entreprise d'investissement ou une société de financement ;

4° Cessions d'actifs ou de fonds de commerce ;

5° Cessions ou transferts de créances ou de contrats ;

6° Contrats de prestations de services conclus avec un tiers en vue de lui confier des fonctions opérationnelles importantes ;

7° Lors de l'étude ou l'élaboration de tout type de contrats ou d'opérations, dès lors que ces entités appartiennent au même groupe que l'auteur de la communication.

Lors d'opérations sur contrats financiers, les établissements de crédit et les sociétés de financement peuvent également communiquer des informations couvertes par le secret professionnel, lorsqu'une législation ou une réglementation d'un État qui n'est pas membre de l'Union européenne prévoit la déclaration de ces informations à un référentiel central. Lorsque ces informations constituent des données à caractère personnel soumises à la loi n° 78-17 du 6 janvier 1978 relative à l'informatique, aux fichiers et aux libertés, leur transmission doit s'effectuer dans les conditions prévues par la même loi.

Outre les cas exposés ci-dessus, les établissements de crédit et les sociétés de financement peuvent communiquer des informations couvertes par le secret professionnel au cas par cas et uniquement lorsque les personnes concernées leur ont expressément permis de le faire.

Les personnes recevant des informations couvertes par le secret professionnel, qui leur ont été fournies pour les besoins d'une des opérations ci-dessus énoncées, doivent les conserver confidentielles, que l'opération susvisée aboutisse ou non. Toutefois, dans l'hypothèse où l'opération susvisée aboutit, ces personnes peuvent à leur tour communiquer les informations couvertes par le secret professionnel dans les mêmes conditions que celles visées au présent article aux personnes avec lesquelles elles négocient, concluent ou exécutent les opérations énoncées ci-dessus.

II. – Le personnel des établissements de crédit, des sociétés de financement, des compagnies financières holding, des compagnies financières holding mixtes et des entreprises mères de société de financement soumis au contrôle de l'Autorité de contrôle prudentiel et de résolution, ainsi que le personnel des prestataires externes de ces personnes, peuvent signaler à l'Autorité les manquements et infractions potentiels ou avérés au règlement (UE) n° 575/2013 du Parlement européen et du Conseil du 26 juin 2013 et au règlement (UE) n° 600/2014 du Parlement européen et du Conseil du 15 mai 2014, aux dispositions du présent titre et du titre III du présent livre ou d'un règlement pris pour leur application ou de toute autre disposition législative ou réglementaire dont la méconnaissance entraîne celle des dispositions précitées. Les signalements sont faits sous forme écrite et accompagnés de tout élément de nature à établir la réalité des faits signalés.

L'Autorité de contrôle prudentiel et de résolution recueille les signalements dans des conditions qui garantissent la protection des personnes signalant les manquements, notamment en ce qui concerne leur identité, et la protection des données à caractère personnel relatives aux personnes concernées par les signalements.

Commet le délit de violation du secret professionnel le banquier qui informe son client d'une réquisition adressée par un officier de police judiciaire à l'établissement bancaire (■ Cass. crim., 30 janv. 2001 : *Bull. crim.* n° 29 ; *JCP*, E, p. 1328, note J. Stoufflet).

Art. L. 511-34 *(Mod., L. n° 2008-776, 4 août 2008 ; L. n° 2010-737, 1er juill. 2010 ; à compter du 1er janv. 2014, Ord. n° 2013-544, 27 juin 2013 ; mod., L. n° 2014-1, 2 janv. 2014 ; Ord. n° 2014-158, 20 févr. 2014 ; à compter du 1er janv. 2016, Ord. n° 2015-378, 2 avr. 2015)*. – Les entreprises établies en France et qui font partie d'un groupe financier ou d'un groupe comprenant au moins une société de financement ou, pour l'application du 2° du présent article, d'un groupe au sens de l'article L. 356-1 du Code des assurances, ou d'un groupe mixte ou d'un conglomérat financier auquel appartiennent des entités réglementées au sens de l'article L. 517-2 ayant leur siège social dans un État membre de l'Union européenne ou État partie à l'accord sur l'Espace économique européen ou dans un État où sont applicables les accords prévus aux articles L. 632-7, L. 632-13 et L. 632-16 du présent code sont tenues, nonobstant toutes dispositions contraires, de transmettre à des entreprises du même groupe ayant leur siège social dans l'un de ces États :

1° Les renseignements relatifs à leur situation financière nécessaires à l'organisation de la surveillance sur base consolidée et de la surveillance complémentaire de ces entités réglementées ou sociétés de financement ;

2° Les informations nécessaires à l'organisation de la lutte contre le blanchiment des capitaux et contre le financement du terrorisme ;

3° Les informations nécessaires à l'organisation de la détection des opérations d'initié ou des manipulations de cours mentionnées à l'article L. 621-17-2 ;

4° Les informations nécessaires à la gestion des conflits d'intérêts au sens du 3 de l'article L. 533-10.

Ces dernières informations ne peuvent être communiquées à des personnes extérieures au groupe, à l'exception des autorités compétentes des États visés au premier alinéa. Cette exception ne s'étend pas aux autorités des États ou territoires dont la législation est reconnue insuffisante ou dont les pratiques sont considérées comme faisant obstacle à la lutte contre le blanchiment des capitaux ou le financement du terrorisme par l'instance internationale de concertation et de coordination en matière de lutte contre le blanchissement d'argent dont la liste est mise à jour par arrêté du ministre chargé de l'économie.

Les personnes recevant ces informations sont tenues au secret professionnel dans les conditions et sous les peines mentionnées à l'article L. 511-33, pour tous renseignements ou documents qu'elles seraient ainsi amenées à recevoir ou à détenir.

Les dispositions du présent article ne font pas obstacle à l'application de la loi n° 78-17 du 6 janvier 1978 relative à l'informatique, aux fichiers et aux libertés.

Art. L. 511-35 *(Mod., L. n° 2010-1249, 22 oct. 2010 ; L. n° 2011-525, 17 mai 2011 ; Ord. n° 2013-544, 27 juin 2013 ; L. n° 2014-1, 2 janv. 2014 ; Ord. n° 2014-158, 20 févr. 2014 ; Ord. n° 2015-558, 21 mai*

ANNEXE 8

2015). – Les dispositions de l'article L. 232-1 du Code de commerce sont applicables aux établissements de crédit, aux sociétés de financement et aux entreprises d'investissement dans des conditions fixées par l'Autorité des normes comptables après avis du comité consultatif de la législation et de la réglementation financières. Pour l'application de ces dispositions aux succursales d'établissements de crédit mentionnées au I de l'article L. 511-10, les obligations prévues à l'article L. 232-1 du Code de commerce sont remplies par les personnes mentionnées au second alinéa de l'article L. 511-13 du présent code.

Les cinquième et sixième alinéas de l'article L. 225-102-1 du même code sont applicables aux établissements de crédit, aux sociétés de financement, aux entreprises d'investissement, aux entreprises mères de société de financement et aux compagnies financières holding, quelle que soit leur forme juridique. Ces dispositions ne sont pas applicables aux succursales d'établissements de crédit mentionnées au I de l'article L. 511-10.

Art. L. 511-36 *(Ord. n° 2005-861, 28 juill. 2005 ; mod. à compter du 1er janv. 2014, Ord. n° 2013-544, 27 juin 2013).* – Lorsqu'ils établissent leurs comptes sous une forme consolidée, les établissements de crédit et les sociétés de financement le font selon les règles définies par règlement [de l'] Autorité des normes comptables pris après avis du Comité consultatif de la législation et de la réglementation financières. Toutefois, ils sont dispensés de se conformer à ces règles lorsqu'ils utilisent les normes comptables internationales adoptées par règlement de la Commission européenne.

Art. L. 511-37 *(Mod. à compter du 1er janvier 2014, Ord. n° 2013-544, 27 juin 2013 ; mod., Ord. n° 2014-158, 20 févr. 2014).* – Tout établissement de crédit, société de financement, entreprise d'investissement, autre qu'une société de gestion de portefeuille, ou adhérent aux chambres de compensation mentionné au 3 de l'article L. 440-2 doit publier ses comptes annuels dans des conditions fixées par [l'] Autorité des normes comptables après avis du Comité consultatif de la législation et de la réglementation financières.

L'Autorité de contrôle prudentiel et de résolution s'assure que les publications prévues au présent article, dans le règlement (UE) n° 575/2013 du Parlement européen et du Conseil du 26 juin 2013 et, pour les sociétés de financement, à l'article L. 511-99, sont régulièrement effectuées. Elle peut ordonner aux personnes mentionnées à l'alinéa précédent de procéder à des publications rectificatives dans le cas où des inexactitudes ou des omissions auraient été relevées dans les documents publiés.

Elle peut porter à la connaissance du public toutes informations qu'elle estime nécessaires.

....

Les banques mutualistes ou coopératives

Art. L. 512-1 *(Mod., Ord. n° 2009-80, 22 janv. 2009).* – Les banques mutualistes ou coopératives sont soumises au régime des fusions scissions et apports des sociétés anonymes prévues par le livre II du Code de commerce même si elles ne sont pas constituées sous une forme régie par cette loi.

Toutefois, les dispositions de l'article L. 236-10 du Code de commerce ne sont pas applicables à ceux de ces établissements qui n'ont pas émis de titres donnant un droit sur l'actif net.

Les banques mutualistes et coopératives peuvent procéder à une offre au public de titres financiers.

Elles peuvent également procéder à une offre au public, telle que définie pour les titres financiers par les articles L. 411-1 et suivants, de leurs parts sociales dans les conditions fixées par le règlement général de l'Autorité des marchés financiers.

Les parts sociales des banques mutualistes et coopératives sont des parts de capital social.

Art. L. 512-1-1 *(Ord. n° 2008-1278, 8 déc. 2008).* – Sont exemptées des obligations mentionnées à l'article L. 823-19 du Code de commerce :

a) Les personnes et entités affiliées, au sens de l'article L. 512-92, à une caisse d'épargne et de prévoyance ;

b) Les personnes et entités agréées collectivement avec une caisse régionale ou fédérale ou une fédération régionale au sens de l'article R. 511-3 ;

c) Les personnes et entités agréées collectivement avec une banque mutualiste et coopérative au sens de l'article R. 515-1, dès lors qu'elles n'ont pas émis de valeurs mobilières admises à la négociation sur un marché réglementé.

Art. L. 512-2 *(Mod., L. n° 2009-715, 18 juin 2009).* – Les banques populaires ne peuvent faire d'opérations qu'avec des commerçants, industriels, fabricants, artisans, patrons bateliers, sociétés commer-

ciales et les membres des professions libérales pour l'exercice normal de leur industrie, de leur commerce, de leur métier ou de leur profession.

Elles sont toutefois habilitées à prêter leurs concours à leurs sociétaires et à participer à la réalisation de toutes opérations garanties par une société de caution mutuelle.

Elles peuvent également recevoir des dépôts de toute personne ou société.

....

Art. L. 512-102 *(Mod. à compter de la date prévue par la loi n° 2009-715 du 18 juin 2009).* **– Il est interdit aux organismes qui n'entrent pas dans le champ d'application de la présente section d'utiliser l'une des dénominations suivantes : « caisse d'épargne et de prévoyance », « caisse d'épargne », « société locale d'épargne ».**

....

Les caisses de crédit municipal

Art. L. 514-1. – I. - Les caisses de crédit municipal sont des établissements publics communaux de crédit et d'aide sociale. Elles ont notamment pour mission de combattre l'usure par l'octroi de prêts sur gages corporels dont elles ont le monopole. Elles peuvent réaliser toutes opérations avec les établissements de crédit *(Mots aj. à compter du 1er janv. 2014, Ord. n° 2013-544, 27 juin 2013)* **« et les sociétés de financement », recevoir des fonds des personnes physiques et des personnes morales, mettre à la disposition de ces personnes des moyens de paiement et réaliser avec elles des opérations connexes au sens de l'article L. 311-2.**

[...].

....

Les sociétés financières

Art. L. 515-1 *(Rempl., Ord. n° 2013-544, 27 juin 2013).* **– Outre les opérations mentionnées au II de l'article L. 511-1, les sociétés de financement peuvent exercer l'une des opérations suivantes :**

– fournir des services de paiement, sous réserve d'avoir obtenu l'agrément prévu à l'article L. 522-6 ;

– émettre et gérer de la monnaie électronique, sous réserve d'avoir obtenu l'agrément prévu à l'article L. 526-7 ;

– fournir des services d'investissement, sous réserve d'avoir obtenu l'agrément prévu à l'article L. 532-2.

Art. L. 515-1-1 *(Ord. n° 2014-158, 20 févr. 2014).* **– Les fonds propres d'une société de financement ne peuvent être inférieurs au montant du capital initial exigé lors de son agrément.**

Art. L. 515-2 *(Rempl., Ord. n° 2013-544, 27 juin 2013).* **– Lorsqu'elles ne collectent pas de fonds remboursables du public mentionnés à l'article L. 312-2, les entreprises qui gèrent à titre de profession habituelle des sociétés créées en vue de la réalisation même non habituelle des opérations mentionnées à l'article L. 313-7 doivent être agréées en qualité de société de financement.**

....

Les institutions financières spécialisées

Art. L. 516-1 et L. 516-2 *(Abr., Ord. n° 2013-544, 27 juin 2013).*

Compagnies financières

Art. L. 517-1 *(L. n° 2003-706, 1er août 2003 ; Ord. n° 2004-1201, 12 nov. 2004 ; Ord. n° 2013-544, 27 juin 2013 ; Ord. n° 2014-158, 20 févr. 2014).* **– Une compagnie financière holding est un établissement financier au sens de l'article L. 511-21 dont les filiales sont exclusivement ou principalement des établissements ou des établissements financiers, l'une au moins de ces filiales étant un établissement, et qui n'est pas une compagnie financière holding mixte.**

Pour l'application du précédent alinéa, le mot : « établissement » s'entend au sens du 3 du paragraphe 1 de l'article 4 du règlement (UE) n° 575/2013 du Parlement et du Conseil du 26 juin 2013.

Une entreprise mère de société de financement est un établissement financier, au sens de l'article L. 511-21, qui n'est ni une compagnie financière holding ni une compagnie financière holding mixte ni une compagnie holding mixte et qui a pour filiales, exclusivement ou principalement, une ou plusieurs sociétés de financement ou établissements financiers. L'une au moins de ces filiales est une société de financement.

....

Les établissements et services autorisés à effectuer des opérations de banque

La Caisse des dépôts et consignations

Art. L. 518-2 *(Mod., L. n° 2008-776, 4 août 2008)*. – La Caisse des dépôts et consignations et ses filiales constituent un groupe public au service de l'intérêt général et du développement économique du pays. Ce groupe remplit des missions d'intérêt général en appui des politiques publiques conduites par l'État et les collectivités territoriales et peut exercer des activités concurrentielles.

La Caisse des dépôts et consignations est un établissement spécial chargé d'administrer les dépôts et les consignations, d'assurer les services relatifs aux caisses ou aux fonds dont la gestion lui a été confiée et d'exercer les autres attributions de même nature qui lui sont légalement déléguées. Elle est chargée de la protection de l'épargne populaire, du financement du logement social et de la gestion d'organismes de retraite. Elle contribue également au développement économique local et national, particulièrement dans les domaines de l'emploi, de la politique de la ville, de la lutte contre l'exclusion bancaire et financière, de la création d'entreprise et du développement durable.

La Caisse des dépôts et consignations est un investisseur de long terme et contribue, dans le respect de ses intérêts patrimoniaux, au développement des entreprises.

La Caisse des dépôts et consignations est placée, de la manière la plus spéciale, sous la surveillance et la garantie de l'autorité législative.

Elle est organisée par décret en Conseil d'État, pris sur la proposition de la commission de surveillance.

....

La Poste

Art. L. 518-25 *(Rempl., L. n° 2005-516, 20 mai 2005 ; mod. à compter du 1er nov. 2009, Ord. n° 2009-866, 15 juill. 2009 ; L. n° 2013-100, 28 janv. 2013)*. – Dans les domaines bancaire, financier et des assurances, La Poste propose des produits et services au plus grand nombre, notamment le Livret A.

À cette fin, et sous réserve, le cas échéant, des activités qu'elle exerce directement en application des textes qui la régissent, La Poste crée, dans les conditions définies par la législation applicable, toute filiale ayant le statut d'établissement de crédit, d'entreprise d'investissement, « d'établissement de monnaie électronique, » d'établissement de paiement ou d'entreprise d'assurance et prend directement ou indirectement toute participation dans de tels établissements ou entreprises. Elle peut conclure avec ces établissements ou entreprises toute convention en vue d'offrir, en leur nom et pour leur compte et dans le respect des règles de concurrence, toute prestation concourant à la réalisation de leur objet, notamment toute prestation relative aux opérations prévues aux articles L. 311-1 et L. 311-2, au II de l'article L. 314-1 et aux articles L. 321-1, L. 321-2 et L. 522-2 ou à tous produits d'assurance.

Art. L. 518-25-1 *(En vigueur à compter du 1er janv. 2009, L. n° 2008-776, 4 août 2008)*. – I. - Un établissement de crédit, dont La Poste détient la majorité du capital, reçoit les dépôts du livret A dans les conditions prévues à la section 1 du chapitre Ier du titre II du livre II.

II. - L'État et cet établissement de crédit concluent une convention qui précise les conditions applicables à cet établissement pour la distribution et le fonctionnement du livret A.

III. - La Poste et ce même établissement de crédit concluent une convention, dans les conditions prévues à l'article L. 518-25, qui précise les conditions dans lesquelles tout déposant muni d'un livret A ouvert auprès de cet établissement peut effectuer ses versements et opérer ses retraits dans les bureaux de poste dûment organisés à cet effet.

....

Les intermédiaires en opérations de banque

Art. L. 519-1 *(Mod., L. n° 2010-1249, 22 oct. 2010 ; L. n° 2013-100, 28 janv. 2013 ; Ord. n° 2016-351, 25 mars 2016)*. – I. - L'intermédiation en opérations de banque et en services de paiement est l'activité qui consiste à présenter, proposer ou aider à la conclusion des opérations de banque ou des services de paiement ou à effectuer tous travaux et conseils préparatoires à leur réalisation.

Est intermédiaire en opérations de banque et en services de paiement toute personne qui exerce, à titre habituel, contre une rémunération ou toute autre forme d'avantage économique, l'intermédiation en opérations de banque et en services de paiement, sans se porter ducroire ou qui fournit un service de conseil au sens de l'article L. 519-1-1.

II. - Le second alinéa du I ne s'applique ni aux établissements de crédit, ni aux établissements de monnaie électronique qui fournissent des services de paiement, ni aux établissements de paiement, ni aux personnes physiques salariées d'un établissement de crédit, d'un établissement de monnaie électronique qui fournit des services de paiement ou d'un établissement de paiement, ni aux établissements de crédit, aux établissements de monnaie électronique qui fournissent des services de paiement, aux établissements de paiement et aux personnes physiques salariées d'un établissement de crédit, d'un établissement de monnaie électronique qui fournit des services de paiement ou d'un établissement de paiement, intervenant en libre prestation de services, ni aux personnes qui, pratiquant une activité d'intermédiation en opérations de banque et en services de paiement, répondent à des conditions fixées par décret en Conseil d'État, ni aux personnes physiques salariées des personnes pratiquant une activité d'intermédiation en opérations de banque et en services de paiement. Les conditions fixées par ce décret tiennent notamment à l'activité de l'intermédiaire et à la nature du contrat de crédit et de service de paiement.

III. - Un décret en Conseil d'État précise les conditions d'application du présent chapitre et détermine les catégories de personnes habilitées à exercer une activité d'intermédiation en opérations de banque et en services de paiement.

Il distingue notamment ces personnes selon la nature des mandats en vertu desquels elles agissent et, notamment, si elles sont soumises ou pas à une obligation contractuelle de travailler exclusivement pour un établissement de crédit ou un établissement de paiement et selon qu'elles sont en mesure ou pas de se fonder sur une analyse objective du marché.

Art. L. 519-1-1 *(Ord. n° 2016-351, 25 mars 2016)*. – Les intermédiaires en opérations de banque et en services de paiement peuvent fournir à leurs clients un service de conseil en matière d'opérations relatives à des contrats de crédit mentionnés à l'article L. 313-1 du Code de la consommation, à l'exclusion des opérations de regroupement de crédits définies aux articles L. 314-10 à L. 314-14 du même code.

Le service de conseil consiste en la fourniture au client, y compris au client potentiel, de recommandations personnalisées en ce qui concerne une ou plusieurs opérations relatives à des contrats de crédit. Il constitue une activité distincte de l'octroi de crédit et de l'intermédiation en opérations de banque et en services de paiement.

Cette recommandation personnalisée porte sur un ou plusieurs contrats de crédits adaptés aux besoins et à la situation financière du client sur le fondement de la prise en considération :

- d'un nombre suffisamment important de contrats de crédit de leur gamme de produits pour les intermédiaires agissant en vertu d'un mandat délivré par un établissement de crédit ou une société de financement ; ou
- d'un nombre suffisamment important de contrats de crédit disponibles sur le marché pour les intermédiaires agissant en vertu d'un mandat délivré par un client.

Le conseil est qualifié d'indépendant dès lors qu'il est rendu en considération d'un nombre suffisamment important de contrats de crédit disponibles sur le marché et que sa fourniture ne donne lieu à aucune autre rémunération que celle versée, le cas échéant, par le client, ni à aucune forme d'avantage économique.

L'intermédiaire de crédit qui fournit une prestation de service de conseil indépendant peut se prévaloir de l'appellation de conseiller indépendant.

Les conditions de la fourniture du service de conseil sont précisées par décret en Conseil d'État.

....

Art. L. 519-4 *(Mod. à compter du 1er nov. 2009, Ord. n° 2009-866, 15 juill. 2009 ; L. n° 2010-1249, 22 oct. 2010).* – Tout intermédiaire en opérations de banque et en services de paiement, qui, même à titre occasionnel, se voit confier des fonds en tant que mandataire des parties, est tenu à tout moment de justifier d'une garantie financière spécialement affectée au remboursement de ces fonds aux clients.

Cette garantie ne peut résulter que d'un engagement de caution pris par un établissement de crédit habilité à cet effet ou une entreprise d'assurance ou de capitalisation régie par le Code des assurances.

....

Les changeurs manuels

Art. L. 524-1 *(Anc. art. L. 520-1, Ord. n° 2009-866, 15 juill. 2009 ; L. n° 2013-100, 28 janv. 2013).* – I. - Constitue une opération de change manuel l'échange immédiat de billets ou monnaies libellés en devises différentes. Constitue également une opération de change manuel le fait d'accepter, en échange des espèces délivrées à un client, un règlement par un autre moyen de paiement, sous réserve que celui-ci soit libellé dans une devise différente.

II. - Les changeurs manuels sont des personnes physiques ou morales, autres que les établissements de crédit, « les établissements de monnaie électronique, » les établissements de paiement et les institutions et services mentionnés à l'article L. 518-1, qui effectuent à titre de profession habituelle des opérations de change manuel.

Toutefois, ne constitue pas l'exercice de la profession de changeur manuel le fait de réaliser, à titre occasionnel ou pour des montants limités, des opérations de change manuel dans des conditions définies par décret.

....

Les prestataires de services d'investissement

Art. L. 531-1 *(Ord. n° 2017-1107, 22 juin 2017).* – Les prestataires de services d'investissement sont les entreprises d'investissement, les sociétés de gestion de portefeuille ainsi que les établissements de crédit ayant reçu un agrément pour fournir des services d'investissement mentionnés à l'article L. 321-1.

La prestation de services connexes au sens de l'article L. 321-2 est libre, dans le respect des dispositions législatives et réglementaires en vigueur applicables à chacun de ces services. Elle ne permet pas, à elle seule, de prétendre à la qualité d'entreprise d'investissement.

....

Art. L. 531-11 *(Ord. n° 2017-1107, 22 juin 2017).* – Il est interdit à toute entreprise autre qu'une entreprise d'investissement ou qu'une société de gestion de portefeuille d'utiliser une dénomination, une raison sociale, une publicité ou, d'une façon générale, des expressions faisant croire qu'elle est agréée en tant qu'entreprise d'investissement ou en tant que société de gestion de portefeuille, ou de créer une confusion en cette matière.

Il est interdit à une entreprise d'investissement ou à une société de gestion de portefeuille de laisser entendre qu'elle appartient à une catégorie autre que celle au titre de laquelle elle a obtenu son agrément ou de créer une confusion sur ce point.

....

Prestataires de services d'investissement autres que les sociétés de gestion de portefeuille

Art. L. 532-1 *(Mod., L. n° 2003-706, 1er août 2003 ; à compter du 1er nov. 2007, Ord. n° 2007-544, 12 avr. 2007 ; Ord. n° 2017-1107, 22 juin 2017).* – Pour fournir des services d'investissement, les prestataires de services d'investissement autres que les sociétés de gestion de portefeuille doivent obtenir un agrément. Cet agrément est délivré par l'Autorité de contrôle prudentiel et de résolution. Il n'est pas requis pour le seul exercice d'un ou plusieurs des services mentionnés à l'article L. 321-2.

Préalablement à la délivrance de l'agrément, les prestataires de services d'investissement autres que les sociétés de gestion de portefeuille doivent obtenir l'approbation par l'Autorité des marchés financiers de leur programme d'activité, dans les conditions fixées à l'article L. 532-4.

Un décret en Conseil d'État détermine les modalités d'application du présent article. Il précise, notamment, les conditions dans lesquelles les décisions sont prises et notifiées ainsi que les dispositions particulières applicables aux entreprises d'investissement constituant des filiales directes ou indirectes d'entreprises d'investissement ou d'établissement de crédit qui soit ont été agréés dans un autre État membre de l'Union européenne ou partie à l'accord sur l'Espace économique européen, soit ne relèvent pas du droit de l'un de ces États.

NB : Les articles L. 561-1 à L. 564-2 et les articles L. 574-1 et L. 574-2 du Code monétaire et financier, contenant les dispositions sur les obligations relatives à la lutte contre le *blanchiment des capitaux*, les autres obligations de vigilance des organismes financiers et les dispositions pénales relatives au blanchiment des capitaux, sont reproduits à l'annexe « Substances vénéneuses ».

....

Dispositions pénales

Dispositions relatives aux établissements du secteur bancaire

Dispositions générales

Art. L. 571-1 *(Mod., L. n° 2009-526, 12 mai 2009)*. **– Les personnes morales déclarées responsables pénalement, dans les conditions prévues par l'article 121-2 du Code pénal, des infractions définies aux articles L. 571-3, L. 571-4, L. 571-6 à L. 571-9, L. 571-14 et L. 571-16 encourent, outre l'amende suivant les modalités prévues par l'article 131-38 du Code pénal, les peines prévues par l'article 131-39 du même code.**

L'interdiction mentionnée au 2° de l'article 131-39 du Code pénal porte sur l'activité dans l'exercice ou à l'occasion de l'exercice de laquelle l'infraction a été commise.

Art. L. 571-2 *(L. n° 2013-672, 26 juill. 2013)*. **– Les autorités judiciaires saisies de poursuites relatives à des infractions prévues aux articles L. 571-3 à L. 571-9 et L. 571-14 à L. 571-16 peuvent, en tout état de la procédure, demander à l'Autorité de contrôle prudentiel et de résolution tous avis et informations utiles.**

Art. L. 571-3. – Le fait, pour toute personne, de méconnaître l'une des interdictions prescrites par les articles L. 511-5 et L. 511-8 est puni de trois ans d'emprisonnement et de 375 000 € d'amende.

Le tribunal peut ordonner l'affichage ou la diffusion de la décision prononcée dans les conditions prévues par l'article 131-35 du Code pénal.

1) A été cassé l'arrêt qui s'est borné à énoncer qu'un prévenu a consenti plusieurs prêts successifs à une même société, sans rechercher si de tels prêts constituaient des opérations de banque au sens des articles 1 à 4 de la loi du 24 janvier 1984 et s'ils étaient effectués à titre habituel (■ Cass. crim., 2 mai 1994 : *Bull. crim.*, n° 158).

Même solution pour l'arrêt qui n'a pas caractérisé l'existence d'opérations passées au débit ou au crédit de comptes ouverts à des tiers permettant le transfert de fonds au sens des articles 1er et 4 de la loi du 24 janvier 1984 (■ Cass. crim., 26 févr. 1998 : *Bull. crim.*, n° 77 ; *Dr. pénal* 1998, comm. 83, obs. J.-H. Robert).

2) Justifie sa décision la chambre d'accusation qui déclare irrecevable la constitution de partie civile d'un particulier, du chef d'exercice illégal de la profession de banquier, en relevant que le préjudice allégué par le plaignant, simple créancier, n'est pas la conséquence directe d'une éventuelle activité illicite en matière bancaire (■ Cass. crim., 7 nov. 1989 : *Bull. crim.*, n° 393 ; Maron ; *Dr. pénal* 1990, n° 11).

3) Selon les dispositions combinées des articles 10 et 75 de la loi du 24 janvier 1984, est punissable pour exercice illégal de la profession de banquier toute personne, autre qu'un établissement de crédit, qui effectue à titre habituel des opérations de banque ; la pratique du versement d'espèces contre la remise de chèques au porteur caractérise la gestion de moyens de paiement, opération de banque visée à l'article 1er de cette loi (■ Cass. crim., 21 sept. 1994 : *Bull. crim.*, n° 301) ; la réception habituelle de fonds du public sous forme de dépôts constitue, quelle que soit leur destination, une opération de banque, au sens des articles 1er et 2 de la loi du 24 janvier 1984. Justifie sa décision de condamnation pour complicité d'exercice illégal de la profession de banquier la cour d'appel qui constate que les prévenus ont recueilli diverses sommes d'argent en espèces auprès de particuliers, les ont transmises à un coprévenu en sachant que celui-ci avait pour activité habituelle de recevoir des fonds du public, sous forme de dépôts, à charge de placer les capitaux ainsi recueillis (■ Cass. crim., 21 mars 1996 : *Bull. crim.*, n° 126).

ANNEXE 8

4) Justifie sa décision la cour d'appel qui déboute des prêteurs, parties civiles, de leur demande de dommages-intérêts du chef d'exercice illégal de la profession de banquier, après avoir constaté que n'ayant pu se méprendre sur la qualité des prévenus, brasseurs et non banquiers, lesdits prêteurs se sont délibérément affranchis des garantie que pouvait leur offrir un véritable établissement de crédit (■ Cass. crim., 3 juin 2004 : *Bull. crim.*, n° 147 ; *D.* 2004, jurispr. p. 2782, note B. Dondero).

5) Encourt, pour insuffisance et contradiction de motifs, la cassation, l'arrêt qui relaxe un notaire en retenant qu'il n'avait pas reçu des fonds, ni effectué des opérations de crédit, tout en relevant que les prêteurs indiqués aux prêts étaient fictifs, de sorte que les fonds avancés aux clients ne pouvaient provenir que de l'étude ou des facultés personnelles du prévenu (■ Cass. crim., 24 mai 2000 : *Bull. crim.*, n° 202).

6) Si la loi du 24 janvier 1984 n'interdit pas à un particulier de se constituer partie civile pour les délits qu'elle prévoit, au motif que sa violation ne porterait atteinte qu'à l'intérêt général, encore faut-il que le préjudice allégué soit en relation directe de causalité avec l'activité illicite au regard de la réglementation bancaire ; donne une base légale à sa décision la cour d'appel qui, constatant l'absence d'un tel lien de causalité, déclare irrecevable l'action civile exercée, du chef d'exercice illégal de la profession de banquier, en réparation du seul préjudice causé par la non-restitution des fonds, le délit ne supposant pas nécessairement pour les clients créanciers une perte financière ni un détournement punissable (■ Cass. crim., 3 nov. 1994 : *Bull. crim.*, n° 345 ; *JCP* 95, II, 22445, note Pollaud-Duliam).

Art. L. 571-4 ***(Rempl., L. n° 2008-776, 4 août 2008 ; L. n° 2014-344, 17 mars 2014).*** **– Le fait, pour tout dirigeant d'un établissement de crédit ou d'une des personnes morales ou filiales mentionnées aux articles L. 612-24 et L. 612-26, de ne pas répondre, après mise en demeure, aux demandes d'informations de l'Autorité de contrôle prudentiel et de résolution, de mettre obstacle de quelque manière que ce soit à l'exercice par celle-ci de sa mission de contrôle ou de lui communiquer des renseignements inexacts est puni d'un an d'emprisonnement et de 15 000 € d'amende.**

Les mêmes dispositions s'appliquent aux dirigeants des personnes morales et aux personnes physiques que l'Autorité de contrôle prudentiel et de résolution a décidé de soumettre à son contrôle en application du 3° du II de l'article L. 612-2.

Le fait pour les personnes mentionnées aux articles L. 511-33 et L. 511-34 de méconnaître le secret professionnel est sanctionné par les peines prévues à l'article 226-13 du Code pénal.

Dès lors qu'ils ont caractérisé une participation directe du dirigeant à l'infraction, les juges n'ont pas à se prononcer sur les effets d'une délégation de pouvoirs invoquée qui s'avère nécessairement inopérante ; doit donc être approuvée la cour d'appel qui, pour retenir la responsabilité d'un des dirigeants d'une banque sans répondre au moyen de défense invoqué, relève que la décision de dissimuler le montant réel des prêts accordés à la clientèle, qui constitue le délit d'obstacle au contrôle de la commission bancaire, a été prise sciemment et de concert par l'ensemble des dirigeants de l'établissement de crédit y compris le prévenu (■ Cass. crim., 20 mars 1995 : *Bull. crim.*, n° 114).

Art. L. 571-5 ***(Mod., Ord. n° 2014-158, 20 févr. 2014).*** **– Les dispositions des articles L. 820-5, L. 820-6 et L. 820-7 du Code de commerce sont applicables aux commissaires aux comptes des établissements de crédit, des sociétés de financement, des entreprises d'investissement, des établissements de monnaie électronique, des établissements de paiement et des compagnies financières holding, quelle que soit leur forme juridique.**

Art. L. 571-6 ***(Mod., Ord. n° 2013-544, 27 juin 2013).*** **– Le fait, pour les dirigeants d'un établissement de crédit ou d'une société de financement, de ne pas, pour chaque exercice, dresser l'inventaire, établir des comptes annuels et un rapport de gestion dans les conditions prévues à l'article L. 511-35 est puni de 15 000 € d'amende.**

Art. L. 571-7 ***(Mod., Ord. n° 2013-544, 27 juin 2013).*** **– Le fait, pour les dirigeants d'un établissement de crédit ou d'une société de financement, de ne pas provoquer la désignation des commissaires aux comptes de l'établissement ou de ne pas les convoquer à toute assemblée générale est puni de deux ans d'emprisonnement et de 30 000 € d'amende.**

Est puni de cinq ans d'emprisonnement et de 75 000 € d'amende, le fait, pour tout dirigeant d'un établissement de crédit ou pour toute personne au service de l'établissement, de mettre obstacle aux vérifications ou contrôles des commissaires aux comptes ou de leur refuser la communication sur place de toutes les pièces utiles à l'exercice de leur mission, et notamment de tous contrats, livres, documents comptables et registres de procès-verbaux.

Art. L. 571-8 *(Mod., Ord. n° 2013-544, 27 juin 2013)*. **– Le fait, pour les dirigeants d'un établissement de crédit ou d'une société de financement, de ne pas publier les comptes annuels dans les conditions prévues à l'article L. 511-37 est puni d'une amende de 15 000 €.**

Art. L. 571-9 *(Mod., Ord. n° 2013-544, 27 juin 2013)*. **– Le fait, pour les dirigeants d'un établissement de crédit ou d'une société de financement, de ne pas établir les comptes sous forme consolidée, conformément à l'article L. 511-36, est puni de 15 000 € d'amende.**

Banques mutualistes ou coopératives

Les banques populaires

Art. L. 571-10. – Est puni des peines prévues par l'article 313-1 du Code pénal le fait, pour toute entreprise autre que celles mentionnées à l'article L. 512-2, de faire usage, sous quelque forme que ce soit, du titre ou du qualificatif de « banque populaire ».

Le réseau des caisses d'épargne

Art. L. 571-11. – Est puni des peines prévues aux articles 313-1 et 313-2 du Code pénal, le fait, pour toute personne, de méconnaître les interdictions prescrites à l'article L. 512-102.

Caisses de crédit municipal

Art. L. 571-12. – Est puni de six mois d'emprisonnement et de 9 000 € d'amende le fait, pour toute personne, d'ouvrir ou de tenir une maison de prêts sur gages ou nantissement sans autorisation légale.

Est puni des mêmes peines le fait, pour une personne ayant une autorisation, de ne pas tenir un registre conforme aux règlements contenant de suite, sans aucun blanc ni interligne, les sommes ou les objets prêtés, les noms, domicile et profession des emprunteurs, la nature, la qualité et la valeur des objets mis en nantissement.

Est puni des mêmes peines le fait d'acheter ou de vendre de façon habituelle des récépissés de nantissement de caisses de crédit municipal.

Sociétés de crédit-bail

Art. L. 571-13. – Est puni des peines prévues par l'article L. 571-3 le fait, pour toute personne, soit directement soit pour le compte d'une société d'exercer les activités définies à l'article L. 515-2 sans se conformer aux dispositions du titre Ier du présent livre ou des règlements pris pour leur application.

Compagnies financières et compagnies financières holding mixtes

Art. L. 571-14 *(Mod., Ord. n° 2004-1201, 12 nov. 2004 ; Ord. n° 2014-158, 20 févr. 2014)*. **– Le fait, pour les dirigeants d'une compagnie financière holding, d'une entreprise mère de société de financement et d'une compagnie financière holding mixte, de ne pas établir les comptes sous une forme consolidée, conformément à l'article L. 517-5 ou L. 517-9, est puni de 15 000 euros d'amende.**

Intermédiaires en opérations de banque

Art. L. 571-15 *(Mod., Ord. n° 2005-429, 6 mai 2005 ; L. n° 2014-1662, 30 déc. 2014 ; L. n° 2014-1662, 30 déc. 2014)*. **– Le fait, pour toute personne physique, d'exercer l'activité d'intermédiaire en opérations de banque et en services de paiement sans satisfaire à l'obligation prévue au premier alinéa de l'article L. 519-2 est puni de deux ans d'emprisonnement et de 30 000 euros d'amende.**

1) Est coupable du délit prévu et réprimé par l'article 77 le gérant d'une société de transactions immobilières qui exerce à titre habituel une activité d'intermédiaire financier consistant à prospecter des particuliers désirant obtenir ces prêts hypothécaires et à les mettre en rapport avec d'autres particuliers disposés à les accorder (■ Cass. crim., 23 févr. 1990 : *Bull. crim.*, n° 88).

2) L'article 65 de la loi du 24 janvier 1984 interdisant toutes médiations, directes ou indirectes, autres que celles réalisées par les établissements de crédit, constitue le délit d'exercice illicite de l'activité d'intermédiaire en opérations de banque et celui d'exécution illicite d'opérations de banque, le fait de mettre en relation, de manière habituelle, des personnes démarchées par voie de presse et des personnes disposant de capitaux, dont l'identité a été communiquée par des études notariales, et de cautionner contre rémunération les contrats de prêts souscrits entre ces personnes (■ Cass. crim., 12 nov. 1998 : *Bull. crim.*, n° 297).

Art. L. 571-16. – Le fait, pour tout intermédiaire en opérations de banque, de ne pas satisfaire à l'obligation instituée à l'article L. 519-4, est puni d'un an d'emprisonnement et de 15 000 € d'amende.

Prestataires de services de paiement et changeurs manuels

Art. L. 572-1 ***(Rempl., Ord. n° 2009-104, 30 janv. 2009 ; mod., L. n° 2009-888, 22 juill. 2009 ; L. n° 2013-672, 26 juill. 2013).*** **– Est puni de deux ans d'emprisonnement et de 30 000 € d'amende le fait, pour toute personne, agissant soit pour son propre compte, soit pour le compte d'une personne morale, de méconnaître l'une des interdictions prévues à l'article L. 524-4.**

Est puni de la même peine le fait, pour toute personne, de méconnaître l'interdiction prescrite par l'article L. 524-5.

Est puni d'un an d'emprisonnement et de 15 000 € d'amende le fait, pour toute personne soumise à l'obligation de déclaration mentionnée au II de l'article L. 524-2, de ne pas la souscrire ou de communiquer des renseignements inexacts à l'Autorité de contrôle prudentiel et de résolution.

Art. L. 572-2 ***(Ord. n° 2010-76, 21 janv. 2010 ; L. n° 2013-672, 26 juill. 2013).*** **– Est puni des peines prévues à l'article L. 571-4, le fait, pour toute personne, agissant soit pour son propre compte, soit pour le compte d'une personne morale et faisant profession habituelle d'effectuer des opérations de change manuel, de ne pas répondre, après mise en demeure, aux demandes d'informations de l'Autorité de contrôle prudentiel et de résolution, de mettre obstacle de quelque manière que ce soit à l'exercice de sa mission de contrôle ou de lui communiquer des renseignements inexacts.**

Art. L. 572-3. – Les dispositions de l'article L. 571-2 sont applicables aux procédures relatives aux infractions prévues aux articles L. 572-1 et L. 572-2.

Art. L. 572-4 ***(Mod., L. n° 2009-888, 22 juill. 2009).*** **– Est puni d'un emprisonnement de six mois et d'une amende de 7 500 euros, le fait, pour toute personne, de s'opposer à l'exercice par les agents des douanes des pouvoirs qu'ils tiennent de l'article L. 524-4.**

....

Dispositions relatives aux prestataires de services d'investissement

Art. L. 573-1 ***(Mod. à compter du 1er nov. 2007, Ord. n° 2007-1490, 18 oct. 2007 ; Ord. n° 2013-676, 25 juill. 2013 ; Ord. n° 2017-1107, 22 juin 2017).*** **– I. – Est puni de trois ans d'emprisonnement et de 375 000 € d'amende le fait, pour toute personne physique, de fournir des services d'investissement à des tiers à titre de profession habituelle sans y avoir été autorisée dans les conditions prévues aux articles L. 532-1 et L. 532-48 ou sans figurer au nombre des personnes mentionnées à l'article L. 531-2.**

I *bis*. – Est puni de trois ans d'emprisonnement et de 375 000 € d'amende le fait, pour toute personne physique, de gérer un FIA mentionné au II ou aux 1° et 2° du III de l'article L. 214-24 sans y avoir été autorisée dans les conditions prévues à l'article L. 532-9.

II. – Les personnes physiques coupables de l'infraction prévue au I ou au I *bis* encourent également les peines complémentaires suivantes :

1. L'interdiction des droits civiques, civils et de famille, suivant les modalités prévues par l'article 131-26 du Code pénal ;

2. L'interdiction suivant les modalités prévues par l'article 131-27 du Code pénal d'exercer une fonction publique ou d'exercer l'activité professionnelle ou sociale dans l'exercice ou à l'occasion de laquelle l'infraction a été commise, pour une durée de cinq ans au plus ;

3. La fermeture, pour une durée de cinq ans au plus, des établissements ou de l'un ou plusieurs établissements de l'entreprise ayant servi à commettre les faits incriminés ;

4. La peine de confiscation, dans les conditions et selon les modalités prévues à l'article 131-21 du Code pénal ;

5. L'affichage ou la diffusion de la décision prononcée dans les conditions prévues par l'article 131-39 du Code pénal.

La convention d'apport d'affaires entre deux sociétés de gestion de portefeuille suppose que les deux parties au contrat soient agréées conformément au Code monétaire et financier. À défaut, les dirigeants de la société qui ne l'est pas est coupable de l'exercice sans agrément de cette profession et le dirigeant de sa contractante, bien qu'agréée, est complice et receleur, et tous sont tenus solidairement de réparer le préjudice subi par les parties civiles (■ Cass. crim., 20 juin 2007 : *JurisData* n° 2007-040209 ; *Dr. pénal* 2007, comm. 140, obs. J.-H. Robert).

Art. L. 573-1-1 *(Ord. n° 2009-104, 30 janv. 2009 ; mod., Ord. n° 2010-76, 21 janv. 2010 ; L. n° 2013-672, 26 juill. 2013).* **– Le fait, pour tout dirigeant d'un prestataire de services d'investissement autre qu'une société de gestion de portefeuille ou d'une des personnes morales ou filiales mentionnées à l'article L. 612-26 ou pour tout dirigeant d'une entreprise de marché, d'un adhérent aux chambres de compensation ou d'une personne habilitée à exercer les activités de conservation ou d'administration d'instruments financiers, de ne pas répondre, après mise en demeure, aux demandes d'informations de l'Autorité de contrôle prudentiel et de résolution, de mettre obstacle de quelque manière que ce soit à l'exercice par celle-ci de sa mission de contrôle ou de lui communiquer des renseignements inexacts est puni d'un an d'emprisonnement et de 15 000 € d'amende.**

Art. L. 573-2. – Le fait, pour toute personne physique, de méconnaître l'une des interdictions prescrites par l'article L. 531-11 est puni de trois ans d'emprisonnement et de 375 000 € d'amende.

Le tribunal peut également ordonner l'affichage ou la diffusion de la décision prononcée dans les conditions prévues à l'article 131-39 du Code pénal.

Art. L. 573-2-1 *(L. n° 2008-776, 4 août 2008 ; Ord. n° 2014-158, 20 févr. 2014).* **– Le fait pour les personnes mentionnées au I de l'article L. 531-12 de méconnaître le secret professionnel est sanctionné par les peines prévues à l'article 226-13 du Code pénal.**

Art. L. 573-3 *(Ord. n° 2017-1107, 22 juin 2017).* **– Le fait, pour les dirigeants d'une entreprise d'investissement, ou d'une société de gestion de portefeuille de ne pas, pour chaque exercice, dresser l'inventaire et établir les comptes annuels et un rapport de gestion dans les conditions prévues à l'article L. 533-5 est puni de 15 000 € d'amende.**

Art. L. 573-4 *(Ord. n° 2017-1107, 22 juin 2017).* **– Le fait, pour les dirigeants d'une entreprise d'investissement ou d'une société de gestion de portefeuille, de ne pas provoquer la désignation des commissaires aux comptes de l'entreprise ou de la société ou de ne pas les convoquer à l'assemblée générale est puni de deux ans d'emprisonnement et de 30 000 euros d'amende.**

Le fait, pour les dirigeants d'une entreprise d'investissement ou d'une société de gestion de portefeuille, ou pour toute personne au service de cette entreprise ou de cette société, de mettre obstacle aux vérifications ou aux contrôles des commissaires aux comptes ou de refuser la communication sur place de toute les pièces utiles à l'exercice de leur mission et notamment tous contrats, livres, documents comptables et registres de procès-verbaux est puni de cinq ans d'emprisonnement et de 75 000 euros d'amende.

Art. L. 573-5 *(Ord. n° 2017-1107, 22 juin 2017).* **– Le fait, pour les dirigeants d'une entreprise d'investissement ou d'une société de gestion de portefeuille, de ne pas publier les comptes annuels de l'entreprise ou de la société dans les conditions prévues à l'article L. 533-5 est puni d'une amende de 15 000 euros.**

Art. L. 573-6 *(Ord. n° 2017-1107, 22 juin 2017)*. – Le fait, pour les dirigeants d'une entreprise d'investissement ou d'une société de gestion de portefeuille, de ne pas établir, conformément à l'article L. 533-5, les comptes de l'entreprise ou de la société sous une forme consolidée est puni de 15 000 euros d'amende.

Art. L. 573-7 *(Mod., L. n° 2009-526, 12 mai 2009)*. – Les personnes morales déclarées responsables pénalement, dans les conditions prévues par l'article 121-2 du Code pénal, des infractions définies aux articles L. 573-1 à L. 573-6 encourent, outre l'amende suivant les modalités prévues par l'article 131-38 du Code pénal, les peines prévues par l'article 131-39 du même code.

L'interdiction mentionnée au 2° de l'article 131-39 du Code pénal porte sur l'activité dans l'exercice ou à l'occasion de l'exercice de laquelle l'infraction a été commise.

Art. L. 573-8. – Est puni d'un emprisonnement de cinq ans et d'une amende de 18 000 €, le fait, pour toute personne de méconnaître les obligations prescrites aux articles L. 550-3 et L. 550-4.

Est puni d'un emprisonnement de deux ans et d'une amende de 9 000 €, le fait, pour le gestionnaire, de ne pas se conformer aux dispositions de l'article L. 550-5.

Est puni d'un emprisonnement de cinq ans et d'une amende de 18 000 €, le fait, pour le commissaire aux comptes, soit en son nom personnel, soit au titre d'associé dans une société de commissaires aux comptes, de donner ou confirmer des informations mensongères sur les documents mentionnés à l'article L. 550-4 ou de ne pas révéler au procureur de la République les faits délictueux dont il a eu connaissance.

Dispositions relatives aux conseillers en investissements financiers

Art. L. 573-9 *(L. n° 2003-706, 1er août 2003)*. – Est puni des peines prévues à l'article 313-1 du Code pénal :

1° Le fait, pour toute personne, d'exercer l'activité de conseil en investissements financiers définie à l'article L. 541-1 sans remplir les conditions prévues par les articles L. 541-2 à L. 541-5 ;

2° *(Abr., Ord. n° 2005-429, 6 mai 2005)* ;

3° Le fait, pour toute personne se livrant à l'activité de conseil en investissements financiers, de recevoir de ses clients des fonds en violation de l'interdiction prévue à l'article L. 541-6.

Art. L. 573-10. – Les personnes physiques coupables de l'un des délits mentionnés à l'article L. 573-9 encourent également les peines complémentaires suivantes :

1° L'interdiction des droits civiques, civils et de famille, suivant les modalités prévues par l'article 131-26 du Code pénal ;

2° L'interdiction, suivant les modalités prévues par l'article 131-27 du même code, d'exercer une fonction publique ou d'exercer une activité professionnelle ou sociale dans l'exercice ou à l'occasion de laquelle l'infraction a été commise, pour une durée de cinq ans au plus ;

3° L'affichage ou la diffusion de la décision prononcée dans les conditions prévues par l'article 131-35 du même code.

Art. L. 573-11 *(Mod., L. n° 2009-526, 12 mai 2009)*. – Les personnes morales déclarées responsables pénalement, dans les conditions prévues par l'article 121-2 du Code pénal, des infractions définies à l'article L. 573-9 encourent, outre l'amende suivant les modalités prévues par l'article 131-38 du Code pénal, les peines prévues par l'article 131-39 du même code.

L'interdiction mentionnée au 2° de ce même article porte sur l'activité dans l'exercice ou à l'occasion de l'exercice de laquelle l'infraction a été commise.

Dispositions relatives aux conseillers en investissements participatifs

Art. L. 573-12 *(Créé à compter du 1er oct. 2014, Ord. n° 2014-559, 30 mai 2014)*. – Est puni des peines prévues à l'article 313-1 du Code pénal :

1° Le fait, pour toute personne d'exercer l'activité de conseil en investissements participatifs en violation des articles L. 547-1 à L. 547-3 ;

2° Le fait, pour toute personne se livrant à l'activité de conseil en investissements participatifs, de recevoir de ses clients des fonds en violation de l'interdiction prévue à l'article L. 541-6.

Art. L. 573-13 *(Créé à compter du 1er oct. 2014, Ord. n° 2014-559, 30 mai 2014)*. – Les personnes physiques coupables de l'un des délits mentionnés à l'article L. 573-12 encourent également les peines complémentaires suivantes :

1° L'interdiction des droits civiques, civils et de famille, suivant les modalités prévues par l'article 131-26 du Code pénal ;

2° L'interdiction, suivant les modalités prévues par l'article 131-27 du même code, d'exercer une fonction publique ou d'exercer une activité professionnelle ou sociale dans l'exercice ou à l'occasion de laquelle l'infraction a été commise, pour une durée de cinq ans au plus ;

3° L'affichage ou la diffusion de la décision prononcée dans les conditions prévues par l'article 131-35 du même code.

ANNEXE 9

BANQUEROUTE ET DÉLITS CONNEXES

Bibliographie : H. Matsopoulou : *Banqueroute et autres infractions : JCl. Lois pénales spéciales.* • Langlade : *JCP* 86, E, II, 15710. • B. de Massiac : *Rev. jurispr. dr. aff.* 1992, p. 658. • J. Devèze : *Rev. proc. coll.* 1992, 319. • Joinville : *JCP* 94, N, Prat. 3053. • P. Gioanni : *D.* 1994, chron. 53. • B. Soinne, *Traité des procédures collectives*, Litec 1995. • N. Stolowy, *délinquance des comptes et droit des entreprises en difficulté : JCP* 2003, I, 147. • J.-H. Robert, *Commentaire des dispositions pénales de la loi n° 2005-845 du 26 juillet 2005 : Dr. pénal* 2005, Études n° 15. • O. Decima, *Réflexions sur la cessation des paiements en matière pénale : Dr. pénal* 2008, Études 22. • H. Matsopoulou, *Le nouveau régime, Les incapacités commerciales (L. n° 2008-776, 4 août 2008) : Dr. pénal* 2008, Études 24. • J.-H. Robert, *Commentaire de l'ordonnance n° 2008-1345, 18 déc. 2008 : Dr. pénal* 2009, comm. 34. • C. Robaczewski, *Les sanctions pénales dans l'ordonnance du 18 déc. 2008 portant réforme du droit des entreprises en difficulté : Gaz. Pal.* 8-10 mars 2009, p. 61. • N. Redon, *L'interdiction commerciale et industrielle ou la disparition des peines automatiques : D.* 2009, p. 1226.

Code de commerce

(Ord. n° 2000-912, 18 sept. 2000)

Faillite personnelle et interdiction

Art. L. 653-11 *(L. n° 2005-845, 26 juill. 2005 ; mod., Ord. n° 2008-1345, 18 déc. 2008)*. **– Lorsque le tribunal prononce la faillite personnelle ou l'interdiction prévue à l'article L. 653-8, il fixe la durée de la mesure, qui ne peut être supérieure à quinze ans. Il peut ordonner l'exécution provisoire de sa décision. Les déchéances, les interdictions et l'incapacité d'exercer une fonction publique élective cessent de plein droit au terme fixé, sans qu'il y ait lieu au prononcé d'un jugement.**

Le jugement de clôture pour extinction du passif, y compris après exécution d'une condamnation prononcée à son encontre en application de l'article L. 651-2, rétablit le débiteur personne physique ou les dirigeants de la personne morale dans tous leurs droits. Il les dispense ou relève de toutes les déchéances, interdictions et incapacité d'exercer une fonction publique élective.

L'intéressé peut demander au tribunal de le relever, en tout ou partie, des déchéances et interdictions et de l'incapacité d'exercer une fonction publique élective s'il a apporté une contribution suffisante au paiement du passif.

Lorsqu'il a fait l'objet de l'interdiction prévue à l'article L. 653-8, il peut en être relevé s'il présente toutes garanties démontrant sa capacité à diriger ou contrôler l'une ou plusieurs des entreprises ou personnes visées par le même article.

Lorsqu'il y a relèvement total des déchéances et interdictions et de l'incapacité, la décision du tribunal emporte réhabilitation.

En prononçant, le 8 février 2006, quinze ans d'interdiction de gérer, à l'égard du prévenu déclaré coupable de banqueroute, la cour d'appel a fait l'exacte application de l'article L. 653-11, alinéa 1er du Code de commerce, tel qu'il résulte de la loi de sauvegarde des entreprises du 26 juillet 2005, dès lors que les dispositions de cet article sont applicables aux procédures en cours en vertu de l'article 191, 7° de ladite loi (arrêt n° 1).

La condamnation du prévenu déclaré coupable de banqueroute, le 7 septembre 2005, à huit ans de faillite personnelle entre dans les prévisions de l'article L. 653-11, alinéa 1er du Code de commerce tel qu'il résulte de la loi de sauvegarde des entreprises du 26 juillet 2005, les dispositions de cet article étant applicables aux procédures en cours en vertu de l'article 191, 7° de ladite loi (arrêt n° 2).

L'arrêt prononcé le 9 mars 2005, condamnant le prévenu, déclaré coupable de banqueroute, à vingt ans de faillite personnelle, qui n'a pas acquis force de chose jugée le 1er janvier 2006, date d'entrée en vigueur de la loi de sauvegarde des entreprises du 26 juillet 2005, doit être annulé et la durée de cette mesure doit être fixée à quinze ans, en application des dispositions de l'article L. 653-11, alinéa 1er du Code de commerce résultant de ladite loi (arrêt n° 3) (■ Cass. crim., 8 nov. 2006 : *Bull. crim.*, n° 280 ; *Dr. pénal* 2007, comm. 9, obs. J.-H. Robert ; *Dr. sociétés* 2007, p. 32, note R. Salomon).

Banqueroute et autres infractions

Art. L. 654-1 ***(Mod., Ord. n° 2008-1345, 18 déc. 2008).*** **– Les dispositions de la présente section sont applicables :**

1° À toute personne exerçant une activité commerciale ou artisanale, à tout agriculteur et à toute personne physique exerçant une activité professionnelle indépendante, y compris une profession libérale soumise à un statut législatif ou réglementaire ou dont le titre est protégé ;

2° À toute personne qui a, directement ou indirectement, en droit ou en fait, dirigé ou liquidé une personne morale de droit privé ;

3° Aux personnes physiques représentants permanents de personnes morales dirigeants des personnes morales définies au 2° ci-dessus.

Art. L. 654-2 ***(Mod., Ord. n° 2008-1345, 18 déc. 2008).*** **– En cas d'ouverture d'une procédure de redressement judiciaire ou de liquidation judiciaire, sont coupables de banqueroute les personnes mentionnées à l'article L. 654-1 contre lesquelles a été relevé l'un des faits ci-après :**

1° Avoir, dans l'intention d'éviter ou de retarder l'ouverture de la procédure de redressement judiciaire ou de liquidation judiciaire, soit fait des achats en vue d'une revente au-dessous du cours, soit employé des moyens ruineux pour se procurer des fonds ;

2° Avoir détourné ou dissimulé tout ou partie de l'actif du débiteur ;

3° Avoir frauduleusement augmenté le passif du débiteur ;

4° Avoir tenu une comptabilité fictive ou fait disparaître des documents comptables de l'entreprise ou de la personne morale ou s'être abstenu de tenir toute comptabilité lorsque les textes applicables en font obligation ;

5° Avoir tenu une comptabilité manifestement incomplète ou irrégulière au regard des dispositions légales.

1) QPC. Par décision n° 2016-573 QPC du 29 septembre 2016, le Conseil constitutionnel a déclaré conforme à la Constitution le 2° de l'article L. 654-2 (*Dr. pén.* 2016, comm. 165, note V. Peltier).

2) Domaine d'application. Les articles 196 et 197 (L. 626-1 et L. 626-2, C. com.) sont indistinctement applicables aux **dirigeants de droit ou de fait** pour toutes les infractions qu'ils prévoient, y compris pour l'absence de toute comptabilité (■ Cass. crim., 7 déc. 1992 : *Bull. crim.*, n° 402).

– Pour un exemple récent de gestion de fait ainsi que de la condamnation de la société pour recel de banqueroute, V. ■ Cass. crim., 20 avr. 2005, pourvoi n° 04-80.740. *Adde* ■ Cass. crim., 24 sept. 2008 : *Dr. pénal* 2008, comm. 156, obs. J.-H. Robert. ■ Cass. crim., 10 sept. 2008 : *JurisData* n° 2008-045344 ; *Dr. sociétés* 2008, comm. 259, obs. R. Salomon).

3) Le dirigeant de fait d'une entreprise artisanale, industrielle ou commerciale, exploitée en la forme individuelle, peut être déclaré pénalement responsable des chefs de banqueroute et de fraude fiscale (■ Cass. crim., 19 nov. 2008 : *Bull. crim.* n° 237 ; *Dr. sociétés* 2009, comm. 18, obs. R. Salomon).

4) Le fait qu'une **société d'économie mixte** locale, personne morale de droit privé régie par les articles L. 1521-1 et suivants du Code général des collectivités territoriales, relevant également des dispositions de la loi du 24 juillet 1966 sur les sociétés commerciales et de celle du 25 janvier 1985 relative au redressement et à la liquidation judiciaires des entreprises, poursuive un but d'intérêt général et que la majorité de son capital soit détenue par une collectivité locale ou un groupement de communes, n'exclut pas que ses dirigeants puissent être poursuivis pour banqueroute, dès lors que cette société exerce une activité économique au sens de l'article 196 de la loi du 25 janvier 1985 (■ Cass. crim., 2 juin 1999 : *Bull. crim.*, n° 118).

5) Condition préalable à l'exercice des poursuites. L'ouverture d'une procédure de redressement ou de liquidation judiciaire n'est qu'une condition préalable à l'exercice de l'action publique du chef de banqueroute. La circonstance que le jugement d'ouverture pourrait être réputé non avenu, faute d'avoir été notifié dans le délai prévu à l'article 478 du nouveau Code de procédure civile, ne saurait avoir d'incidence sur la validité du réquisitoire pris à la suite de ce jugement et tendant à l'ouverture d'une information du chef de banqueroute (■ Cass. crim., 10 mars 2004 : *Bull. crim.*, n° 65) ; de même, la circonstance que les pourvois formés par le prévenu contre les arrêts prononçant son redressement judiciaire puis sa liquidation judiciaire soient pendants devant la Cour de cassation est sans incidence sur les poursuites engagées du chef de banqueroute (■ Cass. crim., 24 mars 2010 : *Bull. crim.* n° 55 ; *Dr. sociétés* 2011, p. 18, obs. R. Salomon ; *Dr. pén.* 2010, comm. 70, obs. J. H. Robert ; *D.* 2010, p. 1204, note A. Lienhard ; *Gaz. Pal.* 2-3 juill. 2010, p. 44, obs. C. Robaczewski).

6) La cassation, par la chambre commerciale, de l'arrêt confirmatif du jugement d'ouverture d'une procédure collective ne met pas obstacle à la condamnation pour banqueroute du dirigeant de la société débitrice (■ Cass. crim., 24 oct. 2013, n° 11-86.165 : *Dr. pénal* 2013, comm. 9, obs. J.-H. Robert. ■ Cass. crim., 20 mai 2015, n° 13-87.727 : *Dr. pén.* 2015, comm. 100, obs. J.-H. Robert).

7) Mais est irrecevable par application de l'article 385 du Code de procédure civile, en tant qu'il est proposé pour la première fois devant la Cour de cassation, le moyen pris de ce que l'action publique aurait été exercée avant le jugement d'ouverture de la procédure de redressement ou de liquidation judiciaire (■ Cass. crim., 26 janv. 2005 : *Dr. pénal* 2005, comm. 61, obs. J.-H. Robert).

8) Et cette condition préalable est exclue en matière de défaut ou de tenue irrégulière de comptabilité (V. *infra*, ■ Cass. crim., 26 janv. 2005).

9) Moyens ruineux. – Constitue le délit de banqueroute par emploi de moyens ruineux pour se procurer des fonds l'escompte de fausses factures et de traites de complaisance dont le coût ne peut qu'aggraver la situation financière de l'entreprise (■ Cass. crim., 6 déc. 1993 : *Bull. crim.*, n° 370. ■ 24 mai 2000 : *Dr. pénal* 2000, comm. 129, obs. J.-H. Robert), ou la souscription de prêts entraînant un taux d'endettement excessif générant des frais trop importants au regard des possibilités de l'entreprise (■ Cass. crim., 12 mars 1998 : *Bull. crim.*, n° 100).

10) Un prêt gratuit, même s'il retarde l'ouverture d'une procédure de redressement judiciaire, n'est pas un moyen ruineux de se procurer des fonds au sens de l'article L. 626-2 du Code de commerce. Le débiteur qui vend sa maison pour un prix surévalué et affecté au paiement préférentiel d'un de ses créanciers ne frustre les autres que du prix réel de ce bien (■ Cass. crim., 21 mars 2001 : *Dr. pénal* 2001 comm. 103, obs. M. Véron). *Noter cependant que l'arrêt attaqué a été cassé pour insuffisance de motifs et défaut de réponse à conclusions.*

11) Détournement d'actif. Le délit de banqueroute par détournement d'actif suppose pour être constitué l'existence d'une dissipation volontaire d'un élément du patrimoine d'un débiteur en état de cessation de paiements par l'une des personnes désignées par l'article 196 de la loi du 25 janvier 1985 ; encourt la cassation l'arrêt qui retient le délit de banqueroute par détournement d'actif sans avoir précisé la date de cessation de paiements (■ Cass. crim., 10 mai 1993 : *Bull. crim.*, n° 168) ou à l'encontre d'un dirigeant d'une société locataire-gérante d'un fonds de commerce qui, après cessation des paiements, en détourne la clientèle, cet élément n'étant pas la propriété de la société et ne figurant pas dans ses actifs (■ Cass. crim., 22 août 1995 : *Bull. crim.*, n° 267).

12) Se rend coupable de banqueroute par détournement d'actif le **dirigeant d'une société** anonyme en état de cessation de paiements **qui détourne partie de l'actif de cette société au profit d'une autre société à laquelle il est également intéressé**, sans qu'il soit fondé à se prévaloir de l'existence d'une union économique entre les deux sociétés dès lors que la procédure collective concernant l'une d'entre elles lui restituait, dans l'intérêt des créanciers, son indépendance économique et financière (■ Cass. crim., 20 juill. 1993 : *Bull. crim.*, n° 250) ou le fait par le dirigeant d'une société, titulaire d'un compte courant d'associé créditeur, d'opérer, postérieurement au jugement prononçant le redressement judiciaire et au jugement arrêtant le plan de cession, des prélèvements sur le compte de la société aux fins de paiement de sa créance, dès lors que celle-ci est éteinte faute d'avoir été déclarée dans la procédure collective et que l'intéressé est dessaisi pour partie de ses pouvoirs de gestion (■ Cass. crim., 20 mars 1995 : *Bull. crim.*, n° 110).

13) Si l'intérêt de groupe peut constituer, en cas de poursuite pour abus de biens sociaux, un fait justificatif dans la mesure où le concours financier apporté par le dirigeant d'un **groupe de sociétés** à l'une d'entre elles par une autre est dicté par les intérêts de ce groupe appréciés au regard d'une politique commune, n'est pas dépourvu de contrepartie ou ne rompt pas l'équilibre entre les engagements respectifs des diverses sociétés, et n'excède pas les possibilités financières de celle qui en supporte la charge, il en est autrement en cas de poursuite pour banqueroute par détournement d'actifs d'entreprises en redressement judiciaire ou en liquidation judiciaire (■ Cass. crim., 27 avr. 2000 : *Bull. crim.*, n° 169).

14) Commet le délit de banqueroute par détournement d'actif le gérant d'une société de service informatique en état de cessation des paiements, qui détourne les Codes sources, permettant d'adopter, modifier et faire évoluer en fonction des besoins de la clientèle, des logiciels figurant à l'actif du bilan de ladite société (■ Cass. crim., 26 nov. 1998 : *Bull. crim.*, n° 319).

15) Tout acte de disposition volontaire accompli sur un élément du patrimoine du débiteur après la cessation des paiements, en fraude des droits des créanciers, constitue le délit de banqueroute par détournement d'actif ; encourt la cassation l'arrêt qui, après avoir relevé que le gérant d'une société à responsabilité limitée avait vendu des fonds de commerce appartenant à cette société, en état de cessation des paiements, et avait employé le produit de la vente à rembourser les dettes sociales dont il s'était porté caution solidaire et le compte courant d'associé dont il était titulaire, retient que les faits reprochés ne constituent que des paiements préférentiels, non punissables pénalement (■ Cass. crim., 11 mai 1995 : *Bull. crim.*, n° 172).

16) Justifie sa décision la cour d'appel qui déclare coupable de banqueroute par détournement d'actif le dirigeant d'une société en redressement judiciaire qui émet à son ordre, sur le compte postal de la société un chèque sans établir qu'il disposait d'une créance certaine, liquide et exigible (■ Cass. crim., 23 oct. 1997 : *Bull. crim.*, n° 348) ou encore le gérant de fait d'une société en redressement judiciaire qui fait prendre en charge à celle-ci des dépenses personnelles ainsi que celles de son épouse et d'un groupement d'exploitation agricole dont il était le gérant (■ Cass. crim., 8 nov. 2006 : *JurisData* n° 2006-036388 ; *Dr. sociétés* 2007, comm. 59, note R. Salomon).

17) Commettent respectivement les délits de banqueroute par détournement d'actif et de **recel**, le gérant d'une société commerciale et son épouse, employée dans l'entreprise, dès lors que les rémunérations qu'ils s'étaient octroyées avaient un caractère excessif au regard de la situation financière de la société en cessation de paiements (■ Cass. crim., 11 juin 1998 : *Dr. pénal* 1998, comm. 155, obs. J.-H. Robert).

18) Constitue le délit de banqueroute par détournement d'actif la **dissimulation aux créanciers** du produit de la vente par le débiteur d'un élément d'actif, fût-il cédé à sa juste valeur (■ Cass. crim., 29 mars 2000 : *Bull. crim.*, n° 141).

19) A été déclaré coupable de **complicité** de banqueroute l'avocat qui a prêté aide et assistance à cette dissimulation (même arrêt).

– Se rend coupable de *complicité* de banqueroute par détournement d'actifs le président d'une association de défense d'entreprises en difficulté qui propose au dirigeant d'une société en état de cessation des paiements un montant consistant à démanteler ses actifs, en parfaite connaissance de cause de sa situation obérée (■ Cass. crim., 28 juin 2006 : *JurisData* n° 2006-034835 ; *Dr. sociétés* 2007, comm. 37, obs. R. Salomon).

20) Le délit de banqueroute par détournement d'actif, prévu à l'article 197, suppose l'existence d'une dissipation volontaire d'un élément de patrimoine d'un débiteur en état de cessation des paiements, accompli personnellement par l'une des personnes énumérées à l'article 196 de cette loi ; encourt la cassation, l'arrêt qui condamne pour banqueroute le gérant d'une société en liquidation judiciaire, alors que l'élément principal de l'actif de la société vendu l'a été par le liquidateur, avec l'autorisation du juge-commissaire (■ Cass. crim., 22 févr. 1996 : *Bull. crim.*, n° 90).

21) Constitue le délit de banqueroute par détournement d'actif le fait de céder à un prix inférieur au prix d'acquisition des véhicules automobiles précédemment achetés avec une clause de réserve de propriété au profit du vendeur, dès lors que, selon l'article 3 de la loi du 12 mai 1980, les biens dont s'agit doivent figurer sur une ligne distincte à l'actif du bilan de l'acquéreur et font donc partie du patrimoine social (■ Cass. crim., 20 oct. 2004 : *Bull. crim.*, n° 249). La banqueroute par dissimulation ou détournement d'actif ne peut pas résulter d'une abstention (■ Cass. crim., 12 janv. 2005 : *Dr. pénal* 2005, comm. 92, obs. J.-H. Robert).

22) Constituent des détournements punissables, l'affectation, par la société en état de cessation des paiements, de sommes en rétribution de diligences effectuées dans l'intérêt du dirigeant, tout comme le transfert d'éléments de production sans contrepartie ainsi que les actes de gestion obérant la trésorerie de la filiale au seul profit de la société mère (■ Cass. crim., 5 avr. 2006 : *JurisData* n° 2006-033277 ; *Dr. sociétés* 2006, comm. 171, obs. R. Salomon).

23) Banqueroute et abus de biens sociaux. Les détournements commis après la date de cessation des paiements constituent le délit de banqueroute et non celui d'abus de biens sociaux ; à défaut de disposition spéciale, **la tentative n'est pas punissable** (■ Cass. crim., 7 avr. 1998 : *Dr. pénal* 1998, comm. 99, obs. J.-H. Robert. ■ Cass. crim., 18 juin 1998 : *Dr. pénal* 1998, comm. 156. – 27oct. 1999 : *JurisData* n° 1999-004749 ; *Dr. pénal* 2000, comm. 48, obs. J.-H. Robert. ■ Cass. crim., 30 juin 2004 : *Dr. pénal* 2004, comm. 147, obs. J.- H. Robert).

24) Cependant, n'encourt pas la censure l'arrêt qui déclare coupables de banqueroute les dirigeants d'une société qui ont prélevé des fonds sociaux avant la date de cessation des paiements et fait l'acquisition, postérieurement à cette date, de deux bateaux de compétition entrés dans le patrimoine de la société, dès lors que ces opérations, effectuées selon les juges dans l'intérêt personnel des dirigeants, sont constitutives du délit d'abus de biens sociaux (■ Cass. crim., 18 juin 1998 : *Dr. pénal* 1998, comm. 156, obs. J.-H. Robert).

25) Déclaré coupable d'abus de biens sociaux pour avoir fait supporter par sa société le coût de voyages offerts à un animateur de télévision, le prévenu ne saurait faire grief d'appel à la cour d'appel de ne pas avoir suffisamment établi la lésion à l'intérêt social dès lors que les faits, commis après la date de la cessation des paiements de la société, constituent en réalité le délit de banqueroute, lequel est caractérisé par la seule constatation du détournement en connaissance de cause d'un élément d'actif de la société (■ Cass. crim., 2 juill. 1998 : *Dr. pénal* 1999, comm. 6, obs. J.-H. Robert).

26) Si c'est à tort que le prévenu a été déclaré coupable d'abus de biens sociaux, pour avoir, postérieurement à la date de cessation des paiements, payé, à une société dans laquelle il avait des intérêts, des prestations sans réelle contrepartie, l'arrêt n'encourt pas la censure dès lors que ces opérations, contraires à l'intérêt de la société et réalisées à une période où le prévenu en était le dirigeant, étaient constitutives du délit de banqueroute par détournement d'actif (■ Cass. crim., 6 juin 2007 : *JurisData* n° 2007-040024 ; *Dr. sociétés*, comm. 187, obs. R. Salomon ; *Rev. sc. crim.* 2007, p. 830, obs. D. Rebut).

27) Le détournement d'actif d'une société qui fait l'objet d'une procédure collective est une banqueroute, et non un abus de biens sociaux, *même s'il est commis avant la cessation des paiements lorsqu'il a directement causé cette situation* (■ Cass. crim., 14 févr. 2007 : *JurisData* n° 2007-038037 ; *Dr. pénal* 2007, comm. 73, obs. J.-H. Robert).

28) Un dirigeant peut être déclaré coupable simultanément d'abus de biens sociaux et de banqueroute, pour des faits commis avant et après la date de cessation des paiements de son entreprise (■ Cass. crim., 19 nov. 2008 : *Dr. sociétés* 2009, comm. 40, obs. R. Salomon).

29) Absence, suppression ou tenue irrégulière de comptabilité. Le fait par tout commerçant ou dirigeant d'une personne morale commerçante de s'abstenir de procéder, au mépris des dispositions de l'article 8 du Code de commerce, à l'enregistrement chronologique des mouvements affectant le patrimoine de l'entreprise et à l'établissement de l'inventaire périodique des éléments actifs et passifs de ce patrimoine constitue le délit de banqueroute par abstention de tenue de toute comptabilité (■ Cass. crim., 6 déc. 1993 : *Bull. crim.*, n° 370 ; *JCP* 94, G, IV, 715).

– La banqueroute pour tenue d'une comptabilité manifestement incomplète ou irrégulière résulte de l'absence de report de nombreuses écritures, dont les gérants de droit et de fait avaient la connaissance (■ Cass. crim., 8 oct. 2008 : *Dr. sociétés* 2009, comm. 17, obs. R. Salomon).

30) Justifie sa décision la cour d'appel qui, pour déclarer le dirigeant d'une société en liquidation judiciaire coupable de banqueroute pour avoir fait disparaître des documents comptables de la personne morale, retient que le prévenu a retardé la communication de la comptabilité au liquidateur, empêchant ainsi celui-ci d'apprécier la situation de l'entreprise, jusqu'au moment où il a eu connaissance de la citation le convoquant devant le tribunal correctionnel (■ Cass. crim., 19 janv. 2000 : *Bull. crim.*, n° 29).

31) De même, est coupable de banqueroute par disparition des pièces comptables le prévenu qui se soustrait à son obligation de fournir la comptabilité en invitant le liquidateur à venir en prendre possession à un endroit où elle serait entreposée, en l'espèce dans des locaux inaccessibles (■ Cass. crim., 25 févr. 2004 : *Bull. crim.*, n° 52 ; *Dr. pénal* 2004, comm. 112, obs. J.-H. Robert).

32) L'absence de comptabilité ou une tenue de comptabilité manifestement incomplète ou irrégulière, procédant de la part du prévenu d'un comportement délibéré, est constitutif du délit de banqueroute, **que les faits soient commis antérieurement ou postérieurement à l'état de cessation des paiements**, aucune disposition légale n'imposant qu'ils interviennent postérieurement à cette date (■ Cass. crim., 17 nov. 2004 et 26 janv. 2005 : *Dr. pénal* 2005, comm. 61, obs. J.-H. Robert).

Adde, sur le **cumul** des délits de présentation de comptes infidèles (art. L. 242-6, 2°, C. com.) et de banqueroute par tenue d'une comptabilité irrégulière, laquelle peut être retenue pour un exercice antérieur à la date de cessation de paiement : ▪ Cass. crim., 14 nov. 2013, n° 12-85.616 : *Dr. sociétés* 2014, comm. 18, note R. Salomon.

33) L'infraction est réalisée quand le prévenu ne présente que certains documents dont l'exactitude, la fiabilité et la sincérité se révèlent invérifiables faute de pièces comptables justificatives (▪ Cass. crim., 26 janv. 2005, préc.).

34) L'absence ou la tenue irrégulière de comptabilité peut être qualifiée cumulativement de banqueroute et d'infraction fiscale prévue par l'article 1743 du Code général des impôts (▪ Cass. crim., 4 mai 2006 : *JurisData* n° 2006-033686 ; *Dr. pénal* 2006, comm. 101, obs. J.-H. Robert).

35) Justifie sa décision, en l'état de ses énonciations qui établissent la qualité de gérant de fait de l'un des prévenus et sa participation avec le gérant de droit aux faits poursuivis, la cour d'appel qui a caractérisé en tous leurs éléments, tant matériel qu'intentionnel, les infractions de tenue d'une comptabilité fictive, emploi de moyens ruineux et détournement d'actif, et n'a prononcé qu'une seule peine sans méconnaître le principe du non-cumul des qualifications (▪ Cass. crim., 10 sept. 2008 : *Dr. sociétés* 2008, comm. 259, obs. R. Salomon, préc.).

Art. L. 654-3 ***(Mod., Ord. n° 2008-1345, 18 déc. 2008).*** **– La banqueroute est punie de cinq ans d'emprisonnement et de 75 000 € d'amende.**

Art. L. 654-4 ***(Ord. n° 2017-1107, 22 juin 2017).*** **– Lorsque l'auteur ou le complice de banqueroute est un dirigeant d'un prestataire de services d'investissement, les peines sont portées à sept ans d'emprisonnement et 100 000 € d'amende.**

Art. L. 654-5 ***(Mod., L. n° 2008-776, 4 août 2008).*** **– Les personnes physiques coupables des infractions prévues par les articles L. 654-3 et L. 654-4 encourent également les peines complémentaires suivantes :**

1° L'interdiction des droits civiques, civils et de famille, suivant les modalités de l'article 131-26 du Code pénal ;

2° L'interdiction, suivant les modalités prévues par l'article 131-27 du Code pénal, soit d'exercer une fonction publique ou d'exercer l'activité professionnelle ou sociale dans l'exercice ou à l'occasion de l'exercice de laquelle l'infraction a été commise, soit d'exercer une profession commerciale ou industrielle, de diriger, d'administrer, de gérer ou de contrôler à un titre quelconque, directement ou indirectement, pour son propre compte ou pour le compte d'autrui, une entreprise commerciale ou industrielle ou une société commerciale. Ces interdictions d'exercice peuvent être prononcées cumulativement ;

3° L'exclusion des marchés publics pour une durée de cinq ans au plus ;

4° L'interdiction, pour une durée de cinq ans au plus, d'émettre des chèques autres que ceux qui permettent le retrait de fonds par le tireur auprès du tiré ou ceux qui sont certifiés ;

5° L'affichage ou la diffusion de la décision prononcée dans les conditions prévues par l'article 131-35 du Code pénal.

QPC. Par décision n° 2016-573 QPC du 29 septembre 2016, le Conseil constitutionnel a déclaré conformes à la Constitution les mots : « ou d'exercer l'activité professionnelle ou sociale dans l'exercice ou à l'occasion de l'exercice de laquelle l'infraction a été commise, soit d'exercer une profession commerciale ou industrielle, de diriger, d'administrer, de gérer ou de contrôler à un titre quelconque, directement ou indirectement, pour son propre compte ou pour le compte d'autrui, une entreprise commerciale ou industrielle ou une société commerciale » figurant au 2° de l'article L. 654-5 (*Dr. pén.* 2016, comm. 165, note V. Peltier).

Art. L. 654-6 ***(Abr., Cons. const., déc. n° 2016-573 QPC, 29 sept. 2016).***

Les dispositions de l'article L. 654-6 du Code de commerce dans sa rédaction résultant de l'ordonnance n° 2008-1345 du 18 décembre 2008 ayant été déclarées contraires à la Constitution par la décision n° 2016-573 QPC du Conseil constitutionnel du 29 septembre 2016, prenant effet à la date de sa publication au *Journal officiel de la République française* le 1er octobre 2016, encourt l'annulation, par voie de retranchement, l'arrêt d'une cour d'appel qui, après avoir déclaré le prévenu coupable de délits de banqueroute, commis en 2009 et 2010, prononce la faillite personnelle de celui-ci (▪ Cass. crim., 22 nov. 2017, n° 16-83.549).

Art. L. 654-7 *(Rempl., Ord. n° 2008-1345, 18 déc. 2008)*. – Les personnes morales déclarées responsables pénalement des infractions prévues par les articles L. 654-3 et L. 654-4 encourent les peines suivantes :

1° L'amende, suivant les modalités prévues par l'article 131-38 du Code pénal ;

2° Les peines mentionnées à l'article 131-39 du Code pénal.

L'interdiction mentionnée au 2° de l'article 131-39 du Code pénal porte sur l'activité dans l'exercice ou à l'occasion de l'exercice de laquelle l'infraction a été commise.

Section II. – Des autres infractions

Art. L. 654-8 *(Ord. n° 2008-1345, 18 déc. 2008 ; Ord. n° 2009-112, 30 janv. 2009)*. – Est passible d'un emprisonnement de deux ans et d'une amende de 30 000 € le fait :

1° Pour toute personne mentionnée à l'article L. 654-1, de passer un acte ou d'effectuer un paiement en violation des dispositions de l'article L. 622-7 ;

2° Pour toute personne mentionnée à l'article L. 654-1, d'effectuer un paiement en violation des modalités de règlement du passif prévues au plan de sauvegarde ou au plan de redressement ou de faire un acte de disposition sans l'autorisation prévue par l'article L. 626-14 ;

3° Pour toute personne, pendant la période d'observation ou celle d'exécution du plan de sauvegarde ou du plan de redressement, en connaissance de la situation du débiteur, de passer avec celui-ci l'un des actes mentionnés aux 1° et 2° ou d'en recevoir un paiement irrégulier ;

4° Pour toute personne, de procéder à la cession d'un bien rendu inaliénable en application de l'article L. 642-10.

Art. L. 654-9. – Est puni des peines prévues par les articles L. 654-3 à L. 654-5 le fait :

1° Dans l'intérêt des personnes mentionnées à l'article L. 654-1, de soustraire, receler ou dissimuler tout ou partie des biens, meubles ou immeubles de celles-ci, le tout sans préjudice de l'application de l'article 121-7 du Code pénal ;

2° Pour toute personne, de déclarer frauduleusement dans la procédure de sauvegarde, de redressement judiciaire ou de liquidation judiciaire, soit en son nom, soit par interposition de personne, des créances supposées ;

3° Pour toute personne exerçant une activité commerciale, artisanale, agricole ou toute autre activité indépendante, sous le nom d'autrui ou sous un nom supposé, de se rendre coupable d'un des faits prévus à l'article L. 654-14.

Art. L. 654-10 *(Mod., Ord. n° 2008-1345, 18 déc. 2008)*. – Le fait, pour le conjoint, les descendants ou les ascendants ou les collatéraux ou les alliés des personnes mentionnées à l'article L. 654-1, de détourner, divertir ou receler des effets dépendant de l'actif du débiteur soumis à une procédure de redressement judiciaire ou de liquidation judiciaire, est puni des peines prévues par l'article 314-1 du Code pénal.

Art. L. 654-11. – Dans les cas prévus par les articles précédents, la juridiction saisie statue, lors même qu'il y aurait relaxe :

1° D'office, sur la réintégration dans le patrimoine du débiteur de tous les biens, droits ou actions qui ont été frauduleusement soustraits ;

2° Sur les dommages et intérêts qui seraient demandés.

Art. L. 654-12. – I. – Est puni des peines prévues par l'article 314-2 du Code pénal le fait, pour tout administrateur, mandataire judiciaire, liquidateur ou commissaire à l'exécution du plan :

1° De porter volontairement atteinte aux intérêts des créanciers ou du débiteur soit en utilisant à son profit des sommes perçues dans l'accomplissement de sa mission, soit en se faisant attribuer des avantages qu'il savait n'être pas dus ;

2° De faire, dans son intérêt, des pouvoirs dont il disposait, un usage qu'il savait contraire aux intérêts des créanciers ou du débiteur.

II. – Est puni des mêmes peines le fait, pour tout administrateur, représentant des créanciers, liquidateur, commissaire à l'exécution du plan ou toute autre personne, à l'exception des représentants des salariés, de se rendre acquéreur pour son compte, directement ou indirectement, de biens du débiteur ou de les utiliser

à son profit, ayant participé à un titre quelconque à la procédure. La juridiction saisie prononce la nullité de l'acquisition et statue sur les dommages et intérêts qui seraient demandés.

1) La non-consignation, par le syndic à la liquidation des biens, des fonds perçus à l'occasion de sa mission, en méconnaissance des prescriptions légales ou réglementaires, et leur utilisation à son profit, sont constitutives du délit de malversation (■ Cass. crim., 5 juill. 1993 : *Bull. crim.*, n° 239 ; *D.* 1993, inf. rap. 240).

– Justifie sa décision la cour d'appel qui, pour déclarer le prévenu coupable de malversation, énonce que celui-ci, intervenant en qualité de mandataire liquidateur à la liquidation judiciaire d'une personne, s'est abstenu de porter la créance des travaux effectués par ce dernier, pour son compte, à l'actif de la liquidation et de la recouvrer ; qu'il a ainsi fait usage, dans son intérêt personnel, d'un pouvoir dont il disposait dans le cadre de ses prérogatives pour soustraire un élément de l'actif, portant ainsi préjudice aux intérêts des créanciers et du débiteur (■ Cass. crim., 9 févr. 2005 : *Dr. pénal* 2005, comm. 80, J.-H. Robert).

2) Constituent des biens du débiteur, au sens de l'article 207, alinéa 2, de la loi du 25 janvier 1985, tous les éléments actifs et passifs du patrimoine ; ne peuvent en être exclues les créances sur le débiteur et les actions ou parts sociales de la société en redressement judiciaire, qui ouvrent droit à une quote-part de l'actif en cas de liquidation. Se rend, dès lors, coupable du délit prévu par ce texte l'administrateur au redressement judiciaire qui achète, par l'intermédiaire d'un prête-nom, des actions de la société qu'il assiste (■ Cass. crim., 19 juin 1997 : *Bull. crim.*, n° 250).

3) Fait un usage de ses pouvoirs contraires aux intérêts du débiteur ou des créanciers, et commet ainsi le délit prévu par l'article 207, alinéa 1, 2°, de la loi du 25 janvier 1985, l'administrateur au redressement judiciaire qui laisse sciemment s'éteindre la créance de la société qu'il assiste sur le dirigeant social, son intérêt personnel étant caractérisé par le dessein de prendre le contrôle de la société en accord avec ce dernier (même arrêt).

4) Il se déduit de l'article 207 ancien de la loi du 25 janvier 1985, selon lequel les malversations incriminées par cet article sont punies « des peines prévues par le deuxième alinéa de l'article 408 du Code pénal », que le législateur a, quant à la répression, entendu assimiler ces malversations aux faits d'abus de confiance définis par ce second texte ; il s'ensuit que les dispositions de l'article 408, alinéa 2, ayant été reprises, à compter du 1er mars 1994, à l'article 314-2 du Code pénal, les peines prévues par ce texte ont, dès cette date, été applicables au délit prévu par l'article 207 précité (■ Cass. crim., 30 juin 1998 : *Bull. crim.*, n° 209 ; *Dr. pénal* 1998, comm. 157, obs. J.-H. Robert. ■ Cass. crim., 30 juin 1999 : *Bull. crim.*, n° 175).

5) Justifie sa décision la cour d'appel qui, pour déclarer coupable de malversation un administrateur judiciaire chargé d'une mission d'assistance d'entreprises placées en redressement judiciaire, énonce, d'une part, qu'il a créé et accueilli, dans ses locaux, des sociétés de façade dissimulant les liens l'unissant à ses subordonnés qui en étaient les gérants de fait, et leur a confié l'exécution d'une partie de son mandat, provoquant l'accroissement des charges de ces entreprises, réduisant le poids de ses frais généraux et recevant, nets de charge, les frais et honoraires dont il pouvait solliciter le paiement en application des barèmes légaux, d'autre part, que le « pacte de confiance » conseillant aux administrateurs judiciaires le concours d'intervenants qualifiés lorsque la situation des entreprises le justifie ne saurait autoriser une quelconque dérogation aux prescriptions du décret du 27 décembre 1985 (■ Cass. crim., 26 sept. 2001 : *Bull. crim.*, n° 190 ; *Dr. pénal* 2002, comm. 9, obs. J. Robert ; *Rev. sc. crim.* 2002, p. 340, obs. J.-F. Renucci).

6) Constitue une malversation le fait pour un mandataire judiciaire à la liquidation des entreprises de déposer et de maintenir des fonds encaissés des procédures sur des comptes professionnels non rémunérés ouverts à son nom, des avantages indus lui étant personnellement accordés en contrepartie par les banquiers intéressés (■ Cass. crim., 20 avr. 2005 : *Dr. pénal* 2005, comm. 113, obs. J.-H. Robert).

7) Un expert-comptable d'une société en liquidation judiciaire, qui n'était ni un organe de la procédure ni une personne mandatée pour y intervenir, peut acquérir un bien du débiteur et ne saurait être condamné pour malversation (■ Cass. crim., 15 déc. 2004 : *Bull. crim.*, n° 321 ; *Dr. pénal* 2005, comm. 46, obs. J.-H. Robert).

8) L'audience au cours de laquelle les juges examinent la situation financière, économique et sociale du débiteur constitue la première étape de la procédure de redressement judiciaire au sens de l'article 207 (■ Cass. crim., 30 juin 1999, préc.).

9) Caractérise le fait de « se rendre acquéreur de biens du débiteur » au sens de l'article 207, la cour d'appel qui retient que le prévenu, après avoir procédé ou fait procéder aux démarches conduisant à l'acquisition de ces biens, se comporte en maître de ceux-ci ; le prononcé de la nullité de l'acquisition, prévue par l'article 207 n'est pas une condition préalable à la condamnation pour malversation (■ Cass. crim., 30 juin 1999, préc.).

10) Le point de départ de la prescription de l'action publique du délit de malversation doit être fixé au jour où l'infraction est apparue et a pu être constatée dans les conditions permettant l'exercice de l'action publique (■ Cass. crim., 9 févr. 2005 : *Bull. crim.*, n° 50 ; *Dr. pénal* 2005, comm. 80, obs. J.-H. Robert).

11) Le délit de malversation commis par un mandataire judiciaire ne cause pas un préjudice direct aux sociétés victimes des détournements opérés.

Encourt, dès lors, la cassation l'arrêt qui alloue à l'UNÉDIC AGS des dommages-intérêts en réparation du préjudice résultant du défaut de remboursement des avances consenties aux salariés de diverses sociétés victimes de malversations, sans caractériser l'existence d'un préjudice personnel et direct, distinct de celui subi par ces sociétés (■ Cass. crim., 7 mars 2012, n° 11-83.005 : *Dr. pén.* 2012, comm. 74, obs. J.-H. Robert ; *D.* 2012, p. 734 ; *Dr. sociétés* 2012, comm. 90, obs. R. Salomon).

Art. L. 654-13. – Le fait, pour le créancier, après le jugement ouvrant la procédure de sauvegarde, de redressement judiciaire ou de liquidation judiciaire, de passer une convention comportant un avantage particulier à la charge du débiteur est puni des peines prévues par l'article 314-1 du Code pénal.

La juridiction saisie prononce la nullité de cette convention.

Art. L. 654-14. – Est puni des peines prévues aux articles L. 654-3 à L. 654-5 le fait, pour les personnes mentionnées aux 2° et 3° de l'article L. 626-1, de mauvaise foi, en vue de soustraire tout ou partie de leur patrimoine aux poursuites de la personne morale qui a fait l'objet d'un jugement d'ouverture de redressement judiciaire de sauvegarde, de redressement judiciaire ou de liquidation judiciaire ou à celles des associés ou des créanciers de la personne morale, de détourner ou de dissimuler, ou de tenter de détourner ou de dissimuler, tout ou partie de leurs biens, ou de se faire frauduleusement reconnaître débitrice de sommes qu'elles ne devaient pas.

***(Ord. n° 2010-1512, 9 déc. 2010)* Est puni des mêmes peines le fait, pour l'entrepreneur individuel à responsabilité limitée qui a fait l'objet d'un jugement d'ouverture d'une procédure de sauvegarde, de redressement judiciaire ou de liquidation judiciaire à raison d'une activité à laquelle un patrimoine est affecté, de mauvaise foi, en vue de se soustraire au paiement d'une condamnation susceptible d'être prononcée ou déjà prononcée en application du deuxième alinéa de l'article L. 651-2, de détourner ou de dissimuler, ou de tenter de détourner ou de dissimuler, tout ou partie des biens de son patrimoine non affecté, ou de se faire frauduleusement reconnaître sur ce dernier débiteur de sommes qu'il ne devait pas.**

Art. L. 654-15. – Le fait, pour toute personne, d'exercer une activité professionnelle ou des fonctions en violation des interdictions, déchéances ou incapacité prévues par les articles L. 653-2 et L. 653-8, est puni d'un emprisonnement de deux ans et d'une amende de 375 000 €.

1) L'article 190 de la loi du 26 juillet 2005 relative à la sauvegarde des entreprises ayant mis fin, sans rétroactivité, aux peines d'interdiction de gérer prononcées plus de quinze ans avant sa date de publication, justifie sa décision la cour d'appel qui, pour déclarer le prévenu coupable de violation d'une interdiction définitive de gérer, prononcée en 1979, relève que la commission des éléments constitutifs de l'infraction est antérieure au 27 juillet 2005, date d'entrée en vigueur de la loi et que les dispositions de l'article L. 627-4 du Code de commerce, applicable au moment des faits, incriminant le délit de violation d'une interdiction de gérer, ont été reprises par la loi précitée à l'article L. 654-15 du Code de commerce (■ Cass. crim., 19 sept. 2007 : *Bull. crim.*, n° 219 ; *Dr. pénal* 2007, comm. 161, obs. J.-H. Robert ; *Rev. sc. crim.* 2008, p. 72, obs. E. Fortis ; *D.* 2008, études, p. 1575, par C. Mascala).

2) Ni l'article 6 de la Convention européenne, ni l'article L. 654-15 du Code de commerce, incriminant la violation d'une interdiction de gérer, n'exigent qu'une telle interdiction, lorsqu'elle est prononcée par une juridiction commerciale, ait été portée à la connaissance du prévenu dans les formes du Code de procédure pénale (■ Cass. crim., 19 mars 2008 : *Dr. sociétés* 2008, comm. 164, obs. R. Salomon).

3) La faillite personnelle et l'interdiction de gérer s'appliquent pareillement à la gestion de droit et à la gestion de fait, quelle que soit la situation du gérant de fait au regard du droit du travail (■ Cass. crim., 23 févr. 2011, n° 10-81.543 : *Dr. pén.* 2011, comm. 69, obs. J.-H. Robert).

Section II. – Des règles de procédure

Art. L. 654-16. – Pour l'application des dispositions des sections I et II du présent chapitre, la prescription de l'action publique ne court que du jour du jugement ouvrant la procédure de sauvegarde, de redressement judiciaire ou de liquidation judiciaire lorsque les faits incriminés sont apparus avant cette date.

L'article L. 626-16 du Code de commerce n'impose pas, comme condition de validité des poursuites engagées par le procureur de la République, leur antériorité à toute constitution de partie civile. Et si, au cours de l'information, la constitution de partie civile vient à être déclarée irrecevable par la chambre de l'instruction, la poursuite n'en a pas moins été valablement exercée en raison des réquisitions prises par le ministère public. Qu'il n'en serait autrement que si la mise en mouvement de l'action publique était subordonnée au dépôt d'une plainte préalable (■ Cass. crim., 11 avr. 2002 : *Bull. crim.*, n° 87).

Art. L. 654-17. – La juridiction répressive est saisie soit sur la poursuite du ministère public, soit sur constitution de partie civile de l'administrateur, du mandataire judiciaire, du représentant des salariés, du commissaire à l'exécution du plan, du liquidateur ou de la majorité des créanciers nommés contrôleurs agissant dans l'intérêt collectif des créanciers lorsque le mandataire de justice ayant qualité pour agir n'a pas agi, après une mise en demeure restée sans suite dans un délai et des conditions fixés par décret en Conseil d'État.

1) Lorsqu'un débiteur a été déclaré coupable de banqueroute par détournement d'actif pour avoir vendu, après le jugement de liquidation judiciaire, un immeuble lui appartenant et en avoir encaissé le prix, le préjudice direct des créanciers, représentés par le liquidateur exerçant l'action civile, résulte non de l'insuffisance globale d'actif, mais de la diminution de l'actif nécessairement égale à la valeur du bien détourné (■ Cass. crim., 13 mars 1995 : *Bull. crim.*, n° 99).

2) L'actionnaire d'une société placée en redressement ne peut pas se constituer partie civile du chef de banqueroute par détournement d'actif, en demandant par ce moyen remboursement de son apport en société (■ Cass. crim., 26 janv. 2005 : *Dr. pén.* 2006, comm. 86, obs. J.-H. Robert).

3) L'agent judiciaire du Trésor ne figure pas au nombre des personnes que l'article L. 654-17 du Code de commerce autorise seules, à se constituer partie civile du chef de banqueroute. Justifie, dès lors, sa décision, la chambre de l'instruction qui confirme l'ordonnance du juge d'instruction ayant déclaré irrecevable la constitution de partie civile de l'agent judiciaire du Trésor dans une information ouverte de ce chef (■ Cass. crim., 28 févr. 2006 : *Bull. crim.*, n° 55 ; *Rev. soc.* 2006, p. 389, obs. Bouloc ; *Dr. sociétés* 2006, comm. 95, obs. R. Salomon).

4) Le débiteur exclu de l'énumération limitative de l'article L. 617 du Code de commerce, n'a pas qualité pour mettre en mouvement l'action publique, par voie de citation directe, du chef de malversation (■ Cass. crim., 10 mars 2010, pourvoi n° 09-82.063 : *Bull. crim.* n° 50 ; *Dr. pén.* 2010, comm. 86, obs. J.-H. Robert ; *D.* 2010, p. 2758, note B. Bouloc).

5) Le commissaire à l'exécution du plan peut, devant la juridiction répressive, exercer contre le dirigeant l'action en réparation du préjudice découlant directement du délit de banqueroute, qui a un objet totalement distinct de l'action en comblement de passif intentée devant la juridiction civile ou commerciale (■ Cass. crim., 11 juin 2008 : *Dr. sociétés* 2008, comm. 235, obs. R. Salomon).

6) Justifie sa décision la cour d'appel qui déclare recevable la constitution de partie civile d'une société, en sa qualité de cessionnaire de la société visée par une procédure collective, et lui alloue des dommages et intérêts, dès lors que l'article L. 654-17 du Code de commerce n'interdit pas que toute personne ayant personnellement souffert des conséquences directes d'une banqueroute puisse se constituer partie civile pour obtenir réparation de son préjudice et que le cessionnaire des actifs de la société en redressement judiciaire subit un préjudice direct résultant du détournement de certains des actifs, objet de la cession (■ Cass. crim., 30 oct. 2013, n° 12-86.707 : *JurisData* n° 2013-023972 ; *Dr. pén.* 2013, comm. 175, obs. J.-H. Robert ; *Dr. sociétés* 2014, comm. 17, note R. Salomon).

7) Si l'article L. 654-17 du Code de commerce n'interdit pas à un créancier de se constituer partie civile par voie d'intervention dans une information ouverte notamment du chef de banqueroute par détournement d'actif, c'est à la condition que soit invoqué, par cette partie civile, un préjudice particulier distinct du montant de sa créance déclarée dans la procédure collective ouverte contre son débiteur et résultant directement de l'infraction (■ Cass. crim., 17 juin 2014 : *Bull. crim.*, n° 150).

Art. L. 654-18. – Le ministère public peut requérir de l'administrateur ou du liquidateur la remise de tous les actes et documents détenus par ces derniers.

Art. L. 654-19 *(L. n° 2005-845, 26 juill. 2005)*. – Les frais de la poursuite intentée par l'administrateur, le mandataire judiciaire, le représentant des créanciers, le représentant des salariés, le commissaire à l'exécution du plan ou le liquidateur sont supportés par le Trésor public, en cas de relaxe.

En cas de condamnation, le Trésor public ne peut exercer son recours contre le débiteur qu'après la clôture des opérations de liquidation judiciaire.

Art. L. 654-20. – Les jugements et arrêts de condamnation rendus en application du présent chapitre sont publiés aux frais du condamné.

ANNEXE 10

BOURSE

Bibliographie : Ch. Blanchard, Ph. Conte et J.-Y. Maréchal, *Marchés d'instruments financiers : JCl. Lois pénales spéciales.* • W. Jeandidier, *Démarchage bancaire ou financier : JCl., Lois pénales spéciales.* • D. Carreau et J.-Y. Martin, *La loi n° 89-531 du 2 août 1989 relative à la sécurité et à la transparence du marché financier : ALD* 1989, 191. • A. Viandier, *Sécurité et transparence du marché financier : JCP* 89, I, 3420. • Ch. Gavalda, *Commentaire de la loi du 2 août 1989 : Rev. soc.* 1990, 1. • E. Gaillard, *Le droit français des délits d'initiés : JCP* 91, I, 3516. • G. Coscas et Th. Forschbach, *Code de la bourse et des sociétés cotées,* Litec 1996 ; *Modernisation des activités financières,* Litec 1997. • J.-F. Renucci, *Les frontières du délit d'initié,* Dalloz Affaires, 1996, n° 14, p. 403. • J. Riffault-Treca, *La répression pénale et/ou administrative des infractions d'initié : Rev. sc. crim.* 1997, p. 1. • M. E. Gounot, *Essai d'application de l'analyse économique du droit à la réglementation boursière des opérations d'initiés : Rev. sc. crim.* 2000, p. 335. • S. Schiller, *L'intérêt social, fait justificatif ? : Dr. sociétés* 2000, chron. n° 7. • Code monétaire et financier, *Litec* éd. 2010 par A. Pezard. • R. Salomon, *Le particularisme des infractions boursières : Dr. pénal* 2003, chron. 1 et 4. • V. Rapp-Cassigneul, *Le délit d'initié et le délai d'abstention de l'administrateur : Dr. pénal* 2008, étude 26. • E. Dezeuze, *La refonte de la répression des abus de marché, Loi n° 2016-816 du 21 juin 2016 : JCP* 2016, 846, p. 1450.

Code monétaire et financier

Infractions relatives à la protection des investisseurs

Section I. – Atteintes à la transparence des marchés (délit d'initié)

Art. L. 465-1 ***(Mod., L. n° 2001-1062, 15 nov. 2001 ; L. n° 2010-1249, 22 oct. 2010 ; L. n° 2012-387, 22 mars 2012 ; L. n° 2013-672, 26 juill. 2013 ; mod., L. n° 2016-819, 21 juin 2016, en vigueur à compter du 3 juill. 2016).*** **– I.-A. Est puni de cinq ans d'emprisonnement et de 100 millions d'euros d'amende, ce montant pouvant être porté jusqu'au décuple du montant de l'avantage retiré du délit, sans que l'amende puisse être inférieure à cet avantage, le fait, par le directeur général, le président, un membre du directoire, le gérant, un membre du conseil d'administration ou un membre du conseil de surveillance d'un émetteur concerné par une information privilégiée ou par une personne qui exerce une fonction équivalente, par une personne disposant d'une information privilégiée concernant un émetteur au sein duquel elle détient une participation, par une personne disposant d'une information privilégiée à l'occasion de sa profession ou de ses fonctions ou à l'occasion de sa participation à la commission d'un crime ou d'un délit, ou par toute autre personne disposant d'une information privilégiée en connaissance de cause, de faire usage de cette information privilégiée en réalisant, pour elle-même ou pour autrui, soit directement, soit indirectement, une ou plusieurs opérations ou en annulant ou en modifiant un ou plusieurs ordres passés par cette même personne avant qu'elle ne détienne l'information privilégiée, sur les instruments financiers émis par cet émetteur ou sur les instruments financiers concernés par ces informations privilégiées.**

B. Le simple fait qu'une personne dispose d'une information privilégiée n'est pas constitutif de l'infraction prévue au A, si son comportement est légitime, au sens de l'article 9 du règlement (UE) n° 596/2014 du Parlement européen et du Conseil du 16 avril 2014 sur les abus de marché (règlement relatif aux abus de marché) et abrogeant la directive 2003/6/ CE du Parlement européen et du Conseil et les directives 2003/124/ CE, 2003/125/ CE et 2004/72/ CE de la Commission.

C. Au sens de la présente section, les mots : « information privilégiée » désignent les informations privilégiées au sens des 1 à 4 de l'article 7 du règlement (UE) n° 596/2014 du Parlement européen et du Conseil du 16 avril 2014 précité.

II. La tentative de l'infraction prévue au I du présent article est punie des mêmes peines.

Voir : ancien article 10-1 de l'ordonnance du 28 septembre 1967 dans sa rédaction issue de la loi du 23 décembre 1970.

Voir : art. 421-1, p. 487.

DÉLIT D'INITIÉ

1) QPC. Par décision n°s 2014-453/454 QPC et 2015-462 QPC du 18 mars 2015, le Conseil constitutionnel a déclaré contraire à la Constitution l'article L. 465-1 dans sa rédaction résultant de la loi n° 2005-842 du 26 juillet 2005 pour la confiance et la modernisation de l'économie en relevant notamment que les sanctions du délit d'initié et du manquement d'initié ne peuvent, pour les personnes autres que celles mentionnées au paragraphe II de l'article L. 621-9 du Code monétaire et financier, être regardées comme de nature différente en application de corps de règles distincts devant leur propre ordre de juridiction, que, ni les articles L. 465-1 et L. 621-15 du Code monétaire et financier, ni aucune autre disposition législative n'excluent qu'une personne autre que celles mentionnées au paragraphe II de l'article L. 621-9 puisse faire l'objet, pour les mêmes faits, de poursuites devant la commission des sanctions de l'Autorité des marchés financiers sur le fondement de l'article L. 621-15 et devant l'autorité judiciaire sur le fondement de l'article L. 465-1, que, par suite, les articles L. 465-1 et L. 621-15 méconnaissent le principe de nécessité des délits et des peines. L'abrogation de l'article 465-1 a été reportée au 1er septembre 2016. V. les commentaires de cette décision : *JCP* 2015, 368, note F. Sudre et *JCP* 2015, 369, note J.-H. Robert ; *Dr. pén.* 2015, comm. 56, F. Creux Thomas ; *Dr. pén.* 2015, comm. 79, obs. V. Peltier.

Doit en conséquence être annulé, par application de l'article 62 de la Constitution, l'arrêt ayant condamné le prévenu sur le fondement de l'article L. 465-1 du Code monétaire et financier, pour des faits identiques à ceux pour lesquels la commission des sanctions de l'Autorité des marchés financiers avait antérieurement statué à son encontre de manière définitive sur le fondement de l'article L. 621-15 du même code, l'annulation ayant lieu sans renvoi, aucune poursuite ne pouvant être continuées à l'encontre du prévenu devant le juge judiciaire statuant en matière pénale sur le fondement de l'article L. 465-1 du code précité (■ Cass. crim., 20 mai 2015, n° 13-83.489 : *Dr. pén.* 2015, comm. 99, obs. J.-H. Robert).

2) Il n'y a lieu à renvoi de la QPC relative à l'article L. 465-1 du Code monétaire et financier, dans sa version applicable au 4 janvier 2002, dès lors que ces dispositions sont, d'une part, suffisamment claires et précises pour permettre leur interprétation, qui entre dans l'office du juge pénal, sans risque d'arbitraire, notamment en ce qu'elles concernent la nature et l'objet des informations utilisées par l'auteur du délit d'initié pour réaliser des opérations de marché telles que visées par le texte, et, d'autre part, instaurent une présomption d'utilisation de ces informations pouvant être écartée en rapportant la preuve contraire (■ Cass. crim., 8 juill. 2015, n° 14-84.562 : *Dr. pén.* 2015, comm. 128, obs. J.-H. Robert).

3) Sont des initiés : le dirigeant d'une société (■ T. corr. Paris, 29 oct. 1975 : *D.* 1976, 53, note Delmas-Marty ; *JCP* 76, II, 18329, note Tunc ; *Rev. soc.* 1976, 345, note Bouloc), le secrétaire général d'une société (■ T. corr. Paris, 17 mars 1976 : *JCP* 76, II, 18496, note Tunc, et en appel ■ Paris, 30 mars 1978 : *JCP* 78, II, 18789, note Tunc), l'administrateur d'une société lors de la prise de contrôle d'une autre société (■ T. corr. Paris, 26 oct. 1979 : *JCP* 81, II, 19518, note A.T.), un journaliste financier (■ T. corr. Paris, 18 avr. 1976 : *JCP* 82, II, 19306, note Tunc).

4) Le caractère français de la valeur ou du marché n'est ni un élément constitutif ni une condition préalable du délit d'initié (■ Paris, 12 juill. 1989 : *Rev. sc. crim.* 1991, 355, obs. Giudicelli-Delage).

5) L'acquisition d'informations privilégiées peut résulter d'un fait matériel, même fortuit, ou d'une confidence, dès l'instant où l'un ou l'autre concerne la marche technique, commerciale ou financière d'une société et est intervenu à l'occasion de l'exercice d'une profession. L'exploitation des informations privilégiées doit être réprimée dès lors qu'elle est faite sachant que celles-ci sont ignorées du public, sans qu'il soit nécessaire de rechercher si le prévenu a eu une intention spéculative (■ T. corr. Paris, 15 oct. 1976 : *D.* 1978, 381, note Guyénot ; *JCP* 77, II, 18543, note Tunc ; *Rev. soc.* 1977, 123, note Bouloc).

6) La connaissance des pertes constitue, en raison de leur importance et de la soudaineté de leur révélation, une information privilégiée (■ Paris, 26 mai 1977 : *JCP* 78, II, 18789, note Tunc ; *D.* 1978, 379, note Cosson).

7) L'élément matériel de l'infraction existe dès lors que l'inculpé a pris la décision d'achat après conception et mise au point par lui-même du projet d'offre publique d'achat qui concernait à l'évidence la marche financière de la société et qu'il a ainsi exploité pour son compte des informations privilégiées dont le public a eu connaissance après son dernier acte d'achat (■ T. corr. Paris, 29 oct. 1975 : *JCP* 76, II, 18329, note Tunc).

8) Caractérise son intention frauduleuse le dirigeant de société qui, exploitant à son profit une information privilégiée relative à sa société, se dégage de titres de mauvaise qualité pour leur substituer de meilleurs (■ Paris, 26 mai 1977, préc.). Il importe peu que le prévenu n'ait pas employé à l'achat de titres l'ensemble des fonds dont il disposait (■ T. corr. Paris, 18 avr. 1979 : *JCP* 80, II, 19305, note Tunc). Sur l'élément moral, V. aussi ■ T. corr. Paris, 28 janv. 1985 : *D.* 1985, 357 ; *Rev. sc. crim.* 1986, 623, obs. Massé.

9) L'article 10-1 de l'ordonnance du 28 septembre 1967, dans sa rédaction issue de la loi du 23 décembre 1970, punit notamment toutes personnes disposant, à l'occasion de l'exercice de leur profession ou de leurs fonctions, d'informations privilégiées sur la marche technique, commerciale et financière d'une société, qui auront réalisé sur le marché boursier, soit directement, soit par interposition de personnes, une ou plusieurs opérations en exploitant lesdites informations avant que le public en ait connaissance. Dès lors, ayant relevé que les prévenus, lorsqu'ils ont spéculé sur le marché obligataire, connaissaient les conditions de rachat des titres par les sociétés émettrices et donc les décisions prises par la marche financière de ces sociétés, la Cour n'a pas tiré les conséquences légales de ses constatations en les relaxant des fins de la poursuite (■ Cass. crim., 18 févr. 1991 : *Gaz. Pal.* 26-27 juin 1991, note Marchi).

10) Caractérise le délit prévu par l'article 10-1 de l'ordonnance du 28 septembre 1967 la cour d'appel qui constate que l'information publiée sur une opération de stellage n'avait porté que sur l'échéance ultime et les prix plancher et plafond, mais qu'aucune information n'avait été publiée sur les parties, le nombre de titres concernés, le sens et la date de dénouement de l'opération, de sorte que le dirigeant de la société ayant organisé celle-ci, qui avait bénéficié d'informations privilégiées, avait, en achetant des titres pour les revendre dans le cadre du stellage, réalisé une négociation fructueuse avant que le public ait connaissance desdites informations (■ Cass. crim., 29 nov. 2000 : *Bull. crim.*, n° 359).

11) Les mobiles qui ont poussé les intéressés à agir sont indifférents (■ TGI Paris, 20 déc. 1990 : *Gaz. Pal* 4-6 août 1991, note Marchi).

12) S'agissant d'opérations réalisées par une personne morale, l'alinéa 2 de l'article 10-1 de l'ordonnance du 28 septembre 1967 implique également la responsabilité du dirigeant de droit. A été cassé l'arrêt qui s'est borné à énoncer qu'il n'est démontré à l'encontre du prévenu, dirigeant d'une personne morale, poursuivi du chef du délit d'initié, aucun fait impliquant sa participation délibérée et a inversé ainsi la charge de la preuve (■ Cass. crim., 15 mars 1993 : *Bull. crim.*, n° 113 ; *D.* 1993, 610, note Ducouloux-Favard ; V. également, *Gaz. Pal.* 1994, n° 11, p. 12, note R. Bronnet. ■ Orléans, 20 juin 1994 : *D.* 1995, 81, note C. Ducouloux-Favard).

13) Sauf le cas où la loi en dispose autrement, le chef d'entreprise est admis à s'exonérer de sa responsabilité pénale en rapportant la preuve qu'il a délégué ses pouvoirs à une personne pourvue de la compétence, de l'autorité et des moyens nécessaires. Pour pouvoir exciper d'une telle délégation, l'intéressé ne doit pas, toutefois, avoir pris une part personnelle à la réalisation de l'infraction ; doit donc être approuvée la cour d'appel qui, pour condamner le dirigeant d'un établissement financier du chef de délit d'initié sur le fondement de l'article 10-1 de l'ordonnance du 28 septembre 1967, énonce que la délégation de pouvoirs invoquée pour combattre la présomption de responsabilité posée par ce texte était, en l'espèce, sans effet, la décision de réaliser les titres sur le marché ayant été prise par l'intéressé lui-même (■ Cass. crim., 19 oct. 1995 : *Bull. crim.*, n° 317).

14) Selon l'article 693 du Code de procédure pénale, dont les dispositions sont reprises dans l'article 113-2, alinéa 2, du Code pénal, il suffit, pour que l'infraction soit réputée commise sur le territoire de la République et soit punissable en vertu de la loi française, qu'un de ses faits constitutifs ait eu lieu sur ce territoire ; tel est le cas d'un délit d'initié, caractérisé par la réalisation d'opérations à l'étranger, portant sur des valeurs mobilières étrangères, lorsque la divulgation des informations privilégiées a eu lieu à partir du territoire français, le terme de « marché », au sens de l'article 10-1 de l'ordonnance du 28 septembre 1967 modifiée, s'appliquant à tout lieu où s'effectue le rapprochement entre une offre et une demande portant sur des valeurs mobilières (■ Cass. crim., 26 oct. 1995 : *Bull. crim.*, n° 324).

15) L'article 10-1 de l'ordonnance du 28 septembre 1967 modifiée n'exige pas, pour que soit caractérisé le délit d'initié, que l'initié connaisse l'identité de l'opérateur qui réalise les opérations sur le marché, ni les modalités de ces opérations (■ Cass. crim., 26 oct. 1995 : *Bull. crim.*, n° 324).

16) Le recel de délit d'initié est caractérisé, non par la détention d'informations privilégiées, mais par le fait de bénéficier du produit de leur exploitation sur le marché, avant qu'elles soient connues du public (■ Cass. crim., 26 oct. 1995 : *Bull. crim.*, n° 324).

17) Si les dispositions de l'article 10-1 de l'ordonnance du 28 septembre 1967, comme celles de la directive n° 89-592-CEE du 13 novembre 1989 avec lesquelles elles sont compatibles, interdisent aux personnes disposant, en raison de leur profession ou de leurs fonctions, d'informations privilégiées sur les perspectives d'évolution d'une valeur mobilière, de réaliser des opérations sur le marché avant que le public en ait eu connaissance, c'est à la condition que lesdites informations soient précises, confidentielles, de nature à influer sur le cours de la valeur et déterminantes des opérations réalisées ; le caractère privilégié de telles informations ne saurait résulter de l'analyse que peut en faire celui qui les reçoit et les utilise mais doit s'apprécier, de manière objective, excluant tout arbitraire, et en fonction de leur seul contenu (■ Cass. crim., 26 juin 1995 : *Bull. crim.*, n° 233 ; *JCP* 96, 11, 22599, notre Viandier).

18) Sur la commission de l'infraction par voie de minitel, V. ■ TGI Paris, 5 juill. 1988 : *Gaz. Pal.* 8-10 janv. 1989.

19) Encourt la cassation, l'arrêt de la chambre de l'instruction qui, pour confirmer l'ordonnance du juge d'instruction ayant déclaré irrecevable la constitution de partie civile d'un actionnaire du chef de délit d'initié, énonce que la cession d'actions par des administrateurs disposant d'informations privilégiées, si elle peut porter atteinte au fonctionnement normal du marché, ne cause par elle-même aucun préjudice personnel et direct aux autres actionnaires de la société, alors que le délit d'initié, à le supposer établi, est susceptible de causer un préjudice personnel direct aux actionnaires (■ Cass. crim., 11 déc. 2002 : *Bull. crim.*, n° 224 ; *Dr. pénal* 2003, comm. 35, obs. J.-H. Robert).

20) Se rend coupable du délit d'initié, prévu par l'article 10-1 de l'ordonnance du 28 septembre 1967, modifié par la loi du 27 janvier 1988, alors applicable, le gérant d'un fonds d'investissement, ayant pour objet de réaliser des placements internationaux, qui, informé d'un projet de prise de participation significative dans le capital d'une banque par une société d'investissement, a obtenu de cette société à la recherche d'investisseurs des précisions sur cette opération à laquelle il a refusé de participer et a, dans les jours suivants, acquis des titres de la banque qu'il a revendus en réalisant une plus-value importante, dès lors que l'arrêt relève l'arrêt que le prévenu a obtenu de ses interlocuteurs une information précise, confidentielle et de nature à influer sur le cours de la valeur et que cette information, qu'il a sciemment utilisée, a été déterminante des opérations réalisées (■ Cass. crim., 14 juin 2006 : *Bull. crim.*, n° 178 ; *D.* 2007, p. 2418, obs. Le Bars et Thomasset-Pierre ; *AJP* 2006, p. 364, note G. Royer ; *Rev. sociétés* 2007, 125, note B. Bouloc).

21) La cour d'appel, qui prononce une peine d'amende proportionnelle au profit résultant de l'infraction doit dans sa décision préciser le montant dudit profit, afin de permettre à la Cour de cassation d'exercer son contrôle sur la légalité de la peine prononcée (même arrêt : *Dr. sociétés* 2006, comm. 132, note R. Salomon).

22) Le condamné dans l'affaire ci-dessus rapportée, ayant donné lieu à l'arrêt du 14 juin 2006 de la chambre criminelle, avait saisi la **Cour européenne des droits de l'homme** en alléguant la violation de l'article 7 de la Convention européenne des droits de l'homme.

Par décision du 6 octobre 2011, n° 50425/06, la cour a estimé que cet article n'a pas été violé, dans la mesure où la loi applicable au moment des faits (art. 10-1 de l'ordonnance du 28 sept. 1967) était suffisamment prévisible, écartant donc le grief d'une précision insuffisante de l'incrimination (*AJP* 2012, jurispr. p. 156, note J. Lasserre-Capdeville).

23) La Cour de justice de l'Union européenne a décidé qu'une information peut être considérée comme privilégiée même s'il est impossible de déterminer le sens, haussier ou baissier, qu'elle aurait si elle était rendue publique (■ CJUE, 11 mars 2015, aff. C-628/13 (communiqué n° 33/15) : *Dr. pén.* 2015, comm. 72, obs. J.-H. Robert).

24) Répression. L'article 50 de la Charte des droits fondamentaux de l'Union européenne ne s'oppose pas à ce qu'une personne sanctionnée pour un manquement relevant de la compétence de l'autorité des marchés financiers puisse, en raison des mêmes faits, être poursuivie et condamnée pour un des délits définis par les articles L. 465-1 et suivants du Code monétaire et financier.

Sous la réserve que le montant global des amendes susceptibles d'être prononcées ne dépasse pas le plafond de la sanction encourue la plus élevée, ce **cumul** garantit en effet la sanction effective, proportionnée et dissuasive, au sens de l'article 14-1 de la directive n° 2003/6/CE du 28 janvier 2003, dont dépend la réalisation de l'objectif d'intérêt général de l'Union européenne d'assurer l'intégrité des marchés financiers communautaires et de renforcer la confiance des investisseurs, objectif qui entre dans les prévisions de l'article 52 de la Charte précitée (■ Cass. crim., 22 janv. 2014, n° 12-83.579 : *Bull. inf. C. cass.* 15 avr. 2014, n° 782, avec la note ; *JCP* 2014, act. 131, p. 196, et note 345, p. 533, note C. Mauro ; *Dr. pén.* 2014, comm. 67, obs. E. Bonis-Garçon, et études 6, par L. de Graeve ; *AJP* 2014, p. 180, note J. Lasserre Capdeville ; *Dr. sociétés* 2014, comm. 56, note R. Salomon).

Art. L. 465-2 *(Mod., L. n° 2005-842, 26 juill. 2005 ; L. n° 2010-1249, 22 oct. 2010 ; L. n° 2013-672, 26 juill. 2013 ; mod., L. n° 2016-819, 21 juin 2016, en vigueur à compter du 3 juill. 2016).* **– I. Est puni des peines prévues au A du I de l'article L. 465-1 le fait, par l'une des personnes mentionnées au même article L. 465-1, de recommander la réalisation d'une ou plusieurs opérations sur les instruments financiers auxquels l'information privilégiée se rapporte ou d'inciter à la réalisation de telles opérations sur le fondement de cette information privilégiée.**

II. Constitue l'infraction prévue au A du I dudit article L. 465-1 le fait, par toute personne, de faire usage de la recommandation ou de l'incitation mentionnée au I du présent article en sachant qu'elle est fondée sur une information privilégiée.

III. Constitue l'infraction prévue au I de l'article L. 465-3 le fait, par toute personne, de communiquer la recommandation ou l'incitation mentionnée au I du présent article en sachant qu'elle est fondée sur une information privilégiée.

IV. La tentative de l'infraction prévue au I du présent article est punie des mêmes peines.

Art. L. 465-3 *(Mod., L. n° 2009-526, 12 mai 2009 ; L. n° 2013-672, 26 juill. 2013 ; mod., L. n° 2016-819, 21 juin 2016, en vigueur à compter du 3 juill. 2016).* **– I. Est puni des peines prévues au A du I de l'article L. 465-1 le fait, par une personne disposant d'une information privilégiée concernant un émetteur au sein duquel elle exerce les fonctions de directeur général, de président, de membre du directoire, de gérant, de membre du conseil d'administration, de membre du conseil de surveillance ou une fonction équivalente ou au sein duquel elle détient une information, par une personne disposant d'une information privilégiée à l'occasion de sa profession ou de ses fonctions ou à l'occasion de sa participation à la commission d'un crime ou d'un délit, ou par toute autre personne disposant d'une information privilégiée en connaissance de cause, de la communiquer à un tiers, à moins qu'elle ne prouve que cette communication intervient dans le cadre normal de sa profession ou de ses fonctions, y compris lorsqu'elle relève d'un sondage de marché effectué conformément aux 1 à 8 de l'article 11 du règlement (UE) n° 596/2014 du Parlement européen et du Conseil du 16 avril 2014 sur les abus de marché (règlement relatif aux abus de marché) et abrogeant la directive 2003/6/ CE du Parlement européen et du Conseil et les directives 2003/124/ CE, 2003/125/ CE et 2004/72/ CE de la Commission.**

II. La tentative de l'infraction prévue au I du présent article est punie des mêmes peines.

Art. L. 465-3-1 *(Créé à compter du 3 juill. 2016, L. n° 2016-819, 21 juin 2016).* **– I. A. Est puni des peines prévues au A du I de l'article L. 465-1 le fait, par toute personne, de réaliser une opération, de passer un ordre ou d'adopter un comportement qui donne ou est susceptible de donner des indications trompeuses sur l'offre, la demande ou le cours d'un instrument financier ou qui fixe ou est susceptible de fixer à un niveau anormal ou artificiel le cours d'un instrument financier.**

B. Le A du présent I n'est pas applicable dans les cas où l'opération ou le comportement mentionné au présent I est fondé sur un motif légitime et est conforme à une pratique de marché admise, au sens du 9 du 1 de l'article 3 du règlement (UE) n° 596/2014 du Parlement européen et du Conseil du 16 avril 2014 sur les abus de marché (règlement relatif aux abus de marché) et abrogeant la directive 2003/6/ CE du Parlement européen et du Conseil et les directives 2003/124/ CE, 2003/125/ CE et 2004/72/ CE de la Commission.

II. Est également puni des peines prévues au A du I de l'article L. 465-1 le fait, par toute personne, de réaliser une opération, de passer un ordre ou d'adopter un comportement qui affecte le cours d'un instrument financier, en ayant recours à des procédés fictifs ou à toute autre forme de tromperie ou d'artifice.

III. La tentative des infractions prévues aux I et II du présent article est punie des mêmes peines.

Art. L. 465-3-2 *(Créé à compter du 3 juill. 2016, L. n° 2016-819, 21 juin 2016).* **– I. Est puni des peines prévues au A du I de l'article L. 465-1 le fait, par toute personne, de diffuser, par tout moyen, des informations qui donnent des indications fausses ou trompeuses sur la situation ou les perspectives d'un émetteur ou sur**

l'offre, la demande ou le cours d'un instrument financier ou qui fixent ou sont susceptibles de fixer le cours d'un instrument financier à un niveau anormal ou artificiel.

II. La tentative de l'infraction prévue au I du présent article est punie des mêmes peines.

Art. L. 465-3-3 *(Créé à compter du 3 juill. 2016, L. n° 2016-819, 21 juin 2016)*. – I. Est puni des peines prévues au A du I de l'article L. 465-1 le fait, par toute personne :

1° De fournir ou de transmettre des données ou des informations fausses ou trompeuses utilisées pour calculer un indice de référence ou des informations de nature à fausser le cours d'un instrument financier ou d'un actif auquel est lié un tel indice ;

2° D'adopter tout autre comportement aboutissant à la manipulation du calcul d'un tel indice. Constitue un indice de référence tout taux, indice ou nombre mis à la disposition du public ou publié, qui est déterminé périodiquement ou régulièrement par application d'une formule ou sur la base de la valeur d'un ou de plusieurs actifs ou prix sous-jacents, y compris des estimations de prix, de taux d'intérêt ou d'autres valeurs réels ou estimés, ou des données d'enquêtes, et par référence auquel est déterminé le montant à verser au titre d'un instrument financier ou la valeur d'un instrument financier.

II. La tentative de l'infraction prévue au I du présent article est punie des mêmes peines.

Art. L. 465-3-4 *(Créé à compter du 3 juill. 2016, L. n° 2016-819, 21 juin 2016)*. – I. La présente section s'applique :

1° Aux instruments financiers négociés sur un marché réglementé ou sur un système multilatéral de négociation ou pour lesquels une demande d'admission à la négociation sur un marché réglementé ou sur un système multilatéral de négociation a été présentée ;

2° Aux instruments financiers autres que ceux mentionnés au 1° dont le cours ou la valeur dépend du cours ou de la valeur d'un instrument financier mentionné au même 1° ou dont le cours ou la valeur a un effet sur le cours ou la valeur d'un instrument financier mentionné audit 1° ;

3° Aux unités mentionnées à l'article L. 229-7 du code de l'environnement.

II. Les articles L. 465-3-1 et L. 465-3-2 du présent code s'appliquent également :

1° Aux contrats au comptant sur matières premières, au sens du 15 du 1 de l'article 3 du règlement (UE) n° 596/2014 du Parlement européen et du Conseil du 16 avril 2014 sur les abus de marché (règlement relatif aux abus de marché) et abrogeant la directive 2003/6/ CE du Parlement européen et du Conseil et les directives 2003/124/ CE, 2003/125/ CE et 2004/72/ CE de la Commission, qui ne sont pas des produits énergétiques de gros, au sens du 4 de l'article 2 du règlement (UE) n° 1227/2011 du Parlement européen et du Conseil du 25 octobre 2011 concernant l'intégrité et la transparence du marché de gros de l'énergie, lorsque l'opération, le comportement ou la diffusion a ou est susceptible d'avoir un effet sur le cours ou la valeur d'un instrument financier mentionné au I du présent article ;

2° Aux instruments financiers dont le cours ou la valeur a un effet sur le cours ou la valeur d'un contrat au comptant sur matières premières, au sens du 15 du 1 de l'article 3 du règlement (UE) n° 596/2014 du Parlement européen et du Conseil du 16 avril 2014 précité, lorsque l'opération, le comportement ou la diffusion a ou est susceptible d'avoir un effet sur le cours ou la valeur du contrat au comptant sur matières premières.

III. La présente section ne s'applique pas :

1° Aux opérations de rachat par les sociétés de leurs propres actions, au sens des articles L. 225-206 à L. 225-216 du code de commerce, lorsque ces opérations sont réalisées conformément aux 1 à 3 de l'article 5 du règlement (UE) n° 596/2014 du Parlement européen et du Conseil du 16 avril 2014 précité ;

2° Aux opérations de stabilisation, au sens du d du 2 de l'article 3 du même règlement, portant sur les instruments financiers mentionnés aux a et b du même 2, lorsque ces opérations sont réalisées conformément aux 4 et 5 de l'article 5 dudit règlement ;

3° Aux opérations ou comportements mentionnés aux 1 à 4 de l'article 6 du même règlement.

Art. L. 465-3-5 *(Créé à compter du 3 juill. 2016, L. n° 2016-819, 21 juin 2016 ; L. n° 2016-1691, 9 déc. 2016)*. – I. Les personnes morales déclarées responsables pénalement, dans les conditions prévues à l'article 121-2 du code pénal, des infractions définies aux articles L. 465-1 à L. 465-3-3 du présent code encourent, outre l'amende suivant les modalités prévues à l'article 131-38 du code pénal, les peines prévues à l'article 131-39 du même code. « L'amende peut être portée à 15 % du chiffre d'affaires annuel total au

sens du dernier alinéa du III *bis* de l'article L. 621-15 ». Les modalités prévues à l'article 131-38 dudit code s'appliquent uniquement à l'amende exprimée en valeur absolue.

L'interdiction mentionnée au 2° de l'article 131-39 du même code porte sur l'activité dans l'exercice ou à l'occasion de l'exercice de laquelle l'infraction a été commise.

II. Lorsqu'elles sont commises en bande organisée, les infractions prévues aux articles L. 465-1 à L. 465-3-3 du présent code sont punies de dix ans d'emprisonnement et de 100 millions d'euros d'amende, ce montant pouvant être porté jusqu'au décuple du montant de l'avantage retiré du délit.

1) La technique de la « bouilloire » consiste à manipuler rapidement, à la hausse, une valeur dont le marché est étroit et sensible en passant de très nombreux ordres d'achat, généralement sans disposer de la couverture nécessaire, pour persuader les spéculateurs de l'imminence d'une opération sur ce titre et les amener ainsi à entretenir la hausse. Le manipulateur passe alors les ordres de vente, soit de titres éventuellement acquis antérieurement, soit à découvert, puis se hâte de retirer les fonds ainsi obtenus. Les résultats de ce procédé frauduleux sont d'autant plus favorables à ses initiateurs que le marché est étroit, la brusque croissance du volume des transactions et l'augmentation artificielle du cours du titre trompant les investisseurs au profit des manipulateurs (■ TGI Paris, 11e ch., 14 mars 1990 : *Gaz. Pal.* 20-21 juin 1990 ; confirmé par ■ Paris, 9e ch. A, 19 févr. 1991 : *JurisData* n° 1991-020861).

2) Abstraction faite d'un motif erroné mais surabondant, car l'article L. 465-2, alinéa premier, du Code monétaire et financier n'exige pas, pour la caractérisation du délit de manipulation de cours, que les opérations litigieuses aient eu lieu sur le marché du titre, ne constitue pas une manipulation de cours et n'admet aucune autre qualification pénale le fait pour une société, au cours d'une procédure, de réévaluer de façon artificielle et exagérée sa demande d'indemnité envers une autre société, laquelle s'est plainte de ce qu'une telle nouvelle demande, qu'elle n'avait dû mentionner dans ses comptes au titre des risques, avait entraîné un effondrement du cours de son action (■ Cass. crim., 27 mars 2013, n° 12-81.047 : *Bull. crim.*, n° 70 ; *Dr. pénal* 2013, comm. 94, obs. J.-H. Robert ; *Dr. sociétés* 2013, comm. 110, p. 36, note R. Salomon ; *Bull. Joly Bourse* 2013, n° 103, p. 36, note J. Lasserre Capdeville ; *AJP* 2013, p. 343, note J. Gallois).

3) Dès lors qu'un salarié n'a pas agi de sa propre initiative, mais au profit de la société de bourse et après en avoir informé sa hiérarchie, l'infraction d'entrave au fonctionnement régulier d'un marché réglementé a été nécessairement commise pour le compte de la société, de sorte que la responsabilité de cette dernière peut être engagée (■ Cass. crim., 28 janv. 2009 : *JurisData* n° 2009-047081 ; *Dr. sociétés* 2009, comm. 83, note R. Salomon ; *Rev. sc. crim.* 2010, p. 165, obs. F. Stasiak).

4) Publication de fausses nouvelles. Ce délit ne peut être imputé au directeur de la publication d'un service télématique comme auteur, dès lors qu'il n'avait aucun moyen de contrôle préalable du message litigieux, ni comme coauteur dès lors qu'il n'est pas prouvé que le service a été créé en vue de propager une fausse nouvelle ; enfin, la complicité ne peut non plus être retenue en l'absence d'intention d'aider l'auteur principal à commettre le délit (■ Paris, 15 déc. 1989 : *JurisData* n° 1989-027616).

5) Tombe sous le coup de l'incrimination le fait pour un responsable de la société, d'indiquer à un journaliste que le résultat net pour 1985 serait globalement équilibré alors que la société connaissait une situation très difficile (■ TGI Paris, 20 déc. 1990 : *Gaz. Pal.* 4-6 août 1991, note Marchi).

6) Caractérise le délit de diffusion d'informations fausses ou mensongères la cour d'appel qui retient que le prévenu, administrateur de la société concernée, a approuvé la publication au BALO d'un tableau d'activité et de résultats ne faisant pas apparaître les opérations reprochées (■ Cass. crim., 29 nov. 2000 : *Bull. crim.*, n° 359).

Bibliographie : *Sur le fonctionnement et les pouvoirs de la commission des opérations de bourse, voir les articles L. 621-1 à L. 621-30 et L. 642-1 à L. 642-3 du Code monétaire et financier (Ord. n° 2000-1223, 14 déc. 2000).*

Code monétaire et financier

(Ord. n° 2000-1223, 14 déc. 2000)

Le démarchage et le colportage

Démarchage bancaire ou financier

Art. L. 341-1 ***(L. n° 2003-706, 1er août 2003 ; mod., Ord. n° 2009-866, 15 juill. 2009 ; L. n° 2010-1249, 22 oct. 2010).*** **– Constitue un acte de démarchage bancaire ou financier toute prise de contact non sollicitée,**

par quelque moyen que ce soit, avec une personne physique ou une personne morale déterminée, en vue d'obtenir, de sa part, un accord sur :

1° La réalisation par une des personnes mentionnées au 1° de l'article L. 341-3 d'une opération sur un des instruments financiers énumérés à l'article L. 211-1 ;

2° La réalisation par une des personnes mentionnées au 1° ou au 4° de l'article L. 341-3 d'une opération de banque ou d'une opération connexe définies aux articles L. 311-1 et L. 311-2 ;

3° La fourniture par une des personnes mentionnées au 1° de l'article L. 341-3 d'un service d'investissement ou d'un service connexe définis aux articles L. 321-I et L. 321-2 ;

4° La réalisation d'une opération sur biens divers mentionnée à l'article L. 550-1 ;

5° La fourniture par une des personnes mentionnées au 3° de l'article L. 341-3 d'une prestation de conseil en investissement prévu au I de l'article L. 541-1.

6° La fourniture par une des personnes mentionnées au 1° de l'article L. 341-3 d'un service de paiement prévu au II de l'article L. 314-1 ;

7° La fourniture par un conseiller en investissement participatif de la prestation de conseil en investissement prévu au I de l'article L. 547-1.

Constitue également un acte de démarchage bancaire ou financier, quelle que soit la personne à l'initiative de la démarche, le fait de se rendre physiquement au domicile des personnes, sur leur lieu de travail ou dans les lieux non destinés à la commercialisation de produits, instruments et services financiers, en vue des mêmes fins.

L'activité de démarchage bancaire ou financier est exercée sans préjudice de l'application des dispositions particulières relatives à la prestation de services d'investissement, à la réalisation d'opérations de banque et de services de paiement et à la réalisation d'opérations sur biens divers, ainsi que des dispositions de l'article 66-4 de la loi n° 71-1130 du 31 décembre 1971 portant réforme de certaines professions judiciaires et juridiques.

Art. L. 341-2 *(L. n° 2003-706, 1er août 2003 ; mod., L. n° 2004-804, 9 août 2004 ; L. n° 2006-1770, 30 déc. 2006 ; L. n° 2008-776, 4 août 2008 et D. n° 2008-1212, 24 nov. 2008 ; Ord. n° 2009-866, 15 juill. 2009 ; L. n° 2010-737, 1er juill. 2010 ; L. n° 2013-100, 28 janv. 2013 ; Ord. n° 2013-544, 27 juin 2013).* – Les règles concernant le démarchage bancaire ou financier ne s'appliquent pas :

1° Aux prises de contact avec les investisseurs qualifiés définis à l'article L. 411-2 et avec les personnes morales dont le total du bilan, le chiffre d'affaires, le montant des actifs gérés, les recettes ou les effectifs sont supérieurs à un seuil fixé par décret ;

2° Aux prises de contact dans les locaux des personnes mentionnées à l'article L. 341-3, sauf lorsque ces personnes sont contractuellement liées, en vue de la commercialisation d'instruments financiers et de produits d'épargne, aux sociétés exploitant des magasins de grande surface visées par l'article L. 752-1 du Code de commerce et l'article 30-2 du Code de l'industrie cinématographique, et que leurs locaux sont implantés dans les locaux de ces magasins ;

3° Aux démarches dans les locaux professionnels d'une personne morale à la demande de cette dernière ;

4° Aux prises de contact avec des personnes morales, lorsqu'elles portent exclusivement sur les services visés au 4 de l'article L. 321-2 ;

5° Lorsque la personne visée est déjà cliente de la personne pour le compte de laquelle la prise de contact a lieu, dès lors que l'opération proposée correspond, à raison de ses caractéristiques, des risques ou des montants en cause, à des opérations habituellement réalisées par cette personne ;

6° Aux démarches effectuées, pour le compte d'un établissement de crédit, ou d'une société de financement en vue de proposer un contrat de financement de biens ou de prestations de services répondant aux conditions prévues à la section 9 du chapitre Ier du titre Ier du livre III du Code de la consommation, ou constituant une location-vente ou une location avec option d'achat visées à l'article L. 311-2 dudit code. Il en va de même lorsque ces contrats sont destinés aux besoins d'une activité professionnelle ;

7° Sans préjudice des dispositions prévues au 6°, aux démarches effectuées pour le compte d'un établissement de crédit ou d'une société de financement en vue de proposer des contrats de financement de ventes à tempérament ou de location aux personnes, physiques ou morales, autres que celles visées au 1°, à la condition que le nom de l'établissement ou de la société prêteur et le coût du crédit ou de la location soient mentionnés, sous peine de nullité ;

8° Aux démarches effectuées sur le lieu de vente, pour le compte d'un établissement de crédit, d'une société de financement, d'un établissement de monnaie électronique fournissant des services de paiement permettant l'octroi de crédit ou d'un établissement de paiement, en vue de proposer des crédits visés au titre Ier du livre III du Code de la consommation ;

9° Aux conventions conclues entre les personnes mentionnées au 1° de l'article L. 341-3, à l'exception des sociétés de capital-risque, pour la distribution de produits, la réalisation d'une opération ou la fourniture d'un service, mentionnés à l'article L. 341-1, à l'exception des dispositions mentionnées à l'article L. 341-6 ;

10° Aux démarches effectuées, pour le compte d'un établissement de paiement ou d'un établissement de monnaie électronique fournissant des services de paiement permettant l'octroi de crédit, en vue de proposer un contrat de financement de biens ou de prestations de services répondant aux conditions prévues à la section 5 du chapitre Ier du titre Ier du livre III du Code de la consommation ;

11° À la diffusion auprès des personnes physiques ou morales d'une simple information publicitaire, à l'exclusion de tout document contractuel ou précontractuel, quel que soit le support.

Personnes habilitées à procéder au démarchage

Art. L. 341-3 *(L. n° 2003-706, 1er août 2003 ; mod., Ord. n° 2009-866, 15 juill. 2009 ; L. n° 2010-1249, 22 oct. 2010 ; L. n° 2013-100, 28 janv. 2013 ; Ord. n° 2013-544, 27 juin 2013).* – Ne peuvent recourir ou se livrer à l'activité de démarchage bancaire ou financier, dans la limite des dispositions particulières qui les régissent, que :

1° Les établissements de crédit ou les sociétés de financement définis à l'article L. 511-1, les organismes mentionnés à l'article L. 518-1, les établissements de monnaie électronique, les établissements de paiement, les entreprises d'investissement et les entreprises d'assurance définies respectivement à l'article L. 531-4 du présent code et à l'article L. 310-1 du Code des assurances, les sociétés de capital-risque mentionnées à l'article 1er-1 de la loi n° 85-695 du 11 juill. 1985 portant diverses dispositions d'ordre économique et financier, en vue de la souscription des titres qu'elles émettent, les sociétés de gestion d'organismes de placement collectif définies à l'article L. 543-1 du présent code en vue de la souscription des titres financiers émis par les organismes de placement collectif dont elles assurent la gestion, ainsi que les établissements et entreprises équivalents agréés dans un autre État membre de l'Union européenne et habilités à intervenir sur le territoire français ;

2° Les entreprises, dans le cadre des dispositifs relevant du livre III de la troisième partie du Code du travail qu'elles proposent à leurs bénéficiaires, ainsi que les personnes morales qu'elles mandatent pour proposer un de ces dispositifs conclus par l'entreprise. Dans ce cas, et sans préjudice des règles d'information et de commercialisation auxquelles elles sont soumises, seules sont applicables à ces activités de démarchage les dispositions de l'article L. 341-9, du 3° de l'article L. 353-2 et de l'article L. 353-4 du présent code ;

3° Les conseillers en investissements financiers définis à l'article L. 541-1 ;

4° Les intermédiaires en opérations de banque et en services de paiement mentionnés à l'article L. 519-1 ;

5° Les agents liés mentionnés à l'article L. 545-1 ;

6° *(6° créé à compter du 1er oct. 2014, Ord. n° 2014-559, 30 mai 2014)* Les conseillers en investissements participatifs définis à l'article L. 547-1.

Art. L. 341-4 *(L. n° 2003-706, 1er août 2003 ; Ord. n° 2005-429, 6 mai 2005 ; L. n° 2010-1249, 22 oct. 2010 ; L. n° 2006-1770, 30 déc. 2006).* – I. – Les personnes mentionnées à l'article L. 341-3 peuvent mandater des personnes physiques afin d'exercer pour leur compte une activité de démarchage bancaire ou financier. Les établissements et entreprises ou institutions mentionnés au 1° de cet article peuvent également mandater des personnes morales à cet effet. Dans ce cas, celles-ci peuvent à leur tour mandater des personnes physiques afin d'exercer cette activité pour leur compte.

II. – Dans tous les cas, le mandat est nominatif. Il mentionne la nature des produits et services qui en sont l'objet ainsi que les conditions dans lesquelles l'activité de démarchage peut être exercée. Sa durée est limitée à deux ans. Il peut être renouvelé.

Le démarcheur exerce une activité de démarchage bancaire et financier uniquement pour le compte de son mandant et dans la limite des services, opérations et produits pour lesquels celui-ci est agréé.

Une même personne physique ou morale peut recevoir des mandats émanant de plusieurs entreprises, institutions ou établissements mentionnés au 1° de l'article L. 341-3. Cette personne informe alors l'ensemble de ses mandants des mandats ainsi détenus.

III. – Les personnes mentionnées à l'article L. 341-3 et celles mandatées en application du I du présent article sont civilement responsables du fait des démarcheurs, agissant en cette qualité, auxquels elles ont délivré un mandat. Les personnes morales mentionnées à l'article L. 341-3 demeurent responsables du fait des salariés ou employés des personnes physiques ou des personnes morales qu'elles ont mandatées, dans la limite du mandat.

IV. – Les démarcheurs personnes physiques et les personnes physiques ayant le pouvoir de gérer ou d'administrer les personnes morales mandatées en application du I doivent remplir des conditions d'âge, d'honorabilité et de compétence professionnelle fixées par décret. Il en va de même des salariés ou employés des personnes mentionnées à l'article L. 341-3, lorsqu'ils exercent des activités de démarchage, et de ceux des personnes physiques ou des personnes morales mandatées en application du I du présent article.

V. – Les règles fixées aux II et IV ne s'appliquent pas aux personnes physiques participant à l'envoi de documents nominatifs, sous réserve qu'elles n'aient aucun contact personnalisé permettant d'influencer le choix de la personne démarchée. Dans ce cas, les personnes morales mentionnées à l'article L. 341-3 ou mandatées en application du I sont considérées comme exerçant directement l'activité de démarchage et sont tenues d'en appliquer les règles.

....

Démarchage concernant les valeurs mobilières

Art. L. 342-1. – Sont interdits le colportage et le démarchage en vue de la vente, de l'achat ou de l'échange de l'or en lingots, barres, monnaies étrangères et pièces d'or démonétisées.

Se livre au colportage de ces matières celui qui se rend au domicile des particuliers, autres que les banquiers, agents de change et négociants en métaux précieux, ou dans les lieux publics non réservés à cet effet, pour offrir ou se procurer les matières ci-dessus désignées, avec livraison et paiement immédiats, en totalité ou en partie, soit en numéraire, soit en valeurs.

Art. L. 342-2. – I. - Se livre au démarchage des matières mentionnées au premier alinéa de l'article L. 344-1 celui qui se rend habituellement au domicile des particuliers, autres que les banquiers, agents de change, négociants en métaux précieux, ou dans les lieux publics non réservés à cet effet, pour conseiller l'achat, la vente ou l'échange de ces matières, ou pour offrir de participer soit à des opérations à terme sur les mêmes matières, soit à des syndicats ayant pour objet des opérations fondées sur des différences de cours et portant sur les mêmes matières.

II. - Sont également considérées comme actes de démarchage interdits par l'article L. 344-1, les offres de service faites de façon habituelle, par lettres, circulaires, communications téléphoniques ou tout autre moyen, au domicile des personnes autres que les banquiers, agents de change, négociants en métaux précieux ou dans les lieux publics non réservés à cet effet en vue des opérations mentionnées au I.

Art. L. 342-3. – Sont interdits le colportage et le démarchage en vue de la vente ou de l'échange des billets de banque étrangers.

Se livre au colportage des billets de banque étrangers celui qui se rend au domicile des particuliers, autres que les banquiers et agents de change, ou dans les lieux publics, pour offrir ou se procurer ces billets avec livraison et paiement immédiats, en totalité ou en partie, soit en numéraire, soit en valeurs.

Se livre au démarchage des billets de banque étrangers celui qui se rend habituellement au domicile des particuliers, autres que les banquiers et agents de change, ou dans les lieux publics, pour conseiller l'achat, la vente ou l'échange de ces billets, la participation à des opérations sur ces billets, ou pour offrir de participer, soit à des opérations à terme sur les mêmes billets, soit à des syndicats ayant pour objet des opérations fondées sur des différences de cours et portant sur les mêmes billets.

Sont également considérées comme actes de démarchage interdits par le présent article les offres de service faites de façon habituelle (par lettres, circulaires, communications téléphoniques ou tout autre moyen) au domicile des personnes, autres que les banquiers et agents de change, ou dans les lieux publics, en vue des opérations mentionnées à l'alinéa précédent.

....

Dispositions pénales

Infractions relatives aux opérations de banque et aux opérations connexes

Art. L. 351-1 *(Mod., Ord. n° 2009-866, 15 juill. 2009)*. **– Est puni d'une amende fiscale de 75 € le fait de méconnaître l'une des obligations mentionnées aux deuxième,** *(L. n° 2010-737, 1er juill. 2010)* **« quatrième, cinquième et huitième » alinéas du I de l'article L. 312-1-1** *(L. n° 2010-737, 1er juill. 2010)* **« et, lorsque le client est une personne physique agissant pour des besoins non professionnels », à l'article L. 314-12 et au II de l'article L. 314-13. Cette amende est prononcée et recouvrée suivant les règles applicables à la taxe sur la valeur ajoutée. Le contentieux est suivi par l'administration qui a constaté l'infraction.**

Est puni de la peine d'amende prévue pour les contraventions de la cinquième classe le fait de méconnaître l'une des obligations mentionnées au premier alinéa du I, au II de l'article L. 312-1-1 *(L. n° 2010-737, 1er juill. 2010)* **« , au III de l'article L. 314-13 lorsque le client est une personne physique agissant pour des besoins non professionnels »** *(L. n° 2013-100, 28 janv. 2013)* **« , au VII de l'article L. 314-13 et aux articles L. 315-5 à L. 315-8 » ou l'une des interdictions édictées au I de l'article L. 312-1-2.**

Art. L. 351-2 et L. 351-3 *(Abr., L. n° 2007-1774, 17 déc. 2007).*

Infractions relatives au fonds de garantie des déposants

Art. L. 352-1. – Est puni des peines prévues à l'article 226-13 du Code pénal, le fait pour les membres du directoire ou du conseil de surveillance du fonds de garantie des déposants ainsi que toute personne qui, par ses fonctions, a accès aux documents et informations détenus par ce fonds, de violer le secret professionnel institué à l'article L. 312-14.

Infractions relatives au démarchage

Opérations de banque

Art. L. 353-1. – *(L. n° 2003-706, 1er août 2003 ; mod., L. n° 2006-387, 31 mars 2006 ; Ord. n° 2009-15, 8 janv. 2009)* **Est puni de six mois d'emprisonnement et de 7 500 € d'amende :**

1° Le fait, pour toute personne, de se livrer à l'activité de démarchage bancaire ou financier définie à l'article L. 341-1 sans avoir obtenu une carte de démarchage en cas d'activité réalisée dans les conditions de l'article L. 341-8 ;

2° Le fait, pour toute personne se livrant à l'activité de démarchage bancaire ou financier dans les conditions définies au septième alinéa de l'article L. 341-1, de ne pas communiquer à la personne démarchée les informations et documents mentionnés à l'article L. 341-12 et à l'avant-dernier alinéa de l'article L. 341-6 ;

3° *(Abr., Ord. n° 2005-429, 6 mai 2005)* **;**

4° Le fait, pour toute personne se livrant à l'activité de démarchage bancaire ou financier définie à l'article L. 341-1, de ne pas permettre à la personne démarchée de bénéficier du délai de rétractation mentionné à l'article L. 341-16 sous réserve des dérogations prévues à cet article ;

5° Le fait, pour toute personne se livrant à l'activité de démarchage bancaire ou financier définie au deuxième alinéa de l'article L. 341-1, de recevoir des personnes démarchées des ordres ou des fonds en vue de la fourniture de services de réception-transmission et exécution d'ordres pour le compte de tiers mentionnés à l'article L. 321-1, ou d'instruments financiers mentionnés à l'article L. 211-1, avant l'expiration du délai de quarante-huit heures mentionné au IV de l'article L. 341-16.

L'interdiction faite aux démarcheurs financiers de percevoir des fonds ou valeurs quelconques « englobe » la défense qui leur était faite, avant l'entrée en vigueur de la loi du 1er août 2003, de recevoir des fonds avant l'expiration du délai de réflexion. En conséquence, les démarcheurs qui avaient commis cette dernière infraction, entre les années 1990 et 1993, sous le droit antérieur à ladite loi restent punissables ; mais l'arrêt de la cour d'appel encourt la cassation, pour méconnaissance des dispositions de l'article 112-1 du Code pénal, en ce que les prévenus ont été condamnés à des peines de un an et deux ans avec sursis, alors que la loi nouvelle, moins sévère que celle du 28 mars 1885, punit l'infraction, aux peines de l'article L. 353-1 du Code monétaire et financier, de six mois d'emprisonnement et de 7 500 euros d'amende (■ Cass. crim., 19 sept. 2007 : *JurisData* n° 2007-040978 ; *Dr. pénal* 2008, comm. 22, obs. J.-H. Robert).

Art. L. 353-2. – *(L. n° 2003-706, 1er août 2003)* Est puni des peines prévues à l'article 313-1 du Code pénal :

1° Le fait, pour toute personne, de recourir à l'activité de démarchage bancaire ou financier définie à l'article L. 341-1 sans remplir les conditions prévues aux articles L. 341-3 et L. 341-4 ;

2° Le fait, pour toute personne se livrant à l'activité de démarchage bancaire ou financier définie à l'article L. 341-1, de proposer des produits interdits de démarchage mentionnés à l'article L. 341-10 ;

3° *(Abr., Ord. n° 2005-429, 6 mai 2005)* ;

4° Le fait, pour toute personne se livrant à l'activité de démarchage bancaire ou financier, de proposer aux personnes démarchées des produits, instruments financiers et services autres que ceux pour lesquels elle a reçu des instructions expresses de la ou des personnes pour le compte de laquelle ou desquelles elle agit ;

5° Le fait, pour toute personne se livrant à l'activité de démarchage bancaire ou financier, de recevoir des personnes démarchées des espèces, des effets de commerce, des valeurs ou chèques au porteur ou à son nom ou tout paiement par un autre moyen.

Art. L. 353-3. – *(L. n° 2003-706, 1er août 2003)* Les personnes physiques coupables de l'un des délits mentionnés aux articles L. 353-1 et L. 353-2 encourent également les peines complémentaires suivantes :

1° L'interdiction des droits civiques, civils et de famille, suivant les modalités prévues par l'article 131-26 du Code pénal ;

2° L'interdiction, suivant les modalités prévues par l'article 131-27 du Code pénal, d'exercer une fonction publique ou d'exercer une activité professionnelle ou sociale dans l'exercice ou à l'occasion de laquelle l'infraction a été commise, pour une durée de cinq ans au plus ;

3° L'affichage ou la diffusion de la décision prononcée, dans les conditions prévues par l'article 131-35 du Code pénal.

Art. L. 353-4 *(Rempl., L. n° 2009-526, 12 mai 2009)*. – Les personnes morales déclarées responsables pénalement, dans les conditions prévues par l'article 121-2 du Code pénal, des infractions définies aux articles L. 353-1 et L. 353-2 encourent, outre l'amende suivant les modalités prévues par l'article 131-38 du Code pénal, les peines prévues par l'article 131-39 du même code.

L'interdiction mentionnée au 2° de ce même article porte sur l'activité dans l'exercice ou à l'occasion de l'exercice de laquelle l'infraction a été commise.

Art. L. 353-5 *(Ord. n° 2016-301, 14 mars 2016)*. – Les agents mentionnés aux articles L. 511-3 et L. 511-21 du Code de la consommation sont habilités à rechercher et constater les infractions prévues aux articles L. 353-1 et L. 353-2 du présent code, dans les conditions prévues à l'article L. 511-5 du Code de la consommation.

Opérations sur matières précieuses et billets de banque étrangers

Art. L. 353-6 *(L. n° 2003-706, 1er août 2003)*. – Est puni d'un emprisonnement de six mois et d'une amende de 9 000 €, le fait, pour toute personne, de méconnaître les obligations prescrites au titre des opérations sur matières précieuses et des billets de banque, par les articles L. 344-1 à L. 344-3.

La saisie et la confiscation des matières mentionnées aux articles L. 342-1 à L. 342-3 sont obligatoires.

....

Infractions relatives aux marchés réglementés

Art. L. 462-1 *(Abr. à compter du 1er nov. 2007, Ord. n° 2007-544, 12 avr. 2007)*.

> **Rédaction antérieure. Art. L. 462-1.** – Est puni d'un emprisonnement de 2 ans et d'une amende de 6 000 €, le fait, pour toute personne, de porter à la connaissance du public, par voie de publication, communication de circulaires ou autrement, tout cours qui ne serait pas extrait de la cote ou d'un relevé de cours établi dans les conditions fixées par décret.
> Est puni des mêmes peines, le fait, pour toute personne, de procéder à une communication de cours, sans mentionner expressément, avec indication de la date, la référence à la cote ou au relevé d'où ledit cours est extrait.

Art. L. 462-2. – Les sanctions relatives à la publicité pour la souscription de valeurs mobilières sont fixées par l'article L. 245-2 du Code de commerce.

NB : L'article L. 245-2 du Code de commerce a été abrogé par l'article 122, 2°, de la loi n° 2001-420 du 15 mai 2001.

Infractions relatives aux négociations sur instruments financiers

Art. L. 463-1 et L. 463-2 ***(Abr., L. n° 2006-387, 31 mars 2006).***

Rédaction antérieure. Art. L. 463-2. – Est puni des peines prévues aux articles 313-1, 313-7 et 313-8 du Code pénal, le fait, pour toute personne, de méconnaître l'interdiction édictée par l'article L. 432-4.

Infractions relatives aux entreprises de marché et aux chambres de compensation

Art. L. 464-1 ***(Mod., Ord. n° 2007-1490, 18 oct. 2007).*** **– Est puni des peines prévues à l'article 226-13 du Code pénal, le fait, pour tout dirigeant, salarié ou préposé des chambres de compensation, de violer le secret professionnel institué à l'article L. 440-4, sous réserve des dispositions de l'article 226-14 du Code pénal.**

....

Infractions relatives à la protection des investisseurs

Art. L. 465-4. – Les sanctions applicables aux infractions relatives à l'obligation d'information sur les prises de participations significatives sont fixées par le 1° et le 2° du I et le III de l'article L. 247-1 et par l'article L. 247-2 du Code de commerce [...].

....

Art. L. 466-1 ***(Mod. à compter du 1er avr. 2009, Ord. n° 2009-80, 22 janv. 2009 ; L. n° 2010-1249, 22 oct. 2010).*** **– Les autorités judiciaires compétentes, saisies de poursuites relatives à des infractions mettant en cause les sociétés dont les titres financiers sont admis aux négociations sur un marché réglementé ou offerts au public sur un système multilatéral de négociation qui se soumet aux dispositions législatives ou réglementaires visant à protéger les investisseurs contre les opérations d'initiés, les manipulations de cours et la diffusion de fausses informations, ou à des infractions commises à l'occasion d'opérations sur un marché d'instruments financiers « ou d'actifs mentionnés au II de l'article L. 421-1 », peuvent, en tout état de la procédure, demander l'avis de l'Autorité des marchés financiers.** ***(Phr. abr. à compter du 1er sept. 2016, Cons. const. n° 2014-453/454 QPC et n° 2015-462 QPC, 18 mars 2015)*** **Cet avis est obligatoirement demandé lorsque les poursuites sont engagées en exécution de l'article L. 465-1.**

1) QPC. La dernière phrase de l'article L. 466-1 dans sa rédaction issue de la loi n° 2010-1249 du 22 octobre 2010 de régulation bancaire et financière est contraire à la Constitution : ■ Cons. const. n° 2014-453/454 QPC et n° 2015-462 QPC, 18 mars 2015 : *JO* 20 mars 2015.

L'abrogation a été reportée au 1er septembre 2016.

Voir : *supra*, sous art. L. 465-1, la QPC concernant cet article, p. 857.

2) L'avis que la Commission des opérations de bourse, selon l'article 12-1, doit donner à l'autorité judiciaire saisie des poursuites du chef de délit d'initié n'est soumis à aucune forme particulière ; constitue un tel avis le document par lequel la Commission des opérations de bourse transmet au procureur de la République, en vue de poursuites judiciaires, le dossier de l'enquête à laquelle elle a fait procéder (■ Cass. crim., 26 oct. 1995 : *Bull. crim.*, n° 324. ■ Cass. crim., 1er mars 2000 : *Dr. pénal* 2000, comm. 75, obs. J.-H. Robert).

3) La règle « non *bis* in idem » consacrée par l'article 4 du protocole n° 7, additionnel à la Convention européenne de sauvegarde des droits de l'homme et des libertés fondamentales, ne trouve à s'appliquer, selon les réserves faites par la France en marge de ce protocole, que pour les infractions relevant en droit français de la compétence des tribunaux statuant en matière pénale et n'interdit pas l'exercice de poursuites devant le juge répressif parallèlement à une procédure conduite devant la commission des opérations de bourse aux fins de sanctions administratives (■ Cass. crim., 1er mars 2000, arrêt précité).

ANNEXE 11

CAMPING-CARAVANING

Bibliographie : F. Bouyssou, *Le camping et le caravaning : JCP* 85, I, 3184.

Décret nº 59-275 du 7 février 1959
relatif au camping

TITRE PREMIER. – DISPOSITIONS GÉNÉRALES

Art. 1er ***(Abr. et partiellement codifié, D. n° 2006-1229, 6 oct. 2006).*** **– V. Code du tourisme, article R. 331-1.**

Code du tourisme

Art. R. 331-1. – Le camping est librement pratiqué avec l'accord de celui qui a la jouissance du sol, sous réserve, le cas échéant, de l'opposition du propriétaire.

Il peut être pratiqué sur des terrains aménagés, dans les conditions prévues par les dispositions du présent titre.

....

Art. R. 331-11. – Hors le cas prévu par l'article 432-8 du Code pénal, le fait d'ouvrir une tente, une caravane, ou un abri de camping ou d'y pénétrer sans l'autorisation de son propriétaire ou de son utilisateur est puni de l'amende prévue pour les contraventions de la cinquième classe.

ANNEXE 12

CHANGES

Bibliographie : S. Detraz, *Changes : JCl. Lois pénales spéciales*. • *Code monétaire et financier*, LexisNexis, 2015, sous la direction de D. Martin.

Code monétaire et financier

(Ord. n° 2000-1223, 14 déc. 2000)

TITRE PREMIER. – LES RELATIONS FINANCIÈRES AVEC L'ÉTRANGER

CHAPITRE I. – DISPOSITIONS GÉNÉRALES

Art. L. 151-1. – **Les relations financières entre la France et l'étranger sont libres.**

Cette liberté s'exerce selon les modalités prévues par le présent chapitre, dans le respect des engagements internationaux souscrits par la France.

Art. L. 151-2 *(Mod., Ord. n° 2014-158, 20 févr. 2014)*. – **Le Gouvernement peut, pour assurer la défense des intérêts nationaux et par décret pris sur le rapport du ministre chargé de l'économie :**

1. Soumettre à déclaration, autorisation préalable ou contrôle :

a) **Les opérations de change, les mouvements de capitaux et les règlements de toute nature entre la France et l'étranger ;**

b) **La constitution, le changement de consistance et la liquidation des avoirs français à l'étranger ;**

c) **La constitution et la liquidation des investissements étrangers en France ;**

d) **L'importation et l'exportation de l'or ainsi que tous autres mouvements matériels de valeurs entre la France et l'étranger ;**

2. Prescrire le rapatriement des créances sur l'étranger hors Union européenne nées de l'exportation de marchandises, de la rémunération de services et, d'une manière générale, de tous revenus ou produits à l'étranger ;

3. Habiliter des intermédiaires pour réaliser les opérations mentionnées aux 1, *a* et *d* ci-dessus.

Art. L. 151-3 *(Rempl., L. n° 2004-1343, 9 déc. 2004)*. – **I. – Sont soumis à autorisation préalable du ministre chargé de l'économie les investissements étrangers dans une activité en France qui, même à titre occasionnel, participe à l'exercice de l'autorité publique ou relève de l'un des domaines suivants :**

a) **Activités de nature à porter atteinte à l'ordre public, à la sécurité publique ou aux intérêts de la défense nationale ;**

b) **Activités de recherche, de production ou de commercialisation d'armes, de munitions, de poudres et substances explosives.**

Un décret en Conseil d'État définit la nature des activités ci-dessus.

II. – L'autorisation donnée peut être assortie le cas échéant de conditions visant à assurer que l'investissement projeté ne portera pas atteinte aux intérêts nationaux visés au I.

Le décret mentionné au I précise la nature des conditions dont peut être assortie l'autorisation.

III. – Le ministre chargé de l'économie, s'il constate qu'un investissement étranger est ou a été réalisé en méconnaissance des prescriptions du I ou du II, peut enjoindre à l'investisseur de ne pas donner suite à l'opération, de la modifier ou de faire rétablir à ses frais la situation antérieure.

Cette injonction ne peut intervenir qu'après l'envoi d'une mise en demeure à l'investisseur de faire connaître ses observations dans un délai de quinze jours.

En cas de non-respect de l'injonction précitée, le ministre chargé de l'économie peut, après avoir mis l'investisseur à même de présenter ses observations sur les faits qui lui sont reprochés dans un délai minimum de quinze jours, sans préjudice du rétablissement de la situation antérieure, lui infliger une sanction pécuniaire dont le montant maximum s'élève au double du montant de l'investissement irrégulier. Le montant de la sanction pécuniaire doit être proportionnel à la gravité des manquements commis. Le montant de la sanction est recouvré comme les créances de l'État étrangères à l'impôt et au domaine.

Ces décisions sont susceptibles d'un recours de plein contentieux.

Le décret mentionné au I détermine les modalités d'application du III.

Art. L. 151-4. – Est nul tout engagement, convention ou clause contractuelle qui réalise directement ou indirectement un investissement étranger dans l'un des domaines mentionnés au I de l'article L. 151-3 lorsque cet investissement n'a pas fait l'objet de l'autorisation préalable exigée sur le fondement du *c* du 1 de l'article L. 151-2.

CHAPITRE II. – OBLIGATIONS DE DÉCLARATION

Art. L. 152-1 *(Mod., L. fin. rect. n° 2006-1771, 30 déc. 2006 ; Ord. n° 2009-866, 15 juill. 2009 ; L. n° 2013-100, 28 janv. 2013 ; L. n° 2013-1117, 6 déc. 2013 ; L. n° 2016-731, 3 juin 2016).* – Les personnes physiques qui transfèrent vers un État membre de l'Union européenne ou en provenance d'un État membre de l'Union européenne des sommes, titres ou valeurs, y compris les valeurs mentionnées à l'article L. 561-13, les moyens de paiement décrits par la loi n° 2013-100 du 28 janv. 2013 portant diverses dispositions d'adaptation de la législation au droit de l'Union européenne en matière économique et financière, ou de l'or, sans l'intermédiaire d'un établissement de crédit, d'un établissement de monnaie électronique, d'un établissement de paiement ou d'un organisme ou service mentionné à l'article L. 518-1 doivent en faire la déclaration dans des conditions fixées par décret.

Une déclaration est établie pour chaque transfert à l'exclusion des transferts dont le montant est inférieur à 10 000 €.

L'obligation de déclaration n'est pas réputée exécutée si les informations fournies sont incorrectes ou incomplètes.

Sont également considérées comme non effectuées les déclarations portant sur des sommes supérieures à 50 000 € et qui ne sont pas accompagnées des documents dont la production permet de justifier de leur provenance.

Un décret fixe la liste des documents admis pour justifier de la provenance des fonds ainsi transférés. Il fixe également les modalités de transmissions dématérialisées de ces documents.

II. – Le I du présent article entre en vigueur à compter de la publication du décret pris pour son application et, au plus tard, un an après la promulgation de la présente loi.

1) Les personnes physiques qui transfèrent vers l'étranger ou en provenance de l'étranger des sommes d'un montant égal ou supérieur à 50 000 francs, sans l'intermédiaire d'un établissement de crédit agréé, doivent, en application de l'article 98 de la loi du 29 décembre 1989 (devenu l'article 464 du Code des douanes), en faire la déclaration dans des conditions fixées par décret ; la méconnaissance de cette obligation est sanctionnée, en matière douanière, non des peines prévues par l'article 459 du Code des douanes applicable au contentieux des relations financières avec l'étranger, mais de celles prévues par l'article 23-II de la loi du 12 juillet 1990 (devenu l'article 465 du Code des douanes). Les peines d'amende et de confiscation prévues par ce texte ne trouvant à s'appliquer, en vertu du principe de légalité des délits et des peines, qu'aux faits commis postérieurement à son entrée en vigueur, aucune sanction douanière ne saurait être appliquée à un défaut de déclaration commis le 4 mars 1990 (■ Cass. crim., 16 nov. 1995 : *Bull. crim.*, n° 353).

2) Encourt la censure l'arrêt qui, pour déclarer un prévenu coupable de défaut de déclaration de transfert de capitaux à destination de l'étranger, ne rapporte pas la preuve que pour la période couverte par la prévention chaque transfert non déclaré l'a été par fraction d'un montant égal ou supérieur à 50 000 francs (7 622,45 €) prévu par l'article 464 du Code des douanes (■ Cass. crim., 26 nov. 1998 : *Bull. crim.*, n° 320).

3) L'obligation de déclarer les transferts de capitaux en provenance ou à destination de l'étranger, instituée par l'article 464 du Code des douanes dans le but, notamment, de lutter contre le blanchiment d'argent, entre dans les prévisions de l'article 58, paragraphe 1.*b* du traité CE ; cette obligation et les pénalités dont l'article 465 du même code l'assortit ne sont pas contraires au principe communautaire de proportionnalité (■ Cass. crim., 29 mars 2000 : *Bull. crim.*, n° 142).

4) L'obligation de déclarer des sommes, titres ou valeurs, transférées à destination ou en provenance de l'étranger, sans l'intermédiaire d'un établissement financier, à l'exclusion des transferts dont le montant est inférieur à 50 000 F (7 622,45 €), prévue par les articles 98-1 de la loi de finances pour 1990 et 23 de la loi du 12 juillet 1990, dont les dispositions ont été reprises par les articles 464 et 465 du Code des douanes, s'impose à toute personne physique résident ou non résident français, dès lors qu'un de ses objets est de prévenir le blanchiment des capitaux provenant du trafic de stupéfiant et que la mesure est compatible avec les exigences de la directive CE du 24 juin 1988 sur la libre circulation des capitaux (■ Cass. crim., 29 mars 2000 : *Bull. crim.*, n° 145 ; *Dr. pénal* 2000, comm. 103, obs. J.-H. Robert).

5) Les dispositions des articles 464 et 465 du Code des douanes, qui frappent d'une amende douanière et de la confiscation de l'objet du délit le défaut de déclaration des transferts de capitaux à destination ou en provenance de l'étranger non effectués par un intermédiaire agréé, à l'exclusion de ceux dont le montant n'excède pas 50 000 F (7 622,45 €) sont conformes à l'article 4 de la directive 88-361-CEE du 24 juin 1988, qui reconnaît aux États membres le droit de prendre les mesures indispensables pour faire échec aux infractions à leurs lois et règlements.

Il n'appartient pas à la Cour de cassation d'apprécier la conformité des articles 464 et 465 du Code des douanes à un texte de valeur constitutionnelle, tel que l'article 8 de la Déclaration des droits de l'homme du 26 août 1789 (■ Cass. crim., 29 mars 2000 : *Bull. crim.*, n° 146).

6) L'or n'étant plus une marchandise prohibée, l'exportation de lingots d'or sans déclaration n'entre pas dans les prévisions des articles 428-1 et 414 du Code des douanes mais peut être poursuivi pour le délit de défaut de déclaration de transfert de fonds à destination de l'étranger prévu par les articles 464 et 465 du Code des douanes, sauf au prévenu à rapporter la preuve que la valeur des lingots d'or était inférieure à 50 000 F (7 622,45 €) lors de chaque transfert (■ Cass. crim., 29 mars 2000 : *Bull. crim.*, n° 145).

7) L'article 399 du Code des douanes, qui soumet les personnes physiques et morales ayant participé, comme intéressées à un délit douanier, aux mêmes peines que l'auteur dudit délit, est applicable lorsque ce délit est celui d'importation ou d'exportation de capitaux sans déclaration, prévu aux articles 464 et 465 du Code des douanes (■ Cass. crim., 26 sept. 2001 : *Bull. crim.*, n° 191).

8) Méconnaît l'article L. 152-1 du Code monétaire et financier la cour d'appel qui condamne le prévenu, solidairement avec une société, à une amende représentant le quart du montant des transferts illégaux en prenant en considération le montant d'opérations de transfert qui sont distinctes de celles qui lui sont reprochées et dont il n'a pas été déclaré coupable (■ Cass. crim., 25 mars 2015, n° 14-84.422).

Art. L. 152-2. – Les personnes physiques, les associations, les sociétés n'ayant pas la forme commerciale, domiciliées ou établies en France, sont soumises aux dispositions du deuxième alinéa de l'article 1649 A du Code général des impôts.

Art. L. 152-3 ***(Mod., Ord. n° 2009-866, 15 juill. 2009).*** **– Les établissements de crédit,** ***(L. n° 2013-100, 28 janv. 2013)*** **« les établissements de monnaie électronique, » les établissements de paiement ainsi que les organismes et services mentionnés à l'article L. 518-1 doivent communiquer aux administrations fiscales et douanières, sur leur demande, la date et le montant des sommes transférées à l'étranger par les personnes visées à l'article L. 152-2, l'identification de l'auteur du transfert et du bénéficiaire ainsi que les références des comptes concernés en France et à l'étranger. Ces dispositions s'appliquent également aux opérations effectuées pour le compte de ces personnes sur des comptes de non-résidents.**

Les organismes mentionnés au premier alinéa sont tenus de conserver, dans les conditions prévues à l'article L. 102 B du livre des procédures fiscales, tout document, information, donnée ou traitement relatif aux opérations de transfert mentionnées aux alinéas précédents.

Un décret en Conseil d'État peut fixer, après avis de la commission nationale de l'informatique et des libertés, les règles particulières relatives à la conservation et à la communication des informations détenues par les organismes mentionnés au premier alinéa.

Art. L. 152-4 *(Rempl., L. n° 2004-204, 9 mars 2004 ; mod., Ord. n° 2005-1512, 7 déc. 2005 ; L. fin. rect. n° 2006-1771, 30 déc. 2006 ; L. n° 2010-1249, 22 oct. 2010 ; L. n° 2016-731, 3 juin 2016).* **– I. – La méconnaissance des obligations déclaratives énoncées à l'article L. 152-1 et dans le règlement (CE) n° 1889/2005 du Parlement européen et du Conseil, du 26 octobre 2005, relatif aux contrôles de l'argent liquide entrant ou sortant de la Communauté est punie d'une amende égale à 50 % de la somme sur laquelle a porté l'infraction ou la tentative d'infraction.**

II. – En cas de constatation de l'infraction mentionnée au I par les agents des douanes, ceux-ci consignent la totalité de la somme sur laquelle a porté l'infraction ou la tentative d'infraction, pendant une durée de six mois, renouvelable sur autorisation du procureur de la République du lieu de la direction des douanes dont dépend le service chargé de la procédure, dans la limite de douze mois au total.

La somme consignée est saisie et sa confiscation peut être prononcée par la juridiction compétente si, pendant la durée de la consignation, il est établi que l'auteur de l'infraction mentionnée au I est ou a été en possession d'objets laissant présumer qu'il est ou a été l'auteur d'une ou plusieurs infractions prévues et réprimées par le Code des douanes ou qu'il participe ou a participé à la commission de telles infractions ou s'il y a des raisons plausibles de penser que l'auteur de l'infraction visée au I a commis une infraction ou plusieurs infractions prévues et réprimées par le Code des douanes ou qu'il a participé à la commission de telles infractions.

(Al. mod., L. n° 2013-1117, 6 déc. 2013) **La décision de non-lieu ou de relaxe emporte de plein droit, aux frais du Trésor, mainlevée des mesures de consignation et saisie ordonnées. Il en est de même en cas d'extinction de l'action pour l'application des sanctions fiscales. Les agents des douanes procèdent à la retenue, pour les besoins de l'enquête, des documents se rapportant aux sommes consignées ou en prennent copie.**

III. – La recherche, la constatation et la poursuite des infractions mentionnées au I sont effectuées dans les conditions fixées par le Code des douanes.

Dans le cas où l'amende prévue au I est infligée, la majoration de 40 % mentionnée au premier alinéa de l'article 1758 du Code général des impôts n'est pas appliquée.

En cas de transfert de capitaux sans déclaration, l'article L. 152-4 du Code monétaire et financier, auquel renvoie l'article 465 du Code des douanes, n'exige pas que les sommes saisies soient restituées de plein droit à l'expiration de leur durée de consignation (■ Cass. crim., 25 juin 2014 : *Bull. crim.* n° 165).

Art. L. 152-5. – Les infractions aux dispositions de l'article L. 152-2 sont passibles d'une amende de 750 € par compte non déclaré.

QPC. Par décision n° 2017-692 QPC du 16 février 2018, le Conseil constitutionnel a décidé que l'article L. 152-5 du Code monétaire et financier, dans sa rédaction issue de l'ordonnance n° 2000-1223 du 14 décembre 2000 relative à la partie législative du Code monétaire et financier est conforme à la Constitution avant le 1er janvier 2009, mais que cet article est contraire à la Constitution à compter du 1er janvier 2009.

Art. L. 152-6 *(Mod., L. n° 2013-1117, 6 déc. 2013).* **– Les organismes qui ne se conforment pas aux obligations prévues à l'article L. 152-3 sont passibles d'une amende égale à 50 % du montant des sommes non communiquées. Lorsque le contribuable apporte la preuve que le Trésor n'a subi aucun préjudice, le taux de l'amende est ramené à 5 % et son montant plafonné à 750 € en cas de première infraction.**

L'infraction est constatée et l'amende recouvrée, garantie et contestée dans les conditions prévues pour les contraventions aux dispositions relatives au droit de communication des administrations fiscales et douanières mentionnées à l'article L. 152-3.

....

Infractions à la législation sur les relations financières avec l'étranger

Art. L. 165-1 *(Mod., L. fin. rect. n° 2011-1978, 28 déc. 2011).* **– Les infractions aux obligations prévues aux articles L. 151-2 et L. 151-3 sont sanctionnées conformément à l'article 459 du Code des douanes. Sont également applicables les dispositions de l'article 451 du Code des douanes.**

Code des douanes

Art. 451 *bis* *(L. n° 2001-1275, 28 déc. 2001).* **– Pour l'application du présent code, sont assimilées à des relations financières avec l'étranger toutes les opérations financières effectuées en France par ou pour le compte des personnes physiques et morales visées par les règlements communautaires pris en application *(Mots rempl., L. fin. rect. n° 2011-1978, 28 déc. 2011)* « de l'article 215 du traité sur le fonctionnement de l'Union européenne » ou par les traités et accords internationaux régulièrement approuvés et ratifiés.**

.....

Art. 459 *(Mod., L. n° 2011-267, 14 mars 2011 ; L. n° 2011-525, 17 mai 2011).* **– 1** *(1 modifié, L. n° 2008-776, 4 août 2008 ; L. n° 2011-267, 14 mars 2011 ; L. n° 2011-525, 17 mai 2011).* **Quiconque aura contrevenu ou tenté de contrevenir à la législation et à la réglementation des relations financières avec l'étranger soit en ne respectant pas les obligations de déclaration ou de rapatriement, soit en n'observant pas les procédures prescrites ou les formalités exigées, soit en ne se munissant pas des autorisations requises ou en ne satisfaisant pas aux conditions dont ces autorisations sont assorties sera puni d'une peine d'emprisonnement de un an à cinq ans, de la confiscation du corps du délit, de la confiscation des moyens de transport utilisés pour la fraude, de la confiscation des biens et avoirs qui sont le produit direct ou indirect de l'infraction et d'une amende égale au minimum au montant et au maximum au double de la somme sur laquelle a porté l'infraction ou la tentative d'infraction.**

1 *bis*. Est puni des mêmes peines le fait, pour toute personne, de contrevenir ou de tenter de contrevenir aux mesures de restriction des relations économiques et financières prévues par la réglementation communautaire prise en application *(Mots rempl., L. fin. rect. n° 2011-1978, 28 déc. 2011)* « de l'article 215 du traité sur le fonctionnement de l'Union européenne » ou par les traités et accords internationaux régulièrement approuvés et ratifiés par la France.

1 *ter (1 ter rempl., L. n° 2009-526, 12 mai 2009).* Les personnes morales déclarées responsables pénalement, dans les conditions prévues par l'article 121-2 du Code pénal, des infractions définies aux 1 et 1 *bis* du présent article encourent, outre l'amende suivant les modalités prévues par l'article 131-38 du Code pénal, les peines prévues par l'article 131-39 du même code.

2. Lorsque, pour une cause quelconque, les objets passibles de confiscation n'ont pu être saisis ou ne sont pas représentés par le délinquant ou lorsque le ministre du budget ou son représentant en fait la demande, le tribunal doit, pour tenir lieu de la confiscation, prononcer une condamnation au paiement d'une somme égale à la valeur de ces objets.

3. Sera punie d'un emprisonnement d'un an à cinq ans et d'une amende de 225 000 € toute personne qui aura incité par écrit, propagande ou publicité à commettre une des infractions visées au 1 ci-dessus, que cette incitation ait été ou non suivie d'effet.

4. Les personnes condamnées pour infractions à la législation et à la réglementation relative aux relations financières avec l'étranger sont, en outre, déclarées incapables d'exercer les fonctions d'agents de change, d'être électeurs ou élus aux chambres de commerce, tribunaux de commerce et conseils de prud'hommes, tant et aussi longtemps qu'elles n'auront pas été relevées de cette incapacité.

5. Les tribunaux ordonneront, en outre, que leurs décisions portant condamnation seront, aux frais des personnes condamnées, insérées en entier ou par extraits dans les journaux qu'ils désigneront.

.....

Art. 464 *(Rempl. à compter du 15 juin 2007, D. n° 2007-471, 28 mars 2007 ; rempl., D. n° 2011-1694, 29 nov. 2011).* **– Les transferts vers un État membre de l'Union européenne ou en provenance d'un tel État de sommes, titres ou valeurs font l'objet d'une déclaration dans les conditions prévues à l'article L. 152-1 du Code monétaire et financier.**

1) En l'absence de modification de la loi pénale et dès lors que le principe de non-rétroactivité ne s'applique pas à une simple interprétation jurisprudentielle, un demandeur ne saurait se prévaloir des dispositions plus favorables d'un arrêt de la Cour de cassation, au demeurant frappé d'opposition et rétracté par la suite, pour contester l'application à son encontre, nonobstant sa qualité de non-résident français, de l'obligation déclarative prévue par l'article 464 du Code des douanes (■ Cass. crim., 30 janv. 2002 : *Bull. crim.*, n° 16 ; *Dr. pénal* 2002, comm. 45, obs. J. Robert).

2) L'article 464 du Code des douanes, qui fait obligation aux personnes physiques de déclarer les sommes, titres ou valeurs qu'elles transfèrent vers l'étranger ou en provenance de l'étranger, est applicable même lorsque lesdites sommes, provenant d'un pays étranger et destinées à être transférées vers un autre pays étranger, n'ont fait que transiter par le territoire français (■ Cass. crim., 19 févr. 2003 : *Bull. crim.*, n° 44 ; *Dr. pénal* 2003, comm. 59, obs. J.-H. Robert).

3) Le chèque étant une valeur, son transfert à l'étranger entre dans les prévisions de l'article 464 du Code de douanes et doit donc être déclaré (■ Cass. crim., 6 avr. 2005 : *Dr. pénal* 2005, comm. 110, obs. J. H. Robert).

Un chèque barré, même s'il porte l'identification du bénéficiaire, est une valeur dont la déclaration est obligatoire lors de son introduction en France (■ Cass. crim., 19 juin 2013, n° 12-81.811 : *Dr. pén.* 2013, comm. 154, obs. J.-H. Robert).

Art. 465 *(Rempl. à compter du 15 juin 2007, D. n° 2007-471, 28 mars 2007 ; remplacé, D. n° 2011-1694, 29 nov. 2011).* **– La méconnaissance des obligations de déclaration de transfert de capitaux, énoncées à l'article L. 152-1 du Code monétaire et financier et dans le règlement (CE) n° 1889/2005 du Parlement européen et du Conseil du 26 octobre 2005 relatif aux contrôles de l'argent liquide entrant ou sortant de la Communauté, est recherchée, constatée et réprimée dans les conditions prévues à l'article L. 152-4 du Code monétaire et financier.**

1) QPC. Non-lieu à renvoi au Conseil constitutionnel de la question prioritaire de constitutionnalité visant l'article 465 du Code des douanes, car, d'une part, les dispositions contestées, issues de l'article 1er du décret n° 93-995 du 4 août 1993, ensuite modifiées par l'article 2 du décret n° 2004-759 du 27 juillet 2004, ne sont pas des dispositions législatives au sens de l'article 61-1 de la Constitution ; d'autre part, elles se bornent à tirer les conséquences nécessaires des dispositions inconditionnelles et précises du Règlement (CE) n° 1889/2005 du Parlement européen et du Conseil du 26 octobre 2005 relatif aux contrôles de l'argent liquide entrant ou sortant de la Communauté, qui ne mettent en cause aucune règle, ni aucun principe inhérent à l'identité constitutionnelle de la France (■ Cass. crim., 22 févr. 2012, n° 11-90.122 QPC : *Bull. crim.*, n° 54 ; *Dr. pén.* 2012, comm. 57, obs. J.-H. Robert).

2) Validité et comptabilité. L'entrée en vigueur des articles L. 151-1 à L. 152-6 du Code monétaire et financier n'a pas abrogé les articles 464 à 466 du Code des douanes (■ Cass. crim., 3 juin 2004 : *JurisData* n° 2004-024826).

3) Les sanctions prévues par l'article 465 du Code des douanes, qui ont été instituées notamment en vue de la lutte contre le blanchiment de capitaux, laquelle figure parmi les objectifs de la Communauté européenne, sont conformes au principe communautaire de proportionnalité et non contraires aux dispositions de la Convention européenne de sauvegarde des droits de l'homme (■ Cass. crim., 30 janv. 2002 : *Bull. crim.*, n° 16 ; *Dr. pénal* 2002, comm. 45, obs. J.-H. Robert).

– Mais voir *infra*, V° *Conv. EDH*.

4) Ces sanctions ne méconnaissent, en outre, ni l'article 1er du premier protocole additionnel à la CEDH, ni l'article 132-24 du Code pénal relatif à la personnalisation des peines (■ Cass. crim., 6 avr. 2005 : *JurisData* n° 2005-028523).

5) La cour d'appel qui, pour l'infraction de l'article 465 du Code des douanes, condamne à une amende de 765 000 € et ordonne la confiscation de la somme de 32 850 000 pesetas espagnoles (soit environ 197 432 €) ne méconnaît pas le principe supra-législatif de proportionnalité des pénalités à la gravité des faits (■ Cass. crim., 3 juin 2004 : *JurisData* n° 2004-024826).

6) L'article 465-II, alinéa 2, du Code des douanes, permettant aux juges qui ont caractérisé le délit de transfert de capitaux sans déclaration de prononcer la confiscation de la somme saisie si certaines circonstances de fait sont réunies, n'est pas contraire aux dispositions des articles 6, § 2, et 7 de la Convention européenne des droits de l'homme (■ Cass. crim., 11 janv. 2006 : *Bull. crim.*, n° 14).

7) Conditions au prononcé de la confiscation (D. du 27 juillet 2004). Il résulte de l'article 465-II, alinéa 2, du Code des douanes, que la confiscation encourue en cas de transfert sans déclaration de capitaux ne peut être prononcée que s'il est établi que l'auteur de l'infraction est ou a été en possession d'objets laissant présumer sa participation passée ou actuelle à la commission d'une infraction au Code des douanes ou s'il y a des raisons plausibles de penser qu'il a commis ou participé à la commission d'une telle infraction ; ne justifie pas sa décision la cour d'appel qui, pour confisquer la somme saisie, se borne à relever que cette somme, d'un montant important, avait été soigneusement cachée dans trente paquets enveloppés de scotch marron et que ladite somme, dont l'origine n'est pas justifiée, était acheminée suivant un axe nord-sud et donc, dans la logique d'un trafic, aux fins de financer un éventuel achat de stupéfiants (■ Cass. crim., 11 janv. 2006 : *Bull. crim.*, n° 15. ■ Cass. crim., 10 mai 2007 : *Dr. pénal* 2007, comm. 117, obs. J.-H. Robert).

8) Pour prononcer, outre une amende douanière du chef de transfert de capitaux sans déclaration (la poursuite pour infraction à la législation sur les stupéfiants ayant été clôturée par un non-lieu), la confiscation des sommes saisies, les juges du second degré énoncent que le prévenu n'a produit aucune justification de l'origine régulière de ces sommes dont le montant était sans proportion avec ses revenus déclarés, qu'il a été mis en cause en Belgique dans plusieurs affaires de stupéfiants, qu'il était en relation avec diverses personnes elles-mêmes impliquées dans ce type de trafic et que le chien dressé pour la recherche de tels produits a marqué un arrêt devant les billets de banque, lors de leur découverte ; ils en déduisent qu'il existe des raisons plausibles de penser que le manquement à l'obligation déclarative relevé peut avoir un lien avec une détention irrégulière de produits stupéfiants réputés importés en contrebande, justifiant ainsi leur décision (■ Cass. crim., 1er déc. 2010 : *Dr. pén.* 2011, comm. 49, obs. J.-H. Robert).

9) En cas de transfert de capitaux sans déclaration, l'article L. 152-4 du Code monétaire et financier, auquel renvoie l'article 465 du Code des douanes, n'exige pas que les sommes saisies soient restituées de plein droit à l'expiration de leur durée de consignation.

– Il résulte de l'article 465 II, alinéa 2, du Code des douanes que la confiscation encourue en cas de transfert sans déclaration de capitaux ne peut être prononcée que si, pendant la durée de la consignation, il est établi que l'auteur de l'infraction est ou a été en possession d'objets laissant présumer sa participation passée ou actuelle à la commission d'une infraction au Code des douanes ou s'il y a des raisons plausibles de penser qu'il a commis ou participé à la commission d'une telle infraction.

Justifie sa décision l'arrêt qui, pour rejeter la requête en restitution de la somme saisie formée par le prévenu, déclaré coupable de transfert de capitaux sans déclaration, et en prononcer la confiscation, relève qu'il a été constaté, dès le contrôle et la rétention douanière, que la somme d'argent que celui-ci transportait comportait des coupures imprégnées d'héroïne et de cocaïne et en déduit qu'il existe à son encontre des raisons plausibles de penser qu'il a participé, comme auteur ou complice, au délit douanier de contrebande de marchandises prohibées (■ Cass. crim., 25 juin 2014 : *Bull. crim.* n° 165).

10) Convention EDH. Dans l'affaire ayant donné lieu à l'arrêt de la chambre criminelle du 30 janvier 2002 (préc.), antérieure à la modification des articles 464 et 465 du Code des douanes par la loi du 9 mars 2004 puis celle du 28 mars 2007, la Cour EDH a retenu qu'il y avait eu violation de l'article premier du Protocole additionnel n° 1 de la Convention européenne, et que la sanction imposée au requérant, cumulant la confiscation et l'amende, était disproportionnée au regard du manquement commis (en l'espèce un défaut de déclaration en douane d'une importante somme d'argent par lui détenue à la frontière franco-andorrane) et que le juste équilibre entre les exigences de l'intérêt général et la protection des droits fondamentaux de l'individu n'a pas été respecté, un manquement éventuel afférent à un délit tel que le blanchiment d'argent ou la fraude fiscale n'ayant pas été constaté (■ CEDH, 26 févr. 2009, n° 28336/02 : *Bull. inf. c. cass.*, 1er avr. 2009, p. 6 ; *JCP* 2009, II, 10075, note J. Pannier).

11) Procédure. L'article 60 du Code des douanes, qui permet aux agents des douanes de procéder à la visite des marchandises, des moyens de transport et de personnes, est applicable à l'infraction de transfert sans déclaration de capitaux, prévue à l'article 465 du Code des douanes (■ Cass. crim., 22 févr. 2006 : *Bull. crim.*, n° 53).

12) Encourt la censure l'arrêt qui déclare coupable des faits reprochés un prévenu poursuivi, à la seule initiative du ministère public, du chef de transfert de capitaux sans déclaration, cette infraction n'étant passible que des sanctions fiscales prévues à l'article 465 du Code des douanes (■ Cass. crim., 27 févr. 2002 : *Bull. crim.*, n° 50. V. sous art. 343 du Code des douanes).

13) L'exercice de poursuites pour la violation de l'obligation déclarative prévue et réprimée par les articles 464 et 465 du Code des douanes n'est pas subordonné au dépôt d'une plainte préalable du ministre de l'Économie et des Finances (■ Cass. crim., 11 déc. 2013, n° 13-83.925 : *Bull. crim.*, n° 253).

14) L'exercice de poursuites pour violation de l'obligation déclarative prévue et réprimée par les articles 464 et 465 du Code des douanes et pour le délit de blanchiment prévu à l'article 415 du même code n'est pas subordonné au dépôt d'une plainte préalable du ministre de l'Économie et des Finances (■ Cass. crim., 25 mars 2015, n° 13-84.422 ; *Dr. pén.* 2015, comm. 89, obs. J.-H. Robert).

Code monétaire et financier

Art. R. 151-1 *(Mod., D. n° 2005-1739, 30 déc. 2005 ; D. n° 2014-488, 15 mai 2014 ; D. n° 2017-732, 10 mai 2017)*. – Pour l'application du présent titre :

1° Le territoire dénommé « France » s'entend : de la France métropolitaine, de la Guadeloupe, de la Guyane, de la Martinique, de la Réunion, de Mayotte, de Saint-Barthélemy, de Saint-Martin, de Saint-Pierre-et-Miquelon et des îles Wallis-et-Futuna ainsi que la Principauté de Monaco. Toutefois, pour les besoins statistiques liés à l'établissement de la balance des paiements, les îles Wallis-et-Futuna sont considérées comme l'étranger ;

2° Sont considérés comme résidents : les personnes physiques ayant leur principal centre d'intérêt en France, les fonctionnaires et autres agents publics français en poste à l'étranger dès leur prise de fonctions, ainsi que les personnes morales françaises ou étrangères pour leurs établissements en France ;

3° Sont considérés comme non-résidents : les personnes physiques ayant leur principal centre d'intérêt à l'étranger, les fonctionnaires et autres agents publics étrangers en poste en France dès leur prise de fonctions, et les personnes morales françaises ou étrangères pour leurs établissements à l'étranger ;

4° Pour les besoins statistiques mentionnés aux articles R. 152-1, R. 152-2 et R. 152-3, sont considérées comme des investissements directs étrangers en France ou français à l'étranger les opérations par lesquelles des non-résidents ou des résidents acquièrent au moins 10 % du capital ou des droits de vote, ou franchissent le seuil de 10 %, d'une entreprise résidente ou non résidente respectivement. Relèvent aussi de la définition statistique des investissements directs toutes les opérations entre entreprises apparentées, de quelque nature qu'elles soient, telles que prêts, emprunts ou dépôts, ainsi que les investissements immobiliers.

Chapitre II. – Obligations de déclaration

Section 1. – Déclarations statistiques en vue de l'établissement de la balance des paiements et de la position extérieure de la France

Art. R. 152-1 *(Mod., D. n° 2013-383, 6 mai 2013 ; D. n° 2014-1315, 3 nov. 2014)*. – I. - Les établissements de crédit, les sociétés de financement, les établissements de monnaie électronique, les établissements de paiement, les entreprises d'investissement, les organismes de placement collectif et les institutions et services mentionnés à l'article L. 518-1 sont tenus d'établir les déclarations statistiques mensuelles relatives aux règlements entre résidents et non-résidents, effectués en France et qui dépassent 12 500 euros, sur la base des éléments que leur communiquent les résidents auteurs ou bénéficiaires de ces règlements.

II. – Les entreprises ou groupes d'entreprises dont le montant des opérations avec l'étranger, quelles que soient leur nature ou leurs modalités, excède au cours d'une année civile, pour au moins une rubrique de services ou de revenus de la balance des paiements, un montant fixé par arrêté du ministre chargé de l'économie doivent déclarer chaque mois directement à la Banque de France l'ensemble de leurs opérations réalisées avec l'étranger ou en France avec des non-résidents. La liste des rubriques de services et de revenus de la balance des paiements mentionnées ci-dessus est fixée par cet arrêté.

III. – Les résidents qui réalisent directement des opérations à l'étranger, notamment à partir de comptes ouverts à l'étranger, ou par compensation de créances et de dettes, doivent déclarer chaque mois directement à la Banque de France les opérations de cette nature lorsque leur montant total dépasse un seuil fixé par arrêté du ministre chargé de l'économie.

Art. R. 152-2. – Les résidents déclarent à la Banque de France les éléments statistiques nécessaires à la connaissance de la position extérieure de la France, lorsque l'encours de leurs biens et créances à l'étranger ou de leurs dettes envers l'étranger excède un montant fixé par arrêté du ministre chargé de l'économie.

Art. R. 152-3. – Doivent faire l'objet auprès de la Banque de France d'informations complémentaires à des fins statistiques, dans des conditions et délais fixés par arrêté du ministre chargé de l'économie, lorsque leur montant dépasse 15 millions d'euros :

1° Les investissements directs étrangers en France et leur liquidation tels que définis au 4° de l'article R. 151-1 et leur liquidation ;

2° L'acquisition ou la cession d'entreprises non résidentes par des résidents ;

3° L'acquisition ou la cession de biens immobiliers à l'étranger par des résidents et en France par des non-résidents.

Art. R. 152-4 *(Abr., D. n° 2017-732, 10 mai 2017).*

Section 2. – Investissements étrangers

(Sect. abr., D. n° 2017-732, 10 mai 2017)

Art. R. 152-5 *(Abr., D. n° 2017-732, 10 mai 2017).*

ANNEXE 13

CHASSE

Bibliographie : P. Maistre du Chambon, *Chasse : JCl. Lois pénales spéciales*. • F. Colas-Belcourt et J. Guilbaud, *La chasse et le droit*, 15e éd., Litec 1999. • H. Bosse-Platière, Code rural 2018 commenté, éd. LexisNexis. • Ch. Huglo et J. de Malafosse, Code de l'environnement 2017, commenté, éd. LexisNexis. • J. de Malafosse, *Aperçu rapide de la loi de 26 juillet 2000 : JCP* 2000, n° 47, actualités.

Code de l'environnement

Art. L. 420-3 *(Mod., L. n° 2005-157, 23 févr. 2005)*. **– Constitue un acte de chasse tout acte volontaire lié à la recherche, à la poursuite ou à l'attente du gibier ayant pour but ou pour résultat la capture ou la mort de celui-ci.**

L'acte préparatoire à la chasse antérieur à la recherche effective du gibier, y compris lorsqu'il consiste en un repérage non armé du gibier sur le territoire où s'exerce le droit de chasse, passage du gibier, et l'acte de recherche du gibier accompli par un auxiliaire de la chasse ne constituent pas des actes de chasse. Achever un animal mortellement blessé ou aux abois ne constitue pas un acte de chasse, de même que la curée ou l'entraînement des chiens courants sans capture de gibier sur les territoires où s'exerce le droit de chasse de leur propriétaire durant les périodes d'ouverture de la chasse fixées par l'autorité administrative.

Ne constitue pas non plus un acte de chasse le fait, pour un conducteur de chien de sang, de procéder à la recherche d'un animal blessé ou de contrôler le résultat d'un tir sur un animal.

Les entraînements, concours et épreuves de chiens de chasse ou d'oiseaux de fauconnerie, autorisés par l'autorité administrative, ne constituent pas des actes de chasse.

N'est pas considéré comme une infraction le fait, à la fin de l'action de chasse, de récupérer sur autrui ses chiens perdus.

Selon l'article L. 420-3 du Code de l'environnement, constitue un acte de chasse tout acte volontaire lié à la recherche, à la poursuite ou à l'attente du gibier ayant pour but ou pour résultat la capture ou la mort de celui-ci.

Constitue un tel acte, le fait, en étant muni d'un émetteur-récepteur radiophonique pour échanger des informations sur leur arrivée ou leur cheminement, de guetter des oiseaux, ainsi que de les diriger ou de les rabattre à l'aide de divers autres instruments dont des raquettes simulant un épervier, vers un dispositif destiné à leur capture, peu important que l'accomplissement de cet acte ne soit pas réalisé à l'aide d'une arme (■ Cass. crim., 10 janv. 2012, n° 11-82.441 : *Bull. crim.*, n° 4 ; *Gaz. Pal.* 9-10 mars 2012, chron. p. 40, note A. Renelier).

Réserves de chasse et de faune sauvage

Art. L. 422-27 *(Mod., L. n° 2002-92, 22 janv. 2002 ; L. n° 2005-157, 23 févr. 2005)*. **– Les réserves de chasse et de faune sauvage ont vocation à :**

– protéger les populations d'oiseaux migrateurs conformément aux engagements internationaux ;

– assurer la protection des milieux naturels indispensables à la sauvegarde d'espèces menacées ;

- favoriser la mise au point d'outils de gestion des espèces de faune sauvage et de leurs habitats ;
- contribuer au développement durable de la chasse au sein des territoires ruraux.

Elles sont créées par l'autorité administrative à l'initiative du détenteur du droit de chasse ou de la fédération départementale ou interdépartementale des chasseurs lorsqu'il s'agit de conforter des actions d'intérêt général.

Les réserves nationales de chasse et de faune sauvage sont organisées en un réseau national sous la responsabilité de l'Office national de la chasse et de la faune sauvage et de la Fédération nationale des chasseurs.

Les autres réserves peuvent être organisées en réseaux départementaux dont la coordination est assurée par les fédérations départementales ou interdépartementales des chasseurs.

Un décret en Conseil d'État fixe les conditions d'institution et de fonctionnement des réserves de chasse. Il détermine notamment les conditions dans lesquelles sont prises les mesures propres à prévenir les dommages aux activités humaines, à favoriser la protection du gibier et de ses habitats, à maintenir les équilibres biologiques.

En Corse, les conditions d'institution et de fonctionnement des réserves de chasse sont fixées par délibération de l'Assemblée corse.

....

Permis de chasser

Art. L. 423-1 *(Mod., L. n° 2005-157, 23 févr. 2005 ; L. n° 2009-526, 12 mai 2009)*. – Nul ne peut pratiquer la chasse s'il n'est titulaire et porteur d'un permis de chasser valable.

Le caractère valable du permis de chasser résulte, d'une part, du paiement des redevances cynégétiques et du droit de timbre mentionnés à l'article L. 423-12 et, d'autre part, du paiement des cotisations prévues à l'article L. 423-13 ainsi que des participations prévues à l'article L. 426-5 et de la cotisation nationale instituée à l'article L. 421-14 lorsqu'il s'agit de la chasse du grand gibier.

Toutefois, les personnes qui ont réussi l'examen du permis de chasser et se sont acquittées des sommes prévues à l'alinéa précédent peuvent pratiquer la chasse jusqu'à la décision prise sur leur demande de permis et au plus tard jusqu'à l'expiration d'un délai fixé par voie réglementaire.

Art. L. 423-2. – Toutefois, les personnes titulaires et porteuses d'une autorisation de chasser peuvent pratiquer la chasse en présence et sous la responsabilité civile d'un accompagnateur titulaire depuis au moins cinq ans du permis de chasser et n'ayant jamais été privé du droit d'obtenir ou de détenir un permis de chasser par décision de justice. Pour la chasse à tir, la personne autorisée et l'accompagnateur ne peuvent disposer, sur le lieu de chasse, que d'une arme pour deux.

À l'exclusion des personnes visées par l'article L. 423-25, l'autorisation de chasser est délivrée par *(Mots rempl. à compter du 1er septembre 2009, L. n° 2009-526, 12 mai 2009)* « le directeur général de l'Office national de la chasse et de la faune sauvage », gratuitement, pour un an et une fois par personne, aux mineurs de plus de quinze ans et aux majeurs, ayant bénéficié d'une formation pratique élémentaire délivrée par la fédération départementale ou interdépartementale des chasseurs, avec le concours de l'Office national de la chasse et de la faune sauvage.

Les articles L. 424-4 et L. 424-5 sont applicables aux titulaires de l'autorisation de chasser.

Un décret en Conseil d'État précise les conditions de délivrance de l'autorisation de chasser.

Art. L. 423-3. – Pour la pratique de la chasse maritime, les marins-pêcheurs professionnels et les conchyliculteurs assimilés administrativement auxdits marins sont dispensés de validation de leur permis de chasser sous réserve d'être en possession d'une autorisation délivrée gratuitement par l'autorité administrative sur présentation d'une attestation d'assurance établie dans les conditions fixées par le présent chapitre.

....

Art. L. 423-19 *(Mod., L. n° 2012-325, 7 mars 2012)*. – La validation du permis de chasser donne lieu annuellement au paiement d'une redevance cynégétique départementale ou nationale.

Pour obtenir la validation départementale du permis de chasser, le demandeur doit être membre de la fédération des chasseurs correspondante. La première validation annuelle du permis de chasser qu'il obtient l'habilite à chasser sur l'ensemble du territoire national.

....

Temps de chasse

Art. L. 424-2. – **Nul ne peut chasser en dehors des périodes d'ouverture de la chasse fixées par l'autorité administrative selon des conditions déterminées par décret en Conseil d'État.**

Les oiseaux ne peuvent être chassés ni pendant la période nidicole ni pendant les différents stades de reproduction et de dépendance. Les oiseaux migrateurs ne peuvent en outre être chassés pendant leur trajet de retour vers leur lieu de nidification.

Toutefois, pour permettre, dans des conditions strictement contrôlées et de manière sélective, la capture, la détention ou toute autre exploitation judicieuse de certains oiseaux migrateurs terrestres et aquatiques en petites quantités, conformément aux dispositions de l'article L. 425-14, des dérogations peuvent être accordées.

Un décret en Conseil d'État fixe les modalités d'application de cette disposition.

Emporte nécessairement interdiction de chasser le gibier d'eau au-delà de la date limite le jugement d'un tribunal administratif portant annulation d'un arrêté préfectoral en ce qu'il fixe une date de clôture pour la chasse de ce gibier au-delà de la date limite possible ; est par suite inopérant le moyen, opposé par un chasseur surpris en action de chasse après cette date, tiré de la prétendue illégalité d'un arrêté préfectoral modificatif, qui, sur injonction de cette juridiction impartissant la fixation d'une nouvelle date ne devant pas dépasser la date limite, a fixé la date de clôture pour la chasse dudit gibier à cette date limite (■ Cass. crim., 18 nov. 2003 : *Bull. crim.*, n° 216 ; *Dr. pénal* 2004, comm. 51, obs. J.-H. Robert).

Art. L. 424-3 *(Mod., L. n° 2005-157, 23 févr. 2005 ; L. n° 2012-325, 7 mars 2012)*. – **I. – Toutefois, le propriétaire ou possesseur peut, en tout temps, chasser ou faire chasser le gibier à poil dans ses possessions attenant à une habitation et entourées d'une clôture continue et constante faisant obstacle à toute communication avec les héritages voisins et empêchant complètement le passage de ce gibier et celui de l'homme.**

Dans ce cas, les dispositions des articles L. 425-4 à L. 425-15 ne sont pas applicables au gibier à poil et la participation aux frais d'indemnisation des dégâts de gibier prévue à l'article L. 426-5 n'est pas due.

II. – Les établissements professionnels de chasse à caractère commercial peuvent être formés de territoires ouverts ou de terrains clos au sens du I du présent article. Ils possèdent cette qualité par l'inscription au registre du commerce ou au régime agricole. Leur activité est soumise à déclaration auprès du préfet du département et donne lieu à la tenue d'un registre. L'article L. 425-15 ne s'applique pas à la pratique de la chasse d'oiseaux issus de lâchers dans les établissements de chasse à caractère commercial.

Dans ces établissements, les dates d'ouverture et de fermeture de la chasse des perdrix grises, perdrix rouges et faisans de chasse, issus d'élevage sont les dates d'ouverture générale et de clôture générale de la chasse dans le département.

Modes et moyens de chasse

Art. L. 424-4 *(Mod., L. n° 2005-157, 23 févr. 2005 ; L. n° 2012-325, 7 mars 2012)*. – **Dans le temps où la chasse est ouverte, le permis donne à celui qui l'a obtenu le droit de chasser de jour, soit à tir, soit à courre, à cor et à cri, soit au vol, suivant les distinctions établies par des arrêtés du ministre chargé de la chasse. Le jour s'entend du temps qui commence une heure avant le lever du soleil au chef-lieu du département et finit une heure après son coucher.**

Il donne également le droit de chasser le gibier d'eau à la passée, à partir de deux heures avant le lever du soleil au chef-lieu du département et jusqu'à deux heures après son coucher, dans les lieux mentionnés à l'article L. 424-6.

Pour permettre, dans des conditions strictement contrôlées et de manière sélective, la chasse de certains oiseaux de passage en petites quantités, le ministre chargé de la chasse autorise, dans les conditions qu'il détermine, l'utilisation des modes et moyens de chasse consacrés par les usages traditionnels, dérogatoires à ceux autorisés par le premier alinéa.

Tous les moyens d'assistance électronique à l'exercice de la chasse, autres que ceux autorisés par arrêté ministériel, sont prohibés.

Les gluaux sont posés une heure avant le lever du soleil et enlevés avant onze heures.

Tous les autres moyens de chasse, y compris l'avion et l'automobile, même comme moyens de rabat, sont prohibés.

Toutefois, le déplacement en véhicule à moteur d'un poste de tir à un autre est autorisé dès lors que l'action de chasse est terminée et que l'arme de tir est démontée ou placée sous étui.

Par dérogation aux dispositions de l'alinéa précédent, pour la chasse au chien courant, le déplacement en véhicule à moteur d'un poste de tir à un autre peut être autorisé dans les conditions fixées par le schéma départemental de gestion cynégétique dès lors que l'arme de tir est démontée ou placée sous étui.

Les personnes souffrant d'un handicap moteur peuvent faire usage d'un véhicule à moteur pour se rendre à leur poste. Elles ne peuvent tirer à partir de leur véhicule qu'après avoir mis leur moteur à l'arrêt.

Art. L. 424-5 *(Mod., L. n° 2003-698, 30 juill. 2003)*. – Dans le temps où la chasse est ouverte, le permis de chasser donne en outre à celui qui l'a obtenu le droit de chasser le gibier d'eau la nuit à partir de postes fixes tels que hutteaux, huttes, tonnes et gabions existants au 1er janvier 2000 dans les départements où cette pratique est traditionnelle. Ces départements sont : l'Aisne, les Ardennes, l'Aube, l'Aude, les Bouches-du-Rhône, le Calvados, la Charente-Maritime, les Côtes-d'Armor, l'Eure, le Finistère, la Haute-Garonne, la Gironde, l'Hérault, l'Ille-et-Vilaine, les Landes, la Manche, la Marne, la Meuse, le Nord, l'Oise, l'Orne, le Pas-de-Calais, les Pyrénées-Atlantiques, les Hautes-Pyrénées, la Seine-Maritime, la Seine-et-Marne et la Somme.

Le déplacement d'un poste fixe est soumis à l'autorisation du préfet *(L. n° 2012-325, 7 mars 2012)* « , selon les modalités prévues par le schéma départemental de gestion cynégétique ». *(L. n° 2012-325, 7 mars 2012)* « ... ».

Tout propriétaire d'un poste fixe visé au premier alinéa doit déclarer celui-ci à l'autorité administrative contre délivrance d'un récépissé dont devront être porteurs les chasseurs pratiquant la chasse de nuit à partir de ce poste fixe.

La déclaration d'un poste fixe engage son propriétaire à participer, selon des modalités prévues par le schéma départemental de mise en valeur cynégétique, à l'entretien des plans d'eau et des parcelles attenantes de marais et de prairies humides sur lesquels la chasse du gibier d'eau est pratiquée sur ce poste. Lorsque plusieurs propriétaires possèdent des postes fixes permettant la chasse du gibier d'eau sur les mêmes plans d'eau, ils sont solidairement responsables de leur participation à l'entretien de ces plans d'eau et des zones humides attenantes.

Un carnet de prélèvements doit être tenu pour chaque poste fixe visé au premier alinéa.

....

Commercialisation et transport du gibier

Interdiction permanente

Art. L. 424-8 *(L. n° 2005-157, 23 févr. 2005 ; mod., Ord. n° 2006-1224, 5 oct. 2006)*. – I. – Le transport, la vente, la mise en vente, la détention pour la vente et l'achat des animaux vivants d'espèces dont la chasse est autorisée ou des animaux licitement tués à la chasse sont :

1° Libres toute l'année pour les mammifères ;

2° Interdits pour les oiseaux et leurs œufs, sauf pour :

– leur transport à des fins non commerciales, y compris le transport des appelants et des escaps ;

– les espèces dont la liste est fixée par arrêté du ministre chargé de la chasse.

II. – Toutefois, des restrictions peuvent être apportées par l'autorité administrative à ces dispositions pour prévenir la destruction ou favoriser le repeuplement du gibier.

III. – Le transport, la vente, la mise en vente, la détention pour la vente et l'achat des animaux vivants ou morts d'espèces dont la chasse est autorisée et qui sont nés et élevés en captivité sont libres toute l'année.

IV. – Outre les dispositions des I et III, la vente, le transport pour la vente, la mise en vente, la détention pour la vente et l'achat des animaux licitement tués à la chasse ou morts provenant d'élevage visés au III doivent respecter les dispositions relatives à la traçabilité des produits prévues à l'article 18 du règlement (CE) n° 178/2002 du Parlement européen et du Conseil du 28 janvier 2002 et les animaux doivent avoir fait l'objet d'un contrôle officiel conformément aux articles L. 231-1, L. 231-2 et L. 231-3 du Code rural.

V. – Un décret en Conseil d'État précise les conditions d'application du présent article.

Art. L. 424-9 *(L. n° 2005-157, 23 févr. 2005 ; mod., Ord. n° 2006-1224, 5 oct. 2006)*. – Le grand gibier tué accidentellement et en tout temps à la suite d'une collision avec un véhicule automobile peut être transporté sous réserve que le conducteur en ait préalablement prévenu les services de la gendarmerie nationale ou de la police nationale.

Toute cession de ce gibier est interdite.

Art. L. 424-10 *(Rempl., L. n° 2005-157, 23 févr. 2005 ; L. n° 2016-1087, 8 août 2016)*. – Il est interdit de détruire, d'enlever ou d'endommager intentionnellement les nids et les œufs, de ramasser les œufs dans la nature et de les détenir. Il est interdit de détruire, d'enlever, de vendre, d'acheter et de transporter les portées ou petits de tous mammifères dont la chasse est autorisée, sous réserve des dispositions relatives aux animaux nuisibles.

À condition qu'il n'existe pas d'autre solution satisfaisante, des dérogations aux interdictions prévues au premier alinéa relatives aux nids et aux œufs peuvent être accordées par l'autorité administrative :

1° Dans l'intérêt de la protection de la faune et de la flore sauvages et de la conservation des habitats naturels ;

2° Pour prévenir des dommages importants, notamment aux cultures, à l'élevage, aux forêts, aux pêcheries et aux eaux ;

3° Dans l'intérêt de la santé et de la sécurité publiques ;

4° À des fins de recherche et d'éducation, de repeuplement et de réintroduction de certaines espèces et pour des opérations de reproduction nécessaires à ces fins ;

5° Pour permettre, dans des conditions strictement contrôlées, d'une manière sélective et dans une mesure limitée, la prise ou la détention d'un nombre limité et spécifié de certains spécimens.

Les détenteurs du droit de chasse et leurs préposés ont le droit de recueillir, pour les faire couver, les œufs mis à découvert par la fauchaison ou l'enlèvement des récoltes.

Art. L. 424-11 *(Rempl., L. n° 2005-157, 23 févr. 2005)*. – L'introduction dans le milieu naturel de grand gibier et de lapins, et le prélèvement dans le milieu naturel d'animaux vivants d'espèces dont la chasse est autorisée sont soumis à autorisation préfectorale, dans des conditions et selon des modalités fixées par un arrêté conjoint du ministre chargé de la chasse et du ministre chargé de l'agriculture.

Interdiction temporaire

Art. L. 424-12. – Dans chaque département pendant le temps où la chasse y est permise, pour sauvegarder certaines espèces particulièrement menacées, le préfet peut, exceptionnellement, pour une période n'excédant pas un mois, en interdire la mise en vente, la vente, l'achat, le transport en vue de la vente ou le colportage.

Art. L. 424-13. – Le ministre chargé de la chasse, le Conseil national de la chasse et de la faune sauvage entendu, peut, en vue d'assurer la survivance d'espèces de gibiers de montagne menacées dans leur existence même, interdire totalement, et pour une durée maximum de trois ans, la mise en vente, la vente et l'achat sous toutes leurs formes, et notamment celles de pâtés et conserves, le transport en vue de la vente ou le colportage de ces gibiers.

....

Destruction des animaux nuisibles et louveterie

Art. L. 427-8. – Un décret en Conseil d'État désigne l'autorité administrative compétente pour déterminer les espèces d'animaux malfaisant ou nuisibles que le propriétaire, possesseur ou fermier peut, en tout temps, détruire sur ses terres et les conditions d'exercice de ce droit.

Art. L. 427-8-1 *(L. n° 2012-325, 7 mars 2012)*. – L'utilisation du grand-duc artificiel est autorisée pour la chasse des animaux nuisibles et pour leur destruction.

....

Dispositions pénales

Peines

Territoire

Art. L. 428-1. – Est puni de trois mois d'emprisonnement et d'une amende de 3 750 € le fait de chasser sur le terrain d'autrui sans son consentement, si ce terrain est attenant à une maison habitée ou servant à l'habitation, et s'il est entouré d'une clôture continue faisant obstacle à toute communication avec les héritages voisins.

Si le délit est commis pendant la nuit, la peine d'emprisonnement encourue est de deux ans.

(Al. abr. et recodifié, Ord. n° 2000-914, 18 sept. 2000 et D. n° 2005-935, 2 août 2005. – V. C. env., art. R. 428-3).

1) Le passage, sur le terrain d'autrui, de chiens courants qui sont à la poursuite d'un gibier lancé sur la propriété de leur maître, ne cesse d'être une infraction punissable que si le prévenu justifie avoir essayé de rompre les chiens ou avoir été dans l'impossibilité de le faire (■ Cass. crim., 30 mars 1994 : *Bull. crim.*, n° 125).

2) La personne intéressée, au sens des articles L. 228-1 et R. 228-1 du Code rural et, à ce titre, habilitée à déposer plainte en cas de chasse sur le terrain d'autrui sans le consentement du propriétaire ou du détenteur du droit de chasse, s'entend du propriétaire – lors même qu'il n'est plus détenteur du droit de chasse, cédé à un tiers, donné à bail ou apporté à une société ou association de chasse, par exemple, – ainsi que du détenteur de ce droit au temps de l'infraction ; l'un et l'autre sont recevables à se constituer partie civile pour obtenir réparation du dommage qui est résulté de l'infraction (■ Cass. crim., 19 juin 1996 : *Bull. crim.*, n° 264).

3) La présence dans une réserve intercommunale de personnes porteuses d'une carabine, dans des circonstances impliquant la recherche du gibier, est un acte de chasse (■ Cass. crim., 15 nov. 1990 : *Bull. crim.*, n° 384).

Permis de chasser

Art. L. 428-2. – Est puni des peines prévues à l'article 434-41 du Code pénal le fait de chasser, soit après avoir été privé du droit d'obtenir ou de conserver un permis de chasser ou une autorisation de chasser mentionnée à l'article L. 423-2 par application de l'article L. 428-14, soit après avoir reçu notification de l'ordonnance prononçant la suspension du permis de chasser ou de l'autorisation de chasser par application de l'article L. 428-15.

Art. L. 428-3. – I. – Est puni des peines prévues à l'article 434-41 du Code pénal le fait de refuser de remettre son permis ou son autorisation à l'agent de l'autorité chargé de l'exécution d'une décision de retrait du permis de chasser ou de l'autorisation de chasser mentionnée à l'article L. 423-2 prise par application de l'article L. 428-14 ou d'une décision de suspension du permis de chasser ou de l'autorisation de chasser mentionnée à l'article L. 423-2 prise par application de l'article L. 428-15.

II à V *(Abr. et recodifié, Ord. n° 2000-914, 18 sept. 2000 et D. n° 2005-935, 2 août 2005. – V. C. env., art. R. 428-9 et R. 428-13 à R. 428-15).*

Circonstances aggravantes

Art. L. 428-4 *(L. n° 2005-157, 23 févr. 2005 ; mod., L. n° 2006-436, 14 avr. 2006).* – I. – Est puni d'une peine de deux ans d'emprisonnement et de 30 000 € d'amende le fait de chasser lorsque sont réunies les circonstances suivantes :

1° Pendant la nuit ou en temps prohibé ;

2° Sur le terrain d'autrui ou dans une réserve de chasse approuvée par l'État ou établie en application de l'article L. 422-27 ou dans le cœur ou les réserves intégrales d'un parc national ou dans une réserve naturelle en infraction à la réglementation qui y est applicable ;

3° À l'aide d'engins et d'instruments prohibés ou d'autres moyens que ceux autorisés par les articles L. 424-4 et L. 427-8 ou en employant des drogues et appâts de nature à enivrer le gibier ou à le détruire ;

4° Lorsque l'un des chasseurs est muni d'une arme apparente ou cachée.

II. – Est puni des mêmes peines le fait de mettre en vente, vendre, acheter, transporter ou colporter du gibier en dehors des périodes autorisées en application de l'article L. 424-8, lorsque le gibier provient d'actes de chasse commis dans l'une des circonstances prévues aux 1°, 2° et 3° du I du présent article.

III. – Est puni des mêmes peines le fait, en toute saison, de vendre, mettre en vente, transporter, colporter ou acheter sciemment du gibier tué à l'aide d'engins ou d'instruments prohibés, lorsque ce gibier provient d'actes de chasse commis dans l'une des circonstances prévues au 1° ou 2° du I.

1) L'aménagement d'une clôture de façon à la transformer en piège constitue l'infraction de chasse par un moyen non autorisé (■ Cass. crim., 3 mai 1990 : *Bull. crim.*, n° 168 ; *D.* 1991, somm. 62, obs. Azibert).

2) Caractérise la recherche du gibier dans le but de le capturer ou de le détruire, et constitue un acte de chasse, le fait de circuler de nuit dans une automobile dont les phares allumés éclairent les terrains desservis par la voie parcourue, avec, à portée de main, un fusil chargé et armé (■ Cass. crim., 5 mai 1995 : *Bull. crim.*, n° 166).

3) Caractérise la recherche du gibier, et constitue un acte de chasse, le fait de circuler de nuit, même sans être porteur d'une arme, notamment hors des voies de circulation, dans une automobile dont les phares allumés éclairent le terrain parcouru et utilisée comme moyen de rabat pour débusquer le gibier (■ Cass. crim., 17 janv. 1996 : *Bull. crim.*, n° 28).

4) Le fait, par des chasseurs, au cours d'une battue, d'utiliser des véhicules automobiles pour se porter au-devant du gibier, de poste en poste, en coupant par les déplacements rapides ainsi effectués, les voies de fuite du gibier, constitue la contravention de chasse par moyen prohibé prévue par l'article L. 228-6 du Code rural ; encourt, dès lors, outre l'amende prévue, à titre principal, par l'article précité, la peine complémentaire de privation du droit de conserver ou d'obtenir un permis de chasser ou l'autorisation prévue par l'article L. 223-2 du Code rural, pendant un délai ne pouvant excéder 5 ans, en application de l'article L. 228-21 du même code, non abrogé par l'article L. 131-16 du Code pénal, le chasseur déclaré coupable de chasse à l'aide d'un moyen prohibé pour s'être servi de son véhicule comme instrument de rabat du gibier (■ Cass. crim., 1er juin 1999 : *Bull. crim.*, n° 115 ; *Dr. pénal* 1999, comm. 113, obs. J.-H. Robert).

5) Constitue un acte de chasse le fait, pour le participant à une battue, de transporter, dans un véhicule automobile, sur les lieux de chasse, une arme de chasse non démontée ou déchargée et non placée sous un étui, en violation des prescriptions de l'article 5 de l'arrêté ministériel du 1er août 1986 sur les procédés de chasse et la destruction des animaux nuisibles et le repeuplement du gibier. Le chasseur, passager d'un véhicule automobile, surpris en train de charger son fusil de chasse à bord de celui-ci, au cours d'une battue, encourt en conséquence, outre l'amende prévue par l'article R. 228-5 du Code rural, la peine complémentaire de privation ou de retrait du permis de chasser prévue par l'article L. 228-21 du même code (■ Cass. crim., 1er juin 1999, préc.).

Art. L. 428-5 ***(Mod. à compter du 1er juill. 2013, Ord. n° 2012-34, 11 janv. 2012).*** **– I. - Est puni d'un an d'emprisonnement et de 15 000 € d'amende le fait de commettre l'une des infractions suivantes en étant déguisé ou masqué, en ayant pris une fausse identité, en ayant usé envers des personnes de violence n'ayant entraîné aucune interruption totale de travail ou une interruption totale de travail inférieure à huit jours ou en ayant fait usage d'un véhicule, quelle que soit sa nature, pour se rendre sur le lieu de l'infraction ou pour s'en éloigner :**

1° Chasser sur le terrain d'autrui sans son consentement, si ce terrain est attenant à une maison habitée ou servant d'habitation et s'il est entouré d'une clôture continue faisant obstacle à toute communication avec les héritages voisins ;

2° Chasser dans les réserves de chasse approuvées par l'État ou établies en application de l'article L. 422-27 ;

3° Chasser en temps prohibé ou pendant la nuit ;

4° Chasser à l'aide d'engins ou d'instruments prohibés ou par d'autres moyens que ceux autorisés par les articles L. 424-4 et L. 427-8, ou chasser dans le cœur ou les réserves intégrales d'un parc national ou dans une réserve naturelle en infraction à la réglementation qui y est applicable ;

5° Employer des drogues ou appâts qui sont de nature à enivrer le gibier ou à le détruire ;

6° Détenir ou être trouvé muni ou porteur, hors de son domicile, des filets, engins ou instruments de chasse prohibés.

II. - Est puni des mêmes peines le fait de commettre, lorsque le gibier provient d'actes de chasse commis avec l'une des circonstances prévues *(Mots rempl. à compter du 1er juill. 2013, Ord. n° 2012-34, 11 janv. 2012)* « au premier alinéa » du I, l'une des infractions suivantes :

1° Mettre en vente, vendre, acheter, transporter ou colporter du gibier en dehors des périodes autorisées en application de l'article L. 424-8 ;

2° En toute saison, mettre en vente, vendre, transporter, colporter ou acheter sciemment du gibier tué à l'aide d'engins ou d'instruments prohibés.

III. - Est puni des mêmes peines le fait de commettre, sans circonstances aggravantes mais en état de récidive *(Mots suppr. à compter du 1er juillet 2013, Ord. n° 2012-34, 11 janv. 2012)* « ... », l'une des infractions prévues aux I et II.

Fait l'exacte application de l'article L. 424-1 du Code de l'environnement, des arrêtés ministériels et préfectoraux pris pour son application et de l'article R. 428-5 dudit code la cour d'appel qui, pour déclarer le prévenu coupable d'infraction à un arrêté pris pour prévenir la destruction du gibier et favoriser son repeuplement, retient que l'arrêté ministériel du 17 août 1989 impose à tout utilisateur de gluaux de tenir à jour un état de ses captures qui doit être présenté à tout instant sur les lieux, ce qui implique que le chasseur renseigne son carnet de prélèvement au fur et à mesure de ses prises (■ Cass. crim., 24 nov. 2015, n° 15-80.473).

Art. L. 428-5-1 *(L. n° 2005-157, 23 févr. 2005)*. **– I. – Est puni de quatre ans d'emprisonnement et de 60 000 € d'amende le fait de chasser lorsque sont réunies les circonstances suivantes :**

1° Pendant la nuit ou en temps prohibé ;

2° En utilisant un véhicule, quelle que soit sa nature, pour se rendre sur le lieu de l'infraction ou s'en éloigner ;

3° En étant muni d'une arme apparente ou cachée ;

4° En réunion.

II. – Est puni des mêmes peines le fait de mettre en vente, vendre, acheter, transporter ou colporter du gibier en dehors des périodes autorisées en application de l'article L. 424-8 lorsque le gibier provient du délit prévu au I du présent article.

III. – Est puni des mêmes peines le fait, en toute saison, de mettre en vente, vendre, transporter, colporter ou acheter sciemment du gibier tué à l'aide d'engins ou d'instruments prohibés lorsque le gibier provient du délit prévu au I.

Art. L. 428-6 à L. 428-7-1 *(Abr. à compter du 1er juill. 2013, Ord. n° 2012-34, 11 janv. 2012).*

....

Peines accessoires et complémentaires

Confiscation

Art. L. 428-9 à L. 428-11 *(Abr. à compter du 1er juill. 2013, Ord. n° 2012-34, 11 janv. 2012).*

Frais de validation du permis de chasser

Art. L. 428-12 *(Mod., L. n° 2003-698,30 juill. 2003 ; L. n° 2005-157, 23 févr. 2005)*. **– Ceux qui ont chassé sans être titulaires d'un permis de chasser valable et dûment validé sont condamnés au paiement des cotisations statutaires à la fédération départementale des chasseurs et à la Fédération nationale des chasseurs ainsi qu'au paiement des redevances cynégétiques exigibles prévues à l'article L. 423-19. Le président de la juridiction, après le prononcé de la peine, avertit le condamné lorsqu'il est présent des conséquences qu'entraîne cette condamnation sur le paiement de ces cotisations et redevances.**

Le recouvrement du montant de cette condamnation est poursuivi même si la peine principale est assortie du sursis prévu par l'article 734 du Code de procédure pénale.

Art. L. 428-13. – Les dispositions de l'article L. 428-12 sont également applicables à ceux qui ont chassé en temps prohibé.

Retrait et suspension du permis de chasser

Retrait

Art. L. 428-14. – En cas de condamnation pour infraction à la police de la chasse ou de condamnation pour homicide involontaire ou pour coups et blessures involontaires survenus à l'occasion d'une action de chasse ou de destruction d'animaux nuisibles, les tribunaux peuvent priver l'auteur de l'infraction du droit de conserver ou d'obtenir un permis de chasser ou l'autorisation de chasser mentionnée à l'article L. 423-2 ou l'autorisation mentionnée à l'article L. 423-3 pour un temps qui ne peut excéder cinq ans.

Lorsque l'homicide involontaire ou les coups et blessures involontaires visés à l'alinéa précédent sont commis par tir direct sans identification préalable de la cible, les tribunaux peuvent ordonner le retrait définitif du permis de chasser de l'auteur de l'infraction ou de son autorisation mentionnée à l'article L. 423-3. Si l'homicide involontaire ou les coups et blessures involontaires sont commis par un titulaire d'une autorisation de chasser visée à l'article L. 423-2, les tribunaux peuvent priver l'auteur de l'infraction du droit d'obtenir un permis de chasser pour un temps qui ne peut excéder dix ans.

Art. L. 428-15 *(Mod., Ord. n° 2005-157, 23 févr. 2005 ; L. n° 2006-436, 14 avr. 2006 ; L. n° 2016-1087, 8 août 2016)*. **– I. – Le permis de chasser ou l'autorisation de chasser mentionnée à l'article L. 423-2 peut être suspendu par l'autorité judiciaire :**

1° En cas d'homicide involontaire ou de coups et blessures involontaires survenus à l'occasion d'une action de chasse ou destruction d'animaux d'espèces non domestiques ;

2° Lorsque a été constatée l'une des infractions suivantes :

***a)* La chasse de nuit sur le terrain d'autrui avec un véhicule à moteur ;**

***b)* La chasse dans les réserves approuvées et dans les cœurs des parcs nationaux où la chasse est interdite ;**

***c)* La chasse dans les enclos, attenant ou non à des habitations, sans le consentement du propriétaire ;**

***d)* La destruction d'animaux des espèces protégées ;**

***e)* Les infractions au plan de chasse du grand gibier ;**

***f)* Les menaces ou violences contre des personnes commises à l'occasion de la constatation d'une infraction de chasse.**

Art. L. 428-16. – Dans les cas mentionnés à l'article L. 428-15, une copie certifiée conforme du procès-verbal constatant l'une des infractions énumérées audit article est adressée directement au juge du tribunal d'instance dans le ressort duquel l'infraction a été commise.

Le juge peut ordonner immédiatement la suspension du permis de chasser de l'auteur de l'infraction. Cette mesure de suspension est notifiée à l'intéressé par la voie administrative et copie de l'ordonnance lui est laissée.

Art. L. 428-17 *(L. n° 2008-1545, 31 déc. 2008)*. **– La suspension n'a d'effet que jusqu'à la décision de la juridiction statuant en premier ressort sur l'infraction constatée. Toutefois, l'auteur de l'infraction peut, à tout moment avant cette décision, demander au juge du tribunal d'instance la restitution provisoire de son permis. Il peut être entendu à cet effet par le juge.**

Suspension du permis de conduire

Art. L. 428-18 *(Ord. n° 2000-914, 18 sept. 2000 ; L. n° 2005-157, 23 févr. 2005)*. **– Les personnes coupables des infractions définies aux articles L. 428-1, L. 428-4, L. 28-5 et L. 428-5-1 encourent également la suspension pour une durée de trois ans au plus du permis de conduire, lorsque l'infraction a été commise en faisant usage d'un véhicule à moteur. Cette suspension peut être limitée à la conduite en dehors de l'activité professionnelle.**

Il résulte de la combinaison des articles L. 228-2, L. 228-10, L. 228-21 et L. 228-25 du Code rural que le délit de chasse dans une réserve avec utilisation d'un véhicule pour se rendre sur le lieu de l'infraction ou s'en éloigner, puni d'une peine d'emprisonnement et d'amende, est une infraction à la police de la chasse et que, s'agissant d'une infraction de cette nature, les tribunaux peuvent à la fois priver l'auteur de l'infraction du droit de conserver ou d'obtenir un permis de chasser mais également suspendre son permis de conduire (■ Cass. crim., 9 nov. 1994 : *Bull. crim.*, n° 356).

Constatation des infractions

Art. L. 428-19 *(Abr. à compter du 1er juill. 2013, Ord. n° 2012-34, 11 janv. 2012).*

Art. L. 428-20 *(Mod., L. n° 2005-157, 23 févr. 2005 ; L. n° 2006-1772, 30 déc. 2006 ; rempl. à compter du 1er juill. 2013, Ord. n° 2012-34, 11 janv. 2012).* – Outre les officiers et agents de police judiciaire et les inspecteurs de l'environnement mentionnés à l'article L. 172-1, sont habilités à rechercher et à constater les infractions aux dispositions du présent titre et aux textes pris pour son application :

1° Les agents des services de l'État chargés des forêts commissionnés à raison de leurs compétences en matière forestière et assermentés à cet effet ;

2° Les agents de l'Office national des forêts commissionnés à raison de leurs compétences en matière forestière et assermentés à cet effet ;

3° Les agents du domaine national de Chambord commissionnés pour constater les infractions en matière forestière, de chasse ou de pêche ;

4° Les gardes champêtres ;

5° Les lieutenants de louveterie ;

6° Les agents des réserves naturelles mentionnés à l'article L. 332-20 agissant dans les conditions prévues à cet article ;

7° Les gardes du littoral mentionnés à l'article L. 322-10-1, agissant dans les conditions prévues à cet article.

Art. L. 428-21 *(Mod., L. n° 2008-1545, 31 déc. 2008).* – Les gardes-chasse particuliers assermentés constatent par procès-verbaux les infractions aux dispositions du présent titre qui portent préjudice aux détenteurs de droits de chasse qui les emploient.

Leurs procès-verbaux font foi jusqu'à preuve contraire.

Ils sont habilités à procéder à la saisie du gibier tué à l'occasion des infractions qu'ils constatent et ils en font don à l'établissement de bienfaisance le plus proche ou le détruisent.

À la demande des propriétaires et détenteurs de droit de chasse, une convention peut être passée entre eux et la fédération départementale des chasseurs dont ils sont membres pour que la garderie particulière de leurs terrains soit assurée par des agents de développement de cette fédération. Les agents ainsi nommés dans cette fonction par la fédération sont agréés par le représentant de l'État dans le département ; ils bénéficient des dispositions des trois premiers alinéas du présent article dans les limites des territoires dont ils assurent la garderie.

Art. L. 428-22 *(Abr. à compter du 1er juill. 2013, Ord. n° 2012-34, 11 janv. 2012).*

Art. L. 428-23. – Font foi, jusqu'à preuve contraire, les procès-verbaux des agents des contributions indirectes, lorsque, dans la limite de leurs attributions respectives, ces agents recherchent et constatent les infractions aux dispositions des articles L. 424-8 et L. 424-12.

Art. L. 428-24 et L. 428-25 *(Abr. à compter du 1er juill. 2013, Ord. n° 2012-34, 11 janv. 2012).*

....

Recherche des infractions

Art. L. 428-27 et L. 428-28 *(Abr. à compter du 1er juill. 2013, Ord. n° 2012-34, 11 janv. 2012).*

Art. L. 428-29 *(Mod., L. n° 2003-591, 2 juill. 2003 ; mod. à compter du 1er juillet 2013, Ord. n° 2012-34, 11 janv. 2012 ; L. n° 2013-619, 16 juill. 2013).* – Hors de leur domicile, les chasseurs et les personnes les accompagnant sont tenus d'ouvrir leurs carniers, sacs ou poches à gibier à toute réquisition des officiers et agents de police judiciaire, des inspecteurs de l'environnement mentionnés à l'article L. 172-1 et des agents mentionnés aux 2°, 3° et 5° de l'article L. 428-20, ainsi que les gardes des fédérations départementales des chasseurs, mentionnés au troisième alinéa de l'article L. 428-21 dans les conditions prévues à cet article.

Art. L. 428-30 à L. 428-33 *(Abr. à compter du 1er juillet 2013, Ord. n° 2012-34, 11 janv. 2012).*

Dispositions particulières aux départements du Bas-Rhin, du Haut-Rhin et de la Moselle

....

Pénalités

Peines

Territoire

Art. L. 429-33. – Il est interdit de poursuivre le gibier blessé ou de s'emparer du gibier tombé sur un domaine de chasse appartenant à autrui, sans l'autorisation de celui à qui le droit de chasse appartient.

Art. L. 429-34. – Celui qui chasse sur un terrain où il n'a pas le droit de chasser est puni de trois mois d'emprisonnement et de 3 750 € d'amende.

Si le coupable est un proche de la personne à qui appartient le droit de chasse, la poursuite n'a lieu que sur plainte. La plainte peut être retirée.

Art. L. 429-35. – Pour le délit défini à l'article L. 429-34, les peines peuvent être portées au double s'il a été fait usage non d'armes à feu ou de chiens, mais de lacets, filets, pièges ou autres engins, ou si le délit a été commis en temps prohibé, ou dans les forêts, ou pendant la nuit, ou par plusieurs personnes réunies.

Art. L. 429-36. – Si le coupable du délit défini à l'article L. 429-34 se livre professionnellement à la chasse prohibée, il est puni de trois mois d'emprisonnement. Il peut, en outre, être privé des droits civiques et renvoyé sous la surveillance de la police.

Exercice de la chasse

Art. L. 429-37. – L'article L. 428-15 est applicable aux infractions prévues par ledit article telles qu'elles sont définies par les textes relatifs à la chasse et à la protection de la nature en vigueur dans les départements du Bas-Rhin, du Haut-Rhin et de la Moselle.

Récidive

Art. L. 429-38. – Il y a récidive au sens du présent chapitre lorsque dans les deux ans qui ont précédé l'infraction le délinquant a été condamné en vertu du présent chapitre.

Peines accessoires et complémentaires

Art. L. 429-39. – Le fusil, l'attirail de chasse et les chiens que le coupable avait avec lui au moment du délit défini à l'article L. 429-34 sont confisqués, ainsi que les lacets, pièges et autres engins, qu'ils appartiennent ou non au condamné.

Art. L. 429-40. – Le tribunal peut prononcer la confiscation des engins prohibés en vertu de l'article L. 429-20, que ceux-ci appartiennent ou non au condamné.

PARTIE RÉGLEMENTAIRE DU CODE DE L'ENVIRONNEMENT SUR LA CHASSE

Dispositions pénales
(D. n° 2007-533, 6 avr. 2007)

Peines

Sous-section 1. – Territoire

Art. R. 428-1 ***(D. n° 2007-533, 6 avr. 2007).*** **– I. – Est puni de l'amende prévue pour les contraventions de la 5e classe le fait de chasser :**

1° Sur le terrain d'autrui sans le consentement du propriétaire ou du détenteur du droit de chasse ;

2° Sur un terrain ayant fait l'objet d'une opposition en application du 5° de l'article L. 422-10 ;

3° En infraction à la réglementation en vigueur dans les réserves de chasse et de faune sauvage créées en application des dispositions de l'article L. 422-27.

ANNEXE 13

II. – Peut ne pas être considéré comme une infraction le passage des chiens courants sur l'héritage d'autrui, lorsque ces chiens sont à la suite d'un gibier lancé sur la propriété de leur maître, sauf l'action civile, s'il y a lieu, en cas de dommages.

1) Si une action de chasse peut résulter d'une quête de gibier par des chiens, c'est à la condition que ceux-ci soient restés sous la maîtrise du chasseur (■ Cass. crim., 5 avr. 1990 : *Bull. crim.*, n° 146).

2) Le passage, sur le terrain d'autrui, de chiens courants qui sont à la poursuite d'un gibier lancé sur la propriété de leur maître, ne cesse d'être une infraction punissable que si le prévenu justifie avoir essayé de rompre les chiens ou avoir été dans l'impossibilité de le faire (■ Cass. crim., 30 mars 1994 : *Bull. crim.*, n° 125).

Art. R. 428-2 ***(D. n° 2007-533, 6 avr. 2007).*** **– Est puni de l'amende prévue pour les contraventions de la 5e classe le fait pour les fermiers de la chasse, soit dans les bois relevant du régime forestier, soit sur les propriétés dont la chasse est louée au profit de l'État, des collectivités territoriales ou de leurs établissements publics, de contrevenir aux clauses et conditions de leurs cahiers des charges relatives à la chasse.**

Il résulte des dispositions de l'article R. 428-2 du Code de l'environnement, applicables, selon l'article R. 429-1 du même code, au département de la Moselle, que la méconnaissance par un fermier de chasse des clauses et conditions du cahier des charges relatives à la chasse est punissable, sans que puisse y faire obstacle la nature juridique que le droit local conférerait au gibier (■ Cass. crim., 10 févr. 2009 : *Bull. crim.*, n° 31. – Rappr. ■ Cass. crim., 17 nov. 1993 : *Bull. crim.*, n° 344 et 12 mai 1993 : *Bull. crim.*, n° 174).

Sous-section 2. – Permis de chasser, autorisation de chasser accompagné et autorisation de chasse maritime

Art. R. 428-3 ***(D. n° 2007-533, 6 avr. 2007).*** **– I. – Est puni de l'amende prévue pour les contraventions de la 5e classe le fait de chasser sans être titulaire :**

1° Soit d'un permis de chasser valable prévu à l'article L. 423-1 ;

2° Soit de l'autorisation de chasser prévue à l'article L. 423-2 ;

3° Soit, pour la pratique de la chasse maritime par les marins-pêcheurs professionnels et les conchyliculteurs assimilés auxdits marins, d'un permis de chasser accompagné de l'autorisation prévue à l'article L. 423-3.

II. – Est puni de l'amende prévue pour les contraventions de la 5e classe le fait de chasser sans avoir souscrit l'assurance mentionnée à l'article L. 423-16.

1) A été cassé l'arrêt qui a relaxé l'adjudicataire d'un lot de chasse sur lequel un cerf a été abattu en contravention des prescriptions du plan de chasse, au cours d'une action de chasse à laquelle le fermier n'a pas personnellement participé (■ Cass. crim., 17 nov. 1993 : *Bull. crim.*, n° 344).

2) L'appréciation de la présence sur le lot de chasse, aux côtés des invités admis à chasser, du fermier de la chasse ou d'un garde-chasse assermenté, lorsque cette présence est exigée par les clauses du cahier des charges relatives à la chasse, relève du pouvoir souverain des juges du fond, et échappe, dès lors, au contrôle de la Cour de cassation (■ Cass. crim., 12 oct. 1994 : *Bull. crim.*, n° 328).

Art. R. 428-4 ***(Rempl., D. n° 2007-533, 6 avr. 2007).*** **– Est puni de l'amende prévue pour les contraventions de la 1re classe le fait de chasser sans être porteur :**

1° Soit d'un permis de chasser valable prévu à l'article L. 423-1, accompagné du document de validation de ce permis de chasser et de l'attestation de souscription d'assurance de son titulaire prévus à l'article R. 423-18 ;

2° Soit de l'autorisation de chasser prévue à l'article L. 423-2 ;

3° Soit, pour la pratique de la chasse maritime par les marins-pêcheurs professionnels et les conchyliculteurs assimilés auxdits marins, d'un permis de chasser non validé accompagné de l'autorisation prévue à l'article L. 423-3.

Sous-section 3. – Exercice de la chasse

§ 1. – Protection du gibier

Art. R. 428-5 *(Rempl., D. n° 2007-533, 6 avr. 2007).* **– Est puni de l'amende prévue pour les contraventions de la 5e classe le fait de chasser :**

1° Une espèce de gibier dont la chasse n'est pas autorisée ;

2° En méconnaissance des arrêtés préfectoraux pris en application de l'article R. 424-1 pour prévenir la destruction et favoriser le repeuplement du gibier ;

3° Les espèces de gibier d'eau en méconnaissance des dispositions de l'article L. 424-6.

Fait l'exacte application de l'article L. 424-1 du Code de l'environnement, des arrêtés ministériel et préfectoraux pris pour son application et de l'article R. 428-5 dudit code la cour d'appel qui, pour déclarer le prévenu coupable d'infraction à un arrêté pris pour prévenir la destruction du gibier et favoriser son repeuplement, retient que l'arrêté ministériel du 17 août 1989 impose à tout utilisateur de gluaux de tenir à jour un état de ses captures qui doit être présenté à tout instant sur les lieux, ce qui implique que le chasseur renseigne son carnet de prélèvement au fur et à mesure de ses prises (■ Cass. crim., 24 nov. 2015, n° 15-80.473).

Art. R. 428-6 *(Rempl., D. n° 2007-533, 6 avr. 2007 ; mod., D. n° 2010-707, 29 juin 2010).* **– Est puni de l'amende prévue pour les contraventions de la 4e classe le fait de :**

1° Contrevenir aux arrêtés réglementant, en application de l'article L. 424-1, le report de la date de broyage et de fauchage de la jachère de tous terrains à usage agricole ;

2° Contrevenir aux arrêtés réglementant :

***a)* L'emploi des chiens pour la chasse ;**

***b)* La divagation des chiens ;**

***c)* Les entraînements, concours et épreuves de chiens de chasse ;**

3° Contrevenir aux dispositions réglementaires prises en application des articles R. 424-2 et R. 424-3 ;

4° Contrevenir aux dispositions réglementaires prises pour favoriser la protection du gibier et le repeuplement au sein des réserves de chasse et de faune sauvage créées en application des dispositions de l'article L. 422-27.

§ 2. – Temps de chasse

Art. R. 428-7 *(Rempl., D. n° 2007-533, 6 avr. 2007 ; mod., D. n° 2013-1302, 27 déc. 2013).* **– Est puni de l'amende prévue pour les contraventions de la 5e classe le fait de chasser :**

En temps prohibé, en méconnaissance des articles R. 424-4 à R. 424-13 et des arrêtés préfectoraux pris pour leur application ;

Art. R. 428-7-1 *(D. n° 2013-1302, 27 déc. 2013).* **– Est puni de l'amende prévue pour les contraventions de la 5e classe :**

1° Le fait d'exploiter un établissement professionnel de chasse à caractère commercial sans avoir satisfait aux formalités d'inscription au registre du commerce ou au registre agricole et de déclaration auprès du préfet du département prévues au II de l'article L. 424-3 ;

2° Le fait pour le responsable d'un établissement professionnel de chasse à caractère commercial d'omettre, y compris par négligence, de tenir à jour le registre prévu au II de l'article L. 424-3 dans les conditions fixées au I de l'article R. 424-13-4 ou d'y apposer des mentions inexactes ;

3° Le fait de chasser les perdrix grises, perdrix rouges et faisans de chasse issus d'élevage sur le territoire d'un établissement professionnel de chasse à caractère commercial en dehors de la période autorisée pour ces établissements professionnels de chasse à caractère commercial en application du second alinéa du II de l'article L. 424-3 ;

4° Le fait, dans le cadre d'un établissement professionnel de chasse à caractère commercial, de procéder au lâcher d'oiseaux non munis du signe distinctif rendu obligatoire en application des dispositions des II et III de l'article R. 424-13-3 ou munis d'un signe distinctif non conforme à l'arrêté prévu au IV de ce même article ;

5° Le fait de chasser, sur le territoire d'un établissement professionnel de chasse à caractère commercial, des oiseaux non munis d'un signe distinctif lorsque seule la chasse d'oiseaux munis d'un tel signe est autorisée en application des dispositions de l'article R. 424-13-3.

§ 3. – Modes et moyens

Art. R. 428-8 *(Rempl., D. n° 2007-533, 6 avr. 2007)*. – **Est puni de l'amende prévue pour les contraventions de la 5e classe le fait de :**

1° Chasser pendant la nuit dans des conditions autres que celles autorisées par l'alinéa 1er de l'article L. 424-4 et par l'article L. 424-5 ;

2° Chasser le gibier d'eau à la passée dans des conditions autres que celles prévues par l'alinéa 2 de l'article L. 424-4 ;

3° Contrevenir aux dispositions législatives et réglementaires relatives à l'emploi de modes, de moyens, d'engins ou d'instruments pour la chasse du gibier ou pour la destruction des animaux nuisibles ;

4° Se déplacer en véhicule à moteur d'un poste de tir à un autre dans des conditions autres que celles prévues aux alinéas 7, 8 et 9 de l'article L. 424-4 ;

5° Contrevenir aux arrêtés relatifs à l'usage de drogues, appâts ou substances toxiques de nature à détruire ou à faciliter la destruction du gibier et des animaux nuisibles ;

6° Contrevenir aux arrêtés pris en application du présent titre et relatifs à l'utilisation d'armes et éléments d'armes pour la chasse du gibier ou pour la destruction des animaux nuisibles ;

7° Détenir ou être trouvé muni ou porteur, hors de son domicile, de filets, engins ou autres instruments de chasse prohibés.

Art. R. 428-9 *(Rempl., D. n° 2007-533, 6 avr. 2007)*. – **Est puni de l'amende prévue pour les contraventions de la 4e classe le fait de :**

1° Utiliser des appeaux, appelants vivants ou artificiels et chanterelles, sans respecter les conditions fixées par un arrêté ministériel pris en application de l'article R. 424-15 pour la chasse des oiseaux de passage et du gibier d'eau ou pour la destruction des animaux nuisibles ;

2° Contrevenir aux arrêtés pris en application du présent titre, relatifs à l'utilisation de munitions pour la chasse du gibier ou pour la destruction des animaux nuisibles ;

3° Contrevenir aux arrêtés réglementant le transport à bord d'un véhicule des armes de chasse ;

4° Contrevenir aux arrêtés préfectoraux réglementant la chasse du lapin à l'aide du furet ;

5° Rechercher ou poursuivre le gibier à l'aide de sources lumineuses, sans y être autorisé par l'autorité administrative pour les comptages et captures à des fins scientifiques ou de repeuplement.

Art. R. 428-10 *(Rempl., D. n° 2007-533, 6 avr. 2007)*. – **Est puni de l'amende prévue pour les contraventions de la 3e classe le fait de ne pas tenir à jour le carnet de prélèvement prévu au dernier alinéa de l'article L. 424-5.**

1) Se rend coupable de chasse en contravention des prescriptions du plan de chasse au grand gibier le président d'une société de chasse, bénéficiaire d'un plan de chasse individuel, qui se met, de son propre fait, dans l'impossibilité de prendre les mesures nécessaires en vue de faire respecter le plan de chasse (■ Cass. crim., 9 nov. 1993 : *Bull. crim.*, n° 330. – V. également, ■ Cass. crim., 12 janv. 1994 : *Bull. crim.*, n° 17).

2) Titulaire d'un plan de chasse, le prévenu a abattu un chevreuil mais a rempli une fiche de contrôle mentionnant le tir d'un chevreuil femelle ; condamné par la cour d'appel pour « avoir chassé le grand gibier en contravention au plan de chasse en ne remplissant pas la fiche de contrôle conformément aux tirs effectués », la chambre criminelle a cassé cet arrêt dont les énonciations ne caractérisent pas une contravention aux prescriptions du plan de chasse établi dans les conditions définies aux articles R. 225-1 à R. 225-14 du Code rural (■ Cass. crim., 24 févr. 2004 : *Dr. pénal* 2004, note 111 ; *JurisData* n° 2004-023061).

§ 4. – Transport et commercialisation

Art. R. 428-11 *(Rempl., D. n° 2007-533, 6 avr. 2007)*. – **Est puni de l'amende prévue pour les contraventions de la 5e classe le fait de :**

1° Transporter à des fins commerciales, détenir pour la vente, mettre en vente, vendre et acheter des oiseaux vivants d'espèces dont la chasse est autorisée, sauf lorsque ces oiseaux figurent sur la liste des espèces fixée par arrêté du ministre chargé de la chasse en application du 2° du I de l'article L. 424-8, et sauf lorsque ces spécimens sont nés et élevés en captivité ;

2° Transporter à des fins commerciales, détenir pour la vente, mettre en vente, vendre et acheter des oiseaux licitement tués à la chasse, sauf lorsque ces oiseaux figurent sur la liste des espèces fixée par arrêté du ministre chargé de la chasse en application du 2° du I de l'article L. 424-8, et sauf lorsque ces spécimens sont nés et élevés en captivité ;

3° Méconnaître les restrictions apportées par l'autorité administrative en application du II de l'article L. 424-8 et des articles L. 424-12 et L. 424-13 ;

4° *(Mod., D. n° 2010-707, 29 juin 2010)* Pour les animaux tués au titre du plan de chasse, transporter, détenir pour la vente ou la naturalisation, mettre en vente, vendre et acheter ces animaux non munis du dispositif de pré-marquage ou de marquage, ou des morceaux de ces animaux non accompagnés de l'attestation justifiant leur origine sauf lorsque ces morceaux sont transportés par le titulaire d'un permis de chasser valide pendant la période où la chasse est ouverte ;

5° *(Mod., D. n° 2010-707, 29 juin 2010)* Pour le grand gibier licitement tué à l'intérieur des enclos définis au I de l'article L. 424-3, transporter, détenir pour la vente ou la naturalisation, mettre en vente, vendre et acheter ce grand gibier non muni d'un dispositif de marquage, ou des morceaux de ce grand gibier non accompagnés d'une attestation justifiant leur origine ;

6° En toute saison, mettre en vente, vendre, transporter ou acheter sciemment du gibier tué à l'aide d'engins ou d'instruments prohibés ;

7° Détruire, enlever ou endommager intentionnellement les nids et les œufs des oiseaux dont la chasse est autorisée, ramasser leurs œufs dans la nature et les détenir sous réserve des dispositions de l'alinéa 2 de l'article L. 424-10, ainsi que détruire, enlever, vendre, acheter et transporter les portées ou petits de tous mammifères dont la chasse est autorisée, sous réserve des dispositions relatives aux animaux nuisibles ;

8° Sans l'autorisation préfectorale prévue à l'article L. 424-11, introduire dans le milieu naturel du grand gibier ou des lapins, ou prélever dans le milieu naturel des animaux vivants d'espèces dont la chasse est autorisée ;

9° S'opposer, pour les chasseurs et les personnes les accompagnant, à la visite de leurs carniers, poches à gibier ou sacs par les agents mentionnés à l'article L. 428-29.

1) Méconnaît les dispositions des articles R. 228-16, 1° et R. 225-12 du Code rural l'arrêt qui déclare un prévenu coupable de la contravention du défaut de marquage du grand gibier tiré en application du plan de chasse alors qu'il n'était pas le bénéficiaire du plan de chasse individuel, seul visé par les textes précités (■ Cass. crim., 9 nov. 1993 : *Bull. crim.*, n° 330).

2) L'article R. 225-12 du Code rural impose un devoir positif de surveillance au titulaire du plan de chasse ; ainsi a été cassé un arrêt qui a relaxé un prévenu en relevant que celui-ci n'a pas personnellement procédé au marquage des grands gibiers tués en application du plan de chasse (■ Cass. crim., 27 févr. 1992 : *Bull. crim.*, n° 91).

§ 4. – Modes et moyens

Art. R. 428-12 ***(Rempl., D. n° 2007-533, 6 avr. 2007).*** **– Est puni de l'amende prévue pour les contraventions de la 3e classe le fait de contrevenir aux dispositions de l'article L. 424-9.**

§ 5. – Obstruction à un acte de chasse

(D. n° 2010-603, 4 juin 2010)

Art. R. 428-12-1 ***(D. n° 2010-603, 4 juin 2010).*** **– Est puni de l'amende prévue pour les contraventions de la cinquième classe le fait, par des actes d'obstruction concertés, d'empêcher le déroulement d'un ou plusieurs actes de chasse tels que définis à l'article L. 420-3.**

Sous-section 4. – Gestion

§ 1. – Plan de chasse

Art. R. 428-13 ***(Rempl., D. n° 2007-533, 6 avr. 2007).*** **– Est puni de l'amende prévue pour les contraventions de la 5e classe le fait de :**

1° Chasser sans plan de chasse individuel lorsqu'il est obligatoire ;

2° Prélever un nombre d'animaux inférieur au minimum attribué par le plan de chasse individuel ;

3° Prélever un nombre d'animaux supérieur au maximum attribué par le plan de chasse individuel ;

4° Ne pas munir d'un dispositif de marquage ou de pré-marquage *(Mots aj., D. n° 2010-707, 29 juin 2010)* « conforme aux prescriptions des arrêtés pris en application de l'article R. 425-10 » un animal tué en application du plan de chasse individuel, sur le lieu même où il a été abattu ou retrouvé et préalablement à tout transport ;

5° Ne pas dater du jour de la capture le dispositif de marquage ou de pré-marquage préalablement à sa pose sur l'animal capturé.

Art. R. 428-14 *(Rempl., D. n° 2007-533, 6 avr. 2007 ; rempl., D. n° 2010-707, 29 juin 2010)*. – Est puni de l'amende prévue pour les contraventions de la 3e classe le fait de :

1° Contrevenir aux dispositions fixant les modalités de contrôle de l'exécution des plans de chasse individuels prises en application des articles R. 425-12 et R. 425-17 ;

2° Ne pas communiquer le nombre d'animaux prélevés en application du plan de chasse individuel à la fédération départementale ou interdépartementale des chasseurs dans les conditions prévues à l'article R. 425-13.

§ 2. – Prélèvement maximal autorisé

Art. R. 428-15 *(Rempl., D. n° 2007-533, 6 avr. 2007)*. – Est puni de l'amende prévue pour les contraventions de la 4e classe le fait de capturer un nombre d'animaux supérieur au prélèvement maximal autorisé par chasseur, pour une ou plusieurs espèces, pendant une période déterminée et sur un territoire donné.

Art. R. 428-16 *(Rempl., D. n° 2007-533, 6 avr. 2007)*. – Est puni de l'amende prévue pour les contraventions de la 4e classe le fait de :

1° Ne pas munir d'un dispositif de marquage un animal capturé dans le cadre du prélèvement maximal autorisé, sur le lieu même où il a été abattu ou retrouvé et préalablement à tout transport ;

2° Ne pas tenir à jour le carnet de prélèvements prévu à l'article R. 425-20.

§ 3. – Plan de gestion cynégétique

Art. R. 428-17 *(Rempl., D. n° 2007-533, 6 avr. 2007)*. – Est puni de l'amende prévue pour les contraventions de la 4e classe le fait de chasser en infraction avec les modalités de gestion prévues à l'article L. 425-15.

§ 4. – Schéma départemental de gestion cynégétique
(D. n° 2010-707, 29 juin 2010)

Art. R. 428-17-1 *(D. n° 2010-707, 29 juin 2010)*. – Est puni de l'amende prévue pour les contraventions de la 4e classe le fait de contrevenir aux prescriptions du schéma départemental de gestion cynégétique relatives :

1° À l'agrainage et à l'affouragement ;

2° À la chasse à tir du gibier d'eau à l'agrainée ;

3° Aux lâchers de gibiers ;

4° À la sécurité des chasseurs et des non-chasseurs.

Sous-section 5. – Participations instituées pour l'indemnisation des dégâts de gibier

Art. R. 428-18 *(Rempl., D. n° 2007-533, 6 avr. 2007)*. – Lorsque la fédération départementale ou interdépartementale des chasseurs institue des participations en application du quatrième alinéa de l'article L. 426-5, est puni de l'amende prévue pour les contraventions de la 4e classe le fait, pour un adhérent de cette fédération, de ne pas procéder au marquage du gibier mort, préalablement à tout transport, lorsqu'il n'est pas soumis à un plan de chasse dans le département.

Sous-section 6. – Destruction des animaux nuisibles et louveterie

Art. R. 428-19 *(Rempl., D. n° 2007-533, 6 avr. 2007)*. – I *(I rempl., D. n° 2012-402, 23 mars 2012)*. - Est puni de l'amende prévue pour les contraventions de la cinquième classe le fait de contrevenir aux dispositions des articles R. 427-10, R. 427-14, R. 427-16, R. 427-18 et R. 427-25 à R. 427-28 relatifs à la destruction, au lâcher, au transport et à la commercialisation des animaux nuisibles, aux arrêtés et décisions individuelles pris pour leur application ainsi qu'aux arrêtés pris sur le fondement de l'article R. 427-6.

II. – Est puni de l'amende prévue pour les contraventions de la 4e classe le fait, pour tout piégeur agréé en application de l'article R. 427-16, de ne pas respecter les conditions d'utilisation des pièges définies en application de l'article R. 427-17.

Section II. – Récidive

Art. R. 428-20 *(Rempl., D. n° 2007-533, 6 avr. 2007)*. – **La récidive des contraventions de la 5e classe prévues au présent chapitre est réprimée conformément aux articles 132-11 et 132-15 du Code pénal.**

Section III. – Peines applicables aux personnes morales et peines complémentaires

Art. R. 428-21 *(Rempl., D. n° 2007-533, 6 avr. 2007 ; D. n° 2010-671, 18 juin 2010)*. – **Les personnes morales déclarées responsables pénalement dans les conditions prévues par l'article 121-2 du Code pénal, des infractions définies au présent chapitre encourent, outre l'amende, suivant les modalités prévues par l'article 131-41 du Code pénal, la peine de confiscation de la chose qui a servi ou était destinée à commettre l'infraction ou de la chose qui en est le produit.**

Art. R. 428-22 *(Rempl., D. n° 2007-533, 6 avr. 2007)*. – **Les personnes physiques encourent les peines complémentaires prévues aux 1° à 5° de l'article 131-16 du Code pénal.**

....

Dispositions particulières aux départements du Bas-Rhin, du Haut-Rhin et de la Moselle

Pénalités

Sous-section 1. – Peines

§ 1. – Territoire

Art. R. 429-18. – **Est puni de l'amende prévue pour les contraventions de la 5e classe le fait de se trouver en appareil de chasse sur le terrain de chasse d'autrui en dehors du chemin destiné à l'usage commun alors même qu'aucun acte de chasse n'a été accompli, sauf le consentement du propriétaire de la chasse ou une autorisation pour d'autres motifs.**

Art. R. 428-19 *(Rempl., D. n° 2007-533, 6 avr. 2007)*. – **I** *(I rempl., D. n° 2012-402, 23 mars 2012)*. **- Est puni de l'amende prévue pour les contraventions de la cinquième classe le fait de contrevenir aux dispositions des articles R. 427-10, R. 427-14, R. 427-16, R. 427-18 et R. 427-25 à R. 427-28 relatifs à la destruction, au lâcher, au transport et à la commercialisation des animaux nuisibles, aux arrêtés et décisions individuelles pris pour leur application ainsi qu'aux arrêtés pris sur le fondement de l'article R. 427-6.**

II. - Est puni de l'amende prévue pour les contraventions de la 4e classe le fait, pour tout piégeur agréé en application de l'article R. 427-16, de ne pas respecter les conditions d'utilisation des pièges définies en application de l'article R. 427-17.

§ 2. – Exercice de la chasse

Art. R. 429-20. – **Est puni des peines prévues pour les contraventions de la 5e classe le fait de chasser en se servant de moyens, d'engins ou selon un mode prohibés en application de l'article L. 429-20.**

Art. R. 429-20-1 *(D. n° 2007-533, 6 avr. 2007)*. – **Est puni de l'amende prévue pour les contraventions de la 4e classe le fait de chasser sans avoir au préalable versé la contribution personnelle unique fixée par le fonds départemental d'indemnisation en application de l'article L. 429-31.**

Sous-section 2. – Récidive

Art. R. 429-21. – **La récidive des contraventions prévues aux articles R. 429-18 à R. 429-20 est punie conformément à l'article 132-11 du Code pénal.**

Pour les dispositions particulières aux départements d'outre-mer, à la collectivité territoriale de Saint-Pierre-et-Miquelon et aux Terres australes et antarctiques françaises, V. articles R. 437-12 et R. 437-13 du Code de l'environnement.

ANNEXE 14

CHEMINS DE FER

Code des transports

(Ord. n° 2010-1307, 28 oct. 2010)

Dispositions relatives à la conduite des trains

Art. L. 2221-9. – Le fait de conduire un train sans être titulaire de la licence et des documents requis par la réglementation de sécurité ou d'affecter à la conduite de trains une personne qui n'est pas titulaire de ces documents est puni d'un emprisonnement d'un an et d'une amende de 75 000 €.

....

Police du transport ferroviaire ou guidé

Art. L. 2242-1. – Est puni de dix ans d'emprisonnement le fait d'employer volontairement un moyen quelconque aux fins de faire dérailler les véhicules ou de provoquer leur collision.

S'il en résulte un homicide ou des blessures, le coupable est puni de la réclusion criminelle à perpétuité dans le premier cas et de vingt ans de réclusion criminelle dans le second.

Jugé que le mot « volontairement » qui est employé dans l'article 16 ne s'applique pas aux mots qui suivent ; en conséquence, les peines prévues par cet article sont légalement appliquées à l'individu déclaré « coupable d'avoir placé sur la voie des pierres faisant obstacle à la circulation, de manière à entraver la marche des convois ou à les faire sortir des rails » sans qu'il soit nécessaire de constater qu'il avait volontairement placé ces pierres (■ Cass. crim., 21 sept. 1893 : *DP* 1896, 1, 435).

Art. L. 2242-2. – Est puni de cinq ans d'emprisonnement, le fait de menacer, par écrit anonyme ou signé, de commettre une des infractions prévues par l'article L. 2242-1, dans le cas où la menace a été faite avec ordre de déposer une somme d'argent dans un lieu indiqué ou de remplir toute autre condition.

Si la menace n'a été accompagnée d'aucun ordre ou condition, la peine est de deux ans d'emprisonnement et de 3 750 € d'amende.

Si la menace avec ordre ou condition a été verbale, la peine est de six mois d'emprisonnement et de 3 750 € d'amende.

Art. L. 2242-3. – Est puni de six mois d'emprisonnement et de 3 750 € d'amende le fait de causer involontairement, sur un chemin de fer ou dans les gares ou stations, par maladresse, imprudence, inattention, négligence ou inobservation des lois ou règlements, un accident occasionnant des blessures.

Si l'accident a occasionné la mort d'une ou plusieurs personnes, la peine est de cinq ans d'emprisonnement et de 3 750 € d'amende.

1) L'article 19 de la loi du 15 juillet 1845, punissant les auteurs de blessures et homicides involontaires lorsque l'accident est survenu sur une voie ferrée, s'applique, en raison de la généralité de ses termes, à toutes personnes et non pas seulement aux agents du chemin de fer (■ Cass. crim., 23 déc. 1952 : *Bull. crim.* n° 322).

2) Une compagnie de chemin de fer est reconnue civilement responsable des suites d'un accident dont ont été victimes des voyageurs, même s'il est établi que ceux-ci étaient en situation irrégulière, dès lors qu'il résulte des constatations des juges que l'accident est dû à la seule faute d'un agent de la compagnie, à l'exclusion d'un fait personnel imputable aux victimes et en dehors de tout risque auquel celles-ci se seraient volontairement exposées (■ Cass. crim., 11 févr. 1959 : *Bull. crim.* n° 94).

3) Les articles 221-6 et 221-7 du Code pénal sont applicables lorsque la responsabilité d'une personne morale est engagée à l'occasion d'un accident causé sur les chemins de fer ou dans les gares ou stations, nonobstant les dispositions de l'article 19 de la loi du 15 juillet 1845 sur la police des chemins de fer (■ Cass. crim., 18 janv. 2000 : *Bull. crim.* n° 28 ; *JCP* G 2000, n° 40, II, 10935, note F. Debove ; *Bull. Joly* 2000, n°s 8-9, p. 809, note Ph. Delebecque ; *Dr. pén.* 2000, n° 6, comm. 72, note M. Véron).

Art. L. 2242-4. – Est puni de six mois d'emprisonnement et de 3 750 € d'amende le fait pour toute personne :

1° De modifier ou déplacer sans autorisation ou de dégrader ou déranger la voie ferrée, les talus, clôtures, barrières, bâtiments et ouvrages d'art, les installations de production, de transport et de distribution d'énergie ainsi que les appareils et le matériel de toute nature servant à l'exploitation ;

2° De jeter ou déposer un matériau ou un objet quelconque sur les lignes de transport ou de distribution d'énergie ou dans les parties de la voie ferrée ou de ses dépendances qui ne sont pas affectées à la circulation publique ;

3° D'empêcher le fonctionnement des signaux ou appareils quelconques ou de manœuvrer, sans en avoir mission, ceux qui ne sont pas à la disposition du public ;

4° De troubler ou entraver, par des signaux faits en dehors du service ou de toute autre façon, la mise en marche ou la circulation des trains ;

5° De pénétrer, circuler ou stationner sans autorisation régulière dans les parties de la voie ferrée ou de ses dépendances qui ne sont pas affectées à la circulation publique, d'y introduire des animaux ou d'y laisser introduire ceux dont elle est responsable, d'y faire circuler ou stationner un véhicule étranger au service, d'y jeter ou déposer un matériau ou un objet quelconque, d'entrer dans l'enceinte du chemin de fer ou d'en sortir par d'autres issues que celles affectées à cet usage ;

6° De laisser stationner sur les parties d'une voie publique suivie ou traversée à niveau par une voie ferrée des voitures ou des animaux, d'y jeter ou déposer un matériau ou un objet quelconque, de faire suivre les rails de la voie ferrée par des véhicules étrangers au service ;

7° De laisser subsister, après une mise en demeure de les supprimer faite par l'autorité administrative compétente de l'État, toutes installations lumineuses et notamment toute publicité lumineuse au moyen d'affiches, enseignes ou panneaux lumineux ou réfléchissants, lorsqu'elles sont de nature à créer un danger pour la circulation des convois en raison de la gêne qu'elles apportent pour l'observation des signaux par les agents du chemin de fer ;

8° De faire usage du signal d'alarme ou d'arrêt mis à la disposition des voyageurs de manière illégitime et dans l'intention de troubler ou d'entraver la mise en marche ou la circulation des trains.

9° *(L. n° 2011-267, 14 mars 2011)* De pénétrer sans autorisation dans les espaces affectés à la conduite des trains.

L'intention coupable de l'auteur du délit prévu par le 5° de l'article L. 2242-4 du Code des transports, est caractérisée par le fait, pour l'intéressé, de pénétrer, circuler ou stationner dans les parties de la voie ferrée ou de ses dépendances, qui ne sont pas affectées à la circulation publique, en sachant qu'il n'est pas titulaire d'une autorisation régulière à cet effet (■ Cass. crim., 9 déc. 2014, n° 14-80.200).

Art. L. 2242-5 *(L. n° 2016-339, 22 mars 2016)*. – Est puni de deux mois d'emprisonnement et de 3 750 € d'amende le fait de déclarer intentionnellement une fausse adresse ou une fausse identité auprès des agents assermentés mentionnés au I de l'article L. 2241-1.

Art. L. 2242-6. – Est puni de six mois d'emprisonnement et de 7 500 € d'amende le fait de voyager, de manière habituelle, dans une voiture sans être muni d'un titre de transport valable.

L'habitude est caractérisée dès lors que la personne concernée a fait l'objet, sur une période inférieure ou égale à douze mois, de plus de dix contraventions pour avoir voyagé sans titre de transport ou munie d'un titre de transport non valable ou non complété, qui n'ont pas donné lieu à une transaction en application de l'article 529-3 du Code de procédure pénale.

Art. L. 2242-7. – Est puni de six mois d'emprisonnement et de 7 500 € d'amende, l'outrage adressé à un agent d'un exploitant de réseau de transport public de personnes.

Lorsqu'il est commis en réunion, l'outrage est puni d'un an d'emprisonnement et de 15 000 € d'amende.

Art. L. 2242-8. – Est puni de deux ans d'emprisonnement le fait pour l'agent chargé de la conduite d'abandonner son poste pendant la marche du convoi.

1) Par l'expression « pendant la marche du convoi », il faut entendre toute la durée du parcours que ce convoi doit effectuer, que ce convoi circule ou stationne, qu'il soit en pleine campagne ou en gare ; et il importe peu que le mécanicien qui abandonne le convoi en cours de route ait pris la précaution de placer le train sur une voie de garage ou qu'il ait prévenu ses chefs de ses intentions (■ Cass. crim., 18 déc. 1920, 2 arrêts : *DP* 1921, 1, 155).

2) L'abandon de poste pendant la marche d'un convoi ne consiste pas seulement dans l'abandon matériel du convoi par le mécanicien ou le conducteur garde-frein, mais résulte aussi du fait, par ces agents, de cesser, en cours de marche, d'exécuter la mission qu'ils avaient la charge de remplir (■ Cass. crim., 23 sept. 1920 : *DP* 1921, 1, 155).

....

Art. L. 2242-10 *(L. n° 2016-339, 22 mars 2016)*. – Le fait de diffuser, par quelque moyen que ce soit et quel qu'en soit le support, tout message de nature à signaler la présence de contrôleurs ou d'agents de sécurité employés ou missionnés par un exploitant de transport public de voyageurs est puni de deux mois d'emprisonnement et de 3 750 € d'amende.

Services internes de sécurité de la société nationale des chemins de fer français

Art. L. 2251-1 *(L. n° 2016-339, 22 mars 2016)*. – Sans préjudice des dispositions prévues par les titres III et IV du présent livre, la Société nationale des chemins de fer français et la Régie autonome des transports parisiens sont autorisées à disposer d'un service interne de sécurité.

Les services internes de sécurité de la Société nationale des chemins de fer français et de la Régie autonome des transports parisiens sont chargés, dans le cadre d'une mission de prévention, de veiller à la sécurité des personnes et des biens, de protéger les agents de l'entreprise et son patrimoine et de veiller au bon fonctionnement du service. Cette mission s'exerce dans les emprises immobilières nécessaires à l'exploitation du service géré par ces établissements publics et dans leurs véhicules de transport public de personnes. La prévention des violences et des atteintes à caractère sexiste dans les transports publics est un axe prioritaire de leur action.

Outre la formation initiale dont ils bénéficient, les agents des services internes de sécurité de la SNCF et de la Régie autonome des transports parisiens reçoivent une formation continue adaptée aux besoins des services, en vue de maintenir ou de parfaire leur qualification professionnelle, leur connaissance des règles déontologiques et leur adaptation aux fonctions qu'ils sont conduits à exercer.

Le contenu de ces formations est conforme à un cahier des charges fixé par arrêté conjoint du ministre de l'intérieur et du ministre chargé des transports.

Les services internes de sécurité de la Société nationale des chemins de fer français et de la Régie autonome des transports parisiens sont soumis aux dispositions du deuxième alinéa de l'article 2 et de l'article 4 de la loi n° 83-629 du 12 juillet 1983 réglementant les activités privées de surveillance.

Les conditions dans lesquelles les agents des services internes de sécurité de la Société nationale des chemins de fer français et de la Régie autonome des transports parisiens peuvent exercer ces missions sur la voie publique sont fixées par décret en Conseil d'État.

Art. L. 2251-1-1 *(Créé à compter du 1er janv. 2015, L. n° 2014-872, 4 août 2014).* – Le service interne de sécurité de la SNCF réalise cette mission au profit de SNCF Réseau, de SNCF Mobilités et de l'ensemble des autres entreprises ferroviaires utilisatrices du réseau ferré national ainsi que de leurs personnels, à leur demande et dans un cadre formalisé.

Cette mission s'exerce dans les emprises immobilières nécessaires à l'exploitation des services de transport ferroviaire de personnes et de marchandises et dans les véhicules de transport public de personnes qui y sont affectés.

La SNCF publie chaque année un document de référence et de tarification des prestations de sûreté. L'Autorité de régulation des activités ferroviaires émet un avis conforme sur la tarification de ces prestations. L'exécution de ces prestations s'effectue dans des conditions transparentes, équitables et sans discrimination entre les entreprises ferroviaires.

Les conditions d'application du présent article sont définies par décret en Conseil d'État.

Art. L. 2251-1-2 *(Créé à compter du 1er janv. 2015, L. n° 2014-872, 4 août 2014).* – Pour la Régie autonome des transports parisiens, cette mission s'exerce dans les emprises immobilières nécessaires à l'exploitation du service géré par cet établissement public et dans ses véhicules de transport public de personnes.

Art. L. 2251-1-3 *(L. n° 2017-258, 28 févr. 2017).* – Par dérogation aux articles L. 2251-1-1 et L. 2251-1-2, sur les sites d'interconnexion des réseaux de la SNCF et de la Régie autonome des transports parisiens, les agents des services internes de sécurité de ces deux établissements publics peuvent intervenir ponctuellement dans les emprises immobilières et véhicules relevant de la compétence de l'autre service interne de sécurité :

1° Lorsque cette intervention est nécessaire à la constatation d'une infraction mentionnée à l'article L. 2241-1 ;

2° Pour assurer, avec l'autorisation de l'autorité administrative, la mission prévue au deuxième alinéa de l'article L. 2251-1.

Ces interventions ne peuvent être réalisées qu'avec l'autorisation conjointe des deux établissements publics.

Art. L. 2251-2 *(Mod. à compter du 1er janv. 2015, L. n° 2014-872, 4 août 2014).* – Les agents des services internes de sécurité de la SNCF et de la Régie autonome des transports parisiens qui ont fait l'objet d'une condamnation à une peine correctionnelle ou à une peine criminelle inscrite au bulletin n° 2 du casier judiciaire ou, pour les ressortissants étrangers, dans un document équivalent, ne peuvent être affectés ou maintenus dans ce service interne de sécurité. Il en va de même :

1° Si l'agent a fait l'objet d'un arrêté d'expulsion non abrogé ou d'une interdiction du territoire français non entièrement exécutée ;

2° S'il a commis des actes, éventuellement mentionnés dans les traitements automatisés et autorisés de données personnelles gérés par les autorités de police, contraires à l'honneur, à la probité ou aux bonnes mœurs ou de nature à porter atteinte à la sécurité des personnes ou des biens, à la sécurité publique ou à la sûreté de l'État.

L'affectation d'un agent est subordonnée à la transmission par l'autorité administrative compétente de l'État de ses observations relatives aux obligations mentionnées aux trois premiers alinéas.

....

Art. L. 2252-1. – I. – *(Abr., L. n° 2016-339, 22 mars 2016).*

II. – Est puni d'un an d'emprisonnement et de 15 000 € d'amende le fait, pour les personnes mentionnées à l'article L. 2251-1, d'employer une personne en violation des dispositions de l'article L. 2251-2.

III. – Est puni de six mois d'emprisonnement et de 7 500 € d'amende le fait d'être l'employé du service mentionné à l'article L. 2251-1 en violation des dispositions de l'article L. 2251-2.

Art. L. 2252-2 *(L. n° 2016-339, 22 mars 2016).* – Est puni d'un an d'emprisonnement et de 15 000 € d'amende le fait pour tout agent d'un service interne de sécurité mentionné à l'article L. 2251-1 de faire obstacle à l'accomplissement des contrôles exercés dans les conditions prévues à l'article L. 2251-6.

Décret n° 42-730 du 22 mars 1942

portant règlement d'administration publique sur la police,
la sûreté et l'exploitation des voies ferrées d'intérêt général et local

Art. 1er *(D. n° 86-1045, 18 sept. 1986 ; D. n° 90-661, 26 juill. 1990 ; D. n° 92-478, 29 mai 1992 ; D. n° 2000-286, 30 mars 2000 ; D. n° 2003-425, 9 mai 2003 ; D. n° 2006-1279, 19 oct. 2006).* – **Les dispositions du présent décret sont applicables à toutes les voies ferrées d'intérêt général ou d'intérêt local, sous réserve des restrictions mentionnées en tête des articles qui ne sont pas applicables à certaines catégories de voies.**

(Al. abr. et codifié en tant qu'il concerne les remontées mécaniques définies à l'article L. 342-7 du Code du tourisme, D. n° 2006-1229, 6 oct. 2006. – V. C. tourisme, art. R. 342-14) **Les articles 6, 73, 74, 74-1, 77, 80-1 à 80-9, 92 et 93 du présent décret sont applicables aux services de transports publics routiers de personnes réguliers et à la demande.**

Code du tourisme

Art. R. 342-14 *(Rempl., D. n° 2007-934, 15 mai 2007).* – Les personnes qui effectuent les vérifications prévues à l'article R. 342-13 sont indépendantes du maître d'ouvrage, du constructeur et de l'exploitant de la remontée mécanique ou du tapis roulant.

Art. 69 à 72 *(Abr., D. n° 2006-1279, 19 oct. 2006).*

Art. 73 *(Mod., D. n° 69-601, 10 juin 1969).* – **Il est défendu à toute personne :**

1° De modifier ou déplacer sans autorisation et de dégrader, déranger la voie ferrée, les talus, clôtures, barrières, bâtiments et ouvrages d'art, les installations de production, de transport et de distribution d'énergie, ainsi que les appareils et le matériel de toute nature servant à l'exploitation ;

2° De rien jeter ou déposer sur les lignes de transport ou de distribution d'énergie ;

3° D'empêcher le fonctionnement des signaux ou appareils quelconques et de manœuvrer sans en avoir mission ceux qui ne sont pas à la disposition du public ;

4° De troubler ou entraver, par des signaux faits en dehors du service ou de toute autre façon, la mise en marche ou la circulation des trains ;

5° De pénétrer, circuler ou stationner, sans autorisation régulière, dans les parties de la voie ferrée ou de ses dépendances qui ne sont pas affectées à la circulation publique, d'y introduire des animaux ou d'y laisser introduire ceux dont elle est responsable, d'y faire circuler ou stationner aucun véhicule étranger au service, d'y jeter ou déposer des matériaux ou objets quelconques, d'entrer dans l'enceinte du chemin de fer ou d'en sortir par d'autres issues que celles affectées à cet usage ;

6° De laisser stationner sur les parties d'une voie publique suivie ou traversée à niveau par une voie ferrée, des voitures ou des animaux, d'y jeter ou déposer des matériaux ou objets quelconques, de faire suivre les rails de la voie ferrée par des véhicules étrangers au service ;

7° De laisser subsister, après une mise en demeure de les supprimer faite par le préfet, toutes installations lumineuses, et notamment toute publicité lumineuse au moyen d'affiches, enseignes ou panneaux lumineux ou réfléchissants, lorsqu'elles sont de nature à créer un danger pour la circulation des convois en raison de la gêne qu'elles apportent pour l'observation des signaux par les agents du chemin de fer.

Art. 74 *(D. n° 79-659, 31 juill. 1979 ; mod., D. n° 86-1045, 18 sept. 1986 ; D. n° 90-661, 26 juill. 1990).* – **Il est interdit à toute personne :**

1° De voyager dans une voiture sans être munie d'un titre de transport valable complété, s'il y a lieu, par les opérations incombant au voyageur telles que compostage, validation ou apposition de mentions manuscrites ; de pénétrer dans les parties de la voie ferrée et de ses dépendances dont l'accès est réservé

aux personnes munies d'un titre de transport sans être munie d'un titre valable et complété, s'il y a lieu, comme il est dit ci-dessus ;

2° De prendre une place déjà retenue régulièrement par un autre voyageur et d'occuper abusivement les places et filets avec des effets, colis ou autres objets, chaque voyageur ne pouvant disposer que de l'espace situé au-dessus ou au-dessous de la place à laquelle il a droit ;

3° D'occuper un emplacement non destiné aux voyageurs, de se placer indûment dans les compartiments ayant une destination spéciale, d'entraver la circulation dans les couloirs ou l'accès des compartiments ;

4° De monter dans les voitures en surnombre des places indiquées en conformité de l'article 24 du présent règlement ;

5° De mettre obstacle à la fermeture des portières immédiatement avant le départ, de les ouvrir après le signal de départ pendant la marche et avant l'arrêt complet du train ; d'entrer dans les voitures ou d'en sortir autrement que par les accès ménagés à cet effet et placés du côté où se fait le service du train ; de monter ou de descendre ailleurs que dans les gares, stations, haltes ou arrêts à ce destinés et lorsque le train n'est pas complètement arrêté ;

6° De passer d'une voiture dans une autre autrement que par les passages disposés à cet effet, de se pencher au dehors et de rester sur les marchepieds pendant la marche ;

7° *(Abr., D. n° 92-478, 29 mai 1992).*

8° De cracher ailleurs que dans les crachoirs disposés à cet effet ;

9° De se servir sans motif plausible du signal d'alarme ou d'arrêt mis à la disposition des voyageurs pour faire appel aux agents de la compagnie ;

10° De souiller ou de détériorer le matériel, d'enlever ou de détériorer les étiquettes, cartes, pancartes ou inscriptions intéressant le service de la voie ferrée ainsi que la publicité régulièrement apposée dans les gares et les voitures, sur les wagons ou les cadres et, d'une façon générale, dans toute dépendance du chemin de fer ;

11° *(D. 25 mars 1960)* De faire usage, dans les voitures, dans les salles d'attente, sur les quais ou dans les dépendances des gares accessibles aux voyageurs et aux autres usagers, d'appareils ou instruments sonores ;

12° De revendre au-dessus des prix résultant des tarifs homologués des titres de transport, des bulletins de réservation de places, suppléments couchettes ou voitures-lits.

Lorsque la perception du prix des places est effectuée dans les voitures, tout voyageur est tenu de payer le prix de la place occupée par lui aussitôt que l'agent de perception se présente et, s'il ne s'est pas présenté, avant de quitter soit la voiture, soit la gare d'arrivée, suivant les cas ; l'agent de perception est tenu de délivrer un billet à chaque voyageur.

1) Commet une infraction le voyageur qui reste dans une voiture de chemin de fer et continue sa route au-delà de la station pour laquelle il avait pris son billet et il peut être poursuivi même s'il acquitte la surtaxe due pour allongement de parcours (■ Cass. crim., 7 avr. 1870 : *S.* 1871, 2, 258. ■ Cass. crim., 8 déc. 1870 : *DP* 1870, 1, 447).

2) L'infraction n'existe toutefois que si le fait matériel reste volontaire ; tel n'est pas le cas du voyageur qui, s'étant endormi, a dépassé de bonne foi la gare qui constituait le terme de son voyage (■ Toulouse, 5 déc. 1893 : *DP* 1894, 2, 412).

3) Le billet périmé est assimilé au défaut de billet (■ Grenoble, 15 déc. 1898 : *D.* 1899, 2, 234).

4) L'usage d'un titre de transport de chemin de fer déjà composté à une date antérieure à celle du transport à l'occasion duquel un contrôle est opéré constitue l'infraction d'utilisation d'un titre de transport non valable (■ Cass. crim., 22 oct. 1987 : *Bull. crim.*, n° 363).

Art. 74-1 *(Abr. à compter du 1er févr. 2007, D. n° 2006-1386, 15 nov. 2006).*

Art. 74-2 *(D. n° 94-561, 30 juin 1994).* – À bord des trains transportant des véhicules routiers et leurs passagers, il est interdit à toute personne :

– de faire fonctionner le moteur d'un véhicule en dehors des opérations de chargement et de déchargement ;

– de procéder à des actions de réparation ou d'entretien des véhicules ;

– de manipuler, lorsque son transport est autorisé, tout objet ou substance susceptible de créer des risques pour la sécurité, notamment en ce qui concerne les produits chimiques, les carburants, le gaz ;

– de manipuler le chargement des véhicules et de ne pas rejoindre les compartiments voyageurs, à bord des trains dans lesquels l'acheminement des personnes et des véhicules s'effectue séparément.

Art. 75 *(D. n° 2004-1022, 22 sept. 2004)*. – Dans les catégories de trains désignées par arrêté du ministre chargé des transports, il est interdit à toute personne de déposer, dans l'espace situé au-dessus et au-dessous de la place à laquelle elle a droit ainsi que dans les espaces collectifs prévus à cet effet dans les voitures, un bagage ne comportant pas de manière visible la mention de ses nom et prénom.

L'accès aux trains désignés en application de l'alinéa précédent est interdit à toute personne portant avec elle des bagages ne comportant pas de manière visible la mention de ses nom et prénom.

Les dispositions ci-dessus ne s'appliquent pas aux effets ou menus objets que le voyageur conserve à sa disposition immédiate.

Art. 76. – Lorsqu'une voie ferrée est établie sur une voie publique ou traverse à niveau la plate-forme ou seulement la chaussée d'une voie publique, tout piéton, cavalier ou conducteur d'un véhicule doit, à l'approche d'une voiture ou d'un train appartenant au service de la voie ferrée, dégager immédiatement cette voie et s'en écarter de manière à livrer passage au matériel qui y circule.

Tout conducteur de troupeaux ou d'animaux doit les écarter de la voie ferrée à l'approche d'un train ou d'un véhicule appartenant au service de cette voie.

Pendant le franchissement d'une traversée à niveau, il est interdit à tout usager de la route de s'arrêter ou d'arrêter les véhicules ou animaux qu'il conduit.

Dans le cas d'une traversée non munie de barrières, l'usager de la route ne doit s'y engager qu'après s'être assuré qu'aucun train n'est visible ou que l'approche d'aucun train n'est annoncée.

Art. 77 *(Mod., D. n° 94-561, 30 juin 1994)*. – L'entrée et le séjour dans l'enceinte du chemin de fer ou dans les dépendances de la voie ferrée sont interdits à toute personne en état d'ivresse.

Peuvent être exclues des compartiments affectés au public, les personnes atteintes visiblement ou notoirement de maladie dont la contagion serait à redouter pour les voyageurs. Les compartiments dans lesquels elles ont pris place sont, dès l'arrivée, soumis à la désinfection.

Art. 77-1 *(D. n° 94-561, 30 juin 1994)*. – L'entrée des voitures est interdite à toute personne portant des matières qui, par leur nature, leur quantité ou l'insuffisance de leur emballage, peuvent être la source de dangers, ou des objets qui, par leur nature, leur volume ou leur odeur, pourraient gêner ou incommoder les voyageurs.

Toute personne autorisée à porter ou transporter une arme à feu ne peut accéder au train avec cette arme que si celle-ci est non chargée, démontée et maintenue dans une mallette fermée.

Toutefois, les agents de la force publique, lorsqu'ils y sont obligés par leur service, peuvent conserver avec eux des armes à feu chargées à condition de prendre place dans les compartiments réservés, sauf si cette condition est incompatible avec l'exercice de leur mission.

Art. 77-2 *(D. n° 94-561, 30 juin 1994)*. – Toute personne qui aura refusé d'obtempérer aux injonctions adressées par les fonctionnaires et agents énumérés à l'article 23 de la loi du 15 juillet 1845 relative à la police des chemins de fer, en vue de faire respecter les dispositions du présent décret ou de faire cesser un trouble à l'ordre public, pourra se voir interdire l'accès au train par les agents de la force publique.

....

Art. 80. – Les cantonniers, gardes-barrières et autres agents du chemin de fer doivent faire sortir immédiatement toute personne qui se serait introduite dans l'enceinte du chemin de fer ou dans quelque partie que ce soit des dépendances de la voie ferrée où elle n'aurait pas le droit d'entrer.

En cas de résistance de la part des contrevenants, tout employé de la voie ferrée peut requérir l'assistance des agents de la force publique.

Les animaux abandonnés qui sont trouvés dans l'enceinte du chemin de fer sont saisis et mis en fourrière.

Art. 80-1 *(D. n° 86-1045, 18 sept. 1986)*. – Sera punie de l'amende prévue pour les contraventions de la deuxième classe toute personne qui aura contrevenu aux arrêtés relatifs à la circulation, à l'arrêt et au stationnement des véhicules dans les cours de gare.

Art. 80-2 *(Rempl., D. n° 90-661, 26 juill. 1990 ; mod., D. n° 92-478, 29 mai 1992 ; D. n° 94-561, 30 juin 1994 ; D. n° 2004-1022, 22 sept. 2004).* – Sera punie de l'amende prévue pour les contraventions de la 4e classe toute personne qui aura contrevenu aux dispositions des 2° à 12° du premier alinéa de l'article 74 et à celles des articles 74-2, 77, 77-1, 78, 79 et 85 (quatrième alinéa) ainsi qu'aux arrêtés pris en application de l'article 6 du présent décret, à l'exception de ceux mentionnés à l'article 80-1.

Sera puni des mêmes peines tout voyageur qui aura refusé d'obtempérer aux injonctions adressées par les agents de l'exploitant pour assurer l'observation des dispositions du présent décret.

Sera puni de l'amende prévue pour les contraventions de la 3e classe quiconque aura fumé hors d'un emplacement mis à la disposition des fumeurs.

Sera puni de l'amende prévue pour les contraventions de la 1re classe quiconque aura contrevenu aux dispositions de l'article 75.

Art. 80-3 *(D. n° 86-1045, 18 sept. 1986 ; abr. et codifié en tant qu'il concerne les remontées mécaniques définies à l'article L. 342-7 du C. tourisme, D. n° 2006-1229, 6 oct. 2006. – V. C. tourisme, art. R. 342-15).* – Sera punie de l'amende prévue pour les contraventions de la 4e classe toute personne qui aura voyagé dans les voitures des services de transports de grandes lignes de la Société nationale des chemins de fer français sans titre de transport ou munie d'un titre de transport non valable ou non complété, s'il y a lieu, par les opérations incombant au voyageur.

Sera punie de l'amende prévue pour les contraventions de la 3e classe toute personne qui aura voyagé dans les voitures des services de transports autres que ceux mentionnés au premier alinéa sans titre de transport ou munie d'un titre de transport non valable ou non complété, s'il y a lieu, par les opérations incombant au voyageur.

Sera punie de l'amende prévue pour les contraventions de la 3e classe toute personne qui aura pénétré dans les parties de la voie ferrée et de ses dépendances dont l'accès est réservé aux personnes munies d'un titre de transport sans être munie d'un titre valable et complété, s'il y a lieu, par les opérations incombant au voyageur.

Code du tourisme

Art. R. 342-15 *(Rempl., D. n° 2007-934, 15 mai 2007).* – À compter du 1er janvier 2009, les personnes mentionnées à l'article R. 342-14 doivent être préalablement agréées par le service technique des remontées mécaniques et des transports guidés. Cet agrément est délivré pour une durée maximale de cinq ans dans les conditions prévues à l'article R. 342-16.

Le simple fait d'utiliser, pour voyager, un coupon magnétique appartenant à un tiers sans acquitter le prix du transport ne constitue pas le délit d'escroquerie mais bien la contravention de voyage sans titre de transport valable prévue et réprimée par les articles 74,1° et 80-3 du décret du 22 mars 1942 sur la police des voies ferrées d'intérêt général et d'intérêt local (■ Cass. crim., 9 août 1989 : *Bull. crim.*, n° 305).

Art. 80-4 *(D. n° 86-1045, 18 sept. 1986).* – Le montant de l'indemnité forfaitaire prévue par l'article 529-4 du Code de procédure pénale est fixé ainsi qu'il suit :

1° Pour les infractions prévues par l'article 80-2 : dix fois la valeur du billet correspondant à un trajet de 100 kilomètres en seconde classe sur le réseau de la Société nationale des chemins de fer français ;

2° Pour les infractions prévues par le premier alinéa de l'article 80-3 : huit fois la valeur du billet correspondant à un trajet de 100 kilomètres en seconde classe sur le même réseau ;

3° Pour les infractions prévues par le deuxième alinéa de l'article 80-3, à l'exception de celles commises dans les services de remontées mécaniques : vingt-quatre fois la valeur du module tarifaire défini au premier alinéa du présent article pour les voyageurs munis d'un titre de transport non valable ou non complété, s'il y a lieu, par les opérations incombant au voyageur, et trente-six fois la valeur du même module tarifaire pour les voyageurs démunis de tout titre de transport ;

4° Pour les infractions prévues par le troisième alinéa de l'article 80-3 : trente-six fois la valeur du module tarifaire mentionné par le 3° ci-dessus ;

5° *(Abr. et codifié, D. n° 2006-1229, 6 oct. 2006)* V. Code du tourisme, article R. 342-15.

Les auteurs des infractions prévues par le premier alinéa de l'article 80-3 et, si elles sont commises dans les services de transports non urbains, de celles prévues par le deuxième alinéa du même article doivent s'acquitter, en outre, de la somme due au titre du transport.

Dans tous les cas prévus par le présent article, le montant de l'indemnité forfaitaire est arrondi aux cinq francs immédiatement supérieurs.

Le montant du module tarifaire mentionné aux 3° et 4° du premier alinéa ci-dessus correspond au prix d'un billet de seconde classe vendu par carnet au tarif normal sur le réseau de la Régie autonome des transports parisiens.

Art. 80-5 *(D. n° 86-1045, 18 sept. 1986)*. – Lorsque le montant de la transaction prévue par l'article 529-3 du Code de procédure pénale fait l'objet d'un versement immédiat, il est encaissé par ceux des agents de l'exploitant chargés du contrôle des titres de transport ou de la perception du montant de ces titres qui sont habilités à constater les infractions et assermentés dans les conditions prévues par l'article 23 de la loi du 15 juillet 1845 sur la police des chemins de fer.

Ce versement donne lieu à la délivrance immédiate d'une quittance extraite d'un carnet à souches comportant les mentions définies par arrêté du ministre chargé des transports.

Art. 80-6 *(D. n° 86-1045, 18 sept. 1986)*. – Lorsque la transaction n'est pas réalisée par un versement immédiat dans les conditions prévues par l'article 80-5, l'agent habilité de l'exploitant établit un procès-verbal de constatation de l'infraction, dont le modèle est fixé par un arrêté conjoint du garde des Sceaux, ministre de la Justice, et du ministre chargé des transports.

Le procès-verbal mentionne l'objet et le montant de la transaction, le montant des frais de constitution de dossier et le délai et les modalités de versement des sommes dues. Il mentionne également le délai et les conditions dans lesquels peut être formulée la protestation prévue par l'article 529-5 du Code de procédure pénale. Il comporte en outre les observations du contrevenant, auquel est remise une copie de ce document.

Art. 80-7 *(D. n° 86-1045, 18 sept. 1986)*. – Le montant des frais de constitution de dossier prévu par le deuxième alinéa de l'article 529-4 du Code de procédure pénale ne peut excéder 38 €.

Art. 80-8 *(D. n° 86-1045, 18 sept. 1986)*. – Les dispositions des articles R. 49-5 à R. 49-8 du Code de procédure pénale sont applicables à l'amende forfaitaire majorée prévue par le deuxième alinéa de l'article 529-5 de ce code.

Art. 80-9 *(D. n° 90-661, 26 juill. 1990)*. – Sera punie des peines prévues pour les contraventions de la 5e classe toute personne qui aura contrevenu aux dispositions des trois premiers alinéas de l'article 85. Dans ce cas les marchandises offertes, mises en vente ou exposées en vue de la vente seront saisies et confisquées.

....

Art. 85 *(Mod., D. n° 2010-561, 27 mai 2010)*. – Toute exploitation commerciale ou toute distribution d'objets quelconques, à titre professionnel, dans les cours ou bâtiments de gares ne peut être exercée ou effectuée qu'en vertu d'un titre d'occupation du domaine public ferroviaire.

La mendicité est interdite dans les mêmes lieux.

Art. 86. – Il est interdit d'introduire dans l'enceinte du chemin de fer, pour y être consommées par les agents, des boissons alcooliques autres que le vin, la bière, le cidre, le poiré ou l'hydromel non additionnées d'alcool.

Il est interdit au personnel des hôtels établis dans l'enceinte du chemin de fer, des buffets, buvettes et wagons-restaurants, de vendre aux agents et employés du chemin de fer des boissons alcooliques autres que celles énumérées ci-dessus.

....

ANNEXE 15

CHÈQUE ET CARTE DE PAIEMENT

Voir : art. 131-19 s., p. 100 (interdiction d'émettre des chèques ou d'utiliser des cartes de paiement)

Bibliographie : M. Cabrillac et D. Dechenaud, *Chèque : JCl. Lois pénales spéciales* • B. Bouloc, *Droit pénal du chèque : Rev. sc. crim.* 1992, 613. • Y. Chaput, *La loi n° 91-1382 du 30 décembre 1991 relative à la sécurité des chèques et des cartes de paiement : D.* 1992, chron. 101. • E. Madranges, *La loi du 30 décembre 1991 relative à la sécurité des chèques et des cartes de crédit : Gaz. Pal.* 1er-2 avr. 1992, p. 2. • D. Martin, *La carte de paiement et la loi (ou la puce maltraitée) : D.* 1992, chron. 277. • B. Nicod, *La fin des chèques sans provision : Gaz. Pal.* 14-15 oct. 1992, doctr. 2. • M. Véron, *Le dispositif légal relatif à l'émission des chèques sans provision depuis la loi du 30 décembre 1991 : Dr. pénal* 1992, chron. n° 17.

Code monétaire et financier

(Ord. n° 2000-1223, 14 déc. 2000)

Art. L. 163-1. – **Est puni d'une amende de 6 000 € le fait, pour le tiré, de refuser le paiement d'un chèque hors les cas mentionnés au deuxième alinéa de l'article L. 131-35, au motif que le tireur y a fait opposition.**

Justifie sa décision la cour d'appel qui, pour déclarer le gérant d'une société, coupable de défense au tiré de payer un chèque émis sur son compte personnel et remis, à titre de cautionnement de la société, à un créancier de celle-ci, relève que tant la dénonciation du vol imaginaire du chèque que l'opposition subséquente, formalisées quelques jours avant la déclaration de cessation des paiements de la société, ont constitué une manœuvre du prévenu pour éluder ses engagements avec l'intention de porter atteinte aux droits du bénéficiaire du chèque (■ Cass. crim., 4 janv. 1996 : *Bull. crim.*, n° 3).

Art. L. 163-2. – **Est puni d'un emprisonnement de cinq ans et d'une amende de 375 000 €, le fait pour toute personne d'effectuer après l'émission d'un chèque, dans l'intention de porter atteinte aux droits d'autrui, le retrait de tout ou partie de la provision, par transfert, virement ou quelque moyen que ce soit, ou de faire dans les mêmes conditions défense au tiré de payer.**

Est puni des mêmes peines le fait, pour toute personne, d'accepter de recevoir ou d'endosser en connaissance de cause un chèque émis dans les conditions définies à l'alinéa précédent.

Est puni des mêmes peines le fait, pour toute personne, d'émettre un ou plusieurs chèques au mépris de l'injonction qui lui a été adressée en application de l'article L. 131-73.

Est puni des mêmes peines le fait, pour un mandataire, d'émettre, en connaissance de cause, un ou plusieurs chèques dont l'émission était interdite à son mandant en application de l'article L. 131-73.

Pour la recherche, la poursuite, l'instruction et le jugement des infractions mentionnées aux alinéas précédents, le tribunal du lieu où le chèque est payable est compétent, sans préjudice de l'application des articles 43, 52 et 382 du Code de procédure pénale.

Encourt la cassation l'arrêt qui relaxe le prévenu, poursuivi pour avoir fait défense au tiré de payer deux chèques qu'il avait émis, au motif qu'il n'était pas établi qu'il ait eu l'intention de porter atteinte aux droits du bénéficiaire, alors que les juges ont constaté l'inexactitude du motif de l'opposition et qu'ils ont relevé que les conventions intervenues entre les parties ne permettaient pas de déterminer si ces chèques avaient été émis en garantie d'engagements ou comme moyen de paiement d'une créance (■ Cass. crim., 27 sept. 2006 : *JurisData* n° 2006-035560 ; *Dr. pénal* 2007, comm. 38, obs. J.-H. Robert).

Art. L. 163-3 ***(Mod., L. n° 2007-1544, 29 oct. 2007 ; Ord. n° 2009-866, 15 juill. 2009).*** **– Est puni d'un emprisonnement de sept ans et d'une amende de 750 000 € le fait pour toute personne :**

1. De contrefaire ou de falsifier un chèque ou un autre instrument mentionné à l'article L. 133-4 ;

2. De faire ou de tenter de faire usage, en connaissance de cause, d'un chèque ou un autre instrument mentionné à l'article L. 133-4 contrefaisant ou falsifié ;

3. D'accepter, en connaissance de cause, de recevoir un paiement au moyen d'un chèque ou d'un autre instrument mentionné à l'article L. 133-4 contrefaisant ou falsifié.

1) QPC. Non-lieu à renvoi au Conseil constitutionnel de la QPC visant l'article L. 163-3 (■ Cass. crim., 7 janv. 2014, n° 13-82.514).

2) Jugé que l'immunité familiale expressément prévue pour le délit d'escroquerie (art. 313-3 du Code pénal) ne peut être étendue au délit de falsification de chèque ou usage, la loi pénale étant d'interprétation stricte (■ Paris, 10 janv. 2002 : *Dr. pénal* 2002, comm. 81, obs. M. Véron ; V. article 111-4 du Code pénal).

3) L'existence d'un préjudice n'est pas un élément constitutif du délit de contrefaçon ou falsification de chèque, prévu et réprimé par l'article L. 163-3 du Code monétaire et financier ; ainsi, a méconnu le sens et la portée de ce texte la cour d'appel qui relaxe un prévenu au motif que l'existence d'un quelconque préjudice n'est ni démontré ni même allégué par la partie civile (■ Cass. crim., 8 janv. 2003 : *Bull. crim.*, n° 4 ; *Dr. pénal* 2003, comm. 48, obs. J.-H. Robert ; J. Djoudi : *D.* 2003, jur. p. 2037).

Art. L. 163-4 ***(Anc. art. L. 163-4-1, dénum. et mod. à compter du 1er nov. 2009, Ord. n° 2009-866, 15 juill. 2009).*** **– Est puni de sept ans d'emprisonnement et de 750 000 € d'amende le fait, pour toute personne, de fabriquer, d'acquérir, de détenir, de céder, d'offrir ou de mettre à disposition des équipements, instruments, programmes informatiques ou toutes données conçus ou spécialement adaptés pour commettre les infractions prévues au 1° de l'article L. 163-3.**

Action civile. L'utilisation frauduleuse de la carte bancaire d'un tiers porte préjudice non seulement à ce dernier mais encore à l'établissement bancaire, détenteur et possesseur des sommes détournées (■ Cass. crim., 14 nov. 2007 : *Bull. crim.*, n° 278 ; *D.* 2008, p. 759, note J. Lasserre Capdeville).

Art. L. 163-4-1 ***(Anc. art. L. 163-4-2, dénum. et mod. à compter du 1er nov. 2009, Ord. n° 2009-866, 15 juill. 2009).*** **– La tentative des délits prévus au 1° de l'article L. 163-3 et à l'article L. 163-4 est punie des mêmes peines.**

Art. L. 163-4-2 ***(L. n° 2011-267, 14 mars 2011).*** **– Les peines encourues sont portées à dix ans d'emprisonnement et un million d'euros d'amende lorsque les infractions prévues aux articles L. 163-3, L. 163-4 et L. 163-4-1 sont commises en bande organisée.**

Art. L. 163-5 ***(Rempl., L. n° 2001-1062, 15 nov. 2001 ; mod. à compter du 1er nov. 2009, Ord. n° 2009-866, 15 juill. 2009).*** **– La confiscation, aux fins de destruction, des chèques et autres instruments mentionnés à l'article L. 133-4 contrefaits ou falsifiés est obligatoire dans les cas prévus aux articles L. 163-3 à L. 163-4-1. Est également obligatoire la confiscation des matières, machines, appareils, instruments, programmes informatiques ou de toutes données qui ont servi ou étaient destinés à servir à la fabrication desdits instruments, sauf lorsqu'ils ont été utilisés à l'insu du propriétaire.**

Art. L. 163-6 ***(L. n° 2001-1062, 15 nov. 2001).*** **– Dans tous les cas prévus aux articles L. 163-2 à L. 163-4-1 et L. 163-7, le tribunal peut prononcer l'interdiction des droits civiques, civils et de famille prévue par l'article 131-26 du Code pénal ainsi que l'interdiction, pour une durée de cinq ans au plus, d'exercer une activité professionnelle ou sociale, en application des dispositions des articles 131-27 et 131-28 du Code pénal.**

Dans les mêmes cas, il peut interdire au condamné, pour une durée de cinq ans, d'émettre des chèques autres que ceux qui permettent exclusivement le retrait de fonds par le tireur auprès du tiré ou ceux qui sont certifiés. Cette interdiction peut être déclarée exécutoire par provision. Elle est assortie d'une injonction

adressée au condamné d'avoir à restituer aux banquiers qui les avaient délivrées les formules en sa possession et en celle de ses mandataires. Le tribunal peut ordonner, aux frais du condamné, la publication par extraits de la décision portant interdiction dans les journaux qu'il désigne et selon les modalités qu'il fixe.

En conséquence de l'interdiction, tout banquier informé de celle-ci par la Banque de France doit s'abstenir de délivrer au condamné et à ses mandataires des formules de chèques autres que celles mentionnées à l'alinéa précédent.

QPC. Non-lieu à renvoi au Conseil constitutionnel de la QPC visant l'article L. 163-6, alinéa 1 (■ Cass. crim., 12 juin 2014, n° 13-87.819).

Art. L. 163-7. – Est puni d'un emprisonnement de cinq ans et d'une amende de 375 000 € le fait, pour toute personne, d'émettre un ou plusieurs chèques en violation de l'interdiction prononcée en application de l'article L. 163-6.

Est puni des mêmes peines le fait, pour un mandataire, d'émettre, en connaissance de cause, un ou plusieurs chèques dont l'émission était interdite à son mandant en application de l'article L. 163-6.

Pour la recherche, la poursuite, l'instruction et le jugement des infractions mentionnées aux alinéas précédents, le tribunal du lieu où le chèque est payable est compétent, sans préjudice de l'application des articles 43, 52 et 382 du Code de procédure pénale.

Art. L. 163-8. – Tous les faits punis par les articles L. 163-2, L. 163-3 pour ce qui concerne les dispositions en matière de chèque et L. 163-7 sont considérés, pour l'application des dispositions concernant la récidive, comme constituant une même infraction.

Art. L. 163-9. – À l'occasion des poursuites pénales exercées contre le tireur, le porteur qui s'est constitué partie civile est recevable à demander devant les juges de la juridiction pénale une somme égale au montant du chèque, sans préjudice, le cas échéant, de tous dommages-intérêts. Il peut, néanmoins, s'il le préfère, agir en paiement de sa créance devant la juridiction civile ou commerciale.

En l'absence de constitution de partie civile et si la preuve du paiement du chèque ne résulte pas des éléments de la procédure, les juges de la juridiction pénale peuvent, même d'office, condamner le tireur à payer au bénéficiaire, outre les frais d'exécution de la décision, une somme égale au montant du chèque, majorée, le cas échéant, des intérêts à partir du jour de la présentation conformément à l'article L. 131-52 et des frais résultant du non-paiement, lorsque le chèque n'a pas été endossé si ce n'est aux fins de recouvrement et qu'il figure en original au dossier de la procédure. Lorsqu'il est fait application des dispositions du présent alinéa, le bénéficiaire peut se faire délivrer une expédition de la décision en forme exécutoire dans les mêmes conditions qu'une partie civile régulièrement constituée.

1) Le bénéficiaire d'un chèque sans provision émis en violation d'une interdiction bancaire est recevable à se constituer partie civile contre l'auteur de l'infraction sur le fondement de l'article 71 (■ Cass. crim., 29 nov. 1993 : *Bull. crim.*, n° 361).

2) L'action en paiement d'une somme égale au montant du chèque prévue par l'article 71 du décret-loi du 30 octobre 1935 n'est ouverte que contre le débiteur personnel de l'obligation que ledit chèque prétendait éteindre (■ Cass. crim., 6 avr. 1992 : *Bull. crim.*, n° 142).

3) Il résulte des articles L. 163-9 du Code monétaire et financier, 2 et 3 du Code de procédure pénale qu'à l'occasion de la procédure pénale diligentée du chef de retrait de la provision d'un chèque avec l'intention de porter atteinte aux droits d'autrui, l'action civile en remboursement de la créance que la remise du chèque était destinée à éteindre ne peut être dirigée que contre le débiteur lui-même (■ Cass. crim., 22 sept. 2015, n° 14-83.787 : *Dr. pén.* 2015, comm. 141, obs. J.-H. Robert).

Art. L. 163-10. – Est puni d'une amende de 12 000 € le fait, pour le tiré :

1. D'indiquer une provision inférieure à la provision existante et disponible ;

2. De rejeter un chèque pour insuffisance ou indisponibilité de la provision sans indiquer, lorsque tel est le cas, que le chèque a été émis au mépris d'une injonction adressée en application de l'article L. 131-73 ou en violation d'une interdiction prononcée en application de l'article L. 163-6 ;

3. De ne pas déclarer, dans les conditions prévues par décret en Conseil d'État, les incidents de paiement ainsi que les infractions prévues par le troisième alinéa de l'article L. 163-2 et les premier et deuxième alinéas de l'article L. 163-7 ;

4. De contrevenir aux dispositions des articles L. 131-72, L. 131-73 et au troisième alinéa de l'article L. 163-6.

Art. L. 163-10-1 *(Mod., L. n° 2009-526, 12 mai 2009 ; Ord. n° 2009-866, 15 juill. 2009).* – Les personnes morales déclarées responsables pénalement, dans les conditions prévues par l'article 121-2 du Code pénal, des infractions définies aux articles L. 163-2 à L. 163-4, L. 163-7 et L. 163-10 encourent, outre l'amende suivant les modalités prévues par l'article 131-38 du Code pénal, les peines prévues par l'article 131-39 du même code.

L'interdiction mentionnée au 2° de l'article 131-39 du Code pénal porte sur l'activité dans l'exercice ou à l'occasion de l'exercice de laquelle l'infraction a été commise.

Art. L. 163-11 *(Ord. n° 2009-866, 15 juill. 2009 ; L. n° 2010-737, 1er juill. 2010).* – Est puni des peines prévues par l'article 226-21 du Code pénal le fait, pour toute personne :

1. D'utiliser, à d'autres fins que celles poursuivies par les articles L. 131-1 à L. 131-87 relatifs aux chèques et par les articles L. 133-1 à L. 133-28 lorsqu'ils s'appliquent à la carte de paiement, les informations centralisées par la Banque de France en application du premier alinéa de l'article L. 131-85 ;

2. D'assurer, au lieu et place de la Banque de France, la centralisation des informations prévues par le premier alinéa de l'article L. 131-85.

Art. L. 163-12. – Est puni des peines prévues à l'article 226-21 du Code pénal le fait, pour toute personne, de diffuser ou de Conserver des informations obtenues en application de l'article L. 131-86.

....

Art. R. 163-1 *(D. n° 2005-1007, 2 août 2005).* – Le fait d'exiger ou de provoquer, par quelque moyen que ce soit, directement ou indirectement, pour le paiement d'une somme supérieure à 15 euros, la remise d'un ou plusieurs chèques d'un montant inférieur ou égal à 15 euros est puni de l'amende prévue pour les contraventions de la 5e classe. La récidive de la contravention prévue au présent article réprimée conformément à l'article 132-11 du Code pénal.

Art. R. 163-2 *(D. n° 2005-1007, 2 août 2005).* – Le fait, pour toute personne, d'interroger la Banque de France sur la régularité d'un chèque de méconnaissance des conditions fixées par le premier alinéa de l'article R. 131-5 est puni de l'amende prévue par les contraventions de la 5e classe. La récidive de la contravention prévue au présent article est réprimée conformément à l'article 132-11 du Code pénal.

La même peine est applicable au mandataire qui ne se conforme pas aux dispositions du premier alinéa de l'article R. 131-8.

Décret n° 99-862 du 6 octobre 1999
relatif aux chèques d'accompagnement personnalisé

Art. 1er à 15 *(Abr. et codifiés, D. n° 99-862, 6 oct. 1999).*

Voir : CGCT, art. R. 1611-2 à R. 1611-13.

ANNEXE 16

CIRCULATION ROUTIÈRE

Bibliographie : J.-Cl. Roumilhac, Code de la route, Litec 2009. • E. Baron, X. Pin et M. Wagner, *Circulation routière : JCl. Lois pénales spéciales*. • Pradel, *Un pari sur la dissuasion avec la loi du 10 juillet 1987 renforçant la lutte contre l'alcool au volant : D.* 1987, chron., 251. • Couvrat et Massé, *Circulation routière, infractions et sanctions*, Sirey 1989 ; *De quelques aspects de la dépénalisation actuelle en France : les décalages de la répression en matière de sécurité routière : Rev. sc. crim.* 1989, 451. • M. Weyland, *Le cycliste, l'agent de police et le permis à points : JCP* 1993, G, I, 3644. • J.-Cl. Roumilhac, *La suppression de la peine d'emprisonnement dans les textes des contraventions au Code de la route : Gaz. Pal.* 1994, 2, doctr. p. 1374 et s. • J.-P. Céré, *Le virage répressif de la loi n° 2003-495 du 12 juin 2003 sur la violence routière : D.* 2003, chron. p. 2705. • J.-Ph. Guedon, *Les efforts du législateur contre la violence routière : JCP* 2003, I, 170.

Code de la route

PARTIE LÉGISLATIVE

(Ord. n° 2000-930, 22 sept. 2000)

LIVRE PREMIER. – DISPOSITIONS GÉNÉRALES

TITRE PREMIER. – DÉFINITIONS

Art. L. 110-1. – Pour l'application du présent code, les termes, ci-après ont le sens qui leur est donné dans le présent article :

1° Le terme « véhicule à moteur » désigne tout véhicule terrestre pourvu d'un moteur de propulsion, y compris les trolleybus, et circulant sur route par ses moyens propres, à l'exception des véhicules qui se déplacent sur rails ;

2° Le terme « remorque » désigne tout véhicule destiné à être attelé à un autre véhicule.

Art. L. 110-2. – La définition des voiries nationales, départementales et communales est fixée aux articles L. 121-1, L. 122-1, L. 123-1, L. 131-1, L. 141-1, L. 151-1 et L. 161-1 du Code de la voirie routière ci-après reproduits :

Art. L. 121-1 *(Mod., L. n° 2004-809, 13 août 2004)*. – Les voies du domaine public routier national sont :

1° Les autoroutes ;

2° Les routes nationales.

Le domaine public routier national est constitué d'un réseau cohérent d'autoroutes et de routes d'intérêt national ou européen. Des décrets en Conseil d'État, actualisés tous les dix ans, fixent, parmi les itinéraires, ceux qui répondent aux critères précités.

L'État conserve dans le domaine public routier national, jusqu'à leur déclassement, les tronçons de routes nationales n'ayant pas de vocation départementale et devant rejoindre le domaine public routier communal.

Art. L. 122-1. – Les autoroutes sont des routes sans croisement, seulement accessibles en des points aménagés à cet effet et réservées aux véhicules à propulsion mécanique.

Art. L. 123-1. – Les voies du domaine public routier national autres que les autoroutes définies à l'article L. 122-1 sont dénommées routes nationales.

Le caractère de route express peut leur être conféré dans les conditions fixées aux articles L. 151-1 à L. 151-5.

Art. L. 131-1. – Les voies qui font partie du domaine public routier départemental sont dénommées routes départementales.

Le caractère de route express peut leur être conféré dans les conditions fixées aux articles L. 151-1 à L. 151-5.

Art. L. 141-1. – Les voies qui font partie du domaine public routier communal sont dénommées voies communales.

Le caractère de route express peut leur être conféré dans les conditions fixées aux articles L. 151-1 à L. 151-5.

Art. L. 151-1. – Les routes express sont des routes ou sections de routes appartenant au domaine public de l'État, des départements ou des communes, accessibles seulement en des points aménagés à cet effet et qui peuvent être interdites à certaines catégories d'usagers et de véhicules.

Art. L. 161-1. – Les chemins ruraux sont les chemins appartenant aux communes, affectés à l'usage du public, qui n'ont pas été classés comme voies communales. Ils font partie du domaine privé de la commune.

Art. L. 110-3 *(L. n° 2004-809, 13 août 2004)*. – **Les routes à grande circulation, quelle que soit leur appartenance domaniale, sont les routes qui permettent d'assurer la continuité des itinéraires principaux et, notamment, le délestage du trafic, la circulation des transports exceptionnels, des convois et des transports militaires et la desserte économique du territoire, et justifient, à ce titre, des règles particulières en matière de police de la circulation. La liste des routes à grande circulation est fixée par décret, après avis des collectivités et des groupements propriétaires des voies.**

Les collectivités et groupements propriétaires des voies classées comme routes à grande circulation communiquent au représentant de l'État dans le département, avant leur mise en œuvre, les projets de modification des caractéristiques techniques de ces voies et toutes mesures susceptibles de rendre ces routes impropres à leur destination.

Un décret en Conseil d'État détermine les conditions d'application du présent article.

TITRE II. – RESPONSABILITÉ

CHAPITRE I. – RESPONSABILITÉ PÉNALE

Art. L. 121-1. – **Le conducteur d'un véhicule est responsable pénalement des infractions commises par lui dans la conduite dudit véhicule.**

Toutefois, lorsque le conducteur a agi en qualité de préposé, le tribunal pourra, compte tenu des circonstances de fait et des conditions de travail de l'intéressé, décider que le paiement des amendes de police prononcées en vertu du présent code sera, en totalité ou en partie à la charge du commettant si celui-ci a été cité à l'audience.

1) Si, aux termes de l'article L. 121 du Code de la route, le conducteur d'un véhicule est responsable pénalement des infractions commises par lui dans la conduite de ce véhicule, l'élément de preuve, constitué par une photographie ne permettant pas d'identifier le conducteur d'une automobile circulant à une vitesse prohibée, ne saurait à lui seul servir de base à la déclaration de culpabilité du propriétaire de la voiture (■ Cass. crim., 7 nov. 1977 : *Bull. crim.*, n° 331). Mais les juges du fond apprécient souverainement si le véhicule était conduit par le prévenu (■ Cass. crim., 28 mai 1986 : *Jurispr. auto* 1986, 357).

2) Les juges apprécient selon leur intime conviction et les règles de preuve du droit commun, les présomptions invoquées par le Ministère public quant à la culpabilité du conducteur d'une voiture automobile auquel est reproché un excès de vitesse constaté au moyen d'un appareil automatique sans que le conducteur ait été interpellé (■ Cass. crim., 30 nov. 1977 : *Bull. crim.*, n° 378).

3) Encourt la cassation le jugement d'un tribunal de police qui condamne, en application de l'article R. 232-2°, le dirigeant de la société propriétaire du véhicule contrôlé, sans constater que le prévenu en était le conducteur, alors que celui-ci contestait être l'auteur de l'infraction (■ Cass. crim., 17 sept. 1996 : *Bull. crim.*, n° 315).

4) Les contraventions réprimées par l'article R. 232 du Code de la route ne sont imputables qu'au conducteur du véhicule ; la charge de la preuve de la culpabilité du prévenu incombe à la partie poursuivante ; en condamnant pour excès de vitesse, constaté au moyen d'un cinémomètre couplé à un appareil de prise de vue, le prévenu qui contestait en être l'auteur, alors que le Code de la route n'a institué, pour la contravention d'excès de vitesse, aucune présomption légale de culpabilité à la charge des propriétaires ou locataires de véhicules, le tribunal, qui a inversé la charge de la preuve, n'a pas donné de base légale à sa décision (■ Cass. crim., 12 févr. 1997 : *JurisData* n° 002790 ; *Dr. pénal* 1998, comm. 146, obs. J.-H. Robert).

5) Encourt la censure pour contradiction de motifs la juridiction de proximité qui, pour renvoyer le prévenu des fins de la poursuite, énonce que le prévenu a fait immatriculer le véhicule au nom de sa fille, alors âgée de cinq ans, tout en conservant l'usage, l'entretien et en prenant soin de l'assurer en se désignant lui-même comme conducteur principal ; que la propriété véritable du véhicule par ce dernier ne permet pas pour autant de considérer qu'il est l'auteur des infractions, à défaut de procès-verbal, de rapport ou de témoignages le constatant (■ Cass. crim., 23 oct. 2013, n° 12-85.309 : *Dr. pén.* 2013, comm. 170, obs. J.-H. Robert).

Art. L. 121-2 ***(Mod., L. n° 2011-1862, 13 déc. 2011).*** **– Par dérogation aux dispositions de l'article L. 121-1, le titulaire du certificat d'immatriculation du véhicule est responsable pécuniairement des infractions à la réglementation sur le stationnement des véhicules ou sur l'acquittement des péages pour lesquelles seule une peine d'amende est encourue, à moins qu'il n'établisse l'existence d'un événement de force majeure ou qu'il ne fournisse des renseignements permettant d'identifier l'auteur véritable de l'infraction.**

Dans le cas où le véhicule était loué à un tiers, cette responsabilité pèse, avec les mêmes réserves, sur le locataire.

Dans le cas où le véhicule a été cédé, cette responsabilité pèse, avec les mêmes réserves, sur l'acquéreur du véhicule.

Lorsque le certificat d'immatriculation du véhicule est établi au nom d'une personne morale, la responsabilité pécuniaire prévue au premier alinéa incombe, sous les mêmes réserves, au représentant légal de cette personne morale.

1) La présomption édictée par l'article L. 21-1 du Code de la route qui laisse entiers les droits de la défense n'est pas incompatible avec l'article 6.2 de la Convention européenne de sauvegarde des droits de l'homme et des libertés fondamentales (■ Cass. crim., 11 juin 1992 : *Bull. crim.*, n° 231. ■ Cass. crim., 1er févr. 2000 ; *Bull. crim.*, n° 51).

2) Satisfait aux obligations des articles 529-2 du Code de procédure pénale et L. 121-2 du Code de la route, la société de location de véhicules, qui, pour s'exonérer de sa responsabilité pénale, à la suite de la réception d'amendes forfaitaires majorées, en sa qualité de titulaire du certificat d'immatriculation, fournit à l'officier du ministère public l'identité des différentes entreprises locataires des véhicules verbalisés (■ Cass. crim., 20 mars 2002, pourvoi n° 01-85.719).

3) Méconnaît l'article L. 121-2 du Code de la route la juridiction de proximité qui écarte l'attestation établie par une personne indiquant que la prévenue, poursuivie pour stationnement dangereux, lui avait prêté son véhicule, et se reconnaissant comme l'auteur de l'infraction, au motif que cette attestation n'est pas conforme aux exigences posées par l'article 202 du Code de procédure civile, alors que ce texte est inapplicable devant les juridictions répressives, et que l'article L. 121-2 du Code de la route n'assujettit les renseignements fournis par le propriétaire du véhicule à aucun formalisme particulier (■ Cass. crim., 14 déc. 2016, n° 16-81.105 : *Dr. pén.* 2017, comm. 23, note J.-H. Robert).

Art. L. 121-3 ***(Mod., L. n° 2003-495, 12 juin 2003 ; L. n° 2005-47, 26 janv. 2005 ; L. n° 2009-526, 12 mai 2009 ; L. n° 2011-1862, 13 déc. 2011 ; L. n° 2016-1547, 18 nov. 2016).*** **– Par dérogation aux dispositions de l'article L. 121-1, le titulaire du certificat d'immatriculation du véhicule est redevable pécuniairement de l'amende encourue pour des infractions dont la liste est fixée par décret en Conseil d'État, à moins qu'il n'établisse l'existence d'un vol ou de tout autre événement de force majeure ou qu'il n'apporte tous éléments permettant d'établir qu'il n'est pas l'auteur véritable de l'infraction.**

La personne déclarée redevable en application des dispositions du présent article n'est pas responsable pénalement de l'infraction. Lorsque le tribunal de police « ... », y compris par ordonnance pénale, fait application des dispositions du présent article, sa décision ne donne pas lieu à inscription au casier judiciaire, ne peut

être prise en compte pour la récidive et n'entraîne pas retrait des points affectés au permis de conduire. Les règles sur la contrainte judiciaire ne sont pas applicables au paiement de l'amende.

Lorsque le certificat d'immatriculation du véhicule est établi au nom d'une personne morale, la responsabilité pécuniaire prévue au premier alinéa incombe, sous les réserves prévues au premier alinéa de l'article L. 121-2, au représentant légal de cette personne morale.

Lorsque le véhicule était loué à un tiers, la responsabilité pécuniaire prévue au premier alinéa incombe au locataire, sous les réserves prévues au premier alinéa de l'article L. 121-2.

Dans le cas où le véhicule a été cédé, la responsabilité pécuniaire prévue au premier alinéa du présent article incombe, sous les réserves prévues au premier alinéa de l'article L. 121-2, à l'acquéreur du véhicule.

Bibliographie : *D.* 1999, jur. p. 589 : note Y. Mayaud, sous décision du Conseil constitutionnel du 16 juin 1999. • *Dr. Pénal* 2009, comm. n° 93 par J.-H. Robert, sur la modification du dernier alinéa de l'article L. 121-3 par L. du 12 mai 2009. • E. Fortis, *Attribution de la charge du paiement de l'amende en matière de circulation routière* : *Rev. sc. crim.* 2011, p. 89.

1) QPC. Non-lieu à renvoi au Conseil constitutionnel de deux questions prioritaires de constitutionnalité concernant l'article L. 121-3 du Code de la route (■ Cass. crim., 5 janv. 2011, n°s 10-90.112 et 10-90.113 : *Dr. pén.* 2011, comm. 50, obs. J.-H. Robert). Non-lieu à renvoi au Conseil constitutionnel d'une question critiquant notamment les règles de procédures différentes suivant l'application de l'article 121-3 du Code de la route aux personnes physiques ou aux personnes morales (■ Cass. crim., 22 juin 2011, n° 11-90.053 QPC : *Dr. pén.* 2011, comm. 106, obs. J.-H. Robert).

– Non-lieu à renvoi au Conseil constitutionnel de la QPC visant les dispositions de l'article L. 121-3 du Code de la route, en ce qu'elles attentent aux principes de réussite et de proportionnalité des peines (■ Cass. crim., 16 avr. 2013, n° 13-90.002 : *Dr. pénal* 2013, comm. 90, obs. J.-H. Robert).

2) Méconnaît le sens et la portée dudit texte la cour d'appel, qui, pour relaxer le prévenu de la contravention d'excès de vitesse, énonce qu'il ne pouvait être déclaré redevable pécuniairement de l'amende encourue, dès lors qu'il n'avait pas été cité sur le fondement de cette disposition, alors que l'article L. 121-3 du Code de la route n'est pas un texte d'incrimination (■ Cass. crim., 1er oct. 2003 : *Bull. crim.*, n° 179).

3) Lorsqu'il n'est pas démontré que le titulaire du certificat d'immatriculation, cité devant la juridiction de proximité du chef d'excès de vitesse, était au volant du véhicule lors de la commission de l'infraction, celui-ci doit, après avoir été mis en mesure de se défendre, être déclaré pécuniairement redevable de l'amende encourue, s'il n'établit pas qu'il ne pouvait être le conducteur du véhicule, ce même si une telle déclaration ne constitue pas une condamnation pénale (■ Cass. crim., 25 janv. 2011, n° 10-85.626 : *Bull. crim.*, n° 13 ; *Dr. pén.* 2011, comm. 50, 3e esp., obs. J.-H. Robert).

4) Doit être cassé l'arrêt qui condamne pécuniairement à une amende le titulaire du certificat d'immatriculation d'un véhicule, pour non-respect d'un feu rouge, en application de l'article L. 121-3 du Code de la route, alors qu'il constate que le conducteur était une femme, ce dont il résultait qu'il ne pouvait s'agir du propriétaire du véhicule (■ Cass. crim., 17 févr. 2004 : *Bull. crim.*, n° 43 ; *D.* 2004, jur., p. 1192, note J.-P. Céré ; *Dr. pénal* 2004, comm. 109, obs. J. H. Robert).

5) Justifie sa décision, sans méconnaître les dispositions de l'article 537 du Code de procédure pénale, la cour d'appel qui, pour renvoyer des fins de la poursuite le titulaire du certificat d'immatriculation du véhicule poursuivi sur le fondement de l'article L. 121-3 du Code de la route pour excès de vitesse, retient que l'intéressé verse une attestation d'un témoin établissant qu'au moment des faits, il se trouvait en un autre lieu, dès lors que le procès-verbal d'infraction ne constate pas l'identité du conducteur du véhicule (■ Cass. crim., 1er oct. 2008 : *Bull. crim.*, n° 200 ; *Dr. pénal* 2009, comm. 7, obs. J.-H. Robert ; *JCP* 2009, II, 10004, note T. Garé).

6) Méconnaît les dispositions des articles 537 du Code de procédure pénale et L. 121-3 du Code de la route, la cour d'appel qui, pour condamner le titulaire du certificat d'immatriculation en qualité de pécuniairement redevable de l'amende écarte, par motifs adoptés, une attestation susceptible d'apporter la preuve qu'il n'était pas le conducteur du véhicule aux motifs adoptés que cette preuve devait être rapportée par écrit ou par témoin, alors qu'en application de l'alinéa premier du second de ces textes le pécuniairement redevable de l'amende peut apporter tous éléments pour l'établir (■ Cass. crim., 29 mai 2013, n° 12-85.303 : *Bull. crim.*, n° 120 ; *Dr. pén.* 2013, comm. 126, obs. J.-H. Robert ; *AJP* 2013, p. 610, obs. J.-P. Cere).

7) Satisfait aux dispositions de l'article L. 121-3 du Code de la route, sans méconnaître l'article 537 du Code de procédure pénale, le jugement de la juridiction de proximité qui, pour dire le propriétaire d'un véhicule non redevable pécuniairement de l'amende encourue pour une contravention d'excès de vitesse alors que le procès-verbal n'avait pas permis l'identification du conducteur, retient que les attestations que la personne poursuivie a versées aux débats établissent qu'elle n'était pas l'auteur véritable de l'infraction (■ Cass. crim., 17 déc. 2013, n° 12-87.923 : *Bull. crim.*, n° 256 ; *Dr. pén.* 2014, comm. 23, obs. J.-H. Robert).

8) Pour déclarer le prévenu redevable pécuniairement, en tant que titulaire du certificat d'immatriculation du véhicule, de l'amende encourue pour la contravention à la réglementation sur les signalisations imposant l'arrêt des véhicules, la juridiction du second degré relève qu'il a déclaré avoir prêté son automobile à un ami dont il n'a pas voulu révéler l'identité et qu'il ne rapporte pas la preuve contraire aux énonciations du procès-verbal, ni n'établit l'existence d'un vol ou d'un événement de force majeure ou de tout autre élément démontrant qu'il n'est pas l'auteur véritable de l'infraction (■ Cass. crim., 21 sept. 2004 : *Dr. pénal* 2004, note 176).

9) Méconnaît le sens et la portée des articles L. 121-1 et L. 121-3 du Code de la route la juridiction de proximité qui déclare le titulaire du certificat d'immatriculation d'un véhicule redevable pécuniairement de l'amende encourue pour la contravention d'usage d'un téléphone tenu en main par le conducteur d'un véhicule en circulation alors que cette infraction ne figure dans aucune des énumérations que contiennent les textes précités (■ Cass. crim., 28 sept. 2005 : *Bull. crim.*, n° 242 ; *Dr. pénal* 2005, comm. 173, obs. J.-H. Robert).

10) Encourt la cassation l'arrêt ou le jugement qui condamne le titulaire du certificat d'immatriculation d'un véhicule pour excès de vitesse au motif que la preuve n'est pas rapportée qu'il ne serait pas l'auteur véritable de l'infraction, ce qui implique une présomption de culpabilité, et alors que la personne déclarée redevable pécuniairement de l'amende encourue en application des dispositions de l'article L. 121-3 du Code de la route n'est pas responsable pénalement de l'infraction (■ Cass. crim., 3 mai et 31 mai 2007 : *JurisData* n° 2007-039330 et 039903 ; *Dr. pénal* 2007, comm. 138, obs. J.-H. Robert. – *Adde* ■ Cass. crim., 5 déc. 2007 : *JCP* 2008, II, 10087, note S. Detraz, et ■ Cass. crim., 1er oct. 2008 : *Dr. pénal* 2008, comm. 154, obs. J.-H. Robert).

11) Encourt la cassation le jugement de la juridiction de proximité qui déclare le prévenu, dirigeant de la société propriétaire d'un véhicule contrôlé en excès de vitesse, redevable de l'amende contraventionnelle en énonçant qu'il lui appartenait d'organiser le fonctionnement de son entreprise et l'utilisation de chaque véhicule avec le souci de responsabiliser chaque conducteur, alors qu'il résultait de ses propres constatations que le prévenu n'était pas l'auteur de l'infraction commise dès lors qu'il se trouvait à l'étranger (■ Cass. crim., 26 sept. 2007 : *JurisData* n° 2007-040984 ; *Dr. pénal* 2007, comm. 159, obs. J.-H. Robert).

12) Méconnaît le sens et la portée des articles L. 121-2 et L. 121-3 du Code de la route la juridiction de proximité qui relaxe le locataire d'un ensemble routier composé d'un véhicule tracteur et d'une remorque des fins de la poursuite pour excès de vitesse et dit qu'il n'est pas redevable pécuniairement de l'amende encourue aux motifs que le véhicule tracteur, auquel était attelée la remorque dont le numéro d'immatriculation a été relevé, n'a pu être identifié, sans rechercher si le prévenu, locataire de l'un des deux éléments, composant le véhicule verbalisé, se trouvait dans l'un des cas d'exception prévus par lesdits articles (■ Cass. crim., 27 mars 2008 : *Bull. crim.*, n° 82 ; n° 07-85.999 ; *Dr. pénal* 2008, comm. 85, obs. J.-H. Robert).

13) Les contraventions à la réglementation sur les vitesses maximales autorisées ne sont imputables qu'au conducteur du véhicule. Méconnaît le sens et la portée des articles L. 121-2 et L. 121-3 du Code de la route la juridiction de proximité qui déclare coupable de contraventions à la réglementation sur les vitesses maximales autorisées le locataire du véhicule au moyen duquel ces infractions ont été commises, aux motifs qu'il nie avoir été le conducteur et se dit incapable de désigner celui-ci, alors qu'il n'est pas établi qu'il conduisait le véhicule.

Dans un tel cas, il appartient à la juridiction, en application des dispositions combinées de ces textes, de relaxer l'intéressé et de le déclarer redevable pécuniairement des amendes encourues (■ Cass. crim., 13 janv. 2009 : *Bull. crim.*, n° 11 ; *Gaz. Pal.*, 22-24 févr. 2009, Jur., p. 15, note S. Detraz).

14) N'apporte pas « tous éléments permettant d'établir qu'il n'est pas l'auteur véritable de l'infraction », au sens de l'article L. 121-3 du Code de la route, le titulaire du certificat d'immatriculation du véhicule, redevable pécuniairement de l'amende encourue pour excès de vitesse, qui se borne à faire état d'allégations que ne corrobore aucun élément de preuve (■ Cass. crim., 7 déc. 2011, n° 11-85.020 : *Bull. crim.*, n° 250 ; *D.* 2012, p. 220, act., obs. M. Lena).

15) En l'absence d'identification de l'auteur d'un excès de vitesse, seul le représentant légal de la société titulaire du certificat d'immatriculation ou locataire du véhicule peut, en application de l'article L. 121-3 du Code de la route, être déclaré pécuniairement redevable de l'amende encourue.

Dès lors n'encourt pas la censure le jugement qui relaxe le préposé de la société, seul cité à l'audience, alors qu'en dépit de sa désignation par le représentant légal de la société, il conteste avoir été le conducteur du véhicule et qu'aucun élément probant ne corrobore cette désignation (▪ Cass. crim., 17 avr. 2013, n° 12-87.490 : *Bull. crim.*, n° 90; *Dr. pén.* 2013, comm. 107, J.-H. Robert).

16) Il résulte de l'article L. 121-3 du Code de la route qu'en l'absence d'identification de l'auteur d'une contravention d'excès de vitesse, seul le représentant légal de la personne morale titulaire du certificat d'immatriculation ou le locataire du véhicule peut être déclaré pécuniairement redevable de l'amende encourue.

Dès lors doit être rejeté le pourvoi formé par l'officier du ministère public contre le jugement d'une juridiction de proximité qui relaxe le préposé d'une société, désigné par le représentant légal de cette dernière comme étant l'utilisateur habituel du véhicule contrôlé, en retenant qu'il n'était pas l'auteur de l'infraction relevée et qu'il n'avait ni la qualité de représentant légal de la personne morale titulaire du certificat d'immatriculation, ni celle de locataire du véhicule (▪ Cass. crim., 28 janv. 2014, n° 12-86.497 : *JCP* 2014, act., p. 433, n° 271).

17) L'article L. 121-3 du Code de la route n'a institué à l'égard du titulaire du certificat d'immatriculation du véhicule, pour la contravention d'excès de vitesse, aucune présomption légale de culpabilité, mais seulement une responsabilité pécuniaire, à moins qu'il n'établisse l'existence d'un vol ou de tout événement de force majeure, ou qu'il n'apporte des éléments prouvant qu'il n'est pas l'auteur véritable de l'infraction.

Méconnaît en conséquence ces dispositions, de même que celles de l'article 537 du Code de procédure pénale, la juridiction de proximité qui, saisie des poursuites exercées du chef d'excès de vitesse contre le propriétaire d'un véhicule, déclare le prévenu coupable de la contravention au motif qu'il ne prouve pas qu'il n'a pas commis l'infraction, alors qu'en l'absence de photographies permettant d'identifier le contrevenant lors du contrôle, il n'était pas établi que le propriétaire du véhicule en fût le conducteur (▪ Cass. crim., 18 sept. 2012, n° 10-88.027 : *Dr. pénal* 2012, comm. 161, obs. J.-H. Robert).

18) Locataire du véhicule. Il résulte des articles L. 121-3 et L. 121-2 du Code de la route que le ministère public peut poursuivre directement, en tant que pécuniairement redevable de l'amende encourue pour vitesse excessive, le locataire mentionné sur le certificat d'immatriculation du véhicule contrôlé, dont les informations sont reprises officiellement par le service d'immatriculation des véhicules (SIV) (▪ Cass. crim., 27 oct. 2015, n° 14-87.307).

19) Il résulte de la combinaison des articles L. 121-2 et L. 121-3 du Code de la route que le **représentant légal d'une personne morale** est redevable pécuniairement de l'amende encourue pour les contraventions à la réglementation sur les vitesses maximales autorisées, commises avec un véhicule immatriculé au nom de cette personne morale, à moins qu'il n'établisse l'existence d'un événement de force majeure ou qu'il ne fournisse des renseignements permettant d'identifier l'auteur véritable de l'infraction (▪ Cass. crim., 26 nov. 2008 : *Bull. crim.*, n° 240 ; *Dr. pénal* 2009, comm. 23, obs. J.-H. Robert – Il résulte de la combinaison des articles L. 121-2 et L. 121-3 du Code de la route que le représentant légal d'une personne morale est redevable pécuniairement de l'amende encourue pour les contraventions à la réglementation sur les vitesses maximales autorisées, commises avec un véhicule immatriculé au nom de cette personne morale, à moins qu'il n'établisse l'existence d'un événement de force majeure ou qu'il ne fournisse des renseignements permettant d'identifier l'auteur véritable de l'infraction ; dès lors, encourt la cassation l'arrêt qui, pour renvoyer des fins de la poursuite le prévenu, représentant légal de la société titulaire du certificat d'immatriculation, poursuivi sur le fondement de l'article L. 121-3 du Code de la route, qui avait formé une requête en exonération au motif qu'un de ses employés conduisait le véhicule, retient que ses déclarations sont confirmées par celles dudit salarié, qui a reconnu être dans le véhicule au moment du contrôle, et que le prévenu établit qu'il ne conduisait pas le véhicule, la loi ne l'obligeant pas à dénoncer le véritable conducteur et qui ajoute que sa seule qualité de représentant légal de la société titulaire du certificat d'immatriculation ne suffit pas à le rendre responsable au sens de l'article L. 121-3 du Code de la route (▪ Cass. crim., 13 janv. 2009, *Bull. crim.*, n° 10 : *Dr. pénal* 2009, comm. 32, obs. J.-H. Robert).

20) Méconnaît les dispositions combinées des articles L. 121-2 et L. 121-3 du Code de la route, le jugement qui, pour dire que le représentant légal d'une personne morale, poursuivi sur le fondement de l'article R. 413-14 I dudit code, n'est pas redevable pécuniairement de l'amende encourue, retient que l'état de santé invoqué par le prévenu ne lui permettait pas de conduire le véhicule en infraction alors que cette circonstance ne constituait pas un événement de force majeure au sens de l'article L. 121-2 du Code de la route et que le prévenu n'avait pas fourni de renseignements permettant d'identifier l'auteur véritable de l'infraction (■ Cass. crim., 10 févr. 2009 : *Bull. crim.*, n° 32).

21) Il résulte des articles L. 121-2 et L. 121-3 du Code de la route que, lorsque le certificat d'immatriculation d'un véhicule verbalisé pour excès de vitesse est établi au nom d'une personne morale, seul le représentant légal de celle-ci peut être déclaré redevable pécuniairement de l'amende encourue (■ Cass. crim., 30 sept. 2009 : *Bull. crim.*, n° 163 ; *Dr. pén.* 2009, comm. 150, obs. J.-H. Robert. ■ Cass. crim., 13 oct. 2010, n° 10-81.575 : *Bull. crim.*, n° 159 ; *D.* 2010, act., p. 2774, note Lena ; *Gaz. Pal.* 5-6 janv. 2011, chron., p. 17, note S. Detraz ; *Dr. pén.* 2011, comm. 7, obs. J.-H. Robert : en l'espèce c'est un délégataire de pouvoir qui avait été poursuivi).

22) Le montant de l'amende encourue par le représentant légal de la personne morale titulaire du certificat d'immatriculation, pour les contraventions à la réglementation sur les vitesses maximales autorisées est celui défini par les articles R. 413-14 du Code de la route et 131-13 du Code pénal.

Encourt la cassation l'arrêt qui condamne le représentant légal à une peine d'amende encourue, en application de l'article 131-41 du Code pénal, par les seules personnes morales (■ Cass. crim., 12 mai 2010 : *Bull. crim.* n° 83 ; *Dr. pén.* 2010, comm. 93, obs. J.-H. Robert ; *D.* 2010, p. 2693, note Ph. Bonfils et J.-P. Céré).

23) Est redevable pécuniairement de l'amende encourue pour les contraventions à la réglementation sur les vitesses maximales autorisées, commises avec un véhicule dont une personne morale est locataire, le représentant légal de cette personne morale à la date de la commission des faits, peu important les circonstances postérieures (■ Cass. crim., 2 sept. 2010, n° 10-82.393 : *Bull. crim.* n° 129 ; *Gaz. Pal.* 17-18 nov. 2010, p. 11, note R. Mesa et p. 18, note S. Detraz ; *Dr. pén.* 2010, comm. 121, obs. J.-H. Robert).

24) L'amende encourue par la personne redevable pécuniairement au sens de l'article L. 121-3 du Code de la route ne constituant pas une peine, les dispositions nouvelles issues de la loi n° 2009-526 du 12 mai 2009, modifiant ledit article et prévoyant un régime différent d'exonération des redevables de cette amende ayant la qualité de représentants légaux d'une personne morale, sont applicables même aux infractions commises antérieurement (■ Cass. crim., 15 sept. 2010, n° 09-87.326 : *Bull. crim.* n° 135 ; *Dr. pén.* 2010, comm. 137, obs. J.-H. Robert).

25) Il résulte de la combinaison des articles L. 121-2 et L. 121-3 du Code de la route que, lorsque le locataire d'un véhicule verbalisé pour excès de vitesse est une personne morale, seul le représentant légal de celle-ci peut être déclaré redevable pécuniairement de l'amende encourue.

Justifie sa décision la juridiction de proximité qui renvoie des fins de la poursuite la personne morale locataire du véhicule verbalisé pour excès de vitesse dès lors que le représentant légal n'a pas été cité par un acte visant la société prise en la personne de ce dernier, signifié à une personne habilitée trouvée au lieu du siège social (■ Cass. crim., 13 oct. 2010, n° 10-81.865 : *Bull. crim.*, n° 160. – Rappr. ■ Cass. crim., 27 oct. 2010, n° 10-81.868 : *Dr. pén.* 2011, comm. 8, obs. J.-H. Robert).

26) En application de l'article L. 121-3, alinéa 3, du Code de la route, lorsque, le certificat d'immatriculation du véhicule est établi au nom d'une personne morale, la responsabilité pécuniaire prévue au premier alinéa de cet article incombe au représentant légal de cette personne morale.

En conséquence, la citation doit être délivrée à la seule personne physique qui était, au moment des faits, le représentant légal de la personne morale titulaire du certificat d'immatriculation et qui, à ce titre, est pécuniairement redevable de l'amende encourue (■ Cass. crim., 19 déc. 2012, n°s 12-81.607 et 12-80.861 : *Bull. crim.* n° 284 ; *Dr. pénal* 2013, comm. 24, obs. J.-H. Robert). – Méconnaît le texte et le principe ci-dessus rappelés, l'arrêt qui retient que la citation à comparaître devant la juridiction de proximité a été délivrée à la société, prise en la personne de son représentant légal, et que celle-ci a été mise en mesure d'exercer sa défense (■ Cass. crim., 19 déc. 2012, n° 12-81.984 : *Dr. pénal* 2013, comm. 24, obs. J.-H. Robert).

27) Selon l'alinéa 3 de l'article 530-1 du Code de procédure pénale, en cas de recours de la personne titulaire du certificat d'immatriculation poursuivie sur le fondement de l'article L. 121-3 du Code de la route contre une amende forfaitaire majorée, l'amende prononcée ne peut être inférieure au montant de l'amende qui aurait été due si l'intéressé n'avait pas présenté une réclamation, augmenté d'une somme de 10 % (■ Cass. crim., 1er mars 2006 : *Bull. crim.*, n° 61).

28) Lorsqu'un prévenu est cité, pour excès de vitesse, devant la juridiction de proximité à la suite d'une requête en exonération de l'amende forfaitaire présentée sur le fondement de l'article 529-2 du Code de procédure pénale, l'amende prononcée ne peut être augmentée d'une somme de 10 %. Cette augmentation n'est prévue, par l'article 530-1, dernier alinéa, du code précité, que dans les cas visés par l'article 529-10, lequel ne concerne que les personnes titulaires du certificat d'immatriculation déclarées redevables pécuniairement de l'amende en application de l'article L. 121-3 du Code de la route (■ Cass. crim., 24 mai 2006 : *Bull. crim.*, n° 146. ■ Cass. crim., 13 mai 2009 : *Bull. crim.*, n° 92 (2 arrêts) ; *Dr. pén.* 2009, comm. 95, obs. J.-H. Robert. ■ Cass. crim., 24 mars 2010 : *Bull. crim.* n° 56 ; *Dr. pén.* 2010, comm. 69, obs. J. H. Robert).

29) La preuve d'une infirmité n'est pas un cas de **force majeure** permettant d'exonérer de son obligation le redevable pécuniaire de l'amende due, au titre de l'article L. 121-3 du Code de la route, par le responsable légal d'une personne morale (■ Cass. crim., 1er sept. 2009 : *Dr. pénal* 2009, comm. 136, obs. J.-H. Robert).

30) Le titulaire du certificat d'immatriculation, poursuivi pour excès de vitesse, qui n'a pas contesté devant le juge du fond avoir été le conducteur du véhicule n'est pas recevable à élever une telle contestation pour la première fois devant la Cour de cassation (■ Cass. crim., 24 févr. 2010 : *Bull. crim.* n° 38).

31) Statuant sur l'opposition formée par l'officier du ministère public à une ordonnance pénale qui avait relaxé le redevable de l'amende encourue pour excès de vitesse comme étant le titulaire du certificat d'immatriculation d'un véhicule qui avait été contrôlé le 6 avril 2007 à Porte-les-Valence (Drôme) circulant à une vitesse excessive inférieure à 20 km/h, la juridiction de proximité mettant à néant l'ordonnance querellée, a déclaré l'intéressé coupable des faits et **l'a dispensé de peine**, en retenant qu'il résultait des débats de l'audience et des pièces versées à la procédure que l'intéressé avait bien commis les faits qui lui étaient reprochés ; en prononçant ainsi, la juridiction de proximité a méconnu le sens et la portée de l'article L. 121-3 du Code de la route (■ Cass. crim., 8 nov. 2011 : *JurisData* n° 2011-028830 ; *Dr. pén.* 2012, comm. 23, obs. J.-H. Robert).

32) Le prévenu qui, bien que régulièrement cité à comparaître devant la juridiction de proximité et n'ayant pas fourni d'excuse, n'a pas comparu et ne s'est pas expliqué devant cette juridiction, n'est pas recevable à mettre en discussion devant la Cour de cassation l'identité du conducteur du véhicule concerné ou le titre auquel celui-ci était utilisé (■ Cass. crim., 26 févr. 2013, n° 12-84.471 : *Dr. pénal* 2013, comm. 74, obs. J.-H. Robert).

33) Une Cour d'appel a fait l'exacte application de L. 121-3 du Code de la route, dès lors que le titulaire du certificat d'immatriculation du véhicule, qui ne soutenait pas l'existence d'un vol ou d'un événement de force majeure, n'apportait pas les éléments permettant d'établir qu'il n'était pas l'auteur véritable de l'infraction (■ Cass. crim., 13 mai 2015, n° 14-83.559).

Art. L. 121-4 ***(Mod., Ord. n° 2010-420, 27 avr. 2010).*** **– Sauf cas de versement immédiat d'une amende forfaitaire ou d'une amende forfaitaire minorée, lorsqu'elles sont respectivement applicables, lorsque l'auteur d'une infraction se trouve hors d'état de justifier d'un domicile ou d'un emploi sur le territoire français ou d'une caution agréée par l'administration habilitée à percevoir les amendes garantissant le paiement éventuel des condamnations pécuniaires encourues, le véhicule ayant servi à commettre l'infraction pourra être retenu jusqu'à ce qu'ait été versée « au comptable public compétent » ou à un agent mentionné à l'article L. 130-4 porteur d'un carnet de quittances à souches une consignation dont le montant est fixé par arrêté. La décision imposant le paiement d'une consignation est prise par le procureur de la République, qui est tenu de statuer dans le délai maximum de vingt-quatre heures après la constatation de l'infraction.**

Le véhicule peut être mis en fourrière si aucune de ces garanties n'est fournie par l'auteur de l'infraction et les frais en résultant sont mis à la charge de celui-ci.

1) À la supposer irrégulière, la décision imposant, en application de l'article L. 26 du Code de la route, à un contrevenant le paiement d'une consignation est sans conséquence sur la validité de la poursuite exercée pour la répression de la contravention (■ Cass. crim., 22 mai 1990 : *Bull. crim.*, n° 206).

2) L'obligation de verser la consignation prévue par l'article L. 26 du Code de la route, qui présente le caractère d'une mesure de sûreté, n'est pas contraire aux prescriptions des articles 6.2 et 14 de la Convention européenne des droits de l'homme et des libertés fondamentales (■ Cass. crim., 22 mai 1990, préc.).

3) L'obligation de versement d'une consignation mise à la charge de l'auteur d'une infraction qui se trouve hors d'état de justifier d'un domicile ou d'un emploi sur le territoire national, instituée par l'article L. 26 du Code de la route, n'est pas contraire aux prescriptions de l'article 12 du traité CE et au principe de non-discrimination en raison de la nationalité ; (■ Cass. crim., 19 juin 2001 : *Bull. crim.* n° 145 ; *Dr. pénal* 2002, comm. 17, obs. J.-H. Robert).

Art. L. 121-4-1 *(L. n° 2007-297, 5 mars 2007 ; L. n° 2016-1547, 18 nov. 2016).* – Lorsqu'un avis d'amende forfaitaire majorée concernant une infraction mentionnée à l'article L. 121-3 a été adressé par lettre recommandée au titulaire du certificat d'immatriculation ne pouvant justifier d'un domicile sur le territoire français et qu'il n'a pas été procédé, dans le délai de quatre mois à compter de sa date d'envoi, au paiement de l'amende ou à la réclamation prévue par l'article 530 du Code de procédure pénale, le véhicule ayant servi à commettre l'infraction peut, en cas d'interception du véhicule conduit par ce titulaire, être retenu jusqu'à ce que celui-ci verse le montant de l'amende due aux agents mentionnés à l'article L. 121-4. Il en est de même si le véhicule est conduit par un préposé du titulaire du certificat d'immatriculation ou par le représentant de ce titulaire s'il s'agit d'une personne morale.

Le véhicule peut être mis en fourrière si ce versement n'est pas fait par l'intéressé et les frais en résultant sont mis à la charge de celui-ci.

La personne est informée qu'elle peut demander que le procureur de la République du lieu de l'interception soit avisé de l'application du présent article.

Pour l'application du présent article, est considérée comme le titulaire du certificat d'immatriculation la personne dont l'identité figure sur un document équivalent délivré par les autorités étrangères compétentes.

Art. L. 121-5 *(L. n° 2011-525, 17 mai 2011).* – Les règles relatives à la procédure de l'amende forfaitaire applicable à certaines infractions au présent code sont fixées aux articles 529-7 à 530-4 du Code de procédure pénale.

Art. 529-7. – Pour les contraventions au Code de la route des deuxième, troisième et quatrième classes dont la liste est fixée par décret en Conseil d'État, à l'exception de celles relatives au stationnement, l'amende forfaitaire est minorée si le contrevenant en règle le montant dans les conditions prévues par l'article 529-8.

Art. 529-8 *(Mod., L. n° 2015-177, 16 févr. 2015).* – Le montant de l'amende forfaitaire minorée peut être acquitté soit entre les mains de l'agent verbalisateur au moment de la constatation de l'infraction, soit dans un délai de quinze jours à compter de la constatation de l'infraction ou, si l'avis de contravention est ultérieurement envoyé à l'intéressé, dans le délai de quinze jours à compter de cet envoi.

En cas de non-paiement de l'amende forfaitaire minorée dans les conditions prévues ci-dessus, le contrevenant est redevable de l'amende forfaitaire.

Art. 529-9. – L'amende forfaitaire doit être versée dans le délai de quarante-cinq jours à compter de la constatation de l'infraction ou l'envoi de l'avis de contravention.

Les dispositions de l'article 529-2 relatives à la requête aux fins d'exonération et à la majoration de plein droit sont applicables.

Art. 529-10 *(Mod., L. n° 2011-1862, 13 déc. 2011 ; L. n° 2015-177, 16 févr. 2015).* – Lorsque l'avis d'amende forfaitaire concernant une des contraventions mentionnées à l'article L. 121-3 du Code de la route a été adressé au titulaire du certificat d'immatriculation ou aux personnes visées aux trois derniers alinéas de l'article L. 121-2 de ce code, la requête en exonération prévue par l'article 529-2 ou la réclamation prévue par l'article 530 n'est recevable que si elle est adressée par lettre recommandée avec demande d'avis de réception, en utilisant le formulaire joint à l'avis d'amende forfaitaire, et si elle est accompagnée :

1° Soit de l'un des documents suivants :

a) Le récépissé du dépôt de plainte pour vol ou destruction du véhicule, ou pour le délit d'usurpation de plaque d'immatriculation prévu par l'article L. 317-4-1 du Code de la route ou une copie de la déclaration de destruction de véhicule établie conformément aux dispositions du Code de la route ;

b) Une lettre signée de l'auteur de la requête ou de la réclamation précisant l'identité, l'adresse, ainsi que la référence du permis de conduire de la personne qui était présumée conduire le véhicule lorsque la contravention a été constatée ;

c) Des copies de la déclaration de cession du véhicule et de son accusé d'enregistrement dans le système d'immatriculation des véhicules ;

2° Soit d'un document démontrant qu'il a été acquitté une consignation préalable d'un montant égal à celui de l'amende forfaitaire dans le cas prévu par le premier alinéa de l'article 529-2, ou à celui de l'amende forfaitaire majorée dans le cas prévu par le deuxième alinéa de l'article 530 ; cette consignation n'est pas assimilable au paiement de l'amende forfaitaire et ne donne pas lieu au retrait des points du permis de conduire prévu par le troisième alinéa de l'article L. 223-1 du Code de la route.

L'officier du ministère public vérifie si les conditions de recevabilité de la requête ou de la réclamation prévues par le présent article sont remplies.

Les requêtes et les réclamations prévues au présent article peuvent également être adressées de façon dématérialisée, selon des modalités précisées par arrêté.

ANNEXE 16

Art. 529-11 *(Mod. à compter du 1er janvier 2015, L. n° 2011-1862, 13 déc. 2011).* – L'avis de contravention prévu par les articles 529-1 et 529-8 ou l'avis de paiement de la transaction prévue par l'article 529-6 peut être envoyé à la suite de la constatation d'une contravention au Code de la route réalisée grâce à un appareil homologué de contrôle automatique. En cas de réclamation portée devant le tribunal de police, le procès-verbal ou le rapport de l'officier ou de l'agent de police judiciaire ou de l'agent verbalisateur faisant état du résultat de ce contrôle est alors dressé. Ce procès-verbal peut être revêtu d'une signature manuelle numérisée.

Art. 530 *(Mod., L. n° 2010-788, 12 juill. 2010).* – Le titre mentionné au second alinéa de l'article 529-2, au second alinéa de l'article 529-5 ou au second alinéa du III de l'article 529-6 est exécuté suivant les règles prévues par le présent code pour l'exécution des jugements de police. La prescription de la peine commence à courir à compter de la signature par le ministère public du titre exécutoire, qui peut être individuel ou collectif.

Dans les trente jours de l'envoi de l'avis invitant le contrevenant à payer l'amende forfaitaire majorée, l'intéressé peut former auprès du ministère public une réclamation motivée qui a pour effet d'annuler le titre exécutoire en ce qui concerne l'amende contestée. Cette réclamation reste recevable tant que la peine n'est pas prescrite, s'il ne résulte pas d'un acte d'exécution ou de tout autre moyen de preuve que l'intéressé a eu connaissance de l'amende forfaitaire majorée. S'il s'agit d'une contravention au Code de la route, la réclamation n'est toutefois plus recevable à l'issue d'un délai de trois mois lorsque l'avis d'amende forfaitaire majorée est envoyée par lettre recommandée à l'adresse figurant sur le certificat d'immatriculation du véhicule, sauf si le contrevenant justifie qu'il a, avant l'expiration de ce délai, déclaré son changement d'adresse au service d'immatriculation des véhicules. ; dans ce dernier cas, le contrevenant n'est redevable que d'une somme égale au montant de l'amende forfaitaire s'il s'en acquitte dans un délai de quarante-cinq jours, ce qui a pour effet d'annuler le titre exécutoire pour le montant de la majoration.

La réclamation doit être accompagnée de l'avis d'amende forfaitaire majorée correspondant à l'amende considérée ainsi que, dans le cas prévu par l'article 529-10, de l'un des documents exigés par cet article, à défaut de quoi elle est irrecevable.

Art. 530-1 *(Mod., L. n° 2010-788, 12 juill. 2010).* – Au vu de la requête faite en application du premier alinéa de l'article 529-2, de la protestation formulée en application du premier alinéa de l'article 529-5, de celle prévue par le III de l'article 529-6 ou de la réclamation faite en application du deuxième alinéa de l'article 530, le ministère public peut, soit renoncer à l'exercice des poursuites, soit procéder conformément aux articles 524 à 528-2 ou aux articles 531 et suivants, soit aviser l'intéressé de l'irrecevabilité de la réclamation non motivée ou non accompagnée de l'avis.

En cas de condamnation, l'amende prononcée ne peut être inférieure au montant de l'amende ou de l'indemnité forfaitaire dans les cas prévus par le premier alinéa de l'article 529-2, le premier alinéa de l'article 529-5 ou le premier alinéa du III de l'article 529-6, ni être inférieure au montant de l'amende forfaitaire majorée dans les cas prévus par le second alinéa de l'article 529-2, le second alinéa de l'article 529-5 et le second alinéa du III de l'article 529-6.

Dans les cas prévus par l'article 529-10, en cas de classement sans suite ou de relaxe, s'il a été procédé à la consignation prévue par cet article, le montant de la consignation est reversé à la personne à qui avait été adressé l'avis de paiement de l'amende forfaitaire ou ayant fait l'objet des poursuites. Les modalités de ce remboursement sont définies par voie réglementaire. En cas de condamnation, l'amende prononcée ne peut être inférieure au montant prévu à l'alinéa précédent augmenté d'une somme de 10 %.

Art. 530-2 *(Mod. à compter du 1er janvier 2015, L. n° 2011-1862, 13 déc. 2011).* – Les incidents contentieux relatifs à l'exécution du titre exécutoire et à la rectification des erreurs matérielles qu'il peut comporter son déférés au tribunal de police, qui statue conformément aux dispositions de l'article 711.

Art. 530-2-1. – Lorsque les avis de contravention ou d'amende forfaitaire majorée sont adressées à une personne résidant à l'étranger, les délais prévus par les articles 529-1, 529-2, 529-8, 529-9 et 530 dont augmentés d'un mois.

Les dispositions des articles 529-10 et 530 du présent Code et des articles L. 121-2 et L. 121-3 du Code de la route relatives aux titulaires du certificat d'immatriculation du véhicule sont applicables aux personnes dont l'identité figure sur les documents équivalents délivrés par des autorités étrangères.

Art. 530-3. – Un décret en Conseil d'État fixe le montant des amendes et indemnités forfaitaires, des amendes forfaitaires minorées et des amendes forfaitaires majorées ainsi que des frais de constitution de dossier et précise les modalités d'application du présent chapitre, en déterminant notamment les conditions dans lesquelles les agents habilités à constater les infractions sont assermentés et perçoivent le montant des amendes forfaitaires et celui des transactions.

Art. L. 121-6 *(L. n° 2016-1547, 18 nov. 2016)*. – **Lorsqu'une infraction constatée selon les modalités prévues à l'article L. 130-9 a été commise avec un véhicule dont le titulaire du certificat d'immatriculation est une personne morale ou qui est détenu par une personne morale, le représentant légal de cette personne morale doit indiquer, par lettre recommandée avec demande d'avis de réception ou de façon dématérialisée, selon des modalités précisées par arrêté, dans un délai de quarante-cinq jours à compter de l'envoi ou de la remise de l'avis de contravention, à l'autorité mentionnée sur cet avis, l'identité et l'adresse de la personne physique qui conduisait ce véhicule, à moins qu'il n'établisse l'existence d'un vol, d'une usurpation de plaque d'immatriculation ou de tout autre événement de force majeure.**

Le fait de contrevenir au présent article est puni de l'amende prévue pour les contraventions de la quatrième classe.

CHAPITRE II. – INDEMNISATION DES VICTIMES D'ACCIDENTS DE LA CIRCULATION

Art. L. 122-1. – **Outre les dispositions du Code des assurances, les règles relatives à l'indemnisation des victimes d'accidents de la circulation sont fixées par les articles 1er à 6 de la loi n° 85-677 du 5 juillet 1985 ci-après reproduits :**

Art. 1er. – Les dispositions du présent chapitre s'appliquent, même lorsqu'elles sont transportées en vertu d'un contrat, aux victimes d'un accident de la circulation dans lequel est impliqué un véhicule terrestre à moteur ainsi que ses remorques ou semi-remorques, à l'exception des chemins de fer et des tramways circulant sur des voies qui leur sont propres.

Art. 2. – Les victimes, y compris les conducteurs, ne peuvent se voir opposer la force majeure ou le fait d'un tiers par le conducteur ou le gardien d'un véhicule mentionné à l'article 1er.

Art. 3. – Les victimes, hormis les conducteurs de véhicules terrestres à moteur, sont indemnisées des dommages résultant des atteintes à leur personne qu'elles ont subis, sans que puisse leur être opposée leur propre faute à l'exception de leur faute inexcusable si elle a été la cause exclusive de l'accident.

Les victimes désignées à l'alinéa précédent, lorsqu'elles sont âgées de moins de seize ans ou de plus de soixante-dix ans, ou lorsque, quel que soit leur âge, elles sont titulaires, au moment de l'accident, d'un titre leur reconnaissant un taux d'incapacité permanente ou d'invalidité au moins égal à 80 %, sont, dans tous les cas, indemnisées des dommages résultant des atteintes à leur personne qu'elles ont subis.

Toutefois, dans les cas visés aux deux alinéas précédents, la victime n'est pas indemnisée par l'auteur de l'accident des dommages résultant des atteintes à sa personne lorsqu'elle a volontairement recherché le dommage qu'elle a subi.

Art. 4. – La faute commise par le conducteur du véhicule terrestre à moteur a pour effet de limiter ou d'exclure l'indemnisation des dommages qu'il a subis.

Art. 5. – La faute commise par la victime a pour effet de limiter ou d'exclure l'indemnisation des dommages aux biens qu'elle a subis. Toutefois, les fournitures et appareils délivrés sur prescription médicale donnent lieu à indemnisation selon les règles applicables à la réparation des atteintes à la personne.

Lorsque le conducteur d'un véhicule terrestre n'en est pas le propriétaire, la faute de ce conducteur peut être opposée au propriétaire pour l'indemnisation des dommages causés à son véhicule. Le propriétaire dispose d'un recours contre le conducteur.

Art. 6. – Le préjudice subi par un tiers du fait des dommages causés à la victime directe d'un accident de la circulation est réparé en tenant compte des limitations ou exclusions applicables à l'indemnisation de ces dommages.

1) Lorsque plusieurs véhicules sont impliqués dans un accident de la circulation, chaque conducteur a droit à l'indemnisation des préjudices qu'il a subis, directement ou par ricochet, sauf s'il a commis une faute ayant contribué à la réalisation de son préjudice. Le préjudice subi par un tiers, victime par ricochet, du fait des dommages causés à la victime directe doit être intégralement réparé si aucune limitation ou exclusion n'est applicable aux dommages subis par celle-ci (■ Cass. crim., 5 mai 2015, n° 13-88.124).

2) Méconnaît l'article 4 de la loi n° 85-677 du 5 juillet 1985, la cour d'appel qui, pour débouter le conducteur victime de son action en réparation, retient que sa faute est la cause exclusive de l'accident et qu'il ne rapporte pas la preuve d'une faute de l'autre conducteur impliqué (■ Cass. crim., 16 févr. 2016, n° 15-80.705).

3) La qualité de conducteur perdure lors des différentes phases d'un accident complexe au cours duquel des collisions se succèdent dans un enchaînement continu et dans un même laps de temps, le tout constituant un accident unique (■ Cass. crim., 3 mai 2017, n° 16-84.485).

TITRE III. – RECHERCHE ET CONSTATATION DES INFRACTIONS

Art. L. 130-1. – **Les fonctionnaires du corps de commandement et d'encadrement de la police nationale, autres que ceux visés au 3° de l'article 16 du Code de procédure pénale affectés à une circonscription territoriale ne dépassant pas le ressort de la cour d'appel, nominativement désignés par arrêté des ministres de la Justice et de l'Intérieur après avis conforme de la commission prévue à l'article 16 (3°) du Code de procédure pénale, ont la qualité d'officier de police judiciaire, uniquement dans les limites de cette circonscription, pour rechercher et constater les infractions au présent code et les infractions d'atteintes involontaires à la vie ou à l'intégrité d'une personne commises à l'occasion d'accidents de la circulation, à l'exclusion de celles commises en relation avec des manifestations sur la voie publique, et de toutes autres infractions.**

Art. L. 130-2. – **Les fonctionnaires mentionnés à l'article L. 130-1 ne peuvent en aucun cas décider des mesures de garde à vue ni procéder à la visite des véhicules.**

Ils ne peuvent exercer effectivement les attributions attachées à leur qualité d'officier de police judiciaire que dans les conditions prévues à l'article 16 du Code de procédure pénale.

Art. L. 130-3. – **Les fonctionnaires du corps de commandement et d'encadrement de la police nationale mentionnés à l'article L. 130-1 qui n'ont pas obtenu la qualité d'officier de police judiciaire peuvent, dans les conditions fixées par l'article 20 du Code de procédure pénale, exercer les attributions attachées à leur qualité d'agent de police judiciaire pour la recherche et la constatation des infractions prévues à l'article L. 130-1.**

Les fonctionnaires du corps de maîtrise et d'application de la police nationale affectés à une circonscription territoriale ne dépassant pas le ressort de la cour d'appel peuvent, dans les limites de cette circonscription et dans les conditions fixées par l'article 20 du Code de procédure pénale, exercer les attributions attachées à leur qualité d'agent de police judiciaire pour la recherche et la constatation des mêmes catégories d'infractions.

Les fonctionnaires mentionnés au présent article sont placés sous la surveillance du procureur général et sous le contrôle de la chambre d'accusation, conformément aux articles 224 à 229 du Code de procédure pénale.

Art. L. 130-4 ***(Mod., L. n° 2003-495, 12 juin 2003 ; L. n° 2010-788, 12 juill. 2010 ; L. n° 2015-990, 6 août 2015).*** – **Sans préjudice de la compétence générale des officiers et des agents de police judiciaire, ont compétence pour constater par procès-verbal les contraventions prévues par la partie Réglementaire du présent code ou par d'autres dispositions réglementaires, dans la mesure où elles se rattachent à la sécurité et à la circulation routières :**

1° Les personnels de l'Office national des forêts ;

2° Les gardes champêtres des communes ;

3° Les agents titulaires ou contractuels de l'État et les agents des communes, titulaires ou non, chargés de la surveillance de la voie publique, agréés par le procureur de la République ;

4° Les agents, agréés par le procureur de la République, de ceux des services publics urbains de transport en commun de voyageurs qui figurent sur une liste dressée dans des conditions fixées par décret en Conseil d'État ;

5° Les officiers de port et les officiers de port adjoints ;

6° Les fonctionnaires ou agents de l'État chargés du contrôle des transports terrestres placés sous l'autorité du ministre chargé des transports ;

7° Les agents des douanes ;

8° Les agents de l'exploitant d'une autoroute ou d'un ouvrage routier ouvert à la circulation publique et soumis à péage, agréés par le préfet ;

9° Les agents verbalisateurs mentionnés à l'article L. 116-2 du Code de la voirie routière ;

10° Les agents des exploitants d'aérodromes, assermentés et agréés par le préfet, pour les seules contraventions aux règles de stationnement dans l'emprise de l'aérodrome ;

11° Les agents de police judiciaire adjoints ;

12° Les fonctionnaires ou agents de l'État, chargés des réceptions des véhicules ou éléments de véhicules, placés sous l'autorité des ministres chargés de l'industrie et des transports ;

13° Les agents des exploitants de parcs publics de stationnement situés sur le domaine public ferroviaire, assermentés et agréés par le représentant de l'État dans le département, pour les seules contraventions aux règles concernant la circulation, l'arrêt et le stationnement des véhicules dans l'emprise du parc public.

La liste des contraventions que chaque catégorie d'agents mentionnée ci-dessus est habilitée à constater est fixée par décret en Conseil d'État.

Art. L. 130-5 *(Rempl. à compter du 1er mai 2012, Ord. n° 2012-351, 12 mars 2012).* **– Les règles relatives à la constatation des contraventions au présent code par les agents de police municipale sont fixées par les articles L. 511-1 et L. 512-2 du Code de la sécurité intérieure.**

Art. L. 511-1 *(L. n° 2015-991, 7 août 2015 ; L. n° 2017-258, 28 févr. 2017).* – Sans préjudice de la compétence générale de la police nationale et de la gendarmerie nationale, les agents de police municipale exécutent, dans la limite de leurs attributions et sous son autorité, les tâches relevant de la compétence du maire que celui-ci leur confie en matière de prévention et de surveillance du bon ordre, de la tranquillité, de la sécurité et de la salubrité publiques.

Ils sont chargés d'assurer l'exécution des arrêtés de police du maire et de constater par procès-verbaux les contraventions auxdits arrêtés. Sans préjudice des compétences qui leur sont dévolues par des lois spéciales, ils constatent également par procès-verbaux les contraventions aux dispositions du Code de la route dont la liste est fixée par décret en Conseil d'État ainsi que les contraventions mentionnées au livre VI du Code pénal dont la liste est fixée par décret en Conseil d'État, dès lors qu'elles ne nécessitent pas de leur part d'actes d'enquête et à l'exclusion de celles réprimant des atteintes à l'intégrité des personnes. Ils peuvent également constater par rapport le délit prévu par l'article L. 126-3 du Code de la construction et de l'habitation.

Ils sont habilités à établir l'avis de paiement prévu à l'article L. 2333-87 du Code général des collectivités territoriales.

Ils exercent leurs fonctions sur le territoire communal, dans les conditions prévues au 2° de l'article 21 du Code de procédure pénale.

Affectés sur décision du maire à la sécurité d'une manifestation sportive, récréative ou culturelle mentionnée à l'article L. 613-3 du présent code ou à la surveillance de l'accès à un bâtiment communal, ils peuvent procéder à l'inspection visuelle des bagages à main et, avec le consentement de leur propriétaire, à leur fouille. Ils peuvent également procéder, avec le consentement exprès des personnes, à des palpations de sécurité. Dans ce cas, la palpation de sécurité doit être effectuée par une personne de même sexe que la personne qui en fait l'objet.

....

Art. L. 512-2. – À la demande des maires de plusieurs communes appartenant à un même établissement public de coopération intercommunale à fiscalité propre, celui-ci peut recruter, après délibération de deux tiers au moins des conseils municipaux des communes intéressées représentant plus de la moitié de la population totale de celles-ci, ou de la moitié au moins des conseils municipaux des communes représentant les deux tiers de la population, un ou plusieurs agents de police municipale, en vue de les mettre à disposition de l'ensemble de ces communes. Leur nomination en qualité de fonctionnaires stagiaires ne fait pas obstacle à leur mise à disposition.

Les agents de police municipale ainsi recrutés exercent, sur le territoire de chaque commune où ils sont affectés, les compétences mentionnées à l'article L. 511-1, sans préjudice des compétences de police judiciaire qui leur sont dévolues par le Code de procédure pénale et par les lois pénales spéciales. Pendant l'exercice de leurs fonctions sur le territoire d'une commune, ils sont placés sous l'autorité du maire de cette commune.

Art. L. 130-6 *(Mod., L. n° 2013-431, 28 mai 2013).* **– Les infractions prévues aux articles L. 233-2, L. 317-1 à L. 317-4-1, L. 324-2, L. 325-3-1 et L. 413-1 peuvent être constatées par les fonctionnaires ou agents de l'État chargés du contrôle des transports terrestres placés sous l'autorité du ministre chargé des**

transports lorsqu'elles sont commises au moyen de véhicules affectés au transport routier de voyageurs ou de marchandises.

Ces fonctionnaires ont accès à l'appareil de contrôle, dit « chronotachygraphe », et à toutes ses composantes afin d'en vérifier l'intégrité, sur les véhicules soumis à l'obligation d'en être équipés.

Ils ont également accès au poste de conduite afin d'y effectuer les vérifications prescrites par le présent code.

Art. L. 130-7 *(L. n° 2003-495, 12 juin 2003).* **– Lorsqu'ils ne sont pas déjà assermentés, les agents qui ont compétence pour constater par procès-verbal les contraventions prévues à l'article L. 130-4 prêtent serment devant le juge de tribunal d'instance.**

Ce serment, dont la formule est fixée par décret en Conseil d'État, est renouvelé en cas de changement de lieu d'affectation de l'intéressé.

Art. L. 130-8 *(L. n° 2003-495, 12 juin 2003 ; L. n° 2011-525, 17 mai 2011 ; L. n° 2015-992, 17 août 2015 ; Ord. n° 2016-301, 14 mars 2016).* **– Les agents de la concurrence, de la consommation et de la répression des fraudes sont habilités à rechercher et à constater les infractions prévues aux articles L. 317-5, L. 318-3 et L. 413-2. À cet effet, ils disposent des pouvoirs prévus au I de l'article L. 511-22 du Code de la consommation.**

Art. L. 130-9 *(L. n° 2003-495, 12 juin 2003 ; mod., L. n° 2004-204, 9 mars 2004 ; L. n° 2011-267, 14 mars 2011 ; L. n° 2016-1547, 18 nov. 2016).* **– Lorsqu'elles sont effectuées par ou à partir des appareils de contrôle automatique ayant fait l'objet d'une homologation, les constatations relatives aux infractions dont la liste est fixée par décret en Conseil d'État, font foi jusqu'à preuve du contraire. Ces constatations peuvent faire l'objet d'un procès-verbal revêtu d'une signature manuelle numérisée.**

Lorsque ces constatations font l'objet d'un traitement automatisé d'informations nominatives mis en œuvre conformément aux dispositions de la loi n° 78-17 du 6 janvier 1978 relative à l'informatique, aux fichiers et aux libertés, la durée maximale de conservation de ces informations ne peut excéder dix ans, sans préjudice de la possibilité pour le conducteur du véhicule ayant fait l'objet du contrôle de demander au procureur de la République territorialement compétent d'ordonner l'effacement des informations le concernant lorsqu'il a récupéré le nombre de points ayant été retirés de son permis de conduire ou lorsque la procédure le concernant a donné lieu à une décision définitive de relaxe.

Pour l'application des dispositions relatives à l'amende forfaitaire, le lieu du traitement automatisé des informations nominatives concernant les constatations effectuées par ou à partir des appareils de contrôle automatisé est considéré comme le lieu de constatation de l'infraction.

Lorsque l'excès de vitesse est constaté par le relevé d'une vitesse moyenne, entre deux points d'une voie de circulation, supérieure à la vitesse maximale autorisée entre ces deux points, le lieu de commission de l'infraction est celui où a été réalisée la deuxième constatation, sans préjudice des dispositions du précédent alinéa.

1) Aux termes de l'article L. 130-9, alinéa 3, du Code de la route, pour l'application des dispositions relatives à l'amende forfaitaire, le lieu du traitement automatisé des informations nominatives concernant les constatations effectuées par les appareils de contrôle automatisés est considéré comme le lieu de constatation de l'infraction ;

Méconnaît ce texte la juridiction de proximité de Rennes qui se déclare incompétente pour connaître d'un incident contentieux relatif à l'application des règles de l'amende forfaitaire pour un excès de vitesse commis à Marseille mais relevé par un appareil de contrôle automatisé, alors que la ville de Rennes, désignée par un arrêté du 13 octobre 2004 pour abriter le Centre national de traitement du contrôle automatisé devait être considérée comme le lieu de constatation de l'infraction (■ Cass. crim., 17 sept. 2008 : *JurisData* n° 2008-045349 ; *Dr. pénal* 2009, comm. 8, obs. J.-H. Robert).

2) Il résulte des articles 537 du Code de procédure pénale et L. 130-9 du Code de la route que les procès-verbaux dressés par les officiers et agents de police judiciaire, au vu des enregistrements réalisés, en matière de franchissement par les véhicules d'une signalisation imposant leur arrêt, par un appareil de contrôle automatique homologué, font foi jusqu'à preuve contraire des contraventions qu'ils constatent et que la preuve contraire ne peut être rapportée que par écrit ou par témoins.

Encourt la cassation qui prononce la relaxe du prévenu, pour franchissement de feu rouge, au motif que les photographies étaient sombres, alors que la preuve contraire aux énonciations du procès-verbal n'était rapportée ni par écrit ni par témoin (■ Cass. crim., 29 janv. 2014, n° 13-83.283 : *Dr. pén.* 2014, comm. 75, obs. J.-H. Robert ; *D.* 2014, act., p. 372).

3) Une juridiction fait l'exacte application, des dispositions de l'article L. 130-9, dernier alinéa, du Code de la route, dès lors que, lorsque l'excès de vitesse est constaté par le relevé d'une vitesse moyenne, entre deux points d'une voie de circulation, supérieure à la vitesse maximale autorisée entre ces deux points, le lieu de commission de l'infraction est celui où a été réalisée la seconde constatation (■ Cass. crim., 13 mai 2015, n° 14-83.559 : *Dr. pén.* 2015, comm. 111, obs. J.-H. Robert).

TITRE IV. – DISPOSITIONS RELATIVES À L'OUTRE-MER

CHAPITRE I. – DISPOSITIONS PARTICULIÈRES À LA COLLECTIVITÉ TERRITORIALE DE SAINT-PIERRE-ET-MIQUELON

Art. L. 141-1 ***(Mod., Ord. n° 2000-1255, 21 déc. 2000).*** **– Pour l'application des dispositions du présent livre dans la collectivité territoriale de Saint-Pierre-et-Miquelon, les termes énumérés ci-après sont remplacés comme suit :**

1° « Départementales » par « territoriales » ;

2° « Cour d'appel » et « chambre d'accusation » [chambre de l'instruction] par « tribunal supérieur d'appel » ;

3° « Procureur général » par « procureur de la République près le tribunal supérieur d'appel » ;

4° « Tribunal de police » par « tribunal de première instance ».

Art. L. 141-2. – L'article L. 130-5 ne s'applique pas dans la collectivité territoriale de Saint-Pierre-et-Miquelon.

CHAPITRE II. – DISPOSITIONS APPLICABLES DANS LA COLLECTIVITÉ TERRITORIALE DE MAYOTTE

Art. L. 142-1 ***(Mod., Ord n° 2000-1255, 21 déc. 2000).*** **– Pour l'application des dispositions du présent livre dans la collectivité territoriale de Mayotte, les termes énumérés ci-après sont remplacés comme suit :**

1° « Cour d'appel » et « chambre d'accusation » [chambre de l'instruction] par « tribunal supérieur d'appel » ;

2° « Procureur général » par « procureur de la République près de tribunal supérieur d'appel » ;

3° « Préfet » par « représentant du gouvernement » ;

4° « Tribunal de police » par « tribunal de première instance ».

Art. L. 142-2. – Les dispositions législatives du présent livre sont applicables dans la collectivité territoriale de Mayotte, à l'exception des articles L. 110-2 et L. 130-5.

Art. L. 142-3 ***(Abr., L. n° 2013-1029, 15 nov. 2013).***

Art. L. 142-4 ***(L. n° 2003-495, 12 juin 2003 ; L. n° 2011-525, 17 mai 2011).*** **– Pour l'application dans la collectivité territoriale de Mayotte du 9° de l'article L. 130-4, les agents verbalisateurs compétents sont :**

1° Sur les voies de toutes catégories :

a) **Les gardes champêtres des communes et les gardes particuliers assermentés ;**

b) **Les agents de police municipale ;**

2° Sur les voies publiques ressortissant à leurs attributions :

a) **Les ingénieurs des ponts des eaux et des forêts et les ingénieurs des travaux publics de l'État, assermentés ;**

b) **Les techniciens des travaux publics de l'État, les contrôleurs principaux de travaux publics de l'État et les agents des travaux publics de l'État, quand ils sont commissionnés et assermentés à cet effet.**

Art. L. 142-4-1 ***(L. n° 2015-990, 6 août 2015).*** **– Pour l'application dans la collectivité territoriale de Mayotte du présent code, il est ajouté à l'article L. 130-4 un 14° ainsi rédigé :**

« *14° Les fonctionnaires de la police de Mayotte dans les conditions prévues à l'article 879-1 du Code de procédure pénale.* »

Art. L. 142-5 *(Abr., L. n° 2011-525, 17 mai 2011).*

....

LIVRE DEUXIÈME. – LE CONDUCTEUR

TITRE PREMIER. – ENSEIGNEMENT DE LA CONDUITE ET DE LA SÉCURITÉ ROUTIÈRE

CHAPITRE I. – FORMATION À LA CONDUITE ET À LA SÉCURITÉ ROUTIÈRE

Art. L. 211-1 *(L. n° 2003-495, 12 juin 2003).* – **En cas de commission des délits de violences ou d'outrage prévus par les articles 222-9 à 222-13 et 433-5 du Code pénal contre un inspecteur du permis de conduire et de la sécurité routière dans l'exercice ou à l'occasion de l'exercice de ses fonctions, le tribunal peut prononcer la peine complémentaire d'interdiction de se présenter à l'examen du permis de conduire pour une durée de trois ans au plus.**

Cette condamnation est portée à la connaissance du préfet du département concerné.

Art. L. 211-2 *(L. n° 2015-990, 6 août 2015).* – **L'apprentissage de la conduite des véhicules à moteur en vue de l'obtention du permis de conduire se déroule selon des modalités fixées par le décret prévu à l'article L. 211-7.**

Pour chaque catégorie de formation, à l'exception de celle mentionnée à l'article L. 211-6, le ministre chargé de la sécurité routière définit les compétences à atteindre.

Les établissements d'enseignement de la conduite et de la sécurité routière et les associations agréés au titre des articles L. 213-1 ou L. 213-7 proposent à chaque élève, lors de son inscription, un des modes d'apprentissage de conduite accompagnée définis aux articles L. 211-3 et L. 211-4.

Art. L. 211-3 *(L. n° 2015-990, 6 août 2015).* – **L'apprentissage anticipé de la conduite est un apprentissage particulier dispensé aux élèves âgés d'au moins quinze ans en vue de l'obtention du permis de conduire des véhicules légers. Cet apprentissage ouvre droit à une réduction du délai probatoire suivant l'obtention du permis de conduire.**

Il comprend, d'une part, une période de formation initiale dans un établissement ou une association agréés au titre des articles L. 213-1 ou L. 213-7 et, d'autre part, une période d'apprentissage en conduite accompagnée, sous la surveillance constante et directe d'un accompagnateur remplissant des conditions fixées par le décret mentionné à l'article L. 211-7, pendant laquelle l'élève doit parcourir une distance minimale pendant une durée minimale. Ces conditions de distance et de durée minimales sont précisées par arrêté du ministre chargé de la sécurité routière.

Art. L. 211-4 *(L. n° 2015-990, 6 août 2015).* – **Tout élève âgé d'au moins dix-huit ans inscrit pour suivre une formation à la conduite des véhicules légers peut suivre un apprentissage en conduite supervisée, sous la surveillance constante et directe d'un accompagnateur, après validation de sa formation initiale. Cet apprentissage n'est soumis à aucune condition de distance ou de durée minimales.**

Art. L. 211-5 *(L. n° 2015-990, 6 août 2015).* – **Les personnes suivant une formation professionnelle en vue de l'obtention d'un diplôme de l'éducation nationale permettant la délivrance du permis de conduire peuvent pratiquer la conduite encadrée, sur un véhicule léger, sous la surveillance constante et directe d'un accompagnateur remplissant des conditions fixées par le décret mentionné à l'article L. 211-7.**

La conduite encadrée est accessible à partir de l'âge de seize ans aux élèves ayant validé la formation préalable à l'obtention du permis de conduire des véhicules légers.

Art. L. 211-6 *(L. n° 2015-990, 6 août 2015).* – **Sauf dans les périodes de conduite accompagnée définies aux articles L. 211-3 à L. 211-5, l'apprentissage de la conduite des véhicules légers sur la voie publique peut être effectué sur un véhicule répondant à des prescriptions particulières, avec un accompagnateur justifiant d'une condition d'ancienneté du permis de conduire précisée par le décret mentionné à l'article L. 211-7.**

Art. L. 211-7 *(L. n° 2015-990, 6 août 2015).* – **Un décret en Conseil d'État définit les conditions d'application du présent chapitre.**

CHAPITRE II. – ENSEIGNEMENT À TITRE ONÉREUX ET ANIMATION DE STAGES DE SENSIBILISATION À LA SÉCURITÉ ROUTIÈRE

Art. L. 212-1 *(Mod., L. n° 2007-297, 5 mars 2007 ; rempl., Ord. n° 2008-507, 30 mai 2008 ; Ord. n° 2015-1682, 17 déc. 2015).* – I. – L'enseignement, à titre onéreux, de la conduite des véhicules à moteur d'une catégorie donnée et de la sécurité routière ainsi que l'animation de stages de sensibilisation à la sécurité routière mentionnés à l'article L. 223-6 sont subordonnés à la délivrance d'une autorisation administrative.

II. – Tout ressortissant d'un État membre de l'Union européenne ou d'un autre État partie à l'accord sur l'Espace économique européen y exerçant les activités mentionnées au I est réputé détenir l'autorisation administrative pour exercer en France ces activités de façon temporaire et occasionnelle, sous réserve d'être légalement établi dans l'un de ces États et, lorsque ni ces activités ni la formation y conduisant n'y sont réglementées, de les avoir exercées dans un ou plusieurs États membres pendant une année ou à temps partiel pendant une durée équivalente au cours des dix années qui précèdent la prestation.

Lorsque le professionnel fournit pour la première fois une prestation en France, il en informe au préalable l'autorité administrative par une déclaration écrite dont le contenu et la procédure de dépôt sont précisés par décret. Cette déclaration donne lieu à une vérification des qualifications professionnelles du prestataire afin de permettre à l'autorité de s'assurer que la prestation ne portera pas atteinte à la sécurité ou à la santé du bénéficiaire du service du fait du manque de qualification professionnelle du prestataire.

III. – Un accès partiel à la profession au sens de la directive 2005/36/CE du Parlement européen et du Conseil du 7 septembre 2005 relative à la reconnaissance des qualifications professionnelles peut être accordé au cas par cas aux ressortissants de l'Union européenne ou d'un autre État partie à l'accord sur l'Espace économique européen lorsque les trois conditions suivantes sont remplies :

1° Le professionnel est pleinement qualifié pour exercer, dans l'État d'origine membre de l'Union ou partie à l'accord sur l'Espace économique européen, l'activité professionnelle pour laquelle l'accès partiel est sollicité ;

2° Les différences entre l'activité professionnelle légalement exercée dans l'État d'origine membre de l'Union ou partie à l'accord sur l'Espace économique européen et la profession réglementée correspondante en France sont si importantes que l'application de mesures de compensation reviendrait à imposer au demandeur de suivre le programme complet d'enseignement et de formation requis en France pour avoir pleinement accès à la profession réglementée ;

3° L'activité professionnelle est distincte de la ou des autres activités relevant de la profession réglementée, notamment dans la mesure où elle est exercée de manière autonome dans l'État d'origine.

L'accès partiel peut être refusé pour des raisons impérieuses d'intérêt général, si ce refus est proportionné à la protection de cet intérêt.

Les demandes aux fins d'accès partiel sont examinées, selon le cas, comme des demandes à fin d'établissement ou de libre prestation de services temporaire et occasionnelle.

Art. L. 212-2 *(Mod. à compter d'une date fixée par décret en Conseil d'État et au plus tard deux ans après la publication de la présente loi [JO 7 mars 2007], L. n° 2007-297, 5 mars 2007 ; Rempl., L. n° 2015-177, 16 févr. 2015).* – I. – Nul ne peut être autorisé à enseigner, à titre onéreux, la conduite des véhicules à moteur d'une catégorie donnée et la sécurité routière, s'il ne satisfait aux conditions suivantes :

1° Ne pas avoir fait l'objet d'une condamnation :

a) Soit à une peine criminelle ;

b) Soit à une peine correctionnelle prononcée pour une infraction figurant sur une liste fixée par décret en Conseil d'État ;

2° Être titulaire du permis de conduire, en cours de validité, valable pour la ou les catégories de véhicules considérés ;

3° Être titulaire d'un titre ou diplôme d'enseignant de la conduite et de la sécurité routière ou, dans des conditions déterminées par décret en Conseil d'État, être en cours de formation pour la préparation à l'un de ces titres ou diplômes ;

4° Remplir les conditions d'âge, d'ancienneté du permis de conduire et d'aptitude physique fixées par décret en Conseil d'État.

II. – Nul ne peut être autorisé à animer des stages de sensibilisation à la sécurité routière s'il ne satisfait aux conditions suivantes :

1° Ne pas avoir fait l'objet d'une condamnation :

a) Soit à une peine criminelle ;

b) Soit à une peine correctionnelle prononcée pour une infraction figurant sur une liste fixée par décret en Conseil d'État.

2° Remplir des conditions précisées par décret en Conseil d'État, relatives à la détention d'un permis de conduire, à l'âge, à l'aptitude physique et aux formations suivies.

Art. L. 212-3. – Dans l'hypothèse où les conditions prévues à l'article L. 212-2 cessent d'être remplies, il est mis fin à l'autorisation prévue à l'article L. 212-1. En cas d'urgence justifiée par des faits passibles d'une des condamnations visées à l'article L. 212-2, l'autorité administrative peut, après avoir mis l'intéressé en mesure de présenter ses observations, suspendre, pour une durée maximale de six mois, une autorisation délivrée en application de l'article L. 212-1.

Lorsque sont établis des procès-verbaux d'infractions correspondant à des faits mentionnés à l'alinéa précédent commises par des bénéficiaires d'autorisations délivrées en application de l'article L. 212-1, copie en est transmise par le procureur de la République à l'autorité administrative.

La mesure de suspension provisoire cesse de plein droit dès que l'autorité judiciaire s'est prononcée.

Art. L. 212-4 *(Mod., Ord. n° 2008-507, 30 mai 2008 ; L. n° 2015-990, 6 août 2015).* – Le fait d'enseigner, à titre onéreux, la conduite des véhicules à moteur d'une catégorie donnée et la sécurité routière ou d'animer un stage de sensibilisation à la sécurité routière sans être titulaire de l'autorisation prévue à l'article L. 212-1 ou en violation d'une mesure de suspension provisoire de celle-ci est puni d'un an d'emprisonnement et de 15 000 € d'amende. Est puni de la même peine l'exercice temporaire et occasionnel de l'enseignement de la conduite et de la sécurité routière ou de l'animation d'un stage de sensibilisation à la sécurité routière sans respecter les conditions fixées au II de l'article L. 212-1.

II. – Les personnes physiques coupables de l'infraction prévue à l'alinéa précédent encourent également les peines complémentaires suivantes :

1° L'interdiction d'exercer l'activité professionnelle dans l'exercice ou à l'occasion de l'exercice de laquelle l'infraction a été commise, suivant les modalités prévues par l'article 131-27 du Code pénal ;

2° L'affichage ou la diffusion de la décision prononcée, dans les conditions prévues par l'article 131-35 du Code pénal ;

3° La confiscation de la chose qui a servi ou était destinée à commettre l'infraction ou de la chose qui en est le produit.

Art. L. 212-5. – Un décret en Conseil d'État détermine les conditions d'application du présent chapitre.

CHAPITRE III. – ÉTABLISSEMENTS D'ENSEIGNEMENT ET D'ANIMATION DE STAGES DE SENSIBILISATION À LA SÉCURITÉ ROUTIÈRE

Art. L. 213-1 *(Mod., L. n° 2007-297, 5 mars 2007 ; L. n° 2015-177, 16 févr. 2015 ; L. n° 2015-990, 6 août 2015).* – L'enseignement, à titre onéreux, de la conduite des véhicules à moteur d'une catégorie donnée et de la sécurité routière ainsi que l'animation des stages de sensibilisation à la sécurité routière mentionnés à l'article L. 223-6 ne peuvent être organisés que dans le cadre d'un établissement dont l'exploitation est subordonnée à un agrément délivré par l'autorité administrative.

L'enseignement, à titre onéreux, de la conduite des véhicules à moteur d'une catégorie donnée et de la sécurité routière est dispensé, au sein des établissements mentionnés au premier alinéa du présent article, par les titulaires d'une autorisation d'enseigner mentionnée à l'article L. 212-1. La proportion maximale des personnes en cours de formation mentionnées au 3° du I de l'article L. 212-2 est déterminée, au regard de l'effectif total des enseignants de la conduite et de la sécurité routière de l'entreprise, selon des modalités fixées par décret en Conseil d'État.

La formation, à titre onéreux, des candidats à l'un des titres ou diplômes exigés pour l'exercice de la profession d'enseignant de la conduite des véhicules à moteur d'une catégorie donnée et de la sécurité routière ne peut être dispensée que dans le cadre d'un établissement dont l'exploitation est subordonnée à un agrément délivré par l'autorité administrative, après avis d'une commission.

Art. L. 213-2 *(Mod., L. n° 2014-344, 17 mars 2014 ; L. n° 2015-990, 6 août 2015).* – Les conditions et les modalités de l'enseignement, à titre onéreux, de la conduite des véhicules à moteur d'une catégorie donnée et de la sécurité routière font l'objet d'un contrat écrit, qui peut être conclu dans l'établissement ou à distance, dans le respect de la section 2 du chapitre Ier du titre II du livre Ier du Code de la consommation, entre le candidat et l'établissement. Ce contrat est conclu après une évaluation préalable du candidat dans le véhicule ou dans les locaux de l'établissement. La restitution du dossier au candidat qui en fait la demande ne donne lieu à l'application d'aucuns frais.

Le transfert du dossier du candidat vers un autre établissement ne donne lieu à l'application d'aucuns frais. Les conditions d'application du présent alinéa sont définies par décret.

La présentation du candidat aux épreuves du permis de conduire ne peut donner lieu à l'application d'aucuns frais. Les frais facturés au titre de l'accompagnement du candidat à l'épreuve sont réglementés dans les conditions prévues au deuxième alinéa de l'article L. 410-2 du Code de commerce.

Les conditions et les modalités de la formation à titre onéreux des candidats à l'un des titres ou diplômes exigés pour l'exercice de la profession d'enseignant de la conduite des véhicules à moteur et de la sécurité routière font l'objet d'un contrat écrit entre le candidat et l'établissement.

Art. L. 213-2-1 *(L. n° 2015-990, 6 août 2015 ; Ord. n° 2016-301, 14 mars 2016).* – Sont passibles d'une amende administrative, dont le montant ne peut excéder 3 000 € pour une personne physique et 15 000 € pour une personne morale, les manquements aux trois premiers alinéas de l'article L. 213-2 du présent code. Ces manquements sont recherchés et constatés par les agents mentionnés aux articles L. 511-3 et L. 511-21 du Code de la consommation, dans les conditions prévues à l'article L. 511-7 du même code.

L'autorité administrative chargée de la concurrence et de la consommation est l'autorité compétente pour prononcer, dans les conditions prévues au chapitre II du titre II du livre V du Code de la consommation, ces amendes administratives.

Art. L. 213-3 *(Mod., L. n° 2011-12, 5 janv. 2011 ; L. n° 2015-990, 6 août 2015).* – Nul ne peut exploiter, à titre individuel, ou être dirigeant ou gérant de droit ou de fait d'un des établissements mentionnés à l'article L. 213-1, s'il ne satisfait aux conditions suivantes :

1° Ne pas avoir fait l'objet d'une condamnation :

a) Soit à une peine criminelle ;

b) Soit à une peine correctionnelle prononcée pour une infraction figurant sur une liste fixée par décret en Conseil d'État ;

c) Soit à une peine prévue par les articles 186 et 192 de la loi n° 85-98 du 25 janvier 1985 relative au redressement et à la liquidation judiciaires des entreprises [art. L. 625-2 et L. 625-8 du Code de commerce], pendant la durée de cette peine.

2° Justifier de la capacité à la gestion d'un établissement d'enseignement de la conduite ;

3° Remplir les conditions d'âge, et de réactualisation des connaissances fixées par décret en Conseil d'État.

Art. L. 213-4. – L'enseignement dispensé dans les établissements mentionnés à l'article L. 213-1 doit être conforme au programme de formation défini par l'autorité administrative qui en contrôle l'application.

Art. L. 213-4-1 *(L. n° 2015-990, 6 août 2015).* – La répartition des places d'examen au permis de conduire attribuées aux établissements d'enseignement de la conduite et de la sécurité routière est assurée dans des conditions objectives, transparentes et non discriminatoires, ne portant pas atteinte à la concurrence entre ces établissements. Ces places sont attribuées aux établissements d'enseignement de la conduite et de la sécurité routière en fonction notamment du nombre d'enseignants à la conduite dont ils disposent, et de manière à garantir l'accès des candidats libres à une place d'examen.

La méthode nationale de répartition ainsi que les pièces nécessaires à l'inscription à une session d'examen du permis de conduire sont définies par arrêté du ministre chargé de la sécurité routière.

Art. L. 213-5 *(L. n° 2015-990, 6 août 2015).* – Dans l'hypothèse où les conditions prévues aux articles L. 213-3 et L. 213-4 cessent d'être remplies ou en cas de cessation définitive d'activité de l'établissement, il est mis fin aux agréments prévus à l'article L. 213-1.

En cas d'urgence justifiée par des faits passibles d'une des condamnations visées à l'article L. 213-3, l'autorité administrative, après avoir mis l'intéressé en mesure de présenter ses observations, peut suspendre, pour une durée maximale de six mois, l'agrément délivré en application de l'article L. 213-1.

Lorsque sont établis des procès-verbaux d'infractions correspondant à des faits mentionnés à l'alinéa précédent commises par des bénéficiaires d'autorisations délivrées en application de l'article L. 213-1, copie en est transmise par le procureur de la République à l'autorité administrative.

La mesure de suspension provisoire cesse de plein droit dès que l'autorité judiciaire s'est prononcée.

Après que l'intéressé a été mis en mesure de présenter ses observations, une mesure de suspension provisoire pour une durée n'excédant pas six mois peut également être prononcée par l'autorité administrative, en cas de refus de se soumettre au contrôle prévu à l'article L. 213-4, de non-respect du programme de formation défini par l'autorité administrative ou pour méconnaissance des dispositions de l'article L. 213-2.

Art. L. 213-6 *(Mod., L. n° 2009-526, 12 mai 2009 ; L. n° 2015-990, 6 août 2015)*. – I. – Le fait d'exploiter un établissement d'enseignement de la conduite des véhicules à moteur d'une catégorie donnée et de la sécurité routière ou de formation des candidats pour l'exercice de la profession d'enseignant ou d'exploiter un établissement organisant des stages de sensibilisation à la sécurité routière sans avoir obtenu l'agrément prévu à l'article L. 213-1 ou en violation d'une mesure de suspension provisoire de celui-ci est puni d'un an d'emprisonnement et de 15 000 € d'amende.

Est puni des mêmes peines le fait d'employer un enseignant ou un animateur qui n'est pas titulaire de l'autorisation prévue à l'article L. 212-1.

II. – Les personnes physiques coupables de l'une des infractions prévues au I du présent article encourent également les peines complémentaires suivantes :

1° La fermeture définitive ou pour une durée de cinq ans au plus de l'un, de plusieurs ou de l'ensemble des établissements de l'entreprise appartenant à la personne condamnée ;

2° L'interdiction d'exercer l'activité professionnelle ou sociale dans l'exercice ou à l'occasion de l'exercice de laquelle l'infraction a été commise, suivant les modalités prévues par l'article 131-27 du Code pénal ;

3° L'affichage ou la diffusion de la décision prononcée, dans les conditions prévues par l'article 131-35 du Code pénal ;

4° La confiscation de la chose qui a servi ou était destinée à commettre l'infraction ou de la chose qui en est le produit.

III. – Les personnes morales déclarées responsables pénalement, dans les conditions prévues par l'article 121-2 du Code pénal, des infractions définies au I du présent article encourent, outre l'amende suivant les modalités prévues par l'article 131-38 du Code pénal :

1° La fermeture définitive ou pour une durée de cinq ans au plus de l'un, de plusieurs ou de l'ensemble des établissements de l'entreprise appartenant à la personne morale condamnée ;

2° L'interdiction d'exercer l'activité professionnelle ou sociale dans l'exercice ou à l'occasion de l'exercice de laquelle l'infraction a été commise, suivant les modalités prévues par l'article 131-39 du Code pénal ;

3° L'affichage ou la diffusion de la décision prononcée, dans les conditions prévues par l'article 131-35 du Code pénal ;

4° La confiscation de la chose qui a servi ou était destinée à commettre l'infraction ou de la chose qui en est le produit.

Art. L. 213-7. – L'enseignement de la conduite des véhicules à moteur d'une catégorie donnée et de la sécurité routière par les associations régies par la loi du 1er juillet 1901 relative au contrat d'association qui exercent leur activité dans le champ de l'insertion ou de la réinsertion sociale et professionnelle est subordonné à la délivrance d'un agrément par l'autorité administrative qui vérifie que les conditions prévues à l'article L. 212-2, au 1° de l'article L. 213-3 et à l'article L. 213-4 sont remplies.

Art. L. 213-8. – Les modalités d'application des articles L. 213-1 à L. 213-7 sont fixées par décret en Conseil d'État.

Art. L. 213-9 *(L. n° 2015-990, 6 août 2015)*. – Les établissements et associations agréés au titre des articles L. 213-1 ou L. 213-7 s'engagent dans des démarches d'amélioration de la qualité des prestations de formation qu'ils délivrent. La labellisation ou la certification par un organisme accrédité peuvent faire accéder ces établissements à des droits ou des dispositifs particuliers.

Ces établissements sont tenus de transmettre chaque année à l'autorité administrative les informations et statistiques relatives à leur activité de formation aux examens théoriques et pratiques du permis de conduire et aux résultats de leurs élèves, à charge pour l'autorité administrative de les analyser selon un cahier des charges fixé par arrêté pour permettre au Conseil supérieur de l'éducation routière d'établir un rapport public annuel sur la base de ces informations.

Les modalités d'application du présent article sont fixées par arrêté du ministre chargé de la sécurité routière.

TITRE II. – PERMIS DE CONDUIRE

CHAPITRE I. – VÉRIFICATION D'APTITUDE, DÉLIVRANCE ET CATÉGORIES

Art. L. 221-1 A *(L. n° 2015-990, 6 août 2015)*. – L'accès aux épreuves théoriques et pratiques du permis de conduire est un service universel. Tout candidat se présentant librement ou par l'intermédiaire d'un établissement ou d'une association agrée au titre des articles L. 213-1 ou L. 213-7, et ayant déposé une demande de permis de conduire se voit proposer une place d'examen, sous réserve d'avoir atteint le niveau requis.

Art. L. 221-1 *(Mod., L. n° 2015-177, 16 févr. 2015)*. – Pour l'application du présent titre, sont assimilés au permis de conduire les titres qui, lorsque le permis de conduire n'est pas exigé, sont prévus par les règlements pour la conduite des véhicules à moteur.

Toutefois, les dispositions du présent titre ne sont pas applicables au brevet de sécurité routière.

Art. L. 221-2 *(Ord. n° 2000-1255, 21 déc. 2000 ; L. n° 2003-495, 12 juin 2003 ; L. n° 2004-204, 9 mars 2004 ; L. n° 2011-267, 14 mars 2011 ; L. n° 2012-387, 22 mars 2012 ; L. n° 2015-990, 6 août 2015 ; L. n° 2016-1547, 18 nov. 2016)*. – I. – Le fait de conduire un véhicule sans être titulaire du permis de conduire correspondant à la catégorie du véhicule considéré est puni d'un an d'emprisonnement et de 15 000 € d'amende.

Toutefois, les conducteurs des véhicules et appareils agricoles ou forestiers attachés à une exploitation agricole ou forestière, à une entreprise de travaux agricoles ou à une coopérative d'utilisation de matériel agricole sont autorisés à conduire ces véhicules ou appareils pendant la durée de leur activité agricole ou forestière sans être titulaires du permis de conduire correspondant à la catégorie du véhicule considéré dès lors qu'ils sont âgés d'au moins seize ans, sauf exceptions prévues par décret en Conseil d'État.

Les personnes titulaires du permis de conduire prévu pour les véhicules ayant un poids total autorisé en charge inférieur à 3,5 tonnes affectés au transport de personnes et comportant, outre le siège du conducteur, huit places assises au maximum ou affectés au transport de marchandises, peuvent conduire tous les véhicules et appareils agricoles ou forestiers dont la vitesse n'excède pas 40 kilomètres par heure, ainsi que les véhicules qui peuvent y être assimilés.

Le fait de conduire un véhicule ou un ensemble de véhicules mentionnés au deuxième alinéa sans respecter les conditions d'âge prévues au même alinéa est puni de l'amende prévue pour les contraventions de la quatrième classe.

II. – Toute personne coupable de l'infraction prévue au présent article encourt également les peines complémentaires suivantes :

1° La confiscation du véhicule dont le condamné s'est servi pour commettre l'infraction, s'il en est le propriétaire ;

2° La peine de travail d'intérêt général selon des modalités prévues à l'article 131-8 du Code pénal et selon les conditions prévues aux articles 131-22 à 131-24 du même code et à l'article 20-5 de l'ordonnance n° 45-174 du 2 février 1945 relative à l'enfance délinquante ;

3° La peine de jours-amende dans les conditions fixées aux articles 131-5 et 131-25 du Code pénal ;

4° L'interdiction de conduire certains véhicules terrestres à moteur, y compris ceux pour la conduite desquels le permis de conduire n'est pas exigé, pour une durée de cinq ans au plus ;

5° L'obligation d'accomplir, à ses frais, un stage de sensibilisation à la sécurité routière ;

III. – L'immobilisation peut être prescrite, dans les conditions prévues aux articles L. 325-1 à L. 325-3.

IV. – Dans les conditions prévues aux articles 495-17 et suivants du Code de procédure pénale, l'action publique peut être éteinte par le versement d'une amende forfaitaire d'un montant de 800 €. Le montant de l'amende forfaitaire minorée est de 640 € et le montant de l'amende forfaitaire majorée de 1 600 €.

1) Doit être cassé, par voie de retranchement, l'arrêt de la cour d'appel qui, condamnant le prévenu pour défaut de permis de conduire, prononce en outre contre lui la peine complémentaire d'interdiction de solliciter la délivrance d'un nouveau permis de conduire pour une durée de six mois, alors que cette peine complémentaire n'est prévue ni par l'article L. 223-5 ni par l'article L. 221-2 du Code de la route (■ Cass. crim., 23 oct. 2007 : *JurisData* n° 2007-041691 ; *Dr. pénal* 2008, comm. 4, 3e esp., obs. M. Véron).

2) Le prêt en connaissance de cause d'un véhicule automobile à un tiers non titulaire du permis de conduire caractérise la complicité de défaut de permis, par fourniture de moyens (■ Cass. crim., 14 déc. 2010, n° 10-82.495 : *Dr. pén.* 2011, note 33).

3) Ne justifie pas sa décision la cour d'appel qui déclare le prévenu coupable de conduite d'un véhicule sans permis sans rechercher, ainsi qu'elle y était invitée, si, à la date de commission du délit, l'intéressé, qui se prévalait d'un permis de conduire international obtenu en Tunisie, ne résidait pas normalement en France, au sens des articles R. 222-1 et R. 222-3 du Code de la route, depuis moins d'un an (■ Cass. crim., 12 mars 2014, n° 13-81.273 : *Dr. pén.* 2014, comm. 76, obs. J.-H. Robert).

Art. L. 221-2-1 *(L. n° 2016-1547, 18 nov. 2016)*. **– I. – Le fait de conduire un véhicule sans être titulaire du permis de conduire correspondant à la catégorie du véhicule considéré tout en faisant usage d'un permis de conduire faux ou falsifié est puni de cinq ans d'emprisonnement et de 75 000 € d'amende.**

II. – Toute personne coupable de l'infraction prévue au présent article encourt également, à titre de peine complémentaire :

1° La confiscation obligatoire du véhicule dont elle s'est servie pour commettre l'infraction, si elle en est le propriétaire. La juridiction peut toutefois ne pas prononcer cette peine, par une décision spécialement motivée ;

2° La peine de travail d'intérêt général, selon des modalités prévues à l'article 131-8 du Code pénal et dans les conditions prévues aux articles 131-22 à 131-24 du même code et à l'article 20-5 de l'ordonnance n° 45-174 du 2 février 1945 relative à l'enfance délinquante ;

3° La peine de jours-amende, dans les conditions prévues aux articles 131-5 et 131-25 du Code pénal ;

4° L'interdiction de conduire certains véhicules terrestres à moteur, y compris ceux pour la conduite desquels le permis de conduire n'est pas exigé, pour une durée de cinq ans au plus ;

5° L'obligation d'accomplir, à ses frais, un stage de sensibilisation à la sécurité routière.

Sont également encourues les peines complémentaires prévues en matière de faux aux articles 441-10 et 441-11 du Code pénal.

III. – L'immobilisation du véhicule peut être prescrite, dans les conditions prévues aux articles L. 325-1 à L. 325-3 du présent code.

Art. L. 221-3 *(L. n° 2015-294, 17 mars 2015)*. **– Les candidats à l'examen du permis de conduire sont formés aux notions élémentaires de premiers secours.**

Cette formation fait l'objet d'une évaluation à l'occasion de l'examen du permis de conduire.

Le contenu de cette formation et les modalités de vérification de son assimilation par les candidats sont fixés par voie réglementaire.

Art. L. 221-4 *(L. n° 2015-990, 6 août 2015)*. **– L'organisation des épreuves suivantes est assurée par l'autorité administrative ou par des personnes agréées par elle à cette fin :**

1° Toute épreuve théorique du permis de conduire ;

2° Toute épreuve pratique des diplômes et titres professionnels du permis de conduire d'une catégorie de véhicule du groupe lourd.

Les frais pouvant être perçus par les organisateurs agréés auprès des candidats sont réglementés par décret, pris après avis de l'Autorité de la concurrence.

Art. L. 221-5 *(L. n° 2015-990, 6 août 2015)*. **– Dans l'ensemble des départements où le délai moyen entre deux présentations d'un même candidat à l'épreuve pratique du permis de conduire des véhicules du**

groupe léger est supérieur à quarante-cinq jours, l'autorité administrative recourt à des agents publics ou contractuels comme examinateurs autorisés à faire passer des épreuves de conduite en nombre suffisant pour garantir que le délai n'excède pas cette durée.

La commission des délits de violences ou d'outrage prévus par les articles 222-9 à 222-13 et 433-5 du Code pénal contre l'un de ces agents dans l'exercice ou à l'occasion de l'exercice de sa fonction d'examinateur, est sanctionnée dans les conditions prévues à l'article L. 211-1 du présent code.

Les conditions de formation, d'impartialité et d'incompatibilité de fonctions que remplissent ces agents, ainsi que la durée pour laquelle cette habilitation est délivrée, sont définies par décret.

Voir : Décret n° 2015-1379 du 29 octobre 2015 fixant les conditions permettant à des agents publics ou contractuels de faire passer les épreuves pratiques du permis de conduire.

Art. L. 221-6 *(L. n° 2015-990, 6 août 2015).* – L'organisateur agréé d'une épreuve du permis de conduire présente des garanties d'honorabilité, de capacité à organiser l'épreuve, d'impartialité et d'indépendance à l'égard des personnes délivrant ou commercialisant des prestations d'enseignement de la conduite.

Il s'assure que les examinateurs auxquels il recourt présentent les garanties mentionnées à l'article L. 221-8.

Art. L. 221-7 *(L. n° 2015-990, 6 août 2015).* – L'organisation des épreuves du permis de conduire répond au cahier des charges défini par l'autorité administrative, qui en contrôle l'application. L'autorité administrative a accès aux locaux où sont organisées les épreuves.

Art. L. 221-8 *(L. n° 2015-990, 6 août 2015).* – Les épreuves du permis de conduire sont supervisées par un examinateur présentant des garanties d'honorabilité, de compétence, d'impartialité et d'indépendance à l'égard des personnes délivrant ou commercialisant des prestations d'enseignement de la conduite.

Art. L. 221-9 *(L. n° 2015-990, 6 août 2015).* – I. – En cas de méconnaissance de l'une des obligations mentionnées aux articles L. 221-6 à L. 221-8, l'autorité administrative, après avoir mis l'intéressé en mesure de présenter ses observations, peut suspendre pour une durée maximale de six mois, l'agrément mentionné à l'article L. 221-4.

II. – En cas de méconnaissance grave ou répétée de l'une des obligations mentionnées aux articles L. 221-6 à L. 221-8, l'autorité administrative, après avoir mis l'intéressé en mesure de présenter ses observations, peut mettre fin à l'agrément mentionné à l'article L. 221-4.

III. – En cas de cessation définitive de l'activité d'organisation d'une épreuve du permis de conduire, il est mis fin à l'agrément mentionné à l'article L. 221-4.

Art. L. 221-10 *(L. n° 2015-990, 6 août 2015).* – Les modalités d'application des articles L. 221-4 à L. 221-9 sont fixées par décret en Conseil d'État.

CHAPITRE II. – RECONNAISSANCE ET ÉQUIVALENCES

Le présent chapitre ne comprend pas de dispositions législatives.

CHAPITRE III. – PERMIS À POINTS

Art. L. 223-1 *(Mod., L. n° 2003-495, 12 juin 2003 ; rempl. à compter du 31 déc. 2007, L. n° 2007-297, 5 mars 2007 ; L. n° 2011-267, 14 mars 2011 ; L. n° 2015-990, 6 août 2015 ; Ord. n° 2018-207, 28 mars 2018).* – Le permis de conduire est affecté d'un nombre de points. Celui-ci est réduit de plein droit si le titulaire du permis a commis une infraction pour laquelle cette réduction est prévue.

À la date d'obtention du permis de conduire, celui-ci est affecté de la moitié du nombre maximal de points. Il est fixé un délai probatoire de trois ans. Au terme de chaque année de ce délai probatoire, le permis est majoré d'un sixième du nombre maximal de points si aucune infraction ayant donné lieu à un retrait de points n'a été commise depuis le début de la période probatoire. Lorsque le titulaire du permis de conduire a suivi l'apprentissage anticipé de la conduite défini à l'article L. 211-3, ce délai probatoire est réduit à deux ans et cette majoration est portée au quart du nombre maximal de points. Le délai probatoire est en outre réduit pour le titulaire d'un premier permis de conduire qui se soumet à une formation complémentaire et ne commet durant ce délai aucune infraction ayant donné lieu à retrait de points ou ayant entraîné une mesure de restriction ou de suspension du droit de conduire.

Lorsque le nombre de points est nul, le permis perd sa validité.

La réalité d'une infraction entraînant retrait de points est établie par le paiement d'une amende forfaitaire ou l'émission du titre exécutoire de l'amende forfaitaire majorée, l'exécution d'une composition pénale ou par une condamnation définitive.

Le premier alinéa de l'article L. 223-6 n'est pas applicable pendant le délai probatoire mentionné au deuxième alinéa du présent article.

Voir : CE, avis, 5e et 4e sect., 20 nov. 2009, n° 329982 : *Dr. pénal* 2010, comm. 19, obs. J.-H. Robert. ; ■ CE avis, 31 mai 2013, n° 366865, M. A... : *JurisData* n° 2013-010806 (absence de prorogation du délai en cas d'infraction ayant donné lieu à retrait de point avant la fin du délai probatoire).

Bibliographie : F. Samson, *Bilan de la jurisprudence sur le permis à points : Gaz. Pal.* 14-15 avr. 1999, p. 4. • Sur la nature du retrait de points : V. *Rev. sc. crim.* 1999, 145, obs. F. Massias. • J.-P. Céré, *L'impasse juridique du permis à points : Gaz. Pal.* 28-29 janv. 2000, p. 3. • J.-P. Céré et D. Botteghi, *Retrait et récupération des points : AJP* 2008, dossier, p. 485.

1) QPC. Non-lieu à renvoi au Conseil constitutionnel de la QPC visant l'article L. 223-1, alinéa 4 du Code pénal (■ Cass. crim., 12 déc. 2012, n° 12-83.421 : *Dr. pénal* 2013, comm. 75, obs. J.-H. Robert. ■ Cass. crim., 1er avr. 2014, n° 14-90.004. V. sous C. route, art. L. 223-5, p. 940).

2) Selon les dispositions des articles L. 11 et suivants du Code de la route et celles des textes réglementaires pris pour leur application, la perte des points affectant le permis de conduire n'a pas le caractère d'une sanction pénale accessoire à une condamnation et ni sa légalité ni sa compatibilité avec la Convention européenne de sauvegarde des droits de l'homme et des libertés fondamentales ne relèvent de l'appréciation des juridictions répressives ; encourt dès lors la censure l'arrêt d'une cour d'appel qui déclare inapplicables à la cause lesdits textes, alors qu'ils ne servent pas de fondement à la poursuite et que le retrait automatique des points qu'ils prévoient ne prend effet qu'après le paiement de l'amende forfaitaire sur une condamnation devenue définitive, ce qui exclut en toute hypothèse l'intervention du juge pénal (■ Cass. crim., 15 févr. 1995 : *Bull. crim.*, n° 68).

3) Aucune règle de droit international ne fait obstacle à ce qu'un État applique à ses nationaux des règles plus sévères que celles qui s'imposent, sur son territoire, à des ressortissants étrangers ; ainsi, ni l'article 14 de la Convention européenne des droits de l'homme, ni l'article 2.1 du Protocole additionnel n° 4 à ladite convention, n'interdisent d'appliquer aux titulaires d'un permis de conduire français la loi du 10 juillet 1989 instituant la procédure de retrait de points et d'invalidation du permis de conduire par la perte totale de points (■ Cass. crim., 11 mars 1998 : *Bull. crim.*, n° 97).

4) Lorsqu'ils sont saisis d'une poursuite exercée sur le fondement de la loi du 10 juillet 1989, instituant le permis à points, non pour une infraction pouvant entraîner une perte partielle de ces points mais pour refus de restitution d'un permis invalidé par suite de leur perte totale, les juges sont compétents pour apprécier la conformité de ce texte avec l'article 6 de la Convention européenne de sauvegarde des droits de l'homme et des libertés fondamentales ; aucune incompatibilité n'existe entre le régime du permis de conduire à points, prévu par la loi du 10 juillet 1989, et les dispositions de l'article 6 de la Convention européenne de sauvegarde des droits de l'homme et des libertés fondamentales dès lors que la perte partielle de points, bien que s'appliquant de plein droit et échappant à l'appréciation des juridictions répressives, est subordonnée à la reconnaissance de la culpabilité de l'auteur de l'infraction, soit par le juge pénal, après examen préalable de la cause par un tribunal indépendant et impartial, soit par la personne concernée elle-même, qui, en s'acquittant d'une amende forfaitaire, renonce expressément à la garantie d'un procès équitable (■ Cass. crim., 26 juin 1996 : *Bull. crim.*, n° 277 ; *Dr. pénal* 1996, comm. 245, obs. J.-H. Robert).

5) Aucune incompatibilité n'existe entre le régime du permis à points prévu par la loi du 10 juillet 1989 et les dispositions des articles 132-17 et 132-24 du Code pénal dès lors que ces dispositions, issues de la loi du 22 juillet 1992, ne sont que la reprise de textes antérieurs et que le nombre de points retirés est proportionnel à la gravité de l'infraction (■ Cass. crim., 16 nov. 1999 : *Bull. crim.*, n° 257).

6) V. arrêt (■ CEDH, 23 sept. 1998 : *JCP* 99, II, 10086, note F. Sudre).

Art. L. 223-2 ***(Mod., L. n° 2003-495, 12 juin 2003).*** **– I. – Pour les délits, le retrait de points est égal à la moitié du nombre maximal de points.**

II. – Pour les contraventions, le retrait de points est, au plus, égal à la moitié du nombre maximal de points.

III. – Dans le cas où plusieurs infractions entraînant retrait de points sont commises simultanément, les retraits de points se cumulent dans la limite des deux tiers du nombre maximal de points.

Art. L. 223-3 *(L. n° 2003-495, 12 juin 2003 ; Ord. n° 2015-1241, 7 oct. 2015).* **– Lorsque l'intéressé est avisé qu'une des infractions entraînant retrait de points a été relevée à son encontre, il est informé des dispositions de l'article L. 223-2, de l'existence d'un traitement automatisé de ces points et de la possibilité pour lui d'exercer le droit d'accès conformément aux articles L. 225-1 à L. 225-9.**

Lorsqu'il est fait application de la procédure de l'amende forfaitaire ou de la procédure de composition pénale, l'auteur de l'infraction est informé que le paiement de l'amende ou l'exécution de la composition pénale entraîne le retrait du nombre de points correspondant à l'infraction reprochée, dont la qualification est dûment portée à sa connaissance ; il est également informé de l'existence d'un traitement automatisé de ces points et de la possibilité pour lui d'exercer le droit d'accès.

Quand il est effectif, le retrait de points est porté à la connaissance de l'intéressé par lettre simple ou, sur sa demande, par voie électronique. Un décret en Conseil d'État précise les conditions d'application du présent alinéa.

1) Le défaut de visa, dans le procès-verbal, de l'article L. 11-3 qui prévoit qu'avertissement doit être donné au contrevenant du retrait éventuel de points, est sans effet sur la validité de la constatation de l'infraction poursuivie seule soumise à l'appréciation du juge répressif (▪ Cass. crim., 25 mai 1994 : *Dr. pénal* 1994, n° 263, obs. J.-H. Robert).

2) Lorsqu'elle enjoint à l'auteur d'une infraction de restituer son permis de conduire invalidé par suite de la perte de tous les points, l'autorité administrative doit informer celui-ci du retrait des derniers points entraîné par cette infraction, mais la loi du 11 juillet 1979, relative à la motivation des actes administratifs, ne lui impose pas de lui rappeler, à cette occasion, les précédentes réductions de points, dont il a déjà été informé dans les conditions prévues par les articles L. 11-3 et R. 258 du Code de la route (▪ Cass. crim., 26 juin 1996 : *Bull. crim.*, n° 277. ▪ Cass. crim., 12 mars 1997 : *Bull. crim.*, n° 98).

3) Les dispositions des articles L. 223-3 et R. 223-3 du Code de la route imposent au ministre de l'Intérieur de porter à la connaissance du titulaire du permis de conduire, par lettre simple, chaque retrait de points quand il est effectif.

Toutefois, cette formalité, de même que l'envoi d'une lettre recommandée avec accusé de réception récapitulant l'ensemble des retraits de points successifs, ne revêt pas un caractère substantiel et, partant, elle ne conditionne pas la légalité de l'injonction de restituer le permis de conduire délivrée par le préfet du département en application de l'article L. 223-5 du Code de la route.

La personne poursuivie pour une infraction résultant de la perte de son permis de conduire pour défaut de points est recevable à exciper devant la juridiction pénale de l'illégalité pour une cause autre que celles tirées des conditions d'information et de notification, de chaque retrait de points. Le juge répressif peut lui-même relever d'office une telle illégalité (▪ Cass. avis, 30 avr. 2007 : *Bull. crim.*, n° 4 ; *Dr. pénal* 2007, comm. 102, obs. J.-H. Robert).

4) L'information prévue par les articles L. 223-3, alinéas 1 et 2, et R. 223-3, I, du Code de la route est une formalité substantielle qui conditionne la légalité de chaque retrait administratif de points du permis de conduire.

N'est en revanche pas nouvelle la question relative à l'absence de notification postérieure dans une forme opposable de chaque retrait de points devenu effectif, en application des articles L. 223-3 *in fine* et R. 223-3 III dudit code (▪ Cass., avis, 6 oct. 2008 : *Bull. crim.*, n° 4 ; *Bull. inf. C. cass.*, rapport Koering-Joulin, obs. Di Guardia ; *Dr. pénal* 2009, comm. 6, obs. J.-H. Robert).

5) Le relevé intégral des mentions relatives au permis de conduire d'une personne prouve la réalité des infractions qu'elle a commises et fait présumer aussi qu'en recevant l'avis de contravention, elle a été informée du risque de perte de points de son permis de conduire (▪ Cass. crim., 2 févr. 2011, n° 10-86.747 : *Dr. pén.* 2011, comm. 65, obs. J.-H. Robert).

Rapprochements : Sur la portée de l'information du conducteur préalablement à un retrait de points du permis de conduire, sous l'empire des articles L. 11-3 et R. 258 anciens du Code de la route (▪ CE, 22 nov. 1995, n° 171045, publié au Recueil Lebon. Sur la portée de l'information préalable pour l'application de la procédure d'amende forfaitaire, *cf.* ▪ CE, 26 juill. 2006, n° 292750, publié au Recueil Lebon). Sur la portée de l'absence de notification dans une forme opposable de chaque retrait partiel de points du permis de conduire lorsqu'il est effectif, à rapprocher (▪ Cass. crim., 27 juin 2007, pourvoi n° 06-82.709 : *Bull. crim.* 2007, n° 179, et l'avis cité, ainsi que ▪ Cass. crim., 23 sept. 2008 : *Dr. pénal* 2009, comm. préc.).

6) Justifie sa décision la cour d'appel qui, pour rejeter l'exception d'illégalité de l'arrêté ministériel portant notification de l'invalidation du permis de conduire du prévenu, résultant du retrait de la totalité des points, motif pris de ce que celui-ci n'aurait pas été avisé, à la suite de la constatation de chaque infraction, que celle-ci était susceptible d'entraîner un retrait de points, retient que le prévenu a reconnu qu'ayant restitué son permis de conduire à la préfecture après avoir été informé de la perte de la totalité de ses points, il circulait sans permis, que la réalité des infractions ayant contribué à la perte de la totalité des points est nécessairement établie par le paiement de l'amende forfaitaire, l'exécution d'une composition pénale, ou une condamnation définitive et qu'il s'en déduit que l'allégation selon laquelle le prévenu n'aurait pas reçu les informations prévues par les articles L. 223-3 et R. 223-3 du Code de la route ne saurait être retenue (■ Cass. crim., 31 janv. 2012, n° 11-85.253 : *Bull. crim.*, n° 28 ; *Dr. pén.* 2012, comm. 51, obs. J.-H. Robert).

7) La réalité des infractions ayant contribué à la perte de la totalité des points est nécessairement établie par le paiement de l'amende forfaitaire, l'exécution d'une composition pénale ou une condamnation définitive.

Dès lors, c'est à bon droit qu'une cour d'appel, saisie des poursuites exercées contre un prévenu du chef de conduite d'un véhicule sans permis en récidive, déclare la prévention établie en se fondant sur les faits et circonstances de la cause par elle souverainement appréciés, après avoir écarté l'allégation dudit prévenu selon laquelle il n'aurait pas reçu les avertissements et informations prévus par les articles L. 223-3 et R. 223-3 du Code de la route à la suite de chaque infraction entraînant retrait de points (■ Cass. crim., 18 sept. 2012, n° 12-80.526 : *Dr. pénal* 2012, comm. 162, obs. J.-H. Robert ; *AJP* 2013, p. 101, note J.-P. Céré).

8) Les mentions exigées par l'article L. 223-3 du Code de la route et relatives à l'information de la personne intéressée en matière de retrait de points du permis de conduire faisant suite à la constatation d'infractions ne concernent que la procédure administrative de retrait desdits points.

En conséquence, le prévenu poursuivi devant la juridiction pénale du chef de contravention au Code de la route ne saurait, pour échapper à sa responsabilité, invoquer un défaut d'information, au sens du texte précité, qui n'est pas de nature à vicier le procès-verbal de constatation de l'infraction (■ Cass. crim., 30 oct. 2012, n° 12-81.580 : *Bull. crim.*, n° 227 ; *Dr. pénal* 2013, comm. 5, obs. J.-H. Robert).

Art. L. 223-4. – **Les dispositions des articles 702-1 du Code de procédure pénale et 133-16 du Code pénal ne sont pas applicables au retrait de points affectant le permis de conduire.**

1) L'article 6-1 de la Convention européenne des droits de l'homme ne concerne pas la procédure administrative de retrait des points affectant le permis de conduire, ledit retrait ne présentant pas le caractère d'une sanction pénale accessoire à une condamnation (■ Cass. crim., 18 mai 1994 ; *Bull. crim.*, n° 191. ■ Cass. crim., 11 juill. 1994 : *Bull. crim.*, n° 271. ■ Cass. crim., 11 janv. 1995 : *Bull. crim.*, n° 14).

2) Le juge répressif n'est pas compétent pour apprécier l'illégalité du décret du 25 juin 1992 pris pour l'application de la loi du 10 juillet 1989 instituant le permis à points (■ Cass. crim., 6 juill. 1993 : *Bull. crim.*, n° 240 ; *D.* 1994, 33, note P. Couvrat et M. Massé. ■ Cass. crim., 11 juill. 1994, précité. ■ Cass. crim., 11 janv. 1995, précité).

3) Voir ■ CEDH, 23 sept. 1998 ; *JCP* 99, II, 10086, note F. Sudre.

Art. L. 223-5 *(Mod., L. n° 2003-495, 12 juin 2003)*. – **I. – En cas de retrait de la totalité des points, l'intéressé reçoit de l'autorité administrative l'injonction de remettre son permis de conduire au préfet de son département de résidence et perd le droit de conduire un véhicule.**

II. – Il ne peut obtenir un nouveau permis de conduire avant l'expiration d'un délai de six mois à compter de la date de remise de son permis au préfet et sous réserve d'être reconnu apte après un examen ou une analyse médicale, clinique, biologique et psychotechnique effectué à ses frais. Ce délai est porté à un an lorsqu'un nouveau retrait de la totalité des points intervient dans un délai de cinq ans suivant le précédent.

III. – Le fait de refuser de se soumettre à l'injonction prévue au premier alinéa du présent article est puni de deux ans d'emprisonnement et de 4 500 € d'amende.

IV. – Toute personne coupable de ce délit encourt également les peines complémentaires suivantes :

1° La suspension, pour une durée de trois ans au plus, du permis de conduire, cette suspension pouvant être limitée à la conduite en dehors de l'activité professionnelle ;

2° La peine de travail d'intérêt général selon des modalités prévues à l'article 131-8 du Code pénal et selon les conditions prévues aux articles 131-22 à 131-24 du même code et à l'article 20-5 de l'ordonnance n° 45-174 du 2 février 1945 relative à l'enfance délinquante ;

3° La peine de jours-amendes dans les conditions fixées aux articles 131-5 et 131-25 du Code pénal.

4° L'interdiction de conduire certains véhicules terrestres à moteur, y compris ceux pour la conduite desquels le permis de conduire n'est pas exigé, pour une durée de cinq ans au plus ;

5° L'obligation d'accomplir, à ses frais, un stage de sensibilisation à la sécurité routière ;

6° La confiscation du véhicule dont le condamné s'est servi pour commettre l'infraction, s'il en est le propriétaire.

V. – Le fait pour toute personne de conduire un véhicule à moteur pour la conduite duquel le permis est nécessaire, malgré l'injonction qui lui a été faite de remettre son permis de conduire conformément au I, est puni des peines prévues aux III et IV.

1) QPC. Il n'y a pas lieu à renvoi au Conseil constitutionnel des questions relatives à l'article L. 223-5 du Code de la route, qui ne présentent pas un caractère sérieux en ce que la perte de points, directement liée à un comportement délictuel ou contraventionnel portant atteinte aux règles de la circulation routière, et dont découlent l'injonction de remettre son permis de conduire au préfet et la perte du droit de conduire un véhicule sous peine de sanction, ne peut intervenir qu'en cas de reconnaissance de responsabilité pénale, après appréciation éventuelle de la réalité de l'infraction et de son imputabilité par le juge judiciaire, à la demande de la personne intéressée et qu'en outre, la régularité de la procédure de retrait de points peut être contestée devant la juridiction administrative (■ Cass. crim., 1er avr. 2014 : *Bull. crim.*, n° 97 ; *JCP* 2014, n° 537, p. 903 ; *Dr. pén.* 2014, comm. 90, obs. J.-H. Robert).

2) Doit être cassé l'arrêt qui, pour renvoyer le prévenu des fins de poursuite, énonce que la délivrance, avant l'annulation de son permis français, d'un permis de conduire étranger, permet à son titulaire de conduire, dès lors que l'État français ne lui a pas retiré le droit de faire usage de son permis de conduire international, alors que les juges se sont prononcés sur le fondement erroné de la Convention sur la circulation routière de Genève, texte abrogé et remplacé par la Convention de Vienne du 8 novembre 1968 et qu'ils n'ont pas recherché si le permis de conduire international était valable à la date des faits (■ Cass. crim., 11 mai 2006 : *Bull. crim.*, n° 126).

3) Les dispositions des articles L. 223-3 et R. 223-3 du Code de la route imposent au ministre de l'Intérieur de porter à la connaissance du titulaire du permis de conduire, par lettre simple, chaque retrait de points quand il est effectif. Toutefois, cette formalité, de même que l'envoi d'une lettre recommandée avec accusé de réception récapitulant l'ensemble des retraits de points successifs, ne revêt pas un caractère substantiel et, partant, elle ne conditionne pas la légalité de l'injonction de restituer le permis de conduire délivrée par le préfet du département en application de l'article L. 223-5 du Code de la route.

La personne poursuivie pour une infraction résultant de la perte de son permis de conduire pour défaut de points est recevable à exciper devant la juridiction pénale de l'illégalité pour une cause autre que celles tirées des conditions d'information et de notification, de chaque retrait de points. Le juge répressif peut lui-même relever d'office une telle illégalité (■ Cass., avis n° 0700009, 30 avr. 2007 : *Dr. pénal* 2007, comm. 102, obs. J.-H. Robert).

4) En cas de condamnation pour conduite d'un véhicule sans permis, **la peine complémentaire d'interdiction de solliciter la délivrance d'un nouveau permis** de conduire pour une durée de six mois **ne peut être prononcée** contre le prévenu, cette peine complémentaire n'étant prévue ni par l'article L. 223-5 ni par l'article L. 221-2 du Code de la route (■ Cass. crim., 23 oct. 2007 : *JurisData* n° 2007-041691 ; *Dr. pénal* 2008, comm. 4, 3e espèce, obs. M. Véron).

5) L'annulation par la juridiction administrative d'un acte administratif implique que cet acte est réputé n'être jamais intervenu et prive de base légale la poursuite engagée pour violation de cet acte. Encourt la censure, l'arrêt qui retient qu'au moment du contrôle routier, la décision administrative de retrait du permis de conduire était en vigueur (■ Cass. crim., 21 nov. 2007 : *Bull. crim.*, n° 290 ; *Dr. pénal* 2008, comm. 20, obs. J.-H. Robert. ■ Cass. crim., 12 mars 2008 : *JurisData* n° 2008-043450 ; *Bull. crim.*, n° 63 ; *Dr. pénal* 2008, comm. 64, obs. J.-H. Robert. ■ Cass. crim., 3 sept. 2008 : *Dr. pénal* 2008, note 142. ■ Cass. crim., 15 oct. 2008 : *Dr. pénal* 2009, note 9).

6) La compétence du juge répressif pour apprécier, en application de l'article 111-5 du Code pénal, la légalité du retrait total de points d'un permis de conduire, lorsque de cet examen dépend la solution du procès pénal, exclut que le retrait ultérieur de cet acte par l'autorité administrative, en raison de son illégalité, puisse constituer un fait nouveau de nature à faire naître un doute sur la culpabilité du condamné, au sens de l'article 622, 4° du Code de procédure pénale (■ Cass. crim., 18 févr. 2009 : *JurisData* n° 2009-047347 ; *Dr. pénal* 2009, comm. 63, obs. J.-H. Robert).

7) La juridiction correctionnelle, saisie de poursuites pour conduite malgré invalidation du permis de conduire en raison de la perte totale des points, est tenue d'apprécier la légalité de l'arrêté préfectoral enjoignant à l'intéressé de restituer son permis, dès lors qu'elle est saisie d'une exception d'illégalité de cet acte administratif et qu'il résulte des propres énonciations de l'arrêt que le solde des points pourrait être positif (■ Cass. crim., 30 janv. 2008, n° 06-81.027 : *Dr. pénal* 2008, comm. 46, obs. J.-H. Robert).

8) Justifie sa décision la cour d'appel qui, pour condamner un prévenu ayant la double nationalité française et israélienne, titulaire d'un permis de conduire français et d'un autre délivré par les autorités de l'État d'Israël, retient, notamment, que l'invalidation du permis de conduire français entraîne nécessairement l'interdiction du droit de conduire en France, quand bien même le prévenu serait-il titulaire d'un permis délivré par un autre État ou d'un permis international (■ Cass. crim., 14 mai 2008 : *Bull. crim.*, n° 111. ■ Cass. crim., 7 sept. 2010 : *JurisData* n° 2010-017069 ; *Dr. pén.* 2010, comm. 124, obs. J.-H. Robert).

9) L'annulation par la juridiction administrative d'un acte administratif implique que cet acte est réputé n'avoir jamais existé et prive de base légale la poursuite engagée pour violation de cet acte.

Dès lors, l'annulation d'un arrêté préfectoral enjoignant à une personne de restituer son permis de conduire en raison de la perte de la totalité des points dont il était affecté a pour conséquence d'enlever toute base légale à la poursuite et à la condamnation qui est intervenue pour conduite d'un véhicule à moteur malgré l'invalidation du permis de conduire (■ Cass. crim., 16 nov. 2010, n° 10-83.622 : *Bull. crim.*, n° 183 ; *D.* 2011, act. p. 82, et pan. p. 2823, note G. Roujou de Boubée. ■ 12 déc. 2012, n° 12-82.919).

10) Il résulte de l'article L. 223-5 du Code de la route, ensemble le principe de légalité des délits et des peines, que le retrait d'un acte administratif implique que cet acte est réputé n'avoir jamais existé et prive de base légale la poursuite engagée pour violation de cet acte.

Dès lors doit être annulé l'arrêt ayant condamné une personne pour conduite d'un véhicule malgré un arrêté du ministre de l'intérieur portant notification de la perte de la totalité des points et de l'annulation de son permis de conduire, alors qu'un courrier du ministre de l'Intérieur, postérieur à l'arrêt attaqué notifiait à l'intéressé que les mentions relatives à plusieurs infractions commises de 2003 à 2007 ont été rectifiées et qu'ainsi, son permis de conduire initial a recouvré sa validité (■ Cass. crim., 4 mars 2014 : *Bull. crim.*, n° 64 ; *D.* 2014, act., p. 668).

Art. L. 223-6 ***(Mod., L. n° 2007-297, 5 mars 2007 ; L. n° 2011-267, 14 mars 2011).*** **– Si le titulaire du permis de conduire n'a pas commis, dans le délai de deux ans à compter de la date du paiement de la dernière amende forfaitaire, de l'émission du titre exécutoire de la dernière amende forfaitaire majorée, de l'exécution de la dernière composition pénale ou de la dernière condamnation définitive, une nouvelle infraction ayant donné lieu au retrait de points, son permis est affecté du nombre maximal de points.**

Le délai de deux ans mentionné au premier alinéa est porté à trois ans si l'une des infractions ayant entraîné un retrait de points est un délit ou une contravention de la quatrième ou de la cinquième classe.

Toutefois, en cas de commission d'une infraction ayant entraîné le retrait d'un point, ce point est réattribué au terme du délai de six mois à compter de la date mentionnée au premier alinéa, si le titulaire du permis de conduire n'a pas commis, dans cet intervalle, une infraction ayant donné lieu à un nouveau retrait de points.

Le titulaire du permis de conduire qui a commis une infraction ayant donné lieu à retrait de points peut obtenir une récupération de points s'il suit un stage de sensibilisation à la sécurité publique qui peut être effectué dans la limite d'une fois par an. Lorsque le titulaire du permis de conduire a commis une infraction ayant donné lieu à un retrait de points égal ou supérieur au quart du nombre maximal de points et qu'il se trouve dans la période du délai probatoire défini à l'article L. 223-1, il doit se soumettre à cette formation spécifique qui se substitue à l'amende sanctionnant l'infraction.

Sans préjudice de l'application des alinéas précédents du présent article, les points retirés du fait de contraventions des quatre premières classes au présent code sont réattribués au titulaire du permis de conduire à l'expiration d'un délai de dix ans à compter de la date à laquelle la condamnation est devenue définitive ou du paiement de l'amende forfaitaire correspondante.

NB : Ces dispositions s'appliquent aux infractions commises à compter du 1er janvier 2007 et aux infractions antérieures pour lesquelles le paiement de l'amende forfaitaire, l'émission du titre exécutoire de l'amende forfaitaire majorée, l'exécution de la composition pénale ou la condamnation définitive ne sont pas intervenus.

Art. L. 223-7. – Les informations relatives au nombre de points détenus par le titulaire d'un permis de conduire ne peuvent être collectées que par les autorités administratives et judiciaires qui doivent en connaître, à l'exclusion des employeurs, assureurs et toutes autres personnes physiques ou morales.

Toute infraction aux dispositions de l'alinéa précédent est punie des peines prévues à l'article 226-21 du Code pénal.

La divulgation des mêmes informations à des tiers non autorisés est punie des peines prévues à l'article 226-22 du Code pénal.

L'article L. 11-6, alinéa 2, du Code de la route, aux termes duquel le titulaire du permis de conduire peut obtenir la reconstitution partielle de son nombre de points, exclut nécessairement de son champ d'application le conducteur dont le titre de conduite a perdu sa validité en raison de la perte de tous les points ; il n'importe que, dans ce cas, la privation du droit de conduire ne devienne effective qu'après injonction faite à l'intéressé de restituer son permis de conduire invalidé (■ Cass. crim., 11 mars 1998 : *Bull. crim.*, n° 97).

Art. L. 223-8 *(Mod., L. n° 2003-495, 12 juin 2003)*. – Un décret en Conseil d'État précise les modalités d'application des articles L. 223-1 à L. 223-7. Il fixe notamment :

1° Le nombre maximal de points du permis de conduire, le nombre de points affecté lors de l'obtention du permis de conduire et les modalités d'acquisition du nombre maximal de points ;

2° Les contraventions à la police de la circulation routière susceptibles de mettre en danger la sécurité des personnes et entraînant retrait de points ;

3° Le barème de points affecté à ces contraventions ;

4° Les modalités de l'information prévue à l'article L. 223-3 ;

5° Les modalités du retrait de points et de la formation spécifique prévue à l'article L. 223-6.

Art. L. 223-9 *(L. n° 2011-267, 14 mars 2011)*. – I. – Est puni de six mois d'emprisonnement et 15 000 € d'amende le fait, par l'auteur d'une contravention entraînant retrait de point du permis de conduire, de proposer ou de donner une rémunération à une personne pour qu'elle accepte d'être désignée comme conducteur du véhicule dans la requête en exonération ou la réclamation présentée dans les conditions prévues au *b* du 1° de l'article 529-10 du Code de procédure pénale.

II. – Est puni des mêmes peines le fait, par toute personne, de proposer ou d'accepter contre rémunération d'être désignée, par l'auteur d'une contravention entraînant retrait de point, comme conducteur du véhicule dans la requête en exonération ou la réclamation présentée dans les conditions prévues au même *b*.

III. – Lorsque les faits prévus au II sont commis de façon habituelle ou par la diffusion, par tout moyen, d'un message à destination du public, la peine est portée à un an d'emprisonnement et 30 000 € d'amende.

IV. – La personne coupable des délits prévus par le présent article encourt également les peines complémentaires suivantes :

1° La suspension, pour une durée de trois ans au plus, du permis de conduire, cette suspension ne pouvant pas être limitée à la conduite en dehors de l'activité professionnelle ;

2° La peine de travail d'intérêt général selon des modalités prévues à l'article 131-8 du Code pénal et selon les conditions prévues aux articles 131-22 à 131-24 du même code et à l'article 20-5 de l'ordonnance n° 45-174 du 2 février 1945 relative à l'enfance délinquante ;

3° La peine de jours-amendes dans les conditions fixées aux articles 131-5 et 131-25 du Code pénal ;

4° L'interdiction de conduire certains véhicules terrestres à moteur, y compris ceux pour la conduite desquels le permis de conduire n'est pas exigé, pour une durée de cinq ans au plus ;

5° L'obligation d'accomplir, à ses frais, un stage de sensibilisation à la sécurité routière.

CHAPITRE III *bis*. – POINTS AFFECTÉS AU CONDUCTEUR TITULAIRE D'UN PERMIS DE CONDUIRE DÉLIVRÉ PAR UNE AUTORITÉ ÉTRANGÈRE

Art. L. 223-10 *(L. n° 2016-1547, 18 nov. 2016)*. – I. – Tout conducteur titulaire d'un permis de conduire délivré par une autorité étrangère circulant sur le territoire national se voit affecter un nombre de points. Ce nombre de points est réduit de plein droit si ce conducteur a commis sur le territoire national une infraction pour laquelle cette réduction est prévue.

II. – La réalité d'une infraction entraînant un retrait de points, conformément au I du présent article, est établie dans les conditions prévues à l'avant-dernier alinéa de l'article L. 223-1.

Le retrait de points est réalisé dans les conditions prévues à l'article L. 223-2 et aux deux premiers alinéas de l'article L. 223-3. Il est porté à la connaissance de l'intéressé dans les conditions prévues au dernier alinéa du même article L. 223-3.

En cas de retrait de la totalité des points affectés au conducteur mentionné au I du présent article, l'intéressé se voit notifier par l'autorité administrative l'interdiction de circuler sur le territoire national pendant une durée d'un an. Au terme de cette durée, l'intéressé se voit affecter un nombre de points dans les conditions prévues au même I.

III. – Le fait de conduire un véhicule sur le territoire national malgré la notification de l'interdiction prévue au dernier alinéa du II du présent article est puni des peines prévues aux III et IV de l'article L. 223-5.

L'immobilisation du véhicule peut être prescrite dans les conditions prévues aux articles L. 325-1 à L. 325-3.

IV. – Le conducteur mentionné au I du présent article peut se voir affecter le nombre maximal de points ou réattribuer des points dans les conditions prévues aux premier à troisième et dernier alinéas de l'article L. 223-6.

Il peut obtenir une récupération de points s'il suit un stage de sensibilisation à la sécurité routière dans les conditions prévues à la première phrase de l'avant-dernier alinéa de l'article L. 223-6.

V. – Les informations relatives au nombre de points dont dispose le conducteur mentionné au I du présent article ne peuvent être collectées que dans les conditions prévues à l'article L. 223-7.

VI. – Un décret en Conseil d'État fixe les modalités d'application du présent article.

Art. L. 223-11 *(L. n° 2016-1547, 18 nov. 2016)*. – Sans préjudice du deuxième alinéa de l'article L. 223-1, le permis de conduire national délivré par l'autorité administrative à un conducteur mentionné au I de l'article L. 223-10 ayant sa résidence normale en France est affecté d'un nombre de points équivalent à celui dont dispose ce conducteur à la date d'obtention du permis de conduire.

CHAPITRE IV. – INTERDICTION DE DÉLIVRANCE, RÉTENTION, SUSPENSION ET ANNULATION

Art. L. 224-1 *(Mod., L. n° 2003-495, 12 juin 2003 ; L. n° 2001-1062, 15 nov. 2001 ; L. n° 2011-267, 14 mars 2011)*. – Lorsque les épreuves de dépistage de l'imprégnation alcoolique et le comportement du conducteur permettent de présumer que celui-ci conduisait sous l'empire de l'état alcoolique défini à l'article L. 234-1 ou lorsque les mesures faites au moyen de l'appareil homologué mentionné à l'article L. 234-4 ont établi cet état, les officiers et agents de police judiciaire retiennent à titre conservatoire le permis de conduire de l'intéressé. Ces dispositions sont applicables à l'accompagnateur de l'élève conducteur.

Il en est de même en cas de conduite en état d'ivresse manifeste ou d'accompagnement en état d'ivresse manifeste d'un élève conducteur ou lorsque le conducteur ou l'accompagnateur refuse de se soumettre aux épreuves et mesures prévues à l'alinéa précédent. Le procès-verbal fait état des raisons pour lesquelles il n'a pu être procédé aux épreuves de dépistage prévues au premier alinéa ; en cas d'état d'ivresse manifeste du conducteur ou de l'accompagnateur, les épreuves doivent être effectuées dans les plus brefs délais.

Lorsqu'il est fait application des dispositions de l'article L. 235-2, les dispositions du présent article sont applicables au conducteur si les épreuves de dépistage se révèlent positives.

Il en est de même s'il existe une ou plusieurs raisons plausibles de soupçonner que le conducteur ou l'accompagnateur de l'élève conducteur a fait usage de stupéfiants ou lorsque le conducteur ou l'accompagnateur refuse de se soumettre aux épreuves de vérification prévues par l'article L. 235-2.

Lorsque le dépassement de 40 km/h ou plus de la vitesse maximale autorisée est établi au moyen d'un appareil homologué et lorsque le véhicule est intercepté, les dispositions du présent article sont applicables au conducteur. Dans ce cas, les agents de police judiciaire adjoints mentionnés à l'article 21 du Code de procédure pénale sont habilités à retenir à titre conservatoire le permis de conduire du conducteur.

En cas d'accident de la circulation ayant entraîné la mort d'une personne, les officiers et agents de police judiciaire retiennent également à titre conservatoire le permis de conduire du conducteur à l'égard duquel il existe une ou plusieurs raisons plausibles de le soupçonner d'avoir commis une infraction en matière de respect des vitesses maximales autorisées ou des règles de croisement, de dépassement, d'intersection et de priorités de passage.

Art. L. 224-2 *(Mod., L. n° 2001-1062, 15 nov. 2001 ; L. n° 2003-495, 12 juin 2003 ; Ord. n° 2004-637, 1er juill. 2004 ; L. n° 2011-267, 14 mars 2011).* – Lorsque l'état alcoolique est établi au moyen d'un appareil homologué, comme il est dit au premier alinéa de l'article L. 224-1, ou lorsque les vérifications mentionnées aux articles L. 234-4 et L. 234-5 apportent la preuve de cet état, le représentant de l'État dans le département peut, dans les soixante-douze heures de la rétention du permis, prononcer la suspension du permis de conduire pour une durée qui ne peut excéder six mois. Il en est de même si le conducteur ou l'accompagnateur de l'élève conducteur a refusé de se soumettre aux épreuves et vérifications destinées à établir la preuve de l'état alcoolique.

À défaut de décision de suspension dans le délai de soixante-douze heures prévu par l'alinéa précédent, le permis de conduire est remis à la disposition de l'intéressé, sans préjudice de l'application ultérieure des articles L. 224-7 à L. 224-9.

Lorsqu'il est fait application des dispositions de l'article L. 235-2, les dispositions du présent article sont applicables au conducteur si les analyses et examens médicaux, cliniques et biologiques établissent qu'il conduisait après avoir fait usage de substances ou plantes classées comme stupéfiants. Il en est de même si le conducteur ou l'accompagnateur de l'élève conducteur a refusé de se soumettre aux épreuves de vérification prévues par l'article L. 235-2.

Lorsque le dépassement de 40 km/h ou plus de la vitesse maximale autorisée est établi au moyen d'un appareil homologué et lorsque le véhicule est intercepté, les dispositions du présent article sont applicables au conducteur.

Elles sont également applicables lorsque le permis a été retenu à la suite d'un accident de la circulation ayant entraîné la mort d'une personne, en application du dernier alinéa de l'article L. 224-1, en cas de procès-verbal constatant que le conducteur a commis une infraction en matière de respect des vitesses maximales autorisées ou des règles de croisement, de dépassement, d'intersection et de priorités de passage.

En cas d'accident de la circulation ayant entraîné la mort d'une personne, la durée de la suspension du permis de conduire peut être portée à un an.

La notification d'un arrêté de suspension de permis de conduire se trouve réalisée par la présentation au domicile de l'intéressé de la lettre recommandée avec accusé de réception prévue par l'article R. 224-4 du même code (■ Cass. crim., 4 juin 2013, n° 12-86.877 : *Bull. crim.*, n° 126 ; *Dr. pén.* 2013, comm. 127, obs. J.-H. Robert).

Art. L. 224-3 *(Mod., L. n° 2011-267, 14 mars 2011).* – Dans les cas prévus aux premier, troisième, quatrième et cinquième alinéas de l'article L. 224-2, le représentant de l'État dans le département, s'il s'agit d'un brevet militaire de conduite délivré par l'autorité militaire, transmet directement ce titre à ladite autorité, à qui il appartient de prendre les mesures nécessaires.

Art. L. 224-4. – Pendant la durée de la rétention du permis de conduire ainsi que dans le cas où le conducteur n'est pas titulaire de ce titre, il peut être procédé d'office à l'immobilisation du véhicule. L'immobilisation est cependant levée dès qu'un conducteur qualifié, proposé par le conducteur ou l'accompagnateur de l'élève conducteur ou éventuellement par le propriétaire du véhicule, peut en assurer la conduite. À défaut, les fonctionnaires et agents habilités à prescrire l'immobilisation peuvent prendre toute mesure destinée à placer le véhicule en stationnement régulier.

Art. L. 224-5 *(Abr., L. n° 2006-10, 5 janv. 2006).*

Art. L. 224-6. – Dans le cas où la rétention du permis de conduire ne peut être effectuée faute pour le conducteur ou l'accompagnateur de l'élève conducteur titulaire de ce titre d'être en mesure de le présenter, les dispositions des articles L. 224-1 à L. 224-4 s'appliquent. Il lui est fait obligation de mettre à disposition de l'autorité requérante son permis de conduire dans le délai de vingt-quatre heures.

Art. L. 224-7. – Saisi d'un procès-verbal constatant une infraction punie par le présent Code de la peine complémentaire de suspension du permis de conduire, le représentant de l'État dans le département où cette infraction a été commise peut, s'il n'estime pas devoir procéder au classement, prononcer à titre provisoire soit un avertissement, soit la suspension du permis de conduire ou l'interdiction de sa délivrance lorsque le conducteur n'en est pas titulaire. Il peut également prononcer à titre provisoire soit un avertissement, soit la

suspension du permis de conduire à l'encontre de l'accompagnateur d'un élève conducteur lorsqu'il y a infraction aux dispositions des articles L. 234-1 et L. 234-8.

Art. L. 224-8 *(Mod., L. n° 2003-495, 12 juin 2003 ; Ord. n° 2004-637, 1er juill. 2004)*. **– La durée de la suspension ou de l'interdiction prévue à l'article L. 224-7 ne peut excéder six mois. Cette durée est portée à un an en cas d'infraction d'atteinte involontaire à la vie ou d'atteinte involontaire à l'intégrité de la personne susceptible d'entraîner une incapacité totale de travail personnel, de conduite en état d'ivresse ou sous l'empire d'un état alcoolique, ou de délit de fuite. Le représentant de l'État dans le département peut également prononcer une telle mesure à rencontre de l'accompagnateur d'un élève conducteur lorsqu'il y a infraction aux dispositions des articles L. 234-1 et L. 234-8.**

Art. L. 224-9. – Quelle que soit sa durée, la suspension du permis de conduire ou l'interdiction de sa délivrance ordonnée par le représentant de l'État dans le département en application des articles L. 224-2 et L. 224-7 cesse d'avoir effet lorsque est exécutoire une décision judiciaire prononçant une mesure restrictive du droit de conduire prévue au présent titre.

Les mesures administratives prévues aux articles L. 224-1 à L. 224-3 et L. 224-7 sont considérées comme non avenues en cas d'ordonnance de non-lieu ou de jugement de relaxe ou si la juridiction ne prononce pas effectivement de mesure restrictive du droit de conduire.

Les modalités d'application des deux alinéas précédents sont fixées par décret en Conseil d'État. La durée des mesures administratives s'impute, le cas échéant, sur celle des mesures du même ordre prononcées par le tribunal.

Art. L. 224-10. – Les dispositions des articles L. 224-7 à L. 224-9 ne sont pas applicables aux conducteurs de véhicules militaires, lorsqu'ils sont titulaires des brevets délivrés à cet effet par l'autorité militaire.

1) A fait une exacte interprétation de l'article L. 18, alinéa 7 du Code de la route, la cour d'appel qui a écarté l'application de ce texte au motif que « les deux mesures d'annulation et de suspension ne sont pas des mesures du même ordre, la première ayant un caractère définitif et obligeant le condamné à se présenter à nouveau, la seconde n'ayant qu'un caractère provisoire ». Le point de départ du délai de quatre mois imposé par le tribunal pour se représenter au permis de conduire après une annulation ne pouvait donc être reporté à la date où la suspension du permis avait été mise à exécution (■ Cass. crim., 23 févr. 1982 : *JCP* 82, IV, 170).

2) Si, en vertu de l'article L. 18, al. 5 du Code de la route, la suspension du permis de conduire de l'intéressé prononcée par arrêté préfectoral, doit à compter de l'arrêt ultérieur de la cour d'appel, être tenue pour non avenue, cette sanction administrative ne saurait être regardée comme dépourvue de base légale dès lors que la juridiction répressive a reconnu l'existence de l'infraction commise (■ CE, 29 mai 1987 : *JCP* 87, IV, 325). Le jugement de relaxe n'a pas pour conséquence de rendre illégale la décision administrative de suspension du permis mais seulement de la priver d'effet pour l'avenir (■ Cass. crim., 30 mai 1990 : *Dr. pénal* 1990, n° 261).

3) L'article 6-1 de la Convention européenne des droits de l'homme et des libertés fondamentales ne concerne pas les mesures prises par le préfet en application de l'article L. 18 du Code de la route, dès lors que ce fonctionnaire n'est pas appelé à statuer, selon les termes de la Convention, sur « le bien-fondé d'une accusation en madère pénale », mais qu'il prend seulement, dans l'attente de la décision judiciaire qui se prononcera sur cette « accusation », une mesure de sécurité provisoire (■ Cass. crim., 4 nov. 1988 : *JCP* 89, IV, 17).

4) Le motif tiré d'un dépassement important de la vitesse autorisée sur une portion de route rendue dangereuse par la présence de travaux, n'est pas de nature à caractériser l'urgence (■ T. adm. ■ Strasbourg, 13 juin 1989 : *JCP* 90, IV, 79).

5) Dès lors que le procès-verbal de gendarmerie, s'il a permis d'identifier le véhicule en cause comme étant celui de son propriétaire, ne contient aucun élément susceptible de prouver que ce véhicule était, au moment des faits incriminés, conduit par ce dernier et qu'il ne résulte des pièces du dossier aucune présomption sérieuse de nature à établir que le propriétaire du véhicule est l'auteur de l'infraction, il s'ensuit que le préfet ne pouvait légalement, au seul vu du procès-verbal, imputer cette dernière au propriétaire du véhicule et décider de suspendre la validité de son permis de conduire (■ CE, 29 juin 1990 : *D.* 1991, 388, concl. Fornacciari).

Art. L. 224-11. – Le règlement qui réprime une contravention au présent code peut prévoir, dans les conditions prévues à l'article L. 224-12, lorsque le coupable est une personne physique, la peine complémentaire d'interdiction de délivrance du permis de conduire.

Art. L. 224-12. – Lorsqu'un conducteur a fait l'objet d'une condamnation susceptible de motiver le prononcé des peines complémentaires de suspension ou d'annulation du permis de conduire et qu'il n'est pas titulaire de celui-ci, ces peines sont remplacées à son égard, pour la même durée, par la peine d'interdiction d'obtenir la délivrance du permis de conduire.

Art. L. 224-13. – Les peines complémentaires de suspension, d'annulation ou d'interdiction de délivrance du permis de conduire peuvent être déclarées exécutoires par provision, à titre de mesure de protection.

Art. L. 224-14 *(L. n° 2003-495, 12 juin 2003).* – En cas d'annulation du permis de conduire prononcée en application du présent code ou pour les délits prévus par les articles 221-6-1, 222-19-1 et 222-20-1 du Code pénal ou en cas de suspension du permis de conduire dont la durée est fixée par décret en Conseil d'État, l'intéressé ne peut solliciter un nouveau permis sans avoir été reconnu apte après un examen ou une analyse médicale, clinique, biologique et psychotechnique effectué à ses frais.

Art. L. 224-15 *(Abr., L. n° 2003-495, 12 juin 2003).*

Art. L. 224-16 *(Mod., L. n° 2003-495, 12 juin 2003 ; L. n° 2011-267, 14 mars 2011).* – I. – Le fait pour toute personne, malgré la notification qui lui aura été faite d'une décision prononçant à son encontre la suspension, la rétention, l'annulation ou l'interdiction d'obtenir la délivrance du permis de conduire, de conduire un véhicule à moteur pour la conduite duquel une telle pièce est nécessaire est puni de deux ans d'emprisonnement et de 4 500 € d'amende.

II. – Toute personne coupable du délit prévu au présent article encourt également les peines complémentaires suivantes :

1° La confiscation obligatoire du véhicule dont le condamné s'est servi pour commettre l'infraction, s'il en est le propriétaire. La juridiction peut toutefois ne pas prononcer cette peine, par une décision spécialement motivée. La confiscation n'est pas obligatoire lorsque le délit a été commis à la suite d'une des mesures administratives prévues aux articles L. 224-1, L. 224-2 et L. 224-7 ;

2° La suspension, pour une durée de trois ans au plus, du permis de conduire, cette suspension ne pouvant pas être limitée à la conduite en dehors de l'activité professionnelle ;

3° La peine de travail d'intérêt général selon des modalités prévues à l'article 131-8 du Code pénal et selon les conditions prévues aux articles 131-22 à 131-24 du même code et à l'article 20-5 de l'ordonnance n° 45-174 du 2 février 1945 relative à l'enfance délinquante ;

4° La peine de jours-amendes dans les conditions fixées aux articles 131-5 et 131-25 du Code pénal.

5° L'interdiction de conduire certains véhicules terrestres à moteur, y compris ceux pour la conduite desquels le permis de conduire n'est pas exigé, pour une durée de cinq ans au plus ;

6° L'obligation d'accomplir, à ses frais, un stage de sensibilisation à la sécurité routière.

III. – Toute personne coupable du délit prévu au présent article, dans les cas où il a été commis à la suite d'une décision de suspension ou de rétention du permis de conduire, encourt également la peine complémentaire d'annulation de ce permis, avec interdiction de solliciter la délivrance d'un nouveau permis pendant trois ans au plus.

IV. – L'immobilisation peut être prescrite dans les conditions prévues aux articles L. 325-1 à L. 325-3.

V. – Le délit prévu au présent article, dans le cas où il a été commis à la suite d'une décision de suspension ou de rétention du permis de conduire, donne lieu de plein droit à la réduction de la moitié du nombre maximal de points du permis de conduire.

1) – L'annulation du permis de conduire délivré en France entraîne nécessairement l'interdiction du droit de conduire sur le territoire national. Dès lors commet le délit de conduite malgré l'annulation de ce permis, prévu par l'article L. 224-16, I, du Code de la route, la personne qui, pour s'affranchir de cette interdiction, invoque le fait qu'elle est titulaire d'un permis de conduire délivré par un État étranger (■ Cass. crim., 8 janv. 2013, n° 12-80.501 : *Bull. crim.*, n° 3 ; *Dr. pénal* 2013, comm. 40, obs. J.-H. Robert).

2) L'annulation du permis de conduire délivré en France entraîne nécessairement l'interdiction du droit de conduire sur le territoire national.

Dès lors, justifie sa décision au regard de l'article L. 224-16, I, du Code de la route, la cour d'appel qui déclare établi à l'encontre d'un prévenu le délit de conduite malgré une mesure d'annulation du permis de conduire assortie d'une interdiction temporaire de solliciter un nouveau titre de conduite, après avoir écarté l'argumentation dudit prévenu qui sollicitait sa relaxe en faisant valoir qu'à la date du contrôle, le délai lui ayant été imparti avant de pouvoir solliciter un nouveau titre de conduite était expiré et qu'il était titulaire d'un permis de conduire délivré par un autre État membre de l'Union européenne (■ Cass. crim., 22 oct. 2013, n° 12-83.112 : *Bull. crim.*, n° 195 ; *Dr. pén.* 2013, comm. 171, obs. J.-H. Robert).

3) L'exécution d'une mesure d'annulation du permis de conduire ne prend effet qu'à compter du jour de la notification de la mesure par l'agent de l'autorité chargé de l'exécution (■ Cass. crim., 26 avr. 2017, n° 16-84.539 : *Dr. pén.* 2017, comm. 108, note J.-H. Robert).

Art. L. 224-17. – I. – Le fait, pour toute personne ayant reçu la notification d'une décision prononçant à son encontre la suspension ou l'annulation du permis de conduire, de refuser de restituer le permis suspendu ou annulé à l'agent de l'autorité chargé de l'exécution de cette décision est puni de deux ans d'emprisonnement et de 4 500 € d'amende.

II. – Le fait pour toute personne, pendant la période pour laquelle une décision de rétention du permis de conduire lui a été notifiée en application de l'article L. 224-1, de refuser de restituer le permis de conduire est puni de deux ans d'emprisonnement et de 4 500 € d'amende.

III. – Toute personne coupable de l'un des délits prévus au présent article encourt également les peines complémentaires suivantes :

1° La peine de travail d'intérêt général selon des modalités prévues à l'article 131-8 du Code pénal et selon les conditions prévues aux articles 131-22 à 131-24 du même code et à l'article 20-5 de l'ordonnance n° 45-174 du 2 février 1945 relative à l'enfance délinquante ;

2° La peine de jours-amendes dans les conditions fixées aux articles 131-5 et 131-25 du Code pénal.

IV. – Toute personne coupable de l'un des délits prévus au présent article, dans les cas où il a été commis à la suite d'une décision de suspension ou de rétention du permis de conduire, encourt également les peines complémentaires suivantes :

1° La suspension, pour une durée de trois ans, du permis de conduire, cette suspension pouvant être limitée à la conduite en dehors de l'activité professionnelle ;

2° L'annulation du permis, avec interdiction de solliciter la délivrance d'un nouveau permis pendant trois ans au plus.

V. – Les délits prévus au présent article, dans les cas où ils ont été commis à la suite d'une décision de suspension ou de rétention du permis de conduire, donnent lieu de plein droit à la réduction de la moitié du nombre maximal de points du permis de conduire.

1) L'article L. 19 ne précise pas les formes de la notification à l'intéressé de la décision judiciaire prononçant la suspension ou l'annulation du permis de conduire, ou l'interdiction d'obtenir sa délivrance. La preuve que l'intéressé a eu connaissance de la suspension le concernant peut résulter des constatations souveraines des juges du fond (■ Cass. crim., 19 oct. 1967 : *JCP* 68, II, 15458, note Vitu. ■ Cass. crim., 29 juin 1977 : *Bull. crim.*, n° 250 ; *Rev. sc. crim.* 1978, 332, obs. Vitu. ■ Cass. crim., 17 mai 1990 : *Bull. crim.*, n° 201. ■ Cass. crim., 4 nov. 1999 : *Bull. crim.*, n° 244). Une mesure de suspension du permis de conduire ne prend effet que du jour de la remise de ce document à l'agent de l'autorité publique chargé de l'exécution (■ Cass. crim., 12 mars 2008, pourvoi n° 07-85.965 : *Bull. crim.*, n° 62 ; *Dr. pénal* 2008, comm. 63, obs. J.-H. Robert). L'exécution de cette mesure, qui n'est pas subordonnée à l'enregistrement de la décision judiciaire la prononçant, prévu par l'article L. 30, 7° du code précité, prend effet du jour même de sa notification, ou, si celle-ci est effectuée alors qu'une mesure de même nature est en cours, à l'expiration de cette dernière, pour une durée s'ajoutant à la première, dans la limite du maximum légal (■ Cass. crim., 17 févr. 1998 : *Bull. crim.*, n° 60).

2) L'article L. 19 du Code de la route ne soumet pas à une forme particulière la notification de la décision de suspension du permis de conduire. Se rend coupable du délit prévu et réprimé par l'article L. 19, alinéa 2 du même code, le conducteur qui a refusé de restituer son permis à l'agent de l'autorité (gendarme) chargé de l'exécution d'un arrêté préfectoral suspendant ledit permis (■ Cass. crim., 22 mai 1991 : *D.* 1991, Flash, Cahier n° 26).

3) Le conducteur doit restituer son permis dès la notification de la décision de suspension. La restitution doit être effectuée même s'il est cité à comparaître devant la juridiction répressive pour l'infraction qui a été à l'origine de la mesure administrative et même s'il a l'intention de demander par la suite à cette juridiction un aménagement de la mesure de suspension. Le délit de refus de restituer un permis de conduire suspendu est constitué par une abstention volontaire d'obtempérer à une injonction de l'agent de l'autorité chargé de l'exécution de la décision de suspension quel que soit le mobile de cette abstention (■ Cass. crim., 3 mars 1980 : *Bull. crim.*, n° 72. – V. aussi ■ Cass. crim., 4 avr. 1991 : *JCP* 91, IV, 270).

4) Un permis de conduire étranger, obtenu en échange d'un permis français annulé, ne peut accorder à son titulaire plus de droits que le permis auquel il s'est substitué. Ce document ne peut valoir autorisation de conduire un véhicule et doit être remis, par son détenteur, aux lieu et place du permis français, aux autorités chargées de l'exécution de la mesure d'annulation (■ Cass. crim., 11 mars 1998 : *Bull. crim.*, n° 96).

5) Est également justifié l'arrêt qui déclare coupable du délit prévu par l'article L. 19 du Code de la route le prévenu qui, malgré la notification d'un arrêté préfectoral prononçant la suspension de son permis de conduire, a refusé de restituer cette pièce, alors même qu'un jugement ultérieur n'a pas prononcé, pour la même infraction, de mesure restrictive du droit de conduire. En effet, d'une part, aucune disposition légale n'autorisait le prévenu à refuser de restituer son permis aussi longtemps qu'une décision judiciaire ne serait pas intervenue : d'autre part si au termes de l'article L. 18, alinéa 5, du Code de la route, les décisions administratives que vise ce texte sont, en pareil cas, considérées comme non avenues, il ne s'ensuit pas pour autant que ces décisions soient entachées de nullité ou rétroactivement caduques, mais seulement deviennent sans effet et qu'il ne doit plus en être fait mention (■ Cass. crim., 15 juin 1977 : *Bull. crim.*, n° 222 ; *Rev. sc. crim.* 1978, 333, obs. Vitu). Même solution en cas de jugement ultérieur de relaxe (■ Cass. crim., 4 nov. 1988 : *Bull. crim.*, n° 371). Pour une analyse différente, V. (■ T. corr. Montbéliard, 5 mars 1986 : *JCP* 87, II, 20780, note Chambon).

6) Commet le délit réprimé par l'article L. 19 du Code de la route le conducteur condamné à une suspension de permis de conduire qui dépose ce document à la gendarmerie puis repart au volant de son automobile (■ Metz, 8 nov. 1989 : *JurisData* n° 47796).

7) Les dispositions de l'article 6-1 de la Convention européenne des droits de l'homme et des libertés fondamentales qui s'appliquent aux juridictions statuant sur le bien-fondé d'une accusation en matière pénale ne concernent pas le permis de conduire, dès lors que le préfet qui prononce la suspension ne statue pas sur la prévention, mais ne prend qu'une mesure provisoire de sécurité (■ Cass. crim., 4 nov. 1988 : *Bull. crim.*, n° 371).

8) La personne à laquelle a été notifiée une décision prononçant l'annulation de son permis de conduire peut être poursuivie du chef de l'infraction prévue par l'article L. 19, alinéa 1er, du Code de la route, même après l'expiration du délai pendant lequel il lui a été fait interdiction de solliciter la délivrance d'un nouveau permis (■ Cass. crim., 15 févr. 1994 : *Bull. crim.*, n° 67 ; *D.* 1994, 459, note Gestermann).

9) Il appartient à la juridiction saisie d'une demande de confusion de peines, de s'assurer qu'aucune d'entre elles n'est atteinte par la prescription. Si l'annulation du permis de conduire s'exécute de plein droit dès que la condamnation est devenue définitive et n'est pas susceptible de prescription, l'interdiction de solliciter la délivrance d'un nouveau permis avant un certain délai se prescrit à compter de la même date et n'est plus susceptible d'exécution après l'expiration du délai de prescription ; la notification prévue par l'article L. 19 du Code de la route est dès lors inopérante si elle intervient postérieurement au délai de prescription (■ Cass. crim., 9 févr. 1994 : *Bull. crim.*, n° 62).

10) La personne, dont le permis de conduire a été annulé, est passible des peines prévues à l'article L. 19, alinéa 1er, du Code de la route si, à l'issue du délai lui ayant interdit de solliciter un nouveau permis, elle conduit un véhicule sans être titulaire de cette pièce (■ Cass. crim., 15 juin 1994 : *Bull. crim.*, n° 241).

11) La conduite d'un véhicule malgré l'invalidation du permis de conduire résultant de la perte totale des points n'est pas réprimée par l'article L. 19 du Code de la route mais constitue la contravention de conduite sans permis, prévue et sanctionnée par les articles R. 241-2 du Code de la route et 131-12 du Code pénal (■ Cass. crim., 6 mai 1998 : *Bull. crim.*, n° 154. ■ 3 sept. 2000 : *Dr. pénal* 2000, comm. 139, obs. J.-H. Robert).

12) Le conducteur qui a refusé de remettre son permis de conduire en exécution d'une injonction préfectorale reste punissable à raison de cette désobéissance quoique, après sa condamnation, la juridiction administrative ait annulé l'ordre du préfet (■ Cass. crim., C. Rev. 12 déc. 2002 : *Dr. pénal* 2003, comm. 36, obs. J.-H. Robert).

13) Il résulte des articles L. 224-16 et L 224-17 du Code de la route que l'exécution d'une mesure d'interdiction de solliciter la délivrance d'un nouveau permis de conduire faisant suite à l'annulation de ce document ne prend effet qu'à compter du jour de la notification de la mesure par l'agent de l'autorité chargé de l'exécution (■ Cass. crim., 28 nov. 2012, n° 12-82.183 : *Bull. crim.*, n° 263 ; *Dr. pénal* 2013, comm. 23, obs. J.-H. Robert).

14) En application des articles 42 de la Convention sur la circulation routière signée à Vienne le 8 novembre 1968 et 221-8 du Code pénal, le conducteur d'un véhicule, déclaré par une juridiction française coupable d'homicide et blessures involontaires, peut, lorsqu'il est ressortissant d'un État autre que la France où il n'a pas sa résidence habituelle, faire l'objet d'une mesure de suspension du permis de conduire qui lui a été délivré par son propre État, mais pas d'une annulation de ce permis ; dès lors, encourt la cassation l'arrêt de la cour d'appel qui, après avoir déclaré une ressortissante allemande ne résidant pas habituellement en France et titulaire d'un permis de conduire allemand, coupable d'homicides et blessures involontaires, prononce à l'encontre de celle-ci l'annulation de son permis de conduire avec interdiction de solliciter la délivrance d'un nouveau permis avant un délai de dix-huit mois (■ Cass. crim., 13 févr. 2007, n° 06-83.564).

Art. L. 224-18. – **I. – Le fait pour toute personne, par une fausse déclaration, d'obtenir ou de tenter d'obtenir le permis de conduire est puni de deux ans d'emprisonnement et de 4 500 € d'amende.**

II. – Toute personne coupable de ce délit encourt également les peines complémentaires suivantes :

1° La suspension, pour une durée de trois ans au plus, du permis de conduire, cette suspension pouvant être limitée à la conduite en dehors de l'activité professionnelle ;

2° La peine de travail d'intérêt général selon des modalités prévues à l'article 131-8 du Code pénal et selon les conditions prévues aux articles 131-22 à 131-24 du même code et à l'article 20-5 de l'ordonnance n° 45-174 du 2 février 1945 relative à l'enfance délinquante ;

3° La peine de jours-amendes dans les conditions fixées aux articles 131-5 et 131-25 du Code pénal.

III. – Ce délit donne lieu de plein droit à la réduction de la moitié du nombre maximal de points du permis de conduire.

CHAPITRE V. – ENREGISTREMENT ET COMMUNICATION DES INFORMATIONS RELATIVES AU PERMIS DE CONDUIRE

Art. L. 225-1 *(L. n° 2016-1547, 18 nov. 2016)*. – **I. – Il est procédé, dans les services de l'État et sous l'autorité et le contrôle du ministre de l'Intérieur, à l'enregistrement :**

1° De toutes informations relatives aux permis de conduire dont la délivrance est sollicitée ou qui sont délivrés en application du présent code, ainsi qu'aux permis de conduire délivrés par les autorités étrangères et reconnus valables sur le territoire national ;

2° De toutes décisions administratives dûment notifiées portant restriction de validité, retrait, suspension, annulation et restriction de délivrance du permis de conduire, ainsi que des avertissements prévus par le présent code ;

3° De toutes mesures de retrait du droit de faire usage du permis de conduire qui seraient communiquées par les autorités compétentes des territoires et collectivités territoriales d'outre-mer ;

4° De toutes mesures de retrait du droit de faire usage du permis de conduire prises par une autorité étrangère et communiquées aux autorités françaises conformément aux accords internationaux en vigueur ;

5° Des procès-verbaux des infractions entraînant retrait de points et ayant donné lieu au paiement d'une amende forfaitaire ou à l'émission d'un titre exécutoire de l'amende forfaitaire majorée ;

6° De toutes décisions judiciaires à caractère définitif en tant qu'elles portent restriction de validité, suspension, annulation et interdiction de délivrance du permis de conduire, ou qu'elles emportent réduction du nombre de points du permis de conduire ainsi que de l'exécution d'une composition pénale ;

7° De toute modification du nombre de points affectant un permis de conduire dans les conditions définies aux articles L. 223-1 à L. 223-8 ;

8° Du nombre de points affectés au conducteur mentionné au I de l'article L. 223-10 lorsque ce conducteur a commis une infraction entraînant un retrait de points, de toute modification de ce nombre et des décisions administratives dûment notifiées portant interdiction de conduire sur le territoire national.

II. – Ces informations peuvent faire l'objet de traitements automatisés, soumis aux dispositions de la loi n° 78-17 du 6 janvier 1978 relative à l'informatique, aux fichiers et aux libertés.

Art. L. 225-2 *(Mod., L. n° 2003-495, 12 juin 2003)*. – I. – Sans préjudice de l'application des lois d'amnistie, les informations relatives aux condamnations judiciaires, aux compositions pénales, aux amendes forfaitaires et aux mesures administratives affectant le permis de conduire doivent être effacées lorsque s'est écoulé un délai de dix ans sans que soit à nouveau intervenue une décision judiciaire, une mesure administrative mentionnée au 2° du I de l'article L. 225-1 ou une mesure établissant la réalité d'une infraction dans les conditions prévues à l'article L. 223-1.

II. – Le délai prévu au I du présent article court :

1° Pour les condamnations judiciaires, à compter du jour où la dernière condamnation est devenue définitive ; pour les compositions pénales, à compter du jour où la mesure est exécutée ;

2° Pour les amendes forfaitaires, à compter du jour du paiement de la dernière amende ou de l'émission du titre exécutoire de cette amende ;

3° Pour les mesures administratives, à compter du jour de la dernière décision.

III. – Au cas où une mesure administrative est annulée, l'effacement des informations relatives à cette mesure est effectué au jour de la décision judiciaire ou administrative prononçant cette annulation.

IV. – En cas d'interdiction définitive de solliciter un nouveau permis de conduire, les informations mentionnées au I sont effacées lorsque la personne atteint sa quatre-vingtième année.

V. – Le délai est réduit à trois ans à compter du jour où la dernière condamnation est devenue définitive, du jour du paiement de la dernière amende ou de l'émission du titre exécutoire de cette amende pour les informations mentionnées au 7° du I de l'article L. 225-1.

VI. – Le délai est réduit à deux ans à compter du jour de l'enregistrement pour les informations relatives aux permis de conduire dont la délivrance est sollicitée.

Art. L. 225-3 *(Mod., Ord. n° 2005-650, 6 juin 2005 ; L. n° 2016-1547, 18 nov. 2016)*. – Le titulaire du permis de conduire et le conducteur mentionné au I de l'article L. 223-10 ont droit à la communication du relevé intégral des mentions le concernant. Cette communication s'exerce dans les conditions prévues par la loi n° 78-753 du 17 juillet 1978.

Art. L. 225-4 *(Rempl., L. n° 2008-644, 1er juill. 2008 ; L. n° 2011-267, 14 mars 2011 ; L. n° 2016-339, 22 mars 2016 ; Ord. n° 2016-460, 14 avr. 2016 ; L. n° 2016-1547, 18 nov. 2016)*. – Les autorités judiciaires, les magistrats de l'ordre administratif dans le cadre des recours formulés contre les décisions de retrait de point du permis de conduire, les officiers de police judiciaire chargés de l'exécution d'une ordonnance juridictionnelle ou agissant dans le cadre d'une enquête de flagrance, le représentant de l'État dans le département dans l'exercice de ses compétences en matière de permis de conduire, les militaires de la gendarmerie et les fonctionnaires de la police nationale habilités à effectuer des contrôles routiers en application du présent code, les agents spécialement habilités des observatoires et des établissements publics chargés de réaliser des études statistiques sur les accidents de la route pour le compte du ministre chargé de la sécurité routière ainsi que les fonctionnaires ou agents de l'État chargés du contrôle des transports terrestres placés sous l'autorité du ministre chargé des transports pour l'exercice des compétences en matière de contrôle du transport routier prévues au présent code, sont autorisés à accéder aux informations enregistrées en application de l'article L. 225-1.

Art. L. 225-5 *(Mod., L. n° 2003-239, 18 mars 2003 ; L. n° 2003-495, 12 juin 2003 ; L. n° 2009-1503, 8 déc. 2009 ; L. n° 2013-431, 28 mai 2013 ; L. n° 2016-339, 22 mars 2016 ; L. n° 2016-1547, 18 nov. 2016)*. – Les informations relatives à l'existence, la catégorie et la validité du permis de conduire sont communiquées sur leur demande :

1° Au titulaire du permis ou au conducteur mentionné au I de l'article L. 223-10, à son avocat ou à son mandataire ;

2° Aux autorités compétentes des territoires et collectivités territoriales d'outre-mer, aux fins d'authentification du permis de conduire ;

3° Aux autorités étrangère compétentes, aux fins d'authentification du permis de conduire, conformément aux accords internationaux en vigueur ;

4° Aux officiers ou agents de police judiciaire agissant dans le cadre d'une enquête préliminaire ;

5° Aux militaires de la gendarmerie ou aux fonctionnaires de la police nationale habilités à effectuer des contrôles routiers en application des dispositions du présent code ;

5° *bis* Aux agents de police judiciaire adjoints et aux gardes champêtres, aux seules fins d'identifier les auteurs des infractions au présent code qu'ils sont habilités à constater ;

6° Aux autorités administratives civiles ou militaires pour les personnes employées ou susceptibles d'être employées comme conducteur de véhicule à moteur ;

7° Aux entreprises d'assurances pour les personnes dont elles garantissent ou sont appelées à garantir la responsabilité encourue du fait des dommages causés par les véhicules à moteur ;

8° À l'organisme chargé de la délivrance et de la gestion des cartes de conducteur associées au chronotachygraphe électronique utilisé pour le contrôle des transports routiers ;

9° À l'organisme chargé de la délivrance et de la gestion des cartes de qualification de conducteur destinées à prouver la qualification initiale et la formation continue des conducteurs de certains véhicules routiers affectés aux transports de marchandises ou de voyageurs ;

10° Aux fonctionnaires ou agents de l'État chargés du contrôle des transports terrestres placés sous l'autorité du ministre chargé des transports pour l'exercice des compétences en matière de contrôle du transport routier prévues au présent code ;

11° Aux entreprises exerçant une activité de transport public routier de voyageurs ou de marchandises, pour les personnes qu'elles emploient comme conducteur de véhicule à moteur.

Pour le conducteur mentionné au I de l'article L. 223-10, les informations mentionnées au premier alinéa du présent article comprennent celles relatives aux décisions dûment notifiées portant interdiction de conduire sur le territoire national enregistrées en application du 8° du I de l'article L. 225-1.

Art. L. 225-6. – Aucune information nominative relative au permis de conduire ne peut être divulguée en dehors des cas expressément prévus aux articles L. 225-3 à L. 225-5.

Art. L. 225-7. – Le fait de prendre le nom d'une personne dans des circonstances qui ont déterminé ou auraient pu déterminer, en application de l'article L. 225-1, l'enregistrement au nom de cette personne d'une condamnation judiciaire ou d'une décision administrative est puni des peines prévues par l'article 434-23 du Code pénal.

Art. L. 225-8. – Le fait, en prenant un faux nom ou une fausse qualité, de se faire communiquer le relevé des mentions enregistrées en application de l'article L. 225-1 et concernant un tiers est puni de la peine prévue par l'article 781 du Code de procédure pénale.

Est puni de la même peine le fait d'obtenir soit directement, soit indirectement, communication d'informations nominatives dont la divulgation n'est pas expressément prévue par le présent code.

Art. L. 225-9. – Des décrets en Conseil d'État fixent les conditions d'application des dispositions des articles L. 225-1 à L. 225-8 et notamment les modalités de la communication des décisions de justice par les autorités judiciaires.

TITRE III. – COMPORTEMENT DU CONDUCTEUR

CHAPITRE I. – COMPORTEMENT EN CAS D'ACCIDENT

Art. L. 231-1. – Les dispositions relatives au délit de fuite commis par le conducteur d'un véhicule sont fixées par les articles 434-10 et 434-45 du Code pénal ci-après reproduits : *(V. C. pén., art. 434-10 et 434-45).*

QPC. Non-lieu à renvoi devant le Conseil constitutionnel de la QPC visant l'article L. 231-1 (■ Cass. crim., 19 août 2015, n° 15-81.055 : *Dr. pén.* 2015, comm. 155, obs. P. Conte).

Art. L. 231-2 *(Mod., L. n° 2003-495, 12 juin 2003).* – Les personnes physiques coupables du délit prévu à l'article 434-10 du Code pénal commis à l'occasion de la conduite d'un véhicule encourent également les peines complémentaires suivantes :

1° L'annulation du permis de conduire avec interdiction de solliciter la délivrance d'un nouveau permis pendant trois ans au plus ;

2° La peine de travail d'intérêt général selon des modalités prévues à l'article 131-8 du Code pénal et selon les conditions prévues aux articles 131-22 à 131-24 du même code et à l'article 20-5 de l'ordonnance n° 45-174 du 2 février 1945 relative à l'enfance délinquante ;

3° La peine de jours-amendes dans les conditions fixées aux articles 131-5 et 131-25 du Code pénal.

4° L'interdiction de conduire certains véhicules terrestres à moteur, y compris ceux pour la conduite desquels le permis de conduire n'est pas exigé, pour une durée de cinq ans au plus ;

5° L'obligation d'accomplir, à leurs frais, un stage de sensibilisation à la sécurité routière ;

6° La confiscation du véhicule dont le condamné s'est servi pour commettre l'infraction, s'il en est le propriétaire.

Art. L. 231-3. – Le délit rappelé à l'article L. 231-1 donne lieu de plein droit à la réduction de la moitié du nombre maximal de points du permis de conduire.

Bibliographie : G. Defrance, *Le délit de fuite : Jurispr. auto 1997*, p. 540. V. aussi les notes sous l'article 434-10 du Code pénal.

I – INCRIMINATION

1) Il n'est pas nécessaire qu'il y ait eu contact entre le véhicule du prévenu et la personne blessée ou la chose endommagée (■ Cass. crim., 1er juin : 1935 : *Gaz. Pal.* 1935, 2, 314).

2) Il n'est pas nécessaire, pour qu'il y ait délit de faite, que le juge constate que le prévenu a encouru une responsabilité pénale ou civile ; il suffit qu'il ait pu l'encourir (■ Cass. crim., 23 mars 1974 : *D.* 1974 ; inf. rap. 99. ■ 3 oct. 1983 : *Bull. crim.*, n° 235. ■ 3 nov. 1983 : *Bull. crim.*, n° 276 ; *D.* 1984, 314 note Mayer ; *Rev. sc. crim.* 1985, 293, obs. Delmas-Saint-Hilaire). Il importe donc peu que le prévenu ait été relaxé du chef d'homicide par imprudence (■ Cass. crim., 23 mai 1953 : *D.* 1953, 372) ou de blessures involontaires (■ Cass. crim., 2 janv. 1959 : *D.* 1959, 469, note Prévault). C'est l'événement accident (choc) et non la considération des « conséquences » de celui-ci, soumises à une appréciation purement subjective, différente d'un individu à un autre, qui doit déterminer l'arrêt immédiat de l'automobiliste (■ T. corr. Guingamp, 3 nov. 1989 : *Gaz. Pal.* 18-19 avr. 1990, Somm.).

3) Caractérise le délit de fuite, notamment dans son élément intentionnel, l'arrêt qui constate que le conducteur d'un véhicule, qui venait de causer un accident, a abandonné son véhicule sur place et s'est enfui avant d'avoir pu être identifié (■ Cass. crim., 3 déc. 1975 : *Bull. crim.*, n° 268 ; *Rev. sc. crim.* 1976, 419, obs. Vitu. ■ Cass. crim., 24 oct. 1978 : *D.* 1979, inf. rap. 39, obs. Puech ; *Rev. sc. crim.* 1979, 324, obs. Vitu. ■ Cass. crim., 10 févr. 1993 : *Bull. crim.*, n° 68).

4) L'arrêt devant avoir lieu sur place, est punissable le conducteur qui ne s'arrête pas mais se présente ensuite aux autorités de police ou de gendarmerie (■ Cass. crim., 19 nov. 1974 : *Bull. crim.*, n° 337) ou celui qui, à dessein, immobilise son véhicule plus loin et qui revient sur les lieux pour fournir des renseignements erronés à son sujet (■ Cass. crim., 10 juin 1970 : *Bull. crim.*, n° 195 ; *Rev. sc. crim.* 1971, 110, obs. Vitu). Justifie sa décision la cour d'appel qui déclare un prévenu coupable du délit de fuite tout en énonçant qu'il a laissé son véhicule sur une aire de stationnement, dès lors qu'elle retient d'autres circonstances établissant qu'il a tenté d'échapper à sa responsabilité pénale ou civile ; l'obligation de s'arrêter est, en effet, destinée à permettre la détermination des causes de l'accident, ou tout au moins, l'identification du conducteur qui l'a causé (■ Cass. crim., 29 oct. 1997 : *Bull. crim.*, n° 361). Le conducteur qui a causé un dommage ne peut justifier sa fuite par la situation anormale du véhicule qu'il a accidenté (■ Cass. crim., 3 oct. 1983, préc.).

5) Est coupable le conducteur qui a aidé le motocycliste, qu'il venait de renverser, pour se rendre dans une pharmacie et qui aussitôt après s'en va en omettant sciemment de laisser son identité et tous renseignements sur l'immatriculation de son véhicule, ayant une bonne raison de le faire car il n'était pas assuré (■ Aix-en-Provence, 2 mars 1989 : *JurisData* n° 43240).

6) Une immobilisation de quelques secondes du véhicule qui en a percuté un autre ne répond pas aux exigences de la loi (■ Cass. crim., 4 juin 2002 : *Dr. pénal* 2003, chron. 2, obs. C. Marsat).

7) Est complice de délit de fuite la personne qui, impliquée dans un accident, a déplacé son véhicule pour échapper à toute éventuelle mise en cause et s'est entendu avec d'autres conducteurs, l'auteur de l'accident s'étant enfui, pour fournir une version erronée des événements afin d'égarer les recherches (■ Cass. crim., 13 janv. 2004 ; *JurisData* n° 2004-022330 ; *Dr. pénal* 2004, note 83).

8) Encourt la cassation l'arrêt condamnant le prévenu pour délit de fuite au motif qu'il savait que le véhicule, alors piloté par sa femme, venait d'occasionner un accident, et qu'il avait pris ensuite la conduite de la voiture pour s'échapper et se soustraire avec son épouse aux responsabilités encourues. En effet, la conductrice n'était pas elle-même poursuivie de ce chef, et la responsabilité pénale ou civile du prévenu ne pouvait être mise en jeu du seul fait de la maladresse imputable à son épouse (■ Cass. crim., 25 févr. 1981 : *Bull. crim.*, n° 75 ; *Rev. sc. crim.*, 1982, 341, obs, Vitu).

9) Un livreur qui refuse de dresser un constat amiable et de dire son identité n'est pas condamné s'il conduit un véhicule peint à l'enseigne de son employeur qu'il s'empresse d'ailleurs d'aviser (■ Aix-en-Provence, 2 mai 1989 : *JurisData*, n° 43304). Échappe également à la condamnation la conductrice maladroite qui, en se garant laborieusement près de chez elle, endommage les voitures voisines et passe à cette manœuvre assez de temps pour être reconnue par des personnes habitant son immeuble (■ Aix-en-Provence, 20 avr. 1989 : *JurisData* n° 1989-43300).

II – RÉPRESSION

10) Les prescriptions de l'article L. 2 du Code de la route, réprimant le délit de fuite, sont applicables sur l'ensemble du territoire, serait-ce une voie privée (■ Cass. crim., 3 oct. 1983, précité). *Adde*, ■ Cass. crim., 15 févr. 1982 : *Bull. crim.*, n° 49 ; *JCP* 83, II, 20022, note Chambon.

11) Le délit de fuite et la prévention visée par l'article 434 du Code pénal sont des qualifications incompatibles (■ T. corr. Foix, 26 avr. 1983 : *JCP* 86, II, 20581, note Bonzom).

12) Les lois pénales sont d'interprétation stricte et il n'appartient pas au juge de fixer des modalités d'exécution d'une peine qui ne sont pas prévues par la loi ; doit être cassé l'arrêt qui, ayant condamné une personne pour délit de fuite à un mois d'emprisonnement avec sursis et 1 000 F d'amende, a ordonné en outre la suspension du permis de conduire du condamné pendant une durée de huit mois en spécifiant que cette mesure ne recevrait son application que pour la conduite du véhicule, par le condamné, indépendante de son travail de chauffeur routier (■ Cass. crim., 8 févr. 1977 : *JCP* 78, II, 18890, note Larguier). En effet, une telle mesure ne s'analyse pas en une réduction de la peine complémentaire, réduction que le juge aurait pu ordonner sur le fondement de l'article 55-1 du Code pénal, mais constitue une modalité de l'exécution de la peine, autorisée par le seul article 43-3 du Code pénal, lequel n'est applicable que lorsque le tribunal prononce la suspension du permis de conduire, à titre de peine principale (■ Cass. crim., 6 juin 1990 : *Bull. crim.*, n° 228).

CHAPITRE II. – ATTEINTES INVOLONTAIRES AUX PERSONNES

Art. L. 232-1. – Les dispositions relatives à l'homicide involontaire commis à l'occasion de la conduite d'un véhicule terrestre à moteur sont fixées par les articles 221-6-1 et 221-8 du Code pénal ci-après reproduits : *(V. C. pén., art. 221-6-1 et 221-8).*

Art. L. 232-2. – Les dispositions relatives aux atteintes involontaires à l'intégrité de la personne commises par le conducteur d'un véhicule terrestre à moteur sont fixées par les articles 222-19-1, 222-20-1 et 222-44 du Code pénal ci-après reproduits : *(V. C. pén., art. 222-19-1, 222-20-1 et 222-44).*

Sur l'impossibilité pour une juridiction française **d'annuler le permis de conduire** d'un ressortissant d'un État autre que la France, par lequel ce permis lui a été délivré, à la suite de sa condamnation pour homicide et blessures involontaires, commis en France, V. ■ Cass. crim., 13 févr. 2007 : *Bull. crim.*, n° 42, cité *supra*, sous l'article 221-8 du Code pénal.

Art. L. 232-3. – Les infractions d'atteintes involontaires à la vie ou à l'intégrité de la personne soumises à l'occasion de la conduite d'un véhicule à moteur prévues par les articles 221-6-1, 222-19-1 et 222-20-1 du Code pénal donnent lieu de plein droit au retrait de la moitié du nombre maximal de points du permis de conduire.

CHAPITRE III. – COMPORTEMENT EN CAS DE CONTRÔLE ROUTIER

Art. L. 233-1 *(L. n° 2017-258, 28 févr. 2017)*. – I. – Le fait pour tout conducteur d'omettre d'obtempérer à une sommation de s'arrêter émanant d'un fonctionnaire ou agent chargé de constater les infractions et muni des insignes extérieurs et apparents de sa qualité est puni d'un an d'emprisonnement et de 7 500 € d'amende.

II. – Toute personne coupable de ce délit encourt également les peines complémentaires suivantes :

1° La suspension, pour une durée de trois ans au plus, du permis de conduire, cette suspension pouvant être limitée à la conduite en dehors de l'activité professionnelle ;

2° La peine de travail d'intérêt général selon des modalités prévues à l'article 131-8 du Code pénal et selon les conditions prévues aux articles 131-22 à 131-24 du même code et à l'article 20-5 de l'ordonnance n° 45-174 du 2 février 1945 relative à l'enfance délinquante ;

3° La peine de jours-amendes dans les conditions fixées aux articles 131-5 et 1.31-25 du Code pénal ;

4° L'annulation du permis de conduire avec interdiction de solliciter la délivrance d'un nouveau permis pendant trois ans au plus ;

5° La confiscation d'un ou de plusieurs véhicules appartenant au condamné ;

6° L'obligation d'accomplir, à ses frais, un stage de sensibilisation à la sécurité routière.

III. – Ce délit donne lieu de plein droit à la réduction de la moitié du nombre maximal de points du permis de conduire.

L'Office national de la chasse et de la faune sauvage et les gardes nationaux ne sauraient prétendre subir un préjudice personnel et direct découlant du délit de refus d'obtempérer à une sommation de s'arrêter prévu et réprimé par l'article L. 233-1 du Code de la route (■ Cass. crim., 9 nov. 2004 : *Bull. crim.*, n° 272).

Art. L. 233-1-1 *(L. n° 2004-204, 9 mars 2004 ; L. n° 2017-258, 28 févr. 2017)*. **– I. – Lorsque les faits prévus à l'article L. 233-1 ont été commis dans des circonstances exposant directement autrui à un risque de mort ou de blessures de nature à entraîner une mutilation ou une infirmité permanente, ils sont punis de cinq ans d'emprisonnement et de 75 000 € d'amende.**

II. – Les personnes coupables du délit prévu au présent article encourent également les peines complémentaires suivantes, outre celles prévues par les 2°, 3°, 5° et 6° du II de l'article L. 233-1 :

1° La suspension, pour une durée de cinq ans au plus, du permis de conduire ; cette suspension ne peut être assortie du sursis ni être limitée à la conduite en dehors de l'activité professionnelle ;

2° L'annulation du permis de conduire avec interdiction de solliciter la délivrance d'un nouveau permis pendant cinq ans au plus ;

3° *(Abr., L. n° 2017-258, 28 févr. 2017)* **;**

4° L'interdiction de détenir ou de porter, pour une durée de cinq ans au plus, une arme soumise à autorisation ;

5° La confiscation d'une ou plusieurs armes dont le condamné est propriétaire ou dont il a la libre disposition.

III. – Ce délit donne lieu de plein droit à la réduction de la moitié du nombre de points initial du permis de conduire.

Art. L. 233-1-2. – Toute personne coupable, en état de récidive au sens de l'article 132-10 du Code pénal, de l'infraction prévue à l'article L. 233-1 du présent code encourt également la peine complémentaire d'annulation du permis de conduire avec interdiction de solliciter la délivrance d'un nouveau permis pendant cinq ans au plus.

Art. L. 233-2. – I. – Le fait pour tout conducteur de refuser de se soumettre à toutes vérifications prescrites concernant son véhicule ou sa personne est puni de trois mois d'emprisonnement et de 3 750 € d'amende.

II. – Toute personne coupable de ce délit encourt également les peines complémentaires suivantes :

1° La suspension, pour une durée de trois ans au plus, du permis de conduire, cette suspension pouvant être limitée à la conduite en dehors de l'activité professionnelle ;

2° La peine de travail d'intérêt général selon des modalités prévues à l'article 131-8 du Code pénal et selon les conditions prévues aux articles 131-22 à 131-24 du même code et à l'article 20-5 de l'ordonnance n° 45-174 du 2 février 1945 relative à l'enfance délinquante ;

3° La peine de jours-amendes, dans les conditions fixées aux articles 131-5 et 131-25 du Code pénal.

III. – Ce délit donne lieu de plein droit à la réduction de la moitié du nombre maximal de points du permis de conduire.

1) Aux termes de l'article L. 4 du Code de la route, les services de police ne peuvent exiger la production des documents afférents à la conduite d'un véhicule que s'ils s'adressent à son conducteur, c'est-à-dire celui qui se trouve au volant du véhicule, au moment du contrôle. Les textes en droit pénal étant d'application stricte, les services de police ne pourraient procéder à la recherche d'un conducteur non vu par eux au volant de son véhicule que dans l'hypothèse où ils auraient eu connaissance d'une infraction commise antérieurement par ce conducteur. En conséquence, une personne qui n'était pas, lors de l'arrivée des gendarmes, au volant de sa voiture, était en droit de refuser de produire les papiers afférents à la conduite de celle-ci (■ TGI Foix, 27 févr. 1979 : *JCP* 81, II, 19559, note Chambon ; *Rev. sc. crim.* 1981, 609, obs. Vitu).

2) L'obligation imposée par l'article L. 4 ne saurait autoriser les fonctionnaires ou agents chargés de constater les infractions à la circulation, à exiger sous peine de sanctions pénales l'ouverture du coffre d'un véhicule hors le cas d'investigations entreprises dans les formes légales (■ Cass. crim., 23 juin 1964 : *D.* 1964, 578).

3) L'exigence de l'ouverture d'un coffre d'automobile au cours d'investigations policières, concernant un crime flagrant, n'a pas le caractère d'une perquisition domiciliaire et n'est donc pas soumise à toutes les restrictions pouvant résulter des articles 56 et suivants du Code de procédure pénale. Est dès lors justifiée la condamnation d'un conducteur qui, en de telles circonstances, a refusé de se soumettre aux « vérifications prescrites concernant le véhicule et la personne » visées par l'article L. 4 du Code de la route, ledit texte ne concernant pas seulement la constatation des infractions à la sécurité et à la circulation routières (■ Cass. crim., 8 nov. 1979 : *JCP* 80, II, 19337, note Davia ; *D.* 1980, inf. rap. 523, obs. Pucch. – *Adde.* Mayer, *Plaidoyer pour une définition du flagrant délit* : *D.* 1980, chron. 99. – Chambon, *L'ouverture forcée du coffre des véhicules automobiles* : *JCP* 80, 1, 2983).

4) Le conducteur qui a brusquement ralenti à l'approche d'un « appareil radar » au moyen duquel des fonctionnaires de police effectuent un contrôle de vitesse, et qui en prenant la fuite, ne permet pas à ces fonctionnaires de vérifier si son véhicule ne comporte pas un appareil prohibé par l'article R. 242-4 du Code de la route, se rend coupable d'une infraction à l'article L. 4 du Code de la route qui fait obligation à toutes conducteur d'un véhicule de se soumettre à toutes vérifications concernant le véhicule ou la personne (■ Cass. crim., 9 janv. 1986 : *Bull. crim.*, n° 13 ; *Rev. sc. crim.*, 1987, 195, obs. Delmas-Saint-Hilaire).

5) Le conducteur qui circule, en méconnaissance des dispositions de l'article R. 331-1 du 1 Code forestier sur une voie du domaine forestier fermée à la circulation, commet le délit prévu par l'article L. 4 du Code de la route lorsqu'il refuse d'obtempérer à une injonction de s'arrêter délivrée par un agent assermenté de l'Office national des forêts, régulièrement muni des signes distinctifs et apparents de sa fonction (■ Cass. crim., 21 juill. 1998 : *Bull. crim.*, n° 219 ; *Dr. pénal* 1999, comm. 22, obs. J.-H. Robert).

CHAPITRE IV. – CONDUITE SOUS L'INFLUENCE DE L'ALCOOL

Art. L. 234-1. – I. – Même en l'absence de tout signe d'ivresse manifeste, le fait de conduire un véhicule sous l'empire d'un état alcoolique caractérisé par une concentration d'alcool dans le sang égale ou supérieure à 0,80 gramme par litre ou par une concentration d'alcool dans l'air expiré égale ou supérieure à 0,40 milligramme par litre est puni de deux ans d'emprisonnement et de 4 500 € d'amende.

II. – Le fait de conduire un véhicule en état d'ivresse manifeste est puni des mêmes peines.

III. – Dans les cas prévus au I et II du présent article, l'immobilisation peut être prescrite dans les conditions prévues aux articles L. 325-1 à L. 325-3.

IV. – Ces délits donnent lieu de plein droit à la réduction de la moitié du nombre maximal de points du permis de conduire.

V. – Les dispositions du présent article sont applicables à l'accompagnateur d'un élève conducteur.

Art. L. 234-2 *(Mod., L. n° 2003-495, 12 juin 2003 ; L. n° 2011-267, 14 mars 2011)*. **– I. – Toute personne coupable de l'un des délits prévus à l'article L. 234-1 encourt également les peines complémentaires suivantes :**

1° La suspension, pour une durée de trois ans au plus, du permis de conduire, cette suspension ne pouvant pas être limitée à la conduite en dehors de l'activité professionnelle ;

2° L'annulation du permis de conduire avec interdiction de solliciter la délivrance d'un nouveau permis pendant trois ans au plus ;

3° La peine de travail d'intérêt général selon des modalités prévues à l'article 131-8 du Code pénal et selon les conditions prévues aux articles 131-22 à 131-24 du même code et à l'article 20-5 de l'ordonnance n° 45-174 du 2 février 1945 relative à l'enfance délinquante ;

4° La peine de jours-amendes dans les conditions fixées aux articles 131-5 et 131-25 du Code pénal ;

5° L'interdiction de conduire certains véhicules terrestres à moteur, y compris ceux pour la conduite desquels le permis de conduire n'est pas exigé, pour une durée de cinq ans au plus ;

6° L'obligation d'accomplir, à ses frais, un stage de sensibilisation à la sécurité routière ;

7° L'interdiction, pendant une durée de cinq ans au plus, de conduire un véhicule qui ne soit pas équipé, par un professionnel agréé ou par construction, d'un dispositif homologué d'anti-démarrage par éthylotest électronique. Lorsque cette interdiction est prononcée en même temps que la peine d'annulation ou de suspension du permis de conduire, elle s'applique, pour la durée fixée par la juridiction, à l'issue de l'exécution de cette peine.

II. – La suspension du permis de conduire prévue au présent article ne peut être assortie du sursis, même partiellement.

1) Selon l'article 132-31 du Code pénal, qui ne comporte aucune restriction analogue à celle prévue par l'article L. 234-2, II du Code de la route, le sursis simple est applicable à la peine de suspension du permis de conduire lorsque celle-ci est prononcée, à titre principal, sur le fondement des articles 131-6 et 131-9 du Code pénal (■ Cass. crim., 18 févr. 2004 : *Bull. crim.*, n° 48 ; *Dr. pénal* 2004, comm. 86, obs. J.-H. Robert).

2) La suspension du permis de conduire prononcée en application du paragraphe 1er de l'article L. 234-2 II du Code de la route contre toute personne coupable de l'un des délits prévus à l'article L. 234-1 du même code ne peut être assortie de sursis, même partiellement ; encourt la cassation l'arrêt qui en méconnaissance de ces textes prononce une suspension de permis de conduire assortie du sursis (■ Cass. crim., 24 janv. 2007 : *Bull. crim.*, n° 16 ; *Dr. pénal* 2007, comm. 52, obs. J.-H. Robert).

Art. L. 234-3 ***(Mod., L. n° 2011-267, 14 mars 2011 ; L. n° 2016-41, 26 janv. 2016).*** **– Les officiers ou agents de police judiciaire de la gendarmerie ou de la police nationales territorialement compétents et, sur l'ordre et sous la responsabilité desdits officiers de police judiciaire, les agents de police judiciaire adjoints soumettent à des épreuves de dépistage de l'imprégnation alcoolique par l'air expiré l'auteur présumé d'une infraction punie par le présent code de la peine complémentaire de suspension du permis de conduire ou le conducteur ou l'accompagnateur de l'élève conducteur impliqué dans un accident de la circulation ayant occasionné un dommage corporel.**

Ils peuvent soumettre aux mêmes épreuves tout conducteur ou tout accompagnateur d'élève conducteur impliqué dans un accident quelconque de la circulation ou auteur présumé de l'une des infractions aux prescriptions du présent code autres que celles mentionnées au premier alinéa.

En application de l'article L 234-3 du Code de la route, les agents de police judiciaire adjoints, sur l'ordre et sous la responsabilité d'officiers de police judiciaire, soumettent à des épreuves de dépistage de l'imprégnation alcoolique par l'air expiré l'auteur présumé d'une infraction au Code de la route punie de la peine complémentaire de suspension du permis de conduire. L'irrégularité de ces épreuves de dépistage a pour effet d'entraîner celle des vérifications ultérieures destinées à établir la preuve de l'état alcoolique.

Encourt, en conséquence, la cassation l'arrêt qui, après avoir énoncé que le dépistage d'alcoolémie effectué par des agents de police judiciaire adjoints était irrégulier du fait qu'il n'avait pas été réalisé sur l'ordre et sous la responsabilité d'un officier de police judiciaire, retient que cette nullité ne pouvait entraîner celle de la procédure ultérieure (■ Cass. crim., 22 oct. 2013, n° 12-86.825 : *Bull. crim.*, n° 194 ; *Dr. pén.* 2013, comm. 173, obs. J.-H. Robert).

Art. L. 234-4 ***(Mod., L. n° 2001-1062, 15 nov. 2001).*** **– Lorsque les épreuves de dépistage permettent de présumer l'existence d'un état alcoolique ou lorsque le conducteur ou l'accompagnateur de l'élève conducteur refuse de les subir, les officiers ou agents de police judiciaire font procéder aux vérifications destinées à établir la preuve de l'état alcoolique.**

Lorsque la constatation est faite par un agent de police judiciaire mentionné au 1er *bis*, 1er *ter*, 1er *quater* ou 2° de l'article 21 du Code de procédure pénale, il rend compte immédiatement de la présomption de l'existence d'un état alcoolique ou du refus du conducteur ou de l'accompagnateur de l'élève conducteur de subir les épreuves de dépistage à tout officier de police judiciaire de la police nationale ou de la gendarmerie nationale territorialement compétent, qui peut alors lui ordonner sans délai de lui présenter sur-le-champ la personne concernée.

Les vérifications destinées à établir la preuve de l'état alcoolique sont faites soit au moyen d'analyses et examens médicaux, cliniques et biologiques, soit au moyen d'un appareil permettant de déterminer la concentration d'alcool par l'analyse de l'air expiré à la condition que cet appareil soit conforme à un type homologué.

1) Il résulte du dernier alinéa de l'article 6 du décret 2001-387 du 3 mai 2001 relatif aux instruments de mesure (en l'espèce un éthylomètre) que lorsque la validité du certificat d'examen de type n'est pas prorogée, les instruments en service conformes à ce type continuent à pouvoir être utilisés et réparés.

Fait une exacte application de ce texte la cour d'appel qui rejette une exception de nullité au constat de ce qu'un éthylomètre dont le certificat d'examen de type avait été délivré plus de dix ans avant l'utilisation en cause répondait aux exigences de ce décret qui prévoient que si la validité du certificat d'examen du type n'est pas prorogée, les instruments en service continuent à pouvoir être utilisés, sous réserve d'être vérifiés, ce qui était le cas de l'espèce, l'instrument ayant fait l'objet d'une vérification périodique (■ Cass. crim., 15 janv. 2014, n° 13-83.218 : *D.* 2014, act., p. 211 ; *Dr. pén.* 2014, comm. 40, obs. J.-H. Robert). – Rappr. ■ Cass. crim., 5 nov. 2013, n°s 13-80.235 et 13-81.447, cités dans cette même revue sous le même numéro.

2) Les épreuves de dépistage permettent uniquement de présumer l'existence d'un état alcoolique ainsi que le prévoient les dispositions des articles L. 234-3 et L. 234-4 du Code de la route, et, en application du second de ces textes, seuls les analyses et examens médicaux, cliniques et biologiques ou les mesures par éthylomètre sont, à la condition que cet appareil soit conforme à un type homologué, de nature à déterminer le taux d'alcoolémie susceptible d'être retenu à l'occasion du poursuite judiciaire. Au regard des dispositions du décret du 3 mai 2001, les mentions relatives à l'homologation et à la vérification annuelle de l'éthylomètre utilisé suffisent à établir le bon fonctionnement de l'appareil.

En conséquence, justifie sa décision, la cour d'appel qui confirme le jugement condamnant un prévenu poursuivi du chef de conduite d'un véhicule sous l'empire d'un état alcoolique, après avoir écarté son argumentation prise de l'absence d'indication, dans le procès-verbal d'enquête des caractéristiques propres à l'éthylotest utilisé ainsi que de l'utilisation d'un éthylomètre dont l'homologation initiale, accordée pour dix années, était expirée au moment du contrôle (■ Cass. crim., 28 janv. 2014, n° 13-81.330).

3) Il résulte des articles L. 234-4 et R. 234-2 du Code de la route qu'en matière de conduite sous l'empire d'un état alcoolique, la recherche de la concentration d'alcool par l'analyse de l'air expiré est réalisée au moyen d'un appareil conforme à un type homologué et soumis à des vérifications périodiques.

Selon les articles 30 du décret du 3 mai 2001 relatif au contrôle des instruments de mesure et 13 de l'arrêté du 8 juillet 2003 relatif au contrôle des éthylomètres, si ces éthylomètres sont soumis à une vérification périodique annuelle, cependant, durant les cinq ans suivant la mise en service d'un instrument neuf, deux vérifications ne sont pas obligatoires, sous réserve que l'appareil soit vérifié la première année et qu'il ne soit pas dispensé de vérification deux années consécutives.

Encourt la censure, l'arrêt qui, pour rejeter l'argumentation d'un prévenu qui excipait de ce que seuls les instruments neufs peuvent être dispensés de deux vérifications annuelles durant les cinq ans suivant leur mise en service, énonce que l'appareil employé était bien dans les cinq premières années de sa vérification puisque le certificat d'examen de type, délivré le 24 septembre 2009, était valable jusqu'au 23 septembre 2019 et qu'au jour de la mesure la vérification périodique pouvait « conformément aux dispositions des articles 13 et 30 du décret de 2001 » avoir lieu tous les deux ans, alors que, d'une part, le certificat d'examen de type analysé s'appliquait à un appareil d'un type différent, et que, d'autre part, il appartenait à la cour d'appel de rechercher si l'appareil utilisé était un instrument neuf mis en service depuis moins de cinq ans et pouvant, à ce titre, être dispensé pendant cette période de deux vérifications (■ Cass. crim., 8 sept. 2015, n° 14-85.563).

4) Justifie sa décision la cour d'appel, qui, pour écarter une exception de nullité tirée de l'absence d'un second contrôle de l'alcoolémie d'un conducteur en état d'ébriété, retient d'une part que les vérifications d'alcoolémie ont été effectuées conformément aux articles L. 234-4, L. 234-5 et R. 234-4 du Code de la route et d'autre part que le second contrôle prévu par l'article R. 234-4, 2° dudit code n'a pas été sollicité et n'avait pas à être opéré d'office par l'officier ou l'agent de police judiciaire (■ Cass. crim., 6 déc. 2016, n° 15-86.619).

Art. L. 234-5. – Lorsque les vérifications sont faites au moyen d'analyses et examens médicaux, cliniques et biologiques, un échantillon est conservé.

Lorsqu'elles sont faites au moyen d'un appareil permettant de déterminer la concentration d'alcool par l'analyse de l'air expiré, un second contrôle peut être immédiatement effectué, après vérification du bon fonctionnement de l'appareil ; ce contrôle est de droit lorsqu'il est demandé par l'intéressé.

Art. L. 234-6. – L'auteur présumé de conduite en état d'ivresse manifeste ou d'accompagnement, en état d'ivresse manifeste, d'un élève conducteur peut être soumis directement aux vérifications destinées à établir l'état alcoolique.

Peut être soumise directement aux vérifications destinées à établir l'état alcoolique, en application de l'article L. 234-6 du Code de la route, la personne à l'encontre de laquelle a été caractérisé, à la suite d'un contrôle opéré sur le fondement de l'article L. 233-1 dudit code, le délit de conduite en état d'ivresse, incriminé par l'article L. 234-1 II du même code. En effet, ce délit n'est pas, à la différence de la conduite sous l'empire d'un état alcoolique, une infraction occulte (■ Cass. crim., 28 févr. 2017, n° 16-80.744).

Art. L. 234-7. – Un décret en conseil d'État détermine les conditions dans lesquelles sont effectuées les opérations de dépistage et les vérifications prévues aux articles L. 234-3 à L. 234-6.

Art. L. 234-8 ***(Mod., L. n° 2003-495, 12 juin 2003)*****. – I. – Le fait de refuser de se soumettre aux vérifications prévues par les articles L. 234-4 à L. 234-6 ou aux vérifications prévues par l'article L. 234-9 est puni de deux ans d'emprisonnement et de 4 500 € d'amende.**

II. – Toute personne coupable de ce délit encourt également les peines complémentaires suivantes :

1° La suspension, pour une durée de trois ans au plus, du permis de conduire, cette suspension ne pouvant pas être limitée à la conduite en dehors de l'activité professionnelle ;

2° L'annulation du permis de conduire avec interdiction de solliciter la délivrance d'un nouveau permis pendant trois ans au plus ;

3° La peine de travail d'intérêt général selon des modalités prévues à l'article 131-8 du Code pénal et selon les conditions prévues aux articles 131-22 à 131-24 du même code et à l'article 20-5 de l'ordonnance n° 45-174 du 2 février 1945 relative à l'enfance délinquante ;

4° La peine de jours-amendes dans les conditions fixées aux articles 131-5 et 131-25 du Code pénal.

5° L'interdiction de conduire certains véhicules terrestres à moteur, y compris ceux pour la conduite desquels le permis de conduire n'est pas exigé, pour une durée de cinq ans au plus ;

6° L'obligation d'accomplir, à ses frais, un stage de sensibilisation à la sécurité routière.

III. – Ce délit donne lieu de plein droit à la réduction de la moitié du nombre maximal de points du permis de conduire.

IV. – La suspension du permis de conduire prévue au présent article ne peut être assortie du sursis, même partiellement.

1) Doit être cassé l'arrêt qui, après avoir déclaré le prévenu coupable d'infraction aux dispositions de l'article L. 1 du Code de la route, prononce la suspension du permis de conduire pour six mois dont trois avec sursis ; en effet, l'article L. 14 interdit d'assortir du sursis toute condamnation prononcée pour une infraction prévue par l'article L. 1 du même code (■ Cass. crim., 4 juin 1981 : *Bull. crim.*, n° 190).

2) Il résulte des articles L. 234-4, L. 234-5 et R. 234-2 du Code de la route qu'en matière de conduite sous l'emprise d'un état alcoolique, la recherche de la concentration d'alcool par l'analyse de l'air expiré est réalisée au moyen d'un appareil conforme à un type homologué et soumis à des vérifications régulières. La preuve de la vérification régulière de l'éthylomètre ne saurait résulter de la seule mention au procès-verbal de la date de la prochaine vérification de l'appareil. Ne justifie pas sa décision la cour d'appel qui, pour écarter l'argumentation du prévenu prise de l'absence de mention au procès-verbal de la date de la dernière vérification de l'éthylomètre se borne à énoncer qu'en raison de la périodicité annuelle des contrôles, cette date peut être aisément déterminée en se référant à celle de la prochaine vérification de l'appareil figurant au procès-verbal (■ Cass. crim., 7 mars 2007 : *Bull. crim.*, n° 73).

3) Ne caractérise pas le refus de se soumettre aux vérifications tendant à établir l'état alcoolique, le fait pour un conducteur conduit par les pompiers dans une clinique sur demande des gendarmes aux fins de prélèvement sanguin de quitter l'établissement sans avoir été, faute de réquisition, soumis au prélèvement sanguin souhaité par les gendarmes (■ Cass. crim., 7 mars 2007 : *Bull. crim.*, n° 74).

Art. L. 234-9 *(Mod., L. n° 2011-267, 14 mars 2011).* **– Les officiers de police judiciaire de la gendarmerie ou de la police nationales territorialement compétents soit sur l'instruction du procureur de la République, soit à leur initiative et, sur l'ordre et sous la responsabilité de ceux-ci, les agents de police judiciaire et les agents de police judiciaire adjoints peuvent, même en l'absence d'infraction préalable ou d'accident, soumettre toute personne qui conduit un véhicule ou qui accompagne un élève conducteur à des épreuves de dépistage de l'imprégnation alcoolique par l'air expiré.**

Lorsque les épreuves de dépistage permettent de présumer l'existence d'un état alcoolique, les officiers ou agents de police judiciaire font procéder aux vérifications destinées à établir la preuve de l'état alcoolique au moyen de l'appareil permettant de déterminer la concentration d'alcool par l'analyse de l'air expiré, mentionné aux articles L. 234-4 et L. 234-5 et dans les conditions prévues par ces mêmes articles.

En cas d'impossibilité de subir ces épreuves résultant d'une incapacité physique attestée par le médecin requis, les officiers ou agents de police judiciaire font procéder aux vérifications destinées à établir la preuve de l'état alcoolique au moyen d'analyses et examens médicaux, cliniques et biologiques, dans les conditions prévues par les articles L. 234-4 et L. 234-5.

Lorsque la constatation est faite par un agent de police judiciaire adjoint mentionné aux 1° *bis*, 1° *ter*, 1° *quater* ou 2° de l'article 21 du Code de procédure pénale, il rend compte immédiatement de la présomption de l'existence d'un état alcoolique ou du refus du conducteur ou de l'accompagnateur de l'élève conducteur de subir les épreuves de dépistage dans les conditions prévues à l'article L. 234-4 du présent code.

1) S'il se déduit de l'article L. 234-9 du Code de la route que le procès-verbal constatant l'infraction doit mentionner l'identité de l'officier de police judiciaire sur l'ordre et sous la responsabilité duquel a agi l'agent verbalisateur ainsi que les heure et lieu du contrôle préventif effectué, le juge peut suppléer le défaut de ces mentions en se référant à tout élément de preuve apporté au cours des débats et soumis à la discussion des parties (■ Cass. crim., 16 mars 2005 : *Bull. crim.*, n° 94).

2) Il résulte des articles L. 234-4, L. 234-5, L. 234-8 et L. 234-9 du Code de la route que les officiers et agents de police judiciaire qui procèdent aux vérifications destinées à établir la preuve de l'état alcoolique d'un conducteur disposent du droit de retenir la personne concernée pendant le temps strictement nécessaire à ces opérations. Encourt la censure l'arrêt qui, pour annuler les actes de la procédure postérieurs à l'interpellation d'un conducteur soumis aux épreuves de dépistage de son imprégnation alcoolique, retient que l'intéressé aurait dû être placé en garde à vue avant d'être conduit dans les locaux de gendarmerie pour y subir les épreuves de vérification de son état alcoolique (■ Cass. crim., 21 juin 2006, pourvoi n° 06-80-392).

3) La réquisition délivrée, en application des articles L. 3354-1 et R. 3354-5 du Code de la santé publique, à un médecin par un officier de police judiciaire qui constate un accident de la circulation qui semble avoir été causé sous l'empire d'un état alcoolique n'est pas soumise à l'autorisation préalable du procureur de la République (■ Cass. crim., 15 déc. 2009, pourvoi n° 09-83-878 : *Dr. pénal* 2010, comm. 35, obs. J.-H. Robert).

4) Il résulte de l'article L. 234-9 du Code de la route que les épreuves de dépistage de l'imprégnation alcoolique dans l'air expiré auxquelles les agents de police judiciaire adjoints peuvent soumettre, même en l'absence d'infraction préalable ou d'accident, tout conducteur de véhicule, doivent être réalisées sur l'ordre et sous la responsabilité d'officiers de police judiciaire de la gendarmerie ou de la police nationales territorialement compétents.

Encourt la cassation l'arrêt d'une cour d'appel qui déclare réguliers de tels contrôles opérés par des agents de police judiciaire adjoints sur l'ordre d'un maire, au motif que cette qualité lui confère également celle d'officier de police judiciaire (■ Cass. crim., 8 sept. 2015, n° 14-85.562 : *Dr. pén.* 2015, comm. 142, obs. J.-H. Robert).

Ne justifie pas sa décision la cour d'appel qui écarte l'exception de nullité des opérations de dépistage soulevée par le prévenu, sans rechercher si l'ordre reçu de l'officier de police judiciaire permettait un contrôle préventif aux heures et lieu de la constatation de l'infraction (■ Cass. crim., 22 mars 2016, n° 15-86.093).

Art. L. 234-10 et L. 234-11 *(Abr., L. n° 2003-495, 12 juin 2003).*

Art. L. 234-12 *(Mod., L. n° 2011-267, 14 mars 2011).* **– I. – Toute personne coupable, en état de récidive au sens de l'article 132-10 du Code pénal, de l'une des infractions prévues aux articles L. 234-1 et L. 234-8 encourt également les peines complémentaires suivantes :**

1° La confiscation obligatoire du véhicule dont le prévenu s'est servi pour commettre l'infraction, s'il en est propriétaire, la juridiction peut toutefois ne pas prononcer cette peine, par une décision spécialement motivée ;

2° L'immobilisation, pendant une durée d'un an au plus, du véhicule dont le prévenu s'est servi pour commettre l'infraction, s'il en est propriétaire.

II. – *(Abr., L. n° 2003-495, 12 juin 2003).*

III. – Le fait de détruire, détourner ou tenter de détruire ou de détourner un véhicule confisqué en application des dispositions du présent article est puni des peines prévues par l'article 434-41 du Code pénal.

Art. L. 234-13 ***(Mod., L. n° 2003-495, 12 juin 2003).*** **– Toute condamnation pour l'une des infractions prévues aux articles L. 234-1 et L. 234-8, commise en état de récidive au sens de l'article 132-10 du Code pénal, donne lieu de plein droit à l'annulation du permis de conduire avec interdiction de solliciter la délivrance d'un nouveau permis pendant trois ans au plus.**

QPC. L'article L. 234-13 du Code de la route a été déclaré conforme à la Constitution : ■ Cons. const., 29 sept. 2010, n° 2010-40 QPC (*JurisData* n° 2010-030648 ; *Dr. pén.* 2010, comm. 122, obs. J.-H. Robert ; *JCP* G 2010, note 1149, A. Lepage et H. Matsopoulou ; *JCP* G 2011, doctr. 191, p. 341, A. Maron, J.-H. Robert et M. Véron).

Art. L. 234-14. – À compter d'une date et dans les conditions fixées par décret en Conseil d'État, tout conducteur d'un véhicule automobile devra justifier de la possession d'un éthylotest.

Bibliographie : G. Defrance, jurispr. auto, 1998, p. 4, *La conduite sous l'empire d'un état alcoolique.*

• ***Sommaire***

I – DÉFINITIONS

1) Le taux légal d'alcoolémie exprime un rapport poids/poids et s'apprécie donc par rapport à 1 000 g de sang et non par rapport à un litre de sang (■ Cass. crim., 2 juill. 1980 : *Bull. crim.*, n° 209 ; *Rev sc. crim.* 1981, 611, obs. Vitu).

2) L'état alcoolique peut provenir, non seulement de l'ingestion volontaire de boissons alcoolisées, mais aussi de la respiration de vapeurs alcooliques au cours du nettoyage d'une cuve dans un chai vinicole (■ T. corr. Mautauban, 9 févr. 1968 : *JCP* 69, II, 15781, note Clavel) ou lors de la manipulation de solvants par un ébéniste (■ Metz, 19 oct. 1989 : *JurisData* n° 46735).

3) « État alcoolique » et « ivresse manifeste » prévus respectivement par les articles L. 1er-I, alinéa 2 et L. 1er-1, alinéa 2 et L. 1er-II du Code de la route procèdent d'une même action coupable et constituent en l'espèce un fait juridique unique ne pouvant faire l'objet que d'une seule incrimination dont l'application simultanée avec un des délits réprimés par les articles 319 ou 320 du Code pénal entraîne l'annulation de plein droit du permis de conduire (■ Cass. crim., 13 oct. 1982 : *Bull. crim.*, n° 215).

4) Mais dans le cas de la substitution d'une qualification à l'autre, il appartient aux juges, en référence aux articles 388 du Code de procédure pénale, 6-1 de la CEDH et à l'article préliminaire du Code de procédure pénale, d'inviter le prévenu à se défendre sur la nouvelle qualification envisagée (■ Cass. crim., 4 nov. 2003 : *Dr. pénal* 2004, comm. 37, obs. J.-H. Robert).

5) Aux termes de l'article L. 1-III du Code de la route, les blessures involontaires commises par un conducteur en état d'ivresse ou sous l'empire d'un état alcoolique, sont réprimées, même si elles ont entraîné une incapacité de travail d'une durée inférieure à 3 mois, non de peines contraventionnelles, mais des peines correctionnelles prévues par l'article 320 du Code pénal ou, à compter du 1er mars 1994, par l'article 222-19 du Code pénal (■ Cass. crim., 22 févr. 1995 : *Bull. crim.*, n° 80).

6) La conduite d'un véhicule sous l'empire d'un état alcoolique, qui procède d'un comportement volontaire, est un **délit intentionnel** au regard de l'article 121-3, alinéa 1er, du Code pénal (■ Cass. crim., 19 déc. 1994 : *Bull. crim.*, n° 420).

II – CONTRÔLE DE L'ÉTAT ALCOOLIQUE

7) Moyens de contrôle. Les épreuves de dépistage permettent uniquement de présumer l'existence d'un état alcoolique, ainsi que le prévoient les dispositions des articles L. 234-3 et L. 234-4 du Code de la route, et, en application du second de ces textes, seuls les analyses et examens médicaux, cliniques et biologiques, ou les mesures par éthylomètre sont, à la condition que cet appareil soit conforme à un type homologué, de nature à déterminer le taux d'alcoolémie susceptible d'être retenu à l'occasion des poursuites judiciaires. Au regard des dispositions du décret du 3 mai 2001, les mentions relatives à l'homologation et à la vérification annuelle de l'éthylomètre utilisé suffisent à établir le bon fonctionnement de l'appareil.

En conséquence, justifie sa décision la cour d'appel qui confirme le jugement condamnant un prévenu poursuivi du chef de conduite d'un véhicule sous l'empire d'un état alcoolique après avoir écarté son argumentation prise de l'absence d'indication, dans le procès-verbal d'enquête, des caractéristiques propres à l'éthylotest utilisé ainsi que de l'utilisation d'un éthylomètre dont l'homologation initiale, accordée pour dix années, était expirée au moment du contrôle (■ Cass. crim., 28 janv. 2014, n° 13-81.330 : *JCP* 2014, act., n° 271, p. 433).

8) Les officiers ou agents de la police administrative ou judiciaire sont autorisés à soumettre aux épreuves de dépistage l'auteur présumé des infractions énumérées à l'article L. 14, c'est-à-dire, entre autres, des infractions prévues par les articles L. 1 à L. 4 du Code de la route ; or parmi celles-ci figurent aussi bien le délit de conduite en état d'ivresse manifeste que la conduite sous l'empire d'un état alcoolique (■ Cass. crim., 23 mars 1981 : *Bull. crim.*, n° 103-19 oct. 1981 : *Bull. crim.*, n° 277).

9) Les agents de police judiciaire sont compétents, même s'ils ne sont pas placés sous la responsabilité d'un officier de police judiciaire, pour soumettre un automobiliste aux épreuves de dépistage de l'imprégnation alcoolique par l'air expiré, dès lors qu'ils relèvent des indices faisant présumer qu'il conduisait sous l'empire d'un état alcoolique (■ Cass. crim., 5 nov. 1997 : *Bull. crim.*, n° 375).

10) Il résulte des articles L. 234-4, L. 234-5, L. 234-8 et L. 234-9 du Code de la route que les officiers et agents de police judiciaire qui procèdent aux vérifications destinées à établir la preuve de l'état alcoolique d'un conducteur disposent du droit de retenir la personne concernée pendant le temps strictement nécessaire à ces opérations ; encourt la censure l'arrêt qui, pour annuler les actes de la procédure postérieurs à l'interpellation d'un conducteur soumis aux épreuves de dépistage de son imprégnation alcoolique, retient que l'intéressé aurait dû être placé en garde à vue avant d'être conduit dans les locaux de la gendarmerie pour y subir les épreuves de vérification de son état alcoolique (■ Cass. crim., 21 juin 2006 : *Bull. crim.*, n° 192).

11) Il se déduit de l'article L. 3 du Code de la route que l'agent de police judiciaire qui dresse un procès-verbal de conduite sous l'empire d'un état alcoolique, à l'occasion d'un *contrôle préventif*, d'alcoolémie pratiqué sur l'ordre et sous la responsabilité d'un officier de police judiciaire, doit seulement mentionner dans le procès-verbal l'identité de celui-ci, ainsi que la nature de l'ordre reçu, concernant les heures et lieux du contrôle ; il n'est pas nécessaire que soit joint à la procédure un écrit, matérialisant cet ordre (■ Cass. crim., 10 mars 1998 : *Bull. crim.*, n° 90).

12) S'il se déduit de l'article L. 234-9 du Code de la route que le procès-verbal constatant l'infraction doit mentionner l'identité de l'officier de police judiciaire sur l'ordre et sous la responsabilité duquel a agi l'agent verbalisateur ainsi que les heures et lieu du contrôle préventif effectué, le juge peut suppléer le défaut de ces mentions en se référant à tout élément de preuve apporté au cours des débats et soumis à la discussion des parties (■ Cass. crim., 16 mars 2005 : *Bull. crim.*, n° 94).

13) En application de l'article L. 234-3 du Code de la route, les agents de police judiciaire adjoints, sur l'ordre et sous la responsabilité d'officiers de police judiciaire, soumettent à des épreuves de dépistage de l'imprégnation alcoolique par l'air expiré l'auteur présumé d'une infraction au Code de la route punie de la peine complémentaire de suspension du permis de conduire. L'irrégularité de ces épreuves de dépistage a pour effet d'entraîner celle des vérifications ultérieures destinées à établir la preuve de l'état alcoolique.

Encourt, en conséquence, la cassation l'arrêt qui, après avoir énoncé que le dépistage d'alcoolémie effectué par des agents de police judiciaire adjoints était irrégulier du fait qu'il n'avait pas été réalisé sur l'ordre et sous la responsabilité d'un officier de police judiciaire, retient que cette nullité ne pouvait entraîner celle de la procédure ultérieure (■ Cass. crim., 22 oct. 2013, n° 12-86.825 : *Bull. crim.*, n° 194 ; *Dr. pén.*2013, comm. 171, obs. J.-H. Robert).

14) Au sens de l'article L. 234-9, la personne qu'un officier de police judiciaire peut soumettre aux épreuves de dépistage de l'imprégnation alcoolique par l'air expiré, même en l'absence d'infraction préalable ou d'accident, ne peut s'entendre que de la personne qui conduit un véhicule ou qui accompagne un élève conducteur ; pour infirmer le jugement ayant annulé la procédure au motif de l'irrégularité du contrôle d'alcoolémie pratiqué sur le prévenu alors que celui-ci avait cessé de conduire au moins une heure et quart auparavant, l'arrêt attaqué énonce que « le prévenu ne conteste pas qu'il a conduit son véhicule pour transporter son ami à l'hôpital et qu'il devait nécessairement repartir en le conduisant » ; la cassation est donc encourue (▪ Cass. crim., 23 oct. 2002 : *Dr. pénal* 2003, comm. 8, obs. J.-H. Robert).

Mais le contrôle est régulier si, avant qu'il soit pratiqué, l'officier de police judiciaire l'a vu conduire et, un certain laps de temps après, l'a interpellée alors qu'elle était assise, ivre, sur le siège du conducteur (▪ Cass. crim., 7 mars 1989 : jur. auto. 1989, p. 276. ▪ Cass. crim., 19 déc. 1989 : jur. auto. 1990, p. 59).

15) Lorsque les gendarmes procédant aux vérifications ont pu présumer que le conducteur était sous l'empire de l'alcool, ils doivent lui faire subir les épreuves de dépistage (▪ Cass. crim., 7 juin 1983 : *D.* 1984, inf. rap. 225, obs., Roujou de Boubée) ; même solution si le véhicule n'est pas directement impliqué dans la collision (▪ Cass. crim., 8 nov. 1983, *ibidem*).

16) Si l'épreuve de dépistage pratiquée au moyen de l'alcootest est obligatoire dans certaines conditions prévues par la loi, elle ne saurait être considérée comme le préliminaire indispensable aux opérations de contrôle aux termes de l'article L. 1er-II, al. 2 (▪ Cass. crim., 25 janv. 1984 : *D.* 1984, inf. rap. 226, obs. Roujou de Boubée ; V. aussi ▪ Cass. crim., 8 nov. 1988 : *Bull. crim.*, n° 380).

17) Si l'article L. 1er-II du Code de la route, dans sa rédaction de la loi du 12 juillet 1978, énonce que les épreuves de dépistage – ainsi que, les vérifications effectuées dans les conditions prévues au § 1er – ou ces dernières vérifications seulement seront utilisées à l'égard de l'auteur présumé de l'infraction de conduite en état d'ivresse manifeste, les juges du fond peuvent recourir à tout autre moyen de preuve pour se prononcer sur la culpabilité du prévenu, conformément à leur intime conviction, alors même que les vérifications précitées n'auraient abouti à aucun résultat positif (▪ Cass. crim., 9 oct. 1984 : *Bull. crim.*, n° 293. ▪ Cass. crim., 12 avr. 1995 ; *Bull. crim.*, n° 156). Les résultats de l'expertise sanguine à laquelle il a été procédé sur le prévenu de conduite sous l'empire d'un état alcoolique ne peuvent être considérés comme probants et servir de base à une condamnation pénale dès lors que le médecin qui a effectué l'expertise atteste avoir désinfecté la peau avec de l'alcool à 90° avant de procéder au prélèvement (▪ T. corr. Mont-de-Marsan, 9 juin 1987 : *Gaz. Pal.* 21-22 oct. 1988). À en outre été jugé qu'en l'absence de texte sanctionnant le défaut de vérification de l'éthylomètre préalablement à un second contrôle, les juges ne peuvent procéder à l'annulation des opérations de dépistage de l'imprégnation alcoolique que s'ils constatent également une contradiction entre les résultats des analyses d'air expiré incompatible avec un bon fonctionnement dudit appareil (▪ Cass. crim., 9 nov. 1994 : *Bull. crim.*, n° 357). Sur le sujet d'une contestation relative au fonctionnement de l'éthylomètre, V. ▪ Cass. crim., 29 févr. 2000 : *JCP* 2000, II, 10412, note J.-P. Céré, ainsi qu'au contrôle de cet appareil (V. ▪ Cass. crim., 9 oct. 2012, n° 11-85.254 : *Dr. pénal* 2012, comm. 163, obs. J.-H. Robert).

18) Aucune disposition légale ou réglementaire n'impose que les imprimés délivrés, le cas échéant, par un éthylomètre, soient joints à la procédure diligentée contre un prévenu, poursuivi pour conduite sous l'empire d'un état alcoolique ; justifie dès lors sa décision la cour d'appel, qui, pour rejeter l'exception soulevée par l'intéressé et prise de l'absence du « ticket » délivré par l'éthylomètre à la procédure, énonce que l'infraction reprochée a été relevée dans un procès-verbal régulier, et que la réalité de l'infraction n'est pas plus amplement discutée (▪ Cass. crim., 6 mai 1997 : *Bull. crim.*, n° 171).

19) Les résultats des analyses qui ont été pratiquées afin de déterminer le taux d'alcoolémie du sang d'un prévenu de conduite sous l'empire d'un état alcoolique sont soumis à l'appréciation des juges du fond qui conservent, aux termes de l'article 427 du Code de procédure pénale, le droit de se décider d'après leur intime conviction en se fondant sur les preuves qui leur sont apportées au cours des débats et contradictoirement discutées devant eux (▪ Cass. crim., 7 juin 1988 *Bull. crim.*, n° 259).

– Ainsi, justifie sa décision la cour d'appel qui pour relaxer le prévenu poursuivi pour conduite d'un véhicule sous l'empire d'un état alcoolique retient que le premier contrôle effectué par l'épreuve de l'éthylotest a révélé un taux d'alcoolémie de 0,20 milligramme par litre d'air expiré, que le résultat du second contrôle opéré à l'aide du même appareil n'a pas été précisé et qu'un doute subsiste sur l'heure à laquelle il a été procédé aux épreuves de dépistage de l'imprégnation alcoolique (▪ Cass. crim., 31 oct. 2006 : *Bull. crim.*, n° 265).

– Les mesures du taux d'alcoolémie, effectuées au moyen d'un éthylomètre, étant soumises à l'appréciation des juges du fond, ceux-ci peuvent tenir compte, pour qualifier l'infraction, de la marge d'erreur tolérée par l'article 3 du décret du

31 décembre 1985, définissant les normes de contrôle de ce type d'appareil (■ Cass. crim., 20 mars 1996 : *Bull. crim.*, n° 120).

– Si c'est à tort qu'un arrêt énonce que les marges d'erreur prévues par les articles 3 du décret du 31 décembre 1985 et 15 de l'arrêté du 8 juillet 2003 ne peuvent s'appliquer à une mesure effectuée lors d'un contrôle d'alcoolémie, il n'encourt pas pour autant la censure dès lors que l'interprétation des mesures du taux d'alcoolémie effectuées au moyen d'un éthylomètre constitue pour le juge une faculté et non une obligation (■ Cass. crim., 24 juin 2009 ; *Bull. crim.*, n° 134).

– Si le décret du 31 décembre 1985 fixe, pour les modalités d'homologation et de vérification des éthylomètres, l'erreur maximale tolérée sur la mesure de la concentration d'alcool éthylique à huit centièmes, en plus ou en moins, s'agissant de toute concentration supérieure ou égale à 0,40 milligramme par litre et inférieure à un milligramme par litre, ces dispositions ne font pas obstacle à l'appréciation, par les juges du fond saisis d'une poursuite pour conduite d'un véhicule sous l'empire d'un état alcoolique, des éléments de preuve soumis au débat contradictoire qui incluent, notamment, les résultats des contrôles opérés par un appareil de ce type ayant fait l'objet d'une homologation et de vérifications périodiques régulières (■ Cass. crim., 27 oct. 2009 : *Bull. crim.*, n° 175).

– Le caractère probant des constatations opérées au moyen d'un type d'éthylomètre homologué n'est aucunement affecté par le transfert à une autre personne morale du certificat d'examen de type prévu au décret n° 2001-387 du 3 mai 2001 initialement obtenu par son fabricant (■ Cass. crim., 10 janv. 2012, n° 11-85.773 : *Bull. crim.*, n° 5).

20) – En matière de contrôle d'alcoolémie, le non-respect du délai d'attente de trente minutes entre l'absorption d'un produit et la mesure de contrôle de l'alcoolémie par l'air expiré au moyen d'un éthylomètre ne peut rendre irrégulière l'opération de dépistage que si le prévenu rapporte la preuve du grief en résultant (■ Cass. crim., 13 oct. 2009 : *Bull. crim.*, n° 166).

21) Il résulte de la combinaison des dispositions des articles R. 127, R. 128, R. 129 du Code de la route, de l'arrêté du 31 juillet 1975 et de celui du 24 mars 1981 que le préfet peut, à raison de certaines incapacités physiques, restreindre la validité du permis de conduire en la soumettant à diverses conditions et notamment au port de verres correcteurs. La conduite au mépris de ces restrictions de validité équivaut à la conduite sans obtention d'un permis valable. Il s'ensuit qu'un conducteur dans une telle situation peut légalement, par l'application combinée des articles L. 1er-I, L. 12 et L. 14 du Code de la route, être soumis aux épreuves de dépistage et de vérification de l'état alcoolique (■ Cass. crim., 13 nov. 1986 : *Bull. crim.*, n° 339 ; *Rev. sc. crim.* 1987, 422, obs. Delmas-Saint-Hilaire).

22) Le défaut de prélèvement sanguin, qu'il soit motivé par l'absence de médecin (■ Cass. crim., 24 janv. 1973 : *Bull. crim.*, n° 33) ou par le temps écoulé depuis les faits (■ Cass. crim., 24 janv. 1973 : *Bull. crim.*, n° 34) ne saurait faire obstacle à une condamnation.

23) Les dispositions de l'article L. 1er, § I, alinéa 4 sont substantielles ; en conséquence doit être relaxé le conducteur dont l'état alcoolique a été constaté sans qu'elles aient été observées (■ Poitiers, 3 mars 1989 : *JurisData* n° 44365. ■ Rennes, 3 févr. 1989 : *JurisData* n° 42668).

24) Une maladie empêchant l'élimination naturelle de l'alcool ne saurait être une cause d'exonération (■ Bourges, 2 févr. 1989 ; *JurisData* n° 42931).

25) Ne justifie pas sa décision la cour d'appel qui prononce la relaxe du chef de conduite d'un véhicule sous l'empire d'un état alcoolique sans rechercher, d'une part, si la prise de médicament invoquée par le prévenu comme l'exonérant de sa responsabilité pénale avait été effective et si, à la supposer établie, il avait pu être en mesure d'en connaître les effets, et alors, d'autre part, que les juges du second degré se sont référés aux seules déclarations de l'intéressé pour déterminer la quantité de boissons alcoolisées qu'il aurait ingéré volontairement (■ Cass. crim., 10 déc. 2003 : *Bull. crim.*, n° 242).

26) En présence de fiches de comportement insuffisamment probantes et en l'absence de témoignages, un prévenu a été condamné pour blessures involontaires commises sous l'empire d'un état alcoolique dès lors que cet état était démontré par la présence dans le sang d'un taux d'alcool pur égal à 1,01 gramme pour mille, révélé par l'analyse de contrôle (■ Cass. crim., 23 mars 1994 : *Bull. crim.*, n° 111).

– À noter : La personne poursuivie pour conduite sous l'empire d'un état alcoolique n'est pas admise à contester devant les juges du fond la régularité des vérifications biologiques auxquelles elle a été soumise, dès lors qu'elle a expressément renoncé à l'analyse de contrôle prévue par l'article R. 3354-14 du Code de la santé publique (■ Cass. crim., 12 nov. 2008 : *Bull. crim.*, n° 226. – Rapp. ■ Cass. crim. 19 déc. 1991 : *Bull. crim.*, n° 486. – V. *infra* l'article R. 234-3 du Code de la route).

27) A justifié sa décision, la cour d'appel qui, saisie par un prévenu de l'exception de nullité de la notification de son imprégnation alcoolique, selon lui irrégulière alors qu'il était constaté par ailleurs qu'il n'était pas en mesure de comprendre la notification de ses droits en qualité de gardé à vue, a écarté le grief de nullité, et ce, dès lors, d'une part, que les vérifications d'alcoolémie avaient été effectuées conformément aux articles L. 234-4 et R. 234-4 du Code de la route, et, d'autre part, qu'il se déduit desdites dispositions que les vérifications doivent être effectuées dans le temps le plus voisin des épreuves de dépistage lorsqu'elles se sont avérées positives (■ Cass. crim., 16 févr. 2011, n° 10-80.855 : *Bull. crim.*, n° 30).

III – REFUS DU CONTRÔLE

28) Si le fait de refuser le dépistage par alcootest n'est pas érigé en infraction (■ Cass. crim., 17 janv. 1976 : *Bull. crim.*, n° 31. ■ 29 mars 1977 : *Bull. crim.*, 114. ■ 26 févr. 1980 : *Bull. crim.*, n° 71), en revanche le refus de prélèvement et des vérifications constitue un délit aux termes de l'article L. 1er-I, alinéa 6 du Code de la route (mêmes arrêts).

29) Le délit de refus de prélèvements est établi quand bien même le prévenu serait en définitive renvoyé des fins de la poursuite pour la contravention dont il a été présumé être l'auteur (■ Cass. crim., 29 mars 1977 : *Bull. crim.*, n° 114). Tout en relaxant un prévenu du délit de conduite en état d'ivresse ou sous l'empire d'un état alcoolique les juges peuvent, sans contradiction, le condamner pour refus de se soumettre aux vérifications prévues par l'article L. 1er du Code de la route, s'il est poursuivi de ce chef, dès lors que le comportement de l'intéressé pouvait laisser penser aux agents verbalisateurs qu'il conduisait dans un tel état (■ Cass. crim., 6 oct. 1987 : *Bull. crim.*, n° 337).

30) Se rend coupable du délit prévu par l'article L. 1er-I, dernier alinéa du Code de la route celui qui, étant présumé être l'auteur d'une des infractions énumérées à l'article 14 du même code, refuse de se soumettre aux épreuves de dépistage et de vérification de l'état alcoolique, quand bien même il ne serait pas établi en définitive qu'il était le conducteur de la voiture (■ Cass. crim., 11 mai 1982 : *Bull. crim.*, n° 119).

31) Se rend coupable du délit prévu par l'article L. 234-8 du Code de la route celui qui refuse de se soumettre aux vérifications visées par les articles L. 234-4 à L. 234-6, lesquelles sont destinées à établir la preuve de l'état alcoolique ; la qualité de conducteur du véhicule en cause doit s'apprécier au moment où est opposé ce refus (■ Cass. crim., 21 janv. 2004 : *Bull. crim.*, n° 15).

32) Aucun texte n'exige que les vérifications médicales, cliniques et biologiques visées par l'article L. 234-4 du Code de la route soient effectuées sur-le-champ ; se rend coupable du délit prévu par l'article L. 234-8 dudit code le conducteur impliqué dans un accident corporel de la circulation qui, trouvé trois quarts d'heure plus tard à son domicile, refuse de se soumettre aux vérifications destinées à établir la preuve de l'état alcoolique (■ Cass. crim., 8 juin 2006 : *Bull. crim.*, n° 167).

33) L'article L. 1er du Code de la route, dont les dispositions ne sont pas à cet égard incompatibles avec la Convention européenne de sauvegarde des droits de l'homme et des libertés fondamentales, ne prévoit pas pour les auteurs des infractions visées par cet article et les conducteurs impliqués dans un accident de la circulation le droit de choisir entre les modes de vérification, auxquels la loi accorde la même valeur probante (■ Cass. crim., 27 oct. 1993 : *Bull. crim.*, n° 316).

IV – ANNULATION DE PLEIN DROIT DU PERMIS DE CONDUIRE

Bibliographie : Mabille de la Paumelière, *L'annulation du permis de conduire au regard de la loi du 12 juillet 1978* : *D.* 1978, chron. 287. – G. Defrance, *Le point sur l'annulation de permis* : *Jurispr. auto* 1998, p. 11.

34) L'annulation de plein droit du permis de conduire est subordonnée à l'application simultanée des articles L. 1er-I, alinéa 2 et II du Code de la route et 319 ou 320 du Code pénal ; cette condition n'est pas remplie dans l'hypothèse prévue par l'article L. 1er-III, alinéa 2, qui faisant référence à l'article 320, est seulement indicatif des pénalités encourues (■ Cass. crim., 4 juin 1981 : *Bull. crim.*, 189. ■ Cass. crim., 22 mars 1982 : *D.* 1982 inf. rap. 248. ■ Cass. crim., 24 janv. 1983 : *Bull. crim.*, n° 24). V. Cartier, obs. *in JCP* 83, I, 3123, n° 99.

35) L'annulation du permis de conduire est de plein droit un cas de récidive de l'un des délits prévus à l'article L. 1er du Code de la route, mais il n'en est pas ainsi lorsque le premier terme de la prétendue récidive est constitué par une simple contravention (■ Cass. crim., 23 juin 1981 : *Bull. crim.*, n° 217).

36) Une peine de suspension prononcée par un arrêt trois mois après un arrêt ayant annulé le permis de conduire du prévenu est en réalité sans objet et, en tout cas, sans incidence sur l'exécution des différentes peines complémentaires, une autorisation administrative annulée ne pouvant être ultérieurement suspendue. Si les preuves complémentaires échappent à l'application générale de la règle du non-cumul, elles ne peuvent cependant être cumulativement subies au-delà du maximum prévu par la loi (■ Paris, 21 janv. 1981 : *D.* 1987, 515, note Mabille de la Paumelière).

37) Si les dispositions de l'article 702-1 du Code de procédure pénale ne permettent pas le relèvement d'une mesure d'annulation du permis de conduire, elles autorisent cependant les juges à relever le condamné, en tout ou partie, du délai avant l'expiration duquel il ne peut solliciter un nouveau permis, dès lors que l'annulation n'a pas été prononcée à titre principal (■ Cass. crim., 11 juill. 1994 : *Dr. pénal* 1994, n° 262, obs. J.-H. Robert ; à rapprocher, ■ Cass. crim., 30 nov. 1988 : *Bull. crim.*, n° 408. ■ Cass. crim., 17 oct. 1991 : *Bull. crim.*, n° 358).

38) Selon l'article L. 15-II du Code de la route, le permis de conduire est annulé de plein droit en cas de récidive de l'un des délits prévus à l'article L. 1er dudit Code de la route ou lorsqu'il y a lieu à application simultanée de l'article L. 1-I ou L. 1-II du même code et des articles 221-6 ou 222-19 du Code pénal (■ Cass. crim., 7 déc. 1994 : *Bull. crim.*, n° 396).

39) En retenant que l'annulation de plein droit s'étend à toutes les catégories du permis de conduire dont le prévenu est titulaire, la cour d'appel fait l'exacte application de l'article L. 15 du Code de la route (■ Cass. crim., 29 oct. 1997 : *Bull. crim.*, n° 356).

40) Selon l'article L. 15-II du Code de la route, le permis de conduire du prévenu est annulé de plein droit en cas de condamnation pour conduite sous l'empire d'un état alcoolique commise en état de récidive. Cette mesure ne peut pas faire l'objet d'une décision de relèvement dans les conditions prévues par l'article 702-1 du Code de procédure pénale (■ Cass. crim., 18 janv. 2000 : *Bull. crim.*, n° 25).

41) Selon les termes de l'article 469-1, alinéa 2, du Code de procédure pénale, la déclaration de culpabilité suivie d'une dispense de peine exclut l'application des dispositions prévoyant des interdictions, déchéances ou incapacités de quelque nature qu'elles soient qui résulteraient de plein droit d'une condamnation, ce qui est le cas de l'annulation de plein droit du permis de conduire résultant d'une condamnation pour conduite sous l'empire d'un état alcoolique en récidive (■ Cass. crim., 4 févr. 2004 : *Bull. crim.*, n° 31 ; *Dr. pénal* 2004, comm. 86, obs. J.-H. Robert).

Art. L. 234-15 ***(L. n° 2009-1503, 8 déc. 2009).*** **– Les éthylotests anti-démarrage dont sont équipés, à titre préventif, les véhicules des entreprises de transport permettent le traitement automatisé de données relatives à leur fonctionnement, au taux d'alcoolémie des conducteurs et au démarrage des véhicules.**

Les données relatives au taux d'alcoolémie des conducteurs ne doivent être ni consultées, ni communiquées, ni utilisées. Les autres données ne peuvent être consultées que par des personnes nommément désignées par le chef d'entreprise.

Art. L. 234-16 ***(L. n° 2011-267, 14 mars 2011).*** **– I. – Le fait de contrevenir à l'interdiction prononcée sur le fondement du 7° de l'article L. 234-2 est puni de deux ans d'emprisonnement et de 4 500 € d'amende.**

II. – Toute personne coupable de l'infraction prévue au I encourt également les peines complémentaires suivantes :

1° L'interdiction de conduire certains véhicules terrestres à moteur, y compris ceux pour la conduite desquels le permis de conduire n'est pas exigé, pendant une durée de cinq ans au plus ;

2° L'annulation du permis de conduire avec interdiction de solliciter la délivrance d'un nouveau permis pendant trois ans au plus ;

3° La peine de travail d'intérêt général selon les modalités prévues à l'article 131-8 du Code pénal et selon les conditions prévues aux articles 131-22 à 131-24 du même code et à l'article 20-5 de l'ordonnance n° 45-174 du 2 février 1945 relative à l'enfance délinquante.

III. – Toute personne coupable, en état de récidive au sens de l'article 132-10 du Code pénal, de l'infraction prévue au I du présent article encourt également la confiscation obligatoire du véhicule dont elle s'est servie pour commettre l'infraction, si elle en est le propriétaire. La juridiction peut toutefois ne pas prononcer cette peine, par une décision spécialement motivée.

Art. L. 234-17 ***(L. n° 2011-267, 14 mars 2011).*** **– Les conditions d'homologation des dispositifs d'anti-démarrage par éthylotest électronique ainsi que les modalités d'agrément des professionnels chargés de les installer sont fixées par voie réglementaire.**

Voir : D. n° 2011-1661 du 28 novembre 2011 relatif aux dispositifs d'antidémarrage par éthylotest électronique : *JO* 30 nov. 2011.

Art. L. 234-18 *(En vigueur à compter du 1er juin 2011, L. n° 2011-392, 14 avr. 2011 ; mod., L. n° 2016-731, 3 juin 2016)*. **– Lorsqu'il a été procédé aux épreuves de dépistage et aux vérifications prévues par les articles L. 234-3 et L. 234-5, le placement en garde à vue de la personne, si les conditions de cette mesure prévues par le Code de procédure pénale sont réunies, n'est pas obligatoire dès lors qu'elle n'est pas tenue sous la contrainte de demeurer à la disposition des enquêteurs et qu'elle a été informée des droits mentionnés à l'article 61-1 du Code de procédure pénale.**

CHAPITRE V. – Conduite après usage de substances ou plantes classées comme stupéfiants

Art. L. 235-1 *(Rempl., L. n° 2003-87, 3 févr. 2003 ; mod., L. n° 2003-495, 12 juin 2003 ; L. n° 2007-297, 5 mars 2007 ; L. n° 2016-41, 26 janv. 2016)*. **– I. – Toute personne qui conduit un véhicule ou qui accompagne un élève conducteur alors qu'il résulte d'une analyse sanguine ou salivaire qu'elle a fait usage de substances ou plantes classées comme stupéfiants est punie de deux ans d'emprisonnement et de 4 500 € d'amende.**

Si la personne se trouvait également sous l'empire d'un état alcoolique caractérisé par une concentration d'alcool dans le sang ou dans l'air expiré égale ou supérieure aux taux fixés par les dispositions législatives ou réglementaires du présent code, les peines sont portées à trois ans d'emprisonnement et 9 000 € d'amende.

II. – Toute personne coupable des délits prévus par le présent article encourt également les peines complémentaires suivantes :

1° La suspension pour une durée de trois ans au plus du permis de conduire ; cette suspension ne peut pas être limitée à la conduite en dehors de l'activité professionnelle ; elle ne peut être assortie du sursis, même partiellement ;

2° L'annulation du permis de conduire avec interdiction de solliciter la délivrance d'un nouveau permis pendant trois ans au plus ;

3° La peine de travail d'intérêt général selon les modalités prévues à l'article 131-8 du Code pénal et selon les conditions prévues aux articles 131-22 à 131-24 du même code et à l'article 20-5 de l'ordonnance n° 45-174 du 2 février 1945 relative à l'enfance délinquante ;

4° La peine de jours-amende dans les conditions fixées aux articles 131-5 et 131-25 du Code pénal.

5° L'interdiction de conduire certains véhicules terrestres à moteur, y compris ceux pour la conduite desquels le permis de conduire n'est pas exigé, pour une durée de cinq ans au plus ;

6° L'obligation d'accomplir, à ses frais, un stage de sensibilisation à la sécurité routière ;

7° L'obligation d'accomplir, à ses frais, un stage de sensibilisation aux dangers de l'usage de produits stupéfiants.

III. – L'immobilisation du véhicule peut être prescrite dans les conditions prévues aux articles L. 325-1 à L. 325-3.

IV. – Les délits prévus par le présent article donnent lieu de plein droit à la réduction de la moitié du nombre maximal de points du permis de conduire.

1) QPC. Le premier alinéa du paragraphe I de l'article L. 235-1 du Code de la route est conforme à la Constitution (■ Cons. const., 9 déc. 2011, n° 2011-204 QPC : *JurisData* n° 2011-027142 ; *Dr. pén.* 2012, comm. 22, obs. J.-H. Robert ; *AJP* 2012, jurispr., p. 96, obs. J.-R. Cere).

Comp. avec ■ Cass. crim., 5 oct. 2011, n° 11-90.085, QPC, *Renvoyant la question au Conseil constitutionnel* : *Dr. pén.* 2011, comm. 150, obs. J.-H. Robert.

2) L'article L. 235-1 du Code de la route même s'il figure au chapitre V dudit code intitulé « conduite sous l'influence de substances ou plantes chassées comme stupéfiants » incrimine le seul fait de conduire un véhicule après avoir fait usage de stupéfiants dès lors que cet usage résulte d'une analyse sanguine (■ Cass. crim., 12 mars 2008, pourvoi n° 07-83.476 : *Bull. crim.*, n° 61 ; *Dr. pénal* 2008, comm. 86, obs. J.-H. Robert).

3) L'usage de stupéfiants, élément constitutif de l'infraction prévue par l'article L. 235-1 du Code de la route, qui incrimine le fait de conduire un véhicule après avoir fait usage de stupéfiants, ne peut être prouvé que par analyse sanguine (■ Cass. crim., 15 févr. 2012, n° 11-84.607 : *Bull. crim.*, n° 48 ; *D.* 2012, act. p. 817, obs. M. Bombled ; *Dr. pén.* 2012, comm. 70, obs. J.-H. Robert ; sur les modalités du dépistage, V. ■ Cass. crim., 11 juill. 2017, n° 16-86.907 : *Dr. pén.* 2017, comm. 179, note J.-H. Robert).

4) L'article L. 235-1 du Code de la route incrimine le seul fait de conduire un véhicule après

ANNEXE 16

avoir fait usage de stupéfiants dès lors que cet usage résulte d'une analyse sanguine (■ Cass. crim., 3 oct. 2012, n° 12-82.498 : *Bull. crim.*, n° 207 ; *Dr. pénal* 2012, comm. 160, obs. J.-H. Robert ; *Gaz. Pal.* 12-13 déc. 2012, jurispr., p. 7, note R. Mesa).

5) L'article L. 235-1 du Code de la route incrimine le seul fait de conduire après avoir fait usage de stupéfiants dès lors que cet usage résulte d'une analyse sanguine, peu important que le taux de produits stupéfiants révélé par cette analyse soit inférieur au seuil minimum prévu par l'arrêté du 5 septembre 2001 fixant les modalités du dépistage des substances témoignant de l'usage de stupéfiants, qui est un seuil de détection et non un seuil d'incrimination (■ Cass. crim., 14 oct. 2014, n° 13-81.390 : *Bull. crim.*, n° 203 ; *Dr. pén.* 2014, comm. 147, obs. J.-H. Robert).

Art. L. 235-2 *(L. n° 2003-87, 3 févr. 2003 ; L. n° 2011-267, 14 mars 2011 ; L. n° 2016-41, 26 janv. 2016).* **– Les officiers ou agents de police judiciaire de la gendarmerie ou la police nationales territorialement compétents et, sur l'ordre et sous la responsabilité des officiers de police judiciaire, les agents de police judiciaire adjoints font procéder, sur le conducteur ou l'accompagnateur de l'élève conducteur impliqué dans un accident mortel ou corporel de la circulation, à des épreuves de dépistage en vue d'établir si cette personne conduisait en ayant fait usage de substances ou plantes classées comme stupéfiants.**

Les officiers ou agents de police judiciaire de la gendarmerie ou la police nationales territorialement compétents et, sur l'ordre et sous la responsabilité des officiers de police judiciaire, les agents de police judiciaire adjoints peuvent également faire procéder à ces mêmes épreuves sur tout conducteur ou tout accompagnateur d'élève conducteur qui est impliqué dans un accident matériel de la circulation ou est l'auteur présumé de l'une des infractions au présent code ou à l'encontre duquel il existe une ou plusieurs raisons plausibles de soupçonner qu'il a fait usage de stupéfiants.

Les officiers ou agents de police judiciaire de la gendarmerie ou la police nationales territorialement compétents, agissant sur réquisitions du procureur de la République précisant les lieux et dates des opérations et, sur l'ordre et sous la responsabilité de ces officiers de police judiciaire, les agents de police judiciaire adjoints peuvent également, même en l'absence d'accident de la circulation, d'infraction ou de raisons plausibles de soupçonner un usage de stupéfiants, procéder ou faire procéder, sur tout conducteur ou tout accompagnateur d'élève conducteur, à des épreuves de dépistage en vue d'établir si cette personne conduisait en ayant fait usage de substances ou plantes classées comme stupéfiants. Les réquisitions prévues au présent alinéa peuvent être adressées par tout moyen. Si elles sont adressées oralement, il en est fait mention dans le procès-verbal dressé par l'officier ou l'agent de police judiciaire.

Les officiers de police judiciaire de la gendarmerie ou de la police nationales territorialement compétents à leur initiative et, sur l'ordre et sous la responsabilité de ceux-ci, les agents de police judiciaire et les agents de police judiciaire adjoints, peuvent également, même en l'absence d'accident de la circulation, d'infraction ou de raisons plausibles de soupçonner un usage de stupéfiants, procéder ou faire procéder, sur tout conducteur ou tout accompagnateur d'élève conducteur, à des épreuves de dépistage en vue d'établir si cette personne conduisait en ayant fait usage de substances ou plantes classées comme stupéfiants.

Si les épreuves de dépistage se révèlent positives ou lorsque le conducteur refuse ou est dans l'impossibilité de les subir, les officiers ou agents de police judiciaire font procéder à des vérifications consistant en des analyses ou examens médicaux, cliniques et biologiques, en vue d'établir si la personne conduisait en ayant fait usage de substances ou plantes classées comme stupéfiants.

Lorsque la constatation est faite par un agent de police judiciaire adjoint mentionné aux 1° ***bis*****, 1°** ***ter*****, 1°** ***quater*** **ou 2° de l'article 21 du Code de procédure pénale, il rend compte immédiatement de la présomption de l'existence d'un usage de substances ou plantes classées comme stupéfiants ou du refus du conducteur ou de l'accompagnateur de l'élève conducteur de subir les épreuves de dépistage à tout officier de police judiciaire de la police nationale ou de la gendarmerie nationale territorialement compétent, qui peut alors lui ordonner sans délai de lui présenter sur-le-champ la personne concernée.**

Un décret en Conseil d'État détermine les conditions d'application du présent article.

1) En l'absence des conditions requises par l'article L. 235-2 du Code de la route, dans sa rédaction antérieure à la loi n° 2016-41 du 26 janvier 2016, notamment l'indice objectif faisant soupçonner un usage de stupéfiants ou toute autre infraction, il n'entre pas dans les prérogatives de l'officier ou de l'agent de police judiciaire, chargé d'une opération de contrôle systématique de l'alcoolémie, de procéder, après un contrôle d'un conducteur se révélant négatif, à des opérations de contrôle de l'usage de stupéfiants après interrogatoire du conducteur sur sa consommation, en l'absence de réquisition appropriée du procureur de la République (■ Cass. crim., 10 févr. 2016, n° 15-81.268 : *Dr. pén.* 2016, comm. 61, obs. J.-H. Robert).

2) La réquisition destinée à vérifier si une personne conduisait en ayant fait usage de stupéfiants délivrée, en application de l'article L. 235-2 du Code de la route, par un officier de police judiciaire qui a soumis un conducteur à un dépistage positif de stupéfiants, n'est pas soumise à l'autorisation préalable du procureur de la République (■ Cass. crim., 21 juin 2016, n° 15-86.449 : *Dr. pén.* 2016, comm. 127, note J.-H. Robert).

Art. L. 235-3 ***(L. n° 2003-87, 3 févr. 2003 ; L. n° 2003-495, 12 juin 2003 ; L. n° 2007-297, 5 mars 2007).*** **– I. – Le fait de refuser de se soumettre aux vérifications prévues par l'article L. 235-2 est puni de deux ans d'emprisonnement et de 4 500 € d'amende.**

II. – Toute personne coupable de ce délit encourt également les peines complémentaires suivantes :

1° La suspension pour une durée de trois ans au plus du permis de conduire ; cette suspension ne peut être limitée à la conduite en dehors de l'activité professionnelle ; elle ne peut être assortie du sursis, même partiellement ;

2° L'annulation du permis de conduire avec interdiction de solliciter la délivrance d'un nouveau permis pendant trois ans au plus ;

3° La peine de travail d'intérêt général selon les modalités prévues à l'article 131-8 du Code pénal et selon les conditions prévues aux articles 131-22 à 131-24 du même code et à l'article 20-5 de l'ordonnance n° 45-174 du 2 février 1945 relative à l'enfance délinquante ;

4° La peine de jours-amende dans les conditions fixées aux articles 131-5 et 131-25 du Code pénal.

5° L'interdiction de conduire certains véhicules terrestres à moteur, y compris ceux pour la conduite desquels le permis de conduire n'est pas exigé, pour une durée de cinq ans au plus ;

6° L'obligation d'accomplir, à ses frais, un stage de sensibilisation à la sécurité routière ;

7° L'obligation d'accomplir, à ses frais, un stage de sensibilisation aux dangers de l'usage de produits stupéfiants.

III. – Ce délit donne lieu de plein droit à la réduction de la moitié du nombre maximal de points du permis de conduire.

Art. L. 235-4 ***(L. n° 2003-87, 3 févr. 2003 ; L. n° 2011-267, 14 mars 2011).*** **– I. – Toute personne coupable, en état de récidive au sens de l'article 132-10 du Code pénal, de l'une des infractions prévues aux articles L. 235-1 et L. 235-3 du présent code encourt également les peines complémentaires suivantes :**

1° La confiscation obligatoire du véhicule dont le prévenu s'est servi pour commettre l'infraction, s'il en est propriétaire, la juridiction peut toutefois ne pas prononcer cette peine, par une décision spécialement motivée ;

2° L'immobilisation, pendant une durée d'un an au plus, du véhicule dont le prévenu s'est servi pour commettre l'infraction, s'il en est propriétaire.

Le fait de détruire, détourner ou tenter de détruire ou de détourner un véhicule confisqué ou immobilisé en application des 1° et 2° est puni des peines prévues à l'article 434-41 du Code pénal.

II. – Toute condamnation pour les délits prévus aux articles L. 235-1 et L. 235-3 commis en état de récidive au sens de l'article 132-10 du Code pénal donne lieu de plein droit à l'annulation du permis de conduire avec interdiction de solliciter la délivrance d'un nouveau permis pendant trois ans au plus.

Art. L. 235-5 ***(Abr., L. n° 2003-495, 12 juin 2003 puis rétabli dans la version suivante à compter du 1er juin 2011, L. n° 2011-392, 14 avr. 2011 ; mod., L. n° 2016-731, 3 juin 2016).*** **– Lorsqu'il a été procédé aux épreuves de dépistage et aux vérifications prévues par l'article L. 235-2, le placement en garde à vue de la personne, si les conditions de cette mesure prévues par le Code de procédure pénale sont réunies, n'est pas obligatoire dès lors qu'elle n'est pas tenue sous la contrainte de demeurer à la disposition des enquêteurs et qu'elle a été informée des droits mentionnés à l'article 61-1 du Code de procédure pénale.**

TITRE IV. – DISPOSITIONS RELATIVES À L'OUTRE-MER

CHAPITRE I. – DISPOSITIONS PARTICULIÈRES À LA COLLECTIVITÉ TERRITORIALE DE SAINT-PIERRE-ET-MIQUELON

Art. L. 241-1. – Pour l'application du présent livre dans la collectivité territoriale de Saint-Pierre-et-Miquelon, le terme « département » est remplacé par « collectivité territoriale ».

CHAPITRE II. – DISPOSITIONS APPLICABLES DANS LA COLLECTIVITÉ TERRITORIALE DE MAYOTTE

Art. L. 242-1. – Les dispositions législatives du présent livre sont applicables dans la collectivité territoriale de Mayotte.

Art. L. 242-2. – Pour l'application des dispositions du présent livre dans la collectivité territoriale de Mayotte, les termes énumérés ci-après sont remplacés comme suit :

1° « Préfet » par « représentant du Gouvernement » ;

2° « Département » par « collectivité territoriale ».

CHAPITRE III. – DISPOSITIONS APPLICABLES À LA NOUVELLE-CALÉDONIE

Art. L. 243-1. – *(Mod., L. n° 2003-495, 12 juin 2003 ; L. n° 2008-644, 1er juill. 2008 ; L. n° 2011-267, 14 mars 2011)* Pour l'application de l'article L. 225-4 en Nouvelle-Calédonie, les mots : « dans le département » sont remplacés par les mots : « dans la collectivité ».

Les articles L. 234-1 à L. 234-9 sont applicables à la Nouvelle-Calédonie dans la rédaction suivante :

« Art. L. 234-1. – I. – Même en l'absence de tout signe d'ivresse manifeste, le fait de conduire un véhicule sous l'empire d'un état alcoolique caractérisé par une concentration d'alcool dans le sang égale ou supérieure à 0,80 gramme par litre ou par une concentration d'alcool dans l'air expiré égale ou supérieure à 0,40 milligramme par litre est puni de deux ans d'emprisonnement et de 4 500 € d'amende.

II. – Le fait de conduire un véhicule en état d'ivresse manifeste est puni des mêmes peines. »

« Art. L. 234-2. – Toute personne coupable de l'un des délits prévus à l'article L. 234-1 encourt également les peines complémentaires suivantes :

1° La peine de travail d'intérêt général selon des modalités prévues à l'article 131-8 du Code pénal et selon les conditions prévues aux articles 131-22 à 131-24 du même code et à l'article 20-5 de l'ordonnance n° 45-174 du 2 février 1945 relative à l'enfance délinquante ;

2° La peine de jours-amendes dans les conditions fixées aux articles 131-5 et 131-25 du Code pénal. »

3° L'interdiction, pendant une durée de cinq ans au plus, de conduire un véhicule qui ne soit pas équipé, par un professionnel agréé ou par construction, d'un dispositif homologué d'anti-démarrage par éthylotest électronique. Lorsque cette interdiction est prononcée en même temps que la peine d'annulation ou de suspension du permis de conduire, elle s'applique, pour la durée fixée par la juridiction, à l'issue de l'exécution de cette peine.

« Art. L. 234-3. – Les officiers ou agents de police judiciaire soumettent à des épreuves de dépistage de l'imprégnation alcoolique par l'air expiré l'auteur présumé de l'une des infractions prévues par les dispositions applicables localement susceptibles d'entraîner une suspension du permis de conduire, ou le conducteur impliqué dans un accident de la circulation ayant occasionné un dommage corporel.

Ils peuvent soumettre aux mêmes épreuves tout conducteur impliqué dans un quelconque accident de la circulation ou l'auteur présumé de l'une des infractions aux prescriptions applicables localement relatives à la vitesse des véhicules et au port de la ceinture de sécurité ou du casque. »

« Art. L. 234-4. – Lorsque les épreuves de dépistage permettent de présumer l'existence d'un état alcoolique ou lorsque le conducteur refuse de les subir, les officiers ou agents de police judiciaire font procéder aux vérifications destinées à établir la preuve de l'état alcoolique.

Ces vérifications sont faites soit au moyen d'analyses et examens médicaux, cliniques et biologiques, soit au moyen d'un appareil permettant de déterminer la concentration d'alcool par l'analyse de l'air expiré, à la condition que cet appareil soit conforme à un type homologué. »

« Art. L. 234-5. – Lorsque les vérifications sont faites au moyen d'analyses et examens médicaux, cliniques et biologiques, un échantillon est conservé.

Lorsqu'elles sont faites au moyen d'un appareil permettant de déterminer la concentration d'alcool par l'analyse de l'air expiré, un second contrôle peut être immédiatement effectué, après vérification du bon fonctionnement de l'appareil ; ce contrôle est de droit lorsqu'il est demandé par l'intéressé. »

« Art. L. 234-6. – L'auteur présumé de conduite en état d'ivresse manifeste peut être soumis directement aux vérifications destinées à établir l'état alcoolique. »

« Art. L. 234-7. – Un décret en Conseil d'État détermine les conditions dans lesquelles sont effectuées les opérations de dépistage et les vérifications prévues aux articles L. 234-3 à L. 234-6. »

« Art. L. 234-8. – I. – Le fait de refuser de se soumettre aux vérifications prévues par les articles L. 234-4 à L. 234-6 ou aux vérifications prévues par l'article L. 234-9 est puni de deux ans d'emprisonnement et de 4 500 € d'amende.

II. – Toute personne coupable de ce délit encourt également les peines complémentaires suivantes :

1° La peine de travail d'intérêt général selon des modalités prévues à l'article 131-8 du Code pénal et selon les conditions prévues aux articles 131-22 à 131-24 du même code et à l'article 20-5 de l'ordonnance n° 45-174 du 2 février 1945 relative à l'enfance délinquante.;

2° La peine de jours-amendes dans les conditions fixées aux articles 131-5 et 131-25 du Code pénal. »

« Art. L. 234-9. – Les officiers de police judiciaire, soit sur instruction du procureur de la République, soit à leur initiative, et, sur l'ordre et sous la responsabilité des officiers de police judiciaire, les agents de police judiciaire peuvent, même en l'absence d'infraction préalable ou d'accident, soumettre toute personne qui conduit un véhicule à des épreuves de dépistage de l'imprégnation alcoolique par l'air expiré.

Lorsque les épreuves de dépistage permettent de présumer l'existence d'un état alcoolique, les officiers ou agents de police judiciaire font procéder aux vérifications destinées à établir la preuve de l'état alcoolique au moyen de l'appareil permettant de déterminer la concentration d'alcool par l'analyse de l'air expiré, mentionné aux articles L. 234-4 et L. 234-5 et dans les conditions prévues par ces mêmes articles.

En cas d'impossibilité de subir ces épreuves résultant d'une incapacité physique attestée par le médecin requis, les officiers ou agents de police judiciaire font procéder aux vérifications destinées à établir la preuve de l'état alcoolique au moyen d'analyses et examens médicaux, cliniques et biologiques, dans les conditions prévues par les articles L. 234-4 et L. 234-5. »

Art. L. 243-2 *(Ord. n° 2004-567, 17 juin 2004 ; L. n° 2011-267, 14 mars 2011 ; L. n° 2017-258, 28 févr. 2017)*. – Les 2°, 3° et 6° de l'article L. 231-2, le I et les 2°, 3° et 5° du II de l'article L. 233-1, le I et les 4° et 5° du II de l'article L. 233-1-1, le I et les 2° et 3° du II de l'article L. 233-2, les articles L. 234-16 et L. 234-17, le I, les 3° et 4° du II et le III de l'article L. 235-1, l'article L. 235-2, le I, les 3° et 4° du II de l'article L. 235-3 et le I de l'article L. 235-4 sont applicables en Nouvelle-Calédonie.

CHAPITRE IV. – DISPOSITIONS APPLICABLES À LA POLYNÉSIE FRANÇAISE

Art. L. 244-1. – *(Mod., L. n° 2003-495, 12 juin 2003 ; L. n° 2008-644, 1er juill. 2008 ; L. n° 2011-267, 14 mars 2011)* Pour l'application de l'article L. 225-4 en Polynésie française, les mots : « dans le département » sont remplacés par les mots : « dans la collectivité ».

Les articles L. 234-1 à L. 234-9 sont applicables à la Polynésie française, dans la rédaction suivante :

« Art. L. 234-1. – I. – Même en l'absence de tout signe d'ivresse manifeste, le fait de conduire un véhicule sous l'empire d'un état alcoolique caractérisé par une concentration d'alcool dans le sang égale ou supérieure à 0,80 gramme par litre ou par une concentration d'alcool dans l'air expiré égale ou supérieure à 0,40 milligramme par litre est puni de deux ans d'emprisonnement et de 4 500 € d'amende.

II. – Le fait de conduire un véhicule en état d'ivresse manifeste est puni des mêmes peines. »

« Art. L. 234-2. – Toute personne coupable de l'un des délits prévus à l'article L. 234-1 encourt également les peines complémentaires suivantes :

1° La peine de travail d'intérêt général selon des modalités prévues à l'article 131-8 du Code pénal et selon les conditions prévues aux articles 131-22 à 131-24 du même code et à l'article 20-5 de l'ordonnance n° 45-174 du 2 février 1945 relative à l'enfance délinquante ;

2° La peine de jours-amendes dans les conditions fixées aux articles 131-5 et 131-25 du Code pénal ;

3° L'interdiction, pendant une durée de cinq ans au plus, de conduire un véhicule qui ne soit pas équipé, par un professionnel agréé ou par construction, d'un dispositif homologué d'anti-démarrage par éthylotest électronique. Lorsque cette interdiction est prononcée en même temps que la peine d'annulation ou de suspension du permis de conduire, elle s'applique, pour la durée fixée par la juridiction, à l'issue de l'exécution de cette peine. »

« Art. L. 234-3. – Les officiers ou agents de police judiciaire soumettent à des épreuves de dépistage de l'imprégnation alcoolique par l'air expiré l'auteur présumé de l'une des infractions prévues par les dispositions applicables localement susceptibles d'entraîner une suspension du permis de conduire, ou le conducteur impliqué dans un accident de la circulation ayant occasionné un dommage corporel.

Ils peuvent soumettre aux mêmes épreuves tout conducteur impliqué dans un quelconque accident de la circulation ou l'auteur présumé de l'une des infractions aux prescriptions applicables localement relatives à la vitesse des véhicules et au port de la ceinture de sécurité ou du casque. »

« Art. L. 234-4. – Lorsque les épreuves de dépistage permettent de présumer l'existence d'un état alcoolique ou lorsque le conducteur refuse de les subir, les officiers ou agents de police judiciaire font procéder aux vérifications destinées à établir la preuve de l'état alcoolique.

Ces vérifications sont faites soit au moyen d'analyses et examens médicaux, cliniques et biologiques, soit au moyen d'un appareil permettant de déterminer la concentration d'alcool par l'analyse de l'air expiré à la condition que cet appareil soit conforme à un type homologué. »

« Art. L. 234-5. – Lorsque les vérifications sont faites au moyen d'analyses et examens médicaux, cliniques et biologiques, un échantillon est conservé.

Lorsqu'elles sont faites au moyen d'un appareil permettant de déterminer la concentration d'alcool par l'analyse de l'air expiré, un second contrôle peut être immédiatement effectué, après vérification du bon fonctionnement de l'appareil ; ce contrôle est de droit lorsqu'il est demandé par l'intéressé. »

« Art. L. 234-6. – L'auteur présumé de conduite en état d'ivresse manifeste peut être soumis directement aux vérifications destinées à établir l'état alcoolique. »

« Art. L. 234-7. – Un décret en Conseil d'État détermine les conditions dans lesquelles sont effectuées les opérations de dépistage et les vérifications prévues aux articles L. 234-3 à L. 234-6. »

« Art. L. 234-8. – I. – Le fait de refuser de se soumettre aux vérifications prévues par les articles L. 234-4 à L. 234-6 ou aux vérifications prévues par l'article L. 234-9 est puni de deux ans d'emprisonnement et de 4 500 € d'amende.

II. – Toute personne coupable de ce délit encourt également les peines complémentaires suivantes :

1° La peine de travail d'intérêt général selon des modalités prévues à l'article 131-8 du Code pénal et selon les conditions prévues aux articles 131-22 à 131-24 du même code et à l'article 20-5 de l'ordonnance n° 45-174 du 2 février 1945 relative à l'enfance délinquante ;

2° La peine de jours-amendes dans les conditions fixées aux articles 131-5 et 131-25 du Code pénal. »

« Art. L. 234-9. – Les officiers de police judiciaire, soit sur instruction du procureur de la République, soit à leur initiative, et sur l'ordre et sous la responsabilité des officiers de police judiciaire, les agents de police judiciaire peuvent, même en l'absence d'infraction préalable ou d'accident, soumettre toute personne qui conduit un véhicule à des épreuves de dépistage de l'imprégnation alcoolique par l'air expiré.

Lorsque les épreuves de dépistage permettent de présumer l'existence d'un état alcoolique, les officiers ou agents de police judiciaire font procéder aux vérifications destinées à établir la preuve de l'état alcoolique au moyen de l'appareil permettant de déterminer la concentration d'alcool par l'analyse de l'air expiré, mentionné aux articles L. 234-4 et L. 234-5 et dans les conditions prévues par ces mêmes articles.

En cas d'impossibilité de subir ces épreuves résultant d'une incapacité physique attestée par le médecin requis, les officiers ou agents de police judiciaire font procéder aux vérifications destinées à établir la preuve de l'état alcoolique au moyen d'analyses et examens médicaux, cliniques et biologiques, dans les conditions prévues par les articles L. 234-4 et L. 234-5. »

Art. L. 244-2 *(L. n° 2003-495, 12 juin 2003 ; L. n° 2011-267, 14 mars 2011 ; L. n° 2017-258, 28 févr. 2017).* – Les 2°, 3° et 6° de l'article L. 231-2, le I et les 2°, 3° et 5° du II de l'article L. 233-1, le I et les 4° et 5° du II de l'article L. 233-1-1, le I et les 2° et 3° du II de l'article L. 233-2, les articles L. 234-16 et L. 234-17, le I, les 3° et 4° du II et le III de l'article L. 235-1, l'article L. 235-2, le I, les 3° et 4° du II de l'article L. 235-3 et le I de l'article L. 235-4 sont applicables en Polynésie française.

CHAPITRE V. – DISPOSITIONS APPLICABLES AU TERRITOIRE DES ÎLES WALLIS-ET-FUTUNA

Art. L. 245-1 *(Mod., L. n° 2003-495, 12 juin 2003 ; L. n° 2008-644, 1er juill. 2008 ; L. n° 2011-267, 14 mars 2011).* – Pour l'application de l'article L. 225-4 dans les îles Wallis-et- Futuna, les mots : « dans le département » sont remplacés par les mots : « dans la collectivité ».

Les articles L. 234-1 à L. 234-9 sont applicables au territoire des îles Wallis-et-Futuna dans la rédaction suivante :

« Art. L. 234-1. – I. – Même en l'absence de tout signe d'ivresse manifeste, le fait de conduire un véhicule sous l'empire d'un état alcoolique caractérisé par une concentration d'alcool dans le sang égale ou supérieure

à 0,80 gramme par litre ou par une concentration d'alcool dans l'air expiré égale ou supérieure à 0,40 milligramme par titre est puni de deux ans d'emprisonnement et de 4 500 € d'amende.

II. – Le fait de conduire un véhicule en état d'ivresse manifeste est puni des mêmes peines. »

« Art. L. 234-2. – Toute personne coupable de l'un des délits prévus à l'article L. 234-1 encourt également les peines complémentaires suivantes :

1° La peine de travail d'intérêt général selon des modalités prévues à l'article 131-8 du Code pénal et selon les conditions prévues aux articles 131-22 à 131-24 du même code et à l'article 20-5 de l'ordonnance n° 45-174 du 2 février 1945 relative à l'enfance délinquante ;

2° La peine de jours-amendes dans les conditions fixées aux articles 131-5 et 131-25 du Code pénal ;

3° L'interdiction, pendant une durée de cinq ans au plus, de conduire un véhicule qui ne soit pas équipé, par un professionnel agréé ou par construction, d'un dispositif homologué d'anti-démarrage par éthylotest électronique. Lorsque cette interdiction est prononcée en même temps que la peine d'annulation ou de suspension du permis de conduire, elle s'applique, pour la durée fixée par la juridiction, à l'issue de l'exécution de cette peine. »

« Art. L. 234-3. – Les officiers ou agents de police judiciaire soumettent à des épreuves de dépistage de l'imprégnation alcoolique par l'air expiré l'auteur présumé de l'une des infractions prévues aux dispositions applicables localement susceptibles d'entraîner une suspension du permis de conduire, ou le conducteur impliqué dans un accident de la circulation ayant occasionné un dommage corporel.

Ils peuvent soumettre aux mêmes épreuves tout conducteur impliqué dans un quelconque accident de la circulation ou l'auteur présumé de l'une des infractions aux prescriptions applicables localement relatives à la vitesse des véhicules et au port de la ceinture de sécurité ou du casque. »

« Art. L. 234-4. – Lorsque les épreuves de dépistage permettent de présumer l'existence d'un état alcoolique ou lorsque le conducteur refuse de les subir, les officiers ou agents de police judiciaire font procéder aux vérifications destinées à établir la preuve de l'état alcoolique.

Ces vérifications sont faites soit au moyen d'analyses et examens médicaux, cliniques et biologiques, soit au moyen d'un appareil permettant de déterminer la concentration d'alcool par l'analyse de l'air expiré à la condition que cet appareil soit conforme à un type homologué. »

« Art. L. 234-5. – Lorsque les vérifications sont faites au moyen d'analyses et examens médicaux, cliniques et biologiques, un échantillon est conservé.

Lorsqu'elles sont faites au moyen d'un appareil permettant de déterminer la concentration d'alcool par l'analyse de l'air expiré, un second contrôle peut être immédiatement effectué, après vérification du bon fonctionnement de l'appareil ; ce contrôle est de droit lorsqu'il est demandé par l'intéressé. »

« Art. L. 234-6. – L'auteur présumé de conduite en état d'ivresse manifeste peut être soumis directement aux vérifications destinées à établir l'état alcoolique. »

« Art. L. 234-7. – Un décret en Conseil d'État détermine les conditions dans lesquelles sont effectuées les opérations de dépistage et les vérifications prévues aux articles L. 234-3 à L. 234-6. »

« Art. L. 234-8. – I. – Le fait de refuser de se soumettre aux vérifications prévues par les articles L. 234-4 à L. 234-6 ou aux vérifications prévues par l'article L. 234-9 est puni de deux ans d'emprisonnement et de 4 500 € d'amende.

II. – Toute personne coupable de ce délit encourt également les peines complémentaires suivantes :

1° La peine de travail d'intérêt général selon des modalités prévues à l'article 131-8 du Code pénal et selon les conditions prévues aux articles 131-22 à 131-24 du même code et à l'article 20-5 de l'ordonnance n° 45-174 du 2 février 1945 relative à l'enfance délinquante ;

2° La peine de jours-amendes dans les conditions fixées aux articles 131-5 et 131-25 du Code pénal. »

« Art. L. 234-9. – Les officiers de police judiciaire, soit sur instruction du procureur de la République, soit à leur initiative, et, sur l'ordre et sous la responsabilité des officiers de police judiciaire, les agents de police judiciaire peuvent, même en l'absence d'infraction préalable ou d'accident, soumettre toute personne qui conduit un véhicule à des épreuves de dépistage de l'imprégnation alcoolique par l'air expiré.

Lorsque les épreuves de dépistage permettent de présumer l'existence d'un état alcoolique, les officiers ou agents de police judiciaire font procéder aux vérifications destinées à établir la preuve de l'état alcoolique au moyen de l'appareil permettant de déterminer la concentration d'alcool par l'analyse de l'air expiré, mentionné aux articles L. 234-4 à L. 234-6 et dans les conditions prévues par ces mêmes articles.

En cas d'impossibilité de subir ces épreuves résultant d'une incapacité physique attestée par le médecin requis, les officiers ou agents de police judiciaire font procéder aux vérifications destinées à établir la preuve de l'état alcoolique au moyen d'analyses et examens médicaux, cliniques et biologiques, dans les conditions prévues par les articles L. 234-4 à L. 234-6. »

Art. L. 245-2 *(Ord. n° 2004-567, 17 juin 2004 ; L. n° 2011-267, 14 mars 2011 ; L. n° 2017-258, 28 févr. 2017)*. **– Les 2°, 3° et 6° de l'article L. 231-2, le I et les 2°, 3° et 5° du II de l'article L. 233-1, le I et les 4° et 5° du II de l'article L. 233-1-1, le I et les 2° et 3° du II de l'article L. 233-2, les articles L. 234-16 et L. 234-17, le I, les 3° et 4° du II et le III de l'article L. 235-1, l'article L. 235-2, le I, les 3° et 4° du II de l'article L. 235-3 et le I de l'article L. 235-4 sont applicables dans les îles Wallis-et-Futuna.**

LIVRE TROISIÈME. – LE VÉHICULE

TITRE PREMIER. – DISPOSITIONS TECHNIQUES

CHAPITRE I. – DISPOSITIONS GÉNÉRALES ET DÉFINITIONS

Art. L. 311-1. – Les véhicules doivent être construits, commercialisés, exploités, utilisés, entretenus et, le cas échéant, réparés de façon à assurer la sécurité de tous les usagers de la route.

Des décrets en Conseil d'État déterminent les conditions d'application du présent article.

La survenance d'une défaillance mécanique que, par sa nature même, le conducteur, à qui l'article L. 311-1 du Code de la route impose d'entretenir et réparer son véhicule de façon à assurer la sécurité de tous les usagers de la route, a la possibilité de prévenir, par la vérification préalable de l'état dudit véhicule, avant d'en faire usage, ne suffit pas, à elle seule, à constituer la force majeure au sens de l'article 121-3, alinéa 5, du Code pénal (■ Cass. crim., 6 nov. 2013, n° 12-82.182 : *Bull. crim.*, n° 215 ; *Dr. pén.* 2014, comm. 24, obs. J.-H. Robert).

Art. L. 311-2 *(L. n° 2016-1547, 18 nov. 2016)*. **– À l'occasion des contrôles des véhicules et de leurs conducteurs effectués dans les conditions prévues au Code de procédure pénale ou au présent code, les agents compétents pour effectuer ces contrôles, dont la liste est fixée par voie réglementaire, sont autorisés à procéder aux opérations leur permettant d'accéder aux informations et aux données physiques et numériques embarquées relatives à l'identification et à la conformité du véhicule et de ses composants, afin de vérifier le respect des prescriptions fixées au présent livre III et de vérifier si ce véhicule ou tout ou partie de ses équipements n'ont pas été volés ou recelés.**

Les informations et données embarquées du véhicule autres que celles mentionnées au premier alinéa ne peuvent être utilisées comme preuve de la commission d'autres infractions prévues par le présent code.

CHAPITRE II. – POIDS ET DIMENSIONS

Art. L. 312-1 *(L. n° 2012-387, 22 mars 2012)*. **– Sauf exceptions prévues par voie réglementaire, la norme maximale en termes de poids total autorisé en charge d'un véhicule articulé, d'un train double ou d'un ensemble composé d'un véhicule à moteur et d'une remorque est fixée à 44 tonnes pour cinq essieux.**

CHAPITRE III. – ÉCLAIRAGE ET SIGNALISATIONS

Le présent chapitre ne comprend pas de dispositions législatives.

CHAPITRE IV. – PNEUMATIQUES

Art. L. 314-1 *(L. n° 2016-1888, 28 déc. 2016)*. **– Dans les massifs mentionnés à l'article 5 de la loi n° 85-30 du 9 janvier 1985 relative au développement et à la protection de la montagne, le représentant de l'État détermine, après avis du comité de massif, les obligations d'équipement des véhicules en période hivernale.**

Un décret pris après avis du Conseil national de la montagne fixe les modalités d'application du présent article, et notamment les dispositifs inamovibles et amovibles antidérapants requis, dans le respect du règlement (CE) n° 661/2009 du Parlement européen et du Conseil du 13 juillet 2009 concernant les prescriptions pour l'homologation relatives à la sécurité générale des véhicules à moteur, de leurs remorques et des systèmes, composants et entités techniques distinctes qui leur sont destinés.

CHAPITRE V. – FREINAGE

Le présent chapitre ne comprend pas de dispositions législatives.

CHAPITRE VI. – ORGANES DE MANŒUVRE, DE DIRECTION ET DE VISIBILITÉ

Le présent chapitre ne comprend pas de dispositions législatives.

CHAPITRE VII. – DISPOSITIFS ET AMÉNAGEMENTS PARTICULIERS

Art. L. 317-1. – Le fait, pour le responsable de l'exploitation d'un véhicule de transport routier soumis à une obligation de limitation de vitesse par construction, de ne pas respecter cette obligation, de modifier, ou, en tant que commettant, de faire ou de laisser modifier le dispositif de limitation de vitesse par construction afin de permettre au véhicule de dépasser sa vitesse maximale autorisée, est puni d'un an d'emprisonnement et de 30 000 € d'amende.

Le préposé est passible des mêmes peines lorsque l'infraction résulte de son fait personnel.

Toute personne coupable de ce délit encourt également la peine complémentaire de suspension, pour une durée de trois ans au plus, du permis de conduire, cette suspension pouvant être limitée à la conduite en dehors de l'activité professionnelle.

Le véhicule sur lequel l'infraction a été commise est immobilisé et retiré de la circulation jusqu'à ce qu'il ait été mis en conformité ou réparé. Un décret en Conseil d'État fixe les conditions d'application du présent alinéa.

Art. L. 317-2. – I. – Le fait de faire usage d'une plaque ou d'une inscription, exigée par les règlements en vigueur et apposée sur un véhicule à moteur ou une remorque, portant un numéro, un nom ou un domicile faux ou supposé est puni de cinq ans d'emprisonnement et de 3 750 € d'amende.

II. – Toute personne coupable de cette infraction encourt également les peines complémentaires suivantes :

1° La suspension, pour une durée de trois ans au plus, du permis de conduire, cette suspension pouvant être limitée à la conduite en dehors de l'activité professionnelle ;

2° La confiscation du véhicule.

III. – Ce délit donne lieu de plein droit à la réduction de la moitié du nombre maximal de points du permis de conduire.

Art. L. 317-3. – I. – Le fait de faire circuler, sur les voies ouvertes à la circulation publique un véhicule à moteur ou une remorque sans que ce véhicule soit muni des plaques ou inscriptions exigées par les règlements et, en outre, de déclarer un numéro, un nom ou un domicile autre que le sien ou que celui du propriétaire est puni de cinq ans d'emprisonnement et de 3 750 € d'amende.

II. – Toute personne coupable de cette infraction encourt également les peines complémentaires suivantes :

1° La suspension, pour une durée de trois ans au plus, du permis de conduire, cette suspension pouvant être limitée à la conduite en dehors de l'activité professionnelle ;

2° La confiscation du véhicule.

III. – Ce délit donne lieu de plein droit à la réduction de la moitié du nombre maximal de points du permis de conduire.

Art. L. 317-4. – I. – Le fait de mettre en circulation un véhicule à moteur ou une remorque muni d'une plaque ou d'une inscription ne correspondant pas à la qualité de ce véhicule ou à celle de l'utilisateur est puni de cinq ans d'emprisonnement et de 3 750 € d'amende.

II. – Toute personne coupable de cette infraction encourt également les peines complémentaires suivantes :

1° La suspension, pour une durée de trois ans au plus, du permis de conduire, cette suspension pouvant être limitée à la conduite en dehors de l'activité professionnelle ;

2° La confiscation du véhicule.

III. – Ce délit donne lieu de plein droit à la réduction de la moitié du nombre maximal de points du permis de conduire.

1) Il appartient au propriétaire d'un véhicule, même si celui-ci est donné en location à un tiers, non seulement d'effectuer tes formalités de transfert de la carte grise, mais également de veiller à l'apposition des nouvelles plaques minéralogiques dès la remise au locataire du certificat

d'immatriculation définitive (■ Cass. crim., 14 févr. 1989 : *Bull. crim.*, n° 71).

2) L'infraction prévue à l'article 9, 1er du Code de la route, n'implique pas que le véhicule sur lequel la plaque a été apposée circule ou stationne dans un lieu public (■ Cass. crim., 22 févr. 1990 : *Dr. pénal* 1990, n° 165).

Art. L. 317-4-1 ***(L. n° 2004-204, 9 mars 2004).*** **– I. – Le fait de mettre en circulation ou de faire circuler un véhicule à moteur ou une remorque muni d'une plaque portant un numéro d'immatriculation attribué à un autre véhicule dans des circonstances qui ont déterminé ou auraient pu déterminer des poursuites pénales contre un tiers est puni de sept ans d'emprisonnement et de 30 000 € d'amende.**

II. – Toute personne coupable de cette infraction encourt également les peines complémentaires suivantes :

1° La suspension, pour une durée de trois ans au plus, du permis de conduire, cette suspension ne pouvant être limitée à la conduite en dehors de l'activité professionnelle ;

2° L'annulation du permis de conduire avec interdiction de solliciter la délivrance d'un nouveau permis pendant trois ans au plus ;

3° La confiscation du véhicule.

III. – Ce délit donne lieu de plein droit à la réduction de la moitié du nombre maximal de points du permis de conduire.

Art. L. 317-5 ***(L. n° 2006-10, 5 janv. 2006).*** **– I. – Le fait pour un professionnel de fabriquer, d'importer, d'exporter, d'exposer, d'offrir, de mettre en vente, de vendre, de proposer à la location ou d'inciter à acheter ou à utiliser un dispositif ayant pour objet de dépasser les limites réglementaires fixées en matière de vitesse, de cylindrée ou de puissance maximale du moteur d'un cyclomoteur, d'une motocyclette ou d'un quadricycle à moteur est puni de deux ans d'emprisonnement et de 30 000 € d'amende.**

II. – Le fait pour un professionnel de réaliser, sur un cyclomoteur, une motocyclette ou un quadricycle à moteur, des transformations ayant pour effet de dépasser les limites réglementaires fixées en matière de vitesse, de cylindrée ou de puissance maximale du moteur est puni des mêmes peines.

III. – Le dispositif prévu au I est saisi. Lorsque le dispositif est placé, adapté ou appliqué sur un véhicule, ce véhicule peut également être saisi.

L'article L. 317-5 du Code de la route, qui interdit notamment le commerce de dispositifs ayant pour objet d'augmenter la puissance du moteur d'un cyclomoteur, ne prévoit aucune dérogation selon l'utilisation des cyclomoteurs transformés ou les voies de circulation empruntées par ces engins, et ce dans sa version issue de la loi n° 2003-495 du 12 juin 2003 comme dans celle issue de la loi n° 2006-10 du 5 janvier 2006 (■ Cass. crim., 9 sept. 2008 : *Bull. crim.*, n° 179 ; *Dr. pénal* 2008, comm. 141, obs. J.-H. Robert).

Art. L. 317-6 ***(L. n° 2003-495,12 juin 2003).*** **– La tentative des délits prévus par l'article L. 317-5 est punie des mêmes peines.**

Art. L. 317-7 ***(Mod., L. n° 2006-10, 5 janv. 2006).*** **– Les personnes physiques coupables des infractions prévues par l'article L. 317-5 encourent également les peines complémentaires suivantes :**

1° La suspension, pour une durée de trois ans au plus, du permis de conduire ;

2° La confiscation du véhicule, lorsque le dispositif qui a servi ou était destiné à commettre l'infraction est placé, adapté ou appliqué sur un véhicule ;

3° L'interdiction, suivant les modalités prévues par l'article 131-27 du Code pénal, d'exercer l'activité professionnelle ou sociale dans l'exercice ou à l'occasion de l'exercice de laquelle l'infraction a été commise, pour une durée de cinq ans au plus.

Toute condamnation pour le délit prévu à l'article L. 317-5 donne lieu de plein droit à la confiscation du dispositif qui a servi ou était destiné à commettre l'infraction.

Art. L. 317-8 ***(L. n° 2009-526, 12 mai 2009).*** **– Les personnes morales déclarées responsables pénalement, dans les conditions prévues par l'article 121-2 du Code pénal, des infractions définies à l'article L. 317-5 encourent, outre l'amende suivant les modalités prévues par l'article 131-38 du Code pénal, les peines prévues par les 4° à 6°, 8° et 9° de l'article 131-39 du même code.**

CHAPITRE VIII. – ÉNERGIE, ÉMISSIONS POLLUANTES ET NUISANCES

Art. L. 318-1. – Les véhicules doivent être construits, commercialisés, exploités, utilisés, entretenus et, le cas, échéant, réparés de façon à minimiser la consommation d'énergie, la création de déchets non valorisables, les émissions de substances polluantes, notamment de dioxyde de carbone, visées à l'article 2 de la loi n° 96-1230 du 30 décembre 1996 sur l'air et l'utilisation rationnelle de l'énergie ainsi que les autres nuisances susceptibles de compromettre la santé publique.

La consommation énergétique des véhicules et ses méthodes de mesure doivent être affichées sur le lieu de leur vente ou de leur location.

Les véhicules à moteur font l'objet d'une identification fondée sur leur contribution à la limitation de la pollution atmosphérique.

Les véhicules ainsi identifiés peuvent notamment bénéficier de conditions de circulation et de stationnement privilégiées.

Des décrets en Conseil d'État déterminent les conditions d'application du présent article.

Art. L. 318-2. – Sous réserve des contraintes liées aux nécessités du service, l'État, les établissements publics, les entreprises nationales, pour leurs activités n'appartenant pas au secteur concurrentiel, ainsi que les collectivités territoriales et leurs groupements, lorsqu'ils gèrent directement ou indirectement une flotte de plus de vingt véhicules, acquièrent ou utilisent, lors du renouvellement de leur parc automobile, dans la proportion minimale de 20 %, des véhicules fonctionnant à l'énergie électrique, au gaz de pétrole liquéfié ou au gaz naturel. Cette mesure s'applique à l'ensemble des véhicules desdits parcs automobiles, à l'exception de ceux dont le poids total autorisé en charge excède 3,5 tonnes.

Un décret en Conseil d'État précise les conditions d'application du présent article.

Art. L. 318-3 *(L. n° 2015-992, 17 août 2015)*. – I. – Est puni d'une amende de 7 500 € le fait de réaliser sur un véhicule des transformations ayant pour effet de supprimer un dispositif de maîtrise de la pollution, d'en dégrader la performance ou de masquer son éventuel dysfonctionnement, ou de se livrer à la propagande ou à la publicité, quel qu'en soit le mode, en faveur de ces transformations.

II. – Les personnes physiques coupables du délit mentionné au I du présent article encourent également la peine complémentaire d'interdiction, suivant les modalités prévues à l'article 131-27 du Code pénal, d'exercer l'activité professionnelle ou sociale dans l'exercice ou à l'occasion de l'exercice de laquelle le délit a été commis, pour une durée maximale d'un an.

III. – Les personnes morales déclarées pénalement responsables, dans les conditions prévues à l'article 121-2 du Code pénal, du délit défini au I du présent article encourent, outre l'amende suivant les modalités prévues à l'article 131-38 du Code pénal, les peines prévues aux 4°, 5°, 8° et 9° de l'article 131-39 du même code.

Art. L. 318-4 *(L. n° 2015-992, 17 août 2015)*. – Les mesures prévues aux articles L. 121-4, L. 325-1 à L. 325-3 et L. 325-6 à L. 325-9 sont applicables aux véhicules en infraction aux dispositions des articles L. 311-1, L. 318-1 et L. 318-3 ou aux textes pris pour leur application.

TITRE II. – DISPOSITIONS ADMINISTRATIVES

CHAPITRE I. – RÉCEPTION ET HOMOLOGATION

Art. L. 321-1 *(L. n° 2007-297, 5 mars 2007 ; mod., L. n° 2008-491, 26 mai 2008)*. – Le fait d'importer, d'exposer, d'offrir, de mettre en vente, de vendre, de proposer à la location ou d'inciter à acheter ou à utiliser un cyclomoteur, une motocyclette un tricycle à moteur ou un quadricycle à moteur soumis à réception et non réceptionné ou qui n'est plus conforme à celle-ci est puni de six mois d'emprisonnement et de 7 500 € d'amende. Lorsque cette infraction est commise par un professionnel, elle est punie de deux ans d'emprisonnement et de 30 000 € d'amende. Le véhicule peut être saisi.

Un décret détermine les conditions dans lesquelles il peut être dérogé aux dispositions du présent article pour tout véhicule destiné à participer à une course ou épreuve sportive.

Art. L. 321-1-1 *(L. n° 2008-491, 26 mai 2008)*. – Le fait de circuler sur les voies ouvertes à la circulation publique ou les lieux ouverts à la circulation publique ou au public avec un cyclomoteur, une motocyclette, un tricycle à moteur ou un quadricycle à moteur non soumis à réception est puni d'une contravention de la cinquième classe.

Les véhicules mentionnés au premier alinéa dont la vitesse peut excéder, par construction, vingt-cinq kilomètres par heure sont vendus, cédés ou loués par des professionnels dans des conditions définies par décret.

Les véhicules mentionnés au deuxième alinéa ne peuvent pas être vendus, cédés ou faire l'objet d'une location-vente à un mineur. Ils ne peuvent pas être loués à un mineur de quatorze ans ou mis à sa disposition. Toutefois, la mise à disposition de ces véhicules aux mineurs de quatorze ans dans le cadre d'une association sportive agréée est autorisée.

Le fait de vendre, céder, louer ou mettre à disposition un de ces véhicules en violation de ces dispositions est puni d'une contravention de la cinquième classe.

Les véhicules mentionnés au deuxième alinéa ne peuvent être utilisés que sur des terrains adaptés à leur pratique dans des conditions définies par décret. Toutefois, un décret détermine les conditions dans lesquelles ces véhicules peuvent être utilisés sur des terrains privés à des fins professionnelles. Les mineurs de quatorze ans ne peuvent les utiliser sur des terrains adaptés que dans le cadre d'une association sportive agréée.

Est puni d'une contravention de la cinquième classe le fait d'utiliser ou de favoriser l'utilisation de ces véhicules en violation de ces dispositions.

La confiscation, l'immobilisation ou la mise en fourrière peuvent être prescrites dans les conditions prévues aux articles L. 325-1 à L. 325-9.

La récidive des contraventions prévues aux alinéas précédents est punie conformément aux articles 132-11 et 132-15 du Code pénal. La confiscation du véhicule utilisé pour commettre l'infraction est de plein droit, sauf décision spécialement motivée de la juridiction.

Décret n° 2010-44 du 12 janvier 2010
relatif à l'information concernant l'interdiction de circulation sur les voies ouvertes au public de certains engins motorisés

Art. 1er. – La mention lisible, visible et indélébile : « interdiction de circulation sur les voies ouvertes au public » figure sur les engins mentionnés au deuxième alinéa de l'article L. 321-1-1 du Code de la route, sur leur emballage, sur la notice d'emploi jointe et sur toute publicité relative à ces engins, quel qu'en soit le support. Elle est affichée sur leur lieu de vente ou de mise à disposition.

Art. 2. – Il est interdit d'exposer, de distribuer à titre gratuit, de mettre en vente, de vendre ou de mettre à disposition les engins mentionnés à l'article 1er qui ne répondraient pas aux dispositions du présent décret.

Art. 3. – Est puni de la peine d'amende prévue pour les contraventions de 3e classe le fait d'exposer, de distribuer à titre gratuit, de mettre en vente, de vendre ou de mettre à disposition les engins mentionnés à l'article 1er qui ne répondraient pas aux dispositions du présent décret.

Art. L. 321-1-2 *(L. n° 2008-491, 26 mai 2008)*. – Tout propriétaire d'un véhicule mentionné au deuxième alinéa de l'article L. 321-1-1 doit déclarer ce véhicule auprès de l'autorité administrative. Un numéro d'identification lui est délivré, qui doit être gravé sur une partie inamovible du véhicule.

Chacun de ces véhicules doit être muni d'une plaque fixée en évidence et portant le numéro d'identification délivré. Cette plaque peut être retirée dans le cadre d'une pratique sportive.

Un décret en Conseil d'État détermine les conditions d'application du présent article.

Les informations fournies lors de la déclaration peuvent faire l'objet d'un traitement automatisé dans les conditions prévues par la loi n° 78-17 du 6 janvier 1978 relative à l'informatique, aux fichiers et aux libertés.

Art. L. 321-2 *(L. n° 2006-10, 5 janv. 2006)*. – La tentative des délits prévus par l'article L. 321-1 est punie des mêmes peines.

Art. L. 321-3 *(L. n° 2006-10, 5 janv. 2006)*. – Les personnes physiques coupables des infractions prévues par l'article L. 321-1 encourent également les peines complémentaires suivantes :

1° La suspension, pour une durée de trois ans au plus, du permis de conduire ;

2° La confiscation de la chose qui a servi ou était destinée à commettre l'infraction, ou de la chose qui en est le produit ;

3° L'interdiction, suivant les modalités prévues par l'article 131-27 du Code pénal, d'exercer l'activité professionnelle ou sociale dans l'exercice ou à l'occasion de l'exercice de laquelle l'infraction a été commise, pour une durée de cinq ans au plus.

Art. L. 321-4 *(L. n° 2009-526, 12 mai 2009).* – Les personnes morales déclarées responsables pénalement, dans les conditions prévues par l'article 121-2 du Code pénal, des infractions définies à l'article L. 321-1 encourent, outre l'amende suivant les modalités prévues par l'article 131-38 du Code pénal, les peines prévues par les 4° à 6°, 8° et 9° de l'article 131-39 du même code.

Art. L. 321-5 *(L. n° 2008-491, 26 mai 2008).* – Les personnes physiques coupables des contraventions définies à l'article L. 321-1-1 encourent également la peine complémentaire de confiscation du véhicule qui a servi ou était destiné à commettre l'infraction.

Art. L. 321-6 *(L. n° 2008-491, 26 mai 2008).* – Les personnes morales coupables des contraventions définies à l'article L. 321-1-1 encourent également la peine complémentaire mentionnée au 5° de l'article 131-16 du Code pénal.

Voir : Décret n° 2008-1455 du 30 décembre 2008 relatif à la déclaration et à l'identification de certains engins motorisés non autorisés à circuler sur la voie publique.

CHAPITRE II. – IMMATRICULATION

Art. L. 322-1 *(Mod. à compter du 1er janvier 2016, L. n° 2014-58, 27 janv. 2014 et Ord. n° 2015-401, 9 avr. 2015).* – I. – Lorsqu'une amende forfaitaire majorée a été émise, le comptable public compétent peut faire opposition auprès de l'autorité administrative compétente à tout transfert du certificat d'immatriculation. Il en informe alors le procureur de la République.

Cette opposition suspend la prescription de la peine.

Elle est levée par le paiement de l'amende forfaitaire majorée. En outre, lorsque l'intéressé a formé une réclamation, selon les modalités et dans les délais prévus par les articles 529-10 et 530 du Code de procédure pénale à peine d'irrecevabilité, et qu'il justifie avoir déclaré sa nouvelle adresse à l'autorité administrative compétente, le procureur de la République lève l'opposition.

II. - L'opposition au transfert du certificat d'immatriculation prévue par le premier alinéa du I est également applicable en cas d'émission du titre exécutoire prévu à l'article L. 2333-87 du Code général des collectivités territoriales, dans les conditions prévues par arrêté du ministre chargé du budget. Cette opposition suspend la prescription de l'action en recouvrement. Elle est levée par paiement du titre exécutoire.

Il incombe au ministère public de prouver l'envoi de l'avis d'amende forfaitaire majorée au contrevenant qui soutient n'avoir pas reçu un tel avis cette preuve ne pouvant résulter de la production de bordereaux collectifs d'envoi d'amendes forfaitaires majorées valant titres exécutoires au trésor public.

Encourt en conséquence la cassation l'arrêt qui retient que la réclamation adressée au ministère public était irrecevable au motif que l'avis d'amende forfaitaire majorée ne lui était pas joint (■ Cass. crim., 18 mai 2016, n° 15-84.729).

Art. L. 322-1-1 *(L. n° 2016-1547, 18 nov. 2016).* – Lorsqu'une personne physique propriétaire d'un véhicule effectue une demande de certificat d'immatriculation, ce certificat est établi à son nom si cette personne est titulaire d'un permis de conduire correspondant à la catégorie du véhicule considéré.

Si la personne physique propriétaire du véhicule n'est pas titulaire d'un permis de conduire correspondant à la catégorie du véhicule considéré, le certificat d'immatriculation est établi au nom d'une personne titulaire du permis de conduire requis, désignée par le propriétaire ou, si celui-ci est mineur, par son représentant légal. Dans ce cas, la personne désignée est inscrite en tant que titulaire du certificat d'immatriculation au sens des articles L. 121-2 et L. 121-3. Le propriétaire est également inscrit sur le certificat d'immatriculation.

Les conditions d'application du présent article sont fixées par décret en Conseil d'État.

Art. L. 322-2 *(Mod. à compter du 15 avr. 2009, D. n° 2009-136, 9 févr. 2009).* – Préalablement à la vente d'un véhicule d'occasion, le propriétaire est tenu de remettre à l'acquéreur un certificat établi depuis moins de quinze jours par l'autorité administrative compétente et attestant qu'il n'a pas été fait opposition au transfert du certificat d'immatriculation d'un véhicule en application des dispositions législatives en vigueur.

Art. L. 322-3 *(L. n° 2011-1862, 13 déc. 2011 ; D. n° 2018–211, 28 mars 2011)*. – I. - Par dérogation aux dispositions des articles R. 322-1 et R. 322-2, la circulation d'un véhicule est autorisée sous couvert d'un certificat provisoire d'immatriculation, d'un coupon détachable dûment rempli, d'un certificat W garage, d'un certificat provisoire d'immatriculation permettant la circulation à titre expérimental d'un véhicule à délégation partielle ou totale de conduite, dit certificat WW DPTC, ou d'un certificat de transit ou d'un document équivalent délivré par les autorités compétentes d'un État membre de l'Union européenne.

II. - Les conditions d'attribution et de durée d'utilisation du certificat provisoire d'immatriculation, du coupon détachable dûment rempli, du certificat W garage ou d'un certificat de transit ou d'un document équivalent délivré par les autorités compétentes d'un État membre de l'Union européenne sont définies par arrêté du ministre chargé des transports pris après avis du ministre de l'intérieur.

Les conditions d'attribution et de durée d'utilisation du certificat WW DPTC sont définies par arrêté conjoint du ministre chargé des transports et du ministre de l'intérieur.

III. - Le fait pour toute personne d'utiliser l'un de ces titres provisoires de circulation sans respecter les dispositions du présent article ou celles prises pour son application est puni de l'amende prévue pour les contraventions de la quatrième classe.

L'immobilisation du véhicule peut être prescrite dans les conditions prévues aux articles L. 325-1 à L. 325-3.

CHAPITRE III. – CONTRÔLE TECHNIQUE

Art. L. 323-1 *(Rempl., Ord. n° 2008-507, 30 mai 2008 ; mod., L. n° 2009-179, 17 févr. 2009 ; Ord. n° 2016-1809, 22 déc. 2016)*. – I. Lorsqu'en application du présent code, des véhicules sont astreints à un contrôle technique, celui-ci est effectué par les services de l'État ou par des contrôleurs agréés par l'État.

Cet agrément peut être délivré soit à des contrôleurs indépendants, soit à des contrôleurs organisés en réseaux d'importance nationale, sous réserve qu'ils n'aient fait l'objet d'aucune condamnation inscrite au bulletin n° 2 de leur casier judiciaire.

Les fonctions de contrôleur ainsi que les autres fonctions exercées dans ces réseaux sont exclusives de toute autre activité exercée dans la réparation ou le commerce automobile.

Les frais de contrôle sont à la charge du propriétaire du véhicule.

Un décret en Conseil d'État fixe les modalités de fonctionnement du système de contrôle et en particulier les conditions d'agrément des contrôleurs, des installations nécessaires au contrôle et des réseaux mentionnés au deuxième alinéa.

II. – Par dérogation au I, tout ressortissant d'un État membre de l'Union européenne ou d'un autre État partie à l'Espace économique européen, légalement établi, pour l'exercice de la profession de contrôleur technique de véhicules, dans un de ces États, peut exercer cette activité de façon temporaire et occasionnelle en France.

Toutefois, lorsque cette activité ou la formation y conduisant n'est pas réglementée dans l'État d'établissement, le prestataire doit avoir exercé cette activité dans un ou plusieurs États membres pendant une année, à temps plein ou à temps partiel pendant une durée totale équivalente, au cours des dix années qui précèdent la prestation.

Lorsque le prestataire fournit pour la première fois des services en France, il en informe au préalable l'autorité compétente par une déclaration écrite, dans les conditions fixées par décret en Conseil d'État.

CHAPITRE IV. – ASSURANCE

Art. L. 324-1. – Les règles relatives à l'obligation de s'assurer pour faire circuler un véhicule à moteur ou une remorque sont fixées par les articles L. 211-1 et L. 211-2 du Code des assurances ci-après reproduits :

> **Art. L. 211-1.** – Toute personne physique ou toute personne morale autre que l'État, dont la responsabilité civile peut être engagée en raison de dommages subis par des tiers résultant d'atteintes aux personnes ou aux biens dans la réalisation desquels un véhicule est impliqué, doit pour faire circuler celui-ci, être couverte par une assurance garantissant cette responsabilité, dans les conditions fixées par décret en Conseil d'État. Pour l'application du présent article, on entend par « véhicule » tout véhicule terrestre à moteur, c'est-à-dire tout véhicule automoteur destiné à circuler sur le sol et qui peut être actionné par une force mécanique sans être lié à une voie ferrée, ainsi que toute remorque, même non attelée.

Les contrats d'assurance couvrant la responsabilité mentionnée au premier alinéa du présent article doivent également couvrir la responsabilité civile de toute personne ayant la garde ou la conduite, même non autorisée, du véhicule, à l'exception des professionnels de la réparation, de la vente et du contrôle de l'automobile, ainsi que la responsabilité civile des passagers du véhicule objet de l'assurance. Toutefois, en cas de vol d'un véhicule, ces contrats ne couvrent pas la réparation des dommages subis par les auteurs, coauteurs ou complices du vol.

L'assureur est subrogé dans les droits que possède le créancier de l'indemnité contre la personne responsable de l'accident lorsque la garde ou la conduite du véhicule a été obtenue contre le gré du propriétaire.

Ces contrats doivent être souscrits auprès d'une entreprise d'assurance agréée pour pratiquer les opérations d'assurance contre les accidents résultant de l'emploi de véhicules automobiles.

Les membres de la famille du conducteur ou de l'assuré, ainsi que les élèves d'un établissement d'enseignement de la conduite des véhicules terrestres à moteur agréé, en cours de formation ou d'examen, sont considérés comme des tiers au sens du premier alinéa du présent article.

L'assureur couvrant la responsabilité civile du prévenu, conducteur non autorisé d'un véhicule automobile et de son civilement responsable, qui a indemnisé la victime en cette qualité, ne peut exercer, devant la juridiction répressive, contre le responsable de l'accident ayant obtenu la garde ou la conduite du véhicule sans autorisation, l'action récursoire prévue à l'article L. 211-1 du Code des assurances (■ Cass. crim., 27 mai 2014 : *Bull. crim.*, n° 137).

Art. L. 211-2. – Les dispositions de l'article L. 211-1 ne sont pas applicables aux dommages causés par les chemins de fer et les tramways.

Art. L. 324-2 *(L. n° 2004-204, 9 mars 2004 ; L. n° 2016-1547, 18 nov. 2016)*. **– I. – Le fait, y compris par négligence, de mettre ou de maintenir en circulation un véhicule terrestre à moteur ainsi que ses remorques ou semi-remorques sans être couvert par une assurance garantissant sa responsabilité civile conformément aux dispositions de l'article L. 211-1 du Code des assurances est puni de 3 750 € d'amende.**

II. – Toute personne coupable de l'infraction prévue au présent article encourt également les peines complémentaires suivantes :

1° La peine de travail d'intérêt général, selon les modalités prévues à l'article 131-8 du Code pénal et selon les conditions prévues aux articles 131-22 à 131-24 du même code ;

2° La peine de jours-amende dans les conditions fixées aux articles 131-5, 131-25 du Code pénal ;

3° La suspension, pour une durée de trois ans au plus, du permis de conduire, cette suspension ne pouvant pas être limitée à la conduite en dehors de l'activité professionnelle ;

4° L'annulation du permis de conduire avec interdiction de solliciter la délivrance d'un nouveau permis pendant trois ans au plus ;

5° L'interdiction de conduire certains véhicules terrestres à moteur, y compris ceux pour la conduite desquels le permis de conduire n'est pas exigé, pour une durée de cinq ans au plus ;

6° L'obligation d'accomplir, à ses frais, un stage de sensibilisation à la sécurité routière ;

7° La confiscation du véhicule dont le condamné s'est servi pour commettre l'infraction, s'il en est le propriétaire.

III. – L'immobilisation peut être prescrite dans les conditions prévues aux articles L. 325-1 à L. 325-3.

IV. – Dans les conditions prévues aux articles 495-17 et suivants du Code de procédure pénale, l'action publique peut être éteinte par le versement d'une amende forfaitaire d'un montant de 500 €. Le montant de l'amende forfaitaire minorée est de 400 € et le montant de l'amende forfaitaire majorée de 1 000 €.

CHAPITRE V. – IMMOBILISATION ET MISE EN FOURRIÈRE

Art. L. 325-1. – *(Mod., L. n° 2013-431, 28 mai 2013)* **Les véhicules dont la circulation ou le stationnement en infraction aux dispositions du présent code ou aux règlements de police ou à la réglementation relative à l'assurance obligatoire des véhicules à moteur ou à la réglementation du transport des marchandises dangereuses par route compromettent la sécurité ou le droit à réparation des usagers de la route, la tranquillité ou l'hygiène publique, l'esthétique des sites et des paysages classés, la conservation ou l'utilisation normale des voies ouvertes à la circulation publique et de leurs dépendances, notamment par les véhicules de transport en commun, ainsi que les véhicules en infraction aux dispositions des articles 269 à 283 *ter* du Code des**

douanes peuvent à la demande et sous la responsabilité du maire ou de l'officier de police judiciaire territorialement compétent, même sans l'accord du propriétaire du véhicule, dans les cas et conditions précisés par le décret prévu aux articles L. 325-3 et L. 325-11, être immobilisés, mis en fourrière, retirés de la circulation et, le cas échéant, aliénés ou livrés à la destruction.

Peuvent également, à la demande et sous la responsabilité du maire ou de l'officier de police judiciaire territorialement compétent, même sans l'accord du propriétaire du véhicule, être immobilisés, mis en fourrière, retirés de la circulation et, le cas échéant, aliénés ou livrés à la destruction les véhicules qui, se trouvant sur les voies ouvertes à la circulation publique ou sur leurs dépendances, sont privés d'éléments indispensables à leur utilisation normale et insusceptibles de réparation immédiate à la suite de dégradations ou de vols.

L'immobilisation des véhicules se trouvant dans l'une des situations prévues aux deux alinéas précédents peut également être décidée, dans la limite de leur champ de compétence, par les agents habilités à constater les infractions au présent code susceptibles d'entraîner une telle mesure.

Art. L. 325-1-1 *(L. n° 2004-204, 9 mars 2004 ; mod., L. n° 2006-10, 5 janv. 2006).* – En cas de constatation d'un délit ou d'une contravention de la cinquième classe prévu par le présent code ou le Code pénal pour lequel la peine de confiscation du véhicule est encourue, l'officier ou l'agent de police judiciaire peut, avec l'autorisation préalable du procureur de la République donnée par tout moyen, faire procéder à l'immobilisation et à la mise en fourrière du véhicule.

(Al. mod., L. n° 2011-267, 14 mars 2011) Si la juridiction ne prononce pas la peine de confiscation du véhicule, celui-ci est restitué à son propriétaire, sous réserve des dispositions du troisième alinéa. Si la confiscation est ordonnée, le véhicule est remis *(L. n° 2012-409, 27 mars 2012)* « au service des domaines » en vue de sa destruction ou de son aliénation. Les frais d'enlèvement et de garde en fourrière sont à la charge de l'acquéreur. Le produit de la vente est tenu, le cas échéant, à la disposition du créancier gagiste pouvant justifier de ses droits, pendant un délai de deux ans. À l'expiration de ce délai, ce produit est acquis à l'État.

Si la juridiction prononce la peine d'immobilisation du véhicule, celui-ci n'est restitué au condamné qu'à l'issue de la durée de l'immobilisation fixée par la juridiction contre paiement des frais d'enlèvement et de garde en fourrière, qui sont à la charge de ce dernier.

(L. n° 2011-1862, 13 déc. 2011) En cas de relaxe, le propriétaire dont le véhicule a été mis en fourrière sur autorisation du procureur de la République peut, selon des modalités précisées par arrêté du ministre de la justice, demander à l'État le remboursement, au titre des frais de justice, des frais d'enlèvement et de garde en fourrière qu'il a dû acquitter pour récupérer son véhicule.

Art. L. 325-1-2 *(L. n° 2011-267, 14 mars 2011 ; L. n° 2016-1547, 18 nov. 2016).* – Dès lors qu'est constatée une infraction pour laquelle une peine de confiscation obligatoire du véhicule est encourue ou une infraction de dépassement de 50 kilomètres à l'heure ou plus de la vitesse maximale autorisée, le représentant de l'État dans le département où cette infraction a été commise peut faire procéder à titre provisoire à l'immobilisation et à la mise en fourrière du véhicule dont l'auteur s'est servi pour commettre l'infraction. Il en informe immédiatement, par tout moyen, le procureur de la République.

Lorsque l'immobilisation ou la mise en fourrière prévue à l'article L. 325-1-1 n'est pas autorisée par le procureur de la République dans un délai de sept jours suivant la décision du représentant de l'État prise en application du premier alinéa, le véhicule est restitué à son propriétaire. En cas de mesures successives, le délai n'est pas prorogé.

Lorsqu'une peine d'immobilisation ou de confiscation du véhicule est prononcée par la juridiction, les règles relatives aux frais d'enlèvement et de garde en fourrière prévues à l'article L. 325-1-1 s'appliquent.

Lorsque l'auteur de l'infraction visée au premier alinéa du présent article n'est pas le propriétaire du véhicule, l'immobilisation ou la mise en fourrière est levée dès qu'un conducteur qualifié proposé par l'auteur de l'infraction ou par le titulaire du certificat d'immatriculation du véhicule peut en assurer la conduite. Les frais d'enlèvement et de garde en fourrière sont à la charge du propriétaire.

Les frais d'enlèvement et de garde du véhicule immobilisé et mis en fourrière pendant une durée maximale de sept jours en application du présent article ne constituent pas des frais de justice relevant de l'article 800 du Code de procédure pénale.

Art. L. 325-2 *(Mod., L. n° 2003-239, 18 mars 2003 ; L. n° 2006-10, 6 janv. 2010).* – Pour l'application des articles L. 325-1, L. 325-1-1 et L 325-1-2 et sur prescription de l'officier de police judiciaire territorialement

compétent, les fonctionnaires de police en tenue et les militaires de la gendarmerie habilités à constater par procès-verbaux les contraventions à la police de la circulation routière peuvent, en cas de besoin, ouvrir ou faire ouvrir les portes du véhicule, manœuvrer ou faire manœuvrer tous appareils. Ils peuvent conduire le véhicule ou le faire conduire, en leur présence, vers le lieu de mise en fourrière en utilisant, le cas échéant, les moyens autonomes de propulsion dont le véhicule est muni.

La mise en fourrière peut également être prescrite par l'agent de police judiciaire adjoint, chef de la police municipale ou qui occupe ces fonctions, territorialement compétent. Pour l'application de cette disposition et sur prescription de l'agent de police judiciaire adjoint, chef de la police municipale ou qui occupe ces fonctions, les agents de police municipale habilités à constater par procès-verbal les contraventions à la police de la circulation routière peuvent, en cas de besoin, ouvrir ou faire ouvrir les portes du véhicule, manœuvrer ou faire manœuvrer tous appareils. Ils peuvent conduire le véhicule ou le faire conduire, en leur présence, vers le lieu de mise en fourrière en utilisant, le cas échéant, les moyens autonomes de propulsion dont le véhicule est muni.

Dans les cas prévus aux alinéas précédents, l'assureur du propriétaire du véhicule est tenu de garantir dans les limites du contrat la réparation du dommage causé au tiers, sauf recours, s'il y a lieu, contre la collectivité publique qui, par son fait, a causé le dommage ayant donné lieu à la responsabilité de l'assureur et sans qu'une majoration de prime puisse en résulter pour le propriétaire. Il est statué sur ce recours ainsi que sur toute action en responsabilité en cas de non-assurance du véhicule dans les conditions prévues par l'article 1er de la loi n° 57-1424 du 31 décembre 1957 attribuant aux tribunaux judiciaires compétence pour statuer sur les actions en responsabilité des dommages causés par tout véhicule et dirigées contre une personne morale de droit public.

Art. L. 325-3. – Un décret en Conseil d'État détermine les conditions d'application des articles L. 325-1 à L. 325-2.

Il détermine notamment les clauses devant obligatoirement figurer dans le contrat type susceptible d'être passé entre les collectivités publiques intéressées et les entreprises aptes à effectuer la démolition des véhicules à moteur.

Art. L. 325-3-1 *(L. n° 2006-10, 5 janv. 2006)*. **– I. – Le fait, pour tout conducteur d'un véhicule, de faire obstacle à l'immobilisation de celui-ci ou à un ordre d'envoi en fourrière est puni de trois mois d'emprisonnement et de 3 750 € d'amende.**

II. – Toute personne physique coupable de ce délit encourt également les peines complémentaires suivantes :

1° La suspension, pour une durée de trois ans au plus, du permis de conduire, cette suspension pouvant être limitée à la conduite en dehors de l'activité professionnelle ;

2° La peine de travail d'intérêt général selon les modalités prévues à l'article 131-8 du Code pénal et selon les conditions prévues aux articles 131-22 à 131-24 du même code et à l'article 20-5 de l'ordonnance n° 45-174 du 2 février 1945 relative à l'enfance délinquante ;

3° La peine de jours-amende dans les conditions fixées aux articles 131-5 et 131-25 du Code pénal.

III. – Ce délit donne lieu de plein droit à la réduction de la moitié du nombre maximal de points du permis de conduire.

Art. L. 325-4 et L. 325-5 *(Abr., Ord. n° 2010-1307, 28 oct. 2010 et codifié, V. C. transports).*

Code des transports

Art. L. 3242-1. – L'absence à bord du véhicule du document prévu par l'article L. 3222-5 ou, pour les transports qui ne sont pas soumis aux dispositions de cet article, de la lettre de voiture prévue par la convention de Genève du 19 mai 1956 relative au contrat de transport international de marchandises par route, dûment remplis et signés par le remettant ou son représentant, entraîne l'immobilisation immédiate du véhicule ou de l'ensemble routier et de son chargement, prévue par l'article L. 325-1 du Code de la route, s'il a été en outre commis l'une des infractions suivantes :

1° Le dépassement de plus de 20 km/h de la vitesse maximale autorisée sur les voies ouvertes à la circulation publique ou de la vitesse maximale autorisée par construction pour son véhicule ;

2° Le dépassement de plus de 20 % de la durée maximale de conduite journalière ;

3° La réduction à moins de six heures de la durée de repos journalier.

Art. L. 3315-3. – En cas de délit ou de contravention concernant les conditions de travail dans les transports routiers, constaté sur le territoire national, le dépassement des temps de conduite et la réduction du temps de repos sont calculés, pour la période de temps considérée, en incluant les périodes de temps de conduite et de repos effectuées à l'étranger.

Art. L. 325-6. – Les véhicules dont l'état ne permet pas la circulation dans les conditions normales de sécurité ou qui ne sont plus conformes à leur réception ne peuvent être retirés de la fourrière que par des réparateurs chargés par les propriétaires d'effectuer les travaux reconnus indispensables à leur remise en état ou en conformité.

Ils ne peuvent ensuite être restitués à leurs propriétaires qu'après vérification de la bonne exécution des travaux.

En cas de désaccord sur l'état du véhicule, un expert est désigné dans des conditions fixées par décret en Conseil d'État. S'il constate que le véhicule n'est pas en état de circuler dans des conditions normales de sécurité ou qu'il nécessite une mise en conformité à la réception, il détermine les travaux à effectuer avant sa remise au propriétaire.

Art. L. 325-7 *(L. n° 2007-297, 5 mars 2007 ; mod., D. n° 2009-136, 9 févr. 2009).* – Sont réputés abandonnés les véhicules laissés en fourrière à l'expiration d'un délai de trente jours à compter de la mise en demeure faite au propriétaire d'avoir à retirer son véhicule.

La notification est valablement faite à l'adresse indiquée par le traitement automatisé mis en œuvre pour l'immatriculation des véhicules. Dans le cas où le véhicule fait l'objet d'un gage régulièrement inscrit, cette notification est également faite au créancier gagiste.

Si le propriétaire ne peut être identifié, le délai précité court du jour où cette impossibilité a été constatée.

Le délai prévu au premier alinéa est réduit à dix jours en ce qui concerne les véhicules qu'un expert désigné par l'Administration aura estimés d'une valeur marchande inférieure à un montant fixé par arrêté interministériel et déclarés hors d'état de circuler dans des conditions normales de sécurité.

Les véhicules visés à l'alinéa précédent sont, à l'expiration du délai de dix jours, livrés à la destruction.

Art. L. 325-8 *(L. n° 2007-297, 5 mars 2007).* – I. – L'autorité dont relève la fourrière remet au service chargé du domaine les véhicules gardés en fourrière dont elle a constaté l'abandon à l'issue du délai prévu au premier alinéa de l'article L. 325-7 en vue de leur mise en vente. Ceux d'entre eux que le service chargé du domaine estime invendables et ceux qui ont fait l'objet d'une tentative de vente infructueuse sont livrés, sans délai, par l'autorité dont relève la fourrière, à la destruction.

II. – La propriété d'un véhicule abandonné en fourrière est transférée, selon le cas, soit au jour de son aliénation par le service chargé du domaine, soit à celui de sa remise à la personne chargée de la destruction.

Art. L. 325-9 *(Mod., L. n° 2003-495, 12 juin 2003).* – Les frais d'enlèvement, de garde en fourrière, d'expertise et de vente ou de destruction du véhicule sont à la charge du propriétaire.

Le produit de la vente, sous déduction des frais énumérés à l'alinéa précédent, est tenu à la disposition du propriétaire ou de ses ayants droit ou, le cas échéant, du créancier gagiste pouvant justifier de ses droits, pendant un délai de deux ans. À l'expiration de ce délai, ce produit est acquis à l'État.

Lorsque le produit de la vente est inférieur au montant des frais visés ci-dessus, le propriétaire ou ses ayants droit restent débiteurs de la différence. Celle-ci est recouvrée dans les conditions fixées par décret.

Le montant des redevances pour frais de fourrière est fixé par arrêté et tient compte des difficultés de mise en œuvre des opérations d'enlèvement et de garde liées à l'importance des communes dans lesquelles ces opérations sont effectuées et à l'existence des problèmes de circulation et de stationnement que connaissent ces communes.

Art. L. 325-10 *(Abr., L. n° 2007-297, 5 mars 2007).*

Art. L. 325-11. – Un décret en Conseil d'État détermine les conditions d'application des articles L. 325-6 à L. 325-9.

Art. L. 325-12 *(Mod., L. n° 2003-239, 18 mars 2003).* – Peuvent, à la demande du maître des lieux et sous sa responsabilité, être mis en fourrière, aliénés et éventuellement livrés à la destruction les véhicules laissés, sans droit, dans les lieux publics ou privés où ne s'applique pas le Code de la route.

Un décret en Conseil d'État fixe les conditions d'application du présent article.

Peuvent également, même sans l'accord du propriétaire du véhicule, à la demande du maire ou de l'officier de police judiciaire territorialement compétent, agissant sur initiative et sous la responsabilité du maître des lieux publics ou privés où ne s'applique pas le présent code, être mis en fourrière et, le cas échéant, aliénés ou livrés à la destruction les véhicules privés d'éléments indispensables à leur utilisation normale et insusceptibles de réparation immédiate, à la suite de dégradations ou de vols.

Art. L. 325-13 *(L. n° 2003-239, 18 mars 2003).* – Le maire, le président d'un établissement public de coopération intercommunale ou le président du conseil général ont chacun la faculté d'instituer un ou plusieurs services publics de fourrières pour automobiles relevant de leur autorité respective.

CHAPITRE VI. – ORGANISATION DE LA PROFESSION D'EXPERT EN AUTOMOBILE

Art. L. 326-1 *(Rempl., Ord. n° 2008-507, 30 mai 2008).* – Ont la qualité d'experts en automobile les ressortissants d'un État membre de la Communauté européenne ou d'un autre État partie à l'accord sur l'Espace économique européen qui remplissent les conditions de qualification professionnelle déterminées par décret en Conseil d'État.

Art. L. 326-2. – Nul ne peut avoir la qualité d'expert en automobile s'il a fait l'objet d'une condamnation pour vol, escroquerie, recel, abus de confiance, agressions sexuelles, soustraction commise par un dépositaire de l'autorité publique, faux témoignage, corruption ou trafic d'influence, faux ou pour un délit puni des peines du vol, de l'escroquerie ou de l'abus de confiance.

Art. L. 326-3 *(Mod., Ord. n° 2008-507, 30 mai 2008 ; L. n° 2011-12, 5 janv. 2011).* – Nul ne peut exercer la profession d'expert en automobile s'il ne figure sur une liste fixée par l'autorité administrative.

L'inscription sur cette liste est de droit pour les personnes remplissant les conditions fixées par le présent chapitre.

Art. L. 326-4 *(Rempl., Ord. n° 2008-507, 30 mai 2008 ; Ord. n° 2015-1682, 17 déc. 2015).* – I. – Seuls les ressortissants mentionnés à l'article L. 326-1 inscrits sur la liste nationale des experts en automobile peuvent exercer les activités suivantes :

1° Rédaction à titre habituel de rapports destinés à être produits à des tiers et relatifs à tous dommages causés aux véhicules à moteur ainsi qu'aux cycles et à leurs dérivés, notamment toutes opérations et études nécessaires à la détermination de l'origine, de la consistance, de la valeur de ces dommages et à leur réparation ;

2° Détermination de la valeur des véhicules mentionnés au 1° du I du présent article.

II. – Tout professionnel ressortissant d'un État membre de l'Union européenne ou d'un autre État partie à l'Espace économique européen y exerçant l'activité d'expert en automobile est réputé détenir la qualification professionnelle pour exercer en France tout ou partie de cette activité de façon temporaire et occasionnelle, sous réserve d'être légalement établi dans l'un de ces États et, lorsque ni cette activité ni la formation y conduisant n'y sont réglementées, de l'avoir exercée dans un ou plusieurs États membres pendant une année ou à temps partiel pendant une durée équivalente au cours des dix années qui précèdent la prestation. Il est inscrit à titre temporaire sur la liste nationale des experts en automobile.

Lorsque le professionnel fournit pour la première fois une prestation en France, il en informe au préalable l'autorité administrative par une déclaration écrite dont le contenu et la procédure de dépôt sont précisées par décret. Cette déclaration donne lieu à une vérification des qualifications professionnelles du prestataire afin de permettre à l'autorité de s'assurer que la prestation ne portera pas atteinte à la sécurité ou à la santé du bénéficiaire du service du fait du manque de qualification professionnelle du prestataire.

II *bis*. – Un accès partiel à la profession au sens de la directive 2005/36/CE du Parlement européen et du Conseil du 7 septembre 2005 relative à la reconnaissance des qualifications professionnelles peut être accordé au cas par cas aux ressortissants de l'Union européenne ou d'un autre État partie à l'accord sur l'Espace économique européen lorsque les trois conditions suivantes sont remplies :

1° Le professionnel est pleinement qualifié pour exercer, dans l'État d'origine membre de l'Union ou partie à l'accord sur l'Espace économique européen, l'activité professionnelle pour laquelle l'accès partiel est sollicité ;

2° Les différences entre l'activité professionnelle légalement exercée dans l'État d'origine membre de l'Union ou partie à l'accord sur l'Espace économique européen et la profession réglementée correspondante en France sont si importantes que l'application de mesures de compensation reviendrait à imposer au demandeur de suivre le programme complet d'enseignement et de formation requis en France pour avoir pleinement accès à la profession réglementée ;

3° L'activité professionnelle est distincte de la ou des autres activités relevant de la profession réglementée, notamment dans la mesure où elle est exercée de manière autonome dans l'État d'origine.

L'accès partiel peut être refusé pour des raisons impérieuses d'intérêt général, si ce refus est proportionné à la protection de cet intérêt.

Les demandes aux fins d'accès partiel sont examinées, selon le cas, comme des demandes à fin d'établissement ou de libre prestation de services temporaire et occasionnelle.

III. – Par dérogation aux I et II ci-dessus, les activités exercées dans le cadre d'une procédure judiciaire ou intéressant la sécurité de l'État ou la défense nationale relèvent des seules dispositions particulières qui les réglementent.

IV. – Les conditions d'application du présent article sont fixées par décret en Conseil d'État.

Art. L. 326-5 *(Rempl. à compter du 1er mai 2011, L. n° 2011-12, 5 janv. 2011)*. – Les conditions d'application des articles L. 326-1 à L. 326-4, et notamment le régime disciplinaire auquel sont soumis les experts en automobile, sont fixées par un décret en Conseil d'État.

Une commission nationale composée de représentants de l'État, de représentants des professions concernées par l'expertise et l'assurance et de représentants d'associations d'usagers est consultée pour avis par l'autorité administrative qui rend les décisions disciplinaires, selon des modalités prévues par décret.

Art. L. 326-6 *(Mod. à compter du 1er mai 2011, L. n° 2011-12, 5 janv. 2011)*. – I. – Est incompatible avec l'exercice de la profession d'expert en automobile :

1° La détention d'une charge d'officier public ou ministériel ;

2° L'exercice d'activités touchant à la production, la vente, la location, la réparation et la représentation de véhicules à moteur et des pièces accessoires ;

3° L'exercice de la profession d'assureur ;

I *bis*. – Les conditions dans lesquelles un expert en automobile exerce sa profession ne doivent pas porter atteinte à son indépendance.

II. – Un décret en Conseil d'État fixe les conditions d'application du présent article et notamment les règles professionnelles que doivent respecter les experts en automobile.

Art. L. 326-7. – Tout expert en automobile doit être couvert par un contrat d'assurance garantissant la responsabilité civile qu'il peut encourir en raison des activités mentionnées à l'article L. 326-4.

Un arrêté du ministre de la Justice et du ministre chargé de l'économie et des finances fixe les limites, conditions et garanties minimales de cette assurance.

Art. L. 326-8 *(Rempl., Ord. n° 2008-507, 30 mai 2008 ; Ord. n° 2015-1682, 17 déc. 2015)*. – L'usage, sans droit, de la qualité d'expert en automobile ou le fait de s'en réclamer ainsi que l'exercice temporaire et occasionnel de cette activité sans respecter les conditions fixées au II et au II *bis* de l'article L. 326-4 sont punis des peines prévues aux articles 433-17 et 433-22 du Code pénal.

Art. L. 326-9. – En cas de condamnation d'un expert en automobile pour des faits constituant un manquement à l'honneur ou à la probité, le tribunal peut, à titre de peine complémentaire, lui interdire, temporairement ou définitivement, l'exercice des activités mentionnées à l'article L. 326-4.

CHAPITRE VII. – VÉHICULES ENDOMMAGÉS

Art. L. 327-1. – Les entreprises d'assurances tenues à un titre quelconque à indemniser les dommages à un véhicule dont un rapport d'expertise fait apparaître que le montant des réparations est supérieur à la valeur de la chose assurée au moment du sinistre doivent dans les quinze jours suivant la remise du rapport d'expertise proposer une indemnisation en perte totale avec cession du véhicule à l'assureur. Le propriétaire du véhicule dispose de trente jours pour donner sa réponse.

Art. L. 327-2 *(Mod., D. n° 2009-397, 10 avr. 2009 ; L. n° 2015-992, 17 août 2015)*. – En cas d'accord du propriétaire de céder le véhicule à l'assureur, celui-ci transmet le certificat d'immatriculation du véhicule à l'autorité administrative compétente.

L'assureur doit vendre le véhicule à un acheteur professionnel pour destruction, réparation ou récupération des pièces en vue de leur revente ou reconstruction.

Lorsqu'il s'agit d'une voiture particulière ou d'une camionnette destinée à la destruction ou à la récupération des pièces en vue de leur revente ou reconstruction, l'assureur remet le véhicule à un centre de véhicule hors d'usage agréé.

En cas de réparation du véhicule, celui-ci ne peut être remis en circulation et faire l'objet d'une réimmatriculation qu'au vu du rapport d'expertise certifiant que ledit véhicule a fait l'objet des réparations touchant à la sécurité prévues par le premier rapport d'expertise et qu'il est en état de circuler dans des conditions normales de sécurité.

Art. L. 327-3 *(Mod., D. n° 2009-397, 10 avr. 2009)*. – En cas de refus du propriétaire de céder le véhicule à l'assureur ou de silence dans le délai fixé à l'article L. 327-1, l'assureur doit en informer l'autorité administrative compétente.

Celle-ci procède alors, pendant la durée nécessaire et jusqu'à ce que le propriétaire l'ait informée que le véhicule a été réparé, à l'inscription d'une opposition à tout transfert du certificat d'immatriculation. Elle en informe le propriétaire par lettre simple.

Pour obtenir la levée de cette opposition, le propriétaire doit présenter un second rapport d'expertise certifiant que ledit véhicule a fait l'objet des réparations touchant à la sécurité prévues par le premier rapport d'expertise et que le véhicule est en état de circuler dans des conditions normales de sécurité.

Un arrêté interministériel fixe la valeur de la chose assurée au moment du sinistre à partir de laquelle les dispositions prévues au présent article sont applicables.

Art. L. 327-4 *(Mod., D. n° 2009-397, 10 avr. 2009)*. – Lorsqu'en raison de la gravité des dommages qu'il a subis, un véhicule a été immobilisé en application des articles L. 325-1 à L. 325-3, l'officier ou l'agent de police judiciaire qui procède aux constatations retire à titre conservatoire le certificat d'immatriculation.

En l'absence de remise du certificat d'immatriculation, l'autorité administrative compétente de police avise le propriétaire de l'interdiction de circulation de son véhicule et procède à l'inscription d'une opposition au transfert du certificat d'immatriculation jusqu'à la remise de ce document.

Le véhicule n'est remis en circulation qu'au vu du rapport d'un expert en automobile certifiant que ledit véhicule est en état de circuler dans des conditions normales de sécurité.

Art. L. 327-5 *(Mod., D. n° 2009-397, 10 avr. 2009)*. – Lorsqu'un expert en automobile constate qu'en raison de son état un véhicule ne peut circuler dans des conditions normales de sécurité, il en informe l'autorité administrative compétente, sans que puissent y faire obstacle les règles relatives au secret professionnel. Le préfet avise le propriétaire de l'interdiction de circulation de son véhicule et procède à l'inscription d'une opposition au transfert du certificat d'immatriculation jusqu'à la remise de ce document.

Le véhicule n'est remis en circulation qu'au vu d'un rapport d'un expert en automobile certifiant que ledit véhicule est en état de circuler dans des conditions normales de sécurité.

Art. L. 327-6 *(L. n° 2003-495, 12 juin 2003)*. – Un décret en Conseil d'État fixe, en tant que de besoin, les conditions d'application du présent chapitre.

TITRE III. – ENREGISTREMENT ET COMMUNICATION DES INFORMATIONS RELATIVES À LA CIRCULATION DES VÉHICULES

Art. L. 330-1. – Il est procédé, dans les services de l'État et sous l'autorité et le contrôle du ministre de l'Intérieur, à l'enregistrement de toutes informations concernant les pièces administratives exigées pour la circulation des véhicules ou affectant la disponibilité de ceux-ci.

Ces informations peuvent faire l'objet de traitements automatisés, soumis aux dispositions de la loi n° 78-17 du 6 janvier 1978 relative à l'informatique, aux fichiers et aux libertés.

Art. L. 330-2 *(Mod., L. fin. n° 2008-1425, 27 déc. 2008 ; L. fin. rect. n° 2009-431, 20 avr. 2009 ; L. n° 2010-788, 12 juill. 2010 ; L. n° 2013-619, 16 juill. 2013 ; L. n° 2015-992, 17 août 2015 ; L. n° 2016-339, 22 mars 2016 ; L. n° 2016-1917, 29 déc. 2016)*. – I. – Ces informations, à l'exception de celles relatives aux gages constitués sur les véhicules à moteur et aux oppositions au transfert du certificat d'immatriculation, sont communiquées :

1° À la personne physique ou morale titulaire des pièces administratives, à son avocat ou à son mandataire ;

2° Aux autorités judiciaires ;

3° Aux officiers ou agents de police judiciaire, dans l'exercice des missions définies à l'article 14 du Code de procédure pénale ;

4° Aux militaires de la gendarmerie ou aux fonctionnaires de la police nationale habilités à effectuer des contrôles routiers en application des dispositions du présent code ;

4° *bis* Aux agents de police judiciaire adjoints et aux gardes champêtres, aux seules fins d'identifier les auteurs des infractions au présent code qu'ils sont habilités à constater ;

5° Aux fonctionnaires habilités à constater des infractions au présent code, aux seules fins d'identifier les auteurs de ces infractions ;

6° Aux préfets, pour l'exercice de leurs compétences en matière de circulation des véhicules ;

7° Aux services du ministre de l'Intérieur, du ministre de la Défense, du ministre chargé de l'écologie, du ministre chargé de l'industrie et du ministre chargé des transports pour l'exercice de leurs compétences ;

8° Aux entreprises d'assurances garantissant les dommages subis par des tiers résultant d'atteintes aux personnes ou aux biens dans la réalisation desquels un véhicule à moteur, ainsi que ses remorques, est impliqué et aux organismes assimilés à ces entreprises dès lors que ces informations ont pour seul but d'identifier les biens et les personnes impliqués dans un accident de la circulation à condition qu'au moins un des véhicules soit assuré par le demandeur ou que ce dernier ait en charge l'indemnisation d'une des victimes ;

9° Aux autorités étrangères avec lesquelles existe un accord d'échange d'informations relatives à l'identification du titulaire du certificat d'immatriculation ;

9° *bis* Aux services compétents des États membres, pour l'application des instruments de l'Union européenne destinés à faciliter l'échange transfrontalier d'informations concernant les infractions en matière de sécurité routière ;

10° Aux services compétents en matière d'immatriculation des États membres de l'Union européenne et aux autres États parties à l'accord sur l'Espace économique européen, dans le cadre des dispositions prévoyant un échange d'informations relatives à l'immatriculation d'un véhicule précédemment immatriculé dans un autre de ces États, ou au titre de la répression de la criminalité visant les véhicules et ayant des incidences transfrontalières ;

11° *(Abrogé)* ;

12° *(Abrogé)* ;

13° Aux constructeurs de véhicules ou à leurs mandataires pour les besoins des rappels de sécurité et des rappels de mise au point des véhicules ;

14° Aux agents des exploitants d'une autoroute ou d'un ouvrage routier ouvert à la circulation publique et soumis à péage, assermentés dans les conditions prévues à l'article L. 130-7, aux seules fins d'identifier les auteurs des contraventions au présent code qu'ils sont habilités à constater conformément au 8° de l'article L. 130-4 ;

15° Aux agents mentionnés aux articles L. 2132-21 et L. 2132-23 du Code général de la propriété des personnes publiques ainsi qu'aux articles L. 2241-1, L. 4321-3, L. 4272-1, L. 5243-1 et L. 5337-2 du Code des transports habilités à dresser procès-verbal de contravention de grande voirie en application de ces mêmes codes et aux personnels de Voies navigables de France mentionnés à l'article L. 4272-2 du Code des transports habilités à constater les infractions définies par les règlements de police de la navigation intérieure, aux seules fins d'identifier le titulaire du certificat d'immatriculation ;

16° Au maire dans le cadre des attributions prévues aux articles L. 541-21-3 et L. 541-21-4 du Code de l'environnement, aux seules fins d'identifier le titulaire du certificat d'immatriculation ;

17° Aux personnels habilités du prestataire autorisé par l'État aux seules fins d'établir et de délivrer le dispositif d'identification des véhicules prévu à l'article L. 318-1 du présent code.

II. – Les entreprises d'assurances doivent fournir à l'appui de leur demande tous éléments utiles permettant de vérifier la réalité du sinistre.

III. – Les exploitants d'une autoroute ou d'un ouvrage routier ouvert à la circulation publique et soumis à péage doivent produire à l'appui de leur demande tous éléments utiles permettant de vérifier la réalité de la contravention pour non-paiement du péage.

Art. L. 330-3 *(L. n° 2016-339, 22 mars 2016)*. – I. – Les informations relatives, d'une part, aux gages constitués sur les véhicules à moteur et, d'autre part, aux oppositions au transfert du certificat d'immatriculation sont communiquées :

1° À la personne physique ou morale titulaire des pièces administratives exigées pour la circulation du véhicule, à son avocat ou à son mandataire ;

2° Aux autorités judiciaires ;

3° Aux officiers ou agents de police judiciaire, dans l'exercice des missions définies à l'article 14 du Code de procédure pénale ;

4° Aux préfets, pour l'exercice de leurs compétences en matière de circulation des véhicules ;

5° Aux autorités compétentes des territoires et collectivités territoriales d'outre-mer pour l'exercice de leurs attributions en matière de circulation des véhicules.

II. – L'absence de déclaration de gage ou d'opposition faite au transfert du certificat d'immatriculation d'un véhicule défini par son seul numéro d'immatriculation peut, à l'exclusion de toute autre information, être portée à la connaissance de toute personne qui en fait la demande.

Art. L. 330-4 *(L. n° 2016-339, 22 mars 2016)*. – Les informations relatives à l'état civil du titulaire du certificat d'immatriculation, au numéro d'immatriculation et aux caractéristiques du véhicule ainsi qu'aux gages constitués et aux oppositions, sont, à l'exclusion de tout autre renseignement, communiquées pour l'exercice de leur mission :

1° Aux agents chargés de l'exécution d'un titre exécutoire ;

2° Aux administrateurs judiciaires ou mandataires liquidateurs désignés dans le cadre d'une procédure de redressement judiciaire ou de liquidation de biens prévue par la loi n° 85-98 du 25 janvier 1985 relative au redressement et à la liquidation judiciaires des entreprises [abrogé et codifié, V. C. com.] ;

3° Aux syndics désignés dans le cadre d'une procédure de règlement judiciaire ou de liquidation de biens prévue par la loi n° 67-563 du 13 juillet 1967 sur le règlement judiciaire, la liquidation des biens, la faillite personnelle et les banqueroutes [partiellement abrogée].

Art. L. 330-5 *(Rempl., L. fin. rect. n° 2009-431, 20 avr. 2009 ; mod., L. n° 2011-267, 14 mars 2011 ; Ord. n° 2015-1341, 23 oct. 2015)*. – Sous réserve des dispositions des alinéas suivants, les informations nominatives figurant dans les pièces administratives exigées pour la circulation des véhicules ne peuvent être communiquées qu'aux destinataires mentionnés aux articles L. 330-2 à L. 330-4.

Ces informations nominatives sont également communicables à des tiers préalablement agréés par l'autorité administrative afin d'être réutilisées dans les conditions prévues aux articles L. 321-1 à L. 327-1 du Code des relations entre le public et l'administration :

– à des fins statistiques, ou à des fins de recherche scientifique ou historique, sans qu'il soit nécessaire de recueillir l'accord préalable des personnes concernées mais sous réserve que les études réalisées ne fassent apparaître aucune information nominative ;

– à des fins d'enquêtes et de prospections commerciales, sauf opposition des personnes concernées selon les modalités prévues au deuxième alinéa de l'article 38 de la loi n° 78-17 du 6 janvier 1978 relative à l'informatique, aux fichiers et aux libertés ;

– à des fins de sécurisation des activités économiques qui nécessitent une utilisation de caractéristiques techniques des véhicules fiables, sans communication des nom, prénom et adresse des personnes concernées.

La décision d'agrément mentionnée au deuxième alinéa peut être précédée d'une enquête administrative, dans les conditions prévues par l'article 17-1 de la loi n° 95-73 du 21 janvier 1995 d'orientation et de programmation relative à la sécurité, pour des motifs d'intérêt général liés à la protection des personnes et des biens.

Art. L. 330-6. – Le fait de prendre le nom d'une personne dans des circonstances qui ont déterminé ou auraient pu déterminer, en application de l'article L. 330-1, l'enregistrement au nom de cette personne d'une condamnation judiciaire ou d'une décision administrative est puni des peines prévues par l'article 434-23 du Code pénal.

Art. L. 330-7. – Le fait, en prenant un faux, nom ou une fausse qualité, de se faire communiquer le relevé des mentions enregistrées en application de l'article L. 330-1 et concernant un tiers est puni de la peine prévue par l'article 781 du Code de procédure pénale.

Est puni de la même peine le fait d'obtenir soit directement, soit indirectement, communication d'informations nominatives dont la divulgation n'est pas expressément prévue par le présent code.

Art. L. 330-8 *(Rempl., L. fin. rect. n° 2009-431, 20 avr. 2009)*. – Des décrets en Conseil d'État fixent les conditions d'application du premier alinéa de l'article L. 330-1 et des articles L. 330-2 à L. 330-7.

TITRE IV. – DISPOSITIONS RELATIVES À L'OUTRE-MER

CHAPITRE I. – DISPOSITIONS PARTICULIÈRES À LA COLLECTIVITÉ TERRITORIALE DE SAINT-PIERRE-ET-MIQUELON

Art. L. 341-1. – Pour l'application des dispositions du présent livre dans la collectivité territoriale de Saint-Pierre-et-Miquelon, le terme « département » est remplacé par « collectivité territoriale ».

CHAPITRE II. – DISPOSITIONS APPLICABLES DANS LA COLLECTIVITÉ TERRITORIALE DE MAYOTTE

Art. L. 342-1. – Pour l'application des dispositions du présent livre dans la collectivité territoriale de Mayotte, les termes énumérés ci-après sont remplacés comme suit :

1° « Préfecture » par « représentation du Gouvernement » ;

2° « Département » par « collectivité territoriale » ;

3° « Préfet » par « représentant du Gouvernement ».

Art. L. 342-2 *(L. n° 2015-992, 17 août 2015)*. – Les dispositions législatives du présent livre sont applicables dans la collectivité territoriale de Mayotte, à l'exception des articles L. 318-1 et L. 318-3.

Art. L. 342-3. – Les règles relatives à l'application du titre Ier du livre II du Code des assurances à la collectivité territoriale de Mayotte sont fixées par l'article L. 214-3 du Code des assurances, ci-après reproduit :

Rédaction antérieure. Art. L. 214-3 *(Abr., L. n° 2005-1564, 15 déc. 2005)*. – Les dispositions du titre Ier du livre II sont applicables à la collectivité territoriale de Mayotte à l'exception des articles L. 211-2, L. 211-4, L. 213-1, L. 214-1 et L. 214-2.

CHAPITRE III. – DISPOSITIONS APPLICABLES À LA POLYNÉSIE FRANÇAISE

Art. L. 343-1 *(Mod., L. n° 2011-267, 14 mars 2011)*. – Les articles L. 325-1, L. 325-2, L. 325-6 à L. 325-11 sont applicables à la Polynésie française, dans la rédaction suivante :

« Art. L. 325-1. – Les véhicules dont la circulation ou le stationnement, en infraction aux dispositions applicables localement, aux règlements de police ou à la réglementation relative à l'assurance obligatoire des véhicules à moteur, compromettent la sécurité ou le droit à réparation des usagers de la route, la tranquillité ou l'hygiène publique, l'esthétique des sites et paysages classés, la conservation ou l'utilisation normale des voies ouvertes à la circulation publique et de leurs dépendances, notamment par les véhicules de transport en commun, peuvent à la demande et sous la responsabilité du maire ou de l'officier de police judiciaire territorialement compétent, même sans l'accord du propriétaire du véhicule dans les cas et conditions précisés par le décret prévu à l'article L. 325-11, être immobilisés, mis en fourrière, retirés de la circulation et, le cas échéant, aliénés ou livrés à la destruction. »

« Art. L. 325-2. – Pour l'application de l'article L. 325-1 et sur prescription de l'officier de police judiciaire territorialement compétent, les fonctionnaires de police en tenue et les militaires de la gendarmerie habilités à constater par procès-verbaux les contraventions à la police de la circulation routière peuvent, en cas de besoin, ouvrir ou faire ouvrir les portes du véhicule, manœuvrer ou faire manœuvrer tous appareils. Ils peuvent conduire le véhicule ou le faire conduire, en leur présence, vers le lieu de mise en fourrière en utilisant, le cas échéant, les moyens autonomes de propulsion dont le véhicule est muni.

La mise en fourrière peut également être prescrite par un chef de service de police municipale territorialement compétent ou l'agent de police judiciaire adjoint qui occupe les fonctions de chef de la police municipale. Pour l'application de cette disposition et sur prescription du chef de service de police municipale territorialement compétent ou de l'agent de police judiciaire adjoint qui occupe les fonctions de chef de la police municipale, les agents de police municipale habilités à constater par procès-verbal les contraventions à la police de la circulation routière peuvent, en cas de besoin, ouvrir ou faire ouvrir les portes du véhicule, manœuvrer ou faire manœuvrer tous appareils. Ils peuvent conduire le véhicule ou le faire conduire, en leur présence, vers le lieu de mise en fourrière en utilisant, le cas échéant, les moyens autonomes de propulsion dont le véhicule est muni.

Dans les cas prévus aux alinéas précédents », l'assureur du propriétaire du véhicule est tenu de garantir, dans les limites du contrat, la réparation du dommage causé au tiers sauf recours, s'il y a lieu, contre la collectivité publique qui, par son fait, a causé le dommage ayant donné lieu à la responsabilité de l'assureur et sans qu'une majoration de prime puisse en résulter pour le propriétaire. »

« Art. L. 325-6. – Les véhicules dont l'état ne permet pas la circulation dans des conditions normales de sécurité ne peuvent être retirés de la fourrière que par des réparateurs chargés par les propriétaires d'effectuer les travaux reconnus indispensables.

Ils ne peuvent ensuite être restitués à leurs propriétaires, qu'après vérification de la bonne exécution des travaux.

En cas de désaccord sur l'état du véhicule, un expert est désigné dans des conditions fixées par délibération de l'assemblée de la Polynésie française. S'il constate que le véhicule n'est pas en état de circuler dans des conditions normales de sécurité, il détermine les travaux à effectuer avant sa remise au propriétaire. »

« Art. L. 325-7. – Sont réputés abandonnés les véhicules laissés en fourrière à l'expiration d'un délai de quarante-cinq jours à compter de la mise en demeure faite au propriétaire d'avoir à retirer son véhicule.

La notification est valablement faite à l'adresse indiquée au répertoire des immatriculations. Dans le cas où le véhicule fait l'objet d'un gage régulièrement inscrit, cette notification est également faite au créancier gagiste.

Si le propriétaire ne peut être identifié, le délai précité court du jour où cette impossibilité a été constatée.

Le délai prévu au premier alinéa est réduit à dix jours en ce qui concerne les véhicules qu'un expert désigné dans des conditions fixées par délibération de l'assemblée de la Polynésie française aura estimés d'une valeur marchande inférieure à un montant fixé par le gouvernement de la Polynésie française et déclarés hors d'état de circuler dans des conditions normales de sécurité.

Les véhicules visés à l'alinéa précédent sont, à l'expiration du délai de dix jours, livrés à la destruction. »

« Art. L. 325-8. – Les véhicules abandonnés dans les conditions prévues au premier alinéa de l'article L. 325-7 sont remis au service des domaines en vue de leur aliénation dans les formes prévues pour les ventes du mobilier de la Polynésie française. Les véhicules qui n'ont pas trouvé preneur, à l'expiration d'un délai fixé par le président du gouvernement de la Polynésie française, sont livrés à la destruction sur l'initiative de l'autorité administrative investie des pouvoirs de police en matière de circulation. »

« Art. L. 325-9. – Les frais d'enlèvement, de garde en fourrière, d'expertise et de vente ou de destruction du véhicule sont à la charge du propriétaire.

Le produit de la vente, sous déduction des frais énumérés à l'alinéa précédent, est tenu à la disposition du propriétaire ou de ses ayants droit ou, le cas échéant, du créancier gagiste pouvant justifier de ses droits, pendant un délai de deux ans. À l'expiration de ce délai, ce produit est acquis à la Polynésie française.

Lorsque le produit de la vente est inférieur au montant des frais visés ci-dessus, le propriétaire ou ses ayants droit restent débiteurs de la différence. Celle-ci est recouvrée dans les conditions fixées par délibération de l'assemblée de la Polynésie française. »

« Le présent article est applicable au créancier gagiste en cas de confiscation du véhicule qui a servi pour commettre une infraction. »

« Art. L. 325-10. – La collectivité publique intéressée n'est pas responsable des dommages subis par les véhicules visés au quatrième alinéa de l'article L. 325-7, placés dans une fourrière non clôturée et non gardée. »

« Art. L. 325-11. – Un décret en Conseil d'État détermine les conditions d'application des articles L. 325-1, L. 325-2, L. 325-6 à L. 325-9.

Une délibération de l'assemblée de la Polynésie française détermine les clauses devant obligatoirement figurer dans le contrat type susceptible d'être passé entre les collectivités publiques intéressées et les entreprises aptes à effectuer la démolition des véhicules à moteur. »

CHAPITRE IV. – DISPOSITIONS APPLICABLES EN NOUVELLE-CALÉDONIE

Art. L. 344-1 *(Ord. n° 2004-567, 17 juin 2004 ; mod., L. n° 2006-10, 5 janv. 2006).* – I *(L. n° 2011-884, 27 juill. 2011).* - Les articles L. 325-1, L. 325-1-1, L. 325-2 et L. 325-6 à L. 325-11 sont applicables en Nouvelle-Calédonie, dans la rédaction suivante :

« Art. L. 325-1. - Les véhicules dont la circulation ou le stationnement, en infraction aux dispositions applicables localement, aux règlements de police ou à la réglementation relative à l'assurance obligatoire des véhicules à moteur, compromettent la sécurité ou le droit à réparation des usagers de la route, la tranquillité ou l'hygiène publique, l'esthétique des sites et paysages classés, la conservation ou l'utilisation normale des voies ouvertes à la circulation publique et de leurs dépendances, notamment par les véhicules de transport en commun, peuvent, à la demande et sous la responsabilité du maire ou de l'officier de police judiciaire territorialement compétent, même sans l'accord du propriétaire du véhicule dans les cas et conditions précisés par le décret prévu à l'article L. 325-11, être immobilisés, mis en fourrière, retirés de la circulation et, le cas échéant, aliénés ou livrés à la destruction.

Peuvent également, à la demande et sous la responsabilité du maire ou de l'officier de police judiciaire territorialement compétent, même sans l'accord du propriétaire du véhicule, être immobilisés, mis en fourrière, retirés de la circulation et, le cas échéant, aliénés ou livrés à la destruction les véhicules qui, se trouvant sur les voies ouvertes à la circulation publique ou sur leurs dépendances, sont privés d'éléments indispensables à leur utilisation normale et insusceptibles de réparation immédiate à la suite de dégradations ou de vols.

Art. L. 325-1-1. - En cas de constatation d'un délit ou d'une contravention de la cinquième classe prévu par le présent code ou le Code pénal pour lequel la peine de confiscation du véhicule est encourue, l'officier ou l'agent de police judiciaire peut, avec l'autorisation préalable du procureur de la République donnée par tout moyen, faire procéder à l'immobilisation et à la mise en fourrière du véhicule.

Si la juridiction ne prononce pas la peine de confiscation du véhicule, celui-ci est restitué à son propriétaire, sous réserve des dispositions du troisième alinéa. Si la confiscation est ordonnée, le véhicule est remis au service des domaines en vue de sa destruction ou de son aliénation. Les frais d'enlèvement et de garde en fourrière sont à la charge de l'acquéreur.

Si la juridiction prononce la peine d'immobilisation du véhicule, celui-ci n'est restitué au condamné qu'à l'issue de la durée d'immobilisation fixée par la juridiction contre paiement des frais d'enlèvement et de garde en fourrière, qui sont à la charge de ce dernier.

(L. n° 2011-1862, 13 déc. 2011) En cas de relaxe, le propriétaire dont le véhicule a été mis en fourrière sur autorisation du procureur de la République peut, selon des modalités précisées par arrêté du ministre de la justice, demander à l'État le remboursement, au titre des frais de justice, des frais d'enlèvement et de garde en fourrière qu'il a dû acquitter pour récupérer son véhicule.

Art. L. 325-2. - Pour l'application des articles L. 325-1 et L. 325-1-1 et sur prescription de l'officier de police judiciaire territorialement compétent, les fonctionnaires de police en tenue et les militaires de la gendarmerie habilités à constater par procès-verbaux les contraventions à la police de la circulation routière peuvent, en cas de besoin, ouvrir ou faire ouvrir les portes du véhicule, manœuvrer ou faire manœuvrer tous appareils. Ils peuvent conduire le véhicule ou le faire conduire, en leur présence, vers le lieu de mise en fourrière en utilisant, le cas échéant, les moyens autonomes de propulsion dont le véhicule est muni.

La mise en fourrière peut également être prescrite par un chef de service de police municipale territorialement compétent ou l'agent de police judiciaire adjoint qui occupe les fonctions de chef de la police municipale. Pour l'application de cette disposition et sur prescription du chef de service de police municipale territorialement compétent ou de l'agent de police judiciaire adjoint qui occupe les fonctions de chef de la police municipale, les agents de police municipale habilités à constater par procès-verbal les contraventions à la police de la circulation routière peuvent, en cas de besoin, ouvrir ou faire ouvrir les portes du véhicule, manœuvrer ou faire manœuvrer tous appareils. Ils peuvent conduire le véhicule ou le faire conduire, en leur présence, vers le lieu de mise en fourrière en utilisant, le cas échéant, les moyens autonomes de propulsion dont le véhicule est muni.

Dans les cas prévus aux alinéas précédents, l'assureur du propriétaire du véhicule est tenu de garantir, dans les limites du contrat, la réparation du dommage causé au tiers sauf recours, s'il y a lieu, contre la collectivité publique qui, par son fait, a causé le dommage ayant donné lieu à la responsabilité de l'assureur et sans qu'une majoration de prime puisse en résulter pour le propriétaire.

Art. L. 325-6. - Les véhicules dont l'état ne permet pas la circulation dans des conditions normales de sécurité ne peuvent être retirés de la fourrière que par des réparateurs chargés par les propriétaires d'effectuer les travaux reconnus indispensables.

Ils ne peuvent ensuite être restitués à leurs propriétaires qu'après vérification de la bonne exécution des travaux.

En cas de désaccord sur l'état du véhicule, un expert est désigné dans des conditions fixées par délibération du congrès de la Nouvelle-Calédonie. S'il constate que le véhicule n'est pas en état de circuler dans des conditions normales de sécurité, il détermine les travaux à effectuer avant sa remise au propriétaire.

Art. L. 325-7. - Sont réputés abandonnés les véhicules laissés en fourrière à l'expiration d'un délai de quarante-cinq jours à compter de la mise en demeure faite au propriétaire d'avoir à retirer son véhicule.

La notification est valablement faite à l'adresse indiquée au répertoire des immatriculations. Dans le cas où le véhicule fait l'objet d'un gage régulièrement inscrit, cette notification est également faite au créancier gagiste.

Si le propriétaire ne peut être identifié, le délai précité court du jour où cette impossibilité a été constatée.

Le délai prévu au premier alinéa est réduit à dix jours en ce qui concerne les véhicules qu'un expert désigné dans des conditions fixées par délibération du congrès de la Nouvelle-Calédonie aura estimés d'une valeur marchande inférieure à un montant fixé par le gouvernement de la Nouvelle-Calédonie et déclarés hors d'état de circuler dans des conditions normales de sécurité.

Les véhicules visés à l'alinéa précédent sont, à l'expiration du délai de dix jours, livrés à la destruction.

Art. L. 325-8. - Les véhicules abandonnés dans les conditions prévues au premier alinéa de l'article L. 325-7 sont remis au service compétent de la Nouvelle-Calédonie en vue de leur aliénation dans les formes prévues pour les ventes du mobilier de la Nouvelle-Calédonie. Les véhicules qui n'ont pas trouvé preneur, à l'expiration d'un délai fixé par les autorités locales compétentes, sont livrés à la destruction sur l'initiative de l'autorité administrative investie des pouvoirs de police en matière de circulation.

Art. L. 325-9. - Les frais d'enlèvement, de garde en fourrière, d'expertise et de vente ou de destruction du véhicule sont à la charge du propriétaire.

Le produit de la vente, sous déduction des frais énumérés à l'alinéa précédent, est tenu à la disposition du propriétaire ou de ses ayants droit ou, le cas échéant, du créancier gagiste pouvant justifier de ses droits, pendant un délai de deux ans. À l'expiration de ce délai, ce produit est acquis à la Nouvelle-Calédonie.

Lorsque le produit de la vente est inférieur au montant des frais visés ci-dessus, le propriétaire ou ses ayants droit restent débiteurs de la différence. Celle-ci est recouvrée dans les conditions fixées par délibération du congrès de la Nouvelle-Calédonie.

(L. n° 2011-267, 14 mars 2011) Le présent article est applicable au créancier gagiste en cas de confiscation du véhicule qui a servi pour commettre une infraction.

Art. L. 325-10. - La collectivité publique intéressée n'est pas responsable des dommages subis par les véhicules visés au quatrième alinéa de l'article L. 325-7, placés dans une fourrière non clôturée et non gardée.

Art. L. 325-11. - Un décret en Conseil d'État détermine les conditions d'application des articles L. 325-1, L. 325-1-1, L. 325-2 et L. 325-6 à L. 325-9.

Les autorités de la Nouvelle-Calédonie déterminent les clauses obligatoires des contrats susceptibles d'être passés entre les collectivités publiques intéressées et les entreprises aptes à procéder à la démolition des véhicules à moteur. »

II (L. n° 2011-884, 27 juill. 2011). - L'article L. 330-2 est applicable en Nouvelle-Calédonie dans la rédaction suivante :

« Art. L. 330-2. - Sans préjudice de la compétence générale de la police nationale et de la gendarmerie nationale, les informations concernant les pièces administratives exigées pour la circulation des véhicules ou affectant la disponibilité de ceux-ci sont, à l'exception de celles relatives aux gages constitués sur les

véhicules à moteur et aux oppositions au transfert du certificat d'immatriculation, communiquées sur leur demande aux agents de police judiciaire adjoints mentionnés au 2° de l'article 21 du Code de procédure pénale, aux seules fins d'identifier les auteurs des infractions au Code de la route applicable en Nouvelle-Calédonie qu'ils sont habilités à constater. »

Art. L. 344-2 ***(Ord. n° 2009-537, 14 mai 2009).*** **– Lorsqu'une amende forfaitaire majorée a été émise et que le comptable** ***(Mots rempl. à compter du 30 avr. 2010, Ord. n° 2010-420, 27 avr. 2010)*** **public compétent constate que le contrevenant n'habite plus à l'adresse enregistrée au fichier territorial des immatriculations, il peut faire opposition au service d'immatriculation territorialement compétent à tout transfert du certificat d'immatriculation. Il en informe le procureur de la République.**

Cette opposition suspend la prescription de la peine.

Elle est levée par le paiement de l'amende forfaitaire majorée. En outre, lorsque l'intéressé a formé une réclamation, selon les modalités et dans les délais prévus par les articles 529-10 et 530 du Code de procédure pénale à peine d'irrecevabilité et qu'il justifie avoir déclaré sa nouvelle adresse au service d'immatriculation des véhicules de la Nouvelle-Calédonie, le procureur de la République lève l'opposition.

LIVRE QUATRIÈME. – L'USAGE DES VOIES

TITRE PREMIER. – DISPOSITIONS GÉNÉRALES

CHAPITRE I. – POUVOIRS DE POLICE DE LA CIRCULATION

Art. L. 411-1. – Les règles relatives aux pouvoirs de police de la circulation routière dévolus au maire dans la commune, à l'exception pour les communes des départements de la Moselle, du Bas-Rhin et du Haut-Rhin de celles visées à l'article L. 2213-6, sont fixées par les articles L. 2213-1 à L. 2213-6 du Code général des collectivités territoriales ci-après reproduits :

Art. L. 2213-1. – *(Mod., L. n° 2014-58, 27 janv. 2014)* Le maire exerce la police de la circulation sur les routes nationales, les routes départementales et les voies de communication à l'intérieur des agglomérations, sous réserve des pouvoirs dévolus au représentant de l'État dans le département sur les routes à grande circulation. À l'extérieur des agglomérations, le maire exerce également la police de la circulation sur les voies du domaine public routier communal et du domaine public routier intercommunal, sous réserve des pouvoirs dévolus au représentant de l'État dans le département sur les routes à grande circulation.

Les conditions dans lesquelles le maire exerce la police de la circulation sur les routes à grande circulation sont fixées par décret en Conseil d'État.

Par dérogation aux dispositions des deux alinéas précédents et à celles des articles L. 2213-2 et L. 2213-3, des décrets peuvent transférer, dans les attributions du représentant de l'État dans le département, la police de la circulation sur certaines sections des routes à grande circulation.

Art. L. 2213-2. – Le maire peut, par arrêté motivé, eu égard aux nécessités de la circulation et de la protection de l'environnement :

1° Interdire à certaines heures l'accès de certaines voies de l'agglomération ou de certaines portions de voie ou réserver cet accès, à certaines heures, à diverses catégories d'usagers ou de véhicules ;

2° Réglementer l'arrêt et le stationnement des véhicules de certaines catégories d'entre eux, ainsi que la desserte des immeubles riverains ;

3° *(Mod., L. n° 2010-788, 12 juill. 2010 ; rempl., L. n° 2014-58, 27 janv. 2014)* Réserver sur la voie publique ou dans tout autre lieu de stationnement ouvert au public des emplacements de stationnement aménagés aux véhicules utilisés par les personnes titulaires de la carte de stationnement prévue à l'article L. 241-3-2 du Code de l'action sociale et des familles et aux véhicules bénéficiant du label « autopartage ».

Art. L. 2213-3. – Le maire peut, par arrêté motivé :

1° Instituer, à titre permanent ou provisoire, pour les véhicules affectés à un service public et pour les besoins exclusifs de ce service et, dans le cadre de leurs missions, pour les véhicules de transport de fonds, de bijoux ou de métaux précieux, des stationnements réservés sur les voies publiques de l'agglomération ;

2° Réserver des emplacements sur ces mêmes voies pour faciliter la circulation et le stationnement des transports publics de voyageurs et des taxis, ainsi que des véhicules de transport de fonds, de bijoux ou de métaux précieux dans le cadre de leurs missions et l'arrêt des véhicules effectuant un chargement ou un déchargement de marchandises.

Art. L. 2213-3-1 *(L. n° 2010-788, 12 juill. 2010 ; mod., L. n° 2010-1563, 16 déc. 2010).* – Lorsqu'une commune est membre d'une métropole, d'une communauté urbaine ou d'une communauté d'agglomération compétente en matière de voirie dont le territoire est couvert par un plan de déplacements urbains, ou d'une communauté de communes compétente en matière de voirie dont le territoire est couvert par un plan de déplacements urbains, le stationnement des véhicules à moteur est soit interdit, soit réservé à des catégories particulières de véhicules, ou limité dans le temps, ou soumis à paiement, sur les voies publiques supportant la circulation de véhicules assurant un service régulier de transport public et sur les trottoirs adjacents à ces voies lorsque ces mesures sont nécessaires pour faciliter la circulation de ces véhicules ou l'accès des usagers au service.

Art. L. 2213-4. – Le maire peut, par arrêté motivé, interdire l'accès de certaines voies ou de certaines portions de voies ou de certains secteurs de la commune aux véhicules dont la circulation sur ces voies ou dans ces secteurs est de nature à compromettre soit la tranquillité publique, soit la qualité de l'air, soit la protection des espèces animales ou végétales, soit la protection des espaces naturels, des paysages ou des sites ou leur mise en valeur à des fins esthétiques, écologiques, agricoles, forestières ou touristiques.

Dans ces secteurs, le maire peut, en outre, par arrêté motivé, soumettre à des prescriptions particulières relatives aux conditions d'horaires et d'accès à certains lieux et aux niveaux sonores admissibles les activités s'exerçant sur la voie publique, à l'exception de celles qui relèvent d'une mission de service public.

Ces dispositions ne s'appliquent pas aux véhicules utilisés pour assurer une mission de service public et ne peuvent s'appliquer d'une façon permanente aux véhicules utilisés à des fins professionnelles de recherche, d'exploitation ou d'entretien des espaces naturels.

Art. L. 2213-5. – Le maire peut, par arrêté motivé, interdire l'accès de certaines voies ou de certaines portions de voies aux véhicules de transport de matières dangereuses visées par la directive 82/501 du Conseil du 24 juin 1982 concernant les risques d'accidents majeurs de certaines activités industrielles et de nature à compromettre la sécurité publique.

Art. L. 2213-6 *(Mod. à compter du 1er janv. 2016, L. n° 2014-58, 27 janv. 2014).* – Le maire peut, moyennant le paiement de droits fixés par un tarif dûment établi, donner des permis de stationnement ou de dépôt temporaire sur la voie publique et autres lieux publics, sous réserve que cette autorisation n'entraîne aucune gêne pour la circulation, et la liberté du commerce. Les modalités de la tarification et la gestion matérielle du stationnement des véhicules sur la voie publique sont régies par l'article L. 2333-87.

1) La perception de la redevance de stationnement, légalement fixée par le maire dans le cadre des pouvoirs qu'il tient de l'article L. 2213-6 du Code des collectivités locales, au moyen d'appareils horodateurs, échappe au Code de la consommation. N'est pas entachée d'illégalité l'instauration d'un système de règlement de cette redevance exclusivement au moyen d'une carte prépayée, qui répond à l'objectif d'intérêt public de sécuriser les appareils contre le vol et qui n'apparaît pas imposer aux usagers de sujétions disproportionnées par rapport au but légitime en vue duquel cette mesure a été prise par l'autorité publique (■ Cass. crim., 26 avr. 2006 : *Bull. crim.*, n° 114. ■ 23 janv. 2013, n° 12-84.164).

2) Prive sa décision de base légale la juridiction de proximité qui, dans des poursuites exercées pour défaut d'affichage du ticket horodateur, alors qu'elle y était invitée par les conclusions régulièrement déposées par le prévenu, ne recherche pas s'il existait un arrêté municipal conforme aux dispositions de l'article L. 2213-2 du Code général des collectivités territoriales imposant l'affichage du ticket horodateur (■ Cass. crim., 4 mars 2009, *Bull. crim.*, n° 51).

– *Rapprochements* : sur la nécessité de rechercher l'existence d'un arrêté municipal pour fonder des contraventions de stationnement, à rapprocher ■ Cass. crim., 2 sept. 1998 : *Bull. crim.*, n° 225. ■ Cass. crim., 12 oct. 2005 : *Bull. crim.*, n° 256.

3) Est légalement justifié le jugement de condamnation pour infraction à la réglementation sur le stationnement des véhicules à Paris, dès lors qu'il résulte de l'arrêté n° 2005-060 du 31 mars 2005, visant les textes réglementaires concernant le stationnement payant à Paris depuis sa mise en œuvre, auquel se réfère le jugement, que le stationnement était payant aux lieu, date et heure de la constatation de l'infraction (■ Cass. crim., 12 nov. 2014, n° 13-88.040. ■ Cass. crim., 19 nov. 2014, n° 13-87.101).

4) En application de l'article L. 2213-2 du Code général des collectivités locales, la décision du maire de réglementer le stationnement des véhicules doit être motivée par les nécessités de la circulation et celles de la protection de l'environnement, ces deux conditions étant alternatives et non cumulatives (■ Cass. crim., 8 juin 2017, n° 16-85.633).

Art. L. 411-2 *(Mod., L. n° 2014-58, 27 janv. 2014)*. **– Les règles relatives aux pouvoirs de police de la circulation routière à Paris sont fixées par l'article L. 2512-14 du Code général des collectivités territoriales ci-après reproduit :**

Art. L. 2512-14. – Les pouvoirs conférés au maire par le premier alinéa de l'article L. 2213-1 et par les articles L. 2213-2 à L. 2213-6 sont, à Paris, exercés par le maire de Paris sous réserve des dispositions ci-après.

Pour les motifs d'ordre public ou liés à la sécurité des personnes et des biens ou pour assurer la protection du siège des institutions de la République et des représentations diplomatiques, le préfet de police détermine, de façon permanente ou temporaire, des sites où il réglemente les conditions de circulation et de stationnement dans certaines voies ou portions de voies, ou en réserve l'accès à certaines catégories d'usagers ou de véhicules.

Des dispositions de même nature et à caractère temporaire peuvent également être arrêtées par le préfet de police, après avis du maire de Paris, en cas de manifestation de voie publique à caractère revendicatif, festif, sportif ou culturel.

(Rempl., L. n° 2014-58, 27 janv. 2014) Sur les axes permettant d'assurer la continuité des itinéraires principaux dans l'agglomération parisienne et la région d'Île-de-France, dont la liste est fixée par décret, les règles de circulation et de stationnement sont déterminées par le maire de Paris après avis conforme du préfet de police. Lorsque cet avis est défavorable, il est motivé au regard des enjeux du projet présenté par le maire de Paris.

Pour l'application des dispositions du présent article, le contrôle administratif et le pouvoir de substitution sont exercés, au nom de l'État, par le préfet de police.

En outre, les pouvoirs conférés par le Code de la route au préfet sont exercés à Paris par le préfet de police.

L'exécution des dispositions des alinéas précédents est assurée par les fonctionnaires de la police nationale ou, le cas échéant, en matière de circulation ou de stationnement, par des agents de la ville de Paris placés sous l'autorité du préfet de police.

Art. L. 411-3. – Les règles relatives aux pouvoirs de police de la circulation routière dévolus au président du conseil général dans le département sont fixées par les articles L. 3221-4 et L. 3221-5 du Code général des collectivités territoriales ci-après reproduits :

Art. L. 3221-4. – Le président du conseil général gère le domaine du département. À ce titre, il exerce les pouvoirs de police afférents à cette gestion, notamment en ce qui concerne la circulation sur ce domaine, sous réserve des attributions dévolues aux maires par le présent code et au représentant de l'État dans le département ainsi que du pouvoir de substitution du représentant de l'État dans le département prévu à l'article L. 3221-5.

Art. L. 3221-5. – Le représentant de l'État dans le département peut, dans le cas où il n'y aurait pas été pourvu par le président du conseil général, et après une mise en demeure restée sans résultat, exercer les attributions dévolues au président du conseil général en matière de police en vertu des dispositions de l'article L. 3221-4.

Art. L. 411-3-1 *(Créé à compter du 1er janvier 2015, Ord. n° 2014-1543, 19 déc. 2014)*. **– Dans la métropole de Lyon, les règles relatives aux pouvoirs de police de la circulation routière du président du conseil de la métropole et aux pouvoirs de police du stationnement des maires sont fixées au 5° du I de l'article L. 3642-2 du Code général des collectivités territoriales.**

Art. L. 411-4. – Les règles relatives aux pouvoirs de police de la circulation routière dévolus au président du conseil exécutif dans la collectivité territoriale de Corse sont fixées par les articles L. 4424-4 et L. 4424-30 [L. 4422-25 et L. 4424-21] du Code général des collectivités territoriales ci-après reproduits :

Art. L. 4422-25. – Le président du conseil exécutif prépare et exécute les délibérations de l'Assemblée.

Il est l'ordonnateur des dépenses et prescrit l'exécution des recettes de la collectivité territoriale de Corse, sous réserve des dispositions particulières du Code général des impôts relatives au recouvrement des recettes fiscales des collectivités locales.

Il est le chef des services de la collectivité territoriale de Corse. Il gère les personnels de la collectivité dans les conditions prévues par l'article 16-3 de la loi n° 72-619 du 5 juillet 1972 portant création et organisation des régions et la loi n° 84-53 du 26 janvier 1984 portant dispositions statutaires relatives à la fonction publique territoriale. Il peut, sous sa surveillance et sa responsabilité, donner une délégation de signature aux responsables desdits services.

Il gère le patrimoine de la collectivité territoriale de Corse. À ce titre, il exerce les pouvoirs de police afférents à cette gestion.

Il délègue par arrêté, sous sa surveillance et sa responsabilité, l'exercice d'une partie de ses attributions aux conseillers exécutifs. Ces délégations subsistent tant qu'elles n'ont pas été rapportées.

En cas d'empêchement pour quelque cause que ce soit, le président du conseil exécutif de Corse est provisoirement remplacé par un conseiller exécutif dans l'ordre de la liste élue.

Art. L. 4424-21. – La collectivité territoriale de Corse assure la construction, l'aménagement, l'entretien et la gestion de la voirie classée en route nationale. Par convention, la collectivité territoriale peut en déléguer la mise en œuvre aux départements.

La voirie classée en route nationale est transférée dans le patrimoine de la collectivité territoriale.

Sur le territoire de la Corse, par dérogation à l'article L. 110-3 du Code de la route, la liste des routes à grande circulation est fixée par délibération de l'Assemblée de Corse.

Art. L. 411-5. – Les règles relatives aux pouvoirs de police de la voie publique sur les routes à grande circulation dans les départements des Hauts-de-Seine, de la Seine-Saint-Denis et du Val-de-Marne sont fixées par l'article L. 2521-1 du Code général des collectivités territoriales ci-après reproduit :

Art. L. 2521-1. – Dans les départements des Hauts-de-Seine, de la Seine-Saint-Denis et du Val-de-Marne, le représentant de l'État dans le département a la charge de la police de la voie publique sur les routes à grande circulation y compris en ce qui concerne la liberté et la sûreté, en plus des attributions de police exercées dans les communes où la police est étatisée conformément aux articles L. 2214-3 et L. 2214-4.

Art. L. 411-5-1 *(L. n° 2003-660, 21 juill. 2003).* **– Dans les régions d'outre-mer où la voirie nationale a été transférée à la région, les règles relatives aux pouvoirs de police de la circulation routière dévolus au président du conseil régional sont fixées par les articles L. 4433-24-1-1 L. 4433-24-1-2 du Code général des collectivités territoriales ci-après reproduits :**

Art. L. 4433-24-1-1. – À compter du transfert de la voirie nationale à une région d'outre-mer, le président du conseil régional gère le domaine transféré. À ce titre, il exerce les pouvoirs de police afférents à cette gestion, notamment en ce qui concerne la circulation sur ce domaine sous réserve des attributions dévolues par le présent code au maire et au préfet.

Art. L. 4433-24-1-2. – Le préfet peut, dans le cas où il n'y aurait pas été pourvu par le président du conseil régional et après une mise en demeure restée sans résultat, exercer les attributions dévolues au président du conseil régional en matière de police en vertu de l'article L. 4433-24-1-1.

Art. L. 411-6. – Le droit de placer en vue du public, par tous les moyens appropriés, des indications ou signaux concernant, à un titre quelconque, la circulation n'appartient qu'aux autorités chargées des services de la voirie.

Art. L. 411-7. – Sur les voies ouvertes à la circulation publique, l'organisation de courses de véhicules à moteur est soumise à autorisation de l'autorité investie du pouvoir de police.

(Alinéa créé à compter du 1er janvier 2015, Ord. n° 2014-1543, 19 déc. 2014) **Pour l'application de l'alinéa précédent sur le territoire de la métropole de Lyon, l'autorité à laquelle il est fait référence est celle investie du pouvoir de police de la circulation.**

Le fait d'organiser une course de véhicules à moteur sans avoir obtenu l'autorisation prévue par le présent article est puni de six mois d'emprisonnement et de 18 000 € d'amende.

CHAPITRE II. – CONDUITE DES VÉHICULES ET CIRCULATION DES PIÉTONS

Art. L. 412-1. – Le fait, en vue d'entraver ou de gêner la circulation, de placer ou de tenter de placer, sur une voie ouverte à la circulation publique, un objet faisant obstacle au passage des véhicules ou d'employer, ou de tenter d'employer un moyen quelconque pour y mettre obstacle, est puni de deux ans d'emprisonnement et de 4 500 € d'amende.

Toute personne coupable de l'une des infractions prévues au présent article encourt également la peine complémentaire de suspension, pour une durée de trois ans au plus, du permis de conduire, cette suspension pouvant être limitée à la conduite en dehors de l'activité professionnelle.

Lorsqu'un délit prévu au présent article est commis à l'aide d'un véhicule, l'immobilisation et la mise en fourrière peuvent être prescrites dans les conditions prévues aux articles L. 325-1 à L. 325-3.

Les délits prévus au présent article donnent lieu de plein droit à la réduction de la moitié du nombre maximal de points du permis de conduire.

1) Sur l'organisation d'un barrage routier dans des conditions irrégulières par un lieutenant de louveterie, V. ■ Cass. crim., 24 févr. 1976 : *Bull. crim.*, n° 69 ; *Rev. sc. crim.* 1976, 959. obs. Vitu.

2) Les juges du fait apprécient souverainement si une voie privée est ouverte à la circulation publique sans être tenus de surseoir à statuer jusqu'à ce que la juridiction éventuellement saisie se soit prononcée (■ Cass. crim., 6 mars 1984 : *Bull. crim.*, n° 88).

3) Justifie sa décision la cour d'appel qui, pour déclarer les prévenus coupables d'entrave à la circulation publique, retient qu'ils ont délibérément fait obstacle au passage des véhicules en immobilisant, à plusieurs reprises, leurs automobiles et que la commission d'une infraction pénale ne saurait être justifiée par la participation à une manifestation sur la voie publique (■ Cass. crim., 8 mars 2005 : *Bull. crim.*, n° 77).

Art. L. 412-2 ***(L. n° 2002-3, 3 janv. 2002).*** **– Est puni de six mois d'emprisonnement et de 3 750 € d'amende tout conducteur d'un véhicule à moteur qui, dans un tunnel, ne respecte pas la distance de sécurité suffisante entre deux véhicules ou la distance de 50 mètres pour les véhicules de plus de 3,5 tonnes, et qui commet la même infraction dans un délai d'un an à compter de la date à laquelle cette condamnation est devenue définitive.**

Tout conducteur coupable de ce délit encourt également la peine complémentaire de suspension, pour une durée de trois ans au plus, du permis de conduire, cette suspension pouvant être limitée à la conduite en dehors de l'activité professionnelle.

L'immobilisation et la mise en fourrière peuvent être prescrites dans les conditions prévues aux articles L. 325-1 à L. 325-3.

Ce délit donne lieu de plein droit à la réduction de la moitié du nombre de points initial du permis de conduire.

CHAPITRE III. – VITESSE

Art. L. 413-1 ***(Mod., L. n° 2003-495, 12 juin 2003 ; L. n° 2011-267, 14 mars 2011).*** **– I.– Est puni de trois mois d'emprisonnement et de 3 750 € d'amende tout conducteur d'un véhicule à moteur qui, déjà condamné définitivement pour un dépassement de la vitesse maximale autorisée égal ou supérieur à 50 km/h, commet la même infraction en état de récidive dans les conditions prévues par le deuxième alinéa de l'article 132-11 du Code pénal.**

II. – Tout conducteur coupable de ce délit encourt également les peines complémentaires suivantes :

1° La confiscation obligatoire du véhicule dont il s'est servi pour commettre l'infraction, s'il en est le propriétaire. La juridiction peut toutefois ne pas prononcer cette peine, par une décision spécialement motivée ;

2° La suspension, pour une durée de trois ans au plus, du permis de conduire, cette suspension ne pouvant pas être limitée à la conduite en dehors de l'activité professionnelle ;

3° L'interdiction de conduire certains véhicules terrestres à moteur, pour une durée de cinq ans au plus ;

4° L'obligation d'accomplir, à ses frais, un stage de sensibilisation à la sécurité routière.

III. – Ce délit donne lieu de plein droit à la réduction de la moitié du nombre maximal de points du permis de conduire.

Le moyen, qui invoque pour la première fois devant la Cour de cassation le caractère disproportionné de l'atteinte spécifique portée au droit de propriété de l'intéressé, en violation de l'article 1er du Protocole additionnel n° 1 à la Convention européenne des droits de l'homme, par la mesure de confiscation de son véhicule prononcée par le tribunal de police pour la contravention d'excès de vitesse d'au moins 50 km/h, et confirmée par la cour d'appel, est nouveau, mélangé de fait et, comme tel, irrecevable (■ Cass. crim., 18 mai 2017, n° 16-83.201).

Art. L. 413-2 *(L. n° 2003-495, 12 juin 2003).* **– I. – Le fait de fabriquer, d'importer, d'exporter, d'exposer, d'offrir, de mettre en vente, de vendre, de proposer à la location ou d'inciter à acheter ou à utiliser un appareil, dispositif ou produit de nature ou présenté comme étant de nature à déceler la présence ou perturber le fonctionnement d'appareils, instruments ou systèmes servant à la constatation des infractions à la législation ou la réglementation de la circulation routière ou de permettre de se soustraire à la constatation desdites infractions est puni de deux ans d'emprisonnement et de 30 000 € d'amende.**

II. – Cet appareil, ce dispositif ou ce produit est saisi. Lorsque l'appareil, le dispositif ou le produit est placé, adapté ou appliqué sur un véhicule, ce véhicule peut également être saisi.

Art. L. 413-3 *(L. n° 2003-495, 12 juin 2003).* **– La tentative des délits prévus par l'article L. 413-2 est punie des mêmes peines.**

Contrôle de la vitesse. Aux termes de l'article 10 de l'arrêté du 7 janvier 1991, la périodicité de la vérification des cinémomètres de contrôle routier est d'un an. Ce délai se calcule de date à date à minuit.

Ainsi, un cinémomètre vérifié le 1er avril 2004 n'a pas à faire l'objet d'une nouvelle vérification avant le 1er avril 2005 à minuit (■ Cass. crim., 4 oct. 2006 : *Bull. crim.*, n° 243 ; *Dr. pénal* 2007, comm. 21, obs. J.-H. Robert). – *Adde*, notes sous l'article R. 413-16, *infra*.

Art. L. 413-4 *(L. n° 2003-495, 12 juin 2003).* **– Les personnes physiques coupables des infractions prévues par l'article L. 413-2 encourent également les peines complémentaires suivantes :**

1° La suspension, pour une durée de trois ans au plus, du permis de conduire ;

2° La confiscation du véhicule, lorsque le dispositif qui a servi ou était destiné à commettre l'infraction est placé, adapté ou appliqué sur un véhicule.

Toute condamnation pour le délit prévu à l'article L. 413-2 donne lieu de plein droit à la confiscation du dispositif qui a servi ou était destiné à commettre l'infraction.

Art. L. 413-5 *(L. n° 2009-526, 12 mai 2009).* **– Les personnes morales déclarées responsables pénalement, dans les conditions prévues par l'article 121-2 du Code pénal, des infractions définies à l'article L. 413-2 encourent, outre l'amende suivant les modalités prévues par l'article 131-38 du Code pénal, les peines prévues par les 4° à 6°, 8° et 9° de l'article 131-39 du même code.**

CHAPITRE IV. – CROISEMENT ET DÉPASSEMENT

Le présent chapitre ne comprend pas de dispositions législatives.

CHAPITRE V. – INTERSECTIONS ET PRIORITÉ DE PASSAGE

Le présent chapitre ne comprend pas de dispositions législatives.

CHAPITRE VI. – USAGE DES DISPOSITIFS D'ÉCLAIRAGE ET DE SIGNALISATION

Le présent chapitre ne comprend pas de dispositions législatives.

CHAPITRE VII. – ARRÊT ET STATIONNEMENT

Art. L. 417-1. – Les véhicules laissés en stationnement en un même point de la voie publique ou de ses dépendances pendant une durée excédant sept jours consécutifs peuvent être mis en fourrière.

CHAPITRE VIII. – PUBLICITÉ ET PRÉENSEIGNES

Le présent chapitre ne comprend pas de dispositions législatives.

TITRE II. – DISPOSITIONS COMPLÉMENTAIRES APPLICABLES SUR CERTAINES VOIES

Le présent titre ne comprend pas de dispositions législatives.

TITRE III. – DISPOSITIONS COMPLÉMENTAIRES APPLICABLES À LA CIRCULATION DE CERTAINS VÉHICULES

CHAPITRE I. – MOTOCYCLETTES, TRICYCLES ET QUADRICYCLES À MOTEUR, CYCLOMOTEURS ET CYCLES

Art. L. 431-1. – Le véhicule à deux roues à moteur dont le conducteur circule sans être coiffé d'un casque ou muni des équipements obligatoires destinés à garantir sa propre sécurité peut être immobilisé.

Lorsque le conducteur du véhicule n'a pas justifié de la cessation de l'infraction dans un délai de quarante-huit heures, l'officier de police judiciaire peut transformer l'immobilisation en une mise en fourrière.

Les dispositions du présent article sont mises en application dans les conditions prévues par les articles L. 325-2, L. 325-3, L. 325-7 à L. 325-11.

CHAPITRE II. – VÉHICULES D'INTÉRÊT GÉNÉRAL

Le présent chapitre ne comprend pas de dispositions législatives.

CHAPITRE III. – TRANSPORTS EXCEPTIONNELS ET ENSEMBLE
DE VÉHICULES COMPORTANT PLUS D'UNE REMORQUE

Art. L. 433-1 *(L. n° 2009-1503, 8 déc. 2009)*. **– L'accompagnement des transports exceptionnels est effectué par des conducteurs soumis à une obligation de formation professionnelle.**

Sont dispensés de cette obligation les fonctionnaires des services actifs de la police nationale et les militaires de la gendarmerie nationale, en activité ou ayant cessé leur activité.

Un décret en Conseil d'État détermine les conditions d'application du présent article et notamment les conditions dans lesquelles les agents mentionnés à l'alinéa précédent sont dispensés de cette obligation lorsqu'ils ont cessé leur activité.

CHAPITRE IV. – CONVOIS ET VÉHICULES À TRACTION ANIMALE

Le présent chapitre ne comprend pas de dispositions législatives.

TITRE IV. – DISPOSITIONS RELATIVES À L'OUTRE-MER

CHAPITRE I. – DISPOSITIONS PARTICULIÈRES À LA COLLECTIVITÉ
TERRITORIALE DE SAINT-PIERRE-ET-MIQUELON

Art. L. 441-1. – Les articles L. 411-1 à L. 411-5 ne s'appliquent pas dans la collectivité territoriale de Saint-Pierre-et-Miquelon.

Art. L. 441-2. – Les règles relatives aux pouvoirs de police de la circulation routière sont fixées par les articles L. 131-3, L. 131-4, à l'exclusion du 5e alinéa, L. 131-4-1, L. 131-4-2 et L. 131-5, 1er alinéa, du Code des communes applicable dans la collectivité territoriale de Saint-Pierre-et-Miquelon et par les articles 25, 5e alinéa, et 34, III, 2e alinéa, de la loi n° 82-213 du 2 mars 1982 relative aux droits et libertés des communes, des départements et des régions.

CHAPITRE II. – DISPOSITIONS APPLICABLES
DANS LA COLLECTIVITÉ TERRITORIALE DE MAYOTTE

Art. L. 442-1. – Les dispositions législatives du présent livre sont applicables dans la collectivité territoriale de Mayotte, à l'exception des articles L. 411-1 à L. 411-5.

Art. L. 442-2. – Les règles relatives aux pouvoirs de police de la circulation routière sont fixées par les articles L. 131-3, L. 131-4, à l'exclusion du 5e alinéa, L. 131-4-1, L. 131-4-2 et L. 131-5, 1er alinéa, du Code des communes applicable dans la collectivité territoriale de Mayotte et par l'article 5, 2e alinéa, de la loi n° 76-1212 du 24 décembre 1976 relative à l'organisation de Mayotte.

CHAPITRE III. – DISPOSITIONS APPLICABLES À LA POLYNÉSIE FRANÇAISE

Art. L. 443-1. – L'article L. 417-1 est applicable à la Polynésie française.

CHAPITRE IV. – DISPOSITIONS APPLICABLES EN NOUVELLE-CALÉDONIE

Art. L. 444-1 *(Ord. n° 2004-567, 17 juin 2004)*. **– L'article L. 417-1 est applicable en Nouvelle-Calédonie.**

PARTIE RÉGLEMENTAIRE

(D. nos 2001-250 et 251, 22 mars 2001)

LIVRE PREMIER. – DISPOSITIONS GÉNÉRALES

TITRE PREMIER. – DÉFINITIONS

Art. R. 110-1. – L'usage des voies ouvertes à la circulation publique est régi par les dispositions du présent code. Il en est de même de l'usage des voies non ouvertes à la circulation publique, lorsqu'une disposition du présent code le prévoit.

Art. R. 110-2 *(Mod., D. n° 2004-998, 16 sept. 2004 ; D. n° 2008-754, 30 juill. 2008 ; D. n° 2010-1390, 12 nov. 2010)*. – Pour l'application du présent code, les termes ci-après ont le sens qui leur est donné dans le présent article :

– « agglomération » : espace sur lequel sont groupés des immeubles bâtis rapprochés et dont l'entrée et la sortie sont signalées par des panneaux placés à cet effet le long de la route qui le traverse ou qui le borde ;

– « aire piétonne » : section ou ensemble de sections de voies en agglomération, hors routes à grande circulation, constituant une zone affectée à la circulation des piétons de façon temporaire ou permanente. Dans cette zone, sous réserve des dispositions de l'article R. 431-9, seuls les véhicules nécessaires à la desserte interne de la zone sont autorisés à circuler à l'allure du pas et les piétons sont prioritaires sur ceux-ci. Les entrées et sorties de cette zone sont annoncées par une signalisation ;

– « arrêt » : immobilisation momentanée d'un véhicule sur une route durant le temps nécessaire pour permettre la montée ou la descente de personnes, le chargement ou le déchargement du véhicule, le conducteur restant aux commandes de celui-ci ou à proximité pour pouvoir, le cas échéant, le déplacer ;

– « bande cyclable » : voie exclusivement réservée aux cycles à deux ou trois roues sur une chaussée à plusieurs voies ;

– « bande d'arrêt d'urgence » : partie d'un accotement située en bordure de la chaussée et spécialement réalisée pour permettre, en cas de nécessité absolue, l'arrêt ou le stationnement des véhicules ;

– « bretelle de raccordement autoroutière » : route reliant les autoroutes au reste du réseau routier ;

– « carrefour à sens giratoire » : place ou carrefour comportant un terre-plein central matériellement infranchissable, ceinturé par une chaussée mise à sens unique par la droite sur laquelle débouchent différentes routes et annoncé par une signalisation spécifique. Toutefois, les carrefours à sens giratoire peuvent comporter un terre-plein central matériellement franchissable, qui peut être chevauché par les conducteurs lorsque l'encombrement de leur véhicule rend cette manœuvre indispensable ;

– « chaussée » : partie(s) de la route normalement utilisée(s) pour la circulation des véhicules ;

– « intersection » : lieu de jonction ou de croisement à niveau de deux ou plusieurs chaussées, quels que soient le ou les angles des axes de ces chaussées ;

– « piste cyclable » : chaussée exclusivement réservée aux cycles à deux ou trois roues ;

– « stationnement » : immobilisation d'un véhicule sur la route hors les circonstances caractérisant l'arrêt ;

– « voie de circulation » : subdivision de la chaussée ayant une largeur suffisante pour permettre la circulation d'une file de véhicules ;

– « voie verte » : route exclusivement réservée à la circulation des véhicules non motorisés, des piétons et des cavaliers ;

– « zone de rencontre » : section ou ensemble de sections de voies en agglomération constituant une zone affectée à la circulation de tous les usagers. Dans cette zone, les piétons sont autorisés à circuler sur la chaussée sans y stationner et bénéficient de la priorité sur les véhicules. La vitesse des véhicules y est limitée à 20 km/h. Toutes les chaussées sont à double sens pour les cyclistes, sauf dispositions différentes prises par l'autorité investie du pouvoir de police. Les entrées et sorties de cette zone sont annoncées par une signalisation et l'ensemble de la zone est aménagé de façon cohérente avec la limitation de vitesse applicable ;

– « zone 30 » : section ou ensemble de sections de voies constituant une zone affectée à la circulation de tous les usagers. Dans cette zone, la vitesse des véhicules est limitée à 30 km/h. Toutes les chaussées sont à double sens pour les cyclistes, sauf dispositions différentes prises par l'autorité investie du pouvoir de police. Les entrées et sorties de cette zone sont annoncées par une signalisation et l'ensemble de la zone est aménagé de façon cohérente avec la limitation de vitesse applicable.

Art. R. 110-3. – *(D. n° 2003-425, 9 mai 2003)* Le présent code ne s'applique pas aux véhicules de transport public assujettis à suivre, de façon permanente, une trajectoire déterminée par un ou des rails matériels et empruntant l'assiette des routes.

Toutefois, les conducteurs de ces véhicules sont tenus de respecter les signaux comportant des prescriptions absolues ainsi que les indications données par les agents réglant la circulation routière.

TITRE II. – RESPONSABILITÉ

CHAPITRE I. – RESPONSABILITÉ PÉNALE

Art. R. 121-1. – Le fait pour tout employeur, hormis l'employeur des conducteurs de véhicules d'intérêt général dans les cas nécessités par l'urgence de leur mission, de donner, directement ou indirectement, à un de ses salariés chargé de la conduite d'un véhicule de transport routier de personnes ou de marchandises des instructions incompatibles avec le respect des vitesses maximales autorisées par le présent code est puni de l'amende prévue pour les contraventions de la cinquième classe.

Art. R. 121-2 *(Mod., D. n° 2008-269, 18 mars 2008 ; D. n° 2016-1550, 17 nov. 2016 ; D. n° 2016-1551, 18 nov. 2016)*. – Le fait, pour tout employeur auquel s'applique la réglementation relative au transport routier de personnes ou de marchandises, de donner, directement ou indirectement, à un de ses salariés chargé de la conduite d'un véhicule de transport routier de personnes ou de marchandises des instructions incompatibles avec le respect des dispositions :

1° De l'article 6 du règlement (CE) n° 561/2006 du Parlement européen et du Conseil du 15 mars 2006, relatives aux durées maximales de conduite ;

2° De l'article 8 du règlement (CE) n° 561/2006 du Parlement européen et du Conseil du 15 mars 2006, relatives à la durée minimale du repos journalier ainsi qu'à la durée minimale du repos hebdomadaire ;

3° Des articles R. 3312-51 à R. 3312-64 du Code des transports, relatives à la durée quotidienne du travail dans les entreprises de transport routier ;

4° Des articles L. 3121-20 à L. 3121-26 du Code du travail relatives à la durée hebdomadaire du travail,

est puni de l'amende prévue pour les contraventions de la cinquième classe.

Art. R. 121-3. – Le fait, pour tout employeur, de donner, directement ou indirectement, à un salarié des instructions incompatibles avec le respect des dispositions des articles R. 312-2, R. 312-3 et R. 312-4 relatives aux limites de poids des véhicules de transport routier de personnes ou de marchandises, est puni de l'amende prévue pour les contraventions de la cinquième classe.

Art. R. 121-4. – Le fait, pour tout expéditeur, commissionnaire, affréteur, mandataire, destinataire ou tout autre donneur d'ordres à un transporteur routier de marchandises, directement ou par l'intermédiaire d'un mandataire ou d'un préposé, de provoquer, par une fausse déclaration du poids d'un chargement placé à bord d'un véhicule, un dépassement des limites de poids fixées par les articles R. 312-2, R. 312-4 et R. 312-6, est puni de l'amende prévue pour les contraventions de la cinquième classe.

Art. R. 121-5 *(Mod., D. n° 2008-269, 18 mars 2008 ; D. n° 2016-1550, 17 nov. 2016)*. – Le fait, pour tout expéditeur, commissionnaire, affréteur, mandataire, destinataire ou tout autre donneur d'ordres, en connaissance de cause, de donner à tout transporteur routier de marchandises, ou à tout préposé de celui-ci, des instructions incompatibles avec le respect des dispositions :

1° De l'article 6 du règlement (CE) n° 561/2006 du Parlement européen et du Conseil du 15 mars 2006, relatives aux durées maximales de conduite journalière ;

2° De l'article R. 3312-51 du Code des transports ;

3° Relatives aux vitesses maximales autorisées par le présent code ;

4° Des articles R. 312-2, R. 312-3 et R. 312-4, relatives aux limites de poids des véhicules ;

5° Des articles R. 433-1 à R. 433-3 relatives aux transports exceptionnels de marchandises, d'engins ou de véhicules concernant le poids du véhicule et les dimensions du chargement,

est puni de l'amende prévue pour les contraventions de la cinquième classe.

Art. R. 121-6 *(D. n° 2016-1955, 28 déc. 2016)*. – Le titulaire du certificat d'immatriculation du véhicule est, en application de l'article L. 121-3, redevable pécuniairement de l'amende encourue pour des infractions aux règles sur :

1° Le port d'une ceinture de sécurité homologuée dès lors que le siège qu'il occupe en est équipé prévu à l'article R. 412-1 ;

2° L'usage du téléphone tenu en main prévu aux premier, quatrième et cinquième alinéas de l'article R. 412-6-1 ;

3° L'usage de voies et chaussées réservées à certaines catégories de véhicules prévu aux II et III de l'article R. 412-7 ;

4° L'arrêt, le stationnement ou la circulation sur les bandes d'arrêt d'urgence prévus à l'article R. 412-8, au 9° du II de l'article R. 417-10 et à l'article R. 421-7 ;

5° Le respect des distances de sécurité entre les véhicules prévu à l'article R. 412-12 ;

6° Le franchissement et le chevauchement des lignes continues prévus aux articles R. 412-19 et R. 412-22 ;

7° Les signalisations imposant l'arrêt des véhicules prévues aux articles R. 412-30, R. 412-31 et R. 415-6 ;

8° Les vitesses maximales autorisées prévues aux articles R. 413-14, R. 413-14-1 et R. 413-17 ;

9° Le dépassement prévu aux articles R. 414-4, R. 414-6 et R. 414-16 ;

10° L'engagement dans l'espace compris entre les deux lignes d'arrêt prévu aux deuxième et quatrième alinéas de l'article R. 415-2 ;

11° L'obligation du port d'un casque homologué d'une motocyclette, d'un tricycle à moteur, d'un quadricycle à moteur ou d'un cyclomoteur prévue à l'article R. 431-1 ;

12° L'obligation, pour faire circuler un véhicule terrestre à moteur, d'être couvert par une assurance garantissant la responsabilité civile, prévue aux articles L. 211-1 et L. 211-2 du Code des assurances et à l'article L. 324-2.

CHAPITRE II. – INDEMNISATION DES VICTIMES D'ACCIDENTS DE LA CIRCULATION

Le présent chapitre ne comprend pas de dispositions réglementaires codifiées.

TITRE III. – RECHERCHE ET CONSTATATION DES INFRACTIONS

Art. R. 130-1 *(Mod., D. n° 2005-320, 30 mars 2005)*. – Les personnels assermentés de l'office national des forêts peuvent constater, lorsqu'elles sont commises sur les chemins forestiers ouverts à la circulation publique, les contraventions prévues par :

1° Le présent code ;

2° Les articles R. 644-2 et R. 653-1 du Code pénal, lorsqu'il s'agit de contraventions se rapportant à la circulation routière ;

3° L'article R. 625-3 du Code pénal, lorsqu'il s'agit de contraventions commises à l'occasion de la conduite d'un véhicule ;

4° L'article R. 211-21-5 du Code des assurances relatif à l'affichage sur les véhicules d'un certificat d'assurance.

Art. R. 130-1-1 *(D. n° 2002-1256, 15 oct. 2002)*. – Les agents de police judiciaire adjoints mentionnés aux 1°, 1 *bis* et 1 *ter* de l'article 21 du Code de procédure pénale peuvent constater par procès-verbal les contraventions aux dispositions du présent code, à l'exception de celles prévues aux articles R. 121-1 à R. 121-5, R. 221-18, R. 234-1, R. 314-2, R. 321-4 (alinéas 1 à 4) et R. 413-15.

Art. R. 130-1-2 *(Mod., D. n° 2008-754, 30 juill. 2008 ; D. n° 2017-1523, 3 nov. 2017)*. – Les agents de police judiciaire adjoints mentionnés au 1° *quater* de l'article 21 du Code de procédure pénale peuvent constater par procès-verbal, lorsqu'elles sont commises à l'intérieur du territoire de la ville de Paris, les contraventions aux dispositions du présent code, à l'exception de celles prévues aux articles R. 121-1 à R. 121-5, R. 221-18, R. 222-2, R. 234-1, R. 314-2, R. 411-32, R. 412-17, R. 412-51, R. 412-52 et R. 413-15.

Art. R. 130-2 *(D. n° 2017-1523, 3 nov. 2017)*. – Les agents de police judiciaire adjoints mentionnés au 2° de l'article 21 du Code de procédure pénale peuvent constater par procès-verbal, lorsqu'elles sont commises à l'intérieur du territoire communal sur les voies autres que les autoroutes, les contraventions aux articles R. 644-2 et R. 653-1 du Code pénal commises à l'occasion de la conduite d'un véhicule, les contraventions aux dispositions du présent code à l'exception de celles prévues aux articles R. 121-1 à R. 121-5, R. 221-18, R. 222-2, R. 234-1, R. 314-2, R. 411-32, R. 412-17, R. 412-51, R. 412-52 et R. 413-15.

L'article 21 du Code de procédure pénale, dans ses deux derniers alinéa, confère aux agents de police judiciaire le pouvoir de constater par procès-verbal les infractions au Code de la route dans les limites fixées par l'article R. 130-2 du Code de la route. Est, dès lors, régulier le procès-verbal établi par un agent de police judiciaire, sans le contrôle d'un officier de police judiciaire, pour constater une contravention d'usage de téléphone tenu en main par le conducteur d'un véhicule en circulation (■ Cass. crim., 27 mai 2015, n° 14-82.126 : *Dr. pén.* 2015, comm. 97, obs. J.-H. Robert).

Art. R. 130-3 *(D. n° 2002-1256, 15 oct. 2002 ; D. n° 2017-198, 16 févr. 2017 ; D. n° 2017-1523, 3 nov. 2017)*. – Les gardes champêtres peuvent constater par procès-verbal si elles sont commises à l'intérieur du territoire communal et sur des voies autres que les autoroutes :

a) Les contraventions de police prévues aux articles R. 644-2 et R. 653-1 du Code pénal lorsqu'il s'agit de contraventions se rapportant à la circulation routière ;

b) « Les contraventions aux dispositions du présent code à l'exception de celles prévues aux articles R. 121-1 à R. 121-5, R. 221-18, R. 222-2, R. 234-1, R. 314-2, R. 411-32, R. 412-17, R. 412-51 et R. 412-52. »

Art. R. 130-4. – Les agents mentionnés aux 3° et 4° de l'article L. 130-4 peuvent constater les contraventions aux dispositions concernant l'arrêt ou le stationnement des véhicules autres que celles prévues à l'article R. 417-9.

Les agents mentionnés au 5° et au 10° de l'article L. 130-4 peuvent constater les mêmes contraventions lorsqu'elles sont commises respectivement dans les enceintes portuaires ou dans l'entreprise des aérodromes.

Les agents mentionnés au 3° de l'article L. 130-4 peuvent également constater les contraventions prévues par l'article R. 211-21-5 du Code des assurances.

La liste des services publics urbains de transport en commun de voyageurs prévue au 4° de l'article L. 130-4 est fixée par arrêté préfectoral.

Les agents mentionnés au 12° de l'article L. 130-4 peuvent constater les contraventions prévues par les articles R. 321-4, R. 323-16 et R. 323-19.

Art. R. 130-5. – Les agents mentionnés à l'article L. 116-2 du Code de la voirie routière peuvent constater par procès-verbal les contraventions prévues par :

1° Les 1° et 2° de l'article R. 130-1 :

a) Lorsqu'elles sont connexes à des infractions à la police de la conservation du domaine public routier ;

b) Lorsqu'elles sont commises au droit ou aux abords de chantiers situés sur la voie publique et qu'elles ont ou peuvent avoir pour effet de porter atteinte à l'exploitation normale desdits chantiers ou à la sauvegarde du personnel employé sur ceux-ci ;

2° L'article R. 418-9.

Art. R. 130-6 *(D. n° 2003-636, 20 juin 2003 ; D. n° 2011-335, 28 mars 2011 ; D. n° 2011-368, 4 avr. 2011 ; D. n° 2012-3, 3 janv. 2012 ; D. n° 2017-198, 16 févr. 2017)*. – Les fonctionnaires ou agents de l'État chargés du contrôle des transports terrestres placés sous l'autorité du ministre chargé des transports peuvent constater par procès-verbal :

1° *(Rempl., D. n° 2014-784, 8 juill. 2014)* Les contraventions aux dispositions des articles R. 121-1 à R. 121-5, R. 221-1-1, R. 221-20, R. 233-1, R. 233-2, R. 234-6, R. 311-3, R. 312-2 à R. 312-6, R. 312-10 à R. 312-14, R. 312-19 à R. 312-23, R. 313-1 à R. 313-7, R. 313-9, R. 313-10, R. 313-12, R. 313-14, R. 313-17 à R. 313-20, R. 313-21, R. 313-24, R. 313-25, R. 313-26, R. 313-33, R. 314-1, R. 314-3, R. 315-1, R. 315-2, R. 316-1, R. 316-3, R. 316-4, R. 316-6, R. 316-7, R. 316-8, R. 317-1, R. 317-3, R. 317-4, R. 317-5, R. 317-8 à R. 317-14, R. 317-18, R. 317-20, R. 317-23, R. 317-24, R. 317-24-1, R. 317-26, R. 317-28, R. 318-1, R. 318-3, R. 318-4, R. 322-1, R. 323-1, R. 323-2, R. 323-6, R. 323-22, R. 323-23 à R. 323-26, R. 325-2, R. 325-8, R. 411-17, R. 411-18, R. 411-21, R. 411-21-1, R. 411-23, R. 411-23-1, R. 411-23-2, R. 412-1, R. 412-13, R. 412-16, R. 433-1 à R. 433-8, R. 433-11, R. 433-12, R. 433-14 à R. 433-16, R. 433-20, R. 435-1 et R. 435-3 ainsi que, lorsqu'elles sont commises par le conducteur d'un véhicule qui doit être équipé d'un appareil de contrôle dit chronotachygraphe, les contraventions aux dispositions relatives aux vitesses maximales autorisées par le présent code ;

2° Toutes les autres contraventions prévues aux 1° et 2° de l'article R. 130-1 lorsqu'elles sont connexes à des infractions aux dispositions législatives relatives à l'accès aux professions du transport ferroviaire ou guidé et du transport routier et à leurs conditions d'exercice prévues au livre IV de la première partie et à la troisième partie du Code des transports ainsi qu'aux dispositions réglementaires prises pour leur application ;

3° *(D. n° 2014-784, 8 juill. 2014)* Les contraventions prévues à l'article R. 211-14 du Code des assurances.

Art. R. 130-7. – Les agents des douanes peuvent constater par procès-verbal les contraventions aux dispositions des articles R. 312-2 à R. 312-6, R. 411-18, R. 412-16, R. 433-1 à R. 433-7, ainsi que les infractions prévues aux articles R. 211-14, R. 211-17, R. 211-21-1 et R. 211-21-2 du Code des assurances.

Art. R. 130-8 *(Mod., D. n° 2013-10, 3 janv. 2013)*. – Après avoir été agréés par le préfet et assermentés conformément à l'article L. 130-7, les agents de l'exploitant d'une autoroute ou d'un ouvrage routier ouvert à la circulation publique et régulièrement soumis à péage peuvent constater par procès-verbal les contraventions aux dispositions des articles R. 412-17 et R. 421-9.

Ces contraventions peuvent être constatées au moyen d'un système de vidéoprotection dans les conditions prévues aux articles L. 251-1 à L. 252-7 du Code de la sécurité intérieure.

Art. R. 130-9. – La formule du serment, prévu par l'article L. 130-7, est la suivante :
« Je jure de bien et fidèlement remplir mes fonctions et de ne rien révéler ou utiliser de ce qui sera porté à ma connaissance à l'occasion de leur exercice. »

Art. R. 130-10. – I. – Sans préjudice des pouvoirs conférés à d'autres agents par des lois spéciales, peuvent régler la circulation :

1° Les réservistes de la gendarmerie, les élèves gendarmes et les gendarmes auxiliaires placés sous le commandement de militaires de la gendarmerie et les volontaires servant en qualité de militaires dans la gendarmerie ;

2° Les réservistes de la police, les élèves policiers et les policiers auxiliaires et les adjoints de sécurité placés sous le commandement de fonctionnaires de la police nationale ;

3° Certains personnels militaires des unités de circulation de l'arme du train pour assurer l'acheminement des véhicules militaires.

4° Les agents de police municipale, les agents de surveillance de Paris et les gardes champêtres à l'intérieur du territoire communal, sur les voies autres que les autoroutes.

II. – Pour l'application du 3° du I ci-dessus, les modalités de l'habilitation et la définition des catégories de personnels habilités font l'objet d'un arrêté conjoint du ministre de l'Intérieur, du ministre de la Justice, du ministre chargé des armées et du ministre chargé des transports.

Art. R. 130-11 *(D. n° 2016-1955, 28 déc. 2016)*. – Font foi jusqu'à preuve du contraire les constatations, effectuées par ou à partir des appareils de contrôle automatique ayant fait l'objet d'une homologation, relatives aux infractions sur :

1° Le port d'une ceinture de sécurité homologuée dès lors que le siège qu'il occupe en est équipé prévu à l'article R. 412-1 ;

2° L'usage du téléphone tenu en main prévu aux premier, quatrième et cinquième alinéas de l'article R. 412-6-1 ;

3° L'usage de voies et chaussées réservées à certaines catégories de véhicules prévu aux II et III de l'article R. 412-7 ;

4° La circulation sur les bandes d'arrêt d'urgence prévue à l'article R. 412-8 ;

5° Le respect des distances de sécurité entre les véhicules prévu à l'article R. 412-12 ;

6° Le franchissement et le chevauchement des lignes continues prévus à l'article R. 412-19 ;

7° Les signalisations imposant l'arrêt des véhicules prévues aux articles R. 412-30 et R. 415-6 ;

8° Les vitesses maximales autorisées prévues aux articles R. 413-14 et R. 413-14-1 ;

9° Le dépassement prévu aux II et IV de l'article R. 414-4 et aux articles R. 414-6 et R. 414-16 ;

10° L'engagement dans l'espace compris entre les deux lignes d'arrêt prévu aux deuxième et quatrième alinéas de l'article R. 415-2 ;

11° L'obligation du port d'un casque homologué d'une motocyclette, d'un tricycle à moteur, d'un quadricycle à moteur ou d'un cyclomoteur prévue à l'article R. 431-1 ;

12° L'obligation, pour faire circuler un véhicule terrestre à moteur, d'être couvert par une assurance garantissant la responsabilité civile, prévue aux articles L. 211-1 et L. 211-2 du Code des assurances et à l'article L. 324-2.

TITRE IV. – DISPOSITIONS RELATIVES À L'OUTRE-MER

CHAPITRE I. – DISPOSITIONS PARTICULIÈRES À LA COLLECTIVITÉ TERRITORIALE DE SAINT-PIERRE-ET-MIQUELON

Art. R. 141-1. – Les 1° et 2° de l'article R. 121-2 et le 1° de l'article R. 121-5 ne sont pas applicables dans la collectivité territoriale de Saint-Pierre-et-Miquelon.

CHAPITRE II. – DISPOSITIONS APPLICABLES DANS LA COLLECTIVITÉ TERRITORIALE DE MAYOTTE

Art. R. 142-1. – Pour l'application du présent livre dans la collectivité territoriale de Mayotte, le terme « préfet » est remplacé par « représentant du Gouvernement ».

Art. R. 142-2. – Les dispositions réglementaires du présent livre sont applicables dans la collectivité territoriale de Mayotte.

Art. R. 142-3. – Pour son application dans la collectivité territoriale de Mayotte, l'article R. 121-2 est rédigé comme suit :

« Art. R. 121-2. – Le fait, pour tout employeur auquel s'applique la réglementation relative au transport routier de personnes ou de marchandises, de donner, directement ou indirectement, à un de ses salariés chargé de la conduite d'un véhicule de transport routier de personnes ou de marchandises des instructions incompatibles avec le respect des dispositions du Code du travail, applicable localement, relatives au temps de travail, est puni de l'amende prévue pour les contraventions de la cinquième classe. »

Art. R. 142-4. – Pour son application dans la collectivité territoriale de Mayotte, l'article R. 121-5 est rédigé comme suit :

« Art. R. 121-5. – Le fait, pour tout expéditeur, commissionnaire, affréteur, mandataire, destinataire ou tout autre donneur d'ordres, en connaissance de cause, de donner à tout transporteur routier de marchandises, ou à tout préposé de celui-ci, des instructions incompatibles avec le respect des dispositions :

1° *Du Code du travail applicable localement, relatives au temps de travail ;*

2° *Relatives aux vitesses maximales autorisées par le présent code ;*

3° *Relatives aux limites de poids des véhicules prévues aux articles R. 312-2 et R. 312-3,*

est puni de l'amende prévue pour les contraventions de la cinquième classe. »

Art. R. 142-5. – Pour l'application de l'article R. 130-5, les mots « à l'article L. 116-2 du Code de la voirie routière » sont remplacés par les mots « à l'article L. 142-4 ».

Art. R. 142-6 *(D. n° 2002-1256, 15 oct. 2002)*. – Pour l'application de l'article R. 130-10 :

***a)* Le 4° est ainsi rédigé :**

« *4° Les agents de police municipale à l'intérieur du territoire communal.* »

***b)* Le ministre chargé de l'outre-mer signe l'arrêté prévu au II de cet article.**

CHAPITRE III. – DISPOSITIONS APPLICABLES EN NOUVELLE-CALÉDONIE, EN POLYNÉSIE FRANÇAISE ET DANS LES ÎLES WALLIS-ET-FUTUNA

Art. R. 143-1 *(D. n° 2016-1955, 28 déc. 2016)*. – Sont applicables en Nouvelle-Calédonie, en Polynésie française et dans les îles Wallis-et-Futuna, les dispositions des articles mentionnés dans la colonne de gauche du tableau ci-après, dans leur rédaction indiquée dans la colonne de droite du même tableau :

DISPOSITIONS APPLICABLES	DANS LEUR RÉDACTION
R. 130-11	Résultant du décret n° 2016-1955 du 28 décembre 2016

LIVRE DEUXIÈME. – LE CONDUCTEUR

TITRE PREMIER. – ENSEIGNEMENT DE LA CONDUITE ET DE LA SÉCURITÉ ROUTIÈRE

CHAPITRE I. – FORMATION À LA CONDUITE ET À LA SÉCURITÉ ROUTIÈRE

Section I. – Attestations scolaires et brevet de sécurité routière

Art. R. 211-1 *(Rempl., D. n° 2002-675, 30 avr. 2002 ; mod., D. n° 2006-1712, 23 déc. 2006 ; D. n° 2010-774, 8 juill. 2010).* – I. - Des attestations scolaires de sécurité routière de premier et de second niveaux sont délivrées aux élèves qui ont subi avec succès un contrôle des connaissances théoriques des règles de sécurité routière. Ce contrôle est organisé pour les élèves soumis à l'obligation scolaire définie à l'article L. 131-1 du Code de l'éducation ainsi que pour les élèves âgés de plus de seize ans inscrits dans un établissement scolaire.

II. - Une attestation de sécurité routière est délivrée aux personnes qui ont subi avec succès un contrôle des connaissances théoriques des règles de sécurité routière. Ce contrôle est ouvert aux personnes qui, pour quelque raison que ce soit, ne peuvent bénéficier des dispositions du I. Les titulaires d'un contrat d'apprentissage relèvent, quel que soit leur âge, des dispositions du présent alinéa.

(D. n° 2012-688, 7 mai 2012) Un arrêté conjoint du ministre chargé de la sécurité routière, du ministre de l'intérieur, du ministre chargé de l'emploi, du ministre chargé de l'éducation nationale, du ministre de la justice, du ministre chargé de la mer, du ministre chargé de la santé et du ministre chargé de l'agriculture fixe les modalités d'application du I et du II.

III. - Le brevet de sécurité routière est délivré aux titulaires d'une attestation scolaire de sécurité routière de premier ou de second niveau ou de l'attestation de sécurité routière ayant suivi une formation pratique organisée par une personne physique ou morale agréée par le préfet.

Un arrêté du *(D. n° 2012-688, 7 mai 2012)* « ministre chargé de la sécurité routière » fixe les modalités d'application du précédent alinéa.

III *(III rempl. à compter du 19 janv. 2013, D. n° 2011-1475, 9 nov. 2011).*- Le brevet de sécurité routière prévu au second alinéa de l'article L. 221-1 est délivré aux personnes âgées de quatorze ans révolus :

1° Ayant réussi un contrôle des connaissances théoriques des règles de sécurité routière sanctionnée par la délivrance de l'attestation scolaire de sécurité routière de premier ou de second niveau ou de l'attestation de sécurité routière ;

2° Et ayant suivi une formation dispensée par un établissement ou une association agréés au titre de l'article L. 213-1 ou L. 213-7.

La durée de validité du titre attestant de la qualité de titulaire du brevet de sécurité routière est de quinze ans à compter de sa délivrance.

La date limite de validité est inscrite sur le titre de conduite.

Le brevet de sécurité routière correspond à la catégorie AM du permis de conduire au sens de la directive 2006/126/CE du Parlement européen et du Conseil du 20 décembre 2006 relative au permis de conduire.

Un arrêté du ministre chargé de la sécurité routière fixe les modalités d'application du présent article.

Art. R. 211-2 *(Rempl., D. n° 2002-675, 30 avr. 2002 ; mod., D. n° 2004-795, 29 juill. 2004 ; D. n° 2012-688, 7 mai 2012 ; mod. à compter du 19 janv. 2013, D. n° 2011-1475, 9 nov. 2011 ; mod., D. n° 2014-1295, 31 oct. 2014).* – I. - Tout conducteur de cyclomoteur ou de quadricycle léger à moteur doit être âgé d'au moins quatorze ans.

II. - Tout conducteur de cyclomoteur ou de quadricycle léger à moteur, né après le 31 décembre 1987 doit être titulaire soit du permis de conduire, soit du brevet de sécurité routière ou d'un titre reconnu équivalent délivré par un État membre de l'Union européenne ou un autre État partie à l'accord sur l'Espace économique européen dont la liste est fixée par arrêté du ministre chargé de la sécurité routière.

III. - Le fait de contrevenir aux dispositions des deux alinéas précédents est puni de l'amende prévue pour les contraventions de la 2e classe.

IV. - L'immobilisation du véhicule peut être prescrite dans les conditions prévues aux articles L. 325-1 à L. 325-3.

Section II. – Apprentissage de la conduite

Art. R. 211-3 *(Rempl., D. n° 2009-1590, 18 déc. 2009 ; mod., D. n° 2012-688, 7 mai 2012 ; D. n° 2014-1295, 31 oct. 2014 ; D. n° 2015-1537, 25 nov. 2015 ; D. n° 2016-381, 30 mars 2016).* – Pour apprendre à conduire un véhicule à moteur sur une voie ouverte à la circulation publique, en vue de l'obtention du permis de conduire, il faut :

1° Être âgé de seize ans minimum, ou de quinze ans dans le cadre de l'apprentissage dit anticipé de la conduite mentionné à l'article R. 211-5 ;

2° Être détenteur d'un livret d'apprentissage établi dans les conditions fixées par arrêté du ministre chargé de la sécurité routière, et précisant les objectifs et la progressivité de la formation ;

3° Être détenteur du formulaire de la demande de permis de conduire validée par le préfet du département dans lequel cette demande a été déposée, ou d'un récépissé du dépôt de la demande pour la catégorie B du permis de conduire délivré par le préfet pour une durée maximale de deux mois, dans les conditions fixées par arrêté du ministre chargé de la sécurité routière ;

4° Être, durant l'apprentissage, sous la surveillance constante et directe d'un enseignant, titulaire de l'autorisation d'enseigner la conduite des véhicules à moteur mentionnée aux articles L. 212-1 et R. 212-1 correspondant à la catégorie du véhicule utilisé, d'une personne en cours de formation titulaire de l'autorisation temporaire et restrictive d'exercer mentionnée au I *bis* de l'article R. 212-1, ou d'un accompagnateur titulaire, depuis au moins cinq ans sans interruption, du permis de conduire correspondant à la catégorie du véhicule utilisée ;

5° Utiliser, durant l'apprentissage, un véhicule conforme aux dispositions de l'article R. 317-25.

Art. R. 211-4 *(Mod., D. n° 2012-688, 7 mai 2012).* – Pour chaque catégorie de permis de conduire, un arrêté du ministre chargé de la sécurité routière définit le contenu, la progressivité ainsi que la durée minimale de la formation. S'agissant des véhicules dont le poids total autorisé en charge n'excède pas 3,5 tonnes, la durée minimale de la formation est identique à celle prévue dans le cadre de l'apprentissage anticipé de la conduite.

Art. R. 211-5 *(Rempl., D. n° 2009-1590, 18 déc. 2009 ; mod., D. n° 2012-688, 7 mai 2012).* – I. – L'apprentissage dit anticipé de la conduite est un apprentissage particulier dispensé en vue de l'obtention de la catégorie B du permis de conduire. Cet apprentissage ne peut être effectué après annulation ou invalidation du permis de conduire.

II. – Il comprend deux périodes :

1° Une période de formation initiale dans un établissement ou une association agréés au titre de l'article L. 213-1 ou L. 213-7.

Cette formation initiale est validée si l'élève conducteur a réussi l'épreuve théorique générale de l'examen du permis de conduire ou détient une catégorie du permis de conduire obtenue depuis cinq ans au plus, et s'il réussit l'évaluation réalisée par l'enseignant de la conduite à la fin de cette période ;

2° Une période d'apprentissage en conduite accompagnée sous la surveillance constante et directe d'un accompagnateur titulaire depuis au moins cinq ans sans interruption du permis de conduire de la catégorie B. Cette période commence par un rendez-vous pédagogique préalable entre l'enseignant de la conduite, l'accompagnateur et l'élève conducteur. Deux autres rendez-vous pédagogiques doivent avoir lieu au cours de cette période, pendant laquelle l'élève conducteur doit parcourir une distance minimale pendant une durée minimale, précisées par arrêté du ministre chargé de la sécurité routière.

III. – Les conditions dans lesquelles les établissements d'enseignement de la conduite peuvent proposer et encadrer un apprentissage anticipé de la conduite sont fixées par arrêté du ministre chargé de la sécurité routière.

Art. R. 211-5-1 *(D. n° 2009-1590, 18 déc. 2009 ; mod., D. n° 2012-688, 7 mai 2012 ; D. n° 2015-1537, 25 nov. 2015).* – Tout élève conducteur, inscrit dans un établissement ou une association agréés au titre de l'article L. 213-1 ou L. 213-7 pour suivre une formation à la conduite des véhicules de la catégorie B, peut, après la validation de la formation initiale, accéder à une période d'apprentissage en conduite dite supervisée par un accompagnateur titulaire depuis au moins cinq ans sans interruption du permis de conduire de la catégorie B.

La formation initiale est validée si l'élève conducteur a réussi l'épreuve théorique générale de l'examen du permis de conduire ou est titulaire d'une catégorie du permis de conduire obtenue depuis cinq ans au plus, et s'il a réussi l'évaluation réalisée par l'enseignant de la conduite à la fin de cette période.

La période d'apprentissage en conduite supervisée est accessible à partir de l'âge de dix-huit ans. Elle commence par un rendez-vous pédagogique préalable entre l'enseignant de la conduite, l'accompagnateur et l'élève conducteur.

Les conditions dans lesquelles les établissements d'enseignement de la conduite proposent et encadrent une phase de conduite supervisée sont fixées par arrêté du ministre chargé de la sécurité routière.

Art. R. 211-5-2 *(D. n° 2009-1590, 18 déc. 2009 ; mod., D. n° 2012-688, 7 mai 2012).* – Les personnes suivant une formation professionnelle en vue de l'obtention d'un diplôme de l'éducation nationale permettant la délivrance du permis de conduire peuvent pratiquer la conduite dite encadrée, sur un véhicule de la catégorie B, avec un accompagnateur titulaire depuis au moins cinq ans sans interruption du permis de conduire de cette catégorie.

La période de conduite encadrée est accessible à partir de l'âge de seize ans aux élèves ayant validé les compétences théoriques et pratiques préalables à l'obtention du permis de conduire de la catégorie B dans le cadre de la préparation d'un diplôme de l'éducation nationale, et ayant participé à un rendez-vous pédagogique préalable avec l'enseignant chargé de l'enseignement de la conduite dans le cadre de la formation professionnelle et avec l'accompagnateur. Au moins un autre rendez-vous pédagogique doit avoir lieu au cours de cette période.

Un arrêté conjoint du ministre chargé de la sécurité routière et du ministre chargé de l'éducation nationale fixe les conditions d'application du présent article.

Art. R. 211-5-3 *(D. n° 2009-1590, 18 déc. 2009).* – Lorsqu'une interdiction temporaire de délivrance du permis de conduire est prononcée par le préfet ou l'autorité judiciaire en application du présent code, la validité du formulaire de demande du permis de conduire ou du récépissé est suspendue jusqu'à l'expiration de cette interdiction.

Le préfet notifie à l'élève conducteur cette interdiction et l'obligation de restituer à la préfecture, dans un délai de dix jours francs à compter de la notification, son formulaire de demande de permis validée ou son récépissé.

L'élève conducteur qui ne défère pas à cette obligation est passible de l'amende prévue pour les contraventions de la cinquième classe.

Art. R. 211-6 *(Rempl., D. n° 2009-1590, 18 déc. 2009 ; mod., D. n° 2012-688, 7 mai 2012).* – Les leçons de conduite des véhicules à moteur sont autorisées sur les autoroutes, dans les conditions fixées par arrêté conjoint du ministre chargé de la sécurité routière et du ministre chargé de l'intérieur.

Le fait, pour toute personne enseignant la conduite des véhicules à moteur, de contrevenir aux dispositions fixées par l'arrêté susmentionné est puni de l'amende prévue pour les contraventions de la deuxième classe.

CHAPITRE II. – ENSEIGNEMENT À TITRE ONÉREUX ET ANIMATION DE STAGES DE SENSIBILISATION À LA SÉCURITÉ ROUTIÈRE

(D. n° 2009-1678, 29 déc. 2009)

Art. R. 212-1 *(Mod., D. n° 2009-1678, 29 déc. 2009 ; mod., D. n° 2012-688, 7 mai 2012 ; D. n° 2016-381, 30 mars 2016 ; D. n° 2016–613, 17 mai 2016).* – I. – L'autorisation d'enseigner la conduite des véhicules à moteur d'une catégorie donnée et la sécurité routière ainsi que l'autorisation d'animer les stages de sensibilisation à la sécurité routière mentionnés aux articles L. 223-6 et R. 223-5 sont délivrées, pour une durée de cinq ans, par le préfet du lieu de résidence du demandeur ou, pour un non-résident en France, par le préfet du département où il envisage d'exercer la profession d'enseignant ou d'animateur, dans les conditions fixées par arrêté du ministre chargé de la sécurité routière.

I *bis*. – L'autorisation temporaire et restrictive d'exercer est délivrée pour une durée de douze mois non renouvelable, dans les conditions fixées par le I *bis* de l'article R. 212-2, par le préfet du département où se trouve le siège de l'établissement d'enseignement de la conduite et de la sécurité routière avec lequel le demandeur, en cours de formation pour l'accès au titre professionnel, envisage d'exercer.

Cette autorisation permet à son titulaire l'exercice des seules compétences composant le certificat de compétences professionnelles qu'il a obtenu.

La proportion maximale par entreprise des personnes en cours de formation, mentionnées au 3° du I de l'article L. 212-2, représente 20 % par excès de l'effectif total, calculé en équivalent temps plein, des enseignants de la conduite et de la sécurité routière, salariés ou exploitants, titulaires d'une autorisation d'enseigner en cours de validité.

I *ter*. – Les autorisations mentionnées aux I et I *bis* sont valables sur l'ensemble du territoire national. Ces autorisations, ainsi que toutes les mesures affectant leur validité, sont inscrites dans un registre national qui est élaboré et tenu à jour dans les conditions prévues par la loi n° 78-17 du 6 janvier 1978 relative à l'informatique, aux fichiers et aux libertés.

II. - La déclaration mentionnée au II de l'article L. 212-1 est adressée au préfet du département dans lequel le prestataire envisage d'exercer l'activité d'enseignement de la conduite ou d'animation de stages de sensibilisation à la sécurité routière, ou les deux, pour la première fois sur le territoire national, accompagnée des documents suivants :

1° Une preuve de la nationalité du professionnel ;

2° Une attestation certifiant qu'il est légalement établi dans un autre État membre de l'Union européenne ou dans un autre État partie à l'accord sur l'Espace économique européen pour y exercer, selon le cas, soit l'activité d'enseignement de la conduite, soit l'activité d'animation de stages de sensibilisation à la sécurité routière, soit les deux, et qu'il n'encourt, au moment de la délivrance de l'attestation, aucune interdiction temporaire ou définitive d'exercer la profession, ni aucune condamnation pénale prévue à l'article R. 212-4 du Code de la route ;

3° Une preuve de ses qualifications professionnelles ;

4° Le cas échéant, la preuve par tout moyen qu'il a exercé l'activité mentionnée au premier alinéa ci-dessus pendant la durée prévue au premier alinéa du II de l'article L. 212-1 dans un ou plusieurs États membres, lorsque l'activité ou la formation y conduisant n'est pas réglementée dans l'État du lieu d'établissement.

La déclaration et les documents joints peuvent être transmis par tout moyen, accompagnés, le cas échéant, de leur traduction en langue française.

III. - Au vu de la déclaration mentionnée au deuxième alinéa du II de l'article L. 212-1, le préfet procède à la vérification des qualifications professionnelles du prestataire prévue à cet article.

Dans un délai maximal d'un mois à compter de la réception de la déclaration et des documents prévus au II, le préfet informe le prestataire de sa décision consistant soit à autoriser la prestation de service sans vérification des qualifications professionnelles, soit après vérification, d'autoriser la prestation de service ou d'imposer à l'intéressé une épreuve d'aptitude dans les conditions prévues ci-après.

La prestation de service consiste en l'exercice de tout ou partie des activités autorisées.

En cas de demande d'informations complémentaires ou de difficulté susceptible de provoquer un retard dans sa décision, le préfet informe le prestataire dans ce même délai des causes de ce retard. La difficulté est résolue dans le mois qui suit cette information. La décision du préfet est prise dans les deux mois qui suivent la levée des difficultés ou de la réponse à la demande d'information.

En cas de différence substantielle existant entre les qualifications professionnelles du prestataire et la formation exigée en France pour l'enseignement de la conduite ou l'animation de stages de sensibilisation à la sécurité routière, qui ne peut être considérée comme étant compensée par l'expérience professionnelle du prestataire ou par les connaissances, aptitudes et compétences acquises et qui est de nature à nuire à la sécurité des bénéficiaires du service, le prestataire se voit offrir la possibilité de démontrer qu'il a acquis les connaissances et compétences manquantes en passant une épreuve d'aptitude. Cette épreuve d'aptitude est organisée et les résultats lui en sont communiqués dans un délai maximal de trente jours à compter de la décision mentionnée au deuxième alinéa ci-dessus.

En l'absence de décision du préfet, ou, le cas échéant, de l'organisation de l'épreuve d'aptitude, dans les délais prévus ci-dessus, la prestation de services peut être effectuée.

Un arrêté du ministre chargé de la sécurité routière fixe les conditions d'application du présent article.

Art. R. 212-2 *(Mod., D. n° 2009-1678, 29 déc. 2009 ; D. n° 2012-688, 7 mai 2012 ; D. n° 2012-886, 17 juill. 2012 ; D. n° 2016-381, 30 mars 2016)*. – I. – L'autorisation d'enseigner la conduite et la sécurité routière est délivrée aux personnes remplissant les conditions suivantes :

1° Être titulaire d'un des titres ou diplômes mentionnés à l'article R. 212-3 ;

2° Être âgé d'au moins vingt ans ;

3° Être titulaire du permis de conduire de la catégorie B dont le délai probatoire fixé à l'article L. 223-1 est expiré ;

4° Remplir les conditions d'aptitude physique, cognitive et sensorielle requises pour l'obtention du permis de conduire des catégories C1, C, D1, D, C1E, CE, D1E et DE dont les modalités sont fixées par arrêté du ministre chargé de la sécurité routière.

Le maintien de cette aptitude est subordonné à l'avis émis par un médecin agréé consultant hors commission médicale ou par la commission médicale, dans les conditions fixées au 2° du de l'article R. 221-11.

La validité de l'autorisation d'enseigner est limitée à l'enseignement théorique lorsqu'une décision d'inaptitude à l'enseignement pratique de la conduite ou à la conduite elle-même a été prise par le préfet après avis du médecin précité ou de la commission médicale.

I *bis*. – L'autorisation temporaire et restrictive d'exercer est délivrée aux personnes remplissant les conditions mentionnées aux 2°, 3° et 4° du I, ainsi que les conditions suivantes :

1° Être titulaire d'un des certificats de compétences professionnelles composant le titre professionnel délivré par le ministre chargé de l'emploi, mentionné au I de l'article R. 212-3 ;

2° Avoir souscrit un contrat de travail avec un établissement agréé d'enseignement de la conduite et de la sécurité routière ;

3° Être inscrit à une session d'examen permettant de compléter la validation des compétences nécessaire à l'obtention du titre professionnel d'enseignant de la conduite et de la sécurité routière.

II. – L'autorisation d'animer les stages de sensibilisation à la sécurité routière est délivrée aux personnes remplissant les conditions suivantes :

– soit être titulaire de l'autorisation d'enseigner mentionnée au I du présent article et d'un diplôme complémentaire dans le domaine de la formation à la sécurité routière figurant sur une liste fixée par arrêté du ministre chargé de la sécurité routière ;

– soit être titulaire d'un diplôme permettant de faire usage du titre de psychologue et du permis de conduire dont le délai probatoire fixé à l'article L. 223-1 est expiré ;

– et, dans les deux cas, être âgé d'au moins vingt-cinq ans et être titulaire d'une attestation de suivi de formation initiale à l'animation de stages de sensibilisation à la sécurité routière délivrée dans les conditions fixées par arrêté du ministre chargé de la sécurité routière.

III. – Un arrêté du ministre chargé de la sécurité routière définit les conditions d'application du présent article.

Art. R. 212-3 *(Mod., D. n° 2009-1678, 29 déc. 2009 ; D. n° 2012-688, 7 mai 2012 ; rempl., D. n° 2014-1295, 31 oct. 2014 ; D. n° 2016-381, 30 mars 2016)*. – Les titres ou diplômes prévus au 1° du I de l'article R. 212-2 sont :

I. – Le titre professionnel d'enseignant de la conduite automobile et de la sécurité routière et les certificats de spécialisation de ce titre délivrés par le ministre chargé de l'emploi en application des articles R. 338-1 et suivants du Code de l'éducation.

II. – Le brevet pour l'exercice de la profession d'enseignant de la conduite automobile et de la sécurité routière (BEPECASER) obtenu avant le 31 décembre 2016 et les mentions « deux roues » et « groupe lourd » de ce même diplôme obtenues avant le 31 décembre 2019, dans des conditions fixées par un arrêté du ministre chargé de la sécurité routière. Ces mentions correspondent respectivement aux catégories AM, A1, A2 et A et aux catégories C1, C, D1, D, C1E, CE, D1E et DE du permis de conduire.

III. – L'un des titres ou diplômes énumérés ci-après :

1° Pour l'enseignement de la conduite des véhicules terrestres à moteur relevant de la catégorie B, B1 et BE du permis de conduire :

a) Le certificat d'aptitude professionnelle à l'enseignement de la conduite des véhicules terrestres à moteur (CAPEC) ;

b) La carte professionnelle et le certificat d'aptitude professionnelle et pédagogique (CAPP) ;

c) Les titres ou diplômes militaires définis par arrêté conjoint du ministre chargé de la sécurité routière et du ministre de la défense ;

d) Les diplômes d'enseignement de la conduite délivrés par les collectivités d'outre-mer et la Nouvelle-Calédonie ;

2° Pour l'enseignement de la conduite des véhicules correspondant aux mentions précisées au I :

a) Le certificat d'aptitude professionnelle à l'enseignement de la conduite des véhicules terrestres à moteur (CAPEC), pour les personnes ayant subi avec succès la ou les épreuves correspondantes auxdites mentions ;

b) Les titres ou diplômes mentionnés aux *b*, *c* et *d* du 1° du II à la condition que les titulaires aient été en possession, le 1er janvier 1982, des catégories de permis de conduire correspondantes.

IV. – Une qualification professionnelle satisfaisant aux conditions prévues à l'article R. 212-3-1.

V. – Un diplôme d'enseignement de la conduite délivré par un État qui n'est ni membre de l'Union européenne ni partie à l'accord sur l'Espace économique européen et reconnu pour l'exercice de la profession d'enseignant de la conduite automobile et de la sécurité routière par décision du ministre chargé de la sécurité routière.

Art. R. 212-3-1 *(D. n° 2009-1678, 29 déc. 2009 ; mod., D. n° 2012-688, 7 mai 2012 ; mod., D. n° 2016-613, 17 mai 2016).* – Les personnes ayant acquis leurs qualifications dans un autre État membre de l'Union européenne ou dans un autre État partie à l'accord sur l'Espace économique européen sont réputées satisfaire aux conditions de qualification professionnelle énoncées au 1° du I ou au II de l'article R. 212-2 dans les conditions suivantes :

1° Conditions générales de la reconnaissance :

a) Lorsque l'État dans lequel ont été acquises les qualifications réglemente la profession, le demandeur doit posséder l'attestation de compétences ou le titre de formation prescrit pour exercer la profession dans cet État ;

b) Lorsque l'État dans lequel ont été acquises les qualifications ne réglemente pas la profession, le demandeur doit avoir exercé la profession au cours des dix années précédentes dans un ou plusieurs États membres, un an, consécutif ou non, à temps plein ou pendant une durée totale équivalente, à temps partiel, et posséder au moins une attestation de compétences ou un titre de formation attestant la préparation à l'exercice de cette profession ;

2° Conditions de validité des titres :

Les attestations de compétences ou les titres de formation mentionnés aux *a* et *b* du 1° doivent avoir été délivrés par une autorité compétente de l'État dans lequel ont été acquises les qualifications.

Est assimilé au titre de formation mentionné aux *a* et *b* du 1° tout titre de formation ou ensemble de titres de formation qui :

– a été délivré par une autorité compétente d'un autre État membre de l'Union européenne ou d'un autre État partie à l'accord sur l'Espace économique européen ;

– sanctionne une formation acquise dans l'Union européenne ou dans l'Espace économique européen et reconnue par l'État de délivrance du titre comme étant de niveau équivalent ;

– et confère les mêmes droits d'accès ou d'exercice de la profession, ou prépare à l'exercice de cette profession.

Est également assimilée à un tel titre de formation toute qualification professionnelle qui, sans répondre aux exigences prévues par les dispositions législatives, réglementaires ou administratives de l'État dans lequel ont été acquises les qualifications pour l'accès à la profession ou son exercice, confère à son titulaire des droits acquis en vertu de ces dispositions.

Peuvent également justifier de leur capacité à exercer la profession les personnes qui possèdent un titre permettant son exercice, acquis dans un pays tiers et admis en équivalence dans un État membre de l'Union européenne ou dans un État partie à l'accord sur l'Espace économique européen si cet État réglemente l'exercice de la profession. Elles doivent en outre justifier avoir exercé la profession pendant trois ans dans l'État qui a admis l'équivalence de leur titre ;

3° Mesures de compensation :

Il peut être exigé de la personne qui remplit les conditions fixées aux alinéas précédents qu'elle accomplisse, selon son choix, un stage d'adaptation d'une durée maximum d'un an ou qu'elle se soumette à une épreuve d'aptitude dans l'un des cas suivants :

a) Lorsque la formation qu'elle a reçue porte sur des matières substantiellement différentes de celles que comporte la formation exigée des personnes ayant acquis leurs qualifications en France ;

b) Lorsqu'une ou plusieurs des activités réglementées constitutives de la formation exigée en France n'existent pas dans la profession correspondante dans l'État ayant délivré l'attestation de compétences ou le titre de formation dont elle fait état, et que cette différence est caractérisée par une formation spécifique qui est requise en France et qui porte sur des matières substantiellement différentes de celles couvertes par l'attestation de compétences ou le titre de formation.

Le contenu du stage d'adaptation ou de l'épreuve d'aptitude tient compte des connaissances acquises par le candidat au cours de son expérience professionnelle ou lors de son apprentissage tout au long de la vie.

Par dérogation au deuxième alinéa ci-dessus, le préfet de département peut imposer au demandeur, par une décision motivée, soit le stage d'adaptation soit l'épreuve d'aptitude mentionnés ci-dessus, lesquels doivent intervenir dans les six mois à compter de cette décision.

Le préfet prend sa décision après avoir vérifié les connaissances, les aptitudes et les compétences que le demandeur a acquises au cours de son expérience professionnelle à temps plein ou à temps partiel ou par la voie de l'apprentissage tout au long de la vie, et ayant fait l'objet à cette fin d'une validation en bonne et due forme par un organisme compétent, dans un État membre ou dans un pays tiers.

Les conditions dans lesquelles cette décision du préfet peut intervenir sont précisées par un arrêté du ministre chargé de la sécurité routière.

4° Peuvent s'établir en France, pour y exercer tout ou partie des activités placées sous le régime du III de l'article L. 212-1, les personnes, ressortissant d'un État membre de l'Union européenne ou d'un État partie à l'Espace économique européen :

a) Lorsqu'elles sont titulaires d'une attestation de compétences ou d'un titre de formation requis par l'autorité compétente d'un de ces États pour accéder à ces activités sur son territoire ou les y exercer ;

b) Ou, dans le cas où l'État dont elles sont le ressortissant ne réglemente pas l'exercice des activités en cause, lorsqu'elles peuvent justifier de l'exercice de ces activités à temps plein pendant une durée d'un an ou à temps partiel pendant une durée totale équivalente au cours des dix années précédentes.

Le contenu du stage d'adaptation ou de l'épreuve d'aptitude tient compte des connaissances acquises par le candidat au cours de son expérience professionnelle.

Le candidat est dispensé du stage d'adaptation ou de l'épreuve d'aptitude si les connaissances qu'il a acquises au cours de son expérience professionnelle couvrent l'intégralité de la différence substantielle constatée entre la formation qu'il a reçue et la formation dispensée sur le territoire français et requise pour l'enseignement de la conduite ou l'animation de stages de sensibilisation à la sécurité routière.

Les dispositions fixées au présent article sont précisées par arrêté du ministre chargé de la sécurité routière.

Art. R. 212-3-2 *(D. n° 2009-1678, 29 déc. 2009 ; mod., D. n° 2016-613, 17 mai 2016).* – Les personnes ayant obtenu la reconnaissance de leurs qualifications professionnelles acquises dans d'autres États ou souhaitant exercer une prestation temporaire et occasionnelle dans les conditions du II de l'article L. 212-1 doivent avoir un niveau de connaissance du français suffisant pour l'exercice de l'activité d'enseignant de la conduite ou d'animateur de stages de sensibilisation à la sécurité routière en France.

Le préfet peut contrôler le respect par les professionnels de cette obligation lorsqu'il existe un doute sérieux et concret sur leur niveau de connaissance du français au regard des activités qu'ils entendent exercer.

Ce contrôle est limité à la connaissance du français et est réalisé après la reconnaissance de la qualification professionnelle de l'intéressé.

Art. R. 212-4 *(Mod., D. n° 2009-1678, 29 déc. 2009 ; D. n° 2014-1295, 31 oct. 2014 ; D. n° 2015-1537, 25 nov. 2015 ; D. n° 2016-381, 30 mars 2016).* – Les autorisations mentionnées à l'article R. 212-2 ne peuvent être délivrées aux personnes qui ont fait l'objet d'une condamnation prononcée par une juridiction française ou par une juridiction étrangère, à une peine criminelle, ou à une peine correctionnelle pour l'une des infractions suivantes :I. - Délits d'atteinte à la personne humaine prévus par le Code pénal :

- atteinte involontaire à la vie (art. 221-6-1) ;
- atteinte à l'intégrité physique ou psychique de la personne (art. 222-9 à 222-13, 222-14 [3° et 4°], 222-19-1 et 222-20-1, 222-27 à 222-33) ;
- mise en danger de la vie d'autrui (art. 223-1) ;
- trafic de stupéfiants (art. 222-36 [1er alinéa], 222-37 à 222-40) ;
- entrave aux mesures d'assistance et omission de porter secours (art. 223-5 à 223-7) ;
- proxénétisme (art. 225-5 à 225-7, art. 225-10 et 225-11) ;
- provocation de mineur à l'usage illicite de stupéfiants (art. 227-18) ;
- provocation de mineur au trafic de stupéfiants (art. 227-18-1) ;

– provocation de mineur à la consommation habituelle et excessive de boissons alcooliques (art. 227-19) ;
– provocation de mineur à la commission d'un crime ou d'un délit (art. 227-21) ;
– corruption de mineur (art. 227-22) ;
– propositions sexuelles à un mineur de quinze ans en utilisant un moyen de communication électronique (art. 227-22-1) ;
– fixation, enregistrement ou transmission d'images de mineur à caractère pornographique, offre, diffusion, importation, exportation, acquisition ou détention de ces images, consultation d'un service de communication au public en ligne mettant à disposition ces images (art. 227-23) ;
– fabrication, transport, diffusion ou commerce d'un message violent, pornographique ou incitant à se livrer à des jeux dangereux susceptible d'être vu ou perçu par un mineur (art. 227-24) ;
– incitation à la soumission ou à la commission d'une mutilation sexuelle d'un mineur (art. 227-24-1) ;
– atteinte sexuelle sur mineur de quinze ans (art. 227-25 et 227-26) ;
– atteinte sexuelle sur mineur de plus de quinze ans par ascendant ou personne ayant autorité (art. 227-27) ;
– atteinte sexuelle sur mineur de plus de quinze ans par personne abusant de l'autorité que lui confèrent ses fonctions (art. 227-27) ;
– provocation à la commission à l'encontre d'un mineur de l'un des crimes ou délits visés aux articles 222-22 à 222-31, 225-5 à 225-11, 227-22, 227-23 et 227-25 à 227-28 (art. 227-28-3).

II. - Délits d'atteinte aux biens prévus par le Code pénal :
– vol et tentative (art. 311-3 à 311-6 et 311-13) ;
– extorsion et tentative (art. 312-1, 312-2 et 312-9) ;
– escroquerie et tentative (art. 313-1 à 313-4) ;
– abus de confiance (art. 314-1) ;
– détournement de gage ou d'objet saisi (art. 314-5 et 314-6) ;
– organisation frauduleuse de l'insolvabilité (art. 314-7) ;
– recel (art. 321-1 et 321-2) ;
– détérioration de biens et tentative (art. 322-1 à 322-4).

III. - Délits d'atteinte à l'autorité de l'État et à la confiance publique prévus par le Code pénal :
– corruption active et trafic d'influence (art. 433-1 et 433-2) ;
– outrage et rébellion envers une personne dépositaire de l'autorité publique (art. 433-5, 433-7 et 433-8) ;
– témoignage mensonger et subornation de témoin (art. 434-13 à 434-15) ;
– violation, par le condamné, des obligations ou interdictions résultant des peines de suspension ou d'annulation du permis de conduire ou refus de restituer celui-ci ou destruction ou détournement d'un véhicule immobilisé (art. 434-41) [...] ;
– faux, usage de faux en écriture et détention de faux documents administratifs (art. 441-1 à 441-3) ;
– établissement d'attestation ou de certificat inexact, après avoir sollicité des offres, dons ou avantages (art. 441-8).

IV. - Délit prévu par la loi du 23 déc. 1901 modifiée réprimant les fraudes dans les examens et concours publics.

V. - Délits prévus par le Code du travail :
– atteinte à l'égalité professionnelle entre les hommes et les femmes (art. L. 1142-1 et L. 1146-1) ;
– fourniture illégale de main d'œuvre (art. L. 8231-1 et L. 8234-1) ;
– prêt de main d'œuvre (art. L. 8241-1 et L. 8243-1) ;
– travail dissimulé (art. L. 8221-1, L. 8221-3 à L. 8221-5, L. 8224-1) ;
– emploi d'étranger en situation irrégulière (art. L. 8251-1, L. 8256-1, L. 8256-2).

VI. - Délits prévus par le Code de la route :
– délit de fuite, refus d'obtempérer à une sommation d'arrêt, refus d'obtempérer aggravé par la mise en danger d'autrui, refus de se soumettre aux vérifications concernant son véhicule ou sa personne, conduite ou accompagnement sous l'empire d'un état alcoolique ou en état d'ivresse, refus de se soumettre aux vérifications destinées à établir la preuve de l'état alcoolique, conduite ou accompagnement sous l'influence de substances ou plantes classées comme stupéfiants, refus de se soumettre aux vérifications destinées à établir la preuve de la conduite sous l'influence de substances ou plantes classées comme stupéfiants (art. L. 231-1, L. 233-1, L. 233-1-1, L. 233-2, L. 234-1, L. 234-8, L. 235-1 et L. 235-3) ;

– entrave volontaire à la circulation (art. L. 412-1) ;
– usage d'une fausse plaque d'immatriculation, circulation sans plaque d'immatriculation, mise en circulation d'un véhicule muni de plaques inexactes, usurpation de plaques, modification du dispositif de limitation de vitesse par construction des véhicules de transports routiers, absence à bord du véhicule du transport routier de certains documents, destruction ou détournement d'un véhicule confisqué (art. L. 234-12 (III), L. 317-1 à L. 317-4, L. 317-4-1 et L. 325-4) ;
– conduite d'un véhicule sans être titulaire du permis de conduire correspondant à la catégorie du véhicule considéré, conduite d'un véhicule malgré la rétention, l'invalidation, la suspension ou l'annulation du permis de conduire (art. L. 221-2, L. 223-5 et L. 224-16) ;
– enseignement de la conduite des véhicules terrestres à moteur sans autorisation ou en violation d'une mesure de suspension (art. L. 212-4) ;
– exploitation d'un établissement d'enseignement de la conduite des véhicules terrestres à moteur ou animation d'un stage de sensibilisation à la sécurité routière et de la sécurité routière ou de formation des candidats pour l'exercice de la profession d'enseignant ou d'un établissement organisant des stages de sensibilisation à la sécurité routière sans l'agrément ou en violation d'une mesure provisoire de suspension (art. L. 213-6) ;
– emploi d'un enseignant ou d'un animateur non titulaire de l'autorisation prévue à l'article L. 212-1 (art. L. 213-6) ;
– usage du nom d'une personne pour enregistrement, au nom de cette personne, d'une condamnation judiciaire ou d'une décision administrative (art. L. 225-7 et L. 330-6) ;
– usage d'un faux nom ou d'une fausse qualité pour obtenir des renseignements sur un conducteur (art. L. 225-8 et L. 330-7) ;
– délits liés à l'offre ou à la commercialisation de dispositifs ayant pour objet d'augmenter la puissance du moteur d'un cyclomoteur, d'une motocyclette ou d'un quadricycle à moteur (art. L. 317-5 à L. 317-7) ;
– délits liés à l'offre ou à la commercialisation par un professionnel d'un cyclomoteur, d'une motocyclette, d'un tricycle ou d'un quadricycle à moteur soumis à réception et non réceptionné ou qui n'est plus conforme à celle-ci (art. L. 321-1 et L. 321-2) ;
– défaut d'assurance (art. L. 324-2) ;
– obstacle à une mesure d'immobilisation ou à un ordre d'envoi en fourrière (art. L. 325-3-1) ;
– organisation de courses de véhicules à moteur sans autorisation (art. L. 411-7) ;
– récidive de non-respect des distances de sécurité entre deux véhicules dans un tunnel (art. L. 412-2) ;
– grand excès de vitesse en récidive (art. L. 413-1) ;
– délits liés à l'offre ou à la commercialisation de dispositifs destinés à déceler la présence ou à perturber le fonctionnement des systèmes de constatation des infractions à la circulation routière (art. L. 413-2 à L. 413-5).

VII. - Délit prévu par le Code de la santé publique :
– usage de manière illicite de l'une des substances ou plantes classées comme stupéfiants (art. L. 3421-1).

Art. R. 212-4-1 *(D. n° 2009-1678, 29 déc. 2009 ; mod., D. n° 2012-688, 7 mai 2012)*. – I. – Pour obtenir le renouvellement quinquennal de l'autorisation d'enseigner la conduite des véhicules à moteur d'une catégorie donnée et la sécurité routière, l'enseignant doit remplir les conditions fixées au I de l'article R. 212-2 et à l'article R. 212-4.

II. – Pour obtenir le renouvellement quinquennal de l'autorisation d'animer les stages de sensibilisation à la sécurité routière, l'animateur doit :

1° Remplir les conditions fixées au II de l'article R. 212-2 et à l'article R. 212-4 ;

2° Justifier d'une attestation de formation continue à l'animation des stages de sensibilisation à la sécurité routière délivrée par le ministre chargé de la sécurité routière.

Un arrêté du ministre chargé de la sécurité routière précise les conditions d'application du présent article.

Art. R. 212-5 *(Mod., D. n° 2009-1678, 29 déc. 2009 ; mod., D. n° 2012-688, 7 mai 2012)*. – En application de l'article L. 212-3, le retrait de l'autorisation d'enseigner la conduite des véhicules terrestres à moteur d'une catégorie donnée et la sécurité routière ou d'animer un stage de sensibilisation à la sécurité routière est prononcé après que l'intéressé a été mis à même de présenter ses observations, par arrêté du préfet du lieu de résidence du titulaire de l'autorisation ou, pour un non-résident, par le préfet du département où il exerce son activité lorsqu'une des conditions prévues pour sa délivrance cesse d'être remplie. La suspension de l'autorisation est prononcée dans les conditions prévues à l'article L. 212-3 par l'autorité préfectorale précitée.

Le procureur de la République transmet copie du procès-verbal visé à l'article L. 212-3 à l'autorité préfectorale susmentionnée.

Un arrêté du ministre chargé de la sécurité routière précise les conditions d'application du présent article.

Art. R. 212-5-1 *(D. n° 2009-1678, 29 déc. 2009 ; mod., D. n° 2016-613, 17 mai 2016).* – À la demande d'une autorité compétente d'un autre État membre de l'Union européenne ou partie à l'accord sur l'Espace économique européen sur le territoire duquel un enseignant de la conduite ou un animateur de stages de sensibilisation à la sécurité routière exécute ou déclare vouloir exécuter une prestation de services, le préfet du département du lieu de résidence de l'enseignant ou de l'animateur communique à cette autorité toutes les informations pertinentes sur la légalité de l'établissement en France du professionnel concerné. Si le professionnel est, à la date de la communication, sous le coup d'une suspension ou d'un retrait d'autorisation, mention en est faite.

Art. R. 212-6 *(Mod., D. n° 2012-688, 7 mai 2012).* – Le brevet d'animateur pour la formation des conducteurs responsables d'infractions (BAFCRI) est délivré par le ministre chargé de la sécurité routière aux personnes ayant subi avec succès les épreuves d'un examen.

Seuls peuvent se présenter à cet examen, en vue de l'obtention de ce brevet, les titulaires du brevet pour l'exercice de la profession d'enseignant de la conduite automobile et de la sécurité routière (BEPECASER) ou d'un titre ou diplôme reconnu équivalent en application de l'article R. 212-3.

L'examen est composé de deux épreuves écrites d'admissibilité et d'une épreuve orale d'admission.

Les épreuves écrites d'admissibilité portent l'une sur la réglementation de la sécurité routière et l'autre sur des éléments d'accidentologie, de pédagogie et de psychologie.

L'épreuve orale d'admission consiste en un entretien destiné à évaluer l'aptitude du candidat à animer un groupe de stagiaires.

Un arrêté du ministre chargé de la sécurité routière précise le contenu détaillé des épreuves et les modalités de l'examen.

CHAPITRE III. – ÉTABLISSEMENTS D'ENSEIGNEMENT

(D. n° 2009-1678, 29 déc. 2009)

Section I. – Établissements d'enseignement à titre onéreux et d'animation des stages de sensibilisation à la sécurité routière

Art. R. 213-1 *(Mod., D. n° 2009-1678, 29 déc. 2009 ; D. n° 2015-1537, 25 nov. 2015).* – Les agréments visés à l'article L. 213-1 sont délivrés pour une durée de cinq ans par le préfet du lieu d'implantation de l'établissement.

Les agréments, ainsi que toutes les mesures affectant leur validité, sont inscrits dans un registre national qui est élaboré et tenu à jour dans les conditions prévues par la loi n° 78-17 du 6 janvier 1978 relative à l'informatique, aux fichiers et aux libertés.

Lorsqu'un exploitant décède ou est dans l'incapacité physique ou légale d'exploiter l'établissement dans l'incapacité d'exploiter l'établissement, suite à une incapacité physique ou une mise sous tutelle ou curatelle, le préfet qui a délivré l'agrément peut maintenir ce dernier, sans qu'il soit justifié de la qualification d'une autre personne, pendant une période maximale d'un an à compter du jour du décès ou de l'incapacité.

Art. R. 213-2 *(Rempl., D. n° 2009-1678, 29 déc. 2009 ; mod., D. n° 2012-688, 7 mai 2012 ; D. n° 2015-1537, 25 nov. 2015 ; D. n° 2017-1518, 31 oct. 2017).* – I. – Pour les exploitants des établissements d'enseignement, à titre onéreux, de la conduite des véhicules à moteur d'une catégorie donnée et de la sécurité routière et pour les exploitants des établissements de formation des candidats à l'un des titres ou diplômes exigés pour l'exercice de la profession d'enseignant de la conduite, l'agrément prévu à l'article L. 213-1 est délivré aux personnes remplissant les conditions suivantes :

1° Ne pas avoir fait l'objet d'une condamnation prononcée par une juridiction française ou par une juridiction étrangère à une peine criminelle ou à une peine correctionnelle pour l'une des infractions prévues à l'article R. 212-4 ;

2° Justifier de la capacité à gérer un tel établissement en étant titulaire :

– soit d'un diplôme d'État ou d'un titre ou diplôme visé ou homologué de l'enseignement supérieur ou technologique d'un niveau égal ou supérieur au niveau III sanctionnant une formation juridique, économique, comptable ou commerciale ou d'un diplôme étranger d'un niveau comparable ;

– soit du certificat de qualification professionnelle de la branche professionnelle des services de l'automobile reconnu par arrêté du ministre chargé de la sécurité routière ;

– soit d'une qualification professionnelle satisfaisant aux conditions définies à l'article R. 213-2-1 ;

3° Être âgé d'au moins vingt-trois ans ;

4° Ne pas avoir fait l'objet dans les trois années précédentes d'un retrait de l'agrément prévu aux articles L. 213-1 et R. 213-1 en raison d'un manquement aux règles régissant l'exercice de l'activité d'exploitant d'un établissement mentionné à l'article L. 213-1. Cette condition s'applique à toute demande présentée sur le territoire national. À cette fin, ce retrait est inscrit dans le registre national mentionné à l'article R. 213-1. Il n'a pas pour effet de mettre fin aux autres agréments dont l'intéressé serait titulaire à la date de ce retrait ;

5° Justifier de garanties minimales concernant les moyens de formation de l'établissement. Ces garanties concernent les locaux, les véhicules, les moyens matériels et les modalités d'organisation de la formation ;

6° Justifier de la qualification des personnels enseignants :

– pour les établissements d'enseignement de la conduite, les enseignants doivent être titulaires de l'autorisation d'enseigner mentionnée à l'article L. 212-1 pour assurer les prestations d'enseignement théorique et pratique ;

– pour les établissements de formation des candidats à l'un des titres ou diplômes exigés pour l'exercice de la profession d'enseignant de la conduite des véhicules à moteur et de la sécurité routière, les personnels enseignants doivent satisfaire à des conditions particulières fixées par un arrêté du ministre chargé de la sécurité routière. Dans chacun de ces établissements un directeur pédagogique est désigné. Il organise et encadre effectivement la formation. Ce directeur doit être titulaire du brevet d'aptitude à la formation des moniteurs (BAFM). Nul ne peut être directeur pédagogique dans plus d'un établissement.

II. – Pour les personnes assurant l'exploitation effective d'au moins un établissement organisant des stages de sensibilisation à la sécurité routière mentionnés aux articles L. 223-6 et R. 223-5 et, le cas échéant, pour les personnes qu'elles désignent nommément pour l'encadrement administratif des stages, à l'exclusion des 5° et 6° pour ces dernières, l'agrément prévu à l'article L. 213-1 est délivré si celles-ci remplissent les conditions suivantes :

1° Ne pas avoir fait l'objet d'une condamnation prononcée par une juridiction française ou par une juridiction étrangère à une peine criminelle ou à une peine correctionnelle pour l'une des infractions prévues à l'article R. 212-4 ;

2° Justifier d'une formation initiale à la gestion technique et administrative d'un établissement agréé pour l'animation des stages de sensibilisation à la sécurité routière ;

3° Être âgé d'au moins vingt-cinq ans ;

4° *(4° abrogé, D. n° 2011-759, 28 juin 2011)* ;

5° Justifier des garanties minimales concernant les moyens de formation de l'établissement. Ces garanties concernent les locaux, les moyens matériels, les modalités d'organisation de la formation et, le cas échéant, les véhicules ;

6° Justifier de la qualification des personnels animateurs qui doivent être titulaires de l'autorisation mentionnée au II de l'article R. 212-2.

Les conditions fixées au présent article sont précisées par arrêté du ministre chargé de la sécurité routière.

Art. R. 213-2-1 *(D. n° 2009-1678, 29 déc. 2009 ; mod., D. n° 2011-759, 28 juin 2011 ; D. n° 2012-688, 7 mai 2012 ; mod., D. n° 2016-613, 17 mai 2016).* – Pour satisfaire aux conditions de qualifications professionnelles énoncées au 2° du I et au 2° du II de l'article R. 213-2, les personnes ayant acquis leurs qualifications dans un autre État membre de l'Union européenne ou dans un autre État partie à l'accord sur l'Espace économique européen doivent satisfaire aux conditions suivantes :

1° Conditions générales de la reconnaissance :

a) Lorsque l'État dans lequel ont été acquises les qualifications réglemente la profession, le demandeur doit posséder l'attestation de compétences ou le titre de formation prescrit pour exercer la profession dans cet État ;

b) Lorsque l'État dans lequel ont été acquises les qualifications ne réglemente pas la profession, le demandeur doit avoir exercé la profession au cours des dix années précédentes dans cet État, soit à temps plein pendant deux années continues ou non, soit à temps partiel pendant une durée totale équivalente aux deux années requises sur la base d'un temps plein, et posséder au moins une attestation de compétences ou un titre de formation attestant la préparation à l'exercice de cette profession. La condition relative à l'expérience professionnelle n'est toutefois pas exigée quand le candidat possède un titre sanctionnant une formation réglementée, spécifiquement orientée sur l'exercice de la profession, correspondant au minimum à un cycle d'études secondaires.

2° Conditions de validité des titres :

Les attestations de compétences ou les titres de formation mentionnés aux *a* et *b* du 1° doivent avoir été délivrés par une autorité compétente de l'État dans lequel ont été acquises les qualifications.

Est assimilé au titre de formation mentionné aux *a* et *b* du 1° tout titre de formation ou ensemble de titres de formation qui :

– a été délivré par une autorité compétente d'un autre État membre de la Communauté européenne ou d'un autre État partie à l'accord sur l'Espace économique européen ;

– sanctionne une formation acquise dans la Communauté européenne ou dans l'Espace économique européen et reconnue par l'État de délivrance du titre comme étant de niveau équivalent ;

– et confère les mêmes droits d'accès ou d'exercice de la profession, ou prépare à l'exercice de cette profession.

Est également assimilée à un tel titre de formation toute qualification professionnelle qui, sans répondre aux exigences prévues par les dispositions législatives, réglementaires ou administratives de l'État dans lequel ont été acquises les qualifications pour l'accès à la profession ou son exercice, confère à son titulaire des droits acquis en vertu de ces dispositions.

Peuvent également justifier de leur capacité à exercer la profession les personnes qui possèdent un titre permettant son exercice, acquis dans un pays tiers et admis en équivalence dans un État membre de la Communauté européenne ou dans un État partie à l'accord sur l'Espace économique européen si cet État réglemente l'exercice de la profession. Elles doivent en outre justifier avoir exercé la profession pendant trois ans dans l'État qui a admis l'équivalence de leur titre ;

3° Mesures de compensation :

Il peut être exigé de la personne qui remplit les conditions fixées aux alinéas précédents qu'elle accomplisse, selon son choix, un stage d'adaptation d'une durée maximum d'un an ou qu'elle se soumette à une épreuve d'aptitude dans l'un des cas suivants :

a) Lorsque la formation qu'elle a reçue porte sur des matières substantiellement différentes de celles que comporte la formation exigée des personnes ayant acquis leurs qualifications en France ;

b) Lorsqu'une ou plusieurs des activités réglementées constitutives de la formation exigée en France n'existent pas dans la profession correspondante dans l'État ayant délivré l'attestation de compétences ou le titre de formation dont elle fait état, et que cette différence est caractérisée par une formation spécifique qui est requise en France et qui porte sur des matières substantiellement différentes de celles couvertes par l'attestation de compétences ou le titre de formation.

Le contenu du stage d'adaptation ou de l'épreuve d'aptitude tient compte des connaissances acquises par le candidat au cours de son expérience professionnelle ou lors de son apprentissage tout au long de la vie.

Par dérogation au deuxième alinéa ci-dessus, le préfet de département peut imposer au demandeur, par une décision motivée, soit le stage d'adaptation soit l'épreuve d'aptitude mentionnés ci-dessus, lesquels doivent intervenir dans les six mois à compter de cette décision.

Le préfet prend sa décision après avoir vérifié les connaissances, les aptitudes et les compétences que le demandeur a acquises au cours de son expérience professionnelle à temps plein ou à temps partiel ou par la voie de l'apprentissage tout au long de la vie, et ayant fait l'objet à cette fin d'une validation en bonne et due forme par un organisme compétent, dans un État membre ou dans un pays tiers.

Les conditions dans lesquelles cette décision du préfet peut intervenir sont précisées par un arrêté du ministre chargé de la sécurité routière ;

4° Peuvent s'établir en France, pour y exercer tout ou partie des activités placées sous le régime de l'article L. 213-1-1, les personnes, ressortissant d'un État membre de l'Union européenne ou d'un État partie à l'Espace économique européen :

a) Lorsqu'elles sont titulaires d'une attestation de compétences ou d'un titre de formation requis par l'autorité compétente d'un de ces États pour accéder à ces activités sur son territoire ou les y exercer ;

b) Ou, dans le cas où l'État dont elles sont le ressortissant ne réglemente pas l'exercice des activités en cause, lorsqu'elles peuvent justifier de l'exercice de ces activités à temps plein pendant une durée d'un an ou à temps partiel pendant une durée totale équivalente au cours des dix années précédentes.

Le contenu du stage d'adaptation ou de l'épreuve d'aptitude tient compte des connaissances acquises par le candidat au cours de son expérience professionnelle.

Le candidat est dispensé du stage d'adaptation ou de l'épreuve d'aptitude si les connaissances qu'il a acquises au cours de son expérience professionnelle couvrent l'intégralité de la différence substantielle constatée entre la formation qu'il a reçue et la formation dispensée sur le territoire français et requise pour l'enseignement de la conduite ou l'animation de stages de sensibilisation à la sécurité routière.

Les dispositions fixées au présent article sont précisées par arrêté du ministre chargé de la sécurité routière.

Art. R. 213-2-2 *(Créé, D. n° 2016-613, 17 mai 2016)*. – Les personnes ayant obtenu la reconnaissance de leurs qualifications professionnelles acquises dans un autre État membre de l'Union européenne ou dans un État partie à l'Espace économique européen doivent avoir un niveau de connaissance du français suffisant pour l'exercice de l'activité mentionnée au présent chapitre.

Le préfet peut contrôler le respect par les intéressés de cette obligation lorsqu'il existe un doute sérieux et concret sur leur niveau de connaissance du français au regard des activités qu'ils entendent exercer.

Ce contrôle est limité à la connaissance du français et est réalisé après la reconnaissance de la qualification professionnelle de l'intéressé.

Art. R. 213-3 *(Mod., D. n° 2009-1590, 18 déc. 2009 ; D. n° 2014-1295, 31 oct. 2014 ; D. n° 2016-381, 30 mars 2016)*. – I. – Le contrat passé entre le candidat et l'établissement, mentionné au premier alinéa de l'article L. 213-2, précise les mentions ci-dessous :

1° S'agissant des parties contractantes :

– la raison ou la dénomination sociale de l'établissement, le nom de l'exploitant et l'adresse de l'établissement agréé, le numéro et la date de l'agrément, la mention de la compagnie et du numéro de la police d'assurance prévue par l'article L. 211-1 du Code des assurances ;

– le nom et l'adresse du candidat et, s'il est mineur, de son représentant légal ;

2° L'objet du contrat ;

3° L'évaluation du niveau du candidat avant l'entrée en formation, notamment le nombre prévisionnel d'heures de formation, lorsque cette évaluation est obligatoire ;

4° Le programme et le déroulement de la formation ;

5° Les moyens pédagogiques et techniques mis en œuvre pour la formation et l'évaluation du candidat ;

6° Les conditions et la durée du mandat consenti à l'établissement pour effectuer les démarches administratives nécessaires, au nom et pour le compte du candidat, ainsi que pour recevoir communication par l'autorité administrative des informations le concernant ;

7° Les obligations des parties : engagement de l'établissement à dispenser la formation et à présenter le candidat aux épreuves en fournissant les moyens nécessaires, engagement du candidat à respecter les prescriptions pédagogiques et le calendrier de la formation et de l'examen ;

8° Les conditions de résiliation ou de rupture du contrat et les modalités financières qui s'y attachent ;

9° Le tarif des prestations de formation quelle qu'en soit la forme et le tarif des éventuelles prestations administratives ;

10° Les modalités de paiement qui doivent préciser l'échelonnement des paiements ;

11° L'existence ou l'absence de souscription par l'établissement à un dispositif de garantie financière permettant le remboursement au candidat des sommes trop perçues en cas de défaillance de l'établissement. En cas de souscription, le nom du garant et le montant de la garantie devront être mentionnés.

II. – Le contrat passé entre le candidat et l'établissement, mentionné au quatrième alinéa de l'article L. 213-2, peut prendre la forme d'une convention simplifiée de formation professionnelle ou d'un contrat de formation professionnelle.

Art. R. 213-3-1 *(D. n° 2015-578, 27 mai 2015 ; D. n° 2015-1571, 1er déc. 2015).* – Constituent les frais de transfert interdits en application de l'article L. 213-2, tous frais, quelles que soient leurs dénominations, ou toutes majorations de prix, appliqués spécifiquement par un établissement d'enseignement de la conduite et de la sécurité routière à un candidat précédemment inscrit dans un autre de ces établissements.

Art. R. 213-3-2 *(D. n° 2015-1571, 1er déc. 2015).* – Constituent les frais de présentation interdits en application de l'article L. 213-2 tous frais, quelles que soient leurs dénominations, ou toutes majorations de prix, appliqués spécifiquement par un établissement d'enseignement de la conduite et de la sécurité routière à un candidat au titre de sa présentation à l'une des épreuves du permis de conduire ou dont le paiement est une condition à cette présentation.

Ne constituent des frais de présentation au titre du présent article ni les montants exigés pour la conclusion du contrat prévu à l'article L. 213-2, ni le coût de la formation initiale prévue aux articles L. 211-3 et L. 211-4.

Art. R. 213-3-3 *(D. n° 2015-1571, 1er déc. 2015).* – I. – Constituent les frais d'accompagnement au sens de l'article L. 213-2 tous frais, quelles que soient leurs dénominations, ou toute majoration de prix, appliqués spécifiquement par un établissement d'enseignement de la conduite et de la sécurité routière aux candidats au titre de la présence d'un membre de son personnel lors de l'épreuve ou du transport du candidat sur le site de celle-ci.

II. – Les frais appliqués au titre de l'accompagnement du candidat à l'épreuve sont déterminés préalablement à cette prestation.

Pour la partie pratique, ils couvrent forfaitairement l'ensemble de la charge de l'accompagnement, tant à l'épreuve en circulation que, le cas échéant, à celle hors circulation. Ils ne peuvent excéder les prix appliqués par l'établissement pour les durées de formation suivantes :

- pour le permis des catégories A1, A2, A et BE : une heure et demie ;
- pour le permis des catégories B1 et B : une heure ;
- pour les permis des catégories C1, C, D1 et D : deux heures ;
- pour les permis des catégories C1E, CE, D1E et DE : deux heures et demie.

Ces prix sont calculés en référence au tarif horaire de la formation pratique correspondante.

Art. R. 213-4 *(Mod., D. n° 2009-1678, 29 déc. 2009 ; D. n° 2012-688, 7 mai 2012 ; D. n° 2014-1295, 31 oct. 2014).* – Les programmes de formation prévus à l'article L. 213-4 sont définis par arrêtés du ministre chargé de la sécurité routière. Ils incluent notamment une sensibilisation aux comportements à adopter en cas d'accident, aux premiers secours à apporter aux victimes et aux risques encourus par les usagers vulnérables ainsi qu'à l'impact écologique et économique des déplacements. Les délégués et inspecteurs du permis de conduire et de la sécurité routière ou les agents publics qualifiés et spécialement habilités par un arrêté du ministre chargé de la sécurité routière procèdent au contrôle de l'application des programmes de formation et du respect des obligations mises à la charge du titulaire de l'agrément par le présent code.

Les agents des services de l'État chargés des procédures d'agrément de ces établissements peuvent également procéder à des contrôles administratifs.

Indépendamment de ces contrôles, des audits pédagogiques des établissements agréés pour l'organisation des stages de sensibilisation à la sécurité routière peuvent être opérés par tout expert autorisé par le ministre chargé de la sécurité routière.

Art. R. 213-5. – *(Mod., D. n° 2009-1678, 29 déc. 2009)* Le retrait des agréments mentionnés à l'article L. 213-1 est prononcé par le préfet du lieu d'implantation de l'établissement lorsqu'une des conditions prévues pour leur délivrance cesse d'être remplie ou en cas de cessation d'activité. Le retrait est prononcé après que l'intéressé a été mis à même de présenter ses observations. La suspension des agréments est prononcée, dans les conditions prévues par l'article L. 213-5, par l'autorité préfectorale précitée.

Le procureur de la République transmet copie du procès-verbal visé à l'article L. 213-5 au préfet du lieu d'implantation de l'établissement.

Art. R. 213-6 *(Rempl., D. n° 2009-1678, 29 déc. 2009 ; D. n° 2012-688, 7 mai 2012 ; D. n° 2017-1518, 31 oct. 2017).* – Lors du renouvellement quinquennal de l'agrément mentionné à l'article L. 213-1, l'exploitant doit :

1° Remplir les conditions fixées aux 1°, 4°, 5° et 6° du I ou du II de l'article R. 213-2, selon l'activité exercée ;

2° Justifier d'une formation attestant de la réactualisation de ses connaissances professionnelles dans le domaine spécifique de l'activité exercée ;

3° Justifier, en outre, pour les personnes désignées nommément par l'exploitant pour l'encadrement administratif des stages de sensibilisation à la sécurité routière, d'une attestation de réactualisation de leurs connaissances professionnelles dans ce domaine spécifique.

Les conditions fixées au présent article sont précisées par arrêté du ministre chargé de la sécurité routière.

Section II. – Enseignement de la conduite et de la sécurité routière par les associations d'insertion ou de réinsertion sociale ou professionnelle

Art. R. 213-7. – Les associations d'insertion ou de réinsertion sociale ou professionnelle mentionnées à l'article L. 213-7 ont pour objet de faciliter l'insertion ou la réinsertion des personnes citées au 3° de l'article R. 213-8 en s'appuyant notamment sur la formation à la conduite et à la sécurité routière. Ces associations mettent en œuvre des modalités spécifiques d'accueil, d'accompagnement et de suivi social et professionnel.

Art. R. 213-8 *(D. n° 2012-688, 7 mai 2012).* – La délivrance de l'agrément aux associations mentionnées à l'article L. 213-7 est subordonnée à l'ensemble des conditions suivantes ;

1° Être déclarée conformément à l'article 5 de la loi du 1er juillet 1901 susvisée relative au contrat d'association et soit être partie à une convention signée avec l'État, une collectivité locale, un établissement public ou une association chargée d'une mission de service public, soit être bénéficiaire d'une aide attribuée par une des personnes morales précitées, pour des actions parmi lesquelles l'apprentissage de la conduite et de la sécurité routière constitue un des moyens de l'insertion ou de la réinsertion sociale ou professionnelle ;

2° S'adresser exclusivement à des personnes qui relèvent soit des dispositifs d'insertion, soit de situation de marginalité ou de grande difficulté sociale, soit d'une prise en charge au titre de l'aide sociale ;

3° Ne recourir pour les prestations d'enseignement de la conduite théorique et pratique qu'à des titulaires de l'autorisation d'enseigner qui remplissent les conditions prévues par l'article R. 212-2 ;

4° Dispenser un enseignement conforme au programme de formation de l'enseignement de la conduite et de la sécurité routière visé à l'article R. 213-4 ;

5° Justifier de garanties minimales concernant les moyens de l'établissement. Ces garanties concernent les locaux, les véhicules, les moyens matériels. Ces garanties sont fixées par un arrêté du ministre chargé de la sécurité routière ;

6° Remplir les conditions prévues à l'article R. 213-2 (1°). Ces conditions sont exigées du président et de toute personne qu'il a, le cas échéant, dûment mandatée pour encadrer l'activité réglementée au présent chapitre.

Art. R. 213-9 *(Mod., D. n° 2012-688, 7 mai 2012).* – L'agrément est délivré, retiré ou suspendu dans les conditions fixées aux articles R. 213-1 et R. 213-5.

En outre, l'association agréée est tenue de présenter annuellement au préfet du département dans lequel elle dispense la formation mentionnée à l'article R. 213-7 un rapport d'activité. Ce rapport doit porter sur les activités de l'association pour l'insertion ou la réinsertion sociale ou professionnelle et préciser en particulier les actions entreprises pour la formation à la conduite et à la sécurité routière des publics concernés. Un arrêté du ministre chargé de la sécurité routière précise les conditions d'application du présent alinéa.

CHAPITRE IV. – CONSEIL SUPÉRIEUR DE L'ENSEIGNEMENT DE LA CONDUITE AUTOMOBILE ET DE L'ORGANISATION DE LA PROFESSION (CSECAOP)

(Implicitement rempl., D. n° 2009-1182, 5 oct. 2009)

Art. D. 214-1 *(Mod., D. n° 2011-570, 24 mai 2011 ; D. n° 2016-815, 17 juin 2016).* – Le Conseil supérieur de l'éducation routière est placé auprès du ministre chargé de la sécurité routière, qui peut le saisir de toute question relative à l'éducation routière, notamment l'apprentissage de la conduite, le permis de conduire et l'organisation des professions.

Le Conseil supérieur de l'éducation routière assure le suivi, l'observation et l'évaluation statistique des conditions d'accès au permis de conduire sur l'ensemble du territoire national. Il élabore un rapport public annuel.

Le Conseil supérieur de l'éducation routière peut présenter toutes propositions dans le domaine de l'éducation routière.

Art. D. 214-2 *(Mod., D. n° 2011-570, 24 mai 2011 ; D. n° 2016-815, 17 juin 2016 ; D. n° 2016-1377, 12 oct. 2016).* – Le Conseil supérieur de l'éducation routière comprend :

1° Deux parlementaires :

– un sénateur et un député désignés par leurs assemblées respectives ;

2° Cinq représentants de l'État :

– le délégué à la sécurité et à la circulation routières ou son représentant. Il préside ce conseil ;

– le vice-président du Conseil général de l'environnement et du développement durable ou son représentant ;

– le directeur général de l'enseignement scolaire ou son représentant ;

– le directeur général de la concurrence, de la consommation et de la répression des fraudes ou son représentant ;

– le directeur général du travail ou son représentant ;

3° Un représentant de chacune des organisations syndicales d'employeurs et de salariés du secteur de l'enseignement de la conduite et de la sécurité routière, représentatives au niveau de la branche professionnelle au sens des articles L. 2122-5 et L. 2152-1 du Code du travail ;

4° Un représentant de chacune des organisations syndicales représentatives des inspecteurs du permis de conduire et de la sécurité routière et des délégués au permis de conduire et à la sécurité routière ;

5° Deux représentants des consommateurs désignés sur proposition des organisations de consommateurs et après avis du ministre chargé de la consommation ;

6° Un représentant des jeunes désigné sur proposition du ministre chargé de la jeunesse ;

7° Un représentant des associations œuvrant pour la sécurité routière désigné par le ministre chargé de la sécurité routière ;

8° Un représentant des assureurs désigné sur proposition du ministre chargé de l'économie ;

9° Un représentant des éditeurs pédagogiques spécialisés dans l'éducation routière désigné par le ministre chargé de la sécurité routière ;

10° Un représentant des concepteurs de simulateurs de conduite désigné par le ministre chargé de la sécurité routière ;

11° Quatre personnalités qualifiées choisies en raison de leurs activités professionnelles ou de leurs travaux en matière d'éducation routière désignées par le ministre chargé de la sécurité routière.

Les membres du Conseil supérieur mentionnés aux 3°, 4°, 5°, 6°, 7°, 8°, 9°, 10° et 11° sont nommés par arrêté du ministre chargé de la sécurité routière pour une durée de cinq ans.

Art. D. 214-3 *(Mod., D. n° 2011-570, 24 mai 2011).* – Le président du Conseil supérieur de l'éducation routière est nommé par arrêté du ministre chargé de la sécurité routière, parmi les membres du conseil.

Art. D. 214-4 *(Mod., D. n° 2011-570, 24 mai 2011).* – Le Conseil supérieur de l'éducation routière siège au moins deux fois par an. Il peut être convoqué à tout moment par le président du conseil ou à la demande de la moitié au moins de ses membres.

Le Conseil supérieur de l'éducation routière établit son règlement intérieur, qui est approuvé par arrêté du ministre chargé de la sécurité routière.

Art. D. 214-5 *(Implicitement rempl., D. n° 2009-1182, 5 oct. 2009)*. **– Le secrétariat du Conseil supérieur de l'éducation routière est assuré par la délégation à la sécurité et à la circulation routières.**

Art. D. 214-6 à D. 214-8 *(Implicitement abr., D. n° 2009-1182, 5 oct. 2009).*

TITRE II. – PERMIS DE CONDUIRE

CHAPITRE I. – VÉRIFICATION D'APTITUDE – DÉLIVRANCE ET CATÉGORIES

Section I. – Dispositions générales

Art. R. 221-1 *(D. n° 2016-347, 22 mars 2016)*. **– I. – Le permis de conduire un véhicule terrestre à moteur s'obtient soit après réussite à l'examen du permis de conduire, soit après conversion d'un brevet militaire de conduite français, soit après échange d'un permis de conduire étranger, soit après réussite à une formation dispensée à cette fin ou validation d'un diplôme ou d'un titre professionnel délivrés à cette fin en France.**

Les titres mentionnés à l'article L. 221-1 qui sont assimilés au permis de conduire lorsque celui-ci n'est pas exigé pour la conduite d'un véhicule à moteur, comprennent notamment le certificat d'examen du permis de conduire, l'attestation de suivi de la formation requise pour la conduite des véhicules de types L5e et L6e pour les personnes nées après le 31 décembre 1987 et le récépissé de déclaration de perte ou de vol d'un permis de conduire.

II. – Toute personne sollicitant un permis de conduire, national ou international, doit justifier de sa résidence normale ainsi que, le cas échéant, de son droit au séjour en France ou, pour les élèves et étudiants étrangers titulaires d'un titre de séjour ou d'un visa long séjour valant titre de séjour validé par l'office français de l'immigration et de l'intégration correspondant à leur statut, de la poursuite de leurs études en France depuis au moins six mois en France à la date de leur demande de permis de conduire.

III. – On entend par résidence normale le lieu où une personne demeure habituellement, c'est-à-dire pendant au moins 185 jours par année civile, en raison d'attaches personnelles et professionnelles, ou, dans le cas d'une personne sans attaches professionnelles, en raison d'attaches personnelles révélant des liens étroits entre elle-même et l'endroit où elle demeure.

Toutefois, la résidence normale d'une personne dont les attaches personnelles sont situées en France mais qui est établie à l'étranger pour y poursuivre ses études, une formation, un stage ou pour l'exécution d'une mission d'une durée déterminée, se situe en France.

Un conducteur porteur de lentilles de contact ne peut se voir reprocher, sur le fondement de l'article R. 221-1, III, du Code de la route, l'absence dans le véhicule d'une paire de lunettes correctrices dès lors que l'arrêté ministériel du 4 octobre 1988, qui instituait cette obligation, a été abrogé et qu'aucun texte réglementaire postérieur ne l'a rétablie (■ Cass. crim., 2 mars 2016, n° 15-83.336).

Art. R. 221-1-1 *(D. n° 2016-347, 22 mars 2016)*. **– I – Nul ne peut conduire un véhicule ou un ensemble de véhicules pour la conduite duquel le permis de conduire est exigé par le présent code, s'il n'est titulaire de la catégorie correspondante du permis de conduire en état de validité et s'il ne respecte les restrictions d'usage mentionnées sur ce titre.**

Par dérogation à l'article R. 110-1, ces dispositions sont également applicables à la conduite sur les voies non ouvertes à la circulation publique, sauf dans le cas prévu à l'article R. 221-16.

I *bis*. – La durée de validité des titres attestant de la qualité de titulaire du permis de conduire est limitée ainsi qu'il suit :

1° Les permis de conduire comportant les catégories A1, A2, A, B, B1 et BE du permis de conduire ont une durée de validité de quinze ans à compter de leur délivrance, sous réserve des dispositions de l'article R. 221-10 ;

2° Sous la même réserve, les permis de conduire comportant les catégories C, CE, CI, C1E, D, DE, DI et DIE ont une durée de validité de cinq ans.

La date limite de validité est inscrite sur le titre de conduite.

Les conditions de renouvellement des titres attestant de la qualité de titulaire du permis de conduire sont fixées par arrêté du ministre chargé de la sécurité routière.

II. – Le permis de conduire est délivré à tout candidat qui a satisfait aux épreuves d'examen prévues au présent chapitre par le préfet du département de sa résidence ou par le préfet du département dans lequel ces épreuves ont été subies.

III. – Le fait de conduire un véhicule sans respecter les conditions de validité ou les restrictions d'usage du permis de conduire est puni de l'amende prévue pour les contraventions de la quatrième classe.

IV. – L'immobilisation du véhicule peut être prescrite dans les conditions prévues aux articles L. 325-1 à L. 325-3.

V. – Toute personne coupable de l'une des infractions prévues au présent article encourt également les peines complémentaires suivantes :

1° La suspension, pour une durée de trois ans au plus, du permis de conduire, cette suspension pouvant être limitée à la conduite en dehors de l'activité professionnelle ;

2° L'interdiction de conduire certains véhicules terrestres à moteur, y compris ceux pour la conduite desquels le permis de conduire n'est pas exigé, pour une durée de trois ans au plus ;

3° L'obligation d'accomplir, à ses frais, un stage de sensibilisation à la sécurité routière.

VI. – La contravention prévue au III donne lieu de plein droit à la réduction de trois points du permis de conduire.

Art. R.* 221-2 *(D. n° 2001-250, 22 mars 2001).* – Le préfet peut autoriser un sous-préfet d'arrondissement à délivrer un permis de conduire à une personne non domiciliée dans cet arrondissement, lorsque cette dérogation est de nature à améliorer sensiblement le service rendu à l'usager.

Art. D. 221-3 *(Anc. art. R. 221-3 mod. et dénum. à compter du 19 janvier 2013, D. n° 2011-1475, 9 nov. 2011 ; mod., D. n° 2016-723, 31 mai 2016).* – Les examens du permis de conduire susvisés comportent une épreuve théorique et une épreuve pratique qui se déroulent dans les conditions et selon les modalités fixées par arrêté du ministre chargé de la sécurité routière.

Par exception aux dispositions de ce premier alinéa : l'épreuve pratique de la catégorie A est remplacée par le suivi d'une formation dispensée par un établissement ou une association agréés au titre de l'article L. 213-1 ou L. 213-7 pour les titulaires de la catégorie A2 depuis deux ans au moins.

Les examens organisés en vue de l'obtention du permis de conduire comprennent notamment une interrogation sur les effets de l'absorption de l'alcool ou d'autres substances modificatives du comportement des conducteurs.

Le permis de conduire à l'exception de la catégorie A obtenue dans les conditions définies au deuxième alinéa du présent article est délivré sur l'avis favorable soit d'un inspecteur du permis de conduire et de la sécurité routière, soit d'un agent public appartenant à une des catégories fixées par arrêté.

Il n'est valable pour les catégories autres que celles qu'il vise expressément que dans les conditions définies aux articles R. 221-7 à R. 221-9.

Le ministre chargé de la sécurité routière fixe par arrêtés les conditions et modalités d'application du présent article.

Art. D. 221-3-1 *(Abr., D. n° 2016-516, 26 avr. 2016).*

....

Section II. – Organisation des épreuves par l'autorité administrative
(Crée, D. n° 2016-516, 26 avr. 2016)

Art. R. 221-3-1 *(Créé, D. n° 2016-516, 26 avr. 2016).* – L'autorité administrative organise directement les épreuves du permis de conduire suivantes :

1° L'épreuve théorique générale, en cas de carence de l'offre proposée dans les conditions prévues à la section 3 par les organismes agréés en application de l'article L. 221-4 ;

2° Les sessions spécialisées pour l'épreuve théorique générale mentionnées à l'article R. 221-3-2 ;

3° Toute autre épreuve du permis de conduire.

Art. R. 221-3-2 *(Créé, D. n° 2016-516, 26 avr. 2016).* – Des sessions spécialisées sont organisées par l'autorité administrative pour des publics particuliers ne pouvant pas se présenter aux épreuves théorique et pratique de l'examen du permis de conduire dans les mêmes conditions que les autres candidats.

Les modalités d'organisation de ces sessions sont fixées par arrêté du ministre chargé de la sécurité routière.

La fréquence de ces sessions est décidée par le préfet dans le respect des seuils minimaux fixés par l'arrêté mentionné au précédent alinéa.

Si l'organisation d'une session spécialisée implique le recours à une traduction, la durée totale de l'épreuve théorique est fixée à une heure trente pour permettre la bonne compréhension des candidats, dont le nombre ne peut excéder dix.

Art. R. 221-3-3 *(Créé à compter du 1er juin 2016, D. n° 2016-516, 26 avr. 2016).* – Le passage de l'épreuve théorique générale organisée par l'autorité administrative donne lieu à la perception d'une redevance pour service rendu dont le montant est fixé par arrêté conjoint des ministres chargés des finances, de l'économie et de la sécurité routière. Cette redevance couvre, au plus, toutes les prestations nécessaires à un unique passage de cette épreuve, y compris l'inscription et la remise de l'attestation de résultat.

Cette redevance est acquittée préalablement à l'inscription à l'examen, par paiement dématérialisé, selon des modalités fixées par l'arrêté mentionné au premier alinéa.

Cet arrêté prévoit également les cas de dispense de paiement de cette redevance par les usagers dont l'insertion sociale est conditionnée par l'obtention du permis de conduire.

Sous réserve des dispositions du précédent alinéa, l'inscription à l'examen est subordonnée au paiement de cette redevance.

Section III. – Organisation des épreuves par les organismes agréés
(Crée, D. n° 2016-516, 26 avr. 2016)

Art. R. 221-3-4 *(Créé, D. n° 2016-516, 26 avr. 2016).* – I. - Les personnes pouvant organiser l'épreuve théorique générale du permis de conduire mentionnées au 1° de l'article L. 221-4 sont agréées par le ministre chargé de la sécurité routière pour une durée de dix ans renouvelable.

II. - La demande d'agrément mentionne l'identité du demandeur et son statut juridique. Elle justifie de sa capacité à respecter les conditions définies aux articles R. 221-3-6 à R. 221-3-9 et dans le cahier des charges prévu à l'article L. 221-7.

Le silence gardé pendant quatre mois sur une demande vaut décision d'acceptation.

III. - Si la personne agréée souhaite cesser son activité, elle notifie cette intention au ministre chargé de la sécurité routière quatre mois au moins avant l'arrêt de l'exploitation.

Art. R. 221-3-5 *(Créé, D. n° 2016-516, 26 avr. 2016).* – I. - L'ouverture de chaque site d'examen est subordonnée à une déclaration préalable, renouvelable tous les cinq ans, auprès du préfet du département où est situé le site. À Paris, cette déclaration est adressée au préfet de police.

II. - La déclaration par l'organisateur comprend :

1° Une copie de la décision d'agrément ou, le cas échéant, de la demande ayant donné naissance à une décision d'acceptation implicite conformément à l'article L. 231-1 du Code des relations entre le public et l'administration ;

2° La localisation du site, les heures d'ouverture et le nombre de places d'examen qui y seront proposées ;

3° Lorsque l'exploitation du site est confiée par l'organisateur agréé à une entité juridique différente, son identité et son statut juridique.

III. - L'arrêt d'exploitation d'un site ou la réduction du nombre de places offertes sont soumis à déclaration dans les mêmes conditions que l'ouverture d'un site. L'arrêt d'exploitation peut être refusé s'il conduit à la méconnaissance par l'organisateur agréé des obligations d'accès prévues par l'article R. 221-3-8 ou des textes pris pour son application.

Art. D. 221-3-6 *(Créé, D. n° 2016-516, 26 avr. 2016).* – L'organisateur agréé organise le passage de l'examen à un prix identique toutes taxes comprises pour tous les candidats, quel que soit le site, sans imposer d'autres conditions que celles requises pour l'inscription. Ce prix couvre toutes les prestations nécessaires à un unique passage de l'épreuve théorique générale, y compris l'inscription et la remise de l'attestation de résultat, à l'exclusion de tout autre produit ou service.

Ce prix est arrêté conjointement par le ministre chargé de l'économie et par le ministre chargé de la sécurité routière en fonction des coûts supportés par les organisateurs, du nombre total de candidats et des obligations d'accès prévues à l'article R. 221-3-8.

L'achat de ces prestations ne peut être conditionné à celui d'autres produits ou services, ni être la condition de l'octroi d'un avantage commercial pour d'autres produits ou services.

Art. R. 221-3-7 *(Créé, D. n° 2016-516, 26 avr. 2016)*. – L'organisateur agréé assure l'égal accès des candidats aux épreuves qu'il organise, indépendamment des conditions dans lesquelles ceux-ci ont été formés et des établissements qui leur ont délivré cette formation.

Art. R. 221-3-8 *(Créé, D. n° 2016-516, 26 avr. 2016)*. – L'organisateur agréé assure, dans les conditions prévues au présent article, l'accès des candidats à des sites d'examen sur le territoire de chaque département métropolitain et de chacune des collectivités suivantes : Guadeloupe, Guyane, Martinique, La Réunion, Mayotte et Saint-Pierre-et-Miquelon.

Cet accès est assuré à des dates et horaires qu'il détermine et qui sont proposés aux candidats à la réservation en ligne.

Une session ne peut être annulée que si aucun candidat ne s'est inscrit sept jours avant la date programmée.

L'arrêté prévu à l'article D. 221-3-6 peut, pour chacun des territoires mentionnés au premier alinéa et en fonction du nombre d'examens qui y sont passés, de sa population et de sa superficie, préciser le nombre minimal de places à proposer et imposer la présence de sites dans certaines zones qui, sans cela, risqueraient de ne pas être desservies. Pour les territoires où la demande est faible, cet arrêté peut prévoir que les obligations de couverture peuvent être remplies conjointement par plusieurs des organisateurs agréés.

Dans un délai d'un an à compter de la date de son agrément, l'organisateur agréé est tenu d'assurer l'accès aux prestations précisées à l'article D. 221-3-6, dans les conditions prévues au présent article et par l'arrêté mentionné au quatrième alinéa. En cas de modification des obligations d'accès prévues par cet arrêté, ce dernier fixe un délai, qui ne peut pas être inférieur à six mois, pour leur prise en compte par les organisateurs déjà agréés. Cet arrêté peut fixer des obligations de couverture intermédiaires pendant ces périodes transitoires.

Art. R. 221-3-9 *(Créé, D. n° 2016-516, 26 avr. 2016)*. – I. - La personne qui assure la direction permanente et effective de l'activité pour le compte de l'organisateur agréé ne doit pas avoir fait l'objet d'une condamnation prononcée par une juridiction française ou par une juridiction étrangère à une peine criminelle ou à une peine correctionnelle pour l'une des infractions prévues à l'article R. 212-4 ou avoir assuré la direction de l'activité pour le compte d'un organisateur dont l'agrément a été retiré en application de l'article L. 221-9 dans les cinq années qui précèdent.

II. - L'organisateur agréé n'est lié, au sens du II de l'article 19 de l'ordonnance n° 2015-899 du 23 juillet 2015 relative aux marchés publics, à aucun établissement d'enseignement de la conduite et de la sécurité routière et à aucune entreprise commercialisant des produits pédagogiques dans le domaine de l'enseignement de la conduite et de la sécurité routière.

III. - L'activité d'un site d'examen s'exerce dans des locaux n'abritant aucune activité en lien avec l'enseignement de la conduite et ne communiquant avec aucun local abritant une telle activité.

Art. R. 221-3-10 *(Créé, D. n° 2016-516, 26 avr. 2016)*. – I. – Pour l'application du présent article, le qualificatif « examinateur » désigne toute personne du site d'examen intervenant pour le passage de l'épreuve.

II. – L'examinateur ne doit pas avoir fait l'objet d'une condamnation prononcée par une juridiction française ou par une juridiction étrangère à une peine criminelle ou à une peine correctionnelle pour l'une des infractions prévues à l'article R. 212-4.

III. – L'examinateur dispose des compétences nécessaires au bon déroulement de l'épreuve, y compris la gestion des incidents.

IV. – L'examinateur ne peut pas superviser les personnes suivantes :

1° Son conjoint ou son partenaire d'un pacte civil de solidarité ;

2° Ses ascendants et ses descendants au premier degré ;

3° Ses collatéraux au deuxième degré.

V. – L'examinateur n'exerce pas et n'a pas exercé, depuis trois ans, d'activité dans un établissement d'enseignement de la conduite et de la sécurité routière ou dans une entreprise commercialisant des produits pédagogiques dans le domaine de l'enseignement de la conduite et de la sécurité routière.

Art. R. 221-3-11 *(Créé, D. n° 2016-516, 26 avr. 2016).* – Les organisateurs agréés :

1° Publient sur leur site internet la liste des sites d'examen déclarés et pour chacun d'entre eux le nombre de places proposées ;

2° Recueillent les données transmises par le ministre chargé de la sécurité routière pour l'organisation de l'épreuve, notamment les questionnaires soumis aux candidats ;

3° Vérifient auprès du ministre chargé de la sécurité routière l'éligibilité du candidat à passer l'épreuve ;

4° Transmettent au ministre chargé de la sécurité routière les réponses des candidats ;

5° Communiquent aux candidats le résultat transmis par le ministre chargé de la sécurité routière ;

6° S'assurent du respect par les examinateurs des garanties mentionnées à l'article R. 221-3-10 et du respect, pour chaque site, du cahier des charges prévu à l'article L. 221-7 ;

7° Transmettent annuellement au ministre chargé de la sécurité routière et au ministre chargé de l'économie un rapport d'exploitation qui comprend, pour chaque site, le nombre de places proposées et celui des examens effectivement organisés ;

8° Communiquent au ministre chargé de la sécurité routière ou au ministre chargé de l'économie, sur sa demande, toute autre information statistique relative à l'exploitation des sites d'examen.

Art. R. 221-3-12 *(Créé, D. n° 2016-516, 26 avr. 2016).* – Le ministre chargé de la sécurité routière :

1° Approuve par arrêté le cahier des charges prévu à l'article L. 221-7, lequel énonce :

a) Les moyens matériels et techniques nécessaires à la réalisation des examens de l'épreuve théorique générale du permis de conduire ;

b) Les conditions dans lesquelles l'organisateur agréé s'assure du respect par les examinateurs des garanties mentionnées à l'article L. 221-8 ;

c) Les conditions dans lesquelles l'organisateur agréé s'assure du respect du cahier des charges pour chaque site d'examen ;

2° Est chargé du contrôle de l'application de ce cahier des charges ;

3° Élabore les questionnaires soumis aux candidats et les communique aux organisateurs agréés ;

4° Recueille et corrige les réponses des candidats et transmet le résultat aux organisateurs agréés.

Art. R. 221-3-13 *(Créé, D. n° 2016-516, 26 avr. 2016).* – Pour l'application de l'article L. 221-7, les locaux auxquels l'autorité administrative a accès comprennent :

1° Les sites d'examen ;

2° Tout autre lieu où est entreposé le matériel nécessaire à l'organisation de l'examen à l'exception des locaux d'habitation des examinateurs.

Art. R. 221-3-14 *(Créé, D. n° 2016-516, 26 avr. 2016).* – I. – Les données personnelles collectées par l'organisateur agréé pour l'inscription du candidat sont celles qui sont strictement nécessaires à l'organisation de l'examen.

II. – Le numéro d'enregistrement préfectoral harmonisé et le résultat de l'épreuve ne peuvent être conservés par l'organisateur agréé au-delà du délai nécessaire au contrôle de l'application du cahier des charges prévu à l'article L. 221-7. Ils ne donnent lieu à aucune utilisation ou diffusion à des tiers autres que l'autorité administrative.

Art. R. 221-3-15 *(Créé, D. n° 2016-516, 26 avr. 2016).* – Les déclarations de sites d'examen ainsi que toutes les mesures affectant leur validité sont inscrites dans un registre national, élaboré et tenu à jour dans les conditions prévues par la loi n° 78-17 du 6 janvier 1978 relative à l'informatique, aux fichiers et aux libertés.

Art. R. 221-3-16 *(Créé, D. n° 2016-516, 26 avr. 2016).* – I. En cas de méconnaissance, pour un site d'examen déclaré, de l'une des obligations prévues à l'article R. 221-3-7, au III de l'article R. 221-3-9, à l'article R. 221-3-10 ou par le cahier des charges prévu à l'article L. 221-7, le préfet, après avoir mis l'organisateur agréé en mesure de présenter ses observations, peut suspendre, pour une durée maximale de six mois, l'exploitation de ce site.

II. En cas de méconnaissance grave ou répétée, pour un site d'examen déclaré, de l'une des obligations prévues à l'article R. 221-3-7, au III de l'article R. 221-3-9, à l'article R. 221-3-10 ou par le cahier des charges prévu à l'article L. 221-7, le préfet, après avoir mis l'organisateur agréé en mesure de présenter ses observations, peut mettre fin à l'exploitation du site.

III. - En cas de non-respect des obligations de couverture prévues par l'article R. 221-3-8 ou par ses textes d'application, le ministre chargé de la sécurité routière, après avoir mis l'organisateur agréé en mesure de présenter ses observations, peut suspendre pour une durée maximale de six mois l'exploitation d'un ou plusieurs de ses sites d'examen. Cette mesure de suspension porte sur des sites situés dans des territoires autres que ceux où la défaillance a été constatée. Elle respecte les conditions suivantes :

1° Le nombre de places d'examen proposées par les sites dont l'exploitation est suspendue ne peut excéder le double du déficit de places dans les territoires où les obligations de couverture ne sont pas remplies ;

2° La suspension ne place pas l'organisateur agréé en situation de manquement à ses obligations de couverture dans le territoire concerné.

IV. - Les compétences prévues par le présent article sont exercées à Paris par le préfet de police.

Art. R. 221-3-17 *(Créé, D. n° 2016-516, 26 avr. 2016)*. – Est puni de l'amende prévue pour les contraventions de la 5e classe le fait :

1° D'organiser un examen de l'épreuve théorique générale sans disposer de l'agrément prévu à l'article L. 221-4 ou lorsque ce dernier a été suspendu ;

2° D'organiser un examen de l'épreuve théorique générale dans un site dont l'exploitation n'a pas été déclarée conformément à l'article R. 221-3-5 ou dont l'exploitation a été suspendue ;

3° Pour un examinateur, de superviser un examen de l'épreuve théorique générale en infraction à l'article R. 221-3-10 ;

4° De contrevenir aux dispositions de l'article R. 221-3-14.

Section IV. – Catégories de permis
(Division créée, D. n° 2016-516, 26 avr. 2016)

Art. R. 221-4 *(Rempl. à compter du 19 janv. 2013, D. n° 2011-1475, 9 nov. 2011 et D. n° 2013-58, 17 janv. 2013 ; D. n° 2014-1295, 31 oct. 2014)*. – I. - Les différentes catégories du permis de conduire énoncées ci-dessous autorisent la conduite des véhicules suivants :

Catégorie A1 :

Motocyclettes avec ou sans side-car, d'une cylindrée maximale de 125 cm^3, d'une puissance n'excédant pas 11 kilowatts et dont le rapport puissance/poids ne dépasse pas 0,1 kilowatt par kilogramme ;

Tricycles à moteur d'une puissance maximale de 15 kilowatts.

Catégorie A2 :

Motocyclettes avec ou sans side-car d'une puissance n'excédant pas 35 kilowatts et dont le rapport puissance/poids n'excède pas 0,2 kilowatt par kilogramme. La puissance ne peut résulter du bridage d'un véhicule développant plus de 70 kW.

Catégorie A :

Motocyclettes avec ou sans side-car ;

Tricycles à moteur d'une puissance supérieure à 15 kilowatts.

Catégorie B1 :

Véhicules de la catégorie L7e.

Catégorie B :

Véhicules automobiles ayant un poids total autorisé en charge (PTAC) qui n'excède pas 3,5 tonnes, affectés au transport de personnes ou de marchandises, conçus et construits pour le transport de huit passagers au maximum non compris le conducteur ainsi que les véhicules qui peuvent être assimilés aux véhicules précédents et dont la liste est fixée par arrêté du ministre chargé de la sécurité routière.

Véhicules mentionnés à l'alinéa précédent attelés d'une remorque lorsque le poids total autorisé en charge (PTAC) de la remorque est inférieur ou égal à 750 kilogrammes.

Mêmes véhicules attelés d'une remorque lorsque le poids total autorisé en charge (PTAC) de la remorque est supérieur à 750 kilogrammes, sous réserve que la somme des poids totaux autorisés en charge (PTAC) du véhicule tracteur et de la remorque de l'ensemble n'excède pas 4 250 kilogrammes.

Catégorie C1 :

Véhicules automobiles autres que ceux de la catégorie D et D1 dont le poids total autorisé en charge (PTAC) est supérieur à 3 500 kilogrammes sans excéder 7 500 kilogrammes et qui sont conçus et construits pour le transport de huit passagers au plus outre le conducteur.

Aux véhicules de cette catégorie peut être attelée une remorque dont le poids total autorisé en charge (PTAC) n'excède pas 750 kilogrammes.

Catégorie C :

Véhicules automobiles autres que ceux des catégories D et D1, dont le poids total autorisé en charge (PTAC) excède 3,5 tonnes et qui sont conçus et construits pour le transport de huit passagers au plus outre le conducteur.

Aux véhicules de cette catégorie peut être attelée une remorque dont le poids total autorisé en charge (PTAC) n'excède pas 750 kilogrammes.

Catégorie D1 :

Véhicules automobiles conçus et construits pour le transport de seize passagers au maximum non compris le conducteur, seize places assises maximum et d'une longueur n'excédant pas huit mètres.

Aux véhicules de cette catégorie peut être attelée une remorque dont le poids total autorisé en charge (PTAC) n'excède pas 750 kilogrammes.

Catégorie D :

Véhicules automobiles conçus et construits pour le transport de plus de huit passagers, non compris le conducteur.

Aux véhicules de cette catégorie peut être attelée une remorque dont le poids total autorisé en charge (PTAC) n'excède pas 750 kilogrammes.

Catégorie BE :

Véhicules relevant de la catégorie B auxquels est attelée une remorque ou une semi-remorque qui a un poids total autorisé en charge (PTAC) n'excédant pas 3 500 kilogrammes lorsque l'ensemble formé par le véhicule tracteur et la remorque ne relève pas de la catégorie B.

Catégorie C1E :

Véhicules relevant de la catégorie C1 attelés d'une remorque ou d'une semi-remorque dont le poids total autorisé en charge (PTAC) excède 750 kilogrammes ;

Véhicules relevant de la catégorie B attelés d'une remorque ou d'une semi-remorque dont le poids total autorisé en charge excède 3 500 kilogrammes.

Le poids total roulant autorisé des ensembles de véhicules relevant de la catégorie C1E ne peut excéder 12 000 kilogrammes.

Catégorie CE :

Véhicules relevant de la catégorie C attelés d'une remorque ou d'une semi-remorque dont le poids total autorisé en charge (PTAC) excède 750 kilogrammes.

Catégorie D1E :

Véhicules relevant de la catégorie D1 attelés d'une remorque dont le poids total autorisé en charge (PTAC) excède 750 kilogrammes.

Catégorie DE :

Véhicules relevant de la catégorie D attelés d'une remorque dont le poids total autorisé en charge excède 750 kilogrammes.

II. - Le permis de conduire peut être délivré, dans des conditions fixées par le ministre chargé de la sécurité routière, aux personnes atteintes d'un handicap physique nécessitant l'aménagement du véhicule.

III. - Il sera substitué au plus tard avant le 19 janvier 2033, dans les conditions fixées par un arrêté du ministre chargé de la sécurité routière, aux permis de conduire délivrés avant le 19 janvier 2013 un nouveau modèle de permis de conduire défini par arrêté du ministre chargé de la sécurité routière.

Art. R. 221-5 *(D. n° 2016-1550, 17 nov. 2016 ; D. n° 2017-1578, 16 nov. 2017)*. – Les conditions minimales requises pour l'obtention du permis de conduire sont les suivantes :

1° Être âgé(e) :

– de seize ans révolus pour les catégories A1 et B1 ;

– de dix-huit ans révolus pour les catégories A2, B, C1, BE et C1E ;

– de vingt-et-un ans révolus pour le conducteur d'un tricycle à moteur d'une puissance supérieure à 15 kilowatts ;

– de vingt-et-un ans pour les catégories C, CE, D1 et D1E, sans préjudice des dispositions relatives à l'âge autorisant la conduite de ces véhicules figurant aux articles R. 3314-4 et R. 3314-6 du Code des transports ;

– de vingt-quatre ans révolus pour les catégories D et DE, sans préjudice des dispositions relatives à l'âge autorisant la conduite de ces véhicules figurant aux articles R. 3314-4 et R. 3314-6 précités.

La reconnaissance des permis de conduire prévue aux articles R. 222-1 à D. 222-8 est également subordonnée au respect de ces conditions d'âge ;

2° Être titulaire :

a) Pour la première obtention du permis de conduire, s'agissant des personnes nées à compter du 1er janvier 1988, de l'attestation scolaire de sécurité routière de second niveau ou de l'attestation de sécurité routière ;

b) En outre :

– pour l'obtention de la catégorie A, de la catégorie A2 du permis de conduire depuis deux ans au moins « sauf, s'ils sont âgés de vingt-quatre ans révolus, pour les militaires de la gendarmerie nationale, titulaires du brevet militaire de conduite motocycliste lorsqu'ils en sollicitent la conversion en permis de conduire ainsi que pour les fonctionnaires de la police nationale lorsque le permis de conduire leur est délivré après réussite à l'épreuve théorique et à l'épreuve pratique dans le cadre de leur formation professionnelle » ;

– pour l'obtention des catégories C1, C, D1, D, BE, de la catégorie B du permis de conduire ;

– pour l'obtention de la catégorie C1E, de la catégorie C1 du permis de conduire ;

– pour l'obtention de la catégorie CE, de la catégorie C du permis de conduire ;

– pour l'obtention de la catégorie D1E, de la catégorie D1 du permis de conduire ;

– pour l'obtention de la catégorie DE, de la catégorie D du permis de conduire.

Art. R. 221-6 *(Rempl. à compter du 19 janv. 2013, D. n° 2011-1475, 9 nov. 2011 ; rempl. D. n° 2016-723, 31 mai 2016).* – Les modalités de la formation prévues au deuxième alinéa de l'article D. 221-3 sont fixées par arrêté du ministre chargé de la sécurité routière.

Art. R. 221-7 *(Rempl. à compter du 19 janv. 2013, D. n° 2011-1475, 9 nov. 2011 et D. n° 2013-58, 17 janv. 2013).* – La catégorie A du permis de conduire autorise la conduite des véhicules relevant des catégories A2 et A1.

La catégorie A2 du permis de conduire autorise la conduite des véhicules relevant de la catégorie A1.

La catégorie B du permis de conduire autorise la conduite des quadricycles à moteur (véhicules des catégories L6e et L7e).

Les catégories C1E, CE, D1E et DE du permis de conduire autorisent la conduite des véhicules relevant de la catégorie BE.

La catégorie CE du permis de conduire autorise la conduite des véhicules relevant de la catégorie DE sous réserve que son titulaire soit en possession de la catégorie D du permis de conduire.

La catégorie C1E du permis de conduire autorise la conduite des véhicules relevant de la catégorie D1E sous réserve que son titulaire soit en possession de la catégorie D1 du permis de conduire.

Art. R. 221-8 *(Mod., D. n° 2005-320, 30 mars 2005 ; D. n° 2006-1811, 23 déc. 2006 ; D. n° 2010-1390, 12 nov. 2010 ; D. n° 2012-3, 3 janv. 2012 ; mod. à compter du 19 janv. 2013, D. n° 2011-1475, 9 nov. 2011 et D. n° 2013-58, 17 janv. 2013).* – I - La catégorie A du permis de conduire, obtenue avant le 1er mars 1980, ou les catégories A 2 ou A 3, obtenues entre le 1er mars 1980 et le 31 décembre 1984, autorise la conduite de toutes les motocyclettes.

Une licence de circulation, délivrée avant le 1er avril 1958, une catégorie quelconque du permis obtenue avant le 1er mars 1980, ou la catégorie A 1 du permis obtenue entre le 1er mars 1980 et le 31 décembre 1984, autorise la conduite des motocyclettes dont la cylindrée n'excède pas 125 cm^3, mises en circulation pour la première fois avant le 31 décembre 1984, et celle des motocyclettes légères.

La catégorie A du permis de conduire, obtenue avant le 19 janvier 2013, n'autorise à compter de sa date d'obtention et pendant une période de deux ans que la conduite des motocyclettes dont la puissance n'excède pas 35 kilowatts, avec un rapport puissance/poids en ordre de marche ne dépassant pas 0,2 kilowatt par kilogramme. Cette restriction d'usage est levée si le conducteur était âgé d'au moins 21 ans à la date d'obtention de la catégorie A.

La catégorie A du permis de conduire, obtenue avant le 19 janvier 2013, autorise la conduite des tricycles à moteur d'une puissance supérieure à 15 kW quel que soit l'âge du conducteur.

Les catégories A et A1 du permis de conduire obtenues avant le 19 janvier 2013 autorisent la conduite des quadricycles à moteur (véhicules des catégories L6e et L7e).

Les catégories B et B1 du permis de conduire obtenues avant le 19 janvier 2013 autorisent la conduite des tricycles à moteur dont la puissance n'excède pas 15 kilowatts et dont le poids à vide n'excède pas 550 kilogrammes ainsi que les quadricycles à moteur (véhicules des catégories L6e et L7e).

II. - La catégorie B du permis de conduire autorise la conduite, sur le territoire national, d'une motocyclette légère à la double condition que le conducteur soit titulaire de cette catégorie de permis depuis au moins deux ans et qu'il ait suivi une formation pratique dispensée par un établissement ou une association agréés au titre de l'article L. 213-1 ou L. 213-7.

Toutefois, la condition relative à la formation pratique n'est pas exigée des conducteurs qui justifient d'une pratique de la conduite d'une motocyclette légère ou d'un véhicule de la catégorie L5e au cours des cinq années précédant le 1er janvier 2011. La preuve de cette pratique est apportée par la production d'un document délivré par l'assureur et attestant la souscription d'une assurance couvrant l'usage de l'un ou l'autre de ces véhicules au cours de la période considérée.

III. - La catégorie B du permis de conduire autorise la conduite, sur le territoire national, d'un véhicule de la catégorie L5e à la triple condition que le conducteur soit âgé de 21 ans, soit titulaire de cette catégorie de permis depuis au moins deux ans et qu'il ait suivi une formation pratique dispensée par un établissement ou une association agréés au titre de l'article L. 213-1 ou L. 213-7.

Toutefois, ces deux dernières conditions ne sont pas exigées des conducteurs qui justifient d'une pratique de la conduite d'un véhicule de la catégorie L5e ou d'une motocyclette légère au cours des cinq années précédant le 1er janvier 2011. La preuve de cette pratique est apportée par la production d'un document délivré par l'assureur et attestant la souscription d'une assurance couvrant l'usage de l'un ou l'autre de ces véhicules au cours de la période considérée.

III *bis*. - La catégorie B du permis de conduire autorise la conduite des véhicules de la catégorie B attelés d'une remorque lorsque le poids total autorisé en charge (PTAC) de la remorque excède 750 kilogrammes et lorsque la somme des poids totaux autorisés en charge (PTAC) du véhicule tracteur et de la remorque est supérieure à 3 500 kilogrammes mais ne dépasse pas 4 250 kilogrammes sous réserve que le titulaire du permis ait suivi une formation dont les modalités sont définies par arrêté du ministre chargé de la sécurité routière.

IV. - Un arrêté conjoint du ministre chargé de la sécurité routière et du ministre chargé des assurances fixe les modalités d'application des II et III.

Section V. – Vérification d'aptitude

(Division créée, D. n° 2016-516, 26 avr. 2016)

Art. R. 221-9 *(Mod. à compter du 19 janv. 2013, D. n° 2011-1475, 9 nov. 2011)*. – I. - La catégorie C du permis de conduire, obtenue avant le 20 janvier 1975, ou la catégorie C1 du permis de conduire obtenue entre le 20 janvier 1975 et le 31 décembre 1984 ou la catégorie C du permis de conduire obtenue entre le 1er janvier 1985 et le 1er juillet 1990 autorise la conduite de tous les véhicules affectés au transport de marchandises ainsi que celle des véhicules affectés au transport en commun sur des parcours de ligne dépassant 50 kilomètres sous réserve, pour ces derniers, des conditions relatives à l'expérience de conduite ou à la formation du conducteur fixées par arrêté du ministre chargé des transports.

II. - La catégorie C du permis de conduire, obtenue entre le 20 janvier 1975 et le 31 décembre 1984, ou la catégorie C limitée, obtenue entre le 1er janvier 1985 et le 1er juillet 1990, autorise la conduite des véhicules affectés au transport de marchandises suivants :

1° Véhicules isolés dont le poids total autorisé en charge (PTAC) excède 3,5 tonnes ;

2° Véhicules dont le poids total roulant autorisé (PTRA) n'excède pas 12,5 tonnes, lorsqu'il s'agit du véhicule tracteur d'un ensemble de véhicules ou du véhicule tracteur d'un véhicule articulé.

II *bis*. - La catégorie C du permis de conduire obtenue avant le 19 janvier 2013 autorise la conduite de véhicules automobiles isolés autres que ceux de la catégorie D et dont le poids total autorisé en charge (PTAC) excède 3,5 tonnes.

III. - La catégorie D du permis de conduire, obtenue avant le 20 janvier 1975, lorsque l'examen a été subi sur un véhicule d'un poids total autorisé en charge (PTAC) de plus de 3,5 tonnes, autorise la conduite de tous les véhicules affectés au transport de marchandises ainsi que celle des véhicules affectés au transport en commun sur des parcours de ligne dépassant 50 km sous réserve, pour ces derniers, des conditions relatives à l'expérience de conduite ou à la formation du conducteur fixées par arrêté du ministre chargé des transports.

IV. - La catégorie D du permis de conduire, obtenue soit avant le 1er juin 1979, lorsque l'examen a été subi sur un véhicule d'un poids total autorisé en charge (PTAC) inférieur ou égal à 3,5 tonnes, soit entre le 1er juin 1979 et le 1er juillet 1990, lorsque l'examen a été subi sur un véhicule d'un poids total autorisé en charge (PTAC) inférieur à 7 tonnes, autorise la conduite des véhicules relevant de la catégorie B.

V. - La catégorie D du permis de conduire obtenue soit entre le 20 janvier 1975 et le 1er juin 1979, lorsque l'examen a été subi sur un véhicule d'un poids total autorisé en charge (PTAC) de plus de 3,5 tonnes, soit entre le 1er juin 1979 et le 1er juillet 1990, lorsque l'examen a été subi sur un véhicule d'un poids total autorisé en charge (PTAC) égal ou supérieur à 7 tonnes, autorise la conduite des véhicules affectés au transport de marchandises suivants :

1° Véhicules isolés dont le poids total autorisé en charge (PTAC) excède 3,5 tonnes ;

2° Véhicules dont le poids total roulant autorisé (PTRA) n'excède pas 12,5 tonnes, lorsqu'il s'agit du véhicule tracteur d'un ensemble de véhicules ou du véhicule tracteur d'un véhicule articulé.

VI. - La catégorie D du permis de conduire obtenue avant le 19 janvier 2013 autorise la conduite de véhicules automobiles affectés au transport de personnes comportant plus de huit places assises outre le siège du conducteur ou transportant plus de huit personnes, non compris le conducteur.

Aux véhicules de cette catégorie peut être attelée une remorque dont le poids total autorisé en charge (PTAC) n'excède pas 750 kilogrammes.

Art. R. 221-10 *(Mod., D. n° 2005-320, 30 mars 2005 ; D. n° 2009-1650, 23 déc. 2009 ; D. n° 2010-1223, 11 oct. 2010 ; mod. à compter du 1er septembre 2012, D. n° 2012-886, 17 juill. 2012 ; D. n° 2011-1475, 9 nov. 2011 ; D. n° 2016-723, 31 mai 2016).* – I. - Les catégories A1, A2, A, B et BE du permis de conduire sont délivrées sans visite médicale préalable sauf dans les cas où cette visite est rendue obligatoire par arrêté du ministre chargé de la sécurité routière pris en application de l'article R. 226-1.

II. - Les catégories A1, A2, A, B1 délivrées pour la conduite des véhicules spécialement aménagés pour tenir compte du handicap du conducteur et les catégories C1, C1E, C, CE, D1, D1E, D et DE ne peuvent être obtenues ou renouvelées qu'à la suite d'un avis médical favorable.

III. - La catégorie B du permis de conduire ne permet la conduite :

1° Des taxis et des voitures de transport avec chauffeur ;

2° Des ambulances ;

3° Des véhicules affectés au ramassage scolaire ;

4° Des véhicules affectés au transport public de personnes,

que si le conducteur est en possession d'une attestation délivrée par le préfet après vérification médicale de l'aptitude physique.

[IV]. - La catégorie A du permis de conduire ne permet la conduite des véhicules motorisés à deux ou trois roues utilisés pour le transport à titre onéreux de personnes que si le conducteur est en possession d'une attestation délivrée par le préfet après vérification médicale de l'aptitude physique.

Art. R. 221-11 *(Mod., D. n° 2005-320, 30 mars 2005 ; D. n° 2010-1223, 11 oct. 2010 ; D. n° 2011-1475, 9 nov. 2011 ; D. n° 2012-886, 17 juill. 2012).* – I. - Lorsqu'une visite médicale est obligatoire en vue de la délivrance ou du renouvellement du permis de conduire, celui-ci peut être ;

1° Dans les cas prévus aux I de l'article R. 221-10, accordé sans limitation de durée ou délivré ou prorogé selon la périodicité maximale définie ci-dessous ;

2° Dans les cas prévus aux II, III et IV de l'article R. 221-10, délivré ou prorogé selon la périodicité maximale suivante : cinq ans pour les conducteurs de moins de soixante ans, deux ans à partir de l'âge de soixante ans et un an à partir de l'âge de soixante-seize ans. Toutefois, pour les conducteurs titulaires des catégories D1, D, D1E ou DE du permis de conduire, la périodicité maximale est d'un an à partir de l'âge de soixante ans.

II. – La validité du permis ainsi délivré ne peut être prorogée qu'après l'avis médical établi par un médecin agréé consultant hors commission médicale ou par la commission médicale.

III.– La demande de prorogation doit être adressée au préfet du département du domicile du pétitionnaire. Lorsque l'avis médical est émis avant l'expiration de la durée de validité des catégories concernées, et tant que le préfet n'a pas statué sur la demande de prorogation dans les conditions fixées par arrêté du ministre chargé de la sécurité routière, le permis reste provisoirement valide. Cette disposition s'applique pour les avis médicaux concluant à l'aptitude, l'aptitude temporaire ou l'aptitude avec restriction d'utilisation du permis, dès lors que le conducteur justifie du respect de ces restrictions.

IV. – Les catégories A1, A2, A, B1 et B du permis de conduire délivrées pour la conduite des véhicules spécialement aménagés pour tenir compte du handicap du conducteur sont toutefois délivrées sans limitation de durée si le certificat médical favorable à l'attribution de ces catégories établit que l'intéressé est atteint d'une invalidité ou d'une infirmité incurable, définitive ou stabilisée.

Art. R. 221-12. – La validité d'une ou plusieurs catégories du permis peut être limitée dans sa durée, si lors de la délivrance ou de son renouvellement, il est constaté que le candidat est atteint d'une affection compatible avec l'obtention du permis de conduire mais susceptible de s'aggraver.

Art. R. 221-13 *(D. n° 2017-1523, 3 nov. 2017).* – Le préfet soumet au contrôle médical de l'aptitude à la conduite :

1° Tout conducteur ou accompagnateur d'un élève conducteur auquel est imputable l'une des infractions prévues par les articles L. 234-1, L. 234-8, L. 235-1 et L. 235-3 ;

2° Tout conducteur qui a fait l'objet d'une mesure portant restriction du droit de conduire ;

3° Tout conducteur qui fait l'objet d'une mesure portant suspension du droit de conduire d'une durée supérieure à un mois pour l'une des infractions prévues au présent code, autres que celles mentionnées au 1° ci-dessus.

Section VI. – Dérogations à l'obligation d'être titulaire du permis de conduire et conditions de délivrance

(Division créée, D. n° 2016-516, 26 avr. 2016)

Art. R. 221-14 *(Mod., D. n° 2012-886, 17 juill. 2012 ; D. n° 2017-1523, 3 nov. 2017).* – I. – Postérieurement à la délivrance du permis, le préfet peut enjoindre à un conducteur de se soumettre à un contrôle médical de l'aptitude à la conduite :

1° Dans le cas où les informations en sa possession lui permettent d'estimer que l'état de santé du titulaire du permis peut être incompatible avec le maintien de ce permis de conduire. Cet examen médical est réalisé par un médecin agréé consultant hors commission médicale ; au vu de l'avis médical émis, le préfet prononce, s'il y a lieu, soit la restriction de validité, la suspension ou l'annulation du permis de conduire, soit le changement de catégorie de ce titre ;

2° À tout conducteur impliqué dans un accident corporel de la circulation routière ;

3° Avant la restitution de son permis, à tout conducteur ou accompagnateur d'un élève conducteur à l'encontre duquel il a prononcé une mesure restrictive ou suspensive du droit de conduire pour l'une des infractions prévues par les articles L. 234-1, L. 234-8, L. 235-1 et L. 235-3, afin de déterminer si l'intéressé dispose de l'aptitude médicale à la conduite du véhicule. Cette mesure est prononcée, selon le cas, par le préfet du département de résidence du conducteur ou de l'accompagnateur de l'élève conducteur.

II. – *(Abrogé).*

Art. R. 221-14-1 *(D. n° 2017-1523, 3 nov. 2017).* – La mesure portant suspension du droit de conduire est maintenue lorsque le titulaire du permis de conduire néglige ou refuse de se soumettre avant la fin de la durée de cette suspension, au contrôle médical de l'aptitude à la conduite qu'il doit effectuer en application des articles R. 221-13 et R. 221-14

Le permis de conduire est suspendu lorsque son titulaire, qui ne fait pas l'objet d'une mesure portant suspension du droit de conduire, néglige ou refuse de se soumettre au contrôle médical de l'aptitude à la conduite, en application des articles R. 221-13 à R. 221-14, à l'issue du délai prescrit par le préfet.

Dans les cas prévus aux alinéas précédents, la suspension du permis de conduire prend fin lorsqu'une décision d'aptitude est rendue par le préfet, après avis médical émis, à la demande de l'intéressé, par le médecin agréé consultant hors commission médicale, ou par la commission médicale. »

Art. R. 221-15. – Ne sont pas soumis à l'obligation d'être titulaires du permis de conduire les conducteurs de véhicules à moteur électrique d'une puissance au plus égale à 1 kilowatt.

Un arrêté du ministre chargé des transports fixe le mode de détermination de la puissance pour l'application du présent article.

Art. R. 221-16. – Ne sont pas soumis à l'obligation d'être titulaires du permis de conduire les conducteurs de véhicules participant à des entraînements, des manifestations sportives, des compétitions se déroulant entièrement dans les lieux non ouverts à la circulation publique, lorsque les conditions suivantes sont réunies ;

1° Les lieux où se déroulent ces activités ont été homologués en application de la réglementation des épreuves ou manifestations organisées dans les lieux non ouverts à la circulation publique et comportant la participation de véhicules à moteur ;

2° L'organisation est assurée par une fédération sportive bénéficiant d'une délégation du ministre chargé des sports pour la discipline concernée ou par un organisme affilié à cette fédération ;

3° Tous les participants sont titulaires d'une licence délivrée par la fédération sportive intéressée et attestant qu'ils répondent aux conditions fixées à l'article R. 221-17.

Art. R. 221-17. – Les intéressés doivent, pour pouvoir prendre part à ces entraînements, manifestations sportives et compétitions, satisfaire à un test concluant une formation à la maîtrise du véhicule et aux comportements et règles de sécurité routière et sportive.

Un arrêté du ministre de l'Intérieur, du ministre chargé des transports et du ministre chargé des sports fixe les conditions d'âge des participants pour chaque type de véhicule, l'âge minimal déterminé en fonction des catégories d'activité sportive et le contenu de la formation visée à l'alinéa précédent.

Art. R. 221-18. – Le fait d'organiser des entraînements, compétitions ou manifestations sportives en violation de l'une des prescriptions de l'article R. 221-16 est puni de l'amende prévue pour les contraventions de la cinquième classe.

Le fait pour tout dirigeant de droit ou de fait de fédération sportive de délivrer une licence à une personne ne satisfaisant pas aux dispositions de l'article R. 221-17 et de celles prises pour son application est puni de l'amende prévue pour les contraventions de la cinquième classe.

Art. R. 221-19 *(Mod., D. n° 2012-886, 17 juill. 2012)*. – Le ministre chargé de la sécurité routière détermine les conditions dans lesquelles doit être demandé, établi et délivré le permis de conduire et sont prononcées les extensions, prorogations et restrictions de validité des catégories de ce permis.

Art. R. 221-20. – I. – Les dispositions du présent chapitre ne sont pas applicables aux conducteurs des véhicules et appareils agricoles ou forestiers, attachés à une exploitation agricole ou forestière, à une entreprise de travaux agricoles ou à une coopérative d'utilisation de matériel agricole.

II. – Tout conducteur d'un véhicule ou appareil agricole appartenant à une exploitation agricole, à une entreprise de travaux agricoles ou à une coopérative d'utilisation de matériel agricole doit être âgé d'au moins seize ans.

III. – Tout conducteur de machine agricole automotrice ou d'ensemble comprenant un matériel remorqué, lorsque la largeur de ceux-ci excède 2,50 mètres, d'ensemble comprenant un véhicule tracteur et plusieurs remorques ou matériels remorqués, d'ensemble comprenant une remorque transportant du personnel et appartenant à une exploitation agricole, à une entreprise de travaux agricoles ou à une coopérative d'utilisation de matériel agricole, doit être âgé d'au moins dix-huit ans.

IV. – Les conditions d'application aux départements d'outre-mer du présent article sont déterminées par arrêté du ministre chargé de l'outre-mer, pris sur avis du ministre chargé des transports et du ministre chargé de l'agriculture.

V. – Le fait de conduire un véhicule ou un ensemble de véhicules mentionnés au présent article sans respecter les conditions d'âge prévues aux II et III est puni de l'amende prévue pour les contraventions de la quatrième classe.

VI. – L'immobilisation peut être prescrite dans les conditions prévues aux articles L. 325-1 à L. 325-3.

Art. R. 221-21. – Les dispositions du présent chapitre ne sont pas applicables, lorsqu'ils sont titulaires des brevets correspondants délivrés par l'autorité militaire, aux conducteurs :

1° Des véhicules militaires et des véhicules d'instruction et d'intervention de la sécurité civile ;

2° Des véhicules des formations de la sécurité civile mises sur pied dans le cadre des dispositions de l'ordonnance n° 59-147 du 7 janvier 1959 portant organisation générale de la défense.

CHAPITRE II. – RECONNAISSANCE ET ÉQUIVALENCES

Art. R. 222-1 *(D. n° 2016-347, 22 mars 2016 ; D. n° 2017-1523, 3 nov. 2017).* – Tout permis de conduire national régulièrement délivré par un État membre de l'Union européenne ou partie à l'accord sur l'Espace économique européen, est reconnu en France sous réserve d'être en cours de validité.

Dans le cas où ce permis a été délivré en échange d'un permis de conduire d'un État n'appartenant pas à l'Union européenne ou à l'Espace économique européen et avec lequel la France n'a pas conclu d'accord de réciprocité en ce domaine, il n'est reconnu que pendant un délai d'un an après l'acquisition de la résidence normale en France de son titulaire.

Tout titulaire d'un des permis de conduire considérés aux deux alinéas précédents, qui établit sa résidence normale en France, peut le faire enregistrer par le préfet du département de sa résidence selon les modalités définies par arrêté du ministre chargé de la sécurité routière, après avis du ministre chargé des affaires étrangères.

1) Ne justifie pas sa décision la cour d'appel qui déclare le prévenu coupable de conduite d'un véhicule sans permis sans rechercher, ainsi qu'elle y était invitée, si, à la date de commission du délit, l'intéressé, qui se prévalait d'un permis de conduire international obtenu en Tunisie, ne résidait pas normalement en France, au sens des articles R. 222-1 et R. 222-3 du Code de la route, depuis moins d'un an (■ Cass. crim., 12 mars 2014 : *Bull. crim.*, n° 76).

2) Ne justifie pas sa décision au regard de l'article R. 222-1 du Code de la route, l'arrêt qui, pour entrer en voie de condamnation du chef de conduite sans permis, retient que le prévenu n'ayant pas la qualité de ressortissant de l'Union européenne et étant installé sur le territoire national depuis plus d'un an, il lui appartenait de faire procéder à l'échange de son permis danois aux fins d'obtenir la délivrance d'un permis français, sans mieux s'expliquer sur le respect, par l'intéressé, des critères posés par l'arrêté du 8 février 1999 fixant les conditions de reconnaissance et d'échange des permis de conduire délivrés par les États appartenant à l'Union européenne et à l'Espace économique européen, et sans, notamment, rechercher s'il avait obtenu son permis de conduire au Danemark ou si ce titre lui avait été délivré par cet État en échange d'un permis de conduire d'un État n'appartenant pas à l'Union ou à l'Espace économique européen et avec lequel la France n'a pas conclu d'accord de réciprocité (■ Cass. crim., 17 nov. 2015, n° 13-84.294 : *Dr. pén.* 2016, comm. 7, obs. J.-H. Robert).

Art. R. 222-2 *(D. n° 2017-1523, 3 nov. 2017).* – Toute personne ayant sa résidence normale en France, titulaire d'un permis de conduire national délivré par un État membre de l'Union européenne ou d'un autre État partie à l'accord sur l'Espace économique européen, en cours de validité dans cet État, peut, sans qu'elle soit tenue de subir les examens prévus au premier alinéa de l'article R. 221-3, l'échanger contre le permis de conduire français selon les modalités définies par « arrêté du ministre chargé de la sécurité routière, après avis du ministre de la Justice et du ministre chargé des affaires étrangères ».

L'échange d'un tel permis de conduire contre le permis français est obligatoire lorsque son titulaire a commis, sur le territoire français, une infraction au présent code ayant entraîné une mesure de restriction, de suspension, de retrait du droit de conduire ou de retrait de points. Cet échange doit être effectué selon les modalités définies par l'arrêté prévu à l'alinéa précédent, aux fins d'appliquer les mesures précitées.

Le fait de ne pas effectuer l'échange de son permis de conduire dans le cas prévu à l'alinéa précédent est puni de l'amende prévue pour les contraventions de la quatrième classe.

Art. R. 222-3 *(D. n° 2017-1523, 3 nov. 2017).* – Tout permis de conduire national, en cours de validité, délivré par un État ni membre de l'Union européenne, ni partie à l'accord sur l'Espace économique européen, peut être reconnu en France jusqu'à l'expiration d'un délai d'un an après l'acquisition de la résidence normale de son titulaire. Pendant ce délai, il peut être échangé contre le permis français, sans que son titulaire soit tenu de subir les examens prévus au premier alinéa de l'article R. 221-3 Les conditions de cette reconnaissance et de cet échange sont définies par arrêté du ministre chargé de la sécurité routière, après avis du ministre de la Justice et du ministre chargé des affaires étrangères. Au terme de ce délai, ce permis n'est plus reconnu et son titulaire perd tout droit de conduire un véhicule pour la conduite duquel le permis de conduire est exigé.

Art. R. 222-4 *(D. n° 2017-198, 16 févr. 2017)*. – Les titulaires du permis de conduire en cours de validité délivré dans les conditions prévues aux articles R. 221-1-1, R. 221-3, R. 222-1 à R. 222-3, R. 222-7 ou R. 222-8 sont habilités, pour la catégorie définie à l'article R. 221-4 au titre de laquelle le permis leur a été délivré, à conduire les véhicules du ministère chargé des armées ou des établissements publics qui en dépendent.

Pour les véhicules du ministère chargé des armées ne relevant d'aucune de ces catégories ou pour certains types de conduite nécessaires aux besoins des armées, un arrêté du ministre de la Défense fixe les conditions dans lesquelles un brevet militaire de conduite peut leur être attribué.

Art. R. 222-5. – Le personnel militaire non détenteur de l'une des catégories du permis de conduire visées au premier alinéa de l'article R. 222-4 ne peut être habilité à conduire les véhicules des catégories correspondantes du ministère chargé des armées ou des établissements publics qui en dépendent que s'il est titulaire du brevet militaire de conduite.

Art. R. 222-6. – Le brevet militaire de conduite est délivré au personnel militaire qui a satisfait à un examen comportant, outre celles exigées par le présent code, des épreuves définies par arrêté du ministre de la Défense.

Art. R. 222-7. – Tout titulaire d'un brevet militaire de conduite, validé par l'autorité militaire, peut, sans être tenu de subir les examens prévus au premier alinéa de l'article R. 221-3 obtenir la délivrance de la ou des catégories du permis de conduire correspondantes selon les modalités définies par arrêté du ministre chargé des transports, après avis du ministre de l'Intérieur et du ministre de la Défense.

Art. D. 222-8 *(Mod. à compter du 19 janv. 2013, D. n° 2011-1475, 9 nov. 2011)*. – Le ministre chargé de la sécurité routière fixe, par arrêté pris après avis du ministre chargé de l'éducation nationale et du ministre chargé de la formation professionnelle, les modalités et la liste des diplômes délivrés par le ministre chargé de l'éducation nationale ainsi que des titres professionnels de conduite routière délivrés par le ministre chargé de la formation professionnelle permettant, compte tenu de la nature et du contenu des épreuves conduisant à leur obtention, d'obtenir la délivrance du permis de conduire, sans subir les épreuves prévues à l'article D. 221-3.

Voir : A. 17 janv. 2013 (*JO* 18 janv. 2013).

CHAPITRE III. – PERMIS À POINTS

Section I. – Principes généraux

Art. R. 223-1 *(D. n° 2007-753, 9 mai 2007 ; Ord. n° 2018-207, 28 mars 2018)*. – I. – Le permis de conduire est affecté d'un nombre initial de douze points.

II. – À la date d'obtention du permis de conduire, celui-ci est affecté d'un nombre initial de six points.Le délai probatoire est en outre réduit pour le titulaire d'un premier permis de conduire qui se soumet à une formation complémentaire et ne commet durant ce délai aucune infraction ayant donné lieu à retrait de points ou ayant entraîné une mesure de restriction ou de suspension du droit de conduire.

Au terme de chaque année du délai probatoire défini à l'article L. 223-1, si aucune infraction ayant donné lieu à retrait de points n'a été commise depuis le début de la période probatoire, ce permis de conduire est majoré de deux points. Cette majoration est portée à trois points si le titulaire du permis a suivi un apprentissage anticipé de la conduite.

III. – Pendant le délai probatoire, le permis de conduire ne peut être affecté d'un nombre de points supérieur à six. Ce nombre est augmenté de la majoration résultant de l'application du II du présent article.

IV. – À l'issue de ce délai probatoire, si aucune infraction ayant donné lieu à retrait de points n'a été commise, le permis de conduire est affecté du nombre maximal de douze points.

En cas de commission d'infraction ayant donné lieu à retrait de points au cours du délai probatoire, l'affectation du nombre maximal de points intervient dans les conditions définies à l'article L. 223-6.

V. – Le délai probatoire de trois ans court à compter de la date d'obtention du permis de conduire, quelle qu'en soit la catégorie. Ce délai est réduit à deux ans ou, s'il n'est pas achevé alors que la durée de deux ans est dépassée, prend fin lors de l'obtention de la catégorie B du permis de conduire dans le cadre de l'apprentissage anticipé de la conduite.

Art. R. 223-2 *(D. n° 2003-642, 11 juill. 2003)*. – Dans le cas où plusieurs infractions entraînant retrait de points sont commises simultanément, les retraits de points se cumulent dans la limite de huit points.

Art. R. 223-3 *(Mod., D. n° 2008-754, 30 juill. 2008 ; D. n° 2011-1048, 5 sept. 2011 ; D. n° 2015-1892, 29 déc. 2015 ; D. n° 2017-198, 16 févr. 2017)*. – I. – Lors de la constatation d'une infraction entraînant retrait de points, l'auteur de celle-ci est informé qu'il encourt un retrait de points si la réalité de l'infraction est établie dans les conditions définies à l'article L. 223-1.

II. – Il est informé également de l'existence d'un traitement automatisé des retraits et reconstitutions de points et de la possibilité pour lui d'accéder aux informations le concernant. Ces mentions figurent sur le document qui lui est remis ou adressé par le service verbalisateur. Le droit d'accès aux informations ci-dessus mentionnées s'exerce dans les conditions fixées par les articles L. 225-1 à L. 225-9.

III. – Lorsque le ministre de l'intérieur constate que la réalité d'une infraction entraînant retrait de points est établie dans les conditions prévues par le quatrième alinéa de l'article L. 223-1, il réduit en conséquence le nombre de points affecté au permis de conduire de l'auteur de cette infraction.

Si le retrait de points lié à cette infraction n'aboutit pas à un nombre nul de points affectés au permis de conduire de l'auteur de l'infraction, celui-ci est informé par le ministre de l'intérieur par lettre simple du nombre de points retirés. Le ministre de l'intérieur constate et notifie à l'intéressé, dans les mêmes conditions, les reconstitutions de points obtenues en application des premier, deuxième, troisième et cinquième alinéas de l'article L. 223-6.

Si le retrait de points aboutit à un nombre nul de points affectés au permis de conduire, l'auteur de l'infraction est informé par le ministre de l'intérieur par lettre recommandée avec demande d'avis de réception du nombre de points retirés. Cette lettre récapitule les précédents retraits ayant concouru au solde nul, prononce l'invalidation du permis de conduire et enjoint à l'intéressé de restituer celui-ci au préfet du département ou de la collectivité d'outre-mer de son lieu de résidence dans un délai de dix jours francs à compter de sa réception.

S'il avait été remis à la personne un certificat en échange de son permis de conduire, en application des articles R. 131-2, R. 131-4, R. 131-4-1 ou R. 132-45-1 du Code pénal ou des articles R. 15-33-53, R. 15-33-53-1 ou R. 17-4-1 du Code de procédure pénale, cette personne est tenue de remettre ce certificat au préfet. Le permis de conduire détenu par le greffe du tribunal de grande instance en application des mêmes dispositions est remis par le greffe au préfet.

Sur la nature de ces formalités, V. *supra*, sous l'article L. 223-3 du Code de la route, l'avis de la Cour de cassation du 30 avril 2007 : *Bull. crim.*, n° 4, et du 6 oct. 2008 : *Bull. crim.*, n° 4.

Art. R. 223-3-1 *(D. n° 2015-1892, 29 déc. 2015)*. – I – Le titulaire du permis de conduire peut demander sur un site internet dédié et sécurisé que les informations relatives aux retraits et reconstitutions de points mentionnés au deuxième alinéa du III de l'article R. 223-3 ne lui soient plus communiquées par courrier simple, mais mises à sa disposition sous une forme dématérialisée sur un compte personnel accessible à partir de ce site.

Ce compte personnel lui est attribué sous réserve qu'il ait :

1° Communiqué une adresse électronique, qu'il lui revient de tenir à jour ;

2° Souscrit aux conditions générales de fonctionnement du site informatique ;

3° Attesté avoir pris connaissance des modalités de computation du délai de recours contre les décisions dématérialisées.

À tout moment, le titulaire du permis de conduire peut, dans les mêmes formes que celles de son ouverture, obtenir la fermeture de son compte qui ne prend effet qu'au terme du délai fixé par l'arrêté mentionné au

IV. Celle-ci met fin à l'ensemble des prestations qui lui étaient proposées, ses éventuels retraits et reconstitutions de points postérieurs à la fermeture du compte lui étant communiqués selon les modalités prévues au deuxième alinéa du III de l'article R. 223-3.

II. – Lorsqu'une décision dématérialisée de retrait ou de reconstitution de points est déposée sur son compte personnel, l'intéressé en est alerté par un courrier électronique envoyé à l'adresse qu'il a déclarée au moment de l'enregistrement de sa demande et le cas échéant mise à jour.

III. – Les retraits et les reconstitutions de points dématérialisés sont réputés avoir été portés à la connaissance du titulaire du permis de conduire à la date à laquelle il les a consultés pour la première fois sur le compte personnel prévu au I, ou à défaut de consultation dans un délai de quinze jours à compter de la date de leur mise à disposition sur celui-ci, à l'issue de ce délai.

La date de notification de ces décisions dématérialisées est certifiée par le dispositif d'horodatage du site.

IV. – Un arrêté du ministre de l'intérieur précise les modalités selon lesquelles le titulaire du permis de conduire demande à bénéficier de cette procédure d'information dématérialisée et peut clôturer son compte personnel. Il fixe les caractéristiques et exigences techniques devant être respectées par les utilisateurs de l'application, ainsi que les modalités de la certification par horodatage et la durée de conservation des décisions dématérialisées sur le site.

Art. R. 223-4 *(Mod., D. n° 2008-754, 30 juill. 2008 ; D. n° 2015-1892, 29 déc. 2015).* – I. – Lorsque le conducteur titulaire du permis de conduire a commis, pendant le délai probatoire défini à l'article L. 223-1, une infraction ayant donné lieu au retrait d'au moins trois points, la notification du retrait de points lui est adressée par lettre recommandée avec demande d'avis de réception. Cette lettre l'informe de l'obligation de se soumettre à la formation spécifique mentionnée au quatrième alinéa de l'article L. 223-6 dans un délai de quatre mois.

II. – Le fait de ne pas se soumettre à la formation spécifique mentionnée au I dans le délai de quatre mois est puni de l'amende prévue pour les contraventions de la 4e classe.

III. – Toute personne coupable de cette infraction encourt également la peine complémentaire de suspension, pour une durée de trois ans au plus, du permis de conduire, cette suspension pouvant être limitée à la conduite en dehors de l'activité professionnelle.

Section II. – Des stages de sensibilisation à la sécurité routière

Art. R. 223-5 *(D. n° 2009-1678, 29 déc. 2009 ; D. n° 2012-688, 7 mai 2012).* – Le stage de sensibilisation à la sécurité routière prévu à l'article L. 223-6 est destiné à éviter la réitération des comportements dangereux. Il est d'une durée de deux jours consécutifs. Il est organisé dans les conditions fixées par arrêté du ministre chargé de la sécurité routière.

Art. R. 223-6 *(D. n° 2009-1678, 29 déc. 2009 ; D. n° 2012-688, 7 mai 2012).* – Le stage doit comprendre :

1° Un premier module ayant pour objet de poser le cadre et les enjeux du stage de sensibilisation à la sécurité routière ;

2° Un ou plusieurs modules spécialisés dont l'objet est d'impulser un processus de changement d'attitudes et de comportements chez le conducteur.

Le cadre de référence, le programme et les méthodes d'intervention sont fixés par arrêté du ministre chargé de la sécurité routière.

Ce programme d'éducation peut inclure un entretien avec un psychologue et une séquence de conduite.

Art. R. 223-7 *(D. n° 2009-1678, 29 déc. 2009).* – L'animation des stages de sensibilisation à la sécurité routière est assurée conjointement par un enseignant de la conduite et de la sécurité routière et un psychologue, titulaires de l'autorisation d'animer, en cours de validité, mentionnée au II de l'article R. 212-2.

Pour être reconnus aptes, ces formateurs doivent suivre une préparation spécifique à l'animation des stages. L'arrêté interministériel mentionné à l'article R. 223-5 précise le contenu et les modalités de cette préparation ainsi que la liste des diplômes dont la possession est exigée des formateurs.

Art. R. 223-8 *(Mod., D. n° 2009-1678, 29 déc. 2009 ; D. n° 2012-688, 7 mai 2012 ; D. n° 2014-551, 27 mai 2014).* – I. – Le titulaire de l'agrément prévu au II de l'article R. 213-2 délivre une attestation de stage à toute personne qui a suivi un stage de sensibilisation à la sécurité routière dans le respect de conditions d'assiduité et de participation fixées par arrêté du ministre chargé de la sécurité routière. Il transmet un exemplaire de cette attestation au préfet du département du lieu du stage, dans un délai de quinze jours à compter de la fin de celui-ci ;

II. – L'attestation délivrée à l'issue du stage effectué en application des dispositions [du] quatrième alinéa de l'article L. 223-6 donne droit à la récupération de quatre points dans la limite du plafond affecté au permis de conduire de son titulaire.

III. – Le préfet mentionné au I ci-dessus procède à la reconstitution du nombre de points dans un délai d'un mois à compter de la réception de l'attestation et notifie cette reconstitution à l'intéressé par lettre simple. La reconstitution prend effet le lendemain de la dernière journée de stage.

IV. – Dans le cas prévu à l'article R. 223-4, sont transmises au comptable de la direction générale des finances publiques du lieu de commission de l'infraction, dans le délai de quinze jours mentionné au I ci-dessus, l'attestation de suivi de stage ainsi que, si l'amende a été acquittée, les pièces nécessaires à son remboursement.

L'attestation de suivi de stage et les pièces nécessaires au remboursement de l'amende payée sont définies par arrêté conjoint du ministre de l'Intérieur, du ministre chargé du budget et du ministre chargé de la sécurité routière.

Art. R. 223-9 et R. 223-10 *(Abr., D. n° 2009-1678, 29 déc. 2009).*

Art. R. 223-11 et R. 223-12 *(Abr., D. n° 2006-665, 7 juin 2006).*

Art. R. 223-13 *(D. n° 2012-688, 7 mai 2012).* – Le brevet d'animateur pour la formation des conducteurs responsables d'infractions (BAFCRI) est délivré par le ministre chargé de la sécurité routière aux personnes ayant subi avec succès les épreuves d'un examen.

Seuls peuvent se présenter à l'examen, en vue de l'obtention de ce brevet, les titulaires du brevet pour l'exercice de la profession d'enseignant de la conduite automobile et de la sécurité routière (BEPECASER).

L'examen est composé de deux épreuves écrites d'admissibilité et d'une épreuve orale d'admission.

Les épreuves écrites d'admissibilité portent l'une sur la réglementation de la sécurité routière et l'autre sur des éléments d'accidentologie, de pédagogie et de psychologie.

L'épreuve orale d'admission consiste en un entretien destiné à évaluer l'aptitude du candidat à animer un groupe de stagiaires.

Un arrêté du ministre chargé de la sécurité routière précise le contenu détaillé des épreuves et les modalités de l'examen.

Art. R. 223-14 *(Abr., D. n° 2003-642, 11 juill. 2003).*

CHAPITRE IV. – INTERDICTION DE DÉLIVRANCE, RÉTENTION, SUSPENSION, ANNULATION, INVALIDATION

Section I. – Rétention et suspension administratives après constatation d'une infraction

Art. R. 224-1. – Dans les cas prévus à l'article L. 224-1, la décision de rétention du permis de conduire, qu'elle soit ou non accompagnée de la remise matérielle de ce titre, donne lieu à l'établissement d'un avis de rétention dont un exemplaire est immédiatement remis au conducteur ou à l'accompagnateur de l'élève conducteur.

Art. R. 224-2. – L'avis de rétention indique notamment au conducteur ou à l'accompagnateur de l'élève conducteur à quel service il devra s'adresser pour se voir restituer son permis de conduire.

Art. R. 224-3. – Pendant les douze heures qui suivent la fin de la période de rétention, le permis de conduire est tenu à la disposition du conducteur ou de l'accompagnateur de l'élève conducteur dans les bureaux du service désigné dans l'avis de rétention.

Toutefois, si la période de rétention expire entre dix-huit et vingt-deux heures, le délai de mise à disposition est prorogé jusqu'à midi le jour suivant.

Art. R. 224-4. – À l'issue du délai de mise à disposition mentionné à l'article R. 224-3, ou dès la fin de la période de rétention si l'intéressé en fait la demande, le permis de conduire lui est restitué par lettre recommandée avec accusé de réception si aucune mesure de suspension n'a été décidée.

Lorsqu'une mesure de suspension a été prise en application de l'article L. 224-2, elle est notifiée à l'intéressé soit directement s'il se présente au service indiqué dans l'avis de rétention, soit par lettre recommandée avec accusé de réception.

Art. R. 224-5. – Si, après vérification, l'état alcoolique du conducteur ou de l'accompagnateur de l'élève conducteur n'est pas établi, son permis de conduire est remis sans délai à sa disposition.

Art. R. 224-6 à R. 224-11 *(Abr., D. n° 2006-665, 7 juin 2006).*

Art. R. 224-12. – *(D. n° 2006-665, 7 juin 2006 ; D. n° 2017-1523, 3 nov. 2017)* L'examen médical prévu à l'article R. 221-13 est effectué avant l'expiration de la décision administrative de suspension du permis de conduire.

Dans le cas où, à la suite d'un examen médical, le préfet est appelé à prononcer la restriction de la validité, la suspension ou l'annulation du permis de conduire ou le changement de catégorie du titre, cette mesure est prononcée en application des articles R. 221-12 à R. 221-14 indépendamment de la décision judiciaire qui a pu ou pourra intervenir. Dans le cas où la décision judiciaire n'est pas encore intervenue, l'arrêté du préfet est communiqué sans délai au parquet.

Art. R. 224-13 *(Abr., D. n° 2006-665, 7 juin 2006).*

Art. R. 224-14. – Le permis de conduire suspendu est conservé par l'Administration pendant la durée prévue par l'arrêté du préfet.

La suspension et le retrait du permis de conduire s'appliquent à toutes les catégories dont le conducteur ou l'accompagnateur de l'élève conducteur est titulaire.

Art. R. 224-15 *(D. n° 2006-665, 7 juin 2006).* – Lorsque l'intéressé n'a pas de domicile connu ou qu'il l'a quitté, la notification de la décision est valablement adressée au maire du lieu de l'infraction en vue de son affichage à la mairie.

Art. R. 224-16. – En vue de l'application de l'alinéa 4 de l'article L. 224-9, tout arrêté du préfet portant suspension du permis de conduire est transmis sans délai en copie au procureur de la République dans le ressort duquel l'infraction a été commise.

Art. R. 224-17. – Le procureur de la République communique sans délai au préfet du lieu de l'infraction toute décision judiciaire exécutoire ou définitive prononcée pour une infraction punie par le présent code de la peine complémentaire de suspension du permis de conduire ou pour l'une des infractions d'atteinte involontaire à la vie ou à l'intégrité physique ou psychique de la personne commise à l'occasion de la conduite d'un véhicule.

Art. R. 224-18 *(Mod., D. n° 2006-665, 7 juin 2006).* – Les articles R. 224-12 et R. 224-14 à R. 224-17 sont applicables à la mesure d'interdiction de délivrance du permis de conduire prévue à l'article L. 224-7.

Art. R. 224-19. – Si le préfet n'ordonne pas une suspension du permis de conduire, il peut adresser un avertissement à l'auteur de toute contravention punie par le présent code de la peine complémentaire de suspension du permis de conduire.

Section II. – Interdiction de délivrance, suspension et annulation judiciaires, invalidation

Art. R. 224-20 *(Rempl., D. n° 2003-642, 11 juill. 2003 ; mod., D. n° 2007-753, 9 mai 2007 ; mod. à compter du 19 janv. 2013, D. n° 2011-1475, 9 nov. 2011).* – Tout conducteur dont le permis de conduire a perdu sa validité en application de l'article L. 223-1 ou a été annulé à la suite d'une condamnation pour une infraction prévue par le présent code ou par les articles 221-6-1, 222-19-1 et 222-20-1 du Code pénal, et qui sollicite un nouveau permis doit répondre à nouveau aux conditions fixées à l'article D. 221-3.

Toutefois, pour les conducteurs titulaires du permis de conduire depuis trois ans ou plus à la date de la perte de validité du permis ou à la date de son annulation, et auxquels il est interdit de solliciter un nouveau permis pendant une durée inférieure à un an, l'épreuve pratique ou la formation prévue à l'article D. 221-3 est supprimée sous réserve qu'ils sollicitent un nouveau permis moins de neuf mois après la date à laquelle ils sont autorisés à le faire.

Art. R. 224-21 *(D. n° 2016-39, 22 janv. 2016)*. – Tout conducteur dont le permis de conduire a été annulé, invalidé ou suspendu pour une durée égale ou supérieure à six mois doit, pour être admis à se présenter aux épreuves exigées pour la délivrance d'un nouveau permis ou solliciter la restitution de son permis suspendu, produire à l'appui de sa demande un avis médical délivré par un médecin agréé consultant hors commission médicale ou par la commission médicale attestant qu'il n'est atteint d'aucune affection médicale incompatible avec la délivrance du permis de conduire ou sa restitution.

L'avis médical ne peut être émis qu'après que l'intéressé a satisfait à un examen psychotechnique.

Art. R. 224-22 *(Rempl. à compter du 1er septembre 2012, D. n° 2012-886, 17 juill. 2012 ; D. n° 2016-39, 22 janv. 2016)*. – En vue d'établir l'avis mentionné à l'article R. 224-21, le médecin agréé consultant hors commission médicale ou la commission médicale procède à l'examen médical du candidat pour s'assurer que celui-ci est indemne de toute affection incompatible avec la délivrance du permis de conduire.

Dans l'affirmative, le candidat est soumis à un examen psychotechnique, qui porte sur les tests prescrits par le médecin agréé consultant hors commission médicale ou la commission médicale.

Les résultats de cet examen, sont communiqués au médecin agréé ou à la commission susmentionnée.

Art. R. 224-23 *(Mod., à compter du 1er septembre 2012, D. n° 2012-886, 17 juill. 2012)*. – Si le résultat de l'examen médical et de l'examen psychotechnique est favorable, le médecin agréé consultant hors commission médicale ou la commission médicale délivre le certificat prévu à l'article R. 224-21.

Si le résultat est défavorable, la commission établit un certificat concluant à l'inaptitude du candidat.

Art. R. 224-24. – Après une mesure de suspension, la licence de circulation, délivrée antérieurement au 1er avril 1958, n'est pas restituée. Elle est remplacée par le permis de conduire mentionnant la catégorie correspondante.

CHAPITRE V. – ENREGISTREMENT ET COMMUNICATION DES INFORMATIONS RELATIVES AU PERMIS DE CONDUIRE

Art. R. 225-1 *(Mod., D. n° 2018-387, 24 mai 2018)*. – Le ministre de l'intérieur fait procéder à l'enregistrement :

1° Des mesures individuelles relatives au droit de faire usage du permis de conduire prises dans l'exercice de son pouvoir hiérarchique ;

2° Des mesures de retrait du droit de faire usage du permis de conduire prises par des autorités étrangères et communiquées aux autorités françaises conformément aux accords internationaux en vigueur ;

3° Des informations relatives aux échanges de titres français par les Etats appartenant à l'Union européenne ou à l'Espace économique européen ;

4° Des retraits de points du permis de conduire en application des articles L. 223-1, L. 223-2 et L. 223-10 ;

4° *bis* Des décisions administratives dûment notifiées portant interdiction de conduire sur le territoire national, en application du troisième alinéa du II de l'article L. 223-10 ;

5° Des décisions de création, de rectification et de radiation de dossiers à la suite d'enquêtes administratives ;

6° Des mises à jour consécutives notamment aux mesures de grâce, aux lois d'amnistie ainsi qu'aux transferts des informations relatives aux conducteurs décédés.

Art. R. 225-2 *(Mod., D. n° 2008-754, 30 juill. 2008 ; D. n° 2012-886, 17 juill. 2012 ; D. n° 2016-347, 22 mars 2016)*. – I. – Le préfet du département dans lequel est domicilié le demandeur ou le titulaire du permis de conduire fait procéder à l'enregistrement :

1° Des demandes de permis de conduire, d'extension de permis de conduire et de duplicata de titres de conduite ;

2° Des décisions portant délivrance, extension et prorogation de catégories du permis de conduire ;

3° Des informations relatives à la délivrance et la gestion des titres de conduite ;

4° Des informations relatives aux permis de conduire délivrés par les autorités étrangères et reconnus valables sur le territoire national et aux échanges de titres français dans les États membres de la Communauté européenne dans les cas où ces titres seraient adressés directement aux autorités préfectorales émettrices par les autorités étrangères qui ont procédé aux échanges ;

5° Des décisions dûment notifiées portant retrait total ou partiel de titres ou de permis de conduire obtenus irrégulièrement ou frauduleusement ;

6° Des décisions dûment notifiées prises sur avis des médecins agréés consultant hors commission médicale ou des commissions médicales en application du présent code, portant inaptitude à la conduite des véhicules d'une ou plusieurs catégories, ou portant prorogation, limitation de la durée de validité, suspension, annulation, rétablissement ou changement de catégories du permis de conduire ;

7° Des mesures administratives dûment notifiées portant restriction du droit de faire usage du permis de conduire prises conformément aux articles L. 224-1, L. 224-2, L. 224-7, L. 224-8 et R. 224-6 à R. 224-19 à l'encontre de titulaires de permis français ou étrangers ainsi que des renseignements relatifs à la notification et à l'exécution de ces mesures ;

8° Des mesures de retrait du droit de faire usage du permis de conduire communiquées par les autorités compétentes des territoires et collectivités territoriales d'outre-mer ;

9° Des mesures de retrait du droit de faire usage du permis de conduire prises par une autorité étrangère et communiquées aux autorités françaises conformément aux accords internationaux en vigueur ;

10° Des décisions portant reconstitution partielle du nombre de points du permis de conduire en application du troisième alinéa de l'article L. 223-6 ;

11° Des décisions rapportant les mesures précédentes.

II. – Les préfets font procéder à l'enregistrement des demandes de renouvellement ou de duplicata des permis de conduire perdus, volés ou détériorés ainsi qu'aux décisions de délivrance correspondantes formulées par les personnes établies à l'étranger définies au deuxième alinéa du III de l'article R. 221-1, avec le concours de l'autorité diplomatique ou consulaire territorialement compétente.

Le cas échéant, ils assurent l'enregistrement des demandes de rétablissement de leurs droits à conduire et les décisions correspondantes lorsque le permis perdu, volé ou détérioré est un permis de conduire étranger obtenu en échange d'un permis de conduire français.

Les conditions et modalités de mise en œuvre des dispositions figurant aux deux alinéas précédents, sont fixées par un arrêté du ministre chargé de la sécurité routière pris après avis du ministre des affaires étrangères.

Art. R. 225-3. – Le ministère public communique sans délai pour enregistrement au ministre de l'Intérieur les informations relatives aux mesures et décisions énumérées aux 3°, 4°, 5° et 6° de l'article L. 225-1.

Les supports techniques de cette communication sont fixés par arrêté conjoint des ministres de la Justice et de l'Intérieur.

Art. R. 225-4 *(Mod., D. n° 2018-387, 24 mai 2018).* – I. – Sont autorisés à accéder directement aux informations mentionnées à l'article L. 225-1, à raison de leurs attributions et dans la limite du besoin d'en connaître :

1° Les agents habilités des services centraux placés sous l'autorité du ministre de l'intérieur chargés de l'application des dispositions de l'article L. 225-1 et les membres de l'inspection générale de l'administration chargés du contrôle de leur mise en œuvre ;

2° Pour l'application de l'article L. 225-4 :

a) Les autorités judiciaires ;

b) Les magistrats de l'ordre administratif dans le cadre des recours formulés contre les décisions de retrait de points du permis de conduire ;

c) Les officiers de police judiciaire des services de police ou des unités de la gendarmerie nationales chargés de l'exécution d'une ordonnance juridictionnelle ou agissant dans le cadre d'une enquête de flagrance ;

d) Le préfet dans l'exercice de ses compétences en matière de permis de conduire, ainsi que les agents des directions départementales interministérielles, placés sous son autorité et chargés de l'inscription au permis de conduire et les agents des préfectures et des sous-préfectures chargés de l'application de la réglementation relative aux permis de conduire ;

e) Les militaires de la gendarmerie nationale et les fonctionnaires de la police nationale habilités à effectuer des contrôles routiers en application du présent code ;

f) Les agents spécialement habilités des observatoires et des établissements publics chargés de réaliser des études statistiques sur les accidents de la route pour le compte du ministre chargé de la sécurité routière ;

g) Les fonctionnaires et agents de l'Etat chargés du contrôle des transports terrestres placés sous l'autorité du ministre chargé des transports pour l'exercice des compétences en matière de contrôle du transport routier prévues au présent code ;

3° Dans les conditions prévues par l'acte créant le traitement des données énumérées à l'article L. 225-1, les personnels de l'Agence nationale des titres sécurisés individuellement désignés et spécialement habilités.

II. – Sont également autorisés à accéder directement aux informations mentionnées à l'article L. 225-1, dans les conditions fixées à l'article L. 222-1 du code de la sécurité intérieure :

1° Les agents des services de la police nationale et les militaires des unités de la gendarmerie nationale chargés des missions de prévention et de répression des atteintes aux intérêts fondamentaux de la Nation et des actes de terrorisme ;

2° Les agents des services spécialisés du renseignement mentionnés à l'article R. 222-1 du code de la sécurité intérieure, pour les seuls besoins de la prévention des atteintes aux intérêts fondamentaux de la Nation et des actes de terrorisme.

III. – Les modalités techniques et financières de l'accès à ces données et informations sont définies :

1° Par un arrêté conjoint du ministre de l'intérieur et du ministre de la justice pour les autorités judiciaires et les juridictions administratives mentionnées au I du présent article ;

2° Par un arrêté conjoint du ministre de l'intérieur et du ministre chargé des transports pour les agents de l'Etat chargés du contrôle des transports terrestres pour l'exercice de leurs compétences en matière de contrôle du transport routier prévues au présent code.

Art. R. 225-5 *(Mod., D. n° 2018-387, 24 mai 2018)*. – I. – Parmi les autorités et personnes énumérées à l'article L. 225-5, reçoivent communication des informations mentionnées à cet article, à raison de leurs attributions et dans la limite du besoin d'en connaître, au moyen d'un accès direct :

1° Les officiers ou agents de police judiciaire, des services de police ou des unités de la gendarmerie nationales agissant dans le cadre d'une enquête préliminaire ;

2° Les agents de police judiciaire adjoints et les gardes champêtres, individuellement désignés et habilités par le préfet, sur proposition du maire de la commune, aux seules fins d'identifier les auteurs des infractions au présent code qu'ils sont habilités à constater ;

3° Les agents individuellement désignés et habilités des organismes chargés de la délivrance et de la gestion des cartes de conducteur associées au chronotachygraphe électronique pour le contrôle des transports routiers, ou des cartes de qualification de conducteur destinées à prouver la qualification initiale et la formation continue des conducteurs de certains véhicules routiers affectés aux transports de marchandises ou de voyageurs ;

4° Les personnels individuellement désignés et habilités des entreprises exerçant une activité de transport public routier de voyageurs ou de marchandises pour les personnes qu'elles emploient comme conducteur de véhicule à moteur ;

5° Les autorités des États membres de l'Union Européenne, aux fins d'authentification du permis de conduire, conformément aux accords internationaux en vigueur.

II. – Reçoivent, à leur demande, communication des données et informations mentionnées à l'article L. 225-5, à raison de leurs attributions et dans la limite du besoin d'en connaître, les autres personnes et autorités énumérées par cet article :

1° Par l'intermédiaire du responsable du traitement :

a) Les autorités compétentes de Saint-Barthélemy, de Saint-Martin, de Wallis-et-Futuna, de la Nouvelle-Calédonie et de la Polynésie française, aux fins d'authentification du permis de conduire ;

b) Les autorités étrangères compétentes, aux fins d'authentification du permis de conduire, conformément aux accords internationaux en vigueur ;

2° Par l'intermédiaire du préfet :

a) Les autorités administratives civiles ou militaires pour les personnes employées ou susceptibles d'être employées comme conducteur de véhicule à moteur ;

b) Les entreprises d'assurances pour les personnes dont elles garantissent ou sont appelées à garantir la responsabilité encourue du fait des dommages causés par des véhicules à moteur ;

3° Par l'intermédiaire des services de la police ou de la gendarmerie nationales territorialement compétents :

a) Les militaires de la gendarmerie nationale et les fonctionnaires de la police nationale habilités à effectuer des contrôles routiers en application du présent code, autres que ceux bénéficiant d'un accès direct en application du e du 2° du I de l'article R. 225-4 ;

b) Les fonctionnaires et agents de l'Etat chargés du contrôle des transports terrestres placés sous l'autorité du ministre chargé des transports pour l'exercice des compétences en matière de contrôle du transport routier prévues au présent code, autres que ceux bénéficiant d'un accès direct en application du g du 2° du I de l'article R. 225-4 ;

c) Les agents de police judiciaire adjoints et les gardes champêtres autres que ceux mentionnés au 2° du I du présent article, aux seules fins d'identifier les auteurs des infractions au présent code qu'ils sont habilités à constater.

III. – Les modalités d'application du présent article sont fixées par arrêté du ministre de l'intérieur.

Art. R. 225-6 *(Mod., D. n° 2018-387, 24 mai 2018)*. – I. – La communication au titulaire du permis de conduire, ou au conducteur mentionné au I de l'article L. 223-10, du relevé intégral des mentions le concernant mentionné à l'article L. 225-3 est assurée par le préfet du département dans lequel il a établi son domicile, ou s'il réside à l'étranger, par l'agent diplomatique ou le consul compétent.

II. – Le titulaire du permis de conduire ou le conducteur mentionné au I de l'article L. 223-10, son avocat ou son mandataire reçoit, à sa demande, communication des informations mentionnées à l'article L. 225-5 par l'intermédiaire du préfet.

Le titulaire du permis de conduire, s'il réside à l'étranger, peut demander au préfet ayant délivré son titre de conduite qu'il communique les informations le concernant à l'autorité étrangère auprès de laquelle il a sollicité l'échange de son permis de conduire français. Le préfet assure cette communication par voie dématérialisée et en informe l'auteur de la demande.

L'autorité étrangère peut également demander par voie dématérialisée la communication de ces informations auprès du préfet ayant délivré le titre présenté à l'appui de la demande d'échange. S'il a été directement saisi par l'autorité étrangère, il lui communique ces informations par voie dématérialisée.

Les modalités d'application du présent II sont fixées par arrêté conjoint du ministre de l'intérieur et du ministre des affaires étrangères.

III. – Nonobstant les dispositions du I et du II, le titulaire du permis de conduire peut consulter directement le solde des points affectés à son permis de conduire au moyen d'un site internet dédié et sécurisé.

Les modalités d'application du présent III sont fixées par arrêté du ministre de l'intérieur.

CHAPITRE VI. – Organisation du contrôle médical de l'aptitude à la conduite

(En vigueur à compter du 1er septembre 2012, D. n° 2012-886, 17 juill. 2012)

Art. R. 226-1. – Le contrôle médical de l'aptitude à la conduite consiste en une évaluation de l'aptitude physique, cognitive et sensorielle du candidat au permis de conduire ou du titulaire du permis :

1° Dans les cas prévus aux articles L. 223-5 et L. 224-14 ;

2° Atteint d'une affection médicale incompatible avec l'obtention ou le maintien du permis de conduire ou pouvant donner lieu à la délivrance de permis de conduire de durée de validité limitée, figurant sur une liste fixée par arrêté conjoint des ministres chargés de la sécurité routière et de la santé ;

3° Soumis à un contrôle médical, périodique ou occasionnel, dans les cas figurant sur une liste fixée par arrêté du ministre chargé de la sécurité routière.

Art. R. 226-2 *(D. n° 2016-39, 22 janv. 2016)*. – Ce contrôle est effectué par un médecin agréé par le préfet, consultant hors commission médicale, ou des médecins siégeant dans une commission médicale primaire départementale ou interdépartementale, mentionnés à l'article R. 221-11.

Une commission médicale d'appel, composée de médecins généralistes et de spécialistes agréés, est créée dans chaque département. À défaut de praticiens en nombre suffisant, elle peut être interdépartementale.

Un médecin agréé ne peut effectuer le contrôle médical d'une personne dont il est le médecin traitant.

Si le contrôle médical de l'aptitude à la conduite intervient à la suite d'une invalidation, annulation ou suspension du permis d'une durée de six mois ou plus il est complété par un examen psychotechnique réalisé dans les conditions prévues à l'article R. 224-22.

Lors de ce contrôle médical, le médecin agréé ou la commission médicale peut prescrire tout examen complémentaire. Il peut également solliciter, dans le respect du secret médical, l'avis de professionnels de santé qualifiés dans des domaines particuliers.

S'il l'estime médicalement nécessaire, le médecin agréé peut demander au préfet de convoquer la personne examinée devant la commission médicale primaire dont la compétence est alors substituée à la sienne.

Le médecin agréé consultant hors commission médicale ou la commission médicale émet un avis médical sur l'aptitude, l'aptitude temporaire, l'aptitude avec restrictions d'utilisation du permis ou sur l'inaptitude à la conduite de la personne examinée. Cet avis est transmis au préfet par leurs soins.

Le contrôle médical de l'aptitude à la conduite n'est pas pris en charge par l'assurance maladie.

Les modalités d'organisation de ce contrôle médical et des tests psychotechniques sont fixées par arrêté conjoint des ministres chargés de la sécurité routière et de la santé.

Voir : A. 31 juill. 2012 (*JO* 24 août 2012).

Art. R. 226-3. – La commission médicale primaire réalise les contrôles médicaux :

1° À la suite d'une annulation ou suspension consécutive à une infraction pour conduite sous l'influence de l'alcool ou après usage de substances ou plantes classées comme stupéfiants ;

2° À la suite d'une invalidation résultant de sanctions dont l'une au moins est imputable à une infraction pour conduite sous l'influence de l'alcool ou après usage de substances ou plantes classées comme stupéfiants ;

3° Après sa saisine par un médecin agréé dans les conditions mentionnées à l'article R. 226-2 ;

4° Dans les autres cas définis par décret.

Art. R. 226-4. – La commission médicale d'appel peut être saisie par la personne qui a fait l'objet d'un contrôle médical lorsque, à la suite de l'avis qui lui a été transmis, le préfet a rendu à son encontre une décision d'aptitude temporaire, d'aptitude avec restrictions d'utilisation du permis ou d'inaptitude.

Cet appel ne suspend pas l'application de la décision préfectorale.

La commission médicale d'appel, après avoir examiné la personne et entendu, si elle le juge nécessaire, le ou les médecins agréés qui ont réalisé son contrôle médical en première instance, transmet au préfet son avis motivé.

La personne ayant fait l'objet d'une décision d'inaptitude, d'aptitude temporaire ou d'aptitude assortie de restrictions du préfet prise après avis de la commission d'appel, peut demander un nouveau contrôle médical par un médecin agréé consultant hors commission médicale ou par la commission médicale à l'expiration d'un délai de six mois suivant cette décision.

TITRE III. – COMPORTEMENT DU CONDUCTEUR

CHAPITRE I. – COMPORTEMENT EN CAS D'ACCIDENT

Art. R. 231-1. – Tout conducteur ou tout usager de la route impliqué dans un accident de la circulation doit :

1° S'arrêter aussitôt que cela lui est possible, sans créer un danger pour la circulation ;

2° Lorsque l'accident n'a provoqué que des dégâts matériels, communiquer son identité et son adresse à toute personne impliquée dans l'accident ;

3° Si une ou plusieurs personnes ont été blessées ou tuées dans l'accident :

a) Avertir ou faire avertir les services de police ou de gendarmerie ;

b) Communiquer à ceux-ci ou à toute personne impliquée dans l'accident son identité et son adresse ;

c) Éviter, dans toute la mesure compatible avec la sécurité de la circulation, la modification de l'état des lieux et la disparition des traces susceptibles d'être utilisées pour établir les responsabilités.

CHAPITRE II. – ATTEINTES INVOLONTAIRES AUX PERSONNES

Art. R. 232-1 *(Abr., D. n° 2005-320, 30 mars 2005).*

CHAPITRE III. – COMPORTEMENT EN CAS DE CONTRÔLE ROUTIER

Art. R. 233-1 *(Mod. à compter du 15 avril 2009, D. n° 2009-136, 9 févr. 2009 ; mod., A. 23 mars 2009 ; D. n° 2011-1475, 9 nov. 2011 ; D. n° 2012-284, 28 févr. 2012 ; D. n° 2014-784, 8 juill. 2014 ; D. n° 2014-1295, 31 oct. 2014 ; D. n° 2015-514, 7 mai 2015 ; D. n° 2015-1537, 25 nov. 2015 ; D. n° 2016-1289, 30 sept. 2016 ; D. n° 2017-198, 16 févr. 2017).* – I. - Lorsque les dispositions du présent code l'exigent, tout conducteur ou, le cas échéant, tout accompagnateur d'un apprenti conducteur, est tenu de présenter à toute réquisition des agents de l'autorité compétente :

1° Tout titre justifiant de son autorisation de conduire ;

2° Le certificat d'immatriculation du véhicule et, le cas échéant, celui de la remorque si le poids total autorisé en charge (PTAC) de cette dernière excède 500 kilogrammes, ou de la semi-remorque s'il s'agit d'un véhicule articulé, ou les récépissés provisoires, ou les photocopies des certificats d'immatriculation dans les cas et dans les conditions prévues par un arrêté du ministre de la justice et du ministre de l'intérieur ;

3° Pour l'accompagnateur d'un apprenti conducteur, le permis de conduire exigé pour la conduite du véhicule obtenu depuis au moins cinq ans ou l'autorisation d'enseigner la conduite des véhicules à moteur mentionnée aux articles L. 212-1 et R. 212-1 correspondant à la catégorie du véhicule utilisé ;

4° Dans les cas mentionnés aux II et III de l'article R. 221-8, une attestation de la formation pratique ou le document attestant d'une expérience de la conduite conforme aux conditions prévues par ces dispositions ;

5° Les documents attestant de l'équipement du véhicule d'un dispositif homologué d'antidémarrage par éthylotest électronique et de la vérification de son fonctionnement, lorsque le conducteur :

a) A été condamné à une peine d'interdiction de conduire un véhicule qui ne soit pas équipé par un professionnel agréé ou par construction d'un tel dispositif ; ou

b) Est soumis à l'obligation prévue au 7° de l'article 132-45 du Code pénal, au 4° *bis* de l'article 41-2 ou au 8° de l'article 138 du Code de procédure pénale ;

c) Fait l'objet d'une décision de restriction d'usage du permis de conduire par l'autorité administrative compétente en application des articles R. 221-1-1 et R. 226-1 ;

6° Un éthylotest dans les conditions prévues à l'article R. 234-7 ;

7° Le procès-verbal de contrôle technique périodique pour les véhicules mentionnés aux articles R. 323-23 et R. 323-25.

8° Le triangle de présignalisation prévu au I de l'article R. 416-19 ;

9° Le gilet de haute visibilité prévu au II de l'article R. 416-19.

II. - En cas de perte ou de vol du titre justifiant de l'autorisation de conduire le récépissé de déclaration de perte ou de vol tient lieu de titre pendant un délai de deux mois au plus.

III. - *(III mod. à compter du 1er mars 2013, D. n° 2013-180, 28 févr. 2013)* Hors le cas prévu au 6° du I, le fait de ne pas présenter immédiatement aux agents de l'autorité compétente les éléments exigés par le présent article est puni de l'amende prévue pour les contraventions de la première classe.

IV. - Le fait, pour toute personne invitée à justifier dans un délai de cinq jours de la possession de son brevet de sécurité routière, de ne pas présenter ce document avant l'expiration de ce délai est puni de l'amende prévue pour les contraventions de la deuxième classe.

V *(V rempl. à compter du 1er mars 2013, D. n° 2012-1197, 29 oct. 2012)* « Hors les cas prévus aux 6°, 8° et 9° du I, » le fait, pour toute personne invitée à justifier dans un délai de cinq jours de la possession des autorisations et pièces exigées par le présent article, de ne pas présenter ces documents avant l'expiration de ce délai est puni de l'amende prévue pour les contraventions de la quatrième classe.

Art. R. 233-2. – Lorsque le conducteur d'un véhicule de transport en commun ne peut présenter l'attestation d'aménagement prévue à l'article R. 323-23, l'immobilisation peut être prescrite dans les conditions prévues aux articles L. 325-1 à L. 325-3.

Art. R. 233-3. – Les règles pénales relatives à l'obligation de présentation de l'attestation d'assurance et d'apposition sur le véhicule du certificat d'assurance sont fixées par les articles R. 211-14, R. 211-21-1 et R. 211-21-5 du Code des assurances ci-après reproduits :

Art. R. 211-14. – Tout conducteur d'un véhicule mentionné à l'article L. 211-1 doit, dans les conditions prévues aux articles de la présente section, être en mesure de présenter un document faisant présumer que l'obligation d'assurance a été satisfaite.

Cette présomption résulte de la production, aux fonctionnaires ou agents chargés de constater les infractions à la police de la circulation, d'un des documents dont les conditions d'établissement et de validité sont fixées par le décret en Conseil d'État prévu à l'article L. 211-1.

À défaut d'un de ces documents la justification est fournie aux autorités judiciaires par tous moyens.

Sera puni de la peine d'amende prévue pour les contraventions de 2e classe tout conducteur d'un véhicule mentionné à l'article L. 211-1 et non soumis à l'obligation prévue à l'article R. 211-21-1 qui ne sera pas en mesure de présenter un des documents justificatifs prévus aux articles R. 211-15 et R. 211-17. Toutefois, ces dispositions ne sont pas applicables lorsque ce conducteur est passible de la sanction prévue à l'alinéa suivant.

Sera punie de la peine d'amende prévue pour les contraventions de la 4e classe toute personne qui, invitée à justifier dans un délai de cinq jours de la possession d'un des documents mentionnés à l'alinéa précédent, n'aura pas présenté ce document avant l'expiration de ce délai.

Les documents justificatifs prévus au présent article n'impliquent pas une obligation de garantie à la charge de l'assureur.

Art. R. 211-21-1. – Tout souscripteur d'un contrat d'assurance prévu par l'article L. 211-1 doit apposer sur le véhicule automoteur assuré, dans les conditions fixées par un arrêté du ministre chargé de l'économie, le certificat d'assurance décrit aux articles R. 211-21-2 et R. 211-21-3, alinéa 2.

Les dispositions de l'alinéa 1er sont applicables aux véhicules à moteur dont le poids total autorisé en charge est inférieur ou égal à 3,5 tonnes, à l'exception des véhicules et matériels agricoles ou de travaux publics, des engins spéciaux et des véhicules circulant avec un certificat d'immatriculation spécial W.

Art. R. 211-21-5. – Sera puni de la peine d'amende prévue pour les contraventions de deuxième classe tout souscripteur d'un contrat d'assurance relatif à un véhicule mentionné à l'article R. 211-21-1 qui aura omis d'apposer sur le véhicule concerné le certificat prévu aux articles R. 211-21-2 et R. 211-21-3 ou aura apposé un certificat non valide.

CHAPITRE IV. – CONDUITE SOUS L'INFLUENCE DE L'ALCOOL

Art. R. 234-1 *(D. n° 2015-743, 24 juin 2015)*. **– I. – Même en l'absence de tout signe d'ivresse manifeste, est puni de l'amende prévue pour les contraventions de la quatrième classe le fait de conduire un véhicule sous l'empire d'un état alcoolique caractérisé par :**

1° Une concentration d'alcool dans le sang égale ou supérieure à 0,20 gramme par litre ou par une concentration d'alcool dans l'air expiré égale ou supérieure à 0,10 milligramme par litre et inférieure aux seuils fixés à l'article L. 234-1, le conducteur d'un véhicule de transport en commun, ainsi que chez le conducteur titulaire d'un permis de conduire soumis au délai probatoire défini à l'article L. 223-1 ou en situation d'apprentissage définie à l'article R. 211-3 ;

2° Une concentration d'alcool dans le sang égale ou supérieure à 0,50 gramme par litre ou par une concentration d'alcool dans l'air expiré égale ou supérieure à 0,25 milligramme par litre et inférieure aux seuils fixés à l'article L. 234-1, chez les autres conducteurs.

II. – L'immobilisation peut être prescrite dans les conditions prévues aux articles L. 325-1 à L. 325-3.

III. – Toute personne coupable de l'une des infractions mentionnées au I encourt également la peine complémentaire de suspension du permis de conduire pour une durée de trois ans au plus, cette suspension pouvant être limitée à la conduite en dehors de l'activité professionnelle.

IV. – Cette contravention donne lieu de plein droit à la réduction de six points du permis de conduire.

V. – Les dispositions du présent article sont applicables à l'accompagnateur d'un élève conducteur.

Art. R. 234-2 *(D. n° 2015-774, 29 juin 2015)*. **– Les opérations de dépistage de l'imprégnation alcoolique par l'air expiré, prévues par les articles L. 234-3 à L. 234-5 et L. 234-9, sont effectuées au moyen d'un éthylotest électronique ou chimique qui répond, selon sa nature, aux exigences fixées par le décret n° 2008-883 du 1er septembre 2008 relatif aux éthylotests électroniques ou par le décret n° 2015-775 du 29 juin 2015 fixant les exigences de fiabilité et de sécurité relatives aux éthylotests chimiques destinés à un usage préalable à la conduite routière.**

Note. Sur l'homologation de l'appareil, V. sous C. route, art. L. 234-4, p. 957 l'arrêté du 15 janv. 2014.

Art. R. 234-3. **– Les vérifications médicales, cliniques et biologiques opérées en application des articles L. 234-4, L. 234-5 et L. 234-9 et destinées à établir la preuve de l'état alcoolique sont effectuées dans les conditions prévues au chapitre IV du titre V du livre III de la troisième partie du Code de la santé publique.**

Les dispositions du dernier alinéa de l'article R. 3354-3 du Code de la santé publique, selon lesquelles les opérations de contrôle de l'imprégnation alcoolique sont précédées d'un examen du comportement de la personne concernée, ne sont pas prescrites à peine de nullité.

A justifié sa décision la cour d'appel qui, pour rejeter l'exception de nullité tirée de l'absence, au dossier de la procédure, de fiche d'examen de comportement dite « fiche A », retient que cette absence est palliée par le versement au dossier du certificat médical relatant le bilan lésionnel effectué à l'arrivée de l'intéressé à l'hôpital et au terme duquel il présentait un taux d'alcoolémie de 3,11 g/L, et par l'examen clinique objet de la fiche B qui a relevé chez lui des explications embrouillées et une haleine caractéristique (■ Cass. crim., 20 mars 2018, n° 17-81.238).

Art. R. 234-4. – **Lorsque, pour procéder aux vérifications prévues par les articles L. 234-4, L. 234-5, L. 234-9 et L. 3354-1 du Code de la santé publique, l'officier ou l'agent de police judiciaire fait usage d'un appareil homologué permettant de déterminer le taux d'alcool par l'analyse de l'air expiré, la vérification est faite selon les modalités ci-après :**

1° Le délai séparant l'heure, selon le cas, de l'infraction ou de l'accident ou d'un dépistage positif effectué dans le cadre d'un contrôle ordonné par le procureur de la République ou effectué sur initiative de l'officier ou de l'agent de police judiciaire et l'heure de la vérification doit être le plus court possible ;

2° L'officier ou l'agent de police judiciaire, après avoir procédé à la mesure du taux d'alcool, en notifie immédiatement le résultat à la personne faisant l'objet de cette vérification. Il l'avise qu'il peut demander un second contrôle. Le procureur de la République, le juge d'instruction ou l'officier ou l'agent de police judiciaire ayant procédé à la vérification peuvent également décider qu'il sera procédé à un second contrôle. Celui-ci est alors effectué immédiatement, après vérification du bon fonctionnement de l'appareil ; le résultat en est immédiatement porté à la connaissance de l'intéressé.

1) Si l'article R. 234-4 du Code de la route prescrit de vérifier l'éthylomètre avant le second souffle, aucun texte ne prévoit une telle obligation avant le premier souffle ni n'impose de changer d'embout entre les deux souffles (■ Cass. crim., 19 mai 2015, n° 14-85.046 : *JCP* 2015, act. 617, obs. L. Desessard).

2) Le second contrôle prévu par l'article R. 234-4, 2° du Code de la route qui n'a pas été sollicité par le conducteur n'a pas à être opéré d'office par l'officier ou l'agent de police judiciaire (■ Cass. crim., 6 déc. 2016, n° 15-86.619).

Art. R. 234-5 *(D. n° 2011-1048, 5 sept. 2011 ; D. n° 2017-198, 16 févr. 2017)*. – **I. – Est puni de l'amende prévue pour les contraventions de la cinquième classe le fait pour une personne ayant été condamnée à la peine d'interdiction de conduire un véhicule qui ne soit pas équipé par un professionnel agréé ou par construction d'un dispositif homologué d'antidémarrage par éthylotest électronique de conduire un véhicule équipé d'un tel dispositif soit après que celui-ci a été utilisé par un tiers pour permettre le démarrage, soit après l'avoir neutralisé ou détérioré ou l'avoir utilisé dans des conditions empêchant la mesure exacte de son état d'imprégnation alcoolique.**

Les dispositions du précédent alinéa sont également applicables lorsque les faits ont été commis :

– par une personne ayant accepté d'exécuter à titre de composition pénale la mesure prévue au 4° *bis* de l'article 41-2 du Code de procédure pénale, dès lors que la composition pénale a été validée dans les conditions prévues par cet article ;

– par une personne soumise à une interdiction de conduire un véhicule qui ne soit pas équipé, par un professionnel agréé ou par construction, d'un dispositif homologué d'antidémarrage par éthylotest électronique prononcée en application du 8° de l'article 138 du Code de procédure pénale dans le cadre d'un contrôle judiciaire ou d'une assignation à résidence sous surveillance électronique ;

– par une personne soumise à une interdiction de conduire un véhicule qui ne soit pas équipé, par un professionnel agréé ou par construction, d'un dispositif homologué d'antidémarrage par éthylotest électronique prononcée en application du 7° de l'article 132-45 du Code pénal, dans le cadre d'une contrainte pénale, d'un suivi socio-judiciaire, d'un sursis avec mise à l'épreuve ou assorti de l'obligation d'accomplir un travail d'intérêt général, d'un des aménagements de peine prévus aux articles 720-1-1, 721-2, 723-4 ou 723-10 du Code de procédure pénale, d'une libération conditionnelle, ou d'une surveillance judiciaire ou de sûreté.

II. – Le fait, par toute personne, de faciliter sciemment, par aide ou assistance, la préparation ou la consommation de la contravention prévue au I est puni de la même peine.

III. – Les personnes coupables des contraventions prévues au présent article encourent également les peines complémentaires suivantes :

1° La suspension du permis de conduire pour une durée de trois ans au plus, cette suspension ne pouvant pas être limitée à la conduite en dehors de l'activité professionnelle, ni être assortie du sursis, même partiellement ;

2° L'interdiction de conduire certains véhicules terrestres à moteur, y compris ceux pour la conduite desquels le permis de conduire n'est pas exigé, pour une durée de trois ans au plus ;

3° L'obligation d'accomplir, à ses frais, un stage de sensibilisation à la sécurité routière ;

4° La confiscation du véhicule dont le prévenu s'est servi pour commettre l'infraction, s'il en est propriétaire.

IV. – La récidive des contraventions prévues au présent article est réprimée conformément à l'article 132-11 du Code pénal.

V. – Ces contraventions donnent lieu de plein droit à la réduction de six points du permis de conduire.

VI. – L'immobilisation du véhicule peut être prescrite dans les conditions prévues aux articles L. 325-1 à L. 325-3.

Art. R. 234-6 *(D. n° 2012-3, 3 janv. 2012)*. – Tout conducteur d'un véhicule obligatoirement équipé d'un éthylotest antidémarrage doit utiliser ce dispositif préalablement au démarrage du véhicule.

Le fait pour le conducteur de conduire un véhicule équipé d'un tel dispositif soit après que celui-ci a été utilisé par un tiers pour permettre le démarrage, soit après l'avoir neutralisé ou détérioré ou l'avoir utilisé dans des conditions empêchant la mesure exacte de son état d'imprégnation alcoolique est puni de l'amende prévue pour les contraventions de la quatrième classe.

Le fait, par toute personne, de faciliter sciemment, par aide ou assistance, la préparation ou la consommation de la contravention prévue à l'alinéa précédent est puni de la même peine.

Art. R. 234-7 *(En vigueur à compter du 1er juillet 2012, D. n° 2012-284, 28 févr. 2012)*. – Tout conducteur d'un véhicule terrestre à moteur, à l'exclusion d'un cyclomoteur, doit justifier de la possession d'un éthylotest, non usagé, disponible immédiatement.

(Mod., D. 2015-774, 29 juin 2015) L'éthylotest mentionné au premier alinéa est électronique ou chimique. Il répond selon sa nature aux exigences fixées par le décret n° 2008-883 du 1er septembre 2008 relatif aux éthylotests électroniques ou par le décret n° 2015-775 du 29 juin 2015 fixant les exigences de fiabilité et de sécurité relatives aux éthylotests chimiques destinés à un usage préalable à la conduite routière.

Sont considérés comme répondant à l'obligation prévue au premier alinéa, le conducteur d'un véhicule équipé par un professionnel agréé ou par construction d'un dispositif d'antidémarrage par éthylotest électronique homologué conformément à l'article L. 234-17 ainsi que le conducteur d'un autocar équipé d'un dispositif éthylotest antidémarrage dans les conditions fixées à l'article R. 317-24.

CHAPITRE V. – CONDUITE SOUS L'INFLUENCE DE SUBSTANCES OU PLANTES CLASSÉES COMME STUPÉFIANTS

(D. n° 2001-751, 27 août 2001)

Section I. – Dispositions générales

Art. R. 235-1 *(D. n° 2016-1152, 24 août 2016)*. – En vue de procéder aux épreuves de dépistage et, le cas échéant, aux analyses ou examens médicaux, cliniques et biologiques prévus par l'article L. 235-2, le délai séparant, d'une part, l'heure de l'accident et, d'autre part, l'heure de l'épreuve de dépistage et, le cas échéant, des analyses ou examens précités doit être le plus court possible.

Art. R. 235-2 *(D. n° 2003-293, 31 mars 2003)*. – Pour l'application de l'article L. 235-2, doit être regardé comme étant un accident mortel de la circulation celui qui a des conséquences immédiatement mortelles.

Section II. – Épreuves de dépistage

Art. R. 235-3 *(Mod., D. n° 2008-754, 30 juill. 2008 ; D. n° 2012-3, 3 janv. 2012)*. – Les épreuves de dépistage prévues par l'article L. 235-2 sont effectuées par un médecin, un biologiste, ou un étudiant en médecine autorisé à exercer à titre de remplaçant, dans les conditions fixées à l'article L. 4131-2 du Code de la santé publique, requis à cet effet par un officier ou agent de police judiciaire ou par un agent de police judiciaire adjoint, sur l'ordre et sous la responsabilité d'un officier de police judiciaire, qui leur fournit les matériels nécessaires au dépistage lorsqu'il s'agit d'un recueil urinaire.

Ces épreuves sont effectuées par un officier ou agent de police judiciaire ou par un agent de police judiciaire adjoint dans les conditions prévues à l'alinéa précédent, lorsqu'il s'agit d'un recueil salivaire.

Art. R. 235-4 *(D. n° 2016-1152, 24 août 2016)*. – Les épreuves de dépistage réalisées à la suite d'un recueil de liquide biologique sont effectuées conformément aux méthodes et dans les conditions prescrites par un arrêté des ministres de la Justice et de l'Intérieur ainsi que du ministre chargé de la santé, après avis du directeur général de l'Agence nationale de sécurité du médicament et des produits de santé.

Art. R. 235-5 *(D. n° 2016-1152, 24 août 2016)*. – Les vérifications mentionnées au cinquième alinéa de l'article L. 235-2 comportent une ou plusieurs des opérations suivantes :

- examen clinique en cas de prélèvement sanguin ;
- analyse biologique du prélèvement salivaire ou sanguin.

Art. R. 235-6 *(D. n° 2016-1152, 24 août 2016)*. – I. – Le prélèvement salivaire est effectué par un officier ou agent de police judiciaire de la gendarmerie ou de la police nationales territorialement compétent à l'aide d'un nécessaire, en se conformant aux méthodes et conditions prescrites par l'arrêté prévu à l'article R. 235-4.

À la suite de ce prélèvement, l'officier ou l'agent de police judiciaire demande au conducteur s'il souhaite se réserver la possibilité de demander l'examen technique ou l'expertise prévus par l'article R. 235-11 ou la recherche de l'usage des médicaments psychoactifs prévus au même article.

Si la réponse est positive, il est procédé dans le plus court délai possible à un prélèvement sanguin dans les conditions fixées au II.

II. – Le prélèvement sanguin est effectué par un médecin ou un étudiant en médecine autorisé à exercer à titre de remplaçant, dans les conditions fixées à l'article L. 4131-2 du Code de la santé publique, requis à cet effet par un officier ou un agent de police judiciaire. Le prélèvement sanguin peut également être effectué par un biologiste requis dans les mêmes conditions.

Ce praticien effectue le prélèvement sanguin à l'aide d'un nécessaire mis à sa disposition par un officier ou un agent de police judiciaire, en se conformant aux méthodes prescrites par un arrêté pris dans les conditions prévues à l'article R. 235-4.

Un officier ou un agent de police judiciaire assiste au prélèvement sanguin.

III. – L'examen clinique, en cas de prélèvement sanguin, est effectué par un médecin ou un étudiant en médecine autorisé à exercer à titre de remplaçant, dans les conditions fixées à l'article L. 4131-2 du Code de la santé publique, requis à cet effet par un officier ou un agent de police judiciaire.

Art. R. 235-7 *(D. n° 2016-1152, 24 août 2016)*. – Le prélèvement sanguin mentionné au troisième alinéa du I de l'article R. 235-6 est conservé dans un tube étiqueté et scellé par un officier ou agent de police judiciaire.

Le prélèvement sanguin prévu au II de l'article R. 235-6 est réparti entre deux tubes étiquetés et scellés par un officier ou agent de police judiciaire.

Art. R. 235-8 *(D. n° 2016-1152, 24 août 2016)*. – En cas de décès du ou des conducteurs impliqués, le prélèvement des échantillons sanguins est effectué dans les conditions fixées par l'article R. 235-5 et par le II de l'article R. 235-6.

Les méthodes de prélèvement et de conservation des échantillons sanguins applicables en cas de décès du ou des conducteurs impliqués sont fixées par l'arrêté prévu à l'article R. 235-4.

Le cas échéant, sur réquisition ou ordonnance de commission d'expert, il est procédé à un examen de corps ou à une autopsie.

Art. R. 235-9 *(D. n° 2016-1152, 24 août 2016)*. – L'officier ou l'agent de police judiciaire adresse l'échantillon salivaire prélevé, et, le cas échéant, l'échantillon sanguin prélevé, ou les deux échantillons sanguins prélevés, accompagnés des résultats des épreuves de dépistage, à un laboratoire de biologie médicale ou à un laboratoire de police scientifique, ou à un expert inscrit en toxicologie sur l'une des listes instituées en application de l'article 2 de la loi n° 71-498 du 29 juin 1971 relative aux experts judiciaires et de l'article 157 du Code de procédure pénale, dans les conditions prévues par l'article R. 3354-20 du Code de la santé publique.

Le laboratoire ou l'expert conserve le tube prévu au premier alinéa de l'article R. 235-7 ou un des deux tubes mentionnés au second alinéa du même article en vue d'une demande éventuelle d'un examen technique ou d'une expertise. L'arrêté prévu à l'article R. 235-4 précise les conditions de réalisation des examens de biologie médicale et de conservation des échantillons.

Art. R. 235-10 *(D. n° 2016-1152, 24 août 2016)*. – Les analyses des prélèvements salivaires et sanguins sont conduites en vue d'établir si la personne conduisait en ayant fait usage de substances ou plantes classées comme stupéfiants. Elles le sont dans les conditions définies par l'arrêté prévu à l'article R. 235-4.

Art. R. 235-11 *(D. n° 2016-1152, 24 août 2016)*. – Dans un délai de cinq jours suivant la notification des résultats de l'analyse de son prélèvement salivaire ou sanguin, à condition, dans le premier cas, qu'il se soit réservé la possibilité prévue au deuxième alinéa du I de l'article R. 235-6, le conducteur peut demander au procureur de la République, au juge d'instruction ou à la juridiction de jugement qu'il soit procédé à partir du tube prévu au second alinéa de l'article R. 235-9 à un examen technique ou à une expertise en application des articles 60, 77-1 et 156 du Code de procédure pénale.

De même, le conducteur peut demander qu'il soit procédé, dans les mêmes délais et conditions, à la recherche de l'usage de médicaments psychoactifs pouvant avoir des effets sur la capacité de conduire le véhicule tels que mentionnés au *p* de l'article R. 5128-2 du Code de la santé publique.

En cas d'examen technique ou d'expertise, ceux-ci sont confiés à un autre laboratoire ou à un autre expert répondant aux conditions fixées par l'article R. 235-9. Celui-ci pratique l'expertise de contrôle en se conformant aux méthodes prescrites en application de l'article R. 235-10.

Art. R. 235-12 *(D. n° 2016-1152, 24 août 2016)*. – Les honoraires et indemnités de déplacement afférents aux épreuves de dépistage, aux prélèvements et aux examens biologiques prévus aux articles R. 235-4 et R. 235-6 sont calculés par référence aux articles R. 110, R. 111 et R. 117 du Code de procédure pénale.

Lorsqu'il est procédé à un examen clinique et à un prélèvement biologique, tant en application des dispositions de l'article R. 235-6 que des dispositions des articles R. 3354-7 à R. 3354-11 du Code de la santé publique, il n'est dû qu'une seule indemnité de déplacement et des honoraires que pour un seul acte.

Les frais afférents aux examens de laboratoire mentionnés aux articles R. 235-10 et R. 235-11 relatifs à la recherche de produits stupéfiants et, le cas échéant, les frais afférents à la recherche de médicaments psychoactifs sont fixés conformément aux dispositions de l'article R. 118 du Code de procédure pénale.

Les frais afférents à l'acquisition des matériels de recueil et de dépistage prévus par l'article R. 235-3 sont fixés par arrêté conjoint du ministre de la Justice et du ministre chargé du budget.

Art. R. 235-13. – *(D. n° 2001-751, 27 août 2001)* Les dépenses visées à l'article précédent constituent des frais de justice criminelle, correctionnelle et de police.

Le paiement de ces frais a lieu conformément aux dispositions du titre X du livre V du Code de procédure pénale.

TITRE IV. – DISPOSITIONS RELATIVES À L'OUTRE-MER

CHAPITRE I. – DISPOSITIONS PARTICULIÈRES À LA COLLECTIVITÉ TERRITORIALE DE SAINT-PIERRE-ET-MIQUELON

Art. R. 241-1 *(Mod., D. n° 2016-516, 26 avr. 2016)*. – Pour l'application des dispositions du présent livre dans la collectivité territoriale de Saint-Pierre-et-Miquelon, les termes énumérés ci-après sont remplacés comme suit :

1° « département » par « collectivité territoriale » ;

2° « départemental » par « territorial » ;

3° « départementale » par « territoriale » ;

4° « directeur départemental de la sécurité publique » par « directeur de la sécurité publique » ;

5° « directeur départemental de l'équipement » par « directeur de l'équipement » ;

6° « direction départementale de l'équipement » et « direction régionale de l'industrie, de la recherche et de l'environnement » par « direction de l'équipement ».

7° « préfet du département » par « préfet territorialement compétent ».

Art. R. 241-2 *(Mod., D. n° 2012-886, 17 juill. 2012).* – La commission médicale prévue à l'article R. 226-1 est constituée, pour l'application de cet article dans la collectivité territoriale de Saint-Pierre-et-Miquelon, dans les conditions fixées par arrêté du préfet.

Art. R. 241-3 *(Abr., D. n° 2006-665, 7 juin 2006).*

CHAPITRE II. – DISPOSITIONS APPLICABLES DANS LA COLLECTIVITÉ TERRITORIALE DE MAYOTTE

Art. R. 242-1. – Pour l'application du présent livre dans la collectivité territoriale de Mayotte, les termes énumérés ci-après sont remplacés comme suit :

1° « préfet » par « représentant du Gouvernement » ;

2° « département » par « collectivité territoriale » ;

3° « départemental » par « territorial » ;

4° « départementale » par « territoriale » ;

5° « directeur départemental de la sécurité publique » par « directeur de la sécurité publique » ;

6° « directeur départemental de l'équipement » par « directeur de l'équipement » ;

7° « direction départementale de l'équipement » par « direction de l'équipement » ;

8° « direction régionale de l'industrie, de la recherche et de l'environnement » par « service chargé de la réception des véhicules » ;

9° « préfecture » par « représentation du Gouvernement ».

Art. R. 242-2. – Les dispositions réglementaires du présent livre sont applicables dans la collectivité territoriale de Mayotte à l'exception de l'article R*. 221-2 et du 2° de l'article R. 221-21.

Art. R. 242-3. – Pour l'application du présent livre dans la collectivité territoriale de Mayotte :

1° Au I de l'article R. 212-3 et dans les articles R. 212-6, R. 213-2, R. 213-4 et R. 213-9, le terme « ministre chargé des transports » est remplacé par « représentant du Gouvernement » ;

2° Le ministre chargé de l'outre-mer signe les arrêtés ministériels prévus par les articles R. 221-4, R. 221-10 et R. 233-1 ;

3° Les arrêtés ministériels prévus par les articles R. 222-1 à R. 222-3, R. 222-7, R. 222-8 et R. 234-2 sont pris après avis du ministre chargé de l'outre-mer ;

4° Au quatrième alinéa de l'article R. 221-20, après les mots : « départements d'outre-mer », il est ajouté les mots : « et à la collectivité territoriale de Mayotte ».

Art. R. 242-4. – Pour leur application dans la collectivité territoriale de Mayotte, les V et VII de l'article R. 212-4 sont ainsi rédigés :

« V. – Délits prévus par le Code du travail applicable dans la collectivité territoriale de Mayotte :

– atteinte à l'égalité professionnelle entre les hommes et les femmes (art. L. 123-1) ;

– fourniture illégale de main-d'œuvre (art. L. 124-1) ;

– prêt de main-d'œuvre (art. L. 124-3) ;

– travail dissimulé (art. L. 312-1, L. 312-2, L. 341-1, L. 342-1 et L. 342-2) ;

– emploi d'étranger en situation irrégulière (art. L. 330-1 et L. 330-2).

VII. – Délit prévu par le Code de la santé publique :

– usage de manière illicite de l'une des substances ou plantes classées comme stupéfiants (art. L. 3815-1). »

Art. R. 242-5 *(Abr., D. n° 2006-665, 7 juin 2006).*

Art. R. 242-6. – Pour l'application dans la collectivité territoriale de Mayotte de l'article R. 234-4, les mots « L. 3354-1 » sont remplacés par « L. 3819-16 ».

Art. R. 242-7 *(D. n° 2001-751, 27 août 2001).* – I. – Pour l'application de l'article R. 235-5 à Mayotte, les mots : « tels que mentionnés au *p* de l'article R. 5128-2 du Code de la santé publique » sont supprimés.

II. – Pour l'application de l'article R. 235-12 à Mayotte, le représentant du Gouvernement fixe par arrêté :

– les honoraires et indemnités de déplacement afférents aux épreuves de dépistage et aux examens cliniques, médicaux et biologiques prévus aux articles R. 235-4 et R. 235-6 ;

– les frais afférents aux examens de laboratoire prévus par les articles R. 235-10 et R. 235-11 relatifs à la recherche et au dosage des produits stupéfiants et, le cas échéant, les frais afférents à la recherche des médicaments psychoactifs.

III. – Pour son application à Mayotte, le deuxième alinéa de l'article R. 235-13 est ainsi rédigé : « *Le paiement de ces frais a lieu conformément à la réglementation en vigueur à Mayotte.* »

CHAPITRE III. – DISPOSITIONS APPLICABLES À LA NOUVELLE-CALÉDONIE

Art. R. 243-1 *(Mod., D. n° 2011-1048, 5 sept. 2011 ; D. n° 2017-198, 16 févr. 2017).* – Les articles R. 234-1, R. 234-2 et R. 234-4 et R. 234-5 sont applicables en Nouvelle-Calédonie dans la rédaction suivante :

« *Art. R. 234-1 (D. n° 2015-743, 24 juin 2015). – I – Même en l'absence de tout signe d'ivresse manifeste, est puni de l'amende prévue pour les contraventions de la quatrième classe le fait de conduire un véhicule sous l'empire d'un état alcoolique caractérisé par :*

1° Une concentration d'alcool dans le sang égale ou supérieure à 0,20 gramme par litre ou par une concentration d'alcool dans l'air expiré égale ou supérieure à 0,10 milligramme par litre et inférieure aux seuils fixés à l'article L. 234-1, chez le conducteur d'un véhicule de transport en commun ainsi que chez le conducteur titulaire d'un permis de conduire soumis au délai probatoire défini à l'article L. 223-1 ou en situation d'apprentissage définie à l'article R. 211-3 ;

2° Une concentration d'alcool dans le sang égale ou supérieure à 0,50 gramme par litre ou par une concentration d'alcool dans l'air expiré égale ou supérieure à 0,25 milligramme par litre et inférieure aux seuils fixés à l'article L. 234-1, chez les autres conducteurs.

II. – L'immobilisation peut être prescrite dans les conditions prévues aux articles L. 325-1 à L. 325-3.

III. – Toute personne coupable de l'une des infractions mentionnées au I encourt également la peine complémentaire de suspension du permis de conduire pour une durée de trois ans au plus, cette suspension pouvant être limitée à la conduite en dehors de l'activité professionnelle. »

« *Art. R. 234-2. – Les opérations de dépistage de l'imprégnation alcoolique par l'air expiré, prévues par les articles L. 234-3 à L. 234-5 et L. 234-9 sont effectuées au moyen d'un appareil conforme à un type homologué selon des modalités définies par arrêté du ministre chargé de la santé publique, après avis du ministre chargé des transports, du ministre de l'Intérieur et du ministre chargé des armées.* »

« *Art. R. 234-4. – Lorsque, pour procéder aux vérifications prévues par les articles L. 234-4, L. 234-5 et L. 234-9, l'officier ou l'agent de police judiciaire fait usage d'un appareil homologué permettant de déterminer le taux d'alcool par l'analyse de l'air expiré, la vérification est faite selon les modalités ci-après :*

1° Le délai séparant l'heure, selon le cas, de l'infraction ou de l'accident ou d'un dépistage positif effectué dans le cadre d'un contrôle ordonné par le procureur de la République ou effectué sur initiative de l'officier ou de l'agent de police judiciaire et l'heure de la vérification doit être le plus court possible ;

2° L'officier ou l'agent de police judiciaire, après avoir procédé à la mesure du taux d'alcool, en notifie immédiatement le résultat à la personne faisant l'objet de cette vérification. Il l'avise qu'il peut demander un second contrôle. Le procureur de la République, le juge d'instruction ou l'officier ou l'agent de police judiciaire ayant procédé à la vérification peuvent également décider qu'il sera procédé à un second contrôle. Celui-ci est alors effectué immédiatement, après vérification du bon fonctionnement de l'appareil ; le résultat en est immédiatement porté à la connaissance de l'intéressé. »

« *Art. R. 234-5. – I. – Est puni de l'amende prévue pour les contraventions de la cinquième classe le fait pour une personne ayant été condamnée à la peine d'interdiction de conduire un véhicule qui ne soit pas équipé par un professionnel agréé ou par construction d'un dispositif homologué d'antidémarrage par éthylotest électronique de conduire un véhicule équipé d'un tel dispositif soit après que celui-ci a été utilisé par un tiers pour permettre le démarrage, soit après l'avoir neutralisé ou détérioré ou l'avoir utilisé dans les conditions empêchant la mesure exacte de son état d'imprégnation alcoolique.*

Les dispositions du précédent alinéa sont également applicables lorsque les faits ont été commis :

– par une personne ayant accepté d'exécuter à titre de composition pénale la mesure prévue au 4° bis de l'article 41-2 du Code de procédure pénale, dès lors que la composition pénale a été validée dans les conditions prévues par cet article ;

– par une personne soumise à une interdiction de conduire un véhicule qui ne soit pas équipé, par un professionnel agréé ou par construction, d'un dispositif homologué d'antidémarrage par éthylotest électronique prononcée en application du 8° de l'article 138 du Code de procédure pénale, dans le cadre d'un contrôle judiciaire ou d'une assignation à résidence sous surveillance électronique.

II. – Le fait, par toute personne, de faciliter sciemment, par aide ou assistance, la préparation ou la consommation de la contravention prévue au I est puni de la même peine.

III. – Les personnes coupables des contraventions prévues au présent article encourent également les peines complémentaires suivantes :

1° La suspension du permis de conduire pour une durée de trois ans au plus, cette suspension ne pouvant pas être limitée à la conduite en dehors de l'activité professionnelle, ni être assortie du sursis, même partiellement ;

2° L'interdiction de conduire certains véhicules terrestres à moteur, y compris ceux pour la conduite desquels le permis de conduire n'est pas exigé, pour une durée de trois ans au plus ;

3° L'obligation d'accomplir, à ses frais, un stage de sensibilisation à la sécurité routière ;

4° La confiscation du véhicule dont le prévenu s'est servi pour commettre l'infraction, s'il en est propriétaire.

IV. – La récidive des contraventions prévues au présent article est réprimée conformément à l'article 132-11 du Code pénal.

V. – L'immobilisation du véhicule peut être prescrite dans les conditions prévues aux articles L. 325-1 à L. 325-3. »

Art. R. 243-2 *(D. n° 2007-1626, 16 nov. 2007 ; mod., D. n° 2013-9, 3 janv. 2013).* – Les articles R. 235-1 à R. 235-13 sont applicables en Nouvelle-Calédonie dans la rédaction suivante :

Art. R. 235-1. - En vue de procéder aux épreuves de dépistage et, le cas échéant, aux analyses et examens médicaux, cliniques et biologiques prévus par l'article L. 235-2, le délai séparant, d'une part, l'heure de l'accident et, d'autre part, l'heure de l'épreuve de dépistage, et le cas échéant, des analyses et examens précités doit être le plus court possible.

Art. R. 235-2. - Pour l'application de l'article L. 235-2, doit être regardé comme étant un accident mortel de la circulation celui qui a des conséquences immédiatement mortelles.

Art. R. 235-3.-Les épreuves de dépistage prévues par l'article L. 235-2 sont effectuées par un médecin ou un biologiste, requis à cet effet par un officier ou agent de police judiciaire ou par un agent de police judiciaire adjoint, sur l'ordre et sous la responsabilité d'un officier de police judiciaire, qui leur fournit les matériels nécessaires au dépistage lorsqu'il s'agit d'un recueil urinaire.

Ces épreuves sont effectuées par un officier ou agent de police judiciaire ou par un agent de police judiciaire adjoint dans les conditions prévues à l'alinéa précédent, lorsqu'il s'agit d'un recueil salivaire.

Art. R. 235-4.-Les épreuves de dépistage réalisées à la suite d'un recueil de liquide biologique sont effectuées conformément aux méthodes et dans les conditions prescrites par un arrêté du ministre chargé de la santé, après avis du directeur général de l'Agence nationale de sécurité du médicament et des produits de santé, qui tient compte des particularités locales et qui précise notamment les critères de choix des réactifs et le modèle des fiches présentant les résultats. Lorsqu'il s'agit d'un recueil salivaire, cet arrêté est également pris par le ministre de la justice, par le ministre de l'intérieur et par le ministre chargé de l'outre-mer.

Ces fiches sont remises à l'officier ou l'agent de police judiciaire, ou à l'agent de police judiciaire adjoint, ou complétées par ces derniers lorsqu'il s'agit d'un recueil salivaire.

Art. R. 235-5. - Les analyses et examens médicaux, cliniques et biologiques prévus à l'article L. 235-2 comportent les opérations suivantes :

– examen clinique ;

– prélèvement biologique ;

– recherche et dosage des stupéfiants.

Art. R. 235-6. - L'examen clinique et le prélèvement biologique sont effectués par un médecin requis à cet effet par un officier ou un agent de police judiciaire. Le prélèvement biologique peut également être effectué par un biologiste requis dans les mêmes conditions.

Ce praticien effectue le prélèvement biologique à l'aide d'un nécessaire mis à sa disposition par un officier ou un agent de police judiciaire, en se conformant aux méthodes prescrites par un arrêté du ministre chargé de la santé, après avis du directeur général de l'Agence nationale de sécurité du médicament et des produits de santé, qui tient compte des particularités locales.

Un officier ou un agent de police judiciaire assiste au prélèvement biologique.

Art. R. 235-7. - Le prélèvement biologique est réparti entre deux flacons étiquetés et scellés par un officier ou agent de police judiciaire.

Art. R. 235-8. - En cas de décès du ou des conducteurs impliqués, le prélèvement des échantillons biologiques et l'examen du corps sont effectués soit dans les conditions fixées par les articles R. 235-5 et R. 235-6, soit par un médecin légiste au cours de l'autopsie judiciaire.

Les méthodes particulières de prélèvement et de conservation des échantillons biologiques applicables en cas de décès du ou des conducteurs impliqués sont fixées par un arrêté du ministre chargé de la santé, après avis du directeur général de l'Agence nationale de sécurité du médicament et des produits de santé, qui tient compte des particularités locales.

Art. R. 235-9. - L'officier ou l'agent de police judiciaire adresse les deux échantillons biologiques prélevés, accompagnés des résultats des épreuves de dépistage, à un expert inscrit sous une rubrique spéciale en toxicologie, sur la liste de la cour d'appel, ou à un laboratoire de police technique et scientifique.

Le laboratoire ou l'expert conserve un des deux flacons mentionnés à l'article R. 235-7 en vue d'une demande éventuelle d'un examen technique ou d'une expertise. Les conditions dans lesquelles est conservé cet échantillon sont fixées par un arrêté du ministre chargé de la santé, après avis du directeur général de l'Agence nationale de sécurité du médicament et des produits de santé, qui tient compte des particularités locales.

Art. R. 235-10. - La recherche et le dosage des produits stupéfiants sont pratiqués dans les conditions définies par un arrêté du ministre chargé de la santé, après avis du directeur général de l'Agence nationale de sécurité du médicament et des produits de santé, qui tient compte des particularités locales.

Les résultats des analyses et examens médicaux, cliniques et biologiques sont consignés sur les fiches mentionnées à l'article R. 235-4. Ces fiches sont ensuite transmises à l'officier ou à l'agent de police judiciaire ayant assisté au prélèvement biologique.

Art. R. 235-11. - Le conducteur peut demander au procureur de la République, au juge d'instruction ou à la juridiction de jugement qu'il soit procédé à un examen technique ou à une expertise en application des articles 60, 77-1 et 156 du Code de procédure pénale.

De même, le conducteur peut demander qu'il soit procédé, dans les mêmes conditions, à la recherche de l'usage des médicaments psychoactifs pouvant avoir des effets sur la capacité de conduire le véhicule.

En cas d'examen technique ou d'expertise, ceux-ci sont confiés à un autre laboratoire ou à un autre expert répondant aux conditions fixées par l'article R. 235-9. Celui-ci pratique l'expertise de contrôle en se conformant aux méthodes prescrites en application de l'article R. 235-10.

La consignation et la transmission de ces résultats sont effectuées dans les conditions mentionnées à l'article R. 235-10.

Art. R. 235-12. - Les honoraires et indemnités de déplacement afférents aux épreuves de dépistage et aux examens cliniques, médicaux et biologiques prévus aux articles R. 235-4 et R. 235-6 sont calculés par référence aux articles R. 110, R. 111 et R. 117 du Code de procédure pénale.

Lorsqu'il est procédé à un examen clinique et à un prélèvement biologique en application des dispositions de l'article R. 235-6, il n'est dû qu'une seule indemnité de déplacement et les honoraires pour un seul acte.

Les frais afférents aux examens de laboratoire prévus par les articles R. 235-10 et R. 235-11 relatifs à la recherche et au dosage des produits stupéfiants et, le cas échéant, les frais afférents à la recherche des médicaments psychoactifs sont fixés conformément aux dispositions de l'article R. 118 du Code de procédure pénale.

Les frais afférents à l'acquisition des matériels de recueil et de dépistage prévus par l'article R. 235-3 sont fixés par arrêté conjoint du ministre de la justice et du ministre chargé du budget.

Les dispositions du présent article ne sont pas applicables aux recueils salivaires.

Art. R. 235-13. - Les dépenses visées à l'article précédent constituent des frais de justice criminelle, correctionnelle et de police.

Le paiement de ces frais a lieu conformément aux dispositions du titre X du livre V du Code de procédure pénale ».

CHAPITRE IV. – DISPOSITIONS APPLICABLES
À LA POLYNÉSIE FRANÇAISE

Art. R. 244-1 *(Mod., D. n° 2011-1048, 5 sept. 2011 ; D. n° 2017-198, 16 févr. 2017).* – Les articles R. 234-1, R. 234-2, R. 234-4 et R. 234-5 sont applicables en Polynésie française dans la rédaction suivante :

« Art. R. 234-1 (D. n° 2015-743, 24 juin 2015). – I – Même en l'absence de tout signe d'ivresse manifeste, est puni de l'amende prévue pour les contraventions de la quatrième classe le fait de conduire un véhicule sous l'empire d'un état alcoolique caractérisé par :

1° Une concentration d'alcool dans le sang égale ou supérieure à 0,20 gramme par litre ou par une concentration d'alcool dans l'air expiré égale ou supérieure à 0,10 milligramme par litre et inférieure aux seuils fixés à l'article L. 234-1, chez le conducteur d'un véhicule de transport en commun ainsi que chez le conducteur titulaire d'un permis de conduire soumis au délai probatoire défini l'article L. 223-1 ou en situation d'apprentissage définie à l'article R. 211-3 ;

2° Une concentration d'alcool dans le sang égale ou supérieure à 0,50 gramme par litre ou par une concentration d'alcool dans l'air expiré égale ou supérieure à 0,25 milligramme par litre et inférieure aux seuils fixés à l'article L. 234-1, chez les autres conducteurs.

II. – L'immobilisation peut être prescrite dans les conditions prévues aux articles L. 325-1 à L. 325-3.

III. – Toute personne coupable de l'une des infractions mentionnées au I encourt également la peine complémentaire de suspension du permis de conduire pour une durée de trois ans au plus, cette suspension pouvant être limitée à la conduite en dehors de l'activité professionnelle. »

« Art. R. 234-2. – Les opérations de dépistage de l'imprégnation alcoolique par l'air expiré, prévues par les articles L. 234-3 à L. 234-5 et L. 234-9 sont effectuées au moyen d'un appareil conforme à un type homologué selon des modalités définies par arrêté du ministre chargé de la santé publique, après avis du ministre chargé des transports, du ministre de l'Intérieur et du ministre chargé des armées. »

« Art. R. 234-4. – Lorsque, pour procéder aux vérifications prévues par les articles L. 234-4, L. 234-5 et L. 234-9, l'officier ou l'agent de police judiciaire fait usage d'un appareil homologué permettant de déterminer le taux d'alcool par l'analyse de l'air expiré, la vérification est faite selon les modalités ci-après :

1° Le délai séparant l'heure, selon le cas, de l'infraction ou de l'accident ou d'un dépistage positif effectué dans le cadre d'un contrôle ordonné par le procureur de la République ou effectué sur initiative de l'officier ou de l'agent de police judiciaire et l'heure de la vérification doit être le plus court possible ;

2° L'officier ou l'agent de police judiciaire, après avoir procédé à la mesure du taux d'alcool, en notifie immédiatement le résultat à la personne faisant l'objet de cette vérification. Il l'avise qu'il peut demander un second contrôle. Le procureur de la République, le juge d'instruction ou l'officier ou l'agent de police judiciaire ayant procédé à la vérification peuvent également décider qu'il sera procédé à un second contrôle. Celui-ci est alors effectué immédiatement, après vérification du bon fonctionnement de l'appareil ; le résultat en est immédiatement porté à la connaissance de l'intéressé. »

« Art. R. 234-5. – I. – Est puni de l'amende prévue pour les contraventions de la cinquième classe le fait pour une personne ayant été condamnée à la peine d'interdiction de conduire un véhicule qui ne soit pas équipé par un professionnel agréé ou par construction d'un dispositif homologué d'antidémarrage par éthylotest électronique de conduire un véhicule équipé d'un tel dispositif soit après que celui-ci a été utilisé par un tiers pour permettre le démarrage, soit après l'avoir neutralisé ou détérioré ou l'avoir utilisé dans des conditions empêchant la mesure exacte de son état d'imprégnation alcoolique.

Les dispositions du précédent alinéa sont également applicables lorsque les faits ont été commis :

– par une personne ayant accepté d'exécuter à titre de composition pénale la mesure prévue au 4° bis de l'article 41-2 du Code de procédure pénale, dès lors que la composition pénale a été validée dans les conditions prévues par cet article ;

– par une personne soumise à une interdiction de conduire un véhicule qui ne soit pas équipé, par un professionnel agréé ou par construction, d'un dispositif homologué d'antidémarrage par éthylotest électronique prononcée en application du 8° de l'article 138 du Code de procédure pénale, dans le cadre d'un contrôle judiciaire ou d'une assignation à résidence sous surveillance électronique.

II. – Le fait, par toute personne, de faciliter sciemment, par aide ou assistance, la préparation ou la consommation de la contravention prévue au I est puni de la même peine.

III. – Les personnes coupables des contraventions prévues au présent article encourent également les peines complémentaires suivantes :

1° La suspension du permis de conduire pour une durée de trois ans au plus, cette suspension ne pouvant pas être limitée à la conduite en dehors de l'activité professionnelle, ni être assortie du sursis, même partiellement ;

2° L'interdiction de conduire certains véhicules terrestres à moteur, y compris ceux pour la conduite desquels le permis de conduire n'est pas exigé, pour une durée de trois ans au plus ;

3° L'obligation d'accomplir, à ses frais, un stage de sensibilisation à la sécurité routière ;

4° La confiscation du véhicule dont le prévenu s'est servi pour commettre l'infraction, s'il en est propriétaire.

IV. – La récidive des contraventions prévues au présent article est réprimée conformément à l'article 132-11 du Code pénal.

V. – L'immobilisation du véhicule peut être prescrite dans les conditions prévues aux articles L. 325-1 à L. 325-3. »

Art. R. 244-2 *(Mod., D. n° 2013-9, 3 janv. 2013).* – Les articles R. 235-1 à R. 235-13 sont applicables en Polynésie française dans la rédaction suivante :

« Art. R. 235-1. - En vue de procéder aux épreuves de dépistage et, le cas échéant, aux analyses et examens médicaux, cliniques et biologiques prévus par l'article L. 235-2, le délai séparant, d'une part, l'heure de l'accident et, d'autre part, l'heure de l'épreuve de dépistage, et le cas échéant, des analyses et examens précités doit être le plus court possible.

Art. R. 235-2. - Pour l'application de l'article L. 235-2, doit être regardé comme étant un accident mortel de la circulation celui qui a des conséquences immédiatement mortelles.

Art. R. 235-3.-Les épreuves de dépistage prévues par l'article L. 235-2 sont effectuées par un médecin ou un biologiste, requis à cet effet par un officier ou agent de police judiciaire ou par un agent de police judiciaire adjoint, sur l'ordre et sous la responsabilité d'un officier de police judiciaire, qui leur fournit les matériels nécessaires au dépistage lorsqu'il s'agit d'un recueil urinaire.

Ces épreuves sont effectuées par un officier ou agent de police judiciaire ou par un agent de police judiciaire adjoint dans les conditions prévues à l'alinéa précédent, lorsqu'il s'agit d'un recueil salivaire.

Art. R. 235-4.-Les épreuves de dépistage réalisées à la suite d'un recueil de liquide biologique sont effectuées conformément aux méthodes et dans les conditions prescrites par un arrêté du ministre chargé de la santé, après avis du directeur général de l'Agence nationale de sécurité du médicament et des produits de santé, qui tient compte des particularités locales et qui précise notamment les critères de choix des réactifs et le modèle des fiches présentant les résultats. Lorsqu'il s'agit d'un recueil salivaire, cet arrêté est également pris par le ministre de la justice et par le ministre de l'intérieur et par le ministre chargé de l'outre-mer.

Ces fiches sont remises à l'officier, ou à l'agent de police judiciaire, ou à l'agent de police judiciaire adjoint, ou complétées par ces derniers lorsqu'il s'agit d'un recueil salivaire.

Art. R. 235-5. - Les analyses et examens médicaux, cliniques et biologiques prévus à l'article L. 235-2 comportent les opérations suivantes :

– examen clinique ;

– prélèvement biologique ;

– recherche et dosage des stupéfiants.

Art. R. 235-6. - L'examen clinique et le prélèvement biologique sont effectués par un médecin requis à cet effet par un officier ou un agent de police judiciaire. Le prélèvement biologique peut également être effectué par un biologiste requis dans les mêmes conditions.

Ce praticien effectue le prélèvement biologique à l'aide d'un nécessaire mis à sa disposition par un officier ou un agent de police judiciaire, en se conformant aux méthodes prescrites par un arrêté du ministre chargé de la santé, après avis du directeur général de l'Agence nationale de sécurité du médicament et des produits de santé, qui tient compte des particularités locales.

Un officier ou un agent de police judiciaire assiste au prélèvement biologique.

Art. R. 235-7. - Le prélèvement biologique est réparti entre deux flacons étiquetés et scellés par un officier ou agent de police judiciaire.

Art. R. 235-8. - En cas de décès du ou des conducteurs impliqués, le prélèvement des échantillons biologiques et l'examen du corps sont effectués soit dans les conditions fixées par les articles R. 235-5 et R. 235-6, soit par un médecin légiste au cours de l'autopsie judiciaire.

Les méthodes particulières de prélèvement et de conservation des échantillons biologiques applicables en cas de décès du ou des conducteurs impliqués sont fixées par un arrêté du ministre chargé de la santé, après avis du directeur général de l'Agence nationale de sécurité du médicament et des produits de santé, qui tient compte des particularités locales.

Art. R. 235-9. - L'officier ou l'agent de police judiciaire adresse les deux échantillons biologiques prélevés, accompagnés des résultats des épreuves de dépistage, à un expert inscrit sous une rubrique spéciale en toxicologie, sur la liste de la cour d'appel, ou à un laboratoire de police technique et scientifique.

Le laboratoire ou l'expert conserve un des deux flacons mentionnés à l'article R. 235-7 en vue d'une demande éventuelle d'un examen technique ou d'une expertise. Les conditions dans lesquelles est conservé cet échantillon sont fixées par un arrêté du ministre chargé de la santé, après avis du directeur général de l'Agence nationale de sécurité du médicament et des produits de santé, qui tient compte des particularités locales.

Art. R. 235-10. - La recherche et le dosage des produits stupéfiants sont pratiqués dans les conditions définies par un arrêté du ministre chargé de la santé, après avis du directeur général de l'Agence nationale de sécurité du médicament et des produits de santé, qui tient compte des particularités locales.

Les résultats des analyses et examens médicaux, cliniques et biologiques sont consignés sur les fiches mentionnées à l'article R. 235-4. Ces fiches sont ensuite transmises à l'officier ou à l'agent de police judiciaire ayant assisté au prélèvement biologique.

Art. R. 235-11. - Le conducteur peut demander au procureur de la République, au juge d'instruction ou à la juridiction de jugement qu'il soit procédé à un examen technique ou à une expertise en application des articles 60, 77-1 et 156 du Code de procédure pénale.

De même, le conducteur peut demander qu'il soit procédé, dans les mêmes conditions, à la recherche de l'usage des médicaments psychoactifs pouvant avoir des effets sur la capacité de conduire le véhicule.

En cas d'examen technique ou d'expertise, ceux-ci sont confiés à un autre laboratoire ou à un autre expert répondant aux conditions fixées par l'article R. 235-9. Celui-ci pratique l'expertise de contrôle en se conformant aux méthodes prescrites en application de l'article R. 235-10.

La consignation et la transmission de ces résultats sont effectuées dans les conditions mentionnées à l'article R. 235-10.

Art. R. 235-12. - Les honoraires et indemnités de déplacement afférents aux épreuves de dépistage et aux examens cliniques, médicaux et biologiques prévus aux articles R. 235-4 et R. 235-6 sont calculés par référence aux articles R. 110, R. 111 et R. 117 du Code de procédure pénale.

Lorsqu'il est procédé à un examen clinique et à un prélèvement biologique en application des dispositions de l'article R. 235-6, il n'est dû qu'une seule indemnité de déplacement et les honoraires pour un seul acte.

Les frais afférents aux examens de laboratoire prévus par les articles R. 235-10 et R. 235-11 relatifs à la recherche et au dosage des produits stupéfiants et, le cas échéant, les frais afférents à la recherche des médicaments psychoactifs sont fixés conformément aux dispositions de l'article R. 118 du Code de procédure pénale.

Les frais afférents à l'acquisition des matériels de recueil et de dépistage prévus par l'article R. 235-3 sont fixés par arrêté conjoint du ministre de la justice et du ministre chargé du budget.

Les dispositions du présent article ne sont pas applicables aux recueils salivaires.

Art. R. 235-13. - Les dépenses visées à l'article précédent constituent des frais de justice criminelle, correctionnelle et de police.

Le paiement de ces frais a lieu conformément aux dispositions du titre X du livre V du Code de procédure pénale. »

CHAPITRE V. – DISPOSITIONS APPLICABLES AU TERRITOIRE DES ÎLES WALLIS-ET-FUTUNA

Art. R. 245-1 *(Mod., D. n° 2007-1626, 16 nov. 2007 et rect. JO 20 nov. 2007 ; D. n° 2011-1048, 5 sept. 2011 ; D. n° 2017-198, 16 févr. 2017).* – Les articles R. 234-1, R. 234-2, R. 234-4 et R. 234-5 sont applicables au territoire des Iles Wallis-et-Futuna dans la rédaction suivante :

Art. R. 234-1 (D. n° 2015-743, 24 juin 2015). – I – Même en l'absence de tout signe d'ivresse manifeste, est puni de l'amende prévue pour les contraventions de la quatrième classe le fait de conduire un véhicule sous l'empire d'un état alcoolique caractérisé par :

1° Une concentration d'alcool dans le sang égale ou supérieure à 0,20 gramme par litre ou par une concentration d'alcool dans l'air expiré égale ou supérieure à 0,10 milligramme par litre et inférieure aux

seuils fixés à l'article L. 234-1, chez le conducteur d'un véhicule de transport en commun ainsi que chez le conducteur titulaire d'un permis de conduire soumis au délai probatoire défini à l'article L. 223-1 ou en situation d'apprentissage définie à l'article R. 211-3 ;

2° Une concentration d'alcool dans le sang égale ou supérieure à 0,50 gramme par litre ou par une concentration d'alcool dans l'air expiré égale ou supérieure à 0,25 milligramme par litre et inférieure aux seuils fixés à l'article L. 234-1, chez les autres conducteurs.

II. – L'immobilisation peut être prescrite dans les conditions prévues aux articles L. 325-1 à L. 325-3.

III. – Toute personne coupable de l'une des infractions mentionnées au I encourt également la peine complémentaire de suspension du permis de conduire pour une durée de trois ans au plus, cette suspension pouvant être limitée à la conduite en dehors de l'activité professionnelle.

Art. R. 234-2. - Les opérations de dépistage de l'imprégnation alcoolique par l'air expiré, prévues par les articles L. 234-3 à L. 234-5 et L. 234-9 sont effectuées au moyen d'un appareil conforme à un type homologué selon des modalités définies par arrêté du ministre chargé de la santé publique, après avis du ministre chargé des transports, du ministre de l'intérieur et du ministre chargé des armées.

Art. R. 234-4. - Lorsque, pour procéder aux vérifications prévues par les articles L. 234-4, L. 234-5 et L. 234-9, l'officier ou l'agent de police judiciaire fait usage d'un appareil homologué permettant de déterminer le taux d'alcool par l'analyse de l'air expiré, la vérification est faite selon les modalités ci-après :

1° Le délai séparant l'heure, selon le cas, de l'infraction ou de l'accident ou d'un dépistage positif effectué dans le cadre d'un contrôle ordonné par le procureur de la République ou effectué sur initiative de l'officier ou de l'agent de police judiciaire et l'heure de la vérification doit être le plus court possible ;

2° L'officier ou l'agent de police judiciaire, après avoir procédé à la mesure du taux d'alcool, en notifie immédiatement le résultat à la personne faisant l'objet de cette vérification. Il l'avise qu'il peut demander un second contrôle. Le procureur de la République, le juge d'instruction ou l'officier ou l'agent de police judiciaire ayant procédé à la vérification peuvent également décider qu'il sera procédé à un second contrôle. Celui-ci est alors effectué immédiatement, après vérification du bon fonctionnement de l'appareil ; le résultat en est immédiatement porté à la connaissance de l'intéressé.

Art. R. 234-5. - I. - Est puni de l'amende prévue pour les contraventions de la cinquième classe le fait pour une personne ayant été condamnée à la peine d'interdiction de conduire un véhicule qui ne soit pas équipé par un professionnel agréé ou par construction d'un dispositif homologué d'antidémarrage par éthylotest électronique de conduire un véhicule équipé d'un tel dispositif soit après que celui-ci a été utilisé par un tiers pour permettre le démarrage, soit après l'avoir neutralisé ou détérioré ou l'avoir utilisé dans des conditions empêchant la mesure exacte de son état d'imprégnation alcoolique.

Les dispositions du précédent alinéa sont également applicables lorsque les faits ont été commis :

– par une personne ayant accepté d'exécuter à titre de composition pénale la mesure prévue au 4° bis de l'article 41-2 du Code de procédure pénale, dès lors que la composition pénale a été validée dans les conditions prévues par cet article ;

– par une personne soumise à une interdiction de conduire un véhicule qui ne soit pas équipé, par un professionnel agréé ou par construction, d'un dispositif homologué d'antidémarrage par éthylotest électronique prononcée en application du 8° de l'article 138 du Code de procédure pénale, dans le cadre d'un contrôle judiciaire ou d'une assignation à résidence sous surveillance électronique.

II. - Le fait, par toute personne, de faciliter sciemment, par aide ou assistance, la préparation ou la consommation de la contravention prévue au I est puni de la même peine.

III. - Les personnes coupables des contraventions prévues au présent article encourent également les peines complémentaires suivantes :

1° La suspension du permis de conduire pour une durée de trois ans au plus, cette suspension ne pouvant pas être limitée à la conduite en dehors de l'activité professionnelle, ni être assortie du sursis, même partiellement ;

2° L'interdiction de conduire certains véhicules terrestres à moteur, y compris ceux pour la conduite desquels le permis de conduire n'est pas exigé, pour une durée de trois ans au plus ;

3° L'obligation d'accomplir, à ses frais, un stage de sensibilisation à la sécurité routière ;

4° La confiscation du véhicule dont le prévenu s'est servi pour commettre l'infraction, s'il en est propriétaire.

IV. - La récidive des contraventions prévues au présent article est réprimée conformément à l'article 132-11 du Code pénal.

V. - L'immobilisation du véhicule peut être prescrite dans les conditions prévues aux articles L. 325-1 à L. 325-3. »

Art. R. 245-2 *(Mod., D. n° 2013-9, 3 janv. 2013).* – Les articles R. 235-1 à R. 235-13 sont applicables dans les îles Wallis-et-Futuna dans la rédaction suivante :

« Art. R. 235-1. - En vue de procéder aux épreuves de dépistage et, le cas échéant, aux analyses et examens médicaux, cliniques et biologiques prévus par l'article L. 235-2, le délai séparant, d'une part, l'heure de l'accident et, d'autre part, l'heure de l'épreuve de dépistage et, le cas échéant, des analyses et examens précités doit être le plus court possible.

Art. R. 235-2. - Pour l'application de l'article L. 235-2, doit être regardé comme étant un accident mortel de la circulation celui qui a des conséquences immédiatement mortelles.

Art. R. 235-3.-Les épreuves de dépistage prévues par l'article L. 235-2 sont effectuées par un médecin ou un biologiste, requis à cet effet par un officier ou agent de police judiciaire, qui leur fournit les matériels nécessaires au dépistage lorsqu'il s'agit d'un recueil urinaire.

Ces épreuves sont effectuées par un officier ou agent de police judiciaire dans les conditions prévues à l'alinéa précédent, lorsqu'il s'agit d'un recueil salivaire.

Art. R. 235-4.-Les épreuves de dépistage réalisées à la suite d'un recueil de liquide biologique sont effectuées conformément aux méthodes et dans les conditions prescrites par un arrêté du ministre chargé de la santé, après avis du directeur général de l'Agence nationale de sécurité du médicament et des produits de santé, qui tient compte des particularités locales et qui précise notamment les critères de choix des réactifs et le modèle des fiches présentant les résultats. Lorsqu'il s'agit d'un recueil salivaire, cet arrêté est également pris par le ministre de la justice, par le ministre de l'intérieur et par le ministre chargé de l'outre-mer.

Ces fiches sont remises à l'officier ou l'agent de police judiciaire ou complétées par ces derniers lorsqu'il s'agit d'un recueil salivaire.

Art. R. 235-5. - Les analyses et examens médicaux, cliniques et biologiques prévus à l'article L. 235-2 comportent les opérations suivantes :

– examen clinique ;

– prélèvement biologique ;

– recherche et dosage des stupéfiants.

Art. R. 235-6. - L'examen clinique et le prélèvement biologique sont effectués par un médecin requis à cet effet par un officier ou un agent de police judiciaire. Le prélèvement biologique peut également être effectué par un biologiste requis dans les mêmes conditions.

Ce praticien effectue le prélèvement biologique à l'aide d'un nécessaire mis à sa disposition par un officier ou un agent de police judiciaire, en se conformant aux méthodes prescrites par un arrêté du ministre chargé de la santé, après avis du directeur général de l'Agence nationale de sécurité du médicament et des produits de santé, qui tient compte des particularités locales.

Un officier ou un agent de police judiciaire assiste au prélèvement biologique.

Art. R. 235-7. - Le prélèvement biologique est réparti entre deux flacons étiquetés et scellés par un officier ou agent de police judiciaire.

Art. R. 235-8. - En cas de décès du ou des conducteurs impliqués, le prélèvement des échantillons biologiques et l'examen du corps sont effectués soit dans les conditions fixées par les articles R. 235-5 et R. 235-6, soit par un médecin légiste au cours de l'autopsie judiciaire.

Les méthodes particulières de prélèvement et de conservation des échantillons biologiques applicables en cas de décès du ou des conducteurs impliqués sont fixées par un arrêté du ministre chargé de la santé, après avis du directeur général de l'Agence nationale de sécurité du médicament et des produits de santé, qui tient compte des particularités locales.

Art. R. 235-9. - L'officier ou l'agent de police judiciaire adresse les deux échantillons biologiques prélevés, accompagnés des résultats des épreuves de dépistage, à un expert inscrit sous une rubrique spéciale en toxicologie, sur la liste de la cour d'appel, ou à un laboratoire de police technique et scientifique.

Le laboratoire ou l'expert conserve un des deux flacons mentionnés à l'article R. 235-7 en vue d'une demande éventuelle d'un examen technique ou d'une expertise. Les conditions dans lesquelles est conservé cet échantillon sont fixées par un arrêté du ministre chargé de la santé, après avis du directeur général de l'Agence nationale de sécurité du médicament et des produits de santé, qui tient compte des particularités locales.

Art. R. 235-10. - La recherche et le dosage des produits stupéfiants sont pratiqués dans les conditions définies par un arrêté du ministre chargé de la santé, après avis du directeur général de l'Agence nationale de sécurité du médicament et des produits de santé, qui tient compte des particularités locales.

Les résultats des analyses et examens médicaux, cliniques et biologiques sont consignés sur les fiches mentionnées à l'article R. 235-4. Ces fiches sont ensuite transmises à l'officier ou à l'agent de police judiciaire ayant assisté au prélèvement biologique.

Art. R. 235-11. - Le conducteur peut demander au procureur de la République, au juge d'instruction ou à la juridiction de jugement qu'il soit procédé à un examen technique ou à une expertise en application des articles 60, 77-1 et 156 du Code de procédure pénale.

De même, le conducteur peut demander qu'il soit procédé, dans les mêmes conditions, à la recherche de l'usage des médicaments psychoactifs pouvant avoir des effets sur la capacité de conduire le véhicule.

En cas d'examen technique ou d'expertise, ceux-ci sont confiés à un autre laboratoire ou à un autre expert répondant aux conditions fixées par l'article R. 235-9. Celui-ci pratique l'expertise de contrôle en se conformant aux méthodes prescrites en application de l'article R. 235-10.

La consignation et la transmission de ces résultats sont effectuées dans les conditions mentionnées à l'article R. 235-10.

Art. R. 235-12. - Les honoraires et indemnités de déplacement afférents aux épreuves de dépistage et aux examens cliniques, médicaux et biologiques prévus aux articles R. 235-4 et R. 235-6 sont calculés par référence aux articles R. 110, R. 111 et R. 117 du Code de procédure pénale.

Lorsqu'il est procédé à un examen clinique et à un prélèvement biologique en application des dispositions de l'article R. 235-6, il n'est dû qu'une seule indemnité de déplacement et les honoraires pour un seul acte.

Les frais afférents aux examens de laboratoire prévus par les articles R. 235-10 et R. 235-11 relatifs à la recherche et au dosage des produits stupéfiants et, le cas échéant, les frais afférents à la recherche des médicaments psychoactifs sont fixés conformément aux dispositions de l'article R. 118 du Code de procédure pénale.

Les frais afférents à l'acquisition des matériels de recueil et de dépistage prévus par l'article R. 235-3 sont fixés par arrêté conjoint du ministre de la justice et du ministre chargé du budget.

Les dispositions du présent article ne sont pas applicables aux recueils salivaires.

Art. R. 235-13. - Les dépenses visées à l'article précédent constituent des frais de justice criminelle, correctionnelle et de police.

Le paiement de ces frais a lieu conformément aux dispositions du titre X du livre V du Code de procédure pénale. »

LIVRE TROISIÈME. – LE VÉHICULE

TITRE PREMIER. – DISPOSITIONS TECHNIQUES

CHAPITRE I. – DISPOSITIONS GÉNÉRALES ET DÉFINITIONS

Art. R. 311-1 *(Rempl., D. n° 2009-497, 30 avr. 2009 ; mod., D. n° 2016-448, 13 avr. 2016 ; D. n° 2016-697, 27 mai 2016 ; D. n° 2017-15, 6 janv. 2017 ; D. n° 2017-208, 20 févr. 2017).* – **Pour l'application du présent code, les termes ci-après ont le sens qui leur est donné dans le présent article :**

1. Véhicules de catégorie M : véhicules à moteur conçus et construits pour le transport de personnes et ayant au moins quatre roues ;

1.1. Véhicule de catégorie M1 : véhicule conçu et construit pour le transport de personnes et comportant, outre le siège du conducteur, huit places assises au maximum ;

1.2. Véhicule de catégorie M2 : véhicule conçu et construit pour le transport de personnes, comportant, outre le siège du conducteur, plus de huit places assises et ayant un poids maximal inférieur ou égal à 5 tonnes ;

1.3. Véhicule de catégorie M3 : véhicule conçu et construit pour le transport de personnes, comportant, outre le siège du conducteur, plus de huit places assises et ayant un poids maximal supérieur à 5 tonnes ;

1.4. Voiture particulière : véhicule de catégorie M1 ne répondant pas à la définition du véhicule de la catégorie L6e ou L7e et ayant un poids total autorisé en charge inférieur ou égal à 3,5 tonnes ;

1.5. Véhicule de transport en commun : véhicule de catégorie M2 ou M3 ;

1.6. Autobus : véhicule de transport en commun qui, par sa construction et son aménagement, est affecté au transport en commun de personnes et de leurs bagages ;

1.7. Autocar : autobus, répondant à des caractéristiques définies par arrêté du ministre chargé des transports, affecté au transport de personnes sur de longues distances et permettant le transport des occupants du véhicule principalement en places assises ;

1.8. Autobus articulé ou autocar articulé : autobus ou autocar composé d'au moins deux tronçons rigides reliés entre eux par des sections articulées, lesquelles permettent la libre circulation des voyageurs ; les sections rigides sont reliées de façon permanente et ne peuvent être disjointes que par une opération nécessitant des installations spécifiques.

1.9. Véhicule de transport en commun d'enfants : véhicule de catégorie M2 ou M3 affecté à titre principal au transport de personnes de moins de dix-huit ans, quel que soit le motif du déplacement ;

1.10. Véhicule affecté au transport d'enfants : véhicule comportant, outre le siège du conducteur, huit places assises au maximum défini aux points 1.4 et 6.7 du présent article assurant un transport organisé à titre principal pour des personnes de moins de dix-huit ans, quel que soit le motif du déplacement.

2. Véhicules de catégorie N : véhicules à moteur conçus et construits pour le transport de marchandises et ayant au moins quatre roues :

2.1. Véhicule de catégorie N1 : véhicule conçu et construit pour le transport de marchandises ayant un poids maximal inférieur ou égal à 3,5 tonnes ;

2.2. Véhicule de catégorie N2 : véhicule conçu et construit pour le transport de marchandises ayant un poids maximal supérieur à 3,5 tonnes et inférieur ou égal à 12 tonnes ;

2.3. Véhicule de catégorie N3 : véhicule conçu et construit pour le transport de marchandises ayant un poids maximal supérieur à 12 tonnes ;

2.4. Camionnette : véhicule de catégorie N1 ne répondant pas à la définition du véhicule de catégorie L6e ou L7e.

3. Véhicules de catégorie O : véhicules remorqués :

3.1. Véhicule de catégorie O1 : véhicule remorqué ayant un poids maximal inférieur ou égal à 0,75 tonne ;

3.2. Véhicule de catégorie O2 : véhicule remorqué ayant un poids maximal supérieur à 0,75 tonne et inférieur ou égal à 3,5 tonnes ;

3.3. Véhicule de catégorie O3 : véhicule remorqué ayant un poids maximal supérieur à 3,5 tonnes et inférieur ou égal à 10 tonnes ;

3.4. Véhicule de catégorie O4 : véhicule remorqué ayant un poids maximal supérieur à 10 tonnes ;

3.5. Remorque : véhicule non automoteur sur roues, destiné à être tracé par un autre véhicule ;

3.6. Semi-remorque : remorque dont une partie appréciable de son poids et du poids de son chargement est supportée par le véhicule tracteur.

4. Véhicules de catégorie L : véhicules à moteur à deux ou trois roues et quadricycles à moteur :

4.1. Véhicule de catégorie L1e : véhicule à deux roues dont la vitesse maximale par construction est égale ou supérieure à 6 km/h et ne dépasse pas 45 km/h et équipé d'un moteur d'une cylindrée ne dépassant pas 50 cm^3 s'il est à combustion interne ou d'une puissance maximale nette n'excédant pas 4 kilowatts pour les autres types de moteur ;

4.2. Véhicule de catégorie L2e : véhicule à trois roues (L2e) dont la vitesse maximale par construction est égale ou supérieure à 6 km/h et ne dépasse pas 45 km/h et équipé d'un moteur d'une cylindrée ne dépassant pas 50 cm^3 s'il est à allumage commandé ou d'une puissance maximale nette n'excédant pas 4 kilowatts pour les autres types de moteur ;

4.3. Véhicule de catégorie L3e : véhicule à deux roues sans side-car, équipé d'un moteur d'une cylindrée supérieure à 50 cm^3 s'il est à combustion interne et/ou dont la vitesse maximale par construction est supérieure à 45 km/h ;

4.4. Véhicule de catégorie L4e : véhicule à deux roues avec side-car, équipé d'un moteur d'une cylindrée supérieure à 50 cm^3 s'il est à combustion interne et/ou dont la vitesse maximale par construction est supérieure à 45 km/h ;

4.5. Véhicule de catégorie L5e : véhicule à trois roues symétriques, équipé d'un moteur d'une cylindrée supérieure à 50 cm^3 s'il est à combustion interne et/ou dont la vitesse maximale par construction est supérieure à 45 km/h ;

4.6. Véhicule de catégorie L6e : véhicule à moteur à quatre roues dont le poids à vide n'excède pas 350 kilogrammes, la vitesse maximale par construction est égale ou supérieur à 6 km/h et ne dépasse pas 45 km/h et la cylindrée n'excède pas 50 cm^3 pour les moteurs à allumage commandé ou dont la puissance maximale nette n'excède pas 4 kilowatts pour les autres types de moteur ;

4.7. Véhicule de catégorie L7e : véhicule à moteur à quatre roues dont la puissance maximale nette du moteur est inférieure ou égale à 15 kilowatts, le poids à vide n'excède pas 550 kilogrammes pour les quadricycles affectés au transport de marchandises et 400 kilogrammes pour les quadricycles destinés au transport de personnes, et qui n'est pas de catégorie L6e ;

4.8. Cyclomoteur : véhicule de catégorie L1e ou L2e ;

4.9. Motocyclette : véhicule de catégorie L3e ou L4e et dont la puissance n'excède pas 73,6 kilowatts (100 ch) ; l'adjonction d'un side-car à une motocyclette ne modifie pas le classement de celle-ci ;

4.10. Motocyclette légère : motocyclette dont la cylindrée n'excède pas 125 cm^3 et dont la puissance n'excède pas 11 kilowatts ; les motocyclettes qui, avant le 5 juillet 1996, étaient considérées comme motocyclettes légères ou qui avaient été réceptionnées comme telles restent classées dans ces catégories après cette date, à l'exception des véhicules à deux roues à moteur dont la cylindrée n'excède pas 50 cm^3 et dont la vitesse n'excède pas 45 km/h munis d'un embrayage ou d'une boîte de vitesses non automatique qui sont des cyclomoteurs ; les véhicules à deux roues à moteur d'une cylindrée n'excédant pas 125 cm^3 mis en circulation sous le genre « vélomoteur » avant le 1er mars 1980 sont considérés comme des motocyclettes légères ; l'adjonction d'un side-car à une motocyclette légère ne modifie pas le classement de celle-ci ;

4.11. Tricycle à moteur : véhicule de catégorie L5e, dont le poids à vide n'excède pas 1 000 kilogrammes, la charge utile n'excède pas 1 500 kilogrammes pour les tricycles destinés au transport de marchandises et 300 kilogrammes pour les tricycles destinés au transport de personnes ;

4.12. Quadricycle léger à moteur : véhicule de catégorie L6e, dont la charge utile n'excède pas 200 kilogrammes ;

4.13. Quadricycle lourd à moteur : véhicule de catégorie L7e, dont la charge utile n'excède pas 1 000 kilogrammes s'ils sont destinés au transport de marchandises et 200 kilogrammes s'ils sont destinés au transport de personnes.

5. Véhicules agricoles ou forestiers : un véhicule destiné à l'exploitation forestière est assimilé à la catégorie correspondante du véhicule agricole ;

5.1. Véhicules de catégorie T (à roues) ou C (à chenilles) : véhicules agricoles à moteur :

5.1.1. Tracteur agricole : véhicule à moteur, à roues ou à chenilles, ayant au moins deux essieux et une vitesse maximale par construction égale ou supérieure à 6 km/h, dont la fonction réside essentiellement dans sa puissance de traction et qui est spécialement conçu pour tirer, pousser, porter ou actionner certains équipements interchangeables destinés à des usages agricoles ou tracter des véhicules remorqués agricoles ;

5.1.2. Véhicule de catégorie T1 ou C1 : tracteur agricole dont la vitesse maximale par construction n'est pas supérieure à 40 km/h, dont la voie minimale de l'essieu le plus proche du conducteur est égale ou supérieure à 1 150 mm, la masse à vide en ordre de marche supérieure à 600 kilogrammes et la garde au sol inférieure ou égale à 1 000 mm ;

5.1.3. Véhicule de catégorie T2 ou C2 : tracteur agricole dont la vitesse maximale par construction n'est pas supérieure à 40 km/h, dont la voie minimale est inférieure à 1 150 mm, la masse à vide en ordre de marche supérieure à 600 kilogrammes et la garde au sol inférieure ou égale à 600 mm ;

5.1.4. Véhicule de catégorie T3 ou C3 : tracteur agricole dont la vitesse maximale par construction n'est pas supérieure à 40 km/h d'une masse à vide en ordre de marche inférieure ou égale à 600 kilogrammes ;

5.1.5. Véhicule de catégorie T4 ou C4 : tracteur agricole spécial dont la vitesse maximale par construction n'est pas supérieure à 40 km/h ;

5.1.6. Véhicule de catégorie T5 ou C5 : tracteur agricole à vitesse maximale par construction supérieure à 40 km/h ;

5.2. Véhicules de catégorie R : véhicules agricoles remorqués :

5.2.1. Remorque agricole : véhicule remorqué destiné au transport et conçu pour être attelé à un tracteur agricole ou à une machine agricole automotrice ;

5.2.2. Semi-remorque agricole : remorque agricole dont une partie de son poids et du poids de son chargement repose en partie sur le véhicule tracteur ;

5.2.3. Est assimilé à un véhicule agricole remorqué tout véhicule remorqué comportant un outil à demeure si le rapport entre le poids total en charge et le poids à vide du véhicule est supérieur ou égal à la valeur 3 et si le véhicule n'est pas conçu pour le traitement de matières ;

5.2.4. Véhicule de catégorie R1a : remorque ou semi-remorque agricole ayant un poids maximal sur l'ensemble de ses essieux inférieur ou égal à 1 500 kilogrammes et conçue pour une vitesse inférieure ou égale à 40 km/h ;

5.2.5. Véhicule de catégorie R1b : remorque ou semi-remorque agricole ayant un poids maximal sur l'ensemble de ses essieux inférieur ou égal à 1 500 kilogrammes et conçue pour une vitesse supérieure à 40 km/h ;

5.2.6. Véhicule de catégorie R2a : remorque ou semi-remorque agricole ayant un poids maximal sur l'ensemble de ses essieux supérieur à 1 500 kilogrammes et inférieur ou égal à 3 500 kilogrammes et conçue pour une vitesse inférieure ou égale à 40 km/h ;

5.2.7. Véhicule de catégorie R2b : remorque ou semi-remorque agricole ayant un poids maximal sur l'ensemble de ses essieux supérieur à 1 500 kilogrammes et inférieur ou égal à 3 500 kilogrammes et conçue pour une vitesse supérieure à 40 km/h ;

5.2.8. Véhicule de catégorie R3a : remorque ou semi-remorque agricole ayant un poids maximal sur l'ensemble de ses essieux supérieur à 3 500 kilogrammes et inférieur ou égal à 21 000 kilogrammes et conçue pour une vitesse inférieure ou égale à 40 km/h ;

5.2.9. Véhicule de catégorie R3b : remorque ou semi-remorque agricole ayant un poids maximal sur l'ensemble de ses essieux supérieur à 3 500 kilogrammes et inférieur ou égal à 21 000 kilogrammes et conçue pour une vitesse supérieure à 40 km/h ;

5.2.10. Véhicule de catégorie R4a : remorque ou semi-remorque agricole ayant un poids maximal sur l'ensemble de ses essieux supérieur à 21 000 kilogrammes et conçue pour une vitesse inférieure ou égale à 40 km/h ;

5.2.11. Véhicule de catégorie R4b : remorque ou semi-remorque agricole ayant un poids maximal sur l'ensemble de ses essieux supérieur à 21 000 kilogrammes et conçue pour une vitesse supérieure à 40 km/h ;

5.3. Véhicules de catégorie S : machines ou instruments agricoles remorqués :

5.3.1. Machine ou instrument agricole remorqué : véhicule remorqué non destiné principalement au transport et conçu pour être attelé à un tracteur agricole ou à une machine agricole automotrice et qui modifie la fonction du véhicule tracteur ou lui apporte une fonction nouvelle ;

5.3.2. Est assimilé à une machine ou instrument agricole remorqué tout véhicule comportant un outil à demeure ou conçu pour le traitement des matières, si le rapport entre le poids total en charge et le poids à vide du véhicule est inférieur à la valeur 3 ;

5.3.3. Véhicule de catégorie S1a : machine ou instrument agricole remorqué ayant un poids maximal sur l'ensemble de ses essieux inférieur ou égal à 3,5 tonnes et conçu pour une vitesse inférieure ou égale à 40 km/h ;

5.3.4. Véhicule de catégorie S1b : machine ou instrument agricole remorqué ayant un poids maximal sur l'ensemble de ses essieux inférieur ou égal à 3,5 tonnes et conçu pour une vitesse supérieure à 40 km/h ;

5.3.5. Véhicule de catégorie S2a : machine ou instrument agricole remorqué ayant un poids maximal sur l'ensemble de ses essieux supérieur à 3,5 tonnes et conçu pour une vitesse inférieure ou égale à 40 km/h ;

5.3.6. Véhicule de catégorie S2b : machine ou instrument agricole remorqué ayant un poids maximal sur l'ensemble de ses essieux supérieur à 3,5 tonnes et conçu pour une vitesse supérieure à 40 km/h ;

5.4. Machine agricole automotrice : appareil pouvant évoluer par ses propres moyens, normalement destiné à l'exploitation agricole et dont la vitesse de marche par construction ne peut excéder 25 km/h en palier ; cette vitesse est portée à 40 km/h pour les appareils dont la largeur est inférieure ou égale à 2,55 mètres et dont les limites de cylindrée ou de puissance sont supérieures à celles de la catégorie L6e. Des dispositions spéciales définies par arrêté du ministre chargé des transports, prises après consultation du ministre chargé de l'agriculture, sont applicables aux machines agricoles automotrices à un seul essieu.

6. Autres véhicules :

6.1. Engin de service hivernal : véhicule à moteur de transport de marchandises, d'un poids total autorisé en charge supérieur à 3,5 tonnes, ou tracteur agricole appartenant aux collectivités gestionnaires des voies publiques ou aux personnes agissant pour leur compte, lorsqu'ils sont équipés d'outils spécifiques destinés à lutter contre le verglas ou la neige sur les voies ouvertes à la circulation publique ; un arrêté du ministre chargé des transports définit les caractéristiques de ces outils ;

6.2. Engin spécial : engin automoteur ou remorqué servant à l'élévation, au gerbage ou au transport de produits de toute nature, à l'exclusion du transport de personnes autres que le conducteur et éventuellement un convoyeur, et dont la vitesse ne peut excéder par construction 25 km/h ;

6.3. Véhicule présentant un intérêt historique (véhicule dit de collection) : véhicule qui remplit l'ensemble des conditions suivantes :

– il a été construit ou immatriculé pour la première fois il y a au moins trente ans ;

– son type particulier, tel que défini par la législation pertinente de l'Union européenne ou nationale, n'est plus produit ;

– il est préservé sur le plan historique et maintenu dans son état d'origine, et aucune modification essentielle n'a été apportée aux caractéristiques techniques de ses composants principaux ;

6.4. Véhicule d'intérêt général : véhicule d'intérêt général prioritaire ou bénéficiant de facilités de passage ;

6.5. Véhicule d'intérêt général prioritaire : véhicule des services de police, de gendarmerie, des douanes, de lutte contre l'incendie, d'intervention des services de déminage de l'État, d'intervention des unités mobiles hospitalières ou, à la demande du service d'aide médicale urgente, affecté exclusivement à l'intervention de ces unités et du ministère de la justice affecté au transport des détenus ou au rétablissement de l'ordre dans les établissements pénitentiaires ;

6.6. Véhicule d'intérêt général bénéficiant de facilités de passage : ambulance de transport sanitaire, véhicule d'intervention d'Electricité de France et de Gaz de France, du service de la surveillance de la Société nationale des chemins de fer français, du service de la surveillance de la Régie autonome des transports parisiens, de transports de fonds de la Banque de France, des associations médicales concourant à la permanence des soins, des médecins lorsqu'ils participent à la garde départementale, de transports de produits sanguins et d'organes humains, engin de service hivernal et, sur autoroutes ou routes à deux chaussées séparées, véhicule d'intervention des services gestionnaires de ces voies ;

6.7. Véhicule spécialisé : véhicule de catégorie M, N, O, T ou C prévu pour une fonction qui requiert un aménagement ou un équipement spécifique ;

6.8. Véhicule spécialisé dans les opérations de remorquage : véhicule spécialisé dont l'aménagement comporte un engin de levage installé à demeure permettant le remorquage d'un véhicule en panne ou accidenté avec ou sans soulèvement du train avant ou du train arrière de ce dernier ;

6.9. Matériel de travaux publics : matériel spécialement conçu pour les travaux publics, ne servant pas normalement sur route au transport de marchandises ou de personnes autres que deux convoyeurs et dont la liste est établie par le ministre chargé des transports ;

6.10. Cycle : véhicule ayant au moins deux roues et propulsé exclusivement par l'énergie musculaire des personnes se trouvant sur ce véhicule, notamment à l'aide de pédales ou de manivelles ;

6.11. Cycles à pédalage assisté : cycle équipé d'un moteur auxiliaire électrique d'une puissance nominale continue maximale de 0,25 kilowatt, dont l'alimentation est réduite progressivement et finalement interrompue lorsque le véhicule atteint une vitesse de 25 km/h, ou plus tôt si le cycliste arrête de pédaler ;

6.12. Bateau amphibie : bateau normalement destiné à des activités de loisirs ou de sauvetage, équipé de roues ou de chenilles, à caractère routier non prédominant, pouvant transporter au plus trois personnes autres que le conducteur et dont la vitesse maximale par construction ne peut excéder 25 km/h.

7. Ensemble de véhicules :

7.1. Train double : ensemble composé d'un véhicule articulé et d'une semi-remorque dont l'avant repose soit sur un avant-train, soit sur le train roulant arrière coulissant de la première semi-remorque qui tient alors lieu d'avant-train ;

7.2. Train routier : ensemble constitué d'un véhicule à moteur auquel est attelée une remorque ou une semi-remorque dont l'avant repose sur un avant-train ;

7.3. Véhicule articulé : ensemble composé d'un véhicule tracteur et d'une semi-remorque.

Art. R. 311-2. – La masse des batteries de propulsion des motocyclettes, des quadricycles et tricycles à moteur et des cyclomoteurs électriques n'est pas prise en compte pour la détermination des poids visés au présent titre.

Art. R. 311-3. – En cas d'infraction aux dispositions du présent titre, si le mauvais état du véhicule crée un danger important pour les autres usagers ou constitue une menace pour l'intégrité de la chaussée, l'immobilisation peut être prescrite dans les conditions prévues aux articles L. 325-1 à L. 325-3.

Art. D. 311-4 *(D. n° 2017-589, 20 avr. 2017)*. – À l'occasion des contrôles des véhicules et de leurs conducteurs, sont seuls compétents pour procéder, en application de l'article L. 311-2, aux opérations permettant d'accéder aux informations et aux données numériques embarquées relatives à l'identification et à la conformité du véhicule et de ses composants les officiers ou agents de police judiciaire de la gendarmerie ou de la police nationales territorialement compétents ainsi que les fonctionnaires ou agents de l'État chargés du contrôle des transports terrestres placés sous l'autorité du ministre chargé des transports et détenteurs d'un dispositif technique permettant la lecture de ces informations et données.

« Lorsqu'elles sont de nature physique, les informations et données relatives à l'identification et à la conformité du véhicule et de ses composants peuvent être relevées par l'ensemble des agents habilités à procéder à ces contrôles conformément aux dispositions du Code de procédure pénale ou du présent code. »

CHAPITRE II. – POIDS ET DIMENSIONS

Section I. – Poids

Art. R. 312-1. – Le poids à vide d'un véhicule s'entend du poids du véhicule en ordre de marche comprenant le châssis avec les accumulateurs et le réservoir d'eau rempli, les réservoirs à carburant ou les gazogènes remplis, la carrosserie, les équipements normaux, les roues et les pneus de rechange et l'outillage courant normalement livrés avec le véhicule.

Le poids total d'un véhicule articulé, d'un ensemble de véhicules ou d'un train double est appelé poids « total roulant » du véhicule articulé, de l'ensemble de véhicules ou du train double.

Le ministre chargé des transports fixe par arrêté la définition du poids à vide et de la charge utile des motocyclettes, des tricycles et des quadricycles à moteur et des cyclomoteurs.

Art. R. 312-2 *(D. n° 2011-368, 4 avr. 2011 ; D. n° 2016-448, 13 avr. 2016)*. – Il est interdit de faire circuler un véhicule ou un élément de véhicule dont le poids réel excède le poids total autorisé en charge fixé par le service en charge des réceptions désigné par arrêté par le ministre chargé des transports ou par l'autorité compétente d'un État membre de la Communauté européenne et inscrit sur le certificat d'immatriculation de chaque véhicule ou élément de véhicule.

Il est interdit de faire circuler un véhicule ou un élément de véhicule dont un essieu supporte une charge réelle qui excède le poids maximal autorisé pour cet essieu.

Il est interdit de faire circuler un ensemble de véhicules, un véhicule articulé ou un train double dont le poids total roulant réel dépasse le poids total roulant autorisé fixé par la direction régionale de l'industrie, de la recherche et de l'environnement ou par l'autorité compétente d'un État membre de la Communauté européenne et inscrit sur le certificat d'immatriculation du véhicule tracteur.

Les conditions de circulation du véhicule tracteur d'un véhicule articulé même non attelé d'une semi-remorque sont déterminées par son poids total roulant autorisé.

Le ministre chargé des transports détermine par arrêté les modalités d'application du présent article et les conditions dans lesquelles des dérogations peuvent être accordées à certains ensembles de véhicules circulant à vitesse réduite et aux matériels de travaux publics.

Toute infraction aux dispositions du présent article ou à celles prises pour son application est punie :

a) Pour un véhicule ou un élément de véhicule d'un poids total autorisé en charge inférieur ou égal à 3,5 tonnes : de l'amende prévue pour les contraventions de la quatrième classe pour le dépassement jusqu'à 0,5 tonne du poids autorisé et, pour un dépassement supérieur, de la même amende prononcée autant de fois qu'il y a de tranches de dépassement de 0,5 tonne ;

b) Pour un ensemble de véhicules d'un poids total roulant autorisé inférieur ou égal à 3,5 tonnes : de l'amende prévue pour les contraventions de la quatrième classe pour le dépassement jusqu'à 0,5 tonne du poids autorisé et, pour un dépassement supérieur, de la même amende prononcée autant de fois qu'il y a de tranches de dépassement de 0,5 tonne ;

c) Pour un véhicule ou un élément de véhicule d'un poids total autorisé en charge supérieur à 3,5 tonnes : de l'amende prévue pour les contraventions de la quatrième classe pour le dépassement jusqu'à une tonne du poids autorisé et, pour un dépassement supérieur, de la même amende prononcée autant de fois qu'il y a de tranches de dépassement d'une tonne ;

d) Pour un ensemble de véhicules d'un poids total roulant autorisé supérieur à 3,5 tonnes : de l'amende prévue pour les contraventions de la quatrième classe pour le dépassement jusqu'à une tonne du poids autorisé et, pour un dépassement supérieur, de la même amende prononcée autant de fois qu'il y a de tranches de dépassement d'une tonne ;

e) Pour chaque essieu, de l'amende prévue pour les contraventions de la quatrième classe pour le dépassement jusqu'à 0,3 tonne du poids maximal autorisé pour cet essieu et, pour un dépassement supérieur, de la même amende prononcée autant de fois qu'il y a de tranches de dépassement de 0,3 tonne.

Toutefois, lorsqu'il est constaté une infraction aux dispositions du présent article en ce qui concerne le poids total autorisé en charge ou le poids total roulant autorisé, et qu'il est constaté concomitamment une infraction aux dispositions de l'article R. 312-4 similaire, seule l'infraction la plus grave est retenue et réprimée.

Lorsqu'il est constaté une infraction aux dispositions du présent article en ce qui concerne la charge à l'essieu, et qu'il est constaté concomitamment pour le même essieu une infraction aux dispositions des articles R. 312-5 ou R. 312-6, seule l'infraction la plus grave est retenue et réprimée.

En cas de dépassement du poids autorisé excédant 5 %, l'immobilisation peut être prescrite dans les conditions prévues aux articles L. 325-1 à L. 325-3.

Art. R. 312-3 *(D. n° 2011-368, 4 avr. 2011)*. – Le poids réel de la remorque ou des remorques attelées derrière un véhicule tracteur ne peut excéder 1,3 fois le poids réel de celui-ci.

Toutefois dans le cas où le poids total roulant réel d'un ensemble constitué d'un véhicule tracteur et d'une remorque est supérieur à 32 tonnes, le coefficient 1,3 ci-dessus est majoré d'une valeur égale à 80 % du rapport entre la partie du poids total roulant réel excédant 32 tonnes et 32 tonnes, sans pouvoir être supérieur à 1,5.

Le poids total en charge des remorques des motocyclettes, des tricycles et des quadricycles à moteur, des cyclomoteurs ne peut dépasser 50 % du poids à vide du véhicule tracteur.

Les dispositions du présent article ne sont pas applicables aux remorques des cycles et aux véhicules à traction animale.

Le ministre chargé des transports détermine par arrêté les modalités d'application du présent article et les conditions dans lesquelles des dérogations peuvent être accordées à certains ensembles de véhicules circulant à vitesse réduite et aux matériels de travaux publics et aux véhicules agricoles.

Toute infraction aux dispositions du présent article ou à celles prises pour son application est punie de l'amende prévue pour les contraventions de la quatrième classe pour le dépassement jusqu'à 0,1 du coefficient autorisé et, pour un dépassement supérieur, de la même amende prononcée autant de fois qu'il y a de tranches de dépassement de 0,1 du coefficient autorisé.

En cas de dépassement du poids autorisé excédant 5 %, l'immobilisation peut être prescrite dans les conditions prévues aux articles L. 325-1 à L. 325-3.

Art. R. 312-4 *(Mod., D. n° 2009-949, 29 juill. 2009 ; D. n° 2011-64, 17 janv. 2011 ; D. n° 2011-368, 4 avr. 2011 ; D. n° 2012-1359, 4 déc. 2012 ; D. n° 2016-448, 13 avr. 2016)*. – I. – Le poids total autorisé en charge d'un véhicule ne doit pas dépasser les limites suivantes :

1° Véhicule à moteur à deux essieux, ou remorque à deux essieux : 19 tonnes ;

2° Véhicule à moteur à trois essieux, ou véhicule remorqué à trois essieux ou plus : 26 tonnes ;

3° Véhicule à moteur à quatre essieux ou plus : 32 tonnes ;

4° Autobus articulé comportant une seule section articulée : 32 tonnes ;

5° Autobus articulé comportant au moins deux sections articulées : 38 tonnes ;

6° Autocar articulé : 28 tonnes.

II. – Le poids total roulant autorisé d'un véhicule articulé, d'un train double ou d'un ensemble composé d'un véhicule à moteur et d'une remorque ne doit pas dépasser :

1° 38 tonnes, si l'ensemble considéré ne comporte pas plus de quatre essieux ;

2° 44 tonnes, si l'ensemble considéré comporte plus de quatre essieux.

III. – Lorsque les exigences de sécurité routière ou de préservation du bon état de la voirie le justifient, un arrêté du représentant de l'État dans le département ou un arrêté conjoint des représentants de l'État dans les départements intéressés fixe la liste des itinéraires autorisés à la circulation des véhicules mentionnés au 2° du II du présent article et circulant à plus de 40 tonnes, après avis des autorités gestionnaires des voies empruntées. Cet arrêté précise, le cas échéant, les restrictions à la circulation destinées à répondre à ces exigences.

IV. – Les véhicules à gazogène, gaz comprimé et accumulateurs électriques ou systèmes de propulsion alternatifs bénéficient, dans la limite maximale d'une tonne, de dérogations correspondant au poids en ordre de marche soit du gazogène et de ses accessoires, soit des accumulateurs et de leurs accessoires soit des stockages d'énergie mécaniques et de leurs accessoires. Il en est de même, dans la limite maximale d'une tonne, pour les ensembles routiers comportant au moins six essieux, et dans la limite maximale de 0,5 tonne, pour les poids des ralentisseurs des véhicules qui en sont munis.

V. - Le poids à vide des cyclomoteurs à trois roues ne peut excéder 270 kilogrammes et leur charge utile ne peut excéder 300 kilogrammes.

VI. - Le ministre chargé des transports détermine par arrêté les modalités d'application du présent article et fixe le poids total autorisé en charge des engins de service hivernal.

VII. – Toute infraction aux dispositions du I au IV ou à celles prises pour leur application est punie de l'amende prévue pour les contraventions de la quatrième classe pour le dépassement jusqu'à une tonne du poids autorisé et, pour un dépassement supérieur, de la même amende prononcée autant de fois qu'il y a de tranches de dépassement d'une tonne du poids total autorisé.

VIII. – Toute infraction aux dispositions du V ou à celles prises pour leur application est punie de l'amende prévue pour les contraventions de la quatrième classe.

IX. – Toutefois, lorsque les dépassements excèdent de plus de 20 % les limites réglementaires prévues au V, l'amende encourue est celle prévue pour les contraventions de la cinquième classe.

X. – En cas de dépassement excédant 5 % des poids autorisés au présent article, l'immobilisation peut être prescrite dans les conditions prévues aux articles L. 325-1 à L. 325-3.

Art. R. 312-5 *(D. n° 2011-368, 4 avr. 2011 ; D. n° 2012-1359, 4 déc. 2012 ; mod., D. n° 2014-784, 8 juill. 2014)*. – L'essieu le plus chargé d'un véhicule ou d'un élément de véhicule ne doit pas supporter une charge supérieure à 13 tonnes, cette limite étant fixée à 12 tonnes pour un véhicule articulé, un train double ou un ensemble composé d'un véhicule à moteur et d'une remorque, circulant entre 40 et 44 tonnes.

Le ministre chargé des transports détermine par arrêté les conditions dérogatoires applicables à certains matériels de travaux publics.

Toute infraction aux dispositions du présent article ou à celles prises pour son application est punie de l'amende prévue pour les contraventions de la quatrième classe pour le dépassement jusqu'à 0,3 tonne de la charge autorisée et, pour un dépassement supérieur, de la même amende prononcée autant de fois qu'il y a de tranches de dépassement de 0,3 tonne de la charge autorisée.

En cas de dépassement de la charge par essieu excédant 5 %, l'immobilisation peut être prescrite dans les conditions prévues aux articles L. 325-1 à L. 325-3.

Art. R. 312-6 *(D. n° 2011-368, 4 avr. 2011 ; D. n° 2012-1359, 4 déc. 2012 ; mod., D. n° 2014-784, 8 juill. 2014)*. – I. – Sur les véhicules ou éléments de véhicules comportant plus de deux essieux, la charge de l'essieu le plus chargé appartenant à un groupe d'essieux ne doit pas, en fonction de la distance séparant deux essieux consécutifs de ce groupe, dépasser les valeurs suivantes :

a) Pour une distance entre deux essieux consécutifs inférieure à 0,90 mètre : 7,350 tonnes ;

b) Pour une distance entre deux essieux consécutifs supérieure ou égale à 0,90 mètre et inférieure à 1,35 mètre ; 7,350 tonnes majorées de 0,35 tonne par tranche de 5 centimètres de la distance entre les deux essieux diminuée de 0,90 mètre ;

c) Pour une distance entre deux essieux consécutifs supérieure ou égale à 1,35 mètre et inférieure à 1,80 mètre : 10,5 tonnes.

II. – Toutefois, la charge maximale de l'essieu moteur appartenant à un groupe de deux essieux d'un véhicule à moteur peut être portée à 11,5 tonnes, à condition que la charge totale du groupe ne dépasse pas, en fonction de la distance séparant les deux essieux, les valeurs suivantes :

1° Pour une distance entre les deux essieux inférieure à 0,90 mètre : 13,15 tonnes ;

2° Pour une distance entre les deux essieux supérieure ou égale à 0,90 mètre et inférieure à 1 mètre : 13,15 tonnes majorées de 0,65 tonne par tranche de 5 centimètres de la distance entre les deux essieux diminuée de 0,90 mètre ;

3° Pour une distance entre les deux essieux supérieure ou égale à 1 mètre et inférieure à 1,35 mètre, la plus grande des deux valeurs suivantes :

a) 13,15 tonnes majorées de 0,65 tonne par tranche de 5 centimètres de la distance entre les deux essieux diminuée de 0,90 mètre ;

b) 16 tonnes ;

4° Pour une distance entre les deux essieux supérieure ou égale à 1,35 mètre et inférieure à 1,80 mètre : 19 tonnes.

II *bis* Lorsqu'un véhicule articulé, un train double ou un ensemble composé d'un véhicule à moteur et d'une remorque circulent entre 40 et 44 tonnes et comportent un groupe de trois essieux, la charge totale supportée par ce groupe ne doit pas dépasser 27 tonnes.

III. – Le ministre chargé des transports détermine par arrêté les conditions dérogatoires applicables à certains matériels de travaux publics.

IV. – Toute infraction aux dispositions du présent article ou à celles prises pour son application est punie de l'amende prévue pour les contraventions de la quatrième classe pour le dépassement jusqu'à 0,3 tonne de la charge autorisée et, pour un dépassement supérieur, de la même amende prononcée autant de fois qu'il y a de tranches de dépassement de 0,3 tonne de la charge autorisée.

V. – En cas de dépassement des charges par essieu excédant 5 %, l'immobilisation peut être prescrite dans les conditions prévues aux articles L. 325-1 à L. 325-3.

Art. R. 312-7. – Pour les véhicules et matériels agricoles et les véhicules à traction animale non munis de pneumatiques, la charge supportée par le sol ne doit à aucun moment pouvoir excéder 150 kilogrammes par centimètre de largeur du bandage.

Toute infraction aux dispositions du présent article est punie de l'amende prévue pour les contraventions de la quatrième classe.

En cas de dépassement du poids autorisé excédant 5 %, l'immobilisation peut être prescrite dans les conditions prévues aux articles L. 325-1 à L. 325-3.

Art. R. 312-8 *(D. n° 2011-368, 4 avr. 2011).* – Le ministre chargé des transports détermine par arrêté les règles relatives aux poids des engins spéciaux dont la vitesse ne peut excéder par construction 25 km/h.

Toute infraction aux dispositions du présent article ou à celles prises pour son application est punie de l'amende prévue pour les contraventions de la quatrième classe pour le dépassement jusqu'à une tonne du poids autorisé et, pour un dépassement supérieur, de la même amende prononcée autant de fois qu'il y a de tranches de dépassement d'une tonne du poids autorisé.

En cas de dépassement du poids autorisé excédant 5 %, l'immobilisation peut être prescrite dans les conditions prévues aux articles L. 325-1 à L. 325-3.

Art. R. 312-9. – Les dispositions de la présente section ne sont applicables aux véhicules et aux matériels spéciaux des armées que si elles sont compatibles avec leurs caractéristiques techniques de fabrication et d'emploi.

Section II. – Dimensions des véhicules

Art. R. 312-10 *(D. n° 2016-448, 13 avr. 2016 ; D. n° 2017-16, 6 janv. 2017).* – I. – Sauf pour les machines agricoles automotrices et les machines et instruments agricoles remorqués, la largeur totale des véhicules ou parties de véhicules, y compris les superstructures amovibles et les pièces de cargaison normalisées telles que les conteneurs et caisses mobiles, mesurée toutes saillies comprises dans une section transversale quelconque, ne doit pas dépasser les valeurs suivantes, sauf dans les cas et conditions où des saillies excédant ce gabarit sont explicitement autorisées par arrêté du ministre chargé des transports :

1° 2,60 mètres pour les superstructures à parois épaisses conçues pour le transport de marchandises sous température dirigée ;

2° 2,55 mètres pour les autres véhicules ou parties de véhicules ;

3° 2,95 mètres pour les véhicules à traction animale dont la carrosserie ou les garde-boue ne surplombent pas les roues ;

4° 2 mètres pour les motocyclettes, les tricycles, les cyclomoteurs à trois roues et quadricycles à moteur autres que les quadricycles légers de la sous-catégorie L6e-B et les quadricycles lourds de la sous-catégorie L7e-C ;

5° 1 mètre pour les cyclomoteurs à deux roues ;

6° 1,5 mètre pour les quadricycles légers de la sous-catégorie L6e-B et les quadricycles lourds de la sous-catégorie L7e-C.

II. – Le ministre chargé des transports détermine par arrêté les modalités d'application du présent article, les conditions dérogatoires applicables à certains matériels de travaux publics et fixe la largeur maximale des engins de service hivernal.

III. – Le fait de contrevenir aux dispositions du présent article ou à celles prises pour son application est puni de l'amende prévue pour les contraventions de la quatrième classe.

IV. – Toutefois, lorsque les dépassements excèdent les limites réglementaires de plus de 20 %, l'amende encourue est celle prévue pour les contraventions de la cinquième classe.

V. – Dans ce cas, la récidive de cette contravention est réprimée conformément à l'article 132-11 du Code pénal.

VI. – L'immobilisation peut être prescrite dans les conditions prévues aux articles L. 325-1 à L. 325-3.

Art. R. 312-11 *(Mod., D. n° 2003-468, 28 mai 2003 ; D. n° 2016-448, 13 avr. 2016 ; D. n° 2017-16, 6 janv. 2017)*. – I. – La longueur des véhicules et ensembles de véhicules mesurée en comprenant les superstructures amovibles et les pièces de cargaison normalisées telles que les conteneurs et caisses mobiles, et toutes saillies comprises dans une section longitudinale quelconque, ne doit pas dépasser les valeurs suivantes, sauf dans les cas et conditions où des saillies excédant ce gabarit sont explicitement autorisées par arrêté du ministre chargé des transports :

1° Cyclomoteur, motocyclette, tricycle à moteur et quadricycle à moteur autre que le quadricycle léger de la sous-catégorie L6e-B et le quadricycle lourd de la sous-catégorie L7e-C : 4 mètres ;

1° *bis* Quadricycle léger de la sous-catégorie L6e-B : 3 mètres ;

1° *ter* Quadricycle lourd de la sous-catégorie L7e-C : 3,7 mètres ;

2° Véhicule à moteur : 12 mètres ; toutefois, la longueur des autobus ou autocars à deux essieux peut atteindre 13,50 mètres et celle des autobus ou autocars à plus de deux essieux peut atteindre 15 mètres ;

3° Remorque, non compris le dispositif d'attelage : 12 mètres ;

4° Semi-remorque, 12 mètres entre le pivot d'attelage et l'arrière de la semi-remorque, et 2,04 mètres entre l'axe du pivot d'attelage et un point quelconque de l'avant de la semi-remorque ;

5° Véhicule articulé : 16,5 mètres ;

6° Autobus ou autocar articulé : 18,75 mètres ;

7° Autobus articulé comportant plus d'une section articulée : 24,5 mètres ;

8° Train routier et train double : 18,75 mètres ;

9° Véhicule ou matériel de travaux publics : 15 mètres ;

10° Ensembles de véhicules ou de matériels de travaux publics : 22 mètres ;

11° Autres ensembles de véhicules : 18 mètres ; toutefois, la longueur d'un ensemble formé par un autobus ou un autocar et sa remorque peut atteindre 18,75 mètres.

Pour l'application du présent article, la longueur d'un autobus ou d'un autocar ou d'un autobus ou d'un autocar articulé ou d'un ensemble formé d'un autobus ou d'un autocar et de sa remorque est mesurée non compris les perches et dispositifs enrouleurs de cordes s'il s'agit d'un trolleybus et en incluant tout accessoire démontable tel qu'un coffre à skis.

II. – Les dispositions du présent article ne sont pas applicables aux véhicules à traction animale.

III. – Le ministre chargé des transports détermine par arrêté les modalités d'application du présent article et fixe la longueur maximale des engins de service hivernal.

IV. – Le fait de ne pas respecter les longueurs fixées au présent article ou dans les dispositions prises pour son application est puni de l'amende prévue pour les contraventions de la quatrième classe.

V. – Toutefois, lorsque les dépassements excèdent les limites réglementaires de plus de 20 %, l'amende encourue est celle prévue pour les contraventions de la cinquième classe.

VI. – Dans ce cas, la récidive de cette contravention est réprimée conformément à l'article 132-11 du Code pénal.

VII. – L'immobilisation peut être prescrite dans les conditions prévues aux articles L. 325-1 à L. 325-3.

Art. R. 312-12. – I. – Sauf dans les cas et conditions où des saillies excédant le gabarit sont explicitement autorisées par arrêté du ministre chargé des transports, les trains routiers doivent satisfaire aux conditions suivantes :

1° La distance mesurée parallèlement à l'axe longitudinal du train routier entre les points extérieurs situés le plus à l'avant de la zone de chargement derrière la cabine et le plus à l'arrière de la remorque de l'ensemble, diminuée de la distance comprise entre l'arrière du véhicule à moteur et l'avant de la remorque, ne doit pas excéder 15,65 mètres ;

2° La distance mesurée parallèlement à l'axe longitudinal du train routier entre les points extérieurs situés le plus à l'avant de la zone de chargement derrière la cabine et le plus à l'arrière de la remorque de l'ensemble ne doit pas excéder 16,40 mètres.

II. – Les distances fixées au présent article sont mesurées, toutes saillies comprises dans une section longitudinale quelconque, en comprenant les superstructures amovibles et les pièces de cargaison normalisées telles que les conteneurs et caisses mobiles.

III. – Le ministre chargé des transports fixe par arrêté les modalités d'application du présent article.

IV. – Le fait de contrevenir aux dispositions du présent article ou à celles prises pour son application est puni de l'amende prévue pour les contraventions de la quatrième classe.

V. – Toutefois, lorsque les dépassements excèdent les limites réglementaires de plus de 20 %, l'amende encourue est celle prévue pour les contraventions de la cinquième classe.

VI. – Dans ce cas, la récidive de cette contravention est réprimée conformément à l'article 132-11 du Code pénal.

Art. R. 312-13. – I. – Sauf dans les cas et conditions où des saillies excédant le gabarit sont explicitement autorisées par arrêté du ministre chargé des transports, les trains doubles doivent satisfaire aux conditions suivantes :

1° La distance mesurée parallèlement à l'axe longitudinal du train double entre les points extérieurs situés le plus à l'avant de la zone de chargement derrière la cabine et le plus à l'arrière de la semi-remorque attelée au véhicule articulé, diminuée de la distance comprise entre l'arrière du véhicule articulé et l'avant de la semi-remorque, ne doit pas excéder 15,65 mètres ;

2° La distance mesurée parallèlement à l'axe longitudinal du train double entre les points extérieurs situés le plus à l'avant de la zone de chargement derrière la cabine et le plus à l'arrière de la semi-remorque attelée au véhicule articulé ne doit pas excéder 16,40 mètres.

II. – Les distances fixées au présent article sont mesurées, toutes saillies comprises dans une section longitudinale quelconque, en comprenant les superstructures amovibles et les pièces de cargaison normalisées telles que les conteneurs et caisses mobiles.

III. – Le ministre chargé des transports fixe par arrêté les modalités d'application du présent article.

IV. – Le fait de contrevenir aux dispositions du présent article ou à celles prises pour son application est puni de l'amende prévue pour les contraventions de la quatrième classe.

V. – Toutefois, lorsque les dépassements excèdent les limites réglementaires de plus de 20 %, l'amende encourue est celle prévue pour les contraventions de la cinquième classe.

VI. – Dans ce cas, la récidive de cette contravention est réprimée conformément à l'article 132-11 du Code pénal.

Art. R. 312-14. – La longueur des ensembles formés par un véhicule remorqueur et un véhicule en panne ou accidenté ne peut excéder 30 mètres.

La longueur des ensembles formés par un véhicule remorqueur et un autobus en panne ou accidenté comportant plus d'une section articulée ne peut excéder 36 mètres.

La longueur des véhicules articulés transportant un véhicule en panne ou accidenté d'un poids total autorisé en charge supérieur à 3,5 tonnes peut, lorsqu'ils sont en charge, dépasser 16,5 mètres sans excéder 20 mètres, ce dernier chiffre comprenant l'éventuel dépassement du chargement vers l'arrière, qui ne doit pas être supérieur à 3 mètres.

En outre, la largeur de ces ensembles de véhicules et véhicules articulés peut dépasser 2,55 mètres, sans excéder 3,20 mètres en cas notamment de déformation du véhicule accidenté consécutive au choc reçu.

Le fait, pour tout conducteur, de contrevenir aux dispositions du présent article est puni de l'amende prévue pour les contraventions de la quatrième classe.

Toutefois, lorsque les dépassements excèdent les limites réglementaires de plus de 20 %, l'amende encourue est celle prévue pour les contraventions de la cinquième classe.

Dans ce cas, la récidive de cette contravention est réprimée conformément à l'article 132-11 du Code pénal.

Art. R. 312-15. – Les parties mobiles ou aisément démontables des véhicules et des matériels agricoles ou de travaux publics et des engins spéciaux doivent être repliées lors des trajets sur route.

Le fait, pour tout conducteur, de contrevenir aux dispositions du présent article est puni de l'amende prévue pour les contraventions de la quatrième classe.

Art. R. 312-16. – La hauteur des motocyclettes, des tricycles et quadricycles à moteur et des cyclomoteurs ne peut excéder 2,50 mètres.

Le fait de contrevenir aux dispositions du présent article est puni de l'amende prévue pour les contraventions de la quatrième classe.

Toutefois, lorsque les dépassements excèdent les limites réglementaires de plus de 20 %, l'amende encourue est celle prévue pour les contraventions de la cinquième classe.

Dans ce cas, la récidive de cette contravention est réprimée conformément à l'article 132-11, du Code pénal.

Art. R. 312-17. – Le ministre chargé des transports fixe par arrêté les règles relatives aux dimensions des engins spéciaux dont la vitesse ne peut excéder par construction 25 km/h.

Le fait, pour tout conducteur d'un engin spécial, de contrevenir aux dispositions prises en application du présent article est puni de l'amende prévue pour les contraventions de la quatrième classe.

Toutefois, lorsque les dépassements excèdent les limites réglementaires de plus de 20 %, l'amende encourue est celle prévue pour les contraventions de la cinquième classe.

Dans ce cas, la récidive de cette contravention est réprimée conformément à l'article 132-11 du Code pénal.

Art. R. 312-18. – Les dispositions de la présente section ne sont applicables aux véhicules et aux matériels spéciaux des armées que si elles sont compatibles avec leurs caractéristiques techniques de fabrication et d'emploi.

Section III. – Dimensions et conditions du chargement

Art. R. 312-19. – I. – Toutes précautions utiles doivent être prises pour que le chargement d'un véhicule ne puisse être une cause de dommage ou de danger.

II. – Tout chargement débordant ou pouvant déborder le contour extérieur du véhicule du fait des oscillations du transport doit être solidement amarré. Les pièces de grande longueur doivent être solidement amarrées entre elles et au véhicule, de manière à ne pas déborder dans leurs oscillations le contour latéral extérieur de celui-ci.

III. – Les chaînes, bâches et autres accessoires, mobiles ou flottants, doivent être fixés au véhicule de manière à ne sortir à aucun moment du contour extérieur du chargement, et à ne pas traîner sur le sol.

IV. – Le fait, pour tout conducteur, de contrevenir aux dispositions du II ou du III ci-dessus est puni de l'amende prévue pour les contraventions de la troisième classe.

Art. R. 312-20. – La largeur du chargement d'un véhicule, mesurée toutes saillies comprises dans une section transversale quelconque, ne doit nulle part dépasser 2,55 mètres. Toutefois, le chargement des matériels de travaux publics peut excéder 2,55 mètres sous réserve de n'excéder en aucun cas la largeur du véhicule tracteur.

Les dispositions du présent article ne sont pas applicables aux récoltes, à la paille ou au fourrage transportés sur les véhicules agricoles à traction animale, sur le parcours des champs à la ferme et des champs ou de la ferme au marché ou lieu de livraison situé dans un rayon de 25 kilomètres.

Le fait, pour tout conducteur, de contrevenir aux dispositions du présent article est puni de l'amende prévue pour les contraventions de la quatrième classe.

Toutefois, lorsque les dépassements excèdent les limites réglementaires de plus de 20 %, l'amende encourue est celle prévue pour les contraventions de la cinquième classe.

Dans ce cas, la récidive de cette contravention est réprimée conformément à l'article 132-11 du Code pénal.

Art. R. 312-21. – À l'arrière, le chargement d'un véhicule ou d'une remorque ne doit pas dépasser de plus de 3 mètres l'extrémité dudit véhicule ou de sa remorque.

La longueur des ensembles spécialisés dans le transport des véhicules peut, lorsqu'ils sont en charge, être augmentée par l'emploi d'un support de charge autorisé pour ces transports. L'ensemble, y compris son chargement, ne doit en aucun cas excéder une longueur totale de 20,35 mètres s'il s'agit d'un train routier ou de 16,5 mètres s'il s'agit d'un véhicule articulé.

Le fait, pour tout conducteur, de contrevenir aux dispositions du présent article est puni de l'amende prévue pour les contraventions de la quatrième classe.

Toutefois, lorsque les dépassements excèdent les limites réglementaires de plus de 20 %, l'amende encourue est celle prévue pour les contraventions de la cinquième classe.

Dans ce cas, la récidive de cette contravention est réprimée conformément à l'article 132-11 du Code pénal.

Art. R. 312-22. – À l'avant, le chargement ne doit, en aucun cas, dépasser l'aplomb antérieur du véhicule et, s'il s'agit d'un ensemble de véhicules, du véhicule tracteur. À l'arrière, il ne doit pas traîner sur le sol. Le support de charge des ensembles spécialisés dans le transport des véhicules ne doit pas faire saillie à l'arrière du chargement.

Le fait, pour tout conducteur, de contrevenir aux dispositions du présent article est puni de l'amende prévue pour les contraventions de la troisième classe.

Art. R. 312-22-1 *(D. n° 2010-1390, 12 nov. 2010)*. – Par dérogation au premier alinéa de l'article R. 312-22, les véhicules d'exploitation des routes peuvent être équipés, pour l'exercice de leur mission, d'un outillage en dépassement de leur aplomb.

Un arrêté du ministre chargé des transports fixe les conditions d'application du présent article ainsi que les conditions de circulation des véhicules ainsi équipés.

Art. R. 312-23. – Sans préjudice de la réglementation relative au transport des matières dangereuses, les véhicules-citernes doivent satisfaire à des conditions de construction relatives à la capacité des citernes et de leurs compartiments ainsi qu'à leur stabilité transversale et à des règles de remplissage assurant un comportement dynamique satisfaisant dans les conditions de circulation normales.

Le ministre chargé des transports fixe par arrêté les règles de stabilité de route.

Toute infraction aux dispositions du présent article est punie de l'amende prévue pour les contraventions de la troisième classe.

Art. R. 312-24 *(Mod., D. n° 2001-751, 27 août 2001)*. – Le ministre chargé des transports fixe par arrêté les règles relatives au chargement des engins spéciaux dont la vitesse ne peut excéder par construction 25 km/h.

Le fait, pour tout conducteur d'un engin spécial, de contrevenir aux dispositions relatives aux conditions du chargement est puni de l'amende prévue pour les contraventions de la troisième classe.

Le fait, pour tout conducteur d'un engin spécial, de contrevenir aux dispositions relatives aux conditions du chargement est puni de l'amende prévue pour les contraventions de la quatrième classe. Toutefois, lorsque les dépassements excèdent les limites réglementaires de plus de 20 %, l'amende encourue est celle prévue pour les contraventions de la cinquième classe.

Dans ce dernier cas, la récidive de cette contravention est réprimée conformément à l'article 132-11 du Code pénal.

Art. R. 312-25. – Les dispositions de la présente section ne sont applicables aux véhicules et aux matériels spéciaux des armées et des services de secours et de lutte contre l'incendie que si elles sont compatibles avec leurs caractéristiques techniques de fabrication et d'emploi.

CHAPITRE III. – ÉCLAIRAGE ET SIGNALISATIONS

Section I. – Éclairage et signalisation des véhicules

Art. R. 313-1. – Tout véhicule ne peut être pourvu que des dispositifs d'éclairage ou de signalisation prévus au présent code. Ceux-ci doivent être installés conformément aux prescriptions du présent chapitre.

Ces dispositions ne concernent pas l'éclairage intérieur des véhicules sous réserve qu'il ne soit pas gênant pour les autres conducteurs.

Le fait, pour tout conducteur d'un véhicule à moteur ou à traction animale, de contrevenir aux dispositions du présent article est puni de l'amende prévue pour les contraventions de la troisième classe.

Le fait, pour tout conducteur d'un cycle, de contrevenir aux dispositions du présent article est puni de l'amende prévue pour les contraventions de la première classe.

Art. R. 313-2 *(Mod., D. n° 2008-1095, 28 oct. 2008)*. – Feux de route.

I. – Sauf dispositions différentes prévues au présent article, tout véhicule à moteur doit être muni à l'avant de deux ou de quatre feux de route émettant vers l'avant une lumière jaune ou blanche permettant d'éclairer efficacement la route la nuit, par temps clair, sur une distance minimale de 100 mètres.

Sous réserve de l'observation des prescriptions précédentes, le véhicule peut être équipé d'un système d'éclairage avant adaptatif tel que défini à l'article R. 313-3-2 du présent code.

II. – Toute motocyclette, tout tricycle à moteur, tout quadricycle lourd à moteur doit être muni à l'avant d'un ou de deux feux de route.

III. – Tout tricycle à moteur ou quadricycle lourd à moteur, dont la largeur dépasse 1,30 mètre, doit être muni à l'avant de deux feux de route.

IV. – Les dispositions du I ci-dessus ne sont applicables ni aux cyclomoteurs ni aux quadricycles légers à moteur qui, toutefois, peuvent être munis d'un ou de deux feux de route.

V. – Lorsqu'un cyclomoteur à trois roues ou un quadricycle léger à moteur, dont la largeur dépasse 1,30 mètre, est muni de feux de route, ceux-ci doivent être au nombre de deux.

VI. – Les dispositions du I ci-dessus ne sont pas applicables aux véhicules et matériels agricoles ou de travaux publics, automoteurs, qui, toutefois, peuvent être munis de deux ou de quatre feux de route.

VII. – Le fait de contrevenir aux dispositions du présent article est puni de l'amende prévue pour les contraventions de la troisième classe.

VIII. – La nuit, ou le jour lorsque la visibilité est insuffisante, en cas d'absence, de non-conformité ou de défectuosité des feux de route, l'immobilisation peut être prescrite dans les conditions prévues aux articles L. 325-1 à L. 325-3.

Art. R. 313-3 *(Mod., D. n° 2008-1095, 28 oct. 2008)*. – Feux de croisement.

I. – Sauf dispositions différentes prévues au présent article, tout véhicule à moteur doit être muni à l'avant de deux feux de croisement, émettant vers l'avant une lumière jaune ou blanche permettant d'éclairer efficacement la route la nuit, par temps clair, sur une distance minimale de 30 mètres sans éblouir les autres conducteurs.

Sous réserve de l'observation des prescriptions précédentes, le véhicule peut être équipé d'un système d'éclairage avant adaptatif tel que défini à l'article R. 313-3-2.

II. – Toute motocyclette, tout tricycle à moteur, tout quadricycle à moteur, tout cyclomoteur doit être muni à l'avant d'un ou de deux feux de croisement.

III. – Tout tricycle à moteur, tout quadricycle à moteur, tout cyclomoteur à trois roues, dont la largeur dépasse 1,30 mètre, doit être muni à l'avant de deux feux de croisement.

IV. – Tout véhicule et matériel agricole ou de travaux publics, automoteur, peut être muni de deux feux de croisement supplémentaires.

V. – Le fait, pour tout conducteur, de contrevenir aux dispositions du présent article est puni de l'amende prévue pour les contraventions de la troisième classe.

VI. – La nuit, ou le jour lorsque la visibilité est insuffisante, en cas d'absence, de non-conformité ou de défectuosité des feux de croisement, l'immobilisation peut être prescrite dans les conditions prévues aux articles L. 325-1 à L. 325-3.

Art. R. 313-3-1 *(D. n° 2016-448, 13 avr. 2016).* – Feux d'angle.

Tout véhicule à moteur, peut être muni à l'avant de deux feux d'angle émettant latéralement une lumière blanche afin de compléter l'éclairage de la route située du côté vers lequel le véhicule va tourner.

Les véhicules agricoles à moteur peuvent être munis de deux feux supplémentaires.

Art. R. 313-3-2 *(D. n° 2008-1095, 28 oct. 2008 ; D. n° 2016-448, 13 avr. 2016).* – Système d'éclairage avant adaptatif.

Tout véhicule à moteur peut être muni d'un système d'éclairage avant adaptatif destiné à s'adapter aux conditions ambiantes et aux paramètres d'utilisation du véhicule.

Le système d'éclairage avant adaptatif est un dispositif d'éclairage émettant des faisceaux fixes ou orientables et possédant des caractéristiques différenciées pour une adaptation automatique à des conditions variables d'utilisation des feux de croisement et, le cas échéant, des feux de route. Son fonctionnement est automatique sans intervention du conducteur du véhicule.

Le système d'éclairage avant adaptatif est constitué du fonctionnement simultané ou non, symétrique ou non, des feux définis aux articles R. 313-2, R. 313-3, R. 313-3-1, R. 313-4 et R. 313-8.

Si le système d'éclairage avant adaptatif est neutralisé, les feux visés aux articles R. 313-2, R. 313-3, R. 313-4 et R. 313-8 doivent remplir chacun leur fonction de base.

Art. R. 313-3-3 *(D. n° 2016-448, 13 avr. 2016).* – Feux de courtoisie extérieurs.

Tout véhicule à moteur peut être muni de feux servant à fournir un éclairage supplémentaire pour aider le conducteur et les passagers à monter dans le véhicule, à en descendre ou à faciliter les opérations de chargement.

Art. R. 313-3-4 *(D. n° 2016-448, 13 avr. 2016).* – Feux de manœuvre.

Tout véhicule à moteur peut être muni de feux fournissant un éclairage supplémentaire sur le côté du véhicule pour faciliter les manœuvres à vitesse réduite.

Art. R. 313-4 *(Mod., D. n° 2008-1095, 28 oct. 2008 ; D. n° 2009-497, 30 avr. 2009 ; D. n° 2016-448, 13 avr. 2016).* – Feux de position avant.

I. – Sauf dispositions différentes prévues au présent article, tout véhicule à moteur doit être muni à l'avant de deux feux de position émettant vers l'avant une lumière blanche orange ou jaune, visible la nuit, par temps clair, à une distance de 150 mètres, sans être éblouissante pour les autres conducteurs.

Lorsque le véhicule est équipé d'un système d'éclairage avant adaptatif tel que défini à l'article R. 313-3-2, en mode d'éclairage en virage, le feu de position avant peut être orienté en même temps que le feu auquel il est incorporé.

II. – Toute motocyclette, tout tricycle à moteur, tout quadricycle à moteur, tout cyclomoteur à trois roues doit être muni à l'avant d'un ou de deux feux de position.

III. – Lorsque la largeur d'un tricycle à moteur, d'un quadricycle à moteur ou d'un cyclomoteur à trois roues dépasse 1,30 mètre, il doit être muni à l'avant de deux feux de position.

IV. – Tout side-car équipant une motocyclette doit être muni d'un feu de position avant.

V. – Les dispositions du I ci-dessus ne sont pas applicables aux cyclomoteurs à deux roues qui, toutefois, peuvent être munis d'un ou de deux feux de position avant.

VI. – Tout véhicule et matériel agricole ou de travaux publics, automoteur, tout véhicule, machine ou instrument agricole remorqué peut être muni de deux feux de position avant supplémentaires.

VII. – Toute remorque peut être munie à l'avant de deux feux de position émettant vers l'avant une lumière blanche non éblouissante.

VIII. – La présence des feux de position visés au VII ci-dessus est obligatoire lorsque la largeur hors tout de la remorque dépasse 1,60 mètre.

IX. – Les dispositions du I ci-dessus ne sont pas applicables aux véhicules de travaux publics remorqués.

X. – La nuit, ou le jour lorsque la visibilité est insuffisante, tout cycle doit être muni d'un feu de position émettant vers l'avant une lumière non éblouissante, jaune ou blanche.

XI. – Le fait, pour tout conducteur d'un véhicule à moteur, de contrevenir aux dispositions du présent article est puni de l'amende prévue pour les contraventions de la troisième classe.

XII. – La nuit, ou le jour lorsque la visibilité est insuffisante, en cas d'absence, de non-conformité ou de défectuosité des feux de position avant, l'immobilisation peut être prescrite dans les conditions prévues aux articles L. 325-1 à L. 325-3.

XIII. – Le fait pour tout conducteur d'un cycle de contrevenir aux dispositions du présent article est puni de l'amende prévue pour les contraventions de la première classe.

Art. R. 313-4-1 *(D. n° 2016-448, 13 avr. 2016)*. – Feux de circulation diurne.

Tout véhicule à moteur peut être muni à l'avant de deux feux de circulation diurne émettant vers l'avant une lumière blanche permettant de rendre le véhicule plus visible de jour.

Tout side-car équipant une motocyclette peut être muni à l'avant d'un feu de circulation diurne.

Art. R. 313-5. – Feux de position arrière.

I. – Sauf dispositions différentes prévues au présent article, tout véhicule à moteur ou toute remorque doit être muni à l'arrière de deux feux de position émettant vers l'arrière une lumière rouge non éblouissante, visible la nuit, par temps clair, à une distance de 150 mètres.

II. – Toute motocyclette, tout tricycle à moteur, tout quadricycle à moteur, tout cyclomoteur doit être muni d'un ou de deux feux de position arrière.

III. – Lorsque la largeur d'un tricycle à moteur, d'un quadricycle à moteur ou d'un cyclomoteur à trois roues dépasse 1,30 mètre, il doit être muni de deux feux de position arrière.

IV. – Tout side-car équipant une motocyclette doit être muni d'un feu de position arrière.

V. – La nuit, ou le jour lorsque la visibilité est insuffisante, tout cycle doit être muni d'un feu de position arrière. Ce feu doit être nettement visible de l'arrière lorsque le véhicule est monté.

VI. – Lorsque la remorque d'une motocyclette, d'un tricycle à moteur, d'un quadricycle à moteur, d'un cyclomoteur ou d'un cycle, ou son chargement, sont susceptibles de masquer les feux de position arrière du véhicule tracteur, la remorque doit être munie du ou des dispositifs correspondants, dont le nombre est fixé à deux obligatoirement si la largeur de la remorque dépasse 1,30 mètre.

VII. – Tout véhicule et matériel agricole ou de travaux publics doit être muni de deux feux de position arrière. Ces feux ne sont pas obligatoires pour les véhicules ou appareils remorqués qui ne masquent pas ceux du véhicule tracteur. Pour ces derniers véhicules ou appareils, ces feux peuvent en outre être fixés sur un support amovible.

VIII. – Les dispositions du présent article ne sont applicables aux véhicules et matériels spéciaux des services de secours et de lutte contre l'incendie que si elles sont compatibles avec leurs caractéristiques techniques de fabrication ou d'emploi.

IX. – Le fait, pour tout conducteur d'un véhicule à moteur, de contrevenir aux dispositions du présent article est puni de l'amende prévue pour les contraventions de la troisième classe.

X. – La nuit, ou le jour lorsque la visibilité est insuffisante, en cas d'absence, de non-conformité ou de défectuosité des feux de position arrière, l'immobilisation peut être prescrite dans les conditions prévues aux articles L. 325-1 à L. 325-3.

XI. – Le fait, pour tout conducteur d'un cycle, de contrevenir aux dispositions du présent article est puni de l'amende prévue pour les contraventions de la première classe.

Art. R. 313-6 *(D. n° 2016-448, 13 avr. 2016)*. – Feux de position latéraux.

I. – Tout véhicule à moteur ou toute remorque, dont la longueur est supérieure à 6 mètres, à l'exception des châssis-cabines et des véhicules agricoles ou forestiers, doit être muni de feux de position latéraux.

II. – Tout véhicule à moteur ou toute remorque, d'une longueur inférieure ou égale à 6 mètres, tout véhicule agricole ou forestier peut être muni de ces feux.

III. – Le fait, pour tout conducteur, de contrevenir aux dispositions du I ci-dessus est puni de l'amende prévue pour les contraventions de la troisième classe.

Art. R. 313-7 *(Mod., D. n° 2008-1095, 28 oct. 2008 ; D. n° 2016-448, 13 avr. 2016)*. – Feux stop.

I. – Sauf dispositions différentes prévues au présent article, tout véhicule à moteur ou toute remorque dont le poids total autorisé en charge est supérieur à 0,5 tonne doit être muni à l'arrière de deux ou de trois feux stop émettant vers l'arrière une lumière rouge non éblouissante.

II. – Les feux stop doivent s'allumer lors de l'entrée en action du dispositif de freinage principal.

Ces feux peuvent également s'activer dans les conditions de la signalisation de freinage d'urgence telles que définies à l'article R. 313-17-1.

III. – Leur intensité lumineuse doit être notablement supérieure à celle des feux de position arrière tout en demeurant non éblouissante.

IV. – Toute motocyclette, tout tricycle à moteur, tout quadricycle à moteur, tout cyclomoteur doit être muni à l'arrière d'un, deux ou trois feux stop.

V. – Tout side-car équipant une motocyclette doit être muni à l'arrière d'un feu stop.

VI. – Lorsque la largeur d'un tricycle à moteur, d'un quadricycle à moteur ou d'un cyclomoteur à trois roues dépasse 1,30 mètre, il doit être muni à l'arrière de deux feux stop.

VII. – Les dispositions du I ci-dessus ne sont pas applicables aux véhicules et matériels agricoles ou de travaux publics qui, toutefois, peuvent être munis à l'arrière de deux ou trois feux stop répondant aux caractéristiques prévues par le présent article.

VIII. – Lorsqu'une remorque d'un poids total autorisé en charge inférieur ou égal à 0,5 tonne ou son chargement masque le ou les feux stop du véhicule tracteur, la remorque doit être munie du ou des dispositifs correspondants, dont le nombre est fixé à deux obligatoirement si la largeur de la remorque dépasse 1,30 mètre.

IX. – Le fait, pour tout conducteur, de contrevenir aux dispositions du présent article est puni de l'amende prévue pour les contraventions de la troisième classe.

X. – La nuit, ou le jour lorsque la visibilité est insuffisante, en cas d'absence, de non-conformité ou de défectuosité des feux stop, l'immobilisation peut être prescrite dans les conditions prévues aux articles L. 325-1 à L. 325-3.

Art. R. 313-8 *(Mod., D. n° 2008-1095, 28 oct. 2008)*. – Feux de brouillard avant.

I. – Tout véhicule à moteur peut être muni à l'avant de deux feux de brouillard émettant de la lumière jaune ou blanche.

Le véhicule peut être équipé d'un système d'éclairage avant adaptatif tel que défini à l'article R. 313-3-2.

Lorsque les feux de brouillard sont inclus dans un système d'éclairage avant adaptatif dans lequel ils exercent également une autre fonction d'éclairage, leur axe peut être automatiquement orienté vers l'un ou l'autre côté.

II. – Toute motocyclette, tout tricycle à moteur, tout quadricycle à moteur, tout cyclomoteur à trois roues peut être muni d'un ou de deux feux de brouillard avant.

III. – Les dispositions du présent article ne sont applicables aux cyclomoteurs à deux roues.

Art. R. 313-9. – Feux de brouillard arrière.

I. – Tout véhicule à moteur ou toute remorque doit être muni d'un ou de deux feux de brouillard arrière émettant de la lumière rouge. Cette disposition ne s'applique qu'aux véhicules mis pour la première fois en circulation à compter du 1er octobre 1990.

II. – Les dispositions du I ci-dessus ne sont applicables ni aux motocyclettes, ni aux tricycles à moteur, ni aux quadricycles à moteur ni aux cyclomoteurs à trois roues, ni aux véhicules et matériels agricoles ou de travaux publics, automoteurs, qui, toutefois, peuvent être munis d'un ou de deux feux de brouillard arrière émettant de la lumière rouge.

III. – Les dispositions du I ci-dessus ne sont applicables ni aux cyclomoteurs à deux roues, ni aux véhicules et appareils agricoles ou de travaux publics remorqués.

IV. – Le fait, pour tout conducteur, de contrevenir aux dispositions du I ci-dessus est puni de l'amende prévue pour les contraventions de la troisième classe.

Art. R. 313-10. – Feux d'encombrement.

I. – Tout véhicule à moteur ou toute remorque, dont la largeur, chargement compris, excède 2,10 mètres doit être muni de deux feux visibles de l'avant et de deux feux visibles de l'arrière situés le plus près possible de l'extrémité de la largeur hors tout. Ces feux doivent émettre une lumière non éblouissante de couleur blanche vers l'avant et rouge vers l'arrière. Deux feux supplémentaires visibles de l'avant et deux feux supplémentaires visibles de l'arrière peuvent être installés.

II. – Les feux d'encombrement arrière sont facultatifs sur les châssis-cabines.

III. – Tout véhicule à moteur ou toute remorque dont la largeur est comprise entre 1,80 et 2,10 mètres peut être muni de ces feux d'encombrement.

IV. – L'obligation prévue au I ci-dessus n'est pas applicable aux véhicules et appareils agricoles ou de travaux publics, automoteurs, qui, toutefois, peuvent être munis des feux qu'il prévoit.

V. – Les dispositions du I ci-dessus ne sont pas applicables aux véhicules et matériels agricoles ou de travaux publics remorqués à l'exception des véhicules, machines ou instruments agricoles remorqués d'une largeur supérieure à 1,8 m qui peuvent être munis des feux qu'il prévoit.

VI. – Le fait, pour tout conducteur, de contrevenir aux dispositions du I ci-dessus est puni de l'amende prévue pour les contraventions de la troisième classe.

VII. – La nuit, ou le jour lorsque la visibilité est insuffisante, en cas d'absence, de non-conformité ou de défectuosité des feux d'encombrement, l'immobilisation peut être prescrite dans les conditions prévues aux articles L. 325-1 à L. 325-3.

Art. R. 313-11 *(D. n° 2016-448, 13 avr. 2016)*. – Feux de stationnement.

Tout véhicule à moteur, à l'exception des véhicules à deux ou trois roues et des véhicules de travaux publics, peut être muni de feux de stationnement. Ces feux, situés sur les côtés du véhicule, doivent émettre soit vers l'avant et vers l'arrière une lumière orangée, soit vers l'avant la même lumière que les feux de position et vers l'arrière une lumière rouge.

Art. R. 313-12. – Dispositif d'éclairage de la plaque d'immatriculation arrière ou de la plaque d'exploitation.

I. – Tout véhicule à moteur ou toute remorque doit être muni d'un dispositif lumineux capable de rendre lisible, à une distance minimale de 20 mètres, la nuit, par temps clair, le numéro inscrit sur sa plaque d'immatriculation arrière ou sur sa plaque d'exploitation.

II. – Pour les véhicules agricoles remorqués, ce dispositif peut être fixé sur un support amovible.

III. – *(Suppr., D. n° 2016-448, 13 avr. 2016)*.

IV. – Les dispositions du présent article ne sont applicables aux véhicules et matériels spéciaux des services de secours et de lutte contre l'incendie que si elles sont compatibles avec leurs caractéristiques techniques de fabrication ou d'emploi.

V. – Le fait, pour tout conducteur, de contrevenir aux dispositions du présent article est puni de l'amende prévue pour les contraventions de la troisième classe.

Art. R. 313-13. – Lorsque la largeur d'une machine agricole automotrice ou d'un matériel de travaux publics automoteur dépasse 2,55 mètres, ce véhicule doit porter à l'avant et à sa partie supérieure un panneau carré éclairé la nuit, visible de l'avant et de l'arrière du véhicule à une distance de 150 mètres par temps clair, sans être éblouissant et faisant apparaître en blanc sur fond noir une lettre « D » d'une hauteur égale ou supérieure à 0,20 mètre.

Lorsque la largeur d'une machine, d'un instrument ou d'un matériel agricole ou de travaux publics, remorqué, dépasse 2,55 mètres, le véhicule tracteur doit être muni du panneau prévu à l'alinéa précédent.

Si ce panneau n'est pas visible de l'arrière de l'ensemble, le dernier véhicule remorqué doit porter à l'arrière un ensemble de dispositifs réfléchissants dessinant en blanc sur fond noir une lettre « D » de même dimension que ci-dessus.

Les dispositions du présent article ne sont pas applicables aux véhicules tracteurs équipés des feux spéciaux prévus pour les véhicules à progression lente ou encombrants.

Le fait, pour tout conducteur, de contrevenir aux dispositions relatives à l'installation du panneau « D » et des dispositifs réfléchissants mentionnés au présent article est puni de l'amende prévue pour les contraventions de la troisième classe.

La nuit, ou le jour lorsque la visibilité est insuffisante, en cas d'absence, de non-conformité ou de défectuosité du feu d'éclairage du panneau « D », l'immobilisation peut être prescrite dans les conditions prévues aux articles L. 325-1 à L. 325-3.

Le fait pour tout conducteur, dans les conditions visées au présent article, de circuler sans faire usage du dispositif d'éclairage du panneau « D » est puni de l'amende prévue pour les contraventions de la quatrième classe.

Art. R. 313-14 *(Mod., D. n° 2008-1095, 28 oct. 2008 ; D. n° 2016-448, 13 avr. 2016)*. – Feux indicateurs de direction.

I. – Tout véhicule à moteur ou toute remorque dont le poids total autorisé en charge est supérieur à 0,5 tonne doit être pourvu de feux indicateurs de direction à position fixe et à lumière clignotante. Ces dispositifs doivent émettre une lumière non éblouissante orangée vers l'avant et vers l'arrière.

Ces feux peuvent également s'activer dans les conditions du signal de détresse ou du freinage d'urgence telles que définies aux articles R. 313-17 et R. 313-17-1.

II. – Les dispositions du I ci-dessus ne sont pas applicables aux cyclomoteurs qui, toutefois, peuvent être munis de feux indicateurs de direction.

III. – Lorsqu'une remorque d'un poids total autorisé en charge inférieur ou égal à 0,5 tonne ou un appareil agricole ou de travaux publics remorqué, ou son chargement masque les feux indicateurs de direction du véhicule tracteur, la remorque ou l'appareil doit être muni des dispositifs correspondants.

IV. – Pour tout véhicule ou matériel agricole ou de travaux publics remorqué, les feux indicateurs de direction peuvent être fixés sur un support amovible.

V. – Le fait, pour tout conducteur, de contrevenir aux dispositions du présent article est puni de l'amende prévue pour les contraventions de la troisième classe.

VI. – La nuit, ou le jour lorsque la visibilité est insuffisante, en cas d'absence, de non-conformité ou de défectuosité des feux indicateurs de direction, l'immobilisation peut être prescrite dans les conditions prévues aux articles L. 325-1 à L. 325-3.

Art. R. 313-15. – Feux de marche arrière.

Tout véhicule à moteur, toute remorque, à l'exception des motocyclettes et des cyclomoteurs à deux roues, peut être muni d'un ou de deux feux de marche arrière, émettant une lumière blanche.

Art. R. 313-16 *(D. n° 2016-448, 13 avr. 2016).* – Feux orientables.

I. – Tout véhicule à moteur peut, dans les conditions prévues par le ministre chargé des transports, être muni de feux orientables, émettant une lumière blanche jaune sélective ou orangée.

II. – Les dispositions du I ci-dessus ne sont applicables ni aux motocyclettes, ni aux tricycles et quadricycles à moteur, ni aux cyclomoteurs.

Art. R. 313-17 *(Mod., D. n° 2008-1095, 28 oct. 2008 ; D. n° 2016-448, 13 avr. 2016).* – Signal de détresse.

I. – Tout véhicule à moteur ou toute remorque doit être muni d'un signal de détresse constitué par le fonctionnement simultané des indicateurs de direction.

Le signal de détresse se déclenche automatiquement en cas de collision si le véhicule est équipé d'un dispositif le permettant.

II. – Les dispositions du I ci-dessus ne sont applicables ni aux motocyclettes ni aux cyclomoteurs deux ou trois roues, ni aux quadricycles légers à moteur ni aux véhicules et appareils agricoles ou de travaux publics automoteurs qui, toutefois, peuvent être munis d'un signal de détresse.

III. – Les dispositions du I ci-dessus ne sont pas applicables, aux véhicules et matériels de travaux publics remorqués.

IV. – Le fait, pour tout conducteur, de contrevenir aux dispositions du I ci-dessus est puni de l'amende prévue pour les contraventions de la troisième classe.

Art. R. 313-17-1 *(D. n° 2008-1095, 28 oct. 2008).* – Signalisation de freinage d'urgence.

Tout véhicule à moteur ou toute remorque peut être muni d'une signalisation de freinage d'urgence destinée à indiquer aux usagers de la route qui se trouvent en arrière du véhicule que celui-ci subit une puissante force de ralentissement.

La signalisation de freinage d'urgence est obtenue, sans intervention du conducteur du véhicule, par le fonctionnement synchrone de tous les feux stop ou de tous les feux indicateurs de direction, définis aux articles R. 313-7 et R. 313-14.

Art. R. 313-18 *(Mod., D. n° 2009-497, 30 avr. 2009 ; D. n° 2016-448, 13 avr. 2016).* – Catadioptres arrière.

I. – Sauf dispositions différentes prévues au présent article, tout véhicule à moteur ou toute remorque doit être muni de deux catadioptres arrière rouges, de forme non triangulaire pour les véhicules à moteur et de forme triangulaire pour les remorques.

Toutefois, les remorques peuvent également être munies de deux catadioptres arrière rouges, de forme non triangulaire, à condition qu'ils soient groupés avec les dispositifs arrière de signalisation lumineuse.

II. – Toute motocyclette, tout cyclomoteur à deux roues tout side-car équipant une motocyclette doit être muni à l'arrière d'un catadioptre.

III. – Tout tricycle à moteur, tout quadricycle à moteur, tout cyclomoteur à trois roues doit être muni d'un ou de deux catadioptres arrière.

IV. – Tout cyclomoteur à trois roues ou tricycle ou quadricycle à moteur dont la largeur dépasse 1 mètre doit être muni de deux catadioptres arrière.

V. – Tout cycle doit être muni d'un ou plusieurs catadioptres arrière.

VI. – Lorsque la remorque d'une motocyclette, d'un quadricycle à moteur, d'un tricycle à moteur, d'un cyclomoteur ou d'un cycle, ou son chargement, masque le ou les catadioptres du véhicule tracteur, la remorque doit être munie du ou des dispositifs correspondants, dont le nombre est fixé à deux obligatoirement si la largeur de la remorque dépasse 1,30 mètre.

VII. – La nuit, ou le jour lorsque la visibilité est insuffisante, tout véhicule à traction animale doit être muni à l'arrière de deux catadioptres arrière. Lorsque, chargement compris, la longueur du véhicule dépasse 6 mètres ou sa largeur 2 mètres, ces dispositifs doivent être situés à la limite du gabarit du véhicule. Ces dispositifs doivent être placés de telle sorte qu'aucune partie du véhicule ou de son chargement n'en détruise l'efficacité en les cachant d'une façon totale ou partielle.

VIII. – La nuit, ou le jour lorsque la visibilité est insuffisante, les voitures à bras doivent être munies à l'arrière d'un catadioptre arrière, placé à gauche, à moins de 0,40 mètre de la largeur hors tout du véhicule. Ce dispositif doit être placé de telle sorte qu'aucune partie du véhicule ou de son chargement n'en détruise l'efficacité en le cachant d'une façon totale ou partielle.

IX. – Pour tout véhicule ou appareil agricole remorqué ou tout matériel de travaux publics remorqué, les catadioptres peuvent être fixés sur un support amovible.

X. – Le fait, pour tout conducteur d'un véhicule à moteur ou à traction animale, de contrevenir aux dispositions du présent article est puni de l'amende prévue pour les contraventions de la troisième classe.

XI. – Le fait, pour tout conducteur d'un cycle, de contrevenir aux dispositions du présent article est puni de l'amende prévue pour les contraventions de la première classe.

Art. R. 313-19 *(D. n° 2016-448, 13 avr. 2016)*. – Catadioptres latéraux.

I. – Tout véhicule à moteur dont la longueur dépasse 6 mètres, toute remorque, tout cyclomoteur à deux roues ou trois roues, tout tricycle, tout quadricycle doit être muni d'au moins un ou de deux catadioptres latéraux, non triangulaires, de couleur orangée.

I *bis*. – Les catadioptres latéraux placés dans la partie arrière des véhicules de la catégorie L1e peuvent être de couleur rouge.

II. – Tout autre véhicule à moteur peut être muni d'un ou de deux catadioptres latéraux, non triangulaires, de couleur orangée.

III. – Tout cycle doit être muni de catadioptres orange visibles latéralement.

IV. – Le fait, pour tout conducteur d'un véhicule à moteur, de contrevenir aux dispositions du présent article est puni de l'amende prévue pour les contraventions de la troisième classe.

V. – Le fait, pour tout conducteur d'un cycle, de contrevenir aux dispositions du présent article est puni de l'amende prévue pour les contraventions de la première classe.

Art. R. 313-20 *(Mod., D. n° 2008-1095, 28 oct. 2008 ; D. n° 2016-448, 13 avr. 2016)*. – Autres catadioptres.

I. – Toute remorque d'un véhicule à moteur à quatre roues, à l'exception de celle des quadricycles à moteur et des véhicules et appareils agricoles ou de travaux publics, doit être munie à l'avant de deux catadioptres non triangulaires de couleur blanche.

II. – Tout véhicule à moteur, à l'exception des véhicules de travaux publics automoteurs, peut être muni à l'avant de tels catadioptres.

III. – Les pédales de tout cycle, cyclomoteur ou quadricycle léger à moteur doivent comporter des catadioptres de couleur orange, sauf dans le cas des cyclomoteurs à deux roues à pédales rétractables.

IV. – Tout cycle doit être muni d'un catadioptre blanc visible de l'avant.

V. – Tout cycle peut comporter à l'arrière et à gauche un dispositif « écarteur de danger ».

VI. – La nuit, ou le jour lorsque la visibilité est insuffisante, tout véhicule à traction animale, dont, chargement compris, la longueur dépasse 6 mètres ou la largeur 2 mètres, doit être muni à l'avant, à la limite du gabarit, de deux catadioptres avant, réfléchissant une lumière blanche.

VII. – Le fait, pour tout conducteur d'un véhicule à moteur ou à traction animale, de contrevenir aux dispositions du présent article est puni de l'amende prévue pour les contraventions de la troisième classe.

VIII. – Le fait, pour tout conducteur d'un cycle, de contrevenir aux dispositions du présent article est puni de l'amende prévue pour les contraventions de la première classe.

Art. R. 313-21. – Si la largeur hors tout d'un chargement dépasse de plus de 0,40 mètre le point de la plage éclairante le plus éloigné du plan longitudinal médian du véhicule, le chargement doit être signalé la nuit, ou le jour lorsque la visibilité est insuffisante, par un feu ou un dispositif réfléchissant blanc vers l'avant et par un feu ou un dispositif réfléchissant rouge vers l'arrière, disposés de telle façon que le point de la plage éclairante ou réfléchissante de ces feux ou de ces dispositifs le plus éloigné du plan longitudinal médian du véhicule soit à moins de 0,40 mètre de l'extrémité de la largeur hors tout du chargement.

Le fait, pour tout conducteur, de contrevenir aux dispositions du présent article est puni de l'amende prévue pour les contraventions de la troisième classe.

La nuit, ou le jour lorsque la visibilité est insuffisante, en cas d'absence, de non-conformité ou de défectuosité des feux ou dispositifs exigés par le présent article, l'immobilisation peut être prescrite dans les conditions prévues aux articles L. 325-1 à L. 325-3.

Art. R. 313-22. – Tout véhicule ou matériel agricole ou de travaux publics peut être muni, pour le travail de nuit, d'un ou plusieurs projecteurs de travail.

Le fait pour tout conducteur de faire usage de ces appareils sur les voies ouvertes à la circulation publique dans des conditions autres que le travail de nuit est puni de l'amende prévue pour les contraventions de la quatrième classe.

Art. R. 313-23. – I. – La nuit, ou le jour lorsque la visibilité est insuffisante, tout véhicule à traction animale doit être muni des dispositifs suivants :

1° À l'avant, un ou deux feux émettant vers l'avant une lumière blanche ou jaune ;

2° À l'arrière, un ou deux feux émettant vers l'arrière une lumière rouge.

II. – Ces lumières doivent être visibles la nuit par temps clair à une distance de 150 mètres sans être éblouissantes pour les autres conducteurs.

III. – S'il y a deux feux à lumière blanche ou jaune ou deux feux à lumière rouge, ils doivent être placés symétriquement. S'il n'y a qu'un seul feu à lumière blanche ou jaune ou un seul feu à lumière rouge, chacun d'eux doit être placé à la gauche du véhicule si ce dernier est en mouvement et du côté opposé au trottoir ou à l'accotement s'il est en stationnement.

IV. – Toutefois, peuvent n'être signalés que par un feu unique, placé du côté opposé à l'accotement ou au trottoir, émettant vers l'avant une lumière blanche ou jaune et vers l'arrière une lumière rouge :

1° Les véhicules à traction animale à un seul essieu ;

2° Les véhicules à traction animale à usage agricole ; le feu doit alors être fixé au véhicule ou porté à la main par un convoyeur se trouvant immédiatement à côté et à gauche du véhicule ;

3° Les autres véhicules à traction animale en stationnement, à la condition que leur longueur ne dépasse pas 6 mètres.

V. – Quand plusieurs véhicules à traction animale circulent en convoi, le premier véhicule de chaque groupe de deux ou trois véhicules se suivant sans intervalle doit être muni du ou des feux émettant une lumière blanche ou jaune et le dernier véhicule du ou des feux émettant une lumière rouge prévus ci-dessus. Le véhicule intermédiaire, s'il existe, est dispensé de tout éclairage.

VI. – Toutefois, pour les véhicules à l'arrêt ou en stationnement en agglomération, l'emploi des feux prévus au présent article n'est pas requis lorsque l'éclairage de la chaussée permet aux autres usagers de voir distinctement le véhicule à une distance suffisante.

VII. – La nuit, ou le jour lorsque la visibilité est insuffisante, toute voiture à bras doit être munie des dispositifs lumineux exigés pour les véhicules à traction animale à un seul essieu. Dans les mêmes circonstances, tout conducteur d'une voiture à bras, en circulation, à l'arrêt ou en stationnement sur une route, doit faire usage de ces dispositifs.

VIII. – Les feux visés au présent article doivent être placés de telle sorte qu'aucune partie du véhicule ou de son chargement n'en détruise l'efficacité en les cachant d'une façon totale ou partielle.

IX. – Le fait pour tout conducteur de contrevenir aux dispositions du présent article relatives à l'équipement des véhicules est puni de l'amende prévue pour les contraventions de la troisième classe.

X. – Le fait pour tout conducteur de ne pas faire usage, la nuit ou le jour lorsque la visibilité est insuffisante, des feux prévus au présent article est puni de l'amende prévue pour les contraventions de la quatrième classe.

Art. R. 313-24 *(Mod., D. n° 2006-499, 3 mai 2006 ; D. n° 2016-448, 13 avr. 2016)*. – I. – Le ministre chargé des transports fixe par arrêté les conditions dans lesquelles sont assurées les connexions électriques des véhicules à moteur et de leurs remorques permettant le fonctionnement des dispositifs d'éclairage et de signalisation.

II et III *(Abr., D. n° 2016-448, 13 avr. 2016)*.

IV. – Le fait de contrevenir aux dispositions prises en application du I du présent article est puni de l'amende prévue pour les contraventions de la troisième classe.

V. – La nuit, ou le jour lorsque la visibilité est insuffisante, en cas de non-conformité ou de défectuosité des équipements exigés par le présent article, l'immobilisation peut être prescrite dans les conditions prévues aux articles L. 325-1 à L. 325-3.

Art. R. 313-25. – Sauf dispositions contraires prises par arrêté du ministre chargé des transports, deux feux ou dispositifs de même signification et susceptibles d'être employés en même temps doivent être placés symétriquement par rapport au plan longitudinal de symétrie du véhicule ; ils doivent émettre ou réfléchir des faisceaux lumineux de même couleur et de même intensité.

Les feux et signaux ne peuvent être à intensité variable, sauf ceux des indicateurs de direction des feux de position arrière, des feux stop, des feux de brouillard arrière et du signal de détresse.

Le fait pour tout conducteur de contrevenir aux dispositions du présent article est puni de l'amende prévue pour les contraventions de la troisième classe.

Art. R. 313-26 *(Mod., D. n° 2009-497, 30 avr. 2009)*. – Le doublement des feux rouges, des feux stop et des feux indicateurs de direction arrière est autorisé sur les véhicules à moteur dont le poids total autorisé en charge excède 3,5 tonnes et les véhicules remorqués dont le poids total autorisé en charge excède 0,75 tonne, dans les conditions fixées par arrêté du ministre chargé des transports.

Le fait de contrevenir aux dispositions du présent article est puni de l'amende prévue pour les contraventions de la troisième classe.

Art. R. 313-27. – Feux spéciaux des véhicules d'intérêt général.

I. – Tout véhicule d'intérêt général prioritaire peut être muni de feux spéciaux tournants ou d'une rampe spéciale de signalisation.

II. – Tout véhicule d'intérêt général bénéficiant de facilités de passage peut être muni, sur autorisation préfectorale, de feux spéciaux à éclats.

III. – Tout véhicule d'intérêt général peut être muni de dispositifs complémentaires de signalisation par éléments fluorescents ou rétroréfléchissants.

Art. R. 313-28. – Tout véhicule à progression lente ou encombrant dont la liste est fixée par le ministre chargé des transports peut être muni de feux spéciaux et de dispositifs complémentaires de signalisation par éléments fluorescents ou rétroréfléchissants.

Art. R. 313-29. – Le fait de détenir, d'utiliser, d'adapter, de placer, d'appliquer ou de transporter à un titre quelconque les feux réservés aux véhicules d'intérêt général est puni de l'amende prévue pour les contraventions de la quatrième classe.

Ces feux peuvent être saisis et confisqués.

L'immobilisation peut être prescrite dans les conditions prévues aux articles L. 325-1 à L. 325-3.

Art. R. 313-30. – Les règles techniques prévues à la présente section ne sont applicables aux véhicules et matériels spéciaux des armées que si elles sont compatibles avec leurs caractéristiques techniques de fabrication et d'emploi.

Art. R. 313-31. – I. – Le ministre chargé des transports fixe par arrêté :

1° Les conditions d'application de la présente section et les conditions d'homologation et d'installation des dispositifs d'éclairage et de signalisation qu'elle prévoit ;

2° Les caractéristiques des feux spéciaux des véhicules d'intérêt général et des véhicules à progression lente ou encombrants ;

3° Les caractéristiques des dispositifs complémentaires de signalisation par éléments fluorescents ou rétroréfléchissants pouvant équiper à l'avant, à l'arrière ou latéralement les véhicules d'intérêt général et les véhicules à progression lente ;

4° Les catégories de véhicules devant comporter à l'arrière une signalisation complémentaire par des dispositifs fluorescents et rétroréfléchissants ainsi que les caractéristiques de ces dispositifs ;

5° Les catégories de véhicules pouvant comporter une signalisation complémentaire par des dispositifs fluorescents ou rétroréfléchissants ainsi que les caractéristiques de ces dispositifs ;

6° Les catégories de véhicules devant comporter, en fonction de leur longueur, des catadioptres latéraux supplémentaires ainsi que les caractéristiques et les conditions d'installation de ces dispositifs.

II. – Pour les véhicules et appareils agricoles et forestiers, le ministre chargé de l'agriculture doit être consulté.

III. – Le ministre chargé des transports peut interdire l'usage de dispositifs d'éclairage ou de signalisation non conformes à des types ayant reçu son agrément.

Art. R. 313-32. – Le ministre chargé des transports fixe par arrêté :

1° Les conditions spéciales d'éclairage et de signalisation des véhicules effectuant des transports de bois en grume ou de pièces de grande longueur débordant l'arrière des véhicules ;

2° Les règles relatives à la signalisation lumineuse des engins de service hivernal ;

3° Les règles relatives à l'éclairage et à la signalisation de certains engins spéciaux dont la vitesse ne peut excéder par construction 25 km/h.

Section II. – Signaux d'avertissement

Art. R. 313-33. – Sauf dispositions différentes prévues au présent article, tout véhicule à moteur doit être muni d'un avertisseur sonore de route. Il peut être muni d'un avertisseur sonore pour l'usage urbain.

Les dispositifs sonores sont conformes à des types homologués répondant à des spécifications déterminées par le ministre chargé des transports.

Tout cycle doit être muni d'un appareil avertisseur constitué par un timbre ou un grelot dont le son peut être entendu à 50 mètres au moins. L'emploi de tout autre signal sonore est interdit.

Le fait, pour tout conducteur d'un véhicule à moteur, de contrevenir aux dispositions du présent article est puni de l'amende prévue pour les contraventions de la troisième classe.

Le fait, pour tout conducteur d'un cycle, de contrevenir aux dispositions du présent article est puni de l'amende prévue pour les contraventions de la première classe.

Art. R. 313-34. – Les véhicules d'intérêt général prioritaires peuvent être équipés d'avertisseurs spéciaux en plus des avertisseurs exigés pour tout véhicule à moteur.

Les véhicules d'intérêt général bénéficiant de facilités de passage, à l'exception des engins de service hivernal, peuvent être équipés de timbres spéciaux en plus des avertisseurs exigés pour tout véhicule à moteur.

Un arrêté du ministre chargé des transports définit les caractéristiques de ces avertisseurs et timbres spéciaux.

Art. R. 313-35. – Le fait de détenir, d'utiliser, d'adapter, de placer, d'appliquer ou de transporter à un titre quelconque les timbres ou avertisseurs sonores spéciaux réservés aux véhicules d'intérêt général est puni de l'amende prévue pour les contraventions de la quatrième classe.

Ces dispositifs peuvent être saisis et confisqués.

CHAPITRE IV. – PNEUMATIQUES

Art. R. 314-1. – Les roues de tout véhicule à moteur et de toute remorque, à l'exception des véhicules et appareils agricoles, doivent être munies de pneumatiques.

Les pneumatiques, à l'exception de ceux des matériels de travaux publics, doivent présenter sur toute leur surface de roulement des sculptures apparentes.

Aucune toile ne doit apparaître ni en surface ni à fond de sculpture des pneumatiques.

En outre, ceux-ci ne doivent comporter sur leurs flancs aucune déchirure profonde.

Lorsque les véhicules et appareils agricoles sont munis de pneumatiques, ceux-ci ne doivent comporter sur leurs flancs aucune déchirure profonde et aucune toile ne doit apparaître ni en surface ni en fond de sculpture.

La nature, la forme, l'état et les conditions d'utilisation des pneumatiques et autres dispositifs prévus par le présent article sont déterminés par arrêté du ministre chargé des transports.

Le ministre chargé des transports peut accorder des dérogations aux obligations prévues au présent article pour les matériels de travaux publics.

Le fait de contrevenir aux dispositions du présent article relatives à la nature, la forme, l'état et les conditions d'utilisation des pneumatiques est puni de l'amende prévue pour les contraventions de la quatrième classe.

L'immobilisation du véhicule peut être prescrite dans les conditions prévues aux articles L. 325-1 à L. 325-3.

Art. R. 314-2. – Le fait de mettre en vente ou de vendre, sauf pour être mis au rebut, un pneumatique ne présentant pas les caractéristiques d'utilisation prévues à l'article R. 314-1 ou détérioré par un retaillage trop profond est puni de l'amende prévue pour les contraventions de la quatrième classe.

Art. R. 314-3. – Il est interdit d'introduire dans les surfaces de roulement des pneumatiques des éléments métalliques susceptibles de faire saillie. Le ministre chargé des transports fixe par arrêté les conditions dans lesquelles il peut être dérogé à cette interdiction ou fait usage de tout autre dispositif antidérapant.

L'usage des chaînes n'est autorisé que sur les routes enneigées.

Les dispositions du présent article ne sont applicables ni aux cyclomoteurs ni aux quadricycles légers à moteur.

Le ministre chargé des transports, après avis du ministre chargé de l'agriculture, fixe par arrêté les caractéristiques auxquelles doivent répondre les chaînes d'adhérence employées sur les pneumatiques des véhicules ou appareils agricoles automoteurs.

Le fait de contrevenir aux dispositions du présent article ou à celles prises pour son application est puni de l'amende prévue pour les contraventions de la quatrième classe.

L'immobilisation du véhicule peut être prescrite dans les conditions prévues aux articles L. 325-1 à L. 325-3.

Art. R. 314-4. – Le ministre chargé des transports, après avis du ministre chargé de l'agriculture, fixe par arrêté les caractéristiques auxquelles doivent répondre les bandages métalliques des véhicules ou matériels agricoles.

Le fait pour tout conducteur de contrevenir aux dispositions prises en application du présent article est puni de l'amende prévue pour les contraventions de la troisième classe.

L'immobilisation du véhicule peut être prescrite dans les conditions prévues aux articles L. 325-1 à L. 325-3.

Art. R. 314-5. – Les bandages métalliques des véhicules à traction animale ne doivent présenter aucune saillie sur leurs surfaces prenant contact avec le sol.

Le fait de contrevenir aux dispositions du présent article est puni de l'amende prévue pour les contraventions de la troisième classe.

Art. R. 314-6. – Les dispositions du présent chapitre ne sont applicables aux véhicules et matériels spéciaux des armées que si elles sont compatibles avec leurs caractéristiques techniques de fabrication et d'emploi.

Art. R. 314-7. – Le ministre chargé des transports fixe par arrêté les règles relatives aux pneumatiques des engins spéciaux dont la vitesse ne peut excéder par construction 25 km/h.

Le fait, pour tout conducteur d'un engin spécial, muni de pneumatiques, de contrevenir aux dispositions prises en application du présent article est puni de l'amende prévue pour les contraventions de la quatrième classe.

Le fait, pour tout conducteur d'un engin spécial, muni de bandages métalliques, de contrevenir aux dispositions prises en application du présent article est puni de l'amende prévue pour les contraventions de la troisième classe.

CHAPITRE V. – FREINAGE

Art. R. 315-1. – I. – Tout véhicule à moteur et toute remorque, à l'exception des véhicules et matériels agricoles ou de travaux publics, doit être pourvu de deux dispositifs de freinage dont les commandes sont entièrement indépendantes. L'installation de freinage doit être à action rapide et suffisamment puissante pour arrêter et maintenir à l'arrêt le véhicule. Sa mise en œuvre ne doit pas affecter la direction du véhicule circulant en ligne droite.

II. – L'un au moins des dispositifs de freinage doit agir sur des surfaces freinées fixées aux roues rigidement ou par l'intermédiaire de pièces donnant une sécurité suffisante.

III. – Les dispositions du présent article ne sont pas applicables :

1° Aux remorques, dont le poids total autorisé en charge n'excède pas 80 kilogrammes, attelées à un cyclomoteur, une motocyclette, un tricycle ou un quadricycle à moteur ;

2° Aux remorques uniques, attelées à tout autre véhicule, sous la double condition que leur poids total autorisé en charge ne dépasse pas 750 kilogrammes ni la moitié du poids à vide du véhicule tracteur.

IV. – Le ministre chargé des transports, qui peut soumettre à homologation tout dispositif de freinage et interdire l'usage de dispositifs non conformes à des types ayant reçu son agrément, fixe les conditions dans lesquelles doivent être réalisées l'indépendance et l'efficacité du freinage des véhicules, quel qu'en soit le poids.

V. – Le fait de contrevenir aux dispositions du présent article ou à celles prises pour son application, lorsqu'elles s'appliquent à des véhicules de transport en commun ou aux véhicules dont le poids total en charge excède 3,5 tonnes, est puni de l'amende prévue pour les contraventions de la quatrième classe.

VI. – Toute autre infraction aux dispositions du présent article ou à celles prises pour son application est punie de l'amende prévue pour les contraventions de la troisième classe.

VII. – Dans tous les cas, l'immobilisation du véhicule peut être prescrite dans les conditions prévues aux articles L. 325-1 à L. 325-3.

Art. R. 315-2. – I. – Le ministre chargé des transports fixe les conditions dans lesquelles doit être assuré le freinage des véhicules et matériels agricoles et de travaux publics.

II. – Le fait de contrevenir aux dispositions prises en application du premier alinéa du présent article, lorsqu'elles s'appliquent aux véhicules dont le poids total autorisé en charge excède 3,5 tonnes, est puni de l'amende prévue pour les contraventions de la quatrième classe.

III. – Le fait de contrevenir aux dispositions prises en application du I ci-dessus, lorsqu'elles s'appliquent aux autres véhicules et matériels agricoles ou de travaux publics, est puni de l'amende prévue pour les contraventions de la troisième classe.

IV. – Dans tous les cas, l'immobilisation du véhicule peut être prescrite dans les conditions prévues aux articles L. 325-1 à L. 325-3.

Art. R. 315-3. – Tout cycle doit être muni de deux dispositifs de freinage efficaces.

Le fait de contrevenir aux dispositions du présent article est puni de l'amende prévue pour les contraventions de la première classe.

Art. R. 315-4. – Si le relief l'exige, les véhicules à traction animale doivent être munis d'un frein ou d'un dispositif d'enrayage.

Le fait de contrevenir aux dispositions du présent article est puni de l'amende prévue pour les contraventions de la troisième classe.

Art. R. 315-5. – Les dispositions du présent chapitre ne sont applicables aux véhicules et matériels spéciaux des armées que si elles sont compatibles avec leurs caractéristiques techniques de fabrication et d'emploi.

Art. R. 315-6. – Le ministre chargé des transports fixe par arrêté les règles relatives aux dispositifs de freinage des engins spéciaux dont la vitesse ne peut excéder par construction 25 km/h.

Le fait, pour tout conducteur d'un engin spécial d'un poids total autorisé en charge supérieur à 3,5 tonnes, de contrevenir aux dispositions prises en application du présent article est puni de l'amende prévue pour les contraventions de la quatrième classe.

Le fait, pour tout conducteur d'un engin spécial d'un poids total autorisé en charge égal ou inférieur à 3,5 tonnes, de contrevenir aux dispositions prises en application du présent article est puni de l'amende prévue pour les contraventions de la troisième classe.

CHAPITRE VI. – ORGANES DE MANŒUVRE, DE DIRECTION ET DE VISIBILITÉ

Art. R. 316-1 *(D. n° 2016-448, 13 avr. 2016)*. – Tout véhicule à moteur, à l'exception des véhicules et matériels agricoles dont la vitesse maximale n'excède pas 40 km/h ou de travaux publics, doit être construit ou équipé de telle manière que le champ de visibilité du conducteur, vers l'avant, vers la droite et vers la gauche soit suffisant pour que celui-ci puisse conduire avec sûreté.

Le ministre chargé des transports fixe par arrêté les modalités d'application du présent article.

Le fait de contrevenir aux dispositions du présent article ou à celles prises pour son application est puni de l'amende prévue pour les contraventions de la troisième classe.

Art. R. 316-2 *(D. n° 2016-448, 13 avr. 2016)*. – Si le champ de visibilité du conducteur d'un véhicule ou matériel agricole dont la vitesse maximale n'excède pas 40 km/h ou de travaux publics n'est pas suffisant en toutes directions pour que le conducteur puisse conduire avec sûreté, celui-ci doit être guidé par un convoyeur précédant le véhicule.

Le fait de contrevenir aux dispositions du présent article est puni de l'amende prévue pour les contraventions de la troisième classe.

Art. R. 316-3 *(D. n° 2016-448, 13 avr. 2016)*. – Toutes les vitres doivent être en substance transparente telle que le danger d'accidents corporels soit, en cas de bris, réduit dans toute la mesure du possible. Elles doivent être suffisamment résistantes aux incidents prévisibles d'une circulation normale et aux facteurs atmosphériques et thermiques, aux agents chimiques et à l'abrasion. Elles doivent également présenter une faible vitesse de combustion.

Les vitres du pare-brise et les vitres latérales avant côté conducteur et côté passager doivent en outre avoir une transparence suffisante, tant de l'intérieur que de l'extérieur du véhicule, et ne provoquer aucune déformation notable des objets vus par transparence ni aucune modification notable de leurs couleurs. La transparence de ces vitres est considérée comme suffisante si le facteur de transmission régulière de la lumière est d'au moins 70 %. En cas de bris, elles doivent permettre au conducteur de continuer à voir distinctement la route.

Toute opération susceptible de réduire les caractéristiques de sécurité ou les conditions de transparence des vitres prévues aux alinéas précédents est interdite.

Le ministre chargé des transports fixe par arrêté les modalités d'application du présent article. Il détermine notamment les conditions d'homologation, y compris de transparence, des différentes catégories de vitres équipant les véhicules et, le cas échéant, les dérogations que justifieraient des raisons médicales ou des conditions d'aménagement de véhicules blindés.

Le fait de contrevenir aux dispositions du présent article ou à celles prises pour son application, à l'exception de celles relatives aux conditions de transparence, est puni de l'amende prévue pour les contraventions de la troisième classe.

Art. R. 316-3-1 *(D. n° 2016-448, 13 avr. 2016)*. – Le fait, pour tout conducteur, de circuler avec un véhicule ne respectant pas les dispositions de l'article R. 316-3 relatives aux conditions de transparence des vitres fixées à cet article ou à celles prises pour son application est puni de l'amende prévue pour les contraventions de la quatrième classe. Cette contravention donne lieu de plein droit à la réduction de trois points du permis de conduire.

L'immobilisation peut être prescrite dans les conditions prévues aux articles L. 325-1 à L. 325-3.

Art. R. 316-4. – Le pare-brise des véhicules à moteur, à l'exception des cyclomoteurs à deux roues, des cyclomoteurs à trois roues non carrossés, des quadricycles légers à moteur non carrossés, des motocyclettes, doit être muni d'au moins un essuie-glace ayant une surface d'action, une puissance et une fréquence suffisantes pour que le conducteur puisse, de son siège, voir distinctement la route.

Le pare-brise doit également être équipé d'un dispositif lave-glace.

Le ministre chargé des transports fixe par arrêté les conditions d'application du présent article.

Le fait de contrevenir aux dispositions du présent article ou à celles prises pour son application est puni de l'amende prévue pour les contraventions de la troisième classe.

Art. R. 316-5 *(D. n° 2016-448, 13 avr. 2016)*. – À l'exception des quadricycles non équipés de carrosserie, des véhicules à deux ou trois roues non équipés de carrosserie et des véhicules ou matériels agricoles ou de travaux publics autres que les tracteurs agricoles, tout véhicule à moteur dont le poids à vide excède 350 kilogrammes doit être muni de dispositifs de marche arrière. Le fait de contrevenir aux dispositions du présent article est puni de l'amende prévue pour les contraventions de la troisième classe.

Art. R. 316-6 *(Mod., D. n° 2009-1590, 18 déc. 2009 ; D. n° 2016-448, 13 avr. 2016)*. – Tout véhicule à moteur, à l'exception des véhicules et appareils agricoles n'ayant pas de cabine fermée, doit être muni d'un ou de plusieurs systèmes de vision indirecte, disposés de façon à permettre au conducteur de surveiller de son siège la route vers l'arrière du véhicule quel que soit le chargement normal de celui-ci et dont le champ de visibilité ne comporte pas d'angle mort notable susceptible de masquer un véhicule s'apprêtant à dépasser.

Le ministre chargé des transports fixe les conditions d'application du présent article.

Le fait de contrevenir aux dispositions du présent article ou à celles prises pour son application est puni de l'amende prévue pour les contraventions de la troisième classe.

Art. R. 316-7 *(Mod., D. n° 2009-497, 30 avr. 2009 ; D. n° 2016-448, 13 avr. 2016)*. – I. – Les organes de direction doivent présenter des garanties suffisantes de solidité.

II. – Dans le cas où le fonctionnement des organes de direction fait appel à un système hydraulique ou électrique, ceux-ci doivent être conçus de telle sorte que le conducteur puisse garder le contrôle de son véhicule en cas de défaillance du système. Les véhicules et matériels agricoles dont la vitesse maximale n'excède pas 40 km/h et de travaux publics ne sont pas soumis à cette obligation.

III. – Le fait de contrevenir aux dispositions du présent article est puni de l'amende prévue pour les contraventions de la troisième classe.

Art. R. 316-8. – Les commandes des divers organes du véhicule susceptibles d'être utilisés pendant la marche doivent être facilement accessibles par le conducteur en position normale de conduite.

Le fait de contrevenir aux dispositions du présent article est puni de l'amende prévue pour les contraventions de la troisième classe.

Art. R. 316-9. – Les dispositions du présent chapitre ne sont applicables aux véhicules et matériels spéciaux des armées que si elles sont compatibles avec leurs caractéristiques techniques de fabrication et d'emploi.

Art. R. 316-10. – Le ministre chargé des transports fixe par arrêté les règles relatives aux organes de manœuvre, de direction et de visibilité des engins spéciaux dont la vitesse ne peut excéder par construction 25 km/h.

Le fait de contrevenir aux dispositions prises en application du présent article est puni de l'amende prévue pour les contraventions de la troisième classe.

CHAPITRE VII. – DISPOSITIFS ET AMÉNAGEMENTS PARTICULIERS

Section I. – Appareils de contrôle et de limitation de la vitesse

Art. R. 317-1 *(D. n° 2016-448, 13 avr. 2016)*. – Indicateur de vitesse.

I. – Tout véhicule à moteur, à l'exception des véhicules agricoles, hors les tracteurs enjambeurs dont la vitesse maximale par construction n'excède pas 30 km/h et matériels agricoles ou de travaux publics, des cyclomoteurs, tricycles ou quadricycles dont la vitesse maximale par construction n'excède pas 25 km/h, doit être muni d'un indicateur de vitesse placé bien en vue du conducteur et maintenu constamment en bon état de fonctionnement.

II. – Le ministre chargé des transports détermine les spécifications auxquelles doivent répondre les indicateurs de vitesse ainsi que les conditions de leur mise en place et de leur contrôle.

III. – Les dispositions du présent article ne sont applicables aux véhicules et aux matériels spéciaux des armées que si elles sont compatibles avec leurs caractéristiques techniques de fabrication et d'emploi.

IV. – Le fait de contrevenir aux dispositions du présent article et à celles prises pour son application est puni de l'amende prévue pour les contraventions de la troisième classe.

Art. R. 317-2. – Appareil de contrôle.

I. – Le ministre chargé des transports définit les véhicules qui doivent être équipés d'un appareil de contrôle permettant l'enregistrement de la vitesse du véhicule. Le ministre chargé de la métrologie légale définit, en accord avec le ministre chargé des transports, les exigences réglementaires applicables à cet appareil ainsi que les conditions de son installation, de sa réparation et de sa vérification. Le ministre chargé des transports définit les délais d'application du présent alinéa.

II. – Le conducteur d'un véhicule est tenu de présenter ou de remettre, à toutes réquisitions des agents ayant qualité pour constater les délits ou les contraventions en matière de circulation routière, les feuilles d'enregistrement de l'appareil de contrôle. Ces feuilles doivent être conservées pendant un an au moins et tenues à la disposition des agents de constatation.

III. – Pour l'application de la réglementation concernant les conditions de travail dans les transports routiers publics et privés, l'appareil de contrôle prévu ci-dessus devra permettre également l'enregistrement de tout ou partie des éléments suivants :

– distance parcourue par le véhicule ;
– temps de conduite ou autre temps de travail effectif en dehors de la conduite ;
– autre temps de présence au travail ;
– interruption de travail et temps de repos journaliers ;
– ouverture du boîtier contenant la feuille d'enregistrement.

Art. R. 317-3 *(Rempl., D. n° 2014-784, 8 juill. 2014)*. – L'appareil de contrôle, dénommé chronotachygraphe, doit être constamment maintenu en bon état de fonctionnement.

Le chronotachygraphe est astreint à un contrôle en service renouvelé tous les deux ans, sur l'initiative et aux frais du détenteur de l'appareil, par l'un des centres de contrôle agréés à cet effet par les préfets des départements où ces centres sont situés.

Les véhicules mentionnés à l'article R. 317-2 doivent être munis d'une plaquette d'installation périodique certifiant la conformité de l'appareil de contrôle aux prescriptions réglementaires et mentionnant la date limite avant laquelle le contrôle en service suivant devra être effectué.

Le fait de contrevenir aux dispositions du présent article est puni de l'amende prévue pour les contraventions de la quatrième classe.

Art. R. 317-4 *(Mod., D. n° 2003-536, 20 juin 2003)*. – L'immobilisation des véhicules devant être équipés d'un appareil de contrôle permettant l'enregistrement de la vitesse peut être prescrite dans les conditions prévues aux articles L. 325-1 à L. 325-3 :

1° Lorsque le conducteur est en infraction aux règles relatives aux conditions de travail dans les transports routiers, publics ou privés ;

2° Lorsque le conducteur ne peut présenter les documents dûment renseignés concernant les conditions de travail dans les transports publics et privés ;

3° En l'absence d'appareil de contrôle permettant l'enregistrement de la vitesse ou lorsque celui-ci a fait l'objet d'une modification ou d'une détérioration affectant son fonctionnement normal ;

4° *(D. n° 2014-784, 8 juill. 2014)* Lorsque le chronotachygraphe n'a pas fait l'objet du contrôle en service.

Art. R. 317-5 *(D. n° 2016-448, 13 avr. 2016)*. – Compteur kilométrique.

I. – Tout véhicule à moteur, à l'exception des véhicules et matériels agricoles ou de travaux publics, cyclomoteurs, tricycles, ou quadricycles dont la vitesse maximale par construction n'excède pas 25 km/h doit être muni d'un dispositif qui enregistre de façon cumulative la distance parcourue.

II. – Le ministre chargé des transports fixe par arrêté les spécifications auxquelles doit répondre ce dispositif et les conditions d'application du présent article aux cyclomoteurs.

III. – Les dispositions du présent article ne sont applicables aux véhicules et aux matériels spéciaux des armées que si elles sont compatibles avec leurs caractéristiques techniques de fabrication et d'emploi.

IV. – Le fait de contrevenir aux dispositions du présent article ou à celles prises pour son application est puni de l'amende prévue pour les contraventions de la troisième classe.

Art. R. 317-6 *(D. n° 2005-186, 25 févr. 2005)*. – Les véhicules de transport en commun de personnes d'un poids total autorisé en charge supérieur à 10 tonnes mis en circulation pour la première fois à partir du 1er janvier 1985 doivent être construits ou équipés de telle manière que leur vitesse maximale ne puisse pas dépasser 100 km/h.

Les autres véhicules d'un poids total autorisé en charge supérieur à 12 tonnes mis en circulation pour la première fois à partir du 1er octobre 1984 et les véhicules de transport de matières dangereuses mis en circulation pour la première fois à partir du 1er mai 1980 doivent être construits ou équipés de telle manière que leur vitesse maximale ne puisse pas dépasser 90 km/h.

Un arrêté du ministre chargé des transports fixe les modalités d'application de ces dispositions.

Art. R. 317-6-1 *(D. n° 2005-186, 25 févr. 2005)*. – I. – Les véhicules de transport en commun de personnes d'un poids total autorisé en charge inférieur ou égal à 10 tonnes et les autres véhicules d'un poids total autorisé en charge supérieur à 3,5 tonnes et inférieur ou égal à 12 tonnes, conformes aux valeurs limites d'émissions polluantes définies par arrêté du ministre chargé des transports et mis en circulation pour la première fois à compter du 1er octobre 2001, doivent, au plus tard le 1er janvier 2007, être construits ou équipés de telle manière que leur vitesse maximale ne puisse pas dépasser respectivement 100 km/h et 90 km/h.

II. – Un arrêté du ministre chargé des transports fixe les modalités d'application de ces dispositions.

Art. R. 317-7. – Les dispositions de la présente section ne sont applicables aux véhicules et aux matériels spéciaux des armées que si elles sont compatibles avec leurs caractéristiques techniques de fabrication et d'emploi.

Section II. – Plaques et inscriptions

Art. R. 317-8 *(Mod., D. n° 2009-136, 9 févr. 2009 ; A. 23 mars 2009 ; D. n° 2012-3, 3 janv. 2012)*. – I. – Tout véhicule à moteur, à l'exception des matériels de travaux publics doit être muni de deux plaques d'immatriculation, portant le numéro assigné au véhicule et fixées en évidence d'une manière inamovible à l'avant et à l'arrière du véhicule.

Toutefois, toute motocyclette, tout tricycle ou quadricycle à moteur, tout cyclomoteur, tout véhicule agricole ou forestier à moteur attaché à une exploitation agricole ou forestière, à une entreprise de travaux agricoles ou à une coopérative d'utilisation de matériel agricole peut ne porter qu'une plaque d'immatriculation, fixée en évidence d'une manière inamovible à l'arrière du véhicule.

II. – Tout véhicule ou appareil agricole remorqué dont le poids total autorisé en charge est supérieur à 1,5 tonne, toute autre remorque dont le poids total autorisé en charge est supérieur à 500 kilogrammes, toute autre semi-remorque doit être munie d'une plaque d'immatriculation portant son numéro d'immatriculation et fixée en évidence, d'une manière inamovible, à l'arrière du véhicule.

Tout véhicule ou appareil agricole remorqué attaché à une exploitation agricole ou forestière, à une entreprise de travaux agricoles ou à une coopérative d'utilisation de matériel agricole, lorsqu'il n'est pas soumis à cette obligation, doit être muni à l'arrière de la plaque d'identité prévue à l'article R. 317-12.

Tout véhicule ou appareil agricole remorqué non attaché à une exploitation agricole ou forestière, à une entreprise de travaux agricoles ou à une coopérative d'utilisation de matériel agricole, toute autre remorque, toute autre semi-remorque, lorsqu'il n'est pas soumis à cette obligation, doit être muni à l'arrière d'une plaque d'immatriculation reproduisant la plaque arrière du véhicule tracteur. La plaque d'immatriculation peut, dans ce cas, être amovible.

Toutefois, toute remorque attelée à une motocyclette, à un cyclomoteur, à un quadricycle léger à moteur ou à un tricycle à moteur ne doit porter à l'arrière une plaque d'immatriculation reproduisant le numéro d'immatriculation du véhicule tracteur que si les dimensions de la remorque ou du chargement sont telles que la plaque d'immatriculation du véhicule tracteur n'est pas visible pour un observateur placé à l'arrière.

III. – Chaque plaque doit être maintenue dans un état d'entretien permettant la lecture des inscriptions qu'elle comporte.

IV. – Le ministre chargé des transports et le ministre de l'intérieur fixent par arrêté les caractéristiques et le mode de pose des plaques d'immatriculation.

V. – Le fait de faire circuler un véhicule à moteur ou une remorque sans qu'il soit muni des plaques ou inscriptions exigées par le présent article est puni de l'amende prévue pour les contraventions de la quatrième classe.

VI. – Le fait de contrevenir aux dispositions du présent article relatives à l'entretien, aux caractéristiques ou au mode de pose des plaques d'immatriculation est puni de l'amende prévue pour les contraventions de la quatrième classe.

VII. – L'immobilisation du véhicule peut être prescrite dans les conditions prévues aux articles L. 325-1 à L. 325-3.

VIII. – Le fait d'exposer, d'offrir, de mettre en vente, de vendre, de proposer ou d'inciter à acheter ou à utiliser une plaque d'immatriculation non conforme aux caractéristiques visées au IV est puni de l'amende prévue pour les contraventions de la quatrième classe. La plaque est saisie et confisquée.

Sur l'assimilation de la plaque d'immatriculation illisible et de l'absence de plaque, V. ■ Cass. crim., 21 oct. 2015, n° 14-87.306 : *Dr. pén.* 2015, comm. 161, obs. J.-H. Robert.

Art. R. 317-9 *(D. n° 2016-448, 13 avr. 2016)*. **– I. – Sauf dispositions différentes prévues au présent article, tout véhicule à moteur, toute semi-remorque agricole, toute remorque, à l'exception des véhicules ou matériels agricoles remorqués montés sur bandages non pneumatiques ou dont le poids total autorisé en charge est inférieur ou égal à 1,5 tonne, doit être muni d'une plaque du constructeur portant de manière apparente le nom de celui-ci ou sa marque ou le symbole qui l'identifie, le type, le numéro d'identification, ou, pour les véhicules ou matériels agricoles, le numéro d'ordre dans la série du type et les caractéristiques de poids du véhicule.**

II. – La plaque du constructeur et de tout matériel de travaux publics doit en outre comporter l'adresse du constructeur.

III. – La plaque du constructeur de toute motocyclette, tout tricycle, tout quadricycle à moteur ou tout cyclomoteur doit comporter le nom du constructeur, la marque de réception, le numéro d'identification, le niveau sonore à l'arrêt et le régime moteur correspondant.

IV. – Sur tout véhicule à moteur de transport de marchandises d'un poids total autorisé en charge supérieur à 12 tonnes et sur toute remorque d'un poids total autorisé en charge supérieur à 10 tonnes, dont la date de première mise en circulation est postérieure au 1er octobre 1990, à l'exception de tout véhicule ou matériel agricole ou de tout matériel de travaux publics, doit être fixée une plaque dite plaque relative aux dimensions portant le nom du constructeur ou sa marque, ou le symbole qui l'identifie, le type, le numéro d'identification et les caractéristiques de dimension du véhicule.

V. – Dans tous les cas,

1° Les indications mentionnées sur la plaque du constructeur et sur la plaque relative aux dimensions peuvent être réunies sur une plaque unique ;

2° L'indication du type et le numéro d'ordre dans la série du type ou le numéro d'identification du véhicule doivent être frappés à froid, dans la moitié droite du véhicule, de façon à être facilement lisibles à un endroit accessible sur le châssis ou sur un élément essentiel et indémontable du véhicule. Pour toute motocyclette, tout tricycle, tout quadricycle à moteur ou tout cyclomoteur, le numéro d'identification doit être frappé à froid de façon à être facilement lisible à un endroit accessible du châssis ou du cadre, sur la partie droite du véhicule.

Pour les véhicules ou matériels agricoles, ces diverses inscriptions sont faites sous la responsabilité du constructeur.

VI. – Le ministre chargé des transports fixe par arrêté les modalités d'application du présent article.

VII. – Le fait de contrevenir aux dispositions du présent article ou à celles prises pour son application est puni de l'amende prévue pour les contraventions de la quatrième classe.

Art. R. 317-10 *(D. n° 2016-448, 13 avr. 2016)*. **– Tout véhicule ou matériel agricole, à l'exception de celui disposant d'une réception au titre de l'article R. 321-6 du présent code, ou de travaux publics soumis à réception doit porter, sur une plaque spéciale, l'indication du lieu et de la date de sa réception par le service en charge des réceptions désigné par le ministre chargé des transports.**

Ces diverses inscriptions sont faites sous la responsabilité du constructeur.

Le fait de contrevenir aux dispositions du présent article est puni de l'amende prévue pour les contraventions de la quatrième classe.

Art. R. 317-11 *(D. n° 2016-448, 13 avr. 2016)*. – I. – Sauf dispositions différentes prévues au présent article, tout véhicule à moteur ou toute remorque, dont le poids total autorisé en charge excède 3,5 tonnes, à l'exception des véhicules ou matériels agricoles automoteurs, des véhicules ou matériels de travaux publics, des motocyclettes, des tricycles ou quadricycles à moteur et des cyclomoteurs, doivent porter, en évidence, pour un observateur placé à droite, l'indication :

1° De son poids à vide, de son poids total autorisé en charge et de son poids total roulant autorisé ;

2° De sa longueur, de sa largeur et de sa surface maximales.

II. – Les remorques agricoles ne doivent porter que l'indication du poids à vide et du poids total autorisé en charge.

III. – Le ministre chargé des transports fixe par arrêté les conditions d'application du présent article.

IV. – Le fait de contrevenir aux dispositions du présent article ou à celles prises pour son application est puni de l'amende prévue pour les contraventions de la quatrième classe.

Art. R. 317-12 *(Mod., D. n° 2009-136, 9 févr. 2009 ; A. 23 mars 2009)*. – Tout véhicule ou matériel agricole ou forestier, attaché à une exploitation agricole, à une entreprise de travaux agricoles, à une coopérative d'utilisation de matériel agricole ou à une exploitation forestière, peut être muni, en complément d'une plaque d'immatriculation visée à l'article R. 317-8, d'une plaque d'identité portant un numéro d'ordre et fixée en évidence à l'arrière du véhicule.

Le ministre chargé des transports détermine, après avis du ministre chargé de l'agriculture, le modèle et le mode de pose de ces plaques dites plaques d'exploitation.

Art. R. 317-13. – Le ministre chargé des transports détermine les conditions d'application de la présente section aux matériels de travaux publics.

Art. R. 317-14. – Le ministre chargé des transports fixe par arrêté les règles applicables aux plaques et inscriptions des engins spéciaux dont la vitesse ne peut excéder par construction 25 km/h.

Le fait, pour tout conducteur d'un engin spécial, de contrevenir aux dispositions prises en application du présent article est puni de l'amende prévue pour les contraventions de la troisième classe.

Section III. – Dispositif antivol

Art. R. 317-15 *(D. n° 2016-448, 13 avr. 2016)*. – Tout véhicule à moteur, à l'exception des véhicules et matériels agricoles ou de travaux publics, doit être muni d'un dispositif antivol.

Un arrêté du ministre de l'Intérieur et du ministre chargé des transports détermine les conditions d'application du présent article.

Le fait de contrevenir aux dispositions du présent article ou à celles prises pour son application est puni de l'amende prévue pour les contraventions de la troisième classe.

Art. R. 317-16. – Les dispositions de la présente section ne sont applicables aux véhicules et aux matériels spéciaux des armées que si elles sont compatibles avec leurs caractéristiques techniques de fabrication et d'emploi.

Art. R. 317-17. – Le ministre chargé des transports fixe par arrêté les règles relatives aux dispositifs antivol des engins spéciaux dont la vitesse ne peut excéder par construction 25 km/h.

Le fait, pour tout conducteur d'un engin spécial, de contrevenir aux dispositions prises en application du présent article est puni de l'amende prévue pour les contraventions de la troisième classe.

Section IV. – Attelage des remorques

Art. R. 317-18. – I. – Toute remorque, dont le poids total autorisé en charge excède :

1° Soit 1,5 tonne pour les remorques agricoles ou de travaux publics ;

2° Soit 750 kilogrammes pour toute autre remorque ;

3° Soit la moitié du poids à vide du véhicule tracteur,

doit être équipée d'un dispositif de freinage permettant son arrêt automatique en cas de rupture de l'attelage pendant la marche.

II. – À l'exception des remorques sans timon utilisées pour le transport des bois en grume ou des pièces de grande longueur et des semi-remorques, le dispositif de freinage prévu au I ci-dessus n'est pas obligatoire sur les remorques à un essieu dont le poids total autorisé en charge ne dépasse pas 1,5 tonne, si elles sont munies, en plus du dispositif d'attelage, d'une attache secondaire qui, en cas de rupture du dispositif d'attelage, empêche le timon de toucher le sol et assure un guidage résiduel de la remorque.

III. – L'attache secondaire ne peut être utilisée, après rupture de l'attache principale, qu'à titre de dépannage et à condition qu'une allure très modérée soit observée. Il en est de même pour l'utilisation d'attelages de fortune au moyen de cordes ou de tout autre dispositif.

IV. – Les attaches secondaires ou de fortune doivent être parfaitement visibles de jour comme de nuit.

V. – Lorsqu'un même tracteur remorque plusieurs véhicules, il ne peut être employé de moyen de fortune que pour un seul attelage.

VI. – Les dispositions du présent article ne sont pas applicables aux remorques des motocyclettes, des tricycles et quadricycles à moteur et des cyclomoteurs.

VII. – Le fait de contrevenir aux dispositions du présent article est puni de l'amende prévue pour les contraventions de la troisième classe.

Art. R. 317-19. – Les dispositions de la présente section ne sont applicables aux véhicules et aux matériels spéciaux des armées que si elles sont compatibles avec leurs caractéristiques techniques de fabrication et d'emploi.

Art. R. 317-20. – Le ministre chargé des transports fixe par arrêté les règles relatives aux dispositifs d'attelage des engins spéciaux dont la vitesse ne peut excéder par construction 25 km/h.

Le fait, pour tout conducteur d'un engin spécial, de contrevenir aux dispositions prises en application du présent article est puni de l'amende prévue pour les contraventions de la troisième classe.

Section V. – Remorquage des véhicules en panne ou accidentés

Art. R. 317-21. – Le ministre chargé des transports fixe par arrêté les conditions dans lesquelles les véhicules en panne ou accidentés peuvent être remorqués par un autre véhicule.

Il fixe également par arrêté les caractéristiques techniques auxquelles doivent répondre les véhicules spécialisés dans les opérations de remorquage ainsi que leurs conditions de circulation.

Le fait de contrevenir aux dispositions prises en application du présent article est puni de l'amende prévue pour les contraventions de la troisième classe.

Art. R. 317-22. – Les dispositions de la présente section ne sont applicables aux véhicules et aux matériels spéciaux des armées que si elles sont compatibles avec leurs caractéristiques techniques de fabrication et d'emploi.

Section VI. – Autres aménagements

Art. R. 317-23 *(D. n° 2016-448, 13 avr. 2016)*. – Tout véhicule à moteur, toute remorque, à l'exception des matériels agricoles ou de travaux publics, doit être aménagé de manière à réduire autant que possible, en cas de collision, les risques d'accidents corporels, aussi bien pour les occupants du véhicule que pour les autres usagers de la route.

Le ministre chargé des transports fixe les règles auxquelles sont soumis la construction et l'équipement des véhicules mentionnés au présent article.

Le fait de contrevenir aux dispositions du présent article ou à celles prises pour son application est puni de l'amende prévue pour les contraventions de la troisième classe.

Art. R. 317-23-1 *(D. n° 2010-1390, 12 nov. 2010)*. – Le fait d'utiliser un cyclomoteur muni d'un dispositif ayant pour effet de permettre à celui-ci de dépasser les limites réglementaires fixées à l'article R. 311-1 en matière de vitesse, de cylindrée ou de puissance maximale du moteur ou ayant fait l'objet d'une transformation à cette fin est puni de l'amende prévue pour les contraventions de la quatrième classe.

L'immobilisation et la mise en fourrière peuvent être prescrites dans les conditions prévues aux articles L. 325-1 à L. 325-3.

La confiscation du véhicule peut être prononcée à titre de peine complémentaire.

Art. R. 317-24 *(D. n° 2011-368, 4 avr. 2011 ; mod., D. n° 2014-784, 8 juill. 2014).* – Tout véhicule destiné normalement ou employé exceptionnellement au transport de personnes doit être aménagé de manière à assurer la sécurité et la commodité des voyageurs.

Le ministre chargé des transports détermine les conditions particulières auxquelles doivent répondre, en plus de celles qui sont déjà prescrites par le présent chapitre, les différentes catégories de véhicules affectés au transport de personnes.

Le fait de contrevenir aux dispositions du présent article ou à celles prises pour son application relatives à la solidité des véhicules, à leur poids, à leur mode de chargement, au nombre et à la sûreté des voyageurs, à l'indication, à l'intérieur des voitures, des places qu'elles contiennent et du prix des places, à l'indication, à l'extérieur, du nom du propriétaire est puni de l'amende prévue pour les contraventions de la quatrième classe.

L'immobilisation du véhicule de transport en commun de personnes peut être prescrite dans les conditions prévues aux articles L. 325-1 à L. 325-3.

Art. R. 317-24-1 *(D. n° 2014-784, 8 juill. 2014).* – À partir d'une date définie par arrêté du ministre chargé des transports, tout transport effectué par un autocar est réalisé au moyen d'un véhicule équipé de ceintures de sécurité.

Cette disposition n'est pas applicable aux véhicules dont le certificat d'immatriculation porte la mention d'usage « véhicule de collection ».

Le fait de contrevenir aux dispositions du présent article ou à celles prises pour son application est puni de l'amende prévue pour les contraventions de la quatrième classe.

L'immobilisation du véhicule de transport en commun de personnes peut être prescrite dans les conditions prévues aux articles L. 325-1 à L. 325-3.

Art. R. 317-25 *(Rempl., D. n° 2009-1590, 18 déc. 2009).* – Tout véhicule utilisé pour l'apprentissage de la conduite des véhicules à moteur, à l'exception des cyclomoteurs, des tricycles et quadricycles à moteur et des motocyclettes, doit être muni :

– à l'usage de l'élève, d'un rétroviseur intérieur, d'un rétroviseur latéral extérieur gauche et d'un rétroviseur latéral extérieur droit ;

– à l'usage de l'enseignant de la conduite ou de l'accompagnateur, d'un rétroviseur intérieur et d'un rétroviseur ou dispositif de rétrovision équivalent latéral extérieur droit ;

– à l'usage de l'enseignant ou de l'accompagnateur, de dispositifs de double commande dont la liste est définie par arrêté du ministre chargé des transports.

Les véhicules non munis réglementairement d'un rétroviseur intérieur destiné au conducteur ne sont pas soumis à l'obligation de rétroviseur intérieur complémentaire.

En outre, tout véhicule utilisé pour l'apprentissage de la conduite des véhicules à moteur, autre que les cyclomoteurs, les tricycles à moteur et les motocyclettes, doit être muni d'un panneau placé sur le toit du véhicule ou d'inscriptions visibles de l'avant et de l'arrière signalant aux usagers qu'il s'agit d'un véhicule d'apprentissage.

Pour l'apprentissage de la conduite des cyclomoteurs, des tricycles à moteur et des motocyclettes, les inscriptions signalant la situation d'apprentissage doivent figurer sur un gilet de haute visibilité, conforme aux dispositions du Code du travail relatives aux équipements de protection individuelle, porté par l'élève conducteur et par l'enseignant ou l'accompagnateur lorsque celui-ci est assis à l'arrière du véhicule. Lorsque l'enseignant ou l'accompagnateur est à bord d'un véhicule suiveur à quatre roues à moteur, celui-ci doit être muni d'un panneau de toit. L'enseignant ou l'accompagnateur, à bord d'un véhicule suiveur à deux ou trois roues à moteur, doit être équipé d'un gilet de haute visibilité comportant les inscriptions signalant la situation d'apprentissage.

Les véhicules utilisés pendant les périodes d'apprentissage anticipé, de conduite supervisée ou de conduite encadrée, mentionnées aux articles R. 211-5, R. 211-5-1 et R. 211-5-2 ne sont pas soumis aux obligations définies au présent article.

Un arrêté du ministre chargé des transports fixe les conditions d'application du présent article.

Le fait de contrevenir aux dispositions du présent article est puni de l'amende prévue pour les contraventions de la troisième classe.

Art. R. 317-26 *(D. n° 2016-448, 13 avr. 2016).* – Tout véhicule des catégories N et O doit être équipé de dispositifs antiprojections homologués.

Un arrêté du ministre chargé des transports fixe les conditions d'application du présent article.

Le fait de contrevenir aux dispositions du présent article ou à celles prises pour son application est puni de l'amende prévue pour les contraventions de la troisième classe.

Art. R. 317-26-1 *(D. n° 2005-173, 24 févr. 2005 ; D. n° 2016-448, 13 avr. 2016)*. – Les machines agricoles automotrices peuvent être équipées de sièges de convoyeurs. Ils peuvent également être aménagés pour transporter une charge à des fins agricoles ou forestières.

Un arrêté du ministre des Transports, pris après avis du ministre de l'Agriculture, fixe les modalités d'application du présent article.

Art. R. 317-27. – Les dispositions de la présente section ne sont applicables aux véhicules et matériels spéciaux des armées que si elles sont compatibles avec leurs caractéristiques techniques de fabrication et d'emploi.

Art. R. 317-28. – Le ministre chargé des transports fixe par arrêté les règles relatives aux aménagements, prévus à la présente section, des engins spéciaux dont la vitesse ne peut excéder par construction 25 km/h.

Le fait pour tout conducteur d'un engin spécial de contrevenir aux dispositions prises en application du présent article est puni de l'amende prévue pour les contraventions de la troisième classe.

Art. R. 317-29 *(Abr., D. n° 2003-642, 11 juill. 2003)*.

CHAPITRE VIII. – ÉNERGIE, ÉMISSIONS POLLUANTES ET NUISANCES

Art. R. 318-1 *(D. n° 2011-368, 4 avr. 2011)*. – Les véhicules à moteur ne doivent pas émettre de fumées, de gaz toxiques, corrosifs ou odorants, dans des conditions susceptibles d'incommoder la population ou de compromettre la santé et la sécurité publiques.

Le ministre chargé des transports, le ministre chargé de la santé et le ministre chargé de l'environnement fixent par arrêté les conditions d'application du présent article.

Le fait de contrevenir aux dispositions du présent article ou à celles prises pour son application est puni de l'amende prévue pour les contraventions de la quatrième classe.

L'immobilisation peut être prescrite dans les conditions prévues aux articles L. 325-1 à L. 325-3.

Art. R. 318-2 *(D. n° 2016-858, 29 juin 2016 ; mod. à compter du 1er juillet 2017, D. n° 2017-782, 5 mai 2017)*. – I. – Les véhicules à moteur des catégories M, N et L définies à l'article R. 311-1 sont identifiés, lorsque les conditions de leur utilisation le nécessitent, au moyen d'une vignette sécurisée appelée « certificat qualité de l'air ».

Le certificat qualité de l'air atteste de la conformité des véhicules à différentes classes établies en tenant compte du niveau d'émission de polluants atmosphériques et de leur sobriété énergétique. Le classement des véhicules tient compte notamment de leur catégorie au sens de l'article R. 311-1, de leur motorisation, des normes techniques applicables à la date de réception des véhicules ou de leur date de première immatriculation ainsi que des éventuels dispositifs de traitement des émissions polluantes installés postérieurement à la première mise en circulation des véhicules.

L'organisme chargé de la délivrance des certificats peut percevoir à titre de rémunération une redevance versée par les demandeurs, destinée à couvrir les coûts de développement, de maintenance et d'exploitation du service, ainsi que les coûts d'élaboration, de fabrication, d'acheminement et de suivi des demandes de certificats. Un arrêté du ministre chargé de l'environnement fixe le montant de cette redevance.

II. – Un arrêté des ministres chargés de l'environnement, des transports et de l'intérieur précise les critères de classement des véhicules et fixe les modalités d'application du présent article.

III. – Le fait, pour tout propriétaire ou locataire dans le cadre d'un contrat d'une durée supérieure ou égale à deux ans ou dans le cadre d'un crédit-bail, d'apposer sur son véhicule un certificat qualité de l'air ne correspondant pas aux caractéristiques de ce véhicule est puni de l'amende prévue pour les contraventions de la 4e classe.

Art. R. 318-3 *(Mod., D. n° 2011-368, 4 avr. 2011)*. – Les véhicules à moteur ne doivent pas émettre de bruits susceptibles de causer une gêne aux usagers de la route ou aux riverains.

Le moteur doit être muni d'un dispositif d'échappement silencieux en bon état de fonctionnement sans possibilité d'interruption par le conducteur.

Toute opération tendant à supprimer ou à réduire l'efficacité du dispositif d'échappement silencieux est interdite.

Le ministre chargé des transports, le ministre chargé de la santé et le ministre chargé de l'environnement fixent par arrêté les conditions d'application du présent article.

Le fait de contrevenir aux dispositions du présent article ou à celles prises pour son application est puni de l'amende prévue pour les contraventions de la quatrième classe.

L'immobilisation peut être prescrite dans les conditions prévues aux articles L. 325-1 à L. 325-3.

La contravention prévue par l'article R. 318-3 du Code de la route, qui dispose que les véhicules à moteur ne doivent pas émettre de bruits susceptibles de causer une gêne aux usagers de la route ou aux riverains, peut être retenue à l'encontre du propriétaire du véhicule, dans le cas où il l'a prêté à autrui (■ Cass. crim., 17 déc. 2013, n° 12-87.646 : *Bull. crim.*, n° 257 ; *Dr. pén.* 2014, comm. 25, obs. J.-H. Robert).

Art. R. 318-4 *(Mod., D. n° 2011-368, 4 avr. 2011)*. **– Tout véhicule à moteur doit être muni de dispositifs antiparasites radioélectriques.**

Le ministre chargé des transports fixe par arrêté les conditions d'application du présent article.

Le fait de contrevenir aux dispositions du présent article ou à celles prises pour son application est puni de l'amende prévue pour les contraventions de la quatrième classe.

Art. R. 318-5 *(Mod., D. n° 2011-368, 4 avr. 2011)*. **– Le ministre chargé des transports fixe par arrêté les règles relatives aux émissions polluantes et aux nuisances sonores des engins spéciaux dont la vitesse ne peut excéder par construction 25 km/h.**

Le fait de contrevenir aux dispositions prises en application du présent article est puni de l'amende prévue pour les contraventions de la quatrième classe.

L'immobilisation peut être prescrite dans les conditions prévues aux articles L. 325-1 à L. 325-3.

Art. R. 318-6. – Les dispositions du présent chapitre ne sont applicables aux véhicules et aux matériels des armées que si elles sont compatibles avec leurs caractéristiques techniques de fabrication et d'emploi.

Art. R. 318-7 et R. 318-8 *(Abr., D. n° 2017-21, 11 janv. 2017)*.

Art. R. 318-9. – (Vacant).

Art. R. 318-10 *(D. n° 2003-727, 1er août 2003 ; mod., D. n° 2011-153, 4 févr. 2011)*. **– I. – Les voitures particulières et les camionnettes doivent être construites de façon à limiter l'utilisation de substances dangereuses afin de prévenir le rejet de ces substances dans l'environnement, de faciliter le recyclage des composants et matériaux des véhicules et d'éviter d'avoir à éliminer des déchets dangereux au sens des articles R. 541-7 à R. 541-11 du Code de l'environnement.**

« Les substances dangereuses visées à l'alinéa précédent répondent aux critères des classes ou catégories de danger suivantes, visées à l'annexe I du règlement (CE) n° 1272/2008 du Parlement européen et du Conseil du 16 décembre 2008 relatif à la classification, à l'étiquetage et à l'emballage des substances et des mélanges :

***a)* Les classes de danger 2.1 à 2.4, 2.6 et 2.7, 2.8 types A et B, 2.9, 2.10, 2.12, 2.13 catégories 1 et 2, 2.14 catégories 1 et 2, 2.15 types A à F ;**

***b)* Les classes de danger 3.1 à 3.6, 3.7 effets néfastes sur la fonction sexuelle et la fertilité ou sur le développement, 3.8 effets autres que des effets narcotiques, 3.9 et 3.10 ;**

***c)* La classe de danger 4.1 ;**

***d)* La classe de danger 5.1.**

Un arrêté conjoint des ministres chargés des transports, de l'environnement et de l'industrie fixe les conditions d'utilisation du plomb, du mercure, du cadmium et du chrome hexavalent dans les composants et matériaux des véhicules.

II. – Les voitures particulières et les camionnettes doivent être construites de façon à faciliter leur démontage et leur dépollution lors de leur destruction ultérieure ainsi que le réemploi ou la valorisation, en particulier le recyclage, de leurs composants et matériaux.

Les composants et matériaux de ces véhicules font l'objet d'une codification afin de faciliter l'identification de ceux qui peuvent être réemployés et valorisés.

Un arrêté conjoint des ministres chargés des transports, de l'environnement et de l'industrie fixe les modalités d'application du présent II.

III. – Le respect des dispositions des I et II ci-dessus est vérifié lors de la réception communautaire prévue par les articles R. 321-6 à R. 321-14 du présent code.

Voir : A. 9 mars 2012 (*JO* 17 mars 2012).

TITRE II. – DISPOSITIONS ADMINISTRATIVES

CHAPITRE I. – RÉCEPTION ET HOMOLOGATION

Section I. – Dispositions générales

Art. R. 321-1. – Pour l'application du présent chapitre, les termes ci-après ont le sens qui leur est donné dans le présent article :

– « constructeur » : personne ou organisme qui, quelle que soit sa place dans le processus de production ou de commercialisation, fait la demande de réception et se propose d'être responsable de tous les aspects du processus de la réception et de la conformité de la production ;

– « système » : ensemble de dispositifs techniques destinés à assurer une fonction du véhicule telle que le freinage ou la lutte contre la pollution.

Art. R. 321-2. – Les dispositions du présent chapitre ne sont pas applicables aux véhicules et aux matériels spéciaux des armées dont la réception est assurée par les services techniques de la défense nationale.

Art. R. 321-3. – Le ministre chargé des transports fixe par arrêté les règles relatives à la réception et à l'homologation pour les engins spéciaux dont la vitesse ne peut excéder par construction 25 km/h.

Art. R. 321-4. – Le fait de mettre en vente ou de vendre un véhicule ou un élément de véhicule sans qu'il ait fait l'objet d'une réception est puni de l'amende prévue pour les contraventions de la cinquième classe, sans préjudice des mesures administratives qui peuvent être prises par le ministre chargé des transports.

La récidive de cette contravention est réprimée conformément à l'article 132-11 du Code pénal.

Le fait de mettre ou maintenir en circulation un véhicule à moteur ou une remorque sans qu'il ait fait l'objet d'une réception est puni de l'amende prévue pour les contraventions de la quatrième classe.

Le fait de mettre en vente ou de vendre un dispositif ou un équipement non conforme à un type homologué ou à un type ayant fait l'objet d'une réception, lorsque l'agrément de ce dispositif ou équipement est imposé par le présent code ou par les textes réglementaires pris pour son application, est puni de l'amende prévue pour les contraventions de la quatrième classe.

Le fait de faire usage d'un dispositif ou d'un équipement non conforme à un type homologué ou à un type ayant fait l'objet d'une réception, lorsque l'agrément de ce dispositif ou équipement est imposé par le présent code ou par les textes réglementaires pris pour son application, est puni de l'amende prévue pour les contraventions de la première classe.

Art. R. 321-4-1 *(D. n° 2009-497, 30 avr. 2009 ; D. n° 2016-448, 13 avr. 2016).* – La vente, l'offre de vente ou la mise en service des pièces ou équipements susceptibles de présenter un risque important pour le bon fonctionnement de systèmes essentiels pour la sécurité ou la performance environnementale d'un véhicule de catégorie M, N, O, L, T, C, R ou S n'est permise que si lesdites pièces ou équipements sont autorisés par l'autorité compétente en matière de réception.

Chaque pièce ou partie d'équipement autorisée en vertu du présent article doit recevoir un marquage approprié.

Le ministre chargé des transports fixe par arrêté les modalités d'application du présent article et, en particulier, la liste des pièces et équipements concernés.

Art. R. 321-5. – Le ministre chargé des transports fixe par arrêté les dispositions nécessaires à la vérification de la puissance et de la vitesse maximale des motocyclettes, des tricycles et quadricycles à moteur et des cyclomoteurs.

Art. D. 321-5-1 *(D. n° 2007-405, 22 mars 2007).* – Dans le cadre de la dérogation prévue au second alinéa de l'article L. 321-1, l'offre, la mise en vente, la vente et la proposition à la location d'un cyclomoteur, d'une motocyclette ou d'un quadricycle à moteur immatriculé, non conforme à sa réception et destiné à participer à une course ou une épreuve sportive, sont subordonnées à la déclaration préalable du retrait de la circulation du véhicule à l'autorité administrative compétente, selon les modalités de l'article R. 322-6.

Art. D. 321-5-2 *(D. n° 2007-405, 22 mars 2007)*. – La personne qui offre, met en vente, vend ou propose à la location les véhicules mentionnés à l'article D. 321-5-1 conserve une copie de la déclaration de retrait de la circulation et, en cas de vente, du document attestant de cette vente pendant une durée minimale de cinq ans.

Ces pièces sont présentées sur simple demande à tout agent habilité à constater les infractions aux dispositions de l'article L. 321-1.

Art. R. 321-5-3 *(D. n° 2009-497, 30 avr. 2009)*. – Le ministre chargé des transports fixe par arrêté les conditions et la durée de validité des réceptions.

Section II. – Réception communautaire ou réception CE

Art. R. 321-6 *(Mod., D. n° 2009-497, 30 avr. 2009)*. – La réception communautaire, dite réception CE, est destinée à constater qu'un véhicule ou un type de véhicule, de système ou d'équipement satisfait aux prescriptions techniques exigées pour sa mise en circulation.

Les règles techniques élaborées en application des actes réglementaires communautaires relatifs à la réception des véhicules, des systèmes ou des équipements sont fixées par arrêté du ministre chargé des transports.

Pour l'application de la présente section, les termes ci-après ont le sens qui leur est donné dans le présent article :

– « réception CE par type » : l'acte par lequel un État membre de la CE certifie qu'un type de véhicule, de système, de composant ou d'entité technique satisfait aux dispositions administratives et aux exigences techniques communautaires ;

– « réception individuelle » : l'acte par lequel un État membre de la CE certifie qu'un véhicule donné, qu'il soit unique ou non, satisfait aux dispositions administratives et aux exigences techniques applicables ;

– « mandataire du constructeur » : toute personne physique ou morale établie dans la Communauté européenne, dûment mandatée par le constructeur pour le représenter auprès de l'autorité compétente en matière de réception et agir pour son compte pour les questions relevant de la présente section, toute référence au terme « constructeur » devant être comprise comme visant le constructeur ou son mandataire.

Art. R. 321-7. – Le ministre chargé des transports est l'autorité compétente pour l'application des règles prévues en matière de réception CE.

Art. R. 321-8 *(D. n° 2016-448, 13 avr. 2016)*. – Les réceptions CE sont prononcées par délégation du ministre chargé des transports par le service en charge des réceptions désigné par arrêté par le même ministre.

Art. R. 321-9 *(Mod., D. n° 2009-497, 30 avr. 2009)*. – Le constructeur adresse la demande de réception CE d'un type de véhicule, de système, ou d'équipement au ministre chargé des transports.

La demande est accompagnée d'un dossier constructeur qui comporte toutes les précisions nécessaires au contrôle de la conformité du type de véhicule, de système ou d'équipement aux prescriptions techniques exigées pour sa mise en circulation. La demande de réception d'un type de véhicule est également accompagnée de toutes les fiches de réception CE qui ont été accordées à des systèmes ou des équipements du type de véhicule concerné.

Le ministre chargé des transports vérifie, le cas échéant en coopération avec les autorités compétentes en matière de réception des autres États, que les mesures nécessaires ont été prises pour garantir la conformité des véhicules ou équipements produits au type réceptionné.

Lorsque le ministre chargé des transports constate que le type de véhicule, de système ou d'équipement satisfait aux exigences requises par la législation communautaire, il délivre une fiche de réception CE.

Néanmoins, si le ministre chargé des transports estime qu'un type de véhicule, de système ou d'équipement, quoique conforme aux exigences requises par la législation communautaire, compromet gravement la sécurité routière ou nuit gravement à l'environnement ou à la santé publique, il peut refuser de délivrer la fiche de réception CE. Cette décision doit être motivée et notifiée au constructeur intéressé avec indication des voies et délais de recours, aux autorités compétentes en matière de réception des autres États et à la Commission européenne.

Le constructeur donne à chacun des véhicules conformes à un type ayant fait l'objet d'une réception CE un numéro d'identification. Il remet à l'acheteur du véhicule un certificat de conformité attestant que le véhicule livré est entièrement conforme au type réceptionné.

Le constructeur, détenteur d'une fiche de réception CE d'un type d'équipement, appose sur chaque équipement fabriqué conformément au type réceptionné sa marque de fabrique ou de commerce, l'indication du type ou, si la directive communautaire applicable à l'équipement en cause le prévoit, le numéro ou la marque de réception.

Le ministre chargé des transports fixe par arrêté les modalités de l'examen des demandes de réception CE et le modèle type auquel doivent être conformes le dossier constructeur, la fiche de réception et le certificat de conformité.

Art. R. 321-10. – Lorsque le ministre chargé des transports a accordé une réception CE à un type de véhicule, de système ou d'équipement, il peut à tout moment faire vérifier par ses services les méthodes de contrôle de conformité appliquées dans les établissements de production du type réceptionné. Si une vérification met en lumière des résultats non satisfaisants, le ministre chargé des transports veille, le cas échéant en coopération avec les autorités compétentes en matière de réception d'autres États, à ce que les mesures nécessaires soient prises pour rétablir la conformité de la production dans les plus brefs délais.

Si le ministre chargé des transports constate que des véhicules, systèmes ou équipements accompagnés d'un certificat de conformité ou comportant la marque adéquate ne sont pas conformes au type auquel il a délivré la réception CE, il prend les mesures nécessaires pour faire en sorte que les véhicules, systèmes ou équipements redeviennent conformes au type réceptionné. Les mesures prises, qui peuvent aller jusqu'au retrait de la réception, sont portées à la connaissance des autorités compétentes en matière de réception des autres États.

Toute décision portant retrait d'une réception doit être précédée d'une demande d'explications adressée au constructeur sur les griefs qui lui sont reprochés. La décision est motivée et notifiée au constructeur avec indication des voies et délais de recours.

Si la non-conformité d'un véhicule découle exclusivement de la non-conformité d'un système ou d'un équipement, le ministre chargé des transports demande à l'autorité compétente de l'État ayant octroyé la réception du système ou de l'équipement de prendre les mesures nécessaires pour que les véhicules produits redeviennent conformes au type réceptionné.

Il en est de même si la non-conformité découle exclusivement de la non-conformité d'une version incomplète du véhicule, à laquelle un autre État membre a octroyé la réception CE.

Art. R. 321-11. – Tout véhicule dont le type a fait l'objet d'une réception CE valide et qui est muni d'un certificat de conformité valide peut être librement commercialisé et mis en circulation.

Un arrêté du ministre chargé des transports définit les types de véhicules incomplets qui, bien que munis d'un certificat de conformité valide, ne peuvent être immatriculés qu'après une nouvelle réception du véhicule complété.

Le certificat de conformité nécessaire pour l'obtention de l'immatriculation d'un véhicule dont le type a fait l'objet d'une réception CE doit être rédigé en français.

Le ministre chargé des transports peut préciser par arrêté les ajouts à lui apporter de façon à faire apparaître les données nécessaires à l'immatriculation des véhicules.

Art. R. 321-12 *(Mod., D. n° 2009-497, 30 avr. 2009).* – Tout équipement ou système dont le type a fait l'objet d'une réception CE valide ou équivalente et comportant la marque adéquate peut être commercialisé librement.

Art. R. 321-13. – S'il est établi que des véhicules, systèmes ou équipements accompagnés d'un certificat de conformité ou portant la marque adéquate ne sont pas conformes au type réceptionné, le ministre chargé des transports demande aux autorités compétentes en matière de réception de l'État ayant procédé à la réception CE de vérifier si les véhicules, systèmes ou équipements produits sont conformes au type réceptionné.

Art. R. 321-14 *(Mod., D. n° 2009-497, 30 avr. 2009)*. – S'il est établi que des véhicules, systèmes ou équipements d'un type ayant fait l'objet d'une réception CE compromettent gravement la sécurité routière ou nuisent gravement à l'environnement ou à la santé publique alors qu'ils sont accompagnés d'un certificat de conformité en cours de validité ou qu'ils portent une marque de réception valide, le ministre chargé des transports peut, pour une durée de six mois au maximum, refuser d'immatriculer ces véhicules ou interdire la vente ou la mise en service de ces véhicules, systèmes ou équipements. Il en informe immédiatement le constructeur, les autorités compétentes en matière de réception des autres États et la Commission européenne en motivant sa décision. La décision doit également être notifiée au constructeur intéressé et indiquer les voies et délais de recours.

Art. R. 321-14-1 *(D. n° 2009-497, 30 avr. 2009 ; D. n° 2016-448, 13 avr. 2016)*. – Un constructeur auquel a été octroyée une réception CE par type de véhicule de catégorie M, N, O, L, T, C, R ou S doit rappeler les véhicules déjà vendus, immatriculés ou mis en service lorsqu'un ou plusieurs systèmes, composants ou entités techniques installés sur ces véhicules, qu'ils aient ou non été dûment réceptionnés, risquent de compromettre gravement la sécurité routière, la santé publique ou la protection de l'environnement. Il en informe immédiatement le ministre chargé des transports pour les réceptions CE par type de véhicule que ce dernier a accordées et lui propose un ensemble de solutions appropriées en vue de neutraliser le risque. Le ministre chargé des transports communique aux autorités compétentes en matière de réception des autres États membres les mesures proposées par le constructeur. Il veille à la mise en œuvre efficace de ces mesures sur le territoire national.

Si le ministre chargé des transports juge insuffisantes les mesures communiquées par une autorité compétente en matière de réception ou si ces mesures n'ont pas été mises en œuvre dans un délai assez court, il en informe l'autorité compétente en matière de réception qui a accordé la réception CE par type de véhicule.

Lorsque le ministre chargé des transports est informé par une autorité compétente en matière de réception d'un autre État membre que les mesures communiquées sont insuffisantes ou n'ont pas été mises en œuvre dans un délai assez court, il en informe le constructeur et, s'il n'est pas satisfait des mesures de ce dernier, prend toutes les mesures de protection qui s'imposent, y compris le retrait de la réception CE par type de véhicule lorsque le constructeur s'abstient de proposer et de mettre en œuvre des mesures de correction efficaces. En cas de retrait de la réception CE par type de véhicule, le ministre chargé des transports informe le constructeur, les autorités compétentes en matière de réception des autres États membres ainsi que la Commission européenne.

Le ministre chargé des transports fixe par arrêté les modalités d'application des dispositions du présent article.

Section III. – Réception nationale par type ou à titre isolé et homologation

Art. R. 321-15 *(Mod., D. n° 2009-136, 9 févr. 2009 ; A. 23 mars 2009 ; D. n° 2014-357, 19 mars 2014 ; D. n° 2016-448, 13 avr. 2016)*. – Avant sa mise en circulation et en l'absence de réception CE, tout véhicule à moteur, toute remorque ou tout élément de véhicule, toute semi-remorque doit faire l'objet d'une réception nationale effectuée soit par type à la demande du constructeur, soit à titre isolé à la demande du propriétaire ou de son représentant.

Toutefois, en ce qui concerne les véhicules ou éléments de véhicules qui ne sont pas fabriqués ou assemblés sur le territoire d'un État membre de l'Union européenne, la réception par type n'est admise que si le constructeur possède en France un représentant spécialement accrédité auprès du ministre chargé des transports. Dans ce cas, elle a lieu sur demande dudit représentant.

Le ministre chargé des transports détermine par arrêté les éléments de véhicule soumis à réception ainsi que les conditions particulières auxquelles sont soumis les différents éléments de véhicule pour assurer la conformité des véhicules formés à partir d'éléments avec les dispositions du présent code.

Toutefois, tout véhicule carrossé individuellement peut être mis en circulation après un contrôle de conformité initial effectué par un opérateur qualifié. Les catégories de véhicules soumis à ce contrôle, les modalités de ce contrôle et les conditions de désignation des opérateurs qualifiés sont fixées par arrêté du ministre chargé des transports.

Le ministre chargé des transports fixe la liste des matériels de travaux publics, appelés à être employés normalement sur les routes, qui doivent faire l'objet d'une réception.

Les remorques ou appareils agricoles destinés à être attelés à un tracteur ou à une machine agricole automotrice, s'ils sont montés sur bandages pleins ou si, étant équipés de bandages pneumatiques, leur poids total autorisé en charge (PTAC) est inférieur à 1,5 tonne, ne sont pas soumis à l'obligation de réception.

Les dispositions du présent article ne sont pas applicables aux véhicules de collection et aux véhicules appartenant à des personnes de statut diplomatique ou assimilé.

Art. R. 321-16. – Tout véhicule isolé ou élément de véhicule ayant subi des transformations notables est obligatoirement soumis à une nouvelle réception. Le propriétaire du véhicule ou de l'élément de véhicule doit demander cette nouvelle réception au préfet.

Le ministre chargé des transports définit par arrêté les transformations notables rendant nécessaires une nouvelle réception.

Art. R. 321-17 *(D. n° 2016-448, 13 avr. 2016 ; D. n° 2017-16, 6 janv. 2017)*. – Tout véhicule à moteur ou toute remorque, dont les dimensions ou les poids excèdent les limites réglementaires et dont le déplacement est subordonné à l'autorisation ou à la déclaration préalable exigée pour les transports exceptionnels de marchandises, d'engins ou de véhicules, doit, avant sa mise en circulation, faire l'objet d'une réception par le service en charge des réceptions désigné par arrêté par le ministre chargé des transports sous l'autorité du ministre chargé des transports qui fixe, par arrêté, les conditions d'application du présent article.

Tout matériel de travaux publics dont les dimensions ou les poids excèdent les limites réglementaires, appelé à circuler occasionnellement sur les routes et dont le déplacement est subordonné à l'autorisation ou à la déclaration préalable exigée pour les transports exceptionnels, doit répondre aux prescriptions fixées par arrêté du ministre chargé des transports.

Art. R. 321-18 *(D. n° 2016-448, 13 avr. 2016)*. – Le ministre chargé des transports détermine les catégories de véhicules qui, lorsque leur carrosserie est montée sur un châssis déjà réceptionné, ne peuvent être mis en circulation qu'après une nouvelle réception faite par le service en charge des réceptions désigné par arrêté par le ministre chargé des transports.

Art. R. 321-19 *(D. n° 2016-448, 13 avr. 2016)*. – La demande de réception doit être accompagnée d'une notice descriptive dans les conditions fixées par le ministre chargé des transports et donnant les caractéristiques du véhicule ou de l'élément de véhicule ou du type de véhicule ou de l'élément de véhicule nécessaires aux vérifications de le service en charge des réceptions désigné par arrêté par le ministre chargé des transports.

Art. R. 321-20 *(D. n° 2016-448, 13 avr. 2016)*. – Au moment de la réception d'un véhicule ou d'un élément de véhicule, le constructeur doit déclarer le poids maximal admissible pour lequel le véhicule est construit ainsi que le poids maximal admissible sur chaque essieu. Il doit également déclarer, s'il s'agit d'un véhicule à moteur, le poids total roulant admissible de l'ensemble de véhicules ou du véhicule articulé que l'on peut former à partir de ce véhicule à moteur.

Le poids maximal autorisé d'un véhicule ou d'un élément de véhicule et le poids maximal autorisé pour chaque essieu sont fixés par le service en charge des réceptions désigné par arrêté par le ministre chargé des transports lors de la réception de ce véhicule, dans la limite des poids maximaux admissibles déclarés par le constructeur. Un ou plusieurs poids totaux autorisés en charge sont alors fixés par la direction régionale de l'industrie, de la recherche et de l'environnement dans la limite du poids maximal autorisé.

Le poids maximal roulant autorisé des ensembles de véhicules ou des véhicules articulés que l'on peut former à partir d'un véhicule à moteur est fixé par la direction régionale de l'industrie, de la recherche et de l'environnement lors de la réception de ce véhicule dans la limite du poids total roulant admissible déclaré par le constructeur. Un ou plusieurs poids totaux roulants autorisés sont alors fixés pour ce véhicule par la direction régionale de l'industrie, de la recherche et de l'environnement, dans la limite du poids maximal roulant autorisé.

Le ministre chargé des transports fixe par arrêté les modalités d'application du présent article.

Art. R. 321-21 *(D. n° 2016-448, 13 avr. 2016)*. – Lorsque le véhicule présenté satisfait aux prescriptions réglementaires, le service en charge des réceptions désigné par arrêté par le ministre chargé des transports dresse de ces opérations un procès-verbal de réception dont une expédition est remise au demandeur. Le modèle de ce procès-verbal est fixé par le ministre chargé des transports.

Art. R. 321-22. – Le constructeur donne à chacun des véhicules, conforme à un type ayant fait l'objet d'un procès-verbal de réception, un numéro d'ordre dans la série du type auquel le véhicule appartient et il remet à l'acheteur une copie du procès-verbal de réception ainsi qu'un certificat attestant que le véhicule livré est entièrement conforme à la notice descriptive du type.

Le modèle de ce certificat, dit certificat de conformité, est fixé par le ministre chargé des transports.

Pour les véhicules qui ne sont pas fabriques ou assemblés sur le territoire d'un État membre de l'Union européenne, le certificat de conformité doit être signé, pour le constructeur, par son représentant accrédité en France.

Art. R. 321-23 *(D. n° 2016-448, 13 avr. 2016)*. – Les fonctionnaires du service en charge des réceptions désigné par arrêté par le ministre chargé des transports peuvent prélever gratuitement des véhicules ou éléments de véhicules, dont le type a fait l'objet d'une réception, chez les constructeurs, importateurs ou revendeurs en vue de contrôler la conformité de ces véhicules aux notices descriptives des prototypes réceptionnés.

Après contrôle, les véhicules sont restitués. S'il apparaît que les véhicules contrôlés ne sont pas conformes à la notice descriptive du prototype réceptionné, le procès-verbal de réception peut être annulé par décision du ministre chargé des transports.

Art. R. 321-24. – Le bénéfice de l'homologation d'un dispositif d'équipement de véhicule à moteur appartient à celui qui en a fait la demande et qui garde la responsabilité de la fabrication, c'est-à-dire soit au fabricant, soit à toute autre personne faisant fabriquer pour son compte par un façonnier. En cas de cession, le cédant et le concessionnaire doivent en aviser sans délai le ministre chargé des transports. Les noms du façonnier ou des façonniers successifs, s'il y a lieu, doivent être communiqués au ministre chargé des transports ; celui-ci peut faire effectuer tout contrôle et décider, le cas échéant, le retrait de l'agrément sur proposition de la commission de réception des projecteurs et des dispositifs d'équipement pour véhicules routiers.

Si le fabricant n'est pas établi dans un État de l'Union européenne, l'agrément ne peut être accordé qu'à son représentant en France, dûment accrédité auprès du ministre chargé des transports.

Les fonctionnaires et agents dûment habilités par le ministre chargé des transports peuvent procéder à des prélèvements gratuits de dispositifs homologués en vue d'en contrôler la conformité au type homologué. Après essai, les dispositifs prélevés sont restitués si les essais et contrôles effectués ne les ont pas détruits. Ils sont conservés par la commission de réception des projecteurs et dispositifs d'équipement pour véhicules routiers dans le cas contraire.

Lorsque les dispositifs prélevés ne sont pas conformes au type agréé en ce qui concerne les matériaux, la forme et les dimensions ou si leurs caractéristiques sont hors des limites fixées par le cahier des charges auquel les dispositifs doivent être conformes, l'agrément du type peut être retiré par décision du ministre chargé des transports, sur proposition de la commission de réception des projecteurs et dispositifs d'équipement pour véhicules routiers.

Le retrait de l'agrément d'un type entraîne la suspension de la vente et de la livraison des dispositifs portant le numéro d'homologation de ce type dans les délais fixés par la décision de retrait.

Art. R. 321-25 *(D. n° 2009-497, 30 avr. 2009 ; D. n° 2016-448, 13 avr. 2016)*. – Un constructeur auquel a été octroyée une réception nationale par type de véhicule de catégorie M, N, O, L, T, C, R ou S doit rappeler les véhicules déjà vendus, immatriculés ou mis en service lorsqu'un ou plusieurs systèmes, composants ou entités techniques installés sur ces véhicules, qu'ils aient ou non été dûment réceptionnés, risquent de compromettre gravement la sécurité routière, la santé publique ou la protection de l'environnement. Il en informe immédiatement le ministre chargé des transports et lui propose un ensemble de solutions appropriées en vue de neutraliser le risque. Le ministre chargé des transports veille à la mise en œuvre efficace de ces mesures.

Si le ministre chargé des transports juge insuffisantes les mesures communiquées par le constructeur ou si ces mesures n'ont pas été mises en œuvre dans un délai assez court, il en informe le constructeur et prend toutes les mesures de protection qui s'imposent, y compris le retrait de la réception par type lorsque le constructeur s'abstient de proposer et de mettre en œuvre des mesures de correction efficaces.

En cas de retrait de la réception par type, le ministre chargé des transports informe le constructeur.

Le ministre chargé des transports fixe par arrêté les modalités d'application des dispositions du présent article.

CHAPITRE II. – IMMATRICULATION

Section I. – Délivrance du certificat d'immatriculation

Art. R. 322-1 *(Mod., D. n° 2009-136, 9 févr. 2009 ; A. 23 mars 2009 ; D. n° 2017-1278, 9 août 2017).* – I. – Tout propriétaire d'un véhicule à moteur, d'une remorque dont le poids total autorisé en charge est supérieur à 500 kilogrammes ou d'une semi-remorque et qui souhaite le mettre en circulation pour la première fois doit faire une demande de certificat d'immatriculation en justifiant de son identité. Le propriétaire doit également pouvoir justifier, à la demande du ministre de l'Intérieur :

1° De la souscription, pour le véhicule considéré, d'une assurance conforme aux dispositions de l'article L. 211-1 du Code des assurances ;

2° Lorsque le propriétaire est une personne physique, d'un permis de conduire, le cas échéant celui de la personne physique désignée pour être titulaire du certificat d'immatriculation, correspondant à la catégorie du véhicule considéré conformément aux dispositions de l'article L. 322-1-1 ;

3° De son domicile, siège social ou établissement d'affectation ou de mise à disposition du véhicule ;

4° Sauf pour les véhicules définis au 6.3 de l'article R. 311-1, soit de la conformité de son véhicule à un type CE réceptionné ou à un type national réceptionné, soit que son véhicule a fait l'objet d'une réception à titre isolé ou d'une réception individuelle au sens des articles R. 321-6 et R. 321-15.

Cette demande de certificat d'immatriculation est adressée au ministre de l'Intérieur par le propriétaire, soit directement par voie électronique, soit par l'intermédiaire d'un professionnel de l'automobile habilité par le ministre de l'Intérieur.

II. – Lorsque le propriétaire est une personne morale ou une entreprise individuelle, celui-ci doit pouvoir justifier, à la demande du ministre de l'Intérieur, de son identité et de l'adresse de son siège social ou de celle de l'établissement d'affectation du véhicule.

III. – Pour un véhicule de location, le propriétaire doit pouvoir justifier, à la demande du ministre de l'Intérieur, de son identité et de l'adresse de son siège social ou de celle de l'établissement de mise à disposition du véhicule.

IV. – Pour un véhicule faisant l'objet soit d'un contrat de crédit-bail, soit d'un contrat de location de deux ans ou plus, le propriétaire doit pouvoir justifier, à la demande du ministre de l'Intérieur, de son identité et de l'adresse du domicile du locataire.

V. – Les dispositions du présent article ne sont pas applicables aux véhicules ou appareils agricoles remorqués dont le poids total en charge est inférieur à 1,5 tonne.

VI. – Un arrêté du ministre chargé des transports, pris après avis du ministre de l'Intérieur, fixe les conditions d'application du présent article.

VII. – Le fait, pour tout propriétaire, de mettre en circulation un véhicule sans avoir obtenu un certificat d'immatriculation est puni de l'amende prévue pour les contraventions de la quatrième classe.

Art. R. 322-2 *(Mod., D. n° 2009-136, 9 févr. 2009 ; A. 23 mars 2009 ; D. n° 2016-448, 13 avr. 2016).* – I. – Le certificat d'immatriculation est établi dans les conditions fixées par le ministre chargé des transports, après avis du ministre de l'Intérieur, et expédié à l'adresse du demandeur. Ce certificat comporte un numéro d'immatriculation attribué à titre définitif au véhicule par un système informatique centralisé. Le certificat d'immatriculation peut comporter un coupon détachable.

II. – Dans le cas de véhicules de transport exceptionnel dont les dimensions ou le poids excèdent les limites réglementaires, le certificat d'immatriculation doit porter un signe distinctif ou une mention spéciale pour indiquer que le véhicule a fait l'objet d'une réception spéciale par le service en charge des réceptions désigné par arrêté par le ministre chargé des transports et qu'il ne peut circuler que sous couvert d'une autorisation du préfet. Toutefois, pour les véhicules dont seul le poids total autorisé en charge ou le poids total roulant autorisé excède les limites réglementaires, le certificat d'immatriculation peut porter une mention spéciale complémentaire permettant, sans autorisation du préfet, la circulation du véhicule, dans les limites de poids fixées au présent livre.

III. – Le signe distinctif, la mention spéciale et la mention spéciale complémentaire prévus ci-dessus sont fixés par arrêté du ministre de l'Intérieur et du ministre chargé des transports.

IV. – Des mentions relatives à des usages ou à des caractéristiques techniques particulières du véhicule peuvent être indiquées sur le certificat d'immatriculation dans des conditions fixées par arrêté du ministre chargé des transports après avis du ministre de l'Intérieur.

V. – Dans le cas de véhicules appartenant à des personnes de statut diplomatique ou assimilé, le numéro d'immatriculation est complété par un numéro d'immatriculation spécifique lié à ce statut.

VI. – Un arrêté du ministre chargé des transports, pris après avis du ministre de l'Intérieur, fixe les conditions d'application du présent article.

Art. R. 322-3 *(Mod., D. n° 2009-136, 9 févr. 2009 ; A. 23 mars 2009 ; D. n° 2018-211, 28 mars 2018).* – I. – Par dérogation aux dispositions des articles R. 322-1 et R. 322-2, la circulation d'un véhicule est autorisée sous couvert d'un certificat provisoire d'immatriculation, d'un coupon détachable dûment rempli, d'un certificat W garage, d'un certificat provisoire d'immatriculation permettant la circulation à titre expérimental d'un véhicule à délégation partielle ou totale de conduite, dit certificat WW DPTC, ou d'un certificat de transit ou d'un document équivalent délivré par les autorités compétentes d'un État membre de l'Union européenne.

II. – Les conditions d'attribution et de durée d'utilisation du certificat provisoire d'immatriculation, du coupon détachable dûment rempli, du certificat W garage ou d'un certificat de transit ou d'un document équivalent délivré par les autorités compétentes d'un État membre de l'Union européenne sont définies par arrêté du ministre chargé des transports pris après avis du ministre de l'Intérieure.

Les conditions d'attribution et de durée d'utilisation du certificat WW DPTC sont définies par arrêté conjoint du ministre chargé des transports et du ministre de l'Intérieure.

III. – Le fait pour toute personne d'utiliser l'un de ces titres provisoires de circulation sans respecter les dispositions du présent article ou celles prises pour son application est puni de l'amende prévue pour les contraventions de la quatrième classe.

L'immobilisation du véhicule peut être prescrite dans les conditions prévues aux articles L. 325-1 à 325-3.

Art. R. 322-4 *(Mod., D. n° 2009-136, 9 févr. 2009 ; A. 23 mars 2009 ; D. n° 2017-1278, 9 août 2017).* – I. – En cas de changement de propriétaire d'un véhicule soumis à immatriculation et déjà immatriculé, l'ancien propriétaire doit effectuer, dans les quinze jours suivant la cession, une déclaration au ministre de l'Intérieur l'informant de cette cession et indiquant l'identité et le domicile déclarés par le nouveau propriétaire. Avant de remettre le certificat d'immatriculation à ce dernier, l'ancien propriétaire doit le barrer et y porter d'une manière très lisible et inaltérable la mention : « vendu le... /... /... » ou « cédé le... /.. /.... » (date de la cession), suivie de sa signature, et, sauf en cas de vente ou de cession à un professionnel de l'automobile, remplir le coupon ou, à défaut, découper la partie supérieure droite de ce document lorsqu'il comporte l'indication du coin à découper.

II. – L'ancien propriétaire effectue la déclaration mentionnée au I soit directement par voie électronique, soit par l'intermédiaire d'un professionnel de l'automobile habilité par le ministre de l'Intérieur.

III – En cas de cession à un professionnel de l'automobile, ce dernier effectue une déclaration d'achat dans les quinze jours suivants la transaction, soit directement par voie électronique, soit par l'intermédiaire d'un professionnel de l'automobile habilité par le ministre de l'Intérieur.

IV. – Lorsqu'un professionnel de l'automobile propriétaire d'un véhicule déjà immatriculé le revend à un non professionnel de l'automobile, il remet à l'acquéreur le certificat d'immatriculation sur lequel sont portées les mentions prévues au I, accompagné du récépissé de la déclaration d'achat en sa possession et remplit, s'il existe, le coupon de ce certificat d'immatriculation.

V. – Dans chacun des cas définis aux alinéas précédents, la remise du certificat d'immatriculation doit être accompagnée d'un certificat, établi depuis moins de quinze jours par le ministre de l'Intérieur, attestant à sa date d'édition de la situation administrative du véhicule. Celle-ci précise l'existence ou non d'un gage ainsi que toute opposition au transfert du certificat d'immatriculation du véhicule ou au transfert de la propriété du véhicule.

VI. – Le ministre chargé des transports définit par arrêté pris après avis du ministre de l'Intérieur les conditions d'application du présent article, notamment en ce qui concerne la situation administrative du véhicule, les véhicules tombés dans une succession, vendus aux enchères publiques ou à la suite d'une décision judiciaire, et les véhicules de location.

VII. – Le fait de ne pas effectuer les déclarations ou de ne pas respecter les délais prévus au présent article est puni de l'amende prévue pour les contraventions de la quatrième classe.

Art. R. 322-5 *(Mod., D. n° 2009-136, 9 févr. 2009 ; A. 23 mars 2009 ; D. n° 2017-1278, 9 août 2017).* – I. – Le nouveau propriétaire d'un véhicule déjà immatriculé doit, s'il veut le maintenir en circulation, faire établir, dans un délai d'un mois à compter de la date de la cession, un certificat d'immatriculation à son nom dans les conditions prévues à l'article R. 322-1.

Cette demande est adressée au ministre de l'Intérieur soit directement par voie électronique, soit par l'intermédiaire d'un professionnel de l'automobile habilité par le ministre de l'Intérieur.

Le nouveau propriétaire doit pouvoir justifier, à la demande du ministre de l'Intérieur :

1° De la souscription, pour le véhicule considéré, d'une assurance conforme aux dispositions de l'article L. 211-1 du Code des assurances ;

2° De la déclaration certifiant la cession et indiquant que le véhicule n'a pas subi de transformation susceptible de modifier les indications du précédent certificat d'immatriculation ;

3° Lorsque le nouveau propriétaire est une personne physique, d'un permis de conduire, le cas échéant celui de la personne physique désignée pour être titulaire du certificat d'immatriculation, correspondant à la catégorie du véhicule considéré conformément aux dispositions de l'article L. 322-1-1 ;

4° De son domicile, siège social ou établissement d'affectation ou de mise à disposition du véhicule ;

5° D'être en possession de l'ancien certificat d'immatriculation du véhicule barré et signé, portant la mention « vendu le.../.../... » ou « cédé le.../.../... » ;

6° Pour tout véhicule soumis à visite technique, que celui-ci répond aux conditions requises pour être maintenu en circulation conformément aux dispositions du chapitre III du présent titre.

II. – Le nouveau propriétaire peut circuler à titre provisoire et pendant une période d'un mois à compter de la date de la cession sous couvert soit du coupon rempli du certificat d'immatriculation s'il existe, soit d'un certificat provisoire d'immatriculation.

III. – Le ministre chargé des transports définit par arrêté pris après avis du ministre de l'Intérieur les conditions d'application du présent article, notamment en ce qui concerne les véhicules vendus par les domaines, aux enchères publiques ou à la suite d'une décision judiciaire, les véhicules de collection et ceux démunis de certificat d'immatriculation.

IV. – Le fait, pour tout propriétaire, de maintenir en circulation un véhicule sans avoir obtenu un certificat d'immatriculation dans les conditions fixées au présent article est puni de l'amende prévue pour les contraventions de la quatrième classe.

L'immobilisation du véhicule peut être prescrite dans les conditions prévues aux articles L. 325-1 à L. 325-3.

Si le professionnel du commerce de l'automobile, dans le cadre de son activité de négoce, qui a enregistré sa déclaration d'achat, n'a pas l'obligation de demander l'immatriculation du véhicule à son nom avant toute cession, il lui appartient de justifier de la délivrance d'un certificat W garage dans les conditions prévues par l'arrêté du 9 février 2009 relatif aux modalités d'immatriculation des véhicules (■ Cass. crim., 8 nov. 2016, n° 15-85.532).

Art. R. 322-6 *(Mod., D. n° 2009-136, 9 févr. 2009 ; A. 23 mars 2009 ; D. n° 2017-1278, 9 août 2017).* – I. – Si le propriétaire d'un véhicule déjà immatriculé ne désire pas le maintenir en circulation, il doit adresser au ministre de l'Intérieur par voie électronique le certificat d'immatriculation accompagné d'une déclaration l'informant de son retrait de la circulation.

Si cette déclaration fait suite à une cession du véhicule, elle doit être adressée par le nouvel acquéreur au ministre de l'Intérieur par voie électronique dans un délai d'un mois à compter de la date de la cession portée sur le certificat d'immatriculation du véhicule.

Le propriétaire n'est plus autorisé à circuler avec ce véhicule sur les vois ouvertes à la circulation publique et la validité du certificat d'immatriculation du véhicule est alors suspendue par le ministre de l'Intérieur.

II. – Lorsque le propriétaire du véhicule souhaite le remettre en circulation, il en fait la déclaration au ministre de l'Intérieur par voie électronique, la suspension de l'autorisation de circuler est alors levée et un nouveau certificat d'immatriculation est délivré au propriétaire du véhicule. Dans l'attente de ce nouveau certificat

d'immatriculation, le propriétaire peut circuler pendant un mois sous couvert d'un certificat provisoire d'immatriculation.

III. – Le ministre chargé des transports détermine, par arrêté pris après avis du ministre de l'Intérieur, les conditions d'application du présent article.

IV. – Le fait, pour tout propriétaire, de ne pas effectuer la déclaration ou de ne pas observer les délais prévus au présent article est puni de l'amende prévue pour les contraventions de la quatrième classe.

L'acquéreur d'une automobile qui ne la fait pas circuler sur les voies publiques n'est pas tenu de demander un nouveau certificat d'immatriculation. Cependant il doit procéder, en vertu de l'article R. 322-6 du Code de la route, à une déclaration (■ Cass. crim., 11 mai 2005 : *JurisData* n° 2005-028884 ; *Dr. pénal* 2005, comm. 146, note M. Véron).

Art. R. 322-7 ***(Mod., D. n° 2009-136, 9 févr. 2009 ; A. 23 mars 2009 ; D. n° 2017-1278, 9 août 2017). –***
I. – Tout propriétaire d'un véhicule soumis à immatriculation doit, dans le mois qui suit le changement de domicile, de siège social ou d'établissement d'affectation ou de mise à disposition du véhicule adresser par voie électronique une déclaration au ministre de l'Intérieur l'informant de ce changement. Le propriétaire doit pouvoir justifier, à la demande du ministre de l'Intérieur, de son nouveau domicile, siège social ou établissement d'affectation ou de mise à disposition du véhicule.

II. – Lorsqu'il s'agit d'un véhicule faisant l'objet soit d'un crédit-bail, soit d'un contrat de location de deux ans ou plus, le locataire du véhicule déclare, dans un délai maximum d'un mois, tout changement mentionné au I au propriétaire qui le déclare par voie électronique au ministre de l'Intérieur dans un délai maximum de dix jours à compter de la réception de la déclaration du locataire.

III. – *(Abrogé).*

IV. – *(Abrogé).*

V. – Lorsque le ministre de l'Intérieur est informé de la réimmatriculation du véhicule dans un pays de l'Union européenne ou l'Espace économique européen, la validité du certificat d'immatriculation est suspendue en France.

VI. – Lorsque ce véhicule est remis en circulation en France, son propriétaire en fait la déclaration au ministre de l'Intérieur par voie électronique. La suspension de l'autorisation de circuler du véhicule est levée par le ministre de l'Intérieur et un nouveau certificat d'immatriculation est délivré au propriétaire du véhicule. Dans l'attente de ce nouveau certificat d'immatriculation, le propriétaire peut circuler pendant un mois sous couvert d'un certificat provisoire d'immatriculation.

VII. – Un arrêté du ministre chargé des transports, pris après avis du ministre de l'Intérieur, fixe les conditions d'application du présent article.

VIII. – Le fait, pour tout propriétaire d'un véhicule ou pour tout locataire d'un véhicule faisant l'objet soit d'un crédit-bail, soit d'un contrat de location de deux ans ou plus, de ne pas effectuer les déclarations ou de ne pas respecter les délais prévus au présent article, est puni de l'amende prévue pour les contraventions de la quatrième classe.

Art. R. 322-8 ***(Mod., D. n° 2009-136, 9 févr. 2009 ; A. 23 mars 2009 ; D. n° 2017-1278, 9 août 2017). –***
« I. – Toute transformation apportée à un véhicule soumis à immatriculation et déjà immatriculé, qu'il s'agisse d'une transformation notable ou de toute autre transformation susceptible de modifier les caractéristiques indiquées sur le certificat d'immatriculation, nécessite la modification de celui-ci. Pour maintenir la validité du certificat d'immatriculation, le propriétaire doit adresser au ministre de l'Intérieur par voie électronique une déclaration dans le mois qui suit la transformation du véhicule. Le propriétaire peut circuler à titre provisoire, pendant une période d'un mois à compter de la date de la déclaration, sous couvert d'un certificat provisoire d'immatriculation. »

II. – Un arrêté du ministre chargé des transports, pris après avis du ministre de l'intérieur, fixe les conditions d'application du présent article.

III. – Le fait, pour tout propriétaire, de ne pas effectuer la déclaration ou de ne pas observer le délai, prévus au présent article, est puni de l'amende prévue pour les contraventions de la quatrième classe.

Art. R. 322-9 ***(Mod., D. n° 2009-136, 9 févr. 2009 ; A. 23 mars 2009 ; mod. à compter du 31 mars 2011, D. n° 2011-153, 4 févr. 2011 ; D. n° 2017-675, 28 avr. 2017 ; D. n° 2017-1278, 9 août 2017). –***
I. – Tout propriétaire d'une voiture particulière, d'une camionnette ou d'un cyclomoteur à trois roues qui le

cède pour destruction remet le certificat d'immatriculation à un centre VHU agréé, au sens des dispositions du 3° de l'article R. 543-155 du Code de l'environnement, en application de l'article R. 543-162 du Code de l'environnement. À cet effet, il appose sur le certificat d'immatriculation, d'une manière très lisible et inaltérable, la mention « vendu le.../.../... » ou « cédé le.../.../... » (date de la cession) pour destruction, suivie de sa signature. Lorsque ce document comporte un coupon, il le complète, le découpe et le conserve dans les conditions fixées à l'article R. 353. Lorsqu'il comporte, dans la partie supérieure droite, l'indication du coin à découper, il le découpe et le détruit.

Si le propriétaire du véhicule ne dispose pas du certificat d'immatriculation, il remet au centre de véhicules hors d'usage agréé soit un document officiel prouvant que le certificat d'immatriculation ne peut être fourni, soit la justification de propriété du véhicule.

II. – Au moment de l'achat pour destruction du véhicule hors d'usage, le centre VHU agréé délivre un certificat de destruction au propriétaire du véhicule. Concomitamment, le centre VHU agréé adresse au ministre de l'Intérieur par voie électronique une déclaration l'informant de l'achat pour destruction du véhicule. Cette déclaration s'effectue dans les conditions prévues à l'article R. 322-4. Le ministre de l'Intérieur procède alors à l'annulation de l'immatriculation du véhicule.

III. – Le centre VHU agréé qui a déclaré l'achat d'un véhicule et qui souhaite ultérieurement le faire détruire émet à ce moment un certificat de destruction du véhicule. Concomitamment, le centre VHU agréé adresse au ministre de l'Intérieur par voie électronique une déclaration l'informant de son intention de détruire ce véhicule. Le ministre de l'Intérieur procède alors à l'annulation de l'immatriculation du véhicule.

IV. – Les dispositions du présent article s'appliquent également à la destruction des véhicules autres que ceux visés au I. Leur propriétaire n'est toutefois pas tenu de s'adresser à un centre VHU agréé.

V. – Le fait, pour tout propriétaire, de ne pas effectuer les déclarations ou de ne pas observer le délai prévu au I est puni de l'amende prévue pour les contraventions de la quatrième classe.

VI. – Le fait, pour tout centre VHU agréé, de ne pas délivrer un certificat de destruction au moment du transfert du véhicule hors d'usage ou de ne pas effectuer les déclarations prévues aux II et III est puni de l'amende prévue pour les contraventions de la quatrième classe.

VII. – Un arrêté conjoint des ministres chargés des transports, de l'intérieur, de l'industrie et de l'écologie fixe les conditions d'application du présent article.

À compter du 31 mars 2011, l'immatriculation des véhicules pour lesquels existent une déclaration d'achat pour destruction ou une déclaration d'intention de détruire, mais pas de déclaration de destruction physique, est annulée.

Art. R. 322-10 *(Mod., D. n° 2009-136, 9 févr. 2009 ; A. 23 mars 2009 ; D. n° 2017-911, 9 mai 2017 ; D. n° 2017-1278, 9 août 2017)*. – En cas de perte, de vol ou de détérioration d'un certificat d'immatriculation, le propriétaire du véhicule peut en obtenir un duplicata en adressant une demande au ministre de l'Intérieur par voie électronique.

Pour tout véhicule soumis à contrôle technique, la délivrance du duplicata est subordonnée à la preuve que ce véhicule répond aux conditions requises pour être maintenu en circulation conformément aux dispositions du chapitre III du présent titre.

Un arrêté du ministre chargé des transports, pris après avis du ministre de l'Intérieur, fixe les conditions d'application des deux précédents alinéas.

La déclaration de perte ou de vol permet la circulation du véhicule pendant un délai d'un mois à compter de la date de ladite déclaration.

Art. R. 322-11 à R. 322-12-2 *(Abr., D. n° 2009-136, 9 févr. 2009 ; A. 23 mars 2009)*.

Art. R. 322-13. – Le ministre chargé des transports fixe par arrêté les règles relatives à l'immatriculation des engins spéciaux dont la vitesse ne peut excéder par construction 25 km/h et des matériels de travaux publics.

Art. R. 322-14 *(Mod., D. n° 2009-136, 9 févr. 2009 ; A. 23 mars 2009)*. – Les dispositions de la présente section ne sont pas applicables aux matériels civils et militaires de l'État qui font l'objet d'immatriculations spéciales.

Section II. – Opposition au transfert du certificat d'immatriculation

Art. R. 322-15 *(Mod., D. n° 2009-136, 9 févr. 2009 ; A. 23 mars 2009).* – Le ministre de l'Intérieur délivre, à la demande du titulaire du certificat d'immatriculation du véhicule, le certificat mentionné à l'article L. 322-2 attestant de l'absence d'une opposition au transfert du certificat d'immatriculation. Le titulaire du certificat d'immatriculation du véhicule doit adresser sa demande au ministre de l'Intérieur par voie électronique.

Art. R. 322-16 *(Abr., D. n° 2003-642, 11 juill. 2003, ; rétabli dans la version suivante, D. n° 2009-383, 6 avr. 2009 ; mod., D. n° 2014-551, 27 mai 2014).* – L'opposition au transfert du certificat d'immatriculation prévue par l'article L. 322-1 en cas d'émission d'une amende forfaitaire majorée peut être effectuée par le comptable de la direction générale des finances publiques dans l'un des deux cas suivants :

1° Le contrevenant n'habite plus à l'adresse enregistrée au fichier national des immatriculations ;

2° Le contrevenant n'a pas payé le montant de cette amende dans un délai de quatre mois à compter de l'envoi à son domicile de l'avis prévu par l'article R. 49-6 du Code de procédure pénale.

Art. R. 322-17 *(Mod., D. n° 2012-1247, 7 nov. 2012).* – Le comptable de la direction générale des finances publiques adresse sa demande d'opposition au transfert du certificat d'immatriculation au ministre de l'intérieur, soit par l'intermédiaire du préfet d'un département, soit par voie électronique.

Le comptable de la direction générale des finances publiques remet, sur sa demande, au titulaire du certificat d'immatriculation un avis récapitulatif détaillant les amendes qui ont entraîné l'opposition.

Par dérogation à l'article 25 du décret n° 2012-1246 du 7 novembre 2012 relatif à la gestion budgétaire et comptable publique, le règlement des amendes pour lesquelles il a été fait opposition s'effectue exclusivement par versement d'espèces, par carte de paiement ou remise à un comptable de la direction générale des finances publiques d'un chèque certifié. Toutefois, il peut également intervenir par télépaiement automatisé ou par timbre dématérialisé conformément aux dispositions des articles R. 49-3 et R. 49-3-1 du Code de procédure pénale.

Art. R. 322-18 *(Mod., D. n° 2009-136, 9 févr. 2009 ; A. 23 mars 2009 ; D. n° 2009-383, 6 avr. 2009 ; D. n° 2014-551, 27 mai 2014).* – La levée de l'opposition intervient, soit à la suite du règlement au comptable de la direction générale des finances publiques des amendes pour lesquelles il a été fait opposition, soit lorsque l'intéressé a formé une réclamation selon les modalités et dans les délais prévus par les articles 529-10 et 530 du Code de procédure pénale à peine d'irrecevabilité, et, s'il n'habitait plus à l'adresse enregistrée dans le fichier, qu'il justifie avoir adressé la déclaration mentionnée à l'article R. 322-7.

CHAPITRE III. – CONTRÔLE TECHNIQUE

Section I. – Dispositions générales

Art. R. 323-1. – Tout propriétaire d'un véhicule mentionné au présent chapitre n'est autorisé à le mettre ou le maintenir en circulation qu'après un contrôle technique ayant vérifié qu'il est en bon état de marche et en état satisfaisant d'entretien.

Ce contrôle est effectué à l'initiative du propriétaire, dans les délais prescrits et à ses frais.

Le fait pour tout propriétaire de mettre ou maintenir en circulation un véhicule sans avoir satisfait aux obligations de contrôle technique fixées par le présent chapitre est puni de l'amende prévue pour les contraventions de la quatrième classe.

L'immobilisation peut être prescrite dans les conditions prévues aux articles L. 325-1 à L. 325-3.

À défaut de présentation aux contrôles techniques obligatoires ou dans le cas où les réparations ou aménagements prescrits par l'expert chargé des contrôles techniques ne sont pas exécutés, la mise en fourrière peut également être prescrite.

Art. R. 323-2 *(D. n° 2004-568, 11 juin 2004).* – Le ministre chargé des transports fixe par arrêté les conditions d'application du présent chapitre et, notamment, les catégories de contrôles techniques, le contenu de ces contrôles et les conditions dans lesquelles ils sont matérialisés sur la carte grise et, le cas échéant, sur le véhicule lui-même.

Art. R. 323-3 *(D. n° 2017-208, 20 févr. 2017).* – Les dispositions du présent chapitre ne sont pas applicables :

1° Aux véhicules et matériels spéciaux des armées ;

2° Aux véhicules immatriculés dans les séries diplomatiques ou assimilées et dans la série spéciale FFECSA ;

3° Aux véhicules de collection dont le poids total autorisé en charge est inférieur ou égal à 3,5 tonnes et dont la mise en circulation est antérieure au 1er janvier 1960 ;

4° Aux véhicules de collection dont le poids total autorisé en charge est supérieur à 3,5 tonnes.

Art. R. 323-4. – Un arrêté du ministre chargé des transports fixe les conditions d'application du présent chapitre aux matériels de travaux publics et, après avis du ministre de l'Agriculture, aux véhicules et matériels agricoles.

Art. R. 323-5. – Le ministre chargé des transports fixe par arrêté les règles relatives aux contrôles techniques applicables à certains engins spéciaux dont la vitesse ne peut excéder par construction 25 km/h.

Section II. – Agrément des contrôleurs, des installations et des réseaux
(D. n° 2004-568, 11 juin 2004)

Art. R. 323-6 *(D. n° 2004-568, 11 juin 2004 ; mod., D. n° 2010-163, 22 févr. 2010 ; D. n° 2017-208, 20 févr. 2017).* – I. – Les contrôles techniques prévus au présent chapitre sont effectués par les services de l'État ou par un contrôleur agréé par l'État ou un prestataire visé au II de l'article L. 323-1 exerçant ses fonctions, dans les conditions prévues par la présente section, dans des installations de contrôle agréées rattachées, le cas échéant, à un réseau de contrôle agréé.

II. – Pour l'application du présent chapitre, sont considérés comme :

1° Véhicules légers, les véhicules dont le poids total autorisé en charge est inférieur ou égal à 3,5 tonnes, de catégorie M1 ou N1, à l'exception des véhicules tracteurs composant les ensembles de véhicules mentionnés au 7.3 de l'article R. 311-1 et des véhicules utilisés pour le transport de marchandises dangereuses ;

2° Véhicules lourds :

a) Les véhicules de catégorie M2, M3, N2, N3, O3, O4 ;

b) Les véhicules tracteurs composant les ensembles de véhicules mentionnés au 7.3 de l'article R. 311-1, quel que soit leur poids total autorisé en charge, et les véhicules utilisés pour le transport de marchandises dangereuses ;

c) Les véhicules de catégorie M1 dont le poids total autorisé en charge est supérieur à 3,5 tonnes. Pour ces véhicules, les périodicités de contrôle technique sont celles fixées à l'article R. 323-22.

Art. R. 323-7 *(D. n° 2004-568, 11 juin 2004).* – I. – Le ministre chargé des transports désigne un organisme technique, dénommé organisme technique central, chargé pour son compte et selon ses instructions :

1° De recueillir et d'analyser les résultats des contrôles afin de surveiller le fonctionnement des installations, de s'assurer de l'homogénéité des contrôles et de collecter des informations sur l'état du parc automobile national ;

2° De tenir à jour les éléments permettant d'adapter au progrès technique les équipements et les méthodes de contrôle, ainsi que l'information et la formation des contrôleurs ;

3° De fournir une assistance technique pour la vérification de la qualité des prestations fournies par les installations de contrôle.

II. – Cet organisme remplit ces missions dans le cadre d'une convention avec l'État approuvée par décret.

Art. R. 323-8 *(D. n° 2004-568, 11 juin 2004 ; D. n° 2015-1794, 28 déc. 2015).* – Les réseaux de contrôle sont les personnes morales de droit privé soumises à l'agrément du ministre chargé des transports.

Pour être agréé, un réseau doit comporter des centres de contrôle de véhicules légers répartis dans au moins quatre-vingt-dix départements. Un réseau ne peut être agréé pour le contrôle technique des véhicules lourds que s'il exploite lui-même les centres de contrôle qui lui sont rattachés et s'il en compte au moins trente situés dans au moins treize collectivités parmi les régions de métropole, la Corse, la Guadeloupe, la Guyane, la Martinique et La Réunion.

Un réseau de contrôle ne peut exercer aucune autre activité que celle de contrôle technique.

Art. R. 323-9 *(D. n° 2004-568, 11 juin 2004 ; D. n° 2017-208, 20 févr. 2017)*. – La demande d'agrément d'un réseau de contrôle indique l'identité du demandeur, son statut juridique et les catégories de contrôles techniques qui seront couvertes par l'agrément. Elle comporte la liste des centres de contrôle.

Elle est accompagnée d'un document par lequel le réseau s'engage à respecter les prescriptions d'un cahier des charges et précise les moyens qu'il compte mettre en œuvre pour respecter cet engagement. Ce document expose en particulier l'organisation envisagée et le règlement intérieur du réseau, décrit les moyens matériels centralisés dont il dispose et prévoit les procédures qui s'imposeront aux contrôleurs et aux responsables des installations de contrôle. Le demandeur doit également s'engager à établir tous les moyens se rapportant à son activité prescrits par le ministre chargé des transports et à faciliter la mission des agents désignés par lui pour surveiller le bon fonctionnement des centres de contrôle.

L'agrément d'un réseau de contrôle est délivré pour une durée de dix ans renouvelable. L'engagement prévu à l'alinéa précédent est joint à la décision d'agrément.

Art. R. 323-10 *(D. n° 2004-568, 11 juin 2004)*. – Le réseau de contrôle s'assure en permanence de la bonne exécution des contrôles techniques conformément aux dispositions de la présente section. Il transmet à l'organisme technique central les données relatives aux contrôles techniques transmises par les installations de contrôle qui lui sont rattachées.

Art. R. 323-11 *(D. n° 2004-568, 11 juin 2004)*. – Le réseau de contrôle doit respecter les modalités d'organisation fixées par arrêté du ministre chargé des transports destinées à assurer la disponibilité et la qualité des prestations et veiller à ce que les contrôleurs et toute personne physique ou morale exerçant des fonctions au sein du réseau n'aient pas d'activité dans la réparation ou le commerce automobile et ne soient pas salariés d'une entreprise ayant un lien avec une telle activité.

Art. R. 323-12 *(D. n° 2004-568, 11 juin 2004)*. – L'agrément d'un réseau de contrôle peut être retiré ou suspendu pour tout ou partie des catégories de contrôles techniques qu'il concerne si les conditions d'organisation et de fonctionnement du réseau de contrôle ne répondent plus aux prescriptions du cahier des charges et de la réglementation en vigueur. Cette décision de retrait n'intervient qu'après que le représentant du réseau intéressé a pu être entendu et mis à même de présenter des observations écrites ou orales.

En cas d'urgence, l'agrément d'un réseau de contrôle peut être suspendu immédiatement pour une durée maximale de deux mois.

Art. R. 323-13 *(D. n° 2004-568, 11 juin 2004)*. – I. - Les installations de contrôle doivent comporter les moyens matériels nécessaires aux catégories de contrôles techniques réalisés et les moyens techniques permettant de recueillir les données relatives à ces contrôles et de transmettre ces données dans le délai fixé par arrêté du ministre chargé des transports soit à la direction du réseau de contrôle auquel elles sont rattachées, soit à l'organisme technique central, selon qu'il s'agit d'installations rattachées ou non à un réseau. L'ensemble de ces équipements est défini par arrêté du ministre chargé des transports.

II *(II déclaré illégal, CE, 21 oct. 2011, n° 342498, Sté Auto Bilan France : JurisData n° 2011-022473 puis partiellement abrogé, D. n° 2012-1145, 10 oct. 2012)*. - L'activité d'un centre de contrôle doit s'exercer dans des locaux n'abritant aucune activité de réparation ou de commerce automobile et ne communiquant avec aucun local abritant une telle activité.

III. - Sur la demande du ministre chargé des transports, le titulaire de l'agrément des installations d'un centre de contrôle met l'une ou plusieurs de ces installations à la disposition des fonctionnaires ou agents de l'État chargés des réceptions des véhicules ou éléments de véhicules, placés sous l'autorité des ministres chargés de l'industrie et des transports. Une convention à titre onéreux est passée entre l'exploitant et l'administration.

Note. Les agréments délivrés aux installations auxiliaires en vertu du II de l'article R. 323-13 du Code de la route, dans sa rédaction antérieure à la publication du décret n° 2012-1145 du 10 octobre 2012, peuvent être maintenus dans l'intérêt de la sécurité routière pour une durée d'au plus quatre ans à partir de cette date de publication si les circonstances locales le justifient.

Art. R. 323-14 *(D. n° 2004-568, 11 juin 2004)*. – I. – L'agrément des installations d'un centre de contrôle est délivré par le préfet du département où est implanté le centre.

La demande d'agrément est adressée au préfet par la personne physique ou la personne morale qui exploite les installations du centre. Elle indique l'identité du demandeur, son statut juridique et les catégories de contrôles techniques qui seront effectués dans le centre et précise si celui-ci est rattaché ou non à un réseau de contrôle agréé. Elle est accompagnée d'un document par lequel l'exploitant s'engage à respecter les prescriptions d'un cahier des charges et précise les conditions dans lesquelles il sera satisfait à cet engagement.

L'engagement mentionné ci-dessus décrit notamment l'organisation et les moyens techniques mis en œuvre par le centre pour assurer en permanence la qualité et l'objectivité des contrôles techniques effectués et éviter que les installations soient utilisées par des personnes non agréées ou ayant une activité dans la réparation ou le commerce automobile. Le demandeur doit s'engager à établir tous les documents se rapportant à son activité prescrits par le ministre chargé des transports et à faciliter la mission des agents désignés par lui pour surveiller le bon fonctionnement des installations de contrôle.

Le dossier de demande comporte, en outre, l'avis du réseau de contrôle agréé lorsque le centre de contrôle est rattaché à un réseau, ou l'avis de l'organisme technique central dans le cas contraire.

II. – *(Abr., D. n° 2012-1145, 10 oct. 2012).*

III. – Les agréments des installations de contrôle, ainsi que toutes les mesures affectant leur validité, sont inscrits dans un registre national qui est élaboré et tenu à jour dans les conditions prévues par la loi n° 78-17 du 6 janvier 1978 relative à l'informatique, aux fichiers et aux libertés.

IV. – L'agrément des installations de contrôle peut être suspendu ou retiré pour tout ou partie des catégories de contrôles techniques qu'il concerne si les conditions de bon fonctionnement des installations ou si les prescriptions qui leur sont imposées par la présente section ne sont plus respectées, et après que la personne bénéficiaire de l'agrément et le représentant du réseau de contrôle auquel les installations sont éventuellement rattachées ont pu être entendus et mis à même de présenter des observations écrites ou orales.

En cas d'urgence, l'agrément des installations de contrôle peut être suspendu immédiatement pour une durée maximale de deux mois.

Art. R. 323-15 *(D. n° 2004-568, 11 juin 2004).* – I. – Lorsqu'un centre de contrôle agréé est rattaché à un réseau agréé, il ne peut dépendre que d'un seul réseau de contrôle.

(2e al. suppr., D. n° 2012-1145, 10 oct. 2012).

II. – Les contrôles techniques effectués sur des véhicules lourds appartenant à une même personne physique ou morale ne doivent pas représenter, chaque année, plus de 10 % de l'activité de contrôle technique des véhicules lourds d'un centre de contrôle non rattaché à un réseau ou de l'ensemble des installations de contrôles exploitées par le même réseau. Toutefois, le préfet de département peut accorder des dérogations à ces dispositions lorsque leur application constitue un obstacle manifeste à la bonne couverture géographique du territoire, sans que cette proportion puisse dépasser 35 %.

III. – Les réseaux de contrôle et les centres de contrôle non rattachés à un réseau perçoivent, pour chaque contrôle technique effectué et en sus du prix de celui-ci, une somme qui ne peut excéder 2 % du prix du contrôle qu'ils reversent à l'organisme technique central pour financer les prestations de celui-ci.

Le montant et les modalités de versement de cette somme sont fixés par arrêté conjoint du ministre chargé de l'économie et des finances et du ministre chargé des transports.

Art. R. 323-16 *(D. n° 2004-568, 11 juin 2004 ; mod., D. n° 2010-163, 22 févr. 2010).* – I. – Le fait, pour le titulaire de l'agrément des installations d'un centre de contrôle, de faire réaliser un contrôle technique dans des locaux abritant une activité de réparation ou de commerce automobile ou communiquant avec un lieu abritant une telle activité est puni de l'amende prévue pour les contraventions de la cinquième classe.

II. – Le fait, pour le titulaire de l'agrément des installations de contrôle, de ne pas transmettre les données relatives à un contrôle technique effectué dans ces installations dans le délai fixé par l'arrêté prévu au I de l'article R. 323-13 est puni de l'amende prévue pour les contraventions de la cinquième classe.

III. – Le fait, pour le titulaire de l'agrément des installations de contrôle, de faire réaliser un contrôle technique dans des installations ou au moyen d'équipements non conformes à l'agrément délivré ou aux dispositions définies par l'arrêté visé au I de l'article R. 323-13 est puni de l'amende prévue pour les contraventions de la cinquième classe.

IV. – Le fait, pour le titulaire de l'agrément des installations de contrôle, de faire réaliser un contrôle technique par un contrôleur agréé ou un prestataire visé au II de l'article L. 323-1 ne possédant pas la qualification requise pour ce contrôle est puni de l'amende prévue pour les contraventions de la cinquième classe.

V. - *(Al. suppr., D. n° 2010-671, 18 juin 2010).*

Art. R. 323-17 ***(D. n° 2004-568, 11 juin 2004 ; mod., D. n° 2010-163, 22 févr. 2010).*** **– I. – Les contrôleurs agréés doivent posséder une qualification dont les caractéristiques sont définies par arrêté du ministre chargé des transports pour chaque catégorie de contrôle technique.**

II. – Un contrôleur agréé ne peut exercer aucune activité dans la réparation ou le commerce automobile, que ce soit à titre indépendant ou en qualité de salarié.

III. – *(III abr., D. n° 2012-1145, 10 oct. 2012).*

IV. – Lorsqu'il est réalisé par un prestataire visé au II de l'article L. 323-1, le contrôle technique prévu par le présent chapitre ne peut être réputé avoir été réalisé que si, pour la prestation considérée, ce prestataire n'a aucun lien de nature à porter atteinte à son indépendance avec des personnes, organismes, sociétés ou entreprises qui exercent une activité de réparation ou de commerce dans le secteur automobile.

Note. – Les dispositions du III de l'article R. 323-17 du Code de la route demeurent applicables, dans leur rédaction antérieure à la publication du décret n° 2012-1145 du 10 octobre 2012, aux contrôleurs agréés en vertu de l'article R. 323-17 de ce code qui exercent dans les installations auxiliaires mentionnées au I.

Art. R. 323-18 ***(D. n° 2004-568, 11 juin 2004).*** **– I. – L'agrément d'un contrôleur est délivré par le préfet de département où est implanté le centre de contrôle auquel il est rattaché.**

Cet agrément permet d'exercer sur tout le territoire.

Un même contrôleur peut être titulaire d'un agrément pour le contrôle technique des véhicules légers et d'un agrément pour le contrôle technique des véhicules lourds.

II. – La demande d'agrément précise à quel centre de contrôle le contrôleur est rattaché et les catégories de contrôles techniques qu'il pourra effectuer.

Elle est accompagnée de l'avis du réseau de contrôle agréé lorsque le centre de contrôle est rattaché à un réseau ou de l'avis de l'organisme technique central dans le cas contraire.

III. – Les agréments des contrôleurs, ainsi que toutes les mesures affectant leur validité, sont inscrits dans un registre national qui est élaboré et tenu à jour dans les conditions prévues par la loi n° 78-17 du 6 janvier 1978 relative à l'informatique, aux fichiers et aux libertés.

IV. – L'agrément d'un contrôleur peut être suspendu ou retiré pour tout ou partie des catégories de contrôles techniques qu'il concerne si les conditions posées lors de sa délivrance ne sont plus respectées ou s'il est constaté un manquement aux règles fixant l'exercice de l'activité du contrôleur.

La décision de suspension ou de retrait n'intervient qu'après que la personne intéressée a été entendue et mise à même de présenter des observations écrites ou orales.

En cas d'urgence, l'agrément d'un contrôleur peut être suspendu immédiatement pour une durée maximale de deux mois.

Un contrôleur ayant fait l'objet d'un retrait d'agrément ne peut demander un nouvel agrément pendant une durée de cinq ans à compter du retrait.

Art. R. 323-18-1 ***(D. n° 2010-163, 22 févr. 2010 ; mod., D. n° 2011-2046, 29 déc. 2011 ; D. n° 2017-127, 2 févr. 2017).*** **– La déclaration mentionnée au II de l'article L. 323-1 est adressée au préfet du département dans lequel le prestataire envisage d'exercer l'activité de contrôleur technique.**

Elle doit être accompagnée des documents suivants lorsqu'elle est souscrite pour la première fois ou en cas de changement de situation :

1° Une preuve de la nationalité du prestataire ;

2° Une attestation certifiant que le prestataire est légalement établi dans un autre État membre de l'Union européenne ou dans un autre État partie à l'accord sur l'Espace économique européen pour y exercer la profession de contrôleur technique, et qu'il n'encourt, à la date de l'attestation, aucune interdiction, même temporaire, d'exercer ;

3° Une preuve de ses qualifications professionnelles ;

4° Lorsque la profession de contrôleur technique ou la formation y conduisant n'est pas réglementée dans l'État d'établissement, la preuve par tout moyen que le prestataire a exercé cette profession pendant la durée mentionnée au deuxième alinéa du II de l'article L. 323-1 ;

5° Une copie du contrat de travail ou une lettre d'engagement du centre de contrôle employeur.

La déclaration et les documents joints peuvent être transmis par tout moyen. Les documents en langue étrangère sont accompagnés de leur traduction en langue française.

Art. R. 323-18-2 *(D. n° 2010-163, 22 févr. 2010)*. – La prestation est effectuée sous le titre professionnel porté dans l'État d'établissement ou, si le titre professionnel n'existe pas dans l'État d'établissement, sous le titre de formation du prestataire.

Le titre professionnel ou le titre de formation est indiqué dans la langue officielle ou dans l'une des langues officielles de l'État d'établissement. Le titre de formation est suivi des noms et lieux de l'établissement ou du jury qui l'a délivré.

Art. R. 323-18-3 *(D. n° 2010-163, 22 févr. 2010)*. – À la demande d'une autorité compétente d'un État membre de l'Union européenne ou partie à l'accord sur l'Espace économique européen sur le territoire duquel un contrôleur technique exécute ou déclare vouloir exécuter une prestation de services, le préfet du département du lieu de résidence de celui-ci communique à cette autorité toutes informations pertinentes sur la légalité de l'établissement en France du professionnel concerné. Si le professionnel est, à la date de la communication, sous le coup d'une suspension ou d'un retrait d'agrément, mention en est faite.

Art. R. 323-19 *(D. n° 2004-568, 11 juin 2004 ; mod., D. n° 2010-163, 22 févr. 2010)*. – Le fait, pour tout contrôleur agréé ou prestataire visé au II de l'article L. 323-1, d'effectuer un contrôle technique dont le contenu, les modalités ou le résultat ne satisfont pas aux dispositions du présent chapitre et des dispositions prises pour son application ou de ne pas tirer de ce contrôle les conclusions qui s'imposent est puni de l'amende prévue pour les contraventions de la quatrième classe.

Art. R. 323-20 *(D. n° 2004-568, 11 juin 2004)*. – Toute utilisation des résultats du contrôle d'un véhicule à des fins autres que celles prévues par la réglementation est interdite. Les résultats du contrôle ne peuvent être communiqués à un tiers autre que l'organisme technique central, la direction du réseau de contrôle, les agents de l'administration chargés de la surveillance des installations et tout organisme désigné à cette fin par le ministre chargé des transports.

Art. R. 323-21 *(D. n° 2004-568, 11 juin 2004)*. – I. – La surveillance administrative des réseaux de contrôle, des installations de contrôle et des contrôleurs agréés est exercée par les fonctionnaires ou agents de l'État chargés de la réception des véhicules ou éléments de véhicules, placés sous l'autorité des ministres chargés de l'industrie et des transports.

II. – Le ministre chargé des transports fixe par arrêté les conditions d'application de la présente section.

Section III. – Dispositions applicables aux véhicules légers

Art. R. 323-22 *(Mod., D. n° 2001-449, 25 mai 2001 ; Anc. art. 323-6, dénum., D. n° 2004-568, 11 juin 2004 ; D. n° 2011-2046, 29 déc. 2011 ; D. n° 2017-208, 20 févr. 2017)*. – I. – Les véhicules légers définis au II de l'article R. 323-6 doivent faire l'objet :

1° D'un contrôle technique dans les six mois précédant l'expiration d'un délai de quatre ans à compter de la date de leur première mise en circulation ;

2° Postérieurement à ce contrôle, d'un contrôle technique périodique, renouvelé tous les deux ans ;

3° Avant toute mutation intervenant au-delà du délai de quatre ans prévu au 1° ci-dessus, d'un contrôle technique, dont sont toutefois dispensés les véhicules ayant subi un contrôle technique dans les six mois précédant la date de demande d'établissement du nouveau certificat d'immatriculation.

4° Pour les véhicules de collection, le délai entre deux contrôles techniques est porté à cinq ans à l'exception des cas de mutation.

II. – En outre, les véhicules légers de catégorie N1 doivent faire l'objet, dans les deux mois précédant l'expiration d'un délai d'un an après chaque contrôle technique, d'un contrôle technique complémentaire portant sur le contrôle des émissions polluantes. Cette disposition n'est pas applicable aux camionnettes de collection.

Cette disposition n'est pas applicable aux camionnettes de collection.

III *(Mod., D. n° 2014-1725, 30 déc. 2014)* **Ne sont pas soumis à ces obligations les véhicules devant subir un contrôle technique en application d'une réglementation spécifique, notamment les véhicules de moins de dix places, conducteur compris, affectés au transport public, collectif ou particulier, de personnes, les véhicules utilisés pour les transports sanitaires terrestres, les véhicules utilisés pour l'enseignement de la conduite des véhicules à moteur.**

IV. – ***(Abr., D. n° 2011-2046, 29 déc. 2011).***

Section IV. – Dispositions applicables aux autres véhicules
(Anc. sect. 3 dénum., D. n° 2004-568, 11 juin 2004)

Art. R. 323-23 ***(Mod., D. n° 2005-1434, 18 nov. 2005).*** **– Tout véhicule destiné normalement ou employé exceptionnellement au transport en commun de personnes et ayant fait l'objet d'une demande de certificat d'immatriculation ne peut être effectivement mis en circulation qu'après obtention d'une attestation d'aménagement délivrée soit par le constructeur si le véhicule a fait l'objet d'une réception par type, soit par les services de l'État chargés de la réception des véhicules.**

Ces véhicules sont ensuite soumis à des contrôles techniques périodiques renouvelés tous les six mois.

Art. R. 323-24. – Tout véhicule de moins de dix places, conducteur compris, affecté au transport public de personnes est soumis à un contrôle technique, au plus tard un an après la date de sa première mise en circulation, ou préalablement à son utilisation au transport public lorsque celui-ci a lieu plus d'un an après la date de sa première mise en circulation.

Ce contrôle technique doit ensuite être renouvelé tous les ans.

Art. R. 323-25 ***(D. n° 2005-1434, 18 nov. 2005 ; mod., D. n° 2011-2046, 29 déc. 2011 ; D. n° 2014-357, 19 mars 2014 ; D. n° 2017-208, 20 févr. 2017).*** **– Tout véhicule dont le poids total autorisé en charge est supérieur à 3,5 tonnes, à l'exception des véhicules mentionnés aux articles R. 323-23, R. 323-24 et R. 323-26, est soumis à un contrôle technique au plus tard un an après la date de sa première immatriculation.**

Quel que soit leur poids total autorisé en charge, les véhicules tracteurs mentionnés au 7.3 de l'article R. 311-1 et les véhicules utilisés dans le transport de marchandises dangereuses sont soumis à un contrôle technique au plus tard un an après la date de leur première immatriculation.

Les véhicules mentionnés au présent article sont ensuite soumis à des contrôles techniques périodiques renouvelés tous les ans.

Art. R. 323-26 ***(Mod., D. n° 2014-1725, 30 déc. 2014).*** **– Tout autre véhicule à moteur, prévu pour une fonction spécifique nécessitant des adaptations de la carrosserie ou des équipements spéciaux, notamment les véhicules visés à l'article R. 323-24, les véhicules utilisés pour les transports sanitaires terrestres, les véhicules utilisés pour l'enseignement de la conduite des véhicules à moteur, les véhicules de transport public particulier de personnes, est soumis à un contrôle technique selon des modalités et dans des conditions fixées par arrêté du ministre chargé des transports.**

CHAPITRE IV. – ASSURANCE

Art. R. 324-1 et R. 324-2 ***(Abr., D. n° 2005-320, 30 mars 2005).***

CHAPITRE V. – IMMOBILISATION ET MISE EN FOURRIÈRE

Section I. – Dispositions générales

Art. R. 325-1 ***(Mod., D. n° 2005-320, 30 mars 2005 ; D. n° 2012-3, 3 janv. 2012).*** **– L'immobilisation, la mise en fourrière, le retrait de la circulation et la destruction prévus à l'article L. 325-1 peuvent être décidés dans les cas et les conditions définis au présent code.**

L'immobilisation et la mise en fourrière peuvent également être ordonnées conformément aux dispositions des articles L. 325-1-1 et L. 325-1-2.

Ces mesures ne font pas obstacle aux saisies ordonnées par l'autorité judiciaire.

Elles ne s'appliquent pas aux véhicules participant à des opérations de maintien de l'ordre.

Art. R. 325-1-1 *(D. n° 2005-320, 30 mars 2005 ; mod., D. n° 2012-3, 3 janv. 2012 ; D. n° 2014-551, 27 mai 2014)*. – Lorsque la juridiction prononce la confiscation d'un véhicule immobilisé et mis en fourrière en application des articles L. 325-1-1 ou L. 325-1-2, le l'administration chargée des domaines chargée de son aliénation informe préalablement le candidat acquéreur que le montant des frais d'enlèvement et de garde en fourrière seront à sa charge.

Section II. – Immobilisation

Art. R. 325-2. – L'immobilisation est l'obligation faite au conducteur ou au propriétaire d'un véhicule, dans les cas prévus au présent code, de maintenir ce véhicule sur place ou à proximité du lieu de constatation de l'infraction en se conformant aux règles relatives au stationnement.

En cas d'absence du conducteur ou lorsque celui-ci refuse de déplacer son véhicule, l'immobilisation de ce véhicule peut être assurée par un moyen mécanique.

Pendant tout le temps de l'immobilisation, le véhicule demeure sous la garde juridique de son propriétaire ou de son conducteur.

Le fait pour tout conducteur ou propriétaire d'un véhicule de transport de marchandises d'un poids total autorisé en charge excédant 3,5 tonnes ou d'un véhicule de transport en commun de contrevenir à l'obligation prévue au premier alinéa est puni de l'amende prévue pour les contraventions de la cinquième classe.

Le fait pour tout conducteur ou propriétaire d'un autre véhicule de contrevenir à l'obligation prévue au premier alinéa est puni de l'amende prévue pour les contraventions de la quatrième classe.

Art. R. 325-3 *(Mod., D. n° 2013-652, 18 juill. 2013)*. – L'immobilisation peut être prescrite par les officiers et les agents de police judiciaire ainsi que les agents de police judiciaire adjoints mentionnés à l'article 21 du Code de procédure pénale et les gardes champêtres lorsqu'ils constatent la nécessité de faire cesser sans délai une des infractions pour lesquelles cette mesure est prévue par le présent code.

Elle peut être prescrite par les agents mentionnés au 2° de l'article L. 116-2 du Code de la voirie routière lorsque l'infraction qui la motive est constatée dans les conditions prévues à l'article R. 130-5.

Elle peut également être prescrite, dans le champ de leur compétence, par les inspecteurs des transports, fonctionnaires ou agents de l'État chargés du contrôle des transports terrestres placés sous l'autorité du ministre chargé des transports mentionnés à l'article 25 de la loi n° 52-401 du 14 avr. 1952, modifié par le décret n° 65-714 du 21 août 1965, les agents des douanes et les inspecteurs du travail lorsqu'il y a nécessité de faire cesser sans délai une infraction pour laquelle cette mesure est prévue par le présent code.

Elle peut être en outre prescrite par les agents verbalisateurs mentionnés à l'article L. 362-5 du Code de l'environnement.

L'immobilisation prévue à l'article 283 *bis* du Code des douanes peut être prescrite par les agents des douanes, de la police nationale, de la gendarmerie nationale ou du contrôle des transports terrestres.

Art. R. 325-4. – I. – Lorsque la décision d'immobilisation résulte de l'une des situations suivantes :

1° Le conducteur ou l'accompagnateur de l'élève conducteur est présumé en état d'ivresse ou sous l'empire d'un état alcoolique ;

2° Le conducteur n'est pas titulaire de la catégorie du permis exigée pour la conduite du véhicule considéré ;

3° Le conducteur est en infraction aux règles relatives aux conditions de travail dans les transports routiers, publics ou privés, ou ne peut présenter les documents dûment renseignés permettant de contrôler le respect de ces règles, le véhicule peut poursuivre sa route dès qu'un conducteur qualifié proposé par le conducteur ou, éventuellement, par l'accompagnateur de l'élève conducteur ou par le propriétaire du véhicule peut assurer la conduite de celui-ci.

II. – À défaut, les fonctionnaires et agents habilités à prescrire l'immobilisation peuvent prendre toute mesure destinée à placer le véhicule en stationnement régulier, au lieu qu'ils désignent, en faisant notamment appel à un conducteur qualifié.

Art. R. 325-5. – Lorsque la décision d'immobilisation résulte d'une infraction aux règles concernant l'état ou l'équipement du véhicule, elle peut n'être rendue effective que dans un lieu où le conducteur du véhicule sera susceptible de trouver les moyens de faire cesser l'infraction.

Il ne peut être fait usage de cette faculté que dans la mesure où l'accompagnement du véhicule jusqu'à ce lieu peut être assuré dans des conditions de sécurité satisfaisantes.

Le conducteur peut également être autorisé à faire appel à un professionnel qualifié pour la prise en remorque de son véhicule en vue de sa réparation. L'immobilisation devient alors effective au lieu de réparation.

Art. R. 325-5-1 *(D. n° 2016-448, 13 avr. 2016)*. – Lorsque le véhicule circule en infraction aux prescriptions de l'article R. 316-3 relatives aux conditions de transparence des vitres ou à celles prises pour son application, la décision d'immobilisation doit prescrire la mise en conformité du véhicule.

Dans ce cas, une fiche de circulation provisoire, dont la durée de validité ne peut excéder sept jours, peut être établie conformément aux prescriptions du II de l'article R. 325-9 et à celles de l'article R. 325-36.

Art. R. 325-6. – Lorsque le véhicule circule en infraction aux règles relatives aux contrôles techniques, la décision d'immobilisation doit prescrire la présentation du véhicule à un contrôle technique dans une installation de contrôle du choix du conducteur.

Dans ce cas, une fiche de circulation provisoire, valable sept jours, est établie par les autorités selon la procédure mentionnée à l'article R. 325-9. La ou les pièces administratives nécessaires à la circulation du véhicule sont restituées au vu d'un document attestant le résultat satisfaisant du contrôle technique.

Art. R. 325-7 *(D. n° 2005-947, 2 août 2005)*. – I. – Lorsque le véhicule est dépourvu d'appareil de contrôle permettant l'enregistrement de la vitesse ou lorsque cet appareil a fait l'objet d'une modification ou d'une détérioration affectant son fonctionnement normal, la décision d'immobilisation prescrit de faire procéder soit à son installation par un installateur agréé, soit aux réparations et mises en conformité nécessaires.

Un arrêté conjoint du ministre chargé de l'industrie et du ministre chargé des transports fixe les conditions d'application de ces dispositions.

II. – Lorsque le dispositif de limitation de vitesse par construction a fait l'objet d'une modification ou d'une détérioration affectant son fonctionnement normal, la décision d'immobilisation prescrit de faire procéder aux réparations et mises en conformité nécessaires par le constructeur du véhicule ou son représentant autorisé.

Un arrêté du ministre chargé des transports fixe les conditions d'application de ces dispositions.

III. – Lorsque l'immobilisation est prescrite en application des I et II, une fiche de circulation provisoire, dont la durée de validité ne peut excéder sept jours, est établie par les autorités selon la procédure mentionnée à l'article R. 325-9. Les pièces administratives nécessaires à la circulation du véhicule sont restituées au vu de documents attestant la mise en conformité ou, le cas échéant, l'installation du dispositif requis.

Art. R. 325-8 *(Mod., D. n° 2010-1390, 12 nov. 2010)*. – Lorsqu'un véhicule lui paraît en état de surcharge, le fonctionnaire ou agent habilité à prononcer l'immobilisation peut prescrire au conducteur de présenter son véhicule à une bascule proche autorisée pour un usage légal, en vue de sa pesée et, le cas échéant, de son immobilisation.

Lorsqu'un véhicule paraît exagérément bruyant, le fonctionnaire ou agent peut prescrire de le présenter à un service de contrôle du niveau sonore en vue de sa vérification.

Lorsqu'un véhicule paraît ne pas satisfaire aux prescriptions de l'article R. 318-1 et à celles prises pour son application, le fonctionnaire ou agent peut prescrire de le présenter à un service de contrôle.

Lorsqu'un cyclomoteur paraît avoir été équipé d'un dispositif ayant pour effet de permettre de dépasser les limites réglementaires fixées à l'article R. 311-1 en matière de vitesse, de cylindrée ou de puissance maximale du moteur ou avoir fait l'objet d'une transformation à cette fin, l'agent peut prescrire de le présenter à un service de contrôle en vue de vérifier la conformité du véhicule aux dispositions de l'article R. 311-1. Un arrêté du ministre chargé des transports fixe les conditions d'application de ces dispositions.

Dans les cas prévus aux trois précédents alinéas, le conducteur peut être autorisé par le fonctionnaire ou agent verbalisateur à conduire le véhicule dans un établissement de son choix pour y faire procéder aux réparations nécessaires ; en pareil cas, une fiche de circulation provisoire est établie conformément aux prescriptions du II de l'article R. 325-9 et à celles de l'article R. 325-36.

En cas d'infraction, les frais de ces opérations sont à la charge du propriétaire du véhicule.

Le fait pour tout conducteur ou propriétaire d'un véhicule de transport de marchandises d'un poids total autorisé en charge excédant 3,5 tonnes ou un véhicule de transport en commun de contrevenir aux injonctions prévues au présent article est puni de l'amende prévue pour les contraventions de la cinquième classe.

Le fait pour tout conducteur ou propriétaire d'un autre véhicule de contrevenir aux injonctions prévues au présent article est puni de l'amende prévue pour les contraventions de la quatrième classe.

Art. R. 325-9 *(Mod., D. n° 2009-136, 9 févr. 2009 ; A. 23 mars 2009)*. – I. – Lorsque l'infraction qui a motivé l'immobilisation n'a pas cessé au moment où l'agent quitte le lieu où le véhicule est immobilisé, l'agent saisit l'officier de police judiciaire ou l'agent de police judiciaire adjoint, chef de la police municipale ou occupant ces fonctions, territorialement compétent en lui remettant soit le certificat d'immatriculation du véhicule s'il s'agit d'un véhicule dont le poids total autorisé en charge n'excède pas 3,5 tonnes et une fiche d'immobilisation, soit les pièces administratives nécessaires à la circulation du véhicule s'il s'agit d'un véhicule de transport de marchandises d'un poids total autorisé en charge excédant 3,5 tonnes ou de transport en commun et la fiche d'immobilisation. Un double de cette fiche est remis au contrevenant.

II. – La fiche d'immobilisation énonce les date, heure et lieu de l'immobilisation, l'infraction qui l'a motivée, les éléments d'identification du véhicule et du certificat d'immatriculation, les nom et adresse du contrevenant, les noms, qualités et affectations des agents qui la rédigent et précise la résidence de l'officier de police judiciaire ou l'agent de police judiciaire adjoint, chef de la police municipale ou occupant ces fonctions, qualifié pour lever la mesure.

Lorsqu'il s'agit d'un cyclomoteur à deux roues, seule la fiche d'immobilisation est remise par l'agent à l'officier de police judiciaire territorialement compétent.

III. – Par dérogation aux dispositions du I ci-dessus, si la mesure a été motivée par le franchissement d'une barrière de dégel, l'autorité saisie est l'ingénieur des ponts et chaussées ou, s'il s'agit d'une voie communale, le maire.

Art. R. 325-10. – Le procès-verbal de l'infraction qui a motivé l'immobilisation d'un véhicule est transmis dans les plus brefs délais au procureur de la République et au préfet. Il relate de façon sommaire les circonstances et les conditions dans lesquelles la mesure a été prise.

Art. R. 325-11 *(Mod., D. n° 2009-136, 9 févr. 2009 ; A. 23 mars 2009)*. – I. – L'immobilisation ne peut être maintenue après que la circonstance qui l'a motivée a cessé.

II. – Elle est levée :

1° Par l'agent qui l'a prescrite s'il est encore présent lors de la cessation de l'infraction ;

2° Par l'officier de police judiciaire ou l'agent de police judiciaire adjoint, chef de la police municipale ou occupant ces fonctions, saisi dans les conditions prévues à l'article R. 325-9, dès que le conducteur ou l'accompagnateur de l'élève conducteur justifie de la cessation de l'infraction. L'officier de police judiciaire restitue alors le certificat d'immatriculation au conducteur ou à l'accompagnateur de l'élève conducteur et transmet aux autorités destinataires du procès-verbal mentionné à l'article R. 325-10 un exemplaire de la fiche d'immobilisation ou une copie conforme de cette fiche, comportant la mention de la levée de la mesure. Lorsque le conducteur ou l'accompagnateur de l'élève conducteur n'a pas justifié de la cessation de l'infraction dans un délai de quarante-huit heures, l'officier de police judiciaire ou l'agent de police judiciaire adjoint, chef de la police municipale ou occupant ces fonctions, peut transformer l'immobilisation en une mise en fourrière ; il joint alors à chacun des exemplaires de la procédure de mise en fourrière qu'il adresse aux autorités mentionnées à l'article R. 325-10 un exemplaire ou une copie conforme de la fiche d'immobilisation ;

3° Par la décision de l'ingénieur des ponts et chaussées ou du maire supprimant les barrières de dégel, lorsque la mesure a été motivée par leur franchissement. L'ingénieur des ponts et chaussées ou le maire peut, avant la suppression des barrières de dégel, autoriser l'enlèvement du véhicule dans des conditions qu'il détermine. Il délivre alors au contrevenant une autorisation écrite valant justification à l'égard des services de police.

III. – Dans tous les cas, dès la cessation de l'infraction qui a motivé l'immobilisation, le véhicule peut circuler entre le lieu d'immobilisation et la résidence de l'autorité désignée pour lever la mesure, sous couvert du double de la fiche d'immobilisation remise au conducteur.

Section III. – Fourrière

Sous-section 1. – Dispositions générales

Art. R. 325-12. – I. – La mise en fourrière est le transfert d'un véhicule en un lieu désigné par l'autorité administrative ou judiciaire en vue d'y être retenu jusqu'à décision de celle-ci, aux frais du propriétaire de ce véhicule.

II. – L'immobilisation matérielle visée à l'article R. 325-2 peut constituer l'une des opérations préalables au commencement d'exécution de la mise en fourrière.

III. – La mise en fourrière est réputée avoir reçu un commencement d'exécution :

1° À partir du moment où deux roues au moins du véhicule ont quitté le sol, lorsque le transfert du véhicule vers la fourrière est réalisé au moyen d'un véhicule d'enlèvement ;

2° À partir du commencement du déplacement du véhicule vers la fourrière, quel que soit le procédé utilisé à cet effet.

Art. R. 325-13. – Toute prescription de mise en fourrière est précédée d'une vérification tendant à déterminer s'il s'agit d'un véhicule volé.

Lorsque le résultat de cette vérification est positif, le propriétaire et son assureur sont immédiatement informés de la découverte du véhicule. Le véhicule est alors confié au gardien de fourrière à titre conservatoire en attendant que le propriétaire ou l'assureur se manifeste.

Art. R. 325-14 *(D. n° 2005-1148, 6 sept. 2005)*. – I. – Dans les cas prévus au présent code ou à la suite d'une immobilisation du véhicule, la mise en fourrière est prescrite dans les conditions prévues à l'article R. 325-9 et au 2° de l'article R. 325-11 :

– soit par un officier de police judiciaire territorialement compétent, de la police nationale ou de la gendarmerie nationale ;

– soit par un agent de police judiciaire adjoint, chef de la police municipale ou occupant ces fonctions, territorialement compétent, de sa propre initiative ou sur proposition de l'agent qui a verbalisé à la suite d'une infraction justificative de mise en fourrière.

II. – Lorsque le véhicule a été volé, que son propriétaire n'a pu être identifié ou lorsqu'il est muni de fausses plaques d'immatriculation, sa mise en fourrière ne peut être prescrite que par un officier de police judiciaire de la police nationale ou de la gendarmerie nationale territorialement compétent, ou avec son accord préalable exprès.

Art. R. 325-15. – En cas d'infraction aux règlements édictés pour la sauvegarde de l'esthétique des sites et des paysages classés, la mise en fourrière peut être également présente par le maire ou, à Paris, par le préfet de police.

Un officier de police judiciaire ou l'agent de police judiciaire adjoint, chef de la police municipale ou occupant ces fonctions, territorialement compétent peut être chargé d'exécuter, ou de faire exécuter, la mesure prévue à l'alinéa précédent.

Les dispositions du II de l'article R. 325-16 sont appliquées.

Art. R. 325-16. – *(Mod., D. n° 2005-1148, 6 sept. 2005 ; D. n° 2010-773, 8 juill. 2010)*. – L'officier de police judiciaire ou l'agent de police judiciaire adjoint, chef de la police municipale ou occupant ces fonctions, territorialement compétent, ou l'agent placé sous leur autorité :

1° Désigne la fourrière dans laquelle sera transféré le véhicule, cette désignation étant matérialisée par la pose d'un signe distinctif sur celui-ci ;

2° Dresse, si possible contradictoirement en présence du propriétaire ou du conducteur du véhicule et du préposé à l'enlèvement, un état sommaire, extérieur et intérieur, du véhicule, sans l'ouvrir, au moyen d'une fiche descriptive dont le modèle est fixé par arrêté du ministre de l'Intérieur, avant que la mise en fourrière reçoive un commencement d'exécution ;

3° Remet à ce propriétaire ou ce conducteur, s'il est présent, un double de la fiche relative à l'état du véhicule et, le cas échéant, la fiche de circulation provisoire prévue à l'article R. 325-6 ;

4° Relate sur le procès-verbal de constatation ou le rapport les motifs de la mise en fourrière ; il y fait mention du retrait provisoire du certificat d'immatriculation et de l'heure d'appel du véhicule d'enlèvement.

Art. R. 325-17. – Lorsque la mise en fourrière a reçu un commencement d'exécution, le véhicule est restitué à son propriétaire ou son conducteur dans les conditions prévues à l'article R. 325-38.

Toutefois, si le propriétaire ou le conducteur du véhicule règle les frais d'opérations préalables prévus à l'article R. 325-29 ou s'il s'engage par écrit à les régler, et s'il s'engage à rendre immédiatement son usage normal à la voie publique, il peut être autorisé à reprendre aussitôt son véhicule.

Art. R. 325-18 *(D. n° 2005-1148, 6 sept. 2005)*. – L'auteur d'une prescription de mise en fourrière informe l'autorité dont relève la fourrière dans les plus brefs délais.

Art. R. 325-19. – Chaque fourrière relève d'une autorité publique unique.

Cette autorité publique est l'une de celles qui sont prévues aux articles R. 325-20 et R. 325-21.

Cette autorité publique désigne le gardien de la fourrière sur la liste des gardiens de fourrière agréés par le préfet conformément aux dispositions de l'article R. 325-24.

Art. R. 325-20. – Si la mise en fourrière est effectuée dans un lieu public ou relevant d'une autorité publique, la fourrière relève de l'autorité respectivement du préfet, du président du conseil général, du président du conseil exécutif de Corse, du président de l'organisme de coopération intercommunale ou du maire, selon que l'État, le département, la collectivité territoriale de Corse, l'organisme de coopération intercommunale ou la commune est propriétaire, ou dispose de l'immeuble où se trouve la fourrière.

Art. R. 325-21 *(D. n° 2005-1148, 6 sept. 2005)*. – À défaut d'institution d'un service public local de fourrière pour véhicules par l'une des autorités précitées, ou en cas de refus de leur part d'enlever, faire enlever, garder ou faire garder un véhicule faisant l'objet d'une prescription de mise en fourrière, l'État est substitué à ces autorités.

L'auteur de la prescription de la mise en fourrière signale au préfet du département le refus opposé à l'enlèvement ou à la garde du véhicule.

La fourrière peut être située dans un lieu privé avec l'assentiment du propriétaire ou du locataire de cet immeuble s'il accepte d'assurer la garde de cette fourrière.

Art. R. 325-22 *(Mod., D. n° 2012-3, 3 janv. 2012)*. – I. – Lorsque le propriétaire du véhicule faisant l'objet de la mise en fourrière est domicilié ou réside dans le ressort de l'officier de police judiciaire ou de l'agent de police judiciaire adjoint, chef de la police municipale ou occupant ces fonctions qui prescrit cette mesure, celui-ci peut faire garder le véhicule par son propriétaire, à condition que le certificat d'immatriculation soit immédiatement retiré. Ce document reçoit la destination prévue à l'article R. 325-34.

II. – Dans cette hypothèse, l'autorité dont relève la fourrière est :

1° Soit le maire, lorsque la mise en fourrière a été décidée par lui ou par un de ses adjoints agissant en qualité d'officier de police judiciaire ou par l'agent de police judiciaire adjoint, chef de la police municipale ou occupant ces fonctions ;

2° Soit le préfet, dans les autres cas.

III. – Les dispositions du présent article sont applicables à la mise en fourrière prévue à l'article L. 325-1-2 lorsque le propriétaire du véhicule réside dans le département du représentant de l'État qui a prescrit cette mesure.

Art. R. 325-23. – Le véhicule est placé sous la garde juridique du gardien de la fourrière jusqu'à la date d'effet de la mainlevée, sauf au cours de la sortie provisoire prévue à l'article R. 325-36.

Art. R. 325-24 *(Mod., D. n° 2005-1148, 6 sept. 2005)*. – Le préfet agrée les gardiens de fourrière et les installations de celle-ci, après consultation de la commission départementale de sécurité routière. Il peut, dans les mêmes conditions, procéder au retrait de l'agrément. La décision de retrait n'intervient qu'après que la personne intéressée a été mise à même de présenter des observations écrites et, le cas échéant, sur sa demande, des observations orales.

Nul ne peut être agrée comme gardien de fourrière s'il exerce également une activité de destruction ou de retraitement de véhicules usagés.

La fourrière doit être clôturée. Ses installations doivent notamment satisfaire aux dispositions législatives et réglementaires relatives à la protection de l'environnement.

Les dispositions qui précèdent ne sont pas applicables ni à la personne occasionnellement requise comme gardien de fourrière ni au propriétaire qui garde son véhicule dans les conditions prévues à l'article R. 325-22.

Le préfet établit un rapport annuel sur les activités et le fonctionnement des fourrières de son département.

Art. R. 325-25 *(Mod., D. n° 2014-551, 27 mai 2014)*. – Le gardien de fourrière enregistre, au fur et à mesure de leurs arrivées, les entrées des véhicules mis en fourrière, leurs sorties provisoires et définitives, les décisions de mainlevée de la mise en fourrière et, le cas échéant, les décisions de remise à l'administration chargée des domaines ou à une entreprise de destruction.

Art. R. 325-26 *(D. n° 2005-1148, 6 sept. 2005)*. – Les circonstances et les conditions dans lesquelles la mesure de mise en fourrière a été prise sont relatées :

– soit dans un procès-verbal de mise en fourrière, consécutivement à la commission d'une infraction. Ce procès-verbal est transmis au procureur de la République et au préfet ;

– soit dans un rapport de mise en fourrière, dans les autres cas. Ce rapport est transmis au préfet.

Une copie de ce document est transmise sans délai à l'autorité ayant compétence pour prononcer la mainlevée.

En cas d'absence du propriétaire ou du conducteur au moment de l'enlèvement du véhicule en fourrière, un double de la fiche descriptive remplie par l'agent de constatation est adressé sans délai au responsable de la notification de mise en fourrière.

Un autre double de cette fiche descriptive est remis au gardien de fourrière.

Art. R. 325-27 *(D. n° 2005-1148, 6 sept. 2005 ; mod., D. n° 2012-3, 3 janv. 2012)*. – Les intéressés peuvent contester la décision de mise en fourrière :

– auprès du procureur de la République du lieu de l'enlèvement du véhicule, lorsque la procédure est consécutive à la commission d'une infraction, à l'exclusion des cas où elle est mise en œuvre par le préfet, dans le cadre des dispositions prévues à l'article L. 325-1-2 ;

– auprès du préfet du lieu de l'enlèvement du véhicule, dans les autres cas.

Dans le délai de cinq jours ouvrables, l'autorité compétente confirme la mesure ou, si elle estime la décision infondée, en ordonne la mainlevée. Elle en informe sans délai l'auteur de la prescription.

Art. R. 325-28 *(D. n° 2005-1148, 6 sept. 2005)*. – Peuvent procéder au transfert d'un véhicule du lieu de son stationnement à celui de sa garde en fourrière :

1° Les personnels habilités mentionnés aux premier et deuxième alinéas de l'article L. 325-2 ;

2° Le professionnel agréé, ou son préposé, désigné pour l'enlèvement du véhicule dont la mise en fourrière a été prescrite ;

3° Un tiers en vertu d'une réquisition ;

4° Le propriétaire ou le conducteur du véhicule en vertu d'une réquisition.

Art. R. 325-29 *(Mod., D. n° 2005-1148, 6 sept. 2005 ; D. n° 2014-551, 27 mai 2014)*. – I. – Le propriétaire du véhicule est tenu de rembourser :

1° Lorsque la prescription de mise en fourrière a reçu le commencement d'exécution défini à l'article R. 325-12, les frais d'enlèvement ainsi que, le cas échéant, les frais de garde en fourrière, d'expertise sous réserve de l'application du IV de l'article R. 325-30 et de l'alinéa 3 de l'article R. 325-35, et de vente ou de destruction du véhicule ;

2° Lorsque la prescription de mise en fourrière n'a pas reçu de commencement d'exécution, les frais afférents aux opérations préalables à la mise en fourrière, à condition que le véhicule d'enlèvement se soit rendu sur les lieux.

II. – Le propriétaire du véhicule rembourse les frais précités au gardien de la fourrière sur présentation d'une facture détaillée.

III. – Ces remboursements constituent des recettes budgétaires dans le cas de fourrières publiques.

IV. – Les taux maximaux des frais d'opérations préalables à la mise en fourrière, des frais d'enlèvement, de garde en fourrière, d'expertise et de destruction des véhicules sont fixés par arrêté conjoint du ministre de l'Intérieur et du ministre chargé de l'économie et des finances, compte tenu des catégories de véhicules.

V. - Les frais de vente par l'administration chargée des domaines sont fixés conformément aux dispositions de l'article A. 114 du Code du domaine de l'État.

VI. – Les professionnels auxquels l'autorité dont relève la fourrière fait appel dans le cadre de la mise en fourrière sont rémunérés par cette autorité.

À défaut de stipulations contractuelles, cette autorité indemnise les frais énumérés au IV dans les cas suivants :

1° Le propriétaire du véhicule mis en fourrière s'avère inconnu, introuvable ou insolvable ;

2° La procédure ou la prescription de mise en fourrière est annulée.

Art. R. 325-30. – I. – L'autorité dont relève la fourrière classe le véhicule dans l'une des trois catégories suivantes :

1° Véhicule pouvant être restitué en l'état à son propriétaire ou son conducteur ;

2° Véhicule ne pouvant être restitué à son propriétaire ou son conducteur qu'après l'exécution des travaux reconnus indispensables, ou après avoir satisfait aux obligations de contrôles techniques ;

3° Véhicule hors d'état de circuler dans des conditions normales de sécurité et dont la valeur marchande est inférieure à un montant fixé par arrêté du ministre de l'Intérieur et du ministre chargé de l'économie et des finances, devant être livré à la destruction à l'expiration du délai d'abandon prévu au quatrième alinéa de l'article L. 325-7.

II. – Le classement dans les deuxième et troisième catégories prévues au I ci-dessus est décidé après avis d'un expert en automobile au sens de l'article L. 326-3, désigné par l'Administration parmi ceux figurant sur la liste nationale.

III. – L'expert se prononce sur la capacité du véhicule à circuler dans des conditions normales de sécurité. Si le véhicule ne remplit pas ces conditions, l'expert définit les réparations indispensables propres à lui redonner cette capacité et fournit une évaluation de la valeur marchande du véhicule.

IV. – Les véhicules réclamés par leurs propriétaires ou leurs conducteurs dans le délai de trois jours suivant la mise en fourrière peuvent être restitués sans avoir été expertisés ni classés.

Art. R. 325-31 *(Mod., D. n° 2009-136, 9 févr. 2009 ; A. 23 mars 2009)*. – La mise en fourrière est notifiée par l'auteur de la mesure à l'adresse relevée, soit sur le traitement automatisé mis en œuvre pour l'immatriculation des véhicules, soit sur le procès-verbal d'infraction ou le rapport de mise en fourrière.

Lorsque le véhicule n'est pas identifiable, il n'est pas procédé à cette formalité. Mention en est faite dans le procès-verbal ou dans le rapport de mise en fourrière.

Art. R. 325-32 *(Mod., D. n° 2012-3, 3 janv. 2012 ; D. n° 2014-551, 27 mai 2014 ; D. n° 2016-1289, 30 sept. 2016)*. – La mise en fourrière est notifiée par l'auteur de la mesure à l'adresse relevée, soit sur le traitement automatisé mis en œuvre pour l'immatriculation des véhicules, soit sur le procès-verbal d'infraction ou le rapport de mise en fourrière.

Lorsque le véhicule n'est pas identifiable, il n'est pas procédé à cette formalité. Mention en est faite dans le procès-verbal ou dans le rapport de mise en fourrière.

I. – Cette notification s'effectue par lettre recommandée avec demande d'accusé de réception, dans le délai maximal de cinq jours ouvrables suivant la mise en fourrière du véhicule.

Il y est joint un double de la fiche descriptive de l'état du véhicule mis en fourrière en cas d'absence du propriétaire ou du conducteur au moment de l'enlèvement pour mise en fourrière.

II. – Cette notification comporte les mentions obligatoires suivantes :

1° Indication de l'auteur de la prescription, du motif de la prescription, de la fourrière désignée et de l'autorité dont relève cette fourrière ;

2° Décision de classement prise en application de l'article R. 325-30 et indication de la faculté de faire procéder à une contre-expertise conformément aux articles R. 325-35 et R. 325-36 ;

3° Autorité qualifiée pour donner mainlevée de la mise en fourrière ;

3° *bis* Présentation par le propriétaire ou le conducteur, afin d'obtenir la décision de mainlevée, de l'attestation d'assurance prévue à l'article R. 211-14 du Code des assurances couvrant le véhicule et du permis de conduire en cours de validité correspondant à la catégorie du véhicule concerné ;

4° Injonction au propriétaire du véhicule, s'il est soumis à immatriculation, de remettre immédiatement, sous peine d'encourir l'amende prévue pour les contraventions de la quatrième classe, le certificat d'immatriculation à l'autorité qualifiée pour donner mainlevée de la mise en fourrière ;

5° Mise en demeure au propriétaire de retirer son véhicule avant l'expiration d'un délai :

a) De dix jours pour un véhicule qu'un expert aura estimé d'une valeur marchande inférieure à un montant fixé par arrêté interministériel et déclaré hors d'état de circuler dans des conditions normales de sécurité ;

b) De trente jours dans les autres cas,

ces délais commençant à courir un jour franc après la date de notification ;

6° Avertissement au propriétaire que son absence de réponse dans les délais impartis vaudra abandon de son véhicule et que ledit véhicule sera, dans les conditions prévues par décret, soit remis à l'administration chargée des domaines en vue de son aliénation, soit livré à la destruction ;

7° Nature et montant des frais qu'il sera tenu de rembourser ;

8° Énoncé des voies de recours.

III. – Si le traitement automatisé mis en œuvre pour l'immatriculation des véhicule révèle l'inscription d'un gage, copie de la notification de mise en fourrière est adressée par l'auteur de la prescription de mise en fourrière au créancier-gagiste, par lettre recommandée avec demande d'accusé de réception, qui fait référence au décret n° 72-823 du 6 septembre 1972 (art. 5, 6 et 7) fixant les conditions de remise à l'administration chargée des domaines des véhicules non retirés de fourrière par leurs propriétaires.

Art. R. 325-33. – Le fait, pour le propriétaire d'un véhicule, de ne pas restituer le certificat d'immatriculation immédiatement après la notification qui lui a été faite en application de l'article R. 325-32 (II, 4°) est puni de l'amende prévue pour les contraventions de la quatrième classe.

Art. R. 325-34. – Toute personne se trouvant destinataire du certificat d'immatriculation d'un véhicule mis en fourrière est tenue de le transmettre sans délai à l'autorité ayant compétence pour prononcer la mainlevée.

L'autorité ayant compétence pour prononcer la mainlevée informe sans délai le préfet du département ou, à Paris, le préfet de police, de la réception du certificat d'immatriculation.

Art. R. 325-35. – En cas de désaccord sur l'état du véhicule ou sur la décision de classement visée à l'article R. 325-30, le propriétaire a la faculté de faire procéder à une contre-expertise.

La contre-expertise est faite par un expert choisi sur la liste visée à l'article R. 325-30.

Dans le cas où la contre-expertise confirme l'expertise initiale, les frais d'expertise et de contre-expertise sont à la charge du propriétaire. Dans le cas contraire, ces frais incombent à l'autorité dont relève la fourrière.

Art. R. 325-36 *(Mod., D. n° 2010-773, 8 juill. 2010)*. – L'autorité dont relève la fourrière ne peut s'opposer à la demande d'autorisation provisoire de sortie de fourrière présentée par le propriétaire du véhicule en vue exclusivement de faire procéder aux travaux reconnus indispensables par l'expert. Il en est de même lorsque le propriétaire du véhicule fait procéder à une contre-expertise, aux réparations remettant le véhicule en état de circuler dans des conditions normales de sécurité ainsi qu'au contrôle technique du véhicule dans un centre agréé.

Cette autorisation provisoire de sortie de fourrière, dont le modèle est fixé par arrêté du ministre de l'Intérieur, qui tient lieu de pièce de circulation et qui est limitée au temps des parcours nécessaires et des opérations précitées, peut prescrire un itinéraire et des conditions de sécurité.

Le réparateur doit remettre au propriétaire du véhicule une facture détaillée certifiant l'exécution des travaux prescrits en application du 2° du I de l'article R. 325-30.

Art. R. 325-37. – L'autorité dont relève la fourrière informe l'autorité qualifiée pour prononcer la mainlevée de la délivrance de l'autorisation provisoire de sortie de fourrière et de la durée de sa validité.

En ce qui concerne les véhicules volés retrouvés en fourrière, l'autorité dont relève la fourrière est tenue d'informer au préalable les services de police ou de gendarmerie compétents de son intention de délivrer une autorisation provisoire de sortie de fourrière.

Art. R. 325-38 *(D. n° 2016-1289, 30 sept. 2016)*. – I. – Chaque prescription de mise en fourrière prend fin par une décision de mainlevée.

II. – Cette décision émane de l'autorité qui a prescrit la mise en fourrière ou de l'officier de police judiciaire chargé d'exécuter cette mesure.

II *bis*. – La décision de mainlevée ne peut être prononcée qu'après la présentation par le propriétaire ou le conducteur de l'attestation d'assurance prévue par l'article R. 211-14 du Code des assurances couvrant le véhicule et du permis de conduire en cours de validité correspondant à la catégorie du véhicule concerné.

Lorsque le propriétaire décide de faire appel à un professionnel qualifié pour la prise en remorque de son véhicule vers un lieu de son choix, la décision de mainlevée est prononcée après la présentation de la seule attestation d'assurance. Cette décision mentionne que l'enlèvement est effectué par un professionnel qualifié.

III. – Lorsque l'autorité qualifiée pour prononcer la mainlevée est saisie en ce sens par le procureur de la République ou le préfet, comme il est prévu à l'article R. 325-27, elle est tenue de donner immédiatement mainlevée, sous réserve des dispositions du II *bis*.

IV. – Sous réserve des dispositions du II *bis*, l'autorité qualifiée pour prononcer la mainlevée est tenue de le faire, de restituer le certificat d'immatriculation du véhicule s'il a été retiré et de délivrer une autorisation définitive de sortie de fourrière :

1° Sur demande du propriétaire ou du conducteur si elle concerne un véhicule classé dans la première catégorie visée à l'article R. 325-30 ;

2° S'il s'agit d'un véhicule classé dans la deuxième ou la troisième catégorie, sur demande du propriétaire ou du conducteur, accompagnée selon le cas :

a) De la facture détaillée du réparateur certifiant l'exécution des travaux reconnus indispensables par l'expert ;

b) Ou du récépissé délivré par un centre de contrôle technique agréé, postérieur à la date de mise en fourrière.

V. – Les dispositions du IV ci-dessus ne s'appliquent pas aux véhicules volés retrouvés en fourrière ainsi qu'aux véhicules dont le propriétaire et l'assureur demeurent inconnus ou introuvables malgré les recherches effectuées, pour lesquels la mainlevée ne peut être prononcée qu'après accord préalable exprès des services de police ou de gendarmerie compétents.

Art. R. 325-39 *(D. n° 2016-1289, 30 sept. 2016)*. – L'autorité qualifiée qui a prononcé la mainlevée ou qui a refusé de la prononcer pour défaut de présentation des documents mentionnés au II *bis* de l'article R. 325-38 en informe sans délai le préfet du département ou, à Paris, le préfet de police, en précisant la date d'effet de cette mesure.

Art. R. 325-40 *(D. n° 2016-1289, 30 sept. 2016)*. – La mainlevée prend effet au jour de la délivrance de l'autorisation définitive de sortie du véhicule dans les cas prévus au IV de l'article R. 325-38. L'autorisation définitive de sortie du véhicule mentionne la décision de procéder à l'enlèvement du véhicule par un professionnel qualifié dans le cas prévu au deuxième alinéa du II *bis* de l'article R. 325-38.

La mainlevée prend effet à compter de la remise du véhicule à l'administration chargée des domaines s'il est destiné à être aliéné, ou de sa remise à l'entreprise spécialisée s'il est destiné à être détruit.

Art. R. 325-41 *(D. n° 2016-1289, 30 sept. 2016)*. – Le gardien de la fourrière restitue le véhicule à son propriétaire ou à son conducteur dès que ce dernier produit l'autorisation définitive de sortie de fourrière et s'est acquitté des frais de mise en fourrière, d'enlèvement, de garde et d'expertise, dans le cas où ces derniers sont à la charge du propriétaire. Ces frais sont arrêtés à la date de reprise du véhicule.

Dans le cas prévu au deuxième alinéa du II *bis* de l'article R. 325-38, le véhicule n'est restitué qu'après présentation d'un document justifiant l'intervention du professionnel qualifié figurant sur l'autorisation définitive de sortie du véhicule.

Art. R. 325-42 *(Mod., D. n° 2014-551, 27 mai 2014)*. – Aucun véhicule mis en fourrière ne peut être remis à l'administration chargée des domaines en vue de son aliénation ou à une entreprise de démolition en vue de sa destruction sans que la mainlevée de cette mesure ait été préalablement prononcée à l'une ou l'autre de ces fins.

Art. R. 325-43 *(Mod., D. n° 2012-3, 3 janv. 2012 ; D. n° 2014-551, 27 mai 2014)*. – En application des dispositions des articles L. 325-7 et L. 325-8 relatives aux véhicules abandonnés, l'autorité dont relève la fourrière décide de la remise du véhicule à l'administration chargée des domaines en vue de son aliénation ; elle décide également de la destruction des véhicules mentionnés au quatrième alinéa de l'article L. 325-7 ainsi que des véhicules qui ont été remis à l'administration chargée des domaines pour aliénation et qui n'ont pas trouvé preneur.

L'autorité dont relève la fourrière informe de ces décisions l'autorité qualifiée pour prononcer la mainlevée, détentrice du certificat d'immatriculation, ainsi que le préfet du département ou, à Paris, le préfet de police.

Dans ce cas, en se référant aux décisions susvisées, l'autorité qualifiée précitée envoie le certificat d'immatriculation, dûment barré, au préfet du département ou, à Paris, au préfet de police aux fins d'annulation de ce document. Si l'envoi du certificat d'immatriculation est impossible, elle en précise le motif.

Art. R. 325-44 *(Mod., D. n° 2003-727, 1er août 2003 ; D. n° 2014-551, 27 mai 2014)*. – L'administration chargée des domaines informe le préfet du département ou, à Paris, le préfet de police de l'aliénation du véhicule ou de la nécessité de le détruire s'il n'a pas trouvé preneur. La destruction d'un véhicule ne peut être réalisée que dans des installations classées pour la protection de l'environnement.

S'il s'agit d'un véhicule hors d'usage au sens de l'article 1er du décret n° 2003-727 du 1er août 2003 relatif à la construction des véhicules et à l'élimination des véhicules hors d'usage, la destruction doit être opérée par un démolisseur, ou un broyeur, agréé.

Art. R. 325-45 *(Mod., D. n° 2003-727, 1er août 2003 ; D. n° 2012-3, 3 janv. 2012)*. – I. – Le responsable de l'entreprise chargée de la destruction d'un véhicule prend en charge celui-ci en remettant au gardien de la fourrière un bon d'enlèvement délivré par l'autorité dont relève la fourrière. Il rend compte de la destruction dudit véhicule à l'autorité dont relève la fourrière, à l'autorité qui a prononcé la mainlevée de mise en fourrière, ainsi qu'au préfet du département ou, à Paris, au préfet de police.

II. – Les autorités dont relèvent les fourrières, définies aux articles R. 325-20 et R. 325-21, peuvent passer contrat avec des entreprises appelées à effectuer la destruction des véhicules.

III. – Ce contrat doit comporter obligatoirement les clauses suivantes :

1° Obligations de l'entreprise contractante :

« L'entreprise s'engage sur le territoire de (...) :

a) À retirer et détruire les véhicules mis en fourrière et désignés par l'autorité dont relève cette fourrière ;

b) À retirer de fourrière les véhicules ainsi désignés dans le délai maximal de quinze jours à compter de la demande de retrait ;

c) À adresser au service de police ou de gendarmerie, dès la destruction complète du véhicule et dans le délai maximal de trois mois à compter de la date de la demande, le certificat d'immatriculation revêtu de la mention « Détruit » (suivie du cachet de l'entreprise et de la signature de son représentant) ou, si elle n'a pu entrer en possession de ce titre, une attestation certifiant cette impossibilité » ;

2° Obligations de l'autorité cocontractante dont relève la fourrière :

« L'autorité publique s'engage :

a) À désigner et réserver à la seule entreprise contractante toutes opérations d'enlèvement ou de destruction de véhicules auxquelles elle entendra faire procéder dans les conditions prévues par les articles L. 325-1 et suivants à moins que le propriétaire du véhicule n'ait demandé à le faire retirer de la fourrière par un réparateur de son choix, conformément aux dispositions de l'article L. 325-6 ;

b) et *c)* *(Abr., D. n° 2003-727, 1er août 2003)*.

3° Droits de l'entreprise contractante :

« En contrepartie de ses obligations, l'entreprise a le droit :

a) De réclamer aux propriétaires des véhicules mis, sur la demande de l'autorité publique, sur son chantier le paiement, conformément au tarif approuvé par l'autorité publique, des frais de transfert et de garde à la condition que son chantier soit clôturé ou soit gardé jour et nuit. Toutefois, s'agissant des véhicules hors d'usage au sens de l'article 1er du décret n° 2003-727 du 1er août 2003 relatif à la construction des véhicules et à l'élimination des véhicules hors d'usage, et sous réserve des dispositions de l'article 5 de ce décret, seuls les frais de transfert peuvent éventuellement donner lieu à facturation ;

b) En cas de démolition du véhicule, de récupérer tout accessoire et toute pièce détachée en vue de sa revente après, en cas de besoin, remise en état ;

c) Après démolition et si l'entreprise effectue elle-même la destruction complète du véhicule, de disposer librement des matières ayant une valeur marchande (fer, cuivre, etc.). »

Art. R. 325-46. – Les dispositions concernant la mise en fourrière ne sont pas applicables aux véhicules militaires.

Sous-section II. – Véhicules laissés sans droit dans des lieux non ouverts à la circulation publique

Art. R. 325-47. – Le maître de lieux publics ou privés où ne s'applique pas le Code de la route qui veut faire procéder à l'enlèvement d'un véhicule laissé sans droit dans ces lieux en adresse la demande à l'officier de police judiciaire territorialement compétent.

Art. R. 325-48. – Lorsque le maître des lieux connaît l'identité et l'adresse du propriétaire du véhicule, il joint à sa requête la justification qu'il l'a mis en demeure, avec demande d'avis de réception, d'avoir à retirer son véhicule dans un délai de huit jours à compter de la date de réception.

L'officier de police judiciaire vérifie, avant de prescrire la mise en fourrière, l'identité du propriétaire du véhicule.

Art. R. 325-49 *(D. n° 2005-1148, 6 sept. 2005).* – Lorsque le maître des lieux ignore l'identité et l'adresse du propriétaire du véhicule, il joint à sa requête une demande d'identification. Si les recherches menées par l'officier de police judiciaire, de la police nationale ou de la gendarmerie nationale, territorialement compétent, permettent d'obtenir ces renseignements, l'officier de police judiciaire procède à l'expédition de la mise en demeure prévue à l'article R. 325-48. Les frais d'expédition sont à la charge du requérant.

Art. R. 325-50. – Dans tous les cas où le propriétaire a pu être identifié, l'officier de police judiciaire, après avoir prescrit la mise en fourrière, lui notifie cette mesure dans les conditions prévues à l'article R. 325-32.

Art. R. 325-51. – Lorsque le propriétaire n'a pu être identifié, l'officier de police judiciaire prescrit la mise en fourrière après avoir vérifié que le véhicule n'a pas été signalé comme ayant été volé.

Art. R. 325-52. – En ce qui concerne les véhicules abandonnés dans les forêts soumises au régime forestier, les ingénieurs et agents assermentés de l'office national des forêts peuvent demander, concurremment avec le maître des lieux ou en son nom, la mise en fourrière de ces véhicules, conformément à la procédure prévue aux articles R. 325-47 à R. 325-51.

CHAPITRE VI. – ORGANISATION DE LA PROFESSION D'EXPERT EN AUTOMOBILE

(Anc. chap. VII, dénum. et rempl., D. n° 2006-1808, 23 déc. 2006)

Section I. – Règles générales

Art. R. 326-1 *(D. n° 2006-1808, 23 déc. 2006).* – L'expert en automobile doit indiquer à la personne qui envisage de faire appel à lui le prix de sa prestation.

L'expert ne peut se substituer au propriétaire du véhicule que s'il en a reçu mandat écrit.

Art. R. 326-2 *(D. n° 2006-1808, 23 déc. 2006).* – L'expert est tenu de donner ses conclusions dans la limite de sa mission. Toutefois, il doit informer sans délai le propriétaire et consigner dans son rapport les déficiences du véhicule ainsi que les défauts de conformité du véhicule ou d'homologation d'accessoires qu'il a découverts au cours de l'accomplissement de sa mission et qui sont susceptibles de mettre en danger la vie du conducteur ou celle d'autres personnes.

Art. R. 326-3 *(D. n° 2006-1808, 23 déc. 2006).* – I. – Le rapport d'expertise comporte :

– le nom de l'expert qui a procédé à l'expertise ;

– le rappel des opérations d'expertise effectuées, en précisant si elles l'ont été avant, pendant ou après les réparations ;

– l'indication du nom et de la qualité des personnes présentes lors de l'examen du véhicule ;

– les documents communiqués par le propriétaire ;

– les conclusions de l'expert.

II. – L'expert adresse une copie de son rapport et de tout rapport complémentaire au propriétaire du véhicule.

Art. R. 326-4 *(D. n° 2006-1808, 23 déc. 2006).* – Dès qu'il a connaissance d'une contestation portant sur les conclusions techniques ou sur le coût des dommages ou des réparations, l'expert doit en informer, par tous moyens à sa convenance, les parties intéressées, notamment le propriétaire et le professionnel dépositaire du véhicule.

Section II. – Conditions à remplir pour l'exercice de la profession d'expert en automobile et procédure disciplinaire

Art. R. 326-5 *(Rempl., D. n° 2011-760, 28 juin 2011).* – Toute personne souhaitant être inscrite sur la liste des experts en automobile, à l'exception de celles mentionnées au II de l'article L. 326-4, doit en faire la demande au ministre chargé des transports. Cette demande est accompagnée des pièces justificatives suivantes :

1° Un document établissant l'état civil de l'intéressé ;

2° La copie, suivant le cas :

– soit du brevet professionnel d'expert en automobile ou de la reconnaissance de la qualité d'expert en automobile prévus par le décret n° 74-472 du 17 mai 1974 relatif aux experts en automobile ou du diplôme d'expert en automobile prévu par le décret n° 95-493 du 25 avril 1995 portant création et règlement général du diplôme d'expert en automobile, ou du relevé de notes du diplôme d'expert en automobile délivré par le recteur d'académie ;

– soit d'un titre délivré par un autre État membre de l'Union européenne ou un autre État partie à l'accord sur l'Espace économique européen ou d'un titre reconnu par l'un de ces États, équivalents aux titres mentionnés à l'alinéa précédent ;

– soit de toute pièce de nature à établir l'expérience professionnelle acquise par l'intéressé en matière d'expertise automobile dans l'un des États mentionnés à l'alinéa précédent dans les conditions fixées par arrêté du ministre chargé des transports ;

3° Une déclaration sur l'honneur du demandeur attestant qu'il ne détient pas de charge d'officier public ou ministériel et n'exerce pas une activité incompatible avec la qualité d'expert en automobile, conformément aux dispositions de l'article L. 326-6.

Le ministre chargé des transports peut, en outre, demander à l'intéressé de fournir tout autre document ou renseignement utile, notamment son contrat de travail s'il s'agit d'un expert salarié, afin de lui permettre de vérifier que la condition d'indépendance est remplie ;

4° Un document justificatif de l'assurance obligatoire prévue par l'article L. 326-7 ;

5° Un extrait du bulletin n° 3 du casier judiciaire ou, pour les ressortissants étrangers, un document équivalent, accompagné d'une déclaration sur l'honneur de l'intéressé selon laquelle il n'a fait l'objet d'aucune des condamnations pénales prévues à l'article L. 326-2 et n'est pas sous le coup d'un jugement rendu en application de l'article L. 326-9 lui interdisant d'exercer l'activité d'expert en automobile ;

6° Un justificatif démontrant que, lorsqu'il sollicite la reconnaissance de sa qualification pour le contrôle des véhicules endommagés prévue par les articles L. 327-1 à L. 327-6, le demandeur répond aux conditions prévues à l'article R. 326-11 ;

Les pièces définies aux 4° et 5° ne peuvent dater de plus de trois mois au moment de leur production.

Les documents en langue étrangère mentionnés au présent article sont accompagnés de leur traduction en langue française.

Le ministre chargé des transports accuse réception du dossier du demandeur dans un délai d'un mois à compter de sa réception et l'informe, le cas échéant, de tout document manquant. Il statue sur la demande d'inscription par une décision motivée qui doit intervenir dans un délai de trois mois à compter de la date de réception du dossier complet présenté par l'intéressé.

Art. R. 326-6 *(Rempl., D. n° 2011-760, 28 juin 2011)*. – La déclaration mentionnée au II de l'article L. 326-4 tient lieu de demande de première inscription à titre temporaire sur la liste des experts en automobile.

Elle est adressée au ministre chargé des transports et doit être accompagnée des documents suivants lorsqu'elle est souscrite pour la première fois ou en cas de changement matériel relatif à la situation établie par eux :

1° Une preuve de l'identité et de la nationalité du prestataire ;

2° Une attestation certifiant que le prestataire est légalement établi dans un autre État membre de l'Union européenne ou dans un autre État partie à l'accord sur l'Espace économique européen pour y exercer la profession d'expert en automobile, et qu'il n'encourt, lorsque l'attestation est délivrée, aucune interdiction même temporaire d'exercer ;

3° Une preuve de ses qualifications professionnelles ;

4° Lorsque la profession d'expert en automobile ou la formation y conduisant n'est pas réglementée dans l'État d'établissement, la preuve par tout moyen que le prestataire a exercé cette profession pendant *(Mots rempl., D. n° 2016-613, 17 mai 2016)* au moins une année à temps plein ou à temps partiel pendant une durée équivalente au cours des dix années qui précèdent ;

5° Une preuve que le prestataire est couvert par un contrat d'assurance garantissant la responsabilité civile qu'il peut encourir en raison des activités mentionnées à l'article L. 326-4 ;

6° La déclaration et les documents joints peuvent être transmis par tout moyen. Les documents en langue étrangère sont accompagnés de leur traduction en langue française.

Art. R. 326-7 *(Rempl., D. n° 2011-760, 28 juin 2011 ; rempl., D. n° 2016-613, 17 mai 2016).* – Le ministre chargé des transports peut demander, le cas échéant, au prestataire de justifier qu'il possède un niveau de connaissance du français suffisant pour l'exercice des fonctions d'expert en automobile en France.

Un contrôle de ces connaissances peut être imposé par le même ministre s'il existe un doute sérieux et concret sur le niveau de connaissance du français du prestataire. Ce contrôle ne peut être réalisé qu'après la reconnaissance de la qualification professionnelle de l'intéressé.

Art. R. 326-8 *(Rempl., D. n° 2011-760, 28 juin 2011).* – Le ministre chargé des transports procède à la vérification des qualifications professionnelles de l'expert relevant du II de l'article L. 326-4 au vu des pièces prévues à l'article R. 326-6, dans un délai d'un mois à compter de leur réception ainsi que de la déclaration qu'elles accompagnent et inscrit le prestataire sur la liste pour une durée d'un an.

À l'issue du délai mentionné à l'alinéa précédent, en l'absence de demande de complément d'information ou de notification du résultat de la vérification des qualifications, l'expert est réputé être inscrit sur la liste.

Un arrêté du ministre chargé des transports fixe les modalités d'application du présent article, et notamment les conditions dans lesquelles le prestataire peut être soumis à *(Mots rempl., D. n° 2016-613, 17 mai 2016)* une épreuve d'aptitude, si l'examen des documents prévus à l'article R. 326-6 fait apparaître une différence substantielle entre les qualifications professionnelles du prestataire et celles requises pour exercer l'activité en France, et dans la mesure où cette différence est de nature à nuire à la sécurité des personnes.

Si, à l'issue de la première année, le prestataire souhaite à nouveau exercer son activité de manière temporaire et occasionnelle, il adresse au ministre chargé des transports une demande de renouvellement de son inscription sur la liste pour une durée d'un an. Cette demande de renouvellement est accompagnée du document prévu au 5° de l'article 326-6.

Art. R. 326-8-1 *(Créé, D. n° 2016-613, 17 mai 2016).* – Un arrêté du ministre des transports précise :

1° Les conditions dans lesquelles il peut être exigé d'un ressortissant d'un État membre de l'Union européenne ou partie à l'accord sur l'Espace économique européen qui remplit les conditions fixées par l'article R. 326-5 que, selon son choix, il accomplisse un stage d'adaptation ou qu'il se soumette à une épreuve d'aptitude ;

2° Les modalités de reconnaissance des stages professionnels effectués dans un autre État membre de l'Union européenne ou de l'Espace économique européen.

Art. R. 326-9 *(Rempl., D. n° 2011-760, 28 juin 2011).* – À la demande d'une autorité compétente d'un État membre de l'Union européenne ou partie à l'accord sur l'Espace économique européen sur le territoire duquel un expert en automobile exécute ou déclare vouloir exécuter une prestation de services, le ministre chargé des transports communique à cette autorité :

– toute information pertinente sur la légalité de l'établissement en France de l'expert concerné. Si l'expert est, à la date de la communication, sous le coup d'une décision rendue en application de l'article R. 326-12, mention en est faite ;

– les sanctions disciplinaires prononcées, le cas échéant, par le ministre chargé des transports à l'encontre de cet expert ;

Cette communication ne porte pas atteinte au caractère confidentiel des renseignements fournis.

Art. R. 326-10 *(Rempl., D. n° 2011-760, 28 juin 2011).* – Les experts inscrits sur la liste signalent au ministre chargé des transports, dans les trente jours, tous les événements pouvant avoir des conséquences sur leur inscription, notamment les changements de lieu d'exercice professionnel, les cessations temporaires ou définitives d'activité ainsi que toute circonstance ou activité nouvelle incompatible avec l'activité d'expert en automobile.

Art. R. 326-10-1 à R. 326-10-4 *(Abr., D. n° 2011-760, 28 juin 2011).*

Art. R. 326-11 *(Rempl., D. n° 2011-760, 28 juin 2011).* – La qualification des experts en automobile pour le contrôle des véhicules endommagés prévue par les articles L. 327-1 à L. 327-5 est acquise après une formation dispensée dans les conditions définies par arrêté du ministre chargé des transports.

Elle est également accordée, dans des conditions fixées par arrêté du ministre chargé des transports, aux experts ayant bénéficié d'une formation dispensée dans un autre État membre de l'Union européenne ou un autre État partie à l'accord sur l'Espace économique européen ou établissant avoir une expérience professionnelle en matière de contrôle des véhicules endommagés acquise dans l'un de ces États, dès lors que cette formation ou cette expérience professionnelle permettent de justifier que les objectifs de la formation mentionnée à l'alinéa précédent sont acquis.

La liste des experts en automobile mentionne pour chaque expert concerné cette qualification.

Art. R. 326-12 *(Rempl., D. n° 2011-760, 28 juin 2011).* – Le ministre chargé des transports vérifie chaque année que l'expert inscrit remplit les conditions requises par l'article R. 326-5 sauf si celui-ci a été inscrit à titre temporaire en application du II de l'article L. 326-4.

Le ministre chargé des transports constatant qu'un expert ne remplit plus les conditions exigées par la réglementation pour l'exercice de sa profession peut à tout moment lui demander, par courrier, de régulariser sa situation.

En l'absence de régularisation, dans le délai d'un mois, le ministre chargé des transports peut décider de la suspension de l'expert jusqu'à régularisation effective.

Art. R. 326-13 *(Rempl., D. n° 2011-760, 28 juin 2011).* – [I. -] La liste des experts en automobile est consultable sur le site internet de la sécurité routière.

La mise à jour de la liste des experts en automobile sur le site internet de la sécurité routière intervient à tout moment suite à un changement de situation ou de condition d'exercice professionnel nécessitant une mise à jour de cette liste ou encore suite à une décision de suspension ou de radiation d'un expert.

II. - Les décisions de suspension ou de radiation sont consultables sur le site mentionné au I pendant la durée de leur effet.

Art. R. 326-14 *(Rempl., D. n° 2011-760, 28 juin 2011).* – I. - La procédure disciplinaire peut être engagée à l'encontre d'un expert en automobile, en cas de faute ou de manquement aux conditions d'exercice de son activité professionnelle, par le ministre chargé des transports, de sa propre initiative ou s'il est saisi d'une demande en ce sens.

II. - Le ministre notifie à l'expert mis en cause les griefs formulés à son encontre par lettre recommandée avec avis de réception ou par remise contre récépissé. Il en informe, le cas échéant, le demandeur. Il désigne pour chaque affaire un rapporteur n'appartenant pas à la Commission nationale des experts en automobile mentionnée à l'article L. 326-5.

Lorsque les griefs formulés à son encontre lui sont notifiés, l'expert mis en cause est informé qu'il peut prendre connaissance et copie, en personne ou par mandataire, des pièces du dossier qui sera soumis aux membres de la commission, notamment du rapport établi par le rapporteur et des éventuelles restitutions écrites de ses auditions. Il est également informé de la possibilité de se faire assister d'un défenseur et du délai dont il dispose, qui ne peut être inférieur à un mois, pour présenter ses observations écrites.

Le rapporteur désigné peut se faire assister de toute personne nécessaire à l'exercice de sa mission. Il entend l'expert si celui-ci le demande ou s'il le juge utile ainsi que toute personne nécessaire à l'instruction ou dont la demande est à l'origine de la procédure engagée. Il consigne le résultat de ses auditions par écrit. Il établit un rapport, au vu de l'ensemble des éléments du dossier.

III. - Au vu du rapport du rapporteur et après avoir, le cas échéant, entendu l'expert mis en cause, la Commission nationale des experts en automobile émet un avis motivé sur la sanction susceptible d'être prononcée par le ministre chargé des transports à l'encontre de l'intéressé parmi les sanctions suivantes : l'avertissement, le blâme, l'interdiction de l'exercice de son activité professionnelle pour une durée n'excédant pas trois ans ou la radiation de la liste des experts en automobile avec interdiction de solliciter une nouvelle inscription pendant cinq ans. La radiation peut être limitée à la qualification mentionnée à l'article R. 326-11. Les sanctions peuvent être assorties d'un sursis total ou partiel.

Au vu de l'avis de la commission, le ministre chargé des transports notifie à l'expert mis en cause la sanction envisagée. Celui-ci dispose d'un délai d'un mois pour présenter ses observations. À l'issue de ce délai, compte tenu, le cas échéant, des observations formulées par l'expert mis en cause, le ministre chargé des transports prend une décision, qu'il notifie à l'intéressé. La notification mentionne que la décision peut faire l'objet d'un recours de pleine juridiction devant la juridiction administrative compétente.

Art. R. 326-15 *(Rempl., D. n° 2011-760, 28 juin 2011)*. – La commission nationale des experts en automobile comprend :

1° Un président désigné par le ministre chargé des transports ;

2° Quatre représentants de l'État désignés par le ministre chargé des transports ;

3° Quatre experts en automobile désignés par le ministre chargé des transports, sur proposition des organisations professionnelles ;

4° Deux représentants d'associations d'usagers de la route désignés par le ministre chargé des transports ;

5° Deux représentants des entreprises d'assurances désignés par le ministre chargé des assurances.

Les représentants des associations d'usagers de la route ne peuvent appartenir aux catégories mentionnées aux 3° et 5° du présent article.

Un suppléant de chaque membre titulaire de la commission est désigné dans les mêmes conditions.

Les membres titulaires et suppléants de la commission sont nommés pour trois ans par arrêté du ministre chargé des transports.

Art. R. 326-16 à R. 326-18 *(Abr., D. n° 2011-760, 28 juin 2011)*.

CHAPITRE VII. – VÉHICULES ENDOMMAGÉS

(Rempl., D. n° 2009-397, 10 avr. 2009)

Art. R. 327-1 *(Rempl., D. n° 2009-397, 10 avr. 2009 ; D. n° 2017-1278, 9 août 2017)*. – I. – Dans le cas prévu à l'article L. 327-2 où le propriétaire a donné son accord pour céder son véhicule à l'assureur, celui-ci déclare l'achat au ministre de l'Intérieur dans les conditions fixées à l'article R. 322-4.

II. – Dans le cas prévu à l'article L. 327-3 où le propriétaire a refusé de céder son véhicule à l'assureur, ce dernier en informe le ministre de l'Intérieur par voie électronique dans un délai de quinze jours à compter du refus. Le ministre de l'Intérieur procède à l'inscription d'une opposition au transfert du certificat d'immatriculation.

III. – Les rapports d'expertise mentionnés aux articles L. 327-1 à L. 327-3 sont établis par un expert en automobile justifiant de la qualification prévue à l'article R. 326-17.

Le rapport visé à l'article L. 327-1 comporte la liste des réparations à effectuer si le véhicule est techniquement réparable.

Les rapports visés aux L. 327-2 et L. 327-3 sont adressés au ministre de l'Intérieur par voie électronique. Ils attestent également que le véhicule n'a pas subi de transformation notable au sens de l'article R. 321-16, ni de transformation susceptible de modifier les caractéristiques indiquées sur le certificat d'immatriculation.

Art. R. 327-1-1 *(D. n° 2017-675, 28 avr. 2017)*. – Pour l'application du deuxième alinéa de l'article L. 327-2, l'assureur ne doit vendre un véhicule à un acheteur professionnel pour réparation que si ce véhicule est techniquement réparable.

L'assureur est tenu de présenter, en cas de contrôle par les agents mentionnés à l'article L. 541-44 du Code de l'environnement, le rapport d'expertise prévu à l'article L. 327-1 attestant du caractère réparable de ce véhicule.

Art. R. 327-2 *(Rempl., D. n° 2009-397, 10 avr. 2009 ; D. n° 2017-1278, 9 août 2017)*. – I. – Lorsqu'un véhicule a été immobilisé en application des articles L. 325-1 à L 325-3 en raison de la gravité des dommages qu'il a subis, l'officier ou l'agent de police judiciaire qui procède aux constatations en informe le ministre de l'Intérieur par voie électronique. Le ministre de l'Intérieur informe le titulaire que son véhicule n'est plus autorisé à circuler sur les voies ouvertes à la circulation publique.

Lorsque le titulaire du certificat d'immatriculation ne remet pas son titre à l'officier ou l'agent de police judiciaire qui a procédé aux constatations en application de l'article L. 327-4, le ministre de l'Intérieur informe le titulaire que son véhicule n'est plus autorisé à circuler sur les voies ouvertes à la circulation publique et procède à l'inscription d'une opposition au transfert du certificat d'immatriculation.

II. – Lorsque le véhicule est examiné par un expert en automobile justifiant de la qualification prévue à l'article R. 326-17 afin de confirmer ou d'infirmer la présomption de dangerosité du véhicule, celui-ci établit un rapport qu'il adresse au ministre de l'Intérieur par voie électronique.

III. – Dans le cas où l'expert infirme la présomption de dangerosité, le certificat d'immatriculation est restitué à son titulaire et l'interdiction de circuler et l'opposition au transfert du certificat d'immatriculation sont levées.

Dans le cas où l'expert confirme la présomption de dangerosité, son rapport comporte la liste des réparations à effectuer si le véhicule est techniquement réparable.

IV. – Lorsque l'expert justifiant de la qualification prévue à l'article R. 326-17, missionné par le propriétaire atteste que les réparations touchant à la sécurité prévues par le premier rapport ont été effectuées et que le véhicule est en état de circuler dans des conditions normales de sécurité, il adresse un rapport au ministre de l'Intérieur par voie électronique.

Ce rapport d'expertise mentionné au troisième alinéa de l'article L. 327-4 atteste également que le véhicule n'a pas subi de transformation notable au sens de l'article R. 321-16, ni de transformation susceptible de modifier les caractéristiques indiquées sur le certificat d'immatriculation.

Le certificat d'immatriculation est restitué à son titulaire et l'interdiction de circuler et l'opposition au transfert du certificat d'immatriculation sont levées.

Art. R. 327-3 *(Rempl., D. n° 2009-397, 10 avr. 2009 ; D. n° 2017-1278, 9 août 2017)*. – I. – L'information prévue par l'article L. 327-5 est adressée au ministre de l'Intérieur par voie électronique.

Le ministre de l'Intérieur informe le titulaire que son véhicule n'est plus autorisé à circuler sur les voies ouvertes à la circulation publique et procède à l'inscription d'une opposition au transfert du certificat d'immatriculation.

II. – Si le véhicule est techniquement réparable, l'expert précise la liste des réparations à effectuer.

III. – Lorsque l'expert justifiant de la qualification prévue à l'article R. 326-17, missionné par le propriétaire, atteste que les réparations touchant à la sécurité prévues par le premier rapport ont été effectuées et que le véhicule est en état de circuler dans des conditions normales de sécurité, il adresse un rapport au ministre de l'Intérieur par voie électronique.

Ce rapport d'expertise mentionné au deuxième alinéa de l'article L. 327-5 atteste également que le véhicule n'a pas subi de transformation notable au sens de l'article R. 321-16, ni de transformation susceptible de modifier les caractéristiques indiquées sur le certificat d'immatriculation.

IV. – Au vu du rapport visé au III du présent article, l'interdiction de circuler du véhicule et l'opposition au transfert du certificat d'immatriculation sont levées.

Art. R. 327-4 *(Rempl., D. n° 2009-397, 10 avr. 2009 ; D. n° 2017-1278, 9 août 2017)*. – Dans le cadre des dispositions des articles L. 327-1 à L. 327-5, un professionnel avant acquis un véhicule endommagé doit, dans les quinze jours, adresser une déclaration d'achat au ministre de l'Intérieur par voie électronique.

Art. R. 327-5 *(Rempl., D. n° 2009-397, 10 avr. 2009)*. – Est puni de l'amende prévue pour les contraventions de la quatrième classe :

1° Le fait pour tout propriétaire de maintenir en circulation un véhicule dont le certificat d'immatriculation a été retiré ou qui a fait l'objet d'une interdiction de circuler ;

2° Le fait pour l'assureur qui propose une indemnisation à l'assuré avec cession du véhicule de ne pas déclarer cet achat au ministre de l'Intérieur conformément aux dispositions prévues par l'article R. 327-1 ;

3° Le fait pour un professionnel ayant acquis un véhicule endommagé de ne pas déclarer cet achat au ministre de l'intérieur conformément aux dispositions prévues par l'article R. 327-4.

Art. R. 327-6 *(Rempl., D. n° 2009-397, 10 avr. 2009)*. – Des arrêtés du ministre des Transports, pris après avis du ministre de l'Intérieur, fixent pour chaque catégorie de véhicules les modalités d'application du présent chapitre.

TITRE III. – ENREGISTREMENT ET COMMUNICATION DES INFORMATIONS RELATIVES À LA CIRCULATION DES VÉHICULES

Art. R. 330-1 *(D. n° 2017-1278, 9 août 2017)*. – Le ministre de l'Intérieur fait procéder à l'enregistrement des informations prévues à l'article L. 330-1.

Art. R. 330-2 *(Mod., D. n° 2018-387, 24 mai 2018)*. – I. – Parmi les autorités et personnes énumérées à l'article L. 330-2, reçoivent communication, à raison de leurs attributions et dans la limite du besoin d'en connaître, des informations mentionnées à cet article, au moyen d'un accès direct :

1° Les autorités judiciaires ;

2° Les officiers ou agents de police judiciaire des services de police ou des unités de la gendarmerie nationales, dans l'exercice des missions définies à l'article 14 du code de procédure pénale ;

3° Les militaires de la gendarmerie nationale et les fonctionnaires de la police nationale habilités à effectuer des contrôles routiers en application des dispositions du présent code ;

4° Les agents de police judiciaire adjoints et les gardes champêtres individuellement désignés et habilités par le préfet, sur proposition du maire de la commune, aux seules fins d'identifier les auteurs des infractions au présent code qu'ils sont habilités à constater ;

5° Parmi les fonctionnaires de l'Etat mentionnés au 5° du I de l'article L. 330-2, et aux seules fins d'identifier les auteurs d'infractions au présent code, les fonctionnaires habilités à constater ces infractions en vertu des 7° et 12° de l'article L. 130-4 ou des articles L. 130-6 et L. 130-8 ;

6° Les personnels de l'Agence nationale de traitement automatisé des infractions, chargés des opérations nécessaires à la délivrance par voie postale de l'avis de paiement mentionné à l'article L. 2333-87 du code général des collectivités territoriales ou à l'émission du titre exécutoire prévu au même article ;

7° Les préfets pour l'exercice de leur compétence en matière de circulation des véhicules, ainsi que les agents des préfectures et des sous-préfectures chargés de la délivrance du certificat d'immatriculation et les agents des observatoires départementaux et régionaux de la sécurité routière chargés de réaliser des études statistiques sur les accidents de la route ;

8° Parmi les agents des services mentionnés au 7° du I de l'article L. 330-2 :

a) Les agents de l'observatoire national interministériel de la sécurité routière chargés de réaliser des études statistiques sur les accidents de la route ;

b) Les agents des services centraux du ministère de l'intérieur chargés de l'application de la réglementation relative à la délivrance du certificat d'immatriculation du véhicule ainsi que les membres de l'inspection générale de l'administration du ministère de l'intérieur chargés de leur contrôle ;

c) Les agents des services centraux des ministres chargés de l'écologie et des transports, chargés du contrôle technique de l'immatriculation et de la sécurité des véhicules ;

9° Les agents habilités de l'administration des finances publiques pour l'exercice de leurs compétences ;

10° Le maire dans le cadre des attributions prévues aux articles L. 541-21-3 et L. 541-21-4 du code de l'environnement, aux seules fins d'identifier le titulaire du certificat d'immatriculation ;

11° Les personnels habilités du fonds de garantie des assurances obligatoires de dommages mentionné à l'article L. 421-1 du code des assurances en vue de mener les missions fixées au V du même article (1) ;

12° Les agents habilités du prestataire autorisé par l'État aux seules fins d'établir et de délivrer le dispositif d'identification des véhicules prévu à l'article L. 318-1 ;

13° Dans les conditions prévues par l'acte créant le traitement des données énumérées à l'article L. 330-2, les personnels de l'Agence nationale des titres sécurisés individuellement désignés et spécialement habilités.

II. – Sont également autorisés à accéder directement aux informations mentionnées à l'article L. 330-2, dans les conditions fixées par l'article L. 222-1 du code de la sécurité intérieure :

1° Les agents des services de la police nationale et les militaires des unités de la gendarmerie nationale chargés des missions de prévention et de répression des atteintes aux intérêts fondamentaux de la Nation et des actes de terrorisme ;

2° Les agents des services spécialisés du renseignement mentionnés à l'article R. 222-1 du code de la sécurité intérieure, pour les seuls besoins de la prévention des atteintes aux intérêts fondamentaux de la Nation et des actes de terrorisme.

III. – Les modalités d'application du présent article sont fixées par arrêté du ministre de l'intérieur.

Art. R. 330-3 *(Mod., D. n° 2018-387, 24 mai 2018)*. – I. – Parmi les autorités et personnes énumérées à l'article L. 330-2, reçoivent, à leur demande, à raison de leurs attributions et dans la limite du besoin d'en connaître, communication des informations mentionnées à cet article :

1° Par l'intermédiaire des services de la police ou de la gendarmerie nationales territorialement compétents :

a) Les agents de police judiciaire adjoints et les gardes champêtres autres que ceux mentionnés au 4° du I de l'article R. 330-2, aux seules fins d'identifier les auteurs des infractions au présent code qu'ils sont habilités à constater ;

(1) Conformément à l'article 4 du décret n° 2018-387 du 24 mai 2018, les dispositions du 11° du I de l'article R. 330-2 entrent en vigueur à la même date que les dispositions issues du 2° du I de l'article 35 de la loi n° 2016-1547 du 18 novembre 2016 de modernisation de la justice du xxie siècle et au plus tard le 31 décembre 2018.

b) Aux seules fins d'identifier les auteurs des infractions au présent code, les fonctionnaires habilités à constater ces infractions en application des 1°, 3°, 4°, 5° et 9° de l'article L. 130-4 ;

2° Par l'intermédiaire du ministre de l'intérieur, par voie électronique :

a) La personne physique ou morale titulaire des pièces administratives, son avocat ou son mandataire ;

b) Les entreprises d'assurances garantissant les dommages subis par des tiers résultant d'atteintes aux personnes ou aux biens dans la réalisation desquels un véhicule à moteur, ainsi que ses remorques, est impliqué et les organismes assimilés à ces entreprises, dès lors que ces informations ont pour seul but d'identifier les biens et les personnes impliqués dans un accident de la circulation, à condition qu'au moins un des véhicules soit assuré par le demandeur ou que ce dernier ait en charge l'indemnisation d'une des victimes ; ces entreprises d'assurances ou organismes assimilés doivent notamment fournir à l'appui de leur demande le numéro et la date de la police d'assurance ainsi que le numéro d'inscription de la déclaration du sinistre ;

c) Les autorités étrangères avec lesquelles existe un accord d'échange d'informations relatives à l'identification du titulaire du certificat d'immatriculation ;

d) Les services compétents des Etats membres, pour l'application des instruments de l'Union européenne destinés à faciliter l'échange transfrontalier d'informations concernant les infractions en matière de sécurité routière ;

e) Les services compétents en matière d'immatriculation des États membres de l'Union européenne et des autres États parties à l'accord sur l'Espace économique européen, dans le cadre des dispositions prévoyant un échange d'informations relatives à l'immatriculation d'un véhicule précédemment immatriculé dans un autre de ces Etats, ou au titre de la répression de la criminalité visant les véhicules et ayant des incidences transfrontalières ;

f) Les agents mentionnés aux articles L. 2132-21 et L. 2132-23 du code général de la propriété des personnes publiques ainsi qu'aux articles L. 2241-1, L. 4321-3, L. 4272-1, L. 5243-1 et L. 5337-2 du Code des transports habilités à dresser procès-verbal de contravention de grande voirie en application de ces mêmes codes et les personnels de Voies navigables de France mentionnés à l'article L. 4272-2 du Code des transports habilités à constater les infractions définies par les règlements de police de la navigation intérieure, aux seules fins d'identifier le titulaire du certificat d'immatriculation ;

3° Par l'intermédiaire des services de la police ou de la gendarmerie nationales territorialement compétents, ou du ministre de l'intérieur par voie électronique :

a) Les agents habilités des services mentionnés au 7° du I de l'article L. 330-2, autres que ceux bénéficiant d'un accès direct en application du 8° du I de l'article R. 330-2 ;

b) Les agents des exploitants d'une autoroute ou d'un ouvrage routier ouvert à la circulation publique et soumis à péage, assermentés dans les conditions prévues à l'article L. 130-7, aux seules fins d'identifier les auteurs des contraventions au présent code qu'ils sont habilités à constater conformément au 8° de l'article L. 130-4, sous réserve qu'ils produisent, à l'appui de leur demande de communication, la date et l'heure de la contravention de non-paiement du péage, le numéro d'immatriculation du véhicule ainsi que le numéro identifiant de la demande de l'agent assermenté.

II. – La communication aux constructeurs de véhicules ou à leurs mandataires mentionnés au 13° du I de l'article L. 330-2 des informations mentionnées à cet article est effectuée à titre gratuit par le ministre de l'intérieur, selon des modalités fixées par voie conventionnelle. Pour l'application de ces dispositions :

1° Les rappels de sécurité s'entendent des rappels de véhicules effectués auprès des titulaires des certificats d'immatriculation en application des dispositions de l'article R. 321-14-1 ;

2° Les rappels de mise au point s'entendent des rappels de véhicules effectués auprès des titulaires des certificats d'immatriculation pour prévenir ou corriger, à titre gratuit et à des fins non commerciales, des défauts techniques qui ne sont pas de nature à compromettre gravement la sécurité routière, la santé publique ou la protection de l'environnement.

III. – Les modalités d'application du I du présent article sont fixées par arrêté du ministre de l'intérieur.

Art. R. 330-4 *(Mod., D. n° 2018-387, 24 mai 2018)*. – I. – Parmi les autorités et personnes mentionnées à l'article L. 330-3, bénéficient de la communication des informations mentionnées à cet article, à raison de leurs attributions et dans la limite du besoin d'en connaître, au moyen d'un accès direct :

1° Les autorités judiciaires ;

2° Les officiers ou agents de police judiciaire des services de police ou des unités de la gendarmerie nationales, dans l'exercice des missions définies à l'article 14 du code de procédure pénale ;

3° Les préfets pour l'exercice de leur compétence en matière de circulation des véhicules, ainsi que les agents des préfectures et sous-préfectures chargés de la délivrance du certificat d'immatriculation.

II. – Reçoivent, à leur demande, communication des informations mentionnées à l'article L. 330-3, par l'intermédiaire du ministre de l'intérieur par voie électronique ou des services de la police ou de la gendarmerie nationales territorialement compétents :

1° La personne physique ou morale titulaire des pièces administratives exigées pour la circulation routière, son avocat ou son mandataire ;

2° Les autorités compétentes de Saint-Barthélemy, de Saint-Martin, de Wallis-et-Futuna, de la Nouvelle-Calédonie et de la Polynésie française, pour l'exercice de leurs attributions en matière de circulation des véhicules.

Art. R. 330-5 *(Mod., D. n° 2018-387, 24 mai 2018)*. – Les personnes énumérées à l'article L. 330-4 reçoivent, à leur demande, communication des informations mentionnées à cet article par l'intermédiaire du ministre de l'intérieur par voie électronique ou des services de la police ou de la gendarmerie nationales territorialement compétents.

Art. R. 330-6 *(D. n° 2017-1278, 9 août 2017 ; Renum., D. 2018-387, 24 mai 2018)*. – La communication des informations prévues aux articles L. 330-2 à L. 330-4 aux demandeurs qui disposent d'un droit d'accès en vertu d'une disposition législative particulière est assurée par le « ministre de l'Intérieur par voie électronique » ou par les services de la police nationale ou de la gendarmerie territorialement compétents.

Art. R. 330-7 *(D. n° 2010-682, 22 juin 2010 ; Ord. n° 2016-307, 17 mars 2016 ; D. n° 2017-1278, 9 août 2017)*. – Les personnes souhaitant bénéficier des dispositions des cinq derniers alinéas de l'article L. 330-5 demandent au ministre de l'Intérieur la délivrance d'une licence dans les conditions prévues aux articles L. 323-1 et L. 323-2 du Code des relations entre le public et l'administration. La licence vaut agrément au sens de l'article L. 330-5.

La licence est dite statistique si elle est demandée aux fins prévues au troisième alinéa de l'article L. 330-5. Elle est dite commerciale si elle est demandée aux fins prévues à son quatrième alinéa. « Elle est dite technique si elle est demandée aux fins prévues à son cinquième alinéa ».

Art. R. 330-8 *(D. n° 2010-682, 22 juin 2010 ; D. n° 2016-308, 17 mars 2016)*. – La demande de licence de réutilisation est présentée et instruite conformément aux articles R. 323-4 à R. 323-7 du Code des relations entre le public et l'administration.

Art. R. 330-9 *(D. n° 2010-682, 22 juin 2010)*. – La licence de réutilisation est délivrée pour une durée maximale de cinq ans.

Elle est renouvelable.

Art. R. 330-10 *(D. n° 2010-682, 22 juin 2010)*. – I. – La licence de réutilisation comprend des clauses conformes aux articles 38 et 41 du décret susmentionné du 30 décembre 2005.

II. – Elle précise que son titulaire ne peut transférer les données personnelles issues du « système d'immatriculation des véhicules » à d'autres personnes que celles :

1° Qui agissent sous sa responsabilité dans le cadre d'un contrat de prestation de services comportant un engagement de confidentialité ;

2° Ou qui sont énumérées à l'article L. 330-2, aux fins prévues au même article ;

3° Ou qui sont mentionnées à l'article L. 330-5, aux fins prévues par leurs licences.

III. – Les licences commerciales prévoient que leurs titulaires avisent ou font aviser les personnes faisant l'objet d'enquêtes ou de prospections du droit d'opposition mentionné au II de l'article R. 330-11.

IV. – La licence prévoit qu'elle peut être suspendue ou retirée, après que son titulaire a été mis en mesure de présenter ses observations, lorsque les conditions de sa délivrance cessent d'être remplies ou pour un motif d'intérêt général.

Art. R. 330-11 *(D. n° 2010-682, 22 juin 2010 ; mod., D. n° 2011-477, 2 mai 2011 ; D. n° 2017-1278, 9 août 2017)*. – I. – Lors de l'enregistrement des informations mentionnées à l'article L. 330-1, toute personne physique est informée des droits qu'elle tient de l'article 38 de la loi n° 78-17 du 6 janvier 1978 relative à l'informatique, aux fichiers et aux libertés, et mise en mesure de les exercer.

II. – Lorsque les informations mentionnées à l'article L. 330-1 sont déjà enregistrées, toute personne physique peut s'opposer, auprès du ministre de l'Intérieur par voie électronique, à la communication à des tiers des données à caractère personnel la concernant, en vue de leur réutilisation à des fins d'enquêtes et de prospections commerciales. Cette opposition est notifiée sans délai aux détenteurs d'une licence commerciale.

TITRE IV. – DISPOSITIONS RELATIVES À L'OUTRE-MER

CHAPITRE I. – DISPOSITIONS PARTICULIÈRES À LA COLLECTIVITÉ TERRITORIALE DE SAINT-PIERRE-ET-MIQUELON

Art. R. 341-1. – Pour l'application des dispositions du présent livre dans la collectivité territoriale de Saint-Pierre-et-Miquelon, les termes énumérés ci-après sont remplacés comme suit :

1° « direction régionale de l'industrie, de la recherche et de l'environnement » par « direction de l'équipement » ;

2° « département » par « collectivité territoriale » ;

3° « tribunal de grande instance » par « tribunal de première instance » ;

4° « départementale » par « territoriale ».

CHAPITRE II. – DISPOSITIONS APPLICABLES DANS LA COLLECTIVITÉ TERRITORIALE DE MAYOTTE

Art. R. 342-1. – Pour l'application des dispositions réglementaires du présent livre dans la collectivité territoriale de Mayotte, les termes énumérés ci-après sont remplacés comme suit :

1° « direction régionale de l'industrie, de la recherche et de l'environnement » par « service chargé de la réception des véhicules » ;

2° « préfet » par « représentant du gouvernement » ;

3° « département » par « collectivité territoriale » ;

4° « préfecture » par « représentation du gouvernement » ;

5° « tribunal de grande instance » par « tribunal de première instance » ;

6° « départementale » par « territoriale ».

Art. R. 342-2. – Les dispositions réglementaires du présent livre sont applicables dans la collectivité territoriale de Mayotte, à l'exception des articles R. 314-3, R. 318-2, R. 318-7, R. 318-8, R.* 322-12 et du deuxième alinéa de l'article R. 325-24.

Art. R. 342-3. – Pour l'application des articles R. 312-8, R. 312-17, R. 312-24, R. 313-33, R. 314-3, R. 314-4, R. 314-7, R. 315-1, R. 315-6, R. 316-10, R. 317-8, R. 317-12, R. 317-17, R. 317-20, R. 317-23, R. 317-28, R. 318-1, R. 318-5, R. 321-3, R. 321-21, R. 322-1, R. 322-3, R. 322-13 et R. 323-5, le ministre chargé de l'outre-mer signe les arrêtés ministériels prévus par ces articles.

Les arrêtés ministériels prévus par les articles R. 322-1, R. 322-5, R. 322-7, R. 322-10, et R. 326-5 sont pris après avis du ministre chargé de l'outre-mer.

Art. R. 342-4. – Pour son application dans la collectivité territoriale de Mayotte, l'article R. 325-3 est rédigé comme suit :

« *Art. R. 325-3. – L'immobilisation peut être prescrite par les officiers de police judiciaire, les gendarmes qui n'ont pas la qualité d'officier de police judiciaire et les agents du cadre de police mahoraise agréés par le représentant du Gouvernement et ayant prêté serment devant le procureur de la République, lorsqu'ils constatent la nécessité de faire cesser sans délai une des infractions pour lesquelles l'immobilisation peut être prévue.*

Elle peut être prescrite par les fonctionnaires des ponts et chaussées, y compris les conducteurs de chantiers ou agents de travaux assermentés à cet effet.

Elle peut également être prescrite dans le cadre de leur compétence par les inspecteurs des transports, les contrôleurs des transports terrestres, les agents de douanes et les inspecteurs du travail lorsqu'il y a nécessité de faire cesser sans délai une infraction pour laquelle elle est prévue.

Elle peut en outre être prescrite par les ingénieurs, chefs de district et agents techniques des eaux et forêts. »

Art. R. 342-5 *(Mod., D. n° 2006-1808, 23 déc. 2006)*. – Pour son application dans la collectivité territoriale de Mayotte, l'article R. 326-17 est rédigé comme suit :

« Art. R. 326-17. – Le représentant du Gouvernement détermine les conditions que doivent remplir les experts pour être inscrits sur les listes d'aptitude prévues au premier alinéa de l'article R. 326-2. »

CHAPITRE III. – DISPOSITIONS APPLICABLES À LA POLYNÉSIE FRANÇAISE

Section I. – Dispositions générales

Art. R. 343-1. – *(D. n° 2007-1626, 16 nov. 2007)* Les articles R. 325-1 et R. 325-1-1 sont applicables à la Polynésie française dans la rédaction suivante ;

« Art. R. 325-1. – L'immobilisation, la mise en fourrière, le retrait de la circulation et la destruction prévus à l'article L. 343-1 peuvent être décidés dans les cas et les conditions définis aux articles R. 343-2 à R. 343-4.

Ces mesures ne font pas obstacle aux saisies ordonnées par l'autorité judiciaire.

Elles ne s'appliquent pas aux véhicules participant à des opérations de maintien de l'ordre.

Les dispositions concernant la mise en fourrière ne s'appliquent pas aux véhicules militaires. »

« Art. R. 325-1-1. – Lorsque la juridiction prononce la confiscation d'un véhicule immobilisé et mis en fourrière en application de l'article L. 325-1-1, dans sa rédaction applicable à la Polynésie française, le service chargé de son aliénation dans les formes prévues pour les ventes de son mobilier informe préalablement le candidat acquéreur que le montant des frais d'enlèvement et de garde en fourrière seront à sa charge. »

Art. R. 343-1-1 *(D. n° 2009-1644, 23 déc. 2009)*. – Les articles R. 317-2, R. 317-3 et R. 317-4 sont applicables à la Polynésie française dans la rédaction suivante :

« Art. R. 317-2. – Dans les cas où la réglementation en vigueur en Polynésie française prévoit que des véhicules doivent être équipés d'un appareil de contrôle permettant l'enregistrement de la vitesse du véhicule, l'État définit les exigences réglementaires applicables à cet appareil ainsi que les conditions de son installation, de sa réparation et de sa vérification.

Le conducteur d'un véhicule équipé d'un appareil de contrôle permettant l'enregistrement de la vitesse du véhicule est tenu de présenter ou de remettre, à toutes réquisitions des agents ayant qualité pour constater les délits ou les contraventions en matière de circulation routière, les feuilles d'enregistrement de l'appareil de contrôle. Ces feuilles doivent être conservées pendant un an au moins et tenues à la disposition des agents de constatation.

« Art. R. 317-3. – L'appareil de contrôle doit être constamment maintenu en bon état de fonctionnement.

Le fait de contrevenir aux dispositions du présent article est puni de l'amende prévue pour les contraventions de la quatrième classe.

« Art. R. 317-4. – L'immobilisation des véhicules devant être équipés d'un appareil de contrôle permettant l'enregistrement de la vitesse peut être prescrite dans les conditions prévues à l'article L. 343-1 :

1° Lorsque le conducteur est en infraction aux règles relatives aux conditions de travail dans les transports routiers, publics ou privés, en vigueur en Polynésie française ;

2° Lorsque le conducteur ne peut présenter les documents dûment renseignés concernant les conditions de travail dans les transports routiers, publics et privés, en vigueur en Polynésie française ;

3° En l'absence d'appareil de contrôle permettant l'enregistrement de la vitesse ou lorsque celui-ci a fait l'objet d'une modification ou d'une détérioration affectant son fonctionnement normal. »

Section II. – Immobilisation

Art. R. 343-2. – Les articles R. 325-2 à R. 325-6 et R. 325-9 à R. 325-11 sont applicables à la Polynésie française dans la rédaction suivante :

« Art. R. 325-2. – L'immobilisation est l'obligation faite au conducteur ou au propriétaire d'un véhicule, en cas d'infraction prévue à l'article R. 343-3, de maintenir ce véhicule sur place ou à proximité du lieu de constatation de l'infraction en se conformant aux règles relatives au stationnement.

En cas d'absence du conducteur ou lorsque celui-ci refuse de déplacer son véhicule, l'immobilisation de ce véhicule peut être assurée par un moyen mécanique.

Pendant tout le temps de l'immobilisation, le véhicule demeure sous la garde juridique de son conducteur ou propriétaire.

Le fait pour tout conducteur ou propriétaire d'un véhicule de transport de marchandises d'un poids total autorisé en charge excédant 3,5 tonnes ou d'un véhicule de transport en commun de contrevenir à l'obligation prévue au premier alinéa est puni de l'amende prévue pour les contraventions de la cinquième classe.

Le fait pour tout conducteur ou propriétaire d'un autre véhicule de contrevenir à l'obligation prévue au premier alinéa est puni de l'amende prévue pour les contraventions de la quatrième classe. »

« Art. R. 325-3. – L'immobilisation peut être prescrite par les officiers ou agents de police judiciaire habilités à constater les contraventions de police de la circulation routière lorsqu'ils constatent la nécessité de faire cesser sans délai une des infractions prévues à l'article R. 343-3. »

« Art. R. 325-4. – Lorsque la décision d'immobilisation résulte de l'une des situations visées aux 1°, 2° et 10° de l'article R. 343-3, le véhicule peut poursuivre sa route dès qu'un conducteur qualifié, proposé par le conducteur ou éventuellement par le propriétaire du véhicule, peut assurer la conduite de celui-ci.

À défaut, les fonctionnaires et agents habilités à prescrire l'immobilisation peuvent prendre toute mesure destinée à placer le véhicule en stationnement régulier, au lieu qu'ils désignent, en faisant notamment appel à un conducteur qualifié. »

« Art. R. 325-5. – Lorsque la décision d'immobilisation résulte d'une infraction aux règles concernant l'état ou l'équipement du véhicule, elle peut n'être rendue effective que dans un lieu où le conducteur du véhicule sera susceptible de trouver les moyens de faire cesser l'infraction.

Il ne peut être fait usage de cette faculté que dans la mesure où l'accompagnement du véhicule jusqu'à ce lieu peut être assuré dans des conditions de sécurité satisfaisantes.

Le conducteur peut également être autorisé à faire appel à un professionnel qualifié pour la prise en remorque de son véhicule en vue de sa réparation. L'immobilisation devient alors effective au lieu de réparation. »

« Art. R. 325-6. – La décision d'immobilisation prise en vertu du 13° de l'article R. 343-3 doit prescrire la présentation du véhicule à une visite technique dans les conditions fixées par (D. n° 2007-1626, 16 nov. 2007) une décision du conseil des ministres de la Polynésie française. »

« Art. R. 325-9. (D. n° 2007-1626, 16 nov. 2007). – Lorsque l'infraction qui a motivé l'immobilisation n'a pas cessé au moment où l'agent quitte le lieu où le véhicule est immobilisé, l'agent saisit l'officier de police judiciaire territorialement compétent en lui remettant soit la carte grise du véhicule s'il s'agit d'un véhicule dont le poids total autorisé en charge n'excède pas 3,5 tonnes et une fiche d'immobilisation, soit les pièces administratives nécessaires à la circulation du véhicule s'il s'agit d'un véhicule de transport de marchandises d'un poids total autorisé en charge excédant 3,5 tonnes ou de transport en commun et la fiche d'immobilisation.

Un double de cette fiche est remis au contrevenant.

La fiche d'immobilisation énonce les date, heure et lieu de l'immobilisation, l'infraction qui l'a motivée, les éléments d'identification du véhicule et de la carte grise, les nom et adresse du contrevenant, les noms, qualités et affectations des agents qui la rédigent, et précise la résidence de l'officier de police judiciaire qualifié pour lever la mesure. »

« Art. R. 325-10. – Le procès-verbal de l'infraction qui a motivé l'immobilisation d'un véhicule est transmis dans les plus brefs délais au procureur de la République. Il relate de façon sommaire les circonstances et les conditions dans lesquelles la mesure a été prise. »

« Art. R. 325-11. – I. – L'immobilisation ne peut être maintenue après que la circonstance qui l'a motivée a cessé.

II. – Elle est levée :

1° Par l'agent qui l'a prescrite s'il est encore présent lors de la cessation de l'infraction ;

2° Par l'officier de police judiciaire saisi dans les conditions prévues à l'article R. 325-9, dès que le conducteur justifie de la cessation de l'infraction. L'officier de police judiciaire restitue alors au conducteur la carte grise ou les pièces mentionnées au même article et transmet au procureur de la République un exemplaire de la fiche d'immobilisation ou une copie conforme de cette fiche, comportant mention de la levée de la mesure.

III. – Lorsque le conducteur du véhicule n'a pas justifié de la cessation de l'infraction dans un délai de quarante-huit heures, l'officier de police judiciaire peut transformer l'immobilisation en une mise en fourrière ; il joint alors à chacun des exemplaires de la procédure de mise en fourrière un exemplaire ou une copie conforme de la fiche d'immobilisation. L'officier de police judiciaire adresse ces documents au procureur de la République.

IV. – Dans tous les cas, dès la cessation de l'infraction qui a motivé l'immobilisation, le véhicule peut circuler entre le lieu d'immobilisation et la résidence de l'autorité désignée pour lever la mesure, sous couvert du double de la fiche d'immobilisation remise au conducteur. »

Art. R. 343-3 *(D. n° 2017-16, 6 janv. 2017).* – L'immobilisation peut être prescrite :

1° Lorsque le conducteur est présumé en état d'ivresse ou sous l'empire d'un état alcoolique ;

2° Lorsque le conducteur n'est pas titulaire du permis exigé pour la conduite du véhicule ;

3° Lorsque le mauvais état du véhicule, son poids, sa charge par essieu, la forme, la nature, l'état et les conditions d'utilisation des bandages, la pression sur le sol, l'absence, la non-conformité et la défectuosité de son équipement réglementaire en ce qui concerne les freins ou l'éclairage, ou son chargement, créent un danger important pour les autres usagers ou constituent une menace pour l'intégrité de la chaussée. Toutefois, peuvent seuls être retenus les dépassements du poids total autorisé ou des charges par essieu prévues par la réglementation en vigueur dans le territoire excédant 5 % ;

4° Lorsque le conducteur d'un transport exceptionnel ne peut présenter le document prévu par la réglementation en vigueur dans le territoire permettant la circulation de ce transport ;

5° Lorsque le véhicule ou son chargement provoque des détériorations à la route ou à ses dépendances ;

6° Lorsque le véhicule circule en infraction aux règlements en vigueur dans le territoire relatifs aux transports de matières dangereuses ou à ceux portant restrictions de circulation ;

7° Lorsque le véhicule circule en infraction aux dispositions en vigueur dans le territoire relatives aux organes moteurs ;

8° Lorsque le conducteur du véhicule est en infraction aux dispositions en vigueur dans le territoire et relatives à l'exécution commode et sans délai de toutes les manœuvres qui lui incombent, notamment lorsque ses possibilités de mouvement, son champ de vision et d'audition sont réduits par le nombre ou la position des passagers, par les objets transportés, par l'apposition d'objets non transparents sur les vitres ;

9° Lorsque le conducteur d'un véhicule de transport circule en infraction à la réglementation territoriale relative à l'autorisation de mise en circulation ;

10° Lorsque le conducteur d'un véhicule est en infraction à la réglementation territoriale relative aux conditions de travail, dans les transports routiers, ou ne peut présenter les documents dûment renseignés permettant de contrôler le respect de ces règles ;

11° Lorsque le conducteur est en infraction aux dispositions territoriales relatives à l'obligation d'assurance ;

12° Lorsque le conducteur circule sans satisfaire aux règles territoriales relatives à la circulation routière spéciale aux conducteurs de cyclomoteurs et aux motocyclistes, notamment au port du casque ;

13° Lorsque le conducteur circule en infraction aux règles en vigueur sur le territoire relatives aux visites techniques ;

14° Lorsque le conducteur d'un véhicule est en infraction avec les règles en vigueur dans le territoire et relatives à l'arrêt et au stationnement et à l'usage des voies à circulation spécialisée et refuse de faire cesser l'arrêt ou le stationnement irrégulier malgré l'injonction des agents.

Section III. – Fourrière

Art. R. 343-4. – Les articles R. 325-12, R. 325-13, R. 325-14 à R. 325-17, R. 325-18, R. 325-19 à R. 325-32, R. 325-33, R. 325-34 à R. 325-38, R. 325-40 à R. 325-43 et R. 325-45 sont applicables à la Polynésie française dans la rédaction suivante :

« *Art. R. 325-12. – La mise en fourrière est le transfert d'un véhicule en un lieu désigné par l'autorité administrative ou par l'autorité judiciaire en vue d'y être retenu jusqu'à décision de celle-ci, aux frais du propriétaire du véhicule, afin de faire cesser une ou plusieurs des infractions prévues et réprimées par l'article R. 325-14.*

L'immobilisation matérielle prévue à l'article R. 325-2 peut constituer l'une des opérations préalables au commencement d'exécution de la mise en fourrière.

La mise en fourrière est réputée avoir reçu un commencement d'exécution :

1° À partir du moment où deux roues au moins du véhicule ont quitté le sol, lorsque le transfert du véhicule vers la fourrière est réalisé au moyen d'un véhicule d'enlèvement ;

2° À partir du commencement du déplacement du véhicule vers la fourrière, quel que soit le procédé utilisé à cet effet. »

« Art. R. 325-13. (D. n° 2007-1626, 16 nov. 2007). – Toute prescription de mise en fourrière est précédée d'une vérification tendant à déterminer s'il s'agit d'un véhicule volé.

Lorsque le résultat de cette vérification est positif, le propriétaire et son assureur sont immédiatement informés de la découverte du véhicule. Le véhicule est alors confié au gardien de fourrière à titre conservatoire en attendant que le propriétaire ou l'assureur se manifeste. »

« Art. R. 325-14. – I. (D. n° 2007-1626, 16 nov. 2007). – La mise en fourrière est prescrite par un officier de police judiciaire territorialement compétent dans les cas suivants :

1° À la suite d'une immobilisation du véhicule, dans les conditions prévues à l'article R. 325-9 et au 2° du II de l'article R. 325-11 ;

2° En cas de stationnement de nature à créer une entrave ou une gêne à la circulation, lorsque le conducteur est absent ou refuse de faire cesser le stationnement irrégulier ;

3° En cas de stationnement de nature à créer un danger pour les usagers, quand le conducteur est absent ou refuse de faire cesser le stationnement irrégulier ;

4° En cas de stationnement en infraction à un règlement de police d'un véhicule dont la présence compromet l'utilisation normale de la chaussée ou de ses dépendance ou entrave l'accès des immeubles riverains, si le conducteur est absent ou refuse de faire cesser le stationnement irrégulier ;

5° En cas de stationnement en un même point de la voie publique ou de ses dépendances pendant une durée excédant sept jours consécutifs ;

6° En cas d'infraction aux règlements en vigueur dans le territoire pour la sauvegarde de l'esthétique des sites et des paysages ;

7° En cas de défaut de présentation à une visite technique obligatoire ou de non-exécution de réparations ou aménagements prescrits par l'expert chargé des visites techniques ;

8° En cas de circulation d'un véhicule de transport en infraction à la réglementation territoriale relative à l'autorisation de mise en circulation.

II. – Lorsque le véhicule a été volé, que son propriétaire n'a pu être identifié ou lorsqu'il est muni de fausses plaques d'immatriculation, sa mise en fourrière ne peut être prescrite que par un officier de police judiciaire de la police nationale ou de la gendarmerie nationale territorialement compétent, ou avec son accord préalable exprès. »

« Art. R. 325-15. – La mise en fourrière peut également être prescrite par l'autorité administrative ou par le maire dans le cas prévu au 6° de l'article R. 325-14.

Un officier de police judiciaire territorialement compétent peut être chargé d'exécuter ou de faire exécuter la mesure prévue à l'alinéa précédent.

Les dispositions du II de l'article R. 325-16 sont appliquées. »

« Art. R. 325-16 (Mod., D. n° 2007-1626, 16 nov. 2007). – I. – Dans les cas prévus à l'article R. 325-14, l'agent verbalisateur qui a constaté l'infraction justifiant la mise en fourrière saisit l'officier de police judiciaire territorialement compétent.

II. – L'officier de police judiciaire territorialement compétent ou l'agent verbalisateur spécialement mandaté par lui :

1° Désigne la fourrière dans laquelle sera transféré le véhicule, cette désignation étant matérialisée par la pose d'un signe distinctif sur celui-ci ;

2° Dresse, si possible contradictoirement en présence du propriétaire ou du conducteur du véhicule et du préposé à l'enlèvement, un état sommaire, extérieur et intérieur, du véhicule, sans l'ouvrir, au moyen d'une fiche descriptive dont le modèle est fixé par une décision du Conseil des ministres de Polynésie française, avant que la mise en fourrière reçoive un commencement d'exécution ;

3° Remet à ce propriétaire ou ce conducteur un double de la fiche relative à l'état du véhicule et, le cas échéant, une fiche de circulation provisoire ;

4° Relate sur le procès-verbal de l'infraction les motifs de la mise en fourrière ; il y fait mention du retrait provisoire de la carte grise et de l'heure d'appel du véhicule d'enlèvement. »

« Art. R. 325-17. – Lorsque la mise en fourrière a reçu un commencement d'exécution, le véhicule est restitué à son propriétaire ou à son conducteur dans les conditions prévues à l'article R. 325-38.

Toutefois, si, avant le transfert ou le déplacement effectif du véhicule, le propriétaire ou le conducteur du véhicule règle les frais d'opérations préalables prévus à l'article R. 325-29, ou s'il s'engage par écrit à régler, et s'il s'engage à rendre immédiatement son usage normal à la voie publique, il peut être autorisé à reprendre aussitôt son véhicule. »

« Art. R. 325-18 (D. n° 2007-1626, 16 nov. 2007). – L'auteur d'une prescription de mise en fourrière informe l'autorité dont relève la fourrière dans les plus brefs délais. »

« Art. R. 325-19. – Chaque fourrière relève d'une autorité publique unique.

Cette autorité publique est l'une de celles qui sont prévues aux articles R. 325-20 et R. 325-21.

Cette autorité publique désigne le gardien de la fourrière sur la liste des gardiens de fourrière agréés conformément aux dispositions de l'article R. 325-24. »

« Art. R. 325-20. – Lorsque la mise en fourrière est effectuée dans un lieu public ou relevant d'une autorité publique, l'autorité dont relève la fourrière est :

1° L'autorité compétente du territoire si le local ou le terrain appartient au territoire ou si celui-ci en a la disposition ;

2° Le maire si le local ou le terrain appartient à la commune ou si celle-ci en a la disposition. »

« Art. R. 325-21 (Mod., D. n° 2007-1626, 16 nov. 2007). – La fourrière peut être située dans un lieu privé avec l'assentiment du propriétaire ou du locataire de cet immeuble, s'il accepte d'assurer la garde de cette fourrière.

Dans cette hypothèse, l'autorité dont relève la fourrière est l'autorité désignée par une décision du Conseil des ministres de Polynésie française. »

« Art. R. 325-22. – I. – Lorsque le propriétaire du véhicule faisant l'objet de la mise en fourrière est domicilié ou réside dans le ressort de l'officier de police judiciaire qui exécute cette mesure, celui-ci peut faire garder le véhicule par son propriétaire, à condition que la carte grise soit immédiatement retirée. Ce document reçoit la destination prévue à l'article R. 325-32.

II. – Dans cette hypothèse, l'autorité dont relève la fourrière est :

1° Soit le maire, lorsque la mise en fourrière a été décidée par lui ou par un de ses adjoints agissant en qualité d'officier de police judiciaire ;

2° Soit l'autorité compétente du territoire. »

« Art. R. 325-23. – Le véhicule est placé sous la garde juridique du gardien de la fourrière jusqu'à la date d'effet de la mainlevée, sauf au cours de la sortie provisoire prévue à l'article R. 325-36. »

« Art. R. 325-24 (Mod., D. n° 2007-1626, 16 nov. 2007). – Des délibérations de l'assemblée de la Polynésie française fixent les conditions dans lesquelles sont agréés les gardiens de fourrière et les installations de celle-ci ; l'autorité compétente pour procéder au retrait de l'agrément est désignée par une décision du Conseil des ministres de Polynésie française. »

« Art. R. 325-25. – Le gardien de fourrière enregistre, au fur et à mesure de leurs arrivées, les entrées des véhicules mis en fourrière, leurs sorties provisoires et définitives, les décisions de mainlevée de la mise en fourrière et, le cas échéant, les décisions de remise au service des domaines du territoire ou à une entreprise de destruction. »

« Art. R. 325-26. – Le procès-verbal de la mise en fourrière relate les circonstances et les conditions dans lesquelles cette mesure a été prise ; il est transmis dans les plus brefs délais au procureur de la République.

Un double de ce document est transmis dans les plus brefs délais à l'autorité ayant compétence pour prononcer la mainlevée.

En cas d'absence du propriétaire ou du conducteur au moment de l'enlèvement du véhicule en fourrière, le double de la fiche descriptive remplie par l'agent verbalisateur est adressé sans délai au responsable de la notification de mise en fourrière mentionné à l'article R. 325-31.

Un autre double de cette fiche descriptive est remis au gardien de fourrière. »

« Art. R. 325-27. – Les intéressés peuvent contester auprès du procureur de la République du lieu de l'infraction la décision de mise en fourrière. Ce magistrat confirme la mesure ou en ordonne la mainlevée dans le délai maximal de cinq jours ouvrables.

Si, à l'examen de la procédure, le procureur de la République estime qu'il n'a pas été commis d'infraction, il ordonne que soit donnée mainlevée de la mise en fourrière et en informe immédiatement l'autorité qui l'a prescrite. »

« Art. R. 325-28 (D. n° 2007-1626, 16 nov. 2007). – Peuvent procéder au transfert d'un véhicule du lieu de son stationnement à celui de sa garde en fourrière :

1° Les personnels habilités mentionnés aux premier et deuxième alinéas de l'article L. 325-2, dans sa rédaction applicable à la Polynésie française ;

2° Le professionnel agréé, ou son préposé, désigné pour l'enlèvement du véhicule dont la mise en fourrière a été prescrite ;

3° Un tiers en vertu d'une réquisition ;

4° Le propriétaire ou le conducteur du véhicule en vertu d'une réquisition. »

« Art. R. 325-29 (Mod., D. n° 2007-1626, 16 nov. 2007). – I. – Le propriétaire du véhicule est tenu de rembourser :

1° Lorsque la prescription de mise en fourrière a reçu le commencement d'exécution défini à l'article R. 325-12, les frais d'enlèvement ainsi que, le cas échéant, les frais de garde en fourrière, d'expertise, sous réserve de l'application du II de l'article R. 325-30 et du III de l'article R. 325-35, et de vente ou de destruction du véhicule ;

2° Lorsque la prescription de mise en fourrière n'a pas reçu de commencement d'exécution, les frais afférents aux opérations préalables à la mise en fourrière, à condition que le véhicule d'enlèvement se soit rendu sur les lieux.

II. – Le propriétaire du véhicule rembourse les frais précités au gardien de la fourrière sur présentation d'une facture détaillée.

III. – Les taux maximaux des frais d'opérations préalables à la mise en fourrière, des frais d'enlèvement, de garde en fourrière, d'expertise et de destruction des véhicules sont fixés par une décision du Conseil des ministres de Polynésie française.

IV. – Les frais de vente par le service territorial chargé des domaines sont fixés par une décision du Conseil des ministres de Polynésie française.

V. – Il appartient à l'autorité dont relève la fourrière d'assurer la rémunération, forfaitaire le cas échéant, des professionnels du secteur privé auxquels cette autorité fait appel dans le cadre de la procédure de mise en fourrière. Cette autorité peut conclure avec des professionnels une convention tarifaire, respectant les taux maximaux fixés par une décision du Conseil des ministres de Polynésie française. »

« Art. R. 325-30 (Mod., D. n° 2007-1626, 16 nov. 2007). – I. – L'autorité dont relève la fourrière classe le véhicule dans l'une des trois catégories suivantes :

1° Véhicules pouvant être restitués en l'état à son propriétaire ou son conducteur ;

2° Véhicules ne pouvant être restitués à son propriétaire ou son conducteur qu'après exécution des travaux reconnus indispensables ;

3° Véhicules hors d'état de circuler dans des conditions normales de sécurité et dont la valeur marchande est inférieure à un montant fixé par une décision du Conseil des ministres de Polynésie française, devant être livrés à la destruction à l'expiration du délai d'abandon prévu à l'alinéa 4 de l'article L. 325-7 dans sa rédaction applicable en Polynésie française.

II. – Le classement dans les deuxième et troisième catégories prévues au I ci-dessus est décidé après avis d'un expert désigné dans des conditions fixées par une décision du Conseil des ministres de Polynésie française.

III. – L'expert se prononce sur la capacité du véhicule à circuler dans des conditions normales de sécurité, définit dans le cas contraire les réparations indispensables propres à lui redonner cette capacité et fournit une évaluation de la valeur marchande du véhicule.

IV. – Les véhicules réclamés par leurs propriétaires ou leurs conducteurs dans le délai de trois jours suivant la mise en fourrière peuvent être restitués sans avoir été expertisés ni classés. »

« Art. R. 325-31. – (D. n° 2007-1626, 16 nov. 2007) La mise en fourrière est notifiée par l'officier de police judiciaire qui l'a prescrite ou qui a été chargé de l'exécuter, ou par l'autorité dont relève la fourrière, à l'adresse relevée sur le procès-verbal de l'infraction ayant motivé la mise en fourrière si le propriétaire ou le conducteur du véhicule était présent, ou à l'adresse indiquée au fichier des immatriculations.

« Lorsque le véhicule n'est pas identifiable, il n'est pas procédé à cette formalité. Mention en est faite dans le procès-verbal ou dans le rapport de mise en fourrière. »

« Art. R. 325-32 (Mod., D. n° 2007-1626, 16 nov. 2007). – I. – Cette notification s'effectue par lettre recommandée avec demande d'accusé de réception, dans le délai maximal de cinq jours ouvrables suivant la mise en fourrière du véhicule.

II. – Il y est joint un double de la fiche descriptive de l'état du véhicule mis en fourrière, en cas d'absence du propriétaire ou du conducteur au moment de l'enlèvement pour mise en fourrière.

III. – Cette notification comporte les mentions obligatoires suivantes :

1° Indication de l'autorité qui a prescrit la mise en fourrière, de la fourrière désignée et de l'autorité dont relève cette fourrière ;

2° Décision de classement prise en application de l'article R. 325-30 et indication de la faculté de faire procéder à une contre-expertise conformément aux articles R. 325-35 et R. 325-36 ;

3° Autorité qualifiée pour donner mainlevée de la mise en fourrière ;

4° Injonction au propriétaire du véhicule de remettre immédiatement, sous peine de sanctions édictées par une décision du Conseil des ministres de Polynésie française, la carte grise à l'autorité visée au 3° ci-dessus, à moins que le véhicule ne soit pas soumis à l'obligation d'immatriculation ;

5° Mise en demeure au propriétaire de retirer son véhicule avant l'expiration d'un délai :

a) De dix jours, dans les cas prévus aux quatrième et cinquième alinéas de l'article L. 325-7 dans sa rédaction applicable en Polynésie française ;

b) De quarante-cinq jours, dans les autres cas, ces délais commençant à courir un jour franc après la date de notification ;

6° Avertissement au propriétaire que son absence de réponse dans les délais impartis vaudra abandon de son véhicule et que ledit véhicule sera, dans les conditions prévues par décret, soit remis au service des domaines du territoire en vue de son aliénation, soit livré à la destruction ;

7° Nature et montant des frais qu'il sera tenu de rembourser ;

8° Énoncé des voies de recours.

IV. – Si le Fichier des immatriculations révèle l'inscription d'un gage, copie de la notification de mise en fourrière est adressée au créancier-gagiste, par lettre recommandée avec demande d'accusé de réception. »

« Art. R. 325-33 (D. n° 2007-1626, 16 nov. 2007). – Le fait, pour le propriétaire d'un véhicule, de ne pas restituer le certificat d'immatriculation immédiatement après la notification qui lui a été faite en application de l'article R. 325-32 (II, 4°) est puni de l'amende prévue pour les contraventions de la quatrième classe. »

« Art. R. 325-34. – Toute personne se trouvant destinataire de la carte grise d'un véhicule mis en fourrière est tenue de la transmettre sans délai à l'autorité ayant compétence pour prononcer la mainlevée. »

« Art. R. 325-35. – I. – En cas de désaccord sur l'état du véhicule ou sur la décision de classement visée à l'article R. 325-30, le propriétaire a la faculté de faire procéder à une contre-expertise, aux réparations remettant le véhicule en état de circuler dans des conditions normales de sécurité, ainsi qu'au contrôle technique du véhicule.

II. – La contre-expertise prévue ci-dessus est faite par un expert désigné conformément à l'article L. 325-6, dans sa rédaction applicable en Polynésie française.

III. – Les frais d'expertise et de contre-expertise sont à la charge du propriétaire dans le cas où la contre-expertise confirme l'expertise initiale. Dans le cas contraire, ces frais incombent à l'autorité dont relève la fourrière. »

« Art. R. 325-36 (Mod., D. n° 2007-1626, 16 nov. 2007). – L'autorité dont relève la fourrière ne peut s'opposer à la demande d'autorisation provisoire de sortie de fourrière présentée par le propriétaire du véhicule en vue exclusivement de faire procéder aux réparations visées au 2° du I de l'article R. 325-30, ainsi qu'à la contre-expertise, aux réparations et au contrôle technique visés au I de l'article R. 325-35.

Cette autorisation provisoire de sortie de fourrière, dont le modèle est fixé par une décision du Conseil des ministres de Polynésie française, qui tient lieu de pièce de circulation et qui est limitée au temps des parcours nécessaires et des opérations précitées, peut prescrire un itinéraire et des conditions de sécurité.

Le réparateur doit remettre au propriétaire du véhicule une facture détaillée certifiant l'exécution des travaux prescrits en application du 2° du I de l'article R. 325-30. »

« Art. R. 325-37. – L'autorité dont relève la fourrière informe l'autorité qualifiée pour prononcer la mainlevée de la délivrance de l'autorisation provisoire de sortie de fourrière et de la durée de sa validité.

En ce qui concerne les véhicules volés retrouvés en fourrière, l'autorité dont relève la fourrière est tenue d'informer au préalable les services de police ou de gendarmerie compétents de son intention de délivrer une autorisation provisoire de sortie de fourrière. »

« Art. R. 325-38. – I. – Chaque prescription de mise en fourrière prend fin par une décision de mainlevée.

II. – Cette décision émane de l'autorité qui a prescrit la mise en fourrière ou de l'officier de police judiciaire chargé d'exécuter cette mesure. Elle émane du procureur de la République dans le cas prévu à l'article R. 325-27.

III. – Sous réserve des dispositions de cet article, l'autorité qualifiée pour prononcer la mainlevée est tenue de le faire, de restituer la carte grise du véhicule si elle a été retirée et de délivrer une autorisation définitive de sortie de fourrière :

1° Sur simple demande du propriétaire ou du conducteur si elle concerne un véhicule classé dans la 1re catégorie visée à l'article R. 325-30 ;

2° S'il s'agit d'un véhicule classé dans la 2e ou la 3e catégorie visée à l'article R. 325-30, sur demande du propriétaire ou du conducteur, accompagnée, selon le cas :

a) De la facture mentionnée au troisième alinéa de l'article R. 325-36 ;

b) Du récépissé délivré par le service chargé des contrôles techniques en Polynésie française, postérieur à la date de mise en fourrière.

IV. – Les dispositions du II ci-dessus ne s'appliquent ni aux véhicules volés retrouvés en fourrière ni à ceux dont le propriétaire et l'assureur demeurent inconnus ou introuvables malgré les recherches effectuées, pour lesquels la mainlevée ne peut être prononcée qu'après l'accord préalable exprès des services de police ou de gendarmerie compétents. »

« Art. R. 325-40. – La mainlevée prend effet au jour de la délivrance de l'autorisation définitive de sortie du véhicule dans les cas prévus du III de l'article R. 325-38.

La mainlevée prend effet à compter de la remise du véhicule au service des domaines du territoire de Polynésie française s'il est destiné à être aliéné, ou de sa remise à l'entreprise spécialisée s'il est destiné à être détruit. »

« Art. R. 325-41. – Le gardien de la fourrière restitue le véhicule à son propriétaire ou à son conducteur dès que ce dernier produit l'autorisation définitive de sortie de fourrière et s'est acquitté des frais de mise en fourrière, d'enlèvement, de garde et d'expertise dans le cas où ces derniers sont à la charge du propriétaire. Ces frais sont arrêtés à la date de reprise du véhicule. »

« Art. R. 325-42. – Aucun véhicule mis en fourrière ne peut être remis au service des domaines du territoire de Polynésie française en vue de son aliénation ou à une entreprise de démolition en vue de sa destruction sans que la mainlevée de cette mesure ait été préalablement prononcée à l'une ou l'autre de ces fins. »

« Art. R. 325-43. – En application des dispositions des articles L. 325-7 et L. 325-8, l'autorité dont relève la fourrière décide de la remise du véhicule au service des domaines du territoire en vue de son aliénation ; l'autorité administrative investie des pouvoirs de police en matière de circulation décide de la destruction des véhicules mentionnés au cinquième alinéa de l'article L. 325-7 ainsi que des véhicules qui ont été remis au service des domaines du territoire de Polynésie française pour aliénation et qui n'ont pas trouvé preneur.

L'autorité dont relève la fourrière informe de ces décisions l'autorité qualifiée pour prononcer la mainlevée, détentrice de la carte grise.

Celle-ci envoie la carte grise dûment barrée au chef de service des transports aux fins d'annulation de ce document. »

« Art. R. 325-45 (Mod., D. n° 2007-1626, 16 nov. 2007). – Le responsable de l'entreprise chargée de la destruction d'un véhicule prend en charge celui-ci en remettant au gardien de la fourrière un bon d'enlèvement délivré par l'autorité dont relève la fourrière. Il rend compte de la destruction dudit véhicule à l'autorité dont relevé la fourrière, et à l'autorité qui a prononcé la mainlevée de mise en fourrière.

Les collectivités concernées peuvent passer avec les entreprises appelées à effectuer la destruction des véhicules des contrats dont les clauses sont déterminées conformément à une décision du Conseil des ministres de Polynésie française. »

CHAPITRE IV – DISPOSITIONS APPLICABLES À LA NOUVELLE-CALÉDONIE

(D. n° 2007-1626, 16 nov. 2007)

Section I. – Dispositions générales

Art. R. 344-1. – Les articles R. 325-1 et R. 325-1-1 sont applicables en Nouvelle-Calédonie dans la rédaction suivante :

« Art. R. 325-1. – L'immobilisation, la mise en fourrière, le retrait de la circulation et la destruction prévus à l'article L. 325-1, dans sa rédaction applicable à la Nouvelle-Calédonie, peuvent être décidés dans les cas et les conditions définis au présent code.

L'immobilisation et la mise en fourrière peuvent également être ordonnées conformément aux dispositions de l'article L. 325-1-1, dans sa rédaction applicable à la Nouvelle-Calédonie.

Ces mesures ne font pas obstacle aux saisies ordonnées par l'autorité judiciaire.

Elles ne s'appliquent pas aux véhicules participant à des opérations de maintien de l'ordre. »

« Art. R. 325-1-1. – Lorsque la juridiction prononce la confiscation d'un véhicule immobilisé et mis en fourrière en application de l'article L. 325-1-1, dans sa rédaction applicable à la Nouvelle-Calédonie, le service chargé de son aliénation dans les formes prévues pour les ventes de son mobilier, informe préalablement le candidat acquéreur que le montant des frais d'enlèvement et de garde en fourrière seront à sa charge. »

Art. R. 344-1-1 *(D. n° 2009-1644, 23 déc. 2009)*. – Les articles R. 317-2, R. 317-3 et R. 317-4 sont applicables en Nouvelle-Calédonie dans la rédaction suivante :

« Art. R. 317-2. – Dans les cas où la réglementation en vigueur en Nouvelle-Calédonie prévoit que des véhicules doivent être équipés d'un appareil de contrôle permettant l'enregistrement de la vitesse du véhicule, l'État définit les exigences réglementaires applicables à cet appareil ainsi que les conditions de son installation, de sa réparation et de sa vérification.

Le conducteur d'un véhicule équipé d'un appareil de contrôle permettant l'enregistrement de la vitesse du véhicule est tenu de présenter ou de remettre, à toutes réquisitions des agents ayant qualité pour constater les délits ou les contraventions en matière de circulation routière, les feuilles d'enregistrement de l'appareil de contrôle. Ces feuilles doivent être conservées pendant un an au moins et tenues à la disposition des agents de constatation. »

« Art. R. 317-3. – L'appareil de contrôle doit être constamment maintenu en bon état de fonctionnement.

Le fait de contrevenir aux dispositions du présent article est puni de l'amende prévue pour les contraventions de la quatrième classe. »

« Art. R. 317-4. – L'immobilisation des véhicules devant être équipés d'un appareil de contrôle permettant l'enregistrement de la vitesse peut être prescrite dans les conditions prévues à l'article L. 344-1 :

1° Lorsque le conducteur est en infraction aux règles relatives aux conditions de travail dans les transports routiers, publics ou privés, en vigueur en Nouvelle-Calédonie ;

2° Lorsque le conducteur ne peut présenter les documents dûment renseignés concernant les conditions de travail dans les transports routiers, publics et privés, en vigueur en Nouvelle-Calédonie ;

3° En l'absence d'appareil de contrôle permettant l'enregistrement de la vitesse ou lorsque celui-ci a fait l'objet d'une modification ou d'une détérioration affectant son fonctionnement normal. »

Section II. – Immobilisation

Art. R. 344-2. – Les articles R. 325-2 à R. 325-6 et R. 325-9 à R. 325-11 sont applicables à la Nouvelle-Calédonie dans la rédaction suivante :

« Art. R. 325-2. – L'immobilisation est l'obligation faite au conducteur ou au propriétaire d'un véhicule, dans les cas prévus au présent code, de maintenir ce véhicule sur place ou à proximité du lieu de constatation de l'infraction en se conformant aux règles relatives au stationnement.

En cas d'absence du conducteur ou lorsque celui-ci refuse de déplacer son véhicule, l'immobilisation de ce véhicule peut être assurée par un moyen mécanique.

Pendant tout le temps de l'immobilisation, le véhicule demeure sous la garde juridique de son propriétaire ou de son conducteur.

Le fait pour tout conducteur ou propriétaire d'un véhicule de transport de marchandises d'un poids total autorisé en charge excédant 3,5 tonnes ou d'un véhicule de transport en commun de contrevenir à l'obligation prévue au premier alinéa est puni de l'amende prévue pour les contraventions de la cinquième classe.

Le fait pour tout conducteur ou propriétaire d'un autre véhicule de contrevenir à l'obligation prévue au premier alinéa est puni de l'amende prévue pour les contraventions de la quatrième classe. »

« Art. R. 325-3. – L'immobilisation peut être prescrite par les officiers et les agents de police judiciaire ainsi que les agents de police judiciaire adjoints mentionnés à l'article 21 du Code de procédure pénale lorsqu'ils constatent la nécessité de faire cesser sans délai une des infractions prévues à l'article R. 344-3. »

« Art. R. 325-4. – I. – Lorsque la décision d'immobilisation résulte de l'une des situations suivantes :

1° Le conducteur ou l'accompagnateur de l'élève conducteur est présumé en état d'ivresse ou sous l'emprise d'un état alcoolique ;

2° Le conducteur n'est pas titulaire de la catégorie du permis exigée pour la conduite du véhicule considéré ;

3° Le conducteur est en infraction aux règles relatives aux conditions de travail dans les transports routiers, publics ou privés, ou ne peut présenter les documents dûment renseignés permettant de contrôler le respect de ces règles.

Le véhicule peut poursuivre sa route dès qu'un conducteur qualifié proposé par le conducteur ou, éventuellement, par l'accompagnateur de l'élève conducteur ou par le propriétaire du véhicule peut assurer la conduite de celui-ci.

II. – À défaut, les fonctionnaires et agents habilités à prescrire l'immobilisation peuvent prendre toute mesure destinée à placer le véhicule en stationnement régulier, au lieu qu'ils désignent, en faisant notamment appel à un conducteur qualifié. »

« Art. R. 325-5. – Lorsque la décision d'immobilisation résulte d'une infraction aux règles concernant l'état ou l'équipement du véhicule, elle peut n'être rendue effective que dans un lieu où le conducteur du véhicule sera susceptible de trouver les moyens de faire cesser l'infraction.

Il ne peut être fait usage de cette faculté que dans la mesure où l'accompagnement du véhicule jusqu'à ce lieu peut être assuré dans des conditions de sécurité satisfaisantes.

Le conducteur peut également être autorisé à faire appel à un professionnel qualifié pour la prise en remorque de son véhicule en vue de sa réparation. L'immobilisation devient alors effective au lieu de réparation. »

« Art. R. 325-6. – Lorsque le véhicule circule en infraction aux règles relatives aux contrôles techniques, la décision d'immobilisation doit prescrire la présentation du véhicule à un contrôle technique, dont les conditions sont fixées par une délibération du congrès de la Nouvelle-Calédonie.

Dans ce cas, une fiche de circulation provisoire, valable sept jours, est établie par les autorités compétentes localement selon la procédure mentionnée à l'article R. 325-9. La ou les pièces administratives nécessaires à la circulation du véhicule sont restituées au vu d'un document attestant le résultat satisfaisant du contrôle technique. »

« Art. R. 325-9. – I. – Lorsque l'infraction qui a motivé l'immobilisation n'a pas cessé au moment où l'agent quitte le lieu où le véhicule est immobilisé, l'agent saisit l'officier de police judiciaire ou l'agent de police judiciaire adjoint, chef de la police municipale ou occupant ces fonctions, territorialement compétent en lui remettant soit la carte grise du véhicule s'il s'agit d'un véhicule dont le poids total autorisé en charge n'excède pas 3,5 tonnes et une fiche d'immobilisation, soit les pièces administratives nécessaires à la circulation du véhicule s'il s'agit d'un véhicule de transport de marchandises d'un poids total autorisé en charge excédant 3,5 tonnes ou de transport en commun et la fiche d'immobilisation. Un double de cette fiche est remis au contrevenant.

II. – La fiche d'immobilisation énonce les date, heure et lieu de l'immobilisation, l'infraction qui l'a motivée, les éléments d'identification du véhicule et de la carte grise, les nom et adresse du contrevenant, les noms, qualités et affectations des agents qui la rédigent et précise la résidence de l'officier de police judiciaire ou l'agent de police judiciaire adjoint, chef de police municipale ou occupant ces fonctions, qualifié pour lever la mesure. »

« Art. R. 325-10. – Le procès-verbal de l'infraction qui a motivé l'immobilisation d'un véhicule est transmis dans les plus brefs délais au procureur de la République. Il relate de façon sommaire les circonstances et les conditions dans lesquelles la mesure a été prise. »

« Art. R. 325-11. – I. – L'immobilisation ne peut être maintenue après que la circonstance qui l'a motivée a cessé.

II. – Elle est levée :

1° Par l'agent qui l'a prescrite s'il est encore présent lors de la cessation de l'infraction ;

2° Par l'officier de police judiciaire ou l'agent de police judiciaire adjoint, chef de la police municipale ou occupant ces fonctions, saisi dans les conditions prévues à l'article R. 325-9, dès que le conducteur ou l'accompagnateur de l'élève conducteur justifie de la cessation de l'infraction. L'officier de police judiciaire ou l'agent de police judiciaire adjoint, chef de la police municipale ou occupant ces fonctions, restitue alors la carte grise au conducteur ou à l'accompagnateur de l'élève conducteur et transmet au procureur de la République le procès-verbal mentionné à l'article R. 325-10 et un exemplaire de la fiche d'immobilisation ou une copie conforme de cette fiche, comportant la mention de la levée de la mesure. Lorsque le conducteur ou l'accompagnateur de l'élève conducteur n'a pas justifié de la cessation de l'infraction dans un délai de quarante-huit heures, l'officier de police judiciaire ou l'agent de police judiciaire adjoint, chef de la police municipale ou occupant ces fonctions, peut transformer l'immobilisation en une mise en fourrière ; il joint alors à chacun des exemplaires de la procédure de mise en fourrière qu'il adresse au procureur de la République un exemplaire ou une copie conforme de la fiche d'immobilisation.

III. – Dans tous les cas, dès la cessation de l'infraction qui a motivé l'immobilisation, le véhicule peut circuler entre le lieu d'immobilisation et la résidence de l'autorité désignée pour lever la mesure, sous couvert du double de la fiche d'immobilisation remise au conducteur. »

Section III. – Fourrière

Art. R. 344-3 *(D. n° 2017-16, 6 janv. 2017).* – L'immobilisation peut être prescrite :

1° Lorsque le conducteur est présumé en état d'ivresse ou sous l'empire d'un état alcoolique ;

2° Lorsque le conducteur n'est pas titulaire du permis exigé pour la conduite du véhicule ;

3° Lorsque le mauvais état du véhicule, son poids, sa charge par essieu, la forme, la nature, l'état et les conditions d'utilisation des bandages, la pression sur le sol, l'absence, la non-conformité et la défectuosité de son équipement réglementaire en ce qui concerne les freins ou l'éclairage, ou son chargement, créent un danger important pour les autres usagers ou constituent une menace pour l'intégrité de la chaussée. Toutefois, peuvent seuls être retenus les dépassements du poids total autorisé ou des charges par essieu prévues par la réglementation en vigueur sur le territoire excédant 5 % ;

4° Lorsque le conducteur d'un transport exceptionnel ne peut présenter le document prévu par la réglementation en vigueur dans le territoire permettant la circulation de ce transport ;

5° Lorsque le véhicule ou son chargement provoque des détériorations à la route ou à ses dépendances ;

6° Lorsque le véhicule circule en infraction aux règlements en vigueur sur le territoire relatifs aux transports de matières dangereuses ou à ceux portant restrictions de circulation ;

7° Lorsque le véhicule circule en infraction aux dispositions en vigueur sur le territoire relatives aux organes moteurs ;

8° Lorsque le conducteur du véhicule est en infraction aux dispositions en vigueur sur le territoire et relatives à l'exécution commode et sans délai de toutes les manœuvres qui lui incombent, notamment lorsque ses possibilités de mouvement, son champ de vision et d'audition sont réduits par le nombre ou la position des passagers, par les objets transportés, par l'apposition d'objets non transparents sur les vitres ;

9° Lorsque le conducteur d'un véhicule de transport circule en infraction à la réglementation territoriale relative à l'autorisation de mise en circulation ;

10° Lorsque le conducteur d'un véhicule est en infraction à la réglementation territoriale relative aux conditions de travail, dans les transports routiers, ou ne peut présenter les documents dûment renseignés permettant de contrôler le respect de ces règles ;

11° Lorsque le conducteur est en infraction aux dispositions territoriales relatives à l'obligation d'assurance ;

12° Lorsque le conducteur circule sans satisfaire aux règles territoriales relatives à la circulation routière spéciale aux conducteurs de cyclomoteurs et aux motocyclistes, notamment au port du casque ;

13° Lorsque le conducteur circule en infraction aux règles en vigueur sur le territoire relatives aux visites techniques ;

14° Lorsque le conducteur d'un véhicule est en infraction avec les règles en vigueur sur le territoire et relatives à l'arrêt et au stationnement et à l'usage des voies à circulation spécialisée et refuse de faire cesser l'arrêt ou le stationnement irrégulier malgré l'injonction des agents.

Art. R. 344-4. – Les articles R. 325-12 à R. 325-38, R. 325-40 à R. 325-43 et R. 325-45 à R. 325-46 sont applicables en Nouvelle-Calédonie dans la rédaction suivante :

« Art. R. 325-12. – I. – La mise en fourrière est le transfert d'un véhicule en un lieu désigné par l'autorité administrative ou judiciaire en vue d'y être retenu jusqu'à décision de celle-ci, aux frais du propriétaire de ce véhicule.

II. – L'immobilisation matérielle visée à l'article R. 325-2 peut constituer l'une des opérations préalables au commencement d'exécution de la mise en fourrière.

III. – La mise en fourrière est réputée avoir reçu un commencement d'exécution :

1° À partir du moment où deux roues au moins du véhicule ont quitté le sol, lorsque le transfert du véhicule vers la fourrière est réalisé au moyen d'un véhicule d'enlèvement ;

2° À partir du commencement du déplacement du véhicule vers la fourrière, quel que soit le procédé utilisé à cet effet. »

« Art. R. 325-13. – Toute prescription de mise en fourrière est précédée d'une vérification tendant à déterminer s'il s'agit d'un véhicule volé.

Lorsque le résultat de cette vérification est positif, le propriétaire et son assureur sont immédiatement informés de la découverte du véhicule. Le véhicule est alors confié au gardien de fourrière à titre conservatoire en attendant que le propriétaire ou l'assureur se manifeste. »

« Art. R. 325-14. – I. – Dans les cas prévus au présent code ou à la suite d'une immobilisation du véhicule, la mise en fourrière est prescrite dans les conditions prévues à l'article R. 325-9 et au 2° de l'article R. 325-11 :

– soit par un officier de police judiciaire territorialement compétent, de la police nationale ou de la gendarmerie nationale ;

– soit par un agent de police judiciaire adjoint, chef de la police municipale ou occupant ces fonctions, territorialement compétent, de sa propre initiative ou sur proposition de l'agent qui a verbalisé à la suite d'une infraction justificative de mise en fourrière.

II. – Lorsque le véhicule a été volé, que son propriétaire n'a pu être identifié ou lorsqu'il est muni de fausses plaques d'immatriculation, sa mise en fourrière ne peut être prescrite que par un officier de police judiciaire de la police nationale ou de la gendarmerie nationale territorialement compétent, ou avec son accord préalable exprès. »

« Art. R. 325-15. – En cas d'infraction aux règlements en vigueur sur le territoire pour la sauvegarde de l'esthétique des sites et des paysages, la mise en fourrière peut également être prescrite par l'autorité administrative compétente en Nouvelle-Calédonie.

Un officier de police judiciaire ou l'agent de police judiciaire adjoint, chef de la police municipale ou occupant ces fonctions, territorialement compétent peut être chargé d'exécuter, ou de faire exécuter, la mesure prévue à l'alinéa précédent.

Les dispositions du II de l'article R. 325-16 sont appliquées. »

« Art. R. 325-16. – L'officier de police judiciaire ou l'agent de police judiciaire adjoint, chef de la police municipale ou occupant ces fonctions, territorialement compétent, ou l'agent placé sous leur autorité :

1° Désigne la fourrière dans laquelle sera transféré le véhicule, cette désignation étant matérialisée par la pose d'un signe distinctif sur celui-ci ;

2° Dresse, si possible contradictoirement en présence du propriétaire ou du conducteur du véhicule et du préposé à l'enlèvement, un état sommaire, extérieur et intérieur, du véhicule, sans l'ouvrir, au moyen d'une fiche descriptive dont le modèle est fixé par une délibération du congrès de la Nouvelle-Calédonie, avant que la mise en fourrière reçoive un commencement d'exécution ;

3° Remet à ce propriétaire ou ce conducteur, s'il est présent, un double de la fiche relative à l'état du véhicule et, le cas échéant, la fiche de circulation provisoire prévue à l'article R. 325-6 ;

4° Relate sur le procès-verbal de constatation ou le rapport les motifs de la mise en fourrière ; il y fait mention du retrait provisoire du certificat d'immatriculation et de l'heure d'appel du véhicule d'enlèvement. »

« Art. R. 325-17. – Lorsque la mise en fourrière a reçu un commencement d'exécution, le véhicule est restitué à son propriétaire ou son conducteur dans les conditions prévues à l'article R. 325-38.

Toutefois, si le propriétaire ou le conducteur du véhicule règle les frais d'opérations préalables prévus à l'article R. 325-29 ou s'il s'engage par écrit à les régler, et s'il s'engage à rendre immédiatement son usage normal à la voie publique, il peut être autorisé à reprendre aussitôt son véhicule. »

« Art. R. 325-18. – L'auteur d'une prescription de mise en fourrière informe l'autorité dont relève la fourrière dans les plus brefs délais. »

« Art. R. 325-19. – Chaque fourrière relève d'une autorité publique unique.

Cette autorité publique est l'une de celles qui sont prévues aux articles R. 325-20 et R. 325-21.

Cette autorité publique désigne le gardien de la fourrière sur la liste des gardiens de fourrière agréés par la Nouvelle-Calédonie conformément aux dispositions de l'article R. 325-24. »

« Art. R. 325-20. – Lorsque la mise en fourrière est effectuée dans un lieu public ou relevant d'une autorité publique, l'autorité dont relève la fourrière est déterminée par une délibération du congrès de la Nouvelle-Calédonie. »

« Art. R. 325-21. – La fourrière peut être située dans un lieu privé avec l'assentiment du propriétaire ou du locataire de cet immeuble s'il accepte d'assurer la garde de cette fourrière. Dans cette hypothèse, l'autorité dont relève la fourrière est désignée par les dispositions applicables localement. »

« Art. R. 325-22. – I. – Lorsque le propriétaire du véhicule faisant l'objet de la mise en fourrière est domicilié ou réside dans le ressort de l'officier de police judiciaire ou de l'agent de police judiciaire adjoint, chef de la police municipale ou occupant ces fonctions, qui prescrit cette mesure, celui-ci peut faire garder le véhicule par son propriétaire, à condition que le certificat d'immatriculation soit immédiatement retiré. Ce document reçoit la destination prévue à l'article R. 325-34.

II. – Dans cette hypothèse, l'autorité dont relève la fourrière est :

1° Soit le maire, lorsque la mise en fourrière a été décidée par lui ou par un de ses adjoints agissant en qualité d'officier de police judiciaire ou par l'agent de police judiciaire adjoint, chef de la police municipale ou occupant ces fonctions ;

2° Soit l'autorité compétente du territoire en matière de circulation routière, dans les autres cas. »

« Art. R. 325-23. – Le véhicule est placé sous la garde juridique du gardien de la fourrière jusqu'à la date d'effet de la mainlevée, sauf au cours de la sortie provisoire prévue à l'article R. 325-36. »

« Art. R. 325-24. – Les conditions dans lesquelles sont agréés les gardiens de fourrière, la réglementation concernant leurs installations et l'autorité compétente pour procéder au retrait de l'agrément sont fixées par des dispositions applicables localement. »

« Art. R. 325-25. – Le gardien de fourrière enregistre, au fur et à mesure de leurs arrivées, les entrées des véhicules mis en fourrière, leurs sorties provisoires et définitives, les décisions de mainlevée de la mise en fourrière et, le cas échéant, les décisions de remise au service compétent de la Nouvelle-Calédonie chargé de son alinéation dans les formes prévues pour les ventes de son mobilier ou à une entreprise de destruction. »

« Art. R. 325-26. – Le procès-verbal de la mise en fourrière relate les circonstances et les conditions dans lesquelles cette mesure a été prise ; il est transmis dans les plus brefs délais au procureur de la République.

Un double de ce document est transmis dans les plus brefs délais à l'autorité ayant compétence pour prononcer la main levée.

En cas d'absence du propriétaire ou du conducteur au moment de l'enlèvement du véhicule en fourrière, un double de la fiche descriptive remplie par l'agent de constatation est adressé sans délai au responsable de la notification de mise en fourrière. »

« Art. R. 325-27. – Les intéressés peuvent contester auprès du procureur de la République du lieu de l'infraction la décision de mise en fourrière. Ce magistrat confirme la mesure ou en ordonne la mainlevée dans le délai maximal de cinq jours ouvrables.

Si, à l'examen de la procédure, le procureur de la République estime qu'il n'a pas été commis d'infraction, il ordonne que soit donnée mainlevée de la mise en fourrière et en informe immédiatement l'autorité qui l'a prescrite. »

« Art. R. 325-28. – Peuvent procéder au transfert d'un véhicule du lieu de son stationnement à celui de sa garde en fourrière :

1° Les personnels habilités mentionnés aux premier et deuxième alinéas de l'article L. 325-2, dans sa rédaction applicable à la Nouvelle-Calédonie ;

2° Le professionnel agréé, ou son préposé, désigné pour l'enlèvement du véhicule dont la mise en fourrière a été prescrite ;

3° Un tiers en vertu d'une réquisition ;

4° Le propriétaire ou le conducteur du véhicule en vertu d'une réquisition. »

« Art. R. 325-29. – I. – Le propriétaire du véhicule est tenu de rembourser :

1° Lorsque la prescription de mise en fourrière a reçu le commencement d'exécution défini à l'article R. 325-12, les frais d'enlèvement ainsi que, le cas échéant, les frais de garde en fourrière, d'expertise sous réserve de l'application du IV de l'article R. 325-30 et de l'alinéa 3 de l'article R. 325-35, et de vente ou de destruction du véhicule ;

2° Lorsque la prescription de mise en fourrière n'a pas reçu de commencement d'exécution, les frais afférents aux opérations préalables à la mise en fourrière, à condition que le véhicule d'enlèvement se soit rendu sur les lieux.

II. – Le propriétaire du véhicule rembourse les frais précités au gardien de la fourrière sur présentation d'une facture détaillée.

III. – Les taux maximaux des frais d'opérations préalables à la mise en fourrière, des frais d'enlèvement, de garde en fourrière, d'expertise, de vente et de destruction des véhicules sont fixés par des dispositions applicables localement, compte tenu des catégories de véhicules.

IV. – Les professionnels auxquels l'autorité dont relève la fourrière fait appel dans le cadre de la mise en fourrière sont rémunérés par cette autorité.

À défaut de stipulations contractuelles, cette autorité indemnise les frais énumérés au III dans les cas suivants :

1° Le propriétaire du véhicule mis en fourrière s'avère inconnu, introuvable ou insolvable ;

2° La procédure ou la prescription de mise en fourrière est annulée. »

« Art. R. 325-30. – I. – L'autorité dont relève la fourrière classe le véhicule dans l'une des trois catégories suivantes :

1° Véhicule pouvant être restitué en l'état à son propriétaire ou son conducteur ;

2° Véhicule ne pouvant être restitué à son propriétaire ou son conducteur qu'après l'exécution des travaux reconnus indispensables, ou après avoir satisfait aux obligations de contrôles techniques, dont les modalités pratiques sont fixées par une délibération du congrès de la Nouvelle-Calédonie ;

3° Véhicule hors d'état de circuler dans des conditions normales de sécurité et dont la valeur marchande est inférieure à un montant fixé par le gouvernement de la Nouvelle-Calédonie, devant être livré à la destruction à l'expiration du délai d'abandon prévu au quatrième alinéa de l'article L. 325-7.

II. – Le classement dans les deuxième et troisième catégories prévues au I ci-dessus est décidé après avis d'un expert en automobile désigné dans des conditions fixées par délibération du congrès de la Nouvelle-Calédonie.

III. – L'expert se prononce sur la capacité du véhicule à circuler dans des conditions normales de sécurité. Si le véhicule ne remplit pas ces conditions, l'expert définit les réparations indispensables propres à lui redonner cette capacité et fournit une évaluation de la valeur marchande du véhicule.

IV. – Les véhicules réclamés par leurs propriétaires ou leurs conducteurs dans le délai de trois jours suivant la mise en fourrière peuvent être restitués dans avoir été expertisés ni classés. »

« Art. R. 325-31. – La mise en fourrière est notifiée par l'officier de police judiciaire qui l'a prescrite ou qui a été chargé de l'exécuter, ou par l'autorité dont relève la fourrière, à l'adresse relevée sur le procès-verbal de l'infraction ayant motivé la mise en fourrière si le propriétaire ou le conducteur du véhicule était présent, ou à l'adresse indiquée au fichier des immatriculations.

Lorsque le véhicule n'est pas identifiable, il n'est pas procédé à cette formalité. Mention en est faite dans le procès-verbal ou dans le rapport de mise en fourrière. »

« Art. R. 325-32. – I. – Cette notification s'effectue par lettre recommandée avec demande d'accusé de réception, dans le délai maximal de cinq jours ouvrables suivant la mise en fourrière du véhicule.

Il y est joint un double de la fiche descriptive de l'état du véhicule mis en fourrière en cas d'absence du propriétaire ou du conducteur au moment de l'enlèvement pour mise en fourrière.

II. – Cette notification comporte les mentions obligatoires suivantes :

1° Indication de l'auteur de la prescription, du motif de la prescription, de la fourrière désignée et de l'autorité dont relève cette fourrière ;

2° Décision de classement prise en application de l'article R. 325-30 et indication de la faculté de faire procéder à une contre-expertise conformément aux articles R. 325-35 et R. 325-36 ;

3° Autorité qualifiée pour donner mainlevée de la mise en fourrière ;

4° Injonction au propriétaire du véhicule, s'il est soumis à immatriculation, de remettre immédiatement, sous peine d'encourir l'amende prévue pour les contraventions de la quatrième classe, le certificat d'immatriculation à l'autorité qualifiée pour donner mainlevée de la mise en fourrière ;

5° Mise en demeure au propriétaire de retirer son véhicule avant l'expiration d'un délai :

a) De dix jours pour un véhicule qu'un expert aura estimé d'une valeur marchande inférieure à un montant fixé par le gouvernement de la Nouvelle-Calédonie et déclaré hors d'état de circuler dans des conditions normales de sécurité ;

b) De quarante-cinq jours dans les autres cas, ces délais commençant à courir un jour franc après la date de notification ;

6° Avertissement au propriétaire que son absence de réponse dans les délais impartis vaudra abandon de son véhicule et que ledit véhicule sera, dans les conditions prévues par décret, soit remis au service compétent de la Nouvelle-Calédonie chargé de son aliénation dans les formes prévues pour les ventes de son mobilier en vue de son aliénation, soit livré à la destruction ;

7° Nature et montant des frais qu'il sera tenu de rembourser ;

8° Énoncé des voies de recours.

III. – Si le fichier des immatriculations révèle l'inscription d'un gage, copie de la notification de mise en fourrière est adressée par l'auteur de la prescription de mise en fourrière au créancier-gagiste, par lettre recommandée avec demande d'accusé de réception, qui fait référence aux articles 5, 6 et 7 du décret n° 72-823 du 6 septembre 1972 fixant les conditions de remise au service des domaines des véhicules non retirés de fourrière par leurs propriétaires. »

« Art. R. 325-33. – Le fait, pour le propriétaire d'un véhicule, de ne pas restituer le certificat d'immatriculation immédiatement après la notification qui lui a été faite en application de l'article R. 325-32 (II, 4°) est puni de l'amende prévue pour les contraventions de la quatrième classe. »

« Art. R. 325-34. – Toute personne se trouvant destinataire du certificat d'immatriculation d'un véhicule mis en fourrière est tenue de le transmettre sans délai à l'autorité ayant compétence pour prononcer la mainlevée. »

« Art. R. 325-35. – En cas de désaccord sur l'état du véhicule ou sur la décision de classement visée à l'article R. 325-30, le propriétaire a la faculté de faire procéder à une contre-expertise.

La contre-expertise est faite par un expert choisi sur la liste visée à l'article R. 325-30.

Dans le cas où la contre-expertise confirme l'expertise initiale, les frais d'expertise et de contre-expertise sont à la charge du propriétaire. Dans le cas contraire, ces frais incombent à l'autorité dont relève la fourrière. »

« Art. R. 325-36. – L'autorité dont relève la fourrière ne peut s'opposer à la demande d'autorisation provisoire de sortie de fourrière présentée par le propriétaire du véhicule en vue exclusivement de faire procéder aux travaux reconnus indispensables par l'expert. Il en est de même lorsque le propriétaire du véhicule fait procéder à une contre-expertise, aux réparations remettant le véhicule en état de circuler dans des conditions normales de sécurité ainsi qu'au contrôle technique du véhicule.

Cette autorisation provisoire de sortie de fourrière, dont le modèle est fixé par délibération du congrès de la Nouvelle-Calédonie, qui tient lieu de pièce de circulation et qui est limitée au temps des parcours nécessaires et des opérations précitées, peut prescrire un itinéraire et des conditions de sécurité.

Le réparateur doit remettre au propriétaire du véhicule une facture détaillée certifiant l'exécution des travaux prescrits en application du 2° du I de l'article R. 325-30. »

« Art. R. 325-37. – L'autorité dont relève la fourrière informe l'autorité qualifiée pour prononcer la mainlevée de la délivrance de l'autorisation provisoire de sortie de fourrière et de la durée de sa validité.

En ce qui concerne les véhicules volés retrouvés en fourrière, l'autorité dont relève la fourrière est tenue d'informer au préalable les services de police ou de gendarmerie compétents de son intention de délivrer une autorisation provisoire de sortie de fourrière. »

« Art. R. 325-38. – I. – Chaque prescription de mise en fourrière prend fin par une décision de mainlevée.

II. – Cette décision émane de l'autorité qui a prescrit la mise en fourrière ou de l'officier de police judiciaire chargé d'exécuter cette mesure.

III. – Lorsque l'autorité qualifiée pour prononcer la main levée est saisie en ce sens par le procureur de la République, comme il est prévu à l'article R. 325-27, elle est tenue de donner immédiatement mainlevée.

IV. – L'autorité qualifiée pour prononcer la mainlevée est tenue de le faire, de restituer le certificat d'immatriculation du véhicule s'il a été retiré et de délivrer une autorisation définitive de sortie de fourrière.

1° Sur simple demande du propriétaire ou du conducteur si elle concerne un véhicule classé dans la première catégorie visée à l'article R. 325-30 ;

2° S'il s'agit d'un véhicule classé dans la deuxième ou la troisième catégorie, sur demande du propriétaire ou du conducteur, accompagnée selon le cas :

a) De la facture détaillée du réparateur certifiant l'exécution des travaux reconnus indispensables par l'expert ;

b) Ou du récépissé délivré par un centre de contrôle technique désigné selon les dispositions localement applicables, postérieur à la date de mise en fourrière.

V. – Les dispositions du IV ci-dessus ne s'appliquent pas aux véhicules volés retrouvés en fourrière ainsi qu'aux véhicules dont le propriétaire et l'assureur demeurent inconnus ou introuvables malgré les recherches effectuées, pour lesquels la mainlevée ne peut être prononcée qu'après accord préalable exprès des services de police ou de gendarmerie compétents. »

« Art. R. 325-40. – La mainlevée prend effet au jour de la délivrance de l'autorisation définitive de sortie du véhicule dans les cas prévus au IV de l'article R. 325-38.

La mainlevée prend effet à compter de la remise du véhicule au service compétent chargé de son aliénation dans les formes prévues pour les ventes de son mobilier s'il est destiné à être aliéné, ou de sa remise à l'entreprise spécialisée s'il est destiné à être détruit. »

« Art. R. 325-41. – Le gardien de la fourrière restitue le véhicule à son propriétaire ou à son conducteur dès que ce dernier produit l'autorisation définitive de sortie de fourrière et s'est acquitté des frais de mise en fourrière, d'enlèvement, de garde et d'expertise, dans le cas où ces derniers sont à la charge du propriétaire. Ces frais sont arrêtés à la date de reprise du véhicule. »

« Art. R. 325-42. – Aucun véhicule mis en fourrière ne peut être remis au service compétent chargé de son aliénation dans les formes prévues pour les ventes de son mobilier en vue de son aliénation ou à une entreprise de démolition en vue de sa destruction sans que la mainlevée de cette mesure ait été préalablement prononcée à l'une ou l'autre de ces fins. »

« Art. R. 325-43. – En application des dispositions des articles L. 325-7 et L. 325-8 relatives aux véhicules abandonnés, dans leur rédaction applicable à la Nouvelle-Calédonie, l'autorité dont relève la fourrière décide de la remise du véhicule au service compétent chargé de son aliénation dans les formes prévues pour les ventes de son mobilier en vue de son aliénation ; l'autorité administrative investie du pouvoir de police en matière de circulation décide de la destruction des véhicules mentionnés au quatrième alinéa de l'article L. 325-7 ainsi que des véhicules qui ont été remis au service compétent chargé de son aliénation dans les formes prévues pour les ventes de son mobilier pour aliénation et qui n'ont pas trouvé preneur.

L'autorité dont relève la fourrière informe de ces décisions l'autorité qualifiée pour prononcer la mainlevée, détentrice du certificat d'immatriculation.

Dans ce cas, en se référant aux décisions susvisées, l'autorité qualifiée envoie le certificat d'immatriculation, dûment barré, à l'autorité compétente territorialement, aux fins d'annulation de ce document. Si l'envoi du certificat d'immatriculation est impossible, elle en précise le motif. »

« Art. R. 325-45. – I. – Le responsable de l'entreprise chargée de la destruction d'un véhicule prend en charge celui-ci en remettant au gardien de la fourrière un bon d'enlèvement délivré par l'autorité dont relève la fourrière. Il rend compte de la destruction dudit véhicule à l'autorité dont relève la fourrière, à l'autorité qui a prononcé la mainlevée de mise en fourrière.

II. – Les autorités dont relèvent les fourrières, définies aux articles R. 325-20 et R. 325-21, peuvent passer contrat avec des entreprises appelées à effectuer la destruction des véhicules, selon les modalités fixées par les autorités compétentes de la Nouvelle-Calédonie. »

« Art. R. 325-46. – Les dispositions concernant la mise en fourrière ne sont pas applicables aux véhicules militaires. »

Titre V. – DISPOSITIONS RELATIVES AUX DÉMARCHES EFFECTUÉES PAR VOIE ÉLECTRONIQUE

(D. n° 2017-1278, 9 août 2017)

Art. R. 350-1. – L'accomplissement des démarches par voie électronique prévues aux chapitres II et VII du titre II ainsi qu'au titre III est subordonné à la justification, par l'usager, de son identité dans les conditions fixées par l'article R. 112-9-1 du Code des relations entre le public et l'administration.

Art. R. 350-2. – À défaut de pouvoir faire lui-même une démarche par voie électronique, l'usager peut bénéficier d'un accès à un dispositif connecté au site de la démarche considérée et d'une assistance numérique, mis en place par l'administration.

Art. R. 350-3. – À l'occasion des démarches par voie électronique prévues au I de l'article R. 322-5, au I de l'article R. 322-6, au I de l'article R. 322-8 et au I de l'article R. 327-1, le certificat d'immatriculation du véhicule et, s'il existe, le coupon, sont conservés pendant cinq ans par le propriétaire qui les tient à la disposition du ministre de l'Intérieur. Le fait, pendant la période de cinq ans, de ne pas être en mesure de présenter au ministre de l'Intérieur le certificat d'immatriculation du véhicule, et, s'il existe, le coupon, est puni de l'amende prévue pour les contraventions de la quatrième classe.

« À l'issue de la période de cinq ans, le certificat d'immatriculation du véhicule, et, s'il existe, le coupon, sont détruits par le propriétaire. »

LIVRE CINQUIÈME. – L'USAGE DES VOIES

TITRE PREMIER. – DISPOSITIONS GÉNÉRALES

CHAPITRE I. – POUVOIRS DE POLICE DE LA CIRCULATION

Section I. – Pouvoirs généraux de police

Art. R. 411-1. – Les règles relatives aux modalités d'application de l'article L. 411-1 concernant les routes à grande circulation sont fixées par l'article R. 2213-1 du Code général des collectivités territoriales ci-après, reproduit :

Art. R. 2213-1. – Les pouvoirs dévolus au préfet sur les routes à grande circulation ne font pas obstacle à la mise en application immédiate des mesures de police que le maire juge nécessaire de prendre dans le cas d'urgence résultant notamment de sinistres ou périls imminents.

Art. R. 411-2. – Les limites des agglomérations sont fixées par arrêté du maire.

Art. R. 411-3 *(D. n° 2008-754, 30 juill. 2008)*. **– L'autorité détentrice du pouvoir de police de la circulation détermine le périmètre des aires piétonnes et fixe les règles de circulation à l'intérieur de ce périmètre.**

Art. R. 411-3-1 *(D. n° 2008-754, 30 juill. 2008)*. **– Le périmètre des zones de rencontre et leur aménagement sont fixés par arrêté pris par l'autorité détentrice du pouvoir de police de la circulation après consultation des autorités gestionnaires de la voirie concernée et, s'il s'agit d'une section de route à grande circulation, après avis conforme du préfet.**

Les règles de circulation définies à l'article R. 110-2 sont rendues applicables par arrêté de l'autorité détentrice du pouvoir de police constatant l'aménagement cohérent des zones et la mise en place de la signalisation correspondante.

Art. R. 411-4 *(D. n° 2008-754, 30 juill. 2008)*. **– Le périmètre des zones 30 et leur aménagement sont fixés par arrêté pris par l'autorité détentrice du pouvoir de police de la circulation après consultation des autorités gestionnaires de la voirie concernée et, s'il s'agit d'une section de route à grande circulation, après avis conforme du préfet.**

Les règles de circulation définies à l'article R. 110-2 sont rendues applicables par arrêté de l'autorité détentrice du pouvoir de police constatant l'aménagement cohérent des zones et la mise en place de la signalisation correspondante.

Art. R. 411-5. – Pour l'application des dispositions du présent code, les compétences de police attribuées par la loi au président du conseil général, au maire, au président du conseil exécutif en Corse en matière de circulation routière s'exercent sous réserve des pouvoirs propres du préfet en sa qualité d'autorité de police générale dans le département, lorsqu'il prend des mesures relatives au bon ordre et à la sécurité publique dont le champ d'application excède le territoire d'une commune.

Le préfet se substitue au président du conseil général par application de l'article L. 3221-5 du Code général des collectivités territoriales, au maire par application de l'article L. 2215-1 du même code, ou conjointement

aux deux autorités lorsque celles-ci n'ont pas exercé leurs attributions de police respectives ou conjointes après qu'il les a mises en demeure.

Art. R. 411-6. – Les pouvoirs conférés par le présent code au préfet sont exercés à Paris par le préfet de police.

Art. R. 411-7 *(Mod., D. n° 2006-253, 27 févr. 2006 ; D. n° 2010-1390, 12 nov. 2010).* – I. – Les intersections dans lesquelles le passage des véhicules est organisé par une signalisation spéciale ou par des feux de signalisation lumineux, sont désignées :

1° Hors agglomération :

a) Par arrêté du préfet pour les intersections de routes appartenant à la voirie nationale ;

b) Par arrêté du président du conseil exécutif de Corse, pour les intersections de routes prévues à l'article L. 4424-30 du Code général des collectivités territoriales ;

c) Par arrêté du président du conseil général pour les intersections de routes départementales ;

d) Par arrêté du maire pour les intersections de routes appartenant à la voirie communale ;

e) Par arrêté conjoint du préfet et du président du conseil général ou du maire lorsque l'intersection est formée par une route nationale ou une route à grande circulation et une route classée ou non à grande circulation relevant de la voirie départementale ou communale ;

f) Par arrêté conjoint du président du conseil général et du maire lorsque l'intersection est formée par une route départementale non classée à grande circulation et une route appartenant à la voirie communale non classée à grande circulation;

g) Dans les départements des Hauts-de-Seine, de la Seine-Saint-Denis et du Val-de-Marne, par arrêté du préfet, après consultation du président du conseil général ou du maire, lorsque l'intersection est formée par une route à grande circulation et une route classée ou non à grande circulation relevant de la voirie départementale ou communale ;

2° En agglomération, par arrêté du maire ou, pour les routes à grande circulation, par arrêté conjoint du préfet maire et, dans les départements des Hauts-de-Seine de la Seine-Saint-Denis et du Val-de-Marne, par arrêté du préfet, après consultation du maire.

II. – *(Abr., D. n° 2010-1390, 12 nov. 2010).*

Art. R. 411-8. – Les dispositions du présent code ne font pas obstacle au droit conféré par les lois et règlements aux préfets, au président du Conseil exécutif de Corse, aux présidents de conseil général et aux maires de prescrire, dans la limite de leurs pouvoirs, des mesures plus rigoureuses dès lors que la sécurité de la circulation routière l'exige. Pour ce qui les concerne, les préfets et les maires peuvent également fonder leurs décisions sur l'intérêt de l'ordre public.

Lorsqu'ils intéressent la police de la circulation sur les voies classées à grande circulation, les arrêtés du président du conseil général ou du maire fondés sur le premier alinéa sont pris après avis du préfet.

Art. R. 411-8-1 *(D. n° 2006-253, 27 févr. 2006).* – Les projets qui, en vertu du second alinéa de l'article L. 110-3, doivent être, avant leur mise en œuvre, communiqués au représentant de l'État dans le département, sont les projets ou les mesures techniques de nature à modifier les caractéristiques géométriques ou mécaniques de la route classée à grande circulation ou de l'une de ses voies, en particulier, en affectant les profils en travers, les rayons en plan ou le gabarit ou en prévoyant la mise en place de dispositifs empiétant sur la chaussée.

Art. R. 411-9. – Le préfet exerce la police de la circulation sur les autoroutes, sous réserve des compétences conférées à d'autres autorités administratives en vertu du présent code.

Section II. – Commission départementale de la sécurité routière

Art. R. 411-10 *(D. n° 2006-665, 7 juin 2006 ; D. n° 2017-1279, 9 août 2017).* – I. – La commission départementale de la sécurité routière consultée préalablement à toute décision prise en matière :

1° *(Abrogé)* ;

2° *(Abrogé)* ;

3° D'autorisation d'organisation de manifestations sportives, dans les conditions prévues à l'article R. 331-26 du Code du sport ;

4° D'agrément des gardiens et des installations de fourrière.

II. – La commission peut également être consultée sur tout autre sujet relatif à la sécurité routière, tel que :

– la mise en place d'itinéraires de déviation pour les poids lourds ;

– l'harmonisation des limitations de vitesse des véhicules sur les voies ouvertes à la circulation publique ;

– les déclarations d'épreuves, courses ou manifestations sportives devant se disputer en totalité ou en partie sur les voies ouvertes à la circulation publique.

Art. R. 411-11 *(D. n° 2006-665, 7 juin 2006)*. – La commission départementale de la sécurité routière est présidée par le préfet. Elle comprend :

1° Des représentants des services de l'État ;

2° Des élus départementaux désignés par le conseil général ;

3° Des élus communaux désignés par l'association des maires du département ou, à défaut, par le préfet ;

4° Des représentants des organisations professionnelles et des fédérations sportives ;

5° Des représentants des associations d'usagers.

À Paris, les élus visés aux 2° et 3° sont désignés par le conseil de Paris.

Art. R. 411-12 *(D. n° 2006-665, 7 juin 2006 ; D. n° 2017-1279, 9 août 2017)*. – Des formations spécialisées peuvent être constituées par le président de la commission départementale de la sécurité routière au sein de cette commission pour exercer chacune des attributions qui lui sont dévolues par le I de l'article R. 411-10.

Elles comprennent au moins un représentant des catégories visées aux 1°, 2°, 3° et 5° de l'article R. 411-11 et au moins trois représentants de la catégorie visée au 4° du même article.

Pour l'exercice des compétences consultatives mentionnées au II de l'article R. 411-10, le président de la commission peut associer à ses travaux des représentants des gestionnaires des voies concernées.

Lorsque l'avis de la commission porte sur une autorisation de manifestation sportive motorisée ou sur une homologation de circuit, dans les conditions prévues respectivement aux articles R. 331-26 et R. 331-37 du Code du sport, la formation spécialisée comprend au moins un représentant de la fédération sportive délégataire concernée.

Art. R. 411-13 à R. 411-16 *(Implicitement abr., D. n° 2006-665, 7 juin 2006)*.

Section III. – Interdictions et restrictions de circulation

Art. R. 411-17 *(D. n° 2011-368, 4 avr. 2011 ; mod., D. n° 2014-784, 8 juill. 2014)*. – Le fait, pour tout conducteur, de ne pas respecter l'interdiction permanente d'accès de certaines routes à certaines catégories de véhicules, prise par l'autorité investie du pouvoir de police en application des articles L. 411-1 à L. 411-5-1 pour prévenir un danger pour les usagers de la voie, est puni de l'amende prévue pour les contraventions de la quatrième classe.

Lorsque, en outre, cette interdiction concerne une route ou une portion de route ne permettant pas d'éviter une descente dangereuse ou un tunnel, l'infraction est punie de l'amende prévue pour les contraventions de la cinquième classe. Tout conducteur coupable de cette infraction encourt également la peine complémentaire de suspension du permis de conduire pour une durée de trois ans au plus, cette suspension ne pouvant ni être limitée à la conduite en dehors de l'activité professionnelle ni être assortie du sursis, même partiellement. Cette contravention donne lieu de plein droit à la réduction de trois points du permis de conduire.

L'immobilisation du véhicule peut être prescrite dans les conditions prévues aux articles L. 325-1 à L. 325-3.

Art. R. 411-18. – Le préfet peut interdire temporairement la circulation d'une ou plusieurs catégories de véhicules sur certaines portions du réseau routier.

Des arrêtés du ministre de l'Intérieur et du ministre chargé des transports peuvent interdire la circulation d'une ou plusieurs catégories de véhicules durant certaines périodes, certains jours ou certaines heures sur tout ou partie du réseau routier.

Des arrêtés pris dans les mêmes conditions peuvent interdire ou réglementer la circulation des véhicules transportant des matières dangereuses.

Les dispositions prises en application du présent article ne sont applicables ni aux convois et transports militaires ni aux véhicules des unités d'instruction et d'intervention de la sécurité civile, qui font l'objet de règles particulières.

Le fait, pour tout conducteur, de contrevenir aux interdictions ou restrictions de circulation temporaires mentionnées au présent article est puni de l'amende prévue pour les contraventions de la quatrième classe.

L'immobilisation du véhicule peut être prescrite dans les conditions prévues aux articles L. 325-1 à L. 325-3.

Art. R. 411-19 *(Mod. à compter du 1er juillet 2017, D. n° 2017-782, 5 mai 2017)*. – Pour les mesures propres à limiter l'ampleur et les effets des pointes de pollution sur la population, le préfet définit le périmètre des zones concernées, les mesures de suspension ou de restriction de la circulation, notamment par la réduction des vitesses maximales autorisées, qu'il est susceptible de prendre et les modalités de publicité et d'information préalables des usagers en cas de mise en œuvre de ces mesures. Ces modalités comportent au minimum l'information des maires intéresses et sauf en cas de réduction des vitesses maximales autorisées ou de déviation de circulation faisant l'objet d'une signalisation routière conforme à l'article R. 411-25, la transmission d'un communiqué d'information à deux journaux quotidiens et à deux stations de radio ou de télévision, au plus tard à dix-neuf heures la veille de la mise en œuvre de ces mesures, afin de permettre sa diffusion dans les meilleurs délais.

Les mesures mentionnées à l'alinéa précédent peuvent comporter l'interdiction de circulation des véhicules certains jours en fonction de leur numéro d'immatriculation ou de leur identification prévue à l'article L. 318-1.

Le fait, pour tout conducteur, de contrevenir aux mesures de suspension ou de restriction de la circulation mentionnées au présent article, ou de circuler dans le périmètre des restrictions de circulation instaurées sans que le véhicule soit identifié conformément aux dispositions de l'article L. 318-1 et des textes pris pour son application, est puni de l'amende prévue pour les contraventions :

1° De la quatrième classe, lorsque le véhicule relève des catégories M2, M3, N2 ou N3 définies à l'article R. 311-1 ;

2° De la troisième classe, lorsque le véhicule relève des catégories M1, N1 ou L.

L'immobilisation du véhicule peut être prescrite dans les conditions prévues aux articles L. 325-1 à L. 325-3.

Art. R. 411-19-1 *(D. n° 2012-237, 20 févr. 2012 ; D. n° 2016-847, 28 juin 2016 ; mod. à compter du 1er juillet 2017, D. n° 2017-782, 5 mai 2017)*. – Le fait, pour un conducteur, de circuler dans le périmètre d'une zone à circulation restreinte instituée en application de l'article L. 2213-4-1 du Code général des collectivités territoriales, en violation des restrictions édictées ou lorsque le véhicule n'est pas identifié conformément aux dispositions de l'article L. 318-1 et des textes pris pour son application, est puni de l'amende prévue pour les contraventions :

1° De la quatrième classe, lorsque le véhicule relève des catégories M2, M3, N2 ou N3 définies à l'article R. 311-1 ;

2° De la troisième classe, lorsque le véhicule relève des catégories M1, N1 ou L.

Sans préjudice de l'article L. 121-2, est puni de l'amende prévue pour les contraventions de la quatrième classe, pour les véhicules des catégories M2, M3, N2 ou N3, ou de l'amende prévue pour les contraventions de troisième classe, pour les véhicules des catégories M1, N1 ou L, le fait de stationner dans le périmètre de la zone à circulation restreinte instituée en application de l'article L. 2213-4-1 du Code général des collectivités territoriales :

1° Lorsque le véhicule n'est pas identifié conformément aux dispositions de l'article L. 318-1 et des textes pris pour son application ; ou

2° Lorsque l'accès de ce véhicule à la zone de circulation restreinte est interdit en permanence.

Les infractions prévues au présent article peuvent entraîner l'immobilisation du véhicule dans les conditions prévues à l'article L. 325-1.

Le présent article n'est pas applicable lorsque le véhicule fait partie des véhicules dont l'accès à la zone à circulation restreinte ne peut être interdit en application des articles L. 2213-4-1 et R. 2213-1-0-1 du Code général des collectivités territoriales.

Art. R. 411-20. – Le préfet pour les routes nationales, le président du conseil général pour les routes départementales y compris les routes classées à grande circulation, le président du conseil exécutif de Corse, pour les routes prévues à l'article L. 4424-30 du Code général des collectivités territoriales, le maire pour les autres routes peut ordonner l'établissement de barrières de dégel. Ces autorités fixent les conditions de circulation sur les routes ou sections de routes soumises aux barrières de dégel.

L'établissement de barrières de dégel sur les routes forestières relève de la compétence du préfet, du président du conseil général ou du maire selon que la route appartient au domaine forestier national, départemental ou communal.

Les pouvoirs conférés par le présent article au préfet s'exercent sans préjudice des compétences qu'il tient de l'article R. 411-5.

Art. R. 411-21. – Le fait, pour tout conducteur, de contrevenir aux dispositions portant établissement de barrières de dégel est puni de l'amende prévue pour les contraventions de la cinquième classe.

La récidive de cette contravention est réprimée conformément à l'article 132-11 du Code pénal.

Tout conducteur coupable de l'infraction prévue au présent article encourt également la peine complémentaire de suspension, pour une durée de trois ans au plus, du permis de conduire, cette suspension pouvant être limitée à la conduite en dehors de l'activité professionnelle.

L'immobilisation du véhicule peut être prescrite dans les conditions prévues aux articles L. 325-1 à L. 325-3.

Art. R. 411-21-1 *(D. n° 2002-530, 11 avr. 2002 ; mod., D. n° 2012-3, 3 janv. 2012 ; rempl., D. n° 2014-784, 8 juill. 2014).* – Pour prévenir un danger pour les usagers de la voie ou en raison de l'établissement d'un chantier, l'autorité investie du pouvoir de police peut ordonner la fermeture temporaire d'une route ou l'interdiction temporaire de circulation sur tout ou partie de la chaussée, matérialisée par une signalisation routière adaptée.

Le fait pour tout conducteur de ne pas respecter les interdictions de circuler prescrites en application du premier alinéa du présent article est puni de l'amende prévue pour les contraventions de la quatrième classe.

Lorsque, en outre, cette interdiction concerne une route ou une section de route ne permettant pas d'éviter une descente dangereuse ou un tunnel, l'infraction est punie de l'amende prévue pour les contraventions de la cinquième classe.

Toute personne coupable de ces infractions encourt également la peine complémentaire de suspension, pour une durée de trois ans au plus, du permis de conduire, cette suspension pouvant être limitée à la conduite en dehors de l'activité professionnelle.

Ces contraventions donnent lieu de plein droit à la réduction de trois points du permis de conduire.

Art. R. 411-22. – L'autorisation de circulation des autobus articulés comportant plus d'une section articulée est délivrée par le préfet. Celui-ci fixe, par arrêté, leurs conditions de circulation, leur zone d'utilisation et leur itinéraire.

Le fait, pour tout conducteur d'un véhicule visé au présent article, de circuler sans autorisation préfectorale ou de ne pas respecter les prescriptions de l'arrêté préfectoral est puni de l'amende prévue pour les contraventions de la quatrième classe.

Art. R. 411-23. – La circulation des autobus articulés en dehors de leur zone d'utilisation n'est permise qu'à vide et est subordonnée à une autorisation délivrée dans les conditions prévues par les dispositions relatives aux transports exceptionnels de marchandises, d'engins ou de véhicules.

Le fait, pour tout conducteur d'un autobus articulé, de circuler en dehors de sa zone d'utilisation en transportant des passagers ou sans autorisation préfectorale ou sans respecter les prescriptions de l'autorisation préfectorale, est puni de l'amende prévue pour les contraventions de la quatrième classe.

Art. R. 411-23-1 *(D. n° 2014-784, 8 juill. 2014 ; D. n° 2015-1693, 17 déc. 2015).* – I. – Sans préjudice des dispositions de l'article R. 411-23-2, les autobus et les autocars dont l'aménagement le prévoit peuvent circuler avec des passagers debout à l'intérieur des agglomérations.

Toutefois, les véhicules effectuant des services occasionnels de transport public ou les services privés peuvent être soumis à des conditions d'aménagement fixées par arrêté du ministre chargé des transports.

II. – Lorsque ces véhicules sont affectés à des services publics de transport, ils sont également autorisés à circuler dans les limites du ressort territorial d'une autorité organisatrice de la mobilité définie à l'article L. 1231-1 du Code des transports ou du Syndicat des transports d'Île-de-France.

En dehors des agglomérations, l'autorité organisatrice de transports compétente définit les itinéraires empruntés sans préjudice du pouvoir de l'autorité de police compétente. Les conditions relatives au prolongement de ces itinéraires au-delà des agglomérations ou du ressort territorial d'une autorité organisatrice sont fixées par arrêté du ministre chargé des transports.

III. – En dehors des agglomérations, dans les limites du ressort territorial d'une autorité organisatrice de la mobilité définie à l'article L. 1231-1 du Code des transports ou du Syndicat des transports d'Île-de-France, le préfet peut à titre dérogatoire autoriser pour une durée déterminée des services privés à circuler avec des passagers debout au moyen des véhicules mentionnés au I, sur une distance maximale de 5 kilomètres. Cette autorisation fixe les conditions et limites de circulation, notamment l'itinéraire emprunté et la vitesse maximale à laquelle les véhicules sont autorisés à circuler. La demande d'autorisation adressée au préfet comporte tous les éléments nécessaires à son instruction.

IV. – En cas d'urgence, le préfet peut autoriser de façon limitée tout service ayant recours à tout véhicule destiné au transport de personnes.

V. – Le fait de contrevenir aux dispositions du présent article ou à celles prises pour son application est puni de l'amende prévue pour les contraventions de la quatrième classe.

VI. – L'immobilisation du véhicule de transport en commun de personnes peut être prescrite dans les conditions prévues aux articles L. 325-1 à L. 325-3.

Art. R. 411-23-2 *(D. n° 2014-784, 8 juill. 2014)*. – Dans les véhicules de transport en commun d'enfants, les enfants sont transportés assis.

Dans une situation imprévue, de façon limitée et à titre exceptionnel, les enfants peuvent, sur décision de l'autorité organisatrice de transports concernée, être transportés debout aux conditions définies à l'article R. 411-23-1 dans les véhicules affectés à des services de transports scolaires, sans préjudice du pouvoir de l'autorité de police compétente.

Le fait de contrevenir aux dispositions du présent article ou à celles prises pour son application est puni de l'amende prévue pour les contraventions de la quatrième classe.

L'immobilisation du véhicule de transport en commun de personnes peut être prescrite dans les conditions prévues aux articles L. 325-1 à L. 325-3.

Art. R. 411-24. – Lorsqu'un conducteur est en infraction aux dispositions des articles L. 362-1 et L. 362-3 du Code de l'environnement ou aux mesures édictées en application des articles L. 2213-4 et L. 2215-3 du Code général des collectivités territoriales, l'immobilisation et la mise en fourrière peuvent être prescrites dans les conditions prévues aux articles L. 325-1 à L. 325-3.

Section IV. – Signalisation routière

Art. R. 411-25. – Le ministre chargé de la voirie nationale et le ministre de l'Intérieur fixent par arrêté conjoint publié au *Journal officiel* de la République française les conditions dans lesquelles est établie la signalisation routière pour signifier une prescription de l'autorité investie du pouvoir de police ou donner une information aux usagers.

Les dispositions réglementaires prises par les autorités compétentes en vue de compléter celles du présent code et qui, aux termes de l'arrêté prévu au premier alinéa, doivent faire l'objet de mesures de signalisation, ne sont opposables aux usagers que si lesdites mesures ont été prises.

Les usagers doivent respecter en toutes circonstances les indications résultant de la signalisation établie conformément au premier alinéa.

Les indications des feux de signalisation lumineux prévalent sur celles qui sont données par les signaux routiers réglementant la priorité.

Art. R. 411-26. – Sauf dispositions différentes prévues au présent code, le fait, pour tout conducteur, de ne pas respecter les indications résultant de la signalisation routière est puni de l'amende prévue pour les contraventions de la deuxième classe.

Art. R. 411-27 *(Mod. à compter du 1er juillet 2017, D. n° 2017-782, 5 mai 2017)*. – I. – Peuvent toutefois ne pas donner lieu à la signalisation prévue à l'article R. 411-25 les dispositions réglementaires énumérées ci-après, qui ont été prises par les autorités compétentes en vue d'assurer la sécurité ou la commodité de la circulation et qui ont été régulièrement publiées au *Journal officiel* :

1° Les mesures temporaires applicables sur tout le territoire ;

2° Les mesures concernant certaines catégories de véhicules ou ensembles de véhicules.

II. – Peuvent également ne pas donner lieu à la signalisation prévue à l'article R. 411-25 les mesures prises en application de l'article R. 411-19.

Art. R. 411-28. – Les indications données par les agents réglant la circulation prévalent sur toutes signalisations, feux de signalisation ou règles de circulation.

Le fait, pour tout conducteur, de ne pas respecter ces indications est puni de l'amende prévue pour les contraventions de la quatrième classe.

Section V. – Courses et épreuves sportives

Art. R. 411-29 *(Mod., D. n° 2007-1133, 24 juill. 2007 ; D. n° 2012-312, 5 mars 2012 ; D. n° 2017-1279, 9 août 2017).* – L'organisation des épreuves, courses ou compétitions sportives devant se disputer en totalité ou en partie sur les voies ouvertes à la circulation publique est soumise aux dispositions prévues à la section 4 du chapitre 1er du titre III du livre III du Code du sport.

Par dérogation aux dispositions de l'article R. 322-1, la circulation sur la voie publique ou ouverte à la circulation publique d'un véhicule à moteur destiné à participer à une manifestation sportive entrant dans le cadre des articles R. 331-18 et R. 331-20 du Code du sport, non réceptionné ou qui n'est plus conforme à sa réception d'origine telle que prévue aux articles R. 321-1 et suivants, est autorisée sur un parcours de liaison tel que défini à l'article R. 331-21 (4°) du Code du sport.

Cette autorisation est valide sous réserve d'une inscription à une manifestation sportive organisée conformément à l'article R. 331-26 du Code du sport.

Cette dérogation est strictement limitée à la date et à l'itinéraire prévus dans l'arrêté d'autorisation de la manifestation sportive.

Les modalités d'application relatives à l'identification des conducteurs sont fixées par arrêté conjoint du ministre de l'intérieur et du ministre chargé des sports.

Un arrêté du ministre chargé des transports fixe, pour chaque type de véhicule, les dispositifs techniques et de sécurité minimaux dont ils doivent disposer pour l'application de cet article.

Art. R. 411-30 *(Mod., D. n° 2010-773, 8 juill. 2010 ; D. n° 2017-1279, 9 août 2017).* – L'autorité administrative compétente pour exercer le pouvoir de police en matière de circulation routière peut réglementer la circulation, l'interdire temporairement en cas de nécessite et prévoir que l'épreuve, la course ou la compétition sportive bénéficie d'une priorité de passage ou d'un usage exclusif temporaire de la chaussée portée à la connaissance des usagers par une signalisation appropriée, définie par arrêté du ministre de l'Intérieur, du ministre chargé des transports et du ministre chargé des sports.

Le fan de contrevenir aux restrictions de circulation édictées en vertu du présent article à l'occasion des épreuves, courses ou compétitions sportives est puni de l'amende prévue pour les contraventions de la quatrième classe.

Art. R. 411-31 *(Mod., D. n° 2012-312, 5 mars 2012 ; D. n° 2017-1279, 9 août 2017).* – L'autorité administrative peut agréer des représentants de la fédération ou de la personne physique ou morale qui organise l'épreuve, la course ou la compétition sportive. Ils portent des signes vestimentaires permettant de les identifier. Dans l'accomplissement de leur mission, ils sont tenus de se conformer aux instructions des membres des forces de police ou de gendarmerie territorialement compétents. Ils leur rendent compte des incidents qui peuvent survenir.

Le fait pour tout usager de contrevenir aux indications des représentants mentionnés à l'alinéa précédent et mettant en œuvre les mesures de circulation édictées en vertu de l'article R. 411-30 à l'occasion des épreuves, courses ou compétitions sportives est puni de l'amende prévue pour les contraventions de la quatrième classe.

Art. R. 411-32. – Le fait, pour tout organisateur, hors le cas du défaut d'autorisation des courses de véhicules à moteur, de contrevenir aux dispositions réglementant les courses de toute nature, ainsi que les épreuves ou compétitions sportives, est puni de l'amende prévue pour les contraventions de la quatrième classe.

CHAPITRE II. – CONDUITE DES VÉHICULES ET CIRCULATION DES PIÉTONS

Section I. – Équipements des utilisateurs de véhicules

Art. R. 412-1 *(Mod., D. n° 2006-1496, 29 nov. 2006 ; D. n° 2012-886, 17 juill. 2012).* – Chaque siège équipé d'une ceinture de sécurité ne peut être occupé que par une seule personne.

I. – En circulation, tout conducteur ou passager d'un véhicule à moteur doit porter une ceinture de sécurité homologuée dès lors que le siège qu'il occupe en est équipé en application des dispositions du livre III.

II. – Toutefois, le port de la ceinture de sécurité n'est pas obligatoire :

1° Pour toute personne dont la morphologie est manifestement inadaptée au port de celle-ci ;

2° Pour toute personne munie d'un certificat médical d'exemption, délivré par un médecin agréé consultant hors commission médicale chargé d'apprécier l'aptitude physique des candidats au permis de conduire et des conducteurs ou par les autorités compétentes d'un État membre de la Communauté européenne ou de l'Espace économique européen. Ce certificat médical doit mentionner sa durée de validité et comporter le symbole prévu à l'article 5 de la directive 91/671/CEE du Conseil du 16 décembre 1991 ;

3° En intervention d'urgence, pour tout conducteur ou passager d'un véhicule d'intérêt général prioritaire ou d'une ambulance ;

4° Pour tout conducteur de taxi en service ;

5° En agglomération, pour tout conducteur ou passager d'un véhicule des services publics contraint par nécessité de service de s'arrêter fréquemment ;

6° En agglomération, pour tout conducteur ou passager d'un véhicule effectuant des livraisons de porte à porte.

III. – Le fait, pour tout conducteur ou passager, de contrevenir aux dispositions du présent article est puni de l'amende prévue pour les contraventions de la quatrième classe.

IV. – Lorsque cette contravention est commise par le conducteur, elle donne lieu de plein droit à la réduction de trois points du permis de conduire.

Art. R. 412-2 *(D. n° 2003-440, 14 mai 2003 ; D. n° 2003-637, 9 juill. 2003 ; D. n° 2005-277, 25 mars 2005 ; D. n° 2006-1496, 29 nov. 2006)*. – I. – En circulation, tout conducteur d'un véhicule à moteur dont les sièges sont équipés de ceintures de sécurité en application des dispositions du livre III, et dont le nombre de places assises, y compris celle du conducteur, n'excède pas neuf doit s'assurer que tout passager âgé de moins de dix-huit ans qu'il transporte est maintenu soit par un système homologué de retenue pour enfant, soit par une ceinture de sécurité. Dans les véhicules de même capacité, lorsqu'un siège n'est pas équipé de ceinture de sécurité, il est interdit d'y transporter un enfant de moins de trois ans.

II. – De même, le conducteur doit s'assurer que tout enfant de moins de dix ans est retenu par un système homologué de retenue pour enfant adapté à sa morphologie et à son poids.

III. – Toutefois, l'utilisation d'un système homologué de retenue pour enfant n'est pas obligatoire :

1° Pour tout enfant dont la morphologie est adaptée au port de la ceinture de sécurité ;

2° Pour tout enfant muni d'un certificat médical d'exemption qui mentionne sa durée de validité et comporte le symbole prévu au 2° du II de l'article R. 412-1 ;

3° Pour tout enfant transporté dans un taxi ou dans un véhicule de transport en commun.

IV. – Le fait, pour tout conducteur, de contrevenir aux dispositions du présent article est puni de l'amende prévue pour les contraventions de la quatrième classe.

Art. R. 412-3 *(Mod., D. n° 2006-1496, 29 nov. 2006)*. – I. – Le transport d'un enfant de moins de dix ans sur un siège avant d'un véhicule à moteur est interdit, sauf dans l'un des cas suivants :

1° Lorsque l'enfant est transporté, face à l'arrière, dans un système homologué de retenue spécialement conçu pour être installé à l'avant des véhicules et que le coussin de sécurité frontal est désactivé ;

2° Lorsque le véhicule ne comporte pas de siège arrière ou si le siège arrière n'est pas équipé de ceinture de sécurité ;

3° Lorsque les sièges arrière du véhicule sont momentanément inutilisables ou occupés par des enfants de moins de dix ans, à condition que chacun des enfants transportés soit retenu par un système prévu au II de l'article R. 412-2.

II. – Le fait, pour tout conducteur, de contrevenir aux dispositions du présent article est puni de l'amende prévue pour les contraventions de la quatrième classe.

Art. R. 412-4. – Des arrêtés du ministre chargé des transports et du ministre de l'Intérieur fixent les conditions d'application des articles R. 412-1 à R. 412-3.

Des arrêtés du ministre chargé des transports fixent les conditions d'homologation des ceintures de sécurité et des systèmes de retenue pour enfants.

Art. R. 412-5. – **Les dispositions des articles R. 412-1 à R. 412-4 ne sont applicables ni aux convois et transports militaires ni aux véhicules des unités d'instruction et d'intervention de la sécurité civile, qui font l'objet de règles particulières.**

Section II. – Principes généraux de circulation

Art. R. 412-6 *(Mod., D. n° 2008-754, 30 juill. 2008)*. – **I. – Tout véhicule en mouvement ou tout ensemble de véhicules en mouvement doit avoir un conducteur.**

Celui-ci doit, à tout moment, adopter un comportement prudent et respectueux envers les autres usagers des voies ouvertes à la circulation. Il doit notamment faire preuve d'une prudence accrue à l'égard des usagers les plus vulnérables.

II. – Tout conducteur doit se tenir constamment en état et en position d'exécuter commodément et sans délai toutes les manœuvres qui lui incombent. Ses possibilités de mouvement et son champ de vision ne doivent pas être réduits par le nombre ou la position des passagers, par les objets transportés ou par l'apposition d'objets non transparents sur les vitres.

III. – Le fait, pour tout conducteur, de contrevenir aux dispositions du II ci-dessus est puni de l'amende prévue pour les contraventions de la deuxième classe.

IV. – En cas d'infraction aux dispositions du II ci-dessus, l'immobilisation du véhicule peut être prescrite dans les conditions prévues aux articles L. 325-1 à L. 325-3.

La personne qui, tout en conduisant un véhicule en mouvement, fait usage d'un appareil téléphonique tenu en mains, n'est pas en état d'exécuter commodément et sans délai les manœuvres qui lui incombent ; dès lors, justifie sa décision le juge qui déclare le prévenu coupable de la contravention prévue par l'article R. 412-6 du Code de la route (■ Cass. crim., 2 oct. 2001 : *Bull. crim.*, n° 196).

Art. R. 412-6-1 *(D. n° 2003-293, 31 mars 2003 ; D. n° 2012-3, 3 janv. 2012 ; D. n° 2015-743, 24 juin 2015)*. – **L'usage d'un téléphone tenu en main par le conducteur d'un véhicule en circulation est interdit.**

Est également interdit le port à l'oreille, par le conducteur d'un véhicule en circulation, de tout dispositif susceptible d'émettre du son, à l'exception des appareils électroniques correcteurs de surdité.

Les dispositions du deuxième alinéa ne sont pas applicables aux conducteurs des véhicules d'intérêt général prioritaire prévus à l'article R. 311-1, ni dans le cadre de l'enseignement de la conduite des cyclomoteurs, motocyclettes, tricycles et quadricycles à moteur ou de l'examen du permis de conduire ces véhicules.

Le fait, pour tout conducteur, de contrevenir aux dispositions du présent article est puni de l'amende prévue pour les contraventions de la quatrième classe.

Cette contravention donne lieu de plein droit à la réduction de trois points du permis de conduire.

Voir : avant la loi du 31 mars 2003, note sous article R. 412-6 *supra* ; *Dr. pénal* 2006, Études 11 par A. Paulin.

1) L'obligation de se tenir constamment en position d'exécution commodément et sans délai de toutes les manœuvres nécessaires ne s'applique qu'au conducteur d'un véhicule en circulation (■ Cass. crim., 13 mars 2007 : *Bull. crim.*, n° 77 ; *Dr. pénal* 2007, note 105).

2) L'usage d'un téléphone, interdit par l'article R. 412-6-1 du Code de la route, s'entend de l'activation de toute fonction par le conducteur du véhicule en circulation sur l'appareil qu'il tient en main.

Entre dans cette définition le fait, pour le conducteur, de manipuler le clavier de son téléphone avec l'un de ses doigts aux fins de vérifier la réception de SMS (■ Cass. crim., 13 sept. 2011 : *Bull. crim.*, n° 175 ; *Dr. pén.* 2011, comm. 135, obs. J.-H. Robert, avec note rectificative n° 153).

3) Doit être regardé comme étant toujours en circulation, au sens et pour l'application de l'article R. 412-6-1 du Code de la route, le véhicule momentanément arrêté sur une voie de circulation pour une cause autre qu'un événement de force majeure.

Justifie ainsi sa décision d'entrer en voie de condamnation du chef d'usage d'un téléphone tenu en main par le conducteur d'un véhicule en circulation, la juridiction de proximité qui relève que le prévenu a été contrôlé, faisant usage de son téléphone au volant de son véhicule, alors que celui-ci se trouvait momentanément à l'arrêt sur la file de droite d'un rond-point (■ Cass. crim., 23 janv. 2018, n° 17-83-077 : *Dr. pén.* 2018, comm. 44, note J.-H. Robert).

Art. R. 412-6-2 *(D. n° 2008-754, 30 juill. 2008 ; mod., D. n° 2012-3, 3 janv. 2012).* **– Le fait de placer dans le champ de vision du conducteur d'un véhicule en circulation un appareil en fonctionnement doté d'un écran et ne constituant pas une aide à la conduite ou à la navigation est interdit.**

Le fait, pour tout conducteur, de contrevenir aux dispositions du présent article est puni de l'amende prévue pour les contraventions de la cinquième classe.

L'appareil mentionné au premier alinéa est saisi.

Toute condamnation donne lieu de plein droit à la confiscation de l'appareil qui a servi ou était destiné à commettre l'infraction.

Est également encourue la peine de confiscation de l'appareil mentionné au premier alinéa.

Cette contravention donne lieu de plein droit à la réduction de trois points du permis de conduire.

Art. R. 412-7 *(Mod., D. n° 2008-754, 30 juill. 2008 ; D. n° 2010-1390, 12 nov. 2010 ; D. n° 2015-808, 2 juill. 2015).* **– I. – Les véhicules doivent, sauf en cas de nécessité absolue, circuler sur la chaussée.**

Toutefois, ils peuvent franchir un trottoir, à partir de l'accès le plus proche, pour rejoindre ou quitter les accès carrossables des immeubles riverains ou des accès non ouverts à la circulation publique.

Ils peuvent également le franchir pour rejoindre une autre chaussée s'il existe un aménagement à cet effet.

Les engins d'entretien du trottoir peuvent y circuler dans l'exercice de leur mission, sauf dispositions contraires prises par l'autorité investie du pouvoir de police.

Dans l'exercice de leur mission, les véhicules d'entretien des voies du domaine public routier peuvent circuler et s'arrêter sur les bandes cyclables, les pistes cyclables et les voies vertes.

Les véhicules de collecte des ordures ménagères peuvent circuler et s'arrêter sur les bandes cyclables dans leur sens de circulation pour la réalisation des opérations de collecte de la section de rue concernée.

II. – Lorsque, sur la chaussée, une voie de circulation réservée à certaines catégories de véhicules est matérialisée, les conducteurs d'autres catégories de véhicules ne doivent pas circuler sur cette voie. Les conducteurs de véhicules motorisés ne doivent pas circuler sur une voie verte, ni dans une aire piétonne à l'exception des cas prévus par les règles de circulation mentionnées à l'article R. 411-3.

III. – Sous réserve de l'application des dispositions des deuxième à sixième alinéas du I, le fait, pour tout conducteur, de contrevenir aux dispositions du présent article est puni de l'amende prévue pour les contraventions de la 4ᵉ classe.

1) L'article R. 412-7 du Code de la route réprime le fait, pour tout conducteur, de faire circuler son véhicule sur une voie réservée à certaines catégories de véhicules. La liste de ces derniers, qui est fixée, en ce qui concerne la commune de Paris, par le préfet de police en application des dispositions des articles L. 411-2 du Code de la route et L. 2512-14 du Code général des collectivités territoriales, est limitative. Ainsi, les voitures de grande remise ne sont pas prévues par l'arrêté préfectoral, du 24 décembre 2001, portant création et utilisation de voies de circulation réservées à certains véhicules dans plusieurs arrondissements de Paris (■ Cass. crim., 16 janv. 2007 : *Bull. crim.*, n° 5), les voitures de grande remise n'entrant pas dans la catégorie des transports collectifs publics de voyageurs (■ Cass. crim., 16 janv. 2008, pourvoi n° 406-88.637 : *Dr. pénal* 2008, comm. 30, obs. J.-H. Robert).

2) En application de l'article R. 412-7, § 2 et 3 du Code de la route, 27 de l'ordonnance préfectorale n° 71-16757 du 15 septembre 1971, 3 de l'arrêté n° 01-17233 du 24 décembre 2001, ensemble les articles L. 3123-1 et L. 3123-2 du Code des transports, les véhicules motorisés à deux ou trois roues assurant le transport de personnes à titre onéreux ne peuvent pas emprunter les voies réservées aux transports collectifs de voyageurs (■ Cass. crim., 26 juin 2013, n° 13-86.775 : *Dr. pén.* 2013, comm. 146, obs. J.-H. Robert).

Art. R. 412-8 *(Mod., D. n° 2003-293, 31 mars 2003 ; D. n° 2012-3, 3 janv. 2012).* **– La circulation sur les bandes d'arrêt d'urgence est interdite.**

Le fait de contrevenir aux dispositions du présent article est puni de l'amende prévue pour les contraventions de la quatrième classe.

Tout conducteur coupable de cette infraction encourt également la peine complémentaire de suspension du permis de conduire pour une durée de trois ans au plus, cette suspension pouvant être limitée à la conduite en dehors de l'activité professionnelle.

Cette contravention commise à l'occasion de la conduite d'un véhicule donne lieu de plein droit à la réduction de trois points du permis de conduire.

Art. R. 412-9 *(Mod., D. n° 2003-293, 31 mars 2003 ; D. n° 2017-1279, 9 août 2017)*. – En marche normale, tout conducteur doit maintenir son véhicule près du bord droit de la chaussée, autant que le lui permet l'état ou le profil de celle-ci.

Toutefois, un conducteur qui pénètre sur un carrefour à sens giratoire comportant plusieurs voies de circulation en vue d'emprunter une sortie située sur sa gauche par rapport à son axe d'entrée peut serrer à gauche.

Chaque manœuvre de changement de voie à l'intérieur du carrefour à sens giratoire reste soumise aux règles de la priorité et doit être signalée aux autres conducteurs.

Un conducteur de cycle peut s'éloigner du bord droit de la chaussée lorsqu'une trajectoire matérialisée pour les cycles, signalisée en application des dispositions de l'article R. 411-25, le permet.

Sur les voies où la vitesse maximale autorisée n'excède pas 50 km/h, un conducteur de cycle peut s'écarter des véhicules en stationnement sur le bord droit de la chaussée, d'une distance nécessaire à sa sécurité.

Sous réserve des dispositions des quatrième et cinquième alinéas du présent article, le fait, pour tout conducteur, de ne pas maintenir, en marche normale, son véhicule près du bord droit de la chaussée est puni de l'amende prévue pour les contraventions de la deuxième classe.

Le fait, pour tout conducteur, de circuler, en marche normale, sur la partie gauche d'une chaussée à double sens de circulation est puni de l'amende prévue pour les contraventions de la quatrième classe.

Tout conducteur coupable de cette dernière infraction encourt également la peine complémentaire de suspension du permis de conduire pour une durée de trois ans au plus, cette suspension pouvant être limitée à la conduite en dehors de l'activité professionnelle.

Cette dernière contravention donne lieu de plein droit à la réduction de trois points du permis de conduire.

« Les dispositions du présent article ne s'appliquent pas aux représentants mentionnés à l'article R. 411-31 dans les cas prévus à l'article R. 414-3-1. »

Art. R. 412-10 *(Mod., D. n° 2003-293, 31 mars 2003)*. – Tout conducteur qui s'apprête à apporter un changement dans la direction de son véhicule ou à en ralentir l'allure doit avertir de son intention les autres usagers, notamment lorsqu'il va se porter à gauche, traverser la chaussée, ou lorsque, après un arrêt ou stationnement, il veut reprendre sa place dans le courant de la circulation.

Le fait, pour tout conducteur, de contrevenir aux dispositions du présent article relatives au changement de direction est puni de l'amende prévue pour les contraventions de la deuxième classe.

Tout conducteur coupable de cette dernière infraction encourt également la peine complémentaire de suspension du permis de conduire pour une durée de trois ans au plus, cette suspension pouvant être limitée à la conduite en dehors de l'activité professionnelle.

Cette contravention donne lieu de plein droit à la réduction de trois points du permis de conduire.

1) La survenance d'une défaillance mécanique (en l'espèce une panne de clignotant) ne saurait, à elle seule, constituer la force majeure au sens de l'article 121-3, alinéa 5, du Code pénal (■ Cass. crim., 6 nov. 2013, n° 12-82.182 : *Bull. crim.*, n° 215 ; *Dr. pén.* 2014, comm. 24, obs. J.-H. Robert). Arrêt précité sous l'article L. 311-1 du Code de la route, et l'article 121-3 du Code pénal.

2) Les mentions du procès-verbal de contravention, selon lesquelles le véhicule conduit par le prévenu a opéré, au lieu indiqué, un « changement de direction sans avertissement préalable », suffisent à établir la matérialité de l'infraction relevée (■ Cass. crim., 20 sept. 2016, n° 16-80.148).

Art. R. 412-11. – En agglomération, tout conducteur doit ralentir si nécessaire et au besoin s'arrêter pour laisser les véhicules de transport en commun quitter les arrêts signalés comme tels.

Le fait, pour tout conducteur, de contrevenir, aux dispositions du présent article est puni de l'amende prévue pour les contraventions de la deuxième classe.

Art. R. 412-12 *(D. n° 2001-1127, 23 nov. 2001)*. – I. – Lorsque deux véhicules se suivent, le conducteur du second doit maintenir une distance de sécurité suffisante pour pouvoir éviter une collision en cas de ralentissement brusque ou d'arrêt subit du véhicule qui le précède. Cette distance est d'autant plus grande

que la vitesse est plus élevée. Elle correspond à la distance parcourue par le véhicule pendant un délai d'au moins deux secondes.

II. – Hors agglomération, lorsque des véhicules ou des ensembles de véhicules, dont le poids total autorisé en charge dépasse 3,5 tonnes ou dont la longueur dépasse 7 mètres, se suivent à la même vitesse, la distance de sécurité mentionnée au I est d'au moins 50 mètres.

III. – Les dispositions du II ne sont applicables ni aux convois et aux transports militaires et des unités de la police nationale ni aux véhicules des unités d'instruction et d'intervention de la sécurité civile, qui font l'objet de règles particulières.

IV. – Pour les ouvrages routiers dont l'exploitation ou l'utilisation présente des risques particuliers, l'autorité investie du pouvoir de police peut imposer des distances de sécurité plus grandes entre les véhicules.

V. – Le fait, pour tout conducteur, de contrevenir aux dispositions du présent article est puni de l'amende prévue pour les contraventions de la quatrième classe.

VI. – Tout conducteur qui a contrevenu aux règles de distance prises en application du présent article encourt également la peine complémentaire de suspension, pour une durée de trois ans au plus, du permis de conduire, cette suspension pouvant être limitée à la conduite en dehors de l'activité professionnelle.

VII. – La contravention prévue au V donne lieu de plein droit à la réduction de 3 points du permis de conduire.

Le procès-verbal qui n'indique pas les circonstances matérielles concrètes, hormis le temps et le lieu, de nature à caractériser le non-respect, par un véhicule, de la distance de sécurité avec celui qui le précède, ne comporte pas de constatations, au sens de l'article 537 du Code de procédure pénale, de nature à établir l'inobservation des prescriptions de l'article R. 412-12 du Code de la route (■ Cass. crim., 27 janv. 2016, n° 15-80.581 : *Dr. pén.* 2016, comm. 45, obs. J.-H. Robert).

Art. R. 412-13. – Lorsqu'un véhicule ou son chargement provoque des détériorations à la route ou à ses dépendances, l'immobilisation peut être prescrite dans les conditions prévues aux articles L. 325-1 à L. 325-3.

Art. R. 412-14. – En cas d'infraction aux règlements édictés pour la sauvegarde de l'esthétique des sites et des paysages classés, la mise en fourrière peut être prescrite dans les conditions prévues aux articles L. 325-1 à L. 325-3.

Art. R. 412-15. – Il est interdit de couper les éléments de colonnes militaires, de forces de police ou de cortèges en marche.

Le fait, pour tout conducteur, de contrevenir aux dispositions du présent article est puni de l'amende prévue pour les contraventions de la deuxième classe.

Art. R. 412-16 *(D. n° 2009-136, 9 févr. 2009 ; A. 23 mars 2009)*. **– Les véhicules de collection sont autorisés à circuler sur l'ensemble du territoire national dans les conditions fixées par un arrêté du ministre chargé des transports pris après avis du ministre de l'Intérieur.**

Le fait, pour tout conducteur, de contrevenir aux dispositions du présent article ou à celles prises pour son application est puni de l'amende prévue pour les contraventions de la quatrième classe.

L'immobilisation du véhicule peut être prescrite dans les conditions prévues aux articles L. 325-1 à L. 325-3.

Art. R. 412-17. – Tout usager d'un ouvrage routier ouvert à la circulation publique et régulièrement soumis à péage doit, s'il n'est muni d'une autorisation spéciale, acquitter le montant du péage autorisé correspondant au parcours et à la catégorie du véhicule qu'il utilise.

Le fait, pour tout conducteur, de refuser d'acquitter le montant du péage ou de se soustraire d'une manière quelconque à ce paiement est puni de l'amende prévue pour les contraventions de la deuxième classe.

Section III. – Matérialisation des voies de circulation

Art. R. 412-18. – Lorsque des lignes longitudinales discontinues sont apposées sur la surface de la chaussée, elles autorisent leur franchissement ou leur chevauchement. Elles sont destinées notamment à délimiter les voies en vue de guider la circulation.

Art. R. 412-19 *(Mod., D. n° 2003-293, 31 mars 2003 ; D. n° 2015-808, 2 juill. 2015)*. **– Lorsque des lignes longitudinales continues axiales ou séparatives de voies de circulation sont apposées sur la chaussée, elles interdisent aux conducteurs leur franchissement ou leur chevauchement.**

Toutefois, leur chevauchement est autorisé pour le dépassement d'un cycle dans les conditions prévues par l'article R. 414-4.

Le fait, pour tout conducteur, de contrevenir aux dispositions du présent article est puni de l'amende prévue pour les contraventions de la quatrième classe.

Tout conducteur coupable de l'une des infractions prévues au présent article encourt également la peine complémentaire de suspension du permis de conduire pour une durée de trois ans au plus, cette suspension pouvant être limitée à la conduite en dehors de l'activité professionnelle.

Le franchissement d'une ligne continue axiale ou séparative de voies de circulation donne lieu de plein droit à la réduction de trois points du permis de conduire.

Sous réserve des dispositions du deuxième alinéa du présent article, le chevauchement d'une ligne continue axiale ou séparative de voies de circulation donne lieu de plein droit à la réduction d'un point du permis de conduire.

Le prévenu poursuivi du chef de la contravention de franchissement d'une ligne continue par le conducteur d'un véhicule ne peut utilement demander au juge de rechercher l'existence d'un arrêté du maire prescrivant, dans l'exercice de ses pouvoirs de police de la circulation, l'apposition sur la chaussée d'une telle signalisation horizontale, dès lors que, d'une part, les dispositions de l'article R. 412-19 du Code de la route incriminent le seul fait, pour un conducteur, de franchir ou chevaucher une ligne longitudinale axiale ou séparative de voies de circulation apposée sur la chaussée et que, d'autre part, l'article L. 113-1 du Code de la voirie routière réserve aux autorités chargées des services de la voirie le droit de placer en vue du public des indications ou signaux concernant, à un titre quelconque, la circulation (■ Cass. crim., 12 nov. 2014, n° 13-86.357 : *Dr. pén.* 2015, comm. 7, obs. J.-H. Robert).

Art. R. 412-20. – Lorsqu'une ligne longitudinale discontinue est accolée à la ligne longitudinale continue, tout conducteur peut franchir ou chevaucher cette dernière si la ligne discontinue se trouve la plus proche de son véhicule au début de la manœuvre et à condition que cette manœuvre soit terminée avant la fin de la ligne discontinue.

Art. R. 412-21. – Les lignes longitudinales délimitant, pour les rendre plus visibles, les bords de la chaussée sont continues ou discontinues.

Art. R. 412-22 ***(Mod., D. n° 2012-3, 3 janv. 2012).*** **– Les lignes longitudinales délimitant les bandes d'arrêt d'urgence sont continues ou discontinues. Elles ne peuvent être chevauchées ou franchies qu'en cas de nécessité absolue.**

Le fait, pour tout conducteur, de contrevenir aux dispositions du présent article est puni de l'amende prévue pour les contraventions de la quatrième classe.

Tout conducteur coupable de cette infraction encourt également la peine complémentaire de suspension du permis de conduire pour une durée de trois ans au plus.

Cette contravention donne lieu de plein droit à la réduction d'un point du permis de conduire.

Art. R. 412-23. – I. – Lorsque la chaussée comporte des lignes longitudinales discontinues délimitant les voies de circulation :

1° S'il s'agit de voies de circulation générale non spécialisées, tout conducteur doit en marche normale emprunter celle de ces voies qui est le plus à droite et ne franchir ces lignes qu'en cas de dépassement, dans les conditions fixées au chapitre IV du présent titre, ou lorsqu'il est nécessaire de traverser la chaussée ;

2° S'il s'agit d'une voie de circulation réservée à certaines catégories d'usagers, les autres usagers ne peuvent franchir ou chevaucher la ligne que pour quitter la chaussée ou l'aborder.

II. – Le fait, pour tout conducteur, de contrevenir aux dispositions du présent article est puni de l'amende prévue pour les contraventions de la deuxième classe.

Art. R. 412-24. – Lorsque, sur les routes à sens unique et sur les routes à plus de deux voies, la circulation, en raison de sa densité, s'établit en file ininterrompue sur toutes les voies, les conducteurs doivent rester dans leur file.

Toutefois, les changements de voies de circulation sont possibles pour préparer un changement de direction et doivent être effectués en entravant le moins possible la marche normale des autres véhicules.

Le fait, pour tout conducteur, de contrevenir aux dispositions du présent article est puni de l'amende prévue pour les contraventions de la deuxième classe.

Voir : Décret n° 2015-1750 du 23 décembre 2015 portant expérimentation de la circulation inter-files.

Art. R. 412-25 *(Mod., D. n° 2002-530, 11 avr. 2002)*. – Lorsqu'une route comporte trois voies ou plus, affectées à un même sens de circulation, il est interdit aux conducteurs des véhicules dont le poids total autorisé en charge excède 3,5 tonnes ou d'ensemble de véhicules dont la longueur excède 7 mètres d'emprunter d'autres voies que les deux voies situées le plus près du bord droit de la chaussée, sauf, en entravant le moins possible la marche normale des autres véhicules, pour préparer un changement de direction.

Le fait, pour tout conducteur, de contrevenir aux dispositions du présent article est puni de l'amende prévue pour les contraventions de la deuxième classe.

Toutefois, ce fait est puni de l'amende prévue pour les contraventions de la cinquième classe lorsque, sur la chaussée, une voie de circulation au moins est couverte de neige ou de verglas sur tout ou partie de sa surface. Dans ce cas, toute personne coupable de l'infraction encourt également la peine complémentaire de suspension, pour une durée de trois ans au plus, du permis de conduire, cette suspension pouvant être limitée à la conduite en dehors de l'activité professionnelle.

Section IV. – Sens de circulation

Art. R. 412-26. – Le fait pour tout conducteur de ne pas respecter une signalisation lui imposant une direction est puni de l'amende prévue pour les contraventions de la deuxième classe.

Art. R. 412-27. – Sauf dispositions différentes prises par l'autorité investie du pouvoir de police, tout ouvrage, borne, terre-plein ou monument, établi sur une chaussée, une place ou à un carrefour et formant obstacle à la progression directe d'un véhicule, doit être contourné par la droite.

Le fait, pour tout conducteur, de contrevenir aux dispositions du présent article est puni de l'amende prévue pour les contraventions de la quatrième classe.

Art. R. 412-28. – Le fait, pour tout conducteur, de circuler en sens interdit est puni de l'amende prévue pour les contraventions de la quatrième classe.

Tout conducteur coupable de cette infraction encourt également la peine complémentaire de suspension, pour une durée de trois ans au plus, du permis de conduire, cette suspension pouvant être limitée à la conduite en dehors de l'activité professionnelle.

Cette contravention donne lieu de plein droit à la réduction de quatre points du permis de conduire.

Art. R. 412-28-1 *(Art. créé à compter du 1er janvier 2016, D. n° 2015-808, 2 juill. 2015)*. – Lorsque la vitesse maximale autorisée est inférieure ou égale à 30 km/h, les chaussées sont à double sens pour les cyclistes sauf décision contraire de l'autorité investie du pouvoir de police.

Section V. – Feux de signalisation lumineux

Art. R. 412-29. – Les feux de signalisation lumineux réglant la circulation des véhicules sont verts, jaunes ou rouges. Les feux de signalisation jaunes et rouges peuvent être clignotants.

Art. R. 412-30 *(D. n° 2017-16, 6 janv. 2017)*. – Tout conducteur doit marquer l'arrêt absolu devant un feu de signalisation rouge, fixe ou clignotant.

L'arrêt se fait en respectant la limite d'une ligne perpendiculaire à l'axe de la voie de circulation.

Sous réserve des articles R. 415-11 et R. 422-3, les dispositions du premier alinéa ne s'appliquent pas aux transports exceptionnels mentionnés à l'article R. 433-1 et à leurs véhicules d'accompagnement mentionnés à l'article R. 433-17 régulièrement engagés dans une intersection équipée de feux de signalisation affichant la couleur verte au moment du franchissement de ces feux par le premier véhicule d'accompagnement.

Lorsque cette ligne d'arrêt n'est pas matérialisée sur la chaussée, elle se situe à l'aplomb du feu de signalisation ou avant le passage piéton lorsqu'il en existe un.

Lorsqu'une piste cyclable ou une trajectoire matérialisée pour les cycles, signalisée en application des dispositions de l'article R. 411-25, traversant la chaussée est parallèle et contiguë à un passage réservé aux piétons dont le franchissement est réglé par des feux de signalisation lumineux, tout conducteur empruntant cette piste ou cette trajectoire matérialisée est tenu, à défaut de signalisation spécifique, de respecter les feux de signalisation réglant la traversée de la chaussée par les piétons.

Le fait, pour tout conducteur, de contrevenir aux dispositions du présent article est puni de l'amende prévue pour les contraventions de la quatrième classe.

Toute personne coupable de cette infraction encourt également la peine complémentaire de suspension, pour une durée de trois ans au plus, du permis de conduire, cette suspension pouvant être limitée à la conduite en dehors de l'activité professionnelle.

Cette contravention donne lieu de plein droit à la réduction de quatre points du permis de conduire.

Art. R. 412-31. – Tout conducteur doit marquer l'arrêt devant un feu de signalisation jaune fixe, sauf dans le cas où, lors de l'allumage dudit feu, le conducteur ne peut plus arrêter son véhicule dans des conditions de sécurité suffisantes.

Le fait, pour tout conducteur, de contrevenir aux dispositions du présent article est puni de l'amende prévue pour les contraventions de la deuxième classe.

Art. R. 412-32. – Les feux de signalisation jaunes clignotants ont pour objet d'attirer l'attention de tout conducteur sur un danger particulier.

Ils autorisent le passage des véhicules sous réserve, le cas échéant, du respect des dispositions relatives aux règles de priorité établies par le présent code ou prescrites par une signalisation particulière.

Art. R. 412-33 *(D. n° 2017-16, 6 janv. 2017)*. – Les feux de signalisation verts autorisent le passage des véhicules, sous réserve, dans les intersections, que le conducteur ne s'engage que si son véhicule ne risque pas d'être immobilisé et d'empêcher le passage des autres véhicules circulant sur les voies transversales et qu'un transport exceptionnel mentionné à l'article R. 433-1 ou un de ses véhicules d'accompagnement mentionnés à l'article R. 433-17 ne soit pas engagé sur ces voies. Dans ce dernier cas, la priorité de passage appartient au transport exceptionnel et à ses véhicules d'accompagnement.

Section VI. – Circulation des piétons

Art. R. 412-34 *(Mod., D. n° 2010-1390, 12 nov. 2010)*. – I. – Lorsqu'une chaussée est bordée d'emplacements réservés aux piétons ou normalement praticables par eux, tels que trottoirs ou accotements, les piétons sont tenus de les utiliser, à l'exclusion de la chaussée. Ces dispositions ne s'appliquent pas aux aires piétonnes et aux zones de rencontre.

I *bis*. – Les enfants de moins de huit ans qui conduisent un cycle peuvent utiliser les trottoirs ou accotements, sauf dispositions contraires prises par l'autorité investie du pouvoir de police, à la condition de conserver l'allure du pas et de ne pas occasionner de gêne aux piétons.

II. – Sont assimilés aux piétons :

1° Les personnes qui conduisent une voiture d'enfant, de malade ou d'infirme, ou tout autre véhicule de petite dimension sans moteur ;

2° Les personnes qui conduisent à la main un cycle ou un cyclomoteur ;

3° Les infirmes qui se déplacent dans une chaise roulante mue par eux-mêmes ou circulant à l'allure du pas.

III. – La circulation de tous véhicules à deux roues conduits à la main est tolérée sur la chaussée. Dans ce cas, les conducteurs sont tenus d'observer les règles imposées aux piétons.

Art. R. 412-35 *(Mod., D. n° 2008-754, 30 juill. 2008)*. – Lorsqu'il ne leur est pas possible d'utiliser les emplacements qui leur sont réservés ou en l'absence de ceux-ci, les piétons peuvent emprunter les autres parties de la route en prenant les précautions nécessaires.

Les piétons qui se déplacent avec des objets encombrants peuvent également emprunter la chaussée si leur circulation sur le trottoir ou l'accotement risque de causer une gêne importante aux autres piétons.

Les infirmes qui se déplacent dans une chaise roulante peuvent dans tous les cas circuler sur la chaussée.

Dans une zone de rencontre, les piétons peuvent circuler sur la chaussée mais ne doivent pas gêner la circulation des véhicules en y stationnant.

Art. R. 412-36. – Lorsqu'ils empruntent la chaussée, les piétons doivent circuler près de l'un de ses bords.

Hors agglomération et sauf si cela est de nature à compromettre leur sécurité ou sauf circonstances particulières, ils doivent se tenir près du bord gauche de la chaussée dans le sens de leur marche.

Toutefois, les infirmes se déplaçant dans une chaise roulante et les personnes poussant à la main un cycle, un cyclomoteur ou une motocyclette doivent circuler près du bord droit de la chaussée dans le sens de leur marche.

Art. R. 412-37 *(Mod., D. n° 2010-1390, 12 nov. 2010)*. – Les piétons doivent traverser la chaussée en tenant compte de la visibilité ainsi que de la distance et de la vitesse des véhicules.

Ils sont tenus d'utiliser, lorsqu'il en existe à moins de 50 mètres, les passages prévus à leur intention.

Aux intersections à proximité desquelles n'existe pas de passage prévu à leur intention, les piétons doivent emprunter la partie de la chaussée en prolongement du trottoir.

Les dispositions du présent article ne s'appliquent pas aux aires piétonnes et aux zones de rencontre.

Art. R. 412-38. – Les feux de signalisation lumineux réglant la traversée des chaussées par les piétons sont verts ou rouges et comportent un pictogramme. *(Mots, aj., D. n° 2015-808, 2 juill. 2015)* Ils peuvent comporter un signal lumineux jaune indiquant leur mise en service.

Lorsque la traversée d'une chaussée est réglée par ces feux, les piétons ne doivent s'engager qu'au feu vert.

Lorsque la traversée d'une chaussée est réglée par un agent chargé de la circulation, les piétons ne doivent traverser qu'à son signal.

Art. R. 412-39 *(Mod., D. n° 2010-1390, 12 nov. 2010)*. – Hors des intersections, les piétons sont tenus de traverser la chaussée perpendiculairement à son axe.

Il est interdit aux piétons de circuler sur la chaussée d'une place ou d'une intersection à moins qu'il n'existe un passage prévu à leur intention leur permettant la traversée directe.

Ils doivent contourner la place ou l'intersection en traversant autant de chaussées qu'il est nécessaire.

Les dispositions du présent article ne s'appliquent pas aux aires piétonnes et aux zones de rencontre.

Art. R. 412-40. – Lorsque la chaussée est divisée en plusieurs parties par un ou plusieurs refuges ou terre-pleins, les piétons parvenus à l'un de ceux-ci ne doivent s'engager sur la partie suivante de la chaussée qu'en respectant les règles prévues par les articles qui précèdent.

Art. R. 412-41. – Lorsque la traversée d'une voie ferrée est réglée par un feu rouge clignotant, il est interdit aux piétons de traverser cette voie ferrée pendant toute la durée de fonctionnement de ce feu.

Art. R. 412-42. – I. – Les prescriptions de la présente section relatives aux piétons ne sont pas applicables aux cortèges, convois ou processions qui doivent se tenir sur la droite de la chaussée dans le sens de leur marche, de manière à en laisser libre au moins toute la moitié gauche.

II. – Elles ne sont pas non plus applicables aux troupes militaires, aux forces de police en formation de marche et aux groupements organisés de piétons. Toutefois, lorsqu'ils marchent en colonne par un, ils doivent, hors agglomération, se tenir sur le bord gauche de la chaussée dans le sens de leur marche, sauf si cela est de nature à compromettre leur sécurité ou sauf circonstances particulières.

III. – Les formations ou groupements visés au II ci-dessus sont astreints, sauf lorsqu'ils marchent en colonne par un, à ne pas comporter d'éléments de colonne supérieurs à 20 mètres. Ces éléments doivent être distants les uns des autres d'au moins 50 mètres.

IV. – La nuit, ou le jour lorsque la visibilité est insuffisante, chaque colonne ou élément de colonne empruntant la chaussée doit être signale :

1° À l'avant par au moins un feu blanc ou jaune allumé ;

2° À l'arrière par au moins un feu rouge allumé, visibles à au moins 150 mètres par temps clair et placés du côté opposé au bord de la chaussée qu'il longe.

V. – Cette signalisation peut être complétée par un ou plusieurs feux latéraux émettant une lumière orangée.

VI. – Toutefois, pour les colonnes ou éléments de colonne à l'arrêt ou en stationnement en agglomération, l'emploi des feux prévus au présent article n'est pas requis lorsque l'éclairage de la chaussée permet aux autres usagers de voir distinctement les colonnes ou éléments de colonne à une distance suffisante.

Art. R. 412-43. – Le fait, pour tout piéton, de contrevenir aux dispositions de la présente section est puni de l'amende prévue pour les contraventions de la première classe.

Section VII. – Circulation des animaux isolés ou en groupe

Art. R. 412-44. – Tout animal isolé ou en groupe doit avoir un conducteur.

Le fait de contrevenir aux dispositions du présent article est puni de l'amende prévue pour les contraventions de la deuxième classe.

Art. R. 412-45. – En marche normale, tout conducteur doit maintenir ses animaux près du bord droit de la chaussée, autant que le lui permet l'état ou le profil de celle-ci.

Le fait de contrevenir aux dispositions du présent article est puni de l'amende prévue pour les contraventions de la deuxième classe.

Art. R. 412-46. – La conduite d'animaux isolés ou en groupe circulant sur une route doit être assurée de telle manière que ceux-ci ne constituent pas une entrave pour la circulation publique et que leur croisement ou dépassement puisse s'effectuer dans des conditions satisfaisantes.

Le fait de contrevenir aux dispositions du présent article est puni de l'amende prévue pour les contraventions de la deuxième classe.

Art. R. 412-47. – Tout conducteur qui s'apprête à apporter un changement dans la direction de ses animaux, ou à en ralentir l'allure, doit avertir de son intention les autres usagers, notamment lorsqu'il va se porter à gauche, traverser la chaussée, ou lorsque, après un arrêt ou stationnement, il veut reprendre sa place dans le courant de la circulation.

Le fait, pour tout conducteur, de contrevenir aux dispositions du présent article relatives au changement de direction est puni de l'amende prévue pour les contraventions de la deuxième classe.

Art. R. 412-48. – Tout conducteur d'animaux isolés ou en groupe doit, dès la chute du jour, hors agglomération, porter de façon très visible, en particulier de l'arrière, une lanterne allumée. Cette prescription ne s'applique pas aux cavaliers.

Pour les animaux isolés ou en groupe à l'arrêt ou en stationnement en agglomération, l'emploi du feu prévu au présent article n'est pas requis lorsque l'éclairage de la chaussée permet aux autres usagers de voir distinctement le ou les animaux à une distance suffisante.

Le fait, pour tout conducteur, de contrevenir aux dispositions du présent article est puni de l'amende prévue pour les contraventions de la quatrième classe.

Art. R. 412-49. – Tout arrêt ou stationnement, gênant, dangereux ou contraire à toute disposition prise par l'autorité investie du pouvoir de police, d'un animal isolé ou en groupe est puni de l'amende prévue pour les contraventions de la première classe.

Est puni de la même sanction, le fait pour tout conducteur de s'éloigner du lieu de stationnement de son animal sans avoir pris les précautions utiles pour prévenir tout risque d'accident du fait de son absence.

Art. R. 412-50. – Le préfet détermine chaque année les conditions particulières à observer pour les troupeaux transhumants afin de gêner le moins possible la circulation publique et les itinéraires que doivent suivre ces troupeaux.

Le fait, pour tout conducteur de troupeaux transhumants, de ne pas respecter ces, conditions est puni de l'amende prévue pour les contraventions de la deuxième classe.

Section VIII. – Troubles à la circulation

Art. R. 412-51. – Le fait, pour toute personne ayant placé sur une voie ouverte à la circulation publique ou à ses abords immédiats un objet ou un dispositif de nature à apporter un trouble à la circulation, de ne pas obtempérer aux injonctions adressées, en vue de l'enlèvement dudit objet ou dispositif, par un des agents habilités à constater les contraventions en matière de circulation routière, est puni de l'amende prévue pour les contraventions de la quatrième classe.

Lorsque la contravention prévue au présent article est commise à l'aide d'un véhicule, la mise en fourrière peut être prescrite dans les conditions prévues aux articles L. 325-1 à L. 325-3.

Art. R. 412-52. – Le fait de distribuer ou faire distribuer des prospectus, tracts, écrits, images, photographies ou objets quelconques aux conducteurs ou occupants de véhicules circulant sur une voie ouverte à la circulation publique est puni de l'amende prévue pour les contraventions de la quatrième classe.

CHAPITRE III. – VITESSE

Section I. – Vitesses maximales autorisées

Art. R. 413-1. – Lorsqu'elles sont plus restrictives, les vitesses maximales édictées par l'autorité investie du pouvoir de police prévalent sur celles autorisées par le présent code.

Art. R. 413-2. – I. – Hors agglomération, la vitesse des véhicules est limitée à :

1° 130 km/h sur les autoroutes ;

2° 110 km/h sur les routes à deux chaussées séparées par un terre-plein central ;

3° 90 km/h sur les autres routes.

II. – En cas de pluie ou d'autres précipitations, ces vitesses maximales sont abaissées à :

1° 110 km/h sur les sections d'autoroutes où la limite normale est de 130 km/h ;

2° 100 km/h sur les sections d'autoroutes où cette limite est plus basse ainsi que sur les routes à deux chaussées séparées par un terre-plein central ;

3° 80 km/h sur les autres routes.

Art. R. 413-3 *(Mod., D. n° 2008-754, 30 juill. 2008)*. – En agglomération, la vitesse des véhicules est limitée à 50 km/h.

Toutefois, cette limite peut être relevée à 70 km/h sur les sections de route où les accès des riverains et les traversées des piétons sont en nombre limité et sont protégés par des dispositifs appropriés. La décision est prise par arrêté de l'autorité détentrice du pouvoir de police de la circulation, après consultation des autorités gestionnaires de la voie et, s'il s'agit d'une route à grande circulation, après avis conforme du préfet.

Sur le boulevard périphérique de Paris, cette limite est fixée à *(Mots remplacés à compter du 10 janv. 2014, D. n° 2014-3, 3 janv. 2014)* 70 km/h.

Art. R. 413-4. – En cas de visibilité inférieure à 50 mètres, les vitesses maximales sont abaissées à 50 km/h sur l'ensemble des réseaux routier et autoroutier.

Art. R. 413-5. – I. – Tout élève conducteur et, pendant le délai probatoire défini à l'article L. 223-1, tout conducteur titulaire du permis de conduire est tenu de ne pas dépasser les vitesses maximales suivantes :

1° 110 km/h sur les sections d'autoroutes où la limite normale est de 130 km/h ;

2° 100 km/h sur les sections d'autoroutes où cette limite est plus basse, ainsi que sur les routes a deux chaussées séparées par un terre-plein central ;

3° 80 km/h sur les autres routes.

II. – Tout conducteur mentionné au présent article doit, en circulation, apposer de façon visible, à l'arrière de son véhicule, un signe distinctif dont les conditions d'utilisation et le modèle sont fixés par arrêté conjoint du ministre de l'Intérieur et du ministre chargé des transports.

III. – Le fait, pour tout conducteur, de ne pas respecter l'obligation de signalisation imposée par le présent article et les dispositions prises pour son application est puni de l'amende prévue pour les contraventions de la deuxième classe.

Art. R. 413-6. – Les dispositions de l'article R. 413-5 ne sont pas applicables :

1° Aux conducteurs qui ont obtenu, après annulation ou perte de validité, un nouveau permis de conduire sans subir l'épreuve pratique ;

2° Aux conducteurs des véhicules militaires ;

3° Aux conducteurs des véhicules des unités d'instruction et d'intervention de la sécurité civile ;

4° Aux conducteurs des véhicules des formations de la sécurité civile mises sur pied dans le cadre des dispositions de l'ordonnance n° 59-147 du 7 janvier 1959 portant organisation générale de la défense.

Art. R. 413-7. – La vitesse des véhicules d'un poids total autorisé en charge inférieur ou égal à 3,5 tonnes et des véhicules de transport en commun, équipés de pneumatiques comportant des crampons antidérapants faisant saillie, est limitée à 90 km/h.

En circulation, les conducteurs de ces véhicules doivent apposer, de façon visible, à l'arrière de leur véhicule, sur la partie inférieure gauche, un disque dont les conditions d'utilisation et le modèle sont fixés par arrêté du ministre chargé des transports.

Le fait, pour tout conducteur, de ne pas respecter l'obligation de signalisation imposée par le présent article et les dispositions prises pour son application est puni de l'amende prévue pour les contraventions de la deuxième classe.

Le ministre chargé des transports fixe par arrêté les conditions d'utilisation des crampons antidérapants des autres véhicules.

Art. R. 413-8 *(Mod., D. n° 2006-1812, 23 déc. 2006 ; D. n° 2014-3, 3 janv. 2014)*. – La vitesse des véhicules dont le poids total autorisé en charge est supérieur à 3,5 tonnes ou des ensembles de véhicules dont le poids total roulant autorisé est supérieur à 3,5 tonnes, à l'exception des véhicules de transport en commun, est limitée à :

1° 90 km/h sur les autoroutes ;

2° 80 km/h sur les routes à caractère prioritaire et signalées comme telles. Toutefois, cette vitesse maximale est relevée à 90 km/h pour les véhicules dont le poids total est inférieur ou égal à 12 tonnes sur les routes à deux chaussées séparées par un terre-plein central ;

3° 80 km/h sur les autres routes. Toutefois, cette vitesse maximale est abaissée à 60 km/h pour les véhicules articulés ou avec remorque dont le poids total est supérieur à 12 tonnes ;

4° 50 km/h en agglomération. Toutefois, cette vitesse maximale est relevée 70 km/h sur le boulevard périphérique de Paris.

Art. R. 413-8-1 *(D. n° 2006-1812, 23 déc. 2006 ; mod., D. n° 2008-754, 30 juill. 2008)*. – Toutefois, la vitesse des véhicules visés à l'article R. 413-8 qui sont destinés au transport de personnes et dont le poids total autorisé en charge est supérieur à 3,5 tonnes et inférieur ou égal à 12 tonnes, est limitée à :

1° 110 km/h sur les autoroutes ;

2° 100 km/h sur les routes à deux chaussées séparées par un terre-plein central lorsqu'elles sont à caractère prioritaire et signalées comme telles ;

3° 80 km/h sur les autres routes.

Art. R. 413-9 *(D. n° 2017-16, 6 janv. 2017)*. – La vitesse des véhicules transportant des matières dangereuses, dont le poids total autorisé en charge ou le poids total roulant autorisé est supérieur à 12 tonnes, ainsi que celle des transports exceptionnels mentionnés à l'article R. 433-1, est limitée à :

1° 80 km/h sur les autoroutes ;

2° 60 km/h sur les autres routes. Toutefois, cette vitesse maximale est relevée à 70 km/h sur les routes à caractère prioritaire et signalées comme telles, pour les véhicules possédant des caractéristiques particulières définies par arrêté du ministre chargé des transports ;

3° 50 km/h en agglomération. Toutefois cette vitesse maximale est relevée *(Mots remplacés à compter du 10 janv. 2014, D. n° 2014-3, 3 janv. 2014)* 70 km/h sur le boulevard périphérique de Paris.

Art. R. 413-10 *(Rempl., D. n° 2008-754, 30 juill. 2008)*. – I. – Hors agglomération, la vitesse des véhicules de transport en commun est limitée à 90 km/h.

II. – Toutefois, cette vitesse maximale est relevée à 100 km/h :

1° Sur les autoroutes pour les véhicules dont le poids total est supérieur à 10 tonnes et possédant des caractéristiques techniques particulières définies par arrêté du ministre chargé des transports ;

2° Sur les autoroutes et les routes à chaussées séparées par un terre-plein central pour les véhicules dont le poids est inférieur ou égal à 10 tonnes.

III. – En exploitation, ces vitesses maximales sont abaissées à 70 km/h pour les autobus et les autocars avec passagers debout.

Art. R. 413-11. – Lorsque le poids et les dimensions d'un engin de service hivernal excèdent les limites fixées au chapitre II du titre I du livre III, sa vitesse est limitée à 50 km/h.

Art. R. 413-12. – La vitesse des véhicules et matériels de travaux publics est limitée sur route à 25 km/h. Il en est de même de la vitesse des véhicules remorquant un matériel de travaux publics.

Toutefois, pour les matériels de travaux publics affectés à des opérations de déneigement des chaussées, la vitesse limite est portée à 50 km/h.

Art. R. 413-12-1 *(D. n° 2005-173, 24 févr. 2005)*. **– La vitesse des ensembles agricoles constitués d'un véhicule à moteur et d'un véhicule remorqué est limitée sur route à 25 km/h. Toutefois, pour ces ensembles agricoles, la vitesse limite est portée à 40 km/h si chaque véhicule constituant l'ensemble a été réceptionné pour cette vitesse et si leur largeur hors tout est inférieure ou égale à 2,55 mètres.**

Art. R. 413-13 *(Mod., D. n° 2008-754, 30 juill. 2008)*. **– Les véhicules dont la vitesse est réglementée en raison de leur poids ou de leur mode d'exploitation doivent porter, visible à l'arrière, l'indication de la ou des vitesses maximales qu'ils sont tenus de ne pas dépasser.**

Le ministre chargé des transports fixe par arrêté les conditions d'application du présent article.

Le fait, pour tout conducteur, de ne pas respecter l'obligation de signalisation imposée par le présent article et les dispositions prises pour son application est puni de l'amende prévue pour les contraventions de la deuxième classe.

Art. R. 413-14 *(Mod., D. n° 2003-642, 11 juill. 2003 ; D. n° 2004-1330, 6 déc. 2004)*. **– I. – Le fait, pour tout conducteur d'un véhicule à moteur, de dépasser de moins de 50 km/h la vitesse maximale autorisée fixée par le présent code ou édictée par l'autorité investie du pouvoir de police est puni de l'amende prévue pour les contraventions de la quatrième classe. Toutefois, lorsque le dépassement est inférieur à 20 km/h et que la vitesse maximale autorisée est supérieure à 50 km/h, l'amende encourue est celle prévue pour les contraventions de la troisième classe.**

II. – Toute personne coupable de l'infraction de dépassement de la vitesse maximale autorisée de 30 km/h ou plus encourt également les peines complémentaires suivantes :

1° La suspension, pour une durée de trois ans au plus, du permis de conduire, cette suspension pouvant être limitée à la conduite en dehors de l'activité professionnelle ;

2° L'interdiction de conduire certains véhicules terrestres à moteur, y compris ceux pour la conduite desquels le permis de conduire n'est pas exigé, pour une durée de trois ans au plus ;

3° L'obligation d'accomplir, à ses frais, un stage de sensibilisation à la sécurité routière.

III. – Toute contravention prévue au présent article donne lieu de plein droit à une réduction du nombre de points du permis de conduire dans les conditions suivantes :

1° En cas de dépassement de la vitesse maximale autorisée compris entre 40 km/h et moins de 50 km/h, réduction de quatre points ;

2° En cas de dépassement de la vitesse maximale autorisée compris entre 30 km/h et moins de 40 km/h, réduction de trois points ;

3° En cas de dépassement de la vitesse maximale autorisée compris entre 20 km/h et moins de 30 km/h, réduction de deux points ;

4° En cas de dépassement de la vitesse maximale autorisée de moins de 20 km/h, réduction d'un point.

Le montant de l'amende encourue par le représentant légal de la personne morale titulaire du certificat d'immatriculation, pour les contraventions à la réglementation sur les vitesses maximales autorisées est celui défini par les articles R. 413-14 du Code de la route et 131-13 du Code pénal.

Encourt la cassation l'arrêt qui condamne le représentant légal à une peine d'amende encourue, en application de l'article 131-41, par les seules personnes morales (■ Cass. crim., 12 mai 2010, pourvoi n° 10-80.031).

Art. R. 413-14-1 *(D. n° 2004-1330, 6 déc. 2004)*. **– I. – Le fait, pour tout conducteur d'un véhicule à moteur, de dépasser de 50 km/h ou plus la vitesse maximale autorisée fixée par le présent code ou édictée par l'autorité investie du pouvoir de police est puni de l'amende prévue pour les contraventions de la cinquième classe.**

II. – Toute personne coupable de cette infraction encourt également les peines complémentaires suivantes :

1° La suspension du permis de conduire pour une durée de trois ans au plus, cette suspension ne pouvant pas être limitée à la conduite en dehors de l'activité professionnelle, ni être assortie du sursis, même partiellement ;

2° L'interdiction de conduire certains véhicules terrestres à moteur, y compris ceux pour la conduite desquels le permis de conduire n'est pas exigé, pour une durée de trois ans au plus ;

3° L'obligation d'accomplir, à ses frais, un stage de sensibilisation à la sécurité routière ;

4° La confiscation du véhicule dont le prévenu s'est servi pour commettre l'infraction, s'il en est propriétaire.

III. – Cette contravention donne lieu de plein droit à la réduction de six points du permis de conduire.

La peine complémentaire de confiscation du véhicule prévue par l'article R. 413-14-1 du Code de la route en cas de dépassement de plus de cinquante kilomètres/heure de la vitesse autorisée, sanction à caractère principalement dissuasif dont l'objet est de lutter plus efficacement contre les grands excès de vitesse et de réduire le nombre de morts et de blessés causés par les accidents de la route, répond à un impératif d'intérêt général et ne méconnaît aucun principe conventionnel (■ Cass. crim., 10 févr. 2016, n° 15-82.324).

Art. R. 413-15 *(D. n° 2003-642, 11 juill. 2003 ; mod., D. n° 2012-3, 3 janv. 2012)*. **– I. – Le fait de détenir ou de transporter un appareil, dispositif ou produit de nature ou présenté comme étant de nature à déceler la présence ou perturber le fonctionnement d'appareils, instruments ou systèmes servant à la constatation des infractions à la législation ou à la réglementation de la circulation routière ou de permettre de se soustraire à la constatation desdites infractions est puni de l'amende prévue pour les contraventions de la cinquième classe.**

Le fait de faire usage d'un appareil, dispositif ou produit de même nature est puni des mêmes peines.

II. – Cet appareil, ce dispositif ou ce produit est saisi. Lorsque l'appareil, le dispositif ou le produit est placé, adapté ou appliqué sur un véhicule peut également être saisi.

III. – Toute personne coupable de l'infraction prévue au présent article encourt également les peines complémentaires suivantes :

1° La peine complémentaire de suspension, pour une durée de trois au plus, du permis de conduire, cette suspension pouvant être limitée à la conduite en dehors de l'activité professionnelle ;

2° La confiscation du véhicule, lorsque le dispositif qui a servi ou était destiné à commettre l'infraction est placé, adapté ou appliqué sur un véhicule.

Toute condamnation donne lieu de plein droit à la confiscation du dispositif qui a servi ou était destiné à commettre l'infraction.

IV. – Cette contravention donne lieu de plein droit à la réduction de six points du permis de conduire.

V. – Les dispositions du présent article sont également applicables aux dispositifs ou produits visant à avertir ou informer de la localisation d'appareils, instruments ou systèmes servant à la constatation des infractions à la législation ou à la réglementation de la circulation routière.

Les dispositions de l'article R. 413-15, I, du Code de la route ne prohibent pas le fait d'avertir ou d'informer de la localisation d'appareils, instruments ou systèmes servant à la constatation des infractions à la législation ou à la réglementation de la circulation routière, mais uniquement la détention, le transport et l'usage des dispositifs ou produits de nature ou présentés comme étant de nature à déceler la présence ou perturber le fonctionnement d'appareils, instruments ou systèmes servant à la constatation des infractions à la législation ou à la réglementation de la circulation routière ou à permettre de se soustraire à la constatation desdites infractions (■ Cass. crim., 6 sept. 2016, n° 15-86.412 : *JCP* 2016, 1246, note L. Desessard ; *Dr. pén.* 2016, comm. 172, note J.-H. Robert).

Art. R. 413-16. – Le fait pour tout conducteur d'un véhicule autre qu'un véhicule à moteur de contrevenir aux dispositions du présent code relatives à la vitesse maximale autorisée est puni de l'amende prévue pour les contraventions de la deuxième classe.

1) Contrôle de la vitesse. Aux termes de l'article 10 de l'arrêté du 7 janvier 1991, la périodicité de la vérification des cinémomètres de contrôle routier est d'un an.

Ce délai se calcule de date à date à minuit.

Ainsi, un cinémomètre vérifié le 1er avril 2004 n'a pas à faire l'objet d'une nouvelle vérification avant le 1er avril 2005 à minuit (■ Cass. crim., 4 oct. 2006 : *Bull. crim.*, n° 243 ; *Dr. pénal* 2007, comm. 21, obs. J.-H. Robert).

2) Le cinémomètre n'est pas le seul moyen de preuve d'un excès de vitesse (■ Cass. crim., 18 sept. 2007 : *Bull. crim.*, n° 210 ; en l'espèce, évaluation par des gendarmes d'une vitesse de 80/100 km à l'heure en agglomération, aux abords d'un collège, où elle était limitée à 30 km à l'heure).

3) Encourt la cassation l'arrêt qui accueille l'exception de nullité tirée du défaut de mention, sur le procès-verbal constatant une vitesse excessive d'un véhicule, du texte dérogatoire aux dispositions fixant à 90 km/h la vitesse maximale autorisée sur la voie considérée, dès lors que ledit procès-verbal indiquait le lieu exact de l'infraction et qu'il appartenait au juge de vérifier le règlement applicable à cet endroit (■ Cass. crim., 23 oct. 2007 : *Bull. crim.*, n° 250).

4) Justifie sa décision la juridiction de proximité qui, pour condamner le prévenu du chef d'excès de vitesse, rejette le moyen pris de ce que le procès-verbal ne mentionne aucun élément permettant de vérifier que le cinémomètre a été installé en respectant un angle de 25°, conformément à l'article 14 de l'arrêté du 7 janvier 1991, dès lors que, d'une part, la preuve contraire aux énonciations du procès-verbal n'avait pas été rapportée par écrit ou par témoins et que, d'autre part, le bon fonctionnement du cinémomètre était suffisamment établi par son homologation et sa vérification annuelle (■ Cass. crim., 18 mars 2009, n°s 08-87.925 et 08-87.926. ■ Cass. crim., 29 avr. 2009 : *Bull. crim.*, n° 82 ; *AJP* 2009, p. 310, obs. J.-P. Céré).

5) Sur la question du contrôle de l'appareil par le fabricant, V. ■ Cass. crim., 25 mai 2011, n°s 11-83.552 et 10-85.418 : *Dr. pén.* 2011, comm. 107, obs. J.-H. Robert).

6) Justifie sa décision la cour d'appel qui, pour écarter l'exception de nullité du contrôle de vitesse opéré au moyen d'un cinémomètre, retient que les vérifications primitive et périodique de l'appareil ont été effectuées par la Direction régionale de l'industrie, de la recherche et de l'environnement (DRIRE), autorité locale en matière de métrologie légale, dont la compétence subsidiaire est prévue par les articles 12, 17 et 20 de l'arrêté du 4 juin 2009 relatif aux cinémomètres de contrôle routier, et qui répond aux exigences de qualité et d'impartialité posées par les articles 37 et 38 de l'arrêté du 31 décembre 2001, et que le choix de ce service au lieu de l'un des organismes désignés à cet effet par le ministre de l'industrie, dans les conditions prévues à l'article 12 de l'arrêté du 4 juin 2009, ne peut affecter la validité de la vérification technique, dès lors que le bon fonctionnement du cinémomètre était suffisamment établi par son homologation et sa vérification annuelle (■ Cass. crim., 18 sept. 2012, n° 11-87.423 : *Dr. pénal* 2012, comm. 163, obs. J.-H. Robert).

7) Sur la mention au procès-verbal du nom de l'organisme ayant procédé à la vérification périodique, V. ■ Cass. crim., 25 nov. 2014, n° 13-86.447 : *Dr. pén.* 2015, comm. 35, obs. J.-H. Robert.

Section II. – Maîtrise de la vitesse

Art. R. 413-17. – I. – Les vitesses maximales autorisées par les dispositions du présent code, ainsi que celles plus réduites éventuellement prescrites par les autorités investies du pouvoir de police de la circulation, ne s'entendent que dans des conditions optimales de circulation : bonnes conditions atmosphériques, trafic fluide, véhicule en bon état.

II. – Elles ne dispensent en aucun cas le conducteur de rester constamment maître de sa vitesse et de régler cette dernière en fonction de l'état de la chaussée, des difficultés de la circulation et des obstacles prévisibles.

III. – Sa vitesse doit être réduite :

1° Lors du croisement ou du dépassement de piétons ou de cyclistes isolés ou en groupe ;

2° Lors du dépassement de convois à l'arrêt ;

3° Lors du croisement ou du dépassement de véhicules de transport en commun ou de véhicules affectés au transport d'enfants et faisant l'objet d'une signalisation spéciale, au moment de la descente et de la montée des voyageurs ;

4° Dans tous les cas où la route ne lui apparaît pas entièrement dégagée, ou risque d'être glissante ;

5° Lorsque les conditions de visibilité sont insuffisantes (temps de pluie et autres précipitations, brouillard...) ;

6° Dans les virages ;

7° Dans les descentes rapides ;

8° Dans les sections de routes étroites ou encombrées ou bordées d'habitations ;

9° À l'approche des sommets de côtes et des intersections où la visibilité n'est pas assurée ;

10° Lorsqu'il fait usage de dispositifs spéciaux d'éclairage et en particulier de ses feux de croisement ;

11° Lors du croisement ou du dépassement d'animaux.

IV. – Le fait, pour tout conducteur, de ne pas rester maître de sa vitesse ou de ne pas la réduire dans les cas prévus au présent article est puni de l'amende prévue pour les contraventions de la quatrième classe.

L'article R. 413-17, IV, du Code de la route réprime non seulement le défaut de réduction de la vitesse d'un véhicule dans les cas prévus au paragraphe III dudit article, mais aussi le défaut

ANNEXE 16

de maîtrise de la vitesse eu égard aux circonstances visées par le paragraphe II du texte précité ; encourt la censure l'arrêt de la cour d'appel qui, alors que le conducteur avait heurté l'avant gauche d'un véhicule à l'issue d'une marche arrière effectuée de biais, renvoie l'intéressé des fins de la poursuite au motif que les faits ne caractérisent nullement l'infraction par l'article R. 413-17, IV, du Code de la route et ne sont susceptibles de recevoir aucune autre qualification pénale (■ Cass. crim., 5 déc. 2007 : *Bull. crim.*, n° 303).

Art. R. 413-18 *(Mod., D. n° 2010-1390, 12 nov. 2010)*. **– Le conducteur d'un véhicule ou d'un engin qui circule dans un parc de stationnement aménagé sur un terre-plein ou qui franchit un trottoir ou y circule dans les conditions prévues à l'article R. 412-7 ne doit y rouler qu'à l'allure du pas et en prenant toute précaution afin de ne pas constituer un danger pour les piétons.**

Le fait, pour tout conducteur, de contrevenir aux dispositions du présent article est puni de l'amende prévue pour les contraventions de la quatrième classe.

Art. R. 413-19. – Aucun conducteur ne doit gêner la marche normale des autres véhicules en circulant sans raison valable à une vitesse anormalement réduite. En particulier sur autoroute, lorsque la circulation est fluide et que les conditions atmosphériques permettent une visibilité et une adhérence suffisantes, les conducteurs utilisant la voie la plus à gauche ne peuvent circuler à une vitesse inférieure à 80 km/h.

Le fait, pour tout conducteur, de contrevenir aux dispositions du présent article est puni de l'amende prévue pour les contraventions de la deuxième classe.

CHAPITRE IV. – CROISEMENT ET DÉPASSEMENT

Section I. – Croisement

Art. R. 414-1. – Les croisements s'effectuent à droite.

En cas de croisement de véhicules, chaque conducteur doit serrer sur sa droite autant que le lui permet la présence d'autres usagers.

Toutefois, certaines intersections peuvent être aménagées de façon telle que le conducteur doive, en fonction de la signalisation, serrer sur sa gauche pour permettre le croisement.

Le fait, pour tout conducteur, de contrevenir aux dispositions du présent article est puni de l'amende prévue pour les contraventions de la quatrième classe.

Art. R. 414-2 *(D. n° 2017-16, 6 janv. 2017)*. **– Dans tous les cas où l'insuffisance de la largeur libre de la chaussée, son profil ou son état ne permettent pas le croisement avec facilité et en toute sécurité, les conducteurs de véhicules dont le gabarit ou dont le chargement dépasse 2 mètres de largeur ou 7 mètres de longueur, remorque comprise, à l'exception des véhicules de transport en commun en agglomération, doivent réduire leur vitesse et, au besoin, s'arrêter ou se garer pour laisser le passage aux véhicules de dimensions inférieure.**

Dans les mêmes cas, tous les usagers doivent réduire leur vitesse et, au besoin, s'arrêter ou se garer pour faciliter le passage d'un véhicule d'intérêt général faisant usage des avertisseurs spéciaux autorisés pour sa catégorie ou d'un transport exceptionnel mentionné à l'article R. 433-1 et de ses véhicules d'accompagnement mentionnés à l'article R. 433-17.

Dans les cas prévus au premier alinéa, le transport exceptionnel et ses véhicules d'accompagnement doivent réduire leur vitesse et, au besoin, s'arrêter ou se garer pour laisser le passage à un véhicule d'intérêt général faisant usage des avertisseurs spéciaux autorisés pour sa catégorie.

Le fait, pour tout conducteur, de contrevenir aux dispositions du présent article est puni de l'amende prévue pour les contraventions de la quatrième classe.

Art. R. 414-3. – I. – Lorsque sur les routes de montagne et sur les routes à forte déclivité le croisement se révèle difficile, le véhicule descendant doit s'arrêter à temps le premier.

II. – S'il est impossible de croiser sans que l'un des deux véhicules soit contraint de faire marche arrière, cette obligation s'impose :

1° À un véhicule unique par rapport à un ensemble de véhicules ;

2° Au véhicule le plus léger des deux ;

3° À un véhicule de transports de marchandises d'un poids total autorisé en charge supérieur à 3,5 tonnes par rapport à un véhicule de transport en commun.

III. – Lorsqu'il s'agit de véhicules de la même catégorie, c'est le conducteur du véhicule descendant qui doit faire marche arrière, sauf si cela est manifestement plus facile pour le conducteur du véhicule montant, notamment si celui-ci se trouve près d'une place d'évitement.

IV. – Le fait, pour tout conducteur, de contrevenir aux dispositions du présent article est puni de l'amende prévue pour les contraventions de la quatrième classe.

Art. R. 414-3-1 *(D. n° 2017-1279, 9 août 2017)*. – Lorsqu'une épreuve, une course ou une compétition sportive bénéficie de l'usage exclusif temporaire de la chaussée, prévu au premier alinéa de l'article R. 411-30, tout conducteur d'un véhicule ou d'un engin qui circule sur la chaussée doit laisser le passage, s'arrêter ou se garer.

La personne physique ou morale qui organise l'épreuve, la course ou la compétition sportive doit signaler, par un dispositif approprié et adapté au déroulement de l'épreuve, le passage de la manifestation sportive aux autres usagers de la chaussée, par l'intermédiaire des représentants mentionnés à l'article R. 411-31.

Les conducteurs visés au premier alinéa ne peuvent reprendre leur marche qu'au signalement des représentants mentionnés au deuxième alinéa ou après le passage du véhicule signalant la fin de la manifestation.

« Le fait, pour tout conducteur, de contrevenir aux dispositions du présent article est puni de l'amende prévue pour les contraventions de la 4e classe. »

Section II. – Dépassement

Art. R. 414-4 *(Mod., D. n° 2003-293, 31 mars 2003)*. – I. – Avant de dépasser, tout conducteur doit s'assurer qu'il peut le faire sans danger.

II. – Il ne peut entreprendre le dépassement d'un véhicule que si :

1° Il a la possibilité de reprendre sa place dans le courant normal de la circulation sans gêner celle-ci ;

2° La vitesse relative des deux véhicules permettra d'effectuer le dépassement dans un temps suffisamment bref ;

3° Il n'est pas lui-même sur le point d'être dépassé.

III. – Il doit, en outre, avertir de son intention l'usager qu'il veut dépasser.

IV. – Pour effectuer le dépassement, il doit se déporter suffisamment pour ne pas risquer de heurter l'usager qu'il veut dépasser. Il ne doit pas en tout cas s'en approcher latéralement à moins d'un mètre en agglomération et d'un mètre et demi hors agglomération s'il s'agit d'un véhicule à traction animale, d'un engin à deux ou à trou, roues, d'un piéton, d'un cavalier ou d'un animal.

V. – Le fait, pour tout conducteur, de contrevenir aux dispositions des II à IV ci-dessus est puni de l'amende prévue pour les contraventions de la quatrième classe.

VI. – Tout conducteur qui contrevient aux dispositions des II à IV ci-dessus encourt également la peine complémentaire de suspension du permis de conduire pour une durée de trois ans au plus, cette suspension pouvant être limitée à la conduite en dehors de l'activité professionnelle.

VII. – Cette contravention donne lieu de plein droit à la réduction de trois points du permis de conduire.

Art. R. 414-5. – À l'approche des passages prévus à l'intention des piétons, les conducteurs ne doivent effectuer de dépassement qu'après s'être assurés qu'aucun piéton n'est engagé sur le passage.

Le fait, pour tout conducteur, de contrevenir aux dispositions du présent article est puni de l'amende prévue pour les contraventions de la quatrième classe.

Art. R. 414-6 *(Mod., D. n° 2003-293, 31 mars 2003)*. – I. – Les dépassements s'effectuent à gauche.

II. – Par exception à cette règle, tout conducteur doit dépasser par la droite :

1° Un véhicule dont le conducteur a signalé qu'il se disposait à changer de direction vers la gauche ;

2° Un véhicule qui circule sur une voie ferrée empruntant la chaussée lorsque l'intervalle existant entre ce véhicule et le bord de la chaussée est suffisant, toutefois, dans ce dernier cas, le dépassement peut s'effectuer à gauche sur les routes où la circulation est à sens unique ou sur les autres routes lorsque le dépassement laisse libre toute la moitié gauche de la chaussée.

III. – Le fait, pour tout conducteur, de contrevenir aux dispositions du présent article est puni de l'amende prévue pour les contraventions de la quatrième classe.

IV. – Tout conducteur coupable de l'infraction prévue au présent article encourt également la peine complémentaire de suspension du permis de conduire, pour une durée de trois ans au plus, cette suspension pouvant être limitée à la conduite en dehors de l'activité professionnelle.

V. – Le fait de contrevenir aux dispositions du présent article donne lieu de plein droit à la réduction de trois points du permis de conduire.

Art. R. 414-7 *(Mod., D. n° 2003-293, 31 mars 2003)*. – Tout conducteur qui effectue un dépassement par la gauche ne peut emprunter la moitié gauche de la chaussée que s'il ne gêne pas la circulation en sens inverse.

Le fait, pour tout conducteur, de contrevenir aux dispositions du présent article est puni de l'amende prévue pour les contraventions de la quatrième classe.

Tout conducteur coupable de cette infraction encourt également la peine complémentaire de suspension du permis de conduire pour une durée de trois ans au plus, cette suspension pouvant être limitée à la conduite en dehors de l'activité professionnelle.

Cette contravention donne lieu de plein droit à la réduction de trois points du permis de conduire.

Art. R. 414-8 *(Mod., D. n° 2003-293, 31 mars 2003)*. – Lorsqu'une chaussée à double sens de circulation comporte plus de deux voies, matérialisées ou non, les conducteurs effectuant un dépassement ne doivent pas emprunter la voie située pour eux le plus à gauche.

Le fait, pour tout conducteur, de contrevenir aux dispositions du présent article est puni de l'amende prévue pour les contraventions de la quatrième classe.

Tout conducteur coupable de cette infraction encourt également la peine complémentaire de suspension du permis de conduire pour une durée de trois ans au plus, cette suspension pouvant être limitée à la conduite en dehors de l'activité professionnelle.

Cette contravention donne lieu de plein droit à la réduction de trois points du permis de conduire.

Art. R. 414-9. – Dans tous les, cas où l'insuffisance de la largeur libre de la chaussée, son profil ou son état ne permettent pas le dépassement avec facilite et en toute sécurité, tout conducteur de véhicules dont le gabarit ou dont le chargement dépasse 2 mètres de largeur ou 7 mètres de longueur, remorque comprise, à l'exception des véhicules de transport en commun en agglomération, doit réduire sa vitesse et, au besoin, s'arrêter ou se garer pour laisser le passage aux véhicules de dimensions inférieures.

Dans les mêmes cas, tout usager doit réduire sa vitesse et, au besoin, s'arrêter ou se garer pour faciliter le passage d'un véhicule d'intérêt général faisant usage des avertisseurs spéciaux autorises pour sa catégorie.

Le fait, pour tout conducteur, de contrevenir aux dispositions du présent article est puni de l'amende prévue pour les contraventions de la quatrième classe.

Art. R. 414-10 *(Mod., D. n° 2003-293, 31 mars 2003)*. – Tout conducteur qui vient d'effectuer un dépassement par la gauche doit revenir sur sa droite sans provoquer le ralentissement du véhicule dépassé.

Le fait, pour tout conducteur, de contrevenir aux dispositions du présent article est puni de l'amende prévue pour les contraventions de la quatrième classe.

Tout conducteur coupable de cette infraction encourt également la peine complémentaire de suspension du permis de conduire pour une durée de trois ans au plus, cette suspension pouvant être limitée à la conduite en dehors de l'activité professionnelle.

Cette contravention donne lieu de plein droit à la réduction de trois points du permis de conduire.

Art. R. 414-11 *(Mod., D. n° 2003-293, 31 mars 2003)*. – Tout dépassement est interdit sur les chaussées à double sens de circulation, lorsque la visibilité vers l'avant n'est pas suffisante, ce qui peut être notamment le cas dans un virage ou au sommet d'une côte, sauf si cette manœuvre laisse libre la partie de la chaussée située à gauche d'une ligne continue ou si, s'agissant de dépasser un véhicule à deux roues, cette manœuvre laisse libre la moitié gauche de la chaussée.

Tout dépassement autre que celui des véhicules à deux roues est interdit aux intersections de routes, sauf pour les conducteurs abordant une intersection où les conducteurs circulant sur les autres routes doivent leur laisser le passage en application des articles R. 415-6, R. 415-7 et R. 415-8, ou lorsqu'ils abordent une intersection dont le franchissement est réglé par des feux de signalisation ou par un agent de la circulation.

Le fait, pour tout conducteur, de contrevenir aux dispositions du présent article est puni de l'amende prévue pour les contraventions de la quatrième classe.

Tout conducteur coupable de l'une des infractions prévues au présent article encourt également la peine complémentaire de suspension du permis de conduire pour une durée de trois ans au plus, cette suspension pouvant être limitée à la conduite en dehors de l'activité professionnelle.

Cette contravention donne lieu de plein droit à la réduction de trois points du permis de conduire.

Art. R. 414-12. – Tout dépassement est interdit aux traversées de voies ferrées non munies de barrières ou de demi-barrières.

Le fait, pour tout conducteur, de contrevenir aux dispositions du présent article est puni de l'amende prévue pour les contraventions de la quatrième classe.

Art. R. 414-13 *(Mod., D. n° 2003-425, 9 mai 2003)*. – Il est interdit à tout conducteur de dépasser un train ou un véhicules de transport public assujettis à suivre, de façon permanente, une trajectoire déterminée par un ou des rails matériels et empruntant l'assiette des routes à l'arrêt pendant la montée ou la descente des voyageurs du côté où elle s'effectue.

Le fait, pour tout conducteur, de contrevenir aux dispositions du présent article est puni de l'amende prévue pour les contraventions de la quatrième classe.

Art. R. 414-14. – Le fait pour tout conducteur d'effectuer un dépassement interdit par décision de l'autorité investie du pouvoir de police est puni de l'amende prévue pour les contraventions de la quatrième classe.

Art. R. 414-15. – Lorsque, sur les routes à sens unique et sur les routes à plus de deux voies, la circulation s'est, en raison de sa densité, établie en file ininterrompue sur toutes les voies, le fait que les véhicules d'une file circulent plus vite que les véhicules d'une autre file n'est pas considéré comme un dépassement.

Art. R. 414-16 *(Mod., D. n° 2003-293, 31 mars 2003)*. – Lorsqu'ils sont sur le point d'être dépassés, les conducteurs doivent serrer immédiatement sur leur droite sans accélérer l'allure.

Le fait, pour tout conducteur, de contrevenir aux dispositions du présent article est puni de l'amende prévue pour les contraventions de la quatrième classe.

Tout conducteur qui accélère l'allure alors qu'il est sur le point d'être dépassé encourt également la peine complémentaire de suspension du permis de conduire pour une durée de trois ans au plus, cette suspension pouvant être limitée à la conduite en dehors de l'activité professionnelle.

Dans ce dernier cas, la contravention donne lieu de plein droit à la réduction de deux points du permis de conduire.

Art. R. 414-17 *(D. n° 2002-530, 11 avr. 2002)*. – Lorsque, sur la chaussée, une voie de circulation au moins est couverte de neige ou de verglas sur tout ou partie de sa surface :

I. – 1° Le dépassement ou le changement de file est interdit à tout conducteur d'un véhicule dont le poids total autorisé en charge excède 3,5 tonnes ou à tout conducteur d'un ensemble de véhicules dont la longueur excède 7 mètres ;

2° Le dépassement des engins de service hivernal en action sur la chaussée est interdit à tout véhicule.

II. – Le fait de contrevenir au I du présent article est puni de l'amende prévue pour les contraventions de la quatrième classe.

III. – Toute personne coupable de cette infraction encourt également la peine complémentaire de suspension, pour une durée de trois ans au plus, du permis de conduire, cette suspension pouvant être limitée à la conduite en dehors de l'activité professionnelle.

CHAPITRE V. – INTERSECTIONS ET PRIORITÉ DE PASSAGE

Art. R. 415-1. – Tout conducteur s'approchant d'une intersection de routes doit vérifier que la chaussée qu'il va croiser est libre, circuler à allure d'autant plus modérée que les conditions de visibilité sont moins bonnes et, en cas de nécessité, annoncer son approche.

Le fait, pour tout conducteur, de contrevenir aux dispositions du présent article est puni de l'amende prévue pour les contraventions de la quatrième classe.

Art. R. 415-2 *(D. n° 2017-16, 6 janv. 2017)*. – Tout conducteur ne doit s'engager dans une intersection que si son véhicule ne risque pas d'y être immobilisé et d'empêcher le passage des véhicules circulant sur les autres voies. En particulier, un conducteur ne doit pas s'engager dans une intersection de routes en cas de signalement, par le conducteur d'un des véhicules d'accompagnement mentionnés à l'article R. 433-17, du franchissement imminent de cette intersection par un transport exceptionnel mentionné à l'article R. 433-1.

Le conducteur d'un véhicule autre qu'un cycle ne doit pas s'engager dans l'espace compris entre les deux lignes d'arrêt définies à l'article R. 415-15 lorsque son véhicule risque d'y être immobilisé.

L'autorité investie du pouvoir de police de la circulation peut autoriser les conducteurs de cyclomoteurs à s'engager dans l'espace et dans les conditions prévues à l'alinéa précédent.

Le fait, pour tout conducteur, de contrevenir aux dispositions du premier alinéa est puni de l'amende prévue pour les contraventions de la quatrième classe.

Le fait, pour tout conducteur d'un véhicule autre qu'un cycle ou, en cas de bénéfice des dispositions du troisième alinéa, un cyclomoteur, de contrevenir aux dispositions du second alinéa est puni de l'amende prévue pour les contraventions de la deuxième classe.

Art. R. 415-3 *(Mod., D. n° 2008-754, 30 juill. 2008)*. – Tout conducteur s'apprêtant à quitter une route sur sa droite doit serrer le bord droit de la chaussée.

Il peut toutefois emprunter la partie gauche de la chaussée lorsque le tracé du virage et les dimensions du véhicule ou de son chargement le mettent dans l'impossibilité de tenir sa droite ; il ne doit ainsi manœuvrer qu'à allure modérée, et après s'être assuré qu'il peut le faire sans danger pour autrui.

Il doit céder le passage aux cycles et cyclomoteurs circulant dans les deux sens sur les pistes cyclables qui traversent la chaussée sur laquelle il va s'engager.

Le fait, pour tout conducteur, de contrevenir aux dispositions du présent article est puni de l'amende prévue pour les contraventions de la quatrième classe.

Art. R. 415-4 *(Mod., D. n° 2008-754, 30 juill. 2008)*. – I. – Tout conducteur s'apprêtant à quitter une route sur sa gauche doit serrer à gauche.

II. – Lorsque la chaussée est à double sens de circulation il ne doit pas en dépasser l'axe médian. Néanmoins, lorsque cette chaussée comporte un nombre impair de voies matérialisées, il doit, sauf dispositions différentes prises par l'autorité investie du pouvoir de police, emprunter la voie médiane.

III. – Il doit céder le passage aux véhicules venant en sens inverse sur la chaussée qu'il s'apprête à quitter ainsi qu'aux cycles et cyclomoteurs circulant, dans les deux sens sur les pistes cyclables qui traversent la chaussée sur laquelle il va s'engager.

IV. – Par exception à la règle fixée au I, tout conducteur de cycle, s'apprêtant à quitter une route sur sa gauche, peut serrer le bord droit de la chaussée avant de s'engager sur sa gauche.

V. – Le fait, pour tout conducteur, de contrevenir aux dispositions des I et II ci-dessus est puni de l'amende prévue pour les contraventions de la deuxième classe.

VI. – Le fait, pour tout conducteur, de ne pas respecter les règles de priorité fixées au III ci-dessus est puni de l'amende prévue pour les contraventions de la quatrième classe.

VII. – Toute personne coupable de cette infraction aux règles de priorité encourt également la peine complémentaire de suspension, pour une durée de trois ans au plus, du permis de conduire, cette suspension pouvant être limitée à la conduite en dehors de l'activité professionnelle.

VIII. – Cette contravention aux règles de priorité donne lieu de plein droit à la réduction de quatre points du permis de conduire.

Art. R. 415-5. – Lorsque deux conducteurs abordent une intersection par des routes différentes, le conducteur venant par la gauche est tenu de céder le passage à l'autre conducteur, sauf dispositions différentes prévues au présent livre.

Le fait, pour tout conducteur, de ne pas respecter les règles de priorité fixées au présent article est puni de l'amende prévue pour les contraventions de la quatrième classe.

Tout conducteur coupable de cette infraction encourt également la peine complémentaire de suspension, pour une durée de trois ans au plus, du permis de conduire, cette suspension pouvant être limitée à la conduite en dehors de l'activité professionnelle.

Cette contravention donne lieu de plein droit à la réduction de quatre points du permis de conduire.

Art. R. 415-6. – À certaines intersections indiquées par une signalisation dite « stop », tout conducteur doit marquer un temps d'arrêt à la limite de la chaussée abordée. Il doit ensuite céder le passage aux véhicules circulant sur l'autre ou les autres routes et ne s'y engager qu'après s'être assuré qu'il peut le faire sans danger.

Le fait, pour tout conducteur, de contrevenir aux dispositions du présent article est puni de l'amende prévue pour les contraventions de la quatrième classe.

Tout conducteur coupable de l'une des infractions prévues au présent article encourt également la peine complémentaire de suspension, pour une durée de trois ans au plus, du permis de conduire, cette suspension pouvant être limitée à la conduite en dehors de l'activité professionnelle.

Ces contraventions donnent lieu de plein droit à la réduction de quatre points du permis de conduire.

Art. R. 415-7. – À certaines intersections indiquées par une signalisation dite « cédez le passage », tout conducteur doit céder le passage aux véhicules circulant sur l'autre ou les autres routes et ne s'y engager qu'après s'être assure qu'il peut le faire sans danger.

Le fait, pour tout conducteur, de contrevenir aux dispositions du présent article est puni de l'amende prévue pour les contraventions de la quatrième classe.

Tout conducteur coupable de cette infraction encourt également la peine complémentaire de suspension, pour une durée de trois ans au plus, du permis de conduire, cette suspension pouvant être limitée à la conduite en dehors de l'activité professionnelle.

Cette contravention donne lieu de plein droit à la réduction de quatre points du permis de conduire.

Art. R. 415-8. – *(Rempl., D. n° 2010-1390, 12 nov. 2010)* Toutefois l'autorité investie du pouvoir de police peut, lorsque les circonstances locales le justifient et après avis conforme du préfet, prendre un arrêté modifiant cette règle de priorité dans les conditions qu'il définit.

En agglomération, tout conducteur abordant une route à grande circulation et ne se trouvant pas lui-même sur une route de cette catégorie peut également, *(Mots rempl., D. n° 2008-754, 30 juill. 2008)* par arrêté du maire pris après avis conforme du préfet, être tenu de céder le passage aux véhicules qui circulent sur la route à grande circulation.

Le maire peut, par arrêté pris après avis du préfet, reporter l'obligation prévue à l'alinéa précédent sur les conducteurs qui abordent d'autres routes qu'une route classée à grande circulation si ces routes assurent la continuité de l'itinéraire à grande circulation ou imposer à ces conducteurs la même obligation.

La signalisation de ces routes est la même que celle des routes à grande circulation.

Le fait, pour tout conducteur, de ne pas respecter les règles de priorité fixées au présent article est puni de l'amende prévue pour les contraventions de la quatrième classe.

Tout conducteur coupable de cette infraction encourt également la peine complémentaire de suspension, pour une durée de trois ans au plus, du permis de conduire, cette suspension pouvant être limitée à la conduite en dehors de l'activité professionnelle.

Cette contravention donne lieu de plein droit à la réduction de quatre points du permis de conduire.

Art. R. 415-9 *(Mod., D. n° 2010-1390, 12 nov. 2010)*. – I. – Tout conducteur qui débouche sur une route en franchissant un trottoir ou à partir d'un accès non ouvert à la circulation publique, d'un chemin de terre ou d'une aire de stationnement ne doit s'engager sur la route qu'après s'être assuré qu'il peut le faire sans danger et qu'à une vitesse suffisamment réduite pour lui permettre un arrêt sur place.

II. – Il doit céder le passage à tout autre véhicule.

III. – Le fait, pour tout conducteur, de contrevenir aux dispositions du II ci-dessus est puni de l'amende prévue pour les contraventions de la quatrième classe.

IV. – Tout conducteur coupable de cette infraction encourt également la peine complémentaire de suspension, pour une durée de trois ans au plus, du permis de conduire, cette suspension pouvant être limitée à la conduite en dehors de l'activité professionnelle.

V. – Cette contravention donne lieu de plein droit à la réduction de quatre points du permis de conduire.

Art. R. 415-10. – Tout conducteur abordant un carrefour à sens giratoire est tenu, quel que soit le classement de la route qu'il s'apprête à quitter, de céder le passage aux usagers circulant sur la chaussée qui ceinture le carrefour à sens giratoire.

Le fait, pour tout conducteur, de ne pas respecter les règles de priorité fixées au présent article est puni de l'amende prévue pour les contraventions de la quatrième classe.

Tout conducteur coupable de cette infraction encourt également la peine complémentaire de suspension, pour une durée de trois ans au plus, du permis de conduire, cette suspension pouvant être limitée à la conduite en dehors de l'activité professionnelle.

Cette contravention donne lieu de plein droit à la réduction de quatre points du permis de conduire.

Art. R. 415-11 *(Mod., D. n° 2008-754, 30 juill. 2008 ; D. n° 2010-1390, 12 nov. 2010).* – Tout conducteur est tenu de céder le passage, au besoin en s'arrêtant, au piéton s'engageant régulièrement dans la traversée d'une chaussée ou manifestant clairement l'intention de le faire ou circulant dans une aire piétonne ou une zone de rencontre.

Le fait, pour tout conducteur, de ne pas respecter les règles de priorité fixées au présent article est puni de l'amende prévue pour les contraventions de la quatrième classe.

Tout conducteur coupable de cette infraction encourt également la peine complémentaire de suspension, pour une durée de trois ans au plus, du permis de conduire, cette suspension pouvant être limitée à la conduite en dehors de l'activité professionnelle.

Cette contravention donne lieu de plein droit à la réduction de quatre points du permis de conduire.

Art. R. 415-12. – En toutes circonstances, tout conducteur est tenu de céder le passage aux véhicules d'intérêt général prioritaires annonçant leur approche par l'emploi des avertisseurs spéciaux prévus pour leur catégorie.

Le fait, pour tout conducteur, de ne pas respecter les règles de priorité fixées au présent article est puni de l'amende prévue pour les contraventions de la quatrième classe.

Tout conducteur coupable de cette infraction encourt également la peine complémentaire de suspension, pour une durée de trois ans au plus, du permis de conduire, cette suspension pouvant être limitée à la conduite en dehors de l'activité professionnelle.

Cette contravention donne lieu de plein droit à la réduction de quatre points du permis de conduire.

Art. R. 415-13. – Aux intersections, lorsqu'une chaussée à plusieurs voies comporte une ou plusieurs voies ou bandes réservées à la circulation de certaines catégories de véhicules, les règles de priorité prévues au présent livre s'imposent à tous les conducteurs circulant sur cette chaussée ou l'abordant.

Art. R. 415-14. – Pour l'application de toutes les règles de priorité, une piste cyclable est considérée comme une voie de la chaussée principale qu'elle longe, sauf dispositions différentes prises par l'autorité investie du pouvoir de police.

Art. R. 415-15. – *(Rempl., D. n° 2010-1390, 12 nov. 2010 ; D. n° 2015-808, 2 juill. 2015)* – L'autorité investie du pouvoir de police peut décider de :

1° Mettre en place sur les voies équipées de feux de signalisation une signalisation distincte destinée à une ou plusieurs catégories de véhicules ou indiquant une ou plusieurs directions ou remplissant ces deux fonctions de manière concomitante ;

2° Mettre en place sur les voies équipées de feux de signalisation communs à toutes les catégories d'usagers deux lignes d'arrêt distinctes, l'une pour les cycles, l'autre pour les autres catégories de véhicules. La ligne d'arrêt pour les cycles peut être autorisée pour les cyclomoteurs.

CHAPITRE VI. – USAGE DES DISPOSITIFS D'ÉCLAIRAGE ET DE SIGNALISATION

Section I. – Emploi des avertisseurs

Art. R. 416-1. – Hors agglomération, l'usage des avertisseurs sonores n'est autorisé que pour donner les avertissements nécessaires aux autres usagers de la route.

En agglomération, l'usage de l'avertisseur sonore n'est autorisé qu'en cas de danger immédiat.

Les signaux émis ne doivent pas se prolonger plus qu'il n'est nécessaire.

Le fait, pour tout conducteur, de contrevenir aux dispositions du présent article est puni de l'amende prévue pour les contraventions de la deuxième classe.

Art. R. 416-2. – De nuit, les avertissements doivent être donnés par l'allumage intermittent soit des feux de croisement, soit des feux de route, les signaux sonores ne devant être utilisés qu'en cas d'absolue nécessité.

Le fait, pour tout conducteur, de contrevenir aux dispositions du présent article est puni de l'amende prévue pour les contraventions de la deuxième classe.

Art. R. 416-3. – L'usage des trompes à sons multiples, des sirènes et des sifflets est interdit.

Le fait, pour tout conducteur, de contrevenir aux dispositions du présent article est puni de l'amende prévue pour les contraventions de la deuxième classe.

Section II. – Éclairage et signalisation de nuit, ou de jour par visibilité insuffisante

Art. R. 416-4. – La nuit, ou le jour lorsque la visibilité est insuffisante, tout conducteur d'un véhicule doit, dans les conditions définies à la présente section, faire usage des feux dont le véhicule doit être équipé en application des dispositions du livre III.

Art. R. 416-5. – Feux de route

Sauf dispositions différentes prévues au présent code, les véhicules à moteur doivent circuler avec le ou leurs feux de route allumés.

À l'arrêt ou en stationnement, l'usage des feux de route est interdit.

Le fait, pour tout conducteur, de contrevenir aux dispositions du présent article est puni de l'amende prévue pour les contraventions de la quatrième classe.

Art. R. 416-6. – Feux de croisement

I. – Les cyclomoteurs et les quadricycles légers à moteur doivent circuler avec le ou leurs feux de croisement allumés.

II. – Les autres véhicules à moteur doivent circuler avec le ou leurs feux de croisement allumés, à l'exclusion des feux de route :

1° Quand le véhicule risque d'éblouir d'autres usagers :

a) Au moment où il s'apprête à croiser un autre véhicule ;

b) Lorsqu'il suit un autre véhicule à faible distance, sauf lors d'une manœuvre de dépassement ;

2° Quand le véhicule circule en agglomération sur une route suffisamment éclairée et hors agglomération sur une route éclairée en continu dès lors que cet éclairage est tel qu'il permet au conducteur de voir distinctement à une distance suffisante ;

3° Quand la visibilité est réduite en raison des circonstances atmosphériques. Toutefois, en agglomération, même par temps de pluie, cette disposition ne s'applique pas aux véhicules à moteur autres que les motocyclettes qui circulent avec au moins leurs feux de position allumés, lorsque la chaussée est suffisamment éclairée et que cet éclairage permet au conducteur de voir distinctement à une distance suffisante.

III. – La substitution des feux de croisement aux feux de route doit se faire suffisamment à l'avance pour ne pas gêner la progression des autres usagers.

IV. – Lorsqu'il est fait usage des feux de route, les feux de croisement peuvent être utilisés simultanément.

V. – Le fait, pour tout conducteur, de contrevenir aux dispositions du présent article est puni de l'amende prévue pour les contraventions de la quatrième classe.

Art. R. 416-7. – Feux de brouillard

I. – En cas de brouillard, de chute de neige ou de forte pluie, les feux avant de brouillard peuvent remplacer ou compléter les feux de croisement. Ils peuvent compléter les feux de route en dehors des agglomérations, sur les routes étroites et sinueuses, hormis les cas où, pour ne pas éblouir les autres usagers, les feux de croisement doivent remplacer les feux de route.

II. – Le ou les feux arrière de brouillard ne peuvent être utilisés qu'en cas de brouillard ou de chute de neige.

III. – Le fait, pour tout conducteur, de contrevenir aux dispositions du présent article est puni de l'amende prévue pour les contraventions de la quatrième classe.

Art. R. 416-8. – Feux de position

I. – Les feux de position peuvent être allumés en même temps que les feux de route ou les feux de croisement.

II. – Ils doivent être allumés :

1° En même temps que les feux de croisement si aucun point de la plage éclairante de ceux-ci ne se trouve à moins de 400 mm de l'extrémité de la largeur hors tout du véhicule ;

2° Dans tous les cas, en même temps que les feux de brouillard.

III. – *(Abr., D. n° 2003-536, 20 juin 2003).*

IV. – Le fait, pour tout conducteur, de contrevenir aux dispositions du présent article est puni de l'amende prévue pour les contraventions de la quatrième classe.

Art. R. 416-9. – I. – Les véhicules à moteur et les ensembles de véhicules doivent circuler avec :

1° Les feux rouges arrière allumés ;

2° Le ou les feux d'éclairage de la plaque d'immatriculation arrière allumés ;

3° Les feux d'encombrement allumés ;

4° Les feux de position des remorques allumés.

II. – Le fait, pour tout conducteur, de contrevenir aux dispositions du présent article est puni de l'amende prévue pour les contraventions de la quatrième classe.

Art. R. 416-10. – Les cycles ainsi que leur remorque doivent circuler avec le feu de position et le feu rouge arrière allumés.

Le fait, pour tout conducteur, de contrevenir aux dispositions du présent article est puni de l'amende prévue pour les contraventions de la première classe.

Art. R. 416-11. – Le fait, pour tout conducteur d'un véhicule à moteur, de circuler la nuit, ou le jour lorsque la visibilité est insuffisante, sans éclairage ni signalisation en un lieu dépourvu d'éclairage public, est puni de l'amende prévue pour les contraventions de la quatrième classe.

Tout conducteur coupable de cette infraction encourt également la peine complémentaire de suspension, pour une durée de trois ans au plus, du permis de conduire, cette suspension pouvant être limitée à la conduite en dehors de l'activité professionnelle.

Cette contravention donne lieu de plein droit à la réduction de quatre points du permis de conduire.

Art. R. 416-12 *(Mod., D. n° 2003-293, 31 mars 2003).* – I. – Sur une chaussée pourvue ou non d'éclairage public, les véhicules à moteur et les ensembles de véhicules doivent être placés à l'arrêt ou en stationnement avec :

1° À l'avant, le ou leurs feux de position allumés ;

2° À l'arrière, le ou leurs feux rouges et le ou leurs feux d'éclairage de la plaque d'immatriculation arrière allumés.

II. – Le fait, pour tout conducteur, de contrevenir aux dispositions du présent article est puni de l'amende prévue pour les contraventions de la quatrième classe.

III. – La nuit, ou le jour lorsque la visibilité est insuffisante, en cas d'arrêt ou de stationnement d'un véhicule à moteur sur la chaussée sans éclairage ni signalisation, en un lieu dépourvu d'éclairage public, le conducteur encourt également la peine complémentaire de suspension du permis de conduire pour une durée de trois ans au plus, cette suspension pouvant être limitée à la conduite en dehors de l'activité professionnelle.

IV. – Dans le cas prévu au III, la contravention donne lieu de plein droit à la réduction de trois points du permis de conduire.

Art. R. 416-13. – En agglomération, les véhicules à moteur, non attelés d'une remorque, dont la longueur n'excède pas 6 mètres et la largeur, 2 mètres doivent être arrêtés ou stationnés avec au moins un feu de stationnement allumé blanc, jaune ou orangé vers l'avant et rouge, jaune ou orangé vers l'arrière, placé du côté du véhicule opposé au bord de la chaussée le long duquel celui-ci est garé.

Le fait, pour tout conducteur, de contrevenir aux dispositions du présent article est puni de l'amende prévue pour les contraventions de la quatrième classe.

Art. R. 416-14. – Les remorques non accouplées à l'arrêt ou en stationnement sur la chaussée doivent être signalées soit par les feux prévus à l'article R. 416-12 soit par un feu blanc à l'avant et un feu rouge à l'arrière placés l'un et l'autre sur le côté du véhicule opposé au bord de la chaussée le long duquel cette remorque est garée.

Si la longueur de la remorque ne dépasse pas 6 mètres, les deux feux peuvent être réunis en un appareil unique.

Le fait, pour tout conducteur, de contrevenir aux dispositions du présent article est puni de l'amende prévue pour les contraventions de la quatrième classe.

Art. R. 416-15. – À l'arrêt ou en stationnement, les motocyclettes à deux roues sans side-car non munies de batterie, les cyclomoteurs à deux roues et les cycles à deux roues peuvent ne pas être signalés s'ils ne sont pas attelés d'une remorque mais ils doivent être garés au bord de la chaussée.

Art. R. 416-16. – En agglomération, tout véhicule à l'arrêt ou en stationnement peut ne pas être signalé lorsque l'éclairage de la chaussée permet aux autres usagers de voir distinctement celui-ci à une distance suffisante.

Section III. – Autres dispositions

Art. R. 416-17 *(D. n° 2007-271, 27 févr. 2007 ; D. n° 2016-448, 13 avr. 2016)*. – De jour, les motocyclettes, et les cyclomoteurs doivent circuler avec le ou leurs feux de croisement ou de circulation diurne allumés.

Le ministre chargé des transports fixe les conditions d'application du présent article et peut prévoir des dérogations pour les véhicules dont les caractéristiques interdisent l'utilisation permanente des feux de croisement.

Le fait, pour tout conducteur, de contrevenir aux dispositions du présent article ou à celles prises pour son application est puni de l'amende prévue pour les contraventions de la deuxième classe.

Art. R. 416-18. – Tout conducteur contraint de circuler momentanément à allure fortement réduite est tenu d'avertir, en faisant usage de ses feux de détresse, les autres usagers qu'il risque de surprendre.

Lorsque la circulation est établie en file ininterrompue, l'obligation prévue à l'alinéa précédent ne s'applique qu'au conducteur du dernier véhicule de la file.

Le fait, pour tout conducteur, de contrevenir aux dispositions du présent article est puni de l'amende prévue pour les contraventions de la deuxième classe.

Art. R. 416-19 *(Rempl., D. n° 2008-754, 30 juill. 2008 ; D. n° 2015-514, 7 mai 2015)*. – I. – Lorsqu'un véhicule immobilisé sur la chaussée constitue un danger pour la circulation, notamment à proximité des intersections de routes, des virages, des sommets de côtes, des passages à niveau et en cas de visibilité insuffisante, ou lorsque tout ou partie de son chargement tombe sur la chaussée sans pouvoir être immédiatement relevé, le conducteur doit assurer la présignalisation de l'obstacle en faisant usage de ses feux de détresse et d'un triangle de présignalisation.

En circulation, le conducteur doit disposer de ce triangle.

II. – Le conducteur doit revêtir un gilet de haute visibilité conforme à la réglementation lorsqu'il est amené à quitter un véhicule immobilisé sur la chaussée ou ses abords à la suite d'un arrêt d'urgence.

En circulation, le conducteur doit disposer de ce gilet à portée de main.

« Lorsqu'il conduit un véhicule à deux ou trois roues à moteur ou un quadricycle à moteur non carrossé, il doit disposer de ce gilet sur lui ou dans un rangement du véhicule. »

III. – « Les dispositions du I du présent article ne s'appliquent pas aux conducteurs de véhicules à deux ou trois roues à moteur et quadricycles à moteur non carrossés. »

Les dispositions du I ne s'appliquent pas aux conducteurs de véhicules d'intérêt général prioritaires faisant usage de leurs avertisseurs spéciaux.

Les dispositions du II ne s'appliquent pas aux conducteurs de véhicules agricoles, ni aux conducteurs des véhicules d'intérêt général prioritaires, dès lors que les conducteurs de ces derniers disposent d'une tenue de haute visibilité conforme aux dispositions du Code du travail relatives aux équipements de protection individuelle.

IV. – Un arrêté du ministre chargé de la sécurité routière fixe les caractéristiques de ces dispositifs et les conditions d'application des I et II du présent article.

V. – « Le fait, pour tout conducteur, de contrevenir aux dispositions du premier alinéa du I et du premier alinéa du II ou à celles prises pour leur application est puni de l'amende prévue pour les contraventions de la 4e classe.

Le fait, pour tout conducteur, de contrevenir aux dispositions du deuxième alinéa du II ou à celles prises pour leur application est puni de l'amende prévue pour les contraventions de la 1re classe. »

Art. R. 416-20. – **Le ou les feux de marche arrière ne peuvent être allumés que pour l'exécution d'une marche arrière.**

Le fait, pour tout conducteur, de contrevenir aux dispositions du présent article est puni de l'amende prévue pour les contraventions de la quatrième classe.

CHAPITRE VII. – ARRÊT ET STATIONNEMENT

Section I. – Dispositions générales

Art. R. 417-1 *(D. n° 2015-808, 2 juill. 2015)*. – **I. – En agglomération, tout véhicule à l'arrêt ou en stationnement doit être placé par rapport au sens de la circulation selon les règles suivantes :**

1° Sur l'accotement, lorsqu'il n'est pas affecté à la circulation de catégories particulières d'usagers et si l'état du sol s'y prête ;

2° Pour les chaussées à double sens, sur le côté droit de celles-ci, sauf dispositions différentes prises par l'autorité investie du pouvoir de police ;

3° Pour les chaussées à sens unique, sur le côté droit ou gauche, sauf dispositions différentes prises par l'autorité investie du pouvoir de police.

II. – Tout arrêt ou stationnement contraire aux dispositions du présent article est puni de l'amende prévue pour les contraventions de la deuxième classe.

Art. R. 417-2 *(D. n° 2015-808, 2 juill. 2015)*. – **I. – Lorsque le maire décide d'instituer à titre permanent, pour tout ou partie de l'année, sur une ou plusieurs voies de circulation de l'agglomération, le stationnement unilatéral alterné des véhicules, la périodicité de celui-ci doit être semi-mensuelle.**

II. – Ce stationnement s'effectue alors dans les conditions suivantes :

1° Du 1er au 15 de chaque mois, le stationnement est autorisé du côté des numéros impairs des immeubles bordant la rue ;

2° Du 16 au dernier jour du mois, le stationnement est autorisé du côté des numéros pairs.

III. – Sauf dispositions différentes prises par l'autorité investie du pouvoir de police, le changement de côté s'opère le dernier jour de chacune de ces deux périodes entre 20 h 30 et 21 heures.

IV. – Tout stationnement contraire aux dispositions du présent article est puni de l'amende prévue pour les contraventions de la deuxième classe.

Art. R. 417-3 *(Mod., D. n° 2007-1503, 19 oct. 2007 ; D. n° 2015-808, 2 juill. 2015)*. – **I. – Lorsque l'autorité municipale décide, par voie d'arrêté, de limiter la durée du stationnement à l'intérieur de tout ou partie de l'agglomération, en prévoyant également l'obligation pour les conducteurs de véhicules d'apposer sur ceux-ci un dispositif destiné à faciliter le contrôle de cette limitation, ce dispositif doit être conforme à un modèle type.**

II. – Les indications du modèle type relatives aux heures d'arrivée doivent figurer parmi les mentions dont la stricte reproduction est obligatoire.

III. – Le ministre de l'intérieur fixe par arrêté le modèle type de ce dispositif.

IV. – Le dispositif de contrôle doit être placé à l'avant du véhicule en stationnement, et sur la face interne ou à proximité immédiate du pare-brise, si celui-ci en est muni, de manière à pouvoir être, dans tous les cas, facilement consulté, sans que le personnel affecté à la surveillance de la voie publique ait à s'engager sur la chaussée.

V. – Tout stationnement contraire aux dispositions du présent article est puni de l'amende prévue pour les contraventions de la deuxième classe.

À titre transitoire, les dispositifs de contrôle existant avant l'entrée en vigueur du décret du 19 octobre 2007 et comportant une heure limite de stationnement pourront être utilisés jusqu'au 31 décembre 2011.

Justifie sa décision la juridiction de proximité qui condamne le conducteur du chef de stationnement irrégulier en zone de stationnement payant, pour n'avoir pas disposé le ticket horodateur de façon visible sur le tableau de bord de son véhicule, alors que le contrevenant produisait l'original d'un ticket horodateur valable aux date et heure des constatations de l'agent municipal, arguant de la preuve du paiement de la redevance, dès lors que le ticket produit, qui justifiait certes du paiement, a pu être acquis pour un autre véhicule, le numéro d'immatriculation de celui ayant donné lieu à la verbalisation n'y étant pas mentionné et qu'il appartenait à la juridiction de proximité d'apprécier la force probante du ticket horodateur produit, qui constituait un écrit (■ Cass. crim., 13 déc. 2016, n° 15-86.915).

Art. R. 417-4 ***(D. n° 2015-808, 2 juill. 2015).*** **– I. – Hors agglomération, tout véhicule à l'arrêt ou en stationnement doit être placé autant que possible hors de la chaussée.**

II. – Lorsqu'il ne peut être placé que sur la chaussée, il doit l'être par rapport au sens de la circulation selon les règles suivantes :

1° Pour les chaussées à double sens, sur le côté droit de celles-ci, sauf dispositions différentes prises par l'autorité investie du pouvoir de police ;

2° Pour les chaussées à sens unique, sur le côté droit ou gauche, sauf dispositions différentes prises par l'autorité investie du pouvoir de police ;

III. – Tout stationnement contraire aux dispositions du présent article est puni de l'amende prévue pour les contraventions de la deuxième classe.

Art. R. 417-5 ***(D. n° 2015-808, 2 juill. 2015).*** **– L'arrêt ou le stationnement d'un véhicule empiétant sur un passage prévu à l'intention des piétons est interdit.**

Le fait de contrevenir aux dispositions du présent article est puni de l'amende prévue pour les contraventions de la deuxième classe.

Art. R. 417-6 ***(D. n° 2015-808, 2 juill. 2015).*** **– Tout arrêt ou stationnement gratuit ou payant contraire à une disposition réglementaire autre que celles prévues au présent chapitre est puni de l'amende prévue pour les contraventions de la deuxième classe.**

1) Selon l'article L. 2213-2 du Code général des collectivités territoriales, le maire peut, par arrêté motivé, eu égard aux nécessités de la circulation et de la protection de l'environnement, réglementer l'arrêt et le stationnement des véhicules ou de certaines catégories d'entre eux, ainsi que la desserte des immeubles riverains.

Ne justifie pas sa décision le juge qui, saisi de poursuites du chef de stationnement irrégulier en contravention d'un arrêté municipal, rejette l'exception tirée, pour défaut de motivation, de l'arrêté précité, sans rechercher, comme il y était invité, si l'arrêté litigieux était motivé non seulement eu égard aux nécessités de la circulation, mais aussi aux nécessités de la protection de l'environnement (■ Cass. crim., 20 nov. 2012, n° 12-83.339 : *Dr. pénal* 2013, comm. 22, obs. J.-H. Robert).

2) La Cour de cassation est en mesure de s'assurer que le juge de proximité a rejeté l'exception d'illégalité de l'arrêté interdisant le stationnement, même le dimanche, par des motifs établissant que ladite interdiction, prise par l'autorité administrative compétente, était justifiée (■ Cass. crim., 1er sept. 2015, n° 14-88.297).

Voir : D. n° 2011-876 du 25 juillet 2011 revalorisant le montant de l'amende forfaitaire pour certaines contraventions prévues par le Code de la route en matière d'arrêt et de stationnement ; 17 euros pour les contraventions prévues par les articles R. 417-1 à R. 417-6.

– Au sujet des **cartes** de stationnement **prépayées**, V. les notes sous art. R. 642-3, p. 680.

Art. R. 417-7. – Il est interdit à tout occupant d'un véhicule à l'arrêt ou en stationnement d'ouvrir une portière lorsque cette manœuvre constitue un danger pour lui-même ou les autres usagers.

Le fait de contrevenir aux dispositions du présent article est puni de l'amende prévue pour les contraventions de la première classe.

Art. R. 417-8. – Tout conducteur ne doit s'éloigner du lieu de stationnement de son véhicule qu'après avoir pris les précautions utiles pour prévenir tout risque d'accident du fait de son absence.

Le fait, pour tout conducteur, de contrevenir aux dispositions du présent article est puni de l'amende prévue pour les contraventions de la première classe.

Section II. – Arrêt ou stationnement dangereux, gênant ou abusif

Art. R. 417-9 *(Mod., D. n° 2003-293, 31 mars 2003).* – Tout véhicule à l'arrêt ou en stationnement doit être placé de manière à ne pas constituer un danger pour les usagers.

Sont notamment considérés comme dangereux, lorsque la visibilité est insuffisante, l'arrêt et le stationnement à proximité des intersections de routes, des virages, des sommets de côte et des passages à niveau.

Tout arrêt ou stationnement dangereux est puni de l'amende prévue pour les contraventions de la quatrième classe.

Lorsque le conducteur ou le titulaire du certificat d'immatriculation est absent ou refuse, malgré l'injonction des agents, de faire cesser le stationnement dangereux, l'immobilisation et la mise en fourrière peuvent être prescrites dans les conditions prévues aux articles L. 325-1 à L. 325-3.

Tout conducteur coupable de l'une des infractions prévues au présent article encourt également la peine complémentaire de suspension du permis de conduire pour une durée de trois ans au plus, cette suspension pouvant être limitée à la conduite en dehors de l'activité professionnelle.

Toute contravention au présent article donne lieu de plein droit à la réduction de trois points du permis de conduire.

Art. R. 417-10 *(Mod., D. n° 2008-754, 30 juill. 2008 ; D. n° 2010-1581, 16 déc. 2010 ; D. n° 2012-280, 28 févr. 2012).* – I. – Tout véhicule à l'arrêt ou en stationnement doit être placé de manière à gêner le moins possible la circulation.

II. – Est considéré comme gênant la circulation publique, l'arrêt ou le stationnement d'un véhicule :

1° Sur les trottoirs lorsqu'il s'agit d'une motocyclette, d'un tricycle à moteur ou d'un cyclomoteur ;

2° Sur les emplacements réservés à l'arrêt ou au stationnement des véhicules de transport public de voyageurs, des taxis « , des véhicules titulaires du label "autopartage" » prévu par le décret n° 2012-280 du 28 février 2012 relatif au label « autopartage » ou des véhicules affectés à un service public ; l'autorité investie du pouvoir de police peut toutefois définir par arrêté les horaires pendant lesquels le stationnement est autorisé ;

3° Entre le bord de la chaussée et une ligne continue lorsque la largeur de la voie restant libre entre cette ligne et le véhicule ne permet pas à un autre véhicule de circuler sans franchir ou chevaucher la ligne ;

4° *(Al. abr., D. n° 2015-808, 2 juill. 2015)*

5° Sur les emplacements où le véhicule empêche soit l'accès à un autre véhicule à l'arrêt ou en stationnement, soit le dégagement de ce dernier ;

6° Sur les ponts, dans les passages souterrains, tunnels et sous les passages supérieurs, sauf dispositions différentes prises par l'autorité investie du pouvoir de police ;

7° *(Al. abr., D. n° 2015-808, 2 juill. 2015)*

8° *(Abr., D. n° 2003-642, 11 juill. 2003).*

9° Sur les bandes d'arrêt d'urgence, sauf cas de nécessite absolue ;

10° Sur une voie publique spécialement désignée par arrêté de l'autorité investie du pouvoir de police municipale.

III. – Est également considéré comme gênant la circulation publique, le stationnement d'un véhicule :

1° Devant les entrées carrossables des immeubles riverains ;

2° En double file, sauf en ce qui concerne les cycles à deux roues, les cyclomoteurs à deux roues et les motocyclettes sans side-car ;

3° Devant les dispositifs destinés à la recharge en énergie des véhicules électriques ;

4° Sur les emplacements réservés à l'arrêt ou au stationnement des véhicules de livraison. L'autorité investie du pouvoir de police peut toutefois définir par arrêté les horaires pendant lesquels le stationnement est autorisé ;

5° Dans les zones de rencontre, en dehors des emplacements aménagés à cet effet ;

6° Dans les aires piétonnes, à l'exception des cycles sur les emplacements aménagés à cet effet.

7° *(Al. aj., D. n° 2015-808, 2 juill. 2015)*

IV. – Tout arrêt ou stationnement gênant prévu par le présent article est puni de l'amende prévue pour les contraventions de la deuxième classe.

V. – Lorsque le conducteur ou le propriétaire du véhicule est absent ou refuse, malgré l'injonction des agents, de faire cesser le stationnement gênant, l'immobilisation et la mise en fourrière peuvent être prescrites dans les conditions prévues aux articles L. 325-1 à L. 325-3.

Selon l'article R. 417-10, III, 1° du Code de la route, est considéré comme gênant pour la circulation publique le stationnement d'un véhicule, sur le domaine public, devant l'entrée carrossable d'un immeuble riverain, même lorsqu'il est le fait de l'occupant de cet immeuble.

Encourt la cassation le jugement d'une juridiction de proximité qui, pour renvoyer le prévenu des fins de la poursuite du chef de stationnement gênant, énonce que le stationnement de ce véhicule, sur le bord droit de la chaussée, ne gêne pas le passage des piétons, le trottoir étant laissé libre, mais, le cas échéant, seulement celui des véhicules entrant ou sortant de l'immeuble riverain par son entrée carrossable, c'est-à-dire uniquement les véhicules autorisés à emprunter ce passage par le prévenu ou lui appartenant, alors que l'article R. 417-10, III, 1°, du Code de la route, selon lequel est considéré comme gênant pour la circulation publique, qui comprend aussi celle des véhicules de secours ou de sécurité, le stationnement, sur le domaine public, devant les entrées carrossables des immeubles riverains, est également applicable aux véhicules utilisés par une personne ayant l'usage exclusif de cet accès (■ Cass. crim., 20 juin 2017, n° 16-86.838 : *Dr. pén.* 2017, comm. 130, note J.-H. Robert).

Art. R. 417-11 *(D. n° 2003-642, 11 juill. 2003 ; D. n° 2012-1109, 1er oct. 2012 ; D. n° 2016-1849, 23 déc. 2016)*. **– I. – Est considéré comme très gênant pour la circulation publique l'arrêt ou le stationnement :**

1° D'un véhicule sur les chaussées et voies réservées à la circulation des véhicules de transport public de voyageurs, des taxis ou des véhicules d'intérêt général prioritaires ;

2° D'un véhicule ou d'un ensemble de véhicules de plus de 20 mètres carrés de surface maximale dans les zones touristiques délimitée par l'autorité investie du pouvoir de police ;

3° D'un véhicule sur les emplacements réservés aux véhicules portant une carte mobilité inclusion comportant la mention « stationnement pour personnes handicapées » prévue à l'article L. 241-3 du Code de l'action sociale et des familles ou une carte de stationnement pour personnes handicapées prévues à l'article L. 241-3 du même code dans sa rédaction antérieure au 1er janvier 2017 ;

4° D'un véhicule sur les emplacements réservés aux véhicules de transport de fonds ou de métaux précieux ;

5° D'un véhicule sur les passages réservés à la circulation des piétons en traversée de chaussée ;

6° D'un véhicule au droit des bandes d'éveil de vigilance à l'exception de celles qui signalent le quai d'un arrêt de transport public ;

7° D'un véhicule à proximité des signaux lumineux de circulation ou des panneaux de signalisation lorsque son gabarit est susceptible de masquer cette signalisation à la vue des usagers de la voie ;

8° D'un véhicule motorisé à l'exception des cycles à pédalage assisté :

***a)* Sur les trottoirs, à l'exception des motocyclettes, tricycles à moteur et cyclomoteurs ;**

***b)* Sur les voies vertes, les bandes et pistes cyclables ;**

***c)* Sur une distance de cinq mètres en amont des passages piétons dans le sens de la circulation, en dehors des emplacements matérialisés à cet effet, à l'exception des motocyclettes, tricycles et cyclomoteurs ;**

***d)* Au droit des bouches d'incendie.**

II. – Tout arrêt ou stationnement très gênant pour la circulation publique prévu par le présent article est puni de l'amende prévue pour les contraventions de la quatrième classe.

III. – Lorsque le conducteur ou le titulaire du certificat d'immatriculation est absent ou refuse, malgré l'injonction des agents, de faire cesser le stationnement très gênant pour la circulation publique, l'immobilisation et la mise en fourrière peuvent être prescrites dans les conditions prévues aux articles L. 325-1 à L. 325-3.

1) Encourt la cassation la décision qui condamne un automobiliste pour stationnement gênant sur un emplacement réservé aux personnes handicapées, sans rechercher s'il existait un arrêté municipal pris en application de l'article L. 2213-2 du Code général des collectivités territoriales instituant l'emplacement réservé (■ Cass. crim., 26 mai 2004, n° 04-81.617 : *JurisData* n° 2004-024425. ■ Cass. crim., 12 oct. 2005 : *Bull. crim.*, n° 256 ; *Dr. pénal* 2006, comm. 8, obs. J.-H. Robert ; *JurisData* n° 2005-030516. ■ Cass. crim., 27 mars 2007 : *Dr. pénal* 2007, note

106, stationnement sur un parking de supermarché).

2) Encourt la cassation l'arrêt qui, pour déclarer le prévenu coupable de la contravention de stationnement gênant sur un emplacement réservé aux véhicules affectés à un service public, se borne à énoncer qu'il résulte des débats de l'audience et des pièces versées à la procédure que celui-ci « a bien commis les faits qui lui sont reprochés », sans autrement s'expliquer sur les conclusions du prévenu qui avait contesté la légalité de l'acte administratif réglementaire fondant la poursuite, relevant notamment que la réservation du domaine public n'avait été faite que pour les seuls besoins d'un syndicat de police (■ Cass. crim., 23 oct. 2013, n° 13-80.824 : *Bull. crim.*, n° 205 ; *Dr. pén.* 2013, comm. 172, obs. J.-H. Robert).

3) Une place sur laquelle le stationnement est de nature à gêner la circulation, tel un emplacement réservé à l'arrêt ou au stationnement des véhicules de livraison, ne peut être regardée comme ouverte au public au sens de l'article L. 241-3-2, devenu L. 241-3, du Code de l'action sociale et de l'aide aux familles (■ Cass. crim., 14 nov. 2017, n° 17-81.061 : *Dr. pén.* 2018, comm. 9, note J.-H. Robert).

Art. R. 417-12. – Il est interdit de laisser abusivement un véhicule en stationnement sur une route.

Est considéré comme abusif le stationnement ininterrompu d'un véhicule en un même point de la voie publique ou de ses dépendances, pendant une durée excédant sept jours ou pendant une durée inférieure mais excédant celle qui est fixée par arrêté de l'autorité investie du pouvoir de police.

Tout stationnement abusif est puni de l'amende prévue pour les contraventions de la deuxième classe.

Lorsque le conducteur ou le titulaire du certificat d'immatriculation est absent ou refuse, malgré l'injonction des agents, de faire cesser le stationnement abusif, l'immobilisation et la mise en fourrière peuvent être prescrites dans les conditions prévues aux articles L. 325-1 à L. 325-3.

Art. R. 417-13. – Dans les zones touristiques délimitées par l'autorité investie du pouvoir de police, le stationnement gênant d'un véhicule ou d'un ensemble de véhicules de plus de 20 mètres carrés de surface maximale est considéré comme abusif lorsqu'il s'est poursuivi pendant plus de deux heures après l'établissement du procès-verbal constatant l'infraction pour stationnement gênant.

Le stationnement abusif mentionné au présent article est puni de l'amende prévue pour les contraventions de la quatrième classe.

Lorsque le conducteur ou le titulaire du certificat d'immatriculation est absent ou refuse, malgré l'injonction des agents, de faire cesser le stationnement abusif, l'immobilisation et la mise en fourrière peuvent être prescrites dans les conditions prévues aux articles L. 325-1 à L. 325-3.

CHAPITRE VIII. – PUBLICITÉ, ENSEIGNES ET PRÉENSEIGNES

Art. R. 418-1. – Toute publicité lumineuse ou par appareil réfléchissant est interdite sur les véhicules.

Le fait de contrevenir, à l'aide d'un véhicule à moteur, aux dispositions du présent article est puni de l'amende prévue pour les contraventions de la troisième classe.

Le fait de contrevenir, à l'aide d'un cycle, aux dispositions du présent article est puni de l'amende prévue pour les contraventions de la première classe.

Art. R. 418-2. – I. – Dans l'intérêt de la sécurité routière, sur les voies ouvertes à la circulation publique et en bordure de celles-ci, sont interdites, lorsqu'elles en sont visibles, la publicité et les enseignes, enseignes publicitaires et préenseignes :

1° Comportant une indication de localité, complétée soit par une flèche, soit par une distance kilométrique ;

2° Comportant la reproduction d'un signal routier réglementaire ou d'un schéma de présignalisation.

II. – Dans les mêmes conditions, sont interdites la publicité et les enseignes, enseignes publicitaires et préenseignes qui, par leur forme, leurs couleurs, leur texte, leurs symboles, leurs dimensions ou leur emplacement peuvent être confondues avec les signaux réglementaires.

III. – Sont interdits les dispositifs et dessins publicitaires :

1° Triangulaires à fond blanc ou jaune ;

2° Circulaires à fond rouge, bleu ou blanc ;

3° Octogonaux à fond rouge ;

4° Carrés à fond blanc ou jaune, s'ils sont disposés sur pointe.

IV. – Ces dispositions s'appliquent à tout dispositif, dessin, inscription ou marquage, quels que soient la nature des indications qu'il comporte, son objet commercial ou non, le procédé utilisé pour sa réalisation et la qualité de son auteur.

Art. R. 418-3. – Il est interdit d'apposer des placards, papillons, affiches ou marquages sur les signaux réglementaires et leurs supports ainsi que sur tous autres équipements intéressant la circulation routière. Cette interdiction s'applique également sur les plantations, les trottoirs, les chaussées et d'une manière générale, sur tous les ouvrages situés dans les emprises du domaine routier ou surplombant celui-ci.

Toutefois, lorsque l'autorité investie du pouvoir de police autorise une association ou un organisme sans but lucratif à implanter des signaux d'indication, le préfet peut permettre que le nom ou l'emblème du donateur figure sur le signal ou sur son support si la compréhension du signal n'en est pas rendue moins aisée. Il peut en être de même pour les installations annexes autorisées.

Art. R. 418-4. – Sont interdites la publicité et les enseignes, enseignes publicitaires et préenseignes qui sont de nature, soit à réduire la visibilité ou l'efficacité des signaux réglementaires, soit à éblouir les usagers des voies publiques, soit à solliciter leur attention dans des conditions dangereuses pour la sécurité routière. Les conditions et normes que doivent respecter les dispositifs lumineux ou rétroréfléchissants visibles des voies publiques, sont fixées par un arrêté conjoint du ministre chargé de l'équipement et du ministre de l'Intérieur.

Art. R. 418-5. – I. – La publicité et les enseignes publicitaires et préenseignes sont interdites sur l'emprise des voies ouvertes à la circulation publique, à l'exception de la publicité peinte ou fixée sur des véhicules circulant ou stationnant régulièrement sur les voies ouvertes à la circulation publique.

II. – Toutefois, des dérogations peuvent être accordées par l'autorité investie du pouvoir de police :

1° En agglomération, pour les enseignes publicitaires ;

2° Sur les aires de stationnement et les aires de services des routes ou autoroutes pour la publicité, les enseignes publicitaires et préenseignes non visibles de la route.

Art. R. 418-6. – Hors agglomération, la publicité et les enseignes publicitaires et préenseignes visibles des routes nationales, des chemins départementaux et des voies communales sont interdites de part et d'autre de celles-ci sur une largeur de 20 mètres mesurée à partir des bords extérieurs de la chaussée.

Toutefois, cette interdiction ne s'applique pas aux enseignes publicitaires et préenseignes qui, ne gênant pas la perception de la signalisation routière et ne présentant aucun danger pour la sécurité de la circulation, satisfont aux conditions de surface et d'implantation fixées par arrêté conjoint du ministre de l'Intérieur et du ministre chargé de l'équipement.

Art. R. 418-7. – En agglomération, la publicité et les enseignes publicitaires et préenseignes visibles d'une autoroute ou d'une route express sont interdites, de part et d'autre de celle-ci, sur une largeur de 40 mètres mesurée à partir du bord extérieur de chaque chaussée. Toutefois, l'autorité investie du pouvoir de police peut les autoriser dans les limites et aux conditions qu'elle prescrit.

Hors agglomération, la publicité et les enseignes publicitaires et préenseignes visibles d'une autoroute ou d'une route express sont interdites de part et d'autre de celle-ci, sur une largeur de 200 mètres mesurée à partir du bord extérieur de chaque chaussée.

Les dispositions du présent article ne font pas obstacle à l'installation de panneaux ayant pour objet de signaler, dans les conditions déterminées par les règlements sur la signalisation routière, la présence d'établissements répondant aux besoins des usagers.

Art. R. 418-8. – Lorsque, par suite de modification concernant la voirie, une publicité, enseigne, enseigne publicitaire ou préenseigne cesse de satisfaire à la réglementation en vigueur, elle doit être supprimée dans un délai de deux ans à compter de la date d'ouverture au trafic de la voie avec ses nouvelles caractéristiques.

Art. R. 418-9. – I. – Le fait de contrevenir aux dispositions des articles R. 418-2 à R. 418-7 est puni de l'amende prévue pour les contraventions de la cinquième classe.

La récidive de cette contravention est réprimée conformément à l'article 132-11 du Code pénal.

II. – En cas d'urgence, l'autorité investie du pouvoir de police peut :

1° Dès la constatation de l'infraction, ordonner soit la suppression des dispositifs non conformes à la réglementation, soit leur mise en conformité et, le cas échéant, la remise en état des lieux ;

2° Faute pour les intéresses de déférer à cette injonction dans le délai qui leur est imparti, faire procéder d'office, à leurs frais, dans l'intérêt de la sécurité, à la suppression du dispositif et à la remise en état des lieux. Par intéressés, il faut, suivant le cas, entendre soit les responsables de la mise en place du dispositif, soit le propriétaire de celui-ci ou de l'emplacement où il se trouve, soit ceux pour le compte de qui la publicité a été réalisée ;

3° Faire masquer tout dispositif publicitaire, enseigne, enseigne publicitaire ou préenseigne non conforme aux dispositions des articles R. 418-2 à R. 418-8 et des arrêtés pris pour leur application et s'il s'agit de publicité lumineuse, faire procéder à l'extinction totale ou partielle du dispositif litigieux.

TITRE II. – DISPOSITIONS COMPLÉMENTAIRES APPLICABLES SUR CERTAINES VOIES

CHAPITRE I. – AUTOROUTES

Art. R. 421-1. – Les dispositions relatives à la circulation sur les autoroutes sont également applicables aux bretelles de raccordement autoroutières.

Art. R. 421-2. – I. – L'accès des autoroutes est interdit à la circulation :

1° Des animaux ;

2° Des piétons ;

3° Des véhicules sans moteur ;

4° Des véhicules à moteur non soumis à immatriculation ;

5° Des cyclomoteurs ;

6° Des tricycles à moteur dont la puissance n'excède pas 15 kilowatts et dont le poids à vide n'excède pas 550 kilogrammes ;

7° Des quadricycles à moteur ;

8° Des tracteurs et matériels agricoles et des matériels de travaux publics. Toutefois, sur les autoroutes la circulation des matériels de travaux publics peut être admise sur autorisation du préfet ou, par délégation, du directeur départemental de l'équipement ;

9° Des ensembles de véhicules comprenant plusieurs remorques et des ensembles de véhicules composés d'un véhicule articulé et d'une remorque dont la circulation est soumise à autorisation du préfet en application de l'article R. 433-8.

II. – Le fait pour tout piéton de circuler sur une autoroute est puni de l'amende prévue pour les contraventions de la première classe.

III. – Le fait, pour tout conducteur, de contrevenir aux dispositions du présent article est puni de l'amende prévue pour les contraventions de la deuxième classe.

Art. R. 421-3. – Tout conducteur qui emprunte une bretelle de raccordement autoroutière doit céder le passage aux véhicules qui circulent sur l'autoroute.

Le fait, pour tout conducteur, de ne pas respecter les règles de priorité fixées au présent article est puni de l'amende prévue pour les contraventions de la quatrième classe.

Tout conducteur coupable de cette infraction encourt également la peine complémentaire de suspension, pour une durée de trois ans au plus, du permis de conduire, cette suspension pouvant être limitée à la conduite en dehors de l'activité professionnelle.

Cette contravention donne lieu de plein droit à une réduction de quatre points du permis de conduire.

Art. R. 421-4. – I. – Aussitôt que, sur autoroute, une bretelle de sortie ou une bifurcation est annoncée, tout conducteur doit selon le cas :

1° Gagner la voie de circulation de droite ou de gauche s'il désire emprunter la bretelle de sortie ;

2° Gagner la voie ou l'une des voies de circulation correspondant à la branche d'autoroute dans laquelle il désire s'engager à la bifurcation.

II. – L'une et l'autre de ces manœuvres doivent être achevées au plus tard au moment où le conducteur atteint les signaux placés au début de la bretelle ou de la bifurcation.

III. – Le fait, pour tout conducteur, de contrevenir aux dispositions du présent article est puni de l'amende prévue pour les contraventions de la deuxième classe.

Art. R. 421-5 *(Mod., D. n° 2003-293, 31 mars 2003)*. – Les conducteurs ne doivent en aucun cas circuler, s'arrêter ou stationner sur la bande centrale séparative des chaussées.

Le fait, pour tout conducteur, de contrevenir aux dispositions du présent article est puni de l'amende prévue pour les contraventions de la quatrième classe.

Tout conducteur coupable de cette infraction encourt également la peine complémentaire de suspension du permis de conduire pour une durée de trois ans au plus, cette suspension pouvant être limitée à la conduite en dehors de l'activité professionnelle.

Cette contravention donne lieu de plein droit à une réduction de deux points, du permis de conduire.

Lorsque le conducteur ou le titulaire du certificat d'immatriculation est absent ou refuse, malgré l'injonction des agents, de faire cesser le stationnement irrégulier, l'immobilisation et la mise en fourrière peuvent être prescrites dans les conditions prévues aux articles L. 325-1 à L. 325-3.

Art. R. 421-6. – Les conducteurs ne doivent en aucun cas faire demi-tour sur une autoroute, même en traversant la bande centrale séparative des chaussées ou en empruntant une interruption de celle-ci. De même, ils ne doivent pas faire de marche arrière.

Le fait, pour tout conducteur, de contrevenir aux dispositions du présent article est puni de l'amende prévue pour les contraventions de la quatrième classe.

Tout conducteur coupable de l'une de ces infractions encourt également la peine complémentaire de suspension, pour une durée de trois ans au plus, du permis de conduire, cette suspension pouvant être limitée à la conduite en dehors de l'activité professionnelle.

Ces contraventions donnent lieu de plein droit à la réduction de quatre points du permis de conduire.

Art. R. 421-7. – Sauf en cas de nécessité absolue, les conducteurs ne doivent pas arrêter ou stationner leur véhicule sur les chaussées et les accotements, y compris sur les bandes d'arrêt d'urgence des autoroutes.

Tout conducteur se trouvant dans la nécessité absolue d'immobiliser son véhicule doit le faire en dehors des voies réservées à la circulation et dans tous les cas assurer la présignalisation de ce véhicule. S'il n'est pas en mesure de le remettre en marche par ses propres moyens, il doit faire le nécessaire pour assurer d'urgence le dégagement de l'autoroute.

Le fait, pour tout conducteur, de contrevenir aux dispositions du présent article est puni de l'amende prévue pour les contraventions de la deuxième classe.

Lorsque le conducteur ou le titulaire du certificat d'immatriculation est absent ou refuse, malgré l'injonction des agents, de faire cesser le stationnement irrégulier, l'immobilisation et la mise en fourrière peuvent être prescrites dans les conditions prévues aux articles L. 125-1 à L. 325-3.

N'est pas, lors d'un accident, conducteur au sens de la loi du 5 juillet 1985, celui qui, ayant stationné son automobile sur la bande d'arrêt d'urgence d'une autoroute, attendant des secours, et ayant allumé ses feux de détresse tout en restant à bord, quitte les commandes du véhicule, dont il n'a donc plus la maîtrise, et se repose sur la banquette arrière, lorsque survient le véhicule de l'auteur de l'accident (■ Cass. crim., 31 mai 2016, n° 15-83.625).

Art. R. 421-8. – Les essais de véhicules à moteur ou de châssis, les courses, épreuves ou compétitions sportives sont interdits sur les autoroutes.

Le fait, pour tout conducteur, de contrevenir aux dispositions du présent article est puni de l'amende prévue pour les contraventions de la deuxième classe.

Art. R. 421-9. – Tout usager d'une autoroute régulièrement soumise à péage doit, s'il n'est muni d'une autorisation spéciale, acquitter le montant du péage autorisé correspondant au parcours et à la catégorie du véhicule qu'il utilise.

Le fait, pour tout conducteur, de refuser d'acquitter le montant du péage ou de se soustraire d'une manière quelconque à ce paiement est puni de l'amende prévue pour les contraventions de la deuxième classe.

Art. R. 421-10 *(En vigueur à compter du 1er septembre 2012, D. n° 2012-953, 1er août 2012)*. – Le fait d'exercer l'activité de dépannage sur une autoroute concédée, ses dépendances domaniales ou ses installations annexes sans être titulaire d'un agrément délivré à cette fin par le préfet dans les conditions prévues par le contrat de concession est puni de l'amende prévue pour les contraventions de la 4e classe.

CHAPITRE II. – VOIES À CIRCULATION SPÉCIALISÉE ET OUVRAGES D'ART

Art. R. 422-1. – Lorsqu'ils circulent sur une voie de circulation exclusivement réservée à leur usage, les conducteurs de véhicules lents peuvent emprunter temporairement la voie située immédiatement à leur gauche pour effectuer le dépassement d'un véhicule, sauf dispositions différentes prises par l'autorité investie du pouvoir de police.

Au sens du présent article, le terme véhicules lents désigne les véhicules ne pouvant circuler à une vitesse supérieure à 60 km/h dans la section de route en cause.

Art. R. 422-2. – À l'extrémité des voies de circulation réservées aux véhicules lents, les conducteurs de ces véhicules doivent céder le passage aux usagers des voies affectées à la circulation générale.

Le fait, pour tout conducteur, de ne pas respecter les règles de priorité fixées au présent article est puni de l'amende prévue pour les contraventions de la quatrième classe.

Art. R. 422-3 *(Mod., D. n° 2003-425, 9 mai 2003 ; D. n° 2003-536, 20 juin 2003)*. – I. – Lorsqu'une voie ferrée est établie sur une route ou la traverse à niveau, la priorité de passage appartient aux matériels circulant normalement sur cette voie ferrée, à l'exception des véhicules de transport public assujettis à suivre, de façon permanente, une trajectoire déterminée par un ou des rails matériels et empruntant l'assiette des routes dont les conducteurs doivent respecter les signalisations comportant des prescriptions absolues et les indications données par les agents réglant la circulation.

II. – Aucun conducteur ne doit s'engager sur un passage à niveau si son véhicule risque, du fait de ses caractéristiques techniques ou des conditions de circulation, d'y être immobilisé. Lorsqu'un passage à niveau est muni de barrières ou de demi-barrières, aucun usager de la route ne doit s'y engager lorsque ces barrières sont soit fermées, soit en cours de fermeture ou d'ouverture. Lorsqu'un passage à niveau n'est muni ni de barrières, ni de demi-barrières, ni de signal lumineux, aucun usager ne doit s'y engager sans s'être assuré qu'aucun train n'approche. Lorsqu'une traversée est gardée, l'usager de la route doit obéir aux injonctions du garde et ne pas entraver, le cas échéant, la fermeture des barrières.

III. – Tout conducteur doit, à l'approche d'un train, dégager immédiatement la voie ferrée de manière à lui livrer passage.

IV. – Les conducteurs de troupeaux doivent notamment prendre toute mesure leur permettant d'interrompre très rapidement le franchissement par leurs animaux du passage à niveau.

V. – En cas d'immobilisation forcée d'un véhicule ou d'un troupeau, son conducteur doit prendre toutes les mesures en son pouvoir pour faire cesser le plus rapidement possible l'obstruction de la voie ferrée ou, à défaut, d'y parvenir, pour que les agents responsables du chemin de fer soient prévenus sans délai de l'existence du danger.

VI. – Le fait, pour tout conducteur, de contrevenir aux dispositions du présent article est puni de l'amende prévue pour les contraventions de la quatrième classe.

VII. – Tout conducteur coupable d'infraction aux dispositions du présent article encourt également la peine complémentaire de suspension, pour une durée de trois ans au plus, du permis de conduire, cette suspension pouvant être limitée à la conduite en dehors de l'activité professionnelle. Cette contravention donne lieu de plein droit à la réduction de quatre points du permis de conduire.

Art. R. 422-4. – Sur les ponts qui n'offriraient pas toutes les garanties nécessaires à la sécurité des passages, le préfet pour la voirie nationale ainsi que pour les routes classées à grande circulation, le président du conseil exécutif pour les routes nationales en Corse, le président du conseil général pour les routes départementales ou le maire pour la voirie communale peut prendre toutes dispositions de nature à assurer cette sécurité. Le maximum de la charge autorisée et les mesures prescrites pour la protection et l'emprunt de ces ponts sont, dans tous les cas, placardés à leur entrée et à leur sortie de manière à être parfaitement visibles des conducteurs.

En cas d'urgence ou de péril imminent, le maire peut prendre les mesures provisoires que lui paraît commander la sécurité publique, sauf à en informer le préfet et, si le réseau routier départemental est concerné par ces mesures, le président du conseil général.

Les dispositions prises en application du présent article ne sont applicables ni aux convois et transports militaires ni aux véhicules des unités d'instruction et d'intervention de la sécurité civile, qui font l'objet de règles particulières.

Le fait, pour tout conducteur, de contrevenir aux dispositions concernant le passage des ponts est puni de l'amende prévue pour les contraventions de la cinquième classe.

La récidive de cette contravention est réprimée conformément à l'article 132-11 du Code pénal.

Tout conducteur coupable de cette infraction encourt également la peine complémentaire de suspension, pour une durée de trois ans au plus, du permis de conduire, cette suspension pouvant être limitée à la conduite en dehors de l'activité professionnelle.

L'immobilisation peut être prescrite dans les conditions prévues aux articles L. 325-1 à L. 325-3.

Un pont ne pouvant être emprunté que par les véhicules d'un poids total autorisé en charge inférieur à seize tonnes, est inopérante la circonstance que, compte tenu de son chargement, le véhicule aurait été d'un poids réel inférieur à seize tonnes au moment du franchissement du pont, dès lors qu'il s'agissait d'un camion d'un poids total autorisé en charge de dix-neuf tonnes (■ Cass. crim., 12 nov. 2003 : *Bull. crim.*, n° 211).

Art. R. 422-5 *(En vigueur à compter du 1er septembre 2012, D. n° 2012-953, 1er août 2012).* **– Le fait d'exercer l'activité de dépannage sur un ouvrage d'art concédé du réseau routier national, ses dépendances domaniales ou ses installations annexes sans être titulaire d'un agrément délivré à cette fin par le préfet dans les conditions prévues par le contrat de concession est puni de l'amende prévue pour les contraventions de la 4e classe.**

TITRE III. – DISPOSITIONS COMPLÉMENTAIRES APPLICABLES À LA CIRCULATION DE CERTAINS VÉHICULES

CHAPITRE I. – MOTOCYCLETTES, TRICYCLES ET QUADRICYCLES À MOTEUR, CYCLOMOTEURS ET CYCLES

Art. R. 431-1 *(Mod., D. n° 2003-293, 31 mars 2003).* **– En circulation, tout conducteur ou passager d'une motocyclette, d'un tricycle à moteur, d'un quadricycle à moteur ou d'un cyclomoteur doit être coiffé d'un casque de type homologué. Ce casque doit être attaché.**

Le fait, pour tout conducteur ou passager, de contrevenir aux dispositions du présent article est puni de l'amende prévue pour les contraventions de la quatrième classe.

Conformément à l'article L. 431-1, le véhicule à deux roues à moteur dont le conducteur circule sans être coiffé d'un casque de type homologué ou sans que ce casque soit attaché peut être immobilisé dans les conditions prévues aux articles L. 325-1 à L. 325-3.

Lorsque cette contravention est commise par le conducteur, elle donne lieu de plein droit à la réduction de trois points du permis de conduire.

Les dispositions du présent article ne sont pas applicables aux conducteurs ou passagers portant la ceinture de sécurité lorsque le véhicule a été réceptionné avec ce dispositif.

Art. R. 431-1-1 *(D. n° 2008-754, 30 juill. 2008 ; D. n° 2016-1232, 19 sept. 2016).* **– Lorsqu'ils circulent la nuit, ou le jour lorsque la visibilité est insuffisante, tout conducteur et passager d'un cycle doivent porter hors agglomération un gilet de haute visibilité conforme à la réglementation.**

Le fait pour tout conducteur ou passager d'un cycle de contrevenir aux dispositions du présent article est puni de l'amende prévue pour les contraventions de la 2e classe.

Art. R. 431-1-2 *(D. n° 2016-1232, 19 sept. 2016).* **– En circulation, tout conducteur ou passager d'une motocyclette, d'un tricycle à moteur, d'un quadricycle à moteur ou d'un cyclomoteur doit porter des gants conformes à la réglementation relative aux équipements de protection individuelle.**

Le fait, pour tout conducteur ou passager, de contrevenir aux dispositions du présent article est puni de l'amende prévue pour les contraventions de la troisième classe.

Lorsque cette contravention est commise par un conducteur tenu de détenir un permis de conduire à points pour conduire ce véhicule, elle donne lieu de plein droit à la réduction d'un point du permis de conduire.

Les dispositions du présent article ne sont pas applicables aux conducteurs ou passagers des motocyclettes, des tricycles à moteur, des quadricycles à moteur ou des cyclomoteurs, équipés de portières et portant la ceinture de sécurité lorsque le véhicule a été réceptionné avec ce dispositif.

Art. R. 431-1-3 *(D. n° 2016-1800, 21 déc. 2016).* – I. – En circulation, le conducteur et le passager d'un cycle, s'ils sont âgés de moins de douze ans, doivent être coiffés d'un casque conforme à la réglementation relative aux équipements de protection individuelle. Ce casque doit être attaché.

II. – S'il est âgé d'au moins dix-huit ans, le conducteur de cycle qui transporte un passager âgé de moins de douze ans doit s'assurer que ce passager est coiffé d'un casque dans les conditions prévues au I.

De même, la personne âgée d'au moins dix-huit ans qui accompagne au moins un conducteur de cycle âgé de moins de douze ans doit s'assurer, lorsqu'elle exerce une autorité de droit ou de fait sur ce ou ces conducteurs, que chacun est coiffé d'un casque dans les conditions prévues au I.

III. – Le fait de contrevenir aux dispositions du II est puni de l'amende prévue pour les contraventions de la quatrième classe.

IV. – Un arrêté du ministre chargé de la sécurité routière fixe les caractéristiques du casque mentionné au I.

Art. R. 431-2 *(Abr., D. n° 2003-293, 31 mars 2003).*

Art. R. 431-3 *(D. n° 2016-1232, 19 sept. 2016).* – Des arrêtés des ministres chargés des transports et de la sécurité routière fixent les conditions d'application des articles R. 431-1, R. 431-1-1 et R. 431-1-2.

Art. R. 431-4 *(Abr. à compter du 19 janv. 2013, D. n° 2011-1475, 9 nov. 2011).*

Art. R. 431-5. – Sur les motocyclettes, tricycles et quadricycles à moteur, cyclomoteurs et cycles, le transport de passagers n'est autorisé que sur un siège fixé au véhicule, différent de celui du conducteur.

Pour l'application du présent article, la selle double ou la banquette est assimilée à deux sièges.

Le fait pour tout conducteur de transporter des personnes sans respecter les dispositions du présent article est puni de l'amende prévue pour les contraventions de la deuxième classe.

Art. R. 431-6. – Les conducteurs de cyclomoteurs, de cycles à plus de deux roues, de cycles attelés d'une remorque ou d'un side-car ne doivent jamais rouler de front sur la chaussée.

Le fait, pour tout conducteur, de contrevenir aux dispositions du présent article est puni de l'amende prévue pour les contraventions de la deuxième classe.

Art. R. 431-7. – Les conducteurs de cycles à deux roues sans remorque ni side-car ne doivent jamais rouler à plus de deux de front sur la chaussée.

Ils doivent se mettre en file simple dès la chute du jour et dans tous les cas où les conditions de la circulation l'exigent, notamment lorsqu'un véhicule voulant les dépasser annonce son approche.

Le fait, pour tout conducteur, de contrevenir aux dispositions du présent article est puni de l'amende prévue pour les contraventions de la deuxième classe.

Art. R. 431-8. – Il est interdit aux conducteurs de cycles et de cyclomoteurs de se faire remorquer par un véhicule.

Le fait, pour tout conducteur de cyclomoteur ou de cycle, de contrevenir aux dispositions du présent article est puni de l'amende prévue pour les contraventions de la deuxième classe.

Art. R. 431-9 *(Mod., D. n° 2003-283, 27 mars 2003).* – Pour les conducteurs de cycles à deux ou trois roues, l'obligation d'emprunter les bandes ou pistes cyclables est instituée par l'autorité investie du pouvoir de police après avis du préfet.

Par dérogation aux dispositions de l'article R. 110-2, les conducteurs de cyclomoteurs à deux roues, sans side-car ni remorque peuvent être autorisés à emprunter les bandes et pistes cyclables par décision de l'autorité investie du pouvoir de police.

Lorsque la chaussée est bordée de chaque côté par une piste cyclable, les utilisateurs de cette piste doivent emprunter celle ouverte à droite de la route, dans le sens de la circulation.

Les conducteurs de cycles peuvent circuler sur les aires piétonnes *(Mots aj. à compter du 1er janvier 2016, D. n° 2015-808, 2 juill. 2015)* « dans les deux sens », sauf dispositions différentes prises par l'autorité investie du pouvoir de police, à la condition de conserver l'allure du pas et de ne pas occasionner de gêne aux piétons.

Les conducteurs de cycles peuvent circuler sur les accotements équipés d'un revêtement routier.

Le fait, pour tout conducteur, de contrevenir aux dispositions du présent article ou à celles prises pour son application est puni de l'amende prévue pour les contraventions de la deuxième classe.

Art. R. 431-10. – Hors agglomération, le long des routes pavées ou des routes en état de réfection, la circulation des cycles et cyclomoteurs à deux roues sans remorque ni side-car, est autorisée sur les trottoirs et contre-allées affectées aux piétons.

Dans ce cas, les conducteurs sont tenus de circuler à l'allure du pas à la rencontre des piétons et de réduire leur vitesse au droit des habitations.

Le fait, pour tout conducteur d'un cycle, de contrevenir aux dispositions de l'alinéa précédent, est puni de l'amende prévue pour les contraventions de la deuxième classe.

Le fait, pour tout conducteur d'un cyclomoteur, de contrevenir aux dispositions du même alinéa, est puni de l'amende prévue pour les contraventions de la quatrième classe.

Art. R. 431-11. – Sur les véhicules à deux roues sauf les cycles dits « tandems », le siège du passager doit être muni soit d'une courroie d'attache, soit d'au moins une poignée et de deux repose-pied.

Sur tous les véhicules à deux roues, pour les enfants âgés de moins de cinq ans, l'utilisation d'un siège conçu à cet effet et muni d'un système de retenue est obligatoire.

Le conducteur doit s'assurer que les pieds des enfants ne peuvent être entraînes entre les parties fixes et les parties mobiles du véhicule.

Le fait, pour tout conducteur, de contrevenir aux dispositions du présent article est puni de l'amende prévue pour les contraventions de la deuxième classe.

CHAPITRE II. – VÉHICULES D'INTÉRÊT GÉNÉRAL

Section I. – Véhicules d'intérêt général prioritaires

Art. R. 432-1. – Les dispositions du présent livre relatives aux règles de circulation des véhicules ne sont pas applicables aux conducteurs des véhicules d'intérêt général prioritaires lorsqu'ils font usage de leurs avertisseurs spéciaux dans les cas justifiés par l'urgence de leur mission et sous réserve de ne pas mettre en danger les autres usagers de la route.

Section II. – Véhicules d'intérêt général bénéficiant de facilités de passage

Art. R. 432-2 *(Mod., D. n° 2007-786, 10 mai 2007)*. – Les dispositions du présent livre relatives aux vitesses maximales autorisées à la circulation dans des voies réservées à certaines catégories de véhicules et à l'emploi des avertisseurs la nuit ou en agglomération ne sont pas applicables aux conducteurs des véhicules d'intérêt général bénéficiant de facilités de passage lorsqu'ils font usage de leurs avertisseurs spéciaux dans les cas nécessités par l'urgence de leur mission et sous réserve de ne pas mettre en danger les autres usagers.

Art. R. 432-3. – Sur autoroute et route express, les dispositions relatives :

1° À la circulation, à l'arrêt et au stationnement sur la bande centrale séparative des chaussées et les accotements notamment sur les bandes d'arrêt d'urgence ;

2° Au demi-tour ;

3° À la marche arrière ;

4° Au franchissement des lignes longitudinales délimitant les bandes d'arrêt d'urgence ;

5° À l'arrêt et au stationnement sur les chaussées, ne sont pas applicables aux conducteurs des véhicules bénéficiant de facilités de passage lorsqu'ils font usage de leurs avertisseurs spéciaux dans les cas nécessités par l'exercice de leur mission et sous réserve de ne pas mettre en danger les autres usagers.

Art. R. 432-4. – Les dispositions relatives aux règles :

1° De circulation sur le bord droit de la chaussée ;

2° De circulation sur les routes à sens unique ou à plus de deux voies ;

3° De circulation à une vitesse anormalement réduite ;

4° Imposant un sens de circulation ;

5° De franchissement et de chevauchement des lignes continues ou discontinues ;

6° D'engagement d'un véhicule dans une intersection, ne sont pas applicables aux conducteurs des engins de service hivernal en action de déneigement, de sablage ou de salage lorsqu'ils font usage de leurs avertisseurs spéciaux et sous réserve de ne pas mettre en danger les autres usagers.

Section III. – Autres véhicules d'intérêt général

Art. R. 432-5 *(Mod., D. n° 2010-1390, 12 nov. 2010)*. – Sur autoroute et route express, les dispositions relatives :

1° À la circulation, à l'arrêt et au stationnement sur la bande centrale séparative des chaussées et les accotements notamment sur les bandes d'arrêt d'urgence ;

2° Au demi-tour ;

3° À la marche arrière ;

4° Au franchissement des lignes longitudinales délimitant les bandes d'arrêt d'urgence ;

5° À l'arrêt et au stationnement sur les chaussées, ne sont pas applicables aux conducteurs des véhicules d'exploitation des routes lorsqu'ils font usage de leurs avertisseurs spéciaux dans les cas nécessités par l'exercice de leur mission et sous réserve de ne pas mettre en danger les autres usagers ;

6° À la vitesse minimale de 80 km/h sur la voie la plus à gauche.

Art. R. 432-6. – Sur autoroute, la circulation des véhicules militaires se déplaçant en colonnes ou dont les caractéristiques ne sont pas conformes à celles des véhicules civils autorisés à circuler sur ces voies est admise dans les conditions fixées par arrêté du ministre chargé des transports et du ministre chargé des armées.

Art. R. 432-7. – I. – Les dispositions relatives aux règles d'interdiction d'accès des autoroutes et des routes express à certains véhicules et usagers ne sont pas applicables :

1° Au matériel non immatriculé ou non motorisé des forces de police ou de gendarmerie, des services de lutte contre l'incendie, des services de sécurité, des administrations publiques et des entreprises appelées à travailler sur l'autoroute ou la route express.

2° Lorsqu'il circule à pied, à bicyclette ou à cyclomoteur, au personnel de ces administrations, services ou entreprises ainsi qu'à celui des autres administrations publiques dont la présence serait nécessaire sur l'autoroute ou la route express et à celui des concessionnaires ou permissionnaires autorisés à occuper le domaine public de l'autoroute ou de la route express.

II. – À l'exception du matériel appartenant aux forces de police ou de gendarmerie et aux services de lutte contre l'incendie et du personnel de ces services, ces véhicules ou ce personnel doivent être munis d'une autorisation spéciale délivrée, pour les autoroutes, par le préfet ou, sur délégation de celui-ci, par le directeur départemental de l'équipement.

CHAPITRE III. – TRANSPORTS EXCEPTIONNELS ET ENSEMBLES DE VÉHICULES COMPORTANT PLUS D'UNE REMORQUE

Section I. – Transports exceptionnels de marchandises, d'engins ou de véhicules

Art. R. 433-1 *(Mod., D. n° 2005-1655, 26 déc. 2005 ; D. n° 2011-368, 4 avr. 2011 ; D. n° 2017-16, 6 janv. 2017)*. – I. – Le transport ou la circulation de marchandises, engins ou véhicules présentant un caractère exceptionnel en raison de leurs dimensions ou de leur masse excédant les limites réglementaires, doit faire l'objet d'une autorisation préalable. Ces dispositions s'appliquent aux catégories de véhicules suivantes :

1° Véhicule à moteur ou remorque transportant ou destiné au transport de charges indivisibles ;

2° Véhicule, matériel agricole ou forestier ou leur ensemble, machine agricole automotrice, machine ou instrument agricole remorqué dont les dimensions, y compris les outillages portés amovibles, dépassent une longueur de 25 mètres ou une largeur de 4,50 mètres ;

3° Véhicule à moteur ou remorque à usage forain ;

4° Ensemble forain dont la longueur est supérieure à 30 mètres ;

5° Véhicule ou engin spécial ;

6° Véhicule ou matériel de travaux publics ;

7° Véhicules qui dépassent les limites fixées aux articles R. 435-2, R. 435-4 et R. 435-5.

I *bis*. – Par dérogation aux dispositions du I, la circulation de certains véhicules à moteur ou remorques fait l'objet d'une déclaration préalable. Un récépissé attestant de son dépôt est délivré par l'autorité compétente mentionnée au II de l'article R. 433-2. L'arrêté prévu à l'article R. 433-5 précise les conditions et modalités d'application du présent I *bis*, notamment les caractéristiques des véhicules ou remorques concernés.

II. – Au sens du présent article on entend par charge indivisible une charge qui ne peut, aux fins de transport par route, être divisée en plusieurs chargements sans frais ou risque de dommages importants et qui ne peut, du fait de ses dimensions ou masse, être transportée par un véhicule dont les dimensions ou la masse respectent elles-mêmes les limites réglementaires.

III. – Le fait de faire circuler un véhicule mentionné au I sans autorisation préfectorale ou un véhicule mentionné au I *bis* sans avoir procédé à une déclaration préalable est puni de l'amende prévue pour les contraventions de la cinquième classe.

Le fait de faire circuler un véhicule mentionné au I sans respecter les prescriptions de l'autorisation préfectorale ou un véhicule mentionné au I *bis* sans respecter les dispositions de l'arrêté prévu à l'article R. 433-5 mentionnées au 8° de cet article est puni conformément aux dispositions suivantes :

1° Pour le dépassement du poids du véhicule : il est fait application des dispositions du VII de l'article R. 312-4 prévoyant une ou plusieurs contraventions de la quatrième classe ;

2° Pour le dépassement de la charge maximale par essieu : il est fait application des dispositions du IV de l'article R. 312-6 prévoyant une ou plusieurs contraventions de la quatrième classe ;

3° Pour le non-respect de l'itinéraire autorisé : l'infraction est punie de l'amende prévue pour les contraventions de la cinquième classe ;

4° Pour le non-respect d'une prescription liée à la traversée d'un passage à niveau : l'infraction est punie de l'amende prévue pour les contraventions de la cinquième classe ;

5° Pour le non-respect d'une autre prescription : l'infraction est punie de l'amende prévue pour les contraventions de la quatrième classe.

Toutefois, pour les dimensions du chargement, l'infraction est punie de l'amende prévue pour les contraventions de la cinquième classe lorsque le dépassement excède les limites de l'autorisation de plus de 20 %.

IV. – *(Supprimé)*.

V. – La récidive de la contravention prévue aux 3° et 4° du III est réprimée conformément à l'article 132-11 du Code pénal.

VI. – Lorsque le conducteur ne peut présenter l'arrêté d'autorisation préfectorale ou n'en respecte pas les dispositions, l'immobilisation du véhicule peut être prescrite dans les conditions prévues aux articles L. 325-1 à L. 325-3.

Il en est de même lorsque le conducteur ne peut présenter le récépissé attestant du dépôt d'une déclaration préalable ou ne respecte pas les dispositions de l'arrêté prévu à l'article R. 433-5 mentionnées au 8° de cet article.

Art. R. 433-2 *(Mod., D. n° 2011-335, 28 mars 2011 ; D. n° 2017-16, 6 janv. 2017)*. – I. – L'autorisation prévue au I de l'article R. 433-1 est délivrée par arrêté du préfet du département du lieu de départ. Elle est valable sur des itinéraires précis ou sur l'ensemble des itinéraires situés sur un réseau routier, départemental ou national, défini dans les conditions prévues à l'article R. 433-2-1.

Pour les transports exceptionnels en provenance de l'étranger, l'autorisation est délivrée par le préfet du département d'entrée en France.

Lorsque le trajet couvre plusieurs départements, l'autorisation est délivrée après accord des préfets des départements traversés. Toutefois, lorsque l'autorisation est délivrée sur un réseau routier défini dans les conditions prévues à l'article R. 433-2-1, l'accord des préfets des départements traversés est présumé donné.

Le préfet peut délivrer des autorisations valables pour plusieurs voyages. Il peut également délivrer des autorisations individuelles permanentes valables pour une durée déterminée qui ne peut excéder trois ans.

L'arrêté du préfet portant autorisation de transport exceptionnel mentionne les mesures à prendre pour faciliter la circulation publique, préserver la sécurité et empêcher tout dommage aux routes, aux ouvrages d'art et aux dépendances du domaine public et, le cas échéant, l'itinéraire à suivre. S'il y a lieu, il est communiqué par le préfet du lieu de départ aux préfets des départements traversés afin de permettre à ces derniers de prendre toutes mesures de police nécessaires.

II. – La déclaration préalable prévue au I *bis* de l'article R. 433-1 est effectuée auprès du préfet du département du lieu de départ. Elle est valable sur l'ensemble des itinéraires situés sur un réseau routier départemental ou national, défini dans les conditions prévues à l'article R. 433-2-1 ainsi que sur d'éventuels raccordements à ce réseau n'excédant pas vingt kilomètres.

Pour les transports exceptionnels en provenance de l'étranger, la déclaration est effectuée auprès du préfet du département d'entrée en France.

La déclaration permet de circuler pendant une durée qui ne peut excéder trois ans.

III. – Le fait pour tout usager de contrevenir aux indications des conducteurs de véhicules de guidage mentionnés à l'article R. 433-17 et mettant en œuvre les mesures de circulation précisées par l'arrêté du préfet autorisant le transport exceptionnel est puni de l'amende prévue pour les contraventions de la quatrième classe.

Art. R. 433-2-1 *(D. n° 2017-16, 6 janv. 2017)*. – Les réseaux routiers départementaux sont définis par arrêté des préfets de département concernés, après avis des autorités gestionnaires des voies empruntées, cet arrêté précise les éventuelles restrictions à la circulation.

Les réseaux routiers nationaux sont définis par arrêté du ministre chargé de la sécurité routière et du ministre chargé des transports en agrégeant les réseaux routiers départementaux définis à l'alinéa précédent.

Art. R. 433-2-2 *(D. n° 2017-16, 6 janv. 2017)*. – La circulation des transports exceptionnels est préalablement signalée aux autorités chargées des services des voiries concernées selon les modalités définies par l'arrêté prévu à l'article R. 433-5.

Le conducteur d'un transport exceptionnel doit justifier avoir procédé au signalement de son passage prévu au premier alinéa en cas de réquisition des agents de l'autorité compétente.

Le fait de contrevenir aux dispositions du deuxième alinéa est puni de l'amende prévue pour les contraventions de la quatrième classe.

L'immobilisation du véhicule peut être prescrite dans les conditions prévues aux articles L. 325-1 à L. 325-3.

Art. R. 433-3 *(Mod., D. n° 2011-368, 4 avr. 2011 ; D. n° 2012-516, 18 avr. 2012)*. – I. – Lorsque des besoins locaux permanents le justifient, le transport de marchandises ou la circulation de véhicules présentant un caractère exceptionnel en raison de leurs dimensions ou de leur masse, lesquelles ne respectent pas les limites réglementaires, peut être réglementé par arrêté du préfet du département dans lequel est effectué le déplacement. Ces dispositions s'appliquent exclusivement aux catégories de véhicules ou de marchandises suivantes :

1° Pièce indivisible de grande longueur ;

2° Bois en grume ;

3° Matériel et engin de travaux publics ;

4° Conteneur.

II. – Le cas échéant, pour les besoins de l'exploitation, ce déplacement peut s'effectuer au-delà du département, mais seulement dans les départements limitrophes et sous réserve que des mesures similaires aient été arrêtées dans ces départements.

III. – L'arrêté du préfet est établi conformément à l'un des arrêtés types prévu au 7° de l'article R. 433-5.

IV. – Le fait de faire circuler un véhicule visé au présent article sans respecter les prescriptions de l'arrêté préfectoral est puni conformément aux dispositions des III, V et VI de l'article R. 433-1.

Art. R. 433-4 *(Mod., D. n° 2012-516, 18 avr. 2012)*. – I. - La circulation des véhicules effectuant des transports exceptionnels est interdite :

1° Sur l'ensemble du réseau routier et autoroutier du samedi ou veille de fête douze heures au lundi ou lendemain de fête six heures ; toutefois, le préfet qui a délivré l'autorisation de transport exceptionnel, peut, en cas de nécessité absolue et en tenant compte des circonstances locales, après avis le cas échéant des préfets des départements traversés, accorder des dérogations à cette interdiction ;

2° Pendant les périodes et sur les itinéraires d'interdiction de circulation des véhicules de transport de marchandises et de transport de matières dangereuses, définis chaque année par arrêté du ministre de l'intérieur et du ministre chargé des transports ;

3° Pendant la fermeture des barrières de dégel, sur les itinéraires qu'elles concernent ;

4° Par temps de neige ou de verglas ou lorsque la visibilité est insuffisante.

II. - Le fait, pour tout conducteur, de ne pas respecter les interdictions de circulation mentionnées au présent article est puni de l'amende prévue pour les contraventions de la quatrième classe.

III. - L'immobilisation du véhicule peut être prescrite dans les conditions prévues aux articles L. 325-1 à L. 325-3.

Art. R. 433-5 *(Mod., D. n° 2012-516, 18 avr. 2012 ; D. n° 2017-16, 6 janv. 2017).* – Un arrêté conjoint des ministres chargés de la sécurité routière et des transports fixe les conditions d'application de la présente section, et notamment :

1° Les règles particulières de circulation des convois exceptionnels ;

2° Les périodes et les itinéraires d'interdiction de circulation ;

3° Les conditions dans lesquelles les accords des préfets des départements traversés sont recueillis ;

4° Les dispositifs spécifiques de signalisation des convois exceptionnels ainsi que les conditions dans lesquelles le préfet peut les compléter ;

5° Les conditions d'accompagnement des convois ;

6° Les dispositifs de signalisation et d'équipement des véhicules d'accompagnement ;

7° Les arrêtés types préfectoraux mentionnés à l'article R. 433-3 ;

8° Les dimensions et les masses maximales des transports exceptionnels soumis à la déclaration préalable ainsi que les modalités de la procédure de déclaration préalable ;

9° Les conditions et les modalités du signalement préalable du passage d'un transport exceptionnel aux autorités chargées des services des voiries concernées ;

10° Les modalités de définition des réseaux routiers départementaux et nationaux mentionnés à l'article R. 433-2-1.

Art. R. 433-6. – Les dispositions de la présente section ne sont applicables ni aux convois et aux transports militaires ni aux véhicules des unités d'instruction et d'intervention de la sécurité civile, qui font l'objet de règles particulières.

Section II. – Transports exceptionnels de personnes

Art. R. 433-7 *(Mod., D. n° 2011-368, 4 avr. 2011).* – I. – Lorsque des besoins locaux spécifiques de transport de personnes le justifient, notamment du fait de l'affluence du public et des caractéristiques géographiques du lieu, le préfet du département autorise par arrêté la circulation de véhicules et d'ensembles de véhicules présentant un caractère exceptionnel en raison de leurs dimensions ou de leur masse, ne respectant pas les limites réglementaires, à condition que ces véhicules garantissent la sécurité des personnes et la protection de l'environnement.

II. – L'arrêté du préfet précise les conditions d'utilisation de ces véhicules et les itinéraires empruntés.

III. – Le fait de faire circuler un véhicule visé au présent article sans autorisation préfectorale est puni de l'amende prévue pour les contraventions de la cinquième classe.

Le fait de faire circuler un véhicule visé au présent article sans respecter les prescriptions de l'autorisation préfectorale est puni conformément aux dispositions suivantes :

1° Pour le dépassement du poids du véhicule : il est fait application des dispositions du VII de l'article R. 312-4 prévoyant une ou plusieurs contraventions de la quatrième classe ;

2° Pour le dépassement de la charge maximale par essieu : il est fait application des dispositions du IV de l'article R. 312-6 prévoyant une ou plusieurs contraventions de la quatrième classe ;

3° Pour le non-respect de l'itinéraire autorisé : l'infraction est punie de l'amende prévue pour les contraventions de la cinquième classe ;

4° Pour le non-respect d'une prescription liée à la traversée d'un passage à niveau : l'infraction est punie de l'amende prévue pour les contraventions de la cinquième classe ;

5° Pour le non-respect d'une autre prescription de l'autorisation préfectorale : l'infraction est punie de l'amende prévue pour les contraventions de la quatrième classe.

Toutefois, pour les dimensions du chargement ou le nombre de personnes transportées, l'infraction est punie de l'amende prévue pour les contraventions de la cinquième classe lorsque le dépassement excède les limites de l'autorisation de plus de 20 %.

IV. – *(Suppr., D. n° 2011-368, 4 avr. 2011).*

V. – La récidive de la contravention prévue aux 3° et 4° du III est réprimée conformément à l'article 132-11 du Code pénal.

VI. – Lorsque le conducteur ne peut présenter l'autorisation préfectorale ou n'en respecte pas les dispositions, l'immobilisation du véhicule peut être prescrite dans les conditions prévues aux articles L. 325-1 à L. 325-3.

Section III. – Ensembles de véhicules comportant plus d'une remorque

Art. R. 433-8 *(Mod., D. n° 2011-368, 4 avr. 2011)*. – La circulation des ensembles de véhicules comprenant plus d'une remorque est interdite.

Toutefois, est autorisée la circulation des ensembles comprenant deux remorques, dans des conditions fixées par arrêté du ministre chargé des transports, et des trains doubles.

Par ailleurs, la circulation des autres ensembles comprenant plusieurs remorques ou des ensembles composés d'un véhicule articulé et d'une remorque est autorisée sous réserve d'avoir obtenu une autorisation du préfet délivrée dans les conditions prévues pour les transports exceptionnels de marchandises, d'engins ou de véhicules.

Le fait, pour tout conducteur, de faire circuler un ensemble de véhicules sans respecter les conditions fixées par le présent article ou sans l'autorisation préfectorale exigée ou sans en respecter les prescriptions est puni de l'amende prévue pour les contraventions de la quatrième classe.

L'immobilisation du véhicule peut être prescrite dans les conditions prévues aux articles L. 325-1 à L. 325-3.

Section IV. – Transports de bois ronds
(D. n° 2009-780, 23 juin 2009)

Art. R. 433-9 *(D. n° 2009-780, 23 juin 2009)*. – Les transports de bois ronds présentant un caractère exceptionnel en raison de leur poids, excédant la limite réglementaire de 40 tonnes de poids total roulant autorisé pour les ensembles de véhicules de plus de quatre essieux, sont autorisés dans les conditions prévues à la présente section.

Constitue un bois rond toute portion de tronc ou de branche d'arbre obtenue par tronçonnage.

Art. R. 433-10 *(En vigueur à compter du 9 juill. 2009, D. n° 2009-780, 23 juin 2009)*. – À l'intérieur d'un département, les itinéraires sur lesquels la circulation des véhicules transportant des bois ronds est autorisée dans les conditions prévues à la présente section, sont définis par un arrêté du préfet, pris après consultation des gestionnaires du domaine routier pour ce qui concerne les voies relevant de leur compétence. Ils disposent d'un délai de deux mois pour émettre leur avis.

Le préfet fixe par le même arrêté les conditions de circulation des véhicules concernés.

Les itinéraires sont déterminés afin de permettre la desserte des massifs forestiers et des industries de la première transformation du bois en veillant à la continuité entre départements.

Art. R. 433-11 *(D. n° 2009-780, 23 juin 2009)*. – L'existence d'une alternative économiquement viable au transport routier s'apprécie pour chaque liaison au regard des critères de coût, de délais d'acheminement et de qualité de service.

Les entreprises réceptionnaires de bois ronds remettent aux transporteurs une attestation sur l'honneur faisant état d'une absence d'alternative économiquement viable au transport routier. Une copie de cette attestation est en permanence à bord de chaque véhicule concerné.

Les entreprises réceptionnaires de bois ronds dont le chiffre d'affaires est supérieur à cinq millions d'euros établissent annuellement un plan de transport qu'elles communiquent au préfet de région à sa demande. L'entreprise dispose d'un délai d'un mois après la demande du préfet de région pour adresser son plan de transport. Ce plan présente les flux de transport de bois ronds approvisionnant l'entreprise, et précise les modes et les itinéraires utilisés à partir d'une analyse des alternatives économiquement viables au transport routier. Il précise les modalités prises par l'entreprise pour s'assurer du respect des charges autorisées fixées à l'article R. 433-12.

Lorsqu'il estime que le plan de transport établi par l'entreprise ne permet pas de justifier d'une absence d'alternative économiquement viable au transport routier, le préfet en informe l'entreprise et l'invite à faire valoir ses observations dans un délai de deux mois. Si le préfet confirme son appréciation, il met en demeure l'entreprise qui dispose d'un délai de deux mois pour procéder aux modifications nécessaires et adapter ses choix modaux.

Le préfet de région peut également demander que lui soit communiqué un bilan d'exécution du plan de transport de l'entreprise réceptionnaire selon une périodicité annuelle. L'entreprise précise les modifications intervenues ou envisagées.

Le fait, pour l'entreprise réceptionnaire des bois ronds, de ne pas communiquer au préfet de région le plan de transport ou le bilan de son exécution conformément aux dispositions des troisième et cinquième alinéas du présent article est puni de l'amende prévue pour les contraventions de la quatrième classe.

Le fait, pour l'entreprise réceptionnaire des bois ronds, après mise en demeure par le préfet de région demeurée sans effet, de ne pas recourir à un mode de transport non routier constituant une alternative économiquement viable au transport routier est puni de l'amende prévue pour les contraventions de la cinquième classe.

L'entreprise de transport s'assure de la présence de l'attestation prévue au deuxième alinéa à bord des véhicules. L'absence de ces documents à bord est punie de l'amende prévue par les contraventions de la quatrième classe.

Un arrêté du ministre chargé des transports fixe les modalités d'application du présent article.

Art. R. 433-12 *(D. n° 2009-780, 23 juin 2009 ; D. n° 2011-368, 4 avr. 2011).* – Le poids total roulant autorisé d'un véhicule articulé, d'un ensemble composé d'un véhicule à moteur et d'une remorque ou d'un train double ne peut excéder :

48 tonnes pour les véhicules articulés ou les trains routiers à 5 essieux ;

57 tonnes pour les véhicules articulés et les trains routiers à 6 essieux et plus ;

57 tonnes pour les ensembles composés d'un train double à 7 essieux et plus.

Un arrêté du ministre chargé des transports fixe les conditions d'application des limites des poids totaux roulants autorisés précités.

En outre, les véhicules et ensembles de véhicules concernés sont soumis aux dispositions de l'article R. 321-17.

Toute infraction aux dispositions du présent article ou à celles prises pour son application est punie conformément aux dispositions du VII de l'article R. 312-4.

La récidive de la contravention prévue à l'alinéa précédent est réprimée conformément à l'article 132-11 du Code pénal.

En cas de dépassement excédant 5 % du poids autorisé, l'immobilisation du véhicule peut être prescrite dans les conditions prévues aux articles L. 325-1 à L. 325-3 du présent code.

NB : Dispositions particulières et transitoires pour les ensembles de véhicules mis en circulation avant le 9 juillet 2009 et disposant d'une attestation de caractéristiques techniques établie dans le cadre des dispositions applicables avant cette date au transport de bois ronds : V. D. n° 2009-780, 23 juin 2009, art. 4, III.

Art. R. 433-13 *(En vigueur à compter du 9 juill. 2009, D. n° 2009-780, 23 juin 2009).* – Les dispositions réglementaires relatives aux charges maximales à l'essieu pour les ensembles de véhicules effectuant un transport de bois ronds sont celles prévues aux articles R. 312-5 et R. 312-6.

NB : Dispositions particulières et transitoires concernant les charges maximales à l'essieu autorisées pour les ensembles de véhicules mis en circulation avant le 9 juillet 2009 et disposant d'une attestation de caractéristiques techniques établie dans le cadre des dispositions applicables avant cette date au transport de bois ronds : V. D. n° 2009-780, 23 juin 2009, art. 4, IV.

Art. R. 433-14 *(En vigueur à compter du 9 juill. 2009, D. n° 2009-780, 23 juin 2009).* – Tout ensemble de véhicules de plus de 44 tonnes de poids total roulant autorisé qui effectue un transport de bois ronds doit disposer d'un équipement ou de documents se trouvant à bord permettant au conducteur de connaître le poids total roulant réel de l'ensemble.

Le non-respect de cette disposition est puni de l'amende prévue pour les contraventions de la quatrième classe.

NB : Dispositions applicables à compter du 1er juillet 2010 pour les véhicules neufs et à compter du 1er janvier 2015 pour l'ensemble des véhicules, D. n° 2009-780, 23 juin 2009, art. 4, II.

Art. R. 433-15 *(En vigueur à compter du 9 juill. 2009, D. n° 2009-780, 23 juin 2009).* – La longueur totale des ensembles de véhicules composés d'un tracteur équipé d'une grue et d'un arrière-train forestier ne peut excéder 18,75 mètres.

En cas de non-respect de ces dispositions, il est fait application des IV, V, VI et VII de l'article R. 312-11.

Art. R. 433-16 *(En vigueur à compter du 9 juill. 2009, D. n° 2009-780, 23 juin 2009).* – I. – La circulation des véhicules transportant des bois ronds est interdite :

a) Sur autoroute pour les ensembles de véhicules qui ne pourraient pas atteindre une vitesse en palier de 50 km/h ;

b) Sur l'ensemble du réseau routier et autoroutier du samedi ou veille de fête à 12 heures au lundi et lendemain de fête à 6 heures. Toutefois, le préfet peut, en cas de nécessité absolue et en tenant compte des circonstances locales, accorder des dérogations à cette interdiction ;

c) Par temps de neige ou de verglas ou lorsque la visibilité est insuffisante.

II. – Le fait, pour tout conducteur, de ne pas respecter les interdictions de circulation mentionnées au présent article est puni de l'amende prévue pour les contraventions de la quatrième classe.

III. – L'immobilisation du véhicule peut être prescrite dans les conditions prévues aux articles L. 325-1 à L. 325-3.

Section V. – Accompagnement des transports exceptionnels
(D. n° 2011-335, 28 mars 2011)

Art. R. 433-17 *(D. n° 2011-335, 28 mars 2011).* – L'accompagnement des transports exceptionnels est constitué par des véhicules de protection et des véhicules de guidage.

Au sens de la présente section, on entend par :

– véhicules de protection : le véhicule pilote placé devant le convoi ou le train de convois et le véhicule de protection arrière qui suit le convoi ou le train de convois ;

– véhicules de guidage : le ou les véhicules destinés à guider le convoi ou le train de convois.

Un arrêté conjoint des ministres chargés des transports et de l'intérieur fixe les caractéristiques applicables à ces véhicules.

Art. R. 433-18 *(D. n° 2011-335, 28 mars 2011).* – I. – Tout conducteur de véhicule de protection ou de véhicule de guidage destiné à l'accompagnement des transports exceptionnels doit avoir, préalablement à l'exercice de son activité de conduite, satisfait à une obligation de formation professionnelle initiale comportant la fréquentation de cours et sanctionnée par un examen.

La formation destinée aux conducteurs de véhicules de protection est accessible aux personnes titulaires du permis de conduire de la catégorie B, dont le délai probatoire défini à l'article L. 223-1 est expiré.

La formation destinée aux conducteurs de véhicules de guidage est accessible aux personnes âgées de vingt et un ans au moins et titulaires des permis de conduire des catégories A et B dont le délai probatoire défini à l'article L. 223-1 est expiré, ainsi que de l'attestation de formation aux premiers secours ou de prévention et secours civiques de niveau 1.

II. – Pour s'établir en France, est considéré comme qualifié pour exercer les activités mentionnées au I tout ressortissant d'un État membre de l'Union européenne ou d'un État partie à l'accord sur l'Espace économique européen, dès lors qu'il produit les pièces justificatives émanant de l'autorité compétente d'un de ces États prouvant qu'il possède la qualification conforme aux conditions fixées par le présent code pour y exercer ces activités.

III. – Par dérogation au I, tout ressortissant d'un État membre de l'Union européenne ou d'un État partie à l'accord sur l'Espace économique européen, légalement établi, pour l'exercice des activités mentionnées au I, dans un de ces États, peut exercer ces activités de façon temporaire et occasionnelle en France.

Toutefois, lorsque ces activités ou la formation y conduisant ne sont pas réglementées dans l'État d'établissement, le prestataire doit avoir exercé ces activités dans cet État pendant au moins deux ans au cours des dix années qui précèdent la prestation.

Lorsque le prestataire fournit pour la première fois une prestation en France, il en informe au préalable l'autorité compétente par une déclaration écrite qui donne lieu à une vérification de ses qualifications professionnelles. Les conditions d'application du présent alinéa sont fixées par arrêté du ministre chargé des transports.

IV. – Les fonctionnaires des services actifs de la police nationale et les militaires de la gendarmerie nationale ayant cessé leur activité sont dispensés de l'obligation de formation professionnelle initiale mentionnée au I s'ils ont exercé une activité d'escorte des transports exceptionnels durant les cinq années qui précèdent leur reprise d'activité en qualité de conducteur de véhicule d'accompagnement.

Cette situation est justifiée par une attestation d'exercice de l'activité de conducteur de véhicule d'escorte de transports exceptionnels délivrée, selon le cas, par l'autorité civile ou militaire dont dépendait le conducteur lorsqu'il était en activité. Le contenu de cette attestation est fixé par arrêté du ministre chargé des transports.

V. – Tout conducteur de véhicule de protection ou de véhicule de guidage doit effectuer un stage de formation continue tous les cinq ans.

Les conducteurs mentionnés au I doivent effectuer leur premier stage de formation professionnelle continue cinq ans après l'obtention de l'attestation de formation professionnelle initiale.

Les conducteurs mentionnés au IV doivent effectuer leur premier stage de formation continue dans un délai de deux ans après leur reprise d'activité en qualité de conducteur de véhicule d'accompagnement des transports exceptionnels.

Art. R. 433-19 *(D. n° 2011-335, 28 mars 2011)*. – I. – Le programme, la durée et les modalités de mise en œuvre des formations prévues à l'article R. 433-18 sont fixés par arrêté du ministre chargé des transports.

II. – Les formations mentionnées à l'article R. 433-18 sont dispensées dans le cadre des établissements agréés mentionnés à l'article 15 du décret n° 2007-1340 du 11 septembre 2007 relatif à la qualification initiale et à la formation continue des conducteurs de certains véhicules affectés aux transports routiers de marchandises ou de voyageurs.

III. – L'organisme de formation délivre au conducteur ayant satisfait aux obligations de formation initiale ou continue mentionnées à l'article R. 433-18 une attestation dont le contenu est défini par arrêté du ministre chargé des transports.

Art. R. 433-20 *(D. n° 2011-335, 28 mars 2011)*. – Tout conducteur de véhicule de protection ou de guidage doit être en mesure de justifier de la régularité de sa situation au regard des obligations de formation professionnelle initiale et continue par la présentation, sur leur demande, aux agents de l'autorité compétente, selon le cas, de l'attestation en cours de validité mentionnée au II de l'article R. 433-18 ou de l'attestation de formation en cours de validité mentionnée au III de l'article R. 433-19.

Le fait, pour tout conducteur de véhicule de protection ou de guidage, de ne pas présenter immédiatement l'attestation en cours de validité prévue au premier alinéa est puni de l'amende prévue pour les contraventions de la quatrième classe.

L'immobilisation du convoi peut être également prescrite dans les conditions prévues aux articles L. 325-1 à L. 325-3.

CHAPITRE IV. – CONVOIS ET VÉHICULES À TRACTION ANIMALE

Art. R. 434-1. – I. – Sauf dans le cas d'un transport exceptionnel ou d'un convoi de véhicules, il ne peut être attelé :

1° Aux véhicules servant au transport des marchandises, plus de cinq chevaux ou bêtes de trait s'il s'agit de véhicules à deux roues, plus de six bœufs ou de huit chevaux ou autres bêtes de trait s'il s'agit de véhicules à quatre roues sans que, dans ce dernier cas, il puisse y avoir plus de cinq animaux en enfilade ;

2° Aux véhicules servant au transport de personnes, plus de trois chevaux s'il s'agit de véhicules à deux roues, plus de six s'il s'agit de véhicules à quatre roues.

II. – Toutefois, cette limitation du nombre des animaux d'attelage n'est pas applicable sur les sections de route offrant des rampes d'une déclivité ou d'une longueur exceptionnelles.

III. – Le fait de contrevenir aux dispositions du présent article est puni de l'amende prévue pour les contraventions de la deuxième classe.

Art. R. 434-2. – Pour un convoi de deux véhicules, le nombre d'animaux attelés ne peut dépasser quatre pour le premier et deux, attelés de front, pour le deuxième.

Pour un convoi de trois véhicules, seul le premier peut avoir deux animaux attelés, les deuxième et troisième ne devant en comporter qu'un seul.

Les animaux attelés au deuxième véhicule et, éventuellement, au troisième doivent être attachés à l'arrière du véhicule qui les précède et de manière que chacun de ces véhicules ne puisse s'écarter sensiblement de la voie suivie par le précédent.

Le fait de contrevenir aux dispositions du présent article est puni de l'amende prévue pour les contraventions de la deuxième classe.

Art. R. 434-3. – Par dérogation à l'article R. 412-6, un convoi de véhicules à traction animale peut ne comporter qu'un seul conducteur sous réserve que le convoi ne comprenne pas plus de trois véhicules.

Ce conducteur, s'il n'est pas à pied, doit se trouver sur le premier véhicule.

Le fait de contrevenir aux dispositions du présent article est puni de l'amende prévue pour les contraventions de la deuxième classe.

Art. R. 434-4. – Quand le nombre de bêtes de trait d'un attelage est supérieur à six ou excède cinq en enfilade, il doit être adjoint un aide au conducteur.

Le fait de contrevenir aux dispositions du présent article est puni de l'amende prévue pour les contraventions de la deuxième classe.

CHAPITRE V. – AUTRES VÉHICULES

(D. n° 2005-1655, 26 déc. 2005)

Section I. – Véhicules et matériels agricoles ou forestiers

Art. R. 435-1 *(Mod., D. n° 2010-774, 8 juill. 2010)*. – I. – La circulation des véhicules et matériels agricoles ou forestiers et de leurs ensembles dont les dimensions, y compris les outillages portés amovibles, dépassent les limites réglementaires définies au chapitre II du livre III du présent code, et celle des machines agricoles automotrices et des machines et instruments agricoles remorqués d'une largeur supérieure à 2,55 mètres, est soumise, lorsque leur longueur n'excède pas 25 mètres et leur largeur 4,50 mètres, à des règles particulières fixées par arrêté conjoint du ministre chargé des transports et du ministre de l'intérieur.

Cet arrêté précise notamment :

1° Les périodes et les itinéraires d'interdiction de circulation ;

2° Les dispositifs spécifiques de signalisation ;

3° Les conditions et les modalités d'accompagnement.

II. – Le fait de contrevenir aux dispositions du présent article et à celles prises pour son application est puni de l'amende prévue pour les contraventions de la quatrième classe.

III. – L'immobilisation du véhicule peut être prescrite dans les conditions prévues aux articles L. 325-1 à L. 325-3.

Art. R. 435-2 *(D. n° 2016-1521, 10 nov. 2016)*. – I. – La circulation des machines agricoles ou forestières automotrices définies au 5.4 de l'article R. 311-1 à deux essieux, ainsi que des machines et instruments agricoles ou forestiers remorqués définis au 5.3 de l'article R. 311-1 à deux essieux, et dont les poids dépassent les limites réglementaires définies au chapitre II du livre III du présent code sans excéder ni un poids total autorisé en charge de 26 tonnes, ni une charge à l'essieu de 14 tonnes, est soumise à des règles particulières fixées par arrêté conjoint du ministre chargé des transports et du ministre de l'Intérieur.

Cet arrêté précise notamment :

1° Les périodes et les itinéraires d'interdiction de circulation ;

2° Les dispositifs spécifiques de signalisation ;

3° Les conditions et modalités d'accompagnement ;

4° Les équipements spécifiques liés aux conditions de leur exploitation.

II. – Le fait de contrevenir aux dispositions du présent article et à celles prises pour son application est puni de l'amende prévue pour les contraventions de la quatrième classe.

III. – L'immobilisation du véhicule peut être prescrite dans les conditions prévues aux articles L. 325-1 à L. 325-3.

Section II. – Ensembles forains

Art. R. 435-3 *(Mod., D. n° 2010-774, 8 juill. 2010)*. – I. – La circulation des ensembles forains transportant des équipements ou animaux destinés à la présentation d'une attraction foraine, dont la longueur dépasse les limites réglementaires définies au chapitre II du livre III du présent code sans excéder 30 mètres, est soumise à des règles particulières fixées par un arrêté conjoint du ministre chargé des transports et ministre de l'intérieur. Chacun des éléments composant cet ensemble doit respecter les limites réglementaires précitées.

Cet arrêté précise notamment :

1° Les périodes et les itinéraires d'interdiction de circulation ;

2° Les dispositifs spécifiques de signalisation ;

3° Les conditions et les modalités d'accompagnement.

II. – Le fait de contrevenir aux dispositions du présent article et à celles prises pour son application est puni de l'amende prévue pour les contraventions de la quatrième classe.

III. – L'immobilisation du véhicule peut être prescrite dans les conditions prévues aux articles L. 325-1 à L. 325-3.

Section III. – Véhicules automoteurs spéciaux

Art. R. 435-4 *(D. n° 2016-1521, 10 nov. 2016)*. – I. – La circulation des dépanneuses définies au 6.8 de l'article R. 311-1 à quatre essieux et dont les poids dépassent les limites réglementaires définies au chapitre II du livre III du présent code sans excéder ni une charge à l'essieu de 14 tonnes, ni un poids total autorisé en charge de 48 tonnes, ni un poids total roulant autorisé de 60 tonnes, est soumise à des règles particulières fixées par arrêté conjoint du ministre chargé des transports et du ministre de l'Intérieur.

Cet arrêté précise notamment :

1° Les périodes et les itinéraires d'interdiction de circulation ;

2° Les dispositifs spécifiques de signalisation ;

3° Les équipements spécifiques liés aux conditions de leur exploitation.

II. – Le fait de contrevenir aux dispositions du présent article et à celles prises pour son application est puni de l'amende prévue pour les contraventions de la quatrième classe.

III. – L'immobilisation du véhicule peut être prescrite dans les conditions prévues aux articles L. 325-1 à L. 325-3.

Art. R. 435-5 *(D. n° 2016-1521, 10 nov. 2016)*. – I. – La circulation, dans le cadre de leur mission, des véhicules d'intérêt général prioritaire de lutte contre l'incendie définis au 6.5 de l'article R. 311-1 à trois ou quatre essieux et dont les poids et dimensions dépassent les limites réglementaires définies au chapitre II du livre III du présent code, sans excéder ni une charge à l'essieu de 14 tonnes, ni un poids total autorisé en charge de 42 tonnes pour les véhicules à trois essieux ou de 56 tonnes pour les véhicules à quatre essieux, ni une largeur de 3 mètres, est soumise à des règles particulières fixées par arrêté conjoint du ministre chargé des transports et du ministre de l'Intérieur.

Cet arrêté précise notamment :

1° Les dispositifs spécifiques de signalisation ;

2° Les équipements spécifiques liés aux conditions de leur exploitation.

II. – Le fait de contrevenir aux dispositions du présent article et à celles prises pour son application est puni de l'amende prévue pour les contraventions de la quatrième classe.

III. – L'immobilisation du véhicule peut être prescrite dans les conditions prévues aux articles L. 325-1 à L. 325-3.

Art. R. 435-6 *(D. n° 2017-15, 6 janv. 2017)*. – I. – La circulation d'un bateau amphibie défini au 6.12 de l'article R. 311-1 est soumise à une déclaration préalable auprès du préfet de département du point d'entrée sur le domaine public routier.

Un arrêté conjoint du ministre chargé des transports et du ministre chargé de la sécurité routière fixe les conditions d'application du présent I, notamment :

1° Le contenu et les modalités de la déclaration préalable et de délivrance du récépissé de déclaration ;

2° Les règles particulières de circulation des bateaux amphibies ;

3° Les dispositifs de signalisation et d'équipement de ces bateaux.

II. – Le fait de faire circuler un bateau amphibie sans avoir procédé à la déclaration préalable et obtenu un récépissé de déclaration est puni de l'amende prévue pour les contraventions de la cinquième classe.

Le fait de faire circuler un bateau amphibie sans respecter les prescriptions du récépissé de déclaration préalable ou les dispositions de l'arrêté prévu au deuxième alinéa du I est puni de l'amende prévue pour les contraventions de la quatrième classe.

Le fait de ne pas présenter le récépissé de déclaration préalable immédiatement aux agents de l'autorité compétente est puni de l'amende prévue pour les contraventions de la première classe.

III. – L'immobilisation du véhicule peut être prescrite dans les conditions prévues aux articles L. 325-1 à L. 325-3.

TITRE IV. – DISPOSITIONS RELATIVES À L'OUTRE-MER

CHAPITRE I. – DISPOSITIONS PARTICULIÈRES
À LA COLLECTIVITÉ TERRITORIALE DE SAINT-PIERRE-ET-MIQUELON

Art. R. 441-1. – Pour l'application des dispositions du présent livre dans la collectivité territoriale de Saint-Pierre-et-Miquelon, les termes énumérés ci-après sont remplacés comme suit :

1° « départementales » par « territoriales » ;
2° « départementale » par « territoriale » ;
3° « département » par « collectivité territoriale » ;
4° « service départemental de la jeunesse et des sports » par « direction territoriale de la jeunesse et des sports » ;
5° « départements » par « collectivité territoriale » ;
6° « départementaux » par « territoriaux » ;
7° « directeur départemental de l'équipement » par « directeur de l'équipement » ;
8° « départemental » par « territorial ».

Art. R. 441-2. – L'article R. 411-1 n'est pas applicable dans la collectivité territoriale de Saint-Pierre-et-Miquelon.

Art. R. 441-3. – Les règles relatives aux modalités d'application de l'article L. 131-3 du Code des communes applicable dans la collectivité territoriale de Saint-Pierre-et-Miquelon concernant les routes à grande circulation sont fixées par l'article R. 131-3 du même code.

Art. R. 441-4. – Pour l'application de l'article R. 411-5 dans la collectivité territoriale de Saint-Pierre-et-Miquelon, les références aux articles L. 2215-1 et L. 3221-5 du Code général des collectivités territoriales sont remplacées par les références à l'article L. 131-13 du Code des communes applicable dans cette collectivité et au deuxième alinéa du III de l'article 34 de la loi n° 82-213 du 2 mars 1982 relative aux droits et libertés des communes des départements et des régions.

Art. R. 441-5. – Pour l'application de l'article R. 411-24 dans la collectivité territoriale de Saint-Pierre-et-Miquelon les références aux articles L. 2213-4 et L. 2215-3 du Code général des collectivités territoriales sont remplacées par les références aux articles L. 131-4-1 et L. 131-14-1 du Code des communes applicable dans cette collectivité.

CHAPITRE II. – DISPOSITIONS APPLICABLES
DANS LA COLLECTIVITÉ TERRITORIALE DE MAYOTTE

Art. R. 442-1. – Pour l'application des dispositions du présent livre dans la collectivité territoriale de Mayotte les termes énumérés ci-après sont remplacés comme suit :

1° « départementales » par « territoriales » ;
2° « préfet » par « représentant du Gouvernement » ;
3° « départementale » par « territoriale » ;
4° « département » par « collectivité territoriale » ;
5° « service départemental de la jeunesse et des sports » par « service de la jeunesse et des sports » ;
6° « départements » par « collectivité territoriale » ;
7° « départementaux » par « territoriaux » ;
8° « directeur départemental de l'équipement » par « directeur de l'équipement » ;
9° « départemental » par « territorial ».

Art. R. 442-2. – Les dispositions réglementaires du présent livre sont applicables dans la collectivité territoriale de Mayotte, à l'exception des articles R. 411-1, R. 411-8-1, R. 411-20, R. 411-21, R. 414-17.

Art. R. 442-3. – Les règles relatives aux modalités d'application de l'article L. 131-3 du Code des communes applicable dans la collectivité territoriale de Mayotte concernant les routes à grande circulation sont fixées par l'article R. 131-3 du même code.

Art. R. 442-4. – Les pouvoirs attribués au président du conseil général par les articles R. 411-5, R. 411-7 et R. 422-4 sont exercés par le représentant du Gouvernement.

Art. R. 442-5. – Pour l'application de l'article R. 411-5 dans la collectivité territoriale de Mayotte, la référence à l'article L. 2215-1 du Code général des collectivités territoriales est remplacée par la référence à l'article L. 131-13 du Code des communes applicable dans cette collectivité.

Art. R. 442-6. – Pour l'application de l'article R. 411-24 dans la collectivité territoriale de Mayotte, les références aux articles L. 2213-4 et L. 2215-3 du Code général des collectivités territoriales sont remplacées par les références aux articles L. 131-4-1 et L. 131-14-1 du Code des communes applicable dans cette collectivité.

Art. R. 442-7. – Le représentant du Gouvernement prend les arrêtés prévus par les articles R. 411-18, R. 412-16 et R. 433-5.

Le ministre chargé de l'Outre-Mer signe les arrêtés prévus par les articles R. 411-25, R. 433-1, R. 433-2 et R. 433-4.

Code des assurances

DISPOSITIONS LÉGISLATIVES ET RÉGLEMENTAIRES RELATIVES À L'OBLIGATION D'ASSURANCE

Art. L. 113-3 *(L. n° 81-5, 7 janv. 1981 ; mod., L. n° 2013-504, 14 juin 2013).* – La prime est payable au domicile de l'assureur ou du mandataire désigné par lui à cet effet. Toutefois, la prime peut être payable au domicile de l'assuré ou à tout autre lieu convenu dans les cas et conditions limitativement fixés par décret en Conseil d'État.

À défaut de paiement d'une prime, ou d'une fraction de prime, dans les dix jours de son échéance, et indépendamment du droit pour l'assureur de poursuivre l'exécution du contrat en justice, la garantie ne peut être suspendue que trente jours après la mise en demeure de l'assuré. Au cas où la prime annuelle a été fractionnée, la suspension de la garantie, intervenue en cas de non-paiement, d'une des fractions de prime, produit ses effets jusqu'à l'expiration de la période annuelle considérée. La prime ou fraction de prime est portable dans tous les cas, après la mise en demeure de l'assuré.

L'assureur a le droit de résilier le contrat dix jours après l'expiration du délai de trente jours mentionné au deuxième alinéa du présent article.

Le contrat non résilié reprend pour l'avenir ses effets, à midi le lendemain du jour où ont été payés à l'assureur ou au mandataire désigné par lui à cet effet, la prime arriérée ou, en cas de fractionnement de la prime annuelle, les fractions de prime ayant fait l'objet de la mise en demeure et celles venues à échéance pendant la période de suspension ainsi que, éventuellement, les frais de poursuites et de recouvrement.

Lorsque l'adhésion au contrat résulte d'une obligation prévue par une convention de branche ou un accord professionnel ou interprofessionnel, l'assureur ne peut faire usage des dispositions du présent article relatives à la suspension de la garantie et à la résiliation du contrat.

Les dispositions des deuxième à avant-dernier alinéas du présent article ne sont pas applicables aux assurances sur la vie.

La renonciation à un droit ne peut résulter que d'un acte manifestant sans équivoque la volonté de renoncer. Tel n'est pas le cas de l'encaissement que fait sans réserve l'assureur, après la date de la résiliation, d'une prime venue à échéance antérieurement (■ Cass. crim., 16 mai 2006 : *Bull. crim.*, n° 133 ; *D.* 2006, jur., p. 2771, note D. Noguero).

Art. L. 113-8. – **Indépendamment des causes ordinaires de nullité, et sous réserve des dispositions de l'article L. 132-26, le contrat d'assurance est nul en cas de réticence ou de fausse déclaration intentionnelle de la part de l'assuré, quand cette réticence ou cette fausse déclaration change l'objet du risque ou en diminue l'opinion pour l'assureur, alors même que le risque omis ou dénaturé par l'assuré a été sans influence sur le sinistre.**

Les primes payées demeurent alors acquises à l'assureur, qui a droit au paiement de toutes les primes échues à titre de dommages et intérêts.

Les dispositions du second alinéa du présent article ne sont pas applicables aux assurances sur la vie.

Justifie sa décision la cour d'appel qui, pour rejeter une demande de nullité du contrat d'assurance et dire que le Fonds de garantie des assurances obligatoires des dommages n'était pas tenu à indemnisation, énonce que la société d'assurance ne rapporte la preuve de la fausse déclaration intentionnelle, à défaut de produire les réponses que l'assuré a apportées aux questions précises qui lui ont été posées lors de la conclusion du contrat, notamment dans le formulaire de déclaration du risque (■ Cass. crim., 18 mars 2014 : *Bull. crim.*, n° 82).

Art. L. 211-1 ***(Mod., L. n° 2007-1774, 17 déc. 2007).*** – **Toute personne physique ou toute personne morale autre que l'État, dont la responsabilité civile peut être engagée en raison de dommages subis par des tiers résultant d'atteintes aux personnes ou aux biens dans la réalisation desquels un véhicule est impliqué, doit pour faire circuler celui-ci, être couverte par une assurance garantissant cette responsabilité, dans les conditions fixées par décret en Conseil d'État. Pour l'application du présent article, on entend par « véhicule » tout véhicule terrestre à moteur, c'est-à-dire tout véhicule automoteur destiné à circuler sur le sol et qui peut être actionné par une force mécanique sans être lié à une voie ferrée, ainsi que toute remorque, même non attelée.**

Les contrats d'assurance couvrant la responsabilité mentionnée au premier alinéa du présent article doivent également couvrir la responsabilité civile de toute personne ayant la garde ou la conduite, même non autorisée, du véhicule, à l'exception des professionnels de la réparation, de la vente et du contrôle de l'automobile, ainsi que la responsabilité civile des passagers du véhicule objet de l'assurance. Toutefois, en cas de vol d'un véhicule, ces contrats ne couvrent pas la réparation des dommages subis par les auteurs, coauteurs ou complices du vol.

L'assureur est subrogé dans les droits que possède le créancier de l'indemnité contre la personne responsable de l'accident lorsque la garde ou la conduite du véhicule a été obtenue contre le gré du propriétaire.

Ces contrats doivent être souscrits auprès d'une entreprise d'assurance agréée pour pratiquer les opérations d'assurance contre les accidents résultant de l'emploi de véhicules automobiles.

Les membres de la famille du conducteur ou de l'assuré, ainsi que les élèves d'un établissement d'enseignement de la conduite des véhicules terrestres à moteur agréé, en cours de formation ou d'examen, sont considérés comme des tiers au sens du premier alinéa du présent article.

1) En application de l'article L. 211-1, un contrat automobile ne couvre la responsabilité de l'assuré que pour les véhicules désignés aux conditions particulières de la police ; justifie sa décision la cour d'appel qui, constatant qu'au moment de l'accident, dans lequel se trouve impliqué un ensemble routier articulé, la remorque attelée au tracteur du transporteur n'était pas comprise dans les véhicules mentionnés à la police de celui-ci, accueille l'exception de non-assurance présentée par un assureur (■ Cass. crim., 7 juin 1995 : *Bull. crim.*, n° 204. ■ Cass. crim., 6 nov. 1996 : *Bull. crim.*, n° 395).

2) Méconnaît ce texte l'arrêt qui, pour déclarer qu'un motocycliste n'était pas assujetti à l'obligation d'assurance, énonce qu'il évoluait en circuit fermé sur un terrain de motocross exploité par une association, hors de toute course, compétition sportive ou épreuve préparatoire (■ Cass. crim., 18 déc. 2000 : *Bull. crim.*, n° 270).

3) Les dispositions d'ordre public de la loi du 5 juillet 1985 n'excluent pas la responsabilité des parents, recherchés comme civilement responsables.

Dès lors, justifie sa décision la cour d'appel qui écarte l'exception de non-garantie, fondée sur les dispositions relatives à l'assurance obligatoire des véhicules à moteur (article L. 211-1 du Code des assurances) et soulevée par l'assureur de responsabilité de la mère du prévenu, qui a été appelée en cause en qualité de civilement responsable de son enfant mineur, celui-ci ayant été déclaré coupable du vol d'un véhicule et d'homicide involontaire à l'occasion de la conduite de ce véhicule, la victime de l'homicide étant un passager du véhicule volé (■ Cass. crim., 8 févr. 2011, n° 10-81.568 : *JCP* 2011, note 555, p. 927, L. Perdrix).

4) Il résulte de l'article 388-1 du Code de procédure pénale, dont les dispositions sont d'ordre public, que seuls les assureurs appelés à garantir le dommage sont admis à intervenir ou peuvent être mis en cause devant la juridiction répressive saisie de poursuites pour homicides ou blessures involontaires

Selon l'article L. 211-1 du Code des assurances, l'assurance obligatoire des véhicules terrestres à moteur couvre la responsabilité civile de toute personne ayant la garde ou la conduite, même non autorisée du véhicule, l'assureur étant subrogé dans les droits du créancier de l'indemnité contre la personne responsable de l'accident lorsque la garde ou la conduite du véhicule a été obtenue contre le gré du propriétaire.

Pour condamner le commettant du conducteur, à payer à la Mutuelle assureur du véhicule impliqué dans l'accident, la moitié de la somme qu'elle avait versée à la victime à titre de provision, l'arrêt attaqué retient que, dès lors qu'ils ont été l'un et l'autre déclarés tenus à indemniser la victime des conséquences de son préjudice, il sera partiellement fait droit à la demande de la Mutuelle à l'encontre du commettant qui devra lui payer à titre de provision, pour le compte de qui il appartiendra, la somme de 19 000 euros ;

En statuant ainsi, alors que la Mutuelle exerçait contre le commettant du prévenu, conducteur non autorisé du véhicule impliqué dans l'accident, l'action subrogatoire prévue à l'article L. 211-1 du Code des assurances, et que l'assureur du prévenu est sans qualité pour exercer, devant la juridiction pénale une action récursoire contre la personne responsable de l'accident qui a obtenu la garde ou la conduite du véhicule contre le gré du propriétaire, l'arrêt encourt la cassation (■ Cass. crim., 27 mai 2014, n° 13-80.849).

Art. L. 211-2. – **Les dispositions de l'article L. 211-1 ne sont pas applicables aux dommages causés par les chemins de fer et les tramways.**

Art. L. 211-3 *(Abr., 1er janv. 1997, L. n° 96-314, 12 avr. 1996).*

Art. L. 211-4 *(L. n° 94-5, 4 janv. 1994 ; mod., L. n° 2007-1774, 17 déc. 2007).* – **L'assurance prévue à l'article L. 211-1 doit comporter une garantie de la responsabilité civile s'étendant à l'ensemble des territoires des États membres de la Communauté européenne ainsi qu'aux territoires de tout État tiers pour lequel les bureaux nationaux de tous les États membres de la Communauté européenne se portent individuellement garants du règlement des sinistres survenus sur leur territoire et provoqués par la circulation des véhicules ayant leur stationnement habituel dans cet État tiers. Cette garantie, lorsqu'elle est appelée à jouer hors du territoire français, est accordée par l'assureur dans les limites et conditions prévues par la législation nationale de l'État sur le territoire duquel s'est produit le sinistre ou par celle de l'État où le véhicule a son stationnement habituel lorsque la couverture d'assurance y est plus favorable.**

Cette assurance ne peut être résiliée et sa prime ne peut être modifiée au motif d'un séjour du véhicule dans un État membre de la Communauté européenne autre que la France pendant la durée du contrat.

Cette assurance doit également comporter une garantie de la responsabilité civile en cas de sinistre survenant au cours du trajet reliant directement deux territoires où le traité instituant la Communauté économique européenne est applicable, lorsqu'il n'existe pas, pour le territoire parcouru, de bureau national d'assurance.

Dans ce cas, l'assureur n'est tenu de couvrir que les dommages dont peuvent être victimes les ressortissants des États mentionnés au premier alinéa du présent article, dans les conditions prévues par la législation nationale sur l'obligation d'assurance en vigueur dans l'État où le véhicule qui a causé l'accident a son stationnement habituel.

Art. L. 211-4-1 *(L. n° 2007-1774, 17 déc. 2007).* – **Le véhicule est réputé avoir son lieu de stationnement habituel en France :**

1° Lorsqu'il porte une plaque d'immatriculation qui lui correspond et qui a été délivrée par les autorités françaises ;

2° Lorsque, bien que soumis à l'obligation d'immatriculation en France, il est dépourvu de plaque-d'immatriculation ou porte une plaquette qui ne lui correspond pas ou ne lui correspond plus et que l'accident survient sur le territoire français ;

3° Lorsqu'il n'est pas soumis à l'obligation d'immatriculation et que la personne qui en a la garde est domiciliée en France.

Art. L. 211-5. – Le *règlement d'administration publique* [décret en Conseil d'État] mentionné à l'article L. 211-1 fixe les conditions d'application du présent titre, et notamment l'étendue de la garantie que doit comporter le contrat d'assurance, les modalités d'établissement et de validité des documents justificatifs prévus pour l'exercice du contrôle, ainsi que les obligations imparties aux utilisateurs de véhicules en circulation internationale munis d'une lettre de nationalité autre que la lettre française.

Tout contrat d'assurance souscrit par une personne assujettie à l'obligation instituée à l'article L. 211-1 est, nonobstant toutes clauses contraires, réputé comporter des garanties au moins équivalentes à celles fixées dans le règlement d'administration publique prévu à l'alinéa précédent.

Art. L. 211-5-1 *(L. n° 2014-344, 17 mars 2014)*. – Tout contrat d'assurance souscrit au titre de l'article L. 211-1 mentionne la faculté pour l'assuré, en cas de dommage garanti par le contrat, de choisir le réparateur professionnel auquel il souhaite recourir. Cette information est également délivrée, dans des conditions définies par arrêté, lors de la déclaration du sinistre.

II. – L'indication obligatoire prévue au I est applicable aux contrats souscrits postérieurement à la publication de la présente loi ainsi qu'aux contrats à reconduction tacite en cours, pour lesquels la mention doit figurer sur chaque avis d'échéance annuelle de prime ou de cotisation.

Art. L. 211-6 *(Mod., L. n° 2003-87, 3 févr. 2003)*. – Est réputée non écrite toute clause stipulant la déchéance de la garantie de l'assuré en cas de condamnation pour conduite en état d'ivresse ou sous l'empire d'un état alcoolique ou pour conduite après usage de substances ou plantes classées comme stupéfiants.

Art. L. 211-7. – Les dispositions du présent titre ne portent pas atteinte aux prescriptions réglementaires en vigueur, dans la mesure où ces prescriptions concernent des risques différents ou imposent des obligations plus étendues.

....

Art. L. 211-26 *(L. n° 2004-204, 9 mars 2004)*. – Les dispositions du Code de la route réprimant la conduite d'un véhicule terrestre à moteur sans être couvert par une assurance garantissant sa responsabilité civile conformément aux dispositions de l'article L. 211-1 du présent code sont reproduites ci-après :

Art. L. 324-2. – I. – Le fait, y compris par négligence, de mettre ou de maintenir en circulation un véhicule terrestre à moteur ainsi que ses remorques ou semi-remorques sans être couvert par une assurance garantissant sa responsabilité civile conformément aux dispositions de l'article L. 211-1 du Code des assurances est puni de 3 750 € d'amende.

II. – Toute personne coupable de l'infraction prévue au présent article encourt également les peines complémentaires suivantes :

1° La peine de travail d'intérêt général, selon les modalités prévues à l'article 131-8 du Code pénal et selon les conditions prévues aux articles 131-22 à 131-24 du même code ;

2° La peine de jours-amende dans les conditions fixées aux articles 131-5 131-25 du Code pénal ;

3° La suspension, pour une durée de trois ans au plus, du permis de conduire, cette suspension ne pouvant pas être limitée à la conduite en dehors de l'activité professionnelle ;

4° L'annulation du permis de conduire avec interdiction de solliciter la délivrance d'un nouveau permis pendant trois ans au plus ;

5° L'interdiction de conduire certains véhicules terrestres à moteur, y compris ceux pour la conduite desquels le permis de conduire n'est pas exigé, pour une durée de cinq ans au plus ;

6° L'obligation d'accomplir, à ses frais, un stage de sensibilisation à la sécurité routière ;

7° La confiscation du véhicule dont le condamné s'est servi pour commettre l'infraction, s'il en est le propriétaire.

III. – L'immobilisation peut être prescrite dans les conditions prévues aux articles L. 325-1 à L. 325-3.

IV. – Dans les conditions prévues aux articles 495-17 et suivants du Code de procédure pénale, l'action publique peut être éteinte par le versement d'une amende forfaitaire d'un montant de 500 €. Le montant de l'amende forfaitaire minorée est de 400 € et le montant de l'amende forfaitaire majorée de 1 000 €.

Art. L. 211-27 *(Anc. art. L. 211-26, mod., L. n° 85-1407, 30 déc. 1985 ; D. n° 88-260, 18 mars 1988 ; L. n° 94-5, 4 janv. 1994 puis dénum., L. n° 2004-204, 9 mars 2004 ; L. n° 2016-1547, 18 nov. 2016)*. – Les amendes forfaitaires, les amendes de composition pénale et les amendes prononcées pour violation de l'obligation d'assurance prévue par l'article L. 211-1, y compris les amendes qu'une mesure de grâce aurait substituées à l'emprisonnement, sont affectées d'une majoration de 50 p. 100 perçue, lors de leur recouvrement, au profit du fonds de garantie institué par l'article L. 420-1.

Si la juridiction civile est saisie d'une contestation sérieuse, portant sur l'existence ou la validité de l'assurance, la juridiction pénale appelée à se prononcer sur les poursuites exercées pour violation de l'obligation d'assurance sursoit à statuer jusqu'à ce qu'il ait été jugé définitivement sur la contestation.

Les dispositions du présent article ne sont pas applicables lorsque l'assurance de la responsabilité civile concerne les véhicules ayant leur stationnement habituel sur le territoire d'un État visé à l'article L. 211-4 à l'exception de la France et de Monaco.

Art. R.* 211-14. – Tout conducteur d'un véhicule mentionné à l'article L. 211-1 doit, dans les conditions prévues aux articles de la présente section, être en mesure de présenter un document faisant présumer que l'obligation d'assurance a été satisfaite.

Cette présomption résulte de la production, aux fonctionnaires ou agents chargés de constater les infractions à la police de la circulation, d'un des documents dont les conditions d'établissement et de validité sont fixées par le décret en Conseil d'État prévu à l'article L. 211-1.

À défaut d'un de ces documents la justification est fournie aux autorités judiciaires par tous moyens.

Sera puni de la peine d'amende prévue pour les contraventions de 2e classe tout conducteur d'un véhicule mentionné à l'article L. 211-1 et non soumis à l'obligation prévue à l'article R. 211-21-1 qui ne sera pas en mesure de présenter un des documents justificatifs prévus aux articles R. 211-15 et R. 211-17. Toutefois, ces dispositions ne sont pas applicables lorsque ce conducteur est passible de la sanction prévue à l'alinéa suivant.

Sera punie de la peine d'amende prévue pour les contraventions de la 4e classe toute personne qui, invitée à justifier dans un délai de cinq jours de la possession d'un des documents mentionnés à l'alinéa précédent, n'aura pas présenté ce document avant l'expiration de ce délai.

Les documents justificatifs prévus au présent article n'impliquent pas une obligation de garantie à la charge de l'assureur.

Art. R. 211-14-1. – Les dispositions de l'article R. 211-14 ne sont pas applicables aux conducteurs de véhicules ayant leur stationnement habituel au sens de l'article L. 211-4 sur le territoire d'un État, autre que la France et Monaco, visé au même article. Toutefois, tout conducteur dont le véhicule est immatriculé dans un État membre de l'Union européenne autre que la France ou immatriculé dans un État tiers mais en provenance d'un État membre doit être en mesure de produire, à l'occasion de contrôles de police effectués dans une finalité ne visant pas exclusivement à vérifier le respect de l'obligation d'assurance, un des documents justificatifs prévus aux articles R. 211-22 ou R. 211-23, ou de prouver par tout autre moyen qu'il est assuré.

Art. R. 211-15.** – Pour l'application de l'article R. 211-14, l'entreprise d'assurance doit délivrer, sans frais, un document justificatif pour chacun des véhicules couverts par la police.

Si la garantie du contrat s'applique à la fois à un véhicule à moteur et à ses remorques ou semi-remorques, un seul document justificatif peut être délivré, à la condition qu'il précise le type des remorques ou semi-remorques qui peuvent être utilisées avec le véhicule ainsi que, le cas échéant, leur numéro d'immatriculation.

Pour les véhicules utilisés dans le cadre d'une activité de transport public particulier de personnes, si le document justificatif ne mentionne pas que la garantie du contrat couvre le transport de personnes effectué à titre onéreux, il est complété d'un justificatif qui en atteste.

Pour les contrats d'assurance concernant les personnes mentionnées à l'article R. 211-3, le document justificatif doit être délivré par l'entreprise d'assurance en autant d'exemplaires qu'il est prévu par le contrat.

Le document justificatif doit mentionner :

a) la dénomination et l'adresse de l'entreprise d'assurance ;

b) les nom, prénoms et adresse du souscripteur du contrat ;

c) le numéro de la police d'assurance ;

d) la période d'assurance correspondant à la prime ou portion de prime payée ;

e) les caractéristiques du véhicule, notamment son numéro d'immatriculation ou, à défaut, et, s'il y a lieu, le numéro du moteur.

Par dérogation aux dispositions ci-dessus, le document justificatif délivré aux professionnels de la réparation, de la vente ou du contrôle de l'automobile, ne comporte pas les indications prévues au e. Il mentionne par ailleurs la profession du souscripteur et, en termes apparents, le mot : « Garage ».

Tout conducteur d'un véhicule qui présente aux autorités chargées du contrôle le document justificatif comportant les mentions précisées à l'alinéa précédent doit en outre être en mesure de justifier que la conduite du véhicule lui a été confiée par une des personnes mentionnées au premier alinéa de l'article R. 211-3.

Art. R. 211-16.** – La présomption qu'il a été satisfait à l'obligation d'assurance est établie par le document justificatif pour la période mentionnée sur ce document. Toutefois, cette présomption subsiste un mois à compter de l'expiration de cette période.

Art. R. 211-17.** – Le document justificatif mentionné à l'article R. 211-15 est délivré dans un délai maximal de quinze jours à compter de la souscription du contrat et renouvelé lors du paiement des primes ou portions de primes subséquentes.

Faute d'établissement immédiat de ce document, l'entreprise d'assurance délivre sans frais, à la souscription du contrat ou en cours de contrat, une attestation provisoire qui établit la présomption d'assurance pendant la période qu'elle détermine, dont la durée ne peut excéder un mois.

Sera puni de la peine d'amende prévue pour les contraventions de deuxième classe tout assureur qui aura refusé de délivrer un des documents justificatifs mentionnés au présent article.

Cette attestation, qui est éventuellement établie en autant d'exemplaires que le document justificatif correspondant, doit mentionner :

– la dénomination et l'adresse de l'entreprise d'assurance ;

– les nom, prénoms et adresse du souscripteur du contrat ;

– la nature et le type du véhicule ou, en ce qui concerne les contrats d'assurance mentionnés à l'article R. 211-3 [*souscrits par les vendeurs ou réparateurs de véhicules*], la profession du souscripteur ;

– la période pendant laquelle elle est valable.

La carte internationale d'assurance, dite « carte verte », délivrée par le bureau central français des sociétés d'assurances contre les accidents d'automobile, vaut comme document justificatif pendant sa période de validité. La présomption qu'il a été satisfait à l'obligation d'assurance, établie par la carte internationale d'assurance, subsiste un mois à compter de l'expiration de cette période.

La prolongation d'un mois de la présomption mentionnée à l'article R. 211-16 ne s'applique pas à l'attestation provisoire mentionnée au deuxième alinéa.

Art. R. 211-18.** – Pour l'utilisation des véhicules appartenant à l'État ou mis à sa disposition, non couverts par un contrat d'assurance et n'ayant pas fait l'objet d'une immatriculation spéciale, il est établi une attestation de propriété par l'autorité administrative compétente.

Aucune attestation ne peut être délivrée par une autorité qui n'aurait pas reçu délégation à cet effet.

Art. R. 211-19.** – Un arrêté conjoint du ministre de l'Économie et des Finances, du garde des Sceaux, ministre de la Justice, du ministre de l'Intérieur, du ministre de la Défense et du ministre chargé des Transports fixe la forme en laquelle doivent être établis les documents prévus aux articles R. 211-15 et R. 211-18.

Art. R. 211-20.** – En cas de perte ou de vol des documents prévus à la présente section, l'assureur ou l'autorité compétente en délivre un duplicata sur la simple demande de la personne au profit de qui le document original a été établi.

Art. R. 211-21** *(D. n° 94-182, 1er mars 1994)*. – Les véhicules immatriculés dans un département ou un territoire français d'outre-mer ou dans la collectivité territoriale de Mayotte, ainsi que les véhicules non soumis à immatriculation dont le lieu de stationnement habituel est situé dans un de ces départements ou territoires ou dans la collectivité territoriale de Mayotte, sont soumis aux dispositions de la présente section lorsqu'ils circulent en France métropolitaine.

Toutefois, en ce qui concerne ces véhicules, sont également admis, à titre de document justificatif, les documents prévus aux articles R. 211-22 et R. 211-23 [*carte internationale dite « carte verte » ou document d'« assurance frontière »*].

§ 2. – Le certificat d'assurance

Art. R.* 211-21-1 *(Mod., D. n° 2001-251, 22 mars 2001)*. – Tout souscripteur d'un contrat d'assurance prévu par l'article L. 211-1 doit apposer sur le véhicule automoteur assuré, dans les conditions fixées par un arrêté du ministre chargé de l'Économie, le certificat d'assurance décrit aux articles R. 211-21-2 et R. 211-21-3, alinéa 2.

Les dispositions de l'alinéa 1er sont applicables aux véhicules à moteur dont le poids total autorisé en charge est inférieur ou égal à 3,5 tonnes, à l'exception des véhicules et matériels agricoles ou de travaux publics, des engins spéciaux et des véhicules circulant avec un certificat d'immatriculation spécial W.

Art. R.* 211-21-2. – Pour l'application de l'article R. 211-21-1, toute entreprise d'assurance « pratiquant sur le territoire de la République française » doit délivrer sans frais un certificat pour chacun des véhicules couverts par le contrat, à l'exception toutefois des remorques.

Le certificat doit mentionner :

a) La dénomination de l'entreprise d'assurance ;

b) Un numéro permettant l'identification du souscripteur ;

c) Le numéro d'immatriculation du véhicule ;

d) Le numéro de moteur lorsque le véhicule n'est pas soumis à immatriculation ;

e) Les dates de début et de fin de validité.

Par dérogation au deuxième alinéa, le certificat délivré aux personnes mentionnées à l'alinéa 1er de l'article R. 211-3 [*réparateurs et vendeurs de véhicules*] ne doit comporter que les indications *a), b)* et *e)* ainsi qu'en termes apparents le mot « Garage ».

Tout conducteur d'un véhicule sur lequel est apposé le certificat décrit à l'alinéa précédent doit en outre être en mesure de justifier aux autorités chargées du contrôle des documents justificatifs que la conduite du véhicule lui a été confiée par une des personnes mentionnées à l'alinéa 1er de l'article R. 211-3.

Art. R.* 211-21-3. – Le certificat mentionné à l'article R. 211-21-2 est délivré par l'entreprise d'assurance dans un délai maximal de quinze jours à compter de la souscription du contrat et renouvelé lors du paiement des primes ou portions de primes subséquentes.

Faute d'établissement immédiat de ce document, l'entreprise d'assurance délivre, sans frais, à la souscription du contrat ou en cours de contrat, un certificat provisoire.

Les dates de validité portées sur le certificat et le certificat provisoire sont les mêmes que celles portées sur l'attestation et l'attestation provisoire.

En cas de perte ou de vol du certificat, l'assureur en délivre un double sur la demande justifiée du souscripteur du contrat.

Sera puni de la peine d'amende prévue pour les contraventions de deuxième classe tout assureur qui aura refusé de délivrer un certificat ou qui aura délivré un certificat non conforme aux dispositions fixées par le ministre de l'Économie, des Finances et du Budget.

Art. R.* 211-21-4. – La prolongation d'un mois de la présomption mentionnée à l'article R. 211-16 s'applique au certificat.

La prolongation d'un mois de la présomption mentionnée à l'article R. 211-16 ne s'applique pas au certificat provisoire.

Art. R. 211-21-5. – Sera puni de la peine d'amende prévue pour les contraventions de deuxième classe tout souscripteur d'un contrat d'assurance relatif à un véhicule mentionné à l'article R. 211-21-1 qui aura omis d'apposer sur le véhicule concerné le certificat prévu aux articles R. 211-21-2 et R. 211-21-3 ou aura apposé un certificat non valide.

Art. R. 211-21-6. – Les dispositions des articles R. 211-21-1 à R. 211-21-5 ne sont pas applicables dans les cas mentionnés au dernier alinéa de l'article R. 211-14 et aux personnes mentionnées aux articles R. 211-22 et R. 211-23 [*personnes résidant à l'étranger*].

Art. R. 211-21-7 *(D. n° 97-635, 31 mai 1997)*. – Les véhicules visés au deuxième alinéa de l'article R. 211-21-1 utilisés par l'État doivent être équipés, lorsqu'ils ne font pas l'objet d'une immatriculation spéciale, d'un certificat d'assurance spécifique dont les caractéristiques sont fixées par le ministre chargé de l'Économie.

....

Pénalités

Art. R. 211-45 *(Abr., D. n° 2005-320, 30 mars 2005).*

Code de l'environnement

CIRCULATION MOTORISÉE DANS LES ESPACES NATURELS

Art. L. 362-1 *(Mod., L. n° 2006-436, 14 avr. 2006 ; L. n° 2016-1087, 8 août 2016).* **– En vue d'assurer la protection des espaces naturels, la circulation des véhicules à moteur est interdite en dehors des voies classées dans le domaine public routier de l'État, des départements et des communes, des chemins ruraux et des voies privées ouvertes à la circulation publique des véhicules à moteur.**

Les chartes de parc national et les chartes de parc naturel régional définissent des orientations ou prévoient des mesures relatives à la circulation des véhicules à moteur visant à protéger les espaces à enjeux identifiés sur les documents graphiques des chartes de parc national et sur les plans des chartes de parc naturel régional, pour des motifs de préservation des paysages et du patrimoine naturel et culturel. Ces orientations ou ces mesures ne s'appliquent pas aux voies et chemins soumis à une interdiction de circulation en application du premier alinéa du présent article.

En application de l'article L. 2213-4 du Code général des collectivités territoriales, les maires peuvent aggraver les interdictions de circulation dans les espaces naturels faites aux véhicules terrestres à moteur par les articles L. 321-9 et L. 362-1 du Code de l'environnement et interdire l'accès aux voies ou secteurs de la commune aux véhicules dont la circulation sur ces voies ou dans ces secteurs est de nature à compromettre la protection de ces espaces. La légalité de ces mesures est subordonnée à leur nécessité (■ Cass. crim., 14 mai 2008 : *Bull. crim.*, n° 114).

Art. L. 362-2. – L'interdiction prévue à l'article L. 362-1 ne s'applique pas aux véhicules utilisés pour remplir une mission de service public.

Sous réserve des dispositions des articles L. 2213-4 et L. 2215-3 du Code général des collectivités territoriales, l'interdiction ne s'applique pas aux véhicules utilisés à des fins professionnelles de recherche, d'exploitation ou d'entretien des espaces naturels et elle n'est pas opposable aux propriétaires ou à leurs ayants droit circulant ou faisant circuler des véhicules à des fins privées sur des terrains appartenant auxdits propriétaires.

Art. L. 362-3 *(Mod., Ord. n° 2005-1527, 8 déc. 2005).* **– L'ouverture de terrains pour la pratique de sports motorisés est soumise à l'autorisation prévue à l'article L. 421-2 du Code de l'urbanisme.**

Les épreuves et compétitions de sports motorisés sont autorisées, dans des conditions définies par décret en Conseil d'État, par le préfet.

L'utilisation, à des fins de loisirs, d'engins motorisés conçus pour la progression sur neige est interdite, sauf sur les terrains ouverts dans les conditions prévues au premier alinéa.

(L. n° 2014-1545, 20 déc. 2014) **Par dérogation, le convoyage par ces engins de la clientèle vers les établissements touristiques d'altitude offrant un service de restauration est autorisé, dans des conditions fixées par décret en Conseil d'État.**

1) L'article 3 de la loi du 3 janvier 1991 relative à la circulation des véhicules terrestres dans les espaces naturels, dont la violation est sanctionnée de l'amende prévue pour les contraventions de la 5ᵉ classe par l'article 1ᵉʳ du décret du 30 mars 1992, n'interdit l'utilisation d'engins motorisés conçus pour la progression sur neige que lorsqu'elle a lieu à des fins de loisirs. Encourt la cassation l'arrêt qui déclare coupable de cette infraction l'exploitant d'un restaurant d'altitude utilisant un tel engin pour le ravitaillement de son établissement, alors que cette activité présente, à son égard, un caractère professionnel (■ Cass. crim., 3 avr. 2001 : *Bull. crim.*, n° 90 ; *JCP* 2002, II, 10.056, note F. Gauvin).

2) Les articles L. 362-3 et R. 362-2 du Code de l'environnement interdisent l'utilisation d'engins motorisés conçus pour la progression sur neige, lorsqu'elle a lieu à des fins de loisirs.

Encourt donc la cassation, l'arrêt qui déclare non coupable de cette contravention l'exploitant d'un restaurant d'altitude convoyant dans de tels engins des personnes désirant passer la soirée dans son établissement, alors que touristes, elles s'y rendaient à des fins de loisirs (■ Cass. crim., 4 avr. 2013, n° 12-81.759 : *Bull. crim.*, n° 81 ; *AJP* 2013, p. 611, obs. J.-P. Vial).

Art. L. 362-4. – **Est interdite toute forme de publicité directe ou indirecte présentant un véhicule en situation d'infraction aux dispositions du présent chapitre.**

Code de l'environnement

Art. R. 362-2 *(Anc. art. R. 362-1, dénum., D. n° 2011-269, 15 mars 2011).* – **Est puni de l'amende prévue pour les contraventions de la 5e classe le fait, pour tout conducteur, de contrevenir aux dispositions des articles L. 362-1 et L. 362-3 concernant :**

1° L'interdiction de la circulation des véhicules à moteur en dehors des voies classées dans le domaine public routier de l'État, des départements et des communes, des chemins ruraux et des voies privées ouvertes à la circulation publique des véhicules à moteur ;

2° L'interdiction de l'utilisation, à des fins de loisirs, d'engins motorisés conçus pour la progression sur neige.

Art. R. 362-3 *(Anc. art. R. 362-2, dénum., D. n° 2011-269, 15 mars 2011).* – **Est puni de l'amende prévue pour les contraventions de la 5e classe le fait, pour tout conducteur, de contrevenir aux mesures édictées en application des articles L. 2213-4 et L. 2215-3 du Code général des collectivités territoriales.**

Art. R. 362-4 *(Anc. art. R. 362-3, dénum., D. n° 2011-269, 15 mars 2011).* – **Est puni de l'amende prévue pour les contraventions de la 5e classe le fait de réaliser toute forme de publicité directe ou indirecte présentant un véhicule ne respectant pas les dispositions de l'article L. 362-4 du présent code et des articles L. 2213-4 et L. 2215-3 du Code général des collectivités territoriales.**

Art. R. 362-5 *(Anc. art. R. 362-4, dénum., D. n° 2011-269, 15 mars 2011).* – **Lorsque le tribunal prononce l'immobilisation du véhicule en application de l'article L. 362-8, les articles R. 131-5 à R. 131-11 du Code pénal sont applicables.**

Art. R. 362-6 *(Anc. art. R. 362-5, dénum., D. n° 2011-269, 15 mars 2011).* – **Les dispositions des articles L. 121-4, L. 234-1, L. 325-1 à L. 325-3, L. 325-6 à L. 325-11 et L. 417-1 du Code de la route sont applicables aux véhicules circulant en infraction aux dispositions des articles L. 362-1 et suivants du présent code et des arrêtés pris pour l'application des articles L. 2213-4 et L. 2215-3 du Code général des collectivités territoriales, selon les modalités prévues par les dispositions du Code de la route.**

Art. R. 362-7 *(D. n° 2011-269, 15 mars 2011).* – **La récidive des contraventions prévues aux articles R. 362-2 à R. 362-4 est réprimée conformément aux articles 132-11 et 132-15 du Code pénal.**

Circulaire du 24 juin 1994

sur l'application, en matière de circulation routière,
des dispositions du nouveau Code pénal relatives à la mise en danger

Le nouveau Code pénal est venu renforcer de façon significative l'arsenal législatif et réglementaire destiné à lutter contre l'insécurité routière.

On peut à cet égard citer les nouvelles infractions d'entrave aux mesures d'assistance (art. 223-5) et d'abstention de prise de mesures pour combattre un sinistre (art. 223-7), qui complètent le délit de non-assistance à personne en péril (art. 223-6).

Toutefois, l'innovation majeure en cette matière est l'introduction, à côté de la distinction traditionnelle entre délits intentionnels et délits d'imprudence ou de négligence, d'une nouvelle catégorie de délits de mise en danger délibérée d'autrui, dont le principe est posé par l'article 121-3.

En effet, les articles 221-6, 222-19, 222-20 et R. 625-3 du Code pénal érigent la mise en danger en circonstance aggravante des infractions d'homicide ou de blessures involontaires, et l'article 223-1 réprime une infraction nouvelle, le délit de risques causés à autrui, dont la faute consiste en la mise en danger délibérée d'autrui.

Ces nouvelles dispositions permettent une répression plus efficace de certains comportements routiers. C'est la raison pour laquelle il m'apparaît opportun de compléter la circulaire générale sur le nouveau Code pénal en examinant de manière plus détaillée les éléments constitutifs des infractions de mise en danger ainsi que les conditions de leur mise en œuvre.

1. – Éléments constitutifs des infractions de mise en danger

Les infractions de mise en danger d'autrui viennent compléter les infractions applicables en matière d'homicide et de blessures involontaires. Le tableau ci-après résume la législation applicable.

Blessures ou homicides involontaires	Conséquence de l'infraction (élément matériel)	Nature de la faute (élément moral)	Peines principales encourues
Art. R. 622-1	Pas d'ITT	négligence ou imprudence	150 €
Art. R. 625-3	Pas d'ITT	mise en danger délibérée	1 500 €
Art. R. 625-2	ITT 3 mois	négligence ou imprudence	1 500 €
Art. 222-20	ITT 3 mois	mise en danger délibérée	1 an 15 000 €
Art. 222-19 (al. 1)	ITT + 3 mois	négligence ou imprudence	1 an 15 000 €
Art. 222-19 (al. 2)	ITT + 3 mois	mise en danger délibérée	3 ans 45 000 €
Art. 221-6 (al. 1)	Décès	négligence ou imprudence	3 ans 45 000 €
Art. 221-6 (al. 2)	Décès	mise en danger délibérée	5 ans 75 000 €
Délit de risque causé à autrui			
Art. 223-1	Risque de mort ou de blessures graves	mise en danger délibérée	1 an 15 000 €

Il convient de présenter successivement les éléments constitutifs des nouvelles infractions de mise en danger d'autrui, leur élément matériel et la faute de mise en danger délibérée.

1.1. – Élément matériel des infractions de mise en danger

L'élément matériel des infractions de mise en danger est différent selon qu'il s'agit des infractions d'homicide ou de blessures involontaires (1) ou du délit de risque causé à autrui (2).

1.1.1. – En cas d'homicide ou de blessures involontaires

L'élément matériel des infractions de blessures ou d'homicides involontaires aggravées par l'existence d'une faute de mise en danger délibérée est identique à celui de ces mêmes infractions commises en l'absence de cette circonstance aggravante. Toutefois, les blessures ou l'homicide doivent alors être causés par le non-respect d'une obligation de prudence ou de sécurité imposée par la loi ou les règlements, et non par une simple maladresse, imprudence, inattention ou négligence constituée en l'absence de réglementation préexistante.

En matière d'accident de circulation, il s'agira en pratique de la violation d'une obligation imposée par le Code de la route ou de la réglementation en matière de transports routiers.

Conformément à la jurisprudence constante de la Cour de cassation, il n'est pas nécessaire que le non-respect de la réglementation soit la cause exclusive, directe ou immédiate du dommage, dès lors qu'elle en est la cause certaine.

1.1.2. – En cas de délit de risque causé à autrui

L'article 223-1 réprime « le fait d'exposer directement autrui à un risque immédiat de mort ou de blessures de nature à entraîner une mutilation ou une infirmité permanente par la violation (...) d'une obligation particulière de sécurité ou de prudence prévue par la loi ou le règlement ».

Peuvent ainsi être distinguées la violation d'une obligation de prudence ou de sécurité et l'exposition d'autrui à un risque.

1.1.2.1. – Violation d'une obligation de prudence ou de sécurité

L'article 223-1 pose trois conditions relatives à la nature ou l'origine de l'obligation qui n'a pas été respectée : l'obligation doit être prévue par la loi ou le règlement ; elle doit constituer une obligation de prudence ou de sécurité ; il doit s'agir d'une obligation particulière.

La première condition – qui exclut les obligations autres que celles imposées par des règlements au sens constitutionnel (décrets et arrêtés), comme ceux résultant par exemple du règlement intérieur d'une entreprise – ne soulève pas de difficulté en matière de circulation routière. Pourront en effet être prises en compte la violation des obligations prévues par le Code de la route ou la réglementation en matière de transports routiers.

Il en est de même de la condition selon laquelle l'obligation violée doit avoir pour objectif la sécurité (condition justifiée, puisque dans le cas contraire aucun lien de causalité entre la transgression et le risque ne pourrait être établi) : cet objectif est celui recherché par les dispositions législatives et réglementaires en matière de transports terrestres.

La troisième condition – l'exigence d'une obligation « particulière » – exclut les obligations « générales », qu'il appartiendra à la jurisprudence de définir. Il semble toutefois que figurent dans cette dernière catégorie, sous réserve de l'interprétation des tribunaux, l'obligation générale pour tout conducteur de se tenir constamment en état et en position d'exécuter commodément et sans délai les manœuvres qui lui incombent ou l'obligation de rester constamment maître de sa vitesse, prévues par les articles R. 3-1 et R. 11-1 du Code de la route.

Sous cette réserve, la quasi-totalité des obligations du Code de la route ou de la réglementation des transports peuvent être prises en compte, et, comme celles-ci sont le plus souvent pénalement sanctionnées, il en résulte qu'il y aura presque systématiquement, comme en matière d'homicide et de blessures involontaires, un cumul idéal entre le délit de l'article 223-1 et l'une des contraventions prévues par ce code ou cette réglementation.

1.1.2.2. – Exposition d'autrui à un risque

La simple violation d'une règle du Code de la route ne constitue pas le délit de risque causé à autrui si elle n'a pas pour conséquence l'exposition directe d'autrui à un risque immédiat de mort ou de blessures graves.

Le risque causé doit présenter trois caractéristiques.

1) Le risque doit être direct et immédiat

En exigeant une exposition directe à un risque immédiat, l'article 223-1 implique que la violation de la règle de prudence ou de sécurité doit avoir entraîné en soi une probabilité très importante d'accident corporel, sans que l'éventuelle survenance de celui-ci nécessite l'existence d'autres facteurs de risques ou l'écoulement d'un certain laps de temps.

Ainsi, le franchissement d'un feu rouge à un carrefour ou le fait de dépasser un véhicule dans un virage ou avant le sommet d'une côte sont susceptibles de constituer le délit de l'article 223-1, car ces comportements causent un risque immédiat de collision avec une voiture traversant le carrefour au feu vert ou roulant sur la voie inverse de circulation (et dont la circulation tout à fait normale n'est en rien facteur de risque).

En revanche, le fait de rouler avec des pneus usagés ou sans respecter les limitations de vitesse ne semble pas pouvoir normalement, à lui seul, caractériser l'infraction, car le risque d'accident pris par le conducteur suppose, le plus souvent, pour être à la fois direct et immédiat, l'intervention d'autres facteurs tels que le brouillard, la pluie, une circulation particulièrement dense, etc. Le délit ne pourra ainsi être constitué que si l'une de ces circonstances extérieures existe.

Dès lors, si le seul fait de dépasser la vitesse autorisée n'est pas susceptible de constituer à lui seul le délit de risques causés à autrui, ce même fait, commis dans la traversée d'un village, à l'heure de la sortie des classes et à proximité d'une école, pourrait tomber sous le coup de l'article 223-1.

On peut toutefois considérer que certaines violations de la réglementation présentant une particulière gravité – ainsi rouler à plus de 200 km/h sur certaines voies – sont à elles seules, et quelles que soient les circonstances, objectivement de nature à créer un risque direct et immédiat.

D'une façon générale, la preuve de l'existence d'un risque direct et immédiat d'accident corporel pourra résulter de la survenance d'un accident n'ayant, par chance, causé que des dégâts matériels (accident que l'on pourrait qualifier de « quasi » corporel).

2) Le risque doit être un risque de mort ou de blessures graves

Les termes de la loi visent à éliminer du champ d'application du délit les faits dont les conséquences potentielles seraient vraisemblablement peu importantes.

En matière de circulation routière toutefois, cette condition sera le plus souvent remplie dans la mesure où un comportement dangereux risque, par nature, de provoquer des dommages corporels particulièrement graves.

Il convient de remarquer que la loi exige un risque immédiat de mort ou de blessures de nature à entraîner une mutilation ou une infirmité permanente, mais non un risque de mort immédiate, ou un risque de blessures dont les conséquences précitées seraient immédiates.

3) Le risque doit être causé à autrui

L'article 223-1 n'exige pas que le comportement incriminé ait causé un risque à une personne déterminée, qu'elle soit identifiée ou seulement identifiable.

Le délit pourra ainsi être caractérisé, comme l'ont clairement précisé les débats parlementaires, par le dépassement d'une voiture en haut d'une côte, alors même qu'aucune voiture ne roulait en sens inverse.

Il est vrai que dans certaines hypothèses, l'infraction ne sera pas constituée en raison de l'absence de toute victime potentielle au moment des faits, parce qu'aucun risque n'aura alors été créé : il en serait par exemple ainsi dans le cas où un conducteur franchirait un feu rouge à vitesse très réduite après s'être assuré, ce que lui permettait la configuration du carrefour, qu'aucun autre usager de la route ne se trouvait sur les lieux.

Mais, d'une façon générale, des faits commis alors qu'aucune personne n'était présente, et qui ne pouvaient donc effectivement entraîner une atteinte corporelle, pourront cependant tomber sous le coup de l'article 223-1 dès lors qu'ils étaient susceptibles d'entraîner une telle atteinte, justement en raison du risque qu'une personne se trouve sur les lieux.

Dans la plupart des cas toutefois, il existera des victimes potentielles déterminées ayant effectivement échappé au risque d'accident. Il pourra s'agir non seulement des conducteurs ou des passagers d'autres véhicules ou de piétons mais également des propres passagers de l'auteur des faits, comme par exemple des membres de sa famille.

1.2. – La faute des infractions de mises en danger

L'homicide ou les blessures involontaires ou l'exposition d'autrui à un risque de mort ou de blessures graves supposent que leur auteur puisse se voir reprocher une faute d'imprudence délibérée.

La faute de mise en danger, comme cause d'aggravation des délits d'homicide et blessures involontaires, est en effet définie comme un « manquement délibéré » à une obligation de sécurité ou de prudence imposée par la loi ou les règlements. Sa définition est légèrement différente lorsqu'elle constitue l'élément moral du délit de risque causé à autrui : elle suppose alors « la violation manifestement délibérée » d'une obligation de sécurité ou de prudence prévue par la loi ou le règlement.

Ces définitions présentent toutefois des traits communs, la spécificité de la faute de mise en danger dans le délit de l'article 223-1 n'étant qu'apparente.

1.2.1. – Nature de la faute des infractions d'homicide et de blessures involontaires aggravés et de risque causé à autrui

Les infractions de mise en danger ne sont caractérisées que si leur auteur a consciemment décidé de ne pas respecter l'obligation de prudence ou de sécurité qui lui était imposée. Si tel n'est pas le cas, il ne pourra lui être reproché, selon les hypothèses envisagées, qu'une infraction d'homicide ou de blessures involontaires non aggravée, ou qu'une contravention au Code de la route.

En pratique, il appartiendra au ministère public de démontrer que la violation d'une règle de prudence ou de sécurité a été intentionnelle, et qu'elle ne résulte pas d'une inattention ou d'une négligence. Une telle démonstration pourrait sembler difficile à établir. En réalité, il s'agit d'une difficulté à laquelle sont confrontés les agents de constatation et les parquets, lorsque deux infractions caractérisées par le même élément matériel ne diffèrent que par leur élément moral (ainsi lorsqu'il s'agit de distinguer entre un meurtre et des coups mortels, ou une tentative de meurtre et des violences).

En tout état de cause, la preuve de l'existence de la faute de mise en danger délibérée ne pourra résulter que de la constatation d'éléments de fait. À cet égard deux situations doivent être distinguées, selon que le comportement de l'auteur des faits est ou non univoque quant à l'existence d'une telle faute.

1.2.1.1. – Le comportement constaté suppose nécessairement une faute délibérée de la part de son auteur

Les hypothèses dans lesquelles le comportement du conducteur impliquera nécessairement l'existence d'une faute délibérée ne seront pas les plus fréquentes en pratique.

L'exemple, le plus souvent cité lors des débats parlementaires, de l'automobiliste qui double au sommet d'une côte ou dans un virage sans visibilité semble correspondre à cette hypothèse. Il n'est en effet pas concevable qu'un conducteur procède à une telle manœuvre par simple inattention ou négligence, sans se rendre compte qu'il effectue son dépassement dans une côte ou dans un virage, au risque assumé de percuter un véhicule venant en sens inverse.

Seules des circonstances tout à fait exceptionnelles pourraient en effet expliquer qu'un tel comportement ne provient pas d'une prise de risque délibéré, mais il appartiendra alors à la personne poursuivie de l'établir pour combattre les constatations résultant de la description donnée par le parquet du comportement du conducteur (ce dernier assurant par exemple qu'il croyait rouler sur une route dont les deux voies étaient à un seul sens, croyance étayée par le fait qu'il en était effectivement ainsi quelques kilomètres auparavant et qu'il n'avait depuis croisé aucun véhicule sur la voie de gauche, affirmation confirmée par son passager).

1.2.1.2. – Le comportement constaté n'implique pas nécessairement une faute de mise en danger

Il s'agit en pratique des situations les plus fréquentes : la violation d'une règle de conduite qui cause un homicide, des blessures ou expose autrui à un risque de mort ou de blessures graves est en effet le plus souvent équivoque et peut aussi bien résulter d'une inattention ou d'une négligence que d'une mise en danger délibérée.

La preuve de la faute pourra alors avoir des origines diverses, dont il peut être donné ici quelques exemples non limitatifs.

Cette preuve pourra, en premier lieu, résulter des propres déclarations de l'intéressé (qui, voulant expliquer les motifs à son sens légitimes de son comportement, déclarera par exemple qu'il a bien vu que le feu était rouge mais qu'il l'a brûlé parce qu'il était pressé) ou des déclarations de tiers, tels que notamment les passagers du véhicule. Ainsi le fait de circuler sur une autoroute à contresens – qui pourrait résulter de l'inattention du conducteur ayant pris une rocade de sortie pour une rocade d'entrée – constituera une infraction de mise en danger s'il est établi par des témoignages que ces faits ont été commis à la suite d'un pari.

La preuve de la faute pourra également résulter du caractère répété, notamment dans une courte période, des violations à la réglementation routière. Si le franchissement isolé d'un feu rouge dans une agglomération peut être imputable à une inattention, tel ne peut être le cas lorsque plusieurs feux sont brûlés les uns à la suite des autres. De même, les violations répétées du Code de la route commises par une personne poursuivie par les forces de police ou de gendarmerie en vue d'échapper à son interpellation présenteront nécessairement un caractère délibéré.

La preuve de la faute de mise en danger pourra en outre résulter de la démonstration qu'elle était préméditée (même si la préméditation n'est pas nécessaire à l'existence d'une telle faute). Ainsi, le plan de livraison imposé à un chauffeur routier établissant qu'il devait se trouver dans deux endroits si éloignés l'un de l'autre qu'il n'était matériellement pas possible de respecter les horaires prévus sans que soient commis de graves excès de vitesse, pourra être considéré comme démontrant l'existence d'une telle faute.

1.2.2. – Absence de spécificité de la faute de mise en danger dans le délit de risques causés à autrui

L'article 223-1 exige, à la différence des dispositions relatives aux blessures ou aux homicides involontaires, que la violation de l'obligation de prudence ou de sécurité soit « manifestement » délibérée.

Toutefois, cette précision, qui est le fruit d'un amendement parlementaire ne paraît pas avoir de portée juridique propre.

En effet, soit le caractère délibéré de la faute est prouvé, et le délit de risques causés à autrui est constitué, soit il ne l'est pas, et seule peut être éventuellement retenue une contravention au Code de la route.

Par l'adverbe « manifestement », le Parlement a donc mis l'accent sur l'impérieuse nécessité pour le ministère public de démontrer l'existence d'une faute de mise en danger, mais il n'a pas modifié la nature de cette faute par rapport à celle exigée pour aggraver les homicides ou les blessures involontaires.

2. – Mise en œuvre des dispositions réprimant les infractions de mise en danger

2.1. – Constatation des infractions

2.1.1. – Modes de constatation

La mise en œuvre d'une politique pénale répressive à l'égard des auteurs des infractions de mise en danger en matière de circulation routière doit conduire les parquets à recommander aux services enquêteurs le recours à des stratégies de constatation plus adaptées.

En particulier, des contrôles mobiles devraient s'avérer plus efficaces qu'une simple surveillance statique en bord de route. Ils permettront en effet de suivre certains véhicules assez longtemps pour s'assurer que la volonté délibérée de transgresser la réglementation résulte d'une accumulation de faits successifs.

Toutefois, en raison des risques inhérents à ces modes d'action, il ne pourra y être recouru par les services de police ou les unités de gendarmerie qui ne disposent pas de véhicules adaptés. Ces contrôles ne devront donc être effectués, à la suite d'une étroite concertation entre les parquets et les services ou unités concernés, que lorsque toutes les conditions de sécurité nécessaires seront remplies.

2.1.2. – Procédure d'enquête

Dans la mesure où la quasi-totalité des infractions de mise en danger (à l'exception de celle prévue par l'article R. 625-3) constituent des délits punis de peines d'emprisonnement, les enquêteurs pourront faire application des pouvoirs coercitifs autorisés par les articles 53 et suivants relatifs aux enquêtes de flagrance.

Seront notamment autorisées en cas de délit de risques causés à autrui, outre la garde à vue, les perquisitions prévues par les articles 56 et suivants. Auparavant, de telles mesures n'étaient pas possibles puisque les faits commis ne pouvaient caractériser que de simples contraventions.

2.1.3. – Rédaction des procès-verbaux

Afin de caractériser les infractions de mise en danger, les agents de constatation devront veiller à consigner tous les éléments de fait de nature à permettre la distinction entre la simple violation d'une règle légale ou réglementaire et l'existence d'une violation délibérée.

Ainsi, en cas de franchissement d'une ligne continue par un véhicule, il conviendra de noter que ce franchissement a eu lieu, par exemple, en haut d'une côte, sur une route n'offrant au conducteur aucune visibilité depuis une portion de route franchie précédemment, à vitesse élevée, etc.

2.2. – Poursuites pénales

2.2.1. – Personnes poursuivies

Il convient d'observer que pourront être poursuivis non seulement l'auteur principal de l'infraction, mais également ses complices par aide ou assistance ou par instigation au sens de l'article 121-7.

Le caractère délibéré de la faute permettra en effet de faire application des règles de la complicité, alors que celles-ci ne sont normalement pas applicables aux infractions purement involontaires.

Le passager qui aura donné des instructions au conducteur pour qu'il double au sommet d'une côte, le tiers qui aura proposé le pari de remonter l'autoroute à contresens la nuit, le chef d'entreprise qui aura ordonné à son préposé, chauffeur routier, de conduire pendant vingt-quatre heures d'affilée, pourront ainsi être retenus dans les liens de la prévention.

Par ailleurs, la responsabilité pénale des personnes morales a été prévue pour ces différentes infractions, et elle pourra être recherchée lorsque celles-ci auront été commises pour le compte d'une personne morale, par un organe ou un représentant, ce dernier ayant pu agir au titre de la complicité.

À cet égard, il convient de rappeler que conformément à la règle posée par le dernier alinéa de l'article 121-2 du Code pénal, la responsabilité de la personne morale n'exclut pas celle de la personne physique, auteur des faits.

La personne physique, auteur ou complice des faits constituant une infraction de mise en danger, pourra par conséquent faire l'objet de poursuites pénales en même temps que la personne morale pour le compte de laquelle elle exerce ses fonctions.

2.2.2. – Procédures applicables

Afin d'assurer une répression efficace et dissuasive de ces infractions, les procureurs de la République devront, dans la mesure du possible, privilégier les procédures de traitement en temps réel, lorsque seules des personnes physiques seront impliquées.

Les convocations par officier ou agent de police judiciaire, ainsi que les convocations par procès-verbal devront être le plus souvent utilisées.

Dans les cas les plus graves, il devra être recouru à la procédure de comparution immédiate, qui est applicable pour le délit de risques causés à autrui ou celui de blessures involontaires aggravées ayant entraîné une ITT de moins de trois mois si les faits ont été constatés lors d'une enquête de flagrance, et dans tous les cas s'agissant des homicides ou des autres blessures aggravés.

Il doit être précisé que le prévenu poursuivi du chef de risques causés à autrui devra nécessairement être présenté devant le tribunal correctionnel siégeant en formation collégiale, les dispositions des articles 398 et 398-1 du Code de procédure pénale ne prévoyant pas actuellement la possibilité de jugement de cette infraction par le tribunal siégeant à juge unique.

ANNEXE 17

COMMERCE

Bibliographie : S. Detraz, *Commerce et artisanat : JCl. Lois pénales spéciales.* • Ph. Pétel, Code de commerce, annoté, LexisNexis, 2019.

Loi n° 47-1635 du 30 août 1947

relative à l'assainissement des professions commerciales et industrielles

(Abr., Ord. n° 2005-428, 6 mai 2005)

Décret n° 91-337 du 4 avril 1991

portant application de l'article 1er de la loi n° 89-1008 du 31 décembre 1989 relative au développement des entreprises commerciales et artisanales et à l'amélioration de leur environnement économique, juridique et social

(Abr. et codifié, D. n° 2007-431, 25 mars 2007. – V. C. com., art. R. 330-1 et R. 330-2)

Code de commerce

Des commerçants étrangers

(L. n° 2006-911, 24 juill. 2006)

Art. L. 122-1 et L. 122-2 *(Abr., L. n° 2014-1, 2 janv. 2014).*

Des clauses d'exclusivité

Art. R. 330-1 *(Mod., D. n° 2009-557, 19 mai 2009).* **– Le document prévu au premier alinéa de l'article L. 330-3 contient les informations suivantes :**

1° L'adresse du siège de l'entreprise et la nature de ses activités avec l'indication de sa forme juridique et de l'identité du chef d'entreprise s'il s'agit d'une personne physique ou des dirigeants s'il s'agit d'une personne morale ; le cas échéant, le montant du capital ;

2° Les mentions visées aux 1° et 2° de l'article R. 123-237 ou le numéro d'inscription au répertoire des métiers ainsi que la date et le numéro d'enregistrement ou du dépôt de la marque et, dans le cas où la marque qui doit faire l'objet du contrat a été acquise à la suite d'une cession ou d'une licence, la date et le numéro de l'inscription correspondante au registre national des marques avec, pour les contrats de licence, l'indication de la durée pour laquelle la licence a été consentie ;

3° La ou les domiciliations bancaires de l'entreprise. Cette information peut être limitée aux cinq principales domiciliations bancaires ;

4° La date de la création de l'entreprise avec un rappel des principales étapes de son évolution, y compris celle du réseau d'exploitants, s'il y a lieu, ainsi que toutes indications permettant d'apprécier l'expérience professionnelle acquise par l'exploitant ou par les dirigeants. Les informations mentionnées à l'alinéa précédent peuvent ne porter que sur les cinq dernières années qui précèdent celle de la remise du document. Elles doivent être complétées par une présentation de l'état général et local du marché des produits ou services devant faire l'objet du contrat et des perspectives de développement de ce marché.

Doivent être annexés à cette partie du document les comptes annuels des deux derniers exercices ou, pour les sociétés dont les titres financiers sont admis aux négociations sur un marché réglementé, les rapports établis au titre des deux derniers exercices en application du III de l'article L. 451-1-2 du Code monétaire et financier ;

5° Une présentation du réseau d'exploitants qui comporte :

a) La liste des entreprises qui en font partie avec l'indication pour chacune d'elles du mode d'exploitation convenu ;

b) L'adresse des entreprises établies en France avec lesquelles la personne qui propose le contrat est liée par des contrats de même nature que celui dont la conclusion est envisagée ; la date de conclusion ou de renouvellement de ces contrats est précisée ;

Lorsque le réseau compte plus de cinquante exploitants, les informations mentionnées à l'alinéa précédent ne sont exigées que pour les cinquante entreprises les plus proches du lieu de l'exploitation envisagée ;

c) Le nombre d'entreprises qui, étant liées au réseau par des contrats de même nature que celui dont la conclusion est envisagée, ont cessé de faire partie du réseau au cours de l'année précédant celle de la délivrance du document. Le document précise si le contrat est venu à expiration ou s'il a été résilié ou annulé ;

d) S'il y a lieu, la présence, dans la zone d'activité de l'implantation prévue par le contrat proposé, de tout établissement dans lequel sont offerts, avec l'accord exprès de la personne qui propose le contrat, les produits ou services faisant l'objet de celui-ci ;

6° L'indication de la durée du contrat proposé, des conditions de renouvellement, de résiliation et de cession, ainsi que le champ des exclusivités.

Le document précise, en outre, la nature et le montant des dépenses et investissements spécifiques à l'enseigne ou à la marque que la personne destinataire du projet de contrat engage avant de commencer l'exploitation.

Art. R. 330-2. – Est puni des peines d'amende prévues par le 5° de l'article 131-13 du Code pénal pour les contraventions de la cinquième classe le fait de mettre à la disposition d'une personne un nom commercial, une marque ou une enseigne en exigeant d'elle un engagement d'exclusivité ou de quasi-exclusivité pour l'exercice de son activité sans lui avoir communiqué, vingt jours au moins avant la signature du contrat, le document d'information et le projet de contrat mentionnés à l'article L. 330-3.

En cas de récidive, les peines d'amende prévues le 5° de l'article 131-13 du Code pénal pour les contraventions de la cinquième classe commises en récidive sont applicables.

ANNEXE 18

CONSOMMATION

Bibliographie : L. Leveneur, Code de la consommation, LexisNexis, 2018. • V. Valette-Ercole, *Crédit : JCl. Lois pénales spéciales.* • S. Fournier, *Pratiques commerciales trompeuses : JCl. Lois pénales spéciales.* • A. Valeteau, *Ventes et prestations de services : JCl. Lois pénales spéciales.* • Ph. Conte, *Cent ans de protection pénale du consommateur : Dr. pénal* 2006, Étude 4. • V. Valette-Ercole, *La loi du 17 mars 2014 relative à la consommation, entre dépénalisation et pénalisation : Dr. pén.* 2014, étude 13. • N. Sauphanor-Brouillaud et H. Aubry, *Recodification du droit de la consommation, à propos de l'ordonnance n° 2016-301 du 14 mars 2016 : JCP* 2016, aperçu rapide, 392. • H. Claret et G. Paisant, *La nouvelle codification administrative du droit de la consommation par l'ordonnance du 14 mars 2016 : JCP* 2016, étude 796.

Code de la consommation

Partie législative

(Ord. n° 2016-301, 14 mars 2016 ; Ord. n° 2016-351, 25 mars 2016)

Art. liminaire. – **Pour l'application du présent code, on entend par :**

– consommateur : toute personne physique qui agit à des fins qui n'entrent pas dans le cadre de son activité commerciale, industrielle, artisanale, libérale ou agricole ;

– *(Mod., L. n° 2017-203, 21 févr. 2017)* **non-professionnel : toute personne morale qui n'agit pas à des fins professionnelles ;**

– professionnel : toute personne physique ou morale, publique ou privée, qui agit à des fins entrant dans le cadre de son activité commerciale, industrielle, artisanale, libérale ou agricole, y compris lorsqu'elle agit au nom ou pour le compte d'un autre professionnel.

LIVRE PREMIER. – INFORMATION DES CONSOMMATEURS ET FORMATION DES CONTRATS

TITRE PREMIER. – INFORMATION DES CONSOMMATEURS

CHAPITRE I. – OBLIGATION GÉNÉRALE D'INFORMATION PRÉCONTRACTUELLE

Art. L. 111-1. – **Avant que le consommateur ne soit lié par un contrat de vente de biens ou de fourniture de services, le professionnel communique au consommateur, de manière lisible et compréhensible, les informations suivantes :**

1° Les caractéristiques essentielles du bien ou du service, compte tenu du support de communication utilisé et du bien ou service concerné ;

2° Le prix du bien ou du service, en application des articles L. 112-1 à L. 112-4 ;

3° En l'absence d'exécution immédiate du contrat, la date ou le délai auquel le professionnel s'engage à livrer le bien ou à exécuter le service ;

4° Les informations relatives à son identité, à ses coordonnées postales, téléphoniques et électroniques et à ses activités, pour autant qu'elles ne ressortent pas du contexte ;

5° S'il y a lieu, les informations relatives aux garanties légales, aux fonctionnalités du contenu numérique et, le cas échéant, à son interopérabilité, à l'existence et aux modalités de mise en œuvre des garanties et aux conditions contractuelles ;

6° La possibilité de recourir à un médiateur de la consommation dans les conditions prévues au titre Ier du livre VI.

La liste et le contenu précis de ces informations sont fixés par décret en Conseil d'État.

Les dispositions du présent article s'appliquent également aux contrats portant sur la fourniture d'eau, de gaz ou d'électricité, lorsqu'ils ne sont pas conditionnés dans un volume délimité ou en quantité déterminée, ainsi que de chauffage urbain et de contenu numérique non fourni sur un support matériel. Ces contrats font également référence à la nécessité d'une consommation sobre et respectueuse de la préservation de l'environnement.

Art. L. 111-2. – Outre les mentions prévues à l'article L. 111-1, tout professionnel, avant la conclusion d'un contrat de fourniture de services et, lorsqu'il n'y a pas de contrat écrit, avant l'exécution de la prestation de services, met à la disposition du consommateur ou lui communique, de manière lisible et compréhensible, les informations complémentaires relatives à ses coordonnées, à son activité de prestation de services et aux autres conditions contractuelles, dont la liste et le contenu sont fixés par décret en Conseil d'État.

Les informations complémentaires qui ne sont communiquées qu'à la demande du consommateur sont également précisées par décret en Conseil d'État.

Art. L. 111-3. – Les dispositions des articles L. 111-1 et L. 111-2 s'appliquent sans préjudice des dispositions particulières en matière d'information des consommateurs propres à certaines activités.

(Ord. n° 2017-484, 6 avr. 2017) Les dispositions de l'article L. 111-2 ne s'appliquent ni aux services mentionnés aux livres Ier à III et au titre V du livre V du Code monétaire et financier, ni aux opérations pratiquées par les entreprises régies par le Code des assurances, par les fonds de retraite professionnelle supplémentaires mentionnés à l'article L. 381-1 du même code, par les mutuelles et unions régies par le livre II du Code de la mutualité, par les mutuelles et unions de retraite professionnelle supplémentaire mentionnées à l'article L. 214-1 du même code, par les institutions de prévoyance et unions régies par le titre III du livre IX du Code de la sécurité sociale et par les institutions de retraite professionnelle supplémentaire mentionnées à l'article L. 942-1 du même code.

Art. L. 111-4. – Le fabricant ou l'importateur de biens meubles informe le vendeur professionnel de la période pendant laquelle ou de la date jusqu'à laquelle les pièces détachées indispensables à l'utilisation des biens sont disponibles sur le marché. Cette information est délivrée obligatoirement au consommateur par le vendeur de manière lisible avant la conclusion du contrat et confirmée par écrit lors de l'achat du bien.

Dès lors qu'il a indiqué la période ou la date mentionnées au premier alinéa, le fabricant ou l'importateur fournit obligatoirement, dans un délai de deux mois, aux vendeurs professionnels ou aux réparateurs, agréés ou non, qui le demandent les pièces détachées indispensables à l'utilisation des biens vendus.

Les modalités d'application du présent article sont précisées par décret.

Art. L. 111-5. – En cas de litige relatif à l'application des dispositions des articles L. 111-1, L. 111-2 et L. 111-4, il appartient au professionnel de prouver qu'il a exécuté ses obligations.

Art. L. 111-6 *(Abr. à compter de l'entrée en vigueur des mesures réglementaires nécessaires à l'application de l'article L. 111-7, dans sa rédaction résultant du 1° du I de l'article 49 de la loi n° 2016-1321 du 7 octobre 2016)*. – Sans préjudice des obligations d'information prévues à l'article 19 de la loi n° 2004-575 du 21 juin 2004 pour la confiance dans l'économie numérique, toute personne dont l'activité consiste en la fourniture d'informations en ligne permettant la comparaison des prix et des caractéristiques de biens et de services proposés par des professionnels est tenue d'apporter une information loyale, claire et transparente, y compris sur ce qui relève de la publicité au sens de l'article 20 de la même loi.

Les modalités et le contenu de ces informations sont fixés par décret.

Art. L. 111-7 *(L. n° 2016-1321, 7 oct. 2016)*. – I. – Est qualifiée d'opérateur de plateforme en ligne toute personne physique ou morale proposant, à titre professionnel, de manière rémunérée ou non, un service de communication au public en ligne reposant sur :

1° Le classement ou le référencement, au moyen d'algorithmes informatiques, de contenus, de biens ou de services proposés ou mis en ligne par des tiers ;

2° Ou la mise en relation de plusieurs parties en vue de la vente d'un bien, de la fourniture d'un service ou de l'échange ou du partage d'un contenu, d'un bien ou d'un service.

II. – Tout opérateur de plateforme en ligne est tenu de délivrer au consommateur une information loyale, claire et transparente sur :

1° Les conditions générales d'utilisation du service d'intermédiation qu'il propose et sur les modalités de référencement, de classement et de déréférencement des contenus, des biens ou des services auxquels ce service permet d'accéder ;

2° L'existence d'une relation contractuelle, d'un lien capitalistique ou d'une rémunération à son profit, dès lors qu'ils influencent le classement ou le référencement des contenus, des biens ou des services proposés ou mis en ligne ;

3° La qualité de l'annonceur et les droits et obligations des parties en matière civile et fiscale, lorsque des consommateurs sont mis en relation avec des professionnels ou des non-professionnels.

Un décret précise les conditions d'application du présent article en tenant compte de la nature de l'activité des opérateurs de plateforme en ligne.

Ce décret précise, par ailleurs, pour tout opérateur de plateforme en ligne dont l'activité consiste en la fourniture d'informations permettant la comparaison des prix et des caractéristiques de biens et de services proposés par des professionnels, les informations communiquées aux consommateurs portant sur les éléments de cette comparaison et ce qui relève de la publicité au sens de l'article 20 de la loi n° 2004-575 du 21 juin 2004 pour la confiance dans l'économie numérique.

Ce décret fixe également les modalités selon lesquelles, lorsque des professionnels, vendeurs ou prestataires de services sont mis en relation avec des consommateurs, l'opérateur de plateforme en ligne met à leur disposition un espace leur permettant de communiquer aux consommateurs les informations prévues aux articles L. 221-5 et L. 221-6.

....

Chapitre II. – Information sur les prix et conditions de vente

Art. L. 112-1. – Tout vendeur de produit ou tout prestataire de services informe le consommateur, par voie de marquage, d'étiquetage, d'affichage ou par tout autre procédé approprié, sur les prix et les conditions particulières de la vente et de l'exécution des services, selon des modalités fixées par arrêtes du ministre chargé de l'économie, après consultation du Conseil national de la consommation.

Lorsque les prix des prestations d'un professionnel qui met en relation acquéreurs et vendeurs de biens immobiliers sont fixés proportionnellement à la valeur du bien vendu, l'affichage aux endroits prévus par les textes doit indiquer le ou les pourcentages prélevés, en précisant, le cas échéant, les tranches de prix correspondantes, et faire apparaître tous les éléments auxquels se rapportent ces pourcentages.

Ne justifie pas sa décision la cour d'appel qui déclare un agent immobilier coupable d'affichage illicite, alors que, selon les énonciations de l'arrêt, un affichage en vitrine indiquait le prix des prestations du professionnel proportionnellement aux prix de vente du bien, lequel ne peut être déterminé qu'à l'issue de la négociation (■ Cass. crim., 4 juin 2013, n° 12-85.688 : *Bull. crim.*, n° 127.

Art. L. 112-2 ***(L. n° 2017-203, 21 févr. 2017).*** **– Les dispositions de l'article L. 112-1 s'appliquent à toutes les activités de production, de distribution et de services, y compris celles qui sont le fait de personnes publiques, notamment dans le cadre de conventions de délégation de service public ainsi qu'aux prestations mentionnées au titre IV *bis* du livre IV du Code de commerce.**

Les règles relatives à l'obligation de renseignements du public par les établissements de crédit, les sociétés de financement, les établissements de monnaie électronique, les établissements de paiement et les organismes mentionnés à l'article L. 518-1 du Code monétaire et financier sont fixées par l'article L. 312-1-1 du même code.

Art. L. 112-3. – Lorsque le prix ne peut être raisonnablement calculé à l'avance du fait de la nature du bien ou du service, le professionnel fournit le mode de calcul du prix et, s'il y a lieu, tous les frais supplémentaires de transport, de livraison ou d'affranchissement et tous les autres frais éventuels.

Lorsque les frais supplémentaires ne peuvent raisonnablement être calculés à l'avance, le professionnel mentionne qu'ils peuvent être exigibles.

Art. L. 112-4. – **Dans le cas d'un contrat à durée indéterminée ou d'un contrat assorti d'un abonnement, le prix total inclut le total des frais exposés pour chaque période de facturation. Lorsque de tels contrats sont facturés à un tarif fixe, le prix total inclut également le total des coûts mensuels. Lorsque le coût total ne peut être raisonnablement calculé à l'avance, le mode de calcul du prix est communiqué.**

Titre II. – PRATIQUES COMMERCIALES INTERDITES ET PRATIQUES COMMERCIALES RÉGLEMENTÉES

Chapitre Ier. – Pratiques commerciales interdites

Section I. – Pratiques commerciales déloyales

Art. L. 121-1. – **Les pratiques commerciales déloyales sont interdites.**

Une pratique commerciale est déloyale lorsqu'elle est contraire aux exigences de la diligence professionnelle et qu'elle altère ou est susceptible d'altérer de manière substantielle le comportement économique du consommateur normalement informé et raisonnablement attentif et avisé, à l'égard d'un bien ou d'un service.

Le caractère déloyal d'une pratique commerciale visant une catégorie particulière de consommateurs ou un groupe de consommateurs vulnérables en raison d'une infirmité mentale ou physique, de leur âge ou de leur crédulité s'apprécie au regard de la capacité moyenne de discernement de la catégorie ou du groupe.

Constituent, en particulier, des pratiques commerciales déloyales les pratiques commerciales trompeuses définies aux articles L. 121-2 à L. 121-4 et les pratiques commerciales agressives définies aux articles L. 121-6 et L. 121-7.

N'entrent dans le champ d'application de la directive 2005/29/CE du Parlement et du Conseil du 11 mai 2005 relative aux pratiques commerciales déloyales des entreprises vis-à-vis des consommateurs que celles qui portent directement atteinte aux intérêts économiques des consommateurs, de sorte que cette directive ne s'applique pas aux transactions entre professionnels (■ Cass. crim., 16 janv. 2018, n° 16-83.457).

Sous-section 1. – Pratiques commerciales trompeuses

Art. L. 121-2. – **Une pratique commerciale est trompeuse si elle est commise dans l'une des circonstances suivantes :**

1° Lorsqu'elle crée une confusion avec un autre bien ou service, une marque, un nom commercial ou un autre signe distinctif d'un concurrent ;

2° Lorsqu'elle repose sur des allégations, indications ou présentations fausses ou de nature à induire en erreur et portant sur l'un ou plusieurs des éléments suivants :

***a)* L'existence, la disponibilité ou la nature du bien ou du service ;**

***b)* Les caractéristiques essentielles du bien ou du service, à savoir : ses qualités substantielles, sa composition, ses accessoires, son origine, sa quantité, son mode et sa date de fabrication, les conditions de son utilisation et son aptitude à l'usage, ses propriétés et les résultats attendus de son utilisation, ainsi que les résultats et les principales caractéristiques des tests et contrôles effectués sur le bien ou le service ;**

***c)* Le prix ou le mode de calcul du prix, le caractère promotionnel du prix et les conditions de vente, de paiement et de livraison du bien ou du service ;**

***d)* Le service après-vente, la nécessité d'un service, d'une pièce détachée, d'un remplacement ou d'une réparation ;**

***e)* La portée des engagements de l'annonceur, la nature, le procédé ou le motif de la vente ou de la prestation de services ;**

***f)* L'identité, les qualités, les aptitudes et les droits du professionnel ;**

***g)* Le traitement des réclamations et les droits du consommateur ;**

3° Lorsque la personne pour le compte de laquelle elle est mise en œuvre n'est pas clairement identifiable.

Art. L. 121-3 *(L. n° 2017-203, 21 févr. 2017)*. – **Une pratique commerciale est également trompeuse si, compte tenu des limites propres au moyen de communication utilisé et des circonstances qui l'entourent, elle omet, dissimule ou fournit de façon inintelligible, ambiguë ou à contretemps une information substantielle**

ou lorsqu'elle n'indique pas sa véritable intention commerciale dès lors que celle-ci ne ressort pas déjà du contexte.

Lorsque le moyen de communication utilisé impose des limites d'espace ou de temps, il y a lieu, pour apprécier si des informations substantielles ont été omises, de tenir compte de ces limites ainsi que de toute mesure prise par le professionnel pour mettre ces informations à la disposition du consommateur par d'autres moyens.

Dans toute communication commerciale constituant une invitation à l'achat et destinée au consommateur mentionnant le prix et les caractéristiques du bien ou du service proposé, sont considérées comme substantielles les informations suivantes :

1° Les caractéristiques principales du bien ou du service ;

2° L'adresse et l'identité du professionnel ;

3° Le prix toutes taxes comprises et les frais de livraison à la charge du consommateur, ou leur mode de calcul, s'ils ne peuvent être établis à l'avance ;

4° Les modalités de paiement, de livraison, d'exécution et de traitement des réclamations des consommateurs, dès lors qu'elles sont différentes de celles habituellement pratiquées dans le domaine d'activité professionnelle concerné ;

5° L'existence d'un droit de rétractation, si ce dernier est prévu par la loi.

1) Directive UE. L'article L. 121-1 du Code de la consommation est compatible avec la directive CEE n° 84-450 du 10 septembre 1984 qui définit de manière respective la publicité trompeuse mais ne fait pas obstacle au maintien par les États membres de dispositions visant à assurer une protection plus étendue des consommateurs (même arrêt).

2) Applicabilité. L'article L. 121-1 du Code de la consommation est applicable au simple particulier qui fait paraître dans un journal une annonce de nature à induire en erreur les acheteurs potentiels du bien proposé à la vente (■ Cass. crim., 27 mars 1996 : *Bull. crim.*, n° 139 ; *Rev. sc. crim.* 1997, 122, obs. A. Guidicelli).

3) L'article 44-1 de la loi du 27 décembre 1973, devenu l'article L. 121-1 du Code de la consommation, est applicable à une association à but non lucratif dès lors qu'elle propose un bien ou un service, ce qui n'était pas le cas en l'espèce (■ Cass. ass. plén., 8 juill. 2005 : *Bull. crim.*, n° 2 ; *Rev. sc. crim.* 2006, p. 86, obs. C. Ambroise-Castérot).

4) Notions de publicité. Constitue une publicité au sens de l'article L. 121-1 du Code de la consommation, tout document commercial, tel un bon de commande, dont les indications et la présentation permettent aux clients potentiels auprès desquels il est diffusé de se former une opinion sur les résultats attendus du bien ou service proposé (■ Cass. crim., 23 mars 1994 : *Bull. crim.*, n° 114).

5) Il en est de même d'une annonce, qui, proposant l'accès à une agence matrimoniale à partir d'un certain prix, ne précise ni l'existence ni le montant de la redevance corrélative à l'utilisation du service télématique, auquel le contrat proposé donnait en réalité accès (■ Cass. crim., 28 sept. 1994 : *Bull. crim.*, n° 308).

6) Constitue une publicité de nature à induire en erreur, la notice de présentation d'un voyage autour du monde destinée à convaincre le client potentiel du caractère luxueux de la croisière aérienne proposée alors que les prestations fournies se sont avérées de qualité médiocre (■ Cass. crim., 15 oct. 1997 : *Bull. crim.*, n° 337).

7) La commercialisation d'un produit sous une dénomination ne correspondant pas à sa définition connue du public (moules de bouchot) et des professionnels qui en ont précisé les caractéristiques, est une publicité de nature à induire en erreur (■ Cass. crim, 7 oct. 1998 : *Dr. pén.* 1999, comm. 60, obs J.-H. Robert).

8) Constitue une publicité, au sens de l'article L. 121-1 du Code de la consommation, tout moyen d'information destiné à permettre au client potentiel de se faire une opinion sur les caractéristiques des biens ou services qui lui sont proposées ; induisent en erreur des étiquetages comportant de fausses indications sur la réalité des prix pratiqués (■ Cass. crim., 14 oct. 1998 : *Bull. crim.*, n° 262 ; *JCP* 99, II, note Ph. Conte).

9) Éléments constitutifs. La mauvaise foi de l'annonceur n'est pas un élément constitutif du délit de publicité de nature à induire en erreur (■ Cass. crim., 5 avr. 1995 : *Bull. crim.*, n° 151).

10) Les éléments matériel et moral du délit de publicité de nature à induire en erreur procèdent du seul caractère trompeur, qui peut résulter d'une faute de négligence ou d'imprudence, de l'un ou l'autre des éléments d'information, quel qu'en soit le support, donnée au client potentiel pour lui permettre de se faire une opinion sur les caractéristiques des biens ou services qui lui sont proposés (■ Cass. crim., 19 oct. 2004 : *Bull. crim.*, n° 245. V. C. consom., art. L. 213-1).

11) L'élément moral du délit est caractérisé par une simple faute d'imprudence. Il en est ainsi du prévenu qui n'a pas pris toutes les précautions nécessaires pour assurer la véracité du message publicitaire incriminé (■ Cass. crim., 26 oct. 1999 : *Bull. crim.*, n° 233).

12) Le dommage n'étant pas un élément constitutif du délit de publicité trompeuse, l'infraction, lorsqu'elle est commise par imprudence ou négligence, n'est pas soumise aux dispositions de l'article 121-3, alinéa 4, du Code pénal, issu de la loi du 10 juillet 2000 (■ Cass. crim., 26 juin 2001 : *Bull. crim.*, n° 160 ; *Dr. pén.* 2001, comm. 143, obs. J.-H. Robert).

13) Ne justifie pas sa décision la cour d'appel qui condamne une société de restauration pour délit de publicité trompeuse au seul motif qu'il était mentionné sur l'affiche prescrite par le décret du 17 décembre 2002, comme pays d'origine de la viande bovine, quatre pays dont la France, alors qu'elle était uniquement d'origine française.

Il appartenait aux juges, le délit n'étant pas caractérisé en l'état de ces seules énonciations, de rechercher si les faits ne constituaient pas la contravention prévue par l'article 3 du décret susvisé (■ Cass. crim., 23 mars 2010, n° 09-82.545 : *D.* 2010, p. 1913, note E. Dreyer sur la nature de l'élément moral de l'infraction).

14) Application. Condamne à bon droit le directeur général d'une société, du chef de publicité de nature à induire en erreur, l'arrêt qui constate que le document publicitaire, accompagnant l'envoi de livres à titre gratuit, précisait que le cadeau reçu n'engageait pas le destinataire alors que d'autres mentions lui imposaient de cocher une case ou d'écrire, pour éviter de recevoir d'autres livres, cette fois contre paiement (■ Cass. crim, 14 févr. 1996 : *Bull. crim.*, n° 79).

15) Constituent une publicité trompeuse sur la portée des engagements pris par l'annonceur, les documents d'une loterie publicitaire organisée par une société de vente par correspondance laissant croire à tort au destinataire qu'il a gagné l'un des lots mis en jeu. Il n'importe que, conformément aux prescriptions légales, la participation à la loterie soit gratuite et sans obligation d'achat des articles présentés dans le catalogue de vente (■ Cass. crim., 28 mai 1997 : *Bull. crim.*, n° 211).

16) Justifient leur décision les juges du second degré qui, pour déclarer un praticien coupable du délit de publicité de nature à induire la clientèle en erreur sur les qualités ou aptitudes du fabricant ou du prestataire de services, retiennent qu'alors qu'il n'était pas titulaire du diplôme de chirurgien-dentiste, il a proposé, directement, à la clientèle, par voie d'affiches, de tracts et de presse, des travaux de fabrication et de réparation de prothèses dentaires (■ Cass. crim., 14 mai 1997 : *Bull. crim.*, n° 183) ; même solution pour un prestataire de services annonçant un stage payant de karaté et se prévalant d'un titre fédéral délivré par une fédération sportive non agréée (■ Cass. crim., 15 oct. 1997 : *Bull. crim.*, n° 338).

17) Justifient leur décision les juges de fond qui, pour condamner le dirigeant de sociétés de déménagement fonctionnant comme une seule et même entité, retiennent que les publicités parues, pour ces entreprises, dans les pages jaunes de l'annuaire du téléphone comportent une présentation de nature à induire en erreur le consommateur quant à la réalité de la concurrence qu'il peut légitimement faire jouer en composant les numéros d'appel distincts des sociétés mentionnées dans lesdites publicités (■ Cass. crim., 20 mars 2007 : *Bull. crim.*, n° 86 ; *Dr. pén.* 2007 comm. 86, obs J.-H. Robert).

18) Caractérise le délit de pratique commerciale trompeuse la cour d'appel qui retient que le fait, pour une banque, de continuer d'accepter et de traiter les formulaires de souscription d'ouverture d'un compte rémunéré attachés à une offre promotionnelle interrompue, sans avertir les souscripteurs de la réduction du taux d'intérêt figurant dans cette offre, a altéré le comportement économique d'un consommateur normalement attentif, trompé sur les qualités essentielles du contrat souscrit et sur la portée de l'engagement de l'annonceur (■ Cass. crim., 13 janv. 2016, n° 14-88.138).

19) Une pratique commerciale est trompeuse notamment si elle repose sur des allégations, indications ou présentations fausses ou de nature à induire en erreur et portant sur le prix ou le mode de calcul du prix, le caractère promotionnel du prix et les conditions de vente, de paiement et de livraison du bien ou du service, et si elle altère ou est susceptible d'altérer de manière substantielle le comportement économique du consommateur normalement informé et raisonnablement attentif et avisé.

N'a pas justifié sa décision la cour d'appel qui, pour relaxer la prévenue, n'a pas suffisamment recherché si les prix de référence mentionnés par les promotions affichées sur son site internet avaient bien été précédemment appliqués et s'est fondée, pour apprécier l'incidence de la pratique concernée sur le comportement économique du consommateur normalement informé et raisonnablement attentif et avisé, sur des critères inopérants tenant à l'intérêt particulier du client éventuel pour le produit concerné en raison d'achats antérieurs sur internet et à sa faculté de comparer instantanément les prix pratiqués par d'autres commerçants en ligne (■ Cass. crim., 11 juill. 2017, n° 16-84.902 : *Dr. pén.* 2017, comm. 150, note J.-H. Robert).

20) N'a pas justifié sa décision la cour d'appel qui a déclaré la prévenue coupable de pratique commerciale trompeuse, sans avoir procédé à l'appréciation des limites propres au moyen de communication utilisé aux circonstances qui l'entourent, et des mesures prises par le professionnel pour mettre ces informations à la disposition du consommateur par d'autres moyens, ainsi qu'il est prévu par l'article L. 121-1-II du Code de la consommation, dans sa rédaction résultant de la loi du 17 mars 2014 (■ Cass. crim., 1er sept. 2015, n° 14-85.791 ; *Dr. pén.* 2015, comm. 146, obs. J.-H. Robert).

21) Le fait, pour un démarcheur, de donner des indications fantaisistes sur les délais de livraison d'encarts publicitaires ou d'établir des bons de commande imprécis, équivoques ou ambigus ne peut s'analyser en une simple omission au sens de l'article L. 121-1, paragraphe II du Code de la consommation alors applicable mais constitue une pratique commerciale trompeuse au sens du paragraphe I de ce même article dès lors qu'il participe d'allégations, indications ou présentations fausses de nature à induire en erreur portant sur un ou plusieurs éléments énumérés au 2° de ce même paragraphe qui doivent être appréciées dans leur ensemble.

Il s'ensuit qu'en application du paragraphe III, le délit est caractérisé même quand ces pratiques ont été commises à l'égard de professionnels.

Les mentions écrites figurant au contrat sont sans incidence sur l'existence d'allégations délibérément mensongères qui en ont déterminé la signature (■ Cass. crim., 22 nov. 2016, n° 15-83.559).

22) Les dispositions des articles L. 120-1, L. 121-1 et L. 121-1-1, devenus L. 121-1 à L. 121-5 du Code de la consommation, relatives aux pratiques commerciales trompeuses, ne s'appliquent pas aux opérations relatives à l'achat d'un produit par un professionnel à un consommateur (■ Cass. crim., 5 déc. 2017, n° 16-86.729 : *Dr. pénal* 2018, comm. 33, note J.-H. Robert).

23) Personne morale. L'auteur d'une publicité fausse ou de nature à induire en erreur en est responsable s'il n'a pas vérifié la véracité de ses allégations. Une personne morale peut être condamnée de ce chef, sans que le délit puisse être imputé à un organe ou un représentant bien déterminé, dès lors qu'il est le fruit de sa politique commerciale voulue et organisée (■ Cass. crim., 24 mars 2009 : *JurisData* n° 2009-047943 ; *Dr. pén.* 2009, comm. 84, obs. J.-H. Robert).

V. aussi, *infra*, ■ Cass. crim., 15 déc. 2009 : *Bull. crim.* , n° 112.

24) Mais, le fait d'annoncer comme étant gratuits des services dont le coût est en réalité inclus dans le prix de vente de la marchandise, objet principal de la publicité, ne constitue pas le délit prévu par l'article L. 121-1 du Code de la consommation dès lors que l'acquéreur a été exactement informé du prix global qu'il aurait à payer et qu'il n'a pas été induit en erreur sur l'un des éléments prévus par ce texte (■ Cass. crim., 29 oct. 1997 : *Bull. crim.*, n° 362 ; *JCP* 98, II, n° 10138, note J. Casey).

25) Cumuls d'infractions. En vertu du règlement n° 1576/89/CEE du 29 mai 1989, dont le décret du 11 mars 1993 prévoit qu'il constitue une mesure d'exécution de l'article L. 214-1 du Code de la consommation, l'étiquetage, la présentation ou la publicité des boissons spiritueuses ne peuvent indiquer une durée de vieillissement qu'à condition que le produit ait été vieilli sous contrôle fiscal ou sous un contrôle présentant des garanties équivalentes. Un tel contrôle n'étant organisé, pour le cognac, que pour une durée de vieillissement n'excédant pas neuf ans, la diffusion de publicités mentionnant que des eaux-de-vie « goûtent » un âge plus élevé, et la commercialisation des produits ainsi désignés, caractérisent les **délits de publicité de nature à induire en erreur et de tromperie**, la formulation « goûte », suivie d'un nombre d'années, accréditant faussement chez le consommateur la conviction qu'il achète un cognac ayant bénéficié d'un vieillissement de cette durée (■ Cass. crim., 6 sept. 2005 : *Bull. crim.*, n° 217 ; *Dr. pén.* 2005, comm. 177, obs. J.-H. Robert).

26) A été cassé l'arrêt renvoyant un professeur de judo des fins de la poursuite pour **usurpation de titre et publicité de nature à induire en erreur** alors que ce prévenu avait diffusé des annonces dans des publications et sur Internet suivant lesquelles il se prévalait d'un dan dont il n'était pas titulaire (■ Cass. crim., 10 oct. 2006 : *Bull. crim.*, n° 245 ; V. note sous art. 433-17, p. 544).

27) Justifie sa décision la cour d'appel qui, saisie de poursuites à l'encontre d'une société de téléphonie et de son dirigeant pour **publicité de nature à induire en erreur et infractions aux règles relatives aux ventes à distance**, retient que, pour convaincre les consommateurs prospectés par téléphone de changer d'opérateur téléphonique, les agents commerciaux mandatés par la société développaient au téléphone un argumentaire relatif aux tarifs des communications à la seconde ne comportant de précision ni sur le coût de chaque connexion, ni sur celui des paiements par chèque et sur le montant mensuel minimum de la facturation ; que les plaquettes publicitaires envoyées par courrier aux personnes démarchées qui ne précisaient ni l'adresse du siège de la société et la durée de validité des offres, ni l'existence du droit de rétractation, fournissaient aux consommateurs une information parcellaire sur les tarifs réellement pratiqués, et comportaient des précisions difficiles à trouver en raison de leur localisation et de la police de caractères employées, sur la nature exacte des engagements des parties.

Ces énonciations caractérisent la tromperie des consommateurs sur les caractéristiques essentielles des prestations téléphoniques proposées et l'impossibilité pour eux d'exercer la faculté de s'informer et de se rétracter à l'occasion de la vente de prestations de services à distance, et ainsi la commission des délits prévus par les articles L. 121-1, L. 121-18 et L. 121-19 du Code de la consommation, applicables à la date des faits et constitutifs de pratiques commerciales, les unes déloyales, les autres agressives au sens de l'article L. 120-1 du Code de la consommation dans la rédaction résultant de la loi du 4 août 2008 (■ Cass. crim., 15 déc. 2009 : *Bull crim.*, n° 112 ; *Dr. pén.* 2010, comm. 41, obs. J.-H. Robert ; *D.* 2010, act. jurispr., p. 203, note X. Delpech ; *AJP* 2010, p. 73, note N. Ereseo et J. Lasserre-Capdeville ; *Rev. sc. crim.* 2010, p. 146, obs. C. Ambroise-Casterot).

28) Complicité. Pour retenir la complicité de ce délit, au sens de l'article 121-7 du Code pénal, il faut et il suffit d'établir que c'est en connaissance de cause que le complice a donné à l'annonceur des instructions ou lui a fourni les moyens pour la création de la publicité (■ Cass. crim., 23 avr. 1997 : *Bull crim.*, n° 143 ; *Dr. pén.* 1997, comm. 114, obs. J.-H. Robert).

29) Procédure. Sont habilités à constater au moyen de procès-verbaux les infractions aux dispositions de l'article L. 121-1 du Code de la consommation, les agents de la Direction générale de la Concurrence, de la Consommation et de la répression des Fraudes (■ Cass. crim., 25 sept. 1995 : *Bull. crim.*, n° 278 ; *Dr. pén.* 1996, comm. 16, obs. Robert).

30) Le délit de publicité de nature à induire en erreur, même s'il se manifeste lors de chaque communication au public d'une telle publicité constitue une infraction unique qui ne peut être poursuivie et sanctionnée qu'une seule fois dès l'instant où il s'agit d'allégations identiques, contenues dans le même message publicitaire et diffusées simultanément. Dès lors, encourt la cassation l'arrêt qui, pour écarter l'exception soulevée par les prévenus, retient que, si les faits commis dans un autre département, pour lesquels ils ont été condamnés par arrêt définitif, sont de même nature et correspondent à des opérations commerciales similaires à ceux visés par la poursuite, ils se sont déroulés en deux lieux différents à l'égard de clientèles distinctes (■ Cass. crim., 27 mars 2007 : *Bull crim.*, n° 94 ; *Dr. pén.* 2007, comm. 87, obs. J.-H. Robert).

Bibliographie : V. C. Carreau, *Publicité et escroquerie* : *D.* 1996, chron., p. 257. – A. Giudicelli, *Synthèse de jurisprudence : Rev. sc. crim.* 1999, 115. – R. Saint-Esteben et J.-D. Bretzner, *La charge de la preuve en matière de publicité trompeuse ou de nature à induire en erreur* : *D.* 2006, chron., p. 1610.

Art. L. 121-4. – Sont réputées trompeuses, au sens des articles L. 121-2 et L. 121-3, les pratiques commerciales qui ont pour objet :

1° Pour un professionnel, de se prétendre signataire d'un Code de conduite alors qu'il ne l'est pas ;

2° D'afficher un certificat, un label de qualité ou un équivalent sans avoir obtenu l'autorisation nécessaire ;

3° D'affirmer qu'un Code de conduite a reçu l'approbation d'un organisme public ou privé alors que ce n'est pas le cas ;

4° D'affirmer qu'un professionnel, y compris à travers ses pratiques commerciales ou qu'un produit ou service a été agréé, approuvé ou autorisé par un organisme public ou prive alors que ce n'est pas le cas ou de ne pas respecter les conditions de l'agrément, de l'approbation ou de l'autorisation reçue ;

5° De proposer l'achat de produits ou la fourniture de services à un prix indiqué sans révéler les raisons plausibles que pourrait avoir le professionnel de penser qu'il ne pourra fournir lui-même ou faire fournir par un autre professionnel, les produits ou services en question ou des produits ou services équivalents au prix indiqué, pendant une période et dans des quantités qui soient raisonnables compte tenu du produit ou du service, de l'ampleur de la publicité faite pour le produit ou le service et du prix proposé ;

6° De proposer l'achat de produits ou la fourniture de services à un prix indiqué, et ensuite :

***a)* De refuser de présenter aux consommateurs l'article ayant fait l'objet de la publicité ;**

***b)* Ou de refuser de prendre des commandes concernant ces produits ou ces services ou de les livrer ou de les fournir dans un délai raisonnable ;**

c) Ou d'en présenter un échantillon défectueux, dans le but de faire la promotion d'un produit ou d'un service différent ;

7° De déclarer faussement qu'un produit ou un service ne sera disponible que pendant une période très limitée ou qu'il ne sera disponible que sous des conditions particulières pendant une période très limitée afin d'obtenir une décision immédiate et priver les consommateurs d'une possibilité ou d'un délai suffisant pour opérer un choix en connaissance de cause ;

8° De s'engager à fournir un service après-vente aux consommateurs avec lesquels le professionnel a communiqué avant la transaction dans une langue qui n'est pas une langue officielle de l'État membre de l'Union européenne dans lequel il est établi et, ensuite, assurer ce service uniquement dans une autre langue sans clairement en informer le consommateur avant que celui-ci ne s'engage dans la transaction ;

9° De déclarer ou de donner l'impression que la vente d'un produit ou la fourniture d'un service est licite alors qu'elle ne l'est pas ;

10° De présenter les droits conférés au consommateur par la loi comme constituant une caractéristique propre à la proposition faite par le professionnel ;

11° D'utiliser un contenu rédactionnel dans les médias pour faire la promotion d'un produit ou d'un service alors que le professionnel a financé celle-ci lui-même, sans l'indiquer clairement dans le contenu ou à l'aide d'images ou de sons clairement identifiables par le consommateur ;

12° De formuler des affirmations matériellement inexactes en ce qui concerne la nature et l'ampleur des risques auxquels s'expose le consommateur sur le plan de sa sécurité personnelle ou de celle de sa famille s'il n'achète pas le produit ou le service ;

13° De promouvoir un produit ou un service similaire à celui d'un autre fournisseur clairement identifié, de manière à inciter délibérément le consommateur à penser que le produit ou le service provient de ce fournisseur alors que tel n'est pas le cas ;

14° De déclarer que le professionnel est sur le point de cesser ses activités ou de les établir ailleurs alors que tel n'est pas le cas ;

15° D'affirmer d'un produit ou d'un service qu'il augmente les chances de gagner aux jeux de hasard ;

16° D'affirmer faussement qu'un produit ou une prestation de services est de nature à guérir des maladies, des dysfonctionnements ou des malformations ;

17° De communiquer des informations matériellement inexactes sur les conditions de marché ou sur les possibilités de trouver un produit ou un service, dans le but d'inciter le consommateur à acquérir celui-ci à des conditions moins favorables que les conditions normales de marché ;

18° D'affirmer, dans le cadre d'une pratique commerciale, qu'un concours est organisé ou qu'un prix peut être gagné sans attribuer les prix décrits ou un équivalent raisonnable ;

19° De décrire un produit ou un service comme étant « gratuit », « à titre gracieux », « sans frais » ou autres termes similaires si le consommateur doit payer quoi que ce soit d'autre que les coûts inévitables liés à la réponse, à la pratique commerciale et au fait de prendre possession ou livraison de l'article ;

20° D'inclure dans un support publicitaire une facture ou un document similaire demandant paiement qui donne au consommateur l'impression qu'il a déjà commandé le produit ou le service commercialisé alors que tel n'est pas le cas ;

21° De faussement affirmer ou donner l'impression que le professionnel n'agit pas à des fins qui entrent dans le cadre de son activité commerciale, industrielle, artisanale, libérale ou agricole ou de se présenter faussement comme un consommateur ;

22° De créer faussement l'impression que le service après-vente en rapport avec un produit ou un service est disponible dans un État membre de l'Union européenne autre que celui dans lequel le produit ou le service est vendu.

Art. L. 121-5 *(L. n° 2017-203, 21 févr. 2017)*. – Les dispositions des articles L. 121-2 à L. 121-4 sont également applicables aux pratiques qui visent les professionnels et les non-professionnels.

Sous-section 2. Pratiques commerciales agressives

Art. L. 121-6. – Une pratique commerciale est agressive lorsque du fait de sollicitations répétées et insistantes ou de l'usage d'une contrainte physique ou morale, et compte tenu des circonstances qui l'entourent :

1° Elle altère ou est de nature à altérer de manière significative la liberté de choix d'un consommateur ;

2° Elle vicie ou est de nature à vicier le consentement d'un consommateur ;

3° Elle entrave l'exercice des droits contractuels d'un consommateur.

Afin de déterminer si une pratique commerciale recourt au harcèlement, à la contrainte, y compris la force physique, ou à une influence injustifiée, les éléments suivants sont pris en considération :

1° Le moment et l'endroit où la pratique est mise en œuvre, sa nature et sa persistance ;

2° Le recours à la menace physique ou verbale ;

3° L'exploitation, en connaissance de cause, par le professionnel, de tout malheur ou circonstance particulière d'une gravité propre à altérer le jugement du consommateur, dans le but d'influencer la décision du consommateur à l'égard du produit ;

4° Tout obstacle non contractuel important ou disproportionné imposé par le professionnel lorsque le consommateur souhaite faire valoir ses droits contractuels, et notamment celui de mettre fin au contrat ou de changer de produit ou de fournisseur ;

5° Toute menace d'action alors que cette action n'est pas légalement possible.

Art. L. 121-7. – Sont réputées agressives au sens de l'article L. 121-6 les pratiques commerciales qui ont pour objet :

1° De donner au consommateur l'impression qu'il ne pourra quitter les lieux avant qu'un contrat n'ait été conclu ;

2° D'effectuer des visites personnelles au domicile du consommateur, en ignorant sa demande de voir le professionnel quitter les lieux ou de ne pas y revenir, sauf si la législation nationale l'y autorise pour assurer l'exécution d'une obligation contractuelle ;

3° De se livrer à des sollicitations répétées et non souhaitées par téléphone, télécopieur, courrier électronique ou tout autre outil de communication à distance ;

4° D'obliger un consommateur qui souhaite demander une indemnité au titre d'une police d'assurance à produire des documents qui ne peuvent raisonnablement être considérés comme pertinents pour établir la validité de la demande ou s'abstenir systématiquement de répondre à des correspondances pertinentes, dans le but de dissuader ce consommateur d'exercer ses droits contractuels ;

5° Dans une publicité, d'inciter directement les enfants à acheter ou à persuader leurs parents ou d'autres adultes de leur acheter le produit faisant l'objet de la publicité ;

6° D'informer explicitement le consommateur que s'il n'achète pas le produit ou le service, l'emploi ou les moyens d'existence du professionnel seront menacés ;

7° De donner l'impression que le consommateur a déjà gagné, gagnera ou gagnera en accomplissant tel acte un prix ou un autre avantage équivalent, alors que, en fait :

– soit il n'existe pas de prix ou autre avantage équivalent ;

– soit l'accomplissement d'une action en rapport avec la demande du prix ou autre avantage équivalent est subordonné à l'obligation pour le consommateur de verser de l'argent ou de supporter un coût.

Section II. – Abus de faiblesse

Art. L. 121-8. – Est interdit le fait d'abuser de la faiblesse ou de l'ignorance d'une personne pour lui faire souscrire, par le moyen de visites à domicile, des engagements au comptant ou à crédit sous quelque forme que ce soit, lorsque les circonstances montrent que cette personne n'était pas en mesure d'apprécier la portée des engagements qu'elle prenait ou de déceler les ruses ou artifices déployés pour la convaincre à y souscrire ou font apparaître qu'elle a été soumise à une contrainte.

Art. L. 121-9. – Est interdit le fait d'abuser de la faiblesse ou de l'ignorance d'une personne pour obtenir des engagements :

1° Soit à la suite d'un démarchage par téléphone ou télécopie ;

2° Soit à la suite d'une sollicitation personnalisée, sans que cette sollicitation soit nécessairement nominative, à se rendre sur un lieu de vente, effectuée à domicile et assortie de l'offre d'avantages particuliers ;

3° Soit à l'occasion de réunions ou d'excursions organisées par l'auteur de l'infraction ou à son profit ;

4° Soit lorsque la transaction a été faite dans des lieux non destinés à la commercialisation du bien ou du service proposé ou dans le cadre de foires ou de salons ;

5° Soit lorsque la transaction a été conclue dans une situation d'urgence ayant mis la victime de l'infraction dans l'impossibilité de consulter un ou plusieurs professionnels qualifiés, tiers au contrat.

Art. L. 121-10. – **Est interdit le fait d'abuser de la faiblesse ou de l'ignorance d'une personne pour se faire remettre, sans contreparties réelles, des sommes en numéraire ou par virement, des chèques bancaires ou postaux, des ordres de paiement par carte de paiement ou carte de crédit ou bien des valeurs mobilières, au sens de l'article 529 du Code civil.**

Section III. – Refus et subordination de vente et de prestation de services

Art. L. 121-11. – **Est interdit le fait de refuser à un consommateur la vente d'un produit ou la prestation d'un service, sauf motif légitime ;**

Est également interdit le fait de subordonner la vente d'un produit à l'achat d'une quantité imposée ou à l'achat concomitant d'un autre produit ou d'un autre service ainsi que de subordonner la prestation d'un service à celle d'un autre service ou à l'achat d'un produit dès lors que cette subordination constitue une pratique commerciale déloyale au sens de l'article L. 121-1.

Pour les établissements de crédit et les organismes mentionnés à l'article L. 518-1 du Code monétaire et financier, les règles relatives aux ventes subordonnées sont fixées par les dispositions du 1 du I de l'article L. 312-1-2 du même code.

Les dispositions du présent article s'appliquent à toutes les activités de production, de distribution et de services, y compris celles qui sont le fait de personnes publiques, notamment dans le cadre de conventions de délégation de service public.

1) Constitue la contravention de vente de produit ou prestation de service à un consommateur sous condition, le fait pour une agence d'imposer lors de la conclusion d'un « contrat de voyage forfaitaire » la souscription d'une assurance garantissant les risques d'annulation du contrat et d'assistance aux personnes et aux biens, en violation des dispositions de la directive 90-314-CEE du 13 juin 1990 et de l'arrêté interministériel du 14 juin 1982 alors applicable (■ Cass. crim., 12 juin 1995 : *Bull. crim.*, n° 212).

2) Les convictions personnelles ne constituent pas pour le pharmacien, titulaire du monopole de vente de médicaments, un motif légitime du refus de vendre, à un consommateur, des contraceptifs hormonaux faisant l'objet d'une prescription médicale ; justifie, dès lors, sa décision, la cour d'appel qui déclare un pharmacien coupable de contravention aux dispositions de l'article L. 122-1 du Code de la consommation au motif que le refus de délivrer des médicaments contraceptifs ne procède pas d'une impossibilité matérielle de satisfaire la demande, faute de stock, mais est opposé au nom de convictions personnelles qui ne peuvent constituer, pour les pharmaciens auxquels est réservée la vente de médicaments, un motif légitime au sens de l'article L. 122-1 précité (■ Cass. crim., 21 oct. 1998 : *Bull. crim.*, n° 273).

3) Les modalités de la redevance d'utilisation temporaire du domaine public (en l'espèce le stationnement payant), régulièrement fixées par l'autorité publique, ladite taxe n'étant pas un acte commercial mais relevant d'un acte administratif unilatéral, ne sont pas soumises au Code de la consommation et donc à l'article L. 122-1 dudit code (■ Cass. crim., 26 avr. 2006 : *Bull. crim.*, n° 114 ; *Dr. pén.* 2006, comm. 111, obs. J.-H. Robert).

Section IV. – Vente et prestation de services sans commande préalable

Art. L. 121-12. – **Est interdit le fait d'exiger le paiement immédiat ou différé de biens ou de services fournis par un professionnel ou, s'agissant de biens, d'exiger leur renvoi ou leur conservation, sans que ceux-ci aient fait l'objet d'une commande préalable du consommateur.**

Les dispositions du présent article s'appliquent également aux contrats portant sur la fourniture d'eau, de gaz ou d'électricité lorsqu'ils ne sont pas conditionnés dans un volume délimité ou en quantité déterminée ainsi que sur la fourniture de chauffage urbain et de contenu numérique non fourni sur support matériel.

....

Section V. – Vente ou prestation de services « à la boule de neige »

Art. L. 121-15. – 1° La vente pratiquée par le procédé dit « de la boule de neige » ou tous autres procédés analogues consistant en particulier à offrir des marchandises au public en lui faisant espérer l'obtention de ces marchandises à titre gratuit ou contre remise d'une somme inférieure à leur valeur réelle et en subordonnant les ventes au placement de bons ou de tickets à des tiers ou à la collecte d'adhésions ou inscriptions ;

2° Le fait de proposer à une personne de collecter des adhésions ou de s'inscrire sur une liste en exigeant d'elle le versement d'une contrepartie quelconque et en lui faisant espérer des gains financiers résultant d'une progression du nombre de personnes recrutées ou inscrites plutôt que de la vente, de la fourniture ou de la consommation de biens ou services.

Dans le cas de réseaux de vente constitués par recrutement en chaîne d'adhérents ou d'affiliés, il est interdit d'obtenir d'un adhérent ou affilié du réseau le versement d'une somme correspondant à un droit d'entrée ou à l'acquisition de matériels ou de services à vocation pédagogique, de formation, de démonstration ou de vente ou tout autre matériel ou service analogue, lorsque ce versement conduit à un paiement ou à l'attribution d'un avantage bénéficiant à un ou plusieurs adhérents ou affiliés du réseau.

En outre, est interdit, dans ces mêmes réseaux, le fait d'obtenir d'un adhérent ou affilié l'acquisition d'un stock de marchandises destinées à la revente, sans garantie de reprise du stock aux conditions de l'achat, déduction faite éventuellement d'une somme n'excédant pas 10 % du prix correspondant. Cette garantie de reprise peut toutefois être limitée à une période d'un an après l'achat.

Section VI. – Numéro téléphonique surtaxé

Art. L. 121-16. – Le numéro de téléphone destiné à recueillir l'appel d'un consommateur en vue d'obtenir la bonne exécution d'un contrat conclu avec un professionnel ou le traitement d'une réclamation ne peut pas être surtaxé.

Ce numéro est indiqué dans le contrat et la correspondance.

Section VII. – Paiement supplémentaire sans consentement exprès

Art. L. 121-17. – Préalablement à la conclusion d'un contrat de vente ou de prestation de services, le professionnel s'assure du consentement exprès du consommateur pour tout paiement supplémentaire venant s'ajouter au prix de l'objet principal du contrat.

Dans l'hypothèse où le paiement supplémentaire résulte d'un consentement du consommateur donné par défaut, c'est-à-dire en l'absence d'opposition expresse de sa part à des options payantes qu'il n'a pas sollicitées, le consommateur peut prétendre au remboursement des sommes versées au titre de ce paiement supplémentaire.

Les dispositions du présent article s'appliquent aux contrats portant sur la fourniture d'eau, de gaz ou d'électricité lorsqu'ils ne sont pas conditionnés dans un volume délimité ou en quantité déterminée ainsi que sur la fourniture de chauffage urbain et de contenu numérique non fourni sur un support matériel.

....

Section IX. – Loteries publicitaires

Art. L. 121-20. – Dès lors qu'elles sont déloyales au sens de l'article L. 121-1, sont interdites les pratiques commerciales mises en œuvre par les professionnels à l'égard des consommateurs, sous la forme d'opérations promotionnelles tendant à l'attribution d'un gain ou d'un avantage de toute nature par la voie d'un tirage au sort, quelles qu'en soient les modalités ou par l'intervention d'un élément aléatoire.

1) Il résulte de l'article 5, 1er alinéa, de la loi du 23 juin 1989 devenu l'article L. 121-36 du Code de la consommation, qu'est soumise à la réglementation des loteries publicitaires toutes opération publicitaire, réalisée par voie d'écrit, tendant à faire naître, chez chacun des participants, l'espérance d'un gain quelles que soient les modalités du tirage au sort ; les prévisions de ce texte ne se limitent pas aux loteries dans lesquelles chaque participant gagne un lot (■ Cass. crim., 30 oct. 1995 : *Bull. crim.*, n° 323).

2) Il y a autant d'infractions à l'article L. 121-36 du Code de la consommation que de destinataires de bulletins individualisés de participation à une loterie publicitaire, non distincts du bon de commande (■ Cass. crim., 25 juin 1997 : *Bull. crim.*, n° 257 ; *Dr. pén.* 1997, comm. 145, obs. J.-H. Robert).

Section X. – Frais de recouvrement

Art. L. 121-21. – Est interdit le fait pour un professionnel de solliciter ou de percevoir d'un consommateur des frais de recouvrement dans des conditions contraires au deuxième alinéa de l'article L. 111-8 du C des procédures civiles d'exécution.

Section XI. – Publicité portant sur des opérations commerciales règlementées

Art. L. 121-22. – Est interdite toute publicité portant :

1° Sur une opération commerciale soumise à autorisation ou à déclaration au titre soit des articles L. 310-1 à L. 310-4 et L. 310-7 du Code de commerce, soit des articles L. 752-1 et L. 752-16 du même code, et qui n'a pas fait l'objet de cette autorisation ou de cette déclaration ;

2° Sur une opération commerciale dont la réalisation nécessite l'emploi de personnel salarié requérant une autorisation au titre du chapitre II du titre III du livre Ier de la troisième partie du Code du travail et réalisée sans l'obtention préalable de cette autorisation, ou qui est en infraction avec les dispositions du chapitre IV du titre III du livre Ier de la troisième partie du même code et de leur texte d'application ;

3° Sur une opération commerciale réalisée ou devant être réalisée en infraction avec les dispositions de l'article L. 3132-29 du Code du travail ;

4° Sur une manifestation commerciale soumise à la déclaration prévue à l'article L. 762-2 du Code du commerce et qui n'a pas fait l'objet de cette déclaration.

Chapitre 2. Pratiques commerciales réglementées

Section I. – Publicité comparative

Art. L. 122-1. – Toute publicité qui met en comparaison des biens ou services en identifiant, implicitement ou explicitement, un concurrent ou des biens ou services offerts par un concurrent n'est licite que si :

1° Elle n'est pas trompeuse ou de nature à induire en erreur ;

2° Elle porte sur des biens ou services répondant aux mêmes besoins ou ayant le même objectif ;

3° Elle compare objectivement une ou plusieurs caractéristiques essentielles, pertinentes, vérifiables et représentatives de ces biens ou services, dont le prix peut faire partie.

Art. L. 122-2. – La publicité comparative ne peut :

1° Tirer indûment profit de la notoriété attachée à une marque de fabrique, de commerce ou de service, à un nom commercial, à d'autres signes distinctifs d'un concurrent ou à l'appellation d'origine ainsi qu'à l'indication géographique protégée d'un produit concurrent ;

2° Entraîner le discrédit ou le dénigrement des marques, noms commerciaux, autres signes distinctifs, biens, services, activité ou situation d'un concurrent ;

3° Engendrer de confusion entre l'annonceur et un concurrent ou entre les marques, noms commerciaux, autres signes distinctifs, biens ou services de l'annonceur et ceux d'un concurrent ;

4° Présenter des biens ou des services comme une imitation ou une reproduction d'un bien ou d'un service bénéficiant d'une marque ou d'un nom commercial protégé.

Art. L. 122-3. – Pour les produits bénéficiant d'une appellation d'origine ou d'une indication géographique protégée, la comparaison n'est autorisée qu'entre des produits bénéficiant chacun de la même appellation ou de la même indication.

Art. L. 122-4. – Est interdit le fait de faire figurer des annonces comparatives telles que définies aux articles L. 122-1 et L. 122-2 sur des emballages, des factures, des titres de transport, des moyens de paiement ou des billets d'accès à des spectacles ou à des lieux ouverts au public.

Art. L. 122-5. – L'annonceur pour le compte duquel la publicité comparative est diffusée doit être en mesure de prouver dans un bref délai l'exactitude matérielle des énonciations, indications et présentations contenues dans la publicité.

Art. L. 122-6. – Les insertions réalisées dans la presse pour une publicité définie aux articles L. 122-1 et L. 122-2 ne donnent pas lieu au droit de réponse tel qu'il est défini par l'article 13 de la loi du 29 juillet 1881 sur la liberté de la presse et l'article 6 de la loi n° 82-652 du 29 juillet 1982 sur la communication audiovisuelle.

1) Les dispositions des articles L. 121-8 et suivants du Code de la consommation réglementant la publicité comparative ne sont pas inconciliables avec celles de l'article 10 de la Convention européenne de sauvegarde des droits de l'homme et des libertés fondamentales, dès lors que cette réglementation constitue une mesure nécessaire à la protection de la réputation ou des droits d'autrui, justifiant une restriction à la liberté d'expression ; est illicite au regard de l'article L. 121-8 du Code de la consommation la publicité comparative sur les prix qui ne concerne pas des produits identiques vendus dans les mêmes conditions ou qui n'indique pas la durée pendant laquelle sont maintenus les prix mentionnés comme siens par l'annonceur ; l'appréciation du caractère identique des produits relève du pouvoir souverain des juges du fond (■ Cass. crim., 16 oct. 1996 : *Bull. crim.*, n° 364).

2) Il résulte de l'article L. 121-8 du Code de la consommation que toute publicité qui met en comparaison des biens ou services en identifiant, implicitement ou explicitement, un concurrent ou des biens ou services offerts par un concurrent n'est licite que si elle n'est pas trompeuse ou de nature à induire en erreur, si elle porte sur des biens ou services répondant aux mêmes besoins ou ayant le même objectif, et si elle compare objectivement une ou plusieurs caractéristiques essentielles, pertinentes, véritables et représentatives de ces biens ou services, dont le prix peut faire partie ; encourt la cassation l'arrêt dont il résulte que la cour d'appel (qui a débouté les parties civiles après que les prévenus aient été relaxés) n'était pas en mesure de s'assurer que les produits présentaient les mêmes caractéristiques essentielles, de sorte que la comparaison ne pouvait être opérée de façon objective (■ Cass. crim., 9 mai 2007 : *Bull. crim.*, n° 119 ; *D.* 2007, p. 2144, note L. Arcelin).

– La cour d'appel de renvoi a retenu que les faits de publicité comparative illicite étaient établis et leurs auteurs ont été condamnés à verser des dommages-intérêts aux parties civiles. Le pourvoi contre cette dernière décision a été rejeté par la Chambre criminelle (■ Cass. crim., 13 janv. 2009 : *JurisData* 2009-046969 ; *Dr. pén.* 2009, comm. 51, obs. J.-H. Robert).

3) Lorsque les éléments de comparaison sur lesquels repose la caractéristique mentionnée dans la publicité comparative ne sont pas énumérés, le destinataire du message publicitaire doit être mis en mesure par l'annonceur d'en vérifier l'exactitude ainsi que celle de la caractéristique en cause ; justifie, en conséquence, sa décision, la cour d'appel qui, pour déclarer des prévenus coupables de publicité comparative illicite, retient que la reproduction des seuls tickets de caisse ne permettait pas au consommateur de s'assurer que les produits comparés, qui, pour certains, présentaient des différences de qualité, de poids, de contenance et de composition, et qui étaient placés dans des chariots recouverts d'un film plastifié, présentaient les mêmes caractéristiques essentielles, de sorte que leur comparaison ne pouvait être opérée de façon objective (■ Cass. crim., 4 mars 2008, n° 07-83.628 : *Bull. crim.*, n° 57 ; *JurisData* n° 2008-043366 ; *Dr. pén.* 2008, comm. 69, obs. J.-H. Robert).

....

Section III. Règles propres à certaines publicités et pratiques commerciales

Sous-section 3. – Appellation de boulanger et enseigne de boulangerie

Art. L. 122-17. – Les professionnels qui n'assurent pas eux-mêmes, à partir de matières premières choisies, le pétrissage de la pâte, sa fermentation et sa mise en forme ainsi que la cuisson du pain sur le lieu de vente au consommateur final ne peuvent utiliser appellation de « boulanger » et l'enseigne commerciale de « boulangerie » ou une dénomination susceptible de porter à confusion, sur le lieu de vente du pain au

consommateur final ou dans des publicités à l'exclusion des documents commerciaux à usage strictement professionnel.

La pâte et les pains ne peuvent à aucun stade de la production ou de la vente être surgelés ou congelés.

Art. L. 122-18. – L'appellation de boulanger et l'enseigne commerciale de boulangerie mentionnées à l'article L. 122 17 peuvent être utilisées lorsque le pain est vendu de façon itinérante par le professionnel, ou sous sa responsabilité, lorsque ce professionnel remplit les conditions énoncées au même article.

TITRE III. – SANCTIONS

Chapitre Ier. – Information des consommateurs

Section I. – Obligation générale d'information précontractuelle

Art. L. 131-1. – Tout manquement aux obligations d'information précontractuelle mentionnées aux articles L. 111-1 à L. 111-3 est passible d'une amende administrative dont le montant ne peut excéder 3 000 euros pour une personne physique et 15 000 euros pour une personne morale.

Cette amende est prononcée dans les conditions prévues au chapitre II du titre II du livre V.

Art. L. 131-2. – Tout manquement à l'obligation d'informer sur la durée de disponibilité des pièces détachées mentionnée à l'article L. 111-4 est passible d'une amende administrative dont le montant ne peut excéder 3 000 euros pour une personne physique et 15 000 euros pour une personne morale.

Cette amende est prononcée dans les conditions prévues au chapitre II du titre II du livre V.

Art. L. 131-3 *(Abr. à compter de l'entrée en vigueur des mesures réglementaires nécessaires à l'application de l'article L. 111-7, dans sa rédaction résultant du 1° du I de l'article 49 de la loi n° 2016-1321 du 7 octobre 2016, L. n° 2016-1321, 7 oct. 2016).* – Tout manquement aux obligations d'informations mentionnées à l'article L. 111-6 en matière d'activité de fourniture d'informations en ligne permettant la comparaison de prix est passible d'une amende administrative dont le montant ne peut excéder 75 000 euros pour une personne physique et 375 000 euros pour une personne morale.

Cette amende est prononcée dans les conditions prévues au chapitre II du titre II du livre V.

Art. L. 131-4 *(Mod., L. n° 2016-1321, 7 oct. 2016).* – Tout manquement aux obligations d'information mentionnées à l'article L. 111-7 et à l'article L. 111-7-2 est passible d'une amende administrative dont le montant ne peut excéder 75 000 euros pour une personne physique et 375 000 euros pour une personne morale.

Cette amende est prononcée dans les conditions prévues au chapitre II du titre II du livre V.

Section II. – Information sur les prix et conditions de vente

Art. L. 131-5. – Tout manquement aux dispositions de l'article L. 112-1 définissant les modalités d'information sur le prix et les conditions de vente ainsi qu'aux dispositions des arrêtés pris pour son application est passible d'une amende administrative dont le montant ne peut excéder 3 000 euros pour une personne physique et 15 000 euros pour une personne morale.

Cette amende est prononcée dans les conditions prévues au chapitre II du titre II du livre V.

Lorsque les prix des prestations d'un professionnel qui met en relation acquéreurs et vendeurs de biens immobiliers sont fixés proportionnellement à la valeur du bien vendu, l'affichage aux endroits prévus par les textes doit indiquer le ou les pourcentages prélevés, en précisant, le cas échéant, les tranches de prix correspondantes, et faire apparaître tous les éléments auxquels se rapportent ces pourcentages.

Ne justifie pas sa décision la cour d'appel qui déclare un agent immobilier coupable d'affichage illicite, alors que, selon les énonciations de l'arrêt, un affichage en vitrine indiquait le prix des prestations du professionnel proportionnellement au prix de vente du bien, lequel ne peut être déterminé qu'à l'issue de la négociation (■ Cass. crim., 4 juin 2013, n° 12-85.688 : *Bull. crim.*, n° 127).

Art. L. 131-6. – Tout manquement aux dispositions des articles L. 112-3 et L. 112-4 relatifs aux modalités du calcul du prix est passible d'une amende administrative dont le montant ne peut excéder 3 000 euros pour une personne physique et 15 000 euros pour une personne morale.

Cette amende est prononcée dans les conditions prévues au chapitre II du titre II du livre V.

Chapitre 2. Pratiques commerciales interdites et pratiques commerciales réglementées

Section I. Pratiques commerciales interdites

Sous-section 1. – Pratiques commerciales trompeuses

Art. L. 132-1. – Le délit de pratique commerciale trompeuse défini aux articles L. 121-2 à L. 121-4 est constitué dès lors que la pratique est mise en œuvre ou qu'elle produit ses effets en France.

Art. L. 132-2. – Les pratiques commerciales trompeuses mentionnées aux articles L. 121-2 à L. 121-4 sont punies d'un emprisonnement de deux ans et d'une amende de 300 000 euros.

Le montant de l'amende peut être porté, de manière proportionnée aux avantages tirés du délit, à 10 % du chiffre d'affaires moyen annuel, calcule sur les trois derniers chiffres d'affaires annuels connus à la date des faits, ou à 50 % des dépenses engagées pour la réalisation de la publicité ou de la pratique constituant ce délit.

Art. L. 132-3. – Les personnes physiques coupables du délit puni à l'article L. 132-2 encourent également à titre de peines complémentaires l'interdiction, suivant les modalités prévues à l'article 131-27 du Code pénal, soit d'exercer une fonction publique ou d'exercer l'activité professionnelle ou sociale dans l'exercice ou à l'occasion de l'exercice de laquelle l'infraction a été commise, soit d'exercer une profession commerciale ou industrielle, de diriger, d'administrer, de gérer ou de contrôler a un titre quelconque directement ou indirectement, pour leur propre compte ou pour le compte d'autrui, une entreprise commerciale ou industrielle ou une société commerciale.

Ces interdictions d'exercice ne peuvent excéder une durée de cinq ans. Elles peuvent être prononcées cumulativement.

Les personnes morales déclarées responsables pénalement, dans les conditions prévues à l'article 121-2 du Code pénal, du délit puni à l'article L. 132-2 encourent, outre l'amende suivant les modalités prévues à l'article 131-38 du Code pénal, les peines prévues aux 2° à 9° de l'article 131-39 du même code.

L'interdiction mentionnée au 2° du même article 131-39 porte sur l'activité dans l'exercice ou à l'occasion de l'exercice de laquelle l'infraction a été commise. Les peines prévues aux 2° à 7° de cet article ne peuvent être prononcées que pour une durée de cinq ans au plus.

Art. L. 132-4. – En cas de condamnation, le tribunal peut ordonner, par tous moyens appropriés, l'affichage ou la diffusion de l'intégralité ou d'une partie de la décision ou d'un communiqué informant le public des motifs et du dispositif de celle-ci. Il peut, de plus, ordonner la diffusion, aux frais de la personne condamnée, d'une ou de plusieurs annonces rectificatives.

Le jugement fixe les termes de ces annonces et les modalités de leur diffusion et impartit à la personne condamnée un délai pour y faire procéder.

En cas de carence, il est procédé à cette diffusion à la diligence du ministère public aux frais de la personne condamnée.

Art. L. 132-5. – Le défaut d'exécution dans le délai imparti des annonces rectificatives prévues à l'article L. 132-4 est puni d'un emprisonnement de deux ans et d'une amende de 300 000 euros.

Art. L. 132-6. – Pour l'application des articles L. 132-2 et L. 132-3 le tribunal peut demander tant aux parties qu'à l'annonceur la communication de tous documents utiles.

En cas de refus, il peut ordonner la saisie de ces documents ou toute mesure d'instruction appropriée. Il peut en outre prononcer une astreinte pouvant atteindre 4 500 euros par jour de retard à compter de la date qu'il a retenue pour la production de ces documents.

Art. L. 132-7. – Le refus de communication des éléments de justification ou des publicités diffusées dans les conditions prévues à l'article L. 132-6 est puni d'un emprisonnement de deux ans et d'une amende de 300 000 euros.

Art. L. 132-8. – La cessation de la pratique commerciale trompeuse peut être ordonnée par le juge d'instruction ou par le tribunal saisi des poursuites, soit sur réquisition du ministère public, soit d'office. La mesure ainsi prise est exécutoire nonobstant toutes voies de recours. Mainlevée peut en être donnée par la juridiction qui l'a ordonnée ou qui est saisie du dossier. La mesure cesse d'avoir effet en cas de décision de non-lieu ou de relaxe.

Les décisions statuant sur les demandes de mainlevée peuvent faire l'objet d'un recours devant la chambre de l'instruction ou devant la cour d'appel selon qu'elles ont été prononcées par un juge d'instruction ou par le tribunal saisi des poursuites.

La chambre de l'instruction ou la cour d'appel statue dans un délai de dix jours à compter de la réception des pièces.

Art. L. 132-9. – L'inobservation de la décision du juge ordonnant la cessation de la pratique commerciale trompeuse est punie d'un emprisonnement de deux ans et d'une amende de 300 000 euros.

Sous-section 2. – Pratiques commerciales agressives

Sanctions pénales

Art. L. 132-11. – Les pratiques commerciales agressives mentionnées aux articles L. 121-6 et L. 121-7 sont punies d'un emprisonnement de deux ans et d'une amende de 300 000 euros.

Le montant de l'amende peut être porté, de manière proportionnée aux avantages tirés du délit, à 10 % du chiffre d'affaires moyen annuel, calculé sur les trois derniers chiffres d'affaires annuels connus à la date des faits.

Art. L. 132-12. – Les personnes physiques coupables du délit puni à l'article L. 132-11 encourent une interdiction, pour une durée de cinq ans au plus, d'exercer directement ou indirectement une activité commerciale.

Les personnes morales déclarées pénalement responsables dans les conditions prévues à l'article 121-2 du Code pénal, du délit puni à l'article L. 132-11 encourent, outre l'amende suivant les modalités prévues à l'article 131-38 du Code pénal, les peines prévues aux 2° à 9° de l'article 131-39 du même code.

L'interdiction mentionnée au 2° du même article 131-39 porte sur l'activité dans l'exercice ou à l'occasion de l'exercice de laquelle l'infraction a été commise. Les peines prévues aux 2° à 7° de cet article ne peuvent être prononcées que pour une durée de cinq ans au plus.

Sous-section 3. – Abus de faiblesse

Sanctions pénales

Art. L. 132-14. – Le fait d'abuser de la faiblesse ou de l'ignorance d'une personne au sens des articles L. 121-8 à L. 121-10 est puni d'un emprisonnement de trois ans et d'une amende de 375 000 euros.

Le montant de l'amende peut être porté, de manière proportionnée aux avantages tirés du délit, à 10 % du chiffre d'affaires moyen annuel, calculé sur les trois derniers chiffres d'affaires annuels connus à la date des faits.

Art. L. 132-15. – Les personnes physiques coupables du délit puni à l'article L. 132-14 encourent également à titre de peines complémentaires l'interdiction, suivant les modalités prévues à l'article 131-27 du Code pénal, soit d'exercer une fonction publique ou d'exercer l'activité professionnelle ou sociale dans l'exercice ou à l'occasion de l'exercice de laquelle l'infraction a été commise, soit d'exercer une profession commerciale ou industrielle, de diriger, d'administrer, de gérer ou de contrôler à un titre quelconque, directement ou indirectement, pour leur propre compte ou pour le compte d'autrui, une entreprise commerciale ou industrielle ou une société commerciale.

Ces interdictions d'exercice ne peuvent excéder une durée de cinq ans. Elles peuvent être prononcées cumulativement.

Les personnes morales déclarées responsables pénalement, dans les conditions prévues à l'article 121-2 du Code pénal, du délit puni à l'article L. 132-14 encourent, outre l'amende suivant les modalités prévues à l'article 131-38 du Code pénal, les peines prévues aux 2° à 9° de l'article 131-39 du même code.

L'interdiction mentionnée au 2° du même article 131-39 porte sur l'activité dans l'exercice ou à l'occasion de l'exercice de laquelle l'infraction a été commise. Les peines prévues aux 2° à 7° de cet article ne peuvent être prononcées que pour une durée de cinq ans au plus.

1) L'ignorance de la langue française, combinée avec l'approche de l'hiver et des charges de famille, peut constituer la « faiblesse » au sens de l'article L. 122-8 du Code de la consommation (■ Cass. crim., 5 août 1997 : *JurisData* n° 1997-003725 ; *Dr. pén.* 1998, comm. 37, obs. J.-H. Robert).

2) Constitue l'infraction le fait par un soi-disant voyant-guérisseur de démarcher des personnes particulièrement vulnérables pour leur faire prendre des engagements dont elles ne pouvaient apprécier la portée ni déceler les artifices déployés pour les convaincre (■ Cass. crim., 21 nov. 2001 : *Dr. pén.* 2002, comm. 46, obs. J.-H. Robert).

3) Justifie sa décision la cour d'appel qui retient l'infraction commise par les dirigeants d'une société dont les clients étaient manifestement fragilisés face à la politique commerciale et aux pratiques agressives mises en œuvre, sur leurs instructions, par des démarcheurs abusant de situations sociales, psychologiques ou médicales précaires pour faire souscrire à tout prix des commandes hors de proportion avec les besoins et les possibilités financières des clients (■ Cass. crim., 17 sept. 2002 : *Dr. pén.* 2003, comm. 9, obs. J.-H. Robert).

4) Justifie sa décision la cour d'appel qui, pour déclarer le prévenu coupable du délit d'abus de faiblesse prévu et réprimé par l'article L. 122-8 du Code de la consommation, retient qu'il a obtenu d'une personne âgée, à l'occasion de visites à son domicile en compagnie d'un autre vendeur, la souscription d'engagements à crédit dont elle n'a pas été en mesure d'apprécier la portée, destinés à financer des systèmes d'alarme d'un coût exorbitant et d'une utilité douteuse (■ Cass. crim., 19 avr. 2005 : *Bull. crim.*, n° 138 ; *Rev. sc. crim.* 2006, p. 325, obs. R. Ottenhof).

5) Par application des dispositions de l'article 112-1 du Code pénal, doit être cassé l'arrêt condamnant le prévenu à l'interdiction de se livrer, directement ou indirectement, à toute activité de démarchage ou de représentation commerciale pour des faits antérieurs à la loi du 4 août 2008 instituant cette interdiction (■ Cass. crim., 10 nov. 2010 : *JurisData* n° 2010-022629 ; *Dr. pén.* 2011, comm. 37, obs. J.-H. Robert).

6) Le délit d'abus de faiblesse réalisé à la suite d'une sollicitation particulière, dans les termes des articles L. 122-8 et L. 122-9 du Code de la consommation exige, pour être constitué, l'existence chez la victime d'un état de faiblesse ou d'ignorance préalable à la sollicitation (■ Cass. crim., 19 févr. 1997 : *Bull. crim.*, n° 70 ; *JurisData* n° 001523). V. R. Ottenhof : *Rev. sc. crim.* 1997, 110.

7) Tel n'est pas le cas de clients qui ont effectué des achats auprès du prévenu qui, après les avoir sélectionnés en fonction de leurs capacités financières, les avaient convaincus qu'ils constituaient une clientèle privilégiée et leur avait remis des cadeaux (■ Cass. crim., 19 févr. 1997 : *Dr. pén.* 1998, comm. 71, obs. J.-H. Robert).

8) Justifie sa décision la cour d'appel qui, pour caractériser les éléments constitutifs du délit d'abus de faiblesse d'une part, retient que les prévenus se sont fait remettre par la victime des bons au porteur et un contrat d'assurance et lui ont fait signer une demande de rachat de ses bons, sans mentionner leur nombre, leur montant, ni leurs numéros, et sans lui délivrer aucun reçu, d'autre part, relève que la contrepartie offerte reste incertaine, le remboursement des valeurs n'ayant pas été demandé au nom de la victime, et enfin, ajoute que les prévenus ont profité de la solitude et de l'affaiblissement des facultés de la victime (■ Cass. crim., 26 oct. 1999 : *Bull. crim.*, n° 232).

9) Le délit d'abus de faiblesse commis à l'occasion de la vente de marchandises conclue, au cours d'une excursion, par l'intermédiaire d'un agent commercial, pour le compte de la société organisatrice de l'excursion, doit être imputé au dirigeant de celle-ci, en tant qu'auteur principal de l'infraction, dès lors que l'agent commercial s'est conformé aux directives de la société quant au procédé de vente (■ Cass. crim., 1er févr. 2000 : *Bull. crim.*, n° 52 ; *Dr. pén.* 2000, comm. 59, obs. M. Véron).

10) L'infraction d'abus de faiblesse, prévue par l'article L. 122-8 du Code de la consommation, et les infractions résultant de la méconnaissance des obligations prescrites par les articles L. 121-23 à L. 121-28 du même code en cas d'engagement conclu lors d'un démarchage à domicile, ne présentent entre elles aucune incompatibilité et sont susceptibles d'être appliquées concurremment, dès lors qu'elles défendent des intérêts distincts tenant à la protection des personnes vulnérables et à celle des consommateurs (■ Cass. crim., 8 mars 2016, n. 14-88.347).

Sous-section 4. – Vente et prestation de services sans commande préalable

Sanctions pénales

Art. L. 132-17. – La violation de l'interdiction mentionnée à l'article L. 121-12 est punie d'un emprisonnement de deux ans et d'une amende de 300 000 euros.

Le montant de l'amende peut être porté, de manière proportionnée aux avantages tirés du délit, à 10 % du chiffre d'affaires moyen annuel, calculé sur les trois derniers chiffres d'affaires annuels connus à la date des faits.

Art. L. 132-18. – Les personnes physiques coupables du délit puni à l'article L. 132-17 encourent une interdiction, pour une durée de cinq ans au plus, d'exercer directement ou indirectement une activité commerciale.

Les personnes morales déclarées pénalement responsables, dans les conditions prévues à l'article 121-2 du Code pénal, du délit puni à l'article L. 132-17 encourent, outre l'amende suivant les modalités prévues à l'article 131-38 du Code pénal, les peines prévues aux 2° à 9° de l'article 131-39 du même code.

L'interdiction mentionnée au 2° du même article 131-39 porte sur l'activité dans l'exercice ou à l'occasion de l'exercice de laquelle l'infraction a été commise. Les peines prévues aux 2° à 7° de cet article ne peuvent être prononcées que pour une durée de cinq ans au plus.

Sous-section 5. – Vente ou prestation « à la boule de neige »

Art. L. 132-19. – Le fait de procéder à une vente ou une prestation « à la boule de neige » ou tout procédé analogue défini aux 1° et 2° de l'article L. 121-15 est puni d'un emprisonnement de deux ans et d'une amende de 300 000 euros.

Le montant de l'amende peut être porté, de manière proportionnée aux avantages tirés du délit, a 10 % du chiffre d'affaires moyen annuel, calculé sur les trois derniers chiffres d'affaires annuels connus à la date des faits.

L'infraction d'offre d'adhésion à une chaîne faisant espérer des gains financiers par la progression géométrique des adhérents prévue par l'article L. 122-6, 2°, du Code de la consommation suppose que soit établie la volonté de son auteur de proposer à des tiers de collecter une adhésion ou de s'inscrire sur une liste, moyennant une contrepartie de leur part, en leur faisant espérer un gain financier qui résulterait de la progression du nombre d'adhérents. Elle n'exige pas la preuve que la prévenu a conscience du caractère préjudiciable du système dit pyramidal (■ Cass. crim., 6 avr. 2016, n° 15-81.206 : *Dr. pén.* 2016, comm. 95, note J.-H. Robert).

Art. L. 132-20. – Les personnes physiques coupables du délit puni à l'article L. 132-19 encourent également à titre de peines complémentaires l'interdiction, suivant les modalités prévues à l'article 131-27 du Code pénal, soit d'exercer une fonction publique ou d'exercer l'activité professionnelle ou sociale dans l'exercice ou à l'occasion de l'exercice de laquelle l'infraction a été commise, soit d'exercer une profession commerciale ou industrielle, de diriger, d'administrer, de gérer ou de contrôler à un titre quelconque, directement ou indirectement, pour leur propre compte ou pour le compte d'autrui, une entreprise commerciale ou industrielle ou une société commerciale.

Ces interdictions d'exercice ne peuvent excéder une durée de cinq ans. Elles peuvent être prononcées cumulativement.

Les personnes morales déclarées responsables pénalement, dans les conditions prévues à l'article 121-2 du Code pénal, du délit puni à l'article L. 132-19 encourent, outre l'amende suivant les modalités prévues à l'article 131-38 du Code pénal, les peines prévues aux 2° à 9° de l'article 131-39 du même code.

L'interdiction mentionnée au 2° du même article 131-39 porte sur l'activité dans l'exercice ou à l'occasion de l'exercice de laquelle l'infraction a été commise. Les peines prévues aux 2° à 7° de cet article ne peuvent être prononcées que pour une durée de cinq ans au plus.

Sous-section 6. – Numéro téléphonique surtaxé

Art. L. 132-21. – **Tout manquement aux obligations relatives au numéro de téléphone d'assistance au consommateur mentionnées à l'article L. 121-16 est passible d'une amende administrative dont le montant ne peut excéder 3 000 euros pour une personne physique et 15 000 euros pour une personne morale.**

Cette amende est prononcée dans les conditions prévues au chapitre II du titre II du livre V.

Sous-section 7. – Paiement supplémentaire sans consentement exprès

Art. L. 132-22. – **Tout manquement à l'obligation de recueil du consentement exprès du consommateur dans les conditions prévues à l'article L. 121-17 est passible d'une amende administrative dont le montant ne peut excéder 3 000 euros pour une personne physique et 15 000 euros pour une personne morale.**

Cette amende est prononcée dans les conditions prévues au chapitre II du titre II du livre V.

Sous-section 8. – Frais de recouvrement

Art. L. 132-23. – **La violation de l'interdiction relative aux frais de recouvrement mentionnée à l'article L. 121-21 est punie d'un emprisonnement de deux ans et d'une amende de 300 000 euros.**

Le montant de l'amende peut être porté, de manière proportionnée aux avantages tirés du délit, a 10 % du chiffre d'affaires moyen annuel, calculé sur les trois derniers chiffres d'affaires annuels connus à la date des faits.

Sous-section 9. – Publicité portant sur des opérations commerciales réglementées

Art. L. 132-24. – **Le fait pour tout annonceur de diffuser ou faire diffuser une publicité interdite dans les conditions prévues à l'article L. 121-22 est passible d'une amende administrative dont le montant ne peut excéder 15 000 euros pour une personne physique et 75 000 euros pour une personne morale.**

Cette amende est prononcée dans les conditions prévues au chapitre II du titre II du livre V.

Section II. Pratiques commerciales réglementées

Sous-section 1. – Publicité comparative

Art. L. 132-25. – **Les infractions aux dispositions des articles L. 122-1 à L. 122-5 sont, le cas échéant, punies des peines prévues, d'une part, aux articles L. 132-2 à L. 132-9, d'autre part, aux articles L. 716-9 et L. 716-12 du Code de la propriété intellectuelle.**

....

Sous-section 3. – Appellation boulanger et enseigne de boulangerie

Art. L. 132-27 *(L. n° 2016-1691, 9 déc. 2016)*. – **Le fait de méconnaître les dispositions des articles L. 122-17 et L. 122-18 est puni d'une amende de 300 000 euros.**

Le montant de l'amende peut être porté, de manière proportionnée aux avantages tirés du délit, à 10 % du chiffre d'affaires moyen annuel, calculé sur les trois derniers chiffres d'affaires annuels connus à la date des faits.

Art. L. 132-28. – **Les personnes physiques coupables du délit puni à l'article L. 132-27 encourent également à titre de peines complémentaires l'interdiction, suivant les modalités prévues à l'article 131-27 du Code pénal, soit d'exercer une fonction publique ou d'exercer l'activité professionnelle ou sociale dans l'exercice ou à l'occasion de l'exercice de laquelle l'infraction a été commise, soit d'exercer une profession commerciale ou industrielle, de diriger, d'administrer, de gérer ou de contrôler à un titre quelconque, directement ou indirectement, pour leur propre compte ou pour le compte d'autrui, une entreprise commerciale ou industrielle ou une société commerciale.**

Ces interdictions d'exercice ne peuvent excéder une durée de cinq ans. Elles peuvent être prononcées cumulativement.

Les personnes morales déclarées responsables pénalement, dans les conditions prévues à l'article 121-2 du Code pénal, du délit puni à l'article L. 132-27 encourent, outre l'amende suivant les modalités prévues à l'article 131-38 de ce code, les peines prévues aux 2° à 9° de l'article 131-39 du même code.

L'interdiction mentionnée au 2° du même article 131-39 porte sur l'activité dans l'exercice ou à l'occasion de l'exercice de laquelle l'infraction a été commise. Les peines prévues aux 2° à 7° de cet article ne peuvent être prononcées que pour une durée de cinq ans au plus.

....

Livre 2. FORMATION ET EXÉCUTION DES CONTRATS

Titre premier. CONDITIONS GÉNÉRALES DES CONTRATS

Chapitre II. – Clauses abusives

Art. L. 212-1. – **Dans les contrats conclus entre professionnels et consommateurs, sont abusives les clauses qui ont pour objet ou pour effet de créer, au détriment du consommateur, un déséquilibre significatif entre les droits et obligations des parties au contrat.**

Sans préjudice des règles d'interprétation prévues aux articles 1156 à 1161, 1163 et 1164 du Code civil, le caractère abusif d'une clause s'apprécie en se référant, au moment de la conclusion du contrat, à toutes les circonstances qui entourent sa conclusion, de même qu'à toutes les autres clauses du contrat. Il s'apprécie également au regard de celles contenues dans un autre contrat lorsque les deux contrats sont juridiquement liés dans leur conclusion ou leur exécution.

L'appréciation du caractère abusif des clauses au sens du premier alinéa ne porte ni sur la définition de l'objet principal du contrat ni sur l'adéquation du prix ou de la rémunération au bien vendu ou au service offert pour autant que les clauses soient rédigées de façon claire et compréhensible.

Un décret en Conseil d'État, pris après avis de la commission des clauses abusives, détermine des types de clauses qui, eu égard à la gravité des atteintes qu'elles portent à l'équilibre du contrat, doivent être regardées, de manière irréfragable, comme abusives au sens du premier alinéa.

Un décret pris dans les mêmes conditions, détermine une liste de clauses présumées abusives ; en cas de litige concernant un contrat comportant une telle clause, le professionnel doit apporter la preuve du caractère non abusif de la clause litigieuse.

Ces dispositions sont applicables quels que soient la forme ou le support du contrat. Il en est ainsi notamment des bons de commande, factures, bons de garantie, bordereaux ou bons de livraison, billets ou tickets, contenant des stipulations négociées librement ou non ou des références à des conditions générales préétablies.

Art. L. 212-2. – **Les dispositions de l'article L. 212-1 sont également applicables aux contrats conclus entre des professionnels et des non-professionnels.**

Les dispositions de l'article L. 132-1 selon lesquelles sont réputées non écrites, parce qu'abusives, les clauses des contrats conclus entre professionnels et non-professionnels ou consommateurs, ne s'appliquent pas aux contrats de fourniture de biens ou de services qui ont un rapport direct avec l'activité professionnelle exercée par le cocontractant ; tel est le cas du contrat portant sur l'acquisition d'un logiciel de « gestion de marketing clients », qui a pour objet la gestion du fichier de la clientèle de la société (■ Cass. 1re civ., 30 janv. 1996 : *Bull. civ.* I, n° 55).

Titre II. RÈGLES DE FORMATION ET D'EXÉCUTION DE CERTAINS CONTRATS

Chapitre 1. Contrats conclus à distance et hors établissement

Section III. – Dispositions particulières applicables aux contrats conclus hors établissement

Art. L. 221-9. – **Le professionnel fournit au consommateur un exemplaire daté du contrat conclu hors établissement, sur papier signé par les parties ou, avec l'accord du consommateur, sur un autre support durable, confirmant l'engagement exprès des parties.**

Ce contrat comprend toutes les informations prévues à l'article L. 221-5.

Le contrat mentionne, le cas échéant, l'accord exprès du consommateur pour la fourniture d'un contenu numérique indépendant de tout support matériel avant l'expiration du délai de rétractation et, dans cette hypothèse, le renoncement de ce dernier à l'exercice de son droit de rétractation.

Le contrat est accompagné du formulaire type de rétractation mentionné au 2° de l'article L. 221-5

Art. L. 221-10. – Le professionnel ne peut recevoir aucun paiement ou aucune contrepartie, sous quelque forme que ce soit, de la part du consommateur avant l'expiration d'un délai de sept jours à compter de la conclusion du contrat hors établissement.

Toutefois, ne sont pas soumis aux dispositions du premier alinéa :

1° La souscription à domicile d'un abonnement à une publication quotidienne et assimilée au sens de l'article 39 *bis* du Code général des impôts ;

2° Les contrats à exécution successive, conclus dans les conditions prévues au présent chapitre et proposés par un organisme agréé ou relevant d'une décision de l'autorité administrative, ayant pour objet la fourniture de services mentionnés à l'article L. 7231-1 du Code du travail ;

3° Les contrats conclus au cours de réunions organisées par le vendeur à son domicile ou au domicile d'un consommateur ayant préalablement et expressément accepté que cette opération se déroule à son domicile ;

4° Les contrats ayant pour objet des travaux d'entretien ou de réparation à réaliser en urgence au domicile du consommateur et expressément sollicités par lui, dans la limite des pièces de rechange et travaux strictement nécessaires pour répondre à l'urgence.

Pour les contrats mentionnés aux 1° et 2°, le consommateur dispose d'un droit de résiliation du contrat à tout moment et sans préavis, frais ou indemnité et d'un droit au remboursement, dans un délai de quinze jours, des sommes versées au prorata de la durée du contrat restant à courir.

....

Chapitre 4. Règles spécifiques à des contrats ayant un objet particulier

Section VII. – Contrats d'utilisation de biens à temps partagé, contrats de produit de vacances à long terme, contrats de revente et contrats d'échange

Sous-section 1. Champs d'application et définitions

Art. L. 224-69. – Est soumis aux dispositions de la présente section tout contrat ou groupe de contrats, conclu à titre onéreux, par lequel un professionnel confère à un consommateur, directement ou indirectement, un droit ou un service d'utilisation de biens à temps partagé ou concernant des produits de vacances à long terme, ou de revente ou d'échange de tels droits ou services.

Est également soumis aux dispositions de la présente section le contrat de souscription ou de cession de parts ou actions de sociétés d'attribution d'immeubles en jouissance à temps partagé régi par la loi n° 86-18 du 6 janvier 1986 relative aux sociétés d'attribution d'immeubles en jouissance à temps partagé.

Art. L. 224-70. – Les contrats mentionnés au premier alinéa de l'article L. 224-69 sont ainsi définis :

1° Le contrat d'utilisation de biens à temps partagé est un contrat d'une durée de plus d'un an par lequel un consommateur acquiert, à titre onéreux, la jouissance d'un ou plusieurs biens immobiliers ou mobiliers, à usage d'habitation, pour des périodes déterminées ou déterminables ;

2° Le contrat de produit de vacances à long terme est un contrat d'une durée de plus d'un an par lequel un consommateur acquiert, à titre onéreux, un droit à hébergement pour une période déterminée ou déterminable assorti de réductions ou d'autres avantages ou services ;

3° Le contrat de revente est un contrat de service par lequel un professionnel, à titre onéreux, assiste un consommateur en vue de la vente, de la revente ou de l'achat d'un droit d'utilisation de biens à temps partagé ou d'un produit de vacances à long terme ;

4° Le contrat d'échange est un contrat à titre onéreux par lequel un consommateur accède à un système d'échange qui lui permet, en contrepartie de son contrat d'utilisation de biens à temps partagé ou de son contrat d'utilisation de biens à temps partagé ou de son contrat de produit de vacances à long terme, d'accéder à la jouissance d'un autre bien ou à un autre hébergement ou à d'autres services.

Pour les contrats visés aux 1° et 2°, la détermination de la durée minimale tient compte de toute clause contractuelle de reconduction ou de prorogation tacite les portant à une durée supérieure à un an.

Sous-section 2. Publicité

Art. L. 224-71. – Toute publicité relative à tout contrat ou groupe de contrats d'utilisation de biens à temps partagé, de produit de vacances à long terme ou de revente ou d'échange indique la possibilité d'obtenir les informations mentionnées aux articles L. 224-73 et L. 224-74.

Toute invitation à une manifestation ayant pour objet la vente ou la promotion d'un des produits ou services ci-dessus mentionnés indique clairement le but commercial et la nature de cette manifestation. Pendant la durée de celle-ci, le professionnel met à la disposition du consommateur les informations mentionnées aux articles L. 224-73 et L. 224-74.

Art. L. 224-72. – Les biens à temps partagé et produits de vacances à long terme proposés ne peuvent être présentés ni être vendus comme un investissement.

Sous-section 4 : Formation du contrat

Art. L. 224-79. – Le consommateur dispose d'un délai de quatorze jours francs pour se rétracter d'un des contrats mentionnés aux articles L. 224-69 et L. 224-70, sans avoir à indiquer de motif. Il dispose de ce droit à compter du jour de la conclusion du contrat ou du jour de sa réception, si cette réception est postérieure au jour de la conclusion dudit contrat, sans indemnité ni frais.

Art. L. 224-80. – Dans le cas où le professionnel n'a pas rempli et fourni au consommateur sur support papier ou sur tout autre support durable le formulaire de rétractation prévu au 5° de l'article L. 224-78, le consommateur dispose d'un délai de rétractation d'un an et quatorze jours à compter du jour de la conclusion du contrat ou du jour de sa réception.

Si le formulaire de rétractation est remis au consommateur sur support papier ou sur tout autre support durable dans l'année suivant le jour de la conclusion du contrat ou de sa réception, le délai de rétractation de quatorze jours commence à courir à compter du jour de la réception ou de la remise dudit formulaire.

Dans le cas où le professionnel n'a pas fourni au consommateur, par écrit, sur support papier ou sur tout autre support durable, les informations figurant aux articles L. 224-73 et L. 224-74 ainsi que le formulaire d'information correspondant, le consommateur dispose d'un délai de rétractation de trois mois et quatorze jours à compter du jour de la conclusion du contrat ou du jour de sa réception.

Si ces informations sont remises au consommateur dans les trois mois suivant le jour de la conclusion du contrat ou de sa réception, le délai de quatorze jours commence à courir à compter du jour de la réception ou de la remise des informations et du formulaire standard d'information.

Art. L. 224-81. – Si le consommateur souscrit simultanément un contrat d'utilisation de biens à temps partagé et un contrat d'échange, un seul délai de rétractation s'applique aux deux contrats.

....

Section IX. – Contrats d'achats de métaux précieux

Art. L. 224-97. – Toute opération d'achat de métaux précieux, notamment d'or, d'argent ou de platine, sous quelque forme que ce soit, par un professionnel auprès d'un consommateur fait l'objet d'un contrat écrit dont un exemplaire est remis au consommateur-vendeur au moment de sa conclusion.

Art. L. 224-98. – Le contrat prévu à l'article L. 224-97 comporte les mentions suivantes :

1° Le nom et l'adresse complète du professionnel-acheteur ou, s'il s'agit d'une personne morale, sa raison sociale et l'adresse de son siège social ;

2° Le numéro d'inscription au registre du commerce et des sociétés ou au répertoire des métiers ;

3° Le cas échéant, le numéro individuel d'identification, si le professionnel est assujetti à la taxe sur la valeur ajoutée et identifié par un numéro individuel en application de l'article 286 *ter* du Code général des impôts ;

4° Le nom et l'adresse complète du consommateur-vendeur ;

5° La date et l'adresse du lieu de conclusion du contrat ;

6° La désignation précise de la nature et des caractéristiques des biens objets du contrat, dont le poids et, le cas échéant, la pureté exprimée en millièmes ;

7° Le prix de vente ainsi que toutes taxes ou tous frais éventuels à la charge du consommateur-vendeur.

Le contrat comprend un formulaire détachable destiné à faciliter l'exercice du droit de rétractation dans les conditions prévues à l'article L. 224-99.

Les conditions de présentation de ce formulaire et les mentions devant figurer sur ce dernier sont précisées par décret en Conseil d'État.

Art. L. 224-99 *(L. n° 2017-203, 21 févr. 2017)*. – Le consommateur dispose d'un délai de quarante-huit heures à compter de la signature du contrat pour exercer son droit de rétractation, sans avoir à justifier de motifs ni à payer de pénalités. L'exercice du droit de rétractation met fin aux obligations des parties. Le consommateur doit alors rembourser au professionnel le prix perçu et, en contrepartie, ce dernier doit lui restituer le ou les objets achetés. À défaut de restituer le ou les objets achetés, le professionnel verse au consommateur une somme équivalente au double du prix de vente perçu pour le bien ou les objets achetés.

Ce délai de rétractation ne s'applique pas aux opérations d'or investissement.

TITRE 4. SANCTIONS

Chapitre 2. Règles de formation et d'exécution de certains contrats

Section I. – Contrats conclus à distance et hors établissement

Sous-section 2 : Sanctions pénales

Art. L. 242-5. – Le fait de ne pas remettre au client un exemplaire du contrat dans les conditions prévues à l'article L. 221-9 ou de remettre un contrat non conforme aux dispositions du même article est puni d'une peine d'emprisonnement de deux ans et d'une amende de 150 000 euros.

Art. L. 242-6. – L'absence du formulaire de rétractation détachable prévu à l'article L. 221-9 ou la remise d'un formulaire non conforme aux dispositions du 2° de l'article L. 221-5 est puni d'une peine d'emprisonnement de deux ans et d'une amende de 150 000 euros.

Art. L. 242-7 *(L. n° 2017-203, 21 févr. 2017)*. – Le fait d'exiger ou d'obtenir du client, en infraction aux dispositions de l'article L. 221-10 un paiement ou une contrepartie avant l'expiration du délai de sept jours à compter de la conclusion du contrat hors établissement est puni d'une peine d'emprisonnement de deux ans et d'une amende de 150 000 euros.

Art. L. 242-8. – Les personnes physiques déclarées coupables des délits punis aux articles L. 242-5 et L. 242-7 encourent également, à titre de peines complémentaires, l'interdiction, suivant les modalités prévues à l'article 131-27 du Code pénal, soit d'exercer une fonction publique ou d'exercer l'activité professionnelle ou sociale dans l'exercice ou à l'occasion de l'exercice de laquelle l'infraction a été commise, soit d'exercer une profession commerciale ou industrielle, de diriger, d'administrer, de gérer ou de contrôler à un titre quelconque, directement ou indirectement, pour leur propre compte ou pour le compte d'autrui, une entreprise commerciale ou industrielle ou une société commerciale.

Ces interdictions d'exercice ne peuvent excéder une durée de cinq ans. Elles peuvent être prononcées cumulativement.

Les personnes morales déclarées responsables pénalement, dans les conditions prévues à l'article 121-2 du Code pénal, des délits punis aux articles L. 242-5 et L. 242-7 encourent, outre l'amende suivant les modalités prévues à l'article 131-38 du Code pénal, les peines prévues aux 2° à 9° de l'article 131-39 du même code.

L'interdiction mentionnée au 2° du même article 131-39 porte sur l'activité dans l'exercice ou à l'occasion de l'exercice de laquelle l'infraction a été commise. Les peines prévues aux 2° à 7° de cet article ne peuvent être prononcées que pour une durée de cinq ans au plus.

Art. L. 242-9. – À l'occasion des poursuites pénales exercées contre le vendeur, le prestataire de services ou le démarcheur, en application des dispositions des articles L. 242-5 et L. 242-7 le consommateur qui s'est constitué partie civile est recevable à demander devant la juridiction répressive une somme égale au montant des paiements effectués ou des effets souscrits, sans préjudice de tous dommages et intérêts.

Les parties civiles qui ont fait l'acquisition de biens à l'occasion d'un démarchage à domicile non conforme aux dispositions protectrices du consommateur, si elles sont recevables, en application de l'article L. 121-31 du Code de la consommation devenu l'article L. 242-9 de ce code, à demander, devant la juridiction répressive, une somme égale au montant des paiements effectués ou des effets souscrits, peuvent également solliciter des dommages-intérêts en réparation des préjudices moral et matériel causés par l'infraction, selon les règles du droit commun (■ Cass. crim., 25 oct. 2016, n° 15-83.624).

Section IV. Règles spécifiques à des contrats ayant un objet particulier

Sous-section 6. – Contrats d'utilisation de biens à temps partagé, contrats de produit de vacances à long terme, contrats de revente et contrats d'échange

Sanctions pénales

Art. L. 242-27. – Le fait, pour tout annonceur de diffuser ou de faire diffuser une publicité non conforme aux obligations prévues aux dispositions des articles L. 224-71 et L. 224-72, est puni d'une amende de 150 000 euros.

Art. L. 242-28. – Le fait, pour tout professionnel, de soumettre à un consommateur une offre tendant à la conclusion de tout contrat ou groupe de contrats mentionnés aux articles L. 224-69 et L. 224-70, non conforme aux dispositions des articles L. 224-73 à L. 224-75 est puni d'une amende de 150 000 euros.

Art. L. 242-29. – Le fait, pour tout professionnel, d'exiger ou de recevoir du consommateur, directement ou indirectement, tout versement ou engagement de versement, à quelque titre et sous quelque forme que ce soit, avant l'expiration des délais de rétractation prévus aux articles L. 224-79, L. 224-80 et L. 224-81 est puni d'une amende de 300 000 euros.

Art. L. 242-30. – Le fait pour tout professionnel, directement ou indirectement, de faire supporter au consommateur qui exerce son droit de rétractation des coûts, y compris ceux afférents à d'éventuels services fournis avant l'exercice du droit de rétractation est puni d'une amende de 300 000 euros.

Art. L. 242-31. – Les personnes physiques déclarées coupables de l'une des infractions punies aux articles L. 242-27 à L. 242-30 encourent également, à titre de peines complémentaires, l'interdiction, suivant les modalités prévues à l'article 131-27 du Code pénal, soit d'exercer une fonction publique ou d'exercer l'activité professionnelle ou sociale dans l'exercice ou à l'occasion de l'exercice de laquelle l'infraction a été commise, soit d'exercer une profession commerciale ou industrielle, de diriger, d'administrer, de gérer ou de contrôler à un titre quelconque, directement ou indirectement, pour leur propre compte ou pour le compte d'autrui, une entreprise commerciale ou industrielle ou une société commerciale.

Ces interdictions d'exercice ne peuvent excéder une durée de cinq ans. Elles peuvent être prononcées cumulativement.

Les personnes morales déclarées responsables pénalement, dans les conditions prévues à l'article 121-2 du Code pénal, de l'une des infractions punies aux articles L. 242-27 à L. 242-30 encourent, outre l'amende suivant les modalités prévues à l'article 131-38 du Code pénal, les peines prévues aux 2° à 9° de l'article 131-39 du même code.

L'interdiction mentionnée au 2° de même article 131-39 porte sur l'activité dans l'exercice ou à l'occasion de l'exercice de laquelle l'infraction a été commise. Les peines prévues aux 2° à 7° de cet article ne peuvent être prononcées que pour une durée de cinq ans au plus.

Sous-section 7. – Contrats de courtage matrimonial

Sanctions pénales

Art. L. 242-33. – Le fait, pour un professionnel, sous prétexte d'une présentation de candidats au mariage ou à une union stable, de mettre en présence ou de faire communiquer des personnes dont l'une est rémunérée par lui, ou se trouve placée, directement ou indirectement, sous son autorité, ou n'a pas effectué de demande

en vue du mariage ou d'une union stable, est puni des peines prévues aux articles 313-1 à 313-3 du Code pénal.

Le fait, pour un professionnel, de promettre d'organiser des rencontres en vue de la réalisation d'un mariage ou d'une union stable avec une personne fictive, est puni des mêmes peines.

....

Sous-section 8. – Contrats d'achat de métaux précieux

Sanctions pénales

Art. L. 242-36. – Le fait de ne pas remettre au client un exemplaire du contrat prévu à l'article L. 224-97 ou de remettre un contrat non conforme aux dispositions de l'article L. 224-98 est puni d'une peine d'emprisonnement de deux ans et d'une amende de 150 000 euros.

Art. L. 242-37. – Le non-respect des obligations prévues à l'article L. 224-99 est puni d'une peine d'emprisonnement de deux ans et d'une amende de 150 000 euros.

Art. L. 242-38. – Les personnes physiques déclarées coupables des infractions punies aux articles L. 242-36 et L. 242-37 encourent également à titre de peines complémentaires l'interdiction, suivant les modalités prévues à l'article 131-27 du Code pénal, soit d'exercer une fonction publique ou d'exercer l'activité professionnelle ou sociale dans l'exercice ou à l'occasion de l'exercice de laquelle l'infraction a été commise, soit d'exercer une profession commerciale ou industrielle, de diriger, d'administrer, de gérer ou de contrôler à un titre quelconque, directement ou indirectement, pour leur propre compte ou pour le compte d'autrui, une entreprise commerciale ou industrielle ou une société commerciale.

Ces interdictions d'exercice ne peuvent excéder une durée de cinq ans. Elles peuvent être prononcées cumulativement.

Les personnes morales déclarées responsables pénalement, dans les conditions prévues à l'article 121-2 du Code pénal, des infractions punies aux articles L. 242-36 et L. 242-37 encourent, outre l'amende suivant les modalités prévues à l'article 131-38 du Code pénal, les peines prévues aux 2° à 9° de l'article 131-39 du même code.

L'interdiction mentionnée au 2° de l'article 131-39 de ce code porte sur l'activité dans l'exercice ou à l'occasion de l'exercice de laquelle l'infraction a été commise.

Les peines prévues aux 2° à 7° de cet article ne peuvent être prononcées que pour une durée de cinq ans au plus.

....

Livre III. CRÉDIT

Titre Ier – OPÉRATIONS DE CRÉDIT

Chapitre 2. Crédit à la consommation

Section V. – Formation du contrat de crédit

Art. L. 312-22. – L'exercice par l'emprunteur de son droit de rétractation ne peut donner lieu à enregistrement sur un fichier.

....

Art. L. 312-25. – Pendant un délai de sept jours à compter de l'acceptation du contrat par l'emprunteur, aucun paiement, sous quelque forme et à quelque titre que ce soit, ne peut être fait par le prêteur à l'emprunteur ou pour le compte de celui-ci, ni par l'emprunteur au prêteur.

Pendant ce même délai, l'emprunteur ne peut non plus faire, au titre de l'opération en cause, aucun dépôt au profit du prêteur ou pour le compte de celui-ci.

Si une autorisation du prélèvement sur son compte bancaire est signée par l'emprunteur, sa validité et sa prise d'effet sont subordonnées à celles du contrat de crédit.

....

Section IX. – Crédit affecté

Art. L. 312-53. – Dans les cas de résolution du contrat de vente ou de prestations de services prévus à l'article L. 312-52, le vendeur ou le prestataire de services rembourse, sur simple demande, toute somme que l'acheteur aurait versée d'avance sur le prix.

....

Chapitre 3. Crédit immobilier

Section V. – Formation du contrat de crédit

Art. L. 313-24 *(Ord. n° 2016-351, 25 mars 2016)*. **– Pour les prêts mentionnés à l'article L. 313-1, le prêteur formule par écrit une offre adressée gratuitement sur papier ou sur un autre support durable à l'emprunteur ainsi qu'aux cautions déclarées par l'emprunteur lorsqu'il s'agit de personnes physiques.**

Cette offre est accompagnée de la fiche d'information standardisée européenne mentionnée à l'article L. 313-7 lorsque ses caractéristiques sont différentes des informations contenues dans la fiche d'information fournie précédemment le cas échéant.

Art. L. 313-25 *(Ord. n° 2016-351, 25 mars 2016 ; L. n° 2016-1691, 9 déc. 2016 ; Ord. n° 2017-1090, 1er juin 2017)*. **– L'offre mentionnée à l'article L. 313-1 :**

1° Mentionne l'identité des parties et éventuellement des cautions déclarées ;

2° Précise la nature, l'objet, les modalités du prêt, notamment celles qui sont relatives aux dates et conditions de mise à disposition des fonds ;

3° Pour les offres de prêts dont le taux d'intérêt est fixe, comprend un échéancier des amortissements détaillant pour chaque échéance la répartition du remboursement entre le capital et les intérêts ;

4° Pour les offres de prêts dont le taux d'intérêt est variable ou révisable, est accompagnée d'une notice présentant les conditions et modalités de variation du taux d'intérêt et d'un document d'information contenant une simulation de l'impact d'une variation de ce taux sur les mensualités, la durée du prêt et le coût total du crédit. Cette simulation ne constitue pas un engagement du prêteur à l'égard de l'emprunteur quant à l'évolution effective des taux d'intérêt pendant le prêt et à son impact sur les mensualités, la durée du prêt et le coût total du crédit. Le document d'information mentionne le caractère indicatif de la simulation et l'absence de responsabilité du prêteur quant à l'évolution effective des taux d'intérêt pendant le prêt et à son impact sur les mensualités, la durée du prêt et le coût total du crédit ;

5° Indique, outre le montant du crédit susceptible d'être consenti et, le cas échéant, celui de ses fractions périodiquement disponibles, son coût total, son taux défini conformément aux articles L. 314-1 à L. 314-4 ainsi que, s'il y a lieu, les modalités de l'indexation ;

6° Énonce, en donnant une évaluation de leur coût, les stipulations, les assurances et les sûretés réelles ou personnelles exigées, qui conditionnent la conclusion du prêt ;

7° Mentionne que l'emprunteur peut souscrire auprès de l'assureur de son choix une assurance dans les conditions fixées aux articles L. 313-29 et L. 313-30 et précise les documents que doit contenir la demande de substitution ;

8° Fait état des conditions requises pour un transfert éventuel du prêt à une tierce personne ;

9° Rappelle les dispositions de l'article L. 313-34 ;

10° Indique si le prêt est subordonné à la condition de domiciliation mentionnée à l'article L. 313-25-1. Si c'est le cas, sont mentionnés la durée de celle-ci, le cas échéant les frais d'ouverture et de tenue du compte sur lequel les salaires ou revenus assimilés sont domiciliés, ainsi que la nature de l'avantage individualisé consenti en contrepartie par le prêteur. L'offre doit permettre d'identifier clairement cet avantage en mentionnant les conditions, de taux ou autres, au regard desquelles elle est établie, et qui seraient appliquées par le prêteur si l'exigence de domiciliation n'était plus respectée par l'emprunteur.

Le cas échéant, l'information relative aux différents contrats de crédit composant une opération de financement peut figurer dans l'offre.

....

Art. L. 313-30 *(L. n° 2017-203, 21 févr. 2017)*. – Jusqu'à la signature par l'emprunteur de l'offre mentionnée à l'article L. 313-14, le prêteur ne peut pas refuser en garantie un autre contrat d'assurance dès lors que ce contrat présente un niveau de garantie équivalent au contrat d'assurance de groupe qu'il propose. Il en est de même lorsque l'emprunteur fait usage du droit de résiliation mentionné au premier alinéa de l'article L. 113-12-2 du Code des assurances ou au deuxième alinéa de l'article L. 221-10 du Code de la mutualité dans un délai de douze mois à compter de la signature de l'offre de prêt mentionnée à l'article L. 313-14 ou qu'il fait usage du droit de résiliation annuel mentionné au deuxième alinéa de l'article L. 113-12 du Code des assurances ou au premier alinéa de l'article L. 221-10 du Code de la mutualité. Toute décision de refus doit être motivée.

Art. L. 313-31 *(L. n° 2017-203, 21 févr. 2017)*. – Si l'offre mentionnée à l'article L. 313-24 a été émise, le prêteur notifie à l'emprunteur sa décision d'acceptation ou de refus et lui adresse, s'il y a lieu, l'offre modifiée mentionnée à l'article L. 313-27, dans un délai de dix jours ouvrés à compter de la réception de la demande de substitution.

Si l'emprunteur fait usage du droit de résiliation du contrat d'assurance en application du deuxième alinéa de l'article L. 113-12 du Code des assurances, du premier alinéa de l'article L. 113-12-2 du même code, ou des premier ou deuxième alinéas de l'article L. 221-10 du Code de la mutualité, le prêteur notifie à l'emprunteur sa décision d'acceptation ou de refus dans un délai de dix jours ouvrés à compter de la réception d'un autre contrat d'assurance.

En cas d'acceptation, le prêteur modifie par voie d'avenant le contrat de crédit conformément à l'article L. 313-39 en y mentionnant, notamment, le nouveau taux annuel effectif global calculé, conformément aux articles L. 314-1 à L. 314-4, en se fondant sur les informations transmises par l'assureur délégué dans les conditions fixées au deuxième alinéa de l'article L. 313-28.

Lorsque l'avenant comporte un ou plusieurs éléments chiffrés sur le coût de l'assurance, ce coût est exprimé selon les modalités définies à l'article L. 313-8.

Le prêteur ne peut exiger de frais supplémentaires de l'emprunteur pour l'émission de cet avenant.

....

Art. L. 313-34. – L'envoi de l'offre oblige le prêteur à maintenir les conditions qu'elle indique pendant une durée minimale de trente jours à compter de sa réception par l'emprunteur.

L'offre est soumise à l'acceptation de l'emprunteur et des cautions, personnes physiques, déclarées. L'emprunteur et les cautions ne peuvent accepter l'offre que dix jours après qu'ils l'ont reçue. L'acceptation est donnée par lettre, le cachet de l'opérateur postal faisant foi, ou selon tout autre moyen convenu entre les parties de nature à rendre certaine la date de l'acceptation par l'emprunteur.

....

Art. L. 313-38. – Lorsque le contrat en vue duquel le prêt a été demandé n'est pas conclu dans le délai fixé en application des dispositions de l'article L. 313-36, l'emprunteur rembourse la totalité des sommes que le prêteur lui aurait déjà effectivement versées ou qu'il aurait versées pour son compte ainsi que les intérêts y afférents ; le prêteur ne peut retenir ou demander que des frais d'étude dont le montant maximum est fixé suivant un barème déterminé par décret.

Le montant de ces frais ainsi que les conditions dans lesquelles ils sont perçus figurent distinctement dans l'offre.

Section VI. – Contrat principal

Art. L. 313-41. – Lorsque l'acte mentionné à l'article L. 313-40 indique que le prix est payé, directement ou indirectement, même partiellement, à l'aide d'un ou plusieurs prêts régis par les dispositions des sections 1 à 5 et de la section 7 du présent chapitre, cet acte est conclu sous la condition suspensive de l'obtention

du ou des prêts qui en assument le financement. La durée de validité de cette condition suspensive ne peut être inférieure à un mois à compter de la date de la signature de l'acte ou, s'il s'agit d'un acte sous seing privé soumis à peine de nullité à la formalité de l'enregistrement, à compter de la date de l'enregistrement.

Lorsque la condition suspensive prévue au premier alinéa n'est pas réalisée, toute somme versée d'avance par l'acquéreur à l'autre partie ou pour le compte de cette dernière est immédiatement et intégralement remboursable sans retenue ni indemnité à quelque titre que ce soit.

....

Section VIII. – Location-vente et location assortie d'une promesse de vente

Art. L. 313-58. – L'envoi de l'offre oblige le bailleur à maintenir les conditions qu'elle indique pendant une durée minimale de trente jours à compter de sa réception par le preneur.

L'offre est soumise à l'acceptation du preneur qui ne peut accepter l'offre que dix jours après qu'il l'a reçue. L'acceptation est notifiée par lettre, le cachet de la poste faisant foi.

Art. L. 313-59. – Jusqu'à l'acceptation de l'offre, le preneur ne peut faire aucun dépôt, souscrire ou avaliser aucun effet de commerce, signer aucun chèque ni aucune autorisation de prélèvement sur compte bancaire ou postal au profit du bailleur ou pour le compte de celui-ci.

Art. L. 313-62. – En cas de location assortie d'une promesse de vente, l'acte constatant la levée de l'option est conclu sous la condition suspensive prévue à l'article L. 313-41.

Lorsque cette condition n'est pas réalisée, le bailleur restitue toutes sommes versées par le preneur à l'exception des loyers et des frais de remise en état du bien.

Chapitre 4. Dispositions communes au crédit à la consommation et au crédit immobilier

Section I. – Taux d'intérêts

Sous-section 1. Taux effectif global

Art. L. 314-5. – Le taux effectif global déterminé selon les modalités prévues aux articles L. 314-1 à L. 314-4 est mentionné dans tout écrit constatant un contrat de prêt régi par la présente section.

Sous-section 2. – Taux d'usure

Art. L. 314-6 *(Ord. n° 2016-351, 25 mars 2016)*. **– Constitue un prêt usuraire tout prêt conventionnel consenti à un taux effectif global qui excède, au moment où il est consenti, de plus du tiers, le taux effectif moyen pratiqué au cours du trimestre précédent par les établissements de crédit et les sociétés de financement pour des opérations de même nature comportant des risques analogues, telles que définies par l'autorité administrative après avis du Comité consultatif du secteur financier. Les catégories d'opérations pour les prêts aux particuliers n'entrant pas dans le champ d'application du 1° de l'article L. 313-1 ou ne constituant pas une opération de crédit d'un montant supérieur à 75 000 euros destiné à financer, pour les immeubles à usage d'habitation ou à usage professionnel et d'habitation, les dépenses relatives à leur préparation, leur amélioration ou leur entretien sont définies à raison du montant des prêts.**

Les crédits accordés à l'occasion de ventes à tempérament sont, pour l'application de la présente section, assimilés à des prêts conventionnels et considérés comme usuraires dans les mêmes conditions que les prêts d'argent ayant le même objet.

Chapitre 5. Prêt viager hypothécaire

Section II. – Publicité

Art. L. 315-4. – Toute publicité faite, reçue ou perçue en France qui, quel que soit son support, porte sur une opération de prêt viager hypothécaire défini à l'article L. 315-1 est loyale et informative.

À ce titre, elle mentionne :

1° L'identité du prêteur, la nature de l'opération proposée, son coût total et le taux effectif global, à l'exclusion de tout autre taux, calculé par tranches de cinq ans, ainsi que les perceptions forfaitaires ;

2° Les modalités du terme de l'opération proposée.

Elle reproduit les dispositions des articles L. 315-11 et L. 341-43.

Art. L. 315-5. – Lorsque la publicité est écrite et quel qu'en soit le support, les informations relatives à la nature de l'opération, aux conditions de détermination du taux effectif global et, s'il s'agit d'un taux promotionnel, à la période durant laquelle ce taux s'applique, figurent dans une taille de caractères au moins aussi importante que celle utilisée pour indiquer toute autre information relative aux caractéristiques du financement et sont inscrites dans le corps principal du texte publicitaire.

Art. L. 315-6. – Sont interdites de toute publicité :

1° La mention qu'un prêt peut être octroyé sans élément d'information permettant d'apprécier la situation financière et patrimoniale de l'emprunteur ;

2° L'indication de la ressource supplémentaire qu'offre le prêt si elle n'est suivie d'une information sur les modalités du terme de l'opération telles que prévues par les dispositions des articles L. 315-20 et L. 315-21.

Art. L. 315-7. – L'offre préalable de crédit doit être distincte de tout support ou document publicitaire.

Section III. – Formation du contrat de crédit

Art. L. 315-9 *(L. n° 2017-203, 21 févr. 2017)*. – L'opération de prêt viager hypothécaire est conclue dans les termes d'une offre préalable comportant les mentions suivantes :

1° L'identité des parties et la date d'acceptation de l'offre ;

2° La désignation exacte du bien hypothéqué, conforme aux exigences de la publicité foncière ;

3° La valeur du bien hypothéqué estimée par un expert choisi par les parties et les frais afférents à l'expertise mis à la charge de l'emprunteur ;

4° La nature du prêt ;

5° Les modalités du prêt et, notamment, les dates et les conditions de mise à disposition des fonds ;

6° En cas de versements échelonnés du capital, l'échéancier des versements périodiques distinguant la part du capital de celle des intérêts accumulés sur ces sommes durant la durée prévisionnelle du prêt et permettant à l'emprunteur de connaître le moment où il aura épuisé l'actif net de son logement ;

7° Lorsque le capital est versé en une seule fois, un état des intérêts accumulés sur ces sommes durant la durée prévisionnelle du prêt, permettant à l'emprunteur de connaître le moment où il aura épuisé l'actif net de son logement ;

8° À partir d'exemples représentatifs établis en fonction d'hypothèses relatives, notamment, à la durée du prêt, le coût global du crédit, le taux effectif global défini conformément aux dispositions des articles L. 314-1 à L. 314-4 ainsi que, s'il y a lieu, les modalités de l'indexation ;

9° La durée de validité de l'offre ;

10° En cas de remboursement périodique des intérêts, l'échéancier des versements périodiques d'intérêts pour les prêts dont le taux d'intérêt est fixe, ou la simulation de l'impact d'une variation du taux sur les mensualités d'intérêts pour les prêts dont le taux d'intérêt est variable. Cette simulation ne constitue pas un engagement du prêteur à l'égard de l'emprunteur quant à l'évolution effective des taux d'intérêt pendant le prêt et à son impact sur les mensualités.

L'offre reproduit les dispositions des articles L. 315-10 à L. 315-15, L. 315-20 et L. 341-55.

Art. L. 315-10. – La remise de l'offre oblige le prêteur à maintenir les conditions qu'elle comporte pendant une durée minimale de trente jours à compter de son émission.

Art. L. 315-11. – L'acceptation de l'offre ne peut intervenir que dix jours après sa réception par l'emprunteur. Elle fait alors l'objet d'un acte notarié.

Jusqu'à l'acceptation de l'offre par l'emprunteur, aucun versement sous quelque forme que ce soit ne peut être fait, au titre de l'opération en cause, par le prêteur à l'emprunteur ou pour le compte de celui-ci, ni par l'emprunteur au prêteur.

Jusqu'à cette acceptation, l'emprunteur ne peut, au même titre, faire aucun dépôt, souscrire ou avaliser aucun effet de commerce ou signer aucun chèque. Si une autorisation de prélèvement sur compte bancaire ou postal est signée par l'emprunteur, sa validité et sa prise d'effet sont subordonnées à celle du contrat de crédit.

Section V. – Plafonnement de la dette

Art. L. 315-15. – La dette de l'emprunteur ou de ses ayants droit ne peut jamais excéder la valeur de l'immeuble appréciée lors de l'échéance du terme.

Lorsque le créancier hypothécaire met en jeu sa garantie à l'échéance du terme, si la dette est alors inférieure à la valeur de l'immeuble, la différence entre cette valeur et le montant de la créance est versée, selon le cas, à l'emprunteur ou à ses héritiers.

En cas d'aliénation du bien, la valeur de l'immeuble est égale à la valeur indiquée dans l'acte de cession sous réserve des dispositions de l'article L. 315-21.

Section VI. – Remboursement anticipé

Art. L. 315-18. – Le remboursement anticipé ne peut donner lieu à aucune indemnité ni à aucun coût à la charge de l'emprunteur autres que ceux qui sont mentionnés aux articles L. 315-16 et L. 315-17.

Titre II ACTIVITÉ D'INTERMÉDIAIRE

Chapitre II. – Protection des débiteurs et des emprunteurs

Art. L. 322-1. – Il est interdit pour un intermédiaire de se charger ou de se proposer moyennant rémunération :

1° D'examiner la situation d'un débiteur en vue de l'établissement d'un plan de remboursement ;

2° De rechercher pour le compte d'un débiteur l'obtention de délais de paiement ou d'une remise de dette.

3° D'intervenir, pour le compte du débiteur, sous quelque forme que ce soit, pour les besoins de la procédure de surendettement.

Art. L. 322-2. – Toute publicité diffusée par ou pour le compte d'une personne physique ou morale qui apporte son concours, à quelque titre que ce soit et de quelque manière que ce soit, directement ou indirectement, à l'obtention d'un ou plusieurs prêts d'argent par un particulier, à l'exception des opérations de crédit mentionnées à l'article L. 312-1, comporte, de manière apparente, la mention suivante :

« Aucun versement, de quelque nature que ce soit, ne peut être exigé d'un particulier, avant l'obtention d'un ou plusieurs prêts d'argent. »

Cette publicité indique le nom et l'adresse de l'établissement de crédit, des établissements de crédit, de la société de financement ou des sociétés de financement pour le compte duquel, desquels, de laquelle ou desquelles l'intermédiaire exerce son activité.

Art. L. 322-3. – Toute publicité et tout document destinés aux emprunteurs et diffusés par ou pour le compte d'un intermédiaire de crédit au sens du 3° de l'article L. 311-1 indiquent, de manière apparente, l'étendue des pouvoirs de l'intermédiaire, et notamment s'il travaille à titre exclusif avec un ou plusieurs prêteurs ou en qualité de courtier indépendant.

....

Titre IV. – SANCTIONS

Chapitre Ier. – Opérations de crédit

Section I. – Crédit à la consommation

Sous-section 2. – Formation et exécution du contrat

Sanctions pénales

Art. L. 341-12. – Le fait pour le prêteur ou le vendeur de réclamer ou de recevoir, en infraction aux dispositions de l'article L. 312-25 ainsi que, pour un contrat de crédit affecté, à celles de l'article L. 312-50, de l'emprunteur ou de l'acheteur un paiement sous quelque forme que ce soit, est puni d'une amende de 300 000 euros.

Art. L. 341-13. – Le fait de faire signer des formules de prélèvements sur comptes bancaires contenant des clauses contraires aux dispositions de l'article L. 312-25 et, pour un contrat de crédit affecté, à celles de l'article L. 312-50 est puni d'une amende de 300 000 euros.

Art. L. 341-14. – Le fait de faire souscrire ou accepter ou avaliser par l'emprunteur ou l'acheteur des lettres de change ou des billets à ordre est puni d'une amende de 300 000 euros.

Art. L. 341-15. – Le fait d'enregistrer ou faire enregistrer sur un fichier, en infraction aux dispositions de l'article L. 312-22, le nom des personnes faisant usage de la faculté de rétractation, est puni d'une amende de 300 000 euros.

Art. L. 341-16. – Le fait de faire signer par un même client une ou plusieurs offres de contrat de crédit d'un montant total en capital supérieur à la valeur payable à crédit du bien acheté ou de la prestation de services fournie est puni d'une amende de 300 000 euros.

Art. L. 341-17. – Le fait pour le vendeur ou le prestataire de services, en méconnaissance des dispositions de l'article L. 312-53, de ne pas rembourser les sommes dues à l'acheteur, est puni d'une amende de 300 000 euros.

Art. L. 341-18. – Les personnes physiques coupables des délits punis aux articles L. 341-12 à L. 341-17 encourent également à titre de peines complémentaires l'interdiction, suivant les modalités prévues à l'article 131-27 du Code pénal, soit d'exercer une fonction publique ou d'exercer l'activité professionnelle ou sociale dans l'exercice ou à l'occasion de l'exercice de laquelle l'infraction a été commise, soit d'exercer une profession commerciale ou industrielle, de diriger, d'administrer, de gérer ou de contrôler à un titre quelconque, directement ou indirectement, pour leur propre compte ou pour le compte d'autrui, une entreprise commerciale ou industrielle ou une société commerciale.

Ces interdictions d'exercice ne peuvent excéder une durée de cinq ans. Elles peuvent être prononcées cumulativement.

Section II. – Crédit immobilier

Sous-section 1. – Publicité et informations générales

Art. L. 341-37 *(Ancien article L. 341-26 dénum. et mod . à compter du 1er juillet 2016, Ord. n° 2016-351, 25 mars 2016)*. – Le fait pour le prêteur ou le bailleur de ne pas respecter l'une des obligations prévues aux articles L. 313-24 et L. 313-25 et au deuxième alinéa de l'article L. 313-38 est puni d'une amende de 150 000 euros.

Art. L. 341-38 *(Ancien article L. 341-27 dénum. et mod . à compter du 1er juillet 2016, Ord. n° 2016-351, 25 mars 2016)*. – Le fait pour le prêteur ou le bailleur de ne pas respecter l'une des obligations prévues à l'article L. 313-55 pour un contrat de location-vente et de vente assortie d'une promesse de vente, est puni d'une amende de 150 000 euros.

Art. L. 341-39 *(Ancien article L. 341-28 dénum. et mod . à compter du 1er juillet 2016, Ord. n° 2016-351, 25 mars 2016)*. – Le fait pour le prêteur de ne pas respecter l'une des obligations prévues aux articles L. 313-30 et L. 313-31 est puni d'une amende de 3 000 euros.

Art. L. 341-40 *(Ancien article L. 341-29 dénum. et mod . à compter du 1er juillet 2016, Ord. n° 2016-351, 25 mars 2016)*. – Le fait pour le prêteur de faire souscrire par l'emprunteur ou les cautions déclarées ou de recevoir de leur part l'acceptation de l'offre sans que celle-ci comporte de date ou dans le cas où elle comporte une date fausse de nature à faire croire qu'elle a été donnée après expiration du délai de dix jours prescrit à l'article L. 313-34, est puni d'une amende de 300 000 euros.

Art. L. 341-41 *(Ancien article L. 341-30 dénum. et mod . à compter du 1er juillet 2016, Ord. n° 2016-351, 25 mars 2016)*. – Le fait pour le bailleur de faire souscrire par le preneur ou de recevoir de sa part l'acceptation de l'offre sans que celle-ci comporte de date ou dans le cas où elle comporte une date fausse de nature à faire croire qu'elle a été donnée après l'expiration du délai de dix jours prescrit à l'article L. 313-58 pour un contrat de location-vente ou de location assortie d'une promesse de vente, est puni d'une amende de 300 000 euros.

Art. L. 341-42 *(Ancien article L. 341-31 dénum. et mod . à compter du 1er juillet 2016, Ord. n° 2016-351, 25 mars 2016)*. – Le fait pour le prêteur ou le bailleur, en infraction aux dispositions de l'article L. 313-35 ou, pour un contrat de location-vente et de location assortie d'une promesse de vente, à celles de l'article

L. 313-59, d'accepter de recevoir de l'emprunteur ou du preneur, ou pour le compte d'un de ces derniers, un versement ou un dépôt, un chèque ou un effet de commerce souscrit, endossé ou avalisé à son profit ou d'utiliser une autorisation de prélèvement sur compte bancaire ou postal, est puni d'une amende de 300 000 euros.

Art. L. 341-43 *(Ancien article L. 341-32 dénum. et mod . à compter du 1er juillet 2016, Ord. n° 2016-351, 25 mars 2016).* – Le fait pour le prêteur, en infraction aux dispositions de l'article L. 313-38, pour le vendeur, en infraction aux dispositions de l'article L. 313-41 ou pour le bailleur, en infraction aux dispositions de l'article L. 313-62 pour un contrat de location-vente et de location assortie d'une promesse de vente de ne pas restituer les sommes mentionnées à ces articles, est puni d'une amende de 300 000 euros.

Art. L. 341-44 *(Anciens articles L. 341-33 et L. 341-34 dénum. et rempl. à compter du 1er juillet 2016, Ord. n° 2016-351, 25 mars 2016).* – Les personnes physiques coupables des délits punis aux articles L. 341-37, L. 341-38 et L. 341-40 à L. 341-43 encourent également à titre de peines complémentaires l'interdiction, suivant les modalités prévues à l'article 131-27 du Code pénal, soit d'exercer une fonction publique ou d'exercer l'activité professionnelle ou sociale dans l'exercice ou à l'occasion de l'exercice de laquelle l'infraction a été commise, soit d'exercer une profession commerciale ou industrielle, de diriger, d'administrer, de gérer ou de contrôler à un titre quelconque, directement ou indirectement, pour leur propre compte ou pour le compte d'autrui, une entreprise commerciale ou industrielle ou une société commerciale.

Ces interdictions d'exercice ne peuvent excéder une durée de cinq ans. Elles peuvent être prononcées cumulativement.

Art. L. 341-46. – Le fait pour le prêteur de réclamer à l'emprunteur ou au preneur ou de retenir sur son compte des sommes supérieures à celles qu'il est autorisé à réclamer ou à retenir en application des dispositions des articles L. 313-49, L. 313-52, L. 313-60 ou L. 313-61 est puni d'une amende de 300 000 euros.

Les personnes physiques encourent également à tire de peines complémentaires l'interdiction, suivant les modalités prévues à l'article L. 131-27 du Code pénal, soit d'exercer une fonction publique ou d'exercer l'activité professionnelle ou sociale dans l'exercice ou à l'occasion de l'exercice de laquelle l'infraction a été commise, soit d'exercer une profession commerciale ou industrielle, de diriger, d'administrer, de gérer ou de contrôler à un titre quelconque, directement ou indirectement, pour leur propre compte ou pour le compte d'autrui, une entreprise commerciale ou industrielle ou une société commerciale.

Ces interdictions d'exercice ne peuvent excéder une durée de cinq ans. Elles peuvent être prononcées cumulativement.

Section III. – Taux d'intérêt

Art. L. 341-49. – Le fait de ne pas respecter les dispositions de l'article L. 314-5 est puni d'une amende de 150 000 euros.

Les personnes physiques coupables encourent également à titre de peines complémentaires l'interdiction, suivant les modalités prévues à l'article 131-27 du Code pénal, soit d'exercer une fonction publique ou d'exercer l'activité professionnelle ou sociale dans l'exercice ou à l'occasion de l'exercice de laquelle l'infraction a été commise, soit d'exercer une profession commerciale ou industrielle, de diriger, d'administrer, de gérer ou de contrôler à un titre quelconque, directement ou indirectement, pour leur propre compte ou pour le compte d'autrui, une entreprise commerciale ou industrielle ou une société commerciale.

Ces interdictions d'exercice ne peuvent excéder une durée de cinq ans. Elles peuvent être prononcées cumulativement.

Art. L. 341-50. – Le fait de consentir à autrui un prêt usuraire ou d'apporter à quelque titre et de quelque manière que ce soit, directement ou indirectement, son concours à l'obtention ou à l'octroi d'un prêt usuraire ou d'un prêt qui deviendrait usuraire au sens de l'article L. 314-6 du fait de son concours est puni d'un emprisonnement de deux ans et d'une amende de 300 000 euros.

En cas de condamnation, le tribunal peut en outre ordonner :

1° La publication intégrale, ou par extraits, de sa décision, aux frais du condamné, dans les journaux qu'il désigne, ainsi que l'affichage de cette décision dans les conditions prévues à l'article 131-35 du Code pénal ;

2° La fermeture, pour une durée de cinq ans au plus ou définitive, de l'entreprise dont l'une des personnes chargées de l'administration ou de la direction est condamnée en application de l'alinéa premier du présent article, assortie éventuellement de la nomination d'un administrateur ou d'un liquidateur ;

3° L'interdiction, suivant les modalités prévues par l'article 131-27 du Code pénal, soit d'exercer une fonction publique ou d'exercer l'activité professionnelle ou sociale dans l'exercice ou à l'occasion de l'exercice de laquelle l'infraction a été commise, soit d'exercer une profession commerciale ou industrielle, de diriger, d'administrer, de gérer ou de contrôler à un titre quelconque, directement ou indirectement, pour son propre compte ou pour le compte d'autrui, une entreprise commerciale ou industrielle ou une société commerciale. Ces interdictions d'exercice ne peuvent excéder une durée de cinq ans. Elles peuvent être prononcées cumulativement.

En cas de fermeture, le tribunal fixe la durée pendant laquelle le délinquant ou l'entreprise doit continuer à payer à son personnel les salaires, indemnités et rémunérations de toute nature auxquels celui-ci avait droit jusqu'alors ; cette durée ne saurait excéder trois mois.

Art. L. 341-51. – En ce qui concerne le délit mentionné à l'article L. 341-50, la prescription de l'action publique court à compter du jour de la dernière perception, soit d'intérêt, soit de capital.

....

Section V. – Prêt viager hypothécaire

Art. L. 341-56. – Le fait pour l'annonceur de diffuser ou de faire diffuser une publicité non conforme aux obligations prévues aux articles L. 315-4 à L. 315-7 est puni d'une amende 150 000 euros.

Art. L. 341-57. – Le fait pour le prêteur d'accorder un prêt viager hypothécaire sans saisir l'emprunteur d'une offre préalable conforme à l'article L. 315-9 ou dans des conditions non conformes aux articles L. 315-10 et L. 315-11, est puni d'une amende de 150 000 euros.

Art. L. 341-58. – Le fait pour le prêteur de ne pas restituer les sommes dues en application de l'article L. 315-15 à l'échéance du terme lorsque la dette est inférieure à la valeur de l'immeuble, est puni d'une amende de 300 000 euros.

Art. L. 341-59. – Le fait pour le prêteur de réclamer à l'emprunteur des sommes supérieures à celles dont il est autorisé à demander le versement en application de l'article L. 315-18, est puni d'une amende de 300 000 euros.

Chapitre II. – Activité d'intermédiaire

Section II. Sanctions pénales

Art. L. 342-2. – Le fait pour l'annonceur de diffuser ou de faire diffuser une publicité non conforme aux obligations prévues à l'article L. 322-2 est puni d'une amende de 150 000 euros.

Art. L. 342-3. – Le non-respect des dispositions de l'article L. 322-3 est puni d'une amende de 150 000 euros.

Art. L. 342-4. – Le fait pour l'intermédiaire de crédit de ne pas respecter les obligations prévues à l'article L. 322-4 est puni d'une amende de 150 000 euros.

Art. L. 342-5. – Le fait pour l'intermédiaire de crédit de percevoir une somme d'argent à l'occasion d'une des opérations mentionnées à l'article L. 322-1 est puni d'un emprisonnement d'un an et d'une amende de 300 000 euros.

Le tribunal peut en outre ordonner, aux frais du condamné, la publication intégrale ou par extraits du jugement dans les journaux qu'il fixe, sans que le coût de cette publication puisse excéder le montant de l'amende encourue.

Art. L. 342-6. – Les personnes physiques coupables des délits punis aux articles L. 342-2 à L. 342-5 encourent également à titre de peines complémentaires l'interdiction, suivant les modalités prévues à

l'article 131-27 du Code pénal, soit d'exercer une fonction publique ou d'exercer l'activité professionnelle ou sociale dans l'exercice ou à l'occasion de l'exercice de laquelle l'infraction a été commise, soit d'exercer une profession commerciale ou industrielle, de diriger, d'administrer, de gérer ou de contrôler à un titre quelconque, directement ou indirectement, pour leur propre compte ou pour le compte d'autrui, une entreprise commerciale ou industrielle ou une société commerciale.

Ces interdictions d'exercice ne peuvent excéder une durée de cinq ans. Elles peuvent être prononcées cumulativement.

....

Livre IV. – CONFORMITÉ ET SÉCURITÉ DES PRODUITS ET SERVICES

Titre 1er. – CONFORMITÉ

Chapitre III. – Falsifications et autres infractions relatives aux produits

Section I. – Falsifications

Art. L. 413-1. – Il est interdit :

1° De falsifier des produits servant à l'alimentation humaine ou animale, des boissons et des produits agricoles ou naturels destinés à être vendus ;

2° D'exposer, de mettre en vente ou de vendre des produits servant à l'alimentation humaine ou animale, des boissons et des produits agricoles ou naturels, sachant qu'ils sont falsifiés, corrompus ou toxiques ;

3° D'exposer, de mettre en vente ou de vendre, en connaissant leur destination, des produits, objets ou appareils propres à effectuer la falsification des produits servant à l'alimentation humaine ou animale, des boissons ou des produits agricoles ou naturels ;

4° D'inciter à l'emploi des produits, objets ou appareils mentionnés au 3° par le moyen de brochures, circulaires, prospectus, affiches, annonces ou instructions quelconques.

L'infraction est constituée même au cas où la falsification nuisible est connue de l'acheteur ou du consommateur.

Art. L. 413-2. – Il est interdit de détenir, sans motif légitime, dans tous les lieux de fabrication, de production, de conditionnement, de stockage, de dépôt ou de vente, dans les véhicules utilisés pour le transport des marchandises, ainsi que dans les lieux où sont hébergés ou abattus les animaux dont la viande ou les produits sont destinés à l'alimentation humaine ou animale :

1° Des poids ou instruments de mesure faux ou autres appareils inexacts servant au pesage ou au mesurage des marchandises ;

2° Des produits servant à l'alimentation humaine ou animale, des boissons, des produits agricoles ou naturels dont le détenteur sait qu'ils sont falsifiés, corrompus ou toxiques ;

3° Des produits, objets ou appareils propres à effectuer la falsification des produits servant à l'alimentation humaine ou animale, des boissons ou des produits agricoles ou naturels.

Art. L. 413-3. – Les dispositions des articles L. 413-1 et L. 413-2 ne sont pas applicables aux fruits frais et légumes frais, fermentés ou corrompus.

Art. L. 413-4. – Il est interdit d'apposer ou de faire apparaître par addition, retranchement ou par une altération quelconque sur des produits, de fausses indications concernant le nom du fabricant, la raison sociale ou le lieu de fabrication.

Section II. – Autres infractions relatives aux produits

Art. L. 413-5. – Il est interdit à tout professionnel d'exposer ou de mettre en vente des produits marqués de noms faux ou altérés.

Art. L. 413-6. – Il est interdit de supprimer, masquer, altérer ou modifier frauduleusement de quelque façon que ce soit, les noms, signatures, monogrammes, lettres, chiffres, numéros de série, emblèmes, signes de toute nature apposés ou intégrés sur ou dans les marchandises et servant à les identifier de manière physique ou électronique.

Art. L. 413-7. – Il est interdit d'exposer, mettre en vente, vendre ou détenir dans des locaux utilisés à des fins professionnelles, des marchandises dont les signes d'identification ont été altérés.

Art. L. 413-8. – Il est interdit, sur des produits naturels ou fabriqués, détenus ou transportés en vue de la vente, mis en vente ou vendus, d'apposer ou d'utiliser une marque de fabrique ou de commerce, un nom, un signe ou une indication quelconque de nature à faire croire, s'ils sont étrangers, qu'ils ont été fabriqués en France ou qu'ils sont d'origine française et, dans tous les cas, qu'ils ont une origine différente de leur véritable origine française ou étrangère. Toutefois, ces dispositions ne sont pas applicables lorsque le produit porte, en caractères manifestement apparents, l'indication de la véritable origine.

En ce qui concerne les produits français, la raison sociale, le nom et l'adresse du vendeur ne constituent pas nécessairement une indication d'origine.

Chapitre IV. – Dispositions relatives à certains établissements

Art. L. 414-1. – Les établissements traitant par ionisation des denrées destinées à l'alimentation humaine ou animale font l'objet d'un agrément par l'autorité administrative dans des conditions prévues par décret en Conseil d'État.

Toutefois, l'agrément n'est pas requis lorsque ces établissements traitent par ionisation des denrées dont la liste est définie par décret en Conseil d'État.

Titre III. – VALORISATION DES PRODUITS ET SERVICES

Chapitre Ier – Appellations d'origine

Section I. – Définition et condition d'utilisation

Art. L. 431-1. – Constitue une appellation d'origine la dénomination d'un pays, d'une région ou d'une localité servant à désigner un produit qui en est originaire et dont la qualité ou les caractères sont dus au milieu géographique, comprenant des facteurs naturels et des facteurs humains.

Art. L. 431-2. – Il est interdit :

1° De délivrer une appellation d'origine contrôlée sans satisfaire aux conditions prévues à l'article L. 642-3 du Code rural et de la pêche maritime ;

2° De délivrer une appellation d'origine contrôlée qui n'a pas fait l'objet de l'homologation prévue à l'article L. 641-7 du Code rural et de la pêche maritime ;

3° D'utiliser ou de tenter d'utiliser frauduleusement une appellation d'origine ou une indication géographique définie à l'article L. 721-2 du Code de la propriété intellectuelle ;

4° D'apposer ou de faire apparaître, par addition, retranchement ou par une altération quelconque, sur des produits, naturels ou fabriqués, mis en vente ou destinés à être mis en vente, une appellation d'origine ou une indication géographique définie à l'article L. 721-2 du Code de la propriété intellectuelle, en la sachant inexacte ;

5° De faire croire ou tenter de faire croire qu'un produit bénéficie d'une appellation d'origine ou d'une indication géographique définie au même article L. 721-2 ;

6° De faire croire ou de tenter de faire croire qu'un produit assorti d'une appellation d'origine ou d'une indication géographique définie au même article L. 721-2 est garanti par l'État ou par un organisme public ;

7° De mentionner sur un produit la présence dans sa composition d'un autre produit bénéficiant d'une appellation d'origine ou d'une indication géographique lorsque cette mention détourne ou affaiblit la réputation de l'appellation ou de l'indication concernée.

Chapitre II. – Autres signes d'identification de l'origine et de la qualité

Section I. – Label rouge

Art. L. 432-1. – Les dispositions applicables au label rouge sont prévues à la sous-section 1 de la section 1 du chapitre 1er du titre IV du livre VI du Code rural et de la pêche maritime.

Art. L. 432-2. – Il est interdit :

1° De délivrer un label rouge sans satisfaire aux conditions prévues à l'article L. 642-3 du Code rural et de la pêche maritime ;

2° De délivrer un label rouge qui n'a pas fait l'objet de l'homologation prévue à l'article L. 641-4 du Code rural et de la pêche maritime ;

3° De délivrer un label rouge en méconnaissance de l'article L. 641-2 du Code rural et de la pêche maritime ;

4° D'utiliser ou de tenter d'utiliser frauduleusement un label rouge ;

5° D'apposer ou de faire apparaître, par addition, retranchement ou par une altération quelconque, sur des produits, naturels ou fabriqués, mis en vente ou destinés à être mis en vente, un label rouge en le sachant inexact ;

6° D'utiliser un mode de présentation faisant croire ou de nature à faire croire qu'un produit bénéficie d'un label rouge ;

7° De faire croire ou de tenter de faire croire qu'un produit assorti d'un label rouge est garanti par l'État ou par un organisme public.

Section II. – Appellation d'origine protégée, indication géographique protégée, spécialité traditionnelle garantie

Art. L. 432-3. – Les dispositions applicables aux appellations d'origine protégées, aux indications géographiques protégées et aux spécialités traditionnelles garanties sont prévues au chapitre 1er du titre IV du livre VI du Code rural et de la pêche maritime.

Art. L. 432-4. – Il est interdit :

1° De délivrer une appellation d'origine protégée, une indication géographique protégée ou une spécialité traditionnelle garantie sans satisfaire aux conditions prévues à l'article L. 642-3 du Code rural et de la pêche maritime ;

2° De délivrer une appellation d'origine protégée, une indication géographique protégée ou une spécialité traditionnelle garantie qui n'a pas fait l'objet de l'homologation prévue respectivement aux articles L. 641-10, L. 641-11 et L. 641-12 du Code rural et de la pêche maritime ;

3° D'utiliser ou de tenter d'utiliser frauduleusement une appellation d'origine protégée, une indication géographique protégée ou une spécialité traditionnelle garantie ;

4° D'apposer ou de faire apparaître, par addition, retranchement ou par une altération quelconque, sur des produits, naturels ou fabriqués, mis en vente ou destinés à être mis en vente, une appellation d'origine protégée, une indication géographique protégée ou une spécialité traditionnelle garantie en les sachant inexactes ;

5° D'utiliser un mode de présentation faisant croire ou de nature à faire croire qu'un produit bénéficie d'une appellation d'origine protégée, d'une indication géographique protégée ou d'une spécialité traditionnelle garantie ;

6° De faire croire ou de tenter de faire croire qu'un produit assorti d'une spécialité traditionnelle garantie, d'une appellation d'origine protégée ou d'une indication géographique protégée est garanti par l'État ou par un organisme public.

Section III. – Agriculture biologique

Art. L. 432-5. – Les dispositions applicables à la mention « agriculture biologique » sont prévues à la sous-section 5 de la section 1 du chapitre 1er du titre IV du livre VI du Code rural et de la pêche maritime.

Art. L. 432-6. – Il est interdit :

1° De délivrer une mention « agriculture biologique » sans satisfaire aux conditions prévues à l'article L. 642-3 du Code rural et de la pêche maritime ;

2° De délivrer une mention « agriculture biologique » à un produit qui ne remplit pas les conditions, rappelées à l'article L. 641-13 du Code rural et de la pêche maritime, pour en bénéficier ;

3° D'utiliser ou de tenter d'utiliser frauduleusement le signe « agriculture biologique » ;

4° D'utiliser un mode de présentation faisant croire ou de nature à faire croire qu'un produit a la qualité de produit de l'agriculture biologique ;

5° De faire croire ou de tenter de faire croire qu'un produit ayant la qualité de produit de l'agriculture biologique est garanti par l'État ou par un organisme public.

Chapitre III. – Certification de conformité

Section I. – Produits agricoles et denrées alimentaires

Art. L. 433-2. – Il est interdit :

1° De délivrer un certificat de conformité sans satisfaire aux conditions prévues à l'article L. 641-23 du Code rural et de la pêche maritime ;

2° De délivrer un certificat de conformité en méconnaissance de l'article L. 641-21 du Code rural et de la pêche maritime ;

3° D'utiliser ou de tenter d'utiliser frauduleusement un certificat de conformité ;

4° D'apposer ou de faire apparaître, par addition, retranchement ou par une altération quelconque, sur des produits, naturels ou fabriqués, mis en vente ou destinés à être mis en vente, un certificat de conformité en le sachant inexact ;

5° D'utiliser un mode de présentation faisant croire ou de nature à faire croire qu'un produit bénéficie d'un certificat de conformité ;

6° De faire croire ou de tenter de faire croire qu'un produit assorti d'un certificat de conformité est garanti par l'État ou par un organisme public ;

7° De se prévaloir de l'engagement d'une démarche de certification sans que celle-ci ait été enregistrée conformément à l'article L. 641-22 du Code rural et de la pêche maritime.

Art. L. 433-9. – Il est interdit :

1° De délivrer, en violation des dispositions prévues aux articles L. 433-3 à L. 433-7, un titre, un certificat ou tout autre document attestant qu'un produit ou un service présente certaines caractéristiques ayant fait l'objet d'une certification ;

2° D'utiliser tout moyen de nature à faire croire faussement qu'un organisme satisfait aux conditions définies aux articles L. 433-3 à L 433-7.

Titre IV. – FRAUDES

Chapitre unique. – Tromperies

Art. L. 441-1. – Il est interdit pour toute personne, partie ou non au contrat, de tromper ou tenter de tromper le contractant, par quelque moyen ou procédé que ce soit, même par l'intermédiaire d'un, tiers :

1° Soit sur la nature, l'espèce, l'origine, les qualités substantielles, la composition ou la teneur en principes utiles de toutes marchandises ;

2° Soit sur la quantité des choses livrées ou sur leur identité par la livraison d'une autre que la chose déterminée qui a fait l'objet du contrat ;

3° Soit sur l'aptitude à l'emploi, les risques inhérents à l'utilisation du produit, les contrôles effectués les modes d'emploi ou les précautions à prendre.

Les dispositions du présent article sont également applicables aux prestations de services.

Art. L. 441-2. – Est interdite la pratique de l'obsolescence programmée qui se définit par le recours à des technique par lesquelles le responsable de la mise sur le marché d'un produit vise à en réduire délibérément la durée de vie pour en augmenter le taux de remplacement.

Titre V. – SANCTIONS

Chapitre premier. Conformité

Section I. – Obligation générale de conformité

Art. L. 451-1 *(L. n° 2017-203, 21 févr. 2017)*. – Le fait pour l'opérateur de ne pas procéder à l'information prévue à l'article L. 411-2 est puni d'une peine d'un an d'emprisonnement et de 150 000 euros d'amende.

Section II. – Falsifications

Art. L. 451-1-1 *(L. n° 2017-203, 21 févr. 2017)*. – La violation des interdictions prévues à l'article L. 413-1 est punie d'une peine d'emprisonnement de deux ans et d'une amende de 300 000 euros.

Art. L. 451-2. – **La violation des interdictions prévues à l'article L. 413-1 est punie d'une peine d'emprisonnement de sept ans et d'une amende de 750 000 euros :**

1° Si la substance falsifiée ou corrompue est nuisible à la santé humaine ou animale ;

2° Si les faits ont été commis en bande organisée.

1) Réglementation. Les dispositions nationales limitatives relatives aux additifs à but nutritionnel autorisés dans l'alimentation humaine, sont justifiées, au regard des articles 30 et 36, devenus 28 et 30 du Traité instituant la Communauté européenne, par la protection de la santé publique (■ Cass. crim., 5 sept. 2000 : *Bull. crim.*, n° 261).

2) Est justifiée la condamnation d'une dirigeante de société pour infraction à l'article L. 213-3 du Code de la consommation dès lors que les compléments alimentaires fabriqués et commercialisés sans autorisation préalable comportaient des ingrédients non admis par la réglementation nationale et dont la consommation est restée négligeable dans la communauté (■ Cass. crim., 29 juin 2004 : *Dr. pénal* 2004, comm. 160, obs. J.-H. Robert).

3) Ne donne pas de base légale à sa décision la cour d'appel qui déclare coupables de falsification les prévenus poursuivis pour avoir importé des compléments alimentaires auxquels ont été incorporées de la coenzyme Q10 ainsi que diverses vitamines, sans rechercher si l'utilisation de ces substances, dont il était allégué qu'elles étaient en vente libre dans plusieurs États membres de la Communauté européenne, présentaient un risque pour la santé publique et sans vérifier, par ailleurs, si la procédure d'autorisation, prévue par la réglementation nationale, présentait toutes les garanties nécessaires pour préserver les droits des importateurs de produits comportant de tels additifs (■ Cass. crim., 27 mars 2007 : *Bull. crim.*, n° 93 ; *Rev. sc. crim.* 2008, p. 84, obs. C. Ambroise-Casterot).

4) Justifie sa décision la cour d'appel qui, pour déclarer le prévenu coupable d'exposition, de mise en vente ou vente, connaissant leur destination, des matières propres à effectuer la falsification des vins, énonce que l'adjonction d'albumine de sang est interdite par l'article 15 du règlement 822/87/CEE du 16 mars 1987, modifié par le règlement 2087/97/CEE, portant organisation commune du marché viticole, alors applicable dans tous les états membres ; c'est à bon droit qu'il a été fait application de ce règlement, entré en vigueur le 1er novembre 1997 et directement applicable sans mesure portant réception en droit interne, l'invocation des dispositions de l'article L. 214-3 du Code de la consommation étant inopérant (■ Cass. crim., 4 nov. 2003 : *Dr. pénal* 2004, comm. 38, obs. J.-H. Robert).

5) La falsification d'un produit est constituée par le recours à une manipulation ou à un traitement illicite ou non conforme à la réglementation en vigueur, de nature à en altérer la substance. Tel est le cas du coupage de vins d'appellation contrôlée et de vins de table, interdit par le règlement (CEE) n° 2202/89 du 20 juillet 1989, pris pour l'application du règlement (CEE) n° 822/87 du 16 mars 1987, lequel constitue l'une des mesures d'exécution prévues par les articles L. 214-1 et L. 214-3 du Code de la consommation (■ Cass. crim., 10 oct. 2006 : *Bull. crim.*, n° 247 ; *Dr. pénal* 2007, comm. 22, obs. J.-H. Robert).

6) Caractérisation des délits. La falsification d'un produit implique le recours à une manipulation ou à un traitement illicite ou non conforme à la réglementation en vigueur de nature à en altérer la constitution physique. En l'absence de toute manipulation illicite la falsification d'un vin ne peut être déduite des seules erreurs ou irrégularités commises lors de la déclaration de récolte (■ Cass. crim., 15 déc. 1993 : *Bull. crim.*, n° 392).

7) L'infraction, pour être constituée, suppose que les juges caractérisent en quoi les produits dont ils font état ont été falsifiés, soit par l'addition d'une substance chimique non autorisée, soit par tout autre procédé ou substance non autorisée par la réglementation en vigueur, et recherchent, ce qu'ils n'ont pas fait, si des produits mis en vente, par la prévenue n'étaient pas propres à effectuer la falsification des denrées alimentaires (■ Cass. crim., 7 oct. 2003 : *Dr. pénal* 2004, comm. 39, obs., J.-H. Robert. Sur ces 2 arrêts : *Rev. sc. crim.* 2004, p. 102, obs. C. Ambroise-Casterot).

8) Constitue le délit de vente de denrée alimentaire toxique, le fait de commercialiser sciemment un produit naturel dangereux pour la santé, basé, en l'espèce, d'algue bleue, ayant déjà provoqué des désordres intestinaux chez l'homme et des décès chez l'animal (■ Cass. crim., 4 févr., 1998 : *Dr. pénal* 1998, comm. 85, obs. J.-H. Robert),

9) Caractérise le délit prévu par l'article L. 213-3, alinéa 1, 4°, la vente par un président de société, en connaissance de cause, d'objets destinés à permettre aux viticulteurs d'opérer une manipulation ou un traitement non conforme à la réglementation en vigueur (■ Cass. crim., 23 mai 2000 : *Dr. pénal* 2000, comm. 115, obs. J.-H. Robert).

10) Pour l'adjonction irrégulière de sucre au moût de raisin (■ Cass. crim., 23 janv. 2001 : *Dr.*

pénal 2001, comm. 89, obs. J.-H. Robert), ou de sucre de betterave (■ Cass. crim., 17 sept. 2002 : *Bull. crim.*, n° 166, préc. sous art. L. 213-1).

11) Compléments alimentaires. Le produit, commercialisé comme complément alimentaire est soumis à la réglementation applicable aux denrées alimentaires dès lors qu'il n'est pas un médicament, ni un produit diététique soumis à la réglementation des aliments destinés à une alimentation particulière. Par application de l'article 1er du décret du 15 avril 1912, il ne peut pas, dès lors, être additionné de produits chimiques autres que ceux dont l'emploi est autorisé par arrêté ministériel (■ Cass. crim., 1er juin 1999 : *Bull. crim.*, n° 116.-5 sept. 2000 : *Bull. crim.*, n° 261), à moins qu'ils puissent relever des dispositions du règlement 258/97 CE du 27 janvier 1997 relatif aux nouveaux aliments et aux nouveaux ingrédients alimentaires (■ Cass. crim.. 1er avr. 2003 : *Bull. crim.*, n° 82).

12) *Adde*, sur cette question des compléments alimentaires et leur incompatibilité éventuelle avec les interdictions nationales françaises (■ Cass. crim., 23 mars 2004, 2 arrêts : *JurisData* nos 2004-023198 et 2004-023197 ; *Dr. pénal* 2004, comm. 93, obs. J.-H. Robert).

13) Requalification. Constitue le délit de falsification de denrées servant à l'alimentation des animaux, puni par l'article L. 213-3 1° du Code de la consommation de deux ans d'emprisonnement, et non celui d'administration de substances anabolisantes aux animaux dont la chair ou les produits sont destinés à l'alimentation humaine, puni par la loi n° 84-609 du 16 juillet 1984 de six mois d'emprisonnement, les faits reprochés au prévenu, qui consistaient à ajouter du clenbutérol à des aliments destinés à des veaux, et non à distribuer aux animaux les aliments ainsi falsifiés (■ Cass. crim., 21 mars 2006 : *Bull. crim.*, n° 84).

14) Cumul de qualifications. La mise en vente, sur le territoire national, d'un produit non conforme à la réglementation communautaire caractérise l'élément matériel des délits de tromperies et de mise en vente de denrées falsifiées. Il incombe au vendeur de s'assurer, par tous moyens, de la conformité dudit produit aux prescriptions européennes : justifie ainsi sa décision la cour d'appel qui pour retenir les délits précités à charge d'un professionnel ayant revendu en France un lot de moût concentré rectifié acheté en Espagne, énonce que ce dernier, qui n'a pas eu recours à la seule méthode de contrôle utile pour détecter la présence de sucre de betterave, à savoir l'analyse par résonance magnétique nucléaire, a effectué une vérification insuffisante (■ Cass. crim., 17 sept. 2002 : *Bull. crim.*, n° 166 ; *Dr. pénal* 2002, comm. 125, obs. J.-H. Robert).

Voir : L. Marville et I. Haye, L'évolution *récente* du statut juridique des *compléments alimentaires et sécurité des consommateurs : JCP* E 2007, p. 1821.

Art. L. 451-3. – La violation des interdictions prévues à l'article L. 413-2 est punie d'une peine d'emprisonnement d'un an et d'une amende de 150 000 euros.

Art. L. 451-4. – La violation des interdictions prévues à l'article L. 413-2 est punie d'une peine d'emprisonnement de deux ans et d'une amende de 300 000 euros si la substance alimentaire falsifiée ou corrompue est nuisible à la santé humaine ou animale.

1) Le délit de détention de boissons falsifiées, prévu par l'article 4 de la loi du 1er août 1905, devenu L. 213-4 du Code de la consommation, est constitué, en son élément matériel, par le fait pour un importateur ayant procédé aux opérations de dédouanement d'entreposer dans les cuves d'un tiers un vin mouillé, et, en son élément intentionnel, par le fait pour ce professionnel de ne pas s'assurer de la qualité marchande du produit au moment d'en prendre livraison (■ Cass. crim., 22 août 1995 : *Bull. crim.*, n° 96).

2) Nul ne peut être puni d'une peine qui n'est pas prévue par la loi ; dès lors, encourt d'office la cassation, par voie de retranchement, l'arrêt d'une cour d'appel qui prononce l'interdiction des droits civiques, civils et de famille à l'encontre d'un prévenu déclaré coupable de détention de denrées corrompues ou toxiques alors que les textes réprimant cette infraction ne prévoient pas une telle interdiction (■ Cass. crim.. 25 sept. 1995 : *Bull. crim.*, n° 277).

3) L'élément intentionnel du délit est constitué par le fait pour un professionnel de ne pas s'assurer de la qualité de la marchandise conservée (■ Cass. crim., 1er sept. 2015, n° 14-84.677 : *Dr. pén.* 2015, comm. 166,

4) L'aggravation de peine prévue par le deuxième alinéa de l'article L. 213-4 du Code de la consommation pour détention de substances alimentaires falsifiées ou corrompues ou de substances médicamenteuses falsifiées, nuisibles à la santé de l'homme ou de l'animal, n'est pas applicable à la détention de produits, objets ou appareils propres à effectuer la falsification de denrées alimentaires (■ Cass. crim., 21 janv. 2003 : *Bull. crim.*, n° 14 ; *Dr. pénal* 2003, comm. 49, obs. J.-H. Robert ; *Rev. sc. crim.* 2004, p. 101, obs. C. Ambroise-Casterot).

Art. L. 451-5. – Le montant des peines d'amende prévues aux articles L. 451-1 à L. 451-4 peut être porté, de manière proportionnée aux avantages tirés du délit, à 10 % du chiffre d'affaires moyen annuel, calculé sur les trois derniers chiffres d'affaires annuels connus à la date des faits.

Art. L. 451-6. – Les personnes physiques coupables des délits punis aux articles L 451-1 à L. 451-4 encourent également à titre de peines complémentaires l'interdiction, suivant les modalités prévues par l'article 131-27 du Code pénal, soit d'exercer une fonction publique ou d'exercer l'activité professionnelle ou sociale dans l'exercice ou à l'occasion de l'exercice de laquelle l'infraction a été commise, soit d'exercer une profession commerciale ou industrielle, de diriger, d'administrer, de gérer ou de contrôler à un titre quelconque, directement ou indirectement, pour leur propre compte ou pour le compte d'autrui, une entreprise commerciale ou industrielle ou une société commerciale. Ces interdictions d'exercice peuvent être prononcées cumulativement.

Les personnes morales déclarées responsables pénalement, dans les conditions prévues par l'article 121-2 du Code pénal, des délits punis aux articles L. 451-1 à L. 451-4 encourent, outre l'amende suivant les modalités prévues par l'article 131-38 du Code pénal, les peines prévues par les 2° à 9° de l'article 131-39 du même code.

L'interdiction mentionnée au 2° de l'article 131-39 du Code pénal porte sur l'activité dans l'exercice ou à l'occasion de l'exercice de laquelle l'infraction a été commise.

Art. L. 451-7. – En cas de condamnation pour les faits réprimés au 1° de l'article L. 451-2, le tribunal peut prononcer en outre :

1° L'affichage et la diffusion de la décision dans les conditions prévues à l'article 131-35 du Code pénal ;

2° La diffusion d'un ou plusieurs messages. Le jugement fixe les termes de ces messages et les modalités de leur diffusion et impartit à la personne condamnée un délai pour y faire procéder ; en cas de carence, il est procédé à cette diffusion à la diligence du ministère public aux frais de la personne condamnée ;

3° Le retrait des produits sur lesquels a porté le délit et, dans les mêmes conditions, l'interdiction de la prestation de services.

Lorsque l'affichage est ordonné à la porte des magasins de la personne condamnée, l'exécution du jugement ne peut être entravée par la vente du fonds de commerce réalisée postérieurement à la première décision qui a ordonné l'affichage.

Art. L. 451-8. – Le défaut de diffusion dans le délai imparti des messages prévus à l'article L. 451-7 est puni d'une peine d'emprisonnement de deux ans et d'une amende de 300 000 euros.

Section II. – Infractions relatives aux produits

Art. L. 451-9. – La violation des interdictions prévues à l'article L. 413-4 est punie d'une peine d'emprisonnement de deux ans et d'une amende de 300 000 euros.

Art. L. 451-10. – La violation des interdictions prévues à l'article L. 413-5 est punie d'une peine d'emprisonnement de deux ans et d'une amende de 300 000 euros.

Art. L. 451-11. – La violation des interdictions prévues à l'article L. 413-6 est punie d'une peine d'emprisonnement de deux ans et d'une amende de 300 000 euros.

Art. L. 451-12. – La violation des interdictions prévues à l'article L. 413-7 est punie d'une peine d'emprisonnement d'un an et d'une amende de 150 000 euros.

Art. L. 451-13. – La violation des interdictions prévues à l'article L. 413-8 est punie d'une peine d'emprisonnement de deux ans et d'une amende de 300 000 euros.

Art. L. 451-14. – La violation des interdictions prévues à l'article L. 413-9 est punie d'une peine d'emprisonnement de deux ans et d'une amende de 300 000 euros.

Art. L. 451-15. – Les personnes physiques coupables des délits punis aux articles L. 451-9 à L. 451-14 encourent également à titre de peines complémentaires l'interdiction, suivant les modalités prévues à

l'article 131-27 du Code pénal, soit d'exercer une fonction publique ou d'exercer l'activité professionnelle ou sociale dans l'exercice ou à l'occasion de l'exercice de laquelle l'infraction a été commise, soit d'exercer une profession commerciale ou industrielle, de diriger, d'administrer, de gérer ou de contrôler à un titre quelconque, directement ou indirectement, pour leur propre compte ou pour le compte d'autrui, une entreprise commerciale ou industrielle ou une société commerciale.

Ces interdictions d'exercice ne peuvent excéder une durée de cinq ans. Elles peuvent être prononcées cumulativement.

Les personnes morales déclarées responsables pénalement, dans les conditions prévues à l'article 121-2 du Code pénal, des délits punis aux articles L. 451-9 à L. 451-14 encourent, outre l'amende suivant les modalités prévues à l'article 131-38 du même code, les peines prévues aux 2° à 9° de l'article 131-39 de ce code.

L'interdiction mentionnée au 2° du même article 131-39 porte sur l'activité dans l'exercice ou à l'occasion de l'exercice de laquelle l'infraction a été commise. Les peines prévues aux 2° à 7° de cet article ne peuvent être prononcées que pour une durée de cinq ans au plus.

Art. L. 451-16. – En cas de condamnation pour les faits punis aux articles L. 451-9 à L. 451-12, le tribunal peut en outre ordonner l'affichage et la diffusion du jugement dans les conditions prévues à l'article 131-35 du Code pénal.

Section III. – Dispositions relatives à certains établissements

Art. L. 451-17. – Le fait de procéder à des traitements par ionisation sans être titulaire de l'agrément prévu à l'article L. 414-1 est puni d'une peine d'emprisonnement d'un an et d'une amende de 15 000 euros.

Fait une juste application de l'article L. 218-7 du Code de la consommation qui sanctionne l'inexécution des mesures correctives ordonnées notamment pour assurer la mise en conformité des produits avec la réglementation en vigueur dans les termes de l'article L. 218-5 du même code, la cour d'appel qui retient que, en qualité d'organe de la personne morale et pour le compte de celle-ci, le président du conseil d'administration d'une société spécialisée dans la fabrication et la vente d'huiles essentielles et d'hydrolats aromatiques, malgré la mise en demeure de mise en conformité adressée par la direction départementale de la protection des populations, n'a pas modifié son site internet comportant des allégations faisant état de propriétés de prévention, de traitement et de guérison d'une maladie humaine concernant des produits qui, destinés à une utilisation par voie orale, ont la qualité de denrées alimentaires (■ Cass. crim., 22 mars 2016, 15-82.668).

Chapitre II. – Sécurité

Art. L. 452-1. – Le fait d'exporter vers un pays tiers à l'Union européenne une denrée alimentaire préjudiciable à la santé ou un aliment pour animaux qui est dangereux, en méconnaissance des dispositions de l'article 12 du règlement (CE) n° 178/2002 du Parlement européen et du Conseil du 28 janvier 2002 établissant les principes généraux et les prescriptions générales de la législation alimentaire, instituant l'Autorité européenne de sécurité des aliments et fixant des procédures relatives à la sécurité des denrées alimentaires est puni d'une peine d'emprisonnement de cinq ans et d'une amende de 600 000 euros.

Ce montant peut être porté, de manière proportionnée aux avantages tirés du délit, à 10 % du chiffre d'affaires moyen annuel, calculé sur les trois derniers chiffres d'affaires annuels connus à la date des faits.

Art. L. 452-2. – Les personnes physiques coupables du délit puni à l'article L. 452-1 encourent également à titre de peines complémentaires l'interdiction, suivant les modalités prévues par l'article 131-27 du Code pénal, soit d'exercer une fonction publique ou d'exercer l'activité professionnelle ou sociale dans l'exercice ou à l'occasion de l'exercice de laquelle l'infraction a été commise, soit d'exercer une profession commerciale ou industrielle, de diriger, d'administrer, de gérer ou de contrôler à un titre quelconque, directement ou indirectement, pour leur propre compte ou pour le compte d'autrui, une entreprise commerciale ou industrielle ou une société commerciale. Ces interdictions d'exercice peuvent être prononcées cumulativement.

Les personnes morales déclarées responsables pénalement, dans les conditions prévues par l'article 121-2 du Code pénal, du délit puni à l'article L. 452-1 encourent, outre l'amende suivant les modalités prévues par l'article 131-38 du Code pénal, les peines prévues par les 2° à 9° de l'article 131-39 du même code.

L'interdiction mentionnée au 2° de l'article 131-39 du Code pénal porte sur l'activité dans l'exercice ou à l'occasion de l'exercice de laquelle l'infraction a été commise.

Art. L. 452-3. – En cas de condamnation pour les faits réprimés à l'article L. 452-1, le tribunal peut prononcer en outre :

1° L'affichage et la diffusion de la décision dans les conditions prévues à l'article 131-35 du Code pénal ;

2° La diffusion d'un ou plusieurs messages. Le jugement fixe les termes de ces messages et les modalités de leur diffusion et impartit à la personne condamnée un délai pour y faire procéder ; en cas de carence, il est procédé à cette diffusion à la diligence du ministère public aux frais de la personne condamnée ;

3° Le retrait des produits sur lesquels a porté l'infraction et, dans les mêmes conditions, l'interdiction de la prestation de services.

Lorsque l'affichage est ordonné à la porte des magasins de la personne condamnée, l'exécution du jugement ne peut être entravée par la vente du fonds de commerce réalisée postérieurement à la première décision qui a ordonné l'affichage.

Art. L. 452-4. – Le défaut de diffusion dans le délai imparti des messages prévus à l'article L. 452-3 est puni d'une peine d'emprisonnement de deux ans et d'une amende de 300 000 euros.

Art. L. 452-5. – Le fait, pour un exploitant, de ne pas mettre en œuvre les procédures de retrait ou de rappel prévues par les articles 19 ou 20 du règlement n° 178/2002 du Parlement européen et du Conseil du 28 janvier 2002 établissant les principes généraux et les prescriptions générales de la législation alimentaire, instituant l'Autorité européenne de sécurité des aliments et fixant des procédures relatives à la sécurité des denrées alimentaires, alors qu'il a connaissance qu'un produit ou une denrée alimentaire, autre qu'un produit d'origine animale ou une denrée en contenant, qu'il a importé, produit, transformé ou distribué est préjudiciable à la santé humaine ou qu'un aliment pour animaux autre qu'un aliment pour animaux d'origine animale ou contenant des produits d'origine animale qu'il a importé, produit, transformé ou distribué est dangereux, est puni d'une peine d'emprisonnement de cinq ans et d'une amende de 600 000 euros.

Ce montant peut être porté, de manière proportionnée aux avantages tirés du délit, à 10 % du chiffre d'affaires moyen annuel, calculé sur les trois derniers chiffres d'affaires annuels connus à la date des faits.

Art. L. 452-6. – Les personnes physiques coupables du délit puni à l'article L. 452-5 encourent également à titre de peines complémentaires l'interdiction, suivant les modalités prévues à l'article 131-27 du Code pénal, soit d'exercer une fonction publique ou d'exercer l'activité professionnelle ou sociale dans l'exercice ou à l'occasion de l'exercice de laquelle l'infraction a été commise, soit d'exercer une profession commerciale ou industrielle, de diriger, d'administrer, de gérer ou de contrôler à un titre quelconque, directement ou indirectement, pour leur propre compte ou pour le compte d'autrui, une entreprise commerciale ou industrielle ou une société commerciale. Ces interdictions d'exercice ne peuvent excéder une durée de cinq ans. Elles peuvent être prononcées cumulativement.

Les personnes morales déclarées responsables pénalement, dans les conditions prévues à l'article 121-2 du Code pénal, du délit puni à l'article L. 452-5 encourent, outre l'amende suivant les modalités prévues à l'article 131-38 du Code pénal, les peines prévues aux 2° à 9° de l'article 131-39 du même code.

L'interdiction mentionnée au 2° du même article 131-39 porte sur l'activité dans l'exercice ou à l'occasion de l'exercice de laquelle l'infraction a été commise. Les peines prévues aux 2° à 7° de cet article ne peuvent être prononcées que pour une durée de cinq ans au plus.

Chapitre III. – Valorisation des produits et services

Art. L. 453-1. – La violation des interdictions prévues à l'article L. 431-2 est punie d'une peine d'emprisonnement de deux ans et d'une amende de 300 000 euros.

Art. L. 453-2. – La violation des interdictions prévues à l'article L. 431-4 est punie d'une peine d'emprisonnement de deux ans et d'une amende de 300 000 euros.

Art. L. 453-3. – La violation des interdictions prévues au deuxième alinéa de l'article L. 643-1 du Code rural et de la pêche maritime est puni d'une peine d'emprisonnement de deux ans et d'une amende de 300 000 euros.

Art. L. 453-4. – La violation des interdictions prévues à l'article L. 432-2 est punie d'une peine d'emprisonnement de deux ans et d'une amende de 300 000 euros.

Art. L. 453-5. – La violation des interdictions prévues à l'article L. 432-4 est punie d'une peine d'emprisonnement de deux ans et d'une amende de 300 000 euros.

Art. L. 453-6. – La violation des interdictions prévues à l'article L. 432-6 est punie d'une peine d'emprisonnement de deux ans et d'une amende de 300 000 euros.

Art. L. 453-7. – La violation des interdictions prévues à l'article L. 433-2 est punie d'une peine d'emprisonnement de deux ans et d'une amende de 300 000 euros.

Art. L. 453-8. – La violation des interdictions prévues à l'article L. 433-9 est punie d'une peine d'emprisonnement de deux ans et d'une amende de 300 000 euros.

Art. L. 453-9. – Les personnes physiques coupables des délits punis aux articles L. 453-1 à L. 453-8 encourent également à titre de peines complémentaires l'interdiction, suivant les modalités prévues par l'article 131-27 du Code pénal, soit d'exercer une fonction publique ou d'exercer l'activité professionnelle ou sociale dans l'exercice ou à l'occasion de l'exercice de laquelle l'infraction a été commise, soit d'exercer une profession commerciale ou industrielle, de diriger, d'administrer, de gérer ou de contrôler à un titre quelconque, directement ou indirectement, pour leur propre compte ou pour le compte d'autrui, une entreprise commerciale ou industrielle ou une société commerciale.

Ces interdictions d'exercice ne peuvent excéder une durée de cinq ans. Elles peuvent être prononcées cumulativement.

Les personnes morales déclarées responsables pénalement, dans les conditions prévues à l'article 121-2 du Code pénal, des délits punis aux articles L. 453-1 à L. 453-8 encourent, outre l'amende suivant les modalités prévues à l'article 131-38 du Code pénal, les peines prévues aux 2° à 9° de l'article 131-39 du même code. L'interdiction mentionnée au 2° du même article 131-39 porte sur l'activité dans l'exercice ou à l'occasion de l'exercice de laquelle l'infraction a été commise. Les peines prévues aux 2° à 7° de cet article ne peuvent être prononcées que pour une durée de cinq ans au plus.

Art. L. 453-10. – En cas de condamnation pour les délits punis aux articles L. 453-1 à L. 453-8, le tribunal peut en outre ordonner l'affichage et la diffusion du jugement dans les conditions prévues à l'article 131-35 du Code pénal.

Chapitre IV. – Fraudes

Art. L. 454-1 *(L. n° 2017-203, 21 févr. 2017)*. – La violation de l'interdiction prévue à l'article L. 441-1 est punie d'une peine d'emprisonnement de deux ans et d'une amende de 300 000 euros.

1) Condition nécessaire. Le délit de tromperie suppose, pour être caractérisé, l'**existence d'un contrat ou d'un acte à titre onéreux** qui est ou va être conclu et qui porte soit sur une marchandise soit sur une prestation de service déterminée.

En conséquence, la délivrance au public, en dehors de tout lien contractuel, d'informations d'ordre général (en l'espèce celles délivrées au public à la suite de l'accident de Tchernobyl) ne se rapportant à aucun produit particulier n'entre pas dans les prévisions de ce texte (■ Cass. crim., 20 nov. 2012, n° 11-87.531 : *Bull. crim.*, n° 251 ; *Dr. pén.* 2013, comm. 28, obs. J.-H. Robert ; *D.* 2013, étude, p. 218, note C. Lacroix ; *CCE* 2013, comm. 7, p. 33, note A. Lepage ; *AJP* 2013, jur., p. 220, note J. Lasserre-Capdeville ; *Rev. sc. crim.* 2013, p. 89, obs. C. Ambroise-Castérot). – Rappr. ■ Cass. crim., 8 mars 1990 : *Bull. crim.*, n° 111.

2) Champ d'application. Les dispositions du Code de la santé publique applicables à la préparation, la détention et la délivrance de produits sanguins ne font pas obstacle à ce que les dérivés du sang, fabriqués industriellement, entrent dans la catégorie des marchandises visées par les articles 1er et 2 de la loi du 1er août 1905 ; dès lors, ni le respect formel de la réglementation en vigueur, ni la tutelle de l'État sur un centre de transfusion sanguine ne sauraient à cet égard exonérer les agents de cet établissement de leur responsabilité pénale à raison de leur fait personnel (■ Cass. crim., 22 juin 1994 : *Bull. crim.*, n° 248).

3) Caractérise l'élément matériel du délit de tromperie sur les qualités substantielles d'une prestation de service, le fait pour les médecins, le personnel médical ou les responsables d'établissements de soins, de réutiliser, même après restérilisation, un dispositif médical présenté par le fabricant, pour satisfaire à la réglementation, comme étant destiné à un usage unique (■ Cass. crim., 29 juin 1999 : *Bull. crim.*, n° 160).

– **Dans l'affaire de l'hormone de croissance,** la cour d'appel a confirmé la relaxe des médecins du chef de tromperie aggravée, **l'élément moral** de l'infraction n'étant pas caractérisé, ces praticiens n'ayant pas en conscience, à l'époque, que le produit litigieux n'avait pas les qualités d'innocuité qu'il aurait dû avoir (Paris, pôle 2, ch. corr. 8, 5 mai 2011, n° 09/03331 : *JCP* 2011, note 965, p. 1599, P. Mistretta.

• À noter que sur ce point les pourvois ont été rejetés (■ Cass. crim., 7 janv. 2014, n° 11-84.456 : *JCP* 2014, note 200, P. Mistretta ; *Dr. pén.* 2014, comm. 57, obs. J.-H. Robert).

4) La fourniture d'un logiciel, qui ne confère à son acquéreur qu'un droit d'usage, constitue une prestation de service au sens de l'article L. 216-1 du Code de la consommation ; dès lors, commet le délit de tromperie sur les qualités substantielles le distributeur d'un logiciel de gestion de commandes qui fournit à son client un produit qui ne peut accomplir toutes les tâches contractuellement stipulées (■ Cass. crim., 2 nov. 2005 : *Bull. crim.*, n° 273 ; *JCP* 2006, II, 10031, note S. Plana).

5) Encourt la cassation l'arrêt de la chambre de l'instruction qui, pour dire n'y avoir lieu à suivre du chef de tromperie (portant en l'espèce sur un contrat de traitement de déchets devant se révéler radioactifs), retient que l'article L. 213-1 du Code de la consommation ne s'applique pas aux relations entre professionnels (■ Cass. crim., 4 nov. 2008, n° 07-88.007 : *Bull. crim.*, n° 223 ; *Dr. pén.* 2009, comm. 14, obs. J.-H. Robert).

6) Un agent immobilier qui indique à un locataire une surface supérieure à celle des biens loués ne commet de tromperie ni sur la marchandise, ni sur ses prestations de services car la location d'un immeuble, fût-il meublé, n'entre pas dans le champ d'application de l'incrimination des articles L. 213-1 et L. 216-1 du Code de la consommation (■ Cass. crim., 13 janv. 2009 : *Bull. crim.*, n° 12 ; *Dr. pén.* 2009, comm. 37, obs. J.-H. Robert ; *JCP* 2009, II, 10094, note A. Donnier ; *Rev. sc. crim.* 2010, p. 152, obs. C. Ambroise-Casterot).

7) Éléments constitutifs. Constitue l'élément matériel du délit de tromperie sur les qualités substantielles de la marchandise vendue, la mise sur le marché d'un produit non conforme à la réglementation qui en fixe la composition (■ Cass. crim., 30 mars 1994 : *Bull. crim.*, n° 130).

En matière de fraude commerciale portant sur un produit non réglementé, il appartient aux juges du fond de se référer aux usages commerciaux en vigueur, dont ils ont tout pouvoir pour constater ou dénier l'existence (■ Cass. crim., 17 janv. 1996 : *Bull. crim.*, n° 30. ■ Cass. crim., 7 oct. 1998 : *JurisData* n° 1998-005167 ; *Dr. pén.* 1999, comm. 60, obs. J.-H. Robert).

8) Les éléments matériels et moraux du délit de tromperie peuvent résulter respectivement de la méconnaissance des dispositions réglementaires prises en application des articles L. 213-1 et suivants du Code de la consommation et du défaut de vérification de la conformité du produit ; en conséquence, ne justifie pas sa décision la cour d'appel qui relaxe un prévenu du chef de tromperie sur la nature, l'origine, les qualités substantielles ou la composition d'un miel, sans se référer aux prescriptions du décret du 22 juillet 1976 fixant les règles de dénomination du miel, et sans rechercher si la mauvaise foi du prévenu ne résulte pas du défaut de vérification de l'origine et de la composition du produit qu'il a commercialisé (■ Cass. crim., 21 janv. 2003 : *Bull. crim.*, n° 15).

9) Les éléments matériel et moral du délit de tromperie peuvent résulter de la méconnaissance des mesures d'exécution prises en application de l'article L. 214-1 du Code de la consommation et de l'absence de vérification de la conformité du produit (■ Cass. crim., 19 oct. 2004 : *Bull. crim.*, n° 245, cité *infra*).

10) Absence de vérification de la conformité. Le défaut de contrôle par le prévenu, importateur de viande bovine traitée à l'aide de substances anabolisantes, alors qu'il ne démontre pas l'impossibilité de se livrer aux vérifications imposées, suffit à caractériser **l'élément intentionnel** de la tentative de tromperie (■ Cass. crim., 29 juin 1999 : *Dr. pén.* 1999, comm. 133, obs. J.-H. Robert).

11) En matière de tromperie, la mauvaise foi de l'importateur de marchandises se déduit de l'absence de vérification par ce dernier, à laquelle il était tenu de procéder avant leur mise sur le marché, de la conformité de ces marchandises avec les usages commerciaux en vigueur (■ Cass. crim., 17 janv. 1996 : *Bull. crim.*, n° 30, arrêt préc.), ou du fait qu'il n'a pas, avant la vente du bien importé, vérifié que celui-ci présentait les caractéristiques essentielles indiquées à l'acquéreur (■ Cass. crim., 22 mai 1996 : *Bull. crim.*, n° 213), ou, notamment, leur conformité aux règles en vigueur en matière d'hygiène et de santé publique (■ Cass. crim., 10 déc. 1996 : *Bull. crim.*, n° 457).

12) La mise en vente d'un produit non conforme aux qualités substantielles présentées sur l'étiquetage caractérise l'élément matériel du délit de tromperie. Il incombe au vendeur de s'assurer de la conformité de la marchandise aux prescriptions relatives notamment à la loyauté des transactions commerciales ; encourt ainsi la cassation l'arrêt d'une cour d'appel qui, pour relaxer le commissionnaire en fruits et légumes poursuivi pour ce délit à raison de la vente de pêches d'un calibre inférieur à celui annoncé sur l'emballage, énonce qu'en reprochant au prévenu d'avoir mis à la disposition des consommateurs des marchandises non conformes à l'étiquetage effectué par le producteur espagnol en application de la réglementation européenne, la poursuite tend à imputer la fraude au commissionnaire français qui n'en est pas l'auteur (■ Cass. crim., 9 mars 1999 : *Bull. crim.*, n° 33 ; *Rev. sc. crim.* 2000, 214, obs. D. Rebut. ■ Cass. crim., 5 sept. 2000 : *Dr. pén.* 2001, comm. 7, obs. J.-H. Robert, pour défaut de mention sur l'étiquetage d'agrumes d'un traitement chimique).

13) Constance de la vérification. Le contrôle de la conformité des fruits et légumes « s'exerce à tous les stades de la commercialisation (■ Cass. crim., 20 nov. 2001 : *Bull. crim.*, n° 241, 2 arrêts ; *Dr. pén.* 2002, comm. 21, obs. J.-H. Robert) et l'obligation qui pèse sur le vendeur de vérifier » la conformité du produit aux prescriptions en vigueur, applicable tant à la production nationale qu'à celle en provenance des États membres, n'est pas incompatible avec les articles 30 et 36 anciens du Traité CE (■ Cass. crim., 20 nov. 2001 : *Bull. crim.*, n° 241, 2 arrêts ; *Dr. pén.* préc.).

14) Le contrôle de la qualité des produits et de leur conformité aux indications portées sur l'emballage s'exerce à tous les stades de la commercialisation ; ce contrôle incombe ainsi au commissionnaire, distributeur exclusif en France d'un cédérom de jeux vidéo produit en Espagne, lequel ne peut s'exonérer de sa responsabilité pénale au motif qu'il n'est pas le propriétaire des objets mis en vente (■ Cass. crim., 11 juin 2003 : *Bull. crim.*, n° 120 ; *Rev. sc. crim.* 2004, p. 107, obs. C. Ambroise-Casterot).

15) La mise en vente de jouets revêtus du marquage communautaire de conformité, alors qu'ils ne satisfont pas aux **normes de sécurité** applicables et présentent un caractère dangereux, caractérise l'élément matériel du délit de tromperie. Il incombe au vendeur de s'assurer de la conformité de la marchandise aux prescriptions relatives notamment à la sécurité des personnes ; justifie ainsi sa décision la cour d'appel qui, pour retenir le délit de tromperie à la charge du vendeur de jouets non conformes, importés de Chine par un fournisseur belge, énonce qu'il n'importe que le sigle « CE » ait été apposé en Belgique (■ Cass. crim., 7 avr. 1999 : *Bull. crim.*, n° 72).

16) Les juridictions du fond apprécient souverainement la valeur d'un certificat de conformité aux normes européennes de jouets en provenance de pays tiers à l'Union européenne. La circonstance que le certificat soit établi par un laboratoire étranger bénéficiant d'un label délivré par un organisme d'accréditation étranger partie aux accords de reconnaissance mutuelle, également signés par le comité français d'accréditation, ne dispense pas l'importateur de toute vérification complémentaire.

En conséquence, fait l'exacte application des articles L. 212-1 et L. 213-1 du Code de la consommation et des dispositions du décret du 12 septembre 1989, la cour d'appel qui, pour condamner un prévenu pour tromperie sur les qualités substantielles et les **risques** inhérents à l'utilisation d'ours en peluche, retient notamment qu'il s'est abstenu de procéder aux vérifications imposées par l'insuffisance du certificat remis par son fournisseur chinois (■ Cass. crim., 6 avr. 2004 : *Bull. crim.*, n° 86).

17) Justifie légalement sa décision la cour d'appel qui déclare coupable du délit de tromperie le gérant d'une société commercialisant sous la dénomination « château » du vin issu de raisins qui ne proviennent pas de son exploitation, en contravention avec l'interdiction posée par l'article 13, 4° du décret du 19 août 1921 dont l'objet est distinct de celle prévue par l'article L. 641-17 du Code rural (■ Cass. crim., 4 mai 2004 : *Bull. crim.*, n° 106 ; *D.* 2004, jur. comm., p. 2851, note E. Agostini).

18) Constitue le délit de tromperie le trempage des coquilles Saint-Jacques, procédé dont les juges du fond apprécient souverainement qu'il ne correspond pas à un usage professionnel établi, et qui, en accroissant le taux d'humidité du produit au détriment de la proportion de protéines, entraîne, sans que les consommateurs en soient informés, une altération des qualités substantielles de cette marchandise ainsi qu'une modification de sa teneur en principes utiles (■ Cass. crim., 7 nov. 2006 : *Bull. crim.*, n° 274).

19) Mais il n'y a pas tromperie à indiquer que des huîtres ont été élevées en France si elles y ont passé leur « développement final » et quoiqu'elles soient nées à l'étranger, dès lors que les juges relèvent qu'aucun texte ni usage professionnel commercial ne définit la notion de développement final ni ne fixe la durée minimale de celui-ci (■ Cass. crim., 24 févr. 2009 : *Dr. pén.* 2009, comm. 71, obs. J.-H. Robert).

20) V. aussi : sous C. consom., art. L. 212-1, p. 1241, crim., 13 juin 2006 : *Bull. crim.*, n° 176 ; *Dr. pén.* 2006, comm. 143, obs. J.-H. Robert (tromperie résultant de la mise en vente de masques de déguisement dangereux) et ■ Cass. crim., 20 sept. 2011, n° 11-81.326 : *Dr. pén.* 2011, comm. 156, obs. J.-H. Robert (pour des luminaires contrôlés dangereux par la DGCCRF, malgré des certificats de conformité établis dans le pays d'origine).

21) Réglementation européenne. L'obligation imposée aux États membres par une directive communautaire, non encore transposée, d'interdire, à compter d'une certaine date, les échanges de produits visés par ce texte, ne les empêche pas de prohiber, avant cette date, la commercialisation de ces mêmes produits (en l'espèce des substituts de repas mis en vente en méconnaissance de l'arrêté du 20 juin 1977 définissant leur apport calorique et leur composition) ; c'est donc à bon droit que la cour d'appel a condamné les prévenus pour tromperie sur les qualités substantielles (■ Cass. crim., 27 mars 2007 : *Bull. crim.*, n° 93).

22) La prévenue, qui commercialise un produit ne pouvant être classé ni dans la catégorie des compléments alimentaires ni dans celle des additifs, arômes ou solvants d'extraction, et qui le présente comme un édulcorant naturel dépourvu de toxicité, alors qu'elle a eu connaissance de la décision de la Commission des Communautés européennes, publiée au *Journal officiel* et ayant refusé à un pétitionnaire belge l'autorisation de sa mise sur le marché, commet le délit de tromperie sur l'aptitude à l'emploi du produit (■ Cass. crim., 19 avr. 2005, n° 04-85.662).

23) Justifie sa décision la cour d'appel qui, pour l'exercice de son pouvoir d'apprécier une méthode de production traditionnelle de Cognac, et pour dire établis les délits de tromperie et de falsification, énonce que le règlement (CE) n° 110/2008 du 15 janvier 2008, qui définit les eaux de vie et brandies, n'interdisant pas les méthodes, traditionnelles, les décrets des 15 mai 1936 et 13 janvier 1938 et le décret n° 2009-1146 du 21 septembre 2009 les abrogeant, définissant les appellations de cognac, et la circulaire administrative du 15 novembre 1921 reconnaissant la pratique traditionnelle de l'aromatisation par addition d'infusion de copeaux dans un produit autre que l'eau distillée constitue une manipulation illicite de la boisson (■ Cass. crim., 18 nov. 2014, n° 13-86.660).

24) Tromperie en matière automobile. Commet le délit de tromperie sur les qualités substantielles le responsable d'un garage qui vend comme neuf un véhicule automobile, sans avoir informé la cliente que ce véhicule avait fait l'objet d'une immatriculation antérieure au nom de la société venderesse (■ Cass. crim., 10 janv. 1995 : *Bull. crim.*, n° 10 ; *JCP* 95, II, 22558, note Fourgoux ; V. également, ■ Cass. crim., 24 janv. 1996 : *Bull. crim.*, n° 44). Le millésime de l'année modèle d'une voiture, déterminé dans les conditions fixées par l'arrêté du 2 mai 1979 portant application du décret du 4 octobre 1978, – et obligatoirement indiqué à l'acquéreur selon les prescriptions de ce décret – est une qualité substantielle du véhicule vendu même lorsqu'il s'agit de vente de voitures neuves (■ Cass. crim., 22 mai 1996, préc.).

25) La puissance d'une automobile en est une qualité substantielle dont l'indication mensongère constitue une tromperie. Elle le reste même si les acheteurs ont déclaré, au moment de la livraison, être indifférents à cette caractéristique (■ Cass. crim., 20 oct. 2009 : *JurisData* n° 2009-050272 ; *Dr. pén.* 2010, comm. 50, obs. J.-H. Robert).

26) Constitue le délit de tromperie sur l'aptitude à l'emploi de la marchandise vendue le fait, pour le vendeur d'un véhicule d'occasion déjà immatriculé à l'étranger, de mettre l'acquéreur dans l'impossibilité d'obtenir la délivrance de la « carte grise », faute d'avoir soumis ce véhicule à une réception par le service des Mines (■ Cass. crim., 23 mai 1995 : *Bull. crim.*, n° 189).

27) Justifie sa décision la cour d'appel qui, pour déclarer un prévenu coupable de tromperie sur les qualités substantielles d'une automobile d'occasion, retient qu'il a dissimulé à l'acheteur que le véhicule avait subi un accident alors que les parties avaient considéré lors de la formation du contrat que l'absence d'accident était une qualité substantielle de la marchandise vendue (■ Cass. crim., 10 mai 1995 : *Bull. crim.*, n° 169).

28) Si le fait de vendre une marchandise à un prix supérieur à sa valeur réelle n'est pas en lui-même constitutif du délit prévu à l'article L. 213-1 du Code de la consommation, il en va différemment du fait de facturer comme neuves des pièces d'occasion (■ Cass. crim., 2 déc. 1997 : *Bull. crim.*, n° 412).

29) Un contrôleur technique agréé de véhicules automobiles qui a délivré un certificat mensonger au vendeur d'une voiture, ne saurait être que complice de la tromperie, dès lors qu'il n'a pas contracté avec l'acheteur, et non coauteur de la fraude (■ Cass. crim., 13 janv. 2004 : *Dr. pén.* 2004, comm. 131, obs. J.-H. Robert).

30) Le fait par un vendeur de véhicules de ne pas remettre à l'acheteur la carte grise, empêchant ainsi l'immatriculation de la voiture, constitue une tromperie sur les qualités substantielles, même si le défaut de remise était dû au fait que le vendeur, en redressement judiciaire, n'avait pu régler le propriétaire initial qui avait dès lors conservé la carte grise (■ Cass. crim., 7 sept. 2004 : *Dr. pén.* 2004, note 184, obs. J.-H. R.).

Sur la répression des tromperies en matière automobile, V. G. Defrance : *Jurispr. auto.* 1997, p. 112.

31) Cumul de qualifications. La mise en vente, sur le territoire national, d'un produit non conforme à la réglementation communautaire caractérise l'élément matériel des délits de tromperies et de mise en vente de denrées falsifiées. Il incombe au vendeur de s'assurer, par tous moyens, de la conformité dudit produit aux prescriptions européennes ; justifie ainsi sa décision la cour d'appel qui, pour retenir les délits précités à charge d'un professionnel ayant revendu en France un lot de moût concentré rectifié acheté en Espagne, énonce que ce dernier, qui n'a pas eu recours à la seule méthode de contrôle utile pour détecter la présence de sucre de betterave, à savoir l'analyse par résonance magnétique nucléaire, a effectué une vérification insuffisante (■ Cass. crim., 17 sept. 2002 : *Bull. crim.*, n° 166 ; *Dr. pén.* 2002, comm. 125, obs. J.-H. Robert).

32) Commet cumulativement le délit de publicité de nature à induire en erreur et celui de tromperie, le voyagiste qui a fait diffuser une publicité comportant des allégations fausses ou de nature à induire en erreur et qui trompe volontairement les cocontractants sur la nature des prestations fournies (■ Cass. crim., 4 mai 2004 : *Bull. crim.*, n° 105).

33) Les éléments matériel et moral du délit de tromperie peuvent résulter de la méconnaissance des mesures d'exécution prises en application de l'article L. 214-1 du Code de la consommation et de l'absence de vérification de la conformité du produit.

Les éléments matériel et moral du délit de publicité de nature à induire en erreur procèdent du seul caractère trompeur, qui peut résulter d'une faute de négligence ou d'imprudence, de l'un ou l'autre des éléments d'information, quel qu'en soit le support, donnée au client potentiel pour lui permettre de se faire une opinion sur les caractéristiques des biens ou services qui lui sont proposés.

En conséquence, encourt la censure l'arrêt qui, pour entrer en voie de relaxe des chefs de tromperie et de publicité de nature à induire en erreur relève notamment que la conformité des œufs aux dispositions des règlements communautaires concernant les normes de commercialisation applicables n'a pas été vérifiée et que l'utilisation d'une marque déposée ne peut constituer l'élément matériel du délit de publicité de nature à induire en erreur (■ Cass. crim., 19 oct. 2004 : *Bull. crim.*, n° 245, préc.).

34) Le fait de commercialiser du cognac avec l'indication d'un vieillissement non contrôlé constitue à la fois une tromperie et une publicité de nature à induire en erreur (■ Cass. crim., 6 sept. 2005 : *Bull. crim.*, n° 217 ; *Dr. pén.* 2005, comm. 177, obs. J.-H. Robert). V. sous C. consom., art. L. 121-1, p. 1224.

Le fait pour un dirigeant de société de contribuer à la mise sur le marché des eaux de vie, obtenues par des mélanges issus de crus et d'aires différents, sous des appellations d'origine auxquelles elles ne pouvaient prétendre, en méconnaissance en outre des prescriptions du décret du 13 janvier 1938, caractérise à la fois le délit d'utilisation frauduleuse des appellations d'origine et celui de tromperie, l'usage local invoqué ne pouvant avoir de portée à l'encontre des dispositions dudit décret (■ Cass. crim., 18 janv. 2007 : *Dr. pén.* 2007, comm. 57, obs. J.-H. Robert).

35) Intention. L'infraction de tromperie peut être commise par quelque moyen ou procédé que ce soit, même par l'intermédiaire d'un tiers.

Justifie sa décision de retenir la responsabilité d'une société exploitant un magasin, la cour d'appel qui relève que le dirigeant de l'entreprise avait la compétence pour mettre en œuvre les mesures de contrôle et de gestion des denrées rigoureuses, s'est abstenu d'agir en ce sens et s'est délibérément maintenu dans la méconnaissance de ses obligations (■ Cass. crim., 22 mars 2016, n° 15-82.677 : *Dr. pén.* 2016, comm. 84, note J.-H. Robert).

36) Complicité. Un contrôleur technique agréé de véhicules automobiles qui a délivré un certificat mensonger au vendeur d'une voiture, ne saurait être que complice de la tromperie, dès lors qu'il n'a pas contracté avec l'acheteur, et non coauteur de la fraude (■ Cass. crim., 13 janv. 2004 : *Dr. pén.* 2004, comm. 131, obs. J.-H. Robert).

37) Tentative. Le fait de soumettre à l'agrément de l'INAO sous l'appellation de muscat du vin chaptalisé constitue une tentative de tromperie (■ Cass. crim., 25 juin 2003 : *JurisData* n° 2003-020140 ; *Dr. pén.* 2003, comm. 125, obs. J.-H. Robert).

V. aussi, ■ Cass. crim., 29 juin 1999, préc.

38) **Procédure.** En matière de tromperie, la délégation constitue un moyen de défense péremptoire auquel les juges sont tenus de répondre (■ Cass. crim., 29 juin 2004 : *Dr. pén.* 2004, comm. 163, obs. J.-H. Robert).

39) **Prescription.** Si la tromperie est une infraction instantanée, elle n'en constitue pas moins un délit clandestin par nature, en ce qu'il a pour but de laisser le contractant dans l'ignorance des caractéristiques réelles du produit. Dès lors, le délai de prescription de l'action publique de ce délit commence à courir du jour où il apparaît et peut être constaté dans des conditions permettant l'exercice de l'action publique (■ Cass. crim., 7 juill. 2005 : *Bull. crim.*, n° 206 ; *JCP* 2005, II, 10143, note J. Leblois-Happe ; *Dr. Pén.* 2005, comm. 132, obs. J.-H. Robert).

40) **Action civile.** Est irrecevable la constitution de partie civile d'une association de protection d'une appellation contrôlée qui ne figure pas parmi celles qui sont énumérées par les articles 2-1 à 2-11 du Code de procédure pénale et qui, la poursuite ayant été engagée pour tromperie, ne peut justifier d'un préjudice découlant directement des faits délictueux (■ Cass. crim., 20 oct. 2013, n° 12-84.108 : *Bull. crim.*, n° 208).

– Rappr. ■ Cass. crim., 7 déc. 1999 : *Bull. crim.*, n° 296.

41) Le délit de tromperie portant sur la dénomination « eau de source » ne cause de préjudice direct qu'aux consommateurs pour la protection desquels il est édicté. Encourt dès lors la cassation l'arrêt qui déclare recevable la constitution de partie civile d'une société concurrente commercialisant de l'eau conditionnée (■ Cass. crim., 22 nov. 2016, n° 15-86.766 : *Dr. pén.* 2017, comm. 46, note J.-H. Robert).

Art. L. 454-2. – **La violation de l'interdiction prévue à l'article L. 441-1 est punie d'une peine d'emprisonnement de cinq ans et d'une amende de 600 000 euros si le délit ou la tentative de délit est commis :**

1° Soit à l'aide de poids ou d'instruments faux ou inexacts ;

2° Soit à l'aide de manœuvres ou procédés tendant à fausser les opérations de l'analyse ou du dosage, du pesage ou du mesurage, ou tendant à modifier frauduleusement la composition, le poids ou le volume des marchandises, même avant ces opérations ;

3° Soit à l'aide d'indications frauduleuses tendant à faire croire à une opération antérieure et exacte.

Art. L. 454-3 *(L. n° 2017-203, 21 févr. 2017)*. – **La violation de l'interdiction prévue à l'article L. 441-1 est punie d'une peine d'emprisonnement de sept ans et d'une amende de 750 000 euros si le délit ou la tentative de délit :**

1° A eu pour conséquence de rendre l'utilisation de la marchandise dangereuse pour la santé de l'homme ou de l'animal ;

2° A été commis en bande organisée.

Art. L. 454-4. – **Les peines d'amende prévues aux articles L. 454-1 à L. 454-3 peuvent être portées, de manière proportionnée aux avantages tirés du délit, à 10 % du chiffre d'affaires moyen annuel, calculé sur les trois derniers chiffres d'affaires annuels connus à la date des faits.**

Art. L. 454-5. – **Les personnes physiques coupables des délits punis aux articles L. 454-1 à L. 454-3 encourent également à titre de peines complémentaires l'interdiction, suivant les modalités prévues par l'article 131-27 du Code pénal, soit d'exercer une fonction publique ou d'exercer l'activité professionnelle ou sociale dans l'exercice ou à l'occasion de l'exercice de laquelle l'infraction a été commise, soit d'exercer une profession commerciale ou industrielle, de diriger d'administrer, de gérer ou de contrôler à un titre quelconque, directement ou indirectement, pour leur propre compte ou pour le compte d'autrui, une entreprise commerciale ou industrielle ou une société commerciale. Ces interdictions d'exercice peuvent être prononcées cumulativement.**

Les personnes morales déclarées responsables pénalement, dans les conditions prévues par l'article 121-2 du Code pénal des délits punis aux articles L. 454-1 à L. 454-3 encourent, outre l'amende suivant les modalités prévues par l'article 131-38 du Code pénal, les peines prévues par les 2° à 9° de l'article 131-39 du même code.

L'interdiction mentionnée au 2° de l'article 131-39 du Code pénal porte sur l'activité dans exercice ou à l'occasion de l'exercice de laquelle l'infraction a été commise.

Art. L. 454-6. – Le délit prévu à l'article L. 441-2 est punie d'une peine de deux ans d'emprisonnement et d'une amende de 300 000 euros.

Le montant de l'amende peut être porté, de manière proportionnée aux avantages tirés du délit, à 5 % du chiffre d'affaires moyen annuel, calculé sur les trois derniers chiffres d'affaires annuels connus à la date des faits.

Les personnes physiques encourent également à titre de peines complémentaires l'interdiction, suivant les modalités prévues par l'article 131-27 du Code pénal, soit d'exercer une fonction publique ou d'exercer l'activité professionnelle ou sociale dans l'exercice ou à l'occasion de l'exercice de laquelle l'infraction a été commise, soit d'exercer une profession commerciale ou industrielle, de diriger, d'administrer, de gérer ou de contrôler à un titre quelconque, directement ou indirectement, pour leur propre compte ou pour le compte d'autrui, une entreprise commerciale ou industrielle ou une société commerciale. Ces interdictions d'exercice peuvent être prononcées cumulativement.

Art. L. 454-7. – En cas de condamnation pour les délits punis aux articles L. 454-1 à L. 454-3 et L. 454-6, le tribunal peut prononcer en outre :

1° L'affichage et la diffusion de la décision dans les conditions à l'article 131-35 du Code pénal ;

2° La diffusion d'un ou plusieurs messages. Le jugement fixe les termes de ces messages et les modalités de leur diffusion et impartit à la personne condamnée un délai pour y faire procéder ; en cas de carence, il est procédé à cette diffusion à la diligence du ministère public aux frais de la personne condamnée ;

3° Le retrait des produits sur lesquels a porté l'infraction et, dans les mêmes conditions, l'interdiction de la prestation de services.

Lorsque l'affichage est ordonné à la porte des magasins de la personne condamnée, l'exécution du jugement ne peut être entravée par la vente du fonds de commerce réalisée postérieurement à la première décision qui a ordonné l'affichage.

....

Art. L. 455-2. – Sont considérés, au regard de la récidive, comme une même infraction les délits prévus et réprimés par :

1° Les articles L. 121-2 à L. 121-4 et L. 132-2, les articles L. 122-1 à L. 122-5 et L. 132-25, les articles L. 431-2, L. 431-4, L. 432-2, L. 432-4, L. 432-6, L. 433-2, L. 433-9, L. 453-1 à L. 453-8, les articles L. 441-1 et L. 454-1, les articles L. 413-1 et L. 451-1 à L. 451-4 du présent code ;

2° Les articles L. 716-9 à L. 716-11 du Code de la propriété intellectuelle ;

3° Les articles L. 1343-2 à L. 1343-4, L. 3322-11, L. 3351-1, L. 3351-2, L. 4212-1, L. 4212-2, L. 4212-3, L. 4212-4, L 4212-5, L. 4212-7, L. 4223-1, L. 4223-4, L. 4323-2, L. 5421-1, L. 5421-2, L. 5421-3, L. 5421-4, L. 5421-5, L. 5421-6, L. 5421-6-1, L. 5421-13, L. 5421-14, L. 5421-15, L. 5424-1, L. 5424-3, L 5424-6, L. 5424-11, L. 5431-2, L. 5431-5, L. 5431-6, L. 5431-7, L. 5438-3, L. 5438-4, L. 5438-5, L. 5438-6, L. 5432-1, L. 5441-1, L. 5441-2, L. 5441-3, L. 5441-4, L. 5441-5, L. 5441-6, L. 5441-8, L. 5441-9, L. 5442-1, L. 5442-2, L. 5442-4, L. 5442-9, L. 5442-10, L. 5442-11, L. 5461-3 et L. 5462-3 du Code de la santé publique ;

4° Les articles L. 237-1, L. 237-2, L. 237-3, L. 253-15 à L. 253-17, L. 254-9, L. 255-18, L. 671-9 et L. 671-10 du Code rural et de la pêche maritime ;

5° La loi du 30 décembre 1931 tendant à réprimer la fraude dans le commerce de l'essence de térébenthine et des produits provenant des végétaux résineux ;

6° La loi du 3 juillet 1934 tendant à réglementer la fabrication des pâtes alimentaires ;

7° La loi du 2 juillet 1935 tendant à l'organisation et à l'assainissement des marchés du lait et des produits résineux ;

8° La loi du 21 avril 1939 tendant à réprimer les fraudes dans la vente des objets en écaille et en ivoire.

Livre V. – POUVOIRS D'ENQUÊTE ET SUITE DONNÉES AUX CONTRÔLES

Titre Ier : RECHERCHE ET CONSTATATION

Chapitre premier : Habilitations

Section I : Agents de la concurrence, de la consommation et de la répression des fraudes

Sous-section 3. – Conformité, sécurité et valorisation des produits et services

Art. L. 511-15. – Pour rechercher et constater les infractions et les manquements mentionnés à la présente sous-section, les agents habilités disposent des pouvoirs définis aux sections 1 à 3 du chapitre II du présent titre et peuvent mettre en œuvre les mesures prévues à l'article L. 521-1 et à la section 2 du chapitre 1er du titre II.

....

Chapitre II. – Pouvoirs d'enquête

Art. L. 512-4. – Il est interdit de faire obstacle à l'exercice des fonctions des agents habilités. Les agents mentionnés aux articles L. 511-3, L. 511-21 et L. 511-22 sont habilités à rechercher et constater cette infraction.

....

Section II. Pouvoirs d'enquête ordinaires

Sous-section 7 – Consignation et saisie

Art. L. 512-29. – Les agents habilités peuvent effectuer des saisies sans autorisation judiciaire dans le cas d'un flagrant délit de falsification ou lorsqu'elles portent sur :

1° Les produits reconnus falsifiés, corrompus ou toxiques ;

2° Les produits reconnus impropres à la consommation, à l'exception des produits d'origine animale, des denrées alimentaires en contenant ainsi que des aliments pour animaux d'origine animale ou contenant des produits d'origine animale dont l'impropriété à la consommation ne peut être reconnue qu'en fonction de caractères organoleptiques anormaux ou de signes de pathologie lésionnelle ;

3° Les produits, objets ou appareils propres à effectuer des falsifications dans les cas prévus aux articles L. 413-1 et L. 413-2 ;

4° Les produits, objets ou appareils reconnus non conformes aux lois et règlements en vigueur et présentant un danger pour la santé ou la sécurité des consommateurs ;

5° Les produits présentés sous une marque, une marque collective ou une marque collective de certification contrefaisantes.

Titre II : MESURES CONSÉCUTIVES AUX CONTRÔLES

Chapitre Ier : Mesures de police administrative

Section II. – Mesures spécifiques applicables aux produits, services et établissements

Art. L. 521-4. – Les mesures prévues à la présente section sont mises en œuvre par les agents de la concurrence, de la consommation et de la répression des fraudes et les agents mentionnés à l'article L. 511-22 ou par l'autorité administrative compétente.

....

Sous-section 1 – Mesures spécifiques applicables aux établissements et aux produits

Art. L. 521-16. – S'il est établi qu'un produit a été mis sur le marché sans avoir été l'objet de l'autorisation, de l'enregistrement ou de la déclaration exigé par la réglementation applicable à ce produit, l'autorité

administrative peut ordonner par arrêté la suspension de sa mise sur le marché et son retrait jusqu'à la mise en conformité avec la réglementation en vigueur.

....

Sous-section 2 – Mesures spécifiques applicables aux prestations de services

Art. L. 521-19. – Lorsqu'il est constaté qu'une prestation de services n'est pas conforme à la réglementation en vigueur prise en application du livre IV, les agents habilités peuvent en ordonner la mise en conformité, dans un délai qu'ils fixent.

Cette mise en conformité peut concerner les produits et équipements mis à disposition des consommateurs dans le cadre de la prestation de services.

Art. L. 521-22. – Toute mesure prise en application des articles L. 521-19 et L. 521-20 peut prévoir obligation pour le prestataire de service d'afficher, en un endroit visible de l'extérieur du lieu de la prestation, l'intégralité ou un extrait de cette mesure.

Art. L. 521-23. – En cas de danger grave ou immédiat et lorsque la prestation de services n'est pas réglementée en application du livre IV, l'autorité administrative prend par arrêté les mesures d'urgence qui s'imposent. Si nécessaire, elle peut suspendre la prestation de services pour une durée n'excédant pas trois mois, renouvelable dans les mêmes conditions.

Elle peut subordonner la reprise de la prestation de services au contrôle d'un organisme présentant des garanties d'indépendance, de compétence et d'impartialité, qu'elle désigne. Le coût de ce contrôle est supporté par le prestataire.

CHAPITRE III. – Transaction

Art. L. 523-1. – L'autorité administrative chargée de la concurrence et de la consommation a droit, tant que l'action publique n'a pas été mise en mouvement, de transiger après accord du procureur de la République, selon des modalités fixées par décret en Conseil d'État, pour :

1° Les contraventions prévues aux livres Ier, II, III et IV ainsi que celles prévues par leurs textes d'application ;

2° Les délits qui ne sont pas punis d'une peine d'emprisonnement, prévus aux livres I, II et III ainsi que pour les infractions prévues aux articles L. 121-2 à L. 121-4.

La transaction prévue par l'article L. 141-2 du Code de la consommation n'éteint l'action publique que lorsque l'auteur a exécuté, dans le délai imparti, les obligations résultant pour lui de l'acceptation de la transaction.

Le simple envoi d'un chèque, à le supposer établi, ne caractérise pas l'exécution de la transaction (■ Cass. crim., 19 mai 2015, n° 14-85.885 : *D.* 2015, p. 1983, note J. B. Perrier).

Titre III : SANCTIONS

Chapitre Ier : Recherche et constatation

Section I. – Sanctions pénales

Art. L. 531-1. – Le fait de faire obstacle à l'exercice des fonctions des agents habilités en violation des dispositions de l'article L. 512-4 est puni d'un emprisonnement de deux ans et d'une amende de 300 000 euros.

Le montant de l'amende peut être porté, de manière proportionnée aux avantages tirés du délit, à 10 % du chiffre d'affaires moyen annuel, calculé sur les trois derniers chiffres d'affaires annuels connus à la date des faits.

Art. L. 531-2. – Les personnes physiques coupables du délit puni à l'article L. 531-1 encourent également à titre de peines complémentaires l'interdiction, suivant les modalités prévues à l'article 131-27 du Code pénal, soit d'exercer une fonction publique ou d'exercer l'activité professionnelle ou sociale dans l'exercice ou à l'occasion de l'exercice de laquelle l'infraction a été commise, soit d'exercer une profession commerciale ou industrielle, de diriger, d'administrer, de gérer ou de contrôler à un titre quelconque, directement ou

indirectement, pour leur propre compte ou pour le compte d'autrui, une entreprise commerciale ou industrielle ou une société commerciale.

Ces interdictions d'exercice ne peuvent excéder une durée de cinq ans. Elles peuvent être prononcées cumulativement.

Les personnes morales déclarées responsables pénalement, dans les conditions prévues à l'article 121-2 du Code pénal, du délit puni à l'article L. 531-1 encourent, outre l'amende suivant les modalités prévues à l'article 131-38 du Code pénal, les peines prévues aux 2° à 9° de l'article 131-39 du même code.

L'interdiction mentionnée au 2° du même article 131-39 du Code pénal porte sur l'activité dans l'exercice ou à l'occasion de l'exercice de laquelle l'infraction a été commise. Les peines prévues aux 2° à 7° de cet article ne peuvent être prononcées que pour une durée de cinq ans au plus.

Art. L. 531-3. – Le non-respect de la mesure de consignation mentionnée à l'article L. 512-26 est puni d'un emprisonnement de deux ans et d'une amende de 300 000 euros.

Art. L. 531-4. – Le non-respect de la mesure de saisie mentionnée à l'article L. 512-29 est puni d'un emprisonnement de trois ans et d'une amende de 375 000 euros.

Art. L. 531-5. – En cas de condamnation pour les faits réprimés par les articles L. 531-3 et L. 531-4, le tribunal peut prononcer en outre :

1° L'affichage et la diffusion de la décision dans les conditions prévues à l'article 131-35 du Code pénal ;

2° La diffusion d'un ou plusieurs messages. Le jugement fixe les termes de ces messages et les modalités de leur diffusion et impartit à la personne condamnée un délai pour y faire procéder ; en cas de carence, il est procédé à cette diffusion à la diligence du ministère public aux frais de la personne condamnée ;

3° Le retrait des produits sur lesquels a porté l'infraction et, dans les mêmes conditions, l'interdiction de la prestation de services.

Lorsque l'affichage est ordonné à la porte des magasins de la personne condamnée, l'exécution du jugement ne peut être entravée par la vente du fonds de commerce réalisée postérieurement à la première décision qui a ordonné l'affichage.

Livre VI : RÈGLEMENT DES LITIGES

Titre II. – ACTIONS EN JUSTICE DES ASSOCIATIONS DE DÉFENSE DES CONSOMMATEURS

Chapitre Ier. – Actions exercées dans l'intérêt collectif des consommateurs

Section I. – Action civile

Art. L. 621-1. – Les associations régulièrement déclarées ayant pour objet statutaire explicite la défense des intérêts des consommateurs peuvent, si elles ont été agréées à cette fin en application de l'article L. 811-1, exercer les droits reconnus à la partie civile relativement aux faits portant un préjudice direct ou indirect à l'intérêt collectif des consommateurs.

Les organisations définies à l'article L. 211-2 du Code de l'action sociale et des familles sont dispensées de l'agrément pour agir en justice dans les conditions prévues au présent article.

1) A été déclarée recevable l'action civile d'une fédération départementale des associations familiales et rurales dans une procédure de publicité de nature à induire en erreur (■ Cass. crim., 5 janv. 1994 : *Dr. pén.* 1994, n° 188, obs. J.-H. Robert. ■ Cass. crim., 15 oct. 1997 : *Bull. crim.*, n° 337).

2) Aucune infraction ayant porté un préjudice direct ou indirect à l'intérêt collectif des consommateurs n'est exclue des prévisions de l'article 1er de la loi du 5 janvier 1988 devenu l'article L. 421-1 du Code de la consommation ; il s'ensuit que l'action civile d'associations de consommateurs est recevable à l'occasion de poursuites pénales du chef d'escroquerie, si les circonstances de fait établissent que l'infraction a porté un préjudice direct ou indirect à l'intérêt des consommateurs (■ Cass. crim., 30 janv. 1995 : *Bull. crim.*, n° 37). Sur la recevabilité d'une telle action dans les poursuites exercées du chef d'homicides et blessures involontaires consécutives à l'effondrement d'une tribune édifiée dans une enceinte sportive recevant du public (■ Cass. crim., 24 juin 1997 : *Bull. crim.*, n° 251).

3) Aucune infraction ayant porté un préjudice direct ou indirect à l'intérêt collectif des consommateurs n'est exclue des prévisions de l'article L. 421-1, alinéa 1er du Code de la consommation ; pour déclarer l'Union fédérale des consommateurs – Que choisir, association agréée, irrecevable en sa constitution de partie civile, l'arrêt énonce que, dès lors que les poursuites portent exclusivement sur les délits d'homicides involontaires, les associations de consommateurs ne subissent pas de préjudice direct. Mais en prononçant ainsi, alors que, selon l'article L. 221-1 du Code de la consommation, les produits doivent, dans des conditions normales d'utilisation, présenter la sécurité à laquelle on peut légitimement s'attendre et ne pas porter atteinte à la santé des personnes, la cour d'appel a méconnu le sens et la portée des textes susvisés (■ Cass. crim., 1er avr. 2008 : *JurisData* 2008-043776 ; *Dr. pén.* 2008, comm. 99, obs. J.-H. Robert).

4) Méconnaît les dispositions des articles 2 du Code de procédure pénale et L. 421-1 du Code de la consommation la cour d'appel qui accorde réparation d'un préjudice qualifié d'associatif, qui ne trouve son origine ni dans une atteinte directe ou indirecte à l'intérêt collectif des consommateurs ni dans un dommage personnellement et directement causé à l'association demanderesse, alors qu'il résulte de ces textes que les associations régulièrement déclarées ayant pour objet statutaire explicite la défense des intérêts des consommateurs ne peuvent exercer les droits reconnus à la partie civile que relativement aux faits portant un préjudice direct ou indirect à l'intérêt collectif des consommateurs, sauf à justifier avoir souffert elles-mêmes du dommage directement causé par l'infraction (■ Cass. crim., 3 mai 2006 : *Bull. crim.*, n° 116).

Livre VII : TRAITEMENT DES SITUATIONS DE SURENDETTEMENT

Titre V. – FICHIER NATIONAL RECENSANT LES INFORMATIONS SUR LES INCIDENTS DE PAIEMENT CARACTÉRISÉS

Chapitre Ier. – Objet du fichier

Art. L. 751-1. – Un fichier national recense les informations sur les incidents de paiement caractérisés liés aux crédits accordés aux personnes physiques pour des besoins non professionnels.

Ce fichier est géré par la Banque de France, laquelle est seule habilitée à centraliser ces informations. Il est soumis à la loi n° 78-17 du 6 janvier 1978 relative à l'informatique, aux fichiers et aux libertés.

Art. L. 751-2. – Ce fichier a pour finalité de fournir aux établissements de crédit et aux sociétés de financement mentionnés au titre 1er du livre V du Code monétaire et financier, aux établissements de monnaie électronique et aux établissements de paiement mentionnés au titre II du même livre V et aux organismes mentionnés aux 5 et 8 de l'article L. 511-6 du même code un élément d'appréciation de la solvabilité des personnes qui sollicitent un crédit. Toutefois, l'inscription d'une personne physique au sein du fichier n'emporte pas interdiction de délivrer un crédit. Le fichier peut fournir un élément d'appréciation à l'usage des établissements de crédit, des établissements de monnaie électronique et des établissements de paiement dans leurs décisions d'attribution des moyens de paiement.

Les informations qu'il contient peuvent également être prises en compte par les entreprises mentionnées au premier alinéa pour la gestion des risques liés aux crédits souscrits par leurs clients.

L'organisme de caution mentionné à l'article 26-7 de la loi n° 65-557 du 10 juillet 1965 fixant le statut de la copropriété des immeubles bâtis peut consulter le fichier mentionné au présent article, pour les copropriétaires participant à l'emprunt mentionné à l'article 26-4 de cette même loi.

....

Titre VI : SANCTIONS

Chapitre II. – Sanctions pénales

Art. L. 762-1. – Le fait, pour la Banque de France et les entreprises mentionnées au premier alinéa de l'article L. 751-2, de remettre à quiconque copie des informations contenues dans le fichier mentionné à l'article L. 751-1 est puni des peines prévues aux articles 226-21 et 226-22 du Code pénal.

Art. L. 762-2. – La collecte des informations contenues dans le fichier mentionné à l'article L. 751-1 par des personnes autres que la Banque de France et les entreprises mentionnées au premier alinéa de l'article L. 751-2 est punie des peines prévues à l'article 226-18 du Code pénal.

NB : L'ordonnance du 14 mars 2016 a refondu, pour l'essentiel à droit constant, le Code de la consommation. Les annotations jurisprudentielles susvisées ont donc été maintenues sous certains articles dont la numérotation a été modifiée.

PARTIE RÉGLEMENTAIRE
(D. n° 2016-884, 29 juin 2016)

Information des consommateurs

Art. R. 131-1. – Le fait, pour un professionnel vendeur ou prestataire de services, de ne pas remettre à toute personne intéressée qui en fait la demande un exemplaire des conventions qu'il propose habituellement, en méconnaissance des dispositions de l'article L. 114-1, est puni des peines d'amendes prévues pour les contraventions de la 5e classe.

La récidive est réprimée conformément aux dispositions des articles 132-11 et 132-15 du Code pénal.

Pratiques commerciales interdites et pratiques commerciales réglementées

Art. R. 132-1. – Les refus de vente ou de prestation de services, en méconnaissance des dispositions du premier alinéa de l'article L. 121-11, sont punis de la peine d'amende prévue pour les contraventions de la 5e classe.

La récidive est réprimée conformément aux dispositions des articles 132-11 et 132-15 du Code pénal.

Art. R. 132-2. – Les subordinations à conditions, de ventes ou de prestations de services, en méconnaissance des dispositions du deuxième alinéa de l'article L. 121-11 sont punis de la peine d'amende prévue pour les contraventions de la 5e classe.

La récidive est réprimée conformément aux dispositions des articles 132-11 et 132-15 du Code pénal.

Art. R. 132-3. – Les règles relatives à la prohibition de la vente forcée par correspondance sont définies par l'article R. 635-2 du Code pénal.

Section I. – Dispositions particulières aux contrats conclus à distance portant sur des services financiers

Art. R. 242-1. – Le fait de ne pas communiquer au consommateur les informations mentionnées aux 1°, 2°, 3° et 5° de l'article R. 222-1 et celles mentionnées au 5° de l'article L. 222-5 ou de les lui communiquer sans faire apparaître de manière claire le caractère commercial de sa démarche, est puni de la peine d'amende prévue pour les contraventions de la cinquième classe.

Art. R. 242-2. – Le fait de ne pas communiquer au consommateur, dans les conditions prévues à l'article L. 222-6, les informations mentionnées à cet article, est puni de la peine d'amende prévue pour les contraventions de la cinquième classe.

Art. R. 242-3. – Le fait de ne pas rembourser le consommateur dans les conditions fixées à l'article L. 222-15 est puni de la peine d'amende prévue pour les contraventions de la cinquième classe.

Art. R. 242-4. – La récidive des infractions punies aux articles R. 242-1 à R. 242-3 est réprimée conformément aux dispositions des articles 132-11 et 132-15 du Code pénal.

Art. R. 242-5. – Les sanctions au défaut de communication des informations requises en matière de fourniture à distance d'opérations d'assurances sont fixées par les dispositions :

– du chapitre II du titre Ier du livre Ier du Code des assurances pour les opérations pratiquées par les entreprises régies par le même code ;

– du chapitre Ier du titre II du livre II du Code de la mutualité pour les opérations pratiquées par les mutuelles et unions régies par le même code ;

– du chapitre II du titre III du livre IX du Code de la sécurité sociale pour les opérations pratiquées par les institutions de prévoyance et d'unions régies par le même code.

Contrats de fournitures d'électricité ou de gaz naturel

Art. R. 242-6. – Le fait de ne pas remettre à un consommateur handicapé les contrats et les informations qu'il a demandés dans la forme adaptée à son handicap en violation de l'article L. 224-2 est puni de la peine d'amende prévue pour les contraventions de la 5e classe.

Art. R. 242-7. – Le fait de ne pas mentionner dans l'offre de fourniture d'électricité ou de gaz naturel les informations prévues à l'article L. 224-3 est puni de la peine d'amende prévue pour les contraventions de la 5e classe.

Art. R. 242-8. – Le fait de ne pas fournir au consommateur un contrat de fourniture d'électricité ou de gaz naturel écrit ou disponible sur un support durable dans les conditions prévues à l'article L. 224-4 est puni de la peine d'amende prévue pour les contraventions de la 5e classe.

Art. R. 242-9. – Le fait de ne pas mentionner dans le contrat de fourniture d'électricité ou de gaz naturel fourni au consommateur les informations prévues à l'article L. 224-7 est puni de la peine d'amende prévue pour les contraventions de la 5e classe.

Art. R. 242-10. – Est puni de la peine d'amende prévue pour les contraventions de la 5e classe :

1° Le fait de ne pas proposer au consommateur un contrat unique portant sur la fourniture et la distribution d'électricité ou de gaz naturel en violation des dispositions de l'article L. 224-8 ;

2° Le fait de refuser au consommateur le bénéfice d'une ou plusieurs des prestations techniques proposées par le gestionnaire de réseau dans le cadre du contrat unique en violation des dispositions de l'article L. 224-8 ;

3° Le fait de facturer au consommateur, dans le cadre du contrat unique, des frais liés à l'accès aux réseaux autres que ceux que le gestionnaire de réseau lui a imputés au titre d'une prestation en violation des dispositions de l'article L. 224-8.

Art. R. 242-11. – Est puni de la peine d'amende prévue pour les contraventions de la 5e classe :

1° Le fait de ne pas communiquer au consommateur tout projet de modification des conditions contractuelles de fourniture d'électricité ou de gaz naturel conformément aux dispositions de l'article L. 224-10 ;

2° Le fait de ne pas assortir cette communication d'une information sur la faculté de résiliation prévue à l'article L. 224-10.

Art. R. 242-12. – Le fait de ne pas fournir, au moins une fois par an, une facturation en fonction de l'énergie effectivement consommée conformément aux dispositions de l'article L. 224-11 est puni de la peine d'amende prévue pour les contraventions de la 5e classe.

Art. R. 242-13. – Le fait de fournir une facture dont la présentation n'est pas conforme aux dispositions déterminées par arrêté pris en application de l'article L. 224-12 est puni de la peine d'amende prévue pour les contraventions de la 5e classe.

Art. R. 242-14. – Le fait de facturer à un consommateur, au titre de la résiliation de son contrat de fourniture d'électricité ou de gaz naturel, des frais autres que ceux explicitement prévus au deuxième alinéa de l'article L. 224-15 est puni de la peine d'amende prévue pour les contraventions de la 5e classe.

Art. R. 242-15. – La récidive des infractions punies aux articles R. 242-6 à R. 242-14 est réprimée conformément aux dispositions des articles 132-11 et 132-15 du Code pénal.

Contrats de courtage matrimonial

Art. R. 242-16. – Le fait pour un professionnel de ne pas mentionner dans l'annexe au contrat prévue à l'article L. 224-90 les informations prévues à l'article R. 224-1, est puni de la peine d'amende prévue pour les contraventions de la 5e classe.

Art. R. 242-17. – Le fait pour un professionnel de ne pas remettre à son cocontractant, au moment de la conclusion du contrat, un exemplaire du contrat, avec son annexe, prévu par l'article L. 224-90 est puni de la peine d'amende prévue pour les contraventions de la 5e classe.

Art. R. 242-18. – Le fait pour un professionnel de percevoir, avant l'expiration du délai de renonciation prévu à l'article L. 224-91, un paiement ou un dépôt sous quelque forme que ce soit est puni de la peine d'amende prévue pour les contraventions de la 5e classe.

Art. R. 242-19. – Le fait pour un professionnel de diffuser une annonce personnalisée non conforme aux prescriptions de l'article L. 224-93 est puni de la peine d'amende prévue pour les contraventions de la 5e classe.

Art. R. 242-20. – La récidive des infractions punies aux articles R. 242-16 à R. 242-19 est réprimée conformément aux dispositions des articles 132-11 et 132-15 du Code pénal.

Opérations de crédit

Section I. – Crédit à la consommation

Sous-section 1. – Publicité

Art. R. 341-1. – Le fait pour l'annonceur de diffuser ou de faire diffuser une publicité non conforme aux obligations prévues aux articles L. 312-5, L. 312-6 et L. 312-8 à L. 312-11 est puni de la peine d'amende prévue pour les contraventions de la 5e classe.

Le tribunal peut également ordonner la publication du jugement et la rectification de la publicité aux frais du condamné.

Sous-section 2. – Information précontractuelle de l'emprunteur

Art. R. 341-2. – Le fait pour le prêteur de ne pas respecter les formalités prescrites à l'article L. 312-12 et au deuxième alinéa de l'article L. 312-13 est puni de la peine d'amende prévue pour les contraventions de la 5e classe.

Sous-section 3. – Explications fournies à l'emprunteur et évaluation de sa solvabilité

Art. R. 341-3. – Le fait pour le prêteur ou l'intermédiaire de crédit, de contrevenir aux dispositions de l'article L. 312-15 est puni de la peine d'amende prévue pour les contraventions de la 5e classe.

Sous-section 4. – Formation du contrat de crédit

Art. R. 341-4. – Le fait pour le prêteur de ne pas respecter les formalités prescrites à l'article L. 312-18 ou de ne pas prévoir un formulaire détachable dans l'offre de contrat de crédit, en application des dispositions de l'article L. 312-21, est puni de la peine d'amende prévue pour les contraventions de la 5e classe.

Sous-section 5. – Informations mentionées dans le contrat

Art. R. 341-5. – Le fait pour le prêteur de ne pas respecter les formalités prescrites aux articles L. 312-28 et L. 312-29 est puni de la peine d'amende prévue pour les contraventions de la 5e classe.

Sous-section 6. – Exécution du contrat

Art. R. 341-6. – Le fait pour le prêteur de ne pas respecter les formalités prescrites à l'article L. 312-32 est puni de la peine d'amende prévue pour les contraventions de la 5e classe.

Sous-section 7. – Crédit gratuit

Art. R. 341-7. – Le fait pour l'annonceur de diffuser ou de faire diffuser une publicité non conforme aux obligations prévues aux dispositions de l'article L. 312-41 est puni de la peine d'amende prévue pour les contraventions de la 5e classe.

Le tribunal peut également ordonner la publication du jugement et la rectification de la publicité aux frais du condamné.

Art. R. 341-8. – Le fait pour le vendeur de ne pas respecter les formalités prescrites à l'article L. 312-42 est puni de la peine d'amende prévue pour les contraventions de la 5e classe.

Art. R. 341-9. – Le fait pour le prêteur de ne pas respecter les formalités prescrites à l'article L. 312-43 est puni de la peine d'amende prévue pour les contraventions de la 5e classe.

Sous-section 8. – Crédit affecté

Art. R. 341-10. – Le fait pour le vendeur ou le prestataire de services de ne pas préciser dans le contrat, en méconnaissance des dispositions de l'article L. 312-45, que le paiement du prix est acquitté à l'aide d'un crédit est puni de la peine d'amende prévue pour les contraventions de la 5e classe.

Art. R. 341-11. – **Le fait pour le vendeur ou le prestataire de services de faire souscrire lui-même ou par un préposé agissant pour son compte une demande de livraison ou de fourniture immédiate par l'acheteur, en méconnaissance des dispositions de l'article R. 312-20, est puni de la peine d'amende prévue pour les contraventions de la 3e classe.**

Sous-section 9. – Crédit renouvelable

Art. R. 341-12. – **Le fait pour l'annonceur de diffuser ou de faire diffuser une publicité non conforme aux obligations prévues aux dispositions des articles L. 312-61 est puni de la peine d'amende prévue pour les contraventions de la 5e classe.**

Le tribunal peut également ordonner la publication du jugement et la rectification de la publicité aux frais du condamné.

Art. R. 341-13. – **Le fait pour le prêteur ou l'intermédiaire de crédit de contrevenir aux obligations prévues par les dispositions des articles L. 312-62 et L. 312-63 en matière d'information précontractuelle est puni de la peine d'amende prévue pour les contraventions de la 5e classe.**

Art. R. 341-14. – **Le fait pour le prêteur de remettre un contrat non conforme aux dispositions des articles L. 312-64 et L. 312-65 est puni de la peine d'amende prévue pour les contraventions de la 5e classe.**

Art. R. 341-15. – **Le fait pour le prêteur de ne pas respecter la formalité prévue à l'article L. 312-67 est puni de la peine d'amende prévue pour les contraventions de la 5e classe.**

Art. R. 341-16. – **Le fait pour le prêteur ou l'intermédiaire de crédit de contrevenir aux obligations prévues par les dispositions de la première phrase de l'article L. 312-68 est puni de la peine d'amende prévue pour les contraventions de la 5e classe.**

Art. R. 341-17. – **Le fait pour le prêteur de ne pas respecter les obligations prévues à l'article L. 312-71 est puni de la peine d'amende prévue pour les contraventions de la 5e classe.**

Art. R. 341-18. – **Le fait pour le prêteur de ne respecter l'une des obligations relatives à la reconduction des contrats renouvelables prévues aux articles L. 312-75 à L. 312-83 est puni de la peine d'amende prévue pour les contraventions de la 5e classe.**

Art. R. 341-19. – **La récidive des infractions punies aux articles R. 341-1 à R. 341-10 et R. 341-12 à R. 341-18 est réprimée conformément aux dispositions des articles 132-11 et 132-15 du Code pénal.**

Section II. – Crédit immobilier

Sous-section 1. – Information précontractuelle de l'emprunteur

Art. R. 341-20. – **Le fait pour le prêteur ou l'intermédiaire de crédit de ne pas respecter les formalités en matière d'information précontractuelle prescrites à l'article L. 313-7 ou au second alinéa de l'article L. 313-24 est puni de la peine d'amende prévue pour les contraventions de 5e classe.**

Sous-section 2. – Explications fournies à l'emprunteur et évaluation de sa solvabilité

Art. R. 341-21. – **Le fait pour le prêteur ou l'intermédiaire de crédit de ne pas respecter les formalités en matière d'information précontractuelle prescrites à l'article R. 313-11 et relatives au service de conseil est puni de la peine d'amende prévue pour les contraventions de 5e classe.**

Art. R. 341-22. – **Le fait pour le prêteur de contrevenir aux dispositions des articles L. 313-20 et L. 313-22 relatives à l'évaluation du bien immobilier est puni de la peine d'amende prévue pour la contravention de 5e classe.**

Sous-section 3. – Exécution du contrat de crédit

Art. R. 341-23. – **Le fait pour le prêteur ou l'intermédiaire de crédit de ne pas respecter les obligations relatives à l'information de l'emprunteur en cas de modification du taux débiteur fixées à l'article L. 313-46 est puni de la peine d'amende prévue pour les contraventions de 5e classe.**

Section III. – Dispositions communes au crédit à la consommation et au crédit immobilier

Art. R. 341-24. – Le fait de rémunérer ou de faire rémunérer un vendeur d'un bien mobilier ou immobilier dans des conditions contraires aux dispositions de l'article L. 314-22 est puni de la peine d'amende prévue pour les contraventions de la 5e classe.

Art. R. 341-25. – Le fait pour un vendeur d'être rémunéré dans des conditions contraires aux dispositions de l'article L. 314-22 est puni de la peine d'amende prévue pour les contraventions de la 5e classe.

Art. R. 341-26. – Le fait pour le prêteur ou l'intermédiaire de ne pas respecter ses obligations prévues par les dispositions des articles L. 314-24 et L. 314-25 est puni de la peine d'amende prévue pour la contravention de 5e classe.

Art. R. 341-27. – La récidive des infractions punies aux articles R. 341-20 à R. 341-26 est réprimée conformément aux dispositions des articles 132-11 et 132-15 du Code pénal.

Conformité

Art. R. 451-1. – Les infractions aux dispositions des décrets pris en application de l'article L. 412-1 sont punies de la peine d'amende prévue pour les contraventions de la 5e classe.

La récidive est réprimée conformément aux dispositions des articles 132-11 et 132-15 du Code pénal.

Art. R. 451-2. – Le fait de détenir en vue de la vente ou de la distribution à titre gratuit, de mettre en vente, de vendre ou de distribuer à titre gratuit une denrée alimentaire impropre à la consommation, au sens du paragraphe 5 de l'article 14 du règlement (CE) n° 178/2002 modifié établissant les principes généraux et les prescriptions générales de la législation alimentaire, instituant l'Autorité européenne de sécurité des aliments et fixant des procédures relatives à la sécurité des denrées alimentaires est puni de la peine d'amende prévue pour les contraventions de la 5e classe.

La récidive est réprimée conformément aux dispositions des articles 132-11 et 132-15 du Code pénal.

Art. R. 451-3. – Le fait de ne pas mettre en œuvre les procédures de retrait ou de rappel d'une denrée alimentaire autre qu'un produit d'origine animale ou une denrée en contenant impropre à la consommation, au sens du paragraphe 5 de l'article 14 du règlement n° 178/2002 modifié du Parlement européen et du Conseil du 28 janvier 2002 modifié établissant les principes généraux et les prescriptions générales de la législation alimentaire, instituant l'Autorité européenne de sécurité des aliments et fixant des procédures relatives à la sécurité des denrées alimentaires prévues à l'article 19 du même règlement est puni de la peine d'amende prévue pour les contraventions de la 5e classe.

La récidive est réprimée conformément aux dispositions des articles 132-11 et 132-15 du Code pénal.

Sécurité

Art. R. 452-1. – Le fait de détenir en vue de la vente ou de la distribution à titre gratuit, de mettre en vente de vendre, de distribuer à titre gratuit les produits dont l'importation est prohibée en méconnaissance des dispositions de l'article L. 422-3, est puni de la peine d'amende prévue pour les contraventions de la 5e classe.

Les personnes physiques ou morales coupables de la contravention prévue au précédent alinéa encourent également la peine complémentaire de confiscation de la chose qui a servi ou était destinée à commettre l'infraction ou de la chose qui en est le produit conformément aux dispositions du 5° de l'article 131-16 et du dernier alinéa de l'article 131-40 du Code pénal. La récidive est réprimée conformément aux articles 132-11 et 132-15 du Code pénal.

Art. R. 452-2. – Le fait de ne pas informer les autorités administratives compétentes des actions engagées en application de l'article L. 423-3 est puni de l'amende prévue pour les contraventions de la 5e classe.

La récidive est réprimée conformément aux dispositions des articles 132-11 et 132-15 du Code pénal.

Art. R. 452-3. – Les infractions aux mesures de la Commission européenne mentionnées à l'article L. 422-4 sont punies de la peine d'amende prévue pour les contraventions de la 5e classe.

La récidive est réprimée conformément aux articles 132-11 et 132-15 du Code pénal.

Art. R. 452-4. – Les personnes physiques coupables de l'infraction réprimée par l'article R. 452-3 encourent également la confiscation de la chose qui a servi ou était destinée à commettre l'infraction ou de la chose qui en est le produit.

Les personnes morales déclarées responsables pénalement, dans les conditions prévues par l'article 121-2 du Code pénal, de l'infraction réprimée par l'article R. 452-3 encourent, outre l'amende suivant les modalités prévues par l'article 131-41 du Code pénal, la peine de confiscation de la chose qui a servi ou était destinée à commettre l'infraction ou de la chose qui en est le produit.

SUITES DONNÉES AUX CONTRÔLES

Art. R. 531-1. – Le fait pour un détenteur de marchandises de ne pas avoir conservé un échantillon laissé à sa garde en application de l'article R. 512-15 ou d'en avoir modifié l'état est puni de la peine prévue pour les contraventions de la 5e classe.

La récidive est réprimée conformément aux articles 132-11 et 132-15 du Code pénal.

Art. R. 531-2. – Le fait de mettre en vente ou de vendre, sans attendre les résultats d'un contrôle officiel en cours, des marchandises reconnues non-conformes à la réglementation ou falsifiées à l'issue de l'enquête consécutive à ce contrôle est puni de la peine prévue pour les contraventions de la 5e classe.

La récidive est réprimée conformément aux articles 132-11 et 132-15 du Code pénal.

Art. R. 532-1. – Est puni de la peine d'amende prévue pour les contraventions de la 5e classe le fait en méconnaissance des dispositions d'un arrêté pris en application des articles L. 521-17 ou L. 521-25 :

1° De fabriquer, importer, exporter, mettre sur le marché à titre gratuit ou onéreux, détenir en vue de la vente ou de la distribution à titre gratuit un produit ou de réaliser une prestation de services ayant fait l'objet d'une mesure de suspension ;

2° D'omettre de diffuser les mises en garde ou précautions d'emploi ordonnées ;

3° De ne pas échanger, de ne pas modifier ou de ne pas rembourser totalement ou partiellement le produit ou le service, dans les conditions de lieu et de délai prescrites ;

4° De ne pas procéder au retrait ou à la destruction d'un produit.

La récidive est réprimée conformément aux articles 132-11 et 132-15 du Code pénal.

Art. R. 532-2. – Les personnes physiques coupables des contraventions prévues à l'article R. 532-1 encourent également la confiscation de la chose qui a servi ou était destinée à commettre l'infraction ou de la chose qui en est le produit.

Loi n° 89-421 du 23 juin 1989

relative à l'information et à la protection des consommateurs
ainsi qu'à diverses pratiques commerciales

relative notamment au courtage matrimonial

Voir : Les articles 1 à 5 et 13 sont abrogés par l'article 4 de la loi n° 93-949 du 26 juillet 1993.

Bibliographie : Heidsieck, *Le marché de la solitude et le droit (Commentaire de l'article 6 de la loi du 23 juin 1989 relatif au courtage matrimonial)* : *JCP* 90, I, 3432. V. D. n° 90-422 du 16 mai 1990 sur l'application de l'article 6 précité.

Art. 6 *(Mod., L. n° 92-1336, 16 déc. 1992)*. – I. – L'offre de rencontres en vue de la réalisation d'un mariage ou d'une union stable, proposée par un professionnel, doit faire l'objet d'un contrat écrit, rédigé en caractères lisibles, dont un exemplaire est remis au cocontractant du professionnel au moment de sa conclusion.

Le contrat doit mentionner, à peine de nullité, le nom du professionnel, son adresse ou celle de son siège social, la nature des prestations fournies, ainsi que le montant et les modalités de paiement du prix. Est annexée au contrat l'indication des qualités de la personne recherchée par le cocontractant du professionnel.

Ces contrats sont établis pour une durée déterminée, qui ne peut être supérieure à un an ; ils ne peuvent être renouvelés par tacite reconduction. Ils prévoient une faculté de résiliation pour motif légitime au profit des deux parties.

II. – Dans un délai de sept jours à compter de la signature du contrat, le cocontractant du professionnel visé au paragraphe I peut revenir sur son engagement, sans être tenu au paiement d'une indemnité.

Avant l'expiration de ce délai, il ne peut être reçu de paiement ou de dépôt sous quelque forme que ce soit.

III. – Toute annonce personnalisée diffusée par l'intermédiaire d'un professionnel pour proposer des rencontres en vue de la réalisation d'un mariage ou d'une union stable doit comporter son nom, son adresse, ou celle de son siège social, ainsi que son numéro de téléphone. Lorsque plusieurs annonces sont diffusées par le même professionnel, son adresse peut ne figurer qu'une seule fois, à condition d'être parfaitement apparente.

Chaque annonce précise le sexe, l'âge, la situation familiale, le secteur d'activité professionnelle et la région de résidence de la personne concernée, ainsi que les qualités de la personne recherchée par elle.

Le professionnel doit pouvoir justifier de l'existence d'un accord de la personne présentée par l'annonce sur le contenu et la diffusion de celle-ci.

IV. – Un décret en Conseil d'État précise les conditions d'application du présent article, notamment les modalités de restitution des sommes versées en cas de résiliation du contrat.

V. – Sera puni des peines des articles 313-1, 313-7 et 313-8 du Code pénal, le professionnel qui, sous prétexte d'une présentation de candidats au mariage ou à une union stable, aura mis en présence ou fait communiquer des personnes dont l'une est rémunérée par elle, ou se trouve placée, directement ou indirectement, sous son autorité, ou n'a pas effectué de demande en vue du mariage ou d'une union stable. Sera puni des mêmes peines, le professionnel qui promet d'organiser des rencontres en vue de la réalisation d'un mariage ou d'une union stable avec une personne fictive.

En application de l'article 6 de la loi du 23 juin 1989, le contrat, qui a pour objet l'offre de rencontres en vue de la réalisation d'un mariage ou d'une union stable, comprend nécessairement l'ensemble des prestations fournies par le professionnel. En conséquence, doit être approuvé l'arrêt qui retient qu'une analyse graphomorphopsychologique fait partie intégrante du contrat passé et ne peut, par suite, faire l'objet d'un paiement immédiat (■ Cass. crim., 20 mars 2001 : *Bull. crim.*, n° 74).

Décret n° 94-699 du 10 août 1994

fixant les exigences de sécurité relatives aux équipements d'aires collectives de jeux

Art. 1er. – Il est interdit de fabriquer, d'importer, de détenir en vue de la vente, de mettre en vente, de vendre, de distribuer à titre gratuit et de donner en location des équipements d'aires collectives de jeux qui ne satisfont pas aux prescriptions du présent décret.

Art. 2. – Pour l'application du présent décret, les équipements d'aires collectives de jeux s'entendent des matériels et ensemble de matériels destinés à être utilisés par des enfants à des fins de jeu, quel que soit le lieu de leur implantation.

Ne sont toutefois pas soumis aux dispositions du présent décret les équipements forains, les équipements aquatiques et les équipements destinés, par leurs caractéristiques, à un usage exclusivement familial.

Art. 3. – Les équipements d'aires collectives de jeux doivent satisfaire aux exigences de sécurité définies en annexe au présent décret.

Art. 4. – Le respect des exigences de sécurité définies en annexe est attesté par la mention : « conforme aux exigences de sécurité », apposée par les soins du fabricant ou de l'importateur, de manière visible, lisible et indélébile sur l'équipement et sur son emballage.

Le fabricant ou l'importateur appose, en outre, de manière visible, lisible et indélébile :

1° Sur l'équipement et sur son emballage, son nom ou sa raison sociale ou sa marque de commerce, son adresse et une mention permettant d'identifier le modèle ;

2° Sur l'équipement, les avertissements nécessaires à la prévention des risques inhérents à son utilisation.

Art. 5. – Peuvent seuls comporter la mention : « conforme aux exigences de sécurité » les équipements d'aires collectives de jeux qui satisfont à l'une des deux obligations suivantes :

1° Avoir été fabriqués conformément aux normes de sécurité françaises ou étrangères les concernant, dont les références sont publiées au *Journal officiel* de la République française.

Dans ce cas, le responsable de la première mise sur le marché des équipements tient à la disposition des agents chargés du contrôle un dossier comprenant une description détaillée du produit et des moyens par lesquels le fabricant s'assure de la conformité de sa production aux normes susmentionnées, ainsi que l'adresse des lieux de fabrication ou d'entreposage.

2° S'ils ne respectent pas toutes les normes visées au 1° ci-dessus, être conformes à un modèle bénéficiant lui-même d'une attestation de conformité aux exigences de sécurité délivrée à la suite d'un examen de type effectué par un organisme français ou étranger agréé par le ministre chargé de l'Industrie.

Dans ce cas, le responsable de la première mise sur le marché des équipements tient à la disposition des agents chargés du contrôle un dossier comprenant une description détaillée du produit, l'attestation de conformité aux exigences de sécurité ou une copie conforme, une description des moyens par lesquels le fabricant s'assure de la conformité de sa production au modèle examiné et l'adresse des lieux de production ou d'entreposage.

Art. 6. – Tout équipement doit être accompagné d'une notice d'emploi, de montage, d'installation et d'entretien. Cette notice précise l'âge minimal des enfants auxquels l'équipement est destiné et comporte des mentions d'avertissement relatives aux risques liés à son utilisation.

Art. 7. – Sans préjudice de l'application des sanctions pénales et des mesures administratives prévues au livre II du Code de la consommation en cas de méconnaissance des exigences de sécurité, seront punis des peines d'amende prévues pour les contraventions de la 5e classe :

a) Ceux qui auront fabriqué, importé, détenu en vue de la vente, mis en vente, vendu, distribué à titre gratuit ou donné en location un équipement d'aires collectives de jeux qui ne comporte pas l'ensemble des mentions exigées par l'article 4 ci-dessus ou qui ne satisfait pas aux prescriptions de l'article 6 ci-dessus ;

b) Les responsables de la première mise sur le marché d'équipements d'aires collectives de jeux qui ne sont pas en mesure de présenter les documents justifiant l'apposition de la mention : « conforme aux exigences de sécurité », dans les conditions prévues à l'article 5 ci-dessus.

En cas de récidive, la peine d'amende prévue pour la récidive des contraventions de la 5e classe sera applicable.

....

Décret nº 2002-1465 du 17 décembre 2002

relatif à l'étiquetage des viandes bovines dans les établissements de restauration

Art. 1er. – Les dispositions du présent décret sont applicables aux plats contenant un ou plusieurs morceaux de viandes bovines au sens du règlement (CE) n° 1760/2000 du Parlement européen et du Conseil du 17 juillet 2000 susvisé ou de la viande hachée au sens du règlement (CE) n° 1825/2000 de la Commission du 25 août 2000 susvisé, destinés aux consommateurs, dans les établissements proposant des repas à consommer sur place ou dans les établissements proposant des repas à consommer sur place et à emporter ou à livrer.

Art. 2. – L'origine des viandes bovines mentionnées à l'article 1er est indiquée par l'une ou l'autre des mentions suivantes :

1° « Origine : (nom du pays) », lorsque la naissance, l'élevage et l'abattage du bovin dont sont issues les viandes ont eu lieu dans le même pays ;

2° « Né et élevé : (nom du pays de naissance et nom du ou des pays d'élevage) et abattu : (nom du pays d'abattage) », lorsque la naissance, l'élevage et l'abattage ont eu lieu dans des pays différents.

Ces mentions sont portées à la connaissance du consommateur, de façon lisible et visible, par affichage, indication sur les cartes et menus, ou sur tout autre support.

Art. 3. – Est puni des amendes prévues pour les contraventions de la 3e classe le fait de mettre en vente, de vendre ou de distribuer à titre gratuit, dans les établissements proposant des repas à consommer sur place et ou dans les établissements proposant des repas à consommer sur place et à emporter ou à livrer, les viandes bovines visées à l'article 1er dont l'origine n'est pas portée à la connaissance du consommateur, dans les conditions précisées à l'article 2.

Les personnes morales peuvent être déclarées pénalement responsables, dans les conditions prévues par l'article 121-2 du Code pénal, des infractions prévues au présent article. Elles encourent les peines d'amendes selon les modalités prévues à l'article 131-41 du même code.

Décret nº 2006-1129 du 8 septembre 2006
relatif à la sécurité des briquets

Art. 1er. – Il est interdit d'importer, de détenir en vue de la vente ou de la distribution à titre gratuit ou onéreux, de mettre en vente, de vendre ou de distribuer à titre gratuit :

1° Les briquets fantaisie tels que définis à l'article 2 ;

2° Les briquets non rechargeables non munis d'une sécurité enfant ;

3° Les briquets rechargeables non munis d'une sécurité enfant, à l'exception de ceux répondant aux conditions définies à l'article 3.

Art. 2. – Au sens du présent décret, on entend par :

1° « Briquet » : un dispositif actionné manuellement en vue de produire une flamme, utilisant un combustible, dont on se sert normalement pour allumer volontairement cigarettes, cigares et pipes notamment, et dont il est prévisible qu'il puisse servir pour allumer d'autres matériaux tels que du papier, des mèches, des bougies et des lanternes, disposant d'une provision de combustible incorporée, rechargeable ou non ;

2° « Briquet fantaisie » : conformément à la définition donnée par les normes dont les références sont publiées au *Journal officiel* de la République française, tout briquet qui ressemble de quelque manière que ce soit à un autre objet attrayant pour un enfant de moins de 51 mois ou dont l'utilisation est prévue par un enfant de cet âge, ou encore qui le divertit parce qu'il est sonore ou animé. Ne sont pas considérés comme briquets fantaisie les briquets imprimés ou décorés de logos, étiquettes, décalcomanies, dessins, ou les briquets à manchon thermo-rétractable ;

3° « Briquet sécurité enfant » : un briquet conçu et fabriqué de manière à ne pas pouvoir, dans des conditions d'utilisation normales ou raisonnablement prévisibles, être allumé par des enfants de moins de 51 mois, notamment en raison de la force nécessaire pour le faire fonctionner ou en raison de sa conception, de la protection de son mécanisme d'allumage, ou de la complexité ou de la succession des opérations nécessaires à son allumage ;

4° « Modèle de briquet » : briquets d'un même producteur ayant la même conception et les mêmes caractéristiques, notamment concernant la résistance opposée à l'enfant ;

5° « Essai de résistance opposée à l'enfant » : un essai systématique de la résistance opposée à l'enfant par un modèle de briquet donné, pratiqué sur un échantillon des briquets concernés, en particulier les essais réalisés conformément aux normes dont les références sont publiées au *Journal officiel* de la République française, ou conformément aux dispositions en matière d'essai contenues dans les réglementations correspondantes de pays tiers à la Communauté européenne dans lesquels des obligations de sécurité enfants équivalentes à celles établies par le présent décret s'appliquent.

Art. 3. – Sont exclus du champ d'application du présent décret les briquets rechargeables non fantaisie même non munis d'une sécurité enfant pour lesquels les responsables de la première mise sur le marché fournissent sur demande aux agents chargés du contrôle les documents nécessaires établissant que les briquets sont conçus, fabriqués et mis sur le marché de manière à garantir une sécurité d'utilisation prévisible sur une durée de vie d'au moins cinq ans, que ces briquets peuvent être réparés et qu'ils répondent aux exigences suivantes :

1° Être accompagnés d'une garantie écrite du responsable de la première mise sur le marché d'une durée d'au moins deux ans pour chaque briquet ;

2° Être conçus pour être réparés et rechargés de façon sûre sur toute leur durée de vie et incluant en particulier un mécanisme d'allumage réparable ;

3° Les parties non consommables, mais susceptibles de s'user ou de cesser de fonctionner en usage continu après la période de garantie, sont accessibles en vue de leur remplacement ou de leur réparation dans un service après-vente agréé ou spécialisé établi sur le territoire de la Communauté européenne.

Art. 4. – Sont présumés être des briquets de sécurité enfants :

1° Les briquets conformes aux normes dont les références sont publiées au *Journal officiel* de la République française ;

2° Les briquets conformes aux dispositions correspondantes de pays tiers à la Communauté européenne dans lesquels des obligations de sécurité enfants équivalentes à celles définies par le présent décret s'appliquent.

Art. 5. – La première mise sur le marché communautaire des briquets est subordonnée au respect par les responsables de la première mise sur le marché des conditions suivantes :

1° La conservation et la fourniture immédiate à la demande des agents chargés du contrôle, d'un rapport d'essai de résistance à l'enfant accompagné d'échantillons pour chaque modèle de briquet testé, certifiant la résistance opposée à l'enfant du modèle de briquet mis sur le marché ;

2° La fourniture, à la demande des agents chargés du contrôle, d'une attestation indiquant que tous les briquets de chacun des lots mis sur le marché sont conformes au modèle soumis à l'essai ainsi que des documents relatifs au programme d'essai et de contrôle à l'appui de cette attestation ;

3° La vérification permanente, par des méthodes d'essai appropriées, de la conformité des briquets produits aux solutions techniques adoptées pour la résistance opposée à l'enfant et la conservation à la disposition des agents chargés du contrôle des registres de production indiquant que tous les briquets produits sont conformes au modèle soumis à l'essai ;

4° En cas de modification d'un modèle de briquet d'une manière susceptible d'avoir des effets négatifs sur la capacité de ce modèle à répondre aux exigences établies par le présent décret, la conservation et la transmission immédiate aux agents chargés du contrôle, et à leur demande, d'un nouveau rapport d'essai de résistance opposée à l'enfant.

Art. 6. – Les distributeurs conservent et fournissent immédiatement à la demande des agents chargés du contrôle les documents nécessaires pour identifier toute personne qui leur a fourni les briquets qu'ils mettent sur le marché, de manière à garantir la traçabilité du producteur des briquets dans l'ensemble de la chaîne d'approvisionnement.

Art. 7. – Lorsqu'ils ne présentent pas les documents mentionnés aux articles 5 et 6 dans le délai fixé par les agents chargés du contrôle, les responsables de la première mise sur le marché ou les distributeurs retirent les briquets correspondants du marché.

Art. 8. – I. – Les rapports d'essai de résistance opposée à l'enfant mentionnés à l'article 5 contiennent obligatoirement :

1° Le nom, l'adresse et le lieu du principal établissement du fabricant, où qu'il se situe, ainsi que de ceux de l'importateur si les briquets sont importés ;

2° Une description complète du briquet, notamment la taille, la forme, le poids, le combustible, la contenance du réservoir de combustible, le mécanisme d'allumage et les dispositifs, la conception, les solutions techniques et autres caractéristiques garantissant la sécurité enfant conformément aux définitions et exigences établies par le présent décret. Le rapport contiendra en particulier une description détaillée de toutes les dimensions, forces requises ou autres caractéristiques susceptibles d'influer sur la résistance opposée à l'enfant, y compris les tolérances du fabricant pour chacune de ces caractéristiques ;

3° Une description détaillée des essais et des résultats obtenus, les dates des essais, le lieu où ils ont été pratiqués, l'identité de l'organisme qui a réalisé les essais et des précisions sur les qualifications et la compétence de cet organisme pour la réalisation des essais concernés ;

4° L'identification du lieu où les briquets sont ou ont été fabriqués ;

5° Le lieu où les documents requis par le présent décret sont conservés ;

6° Les références de l'agrément ou de la reconnaissance de l'organisme qui a procédé à l'essai.

II. – Les rapports d'essai de résistance opposée à l'enfant mentionnés à l'article 5 sont établis par :

1° Des organismes d'essais agréés, en tant qu'organismes répondant aux prescriptions fixées par la norme dont les références sont publiées au *Journal officiel* de la République française, par un membre de l'International Laboratory Accreditation Cooperation (ILAC) pour réaliser des essais de résistance opposée à l'enfant sur des briquets ou reconnus de toute autre manière à cet effet par l'autorité compétente d'un État membre de la Communauté européenne ;

2° Des organismes d'essais dont les rapports d'essai de résistance opposée à l'enfant sont acceptés par un des pays dans lesquels des obligations de sécurité enfant équivalentes à celles établies par le présent décret s'appliquent.

Art. 9 *(V. D. n° 91-1175, 13 nov. 1991).*

Art. 10. – Est puni de la peine d'amende prévue pour les contraventions de la 5e classe le fait d'importer, de détenir en vue de la vente ou de la distribution à titre gratuit ou onéreux, de mettre en vente, de vendre ou de distribuer à titre gratuit :

1° Des briquets fantaisie tels que définis à l'article 2 ;

2° Les briquets non rechargeables non munis d'une sécurité enfant ;

3° Les briquets rechargeables non munis d'une sécurité enfant, à l'exception de ceux répondant aux conditions définies à l'article 3 du présent décret.

II. – Est puni de la même peine le fait :

1° Pour les responsables de la première mise sur le marché, de ne pas respecter les obligations mentionnées à l'article 5 ;

2° Pour les distributeurs, de ne pas respecter les obligations mentionnées à l'article 6 ;

3° Pour les responsables de la première mise sur le marché et pour les distributeurs, de ne pas procéder au retrait des produits du marché prévu à l'article 7.

III. – La récidive des contraventions prévues au présent article est réprimée conformément aux articles 132-11 et 132-15 du Code pénal.

Art. 11 *(Mod., D. n° 2007-1358, 14 sept. 2007).* – Les dispositions du présent décret entrent en vigueur à compter du 11 mars 2007. Les briquets conformes aux dispositions du décret [n° 91-1175] du 13 novembre 1991 susvisé, mis sur le marché communautaire avant cette date, peuvent continuer à être commercialisés jusqu'au 10 mars 2008.

Décret n° 2016-364 du 29 mars 2016
fixant les exigences de sécurité concernant les bicyclettes

....

Art. 4. – La bicyclette vendue au consommateur final, louée, mise à disposition dans le cadre d'une prestation de services ou distribuée à titre gratuit par des professionnels satisfait à l'une des deux conditions suivantes :

1° Soit avoir été fabriquée conformément aux normes dont les références sont publiées au *Journal officiel* de la République française.

Le responsable de la première mise sur le marché de ce produit tient à la disposition des agents chargés du contrôle les documents comprenant une description détaillée du produit et du référentiel technique utilisé pour vérifier la conformité du produit aux exigences de sécurité, les résultats des essais réalisés ainsi que l'adresse des lieux de production ou d'entreposage en vue de la mise sur le marché ;

2° Soit avoir été fabriquée conformément à un modèle bénéficiant d'une attestation de conformité aux exigences de sécurité, délivrée à la suite d'un examen de type par un organisme français ou d'un autre État membre de l'Union européenne ou d'un État partie à l'accord sur l'Espace économique européen ou de la Turquie, accrédité selon la norme EN/ISO 17025 par le Comité français d'accréditation (COFRAC) ou par un organisme d'accréditation signataire de l'accord multilatéral pris dans le cadre de la coordination européenne des organismes d'accréditation pour le contrôle des produits mentionnés à l'article 1er du présent décret.

Le responsable de la première mise sur le marché de ce produit tient à la disposition des agents chargés du contrôle des documents comprenant l'attestation de conformité aux exigences de sécurité ou une copie certifiée conforme, une description détaillée du modèle et des moyens par lesquels le fabricant s'assure de la conformité de sa production au modèle ayant fait l'objet de l'examen de type, ainsi que l'adresse des lieux de production ou d'entreposage en vue de la mise sur le marché.

Les documents mentionnés au présent article sont conservés dix ans à compter de la date de la dernière vente par le responsable de la première mise sur le marché du produit correspondant.

....

Art. 6. – Les bicyclettes vendues au consommateur final, louées, mises à disposition dans le cadre d'une prestation de services ou distribuées à titre gratuit par des professionnels sont montées et réglées.

Toutefois, peuvent être laissées à la charge des consommateurs les opérations suivantes :

– la pose des roues ;

– le gonflage des pneumatiques et des organes de suspension à la condition que les pompes de gonflage adaptées soient livrées avec la bicyclette ;

– le montage des pédales (avec indication de la pédale de gauche et de celle de droite) ;

– le montage sur le cadre des sous-ensembles selle-tige, potence-guidon ou des dispositifs en faisant fonction et leur réglage à la morphologie de l'utilisateur ;

– pour les bicyclettes pour jeunes enfants, la pose des stabilisateurs ;

– la mise en place des batteries nécessaires au fonctionnement de la bicyclette et de ses accessoires dans leur logement ;

– la pose des dispositifs d'éclairage et de signalisation visuelle ainsi que de l'appareil avertisseur, ceux-ci devant alors être livrés avec la bicyclette ;

– la pose des accessoires tels que porte-bagages, garde-boue, sacoches, paniers, béquille, porte-bidon, rétroviseur, porte-cartes ou compteurs ;

– la pose des dispositifs d'aide à la conduite ou à la navigation.

Sous réserve que ces opérations :

a) Fassent l'objet d'une information précontractuelle du consommateur précisant les opérations laissées à sa charge. Il appartient aux professionnels de pouvoir apporter la preuve que cette information a été transmise au consommateur ;

b) Ne nécessitent pas l'usage d'une pompe à vélo autre qu'usuelle ou d'outils sauf à ce que ceux-ci soient livrés avec la bicyclette ;

c) Ne conduisent pas à démonter ou dérégler un élément essentiel pour la sécurité, notamment le système de freinage, la direction et la transmission de la bicyclette.

Art. 9. – Sans préjudice de l'application des sanctions pénales et des mesures administratives prévues au livre II du Code de la consommation, est punie de la peine d'amende prévue pour les contraventions de la 5e classe :

1° Toute personne qui met sur le marché, détient en vue de la vente, de la location de la mise à disposition dans le cadre d'une prestation de services, ou en vue de la distribution à titre gratuit, une bicyclette qui n'est pas présentée dans les conditions prévues à l'article 6, ou qui n'est pas accompagnée de la notice prévue à l'article 7 ;

2° Le responsable de la mise sur le marché qui ne présente pas les documents mentionnés à l'article 4 aux agents chargés du contrôle.

En cas de récidive, la peine d'amende prévue pour la récidive des contraventions de la 5e classe est applicable.

ANNEXE 19

CONSTRUCTION

Voir : Annexe 61 (Urbanisme).

Bibliographie : L. de Graëve, *Construction : Lois pénales spéciales*. • J.-M. Berly et H. Des Lyons, Code de la construction et de l'habitation, LexisNexis 2016.

Code de la construction et de l'habitation

I. – Dispositions générales

Art. L. 123-3 *(L. n° 2009-323, 25 mars 2009 ; L. n° 2014-366, 24 mars 2014)*. **– I. – Dans le cas où un établissement recevant du public est à usage total ou partiel d'hébergement et que le maire a prescrit, par arrêté, à l'exploitant et au propriétaire les mesures nécessaires pour faire cesser la situation d'insécurité constatée par la commission de sécurité et, le cas échéant, pour réaliser des aménagements et travaux dans un délai fixé, le maire peut, à défaut d'exécution volontaire, et après mise en demeure demeurée infructueuse, procéder d'office aux travaux nécessaires pour mettre fin à la situation d'insécurité manifeste, et voir condamner l'exploitant à lui verser une provision à valoir sur le coût des travaux. En cas de litige sur les conditions d'entrée dans l'immeuble, le juge des référés statue.**

Lorsque la commune procède d'office aux travaux, elle agit en lieu et place des propriétaires, pour leur compte et à leurs frais. Sa créance est recouvrée comme en matière de contributions directes.

Les pouvoirs dévolus au maire par le présent article sont exercés à Paris par le préfet de police.

II. – L'arrêté prévu au I précise que la non-exécution des travaux qu'il prescrit dans le délai fixé expose l'exploitant et le propriétaire au paiement d'une astreinte par jour de retard. Le propriétaire de l'immeuble et l'exploitant du fonds de commerce sont solidairement tenus au paiement de l'astreinte à compter de la notification par le maire à chacun d'entre eux de l'arrêté appliquant l'astreinte.

Lorsque l'arrêté prévu au I concerne un immeuble en indivision, l'astreinte est appliquée dans les conditions fixées à l'article L. 541-2-1.

III. – Si les travaux prescrits par l'arrêté prévu au I n'ont pas été exécutés dans le délai fixé, le maire peut également, sans attendre l'expiration du délai fixé par la mise en demeure, appliquer, par arrêté, une astreinte d'un montant maximal de 1 000 € par jour de retard à l'encontre du propriétaire et de l'exploitant défaillants. Son montant peut être progressif dans le temps et modulé dans des conditions fixées par voie réglementaire, tenant compte de l'ampleur des mesures et travaux prescrits et des conséquences de la non-exécution.

L'astreinte court à compter de la notification de l'arrêté la prononçant et jusqu'à la complète exécution des travaux prescrits. Le recouvrement des sommes est engagé par trimestre échu.

Le maire peut, lors de la liquidation du dernier terme échu, consentir une remise de son produit si les travaux prescrits par l'arrêté prévu au I ont été exécutés et si le redevable établit que le non-respect du délai imposé pour l'exécution totale de ses obligations est exclusivement dû à des circonstances indépendantes de sa volonté. Le total des sommes demandées ne peut être supérieur au montant de l'amende prévue au VI.

L'astreinte est recouvrée, dans les conditions prévues par les dispositions relatives aux produits communaux, au bénéfice de la commune sur le territoire de laquelle est implanté l'établissement ayant fait l'objet de l'arrêté. Dans le cas où l'arrêté a été pris par le président d'un établissement public de coopération intercommunale

en application de l'article L. 5211-9-2 du Code général des collectivités territoriales, l'astreinte est recouvrée au bénéfice de l'établissement public concerné.

À défaut pour le maire ou, le cas échéant, le président de l'établissement public de coopération intercommunale de liquider le produit de l'astreinte, de dresser l'état nécessaire à son recouvrement et de le faire parvenir au représentant de l'État dans le département le mois qui suit la demande émanant de celui-ci, la créance est liquidée et recouvrée par l'État. Après prélèvement de 4 % pour frais de recouvrement sur les sommes perçues, 43 % des sommes sont versées au budget de l'Agence nationale de l'habitat.

« L'application de l'astreinte et sa liquidation ne font pas obstacle à l'exécution d'office par l'autorité administrative des mesures et travaux prescrits par l'arrêté prévu au I. Dans ce cas, le montant de l'astreinte, qui s'ajoute à celui du coût des mesures et des travaux exécutés d'office, est garanti par les dispositions prévues au 8° de l'article 2374 du Code civil. Les articles L. 541-1 et suivants du présent code sont applicables. »

IV. – Est uni d'un emprisonnement d'un an et d'une amende de 50 000 € le refus délibéré et sans motif légitime, constaté après mise en demeure, d'exécuter les travaux prescrits en application du I.

V. – Est puni d'un emprisonnement de deux ans et d'une amende de 75 000 € le fait de louer des chambres ou locaux dans des conditions qui conduisent manifestement à leur suroccupation.

VI. – Est puni d'un emprisonnement de trois ans et d'une amende de 100 000 € ;

– le fait de dégrader, détériorer, détruire des locaux ou de les rendre impropres à l'hébergement de quelque façon que ce soit, dans le but d'en faire partir les occupants, lorsque ces locaux sont visés par un arrêté fondé sur le I ;

– le fait, de mauvaise foi, de ne pas respecter une interdiction d'habiter et d'utiliser les lieux prononcée en application du troisième alinéa du I.

VII. – Les personnes physiques encourent également les peines complémentaires suivantes :

1° La confiscation du fonds de commerce ou de l'immeuble destiné à l'hébergement des personnes et ayant servi à commettre l'infraction ;

1° *bis* La confiscation au profit de l'État de l'usufruit de tout ou partie de leurs biens, quelle qu'en soit la nature, meubles ou immeubles, divis ou indivis, ayant servi à commettre l'infraction, les personnes physiques coupables gardant la nue-propriété de leurs biens.

Le produit de l'usufruit confisqué est liquidé et recouvré par l'État. Les sommes sont versées au budget de l'Agence nationale de l'habitat.

2° L'interdiction pour une durée de cinq ans au plus d'exercer une activité professionnelle ou sociale dès lors que les facilités que procure cette activité ont été sciemment utilisées pour préparer ou commettre l'infraction. Cette interdiction n'est toutefois pas applicable à l'exercice d'un mandat électif ou de responsabilités syndicales ;

3° « L'interdiction d'acheter pour une durée de cinq ans au plus soit à titre personnel, soit en tant qu'associé ou mandataire social de la société civile immobilière ou en nom collectif se portant acquéreur, soit sous forme de parts immobilières un bien immobilier à usage d'habitation, à d'autres fins que son occupation à titre personnel. »

VIII. – Les personnes morales encourent, outre l'amende prévue à l'article 131-38 du Code pénal, les peines complémentaires prévues aux 2°, 4°, 8° et 9° de l'article 131-39 du même code. La confiscation mentionnée au 8° du même article porte sur le fonds de commerce ou l'immeuble destiné à l'hébergement des personnes et ayant servi à commettre l'infraction.

IX. – Lorsque les poursuites sont effectuées à l'encontre d'exploitants de fonds de commerce aux fins d'hébergement, il est fait application de l'article L. 651-10 du présent code.

Art. L. 123-4 *(L. n° 2003-239, 18 mars 2003)*. – Sans préjudice de l'exercice par les autorités de police de leurs pouvoirs généraux et dans le cadre de leurs compétences respectives, le maire ou le représentant de l'État dans le département peuvent par arrêté, pris après avis de la commission de sécurité compétente, ordonner la fermeture des établissements recevant du public en infraction avec les règles de sécurité propres à ce-type d'établissement, jusqu'à la réalisation des travaux de mise en conformité.

Le fait pour le propriétaire ou l'exploitant, malgré une mise en demeure du maire ou du représentant de l'État dans le département d'avoir à se conformer à l'arrête pris en application de l'alinéa précédent, de ne pas procéder à la fermeture de l'établissement est puni de 3 750 € d'amende.

Les pouvoirs dévolus au maire ou au représentant de l'État dans le département par le présent article sont exercés à Paris par le préfet de police.

....

Art. L. 126-3 *(Mod., L. n° 2010-201, 2 mars 2010)*. – Le fait d'occuper en réunion les espaces communs ou les toits des immeubles collectifs d'habitation en empêchant délibérément l'accès ou la libre circulation des personnes ou le bon fonctionnement des dispositifs de sécurité et de sûreté est puni de deux mois d'emprisonnement et de 3 750 € d'amende.

Lorsque cette infraction est accompagnée de voies de fait ou de menaces, de quelque nature que ce soit, elle est punie de six mois d'emprisonnement et de 7 500 € d'amende.

Les personnes coupables des infractions prévues aux deux premiers alinéas encourent également, à titre de peine complémentaire, une peine de travail d'intérêt général.

Art. L. 151-1 *(L. n° 83-440, 2 juin 1983 ; L. n° 2005-102, 11 févr. 2005)*. – Ainsi qu'il est dit à l'article L. 460-1 du Code de l'urbanisme :

Le préfet, le maire ou ses délégués ainsi que les fonctionnaires et les agents commissionnés à cet effet par le ministre chargé de l'Urbanisme et assermentés peuvent à tout moment visiter les constructions en cours, procéder aux vérifications qu'ils jugent utiles et se faire communiquer tous documents techniques se rapportant à la réalisation des bâtiments. Ce droit de visite et de communication peut aussi être exercé après l'achèvement des travaux pendant deux ans, et en particulier ceux concernant l'accessibilité aux personnes handicapées quel que soit le type de handicap.

L'autorité compétente pour la conservation du domaine public en bordure duquel la construction est en cours peut, dans les mêmes conditions, s'assurer que l'alignement et, s'il y a lieu, le nivellement ont été respectés.

....

Art. L. 152-2 *(L. n° 83-440, 2 juin 1983)*. – L'interruption des travaux peut être ordonnée soit sur réquisition du ministère public agissant à la requête du maire ou du fonctionnaire compétent soit, même d'office, par le juge d'instruction saisi des poursuites ou par le tribunal correctionnel.

L'autorité judiciaire statue après avoir entendu le bénéficiaire des travaux ou l'avoir dûment convoqué à comparaître dans les quarante-huit heures. La décision judiciaire est exécutoire sur minute et nonobstant toute voie de recours.

Dès qu'un procès-verbal relevant une des infractions prévues à l'article L. 152-4 a été dressé, le maire peut également, si l'autorité judiciaire ne s'est pas encore prononcée, ordonner par arrêté motivé l'interruption des travaux. Copie de cet arrêté est transmise sans délai au ministère public.

L'autorité judiciaire peut à tout moment, d'office ou à la demande, soit du maire ou du fonctionnaire compétent, soit du bénéficiaire des travaux, se prononcer sur la mainlevée ou le maintien des mesures prises pour assurer l'interruption des travaux. En tout état de cause, l'arrêté du maire cesse d'avoir effet en cas de décision de non-lieu ou de relaxe.

Le maire est avisé de la décision judiciaire et en assure, le cas échéant, l'exécution.

Lorsque aucune poursuite n'a été engagée, le procureur de la République en informe le maire qui, soit d'office soit à la demande de l'intéressé, met fin aux mesures par lui prises.

Le maire peut prendre toutes mesures de coercition nécessaires pour assurer l'application immédiate de la décision judiciaire ou de son arrêté, en procédant notamment à la saisie des matériaux approvisionnés et du matériel de chantier.

La saisie et, s'il y a lieu, l'apposition des scellés sont effectuées par l'un des agents mentionnés à l'article L. 152-1 qui dresse procès-verbal.

Les pouvoirs qui appartiennent au maire, en vertu des alinéas qui précèdent, ne font pas obstacle au droit du préfet de prendre, dans tous les cas où il n'y aurait pas été pourvu par le maire et après une mise en demeure restée sans résultat, à l'expiration d'un délai de vingt-quatre heures, toutes les mesures prévues au présent article. Dans ce cas, le préfet reçoit, au lieu et place du maire, les avis et notifications prévus aux alinéas 5 et 6.

Art. L. 152-3 *(L. n° 2011-525, 17 mai 2011).* – En cas de continuation des travaux nonobstant la décision judiciaire ou l'arrêté en ordonnant l'interruption, les personnes mentionnées au premier alinéa de l'article L. 152-4 encourent un emprisonnement de trois mois et une amende de 45 000 €.

Art. L. 152-4 *(Mod., L. n° 2009-526, 12 mai 2009 ; L. n° 2010-788, 12 juill. 2010 ; Ord. n° 2014-1090, 26 sept. 2014).* – Est puni d'une amende de 45 000 € le fait, pour les utilisateurs du sol, les bénéficiaires des travaux, les architectes, les entrepreneurs ou toute autre personne responsable de l'exécution de travaux, de méconnaître les obligations imposées par les articles L. 111-4, L. 111-7-1, L. 111-7-2, L. 111-7-3, L. 111-8, L. 111-9, L. 111-10, L. 111-10-1, L. 111-10-4, L. 112-17, L. 112-18, L. 112-19, L. 125-3, L. 131-4 et L. 135-1, par les règlements pris pour leur application ou par les autorisations délivrées en conformité avec leurs dispositions. En cas de récidive, une peine d'emprisonnement de six mois peut en outre être prononcée.

Les peines prévues à l'alinéa précédent sont également applicables :

1° En cas d'inexécution, dans les délais prescrits, de tous travaux accessoires d'aménagement ou de démolition imposés par les autorisations mentionnées au premier alinéa ;

2° En cas d'inobservation, par les bénéficiaires d'autorisations accordées pour une durée limitée ou à titre précaire, des délais impartis pour le rétablissement des lieux dans leur état antérieur ou la réaffectation du sol à son ancien usage.

À compter de la fin du douzième mois suivant la publication de l'ordonnance n° 2014-1090 du 26 septembre 2014, le propriétaire ou l'exploitant responsable de la mise en accessibilité d'un établissement recevant du public qui n'a pas rempli les obligations prévues à l'article L. 111-7-3 est puni des peines prévues au premier alinéa.

Ainsi qu'il est dit à l'article L. 480-12 du Code de l'urbanisme :

« Sans préjudice de l'application, le cas échéant, des peines plus fortes prévues aux articles 433-7 et 433-8 du Code pénal, quiconque aura mis obstacle à l'exercice du droit de visite prévu à l'article L. 460-1 sera puni d'une amende de 3 750 €.

En outre, un emprisonnement d'un mois pourra être prononcé. ».

Les personnes physiques coupables de l'un des délits prévus au présent article encourent également la peine complémentaire d'affichage ou de diffusion, par la presse écrite ou par tout moyen de communication audiovisuelle, de la décision prononcée, dans les conditions prévues à l'article 131-35 du Code pénal.

Les personnes morales peuvent être déclarées responsables pénalement, dans les conditions prévues à l'article 121-2 du Code pénal, des infractions aux dispositions de l'article L. 111-7, ainsi que des règlements pris pour son application ou des autorisations délivrées en conformité avec leurs dispositions. Elles encourent les peines suivantes :

a) L'amende, suivant les modalités prévues par l'article 131-38 du Code pénal ;

b) La peine complémentaire d'affichage ou de diffusion, par la presse écrite ou par tout moyen de communication audiovisuelle, de la décision prononcée, dans les conditions prévues à l'article 131-35 du même code ;

c) La peine complémentaire d'interdiction, à titre définitif ou pour une durée de cinq ans au plus, d'exercer directement ou indirectement une ou plusieurs activités professionnelles ou sociales, selon les modalités prévues à l'article 131-48 du même code.

Les articles visés par ce texte laissent à des décrets le soin de fixer les règles générales de construction applicables aux bâtiments d'habitation, leurs caractéristiques thermiques et les normes d'équipement, de fonctionnement et de contrôle des installations consommant de l'énergie.

……………………………………………………………………………………………………

Art. L. 152-10 *(L. n° 92-1336, 16 déc. 1992).* – Sans préjudice de l'application, le cas échéant, des peines plus fortes prévues aux articles 433-7 et 433-8 du Code pénal, quiconque aura mis obstacle à l'exercice du droit de visite prévu à l'article L. 151-1 sera puni d'une amende de 3 750 €. En outre un emprisonnement d'un mois pourra être prononcé.

Art. L. 152-11. – Le propriétaire qui n'aura pas exécuté les travaux de ravalement dans les délais prévus aux articles L. 132-3 à L. 132-5 est puni d'une amende de 3 750 €.

Art. L. 152-12 *(Mod., L. n° 2009-526, 12 mai 2009)*. – **Le non-respect des dispositions des articles L. 128-1 et L. 128-2 relatifs à la sécurité des piscines est puni de 45 000 € d'amende.**

Les personnes morales déclarées responsables pénalement, dans les conditions prévues par l'article 121-2 du Code pénal, de l'infraction définie au premier alinéa du présent article encourent, outre l'amende suivant les modalités prévues par l'article 131-38 du Code pénal, les peines prévues par les 2° à 9° de l'article 131-39 du même code.

L'interdiction mentionnée au 2° de l'article 131-39 du Code pénal porte sur l'activité dans l'exercice ou à l'occasion de l'exercice de laquelle l'infraction a été commise.

Contrat de promotion et sociétés de construction

Art. L. 241-1 *(L. n° 90-1129, 19 déc. 1990)*. – **Toute personne qui aura exigé ou accepté un versement, un dépôt de fonds, une souscription ou une acceptation d'effets de commerce, en violation des dispositions des articles L. 212-10, L. 212-11, L. 213-9, L. 222-5 et du paragraphe II de l'article L. 231-4 sera punie d'un emprisonnement de deux ans et d'une amende de 9 000 € ou de l'une de ces deux peines seulement.**

1) Toute remise de fonds acceptée par le constructeur avant la signature du contrat constitue l'infraction de versements anticipés sanctionnée par l'article L. 241-1 (■ Cass. crim., 11 juill. 1978 : *Bull. crim.*, n° 234 ; *D.* 1979, 21, rapport E. Robert. ■ 5 oct. 1981 : *D.* 1982, IR, 466, obs. Magnin).

2) Le contrat particulier précédant le contrat de promotion et limité aux études préliminaires est soumis aux dispositions de l'article L. 241-1 (■ Cass. crim., 31 mars 1981 : *D.* 1983, 39, note Magnin).

3) L'article L. 241-1 sanctionne également les versements irréguliers opérés en matière de construction de maison individuelle. V. par ex. ■ Cass. crim., 6 mai 1985 : *D.* 1986, IR, 39, obs. Magnin.

Se rend coupable de perception anticipée de fonds le constructeur de maisons individuelles qui exige ou accepte des acomptes, alors que l'attestation de garantie de remboursement n'a pas été annexée au contrat lors de sa signature (■ Cass. crim., 7 mars 2006 : *Bull. crim.*, n° 65).

4) L'article L. 241-1 punit toute personne chargée de la construction d'un immeuble à usage d'habitation qui exige ou accepte du maître de l'ouvrage un versement avant la date à laquelle la créance est exigible. Justifie dès lors sa décision au regard de l'article 2 du Code de procédure pénale, la cour d'appel qui condamne le gérant de la société à payer aux maîtres de l'ouvrage, parties civiles, le montant des sommes ainsi perçues de façon anticipée, leur préjudice résultant non du contrat qui les liait à la société mais dans les infractions commises personnellement par le prévenu (■ Cass. crim., 26 mai 1993 : *Bull. crim.*, n° 191 ; *JurisData* n° 1993-004880).

5) Le préjudice résultant, pour un maître de l'ouvrage, de l'inexécution des travaux et du défaut de remboursement des sommes versées par anticipation au constructeur de maison individuelle découle directement du délit prévu par l'article L. 241-1 du Code de la construction et de l'habitation (■ Cass. crim., 28 mai 1997 : *Bull. crim.*, n° 206).

6) Méconnaît les articles 2 et 593 du Code de procédure pénale, la cour d'appel, qui condamne des constructeurs de maisons individuelles, déclarés coupables de perception anticipée de fonds, à des réparations civiles, sans s'expliquer sur l'affectation donnée aux acomptes versés, ni rechercher si le surcoût des travaux était la conséquence de la perception anticipée de ces acomptes (■ Cass. crim., 12 sept. 2006 : *Bull. crim.*, n° 216).

7) Méconnaît les articles L. 231-4 II et L. 241-1 ensemble l'article R. 231-7 du Code de la construction et de l'habitation, la cour d'appel qui relaxe un constructeur de maisons individuelles du chef de perception anticipée de fonds, alors qu'elle constate qu'il a exigé le solde du prix avant l'expiration du délai de huit jours suivant la remise des clés (■ Cass. crim., 13 févr. 2007 : *Bull. crim.*, n° 46).

8) Doit être cassé, pour insuffisance de motifs et défaut de réponse à conclusions, l'arrêt qui condamne une société de construction et son directeur du département maison individuelle pour avoir exigé ou accepté des fonds en violation des dispositions de l'article L. 241-1 du Code de la construction, sans répondre aux conclusions du prévenu qui faisait valoir qu'il n'était pas personnellement l'auteur des faits et que les lettres d'appel de fonds litigieux avaient été signées par son adjoint, qui en avait le pouvoir (■ Cass. crim. 5 juin 2007 : *JurisData* n° 2007-039894 ; *Dr. pénal* 2007, comm. 141, obs. J.-H. Robert).

Art. L. 241-2 *(L. n° 92-1336, 16 déc. 1992)*. – **Toute personne qui, ayant reçu ou accepté un ou plusieurs versements, dépôts, souscriptions d'effets de commerce, à l'occasion d'un contrat de société ou de promotion immobilière soumis aux dispositions des titres Ier et II du présent livre, aura détourné tout ou partie de ces sommes sera punie des peines prévues aux articles 314-1 et 314-10 du Code pénal.**

Le détournement de fonds apparaît à travers l'impossibilité de faire face aux frais ou à travers l'absence de restitution lorsque les travaux n'ont pas été entrepris (■ Cass. crim., 31 mars 1981 : *RD imm.* 1981, 550, obs. Roujou de Boubée).

Art. L. 241-3 *(L. n° 86-18, 6 janv. 1986 ; L. n° 90-1129, 19 déc. 1990 ; L. n° 2006-872, 13 juill. 2006)*. – **Ne peuvent participer, en droit ou en fait, directement ou par personne interposée, à la fondation ou à la gestion des sociétés régies par le titre Ier du présent livre, d'une société régie par la loi n° 86-18 du 6 janvier 1986 relative aux sociétés d'attribution d'immeubles en jouissance à temps partagé ou d'une société de promotion immobilière ni à la conclusion d'un contrat de promotion immobilière ou de l'un des contrats régis par les articles L. 231-1 et L. 232-1 les personnes ayant fait l'objet de l'une des condamnations énumérées à l'article 1er de la loi n° 47-1435 du 30 août 1947 relative à l'assainissement des professions commerciales et industrielles ou d'une condamnation à une peine d'emprisonnement avec ou sans sursis pour l'une des infractions ci-après :**

1° Faux et usage de faux en écriture privée, de commerce ou de banque, faux prévu par les articles 441-2, 441-5 et 441-6 du Code pénal ;

2° Vol, recel, escroquerie, abus de confiance, banqueroute, extorsion de fonds, valeurs ou signatures, délits punis des peines de l'escroquerie, de l'abus de confiance ou de la banqueroute ;

3° Émission de mauvaise foi de chèque sans provision, usure et délit réprimé par l'article 15 de la loi n° 66-1010 du 28 décembre 1966 relative à l'usure, aux prêts d'argent et à certaines opérations de démarchage et de publicité [art. L. 353-1 du Code monétaire et financier] ;

4° Soustraction commise par dépositaire public, concussion commise par fonctionnaire public, corruption de fonctionnaires publics et d'employés des entreprises privées, communication de secrets de fabrique ;

5° Atteinte au crédit de l'État, organisation du refus collectif de l'impôt ;

6° Faux témoignage, faux serment, subordination de témoin ;

7° Proxénétisme ou délit puni des peines du proxénétisme ;

8° Délits prévus par les articles 423, 425, 432, 434, 435, 437, 449 et 457 de la loi n° 66-537 du 24 juillet 1966 sur les sociétés commerciales [art. L. 241-1, L. 241-3, L. 242-1, L. 242-3, L. 242-4, L. 242-6, L. 242-17 et L. 242-27 du Code de Commerce] ;

9° Délit prévu par l'article 13 de la loi n° 52-332 du 24 mars 1952 relative aux entreprises de crédit différé ;

10° Délit prévu par l'article 21 de la loi du 13 juin 1941 sur l'exercice de la profession bancaire, délit prévu par le deuxième alinéa de l'article 6 de la loi du 14 juin 1941 relative à la réglementation et à l'organisation des professions se rattachant à la profession de banquier [Lois abrogées et remplacées par L. n° 84-46, 24 janv. 1984 abrogée et codifiée. V. Code monétaire et financier] ;

11° *(Mod., L. n° 2014-366, 24 mars 2014)* **Délit prévu par l'article 4 de la loi n° 60-580 du 21 juin 1960 interdisant certaines pratiques en matière de transactions portant sur des immeubles et des fonds de commerce, et par le *a bis* de l'article 14 et les articles 16, 17 et 18 de la loi n° 70-9 du 2 janvier 1970 réglementant les conditions d'exercice des activités relatives à certaines opérations portant sur les immeubles et les fonds de commerce ;**

12° Délit prévu par les articles L. 241-1, L. 241-2, L. 241-5, L. 241-6 L. 263-1 et L. 263-2 ;

13° Délit prévu par l'article L. 311-13.

14° Délits prévus par les articles 22 et 31 de la loi n° 86-18 du 6 janvier 1986 précitée.

Art. L. 241-4. – **La même interdiction est encourue :**

***a)* Par les faillis non réhabilités et par les personnes frappées soit de faillite personnelle, soit de l'une des interdictions de diriger, gérer, administrer ou contrôler toute entreprise commerciale prévue aux articles 108 et 109 de la loi n° 67-563 du 13 juillet 1967 sur le règlement judiciaire, la liquidation des biens, la faillite personnelle et les banqueroutes *[abrogée. V. Code de Commerce]* ;**

***b)* Par les officiers publics et ministériels destitués ;**

c) Par les agréés, syndics et administrateurs judiciaires révoqués ;

d) Par les membres radiés disciplinairement et à titre définitif, pour manquement à la probité, des professions constituées en ordres.

Art. L. 241-5. – Toute personne qui contreviendra à l'interdiction résultant des articles L. 241-3 et L. 241-4 sera punie d'un emprisonnement de deux ans et d'une amende de 22 500 € ou de l'une de ces deux peines seulement.

Art. L. 241-6. – Seront punies d'un emprisonnement de cinq ans et d'une amende de 18 000 € ou de l'une ces deux peines seulement, les infractions aux dispositions des articles L. 214-6 à L. 214-9.

Seront punis des mêmes peines :

1° Le fait soit d'avoir porté des indications volontairement inexactes ou incomplètes dans les contrats ou documents prévus par le décret n° 54-1123 du 10 novembre 1954 [abrogé sauf en ses dispositions concernant le conseil de surveillance], soit d'avoir, dans l'exécution desdits contrats ou documents, volontairement trompé ou tenté de tromper sur la qualité, la quantité ou les dimensions de la construction ou des matériaux, appareils ou produits employés ou fournis ;

2° Le fait de mettre obstacle à l'action des organes de contrôle prévus par ledit décret ;

3° Le fait pour une personne exerçant en droit ou en fait, directement ou par personne interposée, la gestion d'une société concernée par ces décrets d'avoir, de mauvaise foi, fait, des biens ou du crédit de la société ou des pouvoirs ou des voix dont elle disposait, un usage qu'elle savait contraire à l'intérêt de ladite société, dans un but personnel ou pour favoriser une autre société ou une entreprise quelconque dans laquelle elle était intéressée directement ou indirectement.

Seront punies des mêmes peines les tentatives d'infractions prévues au présent article.

Art. L. 241-7. – I. – Ne peuvent ni procéder habituellement à titre quelconque, directement ou par personne interposée, pour leur compte ou pour celui d'autrui aux opérations mentionnées au décret n° 54-1123 du 10 novembre 1954 présentement abrogé sauf en ses dispositions concernant le conseil de surveillance, reproduites aux articles L. 214-6 à L. 214-9, ni participer en droit ou en fait, directement ou par personne interposée, à la fondation ou à la gestion des sociétés ou autres organismes mentionnés audit décret :

1° Les personnes empêchées d'exercer un commerce en vertu de la loi n° 47-1635 du 30 août 1947 relative à l'assainissement des professions industrielles ou commerciales, ainsi que les personnes condamnées en application soit du décret du 14 juin 1938 sur les entreprises d'assurances présentement repris par le Code des assurances (livre III, titre II, chapitre VIII et livre V, titre Ier, chapitre IV, section IV), soit des lois des 13 et 14 juin 1941 relatives à la réglementation et à l'organisation de la profession bancaire et des professions qui s'y rattachent *[Lois abrogées et remplacées par L. n° 84-46, 24 janv. 1984 abrogée et codifiée. V. Code monétaire et financier]*, soit de la loi n° 52-332 du 24 mars 1952 relative aux entreprises de crédit différé, soit de l'article L. 241-6 ;

2° Les personnes ayant fait l'objet d'une condamnation pour une des infractions suivantes : vol, abus de confiance, escroquerie, émission de chèques sans provision, soustraction commise par un dépositaire public, extorsion de fonds ou de valeurs, usure, atteinte au crédit de la nation ou recel de choses obtenues à l'aide de l'une de ces infractions.

Toute condamnation pour tentative ou complicité des infractions mentionnées aux deux alinéas qui précèdent entraîne la même interdiction.

II. – Les infractions aux dispositions du paragraphe I du présent article sont punies des peines portées à l'article L. 241-6.

III. – Les dispositions du présent article ne font pas obstacle à l'exécution des contrats en cours au 9 août 1957.

Art. L. 241-8 *(L. n° 90-1129, 19 déc. 1990 ; L. n° 2011-525, 17 mai 2011)*. – Sera puni d'un emprisonnement de deux ans et d'une amende de 37 500 €, ou de l'une de ces deux peines seulement, quiconque, tenu à la conclusion d'un contrat par application de l'article L. 231-1 ou de l'article L. 232-1, aura entrepris l'exécution des travaux sans avoir conclu un contrat écrit ou sans avoir obtenu la garantie de livraison définie à l'article L. 231-6.

Ces infractions peuvent être constatées et poursuivies dans les conditions fixées par les articles L. 450-1, L. 450-2, L. 450-3, L. 450-7 et L. 450-8 du Code de commerce.

Art. L. 241-9 *(L. n° 90-1129, 19 déc. 1990 ; mod., L. n° 2003-721, 1er août 2003).* **– Sera puni d'un emprisonnement de deux ans et d'une amende de 18 000 €, ou de l'une de ces deux peines seulement, quiconque, chargé de l'une des opérations mentionnées à l'article L. 241-8, n'aura pas conclu par écrit un contrat de sous-traitance avant l'exécution des travaux de chacun des lots de l'immeuble ou aura conclu un contrat ne comportant pas l'énonciation prévue à l'avant-dernier alinéa de l'article L. 231-13.**

....

Ventes d'immeubles à construire

Art. L. 261-17 et L. 261-18 *(Abr., L. n° 2006-872, 13 juill. 2006).*

....

Réquisition avec attributaire

Art. L. 642-28 *(L. n° 98-657, 29 juill. 1998).* **– I. – Sont punis d'un an d'emprisonnement et de 15 000 € d'amende :**

1° Le fait de dissimuler, par des manœuvres frauduleuses, la vacance de locaux ;

2° Le fait de détruire, dégrader ou détériorer des locaux ayant fait l'objet d'une notification d'intention de réquisitionner, dans le but de faire obstacle à une réquisition avec attributaire.

II. – *(Abr., L. n° 2009-526, 12 mai 2009).*

III. – Le tribunal peut également ordonner que les travaux de remise en état seront exécutés aux frais du condamné.

ANNEXE 20

CONSULTATION JURIDIQUE

Loi n° 71-1130 du 31 décembre 1971

portant réforme de certaines professions judiciaires et juridiques

Bibliographie : Bénabent, *La réglementation de l'exercice du droit : JCP* 91, I, 3490.

TITRE II. – RÉGLEMENTATION DE LA CONSULTATION EN MATIÈRE JURIDIQUE ET DE LA RÉDACTION D'ACTES SOUS SEING PRIVÉ
(L. n° 90-1259, 31 déc. 1990, art. 26)

CHAPITRE I. – DISPOSITIONS GÉNÉRALES

Art. 54 *(Mod., L. n° 97-308, 7 avr. 1997).* **– Nul ne peut, directement ou par personne interposée, à titre habituel et rémunéré, donner des consultations juridiques ou rédiger des actes sous seing privé, pour autrui :**

1° *(Mod., L. n° 2015-177, 16 févr. 2015)* **S'il n'est titulaire d'une licence en droit ou s'il ne justifie, à défaut, d'une compétence juridique appropriée à la consultation et la rédaction d'actes en matière juridique qu'il est autorisé à pratiquer conformément aux articles 56 à 66.**

Les personnes mentionnées aux articles 56, 57 et 58 sont réputées posséder cette compétence juridique.

Pour les personnes exerçant une activité professionnelle réglementée mentionnées à l'article 59, elle résulte des textes les régissant.

Pour chacune des activités non réglementées visées à l'article 60, elle résulte de l'agrément donné, pour la pratique du droit à titre accessoire de celle-ci, par un arrêté, pris après avis d'une commission, qui fixe, le cas échéant, les conditions de qualification ou d'expérience juridique exigées des personnes exerçant cette activité et souhaitant pratiquer le droit à titre accessoire de celle-ci.

Pour chacune des catégories d'organismes visées aux articles 61, 63, 64 et 65, elle résulte de l'agrément donné, pour la pratique du droit à titre accessoire, par un arrêté, pris après avis de la même commission, qui fixe, le cas échéant, les conditions de qualification ou d'expérience juridique exigées des personnes pratiquant le droit sous l'autorité de ces organismes.

La commission mentionnée aux deux alinéas précédents rend son avis dans un délai de trois mois à compter de sa saisine.

Cette commission peut émettre, en outre, des recommandations sur la formation initiale et continue des catégories professionnelles concernées.

Un décret fixe la composition de la commission, les modalités de sa saisine et les règles de son fonctionnement.

L'agrément prévu au présent article ne peut être utilisé à des fins publicitaires ou de présentation de l'activité concernée ;

2° S'il a été l'auteur de faits ayant donné lieu à condamnation pénale pour agissements contraires à l'honneur, à la probité ou aux bonnes mœurs ;

3° S'il a été l'auteur de faits de même nature ayant donné lieu à une sanction disciplinaire ou administrative de destitution, radiation, révocation, de retrait d'agrément ou d'autorisation ;

4° S'il a été frappé de faillite personnelle ou d'autre sanction en application du titre VI de la loi n° 85-98 du 25 janvier 1985 précitée *[abrogée]* ou, dans le régime antérieur à cette loi, en application du titre II de la loi n° 67-563 du 13 juillet 1967 précitée *[abrogée]* ;

5° S'il ne répond en outre aux conditions prévues par les articles suivants du présent chapitre et s'il n'y est autorisé au titre desdits articles et dans les limites qu'ils prévoient.

Une personne morale dont l'un des dirigeants de droit ou de fait a fait l'objet d'une sanction visée au présent article peut être frappée de l'incapacité à exercer les activités visées au premier alinéa par décision du tribunal de grande instance de son siège social, à la requête du ministère public.

(Al. abr., L. n° 2015-177, 16 févr. 2015).

La condition de diplôme ou de compétence juridique prévue au 1° est applicable à l'expiration d'un délai d'un an à compter de la promulgation de la loi n° 97-308 du 7 avril 1997.

Art. 55 *(L. n° 92-1336, 16 déc. 1992 ; mod., Ord. n° 2013-544, 27 juin 2013).* – Toute personne autorisée par le présent chapitre à donner des consultations juridiques ou à rédiger des actes sous seing privé, pour autrui, de manière habituelle et rémunérée, doit être couverte par une assurance souscrite personnellement ou collectivement et garantissant les conséquences pécuniaires de la responsabilité civile professionnelle qu'elle peut encourir au titre de ces activités.

Elle doit également justifier d'une garantie financière, qui ne peut résulter que d'un engagement de caution pris par une entreprise d'assurance régie par le Code des assurances ou par un établissement de crédit ou une société de financement habilités à cet effet, spécialement affectée au remboursement des fonds, effets ou valeurs reçus à ces occasions.

En outre, elle doit respecter le secret professionnel conformément aux dispositions des articles 226-13 et 226-14 du Code pénal et s'interdire d'intervenir si elle a un intérêt direct ou indirect à l'objet de la prestation fournie.

Les obligations prévues à l'alinéa précédent sont également applicables à toute personne qui, à titre habituel et gratuit, donne des consultations juridiques ou rédige des actes sous seing privé.

Art. 56 *(Mod. à compter du 1er janv. 2012, L. n° 2011-94, 25 janv. 2011).* – Les avocats au Conseil d'État et à la Cour de cassation, les avocats inscrits à un barreau français, les notaires, les huissiers de justice, les commissaires-priseurs judiciaires, les administrateurs judiciaires et les mandataires-liquidateurs disposent concurremment, dans le cadre des activités définies par leurs statuts respectifs, du droit de donner des consultations juridiques et de rédiger des actes sous seing privé pour autrui.

Art. 57. – Les personnes entrant dans le champ d'application du décret du 29 octobre 1936 relatif aux cumuls de retraites, de rémunérations et de fonctions, en activité ou en retraite, et dans les conditions prévues par ledit décret, ainsi que les enseignants des disciplines juridiques des établissements privés d'enseignement supérieur reconnus par l'État délivrant des diplômes visés par le ministre chargé de l'enseignement supérieur, peuvent donner des consultations en matière juridique.

Art. 58. – Les juristes d'entreprise exerçant leurs fonctions en exécution d'un contrat de travail au sein d'une entreprise ou d'un groupe d'entreprises peuvent, dans l'exercice de ces fonctions et au profit exclusif de l'entreprise qui les emploie ou de toute entreprise du groupe auquel elle appartient, donner des consultations juridiques et rédiger des actes sous seing privé relevant de l'activité desdites entreprises.

Art. 59. – Les personnes exerçant une activité professionnelle réglementée peuvent, dans les limites autorisées par la réglementation qui leur est applicable, donner des consultations juridiques relevant de leur activité principale et rédiger des actes sous seing privé qui constituent l'accessoire direct de la prestation fournie.

1) Si l'article 59 de la loi du 31 décembre 1971 permet aux experts-comptables, dans les limites autorisées par l'ordonnance du 19 septembre 1945, de rédiger pour autrui des actes sous seing privé en matière juridique, c'est à la condition que ces actes constituent l'accessoire direct de la prestation fournie ; encourt dès lors la censure l'arrêt de la cour d'appel qui, pour relaxer des experts-comptables poursuivis pour infraction à la réglementation sur la rédaction d'actes sous seing privé, n'a pas recherché si les actes rédigés par les prévenus étaient directement liés aux travaux comptables dont ils étaient chargés (■ Cass. crim., 13 mars 1996 : *Bull. crim.*, n° 111. ■ Cass. crim., 23 mars 1999 : *D.* 1999, jur. p. 473, note J.-H. Robert). De même, encourt la cassation l'arrêt de la cour d'appel qui, pour déclarer des experts-comptables coupables d'infraction à la législation sur la rédaction d'actes sous seing privé et les condamner à des réparations civiles, statue de manière abstraite sans s'expliquer sur les éléments de fait lui permettant d'énoncer que les actes sous seing privé en cause ne pouvaient constituer l'accessoire direct des prestations fournies par les prévenus (■ Cass. crim., 11 avr. 2002 : *Bull. crim.*, n° 88 ; *Dr. pénal* 2002, comm. 72, obs. J.-H. Robert).

2) Contrevient à ces dispositions et à celles de l'article 54, 5° de la loi du 31 décembre 1971, le mandataire en transaction immobilière, qui, dans le cadre de ses activités d'entremise à l'occasion de la vente d'un fonds de commerce, a procédé à la création de quatre sociétés et à la rédaction de leurs statuts, ces actes ne pouvant être considérés comme l'accessoire de la prestation fournie (■ Cass. crim., 29 avr. 1998 : *Dr. pénal*, comm. 115, obs. J.-H. Robert).

Art. 60. – Les personnes exerçant une activité professionnelle non réglementée pour laquelle elles justifient d'une qualification reconnue par l'État ou attestée par un organisme public ou un organisme professionnel agréé peuvent, dans les limites de cette qualification, donner des consultations juridiques relevant directement de leur activité principale et rédiger des actes sous seing privé qui constituent l'accessoire nécessaire de cette activité.

Art. 61. – Les organismes chargés d'une mission de service public peuvent, dans l'exercice de cette mission, donner des consultations juridiques.

Art. 62 ***(Abr., L. n° 97-308, 7 avr. 1997).***

Art. 63 ***(L. n° 97-308, 7 avr. 1997).*** **– Les associations reconnues d'utilité publique, ou dont la mission est reconnue d'utilité publique conformément au Code civil local d'Alsace-Moselle, les fondations reconnues d'utilité publique, les associations agréées de consommateurs, les associations agréées exerçant leur activité dans les domaines de la protection de la nature et de l'environnement et de l'amélioration du cadre de vie et du logement, les associations habilitées par la loi à exercer les droits de la partie civile devant la juridiction pénale, les associations familiales et les unions d'associations familiales régies par le Code de la famille et de l'aide sociale [Code de l'action sociale et des familles], les groupements mutualistes régis par le Code de la mutualité peuvent donner à leurs membres des consultations juridiques relatives aux questions se rapportant directement à leur objet.**

Art. 64. – Les syndicats et associations professionnels régis par le Code du travail peuvent donner des consultations juridiques et rédiger des actes sous seing privé au profit des personnes dont la défense des intérêts est visée par leurs statuts, sur des questions se rapportant directement à leur objet.

Art. 65. – Les organismes constitués, sous quelque forme juridique que ce soit, entre ou par des organisations professionnelles ou interprofessionnelles ainsi que les fédérations et confédérations de sociétés coopératives peuvent donner des consultations juridiques et rédiger des actes sous seing privé au profit de ces organisations ou de leurs membres, sur des questions se rapportant directement à l'activité professionnelle considérée.

Art. 66. – Les organes de presse ou de communication au public par voie électronique ne peuvent offrir à leurs lecteurs ou auditeurs de consultations juridiques qu'autant qu'elles ont pour auteur un membre d'une profession juridique réglementée.

Art. 66-1. – Le présent chapitre ne fait pas obstacle à la diffusion en matière juridique de renseignements et informations à caractère documentaire.

Art. 66-2. – Sera puni des peines prévues à l'article 72 quiconque aura, en violation des dispositions du présent chapitre, donné des consultations ou rédigé pour autrui des actes sous seing privé en matière juridique.

Constitue le délit d'usurpation de fonctions prévu par l'article 66-2 de la loi du 31 décembre 1971 modifiée, l'exercice des activités de consultation et de rédaction d'actes en matière juridique par un professionnel qui, agissant dans le cadre de mandats donnés par ses clients et non en exécution d'un contrat de travail, ne peut se prévaloir de la qualité de juriste d'entreprise, et qui ne justifie pas de son inscription sur la liste des conseils en propriété industrielle prévue par l'article L. 422-5 du Code de la propriété intellectuelle (■ Cass. crim., 8 juin 1995 : *Bull. crim.*, n° 211).

Art. 66-3. – Les organismes chargés de représenter les professions visées à l'article 56 et les organisations professionnelles représentatives de ces professions peuvent exercer les droits reconnus à la partie civile en ce qui concerne les infractions prévues à l'article 66-2.

L'Ordre des avocats est recevable à se constituer partie civile en réparation du préjudice causé aux intérêts collectifs de la profession, notamment par l'exercice illicite des activités de consultation et de rédaction d'actes en matière juridique (■ Cass. crim., 8 juin 1995 : *Bull. crim.*, n° 211).

CHAPITRE Ier *bis*. – LE CONTRESEING D'AVOCAT

Art. 66-3-1 ***(L. n° 2011-331, 28 mars 2011).*** **– En contresignant un acte sous seing privé, l'avocat atteste avoir éclairé pleinement la ou les parties qu'il conseille sur les conséquences juridiques de cet acte.**

Art. 66-3-2 ***(L. n° 2011-331, 28 mars 2011).*** **– L'acte sous seing privé contresigné par les avocats de chacune des parties ou par l'avocat de toutes les parties fait pleine foi de l'écriture et de la signature de celles-ci tant à leur égard qu'à celui de leurs héritiers ou ayants cause. La procédure de faux prévue par le Code de procédure civile lui est applicable.**

Art. 66-3-3 ***(L. n° 2011-331, 28 mars 2011).*** **– L'acte sous seing privé contresigné par avocat est, sauf disposition dérogeant expressément au présent article, dispensé de toute mention manuscrite exigée par la loi.**

CHAPITRE II. – DISPOSITIONS DIVERSES

Art. 66-4 ***(Déclaré incompatible avec les articles 4 et 24 de la directive 2006/123/CE du 12 déc. 2006, CE, 13 déc. 2013, n° 361593, M. B.... : JurisData n° 2013-030097 ; mod., L. n° 2014-344, 17 mars 2014 ; L. n° 2015-992, 6 août 2015).*** **– Sera puni des peines prévues à l'article L. 121-23 du Code de la consommation quiconque se sera livré au démarchage en vue de donner des consultations ou de rédiger des actes en matière juridique. Toute publicité aux mêmes fins est subordonnée au respect des conditions fixées par le décret visé à l'article 66-6.**

Toutefois, le premier alinéa du présent article n'est « applicable ni aux avocats ni aux conseils en propriété industrielle qui, en toutes matières, restent soumis respectivement à l'article 3 *bis* de la présente loi et à l'article L. 423-1 du Code de la propriété intellectuelle. »

1) QPC. Non-lieu à renvoi au Conseil constitutionnel de la question prioritaire de constitutionnalité visant l'article 66-4 de la loi du 31 décembre 1971 ne définissant pas les termes « démarchage, consultations, actes en matière juridique », dès lors que, d'une part, l'interprétation de l'article 66-4 de la loi du 31 décembre 1971, qui définit, notamment par renvoi à l'article 1er du décret n° 72-785 du 25 août 1972, de manière suffisamment claire et précise le délit de démarchage en matière juridique, entre dans l'office du juge pénal, de sorte qu'il n'est porté aucune atteinte au principe de légalité des délits et des peines, ni à l'article 34 de la Constitution, d'autre part, la disposition contestée n'a ni pour objet ni pour effet d'interdire la constitution d'une association ou de soumettre sa création à l'intervention préalable de l'autorité administrative ou même de l'autorité judiciaire ; qu'il ne méconnaît donc pas la liberté d'association ; que l'article 66-4 précité prive les associations, comme toute autre personne physique ou morale, du droit de se livrer au démarchage en vue de donner des consultations ou de rédiger des actes en matière juridique, et ce dans le but d'intérêt général de protéger les usagers du droit (■ Cass. crim., 5 déc. 2012, n° 12-90.062 QPC : *Dr. pénal* 2013, comm. 58, obs. J.-H. Robert).

2) Le démarchage en vue de donner des consultations ou de rédiger des actes en matière juridique, défini à l'article 1er du décret du 25 août 1972, est pénalement sanctionné par l'article 66-4 de la loi du 31 décembre 1971 ; caractérise le démarchage prohibé, au regard de ces textes, le fait d'apposer dans des lieux publics des affichettes sous le titre « assistance juridique » suivi d'un numéro de téléphone, qui proposent la rédaction d'actes sous seing privé et des consultations, en mentionnant « nous sommes titulaire du CAPA » (■ Cass. crim., 28 oct. 1998 : *Bull. crim.*, n° 280 ; *Dr. pénal* 1999, comm. 71, obs. J.-H. Robert).

3) La restriction à la liberté d'expression que constitue l'interdiction du démarchage en matière juridique est une mesure nécessaire pour garantir l'autorité et l'impartialité de l'institution judiciaire. Elle n'est, dès lors, pas contraire à l'article 10 de la Convention européenne de sauvegarde des droits de l'homme (■ Cass. crim., 28 oct. 1998, préc.).

Art. 66-5 *(L. n° 90-1259, 31 déc. 1990 ; L. n° 93-2, 4 janv. 1993 ; L. n° 97-308, 7 avr. 1997 ; L. n° 2004-130, 11 févr. 2004 ; à compter du 1er févr. 2009, Ord. n° 2009-112, 30 janv. 2009 ; L. n° 2011-331, 28 mars 2011).* **– En toutes matières, que ce soit dans le domaine du conseil ou dans celui de la défense, les consultations adressées par un avocat à son client ou destinées à celui-ci, les correspondances échangées entre le client et son avocat, entre l'avocat et ses confrères ; à l'exception pour ces dernières de celles portant la mention « officielle », les notes d'entretien et, plus généralement, toutes les pièces du dossier sont couvertes par le secret professionnel.**

Ces dispositions ne font pas obstacle, à compter de la conclusion d'un contrat de fiducie, à l'application à l'avocat qui a la qualité de fiduciaire, de la réglementation spécifique à cette activité, sauf pour les correspondances, dépourvues de la mention « officielle », adressées à cet avocat par un confrère non avisé qu'il agit en cette qualité.

Le présent article ne fait pas obstacle à l'obligation pour un avocat de communiquer les contrats mentionnés à l'article L. 222-7 du Code du sport et le contrat par lequel il est mandaté pour représenter l'une des parties intéressées à la conclusion de l'un de ces contrats aux fédérations sportives délégataires et, le cas échéant, aux ligues professionnelles qu'elles ont constituées, dans les conditions prévues à l'article L. 222-18 du même code.

Bibliographie : Varant et Ruet, *Secret professionnel et confidentialité dans les professions juridiques et judiciaires : Gaz. Pal.* 23-24 avr. 1997, 14. • P. Hennion-Jacquet, *Que reste-t-il du secret des correspondances entre l'avocat et son client : D.* 2013, ét., p. 1429.

1) Il résulte des articles 97 et 99 du Code de procédure pénale et de l'article 8 de la Convention européenne de sauvegarde des droits de l'homme que le juge d'instruction peut s'opposer à la restitution de documents saisis dans le cabinet d'un avocat et couverts par le secret professionnel, dès lors que leur maintien sous la main de la justice en vue d'apprécier l'existence d'infractions pénales est nécessaire à la manifestation de la vérité et qu'il ne porte pas atteinte aux droits de la défense (■ Cass. crim., 30 juin 1999 : *Bull. crim.*, n° 172. ■ Cass. crim., 5 oct. 1999 : *Bull. crim.*, n° 206).

2) Même si elle est surprise à l'occasion d'une mesure d'instruction régulière, la conversation entre un avocat et son client ne peut être transcrite et versée au dossier de la procédure que s'il apparaît que son contenu est de nature à faire présumer la participation de cet avocat à une infraction (■ Cass. crim., 8 nov. 2000 : *Bull. crim.*, n° 335 ; *D.* 2002, jur. p. 856).

3) Il résulte des 66-5 de la loi du 31 décembre 1971, 100-5 et 206 du Code de procédure pénale et 8 de la Convention européenne des droits de l'homme, que, même si elle est surprise à l'occasion d'une mesure d'instruction régulière, la conversation entre un avocat et son client ne peut être transcrite et versée au dossier de la procédure que s'il apparaît que son contenu est de nature à faire présumer la participation de cet avocat à une infraction ; la violation de ce principe doit être relevée, même d'office, par la chambre de l'instruction, statuant en application de l'article 206 du Code de procédure pénale ; dès lors, encourt la cassation l'arrêt de la chambre de l'instruction qui déclare irrecevable le moyen de nullité proposé par une personne mise en examen et pris de la transcription, dans le dossier de la procédure, de conversations téléphoniques échangées entre son père et l'avocat dont ils sont tous deux les clients, alors que la juridiction était tenue de rechercher s'il avait été porté atteinte au principe de la confidentialité des conversations téléphoniques entre un avocat et son client (■ Cass. crim., 18 janv. 2006 : *Bull. crim.*, n° 22).

4) Si les pièces échangées entre l'avocat et ses clients sont couvertes par le secret professionnel aux termes de l'article 66-5 de la loi du 31 décembre 1971, il n'en demeure pas moins que le juge d'instruction tient des articles 96 et 97 du Code de procédure pénale le pouvoir de saisir de telles pièces lorsqu'elles sont de nature à établir la preuve de la participation de l'avocat à une infraction (■ Cass. crim., 27 juin 2001 : *Bull. crim.*, n° 163 ; *Procédures* 2001, comm. 220, obs. J. Buisson. ■ Cass. crim., 18 juin 2003 : *Bull. crim.*, n° 129 ; *Dr. pénal* 2003, comm. 116, obs. A. Maron).

5) Sont régulières les perquisitions effectuées dans le cabinet et au domicile d'un avocat par le juge d'instruction, en présence du bâtonnier, dès lors que les saisies opérées étaient en relation directe avec l'infraction poursuivie, qu'elles étaient destinées à apporter la preuve de la participation de cet avocat à cette seule infraction et ont été limitées aux seuls documents nécessaires à la manifestation de la vérité, les textes en vigueur à l'époque des opérations critiquées n'imposant pas au juge d'instruction l'information préalable du bâtonnier sur l'objet de la perquisition envisagée (■ Cass. crim., 1er mars 2006 : *Bull. crim.*, n° 60).

6) La cassation est encourue s'il ne résulte pas des conversations interceptées et transcrites qu'elles étaient de nature à faire présumer la participation de l'avocat à une infraction, même si, comme l'énoncent les juges, cet avocat n'était pas désigné dans le dossier et que la mise en examen postérieure de son interlocuteur ne reposait pas sur le contenu de ces conversations (■ Cass. crim., 21 mai 2003 : *JurisData* n° 2003-019690 ; *Dr. pénal* 2003, préc.).

7) Mais le principe de confidentialité des conversations échangées entre une personne mise en examen et son avocat ne saurait s'opposer à la transcription de certaines d'entre elles, dès lors qu'il est établi que leur contenu est de nature à faire présumer la participation de cet avocat à des faits constitutifs d'une infraction, fussent-ils étrangers à la saisine du juge d'instruction (■ Cass. crim., 1er oct. 2004 : *Bull. crim.*, n° 177).

8) L'article 66-5 de la loi du 31 juillet 1971, dans sa rédaction issue de la loi du 11 février 2004, édictant que les **correspondances échangées entre avocats**, à l'exception de celles portant la mention « officielle », sont couvertes par le secret professionnel, est applicable aux correspondances échangées avant son entrée en vigueur et n'ayant fait l'objet d'une communication que postérieurement à cette date ; encourt la censure l'arrêt qui pour relaxer du chef de violation du secret professionnel un avocat ayant produit une lettre en justice le 24 septembre 2004 retient que cette lettre lui avait été adressée par un confrère le 16 mai 2003 et, qu'officialisant un accord entre les parties, elle n'avait pas le caractère confidentiel (■ Cass. crim., 4 déc. 2007 : *Bull. crim.*, n° 295).

9) Justifie sa décision, la chambre de l'instruction qui, pour rejeter la requête en nullité présentée par une personne soutenant que sa mise en examen avait pour seul fondement la dénonciation faite en violation du secret professionnel par son associée, avocate, retient notamment que celle-ci avait eu connaissance des éléments, par elle révélés, à la faveur des liens d'amitié existant entre les deux personnes et que les faits rapportés ne pouvaient se rattacher à l'exercice de la profession. En effet, ne sont pas couvertes par le secret professionnel les informations divulguées par un avocat dont il n'a pas été rendu dépositaire par son état ou sa profession (■ Cass. crim., 2 mars 2010, n° 09-88.453).

10) Les enregistrements de conversations privées, réalisés à l'insu des personnes concernées par un particulier, en ce qu'ils ne constituent pas en eux-mêmes des actes ou des pièces de l'information, au sens de l'article 170 du Code de procédure pénale, et dès lors qu'ils ne procèdent d'aucune intervention, directe ou indirecte, d'une autorité publique, ne peuvent être annulés en application des articles 171 à 173 du même code. Il en va de même de leur transcription, qui a pour seul objet d'en matérialiser le contenu. Il s'agit de simples moyens de preuve soumis à la discussion contradictoire.

Il en est également ainsi des enregistrements, réalisés dans des conditions identiques, de propos tenus entre un avocat et son client, ainsi que de leur transcription, lesquels échappent, en outre, aux prévisions de l'article 100-5 du Code de procédure pénale relatif aux seules interceptions de correspondances ordonnées par une autorité publique comme de l'article 66-5 de la loi du 31 décembre 1971 concernant les documents couverts par le secret professionnel de l'avocat (■ Cass. crim., 31 janv. 2012, n° 11-85.464 : *Bull. crim.*, n° 27 ; *AJP* 2012, jurispr. p. 224, note E. Daoud et P.-Ph. Boutron-Marmion).

11) Il appartient au premier président, statuant sur un recours exercé contre le déroulement des opérations de visite et saisie effectuées par les services de l'Autorité de la concurrence, de rechercher si les pièces et supports informatiques dont la saisie est contestée sont ou non couverts par le secret professionnel entre un avocat et son client.

Lorsqu'il constate que des correspondances saisies relèvent de la protection de ce secret et alors que la violation dudit secret intervient dès que le document est saisi par les enquêteurs, le premier président doit annuler la saisie de ces pièces.

Encourt dès lors la cassation l'ordonnance qui refuse d'annuler cette saisie au motif que l'Autorité de la concurrence ne s'oppose pas à la restitution d'un document protégé et que la pertinence de la saisie ne peut s'apprécier que par la prise de connaissance de son contenu (■ Cass. crim., 24 avr. 2013, n° 12-80.331 : *Bull. crim.*, n° 102 ; *Gaz. Pal.* 2-4 juin 2013, jur., p. 10, note D. Piau ; *Procédures* 2013, comm. 222, note A. S. Chavent-Leclère).

TITRE III. – DISPOSITIONS DIVERSES

Art. 72 *(L. n° 2014-344, 17 mars 2014)*. **– Sera puni « des peines prévues à l'article 433-17 du Code pénal », quiconque aura, n'étant pas régulièrement inscrit au barreau, exercé une ou plusieurs des activités réservées au ministère des avocats dans les conditions prévues à l'article 4, sous réserve des conventions internationales.**

1) Commet le délit d'exercice illégal de la profession d'avocat, prévu par l'article 72 de la loi du 31 décembre 1971, celui qui, sans avoir la qualité d'avocat, exerce à titre habituel une activité libérale d'assistance et de représentation des parties devant les tribunaux de commerce (■ Cass. crim., 1er févr. 2000 : *Bull. crim.*, n° 53 ; *D.* 2002, jur. p. 851).

2) Commet le délit d'exercice illégal de la profession d'avocat, prévu par l'article 72 de la loi du 31 décembre 1971, celui qui, sans avoir la qualité d'avocat, exerce à titre habituel une activité libérale d'assistance et de représentation des parties devant les tribunaux de commerce ; le caractère habituel de cet exercice, élément constitutif de l'infraction, n'est établi ni par la succession, dans une seule et même procédure, de deux interventions complémentaires devant un tribunal de commerce, ni par une précédente condamnation pour le même délit, déjà retenue au titre de la récidive (■ Cass. crim., 21 oct. 2008 : *Bull. crim.*, n° 211 ; *D.* 2009, p. 1067, note B. Laperou-Scheneider).

3) L'habitude n'est pas un élément constitutif du délit d'exercice illégal de la profession d'avocat prévu et réprimé par les articles 4 et 72 de la loi du 31 décembre 1971. Dès lors, justifie sa décision, la cour d'appel qui, pour déclarer coupable de cette infraction un avocat radié du barreau, relève que ledit avocat a invoqué cette qualité pour assister une partie dans une procédure suivie devant le conseil de prud'hommes (■ Cass. crim., 5 févr. 2013, n° 12-81.155 : *Bull. crim.*, n° 35 ; *Dr. pénal* 2013, comm. 53, obs. M. Véron, et comm. 61, obs. J.-H. Robert ; *AJP* 2013, p. 275, obs. L. Priou).

4) Selon l'article 72 de la loi susvisée, la personne déclarée coupable du délit d'exercice illégal de la profession d'avocat ne peut être condamnée à une peine d'emprisonnement que si la juridiction correctionnelle a relevé à son encontre la circonstance de récidive (même arrêt).

Art. 73. – Toute personne qui, dans la dénomination d'un groupement professionnel constitué sous quelque forme que ce soit, utilise, en dehors des cas prévus par la loi, le mot « ordre » est passible des peines prévues à l'article 72.

Art. 74. – Quiconque aura fait usage, sans remplir les conditions exigées pour le porter, d'un titre tendant à créer, dans l'esprit du public, une confusion avec le titre et la profession réglementés par la présente loi sera puni des peines prévues à l'article 433-17 du Code pénal. Les mêmes peines seront applicables à celui qui aura fait usage du titre de conseil juridique ou d'un titre équivalent pouvant prêter à confusion, sous réserve des dispositions du quatrième et du cinquième alinéas du paragraphe I de l'article 1er de la présente loi.

Constitue le délit d'usurpation de titre dont l'élément intentionnel est suffisamment caractérisé par la violation, en connaissance de cause, de cette prescription légale, sans qu'il y ait lieu de constater une volonté délibérée de tromper le public, l'apposition de plaques professionnelles libellées en des termes de nature à entraîner, dans l'esprit du public, la confusion avec le titre de conseil juridique (■ Cass. crim., 8 juin 1995 : *Bull. crim.*, n° 211).

Décret n° 72-785 du 25 août 1972

relatif au démarchage et à la publicité en matière de consultation et de rédaction d'actes juridiques

Art. 1er *(Mod., D. n° 91-1197, 27 nov. 1991)*. **– Constitue un acte de démarchage au sens de l'article 66-4 de la loi susvisée [n° 71-1130] du 31 décembre 1971 le fait d'offrir ses services, en vue de donner des consultations ou de rédiger des actes en matière juridique ou de provoquer à la souscription d'un contrat aux mêmes fins, notamment en se rendant personnellement ou en envoyant un mandataire soit au domicile ou à la résidence d'une personne, soit sur les lieux de travail, de repos, de traitement ou dans un lieu public.**

Le démarchage en vue de donner des consultations ou de rédiger des actes en matière juridique, défini à l'article 1er du décret du 25 août 1972, est pénalement sanctionné par l'article 66-4 de la loi du 31 décembre 1971 et non par les dispositions du Code de la consommation relatives au démarchage à domicile (■ Cass. crim., 23 janv. 2001 : *Bull. crim.*, n° 20 ; *Dr. pénal* 2001, comm. 62, obs. J.-H. Robert).

Art. 2 *(Mod., D. n° 2005-790, 12 juill. 2005)*. **– La publicité en vue de donner des consultations, de rédiger des actes ou de proposer son assistance en matière juridique ne peut être faite par voie de tracts, affiches, films cinématographiques, émissions radiophoniques ou télévisées.**

Art. 3. – Les dispositions de l'article 2 ne sont pas applicables aux administrations et services publics, aux associations, syndicats professionnels et autres organismes à but non lucratif. Elles ne sont pas applicables non plus aux entreprises qui fournissent des renseignements, informations ou prestations de service comportant à titre accessoire ou incident des renseignements d'ordre juridique.

Art. 4. – La publicité faite, par quelque moyen que ce soit, aux fins mentionnées à l'article 2 ne doit contenir aucune indication contraire à la loi. Elle doit s'abstenir, notamment, de toute mention méconnaissant la discrétion professionnelle ou portant atteinte à la vie privée.

Toute publicité mensongère ou contenant des renseignements inexacts ou fallacieux est prohibée.

Art. 5 *(D. n° 93-726, 29 mars 93)*. **– Toute infraction aux articles 2, 3 et 4 du présent décret sera punie de la peine d'amende prévue pour les contraventions de la 5e classe.**

(Al. abr., D. n° 2014-1251, 28 oct. 2014).

En cas de récidive, ces peines pourront être portées au double.

ANNEXE 21

CONTREFAÇON

Bibliographie : H. Bonnard et G. Bloret-Pucci, *Contrefaçon de marques de fabrique, de commerce ou de service : JCl. Lois pénales spéciales.* • N. Binctin, *Contrefaçon de brevets* et Dreyer, *Contrefaçons et fraudes en matière littéraire et artistique* : *JCl. Lois pénales spéciales.* • J. Passa, *Contrefaçon et concurrence déloyale*, Litec 1997. • M. Vivant et J. Navarro, Code de la propriété intellectuelle, LexisNexis 2018. • J. Passa, *Le droit pénal des marques après la loi du 9 mars 2004* : *D.*, Cahier droit des affaires, p. 433. • C. Caron, *Loi du 1er août 2006 relative au droit d'auteur* : *JCP* 2006, I, 169. • T. Azzi, W. Bourbon, J.-Chr. Galloux, H. Gaudemet-Tallon et P.-Y. Gautier, *la loi du 29 oct. 2007 de lutte contre la contrefaçon* : *D.* 2008, dossier, p. 700. • E. Derieux, *Diffusion et protection de la création sur Internet. – A propos de la loi du 12 juin 2009* : *JCP* 2009, act. 39. • J.-H. Robert, *Commentaire de la loi du 28 octobre 2009* : *Dr. pénal* 2009, étude 25. • C. Legoffie et M. Wagner, *La pénalisation de la contrefaçon* : *Dr. pénal* 2009, étude 26. • M. Imbert-Quaretta, J.-Y. Monfort et J.-B. Carpentie, *La contravention de négligence...* : *JCP* 2012, doctr. 591.

Code de la propriété intellectuelle

Contrefaçon de droit d'auteur

Art. L. 335-1 *(L. n° 2006-961, 1er août 2006)*. **– Les officiers de police judiciaire compétents peuvent procéder, dès la constatation des infractions prévues aux articles L. 335-4 à L. 335-4-2, à la saisie des phonogrammes et vidéogrammes reproduits illicitement, des exemplaires et objets fabriqués ou importés illicitement, de tout exemplaire, produit, appareil, dispositif, composant ou moyen portant atteinte aux mesures techniques et aux informations mentionnées respectivement aux articles L. 331-5 et L. 331-22 ainsi qu'à la saisie des matériels spécialement installés en vue de tels agissements.**

Art. L. 335-2 *(L. n° 94-102, 5 févr. 1994 ; mod., L. n° 2004-204, 9 mars 2004)*. **– Toute édition d'écrits, de composition musicale, de dessin, de peinture ou de toute autre production, imprimée ou gravée en entier ou en partie, au mépris des lois et règlements relatifs à la propriété des auteurs, est une contrefaçon ; et toute contrefaçon est un délit.**

La contrefaçon en France d'ouvrages publiés en France ou à l'étranger est punie de trois ans d'emprisonnement et de 300 000 € d'amende.

(Mod., L. n° 2014-315, 11 mars 2014) **Seront punis des mêmes peines le débit, l'exportation, l'importation, le transbordement ou la détention aux fins précitées des ouvrages contrefaisants.**

Lorsque les délits prévus par le présent article ont été commis en bande organisée, les peines sont portées à cinq ans d'emprisonnement et à 500 000 € d'amende.

Dès lors que des marchandises, légalement fabriquées dans un État membre de la Communauté européenne sont destinées à être mises sur le marché d'un autre État membre, leur simple transit sur le territoire français ne porte pas atteinte aux droits de propriété intellectuelle du titulaire, en France, de droits de modèles et d'auteur sur ces marchandises (■ Cass. crim., 21 sept. 2004 : *Bull. crim.*, n° 215).

Art. L. 335-2-1 *(L. n° 2006-961, 1er août 2006).* **– Est puni de trois ans d'emprisonnement et de 300 000 € d'amende le fait :**

1° D'éditer, de mettre à la disposition du public ou de communiquer au public, sciemment et sous quelque forme que ce soit, un logiciel manifestement destiné à la mise à disposition du public non autorisée d'œuvres ou d'objets protégés ;

2° D'inciter sciemment, y compris à travers une annonce publicitaire, à l'usage d'un logiciel mentionné au 1°.

Art. L. 335-3 *(L. n° 94-361, 10 mai 1994 ; L. n° 2009-669, 12 juin 2009).* **– Est également un délit de contrefaçon toute reproduction, représentation ou diffusion, par quelque moyen que ce soit, d'une œuvre de l'esprit en violation des droits de l'auteur, tels qu'ils sont définis et réglementés par la loi.**

Est également un délit de contrefaçon la violation de l'un des droits de l'auteur d'un logiciel définis à l'article L. 122-6.

Est également un délit de contrefaçon toute captation totale ou partielle d'une œuvre cinématographique ou audiovisuelle en salle de spectacle cinématographique.

1) Commettent le délit de contrefaçon d'œuvres de l'esprit en violation des droits des auteurs, sans pouvoir invoquer l'exception résultant de l'article L. 122-5, alinéa 1, 9°, du Code de la propriété intellectuelle dans la rédaction résultant de la loi du 1er août 2006, qui n'est pas applicable aux créations des industries saisonnières de l'habillement et de la parure, les photographes bénéficiant d'une accréditation de la Fédération française de la couture qui, après avoir photographié plusieurs défilés de mode, diffusent en ligne les images ainsi obtenues, sans autorisation des titulaires des droits d'auteur sur les créations qu'elles reproduisent, sur un site Internet auquel n'est pas étendu le bénéfice de leurs accréditations de presse (■ Cass. crim., 5 févr. 2008, pourvoi n° J07-81.387 : *Bull. crim.*, n° 28 ; *Dr. pénal* 2008, comm. 51, obs. J.-H. Robert).

2) Justifie sa décision la cour d'appel qui, saisie de la plainte pour contrefaçon, déposée par l'avocat auteur d'une requête aux fins de saisine du tribunal administratif, contre l'un de ses confrères ayant déposé devant la même juridiction une requête en tous points identiques, énonce par des motifs relevant de son appréciation souveraine, pour relaxer le prévenu, que l'acte répond au formalisme imposé par le Code de la justice administrative, indique la nature de l'acte administratif attaqué et le lieu de situation de l'immeuble dont l'autorisation d'urbanisme est contestée, rappelle les dispositions du plan d'occupation des sols et celle du de l'urbanisme applicables, vise les textes de la loi en vigueur et reproduit des extraits d'ouvrages juridiques, de sorte que, si le document analyse les faits de l'espèce au regard des dispositions appropriées, l'ensemble qu'il constitue ne présente pas, dans la forme comme dans le fond, de caractère d'originalité de nature à révéler la personnalité de son auteur (■ Cass. crim., 16 juin 2009, pourvoi n° 08-87.193 : *Bull. crim.*, n° 123 ; *Dr. pénal* 2009, comm. 122, obs. J.-H. Robert ; *CCE* 2009, comm. 85, notre Chr. Caron).

3) Fait l'exacte application de l'article 335-3 du Code de la propriété intellectuelle la cour d'appel qui retient que se rend coupable de contrefaçon celui qui concourt sciemment à la reproduction, sans autorisation, d'une œuvre de l'esprit en la faisant réaliser par un exécutant de son choix (■ Cass. crim., 14 juin 2016, n° 15-80.678).

4) La caractérisation de l'originalité impose d'apprécier l'œuvre revendiquée dans son ensemble au regard des différents éléments, fussent-ils connus, qui la composent, pris en leur combinaison.

N'a pas justifié sa décision la cour d'appel qui, pour relaxer la prévenue des fins de la poursuite du chef de contrefaçon par reproduction d'une œuvre de l'esprit au mépris des droits de l'auteur, retient que la société poursuivie ne rapporte pas la preuve d'un apport créatif particulier permettant de donner une dimension esthétique originale à ses créations et ainsi de les distinguer de ce qui existait antérieurement sur le marché et que le fait de reproduire un modèle classique de montre en assemblant divers matériaux de même couleur est une idée parfaitement banale (■ Cass. crim., 31 janv. 2018, n° 16-84.564).

Art. L. 335-3-1 *(L. n° 2006-961, 1er août 2006).* **– Est puni de 3 750 € d'amende le fait de porter atteinte sciemment, à des fins autres que la recherche, à une mesure technique efficace telle que définie à l'article L. 331-5, afin d'altérer la protection d'une œuvre par un décodage, un décryptage ou toute autre intervention personnelle destinée à contourner, neutraliser ou supprimer un mécanisme de protection ou de**

contrôle, lorsque cette atteinte est réalisée par d'autres moyens que l'utilisation d'une application technologique, d'un dispositif ou d'un composant existant mentionné au II.

II. – Est puni de six mois d'emprisonnement et de 30 000 € d'amende le fait de procurer ou proposer sciemment à autrui, directement ou indirectement, des moyens conçus ou spécialement adaptés pour porter atteinte à une mesure technique efficace telle que définie à l'article L. 331-5, par l'un des procédés suivants :

1° En fabriquant ou en important une application technologique, un dispositif ou un composant, à des fins autres que la recherche ;

2° En détenant en vue de la vente, du prêt ou de la location, en offrant à ces mêmes fins ou en mettant à disposition du public sous quelque forme que ce soit une application technologique, un dispositif ou un composant ;

3° En fournissant un service à cette fin ;

4° En incitant à l'usage ou en commandant, concevant, organisant, reproduisant, distribuant ou diffusant une publicité en faveur de l'un des procédés visés aux 1° à 3°.

III. – Ces dispositions ne sont pas applicables aux actes réalisés à des fins *[Dispositions déclarées non conformes à la Constitution par la décision du Conseil constitutionnel n° 2006-540 DC du 27 juill. 2006 : JO 3 août 2006]* de sécurité informatique, dans les limites des droits prévus par le présent code.

Art. L. 335-3-2 *(Mod., L. n° 2009-669, 12 juin 2009)*. – I. – Est puni de 3 750 € d'amende le fait de supprimer ou de modifier, sciemment et à des fins autres que la recherche, tout élément d'information visé à l'article L. 331-11, par une intervention personnelle ne nécessitant pas l'usage d'une application technologique, d'un dispositif ou d'un composant existant, conçus ou spécialement adaptés à cette fin, dans le but de porter atteinte à un droit d'auteur, de dissimuler ou de faciliter une telle atteinte.

II. – Est puni de six mois d'emprisonnement et de 30 000 € d'amende le fait de procurer ou proposer sciemment à autrui, directement ou indirectement, des moyens conçus ou spécialement adaptés pour supprimer ou modifier, même partiellement, un élément d'information visé à l'article L. 331-11, dans le but de porter atteinte à un droit d'auteur, de dissimuler ou de faciliter une telle atteinte, par l'un des procédés suivants :

1° En fabriquant ou en important une application technologique, un dispositif ou un composant, à des fins autres que la recherche ;

2° En détenant en vue de la vente, du prêt ou de la location, en offrant à ces mêmes fins ou en mettant à disposition du public sous quelque forme que ce soit une application technologique, un dispositif ou un composant ;

3° En fournissant un service à cette fin ;

4° En incitant à l'usage ou en commandant, concevant, organisant, reproduisant, distribuant ou diffusant une publicité en faveur de l'un des procédés visés aux 1° à 3°.

III. – Est puni de six mois d'emprisonnement et de 30 000 € d'amende le fait, sciemment, d'importer, de distribuer, de mettre à disposition du public sous quelque forme que ce soit ou de communiquer au public, directement ou indirectement, une œuvre dont un élément d'information mentionné à l'article L. 331-11 a été supprimé ou modifié dans le but de porter atteinte à un droit d'auteur, de dissimuler ou de faciliter une telle atteinte.

IV. – Ces dispositions ne sont pas applicables aux actes réalisés à des fins de recherche *[Dispositions déclarées non conformes à la Constitution par la décision du Conseil constitutionnel n° 2006-540 DC du 27 juillet 2006 : JO 3 août 2006]* ou de sécurité informatique, dans les limites des droits prévus par le présent code.

Art. L. 335-4 *(L. n° 94-102, 5 févr. 1994 ; mod., L. n° 2003-517, 18 juin 2003 ; L. n° 2004-204, 9 mars 2004)*. – Est punie de trois ans d'emprisonnement et de 300 000 € d'amende toute fixation, reproduction, communication ou mise à disposition du public, à titre onéreux ou gratuit, ou toute télédiffusion d'une prestation, d'un phonogramme, d'un vidéogramme ou d'un programme, réalisée sans l'autorisation, lorsqu'elle est exigée, de l'artiste-interprète, du producteur de phonogrammes ou de vidéogrammes ou de l'entreprise de communication audiovisuelle.

(Mod., L. n° 2014-315, 11 mars 2014) Sont punis des mêmes peines l'importation, l'exportation, le transbordement ou la détention aux fins précitées de phonogrammes ou de vidéogrammes réalisée sans l'autorisation du producteur ou de l'artiste-interprète, lorsqu'elle est exigée.

Est puni de la peine d'amende prévue au premier alinéa le défaut de versement de la rémunération due à l'auteur, à l'artiste-interprète ou au producteur de phonogrammes ou de vidéogrammes au titre de la copie privée ou de la communication publique ainsi que de la télédiffusion des phonogrammes.

Est puni de la peine d'amende prévue au premier alinéa le défaut de versement du prélèvement mentionné au troisième alinéa de l'article L. 133-3.

Lorsque les délits prévus au présent article ont été commis en bande organisée, les peines sont portées à cinq ans d'emprisonnement et à 500 000 € d'amende.

Art. L. 335-4-1 *(L. n° 2006-961, 1er août 2006)*. – I. – Est puni de 3 750 € d'amende le fait de porter atteinte sciemment, à des fins autres que la recherche, à une mesure technique efficace telle que définie à l'article L. 331-5, afin d'altérer la protection d'une interprétation, d'un phonogramme, d'un vidéogramme ou d'un programme par un décodage, un décryptage ou toute autre intervention personnelle destinée à contourner, neutraliser ou supprimer un mécanisme de protection ou de contrôle, lorsque cette atteinte est réalisée par d'autres moyens que l'utilisation d'une application technologique, d'un dispositif ou d'un composant existant mentionné au II.

II. – Est puni de six mois d'emprisonnement et de 30 000 € d'amende le fait de procurer ou proposer sciemment à autrui, directement ou indirectement, des moyens conçus ou spécialement adaptés pour porter atteinte à une mesure technique efficace telle que définie à l'article L. 331-5, par l'un des procédés suivants :

1° En fabriquant ou en important une application technologique, un dispositif ou un composant, à des fins autres que la recherche ;

2° En détenant en vue de la vente, du prêt ou de la location, en offrant à ces mêmes fins ou en mettant à disposition du public sous quelque forme que ce soit une application technologique, un dispositif ou un composant ;

3° En fournissant un service à cette fin ;

4° En incitant à l'usage ou en commandant, concevant, organisant, reproduisant, distribuant ou diffusant une publicité en faveur de l'un des procédés visés aux 1° à 3°.

III. – Ces dispositions ne sont pas applicables aux actes réalisés à des fins *[Dispositions déclarées non conformes à la Constitution par la décision du Conseil constitutionnel n° 2006-540 DC du 27 juill. 2006 : JO 3 août 2006]* de sécurité informatique, dans les limites des droits prévus par le présent code.

Art. L. 335-4-2 *(L. n° 2006-961, 1er août 2006 ; mod., L. n° 2009-669, 12 juin 2009)*. – Est puni de 3 750 € d'amende le fait de supprimer ou de modifier, sciemment et à des fins autres que la recherche, tout élément d'information visé à l'article L. 331-11, par une intervention personnelle ne nécessitant pas l'usage d'une application technologique, d'un dispositif ou d'un composant existant, conçus ou spécialement adaptés à cette fin, dans le but de porter atteinte à un droit voisin du droit d'auteur, de dissimuler ou de faciliter une telle atteinte.

II. – Est puni de six mois d'emprisonnement et de 30 000 € d'amende le fait de procurer ou proposer sciemment à autrui, directement ou indirectement, des moyens conçus ou spécialement adaptés pour supprimer ou modifier, même partiellement, un élément d'information visé à l'article L. 331-11, dans le but de porter atteinte à un droit voisin du droit d'auteur, de dissimuler ou de faciliter une telle atteinte, par l'un des procédés suivants :

1° En fabriquant ou en important une application technologique, un dispositif ou un composant, à des fins autres que la recherche ;

2° En détenant en vue de la vente, du prêt ou de la location, en offrant à ces mêmes fins ou en mettant à disposition du public sous quelque forme que ce soit une application technologique, un dispositif ou un composant ;

3° En fournissant un service à cette fin ;

4° En incitant à l'usage ou en commandant, concevant, organisant, reproduisant, distribuant ou diffusant une publicité en faveur de l'un des procédés visés aux 1° à 3°.

III. – Est puni de six mois d'emprisonnement et de 30 000 € d'amende le fait, sciemment, d'importer, de distribuer, de mettre à disposition du public sous quelque forme que ce soit ou de communiquer au public, directement ou indirectement, une interprétation, un phonogramme, un vidéogramme ou un programme, dont

un élément d'information mentionné à l'article L. 331-11 a été supprimé ou modifié dans le but de porter atteinte à un droit voisin du droit d'auteur, de dissimuler ou de faciliter une telle atteinte.

IV. – Ces dispositions ne sont pas applicables aux actes réalisés à des fins *[Dispositions déclarées non conformes à la Constitution par la décision du Conseil constitutionnel n° 2006-540 DC du 27 juill. 2006 : JO 3 août 2006]* de sécurité informatique, dans les limites des droits prévus par le présent code.

Art. L. 335-5 *(L. 94-102, 5 févr. 1994)*. **– Dans le cas de condamnation fondée sur l'une des infractions définies aux articles L. 335-2 à L. 335-4-2, le tribunal peut ordonner la fermeture totale ou partielle, définitive ou temporaire, pour une durée au plus de cinq ans, de l'établissement ayant servi à commettre l'infraction.**

La fermeture temporaire ne peut entraîner ni rupture ni suspension du contrat de travail, ni aucun préjudice pécuniaire à l'encontre des salariés concernés. Lorsque la fermeture définitive entraîne le licenciement du personnel, elle donne lieu, en dehors de l'indemnité de préavis et de l'indemnité de licenciement, aux dommages et intérêts prévus aux articles L. 122-14-4, L. 122-14-5 du Code du travail en cas de rupture de contrat de travail. Le non-paiement de ces indemnités est puni de six mois d'emprisonnement et de 3 750 € d'amende.

1) Les délits définis par les articles L. 335-3 et L. 335-4 du Code de la propriété intellectuelle ne peuvent être sanctionnés par la peine complémentaire de la destruction des objets contrefaisants, non prévue par la loi pour les réprimer (■ Cass. crim., 19 avr. 2005 : *Bull. crim.*, n° 135).

2) L'article L. 331-3 du Code de la propriété intellectuelle qui limite l'exercice, par le Centre national de la cinématographie, des droits reconnus à la partie civile au seul délit de contrefaçon, au sens de l'article L. 335-3 de ce code, ne lui donne pas la faculté, en cas d'infraction à l'article L. 335-4, d'invoquer l'existence d'un préjudice indirect (■ Cass. crim., 19 avr. 2004, pourvoi n° 04-83).

3) Les éléments matériels et moraux du délit prévu par l'article L. 335-4, alinéa 3, du Code de la propriété intellectuelle résultent du défaut de versement de la rémunération au titre de la copie privée. Cette rémunération, due à l'auteur, à l'artiste interprète ou au producteur, est exigible dès la mise en circulation en France des supports d'enregistrement utilisables pour la reproduction à usage privé de phonogrammes ou de vidéogrammes ; en conséquence, ne justifie pas sa décision, la cour d'appel qui, pour relaxer des prévenus ayant mis en circulation des cassettes audiovisuelles vierges sans acquitter l'intégralité du versement de la rémunération due en application des articles L. 311-1 et suivants du Code précité, retient qu'ayant obtenu des délais de paiement, la preuve de l'intention coupable des intéressés n'est pas rapportée (■ Cass. crim., 15 juin 2004 : *Bull. crim.*, n° 160).

4) Ne justifie pas sa décision la cour d'appel qui relaxe le prévenu, poursuivi pour avoir gravé sur cédéroms des œuvres cinématographiques après les avoir, soit téléchargées sur Internet, soit copiées sur d'autres cédéroms prêtés par des amis, pour contrefaçon d'une œuvre de l'esprit au mépris des droits de l'auteur, dès lors que la cour ne s'est pas expliquée sur les circonstances dans lesquelles les œuvres avaient été mises à disposition du prévenu et qu'en outre, elle n'a pas répondu aux conclusions des parties civiles qui faisaient valoir que l'exception de copie privée prévue par l'article L. 122-5 CPI, en ce qu'elle constitue une dérogation au monopole de l'auteur sur son œuvre, suppose, pour pouvoir être retenue, que sa source soit licite et nécessairement exempte de toute atteinte aux prérogatives des titulaires de droits sur l'œuvre concernée (■ Cass. crim., 30 mai 2006 : *JCP* 2006, II, 10124, note C. Caron ; *D.* 2006, jur., p. 2676, note E. Dreyer).

5) Tout service de communication au public en ligne d'œuvres protégées sans avoir obtenu les autorisations requises et toute mise à disposition d'un logiciel ayant cette finalité entrent dans les prévisions des articles L. 335-4 et L. 335-2-1 du Code de la propriété intellectuelle.

L'hébergeur ne peut bénéficier de l'exonération de responsabilité pénale prévue par l'article 6-I, 3 de la loi du 21 juin 2004 s'il avait effectivement connaissance de l'activité illicite ou si, dès le moment où il en a eu connaissance, il n'a pas agi promptement pour retirer les informations stockées ou en rendre l'accès indisponible (■ Cass. crim., 25 sept. 2012, n° 11-84.224 : *D.* 2012, p. 3005, note E. Dreyer ; *AJP* 2013, p. 40, obs. G. Royer).

Art. L. 335-6 *(L. n° 2007-1544, 29 oct. 2007)*. **– Les personnes physiques coupables de l'une des infractions prévues aux articles L. 335-2 à L. 335-4-2 peuvent en outre être condamnées, à leurs frais, à retirer des circuits commerciaux les objets jugés contrefaisants et toute chose qui a servi ou était destinée à commettre l'infraction.**

La juridiction peut prononcer la confiscation de tout ou partie des recettes procurées par l'infraction ainsi que celle de tous les phonogrammes, vidéogrammes, objets et exemplaires contrefaisants ou reproduits illicitement ainsi que du matériel spécialement installé en vue de la réalisation du délit.

Elle peut ordonner la destruction, aux frais du condamné, ou la remise à la partie lésée des objets et choses retirés des circuits commerciaux ou confisqués, sans préjudice de tous dommages et intérêts.

Elle peut également ordonner, aux frais du condamné, l'affichage du jugement ou la diffusion du jugement prononçant la condamnation, dans les conditions prévues à l'article 131-35 du Code pénal.

Art. L. 335-7 *(L. n° 2009-1311, 28 oct. 2009)*. – Lorsque l'infraction est commise au moyen d'un service de communication au public en ligne, les personnes coupables des infractions prévues aux articles L. 335-2, L. 335-3 et L. 335-4 peuvent en outre être condamnées à la peine complémentaire de suspension de l'accès à un service de communication au public en ligne pour une durée maximale d'un an, assortie de l'interdiction de souscrire pendant la même période un autre contrat portant sur un service de même nature auprès de tout opérateur.

Lorsque ce service est acheté selon des offres commerciales composites incluant d'autres types de services, tels que services de téléphonie ou de télévision, les décisions de suspension ne s'appliquent pas à ces services.

La suspension de l'accès n'affecte pas, par elle-même, le versement du prix de l'abonnement au fournisseur du service. L'article L. 121-84 du Code de la consommation n'est pas applicable au cours de la période de suspension.

Les frais d'une éventuelle résiliation de l'abonnement au cours de la période de suspension sont supportés par l'abonné.

Lorsque la décision est exécutoire, la peine complémentaire prévue au présent article est portée à la connaissance de la Haute Autorité pour la diffusion des œuvres et la protection des droits sur Internet, qui la notifie à la personne dont l'activité est d'offrir un accès à des services de communication au public en ligne afin qu'elle mette en œuvre, dans un délai de quinze jours au plus à compter de la notification, la suspension à l'égard de l'abonné concerné.

Le fait, pour la personne dont l'activité est d'offrir un accès à des services de communication au public en ligne, de ne pas mettre en œuvre la peine de suspension qui lui a été notifiée est puni d'une amende maximale de 5 000 €.

Le 3° de l'article 777 du Code de procédure pénale n'est pas applicable à la peine complémentaire prévue par le présent article.

Art. L. 335-7-1 *(L. n° 2009-1311, 28 oct. 2009)*. – Pour les contraventions de la cinquième classe prévues par le présent code, lorsque le règlement le prévoit, la peine complémentaire définie à l'article L. 335-7 peut être prononcée selon les mêmes modalités, en cas de négligence caractérisée, à l'encontre du titulaire de l'accès à un service de communication au public en ligne auquel la commission de protection des droits, en application de l'article L. 331-25, a préalablement adressé, par voie d'une lettre remise contre signature ou de tout autre moyen propre à établir la preuve de la date de présentation, une recommandation l'invitant à mettre en œuvre un moyen de sécurisation de son accès à Internet.

La négligence caractérisée s'apprécie sur la base des faits commis au plus tard un an après la présentation de la recommandation mentionnée à l'alinéa précédent.

Dans ce cas, la durée maximale de la suspension est d'un mois.

Le fait pour la personne condamnée à la peine complémentaire prévue par le présent article de ne pas respecter l'interdiction de souscrire un autre contrat d'abonnement à un service de communication au public en ligne pendant la durée de la suspension est puni d'une amende d'un montant maximal de 3 750 €.

Art. L. 335-7-2 *(L. n° 2009-1311, 28 oct. 2009)*. – Pour prononcer la peine de suspension prévue aux articles L. 335-7 et L. 335-7-1 et en déterminer la durée, la juridiction prend en compte les circonstances et la gravité de l'infraction ainsi que la personnalité de son auteur, et notamment l'activité professionnelle ou sociale de celui-ci, ainsi que sa situation socio-économique. La durée de la peine prononcée doit concilier la protection des droits de la propriété intellectuelle et le respect du droit de s'exprimer et de communiquer librement, notamment depuis son domicile.

Art. L. 335-8 *(L. n° 2009-526, 12 mai 2009)*. – Les personnes morales déclarées responsables pénalement, dans les conditions prévues par l'article 121-2 du Code pénal, des infractions définies aux articles L. 335-2 à L. 335-4-2 encourent, outre l'amende suivant les modalités prévues par l'article 131-38 du Code pénal, les peines prévues par l'article 131-39 du même code.

L'interdiction mentionnée au 2° de l'article 131-39 du même code porte sur l'activité dans l'exercice ou à l'occasion de l'exercice de laquelle l'infraction a été commise.

Les personnes morales déclarées pénalement responsables peuvent en outre être condamnées, à leurs frais, à retirer des circuits commerciaux les objets jugés contrefaisants et toute chose qui a servi ou était destinée à commettre l'infraction.

La juridiction peut ordonner la destruction aux frais du condamné ou la remise à la partie lésée des objets et choses retirés des circuits commerciaux ou confisqués, sans préjudice de tous dommages et intérêts.

....

Contrefaçon de brevet

Art. L. 615-12 *(Mod., L. n° 2009-526, 12 mai 2009)*. – Quiconque se prévaut indûment de la qualité de propriétaire d'un brevet ou d'une demande de brevet est puni d'une amende de 7 500 €.

Art. L. 615-13. – Sans préjudice, s'il échet, des peines plus graves prévues en matière d'atteinte à la sûreté de l'État, quiconque a sciemment enfreint une des interdictions portées aux articles L. 612-9 et L. 612-10 est puni d'une amende de 4 500 €. Si la violation a porté préjudice à la défense nationale, une peine d'emprisonnement de un à cinq ans cinq ans pourra, en outre, être prononcée.

Art. L. 615-14 *(L. n° 94-102, 5 févr. 1994 ; L. n° 2004-204, 9 mars 2004 ; L. n° 2007-1544, 29 oct. 2007 ; L. n° 2011-267, 14 mars 2011)*. – 1. Sont punies de trois ans d'emprisonnement et de 300 000 € d'amende les atteintes portées sciemment aux droits du propriétaire d'un brevet, tels que définis aux articles L. 613-3 à L. 613-6. Lorsque le délit a été commis en bande organisée ou sur un réseau de communication au public en ligne ou lorsque les faits portent sur des marchandises dangereuses pour la santé, la sécurité de l'homme ou l'animal, les peines sont portées à cinq ans d'emprisonnement et à 500 000 € d'amende.

2. Les dispositions du 1 ci-dessus entrent en vigueur le 1er janvier 1993.

Art. L. 615-14-1 *(L. n° 94-102, 5 févr. 1994)*. – En cas de récidive des infractions définies à l'article L. 615-14, ou si le délinquant est ou a été lié par convention avec la partie lésée, les peines encourues sont portées au double.

Les coupables peuvent, en outre, être privés pendant un temps qui n'excédera pas cinq ans du droit d'élection et d'éligibilité pour les tribunaux de commerce, les chambres de commerce et d'industrie et les chambres de métiers, ainsi que pour les conseils de prud'hommes.

Le délit de contrefaçon de brevet postule qu'existe en France une propriété industrielle à laquelle il porterait atteinte. Justifie, dès lors, sa décision d'incompétence la cour d'appel qui, après avoir constaté que les faits ont été commis en Suède, à partir d'un procédé objet d'un brevet européen désignant la Suède et produisant donc ses effets dans cet État et non en France, énonce que la législation sur les brevets est territoriale et que la protection n'est acquise qu'à l'intérieur des frontières de l'État concerné par cette protection (■ Cass. crim., 19 juin 2007 : *Bull. crim.*, n° 166).

Art. L. 615-14-2 *(L. n° 2007-1544, 29 oct. 2007)*. – Les personnes physiques coupables du délit prévu à l'article L. 615-14 peuvent en outre être condamnées, à leurs frais, à retirer des circuits commerciaux les objets jugés contrefaisants et toute chose qui a servi ou était destinée à commettre l'infraction.

La juridiction peut ordonner la destruction aux frais du condamné ou la remise à la partie lésée des objets et choses retirés des circuits commerciaux ou confisqués, sans préjudice de tous dommages et intérêts.

Elle peut également ordonner, aux frais du condamné, l'affichage du jugement ou la diffusion du jugement prononçant la condamnation, dans les conditions prévues à l'article 131-35 du Code pénal.

Art. L. 615-14-3 *(Mod., L. n° 2009-526, 12 mai 2009)*. – Les personnes morales déclarées responsables pénalement, dans les conditions prévues par l'article 121-2 du Code pénal, de l'infraction définie à

l'article L. 615-14 encourent, outre l'amende suivant les modalités prévues par l'article 131-38 du Code pénal, les peines prévues par l'article 131-39 du même code.

L'interdiction mentionnée au 2° de l'article 131-39 du même code porte sur l'activité dans l'exercice ou à l'occasion de l'exercice de laquelle l'infraction a été commise.

Les personnes morales déclarées pénalement responsables peuvent en outre être condamnées, à leurs frais, à retirer des circuits commerciaux les objets jugés contrefaisants et toute chose qui a servi ou était destinée à commettre l'infraction.

La juridiction peut ordonner la destruction aux frais du condamné ou la remise à la partie lésée des objets et choses retirés des circuits commerciaux ou confisqués, sans préjudice de tous dommages et intérêts.

....

Contrefaçon de marque

Art. L. 716-9 *(L. n° 94-102, 5 févr. 1994 ; rempl., L. n° 2004-204, 9 mars 2004 ; mod., L. n° 2007-1544, 29 oct. 2007 ; L. n° 2011-267, 14 mars 2011).* **– Est puni de quatre ans d'emprisonnement et de 400 000 € d'amende le fait pour toute personne, en vue de vendre, fournir, offrir à la vente ou louer des marchandises présentées sous une marque contrefaite :**

***a)* D'importer, d'exporter, de réexporter ou de transborder des marchandises présentées sous une marque contrefaisante ;**

***b)* De produire industriellement des marchandises présentées sous une marque contrefaisante ;**

***c)* De donner des instructions ou des ordres pour la commission des actes visés aux *a* et *b*.**

Lorsque les délits prévus au présent article ont été commis en bande organisée ou sur un réseau de communication au public en ligne ou lorsque les faits portent sur des marchandises dangereuses pour la santé, la sécurité de l'homme ou l'animal, les peines sont portées à cinq ans d'emprisonnement et à 500 000 € d'amende.

1) Les juges du fond apprécient souverainement la possibilité de confusion pouvant exister entre produits similaires portant la même marque (■ Cass. crim., 2 févr. 1994 : *Bull. crim.*, n° 52).

2) L'élément moral du délit de contrefaçon est caractérisé par l'apposition volontaire de la marque appartenant à autrui (■ Cass. crim., 26 avr. 2000 : *Bull. crim.*, n° 165).

3) En vertu du principe de l'unicité de l'art, le dessin ou modèle est protégé cumulativement par les dispositions des articles L. 511-1 et L. 112-1 du Code de la propriété intellectuelle ; il en résulte que la reproduction d'un objet déposé comme modèle peut être sanctionnée à la fois comme contrefaçon de dessins et modèles et comme contrefaçon d'une œuvre de l'esprit.

Encourt la cassation la décision de la cour d'appel qui écarte la requalification des faits poursuivis du chef de contrefaçon de dessins et modèles en contrefaçon d'une œuvre de l'esprit alors que les prévenus avaient été mis en mesure de s'expliquer sur la nouvelle qualification susceptible de s'appliquer aux mêmes faits.

4) Il résulte de l'article L. 711-2 du Code de la propriété intellectuelle qu'est dépourvu de caractère distinctif à l'égard des produits désignés dans le dépôt, un signe qui, dans le langage courant ou professionnel est exclusivement la désignation usuelle du produit ; pour apprécier si une combinaison figurative déposée comme marque est dépourvue de caractère distinctif, le juge doit rechercher si elle était employée par une notable partie du public pour désigner l'objet même. À cet égard, un simple usage antérieur notoire de ce signe n'est pas déterminant (■ Cass. crim., 23 janv. 2001 : *Bull. crim.*, n° 18 ; *Rev. trim. dr. comm. et écon.* 2001, p. 794, note B. Bouloc).

5) Méconnaît les dispositions des articles L. 335-3 et L. 122-2 du Code de la propriété intellectuelle la cour d'appel qui, pour rejeter les demandes de l'auteur de sculptures, exposées à l'entrée d'un établissement scolaire puis modifiées (coloration) sans son autorisation, retient qu'en l'absence de représentation des œuvres, l'élément matériel de la contrefaçon fait défaut (■ Cass. crim., 3 sept. 2002 : *Bull. crim.*, n° 156 ; *Dr. pénal* 2002, comm. 124, obs. J.-H. Robert).

6) Dès lors que des marchandises, légalement fabriquées dans un État membre de la Communauté européenne sont destinées à être mises sur le marché d'un autre État membre où elles peuvent être légalement commercialisées, leur simple transit sur le territoire français ne porte pas atteinte aux droits de propriété intellectuelle du titulaire de droits de modèles et d'auteur sur ces marchandises (■ Cass. crim., 3 sept. 2002 : *Bull. crim.*, n° 155).

7) Un mandataire liquidateur, ès qualités de représentant de la société, est irrecevable à se constituer partie civile contre les dirigeants de la société du chef de l'infraction de contrefaçon de marques en application de l'article L. 716-5 du Code de la propriété intellectuelle aux termes duquel seul le propriétaire de la marque et le bénéficiaire d'un droit exclusif d'exploitation peuvent exercer l'action civile (■ Cass. crim., 31 janv. 2006 : *Bull. crim.*, n° 29).

Art. L. 716-10 *(L. n° 98-1194, 23 déc. 1998 ; rempl., L. n° 2004-204, 9 mars 2004 ; mod., L. n° 2007-1544, 29 oct. 2007 ; L. n° 2011-267, 14 mars 2011).* **– Est puni de trois ans d'emprisonnement et de 300 000 € d'amende le fait pour toute personne :**

a) De détenir sans motif légitime, d'importer ou d'exporter des marchandises présentées sous une marque contrefaisante ;

b) D'offrir à la vente ou de vendre des marchandises présentées sous une marque contrefaisante ;

c) De reproduire, d'imiter, d'utiliser, d'apposer, de supprimer, de modifier une marque, une marque collective ou une marque collective de certification en violation des droits conférés par son enregistrement et des interdictions qui découlent de celui-ci ;

d) De sciemment livrer un produit ou fournir un service autre que celui qui lui est demandé sous une marque enregistrée.

L'infraction, dans les conditions prévues au *d*, n'est pas constituée en cas d'exercice par un pharmacien de la faculté de substitution prévue à l'article L. 5125-23 du Code de la santé publique.

(Mod., L. n° 2014-315, 11 mars 2014) **Lorsque les délits prévus aux *a* à *d* ont été commis en bande organisée ou sur un réseau de communication au public en ligne ou lorsque les faits portent sur des marchandises dangereuses pour la santé ou la sécurité de l'homme ou l'animal, les peines sont portées à cinq ans d'emprisonnement et à 500 000 € d'amende.**

1) Commet le délit de détention sans motif légitime de produits revêtus d'une marque contrefaite celui qui achète puis expédie à des parents et amis des produits qu'il sait revêtus d'une marque contrefaite (■ Cass. crim., 30 mars 1994 : *Bull. crim.*, n° 128).

2) L'élément intentionnel du délit de substitution de produit est caractérisé dès lors, même en l'absence de toute manœuvre dolosive, qu'est livré un produit autre que celui commandé sous une marque enregistrée (■ Cass. crim., 30 sept. 1992 : *Bull. crim.*, n° 299).

3) Sur l'élément intentionnel de la contrefaçon : V. S. Durrande : *D.* 1999, chron., 319.

4) Caractérise l'existence d'un risque de confusion dans l'esprit du public portant atteinte aux fonctions de la marque, conformément à l'article L. 713-2 *a)* du Code de la propriété intellectuelle, la reproduction, sans l'autorisation de son titulaire, sur des tableaux de concordance d'une marque enregistrée pour désigner des bijoux et l'usage de ces tableaux pour vendre ou faire vendre des produits identiques à ceux couverts par l'enregistrement de ladite marque (■ Cass. crim., 30 juin 2009 : *Bull. crim.*, n° 137).

5) Le délit de contrefaçon de marque par reproduction, réprimé à l'article L. 716-10, *a*, du Code de la propriété intellectuelle, ne suppose pas, pour être constitué, que soit établi un risque de confusion dans l'esprit du public (■ Cass. crim., 16 juin 2015, n° 14-82.595).

Art. L. 716-11. **– Sera puni des mêmes peines quiconque :**

a) Aura sciemment fait un usage quelconque d'une marque collective de certification enregistrée dans des conditions autres que celles prescrites au règlement accompagnant le dépôt ;

b) Aura sciemment vendu ou mis en vente un produit revêtu d'une marque collective de certification irrégulièrement employée ;

c) Dans un délai de dix ans à compter de la date à laquelle a pris fin la protection d'une marque collective de certification ayant fait l'objet d'une utilisation, aura sciemment soit fait un usage d'une marque qui en constitue la reproduction ou l'imitation, soit vendu, mis en vente, fourni ou offert de fournir des produits ou des services sous une telle marque.

Les dispositions du présent article sont applicables aux marques syndicales prévues par le chapitre III du titre Ier du livre IV du Code du travail.

Art. L. 716-11-1 *(L. n° 94-102, 5 févr. 1994)*. – Outre les sanctions prévues aux articles L. 716-9 et L. 716-10, le tribunal peut ordonner la fermeture totale ou partielle, définitive ou temporaire, pour une durée au plus de cinq ans, de l'établissement ayant servi à commettre l'infraction.

La fermeture temporaire ne peut entraîner ni rupture, ni suspension du contrat de travail, ni aucun préjudice pécuniaire à l'encontre des salariés concernés. Lorsque la fermeture définitive entraîne le licenciement du personnel, elle donne lieu, en dehors de l'indemnité de préavis et de l'indemnité de licenciement, aux dommages et intérêts prévus aux articles L. 122-14-4 et L. 122-14-5 du Code du travail en cas de rupture de contrat de travail. Le non-paiement de ces indemnités est puni de six mois d'emprisonnement et de 3 750 € d'amende.

Art. L. 716-11-2 *(L. n° 2007-1544, 29 oct. 2007 ; mod., L. n° 2009-526, 12 mai 2009)*. – Les personnes morales déclarées responsables pénalement, dans les conditions prévues par l'article 121-2 du Code pénal, des infractions définies aux articles L. 716-9 à L. 716-11 encourent, outre l'amende suivant les modalités prévues par l'article 131-38 du Code pénal, les peines prévues par l'article 131-39 du même code.

L'interdiction mentionnée au 2° de l'article 131-39 du même code porte sur l'activité dans l'exercice ou à l'occasion de l'exercice de laquelle l'infraction a été commise.

Les personnes morales déclarées pénalement responsables peuvent en outre être condamnées, à leurs frais, à retirer des circuits commerciaux les objets jugés contrefaisants et toute chose qui a servi ou était destinée à commettre l'infraction.

La juridiction peut ordonner la destruction aux frais du condamné ou la remise à la partie lésée des objets et choses retirés des circuits commerciaux ou confisqués, sans préjudice de tous dommages et intérêts.

Art. L. 716-13 *(L. n° 2007-1544, 29 oct. 2007)*. – Les personnes physiques coupables de l'un des délits prévus aux articles L. 716-9 et L. 716-10 peuvent être condamnées, à leurs frais, à retirer des circuits commerciaux les objets jugés contrefaisants et toute chose qui a servi ou était destinée à commettre l'infraction.

La juridiction peut ordonner la destruction aux frais du condamné ou la remise à la partie lésée des objets et choses retirés des circuits commerciaux ou confisqués, sans préjudice de tous dommages et intérêts.

Elle peut également ordonner, aux frais du condamné, l'affichage du jugement ou la diffusion du jugement prononçant la condamnation, dans les conditions prévues à l'article 131-35 du Code pénal.

Art. L. 716-14 *(L. n° 2007-1544, 29 oct. 2007 ; rempl., L. n° 2014-315, 11 mars 2014)*. – Pour fixer les dommages et intérêts, la juridiction prend en considération distinctement :

1° Les conséquences économiques négatives de la contrefaçon, dont le manque à gagner et la perte subis par la partie lésée ;

2° Le préjudice moral causé à cette dernière ;

3° Et les bénéfices réalisés par le contrefacteur, y compris les économies d'investissements intellectuels, matériels et promotionnels que celui-ci a retirées de la contrefaçon.

Art. L. 716-15 *(L. n° 2007-1544, 29 oct. 2007)*. – En cas de condamnation civile pour contrefaçon, la juridiction peut ordonner, à la demande de la partie lésée, que les produits reconnus comme produits contrefaisants et les matériaux et instruments ayant principalement servi à leur création ou fabrication soient rappelés des circuits commerciaux, écartés définitivement de ces circuits, détruits ou confisqués au profit de la partie lésée.

La juridiction peut aussi ordonner toute mesure appropriée de publicité du jugement, notamment son affichage ou sa publication intégrale ou par extraits dans les journaux ou sur les services de communication au public en ligne qu'elle désigne, selon les modalités qu'elle précise.

Les mesures mentionnées aux deux premiers alinéas sont ordonnées aux frais de contrefacteur.

....

Art. R. 335-5 *(D. n° 2010-695, 25 juin 2010)*. – I. – Constitue une négligence caractérisée, punie de l'amende prévue pour les contraventions de la cinquième classe, le fait, sans motif légitime, pour la personne

titulaire d'un accès à des services de communication au public en ligne, lorsque se trouvent réunies les conditions prévues au II :

1. Soit de ne pas avoir mis en place un moyen de sécurisation de cet accès ;

2. Soit d'avoir manqué de diligence dans la mise en œuvre de ce moyen.

II. – Les dispositions du I ne sont applicables que lorsque se trouvent réunies les deux conditions suivantes :

1° En application de l'article L. 331-25 et dans les formes prévues par cet article, le titulaire de l'accès s'est vu recommander par la commission de protection des droits de mettre en œuvre un moyen de sécurisation de son accès permettant de prévenir le renouvellement d'une utilisation de celui-ci à des fins de reproduction, de représentation ou de mise à disposition ou de communication au public d'œuvres ou d'objets protégés par un droit d'auteur ou par un droit voisin sans l'autorisation des titulaires des droits prévus aux livres Ier et II lorsqu'elle est requise ;

2° Dans l'année suivant la présentation de cette recommandation, cet accès est à nouveau utilisé aux fins mentionnées au 1° du présent II.

III. ***(Abr., D. n° 2013-596, 8 juill. 2013).***

V. *supra*, bibliographie, note concernant l'étude de cette contravention de négligence.

ANNEXE 22

CRIMES DE GUERRE ET CRIMES CONTRE L'HUMANITÉ

Bibliographie : C. Lombois, *Un crime international en droit positif français (l'apport de l'affaire Barbie à la théorie française du crime contre l'humanité) : Mélanges Vitu*, 1989, 367. • M. Massé, obs. : *Rev. sc. crim.* 1989, 793 ; 1991, 398 et 1994, 376. • J.-F. Roulot, *La répression des crimes contre l'humanité par les juridictions criminelles, en France : Rev. sc. crim.* 1999, p. 545. • P.-M. Martin, *Le crime de génocide, quelques paradoxes : D.* 2000, chron. p. 477. • N. Zakr, *Analyse spécifique du crime de génocide dans le tribunal pénal international pour le Rwanda : Rev. sc. crim.* 2001, p. 263. • H. Ascencio, *Une entrée mesurée dans la modernité du droit international pénal, à propos de la loi du 9 août 2010 : JCP* 2010, doctr. 910.

Ordonnance du 28 août 1944

relative à la répression des crimes de guerre

Voir : art. 461-1 et s., p. 603.

Art. 1er – Sont poursuivis devant les tribunaux militaires français et jugés conformément aux lois françaises en vigueur et aux dispositions de la présente ordonnance, les nationaux ennemis ou agents non français au service de l'administration ou des intérêts ennemis, coupables de crimes ou de délits commis depuis l'ouverture des hostilités soit en France ou dans un territoire relevant de l'autorité de la France, soit à l'encontre d'un national ou d'un protégé français, d'un militaire servant ou ayant servi sous le drapeau français, d'un apatride résidant sur le territoire français avant le 17 juin 1940 ou d'un réfugié sur un territoire français, soit au préjudice des biens de toutes les personnes physiques visées ci-dessus et de toutes les personnes morales françaises, lorsque ces infractions, même accomplies à l'occasion ou sous le prétexte de l'état de guerre, ne sont pas justifiées par les lois et coutumes de la guerre.

Sont notamment poursuivies conformément aux dispositions ci-dessus, lorsqu'elles ont été commises dans les circonstances prévues par l'alinéa 1er du présent article, les infractions prévues et punies par les articles 92, 132, 265 et suivants, 295, 296, 301, 302, 303, 304, 309 à 317, 332, 334, 341, 342, 343, 344, 379, 400, 434 à 459 du Code pénal et les articles 214, 216, 221 et suivants du Code de justice militaire.

Art. 2. – Par interprétation des dispositions du Code pénal et du Code de justice militaire, sont considérés comme :

1° Le recrutement illégal de la force armée prévue par l'article 92 du Code pénal : tout enrôlement par l'ennemi ou ses agents ;

2° L'association de malfaiteurs prévue par les articles 265 et suivants du Code pénal : les organisations ou entreprises de terrorisme systématique ;

3° L'empoisonnement prévu par l'article 301 du Code pénal : toute exposition dans les chambres à gaz, tout empoisonnement des eaux ou denrées consommables, ainsi que tout dépôt, aspersion ou utilisation de substances nocives destinées à donner la mort ;

4° L'assassinat prévu par l'article 296 du Code pénal : la mise à mort par représailles ;

5° La séquestration prévue par les articles 341, 342 et 343 du Code pénal : le travail obligatoire des civils et la déportation sous quelque motif que ce soit, d'un individu détenu ou interné sans qu'une condamnation régulière au regard des lois et coutumes de la guerre ait été définitivement prononcée à son encontre ;

6° La séquestration prévue par les alinéas 1er et 2 de l'article 344 du Code pénal : l'emploi à des œuvres de guerre de prisonniers de guerre ou de civils requis ;

7° La séquestration prévue par le dernier alinéa de l'article 344 du Code pénal : l'emploi de prisonniers de guerre ou de civils à des fins de protection de l'ennemi ;

8° Le pillage prévu par les articles 221 et suivants du Code de justice militaire : l'imposition d'amendes collectives, les réquisitions abusives ou illégales, les confiscations ou spoliations, l'emport ou l'exportation, hors du territoire français par tous moyens des biens de toute nature, y compris les valeurs mobilières et la monnaie.

La répression des crimes de droit commun constitutifs des crimes contre l'humanité au sens du statut du Tribunal militaire international de Nuremberg relève, selon ce texte, de la loi nationale. Il s'ensuit que n'est pas méconnu le principe de la non-rétroactivité de la loi pénale, lorsque la peine prononcée entre dans les prévisions des articles du Code pénal applicables au moment des faits (■ Cass. crim., 1er juin 1995 : *Bull. crim.*, n° 202).

Art. 3. – Les lois, décrets ou règlements émanant de l'autorité ennemie, les ordres ou autorisations donnés par cette autorité ou par les autorités qui en dépendent ou qui en ont dépendu, ne peuvent être invoqués comme faits justificatifs au sens de l'article 327 du Code pénal, mais seulement, s'il y a lieu, comme circonstances atténuantes ou comme excuses absolutoires.

Art. 4. – Lorsqu'un subordonné est poursuivi comme auteur principal d'un crime de guerre et que ses supérieurs hiérarchiques ne peuvent être recherchés comme coauteurs, ils sont considérés comme complices dans la mesure où ils ont organisé ou toléré les agissements criminels de leurs subordonnés.

Art. 5 *(L. 15 sept. 1948)*. – Pour le jugement des crimes de guerre le tribunal militaire est composé comme il est dit au Code de justice militaire. Sauf impossibilité dûment constatée par l'autorité militaire compétente, les juges militaires doivent être en majorité choisis parmi les militaires appartenant ou ayant appartenu aux forces françaises de l'intérieur ou à une organisation de résistance.

Art. 6. – La présente ordonnance est applicable à l'Algérie et aux colonies. Elle sera publiée au *Journal officiel* de la République française et exécutée comme loi.

Loi n° 64-1326 du 26 décembre 1964

tendant à constater l'imprescriptibilité des crimes contre l'humanité

Voir : art. 211-1 s., p. 181.

Art. unique. – Les crimes contre l'humanité, tels qu'ils sont définis par la résolution des Nations unies du 13 février 1946, prenant acte de la définition des crimes contre l'humanité, telle qu'elle figure dans la charte du tribunal international du 8 août 1945, sont imprescriptibles par leur nature.

1) Les éléments constitutifs des crimes contre l'humanité définis par l'article 6 de la Charte du Tribunal international du 8 août 1945 auquel se réfère la loi du 26 décembre 1964 qui les déclare imprescriptibles ne sont pas les mêmes que ceux des crimes de guerre prévus par l'article 80 du Code de justice militaire et du crime d'intelligence avec l'ennemi prévu par les articles 70 et s. du Code pénal ; la loi n'a prévu aucune juridiction spéciale pour connaître des crimes contre l'humanité qui sont des crimes de droit commun commis dans certaines circonstances et pour certains motifs précisés dans le texte qui les définit (■ Cass. crim., 6 févr. 1975 : *D.* 1975, 386, rapport Chapar et note Coste-Floret ; *Rev. sc. crim.* 1976, 97, obs. Vitu).

2) Sur l'application de cette loi à des faits déjà atteints par la prescription de droit commun lors de sa promulgation, V. ■ Cass. crim., 30 juin 1976 : *D.* 1977, 1, note Coste-Floret ; *JCP* 76, II, 18435, rapport Mongin.

3) Il résulte du rapprochement des dispositions du préambule et de l'article 4 de l'Accord de Londres du 8 août 1945 et de l'article 6 du statut du tribunal militaire international de Nuremberg qui lui est annexé, ainsi que des recommandations de la Résolution des Nations unies du 13 février 1946 – accord et résolution portant l'un et l'autre référence à la Déclaration de Moscou du 30 octobre 1943 et visés tous deux par la loi du 26 décembre 1964 – que toutes mesures nécessaires doivent être prises par les États membres des Nations Unies pour que soient réprimés les crimes de guerre et les crimes contre la paix ou l'humanité, et pour que les personnes soupçonnées d'en être responsables soient renvoyées dans les pays où ont été perpétrés leurs forfaits, afin d'y être jugées et punies conformément aux lois de ces pays. En raison de la nature de ces crimes, ces dispositions sont conformes aux principes généraux du droit reconnus par l'ensemble des nations, auxquels se réfèrent l'article 15-2 du Pacte international relatif aux droits civils et politiques et l'article 7-2 de la Convention européenne de sauvegarde des droits de l'homme et des libertés fondamentales. De telles dispositions résultent de traités internationaux régulièrement intégrés à l'ordre judiciaire interne et ayant une autorité supérieure à celle des lois en vertu de l'article 55 de la Constitution du 4 octobre 1958 (■ Cass. crim., 6 oct. 1983 : *JCP* 83, II, 20107, rapport Le Gunehec, concl. Dontenwille et note Ruzié).

4) Sur l'imprescriptibilité des crimes contre l'humanité V. aussi (■ Cass. crim., 26 janv. 1984 : *Bull. crim.*, n° 34 ; *JCP* 84, II, 20197, rapport Le Gunéhec, concl. Dontenwille et note Ruzié). Le principe d'imprescriptibilité, résultant des dispositions du statut du Tribunal militaire international de Nuremberg annexé à l'accord de Londres du 8 août 1945 et de la résolution des Nations Unies du 13 février 1946, régit, en tous leurs aspects, la poursuite et la répression des crimes contre l'humanité (■ Cass. crim., 3 juin 1988 : *Bull. crim.*, n° 246 ; *Gaz. Pal.* 2-3 nov. 1988, conclusions E. Robert ; *JCP* 88, II, 21149, rapport Angevin). Sur la prescriptibilité des crimes de guerre V. ■ Cass. crim., 20 déc. 1985 : *Bull. crim.*, n° 407 ; *Rev. sc. crim.* 1987, 275, obs. Lombois.

5) Constituent des crimes contre l'humanité, alors même qu'ils seraient qualifiables de crimes de guerre, les actes inhumains et les persécutions qui, au nom d'un État pratiquant une politique d'hégémonie idéologique, sont commis systématiquement contre des personnes en raison de leur appartenance à une collectivité raciale ou religieuse, mais aussi contre les adversaires de cette politique, quelle que soit la forme de leur opposition (■ Cass. crim., 20 déc. 1985 : *Bull. crim.*, n° 407 ; *Clunet* 1986, 127, note Edelman ; *JCP* 86, II, 20 655, rapport Le Gunehec et concl. Dontewille ; *D.* 1986, 500, note Chapar. ■ 25 nov. 1986 : *Bull. crim.*, n° 353).

6) Le fait que l'accusé, déclaré coupable de l'une des infractions énumérées à l'article 6 c du statut du Tribunal militaire international de Nuremberg, ait, en la perpétrant, pris part à l'exécution d'un plan concerté en vue de réaliser la déportation ou l'extermination de populations civiles pendant la guerre ou des persécutions pour des motifs politiques, raciaux ou religieux, constitue, non une infraction distincte ou une circonstance aggravante, mais un élément essentiel du crime contre l'humanité consistant en ce que les actes incriminés ont été accomplis de façon systématique au nom d'un État pratiquant par ces moyens une politique d'hégémonie idéologique (■ Cass. crim., 3 juin 1988, précité *supra*, n° 4).

7) Le principe d'imprescriptibilité résultant du statut du Tribunal militaire international de Nuremberg annexé à l'accord de Londres du 8 août 1945 et de la résolution des Nations Unies du 13 février 1946, régit, en tous leurs aspects, la poursuite et la répression des crimes contre l'humanité et fait obstacle à ce qu'une règle de droit interne, tirée de la chose jugée, permette à une personne, poursuivie du chef de l'un de ces crimes, de se soustraire à l'action de la justice en raison du temps écoulé, que ce soit depuis les actes incriminés ou depuis une précédente condamnation prononcée sous une autre qualification (■ Cass. crim., 21 oct. 1993 : *Bull. crim.*, n° 307).

8) Le ressortissant français qui, à l'instigation d'un responsable d'une organisation criminelle nazie, ordonne les assassinats de personnes choisies par lui exclusivement en raison de leur appartenance à la communauté juive, participe, en connaissance de cause, pour le compte d'un pays européen de l'Axe, au plan concerté d'extermination et de persécution de cette communauté mis en œuvre par le gouvernement national-socialiste allemand et se rend complice de crime contre l'humanité ; même s'ils ont été perpétrés à l'occasion et en représailles de l'assassinat d'un membre de la Milice française, de tels assassinats, commis dans de telles conditions, s'intègrent à ce plan concerté et constituent un crime contre l'humanité (■ Cass. crim., 21 oct. 1993 : *Bull. crim.*, n° 307). Le haut fonctionnaire français qui, à l'instigation de responsables d'une organisation criminelle nazie, apporte, en connaissance de cause, son concours à l'arrestation, la séquestration et la déportation de personnes, choisies exclusivement en raison de leur appartenance à la communauté juive, participe au plan concerté de persécution et d'extermination de cette communauté mis en œuvre par le gouvernement national-socialiste allemand et se rend complice de crimes contre l'humanité ; l'article 6, dernier alinéa, du statut du tribunal militaire international n'exige pas que le complice de crimes contre l'humanité ait adhéré à la politique d'hégémonie idéologique des auteurs principaux ni qu'il ait appartenu à une des organisations déclarées criminelles par le tribunal de Nuremberg (■ Cass. crim., 23 janv. 1997 : *Bull. crim.*, n° 32 ; *Dr. pénal* 1997, comm. 38, obs. J.-H. Robert ; *JCP* 97, II, 22812 ; *Gaz. Pal.* 16-18 mars 1997, 6 ; *D.* 1997, 147, note J. Pradel ; J.-P. Delmas-Saint-Hilaire : *D.* 1997, chron. 249).

9) Les persécutions et les traitements inhumains infligés à des prisonniers du Viêt-Minh, après la Seconde Guerre mondiale, par un ressortissant français, ne sont pas susceptibles de recevoir la qualification de crimes contre l'humanité, et entrent nécessairement dans le champ d'application de l'article 30 de la loi du 18 juin 1966, portant amnistie de tous les crimes commis en liaison avec les événements consécutifs à l'insurrection vietnamienne (■ Cass. crim., 1er avr. 1993 : *Bull. crim.*, n° 143).

10) L'imprescriptibilité des crimes contre l'humanité s'applique tant à l'action publique qu'à l'action civile pouvant résulter de tels crimes et ce qui, lorsqu'elle est exercée devant la juridiction répressive, est soumise, en vertu de l'article 10 du Code de procédure pénale, au même régime de prescription que l'action publique (■ Cass. crim., 1er juin 1995 : *Bull. crim.*, n° 202).

11) Les faits de violences commis en relation avec les événements d'Algérie dès lors qu'ils ne sont pas susceptibles de constituer un génocide ou un crime contre l'humanité peuvent seulement revêtir une qualification de droit commun et entrent en conséquence dans le champ d'application de la loi n° 68-697 du 31 juillet 1968 portant amnistie (■ Cass. crim., 30 mai 2000 : *Bull. crim.* n° 204 ; *JCP* 2001, II, 10559, note J.-F. Roulot).

12) De même, a justifié sa décision la chambre de l'instruction qui retient que les tortures et exécutions sommaires commises en Algérie entre 1955 et 1957, ne pouvant être poursuivies sous la qualification de crimes contre l'humanité, entrent dans les prévisions de la loi du 31 juillet 1968 portant amnistie ; en effet, les dispositions de la loi du 26 déc. 1964 et du statut du Tribunal militaire international de Nuremberg annexé à l'accord de Londres du 8 août 1945 ne concernent que les faits commis pour le compte de pays européennes de l'Axe (■ Cass. crim., 17 juin 2003 : *Bull. crim.*, n° 122 ; *Dr. pénal* 2003, comm. 96, obs. M. Véron ; *JCP* 2003, II, 10146, note J.-F. Roulot ; *D.* 2004, p. 92, note J. Daniel).

ANNEXE 23

CULTES

Bibliographie : P. Boinot, *Sectes religieuses et droit pénal : Rev. sc. crim.* 1983, 409.

Loi du 9 décembre 1905
concernant la séparation des Églises et de l'État

....

TITRE V. – POLICE DES CULTES

Art. 25. – Les réunions pour la célébration d'un culte tenues dans les locaux appartenant à une association cultuelle ou mis à sa disposition sont publiques. Elles sont dispensées des formalités de l'article 8 de la loi du 30 juin 1881, mais restent placées sous la surveillance des autorités dans l'intérêt de l'ordre public. Elles ne peuvent avoir lieu qu'après une déclaration faite dans les formes de l'article 2 de la même loi et indiquant le local dans lequel elles seront tenues.

Une seule déclaration suffit pour l'ensemble des réunions permanentes, périodiques ou accidentelles qui auront lieu dans l'année.

L'autorité administrative ne peut, sans porter une atteinte à la liberté des cultes garantie par la loi du 9 décembre 1905, interdire toute cérémonie et tout office religieux organisé par les adeptes du culte Krisnaïte (■ CE, 14 mai 1982 : *D.* 1982, 516, note Boinot et Debouy).

Art. 26. – Il est interdit de tenir des réunions politiques dans les locaux servant habituellement à l'exercice d'un culte.

Art. 27. – Les cérémonies, processions et autres manifestations extérieures d'un culte continueront à être réglées en conformité des articles 95 et 97 de la loi municipale du 5 avr. 1884 [L. 2212-2 et L. 2213-9, CGCT].

Les sonneries de cloches seront réglées par arrêté municipal et, en cas de désaccord entre le maire et le président ou directeur de l'association cultuelle, par arrêté préfectoral.

Le règlement d'administration publique [décret en Conseil d'État] prévu par l'article 43 de la présente loi déterminera les conditions et les cas dans lesquels les sonneries civiles pourront avoir lieu.

Art. 28. – Il est interdit, à l'avenir, d'élever ou d'apposer aucun signe ou emblème religieux sur les monuments publics ou en quelque emplacement public que ce soit, à l'exception des édifices servant au culte, des terrains de sépulture dans les cimetières, des monuments funéraires, ainsi que des musées ou expositions.

Art. 29. – Les contraventions aux articles précédents sont punies des peines de simple police [contraventionnelles].

Sont passibles de ces peines, dans le cas des articles 25, 26 et 27, ceux qui ont organisé la réunion ou manifestation, ceux qui y ont participé en qualité de ministres du culte et, dans le cas des articles 25 et 26, ceux qui ont fourni le local.

Art. 30 *(Abr. et codifié, Ord. n° 2000-549, 15 juin 2000).* – *V. C. éduc., art. L. 141-4.*

Code de l'éducation

Art. L. 141-4. – L'enseignement religieux ne peut être donné aux enfants inscrits dans les écoles publiques qu'en dehors des heures de classe.

Art. 31 *(D. n° 93-726, 29 mars 1993).* – **Sont punis de l'amende prévue pour les contraventions de la 5e classe ceux qui, soit par voies de fait, violences ou menaces contre un individu, soit en lui faisant craindre de perdre son emploi ou d'exposer à un dommage sa personne, sa famille ou sa fortune, l'auront déterminé à exercer ou à s'abstenir d'exercer un culte, à faire partie ou à cesser de faire partie d'une association cultuelle, à contribuer ou à s'abstenir de contribuer aux frais d'un culte.**

Sur l'infraction d'atteinte à la liberté du culte, V. Doucet, note sous ■ T. pol. Châteauroux, 6 nov. 1984 : *Gaz. Pal.* 1985, 1, 35.

Art. 32. – **Seront punis des mêmes peines, ceux qui auront empêché, retardé ou interrompu les exercices d'un culte par des troubles ou désordres causés dans le local servant à ces exercices.**

Les articles 31 et 32 de la loi du 9 décembre 1905 visant à protéger aussi bien les assistants que le ministre du culte lui-même, le fait de perturber le déroulement normal d'un office religieux, lors même que cette perturbation n'affecterait que l'assemblée des fidèles et non l'officiant proprement dit, entre dans la définition de l'infraction prévue et réprimée par lesdits articles (■ T. pol. Bar-le-Duc, 2 juin 1982 : *Gaz. Pal.* 31 oct.-2 nov. 1982 ; *Rev. sc. crim.* 1983, 76, obs. Vitu).

Art. 33. – **Les dispositions des deux articles précédents ne s'appliquent qu'aux troubles, outrages ou voies de fait, dont la nature ou les circonstances ne donneront pas lieu à de plus fortes peines d'après les dispositions du Code pénal.**

Art. 34 *(L. n° 92-1336, 16 déc. 1992).* – **Tout ministre d'un culte qui, dans les lieux où s'exerce ce culte, aura publiquement par des discours prononcés, des lectures faites, des écrits distribués ou des affiches apposées, outragé ou diffamé un citoyen chargé d'un service public sera puni d'une amende de 3 750 € et d'un emprisonnement d'un an, ou de l'une de ces deux peines seulement.**

La vérité du fait diffamatoire, mais seulement s'il est relatif aux fonctions, pourra être établie devant le tribunal correctionnel dans les formes prévues par l'article 52 [art. 35 nouv.] de la loi du 29 juillet 1881. Les prescriptions édictées par l'article 65 de la même loi s'appliquent aux délits du présent article et de l'article qui suit.

Art. 35. – **Si un discours prononcé ou un écrit affiché ou distribué publiquement dans les lieux où s'exerce le culte, contient une provocation directe à résister à l'exécution des lois ou aux actes légaux de l'autorité publique, ou s'il tend à soulever ou à armer une partie des citoyens contre les autres, le ministre du culte qui s'en sera rendu coupable sera puni d'un emprisonnement de deux ans, sans préjudice des peines de la complicité, dans le cas où la provocation aurait été suivie d'une sédition, révolte ou guerre civile.**

Art. 36. – **Dans le cas de condamnation par les tribunaux de simple police ou de police correctionnelle en application des articles 25 et 26, 34 et 35, l'association constituée pour l'exercice du culte dans l'immeuble où l'infraction a été commise sera civilement responsable.**

TITRE VI. – DISPOSITIONS GÉNÉRALES

Art. 37 *(L. n° 92-1336, 16 déc. 1992).* – **La loi du 26 mars 1891 [C. proc. pén., art. 734 s.] est applicable à tous les cas dans lesquels la présente loi édicte des pénalités.**

Voir : C. pénal, art. 132-29.

ANNEXE 24

DÉBITS DE BOISSONS

Bibliographie : X. Pin, E. Baron, *Débits de boissons* : *JCl. Lois pénales spéciales.* • A. Decocq, *Les nouvelles restrictions à la publicité en faveur des boissons alcooliques. Loi du 10 janvier 1991* : *JCP* G 1991, I, 3501. • L. Bihl, *Le droit des débits de boissons*, Litec, 1992 ; *La réforme du Code des débits de boissons* : *Gaz. Pal.* 26-27 juin 1991. • J.-H. Robert, *Cachez ce vin que je ne saurais boire !* : *Dr. pén.*, mars 1991.

Code de la santé publique

(Ord. n° 2000-548, 15 juin 2000)

LIVRE TROISIÈME. – LUTTE CONTRE L'ALCOOLISME

TITRE II. – BOISSONS

CHAPITRE I. – CLASSIFICATION DES BOISSONS

Art. L. 3321-1. – Les boissons sont, en vue de la réglementation de leur fabrication, de leur mise en vente et de leur consommation, réparties en cinq groupes :

1° Boissons sans alcool : eaux minérales ou gazéifiées, jus de fruits ou de légumes non fermentés ou ne comportant pas, à la suite d'un début de fermentation, de traces d'alcool supérieures à 1,2 degré, limonades, sirops, infusions, lait, café, thé, chocolat ;

2° Boissons fermentées non distillées : vin, bière, cidre, poiré, hydromel, auxquelles sont joints les vins doux naturels bénéficiant du régime fiscal des vins, ainsi que les crèmes de cassis et les jus de fruits ou de légumes fermentés comportant de 1,2 à 3 degrés d'alcool ;

3° Vins doux naturels autres que ceux appartenant au groupe 2, vins de liqueur, apéritifs à base de vin et liqueurs de fraises, framboises, cassis ou cerises, ne titrant pas plus de 18 degrés d'alcool pur ;

4° Rhums, tafias, alcools provenant de la distillation des vins, cidres, poirés ou fruits, et ne supportant aucune addition d'essence ainsi que liqueurs édulcorées au moyen de sucre, de glucose ou de miel à raison de 400 grammes minimum par litre pour les liqueurs anisées et de 200 grammes minimum par litre pour les autres liqueurs et ne contenant pas plus d'un demi-gramme d'essence par litre ;

5° Toutes les autres boissons alcooliques.

CHAPITRE II. – FABRICATION ET COMMERCE DES BOISSONS

Art. L. 3322-1. – Une personne ou une entreprise, se livrant à la fabrication ou à l'importation d'une boisson alcoolique du troisième, du quatrième ou du cinquième groupe doit, préalablement à la mise en vente ou à l'offre à titre gratuit de cette boisson, effectuer en double exemplaire, à l'administration des contributions indirectes, une déclaration indiquant, avec son nom et son adresse, le nom de la boisson, sa composition et l'usage, apéritif ou digestif, auquel elle est destinée. L'un des exemplaires de cette déclaration est transmis par l'administration des contributions indirectes au ministre chargé de la santé.

Aucune modification ne peut être apportée à la composition d'une boisson déclarée ou à son mode de fabrication si elle n'a fait préalablement l'objet d'une déclaration dans les mêmes formes.

La même boisson ne peut être déclarée à la fois comme apéritif et comme digestif.

Art. L. 3322-2 *(Mod., L. n° 2005-102, 11 févr. 2005)*. – Aucune des boissons mentionnées à l'article L. 3322-1 ne peut, en France, et sur tous les territoires relevant de l'autorité française, être livrée par le fabricant ou l'importateur, détenue, transportée, mise en vente, vendue ou offerte à titre gratuit, si elle ne porte sur l'étiquette avec sa dénomination, le nom et l'adresse du fabricant ou de l'importateur, ainsi que le qualificatif de digestif ou celui d'apéritif.

Ce qualificatif doit être reproduit sur les factures et circulaires, sur les tableaux apposés dans les débits pour annoncer le prix des consommations et sur les affiches intérieures.

Il est interdit d'y joindre aucune qualification ni aucun commentaire tendant à présenter la boisson comme possédant une valeur hygiénique ou médicale.

Toutes les unités de conditionnement des boissons alcoolisées portent, dans les conditions fixées par arrêté du ministre chargé de la santé, un message à caractère sanitaire préconisant l'absence de consommation d'alcool par les femmes enceintes.

Art. L. 3322-3. – Sont interdites en France, sauf en vue de l'exportation à l'étranger, la fabrication, la détention et la circulation en vue de la vente, la mise en vente, la vente et l'offre à titre gratuit :

1° Des boissons apéritives à base de vin titrant plus de 18 degrés d'alcool acquis ;

2° Des spiritueux anisés titrant plus de 45 degrés d'alcool ;

3° Des bitters, amers, goudrons, gentianes et tous produits similaires d'une teneur en sucre inférieure à 200 grammes par litre et titrant plus de 30 degrés d'alcool.

Art. L. 3322-4. – Comme il est dit à l'article 347 du Code général des impôts, ci-après reproduit :

> **Art. 347.** – Sont prohibées la fabrication, la circulation, la détention en vue de la vente et la vente de l'absinthe et des liqueurs similaires dont les caractères sont déterminés par décret.

Art. L. 3322-5. – Il est interdit à un producteur ou fabricant d'essences pouvant servir à la fabrication des boissons alcooliques, telles que les essences d'anis, de badiane, de fenouil, d'hysope, ainsi qu'aux producteurs ou fabricants d'anéthol, de procéder à la vente ou à l'offre, à titre gratuit desdits produits à toutes personnes autres que les fabricants de boissons ayant qualité d'entrepositaires vis-à-vis de l'administration des contributions indirectes, les pharmaciens, les parfumeurs, les fabricants de produits alimentaires ou industriels et les négociants exportateurs directs.

La revente de ces produits en nature sur le marché intérieur est interdite à toutes ces catégories à l'exception des pharmaciens qui ne peuvent les délivrer que sur ordonnance médicale et doivent inscrire les prescriptions qui les concernent sur leur registre d'ordonnances.

Sans préjudice des interdictions mentionnées au 2° de l'article 1812 du Code général des impôts, sont fixées par décret pris en conseil des ministres les conditions dans lesquelles les essences mentionnées à l'alinéa premier du présent article ainsi que les essences d'absinthe et produits assimilés ou susceptibles de les suppléer, peuvent, sous quelque forme que ce soit, être importées, fabriquées, mises en circulation, détenues ou vendues.

Art. L. 3322-6. – Il est interdit aux marchands ambulants de vendre au détail, soit pour consommer sur place, soit pour emporter, des boissons des quatrième et cinquième groupes.

Art. L. 3322-7. – *(Mod., Ord. n° 2010-177, 23 févr. 2010)* Les coopératives fonctionnant sur les lieux de travail ne peuvent vendre ni à crédit, ni à un prix inférieur à celui du commerce local, les boissons comprises dans les troisième, quatrième et cinquième groupes définis par l'article L. 3321-1.

Ces coopératives ne peuvent être assorties d'une licence de débits de boissons à consommer sur place de deuxième, troisième ou quatrième catégorie.

Toute infraction dûment constatée aux dispositions du premier alinéa du présent article est sanctionnée par le retrait immédiat de la licence à emporter accordée à la coopérative en cause.

Art. L. 3322-8. – La délivrance de boissons alcooliques au moyen de distributeurs automatiques est interdite.

Art. L. 3322-9 *(Mod., L. n° 2009-879, 21 juill. 2009)*. – Il est interdit de vendre au détail à crédit, soit au verre, soit en bouteilles, des boissons des troisième, quatrième et cinquième groupes à consommer sur place ou à emporter.

Il est interdit de vendre au détail à crédit, soit au verre, soit en bouteilles, des boissons du deuxième groupe à consommer sur place.

Sauf dans le cadre de fêtes et foires traditionnelles déclarées, ou de celles, nouvelles, autorisées par le représentant de l'État dans le département dans des conditions définies par décret en Conseil d'État, ou lorsqu'il s'agit de dégustations en vue de la vente au sens de l'article 1587 du Code civil, il est interdit d'offrir gratuitement à volonté des boissons alcooliques dans un but commercial ou de les vendre à titre principal contre une somme forfaitaire.

Il est interdit de vendre des boissons alcooliques à emporter, entre 18 heures et 8 heures, dans les points de vente de carburant.

Il est interdit de vendre des boissons alcooliques réfrigérées dans les points de vente de carburant.

L'action en paiement de boissons vendues en infraction des dispositions du présent article n'est pas recevable.

Art. L. 3322-10. – Un décret détermine les conditions dans lesquelles sont réglementées les modalités de la mise en vente des spiritueux titrant plus de 30 degrés d'alcool.

Art. L. 3322-11 *(Mod., Ord. n° 2010-18, 7 janv. 2010)*. – Sont déterminées par décrets en Conseil d'État, après avis de l'Agence nationale chargée de la sécurité sanitaire de l'alimentation, de l'environnement et du travail et de l'Académie nationale de médecine :

1° Les modalités de fabrication, de détention en vue de la vente, de mise en vente et de vente de toute boisson mentionnée à l'article L. 3321-1, dans la préparation de laquelle interviennent des plantes, parties de plantes, extraits végétaux ou un autre produit d'origine végétale ;

2° La liste des substances mentionnées au 1°, les conditions de leur emploi et leur teneur maximum en produits actifs.

Il ne peut être en rien dérogé par ces textes aux dispositions établies par les décrets en Conseil d'État pris en application des articles L. 214-1, L. 215-1 et L. 215-4 du Code de la consommation.

CHAPITRE III. – PUBLICITÉ DES BOISSONS

Art. L. 3323-1 *(Mod., L. n° 2009-879, 21 juill. 2009)*. – Dans tous les débits de boissons, un étalage des boissons non alcooliques mises en vente dans l'établissement est obligatoire.

L'étalage doit comprendre au moins dix bouteilles ou récipients et présenter, dans la mesure où le débit est approvisionné, un échantillon au moins de chaque catégorie des boissons suivantes :

a) Jus de fruits, jus de légumes ;

b) Boissons au jus de fruits gazéifiées ;

c) Sodas ;

d) Limonades ;

e) Sirops ;

f) Eaux ordinaires gazéifiées artificiellement ou non ;

g) Eaux minérales gazeuses ou non.

Cet étalage, séparé de celui des autres boissons, doit être installé en évidence dans les lieux où sont servis les consommateurs.

Si le débitant propose des boissons alcooliques à prix réduits pendant une période restreinte, il doit également proposer à prix réduit les boissons non alcooliques susmentionnées.

Art. L. 3323-2. – La propagande ou la publicité, directe ou indirecte, en faveur des boissons alcooliques dont la fabrication et la vente ne sont pas interdites sont autorisées exclusivement :

1° Dans la presse écrite à l'exclusion des publications destinées à la jeunesse, définies au premier alinéa de l'article 1er de la loi n° 49-956 du 16 juillet 1949 sur les publications destinées à la jeunesse ;

2° Par voie de radiodiffusion sonore pour les catégories de radios et dans les tranches horaires déterminées par décret en Conseil d'État ;

3° Sous forme d'affiches et d'enseignes ; sous forme d'affichettes et d'objets à l'intérieur des lieux de vente à caractère spécialisé, dans des conditions définies par décret en Conseil d'État ;

4° Sous forme d'envoi par les producteurs, les fabricants, les importateurs, les négociants, les concessionnaires ou les entrepositaires, de messages, de circulaires commerciales, de catalogues et de brochures, dès lors que ces documents ne comportent que les mentions prévues à l'article L. 3323-4 et les conditions de vente des produits qu'ils proposent ;

5° Par inscription sur les véhicules utilisés pour les opérations normales de livraison des boissons, dès lors que cette inscription ne comporte que la désignation des produits ainsi que le nom et l'adresse du fabricant, des agents ou dépositaires, à l'exclusion de toute autre indication ;

6° En faveur des fêtes et foires traditionnelles consacrées à des boissons alcooliques locales et à l'intérieur de celles-ci, dans des conditions définies par décret ;

7° En faveur des musées, universités, confréries ou stages d'initiation œnologique à caractère traditionnel ainsi qu'en faveur de présentations et de dégustations, dans des conditions définies par décret ;

8° Sous forme d'offre, à titre gratuit ou onéreux, d'objets strictement réservés à la consommation de boissons contenant de l'alcool, marqués à leurs noms par les producteurs et les fabricants de ces boissons, à l'occasion de la vente directe de leurs produits aux consommateurs et aux distributeurs ou à l'occasion de la visite touristique des lieux de fabrication.

9° Sur les services de communications en ligne à l'exclusion de ceux qui, par leur caractère, leur présentation ou leur objet, apparaissent comme principalement destinés à la jeunesse, ainsi que ceux édités par des associations, sociétés et fédérations sportives ou des ligues professionnelles au sens du Code du sport, sous réserve que la propagande ou la publicité ne soit ni intrusive ni interstitielle.

Toute opération de parrainage est interdite lorsqu'elle a pour objet ou pour effet la propagande ou la publicité, directe ou indirecte, en faveur des boissons alcooliques.

Art. L. 3323-3. – Est considérée comme propagande ou publicité indirecte la propagande ou publicité en faveur d'un organisme, d'un service, d'une activité, d'un produit ou d'un article autre qu'une boisson alcoolique qui, par son graphisme, sa présentation, l'utilisation d'une dénomination, d'une marque, d'un emblème publicitaire ou d'un autre signe distinctif, rappelle une boisson alcoolique.

Toutefois, ces dispositions ne sont pas applicables à la propagande ou à la publicité en faveur d'un produit autre qu'une boisson alcoolique qui a été mis sur le marché avant le 1er janvier 1990 par une entreprise juridiquement ou financièrement distincte de toute entreprise qui fabrique, importe ou commercialise une boisson alcoolique.

Art. L. 3323-3-1 *(L. n° 2016-41, 26 janv. 2016)*. – Ne sont pas considérés comme une publicité ou une propagande, au sens du présent chapitre, les contenus, images, représentations, descriptions, commentaires ou références relatifs à une région de production, à une toponymie, à une référence ou à une indication géographique, à un terroir, à un itinéraire, à une zone de production, au savoir-faire, à l'histoire ou au patrimoine culturel, gastronomique ou paysager liés à une boisson alcoolique disposant d'une indentification de la qualité ou de l'origine, ou protégée au titre de l'article L. 665-6 du Code rural et de la pêche maritime.

Art. L. 3323-4 *(Mod., L. n° 2005-157, 23 févr. 2005)*. – La publicité autorisée pour les boissons alcooliques est limitée à l'indication du degré volumique d'alcool, de l'origine, de la dénomination, de la composition du produit, du nom et de l'adresse du fabricant, des agents et des dépositaires ainsi que du mode d'élaboration, des modalités de vente et du mode de consommation du produit.

Cette publicité peut comporter des références relatives aux terroirs de production, aux distinctions obtenues, aux appellations d'origine telles que définies à l'article L. 115-1 du Code de la consommation ou aux indications géographiques telles que définies dans les conventions et traités internationaux régulièrement ratifiés. Elle peut également comporter des références objectives relatives à la couleur et aux caractéristiques olfactives et gustatives du produit.

Le conditionnement ne peut être reproduit que s'il est conforme aux dispositions précédentes.

Toute publicité en faveur de boissons alcooliques, à l'exception des circulaires commerciales destinées aux personnes agissant à titre professionnel ou faisant l'objet d'envois nominatifs ainsi que les affichettes, tarifs,

menus ou objets à l'intérieur des lieux de vente à caractère spécialisé, doit être assortie d'un message de caractère sanitaire précisant que l'abus d'alcool est dangereux pour la santé.

Voir : notes sous article L. 3351-7, *infra*.

Art. L. 3323-5. – **Il est interdit de remettre, distribuer ou envoyer à des mineurs des prospectus, buvards, protège-cahiers ou objets quelconques nommant une boisson alcoolique, ou en vantant les mérites ou portant la marque ou le nom du fabricant d'une telle boisson.**

Art. L. 3323-6 *(L. n° 2003-709, 1er août 2003)*. – **Le ou les initiateurs d'une opération de mécénat peuvent faire connaître leur participation par la voie exclusive de mentions écrites dans les documents diffusés à l'occasion de cette opération ou libellées sur des supports disposés à titre commémoratif à l'occasion d'opérations d'enrichissement ou de restauration du patrimoine naturel ou culturel.**

TITRE III. – DÉBITS DE BOISSONS

CHAPITRE I. – LIMITATION DU NOMBRE DES DÉBITS DE BOISSONS

Art. L. 3331-1 *(Mod. à compter du 1er juin 2011, L. n° 2011-302, 22 mars 2011)*. – **Les débits de boissons à consommer sur place sont répartis en trois catégories selon l'étendue de la licence dont ils sont assortis :**

1° *(Abr. à compter du 1er juin 2011, L. n° 2011-302, 22 mars 2011)* ;

2° La licence de 2e catégorie, dite « licence de boissons fermentées », comporte l'autorisation de vendre pour consommer sur place les boissons des deux premiers groupes ;

3° La licence de 3e catégorie, dite « licence restreinte », comporte l'autorisation de vendre pour consommer sur place les boissons des trois premiers groupes ;

4° La licence de 4e catégorie dite « grande licence » ou « licence de plein exercice », comporte l'autorisation de vendre pour consommer sur place toutes les boissons dont la consommation à l'intérieur demeure autorisée, y compris celles du quatrième et du cinquième groupe.

Art. L. 3331-1-1 *(Abr. à compter du 1er juin 2011, L. n° 2011-302, 22 mars 2011)*.

Art. L. 3331-2 *(Mod. à compter du 1er juin 2011, L. n° 2011-302, 22 mars 2011)*. – **Les restaurants qui ne sont pas titulaires d'une licence de débit de boissons à consommer sur place doivent, pour vendre des boissons alcooliques, être pourvus de l'une des deux catégories de licence ci-après :**

1° La « petite licence restaurant » qui permet de vendre les boissons du deuxième groupe pour les consommer sur place, mais seulement à l'occasion des principaux repas et comme accessoires de la nourriture ;

2° La « licence restaurant » proprement dite qui permet de vendre pour consommer sur place toutes les boissons dont la consommation est autorisée, mais seulement à l'occasion des principaux repas et comme accessoires de la nourriture.

Les établissements dont il s'agit ne sont soumis ni aux interdictions mentionnées aux articles L. 3332-1 et L. 3332-2, ni à la réglementation établie en application des articles L. 3335-1, L. 3335-2 et L. 3335-8.

Art. L. 3331-3 *(Mod. à compter du 1er juin 2011, L. n° 2011-302, 22 mars 2011)*. – **Les établissements titulaires d'une licence à consommer sur place ou d'une licence de restaurant peuvent vendre pour emporter les boissons correspondant à la catégorie de leur licence.**

Les autres débits de boissons à emporter doivent, pour vendre des boissons alcooliques, être pourvus de l'une des deux catégories de licences ci-après :

1° La « petite licence à emporter » comporte l'autorisation de vendre pour emporter les boissons du deuxième groupe ;

2° La « licence à emporter » proprement dite comporte l'autorisation de vendre pour emporter toutes les boissons dont la vente est autorisée.

Art. L. 3331-4 *(Mod., L. n° 2009-879, 21 juill. 2009)*. – **La distribution de boissons par le moyen d'appareils automatiques permettant la consommation immédiate est considérée comme une vente à consommer sur place.**

Dans tous les commerces autres que les débits de boissons à consommer sur place, toute personne qui veut vendre des boissons alcooliques entre 22 heures et 8 heures doit au préalable suivre la formation prévue à l'article L. 3332-1-1.

La vente à distance est considérée comme une vente à emporter.

Art. L. 3331-5 *(Abr. à compter du 1er juin 2011, L. n° 2011-302, 22 mars 2011).*

Art. L. 3331-6 *(Mod., L. n° 2004-806, 9 août 2004).* – Le propriétaire d'un local donné à bail ne peut, nonobstant toute convention contraire, même antérieurement conclue, s'opposer à la transformation, réalisée par le locataire ou le cessionnaire du droit au bail, d'un débit de boissons de 3e ou 4e catégorie, soit en un débit *(Mots suppr. à compter du 1er juin 2011, L. n° 2011-302, 22 mars 2011)* « ... » de 2e catégorie, soit en un autre commerce, à la condition toutefois qu'il ne puisse en résulter, pour l'immeuble, ses habitants ou le voisinage, des inconvénients supérieurs à ceux découlant de l'exploitation du fonds supprimé.

L'occupant doit, avant de procéder aux modifications envisagées, informer le propriétaire, par lettre recommandée, avec demande d'avis de réception.

L'adaptation du contrat de bail aux conditions d'exploitation nouvelles est, à défaut d'accord entre les parties, effectuée dans les conditions prévues pour les baux de locaux à usage commercial.

CHAPITRE II. – OUVERTURES, MUTATIONS ET TRANSFERTS

Art. L. 3332-1-1 *(Mod., L. n° 2010-853, 23 juill. 2010 ; L. n° 2012-387, 22 mars 2012).* – Toute personne déclarant l'ouverture, la mutation, la translation ou le transfert d'un débit de boissons à consommer sur place de deuxième, troisième et quatrième catégorie ou toute personne déclarant un établissement pourvu de la « petite licence restaurant » ou de la « licence restaurant » doit suivre une formation spécifique sur les droits et obligations attachés à l'exploitation d'un débit de boissons ou d'un établissement pourvu de la « petite licence restaurant » ou de la « licence restaurant ».

Toute personne visée à l'article L. 3331-4 doit suivre une formation spécifique sur les droits et obligations attachés à la vente à emporter de boissons alcooliques entre 22 heures et 8 heures.

À l'issue de cette formation, les personnes visées à l'alinéa précédent doivent avoir une connaissance notamment des dispositions du présent code relatives à la prévention et la lutte contre l'alcoolisme, la protection des mineurs et la répression de l'ivresse publique mais aussi de la législation sur les stupéfiants, la revente de tabac, la lutte contre le bruit, les faits susceptibles d'entraîner une fermeture administrative, les principes généraux de la responsabilité civile et pénale des personnes physiques et des personnes morales et la lutte contre la discrimination.

Toutefois, pour les personnes mentionnées à l'article L. 324-4 du Code du tourisme, la formation prévue au présent article est adaptée aux conditions spécifiques de l'activité de ces personnes.

Tout organisme de formation établi sur le territoire national qui dispense les formations visées aux alinéas précédents doit être agréé par arrêté du ministre de l'Intérieur.

Les organismes de formation légalement établis dans un autre État membre de la Communauté européenne ou dans un autre État partie à l'accord sur l'Espace économique européen souhaitant dispenser ces formations à titre temporaire et occasionnel sur le territoire national sont présumés détenir cet agrément dès lors que le programme de la formation qu'ils dispensent est conforme au présent article.

Cette formation est obligatoire.

Elle donne lieu à la délivrance d'un permis d'exploitation valable dix années. À l'issue de cette période, la participation à une formation de mise à jour des connaissances permet de prolonger la validité du permis d'exploitation pour une nouvelle période de dix années.

Les modalités d'application du présent article sont fixées par décret en Conseil d'État.

Art. L. 3332-2. – L'ouverture d'un nouvel établissement de 4e catégorie est interdite en dehors des cas prévus par l'article L. 3334-1.

Art. L. 3332-3 *(Mod., L. n° 2010-177, 23 févr. 2010 ; L. n° 2017-86, 27 janv. 2017).* – Une personne qui veut ouvrir un café, un cabaret, un débit de boissons à consommer sur place *(L. n° 2011-302, 22 mars*

2011, à compter du 1er juin 2011) « et y vendre de l'alcool » est tenue de faire, quinze jours au moins à l'avance et par écrit, une déclaration indiquant :

1° Ses nom, prénoms, lieu de naissance, profession et domicile ;

2° La situation du débit ;

3° À quel titre elle doit gérer le débit et les nom, prénoms, profession et domicile du propriétaire s'il y a lieu ;

4° La catégorie du débit qu'elle se propose d'ouvrir.

5° Le permis d'exploitation attestant de sa participation à la formation visée à l'article L. 3332-1-1.

La déclaration est faite à Paris à la préfecture de police et, dans les autres communes, à la mairie ; il en est donné immédiatement récépissé.

Dans les trois jours de la déclaration, le maire de la commune où elle a été faite en transmet copie intégrale au procureur de la République ainsi qu'au représentant de l'État dans le département.

(Al. abr. à compter du 1er juin 2011, L. n° 2011-302, 22 mars 2011).

Art. L. 3332-4. – Une mutation dans la personne du propriétaire ou du gérant d'un café ou débit de boissons vendant *(Mots aj. à compter du 1er juin 2011, L. n° 2011-302, 22 mars 2011)* « de l'alcool » à consommer sur place doit faire, quinze jours au moins à l'avance et par écrit, l'objet d'une déclaration identique à celle qui est requise pour l'ouverture d'un débit nouveau. Toutefois, dans le cas de mutation par décès, la déclaration est valablement souscrite dans le délai d'un mois à compter du décès.

Cette déclaration est reçue et transmise dans les mêmes conditions.

Une translation d'un lieu à un autre doit être déclarée *(Mots rempl. à compter du 1er juin 2011, L. n° 2011-302, 22 mars 2011)* « quinze jours au moins à l'avance, dans les mêmes conditions ».

Art. L. 3332-4-1 *(En vigueur à compter du 1er juin 2011, L. n° 2011-302, 22 mars 2011).* – Une personne qui veut ouvrir un débit de boissons mentionné aux articles L. 3331-2 ou L. 3331-3 est tenue de faire, dans les conditions prévues aux premier à septième alinéas de l'article L. 3332-3, une déclaration qui est transmise au procureur de la République ainsi qu'au représentant de l'État dans le département conformément au dernier alinéa du même article. Les services de la préfecture de police ou de la mairie lui en délivrent immédiatement un récépissé qui justifie de la possession de la licence de la catégorie sollicitée.

Le permis d'exploitation mentionné au 5° de l'article L. 3332-3 n'est pas exigé lorsque la déclaration est faite par une personne qui veut ouvrir un débit de boissons mentionné à l'article L. 3331-3 sans vendre des boissons alcooliques entre 22 heures et 8 heures au sens de l'article L. 3331-4.

Une mutation dans la personne du propriétaire ou du gérant ou une modification de la situation du débit de boissons doit faire l'objet d'une déclaration identique, qui est reçue et transmise dans les mêmes conditions. Toutefois, en cas de mutation par décès, la déclaration est valablement souscrite dans le délai d'un mois à compter du décès.

Art. L. 3332-5 *(Mod., L. n° 2010-177, 23 févr. 2010).* – Les articles L. 3332-3 à L. 3332-4-1 ne sont pas applicables dans les départements du Haut-Rhin, du Bas-Rhin et de la Moselle.

Dans ces départements, l'article 33 du Code local des professions du 26 juillet 1900 reste en vigueur :

a) Pour les débits de boissons dont l'ouverture n'est pas interdite par les articles L. 3332-1 et L. 3332-2, pour les hôtelleries et pour le commerce de détail des eaux-de-vie et spiritueux ;

b) Pour le transfert ou le retrait d'autorisation des débits de boissons dont l'ouverture est interdite.

Les autorisations délivrées en vertu de l'article 33 Code local des professions ne peuvent l'être qu'à des personnes justifiant qu'elles sont françaises ou ressortissantes d'un État de l'Union européenne ou partie à l'accord sur l'Espace économique européen.

Art. L. 3332-6 *(Mod. à compter du 1er juin 2011, L. n° 2011-302, 22 mars 2011).* – Est considéré comme ouverture d'un nouveau débit de boissons, le fait de vendre des boissons alcooliques sans avoir effectué la déclaration prescrite par les articles L. 3332-3 ou L. 3332-4-1, ou la détention ou la vente des boissons d'un groupe ne correspondant pas à la catégorie de débit pour laquelle la déclaration a été faite.

Art. L. 3332-7. – N'est pas considérée comme ouverture d'un nouveau débit la translation sur le territoire d'une commune d'un débit déjà existant :

1° Si elle est effectuée par le propriétaire du fonds de commerce ou ses ayants droit et si elle n'augmente pas le nombre des débits existant dans ladite commune ;

2° Si elle n'est pas opérée dans une zone établie par application des articles L. 3335-1, L. 3335-2, L. 3335-8.

Art. L. 3332-8. – Lorsqu'un immeuble où est installé un débit de boissons a été supprimé ou affecté à une destination nouvelle, à la suite d'une expropriation pour cause d'utilité publique, ou lorsque cet immeuble a été démoli par le propriétaire, il peut être transféré sur n'importe quel point du territoire de la même commune, sous réserve des zones protégées, à savoir :

1° Dans un immeuble déjà existant, au plus tard dans les douze mois de la fermeture qui doit être spécialement déclarée à la mairie de la commune dans les départements et à la préfecture de police à Paris ;

2° Dans un immeuble nouveau, dans les trois mois de la reconstruction de cet immeuble, et au plus tard dans les deux ans de la fermeture déclarée comme il vient d'être dit.

Art. L. 3332-9 et L. 3332-10 *(Abr., L. n° 2007-1787, 20 déc. 2007).*

Art. L. 3332-11 *(L. n° 2007-1787, 20 déc. 2007 ; L. n° 2009-888, 22 juill. 2009).* – Un débit de boissons à consommer sur place exploité peut être transféré dans le département où il se situe. Les demandes d'autorisation de transfert sont soumises au représentant de l'État dans le département. Le maire de la commune où est installé le débit de boissons et le maire de la commune où celui-ci est transféré sont obligatoirement consultés. Lorsqu'une commune ne comporte qu'un débit de boissons de 4e catégorie, ce débit ne peut faire l'objet d'un transfert en application du présent article.

Par dérogation au premier alinéa et aux articles L. 3335-1 et L. 3335-8 concernant les zones de protection, les débits de boissons à consommer sur place peuvent être transférés au-delà des limites du département où ils se situent au profit d'établissements, notamment touristiques, répondant à des critères fixés par décret.

Art. L. 3332-12. – Nonobstant les dispositions de l'article L. 3332-1 et sous réserve des zones protégées, le ministre de l'Économie et des Finances peut, à la demande du ministre chargé de l'aviation civile, autoriser le transfert, sur les aérodromes civils dépourvus de débit de boissons à consommer sur place, d'un débit existant dans un rayon de 100 kilomètres, quelle que soit sa catégorie.

Il peut, dans les mêmes conditions, autoriser un transfert ayant pour objet l'exploitation d'un débit de catégorie supérieure au lieu du débit déjà exploité sur l'aérodrome.

Les débits mentionnés au présent article ne peuvent faire l'objet d'un nouveau transfert hors de l'aérodrome.

Art. L. 3332-13 *(Abr., L. n° 2004-806, 9 août 2004).*

Art. L. 3332-14 *(Abr., L. n° 2007-1787, 20 déc. 2007).*

Art. L. 3332-15 *(L. n° 2003-239, 18 mars 2003 ; L. n° 2006-396, 31 mars 2006).* – 1. La fermeture des débits de boissons et des restaurants peut être ordonnée par le représentant de l'État dans le département pour une durée n'excédant pas six mois, à la suite d'infractions aux lois et règlements relatifs à ces établissements.

Cette fermeture doit être précédée d'un avertissement qui peut, le cas échéant, s'y substituer, lorsque les faits susceptibles de justifier cette fermeture résultent d'une défaillance exceptionnelle de l'exploitant ou à laquelle il lui est aisé de remédier.

2. En cas d'atteinte à l'ordre public, à la santé, à la tranquillité ou à la moralité publiques, la fermeture peut être ordonnée par le représentant de l'État dans le département pour une durée n'excédant pas deux mois. Le représentant de l'État dans le département peut réduire la durée de cette fermeture lorsque l'exploitant s'engage à suivre la formation donnant lieu à la délivrance d'un permis d'exploitation visé à l'article L. 3332-1-1.

3. Lorsque la fermeture est motivée par des actes criminels ou délictueux prévus par les dispositions pénales en vigueur, à l'exception des infractions visées au 1, la fermeture peut être prononcée pour six mois. Dans ce cas, la fermeture entraîne l'annulation du permis d'exploitation visé à l'article L. 3332-1-1.

4. Les crimes et délits ou les atteintes à l'ordre public pouvant justifier les fermetures prévues au 2 et au 3 doivent être en relation avec la fréquentation de l'établissement ou ses conditions d'exploitation.

5. Les mesures prises en application du présent article sont soumises aux dispositions de la loi n° 79-587 du 11 juillet 1979 relative à la motivation des actes administratifs et à l'amélioration des relations entre l'administration et le public ainsi qu'aux dispositions de la loi n° 2000-321 du 12 avril 2000 relative aux droits des citoyens dans leurs relations avec les administrations.

6. À Paris, les compétences dévolues au représentant de l'État dans le département par le présent article sont exercées par le préfet de police.

Art. L. 3332-16 *(L. n° 2003-239, 18 mars 2003)*. – Le ministre de l'Intérieur peut, dans les cas prévus au 1 et au 3 de l'article L. 3332-15, prononcer la fermeture de ces établissements pour une durée allant de trois mois à un an.

Le cas échéant, la durée de la fermeture prononcée par le représentant de l'État dans le département s'impute sur celle de la fermeture prononcée par le ministre.

Art. L. 3332-17. – Les pouvoirs dévolus au ministre de l'Intérieur par l'article L. 3332-16 sont exercés par le ministre chargé de l'outre-mer dans la collectivité territoriale de Saint-Pierre-et-Miquelon.

CHAPITRE III. – PÉREMPTION DES LICENCES

Art. L. 3333-1. – Un débit de boissons de 2e, de 3e et de 4e catégorie qui a cessé d'exister depuis plus de trois ans est considéré comme supprimé et ne peut plus être transmis.

Toutefois, en cas de liquidation judiciaire, le délai de trois ans est étendu, s'il y a lieu, jusqu'à clôture des opérations.

De même le délai de trois ans est suspendu pendant la durée d'une fermeture provisoire prononcée par l'autorité judiciaire ou administrative.

Lorsqu'une décision de justice a prononcé la fermeture définitive d'un débit de boissons, la licence de l'établissement est annulée.

Art. L. 3333-2. – Un établissement ayant cessé d'être exploité par suite :

1° De l'appel ou de la mobilisation de son propriétaire dans les armées françaises ou alliées, de son départ à destination d'un pays allié ;

2° De sa réquisition ;

3° D'une impossibilité absolue d'exploiter résultant des mesures générales d'interdiction ou d'évacuation, peut être rouvert dans le délai d'un an à compter de la cessation de l'état de droit ou de fait ayant entraîné la suspension de l'exploitation.

Art. L. 3333-3. – Les débits de boissons détruits par les événements de guerre peuvent, à l'intérieur de la même commune et sous réserve des zones protégées, être rouverts ou transférés sur un emplacement autre que celui de l'immeuble primitif ou de substitution, dans les six mois qui suivent la réédification définitive de l'immeuble primitif quel que soit son emplacement.

Les mêmes débits de boissons réinstallés provisoirement, notamment dans des immeubles susceptibles d'être soumis aux obligations du remembrement ou de la reconstruction, peuvent être déplacés à l'intérieur de la même commune tant que l'immeuble dans lequel doit s'effectuer le transfert n'est pas édifié.

CHAPITRE IV. – DÉBITS TEMPORAIRES

Art. L. 3334-1. – Par dérogation aux dispositions des articles L. 3332-2 et L. 3332-3, l'ouverture, par des personnes ou sociétés de nationalité française ou étrangère, de débits de boissons de toute nature à consommer sur place est autorisée dans l'enceinte des expositions ou des foires organisées par l'État, les collectivités publiques ou les associations reconnues comme établissements d'utilité publique pendant la durée des manifestations.

Chaque ouverture est subordonnée à l'avis conforme du commissaire général de l'exposition ou de la foire ou de toute personne ayant même qualité. L'avis est annexé à la déclaration souscrite à la mairie ou à la préfecture de police à Paris, et à la recette buraliste des contributions indirectes.

Art. L. 3334-2 *(Rempl., L. fin. n° 2000-1352, 30 déc. 2000)*. – Les personnes qui, à l'occasion d'une foire, d'une vente ou d'une fête publique, établissent des cafés ou débits de boissons ne sont pas tenues à la déclaration prescrite par l'article L. 3332-3, mais doivent obtenir l'autorisation de l'autorité municipale.

Les associations qui établissent des cafés ou débits de boissons pour la durée des manifestations publiques qu'elles organisent ne sont pas tenues à la déclaration prescrite par l'article L. 3332-3 mais doivent obtenir l'autorisation de l'autorité municipale dans la limite de cinq autorisations annuelles pour chaque association.

Dans les débits et cafés ouverts dans de telles conditions, il ne peut être vendu ou offert, sous quelque forme que ce soit, que des boissons des deux premiers groupes définis à l'article L. 3321-1.

Dans les départements de la Guadeloupe, de la Guyane et de la Martinique, le représentant de l'État dans le département peut autoriser, par voie d'arrêté, la vente des boissons de quatrième groupe, dont la consommation y est traditionnelle, dans la limite maximum de quatre jours par an.

CHAPITRE V. – ZONES PROTÉGÉES

Art. L. 3335-1 *(Mod., L. n° 2007-1787, 20 déc. 2007).* – Le représentant de l'État dans le département peut prendre des arrêtés pour déterminer sans préjudice des droits acquis, les distances auxquelles les débits de boissons à consommer sur place ne peuvent être établis autour des édifices et établissements suivants dont l'énumération est limitative :

1° Édifices consacrés à un culte quelconque ;

2° Cimetières ;

3° Établissements de santé, maisons de retraite et tous établissements publics ou privés de prévention, de cure et de soins comportant hospitalisation ainsi que les dispensaires départementaux ;

4° Établissements d'instruction publique et établissements scolaires privés ainsi que tous établissements de formation ou de loisirs de la jeunesse ;

5° Stades, piscines, terrains de sport publics ou privés ;

6° Établissements pénitentiaires ;

7° Casernes, camps, arsenaux et tous bâtiments occupés par le personnel des armées de terre, de mer et de l'air ;

8° Bâtiments affectés au fonctionnement des entreprises publiques de transport.

Ces distances sont calculées selon la ligne droite au sol reliant les accès les plus rapprochés de l'établissement protégé et du débit de boissons ; d'autre part. Dans ce calcul, la dénivellation en dessus et au-dessous du sol, selon que le débit est installé dans un édifice en hauteur ou dans une infrastructure en sous-sol, doit être prise en ligne de compte.

L'intérieur des édifices et établissements en cause est compris dans les zones de protection ainsi déterminées.

Les arrêtés du représentant de l'État dans le département prévus par le présent article interviennent obligatoirement pour les édifices mentionnés aux 3° et 5°.

L'existence de débits de boissons à consommer sur place régulièrement installés ne peut être remise en cause pour des motifs tirés du présent article.

Dans les communes où il existe au plus un débit de boissons à consommer sur place, le représentant de l'État dans le département peut autoriser, après avis du maire, l'installation d'un débit de boissons à consommer sur place dans les zones faisant l'objet des dispositions du présent article lorsque les nécessités touristiques ou d'animation locale le justifient.

Art. L. 3335-2 et L. 3335-3 *(Abr., L. n° 2007-1787, 20 déc. 2007).*

Art. L. 3335-4 *(Mod., L. n° 2009-888, 22 juill. 2009).* – La vente et la distribution de boissons des groupes 2 à 5 définis à l'article L. 3321-1 est interdite dans les stades, dans les salles d'éducation physique, les gymnases et d'une manière générale, dans tous les établissements d'activités physiques et sportives.

Des dérogations peuvent être accordées par arrêté des ministres chargés de la santé et du tourisme pour des installations qui sont situées dans des établissements classés hôtels de tourisme ou dans des restaurants.

Sous réserve des décisions de justice passées en force de chose jugée, le maire peut, par arrêté, et dans les conditions fixées par décret, accorder des autorisations dérogatoires temporaires, d'une durée de quarante-huit heures au plus, à l'interdiction de vente à consommer sur place ou à emporter et de distribution des boissons des deuxième et troisième groupes sur les stades, dans les salles d'éducation physique, les gymnases et les établissements d'activités physiques et sportives définies par la loi n° 84-610 du 16 juillet 1984 relative à l'organisation et à la promotion des activités physiques et sportives, en faveur :

a) Des groupements sportifs agréés dans les conditions prévues par la loi n° 84-610 du 16 juillet 1984 précitée et dans la limite des dix autorisations annuelles pour chacun desdits groupements qui en fait la demande ;

b) Des organisateurs de manifestations à caractère agricole dans la limite de deux autorisations annuelles par commune ;

c) Des organisateurs de manifestations à caractère touristique dans la limite de quatre autorisations annuelles, au bénéfice des stations classées et des communes touristiques relevant de la section 2 du chapitre III du titre III du livre Ier du Code du tourisme.

Art. L. 3335-5 à L. 3335-7 *(Abr., L. n° 2007-1787, 20 déc. 2007).*

Art. L. 3335-8. – Le représentant de l'État dans le département peut prendre des arrêtés pour déterminer, sans préjudice des droits acquis, des zones de protection de même nature que celles définies à l'article L. 3335-1 pour des entreprises industrielles ou commerciales, en raison notamment de l'importance de l'effectif des salariés, ou des conditions de travail de ces derniers.

Ces arrêtés interviennent obligatoirement en ce qui concerne les entreprises groupant habituellement plus de mille salariés.

Art. L. 3335-9 *(Abr., Ord. n° 2010-177, 23 févr. 2010).*

Art. L. 3335-10 *(Abr. à compter du 1er juin 2011, L. n° 2011-302, 22 mars 2011).*

Art. L. 3335-11. – Les personnes qui, sous le couvert d'associations, vendent des boissons à consommer sur place, sont soumises à la réglementation administrative des débits de boissons dans les conditions fixées par l'article 1655 du Code général des impôts.

CHAPITRE VI. – EXPLOITATION

Art. L. 3336-1. – Les mineurs non émancipés et les majeurs sous tutelle ne peuvent exercer par eux-mêmes la profession de débitant de boissons.

Art. L. 3336-2. – Ne peuvent exploiter des débits de boissons à consommer sur place :

1° Les personnes condamnées pour crime de droit commun ou l'un des délits prévu aux articles 225-5, 225-6, 225-7 et 225-10 du Code pénal ;

2° Ceux qui ont été condamnés à un mois au moins d'emprisonnement pour vol, escroquerie, abus de confiance, recel filouterie, recel de malfaiteurs, outrage public à la pudeur, tenue d'une maison de jeux, prise de paris clandestins sur les courses de chevaux, vente de marchandises falsifiées ou nuisibles à la santé, infraction aux dispositions législatives ou réglementaires en matière de stupéfiants ou pour récidive de coups et blessures et d'ivresse publique.

L'incapacité est perpétuelle à l'égard de toutes les personnes mentionnées au 1°. Elle cesse cinq ans après leur condamnation à l'égard de ceux mentionnés au 2°, si pendant ces cinq années elles n'ont encouru aucune condamnation correctionnelle à l'emprisonnement. L'incapacité cesse en cas de réhabilitation.

L'incapacité prévue au présent article peut être prononcée contre les personnes condamnées pour le délit prévu à l'article 227-22 du Code pénal.

Lorsqu'un débit de boissons est susceptible d'être fermé à la suite d'une infraction de son gérant, le propriétaire doit être cité devant le tribunal s'il n'est pas le prévenu. Cependant, le nouveau propriétaire ou le nouveau gérant ne peuvent se prévaloir des changements survenus dans la propriété ou la gestion du fonds entre l'infraction et les poursuites (■ Cass. crim., 4 oct. 2003 : *Dr. pénal* 2004, comm. 7, obs. J.-H. Robert).

Art. L. 3336-3. – Les mêmes condamnations, lorsqu'elles sont prononcées contre un débitant de boissons à consommer sur place, entraînent de plein droit contre lui et pendant le même délai, l'interdiction d'exploiter un débit, à partir du jour où lesdites condamnations sont devenues définitives. Ce débitant ne peut être employé,

à quelque titre que ce soit, dans l'établissement qu'il exploitait, comme au service de celui auquel il a vendu ou loué, ou par qui il fait gérer ledit établissement, ni dans l'établissement qui est exploité par son conjoint même séparé.

QPC. Par décision du 20 mai 2011, n° 2011-132 QPC : *JO* 20 mai 2011, p. 8891, le Conseil constitutionnel a déclaré conformes à la constitution les articles L. 3336-2 et L. 3336-3 du Code de la santé publique (*D.* 2011, act. p. 1487 ; *JCP* G 2011, note 642, S. Detraz ; *Dr. pén.* 2011, comm. 94, obs. J.-H. Robert). – Non-lieu à renvoi au Conseil Constitutionnel (■ Cass. crim., 30 avr. 2014, n° 14-81.087 : *Dr. pén.* 2014, comm. 107, obs. J.-H. Robert).

Art. L. 3336-4. – Il est interdit d'employer ou de recevoir en stage des mineurs dans les débits de boissons à consommer sur place, à l'exception du conjoint du débitant et de ses parents ou alliés jusqu'au quatrième degré inclusivement.

Dans les débits de boissons ayant fait l'objet d'un agrément, cette interdiction ne s'applique pas aux mineurs de plus de seize ans bénéficiaires d'une formation comportant une ou plusieurs périodes accomplies en entreprise leur permettant d'acquérir une qualification professionnelle sanctionnée par un diplôme ou un titre homologué dans les conditions prévues aux articles L. 335-5 et L. 335-6 du Code de l'éducation.

L'agrément est accordé, refusé, non renouvelé ou retiré dans des conditions fixées par décret en Conseil d'État.

TITRE IV. – RÉPRESSION DE L'IVRESSE PUBLIQUE ET PROTECTION DES MINEURS

CHAPITRE I. – RÉPRESSION DE L'IVRESSE PUBLIQUE

Art. L. 3341-1 ***(L. n° 2011-392, 14 avr. 2011).*** **– Une personne trouvée en état d'ivresse dans les lieux publics est, par mesure de police, conduite à ses frais dans le local de police ou de gendarmerie le plus voisin ou dans une chambre de sûreté, pour y être retenue jusqu'à ce qu'elle ait recouvré la raison.**

Lorsqu'il n'est pas nécessaire de procéder à l'audition de la personne mentionnée au premier alinéa immédiatement après qu'elle a recouvré la raison, elle peut, par dérogation au même premier alinéa, être placée par un officier ou un agent de police judiciaire sous la responsabilité d'une personne qui se porte garante d'elle.

1) QPC. Sous la réserve énoncée au considérant 9 (suivant lequel, lorsque la personne est placée en garde à vue après avoir fait l'objet d'une mesure de privation de liberté en application du premier alinéa de l'article L. 3341-1 du Code de la santé publique, la protection constitutionnelle de la liberté individuelle par l'autorité judiciaire exige que la durée du placement en chambre de sûreté, qui soit être consignée dans tous les cas par les agents de la police ou de la gendarmerie nationales, soit prise en compte dans la durée de la garde à vue), l'article L. 3341-1 du Code de la santé publique est conforme à la Constitution (■ Cons. const., déc. 8 juin 2012, n° 2012-253 QPC : *JO* 9 juin 2012, p. 9796 ; *Dr. pénal* 2012, comm. 121, obs. J.-H. Robert).

2) Le prévenu poursuivi devant la juridiction de proximité pour contravention d'ivresse publique et manifeste ne saurait se faire un grief de ce que cette juridiction ait rejeté l'exception de nullité par lui présentée et prise de la durée, excessive selon lui, de son placement en chambre de dégrisement, dès lors qu'un tel placement, ordonné tant pour la protection de la personne concernée que pour la préservation de l'ordre public, est une mesure de police administrative relevant, pour les litiges survenant à l'occasion de son exécution, de la seule compétence des juridictions de l'ordre administratif (■ Cass. crim., 8 janv. 2013, n° 12-80.465 : *Bull. crim.*, n° 8 ; *Dr. pénal* 2013, comm. 43, obs. J.-H. Robert).

Art. L. 3341-2 ***(Abr., L. n° 2009-879, 21 juill. 2009 puis rétabli dans la version suivante à compter du 1er juin 2011, L. n° 2011-392, 14 avr. 2011).*** **– Lorsqu'il est mis fin à la rétention en chambre de sûreté de la personne, son placement en garde à vue, si les conditions de cette mesure prévues par le Code de procédure pénale sont réunies, n'est pas obligatoire dès lors qu'elle n'est pas tenue sous la contrainte de demeurer à la disposition des enquêteurs et qu'elle a été informée qu'elle peut à tout moment quitter les locaux de police ou de gendarmerie.**

Art. L. 3341-3. – Les affiches sont revêtues d'une marque extérieure et mises à la disposition des débitants de boissons.

Art. L. 3341-4 *(L. n° 2011-267, 14 mars 2011).* – Dans les débits de boissons à consommer sur place dont la fermeture intervient entre 2 heures et 7 heures, un ou plusieurs dispositifs permettant le dépistage de l'imprégnation alcoolique doivent être mis à la disposition du public.

Les modalités d'application du présent article en ce qui concerne notamment le délai de mise à disposition, le nombre des dispositifs et leurs caractéristiques techniques sont fixées par arrêté conjoint des ministres chargés des transports, de l'intérieur et de la santé.

CHAPITRE II. – PROTECTION DES MINEURS

Art. L. 3342-1 *(Mod., L. n° 2009-879, 21 juill. 2009 ; L. n° 2016-41, 26 janv. 2016).* – La vente des boissons alcooliques à des mineurs est interdite. L'offre de ces boissons à titre gratuit à des mineurs est également interdite dans les débits de boissons et tous commerces ou lieux publics. La personne qui délivre la boisson exige du client qu'il établisse la preuve de sa majorité.

« L'offre, à titre gratuit ou onéreux, à un mineur de tout objet incitant directement à la consommation excessive d'alcool est également interdite. Un décret en Conseil d'État fixe les types et les caractéristiques de ces objets. »

Art. L. 3342-2 *(Abr., L. n° 2009-879, 21 juill. 2009).*

Art. L. 3342-3. – Il est interdit de recevoir dans les débits de boissons des mineurs de moins de seize ans qui ne sont pas accompagnés de leur père, mère, tuteur ou toute autre personne de plus de dix-huit ans en ayant la charge ou la surveillance.

Toutefois, les mineurs de plus de treize ans, même non accompagnés, peuvent être reçus dans les débits de boissons assortis d'une licence de 1re catégorie.

Art. L. 3342-4 *(L. n° 2009-879, 21 juill. 2009).* – Une affiche rappelant les dispositions du présent titre est apposée dans les débits de boissons à consommer sur place. Un modèle spécifique doit être apposé dans les débits de boissons à emporter. Les modèles et les lieux d'apposition de ces affiches sont déterminés par arrêté du ministre chargé de la santé.

TITRE V. – DISPOSITIONS PÉNALES

CHAPITRE I. – BOISSONS

Art. L. 3351-1. – La mise en circulation ou la vente, pour un fabricant ou importateur de boissons alcooliques, en France ou sur un territoire soumis à l'autorité française, des boissons de troisième, quatrième ou cinquième groupe sans avoir fait la déclaration prévue à l'article L. 3322-1, est punie de 6 000 € d'amende.

La même peine est applicable aux importateurs et fabricants qui livrent lesdites boissons à la circulation ou à la vente sous des conditionnements non revêtus des indications imposées par l'article L. 3322-2 ou qui font figurer sur ces conditionnements les qualifications interdites par ledit article.

Art. L. 3351-2. – L'importation ou la fabrication, l'achat, la détention ou la mise en circulation en vue de la vente, la mise en vente, la vente ou l'offre à titre gratuit des boissons interdites par l'article L. 3322-3 (1° et 3°) est punie de 9 000 € d'amende.

Toutefois, la vente ou l'offre au détail n'est punie que de 3 750 € d'amende.

Dans tous les cas, la confiscation des produits interdits ou illicites est prononcée.

Les dispositions des alinéas précédents ne s'appliquent pas aux opérations mentionnées, lorsqu'elles sont effectuées en vue de l'exportation.

Art. L. 3351-3. – L'offre à titre gratuit ou la vente par un producteur ou un fabricant, à toute autre personne que celles autorisées par l'article L. 3322-5, d'anéthol ou d'essences pouvant servir à la fabrication de boissons alcooliques, est punie de 3 750 € d'amende.

Le fait pour toute personne autorisée par l'article L. 3322-5 à acheter ces produits, de les revendre sur le marché intérieur, contrairement aux dispositions de cet article, est puni de 3 750 € d'amende.

Le fait pour un pharmacien de délivrer ces produits sans ordonnance médicale, est puni de 3 750 € d'amende.

Art. L. 3351-4. – *(Mod., Ord. n° 2005-1512, 7 déc. 2005).* – Le fait de passer outre les interdictions énoncées à l'article L. 3322-5 est puni de six mois d'emprisonnement et de 3 750 € d'amende.

En outre, le tribunal prononce la confiscation des marchandises et des moyens de transport et la fermeture définitive de l'établissement.

Les infractions sont poursuivies et constatées comme en matière de contributions indirectes.

Art. L. 3351-5. – La vente au détail par un marchand ambulant de boissons des quatrième et cinquième groupes est punie de 3 750 € d'amende.

Art. L. 3351-6 *(Mod., L. n° 2009-526, 12 mai 2009 ; L. n° 2009-879, 21 juill. 2009)*. – La mise à disposition du public d'un appareil automatique distribuant des boissons alcooliques est punie de 3 750 € d'amende.

L'appareil ayant servi à commettre l'infraction est saisi et le tribunal en prononce la confiscation.

En cas de récidive, un emprisonnement de six mois peut en outre être prononcé.

Le fait de vendre des boissons alcooliques entre 22 heures et 8 heures sans avoir suivi la formation prévue à l'article L. 3332-1-1 est puni de 3 750 € d'amende.

Art. L. 3351-6-1 *(L. n° 2009-879, 21 juill. 2009)*. – Le fait de vendre des boissons alcooliques dans un point de vente de carburant en dehors des horaires prévus au quatrième alinéa de l'article L. 3322-9 ou d'y vendre des boissons alcooliques réfrigérées est puni de 7 500 € d'amende. La récidive est punie d'un an d'emprisonnement et de 15 000 € d'amende.

Les personnes morales coupables de l'infraction mentionnée au premier alinéa du présent article encourent les peines complémentaires prévues aux 2°, 4°, 8° et 9° de l'article 131-39 du Code pénal.

Art. L. 3351-6-2 *(L. n° 2009-879, 21 juill. 2009)*. – Sauf lorsqu'elles sont déclarées ou autorisées dans les conditions prévues à l'article L. 3322-9, ou lorsqu'il s'agit de dégustations en vue de la vente au sens de l'article 1587 du Code civil, l'offre à titre gratuit à volonté, dans un but commercial, de boissons alcooliques ainsi que leur vente à titre principal contre une somme forfaitaire sont punies de 7 500 € d'amende. La récidive est punie d'un an d'emprisonnement et de 15 000 € d'amende.

Les personnes physiques coupables de l'infraction mentionnée au premier alinéa du présent article encourent également la peine complémentaire d'interdiction à titre temporaire d'exercer les droits attachés à une licence de débit de boissons à consommer sur place ou à emporter pour une durée d'un an au plus.

Les personnes morales coupables de l'infraction mentionnée au premier alinéa du présent article encourent les peines complémentaires prévues aux 2° 4° 8° et 9° de l'article 131-39 du Code pénal.

Art. L. 3351-7. – Les infractions aux dispositions des articles L. 3323-2, L. 3323-4 à L. 3323-6, relatifs à la publicité des boissons alcooliques, sont punies de 75 000 € d'amende. Le maximum de l'amende peut être porté à 50 % du montant des dépenses consacrées à l'opération illégale.

En cas de récidive, les personnes physiques reconnues coupables de l'infraction mentionnée à l'alinéa précédent peuvent encourir la peine complémentaire d'interdiction, pendant une durée de cinq ans, de vente de la boisson alcoolique qui a fait l'objet de l'opération illégale.

Le tribunal peut, compte tenu des circonstances de fait, décider que les personnes morales sont en totalité ou en partie solidairement responsables du paiement des amendes mises à la charge de leurs dirigeants ou de leurs préposés.

Le tribunal ordonne, s'il y a lieu, la suppression, l'enlèvement ou la confiscation de la publicité interdite aux frais des délinquants.

La cessation de la publicité peut être ordonnée soit sur réquisition du ministère public, soit d'office par le juge d'instruction ou le tribunal saisi des poursuites. La mesure ainsi prise est exécutoire nonobstant toutes voies de recours. Mainlevée peut en être donnée par la juridiction qui l'a ordonnée ou qui est saisie du dossier. La mesure cesse d'avoir effet en cas de décision de non-lieu ou de relaxe.

Les décisions statuant sur les demandes de mainlevée peuvent faire l'objet d'un recours devant la chambre d'accusation ou devant la cour d'appel selon qu'elles ont été prononcées par un juge d'instruction ou par le tribunal saisi des poursuites.

La chambre de l'instruction ou la cour d'appel statue dans un délai de dix jours à compter de la réception des pièces.

1) On entend par publicité illicite au sens des articles L. 3323-2, L. 3323-3 et L. 3351-7 du Code de la santé publique, tout acte en faveur d'un organisme, d'un service, d'une activité, d'un produit ou d'un article ayant pour effet, quelle qu'en soit la finalité, de rappeler une boisson alcoolique sans satisfaire aux exigences de l'article L. 3323-4 du même code ; il s'ensuit que doit être considérée comme une publicité illicite la publication, dans une revue, d'une photographie d'un pilote de course automobile qui, sans respecter les prescriptions de l'article L. 3323-4, laisse apparaître de façon valorisante le nom, la marque, le logo et les bouteilles contenant des boissons alcooliques (■ Cass. crim., 3 nov. 2004 : *Bull. crim.*, n° 268 ; *Dr. pénal* 2005, comm. 26, obs. J.-H. Robert).

2) Justifie sa décision la cour d'appel qui, pour condamner les prévenus du chef de publicité illicite en faveur de boissons alcooliques, relève que les affiches litigieuses présentent d'une part le torse nu d'un homme musclé portant un kilt relevé en partie pour porter des bûches, la photographie étant coupée au niveau du cou et des cuisses, avec la légende « Gordon Mc Dougall, responsable de la réparation des fûts chez William Lawson's », d'autre part la photographie en contre-plongée d'une partie des jambes d'un homme en kilt et chaussettes écossaises, avec la légende « Duncan Mackie, responsable du vieillissement chez William Lawson's, déplace les fûts », les deux affiches comportant la représentation d'une bouteille de whisky et le slogan Q William Lawson's, trop Ecossais pour vous ? », les juges énonçant que l'image et le slogan, qui font expressément référence à la virilité de l'Ecossais, en relation avec l'alcool, ne se rattachent pas à l'une des informations limitativement énumérées par l'article L. 3323-4 du Code de la santé publique (■ Cass. crim., 29 nov. 2005 : *Bull. crim.*, n° 312, arrêt n° 1 ; *Dr. pénal* 2006, comm. 40, obs. J.-H. Robert ; *RTD comm. et Dr. économique* 2006, p. 501, note B. Bouloe).

3) Méconnaît les dispositions de l'article L. 3323-4 du Code de la santé publique la cour d'appel qui retient que les éléments décoratifs d'affiches en faveur d'une boisson alcoolique et les taches lumineuses qui y figurent, même si elles évoquent le monde de la nuit, font référence aux établissements dépositaires de la boisson présentée, alors qu'il résulte de ses propres constatations que le décor des affiches publicitaires montrait des éléments destinés à donner de la boisson concernée une image liée à la séduction exercée par les établissements de nuit où elle peut être consommée, éléments étrangers à la stricte indication des noms des dépositaires de ladite boisson (■ Cass. crim., 29 nov. 2005 : *Bull. crim.*, n° 312, arrêt n° 2 et comm. cité *supra*).

4) Ne justifie pas sa décision la cour d'appel qui relaxe des prévenus du chef de publicité illicite en faveur d'une boisson alcoolique, alors qu'il résulte des propres constatations de son arrêt que le décor des affiches publicitaires constituait une mise en scène destinée à valoriser le whisky de marque Jameson, en associant des éléments destinés à lui donner une image séduisante liée à l'Irlande et ses traditions, associée au thème du voyage et à l'ancienneté de ses méthodes de fabrication, éléments étrangers à la stricte indication de l'origine du produit, de sa composition et de son mode d'élaboration (■ Cass. crim., 19 déc. 2006 : *Bull. crim.*, n° 321 ; *Dr. pénal* 2007, comm. 40, obs J.-H. Robert ; *Rev. sc. crim.* 2007, p. 557, obs. J. Francillon).

– Dans cette même affaire, l'arrêt de relaxe de la cour d'appel de renvoi a été censuré par la chambre criminelle car « en se déterminant ainsi, sans rechercher si la publicité incriminée ne dépassait pas les limites des indications prévues par l'article L. 3323-4 du Code de la santé publique en dépit de la modification de ce texte par la loi du 23 février 2005, sur les effets de laquelle elle ne s'est pas expliquée, la cour d'appel n'a pas justifié sa décision » (■ Cass. crim., 26 janv. 2010 : *Dr. pénal* 2010, comm. 49, obs. J.-H. Robert).

5) Jugé que la cour d'appel du second renvoi a justifié sa décision de relaxe en retenant que la publicité pour les boissons alcooliques, telle que réglementée par l'article L. 3323-4 du Code de la santé publique, modifiée par la loi n° 2005-157 du 23 février 2005, n'interdit pas le recours, sur une affiche, à un fond attrayant ; que les trois affiches litigieuses surmontées, en lettres capitales jaunes et blanches sur fond noir, de l'inscription « Jameson l'Irlandais », si elles comportent une part de fiction, ne contiennent cependant pas d'éléments illicites ; que le fait que l'illustrateur de la bande dessinée Blake et Mortimer en soit l'auteur ne permet pas de créer un lien automatique entre elles et l'attirance de ses bandes dessinées sur un certain public, ni qu'il s'agisse d'une bande dessinée destinée à séduire de jeunes adultes ; que les affiches ne contiennent ni évocation d'ambiance incitant à la consommation ni exaltation de qualités ou de vertus ; qu'elles ne font pas appel au sentiment de bonheur ni ne jouent sur le registre de la convivialité ; qu'elles évoquent seulement le monde artisanal dans lequel est né le produit et les soins qui ont été apportés à sa fabrication, dès sa création, tous éléments se rapportant à l'origine et au mode d'élaboration du produit visés par la loi ; que la première affiche ne comporte pas d'élément accréditant l'idée de voyage ou d'aventures lointaines, mais des références à l'origine ou au terroir de production du produit ; que la deuxième affiche constitue une référence licite à l'origine et au terroir de production, mais aussi au mode d'élaboration du produit et à sa couleur ; que la troisième présente la phase de contrôle de la maturation du produit dans sa réalité objective (■ Cass. crim., 15 mai 2012, n° 11-83.686 : *JurisData* n° 2012-010116 ; *Dr. pénal* 2012, comm. 103, obs. J.-H. Robert).

6) Justifie sa décision la cour d'appel qui, pour dire les éléments constitutifs du délit de publicité illicite en faveur de boissons alcooliques réunis, retient notamment que les éléments décoratifs d'affiches publicitaires qui associent une marque de vodka et le nom ou les références visuelles des établissements de nuit où celle-ci peut être consommée, ont été combinés dans une création esthétique destinée à donner de cet alcool une image liée à la séduction exercée par lesdits établissements, et que ces éléments sont étrangers aux strictes mentions autorisées par l'article L. 3323-4 du Code de la santé publique (■ Cass. crim., 14 mai 2008 : *Bull. crim.*, n° 117 ; *Dr. pénal* 2008, comm. 128, obs. J.-H. Robert).

7) La publicité sous forme d'affichettes et d'objets, à l'intérieur des lieux de vente à caractère spécialisé tels que les débits de boissons temporaires, n'est permise par l'article L. 3323-2 du Code de la santé publique qu'en faveur des boissons que ces établissements sont autorisés à offrir au public (■ Cass. crim., 19 déc. 2006 : *Bull. crim.*, n° 322 ; *Rev. sc. crim.* 2007, p. 557, obs. J. Francillon).

Art. L. 3351-8 ***(L. n° 2007-1774, 17 déc. 2007 ; mod., L. n° 2009-879, 21 juill. 2009 ; L. n° 2011-525, 17 mai 2011 ; Ord. n° 2016-301, 14 mars 2016).*** **– Les agents habilités de la concurrence, de la consommation et de la répression des fraudes veillent au respect des articles L. 3322-2, L. 3323-2, L. 3323-4 et L. 3323-6 ainsi que des règlements pris pour leur application. Ils procèdent à la recherche et à la constatation des infractions ou manquements prévus par ces textes dans les conditions prévues à l'article L. 511-5 du Code de la consommation.**

CHAPITRE II. – DÉBITS DE BOISSONS

Art. L. 3352-1. – Est puni de 3 750 € d'amende le fait d'ouvrir :

1° Sous réserve des dispositions prévues à l'article L. 3335-11, un débit de boissons à consommer sur place de 2e ou de 3e catégorie dans les communes où le total des établissements de cette nature et des établissements de 4e catégorie atteint ou dépasse la proportion d'un débit pour 450 habitants, ou fraction de ce nombre, selon les modalités de calcul prévues à l'article L. 3332-1.

Toutefois, ceci ne s'applique pas aux établissements dont l'ouverture intervient à la suite d'un transfert réalisé dans les conditions fixées par l'article L. 3332-11 ;

2° Un nouvel établissement de 4e catégorie, en dehors des cas prévus par l'article L. 3334-1.

Art. L. 3352-2. – L'ouverture d'un débit de boissons à consommer sur place de 3e ou de 4e catégorie, en dehors des conditions prévues par le présent titre, est punie de 3 750 € d'amende.

La fermeture du débit est prononcée par le jugement.

QPC. Par décision n° 2015-493 QPC du 16 octobre 2015, le Conseil constitutionnel a décidé que les dispositions du second alinéa de l'article L. 3352-2 du Code de la santé publique qui ne sont contraires à aucun autre droit ou liberté que la Constitution garantit, doivent être déclarées conformes à la Constitution.

Art. L. 3352-3. – Est punie de 3 750 € d'amende l'ouverture d'un café, d'un cabaret, d'un débit de boissons à consommer sur place ***(Mots aj. à compter du 1er juin 2011, L. n° 2011-302, 22 mars 2011)*** **« , vendant de l'alcool » :**

1° Sans faire quinze jours au moins à l'avance et par écrit la déclaration prévue à l'article L. 3332-3 ;

2° ***(Mod., Ord. n° 2010-177, 23 févr. 2010)*** **Sans justifier de la nationalité française ou de celle d'un autre État membre de l'Union européenne ou d'un autre État partie à l'accord sur l'Espace économique européen.**

Art. L. 3352-4. – Est puni de 3 750 € d'amende le fait :

1° De procéder à une mutation dans la personne du propriétaire ou du gérant d'un café ou d'un débit de boissons vendant à consommer sur place sans que celle-ci ne soit, quinze jours au moins à l'avance et par écrit, l'objet d'une déclaration identique à celle requise pour l'ouverture d'un débit nouveau selon les dispositions de l'article L. 3332-4 ;

2° De ne pas déclarer « quinze jours au moins à l'avance, dans les mêmes conditions qu'au 1°, » toute translation.

Art. L. 3352-4-1 *(En vigueur à compter du 1er juin 2011, L. n° 2011-302, 22 mars 2011).* – Est punie de 3 750 € d'amende :

1° L'ouverture d'un débit de boissons mentionné aux articles L. 3331-2 ou L. 3331-3 sans faire quinze jours au moins à l'avance et par écrit la déclaration prévue au premier alinéa de l'article L. 3332-4-1 ;

2° La mutation dans la personne du propriétaire ou du gérant ou la modification de la situation du débit de boissons mentionné aux articles L. 3331-2 ou L. 3331-3 sans faire dans le délai prévu et par écrit la déclaration prévue au dernier alinéa de l'article L. 3332-4-1.

Art. L. 3352-5. – L'offre ou la vente, sous quelque forme que ce soit, dans les débits et cafés ouverts à l'occasion d'une foire, d'une vente ou d'une fête publique et autorisée par l'autorité municipale, de boissons autres que celles des deux premiers groupes définis à l'article L. 3321-1, est punie de 3 750 € d'amende.

Art. L. 3352-6. – Le fait de ne pas se conformer à une mesure de fermeture d'établissement ordonnée ou prononcée en application des articles L. 3332-15 ou L. 3332-16 est puni de deux mois d'emprisonnement et de 3 750 € d'amende.

Art. L. 3352-7. – Le fait d'établir dans les zones faisant l'objet des dispositions de l'article L. 3335-2, un débit de boissons à emporter est puni de 3 750 € d'amende.

Art. L. 3352-8. – L'exercice de la profession de débitant de boissons par un mineur non émancipé ou par un majeur sous tutelle est puni de 3 750 € d'amende.

En outre, le tribunal peut prononcer la fermeture de l'établissement pour une durée de cinq ans au plus.

Art. L. 3352-9. – Est puni de 3 750 € d'amende le fait pour une personne frappée d'une ou plusieurs incapacités prévues à l'article L. 3336-2 :

1° D'exploiter un débit de boissons ;

2° D'être employé dans un établissement dans les conditions (rect. *JO* 29 juill. 2000) prévues à l'article L. 3336-3.

En outre, le tribunal prononce la fermeture définitive de l'établissement.

1) QPC. Non-lieu à renvoi au Conseil constitutionnel (■ Cass. crim., 30 avr. 2014, n° 14-81.087 : *Dr. pén.* 2014, comm. 107, obs. J.-H. Robert).

2) L'exploitation d'un débit de boissons en violation d'une interdiction professionnelle est un débit continu, qui se renouvelle chaque fois que l'exploitant persévère dans son attitude (■ Cass. crim., 19 oct. 2004 : *Dr. pénal* 2005, comm. 57, obs. J.-H. Robert).

Art. L. 3352-10. – La récidive des infractions prévues aux articles L. 3352-3, L. 3352-4, L. 3352-8 et L. 3352-9 est punie de six mois d'emprisonnement et de 7 500 € d'amende.

En cas de récidive de l'infraction prévue à l'article L. 3352-8, le tribunal prononce la fermeture définitive de l'établissement.

CHAPITRE III. – RÉPRESSION DE L'IVRESSE PUBLIQUE ET PROTECTION DES MINEURS

Art. L. 3353-1. – Les officiers de police judiciaire et les agents de la force publique sont chargés de rechercher et de constater, chacun sur le territoire dans lequel il exerce des fonctions, les infractions prévues à l'article L. 3336-4 et au présent chapitre ; ils dressent des procès-verbaux pour établir ces infractions.

Art. L. 3353-2. – Les procès-verbaux constatant les infractions prévues à l'article L. 3336-4 et au présent chapitre sont transmis au procureur de la République dans les trois jours au plus tard, y compris celui où a été reconnu le fait sur lequel ils sont dressés.

Art. L. 3353-3 *(Rempl., L. n° 2009-879, 21 juill. 2009 ; L. n° 2016-41, 26 janv. 2016).* – La vente à des mineurs de boissons alcooliques est punie de 7 500 € d'amende. L'offre de ces boissons à titre gratuit à des mineurs, dans les débits de boissons et tous commerces ou lieux publics « ou l'offre, à titre gratuit ou onéreux, à un mineur de tout objet incitant directement à la consommation excessive d'alcool dans les conditions fixées à l'article L. 3342-1 sont punies de la même peine » ;

b) Après le mot : « chapitre », la fin du deuxième alinéa est ainsi rédigée : « porte au double le maximum des peines encourues » ;

Le fait de se rendre coupable de l'une des infractions prévues au présent article en ayant été condamné depuis moins de cinq ans pour un délit prévu au présent chapitre est puni d'un an d'emprisonnement et de 15 000 € d'amende.

Les personnes physiques coupables de l'une des infractions mentionnées au premier alinéa encourent également la peine complémentaire d'interdiction à titre temporaire d'exercer les droits attachés à une licence de débit de boissons à consommer sur place ou à emporter pour une durée d'un an au plus, et celle de l'obligation d'accomplir un stage de responsabilité parentale, selon les modalités fixées à l'article 131-35-1 du Code pénal.

Les personnes morales coupables de l'une des infractions mentionnées au premier aliéna encourent les peines complémentaires prévues aux 2°, 4°, 8° et 9° de l'article 131-39 du Code pénal.

Art. L. 3353-4 *(L. n° 2016-41, 26 janv. 2016)*. – Le fait de provoquer directement un mineur à la consommation excessive d'alcool et le fait de provoquer directement un mineur à la consommation habituelle d'alcool sont réprimés par l'article 227-19 du Code pénal.

Art. L. 3353-5. – Dans les cas prévus au présent chapitre, le prévenu peut prouver qu'il a été induit en erreur sur l'âge du mineur, sur la qualité ou l'âge de la personne l'accompagnant ou encore sur l'état du malade. S'il fait cette preuve, aucune peine ne lui sera applicable de ce chef.

Art. L. 3353-6. – En cas de condamnation aux infractions prévues dans le présent chapitre, le tribunal correctionnel peut ordonner que son jugement soit affiché à tel nombre d'exemplaires et dans les lieux qu'il indique.

CHAPITRE IV. – MESURES CONSERVATOIRES

Art. L. 3354-1. – Les officiers ou agents de la police judiciaire doivent, lors de la constatation d'un crime, d'un délit ou d'un accident de la circulation, faire procéder, sur la personne de l'auteur présumé, aux vérifications prévues au I de l'article L. 1 [L. 234-3 et s.] du Code de la route destinées à établir la preuve de la présence d'alcool dans son organisme lorsqu'il semble que le crime, le délit ou l'accident a été commis ou causé sous l'empire d'un état alcoolique. Ces vérifications sont obligatoires dans tous les cas de crimes, délits ou accidents suivis de mort. Dans tous les cas où elles peuvent être utiles, elles sont également effectuées sur la victime.

Art. L. 3354-2. – Le refus de se soumettre aux vérifications prescrites par l'article L. 3354-1 est puni d'un an d'emprisonnement et de 3 750 € d'amende.

Art. L. 3354-3. – Lorsque le fait qui a motivé des poursuites en matière pénale peut être attribué à un état alcoolique, la juridiction répressive saisie de la poursuite peut interdire, à titre temporaire, à l'individu condamné, l'exercice des emplois des services publics ou concédés, où la sécurité est directement en cause, ainsi que l'obtention ou la détention du permis de chasser.

En cas de récidive, l'interdiction peut être prononcée à titre définitif.

Art. L. 3354-4. – Le fait de ne pas se conformer aux interdictions prévues à l'article L. 3354-3 est puni en cas de récidive d'un an d'emprisonnement et de 3 750 € d'amende.

Art. L. 3354-5. – Un décret en Conseil d'État détermine les mesures qui doivent être prises pour faciliter la pratique des examens prévus à l'article L. 3354-1 en vue d'établir les diagnostics concernant l'alcoolisme.

CHAPITRE V. – DISPOSITIONS COMMUNES

Art. L. 3355-1 *(Mod., L. n° 2004-806, 9 août 2004)*. – Les associations dont l'objet statutaire comporte la lutte contre l'alcoolisme, régulièrement déclarées depuis au moins cinq ans à la date des faits, peuvent exercer les droits reconnus à la partie civile pour les infractions prévues au présent titre.

Peuvent exercer les mêmes droits les associations de consommateurs mentionnées à l'article L. 421-1 du Code de la consommation pour les infractions prévues au chapitre I du présent titre ainsi que les associations familiales mentionnées aux articles L. 211-1 et L. 211-2 du Code de l'action sociale et des familles pour les infractions prévues aux chapitres I et III du présent titre.

Art. L. 3355-2. – Les droits prévus à l'article L. 3355-1 sont également reconnus aux syndicats formés conformément à la loi du 31 mars 1884 pour la défense des intérêts généraux du commerce des boissons.

Art. L. 3355-3. – Les personnes reconnues coupables de l'une des infractions prévues aux articles L. 3351-1, L. 3351-3, L. 3352-1, L. 3352-5 et au premier alinéa de l'article L. 3353-3 encourent la peine complémentaire d'interdiction des droits civiques, civils et de famille mentionnés à l'article 131-26 du Code pénal pour une durée d'un an au moins et de cinq ans au plus.

Art. L. 3355-4. – Les personnes physiques coupables d'une infraction prévue au présent titre encourent également la fermeture temporaire ou définitive de l'établissement.

Art. L. 3355-5. – En cas de poursuites pour une infraction pouvant entraîner la fermeture temporaire ou définitive d'un débit de boissons, le ministère public effectue les diligences prévues au dernier alinéa de l'article 706-37 du Code de procédure pénale.

Lorsque la personne titulaire de la licence ou propriétaire du débit de boissons n'est pas poursuivie, les mesures de fermeture temporaire ou définitive ne peuvent être prononcées que s'il est établi que cette personne a été citée à la diligence du ministère public avec indication de la nature des poursuites exercées et de la possibilité pour le tribunal de prononcer lesdites mesures.

La personne mentionnée à l'alinéa précédent peut présenter ou faire présenter par un avocat ses observations à l'audience. Si elle use de cette faculté, elle peut interjeter appel de la décision prononçant la fermeture temporaire ou définitive du débit de boissons.

1) Celui qui a acquis le débit de boissons après la décision de fermeture de l'établissement rendue en première instance, n'a pas à être cité devant la Cour d'appel en sa qualité de propriétaire.

La mesure de fermeture n'est pas une sanction disproportionnée (■ Cass. crim., 19 oct. 2004 : *Dr. pénal* 2005, comm. 57, obs. J.-H. Robert).

2) Le débitant de boissons, condamné à la fermeture de son établissement, est sans intérêt à invoquer l'inobservation des formalités prévues par les articles L. 3355-5, alinéa 1er du Code de la santé publique et 706-37 du Code de procédure pénale relatives à l'information du propriétaire de l'immeuble dans lequel est exploité l'établissement (■ Cass. crim., 9 mai 2007 : *Dr. pénal* 2007, comm. 139, obs. J.-H. Robert).

Art. L. 3355-6 *(Mod., L. n° 2011-525, 17 mai 2011)*. – Les personnes physiques coupables d'une infraction prévue au présent titre encourent la peine complémentaire d'interdiction d'exercice de la profession de débitant à titre temporaire ou définitif.

En cas d'interdiction d'exercice de la profession prévue à l'alinéa précédent, ou en cas de fermeture d'établissement prévue par l'article L. 3355-4 la durée pendant laquelle les personnes condamnées doivent continuer à payer à leur personnel les salaires, indemnités et rémunération de toute nature auxquels il avait droit jusqu'alors, est fixée par le tribunal.

Pour le personnel rémunéré en tout ou partie par des pourboires, le tribunal évalue le montant des pourboires en se référant notamment aux règles fixées pour le calcul des cotisations d'assurances sociales.

Art. L. 3355-7. – L'infraction aux dispositions d'un jugement ou de la loi portant interdiction d'exercer la profession de débitant de boissons est punie de deux ans d'emprisonnement et de 4 500 € d'amende.

Pendant la durée de cette interdiction, la personne condamnée ne peut, sous les mêmes peines, être employée à quelque titre que ce soit dans l'établissement qu'elle exploitait, même si elle l'a vendu ou mis en gérance. Elle ne peut non plus être employée dans l'établissement qui serait exploité par son conjoint même séparé.

Art. L. 3355-8. – **Lorsque l'interdiction d'exercer la profession de débitant de boissons est d'une durée supérieure à deux ans, le tribunal ordonne la vente du fonds aux enchères publiques si le fonds est la propriété de la personne interdite.**

Si celle-ci l'exploitait pour le compte du propriétaire, le tribunal en autorise la reprise par ce dernier, nonobstant toutes conventions contraires et quelle que soit la durée de l'interdiction prononcée.

Lorsqu'il ordonne la vente, le tribunal nomme un administrateur provisoire du fonds et désigne le notaire chargé de procéder à la vente suivant les règles ordinaires en matière de vente de fonds de commerce.

En cas de difficultés, il est statué par le juge des référés.

CHAPITRE I. – BOISSONS

Section unique

Art. R. 3351-1. – **Le fait pour les entrepositaires non fabricants ou importateurs et les détaillants de mettre en vente ou d'offrir, à titre gratuit, des boissons alcooliques dont l'étiquette ne porte pas les indications requises ou porte des indications interdites par le livre III de la présente partie est puni de l'amende prévue pour les contraventions de la 2e classe.**

Art. R. 3351-2 *(Mod., D. n° 2010-465, 6 mai 2010)*. – **Le fait pour un débitant de boissons à consommer sur place de ne pas avoir installé un étalage de boissons non alcooliques mises en vente dans son établissement dans les conditions prévues à l'article L. 3323-1 est puni de l'amende prévue pour les contraventions de la 4e classe.**

Le fait pour un débitant de boissons de ne pas proposer à prix réduit, dans des conditions équivalentes, les boissons non alcooliques énumérées au deuxième alinéa de l'article L. 3323-1, pendant la période restreinte prévue au dernier alinéa du même article durant laquelle il propose des boissons alcooliques à prix réduit, est puni de la même peine.

Le fait pour ce débitant de ne pas annoncer la réduction de prix portant sur l'offre de boissons non alcooliques dans des conditions équivalentes à celles proposées pour les boissons alcooliques est puni de la même peine.

CHAPITRE II. – DÉBITS DE BOISSONS

Section unique

Art. R. 3352-1. – **Le fait à l'occasion d'une foire, d'une vente ou d'une fête ouvertes au public, d'établir un débit de boissons, sans avoir obtenu l'autorisation de l'autorité municipale, est puni de l'amende prévue pour les contraventions de la 4e classe.**

Art. R. 3352-2. – **Le fait d'établir un débit de boisson à consommer sur place des 2e, 3e et 4e catégories sans respecter les distances déterminées par arrêté préfectoral avec les débits des mêmes catégories déjà existants est puni de l'amende prévue pour les contraventions de la 5e classe.**

La récidive de la contravention prévue au présent article est réprimée conformément à l'article 132-11 du Code pénal.

Si le fait pour le débitant de servir de l'alcool à des clients manifestement ivres constitue une contravention au sens de l'article R. 3353-2 du Code de la santé publique, cette infraction doit être constatée au moment où le débitant sert les boissons alcoolisées et non lorsque les clients ont quitté l'établissement au moment de leur interpellation. Les clients, après avoir passé la soirée dans le bar du prévenu et y avoir bu de l'alcool et s'être éloignés de l'établissement, ont été en mesure de résister à une agression dépourvue de lien avec la soirée passée dans le bar du prévenu qui, les voyant poursuivis par leurs agresseurs, a fait appel aux forces de police (■ Cass. crim., 8 juin 2005 : *JurisData* n° 2005-029306 ; *Dr. pénal* 2005, comm. 125, note J.-H. Robert).

Art. R. 3352-3. – Comme il est dit à l'article R. 4743-7 du Code du travail ci-après reproduit :

> **Art. R. 4743-7.** – Le fait, pour un exploitant d'un débit de boissons à consommer sur place, sans avoir obtenu l'agrément prévu à l'article R. 4153-8, d'employer ou de recevoir en stage des mineurs, à l'exception du conjoint du débitant ou de ses parents ou alliés jusqu'au quatrième degré inclusivement, est puni de l'amende prévue pour les contraventions de la cinquième classe.
>
> La récidive est réprimée conformément aux articles 132-11 et 132-15 du Code pénal.

CHAPITRE III. – RÉPRESSION DE L'IVRESSE PUBLIQUE ET PROTECTION DES MINEURS

Section I. – Répression de l'ivresse publique

Art. R. 3353-1. – Le fait de se trouver en état d'ivresse manifeste dans les lieux mentionnés à l'article L. 3341-1 est puni de l'amende prévue pour les contraventions de la 2e classe.

Art. R. 3353-2. – Le fait pour les débitants de boissons de donner à boire à des gens manifestement ivres ou de les recevoir dans leurs établissements est puni de l'amende prévue pour les contraventions de la 4e classe.

Art. R. 3353-3 et R. 3353-4 *(Abr., D. n° 2010-465, 6 mai 2010).*

Art. R. 3353-5. – Le fait pour un débitant de boissons à consommer sur place ou à emporter de vendre au détail, à crédit, soit au verre, soit en bouteilles, des boissons des troisième, quatrième et cinquième groupes est puni de l'amende prévue pour les contraventions de la 4e classe.

Est puni des mêmes peines le fait pour un débitant de boissons à consommer sur place, de vendre au détail à crédit, soit au verre, soit en bouteilles, des boissons du deuxième groupe.

Art. R. 3353-5-1 *(D. n° 2007-794, 10 mai 2007).* – Est puni de l'amende prévue pour les contraventions de la quatrième classe le fait de vendre des boissons alcoolisées à consommer sur place ou à emporter en violation des interdictions ou obligations édictées par arrêté.

Art. R. 3353-6 *(Abr., D. n° 2010-465, 6 mai 2010).*

Section II. – Protection des mineurs

Art. R. 3353-7 *(D. n° 2010-465, 6 mai 2010).* – I. – Est puni de l'amende prévue pour les contraventions de la deuxième classe le fait, pour un débitant de boissons :

1° De ne pas placer à l'endroit indiqué l'affiche prévue à l'article L. 3342-4 ;

2° D'apposer des affiches d'un autre modèle que celui défini au même article.

II. – Est puni de la même peine le fait de détruire, de lacérer ou d'altérer l'affiche mentionnée au 1° du I.

Art. R. 3353-8. – Le fait pour un débitant de boissons de recevoir dans son établissement des mineurs de moins de seize ans non accompagnés de leur père, mère, tuteur ou de toute personne de plus de dix-huit ans en ayant la charge ou la surveillance, est puni de l'amende prévue pour les contraventions de la 4e classe.

Art. R. 3353-9. – Dans les cas prévus à la présente section, le prévenu peut prouver qu'il a été induit en erreur sur l'âge du mineur ou sur la qualité ou l'âge de la personne l'accompagnant. S'il rapporte cette preuve, aucune peine ne lui est applicable.

Code du tourisme

Débits de boissons ayant pour activité principale l'exploitation d'une piste de danse

Art. L. 314-1 *(L. n° 2009-888, 22 juill. 2009).* – Un décret fixe les règles relatives aux heures de fermeture des débits de boissons ayant pour activité principale l'exploitation d'une piste de danse. Ce décret peut prévoir que la vente d'alcool n'est plus autorisée dans ledit débit pendant une plage horaire minimale précédant la fermeture de l'établissement.

Art. D. 314-1 *(D. n° 2009-1652, 23 déc. 2009).* **– L'heure limite de fermeture des débits de boissons ayant pour objet principal l'exploitation d'une piste de danse est fixée à 7 heures du matin.**

La vente de boissons alcooliques n'est plus autorisée dans les débits mentionnés au premier alinéa pendant l'heure et demie précédant sa fermeture.

En application des articles L. 314-1 et D. 314-1 du Code du tourisme, les débits de boissons ayant pour activité principale l'exploitation d'une piste de danse peuvent, sauf mesure de police restrictive prise par le préfet, demeurer ouverts jusqu'à 7 heures du matin. Encourt la censure le jugement déclarant l'exploitant d'un tel établissement coupable d'ouverture tardive, soit à 2 heures 50, au motif qu'il ne bénéficie pas d'une dérogation à un arrêté préfectoral fixant plus tôt l'heure de fermeture des débit de boissons dans le département considéré (■ Cass. crim., 27 mai 2015, n° 13-87.487).

ANNEXE 25

DÉMARCHAGE À DOMICILE

Bibliographie : A. Valoteau, *Ventes et prestations de service : JCl. Lois pénales spéciales.* • Voir aussi *supra*, Ann. *Bourse.*

Loi n° 72-1137 du 22 décembre 1972

relative à la protection des consommateurs en matière de démarchage et de vente à domicile

(Abr., L. n° 93-949, 26 juill. 1993,
relative au Code de la consommation)

Voir : *Supra*, Ann. *Consommation* : Code de la consommation, art. L. 121-21 à L. 121-33 sur le démarchage et art. L. 122-8 à L. 122-11 sur l'abus de faiblesse.

Code de la propriété intellectuelle

....

Art. L. 423-1 *(L. n° 2015-990, 6 août 2015).* – **Les conseils en propriété industrielle sont autorisés, dans les conditions fixées par décret en Conseil d'État, à recourir à la publicité ainsi qu'à la sollicitation personnalisée. La sollicitation personnalisée est accompagnée de la communication d'informations générales sur le droit de la propriété industrielle.**

Loi n° 71-1130 du 31 décembre 1971

portant réforme de certaines professions judiciaires et juridiques

Voir : Art. 66-4 et 72 : Ann., *Consultation juridique.*

ANNEXE 26

DIVORCE

Loi du 13 avril 1932
réprimant la fraude en matière de divorce et de séparation de corps

Art. unique. – Quiconque aura, par des manœuvres dolosives ou de fausses allégations, tenu ou tenté de tenir son conjoint dans l'ignorance d'une procédure de divorce ou de séparation de corps dirigée contre lui, sera puni d'un emprisonnement de deux ans et d'une amende de 9 000 € ou de l'une de ces deux peines seulement.

En cas de récidive, la peine d'emprisonnement sera toujours prononcée.

1) N'encourt pas la cassation, l'arrêt de la cour d'appel qui requalifie la prévention d'escroquerie en faux en écriture et usage, les mêmes faits visés à la prévention constituant au surplus le délit spécifique prévu par l'article unique de la loi du 13 avril 1932 réprimant la fraude en matière de divorce et de séparation de corps (■ Cass. crim., 25 mai 1992 : *Bull. crim.*, n° 207).

2) La prescription du délit de fraude en matière de divorce réprimé par l'article unique de la loi du 13 avril 1932, court du jour où cesse l'ignorance des procédés frauduleux dans laquelle a été tenue la partie lésée (■ Cass. crim., 5 juin 1996 : *Bull. crim.*, n° 239).

Loi du 2 avril 1941
sur le divorce et la séparation de corps

....

Art. 5. – Sera punie d'un emprisonnement de six mois et d'une amende de 9 000 € toute personne convaincue d'avoir offert ou fait offrir ses services soit par la voie de la presse ou par affichage, soit, d'une façon habituelle, par lettres, circulaires, visites, toutes autres démarches ou tout moyen de publicité en vue de faire engager ou poursuivre une procédure de divorce ou de séparation de corps.

Voir : Ce texte a été validé par l'ordonnance n° 45-651 du 12 avril 1945.

....

ANNEXE 27

DOUANES

Bibliographie : S. Detraz, *Douanes : JCl. Lois pénales spéciales.* • De Mordant de Massiac et Soulard, Code des douanes 2014, LexisNexis. Sur la supériorité du Traité de Rome sur le Code des douanes, V. Cass. crim., 5 déc. 1983 : *Bull. crim.*, n° 325 à 327 ; *D.* 1984, 217, note Cosson ; *Rev. sc. crim.* 1984, 527, obs. Massé. • C.-J. Berr, *Les sanctions douanières sont-elles disproportionnées ? : D.* 1987, chron. 119. • C.-J. Berr et H. Tremeau, *Le droit douanier*, Économica 1997. • P. De Guardia, *L'élément intentionnel dans les infractions douanières : Rev. sc. crim.* 1990, 487. • J. Pannier, *Douanes et changes*, Litec ; *L'action pour l'application des sanctions douanières devant les juridictions répressives : Gaz. Pal.* 1994, n° 15, p. 3.b. • *Les dossiers pratiques* Francis Lefebvre : *Douane, Réglementation communautaire et nationale*, Éd. F. Lefebvre, 1993. • J. Pannier, *Les abus de la présomption de contrebande : Dr. pénal* 2009, Études 12.

Code des douanes

Art. 343 ***(Mod., L. n° 99-515, 23 juin 1999 ; L. n° 2004-204, 9 mars 2004).*** **– 1. L'action pour l'application des peines est exercée par le Ministère public.**

2. L'action pour l'application des sanctions fiscales est exercée par l'administration des douanes ; le Ministère public peut l'exercer accessoirement à l'action publique.

3 *(Mod., L. fin. rect. n° 2010-1658, 29 déc. 2010)* Dans les procédures dont les agents des douanes ont été saisis en application des I et II de l'article 28-1 du Code de procédure pénale, le ministère public exerce l'action pour l'application des sanctions fiscales.

Sur autorisation du ministère public, cette action peut être exercée par l'administration des douanes et, dans ce cas, l'article 350 du présent code est applicable.

Dans ces mêmes procédures, l'administration des douanes exerce l'action en paiement des droits et taxes compromis ou éludés, prévue à l'article 377 *bis*. À cette fin, elle est informée de la date de l'audience par l'autorité judiciaire compétente.

1) L'action pour l'application des sanctions fiscales que l'administration des douanes poursuit à titre principal en vertu de l'article 343, paragraphe 2 du Code des douanes ne saurait être assimilée à l'action civile ; dès lors, cette administration est recevable à réclamer, devant la juridiction répressive, la condamnation aux amendes et confiscations douanières d'un prévenu déclaré en liquidation de biens à titre personnel, sans avoir à produire sa créance entre les mains du syndic. Il en est autrement en ce qui concerne la condamnation au paiement des droits fraudés qui n'a pas le caractère d'une pénalité (■ Cass. crim., 11 mai 1995 : *Bull. crim.*, n° 173. ■ 13 déc. 2000 : *Bull. crim.*, n° 376, pour la condamnation solidaire d'une société en redressement judiciaire aux amendes et confiscations douanières).

2) L'action exercée à titre principal par l'administration des Douanes pour l'application des sanctions fiscales, en vertu de l'article 343, paragraphe 2 du Code des douanes, ne pouvant être assimilée à une action civile, est inopérant le moyen faisant grief à la cour d'appel de n'avoir pas caractérisé le préjudice subi par l'État français (■ Cass. crim., 25 janv. 2006 : *JurisData* n° 2006-032266 ; *Dr. pénal* 2006, comm. 58, obs. J.-H. Robert).

3) L'action pour l'application des sanctions fiscales, exercée par l'administration des douanes sur le fondement de l'article 343-2 du Code des douanes, a le caractère d'une action publique qui est indépendante du droit d'obtenir le paiement des sommes fraudées ou indûment obtenues, que cette administration tient de l'article 377 *bis* de ce code et qui, seul, a le caractère d'une action civile ; méconnaît ces principes, la cour d'appel qui, saisie de l'appel de l'administration des douanes limité aux dispositions civiles d'un jugement, prononce sur l'action pour l'application des sanctions fiscales (■ Cass. crim., 6 févr. 1997 : *Bull. crim.*, n° 52 ; 6 févr. 1997 : *Bull. crim.*, n° 51).

4) Il se déduit des dispositions de l'article 343 que le ministère public ne peut exercer l'action publique et *a fortiori* l'action fiscale qu'en matière de délits et de contraventions de cinquième classe, les autres contraventions douanières ne faisant encourir que des sanctions fiscales (■ Cass. crim., 20 févr. 1997 : *Bull. crim.*, n° 73).

5) Lorsque le prévenu n'encourt qu'une sanction fiscale, l'administration des Douanes peut, après l'arrêt définitif de l'irrecevabilité de l'action publique exercée exclusivement et à tort par le ministère public, exercer sa propre action pour l'application de ces sanctions fiscales à raison des mêmes faits et contre la même personne (■ Cass. crim., 20 oct. 2004 : *Dr. pénal* 2005, comm. 45, obs. J.-H. Robert).

6) Il résulte de l'article 343 du Code des douanes que l'action fiscale ne peut être exercée par le ministère public, accessoirement à l'action publique, que lorsque ce dernier agit pour l'application des peines d'emprisonnement prévues par le Code des douanes ; encourt, par conséquent, la censure, l'arrêt qui déclare coupable des faits reprochés un prévenu poursuivi, à la seule initiative du ministère public, du chef de transfert de capitaux sans déclaration, cette infraction n'étant passible que des sanctions fiscales prévues à l'article 465 du Code des douanes (■ Cass. crim., 27 févr. 2002 : *Bull. crim.*, n° 50).

7) Il résulte de l'article 343 du Code des douanes que le ministère public peut, en l'absence de poursuites exercées par l'administration des douanes, poursuivre une personne pour une infraction douanière non passible d'une peine d'emprisonnement, dès lors que cette infraction est connexe à une infraction pénale reprochée à un autre prévenu (■ Cass. crim., 24 avr. 2013, n° 12-83.602 : *Bull. crim.*, n° 101 ; *Dr. pén.* 2013, comm. 114, obs. J.-H. Robert).

8) L'article 343 du Code des douanes n'interdit pas au procureur de la République de saisir le juge d'instruction de délits de droit commun et des infractions douanières qui leur sont connexes ; justifie dès lors sa décision la chambre de l'instruction qui écarte l'exception de nullité du réquisitoire introductif prise de ce que les contraventions douanières de 3ᵉ classe ne font encourir que des pénalités fiscales (■ Cass. crim., 2 avr. 2008, pourvoi n° 08-80.166 : *Bull. crim.*, n° 91).

9) L'action pour l'application des sanctions fiscales de l'article 343-2 est indépendante de l'action pour l'application des peines, incombant au ministère public en vertu de l'article 343-1. Elle peut être engagée séparément par l'administration des douanes lorsqu'elle n'a pas été mise en mouvement par le ministère public, accessoirement à l'action publique ; c'est donc à bon droit qu'une cour d'appel a considéré comme régulière la poursuite, tendant exclusivement au prononcé de sanctions fiscales, engagée sur citation de la seule administration des douanes (■ Cass. crim., 7 mars 1996 : *Bull. crim.*, n° 108).

10) En vertu de l'article 343-2 du Code des douanes, l'administration des douanes est en droit d'exercer directement l'action pour l'application des sanctions fiscales à l'encontre d'un prévenu qui n'a fait l'objet d'aucune décision passée en force de chose jugée à raison de l'infraction douanière spécifique qui lui est reproché. Fait l'exacte application du texte précité, la cour d'appel qui infirme, sur appel de l'administration des douanes, le jugement du tribunal correctionnel qui avait déclaré irrecevable l'action fiscale de cette administration au motif que le prévenu avait été précédemment condamné par un une décision définitive pour contraventions aux dispositions réglementaires du Code de la santé publique concernant des substances anabolisantes (■ Cass. crim., 11 mars 2009 : *Bull. crim.*, n° 54 ; *Dr pénal* 2009, comm. 79, obs. J.-H. Robert).

11) Lorsque le ministère public exerce l'action fiscale accessoirement à l'action publique, conformément aux dispositions de l'article 343-2 du Code des douanes, son appel remet en cause tant l'une que l'autre de ces actions et autorise l'Administration à intervenir devant la juridiction du second degré, au soutien de l'action fiscale ; encourt donc la censure la cour d'appel qui, dans les poursuites exercées par le ministère public du chef d'une infraction douanière, déclare irrecevable l'intervention de l'Administration pour la première fois en cause d'appel, alors que le ministère public avait régulièrement interjeté appel du jugement sans cantonner son appel à l'action publique (■ Cass. crim., 21 mars 1996 : *Bull. crim.*, n° 128).

12) S'il résulte de l'article 343 du Code des douanes que l'action pour l'application des sanctions fiscales est indépendante de l'action pour l'application des peines, ce principe n'autorise pas l'administration des Douanes à agir de sa propre initiative, par voie de citation directe, lorsque deux actions ont déjà été engagées simultanément dans le cadre d'une seule procédure ; il en est ainsi lorsqu'une information a été ouverte du chef d'importation réputée sans déclaration de marchandises prohibées. Encourt donc la censure l'arrêt qui entre en voie de condamnation, dans les poursuites exercées par voie de citations directes de l'administration des Douanes, contre des personnes non visées par l'ordonnance du juge d'instruction portant renvoi de prévenus devant la juridiction correctionnelle du chef de ce délit (■ Cass. crim., 23 oct. 1997 : *Bull. crim.*, n° 349).

13) En vertu de l'article 343 du Code des Douanes, l'action pour l'application des sanctions fiscales est exercée à titre principal par l'administration des Douanes. Si le ministère public peut aussi l'exercer accessoirement à l'action publique, le seul appel de l'Administration contre une décision de relaxe pour infraction douanière remet en cause devant la juridiction du second degré la culpabilité des prévenus pour l'application des sanctions fiscales (■ Cass. crim., 20 août 1996 : *Bull. crim.*, n° 307).

14) Pour refuser de faire droit à la demande de l'administration des douanes tendant à la fixation à 300 euros (au lieu de 18 € en 1re instance) le montant de l'amende fiscale due par chacun des prévenus, l'arrêt énonce qu'il s'agit d'une demande nouvelle ; en prononçant ainsi, alors que l'action pour l'application des sanctions fiscales que l'administration des douanes poursuit à titre principal en vertu de l'article 343-2 du Code des douanes ne saurait être assimilée à l'action civile, la cour d'appel encourt la censure (■ Cass. crim., 14 déc. 2011 : *Dr. pén.* 2012, note 41, J.-H. Robert). Rappr. ■ Cass. crim., 7 sept. 2011 : *Dr. pén.* 2011, comm. 151, obs. J.-H. Robert.

15) Le ministère public qui, après dépôt d'un acte introductif d'instance fiscale par l'administration des Douanes, a cité le prévenu devant la juridiction correctionnelle, n'a exercé l'action fiscale qu'accessoirement à l'action publique, en application de l'article 343 du Code des douanes ; il s'ensuit que l'appel interjeté par l'administration des Douanes du jugement du tribunal correctionnel, rendu en son absence et non signifié, qui a relaxé le prévenu, ne saurait être déclaré irrecevable au motif que la juridiction répressive a statué par une décision définitive, opposable à l'Administration, faute d'appel du ministère public (■ Cass. crim., 13 mars 2002 : *Bull. crim.*, n° 62).

16) L'action pour l'application des sanctions fiscales en matière douanière peut être exercée par le ministère public accessoirement à l'action publique, par l'application de l'article 343 du Code des douanes.

Dès lors, la cour d'appel a à tort déclaré irrecevable l'appel formé par l'administration des douanes d'un jugement qui, en l'absence de cette administration, a déclaré le prévenu coupable du délit douanier sans prononcer sur les pénalités douanières encourues, alors qu'elle avait obligation, après avoir annulé le jugement, d'évoquer et de statuer sur les éventuelles sanctions fiscales encoures (■ Cass. crim., 16 juin 2011, n° 10-86.808 : *Bull. crim.*, n° 138 ; *Dr. pén.* 2011, comm. 123, obs. J.-H. Robert. ■ 11 juill. 2012, n° 11-86.617).

17) En application des articles 500, 509 et 515 du Code de procédure pénale, l'affaire est dévolue à la cour d'appel dans la limite fixée par l'acte d'appel et par la qualité de l'appelant. Sauf indications contraires expressément formulées dans la déclaration d'appel, le recours principal ou incident du ministère public saisit la juridiction de l'intégralité de l'action dont il a la charge.

En conséquence, encourt la censure l'arrêt de la cour d'appel qui se dit non saisie de la demande de confiscation formée par le ministère public, alors que son appel portait sur l'action douanière, qu'il exerçait par application de l'article 343, 3°, du Code des douanes et dont relevaient notamment les mesures de confiscation (■ Cass. crim., 19 févr. 2014, n° 13-82.065 : *Dr. pén.* 2014, comm. 60, obs. J.-H. Robert).

18) Lorsque l'action pour l'application des sanctions fiscales a été exercée par la seule administration des douanes, le ministère public est sans qualité pour suivre cette action en première instance ou en appel ;

Encourt la cassation l'arrêt qui, sur les appels du prévenu et du ministère public, lequel est irrecevable, a élevé l'amende douanière prononcée par le Tribunal correctionnel (■ Cass. crim., 22 mars 2006 : *JurisData* 2006-033279 ; *Dr. pénal* 2006, comm. 104, obs. J.-H. Robert).

19) En matière douanière, c'est par le procès-verbal que sont fixés l'objet de la prévention et l'étendue de la poursuite, cette règle ne s'applique pas lorsque la juridiction correctionnelle est saisie à la requête du seul ministère public ; justifie dès lors sa décision la cour d'appel qui, pour déclarer irrecevable la demande de l'administration des Douanes, tendant à la condamnation du prévenu au paiement de pénalités douanières afférentes à une infraction douanière avouée dans le procès-verbal, mais non visée dans l'acte de poursuite, énonce que le prévenu n'a pas accepté d'être jugé sur ces faits qui n'étaient pas soumis à la juridiction de jugement (■ Cass. crim., 19 mai 2004 : *Bull. crim.*, n° 127).

20) Les tribunaux correctionnels ne peuvent statuer que sur les faits relevés par l'ordonnance ou la citation qui les a saisis ; **en matière douanière**, seuls les procès-verbaux joints à la citation peuvent préciser l'objet de cette dernière, sans en étendre la portée ; encourt en conséquence la censure l'arrêt qui, pour juger que la cour d'appel est saisie de faits commis pendant une période de temps non visée dans les citations, énonce que ces faits sont mentionnés dans les procès-verbaux, non joints auxdites citations mais auxquels celles-ci se réfèrent, et que la valeur des marchandises de fraude figurant dans les citations correspond à celle qui figure dans les procès-verbaux (▪ Cass. crim., 9 mars 2005 : *Bull. crim.*, n° 83 ; *Rev. sc. crim.* 2006, p. 618, obs. H. Matsopoulou). *Adde*, ▪ Cass. crim., 29 juin 2005 : *Bull. crim.*, n° 201, censurant une cour d'appel ayant condamné les prévenus alors que les citations n'étaient pas accompagnées des procès-verbaux de notification d'infraction douanière. V. *Rev. sc. crim.* 2006, p. 619, 3, obs. H. Matsopoulou.

21) Ne justifie pas sa décision la cour d'appel qui, pour faire droit à l'exception de nullité des citations soulevée par les prévenus, prise de leur imprécision, relève que celles-ci énoncent les caractéristiques générales des infractions poursuivies et renvoient à des procès-verbaux non joints les informations définissant les circonstances précises de commission de chacune des opérations litigieuses, sans répondre aux conclusions de l'administration des douanes qui faisait valoir que le prévenu, qui avait signé, reçu copie et annoté le procès-verbal, auquel était annexé le détail des déclarations d'importations, objet de la fraude, ne pouvait se prévaloir d'aucune atteinte à ses intérêts (▪ Cass. crim., 15 mai 2008 : *Bull. crim.*, n° 122).

22) L'opposition formée par un contrôleur des douanes exerçant les fonctions d'agent poursuivant représentant le Directeur général des Douanes est recevable au regard de l'article 343 du Code des douanes, la non-appartenance de l'intéressé au cadre A de la fonction publique étant sans incidence sur la validité de son intervention (▪ Cass. crim., 29 mars 2000 : *Bull. crim.*, n° 145).

23) Justifie sa décision l'arrêt qui, pour déclarer recevable l'appel de l'administration des Douanes, relève que cet appel a été diligenté, sur instructions d'un agent poursuivant, par un agent de catégorie A territorialement compétent (▪ Cass. crim., 19 nov. 2003 : *Bull. crim.*, n° 217).

24) Si, dans l'exercice de l'action pour l'application des sanctions fiscales, l'administration des Douanes peut, par dérogation aux dispositions des articles 185 et 186 du Code de procédure pénale, interjeter appel des ordonnances du juge d'instruction, cette voie de recours ne lui est pas ouverte à l'encontre des décisions rendues en matière de détention provisoire et de contrôle judiciaire (▪ Cass. crim., 7 oct. 2003 : *Bull. crim.*, n° 182 ; *Dr. pénal* 2004, comm. 10, obs. J.-H. Robert).

25) En vertu de l'article 343 du Code des douanes, et dès lors que l'action publique n'est exercée que par le ministère public, une cour d'appel qui n'est saisie que par l'Administration des douanes ne peut prononcer une peine d'emprisonnement (▪ Cass. crim., 9 févr. 2005 : *JurisData* n° 2005-027532).

26) En application de l'article 343, alinéa 2, du Code des douanes, les agents poursuivants des directions interrégionales des douanes et droits indirects ont qualité pour représenter en justice cette administration et exercer les voies de recours en son nom, sans être tenus de produire un pouvoir spécial (▪ Cass. crim., 31 mai 2006 : *Bull. crim.*, n° 154).

27) Le procureur de la République saisi d'un acte introductif d'instance fiscale demeure libre d'apprécier l'opportunité et les modalités de la poursuite ; il en résulte que le prévenu ne saurait se faire un grief de ce que, saisi d'un tel acte, le procureur l'a cité directement devant le tribunal correctionnel au lieu de requérir l'ouverture d'une information (▪ Cass. crim., 28 févr. 2007 : *Bull. crim.*, n° 65).

Art. 350 ***(L. n° 77-1453, 29 déc. 1977, codifiés, D. n° 78-712, 21 juin 1978).*** **– L'administration des douanes est autorisée à transiger avec les personnes poursuivies pour infraction douanière ou pour infraction à la législation et à la réglementation relatives aux relations financières avec l'étranger sous réserve de l'application des dispositions suivantes :**

a) **Lorsque aucune action judiciaire n'est engagée, les transactions excédant les limites de compétence des services extérieurs de l'administration des douanes doivent être soumises pour avis au comité du contentieux fiscal, douanier et des changes prévu à l'article 460 du présent code.**

b) **Après mise en mouvement par l'administration des douanes ou le ministère public d'une action judiciaire, l'administration des douanes ne peut transiger que si l'autorité judiciaire admet le principe d'une transaction.**

L'accord de principe est donné par le ministère public lorsque l'infraction est passible à la fois de sanctions fiscales et de peines, par le président de la juridiction, saisie lorsque l'infraction est passible seulement de sanctions fiscales.

***c)* Après jugement définitif, les sanctions fiscales prononcées par les tribunaux ne peuvent faire l'objet de transaction.**

1) L'action publique s'éteint par transaction lorsque la loi en dispose expressément. En matière douanière et cambiaire, la transaction concédée par l'administration des Douanes, avec l'accord de principe de l'autorité judiciaire compétente, éteint l'action pour l'application des peines et pour l'application des sanctions fiscales (■ Cass. crim., 12 févr. 1990 : *Bull. crim.*, n° 72).

2) Il résulte des dispositions combinées des articles 6 du Code de procédure pénale, 350 et 404 du Code des douanes, qu'en matière douanière la transaction accordée par l'Administration à la personne morale civilement responsable de son préposé met fin aux poursuites contre celui-ci (■ Cass. crim., 13 déc. 1993 : *Bull. crim.*, n° 384).

3) En matière douanière, les effets de la transaction accordée à une personne morale s'étendent à son représentant légal poursuivi en cette seule qualité pour le même fait de fraude (■ Cass. crim., 20 janv. 1992 : *Bull. crim.*, n° 18).

Art. 351 ***(L. n° 2017-242, 27 févr. 2017).*** **– L'action de l'administration des douanes en répression des délits douaniers se prescrit dans les mêmes délais et dans les mêmes conditions que l'action publique en matière de délits de droit commun.**

En matière de contravention, l'action de l'administration des douanes se prescrit par trois années révolues, selon les mêmes modalités.

1) Il résulte de l'article 351 du Code des douanes que l'action de l'administration des Douanes en répression des contraventions douanières se prescrit dans un délai de trois ans (■ Cass. crim., 4 sept. 2002 : *Bull. crim.*, n° 157 ; *Dr. pénal* 2002, comm. 137, obs. J.-H. Robert ; ■ 4 mai 2006 : *Bull. crim.*, n° 120).

2) Interrompt la prescription à l'égard de tous les participants à une infraction douanière le procès-verbal par lequel cette infraction est notifiée à une personne qui n'était pas visée dans les procès-verbaux établis précédemment (■ Cass. crim., 1er déc. 2004 : *Bull. crim.*, n° 301).

3) En cas d'infractions douanières connexes à des infractions pénales, les actes interruptifs de prescription de l'action publique étendent leurs effets à l'action fiscale, serait-elle exercée indépendamment de celle-là (■ Cass. crim., 8 sept. 2010 : *Dr. pén.* 2010, comm. 140, obs. J.-H. Robert).

4) Les infractions fiscales d'omissions déclaratives et de soustraction au paiement de l'impôt dû pour l'exploitation d'une maison de jeux présentent, avec le délit de tenue d'une telle maison, des liens de connexité permettant à l'action fiscale, malgré son indépendance, de bénéficier des actes interruptifs de la prescription de l'action publique (■ Cass. crim., 20 mai 2015, n° 14-80.049 : *Dr. pén.* 2015, comm. 98, obs. J.-H. Robert).

....

Art. 356. – Les tribunaux de police connaissent des contraventions douanières et de toutes questions douanières soulevées par voie d'exception.

Art. 357. – 1. Les tribunaux correctionnels connaissent de tous les délits de douane et de toutes les questions soulevées par voie d'exception.

2. Ils connaissent pareillement des contraventions de douane connexes, accessoires ou se rattachant à un délit de douane ou de droit commun.

Art. 357 *bis* ***(Mod. à compter du 1er janv. 2013, L. n° 2011-1862, 13 déc. 2011).*** **– Les tribunaux de grande instance connaissent des contestations concernant le paiement, la garantie ou le remboursement des créances de toute nature recouvrées par l'administration des douanes et des autres affaires de douane n'entrant pas dans la compétence des juridictions répressives.**

La juridiction répressive ne peut, sans excéder ses pouvoirs, connaître de l'action récursoire d'un prévenu, condamné solidairement au paiement des droits douaniers éludés, exercée par l'appel en garantie des autres prévenus, l'article 357 *bis* du Code des douanes attribuant aux tribunaux d'instance les contestations concernant le paiement, la garantie ou le remboursement des créances de toute nature recouvrées par l'administration des Douanes (■ Cass. crim., 3 nov. 2005 : *Bull. crim.*, n° 276).

Art. 358 *(Mod. à compter du 1er janvier 2013, L. n° 2011-1862, 13 déc. 2011 ; et L. fin. rect. n° 2012-1510, 29 déc. 2012)*. **– 1. Les instances résultant d'infractions douanières constatées par procès-verbal de saisie sont portées devant le tribunal dans le ressort duquel est situé le bureau de douane le plus proche du lieu de constatation de l'infraction.**

2. Les litiges relatifs à la créance, aux demandes formulées en application de l'article 352 et ceux relatifs aux décisions en matière de garantie sont portés devant le tribunal de grande instance dans le ressort duquel est situé le bureau de douane, le service spécialisé ou la direction régionale des douanes où la créance a été constatée.

3. Les règles ordinaires de compétence en vigueur sur le territoire sont applicables aux autres instances.

....

Art. 369 *(L. n° 2011-525, 17 mai 2011)*. **– 1. Eu égard à l'ampleur et à la gravité de l'infraction commise, ainsi qu'à la personnalité de son auteur, le tribunal peut :**

***a)* Libérer les contrevenants de la confiscation des moyens de transport, sauf dans le cas où les actes de contrebande ou assimilés ont été commis par dissimulation dans des cachettes spécialement aménagées ou dans des cavités ou espaces vides qui ne sont pas normalement destinés au logement des marchandises ;**

***b)* Libérer les contrevenants de la confiscation des objets ayant servi à masquer la fraude ;**

***c)* Réduire le montant des sommes tenant lieu de confiscation des marchandises de fraude jusqu'au tiers de la valeur de ces marchandises ;**

***d)* Réduire le montant des amendes fiscales jusqu'au tiers de leur montant minimal, sous réserve des dispositions de l'article 437 ;**

***e)* En ce qui concerne les sanctions fiscales visées au *c* et au *d* du présent 1, limiter ou supprimer la solidarité de certains condamnés ;**

***f)* Dispenser le coupable des sanctions pénales prévues par le présent code, ordonner qu'il soit sursis à leur exécution, décider que la condamnation ne soit pas mentionnée au bulletin n° 2 du casier judiciaire.**

En cas de pluralité de contrevenants pour un même fait de fraude, le tribunal peut, en ce qui concerne les sommes tenant lieu de confiscation et les amendes fiscales, limiter l'étendue de la solidarité à l'égard de certains d'entre eux seulement. Dans ce cas, le tribunal prononce tout d'abord les sanctions fiscales applicables aux autres contrevenants et auxquelles ceux-ci seront solidairement tenus.

2. ***(paragraphe abr.)*.**

3. Lorsque les marchandises saisies ne sont pas explicitement prohibées au titre de la réglementation douanière, les tribunaux peuvent en donner mainlevée avant de juger définitivement le tout, moyennant caution solvable ou consignation de la valeur.

4. Les tribunaux ne peuvent dispenser le redevable du paiement des sommes fraudées ou indûment obtenues ni de la confiscation des marchandises dangereuses pour la santé ou la moralité et la sécurité publiques, des marchandises contrefaisantes, ainsi que de celles qui sont soumises à des restrictions quantitatives.

1) Il résulte des dispositions combinées des articles 414 et 369-1, *d*, du Code des douanes, auxquelles ne sont pas applicables celles des articles 322 et 323 de la loi du 16 décembre 1992, que le tribunal ne peut réduire le montant de l'amende fiscale au-dessous du 1/3 de son montant minimal, lequel est égal à la valeur de la marchandise de fraude (■ Cass. crim., 29 mai 1997 : *Bull. crim.*, n° 213 ; *Dr. pénal* 1997, comm. 144, obs. J.-H. Robert. ■ 31 mars 1999 : *Bull. crim.*, n° 67 ; *Dr. pénal* 1999, comm. 116, obs. J.-H. Robert. ■ 23 sept. 2009, pourvoi n° 08-87.977 : *Bull. crim.*, n° 159).

2) La loi du 29 décembre 1977 modifiant l'article 369-1 n'a apporté aucune modification à l'article 414 en ce qu'il prévoit la confiscation de l'objet de fraude lui-même lorsqu'il a été saisi au préalable et en nature (■ Cass. crim., 17 déc. 1984 : *Bull. crim.*, n° 405).

3) L'abrogation, par l'article 323 de la loi du 16 décembre 1992, de toutes les dispositions faisant référence à l'article 463 ancien du Code pénal, relatif aux circonstances atténuantes, implique que le juge, faisant application de l'article 369 du Code des douanes, a le pouvoir de moduler, dans les limites fixées par ce texte, les peines qu'il prononce : en conséquence, la question concernant les circonstances atténuantes, spécifiques à la législation douanière, n'a pas à être posée à la cour et au jury (■ Cass. crim., 20 mars 1996 : *Bull. crim.*, n° 121). L'article 323 (L. 16 déc. 1992) n'entraîne aucune modification de l'article 369, paragraphe 1, du Code des douanes ; les dispositions de l'article 322 de ladite loi (suppression des mentions des minima des peines d'amende...) ne sont pas applicables aux confiscations et amendes fiscales, proportionnelles à la valeur des marchandises de fraude, qui ont le double caractère de sanctions pénales et de réparations civiles (■ Cass. crim., 24 oct. 1996 : *Bull. crim.*, n° 373 ; *D.* 1997, 226, note Cl.-J. Berr).

4) Toute personne, à l'encontre de laquelle une infraction douanière est relevée, est admise à rapporter la preuve de sa **bonne foi**, cette disposition s'appliquant aux contraventions comme aux délits douaniers ; encourt donc la censure la cour d'appel qui énonce que « les contraventions douanières sont des infractions matérielles et qu'il s'ensuit que le prévenu ne saurait se prévaloir de sa bonne foi » (■ Cass. crim., 20 févr. 1977 : *Bull. crim.*, n° 73).

L'appréciation de la bonne foi relève du pouvoir souverain des juges du fond (■ Cass. crim., 1er oct. 1990 : *Bull. crim.*, n° 324).

5) Sur des préventions de fausses déclarations d'origine de marchandises (importation de thons d'une part et bicyclettes d'autre part) la Cour de cassation a approuvé les cours d'appel d'avoir admis la cause d'exonération de la bonne foi des importateurs, induits en erreur par les certificats délivrés régulièrement par les autorités étrangères, ayant mal interprété les réglementations communautaires, erreur que l'administration des douanes elle-même n'avait pu ou avait eu grand peine à déceler, et d'avoir en conséquence relaxé les prévenus, en rejetant les demandes de l'administration tendant au paiement des droits éludés (■ Cass. crim., 22 oct. 2003 : *JurisData* n° 021179. ■ 10 mars 2004 : *JurisData* n° 023353 ; *Dr. pénal* 2004, comm. 113, obs. J.-H. Robert).

6) Est justifiée, tant au regard des textes du Code des douanes alors applicables qu'à celui des dispositions de la loi du 8 juillet 1987, notamment de son article 23 abrogeant l'article 369-2° dudit code, la décision d'une cour d'appel retenant la culpabilité d'un prévenu des chefs d'infraction douanière et d'infraction cambiaire, dès lors qu'il résulte de ses énonciations, déduites d'une appréciation souveraine des faits et éléments de preuve contradictoirement débattus, que les juges ont écarté la bonne foi (■ Cass. crim., 26 juin 1989 : *Bull. crim.*, n° 270.■ Cass. crim., 11 juin 1990 : *Bull. crim.*, n° 238. ■ Cass. crim., 7 nov. 1996 : *Bull. crim.*, n° 398).

7) La juridiction répressive, lorsqu'elle est saisie d'une demande de l'administration des douanes, ne peut, même en cas de relaxe, dispenser le redevable du paiement des sommes qu'elle reconnaît fraudées ou indûment obtenues (■ Cass. crim., 28 mars 1994 : *Dr. pénal* 1994, n° 162, obs. J.-H. Robert. ■ 20 mars 1995 : *Bull. crim.*, n° 113. ■ 28 nov. 1996 : *Bull. crim.*, n° 439, retenant comme redevable des droits éludés un commissionnaire en douane agréé, auteur des déclarations et responsable des opérations, ni de la confiscation des marchandises contrefaites (■ Cass. crim., 7 mai 2002 : *Bull. crim.*, n° 104, cité *infra* ss. art. 377 *bis*).

8) Si le juge répressif, par suite de l'abrogation de l'article 369-2 du Code des douanes qui interdisait d'excuser le contrevenant sur l'intention, peut désormais tenir compte de la bonne foi de celui-ci, il n'en demeure pas moins qu'il incombe à celui qui invoque cette cause d'exonération de responsabilité d'en rapporter la preuve ; n'encourt donc pas la censure la cour d'appel qui, pour déclarer la prévention établie, se borne à relever les éléments matériels de l'infraction douanière reprochée sans rechercher l'intention délictuelle du prévenu, dès lors que le prévenu ne démontrait ni même n'alléguait avoir agi de bonne foi (■ Cass. crim., 7 mars 1996 : *Bull. crim.*, n° 108).

9) Les dispositions de l'article 435 du Code des douanes – qui permettent à l'Administration de solliciter la condamnation d'un contrevenant au paiement d'une somme pour tenir lieu de confiscation, au cas où les objets susceptibles de confiscation n'ont pu être saisis ou lorsque, ceux-ci ayant été saisis, leur confiscation n'est pas facultative – ne sauraient recevoir application sans méconnaître la règle du non cumul des peines de même nature, prévue par l'article 132-3 du Code pénal, dans l'hypothèse où les juges ont déjà prononcé la confiscation des objets préalablement saisis. Doit en conséquence être approuvée la cour d'appel qui refuse de faire droit à la demande de confiscation en valeur présentée par l'administration des Douanes, motifs pris de ce que cette confiscation a déjà été prononcée en nature, sur le fondement des articles 369-4 du Code des douanes, L. 629 du Code de la santé publique et 132-21 du Code pénal, eu égard au caractère dangereux pour la santé des produits stupéfiants saisis (■ Cass. crim., 21 mars 1996 : *Bull. crim.*, n° 127).

10) Justifie sa décision la cour d'appel qui, pour relaxer, en raison de sa bonne foi, une personne poursuivie pour avoir déclaré à une position erronée de la nomenclature combinée du tarif douanier commun du caramel qu'elle exportait, relève, par une appréciation souveraine, qu'à aucun moment le prévenu n'a cherché à dissimuler la nature des produits en cause, qu'il a sollicité à plusieurs reprises la mise en place d'un contrôle sur leur processus de fabrication, qu'il s'est fondé, pour remplir les déclarations en douane, sur des indications fournies par un organisme professionnel et par le laboratoire des douanes, que, pendant une longue période, l'administration n'a soulevé aucune objection en ce qui concerne la position tarifaire des marchandises et, enfin, que la classification effectuée par le prévenu se fonde sur une interprétation de la nomenclature combinée identique à celle que la commission de conciliation et d'expertise douanière devait adopter quelques mois plus tard (■ Cass. crim., 25 janv. 2006 : *Bull. crim.*, n° 27).

11) Ne justifie pas sa décision la cour d'appel qui, après avoir constaté que le prévenu a pris en charge des marchandises ayant circulé de manière irrégulière sous le régime du transit et est intervenu dans les démarches auprès du commissionnaire en douane, notamment en lui remettant des documents revêtus de faux tampons, le relaxe du chef d'importation sans déclaration de marchandises prohibées au motif qu'il n'existe pas, dans la procédure, d'éléments de nature à établir qu'il avait conscience du fait que les tampons étaient des faux et qu'il participait à une importation illégale, alors qu'il justifie par ailleurs d'une activité professionnelle stable tout à fait étrangère au commerce des marchandises en cause.

En effet, il ne résulte pas de tels motifs que le prévenu ait rapporté la preuve de sa bonne foi (■ Cass. crim., 25 avr. 2007 : *Bull. crim.*, n° 109).

12) Selon l'article 369 du Code des douanes, la caractérisation des circonstances atténuantes ne permet pas de réduire le quantum de l'amende au-delà du tiers de son montant minimal (■ Cass. crim., 9 févr. 2005 : *JurisData* n° 2005-027530).

13) Conv. EDH. Les dispositions de l'art. 369 du Code des douanes, qui interdisent de prononcer, dans des poursuites pour importation sans déclaration de marchandises prohibées, une amende d'un montant inférieur au tiers de la valeur des marchandises de fraude, ne sont pas contraires à l'article 6.1 de la Convention européenne des droits de l'homme (■ Cass. crim., 17 mai 2006, pourvoi n° 05-83.479).

14) Les articles 414 et 369 du Code des douanes, qui ne méconnaissent pas les principes conventionnels de nécessité et de proportionnalité des peines, n'autorisent pas le prononcé d'amendes et de pénalités inférieures au tiers de la valeur des marchandises de fraude (■ Cass. crim., 23 sept. 2009, pourvoi n° 08-87.977 : *Bull. crim.*, n° 159).

15) Sursis. Il résulte de l'article 369 du Code des douanes que les amendes douanières ne peuvent être assorties du sursis (■ Cass. crim., 29 juin 2016, n° 15-84.004 : *Dr. pén.* 2016, comm. 130, note J.-H. Robert).

Art. 373. – Dans toute action sur une saisie, les preuves de non-contravention sont à la charge du saisi.

Art. 374 ***(Abr. à compter du 1er janvier 2013, Cons. const. n° 2011-208 QPC, 13 janv. 2012, art. 1er et 2 : JO 14 janv. 2012 ; JurisData n° 2012-000299 ; rétabli à compter du 1er janvier 2013, L. fin. rect. n° 2012-1510, 29 déc. 2012).*** **– 1. La confiscation des marchandises saisies peut être poursuivie contre les conducteurs ou déclarants.**

2. Lorsque leur propriétaire est connu, la confiscation des marchandises saisies, à l'exception de celles qui sont prohibées au titre de la réglementation douanière, ne peut être poursuivie qu'en cas de mise en cause de ce dernier devant la juridiction répressive appelée à se prononcer sur l'instance.

1) Si l'article 374-2 ouvre au déclarant en douane la possibilité d'appeler en garantie le propriétaire de la marchandise dans les poursuites pénales dont il fait l'objet et qui tendent à la confiscation, cette possibilité ne lui est offerte que lorsqu'il est seul poursuivi. Tel n'est pas le cas lorsque le déclarant en douane et le propriétaire de la marchandise sont tous deux poursuivis par l'Administration, dans la même instance, comme auteur et comme intéressé à la fraude (■ Cass. crim., 22 févr. 1996 : *Bull. crim.*, n° 88).

2) N'est pas compatible avec l'article 6.1, de la Convention européenne des droits de l'homme, la disposition de l'article 374.1 du Code des douanes, qui permet à une juridiction pénale de prononcer la confiscation d'un objet ayant servi à masquer une fraude douanière sans que le propriétaire connu de cet objet ait été cité à comparaître (■ Cass. crim., 29 nov. 2000 : *Bull. crim.*, n° 356).

Art. 375 *(Mod., L. n° 2011-1862, 13 déc. 2011)*. **– 1° L'administration des douanes peut demander au tribunal « de grande instance », sur simple requête, la confiscation en nature des objets saisis sur des inconnus ou sur des individus qui n'ont pas fait l'objet de poursuites en raison du peu d'importance de la fraude.**

2° Il est statué sur ladite demande par une seule ordonnance, même si la requête se rapporte à plusieurs saisies faites séparément.

Art. 376. – 1. Les objets saisis ou confisqués ne peuvent être revendiqués par les propriétaires, ni le prix, qu'il soit consigné ou non, réclamé par les créanciers même privilégiés, sauf leur recours contre les auteurs de la fraude.

1 *bis* *(1 bis créé, L. n° 2012-387, 22 mars 2012 ; mod. à compter du 1er janvier 2013, L. fin. rect. n° 2012-1510, 29 déc. 2012)*. **Toutefois, lorsque la marchandise de fraude ou ayant servi à masquer la fraude a été saisie et sous réserve qu'elle ne soit pas prohibée au titre de la réglementation douanière, la mainlevée est offerte, sans caution ni consignation, au propriétaire de bonne foi non poursuivi en application du présent code, même lorsque la juridiction répressive en a prononcé la confiscation. Cette mainlevée est subordonnée au remboursement des frais éventuellement engagés par l'administration pour assurer la garde et la conservation de la marchandise.**

1 *ter* *(1 ter créé, L. n° 2012-387, 22 mars 2012 ; mod. à compter du 1er janvier 2013, L. fin. rect. n° 2012-1510, 29 déc. 2012)*. **Par dérogation au 1 *bis*, aucune mainlevée n'est proposée lorsque la marchandise de fraude ou ayant servi à masquer la fraude a été détériorée en raison de son utilisation à cette fin.**

2. Les délais d'appel, de tierce opposition et de vente expirés, toutes répétitions et actions sont non recevables.

Aux termes de l'article 376, 1°, du Code des douanes, le propriétaire d'objets ou de marchandises ayant servi à masquer la fraude, saisis ou confisqués, ne saurait être admis à les revendiquer ; cette interdiction, d'application stricte, s'étend même au cas où il est de bonne foi (■ Cass. crim., 7 juill. 2005 : *Bull. crim.*, n° 205 ; *Rev. sc. crim.* 2006, p. 620, obs. H. Matsopoulou ; *RTD comm. et Dr. économique* 2006, p. 500, obs. B. Bouloc).

Art. 377. – Sous réserve des dispositions des 2 et 3 de l'article 100 ci-dessus, la vérité ou fausseté des déclarations doit être jugée sur ce qui a été premièrement déclaré.

Art. 377 *bis* *(L. n° 91-1323, 30 déc. 1991)*. **– 1° En sus des pénalités fiscales, les tribunaux ordonnent le paiement des sommes fraudées ou indûment obtenues.**

2° Même quand elle ne prononce aucune condamnation, la juridiction répressive est compétente pour se prononcer sur les dispositions du 4 de l'article 369 du présent code.

1) Il résulte des dispositions combinées des articles 369-4 et 377 *bis* du Code des douanes, dans sa rédaction issue de l'article 36 de la loi de finances rectificative du 30 décembre 1991, que la juridiction répressive, lorsqu'elle est saisie d'une demande de l'administration des Douanes, ne peut, même en cas de relaxe, dispenser le redevable du paiement des sommes qu'elle reconnaît fraudées ou indûment obtenues ; ces dispositions sont applicables aux instances en cours, s'agissant d'une loi de compétence (■ Cass. crim., 6 août 1996 : *Bull. crim.*, n° 304) ; mais les dispositions de l'article 377 *bis*, alinéa 2, du Code des douanes ne trouvent pas à s'appliquer en l'absence de fraude établie ou d'avantages indûment perçus (■ Cass. crim., 24 oct. 1996 : *Bull. crim.*, n° 372. ■ 11 déc. 2002 : *Dr. pénal* 2003, comm. 60, obs. J.-H. Robert).

2) Si le juge répressif peut, en application des alinéas 1 et 2 de l'article 377 *bis* du Code des douanes, ordonner le paiement des sommes fraudées ou indûment obtenues, il ne peut cependant prononcer ainsi que pour autant qu'il a recherché et déterminé ces droits avec exactitude (■ Cass. crim., 6 févr. 1997 : *Bull. crim.*, n° 52), et que les droits réclamés se rapportent aux infractions ou faits dont ils sont saisis, et non de ceux afférents à une période antérieure à celle de la prévention (■ Cass. crim., 14 mai 1998 : *Bull. crim.*, n° 163).

3) Le décès du prévenu en cours d'instance ne dispense pas les juges de statuer sur l'action en recouvrement des droits et taxes éludés, visée à l'article 377 *bis*, ces droits pouvant être mis à la charge de la succession (■ Cass. crim., 13 mars 1997 : *Bull. crim.*, n° 104 ; *JurisData* n° 001680).

4) C'est à bon droit qu'un commissionnaire en douane, poursuivi pour fausse déclaration d'espèces, a pu, tout à la fois être renvoyé des fins de la poursuite, en raison de sa bonne foi, et être condamné au paiement des droits éludés, dès lors que la relaxe sur l'intention ne fait pas disparaître l'élément matériel de l'infraction et ses conséquences pécuniaires (■ Cass. crim., 6 nov. 1997 : *Bull. crim.*, n° 378).

5) Le paiement des sommes fraudées que les tribunaux ordonnent, aux termes de l'article 377 *bis* du Code des douanes, en sus des pénalités fiscales, et dont l'article 369-4 du même code leur interdit de dispenser le redevable, est mis à la charge des personnes déclarées coupables de la fraude douanière ou intéressées à celle-ci (■ Cass. crim., 31 mars 1999 : *Bull. crim.*, n° 67).

6) Toute transaction avec l'auteur d'une infraction douanière étant légalement subordonnée au paiement préalable des droits compromis de son fait, cette transaction a nécessairement une incidence sur le montant des droits restant dus par un coauteur à raison des mêmes faits ; encourt, dès lors, la cassation l'arrêt d'une cour d'appel qui condamne un soumissionnaire, entrepositaire sous douane, déclaré coupable d'importation réputée sans déclaration de marchandises prohibées, par détournement de leur destination privilégiée d'alcools détaxés, à l'intégralité des droits éludés, sans rechercher si une partie de ces droits n'avait pas déjà été réglée par un coauteur, intéressé à la fraude, qui avait transigé, avant poursuites, avec l'administration des Douanes (■ Cass. crim., 8 déc. 1999 : *Bull. crim.*, n° 295).

7) Il résulte des articles 369, 4° et 377 *bis* du Code des douanes que, même quand elles ne prononcent aucune condamnation, les juridictions répressives doivent ordonner la confiscation des marchandises contrefaites ; encourt la censure la cour d'appel qui, saisie de poursuites du chef de contrebande à l'encontre d'une personne trouvée en possession de figurines contrefaites, déboute l'administration des douanes de sa demande tendant à la confiscation des figurines après avoir relaxé le prévenu en raison de sa bonne foi (■ Cass. crim., 7 mai 2002 : *Bull. crim.*, n° 104 ; *Dr. pénal* 2002, comm. 98, obs. M. Véron).

8) Selon l'article 377 *bis*, paragraphe 2 du Code des douanes, la compétence de la juridiction répressive pour statuer sur la demande en paiement des droits éludés s'étend à tous les cas où cette juridiction ne prononce aucune condamnation ; fait une exacte application de cette disposition la cour d'appel qui, après avoir relaxé le prévenu du chef d'importation sans déclaration de marchandises prohibées au motif que la législation communautaire qu'il avait méconnue avait été modifiée postérieurement aux poursuites, se déclare compétente pour statuer sur les droits éludés (■ Cass. crim., 22 sept. 2004 : *Bull. crim.*, n° 220).

9) V. ■ Cass. crim., 22 oct. 2003 et 10 mars 2004, sur le rejet de demandes de l'administration des douanes en paiement des droits éludés, eu raison de la relaxe des prévenus, poursuivis pour fausses déclarations d'origine de marchandises, reconnus de bonne foi compte tenu d'erreurs administratives intervenues ; note *supra*, sous article 369 du Code des douanes.

10) Abrogation de l'incrimination. Il se déduit des articles 357 *bis* et 377 *bis* du Code des douanes que saisie d'une infraction douanière, la juridiction correctionnelle qui retient que l'incrimination a été abrogée avant sa saisine n'est pas compétente pour statuer sur la demande en paiement des droits éludés.

Encourt dès lors la censure l'arrêt qui, pour rejeter l'exception d'incompétence du tribunal correctionnel pour statuer sur une telle demande, énonce que la juridiction pénale, même lorsqu'elle ne prononce pas de condamnation, reste compétente, sur le fondement des dispositions de l'article 369 du Code des douanes, peu important que cette absence de condamnation résulte de l'abrogation de la loi pénale avant ou après la saisine du tribunal (■ Cass. crim., 20 déc. 2017, n° 15-86.313).

Art. 388 *(Abr., L. n° 2011-525, 17 mai 2011).*

TITRE XII. – CONTENTIEUX

CHAPITRE V. – RESPONSABILITÉS ET SOLIDARITÉ

Section I. – Responsabilité pénale

§ 1. – DÉTENTEURS

Art. 392. – **1° Le détenteur de marchandises de fraude est réputé responsable de la fraude.**

2° Toutefois les transporteurs publics ne sont pas considérés, eux et leurs préposés ou agents, comme contrevenants lorsque, par une désignation exacte et régulière de leurs commettants, ils mettent l'Administration en mesure d'exercer utilement des poursuites contre les véritables auteurs de la fraude.

1) La responsabilité pénale du détenteur est encourue par le fait seul de la découverte des objets de fraude sans que l'administration des douanes soit tenue d'établir à leur charge un acte de participation personnelle à la fraude (■ Cass. crim., 3 mars 1877 : *DP* 78, 1, 190).

2) Le détenteur d'une marchandise de fraude ne peut échapper à toute responsabilité pénale qu'en prouvant la force majeure dont il a été victime (■ Cass. crim., 25 janv. 1982 : *Bull. crim.*, n° 28 ; *JCP* 82, IV, 132).

3) L'article 392-1 du Code des douanes n'est pas abrogé par l'article 6 de la Convention européenne de sauvegarde des droits de l'homme et des libertés fondamentales (■ Cass. crim., 21 févr. 1983 : *JCP* 84, éd. E, I, 13487, n° 30, obs. Berr et Vignal). La Convention européenne ne prohibe pas de manière absolue la technique de la présomption, pourvu que celle-ci soit à la mesure de l'enjeu et préserve les droits de la défense (■ CEDH, 7 oct. 1988 : *Rev. sc. crim.* 1989, 167, obs. Tectgen).

4) En application de l'arrêté ministériel du 24 décembre 1966 pris pour l'application des articles 86 et 392 du Code des douanes et du règlement 3632/CEE du 12 décembre 1985, les détenteurs s'entendent des personnes qui, procédant à l'importation ou à l'exportation d'une marchandise, doivent effectuer la déclaration en détail de celle-ci, étant observé qu'en application de l'article 4 de ce texte, les expéditeurs ou destinataires réels de la marchandise en sont réputés détenteurs (■ Cass. crim., 9 oct. 1997 : *Bull. crim.*, n° 330).

5) En matière de contravention douanière, seules les personnes limitativement énumérées aux articles 392 à 397 du Code des douanes peuvent voir leur responsabilité pénale engagée ; encourt dès lors la censure l'arrêt qui, pour condamner les prévenus au paiement de la taxe prévue à l'article 265 *ter*, paragraphe 2, du Code des douanes, se borne à relever que ces derniers ont adhéré à la fraude, sans qualifier leur comportement au regard des articles 392 à 397 susvisés (■ Cass. crim., 4 sept. 2002 : *Bull. crim.*, n° 157 ; *Dr. pénal* 2002, comm. 137, obs. J.-H. Robert).

6) En l'absence de délégations de pouvoirs à un de ses subordonnés, le dirigeant de droit d'une société est présumé responsable des infractions douanières ou des infractions poursuivies comme en matière de douane commises par celle-ci (■ Cass. crim., 19 nov. 1998 : *Bull. crim.*, n° 310).

7) Le détenteur d'une marchandise de fraude ne peut combattre la présomption de responsabilité que l'article 392.1 du Code des douanes fait peser sur lui qu'en établissant sa bonne foi. Ne justifie pas sa décision la cour d'appel qui, pour relaxer du chef d'importation sans déclaration de marchandises prohibées le chauffeur d'un camion dans lequel ont été trouvés plus de deux cents kilos de cannabis dissimulés dans les pneus, relève que la relaxe du prévenu, au bénéfice du doute, du chef d'infraction à la législation sur les stupéfiants, ainsi que sa totale collaboration à l'enquête impliquent qu'il n'était pas de mauvaise foi (■ Cass. crim., 5 oct. 2005 : *Bull. crim.*, n° 252 ; *Dr. pénal* 2006, comm. 11, obs. J.-H. Robert ; *Rev. sc. crim.* 2006, p. 621, obs. H. Matsopoulou).

§ 2. – Capitaines de navires, commandants d'aéronefs

Art. 393. – 1° Les capitaines de navires, bateaux, embarcations et les commandants d'aéronefs sont réputés responsables des omissions et inexactitudes relevées dans les manifestes et, d'une manière générale, des infractions commises à bord de leur bâtiment.

2° Toutefois, les peines d'emprisonnement édictées par le présent code ne sont applicables aux commandants des navires de commerce ou de guerre ou des aéronefs militaires ou commerciaux qu'en cas de fraude personnelle.

Art. 394. – Le capitaine est déchargé de toute responsabilité :

***a)* Dans le cas d'infraction visé à l'article 424, 2, ci-après, s'il administre la preuve qu'il a rempli tous ses devoirs de surveillance ou si le délinquant est découvert ;**

***b)* Dans le cas d'infraction visé à l'article 424, 3°, ci-après, s'il justifie que des avaries sérieuses ont nécessité le déroutement du navire et à condition que ces événements aient été consignés au journal de bord avant la visite du service des douanes.**

§ 3. – Déclarants

Art. 395 *(L. n° 68-1247, 31 déc. 1968)*. **– 1° Les signataires de déclarations sont responsables des omissions, inexactitudes et autres irrégularités relevées dans les déclarations, sauf leur recours contre leurs commettants.**

2° Lorsque la déclaration a été rédigée en conformité des instructions données par le commettant, ce dernier est passible des mêmes peines que le signataire de la déclaration.

§ 4. – Commissionnaires en douane agréés

Art. 396. – 1° Les commissionnaires en douane agréés sont responsables des opérations en douane effectuées par leur soins.

2° Les peines d'emprisonnement édictées par le présent code ne leur sont applicables qu'en cas de faute personnelle.

1) La responsabilité des déclarants et des commissionnaires en douane, prévue par les articles 395 et 396 du Code des douanes, n'est pas exclusive de celle de leurs commettants qui auraient donné des instructions, des détenteurs des marchandises de fraude, des complices ou des intéressés à la fraude (■ Cass. crim., 23 janv. 1997 : *Bull. crim.*, n° 33).

2) Il résulte des dispositions combinées des articles 369-4 et 377 *bis* du Code des douanes que la juridiction répressive, lorsqu'elle est saisie d'une demande de l'administration des Douanes, ne peut, même en cas de relaxe, dispenser le redevable du paiement des sommes qu'elle reconnaît fraudées ou indûment obtenues. Le commissionnaire en douane agréé, qui a effectué les déclarations douanières et qui est responsable des opérations faites par ses soins, est redevable des droits éludés au sens de l'article 369-4 du Code des douanes (■ Cass. crim., 28 nov. 1996 : *Bull. crim.*, n° 439).

§ 5. – Soumissionnaires

Art. 397. – 1° Les soumissionnaires sont responsables de l'inexécution des engagements souscrits, sauf leur recours contre les transporteurs et autres mandataires.

2° À cet effet, le service auquel les marchandises sont représentées ne donne décharge que pour les quantités à l'égard desquelles les engagements ont été remplis dans le délai et les pénalités réprimant l'infraction sont poursuivies au bureau d'émission contre les soumissionnaires et leurs cautions.

§ 6. – Complices

Art. 398 *(Mod., L. n° 92-1336, 16 déc. 1992)*. – Les dispositions des articles 121-6 et 121-7 du Code pénal sont applicables aux complices de délits douaniers.

§ 7. – Intéressés à la fraude

Art. 399 *(Mod., Ord. n° 58-1238, 17 déc. 1958)*. – 1° Ceux qui ont participé comme intéressés d'une manière quelconque à un délit de contrebande ou à un délit d'importation ou d'exportation sans déclaration sont passibles des mêmes peines que les auteurs de l'infraction et, en outre, des peines privatives de droits édictées par l'article 432 ci-après.

2° Sont réputés intéressés :

***a)* Les entrepreneurs, membres d'entreprise, assureurs, assurés, bailleurs de fonds, propriétaires de marchandises et, en général, ceux qui ont un intérêt direct à la fraude ;**

***b)* Ceux qui ont coopéré d'une manière quelconque à un ensemble d'actes accomplis par un certain nombre d'individus agissant de concert, d'après un plan de fraude arrêté pour assurer le résultat poursuivi en commun ;**

***c)* Ceux qui ont sciemment, soit couvert les agissements des fraudeurs ou tenté de leur procurer l'impunité, soit acheté ou détenu, même en dehors du rayon, des marchandises provenant d'un délit de contrebande ou d'importation sans déclaration.**

3° L'intérêt à la fraude ne peut être imputé à celui qui a agi en état de nécessité ou par suite d'erreur invincible.

Bibliographie : Néel, *L'intérêt à la fraude : JCP* 90, I, 3448.

1) QPC. Non-lieu à renvoi au Conseil constitutionnel de la question prioritaire de constitutionnalité, fondée sur la prétendue absence de définition des notions « d'intéressé », « d'entrepreneur », dès lors que la question posée ne présente pas à l'évidence un caractère sérieux, en ce que, dans le respect du principe de la légalité des délits et des peines, l'article 399 du Code des douanes n'institue qu'une présomption simple, justifiée par la nature particulière des délits douaniers et reposant sur une vraisemblance raisonnable, tenant à la situation de la marchandise, telle que définie par la loi douanière et à la qualité de la personne, physique ou morale, participant aux opérations douanières, l'imputabilité des faits étant appréciée, dans chaque cas, par une juridiction indépendante et impartiale (■ Cass. crim., 21 sept. 2011, n° 11-81.535 QPC : *Dr. pén.* 2011, comm. 138, obs. J.-H. Robert).

2) La présomption d'intéressement à un délit douanier, que punissent les deux alinéas *a* et *b* de l'article 399-2 du Code des douanes, implique que le prévenu poursuivi ait, soit été directement intéressé à la fraude constatée, soit qu'il ait, par des actes matériels précis de coopération, participé d'une manière quelconque et consciente à un ensemble d'actes accomplis par des individus agissant de concert, d'après un plan de fraude arrêté pour assurer le résultat poursuivi en commun (■ Cass. crim., 18 déc. 1986 : *Bull. crim.*, n° 380).

3) S'il est vrai que la preuve de l'intention délictueuse du prévenu n'a pas été rapportée pour caractériser le délit de participation à la fraude en qualité d'intéressé, il n'en demeure pas moins que ce délit ne peut être constitué que s'il est établi contre le prévenu un acte de participation dans l'exécution proprement dite du plan de fraude (■ Cass. crim., 13 mars 1978 : *D.* 1979, 200, note Berr ; *Rev. sc. crim.* 1979, 326, obs. Vitu.■ Cass. crim., 14 avr. 1982 : *Bull. crim.*, n° 87 ; *Rev. sc. crim.* 1983, 257, obs. Vitu. ■ Cass. crim., 14 mars 1983 : *Bull. crim.*, n° 77). Si l'article 399-2 du Code des douanes exige qu'il soit constaté par le juge que le prévenu a eu conscience de coopérer à une opération irrégulière pouvant aboutir à une fraude, quand bien même il en eût ignoré les modalités, il n'est pas imposé à la partie poursuivante d'apporter la preuve que le prévenu a coopéré à l'ensemble des actes constituant le plan de fraude (■ Cass. crim., 12 nov. 1985 : *Bull. crim.*, n° 350). Selon l'article 399-2 du Code des douanes, en cas de coopération d'une manière quelconque à un plan de fraude, l'intérêt à la fraude est légalement présumé. Si le prévenu doit avoir eu conscience de coopérer à une opération irrégulière, il n'est pas nécessaire d'établir contre lui la connaissance des modalités du plan de fraude, ni l'existence d'un concert frauduleux avec l'auteur principal, ni un profit personnel retiré de l'opération ; encourt la cassation l'arrêt qui, sans répondre aux conclusions de l'Administration invoquant la participation consciente du commissionnaire à la vente de marchandises, importées sans déclaration, à un vaste plan de fraude, et sa complaisance active dans l'écoulement des produits, relaxe le prévenu du chef d'intérêt à la fraude, tout en constatant qu'il était chargé, en tant que mandataire de l'exportateur, de régler les droits et taxes liés au dédouanement et qu'il n'a pas vérifié la conformité des marchandises qu'il recevait, avec les attestations de dédouanement (■ Cass. crim., 6 août 1996 : *Bull. crim.*, n° 304). Pour un exemple de relaxe au bénéfice du doute, V. ■ Cass. crim., 22 juin 1987 : *Bull. crim.*, n° 257.

4) Le délit de participation à une fraude douanière en qualité d'intéressé à la fraude prévu par l'article 399-2*c* du Code des douanes exige, pour être constitué à la charge de ceux qui ont acheté ou détenu même en dehors du rayon douanier des marchandises provenant d'un délit de contrebande ou d'importation sans déclaration, la connaissance de l'origine desdites marchandises (■ Cass. crim., 30 oct. 1978 : *D.* 1979, 200, note Berr ; *Rev. sc. crim.* 1979, 326, obs. Vitu. ■ 9 mai 1983 : *Bull. crim.*, n° 133).

5) L'excuse de bonne foi tirée de ce que le prévenu ignorait la provenance des fonds ne saurait être admise sauf le cas d'exception pour lequel le paragraphe 2 *c* de l'article 399 impose spécialement la preuve de la connaissance délictueuse (■ Cass. crim., 7 sept. 1981 : *Bull. crim.*, n° 252).

6) La seule constatation de la qualité d'actionnaire majoritaire d'un associé solidairement responsable d'une infraction douanière ne suffit pas à caractériser la participation de la société ou de son dirigeant en qualité d'intéressé à la fraude au sens de l'article 399-2 *a* du Code des douanes (■ Cass. crim., 9 mai 1983 : *Bull. crim.*, n° 133).

7) Il suffit, pour déclarer une société commerciale intéressée à une fraude commise en matière de douane ou de change, au sens de l'article 399 du Code des douanes, et pour la condamner solidairement aux sanctions pécuniaires prononcées contre ses dirigeants en qualité d'auteurs de la fraude, qu'il soit constaté par les juges que la société poursuivie a tiré de cette fraude un bénéfice ou un avantage quelconque (■ Cass. crim., 7 janv. 1986 : *Bull. crim.*, n° 8). L'article 399 du Code des douanes est en effet applicable aux personnes morales (■ Cass. crim., 5 févr. 2003 : *Bull. crim.*, n° 24).

8) Caractérise l'intérêt direct à la fraude, au sens de l'article 399.2 *a* du Code des douanes, et justifie sa décision la cour d'appel qui, pour déclarer les prévenus, dirigeant ou animateur de discothèques, coupables du délit réputé importation en contrebande de marchandises prohibées, retient qu'ils ont facilité l'usage et la vente de stupéfiants dans leurs établissements par la mise à disposition de locaux et qu'ils avaient un intérêt à ces opérations qui contribuaient à développer le chiffre d'affaires de leurs entreprises (■ Cass. crim., 13 déc. 2000 : *Bull. crim.*, n° 379).

9) Justifient leur décision les juges qui, pour déclarer le prévenu coupable de participation comme intéressé à un délit d'importation sans déclaration de marchandises prohibées et le condamner aux peines délictuelles prévues par l'article 414 du Code des douanes, relèvent que, bien que n'apparaissant pas directement dans les échanges commerciaux qui ont conduit au mécanisme de fraude, il avait connaissance de la position venderesse de ris de jeunes bovins de la société italienne dont il détenait 20 % des parts, et de la demande de ces mêmes produits des deux sociétés les ayant vendus et revendus. Son rôle consistait à trouver des clients pour la société italienne et il n'ignorait pas l'origine des fonds importants portés au crédit de son compte bancaire, les juges ajoutant qu'il a été le principal bénéficiaire du produit des importations et qu'il a eu un intérêt direct à la fraude (■ Cass. crim., 3 mai 2001 : *Bull. crim.*, n° 107).

10) Ne saurait être considéré comme intéressé à la fraude le fait pour un individu de transmettre à son employeur l'offre de participer à un transfert de marchandises que deux ressortissants suisses souhaitaient réaliser à destination de l'Espagne si rien ne permet d'établir que le prévenu savait que le transport pour lequel il intervenait porterait sur des marchandises prohibées, en l'occurrence des cigarettes (■ Cass. crim., 18 déc. 1986 : *Bull. crim.*, n° 380).

11) En matière douanière, l'intéressement à la fraude n'est punissable que si cette fraude a un caractère délictuel (■ Cass. crim., 2 avr. 1998 : *Bull. crim.*, n° 128) ; il s'ensuit que les dispositions de l'article 399 du Code des douanes selon lesquelles les personnes intéressées à la fraude sont passibles des mêmes peines que les auteurs de l'infraction ne sont applicables qu'en matière de délit, non de contravention (■ Cass. crim., 1er oct. 1998 : *Bull. crim.*, n° 245).

12) L'article 399 du Code des douanes, qui soumet les personnes physiques et morales ayant participé, comme intéressées, à un délit douanier, aux mêmes peines que l'auteur dudit délit, est applicable lorsque ce délit est celui d'importation ou exportation de capitaux sans déclaration, prévu aux articles 464 et 465 du Code des douanes (■ Cass. crim., 26 sept. 2001 : *Bull. crim.*, n° 191).

13) L'article 399 est également applicable à un délit de contrebande ; encourt la censure l'arrêt qui, pour relaxer une société poursuivie en qualité d'intéressé à un délit douanier commis par l'un de ses employés, se borne à énoncer que la responsabilité pénale des personnes morales n'existe pas en droit douanier (■ Cass. crim., 5 févr. 2003 : *Bull. crim.*, n° 24 ; *D.* 2003, p. 2855, note J.-C. Planque).

Art. 400. – Ceux qui ont acheté ou détenu, même en dehors du rayon, des marchandises importées en contrebande ou sans déclaration, en quantité supérieure à celle des besoins de leur consommation familiale, sont passibles des sanctions contraventionnelles de la 4e classe.

Section II. – Responsabilité civile

§ 1. – Responsabilité de l'administration

Art. 401. – L'administration des douanes est responsable du fait de ses employés, dans l'exercice et pour raison de leurs fonctions seulement, sauf son recours contre eux ou leurs cautions.

Art. 402. – Lorsqu'une saisie opérée en vertu de l'article 323 (§ 2) ci-dessus n'est pas fondée, le propriétaire des marchandises a droit à un intérêt d'indemnité, à raison de 1 % par mois de la valeur des objets saisis, depuis l'époque de la retenue jusqu'à celle de la remise ou de l'offre qui lui en a été faite.

Art. 403. – S'il n'est point constaté qu'il y ait motif de saisie, il doit être payé la somme de 0,76 € à celui au domicile duquel les recherches ont été faites, en vertu de l'article 64 ci-dessus, sauf plus grands dommages et intérêts auxquels les circonstances de la visite peuvent éventuellement donner lieu.

§ 2. – Responsabilité des propriétaires des marchandises

Art. 404. – Les propriétaires des marchandises sont responsables civilement du fait de leurs employés en ce qui concerne les droits, confiscations, amendes et dépens.

L'employé, qui a importé en contrebande des marchandises prohibées en utilisant le camion de son employeur lors d'un transport effectué pour le compte de celui-ci pendant le temps du travail, même s'il a agi sans autorisation et à des fins étrangères à ses attributions, n'était pas hors de ses fonctions au sens de l'article 1384, alinéa 5, du Code civil, et l'infraction douanière qu'il a commise n'est pas indépendante du lien de préposition l'unissant à son employeur qui doit être déclaré civilement responsable.

Et l'amende douanière, à laquelle a été condamné le préposé, en raison de son caractère partiellement indemnitaire, peut être mise à la charge du civilement responsable (■ Cass. crim., 19 févr. 2003 : *Bull. crim.*, n° 43 ; *Dr. pénal* 2003, comm. 61, obs. J.-H. Robert).

§ 3. – Responsabilité solidaire des cautions

Art. 405. – Les cautions sont tenues, au même titre que les principaux obligés de payer les droits et taxes, pénalités pécuniaires et autres sommes dues par les redevables qu'ils ont cautionnés.

Section III. – Solidarité

Art. 406. – 1° Les condamnations contre plusieurs personnes pour un même fait de fraude, sont solidaires, tant pour les pénalités pécuniaires tenant lieu de confiscation que pour l'amende et les dépens.

2° Il n'en est autrement qu'à l'égard des infractions aux articles 53 (§ 1er) et 61 (§ 1er) ci-dessus qui sont sanctionnées par des amendes individuelles.

Selon l'article 406 du Code des douanes, une même infraction ne peut, en matière douanière, donner lieu qu'au prononcé solidaire d'une amende fiscale unique, quel que soit le nombre des participants à la fraude comme auteurs, complices, ou intéressés. Après avoir déclaré les deux prévenus coupables de transport et détention de marchandises réputées importées en contrebande, en l'espèce, 40,5 kg de résine de cannabis, les juges ont condamné chacun d'eux à payer une amende de 61 500 euros, représentant une fois la valeur estimée de la marchandise de fraude. En prononçant ainsi, la cour d'appel a méconnu le sens et la portée de ce principe (■ Cass. crim., 6 oct. 2004 : *JurisData* n° 2004-025601).

Art. 407 ***(Mod., L. n° 2011-525, 17 mai 2011)*****. – Les propriétaires des marchandises de fraude, ceux qui se sont chargés de les importer ou de les exporter, les intéressés à la fraude, les complices et adhérents sont tous solidaires pour le paiement de l'amende, des sommes tenant lieu de confiscation et des dépens et peuvent être soumis à une contrainte judiciaire.**

1) Doit être déclarée solidairement responsable avec son dirigeant des pénalités pécuniaires encourues la société qui a mis à sa disposition ses bureaux qui l'ont aidé à échafauder son plan de fraude (■ Cass. crim., 14 juin 1982 : *Bull. crim.*, n° 157 ; *Rev. sc. crim.* 1983, 257, obs. Vitu).

2) Si l'article 407 du Code des douanes permet la responsabilité solidaire d'une société avec son représentant légal, pour le paiement des pénalités pécuniaires, c'est à la condition que ladite société ait été elle-même attraite à cette fin dans la poursuite exercée contre son dirigeant (■ Cass. crim., 10 mai 1990 : *Bull. crim.*, n° 181).

3) Une déclaration de responsabilité, solidaire, notamment pour le paiement des pénalités douanières, prévue par l'article 407 du Code des douanes, implique qu'une autre personne soit reconnue coupable du fait poursuivi (■ Cass. crim., 18 févr. 1991 : *JCP* 91, IV, 206).

4) Les condamnations aux amendes et pénalités douanières contre plusieurs personnes ne sont solidaires, en application de l'article 406 du Code des douanes, que pour autant que ces personnes sont poursuivies pour un seul et même fait de fraude ; encourt la censure la cour d'appel qui condamne solidairement l'ensemble des prévenus au paiement d'une amende unique, alors que la prévention ne reprochait pas à ces derniers un fait de fraude unique, mais deux fraudes distinctes commises par deux groupes de prévenus distincts (■ Cass. crim., 29 oct. 1998 : *Bull. crim.*, n° 283).

Chapitre VI. – Dispositions répressives

Section I. – Classification des infractions douanières et peines principales

§ 1. – Généralités

Art. 408 ***(D. n° 64-891, 25 août 1964).*** **– Il existe cinq classes de contraventions douanières et trois classes de délits douaniers.**

Art. 409. – Toute tentative de délit douanier est considérée comme le délit même.

§ 2. – Contraventions douanières

A. – Première classe

Art. 410 ***(Mod., L. n° 68-1247, 31 déc. 1968 ; L. n° 77-1453, 29 déc. 1977 ; L. n° 81-1160, 30 déc. 1981 ; L. n° 87-502, 8 juill. 1987 ; L. fin. rect. n° 2008-1443, 30 déc. 2008).*** **– 1° Est passible d'une amende de 300 € à 3 000 € toute infraction aux dispositions des lois et règlements que l'administration des douanes est chargée d'appliquer lorsque cette irrégularité n'est pas plus sévèrement réprimée par le présent code.**

2° Tombent, en particulier, sous le coup des dispositions de l'alinéa précédent :

a) **Toute omission ou inexactitude portant sur l'une des indications que les déclarations doivent contenir lorsque l'irrégularité n'a aucune influence sur l'application des droits ou des prohibitions ;**

b) **Toute omission d'inscription aux répertoires visés à l'article 92 ci-dessus ;**

c) **Toute infraction aux dispositions des articles 72, 77-1, 236 et 261 ci-dessus ou aux dispositions des arrêtés pris pour l'application de l'article 24-2 du présent code.**

d) **Toute infraction aux règles de qualité ou de conditionnement imposées à l'importation ou à l'exportation lorsque celle-ci n'a pas pour but ou pour effet d'obtenir un remboursement, une exonération, un droit réduit ou un avantage financier.**

1) Les infractions aux lois et règlements douaniers telles que les inexactitudes portant sur l'une des indications que les déclarations doivent contenir, entrent dans les prévisions de l'article 410 du Code des douanes, dès lors que ces infractions n'ont eu aucune influence sur l'application des droits ou prohibitions (■ Cass. crim., 5 déc. 1983 : *Bull. crim.*, n° 325).

2) Encourt la cassation l'arrêt qui condamne le contrevenant au paiement de la valeur des marchandises de fraude pour tenir lieu de confiscation de celles-ci, par application de l'article 412 du Code des douanes, alors qu'à la date d'engagement des poursuites les droits compromis par la déclaration inexacte avaient été supprimés et que les faits visés à la prévention ne relevaient, le cas échéant, que des dispositions de l'article 410 dudit code (■ Cass. crim., 28 nov. 1988 : *Bull. crim.*, n° 399).

3) L'obtention frauduleuse d'avantages alloués en régime intérieur par le Fond européen d'orientation et de garantie agricole (FEOGA) constituait, avant l'entrée en vigueur de la loi du 10 février 1994, qui a introduit dans le Code des douanes, sous l'article 65 A-7° une incrimination spécifique, une contravention prévue et réprimée par l'article 410 du même code, et que les termes de ce texte, qui visent « toute infraction aux dispositions des lois et règlements que l'administration des Douanes est chargée d'appliquer », ne présentent aucun caractère d'obscurité, l'article 65 A du Code des douanes précisant, par ailleurs, que « l'administration des Douanes est habilitée à contrôler les bénéficiaires d'avantages alloués en régime intérieur par le fond européen d'orientation et de garantie agricole, section garantie » (■ Cass. crim., 18 sept. 2002 : *Bull. crim.*, 169 ; *Dr. pénal* 2002, comm. 138, obs. J.-H. Robert ; il s'agissait donc en l'espèce d'une fraude aux subventions communautaires et, solution implicite, les textes communautaires entrent dans le champ d'application de l'article 410).

B. – Deuxième classe

Art. 411 ***(L. n° 87-502, 8 juill. 1987 ; L. n° 2004-639, 2 juill. 2004 ; mod., L. fin. rect. n° 2007-1824, 25 déc. 2007).*** **– 1. Est passible d'une amende comprise entre une et deux fois le montant des droits et taxes éludés ou compromis toute infraction aux dispositions des lois et règlements que l'administration des douanes est chargée d'appliquer lorsque cette irrégularité a pour but ou pour résultat d'éluder ou de**

compromettre le recouvrement d'un droit ou d'une taxe quelconque et qu'elle n'est pas spécialement réprimée par le présent code.

2. Tombent, en particulier, sous le coup des dispositions du paragraphe précédent, les infractions ci-après quand elles se rapportent à des marchandises de la catégorie de celles qui sont passibles de droits ou taxes :

***a)* les déficits dans le nombre des colis déclarés, manifestés ou transportés sous acquit-à-caution ou document en tenant lieu ;**

***b)* les déficits sur la quantité des marchandises placées sous un régime suspensif, en magasins et aires de dédouanement ou en magasins et aires d'exportation ;**

***c)* la non-représentation des marchandises placées en entrepôt privé, en entrepôt spécial ou en entrepôt industriel ;**

***d)* la présentation à destination sous scellé rompu ou altéré de marchandises expédiées sous plombs ou cachets de douane ;**

***e)* l'inexécution totale ou partielle des engagements souscrits dans les acquits-à-caution et soumissions ;**

***f)* les excédents sur le poids, le nombre ou la mesure déclarés ;**

***g)* toute manœuvre ayant pour but ou pour résultat de faire bénéficier indûment son auteur ou un tiers d'une exonération, d'un dégrèvement ou d'une taxe réduite prévus en ce qui concerne les produits énergétiques mentionnés aux articles 265, 266 *quinquies* et 266 *quinquies* B ;**

***h)* Toute manœuvre ayant pour but ou pour résultat de faire bénéficier indûment son auteur ou un tiers d'une exonération, d'un dégrèvement, d'une déduction, d'un remboursement ou d'une taxe réduite prévus en ce qui concerne l'octroi de mer et l'octroi de mer régional ;**

***i)* l'inobservation totale ou partielle des obligations prévues à l'article 122 ci-dessus ;**

3. Sont également sanctionnées des peines contraventionnelles de la 2e classe toutes infractions compromettant le recouvrement de droits de port ou de redevances d'équipement.

1) Des sociétés qui rendent avant leur réexportation, à des étrangers en instance de retour dans leur pays d'origine, des marchandises initialement importées et placées en entrepôt douanier et qui avaient été acheminées sous le régime du travail international dans des magasins et aires de dédouanement où elles ont été stockées, se rendent coupables de contravention douanière visée à l'article 411-1° du Code des douanes (■ Cass. crim., 18 févr. 1991 : *Bull. crim.*, n° 84).

2) Les dispositions de l'article 4 du protocole additionnel n° 7 à la Convention européenne des droits de l'homme (règle non *bis* in idem) ne trouvent à s'appliquer que dans le cas où une même infraction pénale ayant donné lieu à un jugement définitif fait l'objet d'une nouvelle poursuite pénale. Elles ne sauraient donc être invoquées par un prévenu qui, dans la même procédure, pour violation de l'article 265 *ter*, paragraphe 1, du Code des douanes a été condamné au paiement de la taxe prévue au paragraphe 2 du même article et à l'amende prévue à l'article 411 du même Code (■ Cass. crim., 4 sept. 2002 : *Bull. crim.*, n° 157 ; *Dr. pénal* 2002, comm. 137, obs. J.-H. Robert).

3) Le prévenu déclaré coupable de manœuvres ayant pour but d'obtenir une exonération indue de taxation en matière d'excédents de produits pétroliers, infraction prévue à l'article 411 du Code des douanes, a été à bon droit condamné solidairement avec la société dont il était dirigeant au paiement d'une amende et des droits éludés. En effet, les dispositions de l'article 369 du Code des douanes, qui permettent au juge, en cas de circonstances atténuantes, de supprimer la solidarité à l'égard d'un condamné, ne sont pas applicables aux droits éludés et, d'autre part, les juges ne sont pas tenus de motiver spécialement leur refus de supprimer la solidarité pour le paiement de l'amende (■ Cass. crim., 9 févr. 2005 : *JurisData* n° 2005-027528).

C. – Troisième classe

Art. 412 ***(L. n° 77-1453, 29 déc. 1977 ; mod., L. fin. n° 2008-1425, 27 déc. 2008).*** **– Sont passibles de la confiscation des marchandises litigieuses et d'une amende de 150 € à 1 500 € :**

1° Tout fait de contrebande ainsi que tout fait d'importation ou d'exportation sans déclaration lorsque l'infraction porte sur des marchandises de la catégorie de celles qui ne sont ni prohibées ou fortement taxées à l'entrée, ni soumises à des taxes de consommation intérieure, ni prohibées ou taxées à la sortie ;

2° Toute fausse déclaration dans l'espèce, la valeur ou l'origine des marchandises importées, exportées ou placées sous un régime suspensif lorsqu'un droit de douane ou une taxe quelconque se trouve éludé ou compromis par cette fausse déclaration ;

3° Toute fausse déclaration dans la désignation du destinataire réel ou de l'expéditeur réel ;

4° Toute fausse déclaration tendant à obtenir indûment le bénéfice de la franchise prévue au paragraphe 1er de l'article 189 du présent code ainsi que toute infraction aux dispositions des arrêtés pris pour l'application de cet article ;

5° Tout détournement de marchandises non prohibées de leur destination privilégiée ;

6° La présentation comme unité dans les manifestes ou déclarations de plusieurs balles ou autres colis fermés, réunis de quelque manière que ce soit ;

7° Le transport de marchandises par navires étrangers d'un port français à un autre port français, hors les cas prévus à l'article 259 ci-dessus ;

8° L'absence de manifeste ou la non-représentation de l'original du manifeste ; toute omission de marchandises dans les manifestes ou dans les déclarations sommaires ; toute différence dans la nature des marchandises manifestées ou déclarées sommairement ;

9° Toute contravention à l'interdiction d'habiter en zone franche maritime ou fluviale, d'y vendre au détail ou d'y effectuer des manipulations non autorisées.

1) L'interdiction des exportations sans déclaration de marchandises prévue par les articles 412 et 414 du Code des douanes, comme celle des importations sans déclaration de moyens de paiement prévue par les articles 3 de la loi du 28 décembre 1966 et 1, 4, 6 du décret du 24 novembre 1968, est devenue inconciliable avec la libre circulation des marchandises et des capitaux, aménagée par le Traité d'adhésion de l'Espagne à la Communauté économique européenne, par l'Acte unique européen et par les articles 98 de la loi du 29 décembre 1989 et 23 de la loi du 12 juillet 1990 pris pour l'application de la directive n° 88-361/CEE du 24 juin 1988. Il en résulte que les dispositions pénales qui en assuraient jusque-là la répression cessent d'être applicables aux poursuites en cours (■ Cass. crim., 12 juin 1995 : *Bull. crim.*, n° 213).

2) Si, en application des articles 19 *quater* et 35 du Code des douanes, toute insuffisance ou inexactitude dans la déclaration de valeur en douane, entendue au sens du règlement 1224/80/CEE, peut être légalement punie des peines prévues par l'article 412 du code précité, il en va différemment lorsque les inexactitudes affectant la déclaration concernent, non le prix effectivement payé par l'importateur, mais l'indication de la valeur de la marchandise au départ du pays d'origine exigée par le règlement 2742/82/CEE, ce texte donnant de la notion de valeur à déclarer une définition inconciliable avec celle énoncée par le règlement 1224/80 précité (■ Cass. crim., 30 oct. 1995 : *Bull. crim.*, n° 329).

3) L'article 412-2°, du Code des douanes ne réprimant que la fausse déclaration de valeur en douane, toute fausse déclaration dans l'assiette de la TVA à l'importation doit être poursuivie, non de ce chef, mais sur le fondement de l'article 411 dudit code. Encourt la censure l'arrêt qui réprime comme fausse déclaration de valeur en douane, l'omission de commissions à l'achat et de frais de transport jusqu'au premier lieu de destination, alors que de telles impenses n'entrent pas dans le calcul de la valeur en douane (■ Cass. crim., 30 oct. 1997 : *Bull. crim.*, n° 364).

4) Le détournement de marchandises de leur destination privilégiée, au sens des articles 412-5° et 427-5° du Code des douanes, ne s'entend que de l'utilisation de ces marchandises à des fins autres que celles pour lesquelles leur importation a été autorisée dans le cadre des opérations privilégiées visées au titre VII du Code des douanes. Le fait de maintenir un navire de plaisance sous le régime de l'importation en franchise temporaire réservé, par l'article 196 *bis* du Code des douanes, aux objets destinés à l'usage personnel des voyageurs séjournant temporairement sur le territoire douanier, lorsque les conditions de durée de séjour requises pour l'octroi d'un tel régime ne sont plus remplies, constitue, non un détournement d'une marchandise de sa destination privilégiée, mais l'infraction d'importation sans déclaration (■ Cass. crim., 13 mars 1997 : *Bull. crim.*, n° 104).

5) Le détournement de marchandises de leur destination privilégiée, au sens de l'article 412-5° du Code des douanes, ne s'entend que de l'utilisation des marchandises susceptibles de bénéficier, dans le cadre des opérations visées au titre VII dudit code, d'un régime fiscal privilégié, à une fin autre que celle pour laquelle elle a été autorisée ; tel est le cas, notamment, de l'utilisation de vivres et produits pétroliers pour l'avitaillement d'un bâtiment de plaisance lorsque cette exemption n'a été accordée, en application des articles 190 à 194 du Code des douanes, que pour l'avitaillement d'un navire autre que de plaisance ou de sport ; tel n'est pas le cas, en revanche, d'une fausse déclaration, comme navire de commerce, d'un bâtiment de plaisance en vue de bénéficier d'une exonération du droit annuel de navigation prévu à l'article 223 du titre IX du Code des douanes, qui constitue une infraction spécifique, laquelle en l'absence de dispositions particulières, ne peut être sanctionnée que des peines prévues par l'article 411 du code précité ; tel n'est pas non plus le cas du défaut de déclaration du changement d'affectation d'un navire, ayant antérieurement bénéficié d'opérations en franchise de TVA, prévue aux articles 257-15° du Code général des impôts et 46 de l'annexe IV de ce code, qui constitue également une infraction spécifique, laquelle ne peut être punie, en l'absence de dispositions particulières, que des peines prévues à l'article 411 précité (■ Cass. crim., 14 mai 1998 : *Bull. crim.*, n° 163).

6) Il résulte des articles 412 et 423 du Code des douanes que constitue la contravention d'importation sans déclaration de marchandises non prohibées toute importation effectuée sous couvert d'une déclaration en détail non applicable aux marchandises présentées. Tel est le cas, notamment, d'une fausse déclaration d'origine. En conséquence, doit être cassé l'arrêt qui, après avoir constaté qu'un importateur avait déclaré comme originaires de Singapour des autoradios provenant du Japon, le relaxe de l'infraction prévue à l'article 412 du Code des douanes (■ Cass. crim., 7 juin 2000 : *Bull. crim.*, n° 216).

7) Les contraventions prévues à l'article 412 du Code des douanes ne supposent pas que soit établie une intention frauduleuse de la part du prévenu. Si le juge répressif peut tenir compte de la bonne foi du contrevenant, il incombe à celui qui invoque cette cause d'exonération de responsabilité d'en rapporter la preuve. Encourt en conséquence la censure la cour d'appel qui, pour relaxer un importateur poursuivi pour avoir déclaré des véhicules à une position tarifaire erronée, éludant ainsi des droits de douane, se borne à énoncer qu'il ne résulte pas des pièces du dossier que l'intéressé ait eu une intention frauduleuse en faisant les déclarations réglementaires de ses marchandises au service des douanes, qui avait toute faculté de les contrôler et de les rectifier (■ Cass. crim., 11 déc. 2002 : *Bull. crim.*, n° 225).

8) L'importation sans déclaration de marchandises ni prohibées, ni fortement taxées, ni soumises à une taxe de consommation intérieure, pour éluder le paiement de la taxe sur la valeur ajoutée résultant de cette opération (celle-ci n'étant pas une taxe au sens des articles 265 et suivants du Code des douanes) caractérise la contravention de 3e classe prévue par l'article 412 1° dudit code, sans qu'importe le lieu de constatation de l'infraction (■ Cass. crim., 13 janv. 2010 : *Bull. crim.*, n° 7).

9) La confiscation est une sanction disproportionnée lorsqu'elle est appliquée à la suite d'une infraction à la réglementation de la TVA grevant les marchandises dites de « libre pratique » circulant à l'intérieur de la Communauté (■ Cass. crim., 24 janv. 2001 : *JurisData* n° 009123 ; *Dr. pénal* 2001, comm. 76, obs. J.-H. Robert).

10) La déclaration fausse ou inexacte dans l'espèce, la valeur ou l'origine de la marchandise importée, en l'absence de toute autre fraude ou manœuvre, caractérise, lorsqu'un droit de douane ou une taxe quelconque se trouve éludé ou compromis, la contravention douanière de troisième classe prévue par l'article 412, 2° du Code des douanes (■ Cass. crim., 9 mars 2011, n° 10-80.895 : *Bull. crim.*, n° 52).

D. – Quatrième classe

Art. 413 *(Abr., L. n° 87-502, 8 juill. 1987 ; rétabli à compter du 1er janvier 2013, L. fin. rect. n° 2012-1510, 29 déc. 2012)*. **– Sans préjudice des dispositions de l'article 282 et du 2 du VII de l'article 285 *septies*, est passible d'une amende maximale de 750 € toute infraction aux dispositions légales et réglementaires régissant la taxe nationale sur les véhicules de transport de marchandises prévue aux articles 269 à 283 *quinquies* et la taxe prévue à l'article 285 *septies*.**

E. – Cinquième classe

Art. 413 *bis* *(Mod., L. n° 2009-526, 12 mai 2009 ; L. n° 2014-742, 1er juill. 2014)*. **– 1. Est passible d'un emprisonnement de dix jours à un mois et d'une amende de 90 € à 450 € toute infraction aux dispositions du *a* du 1 de l'article 53 et des articles 69 *b*, 71 et 117-2 ci-dessus, ainsi que tout refus de communication de pièces, toute dissimulation de pièces ou d'opérations dans les cas prévus aux articles 65 et 92 ci-dessus.**

2. Tombent également sous le coup des dispositions de l'alinéa précédent :

***a)* toute personne qui, ayant fait l'objet d'un retrait de l'agrément ou d'un retrait de l'autorisation de dédouaner prévus respectivement aux articles 87-3 et 88 ci-dessus, continue, soit à accomplir pour autrui, directement ou indirectement, les formalités de douane concernant la déclaration en détail des marchandises, soit à bénéficier, directement ou indirectement, de tout ou partie de rémunérations de la nature de celles définies à l'article 93 ci-dessus ;**

***b)* toute personne qui prête sciemment son concours en vue de soustraire aux effets du retrait d'agrément ou du retrait de l'autorisation de dédouaner ceux qui en auraient été atteints.**

1) La contravention douanière de cinquième classe, prévue et réprimée par l'article 413 *bis* du Code des douanes, est sanctionnée notamment d'une amende douanière qui, comme telle, a un caractère mixte, à la fois pénal et fiscal. Il s'ensuit que le prononcé de cette amende douanière ne peut être assorti du sursis (■ Cass. crim., 23 nov. 1987 : *Bull. crim.*, n° 422, premier arrêt) et que cette amende peut être prononcée, même en l'absence de poursuites du ministère public, lorsque l'administration des Douanes exerce l'action pour l'application des sanctions fiscales (■ Cass. crim., 26 févr. 1990 : *Bull. crim.*, n° 93).

2) Présente un caractère exclusivement pénal l'amende douanière qui réprime la contravention d'injures envers des agents des douanes, prévue par les articles 53-1 et 413 *bis* du Code des douanes. Une faute unique ne pouvant être sanctionnée que par une seule peine, les mêmes injures adressées à des douaniers ne peuvent donner lieu au prononcé cumulatif de l'amende fixée par ces textes avec celle prévue par l'article 433-5 du Code pénal, qui réprime l'outrage à des personnes chargées d'une mission de service public (■ Cass. crim., 16 juill. 1997 : *Bull. crim.*, n° 274).

Art. 413 *ter* *(L. n° 2013-1117, 6 déc. 2014).* **– Est passible d'une amende égale à 1 500 euros le fait de faire obstacle à l'accès aux pièces ou documents sur supports informatique, à leur lecture ou à leur saisie, mentionné au *c* du 2 de l'article 64, dans les cas autres que ceux sanctionnés à l'article 416.**

§ 3. – Délits douaniers

A. – Première classe

Art. 414 ***(Mod., Ord. n° 2000-916, 19 sept. 2000 ; L. fin. rect. n° 2002-1576, 30 déc. 2002 ; L. n° 2003-239, 18 mars 2003 ; L. n° 2011-266, 14 mars 2011 ; L. n° 2011-267, 14 mars 2011 ; L. n° 2011-525, 17 mai 2011 ; L. n° 2016-41, 26 janv. 2016).*** **– Sont passibles d'un emprisonnement de trois ans, de la confiscation de l'objet de fraude, de la confiscation des moyens de transport, de la confiscation des objets servant à masquer la fraude, de la confiscation des biens et avoirs qui sont le produit direct ou indirect de l'infraction et d'une amende comprise entre une et deux fois la valeur de l'objet de fraude, tout fait de contrebande ainsi que tout fait d'importation ou d'exportation sans déclaration lorsque ces infractions se rapportent à des marchandises de la catégorie de celles qui sont prohibées ou fortement taxées au sens du présent code.**

La peine d'emprisonnement est portée à une durée maximale de cinq ans et l'amende peut aller jusqu'à trois fois la valeur de l'objet de fraude lorsque les faits de contrebande, d'importation ou d'exportation portent sur des biens à double usage, civil et militaire, dont la circulation est soumise à restriction par la réglementation européenne.

La peine d'emprisonnement est portée à une durée de dix ans et l'amende peut aller jusqu'à dix fois la valeur de l'objet de la fraude soit lorsque les faits de contrebande, d'importation ou d'exportation portent sur des marchandises dangereuses pour la santé, la moralité ou la sécurité publiques, dont la liste est fixée par arrêté du ministre chargé des douanes, soit lorsqu'ils sont commis en bande organisée.

1) QPC. Non-lieu à renvoi au Conseil constitutionnel de la question prioritaire de constitutionnalité concernant l'article 414 du Code des douanes (■ Cass. crim., 18 juin 2010, n° 10-80.675 QPC : *JurisData* n° 2010-010123. – Rappr. ■ Cass. crim., 15 déc. 2010 : *Dr. pén.* 2011, comm. 34 [2e esp.], obs. J.-H. Robert).

2) L'article 416 (ancien) du Code des douanes et les pénalités pécuniaires qu'il édicte ne sont pas contraires au droit communautaire, la Cour de justice des communautés européennes ayant clairement spécifié qu'en matière de stupéfiants, chacun des États membres conservait la possibilité d'infliger aux trafiquants de ces produits toutes sanctions appropriées, même dans le domaine pécuniaire (■ Cass. crim., 24 juin 1985 : *Bull. crim.*, n° 245 ; V. obs. Massé *in Rev. sc. crim.* 1985, 593, et 1986, 111 ; V. aussi ■ Cass. crim., 7 avr. 1986 : *Bull. crim.*, n° 142 ; ■ 2 oct. 1997 : *JurisData* n° 004632 ; *Dr. pénal* 1998, comm. 38, obs. J.-H. Robert).

3) La sanction pécuniaire prévue par les articles 416 (ancien) 417-1 et 417-3 du Code des douanes n'est pas liée à la perception d'un droit de douane, mais à la dissimulation dans des cachettes spécialement aménagées d'un véhicule, de toutes marchandises, quelle qu'en soit la nature, notamment de stupéfiants, marchandises qui deviennent un produit de contrebande importé, dès que ce véhicule pénètre sur le territoire national (même arrêt).

4) L'amende proportionnelle de l'article 414 prononcée en répression d'un délit douanier d'importation de stupéfiants en contrebande, ne constitue pas la perception d'un droit de douane assimilable à une « dette douanière », dès lors que l'importation de ces stupéfiants est strictement interdite, sauf en cas d'utilisation à des fins médicales et scientifiques, mais est une sanction dont le caractère pénal prédomine sur l'aspect indemnitaire et relève ainsi de la législation propre à chacun des États membres de la Communauté économique européenne. En conséquence, le principe dégagé par la Cour de justice des communautés européennes, selon lequel « aucune dette douanière ne prend naissance lors de l'importation des stupéfiants qui ne font pas partie du circuit économique strictement surveillé par les autorités compétentes en vue d'une utilisation à des fins médicales et scientifiques » est sans incidence sur les dispositions de l'article 414 du Code des douanes (■ Cass. crim., 3 janv. 1986 : *Bull. crim.*, n° 1 ; V. aussi ■ Cass. crim., 3 janv. 1986 : *Bull. crim.*, n° 2 ; ■ 2 oct. 1997, préc.).

5) L'amende douanière a un caractère mixte, à la fois pénal et fiscal. Elle doit être prononcée, même en l'absence de poursuites du ministère public, lorsque l'administration des douanes exerce l'action pour l'application des sanctions fiscales (■ Cass. crim., 7 avr. 1992 : *Bull. crim.*, n° 145). Les amendes douanières, dont le maximum est fixé en fonction du montant de la fraude, possèdent, en raison de leur caractère mixte, répressif et indemnitaire, une nature propre, qui les fait échapper à la règle du non-cumul des peines prévues par les articles 132-1 à 132-7 du Code pénal (■ Cass. crim., 2 oct. 1997, préc.). *Adde*, sur le caractère mixte de l'amende douanière ■ Cass. crim., 19 févr. 2003 : *Bull. crim.*, n° 43 ; *Dr. pénal* 2003, comm. 61, obs. J.-H. Robert).

6) La diminution du montant de l'amende en cas de paiement dans le délai d'un mois n'est pas applicable aux amendes douanières (■ Cass. crim., 19 nov. 2014, n° 13-85.936).

7) La confiscation douanière, prévue aux articles 412 et 414 du Code des douanes, ne peut être prononcée qu'une seule fois pour un même objet de fraude ; encourt donc la censure l'arrêt qui, pour une tentative d'immatriculation d'un véhicule non préalablement dédouané, retient cumulativement les faits sous les qualifications d'importation réputée sans déclaration de marchandise prohibée, d'importation sans déclaration de marchandise non prohibée et de fausse déclaration de valeur, et prononce plusieurs fois la confiscation en valeur dudit véhicule (■ Cass. crim., 30 oct. 1997 : *Bull. crim.*, n° 364). – *Sur la confiscation, V. aussi sous art. 369, art. 374 et s., et art. 435.*

8) La juridiction, qui déclare le prévenu coupable d'un délit douanier prévu par l'article 414 dudit code, est tenue de prononcer sur les sanctions fiscales résultant de la combinaison dudit texte et de l'article 369 du code précité.

Dès lors, la cour d'appel qui, à tort, a déclaré irrecevable l'appel formé par l'administration des douanes d'un jugement qui, en l'absence de cette administration, a déclaré le prévenu coupable du délit douanier poursuivi sans prononcer sur les pénalités douanières encourues, nonobstant l'absence de réquisitions expresses du ministère public, avait l'obligation, après avoir annulé le jugement, d'évoquer et de statuer sur les sanctions fiscales encourues (■ Cass. crim., 11 juill. 2012, n° 11-86.617).

9) S'il résulte des dispositions combinées des articles 19 *quater*, 414 et 426 du Code des douanes que les fraudes relatives aux prélèvements et taxes établis conformément aux règlements arrêtés par le Conseil des Communautés européennes peuvent être réprimées, sans autre mesure de transposition qu'un avis aux importateurs, comme des infractions douanières, cela ne saurait conduire à punir, en violation du principe de légalité des délits et des peines, des agissements qui n'entrent pas dans les prévisions de ces règlements ; encourt donc la censure la cour d'appel qui, sur le fondement des textes précités et des règlements communautaires n° 1707-88 et 1788-89 relatifs à des importations de bovins sous contingents tarifaires préférentiels, condamne un négociant en bestiaux, du chef d'infraction douanière, pour ne s'être pas conformé à une obligation de stationnement, dans un lieu agréé, du bétail importé, alors qu'une telle obligation n'était pas une condition d'octroi du régime préférentiel imposée par la réglementation communautaire mais une règle sanitaire rajoutée au régime du contingent par un simple avis aux importateurs n'ayant pas force de loi (■ Cass. crim., 12 juin 1995 : *Bull. crim.*, n° 214).

10) Aux termes des articles 730, § 2, 232-1 *b* et 233 des dispositions d'application du Code des douanes communautaire, l'acte de franchissement de la frontière est considéré comme déclaration de placement sous le régime de l'admission temporaire, pendant le temps nécessaire à la réalisation des opérations pour lesquelles l'admission est sollicitée, la non-intervention des autorités douanières valant acceptation de la déclaration et autorisation ; ne saurait dès lors être regardée comme une importation sans déclaration de marchandise prohibée, au sens de l'article 414 du Code des douanes, l'introduction d'un hélicoptère sur le territoire national, par une société de transport française, pendant une durée de 20 jours, pour faire face, avec l'autorisation de l'aviation civile, à un surcroît temporaire d'activité (■ Cass. crim., 6 mai 1996 : *Bull. crim.*, n° 185).

11) La cour d'appel, saisie de poursuites sur la seule initiative de l'administration des douanes exerçant l'action fiscale, ne peut prononcer une peine d'emprisonnement pour délit douanier, encore que le ministère public ait relevé appel incident du jugement et requis à l'audience d'appel (■ Cass. crim., 16 janv. 1995 : *Bull. crim.*, n° 20. ■ 25 juin 1998, ci-dessous cité).

12) Par dérogation au principe de libre circulation des marchandises communautaires, et par application des articles 2 *bis* et 38, paragraphe 4 du Code des douanes, la sortie du territoire national des biens culturels à destination d'un autre État, membre de la Communauté économique européenne, demeure soumise aux dispositions de ce code ; dès lors, c'est à bon droit qu'une cour d'appel décide que la sortie de France, sans passage en douane, de tableaux de maîtres destinés à être vendus publiquement à Londres, constitue le délit de contrebande de marchandises prohibées (■ Cass. crim., 14 nov. 1996 : *Bull. crim.*, n° 410).

13) L'obligation de déclaration, concernant l'exportation de l'or en tant que valeur (art. 464 et 465 du Code des douanes), n'est pas transposable à l'or en tant que marchandise pour lui conférer le caractère de marchandise prohibée ou fortement taxée, au sens des articles 38, 414 et 428 du Code des douanes (■ Cass. crim., 25 juin 1998 : *Dr. pénal* 1998, comm. 145, obs. J.-H. Robert).

14) Les infractions à la taxe sur la valeur ajoutée commises à l'occasion d'une importation en provenance d'un autre État membre ne peuvent, selon l'article 95 du Traité CE, donner lieu à des sanctions disproportionnées par rapport à celles qui répriment en régime intérieur les infractions à la même taxe et au regard dudit texte, seules étaient encourues les peines contraventionnelles alors prévues par l'article 411 du Code des douanes pour sanctionner l'inobservation des lois et règlements ayant pour but ou pour résultat d'éluder ou compromettre le recouvrement d'un droit ou d'une taxe quelconque, et non celles de l'article 414 du même code (■ Cass. crim., 16 juin 1999 : *JurisData* n° 003455 ; *Dr. pénal* 1999, comm. 152, obs. J.-H. Robert).

15) L'article 414 s'applique à l'importation sans déclaration de déchets agricoles, en l'espèce du lisier de porc, d'un État membre à un autre (règlement n° 259-93-CEE du Conseil du 13 février 1993), s'agissant d'une marchandise prohibée (■ Cass. crim., 21 mars 2001 : *Bull. crim.*, n° 77 ; *Dr. pénal* 2001, comm. 116, obs. J.-H. Robert).

16) Il en est de même pour la poursuite des exportations d'armes de guerre (■ Cass. crim., 24 oct. 2001 : *Bull. crim.*, n° 219 ; *Dr. pénal* 2002, comm. 30, obs. J.-H. Robert). V. *supra*, Ann. *Armes*, sous art. 13 du D.-L. 18 avr. 1939.

Art. 414-1 *(L. n° 2009-594, 27 mai 2009 ; L. n° 2012-387, 22 mars 2012).* **– Est passible des peines prévues au premier alinéa de l'article 414 :**

1° Le fait d'exporter de Guyane de l'or natif soit sans déclaration en détail ou sous couvert d'une déclaration en détail non applicable aux marchandises présentées, soit en soustrayant la marchandise à la visite du service des douanes par dissimulation ;

2° La détention ou le transport d'or natif dans le rayon des douanes de Guyane sans présentation soit d'un document de transport, soit d'un document émanant d'une personne régulièrement établie sur le territoire douanier, soit d'un document attestant que l'or natif est destiné à être régulièrement exporté.

B. – Deuxième classe

Art. 415 *(L. n° 96-392, 13 mai 1996 ; Mod., L. n° 2011-267, 14 mars 2011).* **– Seront punis d'un emprisonnement de deux à dix ans, de la confiscation des sommes en infraction ou d'une somme en tenant lieu lorsque la saisie n'a pas pu être prononcée, de la confiscation des biens et avoirs qui sont le produit direct ou indirect de l'infraction et d'une amende comprise entre une et cinq fois la somme sur laquelle a porté l'infraction ou la tentative d'infraction ceux qui auront, par exportation, importation, transfert ou compensation, procédé ou tenté de procéder à une opération financière entre la France et l'étranger portant sur des fonds**

qu'ils savaient provenir, directement ou indirectement, d'un délit prévu au présent code ou d'une infraction à la législation sur les substances ou plantes vénéneuses classées comme stupéfiants.

1) Selon l'article 415 du Code des douanes, procède à une opération financière entre l'étranger et la France celui qui importe des fonds qu'il savait provenir d'un délit douanier.

Encourt dès lors la censure l'arrêt d'une cour d'appel qui, pour relaxer le prévenu, poursuivi du chef de blanchiment, retient, notamment, que l'importation de ces fonds ne peut être assimilée à une opération financière (■ Cass. crim., 15 déc. 2010, n° 10-81.734 : *Bull. crim.*, n° 204).

2) En cas de blanchiment de sommes provenant d'une fausse déclaration de valeur en douane, la base de l'évaluation de l'amende prévue à l'article 415 du Code des douanes est la différence entre la valeur réelle de la marchandise et sa valeur déclarée (■ Cass. crim., 25 mars 2015, n° 13-84.422).

3) L'infraction de blanchiment douanier suppose que l'opération financière entre la France et l'étranger porte sur le produit d'un délit prévu par le Code des douanes.

Encourt la cassation l'arrêt qui, pour déclarer la prévenue coupable de cette infraction, relève qu'elle a adressé à ses clients des fausses factures minorant la valeur des marchandises exportées afin de leur permettre de réduire l'assiette des impôts et taxes dus à l'État algérien et que le produit de cette fraude a été ensuite versé sur un compte ouvert au nom de la prévenue (■ Cass. crim., 4 mai 2016, n° 15-80.215 : *Dr. pén.* 2016, comm. 128, note J.-H. Robert).

Art. 415-1 ***(L. n° 2016-731, 3 juin 2016).*** **– Pour l'application de l'article 415, les fonds sont présumés être le produit direct ou indirect d'un délit prévu au présent code ou d'une infraction à la législation sur les substances ou plantes vénéneuses classées comme stupéfiants lorsque les conditions matérielles, juridiques ou financières de l'opération d'exportation, d'importation, de transfert ou de compensation ne paraissent obéir à d'autre motif que de dissimuler que les fonds ont une telle origine.**

C. – Troisième classe

Art. 416 ***(L. n° 2013-1117, 6 déc. 2013).*** **– Est passible d'une amende égale à 10 000 euros, ou de 5 % des droits et taxes éludés ou compromis ou de la valeur de l'objet de la fraude lorsque ce montant est plus élevé, le fait pour l'occupant des lieux de faire obstacle à l'accès aux pièces ou documents sur support informatique, à leur lecture ou à leur saisie, mentionné au *c* du 2 de l'article 64, lorsque cet obstacle est constaté dans les locaux occupés par la personne susceptible d'avoir commis les délits mentionnés aux articles 414 à 429 et 459.**

L'amende est égale à 10 000 euros lorsque cet obstacle est constaté dans les locaux occupés par le représentant en droit ou en fait de la personne susceptible d'avoir commis les délits mentionnés aux mêmes articles 414 à 429 et 459.

Art. 416 bis ***(L. n° 2014-742, 1er juill. 2014).*** **– Est passible d'un emprisonnement d'un an et d'une amende de 15 000 € le fait de s'opposer à l'exercice des fonctions dont sont chargés les agents des douanes ou de refuser de se soumettre à leurs injonctions conformément au *b* du 1 de l'article 53 et au 1 de l'article 61 du présent code.**

§ 4. – Contrebande

Art. 417 ***(Mod., Ord. n° 58-1170, 5 déc. 1958 ; L. n° 61-1396, 21 déc. 1961 ; L. n° 2012-387, 22 mars 2012).*** **– 1° La contrebande s'entend des importations ou exportations en dehors des bureaux ainsi que de toute violation des dispositions légales ou réglementaires relatives à la détention et au transport des marchandises à l'intérieur du territoire douanier.**

2° Constituent, en particulier, des faits de contrebande :

a) **[l]a violation des articles 75,76-2,78-1,81-1 et 83 ;**

b) **Les versements frauduleux ou embarquements frauduleux effectués soit dans l'enceinte des ports, soit sur les côtes, à l'exception des débarquements frauduleux visés à l'article 427, 1°, ci-après ;**

c) **Les soustractions ou substitutions en cours de transport de marchandises expédiées sous un régime suspensif, l'inobservation sans motif légitime des itinéraires et horaires fixés, les manœuvres ayant pour but ou pour résultat d'altérer ou de rendre inefficaces les moyens de scellement, de sûreté ou d'identification et,**

d'une manière générale, toute fraude douanière relative au transport de marchandises expédiées sous un régime suspensif ;

d) **La violation des dispositions, soit législatives, soit réglementaires, portant prohibition d'exportation ou de réexportation ou bien subordonnant l'exportation ou la réexportation au paiement des droits ou taxes ou à l'accomplissement de formalités particulières lorsque la fraude a été faite ou tentée en dehors des bureaux et qu'elle n'est pas spécialement réprimée par une autre disposition du présent code.**

3° Sont assimilées à des actes de contrebande les importations ou exportations sans déclaration lorsque les marchandises passant par un bureau de douanes sont soustraites à la visite du service des douanes par dissimulation dans des cachettes spécialement aménagées ou dans des cavités ou espaces vides qui ne sont pas normalement destinés au logement de marchandises.

1) Constitue une importation en contrebande de marchandises non prohibée, au sens des articles 412 et 417-2, *c)*, le transport sous le régime suspensif du transit communautaire de marchandises non prohibées à l'aide de documents d'accompagnement ne correspondant pas au chargement (solution implicite tirée de ■ Cass. crim., 11 mai 1992 : *Bull. crim.*, n° 181).

2) La sortie du territoire national des biens culturels à destination d'un autre État membre de la Communauté économique européenne, demeurant soumise, par dérogation au principe de libre circulation des marchandises et par application des articles 2 *bis* et 38, paragraphe 4, du Code des douanes, aux dispositions de ce Code c'est à bon droit qu'une cour d'appel décide que la sortie de France, sans passage en douane, de tableaux de maîtres destinés à être vendus publiquement à Londres, constitue le délit de contrebande de marchandises prohibées (■ Cass. crim., 14 nov. 1996 : *Bull. crim.*, n° 410).

3) La contrebande ou l'importation sans déclaration n'ont un caractère délictueux que lorsqu'elles portent sur des marchandises prohibées ou fortement taxées, au sens du Code des douanes. Ne constituent pas des marchandises prohibées les objets culturels dont l'importation n'est soumise à aucune formalité particulière (■ Cass. crim., 2 avr. 1998 : *Bull. crim.*, n° 128).

4) Les juridictions françaises sont compétentes pour statuer sur les poursuites engagées contre un importateur auquel il est reproché d'avoir déchargé, en France, des marchandises prohibées qui circulaient sous le régime du transit externe et qui, ainsi, ne sont pas parvenues à leur destination déclarée, ces faits constituant l'infraction de contrebande prévue à l'article 417 du Code des douanes ; la circonstance que ces faits puissent avoir pour origine une fausse déclaration à l'exportation, commise en Belgique, est, à cet égard, sans incidence (■ Cass. crim., 27 févr. 2002 : *Bull. crim.*, n° 51).

Art. 418 ***(Mod., L. n° 2012-387, 22 mars 2012).*** **– Les marchandises de la catégorie de celles qui sont prohibées à l'entrée ou fortement taxées ou soumises à des taxes de consommation intérieure sont réputées avoir été introduites en contrebande et les marchandises de la catégorie de celles dont la sortie est prohibée ou assujettie à des droits sont réputées faire l'objet d'une tentative d'exportation en contrebande lorsque, même étant accompagnées d'un document attestant de leur placement sous un régime douanier suspensif portant l'obligation expresse de le faire viser à un bureau de douane de passage, elles ont dépassé ce bureau sans que ladite obligation ait été remplie.**

1) La présomption édictée par l'article 418 du Code des douanes est absolue et s'attache au fait même du transport ou de la détention (■ Cass. crim., 3 févr. 1981, inédit).

2) L'article 6, paragraphe 2, de la Convention européenne de sauvegarde des droits de l'homme et des libertés fondamentales n'a pas pour objet de limiter les modes de preuve prévus par la loi interne, mais d'exiger que la culpabilité soit légalement établie. Ce texte ne met pas obstacle aux présomptions de fait ou de droit instituées en matière pénale, dès lors que lesdites présomptions, comme celle de l'article 418 du Code des douanes, prennent en compte la gravité de l'enjeu et laissent entiers les droits de la défense (■ Cass. crim., 30 janv. 1989 : *Bull. crim.*, n° 33). Il en est de même pour la présomption de contrebande édictée par l'article 419 du Code des douanes (■ Cass. crim., 2 oct. 1997 : *JurisData* n° 004632 ; *Dr. pénal* 1998, comm. 38, obs. J.-H. Robert).

3) Les deux qualifications d'infraction à la législation sur les stupéfiants et de contrebande de marchandises prohibées sont susceptibles d'être appliquées concurremment dès lors qu'elles résultent de la mise en œuvre d'un système intégrant poursuites et actions pénales et douanières, permettant au juge pénal de réprimer un même fait sous ses deux aspects, de manière prévisible et proportionnée, le montant global des sanctions éventuellement prononcées ne devant pas dépasser le montant le plus élevé de l'une des sanctions encourues (■ Cass. crim., 11 juill. 2017, n° 16-81.797 : *Dr. pén.* 2017, comm. 166, obs. J.-H. Robert).

Art. 419 ***(Mod., L. n° 2011-702, 22 juin 2011).*** **– 1 Les marchandises visées aux articles 2 *ter*, 215, 215 *bis* et 215 *ter* sont réputées avoir été importées en contrebande à défaut soit de justification d'origine, soit de présentation de l'un des documents prévus par ces mêmes articles ou si les documents présentés sont faux, inexacts, incomplets ou non applicables.**

2. Elles sont saisies en quelque lieu qu'elles se trouvent et les personnes visées aux 1 et 2 de l'article 215, à l'article 215 *bis* et à l'article 215 *ter* sont poursuivies et punies conformément aux dispositions de l'article 414 ci-dessus.

3. Lorsqu'ils auront eu connaissance que celui qui leur a délivré les justifications d'origine ne pouvait le faire valablement ou que celui qui leur a vendu, cédé, échangé ou confié les marchandises n'était pas en mesure de justifier de leur détention régulière, les détenteurs et transporteurs seront condamnés aux mêmes peines et les marchandises seront saisies et confisquées dans les mêmes conditions que ci-dessus, quelles que soient les justifications qui auront pu être produites.

QPC. Non-lieu à renvoi devant le Conseil constitutionnel de la question prioritaire relative à l'article 419 du Code des douanes (■ Cass. crim., 11 juin 2010, n° 09-85.874 : *JurisData* n° 2010-008737 ; *Dr. pén.* 2010, comm. 94, obs. J.-H. Robert).

Voir : J. Pannier, *Les abus de la présomption de contrebande du Code des douanes : Dr. pénal* 2009, Études 12.

1) L'article 419, alinéa 1 du Code des douanes répute importées en contrebande les marchandises visées à l'article 215 lorsque leurs détenteurs ne peuvent satisfaire aux preuves exigées par ce texte. L'héroïne figure au nombre de ces marchandises aux termes de l'arrêté du 30 octobre 1968 (■ Cass. crim., 26 mars 1984 : *Bull. crim.*, n° 125. ■ 20 oct. 2004 : *Dr. pénal* 2005, comm. 10, obs. J.-H. Robert).

– Les matériels de guerre, les matériels assimilés ainsi que les poudres et substances explosives destinées à des fins militaires sont réputés avoir été importés en contrebande, à défaut de justification d'origine ou de présentation de documents attestant que ces marchandises ont été régulièrement importées sur le territoire douanier (■ Cass. crim., 1er juill. 2009 : *Dr. pénal* 2009, comm. 137, obs. J.-H. Robert).

2) La détention de livres, photos, films, cassettes, à caractère licencieux ou pornographique est soumise à la justification de leur origine régulière par l'alinéa 2 de l'article 1-3 de l'arrêté ministériel du 24 septembre 1987, pris pour l'application de l'article 215 du Code des douanes, et il n'importe dès lors de savoir si de telles marchandises revêtent un caractère de « marchandises contraires aux bonnes mœurs » – au sens de l'article 283 du Code pénal (devenu 227-24) et si elles entrent également dans les prévisions de l'alinéa 1 de l'article 1-3 précité (■ Cass. crim., 6 févr. 1997 *Bull. crim.*, n° 50).

3) Sur la réforme du 11 décembre 1981 rendant l'article 215 applicable à l'or, V. Lamarque, *Un cas de rétroactivité de la loi pénale : l'article 215 du Code des douanes appliqué à la détention d'or : D.* 1985, chron., 285.

4) Ne justifie pas sa décision, la cour d'appel qui, pour relaxer des prévenus du chef d'importation en contrebande de marchandises soumises à justification d'origine, relève que les poinçons apposés sur certains des bijoux saisis attestent de leur origine communautaire et satisfont aux exigences de l'article 215 du Code des douanes (■ Cass. crim., 22 oct. 2008 : *Bull. crim.*, n° 213).

Art. 420 ***(Abr., L. n° 2012-387, 22 mars 2012).***

Art. 421 ***(Mod., L. n° 2012-387, 22 mars 2012).*** **– Les animaux de la catégorie de ceux qui sont prohibés ou fortement taxés à l'entrée sont réputés avoir été importés en fraude et les animaux de la catégorie de ceux dont la sortie est prohibée ou assujettie à des droits sont réputés faire l'objet d'une tentative d'exportation en contrebande dans tous les cas d'infraction ci-après indiqués :**

1° Lorsqu'ils sont trouvés dans la zone définie à l'article 208 (§ 1er) en violation des dispositions des articles 208 et 210 ci-dessus et des décrets, arrêtés et règlements pris pour leur application ;

2° En cas de déficit constaté lors des recensements et contrôles prévus par l'article 211 ci-dessus ;

3° En cas de manœuvre ou fausses déclarations tendant à obtenir indûment la délivrance de titres de circulation, l'inscription d'animaux à un compte ouvert ou leur radiation, ou l'annulation des engagements figurant sur les acquits-à-caution.

Art. 422. – Hors le cas de mortalité, le défaut de réimportation des animaux envoyés au pacage à l'étranger dans les conditions prévues à l'article 180 ci-dessus est réputé exportation en contrebande si les animaux sont de la catégorie de ceux dont la sortie est prohibée ou assujettie à des droits.

§ 5. – Importations et exportations sans déclaration

Art. 423 *(Mod., L. n° 63-1351, 31 déc. 1963).* – Constituent des importations ou exportations sans déclaration :

1° Les importations ou exportations par les bureaux de douane, sans déclaration en détail ou sous le couvert d'une déclaration en détail non applicable aux marchandises présentées ;

2° Les soustractions ou substitutions de marchandises sous douanes.

3° Le défaut de dépôt, dans le délai imparti, des déclarations complémentaires prévues à l'article 100 *bis* ci-dessus.

La fausseté des documents produits à l'appui d'une déclaration en douane est souverainement appréciée par les juges du fond. La réglementation de la Communauté économique européenne n'exige pas une procédure d'inscription de faux (■ Cass. crim., 5 déc. 1983 : *Bull. crim.*, n° 326).

Art. 424 *(L. n° 65-525, 3 juill. 1965 ; D. n° 67-1195, 2 déc. 1967 ; L. n° 68-690, 31 juill. 1968 ; L. n° 71-545, 8 juill. 1971 ; L. n° 2012-387, 22 mars 2012).* – Sont réputés faire l'objet d'une importation sans déclaration :

1° Les marchandises déclarées pour l'exportation temporaire, en cas de non-représentation ou de différence dans la nature ou l'espèce entre lesdites marchandises et celles présentées au départ ;

2° Les objets prohibés ou fortement taxés à l'entrée, ou passibles de taxes intérieures, découverts à bord des navires se trouvant dans les limites des ports et rades de commerce, indépendamment des objets régulièrement manifestés ou comportant la cargaison et les provisions de bord dûment représentées avant visite ;

3° Les marchandises spécialement désignées par arrêté du ministre de l'Économie et des Finances découvertes à bord des navires de moins de 100 tonneaux de jauge nette ou 500 tonneaux de jauge brute navigant ou se trouvant à l'ancre dans la zone maritime du rayon des douanes ;

4° Les marchandises trouvées dans les zones franches en infraction aux articles 287-1, 288-2 à 4 et 289 ci-dessus.

Art. 425. – Sont réputés importés ou exportés sans déclaration les colis excédant le nombre déclaré.

Art. 426 *(Mod., Ord. n° 58-1372, 29 déc. 1958 ; L. n° 60-1356, 17 déc. 1960 ; L. n° 66-937, 17 déc. 1966 ; L. n° 66-948, 22 déc. 1966 ; L. n° 94-114, 10 févr. 1994 ; L. n° 2001-6, 4 janv. 2001).* – Sont réputés importation ou exportation sans déclaration de marchandises prohibées :

1° Toute infraction aux dispositions de l'article 38 (§ 3) ci-dessus ainsi que le fait d'avoir obtenu ou tenté d'obtenir la délivrance de l'un des titres visés à l'article 38 (§ 3) précité, soit par contrefaçon des sceaux publics, soit par fausses déclarations ou par tous autres moyens frauduleux ;

2° Toute fausse déclaration ayant pour but ou pour effet d'éluder l'application des mesures de prohibition. Cependant, les marchandises prohibées à l'entrée ou à la sortie qui ont été déclarées sous une dénomination faisant ressortir la prohibition qui les frappe ne sont point saisies : celles destinées à l'importation sont renvoyées à l'étranger ; celles dont la sortie est demandée restent en France ;

3° Les fausses déclarations dans l'espèce, la valeur ou l'origine des marchandises ou dans la désignation du destinataire réel ou de l'expéditeur réel, lorsque ces infractions ont été commises à l'aide de factures, certificats ou tous autres documents faux, inexacts, incomplets ou non applicables ;

4° Des fausses déclarations ou manœuvres ayant pour but ou pour effet d'obtenir, en tout ou partie, un remboursement, une exonération, un droit réduit, ou un avantage quelconque attachés à l'importation ou à l'exportation, à l'exclusion des infractions aux règles de qualité ou de conditionnement lorsque ces infractions

n'ont pas pour but ou pour effet d'obtenir un remboursement, une exonération, un droit réduit ou un avantage financier ;

5° Le fait d'établir, de faire établir, de procurer ou d'utiliser une facture, un certificat ou tout autre document entaché de faux permettant d'obtenir ou de faire obtenir indûment, en France ou dans un pays étranger, le bénéfice d'un régime préférentiel prévu soit par un traité ou un accord international, soit par une disposition de la loi interne, en faveur de marchandises sortant du territoire douanier français ou y entrant ;

6° Les fausses déclarations ou manœuvres et, d'une manière générale, tout acte ayant pour but ou pour effet d'éluder ou de compromettre le recouvrement des droits prévus à l'article 19 *bis* ci-dessus.

7° Tout mouvement de marchandises visées au 4 et au 5 de l'article 38, effectué en infraction aux dispositions portant prohibition d'exportation ou d'importation.

1) Tous titres portant autorisation d'importation ou d'exportation (licences ou autres titres analogues) ne peuvent, en aucun cas, faire l'objet d'un prêt, d'une vente, d'une cession, et, d'une manière générale, d'une transaction quelconque de la part des titulaires auxquels ils ont été nominativement accordés. L'utilisation irrégulière de tels titres est constitutive du délit d'importation ou d'exportation réputée sans déclaration de marchandises prohibées, prévu et puni par les articles 38-3 et 426, C. douanes. Tel est le cas de la personne qui, sur les quotas réservés à la France par la CEE en matière de produits textiles, sollicite une licence d'importation pour le compte d'une société allemande dont les quotas sont atteints (■ Cass. crim., 5 mai 1997 : *Bull. crim.*, n° 164).

2) L'auteur d'une déclaration d'origine inexacte, concernant des marchandises importées d'un État membre de la CEE, encourt, non les peines prévues par l'article 414, C. douanes pour le délit d'importation sans déclaration, mais les seules peines prévues par l'article 410 de ce code, lorsque ces marchandises sont originaires d'un autre État membre ou y ont été mis en libre pratique ou encore lorsqu'il a ignoré l'origine réelle desdites marchandises ou n'a pu raisonnablement la connaître. Il en va, cependant, différemment lorsque le prévenu a su, en faisant une fausse déclaration d'origine, que la marchandise provenait d'un pays tiers et que l'importation de celle-ci était prohibée dans l'ensemble des États membres par un règlement communautaire régulièrement publié (■ Cass. crim., 3 févr. 1996 : *Bull. crim.*, n° 40).

3) L'origine d'un produit importé, lorsqu'elle est certifiée, en vue de l'application d'une préférence tarifaire, par un document émanant de l'autorité compétente du pays d'exportation, ne peut être remise en question que dans les conditions prévues par le règlement communautaire ou l'accord international en vertu duquel le tarif préférentiel a été accordé ; encourt, dès lors, la cassation l'arrêt qui condamne pour fausse déclaration sur l'origine de la marchandise, sans qu'ait été mise en œuvre la procédure de contrôle *a posteriori* prévue par l'article 13 du règlement n° 693/88 du 4 mars 1988, l'importateur d'articles admis au bénéfice de la préférence tarifaire généralisée accordée par la Communauté européenne aux produits industriels originaires de certains pays en voie de développement, alors que ces articles avaient été importés sous le couvert de certificats d'origine délivrés conformément à ce règlement (■ Cass. crim., 3 oct. 1996 : *Bull. crim.*, n° 344).

4) L'origine d'un produit importé dans l'Union européenne, lorsqu'elle est certifiée, en vue de l'application d'une préférence tarifaire, par un document émanant de l'autorité compétente du pays d'exportation, ne peut être remise en question que dans les conditions prévues par le règlement communautaire ou l'accord international en vertu duquel le tarif préférentiel a été accordé (■ Cass. crim., 19 juin 2013, n° 12-82.203 : *Bull. crim.*, n° 146).

5) L'appréciation des éléments retenus, pour déterminer l'origine d'un produit et l'admission de celui-ci au régime préférentiel prévu par la convention de Lomé du 8 décembre 1984, relevant exclusivement de l'administration douanière de l'État exportateur du produit fini, toute contestation relative à l'origine de ce produit, élevée par les autorités du pays d'importation, implique la mise en œuvre préalable de la procédure de contrôle *a posteriori* prévue par l'article 25 du protocole n° 1 annexé à ladite convention. En l'absence d'un tel contrôle, la valeur probante des certificats d'origine préférentielle EUR 1, à l'aide desquels la marchandise est dédouanée, ne peut être remise en cause. C'est donc à bon droit que les juges relaxent le prévenu du chef de fausses déclarations d'origine à l'aide de certificats inexacts (■ Cass. crim., 20 juin 1996 : *Bull. crim.*, n° 267).

6) Lorsqu'un contrôle a posteriori d'importations effectuées dans le cadre d'un régime douanier communautaire ne permet pas de déterminer l'authenticité du certificat d'origine ou l'origine réelle de la marchandise importée, cette origine est considérée comme inconnue et le certificat, à l'aide duquel la marchandise a été dédouanée, comme non valide ; méconnaît ce principe du droit douanier communautaire la cour d'appel qui, pour dire non caractérisée l'infraction douanière de fausse déclaration d'origine à l'importation de marchandises fortement taxées, se fonde sur le fait que le contrôle *a posteriori* des marchandises importées n'a pas permis à l'administration des douanes françaises d'obtenir une réponse des autorités douanières du pays d'origine déclaré (■ Cass. crim., 11 juin 2008, pourvoi n° 07-83.077 : *Bull. crim.*, n° 144).

7) Dans le cadre du système de préférences généralisées, les constatations relatives à l'origine des marchandises effectuées par les autorités du pays bénéficiaire s'imposent à celles du pays d'importation ; encourt, en conséquence, la censure, l'arrêt qui, pour relaxer un importateur poursuivi pour fausse déclaration d'origine à la suite de l'invalidation, par les autorités du pays exportateur, des certificats d'origine sous couvert desquels les marchandises avaient bénéficié du système des préférences généralisées, met en cause les constatations factuelles sur lesquelles cette invalidation est fondée (■ Cass. crim., 24 sept. 2003 : *Bull. crim.*, n° 170).

8) La Cour de justice des Communautés européennes ayant jugé que la taxe d'octroi de mer constituait, en ce qu'elle était assise sur la valeur en douane des marchandises au lieu de leur introduction dans les régions de Guadeloupe, Guyane, Martinique et de La Réunion, une taxe d'effet équivalent à un droit de douane à l'importation prohibée par le Traité, une telle décision fait obstacle à ce que cette taxe puisse servir de fondement, à un titre quelconque, à des poursuites pénales. Encourt donc la censure l'arrêt portant condamnation d'une personne poursuivie, du chef de fausses déclarations de valeur à l'importation à l'aide de factures inexactes, pour avoir minoré la valeur en douane servant d'assiette au calcul de la taxe d'octroi de mer, à l'occasion de l'importation à La Réunion d'une marchandise en provenance de métropole (■ Cass. crim., 26 sept. 1994 : *Bull. crim.*, n° 303).

9) Le fait de placer fictivement des produits agricoles sous le régime de l'entrepôt à l'exportation dans le but de bénéficier des avantages financiers attachés, par la Politique agricole commune, à l'exportation de tels produits constitue une infraction entrant dans les prévisions de l'article 426-4° du Code des douanes. Il en est ainsi quand bien même la fraude consisterait à déclarer comme effectivement placée en entrepôt à une date donnée une marchandise qui ne le sera que plus tard, pour bénéficier du taux de restitution à l'exportation alors en vigueur plus avantageux que celui à venir (■ Cass. crim., 19 juin 1997 : *Bull. crim.*, n° 249).

10) La Cour de justice des Communautés européennes ayant invalidé, le 11 février 1988, la taxe compensatoire, perçue sur les importations de raisins secs, aménagée par le règlement 2742/82/CEE, il ne saurait exister, antérieurement à cette date, de dette douanière permettant d'asseoir des poursuites pénales, sur le fondement des articles 426-4°, C. douanes, pour manœuvres frauduleuses ayant pour but ou pour effet d'obtenir une exonération ou une réduction de ladite taxe, et une action en recouvrement des droits compromis sur le fondement de l'article 377 *bis* dudit code (■ Cass. crim., 30 janv. 1997 : *Bull. crim.*, n° 44).

11) Sauf dispositions expresses contraires, une loi nouvelle, qui comporte des dispositions plus favorables, s'applique aux faits commis avant son entrée en vigueur et non définitivement jugés ; ce principe est applicable aux règlements communautaires, de tels textes ayant en droit interne une valeur supra-légale ; encourt donc la censure la cour d'appel qui condamne un prévenu du chef d'importation sans déclaration de marchandises prohibées, alors que par suite de l'entrée en vigueur des règlements 518/94/CEE et 519/94/CEE du 7 mars 1994 portant libération des échanges avec la Corée du Sud et le Japon, les marchandises importées avaient perdu leur caractère prohibé (■ Cass. crim., 26 mars 1998 : *Bull. crim.*, n° 116).

12) Justifie sa décision, la cour d'appel qui, pour condamner les prévenus, sur le fondement de l'article 426, 4°, du Code des douanes, retient, qu'à l'insu des exportateurs, non poursuivis, ayant bénéficié de subventions communautaires indues, ils ont opéré des fraudes sur la quantité et la qualité des marchandises exportées ; il n'importe que les prévenus n'aient pas personnellement effectué les déclarations à l'exportation ni perçu les avantages versés par les autorités communautaires (■ Cass. crim., 31 mars 1999 : *Bull. crim.*, n° 67).

– Le placement et le mélange préalables, en magasin, aire ou entrepôt d'exportation sous douane, de céréales acquises sur le marché libre ne sauraient leur conférer le statut de marchandises bénéficiant des aides allouées par la Communauté dans le cadre de la politique agricole commune (■ Cass. crim., 20 févr. 2008 ; *Bull. crim.*, n° 45 ; pourvoi n° 07-83.458 ; *Dr. pénal* 2008, comm. 68, obs. J.-H. Robert).

13) Les restitutions à l'exportation, accordées dans le cadre de la politique agricole commune (PAC), constituent des avantages au sens de l'article 426, 4°, du Code des douanes ; justifie sa décision la cour d'appel qui, pour déclarer un exportateur coupable d'exportation sans déclaration de marchandises prohibées, relève que les marchandises, qui n'ouvraient pas droit aux restitutions, ont été exportées sous une position tarifaire inapplicable (■ Cass. crim., 25 janv. 2006 : *Bull. crim.*, n° 26 ; *Dr. pénal* 2006, comm. 58, obs. J.-H. Robert).

– La prise en charge des frais de transport et la restitution des cautionnements, par l'ONIC, devenu l'ONICG, établissement public industriel et commercial substitué au FEOGA, constituent des avantages à l'exportation au sens de l'article 426 4° du Code des douanes (■ Cass. crim., 20 févr. 2008 : *Bull. crim.*, n° 45 ; pourvoi n° 07-83.458, préc.).

14) L'omission de déclarer des marchandises en douane ne constitue par des manœuvres au sens de l'article 426, 4° du Code des douanes ; encourt la censure la cour d'appel qui, pour déclarer le prévenu coupable sur le fondement de ce texte, se borne à relever que ce dernier a donné des instructions et consignes précises pour que ne soient pas déposées de déclarations en détail à la suite des lettres de transport aérien qu'il utilisait pour faire sortir les marchandises d'un magasin sous douane (■ Cass. crim., 19 févr. 2003 : *Bull. crim.*, n° 42).

15) La production, par le détenteur de marchandises de contrefaçon, de factures attestant que ces marchandises ont été achetées dans un autre État membre de l'Union européenne, ne suffit pas à établir qu'elles ont été introduites sur le territoire douanier en conformité avec les dispositions portant prohibition d'importation, au sens de l'article 215 *bis* du Code des douanes.

Cet arrêt est rendu au visa également de l'article 38-4 du Code des douanes et incriminé au 7° de l'article 426 du même code (■ Cass. crim., 23 mars 2005 : *Bull. crim.*, n° 101 ; *Rev. sc. crim.* 2006, p. 619, 2, obs. H. Matsopoulou).

16) Justifie sa décision la cour d'appel qui, pour relaxer, en raison de sa bonne foi, une personne poursuivie pour avoir déclaré à une position erronée de la nomenclature combinée du tarif douanier commun du caramel qu'elle exportait, relève, par une appréciation souveraine, qu'à aucun moment le prévenu n'a cherché à dissimuler la nature des produits en cause, qu'il a sollicité à plusieurs reprises la mise en place d'un contrôle sur leur processus de fabrication, qu'il s'est fondé, pour remplir les déclarations en douane, sur des indications fournies par un organisme professionnel et par le laboratoire des Douanes, que, pendant une longue période, l'Administration n'a soulevé aucune objection en ce qui concerne la position tarifaire des marchandises et, enfin, que la classification effectuée par le prévenu se fonde sur une interprétation de la nomenclature combinée identique à celle que la commission de conciliation et d'expertise douanière devait adopter quelques mois plus tard (■ Cass. crim., 25 janv. 2006 : *Bull. crim.*, n° 27).

17) Ne justifie pas sa décision la cour d'appel qui, après avoir constaté que le prévenu a pris en charge des marchandises ayant circulé de manière irrégulière sous le régime du transit et est intervenu dans les démarches auprès du commissionnaire en douane, notamment en lui remettant des documents revêtus de faux tampons, le relaxe du chef d'importation sans déclaration de marchandises prohibées au motif qu'il n'existe pas, dans la procédure, d'éléments de nature à établir qu'il avait conscience du fait que les tampons étaient des faux et qu'il participait à une importation illégale, alors qu'il justifie par ailleurs d'une activité professionnelle stable tout à fait étrangère au commerce des marchandises en cause. En effet il ne résulte pas de tels motifs que le prévenu ait rapporté la preuve de sa bonne foi (■ Cass. crim., 23 avr. 2007, pourvoi n° W05-87.995).

18) Constitue le délit douanier d'importation sans déclaration de marchandises prohibées prévu et réprimé par les articles 426, 3°, et 414 du Code des douanes, les fausses déclarations dans la désignation de l'expéditeur réel des marchandises, commises lors des opérations de dédouanement, à l'aide de factures inexactes, même lorsque la mention de l'expéditeur n'est que facultative (■ Cass. crim., 23 mai 2007 : *Bull. crim.*, n° 137).

Art. 427 ***(Mod., L. fin. rect. n° 2007-1824, 25 déc. 2007 ; L. n° 2011-266, 14 mars 2011).*** **– Sont réputés importations sans déclaration de marchandises prohibées :**

1° Le débarquement en fraude des objets visés à l'article 424-2° ci-dessus ;

2° Le défaut de dépôt, dans les délais impartis, de la déclaration prévue par l'article 230-2 ci-dessus.

3° La francisation frauduleuse des navires ainsi que le fait pour les navires de se trouver, sous couvert de documents de bord ou de titres de nationalité faux, falsifiés ou inapplicables, dans les eaux territoriales, rades et ports, s'il s'agit de navires de tout tonnage, et, dans la zone maritime du rayon des douanes, s'il s'agit de navires de moins de 100 tonneaux de jauge nette ou de 500 tonneaux de jauge brute ;

4° L'immatriculation, frauduleuse ou non, sans accomplissement préalable des formalités douanières, d'automobiles, de motocyclettes ou d'aéronefs ;

5° Le détournement de marchandises prohibées de leur destination privilégiée ;

6° Le détournement de produits énergétiques mentionnés aux articles 265, 266 *quinquies* et 266 *quinquies* B d'une destination privilégiée au point de vue fiscal et notamment l'utilisation de carburants agricoles à des usages autres que ceux qui sont fixés par la loi ;

7° Tout transport sur le territoire douanier de biens à double usage civil et militaire non communautaires, à destination d'un pays non membre de l'Union européenne, en violation des interdictions ou des autorisations visées à l'article 6 du règlement (CE) n° 428/2009 du Conseil, du 5 mai 2009, instituant un régime communautaire de contrôle des exportations, des transferts, du courtage et du transit des biens à double usage.

1) Selon l'article 427, 3°, du Code des douanes, est réputé importation sans déclaration de marchandise prohibée le fait de faire séjourner un navire dans les eaux territoriales françaises sous couvert d'un titre de nationalité inapplicable ; justifie dès lors sa décision une cour d'appel qui déclare un ressortissant français coupable de ce délit, après avoir constaté qu'il était le véritable propriétaire d'un navire appartenant officiellement à une société de façade immatriculée à Jersey et qu'il l'avait fait naviguer dans les eaux territoriales sous le couvert d'un passeport de navire étranger inapplicable (■ Cass. crim., 19 oct. 1995 : *Bull. crim.*, n° 316).

2) Le détournement de marchandises de leur destination privilégiée, au sens des articles 412-5° et 427-5° du Code des douanes, ne s'entend que de l'utilisation de ces marchandises à des fins autres que celles pour lesquelles leur importation a été autorisée dans le cadre des opérations privilégiées visées au titre VII du Code des douanes (■ Cass. crim., 13 mars 1997 : *Bull. crim.*, n° 104), ou de leur utilisation, s'agissant de produits pétroliers, en l'espèce du fuel domestique, hors du cadre du régime privilégié prévu (■ Cass. crim., 19 nov. 1998 : *Bull. crim.*, n° 310).

3) Ne justifie pas sa décision la cour d'appel qui, après avoir constaté que le prévenu a pris en charge des marchandises ayant circulé de manière irrégulière sous le régime du transit et est intervenu dans les démarches auprès du commissionnaire en douane, notamment en lui remettant des documents revêtus de faux tampons, la relaxe du chef d'importation sans déclaration de marchandises prohibées au motif qu'il n'existe pas, dans la procédure, d'éléments de nature à établir qu'il avait conscience du fait que les tampons étaient des faux et qu'il participait à une importation illégale, alors qu'il justifie par ailleurs d'une activité professionnelle stable tout à fait étrangère au commerce des marchandises en cause (■ Cass. crim., 25 avr. 2007, pourvoi n° 06-87.995).

Art. 428 ***(Mod., L. n° 66-948, 22 déc. 1966 ; L. n° 94-102, 5 févr. 1994 ; L. n° 2007-1544, 29 oct. 2007).*** **– 1° Est réputée importation ou exportation sans déclaration de marchandises prohibées toute infraction aux dispositions soit législatives, soit réglementaires portant prohibition d'importation ou d'exportation ou de réexportation ou bien subordonnant l'exportation ou la réexportation au paiement de droits, de taxes ou à l'accomplissement de formalités particulières, lorsque la fraude a été faite ou tentée par les bureaux et qu'elle n'est pas spécialement réprimée par une autre disposition du présent code.**

2° Dans le cas où les marchandises ayant été exportées par dérogation à une prohibition de sortie, à destination d'un pays déterminé, sont, après arrivée dans ce pays, réexpédiées sur un pays tiers, l'exportation est passible des peines de l'exportation sans déclaration s'il est établi que cette réexpédition a été effectuée sur ses instructions, à son instigation ou avec sa complicité, ou encore s'il est démontré qu'il en a tiré profit ou qu'il avait connaissance de la réexpédition projetée au moment de l'exportation.

3° Les dispositions du I ci-dessus ne sont pas applicables aux infractions aux règles de qualité ou de conditionnement imposées à l'exportation.

1) Faute de mesures de transpositions en droit interne, au visa des articles 21 et 22 du Code des douanes, permettant de réprimer les manquements aux prescriptions de règlements 1432/92, 2656/92, 990/93 des 1er et 8 septembre 1992 et 26 avril 1993, restreignant les relations commerciales avec les Républiques de Serbie et du Monténégro, l'exportation de denrées alimentaires à destination de ces pays, courant 1992, ne peut être poursuivie sur le fondement des articles 38, 428 et 414 du Code des douanes (■ Cass. crim., 18 mai 1998 : *Bull. crim.*, n° 168 ; *Dr. pénal* 1998, comm. 134, obs. J.-H. Robert).

2) L'or n'étant plus une marchandise prohibée, l'exportation de lingots d'or sans déclaration n'entre pas dans les prévisions des articles 428-1 et 414 du Code des douanes mais peut être poursuivie pour le délit de défaut de déclaration de transfert de fonds à destination de l'étranger prévu par les articles 464 et 465 du Code des douanes, sauf au prévenu à rapporter la preuve que la valeur des lingots d'or était inférieure à 50 000 F lors de chaque transfert (■ Cass. crim., 29 mars 2000 : *Bull. crim.*, n° 145).

3) Il résulte de l'article 5 du décret du 24 août 1995, pris en application des articles L. 212-1 et L. 221-3 du Code de la consommation, que tout importateur de bicyclettes doit tenir, à la disposition des agents chargés du contrôle, un dossier permettant, à ces derniers, de s'assurer de la conformité des produits aux exigences essentielles de sécurité.

Se rend coupable d'importation sans déclaration de marchandises prohibées l'importateur de bicyclettes qui n'est pas en mesure de produire un tel dossier lors de l'importation, même s'il peut démontrer par la suite que les marchandises sont conformes aux normes de sécurité applicables dans un autre État membre (■ Cass. crim., 6 avr. 2005 : *Bull. crim.*, n° 119).

Art. 429 *(D. n° 55-594, 20 mai 1955 ; D. n° 63-673, 8 juill. 1963 ; D. n° 64-732, 16 juill. 1964).* **– 1° Lorsqu'il est fait application des dispositions de l'article 119 *bis* ci-dessus, l'exportation ou la tentative d'exportation sans déclaration donne lieu, indépendamment des sanctions prévues par la législation du territoire de départ à l'application des pénalités édictées en cas d'importation sans déclaration dans le territoire de destination, sous réserve qu'il s'agisse de marchandises prohibées, assujetties à des droits de consommation intérieure, ou fortement taxées à l'entrée dans le territoire de destination ;**

2° Le service des douanes du territoire de départ est autorisé à percevoir, au profit du budget du territoire de destination, le montant des réparations pécuniaires ainsi encourues ;

3° Les dispositions du présent article ne sont applicables dans les relations directes entre le territoire douanier d'une part, les territoires d'outre-mer de la République française, d'autre part, que sous réserve de l'accord des autorités qualifiées de ces derniers territoires.

Section II. – Peines complémentaires

§ 1. – Confiscation

Art. 430 *(Mod., L. n° 77-1453, 23 déc. 1977).* **– Indépendamment des autres sanctions prévues par le présent code, sont confisqués :**

1° Les marchandises qui ont été ou devaient être substituées dans les cas prévus aux articles 411 (§ 2 a), 417 (§ 2 c) et 423-2° ;

2° Les marchandises présentées au départ dans le cas prévu par l'article 424-1° ci-dessus ;

3° Les moyens de transport lorsque le conducteur refuse d'obéir aux injonctions visées à l'article 61-1 ci-dessus.

§ 2. – Astreinte

Art. 431. – Indépendamment de l'amende encourue pour refus de communication dans les conditions prévues aux articles 65 et 92 ci-dessus, les contrevenants doivent être condamnés à représenter les livres, pièces ou documents non communiqués, sous une astreinte de 1,50 € au minimum par chaque jour de retard.

Cette astreinte commence à courir du jour même de la signature par les parties ou de la notification du procès-verbal dressé pour constater le refus d'exécuter le jugement régulièrement signifié ; elle ne cesse que du jour où il est constaté, au moyen d'une mention inscrite par un agent de contrôle sur un des principaux livres de la société ou de l'établissement, que l'administration a été mise à même d'obtenir la communication ordonnée.

L'astreinte, prononcée en vertu de l'article 431 du Code des douanes, n'a le caractère ni d'une peine complémentaire ni celui d'une peine accessoire. Après avoir justement énoncé que la procédure de recouvrement par avis à tiers détenteur est réservée aux créances privilégiées et que la liste de ces créances, fixée à l'article 379 du même Code, est limitative, les juges d'appel ont, à bon droit, décidé que la créance d'astreinte comminatoire non liquidée ne pouvait être recouvrée par voie d'avis à tiers détenteur et, en conséquence, annulé cet avis (■ Cass. crim. 18 déc. 1990 : *Bull. crim.*, n° 328).

§ 3. – Peines privatives de droits

Art. 432 *(Mod., L. n° 68-1247, 31 déc. 1968).* **– 1° En sus des sanctions prévues par le présent code, ceux qui sont jugés coupables d'avoir participé comme intéressés d'une manière quelconque à un délit de contrebande ou à un délit d'importation ou d'exportation sans déclaration sont déclarés incapables de se présenter à la Bourse, d'exercer les fonctions d'agent de change [de société de bourse] ou de courtier, d'être électeur ou élu aux chambres de commerce, tribunaux de commerce et conseils de prud'hommes tant et aussi longtemps qu'ils n'auront pas été relevés de cette incapacité.**

2° À cet effet, des extraits des jugements ou arrêts relatifs à ces individus sont envoyés par le procureur de la République près le tribunal correctionnel ou par le procureur général près la cour d'appel, aux procureurs généraux ainsi qu'à tous les directeurs des douanes pour être affichés et rendus publics dans tous les auditoires, bourses et places de commerce, et pour être insérés dans les journaux conformément à l'article 149 de la loi n° 67-563 du 13 juillet 1967 sur le règlement judiciaire [abrogée], la liquidation des biens, la faillite personnelle et les banqueroutes.

Art. 432 *bis* *(L. n° 2011-525, 17 mai 2011).* **– Les personnes physiques coupables des infractions prévues aux articles 414 et 459 encourent les peines complémentaires suivantes :**

1° L'interdiction, suivant les modalités prévues par l'article 131-27 du Code pénal, d'exercer une profession commerciale ou industrielle, de diriger, d'administrer, de gérer ou de contrôler à un titre quelconque, directement ou indirectement, pour son propre compte ou pour le compte d'autrui, une entreprise commerciale ou industrielle ou une société commerciale ;

2° La suspension, pour une durée de trois ans au plus, ou de six ans au plus en cas de récidive, du permis de conduire, la juridiction pouvant limiter cette peine à la conduite en dehors de l'activité professionnelle.

Art. 433. – 1° Quiconque sera judiciairement convaincu d'avoir abusé d'un régime suspensif pourra, par décision du directeur général des douanes et droits indirects, être exclu du bénéfice du régime de l'admission temporaire et être privé de la faculté du transit et de l'entrepôt ainsi que de tout crédit de droits.

2° Celui qui prêterait son nom pour soustraire aux effets de ces dispositions ceux qui en auraient été atteints encourra les mêmes peines.

Section III. – Cas particuliers d'application des peines

§ 1. – Confiscation

Art. 434. – 1° Dans les cas d'infraction visés aux articles 424-2° et 427-1°, la confiscation ne peut être prononcée qu'à l'égard des objets de fraude. Toutefois, les marchandises masquant la fraude et les moyens de transport ayant servi au débarquement et à l'enlèvement des objets frauduleux sont confisqués lorsqu'il est établi que le possesseur de ces moyens de transport est complice des fraudeurs.

2° Dans le cas de nouvel établissement d'un bureau, les marchandises non prohibées à l'importation ou à l'exportation ou non fortement taxées ne sont sujettes à confiscation, pour n'y avoir pas été conduites ou déclarées, que deux mois après publication ordonnée par l'article 47, paragraphe 2, ci-dessus.

Art. 435. – Lorsque les objets susceptibles de confiscation n'ont pu être saisis ou lorsque, ayant été saisis, la douane en fait la demande, le tribunal prononce, pour tenir lieu de la confiscation, la condamnation au paiement d'un somme égale à la valeur représentée par lesdits objets et calculée d'après le cours du marché intérieur à l'époque où la fraude a été commise.

1) Les dispositions de l'article 435 du Code des douanes – qui permettent à l'Administration de solliciter la condamnation d'un contrevenant au paiement d'une somme pour tenir lieu de confiscation, au cas où les objets susceptibles de confiscation n'ont pu être saisis ou lorsque, ceux-ci ayant été saisis, leur confiscation n'est que facultative – ne sauraient recevoir application, sans méconnaître la règle du non-cumul des peines de même nature, prévue par l'article 132-3 du Code pénal, dans l'hypothèse où les juges ont déjà prononcé la confiscation des objets préalablement saisis. Doit en conséquence être approuvée, la cour d'appel qui refuse de faire droit à la demande de confiscation en valeur présentée par l'administration des Douanes, motifs pris de ce que cette confiscation a déjà été prononcée en nature, sur le fondement des articles 369-4 du

Code des douanes, L. 629 du Code de la santé publique et 131-21 du Code pénal, eu égard au caractère dangereux pour la santé des produits stupéfiants saisis (■ Cass. crim., 21 mars 1996 : *Bull. crim.*, n° 127).

Dans le même sens, pour le cas où la destruction des objets de fraude a été ordonnée, *adde* ■ Cass. crim., 1er oct. 1998 : *JurisData* n° 004393 ; *Dr. pénal* 1999, comm. 57, obs. J.-H. Robert.

2) En matière douanière chaque infraction ne peut donner lieu à l'application – solidaire – que d'une seule condamnation pécuniaire tenant lieu de confiscation, quel que soit le nombre de participants comme auteurs, complices ou intéressés à la fraude (■ Cass. crim., 6 mai 1971 : *Bull. crim.*, n° 139).

3) La confiscation douanière, prévue aux articles 412 et 414 ne peut être prononcée qu'une seule fois pour un même objet de fraude (■ Cass. crim., 30 oct. 1997 : *Bull. crim.*, n° 364).

4) La condamnation au paiement d'une somme pour tenir lieu de confiscation de la marchandise, prévue à titre de sanction par les articles 412 et 414 implique, lorsque celle-ci a été préalablement saisie, la mainlevée de cette mesure et la restitution de la marchandise (■ Cass. crim., 29 mai 1997 : *Bull. crim.*, n° 214), mais elle peut être prononcée sans que la mainlevée de la saisie ait été ordonnée lorsque l'objet, confié à la garde de son propriétaire après saisie, a été détruit (■ Cass. crim., 11 oct. 2006 : *Bull. crim.*, n° 249).

5) La chose confisquée est, en application de l'article 131-21 du Code pénal, dévolue à l'État, sauf disposition particulière prévoyant sa destruction ou son attribution. Encourt la cassation l'arrêt qui, après avoir ordonné la confiscation de sommes saisies, en prononce l'affectation aux pénalités douanières mises à la charge du prévenu, alors qu'aucun texte n'autorise une telle attribution (■ Cass. crim., 15 mai 1997 : *Bull. crim.*, n° 187).

6) L'article 435 du Code des douanes autorise le prononcé de la confiscation même lorsque la marchandise de fraude, à laquelle cette mesure s'applique, n'a pas été préalablement saisie, la confiscation ayant alors lieu en valeur (■ Cass. crim., 19 nov. 1998 : *Bull. crim.*, n° 310).

§ 2. – Modalités spéciales de calcul des pénalités pécuniaires

Art. 436 ***(D. n° 75-862, 2 sept. 1975, cod. règl. CEE. n° 950-68, 28 juin 1968, institutif du tarif douanier commun).*** **– Lorsqu'il n'est pas possible de déterminer le montant des droits et taxes réellement exigibles ou la valeur réelle des marchandises litigieuses, en particulier dans les cas d'infraction prévus par les articles 411 (§ 2 a), 417 (§ 2 c), 421-3°, 423-2° et 426-1°, les pénalités sont liquidées sur la base du tarif le plus élevé applicable à la catégorie la plus fortement taxée des marchandises de même nature et d'après la valeur moyenne indiquée par la dernière statistique douanière mensuelle.**

Art. 437 ***(L. n° 77-1453, 29 déc. 1977 ; mod., L. n° 81-1160, 30 déc. 1981).*** **– Le montant des amendes multiples de droits ou de la valeur ne peut être inférieur à 150 € ou 300 € selon qu'elles sont définies en fonction des droits ou de la valeur.**

Dans les cas visés à l'article 411-2 a et b relatif aux déficits dans le nombre des colis et sur les quantités de marchandises et dans les cas visés à l'article 417-2 c relatif aux soustractions ou substitutions en cours de transport de marchandises, le taux minimal des amendes prononcées est fixé à 30 € par colis, ou, s'il s'agit de marchandises en vrac, par tonne ou fraction de tonne.

Art. 438. – Lorsque le tribunal a acquis la conviction que des offres, propositions d'achat ou de vente, conventions de toute nature, portant sur les objets de fraude ont été faites ou contractées à un prix supérieur au cours du marché intérieur, à l'époque où la fraude a été commise, il peut se fonder sur ce prix pour le calcul des peines fixées par le présent code en fonction de la valeur desdits objets.

Fait l'exacte application de l'article 438 du Code des douanes l'arrêt qui, pour fixer le montant des pénalités douanières prévues par les articles 414 et 435 dudit code, dans les limites des conclusions de l'Administration poursuivante, se réfère au prix obtenu par l'objet de fraude dans une offre d'achat dont la sincérité n'est pas contestée (■ Cass. crim., 14 janv. 1991 : *Bull. crim.*, n° 22).

Art. 438 *bis* ***(Ord. n° 58-1372, 29 déc. 1958).*** **– Dans les cas d'infraction prévus à l'article 426 (4°) ci-dessus, les pénalités sont déterminées d'après la valeur attribuée pour le calcul du remboursement, de l'exonération, du droit réduit ou de l'avantage recherchés ou obtenus, si cette valeur est supérieure à la valeur réelle.**

§ 3. – Concours d'infractions

Art. 439. – 1° Tout fait tombant sous le coup de dispositions répressives distinctes édictées par le présent code doit être envisagé sous la plus haute acception pénale dont il est susceptible.

2° En cas de pluralité de contraventions ou de délits douaniers, les condamnations pécuniaires sont prononcées pour chacune des infractions dûment établies.

Tout fait tombant sous le coup de dispositions répressives distinctes édictées par le Code des douanes doit être envisagé, par application de l'article 439 de ce code, sous la plus haute acception pénale dont il est susceptible (■ Cass. crim., 30 oct. 1997 : *Bull. crim.*, n° 364).

Art. 440. – Sans préjudice de l'application des pénalités édictées par le présent code, les délits d'injures, voies de fait, rébellion, corruption ou prévarication et ceux de contrebande, avec attroupement et port d'armes sont poursuivis, jugés et punis conformément au droit commun.

ANNEXE 28

ENVIRONNEMENT

Bibliographie : Ch. Huglo et M. P. Maitre, *Code de l'environnement, Lexisnexis 2018.* • E. Fils, A. Gogorza, D. Guihal, J. Lagoutte, V. Jaworski, *Environnement : JCl. Lois pénales spéciales.* • Th. Fossier, D. Guihal et J.-Henri Robert, *Doit répressif de l'environnement : Economica* 2016. • A. Gogorza, *Le droit pénal de l'environnement : Dr. pén.* 2013, dossier 4. • L. Neyret, *Le droit pénal au secours de l'environnement : JCP* 2015, p. 466.

I. – PROTECTION DE L'AIR

Code de l'environnement

TITRE II. – AIR ET ATMOSPHÈRE

Art. L. 220-1 *(Mod., L. n° 2010-788, 12 juill. 2010).* **– L'État et ses établissements publics, les collectivités territoriales et leurs établissements publics ainsi que les personnes privées concourent, chacun dans le domaine de sa compétence et dans les limites de sa responsabilité, à une politique dont l'objectif est la mise en œuvre du droit reconnu à chacun à respirer un air qui ne nuise pas à sa santé.**

La protection de l'atmosphère intègre la prévention de la pollution de l'air et la lutte contre les émissions de gaz à effet de serre.

Art. L. 220-2 *(Mod., L. n° 2010-788, 12 juill. 2010).* **– Constitue une pollution atmosphérique au sens du présent titre l'introduction par l'homme, directement ou indirectement ou la présence, dans l'atmosphère et les espaces clos, d'agents chimiques, biologiques ou physiques ayant des conséquences préjudiciables de nature à mettre en danger la santé humaine, à nuire aux ressources biologiques et aux écosystèmes, à influer sur les changements climatiques, à détériorer les biens matériels, à provoquer des nuisances olfactives excessives.**

CHAPITRE I. – SURVEILLANCE DE LA QUALITÉ DE L'AIR ET INFORMATION DU PUBLIC

Section I. – Surveillance de la qualité de l'air

Art. L. 221-1 *(Mod., L. n° 2008-757, 1er août 2008 ; L. n° 2016-41, 26 janv. 2016).* **– I. – L'État assure, avec le concours des collectivités territoriales dans le respect de leur libre administration et des principes de décentralisation, la surveillance de la qualité de l'air et de ses effets sur la santé et sur l'environnement. Il**

confie à l'Agence de l'environnement et de la maîtrise de l'énergie la coordination technique de la surveillance de la qualité de l'air. Des normes de qualité de l'air ainsi que des valeurs-guides pour l'air intérieur définies par décret en Conseil d'État sont fixées, après avis de l'*(Mots rempl. à compter d'une date et dans les conditions fixées par décret et au plus tard le 1er juillet 2010, Ord. n° 2010-18, 7 janv. 2010)* « Agence nationale chargée de la sécurité sanitaire de l'alimentation, de l'environnement et du travail », en conformité avec celles définies par l'Union européenne et, le cas échéant, par l'Organisation mondiale de la santé. Ces normes sont régulièrement réévaluées pour prendre en compte les résultats des études médicales et épidémiologiques.

Un objectif pluriannuel de diminution de la moyenne annuelle des concentrations journalières de particules atmosphériques est fixé par arrêté des ministres chargés de l'environnement et de la santé, pris après avis de l'Agence nationale chargée de la sécurité sanitaire de l'alimentation, de l'environnement et du travail.

II. – Afin de prévenir leurs effets sur la santé, une surveillance des pollens et des moisissures de l'air ambiant est coordonnée par des organismes désignés par arrêté des ministres chargés de l'environnement et de la santé. Les résultats de cette surveillance font l'objet d'une information du public et des acteurs concernés.

III. – Les substances dont le rejet dans l'atmosphère peut contribuer à une dégradation de la qualité de l'air au regard des normes mentionnées au premier alinéa sont surveillées, notamment par l'observation de l'évolution des paramètres propres à révéler l'existence d'une telle dégradation. Les paramètres de santé publique susceptibles d'être affectés par l'évolution de la qualité de l'air sont également surveillés.

Art. L. 221-2. – *(L. n° 2008-757, 1er août 2008 ; L. n° 2015-992, 17 août 2015)* Un dispositif de surveillance de la qualité de l'air et de ses effets sur la santé et sur l'environnement couvre l'ensemble du territoire national. Les modalités de surveillance sont adaptées aux besoins de chaque zone, notamment ceux des agglomérations de plus de 100 000 habitants.

Un décret en Conseil d'État fixe la liste des substances surveillées ainsi que les normes de qualité de l'air mentionnées à l'article L. 221-1. La liste des communes incluses dans les agglomérations de plus de 100 000 habitants est établie par arrêté conjoint des ministres chargés de l'environnement et des transports. Cet arrêté est mis à jour au moins tous les cinq ans.

Art. L. 221-3 *(Mod., L. n° 2010-788, 12 juill. 2010)*. – Dans chaque région, et dans la collectivité territoriale de Corse, l'État confie la mise en œuvre de la surveillance prévue à l'article L. 221-2 à un organisme agrée pour un ou des paramètres donnés de la qualité de l'air. Celui-ci associe, de façon équilibrée, des représentants de l'État et de l'Agence de l'environnement et de la maîtrise de l'énergie, des collectivités territoriales et leurs groupements des représentants des diverses activités contribuant à l'émission des substances surveillées, des associations de protection de l'environnement agréées au titre de l'article L. 141-1, des associations agréées de consommateurs et, le cas échéant, faisant partie du même collège que les associations, des personnalités qualifiées. Les modalités d'application du présent article sont définies par un décret en Conseil d'État.

Art. L. 221-4 *(Mod., Ord. n° 2010-1232, 21 oct. 2010)*. – Les matériels de mesure de la qualité de l'air et de mesure des rejets de substances dans l'atmosphère, ainsi que les laboratoires qui effectuent des analyses et contrôles d'émissions polluantes, sont soumis à agrément de l'autorité administrative. Celle-ci détermine les méthodes de mesure et les critères d'emplacement des matériels utilisés.

Par dérogation au régime d'agrément prévu à l'alinéa précédent, tout prestataire légalement établi et autorisé à réaliser des analyses et contrôles d'émissions polluantes dans un autre État membre de l'Union européenne ou dans un autre État partie à l'accord sur l'Espace économique européen peut exercer en France cette activité à titre temporaire et occasionnel, lorsque l'autorisation dont il bénéficie dans cet État présente des garanties équivalentes à celles requises par la réglementation nationale et sous réserve, avant la première prestation, d'avoir déclaré son activité auprès de l'autorité administrative compétente. Les modalités d'application du présent alinéa sont fixées par arrêté du ministre chargé de l'environnement.

Art. L. 221-5. – Les agréments délivrés en application de la présente section peuvent être retirés lorsque les organismes ou laboratoires ainsi que les matériels de mesure ne satisfont plus aux conditions qui ont conduit à les délivrer.

Section II. – Information du public

Art. L. 221-6 *(Mod. à compter d'une date et dans les conditions fixées par décret et au plus tard le 1er juillet 2010, Ord. n° 2010-18, 7 janv. 2010 ; L. n° 2016-41, 16 janv. 2016).* – Les résultats d'études épidémiologiques liées à la pollution atmosphérique, les résultats d'études sur l'environnement liées à la pollution atmosphérique ainsi que les informations et prévisions relatives à la surveillance de la qualité de l'air, aux émissions dans l'atmosphère et aux consommations d'énergie font l'objet d'une publication périodique qui peut être confiée, pour leur zone de compétence, aux organismes agréés mentionnés à l'article L. 221-3.

Les résultats d'études épidémiologiques et d'études sur l'environnement liées aux rayonnements ionisants font l'objet d'une publication par l'Institut de radioprotection et de sûreté nucléaire et l'Institut de veille sanitaire, en fonction des missions qui leur sont respectivement attribuées.

L'État publie chaque année un inventaire des émissions des substances polluantes et un inventaire des consommations d'énergie. Il publie également un rapport sur la qualité de l'air, son évolution possible et ses effets sur la santé et l'environnement et les risques qui en résultent. L'inventaire des émissions des substances polluantes et ce rapport sont soumis à l'avis du de l'Agence nationale chargée de la sécurité sanitaire de l'alimentation, de l'environnement et du travail.

Lorsque les normes de qualité de l'air mentionnées à l'article L. 221-1 ne sont pas respectées ou risquent de ne pas l'être, le public en est immédiatement informé par l'autorité administrative compétente. Cette information porte également sur les niveaux de concentration de polluants, les risques sur la santé et l'environnement, les conseils aux populations concernées et les dispositions arrêtées. L'autorité administrative compétente peut déléguer la mise en œuvre de cette information aux organismes agréés prévus à l'article L. 221-3.

....

CHAPITRE VI. – CONTRÔLES ET SANCTIONS

Art. L. 226-1 *(Abr. à compter du 1er juill. 2013, Ord. n° 2012-34, 11 janv. 2012).*

Art. L. 226-2 *(Rempl. à compter du 1er juill. 2013, Ord. n° 2012-34, 11 janv. 2012 ; Ord. n° 2016-128, 10 févr. 2016 ; Ord. n° 2016-301, 14 mars 2016).* – Outre les officiers et agents de police judiciaire et les inspecteurs de l'environnement mentionnés à l'article L. 172-1, sont habilités à rechercher et à constater les infractions aux dispositions du présent titre ainsi que des textes et des décisions pris pour leur application :

1° Les agents de la concurrence, de la consommation et de la répression des fraudes, qui disposent à cet effet des pouvoirs prévus au I de l'article L. 511-22 du Code de la consommation ;

2° Les agents des douanes ;

3° Les ingénieurs et techniciens du laboratoire central et les inspecteurs de salubrité de la préfecture de police ;

4° Les inspecteurs de la sûreté nucléaire, dans les conditions prévues au chapitre VI du titre IX du livre V.

Art. L. 226-3 à L. 226-5 *(Abr. à compter du 1er juill. 2013, Ord. n° 2012-34, 11 janv. 2012).*

Section II. – Sanctions

Art. L. 226-6. – La procédure de l'amende forfaitaire est applicable aux contraventions aux dispositions prises en application du présent titre.

Art. L. 226-7. – Les mesures prévues aux articles L 25 à L. 26 du Code de la route sont applicables aux véhicules en infraction aux dispositions du présent titre ou aux textes pris pour son application.

Art. L. 226-8. – I à III *(I à III abr. à compter du 1er juill. 2013, Ord. n° 2012-34, 11 janv. 2012).*

IV. – Les décisions prises en application des paragraphes précédents sont soumises à un contentieux de pleine juridiction.

V et VI *(V et VI abr. à compter du 1er juill. 2013, Ord. n° 2012-34, 11 janv. 2012).*

Art. L. 226-9 *(Mod à compter du 1er juill. 2013, Ord. n° 2012-34, 11 janv. 2012).* – Lorsqu'une entreprise industrielle, commerciale, agricole ou de services émet des substances polluantes constitutives d'une pollution

atmosphérique, telle que définie à l'article L. 220-2, en violation d'une mise en demeure prononcée en application des articles L. 171-7 ou L. 171-8, l'exploitant est puni de deux ans d'emprisonnement et de 75 000 euros d'amende.

Art. L. 226-10 et L. 226-11 *(Abr. à compter du 1er juill. 2013, Ord. n° 2012-34, 11 janv. 2012).*

§ 10. – Expérimentation de zones d'actions prioritaires pour l'air

Art. R. 226-17 *(D. n° 2012-237, 20 févr. 2012).* – **Le fait, pour le conducteur d'un véhicule, de contrevenir aux mesures d'interdiction ou de restriction de la circulation mentionnées par le décret instituant une zone d'actions prioritaires pour l'air, est puni de l'amende prévue à l'article R. 411-19-1 du Code de la route.**

Loi n° 61-842 du 2 août 1961

sur la lutte contre les pollutions atmosphériques et les odeurs

(Abr., L. n° 2006-686, 13 juin 2006. – V. ce texte et C. env., art. L. 220-1 et s.)

Décret n° 63-1228 du 11 décembre 1963

relatif aux installations nucléaires

Voir : Ann., *Nucléaire*, 2.

Décret n° 74-415 du 13 mai 1974

relatif au contrôle des émissions polluantes dans l'atmosphère et de certaines utilisations de l'énergie thermique

Art. 13 *(Abr. et partiellement codifié, D. n° 2007-397, 22 mars 2007).* – **V. Code de l'environnement, article R. 226-6 *infra*.**

Code de l'environnement

Art. R. 226-6. – **Est puni de l'amende prévue pour les contraventions de la 5e classe le fait de :**

1° Ne pas observer les prescriptions édictées en application des articles R. 224-17 et R. 224-18 relatifs aux matériels et équipements d'incinération, de combustion ou de chauffage ;

2° Mettre obstacle à l'accomplissement des missions prévues au premier alinéa de l'article R. 224-19 ;

3° De ne pas fournir les justifications exigées en application de l'article R. 224-19.

Voir : Sur le décret du 13 mai 1974 et ses arrêtés d'application, V. Robert et Rémond-Gouilloud, *Droit pénal de l'environnement*, 1983, n° 256 et s. Sur l'exclusion de la responsabilité pénale des préfets et des maires en matière de pollution atmosphérique, V. sous art. 223-1 et 223-2 du Code pénal. Sur le manquement de la France aux directives européennes concernant les conditions de combustion des installations d'incinérateurs de déchets, V. (CJCE, C. plénière, 18 juin 2002 : *Bull. inf.* ■ *Cass.* 2002, n° 562, p. 7).

Décret n° 96-97 du 7 février 1996

relatif à la protection de la population contre les risques sanitaires liés à une exposition à l'amiante dans les immeubles bâtis

(Abr. et codifié, D. n° 2003-462, 21 mai 2003. – V. C. santé publ., art. R. 1334-14 à R. 1334-29 et R. 1337-2 à R. 1337-5 et ann. 13-9)

Code de la santé publique

Section II. – Exposition à l'amiante dans les immeubles bâtis

Sous-section 1. – Flocages, calorifugeages et faux plafonds

Art. R. 1334-14 *(Rempl. à compter du 1er février 2012, D. n° 2011-629, 3 juin 2011).* – **I. – Les articles de la présente section s'appliquent, sauf disposition contraire, aux immeubles bâtis dont le permis de construire a été délivré avant le 1er juillet 1997, qu'ils appartiennent à des personnes privées ou publiques.**

II. – Dans cette section, on entend par les termes « le propriétaire » :

1° Pour les immeubles mentionnés à l'article R. 1334-15, le ou les propriétaires de l'immeuble bâti ;

2° Pour les parties privatives d'immeubles mentionnées à l'article R. 1334-16, le ou les propriétaires de la partie privative ;

3° Pour les immeubles mentionnés à l'article R. 1334-17, le ou les propriétaires de l'immeuble, ou, en cas de copropriété, le syndicat des copropriétaires ;

4° Pour les immeubles mentionnés à l'article R. 1334-18, le ou les propriétaires de l'immeuble, ou le syndicat des copropriétaires en cas de copropriété.

III. – À défaut que le ou les propriétaires mentionnés au 4° du II du présent article aient pu être identifiés, les obligations leur incombant en application des dispositions de la présente section sont à la charge du ou des exploitants de l'immeuble.

IV. – Les listes A, B et C de matériaux et produits susceptibles de contenir de l'amiante, mentionnées dans la présente section, sont détaillées à l'annexe 13-9 du présent code.

Art. R. 1334-15 *(Rempl. à compter du 1er février 2012, D. n° 2011-629, 3 juin 2011).* – Les propriétaires d'immeubles d'habitation ne comportant qu'un seul logement font réaliser, pour constituer l'état prévu à l'article L. 1334-13 en cas de vente, un repérage des matériaux et produits des listes A et B contenant de l'amiante.

Art. R. 1334-16 *(Rempl. à compter du 1er février 2012, D. n° 2011-629, 3 juin 2011).* – Les propriétaires des parties privatives d'immeubles collectifs d'habitation y font réaliser un repérage des matériaux et produits de la liste A contenant de l'amiante.

Ils font également réaliser un repérage des matériaux et produits de la liste B contenant de l'amiante, pour constituer l'état prévu à l'article L. 1334-13 en cas de vente.

Art. R. 1334-17 *(Rempl. à compter du 1er février 2012, D. n° 2011-629, 3 juin 2011).* – Les propriétaires des parties communes d'immeubles collectifs d'habitation y font réaliser un repérage des matériaux et produits des listes A et B contenant de l'amiante.

Art. R. 1334-18 *(Rempl. à compter du 1er février 2012, D. n° 2011-629, 3 juin 2011).* – Les propriétaires des immeubles bâtis autres que ceux mentionnés aux articles R. 1334-15 à R. 1334-17 y font réaliser un repérage des matériaux et produits des listes A et B contenant de l'amiante.

Art. R. 1334-19 *(Rempl. à compter du 1er février 2012, D. n° 2011-629, 3 juin 2011).* – Les propriétaires des immeubles bâtis mentionnés à l'article R. 1334-14 font réaliser, préalablement à la démolition de ces immeubles, un repérage des matériaux et produits de la liste C contenant de l'amiante.

Art. R. 1334-20 *(Rempl. à compter du 1er février 2012, D. n° 2011-629, 3 juin 2011).* – I. – On entend par « repérage des matériaux et produits de la liste A contenant de l'amiante » la mission qui consiste à :

1° Rechercher la présence des matériaux et produits de la liste A accessibles sans travaux destructifs ;

2° Identifier et localiser les matériaux et produits qui contiennent de l'amiante ;

3° Évaluer l'état de conservation des matériaux et produits contenant de l'amiante.

II. – Lorsque la recherche révèle la présence de matériaux ou produits de la liste A, et si un doute persiste sur la présence d'amiante dans ces matériaux ou produits, un ou plusieurs prélèvements de matériaux ou produits sont effectués par la personne réalisant la recherche. Ces prélèvements font l'objet d'analyses selon les modalités définies à l'article R. 1334-24.

III. – À l'issue du repérage, la personne qui l'a réalisé établit un rapport de repérage qu'elle remet au propriétaire contre accusé de réception.

IV. – En fonction du résultat de l'évaluation de l'état de conservation, le rapport de repérage préconise :

1° Soit une évaluation périodique de l'état de conservation des matériaux et produits contenant de l'amiante mentionnés au I ;

2° Soit une mesure d'empoussièrement dans l'air ;

3° Soit des travaux de confinement ou de retrait de l'amiante.

V. – Un arrêté conjoint des ministres chargés de la construction, de la santé et du travail précise les critères d'évaluation de l'état de conservation des matériaux et produits et le contenu du rapport de repérage.

Art. R. 1334-21 *(Rempl. à compter du 1er février 2012, D. n° 2011-629, 3 juin 2011)*. – I. – On entend par « repérage des matériaux et produits de la liste B contenant de l'amiante » la mission qui consiste à :

1° Rechercher la présence des matériaux et produits de la liste B accessibles sans travaux destructifs ;

2° Identifier et localiser les matériaux et produits qui contiennent de l'amiante ;

3° Évaluer l'état de conservation des matériaux et produits contenant de l'amiante et leur risque de dégradation lié à leur environnement.

II. – Lorsque la recherche révèle la présence de matériaux ou produits de la liste B et si un doute persiste sur la présence d'amiante dans ces matériaux ou produits, un ou plusieurs prélèvements de matériaux ou produits sont effectués par la personne réalisant la recherche. Ces prélèvements font l'objet d'analyses selon les modalités définies à l'article R. 1334-24.

III. – À l'issue du repérage, la personne qui l'a réalisé établit un rapport de repérage qu'elle remet au propriétaire contre accusé de réception.

IV. – Si l'état de certains matériaux ou produits contenant de l'amiante est dégradé ou présente un risque de dégradation rapide, le rapport de repérage émet des recommandations de gestion adaptées aux besoins de protection des personnes.

V. – Un arrêté conjoint des ministres chargés de la construction, de la santé et du travail précise les critères d'évaluation de l'état de conservation des matériaux et produits et du risque de dégradation lié à l'environnement ainsi que le contenu du rapport de repérage.

Art. R. 1334-22 *(Rempl. à compter du 1er février 2012, D. n° 2011-629, 3 juin 2011)*. – I. – On entend par « repérage des matériaux et produits de la liste C contenant de l'amiante » la mission qui consiste à :

1° Rechercher la présence des matériaux et produits de la liste C ;

2° Rechercher la présence de tout autre matériau et produit réputé contenir de l'amiante dont la personne qui effectue le repérage aurait connaissance ;

3° Identifier et localiser les matériaux et produits qui contiennent de l'amiante.

II. – Lorsque la recherche révèle la présence de matériaux ou produits de la liste C ou de tout autre matériau et produit réputé contenir de l'amiante et si un doute persiste sur la présence d'amiante dans ces matériaux ou produits, un ou plusieurs prélèvements de matériaux ou produits sont effectués par la personne réalisant la recherche. Ces prélèvements font l'objet d'analyses selon les modalités définies à l'article R. 1334-24.

III. – À l'issue du repérage, la personne qui l'a réalisé établit un rapport de repérage qu'elle remet au propriétaire contre accusé de réception.

IV. – Un arrêté conjoint des ministres chargés de la construction, de la santé et du travail précise notamment le contenu du rapport de repérage.

Sous-section 2. – Ventes d'immeubles bâtis, dossier technique « amiante et repérage avant démolition »

Art. R. 1334-23 *(Rempl. à compter du 1er février 2012, D. n° 2011-629, 3 juin 2011)*. – Les repérages prévus aux articles R. 1334-20 à R. 1334-22 ainsi que l'évaluation périodique de l'état de conservation prévue à l'article R. 1334-27 et l'examen visuel prévu à l'article R. 1334-29-3 sont réalisés par des personnes répondant aux conditions posées par les dispositions de l'article L. 271-6 du Code de la construction et de l'habitation.

Lorsque le résultat de l'évaluation de l'état de conservation conduit aux préconisations prévues au 2° ou 3° du IV de l'article R. 1334-20, la personne ayant effectué le repérage des matériaux et produits de la liste A dans un immeuble bâti mentionné à l'article R. 1334-17 ou à l'article R. 1334-18 transmet une copie du rapport de repérage au préfet du département du lieu d'implantation de l'immeuble bâti. Un arrêté des ministres chargés de la construction et de la santé précise les modalités de cette transmission.

Comme prévu à l'article R. 271-2-1 du Code de la construction et de l'habitation, les personnes mentionnées au premier alinéa adressent aux ministres chargés de la construction et de la santé un rapport annuel d'activité.

Art. R. 1334-24 *(Rempl. à compter du 1er février 2012, D. n° 2011-629, 3 juin 2011)*. – Les analyses de matériaux et produits susceptibles de contenir de l'amiante sont réalisées par un organisme accrédité répondant aux exigences définies par un arrêté du ministre chargé de la santé. Cet arrêté précise notamment les compétences des personnes chargées d'effectuer les analyses et les méthodes qui doivent être mises en œuvre pour vérifier la présence d'amiante dans le matériau ou le produit.

Les organismes accrédités adressent au ministre chargé de la santé un rapport d'activité portant sur l'année écoulée, dont les modalités et le contenu sont définis par arrêté du ministre chargé de la santé.

Art. R. 1334-25 *(Rempl. à compter du 1er février 2012, D. n° 2011-629, 3 juin 2011)*. – Les mesures d'empoussièrement dans l'air comprennent l'activité de prélèvement d'air et celle d'analyse et de comptage des fibres d'amiante. Elles sont réalisées selon des modalités définies par arrêté des ministres chargés de la construction, de la santé et du travail.

Ces mesures sont réalisées par des organismes accrédités qui adressent au ministre chargé de la santé un rapport annuel d'activité. Un arrêté des ministres chargés de la santé et du travail définit les modalités et conditions d'accréditation de ces organismes, notamment les compétences des personnes chargées d'effectuer les mesures ainsi que le contenu et les conditions de transmission du rapport annuel d'activité.

Art. R. 1334-26 *(Rempl. à compter du 1er février 2012, D. n° 2011-629, 3 juin 2011)*. – Les articles de la présente sous-section s'appliquent aux propriétaires des immeubles bâtis mentionnés aux articles R. 1334-16 à R. 1334-18.

Art. R. 1334-27 *(Rempl. à compter du 1er février 2012, D. n° 2011-629, 3 juin 2011)*. – Le propriétaire met en œuvre les préconisations mentionnées à l'article R. 1334-20 selon les modalités suivantes :

1° L'évaluation périodique de l'état de conservation des matériaux et produits de la liste A contenant de l'amiante est effectuée dans un délai maximal de trois ans à compter de la date de remise au propriétaire du rapport de repérage ou des résultats de la dernière évaluation de l'état de conservation ou à l'occasion de toute modification substantielle de l'ouvrage ou de son usage. La personne ayant réalisé cette évaluation en remet les résultats au propriétaire contre accusé de réception ;

2° La mesure d'empoussièrement dans l'air est effectuée dans les conditions définies à l'article R. 1334-25, dans un délai de trois mois à compter de la date de remise au propriétaire du rapport de repérage ou des résultats de la dernière évaluation de l'état de conservation. L'organisme qui réalise les prélèvements d'air remet les résultats des mesures d'empoussièrement au propriétaire contre accusé de réception ;

3° Les travaux de confinement ou de retrait de l'amiante sont mis en œuvre selon les modalités prévues à l'article R. 1334-29.

Art. R. 1334-28 *(Rempl. à compter du 1er février 2012, D. n° 2011-629, 3 juin 2011)*. – Si le niveau d'empoussièrement mesuré dans l'air en application de l'article R. 1334-27 est inférieur ou égal à la valeur de cinq fibres par litre, le propriétaire fait procéder à l'évaluation périodique de l'état de conservation des matériaux et produits de la liste A contenant de l'amiante prévue à l'article R. 1334-20, dans un délai maximal de trois ans à compter de la date de remise des résultats des mesures d'empoussièrement ou à l'occasion de toute modification substantielle de l'ouvrage ou de son usage.

Si le niveau d'empoussièrement mesuré dans l'air en application de l'article R. 1334-27 est supérieur à cinq fibres par litre, le propriétaire fait procéder à des travaux de confinement ou de retrait de l'amiante selon les modalités prévues à l'article R. 1334-29.

Sous-section 3. – Exigences relatives aux intervenants procédant au repérage et à l'évaluation de l'état de conservation

Art. R. 1334-29 *(Rempl. à compter du 1er février 2012, D. n° 2011-629, 3 juin 2011)*. – Les travaux de retrait ou de confinement mentionnés à la présente sous-section sont achevés dans un délai de trente-six mois à compter de la date à laquelle sont remis au propriétaire le rapport de repérage ou les résultats des mesures d'empoussièrement ou de la dernière évaluation de l'état de conservation.

Pendant la période précédant les travaux, des mesures conservatoires appropriées sont mises en œuvre afin de réduire l'exposition des occupants et de la maintenir au niveau le plus bas possible, et, dans tous les cas, à un niveau d'empoussièrement inférieur à cinq fibres par litre. Les mesures conservatoires ne doivent conduire à aucune sollicitation des matériaux et produits concernés par les travaux.

Le propriétaire informe le préfet du département du lieu d'implantation de l'immeuble concerné, dans un délai de deux mois à compter de la date à laquelle sont remis le rapport de repérage ou les résultats des

ANNEXE 28

mesures d'empoussièrement ou de la dernière évaluation de l'état de conservation, des mesures conservatoires mises en œuvre, et, dans un délai de douze mois, des travaux à réaliser et de l'échéancier proposé.

....

Section II. – Exposition à l'amiante dans les immeubles bâtis

Art. R. 1337-2 *(Rempl. à compter du 1er février 2012, D. n° 2011-629, 3 juin 2011).* – Dans cette section, les termes « le propriétaire » désignent les personnes définies au II et au III de l'article R. 1334-14.

Art. R. 1337-2-1 *(En vigueur à compter du 1er février 2012, D. n° 2011-629, 3 juin 2011).* – Le fait, pour les propriétaires des immeubles mentionnés aux articles R. 1334-16 à R. 1334-18, de ne pas faire réaliser, à l'issue des travaux, l'examen visuel et la mesure du niveau d'empoussièrement exigés à la première phrase de l'article R. 1334-29-3 est puni de l'amende prévue pour les contraventions de la troisième classe.

Art. R. 1337-3 *(Rempl. à compter du 1er février 2012, D. n° 2011-629, 3 juin 2011).* – Est puni de l'amende prévue pour les contraventions de la cinquième classe le fait, pour les propriétaires des immeubles mentionnés à l'article R. 1334-14, de ne pas satisfaire à l'une des obligations définies au premier alinéa de l'article R. 1334-16, aux articles R. 1334-17 à R. 1334-19 et à l'article R. 1334-29-6.

Art. R. 1337-3-1 *(En vigueur à compter du 1er février 2012, D. n° 2011-629, 3 juin 2011).* – Est puni de l'amende prévue pour les contraventions de la cinquième classe le fait, pour les propriétaires mentionnés à l'article R. 1334-16, de ne pas satisfaire à l'une des obligations définies aux articles R. 1334-27 à R. 1334-29, à l'article R. 1334-29-2, aux premier et deuxième alinéas de l'article R. 1334-29-3 et à l'article R. 1334-29-4.

Art. R. 1337-3-2 *(En vigueur à compter du 1er février 2012, D. n° 2011-629, 3 juin 2011).* – Est puni de l'amende prévue pour les contraventions de la cinquième classe le fait, pour les propriétaires des parties communes des immeubles collectifs d'habitation mentionnés à l'article R. 1334-17 et des bâtiments mentionnés à l'article R. 1334-18, de ne pas satisfaire à l'une des obligations définies aux articles R. 1334-27 à R. 1334-29-2, aux premier et deuxième alinéas de l'article R. 1334-29-3 et à l'article R. 1334-29-5.

Art. R. 1337-4 *(Abr., D. n° 2010-671, 18 juin 2010 ; rétabli dans la version suivante à compter du 1er févr. 2012, D. n° 2011-629, 3 juin 2011).* – Est puni de l'amende prévue pour les contraventions de la cinquième classe le fait, pour une personne chargée des repérages mentionnés aux articles R. 1334-20 à R. 1334-22, de l'évaluation de l'état de conservation périodique mentionnée au deuxième alinéa de l'article R. 1334-27, ou de l'examen visuel mentionné à l'article R. 1334-29-3, de ne pas respecter les critères de compétence, d'organisation et de moyens ou les conditions d'assurance, d'impartialité et d'indépendance exigés à l'article L. 271-6 du Code de la construction et de l'habitation.

Art. R. 1337-5 *(Mod. à compter du 1er février 2012, D. n° 2011-629, 3 juin 2011).* – La récidive des contraventions prévues aux articles R. 1337-3 et R. 1337-4 est punie conformément aux dispositions des articles 132-11 et 132-15 du Code pénal.

ANNEXE 19-3

Programme de repérage de l'amiante

COMPOSANT de la construction	PARTIE DU COMPOSANT à vérifier ou à sonder
1. *Parois verticales intérieures et enduits*	
Murs	Flocage.
	Projections et enduits.
	Revêtements durs (plaques menuiserie, amiante-ciment).
Poteaux	Flocage.

COMPOSANT de la construction	PARTIE DU COMPOSANT à vérifier ou à sonder
	Enduits projetés.
	Entourages de poteaux (carton, amiante-ciment, matériau sandwich, carton + plâtre).
Cloisons	Flocage.
	Projections et enduits, panneaux de cloison.
Gaines et coffres verticaux	Flocage.
	Enduit projeté.
	Panneaux de cloisons.
2. *Planchers, plafonds et faux plafonds*	
Plafonds	Flocage.
	Enduits projetés.
	Panneaux collés ou vissés.
Poutres et charpentes	Projections et enduits.
Gaines et coffres verticaux	Flocages, enduits projetés, panneaux.
Faux plafonds	Panneaux.
Planchers	Dalles de sol.
3. *Conduit, canalisations et équipements*	
Conduits de fluides (air, eau, autres fluides...)	Conduit, calorifuge.
	Enveloppe de calorifuges.
Clapets/volets coupe-feu	Clapet, volet, rebouchage.
Portes coupe-feu	Joints (tresses, bandes).
Vide-ordures	Conduit.
4. *Ascenseur, monte-charge*	
Trémie	Flocage.

II. – PROTECTION DU SOL

Code de l'environnement

(Ord. n° 2010-1579, 17 déc. 2010)

Élimination des déchets
Dispositions générales

Art. L. 541-1 *(Rempl., Ord. n° 2010-1579, 17 déc. 2010 ; L. n° 2015-992, 17 août 2015)*. **– Les dispositions du présent chapitre et de l'article L. 125-1 ont pour objet :**

1° En priorité, de prévenir et de réduire la production et la nocivité des déchets, notamment en agissant sur la conception, la fabrication et la distribution des substances et produits et en favorisant le réemploi, ainsi que de diminuer les incidences globales de l'utilisation des ressources et d'améliorer l'efficacité de leur utilisation ;

2° De mettre en œuvre une hiérarchie des modes de traitement des déchets consistant à privilégier, dans l'ordre :

***a)* La préparation en vue de la réutilisation ;**

b) Le recyclage ;
c) Toute autre valorisation, notamment la valorisation énergétique ;
d) L'élimination ;

3° D'assurer que la gestion des déchets se fait sans mettre en danger la santé humaine et sans nuire à l'environnement, notamment sans créer de risque pour l'eau, l'air, le sol, la faune ou la flore, sans provoquer de nuisances sonores ou olfactives et sans porter atteinte aux paysages et aux sites présentant un intérêt particulier ;

4° D'organiser le transport des déchets et de le limiter en distance et en volume selon un principe de proximité ;

5° D'assurer l'information du public sur les effets pour l'environnement et la santé publique des opérations de production et de gestion des déchets, sous réserve des règles de confidentialité prévues par la loi, ainsi que sur les mesures destinées à en prévenir ou à en compenser les effets préjudiciables.

6° D'assurer, notamment par le biais de la planification relative aux déchets, le respect du principe d'autosuffisance ;

7° De contribuer à la transition vers une économie circulaire ;

8° D'économiser les ressources épuisables et d'améliorer l'efficacité de l'utilisation des ressources.

Le principe de proximité mentionné au 4° consiste à assurer la prévention et la gestion des déchets de manière aussi proche que possible de leur lieu de production et permet de répondre aux enjeux environnementaux tout en contribuant au développement de filières professionnelles locales et pérennes. Le respect de ce principe, et notamment l'échelle territoriale pertinente, s'apprécie en fonction de la nature des déchets considérés, de l'efficacité environnementale et technique, de la viabilité économique des modes de traitement envisagés et disponibles à proximité pour ces déchets, des débouchés existant pour ces flux et des conditions techniques et économiques associées à ces débouchés, dans le respect de la hiérarchie de la gestion des déchets et des règles de concurrence et de libre circulation des marchandises.

Le principe d'autosuffisance mentionné au 6° consiste à disposer, à l'échelle territoriale pertinente, d'un réseau intégré et adéquat d'installations d'élimination de déchets ultimes.

Art. L. 541-1-1 *(Ord. n° 2010-1579, 17 déc. 2010)*. – Au sens du présent chapitre, on entend par :

Déchet : toute substance ou tout objet, ou plus généralement tout bien meuble, dont le détenteur se défait ou dont il a l'intention ou l'obligation de se défaire ;

Prévention : toutes mesures prises avant qu'une substance, une matière ou un produit ne devienne un déchet, lorsque ces mesures concourent à la réduction d'au moins un des items suivants :

– la quantité de déchets générés, y compris par l'intermédiaire du réemploi ou de la prolongation de la durée d'usage des substances, matières ou produits ;

– les effets nocifs des déchets produits sur l'environnement et la santé humaine ;

– la teneur en substances nocives pour l'environnement et la santé humaine dans les substances, matières ou produits ;

Réemploi : toute opération par laquelle des substances, matières ou produits qui ne sont pas des déchets sont utilisés de nouveau pour un usage identique à celui pour lequel ils avaient été conçus ;

Gestion des déchets : la collecte, le transport, la valorisation et, l'élimination des déchets et, plus largement, toute activité participant de l'organisation de la prise en charge des déchets depuis leur production jusqu'à leur traitement final, y compris les activités de négoce ou de courtage et la supervision de l'ensemble de ces opérations ;

Producteur de déchets : toute personne dont l'activité produit des déchets (producteur initial de déchets) ou toute personne qui effectue des opérations de traitement des déchets conduisant à un changement de la nature ou de la composition de ces déchets (producteur subséquent de déchets) ;

Détenteur de déchets : producteur des déchets ou toute autre personne qui se trouve en possession des déchets ;

Collecte : toute opération de ramassage des déchets en vue de leur transport vers une installation de traitement des déchets ;

Traitement : toute opération de valorisation ou d'élimination, y compris la préparation qui précède la valorisation ou l'élimination ;

Réutilisation : toute opération par laquelle des substances, matières ou produits qui sont devenus des déchets sont utilisés de nouveau ;

Préparation en vue de la réutilisation : toute opération de contrôle, de nettoyage ou de réparation en vue de la valorisation par laquelle des substances, matières ou produits qui sont devenus des déchets sont préparés de manière à être réutilisés sans autre opération de prétraitement ;

Recyclage : toute opération de valorisation par laquelle les déchets, y compris les déchets organiques, sont retraités en substances, matières ou produits aux fins de leur fonction initiale ou à d'autres fins. Les opérations de valorisation énergétique des déchets, celles relatives à la conversion des déchets en combustible et les opérations de remblaiement ne peuvent pas être qualifiées d'opérations de recyclage ;

Valorisation : toute opération dont le résultat principal est que des déchets servent à des fins utiles en substitution à d'autres substances, matières ou produits qui auraient été utilisés à une fin particulière, ou que des déchets soient préparés pour être utilisés à cette fin, y compris par le producteur de déchets ;

Élimination : toute opération qui n'est pas de la valorisation même lorsque ladite opération a comme conséquence secondaire la récupération de substances, matières ou produits ou d'énergie.

Art. L. 541-2 *(Rempl., Ord. n° 2010-1579, 17 déc. 2010).* – Tout producteur ou détenteur de déchets est tenu d'en assurer ou d'en faire assurer la gestion, conformément aux dispositions du présent chapitre.

Tout producteur ou détenteur de déchets est responsable de la gestion de ces déchets jusqu'à leur élimination ou valorisation finale, même lorsque le déchet est transféré à des fins de traitement à un tiers.

Tout producteur ou détenteur de déchets s'assure que la personne à qui il les remet est autorisée à les prendre en charge.

Art. L. 541-2-1 *(Ord. n° 2010-1579, 17 déc. 2010).* – I. – Les producteurs de déchets, outre les mesures de prévention des déchets qu'ils prennent, et les détenteurs de déchets en organisent la gestion en respectant la hiérarchie des modes de traitement définie au 2° de l'article L. 541-1.

L'ordre de priorité du mode de traitement peut notamment être modifié pour certains types de déchets si cela est prévu par un plan institué en application des articles L. 541-11-1, L. 541-13, L. 541-14 ou L. 541-14-1 couvrant le territoire où le déchet est produit.

Cet ordre de priorité peut également être modifié si cela se justifie compte tenu des effets sur l'environnement et la santé humaine, et des conditions techniques et économiques. La personne qui produit ou détient les déchets tient alors à la disposition de l'autorité compétente les justifications nécessaires.

II. – Les producteurs ou les détenteurs de déchets ne peuvent éliminer ou faire éliminer dans des installations de stockage de déchets que des déchets ultimes.

Est ultime au sens du présent article un déchet qui n'est plus susceptible d'être réutilisé ou valorisé dans les conditions techniques et économiques du moment, notamment par extraction de la part valorisable ou par réduction de son caractère polluant ou dangereux.

III. – Les dispositions du présent article ne sont pas applicables aux ménages.

Art. L. 541-3 *(Mod., L. n° 2003-699, 30 juill. 2003 ; L. n° 2010-788, 12 juill. 2010 ; rempl., Ord. n° 2010-1579, 17 déc. 2010).* – I. – Lorsque des déchets sont abandonnés, déposés ou gérés contrairement aux prescriptions du présent chapitre et des règlements pris pour leur application, l'autorité titulaire du pouvoir de police compétente avise le producteur ou détenteur de déchets des faits qui lui sont reprochés ainsi que des sanctions qu'il encourt et, après l'avoir informé de la possibilité de présenter ses observations, écrites ou orales, dans un délai d'un mois, le cas échéant assisté par un conseil ou représenté par un mandataire de son choix, peut le mettre en demeure d'effectuer les opérations nécessaires au respect de cette réglementation dans un délai déterminé.

Au terme de cette procédure, si la personne concernée n'a pas obtempéré à cette injonction dans le délai imparti par la mise en demeure, l'autorité titulaire du pouvoir de police compétente peut, par une décision motivée qui indique les voies et délais de recours :

1° L'obliger à consigner entre les mains d'un comptable public une somme correspondant au montant des mesures prescrites, laquelle est restituée au fur et à mesure de l'exécution de ces mesures.

Cette somme bénéficie d'un privilège de même rang que celui prévu à l'article 1920 du Code général des impôts. Il est procédé à son recouvrement comme en matière de créances de l'État étrangères à l'impôt et au domaine. Le comptable peut engager la procédure d'avis à tiers détenteur prévue par l'article L. 263 du Livre des procédures fiscales.

L'opposition à l'état exécutoire pris en application d'une mesure de consignation ordonnée par l'autorité administrative devant le juge administratif n'a pas de caractère suspensif ;

2° Faire procéder d'office, en lieu et place de la personne mise en demeure et à ses frais, à l'exécution des mesures prescrites. Les sommes consignées en application du 1° peuvent être utilisées pour régler les dépenses ainsi engagées ;

3° Suspendre le fonctionnement des installations et ouvrages, la réalisation des travaux et des opérations, ou l'exercice des activités qui sont à l'origine des infractions constatées jusqu'à l'exécution complète des mesures imposées et prendre les mesures conservatoires nécessaires, aux frais de la personne mise en demeure ;

4° Ordonner le versement d'une astreinte journalière au plus égale à 1 500 € courant à compter d'une date fixée par la décision jusqu'à ce qu'il ait été satisfait aux mesures prescrites par la mise en demeure. Le montant maximal de l'astreinte mise en recouvrement ne peut être supérieur au montant maximal de l'amende applicable pour l'infraction considérée ;

5° *(5° mod. à compter du 1er juill. 2013, Ord. n° 2012-34, 11 janv. 2012)* Ordonner le paiement d'une amende au plus égale à 150 000 €. La décision mentionne le délai de paiement de l'amende et ses modalités. L'amende ne peut être prononcée plus d'un an à compter de la constatation des manquements.

L'exécution des travaux ordonnés d'office peut être confiée par le ministre chargé de l'environnement à l'Agence de l'environnement et de la maîtrise de l'énergie ou à un autre établissement public compétent. Les sommes consignées leur sont alors reversées à leur demande.

II. – En cas d'urgence, l'autorité titulaire du pouvoir de police compétente fixe les mesures nécessaires pour prévenir les dangers graves et imminents pour la santé, la sécurité publique ou l'environnement.

III. – Est réputé abandon tout acte tendant, sous le couvert d'une cession à titre gratuit ou onéreux, à soustraire son auteur aux prescriptions du présent chapitre et des règlements pris pour son application.

IV. – Lorsque l'exploitant d'une installation de traitement de déchets fait l'objet d'une mesure de consignation en application du présent article ou de l'article *(Mots rempl. à compter du 1er juillet 2013, Ord. n° 2012-34, 11 janv. 2012)* « L. 171-8 », il ne peut obtenir d'autorisation pour exploiter une autre installation de traitement de déchets avant d'avoir versé la somme consignée.

V. – Si le producteur ou le détenteur des déchets ne peut être identifié ou s'il est insolvable, l'État peut, avec le concours financier éventuel des collectivités territoriales, confier la gestion des déchets et la remise en état du site pollué par ces déchets à l'Agence de l'environnement et de la maîtrise de l'énergie ou à un autre établissement public compétent.

Art. L. 541-4 *(Mod., Ord. n° 2010-1579, 17 déc. 2010)*. – Les dispositions du présent chapitre s'appliquent sans préjudice des dispositions spéciales concernant notamment les installations classées pour la protection de l'environnement, les déchets radioactifs, les eaux usées, les effluents gazeux, les eaux usées dans la mesure où elles sont acheminées sans rupture de charge de l'installation génératrice vers l'installation de traitement ou le milieu récepteur, les cadavres d'animaux, les épaves d'aéronefs, les épaves maritimes, les immersions ainsi que les rejets provenant des navires. Elles ne font pas échec à la responsabilité que toute personne encourt en raison des dommages causés à autrui notamment du fait de la gestion des déchets qu'elle a détenus ou transportés ou provenant de produits qu'elle a fabriqués.

Art. L. 541-4-1 *(Rempl., Ord. n° 2010-1579, 17 déc. 2010 ; Ord. n° 2016-128, 10 févr. 2016)*. – Ne sont pas soumis aux dispositions du présent chapitre :

– les sols non excavés, y compris les sols pollués non excavés et les bâtiments reliés aux sols de manière permanente ;

– les sédiments déplacés au sein des eaux de surface aux fins de gestion des eaux et des voies d'eau, de prévention des inondations, d'atténuation de leurs effets ou de ceux des sécheresses ou de mise en valeur des terres, s'il est prouvé que ces sédiments ne sont pas dangereux ;

– les effluents gazeux émis dans l'atmosphère ;

– le dioxyde de carbone capté et transporté en vue de son stockage géologique et effectivement stocké dans une formation géologique conformément aux dispositions de la section 6 du chapitre IX du livre II du titre II ;

– la paille et les autres matières naturelles non dangereuses issues de l'agriculture ou de la sylviculture et qui sont utilisées dans le cadre de l'exploitation agricole ou sylvicole ;

– les matières radioactives, au sens de l'article L. 542-1-1.

Art. L. 541-4-2 *(Ord. n° 2010-1579, 17 déc. 2010)*. – Une substance ou un objet issu d'un processus de production dont le but premier n'est pas la production de cette substance ou cet objet ne peut être considéré comme un sous-produit et non comme un déchet au sens de l'article L. 541-1-1 que si l'ensemble des conditions suivantes est rempli :

– l'utilisation ultérieure de la substance ou de l'objet est certaine ;

– la substance ou l'objet peut être utilisé directement sans traitement supplémentaire autre que les pratiques industrielles courantes ;

– la substance ou l'objet est produit en faisant partie intégrante d'un processus de production ;

– la substance ou l'objet répond à toutes les prescriptions relatives aux produits, à l'environnement et à la protection de la santé prévues pour l'utilisation ultérieure ;

– la substance ou l'objet n'aura pas d'incidences globales nocives pour l'environnement ou la santé humaine.

Les opérations de traitement de déchets ne constituent pas un processus de production au sens du présent article.

(Dernier al. suppr., L. n° 2015-992, 17 août 2015).

Art. L. 541-4-3 *(Ord. n° 2010-1579, 17 déc. 2010)*. – Un déchet cesse d'être un déchet après avoir été traité dans une installation visée à l'article L. 214-1 soumise à autorisation ou à déclaration ou dans une installation visée à l'article L. 511-1 soumise à autorisation, à enregistrement ou à déclaration et avoir subi une opération de valorisation, notamment de recyclage ou de préparation en vue de la réutilisation, s'il répond à des critères remplissant l'ensemble des conditions suivantes :

– la substance ou l'objet est couramment utilisé à des fins spécifiques ;

– il existe une demande pour une telle substance ou objet ou elle répond à un marché ;

– la substance ou l'objet remplit les exigences techniques aux fins spécifiques et respecte la législation et les normes applicables aux produits ;

– son utilisation n'aura pas d'effets globaux nocifs pour l'environnement ou la santé humaine.

Ces critères sont fixés par l'autorité administrative compétente. Ils comprennent le cas échéant des teneurs limites en substances polluantes et sont fixés en prenant en compte les effets nocifs des substances ou de l'objet sur l'environnement.

Les modalités d'application du présent article sont fixées par décret.

Art. L. 541-5 *(Mod., Ord. n° 2010-1579, 17 déc. 2010)*. – Les dépenses correspondant à l'exécution des analyses, expertises ou épreuves techniques nécessaires pour l'application de la présente loi sont à la charge, selon le cas, du détenteur, du transporteur, du producteur, de l'exploitant d'une installation de traitement, du négociant, du courtier, de l'exportateur ou de l'importateur.

Art. L. 541-6 *(Mod., Ord. n° 2010-1579, 17 déc. 2010)*. – Lorsque les personnes morales de droit public interviennent, matériellement ou financièrement, pour atténuer les dommages causés par un incident ou un accident lié à une opération de gestion de déchets ou pour éviter l'aggravation de ces dommages, elles ont droit au remboursement par les personnes responsables de cet incident ou accident des frais qu'elles ont engagés, sans préjudice de l'indemnisation des autres dommages subis. À ce titre, elles peuvent se constituer partie civile devant les juridictions pénales saisies de poursuites consécutives à l'incident ou à l'accident.

Cette action s'exerce sans préjudice des droits ouverts aux associations de protection de l'environnement agréées au titre de l'article L. 141-1.

Art. L. 541-7 *(Mod., Ord. n° 2010-1579, 17 déc. 2010)*. – Les personnes qui produisent, importent, exportent, traitent, collectent, transportent, se livrent à des opérations de courtage ou de négoce des déchets sont tenues de fournir à l'administration toutes informations, concernant l'origine, la nature, les caractéristiques, les quantités, la destination et les modalités d'élimination des déchets qu'elles produisent, remettent à un tiers ou prennent en charge.

Art. L. 541-7-1 *(L. n° 2015-992, 17 août 2015)*. – Tout producteur ou, à défaut, tout détenteur de déchets est tenu de caractériser ses déchets et en particulier de déterminer s'il s'agit de déchets dangereux.

Tout producteur ou détenteur de déchets dangereux est tenu d'emballer ou de conditionner les déchets dangereux et d'apposer un étiquetage sur les emballages ou contenants conformément aux règles internationales et européennes en vigueur.

Tout producteur ou détenteur de déchets est tenu de fournir les informations nécessaires à leur traitement lorsque les déchets sont transférés à des fins de traitement à un tiers.

Le présent article n'est pas applicable aux ménages.

Art. L. 541-7-2 *(Ord. n° 2010-1579, 17 déc. 2010)*. – Le mélange de déchets dangereux de catégories différentes, le mélange de déchets dangereux avec des déchets non dangereux et le mélange de déchets dangereux avec des substances, matières ou produits qui ne sont pas des déchets sont interdits.

Par dérogation à l'alinéa précédent, des opérations de mélanges peuvent être autorisées si elles sont réalisées dans une installation visée à l'article L. 511-1 soumise à autorisation ou à enregistrement, si l'opération de mélange s'effectue selon les meilleures techniques disponibles et, sans mettre en danger la santé humaine ni nuire à l'environnement, n'en aggrave pas les effets nocifs sur l'une et l'autre.

Lorsqu'un mélange de déchets dangereux a été réalisé en méconnaissance des alinéas précédents, une opération de séparation doit être effectuée si le mélange a pour conséquence de mettre en danger la santé humaine ou de nuire à l'environnement, dans la mesure où elle est techniquement et économiquement possible, dans une installation visée à l'article L. 511-1 soumise à autorisation ou à enregistrement.

Les modalités d'application du présent article sont fixées par décret.

Les dispositions du présent article ne sont pas applicables aux ménages.

Art. L. 541-8 *(Mod., Ord. n° 2010-1579, 17 déc. 2010)*. – La collecte, le transport, le courtage et le négoce de déchets sont, dans des conditions fixées par décret en Conseil d'État, réglementés et soumis soit à autorisation de l'autorité administrative dès lors que les déchets présentent de graves dangers ou inconvénients pour les intérêts protégés par la présente section, soit à déclaration s'il ne présentent pas de tels dangers ou inconvénients.

Les collecteurs, les transporteurs, les négociants et les courtiers respectent les objectifs visés à l'article L. 541-1.

Production et distribution des produits générateurs de déchets

Art. L. 541-9 *(Mod., Ord. n° 2010-1579, 17 déc. 2010)*. – Les producteurs, importateurs ou exportateurs doivent justifier que les déchets engendrés, à quelque stade que ce soit, par les produits qu'ils fabriquent, importent ou exportent sont de nature à être gérés dans les conditions prescrites à l'article L. 541-2. L'administration est fondée à leur réclamer toutes informations utiles sur les modes de gestion et sur les conséquences de leur mise en œuvre.

Art. L. 541-10 *(Mod., L. n° 2010-788, 12 juill. 2010 ; Ord. n° 2010-1579, 17 déc. 2010 ; L. n° 2014-856, 31 juill. 2014 ; L. n° 2015-991, 7 août 2015 ; L. n° 2015-992, 17 août 2015 ; L. n° 2016-1087, 8 août 2016)*. – I. – La fabrication, la détention en vue de la vente, la mise en vente, la vente et la mise à la disposition de l'utilisateur, sous quelque forme que ce soit, de produits générateurs de déchets peuvent être réglementées en vue de faciliter la gestion desdits déchets ou, en cas de nécessité, interdites.

II - En application du principe de responsabilité élargie du producteur, il peut être fait obligation aux producteurs, importateurs et distributeurs de ces produits ou des éléments et matériaux entrant dans leur fabrication de pourvoir ou de contribuer à la prévention et à la gestion des déchets qui en proviennent.

Les producteurs, importateurs et distributeurs, auxquels l'obligation susvisée est imposée par les dispositions de la présente section et sous réserve desdites dispositions, s'acquittent de leur obligation en mettant en place des systèmes individuels de collecte et de traitement des déchets issus de leurs produits ou en mettant en place collectivement des éco-organismes, organismes auxquels ils versent une contribution financière et transfèrent leur obligation et dont ils assurent la gouvernance. Un producteur, un importateur ou un distributeur qui a mis en place un système individuel de collecte et de traitement des déchets approuvé ou un éco-organisme agréé, lorsqu'il pourvoit à la gestion des déchets en application du II du présent article, est détenteur de ces déchets au sens du présent chapitre.

Les systèmes individuels qui sont approuvés par l'État le sont pour une durée maximale de six ans renouvelable, si les producteurs, importateurs ou distributeurs qui les mettent en place établissent qu'ils disposent des capacités techniques et financières pour répondre aux exigences d'un cahier des charges, fixé par arrêté interministériel, et après avis de l'instance représentative des parties prenantes de la filière.

Les éco-organismes sont agréés par l'État pour une durée maximale de six ans renouvelable s'ils établissent qu'ils disposent des capacités techniques et financières pour répondre aux exigences d'un cahier des charges, fixé par arrêté interministériel, et après avis de l'instance représentative des parties prenantes de la filière.

Les cahiers des charges des éco-organismes prévoient notamment :

1° Les missions de ces organismes, incluant la communication relative à la prévention et à la gestion des déchets, dont la contribution financière aux actions de communication inter-filières menées par les pouvoirs publics. Le montant, le plafond et les modalités de recouvrement de cette contribution financière sont déterminés par le cahier des charges ;

2° Que les contributions perçues par ceux-ci et les produits financiers qu'elles génèrent sont utilisés dans leur intégralité pour ces missions ;

3° Que les éco-organismes ne poursuivent pas de but lucratif pour ces missions ;

4° Les conditions et limites dans lesquelles est favorisé le recours aux entreprises solidaires d'utilité sociale agréées en application de l'article L. 3332-17-1 du Code du travail ;

5° Les conditions et limites dans lesquelles sont favorisés la prévention des déchets et leur gestion à proximité des points de production, ainsi que les emplois et investissements induits par ces activités ;

6° Les décisions que l'éco-organisme ne peut prendre qu'après avoir recueilli l'avis de l'instance représentative des parties prenantes de la filière, dont les campagnes de communication grand public de portée nationale ;

7° Les conditions et limites dans lesquelles est mise à disposition une partie des déchets pour leur réutilisation ou celle de leurs pièces détachées ;

9° Les conditions dans lesquelles ces organismes ont l'obligation de transmettre aux conseils régionaux les informations dont ils disposent sur les quantités de déchets soumis à responsabilité élargie du producteur déclarés sur leur territoire ;

10° Que les éco-organismes doivent respecter les objectifs fixés par les plans de prévention et de gestion des déchets prévus aux articles L. 541-11 à L. 541-14 ;

11° Les objectifs liés à la contribution des éco-organismes à la mise en place de dispositifs de consigne pour recyclage et réemploi.

Les éco-organismes agréés sont soumis au censeur d'État prévu à l'article 46 de la loi n° 2009-967 du 3 août 2009 de programmation relative à la mise en œuvre du Grenelle de l'environnement. Les missions et modalités de désignation de ce censeur d'État sont fixées par décret.

Les cahiers des charges peuvent prévoir, selon les filières, la mise en place par l'éco-organisme d'incitations financières définies en concertation avec les parties prenantes, à la prévention des déchets et à leur gestion à proximité des points de production.

Dans les départements et régions d'outre-mer, les cahiers des charges des éco-organismes peuvent être adaptés aux spécificités de ces territoires. Dans la perspective de soutenir une même filière de traitement de proximité, ils peuvent également prévoir la mutualisation de la gestion de certains types de déchets, ainsi que des instances de coordination entre organismes.

III. – *(Abr., L. n° 2016-1087, 8 août 2016).*

IV. – Les producteurs, importateurs ou distributeurs qui ont mis en place un système individuel approuvé et les éco-organismes agréés sont soumis à des contrôles périodiques permettant de s'assurer qu'ils respectent les clauses de leur cahier des charges.

Ces contrôles sont effectués aux frais et pour le compte des producteurs, importateurs ou distributeurs concernés ou des éco-organismes, par des organismes indépendants habilités à réaliser ces contrôles.

V. – En cas d'inobservation du cahier des charges par un producteur, importateur ou distributeur qui a mis en place un système individuel approuvé, le ministre chargé de l'environnement avise l'intéressé des faits qui lui sont reprochés ainsi que des sanctions qu'il encourt et, après l'avoir informé de la possibilité de présenter ses observations, écrites ou orales, dans un délai d'un mois, le cas échéant assisté par un conseil ou représenté par un mandataire de son choix, peut le mettre en demeure de se conformer au cahier des charges dans un délai déterminé.

Au terme de cette procédure, si l'intéressé n'a pas obtempéré à cette injonction dans le délai imparti par la mise en demeure, le ministre chargé de l'environnement peut, par une décision motivée qui indique les voies et délais de recours :

1° Ordonner le paiement d'une amende au plus égale à 30 000 €. La décision mentionne le délai de paiement de l'amende et ses modalités ;

2° Obliger le producteur, importateur ou distributeur à consigner entre les mains d'un comptable public une somme correspondant au montant des mesures nécessaires au respect du cahier des charges avant une date qu'il détermine. Les dispositions du 1° du I de l'article L. 541-3 sont alors applicables ;

3° Faire procéder d'office, en lieu et place de la personne mise en demeure et à ses frais, à l'exécution des mesures prescrites. Les sommes consignées en application du 2° peuvent être utilisées pour régler les dépenses ainsi engagées ;

4° Suspendre ou retirer son approbation au système individuel.

VI. – En cas d'inobservation du cahier des charges par un éco-organisme agréé, le ministre chargé de l'environnement avise l'intéressé des faits qui lui sont reprochés ainsi que des sanctions qu'il encourt et, après l'avoir informé de la possibilité de présenter ses observations, écrites ou orales, dans un délai d'un mois, le cas échéant assisté par un conseil ou représenté par un mandataire de son choix, peut le mettre en demeure de se conformer au cahier des charges dans un délai déterminé.

Au terme de cette procédure, si l'intéressé n'a pas obtempéré à cette injonction dans le délai imparti par la mise en demeure, le ministre chargé de l'environnement peut, par une décision motivée qui indique les voies et délais de recours :

1° Ordonner le paiement d'une amende au plus égale à 30 000 €. La décision mentionne le délai de paiement de l'amende et ses modalités ;

2° Suspendre ou retirer son agrément à l'éco-organisme.

VII. – Il peut être fait obligation à ces mêmes producteurs, importateurs et distributeurs de prêter leur concours, moyennant une juste rémunération, à l'élimination des déchets provenant de produits identiques ou similaires mis en vente ou distribués antérieurement au 18 juillet 1975.

VIII. – Il peut être prescrit aux détenteurs des déchets desdits produits de les remettre aux établissements ou services désignés par l'administration, dans les conditions qu'elle définit.

IX. – Les contributions financières mentionnées au présent article et aux articles L. 541-10-1 à L. 541-10-8 sont modulées en fonction de critères environnementaux liés à la conception, à la durée de vie et à la fin de vie du produit, et n'entraînant pas de transfert de pollution vers une autre étape du cycle de vie du produit.

X. – Un décret en Conseil d'État fixe les modalités d'application du présent article. Il précise notamment les conditions d'habilitation des organismes chargés des contrôles prévus au IV, les modalités d'exercice de ces contrôles ainsi que les catégories de clauses dont l'inobservation peut déclencher les procédures prévues au V et au VI.

XI *(L. n° 2014-856, 31 juill. 2014)* Les parties prenantes associées à la mise en œuvre des obligations définies au II participent à la gouvernance du dispositif au sein d'une instance définie par décret.

XII *(L. n° 2014-856, 31 juill. 2014)* Les sanctions administratives mentionnées au 1° des V et VI sont recouvrées comme des créances étrangères à l'impôt et au domaine.

XIII. – L'État assure la mission de suivi et d'observation des filières de gestion de ces déchets. Il peut déléguer la tenue et l'exploitation des registres et des autres outils nécessaires à cette mission à l'établissement public défini à l'article L. 131-3. Elles peuvent être déléguées par ledit établissement public à une personne morale indépendante des systèmes individuels ou collectifs de collecte et de traitement des déchets issus des produits concernés par lesdites filières de gestion.

Voir : D. n° 2014-759, 2 juill. 2014, relatif aux contrôles périodiques et aux sanctions prévus à l'article L. 541-10 du Code de l'environnement (*JO* 4 juill. 2014).

Art. L. 541-10-1 *(Rempl., L. fin. n° 2007-1822, 24 déc. 2007 ; mod., L. fin. n° 2008-1425, 27 déc. 2008 ; L. n° 2015-992, 17 août 2015)*. – I. – À compter du 1er juillet 2008, tout donneur d'ordre qui émet ou fait émettre des imprimés papiers, y compris à titre gratuit, à destination des utilisateurs finaux, contribue à la collecte, à la valorisation et à l'élimination des déchets d'imprimés papiers, ménagers et assimilés ainsi produits.

La contribution peut prendre la forme de prestations en nature, dans les conditions prévues au deuxième alinéa du IV.

II. – Sont exclus de l'assiette de la contribution visée au I :

1° *(Abr., L. n° 2015-992, 17 août 2015)* ;

2° Les livres, entendus comme un ensemble imprimé, illustré ou non, publié sous un titre, ayant pour objet la reproduction d'une œuvre de l'esprit d'un ou plusieurs auteurs en vue de l'enseignement, de la diffusion de la pensée et de la culture ;

3° *(Abr., L. n° 2015-992, 17 août 2015).*

III. – Jusqu'au 31 décembre 2009, sont également exclus de la contribution visée au I les envois de correspondances au sens de l'article L. 1 du Code des postes et des communications électroniques, à l'exception du publipostage.

Jusqu'au 31 décembre 2009, sont également exclus de la contribution visée au I les catalogues de vente par correspondance envoyés nominativement.

À compter du 1er janvier 2010, dans des conditions fixées par décret, tout metteur sur le marché de papiers à usage graphique, transformés, manufacturés, conditionnés et destinés à être imprimés par ou pour le compte d'utilisateurs finaux contribue à la collecte, à la valorisation et à l'élimination des déchets papiers, ménagers et assimilés ainsi produits.

IV. – Sous sa forme financière, la contribution *(Mots rempl., L. fin. rect. n° 2009-1674, 30 déc. 2009)* « prévue au présent article » est versée à un organisme agréé par les ministères chargés de l'environnement, des collectivités territoriales, de l'économie et de l'industrie, qui verse aux collectivités territoriales une participation financière aux coûts de collecte, de valorisation et d'élimination qu'elles supportent.

Pour les publications de presse, au sens de l'article 1er de la loi n° 86-897 du 1er août 1986 précitée, conformes au premier alinéa et aux 1°, 2°, 3° et 5° de l'article 72 de l'annexe III au Code général des impôts, sous réserve de ne pas constituer une des publications désignées aux *a*, *c*, *d* et *e* du 6° du même article 72, et les encartages publicitaires accompagnant une publication de presse et annoncés au sommaire de cette publication, la contribution mentionnée au premier alinéa du I du présent article peut être versée en tout ou partie sous forme de prestations en nature prenant la forme d'une mise à disposition d'encarts publicitaires destinés à informer le consommateur sur la nécessité de favoriser le geste de tri et le recyclage du papier. Un décret précise les conditions selon lesquelles cette contribution en nature est apportée, en fonction des caractéristiques des publications.

Les contributions financières sont déterminées suivant un barème fixé par arrêté conjoint des ministres chargés de l'environnement, des collectivités territoriales, de l'économie et de l'industrie.

V. – *(Abr., L. fin. n° 2012-1509, 29 déc. 2012).*

VI. – Pour l'application du présent article, on entend par :

1° Imprimés papiers, tout support papier imprimé, à l'exception des papiers d'hygiène, d'emballage, de décoration, des affiches, des papiers à usage fiduciaire et des notices d'utilisation ou modes d'emploi ;

2° Papiers à usage graphique destinés à être imprimés, les papiers à copier, les papiers graphiques, les enveloppes et les pochettes postales ;

3° Metteur sur le marché, toute personne donneuse d'ordre qui émet ou fait émettre des papiers à usage graphique transformés, manufacturés, conditionnés et destinés à être imprimés, dont la collecte et le traitement relèvent de la compétence des collectivités territoriales et de leurs groupements ;

4° Donneur d'ordre, la personne à l'origine de la politique générale promotionnelle, d'annonce, d'information ou commerciale, ou au nom ou sous l'appellation de laquelle cette politique a été menée ;

5° Utilisateur final, la personne, physique ou morale, qui consomme un produit manufacturé mis sur le marché.

Les modalités d'application du présent article sont fixées par décret.

Art. L. 541-10-2 *(L. fin. rect. n° 2005-1720, 30 déc. 2005 ; mod., L. n° 2008-757, 1er août 2008 ; L. n° 2010-788, 12 juill. 2010 ; Ord. n° 2010-1579, 17 déc. 2010 ; L. n° 2011-525, 17 mai 2011 ; L. n° 2013-344, 24 avr. 2013 ; L. n° 2014-856, 31 juill. 2014 ; L. n° 2015-992, 17 août 2015).* – En application du premier alinéa du II de l'article L. 541-10, tout producteur, importateur ou distributeur d'équipements électriques et électroniques est tenu de pourvoir ou de contribuer à la prévention et à la gestion des déchets issus desdits produits.

Les coûts de collecte séparée des déchets d'équipements électriques et électroniques ménagers supportés par les collectivités territoriales sont compensés par un organisme coordonnateur agréé qui leur reverse la fraction équivalente de la contribution financière qu'il reçoit des personnes mentionnées au premier alinéa.

Le traitement des déchets d'équipements électriques et électroniques ménagers issus des collectes séparées et de la reprise gratuite par les distributeurs des équipements électriques et électroniques usagés que lui cède l'utilisateur est assuré par des systèmes auxquels les personnes mentionnées au premier alinéa contribuent financièrement de manière proportionnée et qui sont agréés ou approuvés par arrêtés conjoints des ministres chargés de l'économie, de l'industrie, de l'écologie et des collectivités territoriales.

Les opérateurs de gestion de déchets ne peuvent gérer des déchets d'équipements électriques et électroniques que s'ils disposent de contrats passés en vue de la gestion de ces déchets avec les éco-organismes agréés ou avec les systèmes individuels mis en place par les personnes mentionnées au même premier alinéa.

Jusqu'au 1er janvier 2020, toute personne qui fabrique, importe ou introduit sur le marché national à titre professionnel des équipements électriques et électroniques ménagers ainsi que leurs acheteurs successifs font apparaître, jusqu'à l'utilisateur final, sur les factures de vente de tout nouvel équipement électrique et électronique ménager, en sus du prix unitaire du produit, le coût unitaire supporté pour la gestion des déchets collectés séparément issus des équipements électriques et électroniques ménagers mis sur le marché avant le 13 août 2005.

Ce coût unitaire est strictement égal au coût de la gestion desdits déchets. Il ne peut faire l'objet de réfaction. Les acheteurs répercutent à l'identique ce coût jusqu'au client final. Ce dernier en est informé sur le lieu de vente ou en cas de vente à distance, par tout procédé approprié.

Les équipements électriques et électroniques qui, jusqu'au 31 décembre 2013, étaient considérés comme professionnels et qui, par modification de la réglementation, sont considérés comme des équipements électriques et électroniques ménagers sont soumis aux quatrième et cinquième alinéas du présent article à partir du 1er janvier 2015.

Un décret en Conseil d'État précise les conditions d'application du présent article et les sanctions applicables en cas d'infraction.

NB : La seconde phrase du troisième alinéa de l'article L. 541-10-2 du Code de l'environnement, dans sa rédaction résultant du III du présent article, s'applique à compter du 1er janvier 2017 pour les déchets d'équipements électriques et électroniques professionnels.

Art. L. 541-10-3 *(L. fin. n° 2006-1666, 21 déc. 2006 ; mod., Ord. n° 2010-1579, 17 déc. 2010 ; L. n° 2015-992, 17 août 2015).* **– À compter du 1er janvier 2007, toutes les personnes physiques ou morales qui mettent sur le marché national à titre professionnel des produits textiles d'habillement, des chaussures ou du linge de maison neufs destinés aux ménages sont tenues de contribuer ou de pourvoir au recyclage et au traitement des déchets issus de ces produits.**

À compter du 1er janvier 2020, toutes les personnes physiques ou morales qui mettent sur le marché national, à titre professionnel, tous produits finis en textile pour la maison, à l'exclusion de ceux qui sont des éléments d'ameublement ou destinés à protéger ou à décorer des éléments d'ameublement, sont également soumises à l'obligation prévue au premier alinéa.

Les personnes visées aux deux premiers alinéas accomplissent cette obligation :

– soit en contribuant financièrement à un organisme agréé par arrêté conjoint des ministres chargés de l'écologie et de l'industrie qui passe convention avec les opérateurs de tri et les collectivités territoriales ou leurs groupements en charge de la gestion des déchets et leur verse un soutien financier pour les opérations de recyclage et de traitement des déchets visés aux deux premiers alinéas qu'ils assurent ;

– soit en mettant en place, dans le respect d'un cahier des charges, un système individuel de recyclage et de traitement des déchets visés aux deux premiers alinéas approuvé par arrêté conjoint des ministres chargés de l'écologie et de l'industrie.

Les modalités d'application du présent article, notamment le mode de calcul de la contribution, les conditions dans lesquelles est favorisée l'insertion des personnes rencontrant des difficultés au regard de l'emploi ainsi que les sanctions en cas de non-respect de l'obligation visée au premier alinéa sont fixées par décret en Conseil d'État.

Art. L. 541-10-4 *(L. n° 2010-788, 12 juill. 2010 ; mod., L. fin. n° 2012-1509, 29 déc. 2012).* – À compter du 1er janvier 2011, toute personne physique ou morale qui fabrique, importe ou introduit sur le marché national des produits chimiques pouvant présenter un risque significatif pour la santé et l'environnement est tenue de prendre en charge, ou faire prendre en charge par des sociétés spécialisées, techniquement et financièrement la collecte et le traitement des déchets ménagers desdits produits (contenants et contenus). Ces produits doivent faire l'objet d'une signalétique appropriée afin d'éviter aux usagers de les faire collecter en mélange avec les déchets municipaux résiduels.

Les modalités d'application du présent article sont fixées par décret.

Art. L. 541-10-5 *(L. n° 2010-788, 12 juill. 2010 ; L. n° 2015-992, 17 août 2015 ; L. n° 2016-1087, 8 août 2016).* – I. – Au plus tard le 1er janvier 2011, un dispositif harmonisé de consignes de tri sur les emballages ménagers est défini pour être mis en œuvre au plus tard au 1er janvier 2015 par décret en Conseil d'État après avis de la commission d'harmonisation et de médiation des filières de collecte sélective et de traitement des déchets du Conseil national des déchets.

À l'exclusion des emballages ménagers en verre, tout produit recyclable soumis à un dispositif de responsabilité élargie des producteurs mis sur le marché à compter du 1er janvier 2015 fait l'objet d'une signalétique commune informant le consommateur que ce produit relève d'une consigne de tri. Un décret en Conseil d'État précise les conditions d'application du présent alinéa.

Au plus tard le 1er juillet 2011, tout établissement de vente au détail de plus de 2 500 mètres carrés proposant en libre-service des produits alimentaires et de grande consommation se dote, à la sortie des caisses, d'un point de reprise des déchets d'emballage issus des produits achetés dans cet établissement.

II. – Il est mis fin à la mise à disposition, à titre onéreux ou gratuit :

1° À compter du 1er janvier 2016, de sacs de caisse en matières plastiques à usage unique destinés à l'emballage de marchandises au point de vente ;

2° À compter du 1er janvier 2017, de sacs en matières plastiques à usage unique destinés à l'emballage de marchandises au point de vente autres que les sacs de caisse, sauf pour les sacs compostables en compostage domestique et constitués, pour tout ou partie, de matières biosourcées.

Un décret en Conseil d'État détermine les conditions d'application du présent II. Il fixe notamment la teneur biosourcée minimale des sacs en matières plastiques à usage unique mentionnés au 2° et les conditions dans lesquelles celle-ci est progressivement augmentée. Il fixe également les modalités d'information du consommateur sur la composition et l'utilisation des sacs vendus ou mis à sa disposition.

III. – Au plus tard le 1er janvier 2020, il est mis fin à la mise à disposition des gobelets, verres et assiettes jetables de cuisine pour la table en matière plastique, sauf ceux compostables en compostage domestique et constitués, pour tout ou partie, de matières biosourcées.

À compter du 1er janvier 2020, la mise sur le marché des bâtonnets ouatés à usage domestique dont la tige est en plastique est interdite. Cette interdiction ne s'applique pas aux dispositifs définis aux articles L. 5211-1 et L. 5221-1 du Code de la santé publique.

Au plus tard le 1er janvier 2018, il est mis fin à la mise sur le marché de produits cosmétiques rincés à usage d'exfoliation ou de nettoyage comportant des particules plastiques solides, à l'exception des particules d'origine naturelle non susceptibles de subsister dans les milieux, d'y propager des principes actifs chimiques ou biologiques ou d'affecter les chaînes trophiques animales.

Les modalités d'application du présent III sont fixées par décret, notamment la teneur biosourcée minimale des gobelets, verres et assiettes et les conditions dans lesquelles cette teneur est progressivement augmentée.

Art. L. 541-10-6 *(Mod., L. fin. n° 2012-1509, 29 déc. 2012 ; L. n° 2015-992, 17 août 2015).* – À compter du 1er janvier 2012, toute personne physique ou morale qui fabrique, importe ou introduit sur le marché des éléments d'ameublement assure la prise en charge de la collecte, et du traitement des déchets issus desdits produits en fin de vie soit sous la forme d'initiative individuelle, soit sous la forme d'un financement des éco-organismes agréés qui en assurent la gestion.

Doit également satisfaire à l'obligation mentionnée au premier alinéa du présent article tout vendeur professionnel établi hors du territoire national dirigeant ses activités vers le territoire national, au sens du règlement (CE) n° 44/2001 du Conseil, du 22 décembre 2000, concernant la compétence judiciaire, la reconnaissance et l'exécution des décisions en matière civile et commerciale, et vendant des éléments d'ameublement directement à un utilisateur final établi sur le territoire national.

À compter du 1er janvier 2018, toute personne physique ou morale qui fabrique, importe ou introduit sur le marché des produits rembourrés d'assise ou de couchage est également soumise à l'obligation prévue au premier alinéa.

À compter de l'entrée en vigueur de l'agrément, par arrêté des ministres chargés de l'environnement et de l'industrie, des initiatives individuelles et des éco-organismes mentionnés au premier alinéa et jusqu'au 1er janvier 2021, les personnes mentionnées au premier alinéa du présent article ainsi que leurs acheteurs successifs font apparaître, jusqu'au consommateur final, sur les factures de vente de tout élément d'ameublement, en sus du prix unitaire du produit, le coût unitaire supporté pour la gestion des déchets d'éléments d'ameublement mis sur le marché avant le 1er janvier 2013. Ce coût unitaire est strictement égal au coût de la gestion desdits déchets. Il ne peut faire l'objet de réfaction. Les acheteurs répercutent à l'identique ce coût jusqu'au client final. Ce dernier en est informé sur le lieu de vente ou, en cas de vente à distance, par tout procédé approprié.

Un décret en Conseil [d'] État précise les conditions d'application du présent article.

Art. L. 541-10-7 *(L. n° 2010-788, 12 juill. 2010 ; L. n° 2015-992, 17 août 2015).* – Toute personne physique ou morale qui met sur le marché national des bouteilles de gaz destinées à un usage individuel les assortit d'une consigne ou d'un système équivalent favorisant leur réemploi. Elle prend également en charge la reprise à titre gratuit des déchets de bouteilles de gaz dont le détenteur s'est défait hors des circuits de consigne ou de système équivalent mis en place par les producteurs.

Un décret détermine les conditions d'application du présent article.

Art. L. 541-10-8 *(Mod., L. fin. n° 2012-1509, 29 déc. 2012 ; L. n° 2014-856, 31 juill. 2014).* – Les producteurs qui mettent sur le marché des pneumatiques, associés ou non à d'autres produits, sont tenus de prendre en charge la collecte et le traitement des déchets issus de ces pneumatiques, que les distributeurs ou détenteurs tiennent à leur disposition, dans la limite des tonnages mis sur le marché l'année précédente. Pour répondre à cette obligation, les producteurs mettent en place des systèmes individuels de collecte et de traitement de ces déchets ou contribuent financièrement à des éco-organismes créés afin de permettre aux producteurs de remplir collectivement leurs obligations de collecte et de traitement.

À compter du 1er janvier 2020, les systèmes individuels mis en place par les producteurs en application du premier alinéa sont approuvés et les éco-organismes créés afin de permettre aux producteurs de remplir collectivement leurs obligations sont agréés dans les conditions prévues à l'article L. 541-10.

Les personnes qui distribuent à titre commercial aux utilisateurs finaux des pneumatiques sont tenues de reprendre gratuitement les déchets qui en sont issus dans la limite des tonnages et des types de pneumatiques distribués l'année précédente.

....

Élimination des déchets

Art. L. 541-11-1 *(Ord. n° 2010-1579, 17 déc. 2010).* – Des plans nationaux de prévention et de gestion doivent être établis par le ministre chargé de l'environnement, pour certaines catégories de déchets dont la liste est établie par décret en Conseil d'État, à raison de leur degré de nocivité ou de leurs particularités de gestion.

Des représentants des collectivités territoriales concernées, des organisations professionnelles concernées et des associations de protection de l'environnement agréées au titre de l'article L. 141-1 participent à l'élaboration de ces plans avec les représentants de l'État et des organismes publics concernés, au sein d'une commission du plan.

Les plans ainsi élaborés sont mis à la disposition du public pendant deux mois.

Ils sont ensuite modifiés, pour tenir compte, le cas échéant, des observations formulées et publiés.

Ces plans tendent à la création d'ensembles coordonnés d'installations de traitement des déchets et énoncent les priorités à retenir pour atteindre les objectifs définis à l'article L. 541-1.

....

Installations ayant pour objet l'élimination des déchets

Art. L. 541-22 *(Mod., Ord. n° 2010-1579, 17 déc. 2010)*. **– Pour certaines des catégories de déchets précisées par décret, l'administration fixe, sur tout ou partie du territoire national, les conditions d'exercice de l'activité de gestion des déchets.**

Ces mêmes catégories de déchets ne peuvent être traitées que dans les installations pour lesquelles l'exploitant est titulaire d'un agrément de l'administration. Elles cessent de pouvoir être traitées dans les installations existantes pour lesquelles cet agrément n'a pas été accordé à la date d'entrée en vigueur fixée par le décret prévu au précédent alinéa.

QPC. Par décision n° 2016-595 QPC du 18 novembre 2016, le Conseil constitutionnel a décidé que le premier alinéa de l'article L. 541-22 était conforme à la Constitution à compter du 14 juillet 2010 (*Dr. pén.* 2016, comm. 176, note. J.-H. Robert).

....

Récupération des déchets

Art. L. 541-31 *(Mod., Ord. n° 2010-1579, 17 déc. 2010)*. **– Des décrets en Conseil d'État peuvent réglementer les modes d'utilisation de certains matériaux, éléments ou formes d'énergie afin de faciliter leur valorisation ou celle des matériaux ou éléments qui leur sont associés dans certaines fabrications.**

La réglementation peut porter notamment sur l'interdiction de certains traitements, mélanges ou associations avec d'autres matériaux ou sur l'obligation de se conformer à certains modes de fabrication.

Art. L. 541-32 *(L. n° 2015-992, 17 août 2015)*. **– Toute personne valorisant des déchets pour la réalisation de travaux d'aménagement, de réhabilitation ou de construction doit être en mesure de justifier auprès des autorités compétentes de la nature des déchets utilisés et de l'utilisation de ces déchets dans un but de valorisation et non pas d'élimination.**

Dans le cadre de ces travaux, l'enfouissement et le dépôt de déchets sont interdits sur les terres agricoles, à l'exception de la valorisation de déchets à des fins de travaux d'aménagement ou de la valorisation de déchets autorisés à être utilisés comme matières fertilisantes ou supports de culture.

Art. L. 541-32-1 *(L. n° 2015-992, 17 août 2015)*. **– Toute personne recevant sur un terrain lui appartenant des déchets à des fins de réalisation de travaux d'aménagement, de réhabilitation ou de construction ne peut recevoir de contrepartie financière pour l'utilisation de ces déchets. Ces dispositions ne s'appliquent ni aux utilisations des déchets dans des ouvrages supportant un trafic routier, ni aux carrières en activité.**

....

Dispositions particulières aux mouvements transfrontaliers de déchets

Art. L. 541-40 *(Mod., Ord. n° 2009-894, 24 juill. 2009 ; L. n° 2015-992, 17 août 2015)*. **– I. – L'importation, l'exportation et le transit de déchets sont soumis aux dispositions du règlement (CE) n° 1013/2006 du Parlement européen et du Conseil du 14 juin 2006 concernant les transferts de déchets.**

II. – En cas d'exportation de déchets soumise à notification, le notifiant est établi en France. Il en va de même pour la personne, visée au 1 de l'article 18 du règlement mentionné ci-dessus, qui organise un transfert de déchets dispensé de notification en application du 2 et du 4 de l'article 3 du même règlement.

La notification couvre le transfert des déchets depuis un lieu d'expédition unique.

Le notifiant est défini à l'article 2.15 du règlement mentionné ci-dessus.

1) Le présent article et l'article L. 541-42-2 peuvent être adaptés par la prise d'un accord bilatéral entre les Gouvernements des États d'expédition et de destination des déchets, dans les limites prévues par le règlement (CE) n° 1013/2006 du Parlement européen et du Conseil, du 14 juin 2006, concernant les transferts de déchets.

2) Il résulte des articles L. 541-40 et L. 541-46 du Code de l'environnement et 3 du règlement (CE) n° 1013/2006 du Parlement européen et du Conseil, en date du 14 juin 2006, concernant les transferts de déchets qu'est incriminé le fait de procéder ou faire procéder à un transfert de déchets, sans avoir notifié ce transfert aux autorités compétentes françaises ou étrangères ou sans avoir obtenu le consentement préalable desdites autorités, lorsque cette notification et ce consentement sont requis pour les déchets désignés, en fonction de leur destination et de l'annexe dans laquelle ils figurent, à l'article 3, § 1, du règlement européen 1013/2006 auquel renvoie, pour son application, l'article L. 541-40 du Code de l'environnement. Encourt la cassation l'arrêt de relaxe fondé sur l'absence de clarté et de précision des textes d'incrimination dès lors que l'article L. 541-40 renvoie, pour son application, à un règlement communautaire directement applicable dont le caractère technique est inhérent à son objet, et qui détermine de façon claire et précise, en fonction du type de déchet, les éléments constitutifs de l'infraction poursuivie (■ Cass. crim., 22 mars 2016, n° 15-80.944 : *Dr. pén.* 2016, comm. 82, obs. J.-H. Robert).

Dispositions pénales
Constatation des infractions

Art. L. 541-44 *(Mod. à compter de la date prévue au II de l'article 29 de l'ordonnance n° 2010-177 du 23 février 2010, Ord. n° 2010-177, 23 févr. 2010 ; rempl. à compter du 1er juillet 2013, Ord. n° 2012-34, 11 janv. 2012 ;mod., L. n° 2013-619, 16 juill. 2013 ; L. n° 2015-992, 17 août 2015 ; Ord. n° 2016-301, 14 mars 2016).* **– Outre les officiers et agents de police judiciaire et les inspecteurs de l'environnement mentionnés à l'article L. 172-1, sont habilités à rechercher et à constater les infractions aux dispositions du présent chapitre et des textes pris pour son application :**

1° Les agents de la concurrence, de la consommation et de la répression des fraudes, qui disposent à cet effet des pouvoirs prévus au I de l'article L. 511-22 du Code de la consommation ;

2° Les agents des douanes ;

3° Les autres agents mentionnés à l'article L. 1312-1 du Code de la santé publique ;

4° Les chercheurs, ingénieurs et techniciens assermentés de l'Institut français de recherche pour l'exploitation de la mer ;

5° Les agents de police judiciaire adjoints mentionnés à l'article 21 du Code de procédure pénale, qui exercent ces missions dans les limites et selon les modalités fixées par le Code de procédure pénale ;

6° Les agents de l'Office national des forêts commissionnés à cet effet ;

7° Les agents chargés du contrôle du transport.

Art. L. 541-45 *(Rempl. à compter du 1er juillet 2013, Ord. n° 2012-34, 11 janv. 2012).* **– Les dispositions de l'article L. 172-5 pour la recherche et la constatation des infractions aux prescriptions du présent chapitre ne sont pas applicables aux locaux d'habitation.**

Sanctions

Art. L. 541-46 *(Mod., Ord. n° 2004-691, 12 juill. 2004 ; Ord. n° 2005-1129, 8 sept. 2005 ; L. n° 2005-1319, 26 oct. 2005 ; L. n° 2007-224, 21 févr. 2007 ; L. n° 2008-757, 1er août 2008 ; Ord. n° 2009-894, 24 juill. 2009 ; L. n° 2010-788, 12 juill. 2010 ; Ord. n° 2010-1579, 17 déc. 2010 ; L. n° 2011-267, 14 mars 2011 ; L. n° 2015-992, 17 août 2015).* **– I. – Est puni de deux ans d'emprisonnement et de 500 000 F 75 000 € d'amende le fait de :**

1° Refuser de fournir à l'administration les informations visées à l'article L. 541-9 ou fournir des informations inexactes ;

2° Méconnaître les prescriptions des I, VII et VIII de l'article L. 541-10 ou de l'article L. 541-10-7 ;

3° Refuser de fournir à l'administration les informations visées à l'article L. 541-7 ou fournir des informations inexactes, ou se mettre volontairement dans l'impossibilité matérielle de fournir ces informations ;

4° Abandonner, déposer ou faire déposer, dans des conditions contraires aux dispositions du présent chapitre, des déchets ;

5° Effectuer la collecte, le transport ou des opérations de courtage ou de négoce de déchets sans satisfaire aux prescriptions prises en vertu de l'article L. 541-8 et de ses textes d'application ;

6° Remettre ou faire remettre des déchets à tout autre que l'exploitant d'une installation agréée, en méconnaissance de l'article L. 541-22 ;

7° Gérer des déchets au sens de l'article L. 541-1-1 sans être titulaire de l'agrément prévu à l'article L. 541-22 ;

8° Gérer des déchets, au sens de l'article L. 541-1-1, sans satisfaire aux prescriptions concernant les caractéristiques, les quantités, les conditions techniques et financières de prise en charge des déchets et les procédés de traitement mis en œuvre fixées en application des articles L. 541-2, L. 541-2-1, L. 541-7-2, L. 541-21-1 et L. 541-22 ;

9° Méconnaître les prescriptions des articles L. 541-10-9, L. 541-31, L. 541-32 ou L. 541-32-1 ;

10° *(10° abr. à compter du 1er juillet 2013, Ord. n° 2012-34, 11 janv. 2012)* ;

11° *a)* De procéder ou faire procéder à un transfert de déchets sans avoir notifié ce transfert aux autorités compétentes françaises ou étrangères ou sans avoir obtenu le consentement préalable desdites autorités alors que cette notification et ce consentement sont requis ;

b) De procéder ou faire procéder à un transfert de déchets alors que le consentement des autorités compétentes concernées a été obtenu par fraude ;

c) De procéder ou faire procéder à un transfert de déchets alors que le transfert n'est pas accompagné du document de mouvement prévu par l'article 4 du règlement (CE) n° 1013/2006 du Parlement européen et du Conseil du 14 juin 2006 concernant les transferts de déchets ;

d) De procéder ou faire procéder à un transfert de déchets pour lequel le producteur, le destinataire ou l'installation de destination des déchets ne sont pas ceux mentionnés dans les documents de notification ou de mouvement prévus par l'article 4 du règlement mentionné ci-dessus ;

e) De procéder ou faire procéder à un transfert de déchets d'une nature différente de celle indiquée dans les documents de notification ou de mouvement prévus par l'article 4 du règlement mentionné ci-dessus, ou portant sur une quantité de déchets significativement supérieure ;

f) De procéder ou faire procéder à un transfert de déchets dont la valorisation ou l'élimination est réalisée en méconnaissance de la réglementation communautaire ou internationale ;

g) D'exporter des déchets en méconnaissance des dispositions des articles 34, 36, 39 et 40 du règlement mentionné ci-dessus ;

h) D'importer des déchets en méconnaissance des dispositions des articles 41 et 43 du règlement mentionné ci-dessus ;

i) De procéder à un mélange de déchets au cours du transfert en méconnaissance de l'article 19 du règlement mentionné ci-dessus ;

j) De ne pas déférer à une mise en demeure prise sur le fondement de l'article L. 541-42.

12° Méconnaître les obligations d'information prévues à l'article L. 343-3 du Code des ports maritimes ;

13° Ne pas respecter les prescriptions édictées en application de l'article 7 du règlement (CE) n° 850/2004 du Parlement européen et du Conseil, du 29 avril 2004, concernant les polluants organiques persistants et modifiant la directive 79/117/CEE ;

14° *(14° créé, Ord. n° 2010-1579, 17 déc. 2010)* Ne pas respecter les interdictions édictées à l'article 1er du règlement (CE) n° 1102/2008 du Parlement européen et du Conseil du 22 octobre 2008 relatif à l'interdiction des exportations de mercure métallique et de certains composés et mélanges de mercure et au stockage en toute sécurité de cette substance ;

15° Abandonner un véhicule privé des éléments indispensables à son utilisation normale et insusceptible de réparation immédiate à la suite de dégradations ou de vols sur le domaine public ou le domaine privé de l'État ou des collectivités territoriales.

II. – En cas de condamnation prononcée pour les infractions visées aux 4°, 6° et 8° du I, le tribunal peut ordonner, sous astreinte, la remise en état des lieux endommagés par les déchets qui n'ont pas été traités dans les conditions conformes à la loi.

III. – En cas de condamnation prononcée pour les infractions visées aux 7° et 8° du I, le tribunal peut, en outre, ordonner la fermeture temporaire ou définitive de l'installation et interdire à son exploitant d'exercer l'activité d'éliminateur ou de récupérateur.

IV. – En cas de condamnation prononcée pour les infractions visées aux 6°, 7°, 8° et 11° du I et commises à l'aide d'un véhicule, le tribunal peut, de plus, ordonner la suspension du permis de conduire pour une durée n'excédant pas cinq ans.

V. – En cas de condamnation prononcée pour les infractions mentionnées au 11° du I, le tribunal peut, en outre, ordonner l'interdiction, suivant les modalités prévues par l'article 131-27 du Code pénal, d'intervenir dans un transfert transfrontalier de déchets à titre de notifiant ou de personne responsable d'un transfert au sens du règlement (CE) n° 1013/2006 du Parlement européen et du Conseil du 14 juin 2006 concernant les transferts de déchets.

VI *(VI abr. à compter du 1er juillet 2013, Ord. n° 2012-34, 11 janv. 2012).*

VII. – La peine mentionnée au I est portée à sept ans d'emprisonnement et à 150 000 € d'amende lorsque l'infraction est commise en bande organisée, au sens de l'article 132-71 du Code pénal.

Art. L. 541-47 *(Abr. à compter du 1er juillet 2013, Ord. n° 2012-34, 11 janv. 2012).*

Art. L. 541-48. – L'article L. 541-46 est applicable à tous ceux qui, chargés à un titre quelconque de la direction, de la gestion ou de l'administration de toute entreprise ou établissement, ont sciemment laissé méconnaître par toute personne relevant de leur autorité ou de leur contrôle les dispositions mentionnées audit article.

....

Le contrôle des produits chimiques

Art. L. 521-1 *(Rempl., Ord. n° 2001-321, 11 avr. 2001 ; Ord. n° 2009-229, 26 févr. 2009 ; Ord. n° 2010-1232, 21 oct. 2010 ; L. n° 2015-1567, 2 déc. 2015).* – I. – Les dispositions du présent chapitre tendent à protéger la santé humaine et l'environnement contre les risques qui peuvent résulter des substances et mélanges chimiques.

II. – Sans préjudice du respect des obligations issues des règlements (CE) n° 1005/2009, (UE) n° 649/2012, (CE) n° 850/2004 et (UE) n° 517/2014, la fabrication, la mise sur le marché, l'utilisation des substances, telles quelles ou contenues dans des mélanges ou des articles, et la mise sur le marché des mélanges, sont soumises aux dispositions du règlement (CE) n° 1907/2006 du Parlement européen et du Conseil du 18 décembre 2006 concernant l'enregistrement, l'évaluation et l'autorisation des substances chimiques, ainsi que les restrictions applicables à ces substances (REACH), instituant une agence européenne des produits chimiques, modifiant la directive 1999/45/CE et abrogeant le règlement (CEE) n° 793/93 du Conseil et le règlement (CE) n° 1488/94 de la Commission ainsi que la directive 76/769/CEE du Conseil et les directives 91/155/CEE, 93/67/CEE, 93/105/CE et 2000/21/CE de la Commission et aux dispositions du règlement (CE) n° 1272/2008 du Parlement européen et du Conseil du 16 décembre 2008 relatif à la classification, à l'étiquetage et à l'emballage des substances et des mélanges, modifiant et abrogeant les directives 67/548/CEE et 1999/45/CE et modifiant le règlement (CE) n° 1907/2006.

III. – Si les intérêts de la défense nationale l'exigent, l'autorité administrative peut accorder des exemptions au règlement (CE) n° 1907/2006, dans des cas spécifiques pour certaines substances, telles quelles ou contenues dans un mélange ou un article ou au règlement (CE) n° 1272/2008 dans des cas spécifiques pour certaines substances ou certains mélanges.

Art. L. 521-2 à L. 521-4 *(Abr., Ord. n° 2009-229, 26 févr. 2009).*

Art. L. 521-5 *(Rempl., Ord. n° 2001-321, 11 avr. 2001 ; Ord. n° 2009-229, 26 févr. 2009 ; Ord. n° 2010-1232, 21 oct. 2010 ; mod., Ord. n° 2011-1922, 22 déc. 2011).* – I. – Tout fabricant ou importateur d'une substance, telle quelle ou contenue dans un mélange, un article, un produit ou un équipement, se tient informé de l'évolution des connaissances de l'impact sur la santé humaine et l'environnement lié à l'exposition à cette substance.

Les fabricants et importateurs de substances, telles quelles ou contenues dans des mélanges, des articles, des produits ou des équipements, indiquent à l'autorité administrative compétente les informations nouvelles sur les propriétés dangereuses de ces substances et de leurs usages, découlant soit de l'amélioration des connaissances scientifiques et techniques, soit de l'observation des effets de ces substances et révélant l'existence de nouveaux dangers ou risques graves pour la santé humaine ou pour l'environnement, si ces informations ne font pas l'objet d'une communication au titre du règlement (CE) n° 1907/2006.

II. – Tout fabricant, importateur ou utilisateur en aval d'une substance, telle quelle ou contenue dans un mélange, un article, un produit ou un équipement, rassemble toutes les informations dont il a besoin pour s'acquitter des obligations imposées par les règlements communautaires régissant les produits chimiques. Sur demande, ce fabricant, importateur ou utilisateur en aval transmet ou met à disposition cette information à l'autorité administrative compétente.

Art. L. 521-6 *(Rempl., Ord. n° 2001-321, 11 avr. 2001 ; Ord. n° 2009-229, 26 févr. 2009 ; mod., Ord. n° 2010-1232, 21 oct. 2010 ; Ord. n° 2011-1922, 22 déc. 2011 ; L. n° 2015-1567, 2 déc. 2015)*. – I. – Les ministres chargés de l'environnement, de la santé et du travail prennent par arrêté conjoint les mesures d'application nécessaires pour mettre en œuvre les articles 49, alinéa b, et 129 du règlement (CE) n° 1907/2006.

II. – Lorsque des substances, telles quelles ou contenues dans des mélanges, des articles, des produits ou des équipements, présentent des dangers graves ou des risques non valablement maîtrisés pour les travailleurs, la santé humaine ou l'environnement, les ministres chargés de l'environnement, de la santé et du travail peuvent par arrêté conjoint :

1° Lorsque les règlements (CE) n° 1005/2009, (UE) n° 649/2012, (CE) n° 850/2004, (UE) n° 517/2014, (CE) n° 1907/2006 et (CE) n° 1272/2008 n'harmonisent pas les exigences en matière de fabrication, de mise sur le marché ou d'utilisation de substances, telles quelles ou contenues dans des mélanges, des articles, des produits ou des équipements :

a) Interdire de façon provisoire ou permanente, totale ou partielle leur fabrication, leur importation, leur exportation, leur mise sur le marché, leur détention en vue de la vente ou certains de leurs usages, ou ordonner leur retrait ou leur rappel ;

b) Imposer des prescriptions relatives à la fabrication, l'importation, l'exportation, la mise sur le marché, l'emploi pour certains usages, la composition, l'étiquetage, l'emballage, la dénomination commerciale, la publicité, le stockage, la récupération, la régénération, le recyclage, et la destruction, ainsi que toute autre condition nécessaire à la préservation de la santé humaine ou de l'environnement ;

2° Lorsque des substances, telles quelles ou contenues dans des mélanges, des articles, des produits ou des équipements sont transportées par voie ferrée, routière, fluviale, maritime ou aérienne :

a) Interdire de façon provisoire ou permanente, totale ou partielle leur transport ;

b) Imposer des prescriptions relatives à leur transport.

Art. L. 521-7 *(Mod., Ord. n° 2009-229, 26 févr. 2009 ; Ord. n° 2010-1232, 21 oct. 2010)*. – I. – La personne ayant transmis à l'autorité administrative des informations pour lesquelles elle revendique le secret industriel et commercial peut indiquer celles de ces informations qu'elle considère comme commercialement sensibles, dont la diffusion pourrait lui porter préjudice, et pour lesquelles elle demande le secret vis-à-vis de toute personne autre que l'autorité administrative. Dans ce cas, des justifications devront être fournies à l'autorité administrative qui apprécie le bien-fondé de la demande.

La personne ayant transmis des informations est tenue d'informer l'autorité administrative lorsqu'elle rend elle-même publiques des informations pour lesquelles le secret industriel et commercial avait été reconnu par l'autorité administrative.

II. – L'autorité administrative prend toutes dispositions utiles pour que les informations reconnues par elle ou par l'autorité compétente d'un État membre de la Communauté européenne ou par l'Agence européenne des produits chimiques comme relevant du secret industriel et commercial ne soient accessibles qu'aux personnes qu'elle a désignées. Ces personnes sont astreintes au secret professionnel selon les modalités prévues aux articles 126-13 et 226-14 du Code pénal, sauf à l'égard des autorités judiciaires agissant dans le cadre d'une procédure pénale.

Un décret fixe les conditions permettant la protection du secret de la formule intégrale des mélanges.

....

Sanctions pénales

Art. L. 521-21 *(Ord. n° 2001-321, 11 avr. 2001 ; mod., L. n° 2005-1319, 26 oct. 2005 ; Ord. n° 2009-229, 26 févr. 2009 ; Ord. n° 2010-1232, 21 oct. 2010 ; Ord. n° 2011-1922, 22 déc. 2011 ; L. n° 2015-1567, 2 déc. 2015).* – I. – Est puni de deux ans d'emprisonnement et de 75 000 € d'amende le fait de :

1° Fournir sciemment des renseignements inexacts susceptibles d'entraîner pour les substances considérées ou les mélanges, articles, produits ou équipements les contenant, des prescriptions moins contraignantes que celles auxquelles ils auraient normalement dû être soumis, ou de dissimuler des renseignements connus ;

2° Ne pas respecter les mesures d'interdiction ou les prescriptions édictées en application de l'article L. 521-6 ;

3° Ne pas satisfaire dans le délai imparti aux obligations prescrites par la mise en demeure prévue à l'article L. 521-17 ;

4° Fabriquer ou importer sans enregistrement préalable une substance, telle quelle ou contenue dans un mélange ou destinée à être rejetée d'un article au sens du règlement n° 1907/2006 dans des conditions normales ou raisonnablement prévisibles d'utilisation, soumise à enregistrement en méconnaissance du titre II du règlement (CE) n° 1907/2006 ;

5° Pour le fabricant ou l'importateur, obtenir ou tenter d'obtenir la délivrance d'un numéro d'enregistrement de substance par fausse déclaration ou par tout autre moyen frauduleux ;

6° Fabriquer, importer, détenir en vue de la vente ou la distribution à titre gratuit, mettre en vente, vendre, distribuer à titre gratuit ou utiliser, sans la décision d'autorisation correspondante, une substance, telle quelle ou contenue dans un mélange ou un article, en méconnaissance du titre VII du règlement (CE) n° 1907/2006 ;

7° Fabriquer, importer, détenir en vue de la vente ou la distribution à titre gratuit, mettre en vente, vendre, distribuer à titre gratuit ou utiliser des substances, mélanges ou articles en méconnaissance des restrictions édictées au titre VIII du règlement (CE) n° 1907/2006 [du 18 décembre 2006] ;

8° Pour un utilisateur en aval, ne pas avoir communiqué à l'Agence européenne des produits chimiques les informations prévues à l'article 38 du règlement (CE) n° 1907/2006 dans les conditions prévues à cet article ;

9° Ne pas respecter les mesures d'interdiction ou les prescriptions édictées en application des règlements (CE) n° 1005/2009, (UE) n° 649/2012, (CE) n° 850/2004 et (UE) n° 517/2014 ;

10° Importer, détenir en vue de la vente ou la distribution à titre gratuit, mettre en vente, vendre ou distribuer à titre gratuit une substance ou un mélange sans classification préalable, conformément aux exigences prévues à l'article 4, paragraphes 1 et 3 du règlement (CE) n° 1272/2008 ;

11° Importer, détenir en vue de la vente ou la distribution à titre gratuit, mettre en vente, vendre ou distribuer à titre gratuit une substance ou un mélange classé comme dangereux sans étiquetage et emballage préalable, conformément aux exigences prévues à l'article 4, paragraphe 4, et à l'article 29, paragraphe 3, du règlement (CE) n° 1272/2008.

II. – Est puni de trois mois d'emprisonnement et de 20 000 € d'amende le fait de :

1° Ne pas fournir au destinataire d'une substance ou mélange une fiche de données de sécurité ainsi que ses annexes, établies et mises à jour conformément aux exigences prévues à l'article 31 du règlement (CE) n° 1907/2006 ;

2° Pour le fabricant ou l'importateur, ne pas avoir communiqué à l'Agence européenne des produits chimiques les informations prévues à l'article 40 du règlement (CE) n° 1272/2008 dans les conditions prévues à cet article.

III à V *(III à V abr. à compter du 1er juillet 2013, Ord. n° 2012-34, 11 janv. 2012)*

VI *(VI abr., Ord. n° 2010-1232, 21 oct. 2010).*

Art. L. 521-22 *(Ord. n° 2001-321, 11 avr. 2001 ; abr. à compter du 1er juillet 2013, Ord. n° 2012-34, 11 janv. 2012).*

....

Le contrôle des produits biocides

Art. L. 522-1 *(Ord. n° 2001-321, 11 avr. 2001 ; mod., Ord. n° 2010-250, 11 mars 2010 ; L. n° 2013-619, 16 juill. 2013 ; L. n° 2015-1567, 2 déc. 2015).* – I. – Les conditions dans lesquelles la mise à disposition sur le marché et l'utilisation des produits biocides et des articles traités par ces produits et leur expérimentation sont autorisées ainsi que les conditions dans lesquelles sont approuvées les substances actives contenues dans ces produits sont définies par le règlement (UE) n° 528/2012 du Parlement européen et du Conseil du 22 mai 2012 concernant la mise à disposition sur le marché et l'utilisation des produits biocides et par le présent chapitre.

II. – Si les intérêts de la défense nationale l'exigent, le ministre chargé de l'environnement et le ministre de la Défense peuvent accorder, par arrêté conjoint, des exemptions au règlement (UE) n° 528/2012 du Parlement européen et du Conseil du 22 mai 2012 précité dans des cas spécifiques pour certains produits biocides, tels quels ou contenus dans un article traité. Les modalités d'application de ces exemptions sont déterminées par décret en Conseil d'État.

Art. L. 522-2 *(L. n° 2013-619, 16 juill. 2013 ; L. n° 2015-1567, 2 déc. 2015).* – I. – Le responsable de la mise à disposition sur le marché d'un produit biocide déclare ce produit à l'Agence nationale chargée de la sécurité sanitaire de l'alimentation, de l'environnement et du travail mentionnée à l'article L. 1313-1 du Code de la santé publique ; préalablement à la première mise à disposition sur le marché.

II. – Nonobstant les dispositions prévues à l'article L. 1342-1 du Code de la santé publique, le responsable de la mise à disposition sur le marché d'un produit biocide fournit les informations nécessaires sur ce produit, notamment sa composition, aux organismes mentionnés à l'article L. 1341-1 du même code en vue de permettre de prévenir les effets sur la santé ou de répondre à toute demande d'ordre médical destinée au traitement des affections induites par ce produit ou émanant des services d'urgence relevant de l'autorité administrative.

III. – Le responsable de la mise à disposition sur le marché d'une substance ou d'un produit biocide déclare à l'Agence nationale chargée de la sécurité sanitaire de l'alimentation, de l'environnement et du travail mentionnée à l'article L. 1313-1 dudit code ; les informations dont il a connaissance ou peut raisonnablement avoir connaissance et qui peuvent avoir des conséquences sur le maintien de cette substance ou de ce produit sur le marché.

....

Art. L. 522-4 *(L. n° 2013-619, 16 juill. 2013 ; L. n° 2015-1567, 2 déc. 2015).* – Les conditions d'exercice de l'activité de vente et de l'activité d'application à titre professionnel de produits biocides et d'articles traités, d'une part, et les conditions d'utilisation de certaines catégories de produits biocides, d'autre part, peuvent être fixées par arrêté conjoint des ministres chargés de l'environnement, du travail et de la santé ; en vue d'assurer l'efficacité de ces produits et de prévenir les risques pour l'homme et l'environnement susceptibles de résulter de ces activités.

....

Art. L. 522-7 *(Abr., L. n° 2015-1567, 2 déc. 2015).*

....

Art. L. 522-9 *(L. n° 2013-619, 16 juill. 2013 ; L. n° 2015-1567, 2 déc. 2015).* – Les procédures applicables aux demandes d'autorisation de mise sur le marché, de restriction ou d'annulation d'autorisation, d'autorisation de commerce parallèle des produits biocides, d'approbation, de modification et de renouvellement des substances actives prévues par le règlement (UE) n° 528/2012 du Parlement européen et du Conseil du 22 mai 2012 précité et par les règlements pris pour son application, ainsi qu'aux demandes de dérogation prévues à l'article 56 du même règlement, sont précisées par voie réglementaire.

....

Art. L. 522-16 *(L. n° 2013-619, 16 juill. 2013 ; L. n° 2015-1567, 2 déc. 2015)*. – I. – Est puni de deux ans d'emprisonnement et de 75 000 € d'amende le fait de :

1° Mettre à disposition sur le marché une substance active biocide, un produit biocide ou un article traité interdit par le règlement (UE) n° 528/2012 du Parlement européen et du Conseil du 22 mai 2012 précité ou, dans le cas d'un produit biocide, en méconnaissance des articles L. 522-4, L. 522-5 ou L. 522-11 ;

2° Mettre à disposition sur le marché une substance active biocide, un produit biocide ou un article traité en méconnaissance des conditions de mise sur le marché prévues par le règlement d'exécution visé au *a* du 1 de l'article 9 du règlement (UE) n° 528/2012 du Parlement européen et du Conseil du 22 mai 2012 précité ou par l'autorisation de mise sur le marché ou l'autorisation de commerce parallèle applicable au produit ;

3° Fournir sciemment à l'autorité administrative des renseignements inexacts susceptibles d'entraîner, pour la substance active biocide considérée, le produit biocide la contenant ou l'article traité avec cette substance, des prescriptions moins contraignantes que celles auxquelles ils auraient normalement été soumis ou de dissimuler des renseignements connus de l'entreprise ;

4° Détenir en vue de la mise à disposition sur le marché des produits en méconnaissance du 4 de l'article 19 du règlement (UE) n° 528/2012 du Parlement européen et du Conseil du 22 mai 2012 précité ou de l'article L. 522-5-1.

II. – Est puni de six mois d'emprisonnement et de 7 500 € d'amende le fait :

1° D'utiliser un produit biocide en méconnaissance des conditions prévues par l'autorisation de mise sur le marché ou par l'autorisation de commerce parallèle applicable au produit en application du règlement (UE) n° 528/2012 du Parlement européen et du Conseil du 22 mai 2012 précité ou de l'article L. 522-12 ;

2° De ne pas transmettre à l'autorité administrative le registre des produits biocides prévu à l'article 68 du règlement (UE) n° 528/2012 du Parlement européen et du Conseil du 22 mai 2012 précité.

III. – PROTECTION DES EAUX FLUVIALES ET DE LA MER

Code de l'environnement

Eau et milieux aquatiques

Art. L. 216-6 *(Mod., Ord. n° 2012-34, 11 janv. 2012 ; L. n° 2016-1087, 8 août 2016)*. – Le fait de jeter, déverser ou laisser s'écouler dans les eaux superficielles, souterraines ou les eaux de la mer dans la limite des eaux territoriales, directement ou indirectement, une ou des substances quelconques dont l'action ou les réactions entraînent, même provisoirement, des effets nuisibles sur la santé ou des dommages à la flore ou à la faune, à l'exception des dommages visés aux articles L. 218-73 et L. 432-2, ou des modifications significatives du régime normal d'alimentation en eau ou des limitations d'usage des zones de baignade, est puni de deux ans d'emprisonnement et de 75 000 € d'amende. Lorsque l'opération de rejet est autorisée par arrêté, les dispositions de cet alinéa ne s'appliquent que si les prescriptions de cet arrêté ne sont pas respectées.

Le tribunal peut également imposer au condamné de procéder à la restauration du milieu aquatique dans le cadre de la procédure prévue par l'article L. 173-9.

Ces mêmes peines et mesures sont applicables au fait de jeter ou abandonner des déchets en quantité importante dans les eaux superficielles ou souterraines ou dans les eaux de la mer dans la limite des eaux territoriales, sur les plages ou sur les rivages de la mer. Ces dispositions ne s'appliquent pas aux rejets en mer effectués à partir des navires.

Le délai de prescription de l'action publique des délits mentionnés au présent article court à compter de la découverte du dommage.

1) **QPC.** Non-lieu à renvoi au Conseil constitutionnel de la question prioritaire de constitutionnalité de l'article L. 216-6 du Code de l'environnement qui est conforme aux principes de clarté, d'accessibilité et d'intelligibilité de la loi pénale dont elle permet de déterminer le champ d'ap-

plication sans porter atteinte au principe constitutionnel de la légalité des délits et des peines (■ Cass. crim., QPC, 30 nov. 2010, n° 10-90-109 : *JurisData* n° 2010-023274 ; *Dr. pén.* 2011, comm. 21, obs. J.-H. Robert).

La QPC relative à l'article L. 216-6 du Code de l'environnement, qui serait contraire au principe de légalité des délits et donc à la nécessité de définir les infractions en des termes suffisamment précis, faute de préciser de façon suffisante d'une part, les substances qu'il vise et dont le déversement dans les eaux serait interdit, d'autre part, les effets nuisibles sur la santé ou les dommages à la flore et à la faune dont la constatation entraînerait la réalisation de l'infraction, ne présente pas un caractère sérieux, dès lors que ces dispositions sont suffisamment claires et précises pour permettre leur interprétation et leur sanction, qui relèvent de l'office du juge, sans risque d'arbitraire (■ Cass. crim., 7 oct. 2014, n° 14-81.897 : *Dr. pén.* 2015, comm. 71, obs. J.-H. Robert).

2) Matérialité. Constitue le délit de pollution prévu et réprimé par l'article L. 216-6 du Code de l'environnement le fait de jeter, déverser ou laisser s'écouler dans les eaux visées par ce texte, directement ou indirectement, une ou des substances quelconques dont l'action ou les réactionsentraînent, même provisoirement, des effets nuisibles sur la santé, des dommages à la flore ou à la faune, des modifications significatives du régime normal d'alimentation en eau ou des limitations d'usage des zones de baignade ; en conséquence, ne tire pas les conséquences légales de ses propres constatations la cour d'appel, qui, pour déclarer un prévenu coupable de cette infraction, relève que la pollution constatée n'a eu aucun effet néfaste sur la faune ou la flore (■ Cass. crim., 26 févr. 2002 : *Bull. crim.*, n° 45 ; *Dr. pénal* 2002, comm. 71, obs. J.-H. Robert).

3) Caractérise en tous leurs éléments les délits de pollution reprochés au prévenu la cour d'appel qui déduit des constatations faites que des eaux boueuses, volontairement renvoyées vers le milieu naturel par les émissaires réservés aux eaux pluviales, ont souillé la végétation aquatique, en l'espèce des joncs (■ Cass. crim., 16 janv. 2007 : *Dr. pénal* 2007, comm. 54).

4) Il appartient aux juges du fond, dans l'exercice de leur pouvoir souverain d'appréciation, de rechercher si un effluent polluant a atteint, directement ou indirectement, un canal, un ruisseau ou un cours d'eau, dont l'écoulement peut être intermittent, ou encore un plan d'eau avec lequel ils communiquent (■ Cass. crim., 7 nov. 2006 : *Bull. crim.*, n° 279).

5) Est un auteur indirect, au sens de l'article 121-3, alinéa 4, du Code pénal, le directeur technique d'une entreprise, titulaire d'une délégation de pouvoir, qui, connaissent les risques générés par cette installation classée, implantée au bord d'un fleuve, et en l'état d'incidents déjà survenus, ne prend pas les dispositions utiles pour éviter le rejet de substances polluantes trouvant sa cause directe dans l'intervention sur le site de personnels d'entreprises tierces chargées de la maintenance du matériel en fin de semaine (■ Cass. crim., 19 oct. 2004 : *Bull. crim.*, n° 247 ; *Dr. pénal* 2005, comm. 6, obs. J.-H. Robert).

6) Justifie sa décision la cour d'appel qui condamne une société, spécialisée dans la décontamination et le démantèlement des effluents de nature nucléaire, pour délit de déversement de substance dans les eaux souterraines, superficielles ou de la mer ayant entraîné, même provisoirement, des modifications significatives du régime normal d'alimentation en eau et des limitations d'usage des zones de baignade, en relevant que le déversement, en grande quantité, d'effluents uranifères a été causé par un ensemble de négligences et d'imprudences fautives graves qui ont conduit la prévenue à tolérer la présence d'un bac de rétention d'une étanchéité quasi nulle (■ Cass. crim., 26 nov. 2013, n° 12-80.906 : *JurisData* n° 2013-027181 ; *Dr. pén.* 2014, comm. 11, obs. J.-H. Robert). V., pour une autre disposition de cet arrêt, Ann. *Nucléaire*, note sous C. env., art. L. 596-27.

7) *L'élément moral* de l'infraction est caractérisé par une négligence (■ Cass. crim., 7 nov. 2006 : préc.). V. *supra*, sous article 121-3 du Code pénal, note II, V° Pollution.

8) L'article L. 216-6 du Code de l'environnement punit les rejets intentionnels ou non intentionnels dans les eaux superficielles ou souterraines qui entraînent des dommages à la faune ou à la flore, à l'exclusion de la destruction du poisson, réprimée par l'article L. 432-2 du même code (■ Cass. crim., 16 janv. 2007 : *JurisData* n° 2007-037506 ; *Dr. pénal* 2007, comm. 54, obs. J.-H. Robert, préc.).

Art. L. 216-7 ***(Rempl. à compter du 1er juille.2013, Ord. n° 2012-34, 11 janv. 2012 ; mod., L. n° 2013-619, 16 juill. 2013).*** **– Est puni de 75 000 euros d'amende le fait d'exploiter un ouvrage sans respecter les dispositions relatives :**

1° À la circulation des poissons migrateurs, prévues ou arrêtées en application de l'article L. 214-17 et des dispositions auxquelles elles se substituent ;

2° Au débit minimal, prévues ou arrêtées en application de l'article L. 214-18 ;

3° Au débit affecté à un usage d'utilité publique, arrêtées en application de l'article L. 214-9.

Art. L. 216-8 *(Abr. à compter du 1er juill. 2013, Ord. n° 2012-34, 11 janv. 2012).*

Se rend coupable d'exécution de travaux nuisibles au débit des eaux ou au milieu aquatique le propriétaire d'une parcelle bordée d'un ruisseau, qui a construit, le long de la berge, un mur de quarante-quatre mètres dans le prolongement d'un autre plus ancien, dès lors que ce mur remblayé construit dans le lit mineur de la rivière, en ce qu'il avait pour effet de réduire de 40 % la largeur du lit mouillé de ce cours d'eau au droit de l'ouvrage réalisé, constituait un obstacle objectif à l'écoulement des crues et devait donner lieu au dépôt d'un dossier de demande d'autorisation (■ Cass. crim., 1er avr. 2014 : *JCP* 2014, n° 537, p. 903).

Art. L. 216-9 *(Mod., L. n° 2006-1772, 30 déc. 2006 ; abr. à compter du 1er juill. 2013, Ord. n° 2012-34, 11 janv. 2012).*

Art. L. 216-10 *(Mod., L. n° 2006-1772, 30 déc. 2006 ; abr. à compter du 1er juill. 2013, Ord. n° 2012-34, 11 janv. 2012).*

Art. L. 216-11 *(Abr. à compter du 1er juill. 2013, Ord. n° 2012-34, 11 janv. 2012).*

Art. L. 216-12 *(Mod., L. n° 2009-526, 12 mai 2009 ; abr. à compter du 1er juill. 2013, Ord. n° 2012-34, 11 janv. 2012).*

Art. L. 216-13. – *(Al. rempl. à compter du 1er juill. 2013, Ord. n° 2012-34, 11 janv. 2012 ; L. n° 2016-1087, 8 août 2016)* En cas de non-respect des prescriptions imposées au titre des articles L. 211-2, L. 211 3 et L. 214-1 à L. 214-6, le juge des libertés et de la détention peut, à la requête du procureur de la République, agissant d'office ou à la demande de l'autorité administrative, de la victime ou d'une association agréée de protection de l'environnement, ordonner pour une durée d'un an au plus aux personnes physiques et aux personnes morales concernées toute mesure utile, y compris la suspension ou l'interdiction des opérations menées en infraction à la loi pénale.

(Cinq al. créés à compter du 1er juill. 2013, Ord. n° 2012-34, 11 janv. 2012) En cas d'ouverture d'une information, le juge d'instruction est compétent pour prendre dans les mêmes conditions les mesures prévues au premier alinéa.

La décision est prise après audition de la personne intéressée, ou sa convocation à comparaître dans les quarante-huit heures, ainsi que de l'autorité administrative, la victime, ou l'association agréée de protection de l'environnement si elles en ont fait la demande.

Elle est exécutoire par provision et prend fin sur décision du juge des libertés et de la détention ou lorsque la décision au fond est devenue définitive.

La personne concernée ou le procureur de la République peut faire appel de la décision du juge des libertés et de la détention dans les dix jours suivant la notification ou la signification de la décision.

Le président de la chambre d'instruction ou de la cour d'appel, saisi dans les vingt-quatre heures suivant la notification de la décision du juge d'instruction ou du tribunal correctionnel, peut suspendre la décision jusqu'à ce qu'il soit statué sur l'appel, sans que ce délai puisse excéder vingt jours.

Les dispositions du présent article s'appliquent également aux installations classées au titre du livre V (titre Ier).

Art. L. 216-14 *(Ord. n° 2005-805, 18 juill. 2005 ; annulé, CE, ass., 7 juill. 2006, n° 283178, France Nature environnement : JurisData n° 2006-070406 ; rétabli dans la version suivante, L. n° 2006-1772, 30 déc. 2006 ; mod., L. n° 2011-1862, 13 déc. 2011 ; abr. à compter du 1er juill. 2013, Ord. n° 2012-34, 11 janv. 2012).*

....

Dispositions répressives relatives aux rejets polluants des navires

Art. L. 218-10 *(Ord. n° 2010-1232, 21 oct. 2010)*. **– Pour l'application de la présente sous-section :**

– la « convention Marpol » désigne la convention internationale pour la prévention de la pollution par les navires, faite à Londres le 2 novembre 1973, telle que modifiée par le protocole du 17 février 1978 et par ses modificatifs ultérieurs régulièrement approuvés ou ratifiés ;

– le terme : « navire » désigne un bâtiment de mer exploité en milieu marin de quelque type que ce soit, notamment les hydroptères, les aéroglisseurs, les engins submersibles, les engins flottants. Sont assimilés aux navires les plates-formes fixes ou flottantes et les bateaux ou engins flottants fluviaux lorsqu'ils se trouvent en aval de la limite transversale de la mer ;

– le terme : « capitaine » désigne le capitaine ou le responsable à bord d'un navire. Sont assimilés au capitaine le responsable de l'exploitation à bord d'une plate-forme fixe ou flottante ou le responsable à bord d'un bateau ou engin flottant fluvial ;

– la définition des rejets est celle figurant au 3 de l'article 2 de la convention Marpol.

Art. L. 218-11 *(L. n° 2008-757, 1er août 2008 ; mod., Ord. n° 2010-1232, 21 oct. 2010)*. **– Est puni de 50 000 € d'amende le fait, pour tout capitaine, de se rendre coupable d'un rejet de substance polluante en infraction aux dispositions des règles 15 et 34 de l'annexe I, relatives aux contrôles des rejets d'hydrocarbures, ou en infraction aux dispositions de la règle 13 de l'annexe II, relative aux contrôles des résidus de substances liquides nocives transportées en vrac, de la convention Marpol.**

En cas de récidive, les peines encourues sont portées à un an d'emprisonnement et 100 000 € d'amende.

1) Se voit, à juste titre, refuser le bénéfice du fait justificatif prévu, pour les rejets à la mer des hydrocarbures ou des mélanges d'hydrocarbures provenant d'une avarie survenue à un navire ou à son équipement, par la règle n° 11 de l'annexe I de la Convention de Londres du 22 novembre 1973, dite Convention Marpol, le capitaine dont il est retenu qu'il a, avant cette survenance, agi témérairement et avec conscience qu'un dommage en résulterait probablement (■ Cass. crim., 4 avr. 2006 : *Bull. crim.* n° 102).

2) Le capitaine d'un navire, poursuivi pour avoir rejeté en mer des effluents dont la concentration en hydrocarbures excédait quinze parts par million, qui invoque le bénéfice du fait justificatif prévu par la règle 11 de l'annexe I de la Convention Marpol, a la charge de la preuve de la réalité de l'avarie (■ Cass. crim., 13 nov. 2007 : *Bull. crim.*, n° 274 ; *Dr. pénal* 2008, comm. 5, obs. J.-H. Robert).

3) Le délit de rejet illicite d'hydrocarbures par un navire autre que citerne est constitué dès lors que l'effluent présente une concentration supérieure à quinze parts par million, peu important la cale dont il provient (■ Cass. crim., 16 janv. 2007, pourvoi n° 05-86.580 : *Dr. pénal* 2007, comm. 5, obs. J.-H. Robert).

4) Aucun instrument international n'impose qu'il soit dérogé, en matière de rejets illicites d'hydrocarbures, au principe de la liberté de la preuve ; en décrivant la nappe polluée par référence à des codes d'apparence, dont la validité est reconnue sur le plan international comme mode de preuve de la teneur d'un rejet en hydrocarbures, l'agent verbalisateur ne procède pas à une expertise, mais se borne à emprunter des catégories, établies sur la base d'études scientifiques, qui lui permettent de rendre compte précisément et objectivement de ce qu'il a personnellement observé, dans un procès-verbal qui fait foi jusqu'à preuve contraire (■ Cass. crim., 13 mars 2007 : *Bull. crim.*, n° 79 ; *Dr. pénal* 2007, comm. 115, obs. J.-H. Robert ; *D.* 2007, p. 2590, note T. Garé ; *AJP* 2007, 234, obs. M.E.C. et p. 230, obs. G. Roussel ; *Rev. sc. crim.* 2007, p. 820, obs. J.-H. Robert).

5) Justifie sa décision la cour d'appel qui, pour déclarer le capitaine du navire coupable de pollution marine, en l'absence de tous éléments permettant de relier la pollution constatée à la survenance d'un événement extérieur et imprévisible, déduit des observations et photographies aériennes, des expertises et constatations effectuées sur le navire, la preuve que la pollution provenant du rejet d'hydrocarbures était d'origine volontaire et caractérisait l'infraction prévue et punie aux articles L. 218-11 et suivants du Code de l'environnement, dès lors que les juges du second degré ont pu fonder leur conviction sur un faisceau d'indices (■ Cass. crim., 18 mars 2014 : *Bull. crim.*, n° 84).

6) Dès lors que l'État du pavillon justifie, en application de l'article 228 de la Convention des Nations unies sur le droit de la mer, de la décision au fond valant jugement définitif s'appliquant aux poursuites par lui engagées pour des faits de pollution par hydrocarbures commis en zone économique exclusive française, les juges répressifs français, qui ont, préalablement, à la requête de leur propre gouvernement, qui n'a opposé à cet État aucune des clauses de sauvegarde prévues par l'article précité, ordonné la suspension des poursuites d'abord engagées en France pour les mêmes faits de pollution, ont compétence liée pour constater l'extinction de ces poursuites (■ Cass. crim., 5 mai 2009 : *Bull. crim.*, n° 85, 2 arrêts).

7) Les dispositions pertinentes de la Convention des Nations unies sur le droit de la mer portant sur la protection et la préservation du milieu marin et de la Convention internationale de 1973 pour la prévention de la pollution par les navires, dite Convention Marpol, justifient l'exercice par la France de sa compétence normative et exécutive, y compris juridictionnelle, pour sanctionner un rejet involontaire d'hydrocarbures par un navire dans sa zone économique exclusive entraînant un dommage grave dans sa mer territoriale et sur son littoral, en permettant de sanctionner toutes les personnes à l'origine d'une telle pollution.

Ces dispositions sont par suite parfaitement compatibles avec l'article 8 de la loi n° 83-583 du 5 juillet 1983 qui réprimait de tels agissements en droit interne français à la date des faits visés par les poursuites (■ Cass. crim., 25 sept. 2012, n° 10-82.938 : *Bull. inf. C. cass.* 15 janv. 2013, n° 87, avec note ; *JCP* 2012, n° 1243, p. 2095, K. Le Couviour ; *D.* 2012, p. 2711, note Ph. Delebecque ; *Dr. pénal* 2013, comm. 10, obs. J.-H. Robert ; *Gaz. Pal.* 24-25 oct. 2012, p. 8, note B. Parance).

8) Les particularismes du régime international d'indemnisation pour les dommages dus à la pollution par les hydrocarbures organisé par la Convention de 1992 sur la responsabilité civile, dite CLC 69/92, et par la Convention de 1992 portant création du Fonds international pour l'indemnisation de tels dommages ne s'opposent pas à ce que tous les intervenants à l'acte de transport, poursuivis devant la juridiction répressive française pour délit de pollution involontaire, puissent voir leur responsabilité civile recherchée sur le fondement de ce régime devant cette juridiction dès lors qu'ils ont commis une faute de témérité qui les prive du bénéfice de la canalisation prévue par la première de ces conventions.

La décision du juge répressif n'est toutefois pas opposable au Fonds qui est privé de la possibilité d'intervenir devant ce juge, en l'absence d'une disposition interne adoptée à cet effet (même arrêt et commentaires).

9) Il résulte des articles III, § 4 et V, § 2 de la Convention CLC 69/92 qu'une demande de réparation de dommage par pollution peut être formée contre le propriétaire du navire ainsi qu'à l'encontre des autres personnes qui y sont énumérées lorsque le dommage a été commis témérairement et avec conscience qu'un tel dommage en résulterait probablement.

Encourt, dès lors, la cassation l'arrêt qui, par des constatations de fait, souverainement appréciées, caractérise à la charge d'un affréteur une faute de témérité, au sens de la Convention CLC 69/92, d'où il résulte qu'il avait nécessairement conscience qu'il s'ensuivrait probablement un dommage par pollution tout en le faisant bénéficier d'une immunité de responsabilité au stade de l'obligation à la dette (même arrêt et commentaires).

10) Action civile. Un rejet en mer d'hydrocarbures, dont il n'est pas établi qu'il ait atteint une réserve naturelle relevant de la protection de l'office de l'environnement de la Corse (OEC), partie civile, ne cause à celle-ci d'autre dommage personnel et direct que celui résultant de l'atteinte à son image, dès lors que cet établissement public industriel et commercial n'est pas compris dans la liste limitative des personnes morales de droit public que l'article L. 132-1 du Code de l'environnement habilite à exercer les droits reconnus à la partie civile en ce qui concerne les faits qui portent un préjudice direct ou indirect aux intérêts qu'ils ont pour objet de défendre (■ Cass. crim., 30 oct. 2007 : *JurisData* n° 2007-041683 ; *Dr. pénal* 2008, comm. 7, obs. J.-H. Robert).

11) Il résulte de l'article L. 142-2 du Code de l'environnement que les associations régulièrement déclarées depuis au moins cinq ans à la date des faits peuvent, bien que n'étant pas agréées, exercer les droits reconnus à la partie civile à la condition que leurs statuts visent à la sauvegarde de tout ou partie des intérêts mentionnés à l'article L. 211-1 du Code de l'environnement.

Ce dernier article ayant pour objet de poser le principe de la gestion de la ressource en eau renvoyant aux chapitres I à VII du titre I du livre II du Code de l'environnement et non pas à son chapitre VIII, spécifique aux eaux marines, une telle association n'est, par suite, pas recevable à se constituer partie civile pour une infraction de pollution de ces eaux prévue et réprimée dans ce dernier chapitre (■ Cass. crim., 25 sept. 2012, n° 10-82.938, précité avec les commentaires).

Art. L. 218-12 ***(L. n° 2008-757, 1er août 2008 ; mod., Ord. n° 2010-1232, 21 oct. 2010).*** **– Les peines relatives à l'infraction prévue au premier alinéa de l'article L. 218-11 sont portées à dix ans d'emprisonnement et 15 millions d'euros d'amende pour tout capitaine d'un navire-citerne d'une jauge brute inférieure à**

150 tonneaux, ou de tout autre navire d'une jauge brute inférieure à 400 tonneaux dont la machine propulsive a une puissance installée supérieure à 150 kilowatts.

Art. L. 218-13 *(L. n° 2008-757, 1er août 2008 ; mod., Ord. n° 2010-1232, 21 oct. 2010).* **– Les peines relatives à l'infraction prévue au premier alinéa de l'article L. 218-11 sont portées à dix ans d'emprisonnement et 15 millions d'euros d'amende pour tout capitaine d'un navire-citerne d'une jauge brute supérieure ou égale à 150 tonneaux ou de tout autre navire d'une jauge brute supérieure ou égale à 400 tonneaux, ainsi que pour tout responsable de l'exploitation à bord d'une plate-forme.**

Art. L. 218-14 *(L. n° 2008-757, 1er août 2008 ; mod., Ord. n° 2010-1232, 21 oct. 2010).* **– Est puni de sept ans d'emprisonnement et de 1 million d'euros d'amende le fait, pour tout capitaine, de jeter à la mer des substances nuisibles transportées en colis en infraction aux dispositions de la règle 7 de l'annexe III de la convention Marpol.**

Art. L. 218-15 *(Ord. n° 2010-1232, 21 oct. 2010).* **– Est puni d'un an d'emprisonnement et de 200 000 € d'amende le fait, pour tout capitaine d'un navire, de se rendre coupable d'infractions aux dispositions de la règle 8 de l'annexe IV, des règles 3, 4 et 5 de l'annexe V et des règles 12, 13, 14, 16 et 18 de l'annexe VI de la convention Marpol.**

Art. L. 218-16 *(L. n° 2008-757, 1er août 2008 ; mod., Ord. n° 2010-1232, 21 oct. 2010).* **– Est puni, selon le cas, des peines prévues aux articles L. 218-11 à L. 218-15 le fait, pour tout capitaine, de commettre dans les voies navigables jusqu'aux limites de la navigation maritime les infractions définies aux mêmes articles L. 218-11 à L. 218-15.**

Art. L. 218-17 *(L. n° 2008-757, 1er août 2008 ; mod., Ord. n° 2010-1232, 21 oct. 2010).* **– Est puni de deux ans d'emprisonnement et de 200 000 € d'amende le fait, pour tout capitaine de navire auquel est survenu, en mer ou dans les eaux intérieures et les voies navigables françaises jusqu'aux limites de la navigation maritime, un des événements mentionnés par le protocole I de la convention Marpol, ou pour toute autre personne ayant charge dudit navire, au sens de l'article 1er de ce protocole, de ne pas établir et transmettre un rapport conformément aux dispositions dudit protocole.**

Art. L. 218-18 *(L. n° 2008-757, 1er août 2008 ; mod., Ord. n° 2010-1232, 21 oct. 2010).* **– Les peines prévues à la présente sous-section sont applicables soit au propriétaire, soit à l'exploitant ou à leur représentant légal ou dirigeant de fait s'il s'agit d'une personne morale, soit à toute autre personne que le capitaine exerçant, en droit ou en fait, un pouvoir de contrôle ou de direction dans la gestion ou la marche du navire, lorsque ce propriétaire, cet exploitant ou cette personne a été à l'origine d'un rejet effectué en infraction aux articles L. 218-11 à L. 218-17 et L. 218-19 ou n'a pas pris les mesures nécessaires pour l'éviter.**

Art. L. 218-19 *(L. n° 2008-757, 1er août 2008 ; mod., Ord. n° 2010-1232, 21 oct. 2010).* **– I. – Est puni de 4 000 € d'amende le fait, pour tout capitaine, de provoquer un rejet de substance polluante par imprudence, négligence ou inobservation des lois et règlements.**

Est puni de la même peine le fait, pour tout capitaine, de provoquer par imprudence, négligence ou inobservation des lois et règlements un accident de mer tel que défini par la convention du 29 novembre 1969 sur l'intervention en haute mer en cas d'accident entraînant ou pouvant entraîner une pollution par les hydrocarbures, ou de ne pas prendre les mesures nécessaires pour l'éviter, lorsque cet accident a entraîné une pollution des eaux.

Les peines sont portées à :

1° 400 000 € d'amende lorsque l'infraction est commise au moyen d'un navire entrant dans les catégories définies à l'article L. 218-12 ;

2° 800 000 € d'amende lorsque l'infraction est commise au moyen d'un navire ou d'une plate-forme entrant dans les catégories définies à l'article L. 218-13 ;

3° 4,5 millions d'euros d'amende lorsque l'infraction est commise au moyen d'un navire entrant dans les catégories définies à l'article L. 218-12 et qu'elle a pour conséquence, directement ou indirectement, un dommage irréversible ou d'une particulière gravité à l'environnement ;

4° 7,5 millions d'euros d'amende lorsque l'infraction est commise au moyen d'un navire entrant dans les catégories définies à l'article L. 218-13 et qu'elle a pour conséquence, directement ou indirectement, un dommage irréversible ou d'une particulière gravité à l'environnement.

II. – Lorsque les infractions mentionnées au I ont pour origine directe ou indirecte soit la violation manifestement délibérée d'une obligation particulière de sécurité ou de prudence imposée par la loi ou le règlement, soit une faute caractérisée qui exposait l'environnement à un risque d'une particulière gravité que son auteur ne pouvait ignorer, les peines sont portées à :

1° 6 000 € d'amende, lorsque l'infraction est commise au moyen d'un navire n'entrant pas dans les catégories définies aux articles L. 218-12 ou L. 218-13 ;

2° Trois ans d'emprisonnement et 4,5 millions d'euros d'amende, lorsque l'infraction est commise au moyen d'un navire entrant dans les catégories définies à l'article L. 218-12 ;

3° Cinq ans d'emprisonnement et 7,5 millions d'euros d'amende, lorsque l'infraction est commise au moyen d'un navire entrant dans les catégories définies à l'article L. 218-13 ou d'une plate-forme.

III. – Lorsque les infractions mentionnées au II ont pour conséquence directe ou indirecte un dommage irréversible ou d'une particulière gravité à l'environnement, les peines sont portées à :

1° Cinq ans d'emprisonnement et 7,5 millions d'euros d'amende, lorsque l'infraction est commise au moyen d'un navire entrant dans les catégories définies à l'article L. 218-12 ;

2° Sept ans d'emprisonnement et 10,5 millions d'euros d'amende, lorsque l'infraction est commise au moyen d'un navire entrant dans les catégories définies à l'article L. 218-13.

IV. – Nonobstant les dispositions du quatrième alinéa de l'article 121-3 du Code pénal, les personnes physiques qui n'ont pas causé directement le dommage, mais qui ont créé ou contribué à créer la situation qui a permis la réalisation du dommage ou qui n'ont pas pris les mesures permettant de l'éviter, sont responsables pénalement s'il est établi qu'elles ont soit violé de façon manifestement délibérée une obligation particulière de sécurité ou de prudence prévue par la loi ou le règlement, soit commis une faute caractérisée qui exposait l'environnement à un risque d'une particulière gravité qu'elles ne pouvaient ignorer.

Art. L. 218-20 *(Ord. n° 2010-1232, 21 oct. 2010)*. – Un rejet effectué par un navire à des fins de sécurité, de sauvetage ou de lutte contre la pollution n'est pas punissable s'il remplit les conditions énoncées par les règles 4.1 ou 4.3 de l'annexe I, les règles 3.1 ou 3.3 de l'annexe II, la règle 7.1 de l'annexe III, la règle 9.*a* de l'annexe IV, les règles 6.*a* et 6.*c* de l'annexe V ou la règle 3.1.1 de l'annexe VI de la convention Marpol.

Un rejet se produisant au-delà des eaux territoriales françaises et provenant d'une avarie survenue au navire ou à son équipement n'est pas considéré comme une infraction de la part du propriétaire, du capitaine ou de l'équipage agissant sous l'autorité du capitaine s'il remplit les conditions énoncées par la règle 4.2 de l'annexe I, la règle 3.2 de l'annexe II, la règle 9.*b* de l'annexe IV, la règle 6.*b* de l'annexe V ou la règle 3.1.2 de l'annexe VI de la convention Marpol.

Art. L. 218-21 *(L. n° 2008-757, 1er août 2008)*. – Les articles L. 218-11 à L. 218-19 ne sont pas applicables aux navires de guerre et navires de guerre auxiliaires, ainsi qu'aux autres navires appartenant à un État ou exploités par un État et affectés exclusivement, au moment considéré, à un service public non commercial.

Art. L. 218-22 *(L. n° 2008-757, 1er août 2008)*. – Lorsqu'une infraction prévue aux articles L. 218-11 à L. 218-19 a été commise au-delà de la mer territoriale, seules les peines d'amende peuvent être prononcées.

Art. L. 218-23 *(L. n° 2008-757, 1er août 2008)*. – I. – Le tribunal peut, compte tenu des circonstances de fait et notamment des conditions de travail de l'intéressé, décider que le paiement des amendes prononcées à l'encontre du capitaine, en vertu des articles L. 218-11 à L. 218-19, est en totalité ou en partie à la charge du propriétaire ou de l'exploitant.

Le tribunal ne peut user de la faculté prévue au premier alinéa que si le propriétaire ou l'exploitant a été cité à l'audience.

II. – Les personnes physiques coupables des infractions prévues par la présente sous-section encourent également, à titre de peine complémentaire, la peine d'affichage de la décision prononcée ou de diffusion de celle-ci dans les conditions prévues à l'article 131-35 du Code pénal.

QPC. Non-lieu à renvoi au Conseil constitutionnel de la question prioritaire de constitutionnalité concernant l'article L. 218-23 du Code de l'environnement, ce texte ne comportant aucune atteinte aux principes de légalité et de personnalité des peines (■ Cass. crim., 3 mai 2011, n° 11-90.012 QPC : *Bull. crim.*, n° 89 ; *Dr. pén.* 2011, comm. 96, obs. J.-H. Robert).

Art. L. 218-24 *(L. n° 2009-526, 12 mai 2009)*. **– Les personnes morales déclarées responsables pénalement, dans les conditions prévues par l'article 121-2 du Code pénal, des infractions définies aux articles L. 218-11 à L. 218-19 encourent, outre l'amende suivant les modalités prévues par l'article 131-38 du Code pénal, la peine prévue par le 9° de l'article 131-39 du même code.**

1) L'article L. 218-24 du Code de l'environnement, qui permet de mettre tout ou partie de l'amende prononcée à l'encontre du capitaine à la charge de l'exploitant ou du propriétaire du navire, ne distinguant pas selon que l'exploitant agit en son nom propre ou pour le compte d'autrui, est applicable à une société de ship management (■ Cass. crim., 13 mars 2007 : *Bull. crim.*, n° 80 ; *Dr. pénal* 2007, comm. 115, obs. J.-H. Robert ; *D.* 2007, p. 2590, note Th. Garé ; *AJP* 2007, 230 et 234 ; *Rev. sc. crim.* 2007, p. 820, obs. J.-H. Robert).

2) Justifie sa décision la cour d'appel qui, pour mettre à la charge de la société, armateur du navire, 95 % du montant de l'amende infligée au capitaine, énonce que celle-ci assumait tant son exploitation que sa sécurité, l'article L. 218-24 du Code de l'environnement ne distinguant pas selon que l'exploitant agit pour son propre ou pour le compte d'autrui (■ Cass. crim., 18 mars 2014, n° 13-81.921 : *Dr. pénal* 2014, comm. 95, obs. J.-H. Robert, préc. sous l'article L. 218-11 *supra*).

3) Aucun instrument international n'impose qu'il soit dérogé, en matière de rejets illicites d'hydrocarbures au principe de la liberté de la preuve. En décrivant la nappe polluée par référence à des codes d'apparence, dont la validité est reconnue sur le plan international comme mode de preuve de la teneur d'un rejet en hydrocarbures, l'agent verbalisateur ne procède pas à une expertise, mais se borne à emprunter des catégories, établies sur la base d'études scientifiques, qui lui permettent de rendre compte précisément et objectivement de ce qu'il a personnellement observé, dans un procès-verbal qui fait foi jusqu'à preuve contraire (■ Cass. crim., 13 mars 2007 : préc.).

Art. L. 218-26 *(Rempl., Ord. n° 2010-1232, 21 oct. 2010 ; mod., L. n° 2011-525, 17 mai 2011)*. **– Indépendamment des officiers et agents de police judiciaire, qui exercent leurs pouvoirs conformément au Code de procédure pénale, sont habilités à constater les infractions aux dispositions des règles 15, 17, 34 et 36 de l'annexe I, des règles 13 et 15 de l'annexe II, de la règle 7 de l'annexe III, de la règle 8 de l'annexe IV, des règles 3, 4 et 5 de l'annexe V, des règles 12, 13, 14, 16 et 18 de l'annexe VI et du protocole I de la Convention internationale pour la prévention de la pollution par les navires mentionnée à l'article L. 218-10, les infractions aux dispositions de la présente sous-section ainsi que les infractions aux dispositions réglementaires prises pour leur application :**

1° Les administrateurs des affaires maritimes ;

2° Les officiers du corps technique et administratif des affaires maritimes ;

3° *(3° rempl., L. n° 2013-431, 28 mai 2013)* **Les fonctionnaires affectés dans les services exerçant des missions de contrôle dans le domaine des affaires maritimes sous l'autorité ou à la disposition du ministre chargé de la mer ;**

4° *(Abr., L. n° 2013-431, 28 mai 2013).*

5° *(Abr., L. n° 2013-431, 28 mai 2013).*

6° Les fonctionnaires et agents assermentés et commissionnés des services maritimes, des ports autonomes maritimes et des grands ports maritimes ;

7° Les ingénieurs des mines, les ingénieurs de l'industrie et des mines, les ingénieurs des ponts, des eaux et des forêts et les ingénieurs des travaux publics de l'État affectés dans les services déconcentrés du ministère chargé de l'environnement ou à la direction régionale de l'environnement, de l'aménagement et du logement ;

8° Les officiers de port, officiers de port adjoints et surveillants de port ayant la qualité de fonctionnaire ;

9° Les chercheurs, ingénieurs et techniciens assermentés de l'Institut français de recherche pour l'exploitation de la mer ;

10° Les agents des douanes ;

11° *(Mod., Ord. n° 2014-792, 10 juill. 2014)* Les commandants, commandants en second ou commissaires des armées embarqués des bâtiments de la marine nationale ainsi que les chefs de bord des aéronefs de la marine nationale et des aéronefs de la défense chargés de la surveillance en mer.

Art. L. 218-27. – **Sont chargés de rechercher les infractions constituant le délit de pollution des eaux de mer, de recueillir à cet effet tous renseignements en vue de découvrir les auteurs de ces infractions et d'en rendre compte soit à un officier de police judiciaire exerçant ses pouvoirs conformément aux dispositions du Code de procédure pénale, soit à un officier ou un *(Mots rempl., L. n° 2013-431, 28 mai 2013)* « fonctionnaire de catégorie A affecté dans les services exerçant des missions de contrôle dans le domaine des affaires maritimes sous l'autorité ou à la disposition du ministre chargé de la mer » :**

1° Les commandants des navires océanographiques de l'État ;

2° Les commandants de bord des aéronefs de la protection civile et des aéronefs de l'État affectés à la surveillance des eaux maritimes ;

3° Les agents du service des phares et balises ;

4° Les agents de l'Institut français de recherche pour l'exploitation de la mer ;

5° Les agents de la police de la pêche fluviale.

Art. L. 218-28 *(Mod., L. n° 2011-525, 17 mai 2011)*. – **Les procès-verbaux dressés par les agents mentionnés à l'article L. 218-26 font foi jusqu'à preuve contraire. Ils sont transmis immédiatement au procureur de la République par l'agent verbalisateur qui en adresse en même temps copie à l'administrateur des affaires maritimes lorsqu'il s'agit de navires ou de plates-formes ou à l'ingénieur des ponts des eaux et forêts chargé du service maritime s'il s'agit d'engins portuaires de chalands ou de bateaux-citernes fluviaux.**

La preuve contraire aux procès-verbaux de constatation des rejets d'hydrocarbures, selon les modalités prévues par le code d'apparence de l'accord de Bonn, dressés par les agents des douanes au titre de l'article L. 218-28 du Code de l'environnement, ne peut être rapportée que par écrit ou par témoins comme l'exige l'article 431 du Code de procédure pénale.

Encourt la censure la cour d'appel qui, pour retenir la preuve contraire de telles constatations, se borne à énoncer qu'avant la constatation des faits, il avait été procédé à un nettoyage du pont du navire qui avait transporté du minéral en vrac, que les eaux de ruissellement de ce nettoyage s'écoulaient en mer pour suivre le sillage du navire et qu'il n'y avait aucune certitude que ledit minéral ne pouvait rester en suspension ni qu'il aurait dû être évacué par les éléments naturels alors qu'aucun élément n'est fourni sur les conditions météorologiques entre le jour du transfèrement et celui du constat de la pollution (■ Cass. crim., 13 mai 2014 : *Bull. crim.*, n° 131 ; *Dr. pén.* 2014, comm. 109, obs. J.-H. Robert).

Art. L. 218-29 *(L. n° 2001-380, 3 mai 2001 ; mod., L. n° 2003-346, 15 avr. 2003 ; L. n° 2004-204, 9 mars 2004)*. – **Les règles relatives à la compétence des juridictions pénales spécialisées pour connaître des infractions prévues par la présente sous-section sont fixées par les articles 706-107 à 706-111 du Code de procédure pénale ci-après reproduits :**

Art. 706-107 *(Mod. à compter du 1er janv. 2017, L. n° 2007-291, 5 mars 2007)*. – Pour l'enquête, la poursuite, l'instruction et, s'il s'agit de délits, le jugement des infractions en matière de pollution des eaux marines et des voies ouvertes à la navigation maritime prévues et réprimées par la sous-section 2 de la section 1 du chapitre VIII du titre Ier du livre II du Code de l'environnement, qui sont commises dans les eaux territoriales, les eaux intérieures et les voies navigables, la compétence d'un tribunal de grande instance peut être étendue au ressort d'une ou plusieurs cours d'appel.

Les dispositions du premier alinéa s'appliquent également lorsque les infractions mentionnées dans cet alinéa sont commises dans la zone économique exclusive ou dans la zone de protection écologique.

Toutefois, dans les affaires qui sont ou apparaissent d'une grande complexité, le procureur de la République près le tribunal de grande instance mentionné au premier alinéa peut requérir le collège de l'instruction, dans les conditions et selon les modalités prévues par les articles 706-110 et 706-111 de se dessaisir au profit du tribunal de grande instance de Paris.

Le tribunal de grande instance de Paris peut également connaître des infractions qui sont ou apparaissent d'une grande complexité dès le stade de l'enquête.

Cette compétence s'étend aux infractions connexes.

Un décret fixe la liste et le ressort de ces juridictions du littoral maritime, qui comprennent une section du parquet et des formations d'instruction et de jugement spécialisées pour connaître de ces infractions.

Art. 706-108. – Pour l'enquête, la poursuite, l'instruction et le jugement des infractions visées à l'article 706-107 commises hors des espaces maritimes sous juridiction française, le tribunal de grande instance compétent est le tribunal de grande instance de Paris.

Art. 706-109 *(Mod. à compter du 1er janvier 2017, L. n° 2007-291, 5 mars 2007).* – Le procureur de la République, le pôle de l'instruction, la formation correctionnelle spécialisée du tribunal de grande instance mentionné à l'article 706-107 exercent, sur toute l'étendue du ressort fixé en application de cet article, une compétence concurrente à celle qui résulte de l'application des articles 43, 52, 382 et 706-42.

Ils exercent également, dans les mêmes conditions, une compétence concurrente à celle qui résulte des critères de compétence suivants :

1° Lieu d'immatriculation du navire, engin ou plate-forme ou de son attachement en douanes ;

2° Lieu où le navire, engin ou plate-forme est ou peut être trouvé.

La juridiction spécialisée saisie demeure compétente, quelles que soient les incriminations retenues lors du règlement ou du jugement de l'affaire. Toutefois, si les faits constituent une contravention, le collège de l'instruction prononce le renvoi de l'affaire devant le tribunal de police compétent en application de l'article 522 ou devant la juridiction de proximité compétente en application de l'article 522-1.

Art. 706-111. – L'ordonnance rendue en application de l'article 706-110 peut, à l'exclusion de toute autre voie de recours, être déférée dans les cinq jours de sa notification, à la requête du ministère public ou des parties, soit à la chambre de l'instruction si la juridiction spécialisée au profit de laquelle le dessaisissement a été ordonné ou refusé se trouve dans le ressort de la cour d'appel dans lequel est située la juridiction initialement saisie, soit, dans le cas contraire, à la chambre criminelle de la Cour de cassation. La chambre de l'instruction ou la chambre criminelle désigne, dans les huit jours suivant la date de réception du dossier, la juridiction chargée de poursuivre l'information. Le ministère public peut également saisir directement la chambre de l'instruction ou la chambre criminelle de la Cour de cassation lorsque le collège de l'instruction n'a pas rendu son ordonnance dans le délai d'un mois prévu au premier alinéa de l'article 706-110.

L'arrêt de la chambre de l'instruction ou de la chambre criminelle est porté à la connaissance du juge d'instruction ainsi qu'au ministère public et notifié aux parties.

Les dispositions du présent article sont applicables à l'arrêt de la chambre de l'instruction rendu sur le fondement du dernier alinéa de l'article 706-110, le recours étant alors porté devant la chambre criminelle.

Art. L. 218-30 ***(Mod., L. n° 2001-380, 3 mai 2001 ; L. n° 2016-731, 3 juin 2016).*** **– Le navire qui a servi à commettre l'une des infractions définies aux articles L. 218-11 à L. 218-19 peut être immobilisé sur décision du procureur de la République ou du juge d'instruction saisi.**

Cette immobilisation est faite aux frais de l'armateur.

À tout moment, l'autorité judiciaire compétente peut ordonner la levée de l'immobilisation s'il est fourni un cautionnement dont elle fixe le montant et les modalités de versement.

Les conditions d'affectation, d'emploi et de restitution du cautionnement sont réglées conformément aux dispositions des articles 142, 142-2 et 142-3 du Code de procédure pénale.

(Al. créé à compter du 1er juill. 2013, Ord. n° 2012-34, 11 janv. 2012) **La décision d'immobilisation prise par l'autorité judiciaire peut être contestée dans le délai de cinq jours à compter de sa notification, par requête de l'intéressé devant le juge des libertés et de la détention du tribunal de grande instance saisi de l'enquête.**

Le juge des libertés et de la détention peut confirmer l'immobilisation ou en ordonner la mainlevée, le cas échéant, en la conditionnant au versement préalable d'un cautionnement dont il fixe le montant et les modalités de versement, dans les conditions prévues à l'article 142 du Code de procédure pénale.

L'ordonnance du juge des libertés et de la détention doit être rendue dans un délai de trois jours ouvrés à compter de la réception de la requête mentionnée au cinquième alinéa du présent article.

Les ordonnances du juge des libertés et de la détention prises sur le fondement du présent article sont motivées et notifiées au procureur de la République, au juge d'instruction lorsqu'il est saisi, à la personne mise en cause et, s'ils sont connus, au propriétaire et aux tiers ayant des droits sur le navire, qui peuvent les déférer à la chambre de l'instruction par déclaration au greffe du tribunal dans les cinq jours qui suivent leur notification. La personne mise en cause, le propriétaire du navire et les tiers ayant des droits sur le navire

peuvent adresser toutes observations écrites ou être entendus par la chambre de l'instruction. La chambre de l'instruction statue dans un délai de cinq jours à compter de la déclaration d'appel.

L'appel contre les ordonnances du juge des libertés et de la détention prises sur le fondement du présent article n'est pas suspensif. Toutefois, le procureur de la République peut demander au premier président de la cour d'appel ou à son délégué de déclarer le recours suspensif lorsque le juge des libertés et de la détention a ordonné la remise en circulation du navire et qu'il existe un risque sérieux de réitération de l'infraction ou qu'il est nécessaire de garantir le paiement des amendes. Dans ce cas, l'appel, accompagné de la demande qui se réfère au risque sérieux de réitération de l'infraction ou à la nécessité de garantir le paiement des amendes, est formé dans un délai de six heures à compter de la notification de l'ordonnance au procureur de la République et transmis au premier président de la cour d'appel ou à son délégué. Celui-ci décide, sans délai, s'il y a lieu de donner à cet appel un effet suspensif par une ordonnance motivée rendue contradictoirement qui n'est pas susceptible de recours. Le navire est maintenu à la disposition de l'autorité judiciaire jusqu'à ce que cette ordonnance soit rendue et, si elle donne un effet suspensif à l'appel du procureur de la République, jusqu'à ce qu'il soit statué sur le fond.

QPC. Non-lieu à renvoi au Conseil constitutionnel de la question prioritaire de constitutionnalité concernant l'article L. 218-30 du Code de l'environnement, la décision d'immobilisation d'un navire pouvant faire l'objet d'un recours devant le tribunal correctionnel (■ Cass. crim., 3 mai 2011, n° 11-90.012 QPC : *Bull. crim.*, n° 89 ; *Dr. pén.* 2011, comm. 96, obs. J.-H. Robert).

Art. L. 218-31. – Si les faits constitutifs des infractions énumérées aux articles L. 218-11 à L. 218-19 ont causé des dommages au domaine public maritime, l'administration ne peut poursuivre devant la juridiction administrative selon la procédure des contraventions de grande voirie que la réparation de ce dommage.

Pollution due aux opérations d'exploration
ou d'exploitation du fond de la mer ou de son sous-sol

Art. L. 218-32 *(Mod., Ord. n° 2011-91, 20 janv. 2011)*. – Sans préjudice de l'application des dispositions du Code minier, notamment de son article L. 161-1 et des dispositions prises pour son application et des articles L. 161-1, L. 173-2, L. 163-1 à L. 163-9 et de ses textes d'application à l'ensemble des activités d'exploration et d'exploitation des ressources naturelles du plateau continental est interdit tout rejet à la mer d'hydrocarbures ou de mélanges d'hydrocarbures susceptibles de porter atteinte à la santé publique, à la faune et à la flore marines et au développement économique et touristique des régions côtières.

Les rejets qui résultent directement des opérations d'exploration doivent être exempts d'hydrocarbures.

Les rejets qui résultent directement des opérations d'exploitation, y compris le stockage, ne peuvent avoir une teneur moyenne en hydrocarbures supérieure à 20 parties par million, ni avoir pour effet de déverser dans la mer un volume moyen d'hydrocarbures supérieur à 2 centilitres par jour et par hectare de la surface du titre d'exploitation.

Des dispositions plus restrictives que celles prévues à l'alinéa ci-dessus peuvent être imposées par voie réglementaire en fonction des conditions locales ou particulières de l'exploitation ou de la protection de l'environnement.

Aucune opération d'exploitation ne peut être entreprise avant que ne soit dressé, aux frais du titulaire du titre d'exploitation, un état biologique et écologique du milieu marin dans la zone couverte par ledit titre. Cet état doit être renouvelé au moins une fois par an au cours de la durée de validité du titre d'exploitation.

Les modalités d'application du présent article sont fixées par décret en Conseil d'État.

Art. L. 218-33. – Les dispositions de la sous-section 2 de la section I du présent chapitre sont applicables :

1° Aux installations ou dispositifs suivants lorsque ces installations ou dispositifs ne sont pas en cours d'exploration ou d'exploitation :

a) Plates-formes et autres engins d'exploration ou d'exploitation, ainsi que leurs annexes ;

b) Bâtiments de mer qui participent directement aux opérations d'exploration ou d'exploitation ;

2° Aux opérations desdites installations ou dispositifs qui ne sont pas liées directement aux activités d'exploration ou d'exploitation.

Art. L. 218-34. – I. – Est puni de deux ans d'emprisonnement et de 18 000 € d'amende le fait de commettre une infraction aux dispositions de l'article L. 218-32.

II. – Lorsque l'infraction est commise sur l'ordre du titulaire du titre d'exploration ou d'exploitation, ou de son représentant, ou de la personne assumant à bord de ces installations et dispositifs la conduite des travaux d'exploration ou d'exploitation, y compris le stockage, ceux-ci sont passibles du double des peines prévues à l'alinéa précédent.

III. – Est tenu comme complice de l'infraction tout représentant du titulaire du titre d'exploration ou d'exploitation qui, ayant la responsabilité desdites opérations, n'a pas donné à la personne assumant directement sur place la conduite des travaux l'ordre écrit de se conformer aux dispositions des alinéas 1er à 4 de l'article L. 218-32.

IV. – Cependant, l'infraction n'est pas constituée lorsque toutes les mesures nécessaires au respect de l'article L. 218-32 ayant été prises :

1° Le déversement a pour but d'assurer la sécurité d'une installation ou d'un dispositif visé à l'article L. 218-33, ou de leur éviter une avarie grave mettant en cause la sécurité des personnes ou la protection de l'environnement, ou pour sauver des vies humaines en mer ;

2° L'échappement provient d'une avarie ou d'une fuite imprévisible et impossible à éviter, si toutes les mesures nécessaires ont été prises après l'avarie ou la découverte de la fuite pour empêcher, arrêter ou réduire cet échappement afin d'en limiter les conséquences.

Art. L. 218-35. – Les dispositions des articles L. 218-32 à L. 218-34 sont applicables dans les eaux territoriales, sous réserve des mesures plus contraignantes qui peuvent être imposées en application des dispositions du Code minier ou au titre de la protection des pêches et cultures marines.

Art. L. 218-36 *(Mod., L. n° 2003-591, 2 juill. 2003 ; L. n° 2011-525, 17 mai 2011)*. – I. – Sont chargés de rechercher les infractions prévues à la présente section :

1° Les officiers et agents de police judiciaire ;

2° Les administrateurs des affaires maritimes ;

3° Les officiers du corps technique et administratif des affaires maritimes ;

4° Les commandants, commandants en second ou officiers en second des bâtiments de la marine nationale ;

5° *(5° rempl., L. n° 2013-431, 28 mai 2013)* Les fonctionnaires de catégorie A affectés dans les services exerçant des missions de contrôle dans le domaine des affaires maritimes sous l'autorité ou à la disposition du ministre chargé de la mer ;

6° Les ingénieurs des mines ou les ingénieurs des travaux publics de l'État affectés à la direction régionale de l'industrie, de la recherche et de l'environnement ou à la direction régionale de l'environnement, de l'aménagement et du logement intéressée ;

7° Les ingénieurs des ponts des eaux et forêts et les ingénieurs des travaux publics de l'État affectés aux services maritimes ainsi que les agents desdits services commissionnés à cet effet ;

8° Les officiers de port et officiers de port adjoints ;

9° Les agents des douanes.

II. – Sont chargés de rechercher les infractions constituant le délit de pollution des eaux de mer, de recueillir à cet effet tous renseignements en vue de découvrir les auteurs de ces infractions, et d'en rendre compte soit à un administrateur des affaires maritimes, officier du corps technique et administratif des affaires maritimes ou *(Mots rempl., L. n° 2013-431, 28 mai 2013)* « fonctionnaire de catégorie A affecté dans les services exerçant des missions de contrôle dans le domaine des affaires maritimes sous l'autorité ou à la disposition du ministre chargé de la mer », soit à un officier de police judiciaire :

1° Les agents de la police de la navigation et de la surveillance des pêches maritimes ;

2° Les commandants des navires océanographiques de l'État ;

3° Les commandants de bord des aéronefs militaires, des aéronefs de la protection civile et des aéronefs de l'État affectés à la surveillance des eaux maritimes ;

4° Les agents des services des phares et balises ;

5° Les agents de l'Institut français de recherche pour l'exploitation de la mer.

Art. L. 218-37. – Les procès-verbaux dressés conformément à l'article L. 218-36 font foi jusqu'à preuve contraire. Ils sont transmis immédiatement au procureur de la République par l'agent verbalisateur qui en adresse en même temps copie au chef de l'arrondissement minéralogique compétent et au chef du service des affaires maritimes.

Art. L. 218-38. – Même en cas de poursuites pénales, l'administration conserve la faculté de poursuivre, selon la procédure des contraventions de grande voirie, la réparation des dommages causés au domaine public.

Art. L. 218-39. – Les installations et dispositifs définis à l'article L. 218-33, et les zones de sécurité qui peuvent être établies jusqu'à une distance de 500 mètres mesurée à partir de chaque point du bord extérieur de ces installations et dispositifs, sont soumis à la législation pénale et de procédure pénale en vigueur au siège du tribunal de grande instance ou du tribunal de première instance au ressort duquel ils sont rattachés.

Art. L. 218-40. – Les conditions d'adaptation de la présente section aux opérations effectuées sur le plateau continental adjacent aux collectivités territoriales d'outre-mer et, en tant que de besoin, sur les fonds de la mer territoriale, sont fixées par décret en Conseil d'État.

Les dispositions de la présente section sont applicables au fond de la mer et à son sous-sol dans la zone économique définie à l'article 1er de la loi n° 76-655 du 16 juillet 1976 relative à la zone économique au large des côtes de la République.

Art. L. 218-41. – Les conditions d'application de la présente section sont fixées par décret en Conseil d'État, notamment en ce qui concerne l'article L. 218-39.

Pollution par les opérations d'immersion

Art. L. 218-42 *(Ord. n° 2005-805, 18 juill. 2005 ; Ord. n° 2015-1534, 25 nov. 2015 ; L. n° 2015-1567, 2 déc. 2015)*. – Les dispositions de la présente section sont applicables :

1° Aux navires, aéronefs, plates-formes ou autres ouvrages français dans toutes les eaux marines ainsi que dans les fonds marins et leurs sous-sols. Toutefois, ces dispositions ne s'appliquent ni aux navires de guerre ni aux navires de l'État et de ses établissements publics lorsqu'ils agissent dans le cadre d'opérations de police en mer et sous réserve du respect, dans la mesure du possible, des exigences de préservation de la faune et de la flore marines prévues par les traités et accords internationaux en vigueur ;

2° Aux navires, aéronefs, plates-formes ou autres ouvrages étrangers dans la zone économique, exclusive, la mer territoriale et les eaux intérieures françaises, ainsi que dans leurs fonds et leurs sous-sols.

Art. L. 218-43 *(Ord. n° 2005-805, 18 juill. 2005)*. – L'immersion de déchets ou d'autres matières, telle qu'elle est définie à l'article 1er du protocole du 7 novembre 1996 à la convention de Londres de 1972 sur la prévention de la pollution des mers résultant de l'immersion de déchets, est interdite.

Art. L. 218-44 *(Ord. n° 2005-805, 18 juill. 2005)*. – I. – Par dérogation à l'article L. 218-43, peut être autorisée :

1° L'immersion des déblais de dragage ;

2° L'immersion des navires, par le représentant de l'État en mer, dans le respect des traités et accords internationaux en vigueur.

II. – L'immersion des déblais de dragage est soumise aux dispositions des articles L. 214-1 à L. 214-4 et L. 214-10.

III. – Les permis d'immersion régulièrement délivrés avant la publication de l'ordonnance n° 2005-805 du 18 juillet 2005 sont maintenus jusqu'à leur expiration sans pouvoir excéder une durée de dix ans.

Art. L. 218-45 *(Ord. n° 2005-805, 18 juill. 2005)*. – Les dispositions des articles L. 218-43 et L. 218-44 ne sont pas applicables lorsque, en cas de danger grave, l'immersion apparaît comme le seul moyen de sauver des vies humaines ou d'assurer la sécurité des navires, aéronefs, plates-formes ou autres ouvrages. Dans la mesure du possible, elle est effectuée de façon à concilier ces impératifs de sécurité avec les exigences de la préservation de la faune et de la flore marines.

Art. L. 218-46. – Dans tous les cas, les droits des tiers à l'égard des auteurs de pollution sont et demeurent réservés.

Art. L. 218-47. – Même en cas de poursuites pénales, l'administration conserve la faculté de poursuivre, selon la procédure des contraventions de grande voirie, la réparation des dommages causés au domaine public.

Art. L. 218-48 *(Mod., Ord. n° 2005-805, 18 juill. 2005)*. – Est puni de deux ans d'emprisonnement et de 18 000 € d'amende le fait, pour tout capitaine d'un navire, tout commandant de bord d'un aéronef ou toute personne assumant la conduite des opérations d'immersion sur les plates-formes ou autres ouvrages, de se rendre coupable d'infraction aux dispositions des articles L. 218-43 et L. 218-44.

Les personnes physiques coupables des infractions prévues par la présente section encourent également, à titre de peine complémentaire, la peine d'affichage de la décision prononcée ou de diffusion de celle-ci dans les conditions prévues à l'article 131-35 du Code pénal.

Lorsque l'infraction a lieu dans la zone économique ou dans la zone de protection écologique au large des côtes du territoire de la République, seules les peines d'amendes peuvent, en application de la convention signée à Montego Bay le 10 décembre 1982, être prononcées à l'encontre des ressortissants étrangers.

Ne peut être puni comme l'auteur principal de l'infraction d'immersion irrégulière en mer, prévue et punie par l'article 1er de la loi du 7 juillet 1976 devenue l'article L. 218-48 du Code de l'environnement, que le capitaine du navire à partir duquel a été effectuée l'opération (■ Cass. crim., 5 oct. 2004 : *Bull. crim.*, n° 234).

Art. L. 218-49. – *(Ord. n° 2005-805, 18 juill. 2005)* Dans les cas prévus à l'article L. 218-45, les immersions doivent être notifiées dans les plus brefs délais, par l'une des personnes visées à l'article L. 218-48, au représentant de l'État en mer sous peine d'une amende de 3 750 €.

Cette notification doit mentionner avec précision les circonstances dans lesquelles sont intervenues les immersions.

Art. L. 218-50 *(Ord. n° 2005-805, 18 juill. 2005)*. – Sans préjudice des peines prévues à l'article L. 218-48, si l'une des infractions a été commise sur ordre du propriétaire ou de l'exploitant du navire, aéronef, plate-forme ou autre ouvrage, ce propriétaire ou cet exploitant est puni du double des peines prévues audit article.

Tout propriétaire ou exploitant d'un navire, aéronef, plate-forme ou autre ouvrage qui n'a pas donné au capitaine, au commandant de bord ou à la personne assumant la conduite des opérations d'immersion sur la plate-forme ou autre ouvrage l'ordre écrit de se conformer aux dispositions de la présente section peut être retenu comme complice des infractions qui y sont prévues.

Lorsque le propriétaire ou l'exploitant est une personne morale, la responsabilité prévue aux deux alinéas ci-dessus incombe à celui ou ceux des représentants légaux ou dirigeants de fait qui en assument la direction ou l'administration ou à toute personne habilitée par eux.

Art. L. 218-51 *(Ord. n° 2005-805, 18 juill. 2005)*. – Les peines prévues à l'article L. 218-48 s'appliquent à l'encontre de tout capitaine de navire et de tout commandant de bord embarquant ou chargeant sur le territoire français, sans pouvoir justifier de l'une des autorisations prévues par la présente section, des déchets ou autres matières destinés à l'immersion en mer.

Art. L. 218-52 *(Ord. n° 2005-805, 18 juill. 2005)*. – En cas de méconnaissance d'une ou plusieurs des conditions fixées par les autorisations prévues à l'article L. 218-44, les peines édictées par l'article L. 218-48 sont applicables, selon le cas, au titulaire de l'autorisation, au propriétaire des déchets ou autres matières destinés à l'immersion en mer, ou aux personnes visées respectivement aux articles L. 218-48, L. 218-50 et L. 218-51.

Art. L. 218-53 *(L. n° 2003-591, 2 juill. 2003 ; mod., L. n° 2011-525, 17 mai 2011)*. – I. – Indépendamment des officiers et agents de police judiciaire, sont habilités à rechercher et à constater les infractions aux dispositions de la présente section :

1° *(1° rempl., L. n° 2013-431, 28 mai 2013)* Les administrateurs des affaires maritimes, les officiers du corps technique et administratif des affaires maritimes et les fonctionnaires de catégorie A affectés dans les services exerçant des missions de contrôle dans le domaine des affaires maritimes sous l'autorité ou à la disposition du ministre chargé de la mer ;

2° Les ingénieurs des ponts, des eaux et des forêts et les ingénieurs des travaux publics de l'État affectés aux services maritimes ainsi que les agents desdits services commissionnés à cet effet ;

3° Les ingénieurs des mines et les ingénieurs des travaux publics de l'État affectés à la direction régionale de l'industrie, de la recherche et de l'environnement ou à la direction régionale de l'environnement, de l'aménagement et du logement intéressée ;

4° Les officiers de port et officiers de port adjoints, les agents de la police de la navigation et de la surveillance des pêches maritimes ;

5° Les commandants, commandants en second ou officiers en second des bâtiments de la marine nationale ;

6° Les fonctionnaires des corps techniques de l'aviation civile commissionnés à cet effet, les ingénieurs des ponts et chaussées et les ingénieurs des travaux publics de l'État chargés des bases aériennes ;

7° Les ingénieurs des corps de l'armement, commissionnés à cet effet, les techniciens d'études et fabrication de l'aéronautique commissionnés à cet effet ;

8° Les chercheurs, ingénieurs et techniciens assermentés de l'Institut français de recherche pour l'exploitation de la mer ;

9° Les agents des douanes ;

10° À l'étranger, les consuls de France, à l'exclusion des agents consulaires.

II. – Sont chargés de rechercher les infractions aux dispositions de la présente section, de recueillir à cet effet tous renseignements en vue d'en découvrir les auteurs, et d'en informer soit un administrateur des affaires maritimes, un officier du corps technique et administratif des affaires maritimes ou un *(Mots rempl., L. n° 2013-431, 28 mai 2013)* « fonctionnaire de catégorie A affecté dans les services exerçant des missions de contrôle dans le domaine des affaires maritimes sous l'autorité ou à la disposition du ministre chargé de la mer », soit un ingénieur des ponts, des eaux et des forêts ou un ingénieur des travaux publics de l'État affectés à un service maritime, soit un officier de police judiciaire :

1° Les commandants des navires océanographiques de l'État ;

2° Les chefs de bord des aéronefs militaires, des aéronefs de la protection civile et des aéronefs de l'État affectés à la surveillance des eaux maritimes ;

3° Les agents de l'Institut français de recherche pour l'exploitation de la mer.

Art. L. 218-54. – Les procès-verbaux dressés conformément à l'article L. 218-53 font foi jusqu'à preuve contraire. Ils sont transmis immédiatement au procureur de la République par l'agent verbalisateur qui en adresse en même temps copie aux services intéressés.

Art. L. 218-55 *(Ord. n° 2005-805, 18 juill. 2005 ; L. n° 2016-731, 3 juin 2016)*. – Lorsque les nécessités de l'enquête ou de l'information ainsi que la gravité de l'infraction l'exigent, le navire, aéronef, plate-forme ou autre ouvrage qui a servi à commettre l'une des infractions visées aux articles L. 218-48, L. 218-50, L. 218-51 et L. 218-52 peut être immobilisé sur décision du procureur de la République ou du juge d'instruction saisi.

À tout moment, l'autorité judiciaire compétente peut ordonner la levée de l'immobilisation s'il est fourni un cautionnement dont elle fixe le montant et les modalités de versement.

Les conditions d'affectation, d'emploi et de restitution du cautionnement sont réglées conformément aux dispositions des articles 142, 142-2 et 142-3 du Code de procédure pénale.

La décision d'immobilisation prise par l'autorité judiciaire peut être contestée dans un délai de cinq jours à compter de sa notification, par requête de l'intéressé devant le juge des libertés et de la détention du tribunal de grande instance auprès duquel l'enquête ou l'information est ouverte. Les quatre derniers alinéas de l'article L. 218-30 du présent code sont applicables.

Art. L. 218-56 *(Mod., Ord. n° 2005-805, 18 juill. 2005)*. – I. – Les infractions aux dispositions de la présente section sont jugées soit par le tribunal compétent du lieu de l'infraction, soit par celui de la résidence de l'auteur de l'infraction.

II. – Sont en outre compétents :

1° S'il s'agit d'un navire, plate-forme ou autre ouvrage, soit le tribunal dans le ressort duquel il est immatriculé s'il est français, soit celui dans le ressort duquel il peut être trouvé s'il est étranger, ou s'il s'agit d'une plate-forme ou autre ouvrage non immatriculé ;

2° S'il s'agit d'un aéronef, le tribunal du lieu de l'atterrissage après le vol au cours duquel l'infraction a été commise.

III. – À défaut d'autre tribunal, le tribunal de grande instance de Paris est compétent.

Art. L. 218-57 *(L. n° 2009-526, 12 mai 2009)*. – I. – Les personnes morales déclarées responsables pénalement, dans les conditions prévues par l'article 121-2 du Code pénal, des infractions définies à la présente section encourent, outre l'amende suivant les modalités prévues par l'article 131-38 du Code pénal, les peines prévues par les 2° à 6°, 8° et 9° de l'article 131-39 du même code.
II. – L'interdiction mentionnée au 2° de l'article 131-39 du Code pénal porte sur l'activité dans l'exercice ou à l'occasion de l'exercice de laquelle l'infraction a été commise.

....

Pollution par les opérations d'incinération

Art. L. 218-59. – L'incinération en mer est interdite.

....

Art. L. 218-64. – Est puni de deux ans d'emprisonnement et de 75 000 € d'amende le fait, pour tout capitaine d'un navire français ou, à défaut, toute personne assumant la conduite d'opération d'incinération effectuées sur un navire français ou une structure artificielle fixe sous juridiction française, de procéder à une incinération en mer.

Les peines prévues à l'alinéa précédent sont applicables à tout capitaine de navire embarquant ou chargeant sur le territoire français des déchets, substances, produits ou matériaux destinés à être incinérés en mer.

Les personnes physiques coupables des infractions prévues par la présente section encourent également, à titre de peine complémentaire, la peine d'affichage de la décision prononcée ou de diffusion de celle-ci dans les conditions prévues à l'article 131-35 du Code pénal.

Art. L. 218-65. – Sans préjudice des peines prévues à l'article L. 218-64, si l'une des infractions est commise sur ordre du propriétaire ou de l'exploitant d'un navire ou d'une structure artificielle fixe définis au 2° et au 3° de l'article L. 218-60, ce propriétaire ou cet exploitant est puni du double des peines prévues à l'article L. 218-64.

....

Autres dispositions applicables aux rejets nuisibles en mer ou dans les eaux salées

Art. L. 218-73. – Est puni d'une amende de 22 500 € le fait de jeter, déverser ou laisser écouler, directement ou indirectement en mer ou dans la partie des cours d'eau, canaux ou plans d'eau où les eaux sont salées, des substances ou organismes nuisibles pour la conservation ou la reproduction des mammifères marins, poissons, crustacés, coquillages, mollusques ou végétaux, ou de nature à les rendre impropres à la consommation.

IV. – DIVERS

Code de l'environnement

Parcs nationaux

Art. L. 331-4 *(L. n° 2006-436, 14 avr. 2006)*. – I. – Dans le cœur d'un parc national, sont applicables les règles suivantes :

1° En dehors des espaces urbanisés définis dans le décret de création de chaque parc, les travaux, à l'exception des travaux d'entretien normal et, pour les équipements d'intérêt général, de grosses réparations, les constructions et les installations sont interdits, sauf autorisation spéciale de l'établissement public du parc délivrée après avis de son conseil scientifique ou, sur délégation, du président de ce dernier ;

2° Dans les espaces urbanisés définis dans le décret de création de chaque parc, les travaux, à l'exception des travaux d'entretien normal et, pour les équipements d'intérêt général, de grosses réparations, les constructions et les installations sont soumis à l'autorisation spéciale de l'autorité administrative après avis de l'établissement public du parc, sous réserve des dispositions du II ;

3° Lorsque ces travaux, constructions et installations sont soumis à une autorisation d'urbanisme, l'avis conforme des autorités mentionnées aux 1° et 2° tient lieu d'autorisation spéciale ;

4° La réglementation du parc et la charte prévues à l'article L. 331-2 peuvent comporter des règles particulières applicables aux travaux, constructions et installations.

Les règles prévues aux 1° à 4° valent servitude d'utilité publique et sont annexées aux plans locaux d'urbanisme dans les conditions prévues par l'article L. 126-1 du Code de l'urbanisme.

II. – Les travaux ou aménagements projetés dans le parc qui doivent être précédés d'une étude d'impact en application de l'article L. 122-1, ou qui sont soumis à une autorisation en application des articles L. 214-3 ou L. 512-1 et qui sont de nature à affecter de façon notable le cœur ou les espaces maritimes du parc national, ne peuvent être autorisés ou approuvés que sur avis conforme de l'établissement public du parc émis après consultation de son conseil scientifique. L'autorisation spéciale prévue au 1° du I tient lieu, le cas échéant, d'avis conforme.

III. – Les dispositions du présent article ne s'appliquent pas aux travaux et installations réalisés en application de l'article L. 331-5, ni à ceux couverts par le secret de la défense nationale.

Art. L. 331-4-1 *(L. n° 2006-436, 14 avr. 2006)*. – La réglementation du parc national et la charte prévues par l'article L. 331-2 peuvent, dans le cœur du parc :

1° Fixer les conditions dans lesquelles les activités existantes peuvent être maintenues ;

2° Soumettre à un régime particulier et, le cas échéant, interdire la chasse et la pêche, les activités commerciales, l'extraction des matériaux non concessibles, l'utilisation des eaux, la circulation du public quel que soit le moyen emprunté, le survol du cœur du parc à une hauteur inférieure à 1 000 mètres du sol, toute action susceptible de nuire au développement naturel de la faune et de la flore et, plus généralement, d'altérer le caractère du parc national.

Elles réglementent en outre l'exercice des activités agricoles, pastorales ou forestières.

Les activités industrielles et minières sont interdites dans le cœur d'un parc national.

....

Art. L. 331-6 *(L. n° 2006-436, 14 avr. 2006)*. – À compter de la décision de l'autorité administrative prenant en considération la création d'un parc national dans les conditions fixées par le décret prévu à l'article L. 331-7, les travaux, constructions et installations projetés dans les espaces ayant vocation à figurer dans le cœur du parc national qui auraient pour effet de modifier l'état des lieux ou l'aspect des espaces en cause sont soumis à autorisation de l'autorité administrative, ou, s'ils sont soumis à une autorisation d'urbanisme, à l'avis conforme de cette autorité.

Il peut être sursis à statuer sur les demandes d'autorisation dont ils font l'objet dans les conditions et délai prévus à l'article L. 111-8 du Code de l'urbanisme.

....

Art. L. 331-26 *(L. n° 2006-436, 14 avr. 2006)*. – Est puni de deux ans d'emprisonnement et de *(Mots rempl. à compter du 1er juill. 2013, Ord. n° 2012-34, 11 janv. 2012)* « 75 000 € d'amende » le fait de contrevenir aux dispositions des *(Mots rempl. à compter du 1er juill. 2013, Ord. n° 2012-34, 11 janv. 2012)* « articles L. 331-4, L. 331-4-1, L. 331-5, L. 331-6, L. 331-14, L. 331-15 et L. 331-16 » en effectuant, dans le cœur d'un parc national ou dans les espaces ayant vocation à le devenir, des travaux, constructions ou installations interdits ou sans autorisation ou en méconnaissance des prescriptions dont l'autorisation est assortie ou en se livrant, dans le cœur d'un parc, à des activités interdites ou en méconnaissance de la réglementation dont elles sont l'objet.

La tentative de l'infraction est punie des mêmes peines.

Art. L. 331-27 *(Rempl. à compter du 1er juill. 2013, Ord. n° 2012-34, 11 janv. 2012)*. – Le fait, pour le propriétaire ou l'exploitant de terrains ou d'ouvrages de s'opposer à l'exécution de travaux ou de mesures de restauration des écosystèmes prescrits ou ordonnés par l'établissement public du parc national en application de l'article L. 331-9 est puni de deux ans d'emprisonnement et de 75 000 € d'amende.

Code de l'environnement

Parcs nationaux

Sanctions pénales

Art. R. 331-62 *(D. n° 2006-944, 28 juill. 2006)*. – Au sens de la présente sous-section, la réglementation applicable au cœur du parc national s'entend des dispositions législatives et réglementaires applicables aux parcs nationaux, des règles générales de protection du ou des cœurs de parc fixées par le décret de création, des modalités d'application par la charte du parc de ces règles générales ainsi que des dispositions réglementaires applicables au cœur du parc édictées par le directeur de l'établissement public du parc national en vertu des pouvoirs de police qui lui sont reconnus et par le maire dans le cas prévu au dernier alinéa de l'article L. 331-10.

Art. R. 331-63 *(D. n° 2006-944, 28 juill. 2006)*. – Est puni de l'amende prévue pour les contraventions de la 2e classe le fait, en infraction à la réglementation applicable au cœur du parc national, d'utiliser une chose qui, par son bruit, est de nature à troubler le calme et la tranquillité des lieux.

Art. R. 331-64 *(D. n° 2006-944, 28 juill. 2006)*. – Est puni de l'amende prévue pour les contraventions de la 3e classe le fait de contrevenir à la réglementation applicable au cœur du parc national concernant :

1° L'abandon, le dépôt, le jet, le déversement ou le rejet des ordures, déchets, matériaux ou tout autre objet de quelque nature que ce soit ;

2° La circulation et le stationnement des personnes et des *(Mots rempl., D. n° 2011-2020, 29 déc. 2011)* « véhicules autres que ceux mentionnés au 2° de l'article R. 331-67 », la circulation et la divagation des animaux, le bivouac, le stationnement et le camping dans un véhicule ou une remorque habitable ou tout autre abri mobile ;

3° L'exercice de la plongée sous-marine et l'usage d'engins à moteur conçus pour la progression sous la mer.

Art. R. 331-65 *(Mod., D. n° 2009-377, 3 avr. 2009)*. – Est puni de l'amende prévue pour les contraventions de la 4e classe le fait, en infraction à la réglementation applicable au cœur du parc national :

1° De porter atteinte, détenir ou transporter, de quelque manière que ce soit, des animaux non domestiques, des végétaux non cultivés quel que soit leur stade de développement ou des parties de ceux-ci, des minéraux ou des fossiles, ainsi que des éléments de constructions ou objets appartenant ou susceptibles d'appartenir au patrimoine historique, architectural ou archéologique ;

2° D'introduire, à l'intérieur du cœur du parc national, des animaux ou des végétaux, quel que soit leur stade de développement ;

3° De troubler ou déranger volontairement des animaux, par quelque moyen que ce soit, sans y avoir été autorisé ;

4° De faire des inscriptions, signes ou dessins sur des pierres, arbres ou tout autre bien meuble ou immeuble ;

5° D'utiliser un éclairage artificiel, quel que soit son support, sa localisation et sa durée, à l'exclusion de l'éclairage des bâtiments à usage d'habitation, de l'éclairage public urbain et de l'éclairage utilisés par les services publics de secours.

Art. R. 331-66 *(Rempl., D. n° 2006-944, 28 juill. 2006)*. – Est puni de l'amende prévue pour les contraventions de la 4e classe le fait de ne pas respecter les dispositions de la réglementation applicable au cœur du parc national qui limitent ou interdisent la pratique de jeux ou de sports.

Art. R. 331-67 *(Rempl., D. n° 2006-944, 28 juill. 2006 ; mod., D. n° 2009-377, 3 avr. 2009)*. – Est puni de l'amende prévue pour les contraventions de la 5e classe le fait, en infraction à la réglementation applicable au cœur du parc :

1° D'abandonner, déposer, jeter, déverser ou rejeter des ordures, déchets, matériaux ou tout autre objet de quelque nature que ce soit à l'aide d'un véhicule ;

2° *(2° rempl., D. n° 2011-2020, 29 déc. 2011)* De circuler ou, le cas échéant, de stationner avec tout type de véhicule terrestre ou maritime à moteur, y compris un véhicule nautique à moteur au sens du décret n° 96-611 du 4 juillet 1996 relatif à la mise sur le marché des bateaux de plaisance et des pièces et éléments d'équipement ;

3° D'emporter en dehors du cœur de parc national, mettre en vente, vendre ou acheter des animaux non domestiques, des végétaux non cultivés, quel que soit leur stade de développement, ou des parties de ceux-ci, des minéraux ou des fossiles, des éléments de constructions ou des objets appartenant ou susceptibles d'appartenir au patrimoine historique, architectural ou archéologique en provenance du cœur du parc national ;

4° De chasser ou détenir une arme pouvant être utilisée pour la chasse ;

5° De porter ou d'allumer du feu, notamment de fumer ;

6° De ne pas respecter les prescriptions dont peuvent être assorties les autorisations délivrées pour des travaux, constructions, installations ou aménagements.

Art. R. 331-68 ***(D. n° 2006-944, 28 juill. 2006).*** **– Est puni de l'amende prévue pour les contraventions de la 5e classe le fait de ne pas respecter la réglementation applicable au cœur du parc national limitant ou interdisant :**

1° Les activités agricoles, pastorales, forestières ;

2° La pêche en eau douce et la pêche sous-marine ou le port des armes ou engins correspondants ou leur détention dans un véhicule ou une embarcation circulant dans le cœur du parc national ;

3° La recherche ou l'exploitation de matériaux ;

4° Les activités commerciales ou artisanales ;

5° L'organisation de manifestations sportives ou culturelles ;

6° Les activités photographiques, cinématographiques, radiophoniques ou de télévision

7° Le survol du cœur du parc national.

Constitue une activité commerciale illicite, au sens de l'article R. 241-65-7° et caractérise une intervention artificielle susceptible d'altérer le milieu naturel que le Parc national a pour mission de protéger, toute activité non autorisée de vente au public, pratiquée sur le territoire d'un parc national, de biens ou de services, quels que soient la profession de la personne qui l'exerce, l'origine des biens ou services vendus, l'importance du profit réalisé et le caractère occasionnel ou non de cette activité (■ Cass. crim., 6 déc. 1995 : *JurisData* n° 1995-004159 ; *Dr. pénal* 1996, comm. 85, obs. Véron).

Art. R. 331-69 ***(D. n° 2006-944, 28 juill. 2006).*** **– Est puni de l'amende prévue pour les contraventions de la 5e classe le fait :**

1° De s'opposer à la visite de sacs, carniers ou poches à gibiers par les agents habilités à constater les infractions à la présente section ;

2° De déplacer ou d'endommager les signaux, bornes ou repères qui matérialisent le cœur du parc ;

3° De déverser dans le milieu naturel du cœur du parc national des huiles usagées.

Art. R. 331-70 ***(D. n° 2006-944, 28 juill. 2006).*** **– Les infractions à la réglementation d'une réserve intégrale et les infractions réprimées par les dispositions des articles R. 331-63 à R. 331-66, lorsqu'elles sont commises dans une réserve intégrale, sont passibles de l'amende prévue pour les contraventions de la 5e classe.**

Art. R. 331-71 ***(D. n° 2006-944, 28 juill. 2006).*** **– Les personnes physiques reconnues responsables des infractions prévues à la présente section encourent en outre la peine complémentaire de confiscation de la chose qui a servi ou était destinée à commettre l'infraction ou de la chose qui en est le produit.**

Art. R. 331-72 ***(Rempl., D. n° 2010-671, 18 juin 2010).*** **– Les personnes morales déclarées responsables pénalement, dans les conditions prévues à l'article 121-2 du Code pénal, des infractions définies par la présente section encourent, outre l'amende suivant les modalités prévues par l'article 131-41 du Code pénal, la peine de confiscation de la chose qui a servi ou était destinée à commettre l'infraction ou de la chose qui en est le produit.**

Elles encourent, en outre, lorsqu'elles sont déclarées responsables pénalement des infractions définies aux articles R. 331-67 à R. 331-70 du présent code, la peine d'interdiction, pour une durée de trois ans au plus, d'émettre des chèques autres que ceux qui permettent le retrait de fonds par le tireur auprès du tiré ou ceux qui sont certifiés.

Art. R. 331-73 ***(D. n° 2006-944, 28 juill. 2006).*** **– La récidive des contraventions prévues aux articles R. 331-67 à R. 331-70 est réprimée conformément aux articles 132-11 et 132-15 du Code pénal.**

Art. R. 331-74 *(D. n° 2006-944, 28 juill. 2006)*. – Ainsi que le prévoit l'article R. 48-1 du Code de procédure pénale, les dispositions de l'article 529 de ce code relatives à l'amende forfaitaire sont applicables aux contraventions prévues par les articles R. 331-63 à R. 331-66 du présent code.

Art. R. 331-75 *(D. n° 2006-944, 28 juill. 2006)*. – En cas de condamnation prononcée en application de la présente section, le tribunal peut ordonner la remise à l'établissement public du parc national des animaux, végétaux et objets de quelque nature que ce soit enlevés frauduleusement dans le cœur du parc national.

Il peut également, en cas de condamnation prononcée pour l'une des infractions définies aux 5° et 6° de l'article R. 331-67 et au 1° de l'article R. 331-68, ordonner, aux frais de la personne condamnée, le rétablissement des lieux dans leur état antérieur. Ainsi qu'il est dit à l'article L. 331-28, il est alors fait application des dispositions des articles L. 480-7, L. 480-8 et L. 480-9 du Code de l'urbanisme.

Art. R. 331-76 *(D. n° 2006-944, 28 juill. 2006 ; D. n° 2014-551, 27 mai 2014)*. – Le recouvrement des restitutions ordonnées au profit de l'établissement et celui des dommages et intérêts qui lui sont accordés est effectué sans frais à son profit par les comptables de la direction générale des finances publiques.

Les parcs nationaux ont légalement pour mission, selon l'article L. 241-1 du Code rural, d'assurer la préservation d'un milieu naturel présentant un intérêt spécial contre tout effet de dégradation naturelle et de le soustraire à toute intervention artificielle susceptible d'en altérer l'aspect, la composition et l'évolution ; ils sont, dès lors, recevables à se constituer partie civile en réparation du préjudice personnel et direct résultant de l'atteinte portée, par des infractions à la police de la chasse, aux intérêts qu'ils ont la charge de préserver (■ Cass. crim., 8 mars 1995 : *Bull. crim.*, n° 93).

Code de l'environnement

Protection de la nature et de la flore

Art. L. 411-1 *(L. n° 2016-1087, 8 août 2016)*. – Lorsqu'un intérêt scientifique particulier, le rôle essentiel dans l'écosystème ou les nécessités de la préservation du patrimoine naturel justifient la conservation de sites d'intérêt géologique, d'habitats naturels, d'espèces animales non domestiques ou végétales non cultivées et de leurs habitats, sont interdits :

1° La destruction ou l'enlèvement des œufs ou des nids, la mutilation, la destruction, la capture ou l'enlèvement, la perturbation intentionnelle, la naturalisation d'animaux de ces espèces ou, qu'ils soient vivants ou morts, leur transport, leur colportage, leur utilisation, leur détention, leur mise en vente, leur vente ou leur achat ;

2° La destruction, la coupe, la mutilation, l'arrachage, la cueillette ou l'enlèvement de végétaux de ces espèces, de leurs fructifications ou de toute autre forme prise par ces espèces au cours de leur cycle biologique, leur transport, leur colportage, leur utilisation, leur mise en vente, leur vente ou leur achat, la détention de spécimens prélevés dans le milieu naturel ;

3° La destruction, l'altération ou la dégradation de ces habitats naturels ou de ces habitats d'espèces ;

4° La destruction, l'altération ou la dégradation des sites d'intérêt géologique, notamment les cavités souterraines naturelles ou artificielles, ainsi que le prélèvement, la destruction ou la dégradation de fossiles, minéraux et concrétions présents sur ces sites ;

5° La pose de poteaux téléphoniques et de poteaux de filets paravalanches et anti-éboulement creux et non bouchés.

II. – Les interdictions de détention édictées en application du 1°, du 2° ou du 4° du I ne portent pas sur les spécimens détenus régulièrement lors de l'entrée en vigueur de l'interdiction relative à l'espèce à laquelle ils appartiennent.

Art. L. 411-2 *(L. n° 2016-1087, 8 août 2016)*. – I. – Un décret en Conseil d'État détermine les conditions dans lesquelles sont fixées :

1° La liste limitative des habitats naturels, des espèces animales non domestiques ou végétales non cultivées ainsi que des sites d'intérêt géologique, y compris des types de cavités souterraines, ainsi protégés ;

2° La durée et les modalités de mise en œuvre des interdictions prises en application du I de l'article L. 411-1 ;

3° La partie du territoire sur laquelle elles s'appliquent, qui peut comprendre le domaine public maritime, les eaux intérieures la mer territoriale, la zone économique exclusive et le plateau continental ;

4° La délivrance de dérogations aux interdictions mentionnées aux 1°, 2° et 3° de l'article L. 411-1, à condition qu'il n'existe pas d'autre solution satisfaisante, pouvant être évaluée par une tierce expertise menée, à la demande de l'autorité compétente, par un organisme extérieur choisi en accord avec elle, aux frais du pétitionnaire, et que la dérogation ne nuise pas au maintien, dans un état de conservation favorable, des populations des espèces concernées dans leur aire de répartition naturelle :

a) Dans l'intérêt de la protection de la faune et de la flore sauvages et de la conservation des habitats naturels ;

b) Pour prévenir des dommages importants notamment aux cultures, à l'élevage, aux forêts, aux pêcheries, aux eaux et à d'autres formes de propriété ;

c) Dans l'intérêt de la santé et de la sécurité publiques ou pour d'autres raisons impératives d'intérêt public majeur, y compris de nature sociale ou économique, et pour des motifs qui comporteraient des conséquences bénéfiques primordiales pour l'environnement ;

d) À des fins de recherche et d'éducation, de repeuplement et de réintroduction de ces espèces et pour des opérations de reproduction nécessaires à ces fins, y compris la propagation artificielle des plantes ;

e) Pour permettre, dans des conditions strictement contrôlées, d'une manière sélective et dans une mesure limitée, la prise ou la détention d'un nombre limité et spécifié de certains spécimens ;

5° La réglementation de la recherche, de la poursuite et de l'approche, en vue de la prise de vues ou de son, et notamment de la chasse photographique des animaux de toutes espèces et les zones dans lesquelles s'applique cette réglementation, ainsi que des espèces protégées en dehors de ces zones ;

6° Les règles que doivent respecter les établissements autorisés à détenir ou élever hors du milieu naturel des spécimens d'espèces mentionnés au 1° ou au 2° du I de l'article L. 411-1 à des fins de conservation et de reproduction de ces espèces ;

7° Les mesures conservatoires propres à éviter l'altération, la dégradation ou la destruction des sites d'intérêt géologique mentionnés au 1° et la délivrance des autorisations exceptionnelles de prélèvement de fossiles, minéraux et concrétions à des fins scientifiques ou d'enseignement.

II. – Un décret en Conseil d'État détermine également les conditions dans lesquelles, lorsque l'évolution des habitats d'une espèce protégée au titre de l'article L. 411-1 est de nature à compromettre le maintien dans un état de conservation favorable d'une population de cette espèce, l'autorité administrative peut :

1° Délimiter des zones où il est nécessaire de maintenir ou de restaurer ces habitats ;

2° Établir, selon la procédure prévue à l'article L. 114-1 du Code rural et de la pêche maritime, un programme d'actions visant à restaurer, à préserver, à gérer et à mettre en valeur de façon durable les zones définies au 1° du présent II ;

3° Décider, à l'expiration d'un délai qui peut être réduit compte tenu des résultats de la mise en œuvre du programme mentionné au 2° au regard des objectifs fixés, de rendre obligatoires certaines pratiques agricoles favorables à l'espèce considérée ou à ses habitats, Ces pratiques peuvent bénéficier d'aides lorsqu'elles induisent des surcoûts ou des pertes de revenus lors de leur mise en œuvre.

Art. L. 411-3 *(Abr., L. n° 2016-1087, 8 août 2016).*

Art. L. 412-1 *(L. n° 2016-1087, 8 août 2016).* – La production, le ramassage, la récolte, la capture, la détention, la cession à titre gratuit ou onéreux, à travers tout support, y compris numérique, l'utilisation, le transport, l'introduction quelle qu'en soit l'origine, l'importation sous tous régimes douaniers, l'exportation, la réexportation de tout ou partie d'animaux d'espèces non domestiques et de leurs produits ainsi que de tout ou partie de végétaux d'espèces non cultivées et de leurs produits, dont la liste est fixée par arrêtés conjoints du ministre chargé de l'environnement et, en tant que de besoin, du ou des ministres compétents, s'ils en font la demande, doivent faire l'objet d'une autorisation délivrée dans les conditions et selon les modalités fixées par un décret en Conseil d'État.

Ce décret précise également :

1° Les cas dans lesquels les récépissés de déclaration et les autorisations ne peuvent être délivrés qu'à des personnes préalablement habilitées par l'autorité administrative ;

2° Les conditions et limites dans lesquelles des personnes préalablement agréées par l'autorité administrative peuvent bénéficier de procédures simplifiées pour les activités auxquelles l'application des procédures prévues au premier alinéa représenterait une charge excessive au regard de leur absence d'effet significatif sur l'état de conservation des espèces.

....

Constatation des infractions

Art. L. 415-1 *(Rempl. à compter du 1er juill. 2013, Ord. n° 2012-34, 11 janv. 2012 ; mod., L. n° 2013-619, 16 juill. 2013 ; L. n° 2016-1087, 8 août 2016)*. – I. – Outre les officiers et agents de police judiciaire et les inspecteurs de l'environnement mentionnés à l'article L. 172-1, sont habilités à rechercher et à constater les infractions aux dispositions du présent titre et des textes pris pour son application :

1° Les agents des services de l'État chargés des forêts commissionnés à raison de leurs compétences en matière forestière et assermentés à cet effet ;

2° Les agents de l'Office national des forêts commissionnés à raison de leurs compétences en matière forestière et assermentés à cet effet ;

3° Les gardes champêtres ;

4° Les agents des douanes ;

5° Les agents de police judiciaires adjoints mentionnés à l'article 21 du Code de procédure pénale, qui exercent ces missions dans les limites et selon les modalités fixées par le Code de procédure pénale ;

6° Lorsque les mesures de protection portent sur le domaine public maritime ou les eaux territoriales, les agents habilités par l'article L. 942-1 du Code rural et de la pêche maritime à constater les infractions à la réglementation sur l'exercice de la pêche maritime ainsi que les fonctionnaires chargés de la police du domaine public maritime et des eaux territoriales ;

7° Les agents des réserves naturelles mentionnés à l'article L. 332-20 agissant dans les conditions prévues à cet article ;

8° Les gardes du littoral mentionnés à l'article L. 322-10-1, agissant dans les conditions prévues à cet article ;

9° Les fonctionnaires ou agents publics des collectivités territoriales ou de leurs groupements chargés de la protection des espaces ou patrimoines naturels, commissionnés et assermentés à cet effet.

II. – Outre les agents mentionnés au I du présent article, sont habilités à rechercher et à constater des infractions aux articles L. 412-7 à L. 412-16, ainsi qu'aux obligations prévues à l'article 4 du règlement (UE) n° 511/2014 du Parlement européen et du Conseil du 16 avril 2014 relatif aux mesures concernant le respect par les utilisateurs dans l'Union du protocole de Nagoya sur l'accès aux ressources génétiques et le partage juste et équitable des avantages découlant de leur utilisation et aux textes pris pour leur application :

1° Les agents de la concurrence, de la consommation et de la répression des fraudes, qui disposent à cet effet des pouvoirs prévus au livre V du Code de la consommation ;

2° Les agents assermentés désignés à cet effet par le ministre de la Défense ;

3° Les agents assermentés désignés à cet effet par le ministre chargé de la recherche ;

4° Les agents mentionnés aux L. 1421-1, L. 1435-7 et L. 5412-1 du Code de la santé publique ;

5° Les agents assermentés des parcs naturels régionaux ;

6° Les agents assermentés et commissionnés des collectivités territoriales et de leurs groupements ;

7° Les agents assermentés désignés à cet effet par le ministre chargé de l'agriculture.

Art. L. 415-2. – Les agents mentionnés à l'article L. 415-1 communiquent sans délai au ministre chargé de la protection de la nature les procès-verbaux qu'ils dressent pour les infractions aux articles L. 412-1 du présent code ou 215 du Code des douanes, lorsqu'elles concernent des espèces inscrites dans les annexes aux règlements de l'Union européenne relatifs à la protection des espèces de faune et de flore sauvages par le contrôle de leur commerce.

Les agents placés sous l'autorité du ministre chargé de la protection de la nature peuvent avoir accès à ces informations pour l'exercice de leurs missions. Ils sont astreints au secret professionnel.

Art. L. 415-2-1 *(L. n° 2016-1087, 8 août 2016)*. **– Les agents mentionnés au I de l'article L. 411-7 sont habilités à rechercher et à constater les infractions à l'article L. 411-6 et aux textes pris pour son application.**

Sanctions

Art. L. 415-3 *(Mod., L. n° 2003-591, 2 juill. 2003 ; L. n° 2005-157, 23 févr. 2005 ; L. n° 2006-436, 14 avr. 2006 ; L. n° 2010-788, 12 juill. 2010 ; Ord. n° 2012-34, 11 janv. 2012 ; L. n° 2016-1087, 8 août 2016)*. **– Est puni de deux ans d'emprisonnement et de 150 000 € d'amende :**

1° Le fait, en violation des interdictions ou des prescriptions prévues par les dispositions de l'article L. 411-1 et par les règlements ou les décisions individuelles pris en application de l'article L. 411-2 :

***a)* De porter atteinte à la conservation d'espèces animales non domestiques, à l'exception des perturbations intentionnelles ;**

***b)* De porter atteinte à la conservation d'espèces végétales non cultivées ;**

***c)* De porter atteinte à la conservation d'habitats naturels ;**

***d)* De détruire, altérer ou dégrader des sites d'intérêt géologique, notamment les cavités souterraines naturelles ou artificielles, ainsi que de prélever, détruire ou dégrader des fossiles, minéraux et concrétions présents sur ces sites.**

La tentative des délits prévus aux *a* à *d* est punie des mêmes peines ;

2° Le fait d'introduire volontairement dans le milieu naturel, de transporter, colporter, utiliser, mettre en vente, vendre ou acheter un spécimen d'une espèce animale ou végétale en violation des articles L. 411-4 à L. 411-6 ou des règlements et des décisions individuelles pris pour leur application ;

3° Le fait de produire, ramasser, récolter, capturer, détenir, céder, utiliser, transporter, introduire, importer, exporter ou réexporter tout ou partie d'animaux ou de végétaux en violation des articles L. 411-6 et L. 412-1 ou des règlements et des décisions individuelles pris pour leur application ;

4° Le fait d'être responsable soit d'un établissement d'élevage, de vente, de location ou de transit d'animaux d'espèces non domestiques, soit d'un établissement destiné à la présentation au public de spécimens vivants de la faune, sans être titulaire du certificat de capacité prévu à l'article L. 413-2 ;

5° Le fait d'ouvrir ou d'exploiter un tel établissement en violation des dispositions de l'article L. 413-3 ou des règlements et des décisions individuelles pris pour son application.

L'amende est doublée lorsque les infractions visées aux 1° et 2° sont commises dans le cœur d'un parc national ou dans une réserve naturelle.

Lorsqu'une personne est condamnée pour une infraction au présent article, le tribunal peut mettre à sa charge les frais exposés pour la capture, les prélèvements, la garde ou la destruction des spécimens rendus nécessaires.

1) La destruction d'un animal, appartenant à une espèce non domestique protégée, par un chasseur qui a tiré sur lui avant de l'avoir identifié, est un délit d'imprudence (■ Cass. crim., 20 mars 2001 : *Dr. pénal* 2001, comm. 141, obs. J.-H. Robert).

– Une faute d'imprudence suffit à caractériser l'élément moral du délit d'atteinte à la conservation d'espèces animales non domestiques protégées, prévu par l'article L. 415-3 du Code de l'environnement (■ Cass. crim., 1er juin 2010 : *Bull. crim.* n° 96 ; *Dr. pén.* 2010, comm. 89, obs. M. Véron).

2) Les faits reprochés à chacun des prévenus (chasse en temps prohibé et destruction d'animal protégé) constituent une action indivisible qui, en raison de la similitude des valeurs sociales protégées, ne pouvait pas entraîner plusieurs déclarations de culpabilité et aurait dû être exclusivement réprimée sous sa plus haute expression pénale, il n'en demeure pas moins, en l'état des constatations de l'arrêt, que les peines prononcées d'amende et de retrait du permis de chasser sont justifiées par le délit de destruction d'animaux non domestiques appartenant à une espèce protégée et par la complicité de ce délit dont les éléments constitutifs ont été relevés ; en effet, le délit de destruction d'animaux non domestiques appartenant à une espèce protégée, réprimé par l'article L. 415-3, 1er, du Code de l'environnement, dont les peines pouvaient être seules prononcées, est, notamment, puni d'amende ainsi que d'emprisonnement et en application combinée des articles 131-6 et 131-9 du Code pénal, la cour d'appel pouvait prononcer, outre une amende, le retrait du permis de chasser à la place de l'emprisonnement (■ Cass. crim., 16 mai 2006 : *JurisData* n° 2006-034190 ; *Dr. pénal* 2006, comm. 121, obs. J.-H. Robert).

3) Le délit de destruction ou d'altération du milieu particulier à une espèce protégée, défini en termes clairs et précis par les articles L. 411-1, L. 411-2, R. 411-1 et L. 415-3 du Code de l'environnement, ainsi que par les arrêtés ministériels qui dressent la liste des espèces animales et végétales concernées, n'est pas subordonné à l'intervention d'un arrêté préfectoral de biotope. Il est imputable non seulement à l'entrepreneur qui exécute des travaux, mais aussi au propriétaire qui les ordonne sur son fonds (■ Cass. crim., 27 juin 2006 : *Bull. crim.*, n° 199 ; *Dr. pénal* 2006, comm. 139, obs. J.-H. Robert).

4) Le délit, réprimé par l'article L. 415-3, 5°, du Code de l'environnement, d'ouverture ou d'exploitation d'un élevage d'animaux d'espèces non domestiques en violation des dispositions de l'article L. 413-3 du même code ou des règlements pris pour son application, s'applique à l'inobservation du volume maximum des activités fixé par l'arrêté d'autorisation pris en application de l'article R. 413-36 (■ Cass. crim., 13 nov. 2007 : *Bull. crim.*, n° 275 ; *Dr. pénal* 2008, comm. 21, obs. J.-H. Robert).

Art. L. 415-3-1 *(L. n° 2016-1087, 8 août 2016)*. – I. – Est puni d'un an d'emprisonnement et de 150 000 € d'amende :

1° Le fait d'utiliser des ressources génétiques ou des connaissances traditionnelles associées, au sens des articles L. 412-3 et L. 412-4, sans disposer des documents mentionnés au 3 de l'article 4 du règlement (UE) n° 511/2014 du Parlement européen et du Conseil, du 16 avril 2014, précité lorsqu'ils sont obligatoires ;

2° Le fait de ne pas rechercher, conserver ou transmettre aux utilisateurs ultérieurs les informations pertinentes sur l'accès et le partage des avantages pour les ressources génétiques et les connaissances traditionnelles associées en application du même article 4.

L'amende est portée à un million d'euros lorsque l'utilisation des ressources génétiques ou des connaissances traditionnelles mentionnée au 1° du présent I a donné lieu à une utilisation commerciale.

II. – Les personnes physiques ou morales coupables des infractions prévues au I du présent article encourent également, à titre de peine complémentaire, l'interdiction, pendant une durée ne pouvant excéder cinq ans, de solliciter, en application des articles L. 412-8 et L. 412-9, une autorisation d'accès aux ressources génétiques ou à certaines catégories d'entre elles et aux connaissances traditionnelles associées en vue de leur utilisation commerciale.

Art. L. 415-4 *(Rempl. à compter du 1er juill. 2013, Ord. n° 2012-34, 11 janv. 2012)*. – En cas de constatation de l'infraction prévue au 5° de l'article L. 415-3, le juge des libertés et de la détention peut, sur la requête du procureur de la République agissant d'office ou à la demande de l'autorité administrative, de la victime ou d'une association agréée de protection de l'environnement, ordonner pour une durée de trois mois au plus aux personnes physiques et aux personnes morales concernées toute mesure utile, y compris la suspension ou l'interdiction de l'activité en cause.

En cas d'ouverture d'une information, le juge d'instruction est compétent pour prendre dans les mêmes conditions les mesures prévues au premier alinéa.

La décision est prise après audition de la personne intéressée ou sa convocation à comparaître dans les quarante-huit heures ainsi que, à leur demande, après audition de l'autorité administrative, la victime, ou l'association agréée de protection de l'environnement.

Elle est exécutoire par provision et prend fin, selon les cas, sur décision du juge des libertés et de la détention ou du juge d'instruction, ou lorsque la décision au fond est devenue définitive.

La personne concernée ou le procureur de la République peut faire appel de la décision du juge des libertés et de la détention dans les dix jours suivant la notification ou la signification de la décision.

Le président de la chambre d'instruction ou de la cour d'appel, saisi dans les vingt-quatre heures suivant la notification de la décision du juge d'instruction ou du tribunal correctionnel, peut suspendre la décision jusqu'à ce qu'il soit statué sur l'appel, sans que ce délai puisse excéder vingt jours.

Art. L. 415-5 *(Abr. à compter du 1er juillet 2013, Ord. n° 2012-34, 11 janv. 2012)*.

Art. L. 415-6 *(L. n° 2013-619, 16 juill. 2013 ; L. n° 2016-1087, 8 août 2016)*. – Le fait de commettre les infractions mentionnées aux 1°, 2° et 3° de l'article L. 415-3 du présent code en bande organisée, au sens de l'article 132-71 du Code pénal, est puni de sept ans d'emprisonnement et 750 000 € d'amende.

Code de l'environnement

Réserves naturelles

Art. L. 332-1 *(L. n° 2016-1087, 8 août 2016)*. – I. – Des parties du territoire terrestre ou maritime d'une ou de plusieurs communes peuvent être classées en réserve naturelle lorsque la conservation de la faune, de la flore, du sol, des eaux, des gisements de minéraux et de fossiles et, en général, du milieu naturel présente une importance particulière ou qu'il convient de les soustraire à toute intervention artificielle susceptible de les dégrader.

II. – Sont prises en considération à ce titre :

1° La préservation d'espèces animales ou végétales et d'habitats en voie de disparition sur tout ou partie du territoire national ou présentant des qualités remarquables ;

2° La reconstitution de populations animales ou végétales ou de leurs habitats ;

3° La conservation des jardins botaniques et arboretums constituant des réserves d'espèces végétales en voie de disparition, rares ou remarquables ;

4° La préservation de biotopes et de formations géologiques, géomorphologiques ou spéléologiques remarquables ;

5° La préservation ou la constitution d'étapes sur les grandes voies de migration de la faune sauvage ;

6° Les études scientifiques ou techniques indispensables au développement des connaissances humaines ;

7° La préservation des sites présentant un intérêt particulier pour l'étude de l'évolution de la vie et des premières activités humaines.

III. – Le classement peut s'étendre aux eaux sous juridiction de l'État ainsi que, pour le plateau continental, aux fonds marins et à leur sous-sol, en conformité avec la convention des Nations Unies sur le droit de la mer, conclue à Montego Bay le 10 décembre 1982, notamment ses parties V, VI et XII.

IV. – Réserves naturelles de France assure l'animation, la mise en réseau et la coordination technique des réserves naturelles en métropole et en outre-mer. Elle assure à l'échelle nationale leur représentation auprès des pouvoirs publics. Elle peut notamment rassembler les gestionnaires de réserves naturelles définis à l'article L. 332-8.

Art. L. 332-2 *(Rempl., L. n° 2012-9, 5 janv. 2012 ; L. n° 2016-1087, 8 août 2016)*. – I. – Le classement d'une réserve naturelle nationale est prononcé pour assurer la conservation d'éléments du milieu naturel d'intérêt national ou la mise en œuvre d'une réglementation européenne ou d'une obligation résultant d'une convention internationale.

II. – Le projet de création de la réserve est soumis à une enquête publique réalisée conformément au chapitre III du titre II du livre Ier et transmis pour avis à toutes les collectivités locales intéressées ainsi que, dans les zones de montagne, aux comités de massif et, dans les zones maritimes, aux conseils maritimes de façade ou ultramarins.

III. – La décision est prise par décret après accord de l'ensemble des propriétaires concernés, tant sur le périmètre de la réserve que sur la réglementation envisagés. À défaut d'accord de l'ensemble des propriétaires concernés, le classement est prononcé par décret en Conseil d'État :

Art. L. 332-2-1 *(Ord. n° 2012-9, 5 janv. 2011 ; L. n° 2016-1087, 8 août 2016 ; Ord. n° 2017-80, 26 janv. 2017)*. – I. – Le conseil régional peut, de sa propre initiative ou à la demande des propriétaires concernés, classer comme réserve naturelle régionale les espaces ou propriétés présentant un intérêt pour la faune, la flore, le patrimoine géologique ou paléontologique ou, d'une manière générale, pour la protection des milieux naturels.

II. – Le projet de création de la réserve est :

1° Après que le public en a été informé par la parution préalable d'un avis dans deux publications régionales, publié, accompagné d'une note de présentation, par voie électronique sur le site internet de la région pendant une durée minimale de trois mois, dans des conditions permettant au public de formuler des observations pendant la même durée ;

2° Transmis pour avis au représentant de l'État dans la région, au conseil scientifique régional du patrimoine naturel, à toutes les collectivités locales intéressées ainsi que, dans les zones de montagne, aux comités de massif et, dans les zones maritimes, aux conseils maritimes de façade ou ultramarins.

Le bilan de la consultation du public et des avis recueillis après celle-ci ainsi que l'exposé des principales modifications apportées en conséquence au projet ou des raisons qui ont conduit à son maintien font l'objet d'une publication par voie électronique sur le site internet de la région, au plus tard à la date à laquelle le projet est soumis à l'accord des propriétaires concernés et pour une durée d'au moins trois mois.

III. – Le projet de création résultant de la procédure prévue au II, comportant le périmètre de la réserve et la réglementation envisagés, est soumis à l'accord du ou des propriétaires concernés.

Lorsque l'État est propriétaire, l'accord est donné par le ministre à l'usage duquel le terrain est affecté. L'accord d'un département ou d'une commune propriétaire est donné par son assemblée délibérante et celui d'un établissement public par son conseil d'administration ou son conseil de surveillance.

Lorsque la réserve est créée pour tout ou partie sur le domaine public maritime, l'accord est donné par le préfet compétent.

IV. – Le classement est décidé après accord de l'ensemble des propriétaires concernés, par une délibération de l'assemblée régionale portant sur le périmètre de la réserve et la réglementation applicable ainsi que, le cas échéant, sur les modalités de la gestion de la réserve et de contrôle du respect de la réglementation et la durée du classement.

V. – À défaut d'accord de l'ensemble des propriétaires concernés, une enquête publique est réalisée conformément au chapitre III du titre II.

La délibération fixant le périmètre de la réserve et la réglementation applicable est transmise à l'État. Le classement en réserve naturelle régionale est approuvé par décret en Conseil d'État, après que l'assemblée régionale a délibéré à nouveau lorsque des motifs de légalité font obstacle à cette approbation.

VI. – La modification du périmètre d'une réserve naturelle régionale et de la réglementation qui y est applicable intervient dans les conditions prévues par les II à V pour leur élaboration.

Art. L. 332-2-2 *(Ord. n° 2012-9, 5 janv. 2012 ; Ord. n° 2017-80, 26 janv. 2017)*. – I. – En Corse, l'initiative du classement en réserve naturelle appartient à la collectivité territoriale de Corse. Le représentant de l'État peut toutefois demander à la collectivité territoriale de Corse de procéder au classement d'une réserve naturelle afin d'assurer la mise en œuvre d'une réglementation européenne ou d'une obligation résultant d'une convention internationale.

II. – La procédure de création et de modification d'une réserve naturelle régionale prévue aux II à VI de l'article L. 332-2-1 est applicable à la création et à la modification d'une réserve naturelle par la collectivité territoriale de Corse.

Les modalités de la gestion de la réserve et de contrôle du respect de la réglementation sont définies par l'Assemblée de Corse après accord de l'État lorsque la décision de classement a été prise par celui-ci ou à sa demande.

Toutefois, l'extension ou la modification de la réglementation d'une réserve naturelle classée en Corse par l'État, ainsi que son déclassement partiel ou total, sont prononcés dans les conditions prévues pour les réserves naturelles nationales.

III. – Lorsque la collectivité territoriale de Corse n'a pas fait droit à la demande du représentant de l'État de procéder à un classement, la procédure de création prévue par les II et III de l'article L. 332-2 est applicable.

Art. L. 332-2-3 *(Ord. n° 2012-9, 5 janv. 2012)*. – Un décret en Conseil d'État fixe les modalités d'application du présent chapitre, notamment celles des articles L. 332-2 à L. 332-2-2.

Art. L. 332-3 *(Ord. n° 2012-9, 5 janv. 2012)*. – I. – L'acte de classement d'une réserve naturelle peut soumettre à un régime particulier et, le cas échéant, interdire à l'intérieur de la réserve toute action susceptible de nuire au développement naturel de la faune et de la flore, au patrimoine géologique et, plus généralement, d'altérer le caractère de ladite réserve.

Peuvent notamment être réglementés ou interdits la chasse, la pêche, les activités agricoles, forestières, pastorales, industrielles, commerciales, sportives et touristiques, l'exécution de travaux publics ou privés, l'utilisation des eaux, la circulation ou le stationnement des personnes, des véhicules et des animaux.

Les activités minières, l'extraction de matériaux concessibles ou non ainsi que le survol de la réserve ne peuvent être réglementés ou interdits que dans les seules réserves naturelles nationales.

II. – L'acte de classement tient compte de l'intérêt du maintien des activités traditionnelles existantes dans la mesure où elles sont compatibles avec les intérêts définis à l'article L. 332-1.

....

Art. L. 332-6 *(L. n° 2002-276, 27 févr. 2002)*. – À compter du jour où l'autorité administrative compétente notifie au propriétaire intéressé son intention de constituer une réserve naturelle, aucune modification ne peut être apportée à l'état des lieux ou à leur aspect pendant un délai de quinze mois, sauf autorisation spéciale de l'autorité administrative compétente et sous réserve de l'exploitation des fonds ruraux selon les pratiques antérieures. Ce délai est renouvelable une fois par décision du président du conseil régional ou arrêté préfectoral, selon les cas, à condition que les premières consultations ou l'enquête publique aient commencé. Lorsque la notification a été effectuée en Corse par le président du conseil exécutif, le délai est renouvelable aux mêmes conditions par décision du conseil exécutif.

Art. L. 332-7 *(Mod., L. n° 2002-276, 27 févr. 2002 ; Ord. n° 2012-9, 5 janv. 2012)*. – Les effets du classement suivent le territoire classé, en quelque main qu'il passe.

Quiconque aliène, loue ou concède un territoire classé en réserve naturelle est tenu de faire connaître à l'acquéreur, locataire ou concessionnaire, l'existence du classement.

Toute aliénation d'un immeuble situé dans une réserve naturelle doit être notifiée, dans les quinze jours, à l'autorité administrative compétente par le notaire du cédant ou par la personne qui l'a consentie.

....

Art. L. 332-17 *(Ord. n° 2012-9, 5 janv. 2012)*. – À l'intérieur des périmètres de protection, des prescriptions peuvent soumettre à un régime particulier ou interdire toute action susceptible d'altérer le caractère ou de porter atteinte à l'état ou l'aspect de la réserve naturelle. Les prescriptions concernent tout ou partie des actions énumérées à l'articles L. 332-3.

Art. L. 332-18. – Les dispositions des articles L. 332-7 et L. 332-8 s'appliquent aux périmètres de protection.

....

Sanctions

Art. L. 332-25 *(Ord. n° 2012-9, 5 janv. 2012)*. – Est puni de six mois d'emprisonnement et de 9 000 euros d'amende :

1° Le fait de ne pas respecter une des prescriptions ou interdictions édictée par la réglementation de la réserve naturelle prévue par l'article L. 332-3 ;

2° Le fait de modifier l'état ou l'aspect des lieux en instance de classement en réserve naturelle sans l'autorisation prévue à l'article L. 332-6 ;

3° Le fait de détruire ou de modifier dans leur état ou dans leur aspect les territoires classés en réserve naturelle sans l'autorisation prévue à l'article L. 332-9 ;

4° Le fait de ne pas respecter les prescriptions des périmètres de protection prévues à l'article L. 332-17.

Art. L. 332-25-1 et L. 332-26 *(L. n° 2009-526, 12 mai 2009 ; abr. à compter du 1er juillet 2013, Ord. n° 2012-34, 11 janv. 2012)*.

Art. L. 332-27 *(Mod., L. n° 2002-276, 27 févr. 2002)*. – En cas d'infraction aux dispositions des articles L. 332-6, L. 332-9, L. 332-17 et L. 332-18 ou aux prescriptions de l'acte de classement telles qu'elles sont prévues à l'article L. 332-3 du présent code, les dispositions et sanctions édictées aux articles L. 480-2, L. 480-3 et L. 480-5 à L. 480-9 du Code de l'urbanisme et *(Mots rempl. à compter du 1er juill.2013, Ord. n° 2012-34, 11 janv. 2012)* « à l'article L. 341-19 » du présent code sont applicables aux territoires placés en réserve naturelle, le ministre chargé de la protection de la nature étant substitué au ministre chargé de l'urbanisme.

Pour l'application de l'alinéa 1er de l'article L. 480-2 du Code de l'urbanisme, le ministère public ne peut agir qu'à la requête du maire, du fonctionnaire compétent ou d'une association de protection de l'environnement agréée au titre de l'article L. 141-1 du présent code.

Pour l'application de l'article L. 480-5 du Code de l'urbanisme, le tribunal statue soit sur la mise en conformité des lieux avec les prescriptions formulées respectivement par le ministre chargé de l'environnement, le président du conseil régional ou le président du conseil exécutif de Corse, selon qu'il s'agit d'une réserve naturelle nationale, d'une réserve naturelle régionale, ou d'une réserve naturelle classée par l'Assemblée de Corse, soit sur le rétablissement dans leur état antérieur.

Voir : Sur la constatation des infractions et les poursuites, C. env., art. L. 332-20 à L. 332-24.

Art. R. 332-69 *(D. n° 2006-944, 28 juill. 2006)*. – Est puni de l'amende prévue pour les contraventions de la 2e classe le fait, en infraction à la réglementation d'une réserve naturelle, d'utiliser une chose qui, par son bruit, est de nature à troubler le calme et la tranquillité des lieux.

Art. R. 332-70 *(D. n° 2006-944, 28 juill. 2006)*. – Est puni de l'amende prévue pour les contraventions de la 3e classe le fait de contrevenir à la réglementation applicable à la réserve naturelle concernant :

1° L'abandon, le dépôt, le jet, le déversement ou le rejet des ordures, déchets, matériaux ou tout autre objet de quelque nature que ce soit ;

2° La circulation et le stationnement des personnes et des véhicules autres que des véhicules terrestres à moteur, la circulation et la divagation des animaux, le bivouac, le stationnement et le camping dans un véhicule ou une remorque habitable ou tout autre abri mobile ;

3° L'exercice de la plongée sous-marine et l'usage d'engins à moteur conçus pour la progression sous la mer.

Art. R. 332-71 *(D. n° 2006-944, 28 juill. 2006)*. – Est puni de l'amende prévue pour les contraventions de la 4e classe le fait, en infraction à la réglementation d'une réserve naturelle :

1° De porter atteinte, détenir ou transporter, de quelque manière que ce soit, des animaux non domestiques, des végétaux non cultivés quel que soit leur stade de développement ou des parties de ceux-ci, des minéraux ou des fossiles, sans préjudice de l'application de l'article L. 415-3 ;

2° D'introduire, à l'intérieur de la réserve naturelle, des animaux ou des végétaux, quel que soit leur stade de développement ;

3° De troubler ou déranger volontairement des animaux, par quelque moyen que ce soit, sans y avoir été autorisé ;

4° De faire des inscriptions, signes ou dessins sur des pierres, arbres ou tout autre bien meuble ou immeuble ;

5° D'utiliser un éclairage artificiel, quel que soit son support, sa localisation et sa durée, à l'exclusion de l'éclairage des bâtiments à usage d'habitation, de l'éclairage public urbain et de l'éclairage utilisés par les services publics de secours.

Art. R. 332-72. – Est puni des peines prévues pour les contraventions de la 4e classe le fait de ne pas respecter les dispositions de la décision de classement comme réserve naturelle qui réglementent ou interdisent la pratique de jeux ou de sports.

Art. R. 332-73 *(Mod., D. n° 2009-377, 3 avr. 2009)*. – Est puni de l'amende prévue pour les contraventions de la 5e classe le fait, en infraction à la réglementation d'une réserve naturelle :

1° D'abandonner, déposer, jeter, déverser ou rejeter des ordures, déchets, matériaux ou tout autre objet de quelque nature que ce soit à l'aide d'un véhicule ;

2° De circuler ou de stationner avec un véhicule terrestre à moteur ;

3° D'emporter en dehors de la réserve naturelle, mettre en vente, vendre ou acheter des animaux non domestiques, des végétaux non cultivés quel que soit leur stade de développement ou des parties de ceux-ci, des minéraux ou des fossiles, en provenance de la réserve naturelle ;

4° De chasser ou détenir une arme pouvant être utilisée pour la chasse ;

5° D'allumer du feu ;

6° De pénétrer ou de circuler à l'intérieur d'une réserve naturelle où l'entrée ou la circulation sont interdites ;

7° De ne pas respecter les prescriptions dont peuvent être assorties les autorisations délivrées pour des travaux, constructions, installations ou aménagements.

Art. R. 332-74 *(Mod., D. n° 2006-944, 28 juill. 2006)*. – Est puni des peines prévues pour les contraventions de la 5e classe le fait de ne pas respecter les dispositions de la décision de classement comme réserve naturelle réglementant ou interdisant :

1° Les activités agricoles, pastorales, forestières ;

2° La pêche en eau douce, la pêche maritime et la pêche sous-marine ou le port des armes ou engins correspondants ou leur détention dans un véhicule ou une embarcation circulant dans la réserve naturelle ;

3° Les travaux publics ou privés, y compris ceux qui sont faits sur des bâtiments, la recherche ou l'exploitation de matériaux ou minerais, les activités industrielles, commerciales, artisanales ou publicitaires, les activités photographiques, cinématographiques, radiophoniques ou de télévision, le survol de la réserve ;

4° L'utilisation, à des fins publicitaires, et sous quelque forme que ce soit, de la dénomination d'une réserve naturelle ou de l'appellation « réserve naturelle », à l'intérieur ou en dehors des réserves.

Art. R. 332-75. – Est puni des peines prévues pour les contraventions de la 5e classe le fait de s'opposer à la visite de véhicules non clos, sacs, paniers ouverts, poches à gibier ou boîtes à herboriser, par les agents habilités à constater les infractions à la présente section.

Art. R. 332-76. – Les peines prévues aux articles R. 332-69 à R. 332-75 sont applicables aux infractions à la réglementation de toutes les réserves naturelles, quelle que soit l'autorité qui les a créées.

Art. R. 332-77 *(Rempl., D. n° 2010-671, 18 juin 2010)*. – Les personnes morales déclarées responsables pénalement dans les conditions prévues à l'article 121-2 du Code pénal des infractions définies par la présente section encourent, outre l'amende, suivant les modalités prévues par l'article 131-41 du Code pénal, la peine de confiscation de la chose qui a servi ou était destinée à commettre l'infraction ou de la chose qui en est le produit.

Elles encourent, en outre, lorsqu'elles sont déclarées responsables pénalement des infractions définies aux articles R. 332-73 à R. 332-75, la peine d'interdiction, pour une durée de trois ans au plus, d'émettre des chèques autres que ceux qui permettent le retrait de fonds par le tireur auprès du tiré ou ceux qui sont certifiés.

Art. R. 332-78. – La récidive des contraventions prévues aux articles R. 332-73 à R. 332-75 est réprimée conformément aux articles 132-11 et 132-15 du Code pénal.

Art. R. 332-79. – Ainsi que le prévoit l'article R. 48-1 du Code de procédure pénale, les dispositions de l'article 529 de ce code relatives à l'amende forfaitaire sont applicables aux contraventions prévues par les articles R. 332-69 à R. 332-72.

Art. R. 332-80. – En cas de condamnation en application des dispositions des 1° et 2° de l'article R. 332-73 et 2° de l'article R. 332-74, le tribunal peut ordonner la remise au gestionnaire de la réserve des animaux, végétaux et objets de quelque nature que ce soit enlevés frauduleusement dans la réserve.

Il peut prononcer la confiscation des engins et instruments dont les contrevenants se seront servis et des véhicules qu'ils auront utilisés pour commettre l'infraction.

Il peut, en cas de condamnation prononcée pour l'un des motifs énoncés aux 1° et 3° de l'article R. 332-74, ordonner, aux frais du condamné, le rétablissement des lieux dans leur état antérieur. Ainsi qu'il est dit à l'article L. 332-27, il est alors fait application des dispositions des articles L. 480-7, L. 480-8 et L. 480-9 du Code de l'urbanisme.

Art. R. 332-81 *(Mod., D. n° 2014-551, 27 mai 2014)*. – Le recouvrement des dommages-intérêts qui seront accordés à l'État, à la région, à la collectivité territoriale de Corse ou au gestionnaire de la réserve naturelle est effectué sans frais à leur profit par le comptable de la direction générale des finances publiques.

Code de l'environnement

Les installations classées pour la protection de l'environnement

Bibliographie : Littmann-Martin, *Le nouveau régime répressif des installations classées : Rev. jur. environnement* 1987, 25.

Art. L. 511-1 *(Mod., L. n° 2009-179, 17 févr. 2009 ; L. n° 2010-788, 12 juill. 2010 ; Ord. n° 2011-91, 20 janv. 2011)*. – Sont soumis aux dispositions du présent titre les usines, ateliers, dépôts, chantiers et, d'une manière générale, les installations exploitées ou détenues par toute personne physique ou morale, publique ou privée, qui peuvent présenter des dangers ou des inconvénients soit pour la commodité du voisinage, soit pour la santé, la sécurité, la salubrité publiques, soit pour l'agriculture, soit pour la protection de la nature, de l'environnement et des paysages, « soit pour l'utilisation rationnelle de l'énergie, » soit pour la conservation des sites et des monuments ainsi que des éléments du patrimoine archéologique.

Les dispositions du présent titre sont également applicables aux exploitations de carrières au sens des articles L. 100-2 et L. 311-1 du Code minier.

Art. L. 511-2 *(Mod., Ord. n° 2009-663, 11 juin 2009 ; L. n° 2011-525, 17 mai 2011).* – Les installations visées à l'article L. 511-1 sont définies dans la nomenclature des installations classées établie par décret en Conseil d'État, pris sur le rapport du ministre chargé des installations classées, après avis du Conseil supérieur des installations classées. Ce décret soumet les installations à autorisation, à enregistrement ou à déclaration suivant la gravité des dangers ou des inconvénients que peut présenter leur exploitation.

(Al. abr. à compter du 1er janv. 2013, Cons. const. n° 2011-183/184 QPC, 14 oct. 2011)

QPC. ▪ Cons. const., déc. 14 oct. 2011, n° 2011-183/184 QPC : (*JO* 15 oct. 2011 ; *JurisData* n° 2011-021909).

Art. 1er. – Le second alinéa de l'article L. 511-2 du Code de l'environnement et le paragraphe III de son article L. 512-7 sont contraires à la Constitution.

Art. 2. – La déclaration d'inconstitutionnalité de l'article 1er prend effet le 1er janvier 1013 dans les conditions fixées au considérant 10.

Arti. 3. – Le premier alinéa de l'article L. 511-2 du Code de l'environnement est conforme à la Constitution.

– (V. *Dr. pén.* 2011, comm. 155, obs. J.-H. Robert).

Installations soumises à autorisation

Art. L. 512-1 *(Ord. n° 2017-80, 26 janv. 2017).* – Sont soumises à autorisation les installations qui présentent de graves dangers ou inconvénients pour les intérêts mentionnés à l'article L. 511-1.

L'autorisation, dénommée autorisation environnementale, est délivrée dans les conditions prévues au chapitre unique du titre VIII du livre Ier.

....

Art. L. 512-3 *(Abr., Ord. n° 2017-80, 26 janv. 2017).*

....

Art. L. 512-5 *(Mod., L. n° 2011-525, 17 mai 2011).* – Pour la protection des intérêts mentionnés à l'article L. 511-1, le ministre chargé des installations classées peut fixer par arrêté, après consultation des ministres intéressés et du Conseil supérieur des installations classées, les règles générales et prescriptions techniques applicables aux installations soumises aux dispositions de la présente section. Ces règles et prescriptions déterminent les mesures propres à prévenir et à réduire les risques d'accident ou de pollution de toute nature susceptibles d'intervenir ainsi que les conditions d'insertion dans l'environnement de l'installation et de remise en état du site après arrêt de l'exploitation. *(Dernière phr. du premier alinéa abr. à compter du 1er janv. 2013 : Cons. const. n° 2012-262 QPC, 13 juill. 2012 : JO 14 juill. 2012 ; JurisData n° 016574).*

Ces arrêtés s'imposent de plein droit aux installations nouvelles. Ils précisent, après avis des organisations professionnelles intéressées, les délais et les conditions dans lesquels ils s'appliquent aux installations existantes. Ils fixent également les conditions dans lesquelles certaines de ces règles peuvent être adaptées aux circonstances locales par l'arrêté préfectoral d'autorisation.

....

Art. L. 512-7 *(Ord. n° 2009-663, 11 juin 2009 ; mod., Ord. n° 2010-418, 27 avr. 2010 ; Ord. n° 2012-7, 5 janv. 2012 ; Ord. n° 2017-80, 26 janv. 2017).* – I. – Sont soumises à autorisation simplifiée, sous la dénomination d'enregistrement, les installations qui présentent des dangers ou inconvénients graves pour les intérêts mentionnés à l'article L. 511-1, lorsque ces dangers et inconvénients peuvent, en principe, eu égard aux caractéristiques des installations et de leur impact potentiel, être prévenus par le respect de prescriptions générales édictées par le ministre chargé des installations classées.

Les activités pouvant, à ce titre, relever du régime d'enregistrement concernent les secteurs ou technologies dont les enjeux environnementaux et les risques sont bien connus, lorsque les installations ne sont soumises ni à la directive 2010/75/UE du Parlement européen et du Conseil du 24 novembre 2010 relative aux émissions industrielles au titre de son annexe I, ni à une obligation d'évaluation environnementale systématique au titre de l'annexe I de la directive 85/337/CEE du 27 juin 1985 concernant l'évaluation des incidences de certains projets publics et privés sur l'environnement.

I *bis*. – L'enregistrement porte également sur les installations, ouvrages, travaux et activités relevant de l'article L. 214-1 projetés par le pétitionnaire que leur connexité rend nécessaires à l'installation classée ou dont la proximité est de nature à en modifier notablement les dangers ou inconvénients. Ils sont regardés comme faisant partie de l'installation et ne sont pas soumis aux dispositions des articles L. 214-3 à L. 214-6 et du chapitre unique du titre VIII du livre Ier.

II. – Les prescriptions générales peuvent notamment prévoir :

1° Des conditions d'intégration du projet dans son environnement local ;

2° L'éloignement des installations des habitations, des immeubles habituellement occupés par des tiers, des établissements recevant du public, des cours d'eau, des voies de communication, des captages d'eau ou des zones destinées à l'habitation par des documents d'urbanisme opposables aux tiers.

III *(Abr. à compter du 1er janv. 2013, Cons. const. n° 2011-183/184 QPC, 14 oct. 2011 : JO 15 oct. 2011 ; JurisData n° 2011-021909 ; rempl. à compter du 1er janv. 2013, L. n° 2012-1460, 27 déc. 2012)*. - Les prescriptions générales sont fixées par arrêté du ministre chargé des installations classées après avis du Conseil supérieur de la prévention des risques technologiques et consultation des ministres intéressés.

La publication d'un arrêté de prescriptions générales est nécessaire à l'entrée en vigueur du classement d'une rubrique de la nomenclature dans le régime d'enregistrement.

L'arrêté fixant des prescriptions générales s'impose de plein droit aux installations nouvelles. Il précise, après avis des organisations professionnelles intéressées, les délais et les conditions dans lesquels il s'applique aux installations existantes.

QPC. Sur l'inconstitutionnalité du paragraphe III de l'article L. 512-7, V. *supra*, sous l'article L. 511-2, la décision du Conseil constitutionnel du 14 octobre 2011.

Installations soumises à déclaration

Art. L. 512-8 *(Ord. n° 2017-80, 26 janv. 2017)*. – Sont soumises à déclaration les installations qui, ne présentant pas de graves dangers ou inconvénients pour les intérêts visés à l'article L. 511-1, doivent néanmoins respecter les prescriptions générales édictées par le préfet en vue d'assurer dans le département la protection des intérêts visés à l'article L. 511-1.

La déclaration inclut les installations, ouvrages, travaux et activités relevant du II de l'article L. 214-3 projetés par le pétitionnaire que leur connexité rend nécessaires à l'installation classée ou dont la proximité est de nature à en modifier notablement les dangers ou inconvénients. La déclaration vaut application des dispositions des articles L. 214-3 à L. 214-6.

Art. L. 512-9 *(Mod., L. n° 2011-525, 17 mai 2011 ; à compter du 1er janvier 2013, L. n° 2012-1460, 27 déc. 2012)*. – Les prescriptions générales prévues à l'article L. 512-8, sont édictées par arrêtés préfectoraux, pris après avis de la commission départementale consultative compétente et, pour les ateliers hors sol, de la commission départementale d'orientation de l'agriculture. Elles s'appliquent automatiquement à toute installation nouvelle ou soumise à nouvelle déclaration.

Les modifications ultérieures de ces prescriptions générales peuvent être rendues applicables aux installations existantes selon les modalités et selon les délais prévus dans l'arrêté préfectoral qui fixe également les conditions dans lesquelles les prescriptions générales peuvent être adaptées aux circonstances locales.

Les établissements soumis à déclaration sous le régime de la loi du 19 déc. 1917 et ayant obtenu, en vertu de l'article 19, alinéa 1er ou 4, de ladite loi, la suppression ou l'atténuation d'une ou plusieurs prescriptions résultant d'arrêtés préfectoraux conservent le bénéfice de ces dérogations. Il peut toutefois y être mis fin par

arrêté préfectoral pris après avis de la commission départementale consultative compétente, selon les modalités et dans le délai fixés par ledit arrêté.

....

Art. L. 512-11. – **Certaines catégories d'installations relevant de la présente section, définies par décret en Conseil d'État en fonction des risques qu'elles présentent, peuvent être soumises à des contrôles périodiques permettant à l'exploitant de s'assurer que ses installations fonctionnent dans les conditions requises par la réglementation. Ces contrôles sont effectués aux frais de l'exploitant par des organismes agréés.**

Un décret en Conseil d'État précise les conditions d'application du présent article. Il fixe notamment la périodicité, les modalités de fonctionnement du système de contrôle et, en particulier, les conditions d'agrément des organismes contrôleurs et les conditions dans lesquelles les résultats peuvent être tenus à la disposition de l'administration.

Art. L. 512-12 *(Mod., Ord. n° 2009-663, 11 juin 2009 ; Ord. n° 2017-80, 26 janv. 2017)*. – **Si les intérêts mentionnés à l'article L. 511-1 ne sont pas garantis par l'exécution des prescriptions générales contre les inconvénients inhérents à l'exploitation d'une installation soumise à déclaration, le préfet, éventuellement à la demande des tiers intéressés et après avis de la commission départementale consultative compétente, peut imposer par arrêté toutes prescriptions spéciales nécessaires.**

Dans le cas prévu au second alinéa de l'article L. 512-8, ces prescriptions spéciales fixent, le cas échéant, les règles nécessaires à la protection des intérêts mentionnés à l'article L. 211-1, notamment en ce qui concerne les rejets et prélèvements.

....

Contrôle et sanctions administratifs

Art. L. 514-1 et L. 514-2 *(Abr. à compter du 1er juillet 2013, Ord. n° 2012-34, 11 janv. 2012)*.

....

Art. L. 514-4. – **Lorsque l'exploitation d'une installation non comprise dans la nomenclature des installations classées présente des dangers ou des inconvénients graves pour les intérêts mentionnés à l'article L. 511-1, le préfet, après avis – sauf cas d'urgence – du maire et de la commission départementale consultative compétente, met l'exploitant en demeure de prendre les mesures nécessaires pour faire disparaître les dangers ou les inconvénients dûment constatés. Faute par l'exploitant de se conformer à cette injonction dans le délai imparti, il peut être fait application des mesures prévues** *(Mots remplacés à compter du 1er juill. 2013, Ord. n° 2012-34, 11 janv. 2012)* **« à l'article L. 171-8 ».**

Art. L. 514-5 *(Mod., L. n° 2006-11, 5 janv. 2006 ; à compter du 1er juill. 2013, Ord. n° 2012-34, 11 janv. 2012)*. – **L'exploitant est informé par l'inspecteur des installations classées des suites du contrôle. L'inspecteur des installations classées transmet son rapport de contrôle au préfet et en fait copie simultanément à l'exploitant. Celui-ci peut faire part au préfet de ses observations.**

Les visites que les inspecteurs des installations classées effectuent, en application de l'article 13, alinéa 2, de la loi du 19 juillet 1976, dans les installations soumises à leur surveillance ne constituent pas des perquisitions ou des visites domiciliaires au sens des articles 59 et 76 du Code de procédure pénale. Justifie sa décision la cour d'appel qui constate que la visite effectuée par l'inspecteur des installations classées, sans l'assentiment exprès de l'exploitant, dans les bâtiments d'une porcherie, matériellement distincts du domicile de l'intéressé, ne contrevient pas aux dispositions de l'article 8-1 de la Convention européenne des droits de l'homme (■ Cass. crim., 26 avr. 2000 : *Bull. crim.*, n° 168 ; *JCP* 2000, II, 10475, note Guihal).

Dispositions pénales

Art. L. 514-9 *(Rempl. à compter du 1er juill. 2013, Ord. n° 2012-34, 11 janv. 2012)*. – **Outre les officiers et agents de police judiciaire et les inspecteurs de l'environnement mentionnés à l'article L. 172-1, les**

inspecteurs de la sûreté nucléaire désignés en application de l'article L. 592-22, sont habilités à rechercher et à constater les infractions aux dispositions du présent titre.

1) Sur la recevabilité de la constitution de partie civile, V. (■ Cass. crim., 23 juin 1987 : *Rev. sc. crim.* 1988, 322, obs. J.-H. Robert).

2) Sur le caractère intentionnel du délit, V. (■ Cass. crim., 25 mai 1994 : *Dr. pénal* 1994, n° 237, obs. J.-H. Robert).

3) Sur la constitution du délit au cas d'extension non autorisée d'une installation classée, V. (■ Cass. crim., 11 mars 1998 : *Dr. pénal* 1998, comm. 100, obs. J.-H. Robert).

4) Caractérise la complicité d'exploitation d'une installation classée sans autorisation commise, pour le compte d'un syndicat intercommunal, par ses organes ou représentant, la cour d'appel qui relève que ce syndicat, propriétaire d'un abattoir public, en connaissance de la situation illicite, en a concédé l'exploitation, par convention d'affermage, à une association qui l'utilise, bien que l'autorisation préfectorale requise par la loi sur les installations classées, subordonnée à l'exécution de travaux de mise en conformité avec la réglementation sanitaire, n'ait pas été délivrée au syndicat de communes qui l'avait sollicitée (■ Cass. crim., 23 mai 2000 : *Bull. crim.*, n° 200).

5) L'interruption de l'exploitation d'une installation pendant deux années consécutives entraîne, sauf si elle est causée par la force majeure, la caducité de l'autorisation la concernant. La reprise sans nouvelle autorisation est une exploitation illégale. L'arrêté de retrait d'autorisation constitue une force majeure mais non pas le recours pour excès de pouvoir formé par des associations contre l'arrêté d'autorisation (■ Cass. crim., 2 juin 2004 : *Dr. pénal* 2004, comm. 145, obs. J.-H. Robert).

6) Il n'appartient au juge pénal, saisi de poursuites du chef d'exploitation d'une installation classée sans autorisation, de rechercher lui-même s'il y a lieu de faire application de l'article 24 du décret n° 77-1133 du 21 septembre 1977, devenu l'article R. 512-38 du Code de l'environnement, qu'en l'absence de décision administrative se prononçant sur la caducité ou la péremption de l'autorisation invoquée par l'exploitant ; tel n'est pas le cas lorsqu'en édictant des prescriptions complémentaires, le préfet constate, implicitement mais nécessairement, que l'arrêté d'autorisation initial n'a pas cessé de produire ses effets (■ Cass. crim., 16 oct. 2007 : *Bull. crim.*, n° 247).

7) Si le titulaire de l'autorisation administrative est exploitant de l'installation classée, la personne exerçant effectivement l'activité dispose également de cette qualité. Ainsi, une cour d'appel justifie sa décision condamnant, pour l'exploitation sans autorisation d'une installation classée, la société qui faisait fonctionner l'installation, à la suite d'un contrat de marché public conclu avec le syndicat intercommunal de collecte et traitement des ordures ménagères propriétaires du site et titulaire des autorisations administratives (■ Cass. crim., 13 janv. 2015, n° 13-88.183 : *Dr. pén.* 2015, comm. 38, obs. J.-H. Robert).

8) Fait une exacte application de l'article 121-2 du Code pénal, la cour d'appel qui relève que bien que la société exploitante sur le site ait eu connaissance d'une pollution liée à ses activités, elle les avait poursuivies, que si elle ne pouvait pas interrompre unilatéralement de son propre chef le marché en cours, elle aurait dû mettre en demeure le titulaire de l'autorisation administrative de réaliser les travaux nécessaires et dénoncer le contrat conclu si la mise aux normes n'était pas réalisée et que son directeur exploitant direct de l'installation classée et qui la représentait, n'avait pas accompli les diligences normales compte tenu de la nature de ses missions ou de ses fonctions, de ses compétences et des moyens dont il disposait (arrêt précité).

Art. L. 514-10 ***(Mod., L. n° 2004-204, 9 mars 2004 ; Ord. n° 2010-420, 27 avr. 2010 ; abr. à compter du 1er juillet 2013, Ord. n° 2012-34, 11 janv. 2012).***

Art. L. 514-11 ***(Mod., n° 2009-663, 11 juin 2009 ; mod. à compter du 1er juillet 2013, Ord. n° 2012-34, 11 janv. 2012).*** **– I. – Le fait de ne pas se conformer à l'arrêté de mise en demeure pris en application de l'article L. 512-19 est puni de deux ans d'emprisonnement et de 150 000 euros d'amende.**

II. – Le fait de ne pas se conformer aux dispositions du premier alinéa de l'article L. 516-2 est puni de six mois d'emprisonnement et de 75 000 € d'amende.

1) Le fait de ne déposer qu'après le délai fixé par un arrêté préfectoral l'étude de risques que la société avait été mise en demeure d'établir caractérise le délit de l'article L. 514-11, § 2 (■ Cass. crim., 31 mai 2005 : *Dr. pénal* 2005, comm. 143, obs. J.-H. Robert).

2) L'obligation d'équiper et d'exploiter une installation classée dans des conditions propres à éviter toute nuisance olfactive au voisinage constitue une prescription technique au sens des articles L. 514-11 II du Code de l'environnement et 43 3° du décret n° 77-1133 du 21 septembre 1977 (■ Cass. crim., 7 mars 2006 : *Bull. crim.*, n° 64).

3) Le délit de poursuite d'exploitation d'une installation classée sans se conformer à la mise en demeure préfectorale d'avoir à respecter les prescriptions techniques qui lui sont applicables ne saurait être constitué par l'inobservation d'une obligation nouvelle édictée par cette mise en demeure ; constitue une telle obligation l'exigence de mettre fin à toutes nuisance olfactives alors que les prescriptions auxquelles l'exploitant était assujetti ne tendaient qu'à les minimiser (■ Cass. crim., 26 sept. 2006 : *Bull. crim.*, n° 239 ; *Dr. pénal* 2006, comm. 153, obs. J.-H. Robert).

Art. L. 514-12 à L. 514-15 *(Abr. à compter du 1er juillet 2013, Ord. n° 2012-34, 11 janv. 2012).*

Art. L. 514-16. – **Lorsque les personnes morales de droit public interviennent, matériellement ou financièrement, pour atténuer les dommages résultant d'un incident ou d'un accident causé par une installation mentionnée à l'article L. 511-2 ou pour éviter l'aggravation de ces dommages, elles ont droit au remboursement, par les personnes responsables de l'incident ou de l'accident, des frais qu'elles ont engagés, sans préjudice de l'indemnisation des autres dommages subis. À ce titre, elles peuvent se constituer partie civile devant les juridictions pénales saisies de poursuites consécutives à l'incident ou à l'accident.**

Cette action s'exerce sans préjudice des droits ouverts par l'article L. 142-2 aux associations répondant aux conditions de cet article.

Fait l'exacte application de l'article L. 514-16, la cour d'appel qui, dans des poursuites pour infraction à la réglementation du travail, admet la recevabilité de l'action civile d'un établissement public départemental des services d'incendie et de secours qui était intervenu pour atténuer ou éviter l'aggravation des dommages que l'incendie consécutif à l'infraction précitée avait causé à une installation classée et était susceptible de causer à son environnement immédiat (■ Cass. crim., 13 mars 2001 : *Bull. crim.*, n° 62).

Art. L. 514-17. – **Les pénalités prévues à la présente section sont applicables aux justiciables des juridictions militaires des forces armées conformément au Code de justice militaire, et notamment en ses articles 165 et 171.**

Art. L. 514-18 *(Abr., Ord. n° 2012-34, 11 janv. 2012).*

Code de la santé publique

Bruits de voisinage

Art. R. 1337-6 *(D. n° 2006-1099, 31 août 2006).* – **Est puni de la peine d'amende prévue pour les contraventions de la cinquième classe :**

1° Le fait, lors d'une activité professionnelle ou d'une activité culturelle, sportive ou de loisir organisée de façon habituelle ou soumise à autorisation, et dont les conditions d'exercice relatives au bruit n'ont pas été fixées par les autorités compétentes, d'être à l'origine d'un bruit de voisinage dépassant les valeurs limites de l'émergence globale ou de l'émergence spectrale conformément à l'article R. 1334-32 ;

2° Le fait, lors d'une activité professionnelle ou d'une activité culturelle, sportive ou de loisir organisée de façon habituelle ou soumise à autorisation, dont les conditions d'exercice relatives au bruit ont été fixées par les autorités compétentes, de ne pas respecter ces conditions ;

3° Le fait, à l'occasion de travaux prévus à l'article R. 1334-36, de ne pas respecter les conditions de leur réalisation ou d'utilisation des matériels et équipements fixées par les autorités compétentes, de ne pas prendre les précautions appropriées pour limiter le bruit ou d'adopter un comportement anormalement bruyant.

L'annulation par la juridiction administrative d'un acte administratif implique que cet acte est réputé n'avoir jamais existé et prive de base légale la poursuite engagée pour violation de cet acte.

Encourent dès lors la censure les juges qui, pour déclarer le prévenu coupable, ont retenu que l'acte administratif tenant lieu de fondement aux poursuites était exécutoire au moment des faits (■ Cass. crim., 16 nov. 2010, n° 10-84.740).

Art. R. 1337-7 ***(D. n° 2006-1099, 31 août 2006).*** **– Est puni de la peine d'amende prévue pour les contraventions de la troisième classe le fait d'être à l'origine d'un bruit particulier, autre que ceux relevant de l'article R. 1337-6, de nature à porter atteinte à la tranquillité du voisinage ou à la santé de l'homme dans les conditions prévues à l'article R. 1334-31.**

Encourt la cassation le jugement qui relaxe l'exploitant d'un restaurant du chef d'émission de bruit portant atteinte à la tranquillité du voisinage ou à la santé de l'homme en l'absence de mesure acoustique prévue par l'article R. 1334-32 du Code de la santé publique pour les établissements exerçant une activité professionnelle, alors que des bruits de musique, rires et éclats de voix constituent des bruits de comportement relevant des articles R. 1337-7 et R. 1334-31 du même code, qui n'imposent pas une telle mesure (■ Cass. crim., 8 mars 2016, n° 15-83.503). V. également, ■ Cass. crim., 21 sept. 2016, n° 15-83.408 : *Dr. pén.* 2016, comm. 158, note J.-H. Robert.

Art. R. 1337-8 ***(D. n° 2006-1099, 31 août 2006).*** **– Les personnes physiques coupables des infractions prévues aux articles R. 1337-6 et R. 1337-7 encourent également la peine complémentaire de confiscation de la chose qui a servi ou était destinée à commettre l'infraction ou de la chose qui en est le produit.**

Art. R. 1337-9 ***(D. n° 2006-1099, 31 août 2006).*** **– Le fait de faciliter sciemment, par aide ou assistance, la préparation ou la consommation des contraventions prévues aux articles R. 1337-6 et R. 1337-7 est puni des mêmes peines.**

Art. R. 1337-10 ***(D. n° 2010-671, 18 juin 2010).*** **– Les personnes morales déclarées responsables pénalement, dans les conditions prévues par l'article 121-2 du Code pénal, des infractions définies à la présente section encourent, outre l'amende suivant les modalités prévues par l'article 131-41 du Code pénal, la peine de confiscation de la chose qui a servi ou était destinée à commettre l'infraction ou de la chose qui en est le produit.**

Art. R. 1337-10-1 ***(D. n° 2006-1099, 31 août 2006).*** **– La récidive des infractions prévues à l'article R. 1337-6 est punie conformément aux dispositions des articles 132-11 et 132-15 du Code pénal.**

Code de l'environnement

Lutte contre le bruit

Émissions sonores des objets

Art. L. 571-2. – Sans préjudice des autres dispositions législatives et réglementaires applicables, des décrets en Conseil d'État, pris après avis du Conseil national du bruit, définissent, pour les objets susceptibles de provoquer des nuisances sonores élevées ainsi que pour les dispositifs destinés à réduire les émissions sonores :

1° Les prescriptions relatives aux niveaux sonores admissibles, aux conditions d'utilisation, aux méthodes de mesure du bruit, au marquage des objets et dispositifs et aux modalités d'information du public ;

2° Les règles applicables à la fabrication, l'importation et la mise sur le marché ;

3° Les procédures d'homologation et de certification attestant leur conformité aux prescriptions relatives aux niveaux sonores admissibles ;

4° Les conditions de délivrance et de retrait par l'autorité administrative de l'agrément des organismes chargés de délivrer les homologations et certifications ;

5° Les conditions dans lesquelles l'autorité administrative peut vérifier ou faire vérifier par ces organismes, aux frais du détenteur, la conformité des objets et dispositifs aux prescriptions mentionnées au 1° du présent article.

....

Activités bruyantes

Art. L. 571-6. – Sans préjudice des autres dispositions législatives et réglementaires applicables, les activités bruyantes, exercées dans les entreprises, les établissements, centres d'activités ou installations publiques ou privées établis à titre permanent ou temporaire, et ne figurant pas à la nomenclature des installations classées pour la protection de l'environnement, peuvent être soumises à des prescriptions générales ou, lorsqu'elles sont susceptibles, par le bruit qu'elles provoquent, de présenter les dangers ou de causer les troubles mentionnés à l'article L. 571-1, à autorisation.

Peuvent être soumises aux mêmes dispositions les activités bruyantes sportives et de plein air susceptibles de causer des nuisances sonores.

La liste des activités soumises à autorisation est définie dans une nomenclature des activités bruyantes établie par décret en Conseil d'État pris après avis du Conseil national du bruit.

Les prescriptions générales visées au premier alinéa et les prescriptions imposées aux activités soumises à autorisation précisent les mesures de prévention, d'aménagement ou d'isolation phonique applicables aux activités, les conditions d'éloignement de ces activités des habitations ainsi que les modalités selon lesquelles sont effectués les contrôles techniques.

Un décret en Conseil d'État précise les modalités d'application du présent article, notamment la procédure de délivrance de l'autorisation, les documents à fournir à l'appui de la demande d'autorisation et les modalités d'information ou de consultation du public.

La délivrance de l'autorisation visée au premier alinéa est subordonnée à la réalisation d'une étude d'impact dans les conditions fixées par les articles L. 122-1 à L. 122-3 et soumise à consultation du public dans des conditions fixées par décret.

Les délais et conditions de mise en conformité des activités existantes aux prescriptions établies en application du présent article sont fixés par décret en Conseil d'État.

....

Contrôles et sanctions administratifs

Art. L. 571-17 *(Abr. à compter du 1er juillet 2013, Ord. n° 2012-34, 11 janv. 2012).*

Dispositions pénales

Constatation des infractions

Art. L. 571-18 *(Mod. à compter de la date prévue au II de l'article 29 de l'ordonnance n° 2010-177 du 23 février 2010, Ord. n° 2010-177, 23 févr. 2010).* – I *(I rempl. à compter du 1er juillet 2013, Ord. n° 2012-34, 11 janv. 2012 ; Ord. n° 2016-301, 14 mars 2016).* – Outre les officiers et agents de police judiciaire et les inspecteurs de l'environnement mentionnés à l'article L. 172-1, sont habilités à rechercher et à constater les infractions aux dispositions du présent chapitre ainsi que des textes et décisions pris pour son application :

1° Les agents de la concurrence, de la consommation et de la répression des fraudes, qui disposent à cet effet des pouvoirs prévus au I de l'article L. 511-22 du Code de la consommation ;

2° Les agents des douanes ;

3° Pour l'application de la section 2 du présent chapitre et à l'exclusion des opérations prévues aux articles L. 172-14 et L. 172-15, les agents mentionnés à l'article L. 1312-1 du Code de la santé publique.

II. – En outre, les fonctionnaires et agents des collectivités territoriales, mentionnés à l'article L. 1312-1 du Code de la santé publique *(Mots rempl. à compter du 1er juillet 2013, Ord. n° 2012-34, 11 janv. 2012)* « sont chargés » de procéder à la recherche et à la constatation des infractions aux règles relatives à la lutte contre les bruits de voisinage, telles que définies par décret en Conseil d'État.

....

Sanctions

Art. L. 571-22 à L. 571-26 *(Abr. à compter du 1er juillet 2013, Ord. n° 2012-34, 11 janv. 2012).*

ORGANISMES GÉNÉTIQUEMENT MODIFIÉS

Dispositions générales

Art. L. 531-1 *(Mod., L. n° 2003-591, 2 juill. 2003 ; L. n° 2008-595, 25 juin 2008).* – Au sens du présent titre, on entend par :

1° *Organisme* : toute entité biologique non cellulaire, cellulaire ou multicellulaire, capable de se reproduire ou de transférer du matériel génétique ; cette définition englobe les micro-organismes, y compris les virus, les viroïdes et les cultures de cellules végétales et animales ;

2° *Organisme génétiquement modifié* : organisme dont le matériel génétique a été modifié autrement que par multiplication ou recombinaison naturelles ;

3° *Utilisation* : toute opération ou ensemble d'opérations au cours desquelles des organismes sont génétiquement modifiés ou au cours desquelles des organismes génétiquement modifiés sont cultivés, stockés, transportés, détruits, éliminés ou mis en œuvre de toute autre manière.

....

Art. L. 532-5 *(Rempl., L. n° 2008-595, 25 juin 2008).* – Lorsque l'autorité administrative dispose d'éléments d'information qui pourraient remettre en cause l'évaluation des risques pour l'environnement et la santé publique liés à l'utilisation confinée, elle peut :

1° Soumettre à agrément l'utilisation déclarée ;

2° Modifier les prescriptions initiales ou imposer des prescriptions nouvelles ;

3° Suspendre l'agrément ou les effets de la déclaration pendant le délai nécessaire à la mise en œuvre des mesures propres à faire disparaître ces risques ;

4° Retirer l'agrément ou mettre fin aux effets de la déclaration si ces risques sont tels qu'aucune mesure ne puisse les faire disparaître.

Ces décisions sont prises, sauf urgence, après avis du Haut Conseil des biotechnologies.

....

Sanctions

Art. L. 536-3 *(Mod., L. n° 2008-595, 25 juin 2008).* – Le fait d'exploiter une installation utilisant des organismes génétiquement modifiés à des fins de recherche, de développement, d'enseignement ou de production industrielle sans l'agrément requis en application de l'article L. 532-3, ou en violation des prescriptions techniques auxquelles cet agrément est subordonné, est puni d'un an d'emprisonnement et de 75 000 € d'amende.

En cas de condamnation, le tribunal peut interdire le fonctionnement de l'installation. L'interdiction cesse de produire effet si un agrément est délivré ultérieurement dans les conditions prévues par le présent titre. L'exécution provisoire de l'interdiction peut être ordonnée.

Le fait d'exploiter une installation utilisant des organismes génétiquement modifiés à des fins de recherche, de développement, d'enseignement ou de production industrielle en violation des prescriptions imposées en application du 2° de l'article L. 532-5 ou en violation d'une mesure de suspension ou de retrait d'agrément prise en application des 3° ou 4° de l'article L. 532-5 est puni de deux ans d'emprisonnement et de 150 000 € d'amende.

En cas de condamnation, le tribunal peut interdire le fonctionnement de l'installation.

Art. L. 536-4 *(Mod., L. n° 2008-595, 25 juin 2008).* – Est puni d'un an d'emprisonnement et de 75 000 € d'amende le fait sans l'autorisation requise :

1° De pratiquer une dissémination volontaire à toute autre fin que la mise sur le marché d'organismes génétiquement modifiés ou d'une combinaison d'organismes génétiquement modifiés ;

2° De mettre sur le marché un produit consistant en organismes génétiquement modifiés ou contenant de tels organismes.

Justifie sa décision au regard des Directives 90/220/CEE du 23 avril 1990 et 2001/18/CE du 12 mars 2001, ainsi que de la loi du 13 juillet 1992 et des articles L. 533-4, L. 533-5 et L. 536-4 du Code de l'environnement dans leur version applicable tant au moment des faits qu'à la date du présent arrêt, la cour d'appel qui, pour déclarer les prévenus coupables de mise sur le marché sans autorisation de semences de soja génétiquement modifiées, retient que les dispositions législatives et réglementaires, qu'elles soient relatives aux organismes génétiquement modifiés ou qu'elles régissent les semences et plants, ne fixent aucun seuil en deçà duquel le produit en cause ne serait pas considéré comme contenant de tels organismes (■ Cass. crim., 30 juin 2009 : *Bull. crim.* n° 140 ; *Dr. pénal* 2009, comm. 139, obs. J.-H. Robert).

Art. L. 536-5 *(Mod., L. n° 2008-595, 25 juin 2008)*. **– Le fait de ne pas respecter une mesure de suspension, de retrait, d'interdiction ou de consignation prise en application des articles L. 533-3-1, L. 533-8, L. 535-5 ou L. 535-6 est puni de deux ans d'emprisonnement et de 150 000 € d'amende.**

Le fait de poursuivre une dissémination volontaire ou une mise sur le marché sans se conformer à une décision de mise en demeure prise en application du I de l'article L. 535-5 est puni de six mois d'emprisonnement et de 75 000 € d'amende.

Art. L. 536-6 *(Abr. à compter du 1er juillet 2013, Ord. n° 2012-34, 11 janv. 2012).*

Art. L. 536-7 *(Mod., L. n° 2008-595, 25 juin 2008 ; abr. à compter du 1er juillet 2013, Ord. n° 2012-34, 11 janv. 2012).*

Code rural et de la pêche maritime

Les plantes génétiquement modifiées

Art. L. 663-2 *(L. n° 2008-595, 25 juin 2008 ; L. n° 2015-1567, 2 déc. 2015)*. **– La mise en culture, la récolte, le stockage et le transport des végétaux autorisés au titre de l'article L. 533-5 du Code de l'environnement ou en vertu de la réglementation européenne sont soumis au respect de conditions techniques notamment relatives aux distances entre cultures ou à leur isolement, visant à éviter la présence accidentelle d'organismes génétiquement modifiés dans d'autres productions et toute contamination transfrontalière dans les États membres de l'Union européenne où la culture de ces organismes génétiquement modifiés est interdite sur tout ou partie de leur territoire.**

Ces conditions techniques sont fixées par arrêté du ministre chargé de l'agriculture, pris après avis du comité scientifique du haut conseil institué à l'article L. 531-3 du Code de l'environnement et du ministre chargé de l'environnement. Leur révision régulière se fait sur la base de travaux scientifiques et des données de la surveillance biologique du territoire définie à l'article L. 251-1 du présent code.

Les conditions techniques relatives aux distances sont fixées par nature de culture. Elles définissent les périmètres au sein desquels ne sont pas pratiquées de cultures d'organismes génétiquement modifiés. Elles doivent permettre que la présence accidentelle d'organismes génétiquement modifiés dans d'autres productions soit inférieure au seuil établi par la réglementation européenne.

Art. L. 663-3 *(L. n° 2008-595, 25 juin 2008 ; L. n° 2011-525, 17 mai 2011)*. **– Le respect des conditions techniques prévues à l'article L. 663-2 est contrôlé par les agents mentionnés à l'article L. 250-2. Ces agents sont habilités à procéder ou à faire procéder, dans les conditions fixées par arrêté du ministre chargé de l'agriculture, à tous prélèvements et analyses nécessaires à l'exercice de cette mission.**

En cas de non-respect de ces conditions, l'autorité administrative peut ordonner la destruction totale ou partielle des cultures.

Les frais entraînés par ces sanctions sont à la charge de l'exploitant.

....

Art. L. 671-15 *(L. n° 2008-595, 25 juin 2008)*. **– Est puni de deux ans d'emprisonnement et de 75 000 € d'amende :**

1° Le fait de ne pas respecter une ou plusieurs conditions techniques relatives aux distances entre cultures prévues à l'article L. 663-2 ;

2° Le fait de ne pas avoir déféré à une des mesures de destruction ordonnée par l'autorité administrative en application de l'article L. 663-3 ;

3° Le fait de détruire ou de dégrader une parcelle de culture autorisée en application des articles L. 533-5 et L. 533-6 du Code de l'environnement.

Lorsque l'infraction visée au 3° porte sur une parcelle de culture autorisée en application de l'article L. 533-3 du Code de l'environnement, la peine est portée à trois ans d'emprisonnement et 150 000 € d'amende.

Les personnes physiques encourent également les peines complémentaires d'affichage de la décision prononcée ou de diffusion de celle-ci soit par la presse écrite, soit par tout moyen de communication au public par voie électronique.

Les personnes morales encourent, outre l'amende prévue au premier alinéa de l'article 131-38 du Code pénal, les peines prévues au 9° de l'article 131-39 du même code.

Art. L. 671-16 *(L. n° 2011-525, 17 mai 2011)*. – Le fait de faire obstacle à l'exercice des fonctions des agents mentionnés à l'article L. 250-2 agissant en application de l'article L. 663-3 est sanctionné conformément aux dispositions de l'article L. 205-11.

Art. L. 671-17 *(Ord. n° 2010-459, 6 mai 2010)*. – I. – Est puni de 15 000 € d'amende le fait de planter des vignes de variétés à raisins de cuve sans droit de plantation en méconnaissance des dispositions de l'article 85 *octies* du règlement (CE) n° 1234/2007 du Conseil du 22 octobre 2007 (règlement « OCM unique »).

II. – Est puni d'une amende de 3 750 € le fait :

a) De ne pas respecter les obligations de déclaration de plantation et d'arrachage, prévues par le présent code ;

b) De ne pas respecter les règles relatives à l'encépagement, prévues par le 4 du 1.2 du 1 de l'annexe I du règlement (CE) n° 436/2009 de la Commission du 26 mai 2009 et les cahiers des charges des appellations d'origine et indications géographiques ;

c) De ne pas respecter les dispositions relatives à la plantation de vignes mères de porte-greffes et à la production de bois et plants de vigne fixées en application de l'article L. 661-4 ;

d) De ne pas procéder à la distillation des sous-produits de la vinification, lorsqu'elle est rendue obligatoire ;

e) D'irriguer des vignes en méconnaissance des dispositions de l'article L. 665-1.

À titre de peine complémentaire, l'affichage ou la diffusion de la décision peuvent être ordonnés dans les conditions prévues par l'article 131-35 du Code pénal pour les personnes physiques et par le 9° de l'article 131-39 du même code pour les personnes morales.

III. – Les infractions mentionnées au présent article sont constatées, par procès-verbal qui fait foi jusqu'à preuve contraire, par les agents des douanes et droits indirects ainsi que les agents assermentés de l'établissement mentionné à l'article L. 621-1 à l'occasion de l'exercice de leurs fonctions.

Les infractions mentionnées au présent article sont recherchées, constatées et poursuivies selon les procédures applicables en matière de contributions indirectes, et sans préjudice de la mise en œuvre des dispositions de l'article L. 665-4.

Décret n° 95-409 du 18 avril 1995

pris en application de l'article 21 de la loi du 31 décembre 1992 relative à la lutte contre le bruit et relatif aux agents de l'État et des communes commissionnés et assermentés pour procéder à la recherche et à la constatation des infractions aux dispositions relatives à la lutte contre le bruit

(Abr. et codifié, D. n° 2007-1467, 12 oct. 2007. – V. infra C. env., art. R. 571-91 à R. 571-93)

Code de l'environnement

Art. R. 571-91. – Les agents de l'État mentionnés au 1° de l'article L. 571-18, chargés de procéder à la recherche et à la constatation des infractions aux dispositions du présent chapitre, sont commissionnés, selon le service de l'État auquel ils appartiennent, par les ministres chargés de l'environnement, de l'agriculture, de l'industrie, de l'équipement, des transports *(Mots suppr., D. n° 2011-210, 24 févr. 2011)* « ... » et de la jeunesse et des sports et assermentés dans les conditions fixées à l'article R. 571-93.

Art. R. 571-92. – Les infractions aux règles relatives à la lutte contre les bruits de voisinage, telles que définies par les articles R. 1337-6 à R. 1337-10-1 du Code de la santé publique, peuvent être recherchées et constatées, outre par les agents mentionnés à l'article R. 1312-1 du même code, par des agents des communes désignés par le maire, à la condition qu'ils soient agréés par le procureur de la République et assermentés dans les conditions fixées à l'article R. 571-93 du présent code.

Art. R. 571-93. – Avant d'entrer en fonctions, les agents mentionnés aux articles R. 571-91 et R. 571-92 prêtent devant le tribunal d'instance dans le ressort duquel ils sont domiciliés le serment ci-après :

« Je jure de bien et fidèlement remplir mes fonctions et de ne rien révéler ou utiliser de ce qui sera porté à ma connaissance à l'occasion de leur exercice. »

Mention de la prestation de serment est portée sur l'acte de commission par le greffier du tribunal d'instance.

Décret nº 2017-1244 du 7 août 2017

relatif à la prévention des risques liés aux bruits et aux sons amplifiés

Code de l'environnement

Lieux ouverts au public ou recevant du public accueillant des activités impliquant la diffusion de sons amplifiés à des niveaux sonores élevés

Art. R. 571-25. – Sans préjudice de l'application de l'article R. 1336-1 du Code de la santé publique, l'exploitant du lieu, le producteur, le diffuseur qui dans le cadre d'un contrat a reçu la responsabilité de la sécurité du public, le responsable légal d'une activité se déroulant dans un lieu ouvert au public ou recevant du public, clos ou ouvert, et impliquant la diffusion de sons amplifiés est tenu de respecter les prescriptions générales de fonctionnement définies dans la présente sous-section.

Art. R. 571-26. – Les bruits générés par les activités impliquant la diffusion de sons amplifiés à des niveaux sonores élevés dans les lieux ouverts au public ou recevant du public ne peuvent par leur durée, leur répétition ou leur intensité porter atteinte à la tranquillité ou à la santé du voisinage.

En outre, les émissions sonores des activités visées à l'article R. 571-25 qui s'exercent dans un lieu clos n'engendrent pas dans les locaux à usage d'habitation ou destinés à un usage impliquant la présence prolongée de personnes, un dépassement des valeurs limites de l'émergence spectrale de 3 décibels dans les octaves normalisées de 125 hertz à 4 000 hertz ainsi qu'un dépassement de l'émergence globale de 3 décibels pondérés A.

Un arrêté pris conjointement par les ministres chargés de la santé, de l'environnement et de la culture précise les indicateurs complémentaires à prendre en compte conformément aux normes en vigueur ainsi que les mesures techniques destinées à préserver l'environnement.

Art. R. 571-27. – I. – L'exploitant, le producteur, le diffuseur qui dans le cadre d'un contrat a reçu la responsabilité de la sécurité du public, le responsable légal du lieu ouvert au public ou recevant du public, clos ou ouvert, accueillant à titre habituel des activités de diffusion de sons amplifiés, ou le responsable d'un festival, est tenu d'établir une étude de l'impact des nuisances sonores visant à prévenir les nuisances sonores de nature à porter atteinte à la tranquillité ou à la santé du voisinage.

II. – L'étude de l'impact des nuisances sonores est réalisée conformément à l'arrêté mentionné à l'article R. 571-26. Elle étudie l'impact sur les nuisances sonores des différentes configurations possibles d'aménagement du système de diffusion de sons amplifiés. Elle peut notamment conclure à la nécessité de mettre en place des limiteurs de pression acoustique dans le respect des conditions définies par l'arrêté mentionné à l'article R. 571-26. Cette étude doit être mise à jour en cas de modification des aménagements des locaux, de modification des activités, ou de modification du système de diffusion sonore, non prévus par l'étude initiale.

III. – En cas de contrôle, l'exploitant doit être en mesure de présenter le dossier d'étude de l'impact des nuisances sonores aux agents mentionnés à l'article L. 571-18.

Art. R. 571-28. – Lorsqu'il constate l'inobservation des dispositions prévues aux articles R. 571-25 à R. 571-27, le préfet ou, à Paris, le préfet de police met en œuvre les dispositions prévues à l'article L. 171-8 du Code de l'environnement.

……………………………………………………………………………………………

Art. R. 571-96. – I. – Est puni de la peine d'amende prévue pour les contraventions de la 5e classe le fait pour toute personne mentionnée à l'article R. 571-25 de générer des bruits dans les lieux ouverts au public ou recevant du public à des niveaux sonores dépassant les valeurs maximales d'émergence prévues au deuxième alinéa de l'article R. 571-26.

II. – Est puni de la peine d'amende prévue pour les contraventions de la 5e classe le fait pour tout exploitant d'un établissement mentionné à l'article R. 571-25 de ne pas être en mesure de présenter aux agents mentionnés à l'article L. 571-18 l'étude de l'impact des nuisances sonores prévue à l'article R. 571-27 ainsi que l'attestation de vérification du ou des limiteurs, définie par l'arrêté prévu à l'article R. 571-26, lorsque la pose d'un ou de limiteurs est exigée par l'étude de l'impact des nuisances sonores précitée.

III. – Est puni de la peine d'amende prévue pour les contraventions de la 5e classe le fait, pour tout exploitant d'un établissement visé à l'article R. 571-25, de ne pas mettre en place le ou les limiteurs de pression acoustique prescrits par l'étude de l'impact des nuisances sonores mentionnée à l'article R. 571-27 ou d'entraver leur fonctionnement.

IV. – Les personnes physiques encourent également la peine complémentaire de confiscation des dispositifs ou matériels de sonorisation ayant servi à la commission de l'infraction.

V. – Les personnes morales déclarées responsables pénalement, dans les conditions prévues par l'article 121-2 du Code pénal, des infractions définies aux I, II et III du présent article encourent la peine de confiscation des dispositifs ou matériels de sonorisation qui ont servi à commettre l'infraction.

……………………………………………………………………………………………

ANNEXE 29

ÉTAT DE SIÈGE

Voir : art. 414-1, p. 485.

Constitution de la République Française du 4 octobre 1958

....

Art. 36. – L'état de siège est décrété en Conseil des ministres.

Sa prorogation au-delà de douze jours ne peut être autorisée que par le Parlement.

Code de la défense

(Ord. n° 2004-1374, 20 déc. 2004)

TITRE II. – ÉTAT DE SIÈGE

CHAPITRE UNIQUE

Art. L. 2121-1. – L'état de siège ne peut être déclaré, par décret en conseil des ministres, qu'en cas de péril imminent résultant d'une guerre étrangère ou d'une insurrection armée.

Le décret désigne le territoire auquel il s'applique et détermine sa durée d'application.

Art. L. 2121-2. – Aussitôt l'état de siège décrété, les pouvoirs dont l'autorité civile était investie pour le maintien de l'ordre et la police sont transférés à l'autorité militaire.

L'autorité civile continue à exercer ses autres attributions.

Art. L. 2121-3. – Dans les territoires décrétés en état de siège en cas de péril imminent résultant d'une guerre étrangère, les juridictions militaires peuvent être saisies quelle que soit la qualité des auteurs principaux ou des complices de la connaissance des infractions prévues et réprimées par les articles 224-1 à 224-5, 322-6 à 322-11, 410-1 à 413-12, 432-1 à 432-5, 432-11, 433-1 à 433-3, 433-8, alinéa 2, 442-1 à 442-3, 443-1, 444-1, 444-2 et 450-1 du Code pénal.

Les juridictions militaires peuvent en outre connaître :

1° Des faits sanctionnés par l'article 476-7 du Code de justice militaire ;

2° De la provocation, par quelque moyen que ce soit, à la désobéissance des militaires envers leurs chefs dans tout ce qu'ils leur commandent pour l'exécution des lois et règlements militaires ;

3° De la provocation, par quelque moyen que ce soit, aux crimes d'assassinat, de meurtre, d'incendie, de pillage, de destruction d'édifices, d'ouvrages militaires ;

4° Des délits commis par les fournisseurs en ce qui concerne les fournitures destinées aux forces armées, dans les cas prévus par les articles L. 213-1 à L. 213-5 du Code de la consommation et les lois spéciales qui s'y rattachent ;

5° Des faux commis au préjudice des forces armées et, d'une manière générale, tous crimes ou délits portant atteinte à la défense nationale.

Ce régime exceptionnel cesse de plein droit à la signature de la paix.

Art. L. 2121-4. – Si l'état de siège est décrété en cas de péril imminent résultant d'une insurrection à main armée, la compétence exceptionnelle reconnue aux juridictions militaires, en ce qui concerne les non-militaires, ne peut s'appliquer qu'aux crimes spécialement prévus par le Code de justice militaire ou par les articles du Code pénal mentionnés au premier alinéa de l'article L. 2121-3 et aux crimes connexes.

Art. L. 2121-5. – Dans les cas prévus aux articles L. 2121-3 et L. 2121-4, les juridictions de droit commun restent saisies tant que l'autorité militaire ne revendique pas la poursuite.

Art. L. 2121-6. – Après la levée de l'état de siège, les juridictions militaires continuent de connaître des crimes et délits dont la poursuite leur avait été déférée.

Art. L. 2121-7. – Lorsque l'état de siège est décrété, l'autorité militaire peut :

1° Faire des perquisitions domiciliaires de jour et de nuit ;

2° Éloigner toute personne ayant fait l'objet d'une condamnation devenue définitive pour crime ou délit et les individus qui n'ont pas leur domicile dans les lieux soumis à l'état de siège ;

3° Ordonner la remise des armes et munitions, et procéder à leur recherche et à leur enlèvement ;

4° Interdire les publications et les réunions qu'elle juge de nature à menacer l'ordre public.

Art. L. 2121-8. – Nonobstant l'état de siège, l'ensemble des droits garantis par la Constitution continue de s'exercer, lorsque leur jouissance n'est pas suspendue en vertu des articles précédents.

ANNEXE 30

ÉTAT D'URGENCE

Voir : art. 414-1, p. 485.

Bibliographie : J.-F. Dreuille, *État d'urgence : JCl. Lois pénales spéciales*. • F. Saint-Bonnet et O. Beaud, *État d'urgence : un statut constitutionnel donné à l'arbitraire : JCP* 2016, 71, p. 137. • C. Haguenau-Moizard, *La législation sur l'état d'urgence – une perspective comparative : D.* 2016, p. 665.

Loi n° 55-385 du 3 avril 1955
instituant un état d'urgence

Art. 1er *(Mod., Ord. n° 2009-536, 14 mai 2009 ; L. n° 2011-525, 17 mai 2011).* **– L'état d'urgence peut être déclaré sur tout ou partie du territoire métropolitain, des départements d'outre-mer, des collectivités d'outre-mer régies par l'article 74 de la Constitution et en Nouvelle-Calédonie, soit en cas de péril imminent résultant d'atteintes graves à l'ordre public, soit en cas d'événements présentant, par leur nature et leur gravité, le caractère de calamité publique.**

Art. 2 *(Ord. n° 60-372, 15 avr. 1960).* **– L'état d'urgence est déclaré par décret en conseil des ministres. Ce décret détermine la ou les circonscriptions territoriales à l'intérieur desquelles il entre en vigueur.**

Dans la limite de ces circonscriptions, les zones où l'état d'urgence recevra application seront fixées par décret.

La prorogation de l'état d'urgence au-delà de douze jours ne peut être autorisée que par la loi.

Art. 3 *(Ord. n° 60-372, 15 avr. 1960).* **– La loi autorisant la prorogation au-delà de douze jours de l'état d'urgence fixe sa durée définitive.**

Art. 4 *(Ord. n° 60-372, 15 avr. 1960).* **– La loi portant prorogation de l'état d'urgence est caduque à l'issue d'un délai de quinze jours francs suivant la date de démission du Gouvernement ou de dissolution de l'Assemblée nationale.**

Art. 4-1 *(L. n° 2015-1501, 20 nov. 2015 ; L. n° 2016-987, 21 juill. 2016).* **– L'Assemblée nationale et le Sénat sont informés sans délai des mesures prises par le Gouvernement pendant l'état d'urgence. Les autorités administratives leur transmettent sans délai copie de tous les actes qu'elles prennent en application de la présente loi. L'Assemblée nationale et le Sénat peuvent requérir toute information complémentaire dans le cadre du contrôle et de l'évaluation de ces mesures.**

Art. 5. – La déclaration de l'état d'urgence donne pouvoir au préfet dont le département se trouve en tout ou partie compris dans une circonscription prévue à l'article 2 dans le but de prévenir des troubles à la sécurité et à l'ordre publics :

1° D'interdire la circulation des personnes ou des véhicules dans les lieux et aux heures fixés par arrêté ;

2° *(Abr. décision du Conseil constitutionnel n° 2017-684 QPC, 11 janv. 2018)* **;**

3° D'interdire le séjour dans tout ou partie du département à toute personne à l'égard de laquelle il existe des raisons sérieuses de penser que son comportement constitue une menace pour la sécurité et l'ordre publics. L'arrêté énonce la durée, limitée dans le temps, de la mesure, les circonstances précises de fait et de lieu

qui la motivent, ainsi que le territoire sur lequel elle s'applique, qui ne peut inclure le domicile de la personne intéressée.

Ces mesures tiennent compte de la vie familiale et professionnelle des personnes susceptibles d'être concernées.

Art. 6 *(Mod., L. n° 55-1080, 7 août 1955 ; L. n° 2011-525, 17 mai 2011 ; L. n° 2015-1501, 20 nov. 2015 ; L. n° 2016-1767, 19 déc. 2016 ; L. n° 2017-258, 28 févr. 2017).* – Le ministre de l'Intérieur peut prononcer l'assignation à résidence, dans le lieu qu'il fixe, de toute personne résidant dans la zone fixée par le décret mentionné à l'article 2 et à l'égard de laquelle il existe des raisons sérieuses de penser que son comportement constitue une menace pour la sécurité et l'ordre publics dans les circonscriptions territoriales mentionnées au même article 2. Le ministre de l'Intérieur peut la faire conduire sur le lieu de l'assignation à résidence par les services de police ou les unités de gendarmerie.

La personne mentionnée au premier alinéa du présent article peut également être astreinte à demeurer dans le lieu d'habitation déterminé par le ministre de l'Intérieur, pendant la plage horaire qu'il fixe, dans la limite de douze heures par vingt-quatre heures.

L'assignation à résidence doit permettre à ceux qui en sont l'objet de résider dans une agglomération ou à proximité immédiate d'une agglomération. Elle tient compte de leur vie familiale et professionnelle.

En aucun cas, l'assignation à résidence ne pourra avoir pour effet la création de camps où seraient détenues les personnes mentionnées au premier alinéa.

L'autorité administrative devra prendre toutes dispositions pour assurer la subsistance des personnes astreintes à résidence ainsi que celle de leur famille.

Le ministre de l'Intérieur peut prescrire à la personne assignée à résidence :

1° L'obligation de se présenter périodiquement aux services de police ou aux unités de gendarmerie, selon une fréquence qu'il détermine dans la limite de trois présentations par jour, en précisant si cette obligation s'applique y compris les dimanches et jours fériés ou chômés ;

2° La remise à ces services de son passeport ou de tout document justificatif de son identité. Il lui est délivré en échange un récépissé, valant justification de son identité en application de l'article 1er de la loi n° 2012-410 du 27 mars 2012 relative à la protection de l'identité, sur lequel sont mentionnées la date de retenue et les modalités de restitution du document retenu.

La personne astreinte à résider dans le lieu qui lui est fixé en application du premier alinéa du présent article peut se voir interdire par le ministre de l'Intérieur de se trouver en relation, directement ou indirectement, avec certaines personnes, nommément désignées, dont il existe des raisons sérieuses de penser que leur comportement constitue une menace pour la sécurité et l'ordre publics. Cette interdiction est levée dès qu'elle n'est plus nécessaire.

Lorsque la personne assignée à résidence a été condamnée à une peine privative de liberté pour un crime qualifié d'acte de terrorisme ou pour un délit recevant la même qualification puni de dix ans d'emprisonnement et a fini l'exécution de sa peine depuis moins de huit ans, le ministre de l'Intérieur peut également ordonner qu'elle soit placée sous surveillance électronique mobile. Ce placement est prononcé après accord de la personne concernée, recueilli par écrit. La personne concernée est astreinte, pendant toute la durée du placement, au port d'un dispositif technique permettant à tout moment de déterminer à distance sa localisation sur l'ensemble du territoire national. Elle ne peut être astreinte ni à l'obligation de se présenter périodiquement aux services de police et de gendarmerie, ni à l'obligation de demeurer dans le lieu d'habitation mentionné au deuxième alinéa. Toutefois, lorsque le fonctionnement du dispositif de localisation à distance est temporairement suspendu ou gravement altéré pendant plus de douze heures consécutives, ces obligations peuvent lui être imposées jusqu'à la reprise du fonctionnement normal du dispositif. La mise en œuvre du dispositif technique permettant le contrôle à distance peut être confiée à une personne de droit privé habilitée dans des conditions fixées par décret en Conseil d'État. Le ministre de l'Intérieur peut à tout moment mettre fin au placement sous surveillance électronique mobile, notamment en cas de manquement de la personne placée aux prescriptions liées à son assignation à résidence ou à son placement ou en cas de dysfonctionnement technique du dispositif de localisation à distance.

Le procureur de la République compétent est informé sans délai de toute mesure d'assignation à résidence, des modifications qui y sont apportées et de son abrogation.

Le ministre de l'Intérieur peut déléguer au préfet territorialement compétent le soin de modifier le lieu et la plage horaire de l'astreinte à demeurer dans un lieu d'habitation déterminé, dans les limites fixées au deuxième alinéa, ainsi que les horaires, la fréquence et le lieu de l'obligation de présentation périodique aux services de police ou aux unités de gendarmerie, dans les limites fixées au 1°.

La décision d'assignation à résidence d'une personne doit être renouvelée à l'issue d'une période de prorogation de l'état d'urgence pour continuer de produire ses effets.

À compter de la déclaration de l'état d'urgence et pour toute sa durée, une même personne ne peut être assignée à résidence pour une durée totale équivalant à plus de douze mois.

Le ministre de l'Intérieur peut toutefois demander au juge des référés du Conseil d'État l'autorisation de prolonger une assignation à résidence au-delà de la durée mentionnée au quatorzième alinéa. La demande lui est adressée au plus tôt quinze jours avant l'échéance de cette durée. Le juge des référés statue dans les formes prévues au livre V du Code de justice administrative et dans un délai de quarante-huit heures à compter de sa saisine, au vu des éléments produits par l'autorité administrative faisant apparaître les raisons sérieuses de penser que le comportement de la personne continue à constituer une menace pour la sécurité et l'ordre publics. La prolongation autorisée par le juge des référés ne peut excéder une durée de trois mois. L'autorité administrative peut, à tout moment, mettre fin à l'assignation à résidence ou diminuer les obligations qui en découlent en application des dispositions du présent article.

La demande mentionnée à l'avant-dernier alinéa peut être renouvelée dans les mêmes conditions.

QPC. Par décision du Conseil constitutionnel n° 2017-624 QPC du 16 mars 2017, ont été déclarés contraires à la Constitution les mots « demander au juge des référés du Conseil d'État l'autorisation de » figurant à la première phrase du treizième alinéa de l'article 6 de la loi n° 55-385 du 3 avril 1955 relative à l'état d'urgence dans sa rédaction résultant de la loi n° 2016-1767 du 19 décembre 2016 prorogeant l'application de la loi n° 55-385 du 3 avril 1955 relative à l'état d'urgence, les deuxième et troisième phrases du même alinéa ainsi que les mots « autorisée par le juge des référés » figurant à la quatrième phrase de cet alinéa (*D.* 2017, p. 1162, note P. Cassia).

En application de l'article 115-5 du Code pénal, les juridictions pénales sont compétentes pour interpréter les actes administratifs, réglementaires ou individuels et pour en apprécier la légalité, lorsque, de cet examen, dépend la solution du procès pénal qui leur est soumis. Dès lors, méconnaît les dispositions précitées, la cour d'appel, qui pour déclarer un prévenu coupable du chef de non-respect de l'assignation à résidence prononcée par le ministre de l'Intérieur dans le cadre de l'état d'urgence, selon l'article 6 de la loi n° 55-385 du 3 avril 1955 relative à l'état d'urgence dans sa rédaction résultant de la loi n° 2015-1501 du 20 novembre 2015 prorogeant l'application de la loi n° 55-385 du 3 avril 1955 relative à l'état d'urgence et renforçant l'efficacité de ses dispositions, s'abstient de répondre aux griefs invoqués par les prévenus à l'encontre de cet acte administratif, alors qu'il lui appartenait, sans faire peser la charge de la preuve sur les seuls intéressés, de solliciter, le cas échéant, le ministre public afin d'obtenir de l'autorité administrative les éléments factuels sur lesquels celle-ci s'était fondée pour prendre sa décision (■ Cass. crim., 3 mai 2017, n° 16-86.155 ; *D.* 2017, p. 1175, note G. Beaussonie ; *Dr. pén.* 2017, comm. 109, note J.-H. Robert).

Art. 6-1 *(L. n° 2015-1501, 20 nov. 2015).* **– Sans préjudice de l'application de l'article L. 212-1 du Code de la sécurité intérieure, sont dissous par décret en conseil des ministres les associations ou groupements de fait qui participent à la commission d'actes portant une atteinte grave à l'ordre public ou dont les activités facilitent cette commission ou y incitent.**

Le maintien ou la reconstitution d'une association ou d'un groupement dissous en application du présent article ou l'organisation de ce maintien ou de cette reconstitution sont réprimés dans les conditions prévues aux articles 431-15 et 431-17 à 431-21 du Code pénal.

Par dérogation à l'article 14 de la présente loi, les mesures prises sur le fondement du présent article ne cessent pas de produire leurs effets à la fin de l'état d'urgence.

Pour la prévention des actions tendant au maintien ou à la reconstitution des associations ou groupements dissous en application du présent article, les services spécialisés de renseignement mentionnés à l'article L. 811-2 du Code de la sécurité intérieure et les services désignés par le décret en Conseil d'État prévu à l'article L. 811-4 du même code peuvent recourir aux techniques de renseignement dans les conditions prévues au livre VIII dudit code.

Art. 7 *(Abr., L. n° 2015-1501, 20 nov. 2015).*

Art. 8 *(Mod., L. n° 2011-525, 17 mai 2011 ; L. n° 2016-987, 21 juill. 2016 ; L. n° 2017-258, 28 févr. 2017).* – Le ministre de l'Intérieur, pour l'ensemble du territoire où est institué l'état d'urgence et le préfet, dans le département, peuvent ordonner la fermeture provisoire des salles de spectacles, débits de boissons et lieux de réunion de toute nature, en particulier des lieux de culte au sein desquels sont tenus des propos constituant une provocation à la haine ou à la violence ou une provocation à la commission d'actes de terrorisme ou faisant l'apologie de tels actes, dans les zones déterminées par le décret prévu à l'article 2.

Peuvent être également interdites, à titre général ou particulier, les réunions de nature à provoquer ou à entretenir le désordre.

Les cortèges, défilés et rassemblements de personnes sur la voie publique peuvent être interdits dès lors que l'autorité administrative justifie ne pas être en mesure d'en assurer la sécurité compte tenu des moyens dont elle dispose.

Art. 8-1 *(Abr., décision du Conseil constitutionnel n° 2017-677 QPC, 1er déc. 2017).*

Art. 9 *(L. n° 2015-1501, 20 nov. 2015 ; L. n° 2018-133, 26 févr. 2018).* – Les autorités administratives désignées à l'article 8 peuvent ordonner la remise des armes et des munitions, détenues ou acquises légalement, relevant des catégories A à C, définies à l'article L. 311-2 du Code de la sécurité intérieure. Le représentant de l'État dans le département peut aussi, pour des motifs d'ordre public, prendre une décision individuelle de remise d'armes.

Les armes remises en application du premier alinéa du présent article donnent lieu à la délivrance d'un récépissé. Elles sont rendues à leur propriétaire en l'état où elles étaient lors de leur dépôt.

Art. 10 *(L. n° 2015-1501, 20 nov. 2015).* – La déclaration de l'état d'urgence s'ajoute aux cas prévus à l'article L. 1111-2 du Code de la défense pour la mise à exécution des réquisitions dans les conditions prévues au livre II de la deuxième partie du même code.

Art. 11 *(L. n° 2015-1501, 20 nov. 2015 ; L. n° 2016-987, 21 juill. 2016).* – I. – Le décret déclarant ou la loi prorogeant l'état d'urgence peut, par une disposition expresse, conférer aux autorités administratives mentionnées à l'article 8 le pouvoir d'ordonner des perquisitions en tout lieu, y compris un domicile, sauf dans un lieu affecté à l'exercice d'un mandat parlementaire ou à l'activité professionnelle des avocats, des magistrats ou des journalistes, lorsqu'il existe des raisons sérieuses de penser que ce lieu est fréquenté par une personne dont le comportement constitue une menace pour la sécurité et l'ordre publics.

La décision ordonnant une perquisition précise le lieu et le moment de la perquisition. Le procureur de la République territorialement compétent est informé sans délai de cette décision. La perquisition est conduite en présence d'un officier de police judiciaire territorialement compétent. La perquisition ne peut avoir lieu entre 21 heures et 6 heures, sauf motivation spéciale de la décision de perquisition fondée sur l'urgence ou les nécessités de l'opération. Elle ne peut se dérouler qu'en présence de l'occupant ou, à défaut, de son représentant ou de deux témoins.

Lorsqu'une perquisition révèle qu'un autre lieu répond aux conditions fixées au premier alinéa du présent I, l'autorité administrative peut en autoriser par tout moyen la perquisition. Cette autorisation est régularisée en la forme dans les meilleurs délais. Le procureur de la République en est informé sans délai.

Il peut être accédé, par un système informatique ou un équipement terminal présent sur les lieux où se déroule la perquisition, à des données stockées dans ledit système ou équipement ou dans un autre système informatique ou équipement terminal, dès lors que ces données sont accessibles à partir du système initial ou disponibles pour le système initial. Les données auxquelles il aura été possible d'accéder dans les conditions prévues au présent article peuvent être copiées sur tout support.

Si la perquisition révèle l'existence d'éléments, notamment informatiques, relatifs à la menace que constitue pour la sécurité et l'ordre publics le comportement de la personne concernée, les données contenues dans tout système informatique ou équipement terminal présent sur les lieux de la perquisition peuvent être saisies soit par leur copie, soit par la saisie de leur support lorsque la copie ne peut être réalisée ou achevée pendant le temps de la perquisition.

La copie des données ou la saisie des systèmes informatiques ou des équipements terminaux est réalisée en présence de l'officier de police judiciaire. L'agent sous la responsabilité duquel est conduite la perquisition rédige un procès-verbal de saisie qui en indique les motifs et dresse l'inventaire des matériels saisis. Une copie de ce procès-verbal est remise aux personnes mentionnées au deuxième alinéa du présent I. Les données et les supports saisis sont conservés sous la responsabilité du chef du service ayant procédé à la perquisition. À compter de la saisie, nul n'y a accès avant l'autorisation du juge.

L'autorité administrative demande, dès la fin de la perquisition, au juge des référés du tribunal administratif d'autoriser leur exploitation. Au vu des éléments révélés par la perquisition, le juge statue dans un délai de quarante-huit heures à compter de sa saisine sur la régularité de la saisie et sur la demande de l'autorité administrative. Sont exclus de l'autorisation les éléments dépourvus de tout lien avec la menace que constitue pour la sécurité et l'ordre publics le comportement de la personne concernée. En cas de refus du juge des référés, et sous réserve de l'appel mentionné au dixième alinéa du présent I, les données copiées sont détruites et les supports saisis sont restitués à leur propriétaire.

Pendant le temps strictement nécessaire à leur exploitation autorisée par le juge des référés, les données et les supports saisis sont conservés sous la responsabilité du chef du service ayant procédé à la perquisition et à la saisie. Les systèmes informatiques ou équipements terminaux sont restitués à leur propriétaire, le cas échéant, après qu'il a été procédé à la copie des données qu'ils contiennent, à l'issue d'un délai maximal de quinze jours à compter de la date de leur saisie ou de la date à laquelle le juge des référés, saisi dans ce délai, a autorisé l'exploitation des données qu'ils contiennent. À l'exception de celles qui caractérisent la menace que constitue pour la sécurité et l'ordre publics le comportement de la personne concernée, les données copiées sont détruites à l'expiration d'un délai maximal de trois mois à compter de la date de la perquisition ou de la date à laquelle le juge des référés, saisi dans ce délai, en a autorisé l'exploitation.

En cas de difficulté dans l'accès aux données contenues dans les supports saisis ou dans l'exploitation des données copiées, lorsque cela est nécessaire, les délais prévus au huitième alinéa du présent I peuvent être prorogés, pour la même durée, par le juge des référés saisi par l'autorité administrative au moins quarante-huit heures avant l'expiration de ces délais. Le juge des référés statue dans un délai de quarante-huit heures sur la demande de prorogation présentée par l'autorité administrative. Si l'exploitation ou l'examen des données et des supports saisis conduisent à la constatation d'une infraction, ces données et supports sont conservés selon les règles applicables en matière de procédure pénale.

Pour l'application du présent article, le juge des référés est celui du tribunal administratif dans le ressort duquel se trouve le lieu de la perquisition. Il statue dans les formes prévues au livre V du Code de justice administrative, sous réserve du présent article. Ses décisions sont susceptibles d'appel devant le juge des référés du Conseil d'État dans un délai de quarante-huit heures à compter de leur notification. Le juge des référés du Conseil d'État statue dans le délai de quarante-huit heures. En cas d'appel, les données et les supports saisis demeurent conservés dans les conditions mentionnées au huitième alinéa du présent I.

La perquisition donne lieu à l'établissement d'un compte rendu communiqué sans délai au procureur de la République, auquel est jointe, le cas échéant, copie du procès-verbal de saisie. Une copie de l'ordre de perquisition est remise à la personne faisant l'objet d'une perquisition.

Lorsqu'une infraction est constatée, l'officier de police judiciaire en dresse procès-verbal, procède à toute saisie utile et en informe sans délai le procureur de la République.

Lorsqu'il existe des raisons sérieuses de penser que leur comportement constitue une menace pour la sécurité et l'ordre publics, les personnes présentes sur le lieu d'une perquisition administrative peuvent être retenues sur place par l'officier de police judiciaire pendant le temps strictement nécessaire au déroulement de la perquisition. Le procureur de la République en est informé dès le début de la retenue.

Les personnes faisant l'objet de cette retenue sont informées de leur droit de faire prévenir par l'officier de police judiciaire toute personne de leur choix ainsi que leur employeur. Si l'officier de police judiciaire estime, en raison des nécessités liées à la retenue, ne pas devoir faire droit à cette demande, il en réfère sans délai au procureur de la République qui décide, s'il y a lieu, d'y faire droit.

La retenue ne peut excéder quatre heures à compter du début de la perquisition et le procureur de la République peut y mettre fin à tout moment.

Lorsqu'il s'agit d'un mineur, la retenue fait l'objet d'un accord exprès du procureur de la République. Le mineur doit être assisté de son représentant légal, sauf impossibilité dûment justifiée.

L'officier de police judiciaire mentionne, dans un procès-verbal, les motifs qui justifient la retenue. Il précise le jour et l'heure à partir desquels la retenue a débuté, le jour et l'heure de la fin de la retenue et la durée de celle-ci.

Ce procès-verbal est présenté à la signature de l'intéressé. Si ce dernier refuse de le signer, mention est faite du refus et des motifs de celui-ci.

Le procès-verbal est transmis au procureur de la République, copie en ayant été remise à l'intéressé.

La durée de la retenue s'impute, s'il y a lieu, sur celle de la garde à vue.

Le présent I n'est applicable que dans les zones fixées par le décret prévu à l'article 2.

II. – Le ministre de l'Intérieur peut prendre toute mesure pour assurer l'interruption de tout service de communication au public en ligne provoquant à la commission d'actes de terrorisme ou en faisant l'apologie.

QPC. Le Conseil constitutionnel a décidé que les mots : « À l'exception de celles qui caractérisent la menace que constitue pour la sécurité et l'ordre publics le comportement de la personne concernée, » figurant à la dernière phrase du huitième alinéa du paragraphe I de l'article 11 sont contraires à la Constitution (Déc. n° 2016-600 QPC, 2 déc. 2016).

Lorsqu'elle apprécie la légalité d'un arrêté préfectoral ordonnant des perquisitions en application de la législation sur l'état d'urgence, la juridiction pénale doit, avant de statuer, si elle estime l'arrêté insuffisamment motivé, solliciter le ministère public afin d'obtenir de l'autorité préfectorale les éléments factuels sur lesquels celle-ci s'est fondée pour prendre sa décision.

Encourt en conséquence la cassation l'arrêt d'une cour d'appel qui, pour accueillir une exception de nullité tirée de l'illégalité de l'acte administratif, se borne à relever que la motivation de celui-ci est insuffisante (■ Cass. crim., 28 mars 2017, n° 16-85.073 ; sur la compétence du juge pénal pour contrôler les perquisitions administratives, V. *Dr. pén.* 2017, étude 6, par C. Ribeyre ; *JCP* 2017, 473, note J.-B. Perrier ; *D.* 2017, p. 1169, note P. Cassia).

Art. 12 ***(Abr., L. n° 2015-1501, 20 nov. 2015).***

Art. 13 ***(L. n° 2015-1501, 20 nov. 2015).*** **– Les infractions aux articles 5, 8 et 9 sont punies de six mois d'emprisonnement et de 7 500 € d'amende.**

Les infractions au premier alinéa de l'article 6 sont punies de trois ans d'emprisonnement et de 45 000 € d'amende.

Les infractions au deuxième et aux sixième à dixième alinéas du même article 6 sont punies d'un an d'emprisonnement et de 15 000 € d'amende.

L'exécution d'office, par l'autorité administrative, des mesures prescrites peut être assurée nonobstant l'existence de ces dispositions pénales.

Si l'article 13 prévoit des sanctions pénales en cas d'inexécution des décisions prises sur le fondement de l'article 5-3°, cette circonstance ne fait pas obstacle à ce que l'autorité administrative prescrive l'exécution immédiate d'une mesure d'interdiction de séjour (■ CE, 5 juill. 1985 : *Dr. adm.* 1985, n° 461).

Art. 14. **– Les mesures prises en application de la présente loi cessent d'avoir effet en même temps que prend fin l'état d'urgence.**

(Second al. suppr., L. n° 2015-1501, 20 nov. 2015).

Art. 14-1 ***(L. n° 2015-1501, 20 nov. 2015 ; L. n° 2016-987, 21 juill. 2016).*** **– À l'exception des peines prévues à l'article 13, les mesures prises sur le fondement de la présente loi sont soumises au contrôle du juge administratif dans les conditions fixées par le Code de justice administrative, notamment son livre V.**

La condition d'urgence est présumée satisfaite pour le recours juridictionnel en référé formé contre une mesure d'assignation à résidence.

Art. 15 ***(L. n° 2015-1501, 20 nov. 2015 ; L. n° 2016-987, 21 juill. 2016).*** **– La présente loi, dans sa rédaction résultant de la loi n° 2015-1501 du 20 novembre 2015 prorogeant l'application de la loi n° 2017-258 du 28 février 2017 relative à la sécurité publique, est applicable sur l'ensemble du territoire de la République.**

Code de la défense

(Ord. n° 2004-1374, 20 déc. 2004)

Art. L. 2131-1. – **Les règles relatives à l'état d'urgence sont définies par la loi n° 55-385 du 3 avril 1955.**

Sur un même territoire il ne peut être fait application simultanément des dispositions du titre II et de celles du titre III du présent livre.

Voir : Les décrets n°s 2005-1386 et 1387 du 8 novembre 2005, portant application de la loi du 3 avril 1955 et déclarant l'état d'urgence à compter du 9 novembre 2005, la loi n° 2005-1425 du 18 novembre 2005 prorogeant l'état d'urgence et le décret n° 2006-2 du 3 janvier 2006 y mettant fin ainsi que les décrets n°s 2015-1475 et 2015-1476 du 14 novembre 2015 déclarant l'état d'urgence à compter du 14 novembre 2015 et les décrets n°s 2015-1493 et 2015-1494 du 18 novembre 2015 portant application outre-mer de la loi n° 55-385 du 3 avril 1955. La loi n° 2016-162 du 19 février 2016 a prorogé l'état d'urgence pour une durée de trois mois à compter du 26 février 2016. La loi n° 2016-629 du 20 mai 2016 a prorogé l'application de la loi du 3 avril 1955. La loi n° 2016-1767 du 19 décembre 2016 a prorogé, à compter du 22 décembre 2016, jusqu'au 15 juillet 2017 l'état d'urgence. La loi n° 2017-1154 du 11 juillet 2017 a prorogé à compter du 16 juillet 2017, jusqu'au 1er novembre 2017, l'état d'urgence.

ANNEXE 31

ÉTRANGERS

Bibliographie : M. Segonds, *Étrangers : JCl. Lois pénales spéciales.* • V. Tchen, *Code de l'entrée et du séjour des étrangers et du droit d'asile* 2019, LexisNexis, 2018. • N. Guimezanes, *La loi n° 81-973 du 29 octobre 1981 sur les conditions d'entrée et de séjour des étrangers en France : D.* 1982, chron. 173. • *Le droit des étrangers, 1985 : l'entrée et le séjour,* Armand Colin 1987. • *La loi du 9 septembre 1986 sur les conditions d'entrée et de séjour des étrangers en France : JCP* 87, I, 3270. • *La nouvelle loi sur l'entrée et le séjour des étrangers en France (loi n° 89-548 du 2 août 1989) : JCP* 90, I, 3424. • Julien Laferrière, *Commentaire de la loi du 2 août 1989 : ALD* 1990, 17. • Sur la circulaire d'application de la loi du 2 août 1989, V. Circulaire du 2 août 1989 : *JO* 8 août, p. 9977. • N. Guimezanes : *JCP* 98, Actualité, 1025 ; Étude, I, 180. • F.-J. Laferrière, *Les dispositions répressives de la loi du 26 novembre 2003 : AJP* 2004, p. 96. • D. Liger, *La réforme de la double peine : AJP* 2004, p. 102. • N. Guimezanes, *la loi du 24 juillet 2006 relative à l'immigration et à l'intégration : JCP* 2006, I, 167. • N. Guimezanes, *La réforme du droit d'asile à propos de la loi du 29 juillet 2015 : JCP* 2015, I, 903. • N. Guimezanes, *La loi relative au droit des étrangers en France à propos de la loi du 7 mars 2016 : JCP* 2016, I, 320, p. 550. • M. Bouleau, *La loi du 7 mars 2016 relative au droit des étrangers en France ou les illusions du législateur : D.* 2016, 1720.

Loi n° 89-548 du 2 août 1989
relative aux conditions de séjour et d'entrée des étrangers en France

Art. 1er. – La République française a, dès sa proclamation, affirmé ses principes d'hospitalité et de tolérance. En conséquence, elle interdit et condamne, sur tous les territoires où elle a autorité, le racisme, l'antisémitisme et la xénophobie.

Les agissements discriminatoires des détenteurs de l'autorité publique, des groupements ou des personnes privées, la provocation à la discrimination, à la haine ou à la violence, la diffamation et l'injure au motif de l'appartenance ou de la non-appartenance à une ethnie, une nation, une race ou une religion sont interdits.

Conformément à la Convention internationale du 21 décembre 1965 sur l'élimination de toutes les formes de discrimination raciale, sont interdites toute distinction, exclusion, restriction ou préférence fondées sur la race, la couleur, l'ascendance ou l'origine nationale, ethnique, qui a pour but ou pour effet de détruire ou de compromettre la reconnaissance, la jouissance ou l'exercice, dans des conditions d'égalité, des droits de l'homme et des libertés fondamentales dans les domaines politique, économique, social ou culturel, ou dans tout autre domaine de la vie publique.

Art. 2 *(Abr. et codifié, Ord. n° 2000-549, 15 juin 2000. V. Code de l'éducation, art. L. 311-4).*

Art. 3. – La loi n° 86-1025 du 9 septembre 1986 relative aux conditions d'entrée et de séjour des étrangers en France est abrogée dans ses articles 1er (paragraphe III), 2 (paragraphes I, II et VI), 5 (cinquième, huitième, neuvième et dixième alinéas), 7 (deuxième et troisième alinéas), 8, 9, 10 et 12.

Art. 4 à 9 *(V. Ord. n° 45-26, 2 nov. 1945).*

Ordonnance n° 45-2658 du 2 novembre 1945

relative aux conditions d'entrée et de séjour des étrangers en France

Bibliographie : Cette ordonnance est abrogée depuis le 1er mars 2005 (V. ordonnance n° 2004-1248 du 24 nov. 2004, art. 4) à l'exception de l'article 35 *septies* et de l'article 37. Les autres dispositions ont été intégrées dans le Code de l'entrée et du séjour des étrangers et du droit d'asile.

Art. 35 *septies* *(L. n° 2003-1119, 26 nov. 2003).* – Par dérogation aux dispositions des articles 7 et 18 de la loi 85-704 du 12 juillet 1985 relative à la maîtrise d'ouvrage publique et à ses rapports avec la maîtrise d'œuvre privée, l'État peut confier à une personne ou à un groupement de personnes, de droit public ou privé, une mission portant à la fois sur la conception, la construction, l'aménagement, l'entretien, l'hôtellerie et la maintenance de centres de rétention ou de zones d'attente.

L'exécution de cette mission résulte d'un marché passé entre l'État et la personne ou le groupement de personnes selon les procédures prévues par le Code des marchés publics. Si le marché est alloti, les offres portant simultanément sur plusieurs lots peuvent faire l'objet d'un jugement global.

Les marchés passés par l'État pour l'exécution de cette mission ne peuvent comporter de stipulations relevant des conventions mentionnées aux articles L. 34-3-1 L. 34-7-1 du Code du domaine de l'État et à l'article L. 1311-2 du Code général des collectivités territoriales.

L'enregistrement et la surveillance des personnes retenues ou maintenues sont confiés à des agents de l'État.

....

Art. 37 *(L. n° 93-1027, 24 août 1993 ; L. n° 2003-1119, 26 nov. 2003).* – Les dispositions sur le retrait des titres de séjour prévues à l'article 15 *bis* et au deuxième alinéa de l'article 30, dans leur rédaction issue de la loi 93-1027 du 24 août 1993 relative à la maîtrise de l'immigration et aux conditions d'entrée, d'accueil et de séjour des étrangers en France, ne sont applicables qu'à des étrangers ayant reçu un titre de séjour après l'entrée en vigueur de cette loi.

Les dispositions du premier alinéa du IV de l'article 29, dans leur rédaction issue de la loi 2003-1119 du 26 novembre 2003 précitée, ne sont applicables qu'à des étrangers ayant reçu un titre de séjour après l'entrée en vigueur de cette loi.

Code de l'entrée et du séjour des étrangers et du droit d'asile

Partie législative
(Ord. n° 2004-1248, 24 nov. 2004)

LIVRE PREMIER. – DISPOSITIONS GÉNÉRALES APPLICABLES AUX ÉTRANGERS ET AUX RESSORTISSANTS DE CERTAINS ÉTATS

TITRE PREMIER. – GÉNÉRALITÉS

CHAPITRE UNIQUE

Art. L. 111-1. – Sont considérées comme étrangers au sens du présent code les personnes qui n'ont pas la nationalité française, soit qu'elles aient une nationalité étrangère, soit qu'elles n'aient pas de nationalité.

Art. L. 111-2 *(Mod., L. n° 2011-672, 16 juin 2011 ; Ord. n° 2014-464, 7 mai 2014 ; L. n° 2018-187, 20 mars 2018).* – Le présent code régit l'entrée et le séjour des étrangers en France métropolitaine, en Guadeloupe, en Guyane, en Martinique, à La Réunion, à Saint-Pierre-et-Miquelon, à Saint-Barthélemy et à Saint-Martin.

Il régit l'exercice du droit d'asile sur l'ensemble du territoire de la République.

Ses dispositions s'appliquent sous réserve des conventions internationales.

Les conditions d'entrée et de séjour des étrangers dans les îles Wallis-et-Futuna, en Polynésie française, en Nouvelle-Calédonie et dans les Terres australes et antarctiques françaises demeurent régies par les textes ci-après énumérés :

1° *(Abrogé)* ;

2° Ordonnance n° 2000-371 du 26 avril 2000 relative aux conditions d'entrée et de séjour des étrangers dans les îles Wallis-et-Futuna ;

3° Ordonnance n° 2000-372 du 26 avril 2000 relative aux conditions d'entrée et de séjour des étrangers en Polynésie française ;

4° Ordonnance n° 2002-388 du 20 mars 2002 relative aux conditions d'entrée et de séjour des étrangers en Nouvelle-Calédonie ;

5° Loi n° 71-569 du 15 juillet 1971 relative au territoire des Terres australes et antarctiques françaises.

Sont également applicables aux îles Wallis-et-Futuna, en Polynésie française et en Nouvelle-Calédonie les dispositions de l'article L. 214-8 et du treizième alinéa de l'article L. 561-1.

Art. L. 111-3 *(Mod., L. n° 2011-672, 16 juin 2011 ; Ord. n° 2014-464, 7 mai 2014)*. – Au sens des dispositions du présent code, l'expression « en France » s'entend de la France métropolitaine, de la Guadeloupe, de la Guyane, de la Martinique, de Mayotte, de La Réunion, de Saint-Pierre-et-Miquelon, de Saint-Barthélemy et de Saint-Martin.

Art. L. 111-4. – À l'exception des dispositions du livre VII relatives à l'asile, les dispositions du présent code ne sont pas applicables aux agents diplomatiques et aux consuls de carrière.

Art. L. 111-5. – Tout étranger, quelle que soit la catégorie à laquelle il appartient en raison de son séjour en France, peut acquérir la nationalité française dans les conditions prévues par le titre I *bis* du livre I du Code civil.

Art. L. 111-6 *(L. n° 2006-911, 24 juill. 2006 ; mod., L. n° 2007-1631, 20 nov. 2007)*. – La vérification de tout acte d'état civil étranger est effectuée dans les conditions définies par l'article 47 du Code civil.

Le demandeur d'un visa pour un séjour d'une durée supérieure à trois mois, ou son représentant légal, ressortissant d'un pays dans lequel l'état civil présente des carences, qui souhaite rejoindre ou accompagner l'un de ses parents mentionné aux articles L. 411-1 et L. 411-2 ou ayant obtenu le statut de réfugié ou le bénéfice de la protection subsidiaire, peut, en cas d'inexistence de l'acte de l'état civil ou lorsqu'il a été informé par les agents diplomatiques ou consulaires de l'existence d'un doute sérieux sur l'authenticité de celui-ci qui n'a pu être levé par la possession d'état telle que définie à l'article 311-1 du Code civil, demander que l'identification du demandeur de visa par ses empreintes génétiques soit recherchée afin d'apporter un élément de preuve d'une filiation déclarée avec la mère du demandeur de visa. Le consentement des personnes dont l'identification est ainsi recherchée doit être préalablement et expressément recueilli. Une information appropriée quant à la portée et aux conséquences d'une telle mesure leur est délivrée.

Les agents diplomatiques ou consulaires saisissent sans délai le tribunal de grande instance de Nantes pour qu'il statue, après toutes investigations utiles et un débat contradictoire, sur la nécessité de faire procéder à une telle identification.

Si le tribunal estime la mesure d'identification nécessaire, il désigne une personne chargée de la mettre en œuvre parmi les personnes habilitées dans les conditions prévues au dernier alinéa.

La décision du tribunal et, le cas échéant, les conclusions des analyses d'identification autorisées par celui-ci sont communiquées aux agents diplomatiques ou consulaires. Ces analyses sont réalisées aux frais de l'État.

Un décret en Conseil d'État, pris après avis du Comité consultatif national d'éthique, définit :

1° Les conditions de mise en œuvre des mesures d'identification des personnes par leurs empreintes génétiques préalablement à une demande de visa ;

2° La liste des pays dans lesquels ces mesures sont mises en œuvre, à titre expérimental ;

3° La durée de cette expérimentation, qui ne peut excéder dix-huit mois à compter de la publication de ce décret et qui s'achève au plus tard le 31 décembre 2009 ;

4° Les modalités d'habilitation des personnes autorisées à procéder à ces mesures.

Code civil

Art. 3. – Les lois de police et de sûreté obligent tous ceux qui habitent le territoire.

Les immeubles, même ceux possédés par des étrangers, sont régis par la loi française.

Les lois concernant l'état et la capacité des personnes régissent les Français, même résidant en pays étranger.

....

Art. 47 *(L. n° 2003-1119, 26 nov. 2003 ; L. n° 2006-1376, 14 nov. 2006).* – Tout acte de l'état civil des Français et des étrangers fait en pays étranger et rédigé dans les formes usitées dans ce pays fait foi, sauf si d'autres actes ou pièces détenus, des données extérieures ou des éléments tirés de l'acte lui-même établissent, le cas échéant après toutes vérifications utiles, que cet acte est irrégulier, falsifié, ou que les faits qui y sont déclarés ne correspondent pas à la réalité.

Loi nº 2000-321 du 12 avril 2000

relative aux droits des citoyens dans leurs relations avec les administrations

Art. 22-1 *(L. n° 2006-1376, 14 nov. 2006 ; mod., L. n° 2013-1005, 12 nov. 2013 ; abr. à compter du 1er janvier 2016, Ord. n° 2015-1341, 23 oct. 2015. – À compter de cette date, V. D. n° 2015-1740, 24 déc. 2015).*

Voir aussi : Instr. générale relative à l'état civil, 21 sept. 1955. – D. n° 46-1917, 19 août 1946, relatif aux attributions des agents diplomatiques et consulaires en matière d'état civil (documents non reproduits).

Décret nº 2015-1740 du 24 décembre 2015

relatif aux modalités de vérification d'un acte de l'état civil étranger

Art. 1er. – Lorsque, en cas de doute sur l'authenticité ou l'exactitude d'un acte de l'état civil étranger, l'autorité administrative saisie d'une demande d'établissement ou de délivrance d'un acte ou de titre procède ou fait procéder, en application de l'article 47 du Code civil, aux vérifications utiles auprès de l'autorité étrangère compétente, le silence gardé pendant huit mois vaut décision de rejet.

Dans le délai prévu à l'article L. 231-4 du Code des relations entre le public et l'administration, l'autorité administrative informe par tout moyen l'intéressé de l'engagement de ces vérifications.

Art. 2. – Le présent décret entre en vigueur le 1er janvier 2016.

Art. L. 111-7 *(Mod., L. n° 2012-1560, 31 déc. 2012).* – **Lorsqu'un étranger fait l'objet d'une mesure de non-admission en France, de maintien en zone d'attente, de placement en rétention ou de retenue pour vérification du droit de circulation ou de séjour et qu'il ne parle pas le français, il indique au début de la procédure une langue qu'il comprend. Il indique également s'il sait lire. Ces informations sont mentionnées sur la décision de non-admission, de maintien ou de placement ou dans le procès-verbal prévu à l'article L. 611-1-1. Ces mentions font foi sauf preuve contraire. La langue que l'étranger a déclaré comprendre est utilisée jusqu'à la fin de la procédure. Si l'étranger refuse d'indiquer une langue qu'il comprend, la langue utilisée est le français.**

Art. L. 111-8 *(Mod., L. n° 2012-1560, 31 déc. 2012).* – **Lorsqu'il est prévu aux livres II, V et VI du présent code qu'une décision ou qu'une information doit être communiquée à un étranger dans une langue qu'il comprend, cette information peut se faire soit au moyen de formulaires écrits, soit par l'intermédiaire d'un interprète. L'assistance de l'interprète est obligatoire si l'étranger ne parle pas le français et qu'il ne sait pas lire.**

En cas de nécessité, l'assistance de l'interprète peut se faire par l'intermédiaire de moyens de télécommunication. Dans une telle hypothèse, il ne peut être fait appel qu'à un interprète inscrit sur l'une des listes mentionnées à l'article L. 111-9 ou à un organisme d'interprétariat et de traduction agréé par l'Administration. Le nom et les coordonnées de l'interprète ainsi que le jour et la langue utilisée sont indiqués par écrit à l'étranger.

Selon l'article 35 *sexies*, alinéas 2 et 3, de l'ordonnance du 2 novembre 1945, devenu l'article L. 111-8 du Code de l'entrée et du séjour des étrangers et du droit d'asile, lorsqu'il est prévu qu'une décision ou information doit être communiquée à un étranger dans une langue qu'il comprend par l'intermédiaire d'un interprète, cette assistance peut, en cas de nécessité, se faire par l'intermédiaire de moyens de télécommunication ; dans une telle hypothèse, il ne peut être fait appel qu'à un interprète inscrit sur l'une des listes prévues ou à un organisme d'interprétariat et de traduction agréé par l'administration ; le nom et les coordonnées de l'interprète ainsi que le jour et la langue utilisée sont indiqués par écrit à l'étranger. Viole, ce texte, ensemble l'article 455 du Nouveau Code de procédure civile, le premier président d'une cour d'appel qui rejette l'exception de nullité de la notification des droits afférents aux décisions de refus d'admission sur le territoire français et de maintien en zone d'attente d'une ressortissante étrangère, sans s'assurer, pour répondre aux contestations de l'intéressée, qu'il a été fait appel – par l'intermédiaire de moyens de télécommunication – à un interprète inscrit sur l'une des listes prévues ou à un organisme d'interprétariat et de traduction agréé par l'administration, ni tirer les conséquences du défaut d'indication des coordonnées de l'interprète dans le procès-verbal de notification (■ Cass. 1re civ., 30 oct. 2006 : *Bull. inf. C. cass.* 2007, n° 285).

Art. L. 111-9. – Un décret en Conseil d'État fixe les modalités d'application des articles L. 111-7 et L. 111-8 et définit notamment les conditions dans lesquelles les interprètes traducteurs sont inscrits sur la liste prévue au dernier alinéa de l'article L. 111-8 et en sont radiés.

Art. L. 111-10 ***(Mod., L. n° 2007-1631, 20 nov. 2007 ; D. n° 2009-331, 25 mars 2009 ; L. n° 2015-925, 29 juill. 2015 ; L. n° 2016-274, 7 mars 2016).*** **– Chaque année, le Gouvernement dépose devant le Parlement un rapport sur les orientations pluriannuelles de la politique d'immigration et d'intégration.**

Ce rapport indique et commente :

a) **Le nombre des différents titres de séjour accordés et celui des demandes rejetées et des renouvellements refusés ;**

b) **Le nombre d'étrangers admis au titre du regroupement familial ;**

c) **Le nombre d'étrangers ayant obtenu le statut de réfugié, le bénéfice de la protection subsidiaire ou le statut d'apatride, ainsi que celui des demandes rejetées ;**

d) **Le nombre d'attestations d'accueil présentées pour validation et le nombre d'attestations d'accueil validées ;**

e) **Le nombre d'étrangers ayant fait l'objet de mesures d'éloignement effectives comparé à celui des décisions prononcées ;**

f) **Les moyens et le nombre de procédures, ainsi que leur coût, mis en œuvre pour lutter contre l'entrée et le séjour irrégulier des étrangers ;**

g) **Les moyens mis en œuvre et les résultats obtenus dans le domaine de la lutte contre les trafics de main-d'œuvre étrangère ;**

h) **Les actions entreprises avec les pays d'origine pour mettre en œuvre une politique d'immigration fondée sur le codéveloppement et le partenariat ;**

i) **Le nombre de contrats souscrits en application des articles L. 311-9 et L. 311-9-1 ainsi que les actions entreprises au niveau national pour favoriser l'intégration des étrangers en situation régulière en facilitant notamment leur accès à l'emploi, au logement et à la culture ;**

j) **Le nombre des acquisitions de la nationalité française ;**

k) **Le nombre de personnes ayant fait l'objet d'une mesure d'assignation à résidence.**

Ce rapport propose également des indicateurs permettant d'estimer le nombre d'étrangers se trouvant en situation irrégulière sur le territoire français.

L'Office français de protection des réfugiés et apatrides, le Haut Conseil à l'intégration et l'Office français de l'immigration et de l'intégration joignent leurs observations au rapport.

Art. L. 111-11 ***(Mod., L. n° 2007-1631, 20 nov. 2007 ; Ord. n° 2014-464, 7 mai 2014 ; L. n° 2015-925, 29 juill. 2015).*** **– I. En Guadeloupe, à Mayotte, en Martinique, en Guyane et à La Réunion, un observatoire de l'immigration évalue l'application de la politique de régulation des flux migratoires et les conditions d'immigration dans chacun de ces départements d'outre-mer.**

Il se réunit une fois par semestre.

Chaque observatoire peut proposer au Gouvernement les mesures d'adaptation rendues nécessaires par les caractéristiques et contraintes particulières de ces collectivités.

Il comprend les parlementaires, des représentants de l'État et des collectivités territoriales, ainsi que des représentants des milieux économiques et sociaux du département d'outre-mer concerné.

II. – Un observatoire de l'asile évalue l'application de la politique de l'asile dans les départements et les collectivités d'outre-mer et en Nouvelle-Calédonie.

Cet observatoire transmet un rapport au Parlement avant le 1ère octobre de chaque année.

Cet observatoire comprend un représentant du ministre de l'Intérieur, du ministre chargé de l'asile, du ministre chargé de l'outre-mer, du ministre chargé du budget, de l'Office français de protection des réfugiés et apatrides, de l'Office français de l'immigration et de l'intégration ainsi que trois députés et trois sénateurs, désignés par leur assemblée respective.

TITRE II. – ENTRÉE ET SÉJOUR DES RESSORTISSANTS DES ÉTATS MEMBRES DE L'UNION EUROPÉENNE OU PARTIES À L'ACCORD SUR L'ESPACE ÉCONOMIQUE EUROPÉEN ET DES RESSORTISSANTS SUISSES AINSI QUE SÉJOUR DES MEMBRES DE LEUR FAMILLE

(L. n° 2006-911, 24 juill. 2006)

CHAPITRE I. – DROIT AU SÉJOUR

Art. L. 121-1. – Sauf si sa présence constitue une menace pour l'ordre public, tout citoyen de l'Union européenne, tout ressortissant d'un autre État partie à l'accord sur l'Espace économique européen ou de la Confédération suisse a le droit de séjourner en France pour une durée supérieure à trois mois s'il satisfait à l'une des conditions suivantes :

1° S'il exerce une activité professionnelle en France ;

2° S'il dispose pour lui et pour les membres de sa famille tels que visés au 4° de ressources suffisantes afin de ne pas devenir une charge pour le système d'assistance sociale, ainsi que d'une assurance maladie ;

3° S'il est inscrit dans un établissement fonctionnant conformément aux dispositions législatives et réglementaires en vigueur pour y suivre à titre principal des études ou, dans ce cadre, une formation professionnelle, et garantit disposer d'une assurance maladie ainsi que de ressources suffisantes pour lui et pour les membres de sa famille tels que visés au 5° afin de ne pas devenir une charge pour le système d'assistance sociale ;

4° S'il est un descendant direct âgé de moins de vingt et un ans ou à charge, ascendant direct à charge, conjoint, ascendant ou descendant direct à charge du conjoint, accompagnant ou rejoignant un ressortissant qui satisfait aux conditions énoncées aux 1° ou 2° ;

5° S'il est le conjoint ou un enfant à charge accompagnant ou rejoignant un ressortissant qui satisfait aux conditions énoncées au 3°.

Art. L. 121-2 *(Mod., L. n° 2007-1631, 20 nov. 2007)*. – Les ressortissants visés à l'article L. 121-1 qui souhaitent établir en France leur résidence habituelle se font enregistrer auprès du maire de leur commune de résidence dans les trois mois suivant leur arrivée. Les ressortissants qui n'ont pas respecté cette obligation d'enregistrement sont réputés résider en France depuis moins de trois mois.

Ils ne sont pas tenus de détenir un titre de séjour. S'ils en font la demande, il leur est délivré un titre de séjour.

Toutefois, demeurent soumis à la détention d'un titre de séjour durant le temps de validité des mesures transitoires éventuellement prévues en la matière par le traité d'adhésion du pays dont ils sont ressortissants, et sauf si ce traité en stipule autrement, les citoyens de l'Union européenne qui souhaitent exercer en France une activité professionnelle.

Si les citoyens mentionnés à l'alinéa précédent souhaitent exercer une activité salariée dans un métier caractérisé par des difficultés de recrutement et figurant sur une liste établie, au plan national, par l'autorité administrative, ils ne peuvent se voir opposer la situation de l'emploi sur le fondement de l'article L. 341-2 du Code du travail.

Lorsque ces citoyens ont achevé avec succès, dans un établissement d'enseignement supérieur habilité au plan national, un cycle de formation conduisant à un diplôme au moins équivalent au master, ils ne sont pas soumis à la détention d'un titre de séjour pour exercer une activité professionnelle en France.

Art. L. 121-3 *(Mod., L. n° 2007-1631, 20 nov. 2007).* **– Sauf si sa présence constitue une menace pour l'ordre public, le membre de famille visé aux 4° ou 5° de l'article L. 121-1 selon la situation de la personne qu'il accompagne ou rejoint, ressortissant d'un État tiers, a le droit de séjourner sur l'ensemble du territoire français pour une durée supérieure à trois mois.**

S'il est âgé de plus de dix-huit ans ou d'au moins seize ans lorsqu'il veut exercer une activité professionnelle, il doit être muni d'une carte de séjour. Cette carte, dont la durée de validité correspond à la durée de séjour envisagée du citoyen de l'Union dans la limite de cinq années, porte la mention : « carte de séjour de membre de la famille d'un citoyen de l'Union ». Sauf application des mesures transitoires prévues par le traité d'adhésion à l'Union européenne de l'État dont il est ressortissant, cette carte donne à son titulaire le droit d'exercer une activité professionnelle.

Art. L. 121-4. – Tout citoyen de l'Union européenne, tout ressortissant d'un autre État partie à l'accord sur l'Espace économique européen ou de la Confédération suisse ou les membres de leur famille qui ne peuvent justifier d'un droit au séjour en application des articles L. 121-1 ou L. 121-3 ou dont la présence constitue une menace à l'ordre public peuvent faire l'objet, selon le cas, d'une décision de refus de séjour, d'un refus de délivrance ou de renouvellement d'une carte de séjour ou d'un retrait de celle-ci ainsi que d'une mesure d'éloignement prévue au livre V.

Art. L. 121-4-1 *(L. n° 2011-672, 16 juin 2011, art. 22).* **– Tant qu'ils ne deviennent pas une charge déraisonnable pour le système d'assistance sociale, les citoyens de l'Union européenne, les ressortissants d'un autre État partie à l'accord sur l'Espace économique européen ou de la Confédération suisse, ainsi que les membres de leur famille tels que définis aux 4° et 5° de l'article L. 121-1, ont le droit de séjourner en France pour une durée maximale de trois mois, sans autre condition ou formalité que celles prévues pour l'entrée sur le territoire français.**

Art. L. 121-5. – Un décret en Conseil d'État fixe les conditions d'application du présent chapitre.

Voir : Décret n° 2007-371 du 21 mars 2007 relatif au droit de séjour en France des citoyens de l'Union européenne, des ressortissants des autres États parties à l'Espace économique européen et de la Confédération suisse ainsi que des membres de leur famille.

CHAPITRE II. – DROIT AU SÉJOUR PERMANENT

Art. L. 122-1. – Sauf si sa présence constitue une menace pour l'ordre public, le ressortissant visé à l'article L. 121-1 qui a résidé de manière légale et ininterrompue en France pendant les cinq années précédentes acquiert un droit au séjour permanent sur l'ensemble du territoire français.

Sauf si sa présence constitue une menace pour l'ordre public, le membre de sa famille mentionné à l'article L. 121-3 acquiert également un droit au séjour permanent sur l'ensemble du territoire français à condition qu'il ait résidé en France de manière légale et ininterrompue avec le ressortissant visé à l'article L. 121-1 pendant les cinq années précédentes. Une carte de séjour d'une durée de validité de dix ans renouvelable de plein droit lui est délivrée.

Art. L. 122-2. – Une absence du territoire français pendant une période de plus de deux années consécutives fait perdre à son titulaire le bénéfice du droit au séjour permanent.

Art. L. 122-3. – Un décret en Conseil d'État fixe les conditions d'application des dispositions du présent chapitre, en particulier celles dans lesquelles le droit au séjour permanent est acquis par les travailleurs ayant cessé leur activité en France et les membres de leur famille dans des conditions dérogatoires au délai de cinq années mentionné à l'article L. 122-1 et celles relatives à la continuité du séjour.

TITRE III. – ENTRÉE ET SÉJOUR DES RESSORTISSANTS DE CERTAINS AUTRES ÉTATS

Le présent titre ne comprend pas de dispositions législatives.

LIVRE DEUXIÈME. – L'ENTRÉE EN FRANCE

TITRE PREMIER. – CONDITIONS D'ADMISSION

CHAPITRE I. – DOCUMENTS EXIGÉS

Section I. – Généralités

Art. L. 211-1. – **Pour entrer en France, tout étranger doit être muni :**

1° Des documents et visas exigés par les conventions internationales et les règlements en vigueur ;

2° Sous réserve des conventions internationales, du justificatif d'hébergement prévu à l'article L. 211-3, s'il est requis, et des autres documents prévus par décret en Conseil d'État relatifs, d'une part, à l'objet et aux conditions de son séjour et, d'autre part, s'il y a lieu, à ses moyens d'existence, à la prise en charge par un opérateur d'assurance agréé des dépenses médicales et hospitalières, y compris d'aide sociale, résultant de soins qu'il pourrait engager en France, ainsi qu'aux garanties de son rapatriement ;

3° Des documents nécessaires à l'exercice d'une activité professionnelle s'il se propose d'en exercer une.

Section II. – Visa

Art. L. 211-2 *(Abr., L. n° 2016-274, 7 mars 2016).*

Art. L. 211-2-1 *(Mod., L. n° 2007-1631, 20 nov. 2007 ; Ord. n° 2014-464, 7 mai 2014 ; L. n° 2016-274, 7 mars 2016).* – **La demande d'un visa pour un séjour d'une durée supérieure à trois mois donne lieu à la délivrance par les autorités diplomatiques et consulaires d'un récépissé indiquant la date du dépôt de la demande.**

Tout étranger souhaitant entrer en France en vue d'y séjourner pour une durée supérieure à trois mois doit solliciter auprès des autorités diplomatiques et consulaires françaises un visa de long séjour. La durée de validité de ce visa ne peut être supérieure à un an.

Dans les conditions définies par décret en Conseil d'État, ce visa confère à son titulaire les droits attachés à une carte de séjour temporaire ou à la carte de séjour pluriannuelle prévue aux articles L. 313-20 et L. 313-21.

Le visa de long séjour ne peut être refusé à un conjoint de Français qu'en cas de fraude, d'annulation du mariage ou de menace à l'ordre public. Le visa de long séjour est délivré de plein droit au conjoint de Français qui remplit les conditions prévues au présent article.

Les autorités diplomatiques et consulaires sont tenues de statuer sur les demandes de visa de long séjour formées par les conjoints de Français et les étudiants dans les meilleurs délais.

Lorsque la demande de visa de long séjour émane d'un étranger entré régulièrement en France, marié en France avec un ressortissant de nationalité française et que le demandeur séjourne en France depuis plus de six mois avec son conjoint, la demande de visa de long séjour est présentée à l'autorité administrative compétente pour la délivrance d'un titre de séjour.

Art. L. 211-2-2 *(L. n° 2010-769, 9 juill. 2010).* – **Un visa de retour est délivré par les autorités consulaires françaises à la personne de nationalité étrangère bénéficiant d'un titre de séjour en France en vertu des articles L. 313-11 ou L. 431-2 dont le conjoint a, lors d'un séjour à l'étranger, dérobé les documents d'identité et le titre de séjour.**

Section III. – Justificatif d'hébergement

Art. L. 211-3. – **Tout étranger qui déclare vouloir séjourner en France pour une durée n'excédant pas trois mois dans le cadre d'une visite familiale ou privée doit présenter un justificatif d'hébergement. Ce justificatif prend la forme d'une attestation d'accueil signée par la personne qui se propose d'assurer le logement de l'étranger, ou son représentant légal, et validée par l'autorité administrative. Cette attestation d'accueil constitue le document prévu par la convention signée à Schengen le 19 juin 1990 pour justifier les conditions de séjour dans le cas d'une visite familiale ou privée.**

Art. L. 211-4. – **L'attestation d'accueil, signée par l'hébergeant et accompagnée des pièces justificatives déterminées par décret en Conseil d'État, est présentée pour validation au maire de la commune du lieu d'hébergement ou, à Paris, Lyon et Marseille, au maire d'arrondissement, agissant en qualité d'agent de l'État.**

Elle est accompagnée de l'engagement de l'hébergeant de prendre en charge, pendant toute la durée de validité du visa ou pendant une durée de trois mois à compter de l'entrée de l'étranger sur le territoire des États parties à la convention signée à Schengen le 19 juin 1990, et au cas où l'étranger accueilli n'y pourvoirait pas, les frais de séjour en France de celui-ci, limités au montant des ressources exigées de la part de l'étranger pour son entrée sur le territoire en l'absence d'une attestation d'accueil.

Art. L. 211-5. – Le maire peut refuser de valider l'attestation d'accueil dans les cas suivants :

1° L'hébergeant ne peut pas présenter les pièces justificatives requises ;

2° Il ressort, soit de la teneur de l'attestation et des pièces justificatives présentées, soit de la vérification effectuée au domicile de l'hébergeant, que l'étranger ne peut être accueilli dans des conditions normales de logement ;

3° Les mentions portées sur l'attestation sont inexactes ;

4° Les attestations antérieurement signées par l'hébergeant ont fait apparaître, le cas échéant après enquête demandée par l'autorité chargée de valider l'attestation d'accueil aux services de police ou aux unités de gendarmerie, un détournement de la procédure.

Art. L. 211-6 *(Mod., D. n° 2009-331, 25 mars 2009)*. – À la demande du maire, des agents spécialement habilités des services de la commune chargés des affaires sociales ou du logement ou l'Office français de l'immigration et de l'intégration peuvent procéder à des vérifications sur place. Les agents qui sont habilités à procéder à ces vérifications ne peuvent pénétrer chez l'hébergeant qu'après s'être assurés du consentement, donné par écrit, de celui-ci. En cas de refus de l'hébergeant, les conditions d'un accueil dans des conditions normales de logement sont réputées non remplies.

Art. L. 211-7. – Les demandes de validation des attestations d'accueil peuvent être mémorisées et faire l'objet d'un traitement automatisé afin de lutter contre les détournements de procédure. Les fichiers correspondants sont mis en place par les maires, selon des dispositions déterminées par un décret en Conseil d'État, pris après avis de la Commission nationale de l'informatique et des libertés.

Ce décret précise la durée de conservation et les conditions de mise à jour des informations enregistrées, les modalités d'habilitation des personnes qui seront amenées à consulter ces fichiers ainsi que, le cas échéant, les conditions dans lesquelles les personnes intéressées peuvent exercer leur droit d'accès.

Art. L. 211-8 *(Mod., L. n° 2005-32, 18 janv. 2005 ; L. fin. n° 2007-1822, 24 déc. 2007 ; D. n° 2009-331, 25 mars 2009 ; L. fin. n° 2010-1657, 29 déc. 2010 ; L. fin. n° 2011-1977, 28 déc. 2011)*. – Chaque demande de validation d'une attestation d'accueil donne lieu à la perception d'une taxe d'un montant de 30 € acquittée par l'hébergeant. Cette taxe est recouvrée comme en matière de droit de timbre. Le produit de cette taxe est affecté à l'Office français de l'immigration et de l'intégration dans la limite du plafond fixé au I de l'article 46 de la loi n° 2011-1977 du 28 décembre 2011 de finances pour 2012.

Art. L. 211-9. – Pour les séjours visés par la présente section, l'obligation d'assurance prévue au 2° de l'article L. 211-1 peut être satisfaite par une assurance ayant la même portée souscrite au profit de l'étranger par la personne qui se propose de l'héberger.

Art. L. 211-10. – Un décret en Conseil d'État fixe les conditions d'application de la présente section, notamment les conditions dans lesquelles l'étranger peut être dispensé du justificatif d'hébergement en cas de séjour à caractère humanitaire ou d'échange culturel, ou lorsqu'il demande à se rendre en France pour une cause médicale urgente ou en raison des obsèques ou de la maladie grave d'un proche.

Section IV. – Autres documents

La présente section ne comprend pas de dispositions législatives.

CHAPITRE II. – DISPENSES

Art. L. 212-1. – Par dérogation aux dispositions de l'article L. 211-1, les étrangers titulaires d'un titre de séjour ou du document de circulation délivré aux mineurs en application de l'article L. 321-4 sont admis sur le territoire au seul vu de ce titre et d'un document de voyage.

Art. L. 212-2. – Les documents mentionnés aux 2° et 3° de l'article L. 211-1 ne sont pas exigés :

1° D'un étranger venant rejoindre son conjoint régulièrement autorisé à résider en France ;

2° Des enfants mineurs de dix-huit ans venant rejoindre leur père ou leur mère régulièrement autorisé à résider en France ;

3° Des personnes qui, de l'avis d'une commission dont la composition est fixée par voie réglementaire, peuvent rendre, par leurs capacités ou leurs talents, des services importants à la France, ou se proposent d'y exercer des activités désintéressées.

CHAPITRE III. – REFUS D'ENTRÉE

Art. L. 213-1 *(Rempl. à compter du 18 juillet 2011, L. n° 2011-672, 16 juin 2011 ; mod., L. n° 2014-1353, 13 nov. 2014 ; L. n° 2016-274, 7 mars 2016)*. – L'accès au territoire français peut être refusé à tout étranger dont la présence constituerait une menace pour l'ordre public ou qui fait l'objet soit d'une peine d'interdiction judiciaire du territoire, soit d'un arrêté d'expulsion, soit d'une interdiction de retour sur le territoire français, soit d'une interdiction de circulation, soit d'une interdiction administrative du territoire.

Art. L. 213-2 *(Mod., L. n° 2007-1631, 20 nov. 2007 ; Ord. n° 2014-464, 7 mai 2014 ; L. n° 2016-274, 7 mars 2016)*. – Tout refus d'entrée en France fait l'objet d'une décision écrite motivée prise, sauf en cas de demande d'asile, par un agent relevant d'une catégorie fixée par voie réglementaire.

Cette décision est notifiée à l'intéressé avec mention de son droit d'avertir ou de faire avertir la personne chez laquelle il a indiqué qu'il devait se rendre, son consulat ou le conseil de son choix, et, sauf à Mayotte, de refuser d'être rapatrié avant l'expiration du délai d'un jour franc. En cas de demande d'asile, la décision mentionne également son droit d'introduire un recours en annulation sur le fondement de l'article L. 213-9 et précise les voies et délais de ce recours. La décision et la notification des droits qui l'accompagne doivent lui être communiquées dans une langue qu'il comprend. L'étranger est invité à indiquer sur la notification s'il souhaite bénéficier du jour franc.

L'étranger mineur non accompagné d'un représentant légal ne peut être rapatrié avant l'expiration du délai d'un jour franc prévu au présent alinéa.

Lorsque l'étranger ne parle pas le français, il est fait application de l'article L. 111-7.

La décision prononçant le refus d'entrée peut être exécutée d'office par l'administration.

Art. L. 213-3 *(L. n° 2011-672, 16 juin 2011)*. – Les dispositions de l'article L. 213-2 sont applicables à l'étranger qui n'est pas ressortissant d'un État membre de l'Union européenne à qui l'entrée sur le territoire métropolitain a été refusée en application de l'article 5 du règlement (CE) n° 562/2006 du Parlement européen et du Conseil, du 15 mars 2006, établissant un code communautaire relatif au régime de franchissement des frontières par les personnes (code frontières Schengen).

Art. L. 213-4. – Lorsque l'entrée en France est refusée à un étranger non ressortissant d'un État membre de l'Union européenne, l'entreprise de transport aérien ou maritime qui l'a acheminé est tenue de ramener sans délai, à la requête des autorités chargées du contrôle des personnes à la frontière, cet étranger au point où il a commencé à utiliser le moyen de transport de cette entreprise, ou, en cas d'impossibilité, dans l'État qui a délivré le document de voyage avec lequel il a voyagé ou en tout autre lieu où il peut être admis.

Viole l'article L. 213-4 du Code de l'entrée et du séjour des étrangers et du droit d'asile, qui dispose que l'étranger non ressortissant d'un État membre de l'Union européenne doit être réacheminé au point où il a commencé à utiliser le moyen de transport par lequel il est arrivé en France, le premier président qui, pour rejeter une demande de maintien en zone d'attente, relève qu'il n'a pas été mis en mesure de vérifier que l'étranger sera réacheminé dans le pays dont il a la nationalité (■ Cass. 1re civ., 8 oct. 2008 : *Bull. inf. C. cass.* 2009, n° 168).

Art. L. 213-5 *(L. n° 2016-274, 7 mars 2016)*. – L'obligation de réacheminer un étranger prévue à l'article L. 213-4 est applicable, en cas de transit aérien ou maritime :

1° Si l'entreprise de transport qui devait l'acheminer dans le pays de destination ultérieure refuse de l'embarquer ;

2° Si les autorités du pays de destination lui ont refusé l'entrée et l'ont renvoyé en France.

Art. L. 213-6. – Lorsqu'un refus d'entrée a été prononcé, et à compter de cette décision, les frais de prise en charge de l'étranger non ressortissant d'un État membre de l'Union européenne, pendant le délai nécessaire à son réacheminement, ainsi que les frais de réacheminement, incombent à l'entreprise de transport qui l'a débarqué en France.

Art. L. 213-7. – Les dispositions des articles L. 213-4 et L. 213-6 sont applicables à l'entreprise de transport routier exploitant des liaisons internationales sous la forme de lignes régulières, de services occasionnels ou de navette, à l'exclusion des trafics frontaliers.

Art. L. 213-8. – Lorsque l'entrée en France est refusée à un étranger non ressortissant de l'Union européenne, l'entreprise de transport ferroviaire qui l'a acheminé est tenue, à la requête des autorités chargées du contrôle des personnes à la frontière, de mettre à la disposition de ces autorités des places permettant le réacheminement de cet étranger au-delà de la frontière française.

Les dispositions de l'article L. 213-6 sont applicables à l'entreprise de transport ferroviaire.

Art. L. 213-8-1 *(L. n° 2015-925, 29 juill. 2015)*. – La décision de refuser l'entrée en France à un étranger qui se présente à la frontière et demande à bénéficier du droit d'asile ne peut être prise par le ministre chargé de l'immigration que si :

1° L'examen de la demande d'asile relève de la compétence d'un autre État en application du règlement (UE) n° 604/2013 du Parlement européen et du Conseil, du 26 juin 2013, établissant les critères et mécanismes de détermination de l'État membre responsable de l'examen d'une demande de protection internationale introduite dans l'un des États membres par un ressortissant de pays tiers ou un apatride, ou en application d'engagements identiques à ceux prévus par le même règlement avec d'autres États ;

2° La demande d'asile est irrecevable en application de l'article L. 723-11 ;

3° Ou la demande d'asile est manifestement infondée.

Constitue une demande d'asile manifestement infondée une demande qui, au regard des déclarations faites par l'étranger et des documents, le cas échéant produits, est manifestement dénuée de pertinence au regard des conditions d'octroi de l'asile ou manifestement dépourvue de toute crédibilité en ce qui concerne le risque de persécutions ou d'atteintes graves.

Sauf dans le cas où l'examen de la demande d'asile relève de la compétence d'un autre État, la décision de refus d'entrée ne peut être prise qu'après consultation de l'Office français de protection des réfugiés et apatrides, qui rend son avis dans un délai fixé par voie réglementaire et dans le respect des garanties procédurales prévues au chapitre III du titre II du livre VII. L'office tient compte de la vulnérabilité du demandeur d'asile. L'avocat ou le représentant d'une des associations mentionnées au huitième alinéa de l'article L. 723-6, désigné par l'étranger, est autorisé à pénétrer dans la zone d'attente pour l'accompagner à son entretien dans les conditions prévues au même article L. 723-6.

Sauf si l'accès de l'étranger au territoire français constitue une menace grave pour l'ordre public, l'avis de l'office, s'il est favorable à l'entrée en France de l'intéressé au titre de l'asile, lie le ministre chargé de l'immigration.

L'étranger autorisé à entrer en France au titre de l'asile est muni sans délai d'un visa de régularisation de huit jours. Dans ce délai, l'autorité administrative compétente lui délivre, à sa demande, une attestation de demande d'asile lui permettant d'introduire sa demande auprès de l'office.

Art. L. 213-8-2 *(L. n° 2015-925, 29 juill. 2015)*. – Le 1° de l'article L. 213-8-1 n'est pas applicable en Guadeloupe, en Guyane, en Martinique, à Mayotte, à La Réunion, à Saint-Pierre-et-Miquelon, à Saint-Barthélemy et à Saint-Martin.

Art. L. 213-9 *(L. n° 2007-1631, 20 nov. 2007 ; L. n° 2015-925, 29 juill. 2015)*. – L'étranger qui a fait l'objet d'un refus d'entrée sur le territoire français au titre de l'asile et, le cas échéant, d'une décision de transfert mentionnée à l'article L. 742-3 peut, dans les quarante-huit heures suivant la notification de ces décisions, en demander l'annulation au président du tribunal administratif.

Le président, ou le magistrat qu'il désigne à cette fin parmi les membres de sa juridiction ou les magistrats honoraires inscrits sur la liste mentionnée à l'article L. 222-2-1 du Code de justice administrative, statue dans un délai de soixante-douze heures à compter de sa saisine.

Aucun autre recours ne peut être introduit contre la décision de refus d'entrée au titre de l'asile et, le cas échéant, contre la décision de transfert.

L'étranger peut demander au président du tribunal ou au magistrat désigné à cette fin le concours d'un interprète.

L'étranger est assisté de son conseil s'il en a un. Il peut demander au président ou au magistrat désigné à cette fin qu'il lui en soit désigné un d'office. L'audience se déroule sans conclusions du commissaire du Gouvernement.

Par dérogation au précédent alinéa, le président du tribunal administratif ou le magistrat désigné à cette fin peut, par ordonnance motivée, donner acte des désistements, constater qu'il n'y a pas lieu de statuer sur un recours et rejeter les recours ne relevant manifestement pas de la compétence de la juridiction administrative, ou entachés d'une irrecevabilité manifeste non susceptible d'être couverte en cours d'instance.

L'audience se tient dans les locaux du tribunal administratif compétent. Toutefois, sauf si l'étranger dûment informé dans une langue qu'il comprend s'y oppose, celle-ci peut se tenir dans la salle d'audience de la zone d'attente et le président du tribunal ou le magistrat désigné à cette fin siéger au tribunal dont il est membre, relié à la salle d'audience, en direct, par un moyen de communication audiovisuelle qui garantit la confidentialité de la transmission. La salle d'audience de la zone d'attente et celle du tribunal administratif sont ouvertes au public. L'étranger est assisté de son conseil s'il en a un.

La décision de refus d'entrée au titre de l'asile et, le cas échéant, la décision de transfert ne peuvent être exécutées avant l'expiration d'un délai de quarante-huit heures suivant leur notification ou, en cas de saisine du président du tribunal administratif, avant que ce dernier ou le magistrat désigné à cette fin n'ait statué.

Les dispositions du titre II du présent livre sont applicables.

Le jugement du président du tribunal administratif ou du magistrat désigné par lui est susceptible d'appel dans un délai de quinze jours devant le président de la cour administrative d'appel territorialement compétente ou un magistrat désigné par ce dernier. Cet appel n'est pas suspensif.

Si le refus d'entrée au titre de l'asile et, le cas échéant, la décision de transfert sont annulés, il est immédiatement mis fin au maintien en zone d'attente de l'étranger, qui est autorisé à entrer en France muni d'un visa de régularisation de huit jours. Dans ce délai, l'autorité administrative compétente lui délivre, à sa demande, l'attestation de demande d'asile lui permettant d'introduire sa demande d'asile auprès de l'Office français de protection des réfugiés et apatrides.

La décision de refus d'entrée au titre de l'asile et, le cas échéant, la décision de transfert qui n'ont pas été contestées dans le délai prévu au premier alinéa ou qui n'ont pas fait l'objet d'une annulation dans les conditions prévues au présent article peuvent être exécutées d'office par l'administration.

TITRE II. – MAINTIEN EN ZONE D'ATTENTE

CHAPITRE I. – CONDITIONS DU MAINTIEN EN ZONE D'ATTENTE

Art. L. 221-1 *(Mod., L. n° 2011-672, 16 juin 2011 ; L. n° 2015-925, 29 juill. 2015)*. – L'étranger qui arrive en France par la voie ferroviaire, maritime ou aérienne et qui n'est pas autorisé à entrer sur le territoire français peut être maintenu dans une zone d'attente située dans une gare ferroviaire ouverte au trafic international figurant sur une liste définie par voie réglementaire, dans un port ou à proximité du lieu de débarquement ou dans un aéroport, pendant le temps strictement nécessaire à son départ.

Le présent titre s'applique également à l'étranger qui demande à entrer en France au titre de l'asile, le temps strictement nécessaire pour vérifier si l'examen de sa demande relève de la compétence d'un autre État en application du règlement (UE) n° 604/2013 du Parlement européen et du Conseil, du 26 juin 2013, établissant les critères et mécanismes de détermination de l'État membre responsable de l'examen d'une demande de protection internationale introduite dans l'un des États membres par un ressortissant de pays tiers ou un apatride, ou en application d'engagements identiques à ceux prévus par le même règlement, si sa demande n'est pas irrecevable ou si elle n'est pas manifestement infondée.

Lorsque l'Office français de protection des réfugiés et apatrides, dans le cadre de l'examen tendant à déterminer si la demande d'asile n'est pas irrecevable ou manifestement infondée, considère que le demandeur d'asile, notamment en raison de sa minorité ou du fait qu'il a été victime de torture, de viol ou d'une autre forme grave de violence psychologique, physique ou sexuelle, nécessite des garanties procédurales particulières qui ne sont pas compatibles avec le maintien en zone d'attente, il est mis fin à ce maintien. L'étranger est alors muni d'un visa de régularisation de huit jours. Dans ce délai, l'autorité administrative compétente lui délivre, à sa demande, une attestation de demande d'asile lui permettant d'introduire cette demande auprès de l'office.

Le maintien en zone d'attente d'un mineur non accompagné, le temps strictement nécessaire à l'examen tendant à déterminer si sa demande n'est pas irrecevable ou manifestement infondée, n'est possible que de manière exceptionnelle et seulement dans les cas prévus aux 1° et 2° du I, au 1° du II et au 5° du III de l'article L. 723-2.

Un décret en Conseil d'État fixe les modalités d'application du présent article. Il précise les modalités de prise en compte de la vulnérabilité du demandeur d'asile et, le cas échéant, de ses besoins particuliers.

Les dispositions du présent titre s'appliquent également à l'étranger qui se trouve en transit dans une gare, un port ou un aéroport si l'entreprise de transport qui devait l'acheminer dans le pays de destination ultérieure refuse de l'embarquer ou si les autorités du pays de destination lui ont refusé l'entrée et l'ont renvoyé en France.

Le présent titre s'applique également à l'étranger qui arrive en Guyane par la voie fluviale ou terrestre.

Art. L. 221-2 *(Mod., L. n° 2011-672, 16 juin 2011)*. – La zone d'attente est délimitée par l'autorité administrative compétente. Elle s'étend des points d'embarquement et de débarquement à ceux où sont effectués les contrôles des personnes. Elle peut inclure, sur l'emprise, ou à proximité, de la gare, du port ou de l'aéroport ou à proximité du lieu de débarquement, un ou plusieurs lieux d'hébergement assurant aux étrangers concernés des prestations de type hôtelier. Dans ces lieux d'hébergement, un espace permettant aux avocats de s'entretenir confidentiellement avec les étrangers est prévu. À cette fin, sauf en cas de force majeure, il est accessible en toutes circonstances sur demande de l'avocat.

Lorsqu'il est manifeste qu'un groupe d'au moins dix étrangers vient d'arriver en France en dehors d'un point de passage frontalier, en un même lieu ou sur un ensemble de lieux distants d'au plus dix kilomètres, la zone d'attente s'étend, pour une durée maximale de vingt-six jours, du ou des lieux de découverte des intéressés jusqu'au point de passage frontalier le plus proche.

La zone d'attente s'étend, sans qu'il soit besoin de prendre une décision particulière, aux lieux dans lesquels l'étranger doit se rendre soit dans le cadre de la procédure en cours, soit en cas de nécessité médicale.

Sont matériellement distincts et séparés les locaux qui ne relèvent pas de l'administration pénitentiaire et qui sont soit des zones d'attente, soit des zones de rétention mentionnées à l'article L. 551-1.

Art. L. 221-2-1 *(Ord. n° 2014-464, 7 mai 2014)*. – Le dernier alinéa de l'article L. 221-2 n'est pas applicable à Mayotte pendant cinq ans à compter de la publication de l'ordonnance n° 2014-464 du 7 mai 2014 portant extension et adaptation à Mayotte du Code de l'entrée et du séjour des étrangers et du droit d'asile (partie législative).

Lorsque le lieu d'hébergement prévu à l'article L. 221-2 est un lieu de rétention tel que mentionné à l'article L. 551-1, les étrangers maintenus en zone d'attente et les étrangers placés en rétention administrative dans le même lieu demeurent régis respectivement par les dispositions des livres II et V.

Art. L. 221-3 *(Mod., L. n° 2007-1631, 20 nov. 2007)*. – Le maintien en zone d'attente est prononcé pour une durée qui ne peut excéder quatre jours par une décision écrite et motivée d'un agent relevant d'une catégorie fixée par voie réglementaire.

Cette décision est inscrite sur un registre mentionnant l'état civil de l'intéressé et la date et l'heure auxquelles la décision de maintien lui a été notifiée. Elle est portée sans délai à la connaissance du procureur de la République. Lorsque la notification faite à l'étranger mentionne que le procureur de la République a été informé sans délai de la décision de maintien en zone d'attente, cette mention fait foi sauf preuve contraire.

Art. L. 221-4 *(L. n° 2011-672, 16 juin 2011 ; L. n° 2015-925, 29 juill. 2015)*. – L'étranger maintenu en zone d'attente est informé, dans les meilleurs délais, qu'il peut demander l'assistance d'un interprète et d'un médecin, communiquer avec un conseil ou toute personne de son choix et quitter à tout moment la zone d'attente pour toute destination située hors de France. Il est également informé des droits qu'il est susceptible d'exercer en matière de demande d'asile. Ces informations lui sont communiquées dans une langue qu'il comprend. Mention en est faite sur le registre mentionné au deuxième alinéa de l'article L. 221-3, qui est émargé par l'intéressé.

En cas de maintien simultané en zone d'attente d'un nombre important d'étrangers, la notification des droits mentionnés au premier alinéa s'effectue dans les meilleurs délais, compte tenu du nombre d'agents de l'autorité administrative et d'interprètes disponibles. De même, dans ces mêmes circonstances particulières, les droits notifiés s'exercent dans les meilleurs délais.

Lorsque l'étranger ne parle pas le français, il est fait application de l'article L. 111-7.

Art. L. 221-5. – Lorsqu'un étranger mineur non accompagné d'un représentant légal n'est pas autorisé à entrer en France, le procureur de la République, avisé immédiatement par l'autorité administrative, lui désigne sans délai un administrateur *ad hoc*. Celui-ci assiste le mineur durant son maintien en zone d'attente et assure sa représentation dans le cadre des procédures administratives et juridictionnelles relatives à ce maintien.

Il assure également la représentation du mineur dans toutes les procédures administratives et juridictionnelles afférentes à son entrée en France.

L'administrateur *ad hoc* est désigné par le procureur de la République compétent sur une liste de personnes morales ou physiques dont les modalités de constitution sont fixées par décret en conseil d'État. Ce décret précise également les conditions de leur indemnisation.

Un mineur étranger placé en zone d'attente a droit à faire l'objet de mesures éducatives en application des dispositions de l'article 375 du Code civil ; doit être censurée l'ordonnance du premier président qui, saisi d'un appel de prolongation d'un maintien en zone d'attente autorisé par un juge des libertés et de la détention, énonce qu'une telle mesure de protection ne peut être mise en œuvre que sur le territoire national, ce qui n'était pas le cas en l'espèce, le mineur n'ayant pas été autorisé à séjourner en France, alors que la zone d'attente se trouve sous contrôle administratif et juridictionnel national, méconnaissant ainsi les articles L. 221-1 et s. du Code de l'entrée et de séjour des étrangers et du droit d'asile (■ Cass. 1re civ., 25 mars 2009 : *JCP* 2009, Act. n° 178).

Art. L. 221-6 *(L. n° 2016-274, 7 mars 2016)*. – Sous réserve de ne pas porter atteinte à la dignité des personnes et aux exigences de sécurité et de bon fonctionnement de la zone d'attente, les journalistes titulaires de la carte d'identité professionnelle mentionnée à l'article L. 7111-6 du Code du travail peuvent être autorisés à y accéder dans des conditions fixées par décret en Conseil d'État.

Les prises d'images et de son des étrangers, des personnels et des intervenants dans les zones d'attente, de même que leur diffusion, ne sont autorisées qu'avec leur accord préalable. Elles se déroulent dans le respect de l'anonymat patronymique et physique des mineurs et, sauf accord contraire exprès, des majeurs.

CHAPITRE II. – PROLONGATION DU MAINTIEN EN ZONE D'ATTENTE

Section I. – Décision du juge des libertés et de la détention

Art. L. 222-1 *(L. n° 2016-274, 7 mars 2016)*. – Le maintien en zone d'attente au-delà de quatre jours à compter de la décision initiale peut être autorisé, par le juge des libertés et de la détention, statuant sur l'exercice effectif des droits reconnus à l'étranger pour une durée qui ne peut être supérieure à huit jours.

Art. L. 222-2 *(Mod., L. n° 2007-1631, 20 nov. 2007)*. – À titre exceptionnel ou en cas de volonté délibérée de l'étranger de faire échec à son départ, le maintien en zone d'attente au-delà de douze jours peut être renouvelé, dans les conditions prévues au présent chapitre, par le juge des libertés et de la détention, pour une durée qu'il détermine et qui ne peut être supérieure à huit jours.

Toutefois, lorsque l'étranger dont l'entrée sur le territoire français a été refusée dépose une demande d'asile dans les six derniers jours de cette nouvelle période de maintien en zone d'attente, celle-ci est prorogée d'office de six jours à compter du jour de la demande. Cette décision est mentionnée sur le registre prévu à l'article L. 221-3 et portée à la connaissance du procureur de la République dans les conditions prévues au même article. Le juge des libertés et de la détention est informé immédiatement de cette prorogation. Il peut y mettre un terme.

Lorsqu'un étranger dont l'entrée sur le territoire français au titre de l'asile a été refusée dépose un recours en annulation sur le fondement de l'article L. 213-9 dans les quatre derniers jours de la période de maintien en zone d'attente fixée par la dernière décision de maintien, celle-ci est prorogée d'office de quatre jours à compter du dépôt du recours. Cette décision est mentionnée sur le registre prévu à l'article L. 221-3 et portée à la connaissance du procureur de la République dans les conditions prévues au même article. Le juge des libertés et de la détention est informé immédiatement de cette prorogation. Il peut y mettre un terme.

Art. L. 222-3 *(Mod., L. n° 2007-1631, 20 nov. 2007 ; L. n° 2011-672, 16 juin 2011)*. – L'autorité administrative expose dans sa saisine les raisons pour lesquelles l'étranger n'a pu être rapatrié ou, s'il a demandé l'asile, admis, et le délai nécessaire pour assurer son départ de la zone d'attente.

Le juge des libertés et de la détention statue dans les vingt-quatre heures de sa saisine ou, lorsque les nécessités de l'instruction l'imposent, dans les quarante-huit heures de celle-ci par ordonnance, après audition de l'intéressé ou de son conseil, s'il en a un, ou celui-ci dûment averti.

L'existence de garanties de représentation de l'étranger n'est pas à elle seule susceptible de justifier le refus de prolongation de son maintien en zone d'attente.

L'étranger peut demander au juge des libertés et de la détention qu'il lui soit désigné un conseil d'office. Le mineur est assisté d'un avocat choisi par l'administrateur *ad hoc* ou, à défaut, commis d'office. L'étranger ou, dans le cas du mineur mentionné à l'article L. 221-5, l'administrateur *ad hoc* peut également demander au juge des libertés et de la détention le concours d'un interprète et la communication de son dossier.

À peine d'irrecevabilité, prononcée d'office, aucune irrégularité antérieure à l'audience relative à la première prolongation du maintien en zone d'attente ne peut être soulevée lors de l'audience relative à la seconde prolongation.

Art. L. 222-4 *(Mod., L. n° 2007-1631, 20 nov. 2007 ; L. n° 2011-672, 16 juin 2011)*. – Le juge des libertés et de la détention statue au siège du tribunal de grande instance. Toutefois, si une salle d'audience attribuée au ministère de la Justice lui permettant de statuer publiquement a été spécialement aménagée sur l'emprise ferroviaire, portuaire ou aéroportuaire, il statue dans cette salle.

En cas de nécessité, le président du tribunal de grande instance peut décider de tenir une seconde audience au siège du tribunal de grande instance, le même jour que celle qui se tient dans la salle spécialement aménagée.

Par décision du juge « prise sur une proposition de l'autorité administrative à laquelle l'étranger dûment informé dans une langue qu'il comprend ne s'est pas opposé », et avec le consentement de l'étranger, l'audience peut également se dérouler avec l'utilisation de moyens de télécommunication audiovisuelle garantissant la confidentialité de la transmission. Il est alors dressé, dans chacune des deux salles d'audience ouvertes au public, un procès-verbal des opérations effectuées.

Sous réserve de l'application de l'article 435 du Code de procédure civile, le juge des libertés et de la détention statue publiquement.

L'étranger est maintenu à disposition de la justice dans des conditions fixées par le procureur de la République pendant le temps strictement nécessaire à la tenue de l'audience et au prononcé de l'ordonnance.

Art. L. 222-5. – Si l'ordonnance met fin au maintien en zone d'attente, elle est immédiatement notifiée au procureur de la République. À moins que le procureur de la République n'en dispose autrement, l'étranger est alors maintenu à la disposition de la justice pendant un délai de *(L. n° 2011-672, 16 juin 2011)* « six » heures à compter de la notification de l'ordonnance au procureur de la République.

Section II. – Voies de recours

Art. L. 222-6 *(Mod., L. n° 2007-1631, 20 nov. 2007 ; mod., L. n° 2011-672, 16 juin 2011)*. – L'ordonnance est susceptible d'appel devant le premier président de la cour d'appel ou son délégué. Celui-ci est saisi sans forme et doit statuer dans les quarante-huit heures de sa saisine. Par décision du premier président de la cour d'appel ou de son délégué, « prise sur une proposition de l'autorité administrative à laquelle l'étranger dûment informé dans une langue qu'il comprend ne s'est pas opposé », l'audience peut se dérouler avec l'utilisation de moyens de télécommunication audiovisuelle dans les conditions prévues au troisième alinéa de l'article L. 222-4. Le droit d'appel appartient à l'intéressé, au ministère public et au représentant de l'État dans le département. L'appel n'est pas suspensif.

Toutefois, le Ministère public peut demander au premier président de la cour d'appel ou à son délégué de déclarer son recours suspensif. Dans ce cas, l'appel, accompagné de la demande, est formé dans un délai de six heures à compter de la notification de l'ordonnance au procureur de la République et transmis au premier président de la cour d'appel ou à son délégué. Celui-ci décide, sans délai, s'il y a lieu, au vu des pièces du dossier, de donner à cet appel un effet suspensif. Il statue par une ordonnance motivée rendue contradictoirement qui n'est pas susceptible de recours. L'intéressé est maintenu à la disposition de la justice jusqu'à ce que cette ordonnance soit rendue et, si elle donne un effet suspensif à l'appel du Ministère public, jusqu'à ce qu'il soit statué sur le fond.

Section III. – Dispositions communes

Art. L. 222-7. – Sont à la charge de l'État et sans recours contre l'étranger, dans les conditions prévues pour les frais de justice criminelle, correctionnelle ou de police, les honoraires et indemnités des interprètes désignés pour l'assister au cours de la procédure juridictionnelle de maintien en zone d'attente prévue par le présent titre.

Art. L. 222-8 *(L. n° 2011-672, 16 juin 2011)*. – En cas de violation des formes prescrites par la loi à peine de nullité ou d'inobservation des formalités substantielles, toute juridiction, y compris la Cour de cassation, qui est saisie d'une demande d'annulation ou qui relève d'office une telle irrégularité ne peut prononcer la mainlevée de la mesure de maintien en zone d'attente que lorsque celle-ci a eu pour effet de porter atteinte aux droits de l'étranger.

CHAPITRE III. – CONTRÔLE DES DROITS DES ÉTRANGERS MAINTENUS EN ZONE D'ATTENTE

Art. L. 223-1 *(Mod., L. n° 2011-672, 16 juin 2011 ; L. n° 2016-274, 7 mars 2016)*. – Pendant toute la durée du maintien en zone d'attente, l'étranger dispose des droits qui lui sont reconnus à l'article L. 221-4. Le procureur de la République ainsi que, à l'issue des quatre premiers jours, le juge des libertés et de la détention peuvent se rendre sur place pour vérifier les conditions de ce maintien et se faire communiquer le registre mentionné à l'article L. 221-3. Le procureur de la République visite les zones d'attente chaque fois qu'il l'estime nécessaire et au moins une fois par an. Tout administrateur *ad hoc* désigné en application des dispositions de l'article L. 221-5 doit, pendant la durée du maintien en zone d'attente du mineur qu'il assiste, se rendre sur place.

Un décret en Conseil d'État détermine les conditions d'accès aux zones d'attente du délégué du Haut-Commissariat des Nations unies pour les réfugiés ou de ses représentants ainsi que des associations humanitaires ou ayant pour objet d'aider les étrangers à exercer leurs droits du délégué du haut-commissariat des Nations unies pour les réfugiés ou de ses représentants ainsi que des associations humanitaires aux zones d'attente.

CHAPITRE IV. – SORTIE DE LA ZONE D'ATTENTE

Art. L. 224-1 *(L. n° 2015-925, 29 juill. 2015)*. – Si le maintien en zone d'attente n'est pas prolongé au terme du délai fixé par la dernière décision de maintien, l'étranger est autorisé à entrer en France sous le couvert d'un visa de régularisation de huit jours. Il devra avoir quitté ce territoire à l'expiration de ce délai, sauf s'il obtient une autorisation provisoire de séjour ou un récépissé de demande de carte de séjour ou une attestation de demande d'asile lui permettant d'introduire sa demande d'asile.

Art. L. 224-2. – Si le départ de l'étranger ne peut être réalisé à partir de la gare, du port ou de l'aéroport dont dépend la zone d'attente dans laquelle il est maintenu, l'étranger peut être transféré vers toute zone d'attente d'une gare, d'un port ou d'un aéroport à partir desquels son départ peut effectivement avoir lieu.

En cas de nécessité, l'étranger peut également être transféré dans une zone d'attente dans laquelle les conditions requises pour son maintien, prévues au présent titre, sont réunies.

Art. L. 224-3. – Lorsque la décision de transfert doit intervenir dans le délai de quatre jours à compter de la décision initiale de maintien en zone d'attente, elle est prise dans les conditions prévues à l'article L. 221-3.

Lorsque le transfert est envisagé alors que le délai de quatre jours à compter de la décision initiale de maintien est expiré, l'autorité administrative en informe le juge des libertés et de la détention au moment où elle le saisit dans les conditions prévues au chapitre II du présent titre.

Art. L. 224-4. – Dans les cas où la prolongation ou le renouvellement du maintien en zone d'attente ont été accordés, l'autorité administrative informe le juge des libertés et de la détention ainsi que le procureur de la République de la nécessité de transférer l'étranger dans une autre zone d'attente et procède à ce transfert.

La prolongation ou le renouvellement du maintien en zone d'attente ne sont pas interrompus par le transfert de l'étranger dans une autre zone d'attente.

L'autorité administrative avise immédiatement de l'arrivée de l'étranger dans la nouvelle zone d'attente le juge des libertés et de la détention et le procureur de la République territorialement compétent.

1) Les décisions prises par l'autorité administrative sur le fondement de l'article 35 *quater* [devenu : C. étrangers, art. L. 224-4] constitue l'exercice de prérogatives de puissance publique dont le contrôle de légalité relève exclusivement de la juridiction administrative et le juge judiciaire saisi d'une demande relative au maintien en zone d'attente d'un étranger arrivant en France par la voie maritime ou aérienne ne peut, connaissance prise des raisons du refus d'asile opposée à l'intéressé par l'Administration, et du délai nécessaire pour assurer son départ, que statuer sur ce maintien au-delà de 4 jours (■ Cass. civ., 9 févr. 1994 : *Bull. civ.* II, n° 53).

2) Est légalement justifiée l'ordonnance d'un Premier président ne prolongeant pas le maintien d'un étranger dans la zone d'attente d'un aéroport dès lors que le maintien au-delà du délai de 4 jours déjà utilisé par l'autorité administrative n'est qu'une faculté, que le magistrat a répondu aux motifs exposés par l'Administration en constatant que le représentant du ministère de l'Intérieur n'excluait pas un réexamen de la décision refusant l'asile et que l'étranger présentait diverses garanties de représentation (■ Cass. 2e civ., 15 nov. 1995 : *Bull. civ.* II, n° 276).

– Le maintien en zone d'attente au-delà du délai de quatre jours déjà utilisé par l'Administration n'est qu'une faculté pour le juge ; en retenant que l'étranger possédait un billet de retour, avait de la famille en France, avait une réservation d'hôtel et possédait une somme d'argent en espèces, le juge n'a fait qu'apprécier la garantie de représentation de l'intéressé, sans remettre en cause l'application de la décision administrative, et son ordonnance est conforme aux dispositions de l'article 35 *quater* III de l'ordonnance du 2 novembre 1945 [devenu : C. étrangers, art. L. 222-3] (■ Cass. 2e civ., 21 févr. 2002 : *Bull. civ.* II, n° 23).

3) Est légalement justifiée l'ordonnance rendue par un premier président qui, pour rejeter les conclusions d'irrecevabilité de la requête présentée par le ministre de l'Intérieur et confirmer l'ordonnance ayant autorisé, à titre exceptionnel, le maintien d'un étranger dans la zone d'attente, retient que les deux refus de l'étranger d'embarquer dans un avion et son examen dans un centre hospitalier situé en dehors de la zone d'attente n'avaient pas pour effet d'empêcher la prolongation de son maintien en zone d'attente (■ Cass. 2e civ., 18 mars 1998 : *Bull. civ.* II, n° 92).

4) Il résulte des articles 35 *quater* de l'ordonnance du novembre 1945 [devenu : C. étrangers, art. L. 222-6], 11, alinéa 1er, et 18 du décret du 15 décembre 1992 que le délai de 48 heures accordé au premier président pour statuer sur l'appel d'une ordonnance autorisant le maintien d'un étranger en zone d'attente n'est pas soumis aux dispositions des articles 640 à 642 du Nouveau Code de procédure civile ; en conséquence, viole les textes susvisés un premier président qui, saisi par télécopie d'un appel le vendredi à 16 heures 13, ne statue pas avant le dimanche à la même heure (■ Cass. crim., 9 mars 2000 : *Bull. inf. C. cass.* 2000, n° 686).

LIVRE TROISIÈME. – LE SÉJOUR EN FRANCE

TITRE PREMIER. – LES TITRES DE SÉJOUR

CHAPITRE I. – DISPOSITIONS GÉNÉRALES

Section I. – Dispositions relatives aux documents de séjour
(L. n° 2006-911, 24 juill. 2006)

Art. L. 311-1 *(L. n° 2016-274, 7 mars 2016)*. **– Sous réserve des engagements internationaux de la France ou de l'article L. 121-1, tout étranger âgé de plus de dix-huit ans qui souhaite séjourner en France pour une durée supérieure à trois mois doit être titulaire de l'un des documents de séjour suivants :**

1° Un visa de long séjour, d'une durée maximale d'un an ;

2° Un visa de long séjour, d'une durée maximale d'un an, conférant à son titulaire, en application du troisième alinéa de l'article L. 211-2-1, les droits attachés à une carte de séjour temporaire ou à la carte de séjour pluriannuelle prévue aux articles L. 313-20 et L. 313-21 lorsque le séjour envisagé sur ce fondement est d'une durée inférieure ou égale à un an ;

3° Une carte de séjour temporaire, d'une durée maximale d'un an, dont les conditions de délivrance et de renouvellement sont prévues au chapitre III du présent titre ;

4° Une carte de séjour pluriannuelle, d'une durée maximale de quatre ans, dont les conditions de délivrance et de renouvellement sont prévues au même chapitre III ;

5° Une carte de résident, d'une durée de dix ans ou à durée indéterminée, dont les conditions de délivrance et de renouvellement sont prévues au chapitre IV du présent titre ;

6° Une carte de séjour portant la mention « retraité », d'une durée de dix ans, dont les conditions de délivrance et de renouvellement sont prévues au chapitre VII du présent titre.

L'étranger qui séjourne au titre de l'un des documents mentionnés aux 2° et 3° du présent article peut solliciter la délivrance d'une carte de séjour pluriannuelle ou d'une carte de résident dans les conditions prévues, respectivement, à l'article L. 313-17 et aux articles L. 314-8 à L. 314-12, sous réserve des exceptions prévues par les dispositions législatives du présent code.

Art. L. 311-2 *(Abr., L. n° 2016-274, 7 mars 2016).*

Art. L. 311-3 *(Mod., L. n° 2016-274, 7 mars 2016).* – Les étrangers âgés de seize à dix-huit ans qui déclarent vouloir exercer une activité professionnelle reçoivent, de plein droit, une carte de séjour temporaire s'ils remplissent les conditions prévues à l'article L. 313-11, la carte de séjour portant la mention « passeport talent (famille) » s'ils remplissent les conditions prévues à l'article L. 313-21 ou une carte de résident s'ils remplissent les conditions prévues à l'article L. 314-11. Ils peuvent, dans les autres cas, solliciter une carte de séjour temporaire ou une carte de résident en application des articles L. 314-8 et L. 314-9.

Art. L. 311-4. – La détention d'un récépissé d'une demande de délivrance ou de renouvellement d'un titre de séjour, d'un récépissé d'une demande d'asile ou d'une autorisation provisoire de séjour autorise la présence de l'étranger en France sans préjuger de la décision définitive qui sera prise au regard de son droit au séjour. Sauf dans les cas expressément prévus par la loi ou les règlements, ces documents n'autorisent pas leurs titulaires à exercer une activité professionnelle.

Entre la date d'expiration de la carte de résident ou d'un titre de séjour d'une durée supérieure à un an prévu par une stipulation internationale et la décision prise par l'autorité administrative sur la demande tendant à son renouvellement, dans la limite de trois mois à compter de cette date d'expiration, l'étranger peut également justifier de la régularité de son séjour par la présentation de la carte ou du titre arrivé à expiration. Pendant cette période, il conserve l'intégralité de ses droits sociaux ainsi que son droit d'exercer une activité professionnelle.

Art. L. 311-5. – La délivrance d'une autorisation provisoire de séjour, d'un récépissé de demande de titre de séjour ou d'un récépissé de demande d'asile n'a pas pour effet de régulariser les conditions de l'entrée en France, sauf s'il s'agit d'un étranger qui s'est vu reconnaître la qualité de réfugié.

Art. L. 311-6. – Lorsqu'une demande d'asile a été définitivement rejetée, l'étranger qui sollicite la délivrance d'une carte de séjour doit justifier, pour obtenir ce titre, qu'il remplit l'ensemble des conditions prévues par le présent code.

L'étranger qui n'a pas conclu un contrat d'accueil et d'intégration lorsqu'il a été admis pour la première fois au séjour en France peut demander à signer un tel contrat.

Un décret en Conseil d'État fixe les conditions d'application du présent article. Il détermine la durée du contrat d'accueil et d'intégration et ses conditions de renouvellement, les actions prévues par le contrat et les conditions de suivi et de validation de ces actions, dont la reconnaissance de l'acquisition d'un niveau satisfaisant de maîtrise de la langue française et la remise à l'étranger d'un document permettant de s'assurer de l'assiduité de celui-ci aux formations qui lui sont dispensées.

Art. L. 311-7 et L. 311-8 *(Abr., L. n° 2016-274, 7 mars 2016).*

Art. L. 311-8-1 *(L. n° 2015-925, 29 juill. 2015).* – Lorsqu'il est mis fin au statut de réfugié ou au bénéfice de la protection subsidiaire par décision définitive de l'Office français de protection des réfugiés et apatrides ou par décision de justice ou lorsque l'étranger renonce à ce statut ou à ce bénéfice, la carte de résident mentionnée au 8° de l'article L. 314-11 ou la carte de séjour temporaire mentionnée à l'article L. 313-13 est retirée.

Dans les cas prévus au premier alinéa du présent article, l'autorité administrative statue, dans un délai fixé par décret en Conseil d'État, sur le droit au séjour des intéressés à un autre titre.

La carte de résident ou la carte de séjour temporaire ne peut être retirée en application du même premier alinéa quand l'étranger est en situation régulière depuis au moins cinq ans.

Section II. – Dispositions relatives à l'intégration dans la société française
(L. n° 2006-911, 24 juill. 2006 ; L. n° 2007-1631, 20 nov. 2007)

Art. L. 311-9 *(L. n° 2016-274, 7 mars 2016)*. **– L'État met, dans le pays d'origine, à la disposition de l'étranger qui souhaite s'installer durablement sur le territoire français une information, dans une langue qu'il comprend, sur la vie en France ainsi que sur les droits et devoirs qui y sont liés.**

L'étranger admis pour la première fois au séjour en France ou qui entre régulièrement en France entre l'âge de seize ans et l'âge de dix-huit ans révolus et qui souhaite s'y maintenir durablement s'engage dans un parcours personnalisé d'intégration républicaine visant à favoriser son autonomie et son insertion dans la société française. Ce parcours comprend notamment :

1° La formation civique prescrite par l'État, relative aux principes, aux valeurs et aux institutions de la République, à l'exercice des droits et devoirs liés à la vie en France ainsi qu'à l'organisation de la société française ;

2° La formation linguistique prescrite par l'État, visant à l'acquisition de la langue française ;

3° Un accompagnement adapté à ses besoins pour faciliter ses conditions d'accueil et d'intégration.

Dans les départements et les régions d'outre-mer, la formation mentionnée au 1° du présent article comporte un volet relatif à l'histoire et à la géographie du département et de la région d'outre-mer de résidence de l'étranger.

Ces formations sont prises en charge par l'État.

L'étranger qui s'engage dans le parcours mentionné au deuxième alinéa conclut avec l'État un contrat d'intégration républicaine par lequel il s'engage à suivre ces formations.

Est dispensé de la signature du contrat d'intégration républicaine l'étranger titulaire de la carte de séjour mentionnée aux articles L. 313-6, L. 313-7 et L. 313-7-1, au 2° de l'article L. 313-10, aux 8° et 11° de l'article L. 313-11 et aux articles L. 313-20, L. 313-21, L. 313-23 et L. 313-24.

Est également dispensé de la signature de ce contrat l'étranger ayant effectué sa scolarité dans un suivi des études supérieures en France d'une durée au moins égal à une année universitaire. Il en est de même de l'étranger âgé de seize à dix-huit ans révolus pouvant prétendre à un titre de séjour et relevant de l'article L. 314-12.

L'étranger n'ayant pas conclu un contrat d'intégration républicaine lorsqu'il a été admis pour la première fois au séjour en France peut demander à signer ultérieurement un tel contrat.

Un décret en Conseil d'État fixe les conditions d'application du présent article. Il détermine du contrat d'intégration républicaine, les formations prévues et les conditions de leur suivi et de leur validation, dont la reconnaissance de l'acquisition d'un niveau satisfaisant de maîtrise de la langue française et la remise à l'étranger d'un document permettant de s'assurer de l'assiduité de celui-ci aux formations qui lui sont prescrites.

Art. L. 311-9-1 et L. 311-9-2 *(Abr., L. n° 2016-274, 7 mars 2016).*

Section III. – Dispositions relatives aux cas de délivrance de l'autorisation provisoire de séjour
(L. n° 2006-911, 24 juill. 2006)

Art. L. 311-10. – Une autorisation provisoire de séjour est délivrée à l'étranger qui souhaite effectuer une mission de volontariat en France auprès d'une fondation ou d'une association reconnue d'utilité publique ou d'une association adhérente à une fédération elle-même reconnue d'utilité publique, à la condition que la mission revête un caractère social ou humanitaire, que le contrat de volontariat ait été conclu préalablement à l'entrée en France, que l'association ou la fondation ait attesté de la prise en charge du demandeur, que celui-ci soit en possession d'un visa de long séjour et qu'il ait pris par écrit l'engagement de quitter le territoire à l'issue de sa mission.

L'association ou la fondation mentionnées au premier alinéa font l'objet d'un agrément préalable par l'autorité administrative, dans des conditions définies par décret.

Art. L. 311-11 *(L. n° 2016-274, 7 mars 2016).* – Une autorisation provisoire de séjour d'une durée de validité de douze mois, non renouvelable, est délivrée à l'étranger ayant obtenu, dans un établissement d'enseignement supérieur habilité au plan national, un diplôme au moins équivalent au grade de master ou figurant sur une liste fixée par décret et qui :

1° Soit entend compléter sa formation par une première expérience professionnelle, sans limitation à un seul emploi ou à un seul employeur. Pendant la durée de cette autorisation, son titulaire est autorisé à chercher et à exercer un emploi en relation avec sa formation et assorti d'une rémunération supérieure à un seuil fixé par décret et modulé, le cas échéant, selon le domaine professionnel concerné.

À l'issue de cette période de douze mois, l'intéressé pourvu d'un emploi ou d'une promesse d'embauche satisfaisant aux conditions énoncées au premier alinéa du présent 1° est autorisé à séjourner en France au titre de la carte de séjour pluriannuelle mentionnée aux 1°, 2° de l'article L. 313-10, sans que lui soit opposable la situation de l'emploi ;

2° Soit justifie d'un projet de création d'entreprise dans un domaine correspondant à sa formation.

À l'issue de la période de douze mois mentionnée au premier alinéa du présent article, l'intéressé justifiant de la création et du caractère viable d'une entreprise répondant à la condition énoncée au premier alinéa du présent 2° est autorisé à séjourner en France sous couvert de la carte de séjour pluriannuelle mentionnée au 5° de l'article L. 313-20 ou de la carte de séjour temporaire mentionnée au 3° de l'article L. 313-10.

Art. L. 311-12 *(Mod., Ord. n° 2010-177, 23 févr. 2010 ; L. n° 216-274, 7 mars 2016).* – Sauf si leur présence constitue une menace pour l'ordre public, une autorisation provisoire de séjour est délivrée aux parents étrangers de l'étranger mineur qui remplit les conditions mentionnées au 11° de l'article L. 313-11, ou à l'étranger titulaire d'un jugement lui ayant conféré l'exercice de l'autorité parentale sur ce mineur, sous réserve qu'ils justifient résider habituellement en France avec lui et subvenir à son entretien et à son éducation, sans que la condition prévue à l'article L. 313-2 soit exigée.

L'autorisation provisoire de séjour mentionnée au premier alinéa, qui ne peut être d'une durée supérieure à six mois, est délivrée par l'autorité administrative, après avis d'un collège de médecins du service médical de l'Office français de l'immigration et de l'intégration ; dans les conditions prévues au 11° de l'article L. 313-11. Cette autorisation provisoire de séjour ouvre droit à l'exercice d'une activité professionnelle. Elle est renouvelée pendant toute la durée de la prise en charge médicale de l'étranger mineur, sous réserve que les conditions prévues pour sa délivrance continuent d'être satisfaites.

....

CHAPITRE II. – LA COMMISSION DU TITRE DE SÉJOUR

Art. L. 312-1. – Dans chaque département est instituée une commission du titre de séjour composée :

a) D'un maire ou de son suppléant désignés par le président de l'association des maires du département ou, lorsqu'il y a plusieurs associations de maires dans le département, par le préfet en concertation avec celles-ci et, à Paris, du maire, d'un maire d'arrondissement ou d'un conseiller d'arrondissement ou de leur suppléant désigné par le Conseil de Paris ;

b) De deux personnalités qualifiées désignées par le préfet ou, à Paris, le préfet de police.

Le président de la commission du titre de séjour est désigné, parmi ses membres, par le préfet ou, à Paris, le préfet de police.

Dans les départements de plus de 500 000 habitants, une commission peut être instituée dans un ou plusieurs arrondissements.

Art. L. 312-2. – La commission est saisie par l'autorité administrative lorsque celle-ci envisage de refuser de délivrer ou de renouveler une carte de séjour temporaire à un étranger mentionné à l'article L. 313-11 ou de délivrer une carte de résident à un étranger mentionné aux articles L. 314-11 et L. 314-12, ainsi que dans le cas prévu à l'article L. 431-3.

L'étranger est convoqué par écrit au moins quinze jours avant la date de la réunion de la commission qui doit avoir lieu dans les trois mois qui suivent sa saisine ; il peut être assisté d'un conseil ou de toute personne de son choix et être entendu avec l'assistance d'un interprète. L'étranger peut demander le bénéfice de l'aide juridictionnelle dans les conditions prévues par la loi n° 91-647 du 10 juillet 1991 relative à l'aide juridique, cette faculté étant mentionnée dans la convocation. L'admission provisoire à l'aide juridictionnelle peut être prononcée par le président de la commission.

S'il ne dispose pas d'une carte de séjour temporaire ou si celle-ci est périmée, l'étranger reçoit, dès la saisine de la commission, un récépissé valant autorisation provisoire de séjour jusqu'à ce que l'autorité administrative ait statué.

Art. L. 312-3 *(Mod., Ord. n° 2014-464, 7 mai 2014)*. – Les dispositions du présent chapitre ne sont pas applicables en Guyane, à Mayotte et à Saint-Martin.

CHAPITRE III. – LA CARTE DE SÉJOUR TEMPORAIRE

Section I. – Dispositions générales

Art. L. 313-1 *(Mod., L. n° 2016-274, 7 mars 2016)*. – La durée de validité de la carte de séjour temporaire ne peut être supérieure à un an et ne peut dépasser la durée de validité des documents et visas mentionnés à l'article L. 211-1 du présent code.

La durée de validité de la carte de séjour pluriannuelle ne peut être supérieure à quatre ans.

À l'expiration de la durée de validité de sa carte, l'étranger doit quitter la France, à moins qu'il n'en obtienne le renouvellement ou qu'il ne lui soit délivré un autre document de séjour.

Art. L. 313-2. – *(L. n° 2016-274, 7 mars 2016)*. Sous réserve des engagements internationaux de la France et des exceptions prévues par les dispositions législatives du présent code, la première délivrance de la carte de séjour temporaire et celle de la carte de séjour pluriannuelle mentionnée aux articles L. 313-20, L. 313-21, L. 313-23 et L. 313-24 sont subordonnées à la production par l'étranger du visa de long séjour mentionné aux 1° ou 2° de l'article L. 311-1.

Le cas échéant, la carte de séjour pluriannuelle mentionnée aux articles L. 313-20 et L. 313-21 peut être délivrée par l'autorité diplomatique ou consulaire, dans des conditions fixées par décret en Conseil d'État.

Art. L. 313-3 *(Mod., L. n° 2016-274, 7 mars 2016)*. – La carte de séjour temporaire ou la carte de séjour pluriannuelle peut, par une décision motivée, être refusée ou retirée à tout étranger dont la présence en France constitue une menace pour l'ordre public.

Art. L. 313-4 *(Abr., L. n° 2016-274, 7 mars 2016)*.

Art. L. 313-4-1 *(L. n° 2006-911, 24 juill. 2006 ; mod., L. n° 2011-672, 16 juin 2011 ; L. n° 2016-274, 7 mars 2016)*. – L'étranger titulaire de la carte de résident de longue durée-UE définie par les dispositions communautaires applicables en cette matière et accordée dans un autre État membre de l'Union européenne qui justifie de ressources stables et suffisantes pour subvenir à ses besoins et, le cas échéant, à ceux de sa famille ainsi que d'une assurance maladie obtient, sous réserve qu'il en fasse la demande dans les trois mois qui suivent son entrée en France et sans que la condition prévue à l'article L. 313-2 soit exigée :

1° Une carte de séjour temporaire portant la mention « visiteur » s'il remplit les conditions définies à l'article L. 313-6 ;

2° Une carte de séjour temporaire portant la mention « étudiant » s'il remplit les conditions définies au I et aux 2°, 3° ou 5° du II de l'article L. 313-7 ;

3° Une carte de séjour pluriannuelle portant la mention « passeport talent-chercheur » s'il remplit les conditions définies au 4° de l'article L. 313-20 ;

4° Une carte de séjour pluriannuelle portant la mention « passeport talent » s'il remplit les conditions définies au 9° du même article L. 313-20 ;

5° Une carte de séjour temporaire portant la mention de l'activité professionnelle pour laquelle il a obtenu l'autorisation préalable requise, dans les conditions définies, selon le cas, aux 1°, 2° ou 3° de l'article L. 313-10.

Pour l'application du présent article, sont prises en compte toutes les ressources propres du demandeur et, le cas échéant, de son conjoint, indépendamment des prestations familiales et des allocations prévues à l'article L. 262-1 du Code de l'action sociale et des familles, à l'article L. 815-1 du Code de la sécurité sociale et aux articles L. 351-9, L. 351-10 et L. 351-10-1 du Code du travail. Ces ressources doivent atteindre un montant au moins égal au salaire minimum de croissance et sont appréciées au regard des conditions de logement.

Les dispositions du présent article ne sont pas applicables lorsque cet étranger séjourne en tant que travailleur salarié détaché par un prestataire de services dans le cadre d'une prestation transfrontalière ou en tant que prestataire de services transfrontaliers.

Un décret en Conseil d'État précise les conditions d'application du présent article.

Art. L. 313-5 *(L. n° 2016-274, 7 mars 2016)*. – La carte de séjour temporaire ou la carte de séjour pluriannuelle peut être retirée à l'étranger ayant commis les faits qui l'exposent à l'une des condamnations prévues aux articles 222-34 à 222-40, 224-1-A à 224-1-C, 225-4-1 à 225-4-4, 225-4-7, 225-5 à 225-11, 225-12-1 et 225-12-2, 225-12-5 à 225-12-7, 225-13 à 225-15, au 7° de l'article 311-4 et aux articles 312-12-1 et 321-6-1 du Code pénal.

La carte de séjour temporaire ou la carte de séjour pluriannuelle peut également être retirée à tout employeur, titulaire de cette carte, en infraction avec l'article L. 341-6 du Code du travail ainsi qu'à tout étranger qui méconnaît les dispositions de l'article L. 341-4 du même code ou qui exerce une activité professionnelle non salariée sans en avoir l'autorisation.

En outre, l'employeur qui a fait l'objet d'une obligation de quitter le territoire français en raison du retrait, prononcé en application des dispositions du deuxième alinéa, de sa carte de séjour temporaire ou de sa carte de séjour pluriannuelle peut, dans les trois années qui suivent cette obligation, se voir refuser le droit d'exercer une activité professionnelle en France.

La carte de séjour temporaire prévue à l'article L. 313-7 du présent code « ou la carte de séjour pluriannuelle générale portant la mention "étudiant" » peut être retirée à l'étudiant étranger qui ne respecte pas la limite de 60 % de la durée de travail annuelle prévue au même article.

Art. L. 313-5-1 *(L. n° 2016-274, 7 mars 2016)*. – L'étranger titulaire d'une carte de séjour temporaire ou d'une carte de séjour pluriannuelle doit être en mesure de justifier qu'il continue de remplir les conditions requises pour la délivrance de cette carte. L'autorité administrative peut procéder aux vérifications utiles pour s'assurer du maintien du droit au séjour de l'intéressé et, à cette fin, convoquer celui-ci à un ou plusieurs entretiens.

Si l'étranger cesse de remplir l'une des conditions exigées pour la délivrance de la carte de séjour dont il est titulaire, fait obstacle aux contrôles ou ne défère pas aux convocations, la carte de séjour peut lui être retirée ou son renouvellement refusé par une décision motivée. La décision de retrait ne peut intervenir qu'après que l'intéressé a été mis à même de présenter ses observations dans les conditions prévues aux articles L. 121-1 et L. 121-2 du Code des relations entre le public et l'administration.

N'est pas regardé comme ayant cessé de remplir la condition d'activité prévue au 1° de l'article L. 313-10 et à l'article L. 313-20 l'étranger involontairement privé d'emploi au sens de ces mêmes articles.

Section II. – Les différentes catégories de cartes de séjour temporaires

Sous-section 1. – La carte de séjour temporaire portant la mention « visiteur »

Art. L. 313-6 *(Mod., L. n° 2006-911, 24 juill. 2006)*. – La carte de séjour temporaire délivrée à l'étranger qui apporte la preuve qu'il peut vivre de ses seules ressources et qui prend l'engagement de n'exercer en France aucune activité professionnelle porte la mention « visiteur ».

Sous-section 2. – La carte de séjour temporaire portant la mention « étudiant »

Art. L. 313-7 *(Mod., L. n° 2016-274, 7 mars 2016)*. – I. – La carte de séjour temporaire accordée à l'étranger qui établit qu'il suit en France un enseignement ou qu'il y fait des études et qui justifie qu'il dispose de moyens d'existence suffisants porte la mention « étudiant ». En cas de nécessité liée au déroulement des études ou lorsque l'étranger a suivi sans interruption une scolarité en France depuis l'âge de seize ans et y poursuit des études supérieures, l'autorité administrative peut accorder cette carte de séjour sans que la condition prévue à l'article L. 313-2 soit exigée et sous réserve d'une entrée régulière en France.

La carte ainsi délivrée donne droit à l'exercice, à titre accessoire, d'une activité professionnelle salariée dans la limite de 60 % de la durée de travail annuelle.

II. – Sauf si sa présence constitue une menace pour l'ordre public, la carte mentionnée au I est accordée de plein droit :

1° À l'étranger auquel un visa pour un séjour d'une durée supérieure à trois mois a été accordé dans le cadre d'une convention signée entre l'État et un établissement d'enseignement supérieur et qui est inscrit dans cet établissement ;

2° À l'étranger ayant satisfait aux épreuves du concours d'entrée dans un établissement d'enseignement supérieur ayant signé une convention avec l'État ;

3° À l'étranger boursier du Gouvernement français ;

4° À l'étranger titulaire du baccalauréat français préparé dans un établissement relevant de l'Agence pour l'enseignement français à l'étranger ou titulaire d'un diplôme équivalent et ayant suivi pendant au moins trois ans une scolarité dans un établissement français de l'étranger ;

5° À l'étranger ressortissant d'un pays ayant signé avec la France un accord de réciprocité relatif à l'admission au séjour des étudiants.

Les établissements d'enseignement supérieur sont responsables du suivi sanitaire préventif des étudiants étrangers.

Un décret en Conseil d'État précise les conditions d'application des dispositions du présent article, en particulier en ce qui concerne les ressources exigées, les conditions d'inscription dans un établissement d'enseignement et celles dans lesquelles l'étranger entrant dans les prévisions du 2° peut être dispensé de l'obligation prévue à l'article L. 313-2.

Sous-section 2 *bis*. – Dispositions particulières applicables aux étrangers stagiaires

Art. L. 313-7-1. – La carte de séjour temporaire accordée à l'étranger qui établit qu'il suit en France un stage dans le cadre d'une convention de stage visée par l'autorité administrative compétente et qu'il dispose de moyens d'existence suffisants porte la mention « stagiaire ». En cas de nécessité liée au déroulement du stage, et sous réserve d'une entrée régulière en France, l'autorité administrative peut accorder cette carte de séjour sans que la condition prévue à l'article L. 313-2 soit exigée.

L'association qui procède au placement d'un étranger désireux de venir en France en vue d'y accomplir un stage doit être agréée.

Un décret en Conseil d'État fixe les conditions d'application des dispositions du présent article et notamment les modalités d'agrément des associations par arrêté ministériel.

Art. L. 313-7-2 *(L. n° 216-274, 7 mars 2016)*. – I. – La carte de séjour temporaire est accordée à l'étranger qui vient en France, dans le cadre d'une convention de stage visée par l'autorité administrative compétente, effectuer un stage dans un établissement ou une entreprise du groupe qui l'emploie, s'il justifie d'une ancienneté d'au moins trois mois dans celui-ci, de moyens suffisants et d'un diplôme de l'enseignement supérieur. Elle porte la mention « stagiaire ICT ».

La carte de séjour temporaire portant la mention « stagiaire ICT (famille) » est délivrée de plein droit, s'il est âgé d'au moins dix-huit ans, au conjoint de l'étranger mentionné au premier alinéa du présent I ainsi qu'à ses enfants entrés mineurs en France, dans l'année qui suit leur dix-huitième anniversaire ou lorsqu'ils entrent dans les prévisions de l'article L. 311-3, sous réserve du respect de la condition prévue à l'article L. 313-2. La durée de cette carte est égale à la période de validité restant à courir de la carte de séjour de leur conjoint ou parent.

La carte de séjour temporaire portant la mention « stagiaire ICT (famille) » donne droit à l'exercice d'une activité professionnelle.

L'étranger ayant été admis au séjour dans un autre État membre de l'Union européenne pour les mêmes motifs que ceux mentionnés au premier alinéa du présent I peut effectuer une mission en France d'une durée inférieure ou égale à quatre-vingt-dix jours dans le cadre du 2° de l'article L. 1262-1 du Code de travail, afin d'effectuer un stage dans un établissement ou une entreprise du groupe qui l'emploie sous couvert du titre de séjour portant la mention « ICT » délivré dans le premier État membre.

II. – Lorsque cette mission est d'une durée supérieure à quatre-vingt-dix jours, l'étranger qui justifie de ressources suffisantes est autorisé à travailler et à séjourner en France au titre d'une carte de séjour portant la mention « stagiaire mobile ICT » d'une durée identique à celle de la mission envisagée, dans la limite d'une durée maximale d'un an diminuée, le cas échéant, de la durée des séjours déjà effectués dans les autres États membres de l'Union européenne dans le cadre d'une mission similaire, sans que soit exigée la condition prévue à l'article L. 313-2 du présent code.

La carte de séjour temporaire portant la mention « stagiaire mobile ICT (famille) » est délivrée dans les conditions prévues au deuxième alinéa du I du présent article, sans que soit exigée la condition prévue à l'article L. 313-2.

La carte de séjour temporaire portant la mention « stagiaire mobile ICT (famille) » donne droit à l'exercice d'une activité professionnelle.

Sous-section 3. – La carte de séjour temporaire portant la mention « scientifique-chercheur »
(Mod., L. n° 2011-672, 16 juin 2011)

Art. L. 313-8 *(L. n° 2006-911, 24 juill. 2006 ; mod., L. n° 2007-1631, 20 nov. 2007 ; L. n° 2011-672, 16 juin 2011)*. – La carte de séjour temporaire délivrée à l'étranger aux fins de mener des travaux de recherche ou de dispenser un enseignement de niveau universitaire dans le cadre d'une convention d'accueil signée avec un organisme public ou privé ayant une mission de recherche ou d'enseignement supérieur préalablement agréé dans les conditions définies par décret en Conseil d'État porte la mention « scientifique-chercheur ».

L'étranger ayant été admis dans un autre État membre de l'Union européenne conformément aux dispositions de la directive 2005/71/CE du Conseil du 12 octobre 2005 relative à une procédure d'admission spécifique des ressortissants de pays tiers aux fins de recherche scientifique, peut mener une partie de ses travaux en France sur la base de la convention d'accueil conclue dans le premier État membre s'il séjourne en France pour une durée inférieure ou égale à trois mois, pour autant qu'il dispose de ressources suffisantes. S'il séjourne en France pour une durée supérieure à trois mois, il doit justifier remplir les conditions définies au premier alinéa.

Lorsque l'étranger mentionné au deuxième alinéa poursuit les mêmes travaux au-delà de trois mois, la condition prévue à l'article L. 311-7 n'est pas exigée.

Le conjoint, s'il est âgé d'au moins dix-huit ans, et les enfants entrés mineurs en France dans l'année qui suit leur dix-huitième anniversaire ou remplissant les conditions prévues par l'article L. 311-3 d'un étranger titulaire d'une carte « scientifique-chercheur » bénéficient de plein droit de la carte de séjour mentionnée au 3° de l'article L. 313-11. La carte de séjour ainsi accordée est renouvelée de plein droit durant la période de validité restant à courir de la carte « scientifique-chercheur » susmentionnée.

Sous-section 4. – La carte de séjour temporaire
portant la mention « profession artistique et culturelle »

Art. L. 313-9. – La carte de séjour temporaire délivrée à un artiste-interprète tel que défini par l'article L. 212-1 du Code de la propriété intellectuelle ou à un auteur d'œuvre littéraire ou artistique visée à l'article L. 112-2 du même code, titulaire d'un contrat de plus de trois mois passé avec une entreprise ou un établissement dont l'activité principale comporte la création ou l'exploitation d'une œuvre de l'esprit, porte la mention « profession artistique et culturelle ».

Sous-section 5. – La carte de séjour temporaire
autorisant l'exercice d'une activité professionnelle

Art. L. 313-10 *(L. n° 216-274, 7 mars 2016)*. – Une carte de séjour temporaire, d'une durée maximale d'un an, autorisant l'exercice d'une activité professionnelle est délivrée à l'étranger :

1° Pour l'exercice d'une activité salariée sous contrat de travail à durée indéterminée, dans les conditions prévues à l'article L. 5221-2 du Code du travail. Elle porte la mention « salarié ».

La carte de séjour est prolongée d'un an si l'étranger se trouve involontairement privé d'emploi. Lors du renouvellement suivant, s'il est toujours privé d'emploi, il est statué sur son droit de séjour pour une durée équivalente à celle des droits qu'il a acquis à l'allocation d'assurance mentionnée à l'article L. 5422-1 du Code de travail ;

2° Pour l'exercice d'une activité salariée sous contrat de travail à durée déterminée ou dans les cas prévus aux articles L. 1262-1 et L. 1262-2 du même code, dans les conditions prévues à l'article L. 5221-2 dudit code. Cette carte est délivrée pour une durée identique à celle du contrat de travail ou du détachement, dans la limite d'un an. Elle est renouvelée pour une durée identique à celle du contrat de travail ou du détachement. Elle porte la mention « travailleur temporaire » ;

3° Pour l'exercice d'une activité non salariée, économiquement viable et dont il tire des moyens d'existence suffisants, dans le respect de la législation en vigueur. Elle porte la mention « entrepreneur/profession libérale ».

L'étranger se voit délivrer l'une des cartes prévues aux 1° et 2° du présent article sans que lui soit opposable la situation de l'emploi sur le fondement de l'article L. 5221-2 du Code de travail lorsque sa demande concerne un métier et une zone géographique caractérisée par des difficultés de recrutement et figurant sur une liste établie par l'autorité administrative, après consultation des organisations syndicales d'employeurs et de salariés représentatives.

La carte de séjour prévue aux 1° et 2° du présent article est délivrée, sans que lui soit opposable la situation de l'emploi, à l'étudiant étranger qui, ayant obtenu un diplôme au moins équivalent au grade de master ou figurant sur une liste fixée par un décret dans un établissement d'enseignement supérieur habilité au plan national, souhaite exercer un emploi salarié et présente un contrat de travail, à durée indéterminée ou à durée déterminée, en relation avec sa formation et assorti d'une rémunération supérieure à un seuil déterminé par un décret en Conseil d'État.

Sous-section 6. – La carte de séjour temporaire portant la mention « vie privée et familiale »

Art. L. 313-11 *(Mod., L. n° 2006-911, 24 juill. 2006 ; L. n° 2007-1631, 20 nov. 2007 ; Ord. n° 2010-177, 23 févr. 2010 ; L. n° 2011-672, 16 juin 2011 ; Ord. n° 2014-464, 7 mai 2014 ; L. n° 2016-274, 7 mars 2016)*. – Sauf si sa présence constitue une menace pour l'ordre public, la carte de séjour temporaire portant la mention « vie privée et familiale » est délivrée de plein droit :

1° À l'étranger dans l'année qui suit son dix-huitième anniversaire ou entrant dans les prévisions de l'article L. 311-3, », dont l'un des parents au moins est titulaire de la carte de séjour temporaire, de la carte de séjour pluriannuelle ou de la carte de résident, ainsi qu'à l'étranger entré en France régulièrement dont le conjoint est titulaire de l'une ou de l'autre de ces cartes, s'ils ont été autorisés à séjourner en France au titre du regroupement familial dans les conditions prévues au livre IV ;

2° À l'étranger dans l'année qui suit son dix-huitième anniversaire ou entrant dans les prévisions de l'article L. 311-3, qui justifie par tout moyen avoir résidé habituellement en France avec au moins un de ses parents légitimes, naturels ou adoptifs depuis qu'il a atteint au plus l'âge de treize ans ou, à Mayotte, depuis qu'il a atteint au plus l'âge de treize ans, avec au moins un de ses parents légitimes, naturels ou adoptifs titulaire de la carte de séjour temporaire ou de la carte de résident, la filiation étant établie dans les conditions prévues à l'article L. 313-2 ; la condition prévue à l'article L. 311-7 n'est pas exigée ;

2° *bis* À l'étranger dans l'année qui suit son dix-huitième anniversaire ou entrant dans les prévisions de l'article L. 311-3, qui a été confié, depuis qu'il a atteint au plus l'âge de seize ans, au service de l'aide sociale à l'enfance et sous réserve du caractère réel et sérieux du suivi de la formation, de la nature de ses liens avec la famille restée dans le pays d'origine et de l'avis de la structure d'accueil sur l'insertion de cet étranger dans la société française. La condition prévue à l'article L. 311-7 n'est pas exigée. » ;

3° *(Abr., L. n° 2016-274, 7 mars 2016)*.

La carte de séjour temporaire portant la mention « vie privée et familiale » délivrée dans les conditions prévues à l'alinéa précédent a une durée de validité identique à la durée de la carte de séjour du parent ou du conjoint titulaire d'une carte de séjour portant la mention « carte bleue européenne », « compétences et talents » ou « salarié en mission ». La carte de séjour est renouvelée dès lors que son titulaire continue à remplir les conditions définies par le présent code ;

4° À l'étranger ne vivant pas en état de polygamie, marié avec un ressortissant de nationalité française, à condition que la communauté de vie n'ait pas cessé depuis le mariage, que le conjoint ait conservé la nationalité française et, lorsque le mariage a été célébré à l'étranger, qu'il ait été transcrit préalablement sur les registres de l'état civil français ;

5° *(Abr., L. n° 2011-672, 16 juin 2011)* ;

6° À l'étranger, ne vivant pas en état de polygamie, qui est père ou mère d'un enfant français mineur résidant en France à la condition qu'il établisse contribuer effectivement à l'entretien et à l'éducation de l'enfant dans les conditions prévues par l'article 371-2 du Code civil depuis la naissance de celui-ci ou depuis au moins deux ans, sans que la condition prévue à l'article L. 313-2 soit exigée ;

7° À l'étranger ne vivant pas en état de polygamie, qui n'entre pas dans les catégories précédentes ou dans celles qui ouvrent droit au regroupement familial, dont les liens personnels et familiaux en France, appréciés notamment au regard de leur intensité, de leur ancienneté et de leur stabilité, des conditions d'existence de l'intéressé, de son insertion dans la société française ainsi que de la nature de ses liens avec la famille restée dans le pays d'origine, sont tels que le refus d'autoriser son séjour porterait à son droit au respect de sa vie privée et familiale une atteinte disproportionnée au regard des motifs du refus, sans que la condition prévue à l'article L. 313-2 soit exigée ». « L'insertion de l'étranger dans la société française est évaluée en tenant compte notamment de sa connaissance des valeurs de la République. » ;

8° À l'étranger né en France qui justifie par tout moyen y avoir résidé pendant au moins huit ans de façon continue et suivi, après l'âge de dix ans, une scolarité d'au moins cinq ans dans un établissement scolaire français, à la condition qu'il fasse sa demande entre l'âge de seize ans et l'âge de vingt et un ans, sans que la condition prévue à l'article L. 313-2 soit exigée ;

9° À l'étranger titulaire d'une rente d'accident du travail ou de maladie professionnelle servie par un organisme français et dont le taux d'incapacité permanente est égal ou supérieur à 20 %, sans que la condition prévue à l'article L. 313-2 soit exigée ;

10° À l'étranger qui a obtenu le statut d'apatride en application du livre VII du présent code, ainsi qu'à son conjoint et à ses enfants dans l'année qui suit leur dix-huitième anniversaire ou entrant dans les prévisions de l'article L. 311-3, lorsque le mariage est antérieur à la date de cette obtention ou, à défaut, lorsqu'il a été célébré depuis au moins un an, sous réserve d'une communauté de vie effective entre les époux, sans que la condition prévue à l'article L. 313-2 soit exigée ;

11° À l'étranger résidant habituellement en France, si son état de santé nécessite une prise en charge médicale dont le défaut pourrait avoir pour lui des conséquences d'une exceptionnelle gravité et si, eu égard à l'offre de soins et aux caractéristiques du système de santé dans le pays dont il est originaire, il ne pourrait pas y bénéficier effectivement d'un traitement approprié. La condition prévue à l'article L. 313-2 n'est pas exigée. La décision de délivrer la carte de séjour et prise par l'autorité administrative après avis d'un collège de médecins du service médical de l'Office français de l'immigration et de l'intégration, dans des conditions définies par décret en Conseil d'État. Les médecins de l'office accomplissent cette mission dans le respect des orientations générales fixées par le ministre chargé de la santé. Chaque année, un rapport présente au Parlement l'activité réalisée au titre du présent 11° par le service médical de l'Office français de l'immigration et de l'intégration ainsi que les données générales en matière de santé publique recueillies dans ce cadre.

QPC. Les dispositions du 4° du présent article sont conformes à la Constitution (■ Cons. const., n° 2013-312, QPC, 22 mai 2013 : *JO* 24 mai 2013, L. n° 2016-274, 7 mars 2016).

Art. L. 313-11-1 *(Mod., L. n° 2007-1631, 20 nov. 2007)*. – I. – La carte de séjour temporaire prévue à l'article L. 313-11 est délivrée, sous réserve qu'il en fasse la demande dans les trois mois qui suivent son entrée en France et sans que la condition prévue à l'article L. 313-2 soit exigée, au conjoint d'un étranger titulaire du statut de résident de longue durée-UE dans un autre État-membre de l'Union européenne et d'une carte de séjour temporaire délivrée en application de l'article L. 313-4-1, s'il justifie avoir résidé légalement avec le résident de longue durée-CE dans l'autre État membre, disposer de ressources stables et suffisantes ainsi que d'une assurance maladie.

II. – La carte de séjour dont la délivrance est prévue au I est également délivrée à l'enfant entré mineur en France d'un étranger titulaire du statut de résident de longue durée-UE dans un autre État membre de l'Union européenne et d'une carte de séjour temporaire délivrée en application de l'article L. 313-4-1 lorsqu'il atteint l'âge de dix-huit ans, sous réserve qu'il en fasse la demande dans les trois mois qui suivent son dix-huitième anniversaire ou lorsqu'il entre dans les prévisions de l'article L. 311-3.

L'enfant doit justifier avoir résidé légalement avec le résident de longue durée-UE dans l'autre État membre et disposer d'une assurance maladie. Il doit également disposer de ressources stables et suffisantes ou être pris en charge par son parent titulaire de la carte de séjour temporaire délivrée en application de l'article L. 313-4-1.

La condition prévue à l'article L. 311-7 n'est pas exigée.

L'enfant mentionné au premier alinéa du présent II est celui qui répond à l'une des définitions données aux articles L. 411-1 à L. 411-4.

III. – Pour l'application des I et II, sont prises en compte toutes les ressources propres du demandeur et, le cas échéant, de son conjoint ou parent, indépendamment des prestations familiales et des allocations prévues à l'article L. 262-1 du Code de l'action sociale et des familles, à l'article L. 815-1 du Code de la sécurité sociale et aux articles L. 351-9, L. 351-10 et L. 351-10-1 du Code du travail. Les ressources doivent atteindre un montant qui tient compte de la taille de la famille du demandeur. Un décret en Conseil d'État fixe ce montant qui doit être au moins égal au salaire minimum de croissance mensuel et au plus égal à ce salaire majoré d'un cinquième.

Le caractère suffisant des ressources au regard des conditions de logement fait l'objet d'un avis du maire de la commune de résidence du demandeur. Cet avis est réputé favorable à l'expiration d'un délai de deux mois à compter de la saisine du maire par l'autorité administrative.

IV. – La date d'expiration de la carte de séjour temporaire délivrée dans les conditions définies au présent article ne peut être postérieure à celle de la carte de séjour temporaire délivrée, en application de l'article L. 313-4-1, à l'étranger titulaire du statut de résident de longue durée-UE dans un autre État membre de l'Union européenne.

V. – Un décret en Conseil d'État précise les conditions d'application du présent article.

Art. L. 313-12 *(Mod., L. n° 2006-911, 24 juill. 2006 ; L. n° 2007-1631, 20 nov. 2007 ; L. n° 2011-672, 16 juin 2011 ; L. n° 2016-274, 7 mars 2016).* – La carte délivrée au titre de l'article L. 313-11 donne droit à l'exercice d'une activité professionnelle.

*(Al. mod., L. n° 2014-873, 4 août 2014)*Le renouvellement de la carte de séjour délivrée au titre du 4° de l'article L. 313-11 est subordonné au fait que la communauté de vie n'ait pas cessé, sauf si elle résulte du décès du conjoint français. Toutefois, lorsque l'étranger a subi des violences familiales ou conjugales et que la communauté de vie a été rompue, l'autorité administrative ne peut procéder au retrait du titre de séjour de l'étranger et en accorde le renouvellement. En cas de violence commise après l'arrivée en France du conjoint étranger mais avant la première délivrance de la carte de séjour temporaire, le conjoint étranger se voit délivrer, sauf si sa présence constitue une menace pour l'ordre public, une carte de séjour temporaire portant la mention « vie privée et familiale ».

L'accès de l'enfant français à la majorité ne fait pas obstacle au renouvellement de la carte de séjour délivrée au titre du 6° de l'article L. 313-11.

La carte de séjour délivrée au titre de l'article L. 313-11-1 ne donne pas droit à l'exercice d'une activité professionnelle dans l'année qui suit sa première délivrance, sauf si elle est accordée en application du II de cet article et que son bénéficiaire séjourne en France depuis au moins un an.

QPC. Les dispositions du deuxième alinéa de l'article L. 313-12 du Code de l'entrée et du séjour des étrangers et du droit d'asile sont conformes à la Constitution (■ Cons. const., 29 nov. 2013, n° 2013-358 QPC : *JO* 1er déc. 2013, p. 19605).

Art. L. 313-13 *(L. n° 2015-925, 29 juill. 2015 ; L. n° 2016-274, 7 mars 2016).* – Sauf si leur présence constitue une menace pour l'ordre public, la carte de séjour temporaire mentionnée à l'article L. 313-11 est délivrée de plein droit :

1° À l'étranger qui a obtenu le bénéfice de la protection subsidiaire en application de l'article L. 712-1 ;

2° À son conjoint, son partenaire avec lequel il est lié par une union civile ou son concubin, s'il a été autorisé à séjourner en France au titre de la réunification familiale dans les conditions prévues à l'article L. 752-1 ;

3° À son conjoint ou au partenaire avec lequel il est lié par une union civile, âgé d'au moins dix-huit ans, si le mariage ou l'union civile est postérieur à la date d'introduction de sa demande d'asile, à condition que le mariage ou l'union civile ait été célébré depuis au moins un an et sous réserve d'une communauté de vie effective entre époux ou partenaires ;

4° À ses enfants dans l'année qui suit leur dix-huitième anniversaire ou entrant dans les prévisions de l'article L. 311-3 ;

5° À ses ascendants directs au premier degré si l'étranger qui a obtenu le bénéfice de la protection est un mineur non marié.

Sans préjudice du troisième alinéa du II de l'article L. 752-1, la condition prévue à l'article L. 313-2 n'est pas exigée.

Le délai pour la délivrance de la carte de séjour temporaire après la décision d'octroi de la protection subsidiaire par l'Office français de protection des réfugiés et apatrides ou la Cour nationale du droit d'asile est fixé par décret en Conseil d'État.

Sous-section 7. – L'admission exceptionnelle au séjour

Art. L. 313-14 *(L. n° 2006-911, 24 juill. 2006 ; L. n° 2007-1631, 20 nov. 2007 ; mod., L. n° 2011-672, 16 juin 2011 ; L. n° 2016-274, 7 mars 2016)*. – La carte de séjour temporaire mentionnée à l'article L. 313-11 ou la carte de séjour temporaire mentionnée aux 1° et 2° de l'article L. 313-10 peut être délivrée, sauf si sa présence constitue une menace pour l'ordre public, à l'étranger ne vivant pas en état de polygamie dont l'admission au séjour répond à des considérations humanitaires ou se justifie au regard des motifs exceptionnels qu'il fait valoir, sans que soit opposable la condition prévue à l'article L. 313-2.

Un décret en Conseil d'État définit les modalités d'application du présent article.

Art. L. 313-15 *(L. n° 2011-672, 16 juin 2011 ; L. n° 2016-274, 7 mars 2016)*. – À titre exceptionnel et sauf si sa présence constitue une menace pour l'ordre public, la carte de séjour temporaire prévue aux 1° et 2° de l'article L. 313-10 portant la mention « salarié » ou la mention « travailleur temporaire » peut être délivrée, dans l'année qui suit son dix-huitième anniversaire, à l'étranger qui a été confié à l'aide sociale à l'enfance entre l'âge de seize ans et l'âge de dix-huit ans et qui justifie suivre depuis au moins six mois une formation destinée à lui apporter une qualification professionnelle, sous réserve du caractère réel et sérieux du suivi de cette formation, de la nature de ses liens avec sa famille restée dans le pays d'origine et de l'avis de la structure d'accueil sur l'insertion de cet étranger dans la société française. Le respect de la condition prévue à l'article L. 313-2 n'est pas exigé.

Art. L. 313-16 *(Ord. n° 2014-464, 7 mai 2014)*. – La présente sous-section n'est pas applicable à Mayotte.

CHAPITRE IV. – LA CARTE DE RÉSIDENT

Section I. – Dispositions générales

Art. L. 314-1. – La carte de résident est valable dix ans. Sous réserve des dispositions des articles L. 314-5 et L. 314-7, elle est renouvelable de plein droit.

Art. L. 314-1-1 *(L. n° 2006-911, 24 juill. 2006 ; L. n° 2016-274, 7 mars 2016)*. – Les dispositions de la présente section s'appliquent à la carte de résident et à la carte de résident portant la mention « résident de longue durée-UE ».

Art. L. 314-2 *(L. n° 2006-911, 24 juill. 2006 ; mod., L. n° 2011-672, 16 juin 2011 ; L. n° 2016-274, 7 mars 2016)*. – Lorsque des dispositions législatives du présent code le prévoient, la délivrance d'une première carte de résident est subordonnée à l'intégration républicaine de l'étranger dans la société française, appréciée en particulier au regard de son engagement personnel à respecter les principes qui régissent la République française, du respect effectif de ces principes et de sa connaissance de la langue française, qui doit être au moins égale à un niveau défini par décret en Conseil d'État.

Pour l'appréciation de la condition d'intégration, l'autorité administrative saisit pour avis le maire de la commune dans laquelle il réside. Cet avis est réputé favorable à l'expiration d'un délai de deux mois à compter de la saisine du maire par l'autorité administrative.

Les étrangers âgés de plus de soixante-cinq ans ne sont pas soumis à la condition relative à la connaissance de la langue française.

Art. L. 314-3. – La carte de résident peut être refusée à tout étranger dont la présence constitue une menace pour l'ordre public.

Art. L. 314-4. – Lorsqu'elle a été délivrée à un étranger résidant sur le territoire de la France métropolitaine, la carte de résident en cours de validité confère à son titulaire le droit d'exercer, sur ce territoire, la profession de son choix, dans le cadre de la législation en vigueur.

Art. L. 314-5. – Par dérogation aux dispositions des articles L. 314-8 à L. 314-12 la carte de résident ne peut être délivrée à un ressortissant étranger qui vit en état de polygamie ni aux conjoints d'un tel ressortissant ni à un ressortissant étranger condamné pour avoir commis sur un mineur de quinze ans l'infraction définie à l'article 222-9 du Code pénal ou s'être rendu complice de celle-ci. Une carte de résident délivrée en méconnaissance de ces dispositions doit être retirée.

Art. L. 314-5-1. – Le retrait, motivé par la rupture de la vie commune, de la carte de résident délivrée sur le fondement du 3° de l'article L. 314-9 ne peut intervenir que dans la limite de quatre années à compter de la célébration du mariage, sauf si un ou des enfants sont nés de cette union et à la condition que l'étranger titulaire de la carte de résident établisse contribuer effectivement, depuis la naissance, à l'entretien et à l'éducation du ou des enfants dans les conditions prévues à l'article 371-2 du Code civil. Toutefois, lorsque la communauté de vie a été interrompue par le décès de l'un des conjoints ou en raison de violences conjugales qu'il a subies de la part de son conjoint, l'autorité administrative ne peut pas procéder au retrait.

Art. L. 314-6. – La carte de résident peut être retirée à tout employeur, titulaire de cette carte, ayant occupé un travailleur étranger en violation des dispositions de l'article L. 341-6 du Code du travail.

En outre, l'employeur qui a fait l'objet d'une obligation de quitter le territoire français en raison du retrait, prononcé en application des dispositions du présent article, de sa carte de résident peut, dans les trois années qui suivent cette obligation, se voir refuser le droit d'exercer une activité professionnelle en France.

Art. L. 314-6-1. – La carte de résident d'un étranger qui ne peut faire l'objet d'une mesure d'expulsion en application des articles L. 521-2 ou L. 521-3 peut lui être retirée s'il fait l'objet d'une condamnation définitive sur le fondement des articles 433-3, 433-4, des deuxième à quatrième alinéas de l'article 433-5, du deuxième alinéa de l'article 433-5-1 ou de l'article 433-6 du Code pénal.

La carte de séjour temporaire portant la mention « vie privée et familiale » lui est délivrée de plein droit.

Art. L. 314-7 *(Mod., L. n° 2006-911, 24 juill. 2006 ; L. n° 2016-274, 7 mars. 2016).* – La carte de résident d'un étranger qui a quitté le territoire français et a résidé à l'étranger pendant une période de plus de trois ans consécutifs est périmée, de même que la carte de résident portant la mention « résident de longue durée-UE » accordée par la France lorsque son titulaire a résidé en dehors du territoire des États membres de l'Union européenne pendant une période de plus de trois ans consécutifs.

La période mentionnée ci-dessus peut être prolongée si l'intéressé en a fait la demande soit avant son départ de France, soit pendant son séjour à l'étranger.

En outre, est périmée la carte de résident portant la mention « résident de longue durée-UE » accordée par la France lorsque son titulaire a, depuis sa délivrance, acquis ce statut dans un autre État membre de l'Union européenne, ou lorsqu'il a résidé en dehors du territoire national pendant une période de six ans consécutifs.

Art. L. 314-7-1 *(L. n° 2013-1005, 12 nov. 2013 ; L. n° 2015-925, 29 juill. 2015).* – La carte de résident portant la mention : « résident de longue durée-UE » délivrée à l'étranger en application de l'article L. 314-8-2 peut lui être retirée lorsqu'il perd la qualité de réfugié en application du F de l'article 1er de la Convention de Genève du 28 juillet 1951 relative au statut des réfugiés ou le bénéfice de la protection subsidiaire en application de l'article L. 712-3. Elle peut également être retirée en cas d'obtention frauduleuse de cette qualité ou de cette protection.

Section II. – Délivrance de la carte de résident

Sous-section 1. – Délivrance subordonnée à une durée de séjour régulier

Art. L. 314-8 *(L. n° 2016-274, 7 mars 2016).* – Une carte de résident portant la mention « résident de longue durée-UE » est délivrée de plein droit à l'étranger qui justifie :

1° D'une résidence régulière ininterrompue d'au moins cinq ans en France au titre de l'une des cartes de séjour temporaires ou pluriannuelles ou de l'une des cartes de résident prévues au présent code, à l'exception de celles délivrées sur le fondement des articles L. 313-7, L. 313-7-1, L. 313-7-2 ou L. 313-13, du 3° de l'article L. 313-20, des articles L. 313-23, L. 316-1 ou L. 317-1 ou du 8° de l'article L. 314-11.

Les années de résidence sous couvert d'une carte de séjour temporaire portant la mention « vie privée et familiale » retirée par l'autorité administrative sur le fondement d'un mariage ayant eu pour seules fins d'obtenir un titre de séjour ou d'acquérir la nationalité française ne peuvent être prises en compte pour obtenir la carte de résident ;

2° De ressources stables, régulières et suffisantes pour subvenir à ses besoins. Ces ressources doivent atteindre un montant au moins égal au salaire minimum de croissance. Sont prises en compte toutes les ressources propres du demandeur, indépendamment des prestations familiales et des allocations prévues à l'article L. 262-1 du Code de l'action sociale et des familles ainsi qu'aux articles L. 5423-1, L. 5423-2, L. 5423-3 et L. 5423-8 du Code du travail. La condition prévue au présent 2° n'est pas applicable lorsque la personne qui demande la carte de résident est titulaire de l'allocation aux adultes handicapés mentionnée à l'article L. 821-1 du Code de la sécurité sociale ou de l'allocation supplémentaire mentionnée à l'article L. 815-24 du même code ;

3° D'une assurance maladie.

Un décret en Conseil d'État définit les modalités d'application du présent article.

II. – Au troisième alinéa de l'article L. 314-8-1 du même code, les mots : « son intention de s'établir durablement en France » sont remplacés par les mots : « ressources stables, régulières et suffisantes ».

Art. L. 314-8-1 *(L. n° 2011-672, 16 juin 2011 ; L. n° 2016-274, 7 mars 2016)*. – L'étranger titulaire de la carte de séjour « passeport talent » prévue au 2° de l'article L. 313-20 peut se voir délivrer une carte de résident portant la mention « résident de longue durée-UE » s'il justifie d'une résidence ininterrompue, conforme aux lois et règlements en vigueur, d'au moins cinq années sur le territoire d'un État membre de l'Union européenne sous couvert d'une carte bleue européenne, dont, en France, les deux années précédant sa demande de délivrance de la carte de résident.

Les absences du territoire de l'Union européenne ne suspendent pas le calcul de la période mentionnée à l'alinéa précédent si elles ne s'étendent pas sur plus de douze mois consécutifs et ne dépassent pas au total dix-huit mois sur l'ensemble de cette période de résidence ininterrompue d'au moins cinq années.

L'étranger titulaire de la carte de séjour « passeport talent » prévu au même 2° doit également justifier de son intention de s'établir durablement en France dans les conditions prévues à l'article L. 314-8.

Son conjoint et ses enfants dans l'année qui suit leur dix-huitième anniversaire ou entrant dans les prévisions de l'article L. 311-3, admis en France conformément à l'article L. 313-21, peuvent se voir délivrer une carte de résident portant la mention « résident de longue durée-UE » dans les conditions prévues à l'article L. 314-8.

Art. L. 314-8-2 *(L. n° 2013-1005, 12 nov. 2013 ; L. n° 2015-925, 29 juill. 2015)*. – L'étranger titulaire de la carte de résident prévue au 8° de l'article L. 314-11, du fait de la reconnaissance de la qualité de réfugié, ou de la carte de séjour temporaire prévue à l'article L. 313-13, du fait de l'octroi du bénéfice de la protection subsidiaire, peut se voir délivrer une carte de résident portant la mention : « résident de longue durée-UE », dans les conditions prévues à l'article L. 314-8.

Par dérogation au 1° de l'article L. 314-8, est prise en compte, dans le calcul des cinq années de résidence régulière ininterrompue, la période comprise entre la date de dépôt de la demande d'asile, sur la base de laquelle a été reconnue la qualité de réfugié ou accordé le bénéfice de la protection subsidiaire, et la date de délivrance de la carte de résident prévue au 8° de l'article L. 314-11 ou de la carte de séjour temporaire prévue à l'article L. 313-13.

Son conjoint le partenaire avec lequel il est lié par une union civile, son concubin et ses enfants dans l'année qui suit leur dix-huitième anniversaire ou entrant dans les prévisions de l'article L. 311-3, admis en France conformément au 8° de l'article L. 314-11 ou à l'article L. 313-13, peuvent se voir délivrer une carte de résident portant la mention : « résident de longue durée-UE », dans les conditions prévues à l'article L. 314-8.

Art. L. 314-9 *(Mod., L. n° 2006-911, 24 juill. 2006 ; L. n° 2011-672, 16 juin 2011 ; L. n° 2016-274, 7 mars 2016)*. – La carte de résident est délivrée de plein droit :

1° Au conjoint et aux enfants dans l'année qui suit leur dix-huitième anniversaire ou entrant dans les prévisions de l'article L. 311-3 d'un étranger titulaire de la carte de résident, qui ont été autorisés à séjourner en France au titre du regroupement familial dans les conditions prévues au livre IV et qui justifient d'une résidence non interrompue, conforme aux lois et règlements en vigueur, d'au moins trois années en France ;

2° À l'étranger qui est père ou mère d'un enfant français résidant en France et titulaire depuis au moins trois années de la carte de séjour temporaire mentionnée au 6° de l'article L. 313-11 ou d'une carte de séjour

pluriannuelle mentionnée au 1° de l'article L. 313-8, sous réserve qu'il remplisse encore les conditions prévues pour l'obtention de cette carte de séjour et qu'il ne vive pas en état de polygamie.

3° À l'étranger marié depuis au moins trois ans avec un ressortissant de nationalité française, à condition qu'il séjourne régulièrement en France, que la communauté de vie entre les époux n'ait pas cessé depuis le mariage, que le conjoint ait conservé la nationalité française et, lorsque le mariage a été célébré à l'étranger, qu'il ait été transcrit préalablement sur les registres de l'état civil français.

L'enfant visé au présent article s'entend de l'enfant ayant une filiation légalement établie, y compris l'enfant adopté, en vertu d'une décision d'adoption, sous réserve de la vérification par le ministère public de la régularité de cette décision lorsqu'elle a été prononcée à l'étranger.

(Ord. n° 2014-464, 7 mai 2014) **Pour l'application des 2° et 3° du présent article à Mayotte, la condition prévue à la première phrase du 2° de l'article L. 314-8 s'applique.**

Art. L. 314-10 *(L. n° 2016-274, 7 mars 2016).* **– Dans tous les cas prévus dans la présente sous-section, la décision d'accorder la carte de résident ou la carte de résident portant la mention « résident de longue durée-UE » est subordonnée au respect des conditions prévues à l'article L. 314-2.**

Sous-section 2. – Délivrance de plein droit

Art. L. 314-11 *(Mod., Ord. n° 2005-759, 4 juill. 2005 ; L. n° 2006-911, 24 juill. 2006 ; L. n° 2015-925, 29 juill. 2015 ; L. n° 2016-274, 7 mars 2016).* **– Sauf si la présence de l'étranger constitue une menace pour l'ordre public, la carte de résident est délivrée de plein droit, sous réserve de la régularité du séjour :**

1° *(Abr., L. n° 2006-911, 24 juill. 2006)* **;**

2° (1) **À l'enfant étranger d'un ressortissant de nationalité française si cet enfant est âgé de dix-huit à vingt et un ans ou dans les conditions prévues à l'article L. 311-3 ou s'il est à la charge de ses parents ainsi qu'aux ascendants d'un tel ressortissant et de son conjoint qui sont à sa charge, sous réserve qu'ils produisent un visa pour un séjour d'une durée supérieure à trois mois ;**

3° À l'étranger titulaire d'une rente d'accident de travail ou de maladie professionnelle versée par un organisme français et dont le taux d'incapacité permanente est égal ou supérieur à 20 % ainsi qu'aux ayants droit d'un étranger, bénéficiaires d'une rente de décès pour accident de travail ou maladie professionnelle versée par un organisme français ;

4° À l'étranger ayant servi dans une unité combattante de l'armée française ;

5° À l'étranger ayant effectivement combattu dans les rangs des forces françaises de l'intérieur, titulaire du certificat de démobilisation délivré par la commission d'incorporation de ces formations dans l'armée régulière ou qui, quelle que soit la durée de son service dans ces mêmes formations, a été blessé en combattant l'ennemi ;

6° À l'étranger qui a servi en France dans une unité combattante d'une armée alliée ou qui, résidant antérieurement sur le territoire de la République, a également combattu dans les rangs d'une armée alliée ;

7° À l'étranger ayant servi dans la Légion étrangère, comptant au moins trois ans de services dans l'armée française, titulaire du certificat de bonne conduite ;

8° À l'étranger reconnu réfugié en application du livre VII ainsi qu'à :

***a)* Son conjoint, son partenaire avec lequel il est lié par une union civile ou son concubin, s'il a été autorisé à séjourner en France au titre de la réunification familiale dans les conditions prévues à l'article L. 752-1 ;**

***b)* Son conjoint ou son partenaire avec lequel il est lié par une union civile, âgé d'au moins dix-huit ans, si le mariage ou l'union civile est postérieur à la date d'introduction de sa demande d'asile, à condition que le mariage ou l'union civile ait été célébré depuis au moins un an et sous réserve d'une communauté de vie effective entre époux ou partenaires ;**

(1) Dispositions applicables aux demandes de titres de séjour introduites un mois après la publication de la loi n° 2006-911 du 24 juillet 2006 (*JO* 25 juill. 2006), même L., art. 116.

c) Ses enfants dans l'année qui suit leur dix-huitième anniversaire ou entrant dans les prévisions de l'article L. 311-3 ;

d) Ses ascendants directs au premier degré si l'étranger qui a obtenu le bénéfice de la protection est un mineur non marié.

Le délai pour la délivrance de la carte de résident après la décision de reconnaissance de la qualité de réfugié par l'Office français de protection des réfugiés et apatrides ou la Cour nationale du droit d'asile est fixé par décret en Conseil d'État ; (1)

9° À l'apatride justifiant de trois années de résidence régulière en France ainsi qu'à son conjoint et à ses enfants dans l'année qui suit leur dix-huitième anniversaire ou entrant dans les prévisions de l'article L. 311-3 ;

10° *(Abr., L. n° 2006-911, 24 juill. 2006 ; rétabli dans la version suivante, L. n° 2014-873, 4 août 2014)* À l'étranger qui remplit les conditions prévues au second alinéa de l'article L. 316-1 ;

11° À l'étranger titulaire d'une carte de séjour portant la mention « retraité » qui justifie de sa volonté de s'établir en France et d'y résider à titre principal.

L'enfant visé aux 2°, 8° et 9° du présent article s'entend de l'enfant ayant une filiation légalement établie, y compris l'enfant adopté, en vertu d'une décision d'adoption, sous réserve de la vérification par le ministère public de la régularité de cette décision lorsqu'elle a été prononcée à l'étranger.

Art. L. 314-12. – La carte de résident est délivrée de plein droit à l'étranger qui remplit les conditions d'acquisition de la nationalité française prévues à l'article 21-7 du Code civil.

Sous-section 3. – Carte de résident délivrée en Nouvelle-Calédonie

Art. L. 314-13. – La carte de résident délivrée en Nouvelle-Calédonie est valable sur le territoire défini à l'article L. 111-3.

Sous-section 4. – La carte de résident permanent

Art. L. 314-14 *(L. n° 2007-1631, 20 nov. 2007 ; mod., L. n° 2008-776, 4 août 2008 ; L. n° 2011-672, 16 juin 2011 ; L. n° 2016-274, 7 mars 2016).* – À l'expiration de sa carte de résident délivrée sur le fondement de l'article L. 314-8, L. 314-8-1, L. 314-9, L. 314-11 « ou L. 314-12 », une carte de résident permanent, à durée indéterminée, peut être délivrée à l'étranger qui en fait la demande, sauf si sa présence constitue une menace pour l'ordre public et à condition qu'il satisfasse aux conditions prévues à l'article L. 314-2.

Sous les mêmes réserves que celles prévues au premier alinéa, la délivrance de la carte de résident permanent est de droit dès le second renouvellement de la carte de résident ou de la carte de résident portant la mention « résident de longue durée-UE.

La carte de résident permanent est délivrée de plein droit, même s'il n'en fait pas la demande, à l'étranger âgé de plus de soixante ans qui remplit les conditions définies au premier alinéa, titulaire d'une carte de résident et qui en sollicite le renouvellement, sauf s'il demande la délivrance ou le renouvellement de la carte de résident mentionnée à l'article L. 314-8.

Lors du dépôt de sa demande de renouvellement de carte de résident, l'étranger est dûment informé des conditions dans lesquelles il pourra se voir accorder une carte de résident permanent.

Les articles L. 314-4 à L. 314-7 sont applicables à la carte de résident permanent.

Lorsque la carte de résident permanent est retirée à un ressortissant étranger qui ne peut faire l'objet d'une mesure d'expulsion en application des articles L. 521-2 ou L. 521-3, une carte de séjour temporaire lui est délivrée de plein droit.

---

(1) Dispositions applicables aux demandes de titres de séjour introduites un mois après la publication de la loi n° 2006-911 du 24 juillet 2006 (*JO* 25 juill. 2006), même L., art. 116.

Sous-section 5. – Carte de résident délivrée pour une contribution économique exceptionnelle

Art. L. 314-15 *(Abr., L. n° 2016-274, 7 mars 2016).*

CHAPITRE V. – LA CARTE DE SÉJOUR PORTANT LA MENTION « COMPÉTENCES ET TALENTS »
(Abr., L. n° 2016-274, 7 mars 2016)

CHAPITRE VI. – DISPOSITIONS APPLICABLES AUX ÉTRANGERS AYANT DÉPOSÉ PLAINTE POUR CERTAINES INFRACTIONS, TÉMOIGNÉ DANS UNE PROCÉDURE PÉNALE OU BÉNÉFICIANT DE MESURES DE PROTECTION
(L. n° 2010-769, 9 juill. 2010)

Art. L. 316-1 *(Mod., L. n° 2006-911, 24 juill. 2006 ; L. n° 2014-873, 4 août 2014 ; L. n° 2016-274, 7 mars 2016 ; L. n° 2016-444, 13 avr. 2016).* – **Sauf si sa présence constitue une menace à l'ordre public, une carte de séjour temporaire portant la mention « vie privée et familiale » est délivrée à l'étranger qui dépose plainte contre une personne qu'il accuse d'avoir commis à son encontre les infractions visées aux articles 225-4-1 à 225-4-6 et 225-5 à 225-10 du Code pénal ou témoigne dans une procédure pénale concernant une personne poursuivie pour ces mêmes infractions. La condition prévue à l'article L. 313-2 n'est pas exigée. Cette carte de séjour temporaire ouvre droit à l'exercice d'une activité professionnelle. Elle est renouvelée pendant toute la durée de la procédure pénale, sous réserve que les conditions prévues pour sa délivrance continuent d'être satisfaites.**

En cas de condamnation définitive de la personne mise en cause, une carte de résident est délivrée de plein droit à l'étranger ayant déposé plainte ou témoigné.

Art. L. 316-1-1 *(L. n° 2016-444, 13 avr. 2016).* – **Une autorisation provisoire de séjour d'une durée minimale de six mois peut être délivrée, sauf si sa présence constitue une menace pour l'ordre public, à l'étranger victime des infractions prévues aux articles 225-4-1 à 225-4-6 et 225-5 à 225-10 du Code pénal qui, ayant cessé l'activité de prostitution, est engagé dans le parcours de sortie de la prostitution et d'insertion sociale et professionnelle mentionné à l'article L. 121-9 du Code de l'action sociale et des familles. La condition prévue à l'article L. 313-2 du présent code n'est pas exigée. Cette autorisation provisoire de séjour ouvre droit à l'exercice d'une activité professionnelle. Elle est renouvelée pendant toute la durée du parcours de sortie de la prostitution et d'insertion sociale et professionnelle, sous réserve que les conditions prévues pour sa délivrance continuent d'être satisfaites.**

Art. L. 316-2 *(Mod., L. n° 2006-911, 24 juill. 2006 ; L. n° 2016-444, 13 avr. 2016).* – **Un décret en Conseil d'État précise les conditions d'application des articles L. 316-1 et L. 316-1-1. Il détermine notamment les conditions de la délivrance, du renouvellement et du retrait de la carte de séjour temporaire mentionnée au premier alinéa de l'article L. 316-1 et de l'autorisation provisoire de séjour mentionnée à l'article L. 316-1-1 ainsi que les modalités de protection, d'accueil et d'hébergement de l'étranger auquel cette carte ou cette autorisation provisoire de séjour est accordée.**

Art. L. 316-3 *(Rempl., L. n° 2011-672, 16 juin 2011 ; L. n° 2016-274, 7 mars 2016).* – **Sauf si sa présence constitue une menace à l'ordre public, l'autorité administrative délivre dans les plus brefs délais une carte de séjour temporaire portant la mention « vie privée et familiale » à l'étranger qui bénéficie d'une ordonnance de protection en vertu de l'article 515-9 du Code civil, en raison des violences exercées au sein du couple ou par un ancien conjoint, un ancien partenaire lié par un pacte civil de solidarité ou un ancien concubin. La condition prévue à l'article L. 313-2 du présent code n'est pas exigée. Cette carte de séjour temporaire ouvre droit à l'exercice d'une activité professionnelle.**

Le titre de séjour arrivé à expiration de l'étranger qui bénéficie d'une ordonnance de protection en vertu de l'article 515-9 du Code civil, en raison des violences exercées au sein du couple ou par un ancien conjoint, un ancien partenaire lié par un pacte civil de solidarité ou un ancien concubin, est renouvelé.

Sauf si la présence de l'étranger constitue une menace à l'ordre public, l'autorité administrative délivre dans les plus brefs délais une carte de séjour temporaire portant la mention « vie privée et familiale » à l'étranger

qui bénéficie d'une ordonnance de protection en application de l'article 515-13 du Code civil en raison de la menace d'un mariage forcé. Une fois arrivée à expiration, cette carte de séjour temporaire est renouvelée de plein droit à l'étranger qui continue à bénéficier d'une telle ordonnance de protection.

Art. L. 316-4 *(L. n° 2010-769, 9 juill. 2010)*. – En cas de condamnation définitive de la personne mise en cause, une carte de résident peut être délivrée à l'étranger ayant déposé plainte pour une infraction mentionnée au premier alinéa de l'article 132-80 du Code pénal.

(L. n° 2014-873, 4 août 2014) Le refus de délivrer la carte prévue au premier alinéa du présent article ne peut être motivé par la rupture de la vie commune.

CHAPITRE VII. – LA CARTE DE SÉJOUR PORTANT LA MENTION « RETRAITÉ »

Art. L. 317-1 *(Anc. L. 315-1, dénum., L. n° 2006-911, 24 juill. 2006)*. – L'étranger qui, après avoir résidé en France sous couvert d'une carte de résident, a établi ou établit sa résidence habituelle hors de France et qui est titulaire d'une pension contributive de vieillesse, de droit propre ou de droit dérivé, liquidée au titre d'un régime de base français de sécurité sociale, bénéficie, à sa demande, d'une carte de séjour portant la mention « retraité ». Cette carte lui permet d'entrer en France à tout moment pour y effectuer des séjours n'excédant pas un an. Elle est valable dix ans et est renouvelée de plein droit. Elle n'ouvre pas droit à l'exercice d'une activité professionnelle.

Le conjoint du titulaire d'une carte de séjour « retraité », ayant résidé régulièrement en France avec lui, bénéficie d'un titre de séjour conférant les mêmes droits.

TITRE II. – LES CONDITIONS DU SÉJOUR

CHAPITRE I. – CONDITIONS DE CIRCULATION

Section I. – Dispositions générales

Art. L. 321-1. – Tout étranger résidant en France, quelle que soit la nature de son titre de séjour, peut quitter librement le territoire français.

Art. L. 321-2. – Les conditions de la circulation des étrangers en France sont déterminées par voie réglementaire.

Section II. – Documents de circulation délivrés aux étrangers mineurs

Sous-section 1. – Le titre d'identité républicain

Art. L. 321-3. – Sur présentation du livret de famille, il est délivré à tout mineur né en France, de parents étrangers titulaires d'un titre de séjour, un titre d'identité républicain.

Sous-section 2. – Le document de circulation délivré à l'étranger mineur

Art. L. 321-4 *(L. n° 2016-274, 7 mars 2016)*. – Sous réserve des conventions internationales, les étrangers mineurs de dix-huit ans dont au moins l'un des parents appartient aux catégories mentionnées à l'article L. 313-11, au 1° de l'article L. 314-9, aux 8° et 9° de l'article L. 314-11, à l'article L. 313-20 ou qui relèvent, en dehors de la condition de majorité, des prévisions des 2° et 2° *bis* de l'article L. 313-11, ainsi que les mineurs entrés en France pour y suivre des études sous couvert d'un visa de séjour d'une durée supérieure à trois mois reçoivent, sur leur demande, un document de circulation qui est délivré dans des conditions fixées par voie réglementaire.

CHAPITRE II. – EXERCICE D'UNE ACTIVITÉ PROFESSIONNELLE

Section I. – Activité professionnelle salariée

Art. L. 322-1 *(Rempl., L. n° 2011-525, 17 mai 2011)*. – Pour exercer en France une activité professionnelle salariée, les étrangers doivent se conformer aux articles L. 1261-1, L. 5221-1 à L. 5221-3, L. 5221-5, L. 5221-7, L. 5523-1 à L. 5523-3 et L. 8323-2 du Code du travail ainsi qu'aux articles L. 311-13 et L. 311-14 du présent code.

Code du travail

Art. L. 1261-1. – Les dispositions du présent titre sont applicables sous réserve, le cas échéant, de celles des traités, conventions ou accords régulièrement ratifiés ou approuvés et publiés, et notamment des traités instituant les communautés européennes ainsi que de celles des actes des autorités de ces communautés pris pour l'application de ces traités.

....

Art. L. 5221-1. – Les dispositions du présent titre sont applicables, sous réserve de celles des traités, conventions ou accords régulièrement ratifiés ou approuvés et publiés, et notamment des traités instituant les communautés européennes ainsi que de celles des actes des autorités de ces communautés pris pour l'application de ces traités.

Art. L. 5221-2. – Pour entrer en France en vue d'y exercer une profession salariée, l'étranger présente :

1° Les documents et visas exigés par les conventions internationales et les règlements en vigueur ;

2° Un contrat de travail visé par l'autorité administrative ou une autorisation de travail.

Art. L. 5221-2-1 *(L. n° 2016-274, 7 mars 2016)*. – Par dérogation à l'article L. 5221-2, l'étranger qui entre en France afin d'y exercer une activité salariée pour une durée inférieure ou égale à trois mois dans un domaine figurant sur une liste fixée par décret n'est pas soumis à la condition prévue au 2° du même article.

Art. L. 5221-3. – L'étranger qui souhaite entrer en France en vue d'y exercer une profession salariée et qui manifeste la volonté de s'y installer durablement atteste d'une connaissance suffisante de la langue française sanctionnée par une validation des acquis de l'expérience ou s'engage à l'acquérir après son installation en France.

Art. L. 5221-4. – Sous réserve des accords internationaux, il est interdit à une entreprise de travail temporaire de mettre à la disposition de quelque personne que ce soit des travailleurs étrangers si la prestation de service s'effectue hors du territoire français.

Art. L. 5221-5. – Un étranger autorisé à séjourner en France ne peut exercer une activité professionnelle salariée en France sans avoir obtenu au préalable l'autorisation de travail mentionnée au 2° de l'article L. 5221-2.

L'autorisation de travail est accordée de droit à l'étranger autorisé à séjourner en France pour la conclusion d'un contrat d'apprentissage ou de professionnalisation à durée déterminée.

L'autorisation de travail peut être retirée si l'étranger ne s'est pas fait délivrer un certificat médical dans les trois mois suivant la délivrance de cette autorisation.

....

Art. L. 5221-7. – L'autorisation de travail peut être limitée à certaines activités professionnelles ou zones géographiques.

L'autorisation délivrée en France métropolitaine ne confère de droits qu'en France métropolitaine.

Pour l'instruction de la demande d'autorisation de travail, l'autorité administrative peut échanger tous renseignements et documents relatifs à cette demande avec les organismes concourant au service public de l'emploi mentionnés à l'article L. 5311-2, avec les organismes gérant un régime de protection sociale, avec l'établissement mentionné à l'article L. 767-1 du Code de la sécurité sociale ainsi qu'avec les caisses de congés payés prévues à l'article L. 3141-30.

....

Art. L. 5221-10 *(Abr., L. fin. n° 2008-1425, 27 déc. 2008)*.

Art. L. 5221-11. – Un décret en Conseil d'État détermine les modalités d'application des articles L. 5221-3 et L. 5221-5 à L. 5221-8.

....

Art. L. 5523-1. – À l'exception des dispositions du deuxième alinéa de l'article L. 5221-7, les dispositions du titre II du livre II relatives aux travailleurs étrangers sont applicables dans les départements d'outre-mer.

Art. L. 5523-2 *(L. n° 2016-274, 7 mars 2016)*. – L'autorisation de travail accordée à l'étranger est limitée au département ou à la collectivité dans lequel elle a été délivrée lorsqu'il s'agit :

1° De la carte de séjour temporaire portant la mention « vie privée et familiale » prévue aux articles L. 313-11 à L. 313-13 du Code de l'entrée et du séjour des étrangers et du droit d'asile ;

2° De la carte de séjour temporaire portant la mention « stagiaire ICT (famille) » et « stagiaire mobile ICT (famille) », délivrées en application de l'article L. 313-7-2 du même code ;
3° De la carte de séjour pluriannuelle prévue à l'article L. 313-21 dudit code ;
4° De la carte de séjour pluriannuelle portant la mention « salarié détaché ICT (famille) » et « salarié détaché mobile ICT (famille) », délivrées en application de l'article L. 313-24 du même code ;
5° De la carte de résident prévue aux articles L. 314-1 à L. 314-13 du même code.

Art. L. 5523-3. – L'autorisation de travail accordée à l'étranger lui confère le droit d'exercer, sur le territoire du département, toute activité professionnelle salariée de son choix dans le cadre de la législation en vigueur.

....

Art. L. 8323-2. – Nul ne peut, directement ou par personne interposée, engager, conserver à son service ou employer pour quelque durée que ce soit un étranger non muni du titre l'autorisant à exercer une activité salariée à Saint-Pierre-et-Miquelon.
Les conditions de délivrance de l'autorisation de travail sont déterminées par voie réglementaire.

Section II. – Autres activités professionnelles

Art. L. 322-2. – Des décrets en Conseil d'État peuvent soumettre à autorisation l'exercice par les étrangers de certaines activités professionnelles non salariées.

Art. L. 322-3 ***(Abr., L. n° 2007-1631, 20 nov. 2007).***

TITRE III. – L'AIDE AU RETOUR VOLONTAIRE

CHAPITRE UNIQUE

Art. L. 331-1. – Les étrangers qui quittent la France pour s'établir dans leur pays d'origine et qui bénéficient à ce titre, sur leur demande, d'une aide publique à la réinsertion perdent les droits attachés aux titres de séjour et de travail qu'ils détiennent. Les intéressés restituent leurs titres et reçoivent une autorisation de séjour provisoire suivant des modalités fixées par décret.

Art. L. 331-2 ***(Ord. n° 2014-464, 7 mai 2014).*** **– Le présent titre n'est pas applicable à Mayotte.**

LIVRE QUATRIÈME. – LE REGROUPEMENT FAMILIAL

TITRE PREMIER. – CONDITIONS DU REGROUPEMENT FAMILIAL

CHAPITRE UNIQUE

Art. L. 411-1 ***(Mod., L. n° 2006-911, 24 juill. 2006).*** **– Le ressortissant étranger qui séjourne régulièrement en France depuis au moins dix-huit mois, sous couvert d'un des titres d'une durée de validité d'au moins un an prévus par le présent code ou par des conventions internationales, peut demander à bénéficier de son droit à être rejoint, au titre du regroupement familial, par son conjoint, si ce dernier est âgé d'au moins dix-huit ans, et les enfants du couple mineurs de dix-huit ans.**

Voir : D. n° 2005-253, 17 mars 2005, relatif au regroupement familial.

Art. L. 411-2. – Le regroupement familial peut également être sollicité pour les enfants mineurs de dix-huit ans du demandeur et ceux de son conjoint dont, au jour de la demande, la filiation n'est établie qu'à l'égard du demandeur ou de son conjoint ou dont l'autre parent est décédé ou déchu de ses droits parentaux.

Art. L. 411-3. – Le regroupement familial peut être demandé pour les enfants mineurs de dix-huit ans du demandeur et ceux de son conjoint, qui sont confiés, selon le cas, à l'un ou l'autre, au titre de l'exercice de l'autorité parentale, en vertu d'une décision d'une juridiction étrangère. Une copie de cette décision devra être produite ainsi que l'autorisation de l'autre parent de laisser le mineur venir en France.

Art. L. 411-4. – L'enfant pouvant bénéficier du regroupement familial est celui qui répond à la définition donnée au dernier alinéa de l'article L. 314-11.

Le regroupement familial est sollicité pour l'ensemble des personnes désignées aux articles L. 411-1 à L. 411-3. Un regroupement partiel peut être autorisé pour des motifs tenant à l'intérêt des enfants.

Art. L. 411-5 *(Mod., L. n° 2007-1631, 20 nov. 2007 ; L. n° 2016-274, 7 mars 2016)*. – Le regroupement familial ne peut être refusé que pour l'un des motifs suivants :

1° Le demandeur ne justifie pas de ressources stables et suffisantes pour subvenir aux besoins de sa famille. Sont prises en compte toutes les ressources du demandeur et de son conjoint indépendamment des prestations familiales, de l'allocation équivalent retraite et des allocations prévues à l'article L. 262-1 du Code de l'action sociale et des familles, à l'article L. 815-1 du Code de la sécurité sociale et aux articles L. 5423-1, L. 5423-2 et L. 5423-8 du Code du travail. Les ressources doivent atteindre un montant qui tient compte de la taille de la famille du demandeur. Le décret en Conseil d'État prévu à l'article L. 441-1 fixe ce montant qui doit être au moins égal au salaire minimum de croissance mensuel et au plus égal à ce salaire majoré d'un cinquième. Ces dispositions ne sont pas applicables lorsque la personne qui demande le regroupement familial est titulaire de l'allocation aux adultes handicapés mentionnée à l'article L. 821-2 du Code de la sécurité sociale ou de l'allocation supplémentaire mentionnée à l'article L. 815-24 du même code ; ou lorsqu'une personne âgée de plus de soixante-cinq ans et résidant régulièrement en France depuis au moins vingt-cinq ans demande le regroupement familial pour son conjoint et justifie d'une durée de mariage d'au moins dix ans ;

2° Le demandeur ne dispose pas ou ne disposera pas à la date d'arrivée de sa famille en France d'un logement considéré comme normal pour une famille comparable vivant dans la même région géographique ;

3° Le demandeur ne se conforme pas aux principes essentiels qui, conformément aux lois de la République, régissent la vie familiale en France, pays d'accueil.

Art. L. 411-6. – Peut être exclu du regroupement familial :

1° Un membre de la famille dont la présence en France constituerait une menace pour l'ordre public ;

2° Un membre de la famille atteint d'une maladie inscrite au règlement sanitaire international ;

3° Un membre de la famille résidant en France.

Art. L. 411-7. – Lorsqu'un étranger polygame réside en France avec un premier conjoint, le bénéfice du regroupement familial ne peut être accordé à un autre conjoint. Sauf si cet autre conjoint est décédé ou déchu de ses droits parentaux, ses enfants ne bénéficient pas non plus du regroupement familial.

Le titre de séjour sollicité ou obtenu par un autre conjoint est, selon le cas, refusé ou retiré. Le titre de séjour du ressortissant étranger polygame qui a fait venir auprès de lui plus d'un conjoint, ou des enfants autres que ceux du premier conjoint ou d'un autre conjoint décédé ou déchu de ses droits parentaux, lui est retiré.

Art. L. 411-8 *(Abr., L. n° 2016-274, 7 mars 2016)*.

TITRE II. – INSTRUCTION DES DEMANDES

CHAPITRE UNIQUE

Art. L. 421-1. – L'autorisation d'entrer en France dans le cadre de la procédure du regroupement familial est donnée par l'autorité administrative compétente après vérification des conditions de logement et de ressources par le maire de la commune de résidence de l'étranger ou le maire de la commune où il envisage de s'établir. Le maire, saisi par l'autorité administrative, peut émettre un avis sur la condition mentionnée au 3° de l'article L. 411-5. Cet avis est réputé rendu à l'expiration d'un délai de deux mois à compter de la communication du dossier par l'autorité administrative.

Art. L. 421-2 *(Mod., D. n° 2009-331, 25 mars 2009)*. – Pour procéder à la vérification des conditions de logement et de ressources, le maire examine les pièces justificatives requises dont la liste est déterminée par décret. Des agents spécialement habilités des services de la commune chargés des affaires sociales ou du logement, ou, à la demande du maire, des agents de l'Office français de l'immigration et de l'intégration peuvent pénétrer dans le logement. Ils doivent s'assurer au préalable du consentement écrit de son occupant. En cas de refus de l'occupant, les conditions de logement permettant le regroupement familial sont réputées non remplies. Lorsque ces vérifications n'ont pas pu être effectuées parce que le demandeur ne disposait pas encore du logement nécessaire au moment de la demande, le regroupement familial peut être autorisé si les autres conditions sont remplies et après que le maire a vérifié sur pièces les caractéristiques du logement et la date à laquelle le demandeur en aura la disposition.

Art. L. 421-3 *(Mod., D. n° 2009-331, 25 mars 2009).* – À l'issue de l'instruction, le maire émet un avis motivé. Cet avis est réputé favorable à l'expiration d'un délai de deux mois à compter de la communication du dossier par l'autorité administrative. Le dossier est transmis à l'Office français de l'immigration et de l'intégration qui peut demander à ses agents de procéder, s'ils ne l'ont déjà fait, à des vérifications sur place dans les conditions prévues à l'article L. 421-2.

Art. L. 421-4. – L'autorité administrative statue sur la demande dans un délai de six mois à compter du dépôt par l'étranger du dossier complet de cette demande. Il informe le maire de la décision rendue.

La décision autorisant l'entrée en France des membres de la famille est caduque si le regroupement n'est pas intervenu dans un délai fixé par voie réglementaire.

TITRE III. – DÉLIVRANCE DES TITRES DE SÉJOUR

CHAPITRE UNIQUE

Art. L. 431-1. – Les membres de la famille entrés en France régulièrement au titre du regroupement familial reçoivent de plein droit une carte de séjour temporaire, dès qu'ils sont astreints à la détention d'un titre de séjour.

Le titre de séjour délivré à la personne autorisée à séjourner au titre du regroupement familial confère à son titulaire, dès la délivrance de ce titre, le droit d'exercer toute activité professionnelle de son choix dans le cadre de la législation en vigueur.

Art. L. 431-2 *(L. n° 2006-911, 24 juill. 2006 ; mod., L. n° 2007-1631, 20 nov. 2007 ; L. n° 2011-672, 16 juin 2011 ; L. n° 2014-873, 4 août 2014 ; L. n° 2016-274, 7 mars 2016).* – En cas de rupture de la vie commune ne résultant pas du décès de l'un des conjoints, le titre de séjour qui a été remis au conjoint d'un étranger peut, pendant les trois années suivant l'autorisation de séjourner en France au titre du regroupement familial, faire l'objet d'un retrait ou d'un refus de renouvellement.

Lorsque la rupture de la vie commune est antérieure à la demande de titre, l'autorité administrative refuse de l'accorder.

Les dispositions du premier alinéa ne s'appliquent pas si un ou plusieurs enfants sont nés de cette union, lorsque l'étranger est titulaire de la carte de résident et qu'il établit contribuer effectivement, depuis la naissance, à l'entretien et à l'éducation du ou des enfants dans les conditions prévues à l'article 371-2 du Code civil.

En outre, lorsque l'étranger a subi des violences conjugales de la part de son conjoint et que la communauté de vie a été rompue, l'autorité administrative ne peut procéder au retrait du titre de séjour de l'étranger admis au séjour au titre du regroupement familial et en accorde le renouvellement. En cas de violence commise après l'arrivée en France du conjoint mais avant la première délivrance de la carte de séjour temporaire, le conjoint se voit délivrer, sauf si sa présence constitue une menace pour l'ordre public, une carte de séjour temporaire portant la mention « vie privée et familiale ».

Art. L. 431-3. – Le titre de séjour d'un étranger qui n'entre pas dans les catégories mentionnées aux articles L. 521-2, L. 521-3 et L. 521-4 peut faire l'objet d'un retrait lorsque son titulaire a fait venir son conjoint ou ses enfants en dehors de la procédure du regroupement familial. La décision de retrait du titre de séjour est prise après avis de la commission du titre de séjour mentionnée à l'article L. 312-1.

TITRE IV. – DISPOSITIONS COMMUNES

CHAPITRE UNIQUE

Art. L. 441-1. – Un décret en Conseil d'État fixe les conditions d'application du présent livre.

LIVRE CINQUIÈME. – LES MESURES D'ÉLOIGNEMENT

TITRE PREMIER. – L'obligation de quitter le territoire français, l'interdiction de retour sur le territoire français et l'interdiction de circulation sur le territoire français

CHAPITRE I. – Cas dans lesquels un étranger peut faire l'objet d'une obligation de quitter le territoire français, d'une interdiction de retour sur le territoire français et d'une interdiction de circulation sur le territoire français

Art. L. 511-1 *(Rempl., L. n° 2011-672, 16 juin 2011 ; L. n° 2015-925, 29 juill. 2015 ; L. n° 2016-274, 7 mars 2016).* **– I. – L'autorité administrative peut obliger à quitter le territoire français un étranger non ressortissant d'un État membre de l'Union européenne, d'un autre État partie à l'accord sur l'Espace économique européen ou de la Confédération suisse et qui n'est pas membre de la famille d'un tel ressortissant au sens des 4° et 5° de l'article L. 121-1, lorsqu'il se trouve dans l'un des cas suivants :**

1° Si l'étranger ne peut justifier être entré régulièrement sur le territoire français, à moins qu'il ne soit titulaire d'un titre de séjour en cours de validité ;

2° Si l'étranger s'est maintenu sur le territoire français au-delà de la durée de validité de son visa ou, s'il n'est pas soumis à l'obligation du visa, à l'expiration d'un délai de trois mois à compter de son entrée sur le territoire sans être titulaire d'un premier titre de séjour régulièrement délivré ;

3° Si la délivrance ou le renouvellement d'un titre de séjour a été refusé à l'étranger ou si le titre de séjour qui lui avait été délivré lui a été retiré ;

4° Si l'étranger n'a pas demandé le renouvellement de son titre de séjour temporaire ou pluriannuel et s'est maintenu sur le territoire français à l'expiration de ce titre ;

5° Si le récépissé de la demande de carte de séjour ou l'autorisation provisoire de séjour qui avait été délivré à l'étranger lui a été retiré ou si le renouvellement de ces documents lui a été refusé ;

6° Si la reconnaissance de la qualité de réfugié ou le bénéfice de la protection subsidiaire a été définitivement refusé à l'étranger ou si l'étranger ne bénéficie plus du droit de se maintenir sur le territoire français en application de l'article L. 743-2, à moins qu'il ne soit titulaire d'un titre de séjour en cours de validité ;

7° Si le comportement de l'étranger qui ne réside pas régulièrement en France depuis plus de trois mois constitue une menace pour l'ordre public ;

8° Si l'étranger qui ne réside pas régulièrement en France depuis plus de trois mois a méconnu l'article L. 5221-5 du Code du travail.

La décision énonçant l'obligation de quitter le territoire français est motivée. Elle n'a pas à faire l'objet d'une motivation distincte de celle de la décision relative au séjour dans les cas prévus aux 3° et 5° du présent I, sans préjudice, le cas échéant, de l'indication des motifs pour lesquels il est fait application des II et III.

L'obligation de quitter le territoire français fixe le pays à destination duquel l'étranger est renvoyé en cas d'exécution d'office.

II *(Mod., Ord. n° 2014-464, 7 mai 2014).* **- Pour satisfaire à l'obligation qui lui a été faite de quitter le territoire français, l'étranger dispose d'un délai de trente jours à compter de sa notification pour rejoindre le pays dont il possède la nationalité ou tout autre pays non membre de l'Union européenne ou avec lequel ne s'applique pas l'acquis de Schengen où il est légalement admissible. Toutefois, lorsqu'il est accompagné d'un enfant mineur ressortissant d'un autre État membre de l'Union européenne, d'un autre État partie à l'accord sur l'Espace économique européen ou de la Confédération suisse dont il assure seul la garde effective, il ne peut être tenu de rejoindre qu'un pays membre de l'Union européenne ou avec lequel s'applique l'acquis de Schengen. L'étranger obligé de quitter le territoire français ; peut solliciter, à cet effet, un dispositif d'aide au retour dans son pays d'origine. À Mayotte, l'étranger ne peut bénéficier d'une aide au retour mais, dans des circonstances exceptionnelles et sous réserve de l'existence d'un projet économique viable, d'une aide à la réinsertion économique, ou, s'il est accompagné d'un ou plusieurs enfants mineurs, de mesures d'accompagnement, dans des conditions définies par arrêté du ministre de l'Intérieur et du ministre chargé des outre-mer. L'autorité administrative peut accorder, à titre exceptionnel, un délai de départ volontaire supérieur à trente jours s'il apparaît nécessaire de tenir compte de circonstances propres à chaque cas.**

Le délai de départ volontaire accordé à l'étranger peut faire l'objet d'une prolongation par l'autorité administrative pour une durée appropriée s'il apparaît nécessaire de tenir compte de circonstances propres à chaque cas. L'étranger est informé par écrit de cette prolongation.

Toutefois, l'autorité administrative peut, par une décision motivée, décider que l'étranger est obligé de quitter sans délai le territoire français :

1° Si le comportement de l'étranger constitue une menace pour l'ordre public ;

2° Si l'étranger s'est vu refuser la délivrance ou le renouvellement de son titre de séjour, de son récépissé de demande de carte de séjour ou de son autorisation provisoire de séjour au motif que sa demande était ou manifestement infondée ou frauduleuse ;

3° S'il existe un risque que l'étranger se soustraie à cette obligation. Ce risque peut être regardé comme établi, sauf circonstance particulière, dans les cas suivants :

a) Si l'étranger, qui ne peut justifier être entré régulièrement sur le territoire français, n'a pas sollicité la délivrance d'un titre de séjour ;

b) Si l'étranger s'est maintenu sur le territoire français au-delà de la durée de validité de son visa ou, s'il n'est pas soumis à l'obligation du visa, à l'expiration d'un délai de trois mois à compter de son entrée en France, sans avoir sollicité la délivrance d'un titre de séjour ;

c) Si l'étranger s'est maintenu sur le territoire français plus d'un mois après l'expiration de son titre de séjour, de son récépissé de demande de carte de séjour ou de son autorisation provisoire de séjour, sans en avoir demandé le renouvellement ;

d) Si l'étranger s'est soustrait à l'exécution d'une précédente mesure d'éloignement ;

e) Si l'étranger a contrefait, falsifié ou établi sous un autre nom que le sien un titre de séjour ou un document d'identité ou de voyage ;

f) Si l'étranger ne présente pas de garanties de représentation suffisantes, notamment parce qu'il ne peut justifier de la possession de documents d'identité ou de voyage en cours de validité, ou qu'il a dissimulé des éléments de son identité, ou qu'il n'a pas déclaré le lieu de sa résidence effective ou permanente, ou qu'il s'est précédemment soustrait aux obligations prévues par les articles L. 513-4, L. 552-4, L. 561-1 et L. 561-2.

L'autorité administrative peut faire application du troisième alinéa du présent II lorsque le motif apparaît au cours du délai accordé en application du premier alinéa.

III. – L'autorité administrative, par une décision motivée, assortit l'obligation de quitter le territoire français d'une interdiction de retour sur le territoire français, d'une durée maximale de trois ans à compter de sa notification, lorsque aucun délai de départ volontaire n'a été accordé à l'étranger ou lorsque l'étranger n'a pas satisfait à cette obligation dans le délai imparti.

Des circonstances humanitaires peuvent toutefois justifier que l'autorité administrative ne prononce pas d'interdiction de retour.

Sauf s'il n'a pas satisfait à une précédente obligation de quitter le territoire français ou si son comportement constitue une menace pour l'ordre public, le présent III n'est pas applicable à l'étranger obligé de quitter le territoire français au motif que le titre de séjour qui lui avait été délivré en application de l'article L. 316-1 n'a pas été renouvelé ou a été retiré ou que, titulaire d'un titre de séjour délivré sur le même fondement dans un autre État membre de l'Union européenne, il n'a pas rejoint le territoire de cet État à l'expiration de son droit de circulation sur le territoire français dans le délai qui lui a, le cas échéant, été imparti pour le faire.

Lorsqu'elle ne se trouve pas en présence des cas prévus au premier alinéa du présent III, l'autorité administrative peut, par une décision motivée, assortir l'obligation de quitter le territoire français d'une interdiction de retour sur le territoire français d'une durée maximale de deux ans.

L'étranger à l'encontre duquel a été prise une interdiction de retour est informé qu'il fait l'objet d'un signalement aux fins de non-admission dans le système d'information Schengen, conformément à l'article 24 du règlement (CE) n° 1987/2006 du Parlement européen et du Conseil du 20 décembre 2006 sur l'établissement, le fonctionnement et l'utilisation du système d'information Schengen de deuxième génération (SIS II). Les modalités de suppression du signalement de l'étranger en cas d'annulation ou d'abrogation de l'interdiction de retour sont fixées par voie réglementaire.

Lorsque l'étranger ne faisant pas l'objet d'une interdiction de retour s'est maintenu sur le territoire au-delà du délai de départ volontaire, l'autorité administrative peut prononcer une interdiction de retour pour une durée maximale de deux ans à compter de sa notification.

Lorsque l'étranger faisant l'objet d'une interdiction de retour s'est maintenu sur le territoire au-delà du délai de départ volontaire ou alors qu'il était obligé de quitter sans délai le territoire français ou, ayant déféré à l'obligation de quitter le territoire français, y est revenu alors que l'interdiction de retour poursuit ses effets, l'autorité administrative peut prolonger cette mesure pour une durée maximale de deux ans.

La durée de l'interdiction de retour mentionnée au premier alinéa du présent III ainsi que le prononcé et la durée de l'interdiction de retour mentionnée au quatrième alinéa sont décidés par l'autorité administrative en tenant compte de la durée de présence de l'étranger sur le territoire français, de la nature et de l'ancienneté de ses liens avec la France, de la circonstance qu'il a déjà fait l'objet ou non d'une mesure d'éloignement et de la menace pour l'ordre public que représente sa présence sur le territoire français.

Sauf menace grave pour l'ordre public, la durée totale de l'interdiction de retour ne peut excéder cinq ans, compte tenu des prolongations éventuellement décidées.

L'autorité administrative peut à tout moment abroger l'interdiction de retour. Lorsque l'étranger sollicite l'abrogation de l'interdiction de retour, sa demande n'est recevable que s'il justifie résider hors de France. Cette condition ne s'applique pas :

1° Pendant le temps où l'étranger purge en France une peine d'emprisonnement ferme ;

2° Lorsque l'étranger fait l'objet d'une mesure d'assignation à résidence prise en application des articles L. 561-1 ou L. 561-2.

Lorsqu'un étranger faisant l'objet d'une obligation de quitter le territoire français avec délai de départ volontaire assortie d'une interdiction de retour justifie, selon des modalités déterminées par voie réglementaire, avoir satisfait à cette obligation dans le délai imparti, au plus tard deux mois suivant l'expiration de ce délai de départ volontaire, l'interdiction de retour est abrogée. Toutefois, par décision motivée, l'autorité administrative peut refuser cette abrogation au regard de circonstances particulières tenant à la situation et au comportement de l'intéressé.

Art. L. 511-2 *(Mod., L. n° 2006-911, 24 juill. 2006 ; rempl., L. n° 2011-672, 16 juin 2011).* – Le 1° du I et le a du 3° du II de l'article L. 511-1 sont applicables à l'étranger qui n'est pas ressortissant d'un État membre de l'Union européenne :

1° S'il ne remplit pas les conditions d'entrée prévues à l'article 5 du règlement (CE) n° 562/2006 du Parlement européen et du Conseil, du 15 mars 2006, établissant un code communautaire relatif au régime de franchissement des frontières par les personnes (code frontières Schengen) ;

2° Si, en provenance directe du territoire d'un État partie à la convention précitée signée à Schengen le 19 juin 1990, il ne peut justifier être entré sur le territoire métropolitain en se conformant aux stipulations de ses articles 19, paragraphe 1 ou 2, 20, paragraphe 1, et 21, paragraphe 1 ou 2, de cette même convention.

Art. L. 511-3 *(Mod., L. n° 2006-911, 24 juill. 2006 ; L. n° 2011-672, 16 juin 2011).* – Les dispositions du 2° du I et du b du 3° du II de l'article L. 511-1 sont applicables à l'étranger qui n'est pas ressortissant d'un État membre de l'Union européenne si, en provenance directe du territoire d'un des États parties à la convention signée à Schengen le 19 juin 1990, il s'est maintenu sur le territoire métropolitain sans se conformer aux stipulations de l'article 19, paragraphe 1 ou 2, de l'article 20, paragraphe 1, et de l'article 21, paragraphe 1 ou 2, de ladite convention.

Art. L. 511-3-1 *(L. n° 2011-672, 16 juin 2011 ; L. n° 2016-274, 7 mars 2016).* – L'autorité administrative compétente peut, par décision motivée, obliger un ressortissant d'un État membre de l'Union européenne, d'un autre État partie à l'accord sur l'Espace économique européen ou de la Confédération suisse, ou un membre de sa famille à quitter le territoire français lorsqu'elle constate :

1° Qu'il ne justifie plus d'aucun droit au séjour tel que prévu par les articles L. 121-1, L. 121-3 ou L. 121-4-1 ;

2° Ou que son séjour est constitutif d'un abus de droit. Constitue un abus de droit le fait de renouveler des séjours de moins de trois mois dans le but de se maintenir sur le territoire alors que les conditions requises pour un séjour d'une durée supérieure à trois mois ne sont pas remplies. Constitue également un abus de droit le séjour en France dans le but essentiel de bénéficier du système d'assistance sociale ;

3° Ou que son comportement personnel constitue, du point de vue de l'ordre public ou de la sécurité publique, une menace réelle, actuelle et suffisamment grave à l'encontre d'un intérêt fondamental de la société.

L'autorité administrative compétente tient compte de l'ensemble des circonstances relatives à sa situation, notamment la durée du séjour de l'intéressé en France, son âge, son état de santé, sa situation familiale et économique, son intégration sociale et culturelle en France, et de l'intensité de ses liens avec son pays d'origine.

L'étranger dispose, pour satisfaire à l'obligation qui lui a été faite de quitter le territoire français, d'un délai qui, sauf urgence, ne peut être inférieur à trente jours à compter de sa notification. À titre exceptionnel, l'autorité administrative peut accorder un délai de départ volontaire supérieur à trente jours.

L'obligation de quitter le territoire français fixe le pays à destination duquel il est renvoyé en cas d'exécution d'office.

Les articles L. 512-1 à L. 512-4 sont applicables aux mesures prises en application du présent article.

Art. L. 511-3-2 *(L. n° 2016-274, 7 mars 2016)*. – L'autorité administrative peut, par décision motivée, assortir l'obligation de quitter le territoire français prononcée en application des 2° et 3° de l'article L. 511-3-1 d'une interdiction de circulation sur le territoire français d'une durée maximale de trois ans.

L'autorité administrative peut à tout moment abroger l'interdiction de circulation sur le territoire français. Lorsque l'étranger sollicite l'abrogation de l'interdiction de circulation sur le territoire français, sa demande n'est recevable que s'il justifie résider hors de France depuis un an au moins.

Cette condition ne s'applique pas :

1° Pendant le temps où l'étranger purge en France une peine d'emprisonnement ferme ;

2° Lorsque l'étranger fait l'objet d'une mesure d'assignation à résidence prise en application des articles L. 561-1 ou L. 561-2.

Les quatre derniers alinéas de l'article L. 511-3-1 sont applicables.

Art. L. 511-4 *(Mod., L. n° 2006-911, 24 juill. 2006 ; L. n° 2011-672, 16 juin 2011 ; L. n° 2016-274, 7 mars 2016)*. – Ne peuvent faire l'objet d'une obligation de quitter le territoire français :

1° L'étranger mineur de dix-huit ans ;

2° L'étranger qui justifie par tous moyens résider habituellement en France depuis qu'il a atteint au plus l'âge de treize ans ;

3° *(Abr., L. n° 2006-911, 24 juill. 2006)* ;

4° L'étranger qui réside régulièrement en France depuis plus de dix ans, sauf s'il a été, pendant toute cette période, titulaire d'une carte de séjour temporaire ou pluriannuelle portant la mention « étudiant » ;

5° L'étranger qui réside régulièrement en France depuis plus de vingt ans ;

6° L'étranger ne vivant pas en état de polygamie qui est père ou mère d'un enfant français mineur résidant en France, à condition qu'il établisse contribuer effectivement à l'entretien et à l'éducation de l'enfant dans les conditions prévues par l'article 371-2 du Code civil depuis la naissance de celui-ci ou depuis au moins « deux ans » ;

7° L'étranger marié depuis au moins « trois » ans avec un conjoint de nationalité française, à condition que la communauté de vie n'ait pas cessé « depuis le mariage » et que le conjoint ait conservé la nationalité française ;

8° L'étranger qui réside régulièrement en France depuis plus de dix ans et qui, ne vivant pas en état de polygamie, est marié depuis au moins trois ans avec un ressortissant étranger relevant du 2°, à condition que la communauté de vie n'ait pas cessé depuis le mariage ;

9° L'étranger titulaire d'une rente d'accident du travail ou de maladie professionnelle servie par un organisme français et dont le taux d'incapacité permanente est égal ou supérieur à 20 % ;

10° L'étranger résidant habituellement en France si son état de santé nécessite une prise en charge médicale dont le défaut pourrait avoir pour lui des conséquences d'une exceptionnelle gravité et si, eu égard à l'offre de soins et aux caractéristiques du système de santé du pays de renvoi, il ne pourrait pas y bénéficier effectivement d'un traitement approprié dont l'état de santé nécessite une prise en charge médicale dont le défaut pourrait entraîner pour lui des conséquences d'une exceptionnelle gravité, sous réserve de l'absence d'un traitement approprié dans le pays de renvoi, sauf circonstance humanitaire exceptionnelle appréciée par l'autorité administrative après avis du directeur général de l'agence régionale de santé.

11° Le ressortissant d'un État membre de l'Union européenne, d'un autre État partie à l'accord sur l'Espace économique européen ou de la Confédération suisse, ainsi que les membres de sa famille, qui bénéficient du droit au séjour permanent prévu par l'article L. 122-1.

Art. L. 511-5 *(L. n° 2015-925, 29 juill. 2015)*. – En cas de reconnaissance de la qualité de réfugié ou d'octroi de la protection subsidiaire, l'autorité administrative abroge l'obligation de quitter le territoire français qui, le cas échéant, a été prise. Elle délivre sans délai au réfugié la carte de résident prévue au 8° de l'article L. 314-11 et au bénéficiaire de la protection subsidiaire la carte de séjour temporaire prévue à l'article L. 313-13.

CHAPITRE II. – PROCÉDURE ADMINISTRATIVE ET CONTENTIEUSE
(Rempl., L. n° 2011-672, 16 juin 2011 : en vigueur à compter d'une date fixée par décret en Conseil d'État et au plus tard le 30 septembre 2011)

Art. L. 512-1 *(L. n° 2006-911, 24 juill. 2006 ; mod., L. n° 2007-210, 19 févr. 2007 ; rempl., L. n° 2011-672, 16 juin 2011 ; L. n° 2016-274, 7 mars 2016).* – I. – L'étranger qui fait l'objet d'une obligation de quitter le territoire français sur le fondement des 3°, 5°, 7° ou 8° du I de l'article L. 511-1 ou sur le fondement de l'article L. 511-3-1 et qui dispose du délai de départ volontaire mentionné au premier alinéa du II de l'article L. 511-1 ou au sixième alinéa de l'article L. 511-3-1 peut, dans le délai de trente jours suivant sa notification, demander au tribunal administratif l'annulation de cette décision, ainsi que l'annulation de la décision relative au séjour, de la décision mentionnant le pays de destination et de la décision d'interdiction de retour sur le territoire français ou d'interdiction de circuler sur le territoire français qui l'accompagnent le cas échéant.

L'étranger peut demander le bénéfice de l'aide juridictionnelle au plus tard lors de l'introduction de sa requête en annulation. Le tribunal administratif statue dans un délai de trois mois à compter de sa saisine.

Toutefois, si l'étranger est placé en rétention en application de l'article L. 551-1 ou assigné à résidence en application de l'article L. 561-2, il est statué selon la procédure et dans le délai prévus au III du présent article.

I *bis*. – L'étranger qui fait l'objet d'une obligation de quitter le territoire français sur le fondement des 1°, 2°, 4° ou 6° du I de l'article L. 511-1 et qui dispose du délai de départ volontaire mentionné au premier alinéa du II du même article L. 511-1 peut, dans un délai de quinze jours à compter de sa notification, demander au président du tribunal administratif l'annulation de cette décision, ainsi que l'annulation de la décision mentionnant le pays de destination et de la décision d'interdiction de retour sur le territoire français qui l'accompagnent, le cas échéant.

L'étranger qui fait l'objet d'une interdiction de retour prévue au sixième alinéa du II du même article L. 511-1 peut, dans le délai de quinze jours suivant sa notification, demander l'annulation de cette décision.

Le président du tribunal administratif ou le magistrat qu'il désigne à cette fin parmi les membres de sa juridiction ou parmi les magistrats honoraires inscrits sur la liste mentionnée à l'article L. 222-2-1 du Code de justice administrative statue dans un délai de six semaines à compter de sa saisine.

L'étranger peut demander au président du tribunal administratif ou au magistrat désigné à cette fin le concours d'un interprète et la communication du dossier contenant les pièces sur la base desquelles la décision contestée a été prise.

L'audience est publique. Elle se déroule sans conclusions du rapporteur public, en présence de l'intéressé, sauf si celui-ci, dûment convoqué, ne se présente pas. L'étranger est assisté de son conseil s'il en a un. Il peut demander au président du tribunal administratif ou au magistrat désigné à cette fin qu'il lui en soit désigné un d'office.

Toutefois, si l'étranger est placé en rétention en application de l'article L. 551-1 du présent code ou assigné à résidence en application de l'article L. 561-2, il est statué selon la procédure et dans le délai prévus au III du présent article.

II. – L'étranger qui fait l'objet d'une obligation de quitter le territoire sans délai peut, dans les quarante-huit heures suivant sa notification par voie administrative, demander au président du tribunal administratif l'annulation de cette décision, ainsi que l'annulation de la décision relative au séjour, de la décision refusant un délai de départ volontaire, de la décision mentionnant le pays de destination et de la décision d'interdiction de retour sur le territoire français ou d'interdiction de circuler sur le territoire français qui l'accompagnent le cas échéant.

Il est statué sur ce recours selon la procédure et dans les délais prévus selon les cas, aux I ou I *bis*.

Toutefois, si l'étranger est placé en rétention en application de l'article L. 551-1 ou assigné à résidence en application de l'article L. 561-2, il est statué selon la procédure et dans le délai prévus au III du présent article.

III. – En cas de placement en rétention en application de l'article L. 551-1, l'étranger peut demander au président du tribunal administratif l'annulation de l'obligation de quitter le territoire français, de la décision refusant un délai de départ volontaire, de la décision mentionnant le pays de destination et de la décision d'interdiction de retour sur le territoire français ou d'interdiction de circulation sur le territoire français qui l'accompagnent, le cas échéant, dans un délai de quarante-huit heures à compter de leur notification, lorsque ces décisions sont notifiées avec la décision de placement en rétention. La décision de placement en rétention ne peut être contestée que devant le juge des libertés et de la détention, dans un délai de quarante-huit heures à compter de sa notification, suivant la procédure prévue à la section I du chapitre II du titre V du présent livre et dans une audience commune aux deux procédures, sur lesquelles le juge statue par ordonnance unique lorsqu'il est également saisi aux fins de prolongation de la rétention en application de l'article L. 552-1.

L'étranger faisant l'objet d'une décision d'assignation à résidence prise en application de l'article L. 561-2 peut, dans le même délai, demander au président du tribunal administratif l'annulation de cette décision. Les décisions mentionnées au premier alinéa du présent III peuvent être contestées dans le même recours lorsqu'elles sont notifiées avec la décision d'assignation.

Le président du tribunal administratif ou le magistrat qu'il désigne à cette fin parmi les membres de sa juridiction ou les magistrats honoraires inscrits sur la liste mentionnée à l'article L. 222-2-1 du Code de justice administrative statue au plus tard soixante-douze heures à compter de sa saisine. Il peut se transporter au siège de la juridiction judiciaire la plus proche du lieu où se trouve l'étranger si celui-ci est retenu en application de l'article L. 551-1 du présent code. Si une salle d'audience attribuée au ministère de la Justice lui permettant de statuer publiquement a été spécialement aménagée à proximité immédiate de ce lieu de rétention, il peut statuer dans cette salle. Sauf si l'étranger, dûment informé dans une langue qu'il comprend, s'y oppose, l'audience peut se tenir dans cette salle et le juge siéger au tribunal dont il est membre, relié à la salle d'audience, en direct, par un moyen de communication audiovisuelle qui garantit la confidentialité de la transmission. La salle d'audience située à proximité du lieu de rétention et celle du tribunal administratif sont ouvertes au public.

L'étranger peut demander au président du tribunal administratif ou au magistrat désigné à cette fin le concours d'un interprète et la communication du dossier contenant les pièces sur la base desquelles la décision contestée a été prise.

L'audience est publique. Elle se déroule sans conclusions du rapporteur public, en présence de l'intéressé, sauf si celui-ci, dûment convoqué, ne se présente pas. L'étranger est assisté de son conseil s'il en a un. Il peut demander au président du tribunal administratif ou au magistrat désigné à cette fin qu'il lui en soit désigné un d'office.

Il est également statué selon la procédure prévue au présent III sur le recours dirigé contre l'obligation de quitter le territoire français par un étranger qui est l'objet en cours d'instance d'une décision de placement en rétention ou d'assignation à résidence en application de l'article L. 561-2. Le délai de soixante-douze heures pour statuer court à compter de la notification par l'administration au tribunal de la décision de placement en rétention ou d'assignation.

IV. – Lorsque l'étranger est en détention, il est statué sur son recours selon la procédure et dans les délais prévus au III. Dès la notification de l'obligation de quitter le territoire français, l'étranger est informé, dans une langue qu'il comprend, qu'il peut demander l'assistance d'un interprète ainsi que d'un conseil.

Art. L. 512-1-1 *(Abr., L. n° 2011-672, 16 juin 2011).*

Art. L. 512-2 *(Rempl., L. n° 2011-672, 16 juin 2011).* – Dès notification de l'obligation de quitter le territoire français, l'étranger auquel aucun délai de départ volontaire n'a été accordé est mis en mesure, dans les meilleurs délais, d'avertir un conseil, son consulat ou une personne de son choix. L'étranger est informé qu'il peut recevoir communication des principaux éléments des décisions qui lui sont notifiées en application de l'article L. 511-1. Ces éléments lui sont alors communiqués dans une langue qu'il comprend ou dont il est raisonnable de supposer qu'il la comprend.

Art. L. 512-3 *(Mod., L. n° 2006-911, 24 juill. 2006 ; rempl., L. n° 2011-672, 16 juin 2011).* – Les articles L. 551-1 et L. 561-2 sont applicables à l'étranger faisant l'objet d'une obligation de quitter le territoire français dès l'expiration du délai de départ volontaire qui lui a été accordé ou, si aucun délai n'a été accordé, dès la notification de l'obligation de quitter le territoire français.

L'obligation de quitter le territoire français ne peut faire l'objet d'une exécution d'office ni avant l'expiration du délai de départ volontaire ou, si aucun délai n'a été accordé, avant l'expiration d'un délai de quarante-huit heures suivant sa notification par voie administrative, ni avant que le tribunal administratif n'ait statué s'il a été saisi. L'étranger en est informé par la notification écrite de l'obligation de quitter le territoire français.

Art. L. 512-4 *(Rempl., L. n° 2011-672, 16 juin 2011 ; L. n° 2016-274, 7 mars 2016)*. – Si l'obligation de quitter le territoire français est annulée, il est immédiatement mis fin aux mesures de surveillance prévues aux articles L. 513-4, L. 551-1, L. 552-4, L. 561-1 et L. 561-2 et l'étranger est muni d'une autorisation provisoire de séjour jusqu'à ce que l'autorité administrative ait à nouveau statué sur son cas.

Si la décision de ne pas accorder de délai de départ volontaire, ou la décision d'assignation à résidence est annulée, il est immédiatement mis fin aux mesures de surveillance prévues aux articles L. 551-1, L. 552-4, L. 561-1 et L. 561-2 et le président du tribunal administratif ou le magistrat désigné à cette fin rappelle à l'étranger son obligation de quitter le territoire français dans le délai qui lui sera fixé par l'autorité administrative en application du II de l'article L. 511-1 ou du sixième alinéa de l'article L. 511-3-1. Ce délai court à compter de sa notification.

Art. L. 512-5 *(Abr., L. n° 2006-911, 24 juill. 2006 ; rétabli dans la version suivante, L. n° 2011-672, 16 juin 2011 ; mod., Ord. n° 2014-464, 7 mai 2014)*. – L'étranger qui fait l'objet d'une obligation de quitter le territoire français peut solliciter un dispositif d'aide au retour dans son pays d'origine, sauf s'il a été placé en rétention. À Mayotte, l'étranger ne peut bénéficier d'une aide au retour mais, dans des circonstances exceptionnelles et sous réserve de l'existence d'un projet économique viable, d'une aide à la réinsertion économique, ou, s'il est accompagné d'un ou plusieurs enfants mineurs, de mesures d'accompagnement, dans des conditions définies par arrêté du ministre de l'Intérieur et du ministre chargé des outre-mer.

Art. L. 512-6 *(L. n° 2011-672, 16 juin 2011)*. – L'annulation de la décision relative au séjour emporte abrogation de la décision d'interdiction de retour qui l'accompagne le cas échéant, y compris lorsque le recours dirigé contre celle-ci a été rejeté selon la procédure prévue au III de l'article L. 512-1.

CHAPITRE III. – Exécution des obligations de quitter le territoire français, des interdictions de retour sur le territoire français et des interdictions de circulation sur le territoire français

Art. L. 513-1 *(Rempl., L. n° 2011-672, 16 juin 2011 ; mod., L. n° 2016-274, 7 mars 2016)*. – I. – L'obligation de quitter sans délai le territoire français, qui n'a pas été contestée devant le président du tribunal administratif dans le délai prévu au II de l'article L. 512-1 ou qui n'a pas fait l'objet d'une annulation, peut être exécutée d'office.

L'obligation de quitter le territoire français avec un délai de départ volontaire, qui n'a pas été contestée devant le tribunal administratif dans les délais prévus aux I et I *bis* du même article L. 512-1 ou qui n'a pas fait l'objet d'une annulation, peut être exécutée d'office à l'expiration du délai de départ volontaire.

II. – Sous réserve des dispositions de l'article L. 512-3, l'étranger faisant l'objet d'une interdiction de retour ou d'une interdiction de circulation sur le territoire français peut être d'office reconduit à la frontière.

Art. L. 513-2 *(L. n° 2006-911, 24 juill. 2006 ; L. n° 2007-1631, 20 nov. 2007 ; mod., L. n° 2011-672, 16 juin 2011 ; L. n° 2016-274, 7 mars 2016)*. – L'étranger qui fait l'objet d'une mesure d'éloignement est éloigné :

1° À destination du pays dont il a la nationalité, sauf si l'Office français de protection des réfugiés et apatrides ou la « Cour nationale du droit d'asile » lui a reconnu le statut de réfugié ou lui a accordé le bénéfice de la protection subsidiaire ou s'il n'a pas encore été statué sur sa demande d'asile ;

2° Ou en application d'un accord ou arrangement de réadmission communautaire ou bilatéral, à destination du pays qui lui a délivré un document de voyage en cours de validité ;

3° Ou avec son accord, à destination d'un autre pays dans lequel il est légalement admissible.

Un étranger ne peut être éloigné à destination d'un pays s'il établit que sa vie ou sa liberté y sont menacées ou qu'il y est exposé à des traitements contraires aux stipulations de l'article 3 de la Convention européenne de sauvegarde des droits de l'homme et des libertés fondamentales du 4 novembre 1950.

Art. L. 513-3 *(Mod., L. n° 2006-911, 24 juill. 2006 ; rempl., L. n° 2011-672, 16 juin 2011 ; L. n° 2016-274, 7 mars 2016)*. – La décision fixant le pays de renvoi constitue une décision distincte de la mesure d'éloignement elle-même.

Le recours contentieux contre la décision fixant le pays de renvoi n'est suspensif d'exécution, dans les conditions prévues au second alinéa de l'article L. 512-3, que s'il est présenté en même temps que le recours contre la mesure d'éloignement qu'elle vise à exécuter.

Art. L. 513-4 *(Mod., L. n° 2006-911, 24 juill. 2006 ; rempl., L. n° 2011-672, 16 juin 2011).* – L'étranger auquel un délai de départ volontaire a été accordé en application du II de l'article L. 511-1 peut, dès la notification de l'obligation de quitter le territoire français, être astreint à se présenter à l'autorité administrative ou aux services de police ou aux unités de gendarmerie pour y indiquer ses diligences dans la préparation de son départ.

Un décret en Conseil d'État prévoit les modalités d'application du présent article.

Art. L. 513-5 *(L. n° 2016-274, 7 mars 2016).* – Si l'étranger assigné à résidence en application des articles L. 523-3 à L. 523-5, L. 552-4, L. 561-1 ou L. 561-2 n'a pas déféré, sans motif légitime, à une demande de présentation aux autorités consulaires du pays dont il est raisonnable de penser qu'il a la nationalité, en vue de la délivrance d'un document de voyage, l'autorité administrative peut le faire conduire auprès de ces autorités par les services de police ou les unités de gendarmerie en vue de cette démarche, dans les conditions et pour le temps strictement nécessaires à celle-ci.

En cas d'impossibilité de faire conduire l'étranger auprès des autorités consulaires résultant d'une obstruction volontaire de sa part, l'autorité administrative peut demander au juge des libertés et de la détention de l'autoriser à requérir les services de police ou les unités de gendarmerie pour qu'ils visitent le domicile de l'étranger afin de s'assurer de sa présence et de le conduire auprès des autorités consulaires et, si les conditions en sont remplies, de lui notifier une décision de placement en rétention.

Le juge des libertés et de la détention, saisi par requête, statue dans les vingt-quatre heures. À peine de nullité, sa décision est motivée. Le juge s'assure de l'obstruction volontaire de l'étranger à la demande de présentation aux autorités consulaires, dûment constatée par l'autorité administrative, résultant de la non-présentation, sans motif légitime, aux autorités consulaires en vue de préparer l'exécution d'une décision d'éloignement. La décision mentionne l'adresse des lieux dans lesquels les opérations de visite peuvent être effectuées. L'ordonnance du juge des libertés et de la détention est exécutoire dans les conditions fixées aux troisième à sixième alinéas du II de l'article L. 561-2.

CHAPITRE IV. – DISPOSITIONS PROPRES À LA GUYANE, À LA GUADELOUPE, À MAYOTTE, À SAINT-BARTHÉLEMY ET À SAINT-MARTIN

(Intitulé mod., L. n° 2011-672, 16 juin 2011 ; Ord. n° 2014-464, 7 mai 2014)

Art. L. 514-1 *(Mod., L. n° 2006-911, 24 juill. 2006 ; L. n° 2007-1631, 20 nov. 2007 ; L. n° 2011-672, 16 juin 2011 ; Ord. n° 2014-464, 7 mai 2014 ; L. n° 2016-274, 7 mars 2016).* – Pour la mise en œuvre du présent titre, sont applicables en Guyane, en Guadeloupe, à Mayotte, à Saint-Barthélemy et à Saint-Martin les dispositions suivantes :

1° Si l'autorité consulaire le demande, l'obligation de quitter sans délai le territoire français ne peut être mise à exécution avant l'expiration du délai d'un jour franc à compter de la notification de l'arrêté ;

2° Sans préjudice des dispositions de l'alinéa précédent, l'étranger qui a fait l'objet d'une obligation de quitter le territoire français et qui défère cet acte au tribunal administratif peut assortir son recours d'une demande de suspension de son exécution ;

3° L'obligation de quitter le territoire français ne peut faire l'objet d'une exécution d'office, si l'étranger a saisi le tribunal administratif d'une demande sur le fondement de l'article L. 521-2 du Code de justice administrative, avant que le juge des référés ait informé les parties de la tenue ou non d'une audience publique en application du deuxième alinéa de l'article L. 522-1 du même code, ni, si les parties ont été informées d'une telle audience, avant que le juge ait statué sur la demande.

En conséquence, l'article L. 512-1, à l'exception de la seconde phrase du premier alinéa de son III, ainsi que les articles, L. 512-3 et L. 512-4 ne sont pas applicables dans ces collectivités.

Art. L. 514-2 *(Abr., L. n° 2016-274, 7 mars 2016).*

TITRE II. – L'EXPULSION

CHAPITRE I. – CAS DANS LESQUELS UN ÉTRANGER PEUT FAIRE L'OBJET D'UNE MESURE D'EXPULSION

Art. L. 521-1. – Sous réserve des dispositions des articles L. 521-2, L. 521-3 et L. 521-4, l'expulsion peut être prononcée si la présence en France d'un étranger constitue une menace grave pour l'ordre public.

Art. L. 521-2 *(Mod., L. n° 2006-911, 24 juill. 2006 ; L. n° 2011-672, 16 juin 2011 ; L. n° 2016-274, 7 mars 2016)*. – Ne peuvent faire l'objet d'une mesure d'expulsion que si cette mesure constitue une nécessité impérieuse pour la sûreté de l'État ou la sécurité publique et sous réserve que les dispositions de l'article L. 521-3 n'y fassent pas obstacle :

1° L'étranger, ne vivant pas en état de polygamie, qui est père ou mère d'un enfant français mineur résidant en France, à condition qu'il établisse contribuer effectivement à l'entretien et à l'éducation de l'enfant dans les conditions prévues par l'article 371-2 du Code civil depuis la naissance de celui-ci ou depuis au moins un an ;

2° L'étranger marié depuis au moins « trois » ans avec un conjoint de nationalité française, à condition que la communauté de vie n'ait pas cessé « depuis le mariage » et que le conjoint ait conservé la nationalité française ;

3° *(Abr., L. n° 2006-911, 24 juill. 2006)* ;

4° L'étranger qui réside régulièrement en France depuis plus de dix ans, sauf s'il a été, pendant toute cette période, titulaire d'une carte de séjour temporaire ou pluriannuelle portant la mention « étudiant » ;

5° L'étranger titulaire d'une rente d'accident du travail ou de maladie professionnelle servie par un organisme français et dont le taux d'incapacité permanente est égal ou supérieur à 20 %.

6° Le ressortissant d'un État membre de l'Union européenne, d'un autre État partie à l'accord sur l'Espace économique européen ou de la Confédération suisse qui séjourne régulièrement en France depuis dix ans.

Par dérogation aux dispositions du présent article, l'étranger visé aux 1° à 5° peut faire l'objet d'un arrêté d'expulsion en application de l'article L. 521-1 s'il a été condamné définitivement à une peine d'emprisonnement ferme au moins égale à cinq ans.

Art. L. 521-3 *(Mod., L. n° 2006-911, 24 juill. 2006 ; L. n° 2011-672, 16 juin 2011 ; L. n° 2016-274, 7 mars 2016)*. – Ne peuvent faire l'objet d'une mesure d'expulsion qu'en cas de comportements de nature à porter atteinte aux intérêts fondamentaux de l'État, ou liés à des activités à caractère terroriste, ou constituant des actes de provocation explicite et délibérée à la discrimination, à la haine ou à la violence contre une personne déterminée ou un groupe de personnes :

1° L'étranger qui justifie par tous moyens résider habituellement en France depuis qu'il a atteint au plus l'âge de treize ans ;

2° L'étranger qui réside régulièrement en France depuis plus de vingt ans ;

3° L'étranger qui réside régulièrement en France depuis plus de dix ans et qui, ne vivant pas en état de polygamie, est marié depuis au moins « quatre » ans soit avec un ressortissant français ayant conservé la nationalité française, soit avec un ressortissant étranger relevant du 1°, à condition que la communauté de vie n'ait pas cessé « depuis le mariage » ;

4° L'étranger qui réside régulièrement en France depuis plus de dix ans et qui, ne vivant pas en état de polygamie, est père ou mère d'un enfant français mineur résidant en France, à condition qu'il établisse contribuer effectivement à l'entretien et à l'éducation de l'enfant dans les conditions prévues par l'article 371-2 du Code civil depuis la naissance de celui-ci ou depuis au moins un an ;

5° L'étranger résidant habituellement en France si son état de santé nécessite une prise en charge médicale dont le défaut pourrait avoir pour lui des conséquences d'une exceptionnelle gravité et si, eu égard à l'offre de soins et aux caractéristiques du système de santé du pays de renvoi, il ne pourrait pas y bénéficier effectivement d'un traitement approprié dont l'état de santé nécessite une prise en charge médicale dont le défaut pourrait entraîner pour lui des conséquences d'une exceptionnelle gravité, sous réserve de l'absence d'un traitement approprié dans le pays de renvoi, sauf circonstance humanitaire exceptionnelle appréciée par l'autorité administrative après avis du directeur général de l'agence régionale de santé.

Les dispositions du présent article ne sont toutefois pas applicables à l'étranger mentionné au 3° ou au 4° ci-dessus lorsque les faits à l'origine de la mesure d'expulsion ont été commis à l'encontre de son conjoint ou de ses enfants « ou de tout enfant sur lequel il exerce l'autorité parentale ».

Les étrangers mentionnés au présent article bénéficient de ses dispositions même s'ils se trouvent dans la situation prévue au dernier alinéa de l'article L. 521-2.

Art. L. 521-4. – L'étranger mineur de dix-huit ans ne peut faire l'objet d'une mesure d'expulsion.

Art. L. 521-5 *(L. n° 2011-672, 16 juin 2011).* – Les mesures d'expulsion prévues aux articles L. 521-1 à L. 521-3 peuvent être prises à l'encontre des ressortissants d'un État membre de l'Union européenne, d'un autre État partie à l'accord sur l'Espace économique européen ou de la Confédération suisse, ou d'un membre de leur famille, si leur comportement personnel représente une menace réelle, actuelle et suffisamment grave pour un intérêt fondamental de la société.

Pour prendre de telles mesures, l'autorité administrative tient compte de l'ensemble des circonstances relatives à leur situation, notamment la durée de leur séjour sur le territoire national, leur âge, leur état de santé, leur situation familiale et économique, leur intégration sociale et culturelle dans la société française ainsi que l'intensité des liens avec leur pays d'origine.

CHAPITRE II. – PROCÉDURE ADMINISTRATIVE

Art. L. 522-1. – I. – Sauf en cas d'urgence absolue, l'expulsion ne peut être prononcée que dans les conditions suivantes :

1° L'étranger doit être préalablement avisé dans des conditions fixées par décret en Conseil d'État ;

2° L'étranger est convoqué pour être entendu par une commission qui se réunit à la demande de l'autorité administrative et qui est composée :

a) Du président du tribunal de grande instance du chef-lieu du département, ou d'un juge délégué par lui, président ;

b) D'un magistrat désigné par l'assemblée générale du tribunal de grande instance du chef-lieu du département ;

c) D'un conseiller de tribunal administratif.

QPC. Par décision n° 2016-580 QPC du 5 octobre 2016, le Conseil constitutionnel a décidé que les mots : « Sauf en cas d'urgence absolue » figurant au premier alinéa de l'article L. 522-1 sont conformes à la Constitution.

Art. L. 522-2 *(Mod., L. n° 2012-1432, 21 déc. 2012).* – La convocation prévue au 2° de l'article L. 522-1 doit être remise à l'étranger quinze jours au moins avant la réunion de la commission. Elle précise que l'intéressé a le droit d'être assisté d'un conseil ou de toute personne de son choix et d'être entendu avec un interprète.

L'étranger peut demander le bénéfice de l'aide juridictionnelle dans les conditions prévues par la loi n° 91-647 du 10 juillet 1991 relative à l'aide juridique. Cette faculté est indiquée dans la convocation. L'admission provisoire à l'aide juridictionnelle peut être prononcée par le président de la commission.

Les débats de la commission sont publics. Le président veille à l'ordre de la séance. Tout ce qu'il ordonne pour l'assurer doit être immédiatement exécuté. Devant la commission, l'étranger peut faire valoir toutes les raisons qui militent contre son expulsion. Un procès-verbal enregistrant les explications de l'étranger est transmis, avec l'avis motivé de la commission, à l'autorité administrative compétente pour statuer. L'avis de la commission est également communiqué à l'intéressé.

La commission rend son avis dans le délai d'un mois à compter de la remise à l'étranger de la convocation mentionnée au premier alinéa. Toutefois, lorsque l'étranger demande le renvoi pour un motif légitime, la commission prolonge ce délai, dans la limite d'un mois maximum à compter de la décision accordant ce renvoi. À l'issue du délai d'un mois ou, si la commission l'a prolongé, du délai supplémentaire qu'elle a fixé, les formalités de consultation de la commission sont réputées remplies.

Art. L. 522-3 *(Ord. n° 2014-464, 7 mai 2014).* – Lorsque la présence simultanée à Mayotte des magistrats membres de la commission prévue à l'article L. 522-1, ou de leurs remplaçants, n'est pas matériellement possible, le ou les magistrats empêchés peuvent assister à l'audition de l'étranger depuis un autre point du territoire de la République, ce dernier se trouvant relié, en direct, par un moyen de communication audiovisuelle, à la salle dans laquelle siège la commission, où doit être présent au moins un magistrat.

Un décret en Conseil d'État détermine les modalités d'application des dispositions de l'alinéa précédent.

CHAPITRE III. – EXÉCUTION DES ARRÊTÉS D'EXPULSION

Art. L. 523-1 *(L. n° 2016-274, 7 mars 2016)*. – L'arrêté prononçant l'expulsion d'un étranger peut être exécuté d'office par l'administration.

Le dernier alinéa de l'article L. 214-4 est applicable.

Art. L. 523-2. – Le pays de renvoi d'un étranger faisant l'objet d'un arrêté d'expulsion est déterminé dans les conditions prévues à l'article L. 513-2.

Art. L. 523-3 *(Mod., L. n° 2011-672, 16 juin 2011)*. – L'étranger qui fait l'objet d'un arrêté d'expulsion et qui justifie être dans l'impossibilité de quitter le territoire français en établissant qu'il ne peut ni regagner son pays d'origine ni se rendre dans aucun autre pays peut faire l'objet d'une mesure d'assignation à résidence dans les conditions prévues à l'article L. 561-1. Les dispositions de l'article L. 624-4 sont applicables.

La même mesure peut, en cas d'urgence absolue et de nécessité impérieuse pour la sûreté de l'État ou la sécurité publique, être appliquée aux étrangers qui font l'objet d'une proposition d'expulsion. Dans ce cas, la mesure ne peut excéder un mois.

Art. L. 523-4 *(Mod., L. n° 2011-672, 16 juin 2011 ; L. n° 2016-274, 7 mars 2016)*. – Peut également faire l'objet d'un arrêté d'assignation à résidence l'étranger qui a fait l'objet d'un arrêté d'expulsion non exécuté si son état de santé nécessite une prise en charge médicale dont le défaut pourrait avoir pour lui des conséquences d'une exceptionnelle gravité et si, eu égard à l'offre de soins et aux caractéristiques du système de santé du pays de renvoi, il ne pourrait pas y bénéficier effectivement d'un traitement approprié lorsque son état de santé nécessite une prise en charge médicale dont le défaut pourrait entraîner pour lui des conséquences d'une exceptionnelle gravité, sous réserve de l'absence d'un traitement approprié dans le pays de renvoi, sauf circonstance humanitaire exceptionnelle appréciée par l'autorité administrative après avis du directeur général de l'agence régionale de santé. Cette mesure est assortie d'une autorisation de travail. Les obligations de présentation aux services de police et aux unités de gendarmerie prévues à l'article L. 561-1 ainsi que les sanctions en cas de non-respect des prescriptions liées à l'assignation à résidence prévues à l'article L. 624-4 sont applicables.

Art. L. 523-5 *(Mod., L. n° 2011-267, 14 mars 2011 ; L. n° 2011-672, 16 juin 2011)*. – Peut également faire l'objet d'un arrêté d'assignation à résidence, à titre probatoire et exceptionnel, l'étranger qui fait l'objet d'une mesure d'expulsion prononcée en application de l'article L. 521-2. Cette mesure est assortie d'une autorisation de travail. Elle peut être abrogée à tout moment en cas de faits nouveaux constitutifs d'un comportement préjudiciable à l'ordre public. Les obligations de présentation aux services de police et aux unités de gendarmerie prévues à l'article L. 561-1 ainsi que les sanctions en cas de manquement aux prescriptions liées à l'assignation à résidence prévues à l'article L. 624-4 sont applicables. La mesure peut être abrogée à tout moment en cas de manquement à ces obligations et prescriptions ou de faits nouveaux constitutifs d'un comportement préjudiciable à l'ordre public.

CHAPITRE IV. – ABROGATION DES ARRÊTÉS D'EXPULSION

Art. L. 524-1. – L'arrêté d'expulsion peut à tout moment être abrogé. Lorsque la demande d'abrogation est présentée à l'expiration d'un délai de cinq ans à compter de l'exécution effective de l'arrêté d'expulsion, elle ne peut être rejetée qu'après avis de la commission prévue à l'article L. 522-1, devant laquelle l'intéressé peut se faire représenter.

Art. L. 524-2. – Sans préjudice des dispositions de l'article L. 524-1, les motifs de l'arrêté d'expulsion donnent lieu à un réexamen tous les cinq ans à compter de la date d'adoption de l'arrêté. L'autorité compétente tient compte de l'évolution de la menace pour l'ordre public que constitue la présence de l'intéressé en France, des changements intervenus dans sa situation personnelle et familiale et des garanties de réinsertion professionnelle ou sociale qu'il présente, en vue de prononcer éventuellement l'abrogation de l'arrêté. L'étranger peut présenter des observations écrites.

À défaut de notification à l'intéressé d'une décision explicite d'abrogation dans un délai de deux mois, ce réexamen est réputé avoir conduit à une décision implicite de ne pas abroger. Cette décision est susceptible de recours. Le réexamen ne donne pas lieu à consultation de la commission prévue à l'article L. 522-1.

Art. L. 524-3. – Il ne peut être fait droit à une demande d'abrogation d'un arrêté d'expulsion présentée plus de deux mois après la notification de cet arrêté que si le ressortissant étranger réside hors de France. Toutefois, cette condition ne s'applique pas :

1° Pour la mise en œuvre de l'article L. 524-2 ;

2° Pendant le temps où le ressortissant étranger subit en France une peine d'emprisonnement ferme ;

3° Lorsque l'étranger fait l'objet d'un arrêté d'assignation à résidence pris en application des articles L. 523-3, L. 523-4 ou L. 523-5.

Art. L. 524-4. – Sauf en cas de menace pour l'ordre public, dûment motivée, les étrangers qui résident hors de France et qui ont obtenu l'abrogation de la mesure d'expulsion dont ils faisaient l'objet bénéficient d'un visa pour rentrer en France, lorsque, à la date de la mesure, ils relevaient, sous les réserves prévues par ces articles, des catégories mentionnées aux 1° à 4° de l'article L. 521-3 et qu'ils entrent dans le champ d'application des 4° ou 6° de l'article L. 313-11 ou dans celui du livre IV.

Lorsqu'ils ont été condamnés en France pour violences ou menaces à l'encontre d'un ascendant, d'un conjoint ou d'un enfant, le droit au visa est subordonné à l'accord des ascendants, du conjoint et des enfants vivant en France.

Les dispositions du présent article ne sont applicables qu'aux étrangers ayant fait l'objet d'une mesure d'expulsion avant l'entrée en vigueur de la loi n° 2003-1119 du 26 novembre 2003 relative à la maîtrise de l'immigration, au séjour des étrangers en France et à la nationalité.

TITRE III. – AUTRES MESURES ADMINISTRATIVES D'ÉLOIGNEMENT

CHAPITRE I. – MESURES PRISES DANS LE CADRE DE L'UNION EUROPÉENNE ET DE LA CONVENTION DE SCHENGEN

Art. L. 531-1 *(Mod., L. n° 2011-672, 16 juin 2011 ; L. n° 2016-274, 7 mars 2016)*. – Par dérogation aux articles L. 213-2 et L. 213-3, L. 511-1 à L. 511-3, L. 512-1, L. 512-3, L. 512-4, L. 513-1 et L. 531-3, l'étranger non ressortissant d'un État membre de l'Union européenne qui a pénétré ou séjourné en France sans se conformer aux dispositions des articles L. 211-1 et L. 311-1 peut être remis aux autorités compétentes de l'État membre qui l'a admis à entrer ou à séjourner sur son territoire, ou dont il provient directement, en application des dispositions des conventions internationales conclues à cet effet avec les États membres de l'Union européenne en vigueur au 13 janvier 2009.

L'étranger visé au premier alinéa est informé de cette remise par décision écrite et motivée prise par une autorité administrative définie par décret en Conseil d'État.

Cette décision peut être exécutée d'office par l'Administration après que l'étranger a été mis en mesure de présenter des observations et d'avertir ou de faire avertir son consulat, un conseil ou toute personne de son choix.

Art. L. 531-2 *(Mod., L. n° 2006-911, 24 juill. 2006 ; L. n° 2016-274, 7 mars 2016)*. – Les dispositions de l'article L. 531-1 sont applicables, sous la réserve mentionnée à l'avant-dernier alinéa de l'article L. 741-4, à l'étranger qui demande l'asile, lorsqu'en application des dispositions des conventions internationales conclues avec les États membres de l'Union européenne l'examen de cette demande relève de la responsabilité de l'un de ces États.

Les mêmes dispositions sont également applicables à l'étranger qui, en provenance du territoire d'un État partie à la convention signée à Schengen le 19 juin 1990, est entré ou a séjourné sur le territoire métropolitain sans se conformer aux dispositions des articles 19, paragraphe 1 ou 2, 20, paragraphe 1, ou 21, paragraphe 1 ou 2, de cette convention ou sans souscrire, au moment de l'entrée sur ce territoire, la déclaration obligatoire prévue par l'article 22 de la même convention, alors qu'il était astreint à cette formalité.

Il en est de même de l'étranger détenteur d'un titre de résident de longue durée-UE en cours de validité accordé par un autre État membre qui fait l'objet d'une mesure d'éloignement du territoire français. Un décret en Conseil d'État détermine les conditions d'application du présent alinéa.

(L. n° 2011-672, 16 juin 2011) Il en est également de même de l'étranger détenteur d'une carte de séjour portant la mention « carte bleue européenne » en cours de validité accordée par un autre État membre de l'Union européenne lorsque lui est refusée la délivrance de la carte de séjour prévue au 2° de l'article L. 313-20 ou bien lorsque la carte de séjour portant la mention « carte bleue européenne » dont il bénéficie expire ou lui est retirée durant l'examen de sa demande, ainsi que des membres de sa famille. Un décret en Conseil d'État détermine les conditions d'application du présent alinéa.

Il en est de même de l'étranger et des membres de sa famille, admis à séjourner sur le territoire d'un État membre de l'Union européenne et bénéficiant d'un transfert temporaire intragroupe conformément à la directive 2014/66/UE du Parlement européen et du Conseil du 15 mai 2014 établissant les conditions d'entrée et de séjour des ressortissants de pays tiers dans le cadre d'un transfert temporaire intragroupe, lorsque :

1° Le titre de séjour a expiré ou a été retiré par l'État membre qui l'a délivré, au cours de la période de mobilité ;

2° L'autorité administrative compétente n'a pas reçu la notification de l'intention de cet étranger de travailler dans l'un des établissements de son groupe d'entreprises d'origine implanté sur le territoire français ;

3° L'autorité administrative compétente a fait objection à la mobilité d'une durée inférieure ou égale à quatre-vingt-dix jours de cet étranger ;

4° L'autorité administrative compétente a rejeté une demande de mobilité d'une durée supérieure à quatre-vingt-dix jours de cet étranger ;

5° Les conditions de délivrance du titre de séjour n'ont pas été respectées ;

6° Les conditions auxquelles la mobilité de cet étranger entre deux États membres de l'Union européenne a été autorisée ne sont plus réunies.

Art. L. 531-2-1 *(L. n° 2016-274, 7 mars 2016)*. – Pour l'exécution des mesures prévues aux articles L. 531-1 et L. 531-2, les articles L. 513-5 et L. 561-1 sont applicables. »

5° Au dernier alinéa de l'article L. 531-3 et à l'article L. 541-3, la référence : « de l'article L. 561-1 » est remplacée par les références : « des articles L. 513-5 et L. 561-1 » ;

6° L'article L. 742-2 est complété par quatre alinéas ainsi rédigés :

Si le demandeur astreint à résider dans les lieux qui lui sont fixés n'a pas déféré, sans motif légitime, aux convocations de l'autorité administrative et aux entretiens prévus dans le cadre de la procédure de détermination de l'État responsable de la demande d'asile, l'autorité administrative peut le faire conduire par les services de police ou les unités de gendarmerie en vue de cette démarche, dans les conditions et pour le temps strictement nécessaires à celle-ci.

En cas d'impossibilité de faire conduire le demandeur résultant d'une obstruction volontaire de sa part, l'autorité administrative peut demander au juge des libertés et de la détention de l'autoriser à requérir les services de police ou les unités de gendarmerie pour qu'ils visitent le domicile du demandeur afin de s'assurer de sa présence, de le conduire pour assurer les présentations nécessaires à la poursuite de la procédure de détermination de l'État responsable de la demande d'asile et, si les conditions en sont remplies, de lui notifier une décision de transfert à destination de l'État responsable de sa demande ainsi que, le cas échéant, une décision d'assignation à résidence en application de l'article L. 561-2 ou une décision de placement en rétention.

Le juge des libertés et de la détention, saisi par requête, statue dans les vingt-quatre heures. À peine de nullité, sa décision est motivée. Le juge s'assure de l'obstruction volontaire du demandeur aux demandes de présentation qui lui sont faites dans le cadre de la procédure de détermination de l'État responsable de la demande d'asile, dûment constatée par l'autorité administrative. La décision mentionne l'adresse des lieux dans lesquels les opérations de visite peuvent être effectuées.

L'ordonnance du juge des libertés et de la détention est exécutoire dans les conditions fixées aux troisième à sixième alinéas du II de l'article L. 561-2.

Les opérations de visite ne peuvent, à peine de nullité, avoir d'autres finalités que celles énumérées au cinquième alinéa du présent article.

Art. L. 531-3 *(Mod., L. n° 2011-672, 16 juin 2011)*. – Lorsqu'un étranger non ressortissant d'un État membre de l'Union européenne a fait l'objet d'un signalement aux fins de non-admission en vertu d'une décision exécutoire prise par l'un des autres États parties à la convention signée à Schengen le 19 juin 1990 et qu'il

se trouve irrégulièrement sur le territoire métropolitain, l'autorité administrative peut décider qu'il sera d'office reconduit à la frontière.

Il en est de même lorsqu'un étranger non ressortissant d'un État membre de l'Union européenne, qui se trouve en France, a fait l'objet d'une décision d'éloignement exécutoire prise par l'un des autres États membres de l'Union européenne.

Un décret en Conseil d'État fixe les conditions d'application du précédent alinéa.

Pour l'exécution des mesures prévues au présent article, les dispositions de l'article L. 513-2, du premier alinéa de l'article L. 513-3 et de l'article L. 561-1 sont applicables.

Art. L. 531-4 *(L. n° 2006-911, 24 juill. 2006)*. **– Est placée sous l'autorité du ministre de l'Intérieur l'escorte de l'étranger non ressortissant d'un État membre de l'Union européenne ou d'un État partie à la convention signée à Schengen le 19 juin 1990 qui transite par un aéroport métropolitain en vue de son acheminement vers le pays de destination en exécution d'une mesure d'éloignement prise par un des États précités, à l'exception du Danemark, de l'Irlande et du Royaume-Uni.**

CHAPITRE II. – DISPOSITIONS PROPRES À LA GUYANE

Art. L. 532-1 *(Mod., L. n° 2006-911, 24 juill. 2006)*. **– En Guyane, lorsque l'équipage d'un navire se livrant à des activités de pêche illicite est contraint par l'autorité administrative de se rendre à terre, ses membres peuvent être éloignés d'office, avec leur accord et aux frais de l'État, à destination du Venezuela, du Brésil, du Surinam ou du Guyana selon qu'ils ont la nationalité de l'un de ces États. L'autorité administrative prend toutes mesures à cette fin dans un délai qui ne peut excéder quarante-huit heures.**

CHAPITRE III. – AUTRES CAS DE RECONDUITE
(Abr., L. n° 2016-274, 7 mars 2016)

TITRE IV. – LA PEINE D'INTERDICTION DU TERRITOIRE FRANÇAIS

Art. L. 541-1. – La peine d'interdiction du territoire français susceptible d'être prononcée contre un étranger coupable d'un crime ou d'un délit est régie par les dispositions des articles 131-30, 131-30-1 et 131-30-2 du Code pénal ci-après reproduites :

(V. C. pén., art. 131-10, 131-30-1 et 131-30-2).

Art. L. 541-2 *(Mod., L. n° 2011-672, 16 juin 2011)*. **– Il ne peut être fait droit à une demande de relèvement d'une interdiction du territoire que si le ressortissant étranger réside hors de France. Toutefois, cette disposition ne s'applique pas :**

1° Pendant le temps où le ressortissant étranger subit en France une peine d'emprisonnement ferme ;

2° Lorsque l'étranger fait l'objet d'un arrêté d'assignation à résidence pris en application des articles L. 523-3, L. 523-4, L. 523-5 ou L. 561-1.

1) Le droit à un recours effectif devant une instance nationale n'est garanti qu'aux personnes qui justifient d'un grief sérieux d'atteinte à un droit reconnu par la Convention européenne des droits de l'homme. Encourt la cassation l'arrêt qui, pour déclarer recevable la requête aux fins de relèvement de la mesure d'interdiction définitive du territoire français, constate que, depuis l'exécution de sa peine privative de liberté, l'intéressé vit et travaille en France depuis six ans ; de tels éléments qui découlaient de la situation irrégulière en France du requérant ne constituaient pas un grief sérieux d'atteinte à un droit protégé par l'article 8, paragraphe I, de la Convention (■ Cass. crim., 13 juin 2007 : *Bull. crim.*, n° 162).

2) Encourt la cassation, sur le fondement de l'article 8 de la Convention européenne des droits de l'homme, l'arrêt qui rejette une requête en relèvement de l'interdiction définitive du territoire français par des motifs qui méconnaissent le principe de proportionnalité destiné à assurer un juste équilibre entre, d'une part, le droit au respect de la vie privée et familiale, d'autre part, les impératifs de la défense de l'ordre public, de la prévention des infractions pénales et de la protection de la santé publique (■ Cass. crim., 3 juin 2015, n° 14-86.507).

Art. L. 541-3 *(Mod., L. n° 2011-672, 16 juin 2011)*. – Les dispositions de l'article L. 513-2, du premier alinéa de l'article L. 513-3 et de l'article L. 561-1 sont applicables à la reconduite à la frontière des étrangers faisant l'objet d'une interdiction du territoire, prévue au deuxième alinéa de l'article 131-30 du Code pénal.

Art. L. 541-4. – Sauf en cas de menace pour l'ordre public, dûment motivée, les étrangers qui résident hors de France et qui ont été relevés de leurs peines d'interdiction du territoire français ou encore dont les peines d'interdiction du territoire français ont été entièrement exécutées ou ont acquis un caractère non avenu bénéficient d'un visa pour rentrer en France, lorsque, à la date du prononcé de la peine, ils relevaient, sous les réserves mentionnées par cet article, des catégories mentionnées aux 1° à 4° de l'article 131-30-2 du Code pénal, et qu'ils entrent dans le champ d'application des 4° ou 6° de l'article L. 313-11 ou dans celui du livre IV du présent code.

Lorsqu'ils ont été condamnés en France pour violences ou menaces à l'encontre d'un ascendant, d'un conjoint ou d'un enfant, le droit au visa est subordonné à l'accord des ascendants, du conjoint et des enfants vivant en France.

Les dispositions du présent article ne sont applicables qu'aux étrangers ayant fait l'objet d'une interdiction du territoire français devenue définitive avant l'entrée en vigueur de la loi n° 2003-1119 du 26 novembre 2003 relative à la maîtrise de l'immigration, au séjour des étrangers en France et à la nationalité.

TITRE V. – RÉTENTION D'UN ÉTRANGER DANS DES LOCAUX NE RELEVANT PAS DE L'ADMINISTRATION PÉNITENTIAIRE

CHAPITRE I. – PLACEMENT EN RÉTENTION

Art. L. 551-1 *(L. n° 2016-274, 7 mars 2016 ; mod., L. n° 2018–187, 20 mars 2018)*. – I. - Dans les cas prévus aux 1° à 7° du I de l'article L. 561-2, l'étranger qui ne présente pas de garanties de représentation effectives propres à prévenir le risque mentionné au 3° du II de l'article L. 511-1 peut être placé en rétention par l'autorité administrative dans des locaux ne relevant pas de l'administration pénitentiaire, pour une durée de quarante-huit heures.

II. - Toutefois, dans le cas prévu au 1° *bis* du I de l'article L. 561-2, l'étranger ne peut être placé en rétention que pour prévenir un risque non négligeable de fuite, sur la base d'une évaluation individuelle prenant en compte l'état de vulnérabilité de l'intéressé, et uniquement dans la mesure où le placement en rétention est proportionné et si les dispositions du même article L. 561-2 ne peuvent être effectivement appliquées. Le risque non négligeable de fuite peut, sauf circonstance particulière, être regardé comme établi dans les cas suivants :

1° Si l'étranger s'est précédemment soustrait, dans un autre État membre, à la détermination de l'État responsable de l'examen de sa demande d'asile ou à l'exécution d'une décision de transfert ;

2° Si l'étranger a été débouté de sa demande d'asile dans l'État membre responsable ;

3° Si l'étranger est de nouveau présent sur le territoire français après l'exécution effective d'une mesure de transfert ;

4° Si l'étranger s'est soustrait à l'exécution d'une précédente mesure d'éloignement ;

5° Si l'étranger refuse de se soumettre au relevé de ses empreintes digitales ou s'il altère volontairement ces dernières pour empêcher leur enregistrement ;

6° Si l'étranger, aux fins de se maintenir sur le territoire français, a contrefait, falsifié ou établi sous un autre nom que le sien un titre de séjour ou un document d'identité ou de voyage ;

7° Si l'étranger a dissimulé des éléments de son identité, de son parcours migratoire, de sa situation familiale ou de ses demandes antérieures d'asile, la circonstance tirée de ce qu'il ne peut justifier de la possession de documents d'identité ou de voyage en cours de validité ne pouvant toutefois suffire, à elle seule, à établir une telle dissimulation ;

8° Si l'étranger qui ne bénéficie pas des conditions matérielles d'accueil prévues au chapitre IV du titre IV du livre VII ne peut justifier du lieu de sa résidence effective ou permanente ;

9° Si l'étranger qui a refusé le lieu d'hébergement proposé en application de l'article L. 744-7 ne peut justifier du lieu de sa résidence effective ou permanente ou si l'étranger qui a accepté le lieu d'hébergement proposé a abandonné ce dernier sans motif légitime ;

10° Si l'étranger ne se présente pas aux convocations de l'autorité administrative, ne répond pas aux demandes d'information et ne se rend pas aux entretiens prévus dans le cadre de la procédure de détermination de l'État responsable de l'examen de sa demande d'asile ou de l'exécution de la décision de transfert sans motif légitime ;

11° Si l'étranger s'est précédemment soustrait aux obligations prévues aux articles L. 513-4, L. 552-4, L. 561-1, L. 561-2 et L. 742-2 ;

12° Si l'étranger a explicitement déclaré son intention de ne pas se conformer à la procédure de détermination de l'État responsable de l'examen de sa demande d'asile ou à la procédure de transfert. ;

III. - En toute hypothèse, [l]a décision de placement en rétention ne peut être prise avant l'expiration d'un délai de sept jours à compter du terme d'un précédent placement prononcé en vue de l'exécution de la même mesure d'éloignement. Toutefois, si le précédent placement en rétention a pris fin après que l'étranger s'était soustrait aux mesures de surveillance dont il faisait l'objet, l'autorité administrative peut décider d'un nouveau placement en rétention avant l'expiration de ce délai.

Les I et II du présent article ne sont pas applicables à l'étranger à l'étranger accompagné d'un mineur, sauf :

1° S'il n'a pas respecté l'une des prescriptions d'une précédente mesure d'assignation à résidence ;

2° Si, à l'occasion de la mise en œuvre de la mesure d'éloignement, il a pris la fuite ou opposé un refus ;

3° Si, en considération de l'intérêt du mineur, le placement en rétention de l'étranger dans les quarante-huit heures précédant le départ programmé préserve l'intéressé et le mineur qui l'accompagne des contraintes liées aux nécessités de transfert.

Dans les cas énumérés aux 1° à 3°, la durée du placement en rétention est la plus brève possible, eu égard au temps strictement nécessaire à l'organisation du départ. Dans tous les cas, le placement en rétention d'un étranger accompagné d'un mineur n'est possible que dans un lieu de rétention administrative bénéficiant de chambres isolées et adaptées, spécifiquement destinées à l'accueil des familles.

L'intérêt supérieur de l'enfant doit être une considération primordiale pour l'application du présent article.

Art. L. 551-2 *(Mod., L. n° 2011-672, 16 juin 2011 ; L. n° 2012-1560, 31 déc. 2012)*. – La décision de placement est prise par l'autorité administrative, après l'interpellation de l'étranger ou, le cas échéant, lors de sa retenue aux fins de vérification de son droit de circulation ou de séjour, à l'expiration de sa garde à vue, ou à l'issue de sa période d'incarcération en cas de détention. Elle est écrite et motivée. Elle prend effet à compter de sa notification à l'intéressé. Le procureur de la République en est informé immédiatement.

L'étranger est informé dans une langue qu'il comprend et dans les meilleurs délais qu'à compter de son arrivée au lieu de rétention, il peut demander l'assistance d'un interprète, d'un conseil ainsi que d'un médecin. Il est également informé qu'il peut communiquer avec son consulat et avec une personne de son choix. Un décret en Conseil d'État précise, en tant que de besoin, les modalités selon lesquelles s'exerce l'assistance de ces intervenants.

Les meilleurs délais, au sens du deuxième alinéa, s'entendent compte tenu du temps requis pour informer chaque étranger de ses droits lorsqu'un nombre important d'étrangers doivent être simultanément placés en rétention.

Lorsque l'étranger ne parle pas le français, il est fait application des dispositions de l'article L. 111-7.

1) Viole les articles L. 551-2 et L. 552-2 du Code de l'entrée et du séjour des étrangers et du droit d'asile le premier président qui refuse la prolongation d'une mesure de rétention d'un étranger en raison de l'irrégularité de la procédure aux motifs qu'une télécopie adressée par le conseil du retenu, indiquant que celui-ci demandait à rencontrer un médecin, n'avait pas été transmise à l'infirmière de service, alors qu'il avait constaté qu'il résultait d'une note de service que le centre de rétention de Paris disposait d'un service médical associant une permanence infirmière de 8 heures à 18 heures et de 20 heures à 6 heures du matin et des vacations médicales quotidiennes six jours sur sept, ainsi qu'une astreinte téléphonique le dimanche, de sorte que l'intéressé, avisé dès son arrivée au centre de rétention de la possibilité de demander à rencontrer un médecin, avait été mis en mesure d'exercer effectivement ce droit (■ Cass. 1re civ., 12 mai 2010 : *Bull. inf. C. cass.* 2010, n° 1413 ; *JCP* 2010, p. 1466, n° 798, note N. Guimezanes ; *D.* 2010, act. Dr. public, p. 1353).

2) Dès lors qu'aucune pièce de la procédure ne permet d'établir qu'un service médical était à la disposition de la personne retenue, le premier président, qui devait s'assurer que l'intéressé avait été placé en état d'exercer effectivement ses droits, a justement décidé que la procédure était irrégulière (■ Cass. 1re civ., 12 mai 2010 : *Bull. inf. C. cass.* 2010, n° 1414).

3) Les dispositions de l'article 16, paragraphe 5, de la Directive 2008/115/CE, qui prévoient que la personne placée en rétention doit avoir communication des informations expliquant le règlement des lieux, être informée de son droit de contacter différentes organisations et instances et mise en mesure de l'exercer, remplissent les conditions de l'effet direct, de sorte que ces dispositions, non transposées en droit interne, peuvent, à l'expiration du délai de transposition, être invoquées par l'intéressé (■ Cass. 1re civ., 1er févr. 2012 : *Bull. inf. C. cass.* 2012, n° 679).

4) Viole le principe de la séparation des autorités judiciaire et administrative, ensemble les articles L. 551-1 et suivants du Code de l'entrée et du séjour des étrangers et du droit d'asile, le premier président qui, se prononçant sur la légalité de la mesure d'éloignement prise à l'encontre d'un ressortissant étranger, retient l'irrégularité de son placement en rétention en raison de l'absence de prévision, dans la décision d'éloignement, d'un délai approprié pour assurer son départ volontaire (■ Cass. 1re civ., 23 mai 2012, n° 11-30.372 : *RJPF* 2012, nos 7-8, p. 21, note E. Putman).

5) Viole les articles 63-3 du Code de procédure pénale et L. 552-1 du Code de l'entrée et du séjour des étrangers et du droit d'asile le premier président d'une cour d'appel qui, pour annuler une procédure concernant une personne placée en rétention administrative à la suite de trois gardes à vue successives, énonce que le défaut de versement au dossier d'un certificat médical établi en application de l'article 63-3 du Code de procédure pénale a privé l'intéressé de la possibilité de prouver que son état de santé n'était pas compatible avec la mesure de contrainte, n'a pas permis au juge de vérifier cette compatibilité et a nécessairement porté atteinte à l'exercice des droits de la défense, alors que l'irrégularité alléguée affectait la première garde à vue, qui ne précédait pas immédiatement la mesure de rétention litigieuse (■ Cass. 1re civ., 6 juin 2012, n° 11-11.384 : *Bull. inf. C. cass.* 2012, n° 1305).

6) Il résulte de l'article L. 551-2, alinéa 2, du Code de l'entrée et du séjour des étrangers et du droit d'asile, dans sa rédaction résultant de la loi n° 2011-672 du 16 juin 2011, et de l'article R. 551-4 du même code que c'est à compter de son arrivée au lieu de rétention qu'un étranger peut demander l'assistance d'un interprète, d'un conseil ainsi que d'un médecin, et qu'il peut communiquer avec son consulat et avec une personne de son choix (■ Cass. 1re civ., 15 mai 2013, n° 12-14.566 : *Bull. inf. C. cass.*, 1er nov. 2013, n° 1238 ; *RJPF* 2013, nos 7-8, p. 23, note E. Putman).

Art. L. 551-3 *(L. n° 2015-925, 29 juill. 2015 ; L. n° 2016-274, 7 mars 2016)*. **– À son arrivée au centre de rétention, l'étranger reçoit notification des droits qu'il est susceptible d'exercer en matière de demande d'asile. À cette fin, il peut bénéficier d'une assistance juridique et linguistique. Il lui est notamment indiqué que sa demande d'asile ne sera plus recevable pendant la période de rétention si elle est formulée plus de cinq jours après cette notification. Cette irrecevabilité n'est pas opposable à l'étranger qui invoque, au soutien de sa demande, des faits survenus après l'expiration de ce délai. Lorsque le demandeur provient d'un pays considéré comme un pays d'origine sûr en application de l'article L. 722-1, l'autorité administrative peut opposer l'irrecevabilité de la demande d'asile présentée au-delà des cinq premiers jours de rétention dans le seul but de faire échec à l'exécution effective et imminente de la mesure d'éloignement.**

CHAPITRE II. – PROLONGATION DE LA RÉTENTION PAR LE JUGE DES LIBERTÉS ET DE LA DÉTENTION

Section I. – Première saisine du juge des libertés et de la détention aux fins de la prolongation de la rétention

Art. L. 552-1 *(L. n° 2007-1631, 20 nov. 2007 ; L. n° 2011-672, 16 juin 2011 ; L. n° 2016-274, 7 mars 2016)*. **– Quand un délai de quarante-huit heures s'est écoulé depuis la décision de placement en rétention, le juge des libertés et de la détention est saisi aux fins de prolongation de la rétention. Le juge statue dans les vingt-quatre heures de sa saisine par ordonnance au siège du tribunal de grande instance dans le ressort duquel se situe le lieu de placement en rétention de l'étranger, sauf exception prévue par voie réglementaire, après audition du représentant de l'Administration, si celui-ci, dûment convoqué, est présent, et de l'intéressé ou de son conseil s'il en a un. L'étranger peut demander au juge des libertés et de la détention qu'il lui soit désigné un conseil d'office. Si une salle d'audience attribuée au ministère de la Justice lui permettant de statuer publiquement a été spécialement aménagée à proximité immédiate de ce lieu de rétention, le juge statue dans cette salle.**

1) Saisi de l'appel formé par un préfet contre une décision ayant refusé de prolonger une mesure de rétention administrative d'un étranger, le premier président d'une cour d'appel ne peut ordonner cette mesure, cette décision relevant de la compétence exclusive de l'autorité administrative en vertu de l'article L. 552-1 du Code de l'entrée et du séjour des étrangers et du droit d'asile, mais seulement, le cas échéant, la prolonger (■ Cass. 1re civ., 12 avr. 2012 : *Bull. inf. C. cass.* 15 sept. 2012, n° 998).

2) Il résulte des dispositions de l'article L. 552-1 du Code de l'entrée et du séjour des étrangers et du droit d'asile que, quand un délai de cinq jours s'est écoulé depuis la décision de placement en rétention, le juge des libertés et de la détention est saisi aux fins de prolongation de la rétention.

En conséquence, le juge judiciaire ne peut se prononcer sur le maintien de la rétention administrative qu'à l'issue de ce délai (■ Cass. 1re civ., 5 déc. 2012, n° 11-30.548 : *Bull. inf. C. cass.* 1er avr. 2013, n° 525 ; *D.* 2013, pan. p. 331, note K. Parrot).

3) Aucune disposition légale ou réglementaire n'impose au juge des libertés et de la détention qui procède à l'audition d'un étranger d'établir un procès-verbal signé par celui-ci (■ Cass. 1re civ., 6 oct. 2010 : *Bull. inf. C. cass.* 2011, n° 91 ; *RJPF* 2010, déc., p. 16, note E. Putman).

4) Pour demander au juge des libertés et de la détention la prolongation de la décision de placement en rétention d'un étranger, le préfet dispose d'un délai de cinq jours à compter de cette décision, ce délai ne pouvant excéder sept jours en cas de placement en garde à vue.

Dès lors, encourt la cassation l'ordonnance du premier président d'une cour d'appel ayant retenu que la durée de la garde à vue devait être incluse dans le délai de cinq jours accordé au préfet pour saisir le juge des libertés et de la détention (■ Cass. 1re civ., 15 mai 2013, n° 12-16.082 : *Bull. inf. C. cass.* 1er nov. 2013, n° 1239 ; *RJPF* 2013, nos 7-8, p. 23, note E. Putman).

Art. L. 552-2 ***(Rempl., L. n° 2011-672, 16 juin 2011).*** **– Le juge rappelle à l'étranger les droits qui lui sont reconnus et s'assure, d'après les mentions figurant au registre prévu à l'article L. 553-1 émargé par l'intéressé, que celui-ci a été, dans les meilleurs délais suivant la notification de la décision de placement en rétention, pleinement informé de ses droits et placé en état de les faire valoir à compter de son arrivée au lieu de rétention. Le juge tient compte des circonstances particulières liées notamment au placement en rétention simultané d'un nombre important d'étrangers pour l'appréciation des délais relatifs à la notification de la décision, à l'information des droits et à leur prise d'effet. Il informe l'étranger des possibilités et des délais de recours contre toutes les décisions le concernant. L'intéressé est maintenu à disposition de la justice, dans des conditions fixées par le procureur de la République, pendant le temps strictement nécessaire à la tenue de l'audience et au prononcé de l'ordonnance.**

Art. L. 552-3 ***(Mod., L. n° 2011-672, 16 juin 2011 ; L. n° 2016-274, 7 mars 2016 ; L. n° 2018-187, 20 mars 2018).*** **– L'ordonnance de prolongation de la rétention court à compter de l'expiration du délai de quarante-huit heures fixé au I de l'article L. 551-1.**

Art. L. 552-4 ***(Mod., L. n° 2011-672, 16 juin 2011 ; L. n° 2014-1353, 13 nov. 2014 ; L. n° 2016-274, 7 mars 2016).*** **– Le juge peut ordonner l'assignation à résidence de l'étranger lorsque celui-ci dispose de garanties de représentation effectives, après remise à un service de police ou à une unité de gendarmerie de l'original du passeport et de tout document justificatif de son identité, en échange d'un récépissé valant justification de l'identité et sur lequel est portée la mention de la mesure d'éloignement en instance d'exécution. L'assignation à résidence concernant un étranger qui s'est préalablement soustrait à l'exécution d'une obligation de quitter le territoire français en vigueur, ou d'une interdiction de circulation, d'une interdiction de retour sur le territoire français en vigueur, d'une interdiction administrative du territoire en vigueur, d'une mesure de reconduite à la frontière en vigueur, d'une interdiction du territoire dont il n'a pas été relevé, ou d'une mesure d'expulsion en vigueur doit faire l'objet d'une motivation spéciale.**

1) La loi n'exige pas que l'étranger qui sollicite le bénéfice d'une assignation à résidence en application de l'article 35 *bis* de l'ordonnance du 2 novembre 1945, devenu l'article L. 552-4 du Code de l'entrée et du séjour des étrangers et du droit d'asile, justifie de circonstances à caractère exceptionnel de nature à légitimer cette mesure (■ Cass. 1re civ., 17 janv. 2006 : *Bull. inf. C. cass.* 2006, n° 772).

2) Aucune disposition n'interdit au juge judiciaire, gardien de la liberté individuelle, d'assigner à résidence, à tout moment, un étranger placé en rétention administrative ; d'où il suit que le moyen n'est pas fondé (■ Cass. 1re civ., 29 févr. 2012, n° 11-30.085 : *Bull. inf. C. cass.* 2012, n° 735).

3) Il résulte de la combinaison des paragraphes 1, 4 et 5 de l'article 15 de la Directive 2008/115/CE du 16 décembre 2008 du Parlement européen et du Conseil, qui est d'effet direct, que l'assignation à résidence ne peut jamais revêtir un caractère exceptionnel (■ Cass. 1re civ., 24 oct. 2012, n° 11-27.956 : *Bull. inf. C. cass.* 15 avr. 2013, n° 780, n° 574).

Art. L. 552-4-1 *(Abr., L. n° 2016-274, 7 mars 2016).*

Art. L. 552-5. – *(Mod., L. n° 2006-911, 24 juill. 2006 ; L. n° 2016-274, 7 mars 2016)* **L'étranger est astreint à résider dans les lieux qui lui sont fixés par le juge. À la demande du juge, l'étranger justifie que le lieu proposé pour l'assignation satisfait aux exigences de garanties de représentation effectives. L'étranger se présente quotidiennement aux services de police ou aux unités de gendarmerie territorialement compétents au regard du lieu d'assignation, en vue de l'exécution de la mesure d'éloignement. Le non-respect des prescriptions liées à l'assignation à résidence est sanctionné dans les conditions prévues au premier alinéa de l'article L. 624-4. Le procureur de la République est saisi dans les meilleurs délais.**

Art. L. 552-6. – **Lorsqu'une ordonnance met fin à la rétention ou assigne l'étranger à résidence, elle est immédiatement notifiée au procureur de la République. À moins que ce dernier n'en dispose autrement, l'étranger est alors maintenu à la disposition de la justice pendant un délai de** *(L. n° 2011-672, 16 juin 2011)* **« six » heures à compter de la notification de l'ordonnance au procureur de la République.**

Il résulte des articles L. 552-6 du Code de l'entrée et du séjour des étrangers et du droit d'asile, et 6, alinéa 3, du décret n° 2004-1215 du 17 novembre 2004 que, dès lors que dans le délai maximal de quatre heures qui lui est imparti, le procureur de la République n'estime pas devoir saisir le premier président d'un appel avec demande de déclaration d'effet suspensif contre une ordonnance du juge des libertés et de la détention statuant sur le fondement de l'article L. 552-1, L. 552-7 ou L. 552-8 du code précité, qui met fin au maintien en rétention d'un étranger ou assigne celui-ci à résidence, il doit être immédiatement mis fin à la mesure de maintien, la juridiction du second degré, saisie par l'une des parties, pouvant, le cas échéant, constater le maintien illégal de l'étranger conduit devant lui (■ Cass. 1re civ., 23 mai 2006 : *Bull. inf. C. cass.* 2006, n° 1835).

Section II. – Nouvelle saisine du juge des libertés et de la détention aux fins de prolongation de la rétention

Art. L. 552-7 *(Rempl., L. n° 2011-672, 16 juin 2011 ; L. n° 2016-274, 7 mars 2016).* – **Quand un délai de vingt-huit jours s'est écoulé depuis l'expiration du délai de quarante-huit heures mentionné à l'article L. 551-1 et en cas d'urgence absolue ou de menace d'une particulière gravité pour l'ordre public, ou lorsque l'impossibilité d'exécuter la mesure d'éloignement résulte de la perte ou de la destruction des documents de voyage de l'intéressé, de la dissimulation par celui-ci de son identité ou de l'obstruction volontaire faite à son éloignement, le juge des libertés et de la détention est à nouveau saisi.**

Le juge peut également être saisi lorsque, malgré les diligences de l'administration, la mesure d'éloignement n'a pu être exécutée en raison du défaut de délivrance des documents de voyage par le consulat dont relève l'intéressé ou de l'absence de moyens de transport et qu'il est établi par l'autorité administrative compétente que l'une ou l'autre de ces circonstances doit intervenir à bref délai. Il peut également être saisi aux mêmes fins lorsque la délivrance des documents de voyage est intervenue trop tardivement, malgré les diligences de l'administration, pour pouvoir procéder à l'exécution de la mesure d'éloignement dans le délai de vingt-huit jours mentionné au premier alinéa.

Le juge statue par ordonnance dans les conditions prévues aux articles L. 552-1 et L. 552-2. S'il ordonne la prolongation de la rétention, l'ordonnance de prolongation court à compter de l'expiration du délai de vingt-huit jours mentionné au premier alinéa du présent article et pour une nouvelle période d'une durée maximale de quinze jours.

Par dérogation aux dispositions de l'alinéa précédent, si l'étranger a été condamné à une peine d'interdiction du territoire pour des actes de terrorisme prévus par le titre II du livre IV du Code pénal ou si une mesure d'expulsion a été prononcée à son encontre pour un comportement lié à des activités à caractère terroriste

pénalement constatées, le juge des libertés et de la détention près le tribunal de grande instance de Paris peut, dès lors qu'il existe une perspective raisonnable d'exécution de la mesure d'éloignement et qu'aucune décision d'assignation à résidence ne permettrait un contrôle suffisant de cet étranger, ordonner la prolongation de la rétention pour une durée d'un mois qui peut être renouvelée. La durée maximale de la rétention ne doit pas excéder six mois. *[Dispositions déclarées non conformes à la Constitution par la décision du Conseil constitutionnel n° 2011-631 DC du 9 juin 2011.]*

L'article L. 552-6 est applicable.

Art. L. 552-8 *(Rempl., L. n° 2011-672, 16 juin 2011).* – À peine d'irrecevabilité, prononcée d'office, aucune irrégularité antérieure à l'audience relative à la première prolongation de la rétention ne peut être soulevée lors de l'audience relative à la seconde prolongation.

Section III. – Voies de recours

Art. L. 552-9 *(L. n° 2016-274, 7 mars 2016).* – Les ordonnances mentionnées aux sections 1 et 2 du présent chapitre sont susceptibles d'appel devant le premier président de la cour d'appel ou son délégué, qui est saisi sans forme et doit statuer dans les quarante-huit heures de sa saisine ; l'appel peut être formé par l'intéressé, le ministère public et l'autorité administrative.

Le premier président de la cour d'appel ou son délégué peut, par ordonnance motivée et sans avoir préalablement convoqué les parties, rejeter les déclarations d'appel manifestement irrecevables.

Art. L. 552-10 *(Mod., L. n° 2011-672, 16 juin 2011).* – L'appel n'est pas suspensif. Toutefois, le ministère public peut demander au premier président de la cour d'appel ou à son délégué de déclarer son recours suspensif lorsqu'il lui apparaît que l'intéressé ne dispose pas de garanties de représentation effectives ou en cas de menace grave pour l'ordre public. Dans ce cas, l'appel, accompagné de la demande qui se réfère à l'absence de garanties de représentation effectives ou à la menace grave pour l'ordre public, est formé dans un délai de six heures à compter de la notification de l'ordonnance au procureur de la République et transmis au premier président de la cour d'appel ou à son délégué. Celui-ci décide, sans délai, s'il y a lieu de donner à cet appel un effet suspensif, en fonction des garanties de représentation dont dispose l'étranger ou de la menace grave pour l'ordre public, par une ordonnance motivée rendue contradictoirement qui n'est pas susceptible de recours. L'intéressé est maintenu à la disposition de la justice jusqu'à ce que cette ordonnance soit rendue et, si elle donne un effet suspensif à l'appel du ministère public, jusqu'à ce qu'il soit statué sur le fond.

Section IV. – Dispositions communes

Art. L. 552-11. – L'intéressé peut bénéficier de l'aide juridictionnelle.

Art. L. 552-12 *(Mod., L. n° 2007-1631, 20 nov. 2007).* – Par décision du juge prise sur une proposition de l'autorité administrative à laquelle l'étranger dûment informé dans une langue qu'il comprend ne s'est pas opposé, les audiences prévues au présent chapitre peuvent se dérouler avec l'utilisation de moyens de télécommunication audiovisuelle garantissant la confidentialité de la transmission. Il est alors dressé, dans chacune des deux salles d'audience ouvertes au public, un procès-verbal des opérations effectuées.

Art. L. 552-13 *(L. n° 2011-672, 16 juin 2011).* – En cas de violation des formes prescrites par la loi à peine de nullité ou d'inobservation des formalités substantielles, toute juridiction, y compris la Cour de cassation, qui est saisie d'une demande d'annulation ou qui relève d'office une telle irrégularité ne peut prononcer la mainlevée de la mesure de placement en rétention que lorsque celle-ci a eu pour effet de porter atteinte aux droits de l'étranger.

Il incombe au juge qui constate une irrégularité des actes de procédure préalables au placement en rétention de rechercher si celle-ci a eu pour effet de porter atteinte aux droits de l'étranger, au sens de l'article L. 552-13 du Code de l'entrée et du séjour des étrangers et du droit d'asile.

Ayant relevé que les empreintes digitales irrégulièrement recueillies avaient donné lieu à une simple comparaison et n'avaient fait l'objet d'aucun enregistrement ni d'aucune conservation, le premier président a pu en déduire qu'il n'était résulté de cette irrégularité aucune atteinte à la vie privée de l'intéressé (■ Cass. 1re civ., 6 juill. 2016, n° 15-22.868).

CHAPITRE III. – CONDITIONS DE LA RÉTENTION

Art. L. 553-1 *(Mod., L. n° 2011-672, 16 juin 2011).* – **Il est tenu, dans tous les lieux recevant des personnes placées ou maintenues au titre du présent titre, un registre mentionnant l'état civil de ces personnes ainsi que les conditions de leur placement ou de leur maintien. Le registre mentionne également l'état civil des enfants mineurs accompagnant ces personnes ainsi que les conditions de leur accueil.**

L'autorité administrative tient à la disposition des personnes qui en font la demande les éléments d'information concernant les date et heure du début du placement de chaque étranger en rétention, le lieu exact de celle-ci ainsi que les date et heure des décisions de prolongation.

Art. L. 553-2. – **En cas de nécessité et pendant toute la durée de la rétention, l'autorité administrative peut décider de déplacer l'étranger d'un lieu de rétention vers un autre lieu de rétention, sous réserve d'en informer les procureurs de la République compétents du lieu de départ et du lieu d'arrivée, ainsi que, après la première ordonnance de prolongation, les juges des libertés et de la détention compétents.**

Art. L. 553-3 *(Mod., L. n° 2011-672, 16 juin 2011 ; L. n° 2015-925, 29 juill. 2015).* – **Pendant toute la durée de la rétention, le procureur de la République ou le juge des libertés et de la détention peut se transporter sur les lieux, vérifier les conditions du maintien et se faire communiquer le registre prévu à l'article L. 553-1. Le procureur de la République visite les lieux de rétention chaque fois qu'il l'estime nécessaire et au moins une fois par an.**

Un décret en Conseil d'État détermine les conditions d'exercice du droit d'accès du délégué du Haut-Commissariat des Nations unies pour les réfugiés ou de ses représentants ainsi que des associations humanitaires aux lieux de rétention.

Art. L. 553-4. – **Dans chaque lieu de rétention, un espace permettant aux avocats de s'entretenir confidentiellement avec les étrangers retenus est prévu. À cette fin, sauf en cas de force majeure, il est accessible en toutes circonstances sur demande de l'avocat. Un décret en Conseil d'État précise, en tant que de besoin, les modalités d'application du présent article.**

Art. L. 553-5. – **Sauf en cas de menace à l'ordre public à l'intérieur ou à l'extérieur du lieu de rétention, ou si la personne ne paraît pas psychologiquement à même de recevoir ces informations, l'étranger est informé par le responsable du lieu de rétention de toutes les prévisions de déplacement le concernant : audiences, présentation au consulat, conditions du départ.**

Dans chaque lieu de rétention, un document rédigé dans les langues les plus couramment utilisées, et décrivant les droits de l'étranger au cours de la procédure d'éloignement et de rétention, ainsi que leurs conditions d'exercice, est mis à disposition des personnes retenues.

La méconnaissance des dispositions du présent article est sans conséquence sur la régularité et le bien-fondé des procédures d'éloignement et de rétention.

Art. L. 553-6 *(L. n° 2018-187, 20 mars 2018).* – **Un décret en Conseil d'État définit les modalités selon lesquelles les étrangers maintenus en rétention bénéficient d'actions d'accueil, d'information et de soutien, pour permettre l'exercice effectif de leurs droits et préparer leur départ. Il précise les modalités de prise en compte de la vulnérabilité et, le cas échéant, des besoins particuliers des demandeurs d'asile ou des étrangers faisant l'objet d'une requête aux fins de prise en charge ou de reprise en charge, en application du règlement (UE) n° 604/213 du Parlement européen et du Conseil du 26 juin 2013 établissant les critères et mécanismes de détermination de l'État membre responsable de l'examen d'une demande de protection internationale introduite dans l'un des États membres par un ressortissant de pays tiers ou un apatride, ou d'une décision de transfert notifiée conformément à l'article L. 742-3.**

Art. L. 553-7 *(L. n° 2016-274, 7 mars 2016).* – **Sous réserve de ne pas porter atteinte à la dignité des personnes et aux exigences de sécurité et de bon fonctionnement du lieu de rétention administrative, les**

journalistes titulaires de la carte d'identité professionnelle mentionnée à l'article L. 7111-6 du Code du travail peuvent être autorisés à y accéder dans des conditions fixées par décret en Conseil d'État.

Les prises d'images et de son des étrangers, des personnels et des intervenants dans les lieux de rétention administrative, de même que leur diffusion, ne sont autorisées qu'avec leur accord préalable. Elles se déroulent dans le respect de l'anonymat patronymique et physique des mineurs et, sauf accord contraire exprès, des majeurs.

CHAPITRE IV. – FIN DE LA RÉTENTION

Art. L. 554-1 *(L. n° 2018-187, 20 mars 2018).* **– Un étranger ne peut être placé ou maintenu en rétention que pour le temps strictement nécessaire à son départ. L'administration doit exercer toute diligence à cet effet.**

L'étranger ne peut être placé ou maintenu en rétention au titre du 1° *bis* du I de l'article L. 561-2 que pour le temps strictement nécessaire à la détermination de l'État responsable de l'examen de sa demande d'asile et, le cas échéant, à l'exécution d'une décision de transfert. Lorsqu'un État requis a refusé de prendre en charge ou de reprendre en charge l'étranger, il est immédiatement mis fin à la rétention de ce dernier, sauf si une demande de réexamen est adressée à cet État dans les plus brefs délais ou si un autre État peut être requis. En cas d'accord d'un État requis, la décision de transfert est notifiée à l'étranger dans les plus brefs délais.

Viole ce texte le premier président qui retient qu'une saisine des autorités consulaires à l'issue d'un délai de trois jours, compte tenu du weekend, répond à ces exigences (■ Cass. 1er civ., 23 sept. 2015, n° 14-25.064).

Art. L. 554-2. – Si la mesure d'éloignement est annulée par le juge administratif, il est immédiatement mis fin au maintien de l'étranger en rétention et celui-ci est muni d'une autorisation provisoire de séjour jusqu'à ce que l'autorité administrative ait à nouveau statué sur son cas.

Art. L. 554-3 *(L. n° 2016-274, 7 mars 2016).* **– Lorsqu'il est mis fin à la rétention pour une raison autre que l'annulation, l'abrogation ou le retrait de la mesure d'éloignement, un rappel de l'obligation de quitter le territoire français est adressé à l'étranger par le juge des libertés et de la détention ou par l'autorité administrative. La méconnaissance des dispositions du présent alinéa est sans conséquence sur la régularité et le bien-fondé de procédures ultérieures d'éloignement et de rétention.**

L'article L. 561-2 est applicable.

CHAPITRE V. – DISPOSITIONS PARTICULIÈRES AUX ÉTRANGERS FAISANT L'OBJET D'UNE MESURE D'INTERDICTION DU TERRITOIRE FRANÇAIS

Art. L. 555-1 *(Mod., L. n° 2011-672, 16 juin 2011 ; L. n° 2016-274, 7 mars 2016).* **– L'interdiction du territoire prononcée à titre de peine principale et assortie de l'exécution provisoire entraîne de plein droit le placement de l'étranger dans des lieux ne relevant pas de l'Administration pénitentiaire, dans les conditions définies au présent titre, pendant le temps strictement nécessaire à son départ. Le deuxième alinéa de l'article L. 551-2 et l'article L. 553-4 sont applicables. Quand un délai de quarante-huit heures s'est écoulé depuis le prononcé de la peine, il est fait application des dispositions des chapitres II à IV du présent titre.**

L'interdiction du territoire prononcée à titre de peine complémentaire peut également donner lieu au placement de l'étranger dans des lieux ne relevant pas de l'Administration pénitentiaire, le cas échéant à l'expiration de sa peine d'emprisonnement, dans les conditions définies au présent titre.

Art. L. 555-2. – L'appel d'une décision prononcée par la juridiction pénale peut être interjeté par l'étranger placé ou maintenu dans un lieu de rétention au moyen d'une déclaration auprès du chef du centre ou du local de rétention. Il en est de même du pourvoi en cassation.

Cette déclaration est constatée, datée et signée par le chef du centre ou du local. Elle est également signée par l'étranger. Si celui-ci ne peut signer, il en est fait mention par le chef d'établissement. Ce document est adressé sans délai, en original ou en copie, au greffe de la juridiction qui a rendu la décision attaquée. Il est transcrit sur le registre prévu par, selon le cas, le troisième alinéa de l'article 380-12, le troisième alinéa de l'article 502 ou le troisième alinéa de l'article 576 du Code de procédure pénale et annexé à l'acte dressé par le greffier.

Art. L. 555-3. – Lorsqu'un étranger est condamné en première instance à une peine d'interdiction du territoire français à titre de peine principale assortie de l'exécution provisoire et que l'éloignement du territoire a lieu avant la date de l'audience d'appel, son avocat doit être entendu lors de l'audience d'appel s'il en fait la demande. Il en est de même de l'avocat commis d'office lorsque l'étranger a demandé le bénéfice d'un conseil dans sa requête d'appel.

TITRE VI. – ASSIGNATION À RÉSIDENCE

(L. n° 2011-672, 16 juin 2011 : en vigueur à compter d'une date fixée par décret en Conseil d'État et au plus tard le 30 septembre 2011)

CHAPITRE Ier

(L. n° 2011-672, 16 juin 2011 : en vigueur à compter d'une date fixée par décret en Conseil d'État et au plus tard le 30 septembre 2011)

Art. L. 561-1 *(L. n° 2011-672, 16 juin 2011 ; L. n° 2016-274, 7 mars 2016 ; L. n° 2018-187, 20 mars 2018)*. – Lorsque l'étranger justifie être dans l'impossibilité de quitter le territoire français ou ne peut ni regagner son pays d'origine ni se rendre dans aucun autre pays, l'autorité administrative peut, jusqu'à ce qu'existe une perspective raisonnable d'exécution de son obligation, l'autoriser à se maintenir provisoirement sur le territoire français en l'assignant à résidence, dans les cas suivants :

1° Si l'étranger fait l'objet d'une obligation de quitter le territoire français sans délai ou si le délai de départ volontaire qui lui a été accordé est expiré ;

2° Si l'étranger doit être remis aux autorités d'un État membre de l'Union européenne en application des articles L. 531-1 ou L. 531-2 ou transféré vers l'État responsable de sa demande d'asile en application de l'article L. 742-3 ;

3° Si l'étranger doit être reconduit à la frontière en application de l'article L. 531-3 ;

4° Si l'étranger doit être reconduit à la frontière en exécution d'une interdiction de retour ou d'une interdiction de circulation sur le territoire français ;

5° Si l'étranger doit être reconduit à la frontière en exécution d'une interdiction du territoire prévue au deuxième alinéa de l'article 131-30 du Code pénal ;

6° Si l'étranger doit être reconduit à la frontière en exécution d'une interdiction administrative du territoire.

La décision d'assignation à résidence est motivée. Elle peut être prise pour une durée maximale de six mois, renouvelable une fois dans la même limite de durée, par une décision également motivée.

Par exception :

a) Dans le cas prévu au 4° du présent article, la décision d'assignation à résidence peut être renouvelée tant que l'interdiction de retour ou l'interdiction de circulation sur le territoire français demeure exécutoire ;

b) Dans le cas d'un étranger faisant l'objet d'un arrêté d'expulsion en application des articles L. 523-3 à L. 523-5, la durée maximale de six mois ne s'applique pas ;

c) Dans le cas prévu au 5° du présent article, la durée maximale de six mois ne s'applique pas. Au-delà d'une durée de cinq ans, le maintien sous assignation à résidence fait l'objet d'une décision spécialement motivée faisant état des circonstances particulières justifiant cette prolongation au regard, notamment, de l'absence de garanties suffisantes de représentation de l'étranger ou si sa présence constitue une menace grave pour l'ordre public.

L'étranger astreint à résider dans les lieux qui lui sont fixés par l'autorité administrative doit se présenter périodiquement aux services de police ou aux unités de gendarmerie. Il doit également se présenter, lorsque l'autorité administrative le lui demande, aux autorités consulaires, en vue de la délivrance d'un document de voyage. L'étranger qui fait l'objet d'un arrêté d'expulsion ou d'une interdiction judiciaire ou administrative du territoire prononcés en tout point du territoire de la République peut, quel que soit l'endroit où il se trouve, être astreint à résider dans des lieux choisis par l'autorité administrative dans l'ensemble du territoire de la République. L'autorité administrative peut prescrire à l'étranger la remise de son passeport ou de tout document justificatif de son identité dans les conditions prévues à l'article L. 611-2. Si l'étranger présente une menace d'une particulière gravité pour l'ordre public, l'autorité administrative peut le faire conduire par les services de police ou de gendarmerie jusqu'aux lieux d'assignation.

Le non-respect des prescriptions liées à l'assignation à résidence est sanctionné dans les conditions prévues à l'article L. 624-4.

QPC. Par décision n° 2017-674 QPC du 1er décembre 2017, le Conseil constitutionnel a décidé que les mots « au 5° du présent article » figurant à la dernière phrase du huitième alinéa de l'article L. 561-1 du Code de l'entrée et du séjour des étrangers et du droit d'asile, dans sa rédaction résultant de la loi n° 2016-274 du 7 mars 2016 relative au droit des étrangers en France, sont contraires à la Constitution.

Art. L. 561-2 *(L. n° 2016-274, 7 mars 2016 ; L. n° 2018-187, 20 mars 2018)*. **– I. – L'autorité administrative peut prendre une décision d'assignation à résidence à l'égard de l'étranger qui ne peut quitter immédiatement le territoire français mais dont l'éloignement demeure une perspective raisonnable, lorsque cet étranger :**

1° Doit être remis aux autorités compétences d'un État membre de l'Union européenne en application des articles L. 531-1 ou L. 531-2 ;

1° *bis* Fait l'objet d'une décision de transfert en application de l'article L. 742-3 ou d'une requête aux fins de prise en charge ou de reprise en charge en application du règlement (UE) n° 604/2013 du Parlement européen et du Conseil du 26 juin 2013 établissement les critères et mécanismes de détermination de l'État membre par un ressortissant de pays tiers ou un apatride ;

2° Fait l'objet d'un arrêté d'expulsion ;

3° Doit être reconduit à la frontière en exécution d'une interdiction judiciaire du territoire prise en application du deuxième alinéa de l'article L. 131-30 du Code pénal ;

4° Fait l'objet d'un signalement aux fins de non-admission ou d'une décision d'éloignement exécutoire prise en application de l'article L. 531-3 du présent code ;

5° Fait l'objet d'une obligation de quitter le territoire français prise moins d'un an auparavant et pour laquelle le délai pour quitter le territoire est expiré ou n'a pas été accordé ;

6° Doit être reconduit d'office à la frontière en exécution d'une interdiction de retour sur le territoire français, d'une interdiction de circulation sur le territoire français ou d'une interdiction administrative du territoire ;

7° Ayant fait l'objet d'une décision d'assignation à résidence en application des 1° à 6° du présent article ou de placement en rétention administrative en application de l'article L. 551-1, n'a pas déféré à la mesure d'éloignement dont il fait l'objet ou, y ayant déféré, est revenu en France alors que cette mesure est toujours exécutoire.

Les sept derniers alinéas de l'article L. 561-1 sont applicables, sous réserve que la durée maximale de l'assignation ne puisse excéder une durée de quarante-cinq jours, renouvelable une fois pour les cas relevant des 1° et 2° à 7° du présent I, ou trois fois pour les cas relevant du 1° *bis*.

L'article L. 551-1 est applicable lorsqu'un étranger assigné à résidence en application du présent article :

***a)* Ne présente plus de garanties de représentation effectives propres à prévenir le risque mentionné au 3° du II de l'article L. 511-1 ;**

***b)* Présente un risque non négligeable de fuite, tel que défini aux 1° à 12° du II de l'article L. 551-1, dans le cas d'un étranger faisant l'objet d'une requête aux fins de prise en charge ou de reprise en charge, en application du règlement (UE) n° 604/2013 du Parlement européen et du Conseil du 26 juin 2013 précité, ou d'une décision de transfert notifiée conformément à l'article L. 742-3.**

II. – En cas d'impossibilité d'exécution d'office de la mesure d'éloignement résultant de l'obstruction volontaire de l'étranger assigné à résidence en application du I du présent article, l'autorité administrative peut demander au juge des libertés et de la détention de l'autoriser à requérir les services de police ou les unités de gendarmerie pour qu'ils visitent le domicile de l'étranger afin de s'assurer de sa présence et de le reconduire à la frontière ou, si le départ n'est pas possible immédiatement, de lui notifier une décision de placement en rétention.

Le juge des libertés et de la détention, saisi par requête, statue dans un délai de vingt-quatre heures. À peine de nullité, sa décision est motivée. Le juge s'assure du caractère exécutoire de la décision d'éloignement que la mesure vise à exécuter et de l'obstruction volontaire de l'étranger à ladite exécution, dûment constatée par l'autorité administrative, résultant notamment de l'absence de réponse de l'étranger à sa demande de présentation pour les nécessités de son exécution. La décision mentionne l'adresse des lieux dans lesquels les opérations de visite peuvent être effectuées.

L'ordonnance ayant autorisé la visite est exécutoire pendant cent quarante-quatre heures au seul vu de la minute. Elle est notifiée sur place à l'étranger dans une langue qu'il comprend ou, à défaut, à l'occupant des

lieux, qui en reçoit copie intégrale contre récépissé. L'acte de notification comporte mention des voies de recours.

Les opérations de visites sont effectuées sous le contrôle du magistrat qui les a autorisées, qui peut se déplacer sur les lieux pour veiller au respect des dispositions légales. Ces opérations ne peuvent être commencées avant 6 heures ni après 21 heures. Elles ne peuvent, à peine de nullité, avoir un autre objet que l'exécution de la mesure d'éloignement visée dans la décision du juge des libertés et de la détention.

Il est dressé un procès-verbal mentionnant les dates et heures de début et de fin des opérations et les conditions de leur déroulement. Ce procès-verbal est présenté à la signature de l'étranger ou, à défaut, de l'occupant des lieux ; en cas de refus, mention est faite de ce refus et de ses motifs déclarés. Le procès-verbal est transmis au juge des libertés et de la détention, copie en ayant été remise à l'étranger ou, à défaut, à l'occupant des lieux.

Les ordonnances mentionnées au présent article sont susceptibles d'appel devant le premier président de la cour d'appel ou son délégué, qui est saisi sans forme et doit statuer dans un délai de quarante-huit heures à compter de sa saisine. L'appel n'est pas suspensif. Le premier président de la cour d'appel ou son délégué peut, par ordonnance motivée et sans avoir préalablement convoqué les parties, rejeter les déclarations d'appel manifestement irrecevables.

Lorsque l'étranger fait l'objet d'un arrêté d'expulsion, d'une interdiction judiciaire du territoire français ou d'une interdiction administrative du territoire français, la condition d'impossibilité d'exécution d'office de la mesure d'éloignement résultant de l'obstruction volontaire de l'étranger, prévue au premier alinéa du présent II, n'est pas requise.

Le présent II est applicable à l'étranger assigné à résidence en application des articles L. 523-3 à L. 523-5, L. 552-4 ou L. 561-1.

Art. L. 561-2-1 *(L. n° 2016-274, 7 mars 2016)*. – Les étrangers assignés à résidence sur le fondement des articles L. 552-4 et L. 561-2 se voient remettre une information sur les modalités d'exercice de leurs droits, sur les obligations qui leur incombent et, le cas échéant, sur la possibilité de bénéficier d'une aide au retour.

Art. L. 561-3 *(L. n° 2011-672, 16 juin 2011)*. – Les modalités d'application du présent chapitre sont fixées par décret en Conseil d'État.

ASSIGNATION À RÉSIDENCE AVEC SURVEILLANCE ÉLECTRONIQUE
(L. n° 2011-672, 16 juin 2011)

Art. L. 562-1 *(L. n° 2011-672, 16 juin 2011)*. – Dans les cas prévus à l'article L. 551-1, lorsque l'étranger est père ou mère d'un enfant mineur résidant en France dont il contribue effectivement à l'entretien et à l'éducation dans les conditions prévues à l'article 371-2 du Code civil depuis la naissance de celui-ci ou depuis au moins deux ans et lorsque cet étranger ne peut pas être assigné à résidence en application de l'article L. 561-2 du présent code, l'autorité administrative peut prendre une décision d'assignation à résidence avec surveillance électronique, après accord de l'étranger.

La décision d'assignation à résidence avec surveillance électronique est prise par l'autorité administrative pour une durée de cinq jours.

La prolongation de la mesure par le juge des libertés et de la détention s'effectue dans les mêmes conditions que la prolongation de la rétention administrative prévue au chapitre II du titre V du présent livre.

Art. L. 562-2 *(L. n° 2011-672, 16 juin 2011)*. – L'assignation à résidence avec surveillance électronique emporte, pour l'étranger, interdiction de s'absenter de son domicile ou de tout autre lieu désigné par l'autorité administrative ou le juge des libertés et de la détention en dehors des périodes fixées par ceux-ci.

Le contrôle de l'exécution de la mesure est assuré au moyen d'un procédé permettant de détecter à distance la présence ou l'absence de l'étranger dans le seul lieu désigné par le juge des libertés et de la détention pour chaque période fixée. La mise en œuvre de ce procédé peut conduire à imposer à la personne assignée le port, pendant toute la durée du placement sous surveillance électronique, d'un dispositif intégrant un émetteur.

Le procédé utilisé est homologué à cet effet par le ministre chargé de l'immigration et le ministre de la Justice. Sa mise en œuvre doit garantir le respect de la dignité, de l'intégrité et de la vie privée de la personne.

Le contrôle à distance de la mesure est assuré par des fonctionnaires de la police ou de la gendarmerie nationales qui sont autorisés, pour l'exécution de cette mission, à mettre en œuvre un traitement automatisé de données nominatives.

La mise en œuvre du dispositif technique permettant le contrôle à distance peut être confiée à une personne de droit privé habilitée dans des conditions fixées par décret en Conseil d'État.

Dans la limite des périodes fixées dans la décision d'assignation à résidence avec surveillance électronique, les agents chargés du contrôle peuvent se rendre sur le lieu de l'assignation pour demander à rencontrer l'étranger. Ils ne peuvent toutefois pénétrer au domicile de la personne chez qui le contrôle est pratiqué sans l'accord de celle-ci.

Le non-respect des prescriptions liées à l'assignation à résidence avec surveillance électronique est sanctionné dans les conditions prévues à l'article L. 624-4.

Art. L. 562-3 *(L. n° 2011-672, 16 juin 2011)*. – Les modalités d'application du présent chapitre sont fixées par décret en Conseil d'État.

ASSIGNATION À RESIDENCE AVEC INTERDICTION DE SE TROUVER EN RELATION AVEC UNE PERSONNE NOMMÉMENT DESIGNÉE

Art. L. 563-1 *(L. n° 2014-1353, 13 nov. 2014)*. – L'étranger astreint à résider dans les lieux qui lui sont fixés en application des articles L. 523-3, L. 523-4 ou L. 541-3 qui a été condamné à une peine d'interdiction du territoire pour des actes de terrorisme prévus au titre II du livre IV du Code pénal ou à l'encontre duquel un arrêté d'expulsion a été prononcé pour un comportement lié à des activités à caractère terroriste peut, si la préservation de la sécurité publique l'exige, se voir prescrire par l'autorité administrative compétente pour prononcer l'assignation à résidence une interdiction de se trouver en relation, directement ou indirectement, avec certaines personnes nommément désignées dont le comportement est lié à des activités à caractère terroriste. La décision est écrite et motivée. Elle peut être prise pour une durée maximale de six mois et renouvelée, dans la même limite de durée, par une décision également motivée. Cette interdiction est levée dès que les conditions ne sont plus satisfaites ou en cas de levée de l'assignation à résidence.

La violation de cette interdiction est sanctionnée dans les conditions prévues à l'article L. 624-4 du présent code.

TITRE VII. – DISPOSITIONS DIVERSES

(Renum. et mod., L. n° 2011-672, 16 juin 2011)

CHAPITRE UNIQUE

Art. L. 571-1 *(Anc. art. L. 561-1, renum. et mod., L. n° 2011-672, 16 juin 2011 ; mod., L. n° 2014-1353, 13 nov. 2014)*. – La libération conditionnelle des étrangers condamnés à une peine privative de liberté et faisant l'objet d'une mesure d'interdiction du territoire, d'obligation de quitter le territoire français, d'interdiction de retour sur le territoire français, d'interdiction de circulation sur le territoire français, d'interdiction administrative du territoire, de reconduite à la frontière, d'expulsion, d'extradition ou de remise sur le fondement d'un mandat d'arrêt européen est régie par les dispositions de l'article 729-2 du Code de procédure pénale.

Art. 729-2 *(Mod., L. n° 2011-672, 16 juin 2011 ; L. n° 2016-274, 7 mars 2016)*. – Lorsqu'un étranger condamné à une peine privative de liberté est l'objet d'une mesure d'interdiction du territoire français, d'obligation de quitter le territoire français, d'interdiction de retour sur le territoire français, d'interdiction de circulation sur le territoire français, d'expulsion d'extradition ou de remise sur le fondement d'un mandat d'arrêt européen, sa libération conditionnelle est subordonnée à la condition que cette mesure soit exécutée. Elle peut être décidée sans son consentement.

Par exception aux dispositions de l'alinéa précédent, le juge de l'application des peines, ou le tribunal de l'application des peines, peut également accorder une libération conditionnelle à un étranger faisant l'objet d'une peine complémentaire d'interdiction du territoire français en ordonnant la suspension de l'exécution de cette peine pendant la durée des mesures d'assistance et de contrôle prévue à l'article 732. À l'issue de cette durée, si la décision de mise en liberté conditionnelle n'a pas été révoquée, l'étranger est relevé de plein droit de la mesure d'interdiction du territoire français. Dans le cas contraire, la mesure redevient exécutoire.

Art. L. 571-2 *(Anc. art. L. 561-2, renum., L. n° 2011-672, 16 juin 2011 ; mod., Ord. n° 2014-464, 7 mai 2014).* – Sont applicables sur le territoire défini à l'article L. 111-3 les mesures d'interdiction du territoire prononcées par toute juridiction siégeant dans les îles Wallis-et-Futuna, en Polynésie française et en Nouvelle-Calédonie ainsi que les mesures de reconduite à la frontière et d'expulsion prononcées par le représentant de l'État dans les îles Wallis-et-Futuna, en Polynésie française et en Nouvelle-Calédonie.

Art. L. 571-3 *(Anc. art. L. 561-3, renum., L. n° 2011-672, 16 juin 2011).* – L'autorité administrative peut ordonner le placement sous surveillance électronique mobile de l'étranger astreint à résider dans les lieux qui lui sont fixés en application des articles L. 523-3, L. 523-4 ou L. 541-3 s'il a été condamné à une peine d'interdiction du territoire pour des actes de terrorisme prévus par le titre II du livre IV du Code pénal ou si une mesure d'expulsion a été prononcée à son encontre pour un comportement lié à des activités à caractère terroriste.

Ce placement est prononcé, après accord de l'étranger, pour une durée de trois mois qui peut être prolongée pour une même durée sans que la durée totale du placement dépasse deux ans. À défaut de prolongation, il est mis fin au placement sous surveillance électronique mobile.

L'étranger est astreint au port, pendant toute la durée du placement, d'un dispositif intégrant un émetteur permettant à tout moment de déterminer à distance sa localisation sur l'ensemble du territoire national.

La mise en œuvre du dispositif technique permettant le contrôle à distance peut être confiée à une personne de droit privé habilitée dans des conditions fixées par décret en Conseil d'État.

Pendant la durée du placement, l'autorité administrative peut, d'office ou à la demande de l'étranger, modifier ou compléter les obligations résultant dudit placement.

Le manquement aux prescriptions liées au placement sous surveillance électronique est sanctionné dans les conditions prévues à l'article L. 624-4.

LIVRE SIXIÈME. – CONTRÔLES ET SANCTIONS

TITRE PREMIER. – CONTRÔLES

Art. L. 611-1 *(Mod., L. n° 2012-1560, 31 déc. 2012).* – I. – En dehors de tout contrôle d'identité, les personnes de nationalité étrangère doivent être en mesure de présenter les pièces ou documents sous le couvert desquels elles sont autorisées à circuler ou à séjourner en France à toute réquisition des officiers de police judiciaire et, sur l'ordre et sous la responsabilité de ceux-ci, des agents de police judiciaire et agents de police judiciaire adjoints mentionnés aux articles 20 et 21 (1°) du Code de procédure pénale.

À la suite d'un contrôle d'identité effectué en application des articles 78-1, 78-2, 78-2-1 et 78-2-2 du Code de procédure pénale, les personnes de nationalité étrangère peuvent être également tenues de présenter les pièces et documents visés à l'alinéa précédent.

Les contrôles des obligations de détention, de port et de présentation des pièces et documents prévus aux deux premiers alinéas du présent I ne peuvent être effectués que si des éléments objectifs déduits de circonstances extérieures à la personne même de l'intéressé sont de nature à faire apparaître sa qualité d'étranger.

II. – Les contrôles des obligations de détention, de port et de présentation des pièces et documents mentionnés au premier alinéa du I ne peuvent être pratiqués que pour une durée n'excédant pas six heures consécutives dans un même lieu et ne peuvent consister en un contrôle systématique des personnes présentes ou circulant dans ce lieu.

QPC. Par décision n° 2016-606/607 QPC du 24 janvier 2017, le Conseil constitutionnel a déclaré conformes à la Constitution la référence « 78-2 » et les mots « 78-2-2 » figurant au deuxième alinéa de l'article L. 611-1.

Pour l'application de l'article 78-2, alinéa 8, du Code de procédure pénale, le contrôle d'identité destiné à prévenir et rechercher les infractions liées à la criminalité transfrontière, dans les zones définies par ce texte, est indépendant du recueil d'éléments objectifs, déduits de circonstances extérieures à la personne concernée, de nature à faire apparaître sa qualité d'étranger (■ Cass. crim., 8 févr. 2017, n° 16-81.323).

Art. L. 611-1-1 *(L. n° 2012-1560, 31 déc. 2012).* – I. – Si, à l'occasion d'un contrôle effectué en application de l'article L. 611-1 du présent code, des articles 78-1, 78-2, 78-2-1 et 78-2-2 du Code de procédure pénale ou de l'article 67 *quater* du Code des douanes, il apparaît qu'un étranger n'est pas en mesure de justifier de son droit de circuler ou de séjourner en France, il peut être conduit dans un local de police ou de gendarmerie et y être retenu par un officier de police judiciaire de la police nationale ou de la gendarmerie nationale aux fins de vérification de son droit de circulation ou de séjour sur le territoire français. Dans ce cas, l'officier de police judiciaire ou, sous le contrôle de celui-ci, un agent de police judiciaire met l'étranger en mesure de fournir par tout moyen les pièces et documents requis et procède, s'il y a lieu, aux opérations de vérification nécessaires. Le procureur de la République est informé dès le début de la retenue.

L'officier de police judiciaire ou, sous le contrôle de celui-ci, un agent de police judiciaire informe aussitôt l'étranger, dans une langue qu'il comprend ou dont il est raisonnable de supposer qu'il la comprend, des motifs de son placement en retenue et de la durée maximale de la mesure ainsi que du fait qu'il bénéficie :

1° Du droit d'être assisté par un interprète ;

2° Du droit d'être assisté par un avocat désigné par lui ou commis d'office par le bâtonnier, qui est alors informé de cette demande par tous moyens et sans délai. Dès son arrivée, l'avocat peut communiquer pendant trente minutes avec la personne retenue dans des conditions qui garantissent la confidentialité de l'entretien. L'étranger peut demander que l'avocat assiste à ses auditions. Dans ce cas, la première audition, sauf si elle porte uniquement sur les éléments d'identité, ne peut débuter sans la présence de l'avocat avant l'expiration d'un délai d'une heure suivant l'information adressée à celui-ci. Toutefois, les opérations de vérification ne nécessitant pas la présence de l'étranger peuvent être effectuées dès le début de la retenue. Au cours des auditions, l'avocat peut prendre des notes. À la fin de la retenue, l'avocat peut, à sa demande, consulter le procès-verbal établi en application du treizième alinéa du présent I ainsi que le certificat médical y étant, le cas échéant, annexé et formuler des observations écrites également annexées ;

3° Du droit d'être examiné par un médecin désigné par l'officier de police judiciaire. Le médecin se prononce sur l'aptitude au maintien de la personne en retenue et procède à toutes constatations utiles ;

4° Du droit de prévenir à tout moment sa famille et toute personne de son choix et de prendre tout contact utile afin d'assurer l'information et, le cas échéant, la prise en charge des enfants dont il assure normalement la garde, qu'ils l'aient ou non accompagné lors de son placement en retenue. Si des circonstances particulières l'exigent, l'officier de police judiciaire prévient lui-même la famille et la personne choisie. En tant que de besoin, il informe le procureur de la République aux fins d'instruction dans l'intérêt des enfants ;

5° Du droit d'avertir ou de faire avertir les autorités consulaires de son pays.

Lorsque l'étranger ne parle pas le français, il est fait application de l'article L. 111-7.

L'étranger ne peut être retenu que pour le temps strictement exigé par l'examen de son droit de circulation ou de séjour et, le cas échéant, le prononcé et la notification des décisions administratives applicables. La retenue ne peut excéder seize heures à compter du début du contrôle mentionné au premier alinéa du présent I. Le procureur de la République peut mettre fin à la retenue à tout moment.

Les mesures de contrainte exercées sur l'étranger sont strictement proportionnées à la nécessité des opérations de vérification et de son maintien à la disposition de l'officier de police judiciaire. L'étranger ne peut être soumis au port des menottes ou des entraves que s'il est considéré soit comme dangereux pour autrui ou pour lui-même, soit comme susceptible de tenter de prendre la fuite.

Durant la retenue, lorsque sa participation aux opérations de vérification n'est pas nécessaire, l'étranger ne peut être placé dans une pièce occupée simultanément par une ou plusieurs personnes gardées à vue.

Si l'étranger ne fournit pas d'éléments permettant d'apprécier son droit de circulation ou de séjour, les opérations de vérification peuvent donner lieu, après information du procureur de la République, à la prise d'empreintes digitales ou de photographies lorsque celle-ci constitue l'unique moyen d'établir la situation de cette personne.

L'officier de police judiciaire ou, sous le contrôle de celui-ci, un agent de police judiciaire mentionne, dans un procès-verbal, les motifs qui ont justifié le contrôle, ainsi que la vérification du droit de circulation ou de séjour et les conditions dans lesquelles la personne a été présentée devant lui, informée de ses droits et mise en mesure de les exercer. Il précise le jour et l'heure du début et de la fin de la retenue et la durée de celle-ci et, le cas échéant, la prise d'empreintes digitales ou de photographies. Il y annexe le certificat médical établi à l'issue de l'examen éventuellement pratiqué.

Ce procès-verbal est présenté à la signature de l'étranger intéressé. Celui-ci est informé de la possibilité de ne pas signer ledit procès-verbal. S'il refuse de le signer, mention est faite du refus et des motifs de celui-ci.

Le procès-verbal est transmis au procureur de la République, copie en ayant été remise à la personne intéressée. Les mentions de chaque procès-verbal concernant l'identité de la personne, le jour et l'heure du début et de la fin de la retenue et la durée de celle-ci figurent également sur un registre spécial, tenu à cet effet dans le local de police ou de gendarmerie.

Si elle n'est suivie à l'égard de l'étranger qui a été retenu d'aucune procédure d'enquête ou d'exécution adressée à l'autorité judiciaire ou n'a donné lieu à aucune décision administrative, la vérification du droit de circulation ou de séjour ne peut donner lieu à une mise en mémoire sur fichiers et le procès-verbal, ainsi que toutes les pièces se rapportant à la vérification sont détruits dans un délai de six mois à compter de la fin de la retenue, sous le contrôle du procureur de la République.

Les prescriptions énumérées au présent article sont imposées à peine de nullité, sous réserve des dispositions de l'article L 552-13.

II. – Lorsqu'un étranger, retenu en application de l'article 78-3 du Code de procédure pénale, n'est pas en mesure de justifier de son droit de circuler ou de séjourner en France, le I du présent article s'applique et la durée de la retenue effectuée en application de ce même article 78-3 s'impute sur celle de la retenue pour vérification du droit de séjour.

III. – S'il apparaît, au cours de la retenue de l'étranger, que celui-ci doit faire l'objet d'un placement en garde à vue conformément aux articles 62 et suivants du Code de procédure pénale, la durée de la retenue s'impute sur celle de la garde à vue.

1) QPC. Par la décision précitée du 24 janvier 2017, le Conseil constitutionnel a déclaré conformes à la Constitution la référence « 78-2 » et les mots « et 78-2-2 » figurant au premier alinéa de l'article L. 611-1-1.

2) Le défaut de transmission au procureur de la République du procès-verbal établi au cours de la retenue d'un étranger en vue de la vérification du droit de séjour ne porte pas, en soi, atteinte aux droits de l'étranger, de sorte qu'en application des articles L. 552-13 et L. 611-1-1 du Code de l'entrée et du séjour des étrangers, la juridiction qui relève une telle irrégularité, sans établir qu'elle a eu pour effet de porter atteinte aux droits de l'étranger, ne peut prononcer la mainlevée de la mesure de placement en rétention (■ Cass. 1re civ., 18 déc. 2013, n° 13-50.010 : *Bull. inf. C. cass.* 15 mars 2014, n° 557 ; *D.* 2014, panorama, p. 451, note K. Parrot).

3) Il résulte des articles L. 552-13 et L. 611-1-1 du Code de l'entrée et du séjour des étrangers et du droit d'asile que le placement d'un étranger retenu dans une pièce simultanément occupée par des personnes gardées à vue ne porte pas, en soi, atteinte aux droits de cet étranger (■ Cass. crim., 23 sept. 2015, n° 14-21.279).

4) Une personne en situation irrégulière, invitée à suivre les policiers, qui a accepté de les accompagner dans un local de police pour y recevoir notification d'une décision de placement en rétention, ne doit pas nécessairement être placée en retenue ou entendue sur le fondement des articles L. 611-1-1 du Code d'entrée et du séjour des étranger et du droit d'asile ou 62 du Code de procédure pénale (■ Cass. 1re civ., 12 juill. 2016, n° 15-22.854).

5) Selon l'article L. 611-1 du Code de l'entrée et du séjour des étrangers et du droit d'asile, le procureur de la République est informé dès le début de la retenue, non à compter de la présentation des personnes interpellées à l'officier de police judiciaire.

Tout retard dans l'information donnée à ce magistrat, non justifié par des circonstances insurmontables, est de nature à porter atteinte aux droits de la personne concernée (■ Cass. 1re civ., 17 mai 2017, n° 16-15.229).

6) La mesure de retenue prévue à l'article L. 611-1 du Code de l'entrée et du séjour des étrangers et du droit d'asile (CESEDA) peut, dès lors que la durée maximale de seize heures n'est pas dépassée, être fractionnée dans le temps, notamment lorsque l'interruption temporaire intervient pour rendre effectives les vérifications administratives concernant le droit de circulation et de séjour de l'intéressé (■ Cass. 1re civ., 1er févr. 2017, n° 16-14.700).

Art. L. 611-2 ***(Mod., L. n° 2011-672, 16 juin 2011).*** **– L'autorité administrative compétente, les services de police et les unités de gendarmerie sont habilités à retenir le passeport ou le document de voyage des personnes de nationalité étrangère en situation irrégulière. Ils leur remettent en échange un récépissé valant justification de leur identité et sur lequel sont mentionnées la date de retenue et les modalités de restitution du document retenu.**

Viole le principe de la séparation des pouvoirs, ensemble l'article 8-1 de l'ordonnance du 2 novembre 1945 devenu l'article L. 611-2 du Code de l'entrée et du séjour des étrangers et du droit d'asile, le premier président qui, donnant une injonction à l'Administration, ordonne au représentant du préfet, en raison de l'irrégularité de la procédure de rétention administrative, la remise du passeport à l'intéressé (■ Cass. 1re civ., 4 oct. 2005 : *Bull. inf. C. cass.* 2006, n° 68).

Art. L. 611-3 *(Mod., L. n° 2007-1631, 20 nov. 2007 ; L. n° 2011-672, 16 juin 2011 ; L. n° 2016-274, 7 mars 2016)*. **– Afin de mieux garantir le droit au séjour des personnes en situation régulière et de lutter contre l'entrée et le séjour irréguliers des étrangers en France, les empreintes digitales ainsi qu'une photographie des ressortissants étrangers, non ressortissants d'un État membre de l'Union européenne, d'un autre État partie à l'accord sur l'Espace économique européen ou de la Confédération suisse, qui sollicitent la délivrance d'un titre de séjour en application de l'article L. 311-1 peuvent être relevées, mémorisées et faire l'objet d'un traitement automatisé dans les conditions fixées par la loi n° 78-17 du 6 janvier 1978 relative à l'informatique, aux fichiers et aux libertés.**

Il en est de même de ceux qui sont en situation irrégulière en France, qui font l'objet d'une mesure d'éloignement du territoire français ou qui, ayant été contrôlés à l'occasion du franchissement de la frontière en provenance d'un pays tiers aux États parties à la convention signée à Schengen le 19 juin 1990, ne remplissent pas les conditions d'entrée prévues à l'article 5 du règlement (CE) n° 562/2006 du Parlement européen et du Conseil, du 15 mars 2006, établissant un code communautaire relatif au régime de franchissement des frontières par les personnes (code frontières Schengen) ou à l'article L. 211-1. Le refus de se soumettre à ces opérations est puni d'un an d'emprisonnement et de 3 750 € d'amende.

Il en est de même des étrangers bénéficiaires de l'aide au retour mentionnée à l'article L. 512-5.

Art. L. 611-4 *(L. n° 2016-274, 7 mars 2016)*. **– En vue de l'identification d'un étranger qui n'a pas justifié des pièces ou documents visés à l'article L. 611-1 ou qui n'a pas présenté à l'autorité administrative compétente les documents de voyage permettant l'exécution de l'une des mesures mentionnées à l'article L. 624-1-1 ou qui, à défaut de ceux-ci, n'a pas communiqué les renseignements permettant cette exécution, les données des fichiers automatisés des empreintes digitales gérés par le ministère de l'Intérieur peuvent être consultées par les agents expressément habilités des services du ministère de l'Intérieur et de la gendarmerie nationale, dans les conditions fixées par la loi n° 78-17 du 6 janvier 1978, relative à l'informatique, aux fichiers et aux libertés.**

Art. L. 611-5. – Un décret en Conseil d'État, pris après avis de la Commission nationale de l'informatique et des libertés, fixe les modalités d'application des articles L. 611-3 et L. 611-4. Il précise la durée de conservation et les conditions de mise à jour des informations enregistrées, les modalités d'habilitation des personnes pouvant y accéder ainsi que, le cas échéant, les conditions dans lesquelles les personnes intéressées peuvent exercer leur droit d'accès.

Art. L. 611-6. – Afin de mieux garantir le droit au séjour des personnes en situation régulière et de lutter contre l'entrée et le séjour irréguliers des étrangers en France, les empreintes digitales ainsi qu'une photographie des ressortissants étrangers qui sollicitent la délivrance, auprès d'un consulat ou à la frontière extérieure des États parties à la convention signée à Schengen le 19 juin 1990, d'un visa afin de séjourner en France ou sur le territoire d'un autre État partie à ladite convention peuvent être relevées, mémorisées et faire l'objet d'un traitement automatisé dans les conditions fixées par la loi n° 78-17 du 6 janvier 1978 relative à l'informatique, aux fichiers et aux libertés.

Ces empreintes et cette photographie sont obligatoirement relevées en cas de délivrance d'un visa.

Art. L. 611-7. – Un décret en Conseil d'État, pris après avis de la Commission nationale de l'informatique et des libertés, fixe les modalités d'application de l'article L. 611-6. Il précise la durée de conservation et les conditions de mise à jour des informations enregistrées, les catégories de personnes pouvant y accéder et les modalités d'habilitation de celles-ci ainsi que, le cas échéant, les conditions dans lesquelles les personnes intéressées peuvent exercer leur droit d'accès.

Voir : D. n° 2004-1266, 25 nov. 2004, portant création à titre expérimental d'un traitement automatisée des données à caractère personnel relatives aux ressortissants étrangers sollicitant la délivrance d'un visa.

Art. L. 611-8 *(Mod., L. n° 2012-1560, 31 déc. 2012)*. – Dans une zone comprise entre la frontière terrestre de la France avec les États parties à la convention signée à Schengen le 19 juin 1990 et une ligne tracée à vingt kilomètres en deçà, les officiers de police judiciaire, assistés des agents de police judiciaire et des agents de police judiciaire adjoints mentionnés aux articles 20 et 21 (1°) du Code de procédure pénale, peuvent procéder, avec l'accord du conducteur ou, à défaut, sur instructions du procureur de la République, à la visite sommaire des véhicules circulant sur la voie publique, à l'exclusion des voitures particulières, en vue de vérifier le respect des obligations de détention, de port et de présentation des pièces ou documents prévus à l'article L. 611-1 ou de rechercher et constater les infractions relatives à l'entrée et au séjour des étrangers en France.

Art. L. 611-9. – Lorsqu'il existe une section autoroutière commençant dans la zone mentionnée à l'article L. 611-8 et que le premier péage autoroutier se situe au-delà de la ligne des vingt kilomètres, la visite peut en outre avoir lieu jusqu'à ce premier péage sur les aires de stationnement ainsi que sur le lieu de ce péage et les aires de stationnement attenantes.

Dans l'attente des instructions du procureur de la République, le véhicule peut être immobilisé pour une durée qui ne peut excéder quatre heures.

La visite, dont la durée est limitée au temps strictement nécessaire, se déroule en présence du conducteur et donne lieu à l'établissement d'un procès-verbal mentionnant les dates et heures du début et de la fin des opérations. Un exemplaire de ce procès-verbal est remis au conducteur et un autre transmis sans délai au procureur de la République.

Art. L. 611-10. – Les dispositions des articles L. 611-8 et L. 611-9 sont applicables, en Guyane, dans une zone comprise entre les frontières terrestres et une ligne tracée à vingt kilomètres en deçà ainsi que sur la route nationale 2 sur le territoire des communes de Saint-Georges et de Régina et sur la route départementale 6 et la route nationale 2 sur la commune de Roura.

Art. L. 611-11 *(L. n° 2006-911, 24 juill. 2006 ; rempl., L. n° 2011-672, 16 juin 2011 ; mod., Ord. n° 2014-464, 7 mai 2014 ; L. n° 2016-274, 7 mars 2016)*. – Les articles L. 611-8 et L. 611-9 sont applicables en Guadeloupe dans une zone comprise entre le littoral et une ligne tracée à un kilomètre en deçà, ainsi que sur les routes nationales 1 et 4, et en Martinique dans une zone comprise entre le littoral et une ligne tracée à un kilomètre en deçà, ainsi que sur les routes nationales 1, 2, 3, 5 et 6 et sur la route départementale 1. Il en est de même à Mayotte, à Saint-Barthélemy et Saint-Martin dans une zone comprise entre le littoral et une ligne tracée à un kilomètre en deçà.

Art. L. 611-12 *(L. n° 2016-274, 7 mars 2016)*. – Sans que s'y oppose le secret professionnel autre que le secret médical, les autorités ainsi que les personnes privées mentionnées aux 1° à 8° du présent article transmettent à l'autorité administrative compétente, agissant dans le cadre de l'instruction d'une première demande de titre ou d'une demande de renouvellement de titre ou dans le cadre des contrôles prévus à l'article L. 313-5-1, les documents et les informations nécessaires au contrôle de la sincérité et de l'exactitude des déclarations souscrites ou au contrôle de l'authenticité des pièces produites en vue de l'attribution d'un droit au séjour ou de sa vérification.

Ce droit de communication s'exerce sur demande de l'autorité administrative compétente, de manière ponctuelle et à titre gratuit, quel que soit le support utilisé pour la conservation des documents, auprès :

1° Des autorités dépositaires des actes d'état civil ;

2° Des administrations chargées du travail et de l'emploi ;

3° Des organismes de sécurité sociale et de l'institution mentionnée à l'article L. 5312-1 du Code du travail ;

4° Des établissements scolaires et des établissements d'enseignement supérieur ;

5° Des fournisseurs d'énergie et des services de communications électroniques ;

6° Des établissements de santé publics et privés ;

7° Des établissements bancaires et des organismes financiers ;

8° Des greffes des tribunaux de commerce.

Pour l'application du 5° du présent article, le droit de communication ne peut porter sur les données techniques définies à l'article L. 34-1 du Code des postes et des communications électroniques.

L'autorité administrative compétente est tenue d'informer la personne dont elle s'apprête à retirer la carte de séjour sur le fondement d'informations ou de documents recueillis auprès des autorités ou des personnes

privées mentionnées aux 1° à 8° du présent article de la teneur et de l'origine des informations et documents ainsi obtenus. Elle communique une copie des documents susmentionnés à l'intéressé s'il en fait la demande.

La conservation des données personnelles contenues dans les documents et les informations transmises en application du présent article ne peut excéder la durée cumulée du titre de séjour dont l'étranger est titulaire et, le cas échéant, de la procédure de renouvellement dudit titre. La durée de conservation est prolongée jusqu'à l'épuisement des voies et délais de recours contre les décisions administratives prononcées sur le fondement d'informations transmises en application du présent article et, si un recours a été déposé, jusqu'à ce que la juridiction compétente ait statué.

À la demande de l'étranger, les données à caractère personnel le concernant sont, selon le cas, rectifiées, complétées, mises à jour ou effacées si elles sont inexactes, incomplètes ou périmées ou si leur collecte, leur utilisation, leur communication ou leur conservation n'est pas compatible avec les finalités déterminées au premier alinéa.

Un décret en Conseil d'État, pris après avis de la Commission nationale de l'informatique et des libertés, détermine les modalités d'application du présent article. Il définit notamment la nature des documents et des informations susceptibles d'être communiqués à l'autorité administrative compétente par chacune des autorités ou des personnes privées mentionnées aux 1° à 8°.

TITRE II. – SANCTIONS

CHAPITRE I. – ENTRÉE IRRÉGULIÈRE

Art. L. 621-1 *(Abr., L. n° 2012-1560, 31 déc. 2012).*

Art. L. 621-2 *(Mod., L. n° 2011-672, 16 juin 2011 ; L. n° 2012-1560, 31 déc. 2012 ; Ord. n° 2014-464, 7 mai 2014).* **– Est puni d'une peine d'emprisonnement d'un an et d'une amende de 3 750 € l'étranger qui n'est pas ressortissant d'un État membre de l'Union européenne :**

1° S'il a pénétré sur le territoire métropolitain sans remplir les conditions mentionnées aux points *a*, *b* ou *c* du paragraphe 1 de l'article 5 du règlement (CE) n° 562/2006 du Parlement européen et du Conseil, du 15 mars 2006, établissant un code communautaire relatif au régime de franchissement des frontières par les personnes (code frontières Schengen) et sans avoir été admis sur le territoire en application des points a et c du paragraphe 4 de l'article 5 de ce même règlement ; il en est de même lorsque l'étranger fait l'objet d'un signalement aux fins de non-admission en application d'une décision exécutoire prise par un autre État partie à la convention signée à Schengen le 19 juin 1990 ;

2° Ou si, en provenance directe du territoire d'un État partie à cette convention, il est entré sur le territoire métropolitain sans se conformer aux stipulations de ses articles 19, paragraphe 1 ou 2, 20, paragraphe 1, et 21, paragraphe 1 ou 2, à l'exception des conditions mentionnées au point e du paragraphe 1 de l'article 5 du règlement (CE) n° 562/2006 du Parlement européen et du Conseil, du 15 mars 2006, précité et au point d lorsque le signalement aux fins de non-admission ne résulte pas d'une décision exécutoire prise par un autre État partie à la convention ;

3° Ou s'il a pénétré en Guadeloupe, en Guyane, en Martinique, à Mayotte, à La Réunion, à Saint-Barthélemy, à Saint-Martin ou à Saint-Pierre-et-Miquelon sans se conformer à l'article L. 211-1 du présent code.

La juridiction peut, en outre, interdire à l'étranger condamné, pendant une durée qui ne peut excéder trois ans, de pénétrer ou de séjourner en France. L'interdiction du territoire emporte de plein droit reconduite du condamné à la frontière, le cas échéant à l'expiration de la peine d'emprisonnement.

Pour l'application du présent article, l'action publique ne peut être mise en mouvement que lorsque les faits ont été constatés dans les circonstances prévues à l'article 53 du Code de procédure pénale.

Un ressortissant d'un pays tiers à l'Union européenne, entré en France irrégulièrement, par une frontière intérieure à l'espace Schengen, qui n'encourt pas l'emprisonnement prévu à l'article L. 621-2, 2°, du Code de l'entrée et du séjour des étrangers et du droit d'asile dès lors que la procédure de retour établie par la directive 2008/115/CE n'a pas encore été menée à son terme, ne peut, au regard des articles 63 et 67 du Code de procédure pénale, être placé en garde à vue à l'occasion d'une procédure de flagrant délit diligentée du seul chef d'entrée irrégulière (■ Cass. 1re civ., 9 nov. 2016, n° 13-28.349).

CHAPITRE II. – AIDE À L'ENTRÉE ET AU SÉJOUR IRRÉGULIERS

Art. L. 622-1 *(Mod., L. n° 2012-1560, 31 déc. 2012).* **– Sous réserve des exemptions prévues à l'article L. 622-4. Toute personne qui aura, par aide directe ou indirecte, facilité ou tenté de faciliter l'entrée, la circulation ou le séjour irréguliers, d'un étranger en France sera punie d'un emprisonnement de cinq ans et d'une amende de 30 000 €.**

Sous réserve des exemptions prévues à l'article L. 622-4. Sera puni des mêmes peines celui qui, quelle que soit sa nationalité, aura commis le délit défini au premier alinéa du présent article alors qu'il se trouvait sur le territoire d'un État partie à la convention signée à Schengen le 19 juin 1990 autre que la France.

Sous réserve des exemptions prévues à l'article L. 622-4. Sera puni des mêmes peines celui qui aura facilité ou tenté de faciliter l'entrée, la circulation ou le séjour irréguliers d'un étranger sur le territoire d'un autre État partie à la convention signée à Schengen le 19 juin 1990.

Sous réserve des exemptions prévues à l'article L. 622-4. Sera puni de mêmes peines celui qui aura facilité ou tenté de faciliter l'entrée, la circulation ou le séjour irréguliers d'un étranger sur le territoire d'un État partie au protocole contre le trafic illicite de migrants par terre, air et mer, additionnel à la convention des Nations unies contre la criminalité transnationale organisée, signée à Palerme le 12 décembre 2000.

Les dispositions du précédent alinéa sont applicables en France à compter de la date de publication au *Journal officiel* de la République française de ce protocole.

1) QPC. Non-lieu à renvoi au Conseil Constitutionnel (■ Cass. crim., 18 févr. 2015, n° 14-84.602 : *Dr. pén.* 2015, comm. 66, obs. J.-H. Robert).

2) Le chauffeur de taxi qui aide les immigrés clandestins à gagner la Grande-Bretagne facilite leur circulation et leur séjour sur le territoire français (■ Cass. crim., 21 janv. 2004 : *Dr. pénal* 2004, comm. 87, obs. J.-H. Robert).

3) Encourt la censure l'arrêt de la cour d'appel renvoyant le prévenu des fins de la poursuite du chef d'aide à l'entrée et au séjour irréguliers d'étrangers en France alors que les reconnaissances de paternité de complaisance effectuées par celui-ci au profit de mineurs haïtiens visaient à leur apporter une aide directe destinée à faciliter leur entrée ou leur séjour irréguliers en France, au sens de l'article L. 622-1 du Code de l'entrée et du séjour des étrangers et du droit d'asile (■ Cass. crim., 7 janv. 2009 : *Bull. crim.*, n° 6 ; *AJF* 2009, jurispr. p. 132, note F. Chénedé). – Rappr. arrêts au visa de l'ancien article 21, ord. du 2 nov. 1945 ■ Cass. crim., 12 févr. 1980 : *Bull. crim.*, n° 56. ■ 4 mars 1991 : *Bull. crim.*, n° 104 (3). ■ 20 mai 1992 : *Bull. crim.*, n° 198. ■ 4 nov. 1992 : *Bull. crim.*, n° 357.

4) Justifie sa décision la cour d'appel qui, pour déclarer un avocat coupable du délit d'aide à l'entrée ou au séjour irréguliers d'un étranger en France, retient qu'il était informé des pratiques illégales du réseau d'immigration clandestine dont il était l'unique conseil, qu'il suscitait et produisait en justice des garanties fictives en faveur de ses clients, et que ses honoraires étaient inclus dans le prix du passage, ces pratiques étant incompatibles avec l'exercice régulier de l'office de la défense (■ Cass. crim., 18 oct. 2017, n° 16-83.108 : *Dr. pén.* 2017, comm. 182, note J.-H. Robert).

5) Le délit d'aide à l'entrée ou au séjour irréguliers d'un étranger est une infraction autonome. Ne lui est pas applicable la condition de mise en mouvement de l'action publique prévue par le dernier alinéa de l'article L. 622-1, celle-ci étant propre au délit d'entrée irrégulière en France (arrêt précité).

6) Il ne résulte d'aucun texte ou principe général du droit de l'Union européenne, ni d'une jurisprudence bien établie de la Cour de justice de l'Union européenne, que le principe de l'application rétroactive de la peine plus légère fait obstacle à ce que soient poursuivis et sanctionnés les délits d'emplois d'étrangers non munis d'une autorisation de travail, d'aide à l'entrée, à la circulation ou au séjour irréguliers d'étrangers en France et de travail dissimulé, commis à l'égard de ressortissants roumains antérieurement au 1er janvier 2014, date de la levée de la totalité des restrictions à l'accès au marché du travail pour les ressortissants de la Roumanie, laquelle constitue une situation de fait, étrangère auxdits éléments constitutifs de ces infractions.

Toute autre interprétation de ces principes et de ces dispositions, dès lors qu'elle aurait pour conséquence d'encourager le trafic de main-d'œuvre en fraude aux droits des ressortissants d'un État ayant engagé le processus d'adhésion à l'Union, serait contraire aux objectifs recherchés par le droit de l'Union, tel qu'interprété désormais par la Cour de justice dans son arrêt C-218/15 du 6 octobre 2016 (■ Cass. crim., 7 juin 2017, n° 15-87.214 : *Dr. pén.* 2017, comm. 131, note J.-H. Robert).

Art. L. 622-2. – Pour l'application des deuxième, troisième et quatrième alinéas de l'article L. 622-1, la situation irrégulière de l'étranger est appréciée au regard de la législation de l'État partie intéressé. En outre, les poursuites ne pourront être exercées à l'encontre de l'auteur de l'infraction que sur une dénonciation officielle ou sur une attestation des autorités compétentes de l'État membre ou de l'État partie intéressé.

Aucune poursuite ne pourra être exercée contre une personne justifiant qu'elle a été jugée définitivement à l'étranger pour les mêmes faits et, en cas de condamnation, que la peine a été subie ou prescrite.

Art. L. 622-3. – Les personnes physiques coupables de l'un des délits prévus à l'article L. 622-1 encourent également les peines complémentaires suivantes :

1° L'interdiction de séjour pour une durée de cinq ans au plus ;

2° La suspension, pour une durée de cinq ans au plus, du permis de conduire. Cette durée peut être doublée en cas de récidive ;

3° Le retrait temporaire ou définitif de l'autorisation administrative d'exploiter soit des services occasionnels à la place ou collectifs, soit un service régulier, ou un service de navettes de transports internationaux ;

4° La confiscation de la chose qui a servi ou était destinée à commettre l'infraction, notamment tout moyen de transport ou équipement terrestre, fluvial, maritime ou aérien, ou de la chose qui en est le produit. Les frais résultant des mesures nécessaires à l'exécution de la confiscation seront à la charge du condamné. Ils seront recouvrés comme frais de justice ;

5° L'interdiction, pour une durée de cinq ans au plus, d'exercer l'activité professionnelle ou sociale à l'occasion de laquelle l'infraction a été commise, sous les réserves mentionnées à l'article 131-27 du Code pénal. Toute violation de cette interdiction sera punie d'un emprisonnement de deux ans et d'une amende de 30 000 € ;

6° L'interdiction du territoire français pour une durée de dix ans au plus dans les conditions prévues par les articles 131-30 à 131-30-2 du Code pénal. L'interdiction du territoire français entraîne de plein droit la reconduite du condamné à la frontière, le cas échéant, à l'expiration de sa peine d'emprisonnement.

Art. L. 622-4 *(Mod., L. n° 2006-911, 24 juill. 2006 ; L. n° 2011-672, 16 juin 2011 ; L. n° 2012-1560, 31 déc. 2012).* – Sans préjudice des articles L. 621-2, L. 623-1, L. 623-2 et L. 623-3, ne peut donner lieu à des poursuites pénales sur le fondement des articles L. 622-1 à L. 622-3 l'aide au séjour irrégulier d'un étranger lorsqu'elle est le fait :

1° Des ascendants ou descendants de l'étranger, de leur conjoint, des frères et sœurs de l'étranger ou de leur conjoint ;

2° Du conjoint de l'étranger, de la personne qui vit notoirement en situation maritale avec lui, ou des ascendants, descendants, frères et sœurs du conjoint de l'étranger ou de la personne qui vit notoirement en situation maritale avec lui ;

3° De toute personne physique ou morale, lorsque l'acte reproché n'a donné lieu à aucune contrepartie directe ou indirecte et consistait à fournir des conseils juridiques ou des prestations de restauration, d'hébergement ou de soins médicaux destinées à assurer des conditions de vie dignes et décentes à l'étranger, ou bien toute autre aide visant à préserver la dignité ou l'intégrité physique de celui-ci.

Les exceptions prévues aux 1° et 2° ne s'appliquent pas lorsque l'étranger bénéficiaire de l'aide au séjour irrégulier vit en état de polygamie ou lorsque cet étranger est le conjoint d'une personne polygame résidant en France avec le premier conjoint.

N'a pas justifié sa décision appliquant les dispositions de l'article L. 622-4, 3°, la cour d'appel qui ne s'est pas expliqué davantage sur les circonstances dans lesquelles le prévenu a hébergé des compatriotes en situation irrégulière et leur a fourni des attestations de domicile, notamment sur l'existence d'une contrepartie directe ou indirecte (■ Cass. crim., 4 mars 2015, n° 13-87.185 : *Dr. pén.* 2015, comm. 66, obs. J.-H. Robert ; *D.* 2015, note C. Saas, p. 1025 ; *AJP* 2015, p. 204, note G. Poissonier).

Art. L. 622-5. – Les infractions prévues à l'article L. 622-1 sont punies de dix ans d'emprisonnement et de 750 000 € d'amende :

1° Lorsqu'elles sont commises en bande organisée ;

2° Lorsqu'elles sont commises dans des circonstances qui exposent directement les étrangers à un risque immédiat de mort ou de blessures de nature à entraîner une mutilation ou une infirmité permanente ;

3° Lorsqu'elles ont pour effet de soumettre les étrangers à des conditions de vie, de transport, de travail ou d'hébergement incompatibles avec la dignité de la personne humaine ;

4° Lorsqu'elles sont commises au moyen d'une habilitation ou d'un titre de circulation en zone réservée d'un aérodrome ou d'un port ;

5° Lorsqu'elles ont comme effet, pour des mineurs étrangers, de les éloigner de leur milieu familial ou de leur environnement traditionnel.

Art. L. 622-6. – Outre les peines complémentaires prévues à l'article L. 622-3, les personnes physiques condamnées au titre des infractions visées à l'article L. 622-5 encourent également la peine complémentaire de confiscation de tout ou partie de leurs biens, quelle qu'en soit la nature, meubles ou immeubles, divis ou indivis.

Art. L. 622-7. – Les étrangers condamnés au titre de l'un des délits prévus à l'article L. 622-5 encourent également l'interdiction définitive du territoire français, dans les conditions prévues par les articles 131-30 à 131-30-2 du Code pénal.

Art. L. 622-8 *(L. n° 2009-526, 12 mai 2009)*. – Les personnes morales déclarées responsables pénalement, dans les conditions prévues par l'article 121-2 du Code pénal, des infractions définies aux articles L. 622-1 et L. 622-5 encourent, outre l'amende suivant les modalités prévues par l'article 131-38 du Code pénal, les peines prévues par les 1° à 5°, 8° et 9° de l'article 131-39 du même code.

L'interdiction visée au 2° de l'article 131-39 du Code pénal porte sur l'activité dans l'exercice ou à l'occasion de l'exercice de laquelle l'infraction a été commise.

Art. L. 622-9. – En cas de condamnation pour les infractions prévues à l'article L. 622-5, le tribunal pourra prononcer la confiscation de tout ou partie des biens des personnes morales condamnées, quelle qu'en soit la nature, meubles ou immeubles, divis ou indivis.

Art. L. 622-10 *(L. n° 2016-274, 7 mars 2016)*. – En Guyane, en Guadeloupe, en Martinique, à Mayotte, à Saint-Barthélemy et à Saint-Martin, le procureur de la République peut, au cours de l'enquête ou si aucune juridiction n'a été saisie ou lorsque la juridiction saisie a épuisé sa compétence sans avoir statué sur le sort des scellés, ordonner la destruction ou l'immobilisation, par la neutralisation de tout moyen indispensable à leur fonctionnement, des embarcations, des véhicules terrestres et des aéronefs qui ont servi à commettre les infractions mentionnées aux articles L. 622-1 et L. 622-2, constatées par procès-verbal.

Les décisions du procureur de la République prises en application du présent article sont motivées.

Elles sont notifiées par tout moyen aux personnes ayant des droits sur le bien, si celles-ci sont connues, et aux personnes mises en cause. Les décisions d'immobilisation d'un bien peuvent être contestées selon les règles prévues à l'article 41-4 du Code de procédure pénale.

Les décisions de destruction d'un bien prises par le procureur de la République peuvent être contestées par les personnes mentionnées au troisième alinéa du présent article, dans un délai de quarante-huit heures à compter de la notification de la décision, par voie de requête, devant le président de la chambre de l'instruction, qui se prononce dans un délai de quinze jours. Le recours contre la décision de destruction est suspensif. La personne mise en cause et les personnes ayant des droits sur le bien peuvent adresser toutes observations écrites ou être entendues par le président de la chambre de l'instruction. Lorsque la personne mise en cause n'a pas fait connaître son opposition et que, au terme d'un délai de quinze jours à compter de la date de la décision de destruction, le propriétaire ou l'ayant droit supposé n'a pu être identifié ou averti et ne s'est pas manifesté, la procédure est réputée contradictoire et la décision du procureur de la République peut être exécutée.

CHAPITRE III. – RECONNAISSANCE D'ENFANT ET MARIAGE CONTRACTÉ À SEULE FIN D'OBTENIR OU DE FAIRE OBTENIR UN TITRE DE SÉJOUR OU LA NATIONALITÉ FRANÇAISE

Art. L. 623-1 *(Mod., L. n° 2011-672, 16 juin 2011)*. – Le fait de contracter un mariage ou de reconnaître un enfant aux seules fins d'obtenir, ou de faire obtenir, un titre de séjour ou le bénéfice d'une protection contre

l'éloignement, ou aux seules fins d'acquérir, ou de faire acquérir, la nationalité française est puni de cinq ans d'emprisonnement et de 15 000 euros d'amende. « Ces peines sont également encourues lorsque l'étranger qui a contracté mariage a dissimulé ses intentions à son conjoint. »

Ces mêmes peines sont applicables en cas d'organisation ou de tentative d'organisation d'un mariage ou d'une reconnaissance d'enfant aux mêmes fins.

Elles sont portées à dix ans d'emprisonnement et à 750 000 euros d'amende lorsque l'infraction est commise en bande organisée.

Constitue le délit d'organisation d'un mariage aux seules fins de faire acquérir un titre de séjour ou la nationalité française, prévu et réprimé par l'article L. 623-1 du Code de l'entrée et du séjour des étrangers et du droit d'asile le fait pour un avocat, consulté par un étranger afin de lui trouver une solution de régularisation de sa situation sur le territoire français, de lui organiser un mariage ne reposant sur aucune intention conjugale, dans le seul but de lui permettre, par ce moyen, d'obtenir un titre de séjour (■ Cass. crim., 13 janv. 2016, n° 14-87.760).

Art. L. 623-2. – Les personnes physiques coupables de l'une ou l'autre des infractions visées à l'article L. 623-1 encourent également les peines complémentaires suivantes :

1° L'interdiction de séjour pour une durée de cinq ans au plus ;

2° L'interdiction du territoire français, dans les conditions prévues par les articles 131-30 à 131-30-2 du Code pénal, pour une durée de dix ans au plus ou à titre définitif ;

3° L'interdiction, pour une durée de cinq ans au plus, d'exercer l'activité professionnelle ou sociale à l'occasion de laquelle l'infraction a été commise, sous les réserves mentionnées à l'article 131-27 du Code pénal.

Les personnes physiques condamnées au titre de l'infraction visée au troisième alinéa de l'article L. 623-1 encourent également la peine complémentaire de confiscation de tout ou partie de leurs biens, quelle qu'en soit la nature, meubles ou immeubles, divis ou indivis.

Art. L. 623-3 *(L. n° 2009-526, 12 mai 2009)*. **– Les personnes morales déclarées responsables pénalement, dans les conditions prévues par l'article 121-2 du Code pénal, des infractions définies aux deuxième et troisième alinéas de l'article L. 623-1 encourent, outre l'amende suivant les modalités prévues par l'article 131-38 du Code pénal, les peines prévues par les 1° à 5° et 9° de l'article 131-39 du même code.**

L'interdiction visée au 2° de l'article 131-39 du même code porte sur l'activité dans l'exercice ou à l'occasion de l'exercice de laquelle l'infraction a été commise.

Les personnes morales condamnées au titre de l'infraction visée au troisième alinéa de l'article L. 623-1 encourent également la peine de confiscation de tout ou partie de leurs biens, quelle qu'en soit la nature, meubles ou immeubles, divis ou indivis.

CHAPITRE IV. – MÉCONNAISSANCE DES MESURES D'ÉLOIGNEMENT OU D'ASSIGNATION À RÉSIDENCE

Art. L. 624-1 *(Mod., L. n° 2011-672, 16 juin 2011 ; L. n° 2012-1560, 31 déc. 2012 ; L. n° 2014-1353, 13 nov. 2014 ; L. n° 2016-274, 7 mars 2016)*. **– Tout étranger qui, faisant l'objet d'un arrêté d'expulsion, d'une mesure de reconduite à la frontière, d'une obligation de quitter le territoire français ou d'une interdiction judiciaire du territoire, se sera maintenu irrégulièrement sur le territoire français sans motif légitime, après avoir fait l'objet d'une mesure régulière de placement en rétention ou d'assignation à résidence ayant pris fin sans qu'il ait pu être procédé à son éloignement, sera puni d'un an d'emprisonnement et de 3 750 € d'amende.**

1) Il se déduit de l'article L. 624-1 dans sa rédaction issue de la loi du 31 décembre 2012, en suite des articles 8 et 15 de la directive du Parlement européen et du Conseil du 16 décembre 2008 relative aux normes et procédures communes applicables dans les états-membres au retour des ressortissants de pays tiers en séjour irrégulier, qu'un étranger ayant fait l'objet d'un placement en rétention administrative ou d'une assignation à résidence ne peut être poursuivi du chef de soustraction à l'exécution d'une décision de reconduite à la frontière que si ces mesures administratives ont pris fin sans qu'il ait été procédé à son éloignement (■ Cass. crim., 1er avr. 2015, n° 13-86.418 : *Dr. pén.*

2015, comm. 81, obs. M. Véron et comm. 86, obs. J.-H. Robert).

2) Il résulte de l'article L. 624-1 du Code de l'entrée et du séjour des étrangers et du droit d'asile, d'une part, que l'infraction de maintien irrégulier sur le territoire français n'est susceptible d'être constituée que dans le cas où l'étranger a, au préalable, fait l'objet d'une mesure régulière de placement en rétention ou d'assignation à résidence ayant pris fin sans qu'il ait pu être procédé à son éloignement, d'autre part, que le délit de soustraction à une mesure d'éloignement vise les situations dans lesquelles, l'administration ayant mis effectivement en œuvre les voies d'exécution dont elle dispose, l'étranger s'oppose à l'exécution de cette mesure.

Méconnaît donc cette disposition le premier président qui ne précise pas quels éléments de la procédure auraient établi que l'intéressé, soit avait été préalablement soumis à une mesure régulière de placement en rétention ou d'assignation à résidence ayant pris fin sans qu'il ait pu être procédé à son éloignement, soit s'opposait à l'exécution de cette mesure (■ Cass. 1re civ. 28 mai 2015, n° 14-20.313).

Art. L. 624-1-1 *(L. n° 2016-274, 7 mars 2016).* **– Tout étranger qui se soustrait ou qui tente de se soustraire à l'exécution d'une mesure de refus d'entrée en France, d'une interdiction administrative du territoire, d'un arrêté d'expulsion, d'une mesure de reconduite à la frontière ou d'une obligation de quitter le territoire français ou qui, expulsé ou ayant fait l'objet d'une interdiction judiciaire du territoire, d'une interdiction administrative du territoire, d'une interdiction de retour sur le territoire français ou d'une interdiction de circulation sur le territoire français, pénètre de nouveau sans autorisation en France est puni d'une peine de trois ans d'emprisonnement.**

La même peine est applicable à l'étranger maintenu en zone d'attente ou en rétention administrative qui se soustrait ou tente de se soustraire à la mesure de surveillance dont il fait l'objet. La peine est portée à cinq ans d'emprisonnement lorsque les faits sont commis par violence, effraction ou corruption et à sept ans d'emprisonnement lorsque les faits sont commis en réunion ou sous la menace d'une arme ou d'une substance explosive, incendiaire ou toxique. Les mêmes peines sont applicables à toute personne qui sciemment, par aide ou par assistance, facilite la préparation ou la commission des infractions prévues au présent alinéa.

La peine prévue au premier alinéa est applicable à tout étranger qui ne présente pas à l'autorité administrative compétente les documents de voyage permettant l'exécution de l'une des mesures mentionnées au premier alinéa ou qui, à défaut de ceux-ci, ne communique pas les renseignements permettant cette exécution ou communique des renseignements inexacts sur son identité.

Art. L. 624-2 *(Mod., L. n° 2012-1560, 31 déc. 2012 ; L. n° 2016-274, 7 mars 2016).* **– Le tribunal pourra, en outre, prononcer à l'encontre de l'étranger condamné l'interdiction du territoire pour une durée n'excédant pas trois ans dans le cas prévu à l'article L. 624-1 et dix ans dans les cas prévus à l'article L. 624-1-1. L'interdiction du territoire emporte de plein droit reconduite à la frontière de l'étranger condamné, le cas échéant, à l'expiration de sa peine d'emprisonnement.**

Art. L. 624-3. – Tout étranger qui se sera soustrait ou qui aura tenté de se soustraire à l'exécution d'une décision prise en application des articles L. 531-1 et L. 531-2 ou qui, ayant déféré à cette décision, aura pénétré de nouveau sans autorisation en France sera puni de trois ans d'emprisonnement.

La juridiction pourra, en outre, prononcer à l'encontre du condamné l'interdiction du territoire pour une durée n'excédant pas trois ans.

L'interdiction du territoire emporte de plein droit reconduite à la frontière de l'étranger condamné, le cas échéant, à l'expiration de sa peine d'emprisonnement.

Art. L. 624-4 *(Mod., L. n° 2007-1631, 20 nov. 2007 ; L. n° 2011-267, 14 mars 2011 ; L. n° 2011-672, 16 juin 2011 ; L. n° 2012-1432, 21 déc. 2012 ; L. n° 2014-1353, 13 nov. 2014).* **– Les étrangers qui n'auront pas rejoint dans les délais prescrits la résidence qui leur est assignée en application des articles L. 523-3, L. 523-4, L. 523-5, L. 561-1 ou L. 561-2 ou qui, ultérieurement, ont quitté cette résidence sans autorisation sont passibles d'une peine d'emprisonnement de trois ans.**

Les étrangers visés à l'article L. 571-3 qui n'ont pas respecté les prescriptions liées au placement sous surveillance électronique sont passibles d'une peine d'emprisonnement d'un an.

Les étrangers astreints à résider dans les lieux qui leur sont fixés en application des articles L. 523-3, L. 523-4, L. 523-5, L. 541-3 ou du 6° de l'article L. 561-1 et qui n'ont pas respecté les obligations de présentation

aux services de police et aux unités de gendarmerie prévues à l'article L. 561-1 sont passibles d'une peine d'emprisonnement d'un an.

La même peine d'emprisonnement d'un an est applicable aux étrangers qui n'ont pas respecté les interdictions qui leur sont prescrites en application de l'article L. 563-1.

CHAPITRE V. – MÉCONNAISSANCE DES OBLIGATIONS INCOMBANT AUX ENTREPRISES DE TRANSPORT

Art. L. 625-1 *(L. n° 2016-274, 7 mars 2016)*. – Est punie d'une amende d'un montant maximum de 10 000 € l'entreprise de transport aérien ou maritime qui débarque sur le territoire français, en provenance d'un État avec lequel ne s'applique pas l'acquis de Schengen, un étranger non ressortissant d'un État de l'Union européenne et démuni du document de voyage et, le cas échéant, du visa requis par la loi ou l'accord international qui lui est applicable en raison de sa nationalité.

Est punie de la même amende l'entreprise de transport aérien ou maritime qui débarque, dans le cadre du transit, un étranger non ressortissant d'un État membre de l'Union européenne et démuni du document de voyage ou du visa requis par la loi ou l'accord international qui lui est applicable compte tenu de sa nationalité et de sa destination.

Art. L. 625-2. – Le manquement est constaté par un procès-verbal établi par un fonctionnaire appartenant à l'un des corps dont la liste est définie par décret en Conseil d'État. Copie du procès-verbal est remise à l'entreprise de transport intéressée. Le manquement ainsi relevé donne lieu à une amende prononcée par l'autorité administrative compétente. L'amende peut être prononcée autant de fois qu'il y a de passagers concernés. Son montant est versé au Trésor public par l'entreprise de transport.

L'entreprise de transport a accès au dossier et est mise à même de présenter ses observations écrites dans un délai d'un mois sur le projet de sanction de l'administration. La décision de l'autorité administrative, qui est motivée, est susceptible d'un recours de pleine juridiction.

L'autorité administrative ne peut infliger d'amende à raison de faits remontant à plus d'un an.

Art. L. 625-3 *(Abr., L. n° 2016-274, 7 mars 2016)*.

Art. L. 625-4 *(Mod., L. n° 2007-1631, 20 nov. 2007 ; L. n° 2016-274, 7 mars 2016)*. – Lorsque l'étranger débarqué en France est un mineur sans représentant légal, la somme de 10 000 € doit être immédiatement consignée auprès du fonctionnaire visé au premier alinéa de l'article L. 625-2. Tout ou partie de cette somme est restituée à l'entreprise selon le montant de l'amende prononcée ultérieurement par l'autorité administrative. Si l'entreprise ne consigne pas la somme, le montant de l'amende est porté à 20 000 €.

Un décret en Conseil d'État fixe les conditions de cette consignation et de son éventuelle restitution, en particulier le délai maximum dans lequel cette restitution doit intervenir.

Voir : décret n° 2005-913 du 29 juillet 2005 fixant les conditions de la consignation prévue à l'article L. 625-4 (*JO* 5 août 2005).

Art. L. 625-5 *(L. n° 2016-274, 7 mars 2016)*. – Les amendes prévues aux articles L. 625-1 et L. 625-4 ne sont pas infligées :

1° Lorsque l'étranger a été admis sur le territoire français au titre d'une demande d'asile qui n'était pas manifestement infondée ;

2° Lorsque l'entreprise de transport établit que les documents requis lui ont été présentés au moment de l'embarquement et qu'ils ne comportaient pas d'élément d'irrégularité manifeste.

Art. L. 625-6 *(L. n° 2016-274, 7 mars 2016)*. – Les dispositions des articles L. 625-1 à L. 625-5 sont applicables à l'entreprise de transport routier exploitant des liaisons internationales en provenance d'un État avec lequel ne s'applique pas l'acquis de Schengen ; sous la forme de lignes régulières, de services occasionnels ou de navette, à l'exclusion des trafics frontaliers. Le taux de l'amende est fixé dans ce cas à un montant maximal de 10 000 € par passager concerné.

Si une telle entreprise n'a pu procéder à la vérification du document de voyage et, le cas échéant, du visa des passagers empruntant ses services, elle est exonérée de l'amende prévue au précédent alinéa, à condition d'avoir justifié d'un contrôle à l'entrée sur le territoire d'un des États avec lesquels s'applique l'acquis de Schengen ou, à défaut d'un tel contrôle, à condition d'y avoir fait procéder à l'entrée en France par les services compétents.

Art. L. 625-7 *(L. n° 2016-274, 7 mars 2016).* **– Est punie d'une amende d'un montant maximal de 30 000 € :**

1° L'entreprise de transport aérien ou maritime qui ne respecte pas les obligations fixées aux articles L. 213-4 à L. 213-6 ;

2° L'entreprise de transport routier mentionnée à l'article L. 213-7 qui ne respecte pas les obligations fixées aux articles L. 213-4 et L. 213-6 ;

3° L'entreprise de transport ferroviaire mentionnée à l'article L. 213-8 qui ne respecte pas les obligations fixées au même article L. 213-8 ainsi qu'à l'article L. 213-6.

CHAPITRE VI. – DISPOSITIONS DIVERSES

Art. L. 626-1 *(Mod., L. n° 2005-32, 18 janv. 2005 ; D. n° 2009-331, 25 mars 2009 ; L. fin. n° 2010-1657, 29 déc. 2010 ; L. fin. n° 2011-1977, 28 déc. 2011).* **– Sans préjudice des poursuites judiciaires qui pourront être engagées à son encontre et de la de la contribution spéciale prévue à l'article L. 8253-1 du Code du travail, l'employeur qui aura occupé un travailleur étranger en situation de séjour irrégulier acquittera une contribution forfaitaire représentative des frais de réacheminement de l'étranger dans son pays d'origine.**

Le montant total des sanctions pécuniaires prévues, pour l'emploi d'un étranger non autorisé à travailler, au premier alinéa du présent article et à l'article L. 8253-1 du Code du travail ne peut excéder le montant des sanctions pénales prévues par les articles L. 8256-2, L. 8256-7 et L. 8256-8 du Code du travail ou, si l'employeur entre dans le champ d'application de ces articles, le montant des sanctions pénales prévues par le chapitre II du présent titre.

L'Office français de l'immigration et de l'intégration est chargé de constater et de liquider cette contribution. À cet effet, il peut avoir accès aux traitements automatisés des titres de séjour des étrangers dans les conditions définies par la loi n° 78-17 du 6 janvier 1978 relative à l'informatique, aux fichiers et aux libertés.

Sont applicables à la contribution forfaitaire prévue au premier alinéa les dispositions prévues aux articles L. 8253-1 à L. 8253-5 du Code du travail en matière de recouvrement et de privilège applicables à la contribution spéciale.

Les sommes recouvrées sont reversées à l'Office français de l'immigration et de l'intégration dans la limite du plafond fixé au I de l'article 46 de la loi n° 2011-1977 du 28 décembre 2011 de finances pour 2012. L'État prélève 4 % des sommes reversées au titre des frais de recouvrement.

Les modalités d'application du présent article sont fixées par décret en Conseil d'État.

Voir : Sur les conditions d'entrée et de séjour des étrangers en Polynésie française, dans les îles Wallis-et-Futuna, à Mayotte et dans les Terres australes et antarctiques françaises, V. ordonnances du 26 avril 2000 (*JO* 30 avr. 2000, p. 6523 et s.). V. également l'ordonnance n° 2002-388 du 20 mars 2002 relative aux conditions d'entrée et de séjour des étrangers en Nouvelle-Calédonie (*JO* 23 mars 2002, p. 5170) et le décret n° 2002-1219 du 27 septembre 2002 pris pour l'application de cette ordonnance (*JO* 2 oct. 2002, p. 16271).

PARTIE RÉGLEMENTAIRE

(D. n° 2006-1377, 14 nov. 2006 ; D. n° 2006-1378, 14 nov. 2006)

CHAPITRE I. – DROIT AU SÉJOUR

Section I. – Entrée en France

Art. R. 121-1 *(D. n° 2007-371, 21 mars 2007 ; Mod., D. n° 2011-1049, 6 sept. 2011).* **– Tout ressortissant mentionné au premier alinéa de l'article L. 121-1 muni d'une carte d'identité ou d'un passeport en cours de validité est admis sur le territoire français, à condition que sa présence ne constitue pas une menace pour l'ordre public.**

Tout membre de sa famille mentionné à l'article L. 121-3, ressortissant d'un État tiers, est admis sur le territoire français à condition que sa présence ne constitue pas une menace pour l'ordre public et qu'il soit muni, à défaut de titre de séjour délivré par un État membre de l'Union européenne portant la mention « Carte de séjour de membre de la famille d'un citoyen de l'Union » en cours de validité, d'un passeport en cours de validité, d'un visa ou, s'il en est dispensé, d'un document établissant son lien familial. L'autorité consulaire lui délivre gratuitement, dans les meilleurs délais et dans le cadre d'une procédure accélérée, le visa requis sur justification de son lien familial. Toutes facilités lui sont accordées pour obtenir ce visa.

Art. R. 121-2 *(D. n° 2007-371, 21 mars 2007).* – Il est accordé aux ressortissants mentionnés au premier alinéa de l'article L. 121-1 et à l'article L. 121-3 qui ne disposent pas des documents d'entrée prévus à l'article R. 121-1 tous les moyens raisonnables leur permettant de se les procurer dans un délai raisonnable ou de faire confirmer ou prouver par d'autres moyens leur qualité de bénéficiaires du droit de circuler et de séjourner librement en France, avant de procéder à leur refoulement.

Art. R. 121-2-1 *(D. n° 2011-1049, 6 sept. 2011).* – Après un examen de sa situation personnelle, l'autorité administrative peut appliquer les dispositions des articles R. 121-1 et R. 121-2 à tout ressortissant étranger, quelle que soit sa nationalité, ne relevant pas des 4° et 5° de l'article L. 121-1 :

1° Si dans le pays de provenance, il est membre de famille à charge ou faisant partie du ménage d'un ressortissant mentionné aux 1°, 2° ou 3° de l'article L. 121-1 ;

2° Lorsque, pour des raisons de santé graves, le ressortissant mentionné aux 1°, 2° ou 3° de l'article L. 121-1 doit nécessairement et personnellement s'occuper de cette personne avec laquelle il a un lien de parenté ;

3° S'il atteste de liens privés et familiaux durables, autres que matrimoniaux, avec un ressortissant mentionné aux 1°, 2° ou 3° de l'article L. 121-1.

Section II. – Séjour d'une durée inférieure ou égale à trois mois

Art. R. 121-3 *(Abr., D. n° 2011-1049, 6 sept. 2011).*

Section III. – Séjour d'une durée supérieure à trois mois

Art. R. 121-4 *(Mod., D. n° 2009-404, 15 avr. 2009 ; Mod., D. n° 2011-1049, 6 sept. 2011).* – Les ressortissants qui remplissent les conditions mentionnées à l'article L. 121-1 doivent être munis de l'un des deux documents prévus pour l'entrée sur le territoire français par l'article R. 121-1.

L'assurance maladie mentionnée à l'article L. 121-1 doit couvrir les prestations prévues aux articles L. 321-1 et L. 331-2 du Code de la sécurité sociale.

Lorsqu'il est exigé, le caractère suffisant des ressources est apprécié en tenant compte de la situation personnelle de l'intéressé. En aucun cas, le montant exigé ne peut excéder le montant forfaitaire du revenu de solidarité active mentionné au 2° de l'article L. 262-2 du Code de l'action sociale et des familles ou, si l'intéressé remplit les conditions d'âge pour l'obtenir, au montant de l'allocation de solidarité aux personnes âgées mentionnée à l'article L. 815-1 du Code de la sécurité sociale.

La charge pour le système d'assistance sociale que peut constituer le ressortissant mentionné à l'article L. 121-1 est évaluée en prenant notamment en compte le montant des prestations sociales non contributives qui lui ont été accordées, la durée de ses difficultés et de son séjour.

En cas de doute, le préfet peut, sans y procéder de façon systématique, vérifier que les conditions mentionnées aux articles L. 121-1, R. 121-6 et R. 121-7 sont satisfaites.

Les ressortissants mentionnés au premier alinéa de l'article L. 121-1 entrés en France pour y rechercher un emploi ne peuvent être éloignés pour un motif tiré de l'irrégularité de leur séjour tant qu'ils sont en mesure de faire la preuve qu'ils continuent à rechercher un emploi et qu'ils ont des chances réelles d'être engagés.

Art. R. 121-5 *(D. n° 2007-371, 21 mars 2007 ; mod., D. n° 2008-223, 6 mars 2008).* – Une attestation, conforme au modèle fixé par arrêté du ministre chargé de l'immigration, est remise immédiatement par le maire aux ressortissants qui se soumettent à l'obligation d'enregistrement prévue à l'article L. 121-2. Cette attestation n'établit pas un droit au séjour. Sa possession ne peut en aucun cas constituer une condition préalable à l'exercice d'un droit ou à l'accomplissement d'une autre formalité administrative.

Le maire communique au préfet et, à Paris, au préfet de police copie des attestations qu'il a délivrées.

Art. R. 121-5-1 *(D. n° 2011-1049, 6 sept. 2011).* – Aux fins d'établir si le ressortissant mentionné au premier alinéa de l'article L. 121-1, à l'article L. 121-3 et à l'article R. 121-4-1 représente un danger pour l'ordre public ou la sécurité publique, le préfet peut, s'il le juge indispensable et sans y procéder de façon systématique, lors de la délivrance de l'attestation d'enregistrement, demander aux autorités de l'État membre de l'Union européenne d'origine du ressortissant communautaire et, éventuellement, à d'autres États membres des renseignements sur les antécédents judiciaires de l'intéressé. L'État membre consulté fait parvenir sa réponse dans un délai de deux mois. Le ministre de l'Intérieur saisi par les autorités d'un État membre de l'Union européenne d'une demande visant les antécédents judiciaires d'un ressortissant national transmet la réponse des autorités françaises dans les mêmes délais.

Section IV. – Maintien du droit au séjour

Art. R. 121-6 *(D. n° 2007-371, 21 mars 2007 ; D. n° 2011-1049, 6 sept. 2011)*. – I. – Les ressortissants mentionnés au 1° de l'article L. 121-1 conservent leur droit au séjour en qualité de travailleur salarié ou de non-salarié :

1° S'ils ont été frappés d'une incapacité de travail temporaire résultant d'une maladie ou d'un accident ;

2° S'ils se trouvent en chômage involontaire dûment constaté après avoir été employés pendant plus d'un an et se sont fait enregistrer en qualité de demandeur d'emploi auprès du service de l'emploi compétent ;

3° S'ils entreprennent une formation professionnelle, devant être en lien avec l'activité professionnelle antérieure à moins d'avoir été mis involontairement au chômage.

II. – Ils conservent au même titre leur droit de séjour pendant six mois :

1° S'ils se trouvent en chômage involontaire dûment constaté à la fin de leur contrat de travail à durée déterminée inférieure à un an ;

2° S'ils sont involontairement privés d'emploi dans les douze premiers mois qui suivent la conclusion de leur contrat de travail et sont enregistrés en qualité de demandeur d'emploi auprès du service de l'emploi compétent.

Art. R. 121-7 *(D. n° 2007-371, 21 mars 2007 ; Mod., D. n° 2011-1049, 6 sept. 2011)*. – Les ressortissants mentionnés aux 4° et 5° de l'article L. 121-1, admis au séjour en leur qualité de membre de famille, conservent leur droit au séjour :

1° En cas de décès du ressortissant accompagné ou rejoint ou si celui-ci quitte la France ;

2° En cas de divorce ou d'annulation du mariage avec le ressortissant accompagné ou rejoint.

Avant l'acquisition du droit de séjour permanent prévu au premier alinéa de l'article L. 122-1, ils doivent entrer à titre individuel dans l'une des catégories définies à l'article L. 121-1.

Art. R. 121-8 *(D. n° 2007-371, 21 mars 2007)*. – Les ressortissants d'un État tiers mentionnés à l'article L. 121-3, admis au séjour en leur qualité de membre de famille, conservent leur droit au séjour :

1° En cas de décès du ressortissant accompagné ou rejoint et à condition d'avoir établi leur résidence en France en tant que membre de sa famille depuis plus d'un an avant ce décès ;

2° En cas de divorce ou d'annulation du mariage avec le ressortissant accompagné ou rejoint ;

a) Lorsque le mariage a duré au moins trois ans avant le début de la procédure judiciaire de divorce ou d'annulation, dont un an au moins en France ;

b) Lorsque la garde des enfants du ressortissant accompagné ou rejoint leur est confiée en qualité de conjoint, par accord entre les conjoints ou par décision de justice ;

c) Lorsque des situations particulièrement difficiles l'exigent, notamment lorsque la communauté de vie a été rompue à l'initiative du membre de famille en raison de violences conjugales qu'il a subies ;

d) Lorsque le conjoint bénéficie, par accord entre les époux ou par décision de justice, d'un droit de visite à l'enfant mineur, à condition que ce droit s'exerce en France et pour la durée nécessaire à son exercice.

Pour l'acquisition du droit de séjour permanent prévu au deuxième alinéa de l'article L. 122-1, ils doivent entrer à titre individuel dans l'une des catégories définies aux 1°, 2°, 4° ou 5° de l'article L. 121-1.

Art. R. 121-9 *(D. n° 2007-371, 21 mars 2007)*. – En cas de décès du ressortissant accompagné ou rejoint ou si celui-ci quitte la France, les enfants et le membre de la famille qui en a la garde conservent ce droit de séjour jusqu'à ce que ces enfants achèvent leur scolarité dans un établissement français d'enseignement secondaire.

Section V. – Délivrance du titre de séjour

Sous-section 1. – Dispositions générales

Art. R. 121-10 *(D. n° 2007-371, 21 mars 2007 ; D. n° 2016-1456, 28 oct. 2016)*. – Les ressortissants mentionnés au 1° de l'article L. 121-1 qui ont établi leur résidence habituelle en France depuis moins de cinq ans bénéficient à leur demande d'un titre de séjour portant la mention : « Citoyen UE/EEE/Suisse – Toutes activités professionnelles ». La reconnaissance de leur droit de séjour n'est pas subordonnée à la détention de ce titre.

Ce titre est d'une durée de validité équivalente à celle du contrat de travail souscrit ou, pour les travailleurs non salariés, à la durée de l'activité professionnelle prévue. Sa durée de validité ne peut excéder cinq ans.

Sa délivrance est subordonnée à la production par le demandeur des justificatifs suivants :

1° Un titre d'identité ou un passeport en cours de validité ;

2° Une déclaration d'engagement ou d'emploi établie par l'employeur, une attestation d'emploi ou une preuve attestant d'une activité non salariée.

Art. R. 121-11 *(D. n° 2007-371, 21 mars 2007 ; D. n° 2016-1456, 28 oct. 2016)*. – Les ressortissants mentionnés au 2° de l'article L. 121-1 qui ont établi leur résidence habituelle en France depuis moins de cinq ans bénéficient à leur demande d'un titre de séjour portant la mention « Citoyen UE/EEE/Suisse – Non actif ». La reconnaissance de leur droit de séjour n'est pas subordonnée à la détention de ce titre.

Ce titre est d'une durée de validité maximale de cinq ans, déterminée en fonction de la pérennité des ressources dont il est justifié. Sa délivrance est subordonnée à la production par le demandeur des justificatifs suivants :

1° Un titre d'identité ou un passeport en cours de validité ;

2° Une attestation de prise en charge par une assurance offrant les prestations mentionnées aux articles L. 321-1 et L. 331-2 du Code de la sécurité sociale ;

3° Les documents justifiant de ressources suffisantes pour lui et le cas échéant pour les membres de sa famille.

Art. R. 121-12 *(D. n° 2007-371, 21 mars 2007 ; mod., D. n° 2011-1049, 6 sept. 2011 ; D. n° 2016-1456, 28 oct. 2016)*. – Les ressortissants mentionnés au 3° de l'article L. 121-1 qui ont établi leur résidence habituelle en France depuis moins de cinq ans bénéficient à leur demande d'un titre de séjour portant la mention « Citoyen UE/EEE/Suisse – Étudiant ». La reconnaissance du droit de séjour n'est pas subordonnée à la détention de ce titre.

Ce titre est d'une durée de validité maximale d'un an renouvelable.

Sa délivrance est subordonnée à la production par le demandeur des justificatifs suivants :

1° Un titre d'identité ou un passeport en cours de validité ;

2° Un justificatif de son inscription dans un établissement d'enseignement pour y suivre à titre principal des études ou, dans ce cadre, une formation professionnelle ;

3° Une attestation de prise en charge par une assurance offrant les prestations mentionnées aux articles L. 321-1 et L. 331-2 du Code de la sécurité sociale ;

4° Une déclaration ou tout autre moyen équivalent garantissant qu'il dispose de ressources suffisantes pour lui et le cas échéant pour les membres de sa famille.

Art. R. 121-13 *(D. n° 2007-371, 21 mars 2007 ; D. n° 2016-1456, 28 oct. 2016)*. – Les membres de famille mentionnés aux 4° et 5° de l'article L. 121-1 qui ont établi leur résidence habituelle en France depuis moins de cinq ans bénéficient à leur demande d'un titre de séjour portant la mention « Carte de séjour de membre de la famille d'un citoyen de l'Union/EEE/Suisse – Toutes activités professionnelles ». La reconnaissance du droit de séjour n'est pas subordonnée à la détention de ce titre.

Ils présentent à l'appui de leur demande l'un des documents prévus au premier alinéa de l'article R. 121-1, un justificatif de leur lien familial ainsi que du droit au séjour du ressortissant qu'ils accompagnent ou rejoignent.

Lorsque le ressortissant qu'ils accompagnent ou rejoignent n'exerce pas d'activité professionnelle, ils justifient en outre des moyens dont celui-ci dispose pour assurer leur prise en charge financière et d'une assurance offrant les prestations mentionnées aux articles L. 321-1 et L. 331-2 du Code de la sécurité sociale.

Ils reçoivent un titre de séjour de même durée de validité que celui auquel le ressortissant mentionné à l'article L. 121-1 qu'ils accompagnent ou rejoignent peut prétendre dans la limite de cinq années.

Art. R. 121-14 *(D. n° 2007-371, 21 mars 2007 ; mod., D. n° 2011-1049, 6 sept. 2011 ; D. n° 2016-1456, 28 oct. 2016). – (Al. annulé, CE, 19 mai 2008, n° 305670, Ass. SOS Racisme)* Les membres de famille ressortissants d'un État tiers mentionnés à l'article L. 121-3 présentent dans les deux mois de leur entrée en France leur demande de titre de séjour avec les documents requis pour l'entrée sur le territoire ainsi que les justificatifs établissant leur lien familial et garantissant le droit au séjour du ressortissant accompagné ou rejoint.

Lorsque le ressortissant qu'ils accompagnent ou rejoignent n'exerce pas d'activité professionnelle, ils justifient en outre des moyens dont celui-ci dispose pour assurer leur prise en charge financière et d'une assurance offrant les prestations mentionnées aux articles L. 321-1 et L. 331-2 du Code de la sécurité sociale.

Ils reçoivent un titre de séjour portant la mention « Carte de séjour de membre de la famille d'un citoyen de l'Union/EEE/Suisse – Toutes activités professionnelles » de même durée de validité que celui auquel le ressortissant mentionné à l'article L. 121-1 qu'ils accompagnent ou rejoignent peut prétendre, dans la limite de cinq années. Pendant cette période et en cas de doute, l'autorité administrative peut, sans y procéder de façon systématique, vérifier que les conditions mentionnées aux articles L. 121-3 et R. 121-8 sont satisfaites. La reconnaissance de leur droit de séjour n'est pas subordonnée à la détention du titre de séjour ni à celle du récépissé de demande de titre de séjour.

La validité de la carte de séjour n'est pas affectée par des absences temporaires ne dépassant pas six mois par an, ni par des absences d'une durée plus longue pour l'accomplissement des obligations militaires ou par une absence de douze mois consécutifs pour une raison importante, telle qu'une grossesse, un accouchement, une maladie grave, des études, une formation professionnelle ou un détachement pour raisons professionnelles dans un autre État membre ou un pays tiers.

Le renouvellement du titre de séjour doit être sollicité dans le délai de deux mois précédant sa date d'expiration.

Art. R. 121-14-1 *(D. n° 2011-1049, 6 sept. 2011 ; D. n° 2016-1456, 28 oct. 2016).* – Les dispositions des articles R. 121-13 et R. 121-14 s'appliquent également aux ressortissants visés à l'article R. 121-4-1 lorsqu'ils séjournent en France au-delà de trois mois.

Art. R. 121-15 *(D. n° 2007-371, 21 mars 2007).* – Il est remis un récépissé à tout ressortissant qui sollicite la délivrance ou le renouvellement d'une carte de séjour.

La délivrance de la carte de séjour aux ressortissants d'un État tiers intervient au plus tard dans les six mois suivant le dépôt de la demande.

Sous-section 2. – Dispositions particulières applicables aux ressortissants des États membres de l'Union européenne soumis à des mesures transitoires ainsi qu'aux membres de leur famille ressortissants de ces mêmes États ou d'États tiers

Art. R. 121-16 *(D. n° 2007-371, 21 mars 2007; mod., D. n° 2011-1049, 6 sept. 2011 ; D. n° 2016-1456, 28 oct. 2016).* – I. – Sans préjudice des dispositions du cinquième alinéa de l'article L. 121-2, les ressortissants des États membres de l'Union européenne soumis à des mesures transitoires par leur traité d'adhésion qui souhaitent exercer une activité professionnelle en France sont tenus de solliciter la délivrance d'une carte de séjour ainsi que l'autorisation de travail prévue à l'article L. 5221-2 du Code du travail pour l'exercice d'une activité salariée.

Les membres de leur famille ressortissants d'un État membre de l'Union européenne soumis à des mesures transitoires ou d'un État tiers sont également tenus de solliciter la délivrance d'une carte de séjour ainsi que de l'autorisation de travail prévue à l'article L. 5221-2 du Code du travail pour l'exercice d'une activité salariée. Toutefois, le conjoint ou les descendants de moins de vingt-et-un ans ou à charge sont dispensés de l'autorisation de travail, si la personne qu'ils accompagnent ou rejoignent a été admise sur le marché du travail français pour une durée égale ou supérieure à douze mois à la date de l'adhésion de leur État à l'Union européenne ou postérieurement.

La carte de séjour des ressortissants mentionnés au premier alinéa est délivrée dans les conditions et pour la durée prévues à l'article R. 121-10. Elle porte selon les cas la mention « Citoyen UE – Toutes activités professionnelles » ou « Citoyen UE – Toutes activités professionnelles, sauf salariées ».

La carte de séjour des ressortissants mentionnés au deuxième alinéa est délivrée dans les conditions et pour la durée prévues par l'article R. 121-13 ou par l'article R. 121-14 selon leur nationalité. Elle porte selon les cas la mention « Carte de séjour de membre de la famille d'un citoyen de l'Union – Toutes activités professionnelles » ou « Carte de séjour de membre de la famille d'un citoyen de l'Union – Toutes activités professionnelles, sauf salariées ».

II. – Les ressortissants des États membres de l'Union européenne soumis à des mesures transitoires et les membres de leur famille ressortissants de ces mêmes États ou ressortissants d'un État tiers admis sur le marché du travail français pour une période ininterrompue égale ou supérieure à douze mois à la date de l'adhésion de leur pays à l'Union européenne ou postérieurement et qui souhaitent continuer à exercer une activité salariée sollicitent, à l'expiration de leur titre de séjour, un nouveau titre de séjour, sans qu'une autorisation de travail ne soit requise.

CHAPITRE II. – DROIT AU SÉJOUR PERMANENT

Art. R. 122-1 *(D. n° 2007-371, 21 mars 2007 ; D. n° 2011-1049, 6 sept. 2011 ; D. n° 2016-1456, 28 oct. 2016).* – Les ressortissants mentionnés au premier alinéa de l'article L. 122-1 peuvent solliciter la délivrance d'une carte de séjour d'une durée de validité de dix ans renouvelable de plein droit portant la mention « Citoyen UE/EEE/Suisse – Séjour permanent – Toutes activités professionnelles », qui est remise dans les meilleurs délais. La reconnaissance du droit de séjour n'est pas subordonnée à la détention de ce titre.

Par dérogation au premier alinéa, les ressortissants des États membres de l'Union européenne soumis à un régime transitoire par leur traité d'adhésion qui ont acquis un droit de séjour permanent sont tenus de solliciter un titre de séjour s'ils souhaitent exercer une activité professionnelle. Leur carte de séjour porte la mention : « Citoyen UE – Séjour permanent – Toutes activités professionnelles ».

Art. R. 122-2 *(D. n° 2007-371, 21 mars 2007 ; mod., D. n° 2011-1049, 6 sept. 2011 ; D. n° 2016-1456, 28 oct. 2016).* – Les membres de famille ressortissants d'un État tiers mentionnés au deuxième alinéa de l'article L. 122-1 sollicitent la délivrance d'une carte de séjour portant la mention « Directive 2004/38/CE – Séjour permanent – Toutes activités professionnelles » dans le délai de deux mois qui précède l'échéance de la période ininterrompue de cinq ans de séjour régulier.

Cette carte, d'une durée de validité de dix ans, doit être délivrée dans un délai maximum de six mois à compter du dépôt de la demande. Son renouvellement doit être demandé dans un délai de deux mois avant sa date d'expiration.

Les membres de la famille d'un ressortissant d'un État membre de l'Union européenne soumis à un régime transitoire par son traité d'adhésion, lorsqu'ils sont eux-mêmes ressortissants d'un État membre de l'Union européenne soumis à un régime transitoire par leur traité d'adhésion, sont tenus de solliciter un titre de séjour s'ils souhaitent exercer une activité professionnelle. Leur carte de séjour porte la mention « Citoyen UE – Séjour permanent – Toutes activités professionnelles ».

Art. R. 122-3 *(D. n° 2007-371, 21 mars 2007 ; D. n° 2016-1456, 28 oct. 2016).* – La continuité de séjour nécessaire à l'acquisition du droit au séjour permanent n'est pas affectée par :

1° Des absences temporaires ne dépassant pas six mois par an ;

2° Des absences d'une durée plus longue pour l'accomplissement des obligations militaires ;

3° Une absence de douze mois consécutifs au maximum pour une raison importante, telle qu'une grossesse, un accouchement, une maladie grave, des études, une formation professionnelle ou un détachement à l'étranger pour raisons professionnelles.

La continuité du séjour nécessaire à l'acquisition et au maintien du droit au séjour permanent peut être attestée par tout moyen de preuve. Elle est interrompue par l'exécution d'une décision d'éloignement.

Art. R. 122-4 *(D. n° 2007-371, 21 mars 2007).* – I. – Le ressortissant mentionné au 1° de l'article L. 121-1 qui cesse son activité professionnelle sur le territoire français acquiert un droit au séjour permanent avant l'écoulement de la période ininterrompue de cinq ans de séjour prévue à l'article L. 122-1 :

1° Quand il atteint l'âge prévu par les dispositions législatives ou réglementaires en vigueur pour faire valoir ses droits à une pension de retraite à condition d'y avoir exercé son activité professionnelle pendant les douze derniers mois et d'y résider régulièrement depuis plus de trois ans ;

2° À la suite d'une mise à la retraite anticipée et à condition d'y avoir exercé son activité professionnelle pendant les douze derniers mois et d'y résider régulièrement depuis plus de trois ans ;

3° À la suite d'une incapacité permanente de travail et à condition d'y avoir séjourné régulièrement d'une façon continue depuis plus de deux ans ;

4° À la suite d'une incapacité permanente de travail et sans condition de durée de séjour si cette incapacité résulte d'un accident de travail ou d'une maladie professionnelle ouvrant droit pour la personne concernée à une rente à la charge d'un organisme de sécurité sociale ;

5° Après trois ans d'activité et de séjour réguliers et continus, pour exercer une activité professionnelle dans un autre État mentionné à l'article L. 121-1, à condition de garder sa résidence en France et d'y retourner au moins une fois par semaine.

Les périodes d'activité ainsi accomplies dans un autre État sont regardées comme exercées en France pour l'acquisition des droits prévus aux 1° à 4°.

Les conditions de durée de séjour et d'activité prévues aux 1°, 2° et 3° ne s'appliquent pas si le conjoint du travailleur est de nationalité française ou a perdu cette nationalité à la suite de son mariage avec ce travailleur.

II. – Sont également considérés comme périodes d'emploi les périodes de chômage involontaire dûment constatées par le service d'emploi compétent, les périodes d'arrêt d'activité indépendantes de la volonté de l'intéressé ainsi que l'absence de travail ou l'arrêt pour cause de maladie ou d'accident.

Art. R. 122-5 *(D. n° 2007-371, 21 mars 2007)*. – Quelle que soit leur nationalité, les membres de famille qui résident avec le travailleur mentionné au 1° de l'article L. 121-1 acquièrent un droit au séjour permanent sur le territoire français avant l'écoulement de la période ininterrompue de cinq ans de séjour régulier prévue à l'article L. 122-1 :

1° Si le travailleur bénéficie lui-même du droit au séjour permanent en application de l'article *(Réf. rempl., D. n° 2011-1049, 6 sept. 2011)* « R. 122-4 » ;

2° Si le travailleur décède alors qu'il exerçait encore une activité professionnelle en France et qu'il y a séjourné de façon régulière et continue depuis plus de deux ans ;

3° Si le travailleur décède alors qu'il exerçait encore une activité professionnelle en France à la suite d'un accident du travail ou d'une maladie professionnelle ;

4° Si le conjoint du travailleur décédé a perdu la nationalité française à la suite de son mariage avec ce travailleur.

....

Sous-section 1. – Demandes de titre de séjour

Art. R. 311-1 *(Mod., D. n° 2007-373, 21 mars 2007 ; D. n° 2011-1049, 6 sept. 2011)*. – Tout étranger, âgé de plus de dix-huit ans ou qui sollicite un titre de séjour en application de l'article L. 311-3, est tenu de se présenter, à Paris, à la préfecture de police et, dans les autres départements, à la préfecture ou à la sous-préfecture, pour y souscrire une demande de titre de séjour du type correspondant à la catégorie à laquelle il appartient.

Toutefois, le préfet peut prescrire que les demandes de titre de séjour soient déposées au commissariat de police ou, à défaut de commissariat, à la mairie de la résidence du requérant.

Le préfet peut également prescrire :

1° Que les demandes de titre de séjour appartenant aux catégories qu'il détermine soient adressées par voie postale ;

2° Que la demande de carte de séjour temporaire portant la mention « étudiant » soit déposée auprès des établissements d'enseignement ayant souscrit à cet effet une convention avec l'État.

Les documents justificatifs présentés par l'étranger à l'appui de sa demande de titre de séjour doivent être accompagnés, le cas échéant, de leur traduction en français par un traducteur interprète agréé.

Par dérogation au premier alinéa, l'étranger résidant hors de France qui sollicite le titre de séjour prévu à l'article L. 317-1 ou son renouvellement peut déposer sa demande auprès de la représentation consulaire française dans son pays de résidence, qui transmet sa demande au préfet territorialement compétent.

Art. R. 311-2 *(D. n° 2007-373, 21 mars 2007 ; D. n° 2014-301, 6 mars 2014 ; D. n° 2016-1456, 28 oct. 2016).* – La demande est présentée par l'intéressé dans les deux mois de son entrée en France. S'il y séjournait déjà, il présente sa demande :

1° Soit, au plus tard, avant l'expiration de l'année qui suit son dix-huitième anniversaire, si l'étranger peut obtenir de plein droit un titre de séjour en application soit de l'article L. 313-7-2, soit des 1°, 2°, 2° *bis* ou 10° de l'article L. 313-11, soit de l'article L. 313-13, soit de l'article L. 313-21, soit de l'article L. 313-24, soit des 8° ou 9° de l'article L. 314-11, soit de l'article L. 314-12 ;

2° Soit au plus tard deux mois après la date de son dix-huitième anniversaire, si l'étranger ne peut obtenir de plein droit un titre de séjour dans les conditions prévues au 1° ci-dessus ;

3° Soit au plus tard deux mois après la date à laquelle la perte de la nationalité française lui est devenue opposable ;

4° Soit dans le courant des deux derniers mois précédant l'expiration de la carte de séjour dont il est titulaire, sauf s'il est titulaire du statut de résident de longue durée-UE accordé par la France en application des articles L. 314-8, L. 314-8-1 et L. 314-8-2.

À l'échéance de ce délai et en l'absence de présentation de demande de renouvellement de sa carte de séjour, il justifie à nouveau des conditions requises pour l'entrée sur le territoire national lorsque la possession d'un visa est requise pour la première délivrance de la carte de séjour.

Par dérogation au premier alinéa, lorsqu'il sollicite la délivrance d'une carte de séjour temporaire ou pluriannuelle dans les conditions mentionnées à l'article L. 313-4-1, l'étranger titulaire de la carte de résident de longue durée-UE accordée dans un autre État membre de l'Union européenne doit présenter sa demande dans les trois mois qui suivent son entrée en France.

Disposent du même délai pour présenter leur demande le conjoint mentionné au I et l'enfant entré mineur sur le territoire mentionné au II de l'article L. 313-11-1 lorsqu'ils sollicitent la délivrance d'une carte de séjour temporaire portant la mention « vie privée et familiale » en application de cet article ou de la carte de séjour pluriannuelle sur le fondement de l'article L. 313-17.

Art. R. 311-2-1 *(D. n° 2011-638, 8 juin 2011).* – La délivrance ou le renouvellement du titre de séjour à un étranger est subordonné(e) à la collecte, lors de la présentation de sa demande, des informations le concernant qui doivent être mentionnées sur le titre de séjour selon le modèle prévu à l'article R. 311-13-1, ainsi qu'au relevé d'images numérisées de sa photographie et, sauf impossibilité physique, des empreintes digitales de ses dix doigts aux fins d'enregistrement dans le traitement automatisé mentionné à l'article R. 611-1.

Art. R. 311-2-2 *(D. n° 2016-1456, 28 oct. 2016).* – L'étranger qui demande la délivrance ou le renouvellement d'un titre de séjour présente les documents justifiant de son état civil et de sa nationalité et, le cas échéant, de ceux de son conjoint, de ses enfants et de ses ascendants.

Art. R. 311-3 *(Mod. à compter du 1er juin 2009, D. n° 2009-477, 27 avr. 2009 ; D. n° 2011-1049, 6 sept. 2011 ; D. n° 2016-1456, 28 oct. 2016).* – Sont dispensés de souscrire une demande de carte de séjour :

1° Les membres des missions diplomatiques et consulaires accrédités en France, leur conjoint, leurs ascendants et leurs enfants mineurs ou non mariés vivant sous leur toit ;

2° Les étrangers séjournant en France pendant une durée maximale de trois mois sous le couvert de leur document de voyage revêtu, le cas échéant, d'un visa ;

3° Les étrangers séjournant en France sous couvert d'un visa d'une durée supérieure à trois mois et inférieure ou égale à douze mois comportant la mention « dispense temporaire de carte de séjour », pendant la durée de validité de ce visa ;

3° *bis* Les étrangers séjournant en France sous couvert d'un visa dispensant de titre de séjour, d'une durée maximale de douze mois et portant la mention « vacances-travail » ;

4° Les étrangers, conjoints de ressortissants français, séjournant en France sous couvert d'un visa pour un séjour d'une durée supérieure à trois mois et portant la mention « vie privée et familiale », délivré en application du troisième alinéa de l'article L. 211-2-1, pendant un an ;

5° Les étrangers mentionnés à l'article L. 313-6 séjournant en France sous couvert d'un visa pour un séjour d'une durée supérieure à trois mois et au plus égale à un an et portant la mention « visiteur », pendant la durée de validité de ce visa ;

6° Les étrangers mentionnés à l'article L. 313-7 séjournant en France sous couvert d'un visa pour un séjour d'une durée supérieure à trois mois et au plus égale à un an et portant la mention « étudiant », pendant la durée de validité de ce visa ;

7° Les étrangers mentionnés au 1° de l'article L. 313-10 séjournant en France pour l'exercice d'une activité salariée sous contrat de travail à durée indéterminée sous couvert d'un visa pour un séjour d'une durée supérieure à trois mois et au plus égale à un an et portant la mention « salarié », pendant la durée de validité de ce visa ;

8° Les étrangers mentionnés au 2° du même article séjournant en France pour l'exercice d'une activité salariée sous contrat de travail à durée déterminée ou dans les cas prévus aux articles L. 1262-1 et L. 1262-2 du Code du travail sous couvert d'un visa pour un séjour d'une durée supérieure à trois mois et équivalente à la durée de l'emploi et portant la mention « travailleur temporaire », pendant la durée de validité de ce visa ;

9° Les étrangers mentionnés aux articles L. 313-20 et L. 313-21 séjournant en France sous couvert d'un visa pour un séjour d'une durée supérieure à trois mois et au plus égale à un an et portant la mention « passeport talent », pendant la durée de validité de ce visa ;

10° Les étrangers mentionnés à l'article L. 313-7-1 séjournant en France sous couvert d'un visa pour un séjour d'une durée supérieure à trois mois et au plus égale à un an et portant la mention « stagiaire », pendant la durée de validité de ce visa ;

11° Les étrangers, conjoints de ressortissants étrangers, séjournant en France sous couvert d'un visa pour un séjour d'une durée supérieure à trois mois et portant la mention « vie privée et familiale » délivré en application du 1° de l'article L. 313-11, pendant un an ;

12° Les étrangers mentionnés au I de l'article L. 313-7-2 séjournant en France sous couvert d'un visa pour un séjour d'une durée supérieure à trois mois et au plus égale à un an et portant la mention « stagiaire ICT » ou, le cas échéant, « stagiaire ICT (famille) » ;

13° Les étrangers mentionnés aux I et II de l'article L. 313-24 séjournant en France sous couvert d'un visa pour un séjour d'une durée supérieure à trois mois et au plus égale à un an et portant la mention « salarié détaché ICT » ou, le cas échéant, « salarié détaché ICT (famille) » ;

14° Les étrangers mentionnés au 3° de l'article L. 313-10 séjournant en France sous couvert d'un visa pour un séjour d'une durée supérieure à trois mois et au plus égale à un an et portant la mention « entrepreneur/profession libérale ».

Les visas mentionnés aux 4°, 5°, 6°, 7°, 8°, 9°, 10°, 11°, 12°, 13° et 14° permettent à leur titulaire de séjourner en France au-delà d'une période de trois mois et dans les limites de durée susmentionnées, à la condition que l'intéressé, dans un délai de trois mois à compter de la date de son entrée en France, ait présenté à l'Office français de l'immigration et de l'intégration les documents justifiant de son état civil et de sa nationalité et les indications relatives à son domicile en France ainsi qu'une photographie tête nue et se soit fait délivrer le certificat médical mentionné au 3° de l'article R. 313-1 lorsqu'il est soumis à cette obligation.

L'Office français de l'immigration et de l'intégration atteste de l'accomplissement de ces formalités selon des modalités fixées par arrêté ministériel. La délivrance d'un titre de séjour par le préfet du département de résidence de l'étranger autorisé à séjourner en France sous couvert d'un titre de voyage revêtu du visa requis pour un séjour d'une durée supérieure à trois mois et au plus égale à un an est subordonnée à la présentation de l'attestation remise par l'Office français de l'immigration et de l'intégration.

À Mayotte, la condition tenant aux formalités accomplies auprès de l'Office français de l'immigration et de l'intégration en vertu de l'alinéa précédent n'est pas exigible.

Les étrangers mentionnés aux 4°, 5°, 6°, 7°, 8°, 9°, 10°, 11°, 13° et 14° qui souhaitent se maintenir en France au-delà des limites de durée susmentionnées sollicitent une carte de séjour temporaire ou une carte de séjour pluriannuelle dans le courant des deux derniers mois précédant l'expiration de leur visa. La demande est instruite conformément aux articles R. 313-4-1 et R. 313-36 et selon les cas, aux articles R. 313-37 et R. 313-38, ainsi qu'aux sections IV et V du chapitre III du titre Ier du livre III du même code. À l'échéance de ce délai, il est fait application des dispositions prévues au deuxième alinéa du 4° de l'article R. 311-2.

Lorsqu'un étranger est autorisé à séjourner en France sous couvert d'un titre de voyage revêtu du visa requis pour un séjour d'une durée supérieure à trois mois et au plus égale à un an, ce visa peut être abrogé par le préfet du département où séjourne l'étranger qui en est titulaire, ou par le préfet du département où la situation de cet étranger est contrôlée, s'il existe des indices concordants permettant de présumer que l'intéressé a obtenu son visa frauduleusement ou qu'il est entré en France pour s'y établir à d'autres fins que celles qui ont justifié la délivrance du visa, ou si le comportement de l'intéressé trouble l'ordre public. Le préfet qui a prononcé l'abrogation en avertit sans délai l'autorité qui a délivré le visa.

Art. R. 311-3-1 *(D. n° 2016-1456, 28 oct. 2016)*. – En application de l'article L. 313-7, les étrangers titulaires du visa mentionné au 6° de l'article R. 311-3 bénéficient d'un suivi sanitaire préventif au sein de l'établissement d'enseignement supérieur dans un délai d'un an à compter de la date de leur entrée en France.

Sous-section 2. – Récépissé des demandes

Art. R. 311-4 *(Mod., D. n° 2007-1352, 13 sept. 2007)*. – Il est remis à tout étranger admis à souscrire une demande de première délivrance ou de renouvellement de titre de séjour un récépissé qui autorise la présence de l'intéressé sur le territoire pour la durée qu'il précise. Ce récépissé est revêtu de la signature de l'agent compétent ainsi que du timbre du service chargé, en vertu de l'article R. 311-10, de l'instruction de la demande.

Un récépissé peut également être remis à l'étranger qui demande à bénéficier du délai de réflexion prévu aux articles R. 316-1 et R. 316-2 et qui est signalé comme tel par un service de police ou de gendarmerie.

Art. R. 311-5. – La durée de validité du récépissé mentionné à l'article R. 311-4 ne peut être inférieure à un mois. Le récépissé peut être renouvelé.

Art. R. 311-6 *(Rempl., D. n° 2007-373, 21 mars 2007 ; mod., D. n° 2007-1352, 13 sept. 2007 ; D. n° 2011-1049, 6 sept. 2011 ; D. n° 2016-1456, 28 oct. 2016)*. – Le récépissé de la demande de première délivrance d'une carte de séjour prévue aux 1°, 2° *bis*, 4°, 6°, 8°, 9° et 10° de l'article L. 313-11, aux articles L. 313-13, L. 313-21 et L. 313-24, aux 1° et 3° de l'article L. 314-9, à l'article L. 314-11, à l'article L. 314-12 ou à l'article L. 316-1, ainsi que le récépissé mentionné au deuxième alinéa de l'article R. 311-4 autorisent son titulaire à travailler.

Il en est de même du récépissé de la demande de première délivrance d'une carte de séjour délivrée sur le fondement des 1° et 2° de l'article L. 313-10, de l'article L. 313-23, dès lors que son titulaire satisfait aux conditions mentionnées à l'article L. 5221-2 du Code du travail, ainsi que de l'article L. 313-20, dès lors que son titulaire est bénéficiaire d'un visa de long séjour ou d'un visa de long séjour valant titre de séjour délivré sur le fondement du 2° de l'article L. 311-1.

Le récépissé de la demande de première délivrance de la carte de séjour mentionnée à l'article L. 313-11-1 n'autorise pas son titulaire à travailler, sauf s'il est délivré en application du II de cet article et que son bénéficiaire séjourne en France depuis au moins un an.

Le récépissé de la demande de renouvellement d'une carte de séjour permettant l'exercice d'une activité professionnelle autorise son titulaire à travailler.

Art. R. 311-7. – Lorsque la demande de titre de séjour est déposée auprès d'un établissement d'enseignement conformément au 2° de l'article R. 311-1, elle est transmise sans délai à la préfecture en vue de son instruction. Il est remis au demandeur un document attestant du dépôt de sa demande. Ce document ne vaut pas autorisation de séjour.

Art. R. 311-8. – Au cas où la loi ne prévoit pas de l'en exonérer, le demandeur mentionné à l'article R. 311-4 acquitte la taxe spéciale afférente à la délivrance du titre de séjour.

Art. R. 311-9. – Pour l'application du deuxième alinéa de l'article L. 311-4, l'étranger peut justifier de ses démarches en vue du renouvellement de la carte de résident dont il est titulaire par la présentation d'une attestation de dépôt de sa demande de renouvellement. Cette attestation est délivrée par les services qui ont reçu la demande. Elle vaut convocation pour la remise du titre de séjour sollicité.

Sous-section 3. – Délivrance du titre de séjour

Art. R. 311-10 *(D. n° 2016-1456, 28 oct. 2016)*. – Le titre de séjour est délivré par le préfet du département dans lequel l'étranger a sa résidence et, à Paris, par le préfet de police. Toutefois, lorsque son titulaire a déjà quitté la France, le titre de séjour mentionné à l'article L. 317-1 est délivré par le préfet du département où l'étranger déclare vouloir séjourner, même temporairement, et, à Paris, par le préfet de police.

Le titre de séjour porte la photographie de son titulaire.

Le préfet peut également prescrire que la remise du titre soit faite au commissariat de police de la résidence du requérant ou dans l'une des délégations régionales ou départementales de l'Agence nationale de l'accueil des étrangers et des migrations.

Pour l'application du premier alinéa de l'article L. 313-5-1, l'étranger qui sollicite la délivrance d'un titre de séjour reçoit une information relative aux conditions auxquelles les dispositions du présent code subordonnent cette délivrance et à ses obligations de déférer aux contrôles et aux convocations. Ce document est signé par l'étranger lors de la remise du titre de séjour.

Art. R. 311-11 *(D. n° 2007-373, 21 mars 2007 ; D. n° 2016-1456, 28 oct. 2016)*. – La délivrance d'un titre de séjour est refusée à l'étranger qui ne remplit pas les conditions auxquelles les dispositions du présent code subordonnent cette délivrance ou qui, sollicitant la délivrance d'une carte de séjour au titre de l'exercice d'une activité professionnelle soumise aux prescriptions de l'article L. 5221-2 du Code du travail, n'est pas autorisé à exercer celle-ci.

Pour l'application des articles L. 313-7-2 et L. 313-24, la délivrance d'un titre de séjour est également refusée à l'étranger qui effectue une mission dans un établissement ou une entreprise qui a été créée dans le but principal de faciliter l'entrée d'étrangers entrant dans les prévisions des articles L. 313-7-2 et L. 313-24 ainsi que lorsque l'employeur, l'établissement ou l'entreprise d'accueil de l'étranger ne respecte pas la législation relative au travail et à la protection sociale.

Pour l'application des articles L. 313-7-2 et L. 313-24, la délivrance d'un titre de séjour est également refusée à l'étranger lorsque la durée maximale de séjour est atteinte, respectivement d'un an pour les étrangers visés à l'article L. 313-7-2 et de trois ans pour les étrangers visés à l'article L. 313-24, réduite, le cas échéant, de la durée de séjour effectuée dans un autre État membre de l'Union européenne dans le cadre d'une mission similaire.

Art. R.* 311-12 *(D. n° 2016-1456, 28 oct. 2016)*. – Le silence gardé par l'administration sur les demandes de titres de séjour vaut décision implicite de rejet.

Art. R. 311-12-1 *(D. n° 2016-1456, 28 oct. 2016)*. – La décision implicite mentionnée à l'article R.* 311-12 naît au terme d'un délai de quatre mois

Art. R. 311-13. – En cas de refus de délivrance de tout titre de séjour, l'étranger est tenu de quitter le territoire français.

Sous-section 3-1. – Modèle du titre de séjour

Art. R. 311-13-1 *(D. n° 2011-638, 8 juin 2011)*. – Le titre de séjour est établi selon un modèle conforme au modèle prévu par le règlement (CE) n° 1030/2002 du Conseil du 13 juin 2002 établissant un modèle uniforme de titre de séjour pour les ressortissants de pays tiers et son annexe, modifié par le règlement (CE) n° 380/2008 du Conseil du 18 avril 2008.

Il comporte les mentions énumérées au A de la section 2 de l'annexe 6-4 au présent code, et un composant électronique contenant les données à caractère personnel énumérées au A de la section 3 de la même annexe.

Sous-section 4. – Retrait du titre de séjour

Art. R. 311-14 *(Mod., D. n° 2011-1049, 6 sept. 2011 ; D. n° 2015-1166, 21 sept. 2015 ; D. n° 2016-1456, 28 oct. 2016)*. – Le titre de séjour est retiré :

1° Si son titulaire, qui réside en France avec un premier conjoint, a fait venir dans le cadre du regroupement familial un autre conjoint ou des enfants autres que ceux mentionnés aux articles L. 411-1 à L. 411-7 ;

2° Si l'étranger titulaire d'une carte de résident vit en France en état de polygamie ; dans ce cas, la carte de résident est également retirée au conjoint ;

3° Si l'étranger titulaire d'une carte de résident s'est absenté du territoire français pendant une période de plus de trois ans consécutifs sans que cette période ait fait l'objet d'une autorisation de prolongation ;

4° Si l'étranger titulaire d'une carte de résident portant la mention « résident de longue durée-UE » accordée par la France a résidé en dehors du territoire des États membres de l'Union européenne pendant une période de plus de trois ans consécutifs sans que cette période ait fait l'objet d'une autorisation de prolongation, ou a résidé en dehors du territoire français pendant une période de plus de six ans consécutifs, ou a acquis le statut de résident de longue durée-UE dans un autre État membre de l'Union européenne ;

5° Si son détenteur fait l'objet d'une mesure d'expulsion ;

6° Si son détenteur fait l'objet d'une décision judiciaire d'interdiction du territoire ;

7° Si l'étranger titulaire d'une carte de résident est condamné pour avoir commis sur un mineur de quinze ans l'infraction définie à l'article 222-9 du Code pénal ou s'être rendu complice de celle-ci ;

8° Si l'étranger titulaire de la carte de séjour temporaire ou de la carte de séjour « pluriannuelle » cesse de remplir l'une des conditions exigées pour sa délivrance. La carte de séjour temporaire ou pluriannuelle portant la mention « salarié » ou la carte de séjour pluriannuelle portant la mention « passeport talent » délivrée sur le fondement des 1°, 2° ou 4° de l'article L. 313-20 ne peut être retirée au motif que l'étranger s'est trouvé, autrement que de son fait, privé d'emploi ;

9° Si l'opération ou l'engagement mentionné à l'article R. 313-64 qui a motivé la délivrance de la carte prévue au 7° de l'article L. 313-20 ne connaît aucun début d'exécution dans un délai d'un an suivant la date de délivrance de cette carte. Dans ce cas, la carte de séjour délivrée sur le fondement de l'article L. 313-21 est également retirée au conjoint et aux enfants majeurs ;

10° S'il est établi que les fonds nécessaires à l'opération mentionnée à l'article R. 313-64 proviennent d'activités illicites. Dans ce cas, la carte de séjour pluriannuelle délivrée sur le fondement du 7° de l'article L. 313-20 est retirée ainsi, le cas échéant, que celles délivrées sur le fondement de l'article L. 313-21 au conjoint et aux enfants majeurs ;

11° S'il est mis fin, dans les conditions prévues à l'article L. 311-8-1, au statut de réfugié ou au bénéfice de la protection subsidiaire. Dans ce cas, le préfet du département où réside habituellement l'étranger ou, lorsque ce dernier réside à Paris, le préfet de police statue dans un délai de quatre mois à compter de la notification de la décision de retrait du titre de séjour sur le droit au séjour de l'intéressé à un autre titre ;

12° Si dans le cadre de l'application des articles L. 313-7-2 et L. 313-24, le titre de séjour a été délivré à l'étranger dont l'établissement ou l'entreprise d'emploi a été créé en France dans le but principal de faciliter l'entrée et le séjour d'étrangers effectuant une mission en France dans le cadre du 2° de l'article L. 1262-1 du Code du travail, ou lorsque la durée maximale de la mission est atteinte.

Art. R. 311-15 *(Mod., D. n° 2008-614, 27 juin 2008 ; D. n° 2011-1049, 6 sept. 2011 ; D. n° 2016-1456, 28 oct. 2016)*. – I. – Le titre de séjour peut être retiré :

1° Si l'étranger, titulaire d'une carte de séjour temporaire ou d'une carte de séjour pluriannuelle, a commis des faits qui l'exposent à l'une des condamnations prévues aux articles 222-34 à 222-40, 224-1-A à 224-1-C, 225-4-1 à 225-4-4, 225-4-7, 225-5 à 225-11, 225-12-1 et 225-12-2, 225-12-5 à 225-12-7, 225-13 à 225-15, au 7° de l'article 311-4 et aux articles 312-12-1 et 321-6-1 du Code pénal ;

2° Si l'étranger, titulaire d'une carte de séjour temporaire ou d'une carte de séjour pluriannuelle, a occupé un travailleur étranger en infraction avec les dispositions de l'article L. 5221-8 du Code du travail ou a méconnu les dispositions de l'article L. 5221-5 du même code ou a exercé une activité professionnelle non salariée sans en avoir l'autorisation ;

3° Si l'étranger titulaire d'une carte de séjour « étudiant » ne respecte pas la limite de la durée de travail annuelle prévue à l'article L. 313-7 ;

4° Si l'étranger autorisé à séjourner en France au titre du regroupement familial n'est plus en situation de vie commune avec le conjoint qu'il est venu rejoindre dans les trois ans qui suivent la délivrance du titre de séjour, sauf dans les cas mentionnés à l'article L. 316-3 et aux troisième et quatrième alinéas de l'article L. 431-2 ;

5° Sous réserve des dispositions des articles L. 511-4, L. 521-2 et L. 521-3, si l'étranger a fait venir son conjoint ou ses enfants en dehors de la procédure de regroupement familial, sauf s'il est titulaire de la carte de résident portant la mention « résident de longue durée-UE » accordée par la France en application des articles L. 314-8, L. 314-8-1 ou L. 314-8-2 ;

6° Si l'étranger titulaire d'une carte de résident sur le fondement du 3° de l'article L. 314-9 a mis fin à sa vie commune avec un ressortissant de nationalité française dans les quatre années qui suivent la célébration du mariage, sauf dans les cas mentionnés à l'article L. 314-5-1 ;

7° Si l'étranger, titulaire de la carte de résident de longue durée-UE dans un autre État membre, autorisé à séjourner en France en application de l'article L. 313-4-1, exerce dans les douze mois qui suivent la délivrance de la carte de séjour temporaire mentionnée au 1°, 2° ou 3° de l'article L. 313-10 des activités salariées autres que celles pour lesquelles il s'est vu accorder son droit au séjour en France ;

8° Si l'étranger, titulaire d'une carte de résident, a occupé un travailleur étranger en infraction avec les dispositions de l'article L. 5221-8 du Code du travail ;

9° Si l'étranger admis à séjourner en France pour y exercer une activité salariée se voit retirer son autorisation de travail au motif qu'il ne s'est pas conformé à l'obligation de produire le certificat médical prévu par l'article L. 5221-5 du Code du travail ;

10° Si l'étranger titulaire d'une carte de séjour temporaire ou d'une carte de séjour pluriannuelle constitue une menace pour l'ordre public ;

11° Si l'étranger, titulaire de la carte de résident portant la mention « résident de longue durée-UE » délivrée par la France sur le fondement des articles L. 314-8 et L. 314-8-2-2, perd la qualité de réfugié ou le bénéfice de la protection subsidiaire dans les cas mentionnés à l'article L. 314-7-1 ;

12° Si l'étranger fait obstacle aux contrôles nécessaires à la vérification du maintien des conditions de délivrance de son titre de séjour ou ne défère pas aux convocations ;

13° Si l'employeur, l'établissement ou l'entreprise d'accueil, de l'étranger entrant dans les prévisions des articles L. 313-7-2 et L. 313-24 ne respecte pas la législation relative au travail et à la protection sociale.

II. – La carte de résident peut être retirée et remplacée de plein droit par une carte de séjour temporaire :

1° Si l'étranger, titulaire d'une carte de résident, ne peut faire l'objet d'une mesure d'expulsion en application des articles L. 521-2 ou L. 521-3 du présent code et a été condamné de manière définitive sur le fondement des articles 433-3, 433-4, des deuxième à quatrième alinéas de l'article 433-5, du deuxième alinéa de l'article 433-5-1 ou de l'article 433-6 du Code pénal ;

2° Si l'étranger, titulaire de la carte de résident portant la mention « résident de longue durée-UE » accordée par la France en application des articles L. 314-8, L. 314-8-1 et L. 314-8-2 et dont la présence en France constitue une menace grave pour l'ordre public, ne peut faire l'objet d'une mesure d'expulsion en application des articles L. 521-2 ou L. 521-3.

Art. R. 311-16. – En cas de retrait de son titre de séjour, l'étranger est tenu de quitter le territoire français.

Sous-section 5. – Restitution du titre de séjour

Art. R. 311-17. – Lorsque son titulaire acquiert la nationalité française par décret de naturalisation ou de réintégration, le titre de séjour est restitué à l'autorité qui lui a notifié la décision. Dans les autres cas d'acquisition, il est restitué au préfet du département de sa résidence.

Art. R. 311-18. – Les bénéficiaires de l'aide publique à la réinsertion prévue à l'article D. 331-1 restituent leur titre de séjour au préfet de leur département de résidence dans les conditions définies aux articles D. 331-8 à D. 331-14.

....

Section III. – Dispositions relatives aux cas de délivrance de l'autorisation provisoire de séjour

Art. R. 311-31 *(D. n° 2016-1456, 28 oct. 2016)*. – Pour l'application des articles L. 311-10 à L. 311-12, l'étranger présente à l'appui de sa demande outre les pièces prévues à l'article R. 311-2-2, trois photographies de face, tête nue, de format 3,5 4,5 cm, récentes et parfaitement ressemblantes.

Art. R. 311-32 *(D. n° 2007-1292, 30 août 2007)*. – L'autorisation provisoire de séjour mentionnée à l'article L. 311-10 est prévue pour l'exercice d'une mission d'intérêt général visant soit à promouvoir l'autonomie et la protection des personnes, à renforcer la cohésion sociale, à prévenir les exclusions ou, le cas échéant, à en corriger les effets, soit à mener des actions de solidarité en faveur de personnes défavorisées ou sinistrées résidant sur le territoire français.

Le contrat de volontariat mentionné à l'article L. 311-10 comprend les indications prévues à l'article 12 du décret n° 2006-1205 du 29 septembre 2006 relatif au volontariat associatif.

Art. D. 311-33 *(D. n° 2007-1292, 30 août 2007)*. – L'agrément mentionné à l'article L. 311-10 est délivré à l'association ou à la fondation qui justifie d'au moins trois années d'existence et qui est titulaire de l'agrément prévu à l'article 15 de la loi n° 2006-586 du 23 mai 2006 relative au volontariat associatif et à l'engagement éducatif. Sa validité prend fin en même temps que la validité de l'agrément prévu à l'article 15 de la loi du 23 mai 2006.

Il prévoit le nombre maximum d'étrangers titulaires de l'autorisation provisoire de séjour dont il est justifié qu'ils peuvent être accueillis au regard des capacités de prise en charge par la structure d'accueil et, le cas échéant, du nombre maximum de volontaires déjà autorisés pour la même année.

Il est délivré par le préfet du département d'implantation de la structure d'accueil du volontaire ou, à Paris, par le préfet de police.

Le cas échéant, l'association ou la fondation d'accueil informe le préfet qui a autorisé le séjour du volontaire de toute cessation anticipée de son contrat de volontariat. L'agrément peut être retiré en cas de non-respect de cette obligation ou si les missions confiées par la structure d'accueil n'entrent pas dans celles mentionnées à l'article R. 311-32 ou en cas de retrait de l'agrément prévu à l'article 15 de la loi du 23 mai 2006.

En cas de retrait de l'agrément mentionné à l'article L. 311-10, les dispositions de l'article 11 du décret du 29 septembre 2006 sont applicables.

Art. R. 311-34 *(D. n° 2007-1292, 30 août 2007)*. – Par dérogation à l'article R. 311-2, l'étranger qui demande l'autorisation provisoire de séjour prévue à l'article L. 311-10 dépose sa demande dans un délai d'un mois à compter de son entrée en France. Il présente, outre les pièces prévues à l'article R. 311-31 :

1° Le visa pour un séjour d'une durée supérieure à trois mois justifiant qu'il est entré pour exercer une mission de volontariat ;

2° Le contrat de volontariat conforme aux prescriptions de l'article R. 311-32 ;

3° Une copie de la décision d'agrément mentionnée à l'article L. 311-10 ;

4° Une lettre par laquelle il s'engage à quitter le territoire à l'issue de son contrat ;

La durée de l'autorisation provisoire de séjour ne peut excéder la durée du contrat de volontariat.

Art. R. 311-35 *(D. n° 2016-1456, 28 oct. 2016)*. – I. – Pour l'application de l'article L. 311-11, l'étranger, qui sollicite la délivrance de l'autorisation provisoire de séjour, présente à l'appui de sa demande, outre les pièces prévues aux articles R. 311-2-2 et R. 311-31 :

1° La carte de séjour temporaire ou pluriannuelle portant la mention « étudiant » en cours de validité dont il est titulaire ;

2° Un diplôme, obtenu dans l'année, au moins équivalent au grade de master ou figurant sur une liste fixée par décret. La présentation de ce diplôme peut être différée au moment de la remise de l'autorisation provisoire de séjour. La liste des diplômes au moins équivalents au grade de master est établie par arrêté du ministre chargé de l'enseignement supérieur et de la recherche ;

3° Dans le cas visé au 2° de l'article L. 311-11, tout justificatif d'un projet de création d'entreprise dans un domaine correspondant à sa formation.

II. – L'étranger peut, sous couvert de cette autorisation provisoire de séjour, exercer une activité professionnelle salariée dans les conditions prévues au deuxième alinéa du I de l'article L. 313-7 jusqu'à la conclusion de son contrat ou l'immatriculation de son entreprise.

III. – Lorsque l'étranger justifie, au plus tard à l'issue de son autorisation provisoire de séjour, exercer un emploi ou bénéficier d'une promesse d'embauché répondant aux conditions prévues au 1° de l'article L. 311-11, il sollicite la délivrance de la carte de séjour correspondant à son nouveau motif de séjour, dans le respect d'un délai maximal de quinze jours après la conclusion de son contrat de travail.

Lorsque l'étranger concrétise, au plus tard à l'issue de son autorisation provisoire de séjour, un projet de création d'entreprise répondant aux conditions prévues au 2° de l'article L. 311-11, il sollicite la délivrance de la carte de séjour correspondant à son nouveau motif de séjour.

Art. R. 311-36 *(D. n° 2016-1456, 28 oct. 2016)*. – Pour l'application de l'article L. 311-12, l'étranger présente à l'appui de sa demande, outre les pièces prévues aux articles R. 311-2-2 et R. 311-31 :

1° Les documents justifiant de l'état civil et de la nationalité de l'étranger mineur ;

2° Un justificatif de domicile ;

3° L'acte de naissance du mineur comportant l'établissement du lien de filiation ou la décision judiciaire portant délégation de l'autorité parentale sur l'étranger mineur prononcée par une juridiction étrangère ou française ;

4° Les justificatifs permettant d'apprécier la durée de sa résidence habituelle en France avec l'étranger mineur ;

5° Les justificatifs permettant d'apprécier qu'il subvient à l'entretien et à l'éducation de l'étranger mineur. L'avis médical est rendu dans les conditions prévues à l'article R. 313-23.

....

CHAPITRE III. – LA CARTE DE SÉJOUR TEMPORAIRE

Section I. – Dispositions générales

Art. R. 313-1 *(D. n° 2016-1456, 28 oct. 2016).* – L'étranger qui sollicite la délivrance d'une première carte de séjour doit présenter à l'appui de sa demande, outre les pièces mentionnées à l'article R. 311-2-2, les pièces suivantes :

1° Les documents, mentionnés à l'article R. 211-1, justifiant qu'il est entré régulièrement en France ;

2° Sauf stipulation contraire d'une convention internationale applicable en France, un visa pour un séjour d'une durée supérieure à trois mois autre que celui mentionné au 3° de l'article R. 311-3 ;

3° Un certificat médical délivré dans les conditions fixées par arrêté conjoint du ministre chargé de la santé et du ministre chargé de l'immigration sauf exemptions prévues par le présent code. La présentation du certificat médical est différée au moment de la remise du titre de séjour à l'étranger ;

4° Trois photographies de face, tête nue, de format 3,5 × 4,5 cm, récentes et parfaitement ressemblantes ;

5° Un justificatif de domicile.

Art. R. 313-2 *(D. n° 2007-373, 21 mars 2007 ; D. n° 2016-1456, 28 oct. 2016).* – Ne sont pas soumis aux dispositions du 1° de l'article R. 313-1 les étrangers mentionnés à l'article L. 313-4-1, aux 2°, 2° *bis*, 6° à 11° de l'article L. 313-11, et aux articles L. 313-11-1, L. 313-13, *(Réf. rempl., D. n° 2011-1049, 6 sept. 2011)* « L. 313-14, L. 313-15 et L. 316-1 ».

Art. R. 313-3 *(D. n° 2007-373, 21 mars 2007 ; D. n° 2016-1456, 28 oct. 2016).* – Ne sont pas soumis aux dispositions du 2° de l'article R. 313-1 :

1° L'étranger entré en France pour y faire des études qui présente un visa de séjour d'une durée inférieure ou égale à trois mois comportant la mention « étudiant-concours », s'il justifie de sa réussite effective au concours ou à l'épreuve d'admission préalable pour lequel ce visa lui a été accordé ;

2° Les étrangers mentionnés à l'article L. 313-4-1, aux 2°, 2° *bis*, 6° à 11° de l'article L. 313-11, et aux articles L. 313-11-1, L. 313-13, L. 313-14, L. 316-1, L. 316-1-1 et L. 316-3.

Art. R. 313-3-1 *(D. n° 2007-373, 21 mars 2007 ; D. n° 2016-1456, 28 oct. 2016).* – L'étranger résidant hors de France qui sollicite le bénéfice des dispositions du 3° du même article présente sa demande auprès des autorités diplomatiques ou consulaires françaises territorialement compétentes dans son pays de résidence.

L'étranger titulaire d'une carte de séjour ne l'autorisant pas à exercer une activité commerciale, industrielle ou artisanale, qui sollicite le bénéfice des dispositions précitées, présente sa demande au préfet du département de son lieu de résidence.

Art. R. 313-4 *(D. n° 2016-1456, 28 oct. 2016).* – Les étrangers mentionnés au dernier alinéa de l'article L. 211-2-1, aux articles L. 313-7, L. 313-7-1 et L. 313-7-2, aux 2°, 2° *bis*, 6°, 7°, 10° et 11° de l'article L. 313-11, à l'article L. 313-13 à l'exception de ceux qui sont visés à l'article L. 752-1, aux articles L. 313-14, L. 313-15, L. 316-1, L. 316-1-1 et L. 316-3 et aux articles L. 313-20, L. 313-21, L. 313-24 ne sont pas soumis aux dispositions du 3° de l'article R. 313-1, ainsi que les étrangers déjà admis à résider en France.

Art. R. 313-4-1 *(D. n° 2016-1456, 28 oct. 2016).* – L'étranger déjà admis à résider en France qui sollicite le renouvellement d'une carte de séjour ou la délivrance de la carte de séjour pluriannuelle générale prévue à l'article L. 313-17 doit présenter à l'appui de sa demande, outre les pièces mentionnées à l'article R. 311-2-2, les pièces suivantes :

1° Un justificatif de domicile ;

2° Trois photographies de face, tête nue, de format 3,5 × 4,5 cm, récentes et parfaitement ressemblantes ;

3° La carte de séjour dont il était précédemment titulaire.

Art. R. 313-4-2 *(D. n° 2016-1456, 28 oct. 2016)*. – La demande de carte de séjour pluriannuelle générale vaut aussi demande de renouvellement de la carte de séjour précédemment détenue. Toutefois, lorsque la demande de carte de séjour pluriannuelle est sollicitée sur un autre fondement que celui au titre duquel a été délivrée la carte de séjour dont l'étranger est titulaire, elle vaut aussi demande de délivrance de la carte de séjour temporaire correspondant au nouveau motif de séjour invoqué.

Art. R. 313-5 *(Mod., D. n° 2007-373, 21 mars 2007 ; D. n° 2014-301, 6 mars 2014 ; D. n° 2016-1456, 28 oct. 2016)*. – La durée de validité de la carte de séjour temporaire délivrée aux étrangers exerçant une activité professionnelle soumise à autorisation ne peut excéder la durée de cette autorisation.

La durée de validité de la carte de séjour temporaire délivrée aux étrangers admis à séjourner en France pour y faire des études ou pour y suivre un enseignement ou un stage de formation ne peut excéder la durée de ces études, de cet enseignement ou de ce stage.

La durée de validité de la carte de séjour temporaire ou pluriannuelle délivrée en application de l'article L. 313-11-1 ou de l'article L. 313-17 aux membres de la famille de l'étranger titulaire du statut de résident de longue durée-CE dans un autre État membre de l'Union européenne et admis au séjour en France ne peut dépasser celle de la carte de séjour temporaire délivrée au résident de longue durée-CE en application de l'article L. 313-4-1.

La durée de validité de la carte de séjour temporaire délivrée en application de l'article L. 313-11-1 aux membres de la famille de l'étranger titulaire du statut de résident de longue durée-UE dans un autre État membre de l'Union européenne et admis au séjour en France ne peut dépasser celle de la carte de séjour temporaire délivrée au résident de longue durée-UE en application de l'article L. 313-4-1.

....

CHAPITRE IV. – LA CARTE DE RÉSIDENT

Section I. – Dispositions générales

La présente section ne comprend pas de dispositions réglementaires.

Section II. – Délivrance de la carte de résident

Sous-section 1. – Délivrance subordonnée à une durée de séjour régulier

Art. R. 314-1 *(Mod., D. n° 2007-373, 21 mars 2007 ; D. n° 2014-301, 6 mars 2014 ; D. n° 2016-1456, 28 oct. 2016)*. – Pour l'application des dispositions des articles L. 314-8, L. 314-8-1, L. 314-8-2 et L. 314-9, l'étranger présente à l'appui de sa demande de carte de résident ou de carte de résident portant la mention « résident de longue durée-UE », outre les pièces mentionnées à l'article R. 311-2-2, les pièces suivantes :

1° Un justificatif de domicile ;

2° S'il est marié et ressortissant d'un État dont la loi autorise la polygamie, une déclaration sur l'honneur selon laquelle il ne vit pas en France en état de polygamie ;

3° Trois photographies de face, tête nue, de format 3,5 × 4,5 cm, récentes et parfaitement ressemblantes ;

4° Les pièces justifiant :

a) Qu'il entre dans l'un des cas prévus à l'article L. 314-9 ;

b) Ou, s'il ne relève pas de ces dispositions, qu'il satisfait aux conditions prévues aux articles L. 314-8, L. 314-8-1 ou L. 314-8-2 ;

5° Pour l'appréciation de la condition d'intégration prévue à l'article L. 314-2 :

a) Une déclaration sur l'honneur par laquelle il s'engage à respecter les principes qui régissent la République française ;

b) (Abrogé) ;

c) Tout document de nature à attester sa connaissance suffisante de la langue française, notamment le diplôme initial de langue française.

Lorsque les moyens d'existence de l'intéressé sont tirés de l'exercice d'une activité professionnelle soumise à l'autorisation d'une autorité de l'État, cette autorisation peut être accordée ou renouvelée par le préfet.

Art. R. 314-1-1 *(Mod., D. n° 2011-1049, 6 sept. 201 ; D. n° 2014-301, 6 mars 2014 ; D. n° 2016-1456, 28 oct. 2016)*. – L'étranger qui sollicite la délivrance de la carte de résident portant la mention « résident de longue durée-UE » doit justifier qu'il remplit les conditions prévues aux articles L. 314-8, L. 314-8-1 ou

L. 314-8-2 en présentant, outre les pièces mentionnées aux articles R. 311-2-2 et R. 314-1, les pièces suivantes :

1° La justification qu'il réside légalement et de manière ininterrompue en France depuis au moins cinq ans, sous couvert de l'une des cartes de séjour mentionnées aux articles L. 314-8 et L. 314-8-2 ou sous couvert d'un des visas mentionnés aux 4°, 5°, 7°, 8°, 9°, à l'exception de celui conférant les droits attachés à la carte de séjour pluriannuelle du 3° de l'article L. 313-20, et 11° de l'article R. 311-3 ; les périodes d'absence du territoire français sont prises en compte dans le calcul des cinq années de résidence régulière ininterrompue lorsque chacune ne dépasse pas six mois consécutifs et qu'elles ne dépassent pas un total de dix mois.

L'étranger titulaire de la carte de séjour pluriannuelle portant la mention passeport talent prévue au 2° de l'article L. 313-20 devra justifier qu'il réside légalement et de manière ininterrompue sur le territoire d'un État membre de l'Union européenne sous couvert d'une carte bleue européenne, dont, en France, les deux années précédant sa demande de délivrance de la carte de résident ; les périodes d'absence de l'Union européenne sont prises en compte dans le calcul des cinq années de résidence régulière ininterrompue lorsque chacune ne dépasse pas douze mois consécutifs et qu'elles ne dépassent pas un total de dix-huit mois.

S'agissant d'un étranger qui s'est vu reconnaître par la France la qualité de réfugié ou accorder le bénéfice de la protection subsidiaire, la période entre la date de dépôt de la demande d'asile et celle de la délivrance de l'une des cartes de séjour mentionnées au deuxième alinéa de l'article L. 314-8-2 est également prise en compte ;

2° La justification qu'il dispose de ressources propres, stables et régulières, suffisant à son entretien, indépendamment des prestations et des allocations mentionnées au 2° de l'article L. 314-8, appréciées sur la période des cinq années précédant sa demande, par référence au montant du salaire minimum de croissance ; lorsque les ressources du demandeur ne sont pas suffisantes ou ne sont pas stables et régulières pour la période des cinq années précédant la demande, une décision favorable peut être prise, soit si le demandeur justifie être propriétaire de son logement ou en jouir à titre gratuit, soit en tenant compte de l'évolution favorable de sa situation quant à la stabilité et à la régularité de ses revenus, y compris après le dépôt de la demande ;

3° La justification qu'il bénéficie d'une assurance maladie.

Les justificatifs prévus au 2° du présent article ne sont pas exigés de l'étranger titulaire de l'allocation aux adultes handicapés mentionnée à l'article L. 821-1 du Code de la sécurité sociale ou de l'allocation supplémentaire mentionnée à l'article L. 815-24 du même code.

Art. R. 314-1-2 *(Abr., D. n° 2016-1456, 28 oct. 2016).*

Art. R. 314-1-3 *(D. n° 2007-373, 21 mars 2007 ; D. n° 2014-301, 6 mars 2014 ; D. n° 2016-1456, 28 oct. 2016).* – La demande de carte de résident portant la mention « résident de longue durée-UE » au titre des articles L. 314-8, L. 314-8-1 ou L. 314-8-2 vaut demande de renouvellement du titre de séjour précédemment acquis. Il en va de même en cas de demande de carte de résident au titre du 1° de l'article L. 314-9, lorsqu'elle est présentée après trois années de résidence régulière ininterrompue, au titre du 2° du même article, lorsqu'elle est présentée par un étranger qui est titulaire depuis au moins trois années de la carte de séjour temporaire mentionnée au 6° de l'article L. 313-11 ou d'une carte de séjour pluriannuelle mentionnée au 2° de l'article L. 313-18, et, le cas échéant, au titre du 3° du même article lorsqu'elle est présentée par un étranger qui est marié depuis au moins trois ans avec un ressortissant de nationalité française.

Par dérogation au 4° de l'article R. 311-2, l'étranger, titulaire d'une carte de séjour pluriannuelle générale ou d'une carte de séjour pluriannuelle portant la mention « passeport talent », à l'exception de celle délivrée sur le fondement du 3° de l'article L. 313-20, peut, dès qu'il en remplit les conditions d'ancienneté de séjour et sans attendre les deux mois précédant l'expiration de son titre, solliciter la carte de résident prévue aux articles L. 314-8, L. 314-9 ou L. 314-11.

Art. R. 314-1-4 *(D. n° 2014-301, 6 mars 2014 ; D. n° 2016-1456, 28 oct. 2016).* – La carte de résident portant la mention « résident de longue durée-UE », délivrée sur le fondement de l'article L. 314-8-2 à l'étranger qui a la qualité de réfugié ou qui bénéficie de la protection subsidiaire, porte la mention suivante sous la rubrique « Remarques » : « La France a accordé la protection internationale le [date] ».

Lorsque l'étranger dispose déjà d'une carte de résident de longue durée-UE délivrée par un autre État membre de l'Union européenne, mentionnant qu'une protection internationale lui a été accordée, la carte de résident portant la mention « résident de longue durée-UE » délivrée par la France sur le fondement de l'article L. 314-8 ou de l'article L. 314-8-1, porte la mention suivante sous la rubrique « Remarques » : « Le [nom de l'État membre] a accordé la protection internationale le [date] », après vérification auprès de l'État membre de l'Union européenne qui lui a accordé cette protection qu'il demeure sous sa protection. Dans le cas où l'étranger obtient le transfert de sa protection en France, la mention est modifiée en conséquence, dans un délai maximal de trois mois suivant le transfert.

Lorsqu'un État membre de l'Union européenne informe la France qu'il a accordé une protection internationale à un étranger déjà titulaire d'une carte de résident portant la mention « résident de longue durée-UE », délivrée par la France sur le fondement de l'article L. 314-8 ou de l'article L. 314-8-1, ou que la responsabilité de la protection de cet étranger a été transférée à cet État membre, la France modifie la mention visée au précédent alinéa en conséquence, dans un délai maximal de trois mois suivant la date à laquelle l'information a été transmise.

Lorsqu'un autre État membre demande à la France si un étranger, déjà titulaire d'une carte de résident délivrée sur le fondement de l'article L. 314-8-2, demeure sous la protection de l'Office français de protection des réfugiés et apatrides, la réponse est adressée par le préfet qui a délivré la carte, dans le délai maximal d'un mois suivant la réception de la demande.

Art. R. 314-1-5 *(D. n° 2015-1166, 21 sept. 2015).* – Lorsqu'un étranger qui dispose déjà d'une carte de résident de longue durée-UE délivrée par un autre État membre de l'Union européenne se voit reconnaître la qualité de réfugié ou accorder le bénéfice de la protection subsidiaire en France, le préfet ou, à Paris, le préfet de police, en informe les autorités de cet État membre afin de leur permettre de modifier en conséquence la rubrique « Remarques » de la carte de séjour de l'intéressé. Il en va de même lorsque l'étranger était déjà placé sous la protection de cet État et que cette protection a été transférée à la France. »

....

Section III. – Renouvellement de la carte de résident

Art. R. 314-3 *(D. n° 2007-373, 21 mars 2007 ; D. n° 2014-301, 6 mars 2014 ; D. n° 2016-1456, 28 oct. 2016).* – Pour l'application des dispositions de l'article L. 314-1, l'étranger présente à l'appui de sa demande de renouvellement de carte de résident ou de statut de résident de longue durée-UE accordé par la France en application des articles L. 314-8, L. 314-8-1 et L. 314-8-2, outre les pièces mentionnées à l'article R. 311-2-2, les pièces suivantes :

1° Un justificatif de domicile ;

2° S'il est marié et ressortissant d'un État dont la loi autorise la polygamie, une déclaration sur l'honneur selon laquelle il ne vit pas en France en état de polygamie ;

3° La carte de résident dont il est titulaire et qui vient à expiration ou la carte de résident portant la mention « résident de longue durée-UE » accordée par la France en application des articles L. 314-8, L. 314-8-1 ou L. 314-8-2 et qui vient à expiration ou qui a expiré en raison du séjour de l'intéressé à l'étranger, dès lors que la durée de ce séjour à l'étranger n'a pas eu pour effet, en application de l'article L. 314-7, de lui faire perdre le bénéfice du statut de résident de longue durée-UE accordé par la France ;

4° Trois photographies de face, tête nue, de format 3,5 cm 4,5 cm, récentes et parfaitement ressemblantes ;

5° Une attestation sur l'honneur selon laquelle il n'a pas, sauf le cas où une prolongation lui a été accordée en application du deuxième alinéa de l'article L. 314-7, séjourné plus de trois années consécutives au cours des dix dernières années hors de France, s'il est titulaire d'une carte de résident, et hors du territoire des États membres de l'Union européenne s'il est titulaire de la carte de résident portant la mention « résident de longue durée-UE » accordée par la France ;

6° Une attestation sur l'honneur selon laquelle il n'a pas, s'il est titulaire de la carte de résident portant la mention « résident de longue durée-UE » accordée par la France, séjourné plus de six années consécutives hors de France ou acquis le statut « résident longue durée-CE » dans un autre État membre de l'Union européenne.

Section IV. – Délivrance de la carte de résident permanent
(D. n° 2008-614, 27 juin 2008)

Art. R. 314-4 *(D. n° 2008-614, 27 juin 2008 ; D. n° 2016-1456, 28 oct. 2016)*. – À l'expiration de sa carte de résident délivrée sur le fondement des articles L. 314-8, L. 314-8-1, L. 314-9, L. 314-11 ou L. 314-12 l'étranger qui sollicite la carte de résident permanent présente à l'appui de sa demande, outre les pièces mentionnées aux articles R. 311-2-2 et R. 314-3, celles prévues au 5° de l'article R. 314-1 lorsque son intégration républicaine dans la société française n'a pas été vérifiée en application des dispositions de l'article L. 314-2 à l'occasion d'une précédente demande de titre de séjour.

Lorsque l'étranger qui sollicite le renouvellement de sa carte de résident ou de sa carte de résident portant la mention « résident de longue durée-UE » relève de l'une des situations mentionnées aux deuxième et troisième alinéas de l'article L. 314-14, le préfet lui demande de présenter les mêmes pièces que celles prévues à l'alinéa précédent.

....

TITRE II. – LES CONDITIONS DE SÉJOUR

CHAPITRE I. – CONDITIONS DE CIRCULATION

Section I. – Dispositions générales

Art. R. 321-1 *(Mod., D. n° 2011-1049, 6 sept. 2011)*. – Les étrangers séjournant régulièrement en France y circulent librement.

Le ministre de l'Intérieur peut néanmoins désigner par arrêté certains départements dans lesquels les étrangers ne peuvent, à compter de la date de publication dudit arrêté, établir leur domicile sans avoir obtenu préalablement l'autorisation du préfet du lieu où ils désirent se rendre.

Les titres de séjour des étrangers domiciliés dans ces départements portent une mention spéciale les rendant valables pour le département envisagé.

Les dispositions des deuxième et troisième alinéas ne sont pas applicables aux ressortissants d'un État membre de l'Union européenne, d'un autre État partie à l'accord sur l'Espace économique européen ou de la Confédération suisse, ni aux membres de leur famille.

Art. R. 321-2 *(Mod., D. n° 2011-1049, 6 sept. 2011)*. – Lorsqu'un étranger non titulaire de la carte de résident doit, en raison de son attitude ou de ses antécédents, être soumis à une surveillance spéciale, l'autorité administrative peut :

1° Lui interdire de résider dans un ou plusieurs départements ;

2° Réduire au département ou, à l'intérieur de ce dernier, à une ou plusieurs circonscriptions la validité de sa carte de séjour ou du titre en tenant lieu dont il est muni.

Ces dispositions ne sont pas applicables aux ressortissants d'un État membre de l'Union européenne, d'un autre État partie à l'accord sur l'Espace économique européen ou de la Confédération suisse, ni aux membres de leur famille.

Art. R.* 321-3. – L'autorité administrative compétente pour prendre la décision mentionnée au 1° de l'article R. 321-2 est le ministre de l'Intérieur.

Art. R. 321-4. – L'autorité administrative compétente pour prendre la décision mentionnée au 2° de l'article R. 321-2 est le préfet.

Art. R. 321-5. – Quand l'autorité administrative a fait usage des pouvoirs prévus à l'article R. 321-2, sa décision est mentionnée sur le titre de séjour de l'intéressé. Celui-ci ne peut se déplacer en dehors de la zone de validité de son titre de séjour sans être muni d'un sauf-conduit délivré par le commissaire de police ou, à défaut de commissaire de police, par la gendarmerie du lieu de leur résidence.

Art. R. 321-6. – Lorsqu'un étranger est autorisé à séjourner en France sous couvert d'un titre de voyage revêtu d'un visa requis pour les séjours n'excédant pas trois mois, ce visa peut être abrogé si l'étranger titulaire de ce visa exerce en France une activité lucrative sans y avoir été régulièrement autorisé, s'il existe des indices concordants permettant de présumer que l'intéressé est venu en France pour s'y établir ou si son comportement trouble l'ordre public.

Art. R. 321-7. – L'abrogation du visa mentionnée à l'article R. 321-6 est décidée par le préfet du département où séjourne l'étranger qui en est titulaire ou du département où la situation de cet étranger est contrôlée. Le préfet qui a prononcé l'abrogation en avertit sans délai le ministre des Affaires étrangères.

Art. R. 321-8 *(D. n° 2016-1456, 28 oct. 2016)*. – Tout étranger, séjournant en France et astreint à la possession d'une autorisation de séjour d'une durée supérieure à un an, est tenu, lorsqu'il transfère le lieu de sa résidence effective et permanente, d'en faire la déclaration, dans les trois mois de son arrivée, à la préfecture territorialement compétente.

....

Art. D. 321-9. – Le mineur né en France de parents étrangers titulaires d'un titre de séjour peut justifier de son identité sur présentation d'un titre d'identité républicain établi et délivré dans les conditions définies par la présente sous-section.

....

Art. D. 321-16. – Le document de circulation est délivré de plein droit à l'étranger mineur résidant en France, non titulaire d'un titre de séjour et ne remplissant pas les conditions pour obtenir la délivrance du titre d'identité républicain institué par l'article L. 321-3, s'il satisfait aux conditions posées par l'article L. 321-4.

Le document de circulation peut également être délivré à l'étranger mineur résidant en France, non titulaire d'un titre de séjour et ne remplissant pas les conditions pour obtenir la délivrance du titre d'identité républicain, s'il se trouve dans l'une des situations suivantes :

1° Le mineur est entré en France sous couvert d'un visa d'une durée supérieure à trois mois ;

2° Le mineur est ressortissant d'un État membre de la Communauté européenne ou de l'un des autres États parties à l'accord sur l'Espace économique européen et l'un de ses parents au moins est établi en France pour une durée supérieure à trois mois ;

3° L'un au moins de ses parents a obtenu soit, en application du livre VII du présent code, le statut de réfugié, le statut d'apatride ou la protection subsidiaire, soit, en application de l'article 13 de la loi n° 52-893 du 25 juillet 1952 relative au droit d'asile, l'asile territorial, et justifie à ce titre d'une carte de séjour temporaire ou d'une carte de résident ;

4° L'un au moins de ses parents a acquis la nationalité française ou celle d'un État membre de la Communauté européenne ou de l'un des autres États parties à l'accord sur l'Espace économique européen.

....

LIVRE QUATRIÈME. – LE REGROUPEMENT FAMILIAL

TITRE PREMIER. – LES CONDITIONS DU REGROUPEMENT FAMILIAL

CHAPITRE UNIQUE

Art. R. 411-1 *(D. n° 2016-1456, 28 oct. 2016)*. – Le document de séjour dont doit justifier un ressortissant étranger pour formuler une demande de regroupement familial est soit une carte de séjour temporaire, d'une durée de validité d'au moins un an, soit une carte de séjour pluriannuelle, soit une carte de résident, d'une durée de dix ans ou à durée indéterminée, soit le récépissé de demande de renouvellement de l'un de ces documents.

Art. R. 411-2 *(D. n° 2016-1456, 28 oct. 2016)*. – Le séjour régulier en France d'au moins dix-huit mois mentionné à l'article L. 411-1 doit avoir été accompli sous couvert des documents de séjour mentionnés à l'article R. 411-1 ou des documents suivants :

1° Visa de long séjour, conférant à son titulaire les droits attachés à une carte de séjour temporaire ;

2° Carte de séjour temporaire d'une durée inférieure à un an ;

3° Autorisation provisoire de séjour ;

4° Récépissé d'une demande de première délivrance ou de renouvellement d'un document de séjour ;
5° Attestation de demande d'asile.

……………………………………………………………………………………………

TITRE III. – DÉLIVRANCE DES TITRES DE SÉJOUR

CHAPITRE UNIQUE

Art. R. 431-1. – La délivrance des titres de séjour et, s'agissant des enfants mineurs, l'admission en France au titre du regroupement familial sont subordonnées à la production du certificat de contrôle médical délivré par l'« Office français de l'immigration et de l'intégration ».

Le titre de séjour délivré aux membres de la famille autorisés à résider en France au titre du regroupement familial est, en application de l'article L. 431-1, la carte de séjour temporaire d'une durée d'un an dès qu'ils sont astreints à la détention d'un titre de séjour.

La carte de séjour temporaire porte la mention « vie privée et familiale ». Elle permet l'exercice de toute activité professionnelle dans le cadre de la réglementation en vigueur.

……………………………………………………………………………………………

LIVRE CINQUIÈME. – LES MESURES D'ÉLOIGNEMENT

……………………………………………………………………………………………

Art. R. 512-1 *(D. n° 2011-820, 8 juill. 2011)*. – L'autorité administrative mentionnée aux articles L. 511-1 et L. 511-3-1 est le préfet de département et, à Paris, le préfet de police.

La notification de l'obligation de quitter le territoire français prononcée en application de l'article L. 511-3-1 mentionne le délai imparti pour quitter le territoire.

Art. R. 512-1-1 *(D. n° 2011-820, 8 juill. 2011)*. – L'étranger auquel un délai de départ volontaire est imparti peut demander que les principaux éléments des décisions qui lui sont notifiées en application de l'article L. 511-1 lui soient communiqués dans une langue qu'il comprend ou dont il est raisonnable de supposer qu'il la comprend.

……………………………………………………………………………………………

Art. R. 513-1 *(Mod., D. n° 2011-820, 8 juill. 2011 ; mod. à compter du 1er nov. 2016, D. n° 2016-1457, 28 oct. 2016)*. – L'autorité administrative compétente pour prononcer la décision fixant le pays de renvoi d'un étranger en cas d'exécution d'office de la mesure d'éloignement est le préfet de département et, à Paris, le préfet de police.

Art. R. 513-1-1 *(D. n° 2015-26, 14 janv. 2015)*. – L'autorité administrative compétente pour prononcer la décision fixant le pays de renvoi dans le cas prévu au deuxième alinéa de l'article L. 214-4 est le ministre de l'Intérieur.

Art. R. 513-2 *(D. n° 2011-820, 8 juill. 2011)*. – L'autorité administrative compétente pour astreindre un étranger aux obligations de présentation prévues à l'article L. 513-4 est le préfet de département et, à Paris, le préfet de police.

……………………………………………………………………………………………

Art. R. 522-1. – L'autorité administrative compétente pour prononcer l'expulsion d'un étranger en application de l'article L. 521-1, après accomplissement des formalités prévues à l'article L. 522-1, est le préfet de département et, à Paris, le préfet de police.

……………………………………………………………………………………………

Art. R. 523-1. – L'autorité administrative compétente pour prendre la décision fixant le pays de renvoi d'un étranger qui fait l'objet d'un arrêté d'expulsion pris en application de l'article L. 521-1, après accomplissement des formalités prévues à l'article L. 522-1, est le préfet de département et, à Paris, le préfet de police.

....

Art. R. 523-4 *(Mod., D. n° 2015-26, 14 janv. 2015).* – L'autorité administrative compétente pour prononcer par arrêté, sur le fondement des articles L. 523-3 à L. 523-5, l'assignation à résidence d'un étranger faisant l'objet d'une mesure d'expulsion est le préfet du département où se situe le lieu d'assignation à résidence, à Paris, le préfet de police, quand la mesure d'expulsion est prise sur le fondement de l'article L. 521-1 après accomplissement des formalités prévues à l'article L. 522-1.

....

Art. R. 531-1. – L'autorité administrative compétente pour prendre, en application de l'article L. 531-1, la décision de remise d'un étranger qui a pénétré ou séjourné irrégulièrement en France aux autorités compétentes de l'État membre de l'Union européenne qui l'a admis à entrer ou à séjourner sur son territoire, ou dont il provient directement, est le préfet de département et, à Paris, le préfet de police.

Le préfet ne peut déléguer sa signature à un fonctionnaire de police que dans les départements ayant une frontière commune avec un ou plusieurs États membres de l'Union européenne pour les décisions de remise aux autorités compétentes du ou des États frontaliers. Le fonctionnaire doit avoir au moins le grade de lieutenant de police.

Art. R.* 531-2 et R. 531-3 *(Abr., D. n° 2015-1166, 21 sept. 2015).*

Art. R. 531-3-1 *(D. n° 2007-373, 21 mars 2007 ; D. n° 2015-1166, 21 sept. 2015).* – L'autorité administrative compétente pour prendre, en application du premier alinéa de l'article L. 531-2, la décision de remettre un étranger non ressortissant d'un État membre de l'Union européenne aux autorités compétentes d'un État membre est le préfet de département et, à Paris, le préfet de police.

Art. R. 531-3-2 *(D. n° 2007-373, 21 mars 2007 ;D. n° 2014-301, 6 mars 2014 ; D. n° 2015-1166, 21 sept. 2015).* – L'autorité administrative compétente pour prendre, en application du deuxième alinéa de l'article L. 531-2, la décision de remettre aux autorités compétentes d'un État membre de l'Union européenne un étranger titulaire du statut de résident de longue durée-UE accordé par cet autre État membre ainsi que son conjoint et ses enfants mentionnés aux I et II de l'article L. 313-11-1 est le préfet et, à Paris, le préfet de police.

Art. R. 531-3-3 *(D. n° 2011-820, 8 juill. 2011 ; D. n° 2015-1166, 21 sept. 2015).* – L'autorité administrative compétente pour prendre la décision prévue au troisième alinéa de l'article L. 531-2 est le préfet de département et, à Paris, le préfet de police.

Art. R. 531-3-4 *(Aj. à compter du 1er nov. 2016, D. n° 2016-1457, 28 oct. 2016).* – L'autorité administrative compétente pour prendre la décision prévue au quatrième alinéa de l'article L. 531-2 est le préfet de département et, à Paris, le préfet de police.

Art. R. 531-4. – L'autorité administrative compétente pour décider qu'un étranger sera d'office reconduit à la frontière en application de l'article L. 531-3 est le préfet de département et, à Paris, le préfet de police.

....

TITRE V. – RÉTENTION D'UN ÉTRANGER DANS DES LOCAUX NE RELEVANT PAS DE L'ADMINISTRATION PÉNITENTIAIRE

CHAPITRE I. – PLACEMENT EN RÉTENTION

Art. R. 551-1. – L'autorité compétente pour ordonner le placement en rétention administrative d'un étranger est le préfet de département et, à Paris, le préfet de police. La même autorité est compétente pour décider de déplacer un étranger d'un lieu de rétention vers un autre lieu de rétention, dans les conditions prévues à l'article L. 553-2.

Art. R. 551-2. – Les étrangers retenus, en application du présent titre, dans des locaux ne relevant pas de l'administration pénitentiaire sont placés, sous réserve des dispositions de l'article R. 551-3, dans des établissements dénommés « centres de rétention administrative », régis par les articles R. 553-1 à R. 553-4.

Les centres de rétention administrative, qui ont une vocation nationale, reçoivent, dans la limite de leur capacité d'accueil et sans considération de la compétence géographique du préfet ayant pris l'arrêté de placement en rétention, les étrangers mentionnés à l'alinéa précédent quel que soit le lieu de leur résidence ou de leur interpellation. Le préfet ayant procédé au placement en rétention de l'étranger exerce les compétences relatives à la mesure d'éloignement qu'il met à exécution jusqu'au terme de la procédure engagée quel que soit le lieu où l'étranger en cause est maintenu en rétention.

Art. R. 551-3 *(Mod., D. n° 2007-373, 21 mars 2007 ; D. n° 2011-820, 8 juill. 2011 ; à compter du 1er novembre 2016, D. n° 2016-1457, 28 oct. 2016).* – Lorsqu'en raison de circonstances particulières, notamment de temps ou de lieu, des étrangers mentionnés à l'article R. 551-2 ne peuvent être placés immédiatement dans un centre de rétention administrative, le préfet peut les placer dans des locaux adaptés à cette fin, dénommés « locaux de rétention administrative » régis par les articles R. 553-5 et R. 553-6.

Les étrangers ne peuvent être maintenus dans ces locaux après que le juge des libertés et de la détention a rendu l'ordonnance mentionnée à l'article L. 552-3. Toutefois, en cas d'appel de cette ordonnance, s'il n'y a pas de centre de rétention administrative dans le ressort de la cour d'appel où se situe le local, l'étranger peut y être maintenu jusqu'à ce que le président de la cour d'appel ait statué. De même, en cas de recours contre la mesure d'éloignement sur lequel il doit être statué dans les délais prévus au III de l'article L. 512-1, s'il n'y a pas de centre de rétention dans le ressort du tribunal administratif, l'étranger peut être maintenu dans le local jusqu'à ce qu'il ait été statué sur le recours.

À Mayotte, les étrangers peuvent être maintenus dans ces locaux pendant une durée n'excédant pas vingt-quatre heures.

Art. R. 551-4. – Dès son arrivée au lieu de rétention, chaque étranger est mis en mesure de communiquer avec toute personne de son choix, avec les autorités consulaires du pays dont il déclare avoir la nationalité et avec son avocat s'il en a un, ou, s'il n'en a pas, avec la permanence du barreau du tribunal de grande instance dans le ressort duquel se trouve le lieu de rétention.

Quel que soit le lieu de rétention dans lequel l'étranger est placé, un procès-verbal de la procédure de notification des droits en rétention est établi. Il est signé par l'intéressé, qui en reçoit un exemplaire, le fonctionnaire qui en est l'auteur et, le cas échéant, l'interprète. Ces références sont portées sur le registre mentionné à l'article L. 553-1.

CHAPITRE II. – PROLONGATION DE LA RÉTENTION PAR LE JUGE DES LIBERTÉS ET DE LA DÉTENTION

Section I. – Première saisine du juge des libertés et de la détention aux fins de prolongation de la rétention

(Intitulé mod. à compter du 1er novembre 2016, D. n° 2016-1457, 28 oct. 2016)

Sous-section 1. – Saisine du juge par l'autorité administrative

Art. R. 552-1. – Pour l'application des articles L. 552-1 à L. 552-8, le juge des libertés et de la détention compétent est celui du tribunal de grande instance dans le ressort duquel l'étranger est maintenu en rétention ou assigné à résidence.

Art. R. 552-2. – Le juge des libertés et de la détention est saisi par simple requête de l'autorité administrative qui a ordonné le placement en rétention.

Art. R. 552-3. – À peine d'irrecevabilité, la requête est motivée, datée, signée et accompagnée de toutes pièces justificatives utiles, notamment une copie du registre prévu à l'article L. 553-1.

Art. R. 552-4 *(Mod., D. n° 2011-820, 8 juill. 2011).* – La requête est transmise par tout moyen au greffe du tribunal avant l'expiration des délais mentionnés à la première phrase des articles L. 552-1 et L. 552-7.

Le greffier l'enregistre et y appose, ainsi que sur les pièces jointes, un timbre indiquant la date et l'heure de la réception.

Art. R. 552-5 *(Mod. à compter du 1er novembre 2016, D. n° 2016-1457, 28 oct. 2016).* – Dès réception de la requête, le greffier avise aussitôt et par tout moyen l'autorité administrative qui a ordonné le placement en rétention, le procureur de la République, l'étranger et son avocat, s'il en a un, du jour et de l'heure de l'audience fixés par le juge.

Art. R. 552-6. – L'étranger est avisé de son droit de choisir un avocat. Le juge lui en fait désigner un d'office si l'étranger le demande.

Art. R. 552-7. – La requête et les pièces qui y sont jointes sont, dès leur arrivée au greffe, mises à la disposition de l'avocat de l'étranger. Elles peuvent y être également consultées, avant l'ouverture des débats, par l'étranger lui-même, assisté, le cas échéant, par un interprète s'il ne connaît pas suffisamment la langue française.

Art. R. 552-8. – L'autorité administrative compétente pour proposer au juge que l'audience se déroule avec l'utilisation de moyens de télécommunication audiovisuelle, comme prévu à l'article L. 552-12, est le préfet de département et, à Paris, le préfet de police.

Art. R. 552-9 *(Mod. à compter du 1er novembre 2016, D. n° 2016-1457, 28 oct. 2016).* – À l'audience, l'autorité administrative qui a ordonné le placement en rétention ou son représentant, sur sa demande ou sur celle du juge, est entendue en ses observations.

L'étranger, sauf s'il ne se présente pas, bien que dûment convoqué, et, s'il y a lieu, son avocat sont entendus. Le juge nomme un interprète si l'étranger ne parle pas suffisamment la langue française.

Le ministère public peut faire connaître son avis.

Art. R. 552-10 *(Mod., D. n° 2011-820, 8 juill. 2011).* – L'ordonnance du juge des libertés et de la détention est rendue dans le délai accordé à l'article L. 552-1 pour statuer. Elle est notifiée sur place aux parties présentes à l'audience qui en accusent réception. Le magistrat fait connaître verbalement aux parties présentes le délai d'appel et les modalités selon lesquelles cette voie de recours peut être exercée. Il les informe simultanément que seul l'appel formé par le ministère public peut être déclaré suspensif par le premier président de la cour d'appel ou son délégué.

Les notifications prévues à l'alinéa premier sont faites par tout moyen et dans les meilleurs délais aux parties qui ne se sont pas présentées, bien que dûment convoquées, ainsi qu'au procureur de la République, qui en accusent réception.

Lorsqu'une ordonnance met fin à la rétention ou assigne à résidence l'étranger et que le procureur de la République estime ne pas avoir à solliciter du premier président qu'il déclare l'appel suspensif, il retourne l'ordonnance au magistrat qui l'a rendue en mentionnant sur celle-ci qu'il ne s'oppose pas à sa mise à exécution. Il est alors immédiatement mis fin à la mesure de maintien à la disposition de la justice.

Sous-section 2. – Contestation de la décision de placement en rétention par l'étranger

Art. R. 552-10-1 *(Aj. à compter du 1er novembre 2016, D. n° 2016-1457, 28 oct. 2016).* – L'étranger qui conteste la régularité de la décision de placement en rétention administrative saisit le juge des libertés et de la détention par simple requête adressée par tout moyen au juge, avant l'expiration du délai mentionné à la dernière phrase du premier alinéa du III de l'article L. 512-1. Le greffier l'enregistre et y appose, ainsi que sur les pièces jointes, un timbre indiquant la date et l'heure de la réception. À peine d'irrecevabilité, la requête est motivée et signée de l'étranger ou de son représentant. La décision attaquée est produite par l'administration.

La requête et les pièces qui y sont jointes le cas échéant sont, dès leur arrivée au greffe, mises à la disposition de l'autorité administrative.

Il est procédé, pour le surplus, comme il est dit aux articles R. 552-1, R. 552-5, R. 552-6 et R. 552-8 à R. 552-10.

Section II. – Nouvelle saisine du juge des libertés
et de la détention aux fins de prolongation de la rétention

Art. R. 552-11 *(Mod., D. n° 2011-820, 8 juill. 2011 ; D. n° 2012-90, 25 janv. 2012).* – Pour la mise en œuvre de l'article L. 552-7 les règles prévues à la section I du présent chapitre sont applicables.

Toutefois, par dérogation à l'article R. 552-1, le juge des libertés et de la détention compétent pour faire application des dispositions du quatrième alinéa de l'article L. 552-7 est celui du tribunal de grande instance de Paris.

Section III. – Voies de recours

Sous-section 1. – Appel

Art. R. 552-12 *(Mod., D. n° 2008-817, 22 août 2008 ; D. n° 2011-820, 8 juill. 2011).* – L'ordonnance est susceptible d'appel devant le premier président de la cour d'appel ou son délégué, dans les vingt-quatre heures de son prononcé, par l'étranger, par le préfet de département et, à Paris, par le préfet de police. Le délai ainsi prévu est calculé et prorogé conformément aux articles 640 et 642 du Nouveau Code de procédure civile. Lorsque l'étranger n'assiste pas à l'audience, le délai court pour ce dernier à compter de la notification qui lui est faite.

Le ministère public peut également interjeter appel de cette ordonnance selon les mêmes modalités, alors même qu'il a renoncé à solliciter la suspension provisoire.

Toutefois, il doit former appel dans le délai de six heures s'il entend solliciter du premier président ou de son délégué qu'il déclare l'appel suspensif.

Dans le cas prévu à l'alinéa précédent, le ministère public fait notifier la déclaration d'appel, immédiatement et par tout moyen, à l'autorité administrative, à l'étranger et, le cas échéant, à son avocat, qui en accusent réception. La notification mentionne que des observations en réponse à la demande de déclaration d'appel suspensif peuvent être transmises par tout moyen au secrétariat du premier président ou de son délégué dans un délai de deux heures.

Art. R. 552-13 *(Mod. à compter du 1er novembre 2016, D. n° 2016-1457, 28 oct. 2016).* – À peine d'irrecevabilité, le premier président ou son délégué est saisi par une déclaration d'appel motivée transmise par tout moyen au greffe de la cour d'appel. La déclaration est enregistrée avec mention de la date et de l'heure.

Le greffier de la cour d'appel avise immédiatement le greffier du tribunal de grande instance qui lui transmet sans délai le dossier.

Art. R. 552-14. – Le premier président ou son délégué statue sur la demande visant à déclarer l'appel suspensif, après que l'étranger ou son conseil a été mis à même de transmettre ses observations, suivant les modalités définies au dernier alinéa de l'article R. 552-12.

La décision du premier président sur le caractère suspensif de l'appel est portée à la connaissance de l'étranger et de son conseil par le greffe de la cour d'appel et communiquée au procureur de la République, qui veille à son exécution et en informe l'autorité administrative.

Lorsque l'étranger est maintenu à la disposition de la justice, le procureur de la République décide des conditions du maintien. Il en informe sans délai l'étranger et l'autorité administrative qui a prononcé la rétention.

Art. R. 552-14-1 *(Aj. à compter du 1er novembre 2016, D. n° 2016-1457, 28 oct. 2016 ; mod., D. n° 2017-892, 6 mai 2017).* – Lorsque le premier président envisage de faire application des dispositions du deuxième alinéa de l'article L. 552-9, il recueille par tout moyen les observations des parties sur le caractère manifestement irrecevable de l'appel.

Sont manifestement irrecevables au sens du dernier alinéa de l'article L. 552-9, notamment les déclarations d'appel formées tardivement, hors du délai prévu à l'article R. 552-12, et les déclarations d'appel non motivées.

La décision prononçant l'irrecevabilité de l'appel est rendue par le premier président dans les quarante-huit heures de sa saisine. Le délai ainsi prévu est calculé et prorogé conformément aux articles 640 et 642 du Code de procédure civile.

L'ordonnance est communiquée au ministère public. Elle est notifiée par tout moyen et dans les meilleurs délais à l'étranger et à son conseil, s'il en a un, ainsi qu'à l'autorité qui a prononcé la rétention, qui en accusent réception.

Art. R. 552-15 *(Mod. à compter du 1er novembre 2016, D. n° 2016-1457, 28 oct. 2016).* – Lorsque le premier président de la cour d'appel ou son délégué ne fait pas application du second alinéa de l'article L. 552-9, le greffier de la cour d'appel fait connaître aux parties et au ministère public la date de l'audience au fond.

L'autorité qui a ordonné la rétention, l'avocat de l'étranger et l'étranger lui-même peuvent demander à être entendus à l'audience. Le ministère public peut faire connaître son avis.

Le premier président ou son délégué statue au fond dans les quarante-huit heures de sa saisine. Le délai ainsi prévu est calculé et prorogé conformément aux articles 640 et 642 du Nouveau Code de procédure civile.

L'ordonnance est communiquée au ministère public. Elle est notifiée à l'étranger et à son conseil, s'il en a un, ainsi qu'à l'autorité qui a prononcé la rétention. La notification est faite sur place aux parties présentes qui en accusent réception. Le greffier la notifie par tout moyen et dans les meilleurs délais aux autres parties qui en accusent réception.

Il résulte des articles R. 552-13 et R. 552-15, alinéa 2, du Code de l'entrée et du séjour des étrangers et du droit d'asile qu'il incombe au premier président, saisi par une déclaration d'appel motivée, de répondre aux moyens qui figuraient dans cette déclaration, même en l'absence de l'appelant et de son représentant, dont la comparution est facultative (■ Cass. 1re civ., 21 oct. 2015, n° 14-22.762).

Sous-section 2. – Pourvoi en cassation

Art. R. 552-16. – L'ordonnance du premier président de la cour d'appel ou de son délégué n'est pas susceptible d'opposition. Le pourvoi en cassation est ouvert à l'étranger, à l'autorité administrative qui a prononcé la rétention et au ministère public.

Section IV. – Dispositions communes

La présente section ne comprend pas de dispositions réglementaires.

Section V. – Saisine du juge par l'étranger et décisions de mise en liberté prises par le juge de sa propre initiative ou à la demande du ministère public

Sous-section 1. – Saisine et décision du juge des libertés et de la détention

Art. R. 552-17 ***(Mod. à compter du 1er novembre 2016, D. n° 2016-1457, 28 oct. 2016).*** **– L'étranger en rétention qui demande, hors des audiences prévues aux articles R. 552-9 et R. 552-15, qu'il soit mis fin à sa rétention saisit le juge des libertés et de la détention par simple requête adressée par tout moyen au juge. À peine d'irrecevabilité, la requête est motivée et signée de l'étranger ou de son représentant, et accompagnée de toutes les pièces justificatives. La décision de maintien en rétention d'un demandeur d'asile ne peut être contestée que devant le juge administratif.**

Il est procédé comme il est dit à la section I du présent chapitre. Toutefois, le juge peut rejeter la requête sans avoir préalablement convoqué les parties s'il apparaît qu'aucune circonstance nouvelle de fait ou de droit n'est intervenue depuis le placement en rétention administrative ou son renouvellement, ou que les éléments fournis à l'appui de la demande ne permettent manifestement pas de justifier qu'il soit mis fin à la rétention.

Excède ses pouvoirs le juge des libertés et de la détention qui se fonde sur des faits antérieurs à la décision du premier président prolongeant la rétention, sans relever l'existence de circonstances nouvelles de droit ou de fait depuis cette décision, alors qu'en application de l'article R. 552-17 du Code de l'entrée et du séjour des étrangers et du droit d'asile, ce n'est que lorsque des circonstances nouvelles de droit ou de fait le justifient que l'étranger en rétention peut demander, par simple requête au juge des libertés et de la détention, qu'il soit mis fin à sa rétention (■ Cass. 1re civ., 24 sept. 2008 : *Bull. inf. C. cass.* 2009, n° 104).

Art. R. 552-18 ***(D. n° 2008-817, 22 août 2008 ; mod. à compter du 1er novembre 2016, D. n° 2016-1457, 28 oct. 2016).*** **– Indépendamment de la mise en œuvre des dispositions de l'article R. 552-17, le juge des libertés et de la détention peut, à tout moment, après avoir mis l'autorité administrative en mesure de présenter ses observations, de sa propre initiative ou à la demande du ministère public, décider la mise en liberté de l'étranger lorsque les circonstances de droit ou de fait le justifient, sous réserve de la compétence exclusive du juge administratif sur la décision de maintien en rétention d'un demandeur d'asile.**

Art. R. 552-19 *(Mod., D. n° 2008-817, 22 août 2008).* – L'ordonnance du juge des libertés et de la détention est notifiée sans délai et par tout moyen à l'étranger et à son conseil, au préfet de département et, à Paris, au préfet de police ainsi qu'au ministère public.

Sous-section 2. – Appel

Art. R. 552-20 *(D. n° 2008-817, 22 août 2008 ; D. n° 2011-820, 8 juill. 2011).* – L'ordonnance mentionnée à l'article R. 552-19 est susceptible d'appel devant le premier président de la cour d'appel ou son délégué, dans les vingt-quatre heures de sa notification, par l'étranger, par le ministère public, par le préfet de département et, à Paris, par le préfet de police. Le délai ainsi prévu est calculé et prorogé conformément aux articles 640 et 642 du Code de procédure civile.

L'appel n'est pas suspensif. Toutefois, le ministère public peut solliciter du premier président ou de son délégué qu'il déclare son recours suspensif, lorsqu'il lui apparaît que l'intéressé ne dispose pas de garanties de représentation effectives ou en cas de menace grave pour l'ordre public.

Dans ce cas, l'appel est formé dans un délai de six heures à compter de la notification de l'ordonnance au procureur de la République.

Le ministère public fait notifier la déclaration d'appel, accompagnée de la demande qui se réfère à l'absence de garanties de représentation effectives ou à la menace grave pour l'ordre public, immédiatement et par tout moyen à l'autorité administrative, à l'étranger et, le cas échéant, à son avocat, qui en accusent réception.

La notification mentionne que des observations en réponse à la demande de déclaration d'appel suspensif peuvent être transmises par tout moyen au secrétariat du premier président ou de son délégué dans un délai de deux heures.

Art. R. 552-21 *(D. n° 2008-817, 22 août 2008).* – Le premier président ou son délégué est saisi par une déclaration d'appel motivée transmise par tout moyen au greffe de la cour d'appel. La déclaration est enregistrée avec mention de la date et de l'heure.

Le greffier de la cour d'appel avise immédiatement le greffier du tribunal de grande instance qui lui transmet sans délai le dossier.

Art. R. 552-22 *(D. n° 2008-817, 22 août 2008).* – Le premier président ou son délégué statue sans délai sur la demande visant à déclarer l'appel suspensif, en fonction des garanties de représentation dont dispose l'étranger ou de la menace grave pour l'ordre public, après que l'étranger ou son conseil a été mis à même de transmettre ses observations, suivant les modalités définies au dernier alinéa de l'article R. 552-20, par une ordonnance motivée rendue contradictoirement, non susceptible de recours.

L'intéressé est maintenu à la disposition de la justice jusqu'à ce que cette ordonnance soit rendue et, si elle donne un effet suspensif à l'appel du ministère public, jusqu'à ce qu'il soit statué au fond.

La décision sur le caractère suspensif de l'appel est portée à la connaissance de l'étranger et de son conseil par le greffe de la cour d'appel et communiquée au procureur de la République, qui veille à son exécution et en informe l'autorité administrative.

Lorsque l'étranger est maintenu à la disposition de la justice, le procureur de la République décide des conditions de ce maintien. Il en informe sans délai l'étranger et l'autorité administrative qui a prononcé la rétention.

Art. R. 552-23 *(D. n° 2008-817, 22 août 2008 ; rempl. à compter du 1er novembre 2016, D. n° 2016-1457, 28 oct. 2016).* – Le premier président ou son délégué statue en faisant application des dispositions de l'article R. 552-14-1 ou de l'article R. 552-15.

Sous-section 3. – Pourvoi en cassation

Art. R. 552-24 *(D. n° 2008-817, 22 août 2008).* – L'ordonnance du premier président ou de son délégué n'est pas susceptible d'opposition. Le pourvoi en cassation est ouvert à l'étranger, à l'autorité administrative qui a prononcé la rétention et au ministère public.

CHAPITRE III. – CONDITIONS DE LA RÉTENTION

Section I. – Lieux de rétention

Sous-section 1. – Centres de rétention administrative

Art. R. 553-1 *(Mod., D. n° 2008-223, 6 mars 2008 ; D. n° 2012-90, 25 janv. 2012).* – **Les centres de rétention administrative sont créés, sur proposition du ministre chargé de l'immigration, par arrêté conjoint du ministre chargé des affaires sociales, du ministre chargé de l'immigration, du ministre de l'Intérieur, du ministre de la Justice et du ministre de la Défense. Cet arrêté mentionne l'adresse du centre et précise, d'une part, si sa surveillance en est confiée à la police nationale ou à la gendarmerie nationale et, d'autre part, si ce centre est susceptible d'accueillir des familles.**

Cet arrêté désigne en outre les centres dans lesquels les étrangers auxquels il est fait application des dispositions du quatrième alinéa de l'article L. 552-7 sont maintenus en rétention.

Voir : arrêté du 2 novembre 2007 pris en application de l'article R. 553-1 (*JO* 2 nov. 2007).

Art. R. 553-2 *(Mod., D. n° 2008-223, 6 mars 2008 ; à compter du 1er novembre 2016, D. n° 2016-1457, 28 oct. 2016).* – **Les centres de rétention administrative sont placés sous la responsabilité du préfet territorialement compétent et, à Paris, du préfet de police, qui désigne par arrêté le chef du centre, après accord du directeur général de la police nationale ou du directeur général de la gendarmerie nationale. Cet arrêté désigne aussi, le cas échéant, dans des conditions définies par arrêté conjoint du ministre chargé de l'immigration et du ministre de l'Intérieur, le responsable de la gestion hôtelière et le responsable de la gestion des dossiers administratifs des étrangers admis au centre.**

Le chef de centre est responsable de l'ordre et de la sécurité du centre et de la tenue du registre mentionné à l'article L. 553-1. Il a autorité sur l'ensemble des personnes qui concourent au fonctionnement du centre.

Art. R. 553-3 *(Mod., D. n° 2014-527, 23 mai 2014 ; à compter du 1er novembre 2016, D. n° 2016-1457, 28 oct. 2016).* – **Les centres de rétention administrative, dont la capacité d'accueil ne pourra pas dépasser 140 places, offrent aux étrangers retenus des équipements de type hôtelier et des prestations de restauration collective. Ils répondent aux normes suivantes :**

1° Une surface utile minimum de 10 mètres carrés par retenu comprenant les chambres et les espaces librement accessibles aux heures ouvrables ;

2° Des chambres collectives non mixtes, contenant au maximum six personnes ;

3° Des équipements sanitaires, comprenant des lavabos, douches et w.-c., en libre accès et en nombre suffisant, soit un bloc sanitaire pour 10 retenus ;

4° Un téléphone en libre accès pour cinquante retenus ;

5° Des locaux et matériels nécessaires à la restauration conformes aux normes prévues par un arrêté conjoint du ministre de l'Agriculture, du ministre chargé de la santé et du ministre chargé de la consommation ;

6° Au-delà de quarante personnes retenues, une salle de loisirs et de détente distincte du réfectoire, dont la superficie est d'au moins 50 mètres carrés, majorée de 10 mètres carrés pour quinze retenus supplémentaires ;

7° Une ou plusieurs salles dotées d'équipement médical, réservées au service médical ;

8° Un local permettant de recevoir les visites des familles et des autorités consulaires ;

9° Le local mentionné à l'article R. 553-7, réservé aux avocats ;

10° Un local affecté à l'organisme mentionné à l'article R. 553-13 ;

11° Un local, meublé et équipé d'un téléphone, affecté à l'association mentionnée au premier alinéa de l'article R. 553-14 ;

12° Un espace de promenade à l'air libre ;

13° Un local à bagages.

Les centres de rétention administrative susceptibles d'accueillir des familles disposent en outre de chambres spécialement équipées, et notamment de matériels de puériculture adaptés.

Pour une durée de trois ans à compter de la publication du décret n° 2014-527 du 23 mai 2014 portant modification du Code de l'entrée et du séjour des étrangers et du droit d'asile (partie réglementaire) en ce qui concerne Mayotte, Wallis-et-Futuna, la Polynésie française et la Nouvelle-Calédonie, les dispositions des alinéas précédents ne sont pas applicables à Mayotte.

Les centres de rétention administrative situés dans ce département, dont la capacité d'accueil ne pourra dépasser 140 places, doivent disposer de locaux et d'espaces aménagés notamment d'équipements sanitaires, permettant d'assurer l'hébergement, la restauration et la détente des étrangers, le bénéfice des soins qui leur sont nécessaires et l'exercice effectif de leurs droits par les intéressés.

Les centres de rétention doivent notamment disposer des équipements suivants :

1° Des lieux d'hébergement non mixtes ;

2° Des équipements sanitaires en libre accès ;

3° Un espace de promenade à l'air libre ;

4° Un local doté du matériel médical réservé au service médical ;

5° Un local meublé et équipé d'un téléphone mis de façon permanente à la disposition des personnes qui ont reçu du représentant de l'État à Mayotte l'agrément mentionné à l'article R. 553-14-1.

Les centres de rétention administrative susceptibles d'accueillir des familles disposent en outre de lieux d'hébergement séparés, spécialement équipés.

L'article R. 553-3 du Code de l'entrée et du séjour des étrangers et du droit d'asile ne prévoit pas la gratuité du téléphone dans les centres de rétention (■ Cass. 1re civ., 22 oct. 2008, deux arrêts : *Bull. inf. C. cass.* 2009, n° 257 ; *D.* 2008, Act. jur., p. 2798, note C. de Gaudemont).

Art. R. 553-4 ***(Mod., D. n° 2008-223, 6 mars 2008 ; D. n° 2011-1693, 30 nov. 2011 ; abr. à compter du 1er novembre 2016, D. n° 2016-1457, 28 oct. 2016).***

Voir : A. 2 mai 2006 (*JO* 6 mai 2006).

Art. R. 553-4-1 ***(D. n° 2012-90, 25 janv. 2012).*** **– Les étrangers auxquels il est fait application des dispositions du quatrième alinéa de l'article L. 552-7 sont maintenus en rétention dans un espace qui leur est réservé.**

Sous-section 2. – Locaux de rétention administrative

Art. R. 553-5 ***(Mod., D. n° 2010-387, 16 avr. 2010 ; à compter du 1er novembre 2016, D. n° 2016-1457, 28 oct. 2016).*** **– Les locaux mentionnés à l'article R. 551-3 sont créés, à titre permanent ou pour une durée déterminée, par arrêté préfectoral précisant si le local est susceptible d'accueillir des familles. Une copie de cet arrêté est transmise sans délai au procureur de la République et au Contrôleur général des lieux de privation de liberté.**

Art. R. 553-6 ***(Mod. à compter du 1er novembre 2016, D. n° 2016-1457, 28 oct. 2016).*** **– Les locaux de rétention administrative doivent disposer des équipements suivants :**

1° Des chambres collectives non mixtes, accueillant au maximum six personnes ;

2° Des équipements sanitaires en libre accès comprenant des lavabos, douches et w.-c. ;

3° Un téléphone en libre accès ;

4° Un local permettant de recevoir les visites : autorités consulaires, familles, médecins, membres d'associations ;

5° Le local mentionné à l'article R. 553-7, réservé aux avocats ;

6° Une pharmacie de secours.

Les locaux de rétention administrative susceptibles d'accueillir des familles disposent en outre de lieux d'hébergement séparés, spécialement équipés, comportant une pièce de détente et dotés notamment de matériels de puériculture adaptés, ainsi que d'un espace de promenade à l'air libre.

(D. n° 2014-527, 23 mai 2014) Les dispositions des alinéas précédents ne sont pas applicables à Mayotte pour une durée de cinq ans à compter de la publication du décret n° 2014-527 du 23 mai 2014 portant modification du Code de l'entrée et du séjour des étrangers et du droit d'asile (partie réglementaire). Les locaux de rétention administrative situés dans ce département doivent disposer de lieux d'hébergement ou de repos, d'équipements sanitaires en libre accès, de matériels nécessaires à la restauration ainsi que d'équipements permettant l'exercice effectif de leurs droits par les intéressés, notamment un téléphone en libre accès. Ceux-ci ont accès, si nécessaire, à l'antenne médicale la plus proche aux fins d'une évaluation médicale.

Sous-section 3. – Dispositions communes

Art. R. 553-7. – Un local réservé aux avocats et permettant de préserver la confidentialité des entretiens est aménagé dans chaque lieu de rétention. Il est accessible en toutes circonstances, sauf en cas de force majeure, sur simple requête de l'avocat auprès du service en charge de l'accueil des étrangers retenus et avec l'accord de la personne intéressée.

Art. R. 553-8 *(Mod., D. n° 2008-223, 6 mars 2008 ; D. n° 2012-561, 24 avr. 2012 ; D. n° 2016-1645, 1er déc. 2016)*. – Dans les conditions prévues aux articles R. 553-3 et R. 553-6, des locaux et des moyens matériels adaptés doivent permettre au personnel de santé de donner des consultations et de dispenser des soins dans les centres et locaux de rétention.

Les conditions dans lesquelles établissements de santé interviennent au bénéfice des personnes retenues, en application de l'article L. 6111-1-2 du Code de la santé publique, sont précisées par voie de convention passée entre le préfet territorialement compétent et une de ces personnes selon des modalités définies par arrêté conjoint du ministre chargé de l'immigration, du ministre chargé des affaires sociales et du ministre chargé de la santé. Pour les centres de rétention administrative, cet arrêté précise notamment les conditions de présence et de qualification des personnels de santé ainsi que les dispositions sanitaires applicables en dehors de leurs heures de présence au centre.

Art. R. 553-9 *(Abr., D. n° 2010-387, 16 avr. 2010 ; rétabli dans la version suivante à compter du 1er novembre 2016, D. n° 2016-1457, 28 oct. 2016)*. – Dans chaque lieu de rétention, un règlement intérieur, dont les modèles sont fixés, pour les centres et les locaux de rétention, par arrêté conjoint du ministre chargé de l'immigration et du ministre de l'Intérieur, organise la vie quotidienne, dans des conditions conformes à la dignité et à la sécurité de ses occupants. Il rappelle notamment les droits et devoirs des étrangers retenus, ainsi que les modalités pratiques d'exercice par ces derniers de leurs droits. Il mentionne notamment les conditions dans lesquelles s'exerce la circulation des étrangers dans le lieu de rétention, notamment, le cas échéant, l'accès aux espaces à l'air libre.

Le règlement intérieur est établi par le responsable du lieu de rétention et approuvé par le préfet territorialement compétent.

Il est traduit dans les langues les plus couramment utilisées désignées par un arrêté du ministre chargé de l'immigration.

Un exemplaire en langue française et traduit dans les langues prévues à l'alinéa précédent est affiché dans les parties communes du lieu de rétention.

Les informations mentionnées à l'article R. 8252-2 du Code du travail sont affichées dans les parties communes du lieu de rétention administrative. Elles sont disponibles en langue française et traduites dans les langues étrangères désignées par le ministre chargé de l'immigration.

Art. R. 553-10 *(Abr., D. n° 2008-223, 6 mars 2008)*.

Section II. – Droits des étrangers retenus

Art. R. 553-11 *(D. n° 2015-1166, 21 sept. 2015 ; mod. à compter du 1er novembre 2016, D. n° 2016-1457, 28 oct. 2016)*. – *(Alinéa modifié à compter du 1er novembre 2015, D. n° 2015-1166, 21 sept. 2015, art. 6 et 31)* L'administration met un interprète à la disposition des étrangers maintenus en centre ou en local de rétention administrative qui ne comprennent pas le français, dans le seul cadre des procédures d'éloignement dont ils font l'objet et des demandes d'asile. Dans les autres cas, la rétribution du prestataire est à la charge de l'étranger.

Lorsque l'assistance d'un interprète se fait par téléphone ou un autre moyen de télécommunication, le nom et les coordonnées de l'interprète, ainsi que la langue utilisée, sont mentionnés par procès-verbal, dont une copie est remise à l'étranger.

Art. R. 553-12. – Pendant la durée de leur séjour en rétention, les étrangers sont hébergés et nourris à titre gratuit. Ils sont soignés gratuitement.

Art. R. 553-13. – Les étrangers placés ou maintenus dans un centre de rétention administrative bénéficient d'actions d'accueil, d'information, de soutien moral et psychologique et d'aide pour préparer les conditions

matérielles de leur départ, qui portent notamment sur la récupération des bagages des personnes retenues, la réalisation de formalités administratives, l'achat de produits de vie courante et, le cas échéant, les liens avec le pays d'origine, notamment la famille. Pour la conduite de ces actions, l'État a recours à l'Agence nationale de l'accueil des étrangers et des migrations. Une convention détermine les conditions d'affectation et d'intervention des agents de cet établissement public.

Section II *bis*. – Intervention des personnes morales
(D. n° 2008-817, 22 août 2008)

Sous-section 1. – Cas des centres de rétention administrative

Art. R. 553-14 *(Rempl., D. n° 2008-817, 22 août 2008)*. – **Pour permettre l'exercice effectif de leurs droits par les étrangers maintenus dans un centre de rétention administrative, le ministre chargé de l'immigration conclut une convention avec une ou plusieurs personnes morales ayant pour mission d'informer les étrangers et de les aider à exercer leurs droits. À cette fin, la personne morale assure, dans chaque centre dans lequel elle est chargée d'intervenir, des prestations d'information, par l'organisation de permanences et la mise à disposition de documentation. Ces prestations sont assurées par une seule personne morale par centre. Les étrangers retenus en bénéficient sans formalité dans les conditions prévues par le règlement intérieur.**

Art. R. 553-14 ***bis*** *(D. n° 2014-527, 23 mai 2014)*. – **Les dispositions des articles R. 553-13 et R. 553-14 ne sont pas applicables à Mayotte. Les étrangers maintenus dans un centre de rétention administrative dans ce département bénéficient d'actions d'accueil, d'information, d'aide à l'exercice de leurs droits, de soutien moral et psychologique et, le cas échéant, d'aide pour préparer les conditions matérielles de leur départ.**

Pour concourir aux actions et à l'aide définies à l'alinéa précédent, le représentant de l'État à Mayotte conclut une convention avec une ou plusieurs personnes morales.

Art. R. 553-14-1 *(D. n° 2008-817, 22 août 2008)*. – **L'accès aux centres de rétention administrative des représentants des personnes morales ayant conclu une convention en application de l'article R. 553-14 est subordonné à un agrément individuel accordé pour une durée de trois ans par le préfet ou, à Paris, par le préfet de police, sur proposition de chacune des personnes morales avec lesquelles le ministre chargé de l'immigration a conclu une convention.**

Les conventions mentionnées à l'article R. 553-14 déterminent le nombre des agréments individuels propres à chaque centre pour lequel la personne morale est chargée d'intervenir.

Les conventions mentionnées à l'article R. 553-14 déterminent en outre le nombre des agréments individuels permettant l'accès à tous les centres dans lesquels la personne morale est chargée d'intervenir.

Ces agréments sont délivrés par le ministre chargé de l'immigration.

Les agréments individuels sont renouvelables.

Une personne physique ne peut représenter plus d'une personne morale.

Sous-section 2. – Cas des locaux de rétention administrative

Art. R. 553-14-2 *(D. n° 2008-817, 22 août 2008)*. – **Pour permettre l'exercice effectif de leurs droits, les étrangers maintenus dans un des locaux de rétention mentionnés à l'article R. 551-3 peuvent bénéficier du concours d'une personne morale, à leur demande ou à l'initiative de celle-ci, dans des conditions définies par convention conclue par le préfet ou, à Paris, par le préfet de police. Dans chaque local de rétention, ce concours est assuré par une seule personne morale.**

Art. R. 553-14-3 *(D. n° 2008-817, 22 août 2008)*. – **L'accès à un local de rétention administrative des représentants des personnes morales ayant conclu une convention en application de l'article R. 553-14-2 est subordonné à un agrément individuel accordé pour une durée de trois ans par le préfet ou, à Paris, par le préfet de police, sur proposition de chacune des personnes morales avec lesquelles il a passé une convention.**

Les conventions mentionnées à l'article R. 553-14-2 déterminent le nombre des agréments individuels propres à chaque local dans lequel la personne morale est chargée d'intervenir.

Cet agrément est renouvelable.

Une personne physique ne peut représenter plus d'une personne morale.

Section II *ter*. – Accès des associations humanitaires aux lieux de rétention
(D. n° 2011-820, 8 juill. 2011)

Art. R. 553-14-4 *(D. n° 2011-820, 8 juill. 2011 ; mod., D. n° 2014-676, 24 juin 2014)*. – Les associations humanitaires ont accès, dans les conditions fixées par la présente section, aux lieux de rétention.

Cet accès ne doit pas entraver le fonctionnement du lieu de rétention ni les activités qu'y exercent les services de l'État et les personnes morales mentionnés à l'article R. 553-14.

Art. R. 553-14-5 *(D. n° 2011-820, 8 juill. 2011 ; partiellement annulé, CE, 23 mai 2012, n° 352534, GISTI : JurisData n° 2012-010988 ; rempl., D. n° 2014-676, 24 juin 2014)*. – Toute association régulièrement déclarée depuis au moins cinq années, ayant pour objet la défense des étrangers, la défense des droits de l'homme, l'assistance médicale et sociale ou l'assistance aux personnes privées de liberté, peut demander à être habilitée à proposer des représentants en vue d'accéder aux lieux de rétention.

Le ministre chargé de l'immigration fixe la liste des associations habilitées à proposer des représentants en vue d'accéder aux lieux de rétention.

Tout refus d'habilitation est motivé. Il ne peut être fondé que sur la méconnaissance des critères énoncés au premier alinéa ou sur des motifs d'ordre public.

L'habilitation est accordée pour une durée de cinq ans. Elle est renouvelable pour la même durée.

Le ministre chargé de l'immigration peut, par décision motivée, retirer l'habilitation d'une association lorsqu'elle ne remplit plus les critères énoncés au premier alinéa ou pour des motifs d'ordre public.

Art. R. 553-14-6 *(D. n° 2011-820, 8 juill. 2011 ; rempl., D. n° 2014-676, 24 juin 2014)*. – Chaque association habilitée peut transmettre au ministre chargé de l'immigration une liste de cinq personnes au plus ayant vocation à accéder à l'ensemble des lieux de rétention.

Chaque association habilitée peut transmettre au préfet territorialement compétent ou, à Paris, au préfet de police, pour chaque lieu de rétention, une liste de cinq personnes au plus ayant vocation à y accéder.

L'autorité compétente peut, par décision motivée, s'opposer à l'accès d'une ou plusieurs personnes figurant sur une liste pour des motifs d'ordre public. En l'absence d'opposition de l'autorité compétente dans un délai d'un mois après réception de la liste, ces personnes sont autorisées à accéder aux lieux de rétention concernés. L'autorité compétente en informe les responsables de ces lieux de rétention.

Il est mis fin au droit d'accès d'un représentant d'une association à la demande de la personne ou de l'association concernée ou lorsque l'habilitation de cette association est retirée. L'autorité compétente peut également, par décision motivée, mettre fin au droit d'accès pour des motifs d'ordre public.

Art. R. 553-14-7 *(D. n° 2011-820, 8 juill. 2011 ; rempl., D. n° 2014-676, 24 juin 2014)*. – Les représentants des associations ont accès, dans le respect des règles sanitaires et de sécurité, aux locaux susceptibles d'accueillir les retenus. Toutefois, ils n'ont accès aux locaux mis à disposition des intervenants et au local réservé aux avocats qu'avec l'accord des intéressés.

Les représentants des associations peuvent s'entretenir avec le responsable du lieu de rétention et, lorsqu'ils sont présents, avec les agents de l'Office français de protection des réfugiés et apatrides et de l'Office français de l'immigration et de l'intégration ainsi qu'avec les représentants agréés des associations ayant conclu la convention prévue à l'article R. 553-14 pour permettre l'exercice effectif des droits des étrangers. Ils peuvent s'entretenir avec l'équipe médicale du lieu de rétention, dans le respect du secret médical.

Les représentants des associations peuvent s'entretenir confidentiellement avec les personnes retenues dans ces lieux. Cette possibilité ne peut être refusée que pour des motifs tirés des exigences mentionnées au second alinéa de l'article R. 553-14-4.

Art. R. 553-14-7-1 *(D. n° 2014-676, 24 juin 2014)*. – Un même lieu de rétention peut recevoir, au plus, la visite de cinq représentants d'associations habilitées par période de vingt-quatre heures.

Lorsque les représentants d'une association entendent exercer leur droit d'accès dans un centre de rétention, ils en informent au moins vingt-quatre heures à l'avance le chef de centre.

Lorsque les représentants d'une association entendent exercer leur droit d'accès dans un local de rétention, ils en informent au moins douze heures à l'avance le responsable du local.

Le responsable du lieu de rétention peut, par une décision motivée, ajourner les visites de représentants d'association pour une durée limitée mentionnée dans la décision.

Art. R. 553-14-8 *(D. n° 2011-820, 8 juill. 2011 ; mod., D. n° 2014-676, 24 juin 2014).* **– Une réunion est organisée annuellement sur le fonctionnement des lieux de rétention à l'initiative du ministre chargé de l'immigration, avec les associations habilitées et les services de l'État concernés. Le compte rendu de cette réunion, établi conjointement, est rendu public.**

Le préfet territorialement compétent ou, à Paris, le préfet de police organise à intervalles réguliers des réunions sur le fonctionnement des lieux de rétention avec les associations ayant des représentants habilités à accéder aux lieux de rétention du département et les services concernés.

....

TITRE II. – SANCTIONS

CHAPITRE I. – MÉCONNAISSANCE DES OBLIGATIONS INCOMBANT AUX CITOYENS DE L'UNION EUROPÉENNE, AUX RESSORTISSANTS DES AUTRES ÉTATS PARTIES À L'ACCORD SUR L'ESPACE ÉCONOMIQUE EUROPÉEN, AUX RESSORTISSANTS DE LA CONFÉDÉRATION SUISSE AINSI QU'AUX MEMBRES DE LEUR FAMILLE

Art. R. 621-1 *(D. n° 2007-371, 21 mars 2007).* **– Les ressortissants mentionnés à l'article L. 121-1 qui auront omis de se conformer à la formalité d'enregistrement prévue à l'article L. 121-2 sont punis de la peine d'amende prévue pour les contraventions de quatrième classe.**

Art. R. 621-2 *(D. n° 2007-371, 21 mars 2007).* **– Les membres de famille ressortissants d'un État tiers mentionnés à l'article L. 121-3 qui auront omis de solliciter dans les délais réglementaires la délivrance de la carte de séjour prévue à l'article R. 121-14 sont punis de la peine d'amende prévue pour les contraventions de cinquième classe.**

Art. R. 621-3 *(D. n° 2007-371, 21 mars 2007).* **– Les membres de famille ressortissants d'un État tiers mentionnés au deuxième alinéa de l'article L. 122-1 qui auront omis de solliciter dans les délais réglementaires la délivrance de la carte de séjour prévue à l'article R. 122-2 sont punis de la peine d'amende prévue pour les contraventions de cinquième classe.**

....

Chapitre V. – Méconnaissance des obligations incombant aux entreprises de transport

Section 1. – Amendes aux entreprises débarquant un étranger dépourvu des documents visés à l'article L. 625-1

Sous-section 1. – Procédure

Art. R. 625-1 *(Mod., D. n° 2008-223, 6 mars 2008).* **– Le procès-verbal mentionné au premier alinéa de l'article L. 625-2 est signé :**

1° Par le chef du service de la police nationale chargé du contrôle aux frontières ou un fonctionnaire désigné par lui, titulaire au moins du grade de brigadier ;

2° Par le chef du service des douanes chargé du contrôle aux frontières ou un fonctionnaire désigné par lui, titulaire au moins du grade d'agent de constatation principal de 2e classe ;

3° Ou par le commandant de l'unité de gendarmerie territorialement compétente ou un militaire désigné par lui, titulaire au moins du grade de gendarme.

Ce procès-verbal est transmis au ministre chargé de l'immigration. Il comporte le nom de l'entreprise de transport, les références du vol ou du voyage concerné et l'identité des passagers au titre desquels la responsabilité de l'entreprise de transport est susceptible d'être engagée, en précisant, pour chacun d'eux, le motif du refus d'admission. Il comporte également, le cas échéant, les observations de l'entreprise de transport. Copie du procès-verbal est remise à son représentant, qui en accuse réception.

Art. R.* 625-2. *– (Mod., D. n° 2008-223, 6 mars 2008 ; D. n° 2016-1457, 28 oct. 2016).*

Art. R. 625-3. – L'autorité mentionnée à l'article R.* 625-2 notifie à l'entreprise de transport, par lettre recommandée avec accusé de réception, le projet de sanction prévu au deuxième alinéa de l'article L. 625-2. L'entreprise de transport est invitée à faire valoir ses observations éventuelles dans le délai d'un mois à compter de cette notification.

Le dossier est mis à sa disposition pendant ce délai. L'entreprise peut se faire délivrer copie à ses frais de tout ou partie de la procédure.

L'autorité mentionnée à l'article R.* 625-2 arrête sa décision après l'expiration du délai d'un mois, au vu des observations qui ont pu être produites. La décision écrite et motivée est notifiée à l'entreprise de transport par lettre recommandée avec accusé de réception.

L'amende est recouvrée dans les conditions prévues pour les créances de l'État mentionnées [aux] *(Mots rempl., D. n° 2012-1247, 7 nov. 2012)* « articles 112 à 124 du décret n° 2012-1246 du 7 novembre 2012 relatif à la gestion budgétaire et comptable publique ».

Art. R. 625-4. – La procédure prévue par les articles R. 625-1 et R. 625-3 est applicable aux entreprises de transport routier mentionnées à l'article L. 625-6.

Les services compétents pour procéder aux contrôles mentionnés au deuxième alinéa de l'article L. 625-6 sont les services de la police nationale ou, en l'absence de tels services, les services des douanes ou les unités de la gendarmerie nationale situés à l'entrée du territoire français.

....

Sous-section 2. – Consignation d'une somme par l'entreprise de transport

Art. R. 625-13 *(Mod., D. n° 2014-551, 27 mai 2014)*. – Le montant de la somme consignée en vertu du premier alinéa de l'article L. 625-4 est mentionné sur le procès-verbal prévu à l'article L. 625-2. L'absence de consignation est mentionnée dans les mêmes conditions.

La somme consignée est remise sans délai entre les mains d'un comptable de la direction générale des finances publiques.

Art. R. 625-14 *(Mod., D. n° 2008-223, 6 mars 2008)*. – La somme consignée par une entreprise de transport aérien ou maritime s'impute sur le montant de l'amende fixé par décision du ministre chargé de l'immigration.

Art. R. 625-15 *(Mod., D. n° 2008-223, 6 mars 2008)*. – Dès qu'il décide de ne pas prononcer d'amende, le ministre chargé de l'immigration émet un ordre de restitution du montant de la somme consignée.

Art. R. 625-16 *(Mod., D. n° 2008-223, 6 mars 2008 ; D. n° 2014-551, 27 mai 2014)*. – Lorsque le montant de l'amende prononcée est inférieur au montant de la somme consignée, le comptable de la direction générale des finances publiques mentionné au deuxième alinéa de l'article R. 625-13, au vu du titre exécutoire, restitue à l'entreprise de transport la somme correspondant à la différence entre le second montant et le premier.

Le même comptable procède à la restitution de tout ou partie de la somme consignée dans un délai d'un mois à compter de la date de réception par ses services du titre exécutoire ou de l'ordre de restitution du ministre chargé de l'immigration.

Section 2. – Amende aux entreprises n'ayant pas respecté leurs obligations liées au réacheminement d'un étranger

(Aj. à compter du 1er novembre 2016, D. n° 2016-1457, 28 oct. 2016)

Art. R. 625-17. – Le manquement aux obligations de réacheminement prévues aux articles L. 213-4, L. 213-5, L. 213-7 et L. 213-8 est constaté par procès-verbal signé :

1° Par le chef de service de la police nationale chargé du contrôle aux frontières ou territorialement compétent, ou un fonctionnaire désigné par lui, titulaire au moins du grade de brigadier ;

2° Par le chef du service des douanes chargé du contrôle aux frontières ou un fonctionnaire désigné par lui, titulaire au moins du grade d'agent de constatation principal de 2e classe ;

3° Ou par le commandant de l'unité de gendarmerie territorialement compétente ou un militaire désigné par lui, titulaire au moins du grade de gendarme.

Ce procès-verbal est transmis au ministre chargé de l'immigration. Il comporte le nom de l'entreprise de transport, les références du vol ou du voyage concerné et l'identité des passagers non réacheminés. Il comporte également, le cas échéant, les observations de l'entreprise de transport. Copie du procès-verbal est remise à son représentant qui en accuse réception.

Art. R. 625-18. – L'autorité administrative compétente pour prononcer l'amende pour manquement aux obligations de réacheminement prévue à l'article L. 625-7 est le ministre chargé de l'immigration.

Art. R. 625-19. – L'autorité mentionnée à l'article R. 625-18 notifie à l'entreprise de transport, par lettre recommandée avec accusé de réception, le projet de sanction. L'entreprise de transport est invitée à faire valoir ses observations écrites éventuelles dans le délai d'un mois à compter de cette notification.

Le dossier est mis à sa disposition pendant ce délai. L'entreprise peut se faire délivrer copie à ses frais de tout ou partie de la procédure.

L'autorité mentionnée à l'article R. 625-18 arrête sa décision après l'expiration du délai d'un mois, au vu des observations qui ont pu être produites. La décision écrite et motivée est notifiée à l'entreprise de transport par lettre recommandée avec accusé de réception.

La décision de l'autorité administrative est susceptible d'un recours de pleine juridiction.

L'autorité administrative ne peut infliger d'amende à raison d'un manquement aux obligations de réacheminement pour des faits remontant à plus de quatre ans.

Art. R. 625-20. – L'amende est recouvrée dans les conditions prévues pour les créances de l'État mentionnées aux articles 112 à 124 du décret n° 2012-1246 du 7 novembre 2012 relatif à la gestion budgétaire et comptable publique.

CHAPITRE VI. – DISPOSITIONS DIVERSES

Art. R. 626-1 *(Mod., D. n° 2008-223, 6 mars 2008 ; rempl., D. n° 2012-812, 16 juin 2012)*. – I. - La contribution forfaitaire représentative des frais de réacheminement de l'étranger dans son pays d'origine prévue à l'article L. 626-1 est due pour chaque employé en situation irrégulière au regard du droit au séjour.

Cette contribution est à la charge de l'employeur qui, en violation de l'article L. 8251-1 du Code du travail, a embauché ou employé un travailleur étranger dépourvu de titre de séjour.

II. - Le montant de cette contribution forfaitaire est fixé par arrêté du ministre chargé de l'immigration et du ministre chargé du budget, en fonction du coût moyen des opérations d'éloignement vers la zone géographique de réacheminement du salarié, dans la limite prescrite à l'alinéa 2 de l'article L. 626-1.

Art. R. 626-2 *(Mod., D. n° 2007-373, 21 mars 2007 ; rempl., D. n° 2012-812, 16 juin 2012)*. – I. - Au vu des procès-verbaux qui lui sont transmis en application de l'article L. 8271-17 du Code du travail, le directeur général de l'Office français de l'immigration et de l'intégration indique à l'employeur, par lettre recommandée avec avis de réception ou par tout autre moyen permettant de faire la preuve de sa date de réception par le destinataire, que les dispositions de l'article L. 626-1 sont susceptibles de lui être appliquées et qu'il peut présenter ses observations dans un délai de quinze jours.

II. - À l'expiration du délai fixé, le directeur général décide, au vu des observations éventuelles de l'employeur, de l'application de la contribution forfaitaire prévue à l'article L. 626-1, la liquide et émet le titre de perception correspondant.

La créance est recouvrée par le comptable public compétent comme en matière de créances étrangères à l'impôt et au domaine.

Art. R. 626-3. – Est puni des peines prévues pour les contraventions de cinquième classe le fait pour un étranger soumis à l'obligation de garantir son rapatriement de ne plus être en mesure de produire le titre de transport ou l'attestation bancaire mentionnés à l'article R. 211-31.

Art. R. 626-4. – Est puni des peines prévues pour les contraventions de cinquième classe le fait pour un étranger d'établir son domicile ou de séjourner dans une circonscription territoriale en infraction aux dispositions des articles R. 321-1 à R. 321-5.

ANNEXE 32

EUROPE

Convention européenne de sauvegarde des droits de l'homme et des libertés fondamentales du 4 novembre 1950

(D. n° 74-360, 3 mai 1974)

Bibliographie : J.-L. Charrier, *Code de la convention européenne des droits de l'homme*, Litec 2005 ; *Convention européenne des droits de l'homme*, annexe I, *Code de procédure pénale*, Litec ; V. Merle, *La Convention européenne des droits de l'homme et la justice pénale française : D.* 1981, chron. 227 ; L.-E. Pettiti, *Les principes généraux de droit pénal dans la Convention européenne des droits de l'homme : Rev. sc. crim.* 1987, 167.

Art. 1er. – ***Obligation de respecter les droits de l'homme.*** **Les Hautes Parties contractantes reconnaissent à toute personne relevant de leur juridiction les droits et libertés définis au titre I de la présente Convention.**

TITRE PREMIER

Art. 2. – ***Droit à la vie.*** **1° Le droit de toute personne à la vie est protégé par la loi. La mort ne peut être infligée à quiconque intentionnellement, sauf en exécution d'une sentence capitale prononcée par un tribunal au cas où le délit est puni de cette peine par la loi.**

2° La mort n'est pas considérée comme infligée en violation de cet article dans les cas où elle résulterait d'un recours à la force rendu absolument nécessaire :

a) **pour assurer la défense de toute personne contre la violence illégale ;**

b) **pour effectuer une arrestation régulière ou pour empêcher l'évasion d'une personne régulièrement détenue ;**

c) **pour réprimer, conformément à la loi, une émeute ou une insurrection.**

Art. 3. – ***Interdiction de la torture.*** **Nul ne peut être soumis à la torture ni à des peines ou traitements inhumains ou dégradants.**

Art. 4. – ***Interdiction de l'esclavage et du travail forcé.*** **1° Nul ne peut être tenu en esclavage ni en servitude.**

2° Nul ne peut être astreint à accomplir un travail forcé ou obligatoire.

3° N'est pas considéré comme « travail forcé ou obligatoire » au sens du présent article :

a) **tout travail requis normalement d'une personne soumise à la détention dans les conditions prévues par l'article 5 de la présente Convention, ou durant sa mise en liberté conditionnelle ;**

b) **tout service de caractère militaire ou, dans le cas d'objecteurs de conscience dans les pays où l'objection de conscience est reconnue comme légitime, à un autre service à la place du service militaire obligatoire ;**

c) **tout service requis dans le cas de crises ou de calamités qui menacent la vie ou le bien-être de la communauté ;**

d) **tout travail ou service formant partie des obligations civiques normales.**

Art. 5. – ***Droit à la liberté et à la sûreté.*** **1° Toute personne a droit à la liberté et à la sûreté. Nul ne peut être privé de sa liberté, sauf dans les cas suivants et selon les voies légales :**

a) **s'il est détenu régulièrement après condamnation par un tribunal compétent ;**

b) **s'il a fait l'objet d'une arrestation ou d'une détention régulières pour insoumission à une ordonnance rendue, conformément à la loi, par un tribunal ou en vue de garantir l'exécution d'une obligation prescrite par la loi ;**

c) s'il a été arrêté et détenu en vue d'être conduit devant l'autorité judiciaire compétente, lorsqu'il y a des raisons plausibles de soupçonner qu'il a commis une infraction ou qu'il y a des motifs raisonnables de croire à la nécessité de l'empêcher de commettre une infraction ou de s'enfuir après l'accomplissement de celle-ci ;

d) s'il s'agit de la détention régulière d'un mineur, décidée pour son éducation surveillée ou de sa détention régulière, afin de le traduire devant l'autorité compétente ;

e) s'il s'agit de la détention régulière d'une personne susceptible de propager une maladie contagieuse, d'un aliéné, d'un alcoolique, d'un toxicomane ou d'un vagabond ;

f) s'il s'agit de l'arrestation ou de la détention régulières d'une personne pour l'empêcher de pénétrer irrégulièrement dans le territoire, ou contre laquelle une procédure d'expulsion ou d'extradition est en cours.

2° Toute personne arrêtée doit être informée, dans le plus court délai et dans une langue qu'elle comprend, des raisons de son arrestation et de toute accusation portée contre elle.

3° Toute personne arrêtée ou détenue, dans les conditions prévues au paragraphe 1 du présent article, doit être aussitôt traduite devant un juge ou un autre magistrat habilité par la loi à exercer des fonctions judiciaires et a le droit d'être jugée dans un délai raisonnable, ou libérée pendant la procédure. La mise en liberté peut être subordonnée à une garantie assurant la comparution de l'intéressé à l'audience.

4° Toute personne privée de sa liberté par arrestation ou détention a le droit d'introduire un recours devant un tribunal, afin qu'il statue à bref délai sur la légalité de sa détention et ordonne sa libération si la détention est illégale.

5° Toute personne victime d'une arrestation ou d'une détention dans des conditions contraires aux dispositions de cet article a droit à réparation.

Art. 6. – *Droit à un procès équitable.* 1° Toute personne a droit à ce que sa cause soit entendue équitablement, publiquement et dans un délai raisonnable, par un tribunal indépendant et impartial, établi par la loi, qui décidera, soit des contestations sur ses droits et obligations de caractère civil, soit du bien-fondé de toute accusation en matière pénale dirigée contre elle. Le jugement doit être rendu publiquement, mais l'accès de la salle d'audience peut être interdit à la presse et au public pendant la totalité ou une partie du procès dans l'intérêt de la moralité, de l'ordre public ou de la sécurité nationale dans une société démocratique, lorsque les intérêts des mineurs ou la protection de la vie privée des parties au procès l'exigent, ou dans la mesure jugée strictement nécessaire par le tribunal, lorsque dans des circonstances spéciales la publicité serait de nature à porter atteinte aux intérêts de la justice.

2° Toute personne accusée d'une infraction est présumée innocente jusqu'à ce que sa culpabilité ait été légalement établie.

3° Tout accusé a droit notamment à :

a) être informé, dans le plus court délai, dans une langue qu'il comprend et d'une manière détaillée, de la nature et de la cause de l'accusation portée contre lui ;

b) disposer du temps et des facilités nécessaires à la préparation de sa défense ;

c) se défendre lui-même ou avoir l'assistance d'un défenseur de son choix et, s'il n'a pas les moyens de rémunérer un défenseur, pouvoir être assisté gratuitement par un avocat d'office lorsque les intérêts de la justice l'exigent ;

d) interroger ou faire interroger les témoins à charge et obtenir la convocation et l'interrogation des témoins à décharge dans les mêmes conditions que les témoins à charge ;

e) se faire assister gratuitement d'un interprète, s'il ne comprend pas ou ne parle pas la langue employée à l'audience.

Art. 7. – *Pas de peine sans loi.* 1° Nul ne peut être condamné pour une action ou une omission qui, au moment où elle a été commise, ne constituait pas une infraction d'après le droit national ou international. De même il n'est infligé aucune peine plus forte que celle qui était applicable au moment où l'infraction a été commise.

2° Le présent article ne portera pas atteinte au jugement et à la punition d'une personne coupable d'une action ou d'une omission qui, au moment où elle a été commise, était criminelle d'après les principes généraux de droit reconnus par les nations civilisées.

Art. 8. – *Droit au respect de la vie privée et familiale.* 1° Toute personne a droit au respect de sa vie privée et familiale, de son domicile et de sa correspondance.

2° Il ne peut y avoir ingérence d'une autorité publique dans l'exercice de ce droit que pour autant que cette ingérence est prévue par la loi et qu'elle constitue une mesure qui, dans une société démocratique, est nécessaire à la sécurité nationale, à la sûreté publique, au bien-être économique du pays, à la défense de l'ordre et à la prévention des infractions pénales, à la protection de la santé ou de la morale, ou à la protection des droits et libertés d'autrui.

Art. 9. – *Liberté de pensée, de conscience et de religion.* 1° Toute personne a droit à la liberté de pensée, de conscience et de religion ; ce droit implique la liberté de changer de religion ou de conviction, ainsi que la liberté de manifester sa religion ou sa conviction individuellement ou collectivement, en public ou en privé, par le culte, l'enseignement, les pratiques et l'accomplissement des rites.

2° La liberté de manifester sa religion ou ses convictions ne peut faire l'objet d'autres restrictions que celles qui, prévues par la loi, constituent des mesures nécessaires, dans une société démocratique, à la sécurité publique, à la protection de l'ordre, de la santé ou de la morale publiques, ou à la protection des droits et libertés d'autrui.

Art. 10. – *Liberté d'expression.* 1° Toute personne a droit à la liberté d'expression. Ce droit comprend la liberté d'opinion et la liberté de recevoir ou de communiquer des informations ou des idées sans qu'il puisse y avoir ingérence d'autorités publiques et sans considération de frontière. Le présent article n'empêche pas les États de soumettre les entreprises de radiodiffusion, de cinéma ou de télévision à un régime d'autorisations.

2° L'exercice de ces libertés comportant des devoirs et des responsabilités peut être soumis à certaines formalités, conditions, restrictions ou sanctions, prévues par la loi, qui constituent des mesures nécessaires, dans une société démocratique, à la sécurité nationale, à l'intégrité territoriale ou à la sûreté publique, à la défense de l'ordre et à la prévention du crime, à la protection de la santé ou de la morale, à la protection de la réputation ou des droits d'autrui, pour empêcher la divulgation d'informations confidentielles ou pour garantir l'autorité et l'impartialité du pouvoir judiciaire.

Art. 11. – *Liberté de réunion et d'association.* 1° Toute personne a droit à la liberté de réunion pacifique et à la liberté d'association, y compris le droit de fonder avec d'autres des syndicats et de s'affilier à des syndicats pour la défense de ses intérêts.

2° L'exercice de ces droits ne peut faire l'objet d'autres restrictions que celles qui, prévues par la loi, constituent des mesures nécessaires, dans une société démocratique, à la sécurité nationale, à la sûreté publique, à la défense de l'ordre et à la prévention du crime, à la protection de la santé ou de la morale, ou à la protection des droits et libertés d'autrui. Le présent article n'interdit pas que des restrictions légitimes soient imposées à l'exercice de ses droits par les membres des forces armées, de la police ou de l'administration de l'État.

Art. 12. – *Droit au mariage.* À partir de l'âge nubile, l'homme et la femme ont le droit de se marier et de fonder une famille selon les lois nationales régissant l'exercice de ce droit.

Art. 13. – *Droit à un recours effectif.* Toute personne dont les droits et libertés reconnus dans la présente Convention ont été violés, a droit à l'octroi d'un recours effectif devant une instance nationale, alors même que la violation aurait été commise par des personnes agissant dans l'exercice de leurs fonctions officielles.

Art. 14. – *Interdiction de discrimination.* La jouissance des droits et libertés reconnus dans la présente Convention doit être assurée, sans distinction aucune, fondée notamment sur le sexe, la race, la couleur, la langue, la religion, les opinions politiques ou toutes autres opinions, l'origine nationale ou sociale, l'appartenance à une minorité nationale, la fortune, la naissance ou toute autre situation.

Art. 15. – *Dérogation en cas d'état d'urgence.* 1° En cas de guerre ou en cas d'autre danger public menaçant la vie de la nation, toute Haute Partie contractante peut prendre des mesures dérogeant aux obligations prévues par la présente Convention, dans la stricte mesure où la situation l'exige et à la condition que ces mesures ne soient pas en contradiction avec les autres obligations découlant du droit international.

2° La disposition précédente n'autorise aucune dérogation à l'article 2, sauf pour le cas de décès résultant d'actes licites de guerre, et aux articles 3, 4 (§ 1) et 7.

3° Toute Haute Partie contractante qui exerce ce droit de dérogation tient le Secrétaire général du Conseil de l'Europe pleinement informé des mesures prises et des motifs qui les ont inspirées. Elle doit également

informer le Secrétaire général du Conseil de l'Europe de la date à laquelle ces mesures ont cessé d'être en vigueur si les dispositions de la Convention reçoivent de nouveau pleine application.

Voir : *supra* Annexe 30 (État d'urgence).

Art. 16. – *Restriction à l'activité politique des étrangers.* **Aucune des dispositions des articles 10, 11 et 14 ne peut être considérée comme interdisant aux Hautes Parties contractantes d'imposer des restrictions à l'activité politique des étrangers.**

Art. 17. – *Interdiction de l'abus de droit.* **Aucune des dispositions de la présente Convention ne peut être interprétée comme impliquant pour un État, un groupement ou un individu, un droit quelconque de se livrer à une activité ou d'accomplir un acte visant à la destruction des droits ou libertés reconnus dans la présente Convention ou à des limitations plus amples de ces droits et libertés que celles prévues à ladite Convention.**

Art. 18. – *Limitation de l'usage des restrictions aux droits.* **Les restrictions qui, aux termes de la présente Convention, sont apportées auxdits droits et libertés ne peuvent être appliquées que dans le but pour lequel elles ont été prévues.**

Protocole n° 4 du 16 septembre 1963

à la Convention européenne de sauvegarde des droits de l'homme et des libertés fondamentales

Liberté de circulation

(Intitulé créé à compter du 1er novembre 1998, protocole n° 11, 11 mai 1994)

Art. 2. – **1° Quiconque se trouve régulièrement sur le territoire d'un État a le droit d'y circuler librement et d'y choisir librement sa résidence.**

2° Toute personne est libre de quitter n'importe quel pays, y compris le sien.

3° L'exercice de ces droits ne peut faire l'objet d'autres restrictions que celles qui, prévues par la loi, constituent des mesures nécessaires, dans une société démocratique, à la sécurité nationale, à la sûreté publique, au maintien de l'ordre public, à la prévention des infractions pénales, à la protection de la santé ou de la morale, ou à la protection des droits et libertés d'autrui.

4° Les droits reconnus au paragraphe 1 peuvent également, dans certaines zones déterminées, faire l'objet de restrictions qui, prévues par la loi, sont justifiées par l'intérêt public dans une société démocratique.

Interdiction de l'expulsion des nationaux

(Intitulé créé à compter du 1er novembre 1998, protocole n° 11, 11 mai 1994)

Art. 3. – **1° Nul ne peut être expulsé, par voie de mesure individuelle ou collective, du territoire de l'État dont il est le ressortissant.**

2° Nul ne peut être privé du droit d'entrer sur le territoire de l'État dont il est le ressortissant.

Interdiction des expulsions collectives d'étrangers

(Intitulé créé à compter du 1er novembre 1998, protocole n° 11, 11 mai 1994, art. 2-5. a) et ann.)

Art. 4. – **Les expulsions collectives d'étrangers sont interdites.**

Protocole n° 6 du 28 avril 1983

à la Convention européenne de sauvegarde des droits de l'homme et des libertés fondamentales

Abolition de la peine de mort

(Intitulé créé à compter du 1er novembre 1998, protocole n° 11, 11 mai 1994)

Art. 1er. – **La peine de mort est abolie. Nul ne peut être condamné à une telle peine ni exécuté.**

Liberté de circulation

(Intitulé créé à compter du 1er novembre 1998, protocole n° 11, 11 mai 1994)

Art. 2. – **Un État peut prévoir dans sa législation la peine de mort pour des actes commis en temps de guerre ou de danger imminent de guerre ; une telle peine ne sera appliquée que dans les cas prévus par cette**

législation et conformément à ses dispositions. Cet État communiquera au Secrétaire général du Conseil de l'Europe les dispositions afférentes de la législation en cause.

Protocole n° 7 du 22 novembre 1984

à la Convention européenne de sauvegarde des droits de l'homme et des libertés fondamentales

Garanties procédurales en cas d'expulsion d'étrangers vigueur

(Intitulé créé à compter du 1er novembre 1998, protocole n° 11, 11 mai 1994)

Art. 1er. – **1° Un étranger résidant régulièrement sur le territoire d'un État ne peut en être expulsé qu'en exécution d'une décision prise conformément à la loi et doit pouvoir :**

a) **Faire valoir les raisons qui militent contre son expulsion ;**

b) **Faire examiner son cas, et**

c) **Se faire représenter à ces fins devant l'autorité compétente ou une ou plusieurs personnes désignées par cette autorité.**

2° Un étranger peut être expulsé avant l'exercice des droits énumérés au paragraphe 1° *a, b* et *c* de cet article lorsque cette expulsion est nécessaire dans l'intérêt de l'ordre public ou est basée sur des motifs de sécurité nationale.

Traité du 25 mars 1957

instituant la Communauté économique européenne

Art. 81 ***(Anc. art. 85, renum., traité d'Amsterdam, 2 oct. 1997).*** **– 1° Sont incompatibles avec le marché commun et interdits tous accords entre entreprises, toutes décisions d'associations d'entreprises, et toutes pratiques concertées, qui sont susceptibles d'affecter le commerce entre États membres et qui ont pour objet ou pour effet d'empêcher, de restreindre ou de fausser le jeu de la concurrence à l'intérieur du marché commun, et notamment ceux qui consistent à :**

a) **Fixer de façon directe ou indirecte les prix d'achat ou de vente ou d'autres conditions de transaction ;**

b) **Limiter ou contrôler la production, les débouchés, le développement technique ou les investissements ;**

c) **Répartir les marchés ou les sources d'approvisionnement ;**

d) **Appliquer, à l'égard de partenaires commerciaux des conditions inégales à des prestations équivalentes en leur infligeant de ce fait un désavantage dans la concurrence ;**

e) **Subordonner la conclusion de contrats à l'acceptation, par les partenaires, de prestations supplémentaires qui, par leur nature ou selon les usages commerciaux, n'ont pas de lien avec l'objet de ces contrats.**

2° Les accords ou décisions interdits en vertu du présent article sont nuls de plein droit.

3° Toutefois, les dispositions du paragraphe 1er peuvent être déclarées inapplicables :

– à tout accord ou catégorie d'accords entre entreprises ;

– à toute décision ou catégorie de décisions d'associations d'entreprises et

– à toute pratique concertée ou catégorie de pratiques concertées,

qui contribuent à améliorer la production ou la distribution des produits ou à promouvoir le progrès technique ou économique, tout en réservant aux utilisateurs une partie équitable du profit qui en résulte, et sans :

a) **Imposer aux entreprises intéressées des restrictions qui ne sont pas indispensables pour atteindre ces objectifs ;**

b) **Donner à ces entreprises la possibilité, pour une partie substantielle des produits en cause, d'éliminer la concurrence.**

Art. 82 ***(Anc. art. 86, renum., traité d'Amsterdam, 2 oct. 1997).*** **– Est incompatible avec le marché commun et interdit, dans la mesure où le commerce entre États membres est susceptible d'en être affecté, le fait pour une ou plusieurs entreprises d'exploiter de façon abusive une position dominante sur le marché commun ou dans une partie substantielle de celui-ci.**

Ces pratiques abusives peuvent, notamment, consister à :

a) **Imposer de façon directe ou indirecte des prix d'achat ou de vente ou d'autres conditions de transaction non équitables ;**

b) Limiter la production, les débouchés ou le développement technique au préjudice des consommateurs ;

c) Appliquer à l'égard de partenaires commerciaux des conditions inégales à des prestations équivalentes, en leur infligeant de ce fait un désavantage dans la concurrence ;

d) Subordonner la conclusion de contrats à l'acceptation, par les partenaires, de prestations supplémentaires, qui, par leur nature ou selon les usages commerciaux, n'ont pas de lien avec l'objet de ces contrats.

Bibliographie : Sur ces textes, V. notamment Guérin, *Infractions économiques*, fasc. 50 *bis : JCl. pén.*, annexes. • *Adde*, Gassin, *Incriminations pénales et marché commun*, in *Mélanges Jauffret*, 321 s. • Biancarelli et Maidani, *L'incidence du droit communautaire sur le droit pénal des États membres : Rev. sc. crim.* 1984, 225 et 455. • Biancarelli, *Les principes généraux du droit communautaire : Rev. sc. crim.* 1987, 131. • Bonichot, *Droit communautaire et droit pénal : Rev. sc. crim.* 1988, 581.

Constitution de la République Française du 4 octobre 1958

....

Art. 2 *(Mod., L. const. n° 92-554, 25 juin 1992 ; L. const. n° 95-880, 4 août 1995).* – La langue de la République est le français.

L'emblème national est le drapeau tricolore, bleu, blanc, rouge.

L'hymne national est la « Marseillaise ».

La devise de la République est « Liberté, Égalité, Fraternité ».

Son principe est : gouvernement du peuple, par le peuple et pour le peuple.

....

Art. 54 *(L. const. n° 92-554, 25 juin 1992).* – Si le Conseil constitutionnel, saisi par le Président de la République, par le Premier ministre, par le président de l'une ou l'autre assemblée ou par soixante députés ou soixante sénateurs, a déclaré qu'un engagement international comporte une clause contraire à la Constitution, l'autorisation de ratifier ou d'approuver l'engagement international en cause ne peut intervenir qu'après la révision de la Constitution.

....

Art. 74 *(L. const. n° 92-554, 25 juin 1992 ; rempl., L. const. n° 2003-276, 28 mars 2003).* – Les collectivités d'outre-mer régies par le présent article ont un statut qui tient compte des intérêts propres de chacune d'elles au sein de la République.

Ce statut est défini par une loi organique, adoptée après avis de l'assemblée délibérante, qui fixe :

– les conditions dans lesquelles les lois et règlements y sont applicables ;

– les compétences de cette collectivité ; sous réserve de celles déjà exercées par elle, le transfert de compétences de l'État ne peut porter sur les matières énumérées au quatrième alinéa de l'article 73, précisées et complétées, le cas échéant, par la loi organique ;

– les règles d'organisation et de fonctionnement des institutions de la collectivité et le régime électoral de son assemblée délibérante ;

– les conditions dans lesquelles ses institutions sont consultées sur les projets et propositions de loi et les projets d'ordonnance ou de décret comportant des dispositions particulières à la collectivité, ainsi que sur la ratification ou l'approbation d'engagements internationaux conclus dans les matières relevant de sa compétence.

La loi organique peut également déterminer, pour celles de ces collectivités qui sont dotées de l'autonomie, les conditions dans lesquelles :

– le Conseil d'État exerce un contrôle juridictionnel spécifique sur certaines catégories d'actes de l'assemblée délibérante intervenant au titre des compétences qu'elle exerce dans le domaine de la loi ;

– l'assemblée délibérante peut modifier une loi promulguée postérieurement à l'entrée en vigueur du statut de la collectivité, lorsque le Conseil constitutionnel, saisi notamment par les autorités de la collectivité, a constaté que la loi était intervenue dans le domaine de compétence de cette collectivité ;

– des mesures justifiées par les nécessités locales peuvent être prises par la collectivité en faveur de sa population, en matière d'accès à l'emploi, de droit d'établissement pour l'exercice d'une activité professionnelle ou de protection du patrimoine foncier ;

– la collectivité peut participer, sous le contrôle de l'État, à l'exercice des compétences qu'il conserve, dans le respect des garanties accordées sur l'ensemble du territoire national pour l'exercice des libertés publiques.

Les autres modalités de l'organisation particulière des collectivités relevant du présent article sont définies et modifiées par la loi après consultation de leur assemblée délibérante.

....

TITRE XV. – DES COMMUNAUTÉS EUROPÉENNES ET DE L'UNION EUROPÉENNE
(Anc. titre XIV,
dénum., L. const. n° 93-952, 27 juill. 1993)

Art. 88-1 *(Rempl. à compter de l'entrée en vigueur du traité de Lisbonne du 13 décembre 2007, L. const. n° 2008-103, 4 févr. 2008).* – La République participe à l'Union européenne constituée d'États qui ont choisi librement d'exercer en commun certaines de leurs compétences en vertu du traité sur l'Union européenne et du traité sur le fonctionnement de l'Union européenne, tels qu'ils résultent du traité signé à Lisbonne le 13 décembre 2007.

Art. 88-2 *(Rempl. à compter de l'entrée en vigueur du traité de Lisbonne du 13 décembre 2007, L. const. n° 2008-103, 4 févr. 2008).* – La loi fixe les règles relatives au mandat d'arrêt européen en application des actes pris par les institutions de l'Union européenne.

Art. 88-3 *(L. const. n° 92-554, 25 juin 1992).* – Sous réserve de réciprocité et selon les modalités prévues par le Traité sur l'Union européenne signé le 7 février 1992, le droit de vote et d'éligibilité aux élections municipales peut être accordé aux seuls citoyens de l'Union résident en France. Ces citoyens ne peuvent exercer les fonctions de maire ou d'adjoint ni participer à la désignation des électeurs sénatoriaux et à l'élection des sénateurs. Une loi organique votée dans les mêmes termes par les deux assemblées détermine les conditions d'application du présent article.

Art. 88-4 *(L. const. n° 2008-724, 23 juill. 2008).* – Le Gouvernement soumet à l'Assemblée nationale et au Sénat, dès leur transmission au Conseil de l'Union européenne, les projets d'actes législatifs européens et les autres projets ou propositions d'actes de l'Union européenne.

Selon des modalités fixées par le règlement de chaque assemblée, des résolutions européennes peuvent être adoptées, le cas échéant en dehors des sessions, sur les projets ou propositions mentionnés au premier alinéa, ainsi que sur tout document émanant d'une institution de l'Union européenne.

Au sein de chaque assemblée parlementaire est instituée une commission chargée des affaires européennes.

Art. 88-5 *(Rempl., L. const. n° 2008-724, 23 juill. 2008).* – Tout projet de loi autorisant la ratification d'un traité relatif à l'adhésion d'un État à l'Union européenne est soumis au référendum par le Président de la République.

Toutefois, par le vote d'une motion adoptée en termes identiques par chaque assemblée à la majorité des trois cinquièmes, le Parlement peut autoriser l'adoption du projet de loi selon la procédure prévue au troisième alinéa de l'article 89.

Loi constitutionnelle n° 92-554 du 25 juin 1992

ajoutant à la Constitution un titre :
« Des Communautés européennes et de l'Union européenne »

Art. 1er à 3 *(V. Const. 4 oct. 1958, art. 2, 54 et 74).*

Art. 4. – Le titre XIV et le titre XV de la Constitution deviennent respectivement le titre XV et le titre XVI.

Art. 5. – Il est inséré, dans la Constitution, un nouveau titre XIV ainsi rédigé : « Titre XIV. – Des Communautés européennes et de l'Union européenne » (V. *Const. 4 oct. 1958, art. 88-1 à 88-4*).

ANNEXE 33

FORÊTS

Voir : art. 322-5 et s., p. 462 (Incendie de bois, forêts, landes, maquis, plantations ou reboisements d'autrui).

Bibliographie : J.-H. Robert, *Forêts : JCl. Lois pénales spéciales.*

Code forestier

PARTIE LÉGISLATIVE
(Ord. n° 2012-92, 26 janv. 2012)

LIVRE PREMIER. – DISPOSITIONS COMMUNES À TOUS LES BOIS ET FORÊTS

....

TITRE VI. – DISPOSITIONS PÉNALES

CHAPITRE Ier. – RÈGLES DE PROCÉDURE PÉNALE APPLICABLES AUX INFRACTIONS FORESTIÈRES

Section 1. – Définitions

Art. L. 161-1. – Constituent des infractions forestières tous les délits et contraventions prévus par le présent code et par les textes pris pour son application.

Sont également des infractions forestières lorsqu'elles sont commises dans les bois et forêts ou les autres terrains ou espaces soumis aux dispositions du présent code :

1° Les infractions prévues et réprimées par le Code pénal en matière de dépôt ou abandon de matières, d'ordures, de déchets ou d'épaves ;

2° Les contraventions aux arrêtés de police du maire pris en application :

***a)* Du 5° de l'article L. 2212-2 du Code général des collectivités territoriales, en vue de prévenir ou de faire cesser les incendies, les éboulements de terre ou de rochers ainsi que les avalanches ;**

***b)* Du 7° du même article ;**

***c)* Du 2° de l'article L. 2213-2 du même code, lorsqu'ils concernent l'arrêt et le stationnement dans les espaces naturels et notamment forestiers des caravanes et camping-cars sur les voies publiques ou privées ouvertes à la circulation publique.**

....

CHAPITRE II. – **DISPOSITIONS RELATIVES AUX PEINES**

Art. L. 162-1. – Les peines encourues sont doublées lorsque les infractions sont commises la nuit.

Art. L. 162-2. – Le tribunal peut ajourner le prononcé de la peine dans les conditions prévues aux articles 132-66 à 132-70 du Code pénal.

Art. L. 162-3. – La procédure prévue aux articles 529 à 529-2 et 530 à 530-2 du Code de procédure pénale est applicable aux contraventions des quatre premières classes intéressant les bois et forêts, punies seulement d'une peine d'amende et énumérées ci-après :

1° Contraventions réprimées par le présent code en matière de protection contre l'incendie, d'introduction de véhicules, bestiaux, animaux de charge ou de monture et d'infraction aux règles édictées en application de l'article L. 212-2 ;

2° Contraventions réprimées par le Code pénal en matière de dépôt ou d'abandon de matières, d'ordures, d'épaves ou de déchets.

Un décret en Conseil d'État fixe le montant des amendes forfaitaires et amendes forfaitaires majorées et précise les modalités d'application du présent article.

Art. L. 162-4. – Les dispositions des articles 131-8-1, 131-15-1, 131-39-1 et 131-44-1 du Code pénal relatives à la peine de sanction-réparation sont applicables aux délits prévus par le présent code ainsi qu'aux contraventions forestières de la 5e classe.

Le procureur de la République délègue le directeur régional de l'administration chargée des forêts pour constater l'exécution de la réparation.

CHAPITRE III. – INFRACTIONS COMMUNES À TOUS LES BOIS ET FORÊTS

Section 1. – Obstacle à fonctions

Art. L. 163-1. – Le fait de faire obstacle ou d'entraver l'exercice des fonctions des agents mentionnés aux articles L. 161-4 et L. 161-5 est puni de six mois d'emprisonnement et de 15 000 euros d'amende.

Les personnes coupables de cette infraction encourent également la peine complémentaire de l'affichage ou de la diffusion de la décision prononcée, dans les conditions prévues par l'article 131-35 du Code pénal pour les personnes physiques et par le 9° de l'article 131-39 du même code pour les personnes morales.

Section 2. – Infractions relatives aux coupes

Art. L. 163-2. – Le fait, pour les propriétaires ; de ne pas respecter les dispositions prévues à l'article L. 124-6 est puni d'une amende de 1 200 euros par hectare exploité.

Est passible de l'amende prévue à l'alinéa précédent le vendeur mentionné au dernier alinéa de cet article qui entrave, par son refus sans fondement légitime, l'exécution dans le délai fixé des travaux de reconstitution.

Section 3. – Défense des forêts contre l'incendie

Art. L. 163-3. – Le fait de provoquer volontairement un incendie dans les bois et forêts est réprimé dans les conditions prévues par le Code pénal.

Art. L. 163-4. – Le fait de provoquer involontairement l'incendie des bois et forêts appartenant à autrui, par des feux allumés à moins de 200 mètres de ces terrains, par des feux allumés ou laissés sans précautions suffisantes, par des pièces d'artifice allumées ou tirées, ou par tout engin ou appareil générant des matières inflammables ou de fortes chaleurs, est sanctionné conformément aux dispositions des articles 322-5, 322-15, 322-17 et 322-18 du Code pénal.

Le fait, pour la personne qui vient de causer un incendie dans les conditions mentionnées au présent article, de ne pas intervenir aussitôt pour arrêter le sinistre et, si son action était insuffisante, de ne pas avertir immédiatement une autorité administrative ou de police, entraîne l'application du deuxième alinéa de l'article 322-5 du Code pénal.

Le tribunal peut, en outre, ordonner, aux frais du condamné, la publication intégrale ou par extraits de sa décision ou la diffusion d'un message dont il fixe explicitement les termes, informant le public des motifs et du contenu de sa décision, dans un ou plusieurs journaux qu'il désigne.

Art. L. 163-5. – I. – Le propriétaire qui n'a pas procédé aux travaux de débroussaillement prescrits par la mise en demeure prévue à l'article L. 135-2 est passible, à l'expiration du délai fixé, de poursuites devant le tribunal correctionnel et peut être condamné au paiement d'une amende de 30 euros par mètre carré soumis à l'obligation de débroussaillement.

II. – La personne coupable de cette infraction encourt également la peine complémentaire de l'affichage ou de la diffusion de la décision prononcée, dans les conditions prévues par l'article 131-35 du Code pénal pour les personnes physiques et par le 9° de l'article 131-39 du même code pour les personnes morales.

III. – En cas de poursuite pour infraction à l'obligation mentionnée au I et à l'article L. 134-6, de débroussailler ou de maintenir en état débroussaillé, le tribunal peut, après avoir déclaré le prévenu coupable, décider l'ajournement du prononcé de la peine assorti d'une injonction de respecter ces dispositions.

Il impartit un délai pour l'exécution des travaux nécessaires. L'injonction est assortie d'une astreinte dont il fixe le montant, qui ne peut être inférieur à 30 euros et supérieur à 75 euros par jour et par hectare soumis à l'obligation de débroussaillement. Il fixe également la durée maximale pendant laquelle cette astreinte est applicable.

Lorsque les travaux ont été exécutés avec retard ou ne l'ont pas été, le tribunal liquide l'astreinte et prononce les peines prévues.

La décision sur la peine intervient dans le délai fixé par le tribunal, compte tenu du délai imparti pour l'exécution des travaux.

Le montant de l'astreinte, tel qu'il a été fixé par la décision d'ajournement, ne peut être modifié.

Pour la liquidation de l'astreinte, la juridiction apprécie l'inexécution, ou le retard dans l'exécution des travaux, en tenant compte, s'il y a lieu, de la survenance d'événements qui ne sont pas imputables au prévenu. L'astreinte est recouvrée par le comptable public de l'État comme en matière pénale au vu d'un extrait de la décision prononcée par le tribunal. Son montant est versé au budget de la commune du lieu de l'infraction et est affecté au financement de travaux de débroussaillement obligatoire exécutés d'office en application de l'article L. 134-9.

Art. L. 163-6. – Le fait de passer outre aux interdictions de pâturage prévues par l'article L. 131-4 est puni d'une amende de 3 750 euros.

Section 4. – Infractions commises en forêt d'autrui

Art. L. 163-7. – La coupe ou l'enlèvement d'arbres ayant au moins 20 centimètres de circonférence est puni conformément aux dispositions des articles 311-3, 311-4, 311-13, 311-14 et 311-16 du Code pénal.

La circonférence est mesurée à 1,30 mètre du sol. Si les arbres ont été enlevés et façonnés, elle est mesurée sur la souche. Si la souche a été également enlevée, la circonférence est calculée dans la proportion d'un cinquième en sus de la dimension totale des quatre faces de l'arbre équarri. Lorsque l'arbre et la souche ont disparu, la grosseur de l'arbre est appréciée par le juge.

Le fait d'enlever des chablis et des bois coupés illégalement est puni des mêmes peines que l'abattage sur pied.

Art. L. 163-8. – Le fait d'avoir, dans les bois et forêts, éhoupé, écorcé ou mutilé des arbres, ou d'en avoir coupé les principales branches, ou d'avoir enlevé de l'écorce de liège, est puni comme l'abattage sur pied.

Art. L. 163-9. – Les propriétaires et les gardiens d'animaux trouvés en délit dans les semis ou plantations réalisés depuis moins de dix ans sont punis d'une amende de 3 750 euros.

Art. L. 163-10. – Le fait, sans l'autorisation du propriétaire du terrain, de procéder à l'extraction ou l'enlèvement d'un volume supérieur à 2 mètres cubes de pierres, sable, minerai, terre, gazon ou mousses, tourbe, bruyère, genêts, herbes, feuilles vertes ou mortes, engrais est puni conformément aux dispositions des articles 311-3, 311-4, 311-13, 311-14 et 311-16 du Code pénal.

Art. L. 163-11. – Le fait, sans l'autorisation du propriétaire du terrain, de prélever des truffes, quelle qu'en soit la quantité, ou un volume supérieur à 10 litres d'autres champignons, fruits ou semences des bois et forêts est puni conformément aux dispositions des articles 311-3, 311-4, 311-13, 311-14 et 311-16 du Code pénal.

Section 5. – Rôle de protection des forêts

Art. L. 163-12. – Les amendes encourues pour les délits forestiers sont doublées lorsque ces délits sont commis dans une forêt de protection.

Art. L. 163-13. – Le fait de détruire, abattre, mutiler ou dégrader les ouvrages, boisements et plantations établis en application de l'article L. 142-7 est puni conformément aux dispositions des articles 322-2 à 322-4, 322-15 et 322-17 du Code pénal.

Art. L. 163-14. – Lorsque la violation des règles mentionnées aux articles L. 163-12 et L. 163-13 est le fait du propriétaire, elle est considérée comme une infraction forestière commise dans la forêt d'autrui et punie des mêmes peines.

Section 6. – Protection des dunes

Art. L. 163-15. – Les infractions aux dispositions de l'article L. 143-2 sont punies d'une amende de 150 euros par mètre carré de dune parcouru par la coupe.

Les peines prévues à l'article L. 363-1 ainsi que les dispositions des articles L. 341-10 et L. 363-3 à L. 363-5 sont applicables en cas d'infraction aux dispositions de l'article L. 143-2.

Art. L. 163-16. – Dans les dunes du Pas-de-Calais mentionnées à l'article L. 143-3, le fait de pratiquer une fouille est sanctionné d'une amende de 150 euros par mètre carré fouillé.

Section 7. – Commercialisation des matériels forestiers de reproduction

Art. L. 163-17 *(Ord. n° 2016-301, 14 mars 2016).* – Le fait de faire obstacle de quelque manière que ce soit à l'accomplissement de leurs fonctions par les agents mentionnés à l'article L. 153-5 est passible des peines prévues aux articles L. 531-1 et L. 531-2 du Code de la consommation.

Section 8. – Qualification professionnelle

Art. L. 163-18. – Le fait d'exercer ou de faire exercer une des activités citées à l'article L. 154-1 en méconnaissance des obligations d'hygiène, de sécurité et de qualification professionnelle prévues par cet article est puni des peines prévues aux articles L. 4741-1 à L. 4741-14 du Code du travail.

....

LIVRE II. – BOIS ET FORÊTS
RELEVANT DU RÉGIME FORESTIER

....

TITRE VI. – DISPOSITIONS PÉNALES RELATIVES AUX BOIS
ET FORÊTS RELEVANT DU RÉGIME FORESTIER

CHAPITRE Ier. – INFRACTIONS

Section 1. – Infractions en matière de marquage

Art. L. 261-1. – La contrefaçon ou la falsification du marteau de l'Office national des forêts, ou l'usage de marteau contrefaisant ou falsifié, sont punis des peines prévues aux articles 444-3 et 444-6 à 444-9 du Code pénal.

Section 2. – Ventes de coupes ou produits
de coupes du domaine de l'État

Art. L. 261-2. – Le fait de passer outre aux interdictions édictées aux articles L. 213-7 et L. 214-9 est puni des peines prévues aux articles 432-12 et 432-17 du Code pénal réprimant la prise illégale d'intérêts.

Art. L. 261-3. – Lors des ventes de coupes, le recours à des pratiques prohibées par l'article L. 420-1 du Code de commerce est puni des peines prévues à l'article L. 420-6 de ce code. Il en va de même des pratiques prohibées et réprimées par les articles L. 443-2 et L. 443-3 du même code.

Art. L. 261-4. – La modification de l'assiette d'une coupe en infraction aux dispositions de l'article L. 213-12, qu'elle soit le fait d'un acheteur, d'un entrepreneur ou d'un agent de l'Office national des forêts, est passible d'une amende de 7 500 euros.

Art. L. 261-5. – Le fait, pour toute personne, de contrevenir aux dispositions de l'article L. 213-14 interdisant l'abattage d'arbres réservés ou la compensation en cas de déficit est puni des peines prévues à l'article L. 163-7, dans le cas où la circonférence des arbres peut être constatée. Dans le cas contraire, l'amende est fixée par des dispositions réglementaires.

Art. L. 261-6. – Le fait pour un acheteur de coupes de contrevenir aux dispositions de l'article L. 213-15 est puni d'une amende de 3 750 euros.

Section 3. – Coupes, ventes de coupes ou produits de coupes des collectivités ou de certaines personnes morales

Art. L. 261-7. – Le fait pour une collectivité ou une autre personne morale mentionnée au 2° du I de l'article L. 211-1, ou son représentant, d'ordonner ou de procéder à des coupes en infraction aux dispositions de l'article L. 124-5 est puni d'une amende de 1 200 euros par hectare parcouru.

Art. L. 261-8. – Le fait pour une collectivité ou une autre personne morale mentionnée au 2° du I de l'article L. 211-1 ou son représentant d'ordonner une vente ou une coupe en infraction aux dispositions de l'article L. 214-6 est puni d'une amende de 4 500 euros.

Section 4. – Droits d'usage et d'affouage

Art. L. 261-9. – Le fait, pour un titulaire du droit d'usage, d'exercer son droit de pâturage ou de panage pour des activités non agricoles en infraction aux dispositions de l'article L. 241-12 est puni d'une amende de 3 750 euros.

Art. L. 261-10. – Le fait de conduire ou de faire conduire des chèvres ou moutons dans les bois et forêts de l'État en infraction aux dispositions de l'article L. 241-14 est puni d'une amende de 3 750 euros.

Art. L. 261-11. – Le fait, pour le titulaire d'un droit d'usage, de prendre ces bois sans que la délivrance lui en ait été faite, en infraction aux dispositions de l'article L. 241-15, est puni d'une amende de 3 750 euros.

Section 5. – Défrichement dans les bois et forêts des collectivités ou de certaines personnes morales

Art. L. 261-12. – Le fait d'ordonner ou de réaliser un défrichement de bois et forêts de collectivités ou d'autres personnes morales mentionnées au 2° du I de l'article L. 211-1 en infraction aux dispositions de l'article L. 214-13 est puni des peines prévues pour les infractions de même nature au chapitre II du titre VI du livre III.

La même peine peut être prononcée contre les utilisateurs du sol et les bénéficiaires du défrichement.

....

LIVRE III. – BOIS ET FORÊTS DES PARTICULIERS

....

TITRE VI. – DISPOSITIONS PÉNALES

CHAPITRE Ier. – SURVEILLANCE

Art. L. 361-1. – Un propriétaire peut avoir, pour la conservation de ses bois et forêts, un garde particulier agréé par l'autorité administrative compétente de l'État dans les conditions mentionnées à l'article 29-1 du Code de procédure pénale, et assermenté.

Art. L. 361-2. – Lorsqu'ils constatent des infractions forestières, les procès-verbaux dressés par les gardes particuliers sont transmis dans les conditions prévues à l'article L. 161-12.

CHAPITRE II. – INFRACTIONS AUX RÈGLES DE GESTION

Section 1. – Infractions aux règles de coupe et de repeuplement

Art. L. 362-1. – Le fait de procéder à une coupe abusive définie à l'article L. 312-11 est puni d'une amende de 20 000 euros par hectare parcouru par la coupe pour les deux premiers hectares et de 60 000 euros par hectare supplémentaire.

Les personnes physiques encourent les peines complémentaires suivantes :

1° L'affichage de la décision prononcée, selon les modalités prévues à l'article 131-35 du Code pénal ;

2° L'interdiction d'exercer une activité professionnelle ou sociale selon les modalités prévues aux articles 131-27 et 131-29 du même code ;

3° L'exclusion des marchés publics pour une durée de trois ans au plus ;

4° La confiscation de la chose qui a servi ou était destinée à commettre l'infraction et de la chose qui en est le produit, selon les modalités prévues à l'article 131-21 du même code.

Les personnes morales encourent les peines complémentaires suivantes :

1° Pour une durée de trois ans au plus, les peines mentionnées aux 2°, 4° et 5° de l'article 131-39 du même code ;

2° Les peines mentionnées aux 8° et 9° de l'article 131-39 du même code.

Art. L. 362-2. – En cas de coupe non conforme à un plan simple de gestion ou non autorisée, mentionnée à l'article L. 312-11, l'interruption de la coupe ou de l'enlèvement des bois ainsi que la saisie des matériaux et du matériel de chantier peuvent être ordonnées dans les conditions prévues à l'article L. 363-4 pour les travaux de défrichement illicite.

Est puni d'un emprisonnement de six mois et de l'amende prévue au premier alinéa de l'article L. 362-1 le fait de continuer la coupe en violation d'une décision en ordonnant l'interruption.

Art. L. 362-3. – Lorsque les conditions auxquelles est subordonnée l'exécution d'une coupe autorisée ou assise en vertu des articles L. 312-2, L. 312-4 et L. 312-5 ne sont pas respectées dans le délai fixé ou, à défaut, dans les cinq ans à compter du début de l'exploitation, ceux qui ont vendu les bois ou les ont exploités eux-mêmes sont passibles d'une amende de 2 000 euros par hectare exploité.

Section 2. – Infraction en matière de marquage

Art. L. 362-4. – Le fait de contrefaire ou de falsifier le marteau d'un particulier servant aux marques forestières, ou d'en faire un usage préjudiciable aux intérêts ou aux droits de ce particulier, est puni des peines prévues aux articles 441-1 et 441-9 à 441-12 du Code pénal.

CHAPITRE III. – INFRACTIONS AUX RÈGLES DE DÉFRICHEMENT

Art. L. 363-1. – En cas d'infraction aux dispositions de l'article L. 341-3, lorsque la surface défrichée est supérieure à 10 mètres carrés, les auteurs, les complices ou les bénéficiaires sont chacun condamnés à une amende qui ne peut excéder 150 euros par mètre carré de bois défriché.

Les dispositions du présent article, de même que celles des articles L. 341-3, L. 341-5 et L. 341-10, sont applicables aux semis et plantations exécutés en remplacement de bois défrichés, conformément à la décision administrative mentionnée à l'article L. 341-8.

Les personnes physiques encourent les peines complémentaires suivantes :

1° L'affichage de la décision prononcée, selon les modalités prévues à l'article 131-35 du Code pénal ;

2° L'interdiction d'exercer une activité professionnelle ou sociale selon les modalités prévues aux articles 131-27 et 131-29 du même code, notamment celles résultant des opérations ou activités au profit desquelles le défrichement a été réalisé ;

3° L'exclusion des marchés publics pour une durée de trois ans au plus ;

4° La confiscation de la chose qui a servi ou était destinée à commettre l'infraction et de la chose qui en est le produit, selon les modalités prévues à l'article 131-21 du même code.

Les personnes morales encourent les peines complémentaires suivantes :

1° Pour une durée de trois ans au plus, les peines mentionnées aux 2°, 4° et 5° de l'article 131-39 du même code ;

2° Les peines mentionnées aux 8° et 9° de l'article 131-39 du même code.

La distinction faite par les articles L. 341-1 et L. 363-1 nouveaux du Code forestier entre coupe abusive et coupe illicite étant éventuellement plus favorable au prévenu que la distinction ancienne entre coupe sur son propre terrain et coupe sur le terrain d'autrui, encourt la censure l'arrêt qui se borne à énoncer que la coupe est reconnue et caractérisée (■ Cass. crim., 23 sept. 2014, n° 13-86.053 : *Bull. crim.*, n° 197).

Art. L. 363-2. – Le fait de défricher des réserves boisées dont la conservation est imposée en application de l'article L. 341-6 est puni d'une amende de 3 750 euros lorsque la surface défrichée est inférieure ou égale à 10 mètres carrés. Lorsqu'elle est supérieure, l'amende est de 450 euros par mètre carré défriché.

Art. L. 363-3. – L'action ayant pour objet les défrichements effectués en infraction à l'article L. 341-3 se prescrit par six ans à compte de l'époque où le défrichement a été consommé.

Art. L. 363-4. – Lorsqu'un agent désigné au 1° ou au 2° de l'article L. 161-4 constate par procès-verbal un défrichement réalisé en infraction aux dispositions du présent livre, ce procès-verbal peut ordonner l'interruption des travaux et la consignation des matériaux et du matériel de chantier. Copie en est transmise sans délai au ministère public.

La juridiction saisie des faits ou, pendant l'enquête préliminaire, le juge des libertés et de la détention peuvent à tout moment, d'office ou à la demande du bénéficiaire de l'opération, se prononcer sur la mainlevée ou le maintien des mesures conservatoires prises pour assurer l'interruption des travaux.

Le représentant de l'État dans le département est avisé de la décision judiciaire et en assure, le cas échéant, l'exécution.

Lorsque aucune poursuite n'a été engagée, le procureur de la République en informe le représentant de l'État dans le département, qui met fin aux mesures prises.

Art. L. 363-5. – Le fait de continuer un défrichement illicite nonobstant la décision judiciaire ou le procès-verbal, mentionnés à l'article L. 363-4, en ordonnant l'interruption est puni de six mois d'emprisonnement et d'une amende de 3 750 euros lorsque la surface défrichée est inférieure ou égale à 10 mètres carrés ou de 450 euros par mètre carré défriché lorsque la surface est supérieure à 10 mètres carrés.

(L. n° 2014-1170, 13 oct. 2014) Ces peines sont également applicables en cas de continuation d'un défrichement nonobstant la décision de la juridiction administrative prononçant la suspension ou le sursis à exécution de l'autorisation de défrichement.

PARTIE RÉGLEMENTAIRE

(D. n° 2012-836, 29 juin 2012)

Infractions communes à tous les bois et forêts

Section 1. – Infractions relatives aux coupes

Art. R. 163-1. – Dans les bois et forêts, la coupe ou l'enlèvement de bois qui n'ont pas 20 centimètres de tour, qu'ils aient été plantés ou non depuis moins de dix ans, est puni de l'amende prévue pour les contraventions de la 5e classe.

Le contrevenant encourt également la peine complémentaire de confiscation de la chose qui a servi ou était destinée à commettre l'infraction ainsi que de la chose qui en est le produit.

Section 2. – Défense des forêts contre l'incendie

Art. R. 163-2. – Est puni de l'amende prévue pour les contraventions de la 4e classe :

1° Le fait de porter ou d'allumer du feu en contravention avec les dispositions de l'article L. 131-1 ;

2° Le fait de contrevenir aux mesures édictées par les préfets en application des articles L. 131-6 à L. 131-8 et R. 131-2.

Art. R. 163-3. – Le fait pour le propriétaire de ne pas procéder aux travaux de débroussaillement ou de maintien en état débroussaillé, prescrits par les dispositions de l'article L. 134-6 ou en application de ces dispositions, dans les situations mentionnées aux 5° et 6° de cet article, est puni de l'amende prévue pour les contraventions de la 5e classe.

Lorsque les faits sont commis dans les situations mentionnées aux 1° à 4° du même article ou à l'article L. 134-5, l'infraction est punie de l'amende prévue pour les contraventions de la 4e classe.

Section 3. – Infractions commises en forêt d'autrui

Art. R. 163-4. – Le fait, sans l'autorisation du propriétaire du terrain, de procéder sur celui-ci à l'extraction ou l'enlèvement d'un volume inférieur à 2 mètres cubes de pierres, sable, minerai, terre, gazon ou mousses, tourbe, bruyère, genêts, herbes, feuilles vertes ou mortes, engrais est puni de l'amende prévue pour les contraventions de la 4e classe.

Art. R. 163-5. – Le fait, sans l'autorisation du propriétaire du terrain, de prélever un volume inférieur à 10 litres de champignons, fruits et semences dans les bois et forêts est puni de l'amende prévue pour les contraventions de la 4e classe. Toutefois, dans les bois et forêts relevant du régime forestier, sauf s'il existe une réglementation contraire, l'autorisation est présumée lorsque le volume prélevé n'excède pas 5 litres.

Lorsque l'infraction est le fait du concessionnaire d'un pâturage, ou de son préposé, et qu'elle est commise sur le terrain concédé, elle est punie de l'amende prévue pour les contraventions de la 3e classe lorsque le volume prélevé est inférieur à 5 litres, et de celle prévue pour les contraventions de la 5e classe lorsqu'il est compris entre 5 et 10 litres.

Art. R. 163-6. – Est puni de la peine d'amende prévue pour les contraventions de la 4e classe tout conducteur, ou à défaut tout détenteur, de véhicules, bestiaux, animaux de charge ou de monture trouvés dans les bois et forêts, sur des routes et chemins interdits à la circulation de ces véhicules et animaux.

Est puni de la peine d'amende prévue pour les contraventions de la 5e classe tout conducteur, ou à défaut tout détenteur, de véhicules, bestiaux, animaux de charge ou de monture trouvés dans les bois et forêts, hors des routes et chemins.

Le contrevenant à l'infraction mentionnée au deuxième alinéa encourt également les peines complémentaires suivantes :

1° La confiscation des animaux ayant été utilisés pour commettre l'infraction ;

2° La suspension du permis de conduire, pour une durée de trois ans au plus, le cas échéant limitée à la conduite en dehors de l'activité professionnelle.

Art. R. 163-7. – Le fait d'arracher des plants dans les bois et forêts est puni de l'amende prévue pour les contraventions de la 5e classe.

Le contrevenant encourt également la peine complémentaire de confiscation de la chose qui a servi ou était destinée à commettre l'infraction ainsi que de la chose qui en est le produit.

Art. R. 163-8. – Les propriétaires d'animaux trouvés en infraction dans les bois et forêts autres que ceux mentionnés à l'article L. 163-9 sont punis de l'amende prévue pour les contraventions de la 5e classe.

Le contrevenant encourt également la peine complémentaire de confiscation des animaux ayant été utilisés pour commettre l'infraction.

Art. R. 163-9. – Le fait de briser, dégrader, détruire ou faire disparaître des bornes, repères, signes et clôtures quelconques, servant à limiter les parcelles forestières, est puni de l'amende pour les contraventions de la 4e classe.

Section 4. – Rôle de protection des forêts

Art. R. 163-10. – Est puni de l'amende prévue pour les contraventions de la 5e classe, le fait dans une forêt de protection :

1° De réaliser des défrichements, fouilles, extractions de matériaux, infrastructures, exhaussements de sol, ou dépôts, à l'exception des travaux autorisés par l'article R. 141-14 ; dans ce cas, le contrevenant encourt également la peine complémentaire de confiscation de la chose qui a servi ou était destinée à commettre l'infraction ainsi que de la chose qui en est le produit ;

2° De procéder aux travaux autorisés sans en avoir avisé le préfet deux mois à l'avance par tout moyen permettant d'établir date certaine, ou malgré l'opposition de celui-ci.

Art. R. 163-11. – Est puni de la peine d'amende prévue pour les contraventions de la 5e classe le camping, la circulation ou le stationnement de véhicules motorisés ou de caravanes, dans une forêt de protection, en dehors des voies et aires prévues à cet effet, à l'exception des véhicules motorisés utilisés pour la gestion, l'exploitation et la défense de la forêt contre les incendies.

Le contrevenant encourt également la peine complémentaire de suspension du permis de conduire, pour une durée de trois ans au plus, le cas échéant limitée à la conduite en dehors de l'activité professionnelle.

Art. R. 163-12. – Le fait de contrevenir aux obligations édictées par les règlements de pâturage pris en application du titre IV du présent livre est puni de l'amende prévue pour les contraventions de la 3e classe.

Le contrevenant encourt également la peine complémentaire de confiscation des animaux ayant été utilisés pour commettre l'infraction.

Section 5. – Protection des dunes

Art. R. 163-13. – Le fait pour le bénéficiaire de ne pas procéder, dans les conditions prévues à l'article R. 143-4, à l'affichage sur le terrain de l'autorisation de coupe est puni de l'amende prévue pour les contraventions de la 3e classe.

Art. R. 163-14. – Dans les dunes du Pas-de-Calais, le fait pour le demandeur de ne pas procéder, dans les conditions prévues à l'article R. 143-9, à l'affichage sur le terrain de l'autorisation de fouilles est puni de l'amende prévue pour les contraventions de 3e classe.

Art. R. 163-15. – Dans les dunes du Pas-de-Calais, le fait pour les personnes autres que les propriétaires ou leurs ayants droit de couper ou d'arracher des herbes, plantes ou broussailles en méconnaissance de l'article L. 143-4 est puni de l'amende prévue pour les contraventions de la 5e classe.

Le contrevenant encourt également la peine complémentaire de confiscation de la chose qui a servi ou était destinée à commettre l'infraction ainsi que de la chose qui en est le produit.

Section 6. – Commercialisation de matériels forestiers de reproduction

Art. R. 163-16. – Est puni de l'amende prévue pour les contraventions de la 5e classe le fait de :

1° Commercialiser des matériels forestiers de reproduction sans avoir effectué la déclaration prévue à l'article R. 153-9 ;

2° Pour le fournisseur ou le responsable d'une entreprise de commercialisation de matériels forestiers de reproduction, ne pas effectuer les communications et déclarations prévues à l'article R. 153-10 ou ne pas identifier à tous les stades de production les lots de matériels forestiers de reproduction définis aux articles R. 153-11 et R. 153-12 ;

3° Produire ou commercialiser des semences non récoltées à partir de matériels de base inscrits aux registres prévus aux articles R. 153-4 et R. 153-21, hormis le cas des dérogations prévues aux articles R. 153-19 et R. 153-20 ;

4° Produire ou commercialiser des plants ou parties de plantes à fin forestière issus de semences non récoltées à partir de matériels de base inscrits aux registres prévus aux articles R. 153-4 et R. 153-21, hormis le cas des dérogations prévues à l'article R. 153-19 ;

5° Commercialiser des matériels forestiers de reproduction qui ne respectent pas les dispositions prévues à l'article R. 153-15, ainsi que les conditions d'emballage et d'identification définies à l'article R. 153-16.

Dans tous les cas mentionnés au présent article, le contrevenant encourt également la peine complémentaire de confiscation de la chose qui a servi ou était destinée à commettre l'infraction ainsi que de la chose qui en est le produit.

....

DISPOSITIONS PÉNALES RELATIVES AUX BOIS ET FORÊTS RELEVANT DU RÉGIME FORESTIER

CHAPITRE Ier. – Infractions

Section 1. – Arrêtés d'aménagement

Art. R. 261-1. – Le fait de se livrer en méconnaissance des dispositions de l'arrêté d'aménagement à des activités réglementées en application du dernier alinéa de l'article L. 212-2 est puni des peines prévues pour les contraventions de la 4e classe.

Section 2. – Règles de coupes, de ventes de coupes ou produits de coupes du domaine de l'État

Art. R. 261-2. – Le fait, pour des indivisaires mentionnés à l'article L. 215-1 de réaliser une coupe, exploitation ou vente de bois est puni de l'amende prévue pour les contraventions de la 5e classe.

Le contrevenant encourt également la peine de confiscation de la chose qui a servi ou était destinée à commettre l'infraction ainsi que de la chose qui en est le produit.

Art. R. 261-3. – Le fait de procéder à l'enlèvement des bois en méconnaissance des dispositions des clauses générales de vente mentionnées à l'article R. 213-24 est puni de l'amende prévue pour les contraventions de la 5e classe.

Le contrevenant encourt également la peine de confiscation de la chose qui a servi ou était destinée à commettre l'infraction ainsi que de la chose qui en est le produit.

Art. R. 261-4. – Le fait, pour un acheteur de coupes, d'abattre des arbres réservés ou de les compenser en cas de déficit, en infraction aux dispositions de l'article L. 213-14, est puni de l'amende prévue pour les contraventions de la 5e classe, lorsqu'en raison de l'enlèvement des arbres et de leur souches ou de toute autre circonstance, il y a impossibilité de constater la dimension des arbres.

Art. R. 261-5. – Le fait pour un acheteur d'effectuer un enlèvement de bois avant le lever ou après le coucher du soleil est puni de l'amende prévue pour les contraventions de la 4e classe.

Art. R. 261-6. – Le fait de contrevenir au mode d'abattage et à l'obligation de nettoiement des coupes prévus par les clauses de la vente résultant des dispositions de l'article R. 213-24 est punie de l'amende prévue pour les contraventions de la 5e classe.

Art. R. 261-7. – Le fait de ne pas débarder les bois par les chemins désignés par les clauses de la vente résultant des dispositions de l'article R. 213-24 est puni de l'amende prévue pour les contraventions de la 5e classe.

Art. R. 261-8. – Sans préjudice de l'application des dispositions de l'article L. 163-10, le dépôt sans autorisation, ou l'utilisation à d'autres fins que celles pour laquelle l'autorisation a été délivrée, en infraction aux clauses et conditions mentionnées à l'article R. 213-71, de matériaux destinés à des travaux publics est puni, par tonne de matériaux, de l'amende prévue pour les contraventions de la 5e classe.

Le contrevenant encourt également la peine de confiscation de la chose qui a servi ou était destinée à commettre l'infraction ainsi que de la chose qui en est le produit.

Section 3. – Droits d'usage et d'affouage

Art. R. 261-9. – Le fait d'avoir introduit, sur les terrains où le pâturage a été concédé, des animaux appartenant à une espèce autre que celles dont l'introduction est autorisée par l'acte de concession, d'avoir des animaux dont l'identifiant n'a pas été communiqué à l'Office national des forêts en infraction aux dispositions de l'article R. 241-25 ou de dépasser le nombre maximal d'animaux autorisé est puni de la peine d'amende prévue pour les contraventions de la 5e classe.

Le contrevenant encourt également la peine complémentaire de confiscation des animaux ayant été utilisés pour commettre l'infraction.

Art. R. 261-10. – Le fait, pour un concessionnaire de pâturage, d'avoir des animaux au pâturage dans des conditions autres que celles prévues par l'acte de concession, est puni de l'amende prévue pour les contraventions de la 2e classe.

Art. R. 261-11. – Le fait, pour un concessionnaire de pâturage, de faucher, labourer ou mettre en culture sans autorisation tout ou partie des surfaces concédées ou d'implanter sans autorisation des barrières, clôtures, parcs fixes ou mobiles ou tout autre installation est puni de l'amende prévue pour les contraventions de la 4e classe.

Art. R. 261-12. – Le fait, pour le ressortissant d'une commune où s'exerce le droit d'usage, de conduire lui-même au pâturage ou de faire conduire ses bestiaux à garde séparée, en infraction aux dispositions de l'article R. 241-23 est puni de l'amende prévue pour les contraventions de la 5e classe.

Le contrevenant encourt également la peine complémentaire de confiscation des animaux ayant été utilisés pour commettre l'infraction.

Art. R. 261-13. – Le fait, pour le gardien des porcs ou bestiaux d'une commune, section de commune ou groupe d'habitants autorisé à avoir un troupeau au panage ou au pâturage, de laisser ces animaux se mélanger avec ceux d'une autre commune, section de commune ou d'un autre groupe d'habitants, en infraction aux dispositions de l'article R. 241-23 est puni de l'amende prévue pour les contraventions de la 2e classe.

Art. R. 261-14. – Sans préjudice des dispositions de l'article L. 163-9, le fait, pour le gardien, de laisser divaguer des porcs et bestiaux appartenant à des titulaires d'un droit d'usage hors des périmètres de cantonnement désignés à cet effet, ou hors des chemins indiqués pour s'y rendre, est puni de l'amende prévue pour les contraventions de la 4e classe.

Art. R. 261-15. – Le fait de conduire, ou de faire conduire, des chèvres ou des moutons dans les bois et forêts de l'État en infraction aux dispositions de l'article L. 241-14, en puni de l'amende prévue pour les contraventions de la 5e classe.

Le contrevenant encourt également la peine complémentaire de confiscation des animaux ayant été utilisés pour commettre l'infraction.

Art. R. 261-16. – Le fait, pour le titulaire d'un droit d'usage limité à celui de prendre le bois mort, sec et gisant de se servir, pour l'exercice de ce droit, de crochets ou ferrements en infraction aux dispositions de l'article R. 241-27, est puni de l'amende prévue pour les contraventions de la 1re classe.

Art. R. 261-17. – Le fait, pour le titulaire d'un droit d'usage, de vendre ou d'échanger les bois qui lui sont délivrés, ou de les employer à une autre destination que celle pour laquelle le droit d'usage a été délivré, en infraction avec les dispositions de l'article L. 241-17, est puni :

1° S'il s'agit de bois de chauffage, de l'amende prévue pour les contraventions de la 4e classe ;

2° S'il s'agit de bois à bâtir ou de tout autre bois non destiné au chauffage, de l'amende prévue pour les contraventions de la 5e classe.

Dans tous les cas mentionnés au présent article, le contrevenant encourt également la peine complémentaire de confiscation de la chose qui a servi ou était destinée à commettre l'infraction ainsi que de la chose qui en est le produit.

....

Infractions aux règles de gestion

Art. R. 362-1. – Le fait de procéder ou de faire procéder à une coupe illicite en infraction aux dispositions du premier alinéa de l'article L. 312-11 est puni de l'amende prévue pour les contraventions de la 5e classe.

Le contrevenant encourt également la peine complémentaire de confiscation de la chose qui a servi ou était destinée à commettre l'infraction ainsi que de la chose qui en est le produit.

CHAPITRE III. – Infractions aux règles de défrichement

Art. R. 363-1. – Le fait pour le demandeur de ne pas procéder, dans les conditions prévues à l'article L. 341-4, à l'affichage régulier, sur le terrain, de l'autorisation de défrichement est puni de l'amende prévue pour les contraventions de la 3e classe.

Code rural et de la pêche maritime

Art. R. 126-9 *(D. n° 2006-394, 30 mars 2006)*. **– Est puni de l'amende prévue pour les contraventions de la quatrième classe le fait de semer, de planter ou de replanter des essences forestières en méconnaissance des réglementations des boisements prévues au présent chapitre ou de ne pas déférer à la mise en demeure prévue à l'article R. 126-10.**

ANNEXE 34

FRAUDES

Bibliographie : J.-H. Robert, Matsopoulou, *Fraudes : JCl. Lois pénales spéciales.*

Loi du 1er août 1905

sur les fraudes et falsifications en matière de produits ou de services

Voir : Abrogée par la loi n° 93-949 du 26 juillet 1993 relative au Code de la consommation, art. 4.

L. n° 93-949, 26 juill. 1993, relative au Code de la consommation (partie législative) et annexe : Consommation.

Décret du 22 janvier 1919

portant règlement d'administration publique pour l'application de la loi du 1er août 1905 sur la répression des fraudes

(Abr. par le décret n° 97-298 du 27 mars 1997 relatif au Code de la consommation [partie réglementaire])

Voir : Annexe : Consommation, 1, Code de la consommation, partie réglementaire (se référer à la table de concordance des textes d'origine et des articles du Code de la consommation, partie réglementaire : *JO* 3 avr. 1997, annexe, CE 39033).

Loi du 6 mai 1919

relative à la protection des appellations d'origine

Art. 8 *(Abr., L. n° 93-949, 26 juill. 1993, relative au Code de la consommation ; rempl., art. L. 115-1 et s. dudit code).*

Loi du 24 juin 1928

relative à la protection des numéros et signes quelconques servant à identifier les marchandises

(Abr., L. n° 93-949, 26 juill. 1993, relative au Code de la consommation ; rempl., art. L. 217-2 à L. 217-5 dudit code)

Loi du 26 mars 1930

réprimant les fausses indications d'origine des marchandises

(Abr., L. n° 93-949, 26 juill. 1993, relative au Code de la consommation ; rempl., art. L. 217-6 à L. 217-9 dudit code)

Loi n° 94-665 du 4 août 1994

relative à l'emploi de la langue française

Art. 1er. – Langue de la République en vertu de la Constitution, la langue française est un élément fondamental de la personnalité et du patrimoine de la France.

Elle est la langue de l'enseignement, du travail, des échanges et des services publics.

Elle est le lien privilégié des États constituant la communauté de la francophonie.

Tout avocat, même de nationalité étrangère plaidant devant les juridictions répressives françaises, est tenu de le faire en français, seule langue de procédure admise.

Justifie, dès lors, sa décision la chambre de l'instruction qui refuse à un avocat polonais, intervenant aux côtés d'un avocat français lors de l'audience de la chambre de l'instruction à laquelle est examinée une demande d'extradition et où est présent un interprète en langue polonaise, la possibilité de présenter (formuler), en langue polonaise, des observations dans l'intérêt de la personne réclamée (■ Cass. crim., 8 févr. 2012, n° 11-88.044).

Art. 2. – **Dans la désignation, l'offre, la présentation, le mode d'emploi ou d'utilisation, la description de l'étendue et des conditions de garantie d'un bien, d'un produit ou d'un service, ainsi que dans les factures et quittances, l'emploi de la langue française est obligatoire.**

[Dispositions déclarées non conformes à la Constitution par décision du Conseil constitutionnel n° 94-345 DC du 29 juill. 1994].

Les mêmes dispositions s'appliquent à toute publicité écrite, parlée ou audiovisuelle.

Les dispositions du présent article ne sont pas applicables à la dénomination des produits typiques et spécialités d'appellation étrangère connus du plus large public.

La législation sur les marques ne fait pas obstacle à l'application des premier et troisième alinéas du présent article aux mentions et messages enregistrés avec la marque.

Voir : Circulaire du 20 septembre 2001 relative à l'application de l'article 2 de la loi du 4 août 1994 relative à l'emploi de la langue française (*JO* 27 oct. 2001).

Art. 3. – **Toute inscription ou annonce apposée ou faite sur la voie publique, dans un lieu ouvert au public ou dans un moyen de transport en commun et destinée à l'information du public doit être formulée en langue française *(Dispositions déclarées non conformes à la Constitution par décision du Conseil constitutionnel n° 94-345 DC du 29 juill. 1994).***

Si l'inscription rédigée en violation des dispositions qui précèdent est apposée par un tiers utilisateur sur un bien appartenant à une personne morale de droit public, celle-ci doit mettre l'utilisateur en demeure de faire cesser, à ses frais et dans le délai fixé par elle, l'irrégularité constatée. Si la mise en demeure n'est pas suivie d'effet, l'usage du bien peut, en tenant compte de la gravité du manquement, être retiré au contrevenant, quels que soient les stipulations du contrat ou les termes de l'autorisation qui lui avait été accordée.

Art. 4. – **Lorsque des inscriptions ou annonces visées à l'article précédent, apposées ou faites par des personnes morales de droit public ou des personnes privées exerçant une mission de service public font l'objet de traductions, celles-ci sont au moins au nombre de deux.**

Dans tous les cas où les mentions, annonces et inscriptions prévues aux articles 2 et 3 de la présente loi sont complétées d'une ou plusieurs traductions, la présentation en français doit être aussi lisible, audible ou intelligible que la présentation en langues étrangères.

Un décret en Conseil d'État précise les cas et les conditions dans lesquels il peut être dérogé aux dispositions du présent article dans le domaine des transports internationaux.

Art. 5 ***(Mod., L. n° 96-597, 2 juill. 1996).*** – **Quels qu'en soient l'objet et les formes, les contrats auxquels une personne morale de droit public ou une personne privée exécutant une mission de service public sont parties, sont rédigés en langue française. Ils ne peuvent contenir ni expression ni terme étrangers lorsqu'il existe une expression ou un terme français de même sens approuvés dans les conditions prévues par les dispositions réglementaires relatives à l'enrichissement de la langue française.**

Ces dispositions ne sont pas applicables aux contrats conclus par une personne morale de droit public gérant des activités à caractère industriel et commercial la Banque de France ou la Caisse des dépôts et consignations et à exécuter intégralement hors du territoire national. Pour l'application du présent alinéa, sont réputés exécutés intégralement hors de France les emprunts émis sous le bénéfice de l'article 131 *quater* du Code général des impôts ainsi que les contrats portant sur la fourniture de services d'investissement au sens de l'article 4 de la loi 96-597 du 2 juillet 1996 de modernisation des activités financières et qui relèvent, pour leur exécution, d'une juridiction étrangère.

Les contrats visés au présent article conclus avec un ou plusieurs cocontractants étrangers peuvent comporter, outre la rédaction en français, une ou plusieurs versions en langue étrangère pouvant également faire foi.

Une partie à un contrat conclu en violation du premier alinéa ne pourra se prévaloir d'une disposition en langue étrangère qui porterait préjudice à la partie à laquelle elle est opposée.

Art. 6. – Tout participant à une manifestation, un colloque ou un congrès organisé en France par des personnes physiques ou morales de nationalité française a le droit de s'exprimer en français. Les documents distribués aux participants avant et pendant la réunion pour en présenter le programme doivent être rédigés en français et peuvent comporter des traductions en une ou plusieurs langues étrangères.

Lorsqu'une manifestation, un colloque ou un congrès donne lieu à la distribution aux participants de documents préparatoires ou de documents de travail, ou à la publication d'actes ou de comptes rendus de travaux, les textes ou interventions présentés en langue étrangère doivent être accompagnés au moins d'un résumé en français.

Ces dispositions ne sont pas applicables aux manifestations, colloques ou congrès qui ne concernent que des étrangers, ni aux manifestations de promotion du commerce extérieur de la France.

Lorsqu'une personne morale de droit public ou une personne morale de droit privé chargée d'une mission de service public a l'initiative des manifestations visées au présent article, un dispositif de traduction doit être mis en place.

Art. 7. – Les publications, revues et communications diffusées en France et qui émanent d'une personne morale de droit public, d'une personne privée exerçant une mission de service public ou d'une personne privée bénéficiant d'une subvention publique doivent, lorsqu'elles sont rédigées en langue étrangère, comporter au moins un résumé en français.

[Dispositions déclarées non conformes à la Constitution par décision du Conseil constitutionnel n° 94-345 DC du 29 juill. 1994]

....

Art. 14. – I. – L'emploi d'une marque de fabrique, de commerce ou de service constituée d'une expression ou d'un terme étrangers est interdit aux personnes morales de droit public dès lors qu'il existe une expression ou un terme français de même sens approuvés dans les conditions prévues par les dispositions réglementaires relatives à l'enrichissement de la langue française.

Cette interdiction s'applique aux personnes morales de droit privé chargées d'une mission de service public, dans l'exécution de celle-ci.

II. – Les dispositions du présent article ne sont pas applicables aux marques utilisées pour la première fois avant l'entrée en vigueur de la présente loi.

Art. 15. – L'octroi, par les collectivités et les établissements publics, de subventions de toute nature est subordonné au respect par les bénéficiaires des dispositions de la présente loi.

Tout manquement à ce respect peut, après que l'intéressé a été mis à même de présenter ses observations, entraîner la restitution totale ou partielle de la subvention.

Art. 16 *(Rempl., L. n° 2014-344, 17 mars 2014).* – Les infractions aux dispositions des textes pris pour l'application de l'article 2 sont recherchées et constatées par les agents mentionnés à l'article L. 215-1 du Code de la consommation dans les conditions prévues au livre II de ce même code.

Art. 17 et 18 *(Abr., L. n° 2014-344, 17 mars 2014).*

....

Art. 20. – La présente loi est d'ordre public. Elle s'applique aux contrats conclus postérieurement à son entrée en vigueur.

....

Art. 21. – Les dispositions de la présente loi s'appliquent sans préjudice de la législation et de la réglementation relatives aux langues régionales de France et ne s'opposent pas à leur usage.

....

Voir : Circulaire du 19 mars 1996 concernant l'application de la loi du 4 août 1994 (*JO* 20 mars 1996) ; Circulaire du 14 février 2003 relative à l'emploi de la langue française (*JO* 21 mars 2003).

ANNEXE 34

Décret n° 95-240 du 3 mars 1995
pris pour l'application de la loi n° 94-665 du 4 août 1994 relative à l'emploi de la langue française

TITRE PREMIER. – SANCTIONS PÉNALES

Art. 1er. – I. – Le fait de ne pas employer la langue française dans les conditions prévues par la loi du 4 août 1994 susvisée relative à l'emploi de la langue française :

1° Dans la désignation, l'offre, la présentation, le mode d'emploi ou d'utilisation, la description de l'étendue et des conditions de garantie d'un bien, d'un produit ou d'un service ainsi que dans les factures et quittances ;

2° Dans toute publicité écrite, parlée ou audiovisuelle, est puni de la peine d'amende prévue pour les contraventions de la 4e classe.

II. – Le fait de ne pas employer la langue française pour toute inscription ou annonce destinée à l'information du public, apposée ou faite sur la voie publique, dans un lieu ouvert au public ou dans un moyen de transport en commun, est puni de la même peine.

III. – Le fait de présenter la version française d'une manière qui n'est pas aussi lisible, audible ou intelligible que la présentation en langue étrangère des mentions, publicités, inscriptions ou annonces visées aux I et II du présent article est puni de la même peine.

IV. – En cas de condamnation prononcée pour l'une des contraventions prévues au présent article, le tribunal peut faire application des articles 132-66 à 132-70 du Code pénal.

1) Les indications relatives aux modalités d'entretien d'un vêtement constituent un mode d'utilisation du produit au sens de la loi du 4 août 1994 et du décret du 3 mars 1995 et doivent être traduites en langue française. Il incombe au responsable de la première mise sur le marché des produits de vérifier que les modalités d'utilisation sont conformes à la législation relative à l'emploi de la langue française (■ Cass. crim., 14 nov. 2000 : *Bull. crim.*, n° 342 ; *JCP* 2001, II, 10525, note Dreyer ; *Dr. pénal* 2000, comm. 117, obs. J.-H. Robert).

2) La mesure d'effet équivalent à des restrictions quantitatives à l'importation qui pourrait résulter de la législation prescrivant l'emploi de la langue française dans les modes d'utilisation des produits est justifiée conformément à l'article 36, devenu 30, du traité de la Communauté européenne, par la protection des consommateurs sur le territoire national. Il s'ensuit que justifie sa décision, la cour d'appel, qui pour écarter le moyen de défense du prévenu, importateur des produits, qui soutenait que les conseils d'entretien des textiles n'étaient pas des mentions obligatoires justifiant l'exigence nationale de l'emploi de la langue française, retient que les éléments de l'étiquetage constituent des mises en garde indispensables pour le consommateur (■ Cass. crim., 14 nov. 2000, arrêt précité).

3) Justifie sa décision la cour d'appel qui condamne le prévenu ayant mis en vente plusieurs exemplaires d'un produit comportant un mode d'utilisation en langue étrangère à autant d'amendes que de contraventions constatées à la législation sur l'emploi de la langue française, dès lors que la commercialisation de chaque article constitue une faute distincte, punissable séparément (■ Cass. crim., 26 avr. 2000 : *Bull. crim.*, n° 163).

4) Il résulte des articles 2 de la loi du 4 août 1994 et 1er et 4 du décret du 3 mars 1995 que l'emploi de la langue française est obligatoire notamment dans la désignation, l'offre, la présentation, le mode d'emploi ou d'utilisation, la description de l'étendue et des conditions de garanties d'un bien, d'un produit ou d'un service. En conséquence, ne justifie pas sa décision, la cour d'appel qui pour relaxer un prévenu se borne à énoncer que les documents en anglais accompagnant le progiciel étaient destinés à un installateur spécialisé et non pas à l'utilisateur final qui pouvait, une fois le progiciel installé par un professionnel, avoir accès aux modes d'emploi en ligne rédigés en français et suffisants pour l'utilisation du produit (■ Cass. crim., 3 nov. 2004 : *Bull. crim.*, n° 266).

Art. 2. – Sous réserve des exceptions prévues par l'article 6 de la loi du 4 août 1994 précitée, est puni de la peine d'amende prévue pour les contraventions de la 4e classe le fait, pour toute personne de nationalité française organisant une manifestation, un colloque ou un congrès :

1° D'interdire aux participants de s'exprimer en français ;

2° De distribuer aux participants des documents avant et pendant la réunion pour en présenter le programme, sans les accompagner d'une version française ;

3° De ne pas établir au moins un résumé en français des documents préparatoires ou de travail distribués aux participants et ne pas inclure, dans les actes ou comptes rendus de travaux publiés, au moins un résumé en français des textes ou interventions présentés en langue étrangère ;

4° De ne pas prévoir un dispositif de traduction dans le cas fixé au quatrième alinéa de l'article 6 de la loi précitée.

Art. 3. – Le fait de ne pas mettre à la disposition d'un salarié une version en langue française d'un document comportant des obligations à l'égard de ce salarié ou des dispositions dont la connaissance est nécessaire à celui-ci pour l'exécution de son travail est puni de la peine d'amende prévue pour les contraventions de la 4e classe.

Art. 4. – Les personnes morales peuvent être déclarées responsables pénalement, dans les conditions prévues par l'article 121-2 du Code pénal, des infractions définies aux articles 1er à 3.

Les personnes morales encourent la peine de l'amende suivant les modalités prévues par l'article 131-41 du Code pénal.

Les dispositions des articles 132-66 à 132-70 du Code pénal sont applicables en cas de condamnation d'une personne morale.

ANNEXE 35

ANNEXE 35

FUNÉRAILLES

Bibliographie : G. Sébastien, *La fin du monopole communal des pompes funèbres : vers un nouveau droit funéraire ? : JCP* G 1993, I, 3701.

Code général des collectivités territoriales

(L. n° 96-142, 21 févr. 1996)

Art. L. 2223-18-4 *(L. n° 2008-1350, 19 déc. 2008)*. **– Le fait de créer, de posséder, d'utiliser ou de gérer, à titre onéreux ou gratuit, tout lieu collectif, en dehors d'un cimetière public ou d'un lieu de dépôt ou de sépulture autorisé, destiné au dépôt temporaire ou définitif des urnes ou à la dispersion des cendres, en violation du présent code est puni d'une amende de 15 000 € par infraction. Ces dispositions ne sont pas applicables aux sites cinéraires créés avant le 31 juillet 2005.**

Art. L. 2223-23 *(Mod., L. n° 2008-1350, 19 déc. 2008 ; L. n° 2011-302, 22 mars 2011)*. **– Les régies, les entreprises ou les associations et chacun de leurs établissements qui, habituellement, sous leur marque ou non, fournissent aux familles des prestations énumérées à l'article L. 2223-19 ou définissent cette fourniture ou assurent l'organisation des funérailles doivent être habilités à cet effet selon des modalités et une durée prévues par décret en Conseil d'État.**

Pour accorder cette habilitation, le représentant de l'État dans le département s'assure :

1° Des conditions requises des dirigeants telles que définies à l'article L. 2223-24 ;

2° De conditions minimales de capacité professionnelle du dirigeant et des agents. Dans le cas d'une régie non dotée de la personnalité morale et de l'autonomie financière, seuls les personnels de la régie doivent justifier de cette capacité professionnelle ;

3° De la conformité des installations techniques à des prescriptions fixées par décret ;

4° De la régularité de la situation du bénéficiaire au regard des impositions de toute nature et des cotisations sociales ;

5° De la conformité des véhicules à des prescriptions fixées par décret.

L'habilitation est valable sur l'ensemble du territoire national.

Le contrôle de la conformité aux prescriptions mentionnées aux 3° et 5° est assuré par des organismes accrédités dans des conditions fixées par décret.

....

Art. L. 2223-24 *(Mod., Ord. n° 2003-1212, 18 déc. 2003 ; L. n° 2017-86, 27 janv. 2017)*. **– Nul ne peut exercer les fonctions de dirigeant ou de gérant de droit ou de fait d'une régie, d'une entreprise, d'une association ou d'un établissement bénéficiant de ou sollicitant l'habilitation prévue à l'article L. 2223-23 :**

1° S'il a fait l'objet d'une condamnation définitive à une peine d'emprisonnement avec ou sans sursis, figurant au bulletin n° 2 du casier judiciaire, pour un crime ou l'un des délits suivants :

– exercice illégal d'une activité professionnelle ou sociale dont l'accès est réglementé ;

– corruption active ou passive ou trafic d'influence ;

– acte d'intimidation contre une personne exerçant une fonction publique ;

- escroquerie ;
- abus de confiance ;
- violation de sépulture ou atteinte au respect dû aux morts ;
- vol ;
- attentat aux mœurs ou agression sexuelle ;
- recel ;
- coups et blessures volontaires ;

2° S'il a fait l'objet d'une condamnation prononcée par une juridiction étrangère et passée en force de chose jugée constituant d'après la loi française une condamnation pour un crime ou l'un des délits mentionnés au 1° du présent article ; le tribunal correctionnel du lieu de résidence du condamné, ou, s'il n'a pas sa résidence en France, du lieu où il a demandé l'habilitation, saisi par requête, apprécie la régularité et la légalité de cette décision et statue en chambre du conseil, l'intéressé dûment appelé, sur l'application en France de l'interdiction ;

3° S'il a été frappé de faillite personnelle ou d'une autre sanction en application du chapitre V ou du chapitre VI du titre II du livre VI du Code de commerce ou, dans le régime antérieur à ces dispositions, en application du titre II de la loi n° 67-563 du 13 juillet 1967 sur le règlement judiciaire, la liquidation des biens, la faillite personnelle et les banqueroutes, ou s'il a été déclaré en état de faillite par une juridiction étrangère quand le jugement déclaratif a été déclaré exécutoire en France, et s'il n'a pas été réhabilité.

....

Art. L. 2223-33 *(L. n° 2008-1350, 19 déc. 2008)*. – À l'exception des formules de financement d'obsèques, sont interdites les offres de services faites en prévision d'obsèques ou pendant un délai de deux mois à compter du décès en vue d'obtenir ou de faire obtenir, soit directement, soit à titre d'intermédiaire, la commande de fournitures ou de prestations liées à un décès. Sont interdites les démarches à domicile ainsi que toutes les démarches effectuées dans le même but sur la voie publique ou dans un lieu ou édifice public ou ouvert au public.

....

Art. L. 2223-35. – Le fait de diriger en droit ou en fait une régie, une entreprise ou une association ou un établissement sans l'habilitation prévue aux articles L. 2223-23, L. 2223-41 et L. 2223-43 ou lorsque celle-ci est suspendue ou retirée en application de l'article L. 2223-25 est puni d'une amende de 75 000 €.

La violation des dispositions des articles L. 2223-31 à L. 2223-34 est punie d'une amende de 75 000 €.

Est puni de cinq ans d'emprisonnement et de 75 000 € d'amende le fait de proposer, directement ou indirectement, des offres, des promesses, des dons, des présents ou des avantages quelconques pour obtenir d'une personne qui, à l'occasion de son activité professionnelle, a connaissance d'un décès, qu'elle fasse connaître aux entreprises ou associations fournissant les prestations énumérées à l'article L. 2223-19 la survenance d'un décès ou qu'elle recommande aux familles les services d'une entreprise ou association déterminée.

Est puni de trois ans d'emprisonnement et de 45 000 € d'amende le fait, par une personne qui, à l'occasion de l'exercice de son activité professionnelle, a connaissance d'un décès, de solliciter ou d'agréer, directement ou indirectement, des offres, des promesses, des dons, des présents ou des avantages quelconques pour faire connaître aux entreprises ou associations fournissant les prestations énumérées à l'article L. 2223-19 la survenance d'un décès ou pour recommander aux familles les services d'une entreprise ou association déterminée.

Les personnes physiques coupables de l'une des infractions prévues au présent article encourent également les peines complémentaires suivantes :

1° L'interdiction des droits civiques, civils et de famille, suivant les modalités prévues par l'article 131-26 du Code pénal ;

2° L'interdiction, pour une durée de cinq ans au plus, d'exercer une fonction publique ou d'exercer l'activité professionnelle ou sociale dans l'exercice ou à l'occasion de l'exercice de laquelle l'infraction a été commise ;

3° L'affichage ou la diffusion de la décision prononcée dans les conditions prévues à l'article 131-35 du Code pénal.

1) L'article L. 2223-33 du Code général des collectivités territoriales interdit notamment les démarches à domicile faites à l'occasion ou en prévision d'obsèques en vue d'obtenir la commande ou la fourniture de prestations liées à un décès ; le texte ne distingue pas selon que les prestations relèvent ou non du service extérieur des pompes funèbres tel qu'il est défini par l'article L. 2223-19 du même code ; méconnaît ce texte la cour d'appel qui, aux motifs inopérants du caractère récent et des circonstances tragique d'un décès, retient que les démarches à domicile effectuées par les représentants d'une entreprise de marbrerie funéraire dans le mois puis au cours du 9e mois qui ont suivi le décès tombent sous le coup de la loi pénale (■ Cass. crim., 29 juin 2004 : *Bull. crim.*, n° 175 ; *Dr. pénal* 2004, comm. 148, obs. J.-H. Robert).

2) L'article L. 2223-33 du Code général des collectivités territoriales ne fixant pas de limite temporelle à l'interdiction du démarchage fait à l'occasion d'obsèques en vue d'obtenir la commande de fourniture ou de prestations liées à un décès, cette prohibition est applicable à un démarchage dont il est établi qu'il a été déterminé par un décès, peu important le délai écoulé depuis la survenue de celui-ci (■ Cass. crim., 27 juin 2006 : *Bull. crim.*, n° 197 ; *Dr. pénal* 2006, comm. 122, obs. J.-H. Robert ; *Rev. sc. crim.* 2007, p. 94, n° 2, obs. C. Ambroise-Casterot).

3) Sont interdites, en application de l'article L. 2223-33 du Code général des collectivités territoriales, les démarches à domicile faites à l'occasion d'obsèques, qu'elles soient effectuées spontanément ou à la demande du client éventuel (■ Cass. crim., 13 févr. 2007 : *Bull. crim.*, n° 40 ; *Dr. pénal* 2007, comm. 75, obs. J.-H. Robert ; *Rev. sc. crim.* 2008, p. 91, n° 4, obs. C. Ambroise-Casterot).

Art. L. 2223-35-1 *(L. n° 2004-1343, 9 déc. 2004)*. **– Afin de garantir au contractant ou au souscripteur d'une formule de prestations d'obsèques à l'avance sa pleine et entière liberté de choix sa vie durant, qu'il s'agisse d'un contrat de forme individuelle ou d'adhésion à un contrat de groupe au sens de l'article L. 140-1 du Code des assurances, le contrat doit prévoir explicitement la faculté pour le contractant ou le souscripteur de modifier la nature des obsèques, le mode de sépulture, le contenu des prestations et fournitures funéraires, l'opérateur habilité désigné pour exécuter les obsèques et, le cas échéant, le mandataire désigné pour veiller à la bonne exécution des volontés exprimées au sens de l'article 3 de la loi du 15 novembre 1887 sur la liberté des funérailles, le ou les changements effectués à fournitures et prestations équivalentes ne donnant droit à la perception que des seuls frais de gestion prévus par les conditions générales souscrites, sous peine, en cas de non-respect par une entreprise de cette liberté de modification ou de proposition par elle d'un contrat n'incluant pas cette faculté, d'une amende de 15 000 € par infraction commise.**

Art. L. 2223-36 *(L. n° 2009-526, 12 mai 2009)*. **– Les personnes morales déclarées responsables pénalement, dans les conditions prévues par l'article 121-2 du Code pénal, des infractions définies à l'article L. 2223-35 encourent, outre l'amende suivant les modalités prévues par l'article 131-38 du Code pénal, les peines prévues par les 2° à 9° de l'article 131-39 du même code.**

L'interdiction mentionnée au 2° de l'article 131-39 du même code porte sur l'activité dans l'exercice ou à l'occasion de l'exercice de laquelle l'infraction a été commise.

Art. L. 2223-37. – Les dispositions des articles L. 2223-35 et L. 2223-36 ne sont pas applicables aux autorités publiques qui, en application d'un texte législatif ou réglementaire, sont tenues soit d'assurer tout ou partie d'opérations funéraires, soit d'en assurer le financement.

ANNEXE 36

IMPÔTS

Bibliographie : S. Detraz, *Impôts : JCl. Lois pénales spéciales.* • M. Dupré, *Le droit pénal fiscal à l'épreuve des principes du droit pénal : Dr. pén.* 2013, dossier 6.

Code général des impôts

Section I. – Pénalités : dispositions communes

Art. 1741 *(Mod., L. n° 2009-526, 12 mai 2009 ; L. n° 2013-906, 11 oct. 2013 ; L. n° 2013-1117, 6 déc. 2013).* **– Sans préjudice des dispositions particulières relatées dans la présente codification, quiconque s'est frauduleusement soustrait ou a tenté de se soustraire frauduleusement à l'établissement ou au paiement total ou partiel des impôts visés dans la présente codification, soit qu'il ait volontairement omis de faire sa déclaration dans les délais prescrits, soit qu'il ait volontairement dissimulé une part des sommes sujettes à l'impôt, soit qu'il ait organisé son insolvabilité ou mis obstacle par d'autres manœuvres au recouvrement de l'impôt, soit en agissant de toute autre manière frauduleuse, est passible, indépendamment des sanctions fiscales applicables, d'une amende de 500 000 € et d'un emprisonnement de cinq ans.**

Les peines sont portées à 2 000 000 € et sept ans d'emprisonnement lorsque les faits ont été commis en bande organisée ou réalisés ou facilités au moyen :

1° Soit de comptes ouverts ou de contrats souscrits auprès d'organismes établis à l'étranger ;

2° Soit de l'interposition de personnes physiques ou morales ou de tout organisme, fiducie ou institution comparable établis à l'étranger ;

3° Soit de l'usage d'une fausse identité ou de faux documents, au sens de l'article 441-1 du Code pénal, ou de toute autre falsification ;

4° Soit d'une domiciliation fiscale fictive ou artificielle à l'étranger ;

5° Soit d'un acte fictif ou artificiel ou de l'interposition d'une entité fictive ou artificielle.

Toutefois, cette disposition n'est applicable, en cas de dissimulation, que si celle-ci excède le dixième de la somme imposable ou le chiffre de 153 €.

Toute personne condamnée en application des dispositions du présent article peut être privée des droits civiques, civils et de famille, suivant les modalités prévues aux articles 131-26 et 131-26-1 du Code pénal.

(Al. abr. à compter du 11 décembre 2010, Cons. const. n° 2010-72/75/82 QPC, 10 déc. 2010 : JO 11 déc. 2010, JurisData n° 2010-030836 ; rétabli, L. fin. rect. n° 2010-1658, 29 déc. 2010) **La juridiction peut, en outre, ordonner l'affichage de la décision prononcée et la diffusion de celle-ci dans les conditions prévues aux articles 131-35 ou 131-39 du Code pénal.**

La durée de la peine privative de liberté encourue par l'auteur ou le complice d'un des délits mentionnés au présent article est réduite de moitié si, ayant averti l'autorité administrative ou judiciaire, il a permis d'identifier les autres auteurs ou complices.

Les poursuites sont engagées dans les conditions prévues aux articles L. 229 à L. 231 du Livre des procédures fiscales.

• *Sommaire*

1) QPC. Par décision n° 2016-556 QPC du 22 juillet 2016, le Conseil constitutionnel a décidé que les mots « soit qu'il ait volontairement dissimulé une part des sommes sujettes à l'impôt » figurant dans la première phrase du premier alinéa de l'article 1741 sont conformes à la Constitution.

2) Par deux décisions n°s 2016-545 et 2016-546 QPC du 24 juin 2016, le Conseil constitutionnel a décidé que l'article 1729 et les dispositions contestées de l'article 1741 du Code général des impôts instituent des procédures complémentaires qui, en tant que telles, ne peuvent être regardées comme conduisant à l'engagement de poursuites différentes aux fins de sanctions de faits identiques en application de corps de règles distincts et que l'application combinée de ces articles ne méconnaît pas le principe de nécessité des délits et des peines de sorte qu'un cumul de sanctions demeure possible sous réserve du respect du principe de proportionnalité (*JCP* 2016, 1042, note S. Detraz ; *Dr. pén.* 2016, comm. 135, note V. Peltier).

3) En matière de fraude fiscale, la réserve d'interprétation émise par le Conseil constitutionnel dans ses décisions n°s 2016-545 et 2016-546 QPC du 24 juin 2016, au paragraphe 21, et n° 2016–556 du 22 juillet 2016, portant sur l'application combinée des articles 1729 et 1741 du Code général des impôts, ne s'applique qu'à une poursuite pénale exercée pour des faits de dissimulation volontaire d'une partie des sommes sujettes à l'impôt et qu'en cas d'engagement d'une procédure de sanction fiscale.

Dès lors, ne peut se prévaloir de cette réserve le prévenu qui a été poursuivi et condamné pour des faits d'omission volontaire de faire une déclaration de TVA dans les délais prescrits et qui ne justifie pas avoir fait l'objet de pénalités fiscales (■ Cass. crim., 22 févr. 2017, n° 16-82.047).

4) Dans sa décision n° 2016-545 QPC du 24 juin 2016, déclarant conformes à la Constitution l'article 1729 du Code général des impôts et des dispositions de l'article 1741 du même code, le Conseil constitutionnel a émis trois réserves, notamment celle énonçant que les dispositions de l'article 1741 du code précité « ne sauraient, sans méconnaître le principe de nécessité des délits, permettre qu'un contribuable qui a été déchargé de l'impôt par une décision juridictionnelle devenue définitive pour un motif de fond puisse être condamné pour fraude fiscale ».

Une cour administrative d'appel, qui a déclaré la prévenue non redevable de l'impôt calculé sur le prix de cession non déclaré des parts de sa société regardé comme un salaire, n'a pas remis en cause le manquement à l'obligation déclarative au titre des revenus imposables de ce prix de cession en tant que plus-values de cession à titre onéreux et n'a ainsi pas déchargé la prévenue de toute imposition sur les sommes en cause.

En conséquence, la cour d'appel a retenu, à bon droit, que l'infraction de minoration des sommes déclarées à l'impôt restait caractérisée (■ Cass. crim., 28 juin 2017, n° 16-81.149).

5) En matière de fraude fiscale, la réserve d'interprétation émise par le Conseil constitutionnel dans ses décisions n°s 2016-545 et 2016-546 QPC du 24 juin 2016, au paragraphe 13, et n° 2016-556 du 22 juillet 2016 portant sur certaines dispositions de l'article 1741 du Code général des impôts pris isolément, dont il résulte qu'un contribuable qui a été déchargé de l'impôt pour un motif de fond par une décision juridictionnelle devenue définitive ne peut être condamné pour fraude fiscale, ne s'applique qu'à une poursuite pénale exercée pour des faits de dissimulation volontaire d'une partie des sommes sujettes à l'impôt, et non à des poursuites exercées pour des faits d'omission volontaire de faire une déclaration dans les délais prescrits, et qu'en cas de décision de décharge rendue par le juge administratif ou civil relative au même impôt.

Dès lors, le prévenu poursuivi, en qualité de gérant de fait de l'établissement stable d'une société britannique en France, pour défaut de déclaration de résultats au titre de l'impôt sur les sociétés, ne peut se prévaloir d'une décision du juge administratif le déchargeant des cotisations supplémentaires d'impôt sur le revenu, des contributions sociales et des pénalités y afférentes, mises à sa charge en sa qualité de maître de l'affaire du même établissement (■ Cass. crim., 31 mai 2017, n° 15-82.159).

I – ÉLÉMENT MATÉRIEL

6) Les dispositions de l'article 1741 du CGI ont une portée générale et ne contiennent aucune exception en faveur du contribuable qui, se trouvant soumis au régime de l'évaluation administrative et étant tenu de faire une déclaration annuelle de ses recettes brutes, a souscrit une déclaration intentionnellement minorée de ses recettes (■ Cass. crim., 2 juin 1980, inédit). Ces dispositions définissent en termes clairs et précis les obligations fiscales et les sanctions qui y sont attachées, dans des conditions compatibles avec la Convention européenne des droits de l'homme (■ Cass. crim., 16 janv. 1997 : *Bull. crim.*, n° 15).

7) La fraude fiscale commise en matière de taxe à la valeur ajoutée par la production de factures fictives délivrées par une firme commerciale de façade constitue à la fois le délit de l'article 1741 du CGI et une escroquerie au sens de l'article 405 du Code pénal (■ Cass. crim., 25 janv. 1967 : *Gaz. Pal.* 1967, 1, 229, note Cosson. ■ 6 févr. 1969 : *JCP* 69, II, 16116, note Guérin).

8) Le prévenu se rend coupable de fraude fiscale en employant un procédé qui a pour objet, par le décalage de ses encaissements, de maintenir artificiellement les recettes de son exploitation agricole en deçà des limites du chiffre d'affaires lui permettant de bénéficier du régime fiscal, à ses yeux plus avantageux, du forfait auquel, si elles étaient sincères, ses déclarations de chiffre d'affaires ne lui permettraient pas de prétendre (■ Cass. crim., 19 nov. 1984 : *Bull. crim.*, n° 351).

9) Est constitutif du délit de fraude fiscale le fait, pour un héritier, dans le dessein d'échapper au paiement des droits de succession, d'acquérir peu de temps avant le décès de son testateur, sous le couvert de rentes viagères dépourvues d'aléa, l'essentiel des actifs immobiliers devant lui revenir (■ Cass. crim., 5 déc. 1966 : *Bull. crim.*, n° 452).

10) Justifie sa décision la cour d'appel qui, pour déclarer coupable d'*organisation frauduleuse d'insolvabilité* le président d'une association, relève qu'après perception de dons manuels assujettis à droits de mutation à titre gratuit et taxation d'office consécutive à des mises en demeure infructueuses, l'intéressé a dissous l'association et transféré ses actifs à l'étranger pour déjouer l'action paulienne intentée par l'administration fiscale (■ Cass. crim., 5 juin 2002 : *Bull. crim.*, n° 128).

– Est justifiée la décision de la cour d'appel qui condamne la prévenue pour fraude fiscale par organisation d'insolvabilité et qui énonce, procédant de son pouvoir souverain d'appréciation, que la prévenue a mis hors d'atteinte des sommes, que le trésor aurait pu appréhender, en veillant à maintenir en permanence ses comptes bancaires à découvert pour échapper à toute saisie tout en cumulant les dettes fiscales (■ Cass. crim., 20 avr. 2005, pourvoi 04-85.684 : *JurisData* n° 2005-008315 ; *Dr. pénal* 2005, comm. 112, obs. J.-H. Robert).

11) L'article 1741 du Code général des impôts réprime la simple omission volontaire de faire les déclarations requises dans les délais prescrits sans qu'il soit nécessaire que des manœuvres frauduleuses aient été utilisées (■ Cass. crim., 8 juin, 3 juill. et 3 oct. 1974 : *Bull. crim.*, n° 209, 245 et 274 ; *D.* 1975, 211, note Robert et Tixier ; *Gaz. Pal.* 1975, 1, 79, note Cosson et Blancher ; *Rev. sc. crim.* 1975, 415, obs. Vitu. ■ 2 mars 1976 : *Bull. crim.*, n° 76 ; *D.* 1976, 405, note Robert et Tixier).

12) En l'état de ses énonciations, d'où il résulte que les prévenus étaient en mesure de remplir leurs obligations fiscales nonobstant l'incarcération du mari et la saisie de sa comptabilité professionnelle, la cour d'appel, qui a, sans insuffisance ni contradiction, caractérisé en tous ses éléments, tant matériels qu'intentionnels, le délit dont elle a déclaré les prévenus coupables, a justifié sa décision (■ Cass. crim., 15 mai 2008 : *Dr. pénal* 2008, comm. 129, obs. J.-H. Robert).

13) Les juridictions répressives françaises, saisies de poursuites pour fraude fiscale, ne sont pas liées par la qualité de résident reconnue dans un autre État et demeurent compétentes pour apprécier, au regard des éléments de l'espèce, la qualité de résident français du prévenu (■ Cass. crim., 29 mars 1989 : *Bull. crim.*, n° 153 ; 16 mai 2001, pourvoi n° M 00-82.649). Selon l'article 170-4 du Code général des impôts, le contribuable est tenu de déclarer les éléments du revenu, y compris ceux qui, en vertu d'une convention internationale relative aux doubles impositions, sont susceptibles d'être exonérés. Caractérise le délit de fraude fiscale par minoration des déclarations déposées sans mention du revenu imposable l'arrêt qui relève que le prévenu, qui prétendait bénéficier de la convention franco-togolaise du 24 novembre 1971 tendant à éviter les doubles impositions, a son domicile à Paris où il possède un patrimoine immobilier et mobilier important, perçoit l'essentiel de ses revenus en France où il passe une grande partie de l'année et ne justifie pas avoir réglé l'impôt afférent à ces revenus dans un autre pays (■ Cass. crim., 1er mars 2000 : *Bull. crim.*, n° 100). Commet ainsi le délit, par défaut de déclaration, le prévenu qui, prétendant bénéficier d'une convention fiscale franco-suisse pour éviter les doubles impositions en matière d'impôts sur le revenu et la fortune, avait en réalité sa résidence effective et le centre de ses intérêts économiques en France et se prévalait donc sciemment d'un régime fiscal indu (■ Cass. crim., 3 déc. 1990 : *Bull. crim.*, n° 411).

14) Constitue le délit de fraude fiscale prévu par l'article 1741 du Code général des impôts, le fait par le contribuable de s'abstenir de porter à la connaissance de l'Administration un élément utile à l'établissement de l'impôt ; tel est le cas de la distribution occulte de sommes à des tiers dont l'identité n'est pas révélée, opération correspondant à un transfert de bénéfices qui auraient dû apparaître à l'actif des destinataires clandestins de ces fonds (■ Cass. crim., 2 mars 1987 : *Bull. crim.*, n° 101) ; il en est de même de l'omission de déclarer des commissions occultes provenant d'une activité délictueuse (■ Cass. crim., 19 févr. 1998 : *Bull. crim.*, n° 73). Le seul fait de se placer sous un régime fiscal indu dans l'intention de se soustraire, ne serait-ce que partiellement, à l'impôt, constitue le délit prévu par l'article 1741 ; constitue ainsi le délit de fraude fiscale le fait de placer une société sous le régime de l'article 44 *bis* du Code général des impôts prévoyant une réduction d'imposition pour les entreprises industrielles nouvellement créées, en sachant que celle-ci, destinée à reprendre une activité préexistante, ne remplit pas les conditions exigées par ce texte (■ Cass. crim., 28 oct. 1991 : *Bull. crim.*, n° 382. ■ 11 janv. 1996 : *Bull. crim.*, n° 19).

15) Mais ne se rend pas coupable de fraude fiscale par souscription tardive de la déclaration de revenus, le contribuable qui dépose la déclaration d'ensemble et catégorielle après expiration des délais prévus à l'article 175 du Code général des impôts, mais avant la date fixée par l'arrêté ministériel prorogeant ces délais (■ Cass. crim., 30 juin 1999 : *Bull. crim.*, n° 171).

16) La seule constatation d'une dissimulation volontaire de sommes sujettes à l'impôt suffit à caractériser, en tous ses éléments constitutifs, le délit de fraude fiscale sans qu'il soit nécessaire d'établir l'existence de manœuvres frauduleuses (■ Cass. crim., 2 juill. 1998 : *Bull. crim.*, n° 213 ; *D.* 1999, jur. p. 434, note Tixier et Lamulle).

17) En matière de taxe sur la valeur ajoutée – les déclarations sur le chiffre d'affaires étant, sauf exception, établies mensuellement – les minorations de sommes sujettes à l'impôt ne sauraient être réputées commises, comme en matière d'impôt sur le revenu ou d'impôt sur les sociétés ou de tenue irrégulière de comptabilité, l'année suivant l'exercice comptable, à la clôture des comptes de cet exercice ; les poursuites – et l'avis de la Commission des infractions fiscales – doivent donc viser de manière différenciée les mois ou les années au titre desquels les fraudes ont pu être commises en matière de taxe sur la valeur ajoutée et celles au titre desquelles les fraudes ont pu être commises en matière d'impôt sur le revenu ou d'impôt sur les sociétés (■ Cass. crim., 12 déc. 1994 : *Bull. crim.*, n° 401).

La date d'exigibilité de la TVA correspond au jour soit de la cession, soit de l'encaissement de la facture selon que celle-ci a été cédée définitivement par l'entreprise ou a été recouvrée pour son compte auprès du client par la société d'affacturage (■ Cass. crim., 5 avr. 2006 : *Bull. crim.*, n° 105).

18) Les personnes assujetties à la TVA, dans le régime normal d'imposition, ont l'obligation, d'une part, de déclarer mensuellement le montant total des opérations réalisées et le détail des opérations taxables, d'autre part, d'acquitter simultanément la taxe exigible diminuée du montant de la taxe déductible ; encourt dès lors la censure l'arrêt d'une cour d'appel qui, pour relaxer du chef de fraude fiscale le dirigeant d'une société, retient que la volonté de frauder n'est pas établie après avoir relevé que l'élément matériel de l'infraction n'était pas contesté et résultait de la comparaison du chiffre d'affaires déclaré mensuellement et de celui comptabilisé dans les comptes annuels, la différence se traduisant par l'inscription d'une dette fiscale au passif du bilan et, ainsi, constaté une violation délibérée et réitérée des prescriptions légales (■ Cass. crim., 25 oct. 2006 : *Bull. crim.*, n° 256 ; *Rev. sc. crim.* 2007, p. 554, obs. H. Matsopoulou).

19) Aux termes de l'article 267-11, 2° du Code général des impôts, ne sont pas à comprendre dans la base d'imposition (à la TVA) les sommes remboursées aux intermédiaires, autres que les agences de voyages et organisateurs de circuits touristiques, qui effectuent des dépenses au nom et pour le compte de leurs commettants dans la mesure où ces intermédiaires rendent compte à leurs commettants, portent ces dépenses dans leur comptabilité dans des comptes de passage et justifient auprès de l'administration des Impôts de la nature ou du montant exact de ces débours ; ne peut invoquer le bénéfice de ce texte et se rend coupable du délit de fraude fiscale par organisation d'un montage frauduleux, le dirigeant d'une société, filiale d'une société étrangère, qui, en application de conventions tripartites préalables, facture au nom de cette dernière des prestations d'assistance à une entreprise cliente, comptabilise l'opération dans ses livres dans un compte courant ouvert au nom de la société mère, récupère la taxe en la déduisant de ses charges et ne paie, pas plus que la société mère, la TVA (■ Cass. crim., 30 mai 2001 : *Bull. crim.*, n° 138).

20) Les déclarations annuelles des ressources du foyer, exigées par les articles 4 A, 4 B et 170 du Code général des impôts, restent, contrairement aux déclarations relatives à une activité professionnelle, une obligation personnelle échappant aux prévisions de l'article 152 de la loi du 25 janvier 1985. Encourt dès lors des poursuites pour fraude fiscale le commerçant qui, prétextant le dessaisissement de la gestion de ses biens résultant de sa mise en liquidation judiciaire, s'abstient de faire les déclarations annuelles de revenus du foyer (■ Cass. crim., 11 janv. 1996 : *Bull. crim.*, n° 18).

21) Méconnaît les dispositions de l'article 388 du Code de procédure pénale la cour d'appel qui, pour relaxer un dirigeant de société poursuivi pour avoir omis de déposer une déclaration fiscale et des écritures en comptabilité relatives à l'exercice 1996, énonce que l'ordonnance de renvoi ne mentionne que des faits commis en 1996, alors que le prévenu n'a pris ses fonctions que le 7 février 1977 ; en effet, la loi n'imposant pas que les formalités dont l'omission était reprochée fussent accomplies avant le 7 février 1997, il s'en déduit nécessairement que les faits visés à la prévention sont postérieurs à la date à laquelle le prévenu est devenu dirigeant de la société. Notamment, il résulte de l'article 223.1 du Code général des impôts que l'omission de déposer la déclaration relative à l'impôt sur les sociétés dû au titre de l'exercice 1996 ne pouvait être reprochée avant le 31 mars 1997 (■ Cass. crim., 26 janv. 2005 : *Bull. crim.*, n° 31).

22) Le seul fait de se placer sous un régime fiscal indu, dans l'intention de se soustraire, ne serait-ce que partiellement, à l'impôt, caractérise en tous ses éléments le délit prévu par l'article 1741 du Code général des impôts. Est à bon droit déclaré coupable de fraude fiscale, le dirigeant d'une société, soustraite à l'établissement et au paiement de la TVA, qui, sous le couvert d'un objet social déclaré pour des opérations de construction et de rénovation immobilières, exerçait une activité de marchand de biens (■ Cass. crim., 11 janv. 2006 : *Bull. crim.*, n° 17).

23) Caractérise le délit de fraude fiscale le fait de placer indûment une société sous le régime de l'article 44 *sexies* du Code général des impôts prévoyant une réduction d'imposition pour les entreprises industrielles nouvellement créées.

Encourt la censure l'arrêt d'une cour d'appel qui relaxe les dirigeants d'une société, directement et indirectement détenue, à hauteur de 75 %, par d'autres sociétés, qui, pour la faire bénéficier de l'exonération de l'impôt sur les sociétés, ont déposé une déclaration inexacte dissimulant les fonctions de direction exercées par l'un d'eux dans une société luxembourgeoise ayant un objet similaire ou complémentaire (■ Cass. crim., 4 juin 2009 : *Bull. crim.*, n° 114).

24) Se rend coupable de fraude fiscale le prévenu, résidant à Saint-Barthélemy, qui s'est soustrait à l'établissement et au paiement de l'impôt sur le revenu dû au titre des années 1995 et 1996, dès lors que le Code des contributions, adopté par le conseil territorial de cette collectivité d'Outre-mer et entré en vigueur le 1er janvier 2008, qui a institué un nouveau régime fiscal ne comportant plus d'imposition des revenus pour les personnes y résidant depuis au moins cinq ans, n'a pas abrogé l'article 1741 du Code général des impôts et ne saurait avoir un effet rétroactif sur la constitution de ce délit (■ Cass. crim., 1er juill. 2009, pourvoi n° 08-86.520 : *Bull. crim.*, n° 142).

25) Le dirigeant de fait d'une entreprise artisanale, industrielle ou commerciale, exploitée en la forme individuelle, peut être déclaré pénalement responsable des chefs de banqueroute et de fraude fiscale (■ Cass. crim., 19 nov. 2008, pourvoi n° 08-81.194 : *Bull. crim.*, n° 237).

II – ÉLÉMENT MORAL

26) C'est à bon droit qu'une cour d'appel, pour rejeter les contestations du dirigeant de droit et de l'animateur occulte d'une société commerciale à qui il était imputé les délits prévus et punis par les articles 1741 et 1743 du Code général des impôts, énonce qu'il ne saurait être admis que ces infractions ont été perpétrées par le comptable salarié de l'entreprise, à l'insu des dirigeants de la personne morale, le caractère volontaire des carences de ces derniers étant démontré par leur persistance à ne pas se soumettre aux obligations auxquelles ils étaient soumis, malgré les multiples mises en garde à eux adressées par l'administration des Impôts (■ Cass. crim., 13 oct. 1986 : *Bull. crim.*, n° 281). De même, le caractère volontaire de la dissimulation des sommes sujettes à l'impôt ou de l'omission d'écritures comptables, est tout aussi bien établi par la constatation de la commission en connaissance de cause de ces agissements que par la démonstration de la constance et de l'importance des carences déclaratives ou comptables (■ Cass. crim., 8 août 1990 : *Bull. crim.*, n° 764).

27) En l'absence de toute délégation de pouvoirs, le dirigeant légal ou statutaire d'une société est personnellement tenu de se conformer aux obligations comptables et fiscales incombant à l'entreprise (■ Cass. crim., 5 janv. 2017, n° 15-82.435 : *Dr. pén.* 2017, comm. 40, note J.-H. Robert).

28) Le gérant d'une société à responsabilité limitée, qui est investi vis-à-vis des tiers, par l'article 49, alinéa 5 de la loi du 24 juillet 1966, des pouvoirs les plus étendus pour agir en toute circonstance au nom de la société, doit être tenu pour responsable des obligations fiscales de l'entreprise vis-à-vis de l'Administration (■ Cass. crim., 29 févr. 1996 : *Bull. crim.*, n° 101). Cette présomption de responsabilité qui n'a pas d'autre effet que de renverser la charge de la preuve n'est pas contraire à la présomption d'innocence (■ Cass. crim., 19 août 1997 : *Bull. crim.*, n° 285). La réalité et la portée de la délégation de pouvoirs, que le dirigeant social peut invoquer pour combattre une telle présomption, sont laissées à l'appréciation des juges du fond (arrêt précité). Justifie sa décision, la cour d'appel qui, pour retenir la responsabilité du prévenu, dirigeant de société, poursuivi pour fraude fiscale, estime que les faits incriminés n'entrent pas dans le champ d'application de la délégation de pouvoirs qu'il invoque et que celle-ci n'a aucune valeur comme délégation de pouvoir effective (■ Cass. crim., 23 mai 2007 : *Bull. crim.*, n° 138).

29) Il n'appartient pas aux juges de se déterminer par des considérations étrangères au principe de la légalité des délits et des peines et tirées de l'allégation par le prévenu d'un mobile subjectif (■ Cass. crim., 19 mai 1983 : *Bull. crim.*, n° 150 ; *Rev. sc. crim.* 1984, 314, obs. Vitu ; 723 et 726, obs. Larguier).

30) N'a pas tiré les conséquences de ses propres constatations, et encourt à ce titre la cassation, l'arrêt qui renvoie le prévenu des fins de la poursuite exercée contre lui du chef de fraude fiscale pour défaut d'intention coupable alors qu'il retient que les habitants de Saint-Barthélemy ne bénéficient d'aucune exception d'impôts, et que le prévenu s'est abstenu, malgré une mise en demeure, de souscrire ses déclarations de revenus (■ Cass. crim., 31 mai 2006 : *Bull. crim.*, n° 155 ; *Rev. sc. crim.* 2007, p. 550, obs. H. Matsopoulou).

31) Caractérise en tous ses éléments matériels et intentionnel le délit de fraude fiscale l'organisation d'un montage juridique frauduleux pour transférer des bénéfices imposables vers un pays à fiscalité privilégiée (■ Cass. crim., 8 févr. 2006 : *Bull. crim.*, n° 35).

32) *Adde* ■ Cass. crim., 25 oct. 2006 : *Bull. crim.*, n° 256, *supra*, note 12.

III – RÉPRESSION

33) Ne justifie pas sa décision la cour d'appel qui annule la procédure au motif que l'antériorité de la plainte de l'administration fiscale par rapport aux poursuites n'étant pas établie, le ministère public n'était pas régulièrement saisi au moment où il a diligenté l'enquête, alors qu'il résulte des constatations de l'arrêt que la plainte de l'Administration est datée du même jour que les réquisitions aux fins d'enquête du procureur de la République et qu'il n'importe que cette plainte n'ait été enregistrée, par les services de ce dernier, que postérieurement auxdites réquisitions (■ Cass. crim., 17 nov. 2004 : *Bull. crim.*, n° 290).

34) S'il est vrai que le juge répressif ne peut fonder l'existence de dissimulations volontaires de sommes sujettes à l'impôt sur les seules estimations des valeurs d'assiette que l'Administration est amenée à faire selon ses procédures propres, il a en revanche le droit de puiser les éléments de sa conviction dans les constatations de fait relevées par les vérificateurs fiscaux dès lors que par une appréciation souveraine, exempte d'insuffisance et de contradiction, il en a reconnu l'exactitude (■ Cass. crim., 25 sept. 1987 : *Bull. crim.*, n° 316. ■ 8 août 1990 : *Bull. crim.*, n° 303).

35) Se rend complice du délit de fraude fiscale commis par son client le notaire qui prête son concours, bien que sachant que les actes pour l'établissement desquels son office est requis, constituent, compte tenu de leur simultanéité et des majorations fictives de prix l'instrument nécessaire et obligé de la fraude. Il n'importe que le complice ait accompli, après chaque intervention, les formalités de publicité foncière dès lors qu'il avait déjà commis des actes de complicité et a persisté à en commettre (■ Cass. crim., 22 déc. 1986 : *Bull. crim.* n° 382 ; *D.* 1987, 327, note Tixier et Lamulle). Est également complice de fraude fiscale le banquier qui, sollicité par un client de son agence voulant dissimuler une partie de ses recettes au fisc, lui a conseillé l'ouverture d'un compte dit « de passage », ce qui lui a permis de disposer d'une trésorerie occulte ; la mauvaise foi du complice résulte de ce qu'il n'avait pas remis audit client, parallèlement à l'ouverture de ce second compte, de chéquier lui permettant de modifier le montant de son actif par voie de retraits à son nom ou d'effets émis à l'ordre de tiers (■ Cass. crim., 24 nov. 1986 : *Bull. crim.*, n° 352 ; *D.* 1987, 327, note Tixier et Lamulle).

Justifie sa décision la cour d'appel qui condamne le complice d'une fraude fiscale, en l'espèce l'instigateur, au sens de l'article 121-7, alinéa 2 du Code pénal, d'omissions déclaratives de la TVA, alors même que l'auteur principal du délit a été relaxé en raison de la non caractérisation de l'élément intentionnel de l'infraction à son égard (■ Cass. crim., 15 déc. 2004 ; *Dr. pénal* 2005, comm. 79, obs. J.-H. Robert).

36) Le point de départ de la **prescription** spéciale en matière de fraude fiscale prévue par l'article 1741 du Code général des impôts se situe au moment où le contribuable est tenu de déclarer les sommes assujetties à l'impôt et non à celui où les manœuvres préparatoires à la dissimulation ont été accomplies, avec ou sans le concours d'un complice. Dès lors, tant que l'auteur principal de la fraude fiscale peut être puni, ses complices qui empruntent sa criminalité peuvent l'être, et ce, d'autant plus en l'espèce que la complicité poursuivie visait l'article 1741 du Code général des impôts et non celle de l'article 1743 du même code, infraction soumise aux règles ordinaires de la prescription de l'action publique (■ Cass. crim., 24 nov. 1986, préc.). Contrairement aux actes de poursuite dont il appartient au procureur de la République d'apprécier l'opportunité, la plainte de l'administration des impôts, adressée à ce magistrat, préalable nécessaire à l'exercice des poursuites prévues à l'article 1741 du Code général des impôts, n'interrompt pas la prescription de l'action publique (■ Cass. crim., 22 janv. 1990 : *Bull. crim.*, n° 39). *Adde* ■ Cass. crim., 23 févr. 2011, n° 10-88.068 : *Bull. crim.*, n° 37, cité *infra* sous l'article L. 230 du Livre des procédures fiscales.

Dès lors que l'incompétence territoriale du ministère public n'est pas manifeste lors du dépôt de la plainte de l'administration des Impôts pour fraude fiscale, les instructions aux fins d'enquête du procureur de la République ainsi que tous les autres actes de poursuite de ce magistrat interrompent valablement la prescription (■ Cass. crim., 3 juin 2004 : *Bull. crim.*, n° 151).

37) Le local universitaire dans lequel un contribuable exerce une activité de maître-assistant n'est pas l'établissement professionnel de ce contribuable, au sens de l'article 1741, 3e alinéa du Code général des impôts (■ Cass. crim., 19 mai 1983 : *Bull. crim.*, n° 150).

38) Les juridictions répressives, saisies de poursuites pour fraude fiscale, ne sont pas liées par la qualité de résident reconnue dans un autre État et demeurent compétentes pour apprécier, au regard des éléments de l'espèce, la qualité de résident français du prévenu (■ Cass. crim., 29 mars 1989 : *Bull. crim.*, n° 153. ■ 1er mars 2000, pourvoi n° T 98-86.405). Justifie sa décision la cour d'appel qui pour déclarer le prévenu coupable de s'être volontairement soustrait à l'établissement et au paiement de l'impôt sur le revenu en s'abstenant de toute déclaration, constate qu'outre un centre d'intérêts économiques dont il disposait en France, l'intéressé y avait sa résidence principale (■ Cass. crim., 22 janv. 1990 : *Bull. crim.*, n° 39).

39) L'affichage et la publication d'une décision de justice constituent des sanctions pénales étrangères aux prévisions des articles 3 et 8-1 de la Convention européenne des droits de l'homme (■ Cass. crim., 26 mars 1990 : *Bull. crim.*, n° 131). Si, en matière de fraude fiscale, les mesures de publication et d'affichage de la décision s'appliquent de plein droit, échappant à l'appréciation des juridictions répressives, leur prononcé est subordonné à la reconnaissance de la culpabilité de l'auteur d'une fraude fiscale par le juge pénal, après examen préalable de la cause par un tribunal indépendant et impartial. Dès lors, ne méconnaît pas l'article 6-1 de la Convention européenne des droits de l'homme la cour d'appel qui prononce ces peines complémentaires contre un prévenu déclaré coupable de fraude fiscale (■ Cass. crim., 7 mars 2001 : *Bull. crim.*, n° 60).

40) Encourt la cassation au regard de l'article 1741 l'arrêt qui, pour relaxer le prévenu, ressortissant américain, du chef de fraude fiscale, retient que par application des articles 14 et 15 de la Convention franco-américaine du 28 juillet 1967 et de l'article 11 de l'avenant du 24 novembre 1978, les revenus tirés de l'activité d'écrivain exercée aux États-Unis sont exonérés de toute imposition en France alors que tout contribuable est tenu de déclarer les éléments du revenu global qui, susceptibles d'être exonérés, doivent être pris en compte pour le calcul de l'impôt applicable aux autres éléments du revenu global (■ Cass. crim., 10 juin 1992 : *JurisData* n° 001928 ; *Bull. crim.*, n° 224).

41) Les frais de publication et d'affichage des jugements, qui ne sont pas des frais de justice criminelle, correctionnelle ou de police, au sens des articles 800, R. 91 et R. 92 du Code de procédure pénale, échappent à l'application de l'article 800-1 de ce code, issu de la loi du 4 janvier 1993 ; il s'ensuit que le coût des mesures de publication et d'affichage de la décision, que les juges ordonnent, conformément aux articles 1741 et 1743 du Code général des impôts, en cas de condamnation pour fraude fiscale ou omission d'écritures en comptabilité, demeure à la charge du condamné, dans la limite toutefois, depuis l'entrée en vigueur de l'article 131-35 du Code pénal, du maximum de l'amende encourue (■ Cass. crim., 12 oct. 1995 : *Bull. crim.*, n° 306).

42) La publication de la décision condamnant un prévenu pour fraude fiscale, prévue par l'article 1741 constitue une peine complémentaire obligatoire et non une réparation civile. Les juges ne sont pas tenus de préciser le coût des insertions dans les journaux dont, en application des articles 131-35 du Code pénal et 1741 précité, le montant peut atteindre, sans l'excéder, le maximum de l'amende prévue par ce dernier texte, soit la somme de 250 000 F ; en conséquence encourt la censure la cour d'appel qui, sous couvert d'interprétation ou de rectification d'erreur d'un arrêt ayant condamné un prévenu à la peine de la publication sans en préciser le coût, fixe à 8 000 F le montant des frais ainsi mis à la charge du prévenu (■ Cass. crim., 28 mars 1996 : *Bull. crim.*, n° 144).

Le juge répressif qui déclare le prévenu coupable de fraude fiscale a l'obligation d'ordonner la publication et l'affichage de la décision (■ Cass. crim., 6 avr. 2005, pourvoi 04-80.412). La peine complémentaire de publication d'une condamnation pour fraude fiscale ne peut faire l'objet d'un relèvement, étant obligatoire, et l'article 132-21 du Code pénal ne prévoyant la possibilité d'un relèvement que pour les interdictions, déchéances et incapacités (■ Cass. crim., 3 juin 2004 : *JurisData* n° 2004-024331 : *Dr. pénal* 2004, comm. 132, obs. J.-H. Robert.

43) En cas de condamnation pour fraude fiscale ou pour omission d'écritures en comptabilité, le Tribunal qui ordonne la publication et l'affichage de la décision, aux frais du condamné, n'a pas à en fixer le coût, lequel ne doit toutefois pas excéder le maximum de l'amende encourue (■ Cass. crim., 10 sept. 2003 : *Bull. crim.*, n° 157 ; *Dr. pénal* 2003, comm. 126, obs. M. Véron).

44) Les poursuites pénales du chef de fraude fiscale, qui visent à réprimer des comportements délictueux tendant à la soustraction à l'impôt, ont une nature et un objet différents de ceux poursuivis, par l'Administration, dans le cadre du contrôle fiscal, qui tendent au recouvrement des impositions éludées. Il en résulte qu'un contribuable, prévenu de fraude fiscale, peut encourir à la fois les sanctions fiscales prévues à l'article 1729 du Code général des impôts et les sanctions pénales de l'article 1741 de ce même code (■ Cass. crim., 20 juin 1996 : *Bull. crim.*, n° 268).

45) Le cumul de sanctions fiscales, infligées par l'Administration sous le contrôle du juge de l'impôt, et de sanctions pénales, prononcées par les juridictions correctionnelles, n'est pas contraire aux dispositions des articles 14-7 du pacte de New York et 4 du protocole n° 7 additionnel à la Convention européenne des droits de l'homme et des libertés fondamentales ; en effet les dispositions de l'article 14-7 précité, selon lesquelles « nul ne peut être poursuivi ou puni en raison d'une infraction pour laquelle il a déjà été acquitté ou condamné par un jugement définitif conformément à la loi ou à la procédure pénale de son pays », ne trouvent à s'appliquer que dans le cas où une même infraction pénale, ayant déjà donné lieu à un jugement définitif, fait l'objet d'une nouvelle poursuite pénale ; cette règle *(« non bis in idem »)*, également visée par l'article 4 du protocole n° 7, additionnel à la Convention européenne des droits de l'homme et des libertés fondamentales, n'est applicable, selon les réserves faites par la France en marge de ce protocole, que pour les infractions relevant en droit français de la compétence des tribunaux statuant en matière pénale (■ Cass. crim., 6 nov. 1997 : *Bull. crim.*, n° 379 : *JCP* 1998, II, 10087, note Cliquennois).

46) Avant la modification de l'article 1741 du Code général des impôts par la loi du 29 décembre 1994, la privation des droits civiques n'était prévue en matière de fraude fiscale que contre les récidivistes. Doit en conséquence, être cassé, par voie de retranchement et sans renvoi, l'arrêt qui, pour des faits de fraude fiscale antérieure à ladite loi, condamne le prévenu à l'interdiction des droits civiques, civils et de famille, sans constater l'état de récidive (■ Cass. crim., 19 sept. 1966 : *Bull. crim.*, n° 327).

47) En matière d'impôts directs et taxes assimilées, le lieu de l'imposition est celui du principal établissement du contribuable et celui de commission des infractions de fraude fiscale. Dès lors, n'excède pas sa saisine la cour d'appel qui, statuant sur des poursuites diligentées à l'encontre d'un prévenu, exerçant sa profession dans plusieurs villes, pour des faits de fraude fiscale commis au lieu de son bureau principal, retient les faits commis aux lieux des bureaux secondaires (■ Cass. crim., 18 oct. 2000 : *Bull. crim.*, n° 303).

48) L'abrogation de l'article L. 272 du Livre des procédures fiscales, par les articles 198, 207, II et 211 de la loi du 9 mars 2004 portant adaptation de la justice aux évolutions de la criminalité, interdit que les condamnations prononcées par les juridictions répressives en application des articles 1741 et 1771 à 1778 du Code général des impôts et non définitives au 1er janvier 2005, date d'entrée en vigueur des articles pertinents de la loi précitée, soient recouvrées par la contrainte par corps (■ Cass. crim., 9 mars 2005 : *Bull. crim.*, n° 82. ■ 4 mai 2006 : *Dr. pénal* 2006, comm. 101, obs. J.-H. Robert).

49) Les poursuites pénales exercées sur le fondement de l'article 1741 du Code général des impôts et la procédure administrative tendant à fixer l'assiette et l'étendue de l'impôt étant, par leur nature et leur objet, différentes et indépendantes l'une de l'autre, le juge répressif n'a pas à surseoir à statuer jusqu'à la décision définitive du juge administratif, laquelle ne peut avoir autorité de chose jugée à son égard ; encourt dès lors la censure l'arrêt d'une cour d'appel qui, pour surseoir à statuer sur la culpabilité du dirigeant de sociétés, soustraites à l'établissement et au paiement de la TVA, jusqu'à l'issue de la procédure pendante devant le tribunal administratif, saisi d'une contestation sur la date d'exigibilité de la taxe, retient que la décision de cette juridiction est susceptible d'influer sur la caractérisation de l'élément intentionnel du délit de fraude fiscale (■ Cass. crim., 11 janv. 2006 : *Bull. crim.*, n° 16).

50) Le jugement qui prononce une condamnation pour fraude fiscale ne peut pas relever immédiatement le prévenu de la peine de publication prévue par l'article 1741, alinéa 4, du Code général des impôts (■ Cass. crim., 21 sept. 2005 : *Dr. pénal* 2006, comm. 13, obs. J.-H. Robert).

51) La plainte de l'administration des Impôts, préalable aux poursuites du chef de fraude fiscale, ne constitue pas un acte de poursuite ou d'instruction au sens de l'article 7 du Code de procédure pénale et n'a pas d'effet interruptif de la prescription de l'action publique (■ Cass. crim., 19 mai 2005 : *Bull. crim.*, n° 150 ; *Rev. sc. crim.* 2006, p. 622, n° 7, obs. H. Matsopoulou).

52) Selon l'article 1741 du Code général des impôts, toute décision de condamnation pour fraude fiscale commise en raison d'impositions dues par un contribuable au titre de l'exercice d'une activité professionnelle doit être affichée, intégralement ou par extraits, sur la porte extérieure de l'immeuble du ou des établissements professionnels du contribuable (■ Cass. crim., 28 févr. 2007 : *Bull. crim.*, n° 66 ; *Dr. pénal* 2007, comm. 76, obs. J.-H. Robert ; *Rev. sc. crim.* 2007, p. 555, obs. H. Matsopoulou).

53) L'article 50 de la Charte des droits fondamentaux de l'Union européenne ne s'oppose pas à ce que des poursuites pénales soient engagées pour fraude fiscale à l'encontre de la personne physique, représentant de la personne morale qui a fait l'objet de sanctions fiscales pour les mêmes faits (■ Cass. crim., 20 déc. 2017, n° 16-81.857 : *Dr. pén.* 2018, comm. 38, note V. Peltier).

Art. 1742 ***(Mod., L. n° 92-1336, 16 déc. 1992).*** **– Les articles 121-6 et 121-7 du Code pénal sont applicables aux complices des délits visés à l'article 1741, sans préjudice des sanctions disciplinaires, s'ils sont officiers publics ou ministériels ou experts-comptables.**

Sur l'étendue de la responsabilité du notaire au regard du délit de complicité de fraude fiscale, V. (■ Cass. crim., 18 oct. 1982 et ■ TGI Paris, 23 févr. 1982 : *D.* 1983, 157, note Robert et Tixier. Pour une certaine extension du concept de complicité, V. ■ Cass. crim., 3 janv. 1983 : *D.* 1984, 615, note Renoux).

Art. 1743 ***(L. n° 2011-525, 17 mai 2011 ; L. n° 2013-1278, 29 déc. 2013 ; L. fin. rect. n° 2014-1655, 29 déc. 2014).*** **– Est également puni des peines prévues à l'article 1741 :**

1° Quiconque a sciemment omis de passer ou de faire passer des écritures ou a passé ou fait passer des écritures inexactes ou fictives au livre-journal prévu par les articles L. 123-12 à L. 123-14 du Code de commerce, ou dans les documents qui en tiennent lieu.

La présente disposition ne met pas obstacle à l'application des peines de droit commun ;

2° Quiconque, en vue de faire échapper à l'impôt tout ou partie de la fortune d'autrui, s'entremet, soit en favorisant les dépôts de titres à l'étranger, soit en transférant ou faisant transférer des coupons à l'étranger pour y être encaissés ou négociés, soit en émettant ou en encaissant des chèques ou tous autres instruments créés pour le paiement des dividendes, intérêts, arrérages ou produits quelconques de valeurs mobilières.

Quiconque, dans le même but, a tenté d'effectuer l'une quelconque des opérations visées au premier alinéa est puni des mêmes peines ;

3° Quiconque a fourni sciemment des renseignements inexacts en vue de l'obtention des agréments prévus aux articles 199 *undecies* A, 199 *undecies* B, 217 *undecies*, 217 *duodecies*, 244 *quater* W et 244 *quater* X ou de l'autorisation préalable prévue à l'article 199 *undecies* A.

NB : Conformément à l'article 21 III de la loi n° 2013-1278 du 29 décembre 2013 de finances pour 2014, les dispositions de l'article 1743, dans leur rédaction issue de la présente loi, sont applicables aux investissements réalisés à compter du 1er juillet 2014, sous réserve que la Commission européenne ait déclaré ses dispositions compatibles avec le droit de l'Union européenne.

Le III de l'article 21 de la loi n° 2013-1278 du 29 décembre 2013 a été modifié par l'article 67 de la loi n° 2014-1655 du 29 décembre 2014. Il en résulte que les dispositions de l'article 1743, dans leur rédaction issue de la loi n° 2013-1278, sont applicables aux investissements réalisés à compter du 1er janvier 2015.

1) QPC. Non-lieu à renvoi au Conseil constitutionnel d'une question prioritaire de constitutionnalité relative au cumul des poursuites et des sanctions pénales et fiscales de la fraude fiscale (■ Cass. crim., 3 déc. 2014, n° 14-90.040 : *Dr. pén.* 2015, comm. 20, obs. J.-H. Robert).

2) Le délit d'omission de passation d'écritures ou de prestation d'écritures inexactes ou fictives prévu par l'article 1743-1° du Code général des impôts constitue une infraction distincte du délit de soustraction frauduleuse à l'établissement ou au paiement de l'impôt prévu par l'article 1741 du même code. Cette infraction est caractérisée en elle-même dès lors que se trouvent réunis ses éléments constitutifs propres et sans qu'il soit nécessaire que son auteur ait poursuivi la réalisation d'une fraude fiscale (■ Cass. crim., 3 déc. 1979 : *Bull. crim.*, n° 343).

3) Aux termes de l'article 1743-1° du Code général des impôts, l'expression « dans les documents qui en tiennent lieu » vise les livres, registres ou répertoires que certaines catégories de contribuables sont astreints à tenir en vertu des dispositions expresses de la loi. Une telle obligation résultant pour les agents immobiliers des dispositions de l'article 852-2° dudit code n'exclut pas celle de tenir également les livres prévus par les articles 8 et 9 du Code de commerce (■ Cass. crim., 25 mai 1981, inédit).

4) L'infraction définie à l'article 1743-1° du Code général des impôts a pour objet de prévenir la réalisation des délits de soustraction frauduleuse à l'établissement ou au paiement total ou partiel des impôts prévus par l'article 1741 du Code général des impôts, dont les sanctions lui sont applicables et sa répression entre dans les prévisions des articles L. 228 à L. 233 du Livre des procédures fiscales. Il s'ensuit que les juges répressifs ne sauraient, en l'absence de plainte de l'administration des Impôts, requalifier en omission de passation d'écritures, infraction fiscale, des faits poursuivis sous la qualification de banqueroute par tenue irrégulière de comptabilité (■ Cass. crim., 16 oct. 1989 : *Bull. crim.*, n° 360).

5) Le caractère volontaire de la dissimulation de sommes sujettes à l'impôt ou de l'omission d'écritures comptables, élément intentionnel constitutif des délits visés aux articles 1741 et 1743 du Code général des impôts, est tout aussi bien établi par la constatation de la commission en connaissance de cause de ces agissements que par la démonstration de la constance et de l'importance des carences déclaratives ou comptables (■ Cass. crim., 8 août 1990 : *Bull. crim.*, n° 303).

6) Le délit défini à l'article 1743-1° est caractérisé notamment à la date à laquelle les comptes annuels doivent être transcrits au livre d'inventaire après la clôture de l'exercice ; sa prescription n'est acquise, conformément aux dispositions de l'article L. 230 du Livre des procédures fiscales, qu'à l'expiration de la troisième année qui suit celle au cours de laquelle l'infraction a été commise (■ Cass. crim., 28 nov. 1994 : *Bull. crim.*, n° 378 ; *Dr. pénal* 1995, comm. 67, obs. Robert).

7) L'annulation de la procédure fondée sur une vérification de comptabilité irrégulière étend ses effets aux poursuites engagées pour fraude à l'impôt sur le revenu, dès lors que les dissimulations relevées à la suite de la vérification approfondie de la situation fiscale d'ensemble, dont la régularité n'est pas contestée, sont toutes déduites de la vérification irrégulière (■ Cass. crim., 28 févr. 1994 : *Bull. crim.*, n° 78).

8) La tenue irrégulière de comptabilité par un commerçant peut être qualifiée cumulativement de banqueroute et d'infraction fiscale prévue par l'article 1743 du Code général des impôts (■ Cass. crim., 4 mai 2006 : *JurisData* 2006-033686 ; *Dr. pénal* 2006, comm. 101, obs. J.-H. Robert).

Livre des procédures fiscales

Art. L. 227 ***(CGI, anc. art. 1743-A).*** **– Au cas de poursuites pénales tendant à l'application des articles 1741 et 1743 du Code général des impôts, le ministère public et l'administration doivent apporter la preuve du caractère intentionnel soit de la soustraction, soit de la tentative de se soustraire à l'établissement et au paiement des impôts mentionnés par ces articles.**

1) La preuve du caractère intentionnel de l'infraction n'est pas rapportée par un arrêt qui ne précise pas quelle participation personnelle une prévenue a prise aux faits de fraude reprochés à son mari directeur général d'une société dont elle était elle-même le président et se borne à se référer à cette qualité et au rôle de prête-nom tenu par cette prévenue (■ Cass. crim., 29 juin 1987 : *Bull. crim.*, n° 269).

2) Il se déduit des articles L. 227 et L. 232 du Livre des procédures fiscales et de l'article 1741 du Code général des impôts que l'administration fiscale, non appelante d'un jugement statuant sur des faits de fraude fiscale qui a reçu sa constitution de partie civile, peut intervenir à l'instance d'appel aux fins de corroborer l'action publique en cas de recours formé par le ministère public (■ Cass. crim., 29 juin 2016, n° 15-85.759 : *Dr. pén.* 2016, comm. 144, note J.-H. Robert).

Art. L. 228 ***(Mod., L. fin. rect. n° 2009-1674, 30 déc. 2009 ; L. fin. rect. n° 2011-1978, 28 déc. 2011 ; L. fin. rect. n° 2012-1510, 29 déc. 2012 ; L. n° 2013-1117, 6 déc. 2013).*** **– Sous peine d'irrecevabilité, les plaintes tendant à l'application de sanctions pénales en matière d'impôts directs, de taxe sur la valeur ajoutée et autres taxes sur le chiffre d'affaires, de droits d'enregistrement, de taxe de publicité foncière et**

de droits de timbre sont déposées par l'Administration sur avis conforme de la commission des infractions fiscales.

La commission examine les affaires qui lui sont soumises par le ministre chargé du budget. Le contribuable est avisé de la saisine de la commission qui l'invite à lui communiquer, dans un délai de trente jours, les informations qu'il jugerait nécessaires.

Toutefois, la commission examine l'affaire sans que le contribuable soit avisé de la saisine ni informé de son avis lorsque le ministre chargé du budget fait valoir qu'existent des présomptions caractérisées qu'une infraction fiscale pour laquelle existe un risque de dépérissement des preuves résulte :

1° Soit de l'utilisation, aux fins de se soustraire à l'impôt, de comptes ouverts ou de contrats souscrits auprès d'organismes établis à l'étranger ; de comptes ou de contrats souscrits auprès d'organismes établis dans un État ou territoire qui n'a pas conclu avec la France, depuis au moins trois ans au moment des faits, une convention d'assistance administrative permettant l'échange de tout renseignement nécessaire à l'application de la législation fiscale française ;

2° Soit de l'interposition de personnes physiques ou morales ou de tout organisme, fiducie ou institution comparable établis à l'étranger ;

3° Soit de l'usage d'une fausse identité ou de faux documents au sens de l'article 441-1 du Code pénal, ou de toute autre falsification.

4° Soit d'une domiciliation fiscale fictive ou artificielle à l'étranger ;

5° Soit de toute autre manœuvre destinée à égarer l'Administration.

Le ministre est lié par les avis de la commission.

Un décret en Conseil d'État fixe les conditions de fonctionnement de la commission.

1) QPC. Non-lieu à renvoi au Conseil constitutionnel d'une question prioritaire de constitutionnalité contestant le caractère non contradictoire de la procédure devant la commission des infractions fiscales (■ Cass. crim., 3 déc. 2014, n° 14-82.526 : *Dr. pén.* 2015, comm. 52, obs. J.-H. Robert).

2) Les juges répressifs, saisis d'une plainte pour fraude fiscale, sont compétents pour statuer sur les exceptions tirées de la nullité de la procédure suivie devant la Commission des infractions fiscales, dont l'avis conforme constitue un préalable nécessaire à la mise en recouvrement de l'action publique (■ Cass. crim., 28 janv. 1991 : *Bull. crim.*, n° 45).

3) La saisine de la Commission des infractions fiscales ayant un caractère « réel » et non « personnel », le ministère public a toujours la possibilité de poursuivre le ou les auteurs véritables des faits ayant justifié cette saisine, ainsi que leurs complices, sans être lié par le fait que la Commission ait suivi la procédure à l'égard du seul redevable légal de l'impôt (■ Cass. crim., 6 févr. 1997 : *Bull. crim.*, n° 54. ■ 22 janv. 2003 : *Dr. pénal* 2003, comm. 65, obs. J.-H. Robert).

4) L'avis émis par la Commission des infractions fiscales ayant un caractère réel et non personnel, le ministère public dispose de la faculté de poursuivre le ou les auteurs des faits ayant justifié cette saisine, ainsi que leurs complices, sans être lié par le fait que la Commission, qui a suivi régulièrement la procédure à l'égard des personnes concernées, ait rendu un avis favorable seulement à l'égard de certaines d'entre elles ; encourt, dès lors, la cassation l'arrêt qui, pour déclarer irrecevable la poursuite engagée par le ministère public à l'encontre du gérant de droit d'une société, retient que l'avis défavorable émis par la Commission des infractions fiscales concernant ce dirigeant faisait obstacle à l'exercice d'une telle poursuite, alors que la plainte de l'administration des Impôts saisit nécessairement le procureur de la République de tous les faits qu'elle dénonce et qu'il appartient à ce magistrat de poursuivre devant le tribunal correctionnel les personnes contre lesquelles il estime qu'il existe des charges suffisantes d'avoir commis les délits dénoncés (■ Cass. crim., 14 nov. 2002 : *Bull. crim.*, n° 206).

5) La Commission des infractions fiscales n'étant pas un organe juridictionnel mais une instance consultative destinée à donner un avis sur l'opportunité des poursuites, l'avis qu'elle rend n'a pas à préciser les délits reprochés et la date de leur commission (■ Cass. crim., 5 déc. 1996 : *Bull. crim.*, n° 452).

6) Satisfait aux prescriptions de l'article L. 228 du Livre des procédures fiscales l'envoi au contribuable, par la Commission des infractions fiscales, d'une lettre recommandée avec accusé de réception adressée à la dernière adresse de ce contribuable connue de l'Administration, la réception effective de ladite lettre ne dépendant pas de cette Commission (■ Cass. crim., 14 mars 1996 : *Bull. crim.*, n° 116).

7) Selon les articles L. 228 et R. 228-2 du livre des procédures fiscales, la Commission des infractions fiscales n'a pas d'autre obligation que d'informer le contribuable de sa saisine, par lettre recommandée avec avis de réception expédiée à sa dernière adresse connue, la réception effective de cette lettre ne dépendant pas de ladite Commission ; encourt dès lors la censure l'arrêt d'une cour d'appel qui, pour annuler les poursuites du chef de fraude fiscale, retient que le prévenu n'a pas reçu ladite lettre en relevant des griefs qui, à les supposer établis, n'étaient imputables qu'au préposé de La Poste chargé de la distribution du courrier (■ Cass. crim., 3 déc. 2008 : *Bull. crim.*, n° 244.

8) En l'absence de preuve contraire, les mentions portées sur l'avis conforme rendu par la Commission des infractions fiscales, signé de son président, suffisent à établir la régularité de la procédure suivie devant cet organisme.

Encourt dès lors la censure l'arrêt d'une cour d'appel qui, pour déclarer irrecevables les poursuites du chef de fraude fiscale, énonce, notamment, que l'absence de production, par l'administration des Impôts, partie civile, de la lettre adressée au contribuable en application des dispositions de l'article R. 228-2 du Livre des procédures fiscales, ne permet pas de vérifier la régularité de la procédure suivie (■ Cass. crim., 9 mars 2005 : *Bull. crim.*, n° 85 ; *Rev. sc. crim.* 2006, p. 622, obs. H. Matsopoulou).

9) QPC. Non-lieu à renvoi au Conseil constitutionnel de la question prioritaire de constitutionnalité de l'article 1er de la loi du 29 décembre 1977, codifiée notamment à l'article L. 228 du Livre des procédures fiscales, concernant la Commission des infractions fiscales, dès lors qu'aucun des principes évoqués (présomption d'innocence, impartialité du tribunal, séparation des pouvoirs et égalité devant la loi) ne trouve à s'appliquer devant la Commission des infractions fiscales, organisme administratif indépendant qui, étranger à l'établissement des impositions, est destiné à donner son avis au ministre chargé des finances sur l'opportunité des poursuites pénales, le prévenu conservant la possibilité de connaître et de discuter ultérieurement les charges devant un tribunal indépendant et impartial (■ Cass. crim., 21 sept. 2011, n° 11-90.080 QPC : *Dr. pén.* 2011, comm. 140, obs. J.-H. Robert).

10) QPC. Par décision n° 2016-555 QPC du 22 juillet 2016, le Conseil constitutionnel a décidé que les mots « Sous peine d'irrecevabilité » figurant au premier alinéa de l'article L. 228 sont conformes à la Constitution (*Dr. pén.* 2016, comm. 143, note J.-H. Robert).

Art. L. 228 A ***(Ord. n° 2009-104, 30 janv. 2009).*** **– Lorsque la commission des infractions fiscales mentionnée à l'article L. 228 examine les affaires soumises par le ministre du Budget en application de la deuxième phrase du troisième alinéa du II de l'article L. 561-29 du Code monétaire et financier, elle émet un avis sur le caractère raisonnablement suffisant des soupçons de fraude fiscale déclarés au service mentionné à l'article L. 561-23 du même code, en application du II de l'article L. 561-15.**

Art. L. 228 B ***(L. n° 2013-1117, 6 déc. 2013).*** **– La commission des infractions fiscales élabore chaque année à l'attention du Gouvernement et du Parlement un rapport d'activité, qui fait l'objet d'une publication, dans lequel figurent notamment le nombre de dossiers reçus et examinés, le nombre d'avis favorables et défavorables émis, répartis par impôts et taxes, ainsi que par catégories socio-professionnelles, en précisant le montant des droits visés pénalement.**

Les conditions du déclenchement des poursuites pénales en matière de fraude fiscale et les critères définis par la commission des infractions fiscales en la matière font l'objet d'un débat chaque année devant les commissions permanentes compétentes en matière de finances de l'Assemblée nationale et du Sénat ***[Dispositions déclarées non conformes à la Constitution par la décision du Conseil constitutionnel n° 2013-679 DC du 4 déc. 2013].***

Art. L. 229 ***(Mod., L. n° 2013-1117, 6 déc. 2013).*** **– Les plaintes sont déposées par le service chargé de l'assiette ou du recouvrement de l'impôt sans qu'il y ait lieu de mettre, au préalable, le contribuable en demeure de régulariser sa situation.**

Toutefois, les plaintes présentant un lien de connexité peuvent être déposées par un seul des services mentionnés au premier alinéa, compétent pour le dépôt de l'une de ces plaintes.

L'article L. 229 se borne à désigner le service compétent ; il n'exige pas d'habilitation pour la signature de la plainte (■ Cass. crim., 28 janv. 1991 : *Bull. crim.*, n° 44).

Art. L. 230 *(Mod., L. n° 2013-1117, 6 déc. 2013)*. **– Les plaintes peuvent être déposées jusqu'à la fin de la sixième année qui suit celle au cours de laquelle l'infraction a été commise.**

Lorsque l'infraction a été commise dans les conditions prévues à l'article 1837 du Code général des impôts, la plainte doit être déposée dans les six ans qui suivent l'affirmation jugée frauduleuse.

La prescription de l'action publique est suspendue pendant une durée maximum de six mois entre la date de saisine de la commission des infractions fiscales et la date à laquelle cette commission émet son avis.

Le délai triennal de prescription des délits prévus par les articles 1741 et 1743 du Code général des impôts, qui ne court qu'à partir du 31 décembre suivant la date à laquelle les déclarations fiscales ont été ou auraient dû être déposées et les écritures comptables ont été ou auraient dû être reportées au livre d'inventaire, ne peut être interrompu que par un acte d'instruction ou de poursuite.

Encourt la censure l'arrêt d'une cour d'appel qui retient que la plainte de l'administration fiscale a été déposée avant l'expiration du délai alors que cette plainte ne constitue ni un acte de poursuite, ni un acte d'instruction (■ Cass. crim., 23 févr. 2011, n° 10-88.068 : *Bull. crim.*, n° 37).

Rappr. (■ Cass. crim., 19 mai 2005 : *Bull. crim.* n° 150).

Art. L. 231. – Sous réserve de l'application des articles 203 et 210 du Code de procédure pénale relatifs à la connexité des infractions, les poursuites en vue de l'application des sanctions pénales prévues à l'article 1741 du Code général des impôts en cas de fraude fiscale sont portées devant le tribunal correctionnel dans le ressort duquel l'un quelconque des impôts en cause aurait dû être établi ou acquitté.

Dans le cas où une personne a commis l'une des infractions prévues aux articles 1771 à 1778 du Code général des impôts en matière d'impôts directs, les poursuites sont portées devant le tribunal correctionnel dans le ressort duquel l'infraction a été commise.

Lorsqu'une personne a commis l'infraction d'affirmation frauduleuse prévue à l'article 1837 du Code général des impôts en matière de droits d'enregistrement et de taxe de publicité foncière, les poursuites sont portées devant le tribunal correctionnel du domicile du défunt si l'affirmation frauduleuse est contenue dans une déclaration de succession et, dans les autres cas, devant le tribunal correctionnel soit du domicile de l'auteur du délit soit du lieu où le délit a été commis.

Selon l'article L. 231 du Livre des procédures fiscales, les poursuites pour fraude fiscale sont portées, sous réserve de la connexité des infractions, devant le tribunal correctionnel dans le ressort duquel l'un quelconque des impôts en cause aurait dû être établi ou acquitté ; justifie dès lors sa décision la cour d'appel qui, dans les poursuites exercées contre le dirigeant d'une société, soustraite à l'établissement et au paiement de la TVA, retient la compétence du tribunal du lieu du nouveau siège social, transféré au cours de la période visée à la prévention, en relevant que les faits commis au lieu des sièges successifs sont connexes (■ Cass. crim., 11 janv. 2006 : *Bull. crim.*, n° 17).

Art. L. 233 *(CGI, anc. art. 1744)*. **– Les syndicats et organismes professionnels ou interprofessionnels peuvent exercer les droits réservés à la partie civile dans les poursuites engagées par l'administration des impôts soit par voie de plainte sur le fondement des articles 1741 et 1743 du Code général des impôts, soit par voie de citation directe.**

Code général des impôts

Art. 1745. – Tous ceux qui ont fait l'objet d'une condamnation définitive, prononcée en application des articles 1741, 1742 ou 1743 peuvent être solidairement tenus, avec le redevable légal de l'impôt fraudé, au payement de cet impôt ainsi qu'à celui des pénalités fiscales y afférentes.

Bibliographie : Urbino-Soulier, *La solidarité des personnes condamnées en application des articles 1741 à 1743 du Code général des impôts avec le redevable légal des impôts fraudés (art. 1745, CGI) : JCP* E 1987, I, 16446.

ANNEXE 36

1) QPC. Non-lieu à renvoi au Conseil constitutionnel, les dispositions de l'article 1745 du Code général des impôts ne méconnaissant aucun des principes et droits garantis par la constitution (■ Cass. crim., 12 sept. 2012, n° 12-80.574 QPC : *Dr. pénal* 2012, comm. 146, obs. J.-H. Robert. ■ Cass. crim., 25 juin 2014, n° 13-87.692).

Non-lieu à renvoi au Conseil constitutionnel d'une question prioritaire de constitutionnalité contre l'article 1745 du Code général des impôts en ce qu'il autorise le juge judiciaire à prononcer la solidarité de l'auteur d'une fraude fiscale avec le débiteur de l'impôt, sans que ce juge puisse moduler l'étendue de la solidarité et sans qu'il soit tenu de la motiver (■ Cass. crim., 25 févr. 2015, n° 14-85.300 : *Dr. pén.* 2015, comm. 51, obs. J.-H. Robert).

2) La solidarité entre ceux qui sont condamnés, en application des articles 1741, 1742, 1743 du Code général des impôts, et le redevable légal de l'impôt fraudé pour le paiement de celui-ci et des pénalités, ne peut, lorsqu'elle est prononcée, être cantonnée à une part de ces impôts et pénalités (■ Cass. crim., 30 mai 1983 : *Bull. crim.*, n° 161). Cette solidarité, qui est une sanction de nature pénale, ne peut être remise en cause par un appel du prévenu limité aux seuls intérêts civils (■ Cass. crim., 12 nov. 1984 : *Bull. crim.*, n° 342).

3) En vertu de l'article 1745 du Code général des impôts, il appartient au juge répressif d'apprécier souverainement s'il y a lieu d'ordonner la solidarité, pour le paiement de l'impôt fraudé et des pénalités fiscales y afférentes, entre le redevable légal de l'impôt et les personnes qui ont été condamnées, comme auteur ou comme complice, par application des articles 1741, 1742 et 1743 du même code (■ Cass. crim., 22 déc. 1986 : *Bull. crim.*, n° 382. ■ 2 mars 1987 : *Bull. crim.*, n° 101. ■ 10 juin 1987 : *Bull. crim.*, n° 239). La solidarité, si elle est encourue de manière facultative en cas de condamnation pour omission d'écritures en comptabilité, infraction prévue par l'article 1743 du Code général des impôts, ne peut être prononcée par le juge s'il constate l'absence de droits fraudés (■ Cass. crim., 7 nov. 1996 : *Bull. crim.*, n° 399).

Selon les dispositions combinées des articles L. 232 et L. 272 du Livre des procédures fiscales, 1745 du Code général des impôts et 749 du Code de procédure pénale, la contrainte par corps et la solidarité du prévenu avec le redevable légal de l'impôt fraudé, mesures de caractère pénal, ne peuvent être prononcées qu'en cas de condamnation pénale (■ Cass. crim., 29 févr. 1996 : *Bull. crim.*, n° 100).

4) Lorsque les juges prononcent une condamnation pour fraude fiscale, en application des articles 1741 et 1743 du Code général des impôts, l'administration des impôts, partie civile sur le fondement de l'article L. 232 du Livre des procédures fiscales, est recevable à demander devant la juridiction du second degré, y compris sur son seul appel, la mesure à caractère pénal que constitue la solidarité du condamné avec le redevable légal des impôts fraudés, prévue par l'article 1745 du code précité (■ Cass. crim., 21 mars 1996 : *Bull. crim.*, n° 130). Mais V., en sens contraire, ■ Cass. crim., 4 nov. 2010 : *Bull. crim.*, n° 174, *infra*.

– À noter que la détermination des personnes redevables légales de l'impôt ne relève pas de la compétence de la juridiction répressive (■ Cass. crim., 6 oct. 2010 : *JurisData* n° 2010-020217 ; *Dr. pén.* 2011, comm. 10, obs. J.-H. Robert).

5) La cour d'appel n'a pas à renvoyer le prononcé de la solidarité jusqu'à ce que la déclaration de culpabilité du prévenu de fraude fiscale et de passation d'écritures comptables irrégulières, soit devenue définitive, ni à motiver davantage la sanction que l'article 1745 du Code général des impôts laisse à son appréciation souveraine, dès lors qu'elle spécifie que l'intéressé condamné par elle a à la direction de la société anonyme au sein de laquelle les fraudes fiscales ont été perpétrées et que celles-ci ont été l'œuvre du dirigeant de la personne morale redevable légale des impôts et taxes éludés (■ Cass. crim., 6 avr. 1987 : *Bull. crim.*, n° 157).

6) Le dirigeant d'une société ne peut être déclaré solidairement tenu au paiement de la dette fiscale de celle-ci que si l'inobservation gave et répétée des obligation fiscales dont il est responsable en a tendu le recouvrement impossible auprès de la société (■ Cass. crim., 11 janv. 2005 : *Bull. inf. C. cass.* 2005, n° 698).

7) Les frais engagés par l'Administration des impôts à l'occasion des mesures conservatoires prises par elle sur les immeubles propres d'un contribuable poursuivi pour fraude fiscale, doivent être joints à ceux de l'action fiscale exercée contre ce dernier et dont lesdites mesures constituent l'accessoire préalable. C'est sans méconnaître le sens et la portée des dispositions de l'article 1745 du Code général des impôts qu'une cour d'appel a mis ces frais à la charge du prévenu condamné par application de l'article 1741 du même code (■ Cass. crim., 29 juin 1987 : *Bull. crim.*, n° 269).

8) La mise en liquidation judiciaire d'un prévenu ne s'oppose pas à ce qu'il soit déclaré solidairement tenu envers l'administration, avec le redevable légal de l'impôt, au paiement des droits fraudés (une telle mesure étant sans incidence sur la détermination du montant des droits dus et sur l'obligation, pour les services fiscaux, d'avoir à déclarer leurs créances dans les conditions prévues par la loi du 25 janvier 1985), ni à ce que, en application de l'article L. 272 du Livre des procédures fiscales, il soit reconnu contraignable par corps (cette mesure étant nécessairement suspendue pendant la durée de la procédure collective, jusqu'à la clôture des opérations (■ Cass. crim., 3 oct. 1996 : *Bull. crim.*, n° 346).

9) L'ouverture d'une procédure de redressement judiciaire à l'encontre d'un prévenu ne fait pas obstacle au prononcé de la solidarité prévue par l'article 1745 du Code général des impôts, mesure à caractère pénal sans incidence sur la détermination des droits dus et sur l'obligation de l'administration de déclarer sa créance à la procédure collective ; doit être cassé l'arrêt d'une cour d'appel qui a sursis à statuer sur les demandes de l'Administration des impôts, partie civile, tendant au prononcé de cette mesure, et a renvoyé l'examen de l'affaire à une audience ultérieure pour permettre à cette Administration de justifier de la déclaration de sa créance au passif du redressement judiciaire du prévenu ou de l'introduction d'une action en relevé de forclusion (■ Cass. crim., 3 juin 2004 : *Bull. crim.*, n° 150).

Les juges de la cour d'appel ont, à bon droit, déclaré le prévenu, complice, solidairement tenu aux paiements des droits fraudés et des pénalités y afférentes, dès lors que la mise en liquidation judiciaire du prévenu ne s'oppose pas au prononcé de la solidarité prévue par l'article 1745 du Code général des impôts, mesure à caractère pénal, qui est sans incidence sur la détermination des droits dus et sur l'obligation pour l'Administration de déclarer sa créance (■ Cass. crim., 15 déc. 2004 : *Dr. pénal* 2005, comm. 79, obs. J.-H. Robert. ■ 22 mars 2006 : *Dr. pénal* 2006, comm. 105, obs. J.-H. Robert).

10) Selon l'article 1745 du Code général des impôts, les juges qui prononcent la solidarité, mesure sans incidence sur la détermination des droits dus, ne peuvent en limiter les effets à une part des impôts fraudés et pénalités fiscales y afférentes (■ Cass. crim., 4 nov. 2004 : *Bull. crim.*, n° 270. ■ Cass. crim., 25 févr. 2015, n° 14-81.734 : *Dr. pén.* 2015, comm. 51, obs. J.-H. Robert).

11) La solidarité du complice avec le redevable de l'impôt fraudé, prévue à l'article 1745 du Code général des impôts, s'étend à tous les faits de fraude fiscale poursuivis et qui procèdent d'une conception unique (■ Cass. crim., 22 oct. 2008 : *Bull. crim.*, n° 214. – Rappr. ■ Cass. crim., 28 nov. 1996 : *Bull. crim.*, n° 437).

12) La solidarité, prévue par l'article 1745 du Code général des impôts, est une mesure pénale que les juges peuvent prononcer en cas de condamnation pour l'un des délits prévus et punis par les articles 1741, 1742 et 1743 du même code. Justifie, dès lors, sa décision, la cour d'appel qui, infirmant sur les seuls appels du ministère public et du prévenu le jugement ayant relaxé partiellement ce dernier et limité la solidarité au montant de la fraude retenue, le déclare coupable de tous les faits de fraude fiscale visés à la prévention et dit qu'il sera solidairement tenu, avec le redevable légal de l'impôt, au paiement de l'ensemble des impôts fraudés et des pénalités y afférentes (■ Cass. crim., 19 mai 2010, pourvoi n° 09-83970 : *Bull. crim.* n° 89 ; *Dr. pén.* 2010, comm. 96, obs. J.-H. Robert).

13) La solidarité prévue par l'article 1745 du Code général des impôts est une mesure pénale ; dès lors, les juges du second degré, saisis du seul appel de l'administration fiscale, ne peuvent prononcer une telle mesure qu'avait écartée le tribunal, après déclaration de culpabilité du prévenu du chef de fraude fiscale (■ Cass. crim., 4 nov. 2010 : *Bull. crim.*, n° 174 ; *Dr. pén.* 2011, comm. 10, obs. J.-H. Robert).

Mais V. en sens contraire, *infra*, l'arrêt du 16 janv. 2013.

14) La solidarité de l'article 1745 du Code général des impôts forme l'objet de l'action publique et une cour d'appel doit se prononcer sur son application si elle est saisie, par le prévenu, des dispositions pénales d'un jugement dont le dispositif la contient (■ Cass. crim., 7 nov. 2012, n° 11-87.930 : *Dr. pénal* 2013, comm. 46, obs. J.-H. Robert).

15) Le prononcé de la solidarité, mesure pénale accessoire d'une condamnation pénale, sur l'appel du ministère Public ou de l'administration fiscale, partie civile, relève d'une faculté que les juges tiennent de la loi et n'a pas à être spécialement motivé (■ Cass. crim., 16 mai 2012, n° 11-86.334 : *Bull. crim.*, n° 124).

16) L'administration fiscale, partie civile, est recevable devant la juridiction de second degré, y compris sur son seul appel, à demander que soit prononcée la solidarité du condamné avec le redevable des impôts fraudés (■ Cass. crim., 16 janv. 2013, n. 12-82. 546 ; *Dr. pénal* 2013 comm. 92, obs. J.-H. Robert).

17) La mesure de solidarité fiscale, qui constitue une garantie pour le recouvrement de la créance du Trésor public, n'est pas une peine au sens de l'article 132-1 du Code pénal (■ Cass. crim., 9 mars 2016, n° 14-85.848 : *Dr. pén.* 2016, comm. 78, obs. J.-H. Robert).

Art. 1750 *(Rempl., L. n° 2011-525, 17 mai 2011).* – **Les personnes physiques coupables de l'une des infractions en matière d'impôts directs, de taxe sur la valeur ajoutée et autres taxes sur le chiffre d'affaires, de droit d'enregistrement, de taxe de publicité foncière et de droit de timbre encourent les peines complémentaires suivantes :**

1° L'interdiction, suivant les modalités prévues par l'article 131-27 du Code pénal, d'exercer directement ou indirectement, pour son propre compte ou pour le compte d'autrui, une profession libérale, commerciale ou industrielle, de diriger, d'administrer, de gérer ou de contrôler à un titre quelconque, directement ou indirectement, pour son propre compte ou pour le compte d'autrui, une entreprise commerciale ou industrielle ou une société commerciale ;

2° La suspension, pour une durée de trois ans au plus, ou de six ans au plus en cas de récidive, du permis de conduire, la juridiction pouvant limiter cette peine à la conduite en dehors de l'activité professionnelle.

Livre des procédures fiscales

Art. L. 232 *(CGI, anc. art. 1753 bis).* – **Lorsqu'une information est ouverte par l'autorité judiciaire sur la plainte de l'administration fiscale en matière de droits, taxes, redevances et impositions de toute nature mentionnés au Code général des impôts, cette administration peut se constituer partie civile.**

1) Auxiliaire du ministère public, l'administration fiscale ne peut ni réclamer des dommages-intérêts ni être condamnée aux dépens en cas d'acquittement (■ Cass. crim., 28 janv. 1971 : *Bull. crim.*, n° 33 ; *Rev. sc. crim.* 1971, 677, obs. Vitu).

2) L'administration des impôts, constituée partie civile sur le fondement de l'article L. 232 du Livre des procédures fiscales, est sans qualité pour remettre en question, en l'absence de recours du ministère public, ce qui a été jugé sur l'action publique (■ Cass. crim., 24 sept. 1998 : *Bull. crim.*, n° 237).

3) En cas de décision de relaxe, l'administration fiscale est sans qualité pour se pourvoir en cassation en l'absence de recours du ministère public (■ Cass. crim., 16 juin 2010 : *Bull. crim.* n° 109 ; *Dr. fisc.* 2010, n° 37, chron. p. 12, obs. R. Salomon).

4) Fait l'exacte application des articles 14.5 du Pacte international relatif aux droits civils et politiques, 2.1 du protocole additionnel n° 7 de la Convention européenne des droits de l'homme, L. 232 du Livre des procédures fiscales, préliminaire et 421 du Code de procédure pénale, la cour d'appel qui, pour déclarer recevable la constitution de partie civile de l'administration fiscale intervenue en cause d'appel, retient que la nature spécifique de l'action de cette Administration, qui n'est ni une action civile ni une action publique, trouve son fondement, non pas dans les articles 2 et 3 du Code de procédure pénale mais dans l'article L. 232 du Livre des procédures fiscales, cette action ne lui ouvrant pas, comme en droit commun, le droit de demander une réparation distincte de celle assurée par les majorations et amendes fiscales mais ayant pour but de lui permettre de suivre la procédure et d'intervenir dans les débats (■ Cass. crim., 8 nov. 2017, n° 17-82.968 : *Dr. pén.* 2018, comm. 15, note J.-H. Robert).

5) Il résulte des dispositions des articles L. 232 du Livre des procédures fiscales et 1745 du Code général des impôts que, lorsque l'administration fiscale intervient devant la juridiction répressive en qualité de partie civile dans une poursuite pour fraude fiscale exercée, sur sa plainte, par le ministère public, elle ne peut obtenir le prononcé de la solidarité avec le redevable légal de l'impôt fraudé que si le prévenu fait l'objet d'une condamnation pénale et se trouve ainsi sans qualité à remettre en cause les dispositions d'une décision prononçant une relaxe.

En conséquence, si l'administration fiscale est recevable à former un pourvoi contre un arrêt prononçant à la fois une condamnation pour une partie des faits de fraude fiscale reprochés et une relaxe pour le surplus, le moyen unique de cassation présenté par l'administration, qui ne critique que les dispositions de l'arrêt attaqué ayant partiellement relaxé le prévenu, est irrecevable en l'absence de pourvoi du ministère public (■ Cass. crim., 31 janv. 2018, n° 17-80.104).

Art. L. 272 *(Abr., L. n° 2004-204, 9 mars 2004).*

Code général des impôts

Section II. – Pénalités : dispositions particulières

A. – Impôts directs et taxes assimilées

Art. 1771. – Toute personne, association ou organisme qui n'a pas effectué dans les délais prescrits le versement des retenues opérées au titre de l'impôt sur le revenu (art. 1671-A et 1671-B) ou n'a effectué que des versements insuffisants est passible, si le retard excède un mois, d'une amende pénale de 9 000 € et d'un emprisonnement de cinq ans.

Art. 1772 *(Mod., L. n° 2011-525, 17 mai 2011)*. – 1. Sont passibles, indépendamment des sanctions fiscales édictées par le présent code, d'une amende de 4 500 € et d'un emprisonnement de cinq ans :

1° Tout agent d'affaires, expert et toute autre personne qui fait profession, soit pour son compte, soit comme dirigeant ou agent salarié de société, association, groupement ou entreprise quelconque, de tenir les écritures comptables de plusieurs clients et qui est convaincu d'avoir établi ou aidé à établir de faux bilans, inventaires, comptes et documents, de quelque nature qu'ils soient, produits pour la détermination des bases des impôts dus par lesdits clients ;

2° Quiconque, encaissant directement ou indirectement des revenus à l'étranger, ne les a pas mentionnés séparément dans sa déclaration conformément aux prescriptions des articles 170-2 et 173-2, lorsque la dissimulation est établie ;

3° Quiconque est convaincu d'avoir encaissé sous son nom des coupons appartenant à des tiers en vue de faire échapper ces derniers à l'application de l'impôt ;

4° Quiconque, en vue de s'assurer, en matière d'impôts directs ou de taxes assimilées, le bénéfice de dégrèvements de quelque nature que ce soit, produit des pièces fausses ou reconnues inexactes ;

5° Quiconque publie ou fait publier, par tout autre moyen que celui prévu à l'article L. 111 du Livre des procédures fiscales, tout ou partie des listes de contribuables visées audit article.

2. Les personnes visées aux 1-1° et 3° sont en outre, le cas échéant, tenues solidairement avec leurs clients au payement des sommes, tant en principal qu'en pénalités et amendes, dont la constatation aurait été compromise par leurs manœuvres.

3. Quiconque est convaincu d'avoir opéré sciemment une inscription sous une rubrique inexacte des dépenses supportées par une entreprise, en vue de dissimuler des bénéfices ou revenus imposables au nom de l'entreprise elle-même ou d'un tiers, est passible des peines prévues au 1.

Art. 1773. – Est puni de l'amende prévue à l'article 1772-1 le contribuable qui a commis sciemment dans la déclaration des revenus de valeurs et capitaux mobiliers pour l'établissement de l'impôt sur le revenu une omission ou insuffisance excédant le dixième de son revenu imposable ou la somme de 153 €.

Art. 1774 *(Mod., L. n° 2009-526, 12 mai 2009 ; L. n° 2013-906, 11 oct. 2013)*. – Les personnes coupables de l'une des infractions visées aux 1° à 4° du 1 de l'article 1772 et à l'article 1773 peuvent être privées des droits civiques, civils et de famille, suivant les modalités prévues aux articles 131-26 et 131-26-1 du Code pénal.

Art. 1775 *(Mod., L. n° 2011-525, 17 mai 2011)*. – En cas de récidive ou de pluralité de délits constatée par un ou plusieurs jugements, la personne condamnée en vertu du 1° du 1 de l'article 1772 encourt l'interdiction d'exercer les professions d'agent d'affaires, de conseil fiscal, d'expert ou de comptable, même à titre de dirigeant ou d'employé et, s'il y a lieu, la fermeture de l'établissement.

Toute personne qui contrevient à cette interdiction, soit en exerçant la profession qui lui est interdite, soit en employant sciemment les services d'un tiers auquel l'exercice de la profession est interdit en vertu du présent article, est passible d'une amende de 18 000 € et d'un emprisonnement de deux ans.

Art. 1776 *(L. n° 93-949, 26 juill. 1993 relative au Code de la consommation)*. – En ce qui concerne les infractions visées aux articles 1771 à 1775, le tribunal ordonne, à la requête de l'administration, que le jugement soit publié intégralement ou par extraits dans le *Journal officiel* de la République française, ainsi que dans les journaux désignés par lui et affiché pendant trois mois sur les panneaux réservés à l'affichage des publications officielles de la commune où le condamné a son domicile, à la porte extérieure de l'immeuble

de ce domicile et du ou des établissements professionnels du condamné. Les frais de ces publications et de cet affichage sont intégralement à la charge de ce dernier.

Les dispositions des six derniers alinéas de l'article L. 216-3 du Code de la consommation sont applicables dans la mesure où elles ne sont pas contraires à celles du présent article.

Art. 1777. – **Lorsque le délinquant est une société ou une association, les peines prévues aux articles 1771 et 1775, deuxième alinéa, sont applicables personnellement aux présidents, directeurs généraux, directeurs, gérants et, en général, à toute personne ayant qualité pour représenter la société ou l'association.**

Art. 1778 *(Mod., L. n° 92-1336, 16 déc. 1992).* – **Les articles 121-6 et 121-7 du Code pénal sont applicables aux complices des délits visés aux articles 1771 à 1775 et 1777, sans préjudice des sanctions disciplinaires s'ils sont officiers publics ou ministériels, experts-comptables ou comptables agréés.**

....

B. – Taxe sur le chiffre d'affaires et taxes assimilées

Art. 1789 *(Mod., L. n° 2011-525, 17 mai 2011).* – **Au cas où un contrevenant ayant fait l'objet depuis moins de trois ans d'une des amendes fiscales ou d'une majoration prévues aux articles 1729, 1729 B et 1734 commet intentionnellement une nouvelle infraction prévue par l'un de ces textes, il peut être traduit devant le tribunal correctionnel, à la requête de l'administration compétente, et puni d'un emprisonnement de six mois. Le tribunal correctionnel peut ordonner, à la demande de l'administration, que le jugement soit publié intégralement ou par extraits dans les journaux qu'il désigne et affiché dans les lieux qu'il indique, le tout aux frais du condamné. Toutes les dispositions de l'article L. 216-3 du Code de la consommation sont applicables dans ce cas.**

Pour être constitué en état de récidive et traduit devant le tribunal correctionnel, il faut que l'auteur d'une infraction commise intentionnellement ait préalablement reçu un avertissement à raison d'une précédente contravention ; cet avertissement résulte par exemple d'une transaction intervenue entre l'intéressé et l'administration, ou de la délivrance d'un titre de perception, ou d'un avis de mise en recouvrement non contesté (■ Cass. crim., 6 mai 1964 : *Bull. crim.*, n° 152) ou d'un jugement définitif prononcé par la juridiction administrative (■ Cass. crim., 24 mai 1935 : *Bull. crim.*, n° 67).

....

C. – Contributions indirectes

Art. 1791 *(Ord. n° 2005-1512, 7 déc. 2005 ; L. n° 2011-267, 14 mars 2011).* – **I. – Sous réserve des dispositions spéciales prévues aux articles ci-après, toute infraction aux dispositions du titre III de la première partie du livre Ier et des lois régissant les contributions indirectes, ainsi que des décrets et arrêtés pris pour leur exécution, toute manœuvre ayant pour but ou pour résultat de frauder ou de compromettre les droits, taxes, redevances, soultes et autres impositions établies par ces dispositions sont punies d'une amende de 15 € à 750 €, d'une pénalité dont le montant est compris entre une et trois fois celui des droits, taxes, redevances, soultes ou autres impositions fraudés ou compromis, sans préjudice de la confiscation des objets, produits ou marchandises saisis en contravention, ainsi que de la confiscation des biens et avoirs qui sont le produit direct ou indirect de l'infraction.**

II ***(II mod. pour les recettes encaissées à compter du 1er janvier 2015, L. fin. n° 2014-1654, 29 déc. 2014)*** **L'amende prévue au I est remplacée par une amende de 15 à 30 € pour les infractions aux dispositions de l'article 290 *quater*.**

1) **QPC.** Non-lieu à renvoi au Conseil constitutionnel de la question prioritaire de constitutionnalité visant l'article 1791 de Code général des impôts, les pénalités fiscales prononcées au titre dudit article par un juge qui a le pouvoir de les moduler, ayant un caractère mixte, répressif et indemnitaire et répondant aux critères de proportionnalité (■ Cass. crim., 9 mars 2011, n° 10-87.542, QPC : *Dr. pénal* 2011, comm. 83, note J.-H. Robert. ■ Cass. crim., 19 juin 2013, n° 12-88.092).

2) Pénalité proportionnelle et confiscation. Le juge répressif ne peut prononcer la pénalité proportionnelle prévue à l'article 1791 du Code général des impôts, dont le montant est compris entre une et trois fois celui des droits fraudés ou compromis, que pour autant qu'il a recherché et déterminé ces droits avec exactitude ; la confiscation prévue par le texte précité est une sanction réelle qui ne peut être prononcée que lorsque les objets, sur lesquels elle porte, ont été préalablement et effectivement saisis en contravention. Cette saisie peut être, le cas échéant, effectuée fictivement à la condition, en ce cas, qu'il n'y ait pas de contestation sur la consistance et la valeur des objets de fraude. Encourt donc la censure l'arrêt qui condamne un prévenu, exploitant d'un établissement de spectacles, à des amendes, à une pénalité proportionnelle et au paiement d'une certaine somme pour tenir lieu de confiscation des recettes correspondant aux billets saisis fictivement, après avoir procédé par extrapolation, au-delà de ce qui a été constaté, à la reconstitution d'une billetterie dont la consistance supposée résultait seulement d'une estimation, contestée par l'intéressé, portant sur les 3 années antérieures (■ Cass. crim., 8 juin 1995 : *Bull. crim.*, n° 209). De même, encourt la cassation l'arrêt d'une cour d'appel qui condamne un prévenu au paiement de la TVA fraudée ou compromise sans prendre en considération le montant des droits que l'intéressé a pu avoir acquitté par ailleurs (■ Cass. crim., 7 mars 2001 : *Bull. crim.*, n° 61).

3) Mais, le juge répressif peut prononcer la pénalité proportionnelle et la confiscation prévue à l'article 1791 du Code général des impôts, dès lors qu'il a recherché et déterminé avec certitude les droits compromis servant de base de calcul de la première et que la consistance et la valeur du produit de la fraude, saisi fictivement et servant d'assiette au prononcé de la seconde, ne sont pas contestés. Justifié sa décision la cour d'appel qui, pour prononcer l'une ou l'autre de ces sanctions, se fonde sur les recettes de jeux comptabilisées par le cercle, mais non déclarées ni soumises à l'impôt, dont le directeur des jeux affirme l'exactitude à l'audience (■ Cass. crim., 29 avr. 1996 : *Bull. crim.*, n° 173).

4) Toute infraction à la législation des contributions indirectes est punie, notamment, d'une pénalité proportionnelle dont le montant est compris entre une fois et trois fois celui des droits fraudés ou compromis qu'il appartient au juge pénal de rechercher et déterminer avec exactitude ; en outre, le tribunal ordonne le paiement des sommes fraudées ou indûment obtenues à raison de l'infraction.

Méconnaît le sens et la partie des articles 1791 et 1804 B du Code général des impôts, la Cour d'appel qui, après condamnation des exploitants d'une maison de jeux au paiement des impôts fraudés et de la pénalité proportionnelle, se déclare incompétente pour en fixer les montants (■ Cass. crim., 7 nov. 2012, n° 11-88.166 : *Dr. pénal* 2013, comm. 45, obs. J.-H. Robert). V. aussi : ■ Cass. crim., 19 nov. 2014, n° 13-84.084 : *Dr. pén.* 2015, comm. 9, obs. J.-H. Robert.

5) En matière de contributions indirectes, la mise en redressement judiciaire de la personne poursuivie ne fait pas obstacle à ce qu'elle puisse être condamnée, sur les poursuites de l'Administration, aux amende, pénalité proportionnelle et confiscation prévues par l'article 1791. Ces pénalités, ayant le double caractère d'une peine et d'une réparation civile, ne sont pas soumises aux dispositions des articles 47 et 48 de la loi du 25 janvier 1985 ; encourt, dès lors, la cassation l'arrêt qui déclare irrecevable la demande de l'Administration tendant à la condamnation à la pénalité proportionnelle d'une société poursuivie pour infraction à la législation sur les appareils de jeux automatiques, au motif que, cette société étant en liquidation, elle ne pourrait être condamnée au paiement de cette pénalité (■ Cass. crim., 28 avr. 1997 : *Bull. crim.*, n° 149). Par ailleurs, le dirigeant de la société, reconnu personnellement coupable de l'infraction prévue par l'article 1791 doit être également condamné au paiement des droits fraudés (arrêt précité).

6) Les infractions aux dispositions du Code général des impôts relatives à la déclaration d'ouverture d'une **maison de jeux**, à la tenue d'une comptabilité annexe, à la déclaration mensuelle de recette et au paiement de l'impôt constituent des manquements à des obligations fiscales distinctes, dont chacun doit donner lieu à une déclaration sur la culpabilité (■ Cass. crim., 8 mars 2006 : *Bull. crim.*, n° 66 ; *Rev. sc. crim.* 2007, p. 548, obs. H. Matsopoulou).

7) Les infractions aux dispositions de l'article R. 641-71, devenu D. 641-71, du Code rural sont passibles des amendes et pénalités édictées par l'article 1791 du Code général des impôts qui, en application des dispositions de l'article 433 A dudit code, réprime toute infraction aux règlements communautaires et aux lois et règlements nationaux, relatifs à l'organisation et à l'assainissement du **marché du vin** (■ Cass. crim., 14 mars 2007 : *Bull. crim.*, n° 82).

8) En matière de contributions indirectes, toute infraction légalement établie entraîne la confiscation des objets, produits et marchandises saisis. Méconnaît les dispositions de l'article 1791 du Code général des impôts, l'arrêt d'une cour d'appel qui, après avoir déclaré le prévenu coupable d'infractions à l'obligation de livrer à la distillation des quantités excédentaires de vin, omet de prononcer la confiscation de ces excédents (■ Cass. crim., 10 févr. 2010, n° 09-84.562 : *Bull. crim.* n° 20).

9) La pénalité proportionnelle, prévue à l'article 1794 du Code général des impôts, qui porte, par dérogation aux dispositions de l'article 1791 de ce code, non sur les droits compromis, mais sur le produit même de la fraude, et la confiscation prévue par ce dernier texte s'appliquent, en cas de fausse déclaration de récolte, sur la valeur de celle-ci, prise dans son état au moment de la constatation de l'infraction.

Justifie dès lors sa décision la cour d'appel qui, pour des vins d'appellations d'origine contrôlées produits en dépassement du plafond limite de classement, fixe cette valeur au prix de vente moyen pratiqué pour ces appellations et non au prix de rachat par un distillateur agréé (■ Cass. crim., 16 déc. 2009 : *Bull. crim.*, n° 214 ; *Dr. pénal* 2010, comm. 51, obs. J. H. Robert).

10) Tout assujetti qui achète, reçoit, expédie, vend ou transforme des produits qui ne proviennent pas de sa propre production, doit avoir le statut d'entrepositaire agréé dès lors qu'il détient plus de 90 litres de vins, peu important que les droits de circulation aient été ou non acquittés, et doit, à ce titre, tenir une comptabilité « matières » et mentionner les opérations effectuées sur les registres viti-vinicoles, les infractions commises étant prévues et réprimées par les articles 302 G, 1791, 1798 *bis* et 1798 *ter* du Code général des impôts (■ Cass. crim., 12 déc. 2007 : *Bull. crim.*, n° 311 ; *Dr. pénal* 2008, comm. 34, obs. J.-H. Robert).

11) Élément intentionnel. En matière de contributions indirectes, la violation en connaissance de cause des prescriptions légales et réglementaires implique, de la part de son auteur, l'intention coupable exigée par l'article 121-3 du Code pénal (■ Cass. crim., 5 avr. 2006 : *JurisData* 2006-033421 ; *Dr. pénal* 2006, comm. 102, obs. J.-H. Robert. ■ 14 mars 2007 : *Bull. crim.*, n° 82, préc.).

Voir : *supra*, les notes sous l'article 121-3 du Code pénal.

12) En matière de contributions indirectes, les juges ne peuvent exonérer le chef, d'entreprise de sa responsabilité pénale sans rechercher s'il avait délégué ses pouvoirs dans le domaine concerné par les poursuites (■ Cass. crim., 16 janv. 2002 : *Bull. crim.*, n° 6 ; *Dr. pénal* 2002, comm. 56, obs. J.-H. Robert).

13) Le principe de proportionnalité du droit communautaire ne s'applique pas aux sanctions fiscales en matière de contributions indirectes, qui ont le double caractère de peines et de réparations civiles (■ Cass. crim., 16 janv. 1995 : *Bull. crim.*, n° 19), et ne peuvent pas être inférieures au minimum légal (■ Cass. crim., 22 sept. 2004 : *Dr. pénal* 2004, comm. 181, obs. J.-H. Robert).

L'appréciation de la conformité des articles 1791, 1798 *bis* et 1798 *ter* du Code général des impôts au principe conventionnel de proportionnalité relève du contrôle de leur constitutionnalité et échappe à la compétence des juridictions de l'ordre judiciaire (■ Cass. crim., 12 déc. 2007 : *Bull. crim.*, n° 311, préc. ; *Dr. pénal* 2008, comm. 34, obs. J.-H. Robert).

De même, **le principe du non-cumul** des peines est étranger aux sanctions fiscales qui présentent à la fois le caractère d'une peine et celui d'une indemnisation pour le préjudice subi par l'État (■ Cass. crim., 12 déc. 2007 : *Bull. crim.*, n° 311, préc. ; *Dr. pénal* 2008, comm. 34, obs. J.-H. Robert, préc.).

14) Les pénalités fiscales, que les juges ont la faculté de prononcer, dans les limites prévues par les articles 1791, 1794 et 1978 *ter* du Code général des impôts, en ayant le pouvoir de les moduler selon l'ampleur et la gravité de l'infraction commise, ont un caractère mixte, répressif et indemnitaire, pour répondre, proportionnellement, aux manquements constatés et aux préjudices qui en résultent.

L'action fiscale exercée par l'application de l'article 1804 du Code général des impôts est distincte, dans ses éléments et les intérêts qu'elle protège, de l'action publique (■ Cass. crim., 15 déc. 2010, n° 09-88.235 : *Dr. pén.* 2011, comm. 52, obs. J.-H. Robert).

15) Évaluations. En matière de contributions indirectes, la confiscation ne peut porter que sur des choses soustraites à l'impôt ou au contrôle, constituant l'instrument ou la matière même de la fraude et dont il a été déclaré saisie réelle ou fictive, mais non sur l'ensemble des recettes servant d'assiette à l'impôt (■ Cass. crim., 25 janv. 1996 : *Bull. crim.*, n° 50).

16) Si, en matière de contributions indirectes, les constatations matérielles qui sont consignées dans les procès-verbaux font foi jusqu'à preuve du contraire, il n'en va pas de même des reconstitutions et déductions auxquelles elles donnent lieu, et qui ne valent qu'à titre de renseignements, laissés à l'appréciation des juges du fond ; justifie en conséquence sa décision la cour d'appel, qui, pour retenir, comme base de la pénalité prévue à l'article 1794 du Code général des impôts, une quantité de marchandise égale à la moitié de celle qui figurait dans le procès-verbal établi par l'administration fiscale, relève que la quantité retenue par l'Administration résulte d'une extrapolation effectuée à partir d'un sondage discutable et que les chiffres ainsi obtenus sont contredits par ceux qu'a fournis la direction de la Concurrence (■ Cass. crim., 16 janv. 2002 : *Bull. crim.* n° 6, préc.).

17) Si la confiscation ne peut porter qu'une seule fois sur la même marchandise de fraude, c'est à la condition que les marchandises saisies, prises dans leur état lors de la constatation de chaque infraction, soient identiques (■ Cass. crim., 15 déc. 2010, préc.).

18) Personnes morales. En matière de contributions indirectes, les personnes morales peuvent être poursuivies soit comme pénalement responsables (■ Cass. crim., 22 mars 2006 : *Dr. pénal* 2006, comm. 87), soit comme civilement responsables et déclarées solidairement débitrices des amendes prononcées contre les prévenus, leurs préposés (■ Cass. crim., 24 sept. 2008 : *Dr. pénal* 2008, comm. 159, obs. J.-H. Robert).

19) Procédure. En matière de contributions indirectes, l'administration des Impôts, agissant à titre principal pour l'application des sanctions fiscales, exerce non une action civile mais une action publique d'une nature particulière ; elle ne peut, dès lors, être assimilée à une partie civile (■ Cass. crim., 7 déc. 1992 : *Bull. crim.*, n° 404).

20) En cas de connexité des infractions à la législation des contributions indirectes avec des délits de droit commun ou des infractions économiques, les actes interruptifs de prescription de l'action publique bénéficient également à l'action fiscale (■ Cass. crim., 30 mai 1994 : *Bull. crim.*, n° 210).

21) La prescription des infractions aux lois sur les contributions indirectes courent depuis le jour où les procès-verbaux qui les constatent sont clôturés. Le délai de prescription, qui est de trois ans, est interrompu par la rédaction du procès-verbal de notification (■ Cass. crim., 14 janv. 2009 : *Dr. pénal* 2009, comm. 68, obs. J.-H. Robert).

22) L'administration jouissant d'un monopole pour poursuivre les infractions à la législation sur les contributions indirectes lorsqu'aucune peine d'emprisonnement n'est encourue, le non-lieu intervenu à l'issue d'une information ouverte à tort par le ministère public du chef d'une telle infraction n'interdit pas à l'Administration de citer directement les contrevenants devant le tribunal correctionnel (■ Cass. crim., 4 mai 2006 : *Bull. crim.*, n° 122).

23) Devant les juridictions correctionnelles, en application des articles 458 et 512 du Code de procédure pénale, le ministère public, fût-il partie jointe, prend au nom de la loi les réquisitions tant écrites qu'orales qu'il croit convenables au bien de la justice. Justifie donc sa décision la cour d'appel qui, saisie de l'action fiscale pour infractions à la législation sur les contributions indirectes, statue après avoir entendu le ministère public (■ Cass. crim., 12 déc. 2007 : *Bull. crim.*, n° 310 ; *Dr. pénal* 2008, comm. 35 , obs. J.-H. Robert).

24) Après avoir relevé que la juridiction correctionnelle n'était pas saisie du délit de droit commun d'exploitation illicite d'une maison de jeu de hasard, l'arrêt déclare sans objet l'appel du procureur de la République limité aux dispositions pénales du jugement ; en cet état, et dès lors que le ministère public peut intervenir en qualité de partie jointe devant toute juridiction, la cour d'appel a justifié sa décision (■ Cass. crim., 24 sept. 2008 : *Dr. pénal* 2008, comm. 159, obs. J.-H. Robert).

25) Méconnaît l'article 509 du Code de procédure pénale, la cour d'appel qui, saisie du seul appel de l'administration des douanes et droits indirects, limité aux dispositions fiscales du jugement l'ayant débouté de ses demandes après relaxe des prévenus du chef d'infraction à la législation sur les contributions indirectes, infirmant ledit jugement, a condamné ces derniers à une amende pénale (■ Cass. crim., 21 oct. 2009, pourvoi n° 08-83.723 : *Bull. crim.*, n° 174 ; *Dr. pénal* 2010, comm. 10, obs. J.-H. Robert).

26) Motivation de l'amende fiscale. Le prononcé, par le juge correctionnel, de l'amende fiscale prévue à l'article 1791 du Code général des impôts en répression des infractions à la législation sur les contributions indirectes est soumis aux dispositions spécifiques de l'article 1800 du même code et échappe par conséquent aux prescriptions des articles 132-1 et 132-20, alinéa 2, du Code pénal (■ Cass. crim., 18 juill. 2017, n° 15-86.153 : *Dr. pén.* 2017, comm. 156, note V. Peltier ; *Dr. pén.* 2017, comm. 145, note J.-H. Robert).

Art. 1797 ***(Mod., Ord. n° 2000-916, 19 sept. 2000, art. 3 (V) ; JORF 22 sept. 2000 en vigueur le 1er janvier 2002).*** **– En ce qui concerne les infractions commises en matière d'impôts sur les cercles et maisons de jeux, si les droits fraudés ou compromis ne peuvent être déterminés avec précision, le tribunal fixe la pénalité de une à trois fois les droits d'après les éléments d'information qui peuvent lui être fournis par l'administration, avec un minimum de 75 €.**

Sont tenues solidairement des condamnations toutes personnes dirigeant, administrant ou exploitant le cercle ou la maison de jeux à un titre quelconque comme aussi toutes celles qui ont participé à la fraude ou l'ont sciemment favorisée.

1) Les infractions fiscales d'omissions déclaratives et de soustraction au paiement de l'impôt dû pour l'exploitation d'une maison de jeux présentent, avec le délit de tenue d'une telle maison, des liens de connexité permettant à l'action fiscale, malgré son indépendance, de bénéficier des actes interruptifs de la prescription de l'action publique (■ Cass. crim., 20 mai 2015, n° 14-80.049).

2) Le juge judiciaire peut cantonner la solidarité d'un contribuable, condamné avec un coprévenu, au paiement des taxes indirectes pesant sur les maisons de jeux. (■ Cass. crim., 28 oct. 2015, n° 14-83.090 : *Dr. pén.* 2016, comm. 9, obs. J.-H. Robert)

Art. 1805. – Les propriétaires des marchandises sont responsables du fait de leurs facteurs, agents ou domestiques, en ce qui concerne les droits, confiscations, amendes et dépens.

Le propriétaire de la marchandise, dépositaire ou détenteur, est déchargé de toute responsabilité pénale s'il établit qu'il a été victime d'un vol, d'une escroquerie ou d'un abus de confiance bien qu'il ait remplit normalement tous ses devoirs de surveillance ou si encore, par une désignation exacte de l'auteur, il a mis l'administration à même d'exercer régulièrement les poursuites ou encore si l'auteur du délit ou de la contravention est découvert.

Les dispositions de l'alinéa précédent cessent d'être applicables, en cas de récidive, dans le délai d'un an.

La décharge de responsabilité pénale prévue par l'article 1805 du Code général des impôts en faveur du propriétaire dépositaire ou détenteur victime du vol de la marchandise, n'existe que si celui-ci établit qu'il a rempli normalement tous ses devoirs de surveillance, condition laissée à l'appréciation souveraine du juge du fond (■ Cass. crim., 7 nov. 1994 : *Bull. crim.*, n° 354).

Art. 1810 ***(Mod., L. n° 2003-1312, 30 déc. 2003 ; L. n° 2011-267, 14 mars 2011).*** **– Indépendamment des pénalités prévues aux articles 1791 à 1794, les infractions visées ci-après sont punies d'une peine d'un an d'emprisonnement, et les moyens de transport sont saisis et confisqués, ainsi que les récipients, emballages, ustensiles, mécaniques, machines ou appareil :**

1° Fabrication, transport, vente et détention sans déclaration d'alambic ou portion d'alambic.

Utilisation d'alambic non déclaré ; dans ce cas, la peine est applicable aux personnes visées à l'article 1809 ;

2° Après l'entrée en vigueur des arrêtés ministériels prévus à l'article 314, distillations effectuées en tous lieux à l'aide d'alambics non munis des compteurs réglementaires, manœuvres ayant pour objet de fausser sciemment les indications des compteurs ou de nuire, par un moyen quelconque, à leur fonctionnement régulier ;

3° Fabrication frauduleuse d'alcool, fraudes sur les spiritueux par escalade, par souterrain, à main armée ou au moyen d'engins disposés pour les dissimuler ; livraison, détention en vue de la vente, transport d'alcool de toute nature fabriqué ou importé sans déclaration ; transport d'alcool avec une expédition altérée ou obtenue frauduleusement ; infractions aux dispositions des articles 464 *bis* et 505-2 *[abrogés]* et des arrêtés pris pour leur application, relatives au conditionnement des spiritueux vendus en bouteilles autrement que sous acquits-à-caution ; infractions aux dispositions de l'article 444 et des arrêtés pris pour leur application relatives aux capsules, empreintes ou vignettes représentatives des droits indirects sur l'alcool, le vin ou le cidre ;

4° Fraudes dans les distilleries à l'aide de souterrains ou tout autre moyen d'adduction ou de transport dissimulé d'alcool ;

5° Fabrication, distillation, revivification d'eaux-de-vie et esprits à l'intérieur de Paris ou de toute autre localité où la fabrication et la distillation des eaux-de-vie et esprits ont été interdites ;

6° Altération frauduleuse de la densité des eaux-de-vie ou esprits ; préparation, détention, vente, transport des mélanges interdits par l'article 402 ;

7° Revivification ou tentative de revivification d'alcools dénaturés, manœuvres ayant pour objet soit de détourner des alcools dénaturés ou présentés à la dénaturation, soit de faire accepter à la dénaturation des

alcools déjà dénaturés ; emploi de substances dénaturantes non conformes aux types officiels ; vente ou détention de spiritueux dans la préparation desquels sont entrés des alcools dénaturés ou des mélanges d'alcool éthylique et de produits assimilés au point de vue fiscal ;

8° Détention ou vente frauduleuse par un fabricant ou marchand d'ouvrages d'or, d'argent ou de platine revêtus, soit de l'empreinte de faux poinçons, contrefaisant les poinçons anciens ou en vigueur, soit de marques anciennes entées, soudées ou contretirées, soit de l'empreinte de poinçons de fantaisie imitant les poinçons anciens ou les poinçons en vigueur, soit de l'empreinte de poinçons volés ;

9° *(Abr., L. n° 70-575, 3 juill. 1970)* ;

10° *(Mod., L. fin. rect. n° 2014-1655, 29 déc. 2014)* quelles que soient l'espèce et la provenance de ces tabacs : fabrication de tabacs ; détention frauduleuse en vue de la vente de tabacs fabriqués ; vente, y compris à distance, de tabacs fabriqués ; transport en fraude de tabacs fabriqués ; acquisition à distance, introduction en provenance d'un autre État membre de l'Union européenne ou importation en provenance de pays tiers de produits du tabac manufacturé acquis dans le cadre d'une vente à distance.

Sont considérés et punis comme fabricants frauduleux :

a) Les particuliers chez lesquels il est trouvé des ustensiles, machines ou mécaniques propres à la fabrication ou à la pulvérisation et, en même temps, des tabacs en feuilles ou en préparation, quelle qu'en soit la quantité, ou plus de 10 kilogrammes de tabacs fabriqués non revêtus des marques de l'administration ;

b) Ceux qui font profession de fabriquer pour autrui ou fabriquent accidentellement, en vue d'un profit, des cigarettes avec du tabac à fumer ;

c) Les préposés aux entrepôts et à la vente des tabacs qui falsifient des tabacs manufacturés ;

11° *(Devenu sans objet, L. n° 93-923, 19 juill. 1993 et L. n° 98-1266, 30 déc. 1998 ; codifié, D. n° 2002-923, 6 juin 2002).*

Art. 1813 *(Mod., L. n° 2011-525, 17 mai 2011).* – *a)* Est puni d'une amende de 6 000 €, quiconque, n'étant pas titulaire de la dérogation prévue à l'article 311 *bis*, a, à titre professionnel, utilisé un appareil de distillation ambulant ;

b) Toute infraction aux dispositions de l'article 306 est punie de la même peine ;

c) (Rempl., L. n° 2009-526, 12 mai 2009) En cas de récidive des infractions prévues aux *a* et *b* du présent article, une peine d'emprisonnement d'un an peut en outre être prononcée.

Est considéré comme en état de récidive légale quiconque ayant été condamné pour un délit prévu par l'une des législations ayant pour objet la prévention, la répression ou la cure de l'alcoolisme ou de l'ivresse, ou par la législation sur la police des débits de boissons, a, dans les cinq ans qui suivent la date à laquelle cette condamnation est devenue définitive, commis un nouveau délit tombant sous l'application des *a* et *b*.

Art. 1815. – Les rébellions ou voies de fait contre les agents sont poursuivies devant les tribunaux, qui ordonnent l'application des peines prononcées par le Code pénal, indépendamment des amendes et confiscations encourues par les contrevenants.

Art. 1816 *(L. n° 2011-525, 17 mai 2011).* – En cas de condamnation d'un débitant de boissons pour rébellion ou violences contre les agents, le tribunal peut, indépendamment des autres pénalités encourues, ordonner la fermeture du débit pour une durée de six mois au plus.

En cas d'infraction à la réglementation concernant les capsules, empreintes ou vignettes représentatives des droits indirects sur l'alcool, le vin et le cidre, le tribunal peut ordonner la fermeture, définitive ou pour une durée d'un an au plus, de l'établissement.

En cas de récidive des infractions aux dispositions visées à l'article 514 *bis*, le tribunal peut ordonner la fermeture définitive de l'établissement.

En cas de récidive des infractions prévues à l'article 505, le tribunal peut prononcer la suppression de la licence attachée à l'établissement.

Art. 1818. – L'affichage du jugement est prononcé par le tribunal pour toute infraction aux dispositions relatives à la déclaration de récolte ou de stock des vins.

Art. 1819 ***(Rempl., L. n° 2011-525, 17 mai 2011).*** **– Sont punies des peines applicables aux infractions prévues par les articles 1810 à 1818 les personnes désignées à l'article 1799.**

....

Art. 1821. – Les infractions aux dispositions des articles 434, deuxième alinéa, 437, 445-*a*, dernier alinéa, et 494 *bis* sont punies des peines prévues à la loi n° 93-949 du 26 juillet 1993 relative au Code de la consommation.

1) En matière de contributions indirectes, le propriétaire de la marchandise, dépositaire ou détenteur, est déchargé de toute responsabilité pénale s'il établit qu'il a été victime d'un vol, d'une escroquerie ou d'un abus de confiance, bien qu'il ait rempli normalement ses devoirs de surveillance. Devant le juge pénal, cette exonération de responsabilité s'applique quelle que soit la nature, fiscale ou pénale, des sanctions encourues (■ Cass. crim., 22 janv. 1990 : *Bull. crim.*, n° 38).

2) En matière de contributions indirectes, la confiscation ne peut être ordonnée que pour les objets, produits ou marchandises préalablement saisis. Il en résulte que cette mesure ne peut être prononcée qu'une fois pour un même objet de fraude, même si plusieurs infractions ont été relevées et quelle que soit la modalité, réelle ou fictive, de la saisie opérée (■ Cass. crim., 12 mars 1990 : *JCP* 90, IV, 237).

3) En matière de contributions indirectes, la confiscation ne peut porter que sur des choses soustraites à l'impôt ou au contrôle, constituant l'instrument ou la matière même de la fraude et dont il a été déclaré saisie réelle ou fictive, mais non sur l'ensemble des recettes servant d'assiette à l'impôt (■ Cass. crim., 25 janv. 1996 : *Bull. crim.*, n° 50).

....

D. – Enregistrement et publicité foncière

Art. 1837 ***(L. n° 2013-907, 11 oct. 2013 ; D. n° 2014-549, 26 mai 2014).*** **– I. - Celui qui a formulé frauduleusement les affirmations prescrites par les dispositions du chapitre Ier du titre IV de la 1re partie du livre Ier et les textes pris pour leur exécution, est puni de trois ans d'emprisonnement et de 45 000 € d'amende. Le tribunal peut également prononcer l'interdiction des droits civiques, civils et de famille prévue par les articles 131-26 et 131-26-1 du Code pénal.**

Lorsque l'affirmation jugée frauduleuse émane d'un ou de plusieurs des cohéritiers solidaires, ou que la déclaration a été souscrite par un mandataire, les autres héritiers solidaires, ou le mandant, sont passibles des mêmes peines, s'il est établi qu'ils ont eu connaissance de la fraude, et s'ils n'ont pas complété la déclaration dans un délai de six mois.

II. - Les peines correctionnelles édictées au I se cumulent avec les peines dont les lois fiscales frappent les omissions et les dissimulations.

III. - Les articles 121-6 et 121-7 du Code pénal sont applicables au délit spécifié au présent article.

Art. 1838 ***(L. n° 92-1336, 16 déc. 1992).*** **– En cas de récidive dans les dix ans d'une décision disciplinaire antérieure devenue définitive, l'officier public ou ministériel, convaincu de s'être, d'une façon quelconque, rendu complice de manœuvres destinées à éluder le payement de l'impôt, est frappé de destitution, sans préjudice des peines portées à l'article 366 ancien [434-17] du Code pénal, en cas de complicité du délit spécifié à l'article 1837.**

Art. 1839 ***(Rempl., L. n° 2011-525, 17 mai 2011).*** **– La fausse mention d'enregistrement ou de formalité fusionnée soit dans une minute, soit dans une expédition, est punie des peines prévues pour le faux par l'article 441-4 du Code pénal.**

Les poursuites sont engagées par le ministère public sur la dénonciation du préposé de la régie.

....

E. – Droits de timbre. Autres droits et taxes

Art. 1840 O. – La peine contre ceux qui abuseraient des timbres pour timbrer est la même que celle qui est prononcée par le Code pénal contre les contrefacteurs des timbres.

Art. 1840 P *(L. n° 92-1336, 16 déc. 1992).* – 1° Ceux qui ont sciemment employé, vendu ou tenté de vendre des timbres mobiles ayant déjà servi, sont poursuivis devant le tribunal correctionnel et punis d'une amende de 3 750 €. En cas de récidive, la peine est d'un emprisonnement d'un mois et l'amende est doublée.

Les dispositions du présent article sont applicables dans tous les cas où un impôt, une taxe ou un droit quelconque recouvré par l'administration fiscale est acquitté au moyen de l'apposition de timbres mobiles.

2° Les dispositions du 1, premier et deuxième alinéas, sont applicables à ceux qui, dans une intention frauduleuse, ont altéré, employé, vendu ou tenté de vendre des papiers timbrés ayant déjà servi.

Art. 1840 Q *(L. n° 92-1336, 16 déc. 1992).* – Sans préjudice des pénalités prévues à l'article 1840-I, toute imitation, contrefaçon ou falsification des empreintes, tout usage d'empreintes falsifiées seront punis des peines portées à l'article 443-2 du Code pénal.

Livre des procédures fiscales

Transaction

Art. L. 247 *(Mod., L. n° 2003-1311, 30 déc. 2003 ; L. fin. rect. n° 2010-1658, 29 déc. 2010 ; L. n° 2013-1117, 6 déc. 2013).* – L'administration peut accorder sur la demande du contribuable :

1° Des remises totales ou partielles d'impôts directs régulièrement établis lorsque le contribuable est dans l'impossibilité de payer par suite de gêne ou l'indigence ;

2° Des remises totales ou partielles d'amendes fiscales ou de majorations d'impôts lorsque ces pénalités et, le cas échéant, les impositions auxquelles elles s'ajoutent sont définitives ;

2° *bis* Des remises totales ou partielles des frais de poursuites mentionnés à l'article 1912 du Code général des impôts et des intérêts moratoires prévus à l'article L. 209 du présent Livre ;

3° Par voie de transaction, une atténuation d'amendes fiscales ou de majorations d'impôts lorsque ces pénalités et, le cas échéant, les impositions auxquelles elles s'ajoutent ne sont pas définitives.

(Al. mod., L. fin. rect. n° 2010-1658, 29 déc. 2010) Les dispositions des 2° et 3° sont le cas échéant applicables s'agissant des sommes dues au titre de l'intérêt de retard visé à l'article 1727 du Code général des impôts.

L'administration peut également décharger de leur responsabilité les personnes tenues au paiement d'impositions dues par un tiers.

Aucune autorité publique ne peut accorder de remise totale ou partielle de droits d'enregistrement, de taxe de publicité foncière, de droits de timbre, de taxes sur le chiffre d'affaires, de contributions indirectes et de taxes assimilées à ces droits, taxes et contributions.

L'Administration ne peut transiger :

1° Lorsqu'elle envisage de mettre en mouvement l'action publique pour les infractions mentionnées au Code général des impôts ;

2° Lorsque le contribuable met en œuvre des manœuvres dilatoires visant à nuire au bon déroulement du contrôle.

Art. L. 247-0 A *(L. n° 2013-1117, 6 déc. 2013).* – La détermination du montant de l'atténuation fixée en application du 3° de l'article L. 247 garantit le respect de la hiérarchie des sanctions prévues au chapitre II du livre II du Code général des impôts.

....

Art. L. 248. – Les infractions peuvent faire l'objet de transactions avant mise en mouvement d'une action judiciaire ou, dans les conditions fixées à l'article L. 249, avant jugement définitif.

Art. L. 249. – En matière de contributions indirectes, après mise en mouvement par l'administration ou le ministère public d'une action judiciaire, l'administration ne peut transiger que si l'autorité judiciaire admet le principe d'une transaction.

L'accord de principe est donné par le ministère public lorsque l'infraction est passible à la fois de sanctions fiscales et de peines, par le président de la juridiction saisie lorsque l'infraction est passible seulement de sanctions fiscales.

Après jugement définitif, les sanctions fiscales prononcées par les tribunaux ne peuvent faire l'objet de transaction.

Les demandes de remise, totale ou partielle, des sanctions fiscales pour tenir compte des ressources et des charges du débiteur sont instruites par l'administration et soumises au président de la juridiction qui a prononcé la condamnation.

La remise ne peut être accordée qu'après avis conforme du président de la juridiction.

Art. L. 250 *(Ord. n° 2005-1512, 7 déc. 2005)*. – Les demandes présentées par les contribuables en vue d'obtenir la remise des majorations prévues par l'article 1729 du Code général des impôts sont soumises pour avis à la commission départementale des impôts directs et des taxes sur le chiffre d'affaires lorsque ces majorations sont consécutives à des rectifications relevant de la compétence de cette commission, telle qu'elle est définie aux articles L. 59 et L. 59 A.

Art. L. 251. – Lorsqu'une transaction est devenue définitive après l'accomplissement des obligations qu'elle prévoit et approbation de l'autorité compétente, aucune procédure contentieuse ne peut plus être engagée ou reprise pour remettre en cause les pénalités qui ont fait l'objet de la transaction ou les droits eux-mêmes.

Dans le cas où le contribuable refuse la transaction qui lui a été proposée par l'administration et porte ultérieurement le litige devant le tribunal compétent, celui-ci fixe des majorations ou pénalités en même temps que la base de l'impôt.

ANNEXE 37

INFORMATIQUE

Voir : art. 226-16 s., p. 358 (atteintes aux droits de la personne résultant des fichiers ou des traitements informatiques).

Bibliographie : J.-Ch. Saint-Pau, *Vidéoprotection : JCl. Lois pénales spéciales.* • R. Gassin, *Le droit pénal de l'informatique : D.* 1986, chron. 35. • M. Vivant, Le Stanc, Rapp et Guibal, *Lamy informatique.* • J. Deveze, *La fraude informatique, aspects juridiques : JCP* 87, I, 3289. • *Dix ans d'informatique et de libertés*, Commission nationale de l'informatique et des libertés, Économica 1988. • J. Frayssinet, *Les règles, les sanctions, la doctrine de la CNIL*, Litec 1992. • F.-J. Pansier, *La criminalité sur l'Internet*, PUF, coll. Que sais-je ?, p. 127. • A. Lepage, *Droit pénal et internet : AJP* 2005, p. 217. • F. Mattatia, *Internet face à la loi informatique et libertés : l'adresse IP est-elle une donnée à caractère personnel : Gaz. Pal.* 13-15 janv. 2008, p. 9. • *CNIL, En bref, L'adresse IP est une donnée à caractère personnel pour l'ensemble des CNIL européennes*, 2 août 2007. • L. Flament, *Le numéro d'IP n'est pas une donnée à caractère personnel, la cour d'appel de Paris persiste : D. pén.* 2008, étude 27.

Loi nº 78-17 du 6 janvier 1978

relative à l'informatique, aux fichiers et aux libertés

CHAPITRE I. – PRINCIPES ET DÉFINITIONS

Art. 1er *(L. n° 2016-1321, 7 oct. 2016).* **– L'informatique doit être au service de chaque citoyen. Son développement doit s'opérer dans le cadre de la coopération internationale. Elle ne doit porter atteinte ni à l'identité humaine, ni aux droits de l'homme, ni à la vie privée, ni aux libertés individuelles ou publiques.**

Toute personne dispose du droit de décider et de contrôler les usages qui sont faits des données à caractère personnel la concernant, dans les conditions fixées par la présente loi.

Art. 2 *(Rempl., L. n° 2004-801, 6 août 2004).* **– La présente loi s'applique aux traitements automatisés de données à caractère personnel, ainsi qu'aux traitements non automatisés de données à caractère personnel contenues ou appelées à figurer dans des fichiers, à l'exception des traitements mis en œuvre pour l'exercice d'activités exclusivement personnelles, lorsque leur responsable remplit les conditions prévues à l'article 5.**

Constitue une donnée à caractère personnel toute information relative à une personne physique identifiée ou qui peut être identifiée, directement ou indirectement, par référence à un numéro d'identification ou à un ou plusieurs éléments qui lui sont propres. Pour déterminer si une personne est identifiable, il convient de considérer l'ensemble des moyens en vue de permettre son identification dont dispose ou auxquels peut avoir accès le responsable du traitement ou toute autre personne.

Constitue un traitement de données à caractère personnel toute opération ou tout ensemble d'opérations portant sur de telles données, quel que soit le procédé utilisé, et notamment la collecte, l'enregistrement, l'organisation, la conservation, l'adaptation ou la modification, l'extraction, la consultation, l'utilisation, la communication par transmission, diffusion ou toute autre forme de mise à disposition, le rapprochement ou l'interconnexion, ainsi que le verrouillage, l'effacement ou la destruction.

Constitue un fichier de données à caractère personnel tout ensemble structuré et stable de données à caractère personnel accessibles selon des critères déterminés.

La personne concernée par un traitement de données à caractère personnel est celle à laquelle se rapportent les données qui font l'objet du traitement.

Art. 3 ***(Rempl., L. n° 2004-801, 6 août 2004).*** **– I. – Le responsable d'un traitement de données à caractère personnel est, sauf désignation expresse par les dispositions législatives ou réglementaires relatives à ce traitement, la personne, l'autorité publique, le service ou l'organisme qui détermine ses finalités et ses moyens.**

II. – Le destinataire d'un traitement de données à caractère personnel est toute personne habilitée à recevoir communication de ces données autre que la personne concernée, le responsable du traitement, le sous-traitant et les personnes qui, en raison de leurs fonctions, sont chargées de traiter les données. Toutefois, les autorités légalement habilitées, dans le cadre d'une mission particulière ou de l'exercice d'un droit de communication, à demander au responsable du traitement de leur communiquer des données à caractère personnel ne constituent pas des destinataires.

Art. 4 ***(Rempl., L. n° 2004-801, 6 août 2004).*** **– Les dispositions de la présente loi ne sont pas applicables aux copies temporaires qui sont faites dans le cadre des activités techniques de transmission et de fourniture d'accès à un réseau numérique, en vue du stockage automatique, intermédiaire et transitoire des données et à seule fin de permettre à d'autres destinataires du service le meilleur accès possible aux informations transmises.**

Art. 5 ***(Rempl., L. n° 2004-801, 6 août 2004).*** **– I. – Sont soumis à la présente loi les traitements de données à caractère personnel :**

1° Dont le responsable est établi sur le territoire français. Le responsable d'un traitement qui exerce une activité sur le territoire français dans le cadre d'une installation, quelle que soit sa forme juridique, y est considéré comme établi ;

2° Dont le responsable, sans être établi sur le territoire français ou sur celui d'un autre État membre de la Communauté européenne, recourt à des moyens de traitement situés sur le territoire français, à l'exclusion des traitements qui ne sont utilisés qu'à des fins de transit sur ce territoire ou sur celui d'un autre État membre de la Communauté européenne.

II. – Pour les traitements mentionnés au 2° du I, le responsable désigne à la Commission nationale de l'informatique et des libertés un représentant établi sur le territoire français, qui se substitue à lui dans l'accomplissement des obligations prévues par la présente loi ; cette désignation ne fait pas obstacle aux actions qui pourraient être introduites contre lui.

CHAPITRE II. – CONDITIONS DE LICÉITÉ DES TRAITEMENTS DE DONNÉES À CARACTÈRE PERSONNEL

Section I. – Dispositions générales

Art. 6 ***(Rempl., L. n° 2004-801, 6 août 2004 ; L. n° 2016-41, 26 janv. 2016).*** **– Un traitement ne peut porter que sur des données à caractère personnel qui satisfont aux conditions suivantes :**

1° Les données sont collectées et traitées de manière loyale et licite ;

2° Elles sont collectées pour des finalités déterminées, explicites et légitimes et ne sont pas traitées ultérieurement de manière incompatible avec ces finalités. Toutefois, un traitement ultérieur de données à des fins statistiques ou à des fins de recherche scientifique ou historique est considéré comme compatible avec les finalités initiales de la collecte des données, s'il est réalisé dans le respect des principes et des procédures prévus au présent chapitre, au chapitre IV et à la section I du chapitre V ainsi qu'au chapitre IX et s'il n'est pas utilisé pour prendre des décisions à l'égard des personnes concernées ;

3° Elles sont adéquates, pertinentes et non excessives au regard des finalités pour lesquelles elles sont collectées et de leurs traitements ultérieurs ;

4° Elles sont exactes, complètes et, si nécessaire, mises à jour ; les mesures appropriées doivent être prises pour que les données inexactes ou incomplètes au regard des finalités pour lesquelles elles sont collectées ou traitées soient effacées ou rectifiées ;

5° Elles sont conservées sous une forme permettant l'identification des personnes concernées pendant une durée qui n'excède pas la durée nécessaire aux finalités pour lesquelles elles sont collectées et traitées.

Le prévenu ne saurait faire grief aux juges du fond l'ayant condamné pour refus de se soumettre à un prélèvement biologique d'avoir écarté son argumentation prise de la méconnaissance des prescriptions de l'article 6, 3° de la loi du 6 janvier 1978 relative à l'informatique, aux fichiers et aux libertés qui exigent que les données recueillies pour les fichiers soient adéquates, pertinentes et non excessives au regard des finalités pour lesquelles elles sont collectées et de leurs traitements ultérieurs, dès lors que le fichier national automatisé des empreintes génétiques, qui a été institué par la loi et dont le fonctionnement a été fixé par le décret n° 2000-413 du 18 mai 2000 pris après avis de la commission nationale de l'informatique et des libertés, est régi par les dispositions de l'article 26 de la même loi (■ Cass. crim., 19 mars 2013, n° 12-81.533).

Art. 7 *(Rempl., L. n° 2004-801, 6 août 2004)*. **– Un traitement de données à caractère personnel doit avoir reçu le consentement de la personne concernée ou satisfaire à l'une des conditions suivantes :**

1° Le respect d'une obligation légale incombant au responsable du traitement ;

2° La sauvegarde de la vie de la personne concernée ;

3° L'exécution d'une mission de service public dont est investi le responsable ou le destinataire du traitement ;

4° L'exécution, soit d'un contrat auquel la personne concernée est partie, soit de mesures précontractuelles prises à la demande de celle-ci ;

5° La réalisation de l'intérêt légitime poursuivi par le responsable du traitement ou par le destinataire, sous réserve de ne pas méconnaître l'intérêt ou les droits et libertés fondamentaux de la personne concernée.

Section II. – Dispositions propres à certaines catégories de données

Art. 8 *(Rempl., L. n° 2004-801, 6 août 2004 ; L. n° 2016-41, 26 janv. 2016 ; L. n° 2016-1321, 7 oct. 2016)*. **– I. – Il est interdit de collecter ou de traiter des données à caractère personnel qui font apparaître, directement ou indirectement, les origines raciales ou ethniques, les opinions politiques, philosophiques ou religieuses ou l'appartenance syndicale des personnes, ou qui sont relatives à la santé ou à la vie sexuelle de celles-ci.**

II. – Dans la mesure où la finalité du traitement l'exige pour certaines catégories de données, ne sont pas soumis à l'interdiction prévue au I :

1° Les traitements pour lesquels la personne concernée a donné son consentement exprès, sauf dans le cas où la loi prévoit que l'interdiction visée au I ne peut être levée par le consentement de la personne concernée ;

2° Les traitements nécessaires à la sauvegarde de la vie humaine, mais auxquels la personne concernée ne peut donner son consentement par suite d'une incapacité juridique ou d'une impossibilité matérielle ;

3° Les traitements mis en œuvre par une association ou tout autre organisme à but non lucratif et à caractère religieux, philosophique, politique ou syndical :

– pour les seules données mentionnées au I correspondant à l'objet de ladite association ou dudit organisme ;

– sous réserve qu'ils ne concernent que les membres de cette association ou de cet organisme et, le cas échéant, les personnes qui entretiennent avec celui-ci des contacts réguliers dans le cadre de son activité ;

– et qu'ils ne portent que sur des données non communiquées à des tiers, à moins que les personnes concernées n'y consentent expressément ;

4° Les traitements portant sur des données à caractère personnel rendues publiques par la personne concernée ;

5° Les traitements nécessaires à la constatation, à l'exercice ou à la défense d'un droit en justice ;

6° Les traitements nécessaires aux fins de la médecine préventive, des diagnostics médicaux, de l'administration de soins ou de traitements, ou de la gestion de services de santé et mis en œuvre par un membre d'une profession de santé, ou par une autre personne à laquelle s'impose en raison de ses fonctions l'obligation de secret professionnel prévue par l'article 226-13 du Code pénal ;

7° Les traitements statistiques réalisés par l'Institut national de la statistique et des études économiques ou l'un des services statistiques ministériels dans le respect de la loi n° 51-711 du 7 juin 1951 sur l'obligation, la coordination et le secret en matière de statistiques, après avis du Conseil national de l'information statistique et dans les conditions prévues à l'article 25 de la présente loi ;

ANNEXE 37

8° Les traitements nécessaires à la recherche aux études et évaluations dans le domaine de la santé selon les modalités prévues au chapitre IX.

III. – Si les données à caractère personnel visées au I sont appelées à faire l'objet à bref délai d'un procédé d'anonymisation préalablement reconnu conforme aux dispositions de la présente loi par la Commission nationale de l'informatique et des libertés, celle-ci peut autoriser, compte tenu de leur finalité, certaines catégories de traitements selon les modalités prévues à l'article 25. Les dispositions du chapitre IX ne sont pas applicables.

IV. – De même, ne sont pas soumis à l'interdiction prévue au I les traitements, automatisés ou non, justifiés par l'intérêt public et soit autorisés dans les conditions prévues au I de l'article 25 ou au II de l'article 26, soit déclarés dans les conditions prévues au V de l'article 22.

Art. 9 *(Rempl., L. n° 2004-801, 6 août 2004)*. – Les traitements de données à caractère personnel relatives aux infractions, condamnations et mesures de sûreté ne peuvent être mis en œuvre que par :

1° Les juridictions, les autorités publiques et les personnes morales gérant un service public, agissant dans le cadre de leurs attributions légales ;

2° Les auxiliaires de justice, pour les stricts besoins de l'exercice des missions qui leur sont confiées par la loi ;

3° *[Dispositions déclarées non conformes à la Constitution par décision du Conseil constitutionnel n° 2004-499 DC du 29 juillet 2004]* ;

4° Les personnes morales mentionnées aux articles L. 321-1 et L. 331-1 du Code de la propriété intellectuelle, agissant au titre des droits dont elles assurent la gestion ou pour le compte des victimes d'atteintes aux droits prévus aux livres Ier, II et III du même code aux fins d'assurer la défense de ces droits.

1) Pour une application du 4° de l'article 9, V. *supra*, sous l'article 226-19 du Code pénal (■ Cass. crim., 13 janv. 2009, pourvoi n° 08-84.088 : *Bull. crim.*, n° 13).

2) Les juridictions de proximité font partie des autorités judiciaires auxquelles peuvent être communiquées des données personnelles traitées automatiquement et ayant pour objet la constatation d'infractions au Code de la route (■ Cass. crim., 7 avr. 2009 : *JurisData* n° 2009-048210 ; *Dr. pénal* 2009, comm. 96, obs. J.-H. Robert).

3) L'inscription d'un candidat au don du sang dans un fichier automatisé de données personnelles entre dans les prévisions du paragraphe II – 6° de l'article 8 de la loi du 6 janvier 1978, selon lesquelles l'interdiction posée au paragraphe I du même article, de collecter ou de traiter des données à, caractère personnel relatives, notamment, à la santé ou à la vie sexuelle des personnes, ne s'applique pas aux traitements nécessaires aux fins de la médecine préventive, des diagnostics médicaux, de l'administration de soins ou de traitements, ou de la gestion de services de santé, et mis en œuvre par un membre d'une profession de santé, ou par une autre personne soumise au secret professionnel ; il s'en déduit qu'à défaut même de consentement exprès de l'intéressé à la mise en mémoire ou à la conservation des données le concernant, le comportement à cet égard des personnes et établissements de santé ne saurait tomber sous le coup de l'incrimination prévue par l'article 226-19 du Code pénal, qui renvoie lui-même à des exceptions, prévues par la loi, à l'interdiction d'enregistrement informatique des données personnelles sensibles (■ Cass. crim., 8 juill. 2015, n° 13-86.267 : *Dr. pén.* 2015, comm, 109, obs. M. Véron)

Art. 10 *(Rempl., L. n° 2004-801, 6 août 2004)*. – Aucune décision de justice impliquant une appréciation sur le comportement d'une personne ne peut avoir pour fondement un traitement automatisé de données à caractère personnel destiné à évaluer certains aspects de sa personnalité.

Aucune autre décision produisant des effets juridiques à l'égard d'une personne ne peut être prise sur le seul fondement d'un traitement automatisé de données destiné à définir le profil de l'intéressé ou à évaluer certains aspects de sa personnalité.

Ne sont pas regardées comme prises sur le seul fondement d'un traitement automatisé les décisions prises dans le cadre de la conclusion ou de l'exécution d'un contrat et pour lesquelles la personne concernée a été mise à même de présenter ses observations, ni celles satisfaisant les demandes de la personne concernée.

....

CHAPITRE IV. – FORMALITÉS PRÉALABLES À LA MISE EN ŒUVRE DES TRAITEMENTS

Art. 22 *(Rempl. et transféré au présent chapitre, L. n° 2004-801, 6 août 2004 ; L. n° 2016-41, 26 janv. 2016)*. **– I. – À l'exception de ceux qui relèvent des dispositions prévues aux articles 25, 26 et 27 ou qui sont visés au deuxième alinéa de l'article 36, les traitements automatisés de données à caractère personnel font l'objet d'une déclaration auprès de la Commission nationale de l'informatique et des libertés.**

II. – Toutefois, ne sont soumis à aucune des formalités préalables prévues au présent chapitre :

1° Les traitements ayant pour seul objet la tenue d'un registre qui, en vertu de dispositions législatives ou réglementaires, est destiné exclusivement à l'information du public et est ouvert à la consultation de celui-ci ou de toute personne justifiant d'un intérêt légitime ;

2° Les traitements mentionnés au 3° du II de l'article 8.

III. – Les traitements pour lesquels le responsable a désigné un correspondant à la protection des données à caractère personnel chargé d'assurer, d'une manière indépendante, le respect des obligations prévues dans la présente loi sont dispensés des formalités prévues aux articles 23 et 24, sauf lorsqu'un transfert de données à caractère personnel à destination d'un État non membre de la Communauté européenne est envisagé.

La désignation du correspondant est notifiée à la Commission nationale de l'informatique et des libertés. Elle est portée à la connaissance des instances représentatives du personnel.

Le correspondant est une personne bénéficiant des qualifications requises pour exercer ses missions. Il tient une liste des traitements effectués immédiatement accessible à toute personne en faisant la demande et ne peut faire l'objet d'aucune sanction de la part de l'employeur du fait de l'accomplissement de ses missions. Il peut saisir la Commission nationale de l'informatique et des libertés des difficultés qu'il rencontre dans l'exercice de ses missions.

En cas de non-respect des dispositions de la loi, le responsable du traitement est enjoint par la Commission nationale de l'informatique et des libertés de procéder aux formalités prévues aux articles 23 et 24. En cas de manquement constaté à ses devoirs, le correspondant est déchargé de ses fonctions sur demande, ou après consultation, de la Commission nationale de l'informatique et des libertés.

IV. – Le responsable d'un traitement de données à caractère personnel qui n'est soumis à aucune des formalités prévues au présent chapitre communique à toute personne qui en fait la demande les informations relatives à ce traitement mentionnées aux 2° à 6° du I de l'article 31.

V. – Les traitements de données de santé à caractère personnel mis en œuvre par les organismes ou les services chargés d'une mission de service public figurant sur une liste fixée par arrêté des ministres chargés de la santé et de la sécurité sociale pris après avis de la Commission nationale de l'informatique et des libertés, afin de répondre, en cas de situation d'urgence, à une alerte sanitaire, au sens de l'article L. 1413-2 du Code de la santé publique, sont soumis au régime de la déclaration préalable prévu au présent article. Le responsable de traitement rend compte chaque année à la Commission nationale de l'informatique et des libertés des traitements ainsi mis en œuvre.

Les conditions dans lesquelles ces traitements peuvent utiliser le numéro d'inscription au répertoire national d'identification des personnes physiques sont définies par décret en Conseil d'État, pris après avis de la Commission nationale de l'informatique et des libertés.

Possèdent la qualité de déclarant au sens des articles 16 et 17 de la loi du 6 janvier 1978, toutes personnes physiques ou morales qui ont le pouvoir de décider la création d'un fichier informatique, même si elles sous-traitent l'exploitation du traitement automatisé. Est passible des peines prévues à l'article 41 de la loi précitée, le président-directeur général d'une société de gestion immobilière qui, lors de la création de sa société, a confié le traitement de l'informatique à une société de services, dès lors que ni lui-même, ni les dirigeants de la société de services n'ont produit les déclarations des articles 16 et 17 de la loi, sans qu'il y ait eu lieu de distinguer entre les articles 16 et 17 au motif prétendu que seules les infractions à l'article 16 seraient sanctionnées par l'article 41 de la loi, alors que l'article 17 ne fait que prévoir une forme de déclaration particulière non exclusive des dispositions de l'article 16 qui précèdent (■ TGI Versailles, 23 sept. 1986 : *D.* 1987, 552, note Frayssinet).

CHAPITRE V. – OBLIGATIONS INCOMBANT AUX RESPONSABLES DE TRAITEMENTS ET DROITS DES PERSONNES

Section II. – Droits des personnes à l'égard des traitements de données à caractère personnel

Art. 38 *(Rempl., L. n° 2004-801, 6 août 2004)*. **– Toute personne physique a le droit de s'opposer, pour des motifs légitimes, à ce que des données à caractère personnel la concernant fassent l'objet d'un traitement.**

Elle a le droit de s'opposer, sans frais, à ce que les données la concernant soient utilisées à des fins de prospection, notamment commerciale, par le responsable actuel du traitement ou celui d'un traitement ultérieur.

Les dispositions du premier alinéa ne s'appliquent pas lorsque le traitement répond à une obligation légale ou lorsque l'application de ces dispositions a été écartée par une disposition expresse de l'acte autorisant le traitement.

1) Doit être déclaré coupable de l'infraction prévue aux articles 26, alinéa 1er, 31, 42 et 45 de la loi du 6 janvier 1978, le chef du personnel qui a tenu manuellement un cahier sur lequel étaient consignés des renseignements sur les appartenances politiques ou syndicales d'employés d'une usine ou de candidats à l'embauche, ainsi d'ailleurs que des renseignements sur leur vie privée, et cela sans l'accord des personnes concernées ; ce registre, bien que ne se présentant pas sous forme de fiches, était conservé dans les locaux de l'usine et par conséquent pouvait être consulté par quiconque avait intérêt à connaître les appartenances syndicales ou politiques des membres du personnel. Toutefois, compte tenu du désistement de toutes les parties civiles et en raison du fait que le trouble résultant de l'infraction a cessé, il y a lieu de dispenser le prévenu de peine (■ TGI Créteil, 10 juill. 1987 : *D.* 1988, 319, note Frayssinet). V. également, ■ Cass. crim., 25 oct. 1995 : *Bull. crim.*, n° 320 ; *D.* 1996, 370, note J. Frayssinet.

2) Justifie sa décision l'arrêt qui, pour déclarer l'Association spirituelle de l'église de scientologie d'Île-de-France et son président coupables de traitement d'informations nominatives malgré opposition légitime, retient que l'opposition peut être transmise à l'association par la Commission nationale de l'informatique et des libertés (CNIL), aucun formalisme n'étant prévu dans la loi et qu'en matière politique, philosophique ou religieuse, la légitimité de l'opposition est remplie par le seul exercice de cette faculté (■ Cass. crim., n° 224 ; *Dr. pénal* 2005, comm. 18, obs. Véron).

Art. 39 *(Rempl., L. 2003-239, 18 mars 2003 ; L. n° 2004-801, 6 août 2004)*. **– I. – Toute personne physique justifiant de son identité a le droit d'interroger le responsable d'un traitement de données à caractère personnel en vue d'obtenir :**

1° La confirmation que des données à caractère personnel la concernant font ou ne font pas l'objet de ce traitement ;

2° Des informations relatives aux finalités du traitement, aux catégories de données à caractère personnel traitées et aux destinataires ou aux catégories de destinataires auxquels les données sont communiquées ;

3° Le cas échéant, des informations relatives aux transferts de données à caractère personnel envisagés à destination d'un État non membre de la Communauté européenne ;

4° La communication, sous une forme accessible, des données à caractère personnel qui la concernent ainsi que de toute information disponible quant à l'origine de celles-ci ;

5° Les informations permettant de connaître et de contester la logique qui sous-tend le traitement automatisé en cas de décision prise sur le fondement de celui-ci et produisant des effets juridiques à l'égard de l'intéressé. Toutefois, les informations communiquées à la personne concernée ne doivent pas porter atteinte au droit d'auteur au sens des dispositions du livre Ier et du titre IV du livre III du Code de la propriété intellectuelle.

Une copie des données à caractère personnel est délivrée à l'intéressé à sa demande. Le responsable du traitement peut subordonner la délivrance de cette copie au paiement d'une somme qui ne peut excéder le coût de la reproduction.

En cas de risque de dissimulation ou de disparition des données à caractère personnel, le juge compétent peut ordonner, y compris en référé, toutes mesures de nature à éviter cette dissimulation ou cette disparition.

II. – Le responsable du traitement peut s'opposer aux demandes manifestement abusives, notamment par leur nombre, leur caractère répétitif ou systématique. En cas de contestation, la charge de la preuve du caractère manifestement abusif des demandes incombe au responsable auprès duquel elles sont adressées.

Les dispositions du présent article ne s'appliquent pas lorsque les données à caractère personnel sont conservées sous une forme excluant manifestement tout risque d'atteinte à la vie privée des personnes concernées et pendant une durée n'excédant pas celle nécessaire aux seules finalités d'établissement de statistiques ou de recherche scientifique ou historique. Hormis les cas mentionnés au deuxième alinéa de l'article 36, les dérogations envisagées par le responsable du traitement sont mentionnées dans la demande d'autorisation ou dans la déclaration adressée à la Commission nationale de l'informatique et des libertés.

1) Les résultats d'un sondage portant sur une personne, qui représentent l'état statistique, à un moment donné, de l'opinion de la population sur celle-ci, ne constituent pas une information nominative au sens de l'article 4 de la loi du 6 janvier 1978 ; il s'en déduit que, dès lors que les résultats ne lui sont pas opposés, cette personne ne saurait bénéficier du droit d'accès et des prérogatives qui en découlent, prévus par les articles 34 et suivants de ladite loi, ni exiger la communication du nom du commanditaire de l'opération (■ Cass. crim., 12 mai 1998 : *Bull. crim.*, n° 158).

2) Sur l'exercice du droit d'accès, V. Comm. nat. de l'informatique et des libertés, 3 juill. 1984 : *D.* 1984, 587, note Frayssinet.

CHAPITRE VIII. – DISPOSITIONS PÉNALES

(L. n° 2004-801, 6 août 2004)

Art. 50 *(L. n° 2004-801, 6 août 2004).* **– Les infractions aux dispositions de la présente loi sont prévues et réprimées par les articles 226-16 à 226-24 du Code pénal.**

1) Sont réputées nominatives, au sens de la loi du 6 janvier 1978, les informations qui permettent, sous quelque forme que ce soit, directement ou non, l'identification des personnes physiques auxquelles elles s'appliquent. Le délit de mise en œuvre d'un traitement automatisé d'informations nominatives sans déclaration préalable, prévu et puni par l'article 41 de la loi du 6 janvier 1978, a le caractère d'une information matérielle, le fait incriminé impliquant une faute dont le prévenu ne peut se disculper que par la force majeure (■ Cass. crim., 3 nov. 1987 : *Bull. crim.*, n° 382 ; *D.* 1988, 17, note Maisl ; *JCP* 88, I, 3323, obs. Frayssinet).

2) Le délit prévu et réprimé par l'article 41 de la loi du 6 janvier 1978 est commis aussi longtemps qu'en l'absence de la déclaration prescrite par l'article 16 de la loi, il est procédé ou fait procéder au traitement informatisé d'informations nominatives. Se rend coupable de ce délit le président-directeur général de société qui a fait installer au sein de l'entreprise qu'il dirige un autocommutateur téléphonique relevant par des procédés électroniques l'intégralité des numéros appelés par chaque poste ainsi que la durée et le coût des communications, alors que cette installation n'a fait l'objet d'aucune déclaration auprès de la CNIL. Ont méconnu le sens et la portée de l'article 41 de la loi les juges ayant décidé que le point de départ du délai de prescription était fixé au jour de l'installation de l'appareil procédant au traitement automatisé (■ Cass. crim., 23 mai 1991 : *D.* 1991, Flash, Cahier n° 26).

3) Action syndicale. Justifie sa décision la cour d'appel qui déclare recevable l'action d'un syndicat à l'encontre d'une société des chefs d'omission de déclaration à la CNIL d'un système de vidéosurveillance et d'autres infractions à la loi du 6 janvier 1978, dès lors que les faits, commis par l'employeur au sein du site de production et à ses abords immédiats, avaient pour conséquence de permettre l'enregistrement illicite de l'image des salariés dans leur activité, et notamment dans l'exercice de leurs droits syndicaux, et d'en permettre le traitement et la conservation, sans le consentement des intéressés (■ Cass. crim., 9 févr. 2016, n° 14-47.753)

Art. 51 *(Mod. à compter du 31 mars 2011, L. n° 2011-334, 29 mars 2011).* **– Est puni d'un an d'emprisonnement et de 15 000 € d'amende le fait d'entraver l'action de la Commission nationale de l'informatique et des libertés :**

1° Soit en s'opposant à l'exercice des missions confiées à ses membres ou aux agents habilités en application du dernier alinéa de l'article 19 lorsque la visite a été autorisée par le juge ;

2° Soit en refusant de communiquer à ses membres ou aux agents habilités en application du dernier alinéa de l'article 19 les renseignements et documents utiles à leur mission, ou en dissimulant lesdits documents ou renseignements, ou en les faisant disparaître ;

3° Soit en communiquant des informations qui ne sont pas conformes au contenu des enregistrements tel qu'il était au moment où la demande a été formulée ou qui ne présentent pas ce contenu sous une forme directement accessible.

Justifie sa décision l'arrêt qui, pour condamner le président de l'association spirituelle de l'église de scientologie d'Île-de-France, pour entrave aux fonctions de la Commission nationale de l'informatique et des libertés (CNIL), retient qu'il a envoyé volontairement à cet organisme des informations qu'il savait inexactes, dès lors que cette attitude démontre la volonté d'éluder le contrôle de cette commission (■ Cass. crim., 28 sept. 2004 : *Bull. crim.*, n° 224).

Art. 52 *(L. n° 2004-801, 6 août 2004)*. **– Le procureur de la République avise le président de la Commission nationale de l'informatique et des libertés de toutes les poursuites relatives aux infractions aux dispositions de la section V du chapitre VI du titre II du livre II du Code pénal et, le cas échéant, des suites qui leur sont données. Il l'informe de la date et de l'objet de l'audience de jugement par lettre recommandée adressée au moins dix jours avant cette date.**

La juridiction d'instruction ou de jugement peut appeler le président de la Commission nationale de l'informatique et des libertés ou son représentant à déposer ses observations ou à les développer oralement à l'audience.

Bibliographie : Frayssinet, *La loi du 6 janvier 1978 relative à l'informatique, aux fichiers et aux libertés et le juge pénal : une première décision : Expertises des systèmes d'information*, n° 83, 101 s. • Note sous T. grande inst. Nantes, 16 déc. 1985 : *D.* 1986, 471. • Vivant et Lucas, obs. sur Rennes, 24 juin 1986 : *JCP* E 1987, I, 16607, n° 19 et 20.

Décret n° 81-1142 du 23 décembre 1981

instituant des contraventions de police au cas de violation de certaines dispositions de la loi n° 78-17 du 6 janvier 1978 relative à l'informatique, aux fichiers et aux libertés

(Abr., D. n° 2005-1309, 20 oct. 2005)

Décret n° 2005-1309 du 20 octobre 2005

pris pour l'application de la loi n° 78-17 du 6 janvier 1978 relative à l'informatique, aux fichiers et aux libertés

TITRE VIII. – DISPOSITIONS PÉNALES

Art. 110 *(Anc. art. 90, dénum., D. n° 2007-451, 25 mars 2007)*. **– V. C. pén., art. R. 625-10 à R. 625-13.**

Code de la sécurité intérieure

(Ord. 2012-351, 12 mars 2012)

VIDÉOPROTECTION

CHAPITRE Ier. – DISPOSITIONS GÉNÉRALES

Art. L. 251-1. – Les enregistrements visuels de vidéoprotection répondant aux conditions fixées aux articles L. 251-2 et L. 251-3 sont soumis aux dispositions du présent titre, à l'exclusion de ceux qui sont utilisés dans des traitements automatisés ou contenus dans des fichiers structurés selon des critères permettant d'identifier, directement ou indirectement, des personnes physiques, qui sont soumis à la loi n° 78-17 du 6 janvier 1978 relative à l'informatique, aux fichiers et aux libertés.

Art. L. 251-2 *(Mod., L. n° 2014-315, 11 mars 2014 ; L. n° 2016-1547, 18 nov. 2016)*. **– La transmission et l'enregistrement d'images prises sur la voie publique par le moyen de la vidéoprotection peuvent être mis en œuvre par les autorités publiques compétentes aux fins d'assurer :**

1° La protection des bâtiments et installations publics et de leurs abords ;

2° La sauvegarde des installations utiles à la défense nationale ;

3° La régulation des flux de transport ;

4° La constatation des infractions aux règles de la circulation ;

5° La prévention des atteintes à la sécurité des personnes et des biens dans des lieux particulièrement exposés à des risques d'agression, de vol ou de trafic de stupéfiants ainsi que la prévention, dans des zones particulièrement exposées à ces infractions, des fraudes douanières prévues par le dernier alinéa de l'article 414 du Code des douanes et des délits prévus à l'article 415 du même code portant sur des fonds provenant de ces mêmes infractions ;

6° La prévention d'actes de terrorisme, dans les conditions prévues au chapitre III du titre II du présent livre ;

7° La prévention des risques naturels ou technologiques ;

8° Le secours aux personnes et la défense contre l'incendie ;

9° La sécurité des installations accueillant du public dans les parcs d'attraction ;

10° Le respect de l'obligation d'être couvert, pour faire circuler un véhicule terrestre à moteur, par une assurance garantissant la responsabilité civile.

Il peut être également procédé à ces opérations dans des lieux et établissements ouverts au public aux fins d'y assurer la sécurité des personnes et des biens lorsque ces lieux et établissements sont particulièrement exposés à des risques d'agression ou de vol.

(L. n° 2014-626, 18 juin 2014) Après information du maire de la commune concernée et autorisation des autorités publiques compétentes, des commerçants peuvent mettre en œuvre sur la voie publique un système de vidéoprotection aux fins d'assurer la protection des abords immédiats de leurs bâtiments et installations, dans les lieux particulièrement exposés à des risques d'agression ou de vol. Les conditions de mise en œuvre et le type de bâtiments et installations concernés sont définis par décret en Conseil d'État.

Art. L. 251-3. – Les opérations de vidéoprotection de la voie publique sont réalisées de telle sorte qu'elles ne visualisent pas les images de l'intérieur des immeubles d'habitation ni, de façon spécifique, celles de leurs entrées.

Le public est informé de manière claire et permanente de l'existence du système de vidéoprotection et de l'autorité ou de la personne responsable.

Art. L. 251-4. – Dans chaque département, une commission départementale de vidéoprotection présidée par un magistrat du siège ou un magistrat honoraire est chargée de donner un avis au représentant de l'État dans le département, ou à Paris au préfet de police, sur les demandes d'autorisation de systèmes de vidéoprotection et d'exercer un contrôle sur les conditions de fonctionnement des systèmes autorisés.

Art. L. 251-5. – La Commission nationale de la vidéoprotection exerce une mission de conseil et d'évaluation de l'efficacité de la vidéoprotection. Elle émet des recommandations destinées au ministre de l'Intérieur en ce qui concerne les caractéristiques techniques, le fonctionnement ou l'emploi des systèmes de vidéoprotection.

Elle peut être saisie par le ministre de l'Intérieur, un député, un sénateur ou une commission départementale de vidéoprotection de toute question relative à la vidéoprotection.

Elle peut également se saisir d'office de toute difficulté tenant au fonctionnement d'un système de vidéoprotection ou de toute situation susceptible de constituer un manquement.

Art. L. 251-6. – La Commission nationale de la vidéoprotection est composée :

1° De représentants des personnes publiques et privées autorisées à mettre en œuvre un système de vidéoprotection ;

2° De représentants des administrations chargées de contrôler les systèmes mis en œuvre ;

3° D'un membre de la Commission nationale de l'informatique et des libertés ;

4° De deux députés et de deux sénateurs de manière à assurer une représentation pluraliste ;

5° De personnalités qualifiées, dont au moins un magistrat du siège et un magistrat du parquet désignés par le premier président de la Cour de cassation.

La qualité de membre de la commission est incompatible avec la détention d'un intérêt direct ou indirect dans une entreprise exerçant des activités dans le domaine de la videoprotection.

La composition et les modalités de l'organisation et du fonctionnement de la commission sont définies par voie réglementaire.

Art. L. 251-7. – Le Gouvernement transmet chaque année à la Commission nationale de l'informatique et des libertés et à la Commission nationale de la vidéoprotection un rapport faisant état de l'activité des commissions départementales de vidéoprotection et des conditions d'application du présent titre.

Art. L. 251-8. – Les conditions dans lesquelles le représentant de l'État dans le département et, à Paris, le préfet de police peuvent prescrire la mise en œuvre de systèmes de vidéoprotection aux fins de prévention d'actes de terrorisme sont prévues au chapitre III du titre II du présent livre.

CHAPITRE II. – AUTORISATION ET CONDITIONS DE FONCTIONNEMENT

Art. L. 252-1. – L'installation d'un système de vidéoprotection dans le cadre du présent titre est subordonnée à une autorisation du représentant de l'État dans le département et, à Paris, du préfet de police donnée, sauf en matière de défense nationale, après avis de la commission départementale de vidéoprotection. Lorsque le système comporte des caméras installées sur le territoire de plusieurs départements, l'autorisation est délivrée par le représentant de l'État dans le département dans lequel est situé le siège social du demandeur et, lorsque ce siège est situé à Paris, par le préfet de police, après avis de la commission départementale de vidéoprotection. Les représentants de l'État dans les départements dans lesquels des caméras sont installées en sont informés.

Seuls sont autorisés par la Commission nationale de l'informatique et des libertés, en application de la loi n° 78-17 du 6 janvier 1978 relative à l'informatique, aux fichiers et aux libertés, les systèmes installés sur la voie publique ou dans des lieux ouverts au public dont les enregistrements sont utilisés dans des traitements automatisés ou contenus dans des fichiers structurés selon des critères permettant d'identifier, directement ou indirectement, des personnes physiques.

Art. L. 252-2 *(L. n° 2014-626, 18 juin 2014)*. – L'autorisation préfectorale prescrit toutes les précautions utiles, en particulier quant à la qualité des personnes chargées de l'exploitation du système de vidéoprotection ou visionnant les images et aux mesures à prendre pour assurer le respect des dispositions de la loi.

Dans le cas prévu au dernier alinéa de l'article L. 251-2, le visionnage des images ne peut être assuré que par des agents de l'autorité publique individuellement désignés et habilités des services de police et de gendarmerie nationale.

Art. L. 252-3. – L'autorisation peut prescrire que les agents individuellement désignés et dûment habilités des services de police et de gendarmerie nationales ainsi que des douanes et des services d'incendie et de secours sont destinataires des images et enregistrements. Elle précise alors les modalités de transmission des images et d'accès aux enregistrements ainsi que la durée de conservation des images, dans la limite d'un mois à compter de cette transmission ou de cet accès, sans préjudice des nécessités de leur conservation pour les besoins d'une procédure pénale. La décision de permettre aux agents individuellement désignés et dûment habilités des services de police et de gendarmerie nationales ainsi que des douanes et des services d'incendie et de secours d'être destinataires des images et enregistrements peut également être prise à tout moment, après avis de la commission départementale de vidéoprotection, par arrêté préfectoral. Ce dernier précise alors les modalités de transmission des images et d'accès aux enregistrements. Lorsque l'urgence et l'exposition particulière à un risque d'actes de terrorisme le requièrent, cette décision peut être prise sans avis préalable de la commission départementale de vidéoprotection. Le président de la commission est immédiatement informé de cette décision, qui fait l'objet d'un examen lors de la plus prochaine réunion de la commission.

Art. L. 252-4. – Les systèmes de vidéoprotection sont autorisés pour une durée de cinq ans renouvelable.

Les systèmes de vidéoprotection installés doivent être conformes à des normes techniques définies par arrêté du ministre de l'Intérieur après avis de la Commission nationale de la vidéoprotection, à compter de l'expiration d'un délai de deux ans après la publication de l'acte définissant ces normes.

Les autorisations mentionnées au présent titre et délivrées avant le 1er janvier 2000 expirent le 24 janvier 2012. Celles délivrées entre le 1er janvier 2000 et le 31 décembre 2002 expirent le 24 janvier 2013. Celles délivrées entre le 1er janvier 2003 et le 24 janvier 2006 expirent le 24 janvier 2014.

Art. L. 252-5. – Hormis le cas d'une enquête de flagrant délit, d'une enquête préliminaire ou d'une information judiciaire, les enregistrements sont détruits dans un délai maximum fixé par l'autorisation. Ce délai ne peut excéder un mois.

L'autorisation peut prévoir un délai minimal de conservation des enregistrements.

Art. L. 252-6. – Lorsqu'il est informé de la tenue imminente d'une manifestation ou d'un rassemblement de grande ampleur présentant des risques particuliers d'atteinte à la sécurité des personnes et des biens, le représentant de l'État dans le département et, à Paris, le préfet de police peuvent délivrer aux personnes mentionnées à l'article L. 251-2, sans avis préalable de la commission départementale de vidéoprotection, une autorisation provisoire d'installation d'un système de vidéoprotection, exploité dans les conditions prévues par le présent titre, pour une durée maximale de quatre mois. Le président de la commission est immédiatement informé de cette décision. Il peut alors la réunir sans délai afin qu'elle donne un avis sur la mise en œuvre de la procédure d'autorisation provisoire. L'autorisation d'installation du dispositif cesse d'être valable dès que la manifestation ou le rassemblement a pris fin.

Sauf dans les cas où les manifestations ou rassemblements de grande ampleur ont déjà pris fin, le représentant de l'État dans le département et, à Paris, le préfet de police recueillent l'avis de la commission départementale de vidéoprotection sur la mise en œuvre du système de vidéoprotection conformément à la procédure prévue à l'article L. 252-1 et se prononcent sur son maintien. La commission doit rendre son avis avant l'expiration du délai de validité de l'autorisation provisoire.

Art. L. 252-7. – Lorsqu'il est informé de la tenue imminente d'une manifestation ou d'un rassemblement de grande ampleur présentant des risques particuliers d'atteinte à la sécurité des personnes et des biens, le représentant de l'État dans le département et, à Paris, le préfet de police peuvent prescrire, sans l'avis préalable de la commission départementale de vidéoprotection, la mise en œuvre d'un système de vidéoprotection exploité dans les conditions prévues par l'article L. 252-1. Quand cette décision porte sur une installation de vidéoprotection filmant la voie publique ou des lieux ou établissements ouverts au public, le président de la commission est immédiatement informé de cette décision. Il peut alors la réunir sans délai afin qu'elle donne un avis sur la mise en œuvre de la procédure de décision provisoire. La prescription d'installation du dispositif cesse d'être valable dès que la manifestation ou le rassemblement a pris fin.

Sauf dans les cas où les manifestations ou rassemblements de grande ampleur mentionnés à l'alinéa précédent ont déjà pris fin, avant l'expiration d'un délai maximal de quatre mois, le représentant de l'État dans le département et, à Paris, le préfet de police recueillent l'avis de la commission départementale de vidéoprotection sur la mise en œuvre du système de vidéoprotection conformément à la procédure prévue à l'article L. 252-1 et se prononcent sur son maintien.

CHAPITRE III. – CONTRÔLE ET DROIT D'ACCÈS

Art. L. 253-1. – La commission départementale de vidéoprotection peut à tout moment exercer, sauf en matière de défense nationale, un contrôle sur les conditions de fonctionnement des systèmes de vidéoprotection répondant aux conditions fixées aux articles L. 251-2 et L. 251-3. Elle émet, le cas échéant, des recommandations et propose la suspension ou la suppression des dispositifs non autorisés, non conformes à leur autorisation ou dont il est fait un usage anormal. Elle informe le maire de la commune concernée de cette proposition.

Art. L. 253-2. – La Commission nationale de l'informatique et des libertés peut, sur demande de la commission départementale de vidéoprotection, du responsable d'un système ou de sa propre initiative, exercer un contrôle visant à s'assurer que le système est utilisé conformément à son autorisation et, selon le régime juridique dont le système relève, aux dispositions du présent titre ou à celles de la loi n° 78-17 du 6 janvier 1978 relative à l'informatique, aux fichiers et aux libertés. Lorsque la Commission nationale de l'informatique et des libertés constate un manquement aux dispositions du présent titre, elle peut, après avoir mis en demeure la personne responsable du système de se mettre en conformité dans un délai qu'elle fixe, demander au représentant de l'État dans le département ou, à Paris, au préfet de police d'ordonner la suspension ou la suppression du système de vidéoprotection. Elle informe le maire de la commune concernée de cette demande.

Art. L. 253-3. – Les membres de la Commission nationale de l'informatique et des libertés, les agents de ses services habilités dans les conditions définies au dernier alinéa de l'article 19 de la loi n° 78-17 du 6 janvier 1978 relative à l'informatique, aux fichiers et aux libertés ainsi que les membres des commissions départementales de vidéoprotection ont accès de six heures à vingt et une heures, pour l'exercice de leurs missions, aux lieux, locaux, enceintes, installations ou établissements servant à la mise en œuvre d'un système de vidéoprotection, à l'exclusion des parties de ceux-ci affectées au domicile privé. Le procureur de la République territorialement compétent en est préalablement informé.

Le responsable des locaux professionnels privés est informé de son droit d'opposition à la visite. Lorsqu'il exerce ce droit, la visite ne peut se dérouler qu'après l'autorisation du juge des libertés et de la détention du tribunal de grande instance dans le ressort duquel sont situés les locaux à visiter, qui statue dans des conditions fixées par décret en Conseil d'État. Toutefois, lorsque l'urgence, la gravité des faits à l'origine du contrôle ou le risque de destruction ou de dissimulation de documents le justifie, la visite peut avoir lieu sans que le responsable des locaux en ait été informé, sur autorisation préalable du juge des libertés et de la détention. Dans ce cas, le responsable des lieux ne peut s'opposer à la visite.

La visite s'effectue sous l'autorité et le contrôle du juge des libertés et de la détention qui l'a autorisée, en présence de l'occupant des lieux ou de son représentant, qui peut se faire assister d'un conseil de son choix ou, à défaut, en présence de deux témoins qui ne sont pas placés sous l'autorité des personnes chargées de procéder au contrôle.

L'ordonnance ayant autorisé la visite est exécutoire au seul vu de la minute. Elle mentionne que le juge ayant autorisé la visite peut être saisi à tout moment d'une demande de suspension ou d'arrêt de cette visite. Elle indique le délai et la voie de recours. Elle peut faire l'objet, suivant les règles prévues par le Code de procédure civile, d'un appel devant le premier président de la cour d'appel. Celui-ci connaît également des recours contre le déroulement des opérations de visite.

Les personnes mentionnées au premier alinéa peuvent demander communication de tous documents nécessaires à l'accomplissement de leur mission, quel qu'en soit le support, et en prendre copie ; elles peuvent recueillir, sur place ou sur convocation, tout renseignement et toute justification utiles ; elles peuvent accéder aux programmes informatiques et aux données ainsi qu'en demander la transcription par tout traitement approprié dans des documents directement utilisables pour les besoins du contrôle.

Elles peuvent, à la demande du président de la commission, être assistées par des experts désignés par l'autorité dont ceux-ci dépendent.

Il est dressé contradictoirement procès-verbal des vérifications et visites menées en application du présent article.

Art. L. 253-4. – À la demande de la commission départementale de vidéoprotection, de la Commission nationale de l'informatique et des libertés ou de sa propre initiative, le représentant de l'État dans le département et, à Paris, le préfet de police peuvent fermer pour une durée de trois mois, après mise en demeure non suivie d'effets dans le délai qu'elle fixe, un établissement ouvert au public dans lequel est maintenu un système de vidéoprotection sans autorisation. Lorsque, à l'issue du délai de trois mois, l'établissement n'a pas sollicité la régularisation de son système, l'autorité administrative peut lui enjoindre de démonter ledit système. S'il n'est pas donné suite à cette injonction, une nouvelle mesure de fermeture de trois mois peut être prononcée.

Art. L. 253-5. – Toute personne intéressée peut s'adresser au responsable d'un système de vidéoprotection afin d'obtenir un accès aux enregistrements qui la concernent ou d'en vérifier la destruction dans le délai prévu. Cet accès est de droit. Un refus d'accès peut toutefois être opposé pour un motif tenant à la sûreté de l'État, à la défense, à la sécurité publique, au déroulement de procédures engagées devant les juridictions ou d'opérations préliminaires à de telles procédures ou au droit des tiers.

Toute personne intéressée peut saisir la commission départementale de vidéoprotection ou la Commission nationale de l'informatique et des libertés de toute difficulté tenant au fonctionnement d'un système de vidéoprotection.

Les dispositions du précédent alinéa ne font pas obstacle au droit de la personne intéressée de saisir la juridiction compétente, au besoin en la forme du référé.

CHAPITRE IV. – DISPOSITIONS PÉNALES

Art. L. 254-1. – **Le fait d'installer un système de vidéoprotection ou de le maintenir sans autorisation, de procéder à des enregistrements de vidéoprotection sans autorisation, de ne pas les détruire dans le délai prévu, de les falsifier, d'entraver l'action de la commission départementale de vidéoprotection ou de la Commission nationale de l'informatique et des libertés, de faire accéder des personnes non habilitées aux images ou d'utiliser ces images à d'autres fins que celles pour lesquelles elles sont autorisées est puni de trois ans d'emprisonnement et de 45 000 euros d'amende, sans préjudice des dispositions des articles 226-1 du Code pénal et L. 1121-1, L. 1221-9, L. 1222-4 et L. 2323-47 du Code du travail.**

CHAPITRE V. – DISPOSITIONS COMMUNES

Art. L. 255-1. – **Un décret en Conseil d'État, après avis de la Commission nationale de la vidéoprotection, fixe les modalités d'application du présent titre, et notamment les conditions dans lesquelles le public est informé de l'existence d'un dispositif de vidéoprotection ainsi que de l'identité de l'autorité ou de la personne responsable. Ce décret fixe également les conditions dans lesquelles les agents mentionnés à l'article L. 252-3 sont habilités à accéder aux enregistrements et les conditions dans lesquelles la commission départementale de vidéoprotection exerce son contrôle.**

Code de la propriété intellectuelle

Loi n° 98-536 du 1er juillet 1998 portant transposition dans le Code de la propriété intellectuelle de la directive 96/9/CE du Parlement européen et du Conseil, du 11 mars 1996, concernant la protection juridique des bases de données

TITRE IV. – DROITS DES PRODUCTEURS DE BASES DE DONNÉES

CHAPITRE I. – CHAMP D'APPLICATION

Art. L. 341-1. – **Le producteur d'une base de données, entendu comme la personne qui prend l'initiative et le risque des investissements correspondants, bénéficie d'une protection du contenu de la base lorsque la constitution, la vérification ou la présentation de celui-ci atteste d'un investissement financier, matériel ou humain substantiel.**

Cette protection est indépendante et s'exerce sans préjudice de celles résultant du droit d'auteur ou d'un autre droit sur la base de données ou un de ses éléments constitutifs.

Art. L. 341-2. – **Sont admis au bénéfice du présent titre :**

1° Les producteurs de bases de données, ressortissants d'un État membre de la Communauté européenne ou d'un État partie à l'accord sur l'Espace économique européen, ou qui ont dans un tel État leur résidence habituelle ;

2° Les sociétés ou entreprises constituées en conformité avec la législation d'un État membre et ayant leur siège statutaire, leur administration centrale ou leur établissement principal à l'intérieur de la Communauté ou d'un État partie à l'accord sur l'Espace économique européen ; néanmoins, si une telle société ou entreprise n'a que son siège statutaire sur le territoire d'un tel État, ses activités doivent avoir un lien réel et continu avec l'économie de l'un d'entre eux.

Les producteurs de bases de données qui ne satisfont pas aux conditions mentionnées ci-dessus sont admis à la protection prévue par le présent titre lorsqu'un accord particulier a été conclu avec l'État dont ils sont ressortissants par le Conseil de la Communauté européenne.

CHAPITRE II. – ÉTENDUE DE LA PROTECTION

Art. L. 342-1. – **Le producteur de bases de données a le droit d'interdire :**

1° L'extraction, par transfert permanent ou temporaire de la totalité ou d'une partie qualitativement ou quantitativement substantielle du contenu d'une base de données sur un autre support, par tout moyen et sous toute forme que ce soit ;

2° La réutilisation, par la mise à la disposition du public de la totalité ou d'une partie qualitativement ou quantitativement substantielle du contenu de la base, quelle qu'en soit la forme.

Ces droits peuvent être transmis ou cédés ou faire l'objet d'une licence.

Le prêt public n'est pas un acte d'extraction ou de réutilisation.

Art. L. 342-2. – Le producteur peut également interdire l'extraction ou la réutilisation répétée et systématique de parties qualitativement ou quantitativement non substantielles du contenu de la base lorsque ces opérations excèdent manifestement les conditions d'utilisation normale de la base de données.

Art. L. 342-3 *(Mod., L. n° 2006-961, 1er août 2006 ; L. n° 2016-1321, 7 oct. 2016)*. – Lorsqu'une base de données est mise à la disposition du public par le titulaire des droits, celui-ci ne peut interdire :

1° L'extraction ou la réutilisation d'une partie non substantielle, appréciée de façon qualitative ou quantitative, du contenu de la base, par la personne qui y a licitement accès ;

2° L'extraction à des fins privées d'une partie qualitativement ou quantitativement substantielle du contenu d'une base de données non électronique sous réserve du respect des droits d'auteur ou des droits voisins sur les œuvres ou éléments incorporés dans la base.

3° L'extraction et la réutilisation d'une base de données dans les conditions définies aux deux premiers alinéas du 7° de l'article L. 122-5 ;

4° L'extraction et la réutilisation d'une partie substantielle, appréciée de façon qualitative ou quantitative, du contenu de la base, sous réserve des bases de données conçues à des fins pédagogiques et des bases de données réalisées pour une édition numérique de l'écrit, à des fins exclusives d'illustration dans le cadre de l'enseignement et de la recherche, à l'exclusion de toute activité ludique ou récréative, dès lors que le public auquel cette extraction et cette réutilisation sont destinées est composé majoritairement d'élèves, d'étudiants, d'enseignants ou de chercheurs directement concernés, que la source est indiquée, que l'utilisation de cette extraction et cette réutilisation ne donne lieu à aucune exploitation commerciale et qu'elle est compensée par une rémunération négociée sur une base forfaitaire ;

5° Les copies ou reproductions numériques de la base réalisées par une personne qui y a licitement accès, en vue de fouilles de textes et de données incluses ou associées aux écrits scientifiques dans un cadre de recherche, à l'exclusion de toute finalité commerciale. La conservation et la communication des copies techniques issues des traitements, au terme des activités de recherche pour lesquelles elles ont été produites, sont assurées par des organismes désignés par décret. Les autres copies ou reproductions sont détruites.

Toute clause contraire au 1° ci-dessus est nulle.

Les exceptions énumérées par le présent article ne peuvent porter atteinte à l'exploitation normale de la base de données ni causer un préjudice injustifié aux intérêts légitimes du producteur de la base.

Art. L. 342-3-1 *(Mod. à compter de la date de la première réunion de la Haute Autorité pour la diffusion des œuvres et la protection des droits sur Internet et au plus tard le 1er novembre 2009, L. n° 2009-669, 12 juin 2009)*. – Les mesures techniques efficaces au sens de l'article L. 331-5 qui sont propres à empêcher ou à limiter les utilisations d'une base de données que le producteur n'a pas autorisées en application de l'article L. 342-1 bénéficient de la protection prévue à l'article L. 335-4-1.

Les producteurs de bases de données qui recourent aux mesures techniques de protection mentionnées au premier alinéa prennent cependant les dispositions utiles pour que leur mise en œuvre ne prive pas les bénéficiaires des exceptions définies à l'article L. 342-3 de leur bénéfice effectif, suivant les conditions prévues au 2° de l'article L. 331-39 et aux articles L. 331-7 à L. 331-10, L. 331-41 à L. 331-43 et L. 331-45.

Tout différend relatif à la faculté de bénéficier des exceptions définies à l'article L. 342-3 qui implique une mesure technique visée au premier alinéa du présent article est soumis à la Haute Autorité pour la diffusion des œuvres et la protection des droits sur Internet prévue à l'article L. 331-12.

Art. L. 342-3-2 *(Mod. à compter de la date de la première réunion de la Haute Autorité pour la diffusion des œuvres et la protection des droits sur Internet et au plus tard le 1er novembre 2009, L. n° 2009-669, 12 juin 2009)*. – Les informations sous forme électronique relatives au régime des droits du producteur d'une base de données, au sens de l'article L. 331-11, bénéficient de la protection prévue à l'article L. 335-4-2.

Art. L. 342-4. – La première vente d'une copie matérielle d'une base de données dans le territoire d'un État membre de la Communauté européenne ou d'un État partie à l'accord sur l'Espace économique européen, par le titulaire du droit ou avec son consentement, épuise le droit de contrôler la revente de cette copie matérielle dans tous les États membres.

Toutefois, la transmission en ligne d'une base de données n'épuise pas le droit du producteur de contrôler la revente dans tous les États membres d'une copie matérielle de cette base ou d'une partie de celle-ci.

Art. L. 342-5. – Les droits prévus à l'article L. 342-1 prennent effet à compter de l'achèvement de la fabrication de la base de données. Ils expirent quinze ans après le 1er janvier de l'année civile qui suit celle de cet achèvement.

Lorsqu'une base de données a fait l'objet d'une mise à la disposition du public avant l'expiration de la période prévue à l'alinéa précédent, les droits expirent quinze ans après le 1er janvier de l'année civile suivant celle de cette première mise à disposition.

Toutefois, dans le cas où une base de données protégée fait l'objet d'un nouvel investissement substantiel, sa protection expire quinze ans après le 1er janvier de l'année civile suivant celle de ce nouvel investissement.

CHAPITRE III. – PROCÉDURES ET SANCTIONS

Art. L. 343-1 *(L. n° 2007-1544, 29 oct. 2007 ; mod., L. n° 2014-315, 11 mars 2014)*. – L'atteinte aux droits du producteur de bases de données peut être prouvée par tous moyens.

À cet effet, toute personne ayant qualité pour agir en vertu du présent titre est en droit de faire procéder par tous huissiers, assistés par des experts désignés par le demandeur, sur ordonnance rendue sur requête par la juridiction civile compétente, soit à la description détaillée, avec ou sans prélèvement d'échantillons, des supports ou produits portant prétendument atteinte aux droits du producteur de bases de données, soit à la saisie réelle de ces supports ou produits ainsi que de tout document s'y rapportant.

La juridiction peut ordonner, aux mêmes fins probatoires, la description détaillée ou la saisie réelle des matériels et instruments utilisés pour produire ou distribuer les supports ou produits portant prétendument atteinte aux droits du producteur de bases de données, ainsi que de tout document s'y rapportant.

L'ordonnance peut autoriser la saisie réelle de tout document se rapportant aux supports, produits, matériels et instruments mentionnés aux deuxième et troisième alinéas en l'absence de ces derniers.

La juridiction peut subordonner l'exécution des mesures qu'elle ordonne à la constitution par le demandeur de garanties destinées à assurer l'indemnisation éventuelle du défendeur si l'action engagée en vertu du présent titre est ultérieurement jugée non fondée ou si la mainlevée de la saisie est prononcée.

La mainlevée de la saisie peut être prononcée selon les modalités prévues par les articles L. 332-2 et L. 332-3.

Art. L. 343-1-1 *(L. n° 2014-315, 11 mars 2014)*. – La juridiction peut ordonner, d'office ou à la demande de toute personne ayant qualité pour agir en contrefaçon, toutes les mesures d'instruction légalement admissibles, même si une saisie-contrefaçon n'a pas préalablement été ordonnée dans les conditions prévues à l'article L. 343-1.

Art. L. 343-2 *(L. n° 2007-1544, 29 oct. 2007 ; L. n° 2014-315, 11 mars 2014)*. – Toute personne ayant qualité pour agir dans le cas d'une atteinte aux droits du producteur de bases de données peut saisir en référé la juridiction civile compétente afin de voir ordonner, au besoin sous astreinte, à l'encontre du prétendu auteur de cette atteinte ou des intermédiaires dont il utilise les services, toute mesure urgente destinée à prévenir une atteinte aux droits du producteur de bases de données ou à empêcher la poursuite d'actes portant prétendument atteinte à ceux-ci. La juridiction civile compétente peut également ordonner toutes mesures urgentes sur requête lorsque les circonstances exigent que ces mesures ne soient pas prises contradictoirement, notamment lorsque tout retard serait de nature à causer un préjudice irréparable au demandeur. Saisie en référé ou sur requête, la juridiction ne peut ordonner les mesures demandées que si les éléments de preuve, raisonnablement accessibles au demandeur, rendent vraisemblable qu'il est porté atteinte à ses droits ou qu'une telle atteinte est imminente.

La juridiction peut interdire la poursuite des actes portant prétendument atteinte aux droits du producteur de bases de données, la subordonner à la constitution de garanties destinées à assurer l'indemnisation éventuelle du préjudice subi par le demandeur ou ordonner la saisie ou la remise entre les mains d'un tiers des produits soupçonnés de porter atteinte aux droits conférés par le titre, pour empêcher leur introduction ou leur circulation dans les circuits commerciaux.

Elle peut également accorder au demandeur une provision lorsque l'existence de son préjudice n'est pas sérieusement contestable.

Saisie en référé ou sur requête, la juridiction peut subordonner l'exécution des mesures qu'elle ordonne à la constitution par le demandeur de garanties destinées à assurer l'indemnisation éventuelle du défendeur si l'action engagée en vertu du présent titre est ultérieurement jugée non fondée ou les mesures annulées.

« Lorsque les mesures prises pour faire cesser une atteinte aux droits du producteur de bases de données sont ordonnées avant l'engagement d'une action au fond, le demandeur doit, dans un délai fixé par voie réglementaire, soit se pourvoir par la voie civile ou pénale, soit déposer une plainte auprès de procureur de la République. » À défaut, sur demande du défendeur et sans que celui-ci ait à motiver sa demande, les mesures ordonnées sont annulées, sans préjudice des dommages et intérêts qui peuvent être réclamés.

Art. L. 343-3 *(L. n° 2007-1544, 29 oct. 2007)*. – Outre les procès-verbaux des officiers ou agents de police judiciaire, la preuve de la matérialité des infractions définies au présent chapitre peut résulter des constatations d'agents assermentés désignés par les organismes professionnels de producteurs. Ces agents sont agréés par le ministre chargé de la culture dans les mêmes conditions que celles prévues pour les agents visés à l'article L. 331-2.

Art. L. 343-4 *(L. n° 2007-1544, 29 oct. 2007 ; L. n° 2016-731, 3 juin 2016)*. – Est puni de trois ans d'emprisonnement et de 300 000 € d'amende le fait de porter atteinte aux droits du producteur d'une base de données tels que définis à l'article L. 342-1. Lorsque le délit a été commis en bande organisée, les peines sont portées à sept ans d'emprisonnement et à 750 000 € d'amende.

Art. L. 343-5 *(L. n° 2007-1544, 29 oct. 2007)*. – Les personnes physiques coupables de l'un des délits prévus au présent chapitre peuvent en outre être condamnées, à leurs frais, à retirer des circuits commerciaux les objets jugés contrefaisants et toute chose qui a servi ou était destinée à commettre l'infraction.

La juridiction peut ordonner la destruction aux frais du condamné ou la remise à la partie lésée des objets et choses retirés des circuits commerciaux ou confisqués, sans préjudice de tous dommages et intérêts.

Elle peut également ordonner, aux frais du condamné, l'affichage ou la diffusion du jugement prononçant la condamnation, dans les conditions et sous les peines prévues à l'article 131-35 du Code pénal.

Art. L. 343-6 *(L. n° 2009-526, 12 mai 2009)*. – Les personnes morales déclarées responsables pénalement, dans les conditions prévues par l'article 121-2 du Code pénal, des infractions définies au présent chapitre encourent, outre l'amende suivant les modalités prévues par l'article 131-38 du Code pénal, les peines prévues par l'article 131-39 du même code.

L'interdiction mentionnée au 2° de l'article 131-39 du même code porte sur l'activité dans l'exercice ou à l'occasion de l'exercice de laquelle l'infraction a été commise.

La juridiction peut ordonner la destruction aux frais du condamné ou la remise à la partie lésée des objets et choses retirés des circuits commerciaux ou confisqués, sans préjudice de tous dommages et intérêts.

Art. L. 343-7 *(L. n° 2007-1544, 29 oct. 2007)*. – En cas de récidive des infractions définies à l'article L. 343-4 ou si le délinquant est ou a été lié à la partie lésée par convention, les peines encourues sont portées au double.

Les coupables peuvent, en outre, être privés pour un temps qui n'excédera pas cinq ans du droit d'élection et d'éligibilité pour les tribunaux de commerce, les chambres de commerce et d'industrie territoriales et les chambres de métiers, ainsi que pour les conseils de prud'hommes.

ANNEXE 38

INFRACTIONS ÉCONOMIQUES

Bibliographie : Cas et R. Bout, *Lamy*, Droit économique.

Ordonnance nº 86-1243 du 1er décembre 1986

relative à la liberté des prix et de la concurrence

(Abr., Ord. n° 2000-919, 18 sept. 2000, relative à la partie législative du Code de commerce, à l'exception du troisième alinéa de son article 58 et de son article 61)

Bibliographie : M.-C. Guérin, *Concurrence : JCl. Lois pénales spéciales* ; • A. Decocq et M. Pedamon, *L'ordonnance du 1er décembre 1986 relative à la liberté des prix et de la concurrence*, n° spécial, Éditions techniques 1987. • Varii Auctores, *Le droit français nouveau de la concurrence*, n° spécial : *JCP* 87, éd. E ; *Cahiers droit de l'entreprise*, n° 1. • J.-M. Mousseron, V. Selinsky et D. Ferrier, *Le mort saisit le vif, commentaire de l'ordonnance du 1er décembre 1986 relative à la liberté des prix et de la concurrence : JCP* 87, éd. E, II, 14840. • L. Guérin, *Commentaire de l'ordonnance du 1er décembre 1986 : JCl. pén.*, annexes, *Infractions économiques*. • C. Gavalda et C. Lucas de Leyssac, *Commentaire de l'ordonnance n° 86-1243 du 1er décembre 1986 relative à la liberté des prix et de la concurrence : ALD* 1988, 47. • J. Azema, *La dépénalisation du droit de la concurrence : Rev. sc. crim.* 1989, 651. • B. Bouloc, *Observations sur le respect de la légalité devant le Conseil de la concurrence : Gaz. Pal.* 21-22 nov. 1990.

Art. 61. – **À titre transitoire, demeurent en vigueur les arrêtés réglementant, en application de l'ordonnance n° 45-1483 du 30 juin 1945, les prix des secteurs et des zones visés au deuxième alinéa de l'article 1er de la présente ordonnance et énumérés au décret prévu à l'article suivant.**

Les dispositions de l'ordonnance n° 45-1483 du 30 juin 1945 demeurent en vigueur pour la réglementation du papier de presse.

Code de commerce

(Ord. n° 2000-912, 18 sept. 2000)

LIVRE QUATRIÈME. – DE LA LIBERTÉ DES PRIX ET DE LA CONCURRENCE

TITRE PREMIER. – DISPOSITIONS GÉNÉRALES

Art. L. 410-1. – **Les règles définies au présent livre s'appliquent à toutes les activités de production, de distribution et de services, y compris celles qui sont le fait de personnes publiques, notamment dans le cadre de conventions de délégation de service public.**

1) Il résulte de l'article 53 de l'ordonnance du 1er décembre 1986 (C. com., art. L. 410-1) que les règles qui y sont définies ne s'appliquent aux personnes publiques qu'autant que celles-ci se livrent à des activités de production, de distribution et de services. L'organisation du service public de la distribution de l'eau, à laquelle procède un conseil municipal, n'est pas constitutive d'une telle activité. L'acte juridique de dévolution de l'exécution de ces services n'est pas, par lui-même, susceptible d'empêcher, de restreindre ou de fausser le jeu de la concurrence sur le marché, et il n'appartient en conséquence qu'aux juridictions de l'ordre intéressé de vérifier la validité de cet acte au regard des dispositions de l'article 9 de l'ordonnance du l'ordre administratif la demande de mesures conservatoires présentée par une société à l'encontre d'une municipalité qui a résilié son contrat de gérance de distribution d'eau et conclu un contrat d'affermage avec une autre société, dès lors que l'allégation de pratiques anticoncurrentielles qui la fonde ne tend, en réalité, qu'à faire échec à l'exécution de la décision d'une collectivité territoriale prise dans l'exercice de ses prérogatives de puissance publique (■ T. confl. 6 juin 1989 : *JCP* 90, II, 21395, note Terneyre ; *D.* 1989, IR. 207 ; *D.* 1990, Somm., 101, obs. Gavalda et Lucas de Leyssac ; sur cette affaire, V. aussi ■ Paris, 30 juin 1988 : *Gaz. Pal.* 1988, 2, 656, note Richer et note Morchi. ■ Paris, 19 janv. 1989 : *Gaz. Pal.* 1989, 1, 242 ; *adde* Boutard-Labarde, chron. *in Gaz. Pal.* 7-8 déc. 1988 ; Llorens et Soller-Couteaux, *La soumission des personnes publiques au droit de la concurrence* : *D.* 1989, chron. 67 ; Boutard-Labarde et Vogel, *Droit de la concurrence et personnes publiques* : *Gaz. Pal.* 22-23 déc. 1989 ; Chérot, *La soumission d'actes de droit public au droit de la concurrence n'est pas contraire à la Constitution* : *D.* 1991, chron. 163).

2) Si la Société pour l'administration du droit de reproduction mécanique (SADRM) exerce par délégation des auteurs le droit discrétionnaire dont ceux-ci disposent sur leurs œuvres, elle n'en est pas moins une entreprise qui exerce de nombreuses activités de services pour la gestion du patrimoine d'autrui. Dans cette gestion, elle agit de façon autonome et parfois exclusive ; mise en cause à l'occasion de l'exercice de ses pouvoirs propres de négociation, d'application d'une convention et de fixation du taux d'une redevance, elle relève en tant que prestataire de service des dispositions de l'ordonnance du 1er décembre 1986 (■ Paris, 17 janv. 1990 : *Gaz. Pal.* 30-31 mars 1990, note Marchi).

Art. L. 410-2. – **Sauf dans les cas où la loi en dispose autrement, les prix des biens, produits et services relevant antérieurement au 1er janvier 1987 de l'ordonnance n° 45-1483 du 30 juin 1945 sont librement déterminés par le jeu de la concurrence.**

Toutefois, dans les secteurs ou les zones où la concurrence par les prix est limitée en raison soit de situations de monopole ou de difficultés durables d'approvisionnement, soit de dispositions législatives ou réglementaires, un décret en Conseil d'État peut réglementer les prix après consultation [de l']Autorité de la concurrence.

Les dispositions des deux premiers alinéas ne font pas obstacle à ce que le Gouvernement arrête, par décret en Conseil d'État, contre des hausses ou des baisses excessives de prix, des mesures temporaires motivées par une situation de crise, des circonstances exceptionnelles, une calamité publique ou une situation manifestement anormale du marché dans un secteur déterminé. Le décret est pris après consultation du Conseil national de la consommation. Il précise sa durée de validité qui ne peut excéder six mois.

TITRE II. – DES PRATIQUES ANTICONCURRENTIELLES

Bibliographie : Jeantet, *L'esprit du nouveau droit de la concurrence* : *JCP* 87, I, 3277. • Vogel, *Les tendances actuelles du droit de la concurrence en France. Bilan d'une année d'activité du Conseil de la concurrence et de la cour d'appel de Paris, section concurrence* : *JCP* 90, I, 3470.

Art. L. 420-1 *(Mod., L. n° 2001-420, 15 mai 2001).* – **Sont prohibées, même par l'intermédiaire direct ou indirect d'une société du groupe implantée hors de France, lorsqu'elles ont pour objet ou peuvent avoir pour effet d'empêcher, de restreindre ou de fausser le jeu de la concurrence sur un marché, les actions concertées, conventions, ententes expresses ou tacites ou coalitions, notamment lorsqu'elles tendent à :**

1° Limiter l'accès au marché ou le libre exercice de la concurrence par d'autres entreprises ;

2° Faire obstacle à la fixation des prix par le libre jeu du marché en favorisant artificiellement leur hausse ou leur baisse ;

3° Limiter ou contrôler la production, les débouchés, les investissements ou le progrès technique ;

4° Répartir les marchés ou les sources d'approvisionnement.

1) La prohibition édictée par l'ordonnance ne se limite pas aux pratiques réunissant ou opposant des entreprises en situation de concurrence, mais elle intéresse toutes formes de concertation, quels qu'en soient les auteurs et les victimes directes, dès lors qu'objectivement elles ont pour objet ou peuvent avoir pour effet d'empêcher, de restreindre ou de fausser le jeu de la concurrence sur un marché (■ Paris, 6 mars 1991 : *Gaz. Pal.* 5-6 juill. 1991, concl. Jobard).

2) Sont des entreprises au sens de l'article 7 (devenu L. 420-1, C. com.) non seulement les personnes morales mais aussi les personnes physiques qui exercent une activité économique sur le marché (■ Paris, 3 mai 1990 : *Gaz. Pal.* 20-21 juin 1990, note Bailly Caplan).

3) Constitue une atteinte au libre jeu de la concurrence le fait, pour la Fédération française de ski, d'imposer pour l'accès aux compétitions, corrélativement à la possession d'une licence « compétition-dirigeant », l'adhésion au régime d'assurance négocié par la Fédération, sous peine, pour le candidat, d'être exclu des compétitions (■ Cons. conc. 19 avr. 1988 : *D.* 1989, somm., 403).

4) La « préconisation » de prix par un syndicat patronal de boulangers constitue une entente prohibée dès lors que, par action mimétique ou par application de la loi du moindre effort, elle pousse tous les commerçants et artisans concernés à éviter de procéder à la libre détermination de leur propre prix de revient et à s'aligner purement et simplement sur un prix de référence le plus fort (■ Paris, 10 mars 1988 : *D.* 1988, IR 105).

5) Réalise une entente prohibée la mise en place par des fabricants de produits cosmétiques et d'hygiène corporelle, de réseaux de distribution sélective en pharmacie conduisant à une distribution exclusive de ces produits en officine (■ Paris, 28 janv. 1988 : *D.* 1988, somm. 291, obs. Gavalda et Lucas de Leyssac ; *D.* 1989, 499, note Bolze ; et sur pourvoi ■ Cass. com. 25 avr. 1989 : *D.* 1990, 64, note Lavillaine-Juliet).

6) Sont une entente illicite les pratiques, de la part d'entreprises de travaux publics, tendant, lors d'un appel d'offres, à désigner à l'avance l'entreprise qui devra apparaître comme la moins distante, et à organiser le dépôt d'offres de couverture par les autres, et les pratiques par lesquelles ces entreprises se répartissent à l'avance les quantités à produire ou les lots d'un marché (■ Cons. conc. 25 oct. 1989 : *Le Monde*, 5 janv. 1990).

7) En soumissionnant pour l'obtention de marchés dont elles ne désiraient pas l'attribution, deux entreprises ont, par le jeu de couvertures croisées auquel elles se sont livrées, contrevenu aux dispositions de l'article 7 de l'ordonnance de 1986, leur action concertée ayant favorisé artificiellement la hausse des prix en faisant obstacle à leur fixation par le libre jeu du marché (■ Paris, 5 mars 1990 : *Gaz. Pal.* 1er-2 août 1990).

8) Il est indifférent qu'une entreprise ait son siège social à l'étranger, du moment que l'entente condamnable développe ses effets néfastes en France (■ Cons. conc. 13 juin 1989 : *BOCC* 29 juin 1989 ; *Gaz. Pal.* 25-26 avr. 1990).

9) Dès lors qu'elle résulte d'une entente prohibée, une interdiction de cession de droits ne peut être rendue licite par l'exercice du droit de grève auquel elle est prétendument rattachée (■ Paris, 6 mars 1991, préc. *supra*).

10) Entrent dans le champ des pratiques concurrentielles définies par l'article 7 les accords liant un ensemble de distributeurs à un fournisseur au moyen d'un contrat-type, prévoyant notamment que l'agrément des distributeurs est subordonné à l'acceptation par eux d'une politique de prix de revente conseillés (■ Cass. com. 18 mai 1993 : *Bull. civ.* IV, n° 201).

11) Entre dans les prévisions de l'article 7, le fait, pour une entreprise de déménagement, d'adresser à un client, de concert avec l'entreprise initialement pressentie par ce dernier, un devis « de couverture », simulant une proposition concurrente, pour faire apparaître cette entreprise comme mieux disante, dès lors qu'une telle manière de faire, en rendant inutile tout autre appel d'offres à un concurrent, est non seulement de nature à entraver le libre jeu de la concurrence sur le marché des transports, mais est également susceptible de provoquer une hausse artificielle des prix (■ Cass. crim., 14 déc. 1995 : *Bull. crim.*, n° 384).

12) Une offre de couverture, simulant une proposition concurrente, pour faire apparaître une autre entreprise comme mieux disante, est de nature à entraver le libre jeu de la concurrence et susceptible de provoquer une hausse artificielle des prix de marchés de travaux publics (■ Cass. crim., 20 févr. 2008 ; *Bull. crim.*, n° 44, pourvoi nos 02-82.676, 07-82.110).

13) Prescription. Le délai de prescription du délit de participation frauduleuse à une entente prohibée, infraction instantanée, part du jour où cette infraction a été constatée dans des conditions permettant l'exercice de l'action publique (■ Cass. crim., 20 févr. 2008, préc.).

14) La participation frauduleuse à une action concertée tendant à refuser l'accès à un marché est un délit qui ne commence à se prescrire qu'à partir de l'instant où le prévenu cesse d'y prendre part (■ Cass. crim., 17 juin 2009, *Bull. crim.*, n° 125).

Art. L. 420-2 *(L. n° 2001-420, 15 mai 2001 ; mod., L. n° 2005-882, 2 août 2005).* **– Est prohibée, dans les conditions prévues à l'article L. 420-1, l'exploitation abusive par une entreprise ou un groupe d'entreprises d'une position dominante sur le marché intérieur ou une partie substantielle de celui-ci. Ces abus peuvent notamment consister en refus de vente, en ventes liées ou en conditions de vente discriminatoires ainsi que dans la rupture de relations commerciales établies, au seul motif que le partenaire refuse de se soumettre à des conditions commerciales injustifiées.**

Est en outre prohibée, dès lors qu'elle est susceptible d'affecter le fonctionnement ou la structure de la concurrence, l'exploitation abusive par une entreprise ou un groupe d'entreprises de l'état de dépendance économique dans lequel se trouve à son égard une entreprise cliente ou fournisseur. Ces abus peuvent notamment consister en refus de vente, en ventes liées, en pratiques discriminatoires visées au I de l'article L. 442-6 ou en accords de gamme.

1) Exploite abusivement sa position dominante un club de vente de livres par correspondance qui cherche à éliminer toute forme de concurrence 1) par des clauses d'exclusivité garantissant, de la part de leurs souscripteurs qu'aucune édition en livre de poche ne serait autorisée dans les douze mois de l'inscription au catalogue du club ; 2) en obligeant chaque éditeur à n'autoriser aucune édition susceptible, par sa présentation ou par son prix, de faire concurrence à l'édition du club ; 3) en imposant à chaque édition de refuser toute demande de solde ou d'offre publicitaire de bienvenue émanant d'un autre club ou d'une édition concurrente (■ Cons. conc. 28 nov. 1989 : *Le Monde* 7-8 janv. 1990 et ■ Paris, 21 mai 1990 : *Gaz. Pal.* 12-14 août 1990, concl. Jobard).

2) Les pratiques prohibées peuvent concerner un autre marché que celui sur lequel se manifeste la position dominante de l'entreprise (■ Cons. conc. 28 avr. 1987 : *BOCC* 15 mai 1987).

3) En vue d'assurer une meilleure information de ses lecteurs, il est loisible à un journal occupant une position dominante sur le marché spécifique de la diffusion des annonces immobilières par voie de presse quotidienne, de faire figurer les annonces d'annonceurs spécialisés dans la transaction immobilière dans une rubrique (dite d'informations immobilières) et à un emplacement spécifiques et distincts de ceux des offres et demandes de transactions immobilières. L'annonceur n'est pas fondé à se plaindre d'être victime d'un abus de position dominant et d'état de dépendance économique, dès lors que si certaines annonces de professionnels concurrents directs ont pu paraître dans la rubrique transactions, il s'agit non d'une volonté de discrimination du journal, mais d'erreurs provoquées par les manœuvres de certains annonceurs dissimulant la nature réelle de leurs activités et en considération desquelles le journal a dû renoncer à distinguer les rubriques (■ Paris, 28 sept. 1989 : *D.* 1989, IR 261).

4) Le fait, pour un producteur qui dispose d'une position dominante et est confronté à la concurrence d'un nouvel entrant pratiquant sur le marché des prix compétitifs, de chercher à éliminer un nouvel entrant en vendant son produit à un prix inférieur à son coût moyen variable constitue un abus anticoncurrentiel de sa position dominante ; en effet, une telle stratégie le conduit délibérément à accumuler des pertes qu'il pourrait éviter, et ne peut être compatible avec son propre intérêt que s'il espère compenser ces pertes par les profits qu'il pourra réaliser une fois le concurrent disparu et sa position dominante restaurée (■ Cons. const. 24 mai 1994 : *BOCC* 14 juill. 1994).

5) Le fait, pour un producteur dominant confronté à l'apparition d'un nouvel entrant, de réagir en pratiquant des prix inférieurs à ses coûts moyens totaux mais supérieurs à ses coûts moyens variables peut être regardé comme un abus anticoncurrentiel de position dominante, s'il est établi que cette stratégie avait pour objet ou pouvait avoir pour effet d'interdire au nouveau concurrent de se maintenir sur le marché (V. *décision précitée*).

6) Prescription. Le délit d'abus de position dominante, résultant de la conclusion d'un contrat d'approvisionnement exclusif, se prescrit à compter du dernier acte d'exécution dudit contrat (■ Cass. crim., 19 mars 2008, n° R. 07-80.473 : *Bull. crim.*, n° 73 ; *Dr. pénal* 2008, comm. 80, obs. J.-H. Robert).

Art. L. 420-2-1 ***(L. n° 2012-1270, 20 nov. 2012).*** **– Sont prohibés, dans les collectivités relevant de l'article 73 de la Constitution et dans les collectivités d'outre-mer de Saint-Barthélemy, de Saint-Martin, de Saint-Pierre-et-Miquelon et de Wallis-et-Futuna, les accords ou pratiques concertées ayant pour objet ou pour effet d'accorder des droits exclusifs d'importation à une entreprise ou à un groupe d'entreprises.**

Art. L. 420-2-2 ***(L. n° 2016-1920, 29 déc. 2016).*** **– Sont prohibés les accords, les pratiques concertées et les pratiques unilatérales ayant pour objet ou pour effet d'interdire ou de limiter substantiellement la possibilité pour une entreprise qui exécute des prestations de transport public particulier de personnes ou des services occasionnels de transport collectif de personnes effectués au moyen de véhicules légers :**

1° De recourir simultanément à plusieurs intermédiaires ou acteurs de mise en relation avec des clients en vue de la réalisation de ces prestations ;

2° Sans préjudice de l'article L. 3142-5 du Code des transports, de commercialiser sans intermédiaire les services de transport qu'elle exécute ;

3° De faire la promotion, au moyen de signes extérieurs sur le véhicule, d'une ou plusieurs offres de transport, y compris celles qu'elle commercialise sans intermédiaire.

Art. L. 420-3 *(Mod., L. n° 2012-1270, 20 nov. 2012 ; L. n° 2016-1920, 29 déc. 2016)*. – Est nul tout engagement, convention ou clause contractuelle se rapportant à une pratique prohibée par les articles L. 420-1, L. 420-2, L. 420-2-1 et L. 420-2-2.

Art. L. 420-4 *(Mod., L. n° 2001-420, 15 mai 2001 ; L. n° 2016-1920, 29 déc. 2016)*. – I. – Ne sont pas soumises aux dispositions des articles L. 420-1 et L. 420-2 les pratiques :

1° Qui résultent de l'application d'un texte législatif ou d'un texte réglementaire pris pour son application ;

2° Dont les auteurs peuvent justifier qu'elles ont pour effet d'assurer un progrès économique, y compris par la création ou le maintien d'emplois, et qu'elles réservent aux utilisateurs une partie équitable du profit qui en résulte, sans donner aux entreprises intéressées la possibilité d'éliminer la concurrence pour une partie substantielle des produits en cause. Ces pratiques qui peuvent consister à organiser, pour les produits agricoles ou d'origine agricole, sous une même marque ou enseigne, les volumes et la qualité de production ainsi que la politique commerciale, y compris en convenant d'un prix de cession commun, ne doivent imposer des restrictions à la concurrence que dans la mesure où elles sont indispensables pour atteindre cet objectif de progrès.

II. – Certaines catégories d'accords ou certains accords, notamment lorsqu'ils ont pour objet d'améliorer la gestion des entreprises moyennes ou petites, peuvent être reconnues comme satisfaisant à ces conditions par décret pris après avis conforme [de l']Autorité de la concurrence.

III. – *(L. n° 2012-1270, 20 nov. 2012)* Ne sont pas soumis aux dispositions des articles L. 420-2-1 et L. 420-2-2 les accords ou pratiques dont les auteurs peuvent justifier qu'ils sont fondés sur des motifs objectifs tirés de l'efficacité économique et qui réservent aux consommateurs une partie équitable du profit qui en résulte.

Certaines catégories d'accords ou de pratiques, certains accords ou certaines pratiques, notamment lorsqu'ils ont pour objet de favoriser l'apparition d'un nouveau service, peuvent être reconnus comme satisfaisant aux conditions mentionnées au premier alinéa du présent III, par arrêté conjoint des ministres chargés de l'économie et des transports, pris après avis conforme de l'Autorité de la concurrence et pour une durée ne pouvant excéder cinq ans.

Art. L. 420-5 *(Mod., L. n° 2005-882, 2 août 2005 ; L. n° 2017-256, 28 févr. 2017)*. – Sont prohibées les offres de prix ou pratiques de prix de vente aux consommateurs abusivement bas par rapport aux coûts de production, de transformation et de commercialisation, dès lors que ces offres ou pratiques ont pour objet ou peuvent avoir pour effet d'éliminer d'un marché ou d'empêcher d'accéder à un marché une entreprise ou l'un de ses produits.

En Guadeloupe, en Guyane, en Martinique, à La Réunion et dans le Département de Mayotte, lorsque des denrées alimentaires identiques ou similaires à celles qui sont produites et commercialisées localement sont proposées aux consommateurs à des prix manifestement inférieurs à ceux pratiqués dans l'hexagone, la conclusion d'un accord entre les acteurs de l'importation et de la distribution, d'une part, et ceux de la production et de la transformation locales, d'autre part, peut être rendue obligatoire par le représentant de l'État dans le territoire. Celui-ci prend en compte les volumes de produits concernés, la situation économique des producteurs locaux et l'intérêt des consommateurs à très faibles revenus. Cet accord, dont la négociation est conduite sous l'égide de l'État et des collectivités compétentes en matière de développement économique, doit mentionner les opérations continues menées par la distribution afin d'offrir au consommateur des denrées produites localement ainsi que la politique menée par les producteurs locaux afin de satisfaire au mieux les besoins des consommateurs. L'accord est rendu public par arrêté préfectoral. En l'absence d'accord dans le délai de dix jours ouvrables à compter de l'ouverture des négociations, le représentant de l'État dans le territoire prend par arrêté toute mesure relevant de sa compétence et permettant de répondre aux objectifs précités.

Les coûts de commercialisation comportent également et impérativement tous les frais résultant des obligations légales et réglementaires liées à la sécurité des produits.

Ces dispositions ne sont pas applicables en cas de revente en l'état, à l'exception des enregistrements sonores reproduits sur supports matériels et des vidéogrammes destinés à l'usage privé du public.

Art. L. 420-6 ***(Mod., L. n° 2001-420, 15 mai 2001 ; L. n° 2016-1920, 29 déc. 2016).*** **– Est puni d'un emprisonnement de quatre ans et d'une amende de 75 000 € le fait, pour toute personne physique, de prendre frauduleusement une part personnelle et déterminante dans la conception, l'organisation ou la mise en œuvre de pratiques visées aux articles L. 420-1, L. 420-2 et L. 420-2-2.**

Le tribunal peut ordonner que sa décision soit publiée intégralement ou par extraits dans les journaux qu'il désigne, aux frais du condamné.

Les actes interruptifs de la prescription devant le Conseil de la concurrence en application de l'article L. 462-7 sont également interruptifs de la prescription de l'action publique.

1) Le délit de revente à perte n'entre pas dans les prévisions de l'article 17 (C. com., art. L. 420-6) de l'ordonnance du 1er décembre 1986 (■ Cass. crim., 4 févr. 1991 : *JCP* 1991, IV, 186).

2) Il résulte de l'article L. 420-6 du Code de commerce, issu de la loi du 15 mai 2001, applicable aux faits postérieurs à son entrée en vigueur, que la saisine du Conseil de la concurrence est interruptif de la prescription de l'action publique (■ Cass. crim., 17 juin 2009 : *Bull. crim.*, n° 125).

Art. L. 420-7 ***(Ord. n° 2004-1173, 4 nov. 2004).*** **– Sans préjudice des articles L. 420-6, L. 462-8, L. 463-1 à L. 463-4, L. 463-6, L. 463-7 et L. 464-1 à L. 464-8, les litiges relatifs à l'application des règles contenues dans les articles L. 420-1 à L. 420-5 ainsi que dans les articles 81 et 82 du traité instituant la Communauté européenne et ceux dans lesquels ces dispositions sont invoquées sont attribués, selon le cas et sous réserve des règles de partage de compétences entre les ordres de juridiction,** ***(Mots rempl. à compter du 1er avr. 2011, Ord. n° 2011-337, 29 mars 2011)*** **« aux juridictions civiles ou commerciales » dont le siège et le ressort sont fixés par décret en Conseil d'État. Ce décret détermine également le siège et le ressort de la ou des cours d'appel appelées à connaître des décisions rendues par ces juridictions.**

....

TITRE IV. – DE LA TRANSPARENCE DES PRATIQUES RESTRICTIVES DE CONCURRENCE ET D'AUTRES PRATIQUES PROHIBÉES

Bibliographie : Calais-Auloy, *L'ordonnance du 1er décembre 1986 et les consommateurs : D.* 1987, chron., 137. • Focsaneanu, *Les promotions de vente dans l'ordonnance de 1986 relative à la liberté des prix et de la concurrence : JCP* 87, éd. E, I, 16464.

CHAPITRE PREMIER. – DE LA TRANSPARENCE

Art. L. 441-1 ***(Mod., L. n° 2001-1168, 11 déc. 2001).*** **– Les règles relatives aux conditions de vente au consommateur sont fixées par l'article L. 113-3 du Code de la consommation reproduit ci-après :**

Art. L. 113-3 *(Mod., L. n° 2012-375, 19 mars 2012 ; L. n° 2012-1270, 20 nov. 2012 ; L. n° 2013-100, 28 janv. 2013 ; L. n° 2014-344, 17 mars 2014).* – Tout vendeur de produit ou tout prestataire de services doit, par voie de marquage, d'étiquetage, d'affichage ou par tout autre procédé approprié, informer le consommateur sur les prix et les conditions particulières de la vente et de l'exécution des services, selon des modalités fixées par arrêtés du ministre chargé de l'économie, après consultation du Conseil national de la consommation.

Dans les collectivités relevant de l'article 73 de la Constitution et dans les collectivités d'outre-mer de Saint-Barthélemy, de Saint-Martin, de Saint-Pierre-et-Miquelon et de Wallis-et-Futuna, en cas de situation conjoncturelle où le prix de cession par leur producteur de produits agricoles périssables ou de produits issus de cycles courts de production est anormalement bas par rapport à la moyenne des prix observés lors de la période correspondante de la précédente campagne, l'observatoire des prix, des marges et des revenus mentionné au titre Ier A du livre IX du Code de commerce peut proposer au représentant de l'État de rendre obligatoire l'affichage sur les lieux de vente du prix d'achat au producteur et du prix de vente au consommateur.

Le premier alinéa du présent article s'applique à toutes les activités visées au dernier alinéa de l'article L. 113-2. Il est également applicable aux manquements au règlement (CE) n° 1008/2008 du Parlement européen et du Conseil, du 24 septembre 2008, établissant des règles communes pour l'exploitation de services aériens dans la Communauté.

Les règles relatives à l'obligation de renseignements par les établissements de crédit, les établissements de monnaie électronique, les établissements de paiement et les organismes mentionnés à l'article L. 518-1 du Code monétaire et financier sont fixées par l'article L. 312-1-1 et les sections 3 et 4 du chapitre IV du titre Ier du livre III du même code.

Art. L. 441-2 *(L. n° 2010-874, 27 juill. 2010)*. – I. – Toute publicité à destination du consommateur, diffusée sur tout support ou visible de l'extérieur du lieu de vente, mentionnant une réduction de prix ou un prix promotionnel sur les produits alimentaires périssables doit préciser la nature et l'origine des produits offerts et la période pendant laquelle est maintenue l'offre proposée par l'annonceur. La mention relative à l'origine est inscrite en caractères d'une taille égale à celle de la mention du prix.

Lorsque de telles opérations promotionnelles sont susceptibles, par leur ampleur ou leur fréquence, de désorganiser les marchés, un arrêté interministériel ou, à défaut, préfectoral fixe, pour les produits concernés, la périodicité et la durée de telles opérations.

Toute infraction aux dispositions des premier ou deuxième alinéas est punie d'une amende de 15 000 €.

La cessation de la publicité réalisée en violation du présent I peut être ordonnée dans les conditions prévues à l'article L. 121-3 du Code de la consommation.

II. – Pour un fruit ou légume frais ayant fait l'objet, entre le fournisseur et son acheteur, d'un accord sur le prix de cession, l'annonce du prix, hors lieu de vente, est autorisée dans un délai maximal de trois jours précédant le premier jour de l'application du prix annoncé, pour une durée qui ne peut excéder cinq jours à compter de cette date.

L'accord sur le prix de cession est formalisé dans un contrat écrit signé par les parties, dont un exemplaire est détenu par chacune d'entre elles avant la diffusion de l'annonce du prix hors lieu de vente. Le présent alinéa ne s'applique pas aux annonces de prix réalisées sur le lieu des ventes au déballage mentionnées à l'article L. 310-2 du présent code.

III. – Dans les cas où les conditions mentionnées au premier alinéa du II ne sont pas réunies, toute annonce de prix, hors lieu de vente, portant sur un fruit ou légume frais, quelle que soit l'origine de celui-ci, doit faire l'objet d'un accord interprofessionnel d'une durée d'un an renouvelable, conclu conformément à l'article L. 632-1 du Code rural et de la pêche maritime. Cet accord précise les périodes durant lesquelles une telle annonce est possible et ses modalités.

Cet accord peut être étendu conformément aux articles L. 632-3 et L. 632-4 du même code.

IV. – Les II et III ne sont pas applicables aux fruits et légumes frais appartenant à des variétés non produites en France métropolitaine.

Art. L. 441-2-1 *(L. n° 2005-157, 23 févr. 2005 ; mod., L. n° 2008-3, 3 janv. 2008 ; L. n° 2008-776, 4 août 2008 ; L. n° 2010-874, 27 juill. 2010)*. – Pour les produits agricoles périssables ou issus de cycles courts de production, d'animaux vifs, de carcasses ou pour les produits de la pêche et de l'aquaculture, figurant sur une liste établie par décret, un distributeur ou prestataire de services ne peut bénéficier de remises, rabais et ristournes ou prévoir la rémunération de services rendus à l'occasion de leur revente, propres à favoriser leur commercialisation et ne relevant pas des obligations d'achat et de vente, ou de services ayant un objet distinct, que si ceux-ci sont prévus dans un contrat écrit portant sur la vente de ces produits par le fournisseur.

Ce contrat comprend notamment des clauses relatives aux engagements sur les volumes, aux modalités de détermination du prix en fonction des volumes et des qualités des produits et des services concernés et à la fixation d'un prix. Il indique les avantages tarifaires consentis par le fournisseur au distributeur au regard des engagements de ce dernier.

Lorsqu'un contrat type relatif aux activités mentionnées au premier alinéa est inclus dans un accord interprofessionnel adopté par l'organisation interprofessionnelle reconnue pour le produit concerné et étendu en application des dispositions des articles L. 632-3 et L. 632-4 du Code rural, le contrat mentionné au premier alinéa doit être conforme à ce contrat type.

Toute infraction aux dispositions du présent article est punie d'une amende de 15 000 €.

Les deuxième et troisième alinéas ne sont pas applicables aux produits pour lesquels la conclusion de contrats écrits a été rendue obligatoire en application de l'article L. 631-24 du Code rural et de la pêche maritime.

Art. L. 441-2-2 *(L. n° 2010-874, 27 juill. 2010 ; mod., L. n° 2014-344, 17 mars 2014)*. – Par dérogation aux dispositions de l'article L. 441-2-1, un acheteur, un distributeur ou un prestataire de services ne peut bénéficier de remises, rabais et ristournes pour l'achat de fruits et légumes frais.

Un acheteur, un distributeur ou un prestataire de services peut toutefois bénéficier de réfactions tarifaires résultant d'une non-conformité, qualitative ou quantitative, du produit livré à la commande si un accord, conclu par une organisation interprofessionnelle reconnue dans les conditions prévues à l'article L. 632-1 du Code rural et de la pêche maritime, en a précisé les conditions.

Cet accord peut être étendu conformément aux articles L. 632-3 et L. 632-4 du même code.

Tout manquement à l'interdiction prévue au présent article par l'acheteur, le distributeur ou le prestataire de services est passible d'une amende administrative dont le montant ne peut excéder 15 000 € pour une personne physique et 75 000 € pour une personne morale. L'amende est prononcée dans les conditions prévues à l'article L. 465-2 du présent code. Le montant de l'amende encourue est doublé en cas de réitération du manquement dans un délai de deux ans à compter de la date à laquelle la première décision de sanction est devenue définitive.

Art. L. 441-3 *(Mod., L. n° 2001-420, 15 mai 2001 ; L. n° 2012-387, 22 mars 2012 ; L. n° 2014-344, 17 mars 2014)*. – Tout achat de produits ou toute prestation de service pour une activité professionnelle doivent faire l'objet d'une facturation.

Sous réserve des deuxième et troisième alinéas du 3 du I de l'article 289 du Code général des impôts, le vendeur est tenu de délivrer la facture dès la réalisation de la vente ou la prestation du service. L'acheteur doit la réclamer. La facture doit être rédigée en double exemplaire. Le vendeur et l'acheteur doivent en conserver chacun un exemplaire.

Sous réserve du *c* du II de l'article 242 *nonies* A de l'annexe II au Code général des impôts, dans sa version en vigueur au 26 avril 2013, la facture doit mentionner le nom des parties ainsi que leur adresse, la date de la vente ou de la prestation de service, la quantité, la dénomination précise, et le prix unitaire hors TVA des produits vendus et des services rendus ainsi que toute réduction de prix acquise à la date de la vente ou de la prestation de services et directement liée à cette opération de vente ou de prestation de services, à l'exclusion des escomptes non prévus sur la facture.

La facture mentionne également la date à laquelle le règlement doit intervenir. Elle précise les conditions d'escompte applicables en cas de paiement à une date antérieure à celle résultant de l'application des conditions générales de vente, le taux des pénalités exigibles le jour suivant la date de règlement inscrite sur la facture ainsi que le montant de l'indemnité forfaitaire pour frais de recouvrement due au créancier en cas de retard de paiement. Le règlement est réputé réalisé à la date à laquelle les fonds sont mis, par le client, à la disposition du bénéficiaire ou de son subrogé.

Art. L. 441-3-1 *(L. n° 2010-874, 27 juill. 2010 ; L. n° 2014-344, 17 mars 2014 ; Ord. n° 2017-303, 9 mars 2017)*. – À l'exception des produits destinés à être vendus en ferme sur un marché physique de gros par le producteur ou l'organisation de producteurs, les fruits et légumes frais destinés à la vente ou à la revente à un professionnel établi en France doivent, lors de leur transport sur le territoire national, y compris dans l'enceinte des marchés d'intérêt national, être accompagnés d'un bon de commande établi par l'acheteur ou d'un contrat passé avec le commissionnaire ou le mandataire. Le bon de commande doit mentionner le nom des parties, leur adresse, la date de la commande, la quantité, les modalités de détermination du prix et la dénomination précise des produits. Le contrat doit mentionner le nom des parties, leur adresse, sa date, son objet ainsi que les conditions de fixation du prix payé au fournisseur et de rémunération du commissionnaire ou du mandataire.

Dans le cas où les documents mentionnés au premier alinéa n'ont pu être présentés aux services de contrôle lors du transport, il appartient à l'acheteur de transmettre à ces mêmes services, dans un délai de quarante-huit heures, ces documents ou, à défaut, un message, écrit ou par voie électronique, certifiant qu'il a bien commandé les produits concernés et précisant le ou les prix convenus avec son fournisseur pour l'achat de ces produits.

Lorsque l'acheteur réalise lui-même le transport des produits qu'il a achetés directement dans les locaux de ses fournisseurs, il atteste, lors du contrôle, qu'il est propriétaire des produits.

Tout manquement aux obligations résultant du présent article par l'acheteur, le commissionnaire, le mandataire ou le fournisseur est passible d'une amende administrative dont le montant ne peut excéder 15 000 € pour une personne physique et 75 000 € pour une personne morale. L'amende est prononcée dans les conditions prévues à l'article L. 470-2. Le montant de l'amende encourue est doublé en cas de réitération du manquement dans un délai de deux ans à compter de la date à laquelle la première décision de sanction est devenue définitive.

Art. L. 441-4. – Toute infraction aux dispositions de l'article L. 441-3 est punie d'une amende de 75 000 €. L'amende peut être portée à 50 % de la somme facturée ou de celle qui aurait dû être facturée.

Art. L. 441-5. – *(L. n° 2008-3, 3 janv. 2008)* Les personnes morales déclarées pénalement responsables de l'infraction prévue à l'article L. 441-4 encourent une peine d'exclusion des marchés publics pour une durée de cinq ans au plus, en application du 5° de l'article 131-39 du Code pénal.

1) Les dispositions de l'article 31 de l'ordonnance du 1er décembre 1986 (devenu l'article 441-3, C. com.), selon lesquelles tout achat de produits ou toute prestation de service pour une activité professionnelle doit faire l'objet d'une facture mentionnant, notamment, les rabais, remises ou ristournes dont le principe est acquis et le montant chiffrable au moment de la vente, s'imposent indistinctement au vendeur et à l'acheteur, tenus à des obligations complémentaires et réciproques (■ Cass. crim., 20 juin 1994 : *Dr. pénal* 1994, n° 215).

2) En disposant que les factures doivent seulement mentionner, en plus du prix unitaire, toute réduction de prix acquise à la date de la vente ou de la prestation de service et directement liée à cette opération, la loi du 1er juillet 1996 a restreint le champ d'application de l'incrimination prévue par l'article 31, alinéa 3, de l'ordonnance du 1er décembre 1986 qu'il modifie ; ces dispositions nouvelles, entrées en vigueur le 1er janvier 1997, étant moins sévères que les dispositions anciennes, il y a lieu d'en faire application à des faits antérieurs n'ayant pas donné lieu à une condamnation passée en force de chose jugée (■ Cass. crim., 23 janv. 1997 : *Bull. crim.*, n° 36).

3) Le prix unitaire hors TVA des produits vendus, dont l'article 31 de l'ordonnance du 1er décembre 1986 impose l'indication sur les factures, s'entend exclusivement du prix exigé du client, au moment de la transaction, avant toute imputation des réductions de prix éventuellement acquises à ce dernier. Ce prix est, en application de l'article 1er de ladite ordonnance, lorsque la transaction n'intervient pas dans un secteur resté réglementé, librement déterminé par les parties (■ Cass. crim., 12 juin 1997 : *Bull. crim.*, n° 234).

4) Seules les réductions de prix acquises à la date de la vente doivent, aux termes de l'article 31 de l'ordonnance du 1er décembre 1986, être mentionnées sur la facture de vente ; des ristournes de fin d'année, dont le bénéfice n'est acquis au distributeur des produits d'une marque qu'après réalisation de certains seuils de chiffres d'affaires ou d'opérations de promotion, ne sauraient être regardées, faute d'accomplissement des conditions auxquelles elles sont subordonnées, comme acquises au moment de la vente (■ Cass. crim., 12 juin 1997 : *Bull. crim.*, n° 235).

5) L'obligation faite à l'acheteur de réclamer une facture conforme aux dispositions de l'article 31 de l'ordonnance du 1er décembre 1986 n'est pas contraire à l'article 30 du traité de Rome, dès lors qu'elle porte sur les modalités d'une vente, conclue sur le territoire français, et qu'elle s'applique de la même manière aux produits nationaux et à ceux en provenance des autres États membres (■ Cass. crim., 18 juin 1998 : *Bull. crim.*, n° 199).

6) La seule constatation de la violation en connaissance de cause d'une prescription légale ou réglementaire implique, de la part de son auteur, l'intention coupable exigée par l'article 121-3, alinéa 1er du Code pénal. Tel est le cas de la vente sans facture par un commerçant (■ Cass. crim., 25 mai 1994 : *Bull. crim.*, n° 203).

7) La dénomination précise des produits vendus, dont l'article 31 de l'ordonnance du 1er décembre 1986 impose la mention sur les factures, s'entend non seulement de l'indication de la nature du produit, mais aussi de ses caractéristiques permettant d'assurer la transparence des prix pratiqués ; justifie dès lors sa décision, la cour d'appel qui déclare coupable d'infraction aux règles sur la facturation un fournisseur ne mentionnant pas sur les factures remises à l'acheteur la catégorie de classement des fruits vendus (■ Cass. crim., 10 mars 1999 : *Bull. crim.*, n° 36).

8) Justifie sa décision la cour d'appel qui, pour déclarer un commissionnaire de transport poursuivi pour avoir établi vingt et une factures mentionnant uniquement un prix forfaitaire et ne faisant apparaître ni le prix du transport effectué ni le montant de la commission prélevée, coupable d'infraction à l'article 31 de l'ordonnance du 1er décembre 1986, devenu l'article L. 441-3 du Code de commerce, après avoir rappelé que les dispositions précitées s'appliquent à toute vente ou prestation de service à caractère professionnel, quelle que soit la nature contractuelle spécifique de la prestation, énonce d'une part, que le prévenu a fourni deux prestations consistant dans la recherche et l'organisation des moyens de transport, puis dans le transport lui-même, d'autre part, que le prix de chacun de ces deux services doit être distingué afin de permettre au cocontractant de vérifier la valeur de la prestation de transport et de s'assurer du rôle d'intermédiaire joué par le commissionnaire (■ Cass. crim., 19 févr. 2003 : *Bull. crim.*, n° 46 ; *JCP* 2004, II, 10019, note Ph. Delebecque).

9) Les mentions exigées par l'article L. 441-3 du Code de commerce doivent figurer sur les factures sans qu'il soit nécessaire de se référer aux documents qui les fondent (■ Cass. crim., 6 déc. 2006 : *Bull. crim.*, n° 306).

10) Sur la coresponsabilité pénale du vendeur et de l'acheteur en matière d'infractions relatives à la facturation, V. ■ Cass. crim., 15 mai 2008 : *JurisData* n° 2008-044492 ; *Dr. pénal* 2008, comm. 130, obs. J.-H. Robert. Dans le même sens, ■ Cass. crim., 20 juin 1994 : *Dr. pénal* 1995, comm. 215 ; *JCP* E, 1995, I, 492, n° 3, note L. Vogel.

Bibliographie : P. Pigassou, *Les mentions sur facture après la loi du 1er juill. 1996 : D.* 1997, chron., 157.

Art. L. 441-6 ***(Mod., L. n° 2001-420, 15 mai 2001 ; L. n° 2005-882, 2 août 2005 ; L. n° 2006-10, 5 janv. 2006 ; L. n° 2008-3, 3 janv. 2008 ; L. n° 2008-776, 4 août 2008 ; mod. à compter du 1er janv. 2013, L. n° 2012-387, 22 mars 2012 ; mod., L. n° 2014-344, 17 mars 2014 ; L. n° 2014-626, 18 juin 2014 ; L. n° 2015-990, 6 août 2015 ; L. n° 2016-1691, 9 déc. 2016 ; Ord. n° 2017-484, 6 avr. 2017).*** **– I. – Tout producteur, prestataire de services, grossiste ou importateur est tenu de communiquer ses conditions générales de vente à tout acheteur de produits ou tout demandeur de prestations de services qui en fait la demande pour une activité professionnelle. Elles comprennent :**

– les conditions de vente ;

– le barème des prix unitaires ;

– les réductions de prix ;

– les conditions de règlement.

Les conditions générales de vente peuvent être différenciées selon les catégories d'acheteurs de produits ou de demandeurs de prestation de services. Dans ce cas, l'obligation de communication prescrite au premier alinéa porte sur les conditions générales de vente applicables aux acheteurs de produits ou aux demandeurs de prestation de services d'une même catégorie. Pendant leur durée d'application, les conditions générales de vente relatives à des produits alimentaires comportant un ou plusieurs produits agricoles non transformés devant faire l'objet d'un contrat écrit, en application soit du décret en Conseil d'État prévu au I de l'article L. 631-24 du Code rural et de la pêche maritime, soit d'un accord interprofessionnel étendu prévu au III du même article L. 631-24, indiquent le prix prévisionnel moyen proposé par le vendeur au producteur de ces produits agricoles. Cette obligation s'applique, le cas échéant, lorsque le vendeur est une société mentionnée à l'article L. 521-1 du même code. Les critères et modalités de détermination du prix prévisionnel mentionné au présent alinéa peuvent faire référence à un ou plusieurs indices publics de coût de production en agriculture et à un ou plusieurs indices publics des prix de vente aux consommateurs des produits alimentaires. Ces indices sont fixés de bonne foi entre les parties et peuvent être spécifiques au contrat ou établis par accord interprofessionnel.

Les conditions générales de vente constituent le socle unique de la négociation commerciale. Dans le cadre de cette négociation, tout producteur, prestataire de services, grossiste ou importateur peut convenir avec un acheteur de produits ou demandeur de prestation de services de conditions particulières de vente qui ne sont pas soumises à l'obligation de communication prescrite au premier alinéa.

Sauf dispositions contraires figurant aux conditions de vente ou convenues entre les parties, le délai de règlement des sommes dues est fixé au trentième jour suivant la date de réception des marchandises ou d'exécution de la prestation demandée.

Le délai convenu entre les parties pour régler les sommes dues ne peut dépasser soixante jours à compter de la date d'émission de la facture. Par dérogation, un délai maximal de quarante-cinq jours fin de mois à compter de la date d'émission de la facture peut être convenu entre les parties, sous réserve que ce délai soit expressément stipulé par contrat et qu'il ne constitue pas un abus manifeste à l'égard du créancier. En cas de facture périodique, au sens du 3 du I de l'article 289 du Code général des impôts, le délai convenu entre les parties ne peut dépasser quarante-cinq jours à compter de la date d'émission de la facture.

Les professionnels d'un secteur, clients et fournisseurs, peuvent décider conjointement de réduire le délai maximum de paiement fixé à l'alinéa précédent. Ils peuvent également proposer de retenir la date de réception des marchandises ou d'exécution de la prestation de services demandée comme point de départ de ce délai. Des accords peuvent être conclus à cet effet par leurs organisations professionnelles. Un décret peut étendre

le nouveau délai maximum de paiement à tous les opérateurs du secteur ou, le cas échéant, valider le nouveau mode de computation et l'étendre à ces mêmes opérateurs.

Nonobstant les dispositions précédentes, pour le transport routier de marchandises, pour la location de véhicules avec ou sans conducteur, pour la commission de transport ainsi que pour les activités de transitaire, d'agent maritime et de fret aérien, de courtier de fret et de commissionnaire en douane, les délais de paiement convenus ne peuvent en aucun cas dépasser trente jours à compter de la date d'émission de la facture.

Les conditions de règlement doivent obligatoirement préciser les conditions d'application et le taux d'intérêt des pénalités de retard exigibles le jour suivant la date de règlement figurant sur la facture ainsi que le montant de l'indemnité forfaitaire pour frais de recouvrement due au créancier dans le cas où les sommes dues sont réglées après cette date. Sauf disposition contraire qui ne peut toutefois fixer un taux inférieur à trois fois le taux d'intérêt légal, ce taux est égal au taux d'intérêt appliqué par la Banque centrale européenne à son opération de refinancement la plus récente majoré de 10 points de pourcentage. Dans ce cas, le taux applicable pendant le premier semestre de l'année concernée est le taux en vigueur au 1er janvier de l'année en question. Pour le second semestre de l'année concernée, il est le taux en vigueur au 1er juillet de l'année en question. Les pénalités de retard sont exigibles sans qu'un rappel soit nécessaire. Tout professionnel en situation de retard de paiement est de plein droit débiteur, à l'égard du créancier, d'une indemnité forfaitaire pour frais de recouvrement, dont le montant est fixé par décret. Lorsque les frais de recouvrement exposés sont supérieurs au montant de cette indemnité forfaitaire, le créancier peut demander une indemnisation complémentaire, sur justification. Toutefois, le créancier ne peut invoquer le bénéfice de ces indemnités lorsque l'ouverture d'une procédure de sauvegarde, de redressement ou de liquidation judiciaire interdit le paiement à son échéance de la créance qui lui est due.

La communication prévue au premier alinéa s'effectue par tout moyen conforme aux usages de la profession.

Par dérogation au neuvième alinéa, pour les ventes de produits ou les prestations de services relevant de secteurs présentant un caractère saisonnier particulièrement marqué, les parties peuvent convenir d'un délai de paiement qui ne peut dépasser le délai maximal applicable en 2013 en application d'un accord conclu sur le fondement du III de l'article 121 de la loi n° 2012-387 du 22 mars 2012 relative à la simplification du droit et à l'allégement des démarches administratives. Ce délai doit être expressément stipulé par contrat et ne doit pas constituer un abus manifeste à l'égard du créancier. Un décret fixe la liste des secteurs concernés.

Par dérogation au neuvième alinéa du présent I, le délai convenu entre les parties pour le paiement des achats effectués en franchise de la taxe sur la valeur ajoutée, en application de l'article 275 du Code général des impôts, de biens destinés à faire l'objet d'une livraison en l'état hors de l'Union européenne ne peut dépasser quatre-vingt-dix jours à compter de la date d'émission de la facture. Le délai convenu entre les parties est expressément stipulé par contrat et ne doit pas constituer un abus manifeste à l'égard du créancier. Si les biens ne reçoivent pas la destination prévue à la première phrase du présent alinéa, les pénalités de retard mentionnées au douzième alinéa du présent I sont exigibles. Le présent alinéa n'est pas applicable aux achats effectués par les grandes entreprises.

II. – Lorsque le prix d'un service ou d'un type de service ne peut être déterminé *a priori* ou indiqué avec exactitude, le prestataire de services est tenu de communiquer au destinataire qui en fait la demande la méthode de calcul du prix permettant de vérifier ce dernier, ou un devis suffisamment détaillé.

III. – Tout prestataire de services est également tenu à l'égard de tout destinataire de prestations de services des obligations d'information définies à l'article L. 111-2 du Code de la consommation.

Cette obligation ne s'applique pas aux services mentionnés aux livres Ier à III et au titre V du livre V du Code monétaire et financier ainsi qu'aux opérations pratiquées par les entreprises régies par le Code des assurances, par les fonds de retraite professionnelle supplémentaire mentionnés à l'article L. 381-1 du même code, par les mutuelles ou unions mentionnées à l'article L. 214-1 du Code de la mutualité, par les institutions de retraite professionnelle supplémentaire mentionnées à l'article L. 942-1 du Code de la sécurité sociale, par les mutuelles et unions régies par le livre II du Code de la mutualité et par les institutions de prévoyance et unions régies par le titre III du livre IX du Code de la sécurité sociale.

IV. – Sous réserve de dispositions spécifiques plus favorables au créancier, lorsqu'une procédure d'acceptation ou de vérification permettant de certifier la conformité des marchandises ou des services au contrat est prévue, la durée de cette procédure est fixée conformément aux bonnes pratiques et usages commerciaux et, en tout état de cause, n'excède pas trente jours à compter de la date de réception des marchandises ou de réalisation de la prestation des services, à moins qu'il n'en soit expressément stipulé autrement par contrat et pourvu que cela ne constitue pas une clause ou pratique abusive au sens du second alinéa du VI du présent article ou de l'article L. 442-6. La durée de la procédure d'acceptation ou de vérification ne peut avoir pour effet ni d'augmenter la durée, ni de décaler le point de départ du délai maximal de paiement prévu au neuvième alinéa du I, à moins qu'il n'en soit expressément stipulé autrement par contrat et pourvu que cela ne constitue pas une clause ou pratique abusive, au sens du second alinéa du VI du présent article ou de l'article L. 442-6.

V. – Pour les livraisons de marchandises qui font l'objet d'une importation dans le territoire fiscal des départements de la Guadeloupe, de la Martinique, de la Guyane, de La Réunion et de Mayotte ainsi que des collectivités d'outre-mer de Saint-Barthélemy, de Saint-Martin, des îles Wallis-et-Futuna et de Saint-Pierre-et-Miquelon, les délais de paiement prévus aux huitième et neuvième alinéas du I du présent article ne sont décomptés qu'à partir de la date de dédouanement de la marchandise au port de destination finale. Lorsque la marchandise est mise à la disposition de l'acheteur, ou de son représentant, en métropole, le délai n'est décompté qu'à partir du vingt-et-unième jour suivant la date de cette mise à disposition ou à partir de la date du dédouanement si celle-ci est antérieure.

VI. – Sont passibles d'une amende administrative dont le montant ne peut excéder 75 000 € pour une personne physique et deux millions d'euros pour une personne morale le fait de ne pas respecter les délais de paiement mentionnés aux huitième, neuvième, onzième et dernier alinéas du I du présent article, le fait de ne pas indiquer dans les conditions de règlement les mentions figurant à la première phrase du douzième alinéa du même I, le fait de fixer un taux ou des conditions d'exigibilité des pénalités de retard selon des modalités non conformes à ce même alinéa ainsi que le fait de ne pas respecter les modalités de computation des délais de paiement convenues entre les parties conformément au neuvième alinéa dudit I. L'amende est prononcée dans les conditions prévues à l'article L. 470-2. Le montant de l'amende encourue est doublé en cas de réitération du manquement dans un délai de deux ans à compter de la date à laquelle la première décision de sanction est devenue définitive.

Sous les mêmes sanctions, sont interdites toutes clauses ou pratiques ayant pour effet de retarder abusivement le point de départ des délais de paiement mentionnés au présent article.

Art. L. 441-6-1 *(L. n° 2008-776, 4 août 2008 ; L. n° 2014-344, 17 mars 2014 ; L. n° 2015-990, 6 août 2015).* – Les sociétés dont les comptes annuels sont certifiés par un commissaire aux comptes communiquent des informations sur les délais de paiement de leurs fournisseurs et de leurs clients suivant des modalités définies par décret.

Ces informations font l'objet d'une attestation du commissaire aux comptes, dans des conditions fixées par ce même décret. Lorsque la société concernée est une grande entreprise ou une entreprise de taille intermédiaire, au sens de l'article 51 de la loi n° 2008-776 du 4 août 2008 de modernisation de l'économie, le commissaire aux comptes adresse son attestation au ministre chargé de l'économie si elle démontre, de façon répétée, des manquements significatifs de la société aux prescriptions des neuvième et dixième alinéas du I de l'article L. 441-6 du présent code.

Art. L. 441-7 *(L. n° 2008-3, 3 janv. 2008 ; L. n° 2008-776, 4 août 2008 ; L. n° 2014-344, 17 mars 2014 ; L. n° 2015-990, 6 août 2015 ; L. n° 2016-1691, 9 déc. 2016 ; Ord. n° 2017-303, 9 mars 2017).* – I. – Une convention écrite conclue entre le fournisseur et le distributeur ou le prestataire de services indique les obligations auxquelles se sont engagées les parties, dans le respect des articles L. 441-6 et L. 442-6 en vue de fixer le prix à l'issue de la négociation commerciale. Elle indique le barème de prix tel qu'il a été préalablement communiqué par le fournisseur, avec ses conditions générales de vente, ou les modalités de consultation de ce barème dans la version ayant servi de base à la négociation. Établie soit dans un document unique, soit dans un ensemble formé par un contrat-cadre annuel et des contrats d'application, elle fixe :

1° Les conditions de l'opération de vente des produits ou des prestations de services telles qu'elles résultent de la négociation commerciale dans le respect de l'article L. 441-6, y compris les réductions de prix ;

2° Les conditions dans lesquelles le distributeur ou le prestataire de services rend au fournisseur, à l'occasion de la revente de ses produits ou services aux consommateurs ou en vue de leur revente aux professionnels tout service propre à favoriser leur commercialisation ne relevant pas des obligations d'achat et de vente, en précisant l'objet, la date prévue, les modalités d'exécution, la rémunération des obligations ainsi que les produits ou services auxquels elles se rapportent ;

3° Les autres obligations destinées à favoriser la relation commerciale entre le fournisseur et le distributeur ou le prestataire de services, en précisant pour chacune l'objet, la date prévue et les modalités d'exécution, ainsi que la rémunération ou la réduction de prix globale afférente à ces obligations.

La convention écrite est conclue pour une durée d'un an, de deux ans ou de trois ans, au plus tard le 1er mars de l'année pendant laquelle elle prend effet ou dans les deux mois suivant le point de départ de la période de commercialisation des produits ou des services soumis à un cycle de commercialisation particulier. Lorsqu'elle est conclue pour une durée de deux ou de trois ans, elle doit fixer les modalités selon lesquelles le prix convenu est révisé. Ces modalités peuvent prévoir la prise en compte d'un ou de plusieurs indices publics reflétant l'évolution du prix des facteurs de production.

La rémunération des obligations relevant des 2° et 3° ainsi que, le cas échéant, la réduction de prix globale afférente aux obligations relevant du 3° ne doivent pas être manifestement disproportionnées par rapport à la valeur de ces obligations.

Les obligations relevant des 1° et 3° concourent à la détermination du prix convenu. Celui-ci s'applique au plus tard le 1er mars. La date d'entrée en vigueur des clauses prévues aux 1° à 3° ne peut être ni antérieure ni postérieure à la date d'effet du prix convenu. Le fournisseur communique ses conditions générales de vente au distributeur au plus tard trois mois avant la date butoir du 1er mars ou, pour les produits ou services soumis à un cycle de commercialisation particulier, deux mois avant le point de départ de la période de commercialisation.

Les conditions dans lesquelles, le cas échéant, le fournisseur s'engage à accorder aux consommateurs, en cours d'année, des avantages promotionnels sur ses produits ou services sont fixées dans le cadre de contrats de mandat confiés au distributeur ou prestataire de services ; conclu et exécuté conformément aux articles 1984 et suivants du Code civil, chacun de ces contrats de mandat précise, notamment, le montant et la nature des avantages promotionnels accordés, la période d'octroi et les modalités de mise en œuvre de ces avantages ainsi que les modalités de reddition de comptes par le distributeur au fournisseur.

Pour les produits agricoles mentionnés à l'article L. 441-2-1, le lait et les produits laitiers, ces avantages ne peuvent dépasser 30 % de la valeur du barème des prix unitaires, frais de gestion compris.

Sans préjudice des dispositions et stipulations régissant les relations entre les parties, le distributeur ou le prestataire de services répond de manière circonstanciée à toute demande écrite précise du fournisseur portant sur l'exécution de la convention, dans un délai qui ne peut dépasser deux mois. Si la réponse fait apparaître une mauvaise application de la convention ou si le distributeur s'abstient de toute réponse, le fournisseur peut le signaler à l'autorité administrative chargée de la concurrence et de la consommation.

Le présent I n'est pas applicable aux produits mentionnés au premier alinéa de l'article L. 441-2-1, ni à la convention conclue entre un fournisseur et un grossiste conformément à l'article L. 441-7-1.

II. – Le fait de ne pas pouvoir justifier avoir conclu dans les délais prévus une convention satisfaisant aux exigences du I est passible d'une amende administrative dont le montant ne peut excéder 75 000 € pour une personne physique et 375 000 € pour une personne morale. L'amende est prononcée dans les conditions prévues à l'article L. 470-2. Le maximum de l'amende encourue est doublé en cas de réitération du manquement dans un délai de deux ans à compter de la date à laquelle la première décision de sanction est devenue définitive.

Art. L. 441-7-1 *(L. n° 2015-990, 6 août 2015 ; L. n° 2016-1691, 9 déc. 2016 ; Ord. n° 2017-303, 9 mars 2017).* – I. – Une convention écrite conclue entre le fournisseur et le grossiste indique les obligations auxquelles se sont engagées les parties, dans le respect des articles L. 441-6 et L. 442-6, en vue de fixer le prix à l'issue de la négociation commerciale. Établie soit dans un document unique, soit dans un ensemble formé par un contrat-cadre annuel et des contrats d'application, elle fixe :

1° Les conditions de l'opération de vente des produits ou des prestations de services telles qu'elles résultent de la négociation commerciale dans le respect de l'article L. 441-6, y compris les réductions de prix ;

Le cas échéant, les types de situation et les modalités selon lesquelles des conditions dérogatoires de l'opération de vente sont susceptibles d'être appliquées ;

2° Les conditions dans lesquelles le grossiste rend au fournisseur, en vue de la revente de ses produits aux professionnels, tout service propre à favoriser leur commercialisation ne relevant pas des obligations d'achat et de vente, en précisant l'objet, la date prévue, les modalités d'exécution, la rémunération des obligations ainsi que les produits ou services auxquels elles se rapportent ;

3° Les autres obligations destinées à favoriser la relation commerciale entre le fournisseur et le grossiste, en précisant pour chacune l'objet, la date prévue et les modalités d'exécution, ainsi que la rémunération ou la réduction de prix globale afférente à ces obligations.

Les obligations relevant des 1° et 3° concourent à la détermination du prix convenu.

La convention écrite est conclue pour une durée d'un an, de deux ans ou de trois ans, au plus tard le 1er mars de l'année pendant laquelle elle prend effet ou dans les deux mois suivant le point de départ de la période de commercialisation des produits ou des services soumis à un cycle de commercialisation particulier. Lorsqu'elle est conclue pour une durée de deux ou de trois ans, elle doit fixer les modalités selon lesquelles le prix convenu est révisé. Ces modalités peuvent prévoir la prise en compte d'un ou de plusieurs indices publics reflétant l'évolution du prix des facteurs de production.

Le présent I n'est pas applicable aux produits mentionnés au premier alinéa de l'article L. 441-2-1.

II. – Au sens du I, la notion de grossiste s'entend de toute personne physique ou morale qui, à des fins professionnelles, achète des produits à un ou plusieurs fournisseurs et les revend, à titre principal, à d'autres commerçants, grossistes ou détaillants, à des transformateurs ou à tout autre professionnel qui s'approvisionne pour les besoins de son activité.

Sont assimilés à des grossistes, au sens du premier alinéa du présent II, les centrales d'achat ou de référencement de grossistes.

Sont exclus de la notion de grossiste les entreprises ou les groupes de personnes physiques ou morales exploitant, directement ou indirectement, un ou plusieurs magasins de commerce de détail ou intervenant dans le secteur de la distribution comme centrale d'achat ou de référencement pour des entreprises de commerce de détail.

III. – Le fait de ne pas pouvoir justifier avoir conclu dans les délais prévus une convention satisfaisant aux exigences du I du présent article est passible d'une amende administrative dont le montant ne peut excéder 75 000 € pour une personne physique et 375 000 € pour une personne morale. L'amende est prononcée dans les conditions prévues à l'article L. 470-2. Le plafond de l'amende encourue est doublé en cas de réitération du manquement dans un délai de deux ans à compter de la date à laquelle la première décision de sanction est devenue définitive.

Art. L. 441-8 *(L. n° 2014-344, 17 mars 2014 ; Ord. n° 2017-303, 9 mars 2017)*. – Les contrats d'une durée d'exécution supérieure à trois mois portant sur la vente des produits figurant sur la liste prévue au deuxième alinéa de l'article L. 442-9, complétée, le cas échéant, par décret, dont les prix de production sont significativement affectés par des fluctuations des prix des matières premières agricoles et alimentaires comportent une clause relative aux modalités de renégociation du prix permettant de prendre en compte ces fluctuations à la hausse comme à la baisse.

Cette clause, définie par les parties, précise les conditions de déclenchement de la renégociation et fait référence à un ou plusieurs indices publics des prix des produits agricoles ou alimentaires. Des accords interprofessionnels ainsi que l'observatoire de la formation des prix et des marges des produits alimentaires peuvent proposer, en tant que de besoin et pour les produits qu'ils visent, des indices publics qui peuvent être utilisés par les parties, ainsi que les modalités de leur utilisation permettant de caractériser le déclenchement de la renégociation.

La renégociation de prix est conduite de bonne foi dans le respect du secret en matière industrielle et commerciale et du secret des affaires, ainsi que dans un délai, précisé dans le contrat, qui ne peut être supérieur à deux mois. Elle tend à une répartition équitable entre les parties de l'accroissement ou de la réduction des coûts de production résultant de ces fluctuations. Elle tient compte notamment de l'impact de ces fluctuations sur l'ensemble des acteurs de la chaîne d'approvisionnement. Un compte rendu de cette négociation est établi, selon des modalités définies par décret.

Le fait de ne pas prévoir de clause de renégociation conforme aux deux premiers alinéas du présent article, de ne pas respecter le délai fixé au troisième alinéa, de ne pas établir le compte rendu prévu au même troisième alinéa ou de porter atteinte, au cours de la renégociation, aux secrets de fabrication ou au secret des affaires est passible d'une amende administrative dont le montant ne peut excéder 75 000 € pour une personne physique et 375 000 € pour une personne morale. L'amende est prononcée dans les conditions prévues à l'article L. 470-2. Le maximum de l'amende encourue est doublé en cas de réitération du manquement dans un délai de deux ans à compter de la date à laquelle la première décision de sanction est devenue définitive.

Le présent article ne fait pas obstacle à toute autre renégociation, dans le respect des articles L. 441-7 et L. 442-6.

Le présent article est également applicable aux contrats d'une durée d'exécution supérieure à trois mois portant sur la conception et la production, selon des modalités répondant aux besoins particuliers de l'acheteur, de produits mentionnés au premier alinéa.

Art. L. 441-9 *(L. n° 2014-344, 17 mars 2014 ; L. n° 2015-990, 6 août 2015)*. – I. – Une convention écrite est établie, dans le respect des articles L. 441-6 et L. 442-6, pour tout achat de produits manufacturés, fabriqués à la demande de l'acheteur en vue d'être intégrés dans sa propre production, dont le montant est supérieur à un seuil fixé par décret. Elle indique les conditions convenues entre les parties, notamment :

1° L'objet de la convention et les obligations respectives des parties ;

2° Le prix ou les modalités de sa détermination ;

3° Les conditions de facturation et de règlement dans le respect des dispositions législatives applicables ;

4° Les responsabilités respectives des parties et les garanties, telles que, le cas échéant, les modalités d'application d'une réserve de propriété ;

5° Les règles régissant la propriété intellectuelle entre les parties, dans le respect des dispositions législatives applicables, lorsque la nature de la convention le justifie ;

6° La durée de la convention ainsi que les modalités de sa résiliation ;

7° Les modalités de règlement des différends quant à l'exécution de la convention et, si les parties décident d'y recourir, les modalités de mise en place d'une médiation.

II. – À défaut de convention écrite conforme au I, les sanctions prévues au II de l'article L. 441-7 sont applicables.

Art. L. 441-10 *(L. n° 2016-1691, 9 déc. 2016)*. – Le contrat d'une durée inférieure à un an conclu entre un fournisseur et un distributeur portant sur la conception et la production de produits alimentaires selon des modalités répondant aux besoins particuliers de l'acheteur mentionne le prix ou les critères et modalités de détermination du prix d'achat des produits agricoles non transformés entrant dans la composition de ces produits alimentaires lorsque ces produits agricoles doivent faire l'objet d'un contrat écrit en application soit du décret en Conseil d'État prévu au I de l'article L. 631-24 du Code rural et de la pêche maritime, soit d'un accord interprofessionnel étendu en application du III du même article L. 631-24. Cette obligation s'applique, le cas échéant, lorsque le vendeur est une société mentionnée à l'article L. 521-1 du même code.

Les critères et modalités de détermination des prix mentionnés au premier alinéa du présent article peuvent faire référence à un ou plusieurs indices publics de coût de production en agriculture et à un ou plusieurs indices publics des prix de vente aux consommateurs des produits alimentaires. Ces indices sont fixés de bonne foi entre les parties et peuvent être spécifiques au contrat ou établis par accord interprofessionnel.

CHAPITRE II. – DES PRATIQUES RESTRICTIVES DE CONCURRENCE

Art. L. 442-1 *(Ord. n° 2016-301, 14 mars 2016)*. – Les règles relatives aux ventes ou prestations avec primes, aux refus de vente ou de prestation, prestations par lots ou par quantités imposées sont fixées par les articles L. 121-19, R. 121-1 et L. 122-1 du Code de la consommation reproduits ci-après :

Art. L. 121-19. – Est interdite toute vente ou offre de vente de produits ou de biens ou toute prestation ou offre de prestation de services faite aux consommateurs et donnant droit, à titre gratuit, immédiatement ou à terme, à une prime consistant en produits, biens ou services dès lors que la pratique en cause revêt un caractère déloyal au sens de l'article L. 121-1.

Les dispositions du présent article s'appliquent à toutes les activités de production, de distribution et de services, y compris celles qui sont le fait de personnes publiques, notamment dans le cadre de conventions de délégation de service public.

Les règles relatives aux ventes avec primes applicables aux produits et services proposés pour la gestion d'un compte de dépôt sont fixées au 2 du I de l'article L. 312-1-2 du Code monétaire et financier.

Art. R. 121-1. – Dans le cas où les primes mentionnées à l'article L. 121-19 sont constituées d'objets distribués dans le but de satisfaire à des exigences environnementales, ces objets sont entièrement recyclables, qu'il s'agisse de carton recyclable ignifugé ou d'encres alimentaires.

Si ces objets appartiennent à la catégorie de produits et ingrédients, respectivement définis aux articles L. 3512-1 et L. 3512-2 du Code de la santé publique, ils ne comportent aucune référence, graphisme, présentation ou tout autre signe distinctif qui rappelle un produit ou un ingrédient, défini à ce même article. Dans ce cas, les avertissements sanitaires relatifs aux dangers du tabac doivent être mentionnés.

Les références de la personne intéressée à l'opération de publicité, la dénomination de la marque, du sigle ou logo peuvent être apposées sur les objets pour autant qu'elles respectent les dispositions restreignant ou encadrant la publicité concernant l'alcool, le tabac et les jeux ou paris en ligne, notamment prévues aux articles L. 3512-4, L. 3512-5 et L. 3323-2 à L. 3323-5 du Code de la santé publique.

Art. L. 122-1. – Il est interdit de refuser à un consommateur la vente d'un produit ou la prestation d'un service, sauf motif légitime, et de subordonner la vente d'un produit à l'achat d'une quantité imposée ou à l'achat concomitant d'un autre produit ou d'un autre service ainsi que de subordonner la prestation d'un service à celle d'un autre service ou à l'achat d'un produit dès lors que cette subordination constitue une pratique commerciale déloyale au sens de l'article L. 120-1.

Cette disposition s'applique à toutes les activités visées au dernier alinéa de l'article L. 113-2.

Pour les établissements de crédit, les sociétés de financement, les établissements de monnaie électronique, les établissements de paiement et les organismes mentionnés à l'article L. 518-1 du Code monétaire et financier, les règles relatives aux ventes subordonnées sont fixées par le 1 du I de l'article L. 312-1-2 du même code.

Art. L. 442-2 *(Mod., L. n° 2008-3, 3 janv. 2008)*. **– Le fait, pour tout commerçant, de revendre ou d'annoncer la revente d'un produit en l'état à un prix inférieur à son prix d'achat effectif est puni de 75 000 € d'amende. Cette amende peut être portée à la moitié des dépenses de publicité dans le cas où une annonce publicitaire, quel qu'en soit le support, fait état d'un prix inférieur au prix d'achat effectif. La cessation de l'annonce publicitaire peut être ordonnée dans les conditions prévues à l'article L. 121-3 du Code de la consommation.**

Le prix d'achat effectif est le prix unitaire net figurant sur la facture d'achat, minoré du montant de l'ensemble des autres avantages financiers consentis par le vendeur exprimé en pourcentage du prix unitaire net du produit et majoré des taxes sur le chiffre d'affaires, des taxes spécifiques afférentes à cette revente et du prix du transport.

Le prix d'achat effectif tel que défini au deuxième alinéa est affecté d'un coefficient de 0,9 pour le grossiste qui distribue des produits ou services exclusivement à des professionnels qui lui sont indépendants et qui exercent une activité de revendeur au détail, de transformateur ou de prestataire de services final. Est indépendante au sens de la phrase précédente toute entreprise libre de déterminer sa politique commerciale et dépourvue de lien capitalistique ou d'affiliation avec le grossiste.

1) Justifie sa décision, la cour d'appel qui, pour statuer sur l'existence du délit d'annonce de revente et revente d'un produit à un prix inférieur à son prix d'achat, prend en considération, pour en apprécier le prix, l'économie globale de l'opération indivisible combinant une prestation de service et un produit (■ Cass. crim., 7 mai 2002 : *Bull. crim.*, n° 109 ; *JCP* 2003, II, 10047, note E. Courtois-Champenois).

2) L'article L. 442 du Code de commerce n'opère aucune distinction entre les opérateurs et incrimine tout commerçant qui revend un produit en l'état à un prix inférieur à son prix d'achat.

Justifie dès lors sa décision la cour d'appel qui, pour déclarer une société coupable du délit de revente à perte, en écartant son argumentation prise de l'absence de vente préalable en ce que les produits étaient fabriqués sous sa marque et selon ses spécifications, en exécution d'un contrat d'entreprise, par une filiale détenue intégralement, retient, notamment, que les opérations intervenues entre ces sociétés, personnes morales distinctes, ont été comptabilisées par elles comme étant des ventes, que les produits ont été revendus sans avoir subi de transformation, à un prix inférieur au prix d'achat, et que la filiale, qui seule acquérait la matière première, n'était pas un façonnier (■ Cass. crim., 22 nov. 2006 : *Bull. crim.*, n° 293 ; *Dr. pénal* 2007, comm. 25, obs. J.-H. Robert).

3) Les opérations d'achat et de revente en l'état peuvent être concomitantes et l'article L. 442-2 du Code de commerce n'exige pas que le revendeur détienne la marchandise ; justifie ainsi sa décision la cour d'appel qui, pour écarter l'argumentation prise par un revendeur de fioul domestique (condamné pour revente à perte) de ce qu'il n'était pas propriétaire du combustible lors des commandes de ses clients, retient, notamment, qu'il se procurait la marchandise pour exécuter son obligation de vendre contractée avec l'acheteur final, peu important qu'il n'en ait pas encore été propriétaire au moment de la conclusion de ce contrat, dès lors que la vente des marchandises vendues au poids, au compte ou à la mesure n'est parfaite que lorsque la chose vendue a été pesée, comptée ou mesurée (■ Cass. crim., 6 déc. 2006 : *Bull. crim.*, n° 307 ; *Dr. pénal* 2007, comm. 41, obs. J.-H. Robert).

Art. L. 442-3 *(L. n° 2008-3, 3 janv. 2008)*. **– Les personnes morales déclarées pénalement responsables de l'infraction prévue à l'article L. 442-2 encourent la peine mentionnée au 9° de l'article 131-39 du Code pénal.**

La cessation de l'annonce publicitaire peut être ordonnée dans les conditions prévues à l'article L. 121-3 du Code de la consommation.

Art. L. 442-4 *(Mod., L. n° 2008-776, 4 août 2008)*. **– I. – Les dispositions de l'article L. 442-2 ne sont pas applicables :**

1° Aux ventes volontaires ou forcées motivées par la cessation ou le changement d'une activité commerciale ;

2° Aux produits dont la vente présente un caractère saisonnier marqué, pendant la période terminale de la saison des ventes et dans l'intervalle compris entre deux saisons de vente ;

3° Aux produits qui ne répondent plus à la demande générale en raison de l'évolution de la mode ou de l'apparition de perfectionnements techniques ;

4° Aux produits, aux caractéristiques identiques, dont le réapprovisionnement s'est effectué en baisse, le prix effectif d'achat étant alors remplacé par le prix résultant de la nouvelle facture d'achat ;

5° Aux produits alimentaires commercialisés dans un magasin d'une surface de vente de moins de 300 mètres carrés et aux produits non alimentaires commercialisés dans un magasin d'une surface de vente de moins de 1 000 mètres carrés, dont le prix de revente est aligné sur le prix légalement pratiqué pour les mêmes produits par un autre commerçant dans la même zone d'activité ;

6° À conditions que l'offre de prix réduits ne fasse l'objet d'une quelconque publicité ou annonce à l'extérieur du point de vente, aux produits périssables à partir du moment où ils sont menacés d'altération rapide ;

7° Aux produits soldés mentionnés à l'article L. 310-3.

II. – Les exceptions prévues au I ne font pas obstacle à l'application du 2° de l'article L. 653-5 et du I de l'article L. 654-2.

1) Les dispositions de l'article 1er de la loi du 2 juillet 1963 qui interdisent la revente à perte sont inapplicables lorsque le vendeur s'est aligné sur le prix légalement pratiqué par un autre commerçant pour le même produit et dans la même zone d'activité. Pour invoquer cet alignement, il suffit au revendeur d'apporter la preuve du prix sur lequel il prétend s'aligner, sauf pour la partie poursuivante à établir le caractère illégal de ce prix. Il convient de souligner à cet effet que si l'alignement doit se réaliser dans un temps voisin de la pratique constatée chez le concurrent, il n'est pas nécessaire qu'il lui soit concomitant (■ Cass. crim., 17 janv. 1994 : *Bull. crim.*, n° 22).

2) Ce texte n'exigeant ni que le prix aligné soit identique au prix servant de référence ni que l'alignement se fasse du jour où le concurrent affiche ce prix, encourent la censure les juges qui, pour refuser de faire droit à l'exception d'alignement alléguée, retiennent que les prix de référence dont il était fait état n'étaient pas totalement identiques à ceux affichés par le prévenu et qu'étant en outre antérieurs d'une semaine au jour du contrôle, ils n'étaient pas de nature à établir la réalité de l'alignement (■ Cass. crim., 3 mai 1995 : *Bull. crim.*, n° 162) ou que le prévenu ne pouvait se prévaloir d'un tel fait justificatif dès lors qu'il existait une différence de 80 centimes entre le prix de vente affiché et le prix pratiqué par le concurrent (■ Cass. crim., 23 janv. 1995 : *Bull. crim.*, n° 29).

3) L'alignement sur la concurrence, qui est un moyen de défense au fond, peut être soulevé à tout moment de la procédure. Il suffit au revendeur d'apporter la preuve du prix sur lequel il prétend s'aligner, sauf pour la partie poursuivante à établir le caractère illégal de ce prix (■ Cass. crim., 10 avr. 1995 : *Bull. crim.*, n° 153).

4) La notion de même zone d'activité doit s'apprécier au regard de l'entreprise et du marché sur lequel elle intervient (arrêt précité).

5) En matière d'activités soumises à réglementations particulières, lorsqu'une infraction a été commise par une personne morale, c'est le responsable légal qui est présumé responsable des faits. Toutefois, hors les cas où la loi en dispose autrement, le chef d'entreprise, qui n'a pas personnellement pris part à la réalisation de l'infraction, peut s'exonérer de sa responsabilité pénale s'il rapporte la preuve qu'il a délégué ses pouvoirs à une personne pourvue de la compétence, de l'autorité et des moyens nécessaires. Il en va notamment ainsi en matière de réglementation économique, la loi n'ayant prévu aucune disposition contraire sur ce point (■ Cass. crim., 17 janv. 1994 : *Bull. crim.*, n° 22).

6) Il résulte de l'article 121-2 du Code pénal que les personnes morales ne peuvent être déclarées pénalement responsables que s'il est établi qu'une infraction a été commise, pour leur compte, par leurs organes ou représentants ; ainsi, ne justifie pas sa décision au regard du texte précité, la cour d'appel qui, pour caractériser à l'encontre d'une société l'élément intentionnel du délit d'usage de fausses attestations, se borne à énoncer que cette « société » ne pouvait ignorer que les attestations produites en justice par son directeur général comportaient certaines affirmations inexactes, alors qu'il appartenait aux juges du second degré de rechercher si le directeur général, organe de la société, avait eu personnellement connaissance de l'inexactitude des faits relatés dans les attestations. Il n'est pas nécessaire cependant que l'organe ou le représentant ait été personnellement déclaré coupable des faits reprochés à la personne morale (■ Cass. crim., 2 déc. 1997 : *Bull. crim.*, n° 408).

7) L'article 30 du Traité CEE concernant l'interdiction, entre les États membres, des restrictions quantitatives à l'importation et de toute mesure d'effet équivalent ne s'applique pas à une législation d'un État membre interdisant de façon générale la revente à perte (■ CJCE, 24 nov. 1993, C 267/91, *Keck et Mithouard : Rec.* p. 1-6126).

8) La vente de jouets à l'occasion des fêtes de Noël présente un caractère saisonnier marqué, la période de vente s'étalant du début novembre au 24 décembre au soir, et la revente à perte effectuée le 23 décembre bénéficie d'une autorisation de la loi ; la décision de relaxe est justifiée (■ Cass. crim., 3 mai 2001 : *Dr. pénal* 2001, comm. 131, obs. J.-H. Robert).

Art. L. 442-5. – Est puni d'une amende de 15 000 € le fait par toute personne d'imposer, directement ou indirectement, un caractère minimal au prix de revente d'un produit ou d'un bien, au prix d'une prestation de service ou à une marge commerciale.

1) En retirant au revendeur la possibilité de baisser son prix au-dessous du prix dit de base fixé par le biais d'une marge constituée presque exclusivement par des ristournes conditionnelles – en dehors des ventes promotionnelles – une société par ce moyen, a imposé un caractère minimum au prix de vente de ses produits. Les trois opérations publicitaires dites « offres de remboursement platine laser » organisées en 1986 par la société concernée, aux termes desquelles un remboursement de 400 F puis de 300 F était réservé à tout acheteur d'un « lecteur compact disc » d'une valeur supérieure à 2 350 F puis à 2 650 F, ont bien contribué à imposer indirectement un prix minimum aux platines laser (■ Versailles, 16 mars 1989 : *Gaz. Pal.* 1989, 2, 526).

2) Le vocabulaire même des propositions de partenariat du vendeur : « coefficient minimum de 1,50 sur les prix facturés », « intervention immédiate en cas d'infraction », « respect de la tarification », indication qu'il s'agit là d'un des points essentiels du partenariat montrent qu'utilisant des menaces à peine déguisées, le fabricant vendeur entend au moins indirectement imposer à sa clientèle un prix de vente minimum (■ Versailles, 28 nov. 1990 : *Gaz. Pal.* 5-6 juill. 1991, note Marchi).

3) Constitue le délit de vente avec imposition d'un prix minimum, le fait pour un producteur de donner un caractère conditionnel à la quasi-totalité de ses ristournes et de prévenir par ce moyen, de la part de ses distributeurs, toute possibilité de vente en dessous du prix facturé, ainsi indirectement imposé comme prix minimum (■ Cass. crim., 5 nov. 1990 : *Bull. crim.*, n° 368).

4) Le fait d'offrir, à l'occasion de la cession d'un produit, des rabais, remises ou ristournes, dans des conditions d'attribution définies de manière objective et ne prêtant pas à discrimination, n'est pas de nature à aliéner la liberté de leur bénéficiaire de fixer le prix de revente de ces produits et ne saurait constituer une pratique tendant à conférer un caractère minimal au prix de revente ; dès lors, justifie sa décision la cour d'appel qui, pour relaxer le dirigeant d'une société, poursuivi par l'un de ses clients pour infraction à l'article 34 de l'ordonnance du 1er décembre 1986, relève que l'octroi des remises critiquées était subordonné à la réalisation préalable d'un certain chiffre d'affaires et ne constituait pas une condition potestative de la part du fournisseur (■ Cass. crim., 29 nov. 1993 : *Bull. crim.*, n° 362).

Art. L. 442-6 ***(Mod., L. n° 2005-882, 2 août 2005 ; L. n° 2008-3, 3 janv. 2008 ; L. n° 2008-776, 4 août 2008 ; L. n° 2010-874, 27 juill. 2010 ; L. n° 2014-344, 17 mars 2014 ; L. n° 2015-990, 6 août 2015 ; L. n° 2016-1691, 9 déc. 2016).*** **– I. – Engage la responsabilité de son auteur et l'oblige à réparer le**

préjudice causé le fait, par tout producteur, commerçant, industriel ou personne immatriculée au répertoire des métiers :

1° D'obtenir ou de tenter d'obtenir d'un partenaire commercial un avantage quelconque ne correspondant à aucun service commercial effectivement rendu ou manifestement disproportionné au regard de la valeur du service rendu. Un tel avantage peut notamment consister en la participation, non justifiée par un intérêt commun et sans contrepartie proportionnée, au financement d'une opération d'animation ou de promotion commerciale, d'une acquisition ou d'un investissement, en particulier dans le cadre de la rénovation de magasins du rapprochement d'enseignes ou de centrales de référencement ou d'achat ou de la rémunération de services rendus par une centrale internationale regroupant des distributeurs. Un tel avantage peut également consister en une globalisation artificielle des chiffres d'affaires, en une demande d'alignement sur les conditions commerciales obtenues par d'autres clients ou en une demande supplémentaire, en cours d'exécution du contrat, visant à maintenir ou accroître abusivement ses marges ou sa rentabilité ;

2° De soumettre ou de tenter de soumettre un partenaire commercial à des obligations créant un déséquilibre significatif dans les droits et obligations des parties ;

3° D'obtenir ou de tenter d'obtenir un avantage, condition préalable à la passation de commandes, sans l'assortir d'un engagement écrit sur un volume d'achat proportionné et, le cas échéant, d'un service demandé par le fournisseur et ayant fait l'objet d'un accord écrit ;

4° D'obtenir ou de tenter d'obtenir, sous la menace d'une rupture brutale totale ou partielle des relations commerciales, des conditions manifestement abusives concernant les prix, les délais de paiement, les modalités de vente ou les services ne relevant pas des obligations d'achat et de vente ;

5° De rompre brutalement, même partiellement, une relation commerciale établie, sans préavis écrit tenant compte de la durée de la relation commerciale et respectant la durée minimale de préavis déterminée, en référence aux usages du commerce, par des accords interprofessionnels. Lorsque la relation commerciale porte sur la fourniture de produits sous marque de distributeur, la durée minimale de préavis est double de celle qui serait applicable si le produit n'était pas fourni sous marque de distributeur. À défaut de tels accords, des arrêtés du ministre chargé de l'économie peuvent, pour chaque catégorie de produits, fixer, en tenant compte des usages du commerce, un délai minimum de préavis et encadrer les conditions de rupture des relations commerciales, notamment en fonction de leur durée. Les dispositions qui précèdent ne font pas obstacle à la faculté de résiliation sans préavis, en cas d'inexécution par l'autre partie de ses obligations ou en cas de force majeure. Lorsque la rupture de la relation commerciale résulte d'une mise en concurrence par enchères à distance, la durée minimale de préavis est double de celle résultant de l'application des dispositions du présent alinéa dans les cas où la durée du préavis initial est de moins de six mois, et d'au moins un an dans les autres cas ;

6° De participer directement ou indirectement à la violation de l'interdiction de revente hors réseau faite au distributeur lié par un accord de distribution sélective ou exclusive exempté au titre des règles applicables du droit de la concurrence ;

7° D'imposer une clause de révision du prix, en application du cinquième alinéa du I de l'article L. 441-7 ou de l'avant-dernier alinéa de l'article L. 441-7-1, ou une clause de renégociation du prix, en application de l'article L. 441-8, par référence à un ou plusieurs indices publics sans rapport direct avec les produits ou les prestations de services qui sont l'objet de la convention ;

8° De procéder au refus ou retour de marchandises ou de déduire d'office du montant de la facture établie par le fournisseur les pénalités ou rabais correspondant au non-respect d'une date de livraison ou à la non-conformité des marchandises, lorsque la dette n'est pas certaine, liquide et exigible, sans même que le fournisseur n'ait été en mesure de contrôler la réalité du grief correspondant.

9° De ne pas communiquer ses conditions générales de vente, dans les conditions prévues à l'article L. 441-6, à tout acheteur de produits ou tout demandeur de prestations de services qui en fait la demande pour l'exercice d'une activité professionnelle.

10° De refuser de mentionner sur l'étiquetage d'un produit vendu sous marque de distributeur le nom et l'adresse du fabricant si celui-ci en a fait la demande conformément à l'article L. 112-6 du Code de la consommation.

11° D'annoncer des prix hors des lieux de vente, pour un fruit ou légume frais, sans respecter les règles définies aux II et III de l'article L. 441-2 du présent code ;

12° De passer, de régler ou de facturer une commande de produits ou de prestations de services à un prix différent du prix convenu résultant de l'application du barème des prix unitaires mentionné dans les conditions

générales de vente, lorsque celles-ci ont été acceptées sans négociation par l'acheteur, ou du prix convenu à l'issue de la négociation commerciale faisant l'objet de la convention prévue à l'article L. 441-7, modifiée le cas échéant par avenant, ou de la renégociation prévue à l'article L. 441-8 ;

13° De soumettre ou de tenter de soumettre un partenaire commercial à des pénalités pour retard de livraison en cas de force majeure.

II. – Sont nuls les clauses ou contrats prévoyant pour un producteur, un commerçant, un industriel ou une personne immatriculée au répertoire des métiers, la possibilité :

***a)* De bénéficier rétroactivement de remises, de ristournes ou d'accords de coopération commerciale ;**

***b)* D'obtenir le paiement d'un droit d'accès au référencement préalablement à la passation de toute commande ;**

***c)* D'interdire au cocontractant la cession à des tiers des créances qu'il détient sur lui.**

***d)* De bénéficier automatiquement des conditions plus favorables consenties aux entreprises concurrentes par le cocontractant ;**

***e)* D'obtenir d'un revendeur exploitant une surface de vente au détail inférieure à 300 mètres carrés qu'il approvisionne mais qui n'est pas lié à lui, directement ou indirectement, par un contrat de licence de marque ou de savoir-faire, un droit de préférence sur la cession ou le transfert de son activité ou une obligation de non-concurrence post-contractuelle, ou de subordonner l'approvisionnement de ce revendeur à une clause d'exclusivité ou de quasi-exclusivité d'achat de ses produits ou services d'une durée supérieure à deux ans.**

L'annulation des clauses relatives au règlement entraîne l'application du délai indiqué au huitième alinéa du I de l'article L. 441-6, sauf si la juridiction saisie peut constater un accord sur des conditions différentes qui soient équitables.

III. – L'action est introduite devant la juridiction civile ou commerciale compétente par toute personne justifiant d'un intérêt, par le ministère public, par le ministre chargé de l'économie ou par le président du Conseil de la concurrence lorsque ce dernier constate, à l'occasion des affaires qui relèvent de sa compétence, une pratique mentionnée au présent article.

Lors de cette action, le ministre chargé de l'économie et le ministère public peuvent demander à la juridiction saisie d'ordonner la cessation des pratiques mentionnées au présent article. Ils peuvent aussi, pour toutes ces pratiques, faire constater la nullité des clauses ou contrats illicites et demander la répétition de l'indu. Ils peuvent également demander le prononcé d'une amende civile dont le montant ne peut être supérieur à cinq millions d'euros. Toutefois, cette amende peut être portée au triple du montant des sommes indûment versées ou, de manière proportionnée aux avantages tirés du manquement, à 5 % du chiffre d'affaires hors taxes réalisé en France par l'auteur des pratiques lors du dernier exercice clos depuis l'exercice précédant celui au cours duquel les pratiques mentionnées au présent article ont été mises en œuvre. La réparation des préjudices subis peut également être demandée. Dans tous les cas, il appartient au prestataire de services, au producteur, au commerçant, à l'industriel ou à la personne immatriculée au répertoire des métiers qui se prétend libéré de justifier du fait qui a produit l'extinction de son obligation.

La juridiction ordonne systématiquement la publication, la diffusion ou l'affichage de sa décision ou d'un extrait de celle-ci selon les modalités qu'elle précise. Elle peut également ordonner l'insertion de la décision ou de l'extrait de celle-ci dans le rapport établi sur les opérations de l'exercice par les gérants, le conseil d'administration ou le directoire de l'entreprise. Les frais sont supportés par la personne condamnée.

La juridiction peut ordonner l'exécution de sa décision sous astreinte.

Les litiges relatifs à l'application du présent article sont attribués aux juridictions dont le siège et le ressort sont fixés par décret.

(Al. abr., L. n° 2014-344, 17 mars 2014).

IV. – Le juge des référés peut ordonner, au besoin sous astreinte, la cessation des pratiques abusives ou toute autre mesure provisoire.

1) **QPC.** Par décision n° 2016-542 du 18 mai 2016, le Conseil constitutionnel a déclaré conforme à la Constitution la troisième phrase du deuxième alinéa du paragraphe III.

2) Pour un exemple de pratiques restrictives en matière de distribution de films (■ Lyon, 7 juin 1988 : *D.* 1989, 199, note Hassler).

Art. L. 442-7. – **Aucune association ou coopérative d'entreprise ou d'administration ne peut, de façon habituelle, offrir des produits à la vente, les vendre ou fournir des services si ces activités ne sont pas prévues par ses statuts.**

Art. L. 442-8. – **Il est interdit à toute personne d'offrir à la vente des produits ou de proposer des services en utilisant, dans des conditions irrégulières, le domaine public de l'État, des collectivités locales et de leurs établissements publics.**

Les infractions à l'interdiction mentionnée à l'alinéa précédent sont recherchées et constatées dans les conditions définies par les articles L. 450-1 à L. 450-3 et L. 450-8.

Les agents peuvent consigner, dans des locaux qu'ils déterminent et pendant une durée qui ne peut être supérieure à un mois, les produits offerts à la vente et les biens ayant permis la vente des produits ou l'offre de services.

La consignation donne lieu à l'établissement immédiat d'un procès-verbal. Celui-ci comporte un inventaire des biens et des marchandises consignés ainsi que la mention de leur valeur. Il est communiqué dans les cinq jours de sa clôture au procureur de la République et à l'intéressé.

La juridiction peut ordonner la confiscation des produits offerts à la vente et des biens ayant permis la vente des produits ou l'offre de services. La juridiction peut condamner l'auteur de l'infraction à verser au Trésor public une somme correspondant à la valeur des produits consignés, dans le cas où il n'a pas été procédé à une saisie.

Le fait, défini par l'article L. 442-8 du Code de commerce, d'offrir à la vente des produits ou de proposer des services en utilisant, dans des conditions irrégulières, le domaine public de l'État, des collectivités locales et de leurs établissements publics, n'est réprimé, par l'article 14 du décret n° 2002-689 du 30 avril 2002, que s'il est commis en violation des dispositions réglementaires sur la police des lieux.

Méconnaît ces dispositions la cour d'appel qui, pour déclarer coupable une commerçante poursuivie devant le tribunal de police pour avoir fait stationner sa camionnette et proposé à la vente des pizzas et des frites sans autorisation et hors des lieux et périodes réservés au marché de détail alimentaire par un arrêté municipal, relève que ce texte réglementaire détermine les conditions d'application du domaine public et interdit à la vente non sédentaire de produits alimentaires sur le territoire communal en dehors des lieux, jours et heures de marché, alors que cet arrêté a pour seul objet de réglementer la police des foires et des marchés, et non pas d'interdire l'exercice du commerce ambulant sur le domaine public communal (4 avr. 2006 : *Bull. crim.*, n° 104).

Art. L. 442-9 *(L. n° 2005-157, 23 févr. 2005 ; mod., L. n° 2008-3, 3 janv. 2008)*. – **Engage la responsabilité de son auteur et l'oblige à réparer le préjudice causé le fait, pour tout producteur, commerçant, industriel ou personne immatriculée au répertoire des métiers, de pratiquer ou de faire pratiquer, en situation de crise conjoncturelle telle que définie par l'article L. 611-4 du Code rural, des prix de première cession abusivement bas pour des produits figurant sur la liste prévue à l'article L. 441-2-1 du présent code.**

Engage également la responsabilité de son auteur et l'oblige à réparer le préjudice causé le fait pour tout revendeur d'exiger de son fournisseur, en situation de forte hausse des cours de certaines matières premières agricoles, des prix de cession abusivement bas pour les produits agricoles périssables ou issus de cycles courts de production, d'animaux vifs, de carcasses, pour les produits de l'aquaculture, ainsi que pour les produits alimentaires de consommation courante issus de la première transformation de ces produits. Les conditions définissant la situation de forte hausse des cours de certaines matières premières agricoles ainsi que la liste des produits concernés sont fixées par décret.

Le III et le IV de l'article L. 442-6 sont applicables à l'action prévue par le présent article.

Art. L. 442-10 *(L. n° 2005-882, 2 août 2005 ; mod., L. n° 2008-3, 3 janv. 2008)*. – **Est nul le contrat par lequel un fournisseur s'engage envers tout producteur, commerçant, industriel ou personne immatriculée au répertoire des métiers sur une offre de prix à l'issue d'enchères inversées à distance, organisées notamment par voie électronique, lorsque l'une au moins des règles suivantes n'a pas été respectée :**

1° Préalablement aux enchères, l'acheteur ou la personne qui les organise pour son compte communique de façon transparente et non discriminatoire à l'ensemble des candidats admis à présenter une offre les éléments déterminants des produits ou des prestations de services qu'il entend acquérir, ses conditions et

modalités d'achat, ses critères de sélection détaillés ainsi que les règles selon lesquelles les enchères vont se dérouler ;

2° À l'issue de la période d'enchères, l'identité du candidat retenu est révélée au candidat qui, ayant participé à l'enchère, en fait la demande. Si l'auteur de l'offre sélectionnée est défaillant, nul n'est tenu de reprendre le marché au dernier prix ni à la dernière enchère.

II. – L'acheteur ou la personne qui organise les enchères pour son compte effectue un enregistrement du déroulement des enchères qu'il conserve pendant un an. Il est présenté s'il est procédé à une enquête dans les conditions prévues au titre V du présent livre.

III. – Les enchères à distance inversées organisées par l'acheteur ou par son représentant sont interdites pour les produits agricoles figurant sur une liste établie par décret, ainsi que pour les produits alimentaires de consommation courante issus de la première transformation de ces produits.

IV. – Le fait de ne pas respecter les dispositions des I à III engage la responsabilité de son auteur et l'oblige à réparer le préjudice causé. Les dispositions des III et IV de l'article L. 442-6 sont applicables aux opérations visées aux I à III du présent article.

CHAPITRE III. – AUTRES PRATIQUES PROHIBÉES

Art. L. 443-1 *(Mod., L. n° 2008-3, 3 janv. 2008 ; L. n° 2008-776, 4 août 2008 ; L. n° 2014-344, 17 mars 2014 ; L. n° 2016-1691, 9 déc. 2016 ; Ord. n° 2017-303, 9 mars 2017).* – Le délai de paiement, par tout producteur, revendeur ou prestataire de services, ne peut être supérieur :

1° À trente jours après la fin de la décade de livraison pour les achats de produits alimentaires périssables et de viandes congelées ou surgelées, de poissons surgelés, de plats cuisinés et de conserves fabriqués à partir de produits alimentaires périssables, à l'exception des achats de produits saisonniers effectués dans le cadre de contrats dits de culture visés aux articles L. 326-1 à L. 326-3 du Code rural et de la pêche maritime ;

2° À vingt jours après le jour de livraison pour les achats de bétail sur pied destiné à la consommation et de viandes fraîches dérivées ;

3° À trente jours après la fin du mois de livraison pour les achats de boissons alcooliques passibles des droits de consommation prévus à l'article 403 du Code général des impôts ;

4° À quarante-cinq jours fin de mois ou soixante jours à compter de la date d'émission de la facture pour les achats de raisins et de moûts destinés à l'élaboration de vins ainsi que de boissons alcooliques passibles des droits de circulation prévus à l'article 438 du Code général des impôts, sauf dispositions dérogatoires figurant :

a) Dans des décisions interprofessionnelles prises en application de la loi du 12 avril 1941 portant création d'un comité interprofessionnel du vin de Champagne ;

b) Ou dans des accords interprofessionnels pris en application du livre VI du Code rural et de la pêche maritime et rendus obligatoires par voie réglementaire à tous les opérateurs sur l'ensemble du territoire métropolitain.

Par dérogation aux délais de paiement prévus aux 1° à 3°, le délai convenu entre les parties pour le paiement des achats effectués en franchise de la taxe sur la valeur ajoutée, en application de l'article 275 du Code général des impôts, de biens destinés à faire l'objet d'une livraison en l'état hors de l'Union européenne ne peut dépasser quatre-vingt-dix jours à compter de la date d'émission de la facture. Le délai convenu entre les parties est expressément stipulé par contrat et ne doit pas constituer un abus manifeste à l'égard du créancier. Si les biens ne reçoivent pas la destination prévue à la première phrase du présent alinéa, les pénalités de retard mentionnées au douzième alinéa du I de l'article L. 441-6 du présent code sont exigibles. Le présent alinéa n'est pas applicable aux achats effectués par les grandes entreprises.

Pour les livraisons de marchandises qui font l'objet d'une importation dans le territoire fiscal des départements de la Guadeloupe, de la Martinique, de la Guyane, de La Réunion et de Mayotte ainsi que des collectivités d'outre-mer de Saint-Barthélemy, de Saint-Martin, des îles Wallis-et-Futuna et de Saint-Pierre-et-Miquelon, les délais de paiement prévus aux 1° à 4° ne sont décomptés qu'à partir de la date de dédouanement de la marchandise au port de destination finale. Lorsque la marchandise est mise à la disposition de l'acheteur, ou de son représentant, en métropole, le délai n'est décompté qu'à partir du vingt-et-unième jour suivant la date de cette mise à disposition ou à partir de la date du dédouanement si celle-ci est antérieure.

Les manquements aux dispositions du présent article ainsi qu'aux dispositions relatives aux délais de paiement des accords mentionnés au *b* du 4° sont passibles d'une amende administrative dont le montant ne peut excéder 75 000 € pour une personne physique et deux millions d'euros pour une personne morale. L'amende est prononcée dans les conditions prévues à l'article L. 470-2 du présent code. Le montant de l'amende encourue est double en cas de réitération du manquement dans un délai de deux ans à compter de la date à laquelle la première décision de sanction est devenue définitive.

Art. L. 443-2. – I *(L. n° 2005-882, 2 août 2005)*. – Est puni de deux ans d'emprisonnement et de 30 000 € d'amende le fait d'opérer la hausse ou la baisse artificielle soit du prix de biens ou de services, soit d'effets publics ou privés, notamment à l'occasion d'enchères à distance :

1° En diffusant, par quelque moyen que ce soit, des informations mensongères ou calomnieuses ;

2° En introduisant sur le marché ou en sollicitant soit des offres destinées à troubler les cours, soit des sur-offres ou sous-offres faites aux prix demandés par les vendeurs ou prestataires de services ;

3° Ou en utilisant tout autre moyen frauduleux.

La tentative est punie des mêmes peines.

II. – Lorsque la hausse ou la baisse artificielle des prix concerne des produits alimentaires, la peine est portée à trois ans d'emprisonnement et 45 000 € d'amende.

III. – Les personnes physiques coupables des infractions prévues au présent article encourent également les peines complémentaires suivantes :

1° L'interdiction des droits civiques, civils et de famille, suivant les modalités de l'article 131-26 du Code pénal ;

2° L'affichage ou la diffusion de la décision prononcée dans les conditions prévues par l'article 131-35 du Code pénal.

Art. L. 443-3 *(L. n° 2008-3, 3 janv. 2008)*. – Les personnes morales déclarées pénalement responsables des infractions prévues aux I et II de l'article L. 443-2 encourent les peines mentionnées aux 2° à 6° et 9° de l'article 131-39 du Code pénal.

L'interdiction mentionnée au 2° de l'article 131-39 du même code porte sur l'activité dans l'exercice ou à l'occasion de l'exercice de laquelle l'infraction a été commise.

TITRE V. – DES POUVOIRS D'ENQUÊTES

Art. L. 450-1 *(Mod., L. n° 2001-420, 15 mai 2001 ; Ord. n° 2004-1173, 4 nov. 2004 ; rempl., Ord. n° 2008-1161, 13 nov. 2008 ; L. n° 2014-344, 17 mars 2014)*. – I. – Les agents des services d'instruction de l'Autorité de la concurrence habilités à cet effet par le rapporteur général peuvent procéder à toute enquête nécessaire à l'application des dispositions des titres II et III du présent livre.

Ils peuvent également, pour l'application du titre VI du présent livre, mettre en œuvre les pouvoirs d'enquête définis à l'article L. 450-3.

Dans le cas où des investigations sont menées au nom ou pour le compte d'une autorité de concurrence d'un autre État membre, en application du 1 de l'article 22 du règlement n° 1/2003 du Conseil relatif à la mise en œuvre des règles de concurrence prévues aux articles 81 et 82 du traité instituant la Communauté européenne, le rapporteur général de l'Autorité de la concurrence peut autoriser des agents de l'autorité de concurrence de l'autre État membre à assister les agents mentionnés à l'alinéa précédent dans leurs investigations.

Les modalités de cette assistance sont fixées par décret en Conseil d'État.

II. – Des fonctionnaires habilités à cet effet par le ministre chargé de l'économie peuvent procéder aux enquêtes nécessaires à l'application des dispositions du présent livre.

II *bis*. – Des fonctionnaires de catégorie A spécialement habilités à cet effet par le ministre de la Justice, sur la proposition, selon le cas, du ministre chargé de l'économie ou du rapporteur général de l'Autorité de la concurrence, peuvent recevoir des juges d'instruction des commissions rogatoires.

III. – Les agents mentionnés aux I et II peuvent exercer les pouvoirs qu'ils tiennent du présent article et des articles suivants sur l'ensemble du territoire national.

Art. L. 450-2 *(Mod., L. n° 2014-344, 17 mars 2014)*. – Les enquêtes donnent lieu à l'établissement de procès-verbaux et, le cas échéant, de rapports.

Les procès-verbaux sont transmis à l'autorité compétente. Copie en est transmise aux personnes intéressées. Ils font foi jusqu'à preuve contraire.

Art. L. 450-3 *(L. n° 2014-344, 17 mars 2014 ; L. n° 2015-990, 6 août 2015).* – Les agents mentionnés à l'article L. 450-1 peuvent opérer sur la voie publique, pénétrer entre 8 heures et 20 heures dans tous lieux utilisés à des fins professionnelles et dans les lieux d'exécution d'une prestation de services, ainsi qu'accéder à tous moyens de transport à usage professionnel.

Ils peuvent également pénétrer en dehors de ces heures dans ces mêmes lieux lorsque ceux-ci sont ouverts au public ou lorsqu'à l'intérieur de ceux-ci sont en cours des activités de production, de fabrication, de transformation, de conditionnement, de transport ou de commercialisation.

Lorsque ces lieux sont également à usage d'habitation, les contrôles ne peuvent être effectués qu'entre 8 heures et 20 heures et avec l'autorisation du juge des libertés et de la détention du tribunal de grande instance dans le ressort duquel sont situés ces lieux, si l'occupant s'y oppose.

Les agents peuvent exiger la communication et obtenir ou prendre copie, par tout moyen et sur tout support, des livres, factures et autres documents professionnels de toute nature, entre quelques mains qu'ils se trouvent, propres à faciliter l'accomplissement de leur mission. Ils peuvent exiger la mise à leur disposition des moyens indispensables pour effectuer leurs vérifications. Ils peuvent également recueillir, sur place ou sur convocation, tout renseignement, document ou toute justification nécessaire au contrôle.

Dispositions déclarées non conformes à la Constitution par la décision du Conseil constitutionnel n° 2015-715 DC du 5 août 2015.

Pour le contrôle des opérations faisant appel à l'informatique, ils ont accès aux logiciels et aux données stockées ainsi qu'à la restitution en clair des informations propres à faciliter l'accomplissement de leurs missions. Ils peuvent en demander la transcription par tout traitement approprié des documents directement utilisables pour les besoins du contrôle.

QPC. Par décision n° 2016-552 QPC du 8 juillet 2016, le Conseil constitutionnel a déclaré conformes à la Constitution les dispositions du quatrième alinéa de l'article L. 450-3.

Art. L. 450-3-1 *(L. n° 2014-344, 17 mars 2014).* – Lorsqu'ils recherchent ou constatent une infraction ou un manquement au présent livre, les agents mentionnés à l'article L. 450-1 sont habilités à relever l'identité de la personne qu'ils contrôlent. Si celle-ci refuse ou se trouve dans l'impossibilité de justifier de son identité, ils en rendent compte immédiatement à tout officier de police judiciaire territorialement compétent, qui peut alors procéder à une vérification d'identité dans les conditions prévues à l'article 78-3 du Code de procédure pénale. En ce cas, le délai prévu au troisième alinéa du même article 78-3 court à compter du relevé d'identité.

Ils peuvent recourir à toute personne qualifiée, désignée par l'autorité administrative dont ils dépendent. Cette personne peut les accompagner lors de leurs contrôles et prendre connaissance de tout document ou élément nécessaire à la réalisation de sa mission ou de son expertise. Elle ne peut effectuer aucun acte de procédure pénale ou de police administrative. Elle ne peut pas utiliser les informations dont elle prend connaissance à cette occasion pour la mise en œuvre des pouvoirs de contrôle dont elle dispose, le cas échéant, en vertu d'autres dispositions législatives ou réglementaires. Elle ne peut, sous les peines prévues à l'article 226-13 du Code pénal, divulguer les informations dont elle a eu connaissance dans ce cadre.

Art. L. 450-3-2 *(L. n° 2014-344, 17 mars 2014 ; L. n° 2017-256, 28 févr. 2017).* – I. Lorsque l'établissement de la preuve de l'infraction ou du manquement en dépend et qu'elle ne peut être établie autrement, les agents mentionnés à l'article L. 450-1 peuvent différer le moment où ils déclinent leur qualité au plus tard jusqu'à la notification à la personne contrôlée de la constatation de l'infraction ou du manquement.

II. – Pour le contrôle de la vente de biens et de la fourniture de services sur internet et pour celui des accords ou pratiques concertées mentionnés à l'article L. 420-2-1, les agents mentionnés au I peuvent faire usage d'une identité d'emprunt.

Un décret en Conseil d'État précise les conditions dans lesquelles ils procèdent à leurs constatations.

Art. L. 450-4 *(L. n° 2000-516, 15 juin 2000 ; L. n° 2001-420, 15 mai 2001 ; Ord. n° 2004-1173, 4 nov. 2004 ; L. n° 2009-526, 12 mai 2009 ; L. n° 2016-731, 3 juin 2016).* – Les agents mentionnés à l'article L. 450-1 ne peuvent procéder aux visites en tous lieux ainsi qu'à la saisie de documents et de tout support d'information que dans le cadre d'enquêtes demandées par la Commission européenne, le ministre chargé de l'économie ou le rapporteur général de l'Autorité de la concurrence sur proposition du rapporteur, sur autorisation judiciaire donnée par ordonnance du juge des libertés et de la détention du tribunal de grande instance dans le ressort duquel sont situés les lieux à visiter. Ils peuvent également, dans les mêmes conditions, procéder à la pose de scellés sur tous locaux commerciaux, documents et supports d'information dans la limite de la durée de la visite de ces locaux. Lorsque ces lieux sont situés dans le ressort de plusieurs juridictions et qu'une action simultanée doit être menée dans chacun d'eux, une ordonnance unique peut être délivrée par l'un des juges des libertés et de la détention compétents.

Le juge doit vérifier que la demande d'autorisation qui lui est soumise est fondée ; cette demande doit comporter tous les éléments d'information en possession du demandeur de nature à justifier la visite. Lorsque la visite vise à permettre la constatation d'infractions aux dispositions du livre IV du présent code en train de se commettre, la demande d'autorisation peut ne comporter que les indices permettant de présumer, en l'espèce, l'existence des pratiques dont la preuve est recherchée.

La visite et la saisie s'effectuent sous l'autorité et le contrôle du juge qui les a autorisées. Il désigne un ou plusieurs officiers de police judiciaire chargés d'assister à ces opérations et d'apporter leur concours en procédant le cas échéant aux réquisitions nécessaires, ainsi que de le tenir informé de leur déroulement. Lorsqu'elles ont lieu en dehors du ressort de son tribunal de grande instance, il délivre une commission rogatoire pour exercer ce contrôle au juge des libertés et de la détention du tribunal de grande instance dans le ressort duquel s'effectue la visite.

Le juge peut se rendre dans les locaux pendant l'intervention. À tout moment, il peut décider la suspension ou l'arrêt de la visite.

L'ordonnance est notifiée verbalement et sur place au moment de la visite à l'occupant des lieux ou à son représentant qui en reçoit copie intégrale contre récépissé ou émargement au procès-verbal. En l'absence de l'occupant des lieux ou de son représentant, l'ordonnance est notifiée après la visite, par lettre recommandée avec avis de réception. La notification est réputée faite à la date de réception figurant sur l'avis.

L'ordonnance mentionnée au premier alinéa peut faire l'objet d'un appel devant le premier président de la cour d'appel dans le ressort de laquelle le juge a autorisé la mesure, suivant les règles prévues par le Code de procédure pénale. Le ministère public et la personne à l'encontre de laquelle a été ordonnée cette mesure peuvent interjeter appel. Cet appel est formé par déclaration au greffe du tribunal de grande instance dans un délai de dix jours à compter de la notification de l'ordonnance. L'appel n'est pas suspensif. L'ordonnance du premier président de la cour d'appel est susceptible d'un pourvoi en cassation selon les règles prévues par le Code de procédure pénale. Les pièces saisies sont conservées jusqu'à ce qu'une décision soit devenue définitive.

La visite, qui ne peut commencer avant six heures ou après vingt et une heures, est effectuée en présence de l'occupant des lieux ou de son représentant. En cas d'impossibilité, l'officier de police judiciaire requiert deux témoins choisis en dehors des personnes relevant de son autorité, de celle de l'administration de la direction générale de la concurrence, de la consommation et de la répression des fraudes ou de celle du Conseil de la concurrence.

Les agents mentionnés à l'article L. 450-1, l'occupant des lieux ou son représentant ainsi que l'officier de police judiciaire et, le cas échéant, les agents et autres personnes mandatés par la Commission européenne peuvent seuls prendre connaissance des pièces et documents avant leur saisie. Les agents mentionnés à l'article L. 450-1 peuvent procéder au cours de la visite à des auditions de l'occupant des lieux ou de son représentant en vue de recueillir les informations ou explications utiles aux besoins de l'enquête.

Conformément à l'article 28 du Code de procédure pénale, l'article 61-1 du même code est applicable lorsqu'il est procédé à l'audition d'une personne à l'égard de laquelle il existe des raisons plausibles de soupçonner qu'elle a commis ou tenté de commettre une infraction.

Les inventaires et mises sous scellés sont réalisés conformément à l'article 56 du Code de procédure pénale.

Une copie du procès-verbal et de l'inventaire est remise à l'occupant des lieux ou à son représentant. Une copie est également adressée par lettre recommandée avec demande d'avis de réception aux personnes mises en cause ultérieurement par les pièces saisies au cours de l'opération.

Les pièces et documents saisis sont restitués à l'occupant des lieux, dans un délai de six mois à compter de la date à laquelle la décision [de l']Autorité de la concurrence est devenue définitive. L'occupant des lieux

est mis en demeure, par lettre recommandée avec avis de réception, de venir les rechercher, dans un délai de deux mois. À l'expiration de ce délai et à défaut de diligences de sa part, les pièces et documents lui sont restitués, à ses frais.

Le déroulement des opérations de visite et saisie peut faire l'objet d'un recours devant le premier président de la cour d'appel dans le ressort de laquelle le juge a autorisé ces dernières, suivant les règles prévues par le Code de procédure pénale. Le ministère public, la personne à l'encontre de laquelle a été prise l'ordonnance mentionnée au premier alinéa et les personnes mises en cause au moyen de pièces saisies au cours de ces opérations peuvent former ce recours. Ce dernier est formalisé par déclaration au greffe du tribunal de grande instance dans un délai de dix jours à compter de la remise ou de la réception du procès-verbal et de l'inventaire, ou, pour les personnes n'ayant pas fait l'objet de visite et de saisie et qui sont mises en cause, à compter de la date à laquelle elles ont reçu notification du procès-verbal et de l'inventaire et, au plus tard à compter de la notification de griefs prévue à l'article L. 463-2. Le recours n'est pas suspensif. L'ordonnance du premier président de la cour d'appel est susceptible d'un pourvoi en cassation selon les règles prévues par le Code de procédure pénale. Les pièces saisies sont conservées jusqu'à ce qu'une décision soit devenue définitive.

Bibliographie : L. Saenko, *Les saisies globales en droit de la concurrence : prescriptives nouvelles : Dr. pén.* 2013, études 16.

1) QPC. Non-lieu à renvoi devant le Conseil constitutionnel de la question prioritaire contestant la constitutionnalité de l'article L. 450-4 du Code de commerce (▪ Cass. crim., 22 sept. 2010, n° 10-90.099 : *JurisData* n° 2010-017030 ; *Dr. pén.* 2010, comm. 126, obs. J.-H. Robert. – *Adde*, ▪ 1er déc. 2010, nos 10-80.016 et 10-80.017 : *Bull. crim.*, n° 192. ▪ Cass. crim., 26 juill. 2017, n° 16-87.189 : *Dr. pén.* 2017, comm. 162, note J.-H. Robert).

– Non-lieu à renvoi au Conseil constitutionnel de la question concernant notamment la saisie globale des fichiers informatiques (▪ Cass. crim., 19 oct. 2011, n° 10-88.194 : *Dr. pén.* 2012, comm. 10, obs. J.-H. Robert).

– Non-lieu à renvoi au Conseil constitutionnel, dès lors que les dispositions contestées de l'article L. 450-4 du Code de commerce assurent un contrôle effectif, par le juge, de la nécessité de chaque visite et lui donnent les pouvoirs d'en suivre effectivement le cours, de régler les éventuels incidents portant notamment sur la saisie, par l'Administration, de documents de nature personnelle, confidentielle ou couverts par le secret professionnel et, le cas échéant, de mettre fin à la visite à tout moment (▪ Cass. crim., 27 juin 2012, n° 12-90.028 QPC : *Bull. crim.*, n° 163 ; *Dr. pénal* 2012, comm. 133, obs. J.-H. Robert).

2) Les motifs et le dispositif d'une ordonnance statuant sur une requête tendant à voir autoriser des opérations de visite et de saisie sont réputés avoir été établis par le juge qui l'a rendue et signée.

Doit en conséquence être approuvée la décision du premier président qui écarte le moyen faisant grief au juge des libertés et de la détention de s'être borné à reproduire les termes de la requête dont il était saisi, une telle pratique n'étant pas contraire aux dispositions des articles 6 et 8 de la Convention européenne des droits de l'homme (▪ Cass. crim., 27 févr. 2013, n° 11-82.446 : *Bull. crim.*, n° 51).

3) En vertu de l'article 48 de l'ordonnance du 1er décembre 1986 (C. com., art. L. 450-4), le juge doit vérifier le bien-fondé de la demande de visites et saisies qui lui est présentée par l'Administration ; pour faire droit à la demande de la Direction de la concurrence tendant à être autorisée à procéder à des visites et saisies dans les locaux d'une société, l'ordonnance attaquée se borne à retenir que les informations fournies laissent présumer que cette société a participé à des pratiques anticoncurrentielles ; en se déterminant par ce seul motif, le président du tribunal n'a pas mis la Cour de cassation en mesure de contrôler si le bien-fondé de la demande avait été vérifié ; le président du tribunal de grande instance s'est reconnu compétent pour faire procéder, par voie de commission rogatoire, à des visites et saisies hors de son ressort dans les locaux de la société, sans constater qu'une action simultanée devait être menée dans différents ressorts ; en quoi il a méconnu les exigences de l'article 48 de l'ordonnance du 1er décembre 1986 (▪ Cass. ch. mixte, 15 déc. 1988 : *Gaz. Pal.* 18-20 déc. 1988 ; *JCP* 89, II, 21263, note Dugrip).

4) Il résulte de l'article L. 450-4 du Code de commerce qu'après avoir vérifié que la demande qui lui est soumise est fondée, le juge des libertés et de la détention peut autoriser des opérations de visite et saisie dans toute entreprise, quelle que soit son activité.

Encourt dès lors la cassation, l'ordonnance du délégué du premier président qui soumet l'autorisation des opérations de visite et saisie dans des entreprises de presse à des conditions particulières (▪ Cass. crim., 11 janv. 2012, n° 10-85.446 : *Dr. pén.* 2012, comm. 37, obs. J.-H. Robert).

5) L'occupant des lieux ne dispose pas du droit de saisir lui-même le juge qui a autorisé la visite et la saisie, les officiers de police judiciaire chargés d'assister aux opérations devant, au cours de la visite, tenir ce magistrat informé des difficultés rencontrées (■ Cass. crim., 9 mars 2016, n° 14-84.566 : *Dr. pén.* 2016, comm. 81, obs. J.-H. Robert).

6) Encourt aussi la cassation l'ordonnance énonçant que les présomptions précises, graves et concordantes doivent, en répondant aux exigences des articles 1349 et 1353 du Code civil, permettre d'établir la réalité d'un fait inconnu à partir de faits connus ; qu'après avoir analysé les indices recueillis, le juge en déduit que la directrice générale de la concurrence, de la consommation et de la répression des fraudes n'a pas rapporté la preuve d'un faisceau de présomptions suffisant pour justifier une visite dans les locaux de la société dont il s'agit ; qu'il ajoute que les documents joints à la requête présentée au juge des libertés et de la détention n'autorisaient pas celui-ci à retenir l'existence de présomptions d'entente illicite permettant la recherche de preuves dans les locaux visités ; en statuant ainsi, le juge a ajouté à la loi des conditions qu'elle ne comporte pas (■ Cass. crim., 19 déc. 2012, n° 12-82.270 : *Dr. pén.* 2012, comm. 77, obs. J.-H. Robert).

7) Ajoute à la loi des conditions qu'elle ne comporte pas l'ordonnance du premier président qui subordonne l'autorisation d'effectuer les opérations de visite et de saisie prévues par l'article L. 450-4 du Code de commerce à l'existence de présomptions précises, graves et concordantes permettant d'établir la réalité d'un fait inconnu à partir de faits connus (■ Cass. crim., 22 janv. 2014, n° 13-81.013 : *Dr. pén.* 2014, comm. 44, obs. J.-H. Robert ; *JCP* 2014, act., n° 130, p. 196, note B. Ruy).

8) Il résulte de l'article 50 *bis* de l'ordonnance du 1er décembre 1986 (devenu l'article L. 470-6 du Code de commerce) que les pouvoirs prévus à l'article L. 48 de cette ordonnance (devenu l'article L. 450-4 dudit code) peuvent être mis en œuvre dans le cadre d'une enquête effectuée par la Commission européenne en vue de rechercher la preuve de pratiques anticoncurrentielles. Le droit, pour les agents de la Commission, de prendre copie des livres ou documents professionnels suppose, en cas de refus des dirigeants de l'entreprise, que ces livres ou documents soient préalablement saisis par les fonctionnaires nationaux présents pour assister les agents de la Commission (■ Cass. crim., 22 oct. 2003 : *Bull. crim.*, n° 199, arrêt n° 1).

9) Il résulte de l'arrêt de la Cour de justice des Communautés européennes du 22 octobre 2002, Roquettes Frères SA que, si l'instance compétente, en vertu du droit national, pour autoriser des agents de l'Administration à user de mesures coercitives en vue d'apporter leur concours aux agents mandatés par la Commission européenne aux fins de rechercher la preuve de pratiques anticoncurrentielles, ne peut, à cette occasion, substituer sa propre appréciation du caractère nécessaire des vérifications ordonnées à celle de la Commission, dont les évaluations de fait et de droit ne sont soumises qu'au contrôle de légalité des juridictions communautaires, ni exiger la transmission des éléments et des indices figurant au dossier de la Commission et sur lesquels reposent les soupçons de cette dernière, il entre en revanche dans ses pouvoirs d'examiner si les mesures de contrainte envisagées ne sont pas arbitraires ou excessives par rapport à l'objet de la vérification et de veiller au respect des règles de son droit national dans le déroulement de ces mesures ; un tel contrôle suppose que la Commission fournisse des explications faisant ressortir de manière circonstanciée qu'elle dispose, dans son dossier, d'éléments et d'indices sérieux permettant de soupçonner des infractions aux règles de concurrence par l'entreprise concernée.

Procède au contrôle qui lui incombe en vertu des articles 14, paragraphe 6, du règlement CEE 17-62 du Conseil du 6 février 1962 et 48 de l'ordonnance du 1er décembre 1986 (devenu l'article L. 450-4 du Code de commerce) le président d'un tribunal qui, après avoir exactement énoncé qu'il ne lui appartient pas d'apprécier les motifs de fait et de droit fondant la décision de la Commission, s'assure que les pièces produites par l'Administration ont une origine apparemment licite, reconnaît l'authenticité de la décision de la Commission puis estime que les agissements décrits dans cette décision et dont la preuve est recherchée laissent présumer que la société dont les locaux font l'objet d'une demande de visite est impliquée dans des pratiques anticoncurrentielles sur un marché dont il précise la nature et qu'en raison, notamment, du caractère confidentiel des documents s'y rapportant, seuls les pouvoirs conférés par l'article 48 de l'ordonnance du 1er décembre 1986 sont propres à garantir l'accomplissement de la mission des agents mandatés par la Commission (■ Cass. crim., 22 oct. 2003 : *Bull. crim.*, n° 199, arrêts 1 et 2).

10) Le juge saisi d'un recours concernant le déroulement des opérations de visite et de saisie qu'il a autorisées en application de l'article L. 450-4 du Code de commerce, s'il doit ordonner la restitution des pièces appréhendées irrégulièrement ou en violation des droits de la défense, ne peut annuler ces opérations et restituer l'ensemble des pièces alors qu'il lui appartenait de rechercher si certains des documents et supports d'information appréhendés concernaient les pratiques anticoncurrentielles susceptibles d'entrer dans le champ de l'enquête et si leur saisie avait été régulièrement effectuée (■ Cass. crim., 20 mai 2009 : *Bull. crim.*, n° 103).

11) Lorsque le premier président de la cour d'appel est saisi d'un recours portant sur la régularité des opérations de visite et saisie en vue de rechercher la preuve de pratiques anticoncurrentielles, il appartient aux parties d'établir si les fichiers entrent ou non dans les prévisions de l'autorisation de procéder à ces opérations (■ Cass. crim., 30 nov. 2011, n°s 10-81.748 et 10-81.749, 2 arrêts : *Bull. crim.*, n°s 242 et 243 ; *Dr. pén.* 2012, comm. 10, obs. J.-H. Robert).

12) Justifie sa décision le juge qui, pour dire régulières les opérations pratiquées :

– énonce qu'aucune disposition légale n'impose, à peine de nullité des opérations de visite et saisie, que les éventuelles réserves émises par l'occupant des lieux soient annexés au procès-verbal de ces opérations ;

– constaté que la saisie des fichiers de messageries, après leur transcription du serveur de la société demanderesse sur un disque dur avait été opérée conformément aux prescriptions légales applicables ;

– qu'il a souverainement apprécié que les écrits, supports et données saisis, qui ont été sélectionnés selon des critères que l'Administration n'est pas tenue de communiquer, n'étaient ni divisibles ni étrangers au but de l'autorisation accordée ;

– et relève que la demanderesse n'établit la présence, parmi les documents maintenus sous saisie, d'aucune correspondance émanant de ses avocats ou qu'elle leur aurait adressée, en lien avec l'exercice des droits de sa défense (■ Cass. crim., 14 déc. 2011, n° 10-85.294 : *Dr. pén.* 2012, comm. 25, obs. J.-H. Robert). –Ne justifie pas sa décision le juge qui annule la saisie d'un ordinateur dès lors que celui-ci se trouvait dans les lieux visés par l'ordonnance autorisant les opérations de visite et saisie et qu'il n'était pas allégué l'absence dans ce matériel de données en lien avec l'objet de cette autorisation (■ Cass. crim., 14 déc. 2011, n° 10-85.293 : *Bull. crim.*, n° 259 ; *D.* 2012, act. p. 86 ; *Rev. Lamy dr. aff.* 2012, p. 42, note C. Mathonnière).

13) Le juge des libertés et de la détention qui a rendu une ordonnance autorisant, à titre préventif, les agents de la Direction nationale des enquêtes, de concurrence, de consommation et de répression des fraudes (DNECCRF) à effectuer des opérations de visite et de saisie dans les locaux d'une société pour assister les agents de la Commission européenne est incompétent pour statuer sur la régularité de ces opérations dès lors qu'il constate que son ordonnance n'a pas été mise en œuvre par les enquêteurs de la DNECCRF, en l'absence d'opposition de la société aux opérations de visite et de saisie effectuées par les agents de la Commission européenne (■ Cass. crim., 2 juin 2010 : *Bull. crim.* n° 100).

14) Sauf dispositions contraires, les règles de la procédure civile sont applicables devant le premier président de la cour d'appel statuant, en application de l'ordonnance du 13 novembre 2008, sur le contentieux des visites domiciliaires autorisées par le juge des libertés et de la détention en vue de rechercher la preuve de pratiques anticoncurrentielles (■ Cass. crim., 8 sept. 2010 : *Bull. crim.* n° 132 ; *JCP* E 2010, Panorama, n° 1944, note).

15) L'ordonnance rendue par un juge des libertés et de la détention pour désigner des officiers de police judiciaire chargés de prêter leur concours à des opérations de visite et saisie de documents dans les locaux d'une société, en vue de rechercher la preuve de pratiques anticoncurrentielles, n'est qu'un acte d'exécution de l'ordonnance principale rendue par le juge des libertés et de la détention pour autoriser lesdites visite et saisie.

Est dès lors irrecevable le recours formé, en application du dernier alinéa de l'article L. 450-4 du Code de commerce, dans sa rédaction issue de l'ordonnance du 13 novembre 2008, contre l'ordonnance rendue sur commission rogatoire pour désigner des officiers de police judiciaire (■ Cass. crim., 23 févr. 2011, n° 09-87.848 : *Bull. crim.*, n° 40 ; *Dr. pén.* 2011, comm. 68, obs. J.-H. Robert).

16) Le rapporteur général de l'Autorité de la concurrence qui a sollicité et obtenu du juge des libertés et de la détention l'autorisation de procéder à des opérations de visite et saisie, en vue de rechercher la preuve de pratiques anticoncurrentielles, conformément à l'article L. 450-4 du Code de commerce et dont le déroulement a fait l'objet d'un recours devant le premier le président de la cour d'appel, est recevable à se pourvoir en cassation contre l'ordonnance dudit premier président.

Viole l'article L. 450-4 du Code de commerce, ensemble l'article 143 du Code de procédure civile, le premier président qui, saisi d'un recours sur le déroulement des opérations de visite et saisie, ordonne une mesure d'instruction sans rapport concret avec le litige, comme tendant à apprécier la possibilité pour les enquêteurs de procéder autrement qu'ils ne l'ont fait, alors qu'il lui appartenait de vérifier concrètement, en se référant au procès-verbal et à l'inventaire des opérations, la régularité de ces dernières et d'ordonner, le cas échéant, la restitution des documents qu'il estimait appréhendés irrégulièrement ou en violation des droits de la défense (■ Cass.

crim., 16 juin 2011, n° 11-80.345 : *Bull. crim.*, n° 135 ; *Dr. pén.* 2011, comm. 109, obs. J.-H. Robert. ■ 11 janv. 2012, n°s 10-88.193 et 10-88.194 : *Dr. pén.* 2012, comm. 38, obs. J.-H. Robert).

17) Irrecevabilité de l'appel interjeté contre l'ordonnance par laquelle un juge des libertés et de la détention refuse de rétracter son autorisation de visite domiciliaire par les agents de l'Autorité de la concurrence (■ Cass. crim., 16 juin 2011, n° 10-84.126 : *Dr. pén.* 2011, comm. 125, obs. J.-H. Robert).

18) Le premier président retient, à bon droit, que les dispositions de la loi du 6 janvier 1978 relative à l'informatique, aux fichiers et aux libertés sont inapplicables, dès lors que l'exécution d'une opération de visite et saisie, autorisée par le juge des libertés et de la détention, est réalisée sous son contrôle et son déroulement est susceptible d'un recours devant le premier président (■ Cass. crim., 30 nov. 2011, n° 10-81.748 : *Bull. crim.*, n° 242 ; *Dr. pén.* 2012, comm. 10, obs. J.-H. Robert).

19) Aux termes de l'article L. 450-4 du Code de commerce, le **pourvoi en cassation** contre l'ordonnance du premier président de la cour d'appel statuant sur la validité d'une ordonnance du juge des libertés et de la détention autorisant des opérations de visite et saisie en vue de rechercher la preuve de pratiques anticoncurrentielles est soumis aux dispositions du Code de procédure pénale.

Il s'ensuit que lorsque la décision est rendue après débat contradictoire et que les parties ont été informées de la date à laquelle elle serait prononcée, le délai de cinq jours francs prévu par l'article 568 de ce code court du jour de ce prononcé (■ Cass. crim., 11 janv. 2012, n° 10-87.762 : *Rev. Lamy dr. aff.* 2012, act., n° 3877, p. 45, note C. Mathonnière).

20) Aux termes de l'article L. 450-4 du Code de commerce, le pourvoi en cassation contre l'ordonnance du premier président de la cour d'appel statuant sur la validité d'une ordonnance du juge des libertés et de la détention autorisant des opérations de visite et saisie en vue de rechercher la preuve de pratiques anticoncurrentielles, est soumis aux dispositions du Code de procédure pénale.

Il s'ensuit que lorsque la décision est rendue après débat contradictoire et que les parties ont été informées de la date à laquelle elle serait prononcée, le délai de cinq jours francs prévu par l'article 568 de ce code court du jour de ce prononcé.

Cependant, lorsque l'acte de notification de l'arrêt comporte une indication erronée quant au point de départ du délai de pourvoi, cette notification ouvre un nouveau délai de recours (arrêt n° 1).

Tel n'est pas le cas lorsque la notification est postérieure à l'expiration du délai ayant commencé à courir au jour du prononcé de l'arrêt (arrêt n° 2) (■ Cass. crim., 19 déc. 2012, n°s 11-88.472 et 12-81.350 : *Bull. crim.*, n° 286).

21) Le premier président, saisi d'un recours sur le déroulement des opérations de visite et saisie, effectuées sur le fondement de l'article L. 450-4 du Code de commerce, ne peut ordonner une mesure d'instruction sans rapport avec le litige comme tendant, en l'espèce, à apprécier la possibilité pour les enquêteurs de procéder autrement qu'ils ne l'ont fait, alors qu'il lui appartenait de vérifier, en se référant au procès-verbal et à l'inventaire des opérations, la régularité de ces dernières et d'ordonner, le cas échéant, la restitution des documents qu'il estimait irrégulièrement appréhendés (■ Cass. crim., 11 janv. 2012, n° 10-88.197 : *D.* 2012, Act. dr. aff., p. 214 ; *JCP* 2012, chron., n° 341, p. 564, note J.-H. Robert ; *Rev. Contrats, conc. consom.* 2012, comm. 71, note D. Bosco ; *Rev. Comm. comm. électr.* 2012, comm. 31, note M. Chagny ; *Rev. Lamy dr. aff.* 2012, act., n° 3874, note Dan Roskis et C. Mai Doremus et n° 3875, note C. Mathonnière).

22) Il résulte de l'article L. 450-4 du Code de commerce que le premier président qui rejette la requête de l'administration tendant à obtenir l'autorisation d'effectuer des opérations de visite et saisie ne peut ordonner la restitution immédiate des pièces saisies, celle-ci ne pouvant intervenir qu'après que la décision du premier président soit devenue définitive (■ Cass. crim., 27 févr. 2013, n° 11-88.471 : *Bull. crim.*, n° 51).

23) Il résulte de l'article L. 450-4, alinéa 6, précité que les pièces saisies lors d'une visite domiciliaire doivent être conservées jusqu'à ce que la décision statuant sur les opérations effectuées lors de cette visite soit devenue définitive ; méconnaît ce texte le premier président qui, infirmant l'ordonnance du juge des libertés et de la détention ayant autorisé la visite des locaux d'une société, ordonne la restitution des pièces et documents qui y ont été saisis (■ Cass. crim., 22 janv. 2014, n° 13-81.013 : *JCP* 2014, act., n° 130 p. 196, note B. Ruy).

24) Il appartient au premier président, statuant sur un recours exercé contre le déroulement des opérations de visite et saisie effectuées par les services de l'Autorité de la concurrence, de rechercher si les pièces et supports informatiques dont la saisie est contestée, sont ou non couverts par le secret professionnel entre un avocat et son client.

Lorsqu'il constate que des correspondances saisies relèvent de la protection de ce secret et alors que la violation dudit secret intervient dès que le document est saisi par les enquêteurs, le premier président doit annuler la saisie de ces pièces.

Encourt dès lors la cassation, l'ordonnance qui refuse d'annuler cette saisie au motif que l'Autorité de la concurrence ne s'oppose pas à la restitution d'un document protégé et que la pertinence de la saisie ne peut s'apprécier que par la prise de connaissance de son contenu (▪ Cass. crim., 24 avr. 2013, n° 12-80.331 : *Bull. crim.*, n° 102 ; *Gaz. Pal.* 2-4 juin 2013, jur. p. 10, note D. Piau ; *Procédures* 2013, comm. 222, note A.-S. Chavent-Leclere ; *Dr. pén.* 2013, comm. 112, obs. J.-H. Robert).

25) Est justifiée la décision qui, pour déclarer régulière la saisie de fichiers informatiques effectuée lors d'une visite domiciliaire autorisée en vertu de l'article L. 450-4 du Code de commerce, énonce que ces fichiers ont été identifiés puis inventoriés et que l'occupant de lieux, qui en a reçu copie et a ainsi été mis en mesure d'en connaître le contenu, n'a pas formulé d'observations au moment où les opérations ont été effectuées puis n'a invoqué, au soutien de son recours devant le premier président, aucun élément de nature à établir l'insaisissabilité de certains des documents appréhendés (▪ Cass. crim., 14 nov. 2013, n° 12-87.346 : *Bull. crim.*, n° 227 ; *Dr. pén.* 2014, comm. 28, obs. J.-H. Robert ; *D.* 2013, act. p. 9692 ; *Rev. Lamy dr. aff.* janv. 2014, n° 4926, p. 39, note C. Mathonnière).

26) La société objet d'une visite domiciliaire effectuée, à quelque date que ce soit, en application de l'article L. 450-4 du Code de commerce peut se faire assister d'un avocat dès le début des opérations.

Encourt la censure la décision du premier président qui ne fait pas droit au recours en annulation pris de ce qu'il a été fait interdiction aux conseils de la société d'accéder aux locaux visités et de prendre la parole (▪ Cass. crim., 27 nov. 2013, n° 12-86.424 : *Bull. crim.*, n° 241 ; *Dr. pén.* 2014, comm. 43, obs. J.-H. Robert).

27) Les avocats de la société objet d'une visite domiciliaire bénéficient des droits reconnus par l'alinéa 8 de l'article L. 450-4 du Code de commerce à cette société et à ses représentants.

La décision qui, à tort, ne leur reconnaît pas ces droits n'encourt pas pour autant la censure, dès lors que la société et ses conseils, qui sont intervenus dès le début des opérations de visite et avaient nécessairement connaissance des documents susceptibles d'être appréhendés, n'ont soulevé aucune contestation sur les documents qui leur paraissaient devoir être exclus de la saisie (▪ Cass. crim., 27 nov. 2013, n° 12-85.830 : *Bull. crim.*, n° 242 ; *JCP* 2013, n° 1302, p. 2270, note B. Ruy ; *D.* 2013, act. p. 2844 ; *Rev. Lamy dr. aff.* janv. 2014, act., n° 4926, p. 39, note Chloé Mathonnière ; *Dr. pén.* 2014, comm. 43, obs. J.-H. Robert).

28) Dans les procédures fondées sur la violation du droit de la concurrence, l'obligation d'assurer l'exercice des droits de la défense doit être respectée dès le stade de l'enquête préalable.

Les opérations de visite et saisie effectuées en application de l'article L. 450-4 du Code de commerce doivent être annulées, dès lors qu'il a été fait obstacle à la présence des avocats appelés à y assister (▪ Cass. crim., 25 juin 2014 : *Bull. crim.*, n° 170).

29) N'est pas fondé le moyen pris de ce qu'une autorisation de visite et saisie a été accordée sur le fondement de l'article L. 450-4 du Code de commerce sans que l'Autorité de la concurrence ait communiqué au juge des libertés et de la détention l'ensemble des pièces qu'elle détenait, dès lors qu'il n'est pas démontré que les pièces manquantes auraient été de nature à modifier l'appréciation portée par le juge sur les éléments établissant les présomptions de fraude (▪ Cass. crim., 11 juill. 2017, n° 16-81.039).

Art. L. 450-5 ***(Mod., L. n° 2001-420, 15 mai 2001 ; rempl., Ord. n° 2008-1161, 13 nov. 2008 ; mod., L. n° 2012-1270, 20 nov. 2012 ; L. n° 2016-1920, 29 déc. 2016). –*** **Le rapporteur général de l'Autorité de la concurrence est informé avant leur déclenchement des investigations que le ministre chargé de l'économie souhaite voir diligenter sur des faits susceptibles de relever des articles L. 420-1 à L. 420-2-2 et L. 420-5 ou d'être contraires aux mesures prises en application de l'article L. 410-3 et peut, dans un délai fixé par décret, en prendre la direction.**

Le rapporteur général est informé sans délai du résultat des investigations menées par les services du ministre. Il peut, dans un délai fixé par décret, proposer à l'Autorité de se saisir d'office.

Art. L. 450-6 ***(Mod., L. n° 2001-420, 15 mai 2001 ; rempl., Ord. n° 2008-1161, 13 nov. 2008). –*** **Le rapporteur général désigne, pour l'examen de chaque affaire, un ou plusieurs agents des services d'instruction aux fonctions de rapporteur. À sa demande écrite, l'autorité dont dépendent les agents mentionnés au II de**

l'article L. 450-1 met sans délai à sa disposition, en nombre et pour la durée qu'il a indiqués, les agents nécessaires à la réalisation des opérations mentionnées à l'article L. 450-4.

Art. L. 450-7 *(Mod., Ord. n° 2008-1161, 13 nov. 2008)*. – **Les agents mentionnés à l'article L. 450-1 peuvent, sans se voir opposer le secret professionnel, accéder à tout document ou élément d'information détenu par les services et établissements de l'État et des autres collectivités publiques.**

Art. L. 450-8 *(Mod., Ord. n° 2008-1161, 13 nov. 2008 ; L. n° 2014-344, 17 mars 2014)*. – **Est puni d'un emprisonnement de six mois et d'une amende de 300 000 € le fait pour quiconque de s'opposer, de quelque façon que ce soit, à l'exercice des fonctions dont les agents mentionnés à l'article L. 450-1 sont chargés en application du présent livre.**

1) Est coupable du chef d'opposition à fonctions le prévenu qui, absent lors de l'intervention sur place des agents enquêteurs, ne répond pas à une convocation ultérieure et exige de voir consultés sur place les documents qui lui sont réclamés (■ Cass. crim., 14 janv. 1991 : *Dr. pénal* 1991, n° 117).

2) Dès lors que les enquêteurs habilités par le ministre chargé de l'économie exercent leurs fonctions en exécution d'une ordonnance du président du tribunal de grande instance, ils sont réputés agir dans les conditions prévues par la loi et les obstacles mis à leurs fonctions constituent le délit prévu par l'article 52 (■ Cass. crim., 25 févr. 1992 : *Bull. crim.*, n° 86).

3) Le délit d'obstacle à fonctions prévu et réprimé par l'article L. 450-8 du Code de commerce consiste en une obstruction, de quelque nature que ce soit, apportée aux demandes d'un fonctionnaire de contrôle tendant à l'empêcher de procéder aux enquêtes dont il est chargé. Ce texte ne porte pas atteinte au droit au silence garanti par les dispositions des articles 14 du Pacte international relatif aux droits civils et politiques et 6 de la Convention européenne des droits de l'homme (■ Cass. crim., 24 févr. 2009 : *Bull. crim.*, n° 46 ; *AJ Pénal* 2009, p. 226, obs. J. Lasserre Capdeville ; *Dr. pénal* 2009, comm. 83, obs. J.-H. Robert).

TITRE VII. – DISPOSITIONS DIVERSES

(Ord. n° 2017-303, 9 mars 2017)

Art. L. 490-1. – **La juridiction peut condamner solidairement les personnes morales au paiement des amendes prononcées contre leurs dirigeants en vertu des dispositions du présent livre et des textes pris pour son application.**

Art. L. 490-2. – **En cas de condamnation au titre d'un délit prévu au titre IV du présent livre, la juridiction peut ordonner que sa décision soit affichée ou diffusée dans les conditions prévues par l'article 131-10 du Code pénal.**

Art. L. 490-3. – **Lorsqu'une personne ayant fait l'objet, depuis moins de deux ans, d'une condamnation pour l'une des infractions définies par les articles L. 441-2, L. 441-3, L. 441-4, L. 441-5, L. 442-2, L. 442-3 L. 442-4 et L. 442-5, commet la même infraction, le maximum de la peine d'amende encourue est porté au double.**

Art. L. 490-4. – **Lorsqu'une personne morale ayant fait l'objet, depuis moins de deux ans, d'une condamnation pour l'une des infractions définies par les articles L. 441-3, L. 441-4, L. 441-5, L. 441-6, L. 442-2, L. 442-3 et L. 442 4 commet la même infraction, le taux maximum de la peine d'amende encourue est égal à dix fois celui applicable aux personnes physiques pour cette infraction.**

Art. L. 490-5. – **Pour les délits prévus au titre IV du présent livre pour lesquels une peine d'emprisonnement n'est pas encourue et pour les contraventions prévues au présent livre, l'autorité administrative chargée de la concurrence et de la consommation a droit, tant que l'action publique n'a pas été mise en mouvement de transiger, après accord du procureur de la République, selon les modalités fixées par décret en Conseil d'État.**

L'acte par lequel le procureur de la République donne son accord à la proposition de transaction est interruptif de la prescription de l'action publique.

L'action publique est éteinte lorsque l'auteur de l'infraction a exécuté dans le délai imparti les obligations résultant pour lui de l'acceptation de la transaction.

Art. L. 490-6. – I. – La composition pénale prévue à l'article 41-2 du Code de procédure pénale est applicable aux personnes morales qui reconnaissent avoir commis un ou plusieurs délits prévus au titre IV du présent livre pour lesquels une peine d'emprisonnement n'est pas encourue ainsi que, le cas échéant, une ou plusieurs contraventions connexes. Seule la mesure prévue par le 1° de l'article 41-2 du même code est applicable à ces personnes.

II. – Pour les délits mentionnés au I, le procureur de la République peut proposer la composition pénale à l'auteur des faits par l'intermédiaire d'un fonctionnaire mentionné au quatrième alinéa de l'article L. 450-1 du présent code.

Art. L. 490-7. – Pour les délits prévus au titre IV du présent livre pour lesquels une peine d'emprisonnement n'est pas encourue, vaut citation à personne la convocation en justice notifiée au prévenu, sur instruction du procureur de la République, par un fonctionnaire mentionné au quatrième alinéa de l'article L. 450-1.

Les dispositions de l'article 390-1 du Code de procédure pénale sont applicables à la convocation ainsi notifiée.

Art. L. 490-8. – Pour l'application des dispositions du présent livre, le ministre chargé de l'économie ou son représentant peut, devant les juridictions civiles ou pénales, déposer des conclusions et les développer oralement à l'audience. Il peut également produire les procès-verbaux et les rapports d'enquête.

Art. L. 490-9. – Pour l'application des articles 81 à 83 du traité instituant la Communauté européenne, le ministre chargé de l'économie et les fonctionnaires qu'il a désignés ou habilités conformément aux dispositions du présent livre d'une part, l'Autorité de la concurrence, d'autre part, disposent des pouvoirs respectifs qui leur sont reconnus par les articles du présent livre et du règlement (CE) n° 139/2004 du Conseil, du 20 janvier 2004, relatif au contrôle des concentrations entre entreprises et par le règlement du Conseil n° 1/2003 (CE) du 16 décembre 2002 relatif à la mise en œuvre des règles de concurrence prévues aux articles 81 et 82 du traité instituant la Communauté européenne. Les règles de procédure prévues par ces textes leur sont applicables.

Pour l'application des articles 87 et 88 du traité instituant la Communauté européenne, le ministre chargé de l'économie et les fonctionnaires qu'il a désignés ou habilités conformément aux dispositions de l'article L. 450-1 disposent des pouvoirs qui leur sont reconnus par le titre V du livre IV.

Art. L. 490-10. – Les organisations professionnelles peuvent introduire l'action devant la juridiction civile ou commerciale pour les faits portant un préjudice direct ou indirect à l'intérêt collectif de la profession ou du secteur qu'elles représentent, ou à la loyauté de concurrence.

Loi du 25 juin 1841

portant réglementation des ventes aux enchères publiques

(Abr. et codifiée, Ord. n° 2000-912, 18 sept. 2000)

Voir : C. com., art. L. 320-1, L. 320-2 et L. 322-1 à L. 322-7.

Code de commerce

(Ord. n° 2000-912, 18 sept. 2000)

....

LIVRE TROISIÈME. – DE CERTAINES FORMES DE VENTES ET DES CLAUSES D'EXCLUSIVITÉ

TITRE PREMIER. – DES LIQUIDATIONS, DES VENTES AU DÉBALLAGE, DES SOLDES ET DES VENTES EN MAGASINS D'USINE

Art. L. 310-1 *(Mod., Ord. n° 2004-274, 25 mars 2004)*. – Sont considérées comme liquidations les ventes accompagnées ou précédées de publicité et annoncées comme tendant, par une réduction de prix, à l'écoulement accéléré de la totalité ou d'une partie des marchandises d'un établissement commercial à la suite d'une décision, quelle qu'en soit la cause, de cessation, de suspension saisonnière ou de changement d'activité, ou de modification substantielle des conditions d'exploitation.

Les liquidations sont soumises à déclaration préalable auprès *(Mots rempl. à compter du 1er juill. 2014, Ord. n° 2014-295, 6 mars 2014)* **du maire de la commune dont relève le lieu de la liquidation. Cette déclaration comporte la cause et la durée de la liquidation qui ne peut excéder deux mois. Elle est accompagnée d'un inventaire des marchandises à liquider. Lorsque l'événement motivant la liquidation n'est pas intervenu au plus tard dans les six mois qui suivent la déclaration, le déclarant est tenu d'en informer l'autorité administrative compétente.**

Pendant la durée de la liquidation, il est interdit de proposer à la vente d'autres marchandises que celles figurant à l'inventaire sur le fondement duquel la déclaration préalable a été déposée.

Art. L. 310-2 *(Mod., Ord. n° 2004-274, 25 mars 2004 ; L. n° 2008-776, 4 août 2008 ; L. n° 2010-874, 27 juill. 2010 ; Ord. n° 2014-295, 6 mars 2014 ; L. n° 2016-1691, 9 déc. 2016)*. **– I. – Sont considérés comme ventes au déballage les ventes et rachats de marchandises effectués dans des locaux ou sur des emplacements non destinés à la vente au public ou au rachat de ces marchandises ainsi qu'à partir de véhicules spécialement aménagés à cet effet.**

Les ventes au déballage ne peuvent excéder deux mois par année civile dans un même local sur un même emplacement ou dans un même arrondissement. Les ventes au déballage de fruits et légumes frais effectuées en période de crise conjoncturelle ne sont pas prises en compte pour le calcul de cette limite. Les ventes au déballage font l'objet d'une déclaration préalable auprès du maire de la commune dont dépend le lieu de la vente dont une copie est adressée concomitamment à l'autorité administrative chargée de la concurrence et de la consommation dans le département du lieu de vente.

Les particuliers non inscrits au registre du commerce et des sociétés sont autorisés à participer aux ventes au déballage en vue de vendre exclusivement des objets personnels et usagés deux fois par an au plus.

II. – Les dispositions du I ne sont pas applicables aux professionnels :

1° Effectuant dans une ou plusieurs communes, des tournées de ventes définies par le 1° de l'article L. 121-22 du Code de la consommation ;

2° Réalisant des ventes définies par l'article L. 320-2 ;

3° Qui justifient d'une permission de voirie ou d'un permis de stationnement pour les ventes réalisées sur la voie publique.

III. – Les dispositions du I ne sont pas applicables aux organisateurs de :

1° Manifestations commerciales comportant des ventes de marchandises au public dans un parc d'exposition ;

2° Manifestations commerciales qualifiées de salon professionnel ne se tenant pas dans un parc d'exposition ;

3° Fêtes foraines et de manifestations agricoles lorsque seuls des producteurs ou des éleveurs y sont exposants.

1) Le délit de vente au déballage sans autorisation, prévu et puni par les articles L. 310-2, L. 310-5 et L. 310-6 du Code de commerce n'est imputable, à titre d'auteur principal, qu'à la personne qui procède à la vente ; encourt la cassation l'arrêt qui déclare une association de commerçants coupable de ce délit sans préciser quel organe ou représentant aurait engagé, à titre d'auteur principal, la responsabilité pénale de cette personne morale (■ Cass. crim., 29 avr. 2003 : *Bull. crim.*, n° 91 ; *D.* 2004, p. 167, note J.-Ch. Saint-Pau).

2) Constitue une vente au déballage sans autorisation le fait, pour une société exploitant un hypermarché, de procéder, dans l'allée centrale de la galerie marchande d'un centre commercial, à la vente au déballage de marchandises, dès lors qu'elle ne rapporte pas la preuve que la surface de vente complémentaire, installée dans la galerie commerciale, entrait dans le cadre du régime transitoire d'application de l'article 102 de la loi n° 2008-776 du 4 août 2008, à défaut, notamment, de produire l'autorisation de la propriétaire pour l'emprise créée par ce nouvel espace de vente (■ Cass. crim., 10 mars 2015, n° 14-88.326).

3) Lorsque la vente au déballage a eu lieu sur un emplacement non réservé au public, la constatation de la violation de cette prescription légale implique, de la part de son auteur, l'intention coupable exigée par l'article 121-3 du Code pénal (■ Cass. crim., 14 juin 2016, n° 15-84.162 : *Dr. pén.* 2016, comm. 160, note J.-H. Robert).

Art. L. 310-3 *(L. n° 2008-776, 4 août 2008 ; L. n° 2011-525, 17 mai 2011 ; L. 2014-626, 18 juin 2014)*. – I. – Sont considérées comme soldes les ventes qui, d'une part, sont accompagnées ou précédées de publicité et sont annoncées comme tendant, par une réduction de prix, à l'écoulement accéléré de marchandises en stock et qui, d'autre part, ont lieu durant les périodes définies, pour l'année civile, comme suit :

1° Deux périodes d'une durée de six semaines chacune, dont les dates et heures de début sont fixées par décret ; ce décret peut prévoir, pour ces deux périodes, et pour les ventes autres que celles mentionnées à l'article L. 121-16 du Code de la consommation des dates différentes dans les départements qu'il fixe pour tenir compte d'une forte saisonnalité des ventes, ou d'opérations commerciales menées dans des régions frontalières ;

2° *(Abr. à compter du 1er janv. 2015, L. n° 2014-626, 18 juin 2014)*.

Les produits annoncés comme soldés doivent avoir été proposés à la vente et payés depuis au moins un mois à la date de début de la période de soldes considérée.

II. – Dans toute publicité, enseigne, dénomination sociale ou nom commercial, l'emploi du mot solde(s) ou de ses dérivés est interdit pour désigner toute activité dénomination sociale ou nom commercial, enseigne ou qualité qui ne se rapporte pas à une opération de soldes telle que définie au I ci-dessus.

Art. L. 310-4. – La dénomination de magasin ou de dépôt d'usine ne peut être utilisée que par les producteurs vendant directement au public la partie de leur production non écoulée dans le circuit de distribution ou faisant l'objet de retour. Ces ventes directes concernent exclusivement les productions de la saison antérieure de commercialisation, justifiant ainsi une vente à prix minoré.

Art. L. 310-5 *(Mod., Ord. n° 2004-274, 25 mars 2004 ; L. n° 2008-776, 4 août 2008 ; L. n° 2009-526, 12 mai 2009)*. – Est puni d'une amende de 15 000 € :

1° Le fait de procéder à une liquidation sans la déclaration préalable mentionnée à l'article L. 310-1 ou en méconnaissance des conditions prévues à cet article ;

2° Le fait de procéder à une vente au déballage sans la déclaration prévue par l'article L. 310-2 ou en méconnaissance de cette déclaration ;

3° Le fait de réaliser des soldes portant sur des marchandises détenues depuis moins d'un mois à la date de début de la période de soldes considérée ;

4° Le fait d'utiliser le mot : solde(s) ou ses dérivés dans les cas où cette utilisation ne se rapporte pas à une opération de soldes définie au I de l'article L. 310-3 ;

5° Le fait d'utiliser la dénomination magasin d'usine ou dépôt d'usine en méconnaissance des dispositions de l'article L. 310-4.

5° *bis* Le fait, pour un parc d'exposition, de ne pas se faire enregistrer ou de ne pas déclarer de programme de manifestations commerciales en application du second alinéa de l'article L. 762-1, ou de ne pas déclarer les modifications au programme faisant l'objet de la déclaration annuelle initiale ;

6° Le fait d'organiser une manifestation commerciale sans la déclaration prévue au second alinéa de l'article L. 762-2 ou de ne pas respecter les conditions de réalisation de la manifestation déclarée.

Les personnes physiques encourent également la peine complémentaire d'affichage ou de diffusion de la décision prononcée, dans les conditions prévues par l'article 131-35 du Code pénal.

L'article L. 310-5 3° du Code de commerce, dans sa rédaction applicable depuis le 1er janvier 2009, ne réprime plus, lorsqu'elle sont pratiquées en dehors des périodes autorisées prévues à l'article L. 310-3 de ce code, les ventes accompagnées ou précédées de publicité, annoncées comme tendant, par une réduction de prix, à l'écoulement accéléré de marchandises en stock (■ Cass. crim., 24 janv. 2012, n° 11-84.045 : *Bull. crim.*, n° 20 ; *Rev. sc. crim.* 2013, p. 93, obs. C. Ambroise-Casterot). Rappr. 22 mars 2011 : *Bull. crim.*, n° 58.

Art. L. 310-6 *(L. n° 2009-526, 12 mai 2009)*. – Les personnes morales déclarées responsables pénalement, dans les conditions prévues par l'article 121-2 du Code pénal, des infractions définies à l'article L. 310-5 du présent code encourent, outre l'amende suivant les modalités prévues par l'article 131-38 du Code pénal, la peine prévue par le 9° de l'article 131-39 du même code.

1) La loi du 5 juillet 1996, immédiatement applicable aux poursuites en cours, ne soumet plus les ventes en soldes à l'autorisation spéciale du maire qui était prévue par la loi du 30 décembre 1906 abrogée ; cependant, les ventes en liquidation restent punissables, à défaut d'une telle autorisation, en application de l'article 26 de la loi du 5 juillet 1996, et les ventes en soldes pratiquées en dehors des périodes fixées par arrêté préfectoral entrent tout à la fois dans les prévisions de l'article 28 de ladite loi et dans celles des trois derniers alinéas de l'article 1er de la loi du 30 décembre 1906 ; est, dès lors, justifiée la condamnation, pour complicité de vente en soldes et en liquidation sans autorisation antérieure à l'entrée en vigueur de la loi du 5 juillet 1996, de la gérante d'une société ayant organisé en dehors des soldes saisonniers, pour le compte d'un autre commerçant, une vente accompagnée d'une publicité, présentant un caractère occasionnel en tendant à l'écoulement accéléré de tout ou partie d'un stock de marchandises, malgré le refus de l'autorisation administrative demandée (■ Cass. crim., 12 oct. 1999 : *Bull. crim.*, n° 215. ■ 26 avr. 2000 : *Dr. pénal* 2001, comm. 8, obs. J.-H. Robert).

2) Constitue une vente au déballage, au sens de l'article 27 de la loi du 5 juillet 1996, la présentation à la vente de produits sur des emplacements non destinés à la vente au public de ces marchandises, quel que soit le lieu du paiement, les juges appréciant souverainement que les marchandises sont bien mises en vente dans les lieux litigieux ; justifie, dès lors, sa décision la cour d'appel qui retient que caractérise l'infraction l'exposition d'articles, avec affichage de leurs caractéristiques et de leurs prix, sur le parking, dans le sas d'entrée et l'allée marchande d'un magasin, lieu habituellement non affectés à la vente, malgré l'obligation de payer l'article en passant aux caisses (■ Cass. crim., 29 nov. 2000 : *Bull. crim.*, n° 360).

3) Selon l'article 28 de la loi du 5 juillet 1996, devenu l'article L. 310-3 du Code de commerce, sont considérées comme soldes les ventes accompagnées ou précédées de publicité et annoncées comme tendant, par une réduction de prix, à l'écoulement accéléré de marchandises en stock ; les juges du fond apprécient souverainement l'existence d'une réduction de prix sur le produit vendu ; la publicité susceptible d'induire en erreur le consommateur sur la réduction de prix annoncée avec la vente est inopérante sur la qualification de soldes (■ Cass. crim., 23 janv. 2001 : *Bull. crim.*, n° 22 ; *Dr. pénal* 2001, comm. 64, obs. J.-H. Robert).

4) Justifie sa décision la cour d'appel qui, pour déclarer des prévenus coupables du délit de vente en soldes en dehors des périodes autorisées, prévu par l'article L. 310-3 du Code de commerce, énonce que l'envoi à des milliers de personnes de cartons d'invitation, indiquant des remises importantes sur des articles de la collection automne-hiver pour une période juste antérieure à celle légale des soldes, constitue une publicité au sens du texte précité, qu'il est établi, en raison d'un réassortiment très ponctuel, l'absence d'une réelle disponibilité des modèles présentés et que le but manifeste de l'opération était de réaliser un écoulement accéléré des stocks par une réduction de prix (■ Cass. crim., 19 févr. 2003 : *Bull. crim.*, n° 47).

5) Constituent des soldes les ventes accompagnées ou précédées de publicité et annoncées comme tendant, par une réduction de prix, à l'écoulement accéléré de marchandises en stock ; justifie par suite sa décision la cour d'appel qui, pour apprécier la légalité de telles opérations intervenues en dehors des périodes autorisées, retient, en analysant la teneur de la publicité qui ne comportait pas le mot « soldes », que c'est le but manifeste d'écoulement accéléré des stocks par l'effet d'importantes réductions des prix, dont elle apprécie souverainement l'existence, qui doit être pris en considération et non le résultat obtenu (■ Cass. crim., 10 janv. 2004 : *Bull. crim.*, n° 10 ; *Dr. pénal* 2004, comm. 52, J.-H. Robert).

6) Justifie sa décision la cour d'appel qui, pour déclarer le prévenu coupable du délit de vente en soldes en dehors des périodes autorisées, prévu par l'article L. 310-3 du Code de commerce, énonce que ces ventes, annoncées par des publicités mentionnant des slogans tels que « tout doit disparaître », « prix sacrifiés », « dépêchez-vous », étaient présentées comme ayant pour finalité l'écoulement accéléré du stock de marchandises, notamment saisonnières, avant le lancement d'un nouveau catalogue (■ Cass. crim., 5 déc. 2006 : *Bull. crim.*, n° 305 ; *D.* 2007, jur., p. 79, note E. Chevrier).

Art. L. 310-6-1 *(Ord. n° 2017-303, 9 mars 2017)*. **– Les infractions prévues au présent titre ou par les textes pris pour son application sont recherchées et constatées par les agents mentionnés au II de l'article L. 450-1, dans les conditions prévues aux articles L. 450-1, L. 450-2, L. 450-3, L. 450-7 et L. 450-8. Les articles L. 521-1, L. 521-2 et L. 524-1 à L. 524-3 du Code de la consommation peuvent être mis en œuvre à partir des constatations effectuées.**

Pour ces infractions, l'autorité administrative chargée de la concurrence et de la consommation a droit, tant que l'action publique n'a pas été mise en mouvement, de transiger, après accord du procureur de la République, dans les conditions prévues à l'article L. 490-5.

Art. L. 310-7. – Les modalités d'application des dispositions du présent titre sont fixées par décret en Conseil d'État et notamment les secteurs dans lesquels les annonces, quel qu'en soit le support, de réduction de prix aux consommateurs ne peuvent s'exprimer en pourcentage ou par la mention du prix antérieurement pratiqué, et la durée ou les conditions de cette interdiction.

TITRE II. – DES VENTES AUX ENCHÈRES PUBLIQUES

Art. L. 320-1 *(Rempl. à compter du 1er sept. 2011, L. n° 2011-850, 20 juill. 2011).* – Les ventes aux enchères publiques de meubles et d'effets mobiliers corporels sont régies par le présent titre.

Les ventes de comestibles et d'objets de peu de valeur, à cri public, sont libres.

Art. L. 320-2 *(Rempl. à compter du 1er sept. 2011, L. n° 2011-850, 20 juill. 2011).* – Constituent des ventes aux enchères publiques les ventes faisant intervenir un tiers, agissant comme mandataire du propriétaire ou de son représentant, pour proposer et adjuger un bien au mieux-disant des enchérisseurs à l'issue d'un procédé de mise en concurrence ouvert au public et transparent. Le mieux-disant des enchérisseurs acquiert le bien adjugé à son profit ; il est tenu d'en payer le prix.

Sauf dispositions particulières et le cas des ventes effectuées dans le cercle purement privé, ces ventes sont ouvertes à toute personne pouvant enchérir et aucune entrave ne peut être portée à la liberté des enchères.

CHAPITRE PREMIER. – DES VENTES VOLONTAIRES DE MEUBLES AUX ENCHÈRES PUBLIQUES

Section I. – Dispositions générales

Art. L. 321-1 *(Mod. à compter du 1er sept. 2011, L. n° 2011-850, 20 juill. 2011).* – Sous réserve des dispositions de l'article L. 322-8, les ventes volontaires de meubles aux enchères publiques peuvent porter sur des biens neufs ou sur des biens d'occasion. Ces biens sont vendus au détail, par lot ou en gros, c'est-à-dire par lots suffisamment importants pour ne pas être considérés comme tenus à la portée du consommateur. La vente en gros ne peut porter que sur des biens neufs issus du stock d'une entreprise. Lorsque des biens neufs sont mis en vente par le commerçant ou l'artisan qui les a produits, il en est fait mention dans les documents et publicités annonçant la vente.

Sont considérés comme meubles par le présent chapitre les meubles par nature.

Sont considérés comme d'occasion les biens qui, à un stade quelconque de la production ou de la distribution, sont entrés en la possession d'une personne pour son usage propre, par l'effet de tout acte à titre onéreux ou à titre gratuit, ou ont subi des altérations qui ne permettent pas leur mise en vente comme neufs.

Lorsque la vente porte sur un bien neuf, il en est fait mention dans la publicité prévue à l'article L. 321-11.

Art. L. 321-2 *(Mod., L. n° 2011-850, 20 juill. 2011 ; L. n° 2014-344, 17 mars 2014).* – Les ventes volontaires de meubles aux enchères publiques sont, sauf les cas prévus à l'article L. 321-36 organisées et réalisées dans les conditions prévues au présent chapitre par des opérateurs exerçant à titre individuel ou sous la forme juridique de leur choix.

Lorsqu'ils satisfont à des conditions de formation fixées par la voie réglementaire, les notaires et les huissiers de justice peuvent également organiser et réaliser ces ventes, à l'exception des ventes volontaires aux enchères publiques de marchandises en gros, dans les communes où il n'est pas établi d'office de commissaire-priseur judiciaire. Ils exercent cette activité à titre accessoire dans le cadre de leur office et selon les règles qui leur sont applicables. Ce caractère accessoire s'apprécie au regard des résultats de cette activité rapportés à l'ensemble des produits de l'office, de la fréquence de ces ventes, du temps qui y est consacré et, le cas échéant, du volume global des ventes volontaires de meubles aux enchères publiques réalisées dans le ressort du tribunal de grande instance. Ils ne peuvent être mandatés que par le propriétaire des biens.

Hormis les cas prévus à l'article L. 321-36, la dénomination « ventes aux enchères publiques » est réservée aux ventes organisées et réalisées par les personnes mentionnées au présent article.

Tout autre usage de cette dénomination est passible des sanctions prévues à l'article L. 121-6 du Code de la consommation.

Les ventes volontaires de meubles aux enchères publiques, auxquelles ne peuvent procéder que des sociétés agréées, ou, à titre accessoire à leur activité principale, les notaires et les huissiers de justice, consistent à proposer, en agissant comme mandataires des propriétaires, des biens aux enchères publiques afin de les adjuger au mieux-disant des enchérisseurs (■ Cass. crim., 16 janv. 2007, pourvoi n° 06-82.381 : *D.* 2007, p. 1772, note L. Mauger-Vielpeau).

Art. L. 321-3 ***(Mod., à compter du 1er janv. 2013, L. n° 2011-850, 20 juill. 2011 ; mod., L. n° 2014-344, 17 mars 2014 ; Ord. n° 2016-301, 14 mars 2016).*** **– Le fait de proposer, en agissant comme mandataire du propriétaire, un bien aux enchères publiques à distance par voie électronique pour l'adjuger au mieux-disant des enchérisseurs constitue une vente aux enchères par voie électronique, soumise aux dispositions du présent chapitre. La seule circonstance qu'une confirmation, conforme aux dispositions de l'article 1369-5 du Code civil, soit exigée est sans incidence sur la qualification de la vente.**

Les opérations de courtage aux enchères réalisées à distance par voie électronique se caractérisant par l'absence d'adjudication au mieux-disant des enchérisseurs et d'intervention d'un tiers dans la description du bien et la conclusion de la vente ne constituent pas des ventes aux enchères publiques au sens du présent chapitre.

Le prestataire de services mettant à la disposition du vendeur une infrastructure permettant d'organiser et d'effectuer une opération de courtage aux enchères par voie électronique informe le public de manière claire et non équivoque sur la nature du service proposé, dans les conditions fixées à l'article L. 111-2 du Code de la consommation et au III de l'article L. 441-6 du présent code. Un arrêté conjoint du garde des Sceaux, ministre de la Justice, et du ministre chargé de la culture précise les conditions dans lesquelles le prestataire de services porte également à la connaissance du vendeur et de l'acquéreur la réglementation relative à la circulation des biens culturels, ainsi qu'à la répression des fraudes en matière de transactions d'œuvres d'art et d'objets de collection, lorsque l'opération de courtage aux enchères par voie électronique porte sur de tels biens.

Les manquements aux dispositions du troisième alinéa sont punis d'une sanction pécuniaire dont le montant peut atteindre le double du prix des biens mis en vente en méconnaissance de cette obligation, dans la limite de 15 000 € pour une personne physique et de 75 000 € pour une personne morale.

Les manquements aux dispositions du troisième alinéa sont recherchés et constatés par procès-verbal dans les conditions fixées aux II et III de l'article L. 450-1 et aux articles L. 450-2, L. 450-3, L. 450-7 et L. 450-8 du présent code.

Le double du procès-verbal, accompagné de toutes les pièces utiles et mentionnant le montant de la sanction encourue, est notifié à la personne physique ou morale concernée. Le procès-verbal indique la possibilité pour la personne visée de présenter, dans un délai d'un mois, ses observations écrites ou orales.

À l'issue de ce délai d'un mois, le procès-verbal, accompagné, le cas échéant, des observations de la personne visée, est transmis à l'autorité administrative compétente qui peut, par décision motivée et après une procédure contradictoire, ordonner le paiement de la sanction pécuniaire mentionnée au quatrième alinéa. La personne concernée est informée de la possibilité de former un recours gracieux ou contentieux contre cette décision dans un délai de deux mois à compter de la notification de la sanction.

Les sanctions pécuniaires et les astreintes mentionnées au présent article sont versées au Trésor public et sont recouvrées comme les créances de l'État étrangères à l'impôt et au domaine.

Les articles L. 521-1, L. 521-2 et L. 524-1 à L. 524-3 du Code de la consommation peuvent être mis en œuvre à partir des constatations effectuées.

Toute personne intéressée peut demander au président du tribunal statuant en référé d'enjoindre sous astreinte au prestataire de services qui délivre des informations de nature à susciter dans l'esprit du public une confusion entre son activité et la vente aux enchères par voie électronique de modifier ces informations afin de supprimer cette confusion ou de se conformer aux dispositions du présent chapitre.

....

CHAPITRE II. – DES AUTRES VENTES AUX ENCHÈRES

Art. L. 322-1. – Les ventes publiques et au détail de marchandises qui ont lieu après décès ou par autorité de justice sont faites selon les formes prescrites et par les officiers ministériels préposés pour la vente forcée du mobilier conformément aux articles 53 de la loi n° 91-650 du 9 juillet 1991 relative à la réforme des procédures civiles d'exécution et 945 du Code de procédure civile.

Art. L. 322-2 *(Mod., L. n° 2011-850, 20 juill. 2011)*. – Les ventes de marchandises après liquidation judiciaire sont faites conformément aux articles L. 622-19 et suivants.

Elles peuvent être faites par le ministère des commissaires-priseurs judiciaires, des notaires ou des huissiers de justice lorsqu'elles ont lieu au détail ou par lots, ou par le ministère des courtiers de marchandises assermentés lorsqu'elles ont lieu en gros. Les biens meubles du débiteur autres que les marchandises ne peuvent être vendus aux enchères que par le ministère des commissaires-priseurs judiciaires, des notaires ou des huissiers de justice, en application des lois et règlements régissant les interventions de ces différents officiers.

Art. L. 322-3 *(Mod., L. n° 2011-850, 20 juill. 2011)*. – Les ventes publiques et par enchères après cessation de commerce, ou dans les autres cas de nécessité « dont l'appréciation est soumise au tribunal de commerce », ne peuvent avoir lieu qu'autant qu'elles ont été préalablement autorisées par le tribunal de commerce, sur la requête du commerçant propriétaire, à laquelle est joint un état détaillé des marchandises.

Le tribunal constate, par son jugement, le fait qui donne lieu à la vente ; il indique le lieu de l'arrondissement où se fait la vente ; il peut même ordonner que les adjudications n'ont lieu que par lots dont il fixe l'importance.

Il décide qui, des courtiers de marchandises assermentés, des commissaires-priseurs judiciaires ou des autres officiers publics, est chargé de la réception des enchères.

L'autorisation ne peut être accordée pour cause de nécessité qu'au marchand sédentaire, ayant depuis un an au moins son domicile réel dans l'arrondissement où la vente doit être opérée.

Des affiches apposées à la porte du lieu où se fait la vente énoncent le jugement qui l'a autorisée.

Art. L. 322-4 *(Rempl. à compter du 1er sept. 2011, L. n° 2011-850, 20 juill. 2011)*. – Les ventes aux enchères publiques de marchandises en gros faites en application de la loi ou ordonnées par décision de justice sont confiées à un courtier de marchandises assermenté.

Art. L. 322-5 *(Mod. à compter du 1er sept. 2011, L. n° 2011-850, 20 juill. 2011)*. – Toute infraction aux dispositions des articles L. 322-1 à L. 322-7 est punie de la confiscation des marchandises mises en vente et, en outre, d'une amende de 3 750 €, qui est prononcée solidairement tant contre le vendeur que contre le courtier de marchandises assermenté ou l'officier public qui l'a assisté, sans préjudice des dommages intérêts, s'il y a lieu.

Art. L. 322-6 *(Anc. L. 25 juin 1841 ; mod., L. n° 2011-850, 20 juill. 2011)*. – Le fait pour les vendeurs, les courtiers de marchandises assermentés ou les officiers publics de comprendre dans les ventes faites par autorité de justice, sur saisie, après décès, liquidation judiciaire, cessation de commerce, ou dans les autres cas de nécessité dont l'appréciation est soumise au tribunal de commerce des marchandises neuves ne faisant pas partie du fonds ou mobilier mis en vente, est passible des peines prévues à l'article L. 322-5.

Art. L. 322-7 *(Anc. L. 25 juin 1841 ; mod., L. n° 2011-850, 20 juill. 2011)*. – Dans les lieux où il n'y a point de courtiers de marchandises assermentés, les commissaires-priseurs judiciaires, les notaires et huissiers font les ventes prévues à l'article L. 322-4, conformément aux dispositions légales et réglementaires régissant leurs interventions.

Ils sont, pour lesdites ventes, soumis aux formes, conditions et tarifs imposés aux courtiers.

Art. L. 322-8 *(Rempl., L. n° 2011-850, 20 juill. 2011)*. – Les ventes volontaires aux enchères publiques en gros d'armes, de munitions et de leurs éléments essentiels ne peuvent avoir lieu que sur autorisation préalable du tribunal de commerce.

Art. L. 322-9 *(Rempl., L. n° 2011-850, 20 juill. 2011)*. – Les courtiers de marchandises assermentés sont soumis aux dispositions prescrites par les articles 871 et 873 du Code général des impôts.

Art. L. 322-10 *(Anc. L. 28 mai 1858 ; mod., L. n° 2011-850, 20 juill. 2011)*. – Le droit de courtage pour les ventes qui font l'objet des articles L. 322-8 à L. 322-13 est fixé, pour chaque localité, par le ministre chargé du commerce, après avis de la chambre de commerce et d'industrie territoriale et du tribunal de commerce. En aucun cas, il ne peut excéder le droit établi dans les ventes de gré à gré, pour les mêmes sortes de marchandises.

Art. L. 322-11. – Les contestations relatives aux ventes réalisées en application de l'article L. 322-8 sont portées devant le tribunal de commerce.

Art. L. 322-12 et L. 322-13 *(Abr., L. n° 2011-850, 20 juill. 2011)*.

Art. L. 322-14. – Les tribunaux de commerce peuvent, après décès ou cessation de commerce et dans tous les autres cas de nécessité dont l'appréciation leur est soumise, autoriser la vente aux enchères en gros des marchandises de toute espèce et de toute provenance.

L'autorisation est donnée sur requête. Un état détaillé des marchandises à vendre est joint à la requête. Le tribunal constate par son jugement le fait qui donne lieu à la vente.

Art. L. 322-15 *(Anc. L. 3 juill. 1861 ; mod., L. n° 2011-850, 20 juill. 2011)*. – Les ventes judiciaires de marchandises en gros autorisées en vertu de l'article L. 322-14 ainsi que toutes celles qui sont autorisées ou ordonnées par la justice consulaire dans les divers cas prévus par le présent code sont faites par des courtiers de marchandises assermentés.

Néanmoins, il appartient toujours au tribunal ou au juge qui autorise ou ordonne la vente de désigner, pour y procéder, un commissaire-priseur judiciaire, un huissier de justice ou un notaire. Dans ce cas, l'officier public, quel qu'il soit, est soumis aux dispositions qui régissent les courtiers de marchandises assermentés relativement aux formes, aux tarifs et à la responsabilité.

Art. L. 322-16. – Les dépositions des articles L. 322-11 à L. 322-13 sont applicables aux ventes visées aux articles L. 322-14 et L. 322-15.

Ordonnance n° 58-1331 du 23 décembre 1958

relative à la constatation, la poursuite et la répression des infractions en matière de répartition des produits industriels et de l'énergie

CHAPITRE PREMIER. – CHAMP D'APPLICATION

Art. 1er. – Sont soumises aux dispositions de la présente ordonnance les infractions aux dispositions législatives ou réglementaires, présentes ou à intervenir concernant la répartition, la récupération, la mobilisation ou le rationnement des produits industriels et de l'énergie.

Art. 2. – Sont également soumises aux dispositions de la présente ordonnance les fraudes concernant des titres ou autorisations quelconques délivrés en matière de répartition et, notamment, tout vol ou trafic, toute falsification ou contrefaçon, toute délivrance, obtention, cession ou utilisation irrégulière.

CHAPITRE II. – CONSTATATION DES INFRACTIONS

Art. 3. – Les procès-verbaux constatant les infractions à la présente ordonnance sont dressés :

1° Par les officiers de police judiciaire, les officiers de police adjoints, les militaires de la gendarmerie, les agents de la direction générale du contrôle et des enquêtes économiques, ceux de la police économique, les agents des régies financières, ceux de la répression des fraudes et ceux des poids et mesures ;

2° Par tous autres fonctionnaires et agents de l'État, des collectivités publiques et, le cas échéant, des organismes professionnels spécialement commissionnés à cet effet par le ministre de l'Industrie et du Commerce et assermentés dans les conditions prévues par décret.

Art. 4. – Les procès-verbaux indiquent que l'intéressé a été informé de la date et du lieu de leur rédaction et que sommation lui a été faite d'assister à cette rédaction. Il peut en demander copie.

Les procès-verbaux font foi jusqu'à preuve contraire.

Art. 5. – Sans qu'il y ait lieu de rechercher si les biens sont ou non la propriété de l'intéressé, les procès-verbaux peuvent porter déclaration de blocage de tout ou partie des produits industriels ou énergétiques sur lesquels a porté l'infraction.

Art. 6. – Le produit bloqué peut être laissé sur place ou transporté en tout autre lieu désigné par l'administration. Dans le premier cas, le détenteur peut être constitué gardien par le procès-verbal.

Si le blocage porte sur des produits périssables ou si les nécessités de la répartition l'exigent, les produits font l'objet par l'administration d'une attribution dans des conditions fixées par règlement d'administration publique.

Art. 7. – Les agents verbalisateurs peuvent exiger la communication, en quelque main qu'ils se trouvent, des documents de toute nature (comptabilité, copies de lettres, carnets de chèques, traites, relevés des comptes en banque, etc.) propres à faciliter l'accomplissement de leur mission, et procéder à leur saisie. Ils ont le droit de prélever des échantillons.

Les fonctionnaires et agents de l'État peuvent également, sans se voir opposer le secret professionnel, consulter tous documents dans les administrations ou offices de l'État, des départements, des communes, les établissements publics, les établissements et organismes placés sous le contrôle de l'État, ainsi que les entreprises et services concédés.

Art. 8. – Les agents verbalisateurs ont libre accès dans les magasins, arrière magasins, bureaux, annexes, dépôts, exploitations, lieux de production, de vente, d'expédition ou de stockage et, d'une façon générale, en quelque lieu que ce soit, à la seule exception des pièces exclusivement réservées à l'habitation.

L'action de ces agents s'exerce également en cours de transport des produits ; ils peuvent requérir, pour l'accomplissement de leur mission, l'ouverture de tous colis et bagages, en présence, soit de l'expéditeur, soit du destinataire, soit du transporteur ou du porteur.

Art. 9. – Le ministre de l'Industrie et du Commerce peut charger des experts de procéder à l'examen de tous documents visés à l'article 7, alinéa 1, ou de toute caractéristique technique de produits industriels ou énergétiques.

Ces experts disposent du droit de communication des documents précités et, lorsqu'ils sont accompagnés d'un agent verbalisateur, du droit de visite défini à l'article 8, 1er alinéa.

CHAPITRE III. – PROCÉDURE

Art. 10 *(L. n° 74-908, 29 oct. 1974)*. – Sous réserve des dispositions prévues à l'article 11, les procès-verbaux dressés en application de l'article 3 sont transmis au procureur de la République par le directeur départemental de la concurrence et des prix qui reçoit à cet effet délégation du ministre chargé de l'industrie, dans des conditions fixées par décret.

Le directeur départemental de la concurrence et des prix fait connaître au procureur de la République les conclusions de l'administration quant à la suite transactionnelle ou judiciaire à donner. Lorsqu'il admet la possibilité d'une transaction, le procureur de la République renvoie à cet effet les pièces au directeur départemental de la concurrence et des prix en lui faisant connaître, le cas échéant, les dossiers à l'égard desquels les dispositions de l'alinéa 2 de l'article 13 seront appliquées.

Art. 11 *(L. n° 74-908, 29 oct. 1974)*. – En cas de flagrant délit, les dispositions des articles 67, 71 *[abrogé]*, 393 et suivants du Code de procédure pénale sont applicables. Le procureur de la République informe immédiatement le directeur départemental de la concurrence et des prix afin que celui-ci lui donne l'avis de l'administration dans le délai de trois jours, selon les modalités déterminées par le décret prévu à l'article 10.

Art. 12 *(L. n° 74-908, 29 oct. 1974)*. – Le directeur départemental de la concurrence et des prix peut proposer, après accord du procureur de la République, comme il est dit à l'article 10, et dans les conditions fixées par décret, le bénéfice de la transaction fixée par l'administration.

Les transactions sont recouvrées par les trésoriers-payeurs généraux.

Le directeur départemental de la concurrence et des prix adresse au trésorier-payeur général un avis de transaction portant indication du débiteur, du montant et de la date de la transaction.

Le paiement du montant de la transaction doit être effectué dans le mois de sa date.

À l'expiration du délai ci-dessus, le trésorier-payeur général informe le directeur départemental de la concurrence et des prix de la libération ou de la carence du débiteur de la transaction.

Art. 13 *(L. n° 74-908, 29 oct. 1974)*. – Si aucune transaction n'intervient dans les conditions prévues à l'article précédent, ou si le délinquant n'effectue pas le paiement du montant de la transaction dans le délai prévu audit article, le directeur départemental de la concurrence et des prix renvoie le dossier au procureur de la République.

Lorsque le procureur de la République a préalablement constaté l'existence d'une pluralité de délinquants, ou admis la connexité entre plusieurs délits, les dossiers lui sont renvoyés si la transaction n'intervient pas avec tous les délinquants ou si l'un ou plusieurs d'entre eux n'effectue pas le paiement du montant de la transaction dans le délai prévu à l'article précédent.

Art. 14 *(L. n° 74-908, 29 oct. 1974)*. – Le procureur de la République, le juge d'instruction ou le tribunal peut, tant qu'une décision statuant au fond, contradictoirement ou par défaut, n'a pas acquis l'autorité de la chose jugée, faire droit à la requête des personnes poursuivies, ou de l'une d'entre elles demandant le bénéfice d'une transaction. Dans ce cas, le dossier est transmis au directeur départemental de la concurrence et des prix aux fins de règlement transactionnel.

L'administration de la concurrence et des prix dispose, pour conclure la transaction qui sera proposée dans les conditions prévues par le décret mentionné à l'article 10, d'un délai fixé par l'autorité judiciaire qui a été saisie. Ce délai, qui court du jour de la transmission du dossier, ne peut être inférieur à trois mois ni excéder six mois.

Après réalisation définitive de la transaction, le dossier est renvoyé au procureur de la République, au juge d'instruction ou au tribunal, qui constate que l'action publique est éteinte.

En cas de non-réalisation de la transaction, l'instance judiciaire reprend son cours. La transaction est réalisée et recouvrée suivant les modalités prévues à l'article 12.

Art. 15 *(L. n° 74-908, 29 oct. 1974)*. – La procédure est suivie conformément au droit commun.

Toutefois, le directeur départemental de la concurrence et des prix peut déposer des conclusions qui seront jointes à celles du ministère public et les faire développer à l'audience par un fonctionnaire dûment habilité ou par un avocat.

CHAPITRE IV. – DISPOSITIONS PÉNALES

Art. 16 *(L. n° 74-908, 29 oct. 1974)*. – Les infractions prévues aux articles 1er et 2 sont punies d'un emprisonnement de cinq ans et d'une amende de 150 000 € ou de l'une de ces deux peines seulement.

Sont punis des mêmes peines le fait de disposer en infraction à l'article 2 de produits bloqués sans autorisation de l'autorité compétente ainsi que toute opposition à l'exécution d'une décision d'attribution d'office.

Art. 17 *(Abr., L. n° 74-908, 29 oct. 1974)*.

Art. 18 *(L. n° 74-908, 29 oct. 1974)*. – L'opposition à l'exercice des fonctions des agents chargés de la recherche et de la constatation des infractions à la présente ordonnance ou l'opposition aux opérations des experts, les injures et voies de fait commises à leur égard, ainsi que le refus de communication ou la dissimulation des documents sont punis d'une peine d'emprisonnement de six mois et d'une amende de 3 750 € ou de l'une de ces deux peines seulement.

Art. 19. – La tentative des infractions prévues par la présente ordonnance est punie comme le délit consommé.

Art. 20. – Le tribunal peut prononcer, à titre temporaire ou définitif, la fermeture des magasins, bureaux ou usines du condamné ou, lorsque ce dernier a été poursuivi par application du premier alinéa de l'article 23, des entreprises qu'il dirige ou administre et dans l'activité desquelles l'infraction a été commise.

Il peut aussi interdire au condamné, à titre temporaire ou définitif, l'exercice de sa profession, sans préjudice des dispositions de la loi n° 47-1635 du 30 août 1947.

Si l'infraction a été commise pour le compte d'une personne morale de droit privé, l'interdiction peut être également prononcée contre cette personne morale en ce qui touche l'exercice de la profession à l'occasion de laquelle l'infraction a été commise.

En cas de fermeture et pendant un délai qui ne peut excéder trois mois, le délinquant ou l'entreprise doit continuer de payer à son personnel les salaires, indemnités et rémunérations de toute nature auxquels il avait droit jusqu'alors.

Pendant la durée de l'interdiction, le délinquant ne peut être employé, à quelque titre que ce soit, dans l'établissement qu'il exploitait, même s'il l'a vendu, loué ou mis en gérance. Il ne peut non plus être employé dans l'établissement qui serait exploité par son conjoint même séparé.

Toute infraction aux dispositions d'un jugement prononçant la fermeture ou l'interdiction est punie des peines prévues à l'article 18 ci-dessus. L'interdiction pour le délinquant d'exercer sa profession entraîne, pour la durée de cette interdiction, le retrait du titre qui lui permettait d'exercer sa profession.

Art. 21. – Lorsque la fermeture ou l'interdiction d'exercer la profession est d'une durée supérieure à deux ans et si le fonds est la propriété du condamné, la vente aux enchères du fonds de commerce est ordonnée.

À la requête du ministère public, le président du tribunal de grande instance du lieu de la situation du fonds de commerce désigne un administrateur provisoire et l'officier ministériel chargé de procéder à la vente suivant les règles ordinaires en matière de vente de fonds de commerce.

Dans le cas où le condamné n'est pas propriétaire du fonds, le président du tribunal de grande instance peut autoriser le propriétaire à reprendre son fonds, nonobstant toutes conventions et quelle que soit la durée de la fermeture et de l'interdiction prononcée. Ladite autorisation entraîne pour le propriétaire le droit à l'exploitation du fonds.

Le président du tribunal de grande instance statuant en référé connaît les constatations de toute nature auxquelles les dispositions du présent article donnent lieu.

Art. 22. – La juridiction compétente peut ordonner que sa décision soit publiée intégralement ou par extraits dans les journaux qu'elle désigne et affichée dans les lieux qu'elle indique.

Art. 23. – Sont passibles des peines et sanctions prévues à la présente ordonnance tous ceux qui, chargés à un titre quelconque de la direction ou de l'administration d'une entreprise, d'un établissement, d'une société, d'une association ou d'une collectivité, ont, soit contrevenu par un acte personnel, soit en tant que commettant, laissé contrevenir par toute personne relevant de leur autorité ou de leur contrôle aux dispositions de la présente ordonnance.

Sont également passibles des mêmes peines et sanctions tous ceux qui, sans remplir des fonctions de direction ou d'administration, participent à un titre quelconque, notamment en qualité de gérant, mandataire ou employé, à l'activité de l'entreprise, de l'établissement, de la société, de l'association ou de la collectivité et ont contrevenu, à l'occasion de cette participation, aux dispositions de la présente ordonnance soit par un fait personnel, soit en exécutant des ordres qu'ils savaient contraires à ces dispositions.

L'entreprise, l'établissement, la société, l'association ou la collectivité répond solidairement du montant des amendes et frais que ces délinquants ont encourus.

CHAPITRE V. – DISPOSITIONS DIVERSES

Art. 24. – La loi du 29 juillet 1943, modifiée, réglant le contrôle et la répression des infractions en matière de répartition des produits industriels est abrogée.

Toutefois, sera poursuivi, conformément aux dispositions de l'article 17 de la loi abrogée du 29 juillet 1943, le recouvrement des amendes administratives sanctionnant les infractions en matière de répartition des produits industriels qui auront été infligées antérieurement à la présente ordonnance.

Les amendes administratives prononcées en application de la loi précitée du 29 juillet 1943 se prescrivent conformément aux dispositions de l'article 636 du Code d'instruction criminelle [*CPP, art. 764*].

Loi de finances n° 63-628 du 2 juillet 1963

rectificative pour 1963 portant maintien de la stabilité économique et financière

Art. 1er ***(Abr. à compter du 1er janv. 1997 : les références à cet article contenues dans les dispositions de nature législative sont remplacées par une référence à l'article 32 de l'ordonnance 86-1243 du 1er déc. 1986, L. 96-588, 1er juill. 1996).***

Art. 2. – I. – Tout commerçant, industriel ou artisan qui introduit une action en réparation du préjudice subi du fait d'actes de concurrence déloyale ou illicite, peut, en outre, demander suivant une procédure qui sera fixée par décret en Conseil d'État que, en attendant qu'il soit définitivement statué au fond, la cessation des agissements reprochées au défendeur soit ordonnée à titre provisoire et sous astreinte comminatoire.

Les dispositions qui précèdent ne sont pas applicables en matière de propriété industrielle.

II. – Les juridictions ayant statué sur les actions visées au paragraphe précédent pourront en outre ordonner la publication de leurs décisions, soit par affichage en certains lieux qu'elles fixeront, soit par insertion intégrale ou par extraits dans les journaux qu'elles désigneront.

1) Après avoir observé que le prévenu, responsable des actes de la société européenne de supermarchés fait valoir qu'il n'a pas été tenu compte dans la détermination du prix d'achat effectif de remises qui ne pouvaient être calculées et affectées à chaque produit qu'à la clôture de l'exercice, la cour d'appel qui, pour relaxer le prévenu, énonce que l'article 32 de l'ordonnance du 1er décembre 1986 autorise le revendeur à faire prendre en compte, pour la détermination de ce prix, toutes les remises même futures et conditionnelles dans la mesure où leur principe étant acquis elles devront être, sans fraude, régulièrement et effectivement octroyées, alors que les remises alléguées n'étaient pas chiffrables au jour de la vente, méconnaît le sens et la portée de l'ordonnance (■ Cass. crim., 18 févr. 1991 : *JCP* 91, IV, 206 ; *JCP* E 1991, II, 183, note Mousseron, cassant ■ Colmar, 26 févr. 1990 : *JCP* 1990, II, 21522, note Burst).

2) L'article 1er de la loi du 2 juillet 1963 n'exige point que l'intention frauduleuse soit établie (■ Cass. crim., 4 févr. 1991 : *D.* 1991, inf. rap. 120 ; *Gaz. Pal.* 5-6 juill. 1991).

3) Hors le cas où la loi en dispose autrement, le chef d'entreprise, qui n'a pas personnellement pris part à la réalisation de l'infraction, peut s'exonérer de sa responsabilité pénale s'il rapporte la preuve qu'il a délégué ses pouvoirs à une personne pourvue de la compétence, de l'autorité et des moyens nécessaires. Aucune disposition de la loi du 2 juillet 1963 n'ayant exclu une telle possibilité, encourt la censure la cour d'appel qui, pour écarter la délégation invoquée, se borne à affirmer que la fixation des prix de vente relevait nécessairement des fonctions que le dirigeant devait assurer personnellement (■ Cass. crim., 3 mai 1995 : *Bull. crim.*, n° 162).

4) Dès lors que l'exception d'alignement du prix de revente sur le prix légalement pratiqué pour les mêmes produits par un même commerçant, dans la même zone d'activité, prévue au dernier alinéa du § II de l'article 1er de la loi du 2 juillet 1963, a été soulevée par le prévenu des fins d'une poursuite du chef de revente à perte, qui a produit un ticket de caisse au cours de l'enquête administrative et qu'aucune diligence n'a été effectuée à l'effet d'apprécier la légalité des prix pratiqués par les concurrents désignés, aucun élément de la procédure ne permettant de conclure que ces commerçants aient eux-mêmes procédé à des ventes à perte, la cour d'appel justifie sa décision de relaxer le prévenu (■ Cass. crim., 11 mars 1991 : *JCP* 91, IV, 237 ; *Gaz. Pal.* 5-6 juill. 1991, note Bayet).

5) En cas de revente à perte, pour se prévaloir de l'exception prévue par l'alinéa 2 de l'article 1er de la loi du 2 juillet 1963, il suffit au revendeur d'apporter la preuve du prix sur lequel il prétend s'aligner, sauf à la partie poursuivante à établir le caractère illégal de ce prix (■ Cass. crim., 11 mars 1991 : *JCP* 91, IV, 238 ; *Gaz. Pal.* 5-6 juill. 1991, note Bayet).

6) L'article 1er de la loi du 2 juillet 1963 n'exige pas, en cas d'alignement sur la concurrence, que le prix pratiqué soit exactement égal au prix servant de référence ou que l'alignement se fasse du jour où le concurrent affiche ce prix ; encourt donc la censure la cour d'appel qui, pour écarter l'exception d'alignement invoquée par le prévenu, énonce que ce dernier ne pouvait se prévaloir d'un tel fait justificatif dès lors qu'il existait une différence de 80 centimes entre le prix de vente affiché et le prix pratiqué par le concurrent (■ Cass. crim., 23 janv. 1995 : *Bull. crim.*, n° 29) ou que les prix de référence dont il était fait état n'étaient pas totalement identiques à ceux affichés par le prévenu et qu'étant en outre antérieurs d'une semaine au jour du contrôle, ils n'étaient pas de nature à établir la réalité de l'alignement (■ Cass. crim., 3 mai 1995 : *Bull. crim.*, n° 162).

Loi nº 72-618 du 5 juillet 1972

relative aux publications, imprimés et objets vendus dans un but philanthropique

Art. 1er. – Toute publication, imprimé ou objet, de quelque nature que ce soit, vendu, à domicile ou sur la voie publique, dans un but philanthropique donne lieu à l'apposition d'une marque distinctive.

Art. 2. – La marque distinctive visée à l'article 1er ci-dessus est délivrée sur demande, pour une durée qui ne peut excéder trois ans, par le ministre chargé de la santé publique, après avis de la commission prévue à l'article 4.

Cette marque distinctive peut être à nouveau délivrée pour une même durée renouvelable, par le ministre chargé de la santé publique, après avis de ladite commission qui vérifie notamment la mesure dans laquelle les fonds procurés par la vente de ces publications, imprimés ou objets, sont effectivement utilisés dans le but déclaré.

Art. 3. – Les organismes responsables de la production et de la diffusion des publications, imprimés ou objets mis en vente dans un but philanthropique doivent consacrer à l'objet philanthropique déclaré une somme au moins égale à 50 p. 100 du prix de vente au public.

Art. 4. – Un décret détermine les caractéristiques et les conditions d'attribution et de retrait de la marque distinctive prévue à l'article 1er de la présente loi. Ce décret fixe également la composition et les conditions de fonctionnement de la commission chargée de donner un avis sur l'attribution de cette marque distinctive.

Art. 5. – La personne physique ou le responsable qualifié de la personne morale qui édite ou vend la publication, l'imprimé ou l'objet bénéficiaire de la marque visée à l'article 1er ci-dessus, ou pour le compte de qui ceux-ci sont édités ou vendus, est tenue, chaque année, de présenter à la commission visée à l'article 4 toutes pièces comptables faisant état des résultats de la vente et toutes justifications quant à l'utilisation des fonds recueillis.

Le défaut de présentation de ces pièces et justifications entraînera, après une mise en demeure restée sans effet, le retrait de la marque distinctive.

Art. 6. – Sous réserve de l'application de peines plus fortes s'il échet, sera puni d'un emprisonnement de deux ans et d'une amende de 9 000 € :

1° Quiconque aura sciemment fait un usage illégal ou abusif de la marque distinctive visée à l'article 1er ;

2° Quiconque aura offert à la vente une publication, un imprimé ou un objet quelconque ne portant pas cette marque distinctive en faisant valoir ou en donnant à croire par quelque moyen que ce soit et notamment par la dénomination, la présentation ou l'emballage de la publication, de l'imprimé ou de l'objet vendu, par la raison sociale de son fabricant, de son éditeur ou de son vendeur, ou par une publicité quelconque que la vente est effectuée dans un but philanthropique ;

3° Quiconque, à l'occasion de la vente au détail et à domicile d'une publication, d'un imprimé ou d'un objet sur lequel est apposée la marque distinctive visée à l'article 1er, aura accordé ou perçu une commission proportionnelle au montant des ventes réalisées. Cette interdiction ne s'appliquera pas aux personnes titulaires de la carte d'identité professionnelle des représentants instituée par la loi du 8 octobre 1919 modifiée, si ces personnes se bornent à prendre à domicile et à transmettre les commandes pour les ventes au détail.

Loi nº 88-21 du 6 janvier 1988

relative aux opérations de télé-promotion avec offre de vente dites de « télé-achat »

(Abr., L. n° 2000-719, 1er août 2000)

Loi nº 91-3 du 3 janvier 1991

relative à la transparence et à la régularité des procédures de marchés et soumettant la passation de certains contrats à des règles de publicité et de mise en concurrence

(Abr., L. n° 2012-387, 22 mars 2012).

Bibliographie : Terneyre, *Marchés publics, « contrats de travaux » et transparence : ALD* 1991, 41.

ANNEXE 39

JEUX

Voir : Annexe 18 (Consommation), C. conso., art. L. 121-36 s. concernant les loteries publicitaires.

Bibliographie : L. Saenko, *Jeux, loteries et paris : JCl. Lois pénales spéciales*.

Loi du 21 mai 1836

portant prohibition des loteries

(Abr., Ord. n° 2012-351, 12 mars 2012)

Loi du 2 juin 1891

ayant pour objet de réglementer l'autorisation et le fonctionnement des courses de chevaux

Art. 4 *(Mod., L. n° 2009-526, 12 mai 2009 ; mod. à compter du 13 mai 2010, L. n° 2010-476, 12 mai 2010)*. **– Quiconque aura en quelque lieu et sous quelque forme que ce soit, offert de recevoir ou reçu des paris sur les courses de chevaux, soit directement, soit par intermédiaire, sera puni d'un emprisonnement de de trois ans et d'une amende de 90 000 €. Les peines sont portées à sept ans d'emprisonnement et à 200 000 € d'amende lorsque l'infraction est commise en bande organisée.**

Les personnes physiques coupables de l'infraction prévue à l'alinéa précédent encourent également les peines complémentaires suivantes :

1° L'interdiction des droits civiques, civils et de famille dans les conditions prévues à l'article 131-26 du Code pénal ;

2° La confiscation des biens mobiliers et immobiliers, divis ou indivis, ayant servi directement ou indirectement à commettre l'infraction ou qui en sont le produit, y compris les fonds ou effets exposés au jeu ou mis en loterie ainsi que les meubles ou effets mobiliers dont les lieux sont garnis ou décorés, à l'exception des objets susceptibles de donner lieu à restitution ;

3° L'affichage ou la diffusion de la décision prononcée dans les conditions prévues à l'article 131-35 du Code pénal ;

4° La fermeture définitive, ou pour une durée de cinq ans au plus, des établissements ou de l'un ou de plusieurs des établissements de l'entreprise ayant servi à commettre les faits incriminés ;

5° L'interdiction, suivant les modalités prévues par l'article 131-27 du Code pénal, soit d'exercer une fonction publique ou d'exercer l'activité professionnelle ou sociale dans l'exercice ou à l'occasion de l'exercice de laquelle l'infraction a été commise, soit d'exercer une profession commerciale ou industrielle, de diriger, d'administrer, de gérer ou de contrôler à un titre quelconque, directement ou indirectement, pour son propre compte ou pour le compte d'autrui, une entreprise commerciale ou industrielle, ou une société commerciale. Ces interdictions d'exercice peuvent être prononcées cumulativement.

Seront réputés complices du délit ci-dessus déterminé :

1° Tout intermédiaire pour les paris dont il s'agit, tout dépositaire préalable des enjeux ou toute personne qui aura sciemment facilité, sous une forme quelconque, l'exploitation des paris ;

2° Tout propriétaire, gérant ou tenancier d'établissement accessible au public qui aura sciemment laissé exploiter le pari dans son établissement ;

3° Quiconque aura, en vue de paris à faire, vendu des renseignements sur les chances de succès des chevaux engagés ou qui, par des avis, circulaires, prospectus, cartes, annonces, ou par tout autre moyen de publicité, aura fait connaître l'existence, soit en France, soit à l'étranger, d'établissements, d'agences ou de personnes vendant des renseignements ;

4° Quiconque aura engagé ou confié un pari aux personnes visées à l'alinéa premier du présent article, ou à leurs intermédiaires.

Indépendamment de l'amende pénale, des confiscations et des réparations civiles auxquelles les différents bénéficiaires légaux des prélèvements sont en droit de prétendre, il est institué une amende fiscale, sans décimes, égale au plus au montant des sommes dont lesdits bénéficiaires ont été ou pouvaient être frustrés, sans que cette amende puisse être inférieure à la moitié de ces sommes.

Sur le produit des amendes, saisies et confiscations prononcées en vertu des dispositions qui précèdent, il sera réparti des récompenses, pouvant atteindre au maximum 25 % au total, aux agents verbalisateurs ou saisissants.

Un arrêté conjoint des ministres de l'intérieur, de l'agriculture et de l'économie et des finances fixera les modalités de cette répartition.

Les personnes morales déclarées responsables pénalement, dans les conditions prévues à l'article 121-2 du Code pénal, de l'infraction prévue au premier alinéa du présent article encourent, outre l'amende suivant les modalités prévues par l'article 131-38 du Code pénal, les peines mentionnées aux 1°, 4°, 8° et 9° de l'article 131-39 du même code. Elles encourent également l'interdiction, pour une durée de cinq ans au plus, de solliciter l'agrément prévu à l'article 21 de la loi n° 2010-476 du 12 mai 2010 relative à l'ouverture à la concurrence et à la régulation du secteur des jeux d'argent et de hasard en ligne ainsi que l'autorisation prévue à l'article 1er de la loi du 15 juin 1907 relative aux casinos et, le cas échéant, le retrait d'un tel agrément ou autorisation si la personne morale en est titulaire au moment du jugement.

Quiconque aura fait de la publicité, par quelque moyen que ce soit, en faveur des paris sur les courses de chevaux visés au présent article est puni de 100 000 € d'amende. Le tribunal peut porter le montant de l'amende au quadruple du montant des dépenses publicitaires consacrées à l'opération illégale.

1) L'arrêté ministériel du 13 septembre 1985 organisant le Pari mutuel n'étant pas un texte d'application de la loi du 2 juin 1891, soumettant à autorisation les courses de chevaux, les manquements au règlement des paris mutuels ne peuvent être punis des peines prévues par l'article 4 de cette loi ; en conséquence justifie sa décision la cour d'appel qui, pour relaxer le gérant d'un bureau du Pari mutuel urbain (PMU) et un parieur, poursuivis sur le fondement des articles 4 de la loi du 2 juin 1891 et 10 de l'arrêté ministériel du 13 septembre 1985, pour enregistrement de paris après le départ de la course, énonce que la méconnaissance d'une règle de fonctionnement du Pari mutuel urbain ne saurait être assimilée à une réception de paris non autorisés et ne constitue donc pas une infraction à l'article 4 de la loi du 2 juin 1891 (■ Cass. crim., 19 déc. 1996 : *Bull. crim.*, n° 479).

2) Aux termes de l'article 4 de la loi du 2 juin 1891, le seul fait, pour le tenancier d'un débit de boissons, de laisser prendre des paris dans son établissement constitue un acte de complicité du délit de prise de paris clandestins, sans qu'il soit nécessaire de rechercher des actes « positifs » d'aide ou d'assistance aux joueurs (■ Cass. crim., 15 mai 1997 : *Bull. crim.*, n° 188).

Loi nº 83-628 du 12 juillet 1983

relative aux jeux de hasard

(Abr., Ord. n° 2012-351, 12 mars 2012).

Décret nº 96-360 du 23 avril 1996

relatif aux mises en garde concernant les jeux vidéo

Art. 1er. – Il est interdit d'importer en vue de la mise sur le marché, de détenir en vue de la vente, de mettre en vente, de distribuer à titre gratuit ou de mettre à disposition du public, à titre gratuit ou onéreux, des jeux vidéo qui ne satisfont pas aux prescriptions du présent décret.

Art. 2. – Pour l'application du présent décret les jeux vidéo, les consoles de jeux vidéo et les logiciels de jeux vidéo s'entendent des produits visés aux sous-catégories 36 50 42 et 36 50 43 de la nomenclature, approuvée par le décret [n° 92-1129] du 2 octobre 1992 susvisé et permettant la diffusion d'images comportant des stimuli pouvant favoriser la crise d'épilepsie photosensible, c'est-à-dire la succession rapide d'images ou la répétition de figures géométriques simples, d'éclairs et d'explosions.

Sont, toutefois, exclus du champ d'application du présent décret les jeux vidéo à cristaux liquides dont la tension nominale est inférieure ou égale à 3 volts.

Art. 3. – I. – Les jeux vidéo, les logiciels de jeux vidéo ainsi que les consoles de jeux vidéo doivent être accompagnés du texte de mise en garde prévu à l'annexe I. Ce texte est inclus dans une notice placée dans la boîte qui les contient.

II. – L'emballage des jeux vidéo, des logiciels de jeux vidéo et des consoles de jeux vidéo doit comporter l'avertissement suivant :

« Attention : chez certaines personnes, l'utilisation de ce jeu nécessite des précautions d'emploi particulières qui sont détaillées dans la notice jointe ».

Cet avertissement est porté en caractères blancs sur une étiquette rouge ou un encart de même couleur prévu sur l'emballage imprimé, d'une longueur minimum de 8 centimètres et d'une hauteur minimum de 6 centimètres pour les emballages des consoles de jeux susceptibles d'être connectés à un écran, et d'une longueur minimum de 3 centimètres et d'une hauteur minimum de 2 centimètres pour les emballages des logiciels et des jeux non susceptibles de connexion.

Art. 4. – Tout exploitant d'un établissement mettant à titre gratuit ou onéreux des jeux vidéo à la disposition du public doit :

– apposer de manière visible, lisible et indélébile l'avertissement suivant sur chaque machine :

« Chez certaines personnes, l'utilisation de ce jeu nécessite des précautions d'emploi particulières. Reportez-vous impérativement à l'affiche apposée dans cet établissement » ;

– apposer dans la salle recevant les jeux vidéo une affiche visible et lisible par les joueurs, conforme aux dispositions de l'annexe II et utilisant des caractères d'une taille d'au moins 1 centimètre.

Art. 5. – Seront punies des peines d'amende prévues pour les contraventions de la 5e classe les personnes reconnues coupables :

1° D'importation en vue de la mise sur le marché, de détention en vue de la vente, de vente, de distribution à titre gratuit ou de mise à disposition du public à titre gratuit ou onéreux de jeux vidéo, de consoles de jeux vidéo ou de logiciels de jeux vidéo non munis du texte de mise en garde prévu au I de l'article 3 et de l'avertissement mentionné au II de l'article 3 ;

2° De non-apposition, dans les conditions prévues à l'article 4, de l'avertissement et de l'affiche mentionnés au même article, dans tout établissement mettant des jeux vidéo à la disposition du public à titre gratuit ou onéreux.

En cas de récidive, la peine d'amende prévue pour la récidive des contraventions de 5e classe sera applicable.

Loi n° 2010-476 du 12 mai 2010

relative à l'ouverture à la concurrence et à la régulation du secteur des jeux d'argent et de hasard en ligne

Bibliographie : J.-Ph. Arroyo et J.-P. Karsenty, *Applicabilité de la loi pénale française aux casinos en ligne* (L. n° 2010-476, 12 mai 2010) : *Dr. pén.* 2010, étude 28.

Art. 1er. – Les jeux d'argent et de hasard ne sont ni un commerce ordinaire, ni un service ordinaire ; dans le respect du principe de subsidiarité, ils font l'objet d'un encadrement strict au regard des enjeux d'ordre public, de sécurité publique et de protection de la santé et des mineurs.

Art. 2 *(Rempl., L. n° 2014-344, 17 mars 2014)*. – La notion de jeu d'argent et de hasard dans la présente loi s'entend des opérations mentionnées aux articles L. 322-2 et L. 322-2-1 du Code de la sécurité intérieure.

Le poker Texas Hold'hem, le poker Omaha et le rami-poker sont des jeux de hasard (dans lesquels la chance prédomine sur l'habilité et les combinaisons de l'intelligence) au sens de l'article premier de la loi du 12 juillet 1983 (■ Cass. crim., 30 oct. 2013, n° 12-84.784 : *Bull. crim.*, n° 210 ; *D.* 2013, act. p. 2581 ; *JCP* 2014, note 201, p. 320, C. Durez).

– Rappr., sur l'assimilation du poker aux jeux de hasard, ■ Cass. crim., 20 avr. 1945 : *Bull. crim.*, n° 44.

– V. aussi, *contra*, pour le poker Texas Hold'hem, Toulouse, 3e Ch. corr., 17 janv. 2013, n° 2013/54 : *D.* 2013, p. 505, note G. Roujou de Boubée.

Art. 9. – Quiconque émet ou diffuse, par quelque moyen que ce soit, une communication commerciale non conforme aux dispositions du deuxième alinéa de l'article 5 et de l'article 7 est puni d'une amende de 100 000 €. Le tribunal peut porter le montant de l'amende au quadruple du montant des dépenses publicitaires consacrées à l'opération illégale. Les associations dont l'objet statutaire comporte la lutte contre les addictions, régulièrement déclarées depuis au moins cinq ans à la date des faits, peuvent exercer les droits reconnus à la partie civile pour les infractions à l'article 7. Peuvent exercer les mêmes droits les associations de consommateurs mentionnées à l'article L. 421-1 du Code de la consommation ainsi que les associations familiales mentionnées aux articles L. 211-1 et L. 211-2 du Code de l'action sociale et des familles.

Art. 56 ***(Mod., L. n° 2014-344, 17 mars 2014).*** **– I. – Quiconque aura offert ou proposé au public une offre en ligne de paris ou de jeux d'argent et de hasard sans être titulaire de l'agrément mentionné à l'article 21 ou d'un droit exclusif est puni de trois ans d'emprisonnement et de 90 000 € d'amende. Ces peines sont portées à sept ans d'emprisonnement et à 200 000 € d'amende lorsque l'infraction est commise en bande organisée.**

[...]

IV. – Les personnes physiques coupables de l'infraction prévue au I encourent également les peines complémentaires suivantes :

1° L'interdiction des droits civiques, civils et de famille dans les conditions prévues à l'article 131-26 du Code pénal ;

2° La confiscation des biens mobiliers et immobiliers, divis ou indivis, ayant servi directement ou indirectement à commettre l'infraction ou qui en sont le produit, y compris les fonds ou effets exposés au jeu ou mis en loterie ainsi que les meubles ou effets mobiliers dont les lieux sont garnis ou décorés, à l'exception des objets susceptibles de donner lieu à restitution ;

3° L'affichage ou la diffusion de la décision prononcée dans les conditions prévues à l'article 131-35 du Code pénal ;

4° La fermeture définitive, ou pour une durée de cinq ans au plus, des établissements ou de l'un ou de plusieurs des établissements de l'entreprise ayant servi à commettre les faits incriminés ;

5° L'interdiction, suivant les modalités prévues par l'article 131-27 du Code pénal, soit d'exercer une fonction publique ou d'exercer l'activité professionnelle ou sociale dans l'exercice ou à l'occasion de l'exercice de laquelle l'infraction a été commise, soit d'exercer une profession commerciale ou industrielle, de diriger, d'administrer, de gérer ou de contrôler à un titre quelconque, directement ou indirectement, pour son propre compte ou pour le compte d'autrui, une entreprise commerciale ou industrielle, ou une société commerciale. Ces interdictions d'exercice peuvent être prononcées cumulativement.

V. – Les personnes morales déclarées responsables pénalement, dans les conditions prévues à l'article 121-2 du Code pénal, de l'infraction prévue au I du présent article encourent, outre l'amende suivant les modalités prévues par l'article 131-38 du Code pénal, les peines mentionnées aux 1°, 4°, 8° et 9° de l'article 131-39 du même code. Elles encourent également l'interdiction, pour une durée de cinq ans au plus, de solliciter l'agrément prévu à l'article 21 de la présente loi ainsi que l'autorisation prévue à l'article L. 321-1 du Code de la sécurité intérieure et, le cas échéant, le retrait d'un tel agrément ou autorisation si la personne morale en est titulaire au moment du jugement.

Art. 57 ***(Mod., L. n° 2014-344, 17 mars 2014).*** **– I. – Quiconque fait de la publicité, par quelque moyen que ce soit, en faveur d'un site de paris ou de jeux d'argent et de hasard non autorisé en vertu d'un droit**

exclusif ou de l'agrément prévu à l'article 21 est puni d'une amende de 100 000 €. Le tribunal peut porter le montant de l'amende au quadruple du montant des dépenses publicitaires consacrées à l'activité illégale.

Ces peines sont également encourues par quiconque a, par quelque moyen que ce soit, diffusé au public, aux fins de promouvoir des sites de jeux en ligne ne disposant pas de l'agrément prévu à l'article 21, les cotes et rapports proposés par ces sites non autorisés.

Le président de l'Autorité de régulation des jeux en ligne peut saisir le président du tribunal de grande instance de Paris aux fins de voir ordonnée, en la forme des référés, toute mesure permettant la cessation de toute publicité en faveur d'un site de paris ou de jeux d'argent et de hasard non autorisé en vertu d'un droit exclusif ou de l'agrément prévu à l'article 21 ou en contravention avec le titre II du livre III du Code de la sécurité intérieure.

....

Code de la sécurité intérieure

(Ord. n° 2012-351, 12 mars 2012)

JEUX DE HASARD, CASINOS, LOTERIES

Art. L. 320-1. – Les jeux d'argent et de hasard sont régis par les dispositions du présent titre et par celles du chapitre Ier de la loi n° 2010-476 du 12 mai 2010 relative à l'ouverture à la concurrence et à la régulation du secteur des jeux d'argent et de hasard en ligne.

CHAPITRE Ier. – CASINOS

Art. L. 321-1. – Par dérogation aux articles L. 324-1 et L. 324-2 et, s'agissant du 1° du présent article, à l'article L. 133-17 du Code du tourisme, une autorisation temporaire d'ouvrir au public des locaux spéciaux, distincts et séparés où sont pratiqués certains jeux de hasard peut être accordée, sous les conditions énoncées au présent chapitre, aux casinos, sous quelque nom que ces établissements soient désignés :

1° Des communes classées stations balnéaires, thermales ou climatiques antérieurement au 3 mars 2009 ;

2° Des communes classées stations de tourisme dans les conditions mentionnées au 1° et des villes ou stations classées de tourisme au sens de la sous-section 2 de la section 2 du chapitre III du titre III du livre Ier du même code qui constituent la ville principale d'une agglomération de plus de 500 000 habitants et participent pour plus de 40 %, le cas échéant avec d'autres collectivités territoriales, au fonctionnement d'un centre dramatique national ou d'une scène nationale, d'un orchestre national et d'un théâtre d'opéra présentant en saison une activité régulière d'au moins vingt représentations lyriques ;

3° Des villes ou stations classées de tourisme mentionnées à l'article L. 161-5 du même code ;

4° Des communes non mentionnées aux 1° à 3° dans lesquelles un casino est régulièrement exploité au 3 mars 2009 ;

5° Des communes qui, étant en cours de classement comme station balnéaire, thermale ou climatique avant le 14 avril 2006, sont classées stations de tourisme au sens de la sous-section 2 de la section 2 du chapitre III du titre III du livre Ier du Code du tourisme avant le 3 mars 2014.

Art. L. 321-2. – Les communes dans lesquelles les dispositions de l'article L. 321-1 sont applicables ne peuvent en bénéficier que sur l'avis conforme du conseil municipal. Les autorisations sont accordées par le ministre de l'Intérieur, après enquête, et en considération d'un cahier des charges établi par le conseil municipal et approuvé par le ministre de l'Intérieur.

L'arrêté d'autorisation fixe la durée de la concession ; il détermine la nature des jeux de hasard autorisés, leur fonctionnement, les mesures de surveillance et de contrôle des agents de l'autorité, les conditions d'admission dans les salles de jeux, les heures d'ouverture et de fermeture, le taux et le mode de perception des prélèvements prévus à l'article L. 321-6.

L'autorisation peut être révoquée par le ministre de l'Intérieur en cas d'inobservation du cahier des charges ou des clauses de l'arrêté du ministre de l'Intérieur. La révocation peut être demandée, pour les mêmes causes, par le conseil municipal au ministre, qui statue dans le délai d'un mois.

En aucun cas, et notamment en cas d'abrogation ou de modification des dispositions du présent chapitre, le retrait des autorisations ne peut donner lieu à une indemnité quelconque.

Art. L. 321-3 *(Mod., L. n° 2016-816, 20 juin 2016).* – I. - Par dérogation aux articles L. 324-1 et L. 324-2, il peut être accordé aux casinos installés à bord des navires de commerce transporteurs de passagers battant pavillon français, quel que soit leur registre d'immatriculation, l'autorisation temporaire d'ouvrir au public des locaux spéciaux, distincts et séparés où sont pratiqués certains jeux de hasard dans les conditions fixées au présent chapitre.

L'autorisation d'exploiter les jeux de hasard dans les casinos mentionnés au premier alinéa du présent I est accordée par arrêté du ministre de l'Intérieur à une personne morale qualifiée en matière d'exploitation de jeux de hasard ayant passé une convention avec l'armateur conforme à une convention type approuvée par décret en Conseil d'État.

L'arrêté d'autorisation de jeux fixe la durée de l'autorisation. Il détermine la nature des jeux de hasard autorisés, leur fonctionnement, les missions de surveillance et de contrôle, les conditions d'admission dans les salles de jeux et leurs horaires d'ouverture et de fermeture. L'autorisation peut être révoquée par le ministre de l'Intérieur, en cas d'inobservation des dispositions de l'arrêté ou des clauses de la convention passée avec l'armateur.

II. - Dès lors qu'un navire mentionné au premier alinéa du I assure des trajets dans le cadre d'une ligne régulière intracommunautaire, les jeux exploités peuvent ne comprendre que les appareils de jeux mentionnés à l'article L. 321-5.

Le nombre maximal d'appareils de jeux exploités dans ces conditions ne peut excéder quinze par navire.

Par dérogation à l'article L. 321-4, la personne morale qualifiée n'exploitant que des appareils de jeux mentionnés à l'article L. 321-5 doit désigner, d'une part, des personnels chargés d'assurer l'installation, l'entretien et la maintenance du matériel et, d'autre part, des caissiers.

Ces personnels doivent être français ou ressortissants d'un autre État membre de l'Union européenne ou d'un État partie à l'accord sur l'Espace économique européen, majeurs, jouissant de leurs droits civiques et politiques. Ils sont agréés par le ministre de l'Intérieur.

En aucun cas, la personne morale qualifiée ne peut se substituer un fermier de jeux.

III. - Les locaux mentionnés au I ne peuvent être ouverts que :

1° Hors des limites administratives des ports maritimes, pour les navires de commerce transporteurs de passagers assurant des lignes régulières intracommunautaires ;

2° Dans les eaux internationales, pour les autres navires. Les locaux ne sont accessibles qu'aux passagers majeurs, titulaires d'un titre de croisière ou d'un titre de transport.

Dans l'enceinte du casino, le capitaine et l'officier chargé de sa suppléance sont garants du bon ordre, de la sûreté et de la sécurité publiques.

Art. L. 321-4. – Tout casino autorisé, qu'il soit ou non organisé en société, a un directeur et un comité de direction responsables.

Le directeur et les membres du comité de direction doivent être français ou ressortissants d'un des États membres de l'Union européenne ou d'un des autres États parties à l'accord sur l'Espace économique européen, majeurs, jouissant de leurs droits civiques et politiques. Ces dispositions sont également applicables à toute personne employée à un titre quelconque dans les salles de jeux.

Le directeur et les membres du comité de direction ne peuvent, en aucun cas, se substituer un fermier de jeux.

Le directeur et les membres du comité de direction et les personnes employées à un titre quelconque dans les salles de jeux sont agréés par le ministre de l'Intérieur.

Art. L. 321-5. – Sont exceptés des dispositions de l'article L. 324-2 les appareils de jeux proposés au public dans les casinos autorisés où est pratiqué au moins un des jeux prévus par la loi. Toute cession de ces appareils entre exploitants de casinos fait l'objet d'une déclaration à l'autorité administrative, selon des modalités définies par voie réglementaire. Ceux qui restent inutilisés doivent être exportés ou détruits.

Les personnes physiques ou morales qui fabriquent, importent, vendent ou assurent la maintenance des appareils visés à l'alinéa précédent ainsi que les différents modèles d'appareils sont soumis à l'agrément du ministre de l'Intérieur.

Art. L. 321-6 *(Mod. à compter des impositions dues au titre de 2015, Ord. n° 2014-1335, 6 nov. 2014 ; rempl. à compter du 1er janvier 2017, L. fin. rect. n° 2016-1918, 29 déc. 2016).* – Les prélèvements sur les produits des jeux dans les casinos autorisés en application de l'article L. 321-1 du présent code sont fixés par la sous-section 4 de la section 6 du chapitre III du titre III du livre III de la deuxième partie du Code général des collectivités territoriales, par l'article L. 5211-21-1 du même code, par le III de l'article L. 136-7-1 du Code de la sécurité sociale ainsi que par le III de l'article 18 et l'article 19 de l'ordonnance n° 96-50 du 24 janv. 1996 relative au remboursement de la dette sociale.

Les prélèvements sur les produits des jeux dans les casinos autorisés en application de l'article L. 321-3 du présent code sont fixés par l'article L. 2333-57 du Code général des collectivités territoriales.

Art. L. 321-7 *(Mod., D. n° 2013-1112, 4 déc. 2013).* – Sauf disposition contraire, les conditions d'application du présent chapitre sont définies par décret en Conseil d'État.

La liste des jeux de hasard pouvant être autorisés dans les casinos est fixée par décret.

Chapitre Ier *bis*. – Compétitions de jeux vidéo
(L. n° 2016-1321, 7 oct. 2016)

Art. L. 321-8 *(L. n° 2016-1321, 7 oct. 2016).* – Pour l'application du présent chapitre, est entendu comme jeu vidéo tout jeu relevant du II de l'article 220 *terdecies* du Code général des impôts.

Une compétition de jeux vidéo confronte, à partir d'un jeu vidéo, au moins deux joueurs ou équipes de joueurs pour un score ou une victoire. L'organisation de la compétition de jeux vidéo au sens du présent chapitre n'inclut pas l'organisation d'une prise de paris.

Art. L. 321-9 *(L. n° 2016-1321, 7 oct. 2016).* – N'entrent pas dans le champ d'application des articles L. 322-1, L. 322-2 et L. 322-2-1 les compétitions de jeux vidéo organisées en la présence physique des participants, pour lesquelles le montant total des droits d'inscription ou des autres sacrifices financiers consentis par les joueurs n'excède pas une fraction, dont le taux est fixé par décret en Conseil d'État, du coût total d'organisation de la manifestation incluant le montant total des gains et lots proposés. Ce taux peut varier en fonction du montant total des recettes collectées en lien avec la manifestation.

Lorsque le montant total des gains ou lots excède un montant fixé par décret en Conseil d'État, les organisateurs de ces compétitions justifient de l'existence d'un instrument ou mécanisme, pris au sein d'une liste fixée par ce même décret, garantissant le reversement de la totalité des gains ou lots mis en jeu.

Les organisateurs déclarent à l'autorité administrative, dans des conditions fixées par décret en Conseil d'État, la tenue de telles compétitions. Cette déclaration comporte les éléments permettant à l'autorité administrative d'apprécier le respect des conditions prévues aux deux premiers alinéas.

CHAPITRE II. – LOTERIES

Art. L. 322-1. – Les loteries de toute espèce sont prohibées.

Art. L. 322-2 *(Mod., L. n° 2014-344, 17 mars 2014).* – Sont réputées loteries et interdites comme telles : les ventes d'immeubles, de meubles ou de marchandises effectuées par la voie du sort, ou auxquelles ont été réunies des primes ou autres bénéfices dus, même partiellement, au hasard et, d'une manière générale, toutes opérations offertes au public, sous quelque dénomination que ce soit, pour faire naître l'espérance d'un gain qui serait dû, même partiellement, au hasard et pour lesquelles un sacrifice financier est exigé par l'opérateur de la part des participants.

Art. L. 322-2-1 *(L. n° 2014-344, 17 mars 2014).* – Cette interdiction recouvre les jeux dont le fonctionnement repose sur le savoir-faire du joueur.

Le sacrifice financier est établi dans les cas où l'organisateur exige une avance financière de la part des participants même si un remboursement ultérieur est rendu possible par le règlement du jeu.

Art. L. 322-2-2 *(L. n° 2014-344, 17 mars 2014).* – Cette interdiction ne recouvre pas les opérations publicitaires mentionnées à l'article L. 121-20 du Code de la consommation.

Art. L. 322-3 *(Mod., L. n° 2015-177, 16 févr. 2015).* – Sont exceptées des dispositions des articles L. 322-1 et L. 322-2 les loteries d'objets mobiliers exclusivement destinées à des actes de bienfaisance, à l'encouragement des arts ou au financement d'activités sportives à but non lucratif, lorsqu'elles ont été autorisées par le maire de la commune où est situé le siège social de l'organisme bénéficiaire et, à Paris, par le préfet de police.

Les modalités d'application de cette dérogation sont fixées par voie réglementaire.

Art. L. 322-4. – Les dispositions des articles L. 322-1 et L. 322-2 ne sont pas non plus applicables aux lotos traditionnels, également appelés « poules au gibier », « rifles » ou « quines », lorsqu'ils sont organisés dans un cercle restreint et uniquement dans un but social, culturel, scientifique, éducatif, sportif ou d'animation sociale et se caractérisent par des mises de faible valeur, inférieures à 20 euros. Ces lots ne peuvent, en aucun cas, consister en sommes d'argent ni être remboursés. Ils peuvent néanmoins consister dans la remise de bons d'achat non remboursables.

Art. L. 322-5. – Sont également exceptées des dispositions des articles L. 322-1 et L. 322-2 les loteries proposées au public à l'occasion, pendant la durée et dans l'enceinte des fêtes foraines.

Les caractéristiques techniques des loteries foraines mentionnées à l'alinéa précédent, les personnes susceptibles d'en proposer l'utilisation au public, la nature et la valeur des lots sont précisées par voie réglementaire.

Art. L. 322-6. – Sont exceptés des dispositions de l'article L. 324-2 les appareils de jeux proposés au public à l'occasion, pendant la durée et dans l'enceinte des fêtes foraines. Les caractéristiques techniques de ces appareils, la nature des lots, le montant des enjeux, le rapport entre ce dernier et la valeur des lots et, le cas échéant, les personnes susceptibles d'en proposer l'utilisation au public sont précisés par voie réglementaire.

QPC. A été déclarée irrecevable la QPC visant les articles L. 322-1 à L. 322-6 au motif que les dispositions de ces articles ne revêtent pas le caractère de dispositions législatives au sens de l'article 61-1 de la Constitution (■ Cass. crim., 2 avr. 2014, n° 14-90.003).

Art. L. 322-7 *(L. n° 2014-344, 17 mars 2014)*. – Le second alinéa de l'article L. 322-2-1 ne s'applique ni aux frais d'affranchissement, ni aux frais de communication ou de connexion, surtaxés ou non, engagés pour la participation aux jeux et concours organisés dans le cadre des programmes télévisés et radiodiffusés ainsi que dans les publications de presse définies à l'article 1er de la loi n° 86-897 du 1er août 1986 portant réforme du régime juridique de la presse, dès lors que la possibilité pour les participants d'obtenir le remboursement des frais engagés est prévue par le règlement du jeu et que les participants en sont préalablement informés. Ces jeux et concours ne peuvent constituer qu'un complément auxdits programmes et publications. Les jeux et concours en lien avec des programmes télévisés et radiodiffusés sont organisés dans des conditions définies par le Conseil supérieur de l'audiovisuel.

Les modalités d'organisation des jeux et concours dans le cadre des publications de presse définies à l'article 1er de la loi n° 86-897 du 1er août 1986 précitée sont définies par décret.

CHAPITRE III. – DISPOSITIONS COMMUNES

Art. L. 323-1. – Les conditions dans lesquelles le ministre chargé des finances et le ministre de l'Intérieur peuvent décider d'interdire tout mouvement ou transfert de fonds en provenance des personnes physiques ou morales qui organisent des activités de jeux, paris ou loteries prohibées par le présent titre sont définies au chapitre III du titre VI du livre V du Code monétaire et financier.

Art. L. 323-2 *(Mod., L. 2017-257, 8 févr. 2017)*. – Les casinos et les groupements, clubs et sociétés organisant des jeux de hasard ou des loteries sont tenus d'enregistrer les noms et adresses des joueurs dans les cas prévus à l'article L. 561-13 du Code monétaire et financier.

Art. L. 323-3 *(L. 2017-257, 8 févr. 2017)*. – I. - Afin de prévenir les activités frauduleuses ou criminelles ainsi que le blanchiment de capitaux et le financement du terrorisme, toute évolution de la répartition du capital social et du contrôle, direct ou indirect, de la société titulaire de l'autorisation prévue à l'article L. 321-1 est soumise à autorisation préalable du ministre de l'Intérieur, dès lors qu'elle permettrait à une personne :

1° Soit d'acquérir le contrôle de cette société, au sens de l'article L. 233-3 du Code de commerce ;

2° Soit de franchir un ou plusieurs seuils, fixés par décret, de détention, directe ou indirecte, du capital ou des droits de vote ;

3° Soit de réaliser une opération entraînant la prise de contrôle de fait de la société, notamment par l'octroi de prêts ou de garanties substantielles.

II. - Dans le cadre de la procédure d'autorisation prévue au I du présent article, les agents désignés par le ministère de l'intérieur peuvent :

1° Réaliser des enquêtes administratives pouvant donner lieu à la consultation de traitements de données à caractère personnel relevant de l'article 26 de la loi n° 78-17 du 6 janvier 1978 relative à l'informatique, aux fichiers et aux libertés ;

2° Demander aux personnes concernées, sans que le secret professionnel ne puisse leur être opposé, communication de tout document quel qu'en soit le support et en obtenir une copie nécessaire à la justification de l'origine des fonds qu'il est envisagé d'investir ;

3° Demander au service mentionné à l'article L. 561-23 du Code monétaire et financier les éléments d'information utiles à la vérification de l'origine des fonds qu'il est envisagé d'investir ;

4° Recourir à la coopération internationale pour vérifier l'exactitude des informations déclarées au titre de la présente procédure.

CHAPITRE IV. – DISPOSITIONS PÉNALES

Section 1. – Jeux de hasard et casinos

Art. L. 324-1 *(Mod., L. 2017-257, 8 févr. 2017)*. – Le fait de participer, y compris en tant que banquier, à la tenue d'une maison de jeux de hasard où le public est librement admis, même lorsque cette admission est subordonnée à la présentation d'un affilié, est puni de trois ans d'emprisonnement et de 90 000 euros d'amende. Les peines sont portées à sept ans d'emprisonnement et à 200 000 euros d'amende lorsque l'infraction est commise en bande organisée.

Le fait d'établir ou de tenir sur la voie publique et ses dépendances ainsi que dans les lieux publics ou ouverts au public et dans les dépendances, même privées, de ceux-ci tous jeux de hasard non autorisés par la loi dont l'enjeu est en argent est puni de six mois d'emprisonnement et de 7 500 euros d'amende.

Le fait de faire de la publicité, par quelque moyen que ce soit, en faveur d'une maison de jeux de hasard non autorisée est puni de 100 000 euros d'amende. Le tribunal peut porter le montant de l'amende au quadruple du montant des dépenses publicitaires consacrées à l'opération illégale

Le fait de procéder ou de tenter de procéder à un investissement défini au I de l'article L. 323-3 sans avoir obtenu l'autorisation préalable du ministre de l'Intérieur est puni d'un an d'emprisonnement et de 15 000 euros d'amende.

Les personnes morales déclarées responsables pénalement, dans les conditions prévues à l'article 121-2 du Code pénal, des infractions définies à l'avant-dernier alinéa du présent article encourent, outre l'amende suivant les modalités prévues à l'article 131-38 du même code, les peines prévues aux 1° à 9° et au 12° de l'article 131-39 dudit code.

La tenue illicite d'une maison de jeux peut être établie indépendamment des critères d'habitude et de pérennité, qui ne sont pas exigés par le premier alinéa de l'article 1er de la loi n° 83-628 du 12 juillet 1983 applicable en l'espèce, et sans répondre aux conclusions des parties civiles sur les jeux de hasard intervenus sur la voie publique ou ses dépendances et sur la publicité faite pour une maison de jeux de hasard non autorisée (■ Cass. crim., 17 déc. 2014, n° 13-86.617 : *Dr. pén.* 2015, comm. 37, obs. J.-H. Robert).

Art. L. 324-2. – L'importation ou la fabrication de tout appareil dont le fonctionnement repose sur le hasard et qui permet, éventuellement par l'apparition de signes, de procurer moyennant enjeu un avantage direct ou indirect de quelque nature que ce soit, même sous forme de parties gratuites, est punie de trois ans d'emprisonnement et de 45 000 euros d'amende. Les peines sont portées à sept ans d'emprisonnement et à 100 000 euros d'amende lorsque l'infraction est commise en bande organisée.

Sont punies des mêmes peines la détention, la mise à la disposition de tiers, l'installation et l'exploitation de ces appareils sur la voie publique et ses dépendances, dans des lieux publics ou ouverts au public et dans les dépendances, mêmes privées, de ces lieux publics ainsi que l'exploitation de ces appareils ou leur mise à disposition de tiers par une personne privée, physique ou morale, dans des lieux privés.

Les dispositions des deux alinéas précédents sont applicables aux appareils de jeux dont le fonctionnement repose sur l'adresse et dont les caractéristiques techniques font apparaître qu'il est possible de gagner plus de cinq parties gratuites par enjeu ou un gain en espèces ou en nature.

QPC. Non-lieu à renvoi au Conseil constitutionnel de la question prioritaire visant la constitutionnalité de l'article L. 324-2 du Code de la sécurité intérieure, dès lors que ces dispositions, rédigées en termes clairs et précis, ne portent pas atteinte au principe de la légalité des délits et des peines (■ Cass. crim., 27 mars 2013, n° 12-85.115 : *Bull. crim.*, n° 71 ; *JCP* 2013, chron. n° 623, spéc. n° 17 p. 1079, B. Mathieu).

Art. L. 324-3. – Les personnes physiques coupables des infractions prévues par la présente section, à l'exception de celle prévue au deuxième alinéa de l'article L. 324-1, encourent également les peines complémentaires suivantes :

1° L'interdiction, suivant les modalités prévues par l'article 131-26 du Code pénal, des droits civiques, civils et de famille ;

2° La confiscation des biens meubles ou immeubles, divis ou indivis, ayant servi directement ou indirectement à commettre l'infraction ou qui en sont le produit, y compris les fonds ou effets exposés au jeu ou mis en loterie ainsi que les meubles ou effets mobiliers dont les lieux sont garnis ou décorés, à l'exception des objets susceptibles de restitution ;

3° L'affichage ou la diffusion de la décision prononcée dans les conditions prévues par l'article 131-35 du Code pénal ;

4° La fermeture définitive ou pour une durée de cinq ans au plus des établissements ou de l'un ou de plusieurs des établissements de l'entreprise ayant servi à commettre les faits incriminés ;

5° L'interdiction, suivant les modalités prévues par l'article 131-27 du Code pénal, soit d'exercer une fonction publique ou d'exercer l'activité professionnelle ou sociale dans l'exercice ou à l'occasion de l'exercice de laquelle l'infraction a été commise, soit d'exercer une profession commerciale ou industrielle, de diriger, d'administrer, de gérer ou de contrôler à un titre quelconque, directement ou indirectement, pour son propre compte ou pour le compte d'autrui, une entreprise commerciale ou industrielle ou une société commerciale. Ces interdictions d'exercice peuvent être prononcées cumulativement.

La confiscation des appareils de jeux ou de loterie est obligatoire ; leur destruction peut être ordonnée par le tribunal.

Art. L. 324-4. – Les personnes morales déclarées pénalement responsables, dans les conditions prévues par l'article 121-2 du Code pénal, des infractions définies à la présente section, à l'exception de celle définie au deuxième alinéa de l'article L. 324-1, encourent, outre l'amende suivant les modalités prévues par l'article 131-38 du Code pénal, les peines suivantes :

1° Les peines mentionnées aux 1°, 4°, 8° et 9° de l'article 131-39 du Code pénal ;

2° L'interdiction, pour une durée de cinq ans au plus, de solliciter l'agrément prévu à l'article 21 de la loi n° 2010-476 du 12 mai 2010 relative à l'ouverture à la concurrence et à la régulation du secteur des jeux d'argent et de hasard en ligne ainsi que l'autorisation prévue à l'article L. 321-1 et, le cas échéant, le retrait d'un tel agrément ou autorisation si la personne morale en est titulaire au moment du jugement.

Art. L. 324-5. – Est puni des peines prévues au premier alinéa de l'article L. 324-1 et aux 1° et 5° de l'article L. 324-3 quiconque :

1° A exercé les fonctions de directeur ou de membre du comité de direction sans avoir obtenu l'agrément préalable du ministre de l'Intérieur ;

2° Ou a fait fonctionner des jeux de hasard en infraction aux dispositions de l'arrêté d'autorisation ;

3° Ou a dissimulé ou tenté de dissimuler tout ou partie du produit des jeux servant de base aux prélèvements.

Section 2. – Loteries

Art. L. 324-6 *(Mod., L. n° 2014-344, 17 mars 2014)*. – La violation des interdictions prévues aux articles L. 322-1, L. 322-2 et L. 322-2-1 est punie de trois ans d'emprisonnement et de 90 000 € d'amende. Ces peines sont portées à sept ans d'emprisonnement et à 200 000 € d'amende lorsque l'infraction est commise en bande organisée.

La confiscation des appareils de jeux ou de loterie est obligatoire ; leur destruction peut être ordonnée par le tribunal.

Art. L. 324-7 *(Mod., L. n° 2014-344, 17 mars 2014)*. – Les personnes physiques coupables de la violation des interdictions prévues aux articles L. 322-1, L. 322-2 et L. 322-2-1 encourent également les peines complémentaires suivantes :

1° L'interdiction des droits civiques, civils et de famille dans les conditions prévues à l'article 131-26 du Code pénal ;

2° La confiscation des biens meubles ou immeubles, divis ou indivis, ayant servi directement ou indirectement à commettre l'infraction ou qui en sont le produit, y compris les fonds ou effets exposés au jeu ou mis en loterie ainsi que les meubles ou effets mobiliers dont les lieux sont garnis ou décorés, à l'exception des objectifs susceptibles de donner lieu à restitution.

S'il s'agit de loteries d'immeubles, la confiscation prononcée à l'encontre du propriétaire de l'immeuble mis en loterie est remplacée par une amende pouvant s'élever jusqu'à la valeur estimative de cet immeuble ;

3° L'affichage ou la diffusion de la décision prononcée dans les conditions prévues à l'article 131-35 du Code pénal ;

4° La fermeture définitive ou pour une durée de cinq ans au plus des établissements ou de l'un ou de plusieurs des établissements de l'entreprise ayant servi à commettre les faits incriminés ;

5° L'interdiction, suivant les modalités prévues par l'article 131-27 du Code pénal, soit d'exercer une fonction publique ou d'exercer l'activité professionnelle ou sociale dans l'exercice ou à l'occasion de l'exercice de laquelle l'infraction a été commise, soit d'exercer une profession commerciale ou industrielle, de diriger, d'administrer, de gérer ou de contrôler à un titre quelconque, directement ou indirectement, pour son propre compte ou pour le compte d'autrui, une entreprise commerciale ou industrielle ou une société commerciale. Ces interdictions d'exercice peuvent être prononcées cumulativement.

Art. L. 324-8 *(Mod., L. n° 2014-344, 17 mars 2014)*. – Les personnes morales déclarées pénalement responsables, dans les conditions prévues par l'article 121-2 du Code pénal, de la violation des interdictions prévues aux articles L. 322-1, L. 322-2 et L. 322-2-1 encourent, outre l'amende suivant les modalités prévues par l'article 131-38 du Code pénal :

1° Les peines mentionnées aux 1°, 4°, 8° et 9° de l'article 131-39 du Code pénal ;

2° L'interdiction, pour une durée de cinq ans au plus, de solliciter l'agrément prévu à l'article 21 de la loi n° 2010-476 du 12 mai 2010 relative à l'ouverture à la concurrence et à la régulation du secteur des jeux d'argent et de hasard en ligne ainsi que l'autorisation prévue à l'article L. 321-1 et, le cas échéant, le retrait d'un tel agrément ou autorisation si la personne morale en est titulaire au moment du jugement.

Art. L. 324-9 *(Mod., L. n° 2014-344, 17 mars 2014)*. – Les peines prévues à l'article L. 324-6 sont encourues par les auteurs, entrepreneurs ou agents des loteries françaises ou étrangères prohibées par les articles L. 322-1, L. 322-2 et L. 322-2-1, ou des opérations qui leur sont assimilées.

Sont punis de 100 000 euros d'amende ceux qui auront colporté ou distribué des billets, ceux qui, par des avis, annonces, affiches ou par tout autre moyen de publication, auront fait connaître l'existence des loteries prohibées ou facilité l'émission des billets. Le tribunal peut porter le montant de l'amende au quadruple du montant des dépenses publicitaires consacrées à l'opération illégale.

Art. L. 324-10 *(Mod., L. n° 2014-344, 17 mars 2014)*. – Les infractions prévues aux articles L. 322-1, L. 322-2 et L. 322-2-1 peuvent être constatées et poursuivies dans les conditions fixées par les articles L. 450-1, L. 450-2, L. 450-3 et L. 450-8 du Code de commerce.

QPC. A été déclarée irrecevable la QPC visant les articles L. 324-6 à L. 324-10 au motif que les dispositions de ces articles ne revêtent pas le caractère de dispositions législatives au sens de l'article 61-1 de la Constitution (■ Cass. crim., 2 avr. 2014, n° 14-90.003).

Partie réglementaire

TITRE II. – JEUX DE HASARD, CASINOS, LOTERIES

Chapitre Ier *bis*. – Compétitions de jeux vidéo

Art. R. 321-40 *(D. n° 2017-871, 9 mai 2017)*. **– I. - Toute personne physique ou morale assurant l'organisation matérielle et le financement de la compétition de jeux vidéo dans les conditions prévues par l'article L. 321-9 déclare la tenue d'une compétition de jeux vidéo auprès du service du ministère de l'intérieur chargé des courses et jeux.**

La qualité d'organisateur peut être reconnue à plusieurs entreprises ou associations agissant conjointement.

II. - La déclaration est faite par l'intermédiaire d'un téléservice mis en place par le ministère de l'intérieur. Elle peut être effectuée pour une seule ou pour plusieurs compétitions dont la programmation est établie à l'avance.

Le dossier de déclaration est déposé un an au plus et, sauf urgence motivée, trente jours au moins avant la date de début de la compétition.

Art. R. 321-44 *(D. n° 2017-871, 9 mai 2017)*. **– La participation d'enfants de moins de douze ans à des compétitions de jeux vidéo offrant des récompenses monétaires est interdite.**

Chapitre IV. – Dispositions pénales

Art. R. 324-1 *(D. n° 2017-914, 9 mai 2017)*. **– Est puni de l'amende prévue pour les contraventions de la troisième classe :**

1° Le fait, pour le directeur responsable ou les membres des comités de direction d'un casino, ainsi que pour le représentant légal de la société exploitant le casino installé à bord d'un navire mentionné au II de l'article L. 321-3 et n'exploitant que des appareils de jeux mentionnés à l'article L. 321-5, de contrevenir aux articles R. 321-16, R. 321-21 et R. 321-27, aux deuxième et troisième alinéas de l'article R. 321-29, à l'article R. 321-31, au deuxième alinéa de l'article R. 321-33, aux articles R. 321-36-2 et R. 321-36-3, au troisième alinéa de l'article R. 321-37 et aux arrêtés pris pour leur application ;

2° Le fait, pour les membres du personnel des salles de jeux, de contrevenir aux articles R. 321-16, R. 321-27 et R. 321-32, aux premier et troisième alinéas de l'article R. 321-33, aux articles R. 321-34 et R. 321-35, au premier alinéa de l'article R. 321-37 et aux arrêtés pris pour leur application ;

3° Le fait de contrevenir au troisième alinéa de l'article R. 321-33, aux articles R. 321-35 et R. 321-36 et aux arrêtés pris pour leur application.

Art. R. 324-2 *(D. n° 2017-871, 9 mai 2017)*. **– Est puni des peines prévues pour les contraventions de la quatrième classe le fait d'organiser une compétition de jeux vidéo mentionnée à l'article L. 321-9 sans l'avoir préalablement déclarée dans les conditions prévues à l'article R. 321-40.**

Art. R. 324-3 *(D. n° 2017-871, 9 mai 2017)*. **– Est puni des peines prévues pour les contraventions de la cinquième classe le fait pour l'organisateur d'une compétition de jeux vidéo d'avoir, y compris par négligence, laissé participer un mineur de moins de douze ans à des compétitions de jeux vidéo offrant des récompenses en sommes d'argent.**

Art. R. 324-4 *(D. n° 2017-871, 9 mai 2017)*. **– Est puni des peines prévues pour les contraventions de la cinquième classe le fait, pour l'organisateur d'une compétition de jeux vidéo, de ne pouvoir justifier du recueil, dans les conditions de l'article R. 321-44, de l'autorisation écrite des représentants légaux du mineur ayant participé à une telle compétition.**

ANNEXE 40

LOYERS

Voir : *supra* Annexe 2 (Agents immobiliers).

Bibliographie : J. Lafond, B. Vial-Pedroletti, F. Kendérian, E. Chavance, *Code des baux*, LexisNexis 2016.

Loi nº 48-1360 du 1er septembre 1948

portant modification et codification de la législation relative aux rapports des bailleurs et locataires ou occupants de locaux d'habitation ou à usage professionnel et instituant des allocations de logement

CHAPITRE VI. – DES SANCTIONS

Art. 51. – **Toute personne qui, de mauvaise foi, à l'aide soit d'une dissimulation, soit de tout autre moyen frauduleux, impose ou tente d'imposer pour l'un des locaux visés par la présente loi, un loyer dépassant le prix licite, sera punie d'un emprisonnement de deux ans et d'une amende de 22 500 € ou de l'une de ces deux peines seulement.**

L'amende pourra être relevée à cent fois le montant de la majoration imposée, sans préjudice de tous dommages-intérêts.

L'affichage du jugement à la porte de l'immeuble pourra être ordonné.

Les dispositions des deux premiers alinéas du présent article sont applicables à toute offre d'un loyer supérieur au prix licite.

Art. 52. – **Sera puni des peines prévues à l'article précédent, tout locataire ou occupant d'un des locaux visés par la présente loi qui, pour quitter les lieux, aura directement ou indirectement soit obtenu ou tenté d'obtenir une remise d'argent ou de valeurs non justifiée, soit imposé ou tenté d'imposer la reprise d'objets mobiliers à un prix ne correspondant pas à la valeur vénale de ceux-ci.**

Les sommes indûment perçues sont sujettes à répétition.

Aucune poursuite ne peut être intentée à l'encontre du locataire ou de l'occupant qui a demandé ou obtenu un prix de reprise au plus égal à l'évaluation des objets mobiliers faite à ses frais par un expert désigné à sa requête par le président du tribunal.

Art. 53. – **Sera puni des peines prévues à l'article 51 quiconque aura obtenu ou tenté d'obtenir, à l'occasion de la location d'un des locaux visés par la présente loi, des commissions, ristournes, rétributions, récompenses, ne correspondant pas à un service réellement rendu ou supérieures à celles en usage dans la profession.**

Les sommes abusivement perçues sont sujettes à répétition.

Art. 54. – **Toute personne convaincue d'avoir refusé de louer à un locataire éventuel, en raison du nombre de ses enfants, un des locaux visés par la présente loi, alors qu'il était vacant, sera punie d'une peine d'emprisonnement de deux ans et d'une amende de 3 750 € ou de l'une de ces deux peines seulement.**

En outre, l'auteur de l'infraction sera tenu de consentir à la famille évincée, pour une durée minimum de trois ans, un bail sur l'immeuble refusé, à moins que les locaux n'aient été déjà loués et ne soient occupés

de façon suffisante au sens des dispositions prises en application de l'article 3 de l'ordonnance du11 octobre 1945, auquel cas ledit auteur de l'infraction sera condamné envers la partie lésée à tous dommages-intérêts.

En cas de récidive, les peines pourront être portées au double.

....

Art. 56. – Quiconque, soit par des manœuvres frauduleuses, soit par fausses allégations ou simples réticences ayant fait naître l'espérance chimérique d'une location, jouissance ou propriété d'appartement, aura détourné ou dissipé, ou tenté de détourner ou de dissiper la totalité ou partie de la fortune d'autrui, sera puni d'un emprisonnement de cinq ans et d'une amende de 22 500 €.

1) Quoique ne faisant pas référence, contrairement aux articles 51 à 54, aux « locaux visés par la présente loi », l'article 56 a un domaine d'application limité, comme les dispositions précédentes, aux locaux visés par la loi (■ Cass. crim., 16 mai 1974 : *Bull. crim.*, n° 179 ; *JCP* 75, II, 17982, note Guérin).

2) Contrairement à l'article 405 du Code pénal, en matière d'escroquerie au logement, le mensonge et même la réticence suffisent à caractériser l'infraction (■ Cass. crim., 19 déc. 1957 : *Bull. crim.*, n° 858. ■ 14 nov. 1962 ; *Bull. crim.*, n° 317).

....

Art. 59 *bis* ***(L. n° 75-1351, 31 déc. 1975 ; L. n° 76-1285, 31 déc. 1976 ; L. n° 2014-366, 24 mars 2014).*** **– Quiconque exécute ou fait exécuter les travaux visés au premier alinéa de l'article 14 sans avoir obtenu l'autorisation ou sans avoir fait la notification, prévues audit article, ou sans respecter les conditions d'exécution figurant dans la notification ou encore malgré une décision d'interdiction ou d'interruption des travaux prononcée par le juge du tribunal d'instance, statuant par ordonnance de référé, encourt les sanctions prévues à l'article L. 480-4 du Code de l'urbanisme.**

Le tribunal pourra, en outre, ordonner la remise en état des lieux aux frais du condamné.

Les dispositions des articles L. 480-1 (al. 1, 3 et 4), L. 480-2, L. 480-7, L. 480-8 et L. 480-9 du Code de l'urbanisme sont applicables aux infractions visées au premier alinéa du présent article. En particulier, le maire est soumis aux obligations prévues à l'alinéa 10 de l'article L. 480-2 du même code en cas de travaux effectués sans l'autorisation exigée en vertu de l'article 14 de la présente loi.

Code de la construction et de l'habitation

Art. L. 353-10 ***(Mod., L. n° 2009-526, 12 mai 2009).*** **– Toute personne qui, à l'aide soit d'une dissimulation, soit de tout autre moyen frauduleux, impose ou tente d'imposer au locataire ou à l'occupant d'un logement ayant fait l'objet d'une convention un loyer dépassant le prix fixé par cette convention est punie d'une amende de 4 500 €. Le tribunal ordonne en outre le reversement des sommes indûment versées.**

....

Art. L. 651-1 ***(L. n° 92-1336, 16 déc. 1992).*** **– Les fonctionnaires et agents des administrations publiques qui ont sollicité ou agréé des offres ou promesses, sollicité ou reçu des dons ou présents à l'occasion de l'application des titres Ier (chapitre II), II (chapitre Ier), III et IV, à l'exclusion des articles L. 612-1, L. 631-1 à L. 631-6, L. 641-12 et L. 641-14, sont punis conformément à l'article 432-11 du Code pénal.**

Le corrupteur est puni conformément à l'article 433-1 du Code pénal.

Est punie des mêmes peines toute personne qui a provoqué ou facilité ces fraudes ou y a participé.

Les mêmes peines sont applicables aux intermédiaires, agents de location ou toutes autres personnes qui, à l'occasion de l'application des titres I, II, III et IV du présent livre, à l'exclusion des articles L. 612-1, L. 631-1 à L. 631-6, L. 641-12 et L. 641-14, sollicitent ou obtiennent des commissions, ristournes ou rétributions supérieures à celles en usage dans la profession.

Loi n° 73-548 du 27 juin 1973

relative à l'hébergement collectif

Art. 1er. – Toute personne physique ou toute personne morale privée qui, à quelque titre que ce soit et même en qualité de simple occupant a affecté avant l'entrée en vigueur de la présente loi ou affecte un local

quelconque à l'hébergement, gratuit ou non, est tenue d'en faire la déclaration au préfet, dès lors que cet hébergement et, le cas échéant, tout ou partie des prestations annexes sont organisés et fournis en vue d'une utilisation collective excédant le cadre familial.

Les dispositions de la présente loi ne sont pas applicables aux formes d'hébergement collectif qui sont soumises à une obligation de déclaration ou d'agrément en vertu d'autres dispositions législatives ou réglementaires.

....

Art. 4 *(L. n° 89-488, 10 juill. 1989)*. – Le défaut de déclaration ou la production d'une déclaration incomplète, inexacte ou tardive, en violation des dispositions des articles précédents, sera puni d'une peine d'amende de 4 500 € et d'une peine d'emprisonnement de deux ans, ou de l'une de ces deux peines seulement.

Toute condamnation prononcée en application du premier alinéa du présent article peut être assortie de l'interdiction pour la personne condamnée de procéder, pendant une durée maximale de trois ans, à l'affectation d'un local dans les conditions définies à l'article 1er.

Sont passibles des peines prévues au premier alinéa de l'article 8 ceux qui, directement ou par personne interposée, contreviennent à cette interdiction.

Art. 5. – Lorsqu'il apparaît qu'un local affecté à l'hébergement collectif dans les conditions définies à l'article 1er ne satisfait pas aux prescriptions des dispositions législatives ou réglementaires qui lui sont applicables, le préfet met, par arrêté, l'auteur de la déclaration prévue audit article 1er en demeure de prendre dans un délai déterminé les mesures appropriées.

En cas d'urgence, ou si l'état du local est tel qu'il ne peut y être remédié, le préfet peut ordonner immédiatement, par arrêté motivé, sa fermeture ; il fixe le délai dans lequel cette fermeture doit être rendue effective.

....

Art. 8. – Toute personne qui exploite un local, par elle-même ou par personne interposée, au mépris de la décision intervenue en application des articles 5 ou 6, sera punie d'une peine d'amende de 75 000 € et d'une peine d'emprisonnement de trois ans ou de l'une de ces deux peines seulement.

Toute condamnation prononcée en application du premier alinéa du présent article peut être assortie de l'interdiction pour la personne condamnée de procéder, pendant une durée maximale de cinq ans, à l'affectation d'un local dans les conditions définies à l'article 1er.

Sont passibles des peines prévues au premier alinéa du présent article ceux qui, directement ou par personne interposée, contreviennent à cette interdiction.

Art. 8-1 *(L. n° 91-1383, 31 déc. 1991 ; L. n° 93-1027, 24 août 1993)*. – En cas d'infractions définies aux articles 4 et 8, le tribunal pourra prononcer à l'encontre du condamné étranger l'interdiction du territoire français pour une durée ne pouvant excéder dix ans.

L'interdiction du territoire français entraîne de plein droit reconduite à la frontière, le cas échéant, à l'expiration de la peine d'emprisonnement.

Le tribunal ne peut prononcer, que par une décision spécialement motivée au regard de la gravité de l'infraction, l'interdiction du territoire français à l'encontre :

1° D'un condamné étranger père ou mère d'un enfant français résidant en France, à condition qu'il exerce, même partiellement, l'autorité parentale à l'égard de cet enfant ou qu'il subvienne effectivement à ses besoins ;

2° D'un condamné étranger marié depuis au moins un an avec un conjoint de nationalité française, à condition que ce mariage soit antérieur aux faits ayant entraîné sa condamnation, que la communauté de vie n'ait pas cessé et que le conjoint ait conservé la nationalité française ;

3° D'un condamné étranger qui justifie qu'il réside habituellement en France depuis qu'il a atteint au plus l'âge de dix ans ;

4° D'un condamné étranger qui justifie qu'il réside régulièrement en France depuis plus de quinze ans.

L'interdiction du territoire français n'est pas applicable à l'encontre du condamné étranger mineur de dix-huit ans.

Art. 8-2 *(L. n° 93-1313, 20 déc. 1993).* – Les personnes morales peuvent être déclarées responsables pénalement, dans les conditions prévues par l'article 121-2 du Code pénal, des infractions aux articles 4 et 8.

Les peines encourues par les personnes morales sont :

1° L'amende, suivant les modalités prévues par l'article 131-38 du Code pénal ;

2° Les peines mentionnées aux 2°, 3°, 4°, 5°, 8° et 9° de l'article 131-39 du Code pénal.

L'interdiction visée au 2° de l'article 131-39 porte sur l'activité dans l'exercice ou à l'occasion de l'exercice de laquelle l'infraction a été commise.

Art. 9 *(Ord. nº 2010-177, 23 févr. 2010).* – Les infractions aux dispositions de la présente loi et des règlements pris pour son application sont constatées par les officiers et agents de police judiciaire, par les autres agents mentionnés à l'article L. 1312-1 et, dans la limite de leur compétence, par les inspecteurs du travail et de la main-d'œuvre, ainsi que par les autres fonctionnaires chargés du contrôle de l'application du droit du travail.

Décret nº 95-978 du 24 août 1995

relatif à l'hébergement des travailleurs agricoles

(Abr. et partiellement codifié, D. n° 2005-368, 19 avr. 2005. – V. C. rur., art. R. 716-1 à R. 716-16 et R. 719-7)

Code rural et de la pêche maritime

Art. R. 716-1. – Les personnes mentionnées à l'article L. 716-1 ne peuvent être hébergées ni en sous-sol, ni sous des tentes, sous réserve des dispositions de l'article R. 716-16. Elles doivent pouvoir clore leur logement et y accéder sans danger et librement.

Art. R. 716-2. – Les logements doivent être isolés des lieux où sont entreposées des substances et préparations dangereuses au sens de l'article R. 231-51 du Code du travail ou des produits susceptibles de nuire à la santé de leurs occupants.

Ils doivent aussi être éloignés des dépôts de matière malodorantes et toutes mesures doivent être prises pour assurer la destruction des parasites et des rongeurs.

Les matériaux utilisés pour leur construction ne doivent pas être de nature à porter atteinte à la santé des occupants et doivent permettre d'évacuer les locaux sans risque en cas d'incendie.

Les appareils à combustion destinés au chauffage et à la cuisson ainsi que leurs conduits, gaines et accessoires ne doivent pas être susceptibles de porter atteinte à la santé ou à la sécurité des occupants.

Les installations électriques doivent préserver la sécurité de leurs utilisateurs.

Les logements doivent être construits en matériaux permettant d'éviter les condensations et températures excessives. Ils doivent être aérés de façon permanente.

La hauteur sous plafond ne peut être inférieure à deux mètres.

Dans les pièces destinées au séjour et au sommeil, la surface des fenêtres doit être au moins égale à un dixième de la surface au sol de chaque pièce. Dans les pièces destinées au sommeil, les fenêtres doivent être munies d'un dispositif d'occultation.

Les couloirs et les escaliers doivent être suffisamment éclairés pour assurer la sécurité des déplacements.

Art. R. 716-3. – Sauf s'il s'agit d'une exploitation agricole qui n'est pas desservie par un réseau d'alimentation en eau courante, les installations d'eau doivent assurer une distribution permanente d'eau potable, avec une pression et un débit suffisants. Les robinets des éviers, lavabos et douches, dans la même hypothèse, doivent fournir de l'eau à température réglable.

Les cabinets d'aisances ne doivent pas communiquer directement avec les pièces destinées au séjour et aux repas. Leurs portes doivent être pleines et munies d'un dispositif de fermeture intérieure décondamnable de l'extérieur. Ils doivent être équipés d'une chasse d'eau, sauf s'il s'agit d'une exploitation agricole qui n'est pas alimentée en eau courante.

Art. R. 716-4. – Les sols, murs et plafonds doivent être protégés contre les eaux de ruissellement, les infiltrations et les remontées d'eau.

Les fenêtres doivent être étanches à l'eau et maintenues en bon état.

Le logement doit être en bon état d'entretien.

Sous-section 2. – Hébergement en logement individuel

Art. R. 716-5. – Le logement individuel mis à la disposition du travailleur et, le cas échéant, de sa famille comporte :

1° Une cuisine ou un coin cuisine ;

2° Au moins une pièce destinée au séjour et au sommeil, dont la surface habitable, déterminée conformément aux dispositions de l'article R. 111-2 du Code de la construction et de l'habitation, est de neuf mètres carrés lorsque la cuisine est séparée et de douze mètres carrés lorsqu'un coin cuisine est aménagé dans la pièce.

La surface habitable du logement ne peut être inférieure à quatorze mètres carrés pour le premier occupant, majorée de sept mètres carrés par occupant supplémentaire. Sont considérés comme occupants supplémentaires les enfants à charge du travailleur au sens de la législation sur les prestations familiales ainsi que son conjoint ou la personne vivant habituellement avec lui.

Si la consommation d'eau, de gaz et d'électricité est à la charge du travailleur, elle doit être enregistrée par des compteurs propres au logement qu'il occupe.

Le travailleur assure l'entretien courant de ce logement.

Toutefois, à Saint-Pierre-et-Miquelon, la surface habitable est déterminée conformément aux normes de construction et d'habitation applicables localement.

Sous-section 3. – Hébergement collectif des travailleurs saisonniers

Art. R. 716-6. – La présente sous-section est applicable aux travailleurs hébergés collectivement qui sont recrutés en vue d'accomplir, en fonction des particularités du cycle de la production animale ou végétale, des travaux devant être menés à terme en un temps limité et nécessitant en conséquence le recrutement d'un surplus temporaire de main-d'œuvre.

Art. R. 716-7. – Toute pièce destinée au sommeil peut recevoir au maximum six travailleurs. Sa superficie minimale est de neuf mètres carrés pour le premier occupant et de sept mètres carrés par occupant supplémentaire. Les lits ne peuvent être superposés.

Art. R. 716-8. – Les pièces destinées au sommeil des hommes sont séparées de celles destinées au sommeil des femmes.

Art. R. 716-9. – Les locaux destinés aux repas comportent une pièce à usage de cuisine, et une pièce à usage de réfectoire dont la superficie minimale est de sept mètres carrés pour un travailleur saisonnier, majorée de 2 mètres carrés par personne supplémentaire.

Toutefois :

1° Si la structure des lieux s'oppose à l'aménagement de la cuisine et du réfectoire dans des pièces séparées, ces deux fonctions peuvent être regroupées en une seule pièce dont la superficie minimale est de dix mètres carrés pour un travailleur, majorée de deux mètres carrés par travailleur supplémentaire ;

2° La pièce à usage de cuisine n'est pas obligatoire lorsque l'employeur prend en charge la préparation des repas. Dans ce cas, un espace est aménagé et équipé pour que les travailleurs puissent préparer et prendre leurs repas en dehors des jours ouvrés.

Art. R. 716-10. – Sous réserve des dispositions de l'article R. 716-8, lorsque le nombre de travailleurs saisonniers est au plus égal à trois, une pièce unique peut servir à la fois au sommeil et aux repas des intéressés. Sa superficie doit alors être de douze mètres carrés pour un travailleur, majorée de sept mètres carrés par travailleur supplémentaire.

Art. R. 716-11. – La salle d'eau comporte des lavabos aménagés à raison d'un lavabo pour trois personnes. Elle comporte également des douches à raison d'une cabine pour six personnes.

Les cabinets d'aisances sont aménagés à raison d'un pour six personnes.

Les douches, les lavabos et les cabinets d'aisances sont séparés pour les hommes et les femmes.

Art. R. 716-12. – Les locaux mentionnés à la présente sous-section sont conformes aux dispositions du troisième alinéa de l'article R. 232-12 et à celles des articles R. 232-12-2 à R. 232-12-7 du Code du travail en ce qui concerne les issues et dégagements et à celles de l'article R. 232-12-17 du même code en ce qui concerne la lutte contre l'incendie.

Art. R. 716-13. – Le chef d'établissement assure ou fait assurer à ses frais :

1° Le maintien en bon état des locaux, du matériel et du mobilier dont ils sont équipés ;

2° Le nettoyage quotidien des locaux mentionnés aux articles R. 716-7 et R. 716-9 à R. 716-11 ;

3° Le blanchissage des draps au moins une fois tous les quinze jours, et le nettoyage de l'ensemble de la literie lors de chaque changement d'occupant ;

4° L'enlèvement, deux fois par semaine, des ordures ménagères.

Sous-section 4. – Mesures d'application

Art. R. 716-14. – Un arrêté du ministre chargé de l'agriculture fixe :

1° les logements mentionnés aux sous-sections 2 et 3 de la présente section, le niveau maximal de pression du bruit perçu à l'intérieur de chaque logement par suite du fonctionnement d'un équipement quelconque utilisé par l'entreprise ;

2° Pour les logements mentionnés à la sous-section 3 de la présente section :

a) La température minimale qui doit être maintenue, par temps froid, dans les locaux, compte tenu des moyens de chauffage mis à la disposition des travailleurs par le chef d'établissement ;

b) Les dispositions relatives au mobilier et à la literie mis à la disposition des travailleurs ainsi qu'aux meubles et au matériel nécessaires à la préparation et à la prise de leurs repas ;

c) Les dispositions relatives à l'aménagement de la salle d'eau et des cabinets d'aisances ;

d) La quantité d'eau potable qui sera mise quotidiennement à la disposition des travailleurs si les locaux mentionnés aux articles R. 716-9 à R. 716-11 ne sont pas alimentés en eau courante.

Sous-section 5. – Dérogations

Art. R. 716-15. – Par dérogation aux dispositions des sous-sections 2 et 3 de la présente section, les conditions de confort, d'hygiène et de sécurité des locaux mis à la disposition des travailleurs installés à proximité des chantiers ainsi que celles des locaux dans lesquels sont hébergés les vachers et les bergers d'estive sont fixées par un arrêté ministériel. Celui-ci prendra en considération les contraintes inhérentes à ces formes d'habitat tenant en particulier à l'absence d'une infrastructure suffisante pour assurer l'alimentation en eau et en électricité.

Art. R. 716-16. – Par dérogation aux dispositions de l'article R. 716-1, dans les départements ou parties de départements désignés par arrêté du ministre chargé de l'agriculture et dans lesquels l'habitat disponible est quantitativement insuffisant eu égard à l'importance de la main-d'œuvre accueillie lors des travaux saisonniers, l'inspecteur du travail peut autoriser le chef d'établissement à héberger ces travailleurs sous des tentes, installées sur un terrain qu'il met à leur disposition, lorsqu'ils sont recrutés pour une durée inférieure à un mois.

L'équipement du terrain doit satisfaire aux conditions fixées par l'arrêté ministériel susmentionné, qui précise, en outre, les périodes de l'année pendant lesquelles l'autorisation peut être accordée.

L'inspecteur du travail peut accorder une dérogation à tout ou partie des dispositions des articles R. 716-7 et R. 716-11 lorsque le chef d'établissement recrute et loge des travailleurs pour une durée maximale de douze jours sur une période de douze mois consécutifs.

Le recours hiérarchique formé contre les décisions de l'inspecteur du travail prises au titre des premier et deuxième alinéas est adressé au chef du service régional de l'inspection du travail, de l'emploi et de la politique sociale agricoles. Ce recours doit, à peine de forclusion, être présenté dans les quinze jours suivant la réception de la lettre recommandée avec accusé de réception notifiant la décision de l'inspecteur du travail.

....

Art. R. 716-19. – L'hébergement satisfait aux conditions générales de sécurité suivantes :

1° Il est isolé des lieux où sont entreposées des substances et préparations dangereuses au sens de l'article R. 231-51 du Code du travail ou des produits susceptibles de nuire à la santé de leurs occupants. Il est aussi éloigné des dépôts de matières malodorantes et toutes mesures sont prises pour assurer la destruction des parasites et des rongeurs ;

2° Les matériaux utilisés pour sa construction ne peuvent porter atteinte à la santé des occupants. Ils permettent une isolation phonique conforme aux dispositions prévues à l'article R. 111-4 du Code de la construction et évitent les condensations et températures intérieures excessives. Les hébergements mobiles sont aérés de façon permanente. Les sols, parois et plafonds sont protégés contre les eaux de ruissellement, les infiltrations et les remontées d'eau ;

3° La hauteur sous plafond ne peut être inférieure à deux mètres ;

4° L'hébergement est équipé de fenêtres ou autres ouvrants transparents donnant directement sur l'extérieur, étanches à l'eau et maintenus en bon état. Les pièces destinées au sommeil sont munies d'un dispositif d'occultation ;

5° Les couloirs et les escaliers permettent l'évacuation des locaux sans risque, en cas d'incendie, conformément aux dispositions des articles R. 232-12-2 à R. 232-12-7 du Code du travail ;

6° Le travailleur doit pouvoir clore son logement et y accéder sans danger et librement.

ANNEXE 41

MARINE MARCHANDE

Bibliographie : J.-Ch. Izard, *Marine marchande : JCl. Lois pénales spéciales.* • M. H. Renaut, *Le Code disciplinaire et pénal de la marine marchande entre un long passé et un futur sans avenir doit-il disparaître ? : Dr. pénal* 2002, chron. 25. • L. de Graëve, *À propos de l'ordonnance du 2 novembre 2012 portant réforme pénale en matière maritime : Dr. pénal* 2013, étude 1.

Code disciplinaire et pénal de la marine marchande

(Code créé, L. 17 déc. 1926 ; partiellement abrogé et recodifié à compter du 1er déc. 2010, sous réserve de l'art. 9, 10° de l'ordonnance n° 2010-1307 du 28 oct. 2010, Ord. n° 2010-1307, 28 oct. 2010. – V. C. transports, 5111-2, L. 5222-2, L. 5242-1 à L. 5242-8, L. 5262-5 à L. 5262-7, L. 5263-1 à L. 5263-3, L. 5264-2, L. 5344-8, L. 5422-26, L. 5511-2, L. 5511-4, L. 5511-5, L. 5523-1, L. 5523-2, L. 5531-2, L. 5531-6 à L. 5531-17, L. 5531-18 et L. 5542-2)

TITRE PREMIER. – DISPOSITIONS GÉNÉRALES

Art. 1er *(L. n° 62-899, 4 août 1962).* **– Sont soumises à toutes les dispositions de la présente loi [du présent code], en quelque lieu que se trouve le navire, et hors des cas prévus par le Code de justice militaire :**

1° Toutes les personnes, de quelque nationalité qu'elles soient, inscrites sur le rôle d'équipage d'un navire français autre qu'un navire de guerre, immatriculé en France métropolitaine ou dans un département d'outre-mer et y ayant conservé son port d'attache, à partir du jour de leur embarquement administratif, jusque et y compris le jour de leur débarquement administratif ;

2° Toutes les personnes, de quelque nationalité qu'elles soient, qui se trouvent, en fait, à bord d'un navire visé à l'alinéa premier ci-dessus, soit comme passagers proprement dits, soit en vue d'effectuer le voyage, pendant tout le temps de leur présence sur le bâtiment.

Les personnes de l'équipage et les marins passagers naufragés, absents irrégulièrement ou délaissés qui ont été embarqués pour être rapatriés, continuent d'être soumis aux dispositions de la présente loi [du présent code], en cas de perte du navire, jusqu'à ce qu'ils aient pu être remis soit à une autorité française, soit à une autorité étrangère locale. Il en est de même des autres personnes embarquées si elles ont demandé à suivre la fortune de l'équipage.

Par dérogation aux dispositions qui précèdent, les militaires et marins des armées de terre et de mer embarqués, à quelque titre que ce soit, sur un des navires visés à l'alinéa premier ci-dessus, demeurent justiciables des tribunaux militaires de l'armée de terre ou de l'armée de mer pour tout délit ou crime prévu par la présente loi [le présent code].

Un décret contresigné par le ministre chargé de la marine marchande, le ministre d'État chargé de la défense nationale et le ministre chargé des territoires d'outre-mer déterminera la procédure à suivre pour la recherche et la constatation des délits ou crimes prévus au paragraphe précédent, ainsi que les conditions de la répression des fautes de discipline prévues par la présente loi [le présent code], lorsqu'elles sont commises par des militaires ou marins des armées de terre ou de mer.

Art. 2 *(Mod., L. n° 60-1156, 2 nov. 1960 ; L. n° 62-899, 4 août 1962).* **– Pour l'application des dispositions contenues dans la présente loi [le présent code] :**

L'expression de « capitaine » désigne le capitaine ou patron ou, à défaut, la personne qui exerce régulièrement,

L'expression d'« officier » désigne le second, les lieutenants, le chef mécanicien, les mécaniciens chefs de quart, les radiotélégraphistes ayant rang d'officier, le commissaire, les médecins, les marins titulaires du diplôme d'élève officier de la marine marchande ou du brevet d'élève officier mécanicien et embarqués comme élèves officiers, ainsi que toutes personnes portées comme officiers sur le rôle d'équipage ;

L'expression de « maître » désigne les maîtres d'équipage, les premiers chauffeurs ou assimilés, les radiotélégraphistes n'ayant pas rang d'officier, ainsi que toutes personnes portées comme maîtres ou chefs de service sur le rôle d'équipage ;

L'expression d'« homme d'équipage » désigne toutes les autres personnes de l'équipage, quel que soit leur sexe, qui sont inscrites sur le rôle d'équipage, soit pour le service du pont ou de la machine, soit pour le service général.

L'expression de « passager » désigne les passagers proprement dits, ainsi que toutes les personnes qui se trouvent en fait, à bord du navire, en vue d'effectuer le voyage ;

L'expression de « personnes embarquées » désigne l'ensemble des personnes énumérées aux alinéas 1° et 2° du paragraphe premier de l'article premier ;

(Al. abr. à compter de la publication des dispositions réglementaires du Code des transports, Ord. n° 2010-1307, 28 oct. 2010) L'expression d'administrateur des affaires maritimes désigne :

(Al. abr. à compter de la publication des dispositions réglementaires du Code des transports, Ord. n° 2010-1307, 28 oct. 2010) En France métropolitaine et dans les départements de la Guyane, de la Martinique, de la Guadeloupe et de la Réunion : le fonctionnaire chargé du service des affaires maritimes ;

(Al. abr. à compter de la publication des dispositions réglementaires du Code des transports, Ord. n° 2010-1307, 28 oct. 2010) Dans les territoires d'outre-mer de la République : le chef du service des administrateurs des affaires maritimes ;

(Al. abr. à compter de la publication des dispositions réglementaires du Code des transports, Ord. n° 2010-1307, 28 oct. 2010) Dans les États de la Communauté : le fonctionnaire chargé des services extérieurs et communs en matière de transports maritimes ;

(Al. abr. à compter de la publication des dispositions réglementaires du Code des transports, Ord. n° 2010-1307, 28 oct. 2010) Dans les rades et ports étrangers : l'autorité consulaire, à l'exclusion des agents consulaires ;

L'expression de « bord » désigne le navire, ses embarcations et ses moyens de communication fixes avec la terre.

Les dispositions visant les ports métropolitains s'appliquent également à un port d'un département d'outre-mer dans les cas où le navire en cause sera immatriculé dans l'un de ces départements.

Art. 3. – En ce qui concerne les crimes et délits prévus au titre III de la présente loi, les délais de prescription de l'action publique, de l'exécution de la peine et de l'action civile sont fixés conformément au droit commun.

En ce qui concerne les fautes graves contre la discipline prévues au titre II, chapitre III, de la présente loi, les délais dans lesquels la punition doit être prononcée, la peine exécutée et l'action civile intentée sont ceux prévus pour les contraventions de simple police.

Les délais prévus aux paragraphes précédents ne commencent à courir qu'à partir du jour où, après la faute commise, le navire a touché un port de France.

....

TITRE III. – DES INFRACTIONS MARITIMES

(L. n° 62-899, 4 août 1962)

CHAPITRE PREMIER. – COMPÉTENCE ET PROCÉDURE

Art. 25 *(D.-L. 29 juill. 1939 ; mod., L. n° 62-899, 4 août 1962)*. – La connaissance des crimes et délits commis à bord des navires français visés à l'article 1er appartient aux juridictions de droit commun ; la connaissance des contraventions et des délits appartient aux juridictions de droit commun ou aux tribunaux maritimes commerciaux, suivant les distinctions établies aux articles 36 et 36 *bis*. Ces dispositions s'appliquent sous réserve de celles prévues aux articles 33 et 37 concernant les mineurs de dix-huit ans.

En ce qui concerne les individus faisant partie de l'équipage des navires visés à l'alinéa 1° du paragraphe 1er de l'article 1er, les citations, actes de procédure et jugements sont dispensés du timbre et enregistrés gratis.

Les citations sont faites et remises sans frais par les syndics des gens de mer, les gardes maritimes, les agents du personnel de la surveillance des pêches et les gendarmes de la marine, et les jugements sont signifiés par simple extrait contenant le nom des parties et le dispositif du jugement. Cette signification fait courir les délais d'opposition, d'appel et de pourvoi en cassation.

Toute condamnation pour crime, délit ou contravention prévu par la présente loi donne lieu à l'établissement d'un extrait du jugement ou de l'arrêt qui est adressé à l'administrateur des affaires maritimes du quartier d'immatriculation ou d'attache du condamné.

………………………………………………………………………………………………

Art. 28 *(L. n° 2008-324, 7 avr. 2008).* – Le capitaine prend toutes mesures nécessaires et adaptées en vue d'assurer la préservation du navire et de sa cargaison et la sécurité des personnes se trouvant à bord.

Art. 29 *(L. n° 2008-324, 7 avr. 2008).* – À la demande du procureur de la République compétent au titre de l'article 37 ou avec son accord, le capitaine peut ordonner la consignation dans un lieu fermé, pendant la durée strictement nécessaire, d'une personne mettant en péril la préservation du navire, de sa cargaison ou de la sécurité des personnes se trouvant à bord lorsque les aménagements du navire le permettent. Le mineur doit être séparé de toute autre personne consignée.

En cas d'urgence, la consignation est immédiatement ordonnée par le capitaine. Il informe dès le début de celle-ci le procureur compétent afin de recueillir son accord.

Art. 30 *(L. n° 2008-324, 7 avr. 2008).* – Lorsque le capitaine a connaissance d'un crime, d'un délit ou d'une tentative de crime ou de délit commis à bord du navire, il effectue, afin d'en conserver les preuves et d'en rechercher les auteurs, tous les actes utiles ou exerce les pouvoirs mentionnés aux articles 54, 60, 61, 62 et au premier alinéa de l'article 75 du Code de procédure pénale. Les articles 55, 56, 59, 66 et les trois premiers alinéas de l'article 76 du même code sont applicables. Les pouvoirs d'enquête de flagrance visés au présent article s'appliquent aux crimes flagrants et aux délits flagrants lorsque la loi prévoit une peine d'emprisonnement. Les constatations et les diligences du capitaine sont inscrites au livre de discipline. Celui-ci informe sans délai l'autorité administrative en indiquant le position du navire ainsi que le lieu, la date et l'heure prévus de la prochaine escale. L'autorité administrative en informe sans délai le procureur de la République compétent au titre de l'article 37 du présent code qui peut ordonner le déroutement du navire.

Lorsque la personne soupçonnée d'avoir commis ou tenté de commettre un crime ou un délit fait l'objet d'une mesure de consignation, le capitaine la conduit dès que possible devant l'officier de police judiciaire le plus proche.

Lorsque le capitaine constate une contravention commise à bord, il l'inscrit sur le livre de discipline.

Art. 30-1 *(L. n° 2008-324, 7 avr. 2008).* – Si la première escale du navire a lieu dans un port français, le capitaine transmet sans délai, par tout moyen permettant d'en garantir l'authenticité, les pièces de l'enquête effectuée en application de l'article 30 à l'autorité administrative dans le ressort de laquelle se situe ledit port ou le port d'immatriculation du navire. Dans les conditions prévues aux troisième à septième alinéas de l'article 33, celle-ci saisit le président du tribunal maritime commercial ou transmet dans les cinq jours l'original au procureur de la République compétent au titre de l'article 37.

Art. 30-2 *(L. n° 2008-324, 7 avr. 2008).* – Si la première escale du navire a lieu dans un port étranger, les pièces de l'enquête sont remises sans délai à l'autorité consulaire. Celle-ci se rend à bord afin de constater les mesures prises par le capitaine et, le cas échéant, vérifier les conditions de consignation des personnes mises en cause. Elle peut procéder à une enquête complémentaire dans les conditions prévues à l'article 30.

Si l'autorité consulaire estime nécessaire de prendre une mesure de consignation, elle en informe sans délai le procureur de la République compétent au titre de l'article 37 qui peut ordonner le maintien à bord de la personne mise en cause en vue de son rapatriement.

L'autorité consulaire transmet ensuite le dossier de la procédure par tout moyen permettant d'en garantir l'authenticité au procureur qui informe l'autorité administrative qui l'a saisi.

………………………………………………………………………………………………

Art. 36 *(D.-L. 29 juill. 1939 ; mod., L. n° 62-899, 4 août 1962).* – Il appartient au procureur de la République de poursuivre, s'il y a lieu, les crimes commis à bord des navires français visés à l'article 1er, ainsi que les délits ou contraventions prévus par les articles 46, 49, 50 à 53 et 68 à 78.

Pour les délits ou contraventions prévus par les articles 46, 51 (§ 1er), 52, 69 à 72, 74 (§ 1 et § 3), et 75 à 78, le ministère public ne peut engager les poursuites que sur l'avis conforme de l'administrateur des affaires maritimes.

Pour les délits prévus par les articles 49, 50, 51 (§ 2), 53, 58, 68 et 73, le ministère public ne peut engager les poursuites qu'au vu des conclusions de l'administrateur des affaires maritimes ou à l'expiration du délai de huit jours après qu'il aura réclamé ces conclusions par lettre recommandée.

L'administrateur des affaires maritimes doit, s'il le demande, être entendu par le tribunal.

Art. 36 *bis* *(L. n° 62-899, 4 août 1962).* – Les contraventions ou délits prévus par les articles 39 à 43, 45, 54 à 57, 59, 62 à 67, 80 à 85, 87 et 87 *bis* sont, en France métropolitaine, de la connaissance des tribunaux maritimes commerciaux institués par le titre IV de la présente loi.

Dans les départements d'outre-mer, ils sont de la compétence des tribunaux correctionnels. Les dispositions des alinéas 2 et 4 de l'article 36 leur sont alors applicables.

Toutefois, les mineurs de dix-huit ans sont déférés aux juridictions pour enfants, conformément aux dispositions de l'article 33 (2°).

....

CHAPITRE II. – DE L'ABSENCE IRRÉGULIÈRE ET DE L'ABANDON DE POSTE

Art. 39 *(Mod., L. n° 2002-73, 17 janv. 2002).* – Est puni d'un emprisonnement de six mois tout officier, maître ou homme d'équipage qui, dans un port métropolitain, se rend coupable d'absence irrégulière du bord, lorsqu'il est affecté à un poste de garde ou de sécurité.

L'administrateur des affaires maritimes, en formulant l'avis prévu à l'article 36 (§ 2) ci-dessus, doit indiquer les motifs pour lesquels le poste auquel était affecté le marin constituait un poste de garde ou de sécurité.

Lorsque le contrat d'engagement a été conclu à durée déterminée ou indéterminée et que le délai de préavis est expiré, le marin doit être relevé du poste qu'il occupe de manière à pouvoir quitter librement le bord. Le capitaine qui aura négligé de le relever est puni des peines prévues par le paragraphe 1er de l'article 42 ci-après.

Art. 40 et 41 *(Abr. et partiellement recodifié à compter du 1er déc. 2010, Ord. n° 2010-1307, 28 oct. 2010. – V. C. transports, L. 5642-2 et L. 5344-8).*

Code des transports

Art. L. 5642-2. – Est puni de deux ans d'emprisonnement le fait, pour tout capitaine, de rompre son engagement et quitter le navire avant d'avoir été remplacé.

Art. L. 5344-8. – Est puni de 3 750 € d'amende le fait pour un capitaine de ne pas se tenir en personne à la passerelle de son navire à l'entrée et à la sortie des ports, havres ou rivières.

CHAPITRE III. – INFRACTIONS TOUCHANT À LA POLICE INTÉRIEURE DU NAVIRE

(L. n° 62-899, 4 août 1962)

Art. 42 *(Mod., L. n° 92-1336, 16 déc. 1992 ; abr. et partiellement recodifié à compter du 1er déc. 2010, Ord. n° 2010-1307, 28 oct. 2010. – V. C. transports, art. L. 5531-9 à L. 5531-11).*

Code des transports

Art. L. 5531-9. – Est puni, conformément aux dispositions des articles 222-8, 222-10, 222-12 et 222-13 du Code pénal réprimant les violences commises par une personne dépositaire de l'autorité publique, le capitaine qui use ou fait user de violence dans l'exercice ou à l'occasion de l'exercice de ses fonctions.

Art. L. 5531-10. – Est puni de six mois d'emprisonnement et de 3 750 € d'amende le fait, pour le capitaine ou un autre membre de l'équipage titulaire de l'autorité, d'abuser de son autorité ou d'ordonner, d'autoriser ou de tolérer un abus d'autorité vis-à-vis d'une personne embarquée.

Art. L. 5531-11 *(Abr., L. n° 2013-619, 16 juill. 2013).*

Art. 43 ***(Abr. à compter de la publication des dispositions réglementaires du Code des transports, Ord. n° 2010-1307, 28 oct. 2010).*** **– Est puni, pour chacune des infractions visées ci-après, d'une amende prévue pour les contraventions de la quatrième classe, tout capitaine qui refuse ou néglige, sans motif légitime :**

1° De faire les constatations requises en cas de crime ou de délit commis à bord ;

2° De rédiger : soit les actes de l'état civil, les procès-verbaux de disparition et les testaments, dans les cas prévus par les articles 59, 62, 86, 87, 988 et 989 du Code civil ; soit les actes de procuration, de consentement et d'autorisation prévus par la loi du 8 juin 1893, soit les rapports de maladies, blessures ou décès des participants à la caisse nationale de prévoyance des marins français ;

3° De tenir régulièrement le journal du bord, le livre de discipline et autres documents réglementaires.

Art. 44 ***(Mod., L. n° 92-1336, 16 déc. 1992 ; abr. et recodifié à compter du 1er déc. 2010, Ord. n° 2010-1307, 28 oct. 2010 – V. C. transports, art. L. 5223-1).***

Code des transports

Art. L. 5223-1. – Est puni des peines applicables au faux en écriture publique prévu par le premier alinéa de l'article 441-4 du Code pénal le fait, pour tout membre de l'équipage, d'inscrire sur les documents de bord des faits altérés ou contraires à la vérité.

Art. 45 ***(Abr. et recodifié à compter du 1er déc. 2010, Ord. n° 2010-1307, 28 oct. 2010. – V. C. transports, art. L. 5531-12).***

Code des transports

Art. L. 5531-12. – Est puni de six mois d'emprisonnement et de 3 750 € d'amende le fait, pour le capitaine, de favoriser, par son consentement, l'usurpation de l'exercice du commandement à son bord.

Est puni de six mois d'emprisonnement et de 3 750 € d'amende le fait de prendre indûment le commandement d'un navire.

Pour l'application des dispositions du Code disciplinaire et pénal de la marine marchande, l'expression de « capitaine » désigne le capitaine ou, à défaut, la personne qui exerce, régulièrement, en fait, le commandement du navire ; le fait pour toute autre personne de prendre indûment ce commandement est constitutif du délit prévu et réprimé par l'article 45 de ce code (■ Cass. crim., 7 nov. 2006 : *Bull. crim.*, n° 276).

Art. 46 à 51 ***(Abr. à compter du 1er déc. 2010, Ord. n° 2010-1307, 28 oct. 2010).***

Art. 52 ***(Abr. et recodifié à compter du 1er déc. 2010, Ord. n° 2010-1307, 28 oct. 2010. – V. C. transports, art. L. 5531-18).***

Code des transports

Art. L. 5531-18. – Est puni de deux ans d'emprisonnement et de 15 000 € d'amende le fait, pour toute personne embarquée, de détourner un objet nécessaire à la navigation ou à la sécurité du navire.

Art. 53 et 54 ***(Abr. à compter du 1er déc. 2010, Ord. n° 2010-1307, 28 oct. 2010).***

Art. 55 ***(Abr. à compter de la publication des dispositions réglementaires du Code des transports, Ord. n° 2010-1307, 28 oct. 2010).*** **– Est punie d'un emprisonnement d'un mois toute personne embarquée coupable d'avoir introduit à bord de l'alcool ou des boissons spiritueuses ou d'en avoir facilité l'introduction à bord, sans l'autorisation expresse du capitaine.**

Est puni d'une peine double le capitaine ou l'armateur qui a embarqué ou fait embarquer de l'alcool ou des boissons spiritueuses, destinées à la consommation de l'équipage, en quantités supérieures aux quantités réglementaires, ou en aura autorisé l'embarquement.

Art. 56 *(Abr. et partiellement recodifié à compter du 1er déc. 2010, Ord. n° 2010-1307, 28 oct. 2010. – V. C. transports, art. L. 5531-13).*

Code des transports

Art. L. 5531-13 *(Abr., Ord. n° 2016-1686, 8 déc. 2016).*

Art. 57 *(Abr. et recodifié à compter du 1er déc. 2010, Ord. n° 2010-1307, 28 oct. 2010. – V. C. transports, art. L. 5531-11).* **– Est puni d'une amende de 3 750 € et d'un emprisonnement de six mois, ou de l'une de ces deux peines seulement, tout officier, maître ou homme d'équipage qui se rend coupable d'outrage par parole, geste ou menace envers un supérieur.**

Code des transports

Art. L. 5531-11. – Est puni de six mois d'emprisonnement et de 3 750 € d'amende le fait, pour le capitaine, un officier ou un maître, de se rendre coupable d'outrage par paroles, gestes ou menaces envers les autres membres de l'équipage.

Est puni de la même peine le fait, pour un marin, de se rendre coupable d'outrage par paroles, gestes ou menaces envers un supérieur.

Art. 58 *(Rempl., L. n° 92-1336, 16 déc. 1992 ; abr. et recodifié à compter du 1er déc. 2010, Ord. n° 2010-1307, 28 oct. 2010. – V. C. transports, art. L. 5531-8).* **– Les violences commises contre le capitaine par toute personne embarquée sont punies conformément aux articles 222-8, 222-10, 222-12 et 222-13 du Code pénal.**

Code des transports

Art. L. 5531-8. – Sont punies, conformément aux articles 222-8, 222-10, 222-12 et 222-13 du Code pénal, les violences commises contre le capitaine par toute personne embarquée.

Art. 59 *(Mod., L. n° 2002-73, 17 janv. 2002).* **– Est puni d'un emprisonnement de trois mois tout homme d'équipage qui, dans un port métropolitain, a, après une sommation formelle du capitaine ou d'un officier spécialement désigné à cet effet par le capitaine, refusé d'obéir ou résisté à un ordre concernant le service donné pour assurer la garde ou la sécurité du navire et lorsque la non-exécution de cet ordre est de nature à entraîner des conséquences dommageables.**

Si le coupable est un officier ou maître, les peines prévues aux deux paragraphes précédents sont portées au double.

Art. 60 *(Abr. et recodifié à compter du 1er déc. 2010, Ord. n° 2010-1307, 28 oct. 2010. – V. C. transports, art. L. 5531-6).*

Code des transports

Art. L. 5531-6. – Est puni de dix ans d'emprisonnement le fait pour des personnes embarquées autres que des officiers ou des maîtres de se livrer collectivement, armés ou non, à des violences à bord en vue de se soulever contre l'autorité du capitaine et de refuser après sommation de rentrer dans l'ordre.

La peine est portée à vingt ans de réclusion criminelle lorsque les infractions définies au premier alinéa sont commises par des officiers ou des maîtres.

Les personnes embarquées autres que les membres de l'équipage sont punies comme les officiers ou maîtres, si elles ont été les instigatrices du soulèvement.

Dans les cas prévus ci-dessus, la résistance du capitaine et des personnes qui lui sont restées fidèles est considérée comme un acte de légitime défense.

Art. 61 *(Abr. et recodifié à compter du 1er déc. 2010, Ord. n° 2010-1307, 28 oct. 2010. – V. C. transports, art. L. 5531-7).*

Code des transports

Art. L. 5531-7. – Constitue un complot le fait, pour deux ou plusieurs personnes embarquées à bord d'un navire, de se concerter sur la résolution d'agir en vue de commettre un attentat. L'attentat est constitué au premier acte de violence commis.

Est punie de dix ans d'emprisonnement toute personne embarquée qui est auteur ou complice d'un complot ou d'un attentat contre la sécurité, la liberté ou l'autorité du capitaine.

La peine est portée à vingt ans de réclusion criminelle lorsque l'auteur ou le complice est un officier ou un maître.

Art. 62 ***(Abr. à compter du 1er déc. 2010, Ord. n° 2010-1307, 28 oct. 2010).***

Art. 62-1 ***(L. n° 2008-776, 4 août 2008).*** **– Les personnes physiques déclarées coupables des crimes prévus par l'article 47, le deuxième alinéa de l'article 51 et les articles 60 et 61 encourent également à titres de peines complémentaires l'interdiction, suivant les modalités prévues par l'article 131-27 du Code pénal, soit d'exercer une fonction publique ou d'exercer l'activité professionnelle ou sociale dans l'exercice ou à l'occasion de l'exercice de laquelle l'infraction a été commise, soit d'exercer une profession commerciale ou industrielle, de diriger, d'administrer, de gérer ou de contrôler à un titre quelconque, directement ou indirectement, pour leur propre compte ou pour le compte d'autrui, une entreprise commerciale ou industrielle ou une société commerciale. Ces interdictions d'exercice peuvent être prononcées cumulativement.**

CHAPITRE IV. – INFRACTIONS CONCERNANT LA POLICE DE LA NAVIGATION

(L. n° 62-899, 4 août 1962)

Art. 63 ***(D.-L. 29 févr. 1940 ; L. n° 79-1, 2 janv. 1979 ; L. n° 86-1271, 15 déc. 1986 ; abr. et recodifié à l'exception du dernier alinéa ci-après reproduit à compter du 1er déc. 2010, Ord. n° 2010-1307, 28 oct. 2010. – V. C. transports, art. L. 5242-1 et L. 5242-2).*** **– Si les infractions prévues au présent article ont été commises en temps de guerre, la peine peut être portée au triple et la connaissance desdites infractions appartient aux tribunaux maritimes.**

Code des transports

Art. L. 5242-1 *(Mod., Ord. n° 2012-1218, 2 nov. 2012).* – I. – Est puni de deux ans d'emprisonnement et de *(Montant remplacé, L. n° 2013-431, 28 mai 2013)* « 30 000 € » d'amende le fait, pour tout capitaine, chef de quart ou toute personne exerçant la responsabilité ou la conduite d'un navire, d'enfreindre, y compris par imprudence ou négligence, dans les eaux territoriales ou dans les eaux intérieures maritimes françaises :

1° Les règles de circulation maritime édictées en application de la convention sur le règlement international de 1972 pour prévenir les abordages en mer, faite à Londres le 20 octobre 1972, et relatives aux dispositifs de séparation de trafic ainsi que les instructions particulières des préfets maritimes et les ordres des agents des centres régionaux opérationnels de surveillance et de sauvetage et des agents chargés de la police de la navigation, édictés pour mettre en œuvre ces dispositifs de séparation de trafic ;

2° Les règles édictées par le ministre chargé de la mer et les préfets maritimes relatives :

- aux distances minimales de passage le long des côtes françaises ;
- à la circulation dans les zones maritimes et fluviales de régulation définies à l'article L. 5331-1 ;
- à Mayotte, à Saint-Barthélemy, à Saint-Martin, à Saint-Pierre-Miquelon, en Nouvelle-Calédomie, en Polynésie française, à Wallis-et-Futuna, et dans les Terres australes et antarctiques françaises, à la circulation dans une zone maritime et fluviale de régulation comprenant, en dehors des limites administratives du port, les espaces nécessaires à l'approche et au départ du port. Ces espaces sont constitués des chenaux d'accès au port et des zones d'attente et de mouillage.

L'amende est portée à 150 000 € lorsque l'infraction est commise par le capitaine chef de quart ou toute personne exerçant la responsabilité ou la conduite d'un navire transportant une cargaison d'hydrocarbures ou d'autres substances dangereuses définies par voie réglementaire.

II. – Est puni des mêmes peines le capitaine d'un navire battant pavillon français qui, en dehors des eaux territoriales, ne se conforme pas aux règles mentionnées au 1° du I.

Art. L. 5242-2 *(Ord. n° 2012-1218, 2 nov. 2012).* – I. – Est puni de six mois d'emprisonnement et de *(Montant remplacé, L. n° 2013-431, 28 mai 2013)* « 15 000 € » d'amende le fait pour une personne embarquée sur un navire de ne pas se conformer, dans les eaux intérieures maritimes et jusqu'à la limite extérieure des eaux territoriales françaises :

1° Aux règlements pris par le ministre chargé de la mer et les préfets maritimes relatifs :

a) Aux zones ou périodes d'interdiction de la navigation, du mouillage ou de certaines activité, édictés en vue d'assurer la sécurité de la navigation ou le maintien de l'ordre public en mer ;

b) Aux obligations de signalement ou d'information, de veille de fréquences et de réponse aux appels ;

c) Aux restrictions ou prescriptions particulières de navigation relatives au passage inoffensif, ou au transport de matières sensibles ;

d) À la conduite à tenir en cas de découverte d'engins dangereux ;

2° Aux instructions particulières des préfets maritimes et aux ordres des agents des centres régionaux opérationnels de surveillance et de sauvetage et des agents chargés de la police de la navigation, relatives à la sécurité de la navigation maritime ou au maintien de l'ordre public en mer.

II. - Est puni des mêmes peines le fait, en dehors des eaux territoriales, pour tout capitaine, chef de quart ou toute personne exerçant la responsabilité ou la conduite d'un navire battant pavillon français, de ne pas se conformer aux décrets pris pour l'instauration d'un contrôle naval, aux instructions particulières émanant des préfets maritimes ou d'une autorité consulaire ou aux ordres des agents des centres régionaux opérationnels de surveillance et des sauvetage, des commandants des bâtiments de l'État et des agents chargés de la police de la navigation, relatifs à la sécurité de la navigation maritime.

Art. L. 5242-2-1 *(Ord. n° 2010-1218, 2 nov. 2012).* - Les peines prévues par les articles L. 5242-1 et L. 5242-2 peuvent être portées au triple si les infractions ont été commises en temps de guerre.

Art. 63 *bis* ***(L. n° 79-1, 2 janv. 1979 ; abr. et recodifié à compter du 1er déc. 2010, Ord. n° 2010-1307, 28 oct. 2010. - V. C. transports, art. L. 5242-6 à L. 5242-8).***

Code des transports

Art. L. 5242-6. - Est puni de deux ans d'emprisonnement et de 75 000 € d'amende le fait, pour le capitaine d'un navire français ou étranger, de ne pas signaler au préfet maritime tout accident de mer dont son navire a été victime alors qu'il naviguait dans les eaux territoriales ou dans les eaux maritimes intérieures.

Art. L. 5242-6-1 *(Ord. n° 2011-635, 9 juin 2011).* - Est puni de deux ans d'emprisonnement et de 30 000 € d'amende le fait d'utiliser ou d'envoyer, en dehors de toute situation de danger, des signaux internationaux de détresse.

Art. L. 5242-6-2 *(Ord. n° 2012-1218, 2 nov. 2012).* - Le fait pour une personne embarquée sur un navire étranger de pratiquer la navigation dans les eaux territoriales ou les eaux intérieures maritimes françaises, alors qu'elle fait l'objet d'une interdiction temporaire ou définitive d'y naviguer, est puni d'une amende de 3 750 €.

Art. L. 5242-6-3 *(Ord. n° 2012-1218, 2 nov. 2012).* - En dehors du cas prévu par l'article L. 321-5 du Code de justice militaire pour l'armée de mer, le fait pour un capitaine en mer de ne pas obéir à l'appel d'un navire de guerre français et de le contraindre à faire usage de la force est puni de deux ans d'emprisonnement.

Art. L. 5242-6-4 *(Ord. n° 2012-1218, 2 nov. 2012).* - Est passible des peines prévues aux articles L. 5242-1 à L. 5242-4 et à l'article L. 5242-6 le propriétaire du navire, l'exploitant du navire ou leur représentant légal ou dirigeant de fait s'il s'agit d'une personne morale, ou toute autre personne exerçant, en droit ou en fait, un pouvoir de contrôle ou de direction dans la gestion ou la marche du navire, lorsque ce propriétaire, cet exploitation ou cette personne a été à l'origine de l'infraction prévue par ces articles.

Art. L. 5242-6-5 *(Ord. n° 2012-1218, 2 nov. 2012).* - Lorsqu'il prononce des amendes en application des articles L. 5242-1 à L. 5242-4 ou L. 5242-6 à l'encontre du capitaine, du chef de quart ou de toute personne exerçant la conduite du navire, le tribunal peut, compte tenu des circonstances de fait et notamment des conditions d'exercice de ses fonctions, mettre, en totalité ou en partie, à la charge du propriétaire ou de l'exploitant du navire le paiement des amendes ainsi prononcées. Il ne peut user de cette faculté que si le propriétaire ou l'exploitant du navire a été cité à l'audience.

Art. L. 5242-6-6 *(Ord. n° 2012-1218, 2 nov. 2012).* - Les infractions et les peines prévues au présent chapitre sont applicables aux personnes embarquées sur un bateau muni d'un titre de navigation intérieure lorsqu'il pratique la navigation maritime en aval de la limite transversale de la mer.

Art. L. 5242-7. – Est puni de deux ans d'emprisonnement et de 75 000 € d'amende le fait, pour le capitaine d'un navire français ou étranger transportant une cargaison d'hydrocarbures ou d'autres substances dangereuses définies par voie réglementaire, de pénétrer dans les eaux territoriales ou dans les eaux intérieures françaises sans avoir signalé au préfet maritime :

1° La date et l'heure d'entrée ;

2° La position, la route et la vitesse du navire ;

3° La nature et l'importance du chargement ;

4° Le cas échéant, tout accident de mer au sens de la convention internationale sur l'intervention en haute mer en cas d'accident entraînant ou pouvant entraîner une pollution par les hydrocarbures, faite à Bruxelles le 29 novembre 1969, dont il a été victime.

Art. L. 5242-8. – Les peines prévues par l'article L. 5242-7 sont applicables à tout capitaine de navire battant pavillon français ou étranger qui, se trouvant dans les eaux territoriales, s'est, aux fins d'assistance ou de remorquage, porté au secours d'un navire transportant une cargaison d'hydrocarbures ou d'autres substances dangereuses :

1° Sans avoir signalé au préfet maritime, dès qu'il en a eu connaissance, la position du navire en difficulté et la nature de ses avaries ;

2° Sans avoir tenu le préfet maritime informé du déroulement des opérations de secours.

Art. 64 *(L. n° 92-1336, 16 déc. 1992)*. – **Tout capitaine requis par l'autorité compétente, comme il est dit aux articles 30 et 31, qui, sans motif légitime, refuse de se charger du dossier de l'enquête ou des pièces à conviction ou d'assurer le transport d'un prévenu dans les conditions prévues à l'article 31, ou qui ne livre par le prévenu ou le dossier confié à ses soins à l'autorité maritime désignée pour les recevoir, est puni d'une amende de 3 750 €, sans préjudice, s'il y a lieu, en cas d'évasion ou de complicité d'évasion, de l'application aux personnes embarquées et au prévenu des dispositions des articles 233 à 243 [434-32 et 434-33] du Code pénal.**

Art. 65 *(Abr. à compter du 1er déc. 2010, Ord. n° 2010-1307, 28 oct. 2010)*.

Art. 66. – **En dehors du cas prévu par l'article 381 du Code de justice militaire pour l'armée de mer, tout capitaine qui, en mer, n'obéit pas à l'appel d'un bâtiment de guerre français et le contraint à faire usage de la force est puni d'un emprisonnement de deux ans.**

Art. 67 *(Abr. et partiellement recodifié à compter du 1er déc. 2010, Ord. n° 2010-1307, 28 oct. 2010 – V. C. transports, art. L. 5531-14)*.

Code des transports

Art. L. 5531-14. – Est puni de deux mois d'emprisonnement et de 3 750 € d'amende le fait, pour le capitaine, de laisser à terre, avant qu'il ait atteint son lieu de destination, un passager malade ou blessé sans en informer l'autorité consulaire du pays dont le passager est ressortissant ou, à défaut, l'autorité locale.

Art. L. 5531-14-1 *(Ord. n° 2012-1218, 2 nov. 2012)*. – Est passible des peines prévues à l'article L. 5531-14 le propriétaire du navire, l'exploitant du navire ou leur représentant légal ou dirigeant de fait s'il s'agit d'une personne morale, ou toute autre personne exerçant, en droit ou en fait, un pouvoir de contrôle ou de direction dans la gestion ou la marche du navire lorsque ce propriétaire, cet exploitant ou cette personne a été à l'origine de l'infraction prévue par cet article.

Art. L. 5531-14-2 *(Ord. n° 2012-1218, 2 nov. 2012)*. – Lorsqu'il prononce des amendes en application de l'article L. 5531-14 à l'encontre du capitaine, du chef de quart ou de toute personne exerçant la conduite du navire, le tribunal peut, compte tenu des circonstances de fait et notamment des conditions d'exercice de ses fonctions, mettre, en totalité ou en partie, à la charge du propriétaire ou de l'exploitant du navire le paiement des amendes ainsi prononcées. Il ne peut user de cette faculté que si le propriétaire ou l'exploitant du navire a été cité à l'audience.

Art. 68 *(Abr. à compter du 1er déc. 2010, Ord. n° 2010-1307, 28 oct. 2010)*.

Art. 69 *(Abr. en tant qu'il concerne la durée du travail, le repos et l'âge d'admission des marins, à compter du 1er déc. 2010, Ord. n° 2010-1307, 28 oct. 2010)*. – **Est puni d'une amende de 3 750 €, pour chaque**

infraction constatée, tout armateur ou propriétaire de navire qui ne se conforme pas aux prescriptions du Code du travail maritime relatives aux réglementations du travail, de la nourriture et du couchage à bord des navires et aux prescriptions des règlements d'administration publique rendus pour leur application.

Est puni de la même peine, sans préjudice des mesures disciplinaires prévues par l'article 23, tout capitaine qui commet personnellement, ou d'accord avec l'armateur ou propriétaire du navire, les infractions prévues par le paragraphe précédent. Toutefois, la peine prononcée contre le capitaine peut être réduite au quart de celle prononcée contre l'armateur ou propriétaire, s'il est prouvé que le capitaine a reçu un ordre écrit ou verbal de cet armateur ou propriétaire.

Les peines prévues aux deux paragraphes précédents peuvent être portées au double en cas de récidive. Il y a récidive lorsque le contrevenant a subi, dans les douze mois qui précèdent, une condamnation pour des faits réprimés par le présent article.

1) Justifie sa décision la cour d'appel qui, pour déclarer un prévenu coupable de navigation sans la présence à bord d'un navire marchand français d'un capitaine ou capitaine en second de nationalité française, infraction aux dispositions de l'article 3 du Code du travail maritime réprimée par l'article 69 du Code disciplinaire et pénal de la marine marchande, énonce que, ces officiers exerçant des prérogatives de puissance publique en ce qu'ils détiennent certains pouvoirs en matière d'état civil, actes de naissance, actes de décès, mariages, réception de testament, le législateur français est autorisé, par le paragraphe 4 de l'article 48 du Traité précité, à déroger au principe de la libre circulation des travailleurs (■ Cass. crim., 4 juin 2003 : *Bull. crim.*, n° 117 ; *Dr. pénal* 2003, comm. 112, obs. J.-H. Robert).

2) La Cour de cassation a effectué un revirement de jurisprudence sur ce point, en énonçant que viole l'article 48, paragraphe 4 (devenu l'article 39, paragraphe 4) du Traité instituant la Communauté européenne l'arrêt qui, pour déclarer le prévenu coupable de navigation sans présence à bord d'un capitaine et d'un capitaine en second de nationalité française, le législateur étant autorisé par le texte précité à déroger au principe de la libre circulation des travailleurs en raison des pouvoirs en matière d'état civil reconnus auxdits capitaines et seconds, a relevé que, pour faible qu'elle soit, la probabilité de l'exercice par ces officiers de prérogatives de puissance publique ne saurait être écartée, vu les circonstances exceptionnelles qui peuvent se présenter en mer (■ Cass. crim., 23 juin. 2004 : *Bull. crim.*, n° 169 ; *Dr. pénal* 2004, comm. 125, obs. J.-H. Robert).

Art. 70 ***(Abr. et recodifié à compter du 1er déc. 2010, Ord. n° 2010-1307, 28 oct. 2010. – V. C. transports, art. L. 5523-2).***

Code des transports

Art. L. 5523-2. – Est puni de six mois d'emprisonnement et de 3 750 € d'amende le fait d'exercer le commandement du navire ou toute autre fonction du bord sans satisfaire aux conditions exigées par le présent titre.

Art. L. 5523-3 *(Ord. n° 2012-1218, 2 nov. 2012).* – Est passible des peines prévues à l'article L. 5523-2 le propriétaire du navire, l'exploitant du navire ou leur représentant légal ou dirigeant de fait s'il s'agit d'une personne morale, ou toute autre personne exerçant, en droit ou en fait, un pouvoir de contrôle ou de direction dans la gestion ou la marche du navire lorsque ce propriétaire, cet exploitant ou cette personne a été à l'origine de l'infraction prévue par cet article.

Art. L. 5523-4 *(Ord. n° 2012-1218, 2 nov. 2012).* – Lorsqu'il prononce des amendes en application de l'article L. 5523-2 à l'encontre du capitaine, du chef de quart ou de toute personne exerçant la conduite du navire, le tribunal peut, compte tenu des circonstances de fait et notamment des conditions d'exercice de ses fonctions, mettre, en totalité ou en partie, à la charge du propriétaire ou de l'exploitant du navire le paiement des amendes ainsi prononcées. Il ne peut user de cette faculté que si le propriétaire ou l'exploitant du navire a été cité à l'audience.

Art. L. 5523-5 *(L. n° 2013-619, 16 juill. 2013).* – Sont punis de six mois d'emprisonnement et de 4 500 € d'amende l'armateur ou le capitaine qui font naviguer un navire avec un équipage sans être muni de la fiche d'effectif minimal mentionnée à l'article L. 5522-2 ou dont l'effectif est inférieur au minimum prescrit en application de ce même article.

Ces peines sont portées à un an d'emprisonnement et à 6 000 € d'amende s'il s'agit d'un navire à passagers.

Art. L. 5523-6 *(L. n° 2013-619, 16 juill. 2013)*. – Est puni de six mois d'emprisonnement et de 3 750 € d'amende :

1° Le fait, pour l'armateur ou le capitaine, d'admettre à bord un membre de l'équipage ne disposant pas d'un certificat d'aptitude médicale valide délivré dans les conditions de l'article L. 5521-1 ;

2° Le fait, pour l'armateur ou le capitaine, d'admettre à bord tous gens de mer autres que des membres de l'équipage ne disposant pas d'un certificat d'aptitude médicale valide délivré dans les conditions du II de l'article L. 5549-1 ;

3° Le fait, pour l'armateur ou le capitaine, d'admettre à bord un membre de l'équipage ne disposant pas de titres de formation correspondant aux fonctions qu'il est amené à exercer à bord du navire conformes aux exigences de l'article L. 5521-2 ;

4° Le fait, pour l'armateur ou le capitaine, d'admettre à bord tous gens de mer autres que des membres de l'équipage ne justifiant pas des exigences de formation minimale mentionnée au III de l'article L. 5549-1.

Art. 71 *(Abr., D. n° 60-799, 2 août 1960. – V. même D., art. 2).*

Décret nº 60-799 du 2 août 1960

modifiant diverses dispositions de la loi du 17 décembre 1926
portant Code disciplinaire et pénal de la marine marchande

(Abr. à compter d'une date fixée par l'arrêté mentionné au dernier alinéa de l'article R. 5232-4 du Code des transports et au plus tard le 1er janvier 2018, D. n° 2017-942, 10 mai 2017)

Art. 2 *(Abr. à compter d'une date fixée par l'arrêté mentionné au dernier alinéa de l'article R. 5232-4 du Code des transports et au plus tard le 1er janvier 2018, D. n° 2017-942, 10 mai 2017)*. – Toute personne qui se livre à une navigation maritime sans être munie, conformément aux lois et règlements, soit d'un rôle d'équipage, soit d'un permis ou d'une carte de circulation ou qui n'exhibe pas son rôle, permis ou carte à la première réquisition de l'autorité maritime, est punie d'une amende de 400 F à 2 000 F (*) si le bâtiment a une jauge brute dépassant 25 tonneaux, de 200 F à 1 000 F (*) dans le cas contraire. Il peut être ajouté à cette amende un emprisonnement de dix jours à deux mois (**) si l'intéressé s'est fait délivrer un rôle d'équipage au lieu et place d'un permis ou d'une carte de circulation.

(*) Contravention de la 5e classe relevant du 5° de l'article 131-13 du Code pénal (même taux d'amende applicable quelle que soit la jauge brute du bâtiment).

(**) Emprisonnement contraventionnel abrogé, D. n° 93-726, 29 mars 1993, art. 1er, 1°.

Art. 72 ***(Abr. à compter de la publication des dispositions réglementaires du Code des transports, Ord. n° 2010-1307, 28 oct. 2010).* – Tout capitaine qui embarque ou débarque une personne de l'équipage sans faire mentionner cet embarquement ou ce débarquement sur le rôle d'équipage par l'autorité maritime, est puni, pour chaque personne irrégulièrement embarquée ou débarquée, de l'amende prévue pour les contraventions de la 5e classe, si le bâtiment a une jauge brute dépassant 25 tonneaux, de l'amende prévue pour les contraventions de la 4e classe dans le cas contraire.**

Les mêmes peines sont encourues pour chaque passager admis à bord sans avoir été inscrit à la suite du rôle d'équipage. Toutefois, des dispositions spéciales pourront être établies par décret pour certaines navigations ; les infractions à ces dispositions seront punies de l'amende prévue pour les contraventions de la 3e classe.

Art. 73 *(Abr. à compter du 1er déc. 2010, Ord. n° 2010-1307, 28 oct. 2010).*

Art. 74 *(Mod., D. 30 oct. 1935 (24) ; D.-L. 6 juin 1939 ; abr. et partiellement recodifié à compter du 1er déc. 2010, Ord. n° 2010-1307, 28 oct. 2010. – V. C. transports, art. L. 5531-15 à L. 5531-17).*

Code des transports

Art. L. 5531-15. – Est puni de six mois d'emprisonnement et de 3 750 € d'amende le fait de s'introduire frauduleusement sur un navire avec l'intention de faire une traversée de long cours ou de cabotage international.

Art. L. 5531-16. – Est puni de six mois d'emprisonnement et de 3 750 € d'amende le fait de favoriser l'embarquement ou le débarquement d'un passager clandestin ou de le dissimuler.

Cette peine est doublée lorsque l'infraction est commise en bande organisée.

Art. L. 5531-17. – Est puni de 3 750 € d'amende le fait, pour toute personne autre que les fonctionnaires et agents des services publics, de pénétrer à bord d'un navire sans billet ou sans autorisation du capitaine ou de l'armateur ou sans y être appelée par les besoins de l'exploitation.

Art. 75 ***(Abr. et partiellement recodifié à compter du 1er déc. 2010, Ord. n° 2010-1307, 28 oct. 2010. – V. C. transports, art. L. 5422-26).***

Code des transports

Art. L. 5422-26. – Toute personne embarquée qui, à l'insu du capitaine, introduit sur un navire, en vue de les faire transporter, des marchandises non inscrites au manifeste, est punie de 3 750 € d'amende et de six mois d'emprisonnement ou de l'une de ces deux peines seulement.

Art. 76 ***(Abr. à compter de la publication des dispositions réglementaires du Code des transports, Ord. n° 2010-1307, 28 oct. 2010).*** **– Tout capitaine qui, hors le cas d'empêchement légitime, ne dépose pas son rôle d'équipage et son livre de discipline au bureau des affaires maritimes ou à la chancellerie du consulat, soit dans les vingt-quatre heures de son arrivée dans un port français ou dans un port étranger où réside un consul général, un consul ou un vice-consul de France, lorsque le bâtiment doit séjourner plus de vingt-quatre heures dans le port (jours fériés exclus), soit dès son arrivée, si le bâtiment doit séjourner moins de vingt-quatre heures dans le port, est puni de l'amende prévue pour les contraventions de la 5e classe.**

Art. 77 ***(Abr., D. n° 60-799, 2 août 1960).*** **– V. même D., art. 3.**

Décret nº 60-799 du 2 août 1960

modifiant diverses dispositions de la loi du 17 décembre 1926
portant Code disciplinaire et pénal de la marine marchande
(Abr. à compter d'une date fixée par l'arrêté mentionné au dernier alinéa de l'article R. 5232-4 du Code des transports et au plus tard le 1er janvier 2018, D. n° 2017-942, 10 mai 2017)

Art. 3 *(Abr. à compter d'une date fixée par l'arrêté mentionné au dernier alinéa de l'article R. 5232-4 du Code des transports et au plus tard le 1er janvier 2018, D. n° 2017-942, 10 mai 2017).* – Tout capitaine qui, à moins de légitime motif d'empêchement, s'abstient sur une rade étrangère, de se rendre à bord d'un bâtiment de guerre français, alors qu'il a été convoqué pour raison de service, est puni d'une amende de 60 F à 1 000 F (*).

(*) Contravention de la 5e classe relevant du 5° de l'article 131-13 du Code pénal.

Art. 78 ***(Abr. et recodifié à compter du 1er déc. 2010, Ord. n° 2010-1307, 28 oct. 2010. – V. C. transports, art. L. 5111-2).***

Code des transports

Art. L. 5111-2 *(Mod., Ord. n° 2012-1218, 2 nov. 2012).* – Est puni de 3 750 € d'amende le capitaine qui ne se conforme pas aux dispositions réglementaires prévues à l'article précédent sur les marques extérieures d'identification des navires, ou qui efface, altère, couvre ou masque ces marques.

(L. n° 2013-431, 28 mai 2013) Le premier alinéa est également applicable aux personnes embarquées sur un navire ou engin muni d'un permis de circulation ou d'une carte de circulation. Est alors considérée comme capitaine la personne qui, en fait, dirige le navire ou engin.

(L. n° 2013-431, 28 mai 2013) Est puni de la même peine d'amende le fait pour le conducteur du bateau, tel que défini à l'article L. 4212-1, de ne pas se conformer aux prescriptions de l'article L. 4113-1 sur les marques extérieures d'identification du bateau ou d'effacer, d'altérer, de couvrir ou de masquer ces marques lorsqu'il pratique la navigation maritime en aval de la limite transversale de la mer.

(L. n° 2013-431, 28 mai 2013) Le premier alinéa du présent article est également applicable aux personnes embarquées sur un bateau muni d'un titre de navigation intérieure lorsqu'il pratique la navigation maritime en aval de la limite transversale de la mer.

Lorsqu'il prononce des amendes en application du présent article à l'encontre du capitaine, du chef de quart ou de toute personne exerçant la conduite du navire, le tribunal peut, compte tenu des circonstances de fait et notamment des conditions d'exercice de ses fonctions, mettre, en totalité ou en partie, à la charge du propriétaire ou de l'exploitant du navire le paiement des amendes ainsi prononcées. Il ne peut user de cette faculté que si le propriétaire ou l'exploitant du navire a été cité à l'audience.

Art. L. 5111-3 *(Ord. n° 2012-1218, 2 nov. 2012 ; mod., L. n° 2013-431, 28 mai 2013).* **–** Est passible de la peine prévue à l'article L. 5111-2 le propriétaire du navire ou du bateau, l'exploitant du navire ou du bateau ou leur représentant légal ou dirigeant de fait s'il s'agit d'une personne morale, ou toute autre personne exerçant, en droit ou en fait, un pouvoir de contrôle ou de direction dans la gestion ou la marche du navire ou du bateau, lorsque ce propriétaire, cet exploitant ou cette personne a été à l'origine de l'infraction définie à l'article L. 5111-2.

CHAPITRE V. – PERTES DE NAVIRES, ABORDAGES, ÉCHOUEMENTS ET AUTRES ACCIDENTS DE NAVIGATION

Art. 79 ***(Mod., L. n° 92-1336, 16 déc. 1992 ; abr. et recodifié à compter du 1er déc. 2010, Ord. n° 2010-1307, 28 oct. 2010. – V. C. transports, art. L. 5263-2).***

Code des transports

Art. L. 5263-2. – Est puni des peines encourues pour les destructions, dégradations et détériorations dangereuses pour les personnes, réprimées par les articles 322-6 et 322-7 à 322-11 du Code pénal, le fait d'échouer, de perdre ou de détruire, volontairement et dans une intention criminelle, un navire par quelque moyen que ce soit.

Art. 80 ***(L. n° 79-1, 2 janv. 1979 ; abr. et recodifié à compter du 1er déc. 2010, Ord. n° 2010-1307, 28 oct. 2010. – V. C. transports, art. L. 5242-3).***

Art. L. 5242-3. – I. – Est puni de trois mois d'emprisonnement et de 3 750 € d'amende le fait, pour le capitaine ou le chef de quart d'un navire battant pavillon français ou étranger, d'enfreindre, y compris par imprudence ou négligence, les règles fixées par la convention sur le règlement international de 1972 pour prévenir les abordages en mer, faite à Londres le 20 octobre 1972, et relatives :

1° Aux feux à allumer la nuit et aux signaux à faire en temps de brume ;

2° À la route à suivre et aux manœuvres à exécuter en cas de rencontre d'un navire ou autre bâtiment.

La peine est portée au double si l'infraction est commise par une personne exerçant le commandement dans des conditions irrégulières au sens de l'article L. 5523-2.

Est puni de trois mois d'emprisonnement et de 3 750 € d'amende le pilote qui se rend coupable d'une infraction aux règles sur la route à suivre.

II. – Lorsque le navire est étranger, les dispositions du I sont applicables aux infractions commises dans les eaux intérieures maritimes ou les eaux territoriales.

La planche à voile, qui est un moyen de transport sur l'eau, est un engin flottant de plaisance assimilable à un navire au sens de la Convention sur le règlement international de 1972 pour prévenir les abordages en mer, et dont la pratique est soumise aux règles de la circulation maritime (■ Cass. crim., 2 févr. 2016, n° 15-80.927 : *Dr. pén.* 2016, comm. 63, obs. J.-H. Robert).

Art. 81 ***(Abr. et recodifié à compter du 1er déc. 2010, Ord. n° 2010-1307, 28 oct. 2010. – V. C. transports, art. L. 5242-4).***

Code des transports

Art. L. 5242-4. – I. – Est puni de trois mois d'emprisonnement et de 3 750 € d'amende le fait, pour le capitaine, le chef de quart ou le pilote d'un navire, de commettre l'une des infractions définies par l'article L. 5242-3 ou tout autre fait de négligence occasionnant, pour le navire ou un autre navire :

1° Soit un abordage ;

2° Soit un échouement ou un choc contre un obstacle visible ou connu ;

3° Soit une avarie grave du navire ou de sa cargaison.

II. – Les peines prévues par le I sont portées à deux ans d'emprisonnement et 3 3 750 € d'amende si l'infraction a entraîné :

1° Soit la perte ou l'innavigabilité absolue d'un navire ;

2° Soit la perte d'une cargaison ;

3° Soit des blessures graves ou la mort pour une ou plusieurs personnes.

III. – Les peines prévues par le I et le II sont portées au double si l'infraction est commise par une personne exerçant le commandement dans des conditions irrégulières au sens de l'article L. 5523-2.

IV. – Lorsque le navire est étranger, les dispositions du présent article sont applicables lorsque l'infraction est commise dans les eaux intérieures maritimes ou les eaux territoriales.

Art. 82 ***(Abr. et recodifié à compter du 1er déc. 2010, à l'exception du premier alinéa ci-après reproduit, abr. à compter de la publication des dispositions réglementaires du Code des transports, Ord. n° 2010-1307, 28 oct. 2010. – V. C. transports, art. L. 5242-5).*** **– Toute personne de l'équipage, autre que le capitaine, le chef de quart ou le pilote, qui se rend coupable, pendant son service, d'un fait de négligence sans excuse, d'un défaut de vigilance ou de tout autre manquement aux obligations de son service ayant occasionné, pour un navire quelconque, soit un abordage, soit un échouement ou un choc contre un obstacle visible ou connu, soit une avarie grave d'un navire ou de sa cargaison, est punie de l'amende prévue pour les contraventions de la 4e classe ou de l'une de ces deux peines seulement.**

Code des transports

Art. L. 5242-5. – Est puni de huit mois d'emprisonnement et de 3 750 € d'amende le fait, pour toute personne de l'équipage autre que le capitaine, le chef de quart ou le pilote, de se rendre coupable, pendant son service, d'un fait de négligence sans excuse, d'un défaut de vigilance ou de tout autre manquement aux obligations de son service ayant soit occasionné la perte ou l'innavigabilité absolue d'un navire ou la perte d'une cargaison, soit entraîné des blessures graves ou la mort d'une ou de plusieurs personnes.

Lorsque le navire bat pavillon étranger, les dispositions ci-dessus sont applicables lorsque l'infraction a lieu dans les eaux intérieures maritimes ou les eaux territoriales.

Art. 83 ***(Abr. et recodifié à compter du 1er déc. 2010, Ord. n° 2010-1307, 28 oct. 2010. – V. C. transports, art. L. 5262-6 et L. 5263-1).***

Code des transports

Art. L. 5262-6. – I. – Est puni de deux ans d'emprisonnement et de 3 750 € d'amende le fait, pour le capitaine, après abordage et autant qu'il peut le faire sans danger pour son navire, son équipage et ses passagers, de ne pas employer tous les moyens dont il dispose pour sauver du danger créé par l'abordage l'autre navire, son équipage et ses passagers.

Est puni de la même peine le fait, pour le capitaine, de s'éloigner du lieu du sinistre avant de s'être assuré qu'une plus longue assistance est inutile à l'autre navire, à son équipage et à ses passagers, et si le navire a sombré, avant d'avoir fait tous ses efforts pour recueillir les naufragés. La peine est portée au double si une ou plusieurs personnes ont péri par suite de manquement à ces obligations.

II. – Les peines prévues au I sont portées au double si l'infraction est commise par une personne exerçant le commandement dans des conditions irrégulières au sens de l'article L. 5523-2.

Art. L. 5262-6-1 *(Ord. n° 2012-1218, 2 nov. 2012).* – Est passible des peines prévues aux articles L. 5262-5 et L. 5262-6 le propriétaire du navire, l'exploitant du navire ou leur représentant légal ou dirigeant de fait s'il s'agit d'une personne morale, ou toute autre personne exerçant, en droit ou en fait, un pouvoir de contrôle ou de direction dans la gestion ou la marche du navire, lorsque ce propriétaire, cet exploitant ou cette personne a été à l'origine de l'infraction prévue par ces articles.

Art. L. 5262-6-2 *(Ord. n° 2012-1218, 2 nov. 2012).* – Lorsqu'il prononce des amendes en application des articles L. 5262-5 ou L. 5262-6 à l'encontre du capitaine, du chef de quart ou de toute personne exerçant la conduite du navire, le tribunal peut, compte tenu des circonstances de fait et notamment des conditions d'exercice de ses fonctions, mettre, en totalité ou en partie, à la charge du propriétaire ou de l'exploitant du navire le paiement des amendes ainsi prononcées. Il ne peut user de cette faculté que si le propriétaire ou l'exploitant du navire a été cité à l'audience.

Art. L. 5263-1. – I. – Sans préjudice de l'application des dispositions de l'article 434-10 du Code pénal, est puni de trois mois d'emprisonnement et de 3 750 € d'amende le fait, pour le capitaine de chacun des navires abordés, de ne pas faire connaître au capitaine de l'autre ou des autres navires :

1° Le nom de son propre navire ;

2° Le port d'immatriculation, de départ et de destination de ce navire, s'il peut le faire sans danger pour son navire, son équipage et ses passagers.

II. – La peine prévue par le I est portée au double si l'infraction est commise par une personne exerçant le commandement dans des conditions irrégulières au sens de l'article L. 5523-2.

Art. 84 ***(Abr. et recodifié à compter du 1er déc. 2010, Ord. n° 2010-1307, 28 oct. 2010. – V. C. transports, art. L. 5263-3).***

Code des transports

Art. L. 5263-3. – Est puni de six mois d'emprisonnement le fait, pour le capitaine, d'abandonner le navire sans l'avis des officiers et maîtres d'équipage.

Est puni de deux ans d'emprisonnement le fait, pour tout capitaine, avant d'abandonner son navire, de négliger d'organiser le sauvetage de l'équipage et des passagers et de sauver les papiers de bord, les dépêches postales et les marchandises les plus précieuses de la cargaison. La même peine est applicable au capitaine qui, forcé d'abandonner son navire, ne reste pas à bord le dernier.

Les peines prévues par le présent article sont portées au double si l'infraction est commise par une personne exerçant le commandement dans des conditions irrégulières au sens de l'article L. 5523-2.

Art. L. 5263-4 *(Ord. n° 2012-1218, 2 nov. 2012).* – Est passible des peines prévues aux articles L. 5263-1 et L. 5263-2 le propriétaire du navire, l'exploitant du navire ou leur représentant légal ou dirigeant de fait s'il s'agit d'une personne morale, ou toute autre personne exerçant, en droit ou en fait, un pouvoir de contrôle ou de direction dans la gestion ou la marche du navire lorsque ce propriétaire, cet exploitant ou cette personne a été à l'origine de l'infraction prévue par ces articles.

Art. L. 5263-5 *(Ord. n° 2012-1218, 2 nov. 2012).* – Lorsqu'il prononce des amendes en application des articles L. 5263-1 ou L. 5263-2 à l'encontre du capitaine, du chef de quart ou de toute personne exerçant la conduite du navire, le tribunal peut, compte tenu des circonstances de fait et notamment des conditions d'exercice de ses fonctions, mettre, en totalité ou en partie, à la charge du propriétaire ou de l'exploitant du navire le paiement des amendes ainsi prononcées. Il ne peut user de cette faculté que si le propriétaire ou l'exploitation du navire a été cité à l'audience.

Art. 85 ***(Abr. et recodifié à compter du 1er déc. 2010, Ord. n° 2010-1307, 28 oct. 2010. – V. C. transports, art. L. 5262-5).***

Code des transports

Art. L. 5262-5. – Tout capitaine qui, alors qu'il peut le faire sans danger sérieux pour son navire, son équipage ou ses passagers, ne prête pas assistance à toute personne, même ennemie, trouvée en mer en danger de se perdre, est puni de 3 750 € d'amende et de deux ans d'emprisonnement.

Les sanctions applicables aux commandants de force navale ou de bâtiment de la marine nationale sont fixées par l'article L. 324-11 du Code de justice militaire.

Art. 86 ***(L. n° 62-899, 4 août 1962).*** **– En ce qui concerne les contraventions ou délits prévus aux articles 80 à 85, l'administrateur des affaires maritimes ne peut saisir soit le président du tribunal maritime commercial, soit le procureur de la République, selon les règles établies à l'article 36 *bis*, qu'au vu d'une enquête contradictoire effectuée par ses soins dans les conditions qui seront déterminées par un règlement d'administration publique.**

Art. 87 ***(Mod., L. n° 62-899, 4 août 1962 ; abr. et recodifié à compter du 1er déc. 2010, Ord. n° 2010-1307, 28 oct. 2010. – V. C. transports, art. L. 5242-3 à L. 5242-5, L. 5262-6, L. 5262-7, L. 6263-1 et L. 6263-3).***

Code des transports

Art. L. 5242-3 *(Mod., Ord. n° 2011-635, 9 juin 2011).* – I. – Est puni de six mois d'emprisonnement et de 7 500 € d'amende le fait, pour le capitaine ou le chef de quart d'un navire battant pavillon français ou étranger, d'enfreindre, y compris par imprudence ou négligence, les règles fixées par la convention sur le règlement international de 1972 pour prévenir les abordages en mer, faite à Londres le 20 octobre 1972, et relatives :

1° Aux feux à allumer la nuit et aux signaux à faire en temps de brume ;

2° À la route à suivre et aux manœuvres à exécuter en cas de rencontre d'un navire ou autre bâtiment ;

3° À la veille visuelle et auditive à assurer en permanence avec tous les moyens disponibles et adaptés aux circonstances et aux conditions existantes, de manière à permettre une pleine appréciation du risque d'abordage ;

4° Au maintien en permanence d'une vitesse de sécurité permettant de prendre des mesures appropriées et efficaces pour éviter un abordage et de s'arrêter sur une distance adaptée aux circonstances et aux conditions existantes.

La peine est portée au double si l'infraction est commise par une personne exerçant le commandement dans des conditions irrégulières au sens de l'article L. 5523-2.

Est puni de trois mois d'emprisonnement et de 3 750 € d'amende le pilote qui se rend coupable d'une infraction aux règles sur la route à suivre.

II. – Lorsque le navire est étranger, les dispositions du I sont applicables aux infractions commises dans les eaux intérieures maritimes ou les eaux territoriales.

Art. 87 *bis* ***(D.-L. 6 juin 1939 ; abr. à compter du 1er déc. 2010, Ord. n° 2010-1307, 28 oct. 2010).***

Code des transports

Art. L. 5242-4 *(Mod., Ord. n° 2011-635, 9 juin 2011).* – I. – Est puni de six mois d'emprisonnement et de 15 000 € d'amende le fait, pour le capitaine, le chef de quart ou le pilote d'un navire, de commettre l'une des infractions définies par l'article L. 5242-3 ou tout autre fait de négligence occasionnant, pour le navire ou un autre navire :

1° Soit un abordage ;

2° Soit un échouement ou un choc contre un obstacle visible ou connu ;

3° Soit une avarie grave du navire ou de sa cargaison ;

4° Soit des blessures n'ayant pas entraîné d'incapacité totale de travail ou d'une durée inférieure ou égale à trois mois pour une ou plusieurs personnes.

II. – Les peines prévues par le I sont portées à deux ans d'emprisonnement et 30 000 € d'amende si l'infraction a entraîné :

1° Soit la perte ou l'innavigabilité absolue d'un navire ;

2° Soit la perte d'une cargaison ;

3° Soit des blessures ayant entraîné une incapacité totale de travail d'une durée supérieure à trois mois pour une ou plusieurs personnes.

III. – Les peines prévues aux I et II sont portées à trois ans d'emprisonnement et 75 000 € d'amende si l'infraction a entraîné la mort pour une ou plusieurs personnes.

IV. – Les peines prévues aux I, II et III sont portées au double si l'infraction est commise par une personne exerçant le commandement dans des conditions irrégulières au sens de l'article L. 5523-2.

V. – Lorsque le navire est étranger, les dispositions du présent article sont applicables lorsque l'infraction est commise dans les eaux intérieures maritimes ou les eaux territoriales.

Art. L. 5242-5. – Est puni de huit mois d'emprisonnement et de 3 750 € d'amende le fait, pour toute personne de l'équipage autre que le capitaine, le chef de quart ou le pilote, de se rendre coupable, pendant son service, d'un fait de négligence sans excuse, d'un défaut de vigilance ou de tout autre manquement aux obligations de son service ayant soit occasionné la perte ou l'innavigabilité absolue d'un navire ou la perte d'une cargaison, soit entraîné des blessures graves ou la mort d'une ou de plusieurs personnes.

Lorsque le navire bat pavillon étranger, les dispositions ci-dessus sont applicables lorsque l'infraction a lieu dans les eaux intérieures maritimes ou les eaux territoriales.

Art. L. 5262-6. – I. – Est puni de deux ans d'emprisonnement et de 3 750 € d'amende le fait, pour le capitaine, après abordage et autant qu'il peut le faire sans danger pour son navire, son équipage et ses passagers, de ne pas employer tous les moyens dont il dispose pour sauver du danger créé par l'abordage l'autre navire, son équipage et ses passagers.

Est puni de la même peine le fait, pour le capitaine, de s'éloigner du lieu du sinistre avant de s'être assuré qu'une plus longue assistance est inutile à l'autre navire, à son équipage et à ses passagers, et si le navire a sombré, avant d'avoir fait tous ses efforts pour recueillir les naufragés. La peine est portée au double si une ou plusieurs personnes ont péri par suite de manquement à ces obligations.

II. – Les peines prévues au I sont portées au double si l'infraction est commise par une personne exerçant le commandement dans des conditions irrégulières au sens de l'article L. 5523-2.

Art. L. 5242-6-1 *(Ord. n° 2011-635, 9 juin 2011).* **–** Est puni de deux ans d'emprisonnement et de 30 000 € d'amende le fait d'utiliser ou d'envoyer, en dehors de toute situation de danger, des signaux internationaux de détresse.

Art. L. 5262-7 *(Mod. à compter du 1er déc. 2010, Ord. n° 2011-204, 24 févr. 2011 ; Ord. n° 2012-1218, 2 nov. 2012).* **–** Les dispositions des articles L. 5262-1, L. 5262-2, L. 5262-5, L. 5262-6 et L. 5262-6-2 sont applicables :

1° Aux personnes, même étrangères, qui se trouvent sur un navire étranger, lorsque l'infraction a lieu dans les eaux intérieures maritimes ou les eaux territoriales ;

2° Aux personnes qui se trouvent sur un navire ou autre engin muni d'un permis de circulation ou d'une carte de circulation. Est alors considérée comme capitaine la personne qui, en fait, dirige le navire ou autre engin flottant ;

3° Aux personnes embarquées sur un bateau muni d'un titre de navigation intérieure lorsqu'il pratique la navigation maritime en aval de la limite transversale de la mer.

Art. L. 5263-1. – I. – Sans préjudice de l'application des dispositions de l'article 434-10 du Code pénal, est puni de trois mois d'emprisonnement et de 3 750 € d'amende le fait, pour le capitaine de chacun des navires abordés, de ne pas faire connaître au capitaine de l'autre ou des autres navires :

1° Le nom de son propre navire ;

2° Le port d'immatriculation, de départ et de destination de ce navire, s'il peut le faire sans danger pour son navire, son équipage et ses passagers.

II. – La peine prévue par le I est portée au double si l'infraction est commise par une personne exerçant le commandement dans des conditions irrégulières au sens de l'article L. 5523-2.

Art. L. 5263-3. – Est puni de six mois d'emprisonnement le fait, pour le capitaine, d'abandonner le navire sans l'avis des officiers et maîtres d'équipage. Est puni de deux ans d'emprisonnement le fait, pour tout capitaine, avant d'abandonner son navire, de négliger d'organiser le sauvetage de l'équipage et des passagers et de sauver les papiers de bord, les dépêches postales et les marchandises les plus précieuses de la cargaison. La même peine est applicable au capitaine qui, forcé d'abandonner son navire, ne reste pas à bord le dernier.

Les peines prévues par le présent article sont portées au double si l'infraction est commise par une personne exerçant le commandement dans des conditions irrégulières au sens de l'article L. 5523-2.

Code des transports

(Ord. n° 2010-1307, 28 oct. 2010)

Police de la signalisation maritime

Art. L. 5335-5. – Le capitaine ou le patron d'un navire, bateau ou autre engin flottant qui, même en danger de perdition et par suite d'un amarrage, d'un abordage ou de toute autre cause accidentelle, a détruit, déplacé ou dégradé une installation de signalisation maritime ou d'aide à la navigation, signale le fait par les moyens les plus rapides et en fait la déclaration dans les vingt-quatre heures au plus tard de son arrivée au premier port touché.

Cette déclaration est faite en France à l'officier de port ou officier de port adjoint, au surveillant de port ou, à défaut, au *(Mots rempl., L. n° 2013-431, 28 mai 2013)* « fonctionnaire de catégorie C affecté dans les services exerçant des missions de contrôle dans le domaine des affaires maritimes sous l'autorité ou à la disposition du ministre chargé de la mer » et, à l'étranger, à l'agent consulaire français le plus proche du port d'arrivée.

....

Art. L. 5336-15. – Est puni de six mois d'emprisonnement et de 7 500 € d'amende le fait de ne pas déclarer les destructions, déplacements ou dégradations mentionnés à l'article L. 5335-5.

Art. L. 5336-16. – Est puni de trois ans d'emprisonnement et de 45 000 € d'amende le fait de détruire, déplacer ou dégrader une installation de signalisation maritime ou d'aide à la navigation ou de porter atteinte à son bon fonctionnement.

Code de la défense

(Ord. n° 2004-1374, 20 déc. 2004)

TITRE II. – OPÉRATIONS EN MER

CHAPITRE UNIQUE. – EXERCICE PAR L'ÉTAT DE SES POUVOIRS DE POLICE EN MER

(Intitulé mod., L. n° 2005-371, 22 avr. 2005)

Section I. – Police en mer

(Intitulé mod., L. n° 2005-371, 22 avr. 2005).

Art. L. 1521-1 ***(Mod., L. n° 2005-371, 22 avr. 2005 ; L. n° 2011-13, 5 janv. 2011).*** **– Les dispositions prévues au présent chapitre s'appliquent :**

1° Aux navires français dans tous les espaces maritimes, sous réserve des compétences reconnues aux États par le droit international ;

2° Aux navires étrangers et aux navires n'arborant aucun pavillon ou sans nationalité dans les espaces maritimes relevant de la souveraineté ou de la juridiction de la République française ainsi qu'en haute mer conformément au droit international.

3° Aux navires situés dans les espaces maritimes sous souveraineté d'un État étranger, en accord avec celui-ci.

4° Aux navires battant pavillon d'un État qui a sollicité l'intervention de la France ou agrée sa demande d'intervention.

Elles ne s'appliquent ni aux navires de guerre étrangers ni aux autres navires d'État étrangers utilisés à des fins non commerciales.

Art. L. 1521-2 ***(Mod., L. n° 2005-371, 22 avr. 2005).*** **– Les commandants des bâtiments de l'État et les commandants de bord des aéronefs de l'État, chargés de la surveillance en mer, sont habilités, pour assurer le respect des dispositions qui s'appliquent en mer en vertu du droit international ainsi que des lois et règlements de la République, à exercer et à faire exécuter les mesures de contrôle et de coercition prévues par le droit international, la législation et la réglementation française.**

Ils sont notamment habilités à exercer et à faire exercer au nom de l'État du pavillon ou de l'État côtier les mesures de contrôle et de coercition fixées en accord avec cet État.

Art. L. 1521-3. – Pour l'exécution de la mission définie à l'article L. 1521-2, le commandant ou le commandant de bord peut procéder à la reconnaissance du navire, en invitant son capitaine à en faire connaître l'identité et la nationalité.

Art. L. 1521-4. – Le commandant ou le commandant de bord peut ordonner la visite du navire. Celle-ci comporte l'envoi d'une équipe pour contrôler les documents de bord et procéder aux vérifications prévues par le droit international ou par les lois et règlements de la République.

Art. L. 1521-5 ***(Mod., L. n° 2005-371, 22 avr. 2005).*** **– Lorsque l'accès à bord a été refusé ou s'est trouvé matériellement impossible, le commandant ou le commandant de bord peut ordonner le déroutement du navire vers la position ou le port appropriés.**

Le commandant ou le commandant de bord peut également ordonner le déroutement du navire vers une position ou un port appropriés dans les cas suivants :

1° Soit en application du droit international ;

2° Soit en vertu de dispositions législatives ou réglementaires particulières ;

3° Soit pour l'exécution d'une décision de justice ;

4° Soit à la demande d'une autorité qualifiée en matière de police judiciaire.

Le commandant ou le commandant de bord désigne la position ou le port de déroutement en accord avec l'autorité de contrôle des opérations.

Pendant le transit consécutif à la décision de déroutement, les agents mentionnés à l'article L. 1521-2 peuvent prendre les mesures de coercition nécessaires et adaptées en vue d'assurer la préservation du navire et de sa cargaison et la sécurité des personnes se trouvant à bord.

Art. L. 1521-6. – Le commandant ou le commandant de bord peut exercer le droit de poursuite du navire étranger dans les conditions prévues par le droit international.

Art. L. 1521-7. – Si le capitaine refuse de faire connaître l'identité et la nationalité du navire, d'en admettre la visite ou de le dérouter, le commandant ou le commandant de bord peut, après sommations, recourir à l'encontre de ce navire à des mesures de coercition comprenant, si nécessaire, l'emploi de la force.

Les modalités de recours à la coercition et de l'emploi de la force en mer sont définies par décret en Conseil d'État.

Art. L. 1521-8. – Les mesures prises à l'encontre des navires étrangers en application des dispositions prévues au présent chapitre sont notifiées à l'État du pavillon par la voie diplomatique.

Section II. – Sanctions pénales

Art. L. 1521-9 *(Ord. n° 2016-1687, 8 déc. 2016)*. – Est puni d'un an d'emprisonnement et de 150 000 € d'amende, le refus d'obtempérer aux injonctions faites en vertu des articles L. 1521-3, L. 1521-4 et L. 1521-5.

Outre les officiers et les agents de police judiciaire agissant conformément au Code de procédure pénale, les commandants, les commandants en second et les officiers en second des bâtiments de l'État ainsi que les commandants de bord des aéronefs de l'État sont habilités à constater l'infraction mentionnée au présent article.

La juridiction compétente pour connaître de ce délit est celle du port ou de la position où le navire a été dérouté ou, à défaut, celle de la résidence administrative de l'agent qui a constaté l'infraction mentionnée au présent article.

Le procès-verbal est transmis dans les quinze jours au procureur de la République de la juridiction compétente.

Les personnes coupables de la présente infraction encourent également, à titre de peine complémentaire, la confiscation du navire, embarcation, engin nautique, chose ou installation ayant servi à l'infraction, dans les conditions prévues à l'article 131-21 du Code pénal.

Art. L. 1521-10. – Est puni de 150 000 € d'amende, le propriétaire, ou l'exploitant du navire à l'origine de la décision de refus d'obtempérer aux injonctions mentionnées à l'article L. 1521-9.

Mesures prises à l'encontre des personnes à bord des navires

Art. L. 1521-11 *(L. n° 2011-13, 5 janv. 2011)*. – À compter de l'embarquement de l'équipe de visite prévue à l'article L. 1521-4 sur le navire contrôlé, les agents mentionnés à l'article L. 1521-2 peuvent prendre les mesures de coercition nécessaires et adaptées à l'encontre des personnes à bord en vue d'assurer leur maintien à disposition, la préservation du navire et de sa cargaison ainsi que la sécurité des personnes.

Art. L. 1521-12 *(L. n° 2011-13, 5 janv. 2011)*. – Lorsque des mesures de restriction ou de privation de liberté doivent être mises en œuvre, les agents mentionnés à l'article L. 1521-2 en avisent le préfet maritime ou, outre-mer, le délégué du Gouvernement pour l'action de l'État en mer, qui en informe dans les plus brefs délais le procureur de la République territorialement compétent.

Art. L. 1521-13 *(L. n° 2011-13, 5 janv. 2011)*. – Chaque personne à bord faisant l'objet d'une mesure de restriction ou de privation de liberté bénéficie d'un examen de santé par une personne qualifiée dans un délai de vingt-quatre heures à compter de la mise en œuvre de celle-ci. Un examen médical intervient au plus tard à l'expiration d'un délai de dix jours à compter du premier examen de santé effectué.

Un compte rendu de l'exécution de ces examens se prononçant, notamment, sur l'aptitude au maintien de la mesure de restriction ou de privation de liberté est transmis dans les plus brefs délais au procureur de la République.

Art. L. 1521-14 *(L. n° 2011-13, 5 janv. 2011)*. – Avant l'expiration du délai de quarante-huit heures à compter de la mise en œuvre des mesures de restriction ou de privation de liberté mentionnées à l'article

L. 1521-12 et à la demande des agents mentionnés à l'article L. 1521-2, le juge des libertés et de la détention saisi par le procureur de la République statue sur leur prolongation éventuelle pour une durée maximale de cent vingt heures à compter de l'expiration du délai précédent.

Ces mesures sont renouvelables dans les mêmes conditions de fond et de forme durant le temps nécessaire pour que les personnes en faisant l'objet soient remises à l'autorité compétente.

Art. L. 1521-15 *(L. n° 2011-13, 5 janv. 2011)*. **– Pour l'application de l'article L. 1521-14, le juge des libertés et de la détention peut solliciter du procureur de la République tous éléments de nature à apprécier la situation matérielle et l'état de santé de la personne qui fait l'objet d'une mesure de restriction ou de privation de liberté.**

Il peut ordonner un nouvel examen de santé.

Sauf impossibilité technique, le juge des libertés et de la détention communique, s'il le juge utile, avec la personne faisant l'objet des mesures de restriction ou de privation de liberté.

Art. L. 1521-16 *(L. n° 2011-13, 5 janv. 2011)*. **– Le juge des libertés et de la détention statue par ordonnance motivée insusceptible de recours. Copie de cette ordonnance est transmise dans les plus brefs délais par le procureur de la République au préfet maritime ou, outre-mer, au délégué du Gouvernement pour l'action de l'État en mer, à charge pour celui-ci de la faire porter à la connaissance de la personne intéressée dans une langue qu'elle comprend.**

Art. L. 1521-17 *(L. n° 2011-13, 5 janv. 2011)*. **– Les mesures prises à l'encontre des personnes à bord des navires peuvent être poursuivies, le temps strictement nécessaire, au sol ou à bord d'un aéronef, sous l'autorité des agents de l'État chargés du transfert, sous le contrôle de l'autorité judiciaire tel que défini par la présente section.**

Art. L. 1521-18 *(L. n° 2011-13, 5 janv. 2011 ; L. n° 2016-731, 3 juin 2016)*. **– Dès leur arrivée sur le sol français, les personnes faisant l'objet de mesures de coercition sont mises à la disposition de l'autorité judiciaire.**

Si ces personnes font l'objet d'une mesure de garde à vue à leur arrivée sur le sol français, elles sont présentées dans les plus brefs délais soit, à la requête du procureur de la République, au juge des libertés et de la détention, soit au juge d'instruction, qui peuvent ordonner leur remise en liberté. À défaut d'une telle décision, la garde à vue se poursuit.

La personne peut demander, dans les conditions prévues à l'article 63-3-1 du Code de procédure pénale, à être assistée par un avocat lors de cette présentation.

Épave

Code des transports

Art. L. 5142-8. – Est puni des peines de l'abus de confiance ou du recel prévues par les articles 314-1, 314-10, 321-1 et 321-9 du Code pénal le fait de détourner, tenter de détourner ou receler une épave maritime.

Infractions liées à la nature polluante ou dangereuse des cargaisons

Art. L. 5242-9 *(Mod., Ord. n° 2011-635, 9 juin 2011)*. – Est puni de 75 000 € d'amende le fait, pour le capitaine d'un navire français transportant en colis une cargaison constituée de tout ou partie de marchandises dangereuses au sens de la convention internationale pour la sauvegarde de la vie humaine en mer, faite à Londres le 1er novembre 1974, qui a subi un événement de mer entraînant ou risquant d'entraîner la perte par-dessus bord en mer de telles marchandises, de ne pas adresser, dès qu'il en a eu connaissance, un compte rendu aussi détaillé que possible des circonstances de cet événement à l'autorité compétente de l'État côtier le plus proche.

Art. L. 5242-9-1 *(L. n° 2015-992, 17 août 2015)*. – Tout propriétaire de navire, en sus de l'inventaire des matières dangereuses dont il doit disposer conformément au règlement (UE) n° 1257/2013 du Parlement européen et du Conseil du 20 novembre 2013, relatif au recyclage des navires et modifiant le règlement (CE) n° 1013/2006 et la directive 2009/16/CE notifie par écrit au ministre chargé de la mer son intention de recycler le navire dans un installation ou des installations de recyclage de navires données, dans des conditions fixées par voie réglementaire.

Art. L. 5242-9-2 *(L. n° 2015-992, 17 août 2015)*. – Est puni d'un an d'emprisonnement et de 100 000 € d'amende le fait, pour tout propriétaire de navire, de ne pas notifier au ministre chargé de la mer son intention de recycler le navire dans une installation ou des installations de recyclage données, dans les conditions prévues à l'article L. 5242-9-1.

Est puni de la même peine le fait, pour tout propriétaire de navire, de ne pas disposer à son bord de l'inventaire des matières dangereuses prévu au même article L. 5242-9-1.

Art. L. 5242-10 *(Mod., Ord. n° 2011-635, 9 juin 2011 n° 2013-431, 28 mai 2013)*. – Est puni de 75 000 € d'amende le fait, pour le capitaine d'un navire étranger transportant en colis une cargaison constituée de tout ou partie de marchandises dangereuses au sens de la convention internationale pour la sauvegarde de la vie humaine en mer, faite à Londres le 1er novembre 1974, et qui, naviguant dans les eaux territoriales, a subi un événement de mer entraînant ou risquant d'entraîner la perte par-dessus bord en mer de telles marchandises, de ne pas adresser, dès qu'il en a eu connaissance, un compte rendu aussi détaillé que possible des circonstances de cet événement au préfet maritime, dès lors que la perte ou le risque de perte de marchandises dangereuses peut entraîner une infraction aux lois et règlements français en matière douanière, fiscale ou sanitaire ou constituer un danger :

1° Pour la sécurité de la navigation et la régulation du trafic maritime ;

2° Pour la protection des équipements et des systèmes d'aide à la navigation et des autres équipements ou installations ;

3° Pour la protection des câbles et des canalisations ;

4° Pour la conservation des ressources biologiques de la mer, la pêche et la préservation de l'environnement ;

5° Pour la prévention, la réduction et la maîtrise de la pollution ;

6° Pour la recherche scientifique marine et les levés hydrographiques.

Art. L. 5242-11 *(Mod., Ord. n° 2011-635, 9 juin 2011)*. – Est puni de 75 000 € d'amende le fait, pour le capitaine d'un navire mentionné à l'article L. 5242-10 naviguant dans la zone économique mentionnée à l'article 1er de la loi n° 76-655 du 16 juillet 1976 relative à la zone économique et à la zone de protection écologique au large des côtes du territoire de la République, d'omettre de remplir l'obligation mentionnée au même article, dès lors que la perte ou le risque de perte de marchandises dangereuses peut constituer une menace :

1° Pour l'exploration, l'exploitation, la conservation et la gestion des ressources naturelles, biologiques ou non biologiques, des eaux surjacentes aux fonds marins, des fonds marins et de leur sous-sol, ainsi qu'en ce qui concerne d'autres activités tendant à l'exploration et à l'exploitation de la zone à des fins économiques ;

2° Pour la mise en place et l'utilisation d'îles artificielles, d'installations et d'ouvrages ;

3° Pour la recherche scientifique marine ;

4° Pour la protection et la préservation du milieu marin.

Art. L. 5242-12. – Les peines prévues par les articles L. 5242-9 à L. 5242-11 sont applicables au propriétaire, à l'affréteur, à l'armateur-gérant ou à l'exploitant d'un navire, ou à leur agent, qui, alors qu'il en avait la possibilité, en cas d'abandon du navire ou lorsque le compte rendu envoyé par ce navire est incomplet ou impossible à obtenir, n'a pas assumé les obligations qui incombent au capitaine en vertu de ces articles.

Art. L. 5242-13. – Les personnes morales reconnues pénalement responsables, dans les conditions prévues par l'article 121-2 du Code pénal, des infractions définies par les articles L. 5242-9 à L. 5242-12 encourent :

1° L'amende prévue par l'article 131-38 du Code pénal ;

2° Les peines mentionnées aux 5°, 6° et 9° de l'article 131-39 du même code.

....

Sûreté des navires

Art. L. 5253-2. – Est puni d'un an d'emprisonnement et de 15 000 € d'amende le fait de s'opposer à l'exercice des missions de contrôle dont sont chargés les fonctionnaires et agents habilités à constater les infractions mentionnées à l'article précédent.

Art. L. 5253-2-1 *(Ord. n° 2012-1218, 2 nov. 2012)*. – Est puni de trois mois d'emprisonnement et de 3 750 € d'amende le fait pour un membre d'équipage, après une sommation formelle du capitaine ou d'un officier spécialement désigné à cet effet par le capitaine, de refuser d'obéir ou de résister à un ordre

ANNEXE 41

concernant le service, donné pour assurer la sûreté du navire et lorsque la non-exécution de cet ordre est de nature à entraîner des conséquences dommageables.

Si ce membre d'équipage est un officier ou un maître, les peines prévues à l'alinéa précédent sont portées au double.

Art. L. 5253-2-2 *(Ord. n° 2012-1218, 2 nov. 2012).* – Est puni de six mois d'emprisonnement et d'une amende de 7 500 € le fait pour un officier, un maître ou tout autre membre d'équipage d'être absent irrégulièrement à bord, lorsqu'il est affecté à un poste de sûreté.

Art. L. 5253-3. – Les personnes morales reconnues pénalement responsables dans les conditions prévues par l'article 121-2 du Code pénal des infractions définies par les dispositions du présent titre encourent :

1° L'amende prévue par l'article 131-38 du Code pénal ;

2° Les peines mentionnées aux 5°, 6° et 9° de l'article 131-39 du même code.

....

Sûreté portuaire

Art. L. 5336-10 *(L. n° 2016-816, 20 juin 2016).* – Est puni de six mois d'emprisonnement et de 3 750 € d'amende le fait de s'introduire ou tenter de s'introduire sans autorisation dans une zone d'accès restreint définie en application de l'article L. 5332-2.

Déchets d'exploitation et résidus de cargaison

Art. L. 5336-11. – Le fait pour le capitaine d'un navire, bateau ou autre engin flottant de ne pas se conformer à l'obligation de dépôt des déchets d'exploitation ou de résidus de cargaison prévue à l'article L. 5334-8 est puni d'une amende calculée comme suit :

1° Pour le navire, bateau ou autre engin flottant d'une longueur hors tout inférieure ou égale à 20 mètres : 4 000 € ;

2° Pour le navire, bateau ou autre engin flottant d'une longueur hors tout supérieure à 20 mètres et inférieure ou égale à 100 mètres : 8 000 € ;

3° Pour le navire, bateau ou autre engin flottant d'une longueur hors tout supérieure à 100 mètres : 40 000 €.

Le paiement de l'amende peut être mis à la charge de l'armateur.

Chargement et déchargement de navires vraquiers

Art. L. 5336-12. – Est puni de 45 000 € d'amende :

1° Le fait, pour le capitaine du navire, de ne pas respecter les obligations relatives au chargement et déchargement définies à l'article L. 5334-12 ;

2° Le fait, pour l'armateur ou l'exploitant du navire, de faire obstacle ou de tenter de faire obstacle aux obligations relatives au chargement et déchargement définies à l'article L. 5334-12.

Art. L. 5336-13. – Est puni de 45 000 € d'amende le fait, pour le responsable à terre de l'opération de chargement ou de déchargement, de ne pas respecter le plan de chargement ou de déchargement prévu à l'article L. 5334-13.

Art. L. 5336-14. – Est puni de deux ans d'emprisonnement et de 180 000 € d'amende le fait, pour le capitaine du navire et le responsable à terre de l'opération de chargement ou de déchargement, de ne pas respecter leurs obligations relatives au plan de chargement ou de déchargement définies aux articles L. 5334-12 et L. 5334-13, lorsque ce non-respect a entraîné un accident de mer ayant provoqué une pollution des eaux territoriales, des eaux intérieures ou du littoral.

....

Marchandises dangereuses

Art. L. 5336-17. – Est puni de deux ans d'emprisonnement et de 30 000 € d'amende le fait :

1° De ne pas respecter les règles de manutention, de transbordement, d'accès, de circulation, de stationnement, de dépôt ou d'entreposage applicables aux marchandises dangereuses, fixées par les règlements généraux ou les règlements locaux pris pour leur application ;

2° D'embarquer ou de faire embarquer, d'expédier ou faire expédier par voie terrestre ou fluviale, à partir d'un port, des marchandises dangereuses sans en avoir déclaré la nature à l'armateur, au capitaine, maître ou patron, au gérant du navire, à l'agent du navire ou au commissionnaire expéditeur ou sans avoir apposé les plaques-étiquettes, étiquettes et marques définies par voie réglementaire sur les emballages ou engins de transport.

....

Usage du plan d'eau

Art. L. 5337-5. – Le fait, pour un capitaine, maître ou patron d'un navire, d'un bateau ou de tout autre engin flottant de ne pas obtempérer aux signaux ou aux ordres conformément aux dispositions de l'article L. 5334-5 est passible d'une amende calculée comme suit :

1° Pour le navire, bateau ou autre engin flottant d'une longueur hors tout inférieure ou égale à 20 mètres : 500 € ;

2° Pour le navire, bateau ou autre engin flottant d'une longueur hors tout supérieure à 20 mètres et inférieure ou égale à 100 mètres : 8 000 € ;

3° Pour le navire, bateau ou autre engin flottant d'une longueur hors tout supérieure à 100 mètres : 20 000 €.

En cas de nouveau manquement commis moins de cinq ans après le prononcé d'une première condamnation, l'amende peut être portée au double.

....

Services portuaires

Art. L. 5344-5 *(Ord. n° 2016-1686, 8 déc. 2016)*. – Est puni de trois mois d'emprisonnement et de 3 750 € d'amende le fait, pour le pilote, de méconnaître ses obligations d'assistance à un navire en danger en application de l'article L. 5341-2.

Art. L. 5344-6. – Est puni de 3 750 € d'amende le fait de conduire ou de tenter de conduire un navire en qualité de pilote commissionné, sans une commission régulière de pilote de la station.

Art. L. 5344-7 *(Abr. à compter de la date prévue à l'article 21de l'ordonnance n° 2012-1218 du 2 novembre 2012 et au plus tard le 1er janv. 2015, Ord. n° 2012-1218, 2 nov. 2012).*

....

Code des transports

LUTTE CONTRE L'ALCOOLISME À BORD DES NAVIRES
(Ord. n° 2016-1686, 8 déc. 2016)

Art. L. 5531-45. – I. – Même en l'absence de tout signe d'ivresse manifeste, le fait pour le capitaine, le chef de quart ou toute personne exerçant la responsabilité de la conduite d'un navire, le chef mécanicien, toute personne assurant la veille visuelle et auditive ou le pilote, de se trouver, dans l'exercice de ses fonctions, sous l'empire d'un état alcoolique caractérisé par une concentration d'alcool dans le sang égale ou supérieure à 0,50 gramme par litre ou par une concentration d'alcool dans l'air expiré égale ou supérieure à 0,25 milligramme par litre est puni de deux ans d'emprisonnement et de 4 500 € d'amende.

II. – Le fait pour les personnes mentionnées au I d'exercer leurs fonctions en état d'ivresse manifeste est puni des mêmes peines.

III. – Le tribunal peut prononcer, à titre complémentaire ou principal, une ou plusieurs des peines mentionnées à l'article 28 de la loi du 17 décembre 1926 relative à la répression en matière maritime.

S'il s'agit d'un pilote, le tribunal saisi peut également prononcer, à titre complémentaire ou principal, l'interdiction d'exercer le métier de pilote pour une durée de trois ans au plus.

IV. – Lorsque la personne est poursuivie pour des faits commis à bord d'un navire ne battant pas pavillon français, le tribunal peut ordonner selon la gravité des faits, à titre complémentaire ou principal, conformément au *c* de l'article 28 de la loi du 17 décembre 1926 susmentionnée, l'interdiction soit temporaire pour une durée au plus de trois ans soit définitive d'exercer des fonctions similaires à bord d'un navire dans les eaux territoriales ou les eaux intérieures maritimes françaises.

V. – Lorsque le tribunal prononce, conformément au a de l'article 28 de la loi du 17 décembre 1926 précitée, le retrait total ou partiel des droits ou prérogatives afférents aux titres ou du visa de reconnaissance dont le marin est titulaire, ou lorsqu'il prononce l'interdiction d'exercer le métier de pilote maritime, ce retrait ou cette interdiction ne peuvent être assorti du sursis, même partiellement.

VI. – Le tribunal peut également prononcer, à titre complémentaire ou principal :

1° Une peine de travail d'intérêt général, selon des modalités prévues à l'article 131-8 du Code pénal et selon les conditions prévues aux articles 131-22 à 131-24 du même code et à l'article 20-5 de l'ordonnance n° 45-174 du 2 février 1945 relative à l'enfance délinquante ;

2° Une peine de jours-amende, dans les conditions fixées aux articles 131-5 et 131-25 du Code pénal ;

3° Une obligation d'accomplir, à ses frais, un stage de sensibilisation aux addictions.

Toute condamnation d'un marin ou d'un pilote pour l'une des infractions prévues au présent article, commise en état de récidive au sens de l'article 132-10 du Code pénal, donne lieu de plein droit, pour les marins, au retrait total des droits ou prérogatives afférents aux titres ou du visa de reconnaissance de l'intéressé, avec interdiction de solliciter la délivrance d'un nouveau titre ou visa de reconnaissance pendant trois ans au plus et, pour les pilotes, à l'interdiction du droit d'exercer le métier de pilote.

Art. L. 5531-46. – I. – Le fait de refuser de se soumettre aux vérifications prévues par les articles L. 5531-27, L. 5531-30, L. 5531-31, L. 5531-33 et L. 5531-34 est puni de deux ans d'emprisonnement et de 4 500 € d'amende.

II. – Toute personne coupable de ce délit encourt également les peines complémentaires suivantes :

1° Une ou plusieurs des peines mentionnées à l'article 28 de la loi du 17 décembre 1926 susmentionnée ;

2° Une peine de travail d'intérêt général, selon des modalités prévues à l'article 131-8 du Code pénal et selon les conditions prévues aux articles 131-22 à 131-24 du même code et à l'article 20-5 de l'ordonnance n° 45-174 du 2 février 1945 relative à l'enfance délinquante ;

3° Une peine de jours-amende, dans les conditions fixées aux articles 131-5 et 131-25 du Code pénal ;

4° Une obligation d'accomplir, à ses frais, un stage de sensibilisation aux addictions.

S'il s'agit d'un pilote, le tribunal saisi peut également prononcer, à titre complémentaire ou principal, l'interdiction d'exercer le métier de pilote maritime pour une durée de trois ans au plus.

III. – Lorsque le tribunal prononce, conformément au a de l'article 28 de la loi du 17 décembre 1926 précitée, le retrait total ou partiel des droits ou prérogatives afférents aux titres ou du visa de reconnaissance, dont le marin est titulaire, ou lorsqu'il prononce l'interdiction d'exercer le métier de pilote maritime, ce retrait ou cette interdiction ne peut être assorti du sursis, même partiellement.

Art. L. 5531-47. – Dans les cas prévus à l'article 221-6 du Code pénal et lorsque la maladresse, l'imprudence, l'inattention, la négligence ou le manquement à une obligation législative ou réglementaire de sécurité ou de prudence est commis par le capitaine au sens de l'article L. 5511-4, les peines sont portées à sept ans d'emprisonnement et à 100 000 € d'amende lorsqu'il se trouvait en état d'ivresse manifeste ou était sous l'empire d'un état alcoolique caractérisé par une concentration d'alcool dans le sang ou dans l'air expiré égale ou supérieure aux taux fixés par l'article L. 5531-21, ou a refusé de se soumettre aux vérifications prévues par cette section et destinées à établir l'existence d'un état alcoolique.

Art. L. 5531-48. – Dans les cas prévus à l'article 222-19 du Code pénal et lorsque la maladresse, l'imprudence, l'inattention, la négligence ou le manquement à une obligation législative ou réglementaire de sécurité ou de prudence est commis par le capitaine au sens de l'article L. 5511-4, les peines sont portées à cinq ans d'emprisonnement et à 75 000 € d'amende lorsqu'il se trouvait en état d'ivresse manifeste ou était sous l'empire d'un état alcoolique caractérisé par une concentration d'alcool dans le sang ou dans l'air expiré égale ou supérieure aux taux fixés par l'article L. 5531-21, ou a refusé de se soumettre aux vérifications prévues par cette section et destinées à établir l'existence d'un état alcoolique.

ANNEXE 42

MÉDECINE

Bibliographie : J. Penneau, N. Bareït, *Médecine : JCl. Lois pénales spéciales.*

I. – EXERCICE DES PROFESSIONS MÉDICALES ET DE CELLES DES AUXILIAIRES MÉDICAUX

Code de la santé publique

(Ord. n° 2000-548, 15 juin 2000)

TITRE III. – Profession de médecin

CHAPITRE PRÉLIMINAIRE. – Médecin généraliste de premier recours
(L. n° 2009-879, 21 juill. 2009)

Art. L. 4130-1 *(L. n° 2009-879, 21 juill. 2009 ; L. n° 2016-41, 26 janv. 2016)*. **– Les missions du médecin généraliste de premier recours sont notamment les suivantes :**

1° Contribuer à l'offre de soins ambulatoire, en assurant pour ses patients la prévention, le dépistage, le diagnostic, le traitement et le suivi des maladies ainsi que l'éducation pour la santé. Cette mission peut s'exercer dans les établissements de santé ou médico-sociaux ;

2° Orienter ses patients, selon leurs besoins, dans le système de soins et le secteur médico-social ;

3° S'assurer de la coordination des soins nécessaire à ses patients ;

4° Veiller à l'application individualisée des protocoles et recommandations pour les affections nécessitant des soins prolongés et contribuer au suivi des maladies chroniques, en coopération avec les autres professionnels qui participent à la prise en charge du patient ;

5° S'assurer de la synthèse des informations transmises par les différents professionnels de santé ;

5° ***bis*** **Administrer et coordonner les soins visant à soulager la douleur. En cas de nécessité, le médecin traitant assure le lien avec les structures spécialisées dans la prise en charge de la douleur ;**

6° Contribuer aux actions de prévention et de dépistage ;

7° Participer à la mission de service public de permanence des soins dans les conditions fixées à l'article L. 6314-1 ;

8° Contribuer à l'accueil et à la formation des stagiaires de deuxième et troisième cycles d'études médicales.

Art. L. 4130-2 *(L. n° 2016-41, 26 janv. 2016).* – Les missions du médecin spécialiste de premier ou de deuxième recours comprennent les actions suivantes :

1° Compléter la prise en charge du patient par la réalisation d'une analyse diagnostique et thérapeutique d'expertise, la mise en œuvre du traitement approprié ainsi que le suivi des patients, selon des modalités propres aux compétences de chaque discipline ;

2° Contribuer à la prévention et à l'éducation pour la santé ;

3° Participer à la mission de service public de permanence des soins ;

4° Contribuer à l'accueil et à la formation des stagiaires de deuxième et troisième cycles d'études médicales.

Le médecin spécialiste de deuxième recours peut intervenir en tant que médecin correspondant, en lien avec le médecin généraliste, pour le suivi conjoint du patient et l'élaboration du projet de soins.

Le médecin spécialiste de premier ou de deuxième recours intervient en coopération avec les établissements de santé et contribue à la prévention des hospitalisations inutiles ou évitables.

CHAPITRE Ier. – Conditions d'exercice

Art. L. 4131-1 *(Mod., L. n° 2004-806, 9 août 2004 ; Ord. n° 2004-1174, 4 nov. 2004 ; Ord. n° 2008-507, 30 mai 2008 ; Ord. n° 2009-1585, 17 déc. 2009 ; Ord. n° 2017-50, 19 janv. 2017).* – Les titres de formation de base et de spécialité exigés en application du 1° de l'article L. 4111-1 sont pour l'exercice de la profession de médecin :

1° Soit le diplôme français d'État de docteur en médecine ;

2° Soit, si l'intéressé est ressortissant d'un État membre de l'Union européenne ou partie à l'accord sur l'Espace économique européen :

a) Les titres de formation de médecin délivrés par l'un de ces États conformément aux obligations communautaires et figurant sur une liste établie par arrêté des ministres chargés de l'enseignement supérieur et de la santé ;

b) Les titres de formation de médecin délivrés par un État, membre ou partie, conformément aux obligations communautaires, ne figurant pas sur la liste mentionnée au *a*, s'ils sont accompagnés d'une attestation de cet État certifiant qu'ils sanctionnent une formation conforme à ces obligations et qu'ils sont assimilés, par lui, aux titres de formation figurant sur cette liste ;

c) Les titres de formation de médecin délivrés par un État, membre ou partie, sanctionnant une formation de médecin commencée dans cet État antérieurement aux dates figurant dans l'arrêté mentionné au *a* et non conforme aux obligations communautaires, s'ils sont accompagnés d'une attestation de l'un de ces États certifiant que le titulaire des titres de formation s'est consacré, dans cet État, de façon effective et licite, à l'exercice de la profession de médecin dans la spécialité concernée pendant au moins trois années consécutives au cours des cinq années précédant la délivrance de l'attestation ;

d) Les titres de formation de médecin délivrés par l'ancienne Tchécoslovaquie, l'ancienne Union soviétique ou l'ancienne Yougoslavie ou qui sanctionnent une formation commencée avant la date d'indépendance de la République tchèque, de la Slovaquie, de l'Estonie, de la Lettonie, de la Lituanie ou de la Slovénie, s'ils sont accompagnés d'une attestation des autorités compétentes de la République tchèque ou de la Slovaquie pour les titres de formation délivrés par l'ancienne Tchécoslovaquie, de l'Estonie, de la Lettonie ou de la Lituanie pour les titres de formation délivrés par l'ancienne Union soviétique, de la Slovénie pour les titres de formation délivrés par l'ancienne Yougoslavie, certifiant qu'ils ont la même validité sur le plan juridique que les titres de formation délivrés par cet État.

Cette attestation est accompagnée d'un certificat délivré par ces mêmes autorités indiquant que son titulaire a exercé dans cet État, de façon effective et licite, la profession de médecin dans la spécialité concernée pendant au moins trois années consécutives au cours des cinq années précédant la délivrance du certificat ;

e) Les titres de formation de médecin délivrés par un État, membre ou partie, ne figurant pas sur la liste mentionnée au *a*, s'ils sont accompagnés d'une attestation délivrée par les autorités compétentes de cet État certifiant que le titulaire du titre de formation était établi sur son territoire à la date fixée dans l'arrêté mentionné au *a* et qu'il a acquis le droit d'exercer les activités de médecin généraliste dans le cadre de son régime national de sécurité sociale ;

f) Les titres de formation de médecin délivrés par un État, membre ou partie, sanctionnant une formation de médecin commencée dans cet État antérieurement aux dates figurant dans l'arrêté mentionné au *a*, et non conforme aux obligations communautaires mais permettant d'exercer légalement la profession de médecin dans l'État qui les a délivrés, si le médecin justifie avoir effectué en France au cours des cinq années précédentes trois années consécutives à temps plein de fonctions hospitalières dans la spécialité correspondant aux titres de formation en qualité d'attaché associé, de praticien attaché associé, d'assistant associé ou de fonctions universitaires en qualité de chef de clinique associé des universités ou d'assistant associé des universités, à condition d'avoir été chargé de fonctions hospitalières dans le même temps.

Lorsque ce diplôme a été obtenu dans les conditions définies à l'article L. 632-4 du Code de l'éducation, il est complété par le document mentionné au deuxième alinéa dudit article.

Art. L. 4131-1-1 *(Rempl., Ord. n° 2009-1585, 17 déc. 2009 ; Ord. n° 2017-50, 19 janv. 2017).* – L'autorité compétente peut, après avis d'une commission composée notamment de professionnels, autoriser individuellement à exercer la profession de médecin, dans la spécialité concernée, les ressortissants d'un État membre de l'Union européenne ou d'un autre État partie à l'accord sur l'Espace économique européen, titulaires de titres de formation délivrés par l'un de ces États, ne répondant pas aux conditions prévues à l'article L. 4131-1 mais permettant d'exercer légalement la profession de médecin dans cet État.

Dans le cas où l'examen des qualifications professionnelles attestées par l'ensemble des titres de formation et de l'expérience professionnelle pertinente fait apparaître des différences substantielles au regard des qualifications requises pour l'accès à la profession dans la spécialité concernée et son exercice en France, l'autorité compétente exige que l'intéressé se soumette à une mesure de compensation qui consiste, au choix du demandeur, en une épreuve d'aptitude ou en un stage d'adaptation dans la spécialité concernée.

Selon le niveau de qualification exigé en France et celui détenu par l'intéressé, l'autorité compétente peut soit proposer au demandeur de choisir entre un stage d'adaptation ou une épreuve d'aptitude, soit imposer un stage d'adaptation ou une épreuve d'aptitude, soit imposer un stage d'adaptation et une épreuve d'aptitude.

La nature des mesures de compensation selon les niveaux de qualification en France et dans les autres États, membres ou parties, est fixée par arrêté du ministre chargé de la santé.

Art. L. 4131-2 *(Mod., Ord. n° 2009-1585, 17 déc. 2009 ; Ord. n° 2010-177, 23 févr. 2010 ; L. n° 2011-940, 10 août 2011 ; Ord. n° 2018-20, 17 janv. 2018).* – Peuvent être autorisées à exercer la médecine, soit à titre de remplaçant d'un médecin, soit comme adjoint d'un médecin en cas d'afflux exceptionnel de population, constaté par un arrêté du représentant de l'État dans le département, les personnes remplissant les conditions suivantes :

1° Avoir suivi et validé la totalité du deuxième cycle des études médicales en France ou titulaires d'un titre sanctionnant une formation médicale de base équivalente, délivré par un État membre de l'Union européenne ou partie à l'accord sur l'Espace économique européen ;

2° Avoir validé au titre du troisième cycle des études médicales en France un nombre de semestres déterminé, en fonction de la spécialité suivie, par le décret mentionné au dernier alinéa.

Ces autorisations sont délivrées pour une durée limitée par le conseil départemental de l'ordre des médecins qui en informe les services de l'État.

Lors du remplacement d'un médecin salarié, le directeur de l'établissement de santé respecte les obligations liées à la formation universitaire ainsi qu'à la formation pratique et théorique du remplaçant.

Lorsque les besoins de la santé publique l'exigent, le ministre chargé de la santé peut, par arrêté pris, sauf en cas d'extrême urgence, après avis des conseils de l'ordre intéressés, habiliter pendant un délai déterminé les représentants de l'État dans le département à autoriser, pour une durée limitée, l'exercice de la médecine par des étudiants ayant validé le deuxième cycle des études médicales.

Les personnes appartenant à la réserve sanitaire prévue à l'article L. 3132-1, exerçant une activité au titre d'un engagement à servir dans la réserve opérationnelle prévue à l'article L. 4211-1 du Code de la défense ou requises en application des articles L. 3131-8 ou L. 3131-9 et ayant validé le deuxième cycle des études médicales sont autorisées à exercer la médecine au titre des activités pour lesquelles elles ont été appelées.

Un décret, pris après avis du Conseil national de l'ordre des médecins, fixe les conditions d'application des quatre premiers alinéas du présent article, notamment le niveau d'études exigé selon la qualification du praticien remplacé, la durée maximale des autorisations et les conditions de leur prorogation.

TITRE IV. – Profession de chirurgien-dentiste

CHAPITRE Ier. – Conditions d'exercice

Art. L. 4141-1 *(Mod., Ord. n° 2008-507, 30 mai 2008)*. – La pratique de l'art dentaire comporte le diagnostic ou le traitement des maladies congénitales ou acquises, réelles ou supposées, de la bouche, des dents, des maxillaires et des tissus attenants, dans le respect des modalités fixées par le code de déontologie de la profession, mentionné à l'article L. 4127-1.

Art. L. 4141-2 *(Mod., L. n° 2006-1640, 21 déc. 2006)*. – Les chirurgiens-dentistes peuvent prescrire tous les actes, produits et prestations nécessaires à l'exercice de l'art dentaire.

Art. L. 4141-3 *(Mod., Ord. n° 2008-507, 30 mai 2008 ; Ord. n° 2009-1585, 17 déc. 2009 ; Ord. n° 2017-50, 19 janv. 2017)*. – Les titres de formation exigés en application du 1° de l'article L. 4111-1 sont pour l'exercice de la profession de chirurgien-dentiste :

1° Soit le diplôme français d'État de docteur en chirurgie dentaire ;

2° Soit le diplôme français d'État de chirurgien-dentiste ;

3° Soit si l'intéressé est ressortissant d'un État membre de l'Union européenne ou partie à l'accord sur l'Espace économique européen :

a) Les titres de formation de praticien de l'art dentaire délivrés par l'un de ces États conformément aux obligations communautaires et figurant sur une liste établie par arrêté des ministres chargés de l'enseignement supérieur et de la santé ;

b) Les titres de formation de praticien de l'art dentaire délivrés par un État, membre ou partie, conformément aux obligations communautaires, ne figurant pas sur la liste mentionnée au *a*, s'ils sont accompagnés d'une attestation de cet État certifiant qu'ils sanctionnent une formation conforme à ces obligations et qu'ils sont assimilés, par lui, aux diplômes, certificats et titres figurant sur cette liste ;

c) Les titres de formation de praticien de l'art dentaire délivrés par un État, membre ou partie, sanctionnant une formation de praticien de l'art dentaire commencée dans cet État antérieurement aux dates figurant dans l'arrêté mentionné au a et non conforme aux obligations communautaires, s'ils sont accompagnés d'une attestation de l'un de ces États certifiant que le titulaire des titres de formation s'est consacré, dans cet État, de façon effective et licite aux activités de praticien de l'art dentaire ou, le cas échéant, de praticien de l'art dentaire spécialiste, pendant au moins trois années consécutives au cours des cinq années précédant la délivrance de l'attestation ;

d) Les titres de formation de praticien de l'art dentaire délivrés par l'ancienne Union soviétique ou l'ancienne Yougoslavie ou qui sanctionnent une formation commencée avant la date d'indépendance de l'Estonie, de la Lettonie, de la Lituanie ou de la Slovénie, s'ils sont accompagnés d'une attestation des autorités compétentes de l'Estonie, de la Lettonie ou de la Lituanie pour les titres de formation délivrés par l'ancienne Union soviétique, de la Slovénie pour les titres de formation délivrés par l'ancienne Yougoslavie, certifiant qu'ils ont la même validité sur le plan juridique que les titres de formation délivrés par cet État.

Cette attestation est accompagnée d'un certificat délivré par ces mêmes autorités indiquant que son titulaire a exercé dans cet État, de façon effective et licite, la profession de praticien de l'art dentaire ou de praticien de l'art dentaire spécialiste pendant au moins trois années consécutives au cours des cinq années précédant la délivrance du certificat ;

e) Les titres de formation de praticien de l'art dentaire délivrés par un État, membre ou partie, sanctionnant une formation de praticien de l'art dentaire commencée dans cet État antérieurement aux dates figurant dans l'arrêté mentionné au a et non conforme aux obligations communautaires mais permettant d'exercer légalement la profession de praticien de l'art dentaire dans l'État qui les a délivrés, si le praticien de l'art dentaire justifie avoir effectué en France au cours des cinq années précédentes trois années consécutives à temps plein de fonctions hospitalières, le cas échéant dans la spécialité correspondant aux titres de formation, en qualité d'attaché associé, de praticien attaché associé, d'assistant associé ou de fonctions universitaires en qualité de chef de clinique associé des universités ou d'assistant associé des universités, à condition d'avoir été chargé de fonctions hospitalières dans le même temps ;

f) Un titre de formation de médecin délivré en Italie, en Espagne, en Autriche, en République tchèque, en Slovaquie et en Roumanie sanctionnant une formation commencée au plus tard aux dates fixées par arrêté des ministres chargés de l'enseignement supérieur et de la santé, s'il est accompagné d'une attestation des autorités compétentes de cet État certifiant qu'il ouvre droit dans cet État à l'exercice de la profession de praticien de l'art dentaire et que son titulaire s'est consacré, dans cet État, de façon effective et licite, aux activités de praticien de l'art dentaire pendant au moins trois années consécutives au cours des cinq années précédant la délivrance de l'attestation ;

h) Les titres de formation de médecin délivrés par l'Espagne sanctionnant une formation de médecin commencée dans cet État entre le 1er janvier 1986 et le 31 décembre 1997, s'ils sont accompagnés d'une attestation délivrée par les autorités compétentes de cet État indiquant que son titulaire a suivi avec succès au moins trois années d'études conformes aux obligations communautaires de formation de base à la profession de praticien de l'art dentaire, qu'il a exercé, de façon effective, licite et à titre principal, la profession de praticien de l'art dentaire pendant au moins trois années consécutives au cours des cinq années précédant la délivrance de l'attestation et qu'il est autorisé à exercer ou exerce, de façon effective, licite et à titre principal, cette profession dans les mêmes conditions que les titulaires de titres de formation figurant sur la liste mentionnée au *a*.

Pour les titres de formation délivrés par l'Italie, l'intéressé doit en outre, selon la date à laquelle la formation a commencé, produire une attestation certifiant qu'il a passé avec succès une épreuve d'aptitude organisée par les autorités italiennes compétentes.

Art. L. 4141-3-1 *(L. n° 2004-806, 9 août 2004 ; rempl., Ord. n° 2008-507, 30 mai 2008 ; mod., L. n° 2009-179, 17 févr. 2009 ; rempl., Ord. n° 2009-1585, 17 déc. 2009 ; Ord. n° 2017-50, 19 janv. 2017).* – L'autorité compétente peut, après avis d'une commission composée notamment de professionnels, autoriser individuellement à exercer la profession de chirurgien-dentiste, le cas échéant dans la spécialité, les ressortissants d'un État membre de l'Union européenne ou d'un autre État partie à l'accord sur l'Espace économique européen, titulaires de titres de formation de base et, le cas échéant, de spécialité délivrés par l'un de ces États, ne répondant pas aux conditions prévues à l'article L. 4141-3 mais permettant d'exercer légalement la profession de chirurgien-dentiste dans cet État.

Dans le cas où l'examen des qualifications professionnelles attestées par l'ensemble des titres de formation et de l'expérience professionnelle pertinente fait apparaître des différences substantielles au regard des qualifications requises pour l'accès à la profession, le cas échéant dans la spécialité, et son exercice en France, l'autorité compétente exige que l'intéressé se soumette à une mesure de compensation qui consiste, au choix du demandeur, en une épreuve d'aptitude ou en un stage d'adaptation, le cas échéant dans la spécialité.

Art. L. 4141-4 *(Mod., L. n° 2007-294, 5 mars 2007 ; Ord. n° 2009-1585, 17 déc. 2009 ; Ord. n° 2018-20, 17 janv. 2018).* – Les étudiants en chirurgie dentaire ayant satisfait en France à l'examen de cinquième année, peuvent être autorisés à exercer l'art dentaire, soit à titre de remplaçant, soit comme adjoint d'un chirurgien-dentiste.

Ces autorisations sont délivrées pour une durée limitée par le conseil départemental de l'ordre des chirurgiens-dentistes qui en informe les services de l'État.

Un décret, pris après avis du Conseil national de l'ordre des chirurgiens-dentistes, fixe les conditions d'application du présent article, notamment le niveau d'études exigé selon la qualification du praticien remplacé, la durée maximale des autorisations et les conditions de leur prorogation.

Les personnes appartenant à la réserve sanitaire prévue à l'article L. 3132-1, exerçant une activité au titre d'un engagement à servir dans la réserve opérationnelle prévue à l'article L. 4211-1 du Code de la défense ou requises en application des articles L. 3131-8 ou L. 3131-9 et ayant satisfait à l'examen de cinquième année des études odontologiques sont autorisées à exercer l'art dentaire au titre des activités pour lesquelles elles ont été appelées.

....

TITRE V. – Profession de sage-femme

CHAPITRE Ier. – Conditions d'exercice

Art. L. 4151-1 *(Mod., L. n° 2004-806, 9 août 2004 ; L. n° 2009-879, 21 juill. 2009 ; L. n° 2011-814, 7 juill. 2011 ; L. n° 2016-41, 16 janv. 2016).* – L'exercice de la profession de sage-femme comporte la pratique des actes nécessaires au diagnostic, à la surveillance de la grossesse et à la préparation psychoprophylactique à l'accouchement, ainsi qu'à la surveillance et à la pratique de l'accouchement et des soins postnataux en ce qui concerne la mère et l'enfant, sous réserve des dispositions des articles L. 4151-2 à L. 4151-4 et suivant les modalités fixées par le Code de déontologie de la profession, mentionné à l'article L. 4127-1.

La sage-femme peut effectuer l'examen postnatal à la condition d'adresser la femme à un médecin en cas de situation pathologique constatée.

L'exercice de la profession de sage-femme peut comporter également la réalisation de consultations de contraception et de suivi gynécologique de prévention, ainsi que d'interruptions volontaires de grossesse par voie médicamenteuse sous réserve que la sage-femme adresse la femme à un médecin en cas de situation pathologique.

Les sages-femmes sont autorisées à concourir aux activités d'assistance médicale à la procréation, dans des conditions fixées par décret.

Art. L. 4151-2 *(L. n° 2016-41, 26 janv. 2016).* – Les sages-femmes peuvent prescrire et pratiquer les vaccinations de la femme et du nouveau-né.

Elles peuvent prescrire et pratiquer, en vue de protéger l'enfant pendant la période postnatale, les vaccinations des personnes qui vivent régulièrement dans son entourage, dans des conditions déterminées par décret. Ce décret détermine également les modalités selon lesquelles les sages-femmes transmettent au médecin traitant de ces personnes les informations relatives à ces vaccinations.

Un arrêté du ministre chargé de la santé fixe la liste des vaccinations mentionnées aux deux premiers alinéas.

Art. L. 4151-3 *(L. n° 2004-806, 9 août 2004).* – En cas de pathologie maternelle, fœtale ou néonatale pendant la grossesse, l'accouchement ou les suites de couches, et en cas d'accouchement dystocique, la sage-femme doit faire appel à un médecin. Les sages-femmes peuvent pratiquer les soins prescrits par un médecin en cas de grossesse ou de suites de couches pathologiques.

Art. L. 4151-4 *(L. n° 2004-806, 9 août 2004 ; mod., L. n° 2005-1579, 15 déc. 2005 ; L. n° 2016-41, 26 janv. 2016).* – Les sages-femmes peuvent prescrire les dispositifs médicaux, dont la liste est fixée par l'autorité administrative, et les examens strictement nécessaires à l'exercice de leur profession. Elles peuvent également prescrire les médicaments d'une classe thérapeutique figurant sur une liste fixée par arrêté du ministre chargé de la santé pris après avis de l'Agence nationale de sécurité du médicament et des produits de santé et prescrire des substituts nicotiniques à toutes les personnes qui vivent régulièrement dans l'entourage de la femme enceinte ou de l'enfant jusqu'au terme de la période postnatale ou assurent la garde de ce dernier.

Art. L. 4151-5 *(Mod., Ord. n° 2008-507, 30 mai 2008 ; Ord. n° 2009-1585, 17 déc. 2009 ; Ord. n° 2017-50, 19 janv. 2017).* – Les titres de formation exigés en application du 1° de l'article L. 4111-1 sont pour l'exercice de la profession de sage-femme :

1° Soit le diplôme français d'État de sage-femme ;

2° Soit, si l'intéressé est ressortissant d'un État membre de l'Union européenne ou partie à l'accord sur l'Espace économique européen

a) Un titre de formation de sage-femme délivré par l'un de ces États conformément aux obligations communautaires et figurant sur une liste établie par arrêté des ministres chargés de l'enseignement supérieur et de la santé ;

b) Un titre de formation de sage-femme délivré par un État, membre ou partie, conformément aux obligations communautaires, ne figurant pas sur la liste mentionnée au *a*, s'il est accompagné d'une attestation de cet État certifiant qu'il sanctionne une formation conforme à ces obligations et d'une attestation indiquant le type de formation suivie, complétée le cas échéant par une pratique professionnelle, et qu'il est assimilé, par lui, aux diplômes, certificats et titres figurant sur cette liste ;

c) Un titre de formation de sage-femme délivré par l'un de ces États conformément aux obligations communautaires, ne figurant pas sur la liste mentionnée au *a* et non accompagné de l'attestation de pratique professionnelle mentionnée au *b*, si un État, membre ou partie, atteste que l'intéressé s'est consacré de façon effective et licite aux activités de sage-femme pendant au moins deux années consécutives au cours des cinq années précédant la délivrance de cette attestation ;

d) Un titre de formation de sage-femme délivré par un État, membre ou partie, sanctionnant une formation de sage-femme commencée dans cet État antérieurement aux dates figurant dans l'arrêté mentionné au *a* et non conforme aux obligations communautaires, s'il est accompagné d'une attestation de l'un de ces États certifiant que le titulaire du titre de formation s'est consacré dans cet État de façon effective et licite aux activités de sage-femme pendant au moins trois années consécutives au cours des cinq années précédant la délivrance de cette attestation ;

e) Un titre de formation de sage-femme délivré par l'ancienne Tchécoslovaquie, l'ancienne Union soviétique ou l'ancienne Yougoslavie ou qui sanctionne une formation commencée avant la date d'indépendance de la République tchèque, de la Slovaquie, de l'Estonie, de la Lettonie, de la Lituanie ou de la Slovénie, s'il est accompagné d'une attestation des autorités compétentes de la République tchèque ou de la Slovaquie pour les titres de formation délivrés par l'ancienne Tchécoslovaquie, de l'Estonie, de la Lettonie ou de la Lituanie pour les titres de formation délivrés par l'ancienne Union soviétique, de la Slovénie pour les titres de formation délivrés par l'ancienne Yougoslavie, certifiant qu'ils ont la même validité sur le plan juridique que les titres de formation délivrés par cet État.

Cette attestation est accompagnée d'un certificat délivré par ces mêmes autorités indiquant que son titulaire a exercé dans cet État, de façon effective et licite, la profession de sage-femme pendant au moins trois années consécutives au cours des cinq années précédant la délivrance du certificat ;

f) Un titre de formation de sage-femme sanctionnant une formation commencée en Pologne ou en Roumanie antérieurement aux dates fixées dans l'arrêté mentionné au *a* et non conforme aux obligations communautaires, si cet État atteste que l'intéressé a exercé dans cet État, de façon effective et licite, la profession de sage-femme pendant des périodes fixées par arrêté du ministre chargé de la santé ;

g) Un titre de formation de sage-femme délivré en Pologne aux professionnels ayant achevé leur formation avant le 1er mai 2004 et non conforme aux obligations communautaires si cet État atteste que l'intéressé a exercé dans cet État, de façon effective et licite, la profession de sage-femme pendant des périodes fixées par arrêté du ministre chargé de la santé ou si le titre de formation comporte un programme spécial de revalorisation lui permettant d'être assimilé à un titre figurant sur la liste mentionnée au *a* ;

h) Les titres de formation de sage-femme délivrés par un État, membre ou partie, sanctionnant une formation débutée avant le 18 janvier 2016.

La liste des attestations devant accompagner les titres de formation est fixée par arrêté des ministres chargés de l'enseignement supérieur et de la santé.

Art. L. 4151-5-1 *(Ord. n° 2008-507, 30 mai 2008 ; Ord. n° 2017-50, 19 janv. 2017)*. – L'autorité compétente peut, après avis d'une commission, composée notamment de professionnels, autoriser individuellement à exercer la profession de sage-femme les ressortissants d'un État membre de l'Union européenne ou d'un autre État partie à l'accord sur l'Espace économique européen, titulaires d'un titre de formation délivré par l'un de ces États, ne répondant pas aux conditions prévues à l'article L. 4151-5 mais permettant d'exercer légalement la profession de sage-femme dans cet État. Dans le cas où l'examen des qualifications professionnelles attestées par l'ensemble des titres de formation initiale, de l'expérience professionnelle pertinente et de la formation tout au long de la vie ayant fait l'objet d'une validation par un organisme compétent fait apparaître des différences substantielles au regard des qualifications requises pour l'accès à la profession et son exercice en France, l'autorité compétente exige que l'intéressé se soumette à une mesure de compensation.

Selon le niveau de qualification exigé en France et celui détenu par l'intéressé, l'autorité compétente peut soit proposer au demandeur de choisir entre un stage d'adaptation ou une épreuve d'aptitude, soit imposer un stage d'adaptation ou une épreuve d'aptitude, soit imposer un stage d'adaptation et une épreuve d'aptitude.

La nature des mesures de compensation selon les niveaux de qualification en France et dans les autres États, membres ou parties, est fixée par arrêté du ministre chargé de la santé.

Art. L. 4151-6 *(Ord. n° 2005-1040, 26 août 2005 ; L. n° 2007-294, 5 mars 2007 ; Ord. n° 2009-1585, 17 déc. 2009 ; Ord. n° 2018-20, 17 janv. 2018)*. – I. – Les étudiants sages-femmes effectuant leur formation en France peuvent être autorisés à exercer la profession de sage-femme comme remplaçant.

Ces autorisations sont délivrées pour une durée limitée par le conseil départemental de l'ordre des sages-femmes qui en informe les services de l'État.

Un décret, pris après avis du Conseil national de l'ordre des sages-femmes, fixe les conditions d'application du présent article, notamment le niveau d'études exigé, la durée maximale des autorisations et les conditions de leur prorogation.

II. – Les personnes appartenant à la réserve sanitaire prévue à l'article L. 3132-1, exerçant une activité au titre d'un engagement à servir dans la réserve opérationnelle prévue à l'article L. 4211-1 du Code de la défense ou requises en application des articles L. 3131-8 ou L. 3131-9 et ayant satisfait à l'examen de troisième année des études de sage-femme sont autorisées à exercer la profession de sage-femme au titre des activités pour lesquelles elles ont été appelées.

....

TITRE IV. – Dispositions pénales

CHAPITRE Ier. – Exercice illégal

Art. L. 4161-1 *(Mod., L. n° 2004-806, 9 août 2004 ; L. n° 2009-526, 12 mai 2009 ; Ord. n° 2017-48, 19 janv. 2017)*. – Exerce illégalement la médecine :

1° Toute personne qui prend part habituellement ou par direction suivie, même en présence d'un médecin, à l'établissement d'un diagnostic ou au traitement de maladies, congénitales ou acquises, réelles ou supposées, par actes personnels, consultations verbales ou écrites ou par tous autres procédés quels qu'ils soient, ou pratique l'un des actes professionnels prévus dans une nomenclature fixée par arrêté du ministre chargé de la santé pris après avis de l'Académie nationale de médecine, sans être titulaire d'un diplôme, certificat ou autre titre mentionné à l'article L. 4131-1 et exigé pour l'exercice de la profession de médecin, ou sans être bénéficiaire des dispositions spéciales mentionnées aux articles L. 4111-2 à L. 4111-4, L. 4111-7, L. 4112-6, L. 4131-2 à L. 4131-5 ;

2° Toute personne qui se livre aux activités définies au 1° ci-dessus sans satisfaire à la condition posée au 2° de l'article L. 4111-1 compte tenu, le cas échéant, des exceptions apportées à celle-ci par le présent livre et notamment par les articles L. 4111-7 et L. 4131-4-1 ;

3° Toute personne qui, munie d'un titre régulier, sort des attributions que la loi lui confère, notamment en prêtant son concours aux personnes mentionnées aux 1° et 2°, à l'effet de les soustraire aux prescriptions du présent titre ;

4° Toute personne titulaire d'un diplôme, certificat ou tout autre titre de médecin qui exerce la médecine sans être inscrite à un tableau de l'ordre des médecins institué conformément au chapitre II du titre Ier du présent livre ou pendant la durée de la peine d'interdiction temporaire prévue à l'article L. 4124-6 à l'exception des personnes mentionnées aux articles L. 4112-6 et L. 4112-7 ;

5° Tout médecin mentionné à l'article L. 4112-7 qui exécute des actes professionnels sans remplir les conditions ou satisfaire aux obligations prévues audit article.

Les dispositions du présent article ne s'appliquent pas aux étudiants en médecine ni aux sages-femmes ni aux pharmaciens biologistes pour l'exercice des actes de biologie médicale, ni aux physiciens médicaux, ni aux infirmiers ou gardes-malades qui agissent comme aides d'un médecin ou que celui-ci place auprès de ses malades, ni aux auxiliaires médicaux exerçant en pratique avancée en application de l'article L. 4301-1, ni aux personnes qui accomplissent, dans les conditions prévues par décret en Conseil d'État pris après avis de l'Académie nationale de médecine, les actes professionnels dont la liste est établie par ce même décret.

I – INCRIMINATION

1) Le fait par une personne non diplômée de se livrer sur un malade à des pratiques de magnétisme constitue l'exercice illégal de la médecine (■ Cass. crim., 20 juin 1929 : *DP* 1929, I, 91, rapport Bourdon).

2) L'exercice de la chiropraxie fait tomber son auteur sous le coup des sanctions prévues par l'article L. 372 du Code de la santé publique (■ Cass. crim., 20 mars 1978 : *Bull. crim.*, n° 104 ; *Rev. sc. crim.* 1978, 856, obs. Vitu. ■ Cass. crim., 12 juin 1978 : *Bull. crim.*, n° 190 ; *Rev. sc. crim.* 1979, 323, obs. Vitu).

3) Se rend coupable d'exercice illégal de la médecine l'individu non médecin qui se livre à des actes d'acupuncture (■ Cass. crim., 3 févr. 1987 : *Bull. crim.*, n° 56 ; *Rev. sc. crim.* 1987, 689, obs. Delmas Saint-Hilaire. ■ Paris, 21 juin 1973 : *Gaz. Pal.* 1973, 2, 889 ; *Rev. sc. crim.* 1974, 93, obs. Vitu. ■ Angers, 30 mars 1982 : *Gaz. Pal.* 2-3 juin 1982, note Laguette ; *Rev. sc. crim.* 1982, 612, obs. Vitu).

4) L'usage des appareils permettant d'apprécier la réfraction oculaire est interdit aux opticiens-lunetiers à l'exception de la lunette-réfractor (■ Cass. crim., 17 janv. 1984 : *Bull. crim.*, n° 22 ; *D.* 1986, 943, note Penneau. ■ Cass. crim., 4 janv. 1986 : *Bull. crim.*, n° 6. ■ Cass. crim., 10 mai 1988 : *Bull. crim.*, n° 203 ; *Rev. sc. crim.* 1988, 775, obs. Delmas Saint-Hilaire).

5) La délivrance et l'adaptation de lentilles de contact sont des actes médicaux réservés aux médecins ophtalmologues et interdits à l'opticien-lunetier (■ Cass. crim., 17 févr. 1989 : *Bull. crim.*, n° 61 ; *D.* 1981, 596, note Penneau ; *Rev. sc. crim.* 1982, 115, obs. Vitu. ■ Cass. crim., 10 mai 1988, préc. *supra*).

6) Commet le délit d'exercice illégal de la médecine l'opticien qui, pour procéder à la rééducation oculaire de ses clients, leur fait faire, sans prescription médicale, des exercices de gymnastique (■ Cass. crim., 10 mai 1988, préc. *supra*).

7) L'exercice de l'ostéopathie, de l'étiopathie, de la mésothérapie et plus généralement des médecines douces par une personne ne remplissant pas les conditions permettant d'exercer la médecine en France, constitue le délit d'exercice illégal de la médecine (■ Cass. crim., 27 mai 1986, 28 avr. 1987, 19 mai 1987 et ■ Paris, 31 oct. 1986 : *D.* 1987, somm., 416).

8) Selon l'article 2, 5° de l'arrêté du 6 janvier 1962, pris en application de l'article L. 372, devenu l'article L. 4161-1, du Code de la santé publique, l'épilation, sauf à la pince ou la cire, ne peut être pratiquée que par les docteurs en médecine. L'utilisation du laser, même à des fins esthétiques, constitue, en conséquence, l'exercice illégal de la médecine (■ Cass. crim., 8 janv. 2008, n° 07-81.193 : *Bull. crim.*, n° 2 ; *Dr. pénal* 2008, comm. 32, obs. M. Véron).

9) Se rendent complices d'exercice illégal de la médecine le médecin qui, sans encadrement ni formation, fait pratiquer à des esthéticiennes ou secrétaires médicales de l'épilation laser, et le gérant de la société qui, agissant pour le compte de celle-ci, met à disposition de l'établissement des lasers à usage médical et fait pratiquer des séances d'épilation au moyen de ces appareils par des employés non titulaires du diplôme de docteur en médecine (■ Cass. crim., 13 sept. 2016, n° 15-85.046 : *JCP* 2016, 1067, note F. Rousseau).

10) Justifie sa décision de déclarer un médecin travaillant dans un centre d'épilation au laser coupable de complicité de blessures involontaires par violation des obligations résultant des décrets des 6 janvier 1962 et 30 janvier 1974, la cour d'appel qui s'est prononcée par des motifs dont il résulte qu'il n'est intervenu à aucun moment avant ou pendant les séances d'opérations d'épilation au laser comme il en avait l'obligation (arrêt précité).

11) Les soins de détartrage dentaire réalisés à l'occasion d'un traitement dispensé par un médecin stomatologue relèvent de l'exercice de la médecine. En conséquence, la pratique habituelle de tels soins, pour le compte d'un médecin stomatologue, par une personne, qui n'est inscrite ni à l'ordre des médecins ni à celui des chirurgiens-dentistes, constitue le délit d'exercice illégal de la médecine (■ Cass. crim., 16 déc. 2008, pourvoi n° 08-80.453 : *Bull. crim.*, n° 255 ; *Dr. pénal* 2009, comm. 33, obs. J.-H. Robert).

12) Exerce illégalement la médecine le médecin qui continue d'administrer des vaccins malgré une interdiction d'exercer la médecine prononcée par le Conseil de l'Ordre des médecins (■ Cass. crim., 23 juill. 1987 : *Bull. crim.*, n° 300), ou celui qui, après sa radiation de l'ordre, fait usage du titre attaché à la profession et prend part de manière habituelle à l'établissement de diagnostics dans le cadre d'expertises médicales ordonnées par un organisme de prévoyance sociale (■ Cass. crim., 12 janv. 2010 : *Dr. pénal* 2010, comm. 47, obs. J.-H. Robert, et comm. 45, obs. M. Veron).

13) Constitue l'exercice illégal de la médecine le fait par une personne non diplômée de prendre part habituellement à l'établissement d'un diagnostic ou au traitement des maladies, quels que soient les procédés employés. Il en est ainsi de la pratique habituelle de l'acupuncture, qui, tant à raison du diagnostic qu'elle implique que des moyens qu'elle utilise et des réactions organiques qu'elle est susceptible d'entraîner, constitue un acte médical dont la pratique est réservée aux seuls docteurs en médecine (■ Cass. crim., 9 févr. 2010, pourvoi n° 09-82-810).

14) Caractérise l'exercice illégal de la médecine et notamment le traitement d'une maladie réelle ou supposée l'arrêt qui relève que le prévenu, non titulaire du diplôme de docteur en médecine, a ouvert en qualité de sophrologue « un centre anti-tabac » pour y recevoir de manière habituelle en consultation des personnes souffrant de dépendance tabagique, état se définissant comme le besoin impérieux de continuer à absorber une drogue afin de chasser le malaise somatique ou psychique dû au sevrage, et leur applique, en réponse aux demandes de désintoxication, un traitement par impulsions électriques tout en prescrivant notamment des infusions (■ Cass. crim., 6 nov. 1996 : *Bull. crim.*, n° 397).

15) Viole les articles L. 4311-1 du Code de la santé publique et 4 du décret du 15 mars 1993 relatif aux actes professionnels et à l'exercice de la profession d'infirmier, alors en vigueur, l'arrêt qui déclare le directeur d'un laboratoire de biologie médicale complice du délit d'exercice illégal de la profession de médecin commis par ses salariés, qui ont procédé, sur ses instructions, à des prélèvements vaginaux, sans rechercher si ces actes, qui sont au nombre de ceux que peut réaliser un infirmier, avaient été réalisés en dehors de toute prescription médicale (■ Cass. crim., 7 févr. 2006 : *Bull. crim.*, n° 33).

16) Les articles L. 4161-1 et L. 4161-5 du Code de la santé publique, qui réservent l'exercice de la médecine aux personnes titulaires des diplômes, certificats ou titres prévus par l'article L. 4131-1, 1° et 2°, dudit code, ne sont pas contraires au principe de libre prestation de services garanti par les articles 49 et 50 du traité instituant la Communauté européenne. En effet, applicables sans distinction à tous les prestataires exerçant sur le territoire français, ces textes sont justifiés par la protection de la santé publique dont ils poursuivent la réalisation de façon proportionnée ; en conséquence, est justifié l'arrêt déclarant coupable du délit d'exercice illégal de la médecine, un ressortissant français installé en Allemagne en qualité de « conseil en choses de la vie » et qui n'est titulaire d'aucun des diplômes, certificats, titres ou attestations de compétence qui lui permettraient d'accomplir en France de façon habituelle des actes relevant de l'art. médical (■ Cass. crim., 2 déc. 2003 : *Bull. crim.*, n° 227).

II – RÉPRESSION

17) Le délit d'exercice illégal de la médecine est un délit d'habitude : un acte isolé ne suffit pas (■ Cass. crim., 17 oct. 1936 : *DH* 1936, 542) ; le délit d'habitude commence au deuxième fait délictueux (■ Cass. crim., 4 déc. 1926 : *Bull. crim.*, n° 334).

18) Il se déduit de l'article 17 du décret du 28 juin 1979 portant Code de déontologie médicale et du règlement de qualification établi par l'Ordre national des médecins, approuvé par l'arrêté du 4 septembre 1970, que toute personne titulaire du diplôme de docteur en médecine ou bénéficiant des dispositions spéciales prévues par le Code de la santé publique ne saurait être poursuivie pénalement du chef d'exercice illégal de la médecine si elle sort des limites de sa spécialité ou de sa compétence (■ Cass. crim., 17 mai 1983 : *Bull. crim.*, n° 145 ; *Rev. sc. crim.* 1984, 69, obs. Vitu).

Ne commet pas le délit d'exercice illégal de la médecine la personne, titulaire du diplôme de docteur en médecine et inscrite au conseil de l'Ordre, qui sort des limites de sa spécialité ou de sa compétence (■ Cass. crim., 8 mars 2011, n° 10-83.330 : *Bull. crim.*, n° 50 ; *D.* 2011, act. p. 1017, obs. Blombled ; *Dr. pénal* 2011, comm. 79, obs. J.-H. Robert).

19) La juridiction correctionnelle n'a pas qualité pour apprécier la validité d'une sanction prise par la section disciplinaire du Conseil national de l'Ordre des médecins dont les décisions ne sont susceptibles de recours que devant le Conseil d'État (■ Cass. crim., 10 nov. 1987 : *Bull. crim.*, n° 398).

20) Se rend coupable du délit d'exercice illégal le médecin qui continue son activité au mépris d'une mesure de suspension assortie de l'exécution provisoire, dès lors que sa demande de sursis à exécution présentée devant le Conseil d'État n'a pas été admise (■ Cass. crim., 10 nov. 1987, préc. *supra*).

Art. L. 4161-2 ***(L. n° 2009-526, 12 mai 2009).*** **– Exerce illégalement l'art dentaire :**

1° Toute personne qui prend part habituellement ou par direction suivie, même en présence d'un praticien, à la pratique de l'art dentaire, par consultation, acte personnel ou tous autres procédés, quels qu'ils soient, notamment prothétiques :

– sans être titulaire d'un diplôme, certificat ou autre titre mentionné à l'article L. 4141-3 et exigé pour l'exercice de la profession de médecin ou de chirurgien-dentiste, alors qu'elle n'est pas régulièrement dispensée de la possession de l'un de ces diplômes, certificats ou titres par application du présent livre ;

– ou sans remplir les autres conditions fixées à l'article L. 4111-1, compte tenu, le cas échéant, des exceptions apportées à celles-ci, notamment par les articles *(Réf. suppr., L. n° 2009-526, 12 mai 2009)* « ... » L. 4111-7 et L. 4141-3-1, ainsi que par l'article 8 de la loi n° 71-1026 du 24 décembre 1971 modifiant le Code de la santé publique ;

2° Toute personne qui, munie d'un titre régulier, sort des attributions que la loi lui confère, notamment en prêtant son concours aux personnes mentionnées au 1°, à l'effet de les soustraire aux prescriptions du présent titre ;

3° Tout médecin, tout chirurgien-dentiste qui exerce l'art dentaire tel qu'il est défini à l'article L. 4141-1 pendant la durée d'une peine d'interdiction temporaire prononcée en application de l'article L. 4124-6 ;

4° Tout médecin ou tout praticien de l'art dentaire mentionné à l'article L. 4112-7 qui exécute des actes professionnels sans remplir les conditions ou satisfaire aux obligations prévues à cet article.

Les dispositions du présent article ne s'appliquent pas aux étudiants en art dentaire mentionnés au premier alinéa de l'article L. 4141-4.

1) Un prothésiste peut procéder à la prise d'empreintes, à l'essayage et à la pose des appareils, pourvu que ce travail soit entièrement réalisé sous la direction constante et le contrôle permanent d'un praticien diplômé (■ Cass. crim., 18 janv. 1968 : *Bull. crim.*, n° 231 ; *Rev. sc. crim.* 1969, 139, obs. Vitu), mais il ne peut se livrer à des opérations de réparation de prothèses en s'affranchissant de toute directive et de tout contrôle d'un chirurgien-dentiste (■ Cass. crim., 14 mai 1997 : *Bull. crim.*, n° 183, ou encore à des prises d'empreintes ou à la pose d'appareils de prothèse, cet acte étant la conséquence d'un diagnostic (■ Cass. crim., 24 févr. 2004 : *Bull. crim.*, n° 51).

2) Constituent des actes prothétiques relevant de l'art dentaire, visés à l'article L. 373-1° C. santé publique, les opérations de prise d'empreinte, d'adaptation et de pose d'un appareil dentaire, sans qu'il y ait lieu de distinguer si ces interventions ont pour objet d'installer un premier appareil ou d'ajuster (*Bull. crim.*, n° 107 ; *Rev. sc. crim.* 1987, 870, obs. Delmas Saint-Hilaire. ■ Cass. crim., 16 juin 1988 : *JCP* 88, IV, 297. ■ Cass. crim., 25 juin 1997 : *Bull. crim.*, n° 256).

3) Exerce illégalement l'art dentaire le prothésiste, non titulaire d'un diplôme de chirurgien-dentiste, qui prend des empreintes et pose des appareils de prothèse, sans qu'il y ait lieu de rechercher si les clients du prothésiste sont atteints d'une maladie ou d'une infirmité. La possession par les clients de certificats médicaux attestant du bon état sanitaire de leur cavité buccale n'autorise pas le prothésiste à pratiquer des actes réservés aux médecins et chirurgiens-dentistes (■ Cass. crim., 4 nov. 1986 : *Bull. crim.*, n° 318 ; *Rev. sc. crim.* 1987, 688, obs. Delmas Saint-Hilaire ; 24 févr. 2004 : *JurisData* n° 2004-022822 ; *Dr. pénal* 2004, comm. 88, obs. J.-H. Robert).

4) Constituent des actes prothétiques relevant de l'art dentaire, visés à l'article L. 373-1° devenu L. 4161-2 du Code de la santé publique, les opérations de diagnostic bucco-dentaire, de prise d'empreintes buccales et de pose d'un appareil dentaire.

Le titulaire d'un diplôme néerlandais de prothésiste dentaire (« tandprotheticus ») ne peut se prévaloir de ce titre, qui n'est pas compris dans la liste des diplômes, certificats et autres titres de praticien de l'art dentaire délivrés par les États membres de l'Union européenne fixée par arrêtés en application de l'article L. 356-2.2° devenu L. 4141-3 du Code de la santé publique, pour exercer en France des activités relevant de l'art dentaire (■ Cass. crim., 17 sept. 2002 : *Bull. crim.*, n° 167).

5) Les dispositions de l'article L. 4161-2 du Code de la santé publique incriminant l'exercice illégal de l'art dentaire, qui, selon l'article L. 4141-1 dudit code, comporte le diagnostic ou le traitement des maladies congénitales ou acquises, réelles ou supposées, de la bouche, des dents et des maxillaires, sont compatibles avec les articles 6 et 7 de la Convention européenne de sauvegarde des droits de l'homme et des libertés fondamentales d'où il résulte que toute infraction doit être définie en termes clairs et précis pour exclure l'arbitraire (■ Cass. crim., 24 févr. 2004 : *Bull. crim.*, n° 51 ; *Dr. pénal* 2004, comm. 88, obs. M. Véron).

Art. L. 4161-3 *(L. n° 2009-526, 12 mai 2009)*. **– Exerce illégalement la profession de sage-femme :**

1° Toute personne qui pratique habituellement les actes mentionnés à l'article L. 4151-1 sans remplir les conditions exigées par le présent livre pour l'exercice de la profession de médecin ou de sage-femme, notamment par les articles L. 4111-1, L. 4111-3, L. 4111-7 et L. 4151-5 ;

2° Toute personne qui, munie d'un titre régulier, sort des attributions que la loi lui confère, notamment en prêtant son concours aux personnes mentionnées au 1°, à l'effet de les soustraire aux prescriptions du présent titre ;

3° Tout médecin ou sage-femme qui pratique les actes susmentionnés pendant la durée d'une peine d'interdiction temporaire prononcée en application de l'article L. 4124-6 ;

4° Tout médecin ou sage-femme mentionné à l'article L. 4112-7, qui exécute les actes énumérés sans remplir les conditions ou satisfaire aux obligations prévues audit article.

Art. L. 4161-4 *(Mod., L. n° 2004-204, 9 mars 2004)*. – En ce qui concerne spécialement l'exercice illégal de la médecine, de l'art dentaire ou de la profession de sage-femme, les médecins, les chirurgiens-dentistes et les sages-femmes, et les syndicats intéressés peuvent saisir les tribunaux par voie de citations directes, données dans les termes de l'article 388 du Code de procédure pénale, sans préjudice de la faculté de se porter, s'il y a lieu, partie civile dans toute poursuite intentée par le ministère public.

Art. L. 4161-5 *(Ord. n° 2005-1040, 26 août 2005)*. – L'exercice illégal de la profession de médecin, de chirurgien-dentiste ou de sage-femme est puni de deux ans d'emprisonnement et de 30 000 euros d'amende.

Les personnes physiques encourent également les peines complémentaires suivantes :

a) L'affichage ou la diffusion de la décision prononcée, dans les conditions prévues par l'article 131-35 du Code pénal ;

b) La confiscation de la chose qui a servi ou était destinée à commettre l'infraction ou de la chose qui en est le produit, conformément à l'article 131-21 du Code pénal ;

c) L'interdiction définitive ou pour une durée de cinq ans au plus d'exercer une ou plusieurs professions régies par le présent code ou toute autre activité professionnelle ou sociale à l'occasion de l'exercice de laquelle l'infraction a été commise, suivant les modalités prévues par l'article 131-27 du Code pénal.

Le fait d'exercer l'une de ces activités malgré une décision judiciaire d'interdiction définitive ou temporaire est puni des mêmes peines.

Sur l'étendue de la confiscation du matériel ayant permis l'exercice illégal de l'art dentaire, V. ▪ Cass. crim., 24 févr. 2004 : préc. ss. article L. 4161-2.

Art. L. 4161-6 *(Mod., Ord. n° 2005-1040, 26 août 2005 ; rempl., L. n° 2009-526, 12 mai 2009)*. – Les personnes morales déclarées responsables pénalement, dans les conditions prévues par l'article 121-2 du Code pénal, de l'infraction définie à l'article L. 4161-5 encourent, outre l'amende suivant les modalités prévues par l'article 131-38 du Code pénal, les peines prévues par les 2° à 9° de l'article 131-39 du même code.

L'interdiction mentionnée au 2° de l'article 131-39 du même code porte sur une ou plusieurs professions régies par le présent code ou toute autre activité professionnelle ou sociale à l'occasion de l'exercice de laquelle l'infraction a été commise.

CHAPITRE II. – Usurpation du titre

Art. L. 4162-1 *(Rempl., Ord. n° 2005-1040, 26 août 2005 ; L. n° 2009-526, 12 mai 2009)*. – L'usage sans droit de la qualité de médecin, de chirurgien-dentiste ou de sage-femme ou d'un diplôme, certificat ou autre titre légalement requis pour l'exercice de ces professions est puni comme le délit d'usurpation de titre prévu à l'article 433-17 du Code pénal.

Les personnes morales déclarées responsables pénalement, dans les conditions prévues par l'article 121-2 du Code pénal, de l'infraction définie au présent article encourent l'amende prévue à l'article 433-17 du Code pénal suivant les modalités prévues par l'article 131-38 du même code, ainsi que les peines prévues aux 2° à 4° de l'article 433-25 du même code.

Le non-respect des dispositions de l'article L. 4111-5 est assimilé à une usurpation du titre de médecin, de chirurgien-dentiste ou de sage-femme.

Art. L. 4162-2 *(Abr., Ord. n° 2005-1040, 26 août 2005)*.

CHAPITRE III. – Autres dispositions pénales

Art. L. 4163-1 *(Mod., Ord. n° 2010-420, 27 avr. 2010)*. – *(Al. mod., L. n° 2011-525, 17 mai 2011 ; L. n° 2011-2012, 29 déc. 2011 ; L. n° 2011-2012, 29 déc. 2011 ; Ord. n° 2016-301, 14 mars 2016)* Les médecins et les pharmaciens inspecteurs de santé publique ainsi que les inspecteurs des agences régionales de santé, les inspecteurs de *(Mots rempl. à compter de la date prévue au III de l'article 41 de la loi n° 2011-2012 du 29 déc. 2011, L. n° 2011-2012, 29 déc. 2011)* « l'Agence nationale de sécurité du médicament et des produits de santé », ainsi que les agents mentionnés aux articles L. 511-3 et L. 511-22 du Code de la consommation sont habilités à procéder à la recherche et à la constatation des infractions prévues aux articles L. 4163-2 à L. 4163-4 et à l'article L. 4221-17.

Les agents susmentionnés utilisent, pour rechercher et constater ces infractions, les pouvoirs prévus à l'article L. 511-22 du Code de la consommation.

Art. L. 4163-2 *(Mod., L. n° 2002-303, 4 mars 2002 ; L. n° 2009-526, 12 mai 2009).* – Le fait, pour les membres des professions médicales mentionnées au présent livre *(Mots aj., L. n° 2011-2012, 29 déc. 2011)* « et pour les étudiants se destinant aux professions relevant de la quatrième partie du présent code ainsi que pour les associations et groupements les représentant », de recevoir des avantages en nature ou en espèces, sous quelque forme que ce soit, d'une façon directe ou indirecte, procurés par des entreprises assurant des prestations, produisant ou commercialisant des produits pris en charge par les régimes obligatoires de sécurité sociale est puni de deux ans d'emprisonnement et de 75 000 € d'amende.

En cas de condamnation, l'interdiction temporaire d'exercer la profession pendant une période de dix ans peut être prononcée par les cours et tribunaux accessoirement à la peine principale.

Toutefois, ces dispositions ne s'appliquent pas aux avantages mentionnés aux deuxième et troisième alinéas de l'article L. 4113-6.

Est puni des peines mentionnées au premier alinéa le fait, pour les entreprises citées dans cet alinéa, de proposer ou de procurer ces avantages aux membres des professions médicales mentionnées au présent livre.

Les personnes morales déclarées responsables pénalement, dans les conditions prévues par l'article 121-2 du Code pénal, de l'infraction définie au présent article encourent, outre l'amende suivant les modalités prévues par l'article 131-38 du Code pénal, les peines prévues par les 2° à 5° et 9° de l'article 131-39 du même code.

Les sanctions prononcées à ce titre sont portées à la connaissance du Comité économique des produits de santé prévu par l'article L. 162-17-3 du Code de la sécurité sociale.

Art. L. 4163-3. – Le fait, pour toute personne ne remplissant pas les conditions requises pour l'exercice de la profession de médecin, de chirurgien-dentiste ou de sage-femme, de recevoir, en vertu d'une convention, la totalité ou une quote-part des honoraires ou des bénéfices provenant de l'activité professionnelle d'un membre de l'une des professions régies par le présent livre, médecin, chirurgien-dentiste ou sage-femme est puni de 4 500 € d'amende et en cas de récidive de six mois d'emprisonnement et de 9 000 € d'amende.

Art. L. 4163-4. – Est puni de 4 500 € d'amende et en cas de récidive de six mois d'emprisonnement et de 9 000 € d'amende le fait :

1° Sauf les cas mentionnés aux articles L. 4211-3 et L. 5125-2, pour toute personne qui exerce l'une des professions médicales mentionnées au présent livre, de recevoir, sous quelque forme que ce soit, d'une façon directe ou indirecte, des intérêts ou ristournes proportionnels ou non au nombre des unités prescrites ou vendues, qu'il s'agisse de médicaments, d'appareils orthopédiques ou autres, de quelque nature qu'ils soient ;

2° De constituer ou de faire fonctionner des sociétés dont le but manifeste est la recherche des intérêts ou ristournes définis ci-dessus, et revenant aux individus eux-mêmes ou au groupe constitué à cet effet, ainsi que l'exercice pour le même objet de la profession de pharmacien et de celles de médecin, de chirurgien-dentiste ou de sage-femme ;

3° De vendre des médicaments réservés d'une manière exclusive, et sous quelque forme que ce soit, aux médecins bénéficiaires de l'autorisation prévue à l'article L. 4211-3.

L'interdiction temporaire d'exercer la profession pendant une période de un à dix ans peut être prononcée par les cours et tribunaux accessoirement à la peine principale.

Les pharmaciens coauteurs du délit sont punis des mêmes peines.

Art. L. 4163-5. – L'exercice de la médecine, l'art dentaire ou la profession de sage-femme sous un pseudonyme est puni de 4 500 € d'amende.

La récidive est punie de six mois d'emprisonnement et de 9 000 € d'amende.

Art. L. 4163-6. – Le fait pour un médecin, un chirurgien-dentiste ou une sage-femme de donner des consultations dans les locaux ou les dépendances des locaux commerciaux où sont vendus les appareils qu'ils prescrivent ou qu'ils utilisent est puni de 4 500 € d'amende.

La récidive est punie de six mois d'emprisonnement et de 9 000 € d'amende.

Art. L. 4163-7. – Est puni de 3 750 € d'amende le fait :

1° D'exercer la médecine, l'art dentaire ou la profession de sage-femme sans avoir fait enregistrer ou réenregistrer son diplôme en violation des dispositions de l'article L. 4113-1 ;

2° Pour un médecin, de ne pas déférer aux réquisitions de l'autorité publique.

Art. L. 4163-8. – Le fait pour un médecin, chirurgien-dentiste ou une sage-femme de faire une fausse déclaration en vue de son inscription au tableau de l'ordre est puni de trois mois d'emprisonnement et de 3 750 € d'amende.

Art. L. 4163-9. – La constitution et l'utilisation à des fins de prospection ou de promotion commerciales de fichiers composés à partir de données issues directement ou indirectement des prescriptions médicales ou des informations médicales mentionnées à l'article L. 161-29 du Code de la sécurité sociale, dès lors que ces fichiers permettent d'identifier directement ou indirectement le professionnel prescripteur, sont punies de deux ans d'emprisonnement et de 75 000 € d'amende.

Art. L. 4163-10. – Le refus d'un contractant non praticien de rédiger par écrit un des contrats ou avenants prévus à l'article L. 4113-9 est puni de 6 000 € d'amende.

....

TITRE Ier. – Profession d'infirmier ou d'infirmière

CHAPITRE Ier. – Exercice de la profession

Art. L. 4311-1 *(Mod., L. n° 2011-525, 17 mai 2011 ; L. n° 2012-1404, 17 déc. 2012 ; L. n° 2017-220, 23 févr. 2017)*. – Est considérée comme exerçant la profession d'infirmière ou d'infirmier toute personne qui donne habituellement des soins infirmiers sur prescription ou conseil médical, ou en application du rôle propre qui lui est dévolu.

L'infirmière ou l'infirmier participe à différentes actions, notamment en matière de prévention, d'éducation de la santé et de formation ou d'encadrement.

L'infirmière ou l'infirmier peut effectuer certaines vaccinations, sans prescription médicale, dont la liste, les modalités et les conditions de réalisation sont fixées par décret en Conseil d'État, pris après avis du Haut conseil de la santé publique.

L'infirmière ou l'infirmier est autorisé à renouveler les prescriptions, datant de moins d'un an, de médicaments contraceptifs oraux, sauf s'ils figurent sur une liste fixée par arrêté du ministre chargé de la santé, sur proposition de l'Agence nationale de sécurité du médicament et des produits de santé, pour une durée maximale de six mois, non renouvelable. Cette disposition est également applicable aux infirmières et infirmiers exerçant dans les établissements mentionnés au troisième alinéa du I de l'article L. 5134-1 et dans les services mentionnés au premier alinéa de l'article L. 2112-1 et à l'article L. 2311-4.

Un arrêté des ministres chargés de la santé et de la sécurité sociale fixe la liste des dispositifs médicaux que les infirmiers, lorsqu'ils agissent sur prescription médicale, peuvent prescrire à leurs patients sauf en cas d'indication contraire du médecin et sous réserve, pour les dispositifs médicaux pour lesquels l'arrêté le précise, d'une information du médecin traitant désigné par leur patient.

L'infirmier ou l'infirmière peut prescrire des substituts nicotiniques.

Viole les articles L. 4311-1 du Code de la santé publique et 4 du décret du 15 mars 1993 relatif aux actes professionnels et à l'exercice de la profession d'infirmier, alors en vigueur, l'arrêt qui déclare le directeur d'un laboratoire de biologie médicale complice du délit d'exercice illégal de la profession de médecin commis par ses salariés, qui ont procédé, sur ses instructions, à des prélèvements vaginaux, sans rechercher si ces actes, qui sont au nombre de ceux que peut réaliser un infirmier, avaient été réalisés en dehors de toute prescription médicale (■ Cass. crim., 7 févr. 2006 : *Bull. crim.*, n° 33).

Art. L. 4311-2. – Sous réserve des dispositions des articles L. 4311-4 et L. 4311-5, peuvent exercer la profession d'infirmier ou d'infirmière les personnes titulaires d'un diplôme, certificat ou titre mentionné aux articles L. 4311-3 et L. 4311-4, ou titulaires des autorisations prévues aux articles L. 4311-9 et L. 4311-10.

....

CHAPITRE IV. – Dispositions pénales

Art. L. 4314-1. – Les groupements professionnels régulièrement constitués d'infirmiers ou d'infirmières sont habilités à exercer des poursuites devant la juridiction pénale en raison d'infractions relatives à l'exercice de la profession d'infirmier ou d'infirmière, sans préjudice de la faculté de se porter partie civile dans toute poursuite intentée par le ministère public.

Art. L. 4314-2 *(Mod. à compter de la date prévue au II de l'article 29 de l'ordonnance n° 2010-177 du 23 février 2010, Ord. n° 2010-177, 23 févr. 2010)*. – Les médecins et les pharmaciens inspecteurs de santé publique [,] les inspecteurs des agences régionales de santé, les inspecteurs de *(Mots rempl. à compter de la date prévue au III de l'article 41 de la loi n° 2011-2012 du 29 décembre 2011, L. n° 2011-2012, 29 déc. 2011)* « l'Agence nationale de sécurité du médicament et des produits de santé », ainsi que toutes les personnes habilitées à constater les infractions à la législation sur la répression des fraudes sont habilités à procéder à la recherche et à la constatation des infractions mentionnées à l'article L. 4314-6.

Art. L. 4314-3. – Les infirmiers et infirmières et les étudiants des instituts de formation préparant à l'exercice de la profession sont tenus au secret professionnel dans les conditions et sous les réserves énoncées aux articles 226-13 et 226-14 du Code pénal.

Art. L. 4314-4 *(Rempl., Ord. n° 2005-1040, 26 août 2005 ; mod., L. n° 2009-526, 12 mai 2009)*. – L'exercice illégal de la profession d'infirmier ou d'infirmière est puni de deux ans d'emprisonnement et de 30 000 euros d'amende.

Les personnes physiques encourent également les peines complémentaires suivantes :

a) L'affichage ou la diffusion de la décision prononcée, dans les conditions prévues par l'article 131-35 du Code pénal ;

b) La confiscation de la chose qui a servi ou était destinée à commettre l'infraction ou de la chose qui en est le produit, conformément à l'article 131-21 du Code pénal ;

c) L'interdiction définitive ou pour une durée de cinq ans au plus d'exercer une ou plusieurs professions régies par le présent code ou toute autre activité professionnelle ou sociale à l'occasion de l'exercice de laquelle l'infraction a été commise, suivant les modalités prévues par l'article 131-27 du Code pénal.

Le fait d'exercer cette activité malgré une décision judiciaire d'interdiction définitive ou temporaire est puni des mêmes peines.

Les personnes morales déclarées responsables pénalement, dans les conditions prévues par l'article 121-2 du Code pénal, de l'infraction définie au présent article encourent, outre l'amende suivant les modalités prévues par l'article 131-38 du Code pénal, les peines prévues par les 2° à 9° de l'article 131-39 du même code. L'interdiction mentionnée au 2° de l'article 131-39 du même code porte sur une ou plusieurs professions régies par le présent code ou toute autre activité professionnelle ou sociale à l'occasion de l'exercice de laquelle l'infraction a été commise.

Art. L. 4314-5 *(Rempl., Ord. n° 2005-1040, 26 août 2005 ; mod., L. n° 2009-526, 12 mai 2009)*. – L'usage sans droit de la qualité d'infirmier ou d'infirmière ou d'un diplôme, certificat ou autre titre légalement requis pour l'exercice de cette profession est puni comme le délit d'usurpation de titre prévu à l'article 433-17 du Code pénal.

Les personnes morales déclarées responsables pénalement, dans les conditions prévues par l'article 121-2 du Code pénal, de l'infraction définie au présent article encourent l'amende prévue à l'article 433-17 du Code pénal suivant les modalités prévues par l'article 131-38 du même code, ainsi que les peines prévues aux 2° à 4° de l'article 433-25 du même code.

Se rend coupable de complicité d'exercice illégal de la profession d'infirmier, le directeur d'un laboratoire de biologie médicale qui enjoint à ses salariés, techniciens titulaires d'un certificat de capacité, de procéder à des prélèvements sanguins hors de son établissement, l'article 130 de la loi n° 2004-806 du 9 août 2004, qui subordonne la licéité de tels prélèvements à des garanties de formation complémentaires qui n'existaient pas à la date des faits, n'étant pas susceptible de bénéficier rétroactivement à des actes qui ne pouvaient satisfaire aux conditions qu'elle édicte (■ Cass. crim., 7 févr. 2006 : *Bull. crim.*, n° 33).

Art. L. 4314-6. – Les infractions mentionnées aux articles L. 4163-2, L. 4163-3 et L. 4163-4 sont applicables aux infirmiers et infirmières et sont punies de deux ans d'emprisonnement et de 75 000 € d'amende.

En cas de condamnation, l'interdiction temporaire d'exercer la profession pendant une période de dix ans au plus peut être prononcée, à titre de peine complémentaire, par les cours ou tribunaux.

Art. L. 4314-7 *(Abr., Ord. n° 2005-1040, 26 août 2005).*

....

CHAPITRE I. – Masseur-kinésithérapeute

Art. L. 4321-1 *(Mod., L. n° 2002-303, 4 mars 2002 ; L. n° 2016-41, 26 janv. 2016).* – La pratique de la masso-kinésithérapie comporte la promotion de la santé, la prévention, le diagnostic kinésithérapique et le traitement :

1° Des troubles du mouvement ou de la motricité de la personne ;

2° Des déficiences ou des altérations des capacités fonctionnelles.

Le masseur-kinésithérapeute peut également concourir à la formation initiale et continue ainsi qu'à la recherche.

Le masseur-kinésithérapeute exerce son activité en toute indépendance et en pleine responsabilité conformément au Code de déontologie mentionné à l'article L. 4321-21.

Dans le cadre des pathologies héréditaires, congénitales ou acquises, stabilisées ou évolutives impliquant une altération des capacités fonctionnelles, le masseur-kinésithérapeute met en œuvre des moyens manuels, instrumentaux et éducatifs et participe à leur coordination.

Dans l'exercice de son art, seul le masseur-kinésithérapeute est habilité à utiliser les savoirs disciplinaires et les savoir-faire associés d'éducation et de rééducation en masso-kinésithérapie qu'il estime les plus adaptés à la situation et à la personne, dans le respect du Code de déontologie précité.

La définition des actes professionnels de masso-kinésithérapie, dont les actes médicaux prescrits par un médecin, est précisée par un décret en Conseil d'État, après avis de l'Académie nationale de médecine.

Lorsqu'il agit dans un but thérapeutique, le masseur-kinésithérapeute pratique son art sur prescription médicale et peut adapter, sauf indication contraire du médecin, dans le cadre d'un renouvellement, les prescriptions médicales initiales d'actes de masso-kinésithérapie datant de moins d'un an, dans des conditions définies par décret. Il peut prescrire, sauf indication contraire du médecin, les dispositifs médicaux nécessaires à l'exercice de sa profession. La liste de ces dispositifs médicaux est fixée par arrêté des ministres chargés de la santé et de la sécurité sociale, après avis de l'Académie nationale de médecine.

En cas d'urgence et en l'absence d'un médecin, le masseur-kinésithérapeute est habilité à accomplir les premiers actes de soins nécessaires en masso-kinésithérapie. Un compte rendu des actes accomplis dans ces conditions est remis au médecin dès son intervention.

Art. L. 4321-2 *(Mod., L. n° 2002-303, 4 mars 2002).* – Peuvent exercer la profession de masseur-kinésithérapeute les personnes titulaires d'un diplôme, certificat ou titre mentionné aux articles L. 4321-3 et L. 4321-4 ou titulaires des autorisations mentionnées aux articles L. 4321-5 à L. 4321-7.

....

CHAPITRE II. – Pédicure-podologue

Art. L. 4322-1 *(Mod., L. n° 2008-1330, 17 déc. 2008 ; L. n° 2016-41, 26 janv. 2016).* – Les pédicures-podologues, à partir d'un diagnostic de pédicurie-podologie qu'ils ont préalablement établi, ont seuls qualité pour traiter directement les affections épidermiques, limitées aux couches cornées et les affections unguéales du pied, à l'exclusion de toute intervention provoquant l'effusion de sang.

Ils ont également seuls qualité pour pratiquer les soins d'hygiène, confectionner et appliquer les semelles destinées à prévenir ou à soulager les affections épidermiques.

Sur ordonnance et sous contrôle médical, les pédicures-podologues peuvent traiter les cas pathologiques de leur domaine de compétence.

Les pédicures-podologues peuvent adapter, dans le cadre d'un renouvellement, les prescriptions médicales initiales d'orthèses plantaires datant de moins de trois ans, dans des conditions fixées par décret et sauf opposition du médecin.

Les pédicures-podologues analysent et évaluent les troubles morphostatiques et dynamiques du pied et élaborent un diagnostic de pédicurie-podologie en tenant compte de la statique et de la dynamique du pied ainsi que de leurs interactions avec l'appareil locomoteur.

II. – Après l'article L. 4323-4 du Code de la santé publique, il est inséré un article L. 4323-4-2 ainsi rédigé :

Art. L. 4322-2 *(Mod., Ord. n° 2008-507, 30 mai 2008 ; L. n° 2009-879, 21 juill. 2009 ; Ord. n° 2009-1585, 17 déc. 2009 ; Ord. n° 2009-1586, 17 déc. 2009 ; Ord. n° 2010-177, 23 févr. 2010 ; Ord. n° 2018-21, 17 janv. 2018).* – Sont tenues de se faire enregistrer auprès du service ou de l'organisme désigné à cette fin par le ministre chargé de la santé les personnes ayant obtenu un titre de formation ou une autorisation requis pour l'exercice de la profession de pédicure-podologue, avant leur entrée dans la profession, ainsi que celles qui ne l'exerçant pas ont obtenu leur titre de formation depuis moins de trois ans.

L'enregistrement de ces personnes est réalisé après vérification des pièces justificatives attestant de leur identité et de leur titre de formation ou de leur autorisation. Elles informent le même service ou organisme de tout changement de résidence ou de situation professionnelle.

Pour les personnes ayant exercé la profession de pédicure-podologue, l'obligation d'information relative au changement de résidence est maintenue pendant une période de trois ans à compter de la cessation de leur activité.

La procédure d'enregistrement est sans frais.

Il est établi, pour chaque département, par l'agence régionale de santé ou l'organisme désigné à cette fin, une liste de cette profession, portée à la connaissance du public.

Nul ne peut exercer la profession de pédicure-podologue si ses diplômes, certificats, titres ou autorisation n'ont été enregistrés conformément au premier alinéa et s'il n'est inscrit au tableau tenu par l'ordre. Cette disposition n'est pas applicable aux pédicures-podologues qui relèvent du service de santé des armées. Le directeur général de l'agence régionale de santé ainsi que le parquet du tribunal de grande instance ont un droit d'accès permanent au tableau tenu par l'ordre et peuvent en obtenir copie.

L'ordre national des pédicures-podologues a un droit d'accès aux listes nominatives des pédicures-podologues employés par les structures publiques et privées et peut en obtenir copie.

Ces listes nominatives sont notamment utilisées pour procéder, dans des conditions fixées par décret, à l'inscription automatique des pédicures-podologues au tableau tenu par l'ordre.

Les décisions mentionnées aux articles L. 4311-16 et L. 4311-18 sont prises par le conseil régional de l'ordre des pédicures-podologues dans les conditions et selon les modalités précisées à ces articles. Les dispositions des articles L. 4311-26 et L. 4311-27 sont applicables aux pédicures-podologues.

Le pédicure-podologue qui demande son inscription au tableau [...] doit posséder les connaissances linguistiques nécessaires à l'exercice de la profession et celles relatives aux systèmes de poids et mesures utilisés en France.

Le contrôle de la maîtrise de la langue doit être proportionné à l'activité à exercer et réalisé une fois la qualification professionnelle reconnue.

Les modalités d'application du présent article sont fixées par décret.

Art. L. 4322-2-1 *(Abr., L. n° 2007-127, 30 janv. 2007 ; rétabli, Ord. n° 2008-507, 30 mai 2008 ; Ord. n° 2009-1585, 17 déc. 2009).* – Le pédicure-podologue peut faire usage de son titre de formation dans la langue de l'État qui le lui a délivré. Il est tenu de faire figurer le lieu et l'établissement où il a été obtenu.

Dans le cas où le titre de formation de l'État d'origine, membre ou partie, est susceptible d'être confondu avec un titre exigeant en France une formation complémentaire, le Conseil national de l'ordre peut décider que le pédicure-podologue fera état du titre de formation de l'État d'origine, membre ou partie, dans une forme appropriée qu'il lui indique.

L'intéressé porte le titre professionnel de pédicure-podologue.

....

CHAPITRE III. – Dispositions pénales

Art. L. 4323-1. – Les groupements professionnels régulièrement constitués de masseurs-kinésithérapeutes et de pédicures-podologues sont habilités à poursuivre les délinquants par voie de citation directe devant la juridiction correctionnelle, sans préjudice de la faculté de se porter partie civile dans toute poursuite intentée par le ministère public.

Art. L. 4323-2 *(Mod., Ord. n° 2010-177, 23 févr. 2010).* – Les médecins et les pharmaciens inspecteurs de santé publique [,] les inspecteurs des agences régionales de santé, les inspecteurs de *(Mots rempl., L. n° 2011-2012, 29 déc. 2011)* « l'Agence nationale de sécurité du médicament et des produits de santé », ainsi que toutes les personnes habilitées à constater les infractions à la législation sur la répression des fraudes sont habilités à procéder à la recherche et à la constatation des infractions mentionnées à l'article L. 4323-6.

Art. L. 4322-2-2 *(Ord. n° 2009-1586, 17 déc. 2009).* – Les organismes délivrant les titres de formation transmettent ces titres au service ou à l'organisme mentionné à l'article L. 4322-2 sous forme d'informations certifiées.

Art. L. 4322-2-3 *(Ord. n° 2009-1586, 17 déc. 2009).* – Lorsqu'elles sont disponibles, les informations certifiées mentionnées à l'article L. 4322-2-2 tiennent lieu de pièces justificatives pour l'accomplissement des obligations prévues à l'article L. 4322-2.

Art. L. 4323-3. – Les masseurs-kinésithérapeutes et les pédicures-podologues se préparant à l'exercice de leur profession sont tenus au secret professionnel, dans les conditions et sous les réserves énoncées aux articles 226-13 et 226-14 du Code pénal.

Art. L. 4323-4 *(Rempl., Ord. n° 2005-1040, 26 août 2005 ; mod., L. n° 2009-526, 12 mai 2009).* – L'exercice illégal de la profession de masseur-kinésithérapeute est puni de deux ans d'emprisonnement et de 30 000 euros d'amende. L'exercice illégal de la profession de pédicure-podologue est puni d'un an d'emprisonnement et de 15 000 euros d'amende.

Les personnes physiques encourent également les peines complémentaires suivantes :

a) L'affichage ou la diffusion de la décision prononcée, dans les conditions prévues par l'article 131-35 du Code pénal ;

b) La confiscation de la chose qui a servi ou était destinée à commettre l'infraction ou de la chose qui en est le produit, conformément à l'article 131-21 du Code pénal ;

c) L'interdiction définitive ou pour une durée de cinq ans au plus d'exercer une ou plusieurs professions régies par le présent code ou toute autre activité professionnelle ou sociale à l'occasion de l'exercice de laquelle l'infraction a été commise, suivant les modalités prévues par l'article 131-27 du Code pénal.

Le fait d'exercer l'une de ces activités malgré une décision judiciaire d'interdiction définitive ou temporaire est puni des mêmes peines.

Les personnes morales déclarées responsables pénalement, dans les conditions prévues par l'article 121-2 du Code pénal, de l'infraction définie au présent article encourent, outre l'amende suivant les modalités prévues par l'article 131-38 du Code pénal, les peines prévues par les 2° à 9° de l'article 131-39 du même code. L'interdiction mentionnée au 2° de l'article 131-39 du même code porte sur une ou plusieurs professions régies par le présent code ou toute autre activité professionnelle ou sociale à l'occasion de l'exercice de laquelle l'infraction a été commise.

1) QPC. Non-lieu à renvoi au Conseil constitutionnel de la question prioritaire de constitutionnalité visant l'article L. 4323-4 du Code de la santé publique, dès lors que la disposition légale incriminée a pour objet de sanctionner pénalement le non-respect des conditions d'exercice de la profession de pédicure-podologue définies en termes clairs et précis par les articles L. 4322-1 et suivants du Code de la santé publique (■ Cass. crim., 11 sept. 2012, n° 12-90.050 : *Dr. pénal* 2013, comm. 42, obs. J.-H. Robert).

2) Il résulte de l'article L. 4321-10 du Code de la santé publique que les masseurs-kinésithérapeutes, à l'exception de ceux qui relèvent du service de santé des armées, ne peuvent exercer leur profession que s'ils sont inscrits sur le tableau tenu par l'ordre (■ Cass. crim., 18 nov. 2014, n° 13-88.246).

3) L'article L. 4323-4 du Code de la santé publique a pour objet de sanctionner pénalement le non-respect des conditions d'exercice de la profession de pédicure-podologue définies en termes clairs et précis par les articles L. 4321-1 et suivants du Code de la santé publique et en vertu desquelles, sauf exception, un pédicure-podologue ne peut exercer sa profession que si ses diplômes, certificats, titres ou autorisations ont été enregistrés et s'il est inscrit sur le tableau de l'ordre (■ Cass. crim., 19 mai 2015, n° 14-80.888).

4) Est recevable l'appel du conseil de l'ordre des pédicures-podologues, qui, directement investi de toutes les attributions confiées à l'ordre dont il est l'organe, peut exercer devant la juridiction pénale l'action civile en réparation du dommage résultant d'une infraction commise par l'un des membres de la profession et portant atteinte aux intérêts communs qu'il a à défendre (arrêt préc.).

Art. L. 4323-4-1 *(L. n° 2016-41, 26 janv. 2016 ; Ord. n° 2018-20, 17 janv. 2018)*. **– Exerce illégalement la profession de masseur-kinésithérapeute :**

1° Toute personne qui pratique la masso-kinésithérapie, au sens de l'article L. 4321-1, sans être titulaire du diplôme d'État de masseur-kinésithérapeute ou de tout autre titre mentionné à l'article L. 4321-4 exigé pour l'exercice de la profession de masseur-kinésithérapeute ou sans relever de l'article L. 4321-11 ;

2° Toute personne titulaire d'un diplôme, d'un certificat, d'une autorisation d'exercice ou de tout autre titre de masseur-kinésithérapeute qui exerce la masso-kinésithérapie sans être inscrite à un tableau de l'ordre des masseurs-kinésithérapeutes conformément à l'article L. 4321-10 ou pendant la durée de la peine d'interdiction temporaire ou permanente prononcée en application de l'article L. 4124-6.

Le présent article ne s'applique ni aux étudiants en masso-kinésithérapie qui effectuent un stage dans le cadre de l'article L. 4381-1 ni aux étudiants qui sont appelés à intervenir dans le cadre de la réserve opérationnelle en application de l'article L. 4321-7.

Art. L. 4323-4-2 *(L. n° 2016-41, 26 janv. 2016)*. **– Exerce illégalement la profession de pédicure-podologue :**

1° Toute personne qui pratique la pédicurie-podologie, au sens de l'article L. 4322-1, sans être titulaire du diplôme d'État de pédicure-podologue ou de tout autre titre mentionné aux articles L. 4322-4 et L. 4322-5 exigés pour l'exercice de la profession de pédicure-podologue ou sans relever de l'article L. 4322-15 ;

2° Toute personne titulaire d'un diplôme, d'un certificat, d'une autorisation d'exercice ou de tout autre titre de pédicure-podologue qui exerce la pédicurie-podologie sans être inscrite à un tableau de l'ordre des pédicures-podologues conformément à l'article L. 4322-2 ou pendant la durée de la peine d'interdiction temporaire ou permanente prononcée en application de l'article L. 4124-6.

Le présent article ne s'applique pas aux étudiants en pédicurie-podologie qui effectuent un stage dans le cadre de l'article L. 4381-1.

Art. L. 4323-5 *(Rempl., Ord. n° 2005-1040, 26 août 2005 ; mod., L. n° 2007-124, 30 janv. 2007 ; L. n° 2009-526, 12 mai 2009)*. **– L'usage sans droit de la qualité de masseur-kinésithérapeute, de gymnaste médical, de masseur, de pédicure-podologue, de pédicure, de podologue ou d'un diplôme, certificat ou autre titre légalement requis pour l'exercice de ces professions est puni comme le délit d'usurpation de titre prévu à l'article 433-17 du Code pénal.**

Les personnes morales déclarées responsables pénalement, dans les conditions prévues par l'article 121-2 du Code pénal, de l'infraction définie au présent article encourent l'amende prévue à l'article 433-17 du Code pénal suivant les modalités prévues par l'article 131-38 du même code, ainsi que les peines prévues aux 2° à 4° de l'article 433-25 du même code.

Art. L. 4323-6. – Les infractions mentionnées aux articles L. 4163-2, L. 4163-3 et L. 4163-4 sont applicables aux masseurs-kinésithérapeutes et sont punies de deux ans d'emprisonnement et de 75 000 € d'amende.

En cas de condamnation, l'interdiction temporaire d'exercer la profession pendant une période de dix ans au plus peut être prononcée, à titre de peine complémentaire, par les cours ou tribunaux.

Art. L. 4323-7. – *(Abr., Ord. n° 2005-1040, 26 août 2005)*.

Voir : Pour les autres professions de santé réglementées :
- conseiller en génétique, V C. santé publ. art. L. 1133-1 et s.
- ergothérapeutes et psychomotricien, V. C. santé publ., art. L. 4331-1 et s. ;

- orthophonistes et orthoptistes, V. C. santé publ., art. L. 4341-1 et s. ;
- manipulateurs d'électroradiologie médicale, V. C. santé publ., art. L. 4351-1 et s. ;
- audioprothésistes et opticiens-lunetiers, V. C. santé publ., art. L. 4361-1 et s. ;
- diététicien, V. C. santé publ., art. L. 4371-1 et s. ;
- directeur ou directeur adjoint des laboratoires, V. C. santé publ., art. L. 6222-1 et s.

II. – VÉTÉRINAIRES

Code rural et de la pêche maritime

(Ord. n° 2000-550, 15 juin 2000)

Art. L. 241-1 *(Ord. n° 2000-914, 18 sept. 2000 ; Ord. n° 2003-850, 4 sept. 2003 ; L. n° 2010-874, 27 juill. 2010 ; L. n° 2013-619, 16 juill. 2013)*. – Tout vétérinaire de nationalité française ou ressortissant d'un autre État membre de l'Union européenne ou d'un autre État partie à l'accord sur l'Espace économique européen qui remplit les conditions d'exercice prévues aux articles L. 241-2, L. 241-2-1 et L. 241-4 et qui désire exercer sa profession est tenu, au préalable, de faire enregistrer sans frais son diplôme auprès du service de l'État compétent ou de l'organisme désigné à cette fin.

Il est établi pour chaque département, par le service de l'État compétent ou l'organisme désigné à cette fin, une liste de cette profession portée à la connaissance du public.

Les modalités d'application du présent article sont fixées par décret.

L'enregistrement du diplôme doit être, préalablement à l'exercice de la profession, suivi de la production d'un certificat d'inscription au tableau de l'ordre des vétérinaires délivré par le conseil régional de l'ordre des vétérinaires.

Dans la limite d'un quota annuel fixé par décret *(Mots suppr., Ord. n° 2010-461, 6 mai 2010)* « ... », le ministre chargé de l'agriculture peut autoriser à exercer la médecine et la chirurgie des animaux les personnes de nationalité française ou ressortissantes d'un autre État membre de l'Union européenne ou d'un autre État partie à l'accord sur l'Espace économique européen qui, titulaires d'un diplôme, certificat ou titre de vétérinaire non mentionné aux articles L. 241-2 à L. 241-4, ont satisfait à la vérification d'ensemble de leurs connaissances selon les modalités fixées par décret *(Mots suppr., Ord. n° 2010-461, 6 mai 2010)* « ... ».

Les vétérinaires de nationalité française qui ont fait l'objet d'un arrêté du ministre chargé de l'agriculture les autorisant à exercer la médecine et la chirurgie des animaux pris antérieurement au 22 juin 1989 sont autorisés à poursuivre leurs activités.

Préalablement à l'exercice effectif de la profession, les personnes autorisées à pratiquer la médecine et la chirurgie des animaux doivent procéder aux formalités d'enregistrement et d'inscription prévues au premier alinéa du présent article *(L. n° 2010-874, 27 juill. 2010)* « et faire la preuve qu'elles possèdent la connaissance du français nécessaire à l'exercice de la profession ».

....

Art. L. 243-1 *(Rempl., Ord. n° 2011-78, 20 janv. 2011 ; L. n° 2011-525, 17 mai 2011)*. – I. – Pour l'application du présent chapitre, on entend par :

– « acte de médecine des animaux » : tout acte ayant pour objet de déterminer l'état physiologique d'un animal ou d'un groupe d'animaux ou son état de santé, de diagnostiquer une maladie, y compris comportementale, une blessure, une douleur, une malformation, de les prévenir ou les traiter, de prescrire des médicaments ou de les administrer par voie parentérale ;

– « acte de chirurgie des animaux » : tout acte affectant l'intégrité physique de l'animal dans un but thérapeutique ou zootechnique.

II. – Sous réserve des dispositions des articles L. 243-2 et L. 243-3, exercent illégalement la médecine ou la chirurgie des animaux :

1° Toute personne qui ne remplit pas les conditions prévues à l'article L. 241-1 et qui, même en présence d'un vétérinaire, pratique à titre habituel des actes de médecine ou de chirurgie des animaux définis au I ou,

en matière médicale ou chirurgicale, donne des consultations, établit des diagnostics ou des expertises, rédige des ordonnances, délivre des prescriptions ou certificats, ou procède à des implantations sous-cutanées ;

2° Le vétérinaire ou l'élève des écoles vétérinaires françaises relevant des articles L. 241-6 à L. 241-12, qui exerce la médecine ou la chirurgie des animaux alors qu'il est frappé de suspension du droit d'exercer ou qu'il fait l'objet d'une interdiction d'exercer.

1) Si, en application des dispositions dérogatoires de l'article L. 610, *b*, devenu L. 5143-2, 2° du Code de la santé publique, les vétérinaires diplômés peuvent délivrer au détail, sans examen préalable, les médicaments vétérinaires destinés aux animaux dont la surveillance sanitaire et les soins leur sont régulièrement confiés, ils ne peuvent pour autant se dispenser de visiter les exploitations où ces animaux sont élevés ; justifie ainsi la déclaration de culpabilité d'un vétérinaire pour exercice illégal de la pharmacie et contraventions connexes la cour d'appel qui retient que, pendant la période d'un an précédant les constatations du vétérinaire inspecteur, il a délivré des médicaments destinés aux veaux élevés par sept exploitants agricoles sans visiter leurs cheptels (■ Cass. crim., 18 juin 2002 : *Bull. crim.*, n° 137 ; *Dr. pénal* 2002, comm. 111, obs. J.-H. Robert).

2) Un éleveur qui pratique des césariennes exerce illégalement la médecine vétérinaire même quand il opère ses propres animaux (■ Cass. crim., 8 janv. 2008 : *JurisData* n° 2008-042614 ; *Dr. pénal* 2008, comm. 48, obs. J.-H. Robert).

3) Pour déclarer le prévenu coupable, l'arrêt retient que le fait de rechercher et déterminer, au moyen d'une échographie, l'état de gravidité d'un animal, constitue un diagnostic de gestation relevant de la médecine vétérinaire ; que les juges en déduisent qu'un tel acte ne pouvait être pratique par le prévenu qui n'a pas la qualité de vétérinaire et ne rentre pas dans les cas dérogatoires prévus par l'article L. 243-2 du Code rural (■ Cass. crim., 12 janv. 2010 : *Dr. pénal* 2010, comm. 47, obs. J.-H. Robert).

4) En application des articles L. 5143-2 et R. 5141-111 et R. 5141-112 du Code de la santé publique, tels que modifiés par le décret du 24 avril 2007, la prescription et la délivrance des médicaments vétérinaires sont possibles soit après réalisation d'un examen clinique des animaux par le vétérinaires, soit dans le cadre de la désignation par l'éleveur du vétérinaire auquel est confiée la responsabilité du suivi sanitaire permanent de l'élevage (■ Cass. crim., 23 avr. 2013, n° 12-84.853 : *Bull. crim.*, n° 98 ; *Dr. pén.* 2013, comm. 131, obs. J.-H. Robert).

5) Il résulte des articles L. 5143-2, 2°, R. 5141-112-1 et R. 5141-112-2 du Code de la santé publique que la prescription et la délivrance des médicaments vétérinaires sont possibles par le vétérinaire auquel le propriétaire ou l'éleveur des animaux a confié la responsabilité du suivi sanitaire permanent de l'élevage et qui, à ce titre, doit réaliser un bilan sanitaire d'élevage, établir et mettre en œuvre un protocole de soins, réaliser des visites régulières de suivi et dispenser régulièrement des soins, actes de médecine et de chirurgie, le bilan sanitaire et le protocole de soins devant être actualisés au moins une fois par an au vu notamment des comptes rendus de visites réalisées pendant cette période (■ Cass. crim., 30 janv. 2018, n°16-87.131).

Art. L. 243-2 ***(Rempl., Ord. n° 2011-78, 20 janv. 2011 ; Ord. n° 2011-863, 22 juill. 2011).*** **– Dès lors qu'ils justifient de compétences adaptées définies par décret, les propriétaires ou détenteurs professionnels d'animaux relevant d'espèces dont la chair ou les produits sont destinés à la consommation humaine, ou leurs salariés, peuvent pratiquer, sur les animaux de leur élevage ou sur ceux dont la garde leur a été confiée dans le cadre de leur exploitation, dans le respect des dispositions relatives à la protection des animaux, certains actes de médecine ou de chirurgie dont la liste est fixée, selon les espèces, par arrêté du ministre chargé de l'agriculture. Cette liste ne comprend aucun acte réservé expressément par la loi aux vétérinaires, notamment, en application des dispositions de l'article L. 5143-5 du Code de la santé publique, la prescription de médicaments, non plus que les actes qui doivent être réalisés par des vétérinaires détenteurs de l'habilitation mentionnée à l'article L. 203-1 ou du mandat mentionné à l'article L. 203-8.**

Art. L. 243-3 ***(Mod., Ord. n° 2011-862, 22 juill. 2011 ; L. n° 2014-1170, 13 oct. 2014; Ord. n° 2015-953, 31 juill. 2015 ; Ord. n° 2018-20, 17 janv. 2018).*** **– Outre les soins de première urgence autres que ceux nécessités par les maladies contagieuses, qui peuvent être réalisés par toute personne, des actes de médecine ou de chirurgie des animaux peuvent être réalisés par :**

1° Les maréchaux-ferrants pour le parage et les maladies du pied des équidés, et les pareurs bovins dans le cadre des opérations habituelles de parage du pied ;

2° Les élèves des écoles vétérinaires françaises et de l'École nationale des services vétérinaires dans le cadre de l'enseignement dispensé par ces établissements ;

3° Les inspecteurs de la santé publique vétérinaire, titulaires d'un titre ou diplôme de vétérinaire, dans le cadre de leurs attributions ;

4° Les fonctionnaires et agents qualifiés, titulaires ou contractuels mentionnés à l'article L. 241-16 lorsqu'ils interviennent dans les limites prévues par cet article ;

5° Les directeurs des laboratoires agréés dans les conditions prévues par les articles L. 202-1 à L. 202-5 pour la réalisation des examens concourant à l'établissement d'un diagnostic vétérinaire ;

6° Les techniciens intervenant sur les espèces aviaires et porcine, justifiant de compétences adaptées définies par décret et placés sous l'autorité et la responsabilité d'un vétérinaire, qui pratiquent des actes de vaccination collective, de castration, de débecquage ou de dégriffage ainsi que des examens lésionnels descriptifs externes et internes des cadavres de ces espèces ;

7° Les techniciens justifiant de compétences adaptées définies par décret, intervenant dans le cadre d'activités à finalité strictement zootechnique, salariés d'un vétérinaire ou d'une société de vétérinaires habilités à exercer, d'une organisation de producteurs reconnue en vertu de l'article L. 551-1, d'un organisme à vocation sanitaire reconnu en vertu du II de l'article L. 201-1 ou d'un organisme relevant du chapitre III du titre V du livre VI. La liste des actes que ces techniciens peuvent réaliser est fixée, selon les espèces, par arrêté du ministre chargé de l'agriculture.

8° Les fonctionnaires et agents contractuels relevant des établissements ou organismes chargés, en application de l'article L. 653-12, des enregistrements zootechniques des équidés, titulaires d'une licence d'inséminateur pour l'espèce équine et spécialement habilités à cet effet, intervenant dans le cadre de leurs attributions sous l'autorité médicale d'un vétérinaire pour la réalisation des constats de gestation des femelles équines. Les fonctionnaires et agents contractuels relevant de l'Institut français du cheval et de l'équitation peuvent être spécialement habilités à réaliser l'identification électronique complémentaire des équidés sous l'autorité médicale d'un vétérinaire ;

9° Les fonctionnaires ou agents mentionnés à l'article L. 273-4 lorsqu'ils interviennent dans les limites prévues par cet article ;

10° Les vétérinaires des armées en activité, dans le cadre de leurs attributions ;

11° Les techniciens dentaires, justifiant de compétences adaptées définies par décret, autres que ceux répondant aux conditions du 7°, intervenant sur des équidés pour des actes de dentisterie précisés par arrêté, sous réserve de convenir avec un vétérinaire des conditions de leur intervention ;

12° Dès lors qu'elles justifient de compétences définies par décret et évaluées par le conseil national de l'ordre, les personnes réalisant des actes d'ostéopathie animale, inscrites sur une liste tenue par l'ordre des vétérinaires et s'engageant, sous le contrôle de celui-ci, à respecter des règles de déontologie définies par décret en Conseil d'État ;

13° Les techniciens sanitaires apicoles, justifiant de compétences adaptées définies par décret, intervenant sous l'autorité et la responsabilité d'un vétérinaire pour des actes précisés par arrêté.

Il résulte de la combinaison des articles L. 243-1 à L. 243-3 du Code rural et de la pêche maritime et 16 de la loi n° 96-603 du 5 juillet 1996, que le parage est un acte de médecine, voire de chirurgie, qui ne peut être réalisé que par les vétérinaires ou les maréchaux-ferrants et que la profession de maréchal-ferrant ne peut être exercée que par une personne qualifiée.

Justifie dès lors sa décision la cour d'appel qui retient que le pareur équin ou pédicure équin effectuant des actes de parage exerce illégalement la profession de maréchal-ferrant (■ Cass. crim., 15 déc. 2015, n° 14-85.161 : *Dr. pén.* 2016, comm. 28, obs. P. Conte).

Art. L. 243-4 *(Ord. n° 2018-20, 17 janv. 2018)*. – Sous réserve des dispositions prévues aux articles L. 243-2 et L. 243-3, l'exercice illégal de la médecine ou de la chirurgie des animaux est puni de deux ans d'emprisonnement et d'une amende de 30 000 €. Hormis le cas des personnes visées à l'article L. 243-2 et celui des organismes relevant de l'autorité du ministre de la Défense ou des formations militaires relevant de l'autorité du ministre de l'Intérieur, le tribunal peut ordonner la fermeture de l'établissement et prononcer la confiscation du matériel ayant permis l'exercice illégal.

III. – RECHERCHES IMPLIQUANT LA PERSONNE HUMAINE

Voir : art. 223-8 s., p. 287.

Code de la santé publique

(Ord. n° 2000-548, 15 juin 2000)

Bibliographie : J. Borricand, *Commentaire de la loi n° 88-1138 du 20 décembre 1988 : D.* 1989, chron., 167. • D. Thouvenin, *La loi du 20 décembre 1988 : loi visant à protéger les individus ou loi organisant les expérimentations sur l'homme ? : ALD* 1989, 105. • J.-M. Auby, *La loi du 20 décembre 1988 relative à la protection des personnes qui se prêtent à des recherches biomédicales : JCP* 89, I, 3384. • G. Mémeteau, *De quelques droits sur l'homme : commentaire de la loi du 20 décembre 1988 relative à la protection des personnes qui se prêtent à des recherches biomédicales : D.* 1990, chron., 165. • F. Alt-Maes, *L'apport de la loi du 20 décembre 1988 à la théorie du consentement de la victime : Rev. sc. crim.* 1991, 244.

Art. L. 1115-1 *(L. n° 2002-303, 4 mars 2002 ; Ord. n° 2017-31, 12 janv. 2017).* **– La prestation d'hébergement de données de santé à caractère personnel recueillies auprès de personnes physiques ou morales à l'origine de la production ou du recueil de ces données ou directement auprès des personnes qu'elles concernent sans être titulaire de l'agrément prévu par l'article L. 1111-8 ou de traitement de ces données sans respecter les conditions de l'agrément obtenu est puni de trois ans d'emprisonnement et de 45 000 euros d'amende.**

Art. L. 1115-2 *(L. n° 2009-526, 12 mai 2009).* **– Les personnes morales déclarées responsables pénalement, dans les conditions prévues par l'article 121-2 du Code pénal, des infractions définies à l'article L. 1115-1 encourent, outre l'amende suivant les modalités prévues par l'article 131-38 du Code pénal, les peines prévues par les 2°, 3°, 4°, 5° et 9° de l'article 131-39 du même code. L'interdiction prononcée à ce titre porte sur l'activité dans l'exercice ou à l'occasion de laquelle l'infraction a été commise.**

Art. L. 1121-1 *(Mod. à compter de la date prévue à l'article 11 de la loi n° 2012-300 du 5 mars 2012, L. n° 2012-300, 5 mars 2012 ; Ord. n° 2016-800, 16 juin 2016).* **– Les recherches organisées et pratiquées sur l'être humain en vue du développement des connaissances biologiques ou médicales sont autorisées dans les conditions prévues au présent livre et sont désignées ci-après par les termes « recherche impliquant la personne humaine ».**

Il existe trois catégories de recherches impliquant la personne humaine :

1° Les recherches interventionnelles qui comportent une intervention sur la personne non justifiée par sa prise en charge habituelle ;

2° Les recherches interventionnelles qui ne comportent que des risques et des contraintes minimes, dont la liste est fixée par arrêté du ministre chargé de la santé, après avis du directeur général de l'Agence nationale de sécurité du médicament et des produits de santé ;

3° Les recherches non interventionnelles qui ne comporte aucun risque ni contrainte dans lesquelles tous les actes sont pratiqués et les produits utilisés de manière habituelle.

La personne physique ou la personne morale qui est responsable d'une recherche impliquant la personne humaine, en assure la gestion et vérifie que son financement est prévu, est dénommée le promoteur. Celui-ci ou son représentant légal doit être établi dans l'Union européenne. Lorsque plusieurs personnes prennent l'initiative d'une même recherche impliquant la personne humaine, elles désignent une personne physique ou morale qui aura la qualité de promoteur et assumera les obligations correspondantes en application du présent livre.

La ou les personnes physiques qui dirigent et surveillent la réalisation de la recherche sur un lieu sont dénommées investigateurs.

Lorsque le promoteur d'une recherche impliquant la personne humaine confie sa réalisation à plusieurs investigateurs sur plusieurs lieux en France, le promoteur désigne parmi les investigateurs un coordonnateur.

Si, sur un lieu, la recherche est réalisée par une équipe, l'investigateur est le responsable de l'équipe et est dénommé investigateur principal.

(Al. aj, Ord., n° 2016-800, 16 juin 2016) Les dispositions du présent titre, à l'exception de celles mentionnées au chapitre IV, ne sont pas applicables aux essais cliniques de médicaments régis par les dispositions du règlement (UE) n° 536/2014 du Parlement européen et du Conseil du 16 avril 2014.

Voir : Pour l'application du 2°, A. 3 mai 2017 (*JO* 6 mai 2017).

Art. L. 1121-2 *(Mod., L. n° 2004-806, 9 août 2004 ; L. n° 2012-300, 5 mars 2012).* – Aucune recherche impliquant la personne humaine ne peut être effectuée :

– si elle ne se fonde pas sur le dernier état des connaissances scientifiques et sur une expérimentation préclinique suffisante ;

– si le risque prévisible encouru par les personnes qui se prêtent à la recherche est hors de proportion avec le bénéfice escompté pour ces personnes ou l'intérêt de cette recherche ;

– si elle ne vise pas à étendre la connaissance scientifique de l'être humain et les moyens susceptibles d'améliorer sa condition.

– si la recherche impliquant la personne humaine n'a pas été conçue de telle façon que soient réduits au minimum la douleur, les désagréments, la peur et tout autre inconvénient prévisible lié à la maladie ou à la recherche, en tenant compte particulièrement du degré de maturité pour les mineurs et de la capacité de compréhension pour les majeurs hors d'état d'exprimer leur consentement.

L'intérêt des personnes qui se prêtent à une recherche impliquant la personne humaine prime toujours les seuls intérêts de la science et de la société.

La recherche impliquant la personne humaine ne peut débuter que si l'ensemble de ces conditions sont remplies. Leur respect doit être constamment maintenu.

Art. L. 1121-3 *(Mod., L. n° 2008-337, 15 avr. 2008 ; L. n° 2011-814, 7 juill. 2011 ; L. n° 2012-300, 5 mars 2012 ; L. n° 2016-41, 26 janv. 2016 ; Ord. n° 2016-800, 16 juin 2016).* – Les recherches ne peuvent être effectuées que si elles sont réalisées dans les conditions suivantes :

– sous la direction et sous la surveillance d'un médecin justifiant d'une expérience appropriée ;

– dans des conditions matérielles et techniques adaptées à la recherche et compatibles avec les impératifs de rigueur scientifique et de sécurité des personnes qui se prêtent à ces recherches.

Dans les sciences du comportement humain, une personne qualifiée, conjointement avec l'investigateur, peut exercer la direction de la recherche.

Les recherches concernant le domaine de l'odontologie ne peuvent être effectuées que sous la direction et la surveillance d'un chirurgien-dentiste ou d'un médecin justifiant d'une expérience appropriée.

Les recherches impliquant la personne humaine concernant le domaine de la maïeutique et conformes aux dispositions du dernier alinéa de l'article L. 1121-5 ne peuvent être effectuées que sous la direction et la surveillance d'un médecin ou d'une sage-femme.

Les recherches mentionnées au 2° de l'article L. 1121-1 concernant le domaine des soins infirmiers ne peuvent être effectuées que sous la direction et la surveillance d'un infirmier ou d'un médecin.

Les recherches mentionnées au 2° de l'article L. 1121-1 et qui n'ont aucune influence sur la prise en charge médicale de la personne qui s'y prête, ainsi que les recherches non interventionnelles, peuvent être effectuées sous la direction et la surveillance d'une personne qualifiée. Le comité de protection des personnes s'assure de l'adéquation entre la qualification du ou des investigateurs et les caractéristiques de la recherche.

Pour les recherches mentionnées au 1° de l'article L. 1121-1, des recommandations de bonnes pratiques sont fixées par décision de l'Agence nationale de sécurité du médicament et des produits de santé. Pour les recherches mentionnées au 2° du même article L. 1121-1 et les recherches non interventionnelles, des recommandations de bonnes pratiques sont fixées par voie réglementaire.

Les personnes chargées du contrôle de qualité d'une recherche impliquant la personne humaine et dûment mandatées à cet effet par le promoteur ont accès, sous réserve de l'absence d'opposition des personnes concernées dûment informées, aux données individuelles strictement nécessaires à ce contrôle ; elles sont soumises au secret professionnel dans les conditions définies par les articles 226-13 et 226-14 du Code pénal.

Art. L. 1121-4 *(L. n° 2004-806, 9 août 2004 ; L. n° 2012-300, 5 mars 2012 ; Ord. n° 2016-800, 16 juin 2016).* – La recherche mentionnée au 1° de l'article L. 1121-1 ne peut être mise en œuvre qu'après avis favorable du comité de protection des personnes mentionné à l'article L. 1123-1 et autorisation de l'autorité compétente mentionnée à l'article L. 1123-12.

La demande d'avis au comité et la demande d'autorisation à l'autorité compétente peuvent ou non être présentées simultanément au choix du promoteur.

Les recherches mentionnées au 2° de l'article L. 1121-1 et les recherches non interventionnelles ne peuvent être mises en œuvre qu'après avis favorable du comité de protection des personnes mentionné à l'article L. 1123-1. Le promoteur adresse une copie de cet avis et un résumé de la recherche à l'autorité compétente. Sur demande de celle-ci, le comité de protection des personnes concerné transmet sans délai toutes les informations utiles concernant ces recherches à l'autorité compétente.

Lorsque les recherches mentionnées au 2° de l'article L. 1121-1 figurent sur une liste fixée par arrêté du ministre chargé de la santé pris sur proposition du directeur général de l'Agence nationale de sécurité du médicament et des produits de santé, le comité de protection des personnes concerné s'assure auprès de l'Agence nationale de sécurité du médicament et des produits de santé que l'utilisation des produits sur lesquels porte la recherche ne présente que des risques minimes.

En cas de doute sérieux sur la qualification d'une recherche au regard des trois catégories de recherches impliquant la personne humaine définies à l'article L. 1121-1, le comité de protection des personnes concerné saisit pour avis l'Agence nationale de sécurité du médicament et des produits de santé.

Art. L. 1121-5 *(Rempl., L. n° 2004-806, 9 août 2004).* – Les femmes enceintes, les parturientes et les mères qui allaitent ne peuvent être sollicitées pour se prêter à des recherches *(Mot rempl. à compter de la date prévue à l'article 11 de la loi n° 2012-300 du 5 mars 2012, L. n° 2012-300, 5 mars 2012)* « mentionnées aux 1° ou 2° de l'article L. 1121-1 » que dans les conditions suivantes :

– soit l'importance du bénéfice escompté pour elles-mêmes ou pour l'enfant est de nature à justifier le risque prévisible encouru ;

– soit ces recherches se justifient au regard du bénéfice escompté pour d'autres femmes se trouvant dans la même situation ou pour leur enfant et à la condition que des recherches d'une efficacité comparable ne puissent être effectuées sur une autre catégorie de la population. Dans ce cas, les risques prévisibles et les contraintes que comporte la recherche doivent présenter un caractère minimal.

Art. L. 1121-6 *(Rempl., L. n° 2004-806, 9 août 2004 ; mod. à compter du 1er août 2011, L. n° 2011-803, 5 juill. 2011).* – Les personnes privées de liberté par une décision judiciaire ou administrative, les personnes faisant l'objet de soins psychiatriques en vertu des articles L. 3212-1 et L. 3213-1 qui ne relèvent pas des dispositions de l'article L. 1121-8 et les personnes admises dans un établissement sanitaire ou social à d'autres fins que celle de la recherche ne peuvent être sollicitées pour se prêter à des recherches *(Mot rempl. à compter de la date prévue à l'article 11 de la loi n° 2012-300 du 5 mars 2012, L. n° 2012-300, 5 mars 2012)* « mentionnées aux 1° ou 2° de l'article L. 1121-1 » que dans les conditions suivantes :

– soit l'importance du bénéfice escompté pour ces personnes est de nature à justifier le risque prévisible encouru ;

– soit ces recherches se justifient au regard du bénéfice escompté pour d'autres personnes se trouvant dans la même situation juridique ou administrative à la condition que des recherches d'une efficacité comparable ne puissent être effectuées sur une autre catégorie de la population. Dans ce cas, les risques prévisibles et les contraintes que comporte la recherche doivent présenter un caractère minimal.

Art. L. 1121-7 *(L. n° 2004-806, 9 août 2004).* – Les mineurs ne peuvent être sollicités pour se prêter à des recherches *(Mot rempl. à compter de la date prévue à l'article 11 de la loi n° 2012-300 du 5 mars 2012, L. n° 2012-300, 5 mars 2012)* « mentionnées aux 1° ou 2° de l'article L. 1121-1 » que si des recherches d'une efficacité comparable ne peuvent être effectuées sur des personnes majeures et dans les conditions suivantes :

– soit l'importance du bénéfice escompté pour ces personnes est de nature à justifier le risque prévisible encouru ;

– soit ces recherches se justifient au regard du bénéfice escompté pour d'autres mineurs. Dans ce cas, les risques prévisibles et les contraintes que comporte la recherche doivent présenter un caractère minimal.

Art. L. 1121-8 *(L. n° 2004-806, 9 août 2004).* – Les personnes majeures faisant l'objet d'une mesure de protection légale ou hors d'état d'exprimer leur consentement ne peuvent être sollicitées pour des recherches *(Mot rempl. à compter de la date prévue à l'article 11 de la loi n° 2012-300 du 5 mars 2012, L. n° 2012-300, 5 mars 2012)* « mentionnées aux 1° ou 2° de l'article L. 1121-1 » que si des recherches d'une efficacité comparable ne peuvent être effectuées sur une autre catégorie de la population et dans les conditions suivantes :

– soit l'importance du bénéfice escompté pour ces personnes est de nature à justifier le risque prévisible encouru ;

– soit ces recherches se justifient au regard du bénéfice escompté pour d'autres personnes placées dans la même situation. Dans ce cas, les risques prévisibles et les contraintes que comporte la recherche doivent présenter un caractère minime.

Art. L. 1121-8-1 *(L. n° 2012-300, 5 mars 2012 ; Ord. n° 2016-800, 16 juin 2016).* – Les personnes qui ne sont pas affiliées à un régime de sécurité sociale ou bénéficiaires d'un tel régime peuvent être sollicitées pour se prêter à des recherches non interventionnelles.

À titre dérogatoire, le comité de protection des personnes peut autoriser une personne qui n'est pas affiliée à un régime de sécurité sociale ou bénéficiaire d'un tel régime à se prêter à des recherches mentionnées aux 1° ou 2° de l'article L. 1121-1. Cette autorisation est motivée. Elle doit se fonder au moins sur l'une des conditions suivantes :

1° L'importance du bénéfice escompté pour ces personnes est de nature à justifier le risque prévisible encouru ;

2° Ces recherches se justifient au regard du bénéfice escompté pour d'autres personnes se trouvant dans la même situation juridique. Dans ce cas, le risque prévisible et les contraintes que comporte la recherche doivent présenter un caractère minime.

Art. L. 1121-9 *(L. n° 2004-806, 9 août 2004).* – Si une personne susceptible de prêter son concours à une recherche *(Mot rempl. à compter de la date prévue à l'article 11 de la loi n° 2012-300 du 5 mars 2012, L. n° 2012-300, 5 mars 2012)* « mentionnées aux 1° ou 2° de l'article L. 1121-1 » relève de plusieurs catégories mentionnées aux articles L. 1121-5 à L. 1121-8, lui sont applicables celles de ces dispositions qui assurent à ses intérêts la protection la plus favorable.

Art. L. 1121-10 *(L. n° 2004-806, 9 août 2004 ; L. n° 2012-300, 5 mars 2012).* – Le promoteur assume l'indemnisation des conséquences dommageables de la recherche impliquant la personne humaine pour la personne qui s'y prête et celle de ses ayants droit, sauf preuve à sa charge que le dommage n'est pas imputable à sa faute ou à celle de tout intervenant sans que puisse être opposé le fait d'un tiers ou le retrait volontaire de la personne qui avait initialement consenti à se prêter à la recherche.

Lorsque la responsabilité du promoteur n'est pas engagée, les victimes peuvent être indemnisées dans les conditions prévues à l'article L. 1142-3.

Toute recherche mentionnée aux 1° ou 2° de l'article L. 1121-1 exige la souscription préalable, par son promoteur, d'une assurance garantissant sa responsabilité civile telle qu'elle résulte du présent article et celle de tout intervenant, indépendamment de la nature des liens existant entre les intervenants et le promoteur. Les dispositions du présent article sont d'ordre public.

La garantie d'assurance de responsabilité visée à l'alinéa précédent couvre les conséquences pécuniaires des sinistres trouvant leur cause génératrice dans une recherche mentionnée aux 1° ou 2° de l'article L. 1121-1, dès lors que la première réclamation est adressée à l'assuré ou à son assureur entre le début de cette recherche et l'expiration d'un délai qui ne peut être inférieur à dix ans courant à partir de la fin de celle-ci. Dans le cas où la personne qui s'est prêtée à la recherche est âgée de moins de dix-huit ans au moment de la fin de celle-ci, ce délai minimal court à partir de la date de son dix-huitième anniversaire.

Pour l'application du présent article, l'État, lorsqu'il a la qualité de promoteur, n'est pas tenu de souscrire à l'obligation d'assurance prévue au troisième alinéa du présent article. Il est toutefois soumis aux obligations incombant à l'assureur.

Art. L. 1121-11 *(L. n° 2004-806, 9 août 2004 ; mod., L. n° 2011-803, 5 juill. 2011 ; L. n° 2011-814, 7 juill. 2011 ; L. n° 2012-300, 5 mars 2012).* – La recherche impliquant la personne humaine ne donne lieu à aucune contrepartie financière directe ou indirecte pour les personnes qui s'y prêtent, hormis le remboursement des frais exposés et, le cas échéant, l'indemnité en compensation des contraintes subies versée par le promoteur. Le montant total des indemnités qu'une personne peut percevoir au cours d'une même année est limité à un maximum fixé par le ministre chargé de la santé.

Le versement d'une telle indemnité est interdit dans le cas des recherches effectuées sur des mineurs, des personnes qui font l'objet d'une mesure de protection légale, des personnes majeures hors d'état d'exprimer leur consentement, des personnes privées de liberté, des personnes faisant l'objet de soins psychiatriques en application des chapitres II à IV du titre Ier du livre II de la troisième partie du présent code ou de l'article 706-135 du Code de procédure pénale et des personnes admises dans un établissement sanitaire et social à d'autres fins que la recherche.

Les personnes susceptibles de se prêter à des recherches mentionnées au 1° de l'article L. 1121-1 bénéficient d'un examen médical préalable adapté à la recherche. Les résultats de cet examen leur sont communiqués directement ou par l'intermédiaire du médecin de leur choix.

Lorsque les recherches impliquant la personne humaine concernent le domaine de la maïeutique et répondent aux conditions fixées au dernier alinéa de l'article L. 1121-5, les résultats de cet examen leur sont communiqués directement ou par l'intermédiaire du médecin ou de la sage-femme de leur choix.

Lorsque les recherches impliquant la personne humaine concernent le domaine de l'odontologie, les résultats de cet examen leur sont communiqués directement ou par l'intermédiaire du médecin ou du chirurgien-dentiste de leur choix.

L'organisme de sécurité sociale dispose contre le promoteur d'une action en paiement des prestations versées ou fournies.

Art. L. 1121-12 *(L. n° 2004-806, 9 août 2004 ; L. n° 2012-300, 5 mars 2012)*. – Pour chaque recherche mentionnée aux 1° ou 2° de l'article L. 1121-1, le dossier soumis au comité de protection des personnes et le cas échéant à l'autorité compétente détermine s'il est nécessaire que la personne ne puisse pas participer simultanément à une autre recherche et fixe, le cas échéant, une période d'exclusion au cours de laquelle la personne qui s'y prête ne peut participer à une autre recherche. La durée de cette période varie en fonction de la nature de la recherche.

Art. L. 1121-13 *(Mod., L. n° 2012-300, 5 mars 2012 ; Ord. n° 2016-800, 16 juin 2016 ; Ord. n° 2018-20, 17 janv. 2018)*. – Les recherches biomédicales ne peuvent être réalisées que dans un lieu disposant des moyens humains, matériels et techniques adaptés à la recherche et compatibles avec les impératifs de sécurité des personnes qui s'y prêtent.

Ce lieu doit être autorisé, à cet effet, pour une durée déterminée, lorsqu'il s'agit de recherches mentionnées au 1° de l'article L. 1121-1 réalisées en dehors des lieux de soins, ainsi que dans des services hospitaliers et dans tout autre lieu d'exercice des professionnels de santé lorsque ces recherches nécessitent des actes autres que ceux qu'ils pratiquent usuellement dans le cadre de leur activité ou lorsque ces recherches sont réalisées sur des personnes présentant une condition clinique distincte de celle pour laquelle le service a compétence. Cette autorisation est accordée par le directeur général de l'agence régionale de santé ou par le ministre de la Défense, si le lieu relève de son autorité.

La première administration d'un médicament à l'homme dans le cadre d'une recherche ne peut être effectuée que dans des lieux ayant obtenu l'autorisation mentionnée au deuxième alinéa du présent article.

Cette autorisation, à l'exception de celle donnée à des lieux situés dans un établissement mentionné à l'article L. 5126-1, inclut, le cas échéant, la réalisation par un pharmacien des opérations d'approvisionnement, de conditionnement et d'étiquetage des médicaments expérimentaux, ainsi que les opérations de stockage correspondantes, nécessaires aux recherches biomédicales menées dans ce lieu. Ces opérations sont réalisées en conformité avec les bonnes pratiques mentionnées à l'article L. 5121-5.

Art. L. 1121-14 *(Mod., L. n° 2012-300, 5 mars 2012)*. – Aucune recherche ne peut être effectuée sur une personne décédée, en état de mort cérébrale, sans son consentement exprimé de son vivant ou par le témoignage de sa famille.

Toutefois, lorsque la personne décédée est un mineur, ce consentement est exprimé par chacun des titulaires de l'autorité parentale. En cas d'impossibilité de consulter l'un des titulaires de l'autorité parentale, la recherche peut être effectuée à condition que l'autre titulaire y consente.

Les dispositions de l'article 225-17 du Code pénal ne sont pas applicables à ces recherches.

Art. L. 1121-15 *(L. n° 2004-806, 9 août 2004 ; L. n° 2012-300, 5 mars 2012 ; Ord. n° 2016-800, 16 juin 2016 ; Ord. n° 2018-20, 17 janv. 2018).* – Les recherches impliquant la personne humaine et leurs résultats, à l'exception de ceux relevant du secret de la défense nationale, sont inscrits dans un répertoire d'accès public selon des règles déterminées par décret.

Art. L. 1121-16 *(L. n° 2004-806, 9 août 2004 ; L. n° 2012-300, 5 mars 2012).* – En vue de l'application des dispositions du premier alinéa de l'article L. 1121-11 et de l'article L. 1121-12 et pour les recherches mentionnées au 1° de l'article L. 1121-1 portant sur les produits mentionnés à l'article L. 5311-1, un fichier national recense les personnes qui ne présentent aucune affection et se prêtent volontairement à ces recherches ainsi que les personnes malades lorsque l'objet de la recherche est sans rapport avec leur état pathologique.

Toutefois, le comité de protection des personnes peut décider dans d'autres cas, compte tenu des risques et des contraintes que comporte la recherche impliquant la personne humaine, que les personnes qui y participent doivent être également inscrites dans ce fichier.

Art. L. 1121-16-1 *(L. n° 2004-806, 9 août 2004 ; L. n° 2012-300, 5 mars 2012 ; Ord. n° 2016-800, 16 juin 2016 ; Ord. n° 2018-20, 17 janv. 2018).* – I. - Pendant la durée de la recherche mentionnée au 1° de l'article L. 1121-1, le promoteur fournit gratuitement les médicaments expérimentaux et, le cas échéant, les médicaments auxiliaires, les dispositifs médicaux utilisés pour les administrer, ainsi que, pour les recherches portant sur des produits autres que les médicaments, les produits faisant l'objet de la recherche.

II. - On entend par recherches à finalité non commerciale les recherches dont les résultats ne sont pas exploités à des fins lucratives, qui poursuivent un objectif de santé publique et dont le promoteur ou le ou les investigateurs sont indépendants à l'égard des entreprises qui fabriquent ou qui commercialisent les produits faisant l'objet de la recherche.

III. - Les caisses d'assurance maladie prennent en charge les produits faisant l'objet de recherches à finalité non commerciale dans les conditions suivantes :

1° Les médicaments expérimentaux ou auxiliaires autorisés, inscrits sur la liste mentionnée à l'article L. 5123-2 ou sur l'une des listes mentionnées au premier alinéa ou au deuxième alinéa de l'article L. 162-17 du Code de la sécurité sociale ainsi que les produits inscrits sur la liste mentionnée à l'article L. 165-1 du Code de la sécurité sociale ou pris en charge au titre des prestations d'hospitalisation mentionnées à l'article L. 162-22-6 du même code, lorsqu'ils sont utilisés dans le cadre d'une recherche à finalité non commerciale autorisée dans les conditions ouvrant droit au remboursement ;

2° À titre dérogatoire, les médicaments expérimentaux ou auxiliaires autorisés, ainsi que les produits faisant l'objet d'une recherche mentionnée aux 1° ou 2° de l'article L. 1121-1, à finalité non commerciale et ayant reçu l'avis favorable d'un comité de protection des personnes, lorsqu'ils ne sont pas utilisés dans des conditions ouvrant droit au remboursement, sous réserve de l'avis conforme de la Haute Autorité de santé et de l'avis conforme de l'Union nationale des caisses d'assurance maladie. Ces instances s'assurent de l'intérêt de ces recherches pour la santé publique, et notamment pour l'amélioration du bon usage des médicaments et produits de santé, et pour l'amélioration de la qualité des soins et des pratiques. La décision de prise en charge est prise par arrêté des ministres chargés de la santé et de la sécurité sociale.

Dans les cas mentionnés aux 1° et 2° du présent article, à l'exception de ceux relevant du secret de la défense nationale, le promoteur de la recherche s'engage à rendre publics les résultats de sa recherche.

Lorsque la recherche ayant bénéficié d'une prise en charge ne répond plus à la définition d'une recherche à finalité non commerciale, le promoteur reverse les sommes engagées au titre du cinquième alinéa pour les recherches concernées aux régimes d'assurance maladie selon les règles prévues à l'article L. 162-37 du Code de la sécurité sociale. Le reversement dû est fixé par décision des ministres chargés de la santé et de la sécurité sociale après que le promoteur concerné a été mis en mesure de présenter ses observations. Le produit du reversement est recouvré par les organismes mentionnés à l'article L. 213-1 du même code désignés par le directeur de l'Agence centrale des organismes de sécurité sociale. Le recours présenté contre la décision fixant ce reversement est un recours de pleine juridiction.

Si le promoteur ne respecte pas l'obligation de reversement visée à l'avant-dernier alinéa du présent article, il se voit appliquer une pénalité dont le montant ne peut être supérieur à 10 % du chiffre d'affaires réalisé par le promoteur constaté l'année précédente. Les modalités d'application du présent alinéa et du précédent sont fixées par décret.

IV. - Lorsqu'une recherche mentionnée au 1° et au 2° de l'article L. 1121-1 à finalité commerciale est réalisée dans des établissements de santé ou des maisons ou des centres de santé, le promoteur prend en charge les frais supplémentaires liés à d'éventuels fournitures ou examens spécifiquement requis par le protocole.

La prise en charge des frais supplémentaires fait l'objet d'une convention conclue entre le promoteur, le représentant légal de chacun des organismes mentionnés au premier alinéa du IV et, le cas échéant, le représentant légal des structures destinataires des contreparties versées par le promoteur. La convention, conforme à une convention type définie par arrêté du ministre chargé de la santé, comprend les conditions de prise en charge de tous les coûts liés à la recherche, qu'ils soient ou non relatifs à la prise en charge du patient. Cette convention est transmise au Conseil national de l'ordre des médecins. Elle est conforme aux principes et garanties prévus au présent titre. Elle est visée par les investigateurs participant à la recherche.

Les conditions d'application du présent article, notamment celles auxquelles se conforment, dans leur fonctionnement et dans l'utilisation des fonds reçus, les structures destinataires des contreparties mentionnées au deuxième alinéa du IV sont précisées par décret.

Art. L. 1121-16-2 *(L. n° 2012-300, 5 mars 2012)*. – Les articles L. 1121-4 et L. 1121-15 ne sont pas applicables aux recherches non interventionnelles portant sur des produits cosmétiques ou alimentaires lorsque ces recherches figurent sur une liste fixée par arrêté du ministre chargé de la santé pris après avis de l'Agence nationale du médicament et des produits de santé.

Art. L. 1121-17 *(L. n° 2004-806, 9 août 2004)*. – Les modalités d'application des dispositions du présent chapitre sont déterminées par décret en Conseil d'État et notamment :

1° Les minima de garanties pour l'assurance prévue au troisième alinéa de l'article L. 1121-10 ;

2° Les conditions de l'autorisation prévue à l'article L. 1121-13 ;

3° Les conditions d'établissement et de publication des répertoires prévus à l'article L. 1121-15.

Information de la personne qui se prête à une recherche impliquant la personne humaine et recueil de son consentement

Art. L. 1122-1 *(L. n° 2004-806, 9 août 2004 ; mod., L. n° 2011-814, 7 juill. 2011 ; L. n° 2012-300, 5 mars 2012 ; L. n° 2016-41, 26 janv. 2016 ; Ord. n° 2016-800, 16 juin 2016)*. – Préalablement à la réalisation d'une recherche impliquant la personne humaine, une information est délivrée à la personne qui y participe par l'investigateur ou par un médecin qui le représente. Lorsque l'investigateur est une personne qualifiée, cette information est délivrée par celle-ci ou par une autre personne qualifiée qui la représente. L'information porte notamment sur :

1° L'objectif, la méthodologie et la durée de la recherche ;

2° Les bénéfices attendus et, dans le cas de recherches mentionnées aux 1° ou 2° de l'article L. 1121-1, les contraintes et les risques prévisibles, y compris en cas d'arrêt de la recherche avant son terme ;

3° Dans le cas de recherches mentionnées aux 1° ou 2° de l'article L. 1121-1, les éventuelles alternatives médicales ;

4° Dans le cas de recherches mentionnées aux 1° ou 2° de l'article L. 1121-1, les modalités de prise en charge médicale prévues en fin de recherche, si une telle prise en charge est nécessaire, en cas d'arrêt prématuré de la recherche, et en cas d'exclusion de la recherche ;

5° L'avis du comité mentionné à l'article L. 1123-1 et l'autorisation de l'autorité compétente mentionnée à l'article L. 1123-12 ;

6° Le cas échéant, l'interdiction de participer simultanément à une autre recherche ou la période d'exclusion prévues par le protocole et son inscription dans le fichier national prévu à l'article L. 1121-16.

6° *bis* Pour les recherches à finalité commerciale, les modalités de versement de contreparties en sus de la prise en charge des frais supplémentaires liés à la recherche, le cas échéant, dans les conditions prévues à l'article L. 1121-16-1 ;

7° Le cas échéant, la nécessité d'un traitement des données personnelles conformément aux dispositions de l'article 57 de la loi n° 78-17 du 6 janv. 1978 relative à l'informatique, aux fichiers et aux libertés.

La personne dont la participation est sollicitée est informée de son droit d'avoir communication, au cours ou à l'issue de la recherche, des informations concernant sa santé, détenues par l'investigateur ou, le cas échéant, le médecin ou la personne qualifiée qui le représente.

La personne dont la participation est sollicitée ou, le cas échéant, les personnes, organes ou autorités chargés de l'assister, de la représenter ou d'autoriser la recherche sont informés de son droit de refuser de participer à la recherche ou de retirer son consentement ou, le cas échéant, son autorisation à tout moment, sans encourir aucune responsabilité ni aucun préjudice de ce fait.

Lorsque la recherche impliquant la personne humaine concerne le domaine de la maïeutique et répond aux conditions fixées au dernier alinéa de l'article L. 1121-5, l'investigateur peut confier à une sage-femme ou à un médecin le soin de communiquer à la personne qui se prête à cette recherche les informations susvisées et de recueillir son consentement.

Lorsqu'une recherche non interventionnelle porte sur l'observance d'un traitement et que sa réalisation répond à une demande de l'Agence nationale de sécurité du médicament et des produits de santé, de la Haute Autorité de santé ou de l'Agence européenne des médicaments, l'objectif de la recherche, sa méthodologie et sa durée peuvent ne faire l'objet que d'une information préalable succincte dès lors que la recherche ne présente aucun risque sérieux prévisible. Le projet mentionné à l'article L. 1123-6 mentionne la nature des informations préalables transmises aux personnes se prêtant à la recherche.

Lorsque la recherche impliquant la personne humaine concerne le domaine de l'odontologie, l'investigateur peut confier à un chirurgien-dentiste ou à un médecin le soin de communiquer à la personne qui se prête à cette recherche les informations susvisées et de recueillir son consentement.

L'objectif d'une recherche en psychologie, ainsi que sa méthodologie et sa durée, peuvent ne faire l'objet que d'une information préalable succincte dès lors que la recherche ne présente aucun risque sérieux prévisible. Une information complète sur cette recherche est fournie à l'issue de celle-ci aux personnes s'y étant prêtées. Le projet mentionné à l'article L. 1123-6 mentionne la nature des informations préalables transmises aux personnes se prêtant à la recherche.

À titre exceptionnel, lorsque dans l'intérêt d'une personne malade le diagnostic de sa maladie n'a pu lui être révélé, l'investigateur peut, dans le respect de sa confiance, réserver certaines informations liées à ce diagnostic. Dans ce cas, le protocole de la recherche doit mentionner cette éventualité.

Les informations communiquées sont résumées dans un document écrit remis à la personne dont le consentement est sollicité. À l'issue de la recherche, la personne qui s'y est prêtée est informée des résultats globaux de cette recherche, selon des modalités qui lui seront précisées dans le document d'information.

Art. L. 1122-1-1 *(L. n° 2012-300, 5 mars 2012 ; Ord. n° 2016-800, 16 juin 2016)*. – Aucune recherche mentionnée au 1° de l'article L. 1121-1 ne peut être pratiquée sur une personne sans son consentement libre et éclairé, recueilli par écrit, après que lui a été délivrée l'information prévue à l'article L. 1122-1. Lorsqu'il est impossible à la personne concernée d'exprimer son consentement par écrit, celui-ci peut être attesté par la personne de confiance prévue à l'article L. 1111-6, par un membre de la famille ou, à défaut, par un des proches de la personne concernée, à condition que cette personne de confiance, ce membre ou ce proche soit indépendant de l'investigateur et du promoteur.

Aucune recherche mentionnée au 2° de l'article L. 1121-1 ne peut être pratiquée sur une personne sans son consentement libre, éclairé et exprès.

Aucune recherche mentionnée au 3° du même article L. 1121-1 ne peut être pratiquée sur une personne lorsqu'elle s'y est opposée.

Dans le cas où la personne se prêtant à une recherche a retiré son consentement, ce retrait n'a pas d'incidence sur les activités menées et sur l'utilisation des données obtenues sur la base du consentement éclairé exprimé avant que celui-ci n'ait été retiré.

Art. L. 1122-1-2 *(Créé, Ord. n° 2016-800, 16 juin 2016)*. – Le promoteur peut demander à la personne se prêtant à une recherche au moment où celle-ci donne son consentement éclairé lorsqu'il est requis d'accepter que ses données soient utilisées lors de recherches ultérieures exclusivement à des fins scientifiques. La personne peut retirer son consentement à cette utilisation ultérieure ou exercer sa faculté d'opposition à tout moment.

Art. L. 1122-1-3 *(L. n° 2004-806, 9 août 2004 ; L. n° 2012-300, 5 mars 2012 ; renuméroté, Ord. n° 2016-800, 16 juin 2016)*. – En cas de recherches impliquant la personne humaine à mettre en œuvre dans des situations d'urgence qui ne permettent pas de recueillir le consentement préalable de la personne qui y sera soumise, lorsqu'il est requis, le protocole présenté à l'avis du comité mentionné à l'article L. 1123-1 peut prévoir que le consentement de cette personne n'est pas recherché et que seul est sollicité celui des membres de sa famille ou celui de la personne de confiance mentionnée à l'article L. 1111-6 dans les conditions prévues à l'article L. 1122-1-1, s'ils sont présents. Le protocole peut prévoir une dérogation à cette obligation dans le cas d'une urgence vitale immédiate qui est appréciée par ce comité. L'intéressé ou, le cas échéant, les membres de la famille ou la personne de confiance mentionnée à l'article L. 1111-6 sont informés dès que possible et leur consentement, lorsqu'il est requis, leur est demandé pour la poursuite éventuelle de cette recherche. Ils peuvent également s'opposer à l'utilisation des données concernant la personne dans le cadre de cette recherche.

Art. L. 1122-1-4 *(L. n° 2012-300, 5 mars 2012 ; renuméroté, Ord. n° 2016-800, 16 juin 2016)*. – En cas de recherches impliquant la personne humaine mentionnées au 2° de l'article L. 1121-1 dont les exigences méthodologiques ne sont pas compatibles avec le recueil du consentement dans les conditions prévues au deuxième alinéa de l'article L. 1122-1-1, le protocole présenté à l'avis du comité de protection des personnes concerné peut prévoir que ce consentement n'est pas recherché et que l'information prévue à l'article L. 1122-1 est collective.

Aucune recherche mentionnée au premier alinéa ne peut être pratiquée sur une personne lorsqu'elle s'y est opposée.

Art. L. 1122-2 *(L. n° 2004-806, 9 août 2004 ; L. n° 2012-300, 5 mars 2012)*. – I. – Les mineurs non émancipés, les majeurs protégés ou les majeurs hors d'état d'exprimer leur consentement et qui ne font pas l'objet d'une mesure de protection juridique reçoivent, lorsque leur participation à une recherche impliquant la personne humaine est envisagée, l'information prévue à l'article L. 1122-1 adaptée à leur capacité de compréhension, tant de la part de l'investigateur que des personnes, organes ou autorités chargés de les assister, de les représenter ou d'autoriser la recherche, eux-mêmes informés par l'investigateur.

Ils sont consultés dans la mesure où leur état le permet. Leur adhésion personnelle en vue de leur participation à la recherche impliquant la personne humaine est recherchée. En toute hypothèse, il ne peut être passé outre à leur refus ou à la révocation de leur acceptation.

II. – Lorsqu'une recherche impliquant la personne humaine est effectuée sur un mineur non émancipé, le consentement, lorsqu'il est requis, est donné par les titulaires de l'exercice de l'autorité parentale. Toutefois, ce consentement peut être donné par le seul titulaire de l'exercice de l'autorité parentale présent, sous réserve du respect des conditions suivantes :

– la recherche ne comporte que des risques et des contraintes minimes ;
– le mineur ne se prête pas à la recherche à titre de volontaire sain ;
– l'autre titulaire de l'exercice de l'autorité parentale ne peut donner son autorisation dans des délais compatibles avec les exigences méthodologiques propres à la réalisation de la recherche au regard de ses finalités.

Lorsqu'une personne mineure se prêtant à une recherche devient majeure dans le cours de sa participation, la confirmation de son consentement est requise après délivrance d'une information appropriée.

Lorsqu'une recherche impliquant la personne humaine est effectuée sur une personne mineure ou majeure sous tutelle, l'autorisation est donnée par son représentant légal et, si le comité mentionné à l'article L. 1123-1 considère que la recherche comporte, par l'importance des contraintes ou par la spécificité des interventions auxquelles elle conduit, un risque sérieux d'atteinte à la vie privée ou à l'intégrité du corps humain, par le conseil de famille s'il a été institué, ou par le juge des tutelles.

Une personne faisant l'objet d'une mesure de sauvegarde de justice ne peut être sollicitée aux fins de participer à une recherche impliquant la personne humaine.

Lorsqu'une recherche impliquant la personne humaine est effectuée sur une personne majeure sous curatelle, le consentement est donné par l'intéressé assisté par son curateur. Toutefois, si la personne majeure sous curatelle est sollicitée en vue de sa participation à une recherche dont le comité mentionné à l'article L. 1123-1 considère qu'elle comporte, par l'importance des contraintes ou par la spécificité des interventions auxquelles elle conduit, un risque sérieux d'atteinte à la vie privée ou à l'intégrité du corps humain, le juge des tutelles est saisi aux fins de s'assurer de l'aptitude à consentir du majeur. En cas d'inaptitude, le juge prend la décision d'autoriser ou non la recherche impliquant la personne humaine.

Lorsqu'une recherche impliquant la personne humaine satisfaisant aux conditions édictées par l'article L. 1121-8 est envisagée sur une personne majeure hors d'état d'exprimer son consentement et ne faisant pas l'objet d'une mesure de protection juridique, l'autorisation est donnée par la personne de confiance prévue à l'article L. 1111-6, à défaut de celle-ci, par la famille, ou, à défaut, par une personne entretenant avec l'intéressé des liens étroits et stables. L'intéressé est informé dès que possible et son consentement lui est demandé pour la poursuite éventuelle de cette recherche s'il retrouve sa capacité à consentir. Toutefois, si le comité mentionné à l'article L. 1123-1 considère que la recherche comporte, par l'importance des contraintes ou par la spécificité des interventions auxquelles elle conduit, un risque sérieux d'atteinte à la vie privée ou à l'intégrité du corps humain, l'autorisation est donnée par le juge des tutelles.

Lorsqu'à la date de la fin de la recherche la personne mineure qui s'y est prêtée a acquis la capacité juridique, elle devient personnellement destinataire de toute information communiquée par l'investigateur ou le promoteur.

III. – Le consentement prévu au huitième alinéa du II est donné selon les formes prévues à l'article L. 1122-1-1. Les autorisations prévues aux premier, sixième et dernier alinéas du même II sont données par écrit.

....

Recherches sans bénéfice individuel direct

Art. L. 1124-1 *(Créé, Ord. n° 2016-800, 16 juin 2016 ; Ord. n° 2018-20, 17 janv. 2018)*. – I. Les essais cliniques de médicaments sont régis par les dispositions du règlement (UE) n° 536/2014 du Parlement européen et du Conseil du 16 avril 2014.

L'autorité compétente pour effectuer l'évaluation de la partie I du rapport d'évaluation prévue à l'article 6 de ce règlement est l'Agence nationale de sécurité du médicament et des produits de santé.

L'évaluation de la partie II prévue à l'article 7 de ce règlement relève de la compétence et de la responsabilité des comités de protection des personnes mentionnés aux articles L. 1123-1 et L. 1123-16.

L'Agence nationale de sécurité du médicament et des produits de santé notifie au promoteur la décision unique relative à l'essai clinique mentionnée au paragraphe 1 de l'article 8 de ce règlement.

II. En cas de refus d'autorisation d'un essai prévu au paragraphe 4 de l'article 8 du règlement précité, le promoteur peut saisir d'une demande de réexamen les autorités suivantes :

1° L'Agence nationale de sécurité du médicament et des produits de santé, lorsque cette demande porte sur des éléments relevant de la partie I prévue à l'article 6 du règlement mentionné ci-dessus ;

2° Le ministre chargé de la santé lorsque cette demande porte sur des éléments relevant de la partie II prévue à l'article 7 du règlement mentionné ci-dessus. La demande de réexamen est présentée et instruite dans des délais et selon des modalités fixées par décret en Conseil d'État.

III. La première administration d'un médicament à l'homme ne peut être effectuée que dans des lieux ayant été autorisés conformément au deuxième alinéa de l'article L. 1121-13.

Les essais cliniques de médicaments de thérapie innovante tels que définis à l'article 2 du règlement (CE) n° 1394/2007 du Parlement européen et du Conseil, du 13 novembre 2007, concernant les médicaments de thérapie innovante et modifiant la directive 2001/83/CE ainsi que le règlement (CE) n° 726/2004 et les essais cliniques de médicaments de thérapie innovante tels que définis au 17° de l'article L. 5121-1 ne peuvent être réalisés que dans des établissements de santé ou de transfusion sanguine, dans les hôpitaux des armées ou les autres éléments du service de santé des armées mentionnés à l'article L. 6147-7 ou à l'Institution nationale des invalides.

IV. Sont applicables aux essais cliniques mentionnés au I les dispositions du présent chapitre ainsi que les dispositions des articles L. 1121-10, L. 1121-11, L. 1121-13, L. 1121-14, L. 1121-16, L. 1121-16-1, L. 1123-10, L. 1126-1 à L. 1126-12, L. 5121-1-1, L. 5125-1 et L. 5126-1. Ces essais sont interdits sur une personne qui n'est pas affiliée à un régime de sécurité sociale ou bénéficiaire d'un tel régime. « Leur sont également applicables les dispositions du 1° du II de l'article 54 de la loi n° 78-17 du 6 janvier 1978 modifiée relative à l'informatique et aux libertés.

....

Art. L. 1126-1. – Comme il est dit à l'article 223-8 du Code pénal ci-après reproduit :
(V. C. pén., art. 223-8).

Art. L. 1126-2. – Comme il est dit à l'article 223-9 du Code pénal ci-après reproduit : *(V. C. pén., art. 223-9).*

Art. L. 1126-3 *(Mod., L. n° 2004-806, 9 août 2004 ; Ord. n° 2016-800, 16 juin 2016).* – Le fait de pratiquer ou de faire pratiquer une recherche impliquant la personne humaine en infraction aux dispositions des articles L. 1121-5 à L. 1121-8 et de l'article L. 1122-1-2 et en infraction avec les articles 31 à 34 du règlement (UE) n° 536/2014 du Parlement européen et du Conseil du 16 avril 2014 relatif aux essais cliniques de médicaments est puni de trois ans d'emprisonnement et de 45 000 euros d'amende.

Les personnes physiques coupables de l'infraction prévue à l'alinéa précédent encourent également les peines suivantes :

1° L'interdiction des droits civiques, civils et de famille, suivant les modalités prévues par l'article 131-26 du Code pénal ;

2° L'interdiction, pour une durée de cinq ans au plus, d'exercer l'activité professionnelle ou sociale à l'occasion de laquelle ou dans l'exercice de laquelle l'infraction a été commise ;

3° La confiscation définie à l'article 131-21 du Code pénal ;

4° L'exclusion des marchés publics à titre définitif ou pour une durée de cinq ans au plus.

Art. L. 1126-4 *(L. n° 2009-526, 12 mai 2009).* – Les personnes morales déclarées responsables pénalement, dans les conditions prévues par l'article 121-2 du Code pénal, de l'infraction définie à l'article L. 1126-3 encourent, outre l'amende suivant les modalités prévues par l'article 131-38 du Code pénal, les peines prévues par l'article 131-39 du même code.

L'interdiction mentionnée au 2° de l'article 131-39 du Code pénal porte sur l'activité dans l'exercice de laquelle ou à l'occasion de laquelle l'infraction a été commise.

Art. L. 1126-5 *(Mod., L. n° 2004-806, 9 août 2004 ; L. n° 2012-300, 5 mars 2012 ; Ord. n° 2016-800, 16 juin 2016).* – Est puni d'un an d'emprisonnement et de 15 000 euros d'amende le fait de pratiquer ou de faire pratiquer une recherche impliquant la personne humaine :

1° Sans avoir obtenu l'avis favorable d'un comité de protection des personnes et, dans le cas de recherches mentionnées au 1° de l'article L. 1121-1, l'autorisation de l'autorité compétente conformément à l'article L. 1121-4 ou sans avoir obtenu la décision unique mentionnée au I de l'article L. 1124-1 ;

2° Dans des conditions contraires aux dispositions de l'article L. 1121-12 ;

3° Dont la réalisation a été interdite ou suspendue par l'autorité compétente mentionnée à l'article L. 1123-12.

L'investigateur qui réalise une telle recherche en infraction aux dispositions de l'article L. 1121-13 est puni des mêmes peines.

Art. L. 1126-6 *(L. n° 2004-806, 9 août 2004).* – Le promoteur dont la responsabilité civile n'est pas garantie par l'assurance prévue à l'article L. 1121-10 est puni d'un an d'emprisonnement et de 15 000 € d'amende.

Art. L. 1126-7 *(Mod., L. n° 2008-561, 17 juin 2008).* – Par dérogation à l'article 13 de la loi des 16 et 24 août 1790 sur l'organisation judiciaire, le tribunal de grande instance est seul compétent pour statuer sur toute action en indemnisation des dommages résultant d'une recherche impliquant la personne humaine ; cette action se prescrit dans les conditions prévues à l'article 2226 du Code civil.

Art. L. 1126-8 *(Ord. n° 2008-717, 17 juill. 2008).* – Le fait pour le promoteur de ne pas communiquer aux expérimentateurs des essais chimiques pharmaceutiques, biologiques, pharmacologiques ou toxicologiques les informations réglementairement prescrites et relatives à l'essai, aux médicaments soumis à l'essai, aux médicaments utilisés comme référence et à la synthèse du dernier état des connaissances scientifiques requises pour la mise en œuvre de la recherche est puni de deux ans d'emprisonnement et de 30 000 € d'amende.

Art. L. 1126-9 *(Ord. n° 2008-717, 17 juill. 2008).* – Le fait pour le promoteur de ne pas communiquer aux investigateurs les informations réglementairement prescrites et relatives à l'essai et aux médicaments expérimentaux est puni de deux ans d'emprisonnement et de 30 000 € d'amende.

Art. L. 1126-10 *(L. n° 2012-300, 5 mars 2012 ; Ord. n° 2016-800, 16 juin 2016).* – Dans le cadre d'une recherche mentionnée au 1° de l'article L. 1121-1, à l'article L. 1124-1 le fait pour le promoteur de ne pas fournir gratuitement aux investigateurs pendant la durée de la recherche les médicaments expérimentaux et, le cas échéant, les dispositifs utilisés pour les administrer ainsi que, pour les recherches portant sur des produits autres que les médicaments, les produits faisant l'objet de la recherche est puni de 30 000 € d'amende.

Art. L. 1126-11 *(Ord. n° 2008-717, 17 juill. 2008)*. – Le fait pour le promoteur, lorsqu'une recherche est conduite dans un établissement de santé disposant d'une pharmacie à usage intérieur, de ne pas avoir communiqué préalablement au pharmacien assurant la gérance de cette pharmacie les données relatives aux recherches impliquant la personne humaine entrant dans l'une des catégories mentionnées au premier alinéa de l'article L. 5126-11 est puni de 30 000 € d'amende.

Art. L. 1126-12 *(Créé, Ord. n° 2016-800, 16 juin 2016)*. – Le non-respect des articles 37, 42, 43 et 93 du règlement européen (UE) n° 536/2014 du Parlement européen du 16 avril 2014 relatif aux essais cliniques de médicaments sur la communication d'informations destinées à être mise à la disposition du public dans la base de données de l'union est puni d'un an d'emprisonnement et de 15 000 euros d'amende.

IV. – PROTECTION DES PERSONNES HOSPITALISÉES EN RAISON DE TROUBLES MENTAUX

Code de la santé publique

(Ord. n° 2000-548, 15 juin 2000)

Hospitalisation sur demande d'un tiers

Art. L. 3212-1 *(L. n° 2011-803, 5 juill. 2011 ; mod., L. n° 2013-869, 27 sept. 2013)*. – I. – Une personne atteinte de troubles mentaux ne peut faire l'objet de soins psychiatriques sur la décision du directeur d'un établissement mentionné à l'article L. 3222-1 que lorsque les deux conditions suivantes sont réunies :

1° Ses troubles mentaux rendent impossible son consentement ;

2° Son état mental impose des soins immédiats assortis soit d'une surveillance médicale constante justifiant une hospitalisation complète, soit d'une surveillance médicale régulière justifiant une prise en charge sous la forme mentionnée au 2° du I de l'article L. 3211-2-1.

II. – Le directeur de l'établissement prononce la décision d'admission :

1° Soit lorsqu'il a été saisi d'une demande présentée par un membre de la famille du malade ou par une personne justifiant de l'existence de relations avec le malade antérieures à la demande de soins et lui donnant qualité pour agir dans l'intérêt de celui-ci, à l'exclusion des personnels soignants exerçant dans l'établissement prenant en charge la personne malade. Lorsqu'il remplit les conditions prévues au présent alinéa, le tuteur ou le curateur d'un majeur protégé peut faire une demande de soins pour celui-ci.

La forme et le contenu de cette demande sont fixés par décret en Conseil d'État.

La décision d'admission est accompagnée de deux certificats médicaux circonstanciés datant de moins de quinze jours, attestant que les conditions prévues aux 1° et 2° du I du présent article sont réunies.

Le premier certificat médical ne peut être établi que par un médecin n'exerçant pas dans l'établissement accueillant le malade ; il constate l'état mental de la personne malade, indique les caractéristiques de sa maladie et la nécessité de recevoir des soins. Il doit être confirmé par un certificat d'un second médecin qui peut exercer dans l'établissement accueillant le malade. Les deux médecins ne peuvent être parents ou alliés, au quatrième degré inclusivement, ni entre eux, ni du directeur de l'établissement mentionné à l'article L. 3222-1 qui prononce la décision d'admission, ni de la personne ayant demandé les soins ou de la personne faisant l'objet de ces soins ;

2° Soit lorsqu'il s'avère impossible d'obtenir une demande dans les conditions prévues au 1° du présent II et qu'il existe, à la date d'admission, un péril imminent pour la santé de la personne, dûment constaté par un certificat médical établi dans les conditions prévues au troisième alinéa du même 1°. Ce certificat constate l'état mental de la personne malade, indique les caractéristiques de sa maladie et la nécessité de recevoir des soins. Le médecin qui établit ce certificat ne peut exercer dans l'établissement accueillant la personne malade ; il ne peut en outre être parent ou allié, jusqu'au quatrième degré inclusivement, ni avec le directeur de cet établissement ni avec la personne malade.

Dans ce cas, le directeur de l'établissement d'accueil informe, dans un délai de vingt-quatre heures sauf difficultés particulières, la famille de la personne qui fait l'objet de soins et, le cas échéant, la personne chargée de la protection juridique de l'intéressé ou, à défaut, toute personne justifiant de l'existence de relations avec la personne malade antérieures à l'admission en soins et lui donnant qualité pour agir dans l'intérêt de celle-ci.

Lorsque l'admission a été prononcée en application du présent 2°, les certificats médicaux mentionnés aux deuxième et troisième alinéas de l'article L. 3211-2-2 sont établis par deux psychiatres distincts.

....

Art. L. 3212-7 *(L. n° 2011-803, 5 juill. 2011 ; L. n° 2013-869, 27 sept. 2013 ; L. n° 2016-41, 26 janv. 2016)*. – À l'issue de la première période de soins psychiatriques prononcée en application du deuxième alinéa de l'article L. 3212-4, les soins peuvent être maintenus par le directeur de l'établissement pour des périodes d'un mois, renouvelables selon les modalités prévues au présent article.

Dans les trois derniers jours de chacune des périodes mentionnées au premier alinéa, un psychiatre de l'établissement d'accueil établit un certificat médical circonstancié indiquant si les soins sont toujours nécessaires. Ce certificat médical précise si la forme de la prise en charge de la personne malade décidée en application de l'article L. 3211-2-2 demeure adaptée et, le cas échéant, en propose une nouvelle. Lorsqu'il ne peut être procédé à l'examen de la personne malade, le psychiatre de l'établissement d'accueil établit un avis médical sur la base du dossier médical.

Au vu du certificat médical ou de l'avis médical mentionné au premier alinéa du présent article, les soins peuvent être maintenus par le directeur de l'établissement pour une durée maximale d'un mois. Au-delà de cette durée, les soins peuvent être maintenus par le directeur de l'établissement pour des périodes maximales d'un mois, renouvelables selon les modalités prévues au présent article ; le certificat est établi dans les trois derniers jours de la période en cause.

Lorsque la durée des soins excède une période continue d'un an à compter de l'admission en soins, le maintien de ces soins est subordonné à une évaluation approfondie de l'état mental de la personne réalisée par le collège mentionné à l'article L. 3211-9. Ce collège recueille l'avis du patient. En cas d'impossibilité d'examiner le patient à l'échéance prévue en raison de son absence, attestée par le collège, l'évaluation et le recueil de son avis sont réalisés dès que possible.

Le défaut de production d'un des certificats médicaux, des avis médicaux ou des attestations mentionnés au présent article entraîne la levée de la mesure de soins.

Les copies des certificats médicaux, des avis médicaux ou des attestations prévus au présent article et à l'article L. 3211-11 sont adressées sans délai par le directeur de l'établissement d'accueil à la commission départementale des soins psychiatriques mentionnée à l'article L. 3222-5.

....

Hospitalisation d'office

Art. L. 3213-1 *(L. n° 2013-869, 27 sept. 2013)*. – I. – Le représentant de l'État dans le département prononce par arrêté, au vu d'un certificat médical circonstancié ne pouvant émaner d'un psychiatre exerçant dans l'établissement d'accueil, l'admission en soins psychiatriques des personnes dont les troubles mentaux nécessitent des soins et compromettent la sûreté des personnes ou portent atteinte, de façon grave, à l'ordre public. Les arrêtés préfectoraux sont motivés et énoncent avec précision les circonstances qui ont rendu l'admission en soins nécessaire. Ils désignent l'établissement mentionné à l'article L. 3222-1 qui assure la prise en charge de la personne malade.

Le directeur de l'établissement d'accueil transmet sans délai au représentant de l'État dans le département et à la commission départementale des soins psychiatriques mentionnée à l'article L. 3222-5 :

1° Le certificat médical mentionné au deuxième alinéa de l'article L. 3211-2-2 ;

2° Le certificat médical et, le cas échéant, la proposition mentionnés aux deux derniers alinéas du même article L. 3211-2-2.

II. – Dans un délai de trois jours francs suivant la réception du certificat médical mentionné à l'avant-dernier alinéa de l'article L. 3211-2-2, le représentant de l'État dans le département décide de la forme de prise en charge prévue à l'article L. 3211-2-1, en tenant compte de la proposition établie, le cas échéant, par le psychiatre en application du dernier alinéa de l'article L. 3211-2-2 et des exigences liées à la sûreté des personnes et à l'ordre public. Il joint à sa décision, le cas échéant, le programme de soins établi par le psychiatre.

Dans l'attente de la décision du représentant de l'État, la personne malade est prise en charge sous la forme d'une hospitalisation complète.

III. – Lorsque la proposition établie par le psychiatre en application de l'article L. 3211-2-2 recommande une prise en charge sous une autre forme que l'hospitalisation complète, le représentant de l'État ne peut modifier la forme de prise en charge des personnes mentionnées au II de l'article L. 3211-12 qu'après avoir recueilli l'avis du collège mentionné à l'article L. 3211-9.

IV. – Les mesures provisoires, les décisions, les avis et les certificats médicaux mentionnés au présent chapitre figurent sur le registre mentionné à l'article L. 3212-11.

Art. L. 3213-2 *(Mod. à compter du 1er août 2011, L. n° 2011-803, 5 juill. 2011)*. – En cas de danger imminent pour la sûreté des personnes, attesté par un avis médical ***(Mots suppr. à compter du 8 octobre 2011, Cons. const. n° 2011-174 QPC, 6 oct. 2011, art. 1er, 2 et consid. 13 : JO 8 oct. 2011)*** « ... », le maire et, à Paris, les commissaires de police arrêtent, à l'égard des personnes dont le comportement révèle des troubles mentaux manifestes, toutes les mesures provisoires nécessaires, à charge d'en référer dans les vingt-quatre heures au représentant de l'État dans le département qui statue sans délai et prononce, s'il y a lieu, un arrêté d'admission en soins psychiatriques dans les formes prévues à l'article L. 3213-1. Faute de décision du représentant de l'État, ces mesures provisoires sont caduques au terme d'une durée de quarante-huit heures.

La période d'observation et de soins initiale mentionnée à l'article L. 3211-2-2 prend effet dès l'entrée en vigueur des mesures provisoires prévues au premier alinéa.

Art. L. 3213-3 *(L. n° 2011-803, 5 juill. 2011 ; L. n° 2013-869, 27 sept. 2013)*. – I. – Dans le mois qui suit l'admission en soins psychiatriques décidée en application du présent chapitre ou résultant de la décision mentionnée à l'article 706-135 du Code de procédure pénale et ensuite... au moins tous les mois, la personne malade est examinée par un psychiatre de l'établissement d'accueil qui établit un certificat médical circonstancié confirmant ou infirmant, s'il y a lieu, les observations contenues dans les précédents certificats et précisant les caractéristiques de l'évolution des troubles ayant justifié les soins ou leur disparition. Ce certificat précise si la forme de la prise en charge du malade décidée en application de l'article L. 3211-2-1 du présent code demeure adaptée et, le cas échéant, en propose une nouvelle. Lorsqu'il ne peut être procédé à l'examen du patient, le psychiatre de l'établissement établit un avis médical sur la base du dossier médical du patient.

II. – Les copies des certificats et avis médicaux prévus au présent article et à l'article L. 3211-11 sont adressées sans délai par le directeur de l'établissement d'accueil au représentant de l'État dans le département et à la commission départementale des soins psychiatriques mentionnée à l'article L. 3222-5.

III. – Après réception des certificats ou avis médicaux mentionnés aux I et II du présent article et, le cas échéant, de l'avis du collège mentionné à l'article L. 3211-9 et de l'expertise psychiatrique mentionnée à l'article L. 3213-5-1, et compte tenu des exigences liées à la sûreté des personnes et à l'ordre public, le représentant de l'État dans le département peut décider de modifier la forme de la prise en charge de la personne malade.

IV. – Lorsque le représentant de l'État décide de ne pas suivre l'avis du collège mentionné à l'article L. 3211-9 recommandant la prise en charge d'une personne mentionnée au II de l'article L. 3211-12 sous une autre forme que l'hospitalisation complète, il ordonne une expertise dans les conditions prévues à l'article L. 3213-5-1.

Lorsque l'expertise confirme la recommandation de prise en charge sous une autre forme que l'hospitalisation complète, le représentant de l'État décide d'une prise en charge sous la forme mentionnée au 2° du I de l'article L. 3211-2-1, conformément à la proposition mentionnée au premier alinéa du I du présent article.

Lorsque l'expertise préconise le maintien de l'hospitalisation complète et que le représentant de l'État maintient l'hospitalisation complète, il en informe le directeur de l'établissement d'accueil, qui saisit le juge des libertés et de la détention afin que ce dernier statue à bref délai sur cette mesure dans les conditions prévues à l'article L. 3211-12. Le présent alinéa n'est pas applicable lorsque la décision du représentant de l'État intervient dans les délais mentionnés aux 1° et 2° du I de l'article L. 3211-12-1.

Art. L. 3213-4 *(L. n° 2011-803, 5 juill. 2011 ; L. n° 2013-869, 27 sept. 2013)*. – Dans les trois derniers jours du premier mois suivant la décision d'admission en soins psychiatriques mentionnée au I de l'article L. 3213-1 ou, le cas échéant, suivant la mesure provisoire prévue à l'article L. 3213-2, le représentant de l'État dans le département peut prononcer, au vu du certificat médical ou de l'avis médical mentionné à l'article L. 3213-3, le maintien de la mesure de soins pour une nouvelle durée de trois mois. Il se prononce, le cas échéant, sur la forme de la prise en charge du patient dans les conditions prévues au même article L. 3213-3. Au-delà de cette durée, la mesure de soins peut être maintenue par le représentant de l'État dans le département pour des périodes maximales de six mois renouvelables selon les mêmes modalités.

Faute de décision du représentant de l'État à l'issue de chacun des délais prévus au premier alinéa, la levée de la mesure de soins est acquise.

En outre, le représentant de l'État dans le département peut à tout moment mettre fin à la mesure de soins prise en application de l'article L. 3213-1 après avis d'un psychiatre participant à la prise en charge du patient attestant que les conditions ayant justifié la mesure de soins en application du même article L. 3213-1 ne sont plus réunies, ou sur proposition de la commission départementale des soins psychiatriques mentionnée à l'article L. 3222-5.

Le présent article n'est pas applicable aux personnes mentionnées au II de l'article L. 3211-12.

Art. L. 3213-5 *(Abr., L. n° 2013-869, 27 sept. 2013)*.

Art. L. 3213-5-1 *(L. n° 2011-803, 5 juill. 2011)*. – Le représentant de l'État dans le département peut à tout moment ordonner l'expertise psychiatrique des personnes faisant l'objet d'une mesure de soins psychiatriques prononcée en application du présent chapitre ou du chapitre IV du présent titre ou ordonnée en application de l'article 706-135 du Code de procédure pénale. Cette expertise est conduite par un psychiatre n'appartenant pas à l'établissement d'accueil de la personne malade, choisi par le représentant de l'État dans le département sur une liste établie par le procureur de la République, après avis du directeur général de l'agence régionale de santé de la région dans laquelle est situé l'établissement ou, à défaut, sur la liste des experts inscrits près la cour d'appel du ressort de l'établissement.

Le représentant de l'État dans le département fixe les délais dans lesquels l'expertise mentionnée au premier alinéa doit être produite, dans une limite maximale fixée par décret en Conseil d'État.

....

Hospitalisation des personnes détenues atteintes de troubles mentaux

(L. n° 2002-1138, 9 sept. 2002)

Art. L. 3214-1 *(L. n° 2013-869, 27 sept. 2013 ; L. n° 2016-41, 26 janv. 2016)*. – I. – Les personnes détenues souffrant de troubles mentaux font l'objet de soins psychiatriques avec leur consentement. Lorsque les personnes détenues en soins psychiatriques libres requièrent une hospitalisation à temps complet, celle-ci est réalisée dans un établissement de santé mentionné à l'article L. 3222-1 au sein d'une unité hospitalière spécialement aménagée.

II. – Lorsque leurs troubles mentaux rendent impossible leur consentement, les personnes détenues peuvent faire l'objet de soins psychiatriques sans consentement en application de l'article L. 3214-3. Les personnes détenues admises en soins psychiatriques sans consentement sont uniquement prises en charge sous la forme mentionnée au 1° du I de l'article L. 3211-2-1. Leur hospitalisation est réalisée dans un établissement de santé mentionné à l'article L. 3222-1 au sein d'une unité hospitalière spécialement aménagée ou, sur la base d'un certificat médical, au sein d'une unité adaptée.

III. – Lorsque leur intérêt le justifie, les personnes mineures détenues peuvent être hospitalisées au sein d'un service adapté dans un établissement mentionné à l'article L. 3222-1 en dehors des unités prévues aux I et II du présent article.

Art. L. 3214-2 *(L. n° 2002-1138, 9 sept. 2002 ; mod., L. n° 2011-803, 5 juill. 2011 ; L. n° 2013-869, 27 sept. 2013)*. – Sous réserve des restrictions rendues nécessaires par leur qualité de détenu ou, s'agissant des personnes faisant l'objet de soins en application de l'article L. 3214-3, par leur état de santé, les articles L. 3211-3, L. 3211-4, L. 3211-6, L. 3211-8, L. 3211-9, L. 3211-12 à L. 3211-12-4 et L. 3211-12-6 sont applicables aux détenus hospitalisés en raison de leurs troubles mentaux.

Lorsque le juge des libertés et de la détention ordonne, en application des articles L. 3211-12 ou L. 3211-12-1, la mainlevée de la mesure d'hospitalisation complète d'une personne détenue faisant l'objet de soins en application de l'article L. 3214-3, cette décision est notifiée sans délai à l'établissement pénitentiaire par le procureur de la République. Le retour en détention est organisé dans les conditions prévues par le décret en Conseil d'État mentionné à l'article L. 3214-5, sauf si la personne détenue est hospitalisée au sein d'une unité hospitalière spécialement aménagée en consentant à ses soins.

Art. L. 3214-3 *(L. n° 2002-1138, 9 sept. 2002 ; mod., L. n° 2011-803, 5 juill. 2011)*. – Lorsqu'une personne détenue nécessite des soins immédiats assortis d'une surveillance constante en milieu hospitalier en raison de troubles mentaux rendant impossible son consentement et constituant un danger pour elle-même ou pour autrui, le préfet de police à Paris ou le représentant de l'État dans le département dans lequel se trouve l'établissement pénitentiaire d'affectation du détenu prononce par arrêté, au vu d'un certificat médical circonstancié, son admission en soins psychiatriques sous la forme d'une hospitalisation complète dans les conditions prévues au II de l'article L. 3214-1. Le certificat médical ne peut émaner d'un psychiatre exerçant dans l'établissement d'accueil.

Le régime de cette hospitalisation est celui prévu pour les hospitalisations ordonnées en application de l'article L. 3213-1.

Les arrêtés préfectoraux sont motivés et énoncent avec précision les circonstances qui ont rendu la mesure de soins psychiatriques nécessaire. Ils désignent l'établissement mentionné à l'article L. 3222-1 qui assure la prise en charge de la personne malade et sont inscrits sur le registre mentionné à l'article L. 3212-11.

Le régime de cette hospitalisation est celui prévu pour les hospitalisations ordonnées en application de l'article L. 3213-1.

Les arrêtés préfectoraux sont motivés et énoncent avec précision les circonstances qui ont rendu la mesure de soins psychiatriques nécessaire. Ils désignent l'établissement mentionné à l'article L. 3222-1 qui assure la prise en charge de la personne malade et sont inscrits sur le registre mentionné à l'article L. 3212-11.

Art. L. 3214-4 *(Abr., L. n° 2011-803, 5 juill. 2011)*.

Art. L. 3214-5 *(L. n° 2002-1138, 9 sept. 2002)*. – Les modalités de garde, d'escorte et de transport des détenus hospitalisés en raison de leurs troubles mentaux sont fixées par décret en Conseil d'État.

Voir : Dispositions d'applications transitoires, V. L. n° 2002-1138, 9 sept. 2002, art. 48, II.

Dispositions pénales

Art. L. 3215-1 *(L. n° 2011-803, 5 juill. 2011 ; L. n° 2013-869, 27 sept. 2013 ; L. n° 2016-41, 26 janv. 2016)*. – Est puni d'un an d'emprisonnement et de 15 000 € d'amende :

1° Le fait pour le directeur d'un établissement mentionné à l'article L. 3222-1 de maintenir la mesure de soins psychiatriques dont une personne fait l'objet, quelle qu'en soit la forme, lorsque la levée de la mesure est ordonnée par le représentant de l'État dans le département ou, à Paris, le préfet de police en application de l'article L. 3213-4, ou par le juge des libertés et de la détention en application des articles L. 3211-12 ou L. 3211-12-1, ou lorsque la mesure de soins doit être levée en application des articles L. 3212-4, L. 3212-7, L. 3212-8, L. 3212-9 ou L. 3213-4 ;

2° Le fait pour le directeur ou pour tout médecin d'un établissement mentionné à l'article L. 3222-1 de supprimer ou de retenir une requête ou une réclamation adressée à l'autorité judiciaire ou administrative par une personne faisant l'objet de soins psychiatriques en application des chapitres II à IV du présent titre.

Art. L. 3215-2 *(L. n° 2011-803, 5 juill. 2011 ; mod., L. n° 2013-869, 27 sept. 2013 ; L. n° 2016-41, 26 janv. 2016).* – Est puni de six mois d'emprisonnement et de 7 500 € d'amende le fait pour le directeur d'un établissement mentionné à l'article L. 3222-1 :

1° D'admettre une personne en soins psychiatriques en application du 1° du II de l'article L. 3212-1 sans avoir obtenu la demande d'admission en soins et les certificats médicaux prévus par le même 1° ;

2° D'admettre une personne en soins psychiatriques en application du 2° du même II sans disposer du certificat médical prévu par le même 2° ;

3° D'omettre d'adresser au représentant de l'État dans le département ou, à Paris, au préfet de police dans les délais prescrits la décision d'admission, les certificats médicaux et le bulletin d'entrée établis en application du I de l'article L. 3212-5 ;

4° D'omettre d'adresser au représentant de l'État dans le département ou, à Paris, au préfet de police dans les délais prescrits les certificats médicaux établis en application des 1° et 2° du I de l'article L. 3213-1 et de l'article L. 3213-3 ;

5° D'omettre de se conformer dans le délai indiqué aux prescriptions de l'article L. 3212-11 et du IV de l'article L. 3213-1 relatives à la tenue et à la présentation des registres ;

6° D'omettre d'aviser dans le délai prescrit par l'article L. 3213-9-1 le représentant de l'État dans le département ou, à Paris, le préfet de police du certificat médical prévu à cet article.

Art. L. 3215-3 *(Abr., L. n° 2011-803, 5 juill. 2011).*

Art. L. 3215-4 *(L. n° 2011-803, 5 juill. 2011).* – Est puni de six mois d'emprisonnement et de 7 500 € d'amende le fait pour un médecin d'un établissement mentionné à l'article L. 3222-1 de refuser ou d'omettre d'établir dans les délais prescrits les certificats médicaux relevant de sa responsabilité en application des articles L. 3211-2-2, L. 3212-7, L. 3213-1 et L. 3213-3.

V. – MÉDECINE PRÉDICTIVE, IDENTIFICATION GÉNÉTIQUE ET RECHERCHE GÉNÉTIQUE

Voir : art. 226-25 s., p. 361.

Code de la santé publique

(Ord. n° 2000-548, 15 juin 2000)

Principes généraux

Art. L. 1131-1 *(Rempl., L. n° 2004-800, 6 août 2004 ; mod., L. n° 2011-814, 7 juill. 2011).* – L'examen des caractéristiques génétiques d'une personne ou son identification par empreintes génétiques sont régis par les dispositions du chapitre III du titre Ier du livre Ier du Code civil et par les dispositions du présent titre, sans préjudice des dispositions du titre II du présent livre.

Toutefois, lorsqu'il est impossible de recueillir le consentement de cette personne ou, le cas échéant, de consulter la personne de confiance mentionnée à l'article L. 1111-6, la famille ou, à défaut, un de ses proches, l'examen ou l'identification peuvent être entrepris à des fins médicales, dans l'intérêt de la personne.

Art. L. 1131-1-1 *(L. n° 2012-300, 5 mars 2012).* – Par dérogation à l'article 16-10 du Code civil et au premier alinéa de l'article L. 1131-1 du présent code, l'examen des caractéristiques génétiques d'une personne à des fins de recherche scientifique peut être réalisé à partir d'éléments du corps de cette personne prélevés à d'autres fins lorsque cette personne, dûment informée de ce projet de recherche, n'a pas exprimé son opposition. Lorsque la personne est un mineur ou un majeur en tutelle, l'opposition est exprimée par les titulaires de l'autorité parentale ou le tuteur. Lorsque la personne est un majeur hors d'état d'exprimer son consentement et ne faisant pas l'objet d'une tutelle, l'opposition est exprimée par la personne de confiance prévue à l'article L. 1111-6, à défaut de celle-ci, par la famille ou, à défaut, par une personne entretenant avec l'intéressé des liens étroits et stables.

Il peut être dérogé à l'obligation d'information prévue au premier alinéa lorsque la personne concernée ne peut pas être retrouvée. Dans ce cas, le responsable de la recherche doit consulter, avant le début des travaux de recherche, un comité de protection des personnes qui s'assure que la personne ne s'était pas opposée à l'examen de ses caractéristiques génétiques et émet un avis sur l'intérêt scientifique de la recherche.

Lorsque la personne concernée a pu être retrouvée, il lui est demandé, au moment où elle est informée du projet de recherche, si elle souhaite être informée en cas de diagnostic d'une anomalie génétique grave.

Le présent article n'est pas applicable aux recherches dont les résultats sont susceptibles de permettre la levée de l'anonymat des personnes concernées.

Art. L. 1131-1-2 *(L. n° 2011-814, 7 juill. 2011).* – Préalablement à la réalisation d'un examen des caractéristiques génétiques d'une personne, le médecin prescripteur informe celle-ci des risques qu'un silence ferait courir aux membres de sa famille potentiellement concernés si une anomalie génétique grave dont les conséquences sont susceptibles de mesures de prévention, y compris de conseil génétique, ou de soins était diagnostiquée. Il prévoit avec elle, dans un document écrit qui peut, le cas échéant, être complété après le diagnostic, les modalités de l'information destinée aux membres de la famille potentiellement concernés afin d'en préparer l'éventuelle transmission. Si la personne a exprimé par écrit sa volonté d'être tenue dans l'ignorance du diagnostic, elle peut autoriser le médecin prescripteur à procéder à l'information des intéressés dans les conditions prévue au quatrième alinéa.

En cas de diagnostic d'une anomalie génétique grave, sauf si la personne a exprimé par écrit sa volonté d'être tenue dans l'ignorance du diagnostic, l'information médical communiquée est résumée dans un document rédigé de manière loyale, claire et appropriée, signé et remis par le médecin. La personne atteste de cette remise. Lors de l'annonce de ce diagnostic, le médecin informe la personne de l'existence d'apporter des renseignements complémentaires sur l'anomalie génétique diagnostiquée. Si la personne le demande, il lui remet la liste des associations agréées en application de l'article L. 1114-1.

La personne est tenue d'informer les membres de sa famille potentiellement concernés dont elle ou, le cas échéant, son représentant légal possède ou peut obtenir les coordonnées, dès lors que les mesures de prévention ou de soins peuvent leur être proposées.

Si la personne ne souhaite pas informer elle-même les membres de sa famille potentiellement concernés, elle peut demander par un document écrit au médecin prescripteur, qui atteste de cette demande, de procéder à cette information. Elle lui communique à cette fin les coordonnées des intéressés dont elle dispose. Le médecin porte alors à leur connaissance l'existence d'une information médicale à caractère familial susceptible de les concerner et les invite à se rendre à une consultation de génétique, sans dévoiler ni le nom de la personne ayant fait l'objet de l'examen, ni l'anomalie génétique, ni les risques qui lui sont associés.

Le médecin consulté par la personne apparentée est informé par le médecin prescripteur de l'anomalie génétique en cause.

Lorsqu'est diagnostiquée une anomalie génétique grave dont les conséquences sont susceptibles de mesures de prévention, y compris de conseil génétique, ou de soins chez une personne qui a fait un don de gamètes ayant abouti à la conception d'un ou plusieurs enfants ou chez l'un des membres d'un couple ayant effectué un don d'embryon, cette personne peut autoriser le médecin prescripteur à saisir le responsable du centre d'assistance médicale à la procréation afin qu'il procède à l'information des enfants issus du don dans les conditions prévues au quatrième alinéa.

Art. L. 1131-1-3 *(L. n° 2011-814, 7 juill. 2011).* – Par dérogation au deuxième alinéa de l'article L. 1111-2 et à l'article L. 1111-7, seul le médecin prescripteur de l'examen des caractéristiques génétiques est habilité à communiquer les résultats de cet examen à la personne concernée ou, le cas échéant, aux personnes mentionnées au second alinéa de l'article L. 1131-1.

....

Art. L. 1131-3 *(L. n° 2004-800, 6 août 2004).* – *(L. n° 2011-814, 7 juill. 2011)* « Sous réserve des dispositions du troisième alinéa de l'article L. 1131-2-1, » sont seuls habilités à procéder à des examens des caractéristiques génétiques d'une personne ou à son identification par empreintes génétiques à des fins médicales les praticiens agréés à cet effet par l'Agence de la biomédecine mentionnée à l'article L. 1418-1 dans des conditions fixées par voie réglementaire.

Les personnes qui procèdent à des examens des caractéristiques génétiques d'une personne ou à son identification par empreintes génétiques à des fins de recherche scientifique sont agréées dans les conditions fixées par voie réglementaire.

....

Dispositions pénales

Art. L. 1133-1. – Comme il est dit à l'article 226-25 du Code pénal ci-après reproduit :
(V. C. pén., art. 226-25).

Art. L. 1133-2. – Comme il est dit à l'article 226-26 du Code pénal ci-après reproduit :
(V. C. pén., art. 226-26).

Art. L. 1133-3. – Comme il est dit à l'article 226-27 du Code pénal ci-après reproduit :
(V. C. pén., art. 226-27).

Art. L. 1133-4. – Comme il est dit à l'article 226-28 du Code pénal ci-après reproduit :
(V. C. pén., art. 226-28).

Art. L. 1133-4-1 *(L. n° 2011-814, 7 juill. 2011)*. – Le fait, pour une personne, de solliciter l'examen de ses caractéristiques génétiques ou de celles d'un tiers ou l'identification d'une personne par ses empreintes génétiques en dehors des conditions prévues par la loi est puni de la peine prévue à l'article 226-28-1 du Code pénal.

Art. L. 1133-5. – Comme il est dit à l'article 226-29 du Code pénal ci-après reproduit :
(V. C. pén., art. 226-29).

VI. – DON ET UTILISATION DES ÉLÉMENTS ET PRODUITS DU CORPS HUMAIN

Code de la santé publique

(Ord. n° 2000-548, 15 juin 2000)

Sang humain

Art. L. 1221-4 *(L. n° 2004-800, 6 août 2004 ; mod., Ord. n° 2007-613, 26 avr. 2007)*. – Le sang, ses composants et leurs dérivés ne peuvent pas être distribués, délivrés, utilisés sans qu'aient été faits des analyses biologiques et des tests de dépistage de maladies transmissibles.

Le sang, ses composants et leurs dérivés peuvent être distribués et utilisés à des fins de recherche, de contrôle des analyses de biologie médicale ou de contrôle des dispositifs médicaux de diagnostic *in vitro*, à l'exclusion de toute administration à l'homme, avant l'obtention des résultats des analyses biologiques et des tests de dépistage prévus au premier alinéa.

Les conditions d'application du présent article sont fixées par décret.

Art. L. 1221-5 *(Mod., L. n° 2004-800, 6 août 2004)*. – Aucun prélèvement de sang ou de ses composants en vue d'une utilisation thérapeutique pour autrui ne peut avoir lieu sur une personne mineure ou sur une personne majeure faisant l'objet d'une mesure de protection légale.

Toutefois, s'agissant des mineurs, un prélèvement peut être effectué à titre exceptionnel, lorsque des motifs tirés de l'urgence thérapeutique l'exigent ou lorsqu'il n'a pu être trouvé de donneur majeur immunologiquement compatible.

Le prélèvement ne peut alors être opéré qu'à la condition que chacun des titulaires de l'autorité parentale y consente expressément par écrit.

Le refus de la personne mineure fait obstacle au prélèvement.

Art. L. 1221-6 *(Ord. n° 2016-1406, 2 oct. 2016 ; Ord. n° 2018-20, 17 janv. 2018).* – Les caractéristiques du sang ne peuvent être modifiées avant le prélèvement en vue d'une utilisation thérapeutique pour autrui que par un médecin et au sein de l'Établissement français du sang ou du centre de transfusion sanguine des armées.

Cette modification ne peut intervenir qu'avec le consentement écrit du donneur, ce dernier ayant été préalablement averti par écrit des risques qu'il encourt et des conséquences éventuelles du prélèvement. Elle ne peut pas être réalisée sur les personnes mentionnées à l'article L. 1221-5.

Art. L. 1221-7. – Le receveur ne peut connaître l'identité du donneur, ni le donneur celle du receveur. Aucune information permettant d'identifier à la fois celui qui a fait don de son sang et celui qui l'a reçu ne peut être divulguée.

Il ne peut être dérogé à ce principe d'anonymat qu'en cas de nécessité thérapeutique.

Art. L. 1221-8 *(L. n° 2004-800, 6 août 2004 ; mod., Ord. n° 2005-1087, 1er sept. 2005 ; L. n° 2011-2012, 29 déc. 2011 ; D. n° 2012-597, 27 avr. 2012 ; L. n° 2016-41, 26 janv. 2016 ; Ord. n° 2016-1406, 20 oct. 2016).* – Peuvent être préparés à partir du sang ou de ses composants :

1° Des produits sanguins labiles, comprenant notamment le sang total, le plasma *(Mots aj., L. n° 2014-1554, 22 déc. 2014)* « dans la production duquel n'intervient pas un processus industriel, quelle que soit sa finalité », et les cellules sanguines d'origine humaine. À l'exception des produits sanguins labiles destinés à des recherches biomédicales, seuls peuvent être distribués ou délivrés à des fins thérapeutiques, les produits sanguins labiles dont la liste et les caractéristiques sont fixées par décision de l'Agence nationale de sécurité du médicament et des produits de santé, après avis du président de l'Établissement français du sang et du directeur du centre de transfusion sanguine des armées et publiée au *Journal officiel* de la République française ;

2° Des pâtes plasmatiques ;

2° *bis (L. n° 2014-1554, 22 déc. 2014)* Du plasma à finalité transfusionnelle dans la production duquel intervient un processus industriel, régi par le livre Ier de la cinquième partie ;

3° *(Rempl. L. n° 2014-1554, 22 déc. 2014)* Des médicaments issus du fractionnement du plasma régis par le même livre Ier ;

4° Des dispositifs médicaux de diagnostic in vitro dont les conditions de mise sur le marché sont fixées par le titre II du livre II de la cinquième partie ;

5° Des produits cellulaires à finalité thérapeutique mentionnés à l'article L. 1243-1 ;

6° *(Abr., L. n° 2016-41, 26 janv. 2016)* ;

7° Des excipients à usage pharmaceutique et des substances utilisées lors de la fabrication d'un médicament mais n'entrant pas dans sa composition.

Le sang et ses composants, qu'ils aient ou non été prélevés au sein de l'Établissement français du sang, peuvent également être utilisés pour effectuer les contrôles de qualité des analyses de biologie médicale ainsi que pour la réalisation et le contrôle des dispositifs médicaux de diagnostic *in vitro*, ou pour effectuer sur les produits préparés à partir du sang ou de ses composants les expertises et les contrôles techniques réalisés par l'Agence française de sécurité sanitaire des produits de santé en application du 1° de l'article L. 5311-2. Les principes mentionnés aux articles L. 1221-3, L. 1221-4 et L. 1221-6 sont également applicables dans ce cas.

Art. L. 1221-8-1 *(Mod., L. n° 2004-800, 6 août 2004 ; L. n° 2004-806, 9 août 2004 ; L. n° 2006-450, 18 avr. 2006 ; L. n° 2011-803, 5 juill. 2011 ; L. n° 2012-300, 5 mars 2012 ; Ord. n° 2016-1406, 20 oct. 2016).* – Le sang et ses composants peuvent être utilisés dans le cadre d'une activité de recherche, qu'ils aient été ou non prélevés au sein de l'Établissement français du sang. Dans ce cas, la recherche est menée à partir de prélèvements réalisés soit dans une finalité médicale, soit dans le cadre d'une recherche impliquant la personne humaine. Dans tous les cas, les principes mentionnés aux articles L. 1221-3, L. 1221-4 et L. 1221-6 sont applicables, sans préjudice des dispositions du titre II du livre Ier de la présente partie relatives aux recherches impliquant la personne humaine.

Art. L. 1221-8-2 *(Ord. n° 2005-1087, 1er sept. 2005)*. – Les produits sanguins labiles proposés en vue de leur inscription sur la liste mentionnée au 1° de l'article L. 1221-8 font l'objet d'une évaluation par *(Mots remplacés à compter de la date prévue au III de l'article 41 de la loi n° 2011-2012 du 29 décembre 2011, L. n° 2011-2012, 29 déc. 2011)* « l'Agence nationale de sécurité du médicament et des produits de santé », au vu d'un dossier dont le contenu est fixé par décision de l'Agence et qui peut être fourni par l'Établissement français du sang, le Centre de transfusion sanguine des armées, tout établissement de transfusion sanguine des États membres de l'Union européenne ou tout fabricant de dispositifs médicaux.

L'Agence procède en tant que de besoin à la réévaluation des produits inscrits sur la liste. Elle peut demander à cet effet des informations à l'Établissement français du sang, au Centre de transfusion sanguine des armées, à tout établissement de transfusion sanguine des États membres de l'Union européenne ou aux fabricants de dispositifs médicaux concernés.

Art. L. 1221-9 *(Mod., Ord. n° 2010-331, 25 mars 2010 ; Ord. n° 2013-1208, 24 déc. 2013 ; L. n° 2014-1554, 22 déc. 2014 ; L. n° 2016-41, 26 janv. 2016)*. – Un arrêté des ministres chargés de la santé et de la sécurité sociale fixe les tarifs de cession des produits sanguins labiles, à l'exception des plasmas à finalité transfusionnelle relevant du 1° de l'article L. 1221-8.

Pour la Guadeloupe, la Guyane, la Martinique, Mayotte et La Réunion et pour Saint-Barthélemy et Saint-Martin, un arrêté des ministres chargés de l'outre-mer, de la santé et de la sécurité sociale peut déterminer des majorations aux tarifs fixés en application de l'alinéa précédent. Ces majorations prennent en compte les frais particuliers qui, dans chacun de ces départements, grèvent le coût des produits sanguins labiles par rapport à leur coût en métropole.

Art. L. 1221-10 *(Ord. n° 2018-20, 17 janv. 2018)*. – Les produits sanguins labiles destinés à une utilisation thérapeutique directe sont conservés, en vue de leur distribution et de leur délivrance, à l'Établissement français du sang ainsi qu'au centre de transfusion sanguine des armées. Peuvent également conserver ces produits en vue de leur délivrance les établissements de santé et les hôpitaux des armées autorisés à cet effet par l'autorité administrative après avis de l'Établissement français du sang ou, le cas échéant, du centre de transfusion sanguine des armées, dans des conditions définies par décret et les groupements de coopération sanitaire mentionnés à l'article L. 6133-1 autorisés selon la même procédure et dans des conditions définies par décret. Les produits sanguins labiles restent sous la surveillance d'un médecin ou d'un pharmacien. Un décret précise la section de l'ordre national des pharmaciens dont ce pharmacien doit relever, à l'exception de ceux relevant des dispositions de l'article L. 4138-2 du Code de la défense.

La délivrance de produits sanguins labiles ne peut être faite que sur ordonnance médicale.

Art. L. 1221-10-1 *(Ord. n° 2018-20, 17 janv. 2018)*. – L'Agence nationale de sécurité du médicament et des produits de santé peut, après avis de l'Établissement français du sang et du centre de transfusion sanguine des armées, réglementer l'utilisation des produits sanguins labiles. L'Agence peut soumettre à des conditions particulières, restreindre, suspendre ou interdire leur utilisation dans l'intérêt de la santé publique.

Art. L. 1221-10-2 *(Ord. n° 2007-613, 26 avr. 2007 ; mod., L. n° 2014-1554, 22 déc. 2014 ; L. n° 2016-41, 26 janv. 2016 ; Ord. n° 2018-20, 17 janv. 2018)*. – Toute violation dans un établissement de santé ou dans un hôpital des armées et du fait de celui-ci des prescriptions législatives et réglementaires relatives à la conservation des produits sanguins labiles en vue de leur délivrance ainsi que des termes de l'autorisation mentionnée au premier alinéa de l'article L. 1221-10 entraîne la suspension ou le retrait par l'autorité administrative de cette autorisation. Cette suspension ou ce retrait ne peut intervenir qu'après mise en demeure adressée au directeur de l'établissement de santé de prendre toutes mesures propres à remédier à la violation ou au manquement constaté, ou de fournir toutes explications nécessaires. Cette mise en demeure est faite par écrit par l'autorité compétente et fixe un délai d'exécution ou de réponse qui ne peut excéder un mois.

En cas d'urgence tenant à la sécurité des personnes, une suspension de l'autorisation peut être prononcée à titre conservatoire par l'autorité compétente.

Art. L. 1221-11 *(Ord. n° 2016-1406, 20 oct. 2016)*. – La publicité en faveur des substances mentionnées à l'article L. 1221-2 est interdite.

L'information médicale et celle destinée à signaler l'emplacement des dépôts ne constituent pas de la publicité.

Par dérogation au premier alinéa, la communication à caractère promotionnel à destination des professionnels de santé relative aux plasmas dans la production desquels n'intervient pas un processus industriel, mentionnés au 1° de l'article L. 1221-8, est autorisée dans les conditions définies au chapitre III du présent titre.

Art. L. 1221-12 *(L. n° 2004-800, 6 août 2004 ; mod., L. n° 2011-2012, 29 déc. 2011)*. – L'importation, par quelque organisme que ce soit, d'un produit sanguin labile ou d'une pâte plasmatique, à usage thérapeutique direct ou destiné à la préparation de produits de santé, est subordonnée à une autorisation délivrée par l'Agence nationale de sécurité du médicament et des produits de santé dans des conditions définies par décret.

L'importation ou l'exportation de sang, de ses composants ou de ses produits dérivés à des fins scientifiques est soumise à l'autorisation du ministre chargé de la recherche prévue à l'article L. 1245-5-1.

....

Art. L. 1222-9. – L'Établissement français du sang assume, même sans faute, la responsabilité des risques encourus par les donneurs à raison des opérations de prélèvement.

Il doit contracter une assurance couvrant sa responsabilité du fait de ces risques.

....

Organes

Prélèvement sur une personne vivante

Art. L. 1231-1 *(L. n° 2004-800, 6 août 2004 ; mod., L. n° 2011-814, 7 juill. 2011)*. – Le prélèvement d'organes sur une personne vivante, qui en fait le don, ne peut être opéré que dans l'intérêt thérapeutique direct d'un receveur. Le donneur doit avoir la qualité de père ou mère du receveur.

Par dérogation au premier alinéa, peuvent être autorisés à se prêter à un prélèvement d'organe dans l'intérêt thérapeutique direct d'un receveur son conjoint, ses frères ou sœurs, ses fils ou filles, ses grands-parents, ses oncles ou tantes, ses cousins germains et cousines germaines ainsi que le conjoint de son père ou de sa mère. Le donneur peut également être toute personne apportant la preuve d'une vie commune d'au moins deux ans avec le receveur ainsi que toute personne pouvant apporter la preuve d'un lien affectif étroit et stable depuis au moins deux ans avec le receveur.

En cas d'incompatibilité entre la personne ayant exprimé l'intention de don et la personne dans l'intérêt de laquelle le prélèvement peut être opéré en vertu des premier ou deuxième alinéas, rendant impossible la greffe, le donneur et le receveur potentiels peuvent se voir proposer le recours à un don croisé d'organes. Celui-ci consiste pour le receveur potentiel à bénéficier du don d'une autre personne ayant exprimé l'intention de don et également placée dans une situation d'incompatibilité à l'égard de la personne dans l'intérêt de laquelle le prélèvement peut être opéré en vertu des premier ou deuxième alinéas, tandis que cette dernière bénéficie du don du premier donneur. En cas de mise en œuvre d'un don croisé, les actes de prélèvement et de greffe sont engagés de façon simultanée respectivement sur les deux donneurs et sur les deux receveurs. L'anonymat entre donneur et receveur est respecté.

Le donneur, préalablement informé par le comité d'experts mentionné à l'article L. 1231-3 des risques qu'il encourt, des conséquences éventuelles du prélèvement et, le cas échéant, des modalités du don croisé, doit exprimer son consentement au don et, le cas échéant, au don croisé devant le président du tribunal de grande instance ou le magistrat désigné par lui, qui s'assure au préalable que le consentement est libre et éclairé et que le don est conforme aux conditions prévues aux premier, deuxième et, le cas échéant, troisième alinéas. En cas d'urgence vitale, le consentement est recueilli, par tout moyen, par le procureur de la République. Le consentement est révocable sans forme et à tout moment.

L'autorisation de prélèvement sur une personne mentionnée au deuxième alinéa est délivrée, postérieurement à l'expression du consentement, par le comité d'experts mentionné à l'article L. 1231-3.

Les prélèvements sur les personnes mentionnées au premier alinéa peuvent également, sauf en cas d'urgence vitale, être soumis à l'autorisation de ce comité lorsque le magistrat chargé de recueillir le consentement l'estime nécessaire.

L'Agence de la biomédecine est informée, préalablement à sa réalisation, de tout prélèvement d'organes à fins thérapeutiques sur une personne vivante.

Le Gouvernement remet au Parlement tous les quatre ans un rapport sur l'application du présent article, et notamment les dérogations autorisées au titre de son deuxième alinéa.

Art. L. 1231-2. – Aucun prélèvement d'organes, en vue d'un don, ne peut avoir lieu sur une personne vivante mineure ou sur une personne vivante majeure faisant l'objet d'une mesure de protection légale.

Art. L. 1231-3 *(L. n° 2004-800, 6 août 2004 ; mod., L. n° 2011-814, 7 juill. 2011).* – Le comité d'experts dont l'intervention est prévue aux articles L. 1231-1, L. 1241-3 et L. 1241-4 siège en deux formations de cinq membres désignés pour trois ans par arrêté du ministre chargé de la santé. Trois de ces membres, dont deux médecins et une personne qualifiée dans le domaine des sciences humaines et sociales, sont communs aux deux formations. Lorsque le comité se prononce sur les prélèvements sur personne majeure mentionnés aux articles L. 1231-1 et L. 1241-4, il comporte un psychologue et un médecin. Lorsqu'il se prononce sur les prélèvements sur personne mineure mentionnés à l'article L. 1241-3, il comporte une personne qualifiée dans le domaine de la psychologie de l'enfant et un pédiatre. En cas d'urgence vitale, les membres du comité d'experts sont désignés par l'Agence de la biomédecine parmi les membres disponibles figurant sur l'arrêté susmentionné. Le comité ainsi constitué délivre son autorisation par tout moyen. Dans ce cas d'urgence, l'information prévue par le quatrième alinéa de l'article L. 1231-1 est délivrée par le praticien qui a posé l'indication de greffe ou par tout autre praticien du choix du donneur.

Le comité se prononce dans le respect des principes généraux énoncés au titre Ier du présent livre.

Afin d'apprécier la justification médicale d'un prélèvement et d'une greffe d'organe, les risques que le prélèvement est susceptible d'entraîner pour le donneur ainsi que ses conséquences prévisibles sur les plans physique et psychologique, le comité peut avoir accès aux informations médicales concernant le donneur et le receveur potentiels. Ses membres sont tenus de garder secrètes les informations dont ils ont connaissance en raison de leurs fonctions.

Les décisions prises par le comité ne sont pas motivées.

……………………………………………………………………………………………

Établissements autorisés à prélever des organes

Art. L. 1233-1 *(L. n° 2004-800, 6 août 2004).* – Les prélèvements d'organes en vue de don à des fins thérapeutiques ne peuvent être pratiqués que dans des établissements de santé autorisés à cet effet par l'autorité administrative après avis de l'Agence de la biomédecine.

L'autorisation est délivrée pour une durée de cinq ans. Elle est renouvelable.

Tous les établissements de santé, qu'ils soient autorisés ou non, participent à l'activité de prélèvement d'organes et de tissus en s'intégrant dans des réseaux de prélèvement.

Art. L. 1233-2 *(L. n° 2004-800, 6 août 2004).* – Aucune rémunération à l'acte ne peut être perçue par les praticiens effectuant des prélèvements d'organes en vue de don au titre de cette activité.

……………………………………………………………………………………………

Tissus, cellules et produits

Art. L. 1242-1 *(L. n° 2004-800, 6 août 2004 ; Ord. n° 2007-613, 26 avr. 2007 ; mod., L. n° 2011-814, 7 juill. 2011 ; L. n° 2011-2012, 29 déc. 2011).* – Les tissus du corps humain ne peuvent être prélevés en vue de don à des fins thérapeutiques que dans des établissements de santé autorisés à cet effet par l'autorité administrative après avis de l'Agence de la biomédecine.

Les cellules à fins d'administration autologue ou allogénique ne peuvent être prélevées que dans des établissements de santé autorisés à cet effet par le directeur général de l'agence régionale de santé après avis de l'Agence de la biomédecine. Les cellules du sang destinées à la préparation de produits cellulaires à finalité thérapeutique mentionnés à l'article L. 1243-1 peuvent également être prélevées par l'Établissement français du sang soit dans ses établissements de transfusion sanguine, s'ils ont été autorisés dans les conditions applicables aux établissements de santé, soit dans des établissements de santé autorisés.

Par dérogation à l'alinéa précédent, peuvent être prélevées à fins d'administration autologue dans tous les établissements de santé et par les médecins et les chirurgiens-dentistes exerçant en dehors des établissements de santé les catégories de cellules figurant sur une liste arrêtée par le ministre chargé de la santé, sur proposition de l'Agence française de sécurité sanitaire des produits de santé et après avis de l'Agence de la biomédecine, à condition que les prélèvements soient faits dans le respect des règles de bonnes pratiques arrêtées selon les mêmes modalités.

Par dérogation à l'alinéa précédent, peuvent être prélevées à fins d'administration autologue dans tous les établissements de santé et par les médecins et les chirurgiens-dentistes exerçant en dehors des établissements de santé les catégories de cellules figurant sur une liste arrêtée par le ministre chargé de la santé, sur proposition de l'Agence nationale de sécurité du médicament et des produits de santé et après avis de l'Agence de la biomédecine, à condition que les prélèvements soient faits dans le respect des règles de bonnes pratiques arrêtées selon les mêmes modalités.

Les autorisations prévues aux premier et deuxième alinéas sont délivrées pour une durée de cinq ans. Elles sont renouvelables.

Cet article ne s'applique pas aux éléments et produits du corps humain mentionnés à l'article L. 1211-8.

....

Art. L. 1243-1 *(L. n° 2004-800, 6 août 2004).* – À l'exception des produits sanguins labiles, sont des produits cellulaires à finalité thérapeutique les cellules humaines utilisées à des fins thérapeutiques autologues ou allogéniques, quel que soit leur niveau de transformation, y compris leurs dérivés.

Lorsque ces produits cellulaires à finalité thérapeutique sont des spécialités pharmaceutiques ou d'autres médicaments fabriqués industriellement, ils sont régis par les dispositions du titre II du livre Ier de la cinquième partie. Dans les autres cas, ce sont des préparations de thérapie cellulaire régies par les dispositions du présent chapitre, y compris lorsque les cellules humaines servent à transférer du matériel génétique.

....

Art. L. 1243-4 *(L. n° 2012-300, 5 mars 2012).* – Tout organisme qui assure la conservation et la préparation de tissus et cellules, d'organes, de sang, de ses composants et de ses produits dérivés, issus du corps humain en vue de leur cession pour un usage scientifique doit être titulaire d'une autorisation délivrée par le ministre chargé de la recherche. Lorsque l'organisme est un établissement de santé, l'autorisation est délivrée de manière conjointe par le ministre chargé de la recherche et le directeur général de l'agence régionale de santé territorialement compétent.

Par dérogation, les activités prévues au premier alinéa exercées dans le cadre d'une recherche impliquant la personne humaine sont régies par le titre II du livre Ier de la première partie du présent code.

....

Art. L. 1243-6 *(Mod., L. n° 2011-2012, 29 déc. 2011).* – Les greffes de tissus et les administrations de préparations de thérapie cellulaire ne peuvent être pratiquées que dans des établissements de santé. Lorsque ces activités sont d'un coût élevé ou nécessitent des dispositions particulières dans l'intérêt de la santé publique, elles ne peuvent être pratiquées que dans des établissements de santé autorisés à cet effet, après avis de l'Agence de la biomédecine, dans les conditions prévues au chapitre Ier du titre II du livre Ier de la sixième partie.

Toutefois, peuvent être utilisés par les médecins et les chirurgiens-dentistes en dehors des établissements de santé les tissus et les préparations de thérapie cellulaire figurant sur une liste arrêtée par le ministre chargé de la santé sur proposition de l'Agence française de sécurité sanitaire des produits de santé et après avis de l'Agence de la biomédecine, à condition qu'ils soient utilisés dans le respect de règles de bonnes pratiques arrêtées selon les mêmes modalités.

Toutefois, peuvent être utilisés par les médecins et les chirurgiens-dentistes en dehors des établissements de santé les tissus et les préparations de thérapie cellulaire figurant sur une liste arrêtée par le ministre chargé de la santé sur proposition de l'Agence nationale de sécurité du médicament et des produits de santé et après avis de l'Agence de la biomédecine, à condition qu'ils soient utilisés dans le respect de règles de bonnes pratiques arrêtées selon les mêmes modalités.

Peuvent être autorisés à pratiquer des allogreffes de cellules hématopoïétiques, selon les dispositions du chapitre II du titre IV du livre Ier de la sixième partie, les établissements de santé qui assurent des activités d'enseignement médical et de recherche médicale, ainsi que les établissements de santé liés par convention aux précédents. L'autorité administrative compétente délivre l'autorisation après avis de l'Agence de la biomédecine.

Les greffes composites de tissus vascularisés sont assimilées aux greffes d'organes et relèvent des mêmes dispositions.

Cet article ne s'applique pas aux greffes et administration d'éléments et produits du corps humain mentionnés à l'article L. 1211-8.

....

Art. L. 1244-3. – L'insémination artificielle par sperme frais provenant d'un don et le mélange de spermes sont interdits.

Art. L. 1244-4 *(Mod., L. n° 2004-800, 6 août 2004)*. – Le recours aux gamètes d'un même donneur ne peut délibérément conduire à la naissance de plus de dix enfants.

....

Art. L. 1244-7 *(Mod., L. n° 2004-800, 6 août 2004)*. – Le bénéfice d'un don de gamètes ne peut en aucune manière être subordonné à la désignation par le couple receveur d'une personne ayant volontairement accepté de procéder à un tel don en faveur d'un couple tiers anonyme.

La donneuse d'ovocytes doit être particulièrement informée des conditions de la stimulation ovarienne et du prélèvement ovocytaire, des risques et des contraintes liés à cette technique, lors des entretiens avec l'équipe médicale pluridisciplinaire. Elle est informée des conditions légales du don, notamment du principe d'anonymat et du principe de gratuité. Elle bénéficie du remboursement des frais engagés pour le don.

....

Art. L. 1245-4 *(L. n° 2004-800, 6 août 2004 ; L. n° 2012-300, 5 mars 2012)*. – Pour l'application du présent titre, les prélèvements pratiqués à fins de greffe ou d'administration dans le cadre des recherches biomédicales au sens de l'article L. 1121-1 sont regardés comme des prélèvements à des fins thérapeutiques, sans préjudice des dispositions du titre II du livre I de la présente partie relatives à la protection des personnes qui se prêtent à des recherches biomédicales.

Dans le cas des recherches biomédicales portant sur les préparations de thérapie cellulaire mentionnées à l'article L. 1243-1 et sur les tissus, l'autorisation de mener la recherche vaut également autorisation, pour cette recherche, des lieux de prélèvement, de conservation, de préparation et d'administration ou de greffe mentionnés aux articles L. 1242-1, L. 1243-2 et L. 1243-6 et elle vaut autorisation d'importation et d'exportation mentionnée à l'article L. 1245-5.

....

Dispositions pénales

Sang

Art. L. 1271-1 *(Mod., Ord. n° 2007-613, 26 avr. 2007 ; Ord. n° 2016-1406, 20 oct. 2016)*. – Le fait de procéder aux activités mentionnées à l'article L. 1222-11 ou à toute autre activité liée à la transfusion sanguine, sans être titulaire de l'agrément prévu à l'article L. 1222-1-1 ou, le cas échéant, des autorisations prévues aux articles L. 1221-10, L. 1221-12, L. 1222-3 et L. 1222-1-1 ou en violation des prescriptions fixées par ces agréments ou autorisations, est puni de deux ans d'emprisonnement et de 75 000 € d'amende.

Art. L. 1271-1-1 *(Ord. n° 2007-613, 26 avr. 2007 ; Ord. n° 2016-1406, 20 oct. 2016)*. – Est puni de deux ans d'emprisonnement et de 75 000 € d'amende le fait de contrevenir à une décision de retrait ou de suspension d'agrément ou d'autorisation prise en application des articles L. 1222-13 et L. 1221-10-2.

Art. L. 1271-2. – Le fait de prélever ou de tenter de prélever du sang sur une personne vivante sans qu'elle ait exprimé son consentement est puni de cinq ans d'emprisonnement et de 150 000 € d'amende.

Est puni des mêmes peines le fait de prélever ou de tenter de prélever du sang en violation des dispositions de l'article L. 1221-5 sur une personne mineure ou sur une personne majeure faisant l'objet d'une mesure de protection légale.

Art. L. 1271-3. – Le fait d'obtenir ou de tenter d'obtenir d'une personne le prélèvement de son sang contre un paiement, quelle qu'en soit la forme, est puni de cinq ans d'emprisonnement et de 150 000 € d'amende.

Est puni des mêmes peines le fait d'apporter ou de tenter d'apporter son entremise pour favoriser l'obtention du sang contre un paiement, quelle qu'en soit la forme.

Art. L. 1271-4 *(Ord. n° 2007-613, 26 avr. 2007)*. – Est punie de deux ans d'emprisonnement et de 75 000 € d'amende la distribution, la délivrance ou l'utilisation du sang, de ses composants ou de leurs dérivés, sans qu'il ait été procédé aux analyses biologiques et aux tests de dépistage de maladies transmissibles requis en application de l'article L. 1221-4.

Art. L. 1271-5 *(Mod., L. n° 2009-526, 12 mai 2009)*. – La modification ou la tentative de modification des caractéristiques du sang d'une personne avant prélèvement en infraction aux dispositions de l'article L. 1221-6 est punie de 45 000 € d'amende. En cas de récidive, une peine d'emprisonnement de six mois peut en outre être prononcée.

Est puni des mêmes peines le fait de contrevenir ou de tenter de contrevenir à l'obligation prescrite par l'article L. 1222-9 à l'Établissement français du sang de contracter une assurance couvrant sa responsabilité du fait des risques encourus par les donneurs à raison des opérations de prélèvement.

Art. L. 1271-6. – La divulgation d'informations permettant d'identifier à la fois le donneur et le receveur de sang, en violation de l'article L. 1221-7, est punie d'un an d'emprisonnement et de 7 500 € d'amende.

Art. L. 1271-7. – Le fait de céder du sang ou des produits labiles dérivés du sang à un tarif différent de celui qui résulte de l'arrêté pris pour l'application de l'article L. 1221-9 est puni d'un an d'emprisonnement et de 7 500 € d'amende.

Art. L. 1271-8. – Les dispositions prévues par les articles L. 213-1, L. 213-2 et L. 213-3 du Code de la consommation en ce qui concerne la falsification des substances médicamenteuses, l'exposition, la mise en vente ou la vente de substances médicamenteuses falsifiées sont applicables au sang humain, à ses composants, ainsi qu'aux produits labiles qui en sont dérivés.

Est puni des mêmes peines prévues aux mêmes articles le fait :

– de distribuer ou de délivrer à des fins thérapeutiques un produit sanguin labile ne figurant pas sur la liste prévue à l'article L. 1221-8, à moins qu'il ne soit destiné à des recherches impliquant la personne humaine ;

– d'utiliser un produit sanguin labile en violation d'une disposition ou d'une décision édictée par l'Agence française de sécurité sanitaire des produits de santé en application de l'article L. 1221-10-1.

Dispositions communes

Art. L. 1274-1. – Les personnes physiques coupables des infractions prévues au présent titre encourent également la peine complémentaire d'interdiction, pour une durée de dix ans au plus, d'exercer l'activité professionnelle ou sociale dans l'exercice de laquelle ou à l'occasion de laquelle l'infraction a été commise.

Art. L. 1274-2 *(Mod., L. n° 2009-526, 12 mai 2009)*. – Les personnes morales déclarées responsables pénalement, dans les conditions prévues par l'article 121-2 du Code pénal, des infractions définies au présent titre encourent, outre l'amende suivant les modalités prévues par l'article 131-38 du Code pénal, les peines prévues par l'article 131-39 du même code.

L'interdiction mentionnée au 2° de l'article 131-39 porte sur l'activité dans l'exercice ou à l'occasion de l'exercice de laquelle l'infraction a été commise.

VII. – PROTECTION DE LA SANTÉ INFANTILE

Code de la santé publique

(Ord. n° 2000-548, 15 juin 2000)

Art. L. 2131-1 *(L. n° 2011-814, 7 juill. 2011)*. – I. – Le diagnostic prénatal s'entend des pratiques médicales, y compris l'échographie obstétricale et fœtale, ayant pour but de détecter *in utero* chez l'embryon ou le fœtus une affection d'une particulière gravité.

II. – Toute femme enceinte reçoit, lors d'une consultation médicale, une information loyale, claire et adaptée à sa situation sur la possibilité de recourir, à sa demande, à des examens de biologie médicale et d'imagerie permettant d'évaluer le risque que l'embryon ou le fœtus présente une affection susceptible de modifier le déroulement ou le suivi de sa grossesse.

III. – Le prescripteur, médecin ou sage-femme, communique les résultats de ces examens à la femme enceinte et lui donne toute l'information nécessaire à leur compréhension.

En cas de risque avéré, la femme enceinte et, si elle le souhaite, l'autre membre du couple sont pris en charge par un médecin et, le cas échéant ou à sa demande, orientés vers un centre pluridisciplinaire de diagnostic prénatal. Ils reçoivent, sauf opposition de leur part, des informations sur les caractéristiques de l'affection suspectée, les moyens de la détecter et les possibilités de prévention, de soin ou de prise en charge adaptée du fœtus ou de l'enfant né. Une liste des associations spécialisées et agréées dans l'accompagnement des patients atteints de l'affection suspectée et de leur famille leur est proposée.

IV. – En cas de risque avéré, de nouveaux examens de biologie médicale et d'imagerie à visée diagnostique peuvent être proposés par un médecin, le cas échéant membre d'un centre pluridisciplinaire de diagnostic prénatal, au cours d'une consultation adaptée à l'affection recherchée.

V. – Préalablement à certains examens mentionnés au II et aux examens mentionnés au IV du présent article, le consentement prévu au troisième alinéa de l'article L. 1111-4 est recueilli par écrit auprès de la femme enceinte par le médecin ou la sage-femme qui prescrit ou, le cas échéant, qui effectue les examens. La liste de ces examens est déterminée par arrêté du ministre chargé de la santé au regard notamment de leurs risques pour la femme enceinte, l'embryon ou le fœtus et de la possibilité de détecter une affection d'une particulière gravité chez l'embryon ou le fœtus.

VI. – Préalablement au recueil du consentement mentionné au V et à la réalisation des examens mentionnés aux II et IV, la femme enceinte reçoit, sauf opposition de sa part dûment mentionnée par le médecin ou la sage-femme dans le dossier médical, une information portant notamment sur les objectifs, les modalités, les risques, les limites et le caractère non obligatoire de ces examens.

En cas d'échographie obstétricale et fœtale, il lui est précisé en particulier que l'absence d'anomalie détectée ne permet pas d'affirmer que le fœtus soit indemne de toute affection et qu'une suspicion d'anomalie peut ne pas être confirmée ultérieurement.

VII. – Les examens de biologie médicale destinés à établir un diagnostic prénatal sont pratiqués dans des laboratoires de biologie médicale faisant appel à des praticiens en mesure de prouver leur compétence, autorisés selon les modalités prévues au titre II du livre Ier de la sixième partie et accrédités selon les modalités prévues au chapitre Ier du titre II du livre II de la même partie. Lorsque le laboratoire dépend d'un établissement de santé, l'autorisation est délivrée à cet établissement.

VIII. – La création de centres pluridisciplinaires de diagnostic prénatal, mentionnés au III, dans des organismes et établissements de santé publics et privés d'intérêt collectif est autorisée par l'Agence de la biomédecine.

....

Art. L. 2131-4 *(L. n° 2004-800, 6 août 2004 ; mod., L. n° 2011-814, 7 juill. 2011)*. – On entend par diagnostic préimplantatoire le diagnostic biologique réalisé à partir de cellules prélevées sur l'embryon *in vitro*.

Le diagnostic préimplantatoire n'est autorisé qu'à titre exceptionnel dans les conditions suivantes :

Un médecin exerçant son activité dans un centre pluridisciplinaire de diagnostic prénatal tel que défini par l'article L. 2131-1 doit attester que le couple, du fait de sa situation familiale, a une forte probabilité de donner naissance à un enfant atteint d'une maladie génétique d'une particulière gravité reconnue comme incurable au moment du diagnostic.

Le diagnostic ne peut être effectué que lorsqu'a été préalablement et précisément identifiée, chez l'un des parents ou l'un de ses ascendants immédiats dans le cas d'une maladie gravement invalidante, à révélation tardive et mettant prématurément en jeu le pronostic vital, l'anomalie ou les anomalies responsables d'une telle maladie.

Les deux membres du couple expriment par écrit leur consentement à la réalisation du diagnostic.

Le diagnostic ne peut avoir d'autre objet que de rechercher cette affection ainsi que les moyens de la prévenir et de la traiter.

Il ne peut être réalisé, à certaines conditions, que dans un établissement spécifiquement autorisé à cet effet par l'Agence de la biomédecine instituée à l'article L. 1418-1.

En cas de diagnostic sur un embryon de l'anomalie ou des anomalies responsables d'une des maladies mentionnées au deuxième alinéa, les deux membres du couple, s'ils confirment leur intention de ne pas poursuivre leur projet parental en ce qui concerne cet embryon, peuvent consentir à ce que celui-ci fasse l'objet d'une recherche dans les conditions prévues à l'article L. 2151-5. Par dérogation au deuxième alinéa de l'article L. 1111-2 et à l'article L. 1111-7, seul le médecin prescripteur des examens de biologie médicale destinés à établir un diagnostic prénatal est habilité à en communiquer les résultats à la femme enceinte.

Art. L. 2131-4-1 *(L. n° 2004-800, 6 août 2004 ; mod., L. n° 2011-814, 7 juill. 2011)*. – Par dérogation au sixième alinéa de l'article L. 2131-4, et sous réserve d'avoir épuisé toutes les possibilités offertes par les articles L. 1241-1 à L. 1241-7, le diagnostic préimplantatoire peut également être autorisé lorsque les conditions suivantes sont réunies :

– le couple a donné naissance à un enfant atteint d'une maladie génétique entraînant la mort dès les premières années de la vie et reconnue comme incurable au moment du diagnostic ;

– le pronostic vital de cet enfant peut être amélioré, de façon décisive, par l'application sur celui-ci d'une thérapeutique ne portant pas atteinte à l'intégrité du corps de l'enfant né du transfert de l'embryon *in utero*, conformément à l'article 16-3 du Code civil ;

– le diagnostic mentionné au premier alinéa a pour seuls objets de rechercher la maladie génétique ainsi que les moyens de la prévenir et de la traiter, d'une part, et de permettre l'application de la thérapeutique mentionnée au troisième alinéa, d'autre part.

Les deux membres du couple expriment par écrit leur consentement à la réalisation du diagnostic.

La réalisation du diagnostic est soumise à la délivrance d'une autorisation par l'Agence de la biomédecine, qui en rend compte dans son rapport public conformément à l'article L. 1418-1. Cette autorisation est subordonnée au respect des dispositions prévues au dernier alinéa de l'article L. 2141-3.

Art. L. 2131-4-2 *(Mod., L. n° 2011-814, 7 juill. 2011)*. – Sont seuls habilités à procéder au diagnostic biologique effectué à partir de cellules prélevées sur l'embryon *in vitro* les praticiens ayant été agréés à cet effet par l'Agence de la biomédecine mentionnée à l'article L. 1418-1 dans des conditions fixées par voie réglementaire.

....

Assistance médicale à la procréation

Art. L. 2141-1 *(L. n° 2004-800, 6 août 2004 ; mod., L. n° 2011-814, 7 juill. 2011)*. – L'assistance médicale à la procréation s'entend des pratiques cliniques et biologiques permettant la conception *in vitro*, la conservation des gamètes, des tissus germinaux et des embryons, le transfert d'embryons et l'insémination artificielle. La liste des procédés biologiques utilisés en assistance médicale à la procréation est fixée par arrêté du ministre chargé de la santé après avis de l'Agence de la biomédecine. Un décret en Conseil d'État précise les modalités et les critères d'inscription des procédés sur cette liste. Les critères portent notamment sur le respect des principes fondamentaux de la bioéthique prévus en particulier aux articles 16 à 16-8 du Code civil, l'efficacité, la reproductibilité du procédé ainsi que la sécurité de son utilisation pour la femme et l'enfant à naître. L'Agence de la biomédecine remet au ministre chargé de la santé, dans les trois mois après la promulgation de la loi n° 2011-814 du 7 juillet 2011 relative à la bioéthique, un rapport précisant la liste des procédés biologiques utilisés en assistance médicale à la procréation ainsi que les modalités et les critères d'inscription des procédés sur cette liste.

Toute technique visant à améliorer l'efficacité, la reproductibilité et la sécurité des procédés figurant sur la liste mentionnée au premier alinéa du présent article fait l'objet, avant sa mise en œuvre, d'une autorisation délivrée par le directeur général de l'Agence de la biomédecine après avis motivé de son conseil d'orientation.

Lorsque le conseil d'orientation considère que la modification proposée est susceptible de constituer un nouveau procédé, sa mise en œuvre est subordonnée à son inscription sur la liste mentionnée au même premier alinéa.

La technique de congélation ultra-rapide des ovocytes est autorisée.

La mise en œuvre de l'assistance médicale à la procréation privilégie les pratiques et procédés qui permettent de limiter le nombre des embryons conservés. L'Agence de la biomédecine rend compte, dans son rapport annuel, des méthodes utilisées et des résultats obtenus.

La stimulation ovarienne, y compris lorsqu'elle est mise en œuvre indépendamment d'une technique d'assistance médicale à la procréation, est soumise à des règles de bonnes pratiques fixées par arrêté du ministre chargé de la santé.

Un arrêté du ministre chargé de la santé, pris sur proposition de l'Agence de la biomédecine, définit les règles de bonnes pratiques applicables à l'assistance médicale à la procréation avec tiers donneur.

Art. L. 2141-2 *(L. n° 2004-800, 6 août 2004 ; mod., L. n° 2011-814, 7 juill. 2011)*. – L'assistance médicale à la procréation a pour objet de remédier à l'infertilité d'un couple ou d'éviter la transmission à l'enfant ou à un membre du couple d'une maladie d'une particulière gravité. Le caractère pathologique de l'infertilité doit être médicalement diagnostiqué.

L'homme et la femme formant le couple doivent être vivants, en âge de procréer et consentir préalablement au transfert des embryons ou à l'insémination. Font obstacle à l'insémination ou au transfert des embryons le décès d'un des membres du couple, le dépôt d'une requête en divorce ou en séparation de corps ou la cessation de la communauté de vie, ainsi que la révocation par écrit du consentement par l'homme ou la femme auprès du médecin chargé de mettre en œuvre l'assistance médicale à la procréation.

Art. L. 2141-3 *(L. n° 2004-800, 6 août 2004 ; mod., L. n° 2011-814, 7 juill. 2011)*. – Un embryon ne peut être conçu *in vitro* que dans le cadre et selon les objectifs d'une assistance médicale à la procréation telle que définie à l'article L. 2141-1. Il ne peut être conçu avec des gamètes ne provenant pas d'un au moins des membres du couple.

Compte tenu de l'état des techniques médicales, les membres du couple peuvent consentir par écrit à ce que soit tentée la fécondation d'un nombre d'ovocytes pouvant rendre nécessaire la conservation d'embryons, dans l'intention de réaliser ultérieurement leur projet parental. Dans ce cas, ce nombre est limité à ce qui est strictement nécessaire à la réussite de l'assistance médicale à la procréation, compte tenu du procédé mis en œuvre. Une information détaillée est remise aux membres du couple sur les possibilités de devenir de leurs embryons conservés qui ne feraient plus l'objet d'un projet parental.

Les membres du couple peuvent consentir par écrit à ce que les embryons, non susceptibles d'être transférés ou conservés, fassent l'objet d'une recherche dans les conditions prévues à l'article L. 2151-5.

Un couple dont des embryons ont été conservés ne peut bénéficier d'une nouvelle tentative de fécondation *in vitro* avant le transfert de ceux-ci sauf si un problème de qualité affecte ces embryons.

Art. L. 2141-4 *(L. 2004-800, 6 août 2004 ; mod., L. n° 2011-814, 7 juill. 2011 ; mod à compter du 31 déc. 2016, Ord. n° 2016-800, 16 juin 2016)*. – I. - Les deux membres du couple dont des embryons sont conservés sont consultés chaque année par écrit sur le point de savoir s'ils maintiennent leur projet parental.

II. - S'ils n'ont plus de projet parental ou en cas de décès de l'un d'entre eux, les deux membres d'un couple, ou le membre survivant, peuvent consentir à ce que :

1° Leurs embryons soient accueillis par un autre couple dans les conditions fixées aux articles L. 2141-5 et L. 2141-6 ;

2° Leurs embryons fassent l'objet d'une recherche dans les conditions prévues à l'article L. 2151-5 ou, dans les conditions fixées par cet article et les articles L. 1121-4 et L. 1125-1, à ce que les cellules dérivées à partir de ceux-ci entrent dans une préparation de thérapie cellulaire à des fins exclusivement thérapeutiques ;

3° Il soit mis fin à la conservation de leurs embryons.

Dans tous les cas, le consentement ou la demande est exprimé par écrit et fait l'objet d'une confirmation par écrit après un délai de réflexion de trois mois. En cas de décès de l'un des membres du couple, le membre survivant ne peut être consulté avant l'expiration d'un délai d'un an à compter du décès, sauf initiative anticipée de sa part.

III. - Dans le cas où l'un des deux membres du couple consultés à plusieurs reprises ne répond pas sur le point de savoir s'il maintient ou non son projet parental, il est mis fin à la conservation des embryons si la durée de celle-ci est au moins égale à cinq ans. Il en est de même en cas de désaccord des membres du couple sur le maintien du projet parental ou sur le devenir des embryons.

IV. - Lorsque les deux membres d'un couple, ou le membre survivant, ont consenti, dans les conditions prévues aux articles L. 2141-5 et L. 2141-6, à l'accueil de leurs embryons et que ceux-ci n'ont pas été accueillis dans un délai de cinq ans à compter du jour où ce consentement a été exprimé par écrit, il est mis fin à la conservation de ces embryons.

Art. L. 2141-5 *(L. n° 2004-800, 6 août 2004 ; mod., L. n° 2011-814, 7 juill. 2011).* – Les deux membres du couple peuvent consentir par écrit à ce que les embryons conservés soient accueillis par un autre couple dans les conditions prévues à l'article L. 2141-6.

En cas de décès d'un membre du couple, le membre survivant est consulté par écrit sur le point de savoir s'il consent à ce que les embryons conservés soient accueillis par un autre couple dans les conditions prévues à l'article L. 2141-5.

Art. L. 2141-6 *(L. n° 2004-800, 6 août 2004 ; mod., L. n° 2011-814, 7 juill. 2011).* – Un couple répondant aux conditions prévues à l'article L. 2141-2 peut accueillir un embryon lorsque les techniques d'assistance médicale à la procréation au sein du couple ne peuvent aboutir ou lorsque le couple, dûment informé dans les conditions prévues à l'article L. 2141-10, y renonce.

L'accueil de l'embryon est subordonné à une décision de l'autorité judiciaire, qui reçoit préalablement le consentement écrit du couple à l'origine de sa conception. Le juge s'assure que le couple demandeur remplit les conditions prévues à l'article L. 2141-2 et fait procéder à toutes investigations permettant d'apprécier les conditions d'accueil que ce couple est susceptible d'offrir à l'enfant à naître sur les plans familial, éducatif et psychologique. L'autorisation d'accueil est délivrée pour une durée de trois ans renouvelable.

Le couple accueillant l'embryon et celui y ayant renoncé ne peuvent connaître leurs identités respectives.

Toutefois, en cas de nécessité thérapeutique, un médecin pourra accéder aux informations médicales non identifiantes concernant le couple ayant renoncé à l'embryon.

Aucun paiement, quelle qu'en soit la forme, ne peut être alloué au couple ayant renoncé à l'embryon.

L'accueil de l'embryon est subordonné à des règles de sécurité sanitaire. Ces règles comprennent notamment des tests de dépistage des maladies infectieuses.

Seuls les établissements publics ou privés à but non lucratif autorisés à cet effet peuvent conserver les embryons destinés à être accueillis et mettre en œuvre la procédure d'accueil.

Art. L. 2141-7 *(L. n° 2004-800, 6 août 2004 ; mod., L. n° 2011-814, 7 juill. 2011).* – L'assistance médicale à la procréation avec tiers donneur peut être mise en œuvre lorsqu'il existe un risque de transmission d'une maladie d'une particulière gravité à l'enfant ou à un membre du couple, lorsque les techniques d'assistance médicale à la procréation au sein du couple ne peuvent aboutir ou lorsque le couple, dûment informé dans les conditions prévues à l'article L. 2141-10, renonce à une assistance médicale à la procréation au sein du couple.

Art. L. 2141-8 *(L. n° 2004-800, 6 août 2004).* – Un embryon humain ne peut être conçu ni utilisé à des fins commerciales ou industrielles.

Art. L. 2141-9 *(L. n° 2004-800, 6 août 2004).* – Seuls les embryons conçus avec les gamètes de l'un au moins des membres d'un couple et dans le respect des principes fondamentaux prévus par les articles 16 à 16-8 du Code civil peuvent entrer sur le territoire où s'applique le présent code ou en sortir. Ces déplacements d'embryons sont exclusivement destinés à permettre la poursuite du projet parental de ce couple ; ils sont soumis à l'autorisation de l'Agence de la biomédecine.

....

Dispositions pénales

Diagnostic prénatal

Art. L. 2161-1 *(L. n° 2004-800, 6 août 2004)*. – Comme il est dit à l'article 511-20 du Code pénal ci-après reproduit :

(V. C. pén., art. 511-20).

Art. L. 2161-2 *(L. n° 2004-800, 6 août 2004)*. – Comme il est dit à l'article 511-21 du Code pénal ci-après reproduit :

(V. C. pén., art. 511-21).

Assistance médicale à la procréation

Art. L. 2162-1 *(L. n° 2004-800, 6 août 2004)*. – Comme il est dit à l'article 511-15 du Code pénal ci-après reproduit :

(V. C. pén., art. 511-15).

Art. L. 2162-2 *(L. n° 2004-800, 6 août 2004)*. – Comme il est dit à l'article 511-16 du Code pénal ci-après reproduit :

(V. C. pén., art. 511-16).

Art. L. 2162-3 *(L. n° 2004-800, 6 août 2004)*. – Comme il est dit à l'article 511-22 du Code pénal ci-après reproduit :

(V. C. pén., art. 511-22).

Art. L. 2162-4 *(L. n° 2004-800, 6 août 2004)*. – Comme il est dit à l'article 511-23 du Code pénal ci-après reproduit :

(V. C. pén., art. 511-23).

Art. L. 2162-5 *(L. n° 2004-800, 6 août 2004)*. – Comme il est dit à l'article 511-24 du Code pénal ci-après reproduit :

(V. C. pén., art. 511-24).

Art. L. 2162-6 *(L. n° 2004-800, 6 août 2004)*. – Comme il est dit à l'article 511-25 du Code pénal ci-après reproduit :

(V. C. pén., art. 511-25).

Art. L. 2162-7 *(L. n° 2004-800, 6 août 2004)*. – Comme il est dit à l'article 511-26 du Code pénal, la tentative des délits prévus par les articles 511-2, 511-3, 511-4, 511-5, 511-5-1, 511-5-2, 511-6, 511-9, 511-15, 511-16 et 511-19 est punie des mêmes peines.

Art. L. 2162-8 *(Ord. n° 2008-480, 22 mai 2008)*. – Comme il est dit à l'article 511-25-1 du Code pénal ci-après reproduit :

(V. C. pén., art. 511-25-1).

Dispositions communes

Art. L. 2164-1 *(L. n° 2004-800, 6 août 2004)*. – Les personnes physiques coupables des infractions prévues au présent titre encourent également la peine complémentaire d'interdiction, pour une durée de dix ans au plus, d'exercer l'activité professionnelle ou sociale dans l'exercice de laquelle ou à l'occasion de laquelle l'infraction a été commise.

Art. L. 2164-2 *(Anc. art. L. 2153-2 successivement dénum. en art. L. 2163-2 puis L. 2164-2, L. n° 2004-800, 6 août 2004 ; mod., L. n° 2009-526, 12 mai 2009)*. – Les personnes morales déclarées responsables pénalement, dans les conditions prévues par l'article 121-2 du Code pénal, des infractions définies au présent titre encourent, outre l'amende suivant les modalités prévues par l'article 131-38 du Code pénal, les peines prévues par l'article 131-39 du même code.

L'interdiction mentionnée au 2° de l'article 131-39 du Code pénal porte sur l'activité dans l'exercice ou à l'occasion de l'exercice de laquelle l'infraction a été commise.

VIII. – INTERRUPTION VOLONTAIRE DE GROSSESSE

Voir : art. 223-10 s., p. 287 (interruption illégale de la grossesse).

Code de la santé publique

(Ord. n° 2000-548, 15 juin 2000)

Art. L. 2212-1 *(Mod., L. n° 2014-873, 4 août 2014 ; L. n° 2016-41, 26 janv. 2016)*. – La femme enceinte qui ne veut pas poursuivre une grossesse peut demander à un médecin l'interruption de sa grossesse. Cette interruption ne peut être pratiquée qu'avant la fin de la douzième semaine de grossesse.

Toute personne a le droit d'être informée sur les méthodes abortives et d'en choisir une librement.

Cette information incombe à tout professionnel de santé dans le cadre de ses compétences et dans le respect des règles professionnelles qui lui sont applicables.

Art. L. 2212-2 *(Ord. n° 2003-850, 4 sept. 2003 ; L. n° 2016-41, 26 janv. 2016)*. – L'interruption volontaire d'une grossesse ne peut être pratiquée que par un médecin ou, pour les seuls cas où elle est réalisée par voie médicamenteuse, par une sage-femme.

Elle ne peut avoir lieu que dans un établissement de santé, public ou privé, ou dans le cadre d'une convention conclue entre le praticien ou la sage-femme ou un centre de planification ou d'éducation familiale ou un centre de santé et un tel établissement, dans des conditions fixées par décret en Conseil d'État.

....

Provocation à l'interruption de grossesse

Art. L. 2221-1 *(Abr., L. n° 2001-588, 4 juill. 2001)*.

Interruption illégale de grossesse

Art. L. 2222-1. – Comme il est dit à l'article 223-10 du Code pénal ci-après reproduit :

(V. C. pén. , art. 223-10).

Art. L. 2222-2 *(L. n° 2001-588, 4 juill. 2001 ; L. n° 2016-41, 26 janv. 2016)*. – L'interruption de la grossesse d'autrui est punie de deux ans d'emprisonnement et de 30 000 € d'amende lorsqu'elle est pratiquée, en connaissance de cause, dans l'une des circonstances suivantes :

1° Après l'expiration du délai dans lequel elle est autorisée par la loi, sauf si elle pratiquée pour un motif médical ;

2° Par une personne n'ayant pas la qualité de médecin ou de sage-femme ;

3° Dans un lieu autre qu'un établissement d'hospitalisation public ou qu'un établissement d'hospitalisation privé satisfaisant aux conditions prévues par la loi, ou en dehors du cadre d'une convention conclue selon les modalités prévues à l'article L. 2212-2.

Cette infraction est punie de cinq ans d'emprisonnement et de 75 000 € d'amende si le coupable la pratique habituellement.

La tentative des délits prévus au présent article est punie des mêmes peines.

Art. L. 2222-3. – Le fait de procéder à une interruption de grossesse après diagnostic prénatal sans avoir respecté les modalités prévues par la loi est puni de deux ans d'emprisonnement et de 30 000 € d'amende.

Art. L. 2222-4 *(L. n° 2001-588, 4 juill. 2001)*. – Le fait de fournir à la femme les moyens matériels de pratiquer une interruption de grossesse sur elle-même est puni de trois ans d'emprisonnement et de 45 000 € d'amende. Ces peines sont portées à cinq ans d'emprisonnement et à 75 000 € d'amende si l'infraction est commise de manière habituelle. En aucun cas, la femme ne peut être considérée comme complice de cet acte.

La prescription ou la délivrance de médicaments autorisés ayant pour but de provoquer une interruption volontaire de grossesse ne peut être assimilée au délit susmentionné.

Entrave à l'interruption légale de grossesse

Art. L. 2223-1. – Toute association régulièrement déclarée depuis au moins cinq ans à la date des faits, dont l'objet statutaire comporte la défense des droits des femmes à accéder à la contraception et à l'interruption de grossesse, peut exercer les droits reconnus à la partie civile en ce qui concerne les infractions prévues par l'article L. 2223-2 lorsque les faits ont été commis en vue d'empêcher ou de tenter d'empêcher une interruption volontaire de grossesse ou les actes préalables prévus par les articles L. 2212-3 à L. 2212-8.

En matière d'entrave à interruption volontaire de grossesse, les dispositions de l'article L. 162-15-1 du Code de la santé publique, relatives aux seules associations, ne font pas obstacle à l'application de celles de l'article L. 411-11 du Code du travail régissant l'action civile des syndicats professionnels ; il résulte des dispositions combinées des articles L. 162-15-1 du Code de la santé publique et 5 et 6 de la loi du 1er juillet 1901 que l'objet statutaire de l'association, défini par le premier de ces textes, doit avoir été déclaré depuis au moins 5 ans avant la date des faits à raison desquels elle entend exercer les droits reconnus à la partie civile ; pour qu'une association puisse se constituer partie civile, dans des poursuites exercées pour entrave à interruption volontaire de grossesse, son objet statutaire doit, aux termes de l'article L. 162-15-1 du Code de la santé publique, comporter la défense des droits des femmes à accéder à la contraception et à l'avortement ; l'objet social d'une association tendant à la « défense des droits et à la dignité de la femme... » comprend nécessairement la défense du droit des femmes à accéder à la contraception et à l'avortement (■ Cass. crim., 27 nov. 1996 : *Bull. crim.* n° 431).

Art. L. 2223-2 *(L. n° 2017-347, 20 mars 2017)*. **– Est puni de deux ans d'emprisonnement et de 30 000 euros d'amende le fait d'empêcher ou de tenter d'empêcher de pratiquer ou de s'informer sur une interruption volontaire de grossesse ou les actes préalables prévus par les articles L. 2212-3 à L. 2212-8 par tout moyen, y compris par voie électronique ou en ligne, notamment par la diffusion ou la transmission d'allégations ou d'indications de nature à induire intentionnellement en erreur, dans un but dissuasif, sur les caractéristiques ou les conséquences médicales d'une interruption volontaire de grossesse :**

1° Soit en perturbant l'accès aux établissements mentionnés à l'article L. 2212-2, la libre circulation des personnes à l'intérieur de ces établissements ou les conditions de travail des personnels médicaux et non médicaux ;

2° Soit en exerçant des pressions morales et psychologiques, des menaces ou tout acte d'intimidation à l'encontre des personnes cherchant à s'informer sur une interruption volontaire de grossesse, des personnels médicaux et non médicaux travaillant dans les établissements mentionnés au même article L. 2212-2, des femmes venues recourir à une interruption volontaire de grossesse ou de l'entourage de ces dernières.

1) Caractérise la tentative d'entrave à interruption volontaire de grossesse, quoique aucune intervention n'ait été en cours ou prévue au moment de l'action, l'arrêt qui relève que, par leur intrusion dans les locaux de la maternité qui a eu pour effet d'interdire l'accès au bloc opératoire, dans le but d'empêcher la réalisation de ce type d'intervention, les prévenus ont perturbé la libre circulation du personnel soignant et gêné le fonctionnement du service (■ Cass. crim., 5 mai 1997 : *Bull. crim.*, n° 168 ; *JurisData*, n° 1997-002448).

La preuve du respect par l'établissement hospitalier des exigences des articles L. 162-1 et suivants du Code de la santé publique n'est pas une condition préalable du délit d'entrave à interruption volontaire de grossesse (■ Cass. crim., 5 mai 1997 : *Bull. crim.*, n° 158 ; *JurisData*, n° 1997-002449).

Encourt dès lors la censure l'arrêt qui, pour relaxer les prévenus de ce chef, retient que, les formalités légalement prescrites avant l'intervention n'étant pas respectées, les interruptions volontaires de grossesse pratiquées dans l'établissement sont irrégulières (■ Cass. crim., 7 avr. 1999 : *Bull. crim.*, n° 70).

2) L'état de nécessité, au sens de l'article 122-7 du Code pénal, ne saurait être invoqué pour justifier le délit d'entrave à l'interruption volontaire de grossesse, dès lors que celle-ci est autorisée, sous certaines conditions, par la loi du 17 janvier 1975 (■ Cass. crim., 31 janv. 1996 : *JurisData*, n° 1996-000291 ; *Dr. pénal* 1996, comm. 87, obs. J.-H. Robert ; *JCP* 96, II, 227-13, note A. Dorsner-Dolivet).

3) Les dispositions de l'article L. 162-15 ne sont pas inconciliables avec celles des articles 9 et 10 de la Convention européenne des droits de l'homme et des libertés fondamentales, dès lors que la liberté d'opinion et la liberté de manifester ses convictions peuvent être restreintes par des mesures nécessaires à la protection de la santé ou des droits d'auteur (■ Cass. crim., 31 janv. 1996 : *arrêt préc.*). Elles ne sont incompatibles ni avec l'article 2 de la Convention européenne de sauvegarde des droits de l'homme et des libertés fondamentales ni avec l'article 6 du Pacte international sur les droits civils et politiques qui reconnaissent, l'un et l'autre, l'existence, pour toute personne, d'un droit à la vie protégé par la loi ; et, aux termes de la déclaration interprétative faite par la France en marge de la Convention relative aux droits de l'enfant, signée à New York le 26 janvier 1990, celle-ci ne saurait être interprétée comme faisant obstacle à l'application des dispositions de la législation française relative à l'interruption de grossesse (■ Cass. crim., 27 nov. 1996 : *Bull. crim.*, n° 431 ; *Dr. pénal* 1997, comm. 39, obs. J.-H. Robert).

Bibliographie : A. Lepage, *Réflexions sur la nouvelle extension du délit d'entrave à l'interruption volontaire de grossesse : Dr. pén.* 2017, étude 15.

4) Les articles 2 et 3 du Code de procédure pénale ouvrent l'action civile à tous ceux qui ont personnellement souffert du dommage, matériel ou moral, découlant des faits, objet de la poursuite, sans exclure les personnes morales de droit public. Un établissement public de santé est dès lors recevable, dans des poursuites exercées pour entrave à interruption volontaire de grossesse à l'intérieur de ses locaux, à demander la réparation du préjudice qu'il a personnellement subi du fait de l'infraction (■ Cass. crim., 27 nov. 1996, préc.).

5) Justifie sa décision de déclarer le prévenu coupable d'entrave à l'interruption volontaire de grossesse la cour d'appel qui relève que les perturbations du personnel et les pressions morales et psychologiques souverainement constatées sur les femmes venues consulter ont été commises dans un établissement où étaient pratiquées des interruptions volontaires de grossesse médicamenteuses et les actes qui en sont le préalable, au sens des articles L. 2212-2, et L. 2223-2, dans sa rédaction antérieure à la loi du 4 août 2014, du Code de la santé publique (■ Cass. crim., 1er sept. 2015, n° 14-87-441 : *Dr. pén.* 2015, comm. 125, obs. J.-H. Robert).

6) Sur l'inconventionnalité de l'interdiction de diffuser des traits anti-avortement, voir : ■ CEDH, 26 nov. 2015, n° 3690/10 ; *Dr. pén.* 2016, comm. 31, obs. J.-H. Robert ; *JCP* G 2015, 1398, note M. Afroukh).

Contraceptifs

Art. L. 5434-1 ***(L. n° 2016-41, 26 janv. 2016).*** **– Toute infraction en matière de publicité pour les produits et objets contraceptifs autres que les médicaments est punie selon les dispositions des articles L. 5422-5 et L. 5422-6.**

Toutefois, seules les dispositions de l'article L. 5422-6 sont applicables aux infractions en matière de publicité pour les préservatifs.

Art. L. 5434-2 ***(L. n° 2001-588, 4 juill. 2001 ; mod., L. n° 2004-806, 9 août 2004).*** **– Le fait, de délivrer des contraceptifs mentionnés à l'article L. 5134-1 en infraction aux dispositions du premier alinéa du II et du III dudit article et du 1° de l'article L. 5134-3 est puni de six mois d'emprisonnement et de 7 500 € d'amende.**

Produits aptes à provoquer une interruption volontaire de grossesse

Art. L. 5435-1 ***(L. n° 2001-588, 4 juill. 2001 ; mod., L. n° 2009-526, 12 mai 2009).*** **– La vente, par les fabricants et négociants en appareils gynécologiques, de dispositifs médicaux utilisables pour une interruption volontaire de grossesse à des personnes n'appartenant pas au corps médical ou ne faisant pas elles-mêmes profession de vendre ces dispositifs est punie de deux ans d'emprisonnement et de 30 000 € d'amende.**

Les personnes physiques et les personnes morales encourent également les peines suivantes :

1° La confiscation des dispositifs médicaux saisis ;

2° L'interdiction d'exercer la profession ou l'activité à l'occasion de laquelle le délit a été commis, pour une durée qui ne peut excéder cinq ans.

ANNEXE 43

MÉDIAS

Bibliographie : C. Bigot, D. Dechenaud, E. Dreyer et J.-B. Thierry, *Presse et communication : JCl. Lois pénales spéciales.* • AJP 2013, p. 11 et s., Dossier *Droit de la presse*, par N. Verly, E. Dreyer, C. Michalski et Ph. Piot.

Loi du 29 juillet 1881
sur la liberté de la presse

CHAPITRE PREMIER. – DE L'IMPRIMERIE ET DE LA LIBRAIRIE

Art. 1er. – L'imprimerie et la librairie sont libres.

NB : Sur le principe de la liberté de la presse et ses restrictions, V. sous l'article 29 de la loi de 1881, notes 1 à 4.

Art. 2 *(L. n° 2010-1, 4 janv. 2010)*. **– Le secret des sources des journalistes est protégé dans l'exercice de leur mission d'information du public.**

Est considérée comme journaliste au sens du premier alinéa toute personne qui, exerçant sa profession dans une ou plusieurs entreprises de presse, de communication au public en ligne, de communication audiovisuelle ou une ou plusieurs agences de presse, y pratique, à titre régulier et rétribué, le recueil d'informations et leur diffusion au public.

Il ne peut être porté atteinte directement ou indirectement au secret des sources que si un impératif prépondérant d'intérêt public le justifie et si les mesures envisagées sont strictement nécessaires et proportionnées au but légitime poursuivi. Cette atteinte ne peut en aucun cas consister en une obligation pour le journaliste de révéler ses sources.

Est considéré comme une atteinte indirecte au secret des sources au sens du troisième alinéa le fait de chercher à découvrir les sources d'un journaliste au moyen d'investigations portant sur toute personne qui, en raison de ses relations habituelles avec un journaliste, peut détenir des renseignements permettant d'identifier ces sources.

Au cours d'une procédure pénale, il est tenu compte, pour apprécier la nécessité de l'atteinte, de la gravité du crime ou du délit, de l'importance de l'information recherchée pour la répression ou la prévention de cette infraction et du fait que les mesures d'investigation envisagées sont indispensables à la manifestation de la vérité.

Bibliographie : V. J. Francillon, *Liberté d'expression, protection des sources des journalistes : Rev. sc. crim.* 2012, p. 603 et s.

1) Aux termes de l'article 2 de la loi du 29 juillet 1881, dans sa rédaction issue de la loi n° 2010-1 du 4 janvier 2010, il ne peut être porté atteinte directement ou indirectement au secret des sources des journalistes que si un impératif prépondérant d'intérêt public le justifie et si les mesures envisagées sont strictement nécessaires et proportionnées au but légitime poursuivi. Justifie sa décision au regard de ce texte et au regard de l'article 10 de la Convention européenne des droits de l'homme, la chambre de l'instruction qui, dans une information suivie du chef de violation du secret professionnel, prononce l'annulation des réquisitions adressées, lors de l'enquête préliminaire, à des opérateurs de téléphonie, pour obtenir l'identification des numéros de téléphone des correspondants des journalistes, auteurs d'un article rendant compte d'une procédure judiciaire en cours, ainsi que celle des pièces dont elles étaient le support nécessaire, par des motifs qui établissent que cette atteinte portée au secret des sources des journalistes n'était pas justifiée par un impératif prépondérant d'intérêt public et que la mesure n'était pas nécessaire et proportionnée au but légitime poursuivi (■ Cass. crim., 6 déc. 2011, n° 11-83.970 : *Bull. crim.*, n° 248 ; *D.* 2012, act. p. 17, note S. Lavric ; *Gaz. Pal.* 1er et 2 janv. 2012, chron. p. 23, note Ph. Piot ; *Legipresse* 2012, p. 105, note A. Guedj et Th. Fourrey ; *Procédures* 2012, comm. 47, p. 25, note A.-S. Chavent-Leclere. – Rappr. ■ Cass. crim., 5 déc. 2000 : *Bull. crim.*, n° 362. ■ Cass. crim., 30 oct. 2006 : *Bull. crim.*, n° 258).

2) Il résulte des dispositions des articles 10 de la Convention européenne des droits de l'homme et 2 de la loi du 29 juillet 1881 que le secret des sources des journalistes est protégé dans l'exercice de leur mission d'information du public et qu'il ne peut être porté atteinte directement ou indirectement à ce secret que si un impératif prépondérant d'intérêt public le justifie et si les mesures envisagées sont strictement nécessaires et proportionnées au but légitime poursuivi.

Ne justifie pas sa décision au regard de ces dispositions l'arrêt d'une chambre de l'instruction qui prononce l'annulation des réquisitions prises à l'occasion d'une information ouverte du chef de violation du secret de l'instruction et tendant à l'exécution d'investigations destinées à déterminer les lignes téléphoniques attribuées à des journalistes et les facturations détaillées correspondant à ces lignes, sans s'expliquer suffisamment sur l'absence d'impératif prépondérant d'intérêt public pouvant justifier les mesures alors que la violation du secret de l'instruction invoquée imposait de rechercher les auteurs de cette infraction ayant porté atteinte à la présomption d'innocence, ni caractériser l'absence de nécessité et de proportionnalité desdites mesures, tout en faisant, à tort, référence à l'obligation, pour procéder aux réquisitions en cause, d'obtenir un accord des journalistes qui n'était pas en l'espèce nécessaire, ces professionnels n'étant pas directement requis de fournir des informations (■ Cass. crim., 14 mai 2013, n° 11-86.626 : *Bull. crim.*, n° 106 ; *JCP* 2013, act., note 676, E. Derieux ; *Procédures* 2013, comm. 220 et 223, note A. S. Chavent-Leclere ; *AJP* 2013, p. 467, note Lasserre-Capdeville).

3) Encourt la cassation l'arrêt de la chambre de l'instruction qui, pour refuser d'annuler des pièces de la procédure suivie contre un journaliste, mis en examen pour violation du secret professionnel, complicité et recel, se détermine par des motifs dont il ne résulte pas que les ingérences litigieuses procédaient d'un impératif prépondérant d'intérêt public, et que d'autres mesures que la perquisition et les saisies opérées au domicile de l'intéressé auraient été insuffisantes pour rechercher l'existence d'une éventuelle violation du secret professionnel, et en identifier les auteurs (■ Cass. crim., 25 févr. 2014, n° 13-84.761 : *D.* 2014, act., p. 60).

Art. 2 bis ***(L. n° 2016-1524, 14 nov. 2016).*** **– Tout journaliste, au sens du 1° du I de l'article 2, a le droit de refuser toute pression, de refuser de divulguer ses sources et de refuser de signer un article, une émission, une partie d'émission ou une contribution dont la forme ou le contenu auraient été modifiés à son insu ou contre sa volonté. Il ne peut être contraint à accepter un acte contraire à sa conviction professionnelle formée dans le respect de la charte déontologique de son entreprise ou de sa société éditrice.**

Toute convention ou tout contrat de travail signé entre un journaliste professionnel et une entreprise ou une société éditrice de presse ou de communication audiovisuelle entraîne l'adhésion à la charte déontologique de l'entreprise ou de la société éditrice.

Les entreprises ou sociétés éditrices de presse ou audiovisuelles dépourvues de charte déontologique engagent des négociations à compter de la publication de la loi n° 2016-1524 du 14 novembre 2016 visant à renforcer la liberté, l'indépendance et le pluralisme des médias. Cette charte est rédigée conjointement par la direction et les représentants des journalistes. À défaut de conclusion d'une charte avant le 1er juillet 2017 et jusqu'à l'adoption de celle-ci, les déclarations et les usages professionnels relatifs à la profession de journaliste peuvent être invoqués en cas de litige. Le comité institué à l'article 30-8 de la loi n° 86-1067 du 30 septembre 1986 relative à la liberté de communication est consulté lors de cette rédaction. Le deuxième alinéa du présent article s'applique à compter du 1er juillet 2017.

Art. 3 ***(D.-L. 29 juill. 1939 ; mod., L. 4 févr. 1958).*** **– Tout écrit rendu public, à l'exception des ouvrages de ville ou bilboquets, portera l'indication du nom et du domicile de l'imprimeur à peine, contre celui-ci, d'une amende de 3 750 €.**

La distribution des imprimés qui ne porteraient pas la mention exigée au paragraphe précédent est interdite et la même peine est applicable à ceux qui contreviendraient à cette interdiction.

Une peine d'emprisonnement de six mois pourra être prononcée si, dans les douze mois précédents, l'imprimeur ou le distributeur a été condamné pour contravention de même nature.

Toutefois, si l'imprimé fait appel à des techniques différentes et nécessite le concours de plusieurs imprimeurs, l'indication du nom et du domicile de l'un d'entre eux est suffisante.

1) L'article 2 ne vise que la distribution des imprimés et non les affiches (■ Cass. crim., 13 juin 1956 : *Bull. crim.*, n° 471).

2) L'article 2 déroge à la règle générale écrite dans l'article 63 de la loi du 29 juillet 1881 en vertu duquel l'aggravation des peines, résultant de la récidive, n'est pas applicable aux infractions prévues par la loi. L'état de récidive ne peut résulter au surplus que d'une condamnation définitive, ayant acquis l'autorité de la chose jugée au moment de la perpétration du fait qui donne lieu à la seconde poursuite (■ Cass. crim., 2 août 1856 : *DP* 56, 1, 379).

Art. 4 *(Abr., L. 19 mai 1925 et 21 juin 1943).*

CHAPITRE II. – DE LA PRESSE PÉRIODIQUE

§ 1. – Du droit de publication, de la gérance, de la déclaration et du dépôt au Parquet

Art. 5 *(L. n° 2012-387, 22 mars 2012).* **– Tout journal ou écrit périodique peut être publié sans déclaration ni autorisation préalable, ni dépôt de cautionnement.**

La saisie d'un journal par l'autorité administrative doit être justifiée par le maintien du bon ordre et de la sûreté publique et ne pas aller au-delà de ce qui est indispensable pour assurer ces objectifs (■ T. confl., 8 avr. 1935 : *S.* 1935, 3, 76, concl. Josse ; *D.* 1935, 3, 25, note Waline ; *RDP* 1935, 309, note Jèze. ■ CE, 23 nov. 1951 : *RDP* 1951, 1098, concl. Letourneur et note Waline).

Art. 6 *(L. n° 86-897, 1er août 1986 ; mod., Ord. 18 sept. 2000 ; L. n° 2017-86, 27 janv. 2017).* **– Toute publication de presse doit avoir un directeur de la publication.**

Lorsqu'une personne physique est propriétaire ou locataire-gérant d'une entreprise éditrice au sens de la loi n° 86-897 du 1er août 1986 portant réforme du régime juridique de la presse ou en détient la majorité du capital ou des droits de vote, cette personne est directeur de la publication. Dans les autres cas, le directeur de la publication est le représentant légal de l'entreprise éditrice. Toutefois, dans les sociétés anonymes régies par les articles 118 à 150 de la loi n° 66-537 du 24 juillet 1966 [*C. com., art. 225-57 à 225-93*] sur les sociétés commerciales, le directeur de la publication est le président du directoire ou le directeur général unique.

Si le directeur de la publication jouit de l'immunité parlementaire dans les conditions prévues à l'article 26 de la Constitution et aux articles 9 et 10 du Protocole du 8 avril 1965 sur les privilèges et immunités des communautés européennes, l'entreprise éditrice doit nommer un codirecteur de la publication choisi parmi les personnes ne bénéficiant pas de l'immunité parlementaire et, lorsque l'entreprise éditrice est une personne morale, parmi les membres du conseil d'administration, du directoire ou les gérants suivant la forme de ladite personne morale.

Le codirecteur de la publication doit être nommé dans le délai d'un mois à compter de la date à partir de laquelle le directeur de la publication bénéficie de l'immunité visée à l'alinéa précédent.

Le directeur et, éventuellement, le codirecteur de la publication doivent être majeurs, avoir la jouissance de leurs droits civils et n'être privés de leurs droits civiques par aucune condamnation judiciaire. Par dérogation, un mineur âgé de seize ans révolus peut être nommé directeur ou codirecteur de la publication de tout journal ou écrit périodique réalisé bénévolement, sans préjudice de l'application de la loi n° 49-956 du 16 juillet 1949 sur les publications destinées à la jeunesse. La responsabilité des parents d'un mineur âgé de seize ans révolus nommé directeur ou codirecteur de publication ne peut être engagée, sur le fondement de l'article 1242 du Code civil, que si celui-ci a commis un fait de nature à engager sa propre responsabilité civile dans les conditions prévues par la présente loi.

Toutes les obligations légales imposées au directeur de la publication sont applicables au codirecteur de la publication.

Aux termes de l'article 1er de la loi n° 86-897 du 1er avril 1986 portant réforme du régime juridique de la presse, il faut entendre par « publication de presse » « tout service utilisant un mode écrit de diffusion de la pensée mis à la disposition du public en général ou de catégories de publics et paraissant à intervalles réguliers » ; cette dernière expression implique une diffusion d'informations selon une périodicité cyclique, ce qui n'est pas le cas d'une entreprise de presse telle que l'AFP dont l'objet est d'assurer la retransmission immédiate et continue des informations qu'elle reçoit de ses journalistes. Il en résulte que cet organisme, au demeurant soumis à un statut particulier résultant de la loi du 10 janvier 1957, n'entre pas dans les prévisions de la loi du 1er août 1986 et n'est donc pas tenu de se doter d'un directeur de publication au sens de l'article 6 de la loi du 29 juillet 1881 (■ Paris, 18 mai 1988 : *JCP* 89, IV, 6). À rapprocher : si l'AFP est dotée d'un statut spécifique, elle n'en a pas moins pour objet la diffusion d'informations permettant de l'assimiler à une publication de presse au sens de la loi du 1er août 1986 et relevant en conséquence de l'application de la loi du 29 juillet 1881 (■ Paris, 19 févr. 1992, inédit).

Art. 7 et 8 *(Abr., L. n° 2012-387, 22 mars 2012).*

Art. 9 *(L. 25 mars 1952 ; mod., L. n° 86-897, 1er août 1986 ; D. n° 93-726, 29 mars 1993 ; L. n° 2012-387, 22 mars 2012).* **– En cas de contravention à l'article 6, le propriétaire, le directeur de la publication et, dans le cas prévu au troisième alinéa du même article 6, le codirecteur de la publication sont punis de l'amende prévue pour les contraventions de la cinquième classe. La peine sera applicable à l'imprimeur à défaut du propriétaire ou du directeur ou, dans le cas prévu au deuxième alinéa de l'article 6, du codirecteur de la publication.**

Le journal ou écrit périodique ne pourra continuer sa publication qu'après avoir rempli les formalités ci-dessus prescrites, à peine, si la publication irrégulière continue, de l'amende prévue pour les contraventions de la 4e classe, prononcée solidairement contre les mêmes personnes, pour chaque numéro publié à partir du jour de la prononciation du jugement de condamnation, si ce jugement est contradictoire, et du troisième jour qui suivra sa notification, s'il a été rendu par défaut ; et ce, nonobstant opposition ou appel, si l'exécution provisoire est ordonnée.

Le condamné, même par défaut, peut interjeter appel. Il sera statué par la cour dans le délai de trois jours.

Le gérant d'un journal viole la loi lorsqu'il donne une indication mensongère concernant le nom de l'imprimeur (■ Lyon, 7 août 1884 : *D.* 85, 2, 245) ou lorsqu'il omet de déclarer le nom de l'imprimeur (■ Cass. crim., 3 janv. 1884 : *DP* 84, 1, 371).

Art. 10 *(Mod., L. 31 déc. 1945 ; D. n° 93-726, 29 mars 1993 ; L. n° 2012-387, 22 mars 2012).* **– Sont soumis à l'obligation de dépôt auprès du ministre chargé de la communication à la parution de chaque numéro les journaux et écrits périodiques à diffusion nationale. Un arrêté du ministre chargé de la communication fixe les modalités de mise en œuvre de l'obligation de dépôt ainsi que le nombre d'exemplaires à déposer. Ce nombre ne peut être supérieur à dix et tient compte notamment du fait que la publication est ou non consacrée à l'information politique et générale.**

Ce dépôt sera effectué sous peine de l'amende prévue pour les contraventions de la 4e classe contre le directeur de la publication.

Art. 11 *(D. n° 93-726, 29 mars 1993).* **– Le nom du directeur de la publication sera imprimé au bas de tous les exemplaires, à peine contre l'imprimeur de l'amende prévue pour les contraventions de la 4e classe par chaque numéro publié en contravention de la présente disposition.**

La responsabilité de l'omission incombe à l'imprimeur, à l'exclusion de toute autre personne, nonobstant son erreur ou sa bonne foi (■ Paris, 5 nov. 1907 : *DP* 1908, 2, 96).

§ 2. – Des rectifications

Art. 12. – Le directeur de la publication est tenu d'insérer gratuitement, en tête du plus prochain numéro du journal ou écrit périodique, toutes les rectifications qui lui seront adressées par un dépositaire de l'autorité publique, au sujet des actes de sa fonction qui auront été inexactement rapportés par ledit journal ou écrit périodique.

Toutefois ces rectifications ne dépasseront pas le double de l'article auquel elles répondront.

En cas de contravention, le directeur de la publication sera puni d'une amende de 3 750 €.

1) Le droit de rectification ne peut pas être exercé à l'occasion d'une émission radiophonique ou télévisée (■ Paris, 27 nov. 1929 : *DP* 1930, 2, 153, note Nast. ■ T. corr. Dunkerque, 11 juin 1954 : *JCP* 54, II, 8229, note Chavanne. ■ T. corr. Seine, 10 mai 1967 : *JCP* 68, II, 15325, note Debbasch).

2) Sont considérés comme des dépositaires de l'autorité publique : des maires (■ Cass. crim., 27 mai 1910 : *Bull. crim.*, n° 273) ; des commissaires de police (■ Amiens, 23 déc. 1879 : *DP* 81, 2, 182) ; des magistrats (■ Cass. crim., 14 mai 1869 : *S.* 69, 1, 439).

3) Si la personne même du fonctionnaire a été mise en cause, celui-ci doit utiliser le droit de réponse et non le droit de rectification (■ Cass. crim., 18 juill. 1896 : *D.* 97, 1, 55).

Art. 13 ***(L. 29 sept. 1919 ; mod., L. 5 oct. 1946 ; L. n° 93-2, 4 janv. 1993 ; L. n° 2000-516, 15 juin 2000).*** **– Le directeur de la publication sera tenu d'insérer dans les trois jours de leur réception, les réponses de toute personne nommée ou désignée dans le journal ou écrit périodique quotidien, sous peine d'une amende de 3 750 €, sans préjudice des autres peines et dommages-intérêts auxquels l'article pourrait donner lieu.**

En ce qui concerne les journaux ou écrits périodiques non quotidiens, le directeur de la publication, sous les mêmes sanctions, sera tenu d'insérer la réponse dans le numéro qui suivra le surlendemain de la réception.

Cette insertion devra être faite à la même place et en mêmes caractères que l'article qui l'aura provoquée et sans aucune intercalation.

Non compris l'adresse, les salutations, les réquisitions d'usage et la signature, qui ne seront jamais comptées dans la réponse, celle-ci sera limitée à la longueur de l'article qui l'aura provoquée. Toutefois, elle pourra atteindre cinquante lignes, alors même que cet article serait d'une longueur moindre, et elle ne pourra dépasser deux cents lignes, alors même que cet article serait d'une longueur supérieure. Les dispositions ci-dessus s'appliquent aux répliques, lorsque le journaliste aura accompagné la réponse de nouveaux commentaires.

La réponse sera toujours gratuite. Le demandeur en insertion ne pourra excéder les limites fixées au paragraphe précédent en offrant de payer le surplus.

La réponse ne sera exigible que dans l'édition ou les éditions où aura paru l'article.

Sera assimilé au refus d'insertion et puni des mêmes peines, sans préjudice de l'action en dommages-intérêts, le fait de publier, dans la région desservie par les éditions ou l'édition ci-dessus, une édition spéciale d'où serait retranchée la réponse que le numéro correspondant du journal était tenu de reproduire.

Le tribunal prononcera dans les dix jours de la citation sur la plainte en refus d'insertion. Il pourra décider que le jugement ordonnant l'insertion, mais en ce qui concerne l'insertion seulement, sera exécutoire sur minute nonobstant opposition ou appel. S'il y a appel, il y sera statué dans les dix jours de la déclaration faite au greffe.

Pendant toute période électorale, le délai de trois jours prévu pour l'insertion par le paragraphe 1er du présent article sera, pour les journaux quotidiens, réduit à vingt-quatre heures. La réponse devra être remise six heures au moins avant le tirage du journal dans lequel elle devra paraître. Dès l'ouverture de la période électorale, le directeur de la publication du journal sera tenu de déclarer au parquet, sous les peines édictées au paragraphe premier, l'heure à laquelle, pendant cette période, il entend fixer le tirage de son journal. Le délai de citation sur refus d'insertion sera réduit à vingt-quatre heures, sans augmentation pour les distances, et la citation pourra même être délivrée d'heure à heure sur ordonnance spéciale rendue par le président du tribunal. Le jugement ordonnant l'insertion sera exécutoire, mais en ce qui concerne cette insertion seulement, sur minute, nonobstant opposition ou appel. Si l'insertion ainsi ordonnée n'est pas faite dans le délai qui est fixé par le présent alinéa et qui prendra cours à compter du prononcé du jugement, le directeur de la publication sera passible d'une peine d'emprisonnement de trois mois et d'une amende de 3 750 €.

L'action en insertion forcée se prescrira après trois mois révolus, à compter du jour où la publication aura eu lieu.

Sans préjudice de l'application de l'alinéa précédent, toute personne nommée ou désignée dans un journal ou écrit périodique à l'occasion de l'exercice de poursuites pénales peut également exercer l'action en insertion forcée, dans le délai de trois mois à compter du jour où la décision de non-lieu dont elle fait l'objet est intervenue ou celle de relaxe ou d'acquittement la mettant expressément ou non hors de cause est devenue définitive.

Bibliographie : Sur le droit de réponse, V. Maurice-Hersant, *Le droit de réponse : D.* 1982, chron. 167.

ANNEXE 43

• *Sommaire*

1) QPC. Non-lieu à renvoi devant le Conseil constitutionnel de la QPC visant les articles 12 et 13 de la loi de 29 juillet 1881 (■ Cass. crim., 5 sept. 2017, n° 17-80.527 : *Dr. pén.* 2017, comm. 181, note P. Conte).

I – PRINCIPE DU DROIT DE RÉPONSE

2) Droit personnel et spécifique. Le droit de réponse existe indépendamment de toute attaque ou agression et ne saurait être confondu avec le droit de légitime défense, la personne nommée ou désignée ayant la faculté de donner son point de vue (■ Cass. crim., 15 déc. 1934 : *Bull. crim.*, n° 210 ; *Gaz. Pal.* 1935, I, 60, rapp. Bompard ; *DP* 1935, 1, 27, note Nast), même si l'information est légitime et objective (■ Cass. crim., 6 nov. 1956 : *JCP* 1956, IV, 174). C'est le droit au respect de la personne dans sa pensée et dans son activité. Ce droit est strictement personnel et ne peut être **exercé que par celui qui a été expressément ou implicitement mis en cause** dans une publication périodique (■ Cass. crim., 2 févr. 1988 : *Bull. crim.*, n° 54 ; *Rev. sc. crim.* 1988, 790, obs. Levasseur).

3) Il s'ensuit que l'insertion d'un droit de réponse ne saurait constituer une ingérence de l'autorité publique au sens de l'article 10 de la Convention européenne des droits de l'homme (■ Paris, 13 mars 1991 : *D.* 1991, IR, 120).

4) De la combinaison du principe de personnalité du droit de réponse et de la limitation du monopole de l'avocat, il se déduit que la demande d'insertion d'une réponse à un article paru dans un journal ne peut être l'œuvre que de la personne même qui la formule ou d'un fondé de pouvoir spécial (■ Paris, 11e Ch. 17 févr. 1988 : *JurisData*, n° 22809). Aucune disposition de la loi du 31 décembre 1971 n'autorise l'avocat à exercer, sans mandat spécial, le droit exceptionnel et personnel accordé par l'article 13 de la loi du 29 juillet 1881 aux personnes mises en cause dans un écrit périodique (■ Cass. crim., 9 mai 1990 : *Bull. crim.*, n° 178).

5) Les actions en diffamation et les actions pour exercer le droit de réponse sont absolument indépendantes les unes des autres, même lorsqu'elles concernent la même publication ; dès lors, il n'y a aucune litispendance entre elles (■ T. pol. ■ Paris, 16 janv. 1976 : *Rev. sc. crim.* 1977, 103, obs. Levasseur).

6) Droit inhérent à toute personne physique ou morale. La personne pouvant exercer le droit de réponse peut être aussi bien physique que morale (■ Cass. crim., 6 nov. 1956 : *JCP* 57, II, 9723) et il peut s'agir aussi bien d'un simple particulier que d'un fonctionnaire (■ Cass. crim., 18 juill. 1896 : *DP* 97, 1, 55) ; mais, par exemple, un groupe d'élus municipaux n'a pas qualité pour réclamer l'insertion d'une réponse s'il est constaté que ce groupe est dépourvu de la personnalité morale (■ Cass. crim., 7 avr. 1994 *Bull. crim.*, n° 144).

7) Désignation de la personne. Elle doit avoir été désignée avec suffisamment de précision, soit par son nom ou tout autre élément de description qui permette de la reconnaître (■ Cass. crim., 4 juin 1953 : *D.* 1953, I, 665, note Chavanon). Mais la simple mention de son nom ne suffit pas pour qu'elle se prétende mise en cause (■ Lyon, 26 janv. 1979 : *JCP* 80, II, 19264, note Chavanne ; *Rev. sc. crim.* 1980, 143, obs. Levasseur), tout comme le fait de figurer sur une photo parmi un rassemblement de personnes, sans du moins que l'une ou l'autre d'entre elles ne soit spécialement visée dans le contexte (■ Cass. crim., 27 mai 1972 : *Bull. crim.*, n° 176 ; *Rev. sc. crim.* 1973, 907, obs. Levasseur). Le droit de réponse est ouvert notamment à la personne désignée dans la publication d'une mise au point relative à une œuvre de collaboration, quand bien même elle aurait sollicité cette mise au point, dès lors qu'elle n'en est pas l'auteur (■ Cass. crim., 28 mars 1995 : *Bull. crim.*, n° 128).

8) L'appréciation des tribunaux sur le point de savoir si une personne est ou non désignée dans une publication périodique est souveraine (■ Cass. crim., 2 févr. 1988 : *Bull. crim.*, n° 54).

9) Le droit de réponse est un droit général et absolu (■ Cass. crim., 12 juill. 1884 : *DP* 86, 1, 47. ■ 21 juill. 1955 *JCP* 56, II, 9245, note Chavanne. ■ 22 févr. 1972 : *Bull. crim.*, n° 70 ; *Rev. sc. crim.* 1973, 128, obs. Levasseur), les juges n'étant pour autant privés du pouvoir d'apprécier l'existence d'abus dans l'exercice de ce droit (■ T. corr. Paris, 13 déc. 1994, inédit).

10) Celui qui l'exerce est seul juge de son opportunité (■ Cass. crim., 19 mai 1958 : *JCP* 1958, IV, 99), comme de la teneur, de l'étendue, de l'utilité et de la forme de la réponse dont il requiert l'insertion (■ Cass. crim., 20 janv. 1987 : *Bull. crim.*, n° 28). Il importe peu que l'article de journal auquel il est répondu ne renferme ni une attaque contre la personne nommée ni même une appréciation défavorable à son égard (■ Cass. crim., 3 mai 1923 : *DP* 1923, 1, 93), et il a été jugé qu'une rectification spontanément apportée à l'article n'excluait pas le droit de réponse (■ Cass. crim., 6 nov. 1956 : *JCP* 1956, IV, 174).

11) Écrits concernés. L'article auquel il peut être répondu, peut être un article de critique littéraire, artistique, dramatique ou scientifique (■ Cass. crim., 17 juin 1898 : *DP* 99, 1, 289, note Appleton ; S. 98, 1, 538, note Villey. ■ 21 mai 1924 : *DP* 1924, 1, 97, note Josserand) ou un article religieux (■ Cass. crim., 16 janv. 1969 : *JCP* 69, II, 15882, note Blin ; *Rev. sc. crim.* 1969, 672, obs. Levasseur).

12) Cas des dessins. Il a été jugé que l'exercice du droit de réponse est strictement réservé à la personne désignée et mise en cause dans un article et non par un dessin, les termes de l'article 13 ne pouvant être interprétés extensivement (■ Paris, 11 sept. 1997 : *JurisData* 1997-002529 ; *Dr. pénal* 1997, comm. 153, obs. M. Véron ; *JCP* 1998, II, 10034, note Beignier).

13) Il doit s'agir d'un article de journal ou de publications périodiques, quelle que soit l'ampleur de leur diffusion (■ Cass. crim., 27 juill. 1933 : S. 1935, I, 76) ce qui exclut le droit de réponse en matière de cinéma, radio ou télévision (V. *supra*, note 1, sous art. 12).

Notes : *a)* Sur le droit de réponse en matière audiovisuelle, V. *infra*, L. n° 82-652 du 29 juillet 1982.

b) Pour les décisions judiciaires, V. *infra*, V.

II – LIMITES DU DROIT DE RÉPONSE

14) Contrôle de la Cour de cassation. Les appréciations touchant la teneur d'une réponse dont l'insertion a été refusée aussi bien que celle de l'écrit qui a provoqué cette réponse sont soumises au contrôle de la Cour de cassation (■ Cass. crim., 2 févr. 1988 : *Bull. crim.*, n° 54. ■ Cass. crim., 19 déc. 1989 : *Bull. crim.*, n° 493).

15) Conditions du refus d'insertion. La réponse ne doit pas être contraire à l'ordre public, aux lois ou aux bonnes mœurs (■ Paris, 22 mars 1907 : *DP* 1907, 2, 191). Si la réponse est, en principe, indivisible, le refus d'insertion n'est pas constitué par une insertion partielle, qui n'a pas sa cause dans l'obligation imposée par l'article 13 de la loi du 29 juillet 1881, dès lors que le directeur de la publication est fondé à refuser l'insertion intégrale d'une lettre portant atteinte à la loi, aux bonnes mœurs, à l'intérêt légitime des tiers ou à l'honneur du journaliste (■ Cass. crim., 4 sept. 1996 : *Bull. crim.*, n° 313). Mais il ne suffirait pas, pour justifier un refus d'insérer, de prétendre que la réponse est de nature à jeter le trouble dans les esprits (■ Cass. crim., 29 juin 1965 : *Gaz. Pal.* 1965, 2, 195).

16) La réponse ne doit pas être contraire à l'intérêt de tiers (■ Cass. crim., 16 juin 1955 : *D.* 1955, 615. ■ Cass. crim., 16 oct. 1968 : *Bull. crim.*, n° 256. ■ Cass. crim., 23 mars 1993 : *Bull. crim.*, n° 127).

17) Le directeur de la publication n'est pas fondé à refuser l'insertion d'une réponse qui ne porte pas atteinte à l'intérêt légitime des tiers étrangers au débat, ni à l'honneur ou à la considération des personnes ayant concouru à la rédaction et à la publication de l'article auquel il a été répondu ; (■ Cass. crim., 28 mars 1995 : *Bull. crim.*, n° 128) ni être de nature à offenser la mémoire d'un mort (■ Cass. crim., 20 juin 1989 : *Dr. pénal* 1990, n° 3) ni porter atteinte à l'honneur ou à la considération du journaliste (■ Cass. crim., 1er juill. 1954 : *D.* 1954, 665. ■ 9 févr. 1993 : *Dr. pénal* 1993, n° 153) étant précisé qu'une réponse énergique est autorisée dans la mesure où elle n'excède pas la rudesse de l'attaque (■ Cass. crim., 22 févr. 1972 : *Bull. crim.* n° 70 ; *Rev. sc. crim.* 1973, 128, obs. Levasseur), que l'on ne saurait refuser une réponse sous prétexte que son ton serait incorrect, agressif ou tendancieux (■ Cass. crim., 16 janv. 1969 : *JCP* 69, II, 15882, note Blin ; *Rev. sc. crim.* 1969, 672, obs. Levasseur) et que l'annonce, dans la réponse, du dépôt d'une plainte pour injures et diffamation contre l'auteur de l'article incriminé ou le directeur de la publication ne porte pas atteinte à l'honneur ou à la considération de ces derniers (■ Cass. crim., 15 avr. 1982 : *Bull. crim.*, n° 89 ; *D.* 1984, 358, note Daverat ; *Rev. sc. crim.* 1984, 511, obs. Levasseur).

18) Jugé encore que le refus d'insérer n'est pas justifié lorsque l'on ne relève pas dans la réponse d'autres éléments que ceux déjà exposés dans l'article de mise en cause alors que le demandeur s'est exprimé sans malveillance ni appréciations blessantes à l'égard des tiers tandis que pour lui la désignation de ces tiers pouvait être nécessitée par la défense à l'attaque dont il avait été l'objet (■ Cass. crim., 20 janv. 1987 : *Bull. crim.*, n° 28). Jugé en outre que le refus d'insertion est justifié lorsque la réponse porte atteinte à l'honorabilité et à la probité des tiers et qu'il n'importe que les atteintes résultent de la reproduction des extraits de presse et que les intéressés n'aient exercé aucune action judiciaire contre les organes de presse les ayant mis en cause (■ Cass. crim., 7 avr. 1994 : *Bull. crim.*, n° 144).

19) De même, un directeur de publication est fondé à refuser l'insertion d'un texte, qui ne se borne pas à une réponse à une mise en cause, mais a pour objet d'assurer une présentation générale et de promouvoir des thèses d'un parti politique (■ Cass. crim., 3 nov. 1999 : *Bull. crim.*, n° 241).

20) La note d'un professeur de droit qui fait référence à l'étude d'un juriste précise bien que « la solution est correcte au regard de règles légales » ; en signalant son caractère dangereux au plan pratique, il critique non pas l'effort fait par ce juriste pour prévoir notamment les cas d'application du texte nouveau et proposer un formulaire aux praticiens, mais l'innovation légale elle-même. L'avertissement donné à la profession notariale traduit la désapprobation de ce professeur à l'égard de ce texte. Il n'apparaît pas que la note de ce professeur mette en cause le juriste personnellement. Dans ces conditions, il existe une contestation sérieuse sur l'existence des conditions légales d'exercice par ce dernier d'un droit de réponse. Le refus d'insérer des intimés ne constitue pas un trouble manifestement illicite (■ Paris, 13 juill. 1988 : *Gaz. Pal.* 1988, 2, 743 ; *JCP* 88, II, 21079).

21) Ne peut être exigée, au titre du droit de réponse, l'insertion d'un écrit dépourvu de corrélation avec la teneur de l'article auquel il prétend répliquer (■ Cass. crim., 16 janv. 1996 : *Bull. crim.*, n° 26 ; *D.* 1996, 462, note Bigot. ■ Cass. crim., 4 sept. 2001 : *Bull. crim.*, n° 172 ; *Dr. pénal* 2001, comm. 139, obs. M. Véron. ■ Cass. crim., 14 oct. 2008 : *Dr. pénal* 2009, comm. 2, obs. M. Véron), pas plus qu'elle ne peut l'être au titre de la protection des droits énumérés par l'article 10-2 de la Convention européenne des droits de l'homme (■ Cass. crim., 4 nov. 1997 : *Bull. crim.*, n° 369).

III – MISE EN ŒUVRE DU DROIT DE RÉPONSE

22) Demande d'insertion. La réponse doit être adressée au directeur de la publication (■ Cass. crim., 14 mars 1962 : *JCP* 62, IV, 62) ; une simple lettre recommandée suffit (■ Cass. crim., 13 mars 1908 : *DP* 1909, 1, 165, note Le Poittevin ; *S.* 1908, 1, 297, note Roux) ou une lettre normale, voire, en cas d'urgence, un télégramme (■ Orléans, 29 juil. 1952 : *D.* 1953, 30).

23) Le directeur de la publication peut refuser d'insérer une réponse en application de l'article 13 de la loi du 29 juillet 1881, lorsque l'insertion lui est demandée par un avocat sans que celui-ci ne produise le mandat spécial qui lui a été remis à cet effet par la personne mise en cause ; encourt dès lors la censure l'arrêt qui, pour écarter l'argumentation du directeur de la publication prise de ce que l'avocat n'avait pas joint à la demande d'insertion le mandat spécial de son client, énonce que ce mandat a été produit devant les premiers juges et que l'avocat en disposait lorsque le directeur de la publication a reçu la demande, alors qu'il lui appartenait de rechercher si, au même moment, ce mandat avait été porté à la connaissance de ce dernier (■ Cass. crim., 22 févr. 2000 : *Bull. crim.*, n° 77 ; *Dr. pénal* 2000, comm. 126, obs. M. Véron).

24) Lorsque la publication de la réponse a été accompagnée de nouveaux commentaires, ceux-ci justifient une nouvelle réponse (■ Cass. crim., 21 févr. 1889 : *DP* 90, 1, 189. ■ T. pol. Paris, 16 janv. 1976 : *Rev. sc. crim.* 1977, 103, obs. Levasseur).

25) L'envoi d'une réponse non insérée et non suivie d'une action en insertion ne met pas obstacle à l'envoi, dans le délai imparti par l'article 13 de la loi du 29 juillet 1881, d'une seconde réponse conçue dans les mêmes termes, et le refus d'insérer celle-ci constitue un nouveau délit (■ Cass. crim., 13 mars 1931 : *DH* 1931, 270).

26) Présentation de la réponse. L'article 13 de la loi du 29 juillet 1881 dispose que l'insertion de la réponse devra être faite à la même place et dans les mêmes caractères que l'article qui l'a provoquée ; ces dispositions formelles exigent une publication de la réponse identique à celle de l'article de mise en cause ; l'insertion doit comprendre, en sus du texte à insérer, l'adresse, les salutations et la signature du requérant (■ Cass. crim., 20 janv. 1987 : *Bull. crim.*, n° 29).

27) Le directeur de la publication est fondé à refuser l'insertion quand elle dépasse la longueur limitativement fixée par la loi et n'est pas obligé de publier un texte dont la longueur excède de dix lignes celle de l'article initial (■ Cass. crim., 30 avr. 1970 : *D.* 1970, 721, note Agostini ; *Rev. sc. crim.* 1970, 874, obs. Levasseur). Lorsqu'une personne est désignée seulement dans une partie d'un article, la longueur de sa réponse se calcule sur l'importance de ce passage et non sur celle de l'article entier (■ Cass. crim., 3 févr. 1976 : *Bull. crim.*, n° 43 ; *Rev. sc. crim.* 1976, 977, obs. Levasseur).

28) Lorsque la réponse dépasse la longueur fixée par la loi, le directeur de la publication peut y opérer des coupures ; encore faut-il que cette publication tronquée ne soit pas présentée comme si c'était une réponse ; en ce cas, le journal engagerait sa responsabilité du fait d'un découpage fautif, et resterait soumis à l'obligation de publier une nouvelle réponse de la bonne dimension si celle-ci lui parvenait en temps utile (■ Cass. crim., 30 avr. 1970, préc. – *Adde*, Levasseur, obs. : *Rev. sc. crim.* 1969, 671).

29) En matière d'exercice du droit de réponse, seul le texte incriminé doit, selon l'article 13 de la loi du 29 juillet 1881, être pris en compte pour évaluer le nombre de lignes maximum que la réplique pourra comporter, une photographie incluse dans l'article litigieux, dès lors qu'elle n'est pas incriminée en elle-même, n'ouvrant pas un droit à un nombre supérieur de lignes dans le texte de la réplique. Le calcul effectif du nombre de lignes respectivement de l'article et de la réplique, relève de l'appréciation souveraine des juges du fond ; il appartient seulement à la Cour de cassation de s'assurer que les juges se sont prononcés sans insuffisance ni contradiction sur ce point (■ Cass. crim., 27 mai 1999 : *Bull. crim.*, n° 113).

La Cour de cassation exerce son contrôle sur l'appréciation par les juges du fond tant de l'article publié que de la réponse dont l'insertion est requise (■ Cass. crim., 28 mars 1995 : *Bull. crim.*, n° 128).

IV – RÉPRESSION

30) La poursuite pour refus d'insertion peut être portée devant tout tribunal dans le ressort duquel a eu lieu la publication de l'écrit incriminé (■ Cass. crim., 14 févr. 1889 : *DP* 90, 1, 187).

31) Méconnaît les prescriptions de l'article 53 de la loi du 29 juillet 1881 la citation délivrée sur le fondement de l'article 13 de ladite loi, pour refus d'insertion d'une réponse faisant suite à la publication d'un article, lorsque l'acte ne comporte pas le texte dont l'insertion était demandée (■ Cass. crim., 28 nov. 2006 : *Bull. crim.*, n° 299 ; *Dr. pénal* 2007, comm. 51, obs. M. Véron).

32) Selon l'article 13 de la loi du 29 juillet 1881, **l'action en insertion forcée se prescrit** après 1 an révolu à compter du jour où la publication a lieu. Ce délai expire le dernier jour de la dernière année qui porte le même quantième que le jour de l'acte ou de la décision ou encore de l'événement qui fait courir le délai (■ Cass. crim., 7 sept. 1999 : *Bull. crim.*, n° 182).

33) Le refus d'insertion étant un délit de presse, il est soumis à la **prescription de trois mois** de l'article 65 de la loi de 1881 (■ Cass. crim., 4 févr. 1926 : *DH* 1926, 130). La prescription court à compter du numéro qui suit le surlendemain de la réception de la réponse (■ Cass. crim., 7 mars 1989 : *Bull. crim.*, n° 111).

– Il résulte des dispositions de l'article 13 de la loi du 29 juillet 1881, selon lesquelles le directeur de la publication des journaux ou écrits périodiques non quotidiens est tenu, sous peine des sanctions prévues par ce texte, de publier la réponse de toute personne y étant nommée ou désignée dans le numéro qui suivra le surlendemain de la réception de la demande d'insertion, que le point de départ de la prescription de l'action publique court à compter de cette publication ; la prescription est acquise lorsque trois mois se sont écoulés entre le surlendemain de la réception de la réponse et la citation à comparaître pour refus d'insertion (■ Cass. crim., 4 déc. 2007 : *Bull. crim.*, n° 300 ; *Dr. pénal* 2008, comm. 44, obs. M. Véron).

34) L'auteur de l'article ne participant pas en principe à la gestion du journal, on ne peut en tant que tel le considérer comme complice du délit de refus d'insertion (■ Cass. crim., 15 oct. 1953 : *Rec. dr. pén.* 1953, 365).

35) Si les juridictions répressives ne peuvent ordonner **la publication** de leurs décisions à titre de peine qu'en vertu d'une disposition formelle de la loi, elles peuvent la prescrire, à titre de réparation, lorsque la partie civile la demande (■ Cass. crim., 15 janv. 1991 : *Bull. crim.*, n° 25). En l'espèce, où avait été relaxé un prévenu pour refus d'insertion d'un droit de réponse, la partie civile – dont le recours était cantonné aux seuls intérêts civils – avait demandé la publication de l'arrêt à intervenir.

36) Les dispositions de l'alinéa 8 de l'article 13 de la loi sur la liberté de la presse, prévoyant qu'il sera statué sur **l'appel** dans les 10 jours de la déclaration faite au greffe, ne sont pas prescrites à peine de nullité (■ Cass. crim., 7 avr. 1994 : *Bull. crim.*, n° 144).

V – DROIT DE RÉPONSE DE L'ARTICLE 13, DERNIER ALINÉA

37) Le droit de réponse exceptionnel prévu par le dernier alinéa de l'article 13 de la loi du 29 juillet 1881 concerne les **décisions** de non-lieu, de relaxe ou d'acquittement **rendues, tant par les juridictions françaises que par les juridictions étrangères** ; si l'exercice du droit de réponse exceptionnel prévu par le dernier alinéa de l'article 13 de la loi du 29 juillet 1881 n'est soumis à aucune autre condition de forme que celles édictées par les alinéas précédents de ce texte, il résulte de ces dispositions que la demande d'insertion doit être assortie de la décision de non-lieu, de relaxe ou d'acquittement invoquée, ainsi que de la preuve de son caractère définitif, et de la date à laquelle elle est devenue irrévocable (■ Cass. crim., 21 janv. 1997 : *Bull. crim.*, n° 19).

Art. 13-1 *(L. n° 90-615, 13 juill. 1990).* **– Le droit de réponse prévu par l'article 13 pourra être exercé par les associations remplissant les conditions prévues par l'article 48-1, lorsqu'une personne ou un groupe de personnes auront, dans un journal ou écrit périodique, fait l'objet d'imputations susceptibles de porter**

Toutefois, quand la mise en cause concernera des personnes considérées individuellement, l'association ne pourra exercer le droit de réponse que si elle justifie avoir reçu leur accord.

Aucune association ne pourra requérir l'insertion d'une réponse en application du présent article dès lors qu'aura été publiée une réponse à la demande d'une des associations remplissant les conditions prévues par l'article 48-1.

§ 3. – Des journaux ou écrits périodiques étrangers

Art. 14. *– (Abr., D. n° 2004-1044, 4 oct. 2004).*

CHAPITRE III. – DE L'AFFICHAGE

§ 1. – De l'affichage

Art. 15 *(Mod., L. n° 69-1067, 28 nov. 1969).* **– Dans chaque commune, le maire désignera, par arrêté, les lieux exclusivement destinés à recevoir les affiches des lois et autres actes de l'autorité publique.**

Il est interdit d'y placarder des affiches particulières.

Les affiches des actes émanés de l'autorité seront seules imprimées sur papier blanc. Toutefois, est licite l'usage du papier blanc pour l'impression d'affiches publicitaires lorsque celles-ci sont recouvertes de caractères ou d'illustrations de couleur et lorsque toute confusion, soit dans le texte, soit dans la présentation matérielle, est impossible avec les affiches administratives.

Toute contravention aux dispositions du présent article sera punie des peines portées en l'article 2.

1) Sur le principe de la liberté de l'affichage, V. not. ■ Cass. crim., 10 déc. 1968 : *D.* 1969, 473, note Orfila ; *Rev. sc. crim.* 1969, 400, obs. Vitu.

2) L'alinéa 3 de l'article 15 a une portée générale : il concerne toute feuille imprimée ou manuscrite apposée sur un mur dans un lieu public (■ Cass. crim., 20 janv. 1954 : *D.* 1954, 110).

3) L'afficheur est seul responsable de l'infraction à l'exclusion de l'imprimeur (■ Cass. crim., 7 mars 1896 : *DP* 96, 1, 511) et du signataire de l'affiche (■ Cass. crim., 18 févr. 1921 : *D.* 1921, 1, 170).

Art. 16 *(Abr., L. n° 2011-525, 17 mai 2011).*

Art. 17 *(D. n° 93-726, 29 mars 1993).* **– Ceux qui auront enlevé, déchiré, recouvert ou altéré par un procédé quelconque, de manière à les travestir ou à les rendre illisibles, des affiches apposées par ordre de l'Administration dans les emplacements à ce réservés, seront punis de l'amende prévue pour les contraventions de la 3e classe.**

Si le fait a été commis par un fonctionnaire ou un agent de l'autorité publique, la peine sera de l'amende prévue pour les contraventions de la 4e classe.

Seront punis de l'amende prévue pour les contraventions de la 3e classe ceux qui auront enlevé, déchiré, recouvert ou altéré par un procédé quelconque, de manière à les travestir ou à les rendre illisibles, des affiches électorales émanant de simples particuliers, apposées ailleurs que sur les propriétés de ceux qui auront commis cette lacération ou altération.

La peine sera de l'amende prévue pour les contraventions de la 4e classe si le fait a été commis par un fonctionnaire ou un agent de l'autorité publique, à moins que les affiches n'aient été apposées dans les emplacements réservés par l'article 15.

1) Celui qui enlève ou détruit une affiche avant qu'elle ne soit apposée est impunissable (■ Cass. crim., 13 juill. 1907 : *Bull. crim.*, n° 328), tout comme celui qui lacère ou détruit une affiche administrative ou électorale apposée sur des emplacements autres que ceux réservés par arrêté (■ Cass. crim., 2 nov. 1911 : *D.* 1913, 1, 335).

2) Le locataire ou le propriétaire d'une maison a le droit d'enlever ou de lacérer des affiches électorales apposées contre son gré sur la maison qu'il habite (■ Cass. crim., 15 nov. 1884 : *DP* 85, 1, 477, rapport Vetelay).

3) La destruction d'affiches ne tombe sous le coup de l'article 17 que si l'auteur de la destruction avait l'intention malveillante d'empêcher les tiers d'en prendre connaissance (■ Cass. crim., 16 janv. 1886 : *S.* 86, 1, 144).

§ 2. – Du colportage et de la vente sur la voie publique

Art. 18 à 22 *(Abr., L. n° 2004-1343, 9 déc. 2004).*

CHAPITRE IV. – DES CRIMES ET DÉLITS COMMIS PAR VOIE DE LA PRESSE OU PAR TOUT AUTRE MOYEN DE PUBLICATION

§ 1. – Provocation aux crimes et délits

Art. 23 *(L. n° 72-546, 1er juill. 1972 ; L. n° 85-1317, 13 déc. 1985 ; L. n° 2004-575, 21 juin 2004).* – **Seront punis comme complices d'une action qualifiée crime ou délit ceux qui, soit par des discours, cris ou menaces proférés dans des lieux ou réunions publics, soit par des écrits, imprimés, dessins, gravures, peintures, emblèmes, images ou tout autre support de l'écrit, de la parole ou de l'image vendus ou distribués, mis en vente ou exposés dans des lieux ou réunions publics, soit par des placards ou des affiches exposés au regard du public, soit par tout moyen de communication au public par voie électronique, auront directement provoqué l'auteur ou les auteurs à commettre ladite action, si la provocation a été suivie d'effet.**

Cette disposition sera également applicable lorsque la provocation n'aura été suivie que d'une tentative de crime prévue par les articles 121-4 et 121-5 du Code pénal.

I – NOTIONS COMMUNES À PLUSIEURS INFRACTIONS EN MATIÈRE DE PRESSE : PUBLICITÉ DES PROPOS ET DES ÉCRITS

1) Le lieu public au sens de la loi de 1881 n'est pas le lieu où il y a et où il peut y avoir du public, mais le lieu dont la raison d'être est de réunir du public, de le grouper (■ Cass. crim., 20 déc. 1930 : *D.* 1931, 1, 133, rapport le Marc'hadour et note A. S. ■ 2 mai 1956 : *Rev. sc. crim.* 1956, 843, obs. Hugueney), ce qui exclut les escaliers et vestibules d'immeubles (mêmes arrêts).

2) Outre les lieux publics par nature (■ Cass. crim., 15 mars 1983 : *Bull. crim.*, n° 82), jugé qu'étaient des lieux publics, par exemple : une mairie (■ Cass. crim., 26 nov. 1864 : *Bull. crim.*, n° 269) ; les salles d'un café (■ Cass. crim., 19 avr. 1945 : *D.* 1946, 25), la cour intérieure d'un hôpital (■ Cass. crim., 4 mai 1935 : *DH* 1935, 349), le vestibule d'entrée d'une grande école (■ Cass. crim., 10 juill. 1973 : *JCP* 1973, IV, 329).

3) Bien que rassemblant un grand nombre d'assistants, une réunion peut demeurer privée et à l'inverse, elle peut être publique quoique n'étant pas ouverte à quiconque (■ Cass. crim., 4 déc. 1973 : *Bull. crim.*, n° 448). Sont des réunions privées : une assemblée d'actionnaires (■ Cass. crim., 27 mars 1975 : *Bull. crim.*, n° 134 ; *Rev. sc. crim.* 1975, 1024, obs. Levasseur), la réunion d'un comité d'entreprise (■ Cass. crim., 30 oct. 1957 : *Bull. crim.*, n° 688), la réunion d'une assemblée syndicale (■ T. corr. Paris, 21 juin 1968 : *Gaz. Pal.* 1968, 2, 268 ; *Rev. sc. crim.* 1969, 150, obs. Levasseur).

4) Il appartient à la Cour de cassation de contrôler si la publicité, qui est l'un des éléments constitutifs de certaines infractions de presse prévues par la loi du 29 juillet 1881, se trouve établie (■ Cass. crim., 5 oct. 1993 : *Bull. crim.*, n° 276).

5) Propos. Un propos injurieux, même tenu dans une réunion ou un lieu publics, ne constitue le délit d'injure que s'il a été « proféré », au sens de l'article 23 de la loi du 29 juillet 1881 sur la presse, c'est-à-dire tenu à haute voix dans des circonstances traduisant une volonté de le rendre public (■ Cass. crim., 27 nov. 2012, n° 11-86.982 : *Bull. crim.*, n° 261 ; *JCP* 2013, note 19, p. 25, E. Derieux ; *Dr. pénal* 2013, comm. 18, obs. M. Véron ; *Gaz. Pal.* 6-7 févr. 2013, chron., p. 14, note F. Fourment ; *CCE* 2013, comm. 8, note A. Lepage ; *AJP* 2013, jur. p. 217, note G. Royer. ■ Cass. crim., 8 avr. 2014, n° 12-87.497 : *Bull. crim.*, n° 105).

6) Pour constituer le délit d'injure publique, au sens de l'article 23 de la loi du 29 juillet 1881, le propos injurieux doit avoir été « proféré », c'est-à-dire tenu à haute voix dans des circonstances traduisant une volonté de le rendre public.

Caractérise de telles circonstances l'arrêt qui, pour déclarer le prévenu coupable d'injure publique, retient que les propos litigieux, également entendus par l'épouse du destinataire, ont été tenus d'une voix forte dans une cour d'immeuble comportant plusieurs appartements et à laquelle le public a accès (■ Cass. crim., 8 avr. 2014 : *Bull. crim.* n° 105 ; *JCP* 2014, act., n° 477, p. 785 ; *Dr. pén.* 2014, comm. 92, obs. M. Véron).

7) Écrits. L'agence France-Presse diffuse sous forme de messages ou dépêches des documents écrits destinés à des catégories de public. L'élément de publicité exigé par l'article 23 de la loi du 29 juillet 1881 en matière de délit de presse est établi dans la mesure où les dépêches sont distribuées par cette entreprise à titre onéreux à des destinataires variés et nombreux non réunis par une communauté d'intérêts et qui reçoivent les informations, à titre non confidentiel, pour les propager au sein de nouveaux publics (■ Paris, 18 mai 1988 : *JCP* 89, IV, 6).

8) Communauté d'intérêts. Il n'y a pas publicité lorsqu'une circulaire a été adressée sous pli fermé aux membres d'un groupement de personnes liées par une communauté d'intérêts (■ Cass. crim., 17 mars 1980 : *Bull. crim.*, n° 91), sauf si l'écrit est distribué à un ou plusieurs tiers étrangers au groupement (■ Cass. crim., 15 juill. 1981 : *Bull. crim.*, n° 232. – *Adde* Levasseur, obs. : *Rev. sc. crim.* 1972, 616 ; 1973, 699 ; 1974, 875 ; 1976, 428 ; pour une pétition émanant d'un groupe de parents d'élèves, V. ■ Cass. crim., 5 oct. 1993 : *Bull. crim.*, n° 276).

9) Ne donne pas une base légale à sa décision la cour d'appel qui, après avoir relevé que l'écrit litigieux avait été distribué dans un local privé à un groupe de personnes liées par une communauté d'intérêt dans des conditions exclusives de publicité, déduit cet élément d'une éventuelle distribution à des personnes étrangères à l'entreprise (■ Cass. crim., 13 mai 1986 : *Bull. crim.*, n° 162 ; *Rev. sc. crim.* 1987, 205, obs. Levasseur. ■ 4 janv. 1990 : *JCP* 90, IV, 123).

10) *Les divers élus municipaux* chargés de l'administration des affaires de la commune ne formant pas un groupement de personnes liées par une communauté d'intérêts, la publicité définie par l'article 23 de la loi du 29 juillet 1881 est constituée par la distribution à ces destinataires d'un écrit non confidentiel, visant le maire à raison de sa qualité et de ses fonctions (■ Cass. crim., 29 mars 1994 : *Bull. crim.*, n° 119. ■ Cass. crim., 3 juin 1997 : *Bull. crim.*, n° 218, pour la distribution d'un écrit relatif à la gestion du personnel communal aux conseillers municipaux).

11) Jugé aussi qu'en raison de la communauté d'intérêts établie entre les destinataires identifiés d'un écrit litigieux (copropriétaires d'un immeuble d'habitation), la publicité fait défaut (■ Cass. crim., 7 mars 2000 : *JurisData* n° 002027 ; *Dr. pénal* 2000, comm. 97, obs. M. Véron).

12) Mais l'ensemble des électeurs d'un canton ne constitue pas une communauté d'intérêts (■ Cass. crim., 2 mars 2004 : *Dr. pénal* 2004, comm. 104, obs. M. Véron).

13) Si les destinataires du courrier électronique incriminé peuvent avoir des intérêts communs, ils font partie de groupements qui constituent des entités distinctes, ne partageant pas nécessairement les mêmes objectifs et ayant des domaines d'action différents (les uns étant membres d'un syndicat, les autres d'un parti politique) ; en l'état de ces énonciations, dont il résulte que l'écrit litigieux a été adressé à des personnes qui n'étaient pas liées par la même communauté d'intérêts, la cour d'appel a exactement caractérisé la publicité au sens de l'article 23 de la loi du 29 juillet 1881 (■ Cass. crim., 28 avr. 2009 : *JurisData* n° 2009-048276 ; *Dr. pénal* 2009, comm. 105, obs. M. Véron).

14) Ne constituent pas des injures publiques celles diffusées sur un compte de réseau social accessible aux seules personnes agréées, en nombre très restreint, par l'auteur des propos injurieux, et qui forment entre elles une communauté d'intérêts (■ Cass. 1re civ., 10 avr. 2013, n° 11-19.530 : *JCP* 2013, act. n° 466, p. 816, note L. Marino ; *Legipresse* 2013, p. 312, note B. Ader ; *JCP* S 2013, note 1237, p. 18, B. Bossu ; *Gaz. Pal.* 19-20 juin 2013, chron., p. 14, note Ph. Piot ; *CCE* 2014, comm. 87, note A. Lepage). V. aussi, note sous L. 29 juill. 1881 art. 29, II, p. 1809, *V° Requalification de l'injure*. – Il a été jugé que le dialogue entre quelques personnes, reliées entre elles par une communauté d'intérêts familiaux et professionnels, au moyen d'un service de messagerie instantanée (MSN) relève de la confidentialité des communications électroniques (Aix-en-Provence, 7e ch. A., 7 mai 2013, n° 263/A/2013 : *D.* 2013, p. 1550, obs. C. Manara).

15) Confidentialité. Les expressions diffamatoires visant une personne autre que les destinataires du message qui les contient ne sont punissables que si l'envoi a été fait dans des conditions exclusives de tout caractère confidentiel ; dès lors, justifie sa décision, la chambre de l'instruction qui, pour confirmer l'ordonnance de non-lieu rendue par le juge d'instruction dans une information suivie pour diffamation publique envers des particuliers, sur plainte avec constitution de partie civile de la Grande Loge Nationale Française (GLNF), en raison de l'envoi par des membres de cette association maçonnique à une dizaine de membres de la Grande Loge des Maîtres Maçons de Marque (GLMMM) d'un courrier électronique comportant des allégations ou imputations diffamatoires, retient que l'information n'a pas établi que le message avait été adressé dans des conditions exclusives de tout caractère confidentiel ni qu'il avait été transmis à un tiers au groupement de personnes liées par une communauté d'intérêts que constituent la GLNF et la GLMMM, toutes deux faisant partie de la « maçonnerie régulière » (■ Cass. crim., 30 mai 2007 : *Bull. crim.*, n° 144).

16) Les imputations diffamatoires visant une autre personne que le destinataire de la lettre missive qui les contient ne sont punissables que si ladite lettre a été adressée dans des conditions exclusives de tout caractère confidentiel.

Tel n'est pas le cas d'une lettre de plainte adressée dans ces conditions au conseil de l'Ordre des médecins (■ Cass. crim., 11 mai 2010 : *Bull. crim.* n° 80).

17) Des disques phonographiques sont des imprimés au sens de l'article 23 (■ Cass. crim., 14 janv. 1971, 2 arrêts : *D.* 1971, 101, rapport Chapar), tout comme le *Journal officiel* (■ Cass. crim., 17 févr. 1981 : *Bull. crim.*, n° 63. ■ 14 nov. 1989 : *Bull. crim.*, n° 418). Le support de la bande dessinée entre dans les prévisions de l'article 23 de la loi de 1881 (■ Paris, 26 avr. 1990 : *Gaz. Pal.* 14-15 sept. 1990).

18) Un message diffusé sur un forum de discussion a un caractère public dès lors que tout utilisateur du système de communication **Internet** est en mesure de se connecter librement sur ce forum, peu important l'utilisation requise d'un compte et d'un mot de passe en vue de participer au forum de discussion et de procéder à ce titre à l'envoi de messages (■ Paris, 5 juin 2003 : *JurisData* n° 220543 ; *Comm. com. électr.* 2004, comm. 35, not. A. Lepage).

19) Les imputations diffamatoires contenues dans une **lettre** et concernant une personne autre que le destinataire ne sont susceptibles de recevoir une qualification pénale que s'il est établi que cette lettre a été adressée au tiers dans les conditions exclusives de tout caractère confidentiel (■ Cass. crim., 23 mai 1989 : *JCP* 89, IV, 296. ■ Lyon, 20 mars 2002 : *Bull. inf. C. cass.* 2002, n° 906, p. 47) ; une diffusion restreinte d'une lettre ne lui confère pas le caractère confidentiel susceptible de la soustraire à toute incrimination pénale (■ Cass. crim., 26 janv. 1993 : *Bull. crim.*, n° 41).

20) Les expressions diffamatoires contenues dans une correspondance personnelle et privée, et visant une personne autre que le destinataire du message qui les contient, ne sont punissables, sous la qualification de diffamation non publique, que si cette correspondance a été adressée dans des conditions exclusives de tout caractère confidentiel.

Ce principe est applicable à un **courriel**, qui revêt le caractère d'une correspondance personnelle et privée (■ Cass. crim., 14 mai 2013, n° 12-84.042 : *Bull. crim.*, n° 105 ; *Dr. pén.* 2013, comm. 121, obs. M. Veron ; *D.* 2013, p. 1351, obs. S. Lavric).

21) Le fait de publication étant l'élément par lequel les délits de presse sont consommés, toute reproduction dans un écrit périodique rendu public d'un texte déjà publié, quelle que soit la langue dans laquelle déjà publié, quelle que soit la langue dans laquelle il est rédigé, est constitutive d'une nouvelle infraction ; par suite, les faits réitérés sont susceptibles de nouvelles poursuites indépendamment de celles qui ont été exercées à la suite de la première publication (■ Cass. crim., 24 oct. 1989 : *JCP* 90, IV, 47 ; *Bull. crim.*, n° 380. ■ 2 oct. 2012, n° 12-80.419 : *Bull. crim.*, n° 204. V. note sous C. pén., art. 65, III, V° *Publication nouvelle*). V. C. pén., art. 35 *bis*).

22) La distribution d'un écrit ou d'un imprimé à diverses personnes qui ne sont pas liées entre elles par une communauté d'intérêts caractérise la publicité au sens de l'article 23 (■ Cass. crim., 24 janv. 1995 : *Bull. crim.*, n° 33).

23) La diffusion d'un écrit n'est une distribution publique que si les destinataires de cet écrit sont étrangers à un groupement de personnes liées par une communauté d'intérêts ; un **parti politique** constitue un groupement de cette nature (■ Cass. crim., 27 mai 1999 : *Bull. crim.*, n° 112).

24) Pour la diffamation, l'injure, la provocation à la haine raciale non publiques, constitutives de contraventions, voir les articles R. 621-1, R. 621-2, R. 624-3, R. 624-4, R. 625-7 du Code pénal.

À noter qu'encourt la cassation l'arrêt qui après avoir constaté l'absence de publicité s'abstient de rechercher si les imputations visant le plaignant, à les supposer diffamatoires, ne pouvaient constituer la contravention prévue et réprimée par l'article R. 621-1 du Code pénal (■ Cass. crim., 12 sept. 2000 : *Bull. crim.*, n° 267. ■ 8 avr. 2008, pourvoi n° 07-87.226 : *JurisData* n° 2008-043780 ; *JCP* 2008, IV, n° 2005).

II – PROVOCATION SUIVIE D'EFFETS

25) Il faut qu'il y ait une relation précise et incontestable et un lien étroit entre le fait de la provocation et les crimes qui sont visés dans la provocation (■ Cass. crim., 13 avr. 1911 : *Bull. crim.*, n° 210. ■ Montpellier, 16 déc. 1964 : *D.* 1965, I, 459).

26) Il importe peu que l'exécution de l'infraction à laquelle on provoque soit subordonnée dans la provocation à l'existence d'une condition ou d'un événement hypothétique (■ Cass. crim., 25 mars 1921 : *D.* 1921, 1, 182).

Art. 24 ***(Mod., L. n° 72-546, 1er juill. 1972 ; L. n° 86-1020, 9 sept. 1986 ; L. n° 88-1157, 31 déc. 1987 ; L. n° 90-615, 13 juill. 1990 ; L. n° 92-1336, 16 déc. 1992 ; D. n° 93-726, 29 mars 1993 ; L. n° 2004-1486, 30 déc. 2004 ; L. n° 2012-954, 6 août 2012 ; L. n° 2017-86, 27 janv. 2017).*** **– Seront punis de cinq ans**

d'emprisonnement et de 45 000 € d'amende ceux qui, par l'un des moyens énoncés à l'article précédent, auront directement provoqué, dans le cas où cette provocation n'aurait pas été suivie d'effet, à commettre l'une des infractions suivantes :

1° Les atteintes volontaires à la vie, les atteintes volontaires à l'intégrité de la personne et les agressions sexuelles, définies par le livre II du Code pénal ;

2° Les vols, les extorsions et les destructions, dégradations et détériorations volontaires dangereuses pour les personnes, définis par le livre III du Code pénal.

Ceux qui, par les mêmes moyens, auront directement provoqué à l'un des crimes et délits portant atteinte aux intérêts fondamentaux de la nation prévus par le titre Ier du livre IV du Code pénal.

Seront punis de la même peine ceux qui, par l'un des moyens énoncés en l'article 23, auront fait l'apologie des crimes visés au premier alinéa, des crimes de guerre, des crimes contre l'humanité, des crimes de réduction en esclavage ou d'exploitation d'une personne réduite en esclavage ou des crimes ou délits de collaboration avec l'ennemi, y compris si ces crimes n'ont pas donné lieu à la condamnation de leurs auteurs.

Tous cris et chants séditieux proférés dans des lieux ou réunions publics seront punis de la peine prévue pour les contraventions de la 5e classe.

Ceux qui, par l'un des moyens énoncés à l'article 23, auront provoqué à la discrimination, à la haine ou à la violence à l'égard d'une personne ou d'un groupe de personnes à raison de leur origine ou de leur appartenance ou de leur non-appartenance à une ethnie, une nation, une race ou une religion déterminée, seront punis d'un emprisonnement d'un an et d'une amende de 45 000 € ou de l'une de ces deux peines seulement.

Seront punis des peines prévues à l'alinéa précédent ceux qui, par ces mêmes moyens, auront provoqué à la haine ou à la violence à l'égard d'une personne ou d'un groupe de personnes à raison de leur sexe, de leur orientation sexuelle ou identité de genre ou de leur handicap ou auront provoqué, à l'égard des mêmes personnes, aux discriminations prévues par les articles 225-2 et 432-7 du Code pénal.

En cas de condamnation pour l'un des faits prévus par les deux alinéas précédents le tribunal pourra en outre ordonner :

1° Sauf lorsque la responsabilité de l'auteur de l'infraction est retenue sur le fondement de l'article 42 et du premier alinéa de l'article 43 de la présente loi ou des trois premiers alinéas de l'article 93-3 de la loi n° 82-652 du 29 juillet 1982 sur la communication audiovisuelle, la privation des droits énumérés aux 2° et 3° de l'article 131-26 du Code pénal pour une durée de cinq ans au plus ;

2° L'affichage ou la diffusion de la décision prononcée dans les conditions prévues par l'article 131-35 du Code pénal ;

3° La peine de stage de citoyenneté prévue à l'article 131-5-1 du Code pénal.

Bibliographie : Ch. Korman, *Le délit de diffusion d'idées racistes : JCP* 89, I, 3404. • J. Pradel, *L'appréhension du fait religieux par le juge pénal* : *Rev. pénitentiaire* 2009, p. 83 et s. not. II, A.

• ***Sommaire***

I – PROVOCATION NON SUIVIE D'EFFETS

1) Incitation directe et précise. Il n'est nullement nécessaire que l'intéressé s'adresse à telle ou telle personne, mais seulement qu'il incite à telle infraction précise (■ Cass. crim., 5 janv. 1883 : *D.* 84, 1, 95. ■ 25 mai 1936 : *Bull. crim.*, n° 392).

Caractérise le délit de provocation, non suivie d'effet, d'atteinte à l'intégrité de la personne la cour d'appel qui retient notamment qu'au cours d'un entretien accordé à un journaliste, rapporté dans un article du journal publié, le prévenu avait « librement développé des propos sur l'autorisation donnée aux hommes de frapper leur femme » et qu'il avait ainsi intentionnellement provoqué à la commission du délit de violence volontaire (■ Cass. crim., 6 févr. 2007 : *JurisData* 2007-037948 ; *JCP* 2007, II, 10091, note E. Dreyer).

2) Ne constitue pas une incitation suffisamment précise une protestation contre la guerre d'Indochine (■ Aix-en-Provence, 10 oct. 1950 : *Gaz. Pal.* 1951, 1, 21) ou contre la condamnation du directeur d'un journal ayant dénoncé des atrocités au Vietnam (■ T. corr. Beauvais, 20 déc. 1950 : *Gaz. Pal.* 1951, 1, 200).

3) Peu importe le caractère conditionnel ou non de la provocation (■ Cass. crim., 29 oct. 1936 : *Bull. crim.*, n° 104 ; *S.* 1937, 1, 357).

4) L'intention consiste à provoquer l'état d'esprit propre à susciter l'infraction (■ Nancy, 10 oct. 1950 : *Gaz. Pal.* 1951, 1, 151). Le mobile importe peu, seule comptant la manœuvre consciente qui crée la mentalité appelant à l'infraction (■ Cass. crim., 29 oct. 1936 : préc.).

II – APOLOGIE

5) L'apologie des crimes spécifiés à l'article 24, alinéa 3 est une **infraction distincte** de la provocation non suivie d'effets aux crimes énumérés par les deux premiers alinéas du même texte (■ Cass. crim., 11 juill. 1972 : *Bull. crim.*, n° 236).

6) Apologie du crime spécifié ou de sa tentative. L'article 24, alinéa 3 est applicable à l'apologie du crime de tentative de meurtre (■ Cass. crim., 5 avr. 1965 : *Bull. crim.*, n° 114 ; *Rev. sc. crim.* 1965, p. 877, obs. Hugueney), et à l'apologie du vol présenté comme un exploit digne d'approbation (■ Cass. crim., 2 nov. 1978 : *Bull. crim.*, n° 294).

7) Apologie de son auteur. L'apologie du criminel est assimilée à celle du crime dès lors du moins que la commission du crime sert à valoriser le criminel (■ Cass. crim., 24 oct. 1967 : *Bull. crim.*, n° 263 ; *JCP* 1967, IV, 169).

L'écrit qui présente comme digne d'éloge une personne condamnée pour intelligence avec l'ennemi, magnifie son crime et fait ainsi l'apologie dudit crime (■ Cass. crim., 16 nov. 1993 : *Bull. crim.*, n° 341).

8) – **L'apologie** des crimes d'atteintes volontaires à la vie spécifiés à l'article 24 alinéa 5 de la loi du 2 juillet 1881 **exige que les propos incriminés constituent une justification desdits crimes**.

Encourt en conséquence la cassation, l'arrêt qui retient comme apologétiques les propos d'un agriculteur décrivant, après le meurtre de fonctionnaires survenu au cours de vérifications opérées au sein d'une exploitation agricole, quelle serait sa réaction personnelle s'il faisait l'objet d'un contrôle, alors que la manifestation de cette opinion n'était pas de nature à inciter à porter sur les crimes en cause un jugement favorable (■ Cass. crim., 28 avr. 2009, pourvoi n° 08-82.136 : *Bull. crim.*, n° 79 ; *D. pénal* 2009, comm. 104, obs. M. Véron).

9) Crimes de guerre. Est apologétique un écrit diffusé qui est de nature à justifier, ne serait-ce que partiellement, des crimes pour lesquels leurs auteurs ont été condamnés par le Tribunal international de Nuremberg (■ Cass. crim., 14 janv. 1971 : *Bull. crim.*, n° 14 ; *JCP* 1972, II, 17022, note Blin, et 16943, note Chambon ; *D.* 1971, I, 101, rapp. Chapar et concl. Boucheron).

10) L'article 24, alinéa 3, de la loi du 29 juillet 1881 s'applique à l'apologie de la torture ou des exécutions sommaires pratiquées à l'occasion d'un conflit armé, tel la guerre d'Algérie (■ Cass. crim., 7 déc. 2004 : *Bull. crim.*, n° 310).

11) Il résulte des articles 23 et 24 de la loi du 29 juillet 1881 sur la liberté de la presse que le délit d'apologie de crimes de guerre ou de crimes contre l'humanité n'est constitué que si les propos incriminés ont été « proférés » au sens du premier de ces textes, c'est-à-dire tenus à haute voix dans des circonstances traduisant une volonté de les rendre publics.

Encourt la censure l'arrêt qui, pour déclarer un prévenu coupable de ce délit, statue par des motifs dont il se déduit que les propos ont été tenus par leur auteur dans des circonstances exclusives de toute volonté de les rendre publics (■ Cass. crim., 15 déc. 2015, n° 14-86.132 : *Dr. pén.* 2016, comm. 65, obs. P. Conte).

12) Information et apologie. Celui qui se réclame du droit à l'information, fondement de la liberté d'expression, n'est pas tenu d'assortir l'exposé des faits qu'il rapporte de commentaires propres à justifier des actes contraires à la dignité humaine universellement réprouvés, ni de glorifier l'auteur de tels actes (■ Cass. crim., 7 déc. 2004 : *Bull. crim.*, n° 310, préc. ; *Dr. pénal* 2005, comm. 20, obs. M. Véron : *D.* 2005, jur., 1341, note D. Roets).

13) Il fut jugé qu'un écrivain faisait nécessairement l'apologie des crimes de guerre en comparant les actes commis par des criminels de guerre à ceux de combattants loyaux (■ Cass. crim., 11 févr. 1954 : *Rev. sc. crim.* 1954, p. 367, obs. Hugueney), de même que celui exaltant les mérites des victimes de la Résistance (■ Paris, 25 févr. 1959 : *D.* 1959, p. 552).

14) Contestation. Encourt la censure l'arrêt qui retient le délit d'apologie de crime de guerre, prévu et réprimé par l'article 24 de la loi du 29 juillet 1881 contre l'auteur d'un vidéogramme, tendant à démontrer que les personnes rassemblées dans l'église d'Oradour-sur-Glane, le 10 juin 1944, n'ont pas été brûlées vives par les Waffen SS, mais ont été tuées par l'explosion d'un dépôt de munitions constitué par les résistants dans les combles du bâtiment ; en effet, ce faisant, les juges ont faussement apprécié le sens et la portée du contenu de ce vidéogramme lequel s'analyse en une contestation de crime de guerre non susceptible de qualification pénale (■ Cass. crim., 12 avr. 2005 : *Bull. crim.*, n° 128 ; *Dr. pénal* 2005, comm. 122, obs. M. Véron).

15) Si la loi du 21 mai 2001 tend à la reconnaissance de la **traite et de l'esclavage** en tant que crime contre l'humanité, une telle disposition législative, ayant pour seul objet de reconnaître une infraction de cette nature, ne saurait être revêtue de la portée normative attachée à la loi et caractériser l'un des éléments constitutifs du délit d'apologie prévu par l'article 24, alinéa 5, de la loi du 29 juillet 1881 (■ Cass. crim., 5 févr. 2013, n° 11-85.909 : *Bull. crim.*, n° 38 ; *AJP* 2013, jur. p. 218, note O. Decima ; *D.* 2013, p. 805, note P. Egea ; *Rev. sc. crim.* 2013, p. 79, obs. Y. Mayaud, et p. 99, obs. J. Francillon ; *D.* 2013, p. 1788, n° 6, note M. L. Divialle).

16) Supports de la publicité. Ce sont ceux prévus par l'article 23 de la loi de 1881 (■ Cass. crim., 5 déc. 1956 : *Bull. crim.*, n° 816). V. crim. 14 janv. 1971 : préc. pour une apologie par disque.

17) Intention. L'intention coupable se déduit du caractère volontaire des agissements incriminés (■ Cass. crim., 14 janv. 1971 : préc.).

18) Action civile. Sur l'irrecevabilité de la constitution de partie civile d'une commune qui n'a pas subi de préjudice personnel et direct né de l'infraction, V. ■ Cass. crim., 17 mars 2015, n° 13-87.358.

III – PROVOCATION À LA DISCRIMINATION RACIALE

19) QPC. Non-lieu à renvoi au Conseil constitutionnel de la question prioritaire de constitutionnalité concernant l'article 24, alinéa 8 de la loi du 29 juillet 1881 car la question posée, faisant valoir que le texte ne mentionne pas la discrimination visant des produits, ne présente pas, à l'évidence, un caractère sérieux, dès lors qu'elle revient, dans la procédure en cause, à contester la qualification appliquée aux faits poursuivis par le ministère public et les juges du fond qui est soumise au contrôle de la Cour de cassation (■ Cass. crim., 7 juin 2011, n° 10-88.315 : *Bull. crim.*, n° 123 ; *D.* 2011, act. p. 1763, note S. Lavric ; *Dr. pén.* 2011, comm. 131, obs. M. Véron). Comp. ■ T. corr. Paris, 8 juill. 2011 : *Gaz. Pal.* 28 août-1er sept. 2011, p. 15, note G. Poissonnier.

20) Non-lieu à renvoi au Conseil constitutionnel des questions prioritaires contestant la constitutionnalité des alinéas 8 et 9 de l'article 24 de la loi du 29 juillet 1881, dès lors que ceux-ci sont rédigés en termes suffisamment clairs et précis et les incriminations qu'ils comportent apparaissent nécessaires, adaptées et proportionnées à leur objectif (■ Cass. crim., 16 avr. 2013, nos 13-90.008 et 13-90.010, 2 arrêts ; *Dr. pén.* 2013, comm. 109, obs. M. Veron).

21) Distinctions et non-cumul de qualifications. C'est à bon droit que la cour d'appel, infirmant la décision des premiers juges qui, pour un seul et même fait qualifié de diffamation raciale et de provocation à la discrimination et à la haine raciale, avaient retenu un cumul idéal d'infractions, a retenu l'une de ces dernières et prononcé une décision de relaxe pour l'autre ; en effet ces délits sont d'une nature et d'une gravité différentes (■ Cass. crim., 28 juin 1983 : *Bull. crim.*, n° 202).

22) Est entachée de nullité la plainte qui indique comme étant applicables au même fait incriminé deux textes prévoyant et réprimant deux infractions de nature et de gravité différentes, dont on retient cumulativement les qualifications, à savoir la diffamation et la provocation à la discrimination, à la haine ou à la violence à l'égard d'une personne ou d'un groupe de personnes, dans les deux cas à raison de leur origine ou de leur appartenance ou de leur non appartenance à une ethnie, une nation, une race ou une religion déterminés (articles 24 alinéa 5 et 32 alinéa 2 de la loi du 29 juillet 1881, ■ Cass. crim., 18 nov. 1980 : *Bull. crim.*, n° 305).

23) Finalité. C'est également à bon droit que la cour d'appel a jugé que la diffamation raciale n'avait pas pour conséquence nécessaire de provoquer à la discrimination et à la haine raciales et que, dans ces conditions, il appartient à la partie poursuivante d'articuler les éléments de fait propres à caractériser cette dernière infraction (■ Cass. crim., 28 juin 1983 : préc. *supra* ; *adde infra*, crim. 21 mai 1996).

24) Ainsi, ne constitue pas le délit prévu et réprimé par l'article 24 alinéa 5 de la loi du 29 juillet 1881 la publication, par l'un des moyens énoncés à l'article 23 de ladite loi, d'un écrit qui critique, même en termes acerbes, la présence dans une cité de nombreux colporteurs d'origine africaine, en raison des méthodes qu'ils utilisent (■ Cass. crim., 3 mars 1980 : *Bull. crim.*, n° 74).

25) Le délit de provocation prévu et réprimé par l'article 24, alinéa 6, de la loi du 29 juillet 1881, exclusif de toute bonne foi, est caractérisé lorsque les juges constatent que, tant par son sens que par sa portée, le texte incriminé tend à inciter le public à la discrimination, à la haine ou à la violence envers une personne ou un groupe de personnes déterminées (■ Cass. crim., 16 juill. 1992 : *Bull. crim.*, n° 273).

26) Le délit de provocation à la haine raciale n'est caractérisé que si les juges constatent que, tant par son sens que par sa portée, le propos incriminé tend à inciter le public à la discrimination, à la haine ou à la violence envers une personne ou un groupe de personnes déterminées.

En conséquence, encourt la cassation l'arrêt qui retient cette qualification à l'encontre d'un prévenu, commandant de bord, ayant, à l'occasion d'une altercation avec un agent de sécurité aéroportuaire, déclaré à cette personne que « s'il l'avait connu il y a 60 ans, à Vichy, il l'aurait cramée » (■ Cass. crim., 29 janv. 2008, n° 07-83.695 : *Bull. crim.*, n° 25).

Entrent dans les prévisions de l'article 24, alinéa 7, des propos qui, au prétexte d'un débat légitime sur les conséquences de l'immigration et la place de l'islam en France, assimilent les immigrés de religion musulmane au grand banditisme et au crime organisé, les présentent comme des délinquants colonisant et asservissant la France par la violence, et affirment que cette situation ne peut être abandonnée à l'action policière ou à celle des tribunaux, dès lors que les lois et les institutions chargées de les faire respecter sont impuissantes à protéger l'indépendance du pays et la liberté du peuple (■ Cass. crim., 20 sept. 2016, n° 15-83.070).

Mais méconnaît ces dispositions une cour d'appel qui retient que le délit est constitué contre le directeur de publication d'une revue dont la page de couverture d'un de ses numéros s'intitule : « *Naturalisés. L'invasion qu'on cache.* » Deux Français sur trois contre les naturalisations massives de Valls. Islam, immigration : comment la gauche veut changer le peuple. Michèle Tribalat : « Le poids des musulmans n'a cessé d'augmenter », propos associés à la reproduction d'un buste de Marianne revêtue d'un voile intégral noir, alors que ce contenu, portant sur une question d'intérêt public relative à la politique gouvernementale de naturalisation, ne dépassait pas les limites admissibles de la liberté d'expression et que, même s'il peut légitimement heurter les personnes de confession musulmane, il ne contient néanmoins pas d'appel ou d'exhortation à la discrimination, à la haine ou à la violence à leur égard (■ Cass. crim., 7 juin 2017, n° 16-80.322 : *D.* 2017, p. 1814, note C. Bigot).

27) Il ne résulte pas des faits et circonstances de l'espèce que le prévenu entendait viser par ses écrits ou ses imprimés (en l'espèce en mettant en vente dans son commerce des tee-shirts portant la mention « J'baiserai la France jusqu'à ce qu'elle m'aime ») les français en tant que groupe constitutif d'une nation (■ Cass. crim., 1er mars 2011, n° 10-83.267 : *Dr. pénal* 2011, comm. 78, obs. M. Véron).

28) Le délit de provocation à la haine raciale n'est caractérisé que si les juges constatent que, tant par son sens que par sa portée, le propos incriminé tend à inciter le public à la discrimination, à la haine ou à la violence envers une personne ou un groupe de personnes déterminées.

N'ont pas cette portée, même s'ils peuvent légitimement heurter ceux qu'ils visent, des propos, figurant dans quatre pages d'un ouvrage consacré aux événements (tragiques) s'étant déroulés au Rwanda entre 1990 et 1994, qui affirment l'existence, chez les Tutsis, d'une (prétendue) « culture du mensonge et de la dissimulation », sans néanmoins contenir d'appel ou d'exhortation à la discrimination, à la haine ou à la violence envers ceux-ci (■ Cass. crim., 8 nov. 2011, n° 09-88.007 : *Bull. crim.*, n° 229 ; *Gaz. Pal.* 1er-2 janv. 2012, chron. p. 14, note F. Fourment ; *Rev. sc. crim.* 2012, p. 175 et s., obs. J. Francillon).

29) Domaine. La provocation à la discrimination raciale prévue par l'article 24, alinéa 5, de la loi du 29 juillet 1881, implique la provocation aux faits que définissent et répriment les articles 187-1 et 416 du Code pénal (■ Cass. crim., 22 mai 1989 : *JCP* 89, IV, 296).

30) Applications. Se rend coupable de provocation à la discrimination raciale le directeur d'un périodique qui tente de persuader ses lecteurs que les **travailleurs étrangers** sont **nuisibles** au développement de l'économie (■ Paris, 17 juin 1974 : *D.* 1975, 468, note Foulon-Piganiol, et rejet du pourvoi par ■ Cass. crim., 12 avr. 1976 : *Bull. crim.*, n° 112).

31) Les délits d'injures raciales et de provocation à la discrimination raciale sont caractérisés si les juges constatent que, tant par leur sens que par leur portée, les propos incriminés sont tenus à l'égard d'une personne ou d'un groupe de personnes en raison de leur origine ou de leur appartenance ou de leur non-appartenance à une ethnie, une Nation, une race ou une religion déterminée.

Le seul propos « nique la France » ne vise pas les Français en tant que groupe constitutif d'une Nation.

En revanche, doit être censuré l'arrêt qui déboute une partie civile ayant porté plainte et s'étant constituée partie civile des chefs d'injures raciales et de provocation à la discrimination raciale, alors que les propos litigieux, qui seuls permettent, indépendamment de la plainte, la détermination du groupe visé, désignent, à travers les références constituées par la représentation symbolique de la République, le drapeau français et l'hymne national, des personnes appartenant à la Nation française (■ Cass. crim., 28 févr. 2017, n° 16-80.522).

32) Le délit de provocation à la discrimination raciale est constitué par la publication d'un article intitulé « Société plurielle », qui, après avoir rapporté en exergue une déclaration du Président de la République, faite le 8 mars 1989 à Alger, selon laquelle « la nation française ressent profondément l'utilité de la présence d'**immigrés** chez nous », où « ils travaillent et travaillent bien », a relaté différents faits divers mettant en cause des personnes originaires d'Afrique du Nord, d'Afrique noire, ou appartenant à la communauté tzigane, visées en raison de leur appartenance à une ethnie, une race ou une religion déterminée. Même dépourvue de commentaire, cette présentation tendancieuse a été de nature à susciter chez le lecteur des réactions de rejet (■ Cass. crim., 21 mai 1996 : *Bull. crim.*, n° 210).

33) Un article assorti d'un dessin figurant des jeunes noirs et maghrébins dotés d'armes blanches, avec la légende « l'insécurité est souvent le fait de bandes ethniques (blacks, beurs) », caractérise le délit (■ Cass. crim., 5 janv. 1995, inédit). Il en est de même d'une chanson parodique émise dans une production télévisée préenregistrée sur le thème « j'ai envie de casser du noir, les bronzés, les marrons qu'on tolère, ça me fout la haine, allumez les briquets, on va leur foutre le feu » (■ Cass. crim., 4 nov. 1997 : *JurisData* n° 005090, *Dr. pénal* 1998, comm. 33, obs. M. Véron).

34) Commet le délit le prévenu qui, dans un tract électoral s'engage à lutter farouchement contre l'immigration, exiger l'expulsion immédiate des envahisseurs, dénoncer les fonctionnaires français complices ou collaborateurs des occupants de notre sol, demander le renvoi des élèves étrangers irrespectueux et nuisibles à l'éducation des jeunes français ; en effet, les étrangers résidant en France, lorsqu'ils sont visés en raison de leur non-appartenance à la nation française, constituent un groupe de personnes rentrant dans les prévisions de l'article 24, alinéa 6, incriminant la provocation à la discrimination, à la haine ou à la violence (■ Cass. crim., 24 juin 1997 : *Bull. crim.*, n° 253).

35) De même, le candidat à des élections cantonales partielles qui diffuse aux électeurs une profession de foi intitulé « Islamistes dehors, remettons de l'ordre en France » (■ Cass. crim., 2 mars 2004 : *Dr. pénal* 2004, comm. 104, obs. M. Véron).

36) Le délit est aussi caractérisé lorsque les juges constatent que, tant par son sens que par sa portée, le texte incriminé, intitulé « Villefontaine, c'est Minguettes-sur-Isère », tend à susciter un sentiment d'hostilité ou de rejet envers un groupe de personnes à raison d'une origine ou d'une religion déterminée (■ Cass. crim., 14 mai 2002 : *JurisData* n° 2002-015301 ; *Dr. pénal* 2002, comm. 107, obs. M. Véron).

37) « Boycott » de produits. Justifie sa décision la cour d'appel qui, saisie de la poursuite exercée contre un prévenu ayant, dans un établissement commercial, apposé des étiquettes appelant à boycotter les produits alimentaires en provenance d'un pays étranger, déclare établi le délit de provocation à la discrimination, à la haine ou à la violence à l'égard d'une personne ou d'un groupe de personnes à raison de leur origine ou de leur appartenance ou non-appartenance à une ethnie, une race ou une religion déterminée prévu par l'article 24, alinéa 8, de la loi du 29 juillet 1881, en retenant qu'un tel comportement, de nature à entraver l'exercice d'une activité économique, a visé de façon discriminatoire les producteurs et fournisseurs de ces produits (■ Cass. crim., 22 mai 2012, n° 10-88.315 : *Bull. crim.*, n° 131 ; *Gaz. Pal.* 27-28 juill. 2012, chron., p. 22, note S. Detraz ; *D.* 2012, act., p. 1405 et p. 457, note E. Dreyer ; *JCP* 2012, 1318, n° 4, obs. B. de Lamy ; *CCE* 2012, comm. 100, note A. Lepage ; *AJP* 2012, p. 592, note G. Poissonnier et F. Dubuisson ; *Rev. sc. crim.* 2012, p. 610, obs. J. Francillon).

38) Justifie sa décision la cour d'appel qui, saisie de la poursuite exercée contre des prévenus ayant, dans un établissement commercial, distribué des tracts et proféré des slogans appelant à boycotter les produits alimentaires en provenance d'un pays étranger, déclare établi le délit de provocation à la discrimination, à la haine ou à la violence à l'égard d'une personne ou d'un groupe de personnes à raison de leur origine ou de leur appartenance ou non-appartenance à une ethnie, une nation, une race ou une religion déterminée, prévu par l'article 24, alinéa 8, de la loi du 29 juillet 1881, en retenant qu'un tel comportement incite les clients à ne pas acheter ces marchandises en raison de l'origine de leurs producteurs, qui constituent un groupe de personnes appartenant à une nation déterminée, au sens de la loi, et que cette provocation ne saurait entrer dans le droit à la liberté d'expression dès lors qu'elle constitue un acte positif de rejet, se manifestant par l'incitation à opérer une différence de traitement à l'égard d'une catégorie de personnes (■ Cass. crim., 20 oct. 2015, n° 14-80.020 : *JCP* G 2015, 1356, note F. Dubuisson et G. Poissonnier ; *D.* 2016, 287, note J.-C. DuhameL et G. Poissonnier ; *Dr. pén.* 2016, comm. 33, obs. P. Conte).

39) Antisémitisme. Fait l'exacte application de l'article 24, alinéa 6, la cour d'appel qui retient qu'en reprenant dans un article les termes d'autocollants mentionnant « Rapport L..., fini les chambres à gaz ? » et « les coupeurs de verges à la grande vergue », son auteur visait bien la communauté juive, principale victime des camps de concentration nazis, et provoquait ainsi, d'une part, au mépris envers cette communauté en laissant entendre que ses représentants auraient menti pour avoir imaginé l'existence des chambres à gaz, et, d'autre part, à la haine à l'égard des « coupeurs de verge » (■ Cass. crim., 16 juill. 1992 : *Bull. crim.*, n° 273, préc.). – V. aussi, pour l'assimilation de la communauté juive à une association de malfaiteurs : ■ Cass. crim. 13 juin 1995 : *JCP* 1995, IV, 2350.

40) Est justifiée la condamnation d'un maire en raison de propos tenus en réunion municipale, puis relayés sur le site Internet de la commune, préconisant le boycott des produits provenant d'Israël pour protester de la politique de son gouvernement à l'égard du peuple palestinien (■ Cass. crim., 28 sept. 2004 : *Dr. pénal* 2005, comm. 4, obs. M. Véron).

Il a par contre été jugé qu'un texte visant expressément « le lobby sioniste » et « la propagande israélienne et sioniste » se borne à faire la critique de l'influence attribuée aux moyens d'information d'un État et d'un mouvement politique. Il ne saurait être tenu comme constitutif du délit de provocation à la discrimination, la haine ou la violence sanctionné par l'article 24, alinéa 5, de la loi du 29 juillet 1881 (■ Cass. crim., 4 nov. 1987, inédit).

41) Mais le fait, pour le prévenu, d'avoir au cours d'une interview, émis l'opinion que la façon dont avaient été exterminées les victimes de l'**holocauste** nazi au cours de la Seconde Guerre mondiale, c'est-à-dire l'emploi des chambres à gaz, constitue « un point de détail » de cette guerre, ne constitue pas les délits de provocation à la discrimination, à la haine ou à la violence raciale, de diffamation raciale ou d'injure raciale, même si de tels propos sont l'expression d'une idéologie raciste en ce qu'ils banalisent et minimisent les souffrances endurées par les victimes de l'holocauste nazi, en raison de leur appartenance à la religion juive ou de leur origine tzigane, cette considération étant sans influence sur leur qualification juridique exacte (■ Versailles, 18 mars 1991 : *Gaz. Pal.* 2-3 août 1991, concl. Duplat).

Note : *à ce sujet, V. infra, sous l'article 32 L. du 29 juill. 1881.*

42) Religion et communauté des catholiques. A été cassé un arrêt qui, après avoir analysé un dessin représentant trois personnages déféquant dans un bénitier et urinant dans un calice, assorti d'une légende « faisons comme eux dans les églises avec des commandos anti-bondieu », comme une profanation, avait retenu, qu'ils n'étaient pas de nature à susciter la haine, la violence et la discrimination envers la communauté des catholiques (■ Cass. crim., 21 oct. 1997 : *JurisData* n° 1997-005095 ; *Dr. pénal* 1998, comm. 33, obs. M. Véron).

43) La cour d'appel de Paris (13 nov. 1997 : *D.* 1998, IR, 21) a jugé que tant par leur nature que par leur portée des dessins figurant le pape, qui avait déjà été victime d'un attentat, menacé par la guillotine et un boulet de canon, constituaient un appel à la violence et à la haine envers la communauté catholique manifestement visée.

44) Par contre, ne constituent pas le délit de provocation à la haine ou à la violence envers un groupe de personnes, à raison de leur appartenance à la religion catholique, la publication de caricatures et bandes dessinées tournant en dérision des religieuses ou la publication d'un reportage tournant en dérision la confession en usage dans l'Église catholique, l'incitation au mépris n'entrant pas dans les prévisions de l'article 24, alinéa 6, de la loi du 29 juillet 1881 (■ Cass. crim., 7 déc. 1992 : *Bull. crim.*, n° 374 ; *Rev. sc. crim.* 1997, 650, obs. J.-L. Delmas Saint-Hilaire).

45) Constituent une provocation à la haine ou à la violence au sens de l'article 24, alinéa 6, de la loi du 29 juillet 1881 les propos ou écrits tendant à susciter un sentiment de rejet ou d'hostilité envers une personne ou un groupe de personnes à raison, notamment, d'une religion déterminée. Dès lors, entrent dans les prévisions de ce texte, ainsi que dans les restrictions à la liberté d'expression prévues à l'article 10, paragraphe 2, de la Convention européenne des droits de l'homme, des propos qui, d'une part, imputent aux musulmans le développement, dans une commune, de la délinquance, sous différentes formes, et de l'insécurité en résultant, d'autre part, associent à ces éléments la compagne d'un adjoint au maire, à raison de son appartenance supposée à ce groupe de personnes (■ Cass. crim., 17 mars 2015, n° 13-87.922).

46) Le délit d'apologie de crimes d'atteintes volontaires à la vie, prévu par l'article 24, alinéa 5, de la loi du 29 juillet 1881, consiste dans le fait de présenter ces infractions sous un jour favorable, par l'un des moyens énumérés à l'article 23 de la même loi. Justifie sa décision la cour d'appel qui, pour déclarer un prévenu coupable de cette infraction, relève qu'il a offert à un enfant prénommé Jihad, né le 11 septembre 2009, un tee-shirt portant, sur le dos, l'inscription « Jihad, né le 11 septembre », et sur la poitrine l'inscription « Je suis une bombe », en déduit que ces mentions font référence aux attentats commis le 11 septembre 2001 à New-York et qu'elles visent à présenter sous un jour favorable les crimes évoqués aux yeux des personnes appelées à voir ce vêtement en milieu scolaire, et ajoute que l'utilisation d'un très jeune enfant comme support d'un jugement bienveillant sur des actes criminels dépasse les limites admissibles de la liberté d'expression (■ Cass. crim., 17 mars 2015, n° 13-87.358 : *D.* 2015, p. 954, note A. Serinet ; *JCP* 2015, p. 937, note E. Dreyer).

47) **Contrôle de la Cour de cassation.** Il appartient à la Cour de cassation d'exercer son contrôle sur le sens et la portée des écrits incriminés, du chef de l'article 24, alinéa 6, de la loi du 29 juillet 1881 (■ Cass. crim., 21 mai 1996 : *Bull. crim.*, n° 210).

48) **Compatibilité avec la CEDH.** Les incriminations étant définies en termes clairs et précis par les articles 24, alinéa 6, et 32, alinéa 2, de la loi du 29 juillet 1881, ces textes ne sont pas incompatibles avec les dispositions de l'article 7 de la Convention européenne des droits de l'homme (■ Cass. crim., 13 juin 1995 : *Bull. crim.*, n° 217. ■ Cass. crim., 14 mai 2002, préc.).

49) L'article 24, alinéa 5, de la loi modifié du 29 juillet 1881 ne saurait constituer une violation des libertés de pensée et d'expression, protégées par les articles 9-1 et 10-1 de la Convention européenne de sauvegarde des droits de l'homme, ces derniers textes, en leur point 2, validant les restrictions prévues par la loi et qui constituent, dans une société démocratique, des mesures nécessaires à la protection de l'ordre, de la morale ou des droits et libertés d'autrui (■ Cass. crim., 13 mars 1989 : *Bull. crim.*, n° 118. ■ 13 juin 1995 : *Bull. crim.*, n° 217).

50) Justifie sa décision la cour d'appel qui, saisie de poursuites pour provocation à la discrimination raciale en raison de la diffusion, à l'initiative de deux conseillers régionaux, d'un tract intitulé « Pas de cathédrale à La Mecque, pas de mosquée à Strasbourg » protestant contre le vote, par le Conseil régional d'Alsace, d'une subvention destinée à la construction d'une mosquée à Strasbourg, a infirmé le jugement de condamnation et prononcé une relaxe, dès lors que les propos dénoncés n'excédaient pas les limites admissibles de la liberté d'expression au sens de l'article 10 de la CEDH (■ Cass. crim., 30 mai 2007 : *Bull. crim.*, n° 140).

51) **Peine d'inéligibilité.** Justifie sa décision une cour d'appel qui, pour condamner l'auteur d'une provocation à la discrimination raciale à une peine complémentaire d'inéligibilité pour une durée d'un an, retient que les faits ont été commis par un homme politique, maire d'une commune depuis treize ans, dont la mission est avant tout d'assurer la sécurité de l'ensemble des personnes sur sa commune et que cette peine est prononcée compte tenu de la personnalité du prévenu et de la gravité des faits, motifs procédant de son appréciation souveraine qui, d'une part, répondent à l'exigence, résultant des articles 132-1 du Code pénal et 485 du Code de procédure pénale, selon laquelle en matière correctionnelle toute peine doit être motivée au regard de la gravité des faits, de la personnalité de son auteur et de sa situation personnelle, et dont il se déduit, d'autre part, que les juges ont apprécié le caractère proportionné de l'atteinte portée au principe de la liberté d'expression défini par l'article 10 de la Convention européenne des droits de l'homme tel qu'interprété par la Cour européenne (■ Cass. crim., 1er févr. 2017, n° 15-84.511 : *JCP* 2017, 276, note E. Dreyer ; *Dr. pén.* 2017, comm. 50, note V. Peltier).

52) **Action civile.** Ne peut qu'être indirect le préjudice subi par une région en raison de propos, provoquant à la haine ou à la discrimination raciale, tenus par un de ses membres (■ Cass. crim., 14 févr. 2006 : *Bull. crim.*, n° 36).

53) Le délit d'apologie de crimes ne peut occasionner pour la commune lieu des faits, fût-il commis dans une école maternelle, un préjudice personnel et direct né de l'infraction, dont elle pourrait demander réparation (■ Cass. crim., 17 mars 2015, n° 13-87.358).

Voir : L. 29 juill. 1881, art. 48-1, p. 1864, et les notes, au sujet de la détermination des associations aptes à exercer les droits de la partie civile en cette matière.

Art. 24 bis *(L. n° 90-615, 13 juill. 1990 ; mod., L. n° 92-1336, 16 déc. 1992 ; L. n° 2014-1353, 13 nov. 2014 ; L. n° 2017-86, 27 janv. 2017).* **– Seront punis d'un an d'emprisonnement et de 45 000 € d'amende ceux qui auront contesté, par un des moyens énoncés à l'article 23, l'existence d'un ou plusieurs crimes contre l'humanité tels qu'ils sont définis par l'article 6 du statut du tribunal militaire international annexé à l'accord de Londres du 8 août 1945 et qui ont été commis soit par les membres d'une organisation déclarée criminelle en application de l'article 9 dudit statut, soit par une personne reconnue coupable de tels crimes par une juridiction française ou internationale.**

Seront punis des mêmes peines ceux qui auront nié, minoré ou banalisé de façon outrancière, par un des moyens énoncés à l'article 23, l'existence d'un crime de génocide autre que ceux mentionnés au premier alinéa

du présent article, d'un autre crime contre l'humanité, d'un crime de réduction en esclavage ou d'exploitation d'une personne réduite en esclavage ou d'un crime de guerre défini aux articles 6, 7 et 8 du statut de la cour pénale internationale signé à Rome le 18 juillet 1998 et aux articles 211-1 à 212-3, 224-1 A à 224-1 C et 461-1 à 461-31 du Code pénal, lorsque :

1° Ce crime a donné lieu à une condamnation prononcée par une juridiction française ou internationale ;

2° *[Dispositions déclarées non conformes à la Constitution par la décision du Conseil constitutionnel n° 2016-745 DC du 26 janvier 2017.]*

Le tribunal pourra en outre ordonner :

1° L'affichage ou la diffusion de la décision prononcée dans les conditions prévues par l'article 131-35 du Code pénal ;

2° *(Abr.).*

1) QPC. Par décision n° 2015-512 QPC du 8 janvier 2016, le Conseil constitutionnel a déclaré l'article 24 *bis* conforme à la Constitution (*JCP* 2016, 254, p. 453, note O. Décima ; *D.* 2016, 521, note J.-B. Perrier et E. Raschel).

2) Caractérisation du délit. Doit être condamné l'auteur d'un article qui a notamment écrit que « le mythe des chambres à gaz est une gredinerie » et qu'il a « d'excellentes raisons de ne pas croire à cette politique d'extermination des juifs, ou à la magique chambre à gaz, et on ne me promènera pas en camion à gaz » (■ T. corr. Paris, 19 avr. 1991).

3) Les écrits publiés dans le numéro I de la revue *Annales d'histoire* révisionniste et notamment l'article intitulé « Le mythe de l'extermination des juifs » qui ont pour but avoué la négation du génocide juif et remettent en cause des crimes contre l'humanité en contestant la déportation et l'extermination de plusieurs millions de personnes, tombent sous le coup des dispositions de la loi du 13 juillet 1990 qui a puni des peines prévues à l'article 24 de la loi de 1881 ceux qui auront contesté par un des moyens énoncés à l'article 23 l'existence d'un ou plusieurs crimes contre l'humanité (■ Paris, 1re Ch. A, 31 oct. 1990 : *Gaz. Pal.* 1991, 1, 311, note Bilger).

4) Contestation déguisée. La contestation de l'existence des crimes contre l'humanité entre dans les prévisions de l'article 24 *bis* de la loi du 29 juillet 1881, même si elle est présentée sous forme déguisée ou dubitative ou encore par voie d'insinuation ; qu'elle est également caractérisée lorsque sous couvert de recherche d'une supposée vérité historique, elle tend à nier les crimes contre l'humanité commis par les nazis à l'encontre de la communauté juive ; la cour d'appel, en condamnant le prévenu à raison de plusieurs passages de son ouvrage « Les mythes fondamentaux de la politique israélienne », a justifié sa décision (■ Cass. crim., 12 sept. 2000 : *JurisData* n° 006325 ; *Dr. pénal* 2001, comm. obs. J. H. Robert).

5) Si la contestation du nombre des victimes de la politique d'extermination dans un camp de concentration déterminé n'entre pas dans les prévisions de l'article 24 *bis* de la loi du 29 juillet 1881, la minoration outrancière de ce nombre caractérise le délit de contestation de crimes contre l'humanité prévu et puni par ledit article, lorsqu'elle est faite de mauvaise foi (■ Cass. crim., 17 juin 1997 : *Bull. crim.*, n° 236 ; *D.* 1998, 50, note J.-Ph. Feldman ; comparer ■ Cass. crim., 7 nov. 1995, pourvoi n° 93-85.800, inédit).

6) Il appartient à la Cour de cassation d'exercer son contrôle sur le point de savoir si, dans les propos retenus dans la prévention, se retrouvent les éléments légaux de la contestation de crimes contre l'humanité tels qu'ils sont définis par l'article 24 *bis* de la loi du 29 juillet 1881.

Ne permettent pas de caractériser à la charge du prévenu le délit de contestation de crimes contre l'humanité tels que définis par l'article 6 du statut du tribunal militaire international annexé à l'accord de Londres du 8 août 1945 et commis, soit par les membres d'une organisation déclarée criminelle en application de l'article 9 dudit statut, soit par une personne reconnue coupable de tels crimes par une juridiction française ou internationale, les propos suivants, retenus dans la citation et qui renferment des énonciations contradictoires : « Il n'y a aucun historien sérieux qui adhère intégralement aux conclusions du procès de Nuremberg, je pense que sur le drame concentrationnaire la discussion doit rester libre. Sur le nombre de morts, sur la façon dont les gens sont morts, les historiens ont le droit d'en discuter. L'existence des chambres à gaz, c'est aux historiens d'en discuter. Il n'existe plus aucun historien sérieux qui adhère intégralement aux conclusions du procès de Nuremberg. Cela ne fait pas de moi l'apologiste des crimes indiscutables commis par le National Socialisme au cours de la seconde guerre mondiale, régime pour lequel ni moi ni mes amis n'avons eu jamais la moindre sympathie. Le nombre effectif de morts, les historiens peuvent en discuter. Je ne remets pas en cause l'existence des camps de concentration, il y a eu des déportations pour des raisons raciales sans doute des centaines de milliers ou millions de personnes exterminées. Le nombre effectif des morts, 50 ans après les faits, les historiens pourraient en discuter. Moi je ne nie pas les chambres à gaz homicides mais la discussion doit rester libre ».

Encourt, dès lors, la cassation sans renvoi l'arrêt qui retient comme constitutifs du délit de contestation de crime contre l'humanité, certains des passages poursuivis (■ Cass. crim., 23 juin 2009, pourvoi n° 08-82.521 : *Bull. crim.*, n° 132 ; *Dr. pénal* 2009, comm. 119, obs. M. Véron ; *Rev. sc. crim.* 2010, p. 170, obs. J. Francillon).

7) La personne poursuivie, sur le fondement de l'article 24 *bis* de la loi du 29 juillet 1881, pour avoir adressé à un site Internet ayant pour objet la lutte contre le révisionnisme des messages contenant des propos niant l'existence des chambres à gaz, et qui fait valoir, pour sa défense, qu'elle croyait intervenir dans un « forum de discussion », ne peut prétendre qu'elle ignorait que ses messages seraient diffusés (■ Cass. crim., 5 nov. 2002 : *Bull. crim.*, n° 200 ; *Dr. pénal* 2003, comm. 58, obs. M. Véron).

8) Compatibilité avec la CEDH. Les articles 24, alinéas 3 et 6, 24 *bis* et 33, alinéa 3, de la loi du 29 juillet 1881 entrent dans les exceptions prévues à l'alinéa 2 de l'article 10 de la Convention européenne de sauvegarde des droits de l'homme et des libertés fondamentales et dès lors ne sont pas contraires à l'alinéa 1er du même article (■ Cass. crim., 23 févr. 1993 : *Bull. crim.*, n° 86. ■ Cass. crim., 12 sept. 2000, préc.).

9) Nul n'étant censé ignorer la teneur du jugement du Tribunal militaire international de Nuremberg, en date du 1er octobre 1946, qui a fait l'objet, conformément à l'article 25 du statut de ce tribunal, d'une transcription officielle en français, le prévenu à l'article 24 *bis* de la loi du 29 juillet 1881 ne saurait se prévaloir du défaut de production de ce jugement aux débats par la partie poursuivante (■ Cass. crim., 20 déc. 1994 : *Bull. crim.*, n° 424).

10) Qualifications distinctes. À noter que les infractions de contestation de crime contre l'humanité et de diffamation publique à caractère racial (art. 32), quand elles sont en concours, ne sauraient constituer un cumul idéal d'infractions, étant de nature différente comme les intérêts protégés (■ Cass. crim., 12 sept. 2000 : *JurisData*, n° 006323 ; *Dr. pénal* 2001, comm. 4, obs. J.-H. Robert).

11) Prescription. La disposition de l'article 65, alinéa 2, de la loi sur la liberté de la presse selon laquelle la prescription peut être interrompue, avant l'engagement des poursuites, par des réquisitions aux fins d'enquête, à condition d'articuler et de qualifier les faits d'enquête, s'applique à tous les délits de presse y compris l'infraction de négationnisme prévue par l'article 24 *bis* de cette loi (■ Cass. crim., 30 oct. 2001 : *Bull. crim.* n° 225).

12) Action civile. S'il est vrai qu'une constitution de partie civile peut avoir pour seul objet de corroborer l'action publique, encore faut-il, pour qu'elle soit recevable, que les circonstances sur lesquelles elle s'appuie permettent à la juridiction d'instruction d'admettre comme possible, non seulement l'existence du préjudice allégué, mais aussi la relation directe de celui-ci avec l'infraction poursuivie ; dès lors une personne ne saurait soutenir avoir subi un préjudice direct et personnel du fait de l'usage frauduleux de son nom au pied d'un tract publié dont l'objet était de contester l'existence de crimes contre l'humanité (■ Cass. crim., 19 févr. 2002 : *Bull. crim.*, n° 34).

Art. 25 ***(Abr., L. n° 92-1336, 16 déc. 1992).***

§ 2. – Délits contre la chose publique

Art. 26 ***(Abr., L. n° 2013-711, 5 août 2013).***

Art. 27 ***(Ord. 6 mai 1944 ; mod., L. n° 2000-516, 15 juin 2000).*** **– La publication, la diffusion ou la reproduction par quelque moyen que ce soit, de nouvelles fausses, de pièces fabriquées, falsifiées ou mensongèrement attribuées à des tiers lorsque, faite de mauvaise foi, elle aura troublé la paix publique ou aura été susceptible de la troubler, sera punie d'une amende de 45 000 €.**

Les mêmes faits seront punis d'une amende de 135 000 €, lorsque la publication, la diffusion ou la reproduction faite de mauvaise foi sera de nature à ébranler la discipline ou le moral des armées ou à entraver l'effort de guerre de la Nation.

1) La nouvelle fausse du fait qu'un paquebot se serait échoué, qui est de nature à provoquer l'inquiétude des assureurs, des chargeurs, des destinataires de marchandises n'est pas une nouvelle de nature à troubler la paix publique (■ Cass. crim., 25 déc. 1955 : *Bull. crim.*, n° 596).

2) L'article 27 permet de punir les fausses nouvelles de nature à mettre en péril les bonnes relations internationales (■ Cass. crim., 7 nov. 1963 : *Bull. crim.*, n° 314). L'article 27 réprime l'annonce d'un fait précis et circonstancié, actuel ou passé mais non encore divulgué dont le caractère mensonger est établi de façon objective (■ Paris, 18 mai 1988 : *D.* 1990, 35, note Drouot).

3) La simple négligence à vérifier la nouvelle que l'on publie n'est pas suffisante pour constituer la mauvaise foi nécessaire à une poursuite pénale (■ Cass. crim., 19 mars 1953 : *Bull. crim.*, n° 100), tout comme le fait pour un journaliste de n'avoir voulu donner aucune précision sur la source de son information (■ Cass. crim., 12 déc. 1957 : *Bull. crim.*, n° 837).

4) La mauvaise foi peut se déduire de l'invraisemblance de la nouvelle ou du fait que le journaliste avait lui-même procédé à une enquête sur place après laquelle il n'était pas possible qu'il ait cru à la vérité de la fausse nouvelle publiée (■ Cass. crim., 7 nov. 1963 : *Bull. crim.*, n° 314).

5) Ne constituent pas une nouvelle, au sens de l'article 27 de la loi du 29 juillet 1881, les affirmations et commentaires tendancieux ou mensongers, portant sur un fait déjà révélé (■ Cass. crim., 13 avr. 1999 : *Bull. crim.*, n° 78).

Art. 28 ***(Abr., D.-L. 29 juill. 1939).***

§ 3. – Délits contre les personnes

Art. 29 ***(Ord. 6 mai 1944).*** **– Toute allégation ou imputation d'un fait qui porte atteinte à l'honneur ou à la considération de la personne ou du corps auquel le fait est imputé est une diffamation. La publication directe ou par voie de reproduction de cette allégation ou de cette imputation est punissable, même si elle est faite sous forme dubitative ou si elle vise une personne ou un corps non expressément nommés, mais dont l'identification est rendue possible par les termes des discours, cris, menaces, écrits ou imprimés, placards ou affiches incriminés.**

Toute expression outrageante, termes de mépris ou invective qui ne renferme l'imputation d'aucun fait est une injure.

Voir : articles R. 621-1 et R. 624-3 du Code pénal pour la diffamation **non publique**, suivant qu'elle est ou non à caractère raciste. V. aussi *supra* sous l'art. 23, L. 29 juill. 1881 (**notion de publicité**).

Bibliographie : Ph. Conte, *La bonne foi en matière de diffamation : notion et rôle : Mélanges Chavanne*, 1990, 49. • Sur la distinction de la diffamation avec l'injure, V. Levasseur, obs. : *Rev. sc. crim.* 1974, 875 ; 1976, 427 ; 1981, 621 ; 1984, 318 ; *Droin, Diffamation et débat d'intérêt général : la bonne foi plie, mais ne rompt pas : D.* 2015, chron. p. 931. • F. Safi, *Le rôle du juge dans la sanction des abus de la liberté d'expression : Dr. pén.* 2017, étude 3.

• ***Sommaire***

I – DIFFAMATION

1) Les limites de la liberté d'expression. La loi du 29 juillet 1881 soumet l'exercice de la liberté de la presse à des restrictions constituant des mesures nécessaires à la protection de la réputation et des droits d'autrui au sens de l'article 10 de la Convention européenne de sauvegarde des droits de l'homme et des libertés fondamentales (■ Cass. crim., 10 févr. 1987 : *JCP* 87, IV, 130 ; *Bull. crim.*, n° 68. ■ Cass. crim., 1er déc. 2015, n° 13-80.108 : *Dr. pén.* 2016, comm. 47, obs. P. Conte). La loi sur la liberté de la presse n'admet, en période électorale, aucune dérogation aux règles qu'elle a tracées en matière de diffamation (■ Cass. crim., 1er oct. 1996 : *Bull. crim.*, n° 339).

2) Mais principe d'interprétation stricte des restrictions à la liberté d'expression (■ Cass. crim., 14 févr. 2006 : *Bull. crim.*, n° 42 ; *Rev. sc. crim.* 2006, p. 625, obs. J. Francillon). Les restrictions à la liberté d'expression, en matière de presse, sont d'interprétation étroite (■ Cass. crim., 12 nov. 2008, n° 07-83.398 : *Bull. crim.*, n° 229 ; *D.* 2009, p. 402, note J. Pradel). V. *infra*, sous l'article 33, V° *injure sexiste*.

3) La liberté d'expression est un droit dont l'exercice ne revêt un caractère abusif que dans les cas spécialement déterminés par la loi ; a violé, par fausse application, l'article 10 de la Convention européenne des droits de l'homme, la cour d'appel qui condamne à des dommages-intérêts les exploitants d'un site internet auxquels le demandeur reprochait d'y faire figurer de fausses informations, alors que les propos reproduits, fussent-ils mensongers, n'entraient dans aucun de ces cas (■ Cass. 1re civ., 10 avr. 2013, n° 12-10.177).

4) En application de l'article 10 de la Convention de sauvegarde des droits de l'homme et des libertés fondamentales, la liberté d'expression ne peut être soumise à des ingérences que dans les cas où celles-ci constituent des mesures nécessaires au regard du paragraphe 2 de ce texte.

Viole ce texte la cour d'appel qui refuse le bénéfice de la bonne foi et condamne pour complicité de diffamation envers des magistrats un avocat alors que les propos litigieux tenus par celui-ci, qui portaient sur un sujet d'intérêt général relatif au traitement judiciaire d'une affaire criminelle ayant eu un retentissement national et qui reposaient sur une base factuelle suffisante, ne dépassaient pas les limites admissibles de la liberté d'expression d'un avocat dans la critique et le jugement de valeur portés sur l'action des magistrats et ne pouvaient être réduits à la simple expression d'une animosité personnelle envers ces derniers (■ Cass. ass. plén., 16 déc. 2016, n° 08-86.295 : *D.* 2017, 434, note E. Raschel).

Dépasse les limites admissibles de la liberté d'expression la diffusion d'un message qui porte atteinte à la dignité de la partie civile en l'associant à un excrément, fût-ce en la visant en sa qualité de personnalité politique lors d'une séquence satirique d'une émission télévisée (■ Cass. crim., 20 sept. 2016, n° 15-82.942 : *Dr. pén.* 2016, comm. 173, note P. Conte).

5) Cour européenne des droits de l'homme. La presse joue un rôle éminent dans une société démocratique : si elle ne doit pas franchir certaines limites, tenant notamment à la protection de la réputation et aux droits d'autrui ainsi qu'à la nécessité d'empêcher la divulgation d'informations confidentielles, il lui incombe néanmoins de communiquer, dans le respect de ses devoirs et de ses responsabilités, des informations et des idées sur toutes les questions d'intérêt général ; les limites de la critique admissible de la réputation d'autrui sont plus larges à l'égard d'un homme politique, agissant en sa qualité de personnage public, que d'un simple particulier ; la nécessité d'une quelconque restriction à l'exercice de la liberté d'expression doit se trouver établie de manière convaincante. Il convient d'accorder un grand poids à l'intérêt de la société démocratique à assurer et à maintenir la liberté de la presse lorsqu'il s'agit de déterminer, comme l'exige le paragraphe 2 de l'article 10, si la restriction était disproportionnée au but légitime poursuivi (■ CEDH, 25 juin 2002, C. et a., c/ France : *Bull. inf. c. cass.*, n° 562, p. 4.

6) La Cour européenne des droits de l'homme (■ CEDH, 5e sect., 6 oct. 2011, n° 32820/09 : *D.* 2011, act. p. 2475) a retenu la violation de l'article 10 de la Convention EDH, dans une affaire où des syndicalistes de police municipale avaient été condamnés par les juridictions françaises pour diffamation publique envers un maire, en considérant que les critiques admissibles visant un politique sont plus larges que celles visant un particulier, qu'en l'espèce cet élu était attaqué dans le cadre de ses fonctions et que les propos n'avaient pas revêtu un caractère vexatoire ou blessant excédant la polémique syndicale ; la condamnation des requérants est donc disproportionnée au vu des faits reprochés et l'ingérence dans l'exercice de leur **droit à la liberté d'expression, en leur qualité de représentants syndicaux**, n'était pas nécessaire dans une société démocratique.

7) La loi du 29 juillet 1881 et l'article 1382 du Code civil. Il convient de noter que « les abus de la liberté d'expression prévus et réprimés par la loi du 29 juillet 1881 ne peuvent être poursuivis sur le fondement de l'article 1382 du Code civil » (■ Cass. ass. plén., 12 juill. 2000 : *Bull. civ.*, II, n° 67. – 2e civ., 28 oct. 2003 : *D.* 2004, jur. p. 590, note Dreyer. – 3e civ., 1er oct. 2008 : *Bull. inf. C. cass.* 2009, n° 164 ; *Rev. CCE*, 2008, comm. 129, note A. Lepage. – 1re civ., 31 janv. 2008 : *Bull. civ.*, n° 33 ; *CCE* 2008, comm. 45, note A. Lepage. ■ Cass. 1re civ., 25 nov. 2010 : *JurisData* n° 2010-022116 ; *CCE* 2011, comm. 15, obs. A. Lepage). *Adde* ■ Cass. ass. plén., 15 févr. 2013, n° 11-14.637, cité *infra*, sous l'article 53, avec les commentaires. – V. E. Dreyer, *Où va la Cour de cassation en matière de presse : JCP* 2010, act. 833, p. 1546. Il s'ensuit que l'action de la partie civile à l'encontre de la personne relaxée ne peut être fondée que sur la loi précitée, à partir et dans la limite des faits objet de la poursuite (■ Cass. crim., 7 févr. 2017, n° 15-86.970).

8) Les abus de la liberté d'expression ne peuvent être réprimés que par la loi du 29 juillet 1881 (■ Cass. 1re civ., 6 oct. 2011, n° 10-82.142, cassant l'arrêt d'une cour d'appel ayant refusé l'application des dispositions de cette loi au contenu d'un blog : *Legipresse* 2012, p. 31, note G. Lecueyer ; *CCE* 2012, n° 18, note A. Lepage ; *Gaz. Pal.* 1er-2 févr. 2012, p. 12, obs. F. Fourment).

9) Les abus de la liberté d'expression prévus et réprimés par la loi du 29 juillet 1881 ne peuvent être réparés sur le fondement de l'article 1382, devenu l'article 1240, du Code civil. Il s'ensuit que l'action de la partie civile à l'encontre de la personne relaxée ne peut être fondée que sur la loi précitée, à partir et dans la limite des faits objet de la poursuite (■ Cass. crim., 7 févr. 2017, n° 15-86.970).

10) La citation est valable dès lors que, par le visa de l'article de la loi du 29 juillet 1881 réprimant le délit imputé, elle ne laisse aucune incertitude sur son objet exact, ni ne peut provoquer, dans l'esprit des intéressés, aucun doute sur les faits qui leur sont reprochés, **peu important la référence à titre subsidiaire à l'article 1382 du Code civil** (■ Cass. 1re civ., 3 févr. 2011 : *JurisData* n° 2011-000947 ; *JCP* 2011, note 376, p. 637, E. Dreyer).

– **V. aussi** les notes sous l'article 53, *V° Conditions de validité de la citation introductive d'instance*, notamment l'arrêt de l'assemblée plénière de la Cour de cassation, du 13 février 2013, décidant que l'article 53 de la loi du 29 juillet 1881 devait s'appliquer devant la juridiction civile.

11) Mais une faute civile, relevant de l'article 1382 du Code civil, doit être retenue et donner lieu à une action en réparation sur le fondement du droit commun **quand les textes spéciaux de la loi de 1881 ne sont pas concernés** (■ Cass. 1re civ., 8 avr. 2008 : *Bull. civ.*, n° 104 ; *JCP* 2008, II, 10106, note Ch. Hugon. ■ 30 oct. 2008 : *JCP* 2009, II, 10006, note E. Dreyer, pour une imputation dénuée de propos injurieux ou portant atteinte à l'honneur ou à la considération). V. *Legipresse* 2009, II, chr., p. 19, I, par E. Dreyer.

– Comp. avec ■ Cass. 1re civ., 10 avr. 2013, n° 12-10.177, préc., *V° Interprétation stricte*.

12) Il résulte de l'article 10 de la Convention européenne des droits de l'homme que la liberté d'expression revêt un caractère abusif dans les cas spécialement déterminés par la loi.

Viole ce texte, par refus d'application, ensemble l'article 29 de la loi du 29 juillet 1881 par fausse application, la cour d'appel qui refuse d'indemniser les conséquences dommageables du dénigrement résultant de la relation, dans la presse locale, des propos tenus par un agent général d'assurances à l'égard des sociétés dont il avait été le mandataire, au motif que ces faits, commis par voie de presse, ne peuvent être réparés sur le fondement de l'article 1382 du Code civil, quand elle avait relevé que les propos litigieux, dénigrant l'activité de ces sociétés, jetaient le discrédit sur leurs produits en incitant une partie de la clientèle à s'en détourner, ce dont il résultait un abus spécifique de la liberté d'expression au sens du texte conventionnel précité (■ Cass. 1re civ., 27 nov. 2013, n° 12-24.651 : *Bull. inf. C. cass.* 1er mars 2014, n° 374 ; *D.* 2014, act., p. 2850 ; *Gaz. Pal.* 22-23 janv. 2014, chron. p. 17, note A. Guegan-Lecuyer).

A – Consistance

13) Faits susceptibles de preuve. Une allégation ou une imputation diffamatoire doit se présenter sous la forme d'une articulation précise de faits de nature à être, sans difficulté, l'objet d'une preuve et d'un débat contradictoire (■ Cass. crim., 6 mars 1974 : *Bull. crim.*, n° 96. ■ Cass. crim., 16 mars 2004 : *Bull. crim.*, n° 67, ajoutant « quand bien même une telle preuve ne serait pas admise en matière de diffamation raciale. ■ Cass. crim., 14 févr. 2006 : *Bull. crim.*, n° 40). Mais il appartient aux juges de relever toutes les circonstances même extrinsèques au passage incriminé et de nature à donner à celui-ci un caractère diffamatoire ; la Cour de cassation qui, sur ce point, n'a pas à contrôler les constatations des juges du fond, a le pouvoir, en se reportant au texte retenu dans la prévention, de vérifier si tous les éléments de l'infraction y sont contenus (■ Cass. crim., 8 oct. 1991 : *Bull. crim.*, n° 334).

14) Exemples. Contient l'imputation d'un fait précis, quoique imaginaire, le dessin assorti de l'expression « génocide familial Front national » représentant l'élimination physique directe d'un groupe d'êtres vivants (■ Cass. crim., 22 mai 1990 : *Bull. crim.*, n° 211).

15) Mais ne constituent pas le délit de diffamation les propos qui ne mettent en cause qu'une doctrine considérée comme pouvant inspirer des actions criminelles à caractère raciste mais qui ne contiennent aucune imputation de faits précis à l'encontre d'une personne physique ou morale déterminée (■ Cass. crim., 26 mai 1987 : *Bull. crim.*, n° 217). Ne constituent pas non plus le délit de diffamation de vagues insinuations insusceptibles de preuve (■ Cass. crim., 3 mai 1989 : *Dr. pénal* 1990, n° 5). V. également un exemple de propos trop vagues : ■ Cass. crim., 6 janv. 2015, n° 13-86.330.

– De même tel n'est pas le cas de l'emploi du terme « néo-nazi » qui relève de l'expression d'une opinion et conserve son caractère injurieux, même s'il est accompagné du qualificatif « notoire » et de la référence à l'avis d'un politologue (■ Cass. crim., 14 févr. 2006 : *Bull. crim.*, n° 40).

– Tel n'est pas le cas du terme « irresponsable », dont l'emploi a été attribué par un hebdomadaire à un premier président de cour d'appel pour qualifier une initiative procédurale d'un juge d'instruction et qui constitue l'expression d'une opinion injurieuse (■ Cass. crim., 13 avr. 2010 : *Bull. crim.* n° 70 ; *CCE* 2010, comm. 76, note A. Lepage ; *Dr. pén.* 2010, comm. 79, obs. M. Véron ; *JCP* 2010, p. 1786, n° 946, note C. de Jacobet de Nombel).

– Tel n'est pas le cas des propos contenus dans un tract selon lequel « les méthodes brutales de la police aux frontières (arrestation, perquisition) visent en priorité, dans l'esprit de ses agents souvent familiers des idées racistes, les noirs et les arabes », qui constituent l'expression d'une opinion injurieuse (■ Cass. crim., 7 déc. 2010, n° 10-81.984 : *Bull. crim.*, n° 197).

16) Ne renferment l'imputation d'aucun fait précis les propos mettant en cause les membres de la communauté juive en raison des caractéristiques physiques ou psychologiques qui leur sont prêtées (■ Cass. crim., 28 mars 2006 : *Bull. crim.* n° 90).

17) Une cour d'appel ayant exactement retenu que les écrits incriminés n'imputaient aucun fait précis, de nature à être, sans difficulté, l'objet d'une preuve ou d'un débat contradictoire, elle en a déduit à bon droit que ces écrits, s'ils revêtaient un caractère injurieux, ne constituaient pas le délit de diffamation envers une administration publique (■ Cass. ass. plén., 25 juin 2010 : *Bull. inf. C. cass.* 2010, n° 727, I, rapp. Moussa, avis Salvat ; *Bull. crim.* n° 1 ; en l'espèce, mise en cause des forces de police pour « des centaines de meurtres de jeunes de banlieue » ; *D.* 2010, chron. p. 2090, note V. Vigneau ; *Rev. sc. crim.* 2011, p. 130, obs. J. Francillon ; *D.* 2011, p. 780, note E. Dreyer ; *JCP* 2010, 1258, obs. B. de Lamy).

18) L'emploi de l'expression « délation » pour qualifier la publication du nom de personnalités politiques mises en cause dans l'élaboration d'un plan d'aménagement relève de l'expression d'une opinion et d'un jugement de valeur, et non de l'imputation d'un fait précis (■ Cass. crim., 1er sept. 2010 : *Dr. pén.* 2010, comm. 119).

19) N'est pas diffamatoire à l'égard d'un professionnel photographié sur les lieux l'article qui, consacré à l'emploi de travailleurs clandestins et au non-respect des règles de sécurité sur un chantier et illustré par la photographie, ne mentionne pas l'entreprise de l'intéressé ni ne lui impute aucun des faits litigieux relatés.

Cependant, la diffusion de cette photographie, prise sans l'autorisation de l'intéressé, qui y est reconnaissable, et en dehors de tout événement d'actualité le concernant, est susceptible, en raison de la teneur de l'article, de porter une atteinte à sa personne que ne légitime pas la liberté de communication des informations (■ Cass. 1re civ., 16 janv. 2013, n° 12-16.547 : *Bull. inf. C. cass.* 1er mars 2013, n° 684 ; *D.* 2013, p. 555, note E. Dreyer ; *CCE* 2013, comm. 46, note A. Lepage).

20) La liberté d'expression est un droit dont l'exercice revêt un caractère abusif dans les cas spécialement déterminés par la loi ; a violé les articles 29 de la loi du 29 juillet 1881 et 10 de la Convention de sauvegarde des droits de l'homme et des libertés fondamentales, la cour d'appel qui retient que la diffamation doit s'apprécier à l'aune de l'indivisibilité de nombreux messages, postés sous quatre adresses URL différentes par internet, qui doivent être lus, interprétés et compris à la lumière des autres auxquels ils répondent ou il sera répondu, sans caractériser pour chacun d'eux l'allégation de faits de nature à être sans difficulté, l'objet d'une preuve ou d'un débat contradictoire (■ Cass. 1re civ. 11 mars 2014, n° 13-11.706 : *D.* 2014, act., p. 726).

21) Atteinte à l'honneur ou à la considération. Il résulte de l'article 29 de la loi du 29 juillet 1881 que seule l'allégation ou l'imputation d'un fait qui porte atteinte à l'honneur et à la considération de la personne à laquelle le fait est imputé, présente un caractère diffamatoire ; encourt la cassation l'arrêt qui retient la diffamation, alors que les écrits incriminés, dont l'interprétation est soumise à la Cour de cassation, ne contenaient l'imputation d'aucun fait précis de nature à porter atteinte à l'honneur ou à la considération de la partie civile (■ Cass. crim., 30 sept. 2003 : *Bull. crim.*, n° 172). Sur l'imputation d'une infidélité conjugale qui n'est pas à elle seule de nature à porter atteinte à l'honneur ou à la considération, V. ■ Cass. 1re civ., 17 déc. 2015, n° 14-29.549 : *JCP* 2016, 285, p. 505, note A. Latil.

22) La considération professionnelle est protégée par l'article 29 de la loi du 29 juillet 1881, au même titre que la considération morale.

Il en est ainsi notamment à l'égard d'un médecin-chef de service hospitalier (■ Cass. crim., 12 oct. 1993 : *Bull. crim.*, n° 289. ■ 30 mai 1996 : *Bull. crim.*, n° 228).

23) Le caractère légal des imputations diffamatoires s'apprécie non d'après le mobile qui les a dictées mais selon la nature du fait sur lequel elles portent. Dépassent les limites de la défense des consommateurs et le libre droit de critique concernant les produits les attaques personnelles portant atteinte à la considération professionnelle du fabriquant (■ Cass. crim., 13 févr. 1990 : *Bull. crim.*, n° 75).

24) Imputation visant une personne physique ou morale. Dès lors qu'elles ne concernent pas la personne physique ou morale, les appréciations, même excessives, touchant les produits, les services ou les prestations d'une entreprise industrielle ou commerciale n'entrent pas dans les prévisions de l'article 29 (■ Cass. crim., 8 févr. 1994 : *Bull. crim.*, n° 58 ; *Dr. pénal* 1994, comm. 133. ■ 24 sept. 1996 : *Dr. pénal* 1997, comm. 8, obs. M. Véron).

25) Ainsi, justifie sa décision, l'arrêt qui, pour dire non établis les faits de diffamation envers un particulier, énonce que les propos comparant un vin désigné sous une appellation « domaine de... » à une « piquette chimique », dès lors qu'aucune référence n'est faite dans l'article, à une personne physique ou morale qui pourrait être soit le producteur, soit le représentant, soit le négociant, soit le détaillant (■ Cass. crim., 19 janv. 2010 : *Dr. pénal* 2010, comm. 48, obs. J.-H. Robert).

26) Selon l'article 29 de la loi du 29 juillet 1881, la diffamation est constituée par un fait précis et déterminé portant atteinte à l'honneur et à la considération d'une personne visée ; dès lors qu'elles ne concernent pas la personne physique ou morale, les appréciations, même excessives, touchant les produits, les services ou les prestations d'une entreprise industrielle ou commerciale (en l'espèce une société exploitant un restaurant critiquée par un guide gastronomique) n'entrent pas dans les prévisions de ce texte (■ Cass. crim., 10 sept. 2013, n° 11-86.311 : *Bull. crim.*, n° 177 ; *Dr. pén.* 2013, comm. 174, obs. M. Veron ; *JCP* 2013, chron., n° 1152 / n° 8, p. 2039, note E. Dreyer ; *Procédures* 2013, comm. 319, note A. S. Chavent-Leclere ; *D.* 2013, act., p. 2276).

27) Selon l'article 29 de la loi du 29 juillet 1881, la diffamation est constituée par un fait précis et déterminé de nature à porter atteinte à l'honneur et à la considération d'une personne visée ; encourt la cassation, l'arrêt qui qualifie de diffamatoires au sens du texte précité des propos qui n'atteignent qu'une profession considérée dans son ensemble et non une personne physique ou morale déterminées (■ Cass. crim., 16 sept. 2003 : *Bull. crim.*, n° 161 ; *Dr. pénal* 2003, comm. 2, obs. M. Véron).

28) Fait l'exacte application de l'article 2 du Code de procédure pénale, sans méconnaître les exigences des articles 6, 13 et 14 de la Convention européenne des droits de l'homme, l'arrêt qui déclare irrecevables les constitutions de partie civile du conseil supérieur du notariat, de la chambre interdépartementale des notaires de Paris et de plusieurs chambres régionales, pour diffamation publique envers des particuliers, à raison de propos qui visent la profession notariale dans son ensemble sans blâmer aucune personne déterminée, ces organismes professionnels ne pouvant se réclamer d'aucun préjudice personnel directement causé par l'infraction (■ Cass. crim., 1er sept. 2004 : *Bull. crim.*, n° 193).

29) La diffamation prévue par les articles 29, alinéa 1er, et 31, alinéa 1er, de la loi du 29 juillet 1881, qui suppose que soit visée une personne au sens de ladite loi, ne peut concerner le membre d'une collectivité dépourvue de personnalité juridique qui n'est pas suffisamment restreinte pour que chacun de ses membres puisse se sentir atteint et demander réparation du préjudice résultant de l'infraction dénoncée ; en conséquence, encourt la cassation l'arrêt de la cour d'appel qui décide que sont recevables à agir, sur le fondement de l'article 31, alinéa 1er, susvisé, trois personnes ayant la qualité d'anciens harkis, en retenant que les propos poursuivis concernent « 100 000 harkis » et que les parties civiles sont en droit, du fait de leur appartenance à cette collectivité, de se sentir personnellement diffamées par les propos incriminés (■ Cass. crim., 29 janv. 2008, n° 06-86.474 : *Bull. crim.*, n° 23). – Rappr. ■ Cass. crim., 16 janv. 1969 : *Bull. crim.*, n° 32 (2), sur la possibilité de demander réparation d'une diffamation visant une pluralité de personnes lorsqu'elles forment un groupe restreint.

30) Personne visée indirectement. La diffamation visant une personne ne peut rejaillir sur une autre que dans la mesure où les imputations diffamatoires lui sont étendues, fût-ce **de manière déguisée ou dubitative, ou par voie d'insinuation** ; tel n'est pas le cas à l'égard du maire d'une commune lorsque les propos par lui incriminés rendent compte de l'inauguration par ses soins du parvis d'une cathédrale dédié à un pape, mais ne comportent que des critiques visant les positions attribuées à ce dernier dans le domaine de la contraception et leurs lourdes répercussions en termes de santé publique (■ Cass. crim., 26 mars 2008, n° 06-87.838 : *Bull. crim.*, n° 78 ; *JCP* 2008, IV, n° 1884).

31) Forme de l'imputation. La forme de l'allégation ou de l'imputation importe peu, elle peut ainsi se faire sous la forme interrogative (■ Cass. crim., 24 nov. 1960 : *Bull. crim.*, n° 552), affirmative (■ Cass. crim., 3 mai 1966 : *JCP* 66, IV, 86), dubitative (■ Cass. crim., 29 mars 1978 : *Bull. crim.*, n° 118 ; *Rev. sc. crim.* 1979, 95, obs. Levasseur ; ■ Cass. crim., 17 juill. 1985 : *Bull. crim.*, n° 267), conditionnelle (■ Cass. crim., 14 févr. 1962 : *JCP* 62, IV, 46) ou déguisée (■ Cass. crim., 19 mars 1991 : *JCP* 91, IV, 244) ou par voie d'insinuation (■ Cass. crim., 9 nov. 2004 : *Bull. crim.*, n° 278, p. 1049 ; *Dr. pénal* 2005, comm. 37, obs. M. Véron. ■ Cass. crim., 14 nov. 2006 : *Dr. pénal* 2007, note 35. ■ Cass. crim., 22 oct. 2013, n° 12-85.971 : *Dr. pén.* 2014, comm. 5, obs. M. Veron).

32) L'imputation peut même se présenter sous la forme d'une hypothèse ou d'un soupçon (■ Cass. crim., 18 août 1921 : *Bull. crim.*, n° 358) ou d'un signe graphique, tels des guillemets (■ Paris, 27 mai 1982 : *D.* 1982, 599, note Amson et sur pourvoi, ■ Cass. crim., 15 mars 1983 : *Bull. crim.*, n° 81 ; *JCP* 84, II, 20145, note Chavanne ; *D.* 1985, 582, note Amson ; *Rev. sc. crim.* 1986, 374, obs. Levasseur).

33) Encourt la cassation l'arrêt qui, pour relaxer les prévenus du chef de diffamation envers un fonctionnaire public, retient qu'aucun des passages de l'article placés entre guillemets ne comporte l'imputation d'un fait précis, alors que les passages incriminés, qui sont à apprécier au regard de l'ensemble de l'article et de son contexte, imputaient à un fonctionnaire, sous forme d'insinuations, non seulement des erreurs, mais des manquements délibérés aux devoirs de sa charge, dont la preuve pouvait être rapportée et faire l'objet d'un débat contradictoire (■ Cass. crim., 29 janv. 2008 : *JurisData* n° 2008-042712 ; *Dr. pénal* 2008, comm. 62, obs. M. Véron).

– Il peut s'agir d'un dessin malveillant figurant sur des tracts reproduisant le dispositif d'un jugement de condamnation rendu deux ans auparavant (■ Cass. crim., 28 févr. 1989 : *Bull. crim.*, n° 98).

– L'obscénité, la trivialité des plaisanteries et la vulgarité du style ne sont pas des circonstances suffisantes pour ôter tout caractère diffamatoire au texte d'un article (■ Paris, 11 juill. 1988 : *D.* 1988, IR, 234).

34) Le fait précis caractérisant le délit de diffamation résulte le plus souvent de simples allusions ou insinuations, tels le fait de publier qu'on a renvoyé du personnel « pour des raisons sérieuses » (Req. 26 janv. 1914 : *D.* 1918, 1, 11). Il est inutile de donner tous les détails du fait précis imputé et il suffit que l'allusion soit claire pour les personnes auxquelles elle est destinée (■ Cass. crim., 15 févr. 1883 : *D.* 83, 1, 276). La précision du fait imputé peut être déguisée sous de simples expressions outrageantes (■ Cass. crim., 14 avr. 1992 : *Bull. crim.*, n° 162).

35) De même, les propos qui imputent à une personne physique des faits déterminés de malversations et à une personne morale nommément désignée d'en avoir profité portent nécessairement atteinte à leur considération (■ Cass. crim., 19 déc. 2000 : *JurisData* n° 007989 ; *Dr. pénal* 2001, comm. 56, obs. M. Véron).

36) Un mot bref ou un emblème peut constituer une diffamation, notamment en raison d'un contexte particulier, et non une injure : ainsi la simple apposition d'une croix gammée sur une maison (■ Cass. crim., 23 févr. 1950 : *D.* 1951, 217, note Mimin ; *S.* 1950, 1, 173, note M.R.M.P.) ou le mot collaborateur (■ Cass. crim., 17 févr. 1949 : *Bull. crim.*, n° 66), ou encore l'imputation faite à un journaliste d'être le porte-parole « occulte » d'un ministre (■ Cass. ass. plén., 25 févr. 2000 : *JCP* 2000, II, 10352, note E. Derieux).

37) À noter que la reprise d'une imputation diffamatoire constitue elle-même une diffamation qui implique l'intention de nuire, cette présomption ne pouvant disparaître qu'en présence de faits justificatifs de nature à faire admettre la bonne foi ; encourt la censure l'arrêt qui se borne à énoncer que le journaliste n'a pas repris à son compte la réalité des faits dénoncés et n'a ajouté aucune considération personnelle ou extérieure de nature à en renforcer la crédibilité, alors que l'article indique que « les suspicions étaient légions » (■ Cass. crim., 14 nov. 2006 : *JurisData* n° 2006-036579 ; *Dr. pénal* 2007, note 34).

38) Il résulte des dispositions de l'article 29, alinéa 1er, de la loi du 29 juillet 1881 visant la publication directe ou par voie de reproduction d'imputations à caractère diffamatoire que la reprise de telles imputations constitue elle-même une diffamation qui implique l'intention de nuire, et que cette présomption ne peut disparaître qu'en présence de faits justificatifs de nature à faire admettre la bonne foi (■ Cass. crim., 4 déc. 2007 : *Bull. crim.*, n° 301).

39) Appréciation objective de l'imputation. Pour déterminer si l'allégation ou l'imputation d'un fait porte atteinte à l'honneur ou à la considération de la personne à laquelle le fait est imputé, les juges n'ont pas à rechercher quelles peuvent être les conceptions personnelles et subjectives de celle-ci concernant la notion de l'honneur et celle de la considération (■ Cass. crim., 2 juill. 1975 : *Bull. crim.* n° 174 ; *Rev. sc. crim.* 1976, 426, obs. Levasseur. ■ Cass. crim., 28 janv. 1986 : *Bull. crim.*, n° 36 ; *Rev. sc. crim.* 1986, 854, obs. Levasseur. – comp. ■ Cass. crim., 23 mars 1978 : *Bull. crim.*, n° 115 ; *Rev. sc. crim.* 1979, 332, obs. Levasseur).

40) Les juges n'ont pas non plus à tenir compte, à cet égard, de l'opinion que le public a de cette personne. Les lois qui prohibent et punissent la diffamation protègent tous les individus sans prévoir aucun cas d'exclusion fondé sur de tels éléments (■ Cass. crim., 7 nov. 1989 : *Bull. crim.*, n° 403).

– Le caractère diffamatoire d'un propos doit s'apprécier objectivement d'après la nature du fait sur lequel il porte (■ Cass. crim., 13 févr. 1990 : *Bull. crim.*, n° 75, préc.).

41) En matière de presse, il appartient aux juges du fond de relever toutes les **circonstances extrinsèques** qui donnent une portée injurieuse ou diffamatoire aux propos poursuivis, même si ceux-ci ne présentent pas par eux-mêmes ce caractère, et qui sont de nature à révéler leur véritable sens (■ Cass. crim., 16 oct. 2012, n° 11-82.866 : *JCP* 2012, chron., n° 1318, p. 2225, n° 5, note E. Tricoire ; *D.* 2013, pan., p. 460, n° 2, note E. Dreyer).

42) Contrôle de la Cour de cassation. En matière de presse, il appartient à la Cour de cassation de contrôler et rectifier les appréciations des juges du fond, en ce qui concerne les éléments du délit, tels qu'ils se dégagent de l'écrit incriminé (▪ Cass. crim., 3 juill. 1996 : *Bull. crim.*, n° 283. ▪ Cass. crim., 16 sept. 2003 : *Bull. crim.*, n° 161, préc.), d'exercer son contrôle sur le sens et la portée des propos poursuivis (▪ Cass. crim., 20 oct. 1992 : *Bull. crim.*, n° 329. – 14 févr ; 2006 : *Bull. crim.*, n° 42 ; *Rev. sc. crim.* 2006, p. 625, obs. J. Francillon ; *JCP* 2006, I, 190, obs. B. de Lamy. ▪ Cass. crim., 12 nov. 2008, pourvoi n° 07-83.398 : *Bull. crim.*, n° 229 ; *D.* 2009, p. 402, note J. Pradel).

43) Il appartient à la Cour de cassation d'exercer son contrôle sur le point de savoir si dans les propos retenus dans la prévention, se retrouvent les éléments légaux de la diffamation publique tels qu'ils sont définis par les articles 29 et 32 de la loi du 29 juillet 1881 (▪ Cass. crim., 16 oct. 2001 : *Bull. crim.*, n° 210, *infra*).

44) Il appartient à la Cour de cassation de contrôler si les écrits ou discours poursuivis présentent les éléments légaux des délits de diffamation ou injures publiques tels qu'ils sont définis par la loi qui les réprime (▪ Cass. crim., 10 sept. 2013, n° 11-86.311 : *Bull. crim.*, n° 177, préc., *supra*, *V° Imputation visant personne physique ou morale : Dr. pén.* 2013, comm. 174, obs. M. Veron).

45) Applications. Ainsi, ne portent pas atteinte à l'honneur et à la considération des propos qui imputent à un dirigeant politique d'avoir collaboré avec les Khmers rouges au sein d'instances mises en place en vue d'une réconciliation nationale au Cambodge (▪ Cass. crim., 16 oct. 2001 : *Bull. crim.*, n° 210).

46) Est gravement diffamatoire et constitue une atteinte intolérable et indélébile un article, surtitré « Les tribulations du fils de Tonton », qui met en cause le fils du président de la République, conseiller pour les affaires africaines surnommé « Papamadit », lui imputant notamment d'être directement mêlé à des affaires d'une clarté douteuse et affirmant que son goût serait plus marqué pour « le charme tapageur des quartiers chauds de Lomé ou de Libreville » que pour les grands dossiers africains (▪ Paris, 12 juin 1990 : *Gaz. Pal.* 25-26 juill. 1990).

47) Est diffamatoire un article, assorti de cartes géographiques faisant corps avec lui, mettant en cause nominativement un hôpital public, parmi 200 services d'urgences d'établissements hospitaliers, présentés comme devant être évités et fermés en raison des imputations d'inaptitude à remplir leur mission de service public hospitalier et de dangerosité envers les patients admis en urgence (▪ Cass. crim., 3 juill. 1996 : *Bull. crim.*, n° 283, préc.).

– Sur la question de savoir s'il est diffamatoire d'imputer à quelqu'un des actes généralement réprouvés, mais dont lui-même préconise l'accomplissement, V. aussi (▪ T. corr. Paris 4 juill. 1985 : *D.* 1986, 2, note Agostini ; *Rev. sc. crim.* 1986, 375, obs. Levasseur. ▪ T. corr. Paris, 18 avr. 1985 : *D.* 1985, 433, note Mayer).

48) Une cour d'appel ne saurait sans se contredire constater qu'un passage de l'article incriminé est diffamatoire et déclarer que l'infraction n'est pas établie en se fondant sur l'appréciation subjective de la victime qui a opéré un choix entre les imputations la visant et sur l'opinion supposée des lecteurs. Les lois qui prohibent et punissent la diffamation protègent toutes les personnes sans prévoir aucune exception fondée sur de tels éléments (▪ Cass. crim., 28 janv. 1986 : *Bull. crim.*, n° 36 ; *Rev. sc. crim.* 1986, 854, obs. Levasseur).

49) Constituent une allégation de nature à porter atteinte à l'honneur des imputations relatives à la probité, le fait de soutenir qu'un écrivain n'est pas l'auteur d'un livre publié sous sa signature (▪ Cass. crim., 10 oct. 1973 : *Bull. crim.*, n° 351 ; *Rev. sc. crim.* 1974, 599, obs. Levasseur. ▪ 2 déc. 1980 : *Bull. crim.*, n° 328 ; *Gaz. Pal.* 1981, 2, 594 : *Rev. sc. crim.* 1982, 123, obs. Levasseur. ▪ T. corr. Melun, 4 juin 1982 : *JCP* 82, II, 19918 ; *Rev. sc. crim.* 1983, 87), ou de reprocher à quelqu'un d'avoir eu recours à la prescription pour ne pas payer ses dettes (▪ Cass. crim., 2 avr. 1887 : *Bull. crim.*, n° 129) ou l'imputation d'infractions ou de condamnations pénales (▪ Cass. crim., 22 avr. 1958 : *Bull. crim.*, n° 333. ▪ Cass. crim., 7 déc. 1994 : *Bull. crim.*, n° 373).

50) Ainsi il y a diffamation à publier la photographie d'une personne accompagnée de la légende « le 25 mai 1946 il n'a pas hésité à assassiner d'une balle de revolver X devant la cathédrale de Y » (▪ T. corr. Saint-Denis-de-la-Réunion, 15 mai 1984 : *Gaz. Pal.* 1984, 1, 469, note Doucet ; sur cette affaire, V. ▪ Cass. crim., 19 nov. 1985 : *Bull. crim.*, n° 363 ; *Rev. sc. crim.* 1986, 612, obs. Levasseur).

51) Portent atteinte à la considération les imputations relatives aux mœurs : ainsi l'insinuation qu'un homme se fait entretenir par sa maîtresse (▪ Cass. crim., 12 juill. 1884 : *Bull. crim.*, n° 235), à la famille : ainsi l'affirmation qu'on est la femme ou le fils d'un criminel (▪ Cass. crim., 10 mars 1955 : *JCP* 55, II, 8845, note Chavanne), aux qualités professionnelles : tel le fait de dire qu'un notaire a cherché pour se mettre à couvert à faire passer un acte par un confrère et que ce n'est que sur le refus de ce dernier qu'il l'a lui-même passé (■ Cass. crim., 4 mars 1887 : *D.* 88, 1, 142), ou de laisser entendre, de manière insidieuse, qu'un avocat, en raison de ses convictions politiques, n'a pas apporté à la défense de sa cliente la conscience professionnelle requise (■ Cass. crim., 20 oct. 1998 : *JurisData* n° 005061 ; *Dr. pénal* 1999, comm. 56, obs. J.-H. Robert).

52) Jugé aussi que l'imputation, visant le général commandant une division parachutiste, de manquer de combativité ou de courage, ou d'être inféodé à un parti politique, est susceptible de preuve et d'un débat contradictoire, et elle est de nature à porter atteinte à l'honneur ou à la considération professionnelle du plaignant, en tant que dépositaire de l'autorité publique (■ Cass. crim., 30 mai 1996 : *Bull. crim.*, n° 228).

53) Porte encore atteinte à la considération de la partie civile le fait de publier ou de reproduire l'imputation d'une doctrine d'euthanasie collective et obligatoire (■ Cass. crim., 8 févr. 1990 : *Dr. pénal* 1990, n° 154).

54) L'imputation dirigée contre un maire et un adjoint au maire d'avoir commis une prévarication et une forfaiture constitue une diffamation, portant atteinte à l'honneur ou à la considération des parties civiles (■ Cass. crim., 22 juill. 1986 : *Bull. crim.*, n° 241), ou l'insinuation de faits d'indélicatesse ou d'improbité par l'allégation d'un doute planant sur une gestion municipale qualifiée de ténébreuse, ce dernier terme étant de surcroît placé entre guillemets (■ Cass. crim., 23 nov. 1993 : *Bull. crim.*, n° 350) ; tout comme l'allégation qu'un journaliste est un ivrogne bien connu et qu'il est connu comme tel dans le journal qui l'emploie (■ Cass. crim., 6 déc. 1988 : *Bull. crim.*, n° 411).

55) Est de nature à porter atteinte à l'honneur ou à la considération, nonobstant son caractère fictif, l'imputation d'une action violente menée par un groupe armé dont la constitution est pénalement répréhensible, faite à une personne supposée avoir adhéré aux doctrines nationales-socialistes (■ Cass. crim., 16 déc. 1986 : *Bull. crim.*, n° 374).

56) L'imputation faite à une personne d'avoir été un agitateur ayant suivi un entraînement spécial pour se livrer à une action subversive constitue l'articulation d'un fait précis portant atteinte à l'honneur ou à la considération de cette personne au sens de l'article 29, al. 1er, de la loi du 29 juillet 1881 (■ Cass. crim., 10 févr. 1987 : *Bull. crim.*, n° 68).

57) Enfin, présenter un auteur comme « falsificateur de l'histoire des Juifs pendant la période nazie », accréditant l'idée que ce professeur d'université dénature les faits, objets de ses recherches historiques, dans le dessein de tromper ses lecteurs, constitue l'imputation de faits précis de nature à porter atteinte à l'honneur et à la considération du demandeur (■ TGI Paris, 14 févr. 1990 : *Gaz. Pal.* 2-3 août 1991, note Domingo).

58) Absence de caractère diffamatoire de propos ou d'écrits. Le fait d'avoir déclaré au sujet d'un ouvrage présenté lors d'une émission télévisée qu'il s'agissait là d'une enquête fondée sur des rapports de police n'exprime qu'un **simple jugement de valeur** sur la méthode utilisée et ne comporte aucune atteinte à l'honneur ou à la considération professionnelle d'un journaliste (■ Cass. crim., 27 juill. 1981 : *Bull. crim.*, n° 238).

59) De même des **attaques de portée théorique** dirigées contre une conception du rôle des institutions judiciaires dans la société, se ramenant à une opinion sur le fonctionnement d'institutions de l'État, ne constituent pas, quelle que soit leur âpreté, le délit de diffamation (■ Cass. crim., 23 mars 1978 : *Bull. crim.*, n° 115).

60) Dans le contexte de l'article en cause, l'imputation faite à un député d'être le « protecteur des intérêts du lobby pétrolier » ayant pour seul objet de rappeler les choix politiques de celui-ci, ne saurait porter atteinte à son honneur ou à sa considération au sens de l'article 29 de la loi précitée, et, par suite, constituer le délit de diffamation (■ Cass. crim., 1er déc. 1998 : *Bull. crim.*, n° 324).

61) L'appréciation du maire sur la fausseté des renseignements fournis lors d'une demande de permis de construire ne saurait constituer une diffamation dès lors que la loi du 11 juillet 1979 impose à l'administration de motiver en droit et en fait certaines décisions à caractère individuel notamment celles rapportant une décision créatrice de droits et qu'un retrait d'acte administratif doit intervenir dans le délai du recours contentieux ou sans connaître du délai si l'acte a été obtenu frauduleusement (■ Cass. crim., 3 mai 2000 : *Bull. crim.*, n° 176).

62) S'il est vrai que les critiques doivent jouir d'une grande liberté pour exprimer leur avis sur la valeur des œuvres artistiques, littéraires ou scientifiques qu'ils sont appelés à juger, ils ne sauraient impunément assortir ces avis de digressions diffamatoires (■ Cass. crim., 22 mars 1966 : *JCP* 66, IV, 71).

63) Nécessité de l'identification ou de l'identifiabilité de la ou des personnes visées. La victime doit être désignée avec précision ; mais il n'est pas nécessaire qu'elle soit spécialement désignée par son nom (■ Nancy, 9 juill. 1964 : *D.* 1966, 47, note Mimin).

64) Il appartient aux juges, saisis d'une poursuite pour diffamation ou injure, d'identifier, d'après les circonstances de la cause, la personne visée ; cette appréciation est souveraine dans la mesure où elle repose sur des éléments de fait extrinsèques aux propos incriminés (■ Cass. crim., 19 mars 2002 : *Bull. crim.*, n° 67. ■ 30 mai 2007 : *Bull. crim.*, n° 143 ; *Dr. pénal* 2007, comm. 124, obs. M. Véron).

65) V. pour une juxtaposition volontaire d'images permettant l'identification d'une personne et d'un commentaire imputant à un groupe d'individus des faits susceptibles de qualification pénale (■ Cass. crim., 29 oct. 1991 : *Bull. crim.*, n° 387).

66) Si la désignation est suffisamment ambiguë pour pouvoir être appliquée à plusieurs personnes, toutes les victimes se reconnaissant dans cette désignation peuvent agir contre le coupable (■ Cass. crim., 15 avr. 1921 : *Bull. crim.*, n° 165).

67) Lorsque les imputations ont été formulées sous une forme allusive ou déguisée de manière à faire planer le soupçon sur plusieurs personnes, chacune de celles-ci a qualité pour agir en diffamation et demander réparation du préjudice qui lui a été ainsi causé (■ Cass. crim., 6 déc. 1994 : *Dr. pénal* 1995, comm. 93, obs. Véron).

68) Mais ne sont pas constitutives de diffamation les attaques publiées dans un article qui, ne précisant pas les auteurs des faits allégués, ne reportent le blâme sur aucune personne physique ou morale déterminée et atteignent seulement un groupe de médecins qui ne peut s'identifier avec un syndicat professionnel partie civile (■ Cass. crim., 19 janv. 1982 : *Bull. crim.*, n° 19). Même solution pour des dessins caricaturaux représentant des médecins sous un jour, peu favorable et intéressé (■ Cass. crim., 30 mai 1989 : *Dr. pén.*, 1990, n° 6).

69) V. aussi ■ Cass. crim., 30 sept. 2009 : *Dr. pén.* 2009, comm. 148, obs. M. Veron : l'emploi du pluriel dans les expressions diffamatoires ou injurieuses n'ont pas permis l'identification d'une victime.

B – Élément moral

70) Principe. En matière de diffamation la mauvaise foi de l'auteur est présumée (■ Cass. crim., 18 janv. 1950 : *Bull. crim.*, n° 23).

71) Contenu. Le diffamateur ne peut échapper aux poursuites en alléguant sa bonne foi, résultant notamment de son absence d'animosité, de la notoriété des imputations ou de sa croyance en l'exactitude des faits rapportés (■ Cass. crim., 18 mai 1954 : *JCP* 54, II, 8247, note Chavanne. – 16 mai et 10 oct. 1973 : *Bull. crim.*, n° 225 et 352 ; *Rev. sc. crim.* 1974, 599, obs. Levasseur. ■ 12 juin 1978 : *Bull. crim.*, n° 191 ; *Rev. sc. crim.* 1979, 564, obs. Levasseur. ■ 12 juin 1987 : *Bull. crim.*, n° 247). Les imputations diffamatoires sont réputées de droit faites avec l'intention de nuire (■ Cass. crim., 19 nov. 1985 : *Bull. crim.*, n° 363 ; *Rev. sc. crim.* 1986, 612, obs. Levasseur). L'erreur sur la personne visée dans l'écrit est exclusive de toute bonne foi (■ Cass. crim., 8 juill. 1986 : *Bull. crim.*, n° 233).

72) L'intention de nuire résultant des imputations diffamatoires ne peut disparaître que par la preuve incombant à leur auteur, de faits justificatifs suffisants pour établir sa bonne foi (■ Cass. crim., 16 déc. 1986 : *Bull. crim.*, n° 374).

73) Compatibilité avec les dispositions de la CEDH. Le principe selon lequel l'intention de nuire est attachée de plein droit aux imputations diffamatoires n'est pas incompatible avec les dispositions des articles 6 et 10 de la Convention européenne de sauvegarde des droits de l'homme et des libertés fondamentales, lesquelles ne mettent pas obstacle aux présomptions de droit ou de fait en matière pénale, dès lors qu'il est possible d'apporter la preuve contraire et que les droits de la défense sont assurés (■ Cass. crim., 16 mars 1993 : *Bull. crim.*, n° 115. ■ Cass. crim., 25 nov. 2003 : *Dr. pén.* 2004, note 62).

C – L'exception de bonne foi

74) Définition. Pour échapper à sa responsabilité pénale, le prévenu peut établir positivement sa bonne foi, invoquant les nécessités de l'information du public ou de la critique littéraire, artistique ou scientifique, et la prudence et le sérieux qu'il a déployés avant la diffusion de son écrit (■ Cass. crim., 27 janv. 1949 : *Bull. crim.*, n° 37 ; *Rev. sc. crim.* 1950, 60, obs. Patin. ■ T. corr. ■ Paris, 24 nov. 1969 : *JCP* 70, II, 16217, note P.M.B. ; *Rev. sc. crim.* 1970, 395, obs. Levasseur. – *Adde*, ■ T. corr. Paris, 25 oct. 1978 : *D.* 1980, 33, note Mayer sur la conciliation entre droit de libre critique et diffamation, au sujet de l'appréciation des speakerines de la télévision). L'absence d'objectivité de l'écrit incriminé ne permet pas au prévenu de bénéficier de la bonne foi (■ Cass. crim., 13 févr. 1990 : *JCP* 90, IV, 177).

75) Justifie sa décision la cour d'appel qui, pour relaxer le prévenu qui invoquait sa bonne foi, a retenu la légitimité du but poursuivi et la nécessité d'informer le public de certains faits pouvant justifier une enquête d'un journaliste et la mise à la disposition du public des informations qu'il avait pu recueillir au cours de celle-ci, le caractère sérieux, documenté et objectif de son travail, ainsi que la prudence dans l'expression excluant toute imputation excessive, toute généralisation hâtive, tout ton polémique ou outrancier, et enfin l'absence d'animosité ou d'attaque personnelle (■ Cass. crim., 11 sept. 2007, n° 05-87.628 : *Bull. crim.*, n° 198).

76) Les imputations diffamatoires impliquent l'intention coupable de leur auteur. L'exception de bonne foi dont peut se prévaloir le prévenu ne saurait être légalement admise par les juges qu'autant qu'ils énoncent les faits sur lesquels ils se fondent, et que ces faits justifient cette exception.

Encourt la cassation l'arrêt d'une cour d'appel qui reconnaît le bénéfice de la bonne foi à un ancien juge d'instruction, auteur d'un livre de souvenirs, au journaliste qui l'interrogeait, et à son éditeur, poursuivis du chef de diffamation publique, sans constater l'existence d'éléments suffisants pour le justifier : s'il était admissible, pour ce magistrat, d'évoquer le déroulement d'une importante affaire dont il avait eu à connaître, à titre de contribution au sujet d'intérêt général que constitue l'histoire d'un groupe terroriste, les prévenus ne pouvaient, sans manquer à leur devoir de prudence et de mesure dans l'expression, passer sous silence la décision d'acquittement, définitive, dont avait bénéficié la partie civile, nommément désignée dans l'ouvrage, et mise en cause directement dans la perpétration des crimes évoqués, décision d'acquittement qui constituait un élément essentiel pour l'information des lecteurs, et présenter finalement comme avérée une relation des faits strictement personnelle au juge, qui était contraire à la décision de la cour d'assises (■ Cass. crim., 17 nov. 2015, n° 14-81.410 : *D.* 2016, 55, note A. Sennet).

77) Mise en œuvre et preuve de la bonne foi par le seul prévenu. En matière de diffamation, si le prévenu peut démontrer sa bonne foi par l'existence de circonstances particulières, c'est à lui seul qu'incombe cette preuve, sans que les juges aient le pouvoir de provoquer, compléter ou parfaire l'établissement de celle-ci.

Encourt dès lors la censure l'arrêt d'une cour d'appel qui ordonne, avant dire droit, la communication, par la société France 2, partie civile, d'images non diffusées d'un reportage sur des affrontements entre Israéliens et Palestiniens dans la bande de Gaza, la cassation encourue entraînant, par voie de conséquence, celle de l'arrêt ayant statué au fond (■ Cass. crim., 28 févr. 2012, n°s 08-83.926 et 08-83.978 : *D.* 2012, act. p. 741, obs. S. Lavric).

78) Si le prévenu peut démontrer sa bonne foi, par l'existence de circonstances particulières, c'est à lui seul qu'incombe cette preuve ; l'exception de bonne foi ne saurait être légalement admise par les juges qu'autant qu'ils énoncent les faits sur lesquels ils se fondent et que ces faits justifient cette exception ; encourt la cassation l'arrêt qui admet la bonne foi de l'auteur de l'article, alors que la mise en cause des établissements plaignants procédait d'une généralisation hâtive et d'une amplification systématique d'informations qui n'avaient pas été vérifiées au plan local, et alors que la légitimité du but d'information poursuivi ne dispensait pas le journaliste de ses devoirs de prudence et d'objectivité dans l'expression de la pensée (■ Cass. crim., 3 juill. 1996 : *Bull. crim.*, n° 283.

79) Si la présomption d'intention de nuire, qui résulte des imputations diffamatoires elles-mêmes, peut être combattue et éventuellement détruite par la preuve de l'existence de faits justificatifs suffisants de nature à faire admettre la bonne foi, c'est à la personne poursuivie et à elle seule qu'incombe cette preuve devant la juridiction de jugement.

Dès lors encourt la cassation l'arrêt par lequel une chambre de l'instruction, pour dire n'y avoir lieu à suivre sur une plainte du chef de diffamation publique, prononce d'office sur la bonne foi du mis en examen (■ Cass. crim., 11 avr. 2012, n° 11-86.331 : *Bull. crim.*, n° 92 ; *Dr. pénal* 2012, comm. 102, obs. M. Véron).

80) En matière de diffamation, la preuve de la vérité des faits diffamatoires ainsi que celle de bonne foi reviennent au prévenu. C'est à bon droit que la cour d'appel retient le délit de diffamation publique à l'encontre du prévenu dès lors que, d'une part, l'imputation de pratiques irrégulières en fraude des droits des débiteurs a porté atteinte à la considération de la partie civile, d'autre part, les juges ont relevé que le prévenu avait agi sans prudence, par animosité personnelle, au mépris de son obligation de réserve et que l'allégation litigieuse était dépourvue d'une base factuelle suffisante (■ Cass. crim., 11 avr. 2012, n° 11-83.007 : *Bull. crim.*, n° 91).

81) La bonne foi du diffamateur ne peut être déduite de faits postérieurs à la diffusion des propos incriminés. Dès lors, encourt la cassation l'arrêt de la cour d'appel qui admet le prévenu au bénéfice de la bonne foi en considération d'éléments d'information recueillis postérieurement à la distribution du tract contenant les imputations diffamatoires (■ Cass. crim., 6 mai 2008 : *Bull. crim.*, n° 103 ; *JCP* 2008, IV, n° 2103 ; *Dr. pénal* 2008, comm. 108, obs. M. Véron).

De même, encourt la cassation l'arrêt de la cour d'appel qui admet le prévenu au bénéfice de la bonne foi en considération du fait que la mise en examen et le renvoi devant le tribunal correctionnel de la personne visée par les propos incriminés, survenus postérieurement à la publication de ces derniers, corroborent des témoignages recueillis par ailleurs et démontrent que le journaliste disposait, lors de la publication, d'une base factuelle suffisante des éléments rapportés (▪ Cass. crim., 8 sept. 2015, n° 14-81.681 : *Dr. pén.* 2015, comm. 145, obs. P. Conte).

82) Justifie sa décision une cour d'appel qui, pour refuser le bénéfice de la bonne foi aux auteurs d'un texte diffamatoire, relève que, diffusant une information tronquée, ils ont manqué de prudence dans l'expression, et dès lors que, d'une part, le passage incriminé laisse entendre que la personne en cause a participé à des faits pénalement répréhensibles, en omettant de préciser qu'elle a bénéficié d'une décision de non-lieu, d'autre part, la restriction ainsi apportée à la liberté d'expression est nécessaire pour faire respecter le principe de la présomption d'innocence affirmé tant par l'article 9 de la Déclaration des droits de l'homme et du citoyen que par l'article 6 de la Convention européenne des droits de l'homme (▪ Cass. crim., 14 mars 2017, n° 16-80.209).

83) Production de pièces. Le droit à un procès équitable et la liberté d'expression justifient que la personne poursuivie du chef de diffamation soit admise à produire, pour les nécessités de sa défense, les pièces d'une information en cours de nature à établir sa bonne foi ou la vérité des faits diffamatoires ; il s'ensuit que de telles pièces ne peuvent être écartées des débats au motif que leur production porterait atteinte à la présomption d'innocence (▪ Cass. crim., 11 févr. 2003 : *Bull. crim.*, n° 29, et les arrêts cités not. en sens contraire).

84) De même, les pièces de nature à établir la vérité des faits ou la bonne foi ne peuvent être écartées des débats au motif qu'elles auraient été obtenues par des moyens illicites ou déloyaux (▪ Cass. crim. 19 janv. 2010, pourvoi n° 09-84.408 : *Bull. crim.*, n° 12 ; *Legipresse* 2010, p. 65, note B. Ader ; *CCE* 2010, comm. 52, note A. Lepage).

85) Bonne foi et preuve de vérité des faits. En matière de diffamation, la preuve de la vérité du fait diffamatoire et la bonne foi constituent deux questions distinctes ; en conséquence, le prévenu qui n'entend pas offrir la preuve de la vérité du fait diffamatoire ne saurait être déchu du droit d'exciper de sa bonne foi (▪ Cass. crim., 24 mai 2005 : *Bull. crim.*, n° 155).

86) Ne donne pas de base légale à sa décision la cour d'appel qui condamne le prévenu pour diffamation publique envers une administration publique, après avoir refusé à celui-ci le bénéfice de la bonne foi, par une motivation qui subordonne le sérieux de l'enquête à la preuve de la vérité des faits (▪ Cass. crim., 17 juin 2008, n° 07-80.767 : *Bull. crim.*, n° 151 ; *Dr. pén.* 2008, comm. 124, obs. M. Véron).

87) Appréciation de la bonne foi. La bonne foi ne saurait être étendue à des articles comportant le rappel d'événements contemporains historiques à moins qu'ils ne soient empreints d'objectivité et de sincérité et dénués de toute caractère purement polémique et malveillant (▪ Cass. crim., 19 nov. 1985 : *Bull. crim.*, n° 363).

88) La circonstance que de telles imputations s'insèrent dans le cadre d'une **polémique électorale** ne saurait en modifier le caractère légal (▪ Cass. crim., 8 janv. 1985 : *Bull. crim.*, n° 17. ▪ 15 oct. 1985 : *Bull. crim.*, n° 315. ▪ 19 juill. 1989 : *Dr. pénal* 1990, n° 4).

89) De même l'intention d'éclairer les électeurs au cours d'une campagne électorale ne saurait constituer un fait justificatif de la bonne foi lorsque les imputations diffamatoires visent une personne qui n'a pas fait acte de candidature (▪ Cass. crim., 28 févr. 1989 : *Bull. crim.*, n° 98). Et, si l'intention d'éclairer les électeurs sur les mérites d'un candidat au cours d'une campagne électorale est susceptible d'établir la légitimité du but poursuivi, la bonne foi est exclue par la dénaturation et la présentation tendancieuse de l'information (▪ Cass. crim., 1er oct. 1996 : *Bull. crim.*, n° 339, préc. note 1 ; *D.* 1998, 499, note B. de Lamy).

90) La croyance en l'exactitude des faits, fût-elle établie, n'est pas de nature à elle seule à justifier la bonne foi (▪ Cass. crim., 13 janv. 1987 : *Bull. crim.*, n° 16. ▪ 11 mai 1989 : *Dr. pén.* 1990, n° 9).

91) Il appartient aux juges d'apprécier le sens et la portée des passages présentés comme diffamatoires au regard du contexte dans lequel ceux-ci ont été portés à la connaissance du public (▪ Cass. crim., 13 déc. 2016, n° 16-80.812 : *JCP* 2017, 278, note N. Droin).

92) Encourt la cassation l'arrêt d'une cour d'appel qui, pour refuser le bénéfice de la bonne foi au prévenu, ancien premier adjoint au maire, poursuivi pour des propos imputant à son prédécesseur la responsabilité de l'endettement de la commune, énonce que, si le compte-rendu d'une séance du conseil municipal, lors de sa prise de fonctions, permet de constater que son allégation sur l'état d'endettement de la commune à son arrivée est exacte, ce document ne permet pas d'imputer la responsabilité de cette situation à son prédécesseur puisqu'elle est le résultat de décisions collégiales prises par le conseil municipal, alors que les propos tenus au sujet de l'endettement de la commune s'inscrivaient dans une polémique politique et reposaient sur une base factuelle que la cour d'appel avait elle-même constatée, peu important que les décisions à l'origine de cet endettement eussent été collégiales (■ Cass. crim., 23 janv. 2018, n° 17-81.874).

93) Information du public et ses limitations. Ne peut bénéficier de la bonne foi l'auteur d'un article qui impute à un haut fonctionnaire d'autorité, ancien ministre, d'avoir participé à la déportation des juifs français, sans faire état de la sentence du jury d'honneur comportant une appréciation nuancée du comportement de la partie civile durant l'occupation ; le texte incriminé ne comportait pas toutes les précisions ou précautions que le devoir de prudence du journaliste commandait d'y insérer (■ TGI Paris, 17e ch., 16 janv. 1991 : *Gaz. Pal.* 2-3 août 1991).

– N'informe pas le public l'article qui ne contient pas tous les éléments que le devoir d'objectivité exigeait (■ Cass. crim., 15 oct. 1985 : *Bull. crim.*, n° 315).

94) La brièveté d'un article de presse n'autorise pas le journaliste à s'affranchir de son devoir de vérifier, par une enquête préalable, l'information qu'il publie pas plus qu'elle ne le dispense de faire preuve de prudence dans l'expression de la pensée (■ Cass. crim., 16 mars 2004 : *Bull. crim.*, n° 66).

95) Prouve sa bonne foi le journaliste qui se borne à rapporter exactement et sans commentaire la teneur d'une dépêche d'agence (■ Cass. crim., 25 avr. 1989 : *Dr. pénal* 1990, n° 7) ou qui met entre guillemets des propos dont le contenu est diffamatoire (■ Cass. crim., 11 mai 1989 : *Dr. pénal* 1990, n° 8).

96) Mais la diffusion d'un communiqué de presse par un ministère ou d'une dépêche par une agence de presse ne dispense pas le journaliste de ses devoirs d'enquête préalable et de prudence dans l'expression de la pensée (■ Cass. crim., 23 mai 1995 : *Bull. crim.*, n° 191).

97) Même s'ils figurent dans un éditorial et s'ils traitent d'un sujet d'intérêt général, les propos reprochés doivent reposer sur une base factuelle suffisante en rapport avec la gravité des accusations portées et ne pas être dépourvus de toute prudence et mesure dans l'expression. Encourt la censure l'arrêt qui, pour relaxer un prévenu du chef de diffamation publique envers un particulier, retient que, s'agissant d'un éditorial, la bonne foi ne peut être refusée ni au motif que les propos seraient dénués d'objectivité et d'impartialité, ni à celui que leur auteur aurait manqué de prudence et de retenue dans l'expression, l'écrit en cause étant un billet d'humeur qui permet une plus grande liberté de ton et le recours à une certaine dose d'exagération voire de provocation (■ Cass. crim., 15 déc. 2015, n° 14-82.529).

98) Les juges du fond qui ont constaté que le prévenu poursuivi du chef de diffamation avait fait preuve d'**animosité personnelle**, ne sauraient, sans se contredire, le faire bénéficier de la bonne foi au motif que cette animosité n'était pas de son seul fait (■ Cass. crim., 30 mars 2005 : *Bull. crim.*, n° 109).

99) En matière de diffamation, lorsque l'auteur des propos soutient qu'il était de bonne foi, il appartient aux juges, qui examinent à cette fin si celui-ci s'exprimait dans un but légitime, était dénué d'animosité personnelle, s'est appuyé sur une enquête sérieuse et a conservé prudence et mesure dans l'expression, d'apprécier ces critères d'autant moins strictement qu'ils constatent, en application de l'article 10 de la Convention européenne des droits de l'homme, tel qu'interprété par la Cour européenne, que les propos s'inscrivaient dans un débat d'intérêt général et reposaient sur une base factuelle suffisante.

Doit en conséquence être approuvé un arrêt dont il résulte que les propos incriminés ont été tenus dans le cadre d'un débat général en vue d'une élection locale et reposaient sur la base factuelle de témoignages recueillis par leur auteur et matérialisés par des attestations, qui n'appelaient pas d'autres investigations de la part d'un non-professionnel de l'information, de sorte que le prévenu ne peut se voir reprocher d'avoir manqué de prudence dans l'expression dans des conditions qui seraient de nature à le priver du bénéfice de la bonne foi (■ Cass. crim., 28 juin 2017, n° 16-82.163).

Mais encourent la censure les arrêts qui, pour refuser aux prévenus le bénéfice de la bonne foi, retiennent contre eux une absence de prudence au regard d'une base factuelle insuffisante, alors que les propos incriminés s'inscrivaient dans un débat d'intérêt général sur les relations prêtées, dans un contexte électoral, à un homme politique avec un artiste ayant tenu des propos antisémites, qui, joint à l'existence d'une base factuelle, résultant de la réalité des affinités politiques entre les deux protagonistes et du caractère notoire des propos contestables tenus par le second, autorisait le ton polémique des prévenus (■ Cass. crim., 28 juin 2017, nos 16-80.064 et 16-80.066).

100) Atteinte à la présomption d'innocence. Justifie sa décision au regard de l'article 10, § 2 de la Convention européenne des droits de l'homme l'arrêt qui, pour refuser le bénéfice de la bonne foi aux auteurs d'un communiqué publié sur le réseau Internet imputant à une personne d'avoir commis des agressions sexuelles sur des mineurs et invitant d'autres victimes à se faire connaître, retient que les auteurs du communiqué, qui n'avaient réellement connaissance que des déclarations d'un enfant rapportées par son père, ont agi en violation de la présomption d'innocence alors qu'une information judiciaire était ouverte et ont ainsi, en lançant un tel avis de recherche, manqué de prudence dans l'expression ; ces énonciations établissent en effet que la restriction apportée à la liberté d'expression est proportionnée à la nécessité de faire respecter le principe de la présomption d'innocence affirmé tant par l'article 9 de la Déclaration des droits de l'homme et du citoyen que par l'article 6 de la Convention européenne des droits de l'homme (▪ Cass. crim., 20 févr. 2007 : *Bull. crim.*, n° 51 ; *Dr. pén.* 2007, comm. 97, obs. M. Véron).

101) Exploitants de moteurs de recherche. Au regard d'un procédé de recherche dont la fonctionnalité se borne à renvoyer à des commentaires d'un dossier judiciaire publiquement débattu, c'est à bon droit qu'une cour d'appel retient le fait justificatif de la bonne foi en ses éléments de prudence dans l'expression et de sérieux de l'enquête (▪ Cass. 1re civ., 19 févr. 2013, n° 12-12.798 : *JCP* 2013, act. n° 258, p. 464, L. Marino ; *CCE* 2013, comm. 57, p. 39, note A. Lepage).

– **Rappr. et comp.** : ▪ Cass. 1re civ., 19 juin 2013, n° 12-17.591, cité *infra*, II, Injure, *V° Nécessité d'une volonté*.

102) Rappel de condamnations amnistiées. Si la circonstance que les écrits incriminés ont eu pour objet de porter à la connaissance du public les agissements dans leur jeunesse de deux hommes politiques peut justifier, en cas de bonne foi de leur auteur, la diffamation, il ne saurait en être ainsi, sauf à violer l'article 10, alinéa 2 de la CESDH, ensemble les articles 29 et 32 de la loi du 29 juillet 1881, lorsqu'elle consiste dans le rappel de condamnations amnistiées, lequel est interdit sous peine de sanction pénale (▪ Cass. 1re civ., 16 mai 2013, n° 12-19.783 : *D.* 2013, p. 1280, obs. S. Lavric ; *JCP G* 2013, act, n° 192, Derieux ; *D.* 2013, chr., p. 2056, n° 7, note Darret-Courgeon ; *AJP* 2013, p. 476, obs. N. Verly).

103) Droit de critique, controverse politique ou historique et protection des personnes. Les discussions polémiques ou les satires politiques cessent là où commencent les **attaques personnelles** (▪ Cass. crim., 16 déc. 1986 : *Bull. crim.*, n° 374. ▪ Cass. crim., 23 mars 1978 : *Bull. crim.*, n° 115, préc.).

104) La critique qui se prétend historique n'échappe pas à cette règle pas plus que la controverse politique, ni l'une ni l'autre n'autorisant les attaques personnelles ; en l'espèce la présentation des faits imputés à une personne sous la qualification d'assassinat par l'auteur de l'article qui ne pouvait en ignorer l'inexactitude, manifestait une outrance qui, sous couvert de narration historique et de controverse politique, s'analysait comme une attaque personnelle exclusive de bonne foi (▪ Cass. crim., 14 mai 2002 : *JCP* 2003, I, 120, p. 665, chr. B. de Lamy).

105) Le bénéfice de la bonne foi ne peut être légalement accordé à un humoriste qui a manqué de prudence en proférant des propos diffamatoires envers un homme politique, dans le contexte d'une émission d'information générale (▪ Cass. crim., 29 nov. 1994 : *Bull. crim.*, n° 382 ; *Dr. pén.* 1995, comm. 92, obs. Véron).

106) A justifié sa décision la cour d'appel qui a refusé aux prévenus le bénéfice de la bonne foi, dès lors que les propos mettant en cause un magistrat, même s'ils concernaient un sujet d'intérêt général relatif au traitement d'une affaire judiciaire ayant eu un retentissement national, étaient dépourvus de base factuelle suffisante et constituaient une attaque personnelle excédant les limites de la liberté d'expression (▪ Cass. crim., 26 mai 2010 : *JurisData* n° 2010-010529 ; *Dr. pén.* 2010, comm. 92, obs. M. Véron).

107) Si la défense de l'histoire coloniale de la France est l'expression d'une conviction politique ayant à ce titre un caractère légitime, l'outrance des expressions visées par la poursuite caractérise l'animosité de la prévenue envers les parties civiles et, dès lors, la bonne loi ne peut être retenue (▪ Cass. crim., 9 nov. 2010 : *JurisData* n° 2010-022615 ; *Dr. pén.* 2011, comm. 16, obs. M. Véron).

108) Il a été par ailleurs jugé dans le domaine de la polémique politique portant sur les **opinions et les doctrines relatives au rôle et au fonctionnement des institutions fondamentales de l'État** que le fait justificatif de la bonne foi, propre à la diffamation, n'est pas nécessairement subordonné à la prudence dans l'expression de la pensée mais il ne saurait en être de même quand la polémique a trait à un parti politique et alors qu'un tel groupement ne détient aucune parcelle de puissance publique et ne peut être regardé comme une institution fondamentale de l'État (▪ Cass. crim., 27 juill. 1981 : *Bull. crim.*, n° 238. – V. aussi ▪ Cass. crim., 23 mars 1978 : *Bull. crim.*, n° 115 ; *Rev. sc. crim.* 1979, 332, obs. Levasseur).

109) L'imputation visant un homme politique qui aurait, en tant qu'officier de parachutistes, pratiqué personnellement la torture, ne peut constituer une opinion relative au fonctionnement des institutions fondamentales de l'État (▪ Cass. crim., 7 nov. 1989 : *Bull. crim.*, n° 403).

110) Des imputations diffamatoires dirigées contre un magistrat (manque d'impartialité et d'indépendance) ne peuvent bénéficier de l'immunité attachée aux attaques de portée théorique, dirigée contre une conception générale du rôle des institutions judiciaires dans la société (■ Cass. crim., 22 juin 1993 : *Bull. crim.*, n° 218).

111) Justifie légalement sa décision la cour d'appel qui, pour refuser au prévenu le bénéfice de la bonne foi, retient qu'en proférant des accusations graves à l'encontre de la police nationale et en procédant à des comparaisons avec les méthodes employées par la Gestapo ou la Milice du régime de Vichy, un avocat s'est exprimé sans prudence ou modération en jetant l'opprobre sur l'ensemble du corps des fonctionnaires de police ; en effet, lorsqu'il ne bénéficie pas de l'immunité prévue par l'article 41 l'avocat qui s'exprime au nom de son client n'est pas dispensé de la prudence et de la circonspection nécessaires à l'admission de la bonne foi (■ Cass. crim., 3 déc. 2002 : *Bull. crim.*, n° 217).

112) Si, dans le domaine de la polémique politique touchant au rôle et au fonctionnement des institutions de l'État, le fait justificatif de la bonne foi n'est pas nécessairement subordonné à la prudence dans l'expression, ce principe n'est pas applicable aux imputations diffamatoires concernant un magistrat, qui ne peuvent bénéficier de l'immunité attachée aux attaques de portée théorique dirigées contre une conception générale du rôle des institutions judiciaires dans la cité (■ Cass. crim., 4 déc. 2007 : *Bull. crim.*, n° 302 ; *Dr. pén.* 2008, comm. 29, obs. M. Véron).

113) À noter que la CEDH, par décision du 14 février 2008, a condamné la France pour violation de la liberté d'expression dans une affaire où un directeur de publication avait été condamné pour diffamation envers des juges d'instruction, en retenant, notamment, que ces fonctionnaires appartenant aux institutions fondamentales de l'État pouvaient faire l'objet de critiques personnelles dans des limites admissibles, et non pas de façon théorique et générale (*JCP* 2008, II, 10118, note E. Derieux).

D – Prédominance de la liberté d'expression

114) La bonne foi doit être appréciée en tenant compte du **caractère général** du sujet sur lequel portent les propos litigieux et du **contexte politique** dans lequel ils s'inscrivent (■ Cass. crim. 19 janv. 2010, n° 09-84.408 : *Bull. crim.*, n° 12 ; *Legipresse* 2010, p. 65, note B. Ader ; *CCE* 2010, comm. 52, note A. Lepage).

115) Encourt la censure la décision des juges du fond qui, après avoir rejeté le fait justificatif de bonne foi, déclarent établies les infractions de diffamation et de complicité de ce délit en raison de la publication d'un article de presse rapportant des échanges de propos tenus lors d'un entretien avec un journaliste, alors que l'article incriminé, traitant d'un sujet d'intérêt général relatif à une affaire financière d'une importance particulière au niveau national et international et dont le développement avait eu de lourdes répercussions nationales d'ordre financier, ne dépassait pas les limites de la liberté d'expression au sens de l'article 10 de la Convention européenne des droits de l'homme (■ Cass. crim., 11 mars 2008, n° 06-84.712 : *Bull. crim.*, n° 59 ; *D.* 2008, p. 2256, note J. Lepousterle).

116) Encourt la censure la décision des juges du fond qui, après avoir relevé qu'un article de presse comportait des imputations diffamatoires, écarte le fait justificatif de bonne foi alors que l'article incriminé, portant sur un sujet d'intérêt général relatif au traitement judiciaire d'une affaire criminelle ayant eu un retentissement national, ne dépassait pas, au sens de l'article 10 de la Convention européenne des droits de l'homme, les limites admissibles de la liberté d'expression dans la critique de l'action d'un magistrat (■ Cass. crim., 12 mai 2009 : *Bull. crim.*, n° 88 ; *D.* 2009, p. 2316, note E. Agostini ; *Dr. pén.* 2009, comm. 120, obs. M. Véron). – V. *infra* les notes sur l'exception de bonne foi.

117) Ne dépasse pas les limites de la liberté d'expression le droit de critique sur un sujet d'intérêt général et historique exercé sur un ton sarcastique qu'autorise le cadre de la lutte syndicale (■ Cass. crim., 23 nov. 2010 : *JurisData* n° 2010-023638 ; *Dr. pén.* 2011, comm. 16, obs. M. Véron).

118) Ne dépassent pas les limites de la liberté d'expression des propos ne faisant qu'exprimer un doute sur une question historique objet de polémique (■ Cass. 1re civ., 13 oct. 2013, n° 12-35.434 : *JCP* 2013, note 1372, p. 2382, E. Raschel ; *D.* 2013, act., p. 2467).

119) Encourt la censure la décision des juges du fond qui, après avoir relevé qu'un passage d'un livre comportait des imputations diffamatoires, écarte le fait justificatif de la bonne foi alors que le passage incriminé, portant sur un sujet d'intérêt général relatif à l'histoire récente du Cambodge et au comportement d'un personnage important lors des événements tragiques qu'a connus ce pays de 1975 à 1979, ne dépassait pas les limites admissibles de la liberté d'expression dans la critique de l'action d'un homme politique (■ Cass. crim., 27 avr. 2011, n° 10-83.771 : *Bull. crim.*, n° 77 ; *Rev. sc. crim.* 2012, p. 175 et s., obs. J. Francillon).

120) Encourt la cassation l'arrêt qui, après avoir relevé qu'un article de presse comportait des imputations diffamatoires à l'égard d'un préfet, écarte le fait justificatif de la bonne foi, alors que le propos incriminé, qui s'inscrivait dans la suite d'un débat sur un sujet d'intérêt général relatif aux rapports entretenus entre l'État et les collectivités territoriales, à l'occasion de l'extension d'une usine de retraitement des déchets, et du transfert de la gestion des routes nationales au département, ne dépassait pas les limites admissibles de la liberté d'expression dans la critique, par le président du conseil général, de l'action du représentant de l'État (■ Cass. crim., 29 mars 2011, n° 10-85.887 : *Bull. crim.*, n° 61 ; *AJP* 2011, jurispr. p. 304, note J. Royer ; *D.* 2011, act. p. 1419, note S. Lavric).

121) Justifie sa décision la cour d'appel, qui, saisie de la poursuite exercée du chef de diffamation contre un député ayant diffusé un communiqué demandant l'ouverture d'une enquête sur le financement d'un reportage, puis accordé un entretien à des journalistes sur ce sujet, retient, pour relaxer le prévenu, que celui-ci, dont la bonne foi pouvait être appréciée quel que soit son mode de participation à l'infraction poursuivie, n'était pas tenu aux mêmes exigences déontologiques qu'un journaliste, n'étant pas un professionnel de l'information, et ajoute que ce prévenu, dans le contexte d'un débat d'intérêt général, disposait d'une base factuelle suffisante pour s'interroger publiquement, en sa qualité de député, membre de la commission des Affaires étrangères de l'Assemblée nationale, sur des informations faisant état de pratiques journalistiques contestables, et qu'il l'a fait avec prudence, sans excéder les limites admissibles de la liberté d'expression (■ Cass. crim., 11 juin 2013, n° 12-83.487 : *Bull. crim.*, n° 136 ; *Gaz. Pal.*, 2-3 oct. 2013, chron., p. 21, note Ph. Piot ; *Legipresse* 2013, p. 497, note B. Ader ; *Procédures* 2013, comm. 319, note A.-S. Chavent-Leclere).

122) Encourt la censure la décision la cour d'appel qui, après avoir relevé à juste titre le caractère diffamatoire des propos dénoncés par la partie civile au cours d'une poursuite exercée du chef de complicité de diffamation publique envers un particulier, retient, pour refuser au prévenu le bénéfice de la bonne foi, que s'il a été satisfait en l'espèce aux critères de légitimité du but poursuivi, d'enquête sérieuse et de défaut d'animosité personnelle, les propos tenus, compte tenu de leur absence de mesure, excèdent les limites admissibles en matière de liberté d'expression, alors que l'écrit incriminé, relatif au conflit israélo-palestinien dans la bande de Gaza, traitait d'un débat portant sur la couverture médiatique d'un événement ayant eu un retentissement mondial et constituant un sujet d'intérêt général au sens de l'article 10 de la Convention européenne des droits de l'homme (■ Cass. crim., 10 sept. 2013, n° 12-81.990 : *Bull. crim.*, n° 176).

123) La liberté d'expression ne peut être soumise à des ingérences que dans les cas où celles-ci constituent des mesures nécessaires au regard du paragraphe 2 de l'article 10 de la Convention européenne des droits de l'homme.

Méconnaît ce principe l'arrêt qui refuse au prévenu, poursuivi pour diffamation à l'égard d'un citoyen chargé d'un mandat public, le bénéfice de la bonne foi, alors que le propos incriminé, qui s'inscrivait dans la suite d'un débat d'intérêt général relatif à la politique municipale concernant la mise en œuvre de la législation sur les nuisances sonores et le respect de l'environnement, dans une localité rurale dépendante de l'économie touristique, ne dépassait pas les limites admissibles de la liberté d'expression dans la critique, par un administré, de l'action du maire de la commune (■ Cass. crim., 8 avr. 2014 : *Bull. crim.*, n° 103 ; *JCP* 2014, act., n° 476, p. 785, obs. E. Raschel ; *Dr. pén.* 2014, comm. 91, obs. M. Véron).

De même, encourt la censure l'arrêt qui, après avoir relevé qu'une pétition mise en ligne par le maire d'un arrondissement de Paris comportait des allégations diffamatoires, écarte le fait justificatif de bonne foi, alors que les propos incriminés, qui s'inscrivaient dans le contexte d'un débat général relatif à une question d'urbanisme soulevée par le maintien prolongé d'un ouvrage provisoire sur un site classé, et qui reposaient sur une base factuelle suffisante, ne dépassaient pas les limites admissibles de la liberté d'expression dans la critique, par ce maire, du comportement de ses concepteurs (■ Cass. crim., 6 mai 2014 : *Bull. crim.*, n° 121).

124) La liberté d'expression ne peut être soumise à des ingérences que dans les cas où celles-ci constituent des mesures nécessaires au regard du paragraphe 2 de l'article 10 de la Convention européenne des droits de l'homme.

Méconnaît ce principe l'arrêt qui refuse le bénéfice de la bonne foi à la prévenue, poursuivie pour diffamation publique, alors que les propos incriminés, qui s'inscrivaient dans le contexte d'un débat d'intérêt général relatif à une question d'urbanisme soulevée par le maintien prolongé d'un ouvrage provisoire sur un site classé, et qui reposaient sur une base factuelle suffisante, ne dépassaient pas les limites admissibles de la liberté d'expression dans la critique, par le maire de l'arrondissement concerné, comportement des concepteurs dudit ouvrage (■ Cass. crim., 6 mai 2014, n° 12-87.789 : *JCP* 2014, act. n° 582, p. 998).

– À noter que la motivation des juges du fond relevait notamment « une virulence de l'attaque personnelle visant les parties civiles, exclusive de toute prudence dans l'expression. »

125) Compétence en cas de disqualification. Lorsque l'élément de publicité fait défaut, les imputations diffamatoires caractérisent la contravention prévue et réprimée par l'article R. 621-1 du Code pénal et la juridiction ayant constaté que les faits retenus constituent l'infraction de diffamation non publique a le devoir de statuer sur cette prévention.

Encourt la censure, l'arrêt qui, en pareille occurrence, prononce une relaxe motivée par la prohibition de requalifier la prévention en matière de presse (■ Cass. crim., 8 avr. 2008, pourvoi n° 07-87.226).

126) Compétence de la loi française. En l'absence de tout critère rattachant au territoire de la République des propos incriminés sur le fondement de la loi du 29 juillet 1881 sur la liberté de la presse, la circonstance que ceux-ci, du fait de leur diffusion sur le réseau internet, aient été accessibles depuis ledit territoire ne caractérise pas, à elle seule, un acte de publication sur ce territoire rendant le juge français compétent pour en connaître.

Justifie sa décision la cour d'appel qui, pour confirmer l'incompétence des juridictions françaises, constate, notamment, que les propos poursuivis sous la qualification de diffamation publique envers des particuliers, rédigés en langue anglaise, ont été mis en ligne sur un site internet américain par une personne de nationalité sud-africaine ne résidant pas en France, visent des personnes de nationalité japonaise et/ou américaine domiciliées au Japon et portent sur des événements qui se sont déroulés dans ce pays (■ Cass. crim., 12 juill. 2016, n° 15-86.645 : *Dr. pén.* 2016, comm. 156, note P. Conte ; *D.* 2016, 1848, note E. Dreyer).

127) Principe *non bis in idem*. Des faits qui procèdent de manière indissociable d'une action unique caractérisée par une seule intention coupable ne peuvent donner lieu, contre le même prévenu, à deux déclarations de culpabilité de nature pénale, fussent-elles concomitantes.

Encourent en conséquence la censure les arrêts prononçant deux déclarations de culpabilité du chef de diffamation publique envers un particulier, en raison de propos contenus, d'une part, dans un article mis en ligne sur internet, d'autre part, dans l'interview accessible par un lien hypertexte depuis ledit article, alors que les propos incriminés au sein de l'article étaient les mêmes, soit qu'ils soient cités, soit qu'ils soient reformulés sans dénaturation, que ceux poursuivis comme ayant été tenus dans l'interview, de sorte que l'ensemble ainsi formé, sur une même page intégralement mise en ligne au même moment sur un site internet, constituait un unique fait de publication (■ Cass. crim., 23 janv. 2018, n° 17-81.373).

II – INJURE

128) Définition et exemples. L'expression outrageante est tout propos qui, sans contenir l'imputation d'un fait précis, est de nature à porter atteinte à l'honneur ou à la délicatesse de celui auquel il s'adresse, ainsi l'expression « vous manquez de courage civique » (■ Cass. crim., 20 juin 1946 : *Gaz. Pal.* 1946, 2, 178) ou encore le fait de traiter un individu de « couard, homme vil, dont la pensée roule au niveau du caniveau » (■ Cass. crim., 26 févr. 1985 : *Gaz. Pal.* 20 juill. 1985, Somm. 19).

129) Sont encore injurieuses les expressions « larbin » et « mouche du coche » appliquées par l'auteur d'un article à l'agent chargé de la promotion d'un film (T. grande inst. ■ Paris, 14 déc. 1988 : *Gaz. Pal.* 4-6 févr. 1990, Somm.). Le terme « buse » est également injurieux (■ Paris, 13 déc. 1988 : *D.* 1989, IR, 22), tout comme les expressions Q morveux » et « mal poli » (■ Cass. 2e civ., 3 mars 1988, inédit), « paranoïaque » (■ Paris, 11e Ch. A, 5 juill. 1989 : *JurisData* n° 1989-24689) et « brebis galeuses » (■ Paris, 11e Ch. A, 21 déc. 1988 : *JurisData* n° 27957).

130) Viole l'article 29, alinéa 2, de la loi du 29 juillet 1881 la cour d'appel qui, saisie de poursuites pour injures publiques envers un particulier, en raison d'écrits qualifiant la partie civile de « grand manipulateur dont la trahison a des allures de vocation », de « menteur et bonimenteur », relaxe le prévenu en considération du contexte de polémique électorale, alors qu'une telle circonstance n'était pas de nature à faire disparaître le caractère gravement outrageant de ces propos (■ Cass. crim., 30 mars 2005 : *Bull. crim.*, n° 110).

– Constituent aussi des injures les termes « tristes cons » et « dangereux salauds » utilisés lors d'un débat télévisé (■ Cass. crim., 16 mai 2006 : *Dr. pénal* 2006, comm. 135, obs. M. Véron).

131) L'invective se distingue de l'expression outrageante par la violence ou la grossièreté des termes utilisés, ainsi « vous n'êtes que des putains et des grues » (■ Cass. crim., 6 janv. 1949 : *Bull. crim.*, n° 6).

132) Certains mots ne constituent des injures qu'en raison d'un certain contexte, ainsi les mots « fasciste » (■ T. corr. Seine, 18 déc. 1946 : *Gaz. Pal.* 1947, 1, 113), « boche » (■ Paris, 27 déc. 1915 : *D.* 1916, 2, 30), « franc-maçon » (■ Cass. crim., 12 févr. 1897 : *D.* 97, 1, 399) ou « traître » (■ Cass. crim., 23 févr. 1950 : *D.* 1951, 217, note Mimin ; *S.*

1950, 1, 173, note M.R.M.P. ■ 31 mars 1960 : *Bull. crim.*, n° 193).

– Il a même été jugé que la déformation d'un nom patronimique de telle façon que sa terminaison devienne « nazi » constituait une injurie (■ Paris, 5 juin 2003 : *Comm. com. électr.* 2004, comm. 35, note A. Lepage).

Par contre le terme « communiste » n'est pas une injure (■ T. corr. Seine, 25 mars 1931 : *DH* 1931, 279).

133) Un candidat aux élections législatives est personnellement visé par les expressions outrageantes contenues dans un tract présentant son choix comme un retour à l'intolérance, au racisme et au fascisme (■ Cass. crim., 26 mai 1987 : *Bull. crim.*, n° 218). Est injurieux le titre d'un article ainsi libellé : « Un émule de Barbie va-t-il entrer à l'Assemblée européenne ? » (■ Cass. crim., 7 nov. 1989 : *Bull. crim.*, n° 403). Même solution pour le slogan suivant figurant sur des affiches : « Le Pen ne passera pas par moi » (■ T. corr. Grenoble, 5 juill. 1990).

134) Est également injurieuse à l'égard d'une journaliste la juxtaposition des mots « pulpeuse charcutière casher », même si elle évoque au lieu d'énoncer, et utilise des termes dont l'innocuité apparente dissimule l'effet pervers de leur connotation (■ Paris, 15 févr. 1988 : *JCP* 88, II, 21115, note Agostini).

135) Les termes suivants constituent une expression outrageante : « volonté d'exclusion et de haine raciale à l'égard des communautés maghrébines », lorsqu'ils sont appliqués à un maire et à sa gestion. Est également une injure le mot « peste » appliqué à la partie civile (■ Douai, 4e Ch., 1er mars 1991, inédit).

136) Si c'est à tort, en l'absence d'imputation ou d'allégation de faits suffisamment précis, qu'une cour d'appel retient, pour relaxer le prévenu, que ses propos, poursuivis sous la qualification d'injures, caractérisent une diffamation, l'arrêt attaqué n'encourt pour autant pas la censure, dès lors que les paroles injurieuses incriminées, prononcées, dans le contexte d'un débat politique, par le maire, chargé de la police de l'assemblée municipale, s'analysaient en une critique du comportement de l'un de ses membres dans l'exercice de son mandat public et ne dépassaient pas les limites admissibles de la liberté d'expression, qui ne peut connaître d'ingérence ou de restriction, en une telle circonstance, que pour des motifs impérieux, dont l'existence n'est pas établie en l'espèce (■ Cass. crim., 9 déc. 2014, n° 13-85.401 : *Dr. pén.* 2015, comm. 48, obs. M. Véron).

137) Publicité. En matière de presse, l'élément de publicité est caractérisé par l'affichage de l'écrit injurieux ou diffamatoire dans un local accessible à des tiers étrangers à la communauté de personnes liées par un même intérêt. Encourt la cassation l'arrêt qui retient qu'un tract affiché dans le local syndical d'un établissement pénitentiaire n'a pas été diffusé publiquement, alors que ce document était visible par certains détenus, tiers étrangers à la communauté d'intérêt que constitue le personnel pénitentiaire, lors de leur passage ponctuel dans ce local (■ Cass. crim., 9 déc. 2014, n° 13-86.917).

138) Élément moral. En matière d'injure, comme en matière de diffamation, la mauvaise foi de l'auteur est présumée (■ Cass. crim., 18 janv. 1950 : *Bull. crim.*, n° 23).

139) Nécessité d'une volonté. Viole les articles 29 et 33 de la loi du 29 juillet 1881 la cour d'appel qui ordonne au directeur de publication et au civilement responsable de sites internet offrant **un moteur de recherche** comme principale fonctionnalité de prendre toute mesure pour supprimer certaines suggestions de recherche apparaissant à la saisie de certains termes par les internautes, au motif que les suggestions en cause sont constitutives d'une injure, alors que la fonctionnalité aboutissant au rapprochement critiqué est le fruit d'un processus purement automatique dans son fonctionnement et aléatoire dans ses résultats, de sorte que l'affichage des « mots clés » qui en résulte **est exclusif de toute volonté de l'exploitant du moteur de recherche** d'émettre les propos en cause ou de leur conférer une signification autonome au-delà de leur simple juxtaposition et de leur seule fonction d'aide à la recherche (■ Cass. 1re civ., 19 juin 2013, n° 12-17.591 : *Bull. inf. C. cass.* 1er déc. 2013, n° 1406 ; *JCP* 2013, note n° 907, p. 1568, A. Lepage ; *Legipresse* 2013, p. 491, note F. Klein et M. Bourgeois ; *Gaz. Pal.* 2-3 oct. 2013, chron., p. 15, note F. Fourment ; *D.* 2013, act., p. 1604).

140) Coexistence de diffamation et injure. L'expression injurieuse qui se rattache à l'imputation d'un fait précis n'est que l'accessoire du délit de diffamation et c'est seulement l'injure véritablement indépendante des faits diffamatoires qui peut être poursuivie et punie comme constituant un délit distinct (■ Paris, 9 juill. 1890 : *D.* 1891, 2, 62).

141) Un fait unique ne peut être poursuivi à la fois comme diffamatoire et comme injurieux, une qualification étant exclusive de l'autre (■ Cass. crim., 9 mars 1965 : *JCP* 65, IV, 55. ■ 16 janv. 1990 : *Bull. crim.*, n° 26).

142) Lorsque des expressions outrageantes ou appréciations injurieuses sont indivisibles d'une imputation diffamatoire, le délit d'injures est absorbé par celui de diffamation et ne peut être relevé seul (■ Cass. crim., 15 mars 1994 : *Bull. crim.*, n° 99. ■ 24 janv. 1995 : *Bull. crim.*, n° 33).

143) Ne justifie pas sa décision la cour d'appel qui retient qu'une plainte avec constitution de partie civile du chef de diffamation publique ne répond pas aux exigences de l'article 50 de la loi du 29 juillet 1881 en ce que, au visa de l'article 29, alinéa 1er, de la loi précitée et sous cette qualification, elle incrimine des propos qualifiés d'insultants et injurieux mais également de gravement diffamatoires et laisse subsister une incertitude sur l'objet de la poursuite.

En effet, les expressions outrageantes « avocat véreux » et « escroc » sont indivisibles et se confondent avec les imputations diffamatoires faites à un avocat, par une cliente, de lui avoir « extorqué » et « volé » une somme de 1 800 €, de sorte que le délit d'injure se trouvant absorbé par celui de diffamation, la plainte ne créait aucune incertitude dans l'esprit de la prévenue quant à la nature des faits poursuivis sous cette dernière qualification (■ Cass. crim., 23 juin 2009 : *Bull. crim.*, n° 133).

144) Lorsque les expressions outrageantes ou appréciations injurieuses sont indivisibles d'une imputation diffamatoire, le délit d'injure est absorbé par celui de diffamation.

Encourt la cassation l'arrêt qui déclare coupable d'injures l'auteur d'un écrit traitant un avocat d'« avocat véreux, raciste et super belliqueux », alors que les expressions outrageantes étaient indivisibles des imputations faites à celui-ci d'avoir été complice d'une « tentative d'escroquerie au jugement », d'avoir proféré des termes racistes, et d'avoir été physiquement menaçant, et se confondaient avec elles, de sorte que la qualification d'injures, seule visée dans la poursuite, était inappropriée (■ Cass. crim., 2 oct. 2012, n° 12-84.932 : *Bull. crim.*, n° 203).

145) Est justifiée la condamnation pour injures publiques d'un prévenu qui avait traité la partie civile de « dernière des pourritures » lors d'une émission radiophonique, dès lors qu'il résulte de l'arrêt attaqué que les injures incriminées n'étaient pas absorbées par des propos contenant l'imputation de faits précis portant atteinte à l'honneur et à la considération de la partie civile, et qu'elles ne constituaient pas une riposte immédiate et irréfléchie à une provocation (■ Cass. crim., 24 nov. 2009, pourvoi n° 09-83.256 : *Bull. crim.* n° 193 ; *AJP* 2010, p. 35, note M. E. Charbonnier ; *Legipresse* 2010, chron. p. 33, n° 9, note E. Dreyer).

146) Requalification de l'injure. Après avoir constaté que les propos litigieux avaient été diffusés sur les comptes ouverts par la défenderesse tant sur le site Facebook que sur le site MSN, lesquels n'étaient en l'espèce accessibles qu'aux seules personnes agréées par l'intéressée, en nombre très restreint, une cour d'appel a retenu, par un motif adopté exempt de caractère hypothétique, que celles-ci formaient une communauté d'intérêts, et en a exactement déduit que ces propos ne constituaient pas des injures publiques.

Mais en se bornant à constater, pour rejeter les prétentions de la demanderesse, que les propos litigieux ne constituaient pas des injures publiques sans rechercher, comme il lui incombait de le faire, si les propos litigieux pouvaient être qualifiés d'injures non publiques, la cour d'appel a violé par refus d'application l'article R. 621-2 du Code pénal (■ Cass. 1re civ., 10 avr. 2013, n° 11-19.530 : *D.* 2013, p. 1004 ; *JCP* 2013, act., note 466, p. 816, L. Marino ; *JCP* S 2013, n° 1237, p. 18, note B. Bossu ; *Legipresse* 2013, p. 312, note B. Ader ; *Gaz. Pal.* 19-20 juin 2013, chron. p. 14, note Ph. Piot).

Voir aussi : sur l'injure, *infra*, les notes sous l'article 33.

Note : pour **l'injure non publique**, voir les articles R. 621-2 et R. 624-4 du Code pénal.

Art. 30 ***(Mod., Ord. 6 mai 1944 ; L. 19 déc. 1952 ; L. n° 72-546, 1er juill. 1972 ; L. n° 92-1336, 16 déc. 1992 ; L. n° 2000-516, 15 juin 2000).*** **– La diffamation commise par l'un des moyens énoncés en l'article 23 envers les cours, les tribunaux, les armées de terre, de mer ou de l'air, les corps constitués et les administrations publiques, sera punie d'une amende de 45 000 €.**

1) Les corps constitués sont des organismes permanents de la Nation exerçant une portion d'autorité et qui peuvent à tout moment se réunir en assemblées générales : ainsi des conseils municipaux (■ Cass. crim., 8 mars 1955 : *Bull. crim.*, n° 144. ■ 24 juill. 1956 : *JCP* 1956, IV, 133), des facultés (■ Cass. crim., 27 févr. 1885 : *D.* 86, 1, 336), les chambres de commerce (Req. 27 oct. 1885 : *D.* 1885, I, 397, rapp. Voisin), l'Ordre de la légion d'honneur (■ Paris : 11 déc. 1963, inédit), mais non une catégorie de fonctionnaires comme les administrateurs de la France d'outre-mer (■ Cass. crim., 26 avr. 1952 : *D.* 1952, 492).

2) Entre dans les prévisions des articles 30 et 48 de la loi du 29 juillet 1881, relatifs aux injures et diffamations envers les corps constitués visés au premier de ces textes, un syndicat intercommunal qui exerce, par le transfert d'une partie des compétences des communes qui le composent, une portion de l'autorité publique et dont le comité, constitué des représentants de ses membres, peut se réunir en assemblée générale (■ Cass. crim., 7 nov. 1995 : *Bull. crim.*, n° 338).

3) La municipalité, réunion du maire et de ses adjoints, est une entité dépourvue d'existence légale qui n'entre pas dans la catégorie des corps constitués telle que prévue par l'article 30 de la loi du 29 juillet 1881 ; justifie, dès lors, sa décision l'arrêt qui, pour déclarer irrecevable la poursuite du chef de diffamation publique envers un corps constitué engagée sur citation directe par une commune, retient que les propos incriminés visent en réalité la municipalité, c'est-à-dire le maire et ses adjoints, lesquels ont seuls qualité pour agir, dès lors que, bien que non visés nommément, ils sont identifiables (■ Cass. crim., 8 juin 2004 : *Bull. crim.*, n° 155 ; *Dr. pénal* 2004, comm. 140, obs. M. Véron).

4) Si c'est à tort que la cour d'appel a prononcé la nullité de la citation, du chef de diffamation envers un corps constitué en relevant que seuls le maire et les personnes physiques identifiables étaient visés par les propos incriminés, alors qu'en matière d'infraction à la loi sur la liberté de la presse, les faits doivent être appréciés au regard de la qualification fixée irrévocablement à l'acte initial des poursuites, et que toute erreur sur ce point, qu'il appartient aux juges de relever d'office, est dénuée d'effet sur la validité dudit acte, mais fait obstacle à la condamnation, l'arrêt n'encourt pas pour autant la censure dès lors que la Cour de cassation est en mesure de s'assurer que les faits objet de la citation ont été exactement qualifiés, au terme d'un débat contradictoire, de diffamation envers des citoyens chargés d'un service ou d'un mandat public (■ Cass. crim., 25 févr. 2014, n° 12-88.172 : *D.* 2014, act., p. 608).

5) Poursuites. Il résulte des dispositions combinées des articles et 48, dernier alinéa, de la loi du 29 juillet 1881 que, par dérogation à l'article 85 du Code de procédure pénale, la poursuite du chef du délit prévu par l'article 30 de la loi sur la presse ne peut être exercée que par le ministère public ; il s'ensuit que la plainte avec constitution de partie civile déposée par un corps constitué du chef d'injure ou de diffamation est irrecevable et ne peut avoir pour effet d'interrompre la prescription de l'action publique ou d'en suspendre le cours (■ Cass. crim., 12 nov. 2003 : *Bull. crim.*, n° 212 ; *Dr. pénal* 2004, comm. 34, obs. M. Véron).

6) Armées. Pour la diffamation envers les armées, V. ■ Cass. crim., 21 juill. 1950 : *D.* 1950, I, 558, rapp. Patin ; S. 1951, I, 25, note M.R.M.P. ■ 12 mai 1960 : *Bull. crim.*, n° 267.

7) Juridictions. Il s'agit tant de celles de droit commun que de celles qui sont spécialisées. V. pour les juridictions militaires ■ Cass. crim. 2 avr. 1898 : *D.* 1898, I, 470. ■ 7 avr. 1900 : *D.* 1902, I, 332.

8) Dans des **poursuites** exercées pour diffamation publique envers les cours et tribunaux, le garde des Sceaux qui ne souffre pas personnellement du dommage causé par l'infraction, ne tient d'aucune disposition spéciale le pouvoir de se constituer partie civile pour obtenir réparation du préjudice causé à des magistrats et à une juridiction ; encourt la cassation l'arrêt d'une cour d'appel, qui a octroyé au garde des Sceaux un franc de dommages-intérêts, après avoir accueilli sa constitution de partie civile (■ Cass. crim. 15 déc. 1998 : *Bull. crim.*, n° 340).

9) Administrations publiques. Le délit a été ainsi retenu pour diffamation envers l'administration de la police (■ Nîmes, 2 févr. 1950 : *Rev. sc. crim.* 1950, p. 235, obs. Hugueney. ■ Cass. crim., 6 mars 1952 : *D.* 1952, I, 340. ■ 23 juin 1964 : *D.* 1964, somm. 11. ■ 3 déc. 2002 : *Bull. crim.*, n° 217 ; *Dr. pénal* 2003, comm. 33, obs. M. Véron, au sujet d'un communiqué de presse émanant d'un avocat et assimilant les méthodes de la police à celles de la gestapo et de la milice de Vichy).

La Cour de cassation, qui contrôle et rectifie les appréciations des juges du fond quant aux éléments de l'infraction résultant d'un écrit, a censuré une cour d'appel qui avait relaxé des prévenus du chef de diffamation envers l'administration hospitalière publique (■ Cass. crim., 3 juill. 1996 : *Bull. crim.*, n° 283).

10) Par contre, n'est pas une administration publique au sens de l'article 30 une caisse d'épargne (■ Cass. crim., 10 févr. 1883 : *D.* 83, 1, 436, rapp. Vetelay) ; ou, une société adjudicataire de travaux publics (■ Cass. crim., 12 févr. 1898 : *D.* 1899, I, 551) ; même solution pour les Houillières nationales (■ Cass. crim., 25 juin 1953 : *Bull. crim.*, n° 224).

11) Dans des **poursuites** exercées pour injure et diffamation publiques envers la police nationale, le ministre de l'Intérieur, qui ne souffre pas personnellement du dommage causé par l'infraction, ne tient d'aucune disposition spéciale le pouvoir de se constituer partie civile pour obtenir réparation du préjudice causé aux fonctionnaires de son Administration ; la faculté qu'il tient de l'article 48-3° de la loi du 29 juillet 1881, dans le cas d'injure ou de diffamation envers les fonctionnaires de son Administration, de porter plainte aux fins de mise en mouvement de l'action publique par le procureur de la République, n'emporte pas le droit pour le ministre de se constituer partie civile dans la procédure suivie sur sa plainte (■ Cass. crim., 2 sept. 2003 : *Bull. crim.*, n° 146 ; *Dr. pénal* 2003, comm. 143, obs. M. Véron).

12) Compatibilité avec la CEDH. Si l'exercice de la liberté d'expression est garanti par l'article 10.1 de la Convention européenne de sauvegarde des droits de l'homme, il peut, en vertu du second paragraphe de ce texte, être soumis à des restrictions et des sanctions dans des cas déterminés par la loi du 29 juillet 1881 ; que tel est l'objet de l'article 30 de ladite loi qui édicte une sanction nécessaire dans une société démocratique à la défense de l'ordre et à la réputation des administrations publiques et, en l'espèce, de la police nationale (■ Cass. crim., 3 déc. 2002 : *Bull. crim.*, n° 217, préc., et sous art. 29 et *infra* sous art. 41).

– L'article 30 n'est pas contraire à l'article 6-1 de la CEDH (■ Cass. crim., 12 nov. 2003 : préc.).

Art. 31 ***(Mod., Ord. 6 mai 1944 ; L. n° 2013-711, 5 août 2013).*** **– Sera punie de la même peine la diffamation commise par les mêmes moyens, à raison de leurs fonctions ou de leur qualité, envers le président de la République, un ou plusieurs membres du ministère, un ou plusieurs membres de l'une ou de l'autre Chambre, un fonctionnaire public, un dépositaire ou agent de l'autorité publique, un ministre de l'un des cultes salariés par l'État, un citoyen chargé d'un service ou d'un mandat public, temporaire ou permanent, un juré ou un témoin, à raison de sa déposition.**

La diffamation contre les mêmes personnes concernant la vie privée relève de l'article 32 ci-après.

Bibliographie : Sur la diffamation publique visant le président de la République : V. *Dr. pén.* 2013, étude 19, par E. Clément.

1) Fondement de l'incrimination. L'article 31 concerne les diffamations appréciées non d'après le mobile qui les a inspirées ou le but recherché par son auteur, mais d'après la nature du fait sur lequel portent les propos diffamatoires qui contiennent la critique d'actes de la fonction ou d'abus de la fonction ; la qualité ou la fonction de la personne visée doit avoir été soit le moyen d'accomplir le fait imputé, soit son support nécessaire (■ Cass. crim., 22 juin 1944 : *D.* 1945, 142, note Mimin. ■ 4 mai 1976 : *Bull. crim.*, n° 141. ■ 20 janv. 1981 : *Bull. crim.*, n° 28. ■ 17 juill. 1985 : *Bull. crim.* n° 267. ■ 16 déc. 1986 : *Bull. crim.*, n° 374. – *Adde*, Levasseur, obs. : *Rev. sc. crim.* 1981, 387 ; ■ Cass. crim., 23 août 1989 ; *Bull. crim.*, n° 312. ■ 3 avr. 2013, n° 11-84.409, cassant un arrêt n'ayant pas suffisamment recherché le lien existant entre le fait imputé et les qualités ou fonctions visées à l'article 31 : *Dr. pén.* 2013, comm. 108, obs. M. Véron).

2) L'article 31 de la loi du 29 juillet 1881 ne réprime les diffamations dirigées contre les personnes revêtues de la qualité énoncée par ce texte que lorsque ces diffamations, qui doivent s'apprécier non d'après le mobile les ayant inspirées ou le but recherché par leur auteur mais selon la nature du fait sur lequel elles portent, contiennent des critiques d'actes de la fonction ou d'abus de la fonction, ou encore lorsqu'elles établissent que la qualité ou la fonction de la personne visée a été soit le moyen d'accomplir le fait imputé, soit son support nécessaire.

Encourt la cassation l'arrêt qui, pour dire établie la prévention de diffamation publique envers un citoyen chargé d'un mandat public, retient que le texte litigieux désigne un maire en sa qualité de membre d'un parti politique et donc d'élu local, comme étant l'auteur d'un incendie volontaire, alors qu'en l'espèce le fait imputé ne constituait ni un acte, ni un abus de la fonction de maire du plaignant, et se trouvait dépourvu de tout lien avec ladite fonction, la diffamation ne concernant que le particulier (■ Cass. crim., 8 avr. 2014 :*Bull. crim.*, n° 104 ; *JCP* 2014, n° 586, p. 1000).

De même, encourt la cassation l'arrêt qui, pour dire établie la prévention de diffamation publique envers un citoyen chargé d'un mandat public, retient que les propos litigieux imputaient à un maire d'être, dans le contexte d'un litige relatif à l'application de la législation sur l'urbanisme, responsable de l'incendie volontaire qui avait détruit un hangar appartenant à l'auteur des propos, alors qu'en l'espèce le fait imputé ne constituait ni un acte, ni un abus de la fonction de maire du plaignant, et se trouvait dépourvu de tout lien avec ladite fonction, la diffamation ne concernant que le particulier (■ Cass. crim., 15 déc. 2015, n° 14-85.118).

3) L'article 31 de la loi du 29 juillet 1881 ne réprime les diffamations dirigées contre les personnes revêtues de la qualité énoncée par ce texte que lorsque ces diffamations, qui doivent s'apprécier non d'après le mobile les ayant inspirées ou le but recherché par leur auteur mais selon la nature du fait sur lequel elles portent, contiennent des critiques d'actes de la fonction ou d'abus de la fonction, ou encore lorsqu'elles établissent que la qualité ou la fonction de la personne visée a été soit le moyen d'accomplir le fait imputé, soit son support nécessaire. Il en est également ainsi, au regard de l'article 33, alinéa 1er de la même loi, des injures dirigées contre les mêmes personnes qui doivent caractériser des actes se rattachant à la fonction de ces personnes ou à la qualité dont elles sont revêtues.

Ne justifie pas sa décision la cour d'appel qui retient les délits de diffamation et d'injure publiques envers un citoyen chargé d'un mandat public en raison d'un article de presse qui, même si son objet peut être de discréditer la personne élue qu'il désigne plutôt que la personne privée, ne comporte pas la critique d'un acte de la fonction ou d'un abus de la fonction, n'établit pas que la qualité ou la fonction de la personne visée ait été le moyen d'accomplir l'acte imputé ou son support nécessaire, et, enfin, ne caractérise pas un acte se rattachant à la fonction ou à la qualité (■ Cass. crim., 15 janv. 2008 : *Bull. crim.*, n° 9 ; pourvoi n° 06-89.189 ; *JCP* 2008, II, 10078, note E. Dreyer).

– Un arrêt du 17 mars 2009, *Bull. crim.*, n° 57, reprenant les énonciations du 1er paragraphe de l'arrêt du 15 janvier 2008, conclut que l'erreur dans la qualification de la personne diffamée affecte la régularité de la poursuite et la juridiction saisie doit relaxer les prévenus, après avoir constaté l'irrecevabilité de celle-ci.

4) Il suffit même que le fait imputé ait rejailli directement sur les fonctions publiques pour que l'article 31 s'applique (■ Cass. crim., 26 avr. 1983 : *D.* 1984, 376). Par exemple, l'article 31 est applicable à l'allégation consistant pour la personne visée à avoir accepté, pour sa candidature à la présidence d'un établissement public, la protection et le concours d'une organisation illicite à laquelle elle est désormais inféodée (■ Cass. crim., 28 nov. 1989 : *Bull. crim.*, n° 448).

5) Détermination de la personne physique ou morale visée. Sur les conditions et la portée de cette exigence, V. *supra* sous l'article 29 de la loi du 29 juillet 1881, *V°* imputation visant une personne physique ou morale et *V°* nécessité de l'indentification.

6) Exigence d'un lien entre imputation et qualité ou fonctions. Seuls importent l'objet de l'imputation et la qualité ou les fonctions de la personne qu'elle atteint (■ Cass. crim., 4 mai 1976 : préc.) ; si ce fait ne constitue ni un acte, ni un abus de la fonction publique, la diffamation n'atteint que l'homme privé (■ Cass. crim., 5 déc. 1935 : *D. H.* 1936, somm. 15. ■ 29 déc. 1971 : *JCP* 1972, IV, 35, imputation contre un maire, mais visé en tant que président des H.L.M.).

7) Ainsi, le texte ne saurait s'appliquer à l'imputation faite à un ancien officier devenu représentant élu à l'assemblée des Communautés européennes d'être capable de se livrer à un putsch (■ Cass. crim., 16 déc. 1986 : *Bull. crim.*, n° 374). L'article 31 ne saurait non plus être applicable à l'imputation faite à un professeur d'université d'avoir participé à une manifestation violente organisée par des étudiants devant le rectorat et de s'être opposé à l'action des forces de police (■ Cass. crim., 23 août 1989 : *Bull. crim.*, n° 312).

8) Moment de la diffamation. Le fait imputé doit se placer pendant l'exercice des fonctions de la personne protégée par les dispositions de l'article 31 en raison de sa qualité (■ Cass. crim., 7 févr. 1929 : *D.* 1930, I, 56). Dans ce cas, peu importe qu'elle ait depuis cessé ses fonctions (■ Cass. crim., 16 déc. 1954 : *Bull. crim.*, n° 411. ■ 28 janv. 1916 : *S.* 1918, I, 25, note Roux. ■ 4 juin 1932 : *Gaz. Pal.* 1932, 2, 202). À l'inverse, si le fait imputé remonte à une période antérieure à l'exercice des fonctions, l'article 31 n'est pas applicable (■ Cass. crim., 6 juill. 1900 : *D.* 1901, 5, 505, n° 54. ■ 29 nov. 1960 : *Bull. crim.*, n° 551 ; *Rev. sc. crim.* 1961, p. 351).

9) Ministre. L'article 31 de la loi sur la presse qui prévoit l'injure ou la diffamation commises envers un ou plusieurs membres du ministère ne s'applique qu'aux seuls ministres du Gouvernement de la République (et non, en l'espèce, au président du gouvernement de la Polynésie) : (■ Cass. crim., 19 févr. 2002 : *JurisData* n° 013474 ; *Dr. pénal* 2002, comm. 94, obs. M. Véron).

10) Sénateur ou député. En l'état des termes « un ou plusieurs membres de l'une ou l'autre chambre », l'article 31 s'applique uniquement aux diffamations envers un sénateur (■ Cass. crim., 21 nov. 1902 : *Bull. crim.*, n° 360) ou un député (■ Cass. crim., 27 déc. 1951 : *Bull. crim.*, n° 350 ; *D.* 1952, I, 69, rapport Patin. ■ 23 oct. 1980 : *Bull. crim.*, n° 270, pour l'imputation faite à un député d'avoir recueilli des procurations de vote illégales).

11) Sont des fonctionnaires publics : les magistrats, les membres de l'administration préfectorale (Ch. Réun. 16 nov. 1897 : *D.* 98, 1, 313, note Appleton), les instituteurs (■ Cass. crim., 1er juin 1961 : *Bull. crim.*, n° 287), un doyen de faculté (■ Cass. crim., 15 juin 1893 : *D.* 95, 1, 403), les militaires (■ Cass. crim., 26 juin 1922 : *D.* 1922, 1, 115), des professeurs d'université (■ Cass. crim., 16 avr. 1985 : *Bull. crim.*, n° 141), le directeur d'un centre hospitalier régional (■ Cass. crim., 28 nov. 1989 : *Bull. crim.*, n° 449), un chef de bassin, directeur de piscine municipale, qui appartient à la fonction publique territoriale (■ Cass. crim., 14 oct. 1997 : *Bull. crim.*, n° 333).

12) Lorsqu'il est, conformément à son statut professionnel, mis à la disposition d'un organisme associatif de droit privé, sans cesser d'appartenir à son corps d'origine, un fonctionnaire public est atteint, en tant que tel, par des imputations diffamatoires dès lors que sa fonction ou sa qualité a été le moyen d'accomplir le fait imputé ou en a été le support nécessaire ; tel est le cas d'un professeur d'éducation physique du ministère de l'Éducation nationale, coordinateur de district d'une union nationale du sport scolaire, association régie par la loi du 1er juillet 1901 et investie d'une mission de service public, qui, outre son rôle de représentation auprès du public, dispose de pouvoirs d'autorité de décision, dès lors que cet emploi est indissociable de la qualité de fonctionnaire public, étant réservé à un agent nommé par le recteur d'académie et rémunéré par le ministère de l'Éducation nationale (■ Cass. crim., 12 juill. 1988 : *Bull. crim.*, n° 300).

13) Magistrat. Caractérise le délit de diffamation envers un fonctionnaire public, l'imputation de partialité faite à un magistrat à raison de sa qualité et de ses fonctions de président de cour d'assises (■ Cass. crim., 10 mai 1994 : *Bull. crim.*, n° 181).

14) L'article 31 de la loi du 29 juillet 1881 est applicable, lorsque la qualité de fonctionnaire public a été, au moins pour partie, le moyen d'accomplir, à les supposer vrais, les faits imputés, et que ceux-ci constitueraient, sinon des actes de la fonction, du moins des abus de la fonction ; tel est le cas d'un magistrat qui, en dehors de ses fonctions mais à raison de sa qualité, participe à la création d'une cour martiale, à son organisation, à son fonctionnement et à l'exécution de ses sentences (■ Cass. crim., 12 janv. 1993 : *Bull. crim.*, n° 13).

15) Le délit de diffamation publique envers un fonctionnaire public est caractérisé contre l'avocat qui présente, à l'occasion d'une conférence de presse, un magistrat instructeur comme abusant de la détention provisoire, pour affaiblir une inculpée, briser sa résistance, démontrer sa culpabilité, la punir avant son jugement, à défaut d'en obtenir des aveux et qui impute à ce magistrat la rigueur du régime pénitentiaire de sa cliente (■ Cass. crim., 26 janv. 1993 : *Bull. crim.*, n° 42).

16) Des imputations diffamatoires dirigées contre un magistrat ne peuvent bénéficier de l'immunité attachée aux attaques de portée théorique, dirigée contre une conception générale du rôle des institutions judiciaires dans la société (■ Cass. crim., 22 juin 1993 : *Bull. crim.*, n° 218. ■ Cass. crim., 6 juill. 1993 : *Bull. crim.*, n° 242. ■ 10 mai 1994 : *Bull. crim.*, n° 181. ■ 10 mai 1994 : préc.).

17) Encourt la censure la décision des juges du fond qui, après avoir relevé qu'un article de presse comportait des imputations diffamatoires, écarte le fait justificatif de bonne foi alors que l'article incriminé, portant sur un sujet d'intérêt général relatif au traitement judiciaire d'une affaire criminelle ayant eu un retentissement national, ne dépassait pas, au sens de l'article 10 de la Convention européenne des droits de l'homme, les limites admissibles de la liberté d'expression dans la critique de l'action d'un magistrat (■ Cass. crim., 12 mai 2009 : *Bull. crim.*, n° 88 ; *D.* 2009, p. 2316, note E. Agostini). – V. *supra*, sous l'article 29.

18) Les citoyens chargés d'un service ou d'un mandat public sont tous agents investis dans une mesure quelconque d'une portion de l'autorité publique, mais non les personnes qui ne participent pas à cette autorité, encore bien qu'un intérêt public s'attache à leur service (■ Cass. crim., 30 avr. 1954 : *D.* 1954, 585, rapport Patin ; *JCP* 54, II, 8220, note Chavanne. ■ Cass. crim., 4 sept. 2001 : *Dr. pénal* 2002, comm. 5, obs. M. Véron).

19) La qualité de dépositaire ou agent de l'autorité publique ou de citoyen chargé d'un service ou d'un mandat public, au sens de l'article 31, n'est reconnue qu'à celui qui accomplit une mission d'intérêt général en exerçant des prérogatives de puissance publique ; tel n'est pas le cas d'un conseiller de premier ministre qui n'est investi d'aucune délégation de compétence ou de signature de nature à lui conférer une prérogative de puissance publique (■ Cass. crim., 14 janv. 2003 : *Bull. crim.*, n° 7).

20) Sont des citoyens chargés d'un service ou d'un mandat public : le maire d'une commune (■ Cass. crim., 12 déc. 1962 : *Bull. crim.*, n° 379. ■ 17 juill. 1985 : *Bull. crim.*, n° 267), un conseiller municipal (■ Cass. crim., 28 mai 1891 : *D.* 91, 1, 399), le membre d'une chambre de commerce (■ Cass. crim., 26 nov. 1925 : *DH* 1926, 38), un architecte départemental (■ Cass. crim., 4 août 1926 : *DP* 1927, 1, 42), le président d'un syndicat mixte constitué en application des art. L. 166-1 et suivants du Code des communes (■ Cass. crim., 6 oct. 1981, inédit), le président d'une chambre de commerce et d'industrie (■ Cass. crim., 28 nov. 1989 : *Bull. crim.*, n° 448), les experts désignés par la justice (■ Cass. crim., 29 juin 1923 : *DP* 1925, 1, 70), un membre des services spéciaux (■ Paris, 11e Ch. A, 31 mai 1989 : *JurisData*, n° 24472), un directeur de caisse de sécurité sociale (■ Cass. crim., 9 janv. 1996 : *Bull. crim.*, n° 8), le directeur d'une piscine municipale (■ Cass. crim., 14 oct. 1997 : *Bull. crim.*, n° 333), un commandant de corps de sapeurs-pompiers professionnels (■ Cass. crim., 13 avr. 1999, pourvoi n° N 97-86-511), le président de la Polynésie française (■ Cass. crim., 19 févr. 2002, préc.).

21) Les expressions diffamatoires ou injurieuses proférées publiquement par l'un des moyens énoncés à l'article 23 de la loi du 29 juillet 1881 sur la liberté de la presse, contre une personne chargée d'une mission de service public ou dépositaire de l'autorité publique à raison de ses fonctions ou à l'occasion de leur exercice, sans être directement adressées à l'intéressé et sans qu'il soit établi que le prévenu ait voulu qu'elles lui soient rapportées par une personne présente, n'entrent pas dans les prévisions de l'article 433-5 du Code pénal incriminant l'outrage, et ne peuvent être poursuivies et réprimées que sur le fondement des articles 31 et 33 de ladite loi (■ Cass. crim., 29 mars 2017, n° 16-82.884).

22) Mais n'ont pas cette qualité, un adjudicataire de travaux publics (■ Cass. crim., 12 févr. 1898 : *D.* 1899, I, 551), le président d'une fédération départementale de chasseurs (■ Cass. crim., 30 mai 1989 : *Bull. crim.*, n° 224) ni non plus un agent contractuel au ministère des Affaires étrangères détaché comme conseiller à la présidence de la République (■ Paris, 12 juin 1990 : *Gaz. Pal.* 25-26 juill. 1990), ni une association, chargée, par convention passée avec la commune, de l'exploitation, d'un château et du musée de la localité, qui est concessionnaire d'un service public mais qui n'est investie d'aucune prérogative de puissance publique (■ Cass. crim., 21 sept. 1999 : *Bull. crim.*, n° 190), ni un administrateur judiciaire (■ Cass. crim., 30 janv. 2001 : *Bull. crim.*, n° 27. ■ 19 juin 2001 : *Dr. pénal* 2001, comm. 128, obs. M. Véron. – Ch. Mixte, 4 nov. 2002 : *Bull. crim.*, n° 1 (3 arrêts) ; *Dr. pénal* 2003, comm. 18, obs. M. Véron ; ni un mandataire judiciaire à la liquidation des entreprises (même arrêt), *(V. infra, sous article 46)*, ni les membres du comité directeur d'une fédération sportive de la police française, même lorsqu'ils prononcent une sanction disciplinaire (■ Cass. crim., 4 sept. 2001 : *Dr. pénal* 2002, comm. 5, obs. M. Véron), ni le directeur d'un office public de H.L.M., établissement public à caractère industriel et commercial, soumis à un régime comptable de droit privé (■ Cass. crim., 28 mai 2002 : *Bull. crim.*, n° 120), ni le président de l'ordre des experts-comptables (■ Cass. crim., 25 mai 2004 : *Bull. crim.*, n° 136), ni un agent départemental accueillant à son domicile des enfants mineurs confiés par le Conseil général (■ Cass. crim., 3 avr. 2013, n° 12-82.494 : *Dr. pén.* 2013, comm. 108, obs. M. Véron), ni un praticien hospitalier (■ Cass. crim., 11 mars 2014 :*Bull. crim.*, n° 72 ; *D.* 2014, act., p. 726).

23) Encourt la cassation l'arrêt qui, pour reconnaître la qualité de citoyen chargé d'un service public à un conseiller à la présidence de la République pour les affaires africaines et malgaches se borne à énoncer qu'il était amené à participer personnellement à la mise en œuvre de la politique étrangère de la France, sans rechercher s'il était investi d'une délégation de compétence ou de signature de nature à lui conférer des prérogatives de puissance publique pour l'exercice de ses fonctions (■ Cass. crim., 11 mars 2003 : *Bull. crim.*, n° 64).

De même, justifie sa décision la cour d'appel qui, pour refuser d'appliquer l'article 31 à un conseiller diplomatique auprès du président de la République, retient que, d'une part, il ne justifie pas avoir été investi d'une délégation de compétence ou de signature de nature à lui conférer des prérogatives de puissance publique, et que, d'autre part, la qualité de diplomate de la partie civile n'était pas le support nécessaire de l'imputation d'implication dans une tentative d'assassinat contenue dans le propos diffamatoire (■ Cass. crim., 6 janv. 2015, n° 13-86. 330).

24) La qualité de dépositaire ou agent de l'autorité publique ou de citoyen chargé d'un service ou d'un mandat public au sens de l'article 31 de la loi du 29 juillet 1881 n'est reconnue qu'à celui qui accomplit une mission d'intérêt général en exerçant des prérogatives de puissance publique.

Justifie sa décision la cour d'appel qui refuse cette qualité à la société de droit privé gestionnaire d'un port de plaisance et à son directeur qui, s'ils accomplissent une mission d'intérêt général, n'exercent aucune prérogative de puissance publique (■ Cass. crim., 1er févr. 2011, n° 10-81.772 : *Bull. crim.*, n° 17 ; *AJP* 2011, jur., p. 194, note E. Allain).

25) Les témoins entendus par des enquêteurs dans une affaire de police ne sont pas protégés par l'article 31 qui ne joue que pour les personnes ayant la qualité juridique de témoin, c'est-à-dire **ayant prêté serment** (■ Paris, 23 févr. 1883 : *D.* 83, 2, 135). La diffamation commise envers le témoins, à raison de sa déposition, ne peut constituer une diffamation envers un particulier (■ Cass. crim., 7 avr. 1994 : *Bull. crim.*, n° 142).

26) Le témoin cité à la requête de la partie civile, au titre de l'offre de preuve contraire prévue par l'article 56 de la loi du 29 juillet 1881, entre dans la catégorie des témoins protégés par l'article 31 de ladite loi (■ Cass. crim., 7 avr. 1994 : *Bull. crim.*, n° 142).

27) Les jurés, en tant qu'ils ont été désignés, sans qu'il y ait à distinguer entre jury de session et jury de jugement, bénéficient de l'article 31 (■ Cass. crim., 8 mai 1891 : *D.* 1992, I, 205).

Par contre, les officiers ministériels, dont les notaires (■ Cass. crim., 5 janv. 1935 : *D. H.* 1935, p. 165), ou encore les avocats (■ Cass. crim., 4 janv. 1894 : *D.* 1897, I, 337, 8e esp., note Sarrut) ne relèvent pas de la protection de l'article 31.

28) Peine complémentaire. Encourt la cassation l'arrêt qui, dans des poursuites exercées pour diffamation publique envers un citoyen chargé d'un mandat public, ordonne l'affichage et la publication de la condamnation à titre de peines complémentaires, alors que ces mesures ne sont pas prescrites par la loi sur la liberté de la presse pour les faits retenus à l'encontre du prévenu (▪ Cass. crim., 24 janv. 1995 : *Bull. crim.*, n° 33).

29) Indivisibilité : lorsque des imputations diffamatoires visant un maire à raison de ses fonctions et de sa vie privée sont indivisibles, la qualification de diffamation envers un citoyen chargé d'un mandat public est seule applicable (▪ Cass. crim., 26 mars 1996 : *Bull. crim.*, n° 134).

30) Lorsque des imputations diffamatoires visant un citoyen chargé d'un mandat public à raison de ses fonctions et de sa vie privée sont indivisibles, la qualification prévue par l'article 31 de la loi du 29 juillet 1881 est seule applicable (▪ Cass. crim., 6 mai 2003 : *JurisData* n° 019537 ; *Comm. com. électr.* 2004, p. 38, note 34 par A. Lepage).

31) Liberté d'expression. La liberté d'expression peut être soumise à des ingérences dans les cas où celles-ci constituent des mesures nécessaires au regard du paragraphe 2 de l'article 10 de la Convention européenne des droits de l'homme.

Justifie sa décision la cour d'appel qui déclare coupable de diffamation publique envers un fonctionnaire public la directrice d'une publication imputant à une fonctionnaire d'une mairie d'avoir bénéficié d'une promotion en raison de son lien de parenté avec le maire, dès lors que les propos incriminés, s'ils concernaient un sujet d'intérêt général relatif à la gestion des emplois municipaux et aux conditions de la promotion accordée par un maire à l'un de ses proches parents au sein du personnel municipal, étaient dépourvus de base factuelle suffisante, en l'absence d'élément accréditant le fait que la fonctionnaire en cause aurait été privilégiée par rapport à d'autres candidats à ces fonctions répondant à des critères de compétence, de diplôme et d'ancienneté équivalents (▪ Cass. crim., 20 oct. 2015, n° 14-82.587).

Art. 32 ***(D.-L. 21 avr. 1939 ; Ord. 24 nov. 1943 et 6 mai 1944 ; L. n° 72-546, 1er juill. 1972 ; L. n° 90-615, 13 juill. 1990 ; L. n° 92-1336, 16 déc. 1992 ; L. n° 2000-516, 15 juin 2000 ; L. n° 2004-1486, 30 déc. 2004 ; L. n° 2012-954, 6 août 2012 ; L. n° 2017-86, 27 janv. 2017).*** **– La diffamation commise envers les particuliers par l'un des moyens énoncés en l'article 23 sera punie d'une amende de 12 000 €.**

La diffamation commise par les mêmes moyens envers une personne ou un groupe de personnes à raison de leur origine ou de leur appartenance ou de leur non-appartenance à une ethnie, une nation, une race ou une religion déterminée sera punie d'un emprisonnement d'un an et d'une amende de 45 000 € ou de l'une de ces deux peines seulement.

Sera punie des peines prévues à l'alinéa précédent la diffamation commise par les mêmes moyens envers une personne ou un groupe de personnes à raison de leur sexe, de leur orientation sexuelle ou identité de genre ou de leur handicap.

En cas de condamnation pour l'un des faits prévus par les deux alinéas précédents, le tribunal pourra en outre ordonner :

1° L'affichage ou la diffusion de la décision prononcée dans les conditions prévues par l'article 131-35 du Code pénal ;

2° La peine de stage de citoyenneté prévue à l'article 131-5-1 du Code pénal.

I – GÉNÉRALITÉS

1) La publicité de propos diffamatoires résulte du fait constaté que ceux-ci ont été tenus à haute voix dans un lieu public par nature (▪ Cass. crim., 2 févr. 1950 : *Bull. crim.*, n° 38. ▪ 15 mars 1983 : *Bull. crim.*, n° 82).

2) Une société anonyme est une **personne morale** susceptible d'être déclarée atteinte dans son honneur ou sa considération par des imputations diffamatoires dirigées contre elle (▪ Cass. crim., 12 oct. 1976 : *Bull. crim.*, n° 287 ; *Rev. sc. crim.* 1977, 587, obs. Levasseur) ; pour un syndicat, V. ▪ Cass. crim., 23 mars 1978 : *Bull. crim.*, n° 115 ; *Rev. sc. crim.* 1979, 332, obs. Levasseur.

3) Une collectivité ne possédant pas la personnalité morale ne peut poursuivre l'auteur d'une diffamation ou d'une injure à son encontre : tel est le cas des vétérinaires (▪ Cass. crim., 9 févr. 1954 : *D.* 1954, 679, note G.L.), du clergé catholique (▪ Cass. crim., 22 nov. 1934 : S. 1936, 1, 209, rapport Bompard, note Tortat ; *D.* 1936, 1, 27, note Nast), des francs-maçons (▪ Cass. crim., 16 févr. 1893 : *D.* 94, 1, 25), des femmes-avocates (▪ T. corr. Paris, 13 déc. 1978 : *D.* 1979, 378, note Mayer), de certains médecins (▪ Cass. crim., 19 janv. 1982 : *Bull. crim.*, n° 191), des homosexuels (▪ Colmar, 27 juin 1983 : *D.* 1983, 550, note Koering-Joulin. ▪ Cass. crim., 16 oct. 1984 : *Gaz. Pal.* 1985, 1, 161, note Doucet), des étrangers ou des immigrés (▪ Cass. crim., 6 mai 1986 : *Bull. crim.*, n° 153).

4) Aucune disposition légale ne permet à un État étranger, pas plus qu'à l'État français, d'engager une poursuite en diffamation sur le fondement de la loi du 29 juillet 1881 sur la liberté de la presse, un État ne pouvant être assimilé à un particulier au sens de l'article 32, alinéa 1er, de cette foi (■ Cass. crim., 27 mars 2018, n° 17-84.509).

5) Les propos diffamatoires ou injurieux transmis **au moyen du téléphone** par l'intermédiaire d'un répondeur automatique alimenté par une cassette enregistrée ne tombent sous le coup de la loi que s'ils concernent ceux qui les écoutent ou, s'il s'agit de tiers, que s'ils ont été tenus dans des conditions exclusives de tout caractère secret ou confidentiel (■ Cass. crim., 22 mai 1984 : *Bull. crim.*, n° 188).

– Sur la question de la publicité, V. les notes sous *l'article 23 de la loi*.

II – DIFFAMATION RACIALE

6) Caractères distinctifs. La diffamation raciale et la provocation à la discrimination et à la haine raciales sont des délits d'une nature et d'une gravité différentes (■ Cass. crim., 28 juin 1983 : *Bull. crim.*, n° 202).

7) Le fait de dénoncer l'arrogance des jeunes beurs et d'affirmer qu'ils bénéficieraient d'une impunité et de privilèges ne constitue pas une atteinte à l'honneur, de même l'évocation du comportement violent de beurs lors d'une manifestation ne vise pas les jeunes beurs dans leur globalité ; les prévenus doivent donc être relaxés du chef de diffamation envers un groupe de personnes en raison de leur appartenance à une race. Il est impossible à la cour de requalifier l'infraction en provocation à la haine raciale en raison de la nature et de la gravité différente des délits (■ Paris, 11e Ch. A, 30 janv. 1991 : *JCP* 91, IV, 207).

8) Les infractions de diffamation publique à caractère racial (art. 32) et de contestation de crime contre l'humanité (art. 24 *bis*), quand elles sont en concours, ne sauraient constituer un cumul idéal d'infractions (■ Cass. crim., 12 sept. 2000 : *JurisData* 2000-006323 ; *Dr. pénal* 2001, comm. 4, obs. J.-H. Robert).

9) Lorsque la diffamation entre dans les prévisions des articles 32, alinéa 2 et 33, alinéa 2 de la loi du 29 juillet 1881, **la preuve de la vérité** des imputations diffamatoires **ne saurait être admise** (■ Cass. crim., 4 nov. 1972 : *Bull. crim.*, n° 236).

10) Pour constituer une diffamation, l'allégation ou l'imputation qui porte atteinte à l'honneur ou à la considération de la victime doit se présenter sous la forme d'une articulation précise de faits de nature à être sans difficulté l'objet d'une preuve et d'un débat contradictoire, quand bien même une telle preuve ne serait pas admise en matière de diffamation raciale (■ Cass. crim., 16 mars 2004 : *Bull. crim.*, n° 67).

11) Applications. L'imputation d'exploiter la légende de l'holocauste faite aux juifs américains, dans une lettre ouverte, publiée dans une revue et suivant laquelle, notamment, l'holocauste est devenu « pour ces gens riches et importants qui cautionnent les richissimes comités, conseils et centres holocaustiques », une affaire florissante, caractérise une allégation diffamatoire visant un groupe de personnes à raison de leur appartenance à une religion déterminée, et entre dans les prévisions de l'article 32, alinéa 2, de la loi du 29 juillet 1881 (■ Cass. crim., 8 oct. 1991 : *Bull. crim.*, n° 334).

12) Le fait d'imputer à une communauté visée à l'article 32, alinéa 2, de la loi du 29 juillet 1881 de pratiquer une activité de « lobbying » pour justifier des exactions « mettant en péril l'unité du monde et la paix » porte attente à l'honneur et à la considération de cette communauté et constitue l'infraction visée et réprimée par le texte précité (■ Cass. crim., 12 sept. 2000 : *JurisData*, n° 2000-006323 ; *Dr. pénal* 2001, comm. 4, obs. J.-H. Robert).

13) Toute imputation diffamatoire visant une personne, physique ou morale, ou un groupe de personnes, quelle qu'en soit l'ampleur, à raison de leur appartenance à une religion déterminée, entre dans les prévisions de l'article 32, alinéa 2, de la loi du 29 juillet 1881.

Tel est le cas des imputations diffamatoires visant les communautés chrétiennes des pays de l'Est, accessoirement à leur localisation géographique, en raison de leur obédience catholique et du comportement prêté à leurs membres (■ Cass. crim., 2 mars 1993 : *Bull. crim.*, n° 94).

14) L'imputation d'un comportement criminel en relation avec leur appartenance religieuse est diffamatoire envers les membres d'une congrégation religieuse, ainsi qu'envers l'ensemble des religieux susceptibles d'être associés à ce comportement (■ Cass. crim., 7 déc. 1993 : *Bull. crim.*, n° 373).

15) L'imputation, dans un article, à la communauté catholique d'une incitation à l'antisémitisme et de la responsabilité des massacres commis à Auschwitz caractérise une diffamation à caractère religieux (■ Cass. crim., 28 avr. 1998 : *JurisData* n° 1998-002785 ; *Dr. pénal* 1998, comm. 131, obs. J.-H. Robert).

16) Justifie sa décision, au regard des articles 5 de la loi du 23 février 2005 portant reconnaissance de la Nation et contribution nationale en faveur des Français rapatriés, et 32, alinéa 2, de la loi du 29 juillet 1881, la cour d'appel qui déboute les parties civiles de leurs demandes dans une procédure suivie contre l'auteur d'une pièce de théâtre, le metteur en scène et l'éditeur de cette pièce comportant, selon les plaignants, l'imputation ou l'allégation de faits de nature à porter atteinte à l'honneur et à la considération des Harkis ou de leurs descendants, dès lors que ceux-ci ne constituent pas un groupe de personnes entrant dans l'une des catégories limitativement énumérées par l'article 32, alinéa 2, de la loi du 29 juillet 1881 et que, d'autre part, l'interdiction de toute diffamation envers les Harkis posée par l'article 5 de la loi du 23 février 2005 n'est assortie d'aucune sanction pénale (■ Cass. crim., 31 mars 2009 : *Bull. crim.*, n° 61 ; *JurisData* n° 2009-047758 ; *Dr. pénal* 2009, comm. 77, obs. M. Veron ; *JCP* 2009, Act. 207, obs. E. Derieux). Rappr. ■ Cass. crim., 31 mars 2009 : *Bull. crim.*, n° 62, *infra* sous l'article 33.

17) Contrôle de la Cour de cassation. En matière de diffamation raciale, il appartient à la Cour de cassation de contrôler le sens et la portée des écrits incriminés, ainsi que l'identification de la victime de l'infraction (■ Cass. crim., 7 déc. 1993 : *Bull. crim.*, n° 373).

18) Ne constitue pas une diffamation dirigée contre une nation un article de presse qui vise, non chaque individu en tant que membre de cette nation, mais en réalité l'action des représentants politiques d'un État (■ Cass. crim., 3 mars 2002 : *Bull. crim.*, n° 54).

19) Justifie sa décision la cour d'appel qui retient que des propos diffamatoires visant non la croyance partagée par les membres d'une association mais le mode de fonctionnement du groupe dont ces individus font partie, ne constituent pas une diffamation à raison de l'appartenance ou de la non-appartenance à une religion déterminée (■ Cass. crim., 14 déc. 1999 : *Bull. crim.*, n° 305).

20) Les personnes visées en raison de leur origine ou de leur appartenance à une collectivité territoriale française (en l'espèce la Corse) n'entrent pas dans la catégorie des personnes protégées par les dispositions de l'alinéa 2 de l'article 32 de la loi du 29 juillet 1881 (■ Cass. crim., 3 déc. 2002 : *Bull. crim.*, n° 218 ; *Dr. pénal* 2003, comm. 43, obs. M. Véron).

21) Compatibilité avec la CEDH. La protection instituée par les articles 24, alinéa 6 et 32, alinéa 2 de la loi du 29 juillet 1881 n'est pas contraire aux dispositions de l'article 14 de la Convention européenne des droits de l'homme, dès lors que, d'une part, elle est offerte à tous ceux qui sont victimes de propos discriminatoires ou diffamatoires en raison de leur appartenance ou de leur non-appartenance à une communauté ethnique, nationale, raciale ou religieuse, et que, d'autre part, les sanctions qui la garantissent sont applicables à tous (■ Cass. crim., 13 juin 1995 : *Bull. crim.*, n° 217).

22) Cas particulier. En matière de diffamation raciale, le prévenu qui a spontanément offert, dans les conditions précisées par l'article 55 de la loi du 29 juillet 1881, de faire la preuve de la vérité des faits diffamatoires, ne saurait ensuite soutenir que les termes ou expressions incriminées ne seraient pas diffamatoires, faute de contenir l'imputation d'un fait précis susceptible de preuve.

Encourt la cassation l'arrêt qui a admis en ce cas l'absence de caractère diffamatoire des propos incriminés (■ Cass. crim., 29 nov. 1994 : *Bull. crim.*, n° 381).

23) Peines. Méconnaît l'article 111-3 du Code pénal la cour d'appel qui prononce, à titre de peine complémentaire, la diffusion pendant quinze jours, par le service de communication au public par voie électronique du site internet, de la décision de condamnation par extraits, peine complémentaire non prévue par l'article 32, alinéa 1er, de la loi du 29 juillet 1881 (■ Cass. crim., 3 nov. 2015, n° 13-82.645).

Art. 33 ***(D.-L. 21 avr. 1939 ; Ord. 24 nov. 1943 et 6 mai 1944 ; L. n° 72-546, 1er juill. 1972 ; L. n° 90-615, 13 juill. 1990 ; L. n° 92-1336, 16 déc. 1992 ; L. n° 2000-516, 15 juin 2000 ; L. n° 2004-1486, 30 déc. 2004 ; L. n° 2012-954, 6 août 2012 ; L. n° 2017-86, 27 janv. 2017).*** **– L'injure commise par les mêmes moyens envers les corps ou les personnes désignés par les articles 30 et 31 de la présente loi sera punie d'une amende de 12 000 €.**

L'injure commise de la même manière envers les particuliers, lorsqu'elle n'aura pas été précédée de provocations, sera punie d'une amende de 12 000 €.

Sera punie d'un an d'emprisonnement et de 45 000 euros d'amende l'injure commise par les mêmes moyens, envers une personne ou un groupe de personnes à raison de leur origine ou de leur appartenance ou de leur non-appartenance à une ethnie, une nation, une race ou une religion déterminée.

Sera punie des peines prévues à l'alinéa précédent l'injure commise dans les mêmes conditions envers une personne ou un groupe de personnes à raison de leur sexe, de leur orientation sexuelle ou identité de genre ou de leur handicap.

En cas de condamnation pour l'un des faits prévus par les deux alinéas précédents, le tribunal pourra en outre ordonner :

1° L'affichage ou la diffusion de la décision prononcée dans les conditions prévues par l'article 131-35 du Code pénal ;

2° La peine de stage de citoyenneté prévue à l'article 131-5-1 du Code pénal.

Voir : *supra*, les annotations sous l'article 29 de la loi du 29 juillet 1881, V° « Injure » (définition, exemples), et sous l'article 23 de la même loi quant à la publicité.

Bibliographie : Sur l'injure publique visant le président de la République : V. *Dr. pén.* 2013, étude 19, par E. Clément.

1) L'article 33 ne concerne que les injures publiques. **Les injures non publiques** sont prévues et réprimées par les articles R. 621-2 et R. 624-4 du Code pénal, suivant qu'elles seraient ou non à caractère racial.

2) Sur les critères d'appréciation de la **notion des injures dirigées contre les personnes revêtues de la qualité énoncée par l'article 31** de la loi du 29 juillet 1881 et au regard de l'article 33 de la même loi, V. *supra*, sous l'article 31 (■ Cass. crim., 15 janv. 2008 : *Bull. crim.*, n° 9 ; pourvoi n° 06-89.189 ; *JCP* 2008, II, 10078, note E. Dreyer).

3) Excuse de provocation. L'excuse de provocation n'est admise par l'article 33 de la loi du 29 juillet 1881 que pour les injures envers les particuliers (■ Cass. crim., 15 mars 2005 : *Bull. crim.*, n° 89).

4) Il n'y a pas lieu à renvoi au Conseil constitutionnel la QPC relative à l'impossibilité du prévenu poursuivi pour injure à l'égard des personnes visées aux articles 30 et 31 de la loi du 29 juillet 1881, d'invoquer l'excuse de provocation comme moyen de défense, dès lors que, d'une part, le principe d'égalité ne s'oppose pas à ce que le législateur règle de façon différente des situations distinctes, d'autre part, la disposition légale incriminée sanctionne, sans disproportion manifeste, l'atteinte portée non seulement à la personne qui est visée par les propos incriminés, mais aussi à la fonction qu'elle incarne et tend ainsi à concilier la prévention des atteintes à l'ordre public, nécessaire à la sauvegarde de droits et principes de valeur constitutionnelle, et l'exercice des libertés constitutionnellement garanties, au nombre desquelles figure la liberté d'expression et qu'enfin, pour qualifier de tels faits, il entre dans l'office du juge pénal de prendre en compte les circonstances dans lesquelles les propos incriminés ont été tenus et l'intention de leur auteur (■ Cass. crim., 15 mars 2016, n° 15-90.022).

5) Si l'existence d'un lien direct entre la provocation et l'injure est nécessaire, il appartient à la Cour de cassation d'exercer son contrôle sur les conséquences de droit déduites par les juges du fond des constatations faites par eux. Pour être retenue, la provocation invoquée doit être injuste ; il en est ainsi lorsque les propos ou écrits tenus avaient trait à la vie privée du prévenu, faisant allusion à une expertise psychiatrique. Encourt la cassation l'arrêt d'une cour d'appel qui, pour écarter l'excuse de provocation invoquée par le prévenu, se fonde sur ce que les propos ou les écrits constitutifs de ladite provocation ont été reconnus véridiques (■ Cass. crim., 16 avr. 1985 : *Bull. crim.*, n° 140 ; *Rev. sc. crim.* 1986, 377, obs. Levasseur).

6) Justifie sa décision la cour d'appel qui, pour refuser de retenir l'excuse de provocation invoquée par l'auteur d'une injure raciale, tirée de ce qu'il avait été l'objet de propos diffamatoires tenus, la veille, par la personne injuriée, a constaté l'absence de proportionnalité et de proximité entre l'attaque et la riposte (■ Cass. crim., 13 avr. 1999 : *Bull. crim.*, n° 77 ; *Dr. pénal* 1999, comm. 118, obs. J.-H. Robert).

7) Le contenu de l'injure doit être en rapport direct avec celui de la provocation, et l'auteur du propos injurieux doit être lui-même victime de la provocation (■ Cass. crim., 16 mai 2006 : *JurisData* 2006-034072 ; *Dr. pénal* 2006, comm. M. Véron, n° 135).

8) Quand, saisis d'une poursuite pour injures, ils retiennent l'excuse de provocation, les juges n'ont pas à rechercher ce qui a pu déterminer le comportement dont ils admettent le caractère provocateur (■ Cass. crim., 28 mars 2017, n° 16-81.896).

9) Injure raciale. L'adjonction de l'épithète crématoire au patronyme d'un ministre constitue une expression outrageante envers la personne invectivée, à raison de sa qualité, dès lors qu'elle évoque les crimes contre l'humanité perpétrés par les adeptes du nazisme (■ Cass. crim., 20 oct. 1992 : *Bull. crim.*, n° 329).

10) Encourt la cassation l'arrêt qui renvoie le prévenu des fins de la poursuite du chef d'injure raciale envers la communauté juive, alors que les propos litigieux, bien que critiquant d'autres religions, mettaient spécialement en cause celle-ci, présentée comme « l'une des plus graves escroqueries » parce que « la première de toutes »

(■ Cass. crim., 15 mars 2005 : *Bull. crim.*, n° 90 ; *Dr. pénal* 2005, comm. 85, obs. M. Véron).

11) L'affirmation « les juifs, c'est une secte, une escroquerie. C'est une des plus graves parce que c'est la première », ne relève pas de la libre critique du fait religieux, participant d'un débat d'intérêt général mais constitue une injure visant un groupe de personnes en raison de son origine, dont la répression est une restriction nécessaire à la liberté d'expression dans une société démocratique (■ Cass. ass. plén., 16 févr. 2007 : *Bull. crim.*, n° 1 ; *JCP* 2007, II, 10047, note E. Dérieux ; *Dr. pénal* 2007, comm. 50, obs. M. Véron).

12) Il appartient aux juges du fond de relever toutes les circonstances extrinsèques qui donnent une portée injurieuse ou diffamatoire à des propos, même si ceux-ci ne relèvent pas en eux-mêmes ce caractère, et qui sont de nature à en révéler le sens (■ Cass. crim., 16 oct. 2012, n° 11-82.866 : *Bull. crim.*, n° 217 ; *JCP* 2012, chron., n° 1318, p. 2225, note 5, E. Tricoire ; *D.* 2013, pan., p. 460, n° 2, note E. Dreyer. En l'espèce, propos tenus dans une mise en scène telle que le spectacle a été considéré par les juges comme une injure antisémite).

13) Les propos qui se bornent à viser une catégorie de personnes, comme les « étrangers » ou les « immigrés », sans se référer expressément à l'origine de ceux-ci, à leur appartenance ou non-appartenance à une ethnie, une nation, une race ou une religion déterminée ne tombent pas sous le coup de l'article 33, alinéa 3 (■ Cass. crim., 6 mai 1986 : *Bull. crim.*, n° 153).

14) Ne constitue pas non plus une injure publique à caractère racial le fait de qualifier des français musulmans « de traître à la patrie » dès lors que ces propos les visaient non à raison de leur origine religieuse ou ethnique, mais à raison de leur choix politique au moment de la guerre d'Algérie (■ Cass. crim., 12 sept. 2000 : *JurisData* n° 2000-006324 ; *Dr. pénal* 2001, comm. 32 obs. M. Véron).

15) Les dispositions de l'article 33, alinéa 3, de la loi du 29 juillet 1881 réprimant l'injure envers une personne à raison de son origine n'incluent pas l'origine sociale, justifie dès lors sa décision l'arrêt refusant d'informer sur une plainte visant, sous cette qualification, les termes « aristocrate décadent pour qui la France est née en 1789 » (■ Cass. crim., 27 sept. 2005 : *Bull. crim.*, n° 238 ; *Dr. pénal* 2006, comm. 7).

16) – Justifie sa décision la cour d'appel qui relaxe un prévenu poursuivi du chef d'injures raciales à l'égard de membres de la communauté harkie, sur le fondement de l'article 33, alinéa 3 de la loi du 29 juillet 1881 et de l'article 5 de la loi du 23 février 2005 portant reconnaissance de la Nation et contribution nationale en faveur des Français rapatriés, dès lors que, d'une part, les propos dénoncés ne visent pas un groupe de personnes entrant dans l'une des catégories limitativement énumérées par l'article 33, alinéa 3 de la loi sur la liberté de la presse, et, que d'autre part, l'interdiction de toute injure envers les harkis posée par l'article 5 précité de la loi du 23 février 2005 n'est assortie d'aucune sanction pénale (■ Cass. crim., 31 mars 2009 : *Bull. crim.*, n°s 62 et 61 ; *JurisData* n° 2009-047759 ; *JCP* 2009, act. 207, obs. E. Derieux ; *Dr. pénal 2009*, comm. 77, obs. M. Veron). Rappr. ■ Cass. crim., 31 mars 2009, pourvoi n° 07-86.892, *supra* sous l'article 32.

17) Pour dire non établi l'élément de publicité de l'infraction, après avoir retenu le caractère injurieux du second propos à l'égard d'un groupe de personnes à raison de leur origine, l'arrêt relève que si la réunion au cours de laquelle les paroles litigieuses ont été prononcées était ouverte à la presse, la présence de cette dernière, à elle seule, n'enlevait pas à cette manifestation, réservée aux militants d'un parti politique, son caractère privé, et que les images traduisent le « caractère quasi familial » de la rencontre, rien ne venant attester la présence de tiers étrangers à la communauté d'intérêts constituée par les membres de ce groupe de personnes liées par des aspirations communes ; que les juges ajoutent que le prévenu, qui ne voit pas l'objectif de la caméra, s'exprime sur le ton de la confidence, et que son attitude démontre qu'il n'entend pas s'adresser au-delà du cercle restreint formé par les militants qui l'entourent (■ Cass. crim., 27 nov. 2012, n° 11-86.982, préc. sous article 23, *supra* ; *JCP* 2013, note 19, p. 25, E. Derieux ; *Dr. pénal* 2013, comm. 18, obs. M. Véron).

18) Caractérise une injure publique à caractère racial les propos « sale bougnoule, vous êtes juste tolérés ici » (■ Cass. crim., 8 avr. 2014, n° 12-87.497 : *Dr. pén.* 2014, comm. 92, obs. M. Véron). Arrêt préc., *supra*, sous l'article 23 de la loi du 29 juillet 1881.

19) Injure religieuse. – En matière de presse, il appartient à la Cour de cassation d'exercer son contrôle sur le sens et la portée des propos incriminés, au regard tant des articles de ladite loi servant de base à la poursuite que du principe d'interprétation stricte des restrictions à la liberté d'expression ; même s'il a pu heurter la sensibilité de certains catholiques, ne dépasse pas les limites admissibles de la liberté d'expression et ne constitue pas une injure religieuse, le contenu d'un tract diffusé par les responsables d'une association de lutte contre le Sida, qui, pour annoncer une manifestation d'information et de prévention de cette maladie, représente, sous la légende « Sainte Capote protège-nous », l'image d'une religieuse associée à celles d'un angelot et de deux préservatifs ; encourt, dès lors, la cassation, sans renvoi, l'arrêt qui retient contre les prévenus le délit prévu et réprimé par l'article 33, alinéa 3, de la loi du 29 juillet 1881 (■ Cass. crim., 14 févr. 2006 : *Bull. crim.*, n° 42 ; *JurisData* n° 2006-03259 ; *Dr. pénal* 2006, comm. 67, obs. M. Véron ; *Rev. sc. crim.* 2006, p. 625, obs. J. Francillon ; *Legipresse* 2006, III, p. 117, note A. Tricoire ; *AJP* 2006, p. 219, obs. PR).

20) A été relaxé le directeur de publication d'un journal satirique ayant publié des caricatures du prophète Mahomet (■ T. ■ Paris, 22 mars 2007 : *JCP* 2007, II, 10079, note E. Dérieux ; *Dr. pénal* 2007, comm. 66, obs. A. Lepage). Relaxe confirmée par ■ Paris, 12 mars 2008 : *Legipresse* 2008, n° 252, III, p. 107, note H. Leclerc.

21) Ne constitue pas un trouble manifestement illicite l'affichage d'une photographie qui se présente comme la seule parodie de la forme donnée à la représentation de la Cène, qui n'a pas pour objectif d'outrager les fidèles de religion catholique ni de les atteindre dans leur considération en raison de leur obédience, de sorte qu'elle ne constitue pas l'injure, attaque personnelle et directe envers un groupe de personnes en raison de leur appartenance religieuse (■ Cass. civ. 1re, 14 nov. 2006 : *Bull. inf.* C. cass. 2007, n° 432 ; *JCP* 2007, II, 10041, note Ph. Malaurie).

22) Justifie sa décision la cour d'appel qui, saisie d'une poursuite du chef d'injure publique religieuse en raison de la publication d'un dessin représentant le Christ en gloire, nu, portant un préservatif, vers lequel se dirigent les regards d'un groupe d'évêques, dont l'un, blanc, déclare à un autre, noir : « Lui-même aurait sans doute utilisé un préservatif », prononce une relaxe après avoir relevé que les restrictions à la liberté d'expression sont d'interprétation étroite et que, si ce dessin a pu heurter la sensibilité de certains chrétiens ou de certains catholiques, son contenu, qui illustre un débat sur la nécessité de se protéger du sida et entendait frapper le lecteur sur le fléau que le virus représente notamment en Afrique, ne dépasse pas les limites admissibles de la liberté d'expression garantie par la Convention européenne des droits de l'homme (■ Cass. crim., 2 mai 2007 : *Bull. crim.*, n° 115).

23) Injure sexiste. (En matière de presse, il appartient à la Cour de cassation d'exercer son contrôle sur le sens et la portée des propos poursuivis ; encourt la censure la décision de la cour d'appel qui, pour dire établi à l'encontre d'un parlementaire, poursuivi en raison de la teneur d'un entretien accordé à un journaliste, le délit d'injures publiques envers un groupe de personnes en raison de leur **orientation sexuelle** puni par l'article 33, alinéa 4, de la loi du 29 juillet 1881 modifiée par la loi du 30 décembre 2004, retient que le prévenu a proféré des propos offensants tendant à souligner « l'infériorité morale » de l'homosexualité, alors que si les propos litigieux, tenus dans les suites des débats parlementaires relatifs à la loi précitée avaient pu heurter la sensibilité de certaines personnes homosexuelles, leur contenu ne dépassait pas les limites de la liberté d'expression (■ Cass. crim., 12 nov. 2008, pourvoi n° 07-83.398 : *Bull. crim.*, n° 229 ; *JCP* 2008, II, 10206, note E. Dreyer ; *D.* 2009, p. 49, 6°, obs. Chaumont et Degorce ; *D.* 2009, p. 402, note J. Pradel ; *A J Pénal* 2009, p. 228, obs. C. du Parc). – V. aussi *infra*, sous l'article 41.

24) La circonstance que les propos incriminés ont été tenus à l'occasion d'un débat d'intérêt public au cours d'une séance d'un conseil municipal n'est pas de nature à leur retirer leur caractère injurieux à l'égard des personnes visées (■ Cass. crim., 28 nov. 2017, n° 16-85.637 : *Dr. pén.* 2018, comm. 45, note P. Conte).

25) Liberté d'expression. Dépasse les limites admissibles de la liberté d'expression la diffusion d'un message qui porte atteinte à la dignité de la partie civile en l'associant à un excrément, fût-ce en la visant en sa qualité de personnalité politique lors d'une séquence satirique d'une émission télévisée (■ Cass. crim., 20 sept. 2016, n° 15-82.942).

Art. 34 ***(L. 29 sept. 1919)*. – Les articles 31, 32 et 33 ne seront applicables aux diffamations ou injures dirigées contre la mémoire des morts que dans les cas où les auteurs de ces diffamations ou injures auraient eu l'intention de porter atteinte à l'honneur ou à la considération des héritiers, époux ou légataires universels vivants.**

Que les auteurs des diffamations ou injures aient eu ou non l'intention de porter atteinte à l'honneur ou à la considération des héritiers, époux ou légataires universels vivants, ceux-ci pourront user, dans les deux cas, du droit de réponse prévu par l'article 13.

1) Le délit de l'article 34 ne peut être retenu qu'à la condition qu'il y ait au moins une allusion directe ou indirecte à un héritier vivant (■ Cass. crim., 22 mars 1960 : *Bull. crim.*, n° 160) ; il n'est réalisé que si l'auteur de l'article a eu l'intention de porter et a réellement porté atteinte à l'honneur et à la considération des héritiers vivants (même arrêt).

2) La cour d'appel a justifié sa décision de relaxe, dès lors que les propos en cause (concernant l'ensemble des femmes tondues pour des relations avec les allemands), ne visaient pas des personnes formant un groupe suffisamment restreint pour que l'attaque rejaillisse sur chacun de ses membres et que l'intention de l'auteur de porter atteinte à l'honneur ou à la considération des héritiers, époux ou légataires universels vivants, exigée par l'article 34 de la loi du 29 juillet 1881, n'était pas établie (■ Cass. crim., 15 mars 2011, pourvoi n° 10-81.216 : *Dr. pénal* 2011, comm. 76, obs. M. Véron).

3) Le journaliste qui, relatant un crime célèbre, a l'imprudence de citer un héritier vivant du criminel peut être poursuivi sur le fondement de l'article 34 (■ Cass. crim., 10 mars 1955 : *JCP* 55, II, 8845, note Chavanne).

4) Sur le droit de réponse, V. ■ Cass. crim., 14 juin 1972 : *Bull. crim.*, n° 205 ; *Rev. sc. crim.* 1974, 373, obs. Levasseur.

5) Le délit de diffamation ou d'injure perpétré par la voie de la presse écrite est réputé commis partout où l'écrit a été publié. La publicité est réalisée par la distribution d'un journal à ses abonnés, en quelque lieu qu'ils se trouvent (■ Cass. crim., 31 janv. 1995 : *Bull. crim.*, n° 39).

6) Ne donne pas de base légale à sa décision la cour d'appel qui, saisie d'une diffamation envers la mémoire des morts prévue par l'article 34 de la loi sur la presse, fonde l'absence d'intention de nuire à l'honneur ou à la considération des héritiers sur les seuls éléments extrinsèques au contexte, de surcroît antérieurs de trois années aux déclarations litigieuses (■ Cass. crim., 21 juin 2005 : *Bull. crim.*, n° 185 ; *Gaz. Pal.* 3-5 déc. 2006, p. 22 et s., rapp. S. Menotti et note P. Guerder).

7) Les dispositions de l'article 34 de la loi du 29 juillet 1881 relatives aux infractions de diffamation ou d'injure dirigées contre la mémoire des morts impliquent, pour la recevabilité des actions engagées par les héritiers, que ceux-ci aient la qualité d'héritiers ayant accepté la succession (■ Cass. crim., 10 mai 2011, n° 09-86.272 : *Bull. crim.*, n° 96 ; *Dr. pén.* 2011, comm. 102, obs. M. Véron).

Art. 35 ***(Mod., L. n° 2010-1, 4 janv. 2010).*** **– La vérité du fait diffamatoire, mais seulement quand il est relatif aux fonctions, pourra être établie par les voies ordinaires, dans le cas d'imputations contre les corps constitués, les armées de terre, de mer ou de l'air, les administrations publiques et contre toutes les personnes énumérées dans l'article 31.**

La vérité des imputations diffamatoires et injurieuses pourra être également établie contre les directeurs ou administrateurs de toute entreprise industrielle, commerciale ou financière, dont les titres financiers sont admis aux négociations sur un marché réglementé ou offerts au public sur un système multilatéral de négociation ou au crédit.

La vérité des faits diffamatoires peut toujours être prouvée, sauf :

a) **Lorsque l'imputation concerne la vie privée de la personne ;**

b) (Abr. à compter du 21 mai 2011, Cons. const. n° 2011-131, 20 mai 2011 : JO 21 mai 2011 ; JurisData n° 2011-017233) ;

c) (Abr., Cons. const. n° 2013-319 QPC, 7 juin 2013 : JO 9 juin 2013).

Les deux alinéas *a* et *b* qui précèdent ne s'appliquent pas lorsque les faits sont prévus et réprimés par les articles 222-23 à 222-32 et 227-22 à 227-27 du Code pénal et ont été commis contre un mineur.

Dans les cas prévus aux deux paragraphes précédents [§ 1 et 2] la preuve contraire est réservée. Si la preuve du fait diffamatoire est rapportée, le prévenu sera renvoyé des fins de la plainte.

Dans toute autre circonstance et envers toute autre personne non qualifiée, lorsque le fait imputé est l'objet de poursuites commencées à la requête du ministère public, ou d'une plainte de la part du prévenu, il sera, durant l'instruction qui devra avoir lieu, sursis à la poursuite et au jugement du délit de diffamation.

Le prévenu peut produire pour les nécessités de sa défense, sans que cette production puisse donner lieu à des poursuites pour recel, des éléments provenant d'une violation du secret de l'enquête ou de l'instruction ou de tout autre secret professionnel s'ils sont de nature à établir sa bonne foi ou la vérité des faits diffamatoires.

Bibliographie : G. Levasseur, *Réflexions sur l'exceptio veritatis : Mélanges Chavanne*, 1990, 111. • B. Ader, *Legipresse* 99, n° 159, II, p. 17. • L. François, *Preuve de la vérité des faits diffamatoires et Convention européenne des droits de l'homme : confrontation des conceptions française et européenne* : *D.* 2005, chron. p. 1388. V., sur l'abrogation de l'alinéa *b* : *D.* 2011, p. 1420, obs. S. Lavric, et *CEE* 2011, comm. 68, obs. A. Lepage ; *Dr. pén.* 2011, comm. 90, note M. Véron ; *JCP* 2011, act. 641, obs. E. Derieux. • Sur l'abrogation de l'alinéa *c* : V. *JCP* 2013, act. 696, obs. E. Derieux.

I – PRINCIPE ET LIMITES DE L'*EXCEPTIO VERITATIS*

1) Principe. L'article 35 de la loi 1881, modifié par l'ordonnance du 6 mai 1944 concerne les diffamations commises envers les simples particuliers comme celles qui atteignent les corps constitués et les personnes visées à l'article 35, alinéa 1er (■ Cass. crim., 6 mars 1948 : *JCP* 48, II, 4431, note Colombini. ■ 3 mars 1949 : *D.* 1949, 205, note A.L.P. ; *JCP* 49, II, 4978, note Colombini. ■ 12 oct. 1954 : *D.* 1954, 765 ; *Rev. sc. crim.* 1955, 84, obs. Hugueney).

2) L'*exceptio veritatis* concerne la diffamation contre les particuliers non seulement lorsqu'elle est accomplie par voie de presse mais aussi par tous autres moyens, tels que des propos tenus (■ Cass. crim., 3 mars 1949, préc.).

3) Des difficultés d'expropriation pour cause d'utilité publique, de nature à retarder l'exploitation complète d'une zone industrielle, ne relèvent pas de la vie privée des personnes visées (■ Cass. crim., 1er oct. 1980 : *Bull. crim.*, n° 238 ; *Rev. sc. crim.* 1982, 121, obs. Levasseur), pas plus que le fait pour un médecin de poser des diagnostics et de prescrire des traitements (■ Cass. crim., 18 nov. 1986 : *Bull. crim.*, n° 345).

4) Exceptions. La preuve de la vérité des faits diffamatoires n'est pas admise en matière de diffamation raciale (■ Cass. crim., 16 mars 2004 : *Bull. crim.*, n° 67 ; *Dr. pénal* 2004, comm. 102, obs. M. Véron).

5) La partie poursuivante, qui s'estime diffamée à raison de sa qualité et de ses fonctions, n'est pas recevable à invoquer l'exclusion de la preuve de la vérité des faits diffamatoires concernant sa vie privée (■ Cass. crim., 7 avr. 1994 : *Bull. crim.*, n° 143).

6) L'imputation d'avoir détourné des sommes d'argent et s'être conduit en escroc concerne la vie privée (■ Cass. crim., 22 avr. 1958 : *Bull. crim.*, n° 333). Pour d'autres exemples, V. ■ Cass. crim., 10 juin 1959 : *JCP* 60, II, 11441, note Mimin ; *Rev. sc. crim.* 1960, 285, obs. Hugueney. ■ TGI Seine 24 nov. 1965 : *Gaz. Pal.* 1966, 1, 37.

7) Pouvoirs des juges. Les juges n'ont pas le pouvoir de compléter ou de parfaire l'établissement de la preuve de la vérité des faits que la loi laisse à la seule initiative des personnes poursuivies en même temps qu'elle en règle les conditions d'admissibilité. C'est donc à bon droit qu'ils refusent d'ordonner la communication d'un dossier d'instruction (■ Cass. crim., 21 nov. 1989 : *Bull. crim.*, n° 431).

8) Le droit à un procès équitable et la liberté d'expression justifient que la personne poursuivie du chef de diffamation soit admise à produire, pour les nécessités de sa défense, les pièces d'une information en cours de nature à établir sa bonne foi ou la vérité des faits diffamatoires ;

Il s'ensuit que de telles pièces ne peuvent être écartées des débats au motif que leur production porterait atteinte à la présomption d'innocence (■ Cass. crim., 11 févr. 2003 : *Bull. crim.*, n° 29, et les arrêts cités not. en sens contraire).

9) Le droit à un procès équitable et la liberté d'expression justifient que la personne poursuivie du chef de diffamation soit admise à produire, pour les nécessités de sa défense, les pièces de nature à établir la vérité des faits ou sa bonne foi, sans qu'elles puissent être écartées des débats au motif qu'elles auraient été obtenues par des moyens illicites ou déloyaux (■ Cass. crim., 19 janv. 2010, pourvoi n° 09-84.408 : *Bull. crim.*, n° 12 ; *Legipresse* 2010, p. 65, note B. Ader ; *Comm. Com. Electr.* 2010, comm. 52, note A. Lepage).

10) Charge de la preuve. En matière de diffamation, la preuve de la vérité des faits diffamatoires ainsi que celle de bonne foi reviennent au prévenu. C'est à bon droit que la cour d'appel retient le délit de diffamation publique à l'encontre du prévenu dès lors que, d'une part, l'imputation de pratiques irrégulières en fraude des droits des débiteurs a porté atteinte à la considération de la partie civile, d'autre part, les juges ont relevé que le prévenu avait agi sans prudence, par animosité personnelle, au mépris de son obligation de réserve et que l'allégation litigieuse était dépourvue d'une base factuelle suffisante (■ Cass. crim., 11 avr. 2012, n° 11-83.007).

11) Distinction entre *exceptio veritatis* et bonne foi. Les juges ne peuvent s'opposer à l'administration de la preuve de faits justificatifs de nature à combattre la présomption de mauvaise foi qui s'attache de plein droit aux imputations diffamatoires alors même que serait irrecevable la preuve de la vérité des faits diffamatoires ; cassation, pour violation des articles 29 et 35 de la loi du 29 juillet 1881, de l'arrêt qui, pour écarter des débats des pièces que l'inculpé entendait y verser afin de prouver sa bonne foi, considère « que ces documents seraient en réalité de nature à permettre éventuellement à l'auteur d'apporter la preuve justificative mais inadmissible en raison de leur ancienneté de faits diffamatoires remontant à plus de trente ans » (■ Cass. 2e civ., 29 juin 1988 : *D.* 1988, IR, 214).

12) Délai de 10 ans. On ne saurait tourner l'interdiction de faire la preuve de faits remontant à plus de dix ans en prétendant que le fait que la personne diffamée a menti à leur sujet depuis moins de dix ans ferait courir un nouveau délai (■ Cass. crim., 24 nov. 1960 : *Bull. crim.*, n° 551).

L'interdiction de rapporter la preuve de certains faits diffamatoires telle qu'énoncée par l'article 35 de la loi du 29 juillet 1881 est d'**ordre public** (■ Cass. crim., 19 nov. 1985 : *Bull. crim.*, n° 363). Seule subsiste la présomption de mauvaise foi qui frappe le prévenu. C'est à celui-ci qu'incombe en conséquence la charge d'établir par tous moyens l'existence de faits justificatifs, autres que la vérité des faits imputés, susceptibles de prouver sa bonne foi. Il s'ensuit plus particulièrement que le prévenu ne saurait établir qu'il n'a pas menti (■ Cass. crim., 7 nov. 1989 : *Bull. crim.*, n° 403).

13) **Compatibilité avec la CEDH.** Ne saurait porter atteinte au droit défini à l'article 6 de la Convention européenne que toute personne a à ce que sa cause soit entendue équitablement, le refus d'admettre la preuve de la vérité des faits diffamatoires remontant à plus de dix ans en application de l'article 35 de la loi du 29 juillet 1881 sur la liberté de la presse ; cette loi soumet l'exercice de cette liberté à des restrictions constituant des mesures nécessaires à la protection de la réputation et des droits d'autrui au sens de l'article 10 de ladite Convention (■ Cass. crim., 10 févr. 1987 : *Bull. crim.* n° 68).

II – ASPECTS PROCÉDURAUX DE L'*EXCEPTIO VERITATIS*

14) **Le sursis à statuer est obligatoire** dans tous les cas où il n'y a pas d'*exceptio veritatis* possible (■ Cass. crim., 25 juin 1947 : *Bull. crim.*, n° 188. ■ 3 mai 1966 : *Bull. crim.*, n° 132. ■ 10 déc. 1985 : *Bull. crim.*, n° 397) ; il s'ensuit qu'un pourvoi formé contre un arrêt ordonnant le sursis n'est pas fondé dans une affaire de diffamation concernant la vie privée (■ Cass. crim., 18 juill. 1952 : *Bull. crim.*, 198).

15) Il y a lieu à surseoir à statuer lorsqu'un témoin inculpé dans une autre procédure, se trouve appelé à déposer sous la foi du serment en application de l'article 55 de la loi du 29 juillet 1881, et que les faits diffamatoires sont en rapport étroit avec ceux qui ont motivé son inculpation (■ Cass. crim., 18 déc. 1978 : *Bull. crim.*, n° 358. ■ 27 sept. 1995 : *Bull. crim.*, n° 289).

16) D'après l'article 35, dernier alinéa, de la loi du 29 juillet 1881, lorsque le fait imputé est l'objet de poursuites commencées à la requête du ministère public, ou d'une plainte de la part du prévenu, il est obligatoirement sursis à la poursuite et au jugement du délit de diffamation, si la preuve de la vérité du fait diffamatoire est légalement prohibée. Les juges du fond vérifient, sous le contrôle de la Cour de cassation, si l'instruction en cours porte sur les faits imputés par l'article de presse poursuivi comme diffamatoire ; l'opportunité de prononcer facultativement le sursis à statuer dans l'intérêt d'une bonne administration de la justice relève, quant à elle, de l'appréciation souveraine des juges du fond (■ Cass. crim., 14 févr. 2005 : *Bull. crim.*, n° 41 ; *JurisData* n° 2006-032458 ; *Dr. pénal* 2006, comm. 66, obs. M. Véron).

17) **Le sursis à statuer est facultatif** dans tous les cas où l'*exceptio veritatis* est admise et les juges l'ordonnent dans un but de bonne administration de la justice afin d'être mieux éclairés sur la gravité de l'affaire (■ Cass. crim., 7 juill. 1949 : *Bull. crim.*, n° 231. ■ 13 janv. 1953 : *S.* 1954, 1, 137, note P. L. ■ 20 janv. 1981 : *Bull. crim.*, n° 29. ■ Paris, 27 janv. 1988 : *D.* 1988, 480, note Mayer). La juridiction de jugement apprécie librement s'il y a lieu d'ordonner le sursis à statuer quand ce dernier n'est que facultatif, même si elle n'est pas saisie de conclusions à cette fin par la partie (■ Cass. crim., 23 mai 1989 : *Bull. crim.*, n° 215).

18) **Contrôle de la Cour de cassation.** La Cour de cassation contrôle si les juges du fond ont précisé dans quelle mesure les circonstances justificatives étaient ou non établies et s'ils ont exactement apprécié leur corrélation avec les imputations diffamatoires et se sont par suite prononcés à bon droit sur l'administration de la preuve (■ Cass. crim., 5 déc. 1962 : *Bull. crim.*, n° 359. ■ 21 nov. 1989 : *Bull. crim.*, n° 431. ■ 22 mai 1990 : *Bull. crim.*, n° 212).

19) Il n'appartient pas aux juridictions d'instruction de rechercher si les faits relevés comme diffamatoires sont vrais ou faux. Seule la juridiction de jugement peut prononcer sur ce point lorsque le prévenu est admis à rapporter la preuve de la vérité des faits conformément aux dispositions des articles 35 et 55 de la loi du 29 juillet 1881 (■ Cass. crim., 4 nov. 1986 : *Bull. crim.*, n° 323. ■ 24 oct. 1989 : *Bull. crim.*, n° 379).

20) **Administration de la preuve.** La preuve de la vérité des faits diffamatoires, qui doit être administrée par le prévenu dans les formes et conditions prévues par les articles 35 et 55 de la loi du 29 juillet 1881, ne peut être fondée sur des éléments de preuve apportés par le plaignant, qui ne saurait être entendu à ce titre comme témoin (■ Cass. crim., 7 nov. 1995 : *Bull. crim.*, n° 339).

21) D'après les articles 35 et 55 de la loi du 29 juillet 1881, la vérité du fait diffamatoire ne constitue un fait justificatif de la diffamation que dans la mesure où la preuve en est administrée par le prévenu en conformité des dispositions qu'ils édictent ; les juges ne peuvent, d'office, admettre l'exactitude des imputations diffamatoires (■ Cass. crim., 3 juill. 1996 : *Bull. crim.*, n° 283).

22) Pour produire l'effet absolutoire prévu à l'avant-dernier alinéa de l'article 35 de la loi du 29 juillet 1881, la preuve de la vérité des faits diffamatoires doit être parfaite, complète et cor-

rélative aux imputations diffamatoires dans toute leur portée ; encourt la cassation l'arrêt qui s'abstient de rechercher si les prévenus rapportaient la preuve de l'ensemble des faits qu'ils imputaient aux parties civiles et d'apprécier cette preuve au regard tant de la matérialité des imputations formulées que de leur portée et de leur signification diffamatoire (■ Cass. crim., 14 juin 2000 : *Bull. crim.*, n° 225. ■ 20 févr. 2007 : *Bull. crim.*, n° 51 ; rejetant l'exception produite ; *Dr. pénal* 2007, comm. 97, obs. M. Véron).

– *Adde*, ■ Cass. crim., 11 avr. 2012, n° 11-83.007, cité *supra* note 10.

23) Effet de l'offre de preuve. Le prévenu qui a, conformément à l'article 35 de la loi du 29 juillet 1881, signifié une offre de preuve de la vérité des faits, ne saurait ensuite soutenir que les termes ou expressions incriminés ne seraient pas diffamatoires faute de contenir l'imputation d'un fait précis (■ Cass. crim., 22 mai 1990 : *Bull. crim.*, n° 211).

24) Violation du secret de l'instruction. L'article 35, dernier alinéa, de la loi du 29 juillet 1881, dans sa rédaction issue de la loi du 4 janvier 2010, a pour seul objet de faire obstacle à la poursuite, du chef de recel d'éléments provenant d'une violation du secret de l'instruction, contre une personne qui produit ceux-ci pour les besoins de sa défense dans l'action en diffamation dirigée contre elle et ne confère aucune autorisation générale de détenir de tels documents (■ Cass. crim., 9 juin 2015, n° 14-80.713 : *Dr. pén.* 2015, comm. 122, obs. P. Conte ; *JCP* 2015, 950, note F. Fourment).

25) Rappel d'une condamnation amnistiée. Si, en application de l'article 35 de la loi du 29 juillet 1881, et après abrogation par le Conseil constitutionnel, dans sa Décision n° 2013-319 QPC du 7 juin 2013, du paragraphe *c)* de cet article, la vérité des faits diffamatoires peut à présent être prouvée lorsque l'imputation se réfère à un fait constituant une infraction amnistiée, cette preuve ne peut être rapportée lorsque l'imputation consiste dans le rappel de la condamnation amnistiée elle-même.

Encourt la cassation l'arrêt qui, pour admettre la vérité du fait diffamatoire, et débouter la partie civile, retient que le prévenu produit le jugement de la condamnation dont le propos litigieux faisait état, alors que cette condamnation était amnistiée par la loi du 6 août 2002, dont l'article 15, alinéa 3, interdit toute référence à une sanction ou une peine amnistiée (■ Cass. crim., 3 nov. 2015, n° 14-83.419 : *Dr. pén.* 2016, comm. 8, obs. P. Conte).

Art. 35 *bis* *(Ord. 6 mai 1944)*. – Toute reproduction d'une imputation qui a été jugée diffamatoire sera réputée faite de mauvaise foi, sauf preuve contraire par son auteur.

En matière de presse, le fait de publication étant l'élément par lequel les infractions sont consommées, toute reproduction dans un écrit rendu public d'un texte déjà publié est elle-même constitutive d'infraction (■ Cass. crim., 2 oct. 2012, n° 12-80.410 : *Bull. crim.*, n° 204 ; *Dr. pénal* 2012, comm. 167, obs. M. Véron).

– V., pour des éditions successives, publications nouvelles ou réimpression : ■ Cass. crim., 2 mars 1954 : *Bull. crim.*, n° 94. ■ 27 avr. 1982 : *Bull. crim.*, n° 107. ■ 8 janv. 1991 : *Bull. crim.*, n° 13 ; *D.* 1982, comm. 97, obs. Pradel).

Art. 35 *ter* *(L. n° 2000-516, 15 juin 2000)*. – I. – Lorsqu'elle est réalisée sans l'accord de l'intéressé, la diffusion, par quelque moyen que ce soit et quel qu'en soit le support, de l'image d'une personne identifiée ou identifiable mise en cause à l'occasion d'une procédure pénale mais n'ayant pas fait l'objet d'un jugement de condamnation et faisant apparaître, soit que cette personne porte des menottes ou entraves, soit qu'elle est placée en détention provisoire, est punie de 15 000 € d'amende.

II. – Est puni de la même peine le fait :

– soit de réaliser, de publier ou de commenter un sondage d'opinion, ou toute autre consultation, portant sur la culpabilité d'une personne mise en cause à l'occasion d'une procédure pénale ou sur la peine susceptible d'être prononcée à son encontre ;

– soit de publier des indications permettant d'avoir accès à des sondages ou consultations visés à l'alinéa précédent.

Justifie sa décision la cour d'appel qui condamne à des réparations civiles sur le fondement de l'article 35 *ter* de la loi sur la presse, après avoir constaté l'extinction de l'action publique par l'amnistie, le directeur de publication d'un hebdomadaire ayant diffusé la photographie, à l'intérieur d'une maison d'arrêt, d'une personne s'y trouvant en détention provisoire.

La diffusion d'une image représentant une personne identifiée ou identifiable, sans autorisation de celle-ci, faisant apparaître qu'elle est placée en détention provisoire est prohibée par l'article 35 *ter* de la loi du 29 juillet 1881, peu important les commentaires pouvant accompagner la publication de cette image et la circonstance qu'un autre journal ait publié une photographie identique avec le consentement de la personne concernée.

Ce texte n'est pas incompatible avec l'article 10 de la Convention européenne des droits de l'homme, en ce qu'il institue une restriction qui constitue une mesure nécessaire dans une société démocratique à la protection des droits d'autrui (■ Cass. crim., 8 juin 2004 : *Bull. crim.*, n° 156 ; *Dr. pénal* 2004, comm. 157, obs. M. Véron ; *Gaz. Pal.* 2005, p. 20, note Y. Monnet ; *Rev. sc. crim.* 2004, p. 967, obs. J.-F. Renucci ; *JCP* 2006, II, 10006, note C. André). Même solution par ■ Cass. crim., 7 déc. 2004 : *Dr. pénal* 2005, note 56.

Art. 35 *quater* *(L. n° 2000-516, 15 juin 2000)*. – La diffusion, par quelque moyen que ce soit et quel qu'en soit le support, de la reproduction des circonstances d'un crime ou d'un délit, lorsque cette reproduction porte gravement atteinte à la dignité d'une victime et qu'elle est réalisée sans l'accord de cette dernière, est punie de 15 000 € d'amende.

QPC. Non-lieu à renvoi au Conseil constitutionnel de la question prioritaire de constitutionnalité visant l'article 35 *quater* de la loi du 29 juillet 1881, dès lors que la disposition législative en cause, rédigée en termes suffisamment clairs et précis pour permettre son interprétation, qui relève de l'office du juge pénal, sans risque d'arbitraire, assure un juste équilibre entre la protection des victimes et la liberté d'expression (■ Cass. crim., 18 déc. 2013, n° 13-83.129 QPC : *Dr. pén.* 2014, comm. 27, obs. M. Veron).

§ 4. – Délits contre les chefs d'état et agents diplomatiques étrangers

Art. 36 *(Abr., L. n° 2004-204, 9 mars 2004)*.

Art. 37 *(Ord. 6 mai 1944 ; L. n° 2000-516, 15 juin 2000)*. – L'outrage commis publiquement envers les ambassadeurs et ministres plénipotentiaires, envoyés, chargés d'affaires ou autres agents diplomatiques accrédités près du Gouvernement de la République, sera puni d'une amende de 45 000 €.

Sont exclus de la protection de l'article 37 les consuls étrangers résidant en France car ils n'ont pas, sauf accords particuliers, le titre ni le rang d'agents diplomatiques et se contentent de protéger des intérêts privés sans représenter le gouvernement (■ Cass. crim., 9 févr. 1884 : *D.* 84, 1, 307).

§ 5. – Publications interdites, immunités de la défense

Art. 38 *(Mod., L. 10 sept. 1951 ; L. n° 2001-539, 25 juin 2001)*. – Il est interdit de publier les actes d'accusation et tous autres actes de procédure criminelle ou correctionnelle avant qu'ils aient été lus en audience publique, et ce, sous peine d'une amende de 3 750 €.

Sans préjudice des dispositions de l'article 378 du Code d'instruction criminelle [*dispositions reprises par l'art. 15, C. pén., abrogé*], il est interdit, sous la même peine, de publier aucune information relative aux travaux et délibérations du Conseil supérieur de la magistrature, à l'exception des informations concernant les audiences publiques et les décisions publiques rendues en matière disciplinaire à l'encontre des magistrats. Pourront, toutefois, être publiées les informations communiquées par le président *(Mots rempl., L. org. n° 2010-830, 22 juill. 2010)* « d'une formation du Conseil supérieur ».

1) Le délit de l'article 38, alinéa 1 ne porte pas seulement atteinte au bon exercice de la justice et à l'ordre public ; il peut nuire aussi bien à l'inculpé (■ Cass. crim., 6 mars 1884 : *D.* 85, 1, 135) qu'à des tiers (■ Cass. crim., 9 juil. 1926 : *DH* 1926, 534).

2) Il a été jugé que la rédaction de l'*alinéa 3* de l'article 38, (abrogé, L. 15 juin 2000, mais repris et modifié par l'article 35 *quater*) dont l'expression « circonstances » est foncièrement imprécise, n'offre pas de garanties réelles quant à la prévisibilité des poursuites et qu'ainsi ce texte est incompatible avec les articles 6, 7 et 10 de la CEDH (■ Cass. crim., 20 févr. 2001 : *Dr. pénal* 2001, comm. 86, obs. M. Véron ; *D.* 2001, jur., p. 3001, note P. Wachsmann).

3) La poursuite de ce délit est exclusivement réservée à l'initiative du ministère public (■ TGI Paris, 5 févr. 1996 : *D.* 1996, 230, note B. Beignier).

4) Toute reproduction, même partielle, contenu de l'un des actes désignés à l'article 38, alinéa 1er, de la loi du 29 juillet 1881 est incriminée par ce texte ; est justifiée au regard de l'article 10 de la Convention européenne de sauvegarde des droits de l'homme la condamnation prononcée sur le fondement de l'article 38, alinéa 1er, de la loi du 29 juillet 1881 pour publication d'actes d'une procédure criminelle avant leur lecture en audience publique, dès lors que les juges ont caractérisé l'atteinte portée à la protection des droits d'autrui, susceptible de sanction selon le paragraphe 2 du texte conventionnel précité, en relevant que les extraits reproduits viennent accréditer un article tendant à l'évidence à soutenir la version des faits de l'une des personnes mises en examen, opposée à celle défendue par une autre (■ Cass. crim., 22 juin 1999 : *Bull. crim.*, n° 146 ; *Dr. pénal* 2000, comm. 20, obs. J.-H. Robert).

5) L'article 38 de la loi du 29 juillet 1881 interdisant de publier des actes d'accusation et tous autres actes de procédure criminelle ou correctionnelle avant toute lecture en audience publique, n'emporte pas, pour la partie civile, l'impossibilité de poursuivre l'auteur de la publication pour recel de violation du secret de l'instruction dès lors que, comme en l'espèce, ces faits comportent la détention matérielle des écrits litigieux.

En effet, si une information échappe aux prévisions de l'article 321-1 précité qui réprime le seul recel d'une chose et ne relève, le cas échéant, que des dispositions légales spécifiques au droit de la presse, tel n'est pas le cas du recel de documents provenant d'une violation du secret de l'instruction ou du secret professionnel (■ Cass. crim., 12 juin 2007 : *Bull. crim.*, n° 157 ; *Dr. pénal* 2007, comm. 143, obs. J.-H. Robert ; *JCP* 2007, II, 10159, note F. Fourment, C. Michalskief, Ph. Piot ; *Rev. sc. crim.* 2008, p. 95, obs. J. Francillon). V. *supra*, note 1, sous l'article 321-3 du Code pénal.

6) Une cour d'appel, qui a constaté que des articles publiés dans un hebdomadaire, pour l'un, la veille et, pour l'autre, deux mois avant la comparution du demandeur à une audience, s'appuyaient sur une analyse des extraits de divers procès-verbaux ou la reproduction partielle de dépositions recueillies par la police judiciaire pour présenter celui-ci de telle manière que le lecteur soit amené à estimer avérés les faits qui lui étaient reprochés et qui en a déduit que cette publication portait atteinte au droit du demandeur à un procès équitable dans le respect de son droit à la présomption d'innocence et des droits de sa défense, justifie ainsi, au regard de l'article 10 de la Convention européenne des droits de l'homme, l'ingérence dans la liberté d'expression, prévue par l'article 38 de la loi du 29 juillet 1881 (■ Cass. 1re civ., 29 mai 2013, n° 12-19.101 : *Bull. inf. C. cass.* 15 déc. 2013, n° 1474).

– C'est par une exacte application de l'article 4 du Code de procédure pénale qu'une cour d'appel, ayant constaté que le demandeur sollicitait la réparation du préjudice qu'il prétendait avoir subi du fait de la publication, dans un hebdomadaire, d'extraits de procès-verbaux d'audition dressés par la police judiciaire à l'occasion d'une enquête préliminaire, en violation de l'article 38 de la loi du 29 juillet 1881, en a déduit qu'il était recevable à saisir le juge civil d'une telle demande (même arrêt).

7) Ne justifie pas sa décision, au regard de l'article 6.2 de la Convention européenne des droits de l'homme, la cour d'appel qui relaxe des prévenus pour publication d'actes d'une procédure criminelle avant leur lecture en audience publique en retenant, d'une part, que cette publication n'a porté atteinte ni à l'autorité et à l'impartialité de la justice, ni aux intérêts de la partie civile, qui a exercé son droit de réponse, et, d'autre part, que l'application de l'article 38 de la loi du 29 juillet 1881 constituerait en l'espèce une ingérence disproportionnée dans l'exercice du droit à la liberté d'expression et ne répondrait pas à un besoin impérieux de protection de la réputation et des droits d'autrui ou de garantie de l'autorité et de l'impartialité de la justice, alors qu'une telle publication, dans son contexte, était de nature à avoir une incidence sur les droits de la personne mise en cause, et, notamment, sur son droit à la présomption d'innocence (■ Cass. crim., 28 janv. 2014, n° 12-88.430 : *D.* 2014, act. p. 373 ; *JCP* 2014, act. n° 271, p. 433 ; *Dr. pén.* 2014, comm. 58, obs. M. Veron).

8) Justifie sa décision la cour d'appel qui, relevant que la publication incriminée d'extraits de procès-verbaux contenant un témoignage non décisif dans une affaire complexe, de longue durée, sans que soient connues l'échéance ni même la certitude d'un procès, ayant trait à un problème de santé publique pour lequel l'information revêtait un caractère d'intérêt général, a pu en déduire que cette publication n'avait pas porté atteinte au droit à un procès équitable ni à l'autorité et à l'impartialité de la justice, de sorte que l'application de l'article 38 de la loi du 29 juillet 1881 à la publication litigieuse constituait une ingérence disproportionnée dans l'exercice de la liberté d'expression garantie par l'article 10 de la Convention de sauvegarde des droits de l'homme et des libertés fondamentales (■ Cass. 1re civ., 11 mars 2014, n° 12-29.419 : *D.* 2014, act., p. 726).

9) L'interdiction de publier les actes d'accusation et tous actes de procédure criminelle ou correctionnelle avant leur lecture en audience publique, prévue et réprimée par l'article 38, alinéa 1er, de la loi sur la presse du 29 juillet 1881, entre dans le champ d'application de l'article 47 de ladite loi qui réserve au ministère public l'initiative de la mise en mouvement de l'action publique (■ Cass. crim., 11 mai 2016, n° 15-82.365 : *D.* 2016, 2267, note L. François).

Art. 38 *bis*. – *Néant*.

Art. 38 *ter* (*L. n° 81-82, 2 févr. 1981*). – Dès l'ouverture de l'audience des juridictions administratives ou judiciaires, l'emploi de tout appareil permettant d'enregistrer, de fixer ou de transmettre la parole ou l'image est interdit. Le président fait procéder à la saisie de tout appareil et du support de la parole ou de l'image utilisés en violation de cette interdiction.

Toutefois, sur demande présentée avant l'audience, le président peut autoriser des prises de vues quand les débats ne sont pas commencés et à la condition que les parties ou leurs représentants et le ministère public y consentent.

Toute infraction aux dispositions du présent article sera punie d'une amende de 4 500 €. Le tribunal pourra en outre prononcer la confiscation du matériel ayant servi à commettre l'infraction et du support de la parole ou de l'image utilisé.

Est interdite, sous les mêmes peines, la cession ou la publication, de quelque manière et par quelque moyen que ce soit, de tout enregistrement ou document obtenu en violation des dispositions du présent article.

Le délit de publication d'enregistrement effectué sans autorisation à l'audience d'une juridiction, prévu par l'article 38 *ter* de la loi du 29 juillet 1881, instaure une restriction à la liberté d'expression nécessaire, dans une société démocratique, à la protection de la réputation ou des droits d'autrui, et pour garantir l'autorité et l'impartialité du pouvoir judiciaire, et s'avère dès lors compatible avec l'article 10 de la Convention européenne des droits de l'homme.

Justifie sa décision la cour d'appel qui condamne pour complicité de ce délit le rédacteur en chef d'une station de télévision qui a diffusé un enregistrement vidéo montrant le président et les assesseurs d'une cour d'assises lors du prononcé du verdict (■ Cass. crim., 8 juin 2010 : *Bull. crim.* n° 103).

Art. 39 (*Mod., Ord. 6 mai 1944 ; L. n° 75-617, 11 juill. 1975 ; L. n° 81-82, 2 févr. 1981*). – Il est interdit de rendre compte des procès en diffamation dans les cas prévus aux paragraphes *a*, *b* et *c* de l'article 35 de la présente loi. Il est pareillement interdit de rendre compte des débats et de publier des pièces de procédure concernant les questions de filiation, actions à fins de subsides, procès en divorce, séparation de corps et nullités de mariage, procès en matière d'avortement. Cette interdiction ne s'applique pas au dispositif des décisions, qui peut toujours être publié.

Les dispositions qui précèdent ne s'appliquent pas aux publications techniques à condition que soit respecté l'anonymat des parties.

Dans toutes affaires civiles, les cours et tribunaux peuvent interdire le compte rendu du procès.

Il est également interdit de rendre compte des délibérations intérieures, soit des jurys, soit des cours et tribunaux.

Toute infraction à ces dispositions sera punie d'une amende de 18 000 €.

Il a été jugé que l'interdiction visée par l'article 39 de la loi de 1881 ne permet pas de faire une distinction entre les différentes étapes de la procédure et de faire un sort différent selon que les pièces publiées (en l'espèce d'un procès en divorce) concernent des questions de procédure ou des questions de fond (■ Paris, 3 juill. 2008. *Dr. pénal* 2008, comm. 153, obs. M. Véron).

Art. 39 *bis* (*L. n° 2000-516, 15 juin 2000*). – Est puni de 15 000 € d'amende le fait de diffuser, de quelque manière que ce soit, des informations relatives à l'identité ou permettant l'identification :

– d'un mineur ayant quitté ses parents, son tuteur, la personne ou l'institution qui était chargée de sa garde ou à laquelle il était confié ;

– d'un mineur délaissé dans les conditions mentionnées aux articles 227-1 et 227-2 du Code pénal ;

– d'un mineur qui s'est suicidé ;

– d'un mineur victime d'une infraction.

Les dispositions du présent article ne sont pas applicables lorsque la publication est réalisée à la demande des personnes ayant la garde du mineur ou des autorités administratives ou judiciaires.

Art. 39 *ter* *(Abr., L. n° 2000-516, 15 juin 2000).*

Art. 39 *quater* *(L. n° 66-500, 11 juill. 1966).* – **Il est interdit, moins de trente ans après la mort de l'adopté, de publier par le livre, la presse, la radiodiffusion, le cinématographe ou de quelque manière que ce soit, une information relative à la filiation d'origine d'une personne ayant fait l'objet d'une adoption plénière.**

Les infractions à la disposition qui précède sont punies d'une amende de 6 000 € ; en cas de récidive, un emprisonnement de deux ans pourra être prononcé.

Art. 39 *quinquies* *(L. n° 2000-516, 15 juin 2000).* – **Le fait de diffuser, par quelque moyen que ce soit et quel qu'en soit le support, des renseignements concernant l'identité d'une victime d'une agression ou d'une atteinte sexuelles ou l'image de cette victime lorsqu'elle est identifiable est puni de 15 000 € d'amende.**

Les dispositions du présent article ne sont pas applicables lorsque la victime a donné son accord écrit.

Art. 39 *sexies* *(L. n° 95-73, 21 janv. 1995 ; mod., L. 2009-971, 3 août 2009).* – **Le fait de révéler, par quelque moyen d'expression que ce soit, l'identité des fonctionnaires de la police nationale, de militaires, de personnels civils du ministère de la Défense ou d'agents des douanes appartenant à des services ou unités désignés par arrêté du ministre intéressé et dont les missions exigent, pour des raisons de sécurité, le respect de l'anonymat, est puni d'une amende de 15 000 €.**

Il se déduit de l'article 39 *sexies* de la loi du 29 juillet 1881, qui prohibe la révélation par quelque moyen que ce soit de l'identité des fonctionnaires appartenant à des services ou unités désignés par arrêté, dont les missions exigent le respect de l'anonymat pour des raisons de sécurité, que cette interdiction n'est pas limitée à la révélation des nom et prénom des personnes concernées mais s'applique à la diffusion d'informations qui en permettent l'identification.

– La diffusion de précédentes informations relatives à l'intéressé ne fait pas obstacle à la caractérisation de l'infraction (■ Cass. crim., 12 déc. 2017, n°s 17-80.821 et 17-80.818).

Art. 40 *(Ord. 6 mai 1944 ; L. n° 2017-86, 27 janv. 2017).* – **Il est interdit d'ouvrir ou d'annoncer publiquement des souscriptions ayant pour objet d'indemniser des amendes, frais et dommages-intérêts prononcés par des condamnations judiciaires, des amendes forfaitaires, des amendes de composition pénale ou des sommes dues au titre des transactions prévues par le Code de procédure pénale ou par l'article 28 de la loi organique n° 2011-333 du 29 mars 2011 relative au Défenseur des droits, sous peine d'un emprisonnement de six mois, et d'une amende de 45 000 € ou de l'une de ces deux peines seulement.**

Le fait d'annoncer publiquement la prise en charge financière des amendes, frais, dommages-intérêts et autres sommes mentionnés au premier alinéa du présent article est sanctionné des mêmes peines.

1) Le délit de l'article 40 n'existe que pour les condamnations pour des crimes et pour des délits et non pour des contraventions (■ Cass. crim., 21 févr. 1891 : *D.* 91, 1, 445).

2) Une quête au profit d'un condamné au cours d'une réunion publique est une souscription publique au sens de l'article 40 (■ Alger, 13 mai 1948 : *D.* 1948, somm. 34) ; mais une souscription publique ouverte au cours d'une réunion et tendant à fournir à un condamné les fonds nécessaires pour se pourvoir devant une juridiction supérieure ne tombe pas sous le coup de la loi (même arrêt).

Art. 41 *(Ord. 17 nov. 1958 ; L. n° 82-506, 15 juin 1982 ; L. n° 2008-1187, 14 nov. 2008).* – **Ne donneront ouverture à aucune action les discours tenus dans le sein de l'Assemblée nationale ou du Sénat ainsi que les rapports ou toute autre pièce imprimée par ordre de l'une de ces deux assemblées.**

Ne donnera lieu à aucune action le compte rendu des séances publiques des assemblées visées à l'alinéa ci-dessus fait de bonne foi dans les journaux.

Ne donneront lieu à aucune action en diffamation, injure ou outrage ni les propos tenus ou les écrits produits devant une commission d'enquête créée, en leur sein, par l'Assemblée nationale ou le Sénat, par la personne tenue d'y déposer, sauf s'ils sont étrangers à l'objet de l'enquête, ni le compte rendu fidèle des réunions publiques de cette commission fait de bonne foi.

Ne donneront lieu à aucune action en diffamation, injure ou outrage, ni le compte rendu fidèle fait de bonne foi des débats judiciaires, ni les discours prononcés ou les écrits produits devant les tribunaux.

Pourront néanmoins les juges, saisis de la cause et statuant sur le fond, prononcer la suppression des discours injurieux, outrageants ou diffamatoires, et condamner qui il appartiendra à des dommages-intérêts.

Pourront toutefois les faits diffamatoires étrangers à la cause donner ouverture, soit à l'action publique, soit à l'action civile des parties, lorsque ces actions leur auront été réservées par les tribunaux, et, dans tous les cas, à l'action civile des tiers.

• ***Sommaire***

I – IMMUNITÉ PARLEMENTAIRE

1) La reproduction des écrits émanant des assemblées, faite par un particulier ou un parlementaire, sans ordre des assemblées, n'est pas couverte par l'immunité (▪ T. corr. Seine, 16 juin 1897 : *Gaz. Pal.* 1897, 2, 66).

2) Les témoins entendus par les commissions d'enquête parlementaire sont couverts par l'immunité (Req. 5 août 1884 : *S.* 85, 1, 57, rapport Petit. ▪ T. corr. Seine, 31 mai 1950 : *JCP* 51, II, 5965, note Colombini). En revanche, les déclarations qui seraient faites en vue de nuire et toucheraient à des éléments étrangers à l'enquête ne seraient pas couvertes (▪ Paris, 11 mars 1953 : *JCP* 53, II, 7543, note Colombini).

3) Il résulte de l'article 41, alinéa 2, de la loi du 29 juillet 1881 que le compte rendu des séances publiques des assemblées parlementaires ne peut donner lieu à aucune action que s'il est fait de bonne foi.

Justifie en conséquence sa décision la cour d'appel qui, pour refuser le bénéfice de cette immunité à un député, rapporteur d'une commission d'enquête parlementaire sur la situation financière, patrimoniale et fiscale des sectes, auquel il était reproché, sous la qualification de diffamation publique, d'avoir imputé à l'une d'elles, lors d'un entretien accordé à un journaliste, de fonctionner « sur le mode de la criminalité internationale », retient que les propos litigieux ne constituent pas un compte rendu fidèle du rapport de la commission d'enquête précitée et que, s'il était légitime de chercher à informer les lecteurs sur les différents aspects de la lutte contre les sectes, il appartenait néanmoins à l'auteur des propos, expert réputé en la matière, de veiller, dans un entretien « minutieusement préparé », à ne pas user de termes approximatifs et à ne pas procéder à des amalgames hâtifs (▪ Cass. crim., 30 sept. 2003 : *Bull. crim.*, n° 173 ; *Dr. pénal* 2004, comm. 33, obs. M. Véron).

4) Application dans le temps. Selon les articles 112-1 du Code pénal et 7 de la Convention européenne des droits de l'homme, les dispositions nouvelles, lorsqu'elles sont moins sévères que les dispositions anciennes, s'appliquent aux infractions commises avant leur entrée en vigueur et n'ayant pas donné lieu à une condamnation passée en force de chose jugée.

Tel est le cas de l'alinéa 3 de l'article 41 de la loi du 29 juillet 1881, sur la liberté de la presse, issu de la loi du 14 novembre 2008, qui dispose que ne donneront lieu à aucune action en diffamation, injure ou outrage ni les propos tenus ou les écrits produits devant une commission d'enquête créée en son sein, par l'Assemblée nationale ou le Sénat, par la personne tenue d'y déposer, sauf s'ils sont étrangers à l'objet de l'enquête, ni le compte rendu fidèle des réunions publiques de cette commission fait de bonne foi (▪ Cass. crim., 13 avr. 2010 : *Bull. crim.* n° 67 ; *Dr. pén.* 2010, comm. 78, obs. M. Véron. ▪ 8 juin 2010 : *Bull. crim.* n° 104).

5) La diffusion en direct d'une déposition faite devant une commission d'enquête parlementaire équivaut à un compte rendu fidèle des réunions publiques de cette commission fait de bonne foi (mêmes arrêts).

6) Contours de l'immunité parlementaire. Les propos sur l'homosexualité imputés à un député n'ayant pas été tenus au cours de l'une des activités prévues aux titre IV et V de la Constitution, qui peuvent seules caractériser l'exercice des fonctions parlementaires, non plus qu'au sein de l'Assemblée nationale, c'est à bon droit que les juges du fond n'ont pas fait bénéficier le prévenu de l'immunité prévue par l'alinéa 1er de l'article 26 de la Constitution et par l'alinéa 1er de l'article 41 de la loi du 29 juillet 1881 (▪ Cass. crim., 12 nov. 2008 : *Bull. crim.*, n° 229 ; *Dr. pénal* 2009, comm. 20, obs. M. Véron). – V. aussi *supra*, sous l'article 33.

II – IMMUNITÉ JUDICIAIRE

7) Les magistrats ne sont pas soumis aux règles de l'article 41 de la loi sur la presse (▪ Cass. crim., 2 févr. 1900 : *D.* 1900, 5, 530), qu'ils soient du Ministère public (▪ Cass. crim., 23 nov. 1950 : *Bull. crim.*, n° 259), ou du siège (▪ Cass. crim., 23 juin

1980 : *Bull. crim.*, n° 201, les juges tenant de la loi qui les institue le pouvoir de relater et d'apprécier, sans autre limitation que celle dictée par leur conscience, le comportement des justiciables déférés à leur juridiction. Dès lors, l'acte juridictionnel qui échappe aux dispositions de l'article 41 de la loi du 29 juillet 1881, ne saurait donner lieu à aucune action en diffamation ou injure.

8) Les dispositions de l'article 41 de la loi du 29 juillet 1881, qui concernent les seules parties privées, ne sont pas applicables aux procès-verbaux et à leurs annexes, établis par les inspecteurs du Travail ;

Ces fonctionnaires tiennent des articles L. 611-1 et suivants du Code du travail le droit, sous le seul contrôle des autorités dont ils relèvent, d'écrire tout ce que, selon leur conscience, ils estiment nécessaire à l'accomplissement de leur mission (■ Cass. crim., 25 févr. 1992 : *Bull. crim.*, n° 85).

9) Personnes concernées par l'immunité. Les dispositions de l'article 41 concernent les seules parties privées (■ Cass. crim., 25 févr. 1992 : *Bull. crim.*, n° 85) et leurs conseils (■ Cass. crim., 1er déc. 1992 : *Bull. crim.*, n° 397).

10) Pour les témoins, un temps non soumis à l'article 41 (Req. 5 août 1884 : *D.* 1884, I, 457, note Petit), il a été depuis jugé que l'immunité accordée aux discours prononcés devant les tribunaux par l'article 41 de la loi du 29 juillet 1881, dont les dispositions, d'ordre public, sont destinées à garantir aussi bien la sincérité du témoignage que la liberté de la défense, s'applique à la déposition orale d'un témoin devant une juridiction (■ Cass. crim., 4 févr. 1980 : *Bull. crim.*, n° 44), de même qu'elle s'applique à l'attestation d'un témoin versée aux débats d'un conseil des prud'hommes (■ Cass. crim., 9 oct. 1978 : *Bull. crim.*, n° 262 ; *Rev. sc. crim.* 1979, p. 566, obs. Levasseur). *Adde*, *Rev. sc. crim.* 1980, p. 988, obs. Levasseur, et *Rev. sc. crim.* 1992, p. 565, obs. Vitu.

11) L'immunité couvrant les discours prononcés et les écrits produits devant les tribunaux destinée à garantir aussi bien la liberté de la défense que la sincérité des auditions bénéficie à **l'expert** appelé à déposer à l'audience des juridictions (■ Cass. crim., 28 mai 1991 : *Bull. crim.*, n° 225).

12) Principe. Les discours prononcés et les écrits produits devant les tribunaux ne peuvent donner lieu à aucune action pour diffamation ou outrage ; cette règle ne reçoit exception que dans le cas où les faits sont étrangers à la cause (■ Cass. crim., 8 juin 1999 : *Bull. crim.*, n° 127. ■ 14 nov. 2006 : *Bull. crim.*, n° 283 ; *Dr. pénal* 2007, comm. 32, obs. M. Véron : cet arrêt rappelle que les dispositions de l'article 41, alinéa 3, sont d'ordre public ; que cette règle destinée à garantir aussi bien la sincérité du témoignage que la liberté de la défense, ne reçoit d'exception que dans le cas où les faits diffamatoires sont étrangers à la cause, et s'ils concernent l'une des parties, à la condition que l'action ait été réservée par le tribunal devant lequel l'écrit est produit).

– *Adde*, ■ Cass. crim. 15 juin 2000 : *Bull. crim.*, n° 231.

13) L'immunité dont bénéficient les discours prononcés devant les tribunaux, en vertu de l'article 41 de la loi du 29 juillet 1881, n'interdit pas de leur attribuer, le cas échéant, le caractère d'une provocation au sens de l'article 33, alinéa 2, de la même loi. Par suite, justifie sa décision de reconnaître l'excuse de provocation à l'auteur d'une injure spontanément proférée au cours de la plaidoirie d'un avocat la cour d'appel dont l'arrêt retient, par une appréciation souveraine des faits et circonstances de la cause, ainsi que des éléments de preuve contradictoirement débattus, que cette injure répondait directement à des propos visant personnellement son auteur présent dans le public, lesquels, eu égard aux circonstances dans lesquelles ils avaient été tenus, étaient de nature à porter gravement atteinte à son honneur et à ses intérêts moraux (■ Cass. crim., 31 mars 2015, n° 13-81.842 : *Dr. pén.* 2015, comm. 68, obs. M. Véron).

14) Il résulte des dispositions de l'article 41, alinéa 3, de la loi du 29 juillet 1881 que ne donneront lieu à aucune action en diffamation, injure ou outrage, ni le compte rendu fidèle fait de bonne foi des débats judiciaires, ni les discours prononcés ou les écrits produits devant les tribunaux ; l'**immunité** ainsi prévue, qui **s'applique aux seuls discours prononcés ou aux écrits produits en justice** dans l'intérêt de la défense des parties, ne protège pas les écrits faisant l'objet, en dehors des juridictions, d'une publicité étrangère aux débats ; en conséquence, encourt la censure l'arrêt qui fait application des dispositions de l'article 41 précité dans la poursuite exercée du chef de diffamation publique par les personnes visées par une plainte avec constitution de partie civile dénonçant des faits de nature à constituer des infractions, à la suite de la **mise en ligne sur un site Internet** d'un texte reproduisant ladite plainte, le document diffusé ne pouvant alors être analysé comme un écrit produit devant une juridiction (■ Cass. crim., 26 mars 2008, pourvoi n° S 07-86.406 : *Bull. crim.*, n° 79 ; *JCP* 2008, IV, n° 1885 ; *Dr. pénal* 2008, comm. 96, obs. M. Véron).

15) L'immunité de l'article 41 existe devant toutes les juridictions devant lesquelles peuvent s'exercer les droits de la défense (Req. 29 oct. 1894 : *D.* 95, 1, 61. ■ Cass. crim., 13 mai 1933 : *D.* 1933, 1, 172, note Leloir. ■ 11 oct. 2005 : *Bull. crim.*, n° 255 ;

Dr. penal 2006, comm. 5, obs. M. Véron), et en particulier le juge d'instruction (■ Cass. crim., 23 déc. 1986 : *Bull. crim.*, n° 391. ■ Cass. crim., 4 juin 1997 :*Bull. crim.*, n° 223. ■ Paris, 27 janv. 1988 : *D.* 1988, 480, note Mayer), ou la Chambre d'accusation (■ Cass. crim., 13 févr. 2001 : *Dr. pénal* 2001, comm. 98, obs. M. Véron ; *D.* 2004, jur., p. 977, note B. Beignier), et, de façon générale devant toutes les juridictions civiles et administratives, et même devant les instances disciplinaires (■ Cass. crim., 23 juin 1980 : *Bull. crim.*, n° 201).

16) Par contre, l'immunité ne joue pas devant des experts ou des arbitres (■ Cass. crim., 22 juin 1950 : *Gaz. Pal.* 1950, 2, 235) ni devant des autorités administratives non juridictionnelles (■ Cass. crim., 21 mars 1861 : *D.* 61, 5, 377), ni devant un bureau d'aide juridictionnelle (■ Cass. crim., 15 mai 1972 : *Bull. crim.*, n° 168).

17) Si l'immunité instituée par l'article 41, alinéa 3, de la loi du 29 juillet 1881 dans le but d'assurer devant tous les tribunaux le libre accès du droit de la défense, n'est pas limitée aux actes introductifs d'instance ou aux actes subséquents mais couvre également tout autre écrit, c'est à la condition que celui-ci ait été effectivement soumis à l'appréciation d'un juge (■ Cass. crim., 1er déc. 1987 : *Bull. crim.*, n° 440).

– Ainsi, constitue un écrit produit en justice une note en délibéré remise dans une instance civile (■ Cass. crim., 22 oct. 2002 : *Dr. pénal* 2003, comm. 33, obs. M. Véron).

18) Extranéité des discours et écrits. C'est au juge devant lequel les propos ont été tenus et les écrits ont été produits qu'il appartient de déclarer que les faits étaient étrangers à la cause (■ Cass. crim., 23 déc. 1986 : *Bull. crim.*, n° 391, préc.).

19) L'immunité de l'article 41 ne joue plus dans les cas où les faits diffamatoires sont étrangers à la cause et s'ils concernent l'une des parties, à la condition que l'action ait été expressément réservée par le tribunal devant lequel les propos ont été tenus ou les écrits produits ; c'est à ce tribunal, quel qu'il soit, qu'il appartient alors de déclarer que les faits étaient étrangers à la cause puisque lui seul peut apprécier si les allégations incriminées étaient ou non nécessaires à la défense et avaient ou non un lien étroit avec l'objet des débats portés devant lui ; à défaut de cette appréciation préalable, il existe une fin de non-recevoir qui porte sur le principe même de la poursuite et qui doit être opposée à l'action en diffamation des parties (■ Cass. crim., 4 mai 1972 : *Bull. crim.*, n° 157. ■ 9 oct. 1978 : *Bull. crim.*, n° 262 ; *Rev. sc. crim.* 1979, 566, obs. Levasseur). Sur le caractère d'extranéité des faits outrageants, V. également ■ Cass. crim., 8 juin 1999 : *Bull. crim.*, n° 127. ■ Cass. 1re civ., 25 févr. 2016, n° 15-12.150.

20) Lorsque, à la suite de propos diffamatoires proférés devant une juridiction mais étrangers à la cause, la partie diffamée a obtenu que lui soit réservée l'action prévue par l'alinéa 5 de l'article 41, le seul effet de cette réserve est de lever l'obstacle qui, jusque-là, s'opposait à toute poursuite en diffamation (■ Cass. crim., 4 nov. 1993 : *Bull. crim.*, n° 326).

21) Les discours prononcés et les écrits produits devant les tribunaux ne peuvent donner lieu à aucune action en diffamation. Cette règle ne reçoit exception que dans le cas où les faits diffamatoires sont étrangers à la cause, et, s'ils concernent l'une des parties, à la condition que l'action ait été expressément réservée par le tribunal devant lequel les propos ont été tenus ou les écrits produits.

Il relève du pouvoir des juges d'apprécier, sans en avoir à en rendre compte, s'il convient d'ordonner la reprise des débats à la suite d'une demande de réserve de l'action en diffamation formée, pour la première fois, par lettre adressée au cours du délibéré (■ Cass. crim., 15 juin 2000 : *Bull. crim.*, n° 231).

22) L'immunité prévue par l'article 41 de la loi du 29 juillet 1881 pour les discours prononcés ou les écrits produits devant les tribunaux ne couvre pas les discours ou écrits outrageants étrangers à la cause, et excédant les limites de la défense (■ Cass. crim., 8 sept. 2015, n° 14-84.380).

23) Il appartient à la Cour de cassation de contrôler et de rectifier, s'il y a lieu, les appréciations des juges du fait en ce qui concerne le caractère des propos incriminés et de déterminer si ces propos ont été nécessités par la discussion même du procès ou si, au contraire, ils sont étrangers à la cause et excèdent les limites des droits de la défense (Ch. réun. 7 avr. 1897 : *D.* 97, 1, 595, rapport Denis. ■ Cass. crim., 17 mai 1983 : *Bull. crim.*, n° 145. ■ 23 juill. 1984 : *Bull. crim.*, n° 265 ; *Rev. sc. crim.* 1985, 302, obs. Levasseur. ■ 29 nov. 1994 : *Bull. crim.*, n° 383).

24) Aux termes de l'article 41 de la loi du 29 juillet 1881, les discours prononcés et les écrits produits devant les tribunaux ne peuvent donner lieu à aucune action pour diffamation ou outrage. Cette règle ne reçoit exception que dans le cas où les faits sont étrangers à la cause ; encourt la cassation l'arrêt qui, pour écarter l'immunité prévue par l'article 41 de la loi précitée et condamner un avocat pour outrage à magistrat en raison du dépôt de conclusions par ce dernier dans une affaire civile mettant en cause le président de la juridiction ayant radié l'affaire de sa cliente, retient que les accusations portées sont d'une extrême gravité excédant les limites de l'exercice des droits de la défense (■ Cass. crim., 11 oct. 2005 : *Bull. crim.*, n° 255 ; *Dr. pénal* 2006, comm. 5, obs. M. Véron ; *D.* 2006, jur. p. 1272, note B. Beignier).

25) Immunité exclue. L'immunité ne couvre ni les outrages à magistrats (■ Cass. crim., 13 févr. 1875 : *Bull. crim.*, n° 54 ; *Rev. sc. crim.* 1976, 101, obs. Vitu. ■ 10 mai 1994 : *Bull. crim.*, n° 181, imputation de partialité faite à une présidente de cour d'assises), ni les violences physiques exercées sur eux ni le rappel de condamnations amnistiées (■ Paris, 8 déc. 1971 : *D.* 1973, 370, note Brunois).

26) Excèdent ainsi les limites des droits de la défense, les propos d'un prévenu accusant le procureur de la République de forfaiture et ajoutant que « ce parquet est la honte de la Nation » (■ Cass. crim., 24 nov. 1998 : *Dr. pénal* 1999, comm. 65, obs. M. Véron).

27) En dehors du prétoire, l'avocat n'est pas protégé par l'immunité de l'article 41 de la loi du 29 juillet 1881.

Encourt une sanction disciplinaire, pour manquement aux devoirs de modération et de délicatesse, l'avocat qui, après l'audience, tient des propos présentant une connotation raciale jetant l'opprobre sur les jurés et la suspicion sur leur probité (■ Cass. 1re civ., 5 avr. 2012, n° 11-11.044 : *JCP* 2012, n° 474, p. 779, note Hadislim, et n° 733, p. 1207, note J.-M. Brigant ; *Gaz. Pal.* 15-17 avr. 2012, jur., p. 20, note G. Dehako).

De même, l'article 41 de la loi du 29 juillet 1881, qui n'institue qu'une immunité pénale, et dans la mesure seulement où les propos n'excèdent pas les limites du droit de la défense, n'est pas applicable en matière disciplinaire concernant un avocat (■ Cass. 1re civ., 10 sept. 2015, n° 14-24.208).

28) Dès lors que l'article 41, alinéa 4, de la loi du 29 juillet 1881 ne protège pas les écrits faisant l'objet, en dehors des juridictions, d'une publicité étrangère aux débats, justifie sa décision la cour d'appel qui, pour écarter l'exception d'immunité juridictionnelle fondée sur cet article, retient que la lettre adressée par des avocats au garde des Sceaux, dans le but d'obtenir l'ouverture d'une enquête de l'inspection générale des services judiciaires sur les dysfonctionnements imputés à des juges d'instruction chargés d'une l'information, ne constitue pas un acte de saisine du Conseil supérieur de la magistrature et que cette lettre a été rendue publique par la reproduction partielle de son contenu dans un journal (■ Cass. ass. plén., 16 déc. 2016, n° 08-86.295).

29) Suppression. Même lorsque les propos et écrits ne constituent pas les délits d'injure, d'outrage ou de diffamation, les juges peuvent encore les supprimer lorsqu'ils les estiment irrévérencieux ou inconvenants (■ Cass. crim., 15 mars 1939 : *DH* 1939, 260).

30) Selon l'alinéa 4 de l'article 41 de la loi du 29 juillet 1881 la partie qui s'estime atteinte par les injures ou les outrages d'une autre partie au procès ou de son conseil, est admise à demander aux juges saisis de la cause la suppression des discours ou écrits injurieux ou outrageants et l'allocation de dommages-intérêts. Si elle n'a pas usé en temps utile de ces voies de droit ou si elle a succombé dans ses demandes, elle ne saurait ensuite exciper de l'excuse de provocation pour être affranchie des peines encourues à raison des injures par elle adressées ultérieurement à l'auteur des discours ou écrits (■ Cass. crim., 1er déc. 1992 : *Bull. crim.*, n° 397).

31) La chambre d'accusation ne statuant pas au fond au sens de l'alinéa 4 de l'article 41 de la loi du 29 juillet 1881, c'est à bon droit que cette juridiction déboute la partie qui lui demandait de supprimer certains discours, termes et écrits produits par la partie adverse au cours de l'information et de lui allouer des dommages-intérêts (■ Cass. crim., 12 janv. 1993 : *Bull. crim.*, n° 12).

32) Comptes rendus. Un compte rendu consiste dans la reproduction générale ou partielle de ce qui s'est passé au cours d'une audience : énonciation des faits objet de la poursuite, explications des parties et des témoins, interventions du président, du ministère public et des avocats, dispositif de jugement (■ Cass. crim., 5 févr. 1985 : *Bull. crim.*, n° 62 ; *Rev. sc. crim.* 1986, 612, obs. Levasseur).

33) N'entrant pas dans les prévisions des articles 39 et 41, le **commentaire d'un arrêt** de la Cour de cassation peut donner lieu à des poursuites pour diffamation ; mais le délit n'est pas constitué en cas de bonne foi du commentateur et à défaut d'intention délictueuse, alors qu'en rédigeant l'article, l'auteur, informateur objectif, a exercé son droit de critique sur une décision judiciaire sans ajouter aux énonciations de l'arrêt ni dénaturer les faits dans une intention de nuire (■ Cass. crim., 16 oct. 1968 : *D.* 1969, somm., 51).

34) Au sens de l'article 41, alinéa 3 de la loi du 29 juillet 1881, le compte rendu fidèle fait de bonne foi d'un procès consiste à mettre en regard les prétentions contraires des parties de façon à permettre d'apprécier l'ensemble des débats. Ne saurait être couverte par l'immunité instituée par ce texte la reproduction, dans le compte rendu d'un procès en diffamation, des imputations contenues dans l'écrit objet de la poursuite alors que les débats avaient été circonscrits à un incident de procédure et que ceux relatifs à la preuve de la vérité des faits imputés avaient été reportés à une audience ultérieure (■ Cass. crim., 4 nov. 1986 : *Bull. crim.*, n° 322).

35) Le compte rendu doit s'abstenir de toute dénaturation des faits et de tout commentaire malveillant : tel n'est pas le cas d'un article qui présente comme avérés des faits d'escroquerie imputés à un prévenu, devant un tribunal correctionnel, alors que les débats dont il est rendu compte avaient eu seulement pour objet le renvoi d'un procès pénal, et que le but légitime d'information du public, sur le fonctionnement de la justice, ne dispensait pas le journaliste du respect de la présomption d'innocence, ainsi que des devoirs de prudence et d'objectivité dans l'expression de la pensée (■ Cass. crim., 22 oct. 1996 : *Bull. crim.*, n° 369).

36) Pour ouvrir droit à l'immunité prévue par l'article 41, alinéa 3, de la loi du 29 juillet 1881, le compte rendu d'un débat judiciaire doit mettre en regard les prétentions contraires des parties et permettre, par une narration générale ou partielle, d'apprécier l'ensemble des débats judiciaires, en s'abstenant de toute dénaturation des faits et de toute imputation malveillante, spécialement à l'égard des membres de la juridiction. Tel n'est pas le cas des passages d'un ouvrage dans lequel l'auteur livre sa propre vision d'un procès dans lequel il est prévenu, et prête au magistrat occupant le siège du ministère public un comportement et des motivations justifiant une comparaison avec les juges des cours de justice spéciales durant l'Occupation (■ Cass. crim., 6 févr. 2007 : *Bull. crim.*, n° 32 ; *Dr. pénal* 2007, comm. 67, obs. M. Véron).

37) Étant destinée à garantir les droits de la défense, l'immunité de l'article 41, alinéa 3, de la loi du 29 juillet 1881 ne saurait être étendue à la publication de comptes rendus par des journaux dont les responsables, même s'ils ne sont pas visés par l'article 11 du Code de procédure pénale, ne peuvent rendre compte de débats par nature non publiés et sont en tout cas tenus de respecter les dispositions de l'article 38 de la loi sur la presse qui interdit de publier les actes de procédure criminelle ou correctionnelle avant qu'ils aient été lus en audience publique (■ Paris, 27 janv. 1988 : *D.* 1988, inf. rap., 480, note Mayer).

38) Le compte rendu des débats judiciaires et des discours prononcés ou des écrits produits devant les tribunaux ouvrant droit à l'immunité prévue par l'article 41, alinéa 3, de la loi du 29 juillet 1881, consiste à mettre en regard les prétentions contraires des parties et à permettre, par une narration générale ou partielle, d'apprécier l'ensemble des débats judiciaires, en s'abstenant de toute dénaturation des faits et de toute imputation malveillante, spécialement à l'égard des membres de la juridiction (■ Cass. crim., 10 mai 1994 : *Bull. crim.*, n° 181, préc.).

39) Contrairement à ce qui était notamment soutenu par le défendeur, l'affichage par lui dans un cabinet médical, lieu public par destination, d'une version expurgée d'un jugement de condamnation, non définitif, du demandeur, qui l'avait assigné pour atteinte à la présomption d'innocence, ne saurait être assimilé à un compte-rendu fait de bonne foi des débats judiciaires et donc de bénéficier de l'immunité de l'article 41 de la loi du 27 juillet 1881 (■ Cass. 1re civ., 10 avr. 2013, n° 11-28.406 : *D.* 2013, act., p. 1003, obs. S. Lavric).

40) CEDH. Si l'exercice de la liberté de communication est garanti par l'article 11 de la Déclaration des droits de l'homme de 1789, et par l'article 10 de la Convention européenne de sauvegarde des droits de l'homme et des libertés fondamentales, il peut être l'objet de restrictions ou sanctions dans les cas déterminés par la loi du 29 juillet 1881. S'il est légitime d'informer le public sur le fonctionnement de la justice, le but ainsi poursuivi ne dispense pas le journaliste des devoirs de prudence, de circonspection, d'objectivité et de sincérité dans l'expression de la pensée (■ Cass. crim., 10 mai 1994 : *JCP* 94, éd. G, IV, 1845 ; *Bull. crim.*, n° 181, préc.).

41) Un communiqué de presse publié par un avocat pour contester les conditions dans lesquelles s'est tenu un procès ne saurait être regardé comme un écrit bénéficiant de l'immunité prévue par l'article 41, alinéa 3, de la loi du 29 juillet 1881 (■ Cass. crim., 3 déc. 2002 : *Bull. crim.*, n° 217), tout comme une déclaration faite à la sortie d'une audience devant une chaîne de télévision, les propos litigieux ne constituant pas un compte rendu fidèle et objectif des débats judiciaires (■ Cass. crim., 6 mai 2003 : *JurisData* n° 019538 ; *Dr. pénal* 2003, comm. 121, obs. M. Véron).

42) Justifie sa décision la cour d'appel qui, pour refuser le bénéfice de l'immunité prévue par l'article 41 de la loi du 29 juillet 1881 à un prévenu soutenant que les propos diffamatoires lui étant imputés n'étaient que la reproduction, par la presse, de débats judiciaires au cours desquels il avait été amené à plaider en sa qualité d'avocat, retient, en se fondant sur des éléments de fait par elle souverainement appréciés, que les propos en cause ne constituent pas un compte-rendu d'audience au sens dudit article (■ Cass. crim., 28 nov. 2006 : *Bull. crim.*, n° 298 ; *Dr. pénal* 2007, comm. 32, obs. M. Véron).

43) Invocation nécessaire. C'est au prévenu qui invoque une cause d'immunité à établir qu'il se trouve dans des circonstances dont il entend se prévaloir pour sa défense (■ Cass. crim., 5 févr. 1985 : *Bull. crim.*, n° 62 ; *Rev. sc. crim.* 1986, p. 612, obs. Levasseur, préc.).

44) La preuve de l'immunité judiciaire, qui n'a pas pour objet la vérité des faits diffamatoires, échappe aux exigences de forme et de délai prévues par l'article 55 de la loi du 29 juillet 1881.

Le prévenu peut procéder par les voies ordinaires, selon les modes de preuve du droit commun Encourt la cassation l'arrêt de cour d'appel qui se fonde sur les dispositions de l'article 55 de la loi du 29 juillet 1881 pour refuser l'audition des témoins cités devant elle par les prévenus invoquant l'immunité d'un compte tendu (■ Cass. crim., 6 oct. 1992 : *Bull. crim.*, n° 304).

45) À noter que **les tiers**, autres que les parties et leur conseils, victimes de faits diffamatoires étrangers à la cause, peuvent exercer leur droit à réparation sans avoir réservé leur action (■ Cass. crim., 31 juill. 1936 : *D.* 1936, jur., p. 574).

Art. 41-1 *(L. n° 85-1317, 13 déc. 1985)*. **– Pour l'application des dispositions des paragraphes 4 et 5 du présent chapitre, la communication audiovisuelle est regardée comme un mode de publication.**

CHAPITRE V. – DES POURSUITES ET DE LA RÉPRESSION

§ 1. – Des personnes responsables des crimes et délits commis par la voie de la presse

Art. 42 *(L. 25 mars 1952)*. **– Seront passibles, comme auteurs principaux, des peines qui constituent la répression des crimes et délits commis par la voie de la presse dans l'ordre ci-après, savoir :**

1° Les directeurs de publications ou éditeurs quelles que soient leurs professions ou leurs dénominations et, dans les cas prévus au deuxième alinéa de l'article 6, les codirecteurs de la publication ;

2° À leur défaut, les auteurs ;

3° À défaut des auteurs, les imprimeurs ;

4° À défaut des imprimeurs, les vendeurs, les distributeurs et afficheurs.

Dans les cas prévus au deuxième alinéa de l'article 6, la responsabilité subsidiaire des personnes visées aux paragraphes 2°, 3° et 4° du présent article joue comme s'il n'y avait pas de directeur de la publication lorsque, contrairement aux dispositions de la présente loi, un codirecteur de la publication n'a pas été désigné.

1) Spécificité. Lorsque l'infraction est commise dans un **journal étranger publié à l'étranger**, l'article 42 cesse de recevoir application : l'auteur de l'article pourra être poursuivi comme coauteur ou même comme auteur principal sans qu'il y ait de présomption irréfragable de responsabilité contre le directeur de la publication ou l'éditeur (■ Cass. crim., 15 févr. 1894 : *D.* 94, 1, 463. ■ 30 avr. 1908 : *S.* 1908, 1, 553, note Roux ; *D.* 1909, 1, 241, note Le Poittevin).

2) La responsabilité en cascade prévue par l'article 42 de la loi du 29 juillet 1881, auquel renvoie l'article L. 3421-4 du Code de la santé publique, ne s'applique que lorsque le journal est imprimé et publié en France ; justifie dès lors sa décision l'arrêt qui, pour condamner comme auteurs principaux les personnes distribuant, en France, un journal publié à l'étranger, vantant les bienfaits du cannabis, écarte l'argumentation selon laquelle le directeur de la publication et l'éditeur domiciliés en Belgique pouvaient seuls être poursuivis (■ Cass. crim., 25 oct. 2005 : *Bull. crim.*, n° 266 ; *Dr. pénal* 2006, comm. 21, obs. M. Véron).

3) Les dispositions des articles 42 et 43 de la loi du 29 juillet 1881 ne sont pas applicables à la **radiodiffusion** et à la **télévision** (■ Cass. crim., 8 oct. 1979 et les arrêts cités. ■ 2 déc. 1980 : *Bull. crim.*, n° 328 ; *JCP* 1981, IV, 69). Par suite, l'auteur d'imputations diffamatoires proférées dans une émission radiodiffusée en direct doit être regardé comme étant l'auteur principal de l'infraction, le directeur de la station ne pouvant être retenu que comme relevé à sa charge (■ Cass. crim., 14 mai 1979 : *Bull. crim.*, n° 172 et les arrêtés cités. ■ 2 déc. 1980, préc.).

– Mais dans une séquence ayant fait l'objet d'une fixation préalable à sa communication au public au sens de l'article 93-3 de la loi du 29 juillet 1982, est responsable de plein droit, en sa qualité de directeur de publication, de l'émission d'une telle séquence comportant intention de nuire, le directeur d'une chaîne de télévision (■ Cass. crim., 29 oct. 1991 ; *Bull. crim.*, n° 387).

4) Jugé que le président-directeur général de Radio-France n'est pas un directeur de publication au sens de la loi de 1881. Il n'est donc pas pénalement responsable de plein droit d'une diffamation à la radio (■ Paris, 5 avril 1979 : *Rev. int. dr. auteur* oct. 1979, n° 102, p. 140).

5) Le président d'une association, propriétaire d'une station radiophonique, ne fait pas partie, en cette seule qualité, des personnes limitativement énumérées par l'article 42 de la loi du 29 juillet 1881 et ne saurait, en cette seule qualité, être déclaré complice de celui qui a tenu des propos diffamatoires diffusés par cette station, dès lors qu'il n'est pas rapporté à sa charge qu'il a commis, en connaissance de cause, l'un des actes prévus par l'article 60 (ancien, et act. art. 121-7) du Code pénal, les dispositions des articles 42 et 43 de la loi du 29 juillet 1881 ne lui sont en effet pas applicables (■ Cass. crim., 6 déc. 1988 : *Bull. crim.*, n° 411).

– V. *infra*, les textes sur la communication audiovisuelle.

6) L'article 42 n'est pas applicable à la poursuite des infractions commises par des **correspondances circulant à découvert**, les dispositions de l'article 2 de la loi du 11 juin 1887 (V. *infra*) étant limitatives (■ Cass. crim., 1er oct. 1980 : *Bull. crim.*, n° 238 ; *D.* 1981, IR, 67).

7) La responsabilité encourue du seul fait de la publication à raison d'un délit de presse selon l'article 42 de la loi du 29 juillet 1881 par le directeur de la publication ne saurait être étendue au domaine des **infractions de droit commun**, en l'espèce le délit de discrimination à l'embauche (■ Cass. crim., 1er déc. 1992 : *Bull. crim.*, n° 398).

8) L'abrogation par la loi du 10 janvier 1991 de l'article 14 de la loi du 9 juillet 1976 relative à la lutte contre le tabagisme n'interdit pas, en cas de publicité illicite en faveur du tabac commise par voie de presse, la poursuite du directeur de la publication qui est pénalement responsable, dans les conditions du droit commun, à raison de son fait personnel (■ Cass. crim., 19 janv. 1994 : *Bull. crim.*, n° 30).

9) La qualité de directeur de la publication n'équivaut pas à celle du chef de l'entreprise de presse, pour l'application de la législation sur la lutte contre le tabagisme ; la responsabilité pénale du directeur de la publication d'un journal n'est encourue de plein droit en raison du contenu du journal que dans les cas spécialement prévus par la loi. Sauf disposition expresse, les articles 42 et 43 de la loi du 29 juillet 1881 ne sont pas applicables aux infractions de droit commun, telle la publicité irrégulière en faveur du tabac (■ Cass. crim., 29 nov. 1994 : *Bull. crim.*, n° 384).

10) Aucune disposition de la loi du 29 juillet 1881 n'autorise la poursuite d'une **personne morale** du chef d'infraction à la loi sur la presse (■ Cass. crim., 2 déc. 1980 : *Bull. crim.*, n° 326).

– Note : cette solution demeure valable après la modification de l'article 121-2 du Code pénal par la loi du 9 mars 2004, qui a créé l'article 43-1, *infra*.

11) Régime. La liste des personnes énumérées par l'article 42 de la loi du 29 juillet 1881 est limitative (■ Cass. crim., 6 déc. 1988 : *Bull. crim.*, n° 411, préc.), toute autre personne ne pouvant être poursuivie que comme complice de l'infraction (■ Paris, 10 févr. 1908 : *D.* 1908, 2, 360).

12) Ainsi, aucune présomption légale de responsabilité pénale n'existe contre un délégué syndical pour des faits se rattachant à l'activité de la section syndicale dont il est membre. Il en est ainsi en cas de publication d'un tract prétendument diffamatoire, œuvre de la section syndicale (■ Cass. crim., 3 juin 1982 : *Bull. crim.*, n° 143).

13) Mais donnent une base légale à leur décision les juges qui constatent qu'un délégué syndical a participé personnellement à la conception, à la réalisation et à la diffusion du tract diffamatoire, le retenant dès lors comme auteur, imprimeur et diffuseur de cet écrit (■ Cass. crim., 18 déc. 1990 : *Bull. crim.*, n° 441).

14) Justifie sa décision la cour d'appel qui retient comme auteur principal d'une provocation à la discrimination raciale dans un tract diffusé aux électeurs, le candidat qui a personnalisé ce document à son nom et avec sa photographie et qui l'avait remis avec son visa à la commission de contrôle (■ Cass. crim., 2 mars 2004 : *Dr. pénal* 2004, comm. 104, obs. M. Véron).

15) Directeur de la publication. Le directeur de la publication (V. *supra* les articles 6 à 11 de la loi du 29 juillet 1881) est l'auteur principal, et lui seul, des infractions soumises à la loi sur la presse (■ Cass. crim., 12 déc. 1947 : *JCP* 1948, II, 4061, note Brouchot. ■ 16 mars 1948 : *S.* 1948, I, 95).

16) Sa responsabilité est de plein droit pour tout ce qui paraît dans la publication et, dans la mesure où l'infraction reprochée est réalisée, les juges du fond n'ont pas à apprécier la mauvaise foi en sa personne (■ Cass. crim., 17 mars 1953 : *JCP* 1953, IV, 69. ■ 15 févr. 1955 : *D.* 1955, I, 487. ■ 28 mai 1957 : *Bull. crim.*, n° 451. ■ 26 mai 1981, inédit).

17) Le fait de publication étant l'élément par lequel les délits de presse sont consommés, toute reproduction dans un écrit rendu public d'un texte déjà publié, quelle que soit la langue dans laquelle il est rédigé, est constitutive d'infraction (■ Cass. crim., 24 oct. 1989 : *Bull. crim.*, n° 380). – Loin d'être exonéré de toute responsabilité lorsqu'il publie les opinions d'autrui constitutives d'un délit réprimé par la loi sur la liberté de la presse, le directeur de publication d'un écrit périodique est de droit responsable, comme auteur principal, des infractions commises par la voie de ce périodique (■ Cass. crim., 6 oct. 1992 : *Bull. crim.*, n° 303).

18) Le directeur de publication, dont le devoir est de surveiller et de vérifier tout ce qui est inséré dans le journal, est de droit responsable en cette qualité comme auteur principal de tout article publié par la voie de ce journal et dont le caractère diffamatoire est démontré (■ Cass. crim., 8 juill. 1986 : *Bull. crim.*, n° 233).

19) Les juges du fond retiennent à bon droit, comme directeur de la publication, le prévenu dont cette qualité est révélée par les débats et les documents de la cause, encore qu'il ait été cité en sa qualité de « rédacteur en chef » (Crime. 7 déc. 1950 : *Bull. crim.*, 282).

20) Le devoir de surveillance et de contrôle s'étend au supplément gratuit diffusé avec le journal dont il est indissociable (■ Cass. crim., 13 nov. 2001 : *Dr. pénal* 2002, comm. 13, obs. M. Véron).

21) Le directeur de publication reste le seul auteur principal, même s'il a délégué tout ou partie de ses fonctions à un administrateur délégué (■ Cass. crim., 23 juin 1949 : *D.* 1949, 448).

22) Le directeur reste auteur principal lorsqu'il se substitue un directeur technique (■ Cass. crim., 9 déc. 1949 : *D.* 1950, 75) ou lorsqu'il fuit à l'étranger (■ Lyon, 23 janv. 1884 : *S.* 84, 2, 83).

23) Si le directeur de la publication décède au cours des poursuites, il reste auteur principal du délit et les autres personnes ne peuvent être poursuivies que comme complices (■ Paris, 5 mars 1884 : *S.* 84, 2, 84).

24) Codirecteur de publication. Lorsqu'un codirecteur de la publication est désigné, conformément à l'alinéa 2 de l'article 6 de la loi du 29 juillet 1881, sa responsabilité se substitue à celle du directeur de la publication pendant toute la durée du mandat parlementaire dont celui-ci est investi (■ Cass. crim., 5 mai 1964 : *Bull. crim.*, n° 148 et 149 ; *JCP* 1964, IV, 86. ■ 14 janv. 1965 : *Bull. crim.*, n° 17 ; *JCP* 1965, IV, 22. ■ 25 nov. 1965 : *Bull. crim.*, n° 254 ; *JCP* 1965, IV, 167).

– Cette substitution se limite, bien entendu, aux infractions dont aurait à répondre, du seul fait de cette qualité, le directeur de la publication, s'il n'était pas parlementaire (■ Cass. crim., 25 nov. 1965, préc.).

25) Autonomie des poursuites. Aucune disposition de la loi du 29 juillet 1881 ne subordonne la poursuite, à titre d'auteur principal, du directeur de la publication ou celle, à quelque titre que ce soit, d'autres personnes pénalement responsables en application des articles 42 et 43 de ladite loi, à la mise en cause de l'auteur de l'écrit (■ Cass. crim., 20 janv. 1987 : *Bull. crim.*, n° 30. ■ 16 juill. 1992 : *Bull. crim.*, n° 273. ■ Cass. crim., 3 mars. 2015, n° 13-87.597).

26) La mise en cause du directeur de la publication n'est pas une condition nécessaire de la poursuite du complice (■ Paris, 11 déc. 1919 : *D.* 1921, 2, 16. ■ Cass. crim., 25 oct. 2005 : *Bull. crim.*, n° 267). V. *infra* sous art. 43.

27) Dans une poursuite exercée en vertu de la loi sur la presse, la juridiction correctionnelle a le pouvoir d'apprécier le mode de participation du prévenu aux faits spécifiés et qualifiés dans l'acte de poursuite, les restrictions que ladite loi impose aux pouvoirs de cette juridiction étant relatives uniquement à la qualification du fait incriminé. Dès lors, encourt la cassation un arrêt qui, pour débouter la partie civile de ses demandes, retient, au visa de l'article 43 de la loi sur la presse, que l'auteur de l'écrit incriminé n'est, en l'absence de mise en cause du directeur de publication, pas susceptible d'être poursuivi comme complice de ce dernier, faute de fait principal punissable (■ Cass. crim., 3 mars 2015, n° 87-87.597 : *Dr. pén.* 2015, comm. 67, obs. M. Véron).

28) Fait justificatif. Conformément à l'article 327 (ancien, act. art. 122-4) du Code pénal, il n'y a pas diffamation lorsque la publication incriminée est ordonnée par la loi. Ainsi, le directeur de la publication du *Journal officiel* ne saurait encourir aucune responsabilité du fait de l'insertion d'une déclaration d'association dont il ne peut légalement se dispenser, en exécution des prescriptions de l'article 5 de la loi du 1er juillet 1901 modifiée, comme de l'article 1er du décret du 16 août 1901 (■ Cass. crim., 17 févr. 1981 : *Bull. crim.*, n° 63).

29) Le directeur de la publication d'un journal ne saurait encourir aucune responsabilité du fait de l'insertion d'une annonce dont il ne peut légalement se dispenser, telle l'annonce d'une sanction disciplinaire infligée à un médecin par la section des assurances sociales du Conseil national de l'ordre des médecins, publiée sur réquisition du directeur d'une caisse primaire de sécurité sociale, en application de l'article L. 145-2 du Code de la sécurité sociale (■ Cass. crim., 17 oct. 1995 : *Bull. crim.*, n° 311).

30) Effet de la bonne foi de l'auteur. S'il est vrai que l'intention de nuire doit être appréciée en la personne de l'auteur de l'article diffamatoire, l'existence de faits justificatifs suffisants pour faire admettre la bonne foi dudit auteur a pour effet d'exclure tant sa responsabilité que celle du directeur de publication de l'organe de presse dans lequel l'article incriminé a été inséré (■ Cass. crim., 11 juin 1981 : *Bull. crim.*, n° 197. ■ 11 sept. 2007 : *Bull. crim.*, n° 198).

31) Compatibilités. Le directeur de publication d'une revue périodique a le devoir de surveiller et de vérifier tout ce qui y est inséré. Les dispositions de l'article 42 de la loi du 29 juillet 1881 sur la liberté de la presse, selon lesquelles il est l'auteur principal des infractions commises par voie de presse, ne sont, dès lors, pas contraires à l'article 121-1 du Code pénal ni à l'article 6.1 de la Convention européenne des droits de l'homme (▪ Cass. crim., 23 févr. 2000 : *Bull. crim.*, n° 85).

32) Éditeur. Hors le cas où elle ressort de l'ouvrage ou de l'écrit, la détermination de l'éditeur se fondera sur les éléments et les circonstances de la cause (▪ Cass. crim., 2 mai 1901 : *D.* 1901, I, 471, pour un particulier ayant fait publier un écrit. ▪ 16 mai 1895 : *D.* 1899, I, 577, note Sarrut).

33) Est retenu, conformément à l'article 42-1° de la loi du 29 juillet 1881 en qualité d'éditeur, quelle que soit sa profession ou sa dénomination, le président d'une association ayant organisé et financé la confection d'une affiche et qui a fourni les moyens d'impression et de placardage de celle-ci (▪ Cass. crim., 22 mai 1990 : *Bull. crim.*, n° 211).

34) Auteur. Lorsque le directeur de publication ou l'éditeur de l'ouvrage sont inconnus, le ou les auteurs des écrits incriminés sont tenus pour auteurs principaux du délit de presse (▪ Cass. crim., 17 juill. 1969 : *JCP* 1969, IV, 239 ; *Bull. crim.*, n° 230. ▪ 5 nov. 1974 : *JCP* 1974, IV, 416 ; *Bull. crim.*, n° 310).

35) En cas d'infraction commise par la voie de la presse, l'auteur de l'article est à bon droit condamné comme auteur principal, lorsque le directeur de la publication n'est pas poursuivi (▪ Cass. crim., 29 juin 1954 : *Bull. crim.*, n° 240).

36) La présomption de responsabilité résultant de l'article 42 de la loi du 29 juillet 1881 ne s'applique pas à l'auteur d'un propos repris par un journaliste. La personne qui s'estime diffamée par ces propos doit établir, dans les termes de la complicité de droit commun, que leur auteur a su qu'ils étaient destinés à être publiés ; tel n'est pas le cas lorsque les juges constatent que le prévenu ignorait qu'il s'adressait à un journaliste (▪ Cass. crim., 6 mars 2007 : *Bull. crim.*, n° 72 ; *Dr. pénal* 2007, comm. 96, obs. M. Véron).

37) Imprimeur. À défaut d'auteur, l'imprimeur deviendra alors auteur principal (▪ Cass. crim., 1er févr. 1930 : *Gaz. Pal.* 1930, I, 486, s'agissant d'un imprimeur de journaux n'ayant aucune administration régulière).

38) En l'absence d'éditeur, il importe peu que le prévenu poursuivi et condamné comme imprimeur ait été également l'auteur du texte incriminé ; en effet la **peine** étant la même à leur égard, elle se trouve ainsi **justifiée bien que l'ordre des responsabilités prévue par l'article 42 n'ait pas été respecté** (▪ Cass. crim., 5 avril 1965 : *Bull. crim.*, n° 114).

39) Lorsque l'auteur de l'article, ou de l'écrit incriminé, est poursuivi, l'imprimeur ne saurait l'être du simple fait de l'impression. Est à plus forte raison illégale une condamnation prononcée contre l'auteur de l'écrit, considéré comme complice de l'imprimeur (▪ Cass. crim., 12 juin 1954 : *Bull. crim.*, n° 212).

40) Vendeurs, distributeurs et afficheurs. Aux termes de l'article 42 de la loi du 29 juillet 1881, sont passibles, comme auteurs principaux, des peines qui constituent la répression des crimes et délits commis par la voie de la presse, à défaut des directeurs de publication ou éditeurs, des auteurs, des imprimeurs, les vendeurs, distributeurs et afficheurs (▪ Cass. crim., 19 nov. 1958 : *Bull. crim.*, n° 679).

41) Condamne à bon droit le prévenu du chef de diffamation et injures publiques la cour d'appel qui relève que, s'il n'est pas suffisamment établi que le prévenu a été l'éditeur, l'auteur ou l'imprimeur de ces documents, il est constant qu'il en a été le distributeur (▪ Cass. crim., 15 mars 1989 : *Gaz. Pal.* 1989, 2, 514).

42) Selon un arrêt du 8 août 1969 (*S.* 1891, I, 283) les juges qui condamnent l'une des personnes visées à l'article 42, à titre d'auteur principal, ne sont pas tenus de s'expliquer sur le fait que les responsables antérieurs étaient inconnus, sauf incident soulevé par le prévenu à ce sujet.

43) Il ne saurait être reproché à la juridiction de jugement, saisie d'une poursuite contre l'un des coauteurs de l'écrit, de n'avoir pas recherché les autres personnes qui ont participé à sa rédaction, ni déterminé leurs rôles respectifs (▪ Cass. crim., 1969 : *Bull. crim.*, n° 230, préc.).

44) Citation du directeur de publication. S'il résulte des articles 7 à 13 et 42 de la loi du 29 juillet 1881, ainsi que de l'article 5 de la loi du 1er août 1986, que le directeur de la publication d'un journal peut, par dérogation aux articles 555 et suivants du Code de procédure pénale, être cité au siège de l'entreprise éditrice, c'est seulement à raison des écrits ou images publiés par l'organe de presse dont il est responsable, en cette qualité (V. ▪ Cass. crim., 21 janv. 1997 : *Bull. crim.*, n° 20).

– La délivrance de la citation dans ces conditions n'est pas de nature à porter atteinte aux droits de la défense, ni à entraver l'exercice des droits reconnus au prévenu par l'article 55 de la loi du 29 juillet 1881, lorsque les formalités prévues par les articles 557 et 558 du Code de procédure pénale ont été accomplies (■ Cass. crim., 11 déc. 2001 : *Bull. crim.*, n° 264 ; *D.* 2002, IR, 696).

– Le défaut de signature par l'intéressé de l'avis de réception de la lettre recommandée ne peut affecter la validité de la saisine du tribunal et a pour seule conséquence de priver l'exploit d'huissier des effets d'un exploit remis à personne (même arrêt). Tel n'est pas le cas lorsque le directeur de la publication s'est exprimé, à titre personnel, dans une émission radiophonique (■ Cass. crim., 7 avr. 1994 : *Bull. crim.*, n° 143).

– L'expression « siège de l'entreprise éditrice » désigne, conformément à l'article 2 de la loi précitée du 1er août 1986, la personne physique ou morale ou le groupement de droit qui, en tant que propriétaire ou locataire-gérant, édite une publication de presse. Tel n'est pas le cas de la société qui a la qualité d'imprimeur, au sens de l'article 42 susvisé, et au siège de laquelle le directeur de la publication ne peut être valablement cité (■ Cass. crim., 10 juill. 1996 : *Bull. crim.*, n° 293).

45) La présomption de responsabilité résultant de l'article 42 de la loi du 29 juillet 1881 ne s'applique pas à l'auteur d'un propos repris par un journaliste. La personne qui s'estime diffamée par ces propos doit établir, dans les termes de la complicité de droit commun, que leur auteur a su qu'ils étaient destinés à être publiés ; tel n'est pas le cas lorsque les juges constatent que le prévenu ignorait qu'il s'adressait à un journaliste (■ Cass. crim., 6 mars 2007, pourvoi n° 06-84.105 : *Dr. pénal* 2007, comm. 96, obs. M. Véron).

Art. 43 *(L. 25 mars 1952 ; L. n° 92-1336, 16 déc. 1992)*. **– Lorsque les directeurs ou codirecteurs de la publication ou les éditeurs seront en cause, les auteurs seront poursuivis comme complices.**

Pourront l'être, au même titre et dans tous les cas, les personnes auxquelles les articles 121-6 et 121-7 du Code pénal pourraient s'appliquer. Lesdits articles ne pourront s'appliquer aux imprimeurs pour faits d'impression, sauf dans le cas et les conditions prévus par l'article 6 de la loi du 7 juin 1848 sur les attroupements *(C. pén., art. 431-6)* ou, à défaut de codirecteur de la publication, dans le cas prévu au deuxième alinéa de l'article 6.

Toutefois, les imprimeurs pourront être poursuivis comme complices si l'irresponsabilité pénale du directeur ou du codirecteur de la publication était prononcée par les tribunaux. En ce cas, les poursuites sont engagées dans les trois mois du délit ou, au plus tard, dans les trois mois de la constatation judiciaire de l'irresponsabilité du directeur ou du codirecteur de la publication.

1) Dualité. Les dispositions particulières de la loi du 29 juillet 1881, dans ses articles 42 et 43, loin d'écarter la complicité de droit commun de l'article 60 du Code pénal la visent au contraire expressément (■ Cass. crim., 13 janv. 1987 : *Bull. crim.*, n° 17).

– Constitue un acte de complicité la participation matérielle et intentionnelle à la publication incriminée par fourniture de moyens, sachant que ceux-ci devaient y servir dans les termes des articles 121-6 et 121-7 du Code pénal, lesquels, loin d'être écartés par les dispositions des articles 42 et 43 de la loi du 29 juillet 1881, sont expressément visés par ce dernier texte (■ Cass. crim., 5 oct. 1999 : *Bull. crim.*, n° 208).

2) Indépendance des poursuites. La poursuite du rédacteur comme complice n'est pas subordonnée à la mise en cause simultanée du directeur de la publication ou de l'éditeur comme auteur principal (■ Cass. crim., 17 juin 1892 : *D.* 93, 1, 130. – 26 janv. et 14 juin 1894 : *DP* 94, 1, 457, note Sarrut. ■ 25 oct. 2005 : *Bull. crim.*, n° 267).

3) Aucune disposition de la loi du 29 juillet 1881 ne subordonne la poursuite, à titre d'auteur principal, du directeur de la publication ou celle, à quelque titre que ce soit, d'autres personnes pénalement responsables en application des articles 42 et 43 de ladite loi, à la mise en cause de l'auteur de l'écrit (■ Cass. crim., 20 janv. 1987 : *Bull. crim.*, n° 30).

4) Une citation unique adressée à deux intimés, nulle quant à l'auteur principal protégé par une immunité parlementaire, est valable contre le complice puisque la cause de nullité n'affecte pas cette partie de la citation (■ Cass. crim., 21 déc. 1950 : *D.* 1952, 113).

5) Est valable la citation qui ne précise pas si c'est en qualité d'auteur principal ou de complice que l'inculpé est poursuivi (■ Cass. crim., 10 juin 1899 : *DP* 1901, 1, 428).

6) Appréciation du mode de participation aux faits. Même dans une poursuite exercée en vertu de la loi du 29 juillet 1881, la juridiction correctionnelle a le pouvoir d'apprécier le mode de participation du prévenu aux faits spécifiés et qualifiés dans ladite poursuite, les restrictions que la loi précitée impose aux pouvoirs de cette juridiction étant relatives uniquement à la qualification par rapport au fait incriminé (■ Cass. crim., 22 mai 1984 : *Bull. crim.*, n° 188. ■ 18 juin 1985 : *Bull. crim.*, n° 234).

7) En effet, la complicité n'est qu'un mode de participation au délit. Dès lors que celui-ci est exactement qualifié, les juges ont le pouvoir de retenir comme complice, si les éléments constitutifs de la complicité sont réunis, la personne poursuivie à tort comme auteur principal (■ Cass. crim., 10 juin 1899 : *DP* 1901, 1, 428, préc. ■ 11 mai 1960 : *JCP* 1960, IV, 98).

8) Nonobstant les règles restrictives édictées par les articles 50 et 53 de la loi du 29 juillet 1881, il appartient à la juridiction correctionnelle, saisie d'une poursuite exercée en vertu de ladite loi, d'apprécier le mode de participation du prévenu aux faits incriminés. Il suit de là que l'auteur de l'écrit, poursuivi comme auteur principal de l'infraction, alors que l'éditeur est en cause, doit être retenu comme complice, dans les termes de l'article 43 de la loi précitée (■ Cass. crim., 11 mai 1971 : *Bull. crim.*, n° 147).

9) Encourent la même responsabilité que l'auteur principal, quand bien même celui-ci n'aurait pas été personnellement poursuivi, les auteurs de deux écrits incriminés qui ont concouru à la commission du délit prévu à l'article 24, dernier alinéa, de la loi sur la liberté de la presse par le moyen du fait de publication imputé au directeur de publication (■ Cass. crim., 24 oct. 1989 : *Bull. crim.*, n° 380).

10) Le demandeur au pourvoi condamné en tant qu'auteur principal de propos injurieux ne saurait se faire un grief de ce que la cour d'appel, sans débat contradictoire, ait requalifié en délit d'injures la complicité de cette infraction seule visée dans l'acte introductif d'instance lui ayant été délivré, dès lors que les propos retenus caractérisent sa participation à la commission de l'infraction en qualité de complice, de sorte que la requalification opérée n'avait pas lieu d'être (■ Cass. crim., 25 sept. 2005 : *Bull. crim.*, n° 267, préc.).

11) Dispositions particulières. Lorsque le directeur de la publication est poursuivi comme auteur principal d'un délit de presse, **l'auteur** de l'article est poursuivi comme complice. Il n'est pas nécessaire que les juges constatent que cette complicité réponde aux conditions exigées par l'article 60 (ancien, act. art. 121-7) du Code pénal. La constatation que le prévenu était l'auteur de l'article suffit à caractériser cette complicité, dès lors que le prévenu n'a pas prétendu que l'article a été publié malgré lui (■ Cass. crim., 30 mai 1953 : *Bull. crim.*, n° 184. ■ 23 déc. 1968 : *Bull. crim.*, n° 357).

– L'auteur est en effet complice en application de l'article 43 de la loi du 29 juillet 1881 (■ Cass. crim., 6 oct. 1992 : *Bull. crim.*, n° 303).

– Il en est de même lorsque l'éditeur est en cause (■ Cass. crim., 11 mai 1971 : *Bull. crim.*, n° 147, préc.).

Encore faut-il que l'auteur ait eu l'intention que son manuscrit soit publié. Ce ne sera pas le cas s'il est démontré qu'il l'a été à son insu (■ Cass. crim., 7 déc. 1934 : *DH* 1935, p. 70. ■ 30 mai 1953, préc. ■ 24 oct. 1967 : *D.* 1968, somm. p. 11).

12) Exclusion de complicité. Si le *Journal officiel* entre dans la catégorie des écrits ou imprimés visés par l'article 23 de la loi du 29 juillet 1881, son directeur ne saurait encourir aucune responsabilité du fait de l'insertion d'une déclaration d'association dont il ne peut légalement se dispenser en exécution des articles 5 de la loi du 1er juillet 1901 et 1er du décret du 16 août 1901.

Conformément à l'article 327 (ancien, act. art. 122-4) du Code pénal, il n'y a pas diffamation lorsque la publication est ordonnée par la loi.

Il s'ensuit que les auteurs de l'écrit publié, qui ne pouvaient être recherchés comme auteurs principaux qu'à défaut du directeur de publication, ne sont pas susceptibles d'être mis en cause comme complices de celui-ci, **en l'absence de fait principal punissable** (■ Cass. crim., 14 nov. 1989 : *Bull. crim.*, n° 418, préc. sous l'article 42). V. aussi ■ Cass. crim., 17 févr. 1981 : *Bull. crim.*, n° 63).

13) Pour les délits d'injure et diffamation commises par le réseau **Internet**, V. ■ Cass. crim., 6 mai 2003 : *Bull. crim.*, n° 94, et l'article 93-3 de la loi du 29 juillet 1982, *infra*.

14) L'article 43 d'après lequel **l'imprimeur** ne peut être poursuivi comme complice ne statue qu'au point de vue pénal et n'apporte aucune dérogation aux principes de droit civil qui rendent chacun responsable du préjudice causé par sa faute ou son imprudence ; l'imprimeur peut donc être condamné à des dommages-intérêts à raison du préjudice causé par un article imprimé par lui, lorsqu'il est établi qu'il est rendu compte du caractère délictueux de cet article (Req. 11 janv. 1905 : *DP* 1906, 1, 57, note Le Poittevin).

15) Droit commun. En matière de presse, la complicité est punissable dans les termes du droit commun ; est à bon droit condamné comme complice celui qui a indûment et sciemment accepté de laisser figurer son nom sur les exemplaires du journal incriminé, avec la fausse qualité de directeur (■ Cass. crim., 13 juill. 1950 : *Bull. crim.*, n° 212. ■ 24 févr. 1953 : *Bull. crim.*, n° 63).

16) En cas d'infraction à la loi sur la presse, si le directeur de la publication est pénalement responsable, des complices peuvent être poursuivis, à la condition qu'il soit relevé à leur encontre des faits de complicité personnels, positifs et conscients (■ Cass. crim., 29 oct. 1953 : *Bull. crim.*, n° 277).

17) Il peut en être ainsi pour un directeur technique, politique, un administrateur, un rédacteur en chef, un propriétaire de journal (■ Cass. crim., 24 nov. 1892 : *D.* 1893, I, p. 463. ■ 13 mars 1897 : *D.* 1897, I, p. 593. ■ 8 mars 1934 : *Gaz. Pal.* 1934, I, p. 711. ■ 29 oct. 1953 : *D.* 1954, jur., p. 381, rapp. Patin. ■ 4 janv. 1908 : *D.* 1910, I, p. 174. ■ 16 mai 1899 : *D.* 1899, I, p. 318. ■ 12 juin 1936 : *Gaz. Pal.* 1936, 2, 445).

18) Selon les dispositions de l'article 43, les personnes auxquelles s'applique l'article 60 (ancien, act. art. 121-7) du Code pénal sont retenues dans tous les cas comme complices. Il en est ainsi de ceux qui, connaissant le caractère diffamatoire d'un écrit, l'ont distribué (■ Cass. crim., 18 juin 1985 : *Bull. crim.*, n° 234, préc.).

19) Doit être retenu comme complice de diffamation celui qui a sciemment fourni les moyens en vue de la rédaction et de la publication d'un tract (■ Cass. crim., 13 janv. 1987 : *Bull. crim.*, n° 179, préc.).

20) En matière d'infraction de presse, constitue un acte positif de complicité le fait de fournir oralement aux auteurs du livre la matière de leur écrit. La participation consciente à l'acte principal, fût-il encore à l'état de projet au moment de la fourniture des moyens, devient punissable lorsque la publication de l'ouvrage est réalisée, même sans l'accord du complice.

– Le complice de droit commun est à juste titre retenu dans la prévention quand bien même l'éditeur et les auteurs de l'écrit auraient été laissés en dehors des poursuites (■ Cass. crim., 8 janv. 1991 : *Bull. crim.*, n° 15).

21) Constitue un acte de complicité la participation matérielle et intentionnelle à la publication incriminée par fourniture de moyens sachant que ceux-ci devaient y servir dans les termes de l'article 60 du Code pénal, lequel, loin d'être écarté par les dispositions des articles 42 et 43 de la loi du 29 juillet 1881, est au contraire expressément visé par ce dernier texte. Il n'importe que le prévenu ait été condamné comme auteur principal, dès lors qu'il encourt les mêmes peines comme complice (■ Cass. crim., 19 mars 1991 : *Bull. crim.*, n° 132).

22) L'acte de complicité punissable, au sens des articles 59 et 60 du Code pénal, est constitué par le fait de tenir des propos diffamatoires à un journaliste, en sachant qu'ils seront publiés (■ Cass. crim., 6 juill. 1993 : *Bull. crim.*, n° 242) ; mais l'auteur des propos recueillis n'est punissable que lorsque l'acte principal de publication a été accompli (■ Cass. crim., 6 oct. 1992 : *Bull. crim.*, n° 303).

23) L'auteur de propos publiés dans un journal ne peut être poursuivi comme complice alors que rien ne démontre que cette publication a été voulue ou permise par lui et qu'elle n'est que la reproduction d'une publication faite par un autre journal édité à l'étranger (■ Cass. crim., 19 juin 2001 : *Bull. crim.*, n° 148 ; *Dr. pénal* 2001, comm. 111, obs. M. Véron).

24) Si l'auteur d'un propos repris par un journaliste peut en répondre en qualité de complice dans les termes du droit commun, c'est à la condition que soient relevés contre la personne poursuivie sous cette qualification, des faits personnels, positifs et conscients de complicité ; en l'espèce la cour d'appel a justifié sa décision de relaxe dès lors qu'il n'a pas été établi que l'auteur des propos savait qu'ils étaient destinés à être rendus publics par le rédacteur de l'article de presse dont il ignorait la qualité de journaliste (■ Cass. crim., 6 mars 2007 : *Bull. crim.*, n° 72 ; *Dr. pénal* 2007, comm. 96, obs. M. Véron, préc. sous l'article 42).

– Justifie sa décision la cour d'appel qui, pour renvoyer un prévenu des fins d'une poursuite pour complicité de provocation à la haine raciale, retient que, s'il n'est pas discuté que le prévenu avait été interviewé par les journalistes d'un quotidien, il n'est pas établi qu'il avait été informé que son interview ou des extraits seraient diffusés sur le blog du journal (■ Cass. crim., 10 nov. 2009 : *Bull. crim.*, n° 188 ; *Dr. pénal* 2010, comm. 17, obs. M. Véron ; *AJP* 2010, jur., p. 36, note M. E. Charbonnier ; *CCE* 2010, comm. 16, p. 38, obs. A. Lepage).

– L'auteur d'un propos repris par un journaliste ne peut en répondre en qualité de complice de droit commun qu'à la condition que soient relevés contre lui des faits personnels, positifs et conscients de complicité.

Justifie sa décision la cour d'appel qui, pour renvoyer un prévenu des fins d'une poursuite pour complicité de diffamation publique envers un particulier, retient que, s'il n'est pas discuté que le prévenu a été interviewé par des journalistes, il n'est pas démontré qu'il leur ait fourni la matière de leurs articles, et notamment les moyens d'identifier la partie civile (■ Cass. crim., 11 mai 2010 : *Bull. crim.* n° 81).

25) L'auteur d'un ouvrage ne peut s'exonérer de sa responsabilité comme complice qu'en démontrant qu'il n'a ni voulu, ni permis que des noms soient publiés sur la page de couverture de l'ouvrage (■ Cass. crim., 20 mai 2014, n° 13-82.830 : *Dr. pén.* 2014, comm. 119, obs. M. Véron).

26) Dans une poursuite exercée en vertu de la loi du 29 juillet 1881, la juridiction correctionnelle a le pouvoir d'apprécier le mode de participation du prévenu aux faits spécifiés et qualifiés dans l'acte de poursuite, les restrictions que la loi sur la presse impose aux pouvoirs de cette juridiction étant relatives uniquement à la qualification du fait incriminé (■ Cass. crim., 3 mars 2015, n° 13-87.597).

27) Bonne foi. En matière de diffamation, le fait justificatif personnel de bonne foi dont ont bénéficié le directeur de la publication et l'auteur de l'article est sans effet sur la **responsabilité du complice de droit commun** (■ Cass. crim., 19 févr. 2002 : *Bull. crim.*, n° 35).

Art. 43-1 ***(L. n° 2004-204, 9 mars 2004).*** **– Les dispositions de l'article 121-2 du Code pénal ne sont pas applicables aux infractions pour lesquelles les dispositions des articles 42 ou 43 de la présente loi sont applicables.**

1) – Il se déduit de l'article 43-1 de la loi du 29 juillet 1881 qu'en dehors des cas expressément prévus par les textes, les personnes morales ne sauraient encourir de responsabilité pénale à raison des contraventions de presse.

Justifie sa décision la cour d'appel qui, pour mettre hors de cause le Syndicat national du travail temporaire, poursuivi en qualité de prévenu, du chef de diffamation non publique, énonce qu'aucune disposition de la loi du 29 juillet 1881, ni aucun texte ultérieur, n'autorisent la poursuite d'une personne morale du chef de diffamation, et que le régime juridique de la contravention de diffamation non publique étant celui des infractions de presse, le premier juge ne pouvait pas entrer en voie de condamnation à l'encontre de ce syndicat (■ Cass. crim., 10 sept. 2013, n° 12-83.672 : *Bull. crim.*, n° 178 ; *Dr. pén.* 2013, comm. 169, obs. M. Veron ; *Procédures* 2013, comm. 319, note A.-S. Chavent-Leclere).

2) Personnes morales. Il se déduit de l'article 43-1 de la loi du 29 juillet 1881 sur la liberté de la presse qu'aucune peine se saurait être prononcée à l'encontre des personnes morales en raison des délits de presse.

Encourt la cassation l'arrêt qui prononce une peine contre une société d'édition pour le délit de diffamation publique envers un particulier, cette infraction ne pouvant être imputée à une personne morale (■ Cass. crim., 11 juill. 2017, n° 16-84.859).

Art. 44 ***(Mod., L. 25 mars 1952).*** **– Les propriétaires des journaux ou écrits périodiques sont responsables des condamnations pécuniaires prononcées au profit des tiers contre les personnes désignées dans les deux articles précédents, conformément aux dispositions des articles 1382, 1383, 1384 du Code civil.**

Dans les cas prévus au deuxième alinéa de l'article 6, le recouvrement des amendes et dommages-intérêts pourra être poursuivi sur l'actif de l'entreprise.

Les dommages-intérêts civils peuvent être prononcés à l'encontre du propriétaire sans que le directeur de la publication soit mis en cause (■ Paris, 11 déc. 1919 : *D.* 1921, 2, 16).

Art. 45 ***(Ord. 6 mai 1944).*** **– Les infractions aux lois sur la presse sont déférées aux tribunaux correctionnels, sauf :**

a) **Dans les cas prévus par l'article 23, en cas de crime ;**

b) **Lorsqu'il s'agit de simples contraventions.**

1) Compétence territoriale. Le lieu du délit doit s'entendre de tout lieu dans lequel s'effectue la publication ; sont donc compétents tous les tribunaux dans le ressort desquels l'écrit incriminé a été publié (■ Cass. crim., 10 nov. 1883 : *DP* 84, 1, 370. ■ 4 juill. 1896 : *S.* 97, 1, 201, note Roux. ■ 8 août 1949 : *D.* 1949, 569).

2) Le délit de diffamation perpétré par la voie de la presse écrite est réputé commis partout où l'écrit a été publié, distribué ou mis en vente ; la diffamation réalisée par la voie de la télévision est accomplie en tous lieux où les émissions télévisées ont pu être reçues (■ Cass. crim., 5 déc. 2000 : *JurisData* n° 008004 ; *Dr. pénal* 2001, comm. 44, obs. M. Véron).

3) Le délit de diffamation perpétré par la voie de la presse écrite est réputé commis partout où l'écrit a été publié. La publicité est réalisée par la diffusion d'un journal à ses abonnés, en quelque lieu qu'ils se trouvent ; encourt la censure l'arrêt qui, pour faire droit à l'exception d'incompétence territoriale soulevée par le prévenu, énonce que rien ne permet d'affirmer que le journal contenant les propos diffamatoires a été effectivement distribué aux deux abonnés demeurant dans le ressort du tribunal saisi (■ Cass. crim., 3 févr. 2009 : *Bull. crim.*, n° 26 ; *Dr. pénal* 2009, comm. 61, obs. M. Véron).

4) En cas de pluralité de poursuites, la juridiction dernièrement saisie doit renvoyer l'affaire à celle saisie la première (■ Cass. crim., 16 mai 1936 : *Bull. crim.*, n° 55).

5) Contraventions. Les injures ou diffamations réalisées par l'envoi d'une lettre-missive sont des infractions de nature complexe qui supposent nécessairement l'expédition d'un écrit injurieux ou diffamatoire et la réception de cet écrit par le destinataire, la circonstance que l'un de ces deux éléments essentiels de l'infraction a été commis dans une localité déterminée suffit pour attribuer compétence au tribunal de simple police dont relève cette localité. Dès lors, si le juge du lieu où le pli litigieux est parvenu à son destinataire et où se sont réalisés les effets de l'infraction est compétent, la même compétence doit être reconnue au juge du lieu où l'expéditeur, en confiant l'écrit à La Poste ou en le remettant à un tiers en vue de le faire parvenir au destinataire, a personnellement accompli tous les actes qui dépendaient de lui pour que l'infraction fût pleinement consommée (■ Cass. crim., 28 janv. 1960 : *Bull. crim.*, n° 59) ; la solution est identique pour le téléphone (■ Cass. crim., 3 août 1937 : *Bull. crim.*, n° 174).

6) Compétence « ratione personae ». Les crimes et délits commis par un membre du gouvernement dans l'exercice de ses fonctions sont de la compétence exclusive de la Cour de justice de la République (■ Cass. ass. plén., 23 déc. 1999 : *Bull. crim.*, n° 312).

Art. 46. – L'action civile résultant des délits de diffamation prévus et punis par les articles 30 et 31 ne pourra, sauf dans le cas de décès de l'auteur du fait incriminé ou d'amnistie, être poursuivie séparément de l'action publique.

1) L'incompétence de la juridiction civile dans les cas prévus par l'article 46 est d'ordre public et doit être relevée d'office par le juge civil (■ Cass. civ., 26 juin 1922 : *D.* 1922, 1, 115. ■ 9 déc. 1970 : *JCP* 71, II, 16787, note H.B.).

2) Sous réserve d'indivisibilité entre les diverses imputations, un fonctionnaire diffamé à la fois dans sa vie publique et dans sa vie privée peut restreindre son action aux faits qui l'atteignent dans sa vie privée et dans cette mesure saisir la juridiction civile (■ Cass. civ., 26 juin 1922, préc.).

3) La prohibition édictée par l'article 46 ne met pas obstacle à ce que le juge des référés prenne, conformément à l'article 809 du Code de procédure civile, les mesures qui s'imposent pour faire cesser le trouble manifestement illicite résultant des faits incriminés (■ Cass. 2e civ., 27 janv. 1993 : *D.* 1993, IR 54).

4) L'interdiction d'exercer l'action civile séparément de l'action publique, édictée par l'article 46 de la loi du 29 juillet 1881, ne concerne que la diffamation commise envers les personnes protégées par l'article 31 de la même loi et notamment les citoyens chargés d'un service public ; une telle qualité est reconnue à celui qui accomplit une mission d'intérêt général en exerçant des prérogatives de puissance publique ; encourt la cassation l'arrêt qui, pour déclarer irrecevable l'action des administrateurs et mandataires judiciaires à la liquidation des entreprises devant la juridiction civile, retient qu'en application de la loi du 25 janvier 1985 sur le redressement et la liquidation judiciaires ils assument une mission de service public dans le cadre d'une activité libérale alors que ceux-ci ne disposent d'aucune prérogative de puissance publique (■ Cass. ch. mixte, 4 nov. 2002, 3 arrêts : *Bull. inf. C. cass.* 2002, p. 7, rapp. Mme Aubert, avis M. de Gouttes ; *Bull. crim.*, n° 1 ; *Dr. pénal* 2003, comm. 18, obs. M. Véron ; *JCP* 2003, II, 10006, note E. Derieux ; *D.* 2003, jur. comm., p. 1194, note E. Dreyer).

§ 2. – De la procédure

(Ord. 13 sept. 1945)

Art. 47. – La poursuite des délits et contraventions de simple police commis par la voie de presse ou par tout autre moyen de publication aura lieu d'office et à la requête du ministère public sous les modifications ci-après.

QPC. L'article 47 est conforme à la constitution (■ Cons. const., 25 oct. 2013, n° 2013-350 QPC (*JO* 27 oct. 2013 ; *JurisData* n° 2013-023730). V. *JCP* 2013, act., n° 1172, p. 2071, obs. E. Derieux, et note 1243, p. 2167, P. Mbongo.

Art. 48 ***(Mod., L. n° 72-546, 1er juill. 1972 ; L. n° 2000-516, 15 juin 2000 ; L. n° 2004-1486, 30 déc. 2004 ; L. n° 2007-297, 5 mars 2007 ; L. n° 2013-711, 5 août 2013).*** **– 1° Dans le cas d'injure ou de diffamation envers les cours, tribunaux et autres corps indiqués en l'article 30, la poursuite n'aura lieu que sur une délibération prise par eux en assemblée générale et requérant les poursuites, ou, si le corps n'a pas d'assemblée générale, sur la plainte du chef du corps ou du ministre duquel ce corps relève ;**

1° ***bis (Abr., L. n° 2013-711, 5 août 2013)*** **;**

2° Dans le cas d'injure ou de diffamation envers le Président de la République, un membre du Gouvernement ou un membre du Parlement, la poursuite n'aura lieu que sur la plainte de la personne ou des personnes intéressées ;

3° Dans le cas d'injure ou diffamation envers les fonctionnaires publics, les dépositaires ou agents de l'autorité publique autres que les ministres, et envers les citoyens chargés d'un service ou d'un mandat public, la poursuite aura lieu, soit sur leur plainte, soit d'office, sur la plainte du ministre dont ils relèvent ;

4° Dans le cas de diffamation envers un juré ou un témoin, délit prévu par l'article 31, la poursuite n'aura lieu que sur la plainte du juré ou du témoin qui se prétendra diffamé ;

5° Dans le cas d'outrage envers les agents diplomatiques étrangers, la poursuite aura lieu sur leur demande adressée au ministre des Affaires étrangères, et par celui-ci au ministre de la Justice ;

6° Dans le cas de diffamation envers les particuliers prévu par l'article 32 et dans le cas d'injure prévu par l'article 33, paragraphe 2, la poursuite n'aura lieu que sur la plainte de la personne diffamée ou injuriée. Toutefois, la poursuite pourra être exercée d'office par le ministère public lorsque la diffamation ou l'injure aura été commise envers une personne ou un groupe de personnes à raison de leur origine ou de leur appartenance ou de leur non-appartenance à une ethnie, une nation, une race ou une religion déterminée. La poursuite pourra également être exercée d'office par le ministère public lorsque la diffamation ou l'injure aura été commise envers un groupe de personnes à raison de leur sexe, de leur orientation sexuelle ou de leur handicap ; il en sera de même lorsque ces diffamations ou injures auront été commises envers des personnes considérées individuellement, à la condition que celles-ci aient donné leur accord ;

7° Dans le cas de diffusion de l'image d'une personne menottée ou entravée prévue par l'article 35 *ter*, la poursuite n'aura lieu que sur la plainte de la personne intéressée ;

8° Dans le cas d'atteinte à la dignité de la victime prévue par l'article 35 *quater*, la poursuite n'aura lieu que sur plainte de la victime ;

En outre, dans les cas prévus *(Mots supprimés à compter du 27 oct. 2013, Cons. const. n° 2013-350 QPC, 25 oct. 2013)* ci-dessus, ainsi que dans les cas prévus aux articles 13 et 39 *quinquies* de la présent loi, la poursuite pourra être exercée à la requête de la partie lésée.

1) QPC. Par décision n° 2013-350 du 25 octobre 2013 (*JO* 27 oct. 2013 ; *JurisData* n° 2013-023730), le Conseil constitutionnel a déclaré **contraires à la constitution les mots « par les 2°, 3°, 4°, 5°, 6°, 7° et 8° » figurant au dernier alinéa de l'article 48**. Le premier alinéa et le surplus du dernier alinéa de l'article 48 sont conformes à la Constitution. V. *JCP* 2013, act., n° 1172, obs. E. Derieux, et note 1243, p. 2167, P. Mbongo ; *Rev. sc. crim.* 2013, p. 917, obs. B. de Lamy.

2) Cours, tribunaux et corps constitués. Selon l'article 48, 1°, de la loi du 29 juillet 1881 l'exercice des poursuites par le ministère public est subordonné à une délibération du corps constitué prise en assemblée générale (■ Cass. crim., 18 mai 1993 : *Bull. crim.*, n° 184, pour un conseil général. ■ 8 mars 1955 : *Bull. crim.*, n° 144 et 24 juill. 1956 : *Bull. crim.*, n° 577, pour un conseil municipal. ■ 18 mars 1997 ; *infra*, pour un tribunal de grande instance).

3) Il résulte des dispositions de l'article 48, 1°, de la loi du 29 juillet 1881 que, pour permettre la mise en mouvement de l'action publique par le procureur de la République, du chef de diffamation envers les **cours et tribunaux**, **la délibération de l'assemblée générale** des magistrats **doit préciser les faits** à raison desquels elle requiert les poursuites ; la cassation sans renvoi est encourue, dès lors que la délibération de l'assemblée générale d'un tribunal de grande instance, conçue en termes généraux, ne précisait pas les articles de presse ou les faits qu'elle entendait dénoncer et ne mentionnait pas la nature des poursuites qu'elle sollicitait, ces insuffisances ne pouvant être réparées ni par une dépêche du garde des Sceaux, ni par le réquisitoire introductif (■ Cass. crim., 18 mars 1997 : *Bull. crim.*, n° 108).

4) La délibération préalable à l'engagement des poursuites, prévue par l'article 48-1° de la loi de 1881 en cas de diffamation envers un corps constitué, doit indiquer avec une précision suffisante les faits qu'elle entend dénoncer, et mentionner la nature des poursuites qu'elle requiert, sans que ses insuffisances puissent être réparées par le réquisitoire introductif (■ Cass. crim., 25 juin 2013, n° 12-84.696 : *Bull. crim.*, n° 160).

5) En cas de diffamation envers un corps constitué, il résulte des alinéas premier et dernier de l'article 48 de la loi du 29 juillet 1881 que la plainte avec constitution de partie civile, même autorisée par délibération de l'assemblée générale dudit corps, ne peut mettre en mouvement l'action publique, du chef de l'article 30 de la loi précitée, ni fixer la nature et l'étendue de la poursuite. **Seul le réquisitoire introductif peut mettre en mouve-**

ment l'action publique, à la condition de satisfaire entièrement aux exigences de l'article 50 de ladite loi ; tel n'est pas le cas d'un réquisitoire introductif qui saisit les faits sans une qualification n'entrant dans les prévisions ni de la délibération requérant les poursuites ni de la plainte (■ Cass. crim., 18 janv. 1994 : *Bull. crim.*, n° 25).

6) Les dispositions du 1 de l'article 48 de la loi du 29 juillet 1881, qui subordonnent la poursuite du chef du délit prévu par l'article 30 de cette loi à une délibération du corps constitué, en l'espèce un Conseil général, ne confèrent pas à celui-ci le droit de mettre en mouvement l'action publique en portant plainte avec constitution de partie civile ; qu'il résulte au contraire des dispositions combinées des articles 47 et 48, dernier alinéa, de ladite loi que, par dérogation à l'article 85 du Code de procédure pénale, la poursuite ne peut alors être exercée que par le ministère public ; qu'il s'ensuit que la plainte avec constitution de partie civile déposée par un corps constitué du chef d'injure ou de diffamation est irrecevable et ne peut avoir pour effet d'interrompre la prescription de l'action publique ou d'en suspendre le cours (■ Cass. crim., 12 nov. 2003 : *Bull. crim.*, n° 212 ; *Dr. pénal* 2004, comm. 34, obs. M. Véron).

7) Les membres d'un conseil municipal atteints personnellement par une diffamation adressée à ce corps, ont le droit de poursuivre individuellement et sans délibération préalable du corps constitué, la réparation du délit (■ Cass. crim., 28 mai 1891 : *DP* 19, 1, 399). Au cas où la citation qui fait mention de poursuite à la requête du conseil municipal et vise à la fois l'article 30 et l'article 31 de la loi sur la presse comme applicables crée une incertitude dans l'esprit du prévenu quant à l'objet de la poursuite, bien que faisant mention de chacun des membres du conseil municipal qui se serait senti offensé par les propos incriminés et concluant à des condamnations civiles au profit de chacune des parties civiles, la nullité de la poursuite est justifiée (■ Cass. crim., 12 févr. 1991 : *JCP* 91, IV, 195).

8) Aux termes de l'article 48 (premier alinéa) de la loi du 29 juillet 1881, en matière de diffamation envers un corps constitué, la poursuite ne peut avoir lieu que sur une délibération prise en assemblée générale et requérant les poursuites.

Justifie sa décision la chambre de l'instruction qui, pour déclarer irrecevable l'appel formé par une communauté d'agglomération, relève que sa plainte, déposée par son président, n'a pas été autorisée par une décision du conseil communautaire et que la délibération prise ultérieurement pour approuver la procédure engagée est tardive, et donc inefficace (■ Cass. crim., 11 avr. 2012, n° 11-86.331 : *Bull. crim.*, n° 92 ; *Dr. pénal* 2012, comm. 102, obs. M. Véron).

9) Autres corps. Lorsqu'une diffamation est dirigée contre une **unité de gendarmerie**, même formant corps au point de vue militaire comme étant une **fraction de l'armée**, elle ne saurait être considérée comme un corps constitué ou une administration publique au sens de l'article 30 de la loi du 29 juillet 1881 ; en conséquence la poursuite ne peut être exercée que sur la plainte du ministre (■ Cass. crim., 21 juill. 1950 : *Bull. crim.*, n° 216 ; *S.* 1951, I, 25, note M.R.M.P. ; *D.* 1950, 558, rapport Patin).

Adde ■ Cass. crim., 7 avr. 1990 : *Bull. crim.*, n° 147, pour une diffamation envers des conseils de guerre.

10) S'agissant de la **police nationale**, c'est au ministre de l'Intérieur ou à son représentant, le directeur départemental des polices urbaines, qu'il revient de déposer plainte, et non au chef de la sûreté urbaine du chef-lieu (■ Cass. crim., 23 mai 1989 : *Dr. pénal* 1990, n° 11).

11) Le délit prévu par l'article 30 de la loi du 29 juillet 1881 portant essentiellement atteinte à l'autorité de la puissance publique, aucune disposition conventionnelle n'interdit au législateur de subordonner l'exercice de l'action civile du chef de ce délit, à la mise en mouvement de l'action publique, par le ministère public (■ Cass. crim., 12 nov. 2003, préc.).

12) Membres du gouvernement. Les membres du gouvernement n'ont pas en cette qualité le droit de citer directement la personne qui les diffame devant la juridiction répressive. L'action en ce cas ne peut être mise en mouvement que par le ministère public. Elle n'est pas, d'ailleurs, subordonnée à la nécessité d'une plainte ; la nullité d'une poursuite en citation directe de la victime, lorsqu'il s'agit d'une diffamation dirigée contre un ministre à raison d'un fait de sa fonction, est d'ordre public. Elle n'est pas couverte par une défense au fond. Elle doit être prononcée même d'office en tout état de la procédure et elle entraîne la cassation des poursuites (■ Cass. crim., 10 déc. 1953 : *Bull. crim.*, n° 332 ; *D.* 1954, 105, rapp. Patin).

13) Les dispositions de l'article 48 de la loi du 29 juillet 1881, qui subordonnent la poursuite des délits de diffamation et d'injure envers un **membre de l'une ou l'autre chambre** à la plainte de la personne intéressée, ne dérogent pas à celles de l'article 509 du Code de procédure pénale, selon lesquelles l'affaire est dévolue à la cour d'appel dans la limite fixée par l'acte d'appel et par la qualité de l'appelant et n'impliquent pas la présence de la victime en instance d'appel (■ Cass.

crim., 1er sept. 2009, pourvoi n° 09-81.913 : *Bull. crim.*, n° 147).

14) Fonctionnaires publics, dépositaires ou agents de l'autorité publique. C'est à bon droit qu'une diffamation dirigée contre un **magistrat** du siège, à l'occasion de l'exercice de ses fonctions, a été poursuivie sur la plainte du ministre de la Justice ; en effet l'article 48 de la loi du 29 juillet 1881 n'ayant pas été modifiée, les magistrats du siège continuent à relever du ministre de la Justice pour l'application de cette disposition de loi, et non du Conseil supérieur de la magistrature (■ Cass. crim., 8 mars 1951 : *Bull. crim.*, n° 73).

15) Selon les articles 47 et 48 de la loi du 29 juillet 1881, le délit de diffamation envers un fonctionnaire public (en l'espèce un juge d'instruction) ne peut être poursuivi que sur sa plainte ou celle du ministère dont il relève et le désistement du plaignant ou de la partie poursuivante met un terme à la poursuite ; il n'est pas dérogé à ces règles d'ordre public par l'article L. 411-11 du Code du travail ; méconnaît ce principe la cour d'appel qui autorise plusieurs syndicats de magistrats à demander réparation à la juridiction répressive d'un préjudice subi par le fonctionnaire visé par le délit poursuivi (■ Cass. crim., 10 mars 1998 : *Bull. crim.*, n° 93).

16) En cas de diffamation envers des fonctionnaires (art. 31 de la loi du 29 juill. 1881), l'action publique ne peut être mise en mouvement que par le ministère public, sur la plainte du fonctionnaire lésé ou sur celle du ministre dont ce fonctionnaire relève, ou par le fonctionnaire lui-même agissant par voie de la partie civile. Elle ne peut l'être par un syndicat de fonctionnaires agissant pour les intérêts généraux de la profession ; l'action civile ne peut être exercée que par le fonctionnaire diffamé. – Est irrecevable l'action d'un syndicat demandant la réparation du préjudice causé aux intérêts collectifs qu'il représente (■ Cass. crim., 30 déc. 1952, *Bull. crim.*, n° 336).

17) Lorsque le ministère public exerce une poursuite pour injure ou diffamation publique envers un fonctionnaire public, il doit, **à défaut de plainte de l'intéressé**, justifier, lors de la mise en mouvement de l'action publique, de la **plainte du ministre** dont relève ce fonctionnaire. La production en cause d'appel d'un tel document ne saurait régulariser la procédure. En Nouvelle-Calédonie, c'est seulement le ministre dont relève le fonctionnaire visé qui est qualifié pour porter cette plainte et non pas le haut-commissaire (■ Cass. crim., 27 févr. 1990 : *Bull. crim.*, n° 97).

18) Exclusion de la constitution de partie civile du ministre plaignant. Dans des poursuites exercées pour diffamation publique envers les cours et tribunaux, le garde des Sceaux qui ne souffre pas personnellement du dommage causé par l'infraction, ne tient d'aucune disposition spéciale le pouvoir de se constituer partie civile pour obtenir réparation du préjudice causé à des magistrats et à une juridiction ; encourt la cassation l'arrêt d'une cour d'appel, qui a octroyé au garde des Sceaux un franc de dommages-intérêts, après avoir accueilli sa constitution de partie civile (■ Cass. crim., 15 déc. 1998 : *Bull. crim.*, n° 340).

19) Dans des poursuites exercées pour injure et diffamation publiques envers la police nationale, le ministre de l'Intérieur, qui ne souffre pas personnellement du dommage causé par l'infraction, ne tient d'aucune disposition spéciale le pouvoir de constituer partie civile pour obtenir réparation du préjudice causé aux fonctionnaires de son Administration ; la faculté qu'il tient de l'article 48-3° de la loi du 29 juillet 1881, dans le cas d'injure ou de diffamation envers les fonctionnaires de son Administration, de porter plainte aux fins de mise en mouvement de l'action publique par le procureur de la République, n'emporte pas le droit pour le ministre de se constituer partie civile dans la procédure suivie sur sa plainte (■ Cass. crim., 2 sept. 2003 : *Bull. crim.*, n° 146 ; *Dr. pénal* 2003, comm. 143, obs. M. Véron).

20) Poursuite sur plainte de la personne qualifiée. La plainte avec constitution de partie civile, émanant du maire d'une commune, dénonçant une infraction de diffamation envers un citoyen chargé d'un mandat public dans un tract électoral, et contenant les mentions exigées par l'article 50 constitue l'acte initial de la poursuite, mettant l'action publique en mouvement, dès que la consignation a été faite ; la portée de cet acte ne peut être modifiée par un acte administratif postérieur en forme d'arrêté municipal, qui est inopérant (■ Cass. crim., 28 févr. 1995 : *Bull. crim.*, n° 88).

21) Chefs d'État ou agents diplomatiques étrangers. Toute poursuite exercée à la requête du ministère public, directement saisi de la plainte d'un chef d'État étranger, sans que celle-ci ait été transmise au ministre des Affaires étrangères, est nulle (■ Cass. crim., 22 nov. 1912 : *Bull. crim.*, n° 571).

22) Diffamation ou injure envers les particuliers. En l'absence de plainte, la poursuite est frappée d'une nullité d'ordre public pouvant être relevée d'office par le juge, à toute hauteur de la procédure (■ Cass. crim., 10 déc. 1953 : *D.* 1954, 105, rapp. Patin).

23) En matière de diffamation envers un particulier, la poursuite ne peut avoir lieu que sur la plainte préalable de la personne diffamée, laquelle peut par ailleurs exercer ladite poursuite à sa requête (■ Cass. crim., 22 mai 1990 : *Bull. crim.*, n° 211). À peine de nullité, la plainte avec constitution de partie civile doit répondre aux conditions de l'article 50 (■ Cass. crim., 24 févr. 1987 : *Bull. crim.*, n° 95. ■ 19 mai 1987 : *Bull. crim.*, n° 205).

24) Un interdit légal, estimant être victime d'une diffamation peut porter plainte de ce chef (■ Cass. crim., 29 nov. 1966 : *JCP* 67, II, 14975, note Blin).

25) Rôle du ministère public. Lorsque la mise en mouvement de l'action publique est subordonnée au dépôt d'une plainte préalable, l'irrecevabilité de la plainte assortie de constitution de partie civile entraîne la nullité du réquisitoire introductif qui s'y réfère, ainsi que des actes subséquents. Tel est le cas en matière de diffamation envers un dépositaire de l'autorité publique (■ Cass. crim., 16 avr. 2013, n° 12-81.027). Rappr. ■ Cass. crim., 8 nov. 2005 : *Bull. crim.*, n° 283.

26) Le réquisitoire introductif peut en se combinant avec la plainte la parfaire et mettre en mouvement l'action publique ; ainsi des réquisitoires qualifiant les faits et indiquant les textes de loi applicables peuvent suppléer les insuffisances des plaintes (■ Cass. crim., 31 mars 1981 : *Bull. crim.*, n° 111).

27) Dans les cas où, aux termes de l'article 48 de la loi du 29 juillet 1881, le ministère public ne peut poursuivre que sur la plainte de la personne ou des personnes intéressées, il est impérativement lié quant aux faits par ceux articulés dans ladite plainte. Il ne saurait en conséquence retenir d'office d'autres faits, hors le cas d'indivisibilité, sous peine de nullité de son réquisitoire introductif ou de la citation et de la procédure subséquente (■ Cass. crim., 5 juill. 1983 : *Bull. crim.*, n° 217).

28) Tant que la plainte subsiste, le ministère public agit dans la plénitude de ses attributions ; il peut notamment relever appel du jugement, encore que le plaignant, constitué partie civile, n'ait pas cru devoir user, de son côté, de son droit d'appel (■ Cass. crim., 30 avr. 1954 : *D.* 1954, 585, rapp. Patin).

29) Délit de l'article 26, alinéa 6. Il résulte des articles 47, 48 et 48-1 de la loi du 29 juillet 1881 que seuls le ministère public et certaines associations peuvent mettre en mouvement l'action publique dans le cas du délit prévu par l'article 24, alinéa 6, de ladite loi (■ Cass. crim., 5 mars 2002 : *Bull. crim.*, n° 55).

30) La partie qui s'estime lésée par les propos constitutifs du délit de l'article 24, alinéa 6, de la loi du 29 juillet 1881 a la faculté soit d'intervenir dans l'instance pénale qui aura été engagée sur l'initiative du ministère public ou d'une association habilitée, soit d'engager son action civile séparément de l'action publique ; il s'ensuit que les dispositions de la loi sur la presse excluant, en cas de provocation à la discrimination, à la haine ou à la violence à l'égard d'une personne ou d'un groupe de personnes à raison de leur origine ou de leur appartenance à une ethnie, une nation, une race ou une religion déterminées, la mise en mouvement de l'action publique par la personne visée individuellement ne sont pas incompatibles avec le principe du droit à un tribunal, garanti par l'article 6.1 de la Convention européenne de sauvegarde des droits de l'homme et des libertés fondamentales (■ Cass. crim., 5 mars 2002 : préc.).

31) Selon le dernier alinéa de l'article 48 de la loi du 29 juillet 1881, en cas de diffamation envers un citoyen chargé d'un mandat public, la poursuite peut être exercée à la requête de la partie lésée, sans qu'il soit besoin d'une délibération ou d'un mandat du corps auquel elle appartient pour agir.

Encourt la cassation l'arrêt qui déclare irrecevable l'action du maire d'une commune, au motif que le plaignant agit en sa qualité de représentant de celle-ci sans justifier d'une délégation de pouvoir du conseil municipal, alors que l'acte initial de la poursuite qualifie les faits de diffamation publique envers un citoyen chargé d'un mandat public, vise l'article 31 de la loi de 1881, renvoie, pour les pénalités, à l'article 30, et mentionne sa qualité de maire à seule fin de justifier de la qualification retenue dans la poursuite, qui n'est pas intentée au nom de la commune, et n'est pas subordonnée à une délibération ou un mandat du conseil municipal (■ Cass. crim., 1er déc. 2015, n° 14-86.516).

32) Publication de fausses nouvelles. Il résulte des dispositions combinées des articles 47 et 48 *in fine* de la loi du 29 juillet 1881 que la personne qui se prétend lésée par le délit de publication de fausses nouvelles prévu par l'article 27, alinéa 1 de la loi précitée ne peut mettre en mouvement l'action publique soit en se constituant partie civile soit en usant de la procédure de citation directe. Ce droit est réservé au seul ministère public sous la sanction de la nullité des poursuites laquelle est d'ordre public (■ Cass. crim., 25 févr. 1986 : *Bull. crim.*, n° 75).

33) La provocation de militaires à la désobéissance, par voie de presse, peut être poursuivie directement par le ministère public sans dépôt préalable d'une plainte du ministre des Armées (■ Cass. crim., 8 janv. 1892 : *DP* 92, 1, 629).

Art. 48-1 *(L. n° 72-546, 1er juill. 1972 ; mod., L. n° 90-615, 13 juill. 1990 ; L. n° 2001, 21 mai 2001 ; L. n° 2007-297, 5 mars 2007 ; L. n° 2011-525, 17 mai 2011). – (Al. mod., L. n° 2014-1353, 13 nov. 2014 ; L. n° 2017-86, 27 janv. 2017)* **Toute association régulièrement déclarée depuis au moins cinq ans à la date des faits, se proposant, par ses statuts, de défendre la mémoire des esclaves et l'honneur de leurs descendants, combattre le racisme ou d'assister les victimes de discrimination fondée sur leur origine nationale, ethnique, raciale ou religieuse, peut exercer les droits reconnus à la partie civile en ce qui concerne les infractions prévues par les articles 24 (alinéa 7), 32 (alinéa 2) et 33 (alinéa 3), de la présente loi, ainsi que les délits de provocation prévus par le 1° de l'article 24, lorsque la provocation concerne des crimes ou délits commis avec la circonstance aggravante prévue par l'article 132-76 du Code pénal.**

Toutefois, quand l'infraction aura été commise envers des personnes considérées individuellement, l'association ne sera recevable dans son action que si elle justifie avoir reçu l'accord de ces personnes ou si elle justifie que ces personnes ne s'opposent pas aux poursuites.

1) Il résulte de la combinaison des articles 48-1 de la loi du 29 juillet 1881, 5 et 6 de la loi du 1er juillet 1901 que les fondateurs d'une association doivent en avoir déclaré l'objet défini selon le critère légal au moins cinq ans avant la date des faits à raison desquels ladite association entend exercer les prérogatives de la partie civile (■ Cass. crim., 22 oct. 1986 : *Bull. crim.*, n° 302).

2) Le racisme visé par l'article 48-1 de la loi du 29 juillet 1881, en sa rédaction issue de la loi du 1er juillet 1972, complétée par celle du 13 juillet 1990, applicable aux instances en cours, s'entend de toute discrimination fondée sur l'origine ou l'appartenance ou la non-appartenance soit à une race, soit à une ethnie, soit à une nation, soit à une religion, sans restriction ni exclusion (■ Cass. crim., 16 avr. 1991 : *JCP* 91, IV, 294 ; *Bull. crim.*, n° 182).

3) Il résulte de la combinaison des articles 47, 48, et 48-1 de la loi du 29 juillet 1881 que seuls le ministère public et certaines associations se proposant par leurs statuts de combattre le racisme ou d'assister les victimes de discrimination raciale ou religieuse peuvent mettre en mouvement l'action publique en cas de délit prévu par l'article 24, alinéa 6, de cette loi (■ Cass. crim., 17 déc. 2002 : *Bull. crim.*, n° 227 ; *Dr. pénal* 2003, comm. 44, obs. M. Véron).

4) Le droit d'agir reconnu aux associations habilitées par l'article 48-1 n'est prévu que pour les **délits** limitativement énumérés par ce texte (et non, comme en l'espèce, quand le délit est disqualifié en contravention d'injure raciale non publique : ■ Cass. crim., 27 nov. 2012, n° 11-86.982 : *Bull. crim.*, n° 261 ; *AJP* 2013, jur. p. 217, note G. Royer ; *JCP* 2013, note 19, p. 25, E. Derieux ; *Dr. pénal* 2013, comm. 18, obs. M. Véron ; *CCE* 2013, comm. 8, p. 35, note A. Lepage ; *Gaz. Pal.* 6-7 févr. 2013, chron. p. 14, note F. Fourment).

5) N'est pas recevable la constitution de partie civile d'une association pour le délit de provocation à la discrimination raciale alors que son objet, tel qu'il résulte des statuts, est d'ordre culturel ou religieux et ne satisfait pas aux prescriptions de l'article 48-1 de la loi du 29 juillet 1881 qui exigent de façon précise que cet objet soit de combattre le racisme ou d'assister les victimes de discrimination (■ Cass. crim., 13 nov. 2012, n° 12-82.195 : *Dr. pénal* 2013, comm. 39, obs. M. Véron).

6) Justifie sa décision, la cour d'appel qui, pour déclarer irrecevable l'action civile d'une association exercée contre une personne poursuivie du chef de provocation à la discrimination, la haine ou la violence envers un groupe de personnes à raison de leur appartenance à la nation israélienne, pour avoir appelé au boycott des produits en provenance d'Israël, sur le fondement de l'article 24, alinéa 8, de la loi du 29 juillet 1881, retient que cette association a pour seul objet social d'entreprendre toutes les actions, notamment en justice, pour lutter contre toute forme de discrimination commerciale ou boycott, et non de combattre le racisme ou d'assister les victimes de discrimination fondées sur leur origine nationale, ethnique ou religieuse comme l'exige l'article 48-1 de ladite loi (■ Cass. crim., 19 nov. 2013, n° 12-84.083 : *Bull. crim.*, n° 232 ; *Dr. pén.* 2014, comm. 26, obs. M. Véron ; *JCP* 2013, act. n° 1239, p. 2165 ; *D.* 2013, act. p. 2777).

– Rappr., *contra*, ■ Cass. crim., 22 mai 2012 : *Bull. crim.*, n° 131 : V. sous L. 29 juill. 1881, art. 24, III, V° *Applications*, p. 1799.

7) Intervention d'une nouvelle partie civile dans une procédure initiée par une autre. En matière de presse, l'acte initial de poursuite fixe irrévocablement la nature, l'étendue et l'objet de celle-ci. Il s'en déduit qu'aucune association agissant sur le fondement des articles 48-1 et suivants de la loi du 29 juillet 1881 ne saurait être admise à intervenir comme partie civile dans la procédure déjà engagée par une autre (■ Cass. crim., 10 mai 2006 : *Bull. crim.*, n° 125).

8) Évolution. Aucune disposition ne fait obstacle à l'intervention d'une association habilitée par l'article 48-1 de la loi du 29 juillet 1881 et qui entend se constituer partie civile dans une procédure engagée par une autre partie ou le ministère public du chef des infractions visées par ce texte.

En conséquence, justifie sa décision la cour d'appel qui reçoit en leur constitution de partie civile les associations habilitées par ledit article et leur alloue des dommages-intérêts, les propos incriminés portant directement atteinte aux intérêts moraux et aux valeurs défendus par ces associations (■ Cass. crim., 12 oct. 2010, n° 10-80.825 : *Bull. crim.*, n° 157 ; *AJP* 2011, jurispr. 133, obs. G. Royer ; *Rev. sc. crim.* 2011, p. 135, obs. J. Francillon).

Art. 48-1-1 *(L. n° 2017-86, 27 janv. 2017)*. **– Toute association régulièrement déclarée depuis au moins cinq ans se proposant, par ses statuts, de lutter contre l'esclavage ou de défendre la mémoire des esclaves et l'honneur de leurs descendants peut exercer les droits reconnus à la partie civile en ce qui concerne les infractions d'apologie, de négation, de minoration ou de banalisation des crimes de réduction en esclavage ou d'exploitation d'une personne réduite en esclavage prévues aux articles 24 et 24 *bis*.**

Toutefois, quand l'infraction a été commise envers des personnes considérées individuellement, l'association n'est recevable dans son action que si elle justifie avoir reçu l'accord de ces personnes ou si elle justifie que ces personnes ne s'opposent pas aux poursuites.

Art. 48-2 *(L. n° 2017-86, 27 janv. 2017)*. **– Toute association régulièrement déclarée depuis au moins cinq ans à la date des faits qui se propose par ses statuts, de défendre les intérêts moraux et l'honneur de la Résistance ou des déportés, d'assister les victimes de crimes de guerre ou de crimes contre l'humanité, de défendre leur mémoire ou de lutter contre les discriminations peut exercer les droits reconnus à la partie civile en ce qui concerne :**

1° L'apologie des crimes de guerre, des crimes contre l'humanité ou des crimes ou délits de collaboration avec l'ennemi mentionnée au cinquième alinéa de l'article 24, lorsque ces crimes ou délits ont donné lieu à une ou plusieurs condamnations prononcées par une juridiction française ou internationale ;

2° L'infraction prévue à l'article 24 *bis*.

1) QPC. Par décision n° 2015-492 QPC du 16 octobre 2015, le Conseil constitutionnel a décidé que les mots : « des crimes de guerre, des crimes contre l'humanité ou » figurant à l'article 48-2 de la loi du 29 juillet 1881 sur la liberté de la presse sont contraires à la Constitution. L'abrogation de ces mots a été reportée au 1er octobre 2016. Le Conseil constitutionnel a, en outre, décidé de suspendre les délais de prescription applicables à la mise en mouvement de l'action publique par la partie civile en matière d'apologie des crimes de guerre et des crimes contre l'humanité jusqu'à l'entrée en vigueur d'une nouvelle loi et au plus tard jusqu'au 1er octobre 2016.

2) V. pour une application de ce texte, ■ Cass. crim., 28 sept. 2004 : *Bull. crim.*, n° 223. ■ 1er sept. 2005 : *Dr. pénal* 2006, comm. 1, obs. M. Véron.

3) Selon l'article 48-2 de la loi du 29 juillet 1881, pour exercer les droits reconnus à la partie civile en ce qui concerne les faits de contestation de crimes contre l'humanité et d'apologie de crimes contre l'humanité, une association doit, par ses statuts, se proposer de défendre les intérêts moraux et l'honneur de la Résistance ou des déportés.

Tel n'est pas le cas d'une association dont l'objet est de lutter contre le racisme (■ Cass. crim., 28 nov. 2006 : *Bull. crim.*, n° 300 ; *Dr. pénal* 2007, comm. 33, obs. M. Véron).

Rappr. crim. 21 mai 1996 : *Bull. crim.*, n° 209.

4) Aucune disposition n'interdit à une association habilitée par l'article 48-2 de la loi du 29 juillet 1881, qui se propose, par ses statuts, de défendre les intérêts moraux et l'honneur de la Résistance ou des déportés et qui peut exercer les droits reconnus à la partie civile en matière d'apologie de crimes de guerre, de crimes contre l'humanité, ou de crimes ou délits de collaboration avec l'ennemi, ainsi que de contestation d'un ou plusieurs crimes contre l'humanité, de se constituer partie civile par voie d'intervention dans une procédure engagée par une autre partie ou par le ministère public du chef de ces infractions (■ Cass. crim., 27 avr. 2011, n° 09-80.774 : *Bull. crim.*, n° 78 ; *Dr. pén.* 2011, comm. 89, obs. M. Véron ; *D.* 2011, act. p. 1284, note S. Lavric ; *Rev. sc. crim.* 2012, p. 175 et s., obs. J. Francillon). Rappr. ■ Cass. crim., 12 oct. 2006 : *Bull. crim.*, n° 157. ■ Cass. crim., 10 mai 2006 : *Bull. crim.*, n° 125.

5) Selon les dispositions des articles 47, 48 et 48-2 de la loi du 29 juillet 1881, seuls le ministère public et certaines associations spécifiées par le dernier de ces textes peuvent mettre en mouvement l'action publique en ce qui concerne l'infraction d'apologie de crimes de guerre prévue par l'article 24, alinéa 5 de la loi du 29 juillet 1881.

En conséquence, c'est à bon droit que, par application de ces textes et en l'absence d'un droit d'action propre à faire jouer les articles 6 et 13 de la Convention européenne des droits de l'homme, la chambre de l'instruction confirme l'ordonnance du juge d'instruction déclarant irrecevable la plainte avec constitution de partie civile portée, du chef d'apologie de crimes de guerre par une organisation syndicale de droit étranger, à raison de propos relatifs à l'assassinat du fondateur du syndicat, en retenant que les restrictions légales, qui s'appliquent sans distinction de l'origine nationale des parties, ne méconnaissent pas les dispositions de ladite convention (■ Cass. crim., 28 févr. 2012, n° 11-81.402 : *Bull. crim.* n° 57).

Art. 48-3 *(Mod., L. n° 91-1257, 17 déc. 1991 ; L. n° 2006-449, 18 avr. 2006)*. **– Toute association régulièrement déclarée depuis au moins cinq ans à la date des faits et inscrite auprès de l'Office national des anciens combattants et victimes de guerre dans des conditions fixées par décret en Conseil d'État, qui se propose par ses statuts de défendre les intérêts moraux et l'honneur des anciens combattants et victimes de guerre et des morts pour la France, peut exercer les droits reconnus à la partie civile en ce qui concerne les délits de diffamation ou d'injures qui ont causé un préjudice direct ou indirect à la mission qu'elle remplit.**

En cas de diffamation ou d'injure contre les armées prévues par l'article 30 et le premier alinéa de l'article 33, les dispositions du 1° de l'article 48 ne sont pas applicables.

En cas de diffamation ou d'injure commises envers des personnes considérées individuellement, l'association ne sera recevable dans son action que si elle justifie avoir reçu l'accord de ces personnes ou de leurs ayants droit.

Art. 48-4 *(Mod., L. n° 2004-1486, 30 déc. 2004 ; L. n° 2007-297, 5 mars 2007 ; L. n° 2012-954, 6 août 2012 ; L. n° 2014-1353, 13 nov. 2014 ; L. n° 2017-86, 27 janv. 2017)*. **– Toute association, régulièrement déclarée depuis au moins cinq ans à la date des faits, se proposant, par ses statuts, de combattre les violences ou les discriminations fondées sur l'orientation sexuelle ou identité de genre ou d'assister les victimes de ces discriminations peut exercer les droits reconnus à la partie civile en ce qui concerne les délits prévus par le huitième alinéa de l'article 24, le troisième alinéa de l'article 32 et le quatrième alinéa de l'article 33, ainsi que les délits de provocation prévus par le 1° de l'article 24, lorsque la provocation concerne des crimes ou délits commis avec la circonstance aggravante prévue par l'article 132-77 du Code pénal.**

Toutefois, quand l'infraction aura été commise envers des personnes considérées individuellement, l'association ne sera recevable dans son action que si elle justifie avoir reçu l'accord de ces personnes.

Art. 48-5 *(Mod., L. n° 2004-1486, 30 déc. 2004 ; L. n° 2007-297, 5 mars 2007 ; L. n° 2014-1353, 13 nov. 2014)*. **– Toute association, régulièrement déclarée depuis au moins cinq ans à la date des faits, se proposant, par ses statuts, de combattre les violences ou les discriminations fondées sur le sexe ou d'assister les victimes de ces discriminations peut exercer les droits reconnus à la partie civile en ce qui concerne les délits prévus par le huitième alinéa de l'article 24, le troisième alinéa de l'article 32 et le quatrième alinéa de l'article 33, ainsi que les délits de provocation prévus par le 1° de l'article 24, lorsque la provocation concerne des crimes ou délits d'agressions sexuelles ou commis avec la circonstance aggravante prévue par l'article 132-80 du Code pénal.**

Toutefois, quand l'infraction aura été commise envers des personnes considérées individuellement, l'association ne sera recevable dans son action que si elle justifie avoir reçu l'accord de ces personnes.

Art. 48-6 *(Mod., L. n° 2004-1486, 30 déc. 2004 ; L. n° 2007-297, 5 mars 2007 ; L. n° 2014-1353, 13 nov. 2014)*. **– Toute association, régulièrement déclarée depuis au moins cinq ans à la date des faits, se proposant, par ses statuts, de combattre les violences ou les discriminations fondées sur le handicap ou d'assister les victimes de ces discriminations peut exercer les droits reconnus à la partie civile en ce qui concerne les délits prévus au huitième alinéa de l'article 24, au troisième alinéa de l'article 32 et au quatrième alinéa de l'article 33, ainsi que les délits de provocation prévus par le 1° de l'article 24, lorsque la provocation concerne des crimes ou délits aggravés en raison du handicap de la victime.**

Toutefois, quand l'infraction aura été commise envers des personnes considérées individuellement, l'association ne sera recevable dans son action que si elle justifie avoir reçu l'accord de ces personnes.

Art. 49 *(Ord. n° 45-2090, 13 sept. 1945)*. **– Dans tous les cas de poursuites correctionnelles ou de simple police, le désistement du plaignant ou de la partie poursuivante arrêtera la poursuite commencée.**

1) S'il n'est assujetti à aucune forme particulière, le désistement prévu par l'article 49 n'en suppose pas moins l'existence d'une renonciation par laquelle le plaignant manifeste sans équivoque devant la juridiction saisie sa volonté d'abandonner l'action (■ Cass. crim., 29 avr. 1969 : *Bull. crim.*, n° 147).

2) Une simple abstention en particulier n'implique pas de la part de la personne diffamée la volonté formelle d'abandonner la poursuite qu'elle a engagée et ne saurait être considérée comme emportant désistement de son action (■ Cass. crim., 13 févr. 1973 : *Bull. crim.*, n° 77. ■ 21 mai 1974 : *Bull. crim.*, n° 190. ■ 7 févr. 1954 : *Bull. crim.*, n° 44).

3) Le désistement opère *in rem* : si le plaignant retire sa plainte contre l'auteur principal, le complice ne saurait être seul poursuivi (■ Cass. crim., 17 févr. 1955 : *Bull. crim.*, n° 113. ■ 22 mai 1986 : *Bull. crim.*, n° 168) ; mais le désistement peut être limité à une personne sans pour autant éteindre l'action publique à l'égard des autres inculpés lorsqu'il vise une personne contre laquelle les poursuites n'avaient pu, à aucun moment, être légalement engagées, ainsi un parlementaire (■ Cass. crim., 27 janv. 1959 : *Bull. crim.*, n° 69) ou lorsque l'intéressé est impossible à atteindre (■ Cass. crim., 5 nov. 1959 : *Bull. crim.*, n° 471).

4) Tant que sa régularité n'a pas été appréciée et qu'il n'en a pas été donné acte, le désistement peut être rétracté, parce qu'il n'a pu, jusque-là, dessaisir la juridiction saisie de la poursuite (■ Cass. crim., 23 juin 1964 : *Bull. crim.*, n° 213).

5) Le désistement prévu par l'article 49 peut être rétracté tant que sa régularité n'a pas été appréciée et qu'il n'en a pas été donné acte par la juridiction saisie, dans les formes prévues par la loi. Les énonciations des notes d'audience ne peuvent suppléer l'absence d'un jugement de donné acte (■ Cass. crim., 26 avr. 1994 : *Bull. crim.* n° 150).

6) Il résulte de l'article 49 que le désistement du plaignant, lorsqu'il en a été donné acte par jugement, met fin aux poursuites du chef de diffamation et éteint l'action à l'égard de tous auteurs, coauteurs ou complices des faits poursuivis ; ces dispositions sont applicables aux infractions visées par l'article 93-3 de la loi du 29 juillet 1982, en cas de diffamation commise par un moyen de communication audiovisuelle et par un message ayant fait l'objet d'une fixation préalable à sa communication au public. Encourt la cassation l'arrêt qui a admis l'effet partiel du désistement de la partie civile en se fondant sur la divisibilité des faits compris dans la poursuite, introduite en l'espèce par un acte unique du plaignant incriminant, sous la même qualification, des propos tenus dans la même émission de télévision, par des complices du directeur de la publication du service de communication audiovisuelle, au sens de l'article 93-3 susvisé. Si les juges ont à bon droit constaté que le désistement de la partie civile dont il avait été donné acte par jugement n'était plus susceptible de rétractation, ils ne pouvaient sans méconnaître l'article 49 susvisé en limiter la portée (■ Cass. crim., 28 mars 1995 : *Bull. crim.*, n° 129).

7) Il résulte des dispositions de l'article 49 de la loi du 29 juillet 1881 que le désistement d'action du plaignant, lorsqu'il en est donné acte par jugement, met fin aux poursuites du chef de diffamation et éteint l'action à l'égard de tous les auteurs, coauteurs ou complices (■ Cass. crim., 29 janv. 2008 : *Bull. crim.*, n° 24 ; pourvoi n° 07-83.880).

8) Le désistement, par la partie civile, **de l'appel** interjeté contre les dispositions du jugement ayant condamné l'un des prévenus auteur de propos injurieux, n'éteint pas l'action à l'égard des autres auteurs, coauteurs ou complices (■ Cass. crim., 21 juin 2005 : *Bull. crim.*, n° 186).

9) L'article 49 de la loi du 29 juillet 1881 ne met pas obstacle à ce que, en cas de désistement de la partie civile, le tribunal alloue au prévenu, sur le fondement de l'article 425 du Code de procédure pénale, des dommages-intérêts pour abus de citation directe (■ Cass. crim., 11 déc. 2001 : *Bull. crim.*, n° 262 ; *Dr. pénal* 2002, comm. 39, obs. M. Véron).

10) La non reprise d'instance contre les héritiers du prévenu décédé n'est pas un désistement au sens de l'article 49 de la loi du 29 juillet 1881.

Fait une exacte application de l'article 49 de la loi du 29 juillet 1881, la cour d'appel, qui, pour dire qu'elle restait saisie de l'action civile exercée du chef de diffamation publique, retient que les parties civiles ne se sont pas désistées de cette action nonobstant la non reprise d'instance contre les héritiers du prévenu décédé, et que le désistement ne se présume pas (■ Cass. crim., 15 sept. 2009, pourvoi n° 08-86.830 : *Bull. crim.*, n° 154).

11) Le désistement, par la partie civile, de l'appel qu'elle a interjeté contre les dispositions d'un jugement ayant relaxé l'un des prévenus n'éteint pas l'action à l'égard des autres prévenus poursuivis en qualité d'auteurs, coauteurs ou complices, ce désistement, partiel, d'instance ne se confondant pas avec le désistement d'action prévu par l'article 49 de la loi du 29 juillet 1881 (■ Cass. crim., 23 juin 2015, n° 13-87.811).

12) Désistement limité à certains passages. Dans le cas d'une poursuite introduite par un acte unique du plaignant incriminant, sous la même qualification, plusieurs propos tenus dans le même article de presse, le désistement de la partie civile, même limité à certains des passages incriminés, emporte désistement de l'action en son entier, l'acte initial de poursuite en matière de diffamation fixant de manière irrévocable la nature et l'étendue de la poursuite (■ Cass. crim., 6 mars 2018, n° 17-80.526).

Art. 50. – Si le ministère public requiert une information, il sera tenu, dans son réquisitoire, d'articuler et de qualifier les provocations, outrages, diffamations et injures à raison desquels la poursuite est intentée, avec indication des textes dont l'application est demandée, à peine de nullité du réquisitoire de ladite poursuite.

• ***Sommaire***

I – RÉGULARITÉ

1) Le visa global, dans le réquisitoire introductif, de plusieurs textes, concernant des infractions de nature et de gravité différentes, laisse incertaine la base de la poursuite et ne satisfait pas aux exigences de l'article 50 (■ Cass. crim., 20 déc. 1960 : *Bull. crim.*, n° 597. ■ 7 mai 1975 : *Bull. crim.*, n° 119).

2) Selon les dispositions de l'article 50 de la loi du 29 juillet 1881, les mêmes faits ne sauraient recevoir une double qualification sans créer une incertitude dans l'esprit du prévenu et si des poursuites en cours relatives aux mêmes propos qualifiés différemment dans chacune d'elles ont été engagées successivement, la seconde se trouve frappée de nullité en application dudit article (■ Cass. crim., 26 avr. 2000 : *Bull. crim.*, n° 167 ; *Dr. pénal* 2000, comm. 114, obs. M. Véron).

3) Toutefois, le visa surabondant n'entraîne pas la nullité s'il ne peut en résulter aucune erreur ou incertitude dans l'esprit du prévenu quant aux infractions dont il a à répondre (■ Cass. crim., 2 nov. 1978 : *Bull. crim.*, n° 295).

4) Le réquisitoire introductif ne peut pallier les irrégularités de la plainte avec constitution de partie civile qu'à la condition d'avoir été délivré dans les délais de la prescription à compter du délit ou du dernier acte interruptif (■ Cass. crim., 22 juin 1982 : *Bull. crim.*, n° 169. ■ 22 janv. 1985 : *Bull. crim.*, n° 34. ■ 19 janv. 1988 : *Bull. crim.*, n° 28).

5) En matière de presse une plainte incomplète ou irrégulière peut être validée par le réquisitoire introductif lorsqu'il est conforme aux exigences de l'article 50 de la loi du 29 juillet 1881 et qu'il est intervenu dans le délai de prescription que la plainte entachée de nullité n'a pas interrompu (■ Cass. crim., 30 sept. 2003 : *Bull. crim.*, n° 174. ■ 20 janv. 2004 : *Bull. crim.*, n° 14 ; *Dr. pénal* 2004, comm. 103, obs. M. Véron. ■ 8 nov. 2005 : *Bull. crim.*, n° 283).

6) Le réquisitoire introductif pris en application de l'article 50 de la loi du 29 juillet 1881 ne peut se combiner avec la plainte assortie d'une constitution de partie civile répondant aux exigences dudit article que lorsque la partie civile a qualité pour mettre en mouvement l'action publique. Tel n'est pas le cas lorsque la plainte avec constitution de partie civile émane d'un corps constitué, l'article 48 de la loi sur la presse réservant au ministère public le pouvoir de mettre l'action publique en mouvement du chef de diffamation ou injures envers les cours, tribunaux et autres corps visés par l'article 30 de cette même loi (■ Cass. crim., 31 janv. 2006 : *Bull. crim.*, n° 31 ; *Dr. pénal* 2006, comm. 80, obs. M. Véron).

7) Encourt la cassation l'arrêt qui prononce la nullité des poursuites alors que le réquisitoire introductif intervenu dans le délai de la prescription qui articule les propos diffamatoires, les qualifie et vise les textes applicables, a pallié les insuffisances de la plainte (■ Cass. crim., 30 sept. 2003 : *Bull. crim.*, n° 174).

– Le réquisitoire introductif peut pallier l'insuffisance d'une plainte avec constitution de partie civile qui a omis de viser le texte répressif, dès lors qu'il est lui-même conforme aux prescriptions de l'article 50 de la loi du 19 juillet 1881 et qu'il intervient dans le délai de la prescription que la plainte irrégulière n'a pas interrompu (■ Cass. crim., 17 mars 2009, pourvoi n° 08-86.659 : *Bull. crim.*, n° 57).

8) Il résulte de l'article 50 de la loi du 29 juillet 1881 que le ministère public, qui requiert une information pour une infraction prévue et réprimée par la loi sur la presse, est tenu, à peine de nullité de son réquisitoire, d'articuler et de qualifier les faits et de préciser le texte de loi édictant la peine dont l'application est demandée ; à défaut, la nullité encourue est d'ordre public et doit être soulevée d'office tant par les juges du fond que par la Cour de cassation (■ Cass. crim., 30 mai 2007 : *Bull. crim.*, n° 145 ; *Dr. pénal* 2007, comm. 125, obs. M. Véron).

9) La plainte avec constitution de partie civile qui ne répond pas aux exigences de l'article 50 est nulle (■ Cass. crim., 26 juill. 1988 : *Bull. crim.*, n° 309).

10) Si une plainte incomplète ou irrégulière peut être complétée par le plaignant ou validée par le réquisitoire introductif, c'est à la double condition que cet acte soit lui-même conforme aux prescriptions de l'article 50 de la loi sur la liberté de la presse et qu'il soit intervenu dans le délai de la prescription que la plainte entachée de nullité n'a pas interrompu.

Encourt la cassation l'arrêt d'une chambre de l'instruction qui, pour rejeter la requête en annulation de la plainte initiale et l'exception de prescription de l'action publique, après avoir relevé que les parties civiles ont précisé, lors de leur audition par le magistrat instructeur, que les propos incriminés au titre de la diffamation publique envers un particulier et de l'injure publique ressortissaient à la première de ces deux qualifications, énonce que le ministère public n'a visé dans son réquisitoire introductif que la seule infraction de diffamation commise envers un particulier, la plainte ayant été ainsi régularisée par le réquisitoire introductif et le délai de prescription de l'action publique ayant été interrompu par la plainte avec constitution de partie civile et par ledit réquisitoire, alors que la plainte était nulle dès lors qu'elle laissait incertaine la qualification retenue par les plaignants et que l'audition des parties civiles ainsi que le réquisitoire introductif du procureur de la République n'étaient pas susceptibles de pallier les insuffisances de la plainte, étant intervenus plus de trois mois après que les propos avaient été rendus publics (■ Cass. crim., 28 juin. 2017, n°s 16-83.508 et 16-80.193).

11) Pour pouvoir mettre l'action publique en mouvement dans le cas des infractions à la loi du 29 juillet 1881, la plainte avec constitution de partie civile doit répondre aux exigences de l'article 50 de la même loi. Ne peut avoir pour effet d'engager l'action publique la plainte qui, pour viser cumulativement les articles 31 et 32 de la loi précitée, laisse incertaine la base de la poursuite, alors que ses insuffisances ne sont pas réparées par le réquisitoire de refus d'informer pris par le ministère public. Dès lors, saisis d'une telle plainte, les juges ne peuvent que refuser d'informer (■ Cass. crim., 17 juin 2008, pourvoi n° 07-88.283 : *Bull. crim.*, n° 154 ; *Dr. pénal* 2008, comm. 138, obs. M. Véron).

12) Pour pouvoir mettre l'action publique en mouvement dans le cas des infractions à la loi du 29 juillet 1881, la plainte avec constitution de partie civile doit répondre aux exigences de l'article 50 de la même loi. Saisis d'une plainte ne contenant pas les mentions prescrites par ce texte et dont les insuffisances ne sont pas réparées par le réquisitoire du ministère public, les juges n'ont d'autre pouvoir que d'en constater la nullité. Les faits dénoncés ne pouvant, dès lors, comporter légalement une poursuite pour une cause affectant l'action publique, ils sont fondés à refuser d'informer (■ Cass. crim., 30 oct. 2012, n° 11-88.853 : *Bull. crim.*, n° 232 ; *AJP* 2013, p. 103, note G. Royer).

13) Si l'action publique est mise en mouvement par la plainte avec constitution de partie civile dès que la consignation a été versée, encore faut-il, en cas d'infraction à la loi du 29 juillet 1881, que ladite plainte réponde aux exigences de l'article 50 de la loi précitée, lesquelles sont prescrites à peine de nullité de la poursuite ; qu'une telle nullité est d'ordre public et doit être soulevée d'office tant par les juges du fond que par la Cour de cassation (■ Cass. crim., 20 janv. 2004 : *Bull. crim.*, n° 14).

14) Lorsqu'elle est effectuée sous la forme, non d'un dépôt au greffe, mais d'un virement, la consignation imposée en cas de plainte avec constitution de partie civile est réputée faite à la date à laquelle le compte du régisseur d'avances et de recettes est effectivement crédité de la somme fixée par le juge d'instruction, peu important que le compte du débiteur de la consignation et celui du régisseur soient ouverts dans le même établissement (■ Cass. crim., 16 avr. 2013, n° 12-81.027). Rappr. ■ Cass. crim., 12 déc. 2006 : *Bull. crim.*, n° 309.

15) Pour pouvoir mettre l'action publique en mouvement, dans le cas d'infractions à la loi du 29 juillet 1881, la plainte avec constitution de partie civile doit répondre aux exigences de l'article 50 de ladite loi. Est entachée de nullité la plainte qui qualifie des propos de « diffamatoires et injurieux » dès lors qu'elle laisse incertaine la qualification retenue ; le réquisitoire introductif ne peut pallier les insuffisances de la plainte que s'il est lui-même conforme aux prescriptions de l'article 50 de la loi du 29 juillet 1881 et s'il intervient dans le délai de prescription que la plainte irrégulière n'a pas interrompu.

La nullité découlant de l'inobservation de l'article 50 est absolue et d'ordre public ; elle doit être soulevée d'office tant par les juges du fond que par la Cour de cassation (■ Cass. crim., 8 nov. 2005 : *Bull. crim.*, n° 283).

16) Ne justifie pas sa décision la cour d'appel qui retient qu'une plainte avec constitution de partie civile du chef de diffamation publique ne répond pas aux exigences de l'article 50 de la loi du 29 juillet 1881 en ce que, au visa de l'article 29, alinéa 1er, de la loi précitée et sous cette qualification, elle incrimine des propos qualifiés d'insultants et injurieux mais également de gravement diffamatoires et laisse subsister une incertitude sur l'objet de la poursuite.

En effet, les expressions outrageantes « avocat véreux » et « escroc » sont indivisibles et se confondent avec les imputations diffamatoires faites à un avocat, par une cliente, de lui avoir « extorqué » et « volé » une somme de 1 800 €, de sorte que le délit d'injure se trouvant absorbé par celui de diffamation, la plainte ne créait aucune incertitude dans l'esprit de la prévenue quant à la nature des faits poursuivis sous cette dernière qualification. ■ Cass. crim., 23 juill. 2009, pourvoi n° 08-88.016 : *Bull. crim.*, n° 133.

– Rappr. : Sur l'absorption du délit d'injure par celui de diffamation, à rapprocher ■ Cass. crim., 15 mars 1994, pourvoi n° 93-81.060 ; *Bull. crim.* 1994, n° 99 (■ Cass. crim., 24 janv. 1995, pourvoi n° 93-84.701 ; *Bull. crim.* 1995, n° 33, et l'arrêt cité).

17) Justifie sa décision l'arrêt qui, pour dire non conforme aux dispositions de l'article 50 de la loi du 29 juillet 1881 un réquisitoire introductif aux fins d'informer du chef de provocation à la discrimination raciale, visant l'alinéa 6 de l'article 24 de ladite loi retient que cet alinéa réprime le délit de provocation à des actes de terrorisme et n'est donc pas applicable aux faits à raison desquels la poursuite est intentée, lesquels sont réprimés par l'alinéa 8 dudit article (■ Cass. crim., 8 juin 2004 : *Bull. crim.*, n° 157 ; *Dr. pénal* 2005, comm. 4, obs. M. Véron).

18) Lorsque les juges du fond sont saisis par une ordonnance de renvoi du juge d'instruction en matière d'infractions à la loi sur la presse, ils doivent vérifier si la plainte avec constitution de partie civile, combinée avec le réquisitoire introductif, répond aux exigences de l'article 50 de la loi du 29 juillet 1881 et, en cas d'inobservation de celles-ci, prononcer la nullité des poursuites, sans que puissent être opposées les dispositions de l'article 179, dernier alinéa, du Code de procédure pénale (■ Cass. crim., 16 nov. 1999 : *Bull. crim.*, n° 261). Rappr. ■ Cass. crim., 16 sept. 2003 : *Bull. crim.*, n° 162, cité *infra* sous art. 65.

19) Il n'est pas nécessaire que l'article de journal incriminé soit littéralement reproduit dans le réquisitoire ou la citation, il suffit qu'il y soit désigné avec précision (■ Cass. crim., 17 mars 1981 : *Bull. crim.*, n° 97. ■ 23 déc. 1999 : *Bull. crim.*, n° 312).

De même, n'est pas nécessaire la mention du mode de participation aux faits incriminés (■ Cass. crim., 14 juin 1994 : *Bull. crim.*, n° 236).

20) Du silence de l'article 50 sur la précision de la date des faits, il se déduit que celle-ci n'est indispensable que dans la mesure où elle est nécessaire pour donner au fait incriminé, toute sa précision ou pour fixer le point de départ de la prescription (■ Cass. crim., 18 déc. 1990 : *Bull. crim.*, n° 442).

21) Viole l'article 50 de la loi du 29 juillet 1881 l'arrêt qui, pour déclarer nulle une plainte avec constitution de partie civile du chef de diffamation, retient que la nature de la diffamation n'est pas précisée et que sont visés cumulativement les articles 30 et 31 de la loi du 29 juillet 1881, alors que, d'une part la plainte incrimine, sans équivoque possible, des faits de diffamation envers un fonctionnaire public par le rappel des dispositions de l'article 48, 3° de la loi sur la presse, propre à cette diffamation, et que, d'autre part, le visa des articles 30 et 31 trouve sa justification dans l'énoncé, par le premier de ces textes, de la peine applicable au délit prévu par le second (■ Cass. crim., 15 mars 2005 : *Bull. crim.*, n° 91 ; *Dr. pénal* 2005, comm. 86, obs. M. Véron).

22) Satisfont aux exigences de l'article 50 de la loi du 29 juillet 1881 la plainte avec constitution de partie civile et le réquisitoire introductif, avec lequel elle se combine, qui articulent, qualifient les faits incriminés et énoncent le texte de loi applicable à la poursuite ; en conséquence, encourt la cassation l'arrêt de la chambre de l'instruction qui annule la plainte déposée par plusieurs parties civiles du chef de diffamation publique envers des particuliers, au motif que celle-ci est entachée d'une contradiction ne permettant pas aux mis en examen de connaître avec exactitude l'étendue des passages diffamatoires à leur égard, alors que la plainte comporte, pour chacune des parties civiles concernées, des précisions non remises en cause par le récapitulatif final, dans la même plainte, des propos visés (■ Cass. crim., 2 sept. 2008 : *Bull. crim.*, n° 173 ; *Dr. pénal* 2008, comm. 152, obs. M. Véron).

23) La cour d'appel, saisie par une ordonnance de renvoi du juge d'instruction en matière d'infractions à la loi sur la presse, doit vérifier si la plainte avec constitution de partie civile, combinée avec le réquisitoire introductif, répond aux exigences de l'article 50 de la loi du 29 juillet 1881 et, en cas d'inobservation de celles-ci, prononcer la nullité des poursuites, sans que puissent lui être invoquées les dispositions de l'article 179, dernier alinéa, du Code de procédure pénale (■ Cass. crim., 9 déc. 2014, n° 13-84.143).

24) L'article 50 de la loi du 29 juillet 1881 sur la liberté de la presse n'exige, à peine de nullité, que la mention, dans l'acte initial de poursuite, de la qualification du fait incriminé et du texte de loi énonçant la peine encourue et la nullité ne peut être prononcée que si l'acte a pour effet de créer une incertitude dans l'esprit des personnes susceptibles d'être poursuivies quant à l'étendue des faits dont elles auraient à répondre.

Il n'appartient pas aux juridictions d'instruction d'apprécier l'éventuel défaut de pertinence de la qualification retenue dans l'acte initial de poursuite, cette appréciation étant de la seule compétence des juges ultérieurement saisis (■ Cass. crim., 20 juin 2017, n° 16-87.063).

II – EFFETS

25) L'inobservation des prescriptions de l'article 50 entraîne la nullité du réquisitoire et, par voie de conséquence, de la poursuite tout entière ; cette nullité est d'ordre public et peut être invoquée en tout état de cause et même devant la Cour de cassation (■ Cass. crim., 19 juin 1937 : *Bull. crim.*, n° 130. ■ 16 nov. 1949 : *S.* 1951, 1, 53, note M.R.M.P. ■ 22 févr. 1969 : *Bull. crim.*, n° 356), cette nullité doit être prononcée d'office par le juge (■ Cass. crim., 22 déc. 1969 : *Bull. crim.*, n° 356. ■ 19 mai 1987 : *Bull. crim.*, n° 205. ■ 23 juin 1987 : *Bull. crim.*, n° 260. ■ 30 mai 2007 : *Bull. crim.*, n° 145, préc.).

– Mais cette nullité ne saurait affecter la régularité du réquisitoire quant aux infractions de droit commun qui y sont visées, celles-ci fussent-elles connexes aux délits de presse (■ Cass. crim., 30 mai 2007 : préc. ; *Dr. pénal* 2007, comm. 125, obs. M. Véron).

26) Le défaut de précision, dans une plainte avec constitution de partie civile ou un réquisitoire introductif visant les articles 29 et 32 de la loi du 29 juillet 1881 sur la presse, des alinéas de ces articles sur lesquels sont fondées les poursuites n'est sanctionné par la nullité prévue par l'article 50 de cette loi que s'il en est résulté, dans l'esprit du prévenu, une incertitude sur les infractions dont il avait à répondre.

En conséquence, encourt la censure l'arrêt qui, pour constater la prescription de l'action publique, retient que les plaintes avec constitution de partie civile, en ce qu'elles visent de manière globale les articles 29 et 32 de la loi sur la presse, ne permettent pas au prévenu de se défendre sur des éléments de poursuite clairs et précis, alors qu'il ne pouvait résulter, en l'espèce, dans l'esprit de celui-ci, aucune ambiguïté sur l'objet et l'étendue de la poursuite et sur la qualification donnée aux faits par les plaintes (■ Cass. crim., 23 juin 2015, n° 14-83.320).

27) Selon les articles 179, alinéa 6, et 385, alinéa 4, du Code de procédure pénale, lorsque la juridiction correctionnelle est saisie par l'ordonnance de renvoi du juge d'instruction, les parties sont irrecevables à soulever des exceptions tirées de la nullité de la procédure antérieure ; il n'en est autrement en matière de presse que lorsqu'est invoquée la méconnaissance des prescriptions de l'article 50 de la loi du 29 juillet 1881 (■ Cass. crim., 24 sept. 2002 : *Bull. crim.*, n° 174).

28) Un réquisitoire introductif entaché d'une erreur de qualification et postérieur à une plainte contenant les mentions exigées par l'article 50 est sans influence sur la validité de la poursuite (■ Cass. crim., 9 janv. 1974 : *Bull. crim.*, n° 12. ■ 17 mars 1981, préc. ■ 28 févr. 1984 : *Bull. crim.*, n° 80. ■ 29 nov. 1988 : *Bull. crim.*, n° 402).

29) Le juge d'instruction ne peut donner aux faits une qualification différente de celle qui leur a été attribuée par le réquisitoire introductif ou la constitution de partie civile (■ Cass. crim., 28 mars 1955 : *D.* 1955, 430. ■ 18 janv. 1962 : *Bull. crim.*, n° 51. ■ Cass. crim., 6 nov. 1984 : *Bull. crim.*, n° 338). Il ne saurait donc ordonner le renvoi pour un délit non visé par le réquisitoire introductif ou la constitution de partie civile. Il s'ensuit que la cour d'appel ne saurait valablement retenir la culpabilité du prévenu pour des faits de diffamation que le plaignant dans sa constitution de partie civile n'avait pas qualifiés et pour lesquels il n'avait pas indiqué le texte de loi dont l'application était requise (■ Cass. crim., 10 mars 1980 : *Bull. crim.*, n° 86. ■ 15 mars 1983 : *Bull. crim.*, n° 83) ou que les juges du fond ne sauraient retenir sous la qualification de diffamation des faits que le plaignant, dans sa constitution de partie civile, avait expressément qualifiés injures (■ Cass. crim., 16 févr. 1988 : *Bull. crim.*, n° 78). De même opèrent une substitution de qualification interdite les juges du fond qui, sur l'appel du jugement d'un tribunal de police s'étant déclaré incompétent pour connaître de la contravention d'outrage prévue et réprimée par l'article R. 40-2° du Code pénal, déclarent le prévenu coupable d'injure publique en application des articles 29 et 33 de la loi du 29 juillet 1881 (■ Cass. crim., 6 févr. 1990 : *Bull. crim.*, n° 64). Mais jugé par ailleurs qu'il appartient aux juridictions d'instruction saisies d'une poursuite pour diffamation de disqualifier les faits au cas où les conditions de la publicité ne se trouvent pas réunies et de rechercher s'ils ne constituent pas une diffamation non publique assimilée à la contravention d'injures non publiques (■ Cass. crim., 2 oct. 1985 : *Bull. crim.*, n° 293. ■ 23 mai 1989 : *Dr. pénal* 1990, n° 12).

30) En matière d'infraction de presse, la plainte avec constitution de partie civile répondant aux exigences de l'article 50 de la loi du 29 juillet 1881 fixe irrévocablement l'objet et la nature des poursuites ainsi que les points sur lesquels le prévenu aura à se défendre. C'est sans incidence sur les actions pénale et civile ainsi valablement mises en mouvement que le juge d'instruction inculpe puis renvoie, fût-ce sur des réquisitions définitives conformes, l'auteur des faits pour un délit non visé dans la plainte avec constitution de partie civile (■ Cass. crim., 22 déc. 1987 : *Bull. crim.*, n° 483).

31) En matière de diffamation, l'acte initial de poursuite fixe irrévocablement la nature, l'étendue et l'objet de celle-ci. Il s'en déduit qu'aucune personne ne saurait être admise à intervenir comme partie civile dans la procédure déjà engagée par une autre (■ Cass. crim., 22 mai 1990 : *Bull. crim.*, n° 211).

32) Le réquisitoire introductif pris en application de l'article 50 et la plainte assortie d'une constitution de partie civile, avec laquelle il se combine, lorsqu'elle répond aux exigences dudit article, fixent irrévocablement les points sur lesquels le prévenu aura à se défendre, tant devant le juge d'instruction qu'éventuellement devant la juridiction de jugement, et délimitent définitivement la poursuite ; encourt la cassation l'arrêt qui énonce que la saisine de la juridiction correctionnelle a été limitée par l'ordonnance de renvoi à cinq membres de phrases parmi les passages incriminés d'un journal, que les appelants ne sont pas recevables à critiquer l'étendue de cette saisine, en application de l'article 385 du Code de procédure pénale, et que les propos retenus ne sont pas diffamatoires envers le plaignant, alors que la nature, l'étendue et l'objet de la poursuite en matière de presse ne peuvent être modifiés par l'ordonnance de renvoi, même définitive, et que les juges ont l'obligation d'examiner l'intégralité des propos articulés dans l'acte initial de la poursuite (■ Cass. crim., 11 juill. 1995 : *Bull. crim.*, n° 256).

33) En matière de diffamation envers une administration publique, l'action publique est mise en mouvement, sur la plainte du ministre, par le réquisitoire introductif qui, lorsqu'il répond aux exigences de l'article 50 de la loi du 29 juillet 1881, fixe irrévocablement la nature et l'étendue de la poursuite. Les juges ne peuvent statuer sur d'autres propos que ceux qui sont articulés par l'acte initial de la poursuite ; encourt la cassation l'arrêt qui, pour retenir la culpabilité du prévenu, énonce qu'il n'est pas nécessaire que le réquisitoire reproduise littéralement le discours incriminé dès lors qu'une expression figurant dans cet acte est, en substance, identique aux propos revendiqués par l'intéressé (■ Cass. crim., 17 juin 2008, pourvoi n° 07-87.920 : *Bull. crim.*, n° 153 ; *Dr. pénal* 2008, comm. 138, obs. M. Véron, préc.).

34) Si la méconnaissance des prescriptions de l'article 50 de la loi du 29 juillet 1881 peut entraîner la nullité de poursuites en matière de presse, elle ne saurait affecter la régularité du réquisitoire quant aux infractions de droit commun qui y sont visées, celles-ci fussent-elles connexes aux délits de presse (■ Cass. crim., 30 mai 2007, pourvoi A. 06-84.365).

Art. 50-1 ***(L. n° 2007-297, 5 mars 2007 ; L. n° 2012-387, 22 mars 2012 ; L. n° 2017-86, 27 janv. 2017).*** **– Lorsque les faits visés par les articles 24 et 24 *bis* par les deuxième et troisième alinéas de l'article 32 et par les troisième et quatrième alinéas de l'article 33 résultent de messages ou informations mis à disposition du public par un service de communication au public en ligne et qu'ils constituent un trouble manifestement illicite, l'arrêt de ce service peut être prononcé par le juge des référés, à la demande du ministère public et de toute personne physique ou morale ayant intérêt à agir.**

Art. 51 ***(L. n° 2017-86, 27 janv. 2017).*** **– Immédiatement après le réquisitoire, le juge d'instruction pourra, ordonner la saisie de quatre exemplaires de l'écrit, du journal ou du dessin incriminé.**

Toutefois, dans les cas prévus aux premier à troisième et cinquième alinéas de l'article 24 et à l'article 37, la saisie des écrits ou imprimés, des placards ou affiches, a lieu conformément aux règles édictées par le Code de procédure pénale. Il en est de même pour la saisie des tracts ou des affiches dans les cas prévus aux septième et huitième alinéas de l'article 24, aux deuxième et troisième alinéas de l'article 32 et aux troisième et quatrième alinéas de l'article 33.

1) La saisie prévue par l'article 51 n'est autorisée que dans le cas prévu par l'alinéa 1 de cet article ; elle ne pourrait donc être réalisée par la voie indirecte d'un refus de restitution dans une autre procédure (■ Cass. crim., 22 févr. 1968 : *Bull. crim.*, n° 60).

2) L'autorité administrative n'a pas en principe le pouvoir de pratiquer, par voie de mesure préventive, la saisie d'un journal ; sur la question, V. ■ T. confl. 8 avr. 1935 : *DP* 1935, 3, 25, concl. Josse et note Waline. ■ CE, 24 juin 1960 : *D.* 1960, 744, note Robert ; *S.* 1960, 348, note Debbasch ; *JCP* 60, II, 11743, note Gour. – Long, Weill et Braibant, *Les grands arrêts de la jurisprudence administrative*, n°s 55 et 101.

Art. 52 ***(Mod., L. n° 2012-1432, 21 déc. 2012 ; L. n° 2014-1353, 13 nov. 2014).*** **– Si la personne mise en examen est domicilié[e] en France, [elle] ne pourra être placée en détention provisoire que dans les cas prévus à l'article 23 et aux deuxième à quatrième alinéas de l'article 24.**

1) Si le juge d'instruction ne peut délivrer ni mandat de dépôt ni mandat d'arrêt, il peut décerner un mandat de comparution ou un mandat d'amener (■ Cass. crim., 24 janv. 1891 : *Bull. crim.*, n° 18).

2) L'article 52 de la loi sur la presse qui, sauf pour les infractions qu'il énumère, prohibe la détention provisoire d'un inculpé ou d'un prévenu ne permet pas non plus, en matière d'injures ou diffamations publiques, de lui imposer une mesure de contrôle judiciaire dont l'inobservation serait dépourvue de toute sanction (■ Cass. crim., 16 juill. 1986 : *Bull. crim.*, n° 235).

3) L'arrestation préventive de l'inculpé que prohibe, sauf pour les infractions qu'il énumère, l'article 52 de la loi du 29 juillet 1881 sur la liberté de la presse, s'entend de la détention provisoire de la personne concernée et non de la garde à vue, mesure qui peut être mise en œuvre, pour les nécessités de l'enquête ou pour l'exécution d'une commission rogatoire, à raison d'un délit prévu par ladite loi lorsqu'il est punissable d'une peine d'emprisonnement.

Justifie sa décision la cour d'appel qui rejette le moyen de nullité d'une garde à vue, pris de la violation du texte susvisé, dès lors que la personne entendue l'était pour des écrits qualifiés de provocation à la haine raciale, délit prévu et réprimé par l'article 24, alinéa 8 de la loi du 29 juillet 1881 (■ Cass. crim., 14 févr. 2012, n° 11-81.954 : *Bull. crim.* n° 44).

Art. 53. – La citation précisera et qualifiera le fait incriminé, elle indiquera le texte de loi applicable à la poursuite.

Si la citation est à la requête du plaignant, elle contiendra élection de domicile dans la ville où siège la juridiction saisie et sera notifiée tant au prévenu qu'au ministère public.

Toutes ces formalités seront observées à peine de nullité de la poursuite.

• ***Sommaire***

1) QPC. Par décision n° 2013-311 du 17 mai 2013, le Conseil constitutionnel a déclaré conforme à la Constitution l'article 53 (*JO* 19 mai 2013 ; *JurisData* n° 2013-009982) : *JCP* G 2013, Act., p. 1039.

2) Citations non concernées. Les dispositions de l'article 53 de la loi du 29 juillet 1881, assujettissant la citation à des règles particulières prévues à peine de nullité, concernent seulement l'exploit introductif d'instance, et non les citations ultérieures qui demeurent régies par le droit commun (■ Cass. crim., 6 juin 1990 : *Bull. crim.*, n° 229).

3) Les citations à comparaître délivrées postérieurement à une ordonnance de renvoi devant la juridiction correctionnelle ne sont pas soumises aux prescriptions de l'article 53 de la loi du 29 juillet 1881 (■ Cass. crim., 12 oct. 1993 : *Bull. crim.*, n° 289 ; ■ Cass. crim., 14 oct. 2003 : *Bull. crim.*, n° 188).

I – FORMALITÉS

4) Cumul de qualifications pour un fait unique. Est nulle pour inobservation des dispositions de l'article 53 l'assignation visant un fait unique sous la double qualification de diffamation publique envers un particulier et de diffamation publique envers un citoyen investi d'un mandat public, délits de nature et de gravité différentes (■ Cass. crim., 3 juin 1982 : *Bull. crim.*, n° 142. ■ 16 janv. 1990 : *Bull. crim.*, n° 26).

5) En matière de presse, la citation doit, à peine de nullité de la poursuite, qualifier le fait incriminé et énoncer le texte de loi applicable ; est nulle une citation visant, pour un fait unique, les qualifications, de nature et de gravité différentes, de diffamation envers citoyen chargé d'un mandat public, de diffamation envers particulier et d'injure, de telles qualifications alternatives créant nécessairement dans l'esprit du prévenu une incertitude quant à l'objet de la poursuite (■ Cass. crim., 30 mars 2005 : *Bull. crim.*, n° 111).

6) Il résulte des dispositions de l'article 53 de la loi du 29 juillet 1881 que les mêmes faits ne sauraient recevoir une double qualification sans créer d'incertitude dans l'esprit du prévenu et que, si des poursuites relatives aux mêmes imputations qualifiées différemment et visant des textes de loi distincts ont été engagées successivement, la seconde se trouve frappée de nullité (■ Cass. crim., 28 nov. 2006 : *Bull. crim.*, n° 301). Rappr. crim. 26 avr. 2000 : *Bull. crim.*, n° 167.

7) En application de l'article 53 de la loi du 29 juillet 1881, les mêmes faits ne sauraient recevoir une double qualification sans créer une incertitude dans l'esprit du prévenu ; si des instances relatives aux mêmes imputations qualifiées différemment, et visant des textes de loi distincts, ont été engagées successivement, la seconde se trouve frappée de nullité.

Encourt la cassation l'arrêt qui, pour rejeter l'exception de nullité de la citation introductive d'instance, prise de ce que la demanderesse, ayant d'abord saisi le juge des référés au titre de l'article 1382 du Code civil, ne pouvait agir ensuite devant le juge répressif sur le fondement des articles 29, alinéa 1, et 32, alinéa 1, de la loi sur la presse incriminant la diffamation, énonce qu'il s'évince des articles 5 et 5-1 du Code de procédure pénale que l'assignation devant le juge des référés, dont l'objet est de voir ordonner des mesures conservatoires pour faire cesser un trouble manifestement illicite, ne saurait s'analyser en une action en justice au sens de l'article 5, et ne saurait faire obstacle au droit de la victime d'une infraction de saisir le juge pénal, alors que, ce faisant, pour les mêmes faits, deux instances ont été engagées sur des fondements différents (■ Cass. crim., 10 sept. 2013, n° 11-86.311 : *Bull. crim.*, n° 177 ; *Dr. pén.* 2013, comm. 174, obs. M. Véron ; *JCP* 2013, chron., n° 1152 / n° 8, p. 2039, note E. Dreyer ; *Procédures* 2013, comm. 319, note A. S. Chavent-Leclere ; *D.* 2013, act., p. 2276 ; *AJP* 2014, p. 34, obs. N. Verly).

8) Est également nulle **l'action civile**, qui vise cumulativement des faits réprimés par la loi du 29 juillet 1881 et la responsabilité de droit commun (art. 1382 du Code civil) (■ Cass. 2e civ., 22 juin 2002 : *Legipresse* 2002, n° 192, p. 93).

Mais le visa cumulatif de textes de la loi du 29 juillet 1881 dans une plainte ou une citation est justifié dès lors qu'il n'entraîne aucune équivoque (■ Cass. crim., 15 mars 2005 : *Bull. crim.*, n° 91. – V. *supra* cet arrêt sous l'article 50).

9) Le visa, dans la convocation en justice, de l'article 23, alinéa 1er, de la loi du 29 juillet 1881, cumulativement avec les articles 29, alinéa 2, et 33, alinéas 2 et 3, de ladite loi réprimant l'injure publique à caractère racial, n'a d'autre portée que de préciser le mode de publicité attribué à l'injure visée dans la citation ; dès lors a justifié sa décision la cour d'appel qui retient que le prévenu, déclaré, après requalification, coupable d'injure non publique à caractère racial, a été en mesure de connaître le fait qui lui était reproché et de préparer sa défense (■ Cass. crim. 24 nov. 2009, n° 09-80.841 : *Bull. crim.*, n° 194 ; *Dr. pénal* 2010, comm. 36, obs. M. Véron ; *AJP* 2010, jur., p. 81, note M. E. Charbonnier).

10) Les mêmes distinction et solution sont consacrées en matière civile : s'il est fait grief au jugement d'avoir débouté la prévenue de sa demande en nullité de la citation délivrée par la partie civile, alors, selon le moyen :

1°) *que l'assignation qui vise cumulativement les articles 31 et 32 de la loi du 29 juillet 1881 ne permet pas de connaître le texte dont l'application est requise et doit être annulée sauf à violer l'article 53 de la loi du 29 juillet 1881* ;

2°) *que l'assignation n'indiquant nullement que la partie civile prétendait avoir été diffamée en tant qu'inspectrice, le tribunal d'instance qui a affirmé que c'est en cette qualité et non en qualité de particulier que la partie civile prétend avoir été diffamée a violé l'article 4 du nouveau Code de procédure civile* ;

Le tribunal, qui a relevé qu'il ressortait tant de la correspondance incriminée contenue dans la citation que des articles 29, 30 et 31 de la loi du 29 juillet 1881 qui y étaient régulièrement visés, qu'était expressément recherchée la protection juridique du fonctionnaire public en a déduit à bon droit qu'en dépit du visa erroné de l'article 32, alinéa 2, il n'y avait pas lieu d'annuler la citation ; que le moyen n'est pas fondé (■ Cass. 1re civ., 16 mai 2006, n° 04-16.068 : *JurisData* 2006-033515 ; *Dr. pénal* 2006, comm. 96, obs. M. Véron).

11) Selon l'article 53 de la loi du 29 juillet 1881, qui doit recevoir application devant la juridiction civile, l'assignation doit, à peine de nullité, préciser et qualifier le fait incriminé et énoncer le texte de loi applicable.

Est nulle une assignation retenant pour le même fait la double qualification d'injure et de diffamation (■ Cass. ass. plén., 15 févr. 2013, n° 11-14.637 : *D.* 2013, act. p. 507, obs. S. Lavric ; *JCP* 2013, act., n° 226, p. 408, obs. E. Derieux ; *D.* 2013, étude, p. 741, note E. Dreyer ; *Rev. sc. crim.* 2013, p. 104, obs. J. Francillon ; *Legipresse* mars 2013, III, n° 303, avis J. C. Marin, note P. Guerder ; à rapprocher : ■ Cass. 1re civ., 6 avr. 2016, n° 15-10.552).

12) Conditions et modalités de la notification au Parquet. Formalité substantielle de la procédure (■ Cass. crim., 11 mars 1948 : *Bull. crim.* n° 86), la notification au ministère public ne s'applique qu'à l'exploit introductif d'instance et non aux exploits ultérieurs (■ Cass. crim., 16 avr. 1959 : *Bull. crim.*, n° 299) ; elle doit être effectuée avant la date à laquelle le prévenu est invité par la citation introductive d'instance, à comparaître devant le tribunal (■ Cass. crim., 9 févr. 1965 : *Bull. crim.*, n° 42. ■ 30 mai 1967 : *Bull. crim.*, n° 166) et ne peut résulter que d'un acte extra-judiciaire, à savoir d'un exploit d'huissier (■ Cass. crim., 26 juin 1952 : *Bull. crim.*, n° 167). La remise de l'acte à un fonctionnaire habilité à recevoir les citations délivrées à Parquet constitue une notification au ministère public au sens de l'article 53 de la loi du 29 juillet 1881. Encourt la cassation, l'arrêt qui déclare nulle une citation introductive d'instance au motif que l'acte n'a pas été remis à un magistrat du Parquet mais à un fonctionnaire habilité à recevoir les citations délivrées à Parquet en vertu de l'article 559 du Code de procédure pénale (▪ Cass. crim., 7 mars 2000 : *Bull. crim.*, n° 107 ; *JCP* 2000, II, 10421, note E. Dreyer).

– L'habilitation de ce fonctionnaire est présumée ; encourt la cassation l'arrêt qui prononce la nullité des poursuites au motif que l'acte de remise de copie de l'exploit à un greffier assermenté ne comporte pas de mention indiquant que celui-ci a été habilité à recevoir les citations délivrées au Parquet en vertu de l'article 559 du Code de procédure pénale (▪ Cass. crim., 18 sept. 2001 : *Bull. crim.*, n° 182).

13) La remise de l'acte à un fonctionnaire habilité à recevoir les citations délivrées au ministère public constitue la notification prévue par l'article 53 de la loi du 29 juillet 1881 ; un commissaire de police affecté au lieu où siège le tribunal de police est habilité à recevoir, au nom de l'officier du ministère public, une citation délivrée du chef d'injures non publiques, et à la lui transmettre (▪ Cass. crim., 18 janv. 2005 : *Bull. crim.*, n° 20).

14) Conditions de validité de la citation introductive d'instance. Satisfait aux exigences de l'article 53 de la loi du 29 juillet 1881 la citation introductive d'instance délivrée pour diffamation publique envers un citoyen chargé d'un mandat public et visant, comme texte applicable à la poursuite de ce délit, le seul article 31 de ladite loi, lequel de surcroît indique la peine encourue par référence à l'article précédent (▪ Cass. crim., 6 mai 1986 : *Bull. crim.*, n° 154 ; *Rev. sc. crim.* 1987, 206, obs. Levasseur). Selon l'article 53 de la loi du 29 juillet 1881, **le texte de loi applicable** à la poursuite dont le visa est requis à peine de nullité, **est celui qui édicte la peine** sanctionnant l'infraction telle qu'elle est qualifiée dans la citation (▪ Cass. crim., 3 mars 1987 : *JCP* 87, IV, 163).

– C'est ainsi qu'en matière de diffamation non publique, le texte de loi dont l'article 53 de la loi du 29 juillet 1881 exige l'indication, est celui qui édicte la peine ; encourt dès lors la cassation, la cour d'appel qui pour déclarer nulle une citation introductive d'instance qualifiant des faits de diffamation non publique, en visant les articles R. 621-1 et 131-13, 1° du Code pénal, retient que le défaut de visa de l'article 29 de la loi du 29 juillet 1881 vicie la citation (▪ Cass. crim., 15 janv. 1998 : *Bull. crim.*, n° 21 ; *Dr. pénal* 1998, comm. 62, obs. M. Véron). Dans le même sens, ▪ Cass. crim., 14 sept. 2004 : *Bull. crim.*, n° 207).

15) Il résulte de l'article 53 de la loi du 29 juillet 1881 que, si la citation introductive d'instance doit préciser, qualifier le fait incriminé et indiquer le texte de loi applicable à la poursuite, il n'appartient pas aux juges de subordonner la régularité de cet acte à d'autres conditions, dès lors qu'il ne peut exister d'incertitude sur l'objet de la poursuite.

Méconnaît ces dispositions une cour d'appel qui annule une citation sur le fondement précité, alors que la citation en cause précisait et qualifiait le fait incriminé consistant en l'intégralité de l'article litigieux et que ses auteurs n'étaient pas tenus de mettre en corrélation les imputations qu'ils présentaient comme diffamatoires avec des passages de ce texte, de sorte qu'il ne pouvait en résulter, en l'espèce, aucune incertitude dans l'esprit des prévenus sur les faits objet de la poursuite (▪ Cass. crim., 14 mars 2017, n° 15-86.929).

16) Ne satisfait pas aux exigences de l'article 53 de la loi du 29 juillet 1881 la citation délivrée du chef de diffamation publique envers un citoyen chargé d'un mandat public, à laquelle n'est pas joint en annexe, comme indiqué dans l'acte, le tract mis en cause, et qui n'en précise ni le texte, ni les passages incriminés (▪ Cass. crim., 9 janv. 2007 : *Bull. crim.*, n° 4 ; *Dr. pénal* 2007, comm. 51, obs. M. Véron).

17) En matière civile. Aucune disposition législative n'écarte l'application de l'article 53 de la loi du 29 juillet 1881 dans le cas d'une action exercée séparément de l'action publique devant une juridiction civile (▪ Cass. 1re civ., 27 juin 2006 : *Bull. civ.* I, n° 329).

18) La citation est valable dès lors que, par le visa de l'article de la loi du 29 juillet 1881 réprimant le délit imputé, elle ne laisse aucune incertitude sur son objet exact (▪ Cass. 1re civ., 3 févr. 2011 : *Bull. civ.* I, n° 22, préc. sous art. 29, *supra*, *V° Visa de l'article 1382 du Code civil* ; *D.* 2011, p. 1467, note C. Bigot ; *JCP* 2011, p. 376, note E. Dreyer).

19) Jugé aussi que la seule omission dans l'assignation de la mention de la sanction pénale encourue que la juridiction civile ne peut prononcer n'est pas de nature à en affecter la validité (▪ Cass. 1re civ., 26 sept. 2012, n° 11-80.406 : *D.* 2012, p. 2636, note E. Dreyer).

20) Selon l'article 53 de la loi du 29 juillet 1881, qui doit recevoir application devant la juridiction civile, l'assignation doit, à peine de nullité, préciser et qualifier le fait incriminé et énoncer le texte de loi applicable. Est nulle une assignation retenant pour le même fait la double qualification d'injure et de diffamation.

Par suite, une cour d'appel, ayant constaté que des propos identiques ou quasiment identiques, même figurant pour certains dans des commentaires publiés à des dates distinctes, se trouvaient poursuivis sous deux qualifications différentes, en a déduit à bon droit que ce cumul de qualifications étant de nature à créer pour les défenderesses une incertitude préjudiciable à leur défense, l'assignation était nulle en son entier (■ Cass. ass. plén., 15 févr. 2013, n° 11-14.637, préc. : *Bull. inf. C. cass.* 15 avr. 2013, n° 780, I, avec communiqué, rapp. Mme Feydeau et avis de M. Marin ; *D.* 2013, act., p. 507, obs. S. Lavric ; *JCP* 2013, act. n° 226, p. 408, obs. E. Derieux ; *D.* 2013, étude, p. 741, note E. Dreyer).

– V. notes sous L. 29 juill. 1881, art. 29, p. 1809, *V° Visa article 1382 Code civil.*

21) Les articles 43 et 53 de la loi du 29 juillet 1881 ne dérogent pas aux dispositions des articles 550 et 555 à 558 du Code de procédure pénale quant aux **conditions de délivrance de la citation** destinée à l'auteur d'un article du journal poursuivi pour diffamation publique ; en conséquence, est nulle la citation introductive d'instance délivrée au siège dudit journal, le prévenu étant, dans un tel cas, empêché de bénéficier des dispositions de l'article 55 de la loi sur la presse (■ Cass. crim., 2 mai 1990 : *Bull. crim.*, n° 165. ■ 12 janv. 1993 : *Bull. crim.*, n° 14).

– Pour la citation contre le directeur de publication, V. *supra*, notes sous l'article 42, même *V°*.

22) Élection de domicile. De même ne satisfait pas aux prescriptions de l'article 53 de la loi du 29 juillet 1881, à défaut d'indication d'une adresse précise, la citation introductive d'instance délivrée du chef de provocation à la discrimination, à la haine ou à la violence raciales à la requête d'une partie civile, qui, déclarant faire **élection de domicile** auprès d'un cabinet d'avocats, se borne à mentionner les références de la boîte postale dudit cabinet (■ Cass. crim., 7 juin 2005 : *Bull. crim.*, n° 172 ; *Dr. pénal* 2005, comm. 158, obs. M. Véron).

23) En exigeant, à peine de nullité de la poursuite, que le plaignant élise domicile dans la ville où siège le tribunal saisi, l'article 53 de la loi du 29 juillet 1881, qui déroge aux dispositions de l'article 392 du Code de procédure pénale, impose que cette élection de domicile soit faite sur le territoire de la ville où siège le tribunal, à l'exclusion de toute autre commune (■ Cass. crim., 4 avr. 1991 : *JCP* 91, IV, 270). Aucune disposition de la loi sur la presse n'interdit à une partie civile d'élire domicile à la mairie du siège de la juridiction saisie (■ Cass. crim., 17 déc. 1981 : *Bull. crim.*, n° 334).

24) Justifie sa décision l'arrêt qui, pour déclarer nulle une citation délivrée du chef de diffamation dans laquelle la partie civile fait élection de domicile au greffe du tribunal de grande instance, retient qu'il ne peut être élu domicile que chez une personne morale ou physique, habilitée à recevoir des actes et que tel n'est pas le cas d'un greffe, service intégré dans une juridiction, elle-même dépourvue de la personnalité morale (■ Cass. crim., 14 mars 2006 : *Bull. crim.*, n° 71).

25) Il résulte de l'article 53 de la loi du 29 juillet 1881, qui doit recevoir application devant la juridiction civile, que l'assignation délivrée à la requête du plaignant doit contenir élection de domicile dans la ville où siège la juridiction saisie. En retenant que ces dispositions l'emportent sur celles des articles 751 et 752 du Code de procédure civile, une cour d'appel, qui n'a pas méconnu les exigences de l'article 6, § 1, de la Convention de sauvegarde des droits de l'homme et des libertés fondamentales, a légalement justifié sa décision (■ Cass. 1re civ., 3 juill. 2013, n° 11-28.907 : *D.* 2013, act. p. 1837 ; *Gaz. Pal.* 2013, chron. p. 16, note F. Fourment ; *Procédures* 2013, comm. 309, note R. Perrot).

26) La régularité de la constitution comme avocat d'une société civile professionnelle (SCP) d'avocats n'est pas subordonnée à l'identification de l'avocat appartenant à cette SCP appelé à représenter la partie au nom de laquelle la constitution est effectuée. Dès lors, la constitution de cette SCP dont il n'est pas contesté qu'elle fût domiciliée dans la ville où siège la juridiction saisie, vaut élection de domicile au sens de l'article 53, alinéa 2, de la loi du 29 juillet 1881 (■ Cass. 1re civ., 11 déc. 2013, n° 12-29.923 : *D.* 2014, p. 14).

27) Cumul de qualifications pour une expression unique. Une expression unique ne peut recevoir plusieurs qualifications pénales de nature et de gravité différentes, qu'à la condition qu'il n'en résulte aucune incertitude dans l'esprit du prévenu sur l'objet de la poursuite. Tel n'est pas le cas de la citation qui qualifie les mêmes faits d'injures publiques envers la mémoire d'un mort citoyen chargé d'un mandat public et simple particulier, en visant cumulativement les articles 34 et 33, alinéas 1 et 2, de la loi du 29 juillet 1881 (■ Cass. crim., 31 janv. 1995 : *Bull. crim.*, n° 39). Comp. avec arrêts cités à la note 3 *supra*.

28) Indication des dates de citation et des faits. L'indication de la date de la citation n'est pas requise par l'article 53 et il n'y a pas nullité si elle est irrégulière, en l'absence d'atteinte aux intérêts du prévenu (■ Cass. crim., 6 nov. 1973 : *Bull. crim.*, n° 403. ■ 22 déc. 1987 : *Bull. crim.*, n° 483). L'indication dans la citation de la date du fait incriminé ne peut être exigée que dans la mesure où elle est nécessaire pour donner à ce fait la précision indispensable (■ Cass. crim., 18 juin 1985 : *Bull. crim.*, n° 235. V. également ■ Cass. crim., 9 janv. 1996 : *Bull. crim.*, n° 8).

29) La plainte de la victime de diffamation ou d'injures publiques ne relève pas des dispositions des articles 50 et 53 de la loi du 29 juillet 1881. Il en résulte que si elle est tenue d'articuler les faits dont elle entend qu'ils soient poursuivis, elle n'est tenue ni de qualifier les faits ni de viser les textes dont l'application est requise (■ Cass. crim., 5 juill. 1983 : *Bull. crim.*, n° 217).

30) Articulation et qualification des faits dans la citation introductive d'instance. L'article 53 de la loi du 29 juillet 1881, en exigeant que la citation introductive d'instance précise le fait incriminé et le qualifie, n'oblige pas la partie poursuivante à y indiquer toutes les circonstances de fait de nature à caractériser la publicité du délit. Il appartient aux juges de vérifier l'existence de cette publicité, d'après les faits matériels qu'ils constatent (■ Cass. crim., 18 juin 1985 : *Bull. crim.*, n° 235) ; de même aucune disposition de la loi n'exige que la citation qualifie le mode de participation de prévenu aux faits poursuivis et il appartient aux juges d'apprécier ce mode de participation (■ Cass. crim., 20 janv. 1987 : *Bull. crim.*, n° 30).

31) Lorsque la citation a correctement articulé et qualifié les propos incriminés, le visa surabondant quoique erroné d'un texte de loi applicable à la poursuite ne saurait entraîner la nullité de ladite citation si le prévenu n'a pu être induit en erreur sur l'objet exact de la prévention et sur la peine qui réprime les faits incriminés (■ Cass. crim., 15 juin 1984 : *Bull. crim.*, n° 227).

32) N'encourt pas le grief de nullité allégué la citation introductive d'instance qui vise l'article 24, alinéa 8, de la loi du 29 juillet 1881 relatif au délit de provocation à la haine raciale, en rappelle la teneur ainsi que les peines qu'il institue, le visa dans cette même citation, de façon erronée mais surabondante, du sixième alinéa dudit article n'ayant pas eu pour conséquence de créer une incertitude dans l'esprit du prévenu quant à la nature de l'infraction dont il aurait à répondre et à la peine encourue (■ Cass. crim., 3 févr. 2009 : *Bull. crim.*, n° 25).

33) De même la mention superfétatoire des « textes subséquents » ne peut entraîner la nullité de la citation alors que les faits sont correctement qualifiés et que le visa des articles 29, alinéa 1er et 31, alinéa 1er de la loi sur la presse ne peuvent créer aucune équivoque dans l'esprit du prévenu quant à l'infraction dont il a à répondre et à la peine encourue, et d'autant plus que, dans le dispositif de l'acte, cette mention des textes subséquents s'ajoute seulement à l'article 42 de la loi de 1881 également visé par la poursuite (■ Cass. crim., 3 mars 1987 : *JCP* 87, IV, 163).

34) N'est pas entachée de nullité la citation visant globalement l'article 31 de la loi du 29 juillet 1881, dès lors que les faits incriminés, qualifiés de diffamation publique envers un citoyen chargé d'un mandat public, contiennent uniquement la critique d'actes liés aux fonctions du plaignant, et que le prévenu, qui ne pouvait avoir aucun doute sur la nature du délit, a pu utilement préparer sa défense (■ Cass. crim., 24 janv. 1995 : *Bull. crim.*, n° 33).

II – MISE EN ŒUVRE DE LA NULLITÉ

35) Régime des nullités. La nullité édictée par l'article 53 n'est que relative (■ Cass. crim., 13 juill. 1894 : *DP* 97, 1, 337) ; elle ne peut être soulevée d'office par le tribunal et se trouve couverte si elle n'a pas été proposée *in limine litis*, avant toute défense au fond (■ Cass. crim., 15 déc. 1949 : S. 1950, 1, 101, note M.R.M.P. ■ 27 mai 1968 : *Bull. crim.* n° 173. ■ 7 mars 2000 : *JCP* 2000, II, 10421, note Dreyer).

36) Aux termes de l'article 385 du Code de procédure pénale, applicable à la poursuite des infractions à la loi sur la liberté de la presse, et devant la cour d'appel, les exceptions de nullité doivent être présentées avant toute défense au fond. Les juges n'ont pas le pouvoir de relever d'office la violation des dispositions de l'article 53 de la loi du 29 juillet 1881 relatives à la qualification des faits et au visa du texte dont l'application est requise (■ Cass. crim., 12 mars 1996 : *Bull. crim.*, n° 110).

37) Aux termes de l'article 385 du Code de procédure pénale, applicable à la poursuite des infractions à la loi sur la liberté de la presse, et devant la cour d'appel, les exceptions de nullité doivent être présentées avant toute défense au fond.

Encourt la censure, l'arrêt qui relève d'office l'exception de nullité prise du non-respect dans la citation délivrée au prévenu des dispositions des articles 29 et 53 de la loi du 29 juillet 1881 relatives à l'absence de précision du fait incriminé, les juges du fond n'ayant pas le pouvoir de la relever d'office.

Mais, il appartient à la Cour de cassation, qui, en matière de presse, exerce son contrôle sur les pièces de la procédure, de relever d'office le moyen de pur droit pris de la nullité de l'exploit introductif d'instance ; une telle nullité entraînant celle de la poursuite, il n'y a pas lieu à renvoi (■ Cass. crim., 6 janv. 2009 : *Bull. crim.*, n° 5).

38) Jugé toutefois que le ministère public peut invoquer lui-même la nullité de l'article 53 (■ Cass. crim., 5 mars 1970 : *Bull. crim.*, n° 93 ; *D.* 1971, 207. – V. Robert : *D.* 1971, chron. 870).

39) Le prévenu est irrecevable à faire état de la nullité soit devant la cour d'appel, soit devant la Cour de cassation (■ Cass. crim., 18 déc. 1962 : *Bull. crim.*, n° 379) et il peut renoncer expressément à se prévaloir de cette nullité (■ Cass. crim., 6 mars 1974 : *Bull. crim.*, n° 96).

40) Exclusion de l'article 802 du Code de procédure pénale. Les dispositions exceptionnelles et impératives de l'article 53, qui tendent à garantir les droits de la défense et touchent à la protection de la liberté d'expression telle que la réglemente cette loi, n'ont été ni abrogées ni modifiées par l'article 802 du Code de procédure pénale dont l'application se trouve exclue en la matière (■ Cass. crim., 17 mars 1981 : *Bull. crim.*, n° 97).

41) La Cour de cassation a le devoir de vérifier si la citation délivrée est conforme aux prescriptions prévues, à peine de nullité des poursuites, par l'article 53, al. 1, de la loi de 1881, même si aucune violation de ce texte n'a été soulevée par le prévenu *in limine litis* (■ Cass. crim., 16 avr. 1985 : *Bull. crim.*, n° 141).

42) Est étrangère à la forclusion édictée par l'article 385 du Code de procédure pénale toute contestation relative au bien-fondé de la qualification en matière de presse, laquelle est irrévocablement fixée par l'acte initial de poursuites et constitue une question de fond qu'il appartient aux juges du fond de relever d'office, toute requalification étant interdite en matière de presse (■ Cass. crim., 25 oct. 2005 : *Bull. crim.*, n° 265). V. *infra*, III, Fixation du litige.

III – FIXATION DU LITIGE

43) Disqualification. La juridiction de jugement ne peut disqualifier les faits qui lui sont soumis : elle ne peut donc ni remplacer une qualification de droit commun par une qualification visée par la loi de 1881 (■ Cass. crim., 16 juill. 1958 : *Bull. crim.*, n° 551. ■ 6 févr. 1990 : *JCP* 90, IV, 167), ni substituer un délit de presse à un autre délit de presse (■ Cass. crim., 21 juill. 1953 : *Bull. crim.*, n° 255. ■ 4 mai 1975 : *JCP* 76, IV, 210). L'objet de la poursuite et les points sur lesquels le prévenu aura à se défendre sont définitivement fixés par la citation et le juge ne peut fonder une condamnation sur des faits autres que ceux qui sont ainsi précisés (■ Cass. crim., 8 nov. 1983 : *Bull. crim.*, n° 294. – V. aussi ■ Cass. crim., 4 janv. 1991 : *Bull. crim.*, n° 7).

44) Mais le fait qualifié initialement de délit de presse peut être disqualifié en délit de droit commun (■ Cass. crim., 18 nov. 1975 : *Bull. crim.*, n° 250. ■ 25 sept. 1991 : *Bull. crim.*, n° 319).

45) Les juridictions d'instruction ou de jugement saisies d'une infraction à la loi sur la liberté de la presse peuvent la requalifier en infraction de droit commun, à condition de n'introduire dans la poursuite aucun fait nouveau.

Il ne saurait cependant en être ainsi lorsque le tribunal de police a été appelé à statuer sur des faits poursuivis sous une qualification contraventionnelle et que la cour d'appel est saisie du recours de la partie civile déboutée en première instance. Dans cette hypothèse, la juridiction du second degré ne peut évoquer en application de l'article 520 du Code de procédure pénale et dire que lesdits faits constituent en réalité un délit (■ Cass. crim., 11 mai 2010 : *Bull. crim.* n° 80).

46) Lorsque l'élément de publicité fait défaut, les imputations diffamatoires caractérisent la contravention prévue et réprimée par l'article R. 621-1 du Code pénal et la juridiction ayant constaté que les faits retenus constituent l'infraction de diffamation non publique a le devoir de statuer sur cette prévention ; encourt la censure, l'arrêt qui, en pareille occurrence, prononce une relaxe motivée par la prohibition de requalifier la prévention en matière de presse (■ Cass. crim., 8 avr. 2008 : *Bull. crim.*, n° 94). – Rappr. ■ Cass. crim., 12 sept. 2000 : *Bull. crim.*, n° 267, cité *supra* sous art. 24, notes I, *in fine*.

47) Est étrangère à la forclusion édictée par l'article 385 du Code de procédure pénale toute contestation relative au bien-fondé de la qualification en matière de presse, laquelle est irrévocablement fixée par l'acte initial de poursuites et constitue une question de fond qu'il appartient aux juges du fond de relever d'office, toute requalification étant interdite en matière de presse.

Dès lors, justifie sa décision la cour d'appel qui, saisie d'une diffamation publique envers un particulier, au visa de l'article 32 de la loi du 29 juillet 1881, prononce une relaxe après qu'il eut été établi, au cours des débats au fond, que la partie civile, directeur de cabinet du ministre de l'Environnement, était investie de prérogatives de puissance publique, et relevait en conséquence de l'article 31 de la loi sur la presse relatif à la diffamation envers un citoyen chargé d'un service public (■ Cass. crim., 25 oct. 2005 : *Bull. crim.*, n° 265, préc.).

48) Nonobstant les dispositions des articles 50 et 53 de la loi du 29 juillet 1881, un fait unique constituant un **cumul idéal d'infractions** peut recevoir plusieurs qualifications pénales différentes dès lors que ces qualifications ne sont pas inconciliables entre elles ; tel est le cas pour la provocation à la discrimination, à la haine ou à la violence et pour les injures publiques envers un groupe de personnes à raison de leur appartenance à une race déterminée (■ Cass. crim., 24 nov. 1987 : *Bull. crim.*, n° 428).

49) En matière de diffamation, l'acte initial de poursuite fixe irrévocablement la nature, l'étendue et l'objet de celle-ci : il s'en déduit qu'aucune personne ne saurait être admise à intervenir comme partie civile dans la procédure déjà engagée dans l'intérêt d'une autre (■ Cass. crim., 31 janv. 1989 : *Bull. crim.*, n° 38).

50) En matière d'infraction à la loi sur la liberté de la presse, les faits doivent être appréciés au regard de la qualification fixée irrévocablement à l'acte initial des poursuites ; toute erreur sur ce point, si elle est sans influence sur la validité de la citation, fait en revanche obstacle à la condamnation (■ Cass. crim., 30 mars 2005 : *Bull. crim.*, n° 112) ; en l'espèce l'exception de nullité quant à la qualification des faits avait été déclarée irrecevable comme ayant été présentée pour la première fois en cause d'appel, d'où la cassation avec renvoi.

Art. 54. – Le délai entre la citation et la comparution sera de vingt jours outre un jour par cinq myriamètres de distance.

Toutefois, en cas de diffamation ou d'injure pendant la période électorale contre un candidat à une fonction électorale, ce délai sera réduit à vingt-quatre heures, outre le délai de distance, et les dispositions des articles 55 et 56 ne seront pas applicables.

1) Le délai de vingt jours visé par l'article 54 est un délai franc.

2) Il résulte de la combinaison des articles 54 de la loi du 29 juillet 1881 et 553-1° du Code de procédure pénale que lorsque la partie citée ne se présente pas, la citation délivrée en violation de l'article 54 précité est entachée de nullité, et ne saisit la juridiction répressive ni de l'action civile ni de l'action publique (■ Cass. crim., 9 nov. 1992 : *Bull. crim.*, n° 362). L'inobservation du délai de citation porte nécessairement atteinte aux intérêts de la partie qui ne comparaît pas, de même que la décision de renvoi irrégulièrement prononcée par la juridiction de jugement (arrêt précité). La partie citée à trop bref délai présente ou représentée devant le tribunal a seulement la faculté de demander le renvoi de l'affaire à une audience ultérieure pour parfaire le délai (■ Cass. crim., 21 nov. 1989 : *Bull. crim.*, n° 431).

3) L'article 54, alinéa 1, ne concerne que l'exploit introductif d'instance et non les citations ultérieures, ni celles délivrées en cause d'appel (■ Cass. crim., 4 mars 1971 : *Bull. crim.*, n° 77. ■ 19 oct. 1999 : *Bull. crim.*, n° 223).

4) Encourt la cassation l'arrêt qui retient que le délai n'est pas respecté dès lors que la citation, délivrée à la requête du ministère public, est intervenue quatorze jours avant la comparution du prévenu renvoyé devant le tribunal correctionnel par ordonnance du juge d'instruction (■ Cass. crim., 12 oct. 2004 : *Bull. crim.*, n° 240).

5) Justifie sa décision une cour d'appel, qui pour écarter l'exception de nullité d'une citation délivrée dans le délai prévu à l'alinéa 2 de l'article 54 de la loi du 29 juillet 1881, énonce que la période électorale commence, pour les élections législatives, à compter du jour où sont reçues les déclarations de candidatures dans les préfectures (■ Cass. crim., 16 févr. 1999 : *Bull. crim.*, n° 22).

6) Si le délai légal entre le jour où la citation est délivrée et le jour fixé pour la comparution n'a pas été observé, la citation doit être déclarée nulle dans le cas où la partie citée ne se présente pas.

Encourt la cassation l'arrêt qui, dans une poursuite exercée du chef de provocation à la discrimination raciale, retient, pour écarter l'exception de nullité de la poursuite prise de l'inobservation du délai de citation, que, si le jugement doit être annulé, la cour doit évoquer l'affaire, constater qu'elle a été régulièrement saisie par l'appel du ministère public, et que, les prévenus ayant été effectivement informés de l'accusation portée contre eux par la notification du jugement qui leur a été faite, les prescriptions de l'article 6 de la Convention européenne des droits de l'homme sont satisfaites (■ Cass. crim., 15 déc. 2015, n° 14-85.570).

Art. 54-1 *(L. n° 2017-86, 27 janv. 2017)*. **– En cas de poursuites engagées en application des articles 50 ou 53 sous la qualification prévue soit au septième alinéa de l'article 24, soit au deuxième alinéa de l'article 32, soit au troisième alinéa de l'article 33, la juridiction de jugement peut, dans le respect du principe du contradictoire, requalifier l'infraction sur le fondement de l'une de ces dispositions.**

En cas de poursuites engagées en application des articles 50 ou 53 sous la qualification prévue soit au huitième alinéa de l'article 24, soit au troisième alinéa de l'article 32, soit au quatrième alinéa de l'article 33,

la juridiction de jugement peut, dans le respect du principe du contradictoire, requalifier l'infraction sur le fondement de l'une de ces dispositions.

Art. 55 *(L. n° 2017-86, 27 janv. 2017)*. **– Quand le prévenu voudra être admis à prouver la vérité des faits diffamatoires, conformément aux dispositions de l'article 35 de la présente loi, il devra, dans le délai de dix jours après la signification de la citation, faire signifier au ministère public ou au plaignant au domicile par lui élu, suivant qu'il est assigné à la requête de l'un ou de l'autre :**

1° Les faits articulés et qualifiés dans la citation, desquels il entend prouver la vérité ;

2° La copie des pièces ;

3° Les noms, professions et demeures des témoins par lesquels il entend faire la preuve.

Cette signification contiendra élection de domicile près le tribunal correctionnel, le tout à peine d'être déchu du droit de faire la preuve.

En cas de poursuites engagées sous la qualification prévues aux septième ou huitième alinéas de l'article 24 ou aux troisième ou quatrième alinéas de l'article 33, le présent article est également applicable devant la juridiction de jugement si celle-ci requalifie l'infraction sous la qualification prévue aux deuxième et troisième alinéas de l'article 32.

1) Il résulte de l'article 55 de la loi du 29 juillet 1881 que, pour être admis au titre de l'offre de preuve, les écrits et témoignages prévus par ce texte doivent, quelle que soit leur date, concerner des faits antérieurs à la perpétration de la diffamation (■ Cass. crim., 24 oct. 1989 : *Bull. crim.*, n° 379. ■ 22 mai 1997 : *Bull. crim.*, n° 200).

– De même, encourt en conséquence la cassation l'arrêt qui déclare établie la vérité de faits diffamatoires en se fondant sur des pièces établissant l'existence de procédures judiciaires postérieures aux écrits diffamatoires qui ne pouvaient avoir été connues des prévenus et avoir servi de fondement à leurs allégations (■ Cass. crim., 22 oct. 2013, n° 12-86.197 : *Bull. crim.*, n° 199 ; *D.* 2013, p. 2523).

2) Les juges n'ont pas de pouvoir pour provoquer, compléter ou parfaire la preuve de la vérité que la loi a laissé à l'initiative de la partie poursuivie (■ Cass. crim., 21 oct. 1964 : *Bull. crim.*, n° 273).

3) Il résulte de la combinaison des articles 54, alinéa 2 et 57, alinéa 2 de la loi du 29 juillet 1881, que l'application des prescriptions de l'article 55 de ladite loi est écartée seulement dans la mesure où la juridiction de jugement est saisie de la poursuite avant les élections à l'occasion desquelles la diffamation incriminée a été perpétrée (■ Cass. crim., 22 juill. 1981 : *Bull. crim.*, n° 236).

4) Le délai de dix jours prévu par l'article 55 n'est pas un délai franc (■ Cass. crim., 2 août 1894 : *S.* 94, 1, 472) mais il est d'ordre public : la déchéance qui entraîne son non-respect doit être déclarée d'office par le juge (■ Cass. crim., 17 nov. 1953 : *Bull. crim.*, n° 296. ■ 24 sept. 2002 : *Bull. crim.*, n° 173) et peut être invoquée pour la première fois devant la Cour de cassation (■ Cass. crim., 11 mai 1960 : *Bull. crim.*, n° 253 et en tout état de cause ■ Cass. crim., 24 sept. 2002 : préc.). Ce délai ne peut être augmenté à raison de la distance (■ Cass. crim., 24 juin 1986 : *Bull. crim.*, n° 223 ; *Rev. sc. crim.* 1986, 854, obs. Levasseur).

5) Selon l'article 641 du Code de procédure civile, lorsqu'un délai est exprimé en jours, celui de l'acte, de l'événement, de la décision ou de la notification qui le fait courir ne compte pas.

Selon l'article 55 de la loi du 29 juillet 1881, le prévenu qui veut être admis à prouver la vérité des faits diffamatoires doit faire signifier les moyens de son offre de preuve à la partie poursuivante dans les dix jours après la signification de la citation.

Encourt la cassation l'arrêt qui, pour déclarer le prévenu déchu de son offre de preuve, retient que le délai de dix jours a commencé à courir le 10 juin 2008, date de la signification au prévenu de la citation introductive d'instance et que ce délai ayant expiré le 19 juin 2008, l'offre de preuve notifiée le 20 juin 2008 a été tardive, alors que cette offre de preuve a été faite le dernier jour du délai légal (■ Cass. crim., 11 oct. 2011, n° 10-88.091 : *Bull. crim.*, n° 200).

6) Le point de départ du délai est la date de la première citation introductive de l'instance et non la date de la citation à comparaître (Req. 20 oct. 1896 : *S.* 97, 1, 121. ■ Cass. crim., 6 nov. 1962 : *Bull. crim.*, n° 303).

– Le délai de dix jours dans lequel le prévenu qui veut prouver la vérité des faits diffamatoires doit faire la signification prescrite par l'article 55 de la loi du 29 juillet 1881 a pour point de départ la signification de la citation, y compris lorsque la juridiction de jugement est saisie par ordonnance de renvoi du juge d'instruction (■ Cass. crim., 8 nov. 2005 : *Bull. crim.*, n° 282).

7) En cas de défaut, le point de départ est encore celui de la citation introductive d'instance et l'opposition ne fait pas courir un nouveau délai de dix jours (■ Cass. crim., 31 mai 1949 : *JCP* 49, II, 5207, note Colombini). En cas de renvoi de l'affaire, une nouvelle citation ne fait pas courir un nouveau délai (■ Cass. crim., 28 mai 1957 : *Bull. crim.*, n° 451).

8) Il résulte des dispositions des articles 55 et 56 que le prévenu doit spécifier les faits articulés et qualifiés dans la citation, desquels il entend faire la preuve ; cette spécification est une formalité substantielle qui doit être observée à peine de déchéance du droit de faire la preuve, déchéance d'ordre public devant être relevée d'office par le juge (■ Cass. crim., 23 oct. 1975 : *Bull. crim.*, n° 224. ■ 29 nov. 1994 : *Bull. crim.*, n° 383). Cette spécification est nécessaire alors même que le prévenu entendrait faire la preuve de tous les faits visés dans la citation (■ Cass. crim., 27 avr. 2004 : *Bull. crim.*, n° 100). Il n'en est pas ainsi lorsque la citation n'incrimine qu'un seul fait (■ Cass. crim., 27 oct. 1998 : *Bull. crim.*, n° 279).

9) Seules les preuves rapportées dans les conditions prescrites par les articles 55 et 56 pourront être produites aux débats sur l'exception (■ Cass. crim., 7 déc. 1950 : S. 1951, 1, 196 ; *Rev. sc. crim.* 1951, 531, obs. Patin. ■ 18 déc. 1978 : *Gaz. Pal.* 1979, 2, 322, note P.L.G. ; *Rev. sc. crim.* 1979, 842, obs. Levasseur. ■ Cass. crim., 14 oct. 1997 : *Bull. crim.*, n° 333).

10) L'offre de preuve de la vérité des faits diffamatoires est une procédure incidente du procès principal. Les juges ne peuvent la provoquer ni la compléter ni la parfaire. Il s'en déduit que le demandeur qui a usé des dispositions de l'article 55 de la loi du 29 juillet 1881 ne saurait se faire un grief de ce que les juges du fond n'ont pas statué sur cette offre de preuve, quand le prévenu n'a pas fait citer les témoins ou produit les pièces visées par lui, à l'origine, dans sa signification faite conformément à l'article précité (■ Cass. crim., 12 juill. 1983 : *Bull. crim.*, n° 221). V. aussi ■ Cass. crim., 15 juin 1984 : *Bull. crim.*, n° 226.

11) Si aux termes de l'article 55 de la loi du 29 juillet 1881, le prévenu de diffamation est tenu de faire signifier à la partie adverse la copie des pièces par lesquelles il entend faire la preuve de la vérité des faits, cette formalité résulte suffisamment de l'exploit qui, après avoir visé les pièces offertes en preuve, atteste que l'huissier a laissé à la partie concernée copie dudit exploit et des pièces mentionnées (■ Cass. crim., 6 mai 1986 : *Bull. crim.*, n° 154 ; *Rev. sc. crim.* 1987, 206, obs. Levasseur).

12) En refusant d'admettre la preuve par témoins au motif que la preuve par écrits dont elle était complémentaire était irrecevable, la cour d'appel prive les prévenus de leur droit d'administrer la preuve testimoniale ; ces deux modes de preuve, même s'ils sont employés cumulativement, sont par leur nature distincts l'un de l'autre et n'ont aucun caractère indivisible (■ Cass. crim., 6 mai 1986, préc.). Si aucune disposition de la loi, aucun principe de droit ne fait obstacle à ce que les témoins dénoncés pour établir la preuve de la vérité des faits diffamatoires soient admis à déposer sur la bonne foi des prévenus, c'est à la condition que l'offre de preuve ait été déclarée irrecevable et que l'audition des témoins au titre de la bonne foi ait été demandée par conclusions (■ Cass. crim., 22 mai 1990 : *Bull. crim.*, n° 211).

13) Il appartient aux juges du fond d'apprécier souverainement la valeur des témoignages et documents offerts en preuve du fait diffamatoire conformément aux dispositions des articles 35 et 55 de la loi du 29 juillet 1881. Ils ne sauraient, avant d'en avoir pris connaissance, les écarter au motif qu'ils auraient été obtenus par des moyens déloyaux (■ Cass. crim., 18 nov. 1986 : *Bull. crim.*, n° 345).

14) Ne sauraient porter atteinte au principe posé par l'article 6 de la Convention européenne des droits de l'homme, selon lequel toute personne a droit à ce que sa cause soit entendue équitablement, les règles relatives à l'administration de la preuve de la vérité du fait diffamatoire, énoncées par l'article 55 de la loi du 29 juillet 1881 ; cette loi soumet l'exercice de la liberté de la presse à des restrictions constituant des mesures nécessaires à la protection de la réputation et des droits d'autrui au sens de l'article 10 de ladite Convention (■ Cass. crim., 23 mai 1989 : *Bull. crim.*, n° 215. V. aussi ■ Cass. crim., 22 mai 1990 : *Bull. crim.*, n° 212).

15) Les formalités prévues à l'article 55 de la loi de 1881 ne constituent pas en elles-mêmes des défenses au fond. Leur accomplissement ne saurait nuire à la libre et entière défense des prévenus ni impliquer de leur part une renonciation à proposer au tribunal les exceptions et moyens de nullité dont ils peuvent se prévaloir pourvu qu'ils le fassent avant toute défense au fond (■ Cass. crim., 6 juin 1990 : *Bull. crim.*, n° 229).

16) En matière de diffamation raciale, le prévenu qui a spontanément offert, dans les conditions précisées par l'article 55, de faire la preuve de la vérité des faits diffamatoires, ne saurait ensuite soutenir que les termes ou expressions incriminés ne seraient pas diffamatoires, faute de contenir l'imputation d'un fait précis susceptible de preuve (■ Cass. crim., 29 nov. 1994 : *Bull. crim.*, n° 381).

17) Le prévenu qui a spontanément demandé, dans les conditions déterminées par l'article 55 de la loi du 29 juillet 1881, à faire la preuve des faits allégués, conserve la faculté de soutenir que les propos ou écrits incriminés ne portent pas atteinte à l'honneur et à la considération de la partie civile (■ Cass. crim., 2 sept. 2003 : *Bull. crim.*, n° 150 ; *Dr. pénal* 2003, comm. 144, obs. M. Véron).

18) La délivrance de la citation d'un directeur de publication au siège du journal, en dehors des cas où elle est exceptionnellement autorisée, étant nécessairement de nature à porter atteinte aux droits de la défense, en entravant l'exercice des droits reconnus au prévenu par l'article 55 de la loi du 29 juillet 1881, c'est à la partie poursuivante qu'il appartient de démontrer l'absence éventuelle d'effet de l'irrégularité constatée (■ Cass. crim., 7 avr. 1994 : *Bull. crim.*, n° 143).

19) Il résulte des articles 7 à 13 et 42 de la loi du 29 juillet 1881, ainsi que de l'article 5 de la loi du 1er août 1986, que le directeur de la publication d'un journal ou celui qui a pris cette qualité dans la publication peut par dérogation aux articles 555 et suivants du Code de procédure pénale, être cité au siège de l'entreprise éditrice, à raison des écrits ou images publiés par l'organe de presse dont il est responsable ; la délivrance de la citation dans ces conditions n'est pas de nature à porter atteinte aux droits de la défense ni à entraver l'exercice des droits reconnus au prévenu par l'article 55 de la loi du 29 juillet 1881 dès lors que les formalités prévues par l'article 558 ont été accomplies (■ Cass. crim., 11 déc. 2001 : *Bull. crim.*, n° 264).

20) Une citation faite au domicile élu par le prévenu résidant en France devant le juge d'instruction, en application de l'article 116 du Code de procédure pénale, vaut citation à personne, et les articles 556 et 557 du Code de procédure pénale ne sont pas applicables en pareil cas (■ Cass. crim., 11 déc. 2001 : *Bull. crim.*, n° 263).

21) Les dispositions de la loi du 29 juillet 1881 qui incriminent la diffamation et qui imposent au prévenu d'apporter la preuve des faits justificatifs qu'il invoque dans les formes et délais prévus à l'article 55 de ladite loi est conforme à l'article 10 de la Convention européenne des droits de l'homme (■ Cass. crim., 14 oct. 1997 : *Bull. crim.*, n° 333).

Art. 56. – Dans les cinq jours suivants, en tout cas au moins trois jours francs avant l'audience, le plaignant ou le ministère public, suivant les cas, sera tenu de faire signifier au prévenu, au domicile par lui élu, les copies des pièces et les noms, professions et demeures des témoins par lesquels il entend faire la preuve du contraire, sous peine d'être déchu de son droit.

1) QPC. Non-lieu à renvoi devant le Conseil constitutionnel de la QPC visant l'article 56 (■ Cass. crim., 22 juill. 2015, n° 15-90.009).

2) Les pièces produites par le plaignant ne peuvent servir à faire la preuve de la vérité des imputations portées contre lui et ne peuvent donc fonder une relaxe (■ Cass. crim., 20 mai 1954 : *JCP* 54, II, 8261, note Chavanne. ■ 19 mai 1958 : *Bull. crim.*, n° 398).

Art. 57. – Le tribunal correctionnel et le tribunal de simple police seront tenus de statuer au fond dans le délai maximum d'un mois à compter de la date de la première audience.

Dans le cas prévu à l'alinéa 2 de l'article 54, la cause ne pourra être remise au-delà du jour fixé pour le scrutin.

1) Le délai prévu par l'article 57 n'est pas prescrit à peine de nullité ou de déchéance (■ Cass. crim., 5 mai 1951 : *Gaz. Pal.* 1951, Table, V° *Presse*, n° 66).

2) Encourt la cassation l'arrêt des mentions duquel il ne résulte pas, sans équivoque, que le prévenu ou son conseil aient eu la parole les derniers (■ Cass. crim., 11 déc. 1984 : *Bull. crim.*, n° 399).

Art. 58 ***(Mod., L. n° 81-759, 6 août 1981)*****. – Le droit de se pourvoir en cassation appartiendra au prévenu et à la partie civile, quant aux dispositions relatives à ses intérêts civils. Le prévenu sera dispensé de se mettre en état.**

La partie civile pourra user du bénéfice de l'article 124 (424) du Code d'instruction criminelle [*C. proc. pén., art. 585*], sans le ministère d'un avocat à la Cour de cassation.

1) Texte spécial, l'article 58 exclut l'application des dispositions restrictives de l'article 575 du Code de procédure pénale (■ Cass. crim., 9 janv. 1979 : *Bull. crim.*, n° 15. ■ 4 nov. 1986 : *Bull. crim.*, n° 323. ■ 13 oct. 1987 : *Bull. crim.*, n° 349. ■ 26 juill. 1988 : *Bull. crim.*, n° 309. ■ 12 janv. 1993 : *Bull. crim.*, n° 12).

2) Si, d'après l'article 58 de la loi du 29 juillet 1881, le droit de se pourvoir appartient à la partie civile quant aux seules dispositions relatives à ses intérêts civils, cette restriction aux effets du pourvoi n'a pas lieu lorsqu'il n'a été statué que sur la nullité de la citation (■ Cass. crim., 20 janv. 1987 : *Bull. crim.*, n° 30).

3) Il résulte des articles préliminaire du Code de procédure pénale, 6, § 1, de la Convention européenne des droits de l'homme et 58, alinéa 2, de la loi du 29 juillet 1881 sur la liberté de la presse que le prévenu non condamné pénalement peut, comme la partie civile, quand il est demandeur au pourvoi, user du bénéfice de l'article 585 du Code de procédure pénale et transmettre directement son mémoire au greffe de la Cour de cassation sans le ministère d'un avocat à ladite cour (■ Cass. crim., 13 déc. 2016, n° 16-80.812).

Art. 59. – Le pourvoi devra être formé, dans les trois jours, au greffe de la cour ou du tribunal qui aura rendu la décision. Dans les vingt-quatre heures qui suivront, les pièces seront envoyées à la Cour de cassation, qui jugera d'urgence dans les dix jours à partir de leur réception.

L'appel contre les jugements ou le pourvoi contre les arrêts des cours d'appel qui auront statué sur les incidents et exceptions autres que les exceptions d'incompétence ne sera formé, à peine de nullité, qu'après le jugement ou l'arrêt définitif et en même temps que l'appel ou le pourvoi contre ledit jugement ou arrêt.

Toutes les exceptions d'incompétence devront être proposées avant toute ouverture du débat sur le fond ; faute de ce, elles seront jointes au fond et il sera statué sur le tout par le même jugement.

1) Le délai prévu par l'article 59 n'est pas un délai franc (■ Cass. crim., 23 juin 1964 : *Bull. crim.*, n° 209. ■ 14 janv. 1971 : *Bull. crim.*, n° 14 ; *JCP* 71, II, 16943, note Chambon. ■ 10 oct. 1974 : *Bull. crim.*, n° 290. ■ 19 sept. 1981 : *Bull. crim.*, n° 255. ■ 29 nov. 1983 : *Bull. crim.*, n° 324. ■ 6 janv. 1987 : *Bull. crim.*, n° 4. ■ 17 mai 1989 : *Dr. pénal* 1990, n° 13). Ce délai ne peut être prorogé qu'en application de l'article 801 du Code de procédure pénale ou en cas de force majeure (■ Cass. crim., 2 mars 1999 : *Bull. crim.*, n° 28). Le délai s'applique notamment au pourvoi contre les arrêts de la chambre d'accusation (■ Cass. crim., 19 sept. 1981, préc. ■ 8 avr. 1986 : *Bull. crim.*, n° 118. ■ 6 janv. 1987, préc.). L'article 59 est d'une portée générale en matière de presse. Il s'applique notamment lorsque la décision n'a statué que sur l'action civile (■ Cass. crim., 15 déc. 1987 : *Bull. crim.*, n° 467).

2) Les règles de procédure de la loi du 29 juillet 1881 étant applicables en matière d'injures non publiques, le pourvoi en cassation doit, aux termes de l'article 59 de cette loi, être formé dans les trois jours au greffe de la juridiction qui a rendu la décision (■ Cass. crim., 17 mai 1988 : *Bull. crim.*, n° 214).

3) Est tardif et irrecevable, comme le pourvoi formé contre l'arrêt sur le fond, le pourvoi contre un arrêt statuant sur des exceptions, qui, après ordonnance de non-admission, a été renouvelé alors qu'était expiré le délai légalement imparti pour exercer cette voie de recours (■ Cass. crim., 4 nov. 1987 : *Bull. crim.*, n° 389).

4) Lorsqu'une décision a statué sur une infraction prévue par la loi de 1881 et sur une infraction visée par un autre texte, jugé tantôt que le délai du pourvoi est celui du droit commun (■ Cass. crim., 9 oct. 1974 : *Bull. crim.*, n° 282), tantôt que le délai est de trois jours non francs pour les dispositions de l'arrêt relatives à l'infraction de presse et de cinq jours francs pour le surplus (■ Cass. crim., 18 déc. 1975 : *Bull. crim.*, n° 289 et 290. ■ 15 janv. 1991 : *JCP* 91, IV, 151. – Solution confirmée par ■ Cass. crim., 25 févr. 2003 : *Bull. crim.*, n° 48).

5) Les délais de pourvoi en cassation prévus par l'article 568, alinéa 1 du Code de procédure pénale et par l'article 59 de la loi de 1881 ont pour **point de départ** le jour où l'arrêt attaqué a été rendu, fût-ce en l'absence du demandeur, quand les prescriptions de l'article 462 du Code de procédure pénale ont été respectées et quand bien même le demandeur n'aurait pas été présent à l'audience indiquée par le président et qui a vu ordonner la prolongation du délibéré à une date ultérieure (■ Cass. crim., 4 janv. 1983 : *Bull. crim.*, n° 5. ■ 20 juin 1985 : *Bull. crim.*, n° 240). Le pourvoi en cassation a pour point de départ le lendemain du jour du prononcé du jugement, lorsque les parties ont été informées comme le prévoit l'article 462, alinéa 2, dudit code du jour auquel l'arrêt serait rendu (■ Cass. crim., 2 mars 1999, préc.). Mais le point de départ du délai se situe au jour de la signification de l'arrêt si l'avis prescrit par l'article 462, alinéa 2, du Code de procédure pénale n'a pas été donné à la partie intéressée (■ Cass. crim., 21 nov. 1989 : *Bull. crim.*, n° 431. ■ 18 juill. 1990 : *Bull. crim.*, n° 290).

6) Les dispositions du Code de procédure pénale relatives aux voies de recours contre les **décisions rendues sur incidents** sont applicables en matière de presse sous la seule réserve qu'est toujours immédiatement recevable en ce dernier domaine le recours contre une décision avant dire droit statuant sur une exception d'incompétence, qu'il s'agisse d'une décision mettant fin ou non à la procédure (■ Cass. crim., 13 avr. et 30 mai 1967 : *Bull. crim.*, n° 122 et 167. – 26 juin et 16 oct. 1968 : *Bull. crim.*, n° 209 et 259. ■ 3 janv. 1970 : *Bull. crim.*, n° 5).

7) N'entre pas dans la classe des décisions visées par l'article 507 du Code de procédure pénale le jugement avant dire droit qui se prononce sur une exception d'incompétence au sens de l'alinéa 2 de l'article 59 de la loi du 29 juillet 1881. Doit être de droit soumis à la Chambre criminelle l'arrêt de la cour d'appel qui statue sur l'appel formé contre un tel jugement et ce, malgré une ordonnance du président de la Chambre des appels correctionnels disant l'appel non immédiatement recevable, cette ordonnance intervenant dans une hypothèse ne se trouvant pas dans la compétence du président de la Chambre des appels correctionnels (Ord. prés. Ch. crim. 15 févr. 1988 : *Bull. crim.*, n° 70).

8) Se trouve frappé de nullité le pourvoi formé contre l'arrêt d'une cour d'appel qui dans des poursuites pour diffamation a statué sur une exception de nullité de la procédure autre que l'incompétence. Ladite nullité résulte des effets combinés de l'ordonnance de rejet du président de la Chambre criminelle de la Cour de cassation et des dispositions de l'article 59 de la loi du 29 juillet 1881 (■ Ord. prés. Ch. crim. 6 juill. 1987 : *Bull. crim.*, n° 288).

9) Selon l'article 59, alinéa 2, de la loi du 29 juillet 1881, le pourvoi contre les arrêts des cours d'appel ayant statué en matière de presse sur des incidents ou exceptions autres que les exceptions d'incompétence ne peut être formé, à peine de nullité, qu'après l'arrêt sur le fond et en même temps que le pourvoi contre cet arrêt (■ Cass. crim., 7 mars 2000 : *Bull. crim.*, n° 106. ■ 6 déc. 2005 : *Bull. crim.*, n° 324).

10) En application de l'article 59 de la loi du 29 juillet 1881 est nul le pourvoi formé contre un arrêt statuant sur des incidents et exceptions autres que les exceptions d'incompétence. Il s'en déduit que pour critiquer cet arrêt, un nouveau pourvoi doit être formé en même temps que le pourvoi formé contre l'arrêt statuant sur le fond ; faute par le demandeur d'avoir formé un nouveau pourvoi, est irrecevable le moyen qui critique les dispositions de l'arrêt frappé du pourvoi annulé (■ Cass. crim., 3 juin 2003 : *Bull. crim.*, n° 115).

11) Il résulte de l'article 59, alinéa 2, de la loi du 29 juillet 1881, que le pourvoi contre les arrêts de cour d'appel ayant statué, en matière de presse, sur les incidents et exceptions autres que les exceptions d'incompétence, ne peut être formé qu'après l'arrêt sur le fond, en même temps que le pourvoi contre cet arrêt, et ce à peine de nullité.

Doit en conséquence être déclaré nul le pourvoi formé contre l'arrêt d'une chambre de l'instruction qui a confirmé l'ordonnance du juge d'instruction ayant dit n'y avoir lieu de constater l'irrecevabilité de la constitution d'une partie civile (■ Cass. crim., 17 déc. 2013, n° 12-87.133 : *Bull. crim.*, n° 261 ; *AJP* 2014, p. 184, obs. G. Royer).

12) En cas de poursuites exercées pour des infractions de presse et des infractions de droit commun, la validité ou la recevabilité du pourvoi doit être appréciée selon que cette voie de recours concerne les premières de ces infractions ou les secondes.

Il résulte de l'article 59, alinéa 2, de la loi du 29 juillet 1881 que le pourvoi contre les arrêts des cours d'appel ayant statué en matière de presse sur des incidents et exceptions autres que les exceptions d'incompétence ne peut être formé qu'après l'arrêt sur le fond, et ce à peine de nullité. Est en conséquence nul le pourvoi formé contre un arrêt ayant rejeté des exceptions de nullité et de prescription portant sur des infractions de presse.

Est en revanche irrecevable en l'état le pourvoi en ce qu'il est formé contre les dispositions du même arrêt, relatives à des infractions de droit commun, qui rejettent une exception de nullité et ne mettent en conséquence pas fin à la procédure, le pourvoi ne pouvant à cet égard être examiné, en application de l'article 570 du Code de procédure pénale, qu'en même temps que l'arrêt sur le fond (■ Cass. crim., 14 janv. 2014, n° 12-88.212).

13) Pouvoirs du président de la chambre criminelle. Les dispositions des articles 570 et 571 du Code de procédure pénale autorisent le président de la Chambre criminelle à apprécier si un pourvoi contre un arrêt ne mettant pas fin à la procédure doit être reçu dans l'intérêt de l'ordre public ou d'une bonne administration de la justice, mais elles ne lui permettent pas, en matière de presse, de relever ce pourvoi de la nullité qui le frappe en vertu de l'article 59, alinéa 2, de la loi du 29 juillet 1881, applicable tant aux arrêts de cour d'appel qu'aux décisions de la chambre de l'instruction (■ Cass. crim., 26 oct. 2004 : *Bull. crim.*, n° 257).

Art. 60. – Sous réserve des dispositions des articles 50, 51 et 52 ci-dessus, la poursuite des crimes aura lieu conformément au droit commun.

§ 3. – Peines complémentaires, récidive, circonstances atténuantes, prescription

(Ord. 13 sept. 1945)

Art. 61. – S'il y a condamnation, l'arrêt pourra, dans les cas prévus aux articles 24 (§§ 1er et 3), 25, 36 et 37, prononcer la confiscation des écrits ou imprimés, placards ou affiches saisis, et, dans tous les cas,

ordonner la saisie et la suppression ou la destruction de tous les exemplaires qui seraient mis en vente, distribués ou exposés aux regards du public. Toutefois, la suppression ou la destruction pourra ne s'appliquer qu'à certaines parties des exemplaires saisis.

Les juges ont le droit d'ordonner, dans les termes du droit commun, la publication de leur décision dans les journaux de leur choix, à titre de réparations civiles, mais sans pouvoir, de ce chef, ordonner l'exécution provisoire (■ Cass. crim., 16 oct. 1968 : *Bull. crim.*, n° 255).

Art. 62. – En cas de condamnation prononcée en application des articles 23, 24 (al. 1er et 2 [3]), 25 et 27, la suspension du journal ou du périodique pourra être prononcée par la même décision de justice pour une durée qui n'excédera pas trois mois. Cette suspension sera sans effet sur les contrats de travail qui liaient l'exploitant, lequel reste tenu de toutes les obligations contractuelles ou légales en résultant.

Art. 63 *(L. n° 72-546, 1er juill. 1972 ; L. n° 2014-1353, 13 nov. 2014)*. – L'aggravation des peines résultant de la récidive ne sera applicable qu'aux infractions prévues par les articles 24 (alinéas 5, 7 et 8), 32 (alinéas 2 et 3) et 33 (alinéas 3 et 4) de la présente loi.

En cas de conviction de plusieurs crimes ou délits prévus par la présente loi, les peines ne se cumuleront pas, et la plus forte sera seule prononcée.

Art. 64 *(L. n° 2000-516, 15 juin 2000)*. – Lorsqu'ont été ordonnées en référé des mesures limitant par quelque moyen que ce soit la diffusion de l'information, le premier président de la cour d'appel statuant en référé peut, en cas d'appel, arrêter l'exécution provisoire de la décision si celle-ci risque d'entraîner des conséquences manifestement excessives.

Art. 65 *(L. n° 93-2, 4 janv. 1993)*. – L'action publique et l'action civile résultant des crimes, délits et contraventions prévus par la présente loi se prescriront après trois mois révolus, à compter du jour où ils auront été commis ou du jour du dernier acte d'instruction ou de poursuite, s'il en a été fait.

Toutefois, avant l'engagement des poursuites, seules les réquisitions aux fins d'enquête seront interruptives de prescription. Ces réquisitions devront, à peine de nullité, articuler et qualifier les provocations, outrages, diffamations et injures à raison desquels l'enquête est ordonnée.

Les prescriptions commencées à l'époque de la publication de la présente loi et pour lesquelles il faudrait encore, suivant les lois existantes, plus de trois mois à compter de la même époque, seront, par ce laps de trois mois, définitivement accomplies.

1) QPC. – Non-lieu à renvoi au Conseil constitutionnel de la question prioritaire de constitutionnalité concernant les dispositions de l'article 65, alinéa 1er de la loi du 29 juillet 1881 (■ Cass. 1re civ., 5 avr. 2012, n° 11-25.290 QPC).

2) V. ■ Cass. avis, 26 mai 2014, n° 15008 : *JurisData* n° 2014-012186.

Bibliographie : *Dr. pénal* 2012, comm. 90, obs. M. Véron. • *JCP* 2014, n° 157, p. 246 : l'harmonisation de certaines prescriptions au sein de la loi de 1881, ap. rap. de la loi du 27 janvier 2014, par E. Tricoire.

• ***Sommaire***

I – CARACTÈRES

1) La courte prescription de l'article 65 est **d'ordre public** et peut être par conséquent invoquée par les parties et même relevée d'office par le juge à toute hauteur de la procédure (■ Cass. crim., 2 avr. 1957 : *Bull. crim.*, n° 306. ■ 20 oct. 1992 : *Bull. crim.*, n° 330).

2) La prescription de l'action publique constitue une exception péremptoire et d'ordre public qui doit être relevée d'office par les juges du fond (■ Cass. crim., 14 févr. 1995 : *Bull. crim.*, n° 66. ■ 6 mai 2003 : *Bull. crim.*, n° 92).

3) L'action civile, exercée séparément, est soumise en matière d'infractions de presse à la courte prescription de l'article 65 (■ Cass. 1re civ., 28 avr. 1958 : *Bull. civ.* I, n° 216. ■ TGI Paris 26 avr. 1968 : *JCP* 69, II, 15841, note Chavanne) ; en édictant le principe général suivant lequel l'action en responsabilité civile fondée sur une faute constitutive d'une infraction pénale se prescrit selon les règles du droit civil, l'article 10 du Code de procédure pénale modifié par la loi du 23 décembre 1980 a laissé subsister la disposition spéciale de l'article 65 prévoyant une prescription de trois mois (■ Paris, 23 mars 1982 : *D.* 1982, 374, concl. Flipo. ■ Cass. crim., 11 déc. 1984 : *Bull. crim.*, n° 398).

– La fin de non-recevoir tirée de la prescription prévue par l'article 65 de la loi du 29 juillet 1881, d'ordre public, doit être relevée d'office, même devant le juge civil saisi d'une action en réparation d'une injure publique ; mais la censure est encourue si les parties n'ont pas été avisées de ce moyen et invitées à présenter leurs observations (■ Cass. 2e civ., 29 nov. 2001 : *Bull. civ.* II, n° 180). Rapp. civ. 2e, 22 juin 1988, II, n° 153.

II – DOMAINE

4) Selon les dispositions de l'article 65 de la loi du 29 juillet 1881, **sauf pour les infractions visées à l'article 65-3** de ladite loi, l'action publique et l'action civile résultant des délits et contraventions prévus par la loi sur la liberté de la presse se prescrivent après trois mois révolus à compter du jour où ils ont été commis, ou du jour du dernier acte d'instruction ou de poursuite s'il en a été fait (■ Cass. crim., 7 juin 2006 : *Bull. crim.*, n° 162).

5) Cette courte prescription a été jugée applicable à la provocation raciale ■ Cass. crim., 30 oct. 1989 : *JCP* 90, IV, 55, à la contravention d'injure non publique (■ Cass. crim., 23 juin 1964 : *Bull. crim.*, n° 211. ■ 22 mars 1974 : *JCP* 74, II, 18019, note Blin), à la contravention d'injure raciale non publique prévue par l'article R. 624-4 du Code pénal (■ Cass. crim., 11 mars 2003 : *Bull. crim.*, n° 62 ; *Dr. pénal* 2003, comm. 111, obs. M. Véron. ■ 7 juin 2006 : préc.), aux diffamations et injures circulant à découvert visées par la loi du 11 juin 1887 (■ Cass. crim., 2 mars 1960 : *Bull. crim.*, n° 132), aux infractions punies par la loi du 28 juillet 1894 sur la répression des menées anarchistes (■ Cass. crim., 26 avr. 1951 : *Bull. crim.*, n° 115), aux infractions prévues par la loi du 9 décembre 1905 sur la séparation des Églises et de l'État (■ Cass. crim., 5 déc. 1973 : *Bull. crim.*, n° 451), mais non au chantage (■ Cass. crim., 23 juill. 1941 : *DC* 1942, 11) ni aux outrages (■ Cass. crim., 29 mai 1886 : *DP* 87, 1, 89).

III – DÉLAI

6) Le calcul du délai se fait, par l'échéance des trois mois, date par date et non à raison de trois fois trente jours ; le *dies a quo* ne compte pas pour la computation du délai (■ Cass. crim., 1er juin 1953 : *D.* 1953, 574) et le délai n'est pas augmenté s'il expire un jour férié (■ Cass. crim., 18 mai 1931 : *Bull. crim.*, n° 146).

7) La mise de l'écrit à la disposition du public, en un lieu quelconque, fait courir le délai prévu par l'article 65, indépendamment du domicile des victimes, et de l'ampleur de la distribution (■ Cass. crim., 31 janv. 1995 : *Bull. crim.*, n° 39).

8) Le point de départ du délai est fixé lorsque le délit est commis par la voie d'un **livre**, au jour de la publication initiale et non au jour où cesse la vente du livre (■ Cass. crim., 5 janv. 1974 : *Bull. crim.*, n° 4 ; *D.* 1974, 295, note Chapar. ■ 22 déc. 1976 : *Bull. crim.*, n° 378) ; lorsqu'un livre, réputé diffamatoire, fait l'objet de plusieurs éditions successives, la prescription ne remonte pas au jour de la première édition mais au jour de chacune des éditions nouvelles (■ Cass. crim., 27 avr. 1982 : *Bull. crim.*, n° 102. ■ 8 janv. 1991 : *Bull. crim.*, n° 13).

9) En application de l'article 65 de la loi du 29 juillet 1881, l'action publique et l'action civile résultant des infractions prévues par ladite loi se prescrivent par trois mois révolus à compter du jour où elles ont été commises ou du jour du dernier acte de poursuite, s'il en a été fait, le délai se calculant de quantième à quantième et expirant le dernier jour à minuit (■ Cass. crim., 12 nov. 2014, n° 13-84.444).

10) L'importation de livres en gros et leur distribution aux libraires détaillants n'impliquent pas que la mise en vente ait eu lieu aussitôt après cette livraison, de sorte que pour fixer le point de départ du délai de prescription, il faut rechercher la date du premier acte de publication en France de l'écrit incriminé (■ Cass. crim., 13 oct. 1987 : *Bull. crim.*, n° 349 ; *Rev. sc. crim.* 1988, 528, obs. Levasseur).

11) Pour le délit commis par la voie d'un **périodique**, le point de départ est également le jour de la publication effective résultant de la mise en vente, et ne saurait être prise en considération la date fictive portée sur la couverture à des fins purement commerciales (■ Paris, 28 janv. 1977 : *D.* 1978, IR 80). Mais, en principe, la date portée sur la publication incriminée doit être tenue comme étant celle du délit de diffamation publique, en l'absence de toute erreur matérielle ou de toute fraude (■ Cass. crim., 27 avr. 2004 : *Bull. crim.*, n° 100 et arrêts cités).

12) Lorsque l'écrit incriminé est inséré dans un journal périodique daté du mois de sa publication, le premier jour de cette période doit être tenu comme étant la date du délit, sauf usage contraire ou erreur matérielle ou fraude, dont la preuve incombe à la partie qui l'invoque (■ Cass. crim., 24 oct. 1995 : *Dr. pénal* 1996, comm. 81, obs. Véron).

13) En matière d'infraction à la loi sur la presse, pour les écrits périodiques qui portent, non pas une date précise de publication, mais la seule indication d'une période, la publication est réputée être intervenue le premier jour de cette période, sauf preuve de la date réelle de la mise de l'écrit à la disposition du public : il appartient à la partie qui entend voir fixer le point de départ de la prescription à compter de la publication effective, d'établir cette date (■ Cass. crim., 19 mai 1998 : *Bull. crim.*, n° 173 ; *Dr. pénal* 1998, comm. 132, obs. J.-H. Robert ; V. également, ■ Paris 15 déc. 1999 :*JCP* 2000, II, 10281, note A. Schmidt et V. Facchina).

14) Justifient leur décision les juges du fond qui, par une appréciation souveraine des éléments de preuve, fixent le point de départ de la prescription à compter de la mise à la disposition du public de la revue contenant l'article diffamatoire, soit en l'espèce le 7 novembre 2003, et non de sa date présumée résultant de la période « décembre 2003-janvier 2004 » indiquée en couverture (■ Cass. crim., 5 sept. 2006 : *JurisData* 2006-035111 ; *Dr. pénal* 2006, comm. 152, obs. M. Véron).

15) Le point de départ du délai de prescription de trois mois fixé par l'article 65 de la loi du 29 juillet 1881 pour les infractions presse, qui sont des infractions instantanées, court du jour de la première diffusion de l'écrit incriminé.

Si la date précise de publication portée sur un journal doit être tenue, à l'égard de la personne visée, sauf le cas d'erreur matérielle ou de fraude, comme celle du délit, il n'en est pas de même pour les écrits contenus dans un périodique ne mentionnant pas de façon précise la date de sa publication. Dans ce dernier cas, les parties sont admises à prouver que la première diffusion de l'écrit est intervenue en dehors des dates mentionnées.

Justifie, dès lors, sa décision la cour d'appel qui retient, à la suite de la production des bordereaux de livraison d'un périodique à des points de vente différents et d'une attestation de l'imprimeur, que la date de mise à disposition du public du numéro dudit périodique est antérieure à celle qu'il mentionne (■ Cass. crim., 22 oct. 2013, n° 12-84.272 : *Bull. crim.*, n° 200 ; *Dr. pén.* 2014, comm. 6, obs. M. Veron).

16) S'agissant d'un délit commis par voie de **tracts**, il appartient aux juges de déterminer d'après les circonstances de la cause la date du premier acte de publication par lequel le délit a été commis, cette appréciation est souveraine lorsqu'elle est déduite de motifs relevant des faits susceptibles de l'étayer (■ Cass. crim., 31 janv. 1995 : *Bull. crim.*, n° 39).

17) Publication nouvelle. En matière de presse, le fait de publication étant l'élément par lequel les infractions sont consommées, toute reproduction dans un écrit rendu public d'un texte déjà publié est elle-même constitutive d'infraction, le point de départ de la prescription, lorsqu'il s'agit d'une publication nouvelle, étant fixé au jour de cette publication (■ Cass. crim., 2 oct. 2012, n° 12-80.419 : *Bull. crim.*, n° 204 ; *Dr. Pénal* 2012, comm. 157, obs. M. Véron ; *D.* 2012, act., p. 2521 ; *Procédures* 2012, comm. 373, p. 33, note J. Buisson).

18) Lorsque des poursuites pour diffamation et injures publiques sont engagées à raison de la diffusion, sur le réseau **Internet**, d'un message figurant sur un site, le point de départ du délai de prescription de l'action publique prévu par l'article 65 de la loi du 29 juillet 1881 doit être fixé à la date à laquelle le message a été mis pour la première fois à la disposition des utilisateurs du réseau (■ Cass. crim., 30 janv. 2001 : *Bull. crim.*, n° 28 ; *JCP* 2001, II, 10515, note A. Lepage. – *D.* 2001, 1.833, note Dreyer ; *D.* 2001, chron. p. 2056, par Ph. Blanchetier. ■ 16 oct. 2001 : *Bull. crim.*, n° 211 ; *Dr. pénal* 2002, comm. 12, obs. M. Véron ; *JCP* 2002, II, 10028, note Ph. Blanchetier). Encourt dès lors la cassation une cour d'appel, qui, pour fixer le point de départ de la prescription de l'action publique, à raison de textes diffusés sur Internet, retient que, sur ce réseau, l'acte de publication devient continu (■ Cass. crim., 27 nov. 2001 : *Bull. crim.*, n° 245). – V. P.-Y. Gautier, *De la prescription des infractions commises sur l'Internet* : *D.* 2002, p. 1852.

19) Il résulte de l'article 65 de la loi du 29 juillet 1881, qu'une nouvelle mise à disposition du public d'un même contenu précédemment mis en ligne sur un site internet dont une personne a volontairement réactivé le contenu initial sur le réseau internet, après qu'il eut été retiré, constitue une publication nouvelle.

Encourt la cassation, au regard de l'article 65 susvisé, un arrêt qui retient, au sujet d'un contenu poursuivi accessible sur une encyclopédie collaborative, que le seul « déplacement », par un internaute du contenu litigieux de l'onglet « historique » vers l'onglet « article », n'est pas interruptif de prescription (■ Cass. crim., 10 avr. 2018, n° 17-82.814).

20) Lorsque des poursuites pour l'une des infractions prévues par la loi du 29 juillet 1881 sont engagées en raison de la diffusion, sur le réseau internet, d'un message figurant sur un site, le point de départ du délai de prescription de l'action publique prévu par l'article 65 de la loi précitée doit être fixé à la date du premier acte de publication ; cette date est celle à laquelle le message a été mis pour la première fois à la disposition des utilisateurs ; méconnaît ce principe la cour d'appel qui, pour retarder le point de départ de la prescription de l'action publique, retient qu'en créant un nouveau mode d'accès au site existant, plus accessible par une adresse plus courte et plus simple que la dénomination initiale, l'auteur a renouvelé la mise à disposition du message dans des conditions assimilables à une réédition, alors que la simple adjonction d'une seconde adresse pour accéder à un site existant ne saurait caractériser un nouvel acte de publication de textes figurant déjà à l'identique sur ce site (■ Cass. crim., 6 janv. 2009 : *Bull. crim.*, n° 4 ; *D.* 2009, p. 1260, note Chr. Courtin ; *AJP* 2009, p. 127, obs. G. Royer).

21) L'insertion, sur internet, par l'auteur d'un écrit, d'un lien hypertexte renvoyant directement audit écrit, précédemment publié, caractérise une reproduction, à nouveau rendue publique, d'un texte déjà publié, et est constitutive d'une publication nouvelle dudit texte, qui fait courir à nouveau le délai de prescription (■ Cass. crim., 2 nov. 2016, n° 15-87.163 : *D.* 2017, 203, note A. Serinet).

22) Méconnaît l'article 65 une cour d'appel qui constate la prescription de l'action civile engagée par un plaignant, alors qu'une nouvelle mise à disposition du public, d'un contenu litigieux précédemment mis en ligne sur un site internet dont le titulaire a volontairement réactivé ledit site sur le réseau internet, après l'avoir désactivé, constitue une telle reproduction faisant courir un nouveau délai de prescription (■ Cass. crim., 7 févr. 2017, n° 15-83.439).

23) Ne saurait constituer une nouvelle publication, sur le réseau Internet, d'un contenu déjà diffusé, la juxtaposition de mots, résultant d'un processus purement automatique et aléatoire issu d'une fonction intégrée dans un moteur de recherche, exclusive, en l'espèce, de toute volonté de son exploitant d'émettre, à nouveau, les propos critiqués.

Justifie dès lors sa décision, au regard de l'article 65 de la loi du 29 juillet 1881, une chambre de l'instruction déclarant des faits, objet d'une information, prescrits, au motif que l'apparition sur le réseau Internet des propos critiqués, après une visualisation antérieure des mêmes mots, résultent d'une fonctionnalité d'un moteur de recherche dont les résultats sont automatisés et indépendants de toute intervention humaine (■ Cass. crim., 10 janv. 2017, n° 15-86.019).

24) La prescription ne court à l'égard du **complice** que du jour où a été consommé le délit auquel il a participé et non du jour où ont été commis les faits de complicité (■ Cass. crim., 8 janv. 1991 : *Bull. crim.*, n° 15).

25) Le point de départ du délai de prescription de trois mois fixé par l'article 65 de la loi du 29 juillet 1881 pour les infractions de presse, qui sont des infractions instantanées, court du jour de la première diffusion de l'écrit incriminé, la rediffusion d'un même écrit, sans reproduction ni réimpression, ne constituant pas une nouvelle publication (■ Cass. crim., 28 oct. 2014, n° 13-86.303 : *Bull. crim.*, n° 218 ; *Dr. pén.* 2014, comm. 150, obs. M. Véron).

26) Ne justifie pas sa décision la chambre de l'instruction qui, pour déterminer le point de départ du délai de prescription fixé par l'article 65, alinéa 1, de la loi du 29 juillet 1881 et dire l'action publique éteinte de ce chef, retient la date d'enregistrement à la Bibliothèque nationale de France du dépôt de l'ouvrage contenant les propos incriminés, alors que, l'accomplissement de la formalité du dépôt légal n'établissant aucune présomption que la publication ait eu lieu à cette date et ne devant être tenu que comme un élément d'appréciation, il appartenait aux juges de rechercher la date à laquelle l'écrit litigieux avait été effectivement porté à la connaissance du public et mis à sa disposition (■ Cass. crim., 15 déc. 2015, n° 14-80.756).

IV – INTERRUPTION

A – Actes interruptifs

27) Les actes de poursuite visés par l'article 65 comprennent à la fois des actes de poursuite proprement dits et les actes d'instruction (■ Cass. crim., 31 déc. 1885 : S. 86, 1, 137) ; sont notamment interruptifs les réquisitoires du parquet (■ Cass. crim., 11 oct. 1961 : *D.* 1962, 171), les plaintes avec constitution de partie civile, les citations directes, même portées devant un juge incompétent (■ Cass. crim., 29 nov. 1955 : *Bull. crim.*, n° 525), la signification régulièrement faite d'un arrêt de la chambre criminelle de la Cour de cassation renvoyant l'affaire devant une nouvelle juridiction (■ Cass. crim., 6 mai 1986 : *Bull. crim.*, n° 153), une remise de cause contradictoire (■ Cass. crim., 11 mai 1988 : *Bull. crim.*, n° 206. ■ 21 mars 1995 :

Bull. crim., n° 116), même si, à défaut d'avoir été ordonnée par jugement, elle est constatée aux notes d'audience tenues par le greffier et signées par le président (■ Cass. crim., 28 nov. 2006 : *Bull. crim.*, n° 298).

28) En application des articles 7, 8 et 551 du Code de procédure pénale, constitue un acte de poursuite le mandement par lequel le ministère public requiert un huissier de justice de délivrer une citation à comparaître devant la juridiction répressive. En l'absence de preuve contraire, la date de la cédule de citation doit être considérée comme date d'envoi à l'huissier.

Encourt la censure l'arrêt de la cour d'appel qui, pour dire l'action publique et l'action civile éteintes par la **prescription en matière de presse**, retient que les citations délivrées aux prévenus le 28 mars 2012 à la requête du procureur général en vue de comparaître à une audience du 24 avril 2012, l'ont été plus de trois mois après les appels, relevés le 9 décembre 2011, et qu'aucun effet interruptif de prescription ne peut être attaché aux mandements de citation signés par le parquet général le 27 février 2012, en raison du fait qu'aucun élément matériel ne démontre que ces mandements ont bien été transmis à l'huissier instrumentaire avant le 9 mars 2012, alors qu'aucun élément de la procédure n'établissait que la date de transmission des actes à l'huissier était différente de celles de leur signature par le procureur général (■ Cass. crim., 3 déc. 2013, n° 11-87.126 : *Bull. crim.*, n° 246).

– Rappr. ■ Cass. crim., 16 févr. 1999 : *Bull. crim.*, n° 21).

29) La convocation adressée par un juge d'instruction en vue de procéder à des auditions (en l'espèce à celle de la partie civile), interrogatoires ou confrontations, est un acte d'instruction qui interrompt la prescription (■ Cass. crim., 5 sept. 2006 : *Bull. crim.*, n° 205).

30) Selon l'article 65, alinéa 2, la prescription peut être interrompue, **avant l'engagement des poursuites**, par des réquisitions aux fins d'enquête, **à condition d'articuler et de qualifier les faits** qui motivent l'enquête ; ne répondent pas aux exigences de ce texte le soit-transmis adressé par le procureur de la République aux officiers de police judiciaire aux fins d'enquête ni les procès-verbaux établis en exécution de telles instructions (■ Cass. crim., 14 févr. 1995 : *Bull. crim.*, n° 66. ■ 30 oct. 2001 : *Bull. crim.* n° 225. ■ 22 juin 2010 : *Bull. crim.* n° 114 ; *Dr. pén.* 2010, comm. 118, obs. M. Véron).

– En revanche, les procès-verbaux qui font suite à une plainte précise et qualifiant les faits et constatent l'existence des faits dénoncés par le plaignant, ont une valeur interruptive (■ Cass. crim., 24 févr. 1966 : *Bull. crim.*, n° 73).

31) N'encourt pas la censure, l'arrêt qui, en matière de presse, reconnaît un effet interruptif de prescription à des réquisitions d'enquête, malgré un visa erroné du texte réprimant le délit de provocation à la discrimination raciale. En effet, si l'article 65, alinéa 2, de la loi du 29 juillet 1881 impose d'articuler et de qualifier les faits en raison desquels l'enquête est ordonnée, il n'exige pas, à la différence de l'article 53 de ladite loi, que soit indiqué le texte de la loi applicable à la poursuite (■ Cass. crim., 20 juin 2006 : *Bull. crim.*, n° 187).

32) La disposition de l'article 65, alinéa 2, de la loi sur la liberté de la presse selon laquelle la prescription peut être interrompue, avant l'engagement des poursuites, par des réquisitions aux fins d'enquête, à condition d'articuler et de qualifier les faits d'enquête, s'applique à tous les délits de presse y compris l'infraction de négationnisme prévue par l'article 24 *bis* de cette loi (■ Cass. crim., 30 oct. 2001 : *Bull. crim.*, n° 225 ; *Dr. pénal* 2002, comm. 28, obs. M. Véron).

33) La prescription de l'action publique, qui est interrompue par le dépôt d'une plainte avec constitution de partie civile lorsque la consignation prévue par l'article 88 du Code de procédure pénale est ultérieurement versée dans le délai imparti, est entre-temps suspendue de la date du dépôt de la plainte à celle de ce versement (■ Cass. crim., 7 sept. 1999 : *Bull. crim.*, n° 181 ; *D.* 2001, 160, note Mouysset. ■ Cass. crim., 30 mars 2016, n° 15-81.606).

34) Le juge d'instruction saisi d'une plainte attestant la volonté formelle et non équivoque de son auteur de se constituer partie civile peut, en entendant le plaignant, avant toute communication au procureur de la République, lui faire valablement compléter sa plainte pour la rendre conforme aux exigences de la loi du 29 juillet 1881.

Encourt la cassation l'arrêt d'une chambre de l'instruction qui, pour confirmer l'ordonnance de non-lieu rendue par le juge d'instruction, relève que l'action publique est éteinte par la prescription, sans rechercher l'incidence éventuelle de l'audition de la partie civile par le magistrat instructeur sur la validité de la plainte initiale, ni celle de la réquisition prise à cette fin par le procureur de la République, qui toutes deux étaient de nature à interrompre la prescription (■ Cass. crim., 30 mars 2016, n° 15-81.606).

35) Il résulte des articles 8 du Code de procédure pénale et 65 de la loi du 29 juillet 1881 que si l'action publique résultant d'une infraction prévue par la loi précitée se prescrit après trois mois révolus à compter du jour où l'infraction a été commise, ou du jour du dernier acte d'instruction ou de poursuite s'il en a été fait, la prescription est interrompue par l'audience à laquelle ont lieu les débats, et suspendue pendant la durée du délibéré, les parties poursuivantes étant alors dans l'impossibilité d'accomplir un tel acte de procédure avant le prononcé du jugement (■ Cass. crim., 17 févr. 2015, n° 13-88.129 : *JCP* 2015, p. 483, note S. Detraz ; *Procédures* 2015, comm. 135, note A. S. Chavent-Leclère).

36) Il appartient à la partie civile poursuivante de surveiller le déroulement de la procédure et d'accomplir les diligences utiles pour poursuivre l'action qu'elle a engagée, en faisant, le cas échéant, citer elle-même le prévenu à l'une des audiences de la juridiction, avant l'expiration du délai de prescription ; cette obligation n'est pas incompatible avec les articles 6 et 13 de la Convention européenne des droits de l'homme quand il n'existe pour la partie civile aucun obstacle de droit ou de fait la mettant dans l'impossibilité d'agir.

Justifie sa décision la cour d'appel qui, pour dire l'action publique du chef de diffamation éteinte par la prescription, relève que la procédure dans laquelle des témoins cités au titre de l'offre de preuve de la vérité des faits diffamatoires étaient mis en examen, a pris fin par une ordonnance du président de la chambre criminelle, et que, le cours de la prescription trimestrielle n'étant plus suspendu depuis la date de cette décision, et l'affaire de diffamation ayant continué de faire l'objet de renvois successifs, en application du sursis à statuer prononcé, il s'est écoulé un délai supérieur à trois mois entre deux audiences, sans qu'aucun acte interruptif ne soit intervenu, alors qu'il revenait à la partie poursuivante de s'assurer que la cause du sursis n'avait pas disparu, et de prendre toutes précautions utiles à ce titre (■ Cass. crim., 20 oct. 2015, n° 14-87.122).

37) Effets. L'acte interruptif de prescription produit ses effets à l'égard des auteurs de l'infraction, des complices et même des personnes qui ne seraient pas impliquées dans l'acte de poursuite (■ Cass. crim., 12 janv. 1934 : *DH* 1934, 102) ; mais par dérogation au droit commun, l'action publique se prescrit séparément à l'égard d'un parlementaire lorsqu'une poursuite dans laquelle il se trouve nommément mis en cause est engagée pendant la durée des sessions ; la prescription de l'action publique ne saurait à son égard être interrompue par des actes de poursuite valablement accomplis à l'égard d'autres participations à l'infraction (■ Cass. crim., 14 juin 1979 : *D.* 1979, 657, note Mayer et Julien-Laferrière ; *Rev. sc. crim.* 1980, 713, obs. Levasseur).

38) Exceptions. Selon les articles 179, alinéa 6, et 385, alinéa 4, du Code de procédure pénale, lorsque la juridiction correctionnelle est saisie par l'ordonnance de renvoi du juge d'instruction, les parties sont irrecevables à soulever des exceptions tirées de la nullité de la procédure antérieure ; il n'en est autrement en matière de presse que lorsque est invoquée la méconnaissance des prescriptions de l'article 50 de la loi du 29 juillet 1881 ; il s'ensuit que le prévenu renvoyé devant le tribunal correctionnel par ordonnance du juge d'instruction du chef d'un délit de presse, est irrecevable à invoquer, devant le tribunal, l'irrégularité des réquisitions d'enquête délivrées par le ministère public en application de l'article 65 de la loi du 29 juillet 1881 (■ Cass. crim., 16 sept. 2003 : *Bull. crim.*, n° 162).

B – Actes non interruptifs

39) Par contre, n'interrompent pas la prescription les simples plaintes (■ Cass. crim., 5 mars 2002 : *Bull. crim.*, n° 55) ni le dépôt d'une consignation au greffe du tribunal (■ Cass. crim., 4 mars 1971 : *Bull. crim.*, n° 77), ni les citations nulles (■ Cass. crim., 5 déc. 1973 : *Bull. crim.*, n° 451), ni les actes d'information annulés par une chambre de l'instruction (■ Cass. crim., 21 juin 2005 : *Bull. crim.*, n° 184 ; *Dr. pénal* 2005, comm. 170, obs. M. Véron), ni les procès-verbaux qui ont pour objet de recueillir des renseignements (■ Cass. crim., 31 mars 1960 : *JCP* 60, II, 11636, note Larguier, cassant ■ Paris, 18 mars 1959 : *JCP* 59, II, 11230, note Larguier) ou dressés dans le cadre d'une enquête préliminaire ordonnée sur le vu d'une plainte simple du chef de provocation raciale alors que l'acte initial de poursuite a retenu une autre qualification (■ Cass. crim., 30 oct. 1989 : *Bull. crim.*, n° 388) ni les plaintes non conformes à l'article 50 de la loi du 29 juillet 1881 (■ Cass. crim., 19 janv. 1988 : *Bull. crim.*, n° 28. ■ 18 avr. 1989 : *Dr. pénal* 1990, n° 14) ni les plaintes devant un juge incompétent (■ Cass. crim., 12 avr. 1988 : *JCP* 89, II, 21177, rapp. Dardel) ni les injonctions du président prises lors des audiences de procédure (■ Cass. 2e civ., 18 déc. 1995 : *Bull. civ.* II, n° 312) ni le procès-verbal par lequel le juge d'instruction constate que la partie civile, dûment convoquée, n'a pas comparu (■ Cass. crim., 24 nov. 1999 : *Bull. crim.*, n° 276) ni les « soit-transmis » adressés par le procureur de la République aux officiers de police judiciaire qui se bornent à prescrire l'audition d'un témoin ou à poursuivre l'enquête (■ Cass. crim., 30 oct. 2001 : *Bull. crim.*, n° 225), ni le soit-transmis demandant aux enquêteurs qu'un procès-verbal soit dressé afin de constater que le blog, support du message litigieux, est toujours accessible sur Internet et d'identifier le responsable juridique de l'hébergeur de ce blog, sans articuler les faits à raison desquels l'enquête est ordonnée (■ Cass. crim., 22 juin 2010 : *Bull. crim.* n° 114 ; *Dr. pén.* 2010, comm. 118, obs. M. Véron).

40) Peut seule avoir un effet interruptif de prescription, au sens de l'article 65, alinéa 2, de la loi du 29 juillet 1881 sur la liberté de la presse, la réquisition aux fins d'enquête qui articule et qualifie elle-même les injures à raison desquelles l'enquête est ordonnée.

Encourt par conséquent la censure l'arrêt qui, en l'absence de telles mentions dans le soit-transmis du procureur de la République, retient que la plainte initiale, annexée à cet acte et faisant corps avec lui, répond aux exigences légales et que, dès lors, la prescription a été interrompue par la réquisition (■ Cass. crim., 22 mai 2012, n° 11-82.416 : *Bull. crim.*, n° 130).

41) Selon l'article 65, alinéa 2, de la loi du 29 juillet 1881, en matière d'infractions à la loi sur la presse, avant l'engagement des poursuites, seules les réquisitions aux fins d'enquête articulant et qualifiant les provocations, outrages, diffamations et injures à raison desquels l'enquête est ordonnée sont interruptives de prescription.

Encourt dès lors la cassation l'arrêt qui, pour écarter la prescription de l'action publique dans une poursuite du chef de diffamation publique, retient que plusieurs procès-verbaux d'enquête préliminaire ont été établis depuis la mise en ligne des propos incriminés et que chacun d'eux a interrompu la prescription, alors qu'aucune réquisition répondant aux exigences de l'article 65, alinéa 2, de la loi du 29 juillet 1881 n'a été prise et qu'aucun acte de poursuite ou d'instruction n'a été effectué avant la mise en mouvement de l'action publique par la délivrance d'une convocation en justice dix mois après les faits (■ Cass. crim., 16 sept. 2014, n° 13-85.457 : *Bull. crim.*, n° 187 ; *JCP* 2014, n° 1111, p. 1965 ; *Dr. pén.* 2014, comm. 139, obs. M. Véron).

42) Une tentative de remise d'une citation à comparaître ne constitue pas un acte de poursuite répondant aux exigences de l'article 53 de la loi du 29 juillet 1881, susceptible d'interrompre la prescription (■ Cass. crim., 29 sept. 2009, pourvoi n° 09-81.424 : *Bull. crim.*, n° 161 ; *Dr. pénal* 2010, comm. 16, obs. M. Véron).

43) Fait une exacte application des dispositions des articles 6 du Code de procédure pénale et 65 de la loi du 29 juillet 1881, la juridiction du second degré qui déclare l'action publique et l'action civile résultant d'un délit de presse éteinte par la **prescription lorsque plus de trois mois se sont écoulés entre l'acte d'appel et la citation à la requête du procureur général pour l'audience** de la cour d'appel ; en effet, d'une part, aucune autorité de chose jugée ne peut s'attacher au jugement de condamnation frappé d'appel, et, d'autre part, la partie civile ne peut invoquer une prétendue suspension de la prescription au motif d'un obstacle de droit ou d'une impossibilité d'agir. En effet, en cas d'inaction du ministère public, il appartient à la partie civile d'assigner le prévenu à l'une des audiences de la cour d'appel pour interrompre le cours de la prescription, sauf le droit pour la juridiction du second degré de renvoyer la cause à une autre audience par une décision interruptive de prescription (■ Cass. crim., 25 févr. 2003 : *Bull. crim.*, n° 51 ; *Rev. Dr. pénal* 2003, comm. 72, obs. M. Véron).

44) Méconnaît les articles 6 et 8 du Code de procédure pénale, l'arrêt qui admet le caractère interruptif de prescription de conclusions de parties civiles signifiées par huissier postérieurement à leur déclaration d'appel dans une procédure pour diffamation publique envers des particuliers, alors qu'il appartient aux parties civiles appelantes de faire citer elles-mêmes le prévenu à l'une des audiences de la juridiction du second degré, sauf le droit, pour cette dernière, de renvoyer la cause à une audience utile par une décision interruptive de prescription (■ Cass. crim., 17 juin 2008, n° 07-86.330 : *Bull. crim.*, n° 152 ; *Dr. pénal* 2008, comm. 138, obs. M. Veron, préc.).

45) Le soit-transmis par lequel un magistrat de liaison communique aux autorités du pays dans lequel il est en fonction une commission rogatoire internationale est un simple acte d'administration de la justice ne pouvant être considéré comme un acte d'instruction ou de poursuite susceptible d'interrompre la prescription de l'action publique. Dès lors, justifie sa décision la chambre de l'instruction qui confirme l'ordonnance du juge d'instruction constatant la prescription de l'action publique sur une plainte assortie de constitution de partie civile pour diffamation publique envers un particulier, aucun acte d'instruction ou de poursuite n'ayant été effectué dans le délai de prescription de trois mois suivant la délivrance de la commission rogatoire internationale (■ Cass. crim., 3 mars 2015, n° 14-80.094).

V – SUSPENSION

46) La prescription n'est suspendue ni par l'état de minorité du prévenu (■ TGI Seine, 22 mai 1964 : *Gaz. Pal.* 1964, 2, somm. 5) ni par son ignorance de l'infraction (■ Cass. crim., 22 mars et 26 avr. 1890 : *D.* 90, 1, 453), ni par l'inaction du ministère public, la victime pouvant interrompre la prescription en faisant citer le prévenu (■ Cass. crim., 2 déc. 1986 : *Bull. crim.*, n° 364).

47) En matière de presse, une partie civile ne saurait se prévaloir d'une suspension du délai de prescription résultant d'une procédure ayant abouti à une ordonnance de refus d'informer en raison de l'irrégularité de la plainte initiale (■ Cass. crim., 29 sept. 2009 : *Bull. crim.*, n° 161, préc.).

48) En revanche la prescription peut être suspendue par une demande de mainlevée d'une immunité parlementaire (■ Cass. crim., 14 janv. 1965 : *Bull. crim.*, n° 17. ■ 14 juin 1979, préc.) ou par l'exercice d'une voie de recours, ainsi un pourvoi en cassation (■ Cass. crim., 5 mars 1979 : *Bull. crim.*, n° 94. ■ 19 avr. 1983 : *Bull. crim.*, n° 111) ou par l'impossibilité pour une partie civile qui a mis en mouvement l'action publique d'obliger le juge d'instruction à accomplir un acte interruptif de la prescription (■ Cass. crim., 27 oct. 1987 : *Bull. crim.*, n° 374 ; *Rev. sc. crim.* 1988, 530, obs. Levasseur). Mais V. arrêts suivants, en sens contraire de celui du 27 octobre 1987.

49) Il résulte de la combinaison des articles 82-1 et 89 du Code de procédure pénale que la faculté de présenter une demande d'acte au juge d'instruction n'est offerte à la partie civile qu'après l'ouverture de l'information. Celle-ci ne dispose d'aucun moyen de droit pour obliger le juge d'instruction à accomplir un acte interruptif de prescription tant que le procureur de la République n'a pas pris ses réquisitions après communication de la plainte en application de l'article 86 du Code de procédure pénale. **Entre-temps la prescription est nécessairement suspendue.**

Dès lors, encourt la cassation pour violation de la loi, l'arrêt de la chambre de l'instruction qui, pour déclarer éteinte par la prescription, l'action engagée par la partie civile du chef de diffamation et injure publique, après avoir constaté que plus de trois mois se sont écoulés entre la date à laquelle le juge d'instruction a rendu l'ordonnance fixant le montant de la consignation et celle à laquelle, après versement de celle-ci, il a communiqué la plainte au procureur de la République pour que ce magistrat prenne ses réquisitions, retient que la partie civile ne saurait invoquer la carence du juge d'instruction dès lors qu'il appartenait de saisir ce dernier d'une demande d'acte sur le fondement de l'article 82-1 du Code de procédure pénale (■ Cass. crim., 22 nov. 2005 : *Bull. crim.*, n° 304).

50) La partie civile tient des articles 81, alinéa 9, 82-1, 156 et 173, alinéa 3, du Code de procédure pénale la faculté de demander à la juridiction d'instruction l'accomplissement de certains actes interruptifs, notamment son audition.

Dès lors, elle ne saurait se prévaloir, pour faire échec à la prescription de l'action publique, de la suspension de celle-ci en raison de l'inaction du juge (■ Cass. crim., 26 mai 2009 : *Bull. crim.*, n° 106).

51) Il ne saurait être fait grief au juge d'avoir constaté la prescription de l'action publique et de l'action civile, plus de trois mois s'étant écoulés entre la date de la citation et la première audience, dès lors qu'il appartenait à la partie civile, à laquelle incombe l'obligation de surveiller la procédure et qui ne saurait invoquer une prétendue suspension de la prescription de l'action publique, de délivrer une nouvelle citation avant l'expiration du délai de prescription (■ Cass. crim., 11 avr. 2012, n° 11-83.916 : *JurisData* n° 2012-010813 ; *Dr. Pénal* 2012, comm. 101, obs. M. Véron).

52) Si la prescription des actions publique et civile n'est pas interrompue par des **actes d'instruction nuls ou non existants**, elle est suspendue, en pareil cas, par un obstacle de droit ayant mis la partie poursuivante dans l'impossibilité d'agir (■ Cass. crim., 29 janv. 1998 : *Dr. pénal* 1998, comm. 143, obs. M. Véron). Plus récemment il a été jugé que **les actes d'information annulés** par une chambre de l'instruction n'interrompent **ni ne suspendent** la prescription de l'action publique à l'égard de quiconque (■ Cass. crim., 21 juin 2005 : *Bull. crim.*, n° 184 ; *Dr. pénal* 2005, comm. 170, obs. M. Véron). L'impossibilité d'agir existait aussi lorsqu'il y a lieu, en application de l'ancien article 681 du Code de procédure pénale, à désignation, préalablement à toute poursuite, de la juridiction chargée de l'instruction, qu'il y ait plainte simple (■ Cass. crim., 11 oct. 1988 : *Bull. crim.*, n° 345) ou plainte avec constitution de partie civile (■ Cass. crim., 12 avr. 1988 : *JCP* 89, II, 21177).

53) Justifie sa décision la cour d'appel qui, pour confirmer le rejet d'une exception soutenant qu'en application de l'article 65 de la loi du 23 juillet 1881, l'action publique exercée pour des faits de diffamation publique était éteinte par la prescription, retient qu'après l'envoi de l'avis de ce fin d'information, le délai prévu par l'article 175 du Code de procédure pénale doit être considéré comme un obstacle de droit pendant lequel la prescription de l'action publique est suspendue.

En effet, la prescription de l'action publique est suspendue à partir du moment où le juge d'instruction estime que l'information est achevée et pendant les délais prévus par l'article 175 du Code de procédure pénale (■ Cass. crim., 25 oct. 2011, n° 11-80.017 : *Bull. crim.*, n° 218 ; *D.* 2011, n° 2730, obs. S. Lavric). V. pour la suspension de la prescription entre l'ordonnance de clôture et le prononcé du jugement ; ■ Cass. 1re civ., 20 mars 2007 : *Bull. civ.* I, n° 121 ; *Gaz. Pal.* 2007, 1, p. 1187, avis Sarcelet, et 2, n° 3415, note Guerder, ainsi que ■ Cass. 1re civ., 3 avr. 2007 : *D.* 2007, AJ 1277.

54) Si l'action publique résultant d'une infraction prévue par la loi du 29 juillet 1881 se prescrit, sauf exceptions, après trois mois révolus à compter du jour où l'infraction a été commise, ou du jour du dernier acte d'instruction ou de poursuite s'il en a été fait, la prescription de l'action publique est cependant suspendue pendant la durée du délibéré de la juridiction de jugement, les parties poursuivantes étant alors dans l'impossibilité d'accomplir un acte interruptif de prescription avant le prononcé de la décision (■ Cass. crim., 22 oct. 2013, n° 12-84.408 : *Bull. crim.*, n° 198 ; *Dr. pén.* 2014, comm. 7, obs. M. Veron).

55) La prescription de l'action publique et de l'action civile résultant des crimes, délits et contraventions prévus par la loi sur la liberté de la presse ne peut, pour chacun de ces crimes, délits et contraventions, être suspendue que pour une cause relative à l'infraction même qui est envisagée (■ Cass. crim., 21 mai 1985 : *Bull. crim.*, n° 195).

56) Portée d'une plainte avec constitution de partie civile. Il résulte de l'article 85 du Code de procédure pénale que les infractions en matière de presse sont expressément exclues de la condition de recevabilité de la plainte avec constitution de partie civile consistant en la justification du dépôt d'une plainte auprès du procureur de la République ou d'un service de police judiciaire.

Justifie sa décision, au regard de l'article précité, une chambre de l'instruction qui constate l'extinction de l'action publique par la prescription d'une plainte avec constitution de partie civile déposée du chef de diffamation publique plus de trois mois après les faits en relevant que la plainte déposée antérieurement devant un service d'enquête n'a pu avoir pour effet de mettre en mouvement l'action publique, dès lors que la suspension de la prescription de l'action publique, qui est le corollaire nécessaire de la condition de recevabilité précitée, n'est pas applicable lorsqu'est poursuivie une infraction à la loi du 29 juillet 1881 sur la liberté de la presse (■ Cass. crim., 14 mars 2017, n° 15-86.199).

57) Procédure. Méconnaît les articles 6, § 1, de la Convention EDH et préliminaire du Code de procédure pénale la cour d'appel, qui, saisie de poursuites engagées des chefs d'injures publiques à raison du sexe et de provocation à la haine ou à la violence à raison du sexe, d'office, et sans avoir invité les parties à présenter leurs observations, constaté la prescription de l'action publique puis déclaré irrecevables les constitutions des cinq parties civiles (■ Cass. crim., 23 juin 2015, n° 14-83.836).

Art. 65-1 *(L. n° 93-2, 4 janv. 1993).* **– Les actions fondées sur une atteinte au respect de la présomption d'innocence commise par l'un des moyens visés à l'article 23 se prescriront après trois mois révolus à compter du jour de l'acte de publicité.**

Les dispositions de l'article 65-1 de la loi du 29 juillet 1881 instaurent, pour les actions fondées sur une atteinte au respect de la présomption d'innocence, un délai de prescription particulier qui déroge au droit commun de la prescription des actions en matière civile ; ces dispositions d'ordre public imposent au demandeur, non seulement d'introduire l'instance dans les trois mois de la publication des propos incriminés, mais aussi d'accomplir tous les trois mois un acte de procédure manifestant à l'adversaire son intention de poursuivre l'instance ; si c'est à tort qu'une cour d'appel a écarté le moyen de prescription, alors qu'elle constatait que le demandeur en justice n'avait accompli aucun acte interruptif de prescription dans les trois mois suivant la déclaration d'appel faite par les parties condamnées, la censure de sa décision n'est pas encourue de ce chef, dès lors que l'application immédiate de cette règle de prescription dans l'instance en cours aboutirait à priver la victime d'un procès équitable, au sens de l'article 6, § 1 de la Convention de sauvegarde des droits de l'homme et des libertés fondamentales, en lui interdisant l'accès au juge (■ Cass. ass. plén. 21 déc. 2006 : *Bull. civ.* n° 15 ; *Gaz. Pal.* 2007, I, p. 5 ; *JCP* 2007, II, 10111, note X. Lagarde).

Art. 65-2 *(L. n° 93-2, 4 janv. 1993).* **– En cas d'imputation portant sur un fait susceptible de revêtir une qualification pénale, le délai de prescription prévu par l'article 65 est réouvert ou court à nouveau, au profit de la personne visée, à compter du jour où est devenue définitive une décision pénale intervenue sur ces faits et ne la mettant pas en cause.**

Art. 65-3 *(L. n° 2004-204, 9 mars 2004 ; L. n° 2012-1432, 21 déc. 2012 ; L. n° 2014-56, 27 janv. 2014 ; L. n° 2014-1353, 13 nov. 2014 ; L. n° 2017-86, 27 janv. 2017).* **– Pour les délits prévus par les septième et huitième alinéas de l'article 24, l'article 24 *bis*, les deuxième et troisième alinéas de l'article 32 et les troisième et quatrième alinéas de l'article 33, le délai de prescription prévu par l'article 65 est porté à un an.**

Pour ces délits, le deuxième alinéa de l'article 65 n'est pas applicable.

QPC. L'article 65-3, dans sa rédaction résultant de la loi n° 2004-204 du 9 mars 2004 adaptant la justice aux évolutions de la criminalité, est conforme à la Constitution.

En effet, le législateur a précisément défini les infractions auxquelles cet allongement du délai de la prescription est applicable ; la différence de traitement qui en résulte, selon la nature des infractions poursuivies, ne revêt pas un caractère disproportionné au regard de l'objectif poursuivi et il n'est pas porté atteinte aux droits de la défense (■ Cons. const., 12 avr. 2013, n° 2013-302 QPC : *JO* 14 avr. 2013 ; *JurisData* n° 2013-006720 ; *JCP* 2013, act., n° 468, p. 817 ; *D.* 2013, p. 1526, note E. Dreyer ; *CCE* 2014, comm. 82, note A. Lepage).

Art. 65-4 *(L. n° 2017-86, 27 janv. 2017)*. **– Les articles 54-1 et 65-3 et le dernier alinéa de l'article 55 sont applicables aux contraventions prévues par le Code pénal réprimant les faits prévus aux septième et huitième alinéas de l'article 24, aux deuxième et troisième alinéas de l'article 32 et aux troisième et quatrième alinéas de l'article 33 lorsque ces faits ne sont pas commis publiquement.**

Dispositions transitoires

....

Art. 68. – Sont abrogés les édits, lois, décrets, ordonnances, arrêtés, règlements, déclarations généralement quelconques, relatifs à l'imprimerie, à la librairie, à la presse périodique ou non périodique, au colportage, à l'affichage, à la vente sur la voie publique et aux crimes et délits prévus par les lois sur la presse et les autres moyens de publication, sans que puissent revivre les dispositions abrogées par les lois antérieures.

Est également abrogé le second paragraphe de l'article 31 de la loi du 10 août 1871 sur les conseils généraux, relatif à l'appréciation de leurs discussions par les journaux.

Lorsqu'elle n'a pas le caractère de publicité déterminé par l'article 1er de la loi du 17 mai 1819, la diffamation ressortit, en l'application combinée des articles 18 et 19 de ladite loi et 14 de la loi du 26 mai 1819, de la compétence du tribunal de police. Les dispositions de l'une et l'autre de ces lois n'ont pas été abrogées par l'article 68 de la loi du 29 juillet 1881 lequel est limitatif et doit être borné aux prescriptions antérieures réprimant les infractions commises par la voie de la presse ou dans les lieux ou réunions publics (■ Cass. crim., 17 oct. 1989 : *Bull. crim.*, n° 366).

Art. 69 *(L. n° 2016-1524, 14 nov. 2016)*. **– La présente loi est applicable, dans sa rédaction résultant de la loi n° 2017-86 du 27 janvier 2017 relative à l'égalité et à la citoyenneté, dans les îles Wallis-et-Futuna, en Polynésie française, en Nouvelle-Calédonie et dans les Terres australes et antarctiques françaises.**

Loi du 11 juin 1887

concernant la diffamation et l'injure commises par les correspondances postales ou télégraphiques circulant à découvert

Art. 1er *(D. n° 93-726, 29 mars 1993 ; mod., L. n° 2013-711, 5 août 2013)*. **– Quiconque aura expédié, par l'administration des postes et télécommunications, une correspondance à découvert, contenant une diffamation, soit envers les particuliers, soit envers les corps ou les personnes désignées par les articles 30, 31, 36 et 37 de la loi du 29 juill. 1881, sera puni d'un emprisonnement de six mois, et d'une amende de 3 750 €, ou de l'une de ces deux peines seulement.**

Si la correspondance contient une injure, cette expédition sera punie de l'amende prévue pour les contraventions de la 5e classe.

1) Les correspondances circulant à découvert sont les cartes postales (■ Cass. crim., 23 juill. 1891 : *D.* 91, 489, note M.B.), les télégrammes (■ Cass. crim., 1er juill. 1911 : *D.* 1912, 1, 111. ■ 7 févr. 1974 : *Bull. crim.*, n° 58), un message transmis par télex au service des postes en vue d'être acheminé à son destinataire (■ Cass. crim., 28 mai 1991 : *Bull. crim.*, n° 224) ; en revanche, la loi de 1887 ne s'applique pas au contenu des enveloppes, même non cachetées qui ne sont pas lues au cours des manipulations auxquelles elles sont soumises (■ T. civ. Seine 6 févr. 1915 : *D.* 1917, 2, 100) ni aux mandats-cartes (■ Bordeaux, 27 mars 1947 : *JCP* 48, II, 4279, note M.C.).

2) Le délit prévu et réprimé par la loi du 11 juin

1887 existe dès qu'une correspondance à découvert, diffamatoire envers les personnes qu'elle énumère, a été expédiée, c'est-à-dire déposée dans les boites ou bureaux de poste pour être envoyée à son destinataire (■ Cass. crim., 15 mars 1983 : *Bull. crim.*, n° 81).

Art. 2. – **Les délits prévus par la présente loi sont de la compétence des tribunaux correctionnels.**

Les dispositions des articles 35, 46, 47, (60, 61, 62), 53, 59, 63, 64, 65 et 69 de la loi du 29 juillet 1881 leur sont applicables.

Le délit d'injure ou de diffamation par correspondance circulant à découvert est constitué au lieu même d'où a été expédiée la correspondance postale incriminée (■ Cass. crim., 10 janv. 1956 : *Bull. crim.*, n° 31).

Loi du 19 mars 1889

relative aux annonces sur la voie publique

Art. 1er. – **Les journaux et tous les écrits ou imprimés distribués ou vendus dans les rues et lieux publics ne pourront être annoncés que par leur titre, leur prix, l'indication de leur opinion et les noms de leurs auteurs ou rédacteurs.**

Aucun titre obscène ou contenant des imputations, diffamations ou expressions injurieuses pour une ou plusieurs personnes ne pourra être annoncé sur la voie publique.

Art. 2 *(L. n° 92-1336, 16 déc. 1992 ; D. n° 93-726, 29 mars 1993)*. – **Les infractions aux dispositions qui précèdent seront punies de l'amende prévue pour les contraventions de la 3e classe.**

Décret-loi du 1er septembre 1939

réprimant la publication d'informations de nature à exercer une influence sur l'esprit de l'armée et des populations

Art. 1er. – **Dès que la mobilisation générale est décrétée, il est interdit de publier, par l'un des moyens énumérés à l'article 23 de la loi du 29 juillet 1881 sur la liberté de la presse, toute information de nature à favoriser les entreprises d'une puissance étrangère contre la France, ou à exercer une influence fâcheuse sur l'esprit de l'armée et des populations.**

Art. 2. – **Sous réserve des dispositions spéciales prévues en matière d'état de siège, les infractions aux dispositions de l'article précédent sont déférées aux tribunaux correctionnels et punies d'un emprisonnement de dix ans et d'une amende de 9 000 €.**

Art. 2 *bis* *(D.-L. 20 janv. 1940)*. – **Si les discours ou propos, cris ou menaces, écrits ou imprimés, placards ou affiches, visés à l'article 1er ci-dessus, sans présenter le caractère d'une information, sont néanmoins, de nature à favoriser les entreprises d'une puissance étrangère contre la France, ou à exercer une influence fâcheuse sur l'esprit de l'armée et des populations, la peine sera de deux ans d'emprisonnement et d'une amende de 4 500 €.**

Art. 3. – **Le présent décret cessera d'être en vigueur à la date qui sera fixée par décret. Il sera soumis à la ratification des Chambres, conformément à la loi du 19 mars 1939.**

Loi n° 92-546 du 20 juin 1992

relative au dépôt légal

(Abr. et partiellement codifiée à l'exception de ses dispositions dont l'abrogation ne prendra effet qu'à compter de la publication des dispositions réglementaires du Code du patrimoine, Ord. n° 2004-178, 20 févr. 2004. – V. C. patr., art. L. 131-1, L. 131-2, L. 132-1 à L. 132-4, L. 133-1, L. 730-1, L. 740-1, L. 760-1 et L. 770-1).

Code du patrimoine

TITRE III. – DÉPÔT LÉGAL

CHAPITRE PREMIER. – OBJECTIFS ET CHAMP D'APPLICATION DU DÉPÔT LÉGAL

Art. L. 131-1 *(Mod., L. n° 2006-961, 1er août 2006)*. – Le dépôt légal est organisé en vue de permettre :

a) La collecte et la conservation des documents mentionnés à l'article L. 131-2 ;

b) La constitution et la diffusion de bibliographies nationales ;

c) La consultation des documents mentionnés à l'article L. 131-2, sous réserve des secrets protégés par la loi, dans les conditions conformes à la législation sur la propriété intellectuelle et compatibles avec leur conservation.

Les organismes dépositaires doivent se conformer à la législation sur la propriété intellectuelle sous réserve des dispositions particulières prévues par le présent titre.

Art. L. 131-2 *(Mod., L. n° 2006-961, 1er août 2006 ; Ord. n° 2009-901, 24 juill. 2009)*. – Les documents imprimés, graphiques, photographiques, sonores, audiovisuels, multimédias, quel que soit leur procédé technique de production, d'édition ou de diffusion, font l'objet d'un dépôt obligatoire, dénommé dépôt légal, dès lors qu'ils sont mis à la disposition d'un public. Toutefois, les documents destinés à une première exploitation en salles de spectacles cinématographiques sont soumis à l'obligation de dépôt légal dès lors qu'ils ont obtenu le visa d'exploitation cinématographique prévu à l'article L. 211-1 du Code du cinéma et de l'image animée.

Les logiciels et les bases de données sont soumis à l'obligation de dépôt légal dès lors qu'ils sont mis à disposition d'un public par la diffusion d'un support matériel, quelle que soit la nature de ce support.

Sont également soumis au dépôt légal les signes, signaux, écrits, images, sons ou messages de toute nature faisant l'objet d'une communication au public par voie électronique.

CHAPITRE II. – MODALITÉS ET ORGANISATION DU DÉPÔT LÉGAL

Art. L. 132-1 *(Mod., L. n° 2004-1343, 9 déc. 2004)*. – Le dépôt légal consiste en la remise du document à l'organisme dépositaire ou en son envoi en franchise postale, en un nombre limité d'exemplaires.

Un décret en Conseil d'État fixe :

a) Les conditions dans lesquelles il peut être satisfait à l'obligation de dépôt légal par d'autres moyens, notamment par l'enregistrement des émissions faisant l'objet d'une radiodiffusion sonore ou d'une télédiffusion ;

b) Les modalités d'application particulières à chaque catégorie de personnes mentionnées à l'article L. 132-2, ainsi que les conditions dans lesquelles certaines de ces personnes peuvent être exemptées de l'obligation de dépôt légal ;

c) Les exceptions à l'obligation de dépôt pour les catégories de documents dont la collecte et la conservation ne présentent pas un intérêt suffisant au regard des objectifs définis à l'article L. 131-1 ;

d) Les modalités selon lesquelles une sélection des documents à déposer peut être faite lorsque les objectifs définis à l'article L. 131-1 peuvent être atteints sans que la collecte et la conservation de la totalité des documents soient nécessaires.

Art. L. 132-2 *(Mod., L. n° 2006-961, 1er août 2006 ; Ord. n° 2009-901, 24 juill. 2009)*. – L'obligation de dépôt mentionnée à l'article L. 131-2 incombe aux personnes suivantes :

a) Celles qui éditent ou importent des documents imprimés, graphiques ou photographiques ;

b) Celles qui impriment les documents mentionnés au a ci-dessus ;

c) Celles qui éditent, produisent ou importent des logiciels ou des bases de données ;

d) Celles qui éditent ou, en l'absence d'éditeur, celles qui produisent ou qui commandent et celles qui importent des phonogrammes ;

e) Celles qui produisent des documents cinématographiques et, en ce qui concerne les documents cinématographiques importés, celles qui les distribuent, quelle que soit la nature du support sur lequel ils sont fixés, ainsi que celles qui éditent et importent des vidéogrammes destinés à l'usage privé du public consistant dans la reproduction de documents cinématographiques ;

f) Les services de radio et de télévision au sens de la loi n° 86-1067 du 30 septembre 1986 relative à la liberté de communication ;

g) Les personnes qui éditent ou, en l'absence d'éditeur, celles qui produisent ou qui commandent et celles qui importent des vidéogrammes autres que ceux qui sont mentionnés au *e* ci-dessus et que ceux qui sont télédiffusés sans faire l'objet par ailleurs d'une exploitation commerciale ;

h) Celles qui éditent ou, en l'absence d'éditeur, celles qui produisent et celles qui importent des documents multimédias ;

i) Celles qui éditent ou produisent en vue de la communication au public par voie électronique, au sens du deuxième alinéa de l'article 2 de la loi n° 86-1067 du 30 septembre 1986 précitée, des signes, signaux, écrits, images, sons ou messages de toute nature.

Sont réputés importateurs au sens du présent article ceux qui introduisent sur le territoire national des documents édités ou produits hors de ce territoire.

Art. L. 132-2-1 *(L. n° 2006-961, 1er août 2006)*. – Les organismes dépositaires mentionnés à l'article L. 132-3 procèdent, conformément aux objectifs définis à l'article L. 131-1, auprès des personnes mentionnées au *i* de l'article L. 132-2, à la collecte des signes, signaux, écrits, images, sons ou messages de toute nature mis à la disposition du public ou de catégories de public.

Ces organismes informent les personnes mentionnées au *i* de l'article L. 132-2 des procédures de collecte qu'ils mettent en œuvre pour permettre l'accomplissement des obligations relatives au dépôt légal. Ils peuvent procéder eux-mêmes à cette collecte selon des procédures automatiques ou en déterminer les modalités en accord avec ces personnes. La mise en œuvre d'un code ou d'une restriction d'accès par ces personnes ne peut faire obstacle à la collecte par les organismes dépositaires précités.

Les organismes chargés de la gestion des noms de domaine et le Conseil supérieur de l'audiovisuel sont autorisés à communiquer aux organismes dépositaires les données d'identification fournies par les personnes mentionnées au *i* de l'article L. 132-2.

Les conditions de sélection et de consultation des informations collectées sont fixées par décret en Conseil d'État pris après avis de la Commission nationale de l'informatique et des libertés.

Art. L. 132-3 *(Mod., L. n° 2012-387, 22 mars 2012)*. – Sont responsables du dépôt légal, qu'ils gèrent pour le compte de l'État, dans des conditions déterminées par décret en Conseil d'État : la Bibliothèque nationale de France, le Centre national du cinéma et de l'image animée et l'Institut national de l'audiovisuel.

Ce décret peut confier la responsabilité du dépôt légal à d'autres établissements ou services publics, nationaux ou locaux, à la condition qu'ils présentent les garanties statutaires et disposent des moyens, notamment scientifiques, propres à assurer le respect des objectifs définis à l'article L. 131-1.

Art. L. 132-4 *(L. n° 2006-961, 1er août 2006)*. – L'auteur ne peut interdire aux organismes dépositaires, pour l'application du présent titre :

1° La consultation de l'œuvre sur place par des chercheurs dûment accrédités par chaque organisme dépositaire sur des postes individuels de consultation dont l'usage est exclusivement réservé à ces chercheurs ;

2° La reproduction d'une œuvre, sur tout support et par tout procédé, lorsque cette reproduction est nécessaire à la collecte, à la conservation et à la consultation sur place dans les conditions prévues au 1°.

Art. L. 132-5 *(L. n° 2006-961, 1er août 2006)*. – L'artiste-interprète, le producteur de phonogrammes ou de vidéogrammes ou l'entreprise de communication audiovisuelle ne peut interdire la reproduction et la communication au public des documents mentionnés à l'article L. 131-2 dans les conditions prévues à l'article L. 132-4.

Art. L. 132-6 *(L. n° 2006-961, 1er août 2006)*. – Le producteur d'une base de données ne peut interdire l'extraction et la réutilisation par mise à disposition de la totalité ou d'une partie de la base dans les conditions prévues à l'article L. 132-4.

CHAPITRE III. – DISPOSITIONS PÉNALES

Art. L. 133-1. – Le fait, pour toute personne mentionnée à l'article L. 132-2, de se soustraire volontairement à l'obligation de dépôt légal est puni d'une amende de 75 000 €. La juridiction répressive peut, après avoir déclaré le prévenu coupable, ajourner le prononcé de la peine en lui enjoignant, sous astreinte le cas échéant, de se conformer, dans un délai fixé, aux prescriptions qu'elle détermine et qui ont pour objet de faire cesser l'agissement illicite et d'en réparer les conséquences.

Dans le cas où la juridiction répressive assortit l'ajournement d'une astreinte, elle doit prévoir le taux et la date à compter de laquelle cette astreinte commencera à courir. L'ajournement, qui ne peut intervenir qu'une seule fois, peut être décidé même si le prévenu ne comparaît pas en personne.

Le juge peut ordonner l'exécution provisoire de la décision d'injonction.

À l'audience de renvoi, qui doit intervenir au plus tard dans le délai d'un an à compter de la décision d'ajournement, la juridiction statue sur la peine et liquide l'astreinte s'il y a lieu. Elle peut, le cas échéant, supprimer cette dernière ou en réduire le montant. L'astreinte est recouvrée par le comptable *(Mots rempl. à compter du 30 avr. 2010, Ord. n° 2010-420, 27 avr. 2010)* public compétent comme une amende pénale. Elle ne peut donner lieu à contrainte judiciaire.

Ordonnance nº 45-2646 du 2 novembre 1945
portant réglementation des agences de presse

Art. 1er *(L. n° 2012-387, 22 mars 2012)*. – Sont considérées comme agences de presse, au sens de la présente ordonnance, les entreprises commerciales qui collectent, traitent, mettent en forme et fournissent à titre professionnel tous éléments d'information ayant fait l'objet sous leur propre responsabilité d'un traitement journalistique et dont la moitié au moins du chiffre d'affaires provient de la fourniture de ces éléments à des entreprises éditrices de publications de presse, au sens de la loi n° 86-897 du 1er août 1986 portant réforme du régime juridique de la presse, à des éditeurs de services de communication au public par voie électronique et à des agences de presse.

Ne peuvent se prévaloir des dispositions de la présente ordonnance, de l'appellation « agence de presse » et des avantages qui s'y attachent que les organismes inscrits sur une liste établie par arrêté conjoint des ministres chargés de la communication et du budget, pris sur proposition d'une commission présidée par un membre du Conseil d'État et comprenant en nombre égal, d'une part, des représentants de l'administration et, d'autre part, des représentants des agences de presse. Si un représentant des agences de presse se trouve en situation de conflit d'intérêts sur une demande d'inscription, il ne prend pas part aux débats ni au vote sur cette demande.

L'inscription ne peut être refusée aux organismes remplissant les conditions prévues par la présente ordonnance.

Art. 2 *(L. n° 2012-387, 22 mars 2012)*. – Sous quelque forme qu'elle soit exploitée, toute agence privée de presse doit se conformer aux articles 4 et 9 de la loi n° 86-897 du 1er août 1986 précitée.

Art. 3 *(L. n° 2012-387, 22 mars 2012)*. – Les agences de presse ne peuvent se livrer à aucune forme de publicité en faveur des tiers. Il leur est interdit de fournir gratuitement des éléments d'information, au sens de l'article 1er, à des entreprises éditrices de publications de presse, à des éditeurs de services de communication au public par voie électronique et à des agences de presse.

Art. 4 *(Abr., L. n° 2012-387, 22 mars 2012)*.

Art. 5 *(Mod., L. n° 86-897, 1er août 1986)*. – Sont applicables aux propriétaires, directeurs et collaborateurs des agences de presse, les articles 8 et 10 de la loi n° 86-897 du 1er août 1986 précitée.

Art. 6 *(Mod., L. n° 86-897, 1er août 1986)*. – Sont applicables aux agences de presse les dispositions de l'article 6 de la loi n° 86-897 du 1er août 1986.

Art. 7 à 8 ter *(Abr., L. n° 2012-387, 22 mars 2012)*.

Art. 9. – Les infractions aux dispositions de la présente ordonnance seront punies d'une amende de 6 000 € et d'un emprisonnement de six mois ou de l'une de ces deux peines seulement.

Loi nº 47-585 du 2 avril 1947

relative au statut des entreprises de groupage et de distribution des journaux et publications périodiques

Art. 1er. – La diffusion de la presse imprimée est libre.

Toute entreprise de presse est libre d'assurer elle-même la distribution de ses propres journaux et publications périodiques par les moyens qu'elle jugera les plus convenables à cet effet.

Art. 2. – Le groupage et la distribution de plusieurs journaux et publications périodiques ne peuvent être assurés que par des sociétés coopératives de messageries de presse soumises aux dispositions de la présente loi.

Toutefois, la distribution des exemplaires destinés aux abonnés n'est pas régie par les prescriptions de l'alinéa ci-dessus.

....

Art. 6 *(Mod., L. n° 2011-525, 17 mai 2011 ; L. n° 2015-433, 17 avr. 2015).* – Devra être obligatoirement admis dans la société coopérative tout journal ou périodique qui offrira de conclure avec la société un contrat de transport (ou de groupage et de distribution) sur la base du barème des tarifs visé à l'article 12 ci-après.

Toutefois, si ce journal ou périodique a donné lieu à une condamnation prononcée en application de l'article 227-24 du Code pénal, entre dans le champ du premier alinéa de l'article 14 de la loi n° 49-956 du 16 juillet 1949 sur les publications destinées à la jeunesse ou a fait l'objet de deux des interdictions prévues aux troisième à cinquième alinéas du même article 14, il devra être exclu de la société coopérative et ne pourra être admis dans aucune autre, sous peine d'une amende de 4 500 €. Si le journal ou périodique a fait l'objet de la seule mesure d'interdiction de vente aux mineurs prévue aux premier et troisième alinéas de l'article 14 de la loi n° 49-956 du 16 juillet 1949 sur les publications destinées à la jeunesse, tout dépositaire ou vendeur sera, nonobstant toute stipulation contraire du contrat qui le lie avec la société coopérative, exonéré de l'obligation de participer à la vente de cette publication.

À cette fin, la condamnation mentionnée à l'alinéa précédent sera portée par le parquet à la connaissance du ministre chargé de la communication, qui la notifiera à toutes les sociétés coopératives et entreprises commerciales de messageries de presse visées à l'article 4 de la présente loi.

....

Loi nº 49-956 du 16 juillet 1949

sur les publications destinées à la jeunesse

Art. 1er *(Mod., L. n° 211-525, 17 mai 2011).* – Sont assujettis aux prescriptions de la présente loi toutes les publications périodiques ou non qui, par leur caractère, leur présentation ou leur objet, apparaissent comme principalement destinées aux enfants et adolescents, ainsi que tous les supports et produits complémentaires qui leur sont directement associés.

Sont toutefois exceptées les publications officielles et les publications scolaires soumises au contrôle du ministre de l'Éducation nationale.

Art. 2 *(Mod., L. 29 nov. 1954 ; L. n° 2011-525, 17 mai 2011).* – Les publications mentionnées à l'article 1er ne doivent comporter aucun contenu présentant un danger pour la jeunesse en raison de son caractère pornographique ou lorsqu'il est susceptible d'inciter à la discrimination ou à la haine contre une personne déterminée ou un groupe de personnes, aux atteintes à la dignité humaine, à l'usage, à la détention ou au trafic de stupéfiants ou de substances psychotropes, à la violence ou à tous actes qualifiés de crimes ou de délits ou de nature à nuire à l'épanouissement physique, mental ou moral de l'enfance ou la jeunesse.

Elles ne doivent comporter aucune publicité ou annonce pour des publications de nature à démoraliser l'enfance ou la jeunesse.

Art. 3. – Il est institué, au ministère de la Justice, une commission chargée de la surveillance et du contrôle des publications destinées à l'enfance et à l'adolescence.

[...]

Art. 4 *(Mod., L. n° 87-1157, 31 déc. 1987 ; L. n° 92-1336, 16 déc. 1992 ; L. n° 2011-525, 17 mai 2011).* – Toute personne physique ou morale peut exercer l'activité de publication ou d'édition d'un périodique mentionné à l'article 1er. Lorsque cette activité est exercée par une personne morale, les nom, prénoms et qualité de la ou des personnes ayant le pouvoir de diriger, gérer ou engager à titre habituel la personne morale figurent sur chaque exemplaire.

Les personnes ayant le pouvoir de diriger, gérer ou engager à titre habituel la personne morale ainsi que les personnes physiques exerçant l'activité de publication ou d'édition d'un périodique mentionné à l'article 1er doivent remplir les conditions suivantes :

1° Être de nationalité française ; ou ressortissant d'un État membre de l'Union européenne ou d'un autre État partie à l'accord sur l'Espace économique européen ;

2° Jouir de ses droits civils ;

3° Ne pas avoir été l'objet d'une mesure disciplinaire ayant entraîné l'exclusion d'une fonction dans l'enseignement ou dans un établissement public ou privé d'éducation ou de rééducation, à l'exception des mesures disciplinaires prises sous l'occupation et frappant, en tant que tels, des membres de la Résistance ;

4° Ne pas s'être vu retirer tout ou partie de l'autorité parentale ;

5° Ne pas avoir été l'objet d'une condamnation pour fait de collaboration ou pour délit contraire aux bonnes mœurs, d'une condamnation pour tout crime ou pour abandon de famille, pour les infractions prévues aux articles 223-3, 223-4, 224-4, 227-1, 227-2, 227-5 à 227-10, 227-12 et 227-13 du Code pénal, ou pour vol, abus de confiance, escroquerie ou délit puni par les lois des peines de l'escroquerie, pour soustraction commise par dépositaire public, pour extorsion de fonds ou de valeurs, ou pour recel de chose obtenue à l'aide de ces infractions, ou pour diffamation lorsque, dans ce dernier cas, la condamnation prononcée aura comporté une peine d'emprisonnement ou pour des faits prévus par les articles L. 1343-4, L. 3421-1, L. 3421-2, L. 3421-4, L. 5132-8 et L. 5432-1 du Code de la santé publique ;

6° Ne pas avoir appartenu à la direction ou le cas échéant au comité de direction d'une publication périodique visée par l'article 1er et frappée de suspension pour une durée excédant deux mois ;

7° Ne pas avoir été condamné antérieurement pour l'une des infractions prévues par la présente loi.

Les entreprises existant à la date de la promulgation de la présente loi ont un délai de six mois à dater de cette promulgation pour se constituer conformément aux dispositions du présent article.

Art. 5 *(Mod., L. n° 2011-525, 17 mai 2011).* – Avant la publication de tout écrit périodique visé à l'article 1er ou, pour les publications déjà existantes, dans les six mois de la promulgation de la présente loi, le directeur ou l'éditeur doit adresser au garde des Sceaux, ministre de la Justice, une déclaration indiquant, outre le titre de la publication, les nom, prénoms et adresse des personnes mentionnées au deuxième alinéa de l'article 4 ; ainsi que la dénomination et l'adresse de l'association ou de la société.

Tous changements affectant les indications fournies dans la déclaration doivent faire l'objet d'une nouvelle déclaration dans le délai d'un mois.

Art. 6 *(Mod., L. n° 2011-525, 17 mai 2011).* – Le directeur ou l'éditeur de toute publication visée à l'article 1er est tenu de déposer ou transmettre par voie électronique gratuitement au ministère de la Justice, pour la commission de contrôle, deux exemplaires de chaque livraison ou volume de cette publication dès sa parution ou, s'il s'agit d'une publication en provenance de l'Union européenne ou d'un autre État partie à l'accord sur l'Espace économique européen, dès son importation pour la vente ou la distribution gratuite en France ; sans préjudice des dispositions concernant le dépôt légal.

Les dispositions du présent article seront applicables dès la publication de la présente loi.

Art. 7 *(Mod., L. n° 2009-526, 12 mai 2009 ; L. n° 2011-525, 17 mai 2011).* – Sans préjudice de l'application des dispositions des articles 119 à 129 du décret du 29 juillet 1939 visant les publications contraires aux bonnes mœurs ainsi que des dispositions de la loi du 29 juillet 1881 sur la liberté de la presse et de toutes autres dispositions pénales applicables en la matière, toutes infractions aux dispositions de l'article 2 sont punies d'un emprisonnement d'un an et d'une amende de 3 750 €.

Le jugement est publié au *Bulletin officiel* du ministère de l'Éducation nationale, à la *Bibliographie nationale française* et dans trois journaux désignés nommément par le jugement. Le tribunal ordonne en outre la saisie et la destruction des publications incriminées. Le tout aux frais du ou des condamnés.

Lorsque l'infraction a été commise par la voie d'une publication périodique, le jugement peut ordonner la suspension de celle-ci pour une durée de deux mois à deux ans.

En cas de récidive, s'il s'agit d'une publication périodique, l'interdiction temporaire est ordonnée et l'interdiction définitive peut être ordonnée.

Sont punis des peines prévues à l'alinéa précédent le directeur de publication et l'éditeur qui ont enfreint une décision de suspension ou d'interdiction.

Les associations reconnues d'utilité publique dont les statuts, agréés par le garde des Sceaux, ministre de la Justice, et le ministre de l'Intérieur, prévoient la défense de la moralité, les associations de jeunesse ou d'éducation populaire agréées par le ministre de l'Éducation nationale, peuvent, en cas d'infraction aux dispositions de l'article 2, exercer les droits reconnus à la partie civile par les articles 63, 64, 66, 67, 68 et 182 du Code d'instruction criminelle [*CPP, art. 85 et s. et 418 et s.*].

Art. 8. – Sera puni d'un emprisonnement d'un an et d'une amende de 3 750 € quiconque éditera en infraction aux dispositions de l'article 4 une publication visée à l'article 1er.

Art. 9. – Sera puni d'une amende de 3 750 € le directeur ou éditeur de toute publication qui enfreindra les dispositions des articles 5 et 6.

Art. 10. – L'auteur d'une fausse déclaration déposée en application de l'article 5 de la présente loi sera puni d'un emprisonnement de trois mois et d'une amende de 3 750 €.

Art. 11 *(L. n° 92-1336, 16 déc. 1992)*. – À l'égard des infractions prévues par l'article 2 de la présente loi, les directeurs ou éditeurs seront, pour le seul fait de la publication, passibles comme auteurs principaux des peines portées à l'article 7.

À leur défaut, l'auteur et, à défaut de l'auteur, les imprimeurs et distributeurs seront poursuivis comme auteurs principaux.

Lorsque l'auteur n'est pas poursuivi comme auteur principal, il sera poursuivi comme complice.

Outre les cas prévus aux articles 121-6 et 121-7 du Code pénal, pourront également être poursuivis comme coauteurs, passibles des mêmes peines :

Les auteurs et les imprimeurs ;

et comme complices :

Les distributeurs.

Art. 12. – À l'égard des infractions prévues par l'article 4, seront passibles des peines prévues à l'article 8 :

Les directeurs ou éditeurs des publications, quelles que soient leurs professions ou dénominations.

Art. 13 *(Mod., L. n° 2011-525, 17 mai 2011)*. – L'importation en provenance d'un État qui n'est ni membre de l'Union européenne, ni partie à l'accord sur l'Espace économique européen pour la vente ou la distribution gratuite en France des publications destinées à la jeunesse ne répondant pas aux prescriptions de l'article 2 est prohibée à titre absolu.

Est également prohibée à titre absolu l'exportation de ces mêmes publications, lorsqu'elles ont été éditées en France.

Indépendamment des pénalités qui peuvent être infligées en vertu de la réglementation douanière, les importateurs, exportateurs ou transitaires qui auront participé sciemment aux délits visés par l'article 2 seront passibles des peines prévues à l'article 7.

L'importation pour la vente ou la distribution gratuite en France de publications en provenance d'un État qui n'est ni membre de l'Union européenne, ni partie à l'accord sur l'Espace économique européen destinées à la jeunesse est subordonnée à l'autorisation du ministre chargé de l'information, prise sur avis favorable de la commission chargée de la surveillance et du contrôle des publications destinées à l'enfance et à l'adolescence.

Art. 14 *(Mod., Ord. n° 58-1298, 23 déc. 1958 ; L. n° 67-17, 4 janv. 1967 ; L. n° 87-1157, 31 déc. 1987 ; L. n° 92-1336, 16 déc. 1992 ; L. n° 2011-525, 17 mai 2011).* – À l'exception des livres, les publications de toute nature présentant un danger pour la jeunesse en raison de leur caractère pornographique doivent être revêtues de la mention « Mise à disposition des mineurs interdite (art. 227-24 du Code pénal) » et être vendues sous film plastique. Cette mention doit apparaître de manière visible, lisible et inaltérable sur la couverture de la publication et sur chaque unité de son de son conditionnement. Cette mention emporte interdiction de proposer, donner, louer ou vendre la publication en cause aux mineurs. La mise en œuvre de cette obligation incombe à l'éditeur ou, à défaut, au distributeur chargé de la diffusion en France de la publication.

En outre, le ministre de l'Intérieur est habilité à interdire :

– de proposer, de donner ou de vendre à des mineurs les publications de toute nature présentant un danger pour la jeunesse en raison de contenus à caractère pornographique ou susceptibles d'inciter au crime ou à la violence, à la discrimination ou à la haine contre une personne déterminée ou un groupe de personnes, aux atteintes à la dignité humaine, à l'usage, à la détention ou au trafic de stupéfiants ou de substances psychotropes ;

Les publications auxquelles s'appliquent ces interdictions sont désignées par arrêtés, publiés au *Journal officiel* de la République française, qui, en ce qui concerne les livres, doivent intervenir dans un délai d'un an courant à partir de la date de réception au dépôt légal ou, à défaut, à compter de la date de parution. La commission chargée de la surveillance et du contrôle des publications destinées à l'enfance et à l'adolescence a qualité pour signaler les publications qui lui paraissent justifier ces interdictions.

La vente ou l'offre couplée des publications définies à l'article 1er de la présente loi, avec des publications visées à l'alinéa précédent du présent article, est interdite.

Aucune publication ne peut faire état de ce qu'elle n'a pas fait l'objet des interdictions précitées, ni comporter aucun texte ou mention de nature à faire inexactement croire à une autorisation des pouvoirs publics.

Les infractions aux dispositions des précédents alinéas du présent article sont punies d'un emprisonnement d'un an et d'une amende de 3 750 €. Les officiers de police judiciaire pourront, avant toute poursuite, saisir les publications exposées au mépris du troisième alinéa ; ils pourront également saisir, arracher, lacérer, recouvrir ou détruire tout matériel de publicité en faveur de ces publications. Le tribunal prononcera la confiscation des objets saisis.

Quiconque aura, par des changements de titres, des artifices de présentation ou de publicité, ou par toute autre manœuvre, éludé ou fait éluder, tenté d'éluder ou de faire éluder l'application des interdictions prononcées conformément aux troisième à cinquième alinéas du présent article, sera puni d'un emprisonnement de deux ans et d'une amende de 6 000 €. En outre, et sous les mêmes peines, le tribunal pourra interdire, temporairement ou définitivement, la publication du périodique et ordonner la fermeture totale ou partielle, à titre temporaire ou définitif, de l'entreprise d'édition. Toute condamnation à plus de dix jours d'emprisonnement, pour les délits prévus au présent alinéa, entraînera, pendant une période de cinq ans à compter du jugement définitif, privation des droits visés à l'article 131-26, 1° et 2°, du Code pénal.

Lorsque trois publications, périodiques ou non, éditées en fait par le même éditeur, ont ou auront été frappées, depuis l'entrée en vigueur de la loi du 16 juillet 1949 et au cours de douze mois consécutifs, de deux des prohibitions prévues aux troisième à cinquième alinéas du présent article, aucune publication ou aucune livraison de publication analogue, du même éditeur, ne pourra, durant une période de cinq ans courant du jour de l'insertion au *Journal officiel* du dernier arrêté d'interdiction, être mise en vente sans avoir été préalablement déposée, en triple exemplaire, au ministère de la Justice, et avant que se soient écoulés trois mois à partir de la date du récépissé de ce dépôt. Le fait, de la part de l'éditeur ou du directeur de publication, de ne pas accomplir le dépôt prévu ci-dessus ou de mettre la publication dans le commerce avant la fin du délai de trois mois précité, sera puni des peines et entraînera l'incapacité prévues à l'alinéa précédent.

Quand, pendant la période de cinq ans susvisés, l'éditeur astreint au dépôt préalable ne se sera pas acquitté des obligations découlant de celui-ci, ou aura encouru deux autres interdictions prononcées en vertu de l'article 14, la durée d'assujettissement audit dépôt sera prolongée de cinq années, cette prolongation partant de l'expiration du délai de cinq ans initial.

À l'égard des infractions prévues par neuvième et onzième à treizième alinéas du présent article, le directeur de publication ou l'éditeur sera poursuivi en qualité d'auteur principal ; à son défaut et, à défaut de l'auteur, les imprimeurs et distributeurs seront poursuivis comme auteurs principaux. Lorsque l'auteur n'aura pas été poursuivi comme auteur principal, il sera poursuivi comme complice. Pourront être poursuivis comme complices, et dans tous les cas, toutes personnes auxquelles les articles 121-6 et 121-7 sont applicables.

Art. 15. – Un décret en Conseil d'État pris sur le rapport du garde des sceaux, ministre de la Justice, du ministre de l'Intérieur, du ministre de l'Éducation nationale, du ministre de la Santé publique et de la Population et du ministre chargé de l'information, fixera les modalités de l'application de la présente loi, sans préjudice de l'application immédiate des dispositions pénales édictées à l'article 7.

Art. 16 ***(L. 29 nov. 1954).*** **– La présente loi est applicable aux territoires d'outre-mer. Des règlements d'administration publique détermineront les conditions de cette application.**

Code électoral

(D. n° 64-1087, 27 oct. 1964)

Art. L. 51 ***(Mod. à compter du prochain renouvellement général des conseils généraux suivant la promulgation de la loi n° 2013-403 du 17 mai 2013, L. n° 2013-403, 17 mai 2013).*** **– Pendant la durée de la période électorale, dans chaque commune, des emplacements spéciaux sont réservés par l'autorité municipale pour l'apposition des affiches électorales.**

Dans chacun de ces emplacements, une surface égale est attribuée à chaque candidat, chaque binôme de candidats ou à chaque liste de candidats.

Pendant les six mois précédant le premier jour du mois d'une élection et jusqu'à la date du tour de scrutin où celle-ci est acquise, tout affichage relatif à l'élection, même par affiches timbrées, est interdit en dehors de cet emplacement ou sur l'emplacement réservé aux autres candidats, ainsi qu'en dehors des panneaux d'affichage d'expression libre lorsqu'il en existe.

....

Art. L. 52-1 ***(Mod., L. n° 2011-412, 14 avr. 2011).*** **– Pendant les six mois précédant le premier jour du mois d'une élection et jusqu'à la date du tour de scrutin où celle-ci est acquise, l'utilisation à des fins de propagande électorale de tout procédé de publicité commerciale par la voie de la presse ou par tout moyen de communication audiovisuelle est interdite.**

À compter du premier jour du sixième mois précédant le mois au cours duquel il doit être procédé à des élections générales, aucune campagne de promotion publicitaire des réalisations ou de la gestion d'une collectivité ne peut être organisée sur le territoire des collectivités intéressées par le scrutin. Sans préjudice des dispositions du présent chapitre, cette interdiction ne s'applique pas à la présentation, par un candidat ou pour son compte, dans le cadre de l'organisation de sa campagne, du bilan de la gestion des mandats qu'il détient ou qu'il a détenus. Les dépenses afférentes sont soumises aux dispositions relatives au financement et au plafonnement des dépenses électorales contenues au chapitre V ***bis*** **du présent titre.**

L'interdiction, édictée par l'article L. 52-1 du Code électoral, d'utiliser, durant la campagne électorale, tout procédé de publicité commerciale par la voie de la presse ou par tout moyen de communication audiovisuelle, s'applique à la diffusion de tout message de propagande électorale ayant un support publicitaire ; il n'importe que cette publicité ait été faite à titre gratuit (■ Cass. crim., 7 juin 1990 : *Bull. crim.*, n° 233 ; *Rev. sc. crim.* 1991, 78, obs. Delmas-Saint-Hilaire).

Art. L. 52-2 ***(L. n° 85-1317, 13 déc. 1985 ; L. n° 2004-575, 21 juin 2004 ; L. n° 2016-508, 25 avr. 2016).*** **– En cas d'élections générales, aucun résultat d'élection, partiel ou définitif, ne peut être communiqué au public par quelque moyen que ce soit, en métropole, avant la fermeture du dernier bureau de vote sur le territoire métropolitain. Il en est de même dans les départements d'outre-mer avant la fermeture du dernier bureau de vote dans chacun des départements concernés.**

En cas d'élections partielles, les mêmes dispositions s'appliquent jusqu'à la fermeture du dernier bureau de vote de la circonscription territoriale intéressée.

....

Art. R. 27 *(D. n° 2006-1244, 11 oct. 2006)*. – Les affiches et circulaires ayant un but ou un caractère électoral qui comprennent une combinaison des trois couleurs : bleu, blanc et rouge à l'exception de la reproduction de l'emblème d'un parti ou groupement politique sont interdites.

Les affiches doivent avoir une largeur maximale de 594 mm et une hauteur maximale de 841 mm.

....

Art. R. 95 *(D. n° 93-726, 29 mars 1993)*. – L'imprimeur qui enfreindra les dispositions de l'article R. 27 sera puni de l'amende prévue pour les contraventions de la 4ᵉ classe.

Loi nº 86-897 du 1ᵉʳ août 1986

portant réforme du régime juridique de la presse

Bibliographie : Pepy, *Commentaire de la loi n° 86-897 du 1ᵉʳ août 1986 : AJDA* 1986, 527.

Art. 1ᵉʳ *(Mod., L. n° 2009-669, 12 juin 2009)*. – Au sens de la présente loi, l'expression « publication de presse » désigne tout service utilisant un mode écrit de diffusion de la pensée mis à la disposition du public en général ou de catégories de publics et paraissant à intervalles réguliers.

On entend par service de presse en ligne tout service de communication au public en ligne édité à titre professionnel par une personne physique ou morale qui a la maîtrise éditoriale de son contenu, consistant en la production et la mise à disposition du public d'un contenu original, d'intérêt général, renouvelé régulièrement, composé d'informations présentant un lien avec l'actualité et ayant fait l'objet d'un traitement à caractère journalistique, qui ne constitue pas un outil de promotion ou un accessoire d'une activité industrielle ou commerciale.

Un décret précise les conditions dans lesquelles un service de presse en ligne peut être reconnu, en vue notamment de bénéficier des avantages qui s'y attachent. Pour les services de presse en ligne présentant un caractère d'information politique et générale, cette reconnaissance implique l'emploi, à titre régulier, d'au moins un journaliste professionnel au sens de l'article L. 7111-3 du Code du travail.

Une entreprise de presse telle que l'AFP, dont l'objet est d'assurer la retransmission immédiate et continue des informations qu'elle reçoit de ses journalistes, n'entre pas dans les prévisions de la loi du 1ᵉʳ août 1986 et n'est donc pas tenue de se doter d'un directeur de publication au sens de l'article 6 de la loi du 29 juillet 1881 (■ Paris, 18 mai 1988 : *D.* 1990, 35, note Drouot).

Art. 2 *(Mod., L. n° 2011-525, 17 mai 2011)*. – Les dispositions de la présente loi s'appliquent aux entreprises éditrices.

Au sens de la présente loi, l'expression « entreprise éditrice » désigne toute personne physique ou morale ou groupement de droit éditant, en tant que propriétaire ou locataire-gérant, une publication de presse ou un service de presse en ligne.

Art. 2-1 *(L. n° 2015-433, 17 avr. 2015)*. – Une entreprise éditant une ou plusieurs publications de presse ou services de presse en ligne peut adopter le statut d'entreprise solidaire de presse d'information.

Deux conditions sont nécessaires pour se voir reconnaître un tel statut :

1° L'objet social d'une entreprise solidaire de presse d'information est d'éditer une ou plusieurs publications de presse ou services de presse en ligne consacrés pour une large part à l'information politique et générale, au sens de l'article 39 *bis* A du Code général des impôts ;

2° Pour la gestion de l'entreprise solidaire de presse d'information, une fraction au moins égale à 20 % des bénéfices de l'exercice est affectée à la constitution d'une réserve statutaire obligatoire consacrée au maintien ou au développement de l'activité de l'entreprise et une fraction au moins égale à 50 % des bénéfices de l'exercice est affectée au report bénéficiaire et à la réserve obligatoire.

Art. 3. – Il est interdit de prêter son nom à toute entreprise éditrice, en simulant la souscription d'actions ou de parts, l'acquisition ou la location-gérance d'un fonds de commerce ou d'un titre.

Art. 4 *(Mod., L. n° 2011-525, 17 mai 2011)*. – Dans le cas de sociétés par actions, les actions doivent être nominatives. Toute cession est soumise à l'agrément du conseil d'administration du conseil ou de surveillance.

Art. 5 *(L. n° 2011-525, 17 mai 2011)*. – Dans toute publication de presse, les informations suivantes sont portées, dans chaque numéro, à la connaissance des lecteurs :

1° Si l'entreprise éditrice n'est pas dotée de la personnalité morale, les nom et prénom du propriétaire ou du principal copropriétaire ;

2° Si l'entreprise éditrice est une personne morale, sa dénomination ou sa raison sociale, son siège social, sa forme juridique ainsi que le nom de son représentant légal et des personnes physiques ou morales détenant au moins 10 % de son capital ;

3° Le nom du directeur de la publication et celui du responsable de la rédaction.

Ces informations sont également accessibles sur la page d'accueil de tout service de presse en ligne.

Les dispositions de l'article 5, 2° de la loi n° 86-897 du 1er août 1986 imposent que le lecteur d'une publication de presse soit mis en mesure de déterminer, par les mentions insérées en application de ce texte, quelle est l'entreprise éditrice ; ne satisfont pas à ces dispositions des mentions ambiguës figurant dans l'ours d'un quotidien ne permettant pas au lecteur de déterminer avec certitude quelle est la société éditrice parmi les diverses sociétés citées (■ Cass. crim., 23 avril 2003 : *Bull. crim.*, n° 87 ; Legipresse, *Rev. dr. communication* 2003, III, p. 157, note E. Derieux).

Art. 6 *(Mod., L. n° 2011-525, 17 mai 2011)*. – Toute entreprise éditrice doit porter à la connaissance des lecteurs ou des internautes de la publication, dans le délai d'un mois à compter de la date à laquelle elle en acquiert elle-même la connaissance, ou lors de la prochaine parution de la publication ou du service de presse en ligne :

1° Toute cession ou promesse de cession de droits sociaux ayant pour effet de donner à un cessionnaire au moins un tiers du capital social ou des droits de vote ;

2° Tout transfert ou promesse de transfert de la propriété ou de l'exploitation d'un titre de publication de presse ou d'un service de presse en ligne.

Cette obligation incombe à l'entreprise cédante.

Art. 7. – Sous réserve des engagements internationaux souscrits par la France et comportant soit une clause d'assimilation au national, soit une clause de réciprocité dans le domaine de la presse, les étrangers ne pourront, à compter de la publication de la présente loi, procéder à une acquisition ayant pour effet de porter, directement ou indirectement, leur part à plus de vingt pour cent du capital social ou des droits de vote d'une entreprise éditant une publication de langue française.

Pour l'application du précédent alinéa, est étrangère toute société dont la majorité du capital social ou des droits de vote est détenue par des étrangers ainsi que toute association dont la majorité des dirigeants est étrangère.

Art. 8. – Il est interdit à toute entreprise éditrice, sous réserve du paiement des prestations qu'elle assure, ou à l'un de ses collaborateurs, de recevoir directement ou indirectement des fonds ou avantages d'un gouvernement étranger.

Art. 9. – V. *L. 29 juill. 1881.*

Art. 10. – Il est interdit à toute entreprise éditrice ou à l'un de ses collaborateurs de recevoir ou de se faire promettre une somme d'argent, ou tout autre avantage, aux fins de travestir en information de la publicité financière.

Tout article de publicité à présentation rédactionnelle doit être précédé de la mention « publicité » ou « communiqué ».

Art. 11 *(L. n° 86-1210, 27 nov. 1986)*. – Est interdite, à peine de nullité, l'acquisition, la prise de contrôle ou la prise en location-gérance d'une publication quotidienne imprimée d'information politique et générale lorsque cette opération a pour effet de permettre à une personne physique ou morale ou à un groupement de personnes physiques ou morales de posséder, de contrôler, directement ou indirectement, ou d'éditer en location-gérance des publications quotidiennes imprimées d'information politique et générale dont le total de la diffusion excède 30 p. 100 de la diffusion sur le territoire national de toutes les publications quotidiennes imprimées de même nature. Cette diffusion est appréciée sur les douze derniers mois connus précédant la date d'acquisition, de prise de contrôle ou de prise en location-gérance.

Le contrôle mentionné à l'alinéa précédent s'apprécie au regard des critères figurant à l'article 355-1 [C. com., art. L. 233-3] de la loi n° 66-537 du 24 juillet 1966 sur les sociétés commerciales ou s'entend de toute situation dans laquelle une personne physique ou morale ou un groupement de personnes physiques ou morales aurait placé une publication sous son autorité ou sa dépendance.

Art. 12 *(Mod., L. n° 86-1210, 27 nov. 1986)*. – Seront punis d'une peine d'un an de prison et d'une amende de 30 000 € ou de l'une de ces deux peines seulement ceux qui, en leur nom personnel ou comme représentant d'une personne morale, auront :

1° Prêté leur nom ou emprunté le nom d'autrui en violation des dispositions de l'article 3 ;

2° Été partie à une convention prohibée par les dispositions de l'article 7 ;

3° Accepté de recevoir ou reçu un avantage en violation des dispositions de l'article 8 ;

4° Promis ou versé, accepté de recevoir ou reçu une somme d'argent ou un avantage en violation des dispositions de l'alinéa premier de l'article 10.

5° Enfreint l'interdiction édictée par l'article 11.

Art. 13. – Sera puni d'une amende de 30 000 € quiconque aura manqué à l'obligation d'être le directeur de la publication en application du deuxième alinéa de l'article 6 de la loi du 29 juillet 1881 précitée.

Art. 14. – V. *L. 29 juillet 1881, art. 7 et 9*.

Art. 15. – Seront punis d'une amende de 6 000 € :

1° Les présidents, les directeurs généraux, les administrateurs, les membres de directoires ou de conseils de surveillance, les gérants ou les dirigeants de fait de sociétés qui auront émis des actions au porteur en violation des dispositions de l'article 4 ci-dessus ;

2° Les dirigeants de toute entreprise éditrice qui n'auront pas fait procéder aux publications prévues aux articles 5 et 6 ci-dessus ;

3° Les directeurs de publication qui auront enfreint les dispositions du second alinéa de l'article 10 ci-dessus.

Art. 16 *(L. n° 92-1336, 16 déc. 1992)*. – En cas de condamnation pour l'une des infractions définies dans la présente loi, le tribunal pourra ordonner que sa décision soit, aux frais du condamné, insérée intégralement ou par extraits dans les publications de presse qu'il désigne et affichée dans les conditions prévues à l'article 131-35 du Code pénal.

Art. 17. – (V. *Ord. n° 45-2646, 2 nov. 1945*).

Art. 18. – Pour l'application de la loi n° 82-652 du 29 juillet 1982 sur la communication audiovisuelle, la référence aux articles 3, 4 et 9 de la loi n° 84-937 du 23 octobre 1984 visant à limiter la concentration et à assurer la transparence financière et le pluralisme des entreprises de presse est remplacée par la référence aux articles 7 et 3 de la présente loi.

Art. 19. – Pour l'application de la loi n° 66-537 du 24 juillet 1966 [Abrogée et codifiée V. C. com.] sur les sociétés commerciales, la référence à l'article 2 de l'ordonnance du 26 août 1944 sur l'organisation de la presse française est remplacée par la référence à l'article 2 de la présente loi.

Art. 20 *(Mod., L. n° 86-1067, 30 sept. 1986)*. – Les sociétés éditrices, dont l'objet principal est la mise à la disposition du public ou de catégories de publics de services définis à l'article 77 [abrogé] de la loi n° 82-652 du 29 juillet 1982 précitée et dont les actions ne sont pas nominatives, sont tenues de publier un mois au plus après la promulgation de la présente loi, dans un journal d'annonces légales, un avis aux porteurs d'actions les invitant à mettre leurs titres sous la forme nominative selon les modalités prévues au I de l'article 94 de la loi de finances pour 1982, n° 81-1160 du 30 décembre 1981, modifié par l'article 111 de la loi de finances pour 1984, n° 83-1179 du 29 décembre 1983.

Art. 21 *(L. n° 86-1210, 27 nov. 1986)*. – Sont abrogées :

1° L'ordonnance du 26 août 1944 sur l'organisation de la presse française ;

2° La loi n° 84-937 du 23 octobre 1984 précitée.

Art. 22. – Dans tous les articles de la loi du 29 juillet 1881 précitée, les mots : « directeur de la publication » sont substitués au mot : « gérant ».

Art. 23 *(L. n° 93-1, 4 janv. 1993)*. – La présente loi est applicable dans les territoires de la Nouvelle-Calédonie, de la Polynésie française, des îles Wallis-et-Futuna et dans la collectivité territoriale de Mayotte, à l'exception de l'article 17.

Loi n° 82-652 du 29 juillet 1982
sur la communication audiovisuelle

Art. 6 *(Mod., L. n° 86-1067, 30 sept. 1986 ; L. n° 90-615, 13 juill. 1990 ; L. n° 2000-516, 15 juin 2000 ; L. n° 2004-575, 21 juin 2004)*. – I. – Toute personne physique ou morale dispose d'un droit de réponse dans le cas où des imputations susceptibles de porter atteinte à son honneur ou à sa réputation auraient été diffusées dans le cadre d'une activité de communication audiovisuelle.

Le demandeur doit préciser les imputations sur lesquelles il souhaite répondre et la teneur de la réponse qu'il se propose d'y faire.

La réponse doit être diffusée dans des conditions techniques équivalentes à celles dans lesquelles a été diffusé le message contenant l'imputation invoquée.

Elle doit également être diffusée de manière que lui soit assurée une audience équivalente à celle du message précité.

La demande d'exercice du droit de réponse doit être présentée dans le délai de trois mois suivant celui de la diffusion du message contenant l'imputation qui la fonde. Toutefois, lorsque, à l'occasion de l'exercice de poursuites pénales, ont été diffusées dans le cadre d'une activité de communication audiovisuelle des imputations susceptibles de porter atteinte à l'honneur ou à la réputation d'une personne physique ou morale, ce délai est réouvert à son profit pour la même durée à compter du jour où la décision de non-lieu dont elle fait l'objet est intervenue ou celle de relaxe ou d'acquittement la mettant expressément ou non hors de cause est devenue définitive.

En cas de refus ou de silence gardé sur la demande par son destinataire dans les huit jours suivant celui de sa réception, le demandeur peut saisir le président du tribunal de grande instance, statuant en matière de référés, par la mise en cause de la personne visée au neuvième alinéa du présent article.

Le président du tribunal peut ordonner sous astreinte la diffusion de la réponse ; il peut déclarer son ordonnance exécutoire sur minute nonobstant appel.

Pendant toute campagne électorale, lorsqu'un candidat est mis en cause, le délai de huit jours prévu au sixième alinéa est réduit à vingt-quatre heures.

Pour l'application des dispositions du présent article, dans toute personne morale qui assure, à quelque titre et sous quelque forme que ce soit, un service de communication audiovisuelle, il doit être désigné un responsable chargé d'assurer l'exécution des obligations se rattachant à l'exercice du droit de réponse.

Un décret en Conseil d'État fixe les modalités d'application du présent article.

Il précise notamment les modalités et le délai de conservation des documents audiovisuels nécessaires à l'administration de la preuve des imputations visées au premier alinéa du présent article, sans préjudice de l'application des dispositions de la loi n° 79-18 du 3 janvier 1979 sur les archives.

Les dispositions du présent article sont applicables à tout service de communication mis à la disposition du public sous forme de phonogrammes ou de vidéogrammes paraissant à intervalles réguliers.

II. – Les associations remplissant les conditions fixées par l'article 48-1 de la loi du 29 juillet 1881 sur la liberté de la presse peuvent également exercer le droit de réponse prévu par le présent article dans le cas où des imputations susceptibles de porter atteinte à l'honneur ou à la réputation d'une personne ou d'un groupe de personnes à raison de leur origine, de leur appartenance ou de leur non-appartenance à une ethnie, une nation, une race ou une religion déterminée auraient été diffusées dans le cadre d'une activité de communication audiovisuelle.

Toutefois, quand les imputations concerneront des personnes considérées individuellement, l'association ne pourra exercer le droit de réponse que si elle justifie avoir reçu leur accord.

Aucune association ne pourra requérir la diffusion d'une réponse en application du présent article dès lors qu'aura été diffusée une réponse à la demande d'une des associations remplissant les conditions prévues par l'article 48-1 précité.

Le droit de réponse institué par la loi du 29 juillet 1982 tend à protéger toute personne mise en cause par des imputations diffamatoires à l'occasion d'une activité de communication audiovisuelle. Sous certaines réserves, ce droit est général et absolu. Celui qui l'exerce est juge de l'utilité, de la forme et de la teneur de la réponse mais il doit préciser les imputations auxquelles il entend répondre et il ne saurait mettre en cause l'intérêt légitime d'un tiers. Si le journaliste animateur de l'émission au cours de laquelle des imputations diffamatoires ont été tenues ne saurait être considéré comme un tiers, l'allégation de la réponse, selon laquelle ce journaliste ne respecterait pas les règles déontologiques de sa profession en négligeant de s'informer, rend sérieusement contestable l'exercice du droit de réponse. Le juge ne pouvant retrancher ce qui porte atteinte à la réputation du journaliste incriminé, il ne peut ordonner l'insertion de la réponse proposée (■ Paris, 15 mai 1990 : *D.* 1990, IR, 162).

Art. 89 ***(Abr. et partiellement codifié, L. n° 2009-669, 12 juin 2009).***

Voir aussi : C. ind. cin., art. 30-4

Voir : Pour la sanction de ce texte, V. L. n° 86-1067 du 30 sept. 1986, art. 79-2°.

Art. 93. ***– (Mod., L. n° 2004-575, 21 juin 2004 ; abr. et codifié à compter de l'entrée en vigueur de la partie réglementaire du Code du travail et au plus tard le 1er mars 2008, Ord. n° 2007-329, 12 mars 2007. – V. C. trav., art. L. 7111-1 et L. 7111-5).***

Le recrutement des journalistes s'effectue selon les règles de la convention collective nationale de la presse et ses avenants.

Code du travail (nouveau)

Art. L. 7111-1. – Les dispositions du présent code sont applicables aux journalistes professionnels et assimilés, sous réserve des dispositions particulières du présent titre.

Art. L. 7111-5. – Les journalistes exerçant leur profession dans une ou plusieurs entreprises de communication au public par voie électronique ont la qualité de journaliste professionnel.

Art. 93-2 ***(Mod., L. n° 85-1317, 13 déc. 1985 ; L. n° 86-1067, 30 sept. 1986 ; L. n° 2004-575, 21 juin 2004).*** **– Tout service de communication au public par voie électronique est tenu d'avoir un directeur de la publication.**

Lorsque le directeur de la publication jouit de l'immunité parlementaire dans les conditions prévues par l'article 26 de la Constitution et par les articles 9 et 10 du protocole du 8 avril 1965 sur les privilèges et immunités des Communautés européennes, il désigne un codirecteur de la publication choisi parmi les personnes ne bénéficiant pas de l'immunité parlementaire et, lorsque le service de communication est assuré par une personne morale, parmi les membres de l'association, du conseil d'administration, du directoire ou les gérants suivant la forme de ladite personne morale.

Le codirecteur de la publication doit être nommé dans le délai d'un mois à compter de la date à partir de laquelle le directeur de la publication bénéficie de l'immunité mentionnée à l'alinéa précédent.

Le directeur et, éventuellement, le codirecteur de la publication doivent être majeurs, avoir la jouissance de leurs droits civils et n'être privés de leurs droits civiques par aucune condamnation judiciaire.

Toutes les obligations légales imposées au directeur de la publication sont applicables au codirecteur de la publication.

Lorsque le service est fourni par une personne morale, le directeur de la publication est le président du directoire ou du conseil d'administration, le gérant ou le représentant légal, suivant la forme de la personne morale.

Lorsque le service est fourni par une personne physique, le directeur de la publication est cette personne physique.

Art. 93-3 *(L. n° 85-1317, 13 déc. 1985 ; L. n° 92-1336, 16 déc. 1992 ; L. n° 2004-575, 21 juin 2004 ; L. n° 2009-669, 12 juin 2009)*. **– Au cas où l'une des infractions prévues par le chapitre IV de la loi du 29 juillet 1881 sur la liberté de la presse est commise par un moyen de communication au public par voie électronique, le directeur de la publication ou, dans le cas prévu au deuxième alinéa de l'article 93-2 de la présente loi, le codirecteur de la publication sera poursuivi comme auteur principal, lorsque le message incriminé a fait l'objet d'une fixation préalable à sa communication au public.**

À défaut, l'auteur, et à défaut de l'auteur, le producteur sera poursuivi comme auteur principal.

Lorsque le directeur ou le codirecteur de la publication sera mis en cause, l'auteur sera poursuivi comme complice.

Pourra également être poursuivie comme complice toute personne à laquelle les articles 121-7 du Code pénal seront applicables.

Lorsque l'infraction résulte du contenu d'un message adressé par un internaute à un service de communication au public en ligne et mis par ce service à la disposition du public dans un espace de contributions personnelles identifié comme tel, le directeur ou le codirecteur de publication ne peut pas voir sa responsabilité pénale engagée comme auteur principal s'il est établi qu'il n'avait pas effectivement connaissance du message avant sa mise en ligne ou si, dès le moment où il en a eu connaissance, il a agi promptement pour retirer ce message.

1) QPC. L'article 93-3 de la loi n° 82-652 du 29 juillet 1982 modifiée sur la communication audiovisuelle est conforme à la Constitution, **sous la réserve** que, compte tenu, d'une part, du régime de responsabilité spécifique dont bénéficie le directeur de la publication en vertu des premier et dernier alinéas de l'article 93-3 et, d'autre part, des caractéristiques d'Internet qui, en l'état des règles et des techniques, permettent à l'auteur d'un message diffusé sur Internet de préserver son anonymat, les dispositions contestées ne sauraient, sans instaurer une présomption irréfragable de responsabilité pénale en méconnaissance des exigences constitutionnelles précitées, être interprétées comme permettant que le créateur ou l'animateur d'un site de communication au public en ligne mettant à la disposition du public des messages adressés par des internautes, voie sa responsabilité pénale engagée en qualité de producteur à raison du seul contenu d'un message dont il n'avait pas connaissance avant la mise en ligne (■ Cons. const., déc. 16 sept. 2011, n° 2011-164 QPC : *JurisData* n° 2011-018690 ; *JCP* 2011, note 1247, p. 2238, E. Dreyer).

V. *infra*, arrêt ■ Cass. crim., 31 janv. 2012.

2) Selon l'article 50 de la loi du 29 juillet 1881, le réquisitoire introductif qui constitue l'acte initial de la poursuite doit préciser, outre l'articulation et la qualification des faits, le texte de ladite loi édictant la peine dont l'application est demandée ; il n'est pas dérogé à ces prescriptions d'ordre public par l'article 93-3 de la loi du 29 juillet 1982 sur la communication audiovisuelle (■ Cass. crim., 7 nov. 1995 : *Dr. pénal* 1996, comm. 80, obs. Véron).

3) Selon l'article 93-3 de la loi du 29 juillet 1982, lorsqu'une infraction prévue par le chapitre IV de la loi du 29 juillet 1881 est commise par un moyen de communication audiovisuelle, à défaut de poursuites contre l'auteur du message illicite, le producteur du service peut être poursuivi comme auteur principal, même si ce message n'a pas été fixé préalablement à sa communication au public (■ Cass. crim., 8 déc. 1998 : *Bull. crim.*, n° 335 ; *JCP* 99, II, 10135, note J.-Y. Lassalle).

4) Selon l'article 93-3 de la loi du 29 juillet 1982 modifiée, lorsqu'une infraction prévue par le chapitre IV de la loi du 29 juillet 1881 est commise par un moyen de communication au public par voie électronique, à défaut de poursuites contre l'auteur du message, le producteur du service peut être poursuivi comme auteur principal, même si ce message n'a pas été fixé préalablement à sa communication au public ; ne justifie pas sa décision la chambre de l'instruction qui, pour confirmer l'ordonnance de non-lieu rendue par le juge d'instruction dans une information ouverte pour injures publiques envers un particulier résultant de messages mis en ligne sur le forum de discussion d'un site Internet, retient que les auteurs de ces messages et l'éventuel producteur n'ont pas été identifiés, sans rechercher si le directeur de la publication, qui avait pris l'initiative de créer ce service de communication au public par voie électronique, ne pouvait également être qualifié de producteur au sens du texte susvisé (■ Cass. crim., 16 févr. 2010, n° 08-86.301).

5) Doit être considéré comme ayant fait l'objet d'une fixation préalable à la communication au public, au sens de l'article 93-3 de la loi du 29 juillet 1982, le message qui est diffusé de façon répétitive sur les ondes ; ainsi ce mode de diffusion permettait au directeur de publication d'exercer un contrôle sur le contenu de l'infraction avant sa diffusion à l'antenne (■ Cass. crim., 8 juin 1999 : *Bull. crim.*, n° 128 ; *Dr. pén.* 1999, comm. 141, obs. M. Véron ; *Rev. sc. crim.* 2000, p. 194, obs. Bouloc).

6) En l'état de ces énonciations, d'où il résulte que le directeur de publication a pu exercer son contrôle sur le contenu du message avant sa diffusion, et dès lors que doit être considéré comme ayant fait l'objet d'une fixation préalable à la communication au public, au sens de l'article 93-4 de la loi du 29 juillet 1982, le message qui est diffusé à l'identique et de façon répétitive sur les ondes, la cour d'appel a justifié sa décision (■ Cass. crim., 5 oct. 2011 : *Dr. pén.* 2012, comm. 5, obs. M. Véron ; *D.* 2012, 765, note E. Dreyer ; *Rev. sc. crim.* 2012, p. 173, obs. J. Francillon).

7) Le réseau internet constituant un moyen de communication audiovisuelle au sens de l'article 2 de la loi n° 86-1067 du 30 septembre 1986 relative à la liberté de communication, la responsabilité pénale du propriétaire d'un site et de l'auteur des propos injurieux ou diffamatoires diffusés sur ce site peut être engagée dans les conditions prévues par l'article 93-3 de la loi n° 82-652 du 29 juillet 1982 sur la communication audiovisuelle dans sa rédaction issue de la loi 13 décembre 1985 applicable au moment où les faits ont été commis (■ Cass. crim., 6 mai 2003 : *Bull. crim.*, n° 94 ; *D.* 2003, jur. p. 2192, note E. Dreyer. ■ 10 mai 2005 : *Bull. crim.*, n° 144).

8) Selon l'article 93-3 de la loi du 29 juillet 1982, lorsqu'une infraction prévue par le chapitre IV de la loi du 29 juillet 1881 est commise par un moyen de communication au public par voie électronique, à défaut de l'auteur du message, le producteur du service sera poursuivi comme auteur principal, même si ce message n'a pas été fixé préalablement à sa communication au public (■ Cass. crim., 16 févr. 2010, n° 09-81.064 : *Bull. crim.* n° 31 ; *Dr. pén.* 2010, comm. 80, obs. M. Véron ; *D.* 2010, p. 2206, note E. Dreyer ; *JCP* 2010, p. 1621, n° 873, note J. Huet).

9) En matière de communication en ligne, a la qualité de producteur la personne qui prend l'initiative de créer un service de communication au public par voie électronique en vue d'échanger des opinions sur des thèmes définis à l'avance (même arrêt).

10) Encourt la cassation l'arrêt de non-lieu rendu faute d'identification de l'auteur de messages et du producteur, sans qu'il ait été recherché si le directeur de publication n'avait pas également la qualité de producteur au sens de l'article 93-3 de la loi du 29 juillet 1881 (■ Cass. crim., 16 févr. 2010, n° 08-86.301 : *Bull. crim.* n° 30 ; *D.* 2010, p. 2206, note E. Dreyer).

11) Il se déduit de l'article 93-3 de la loi du 29 juillet 1982 modifiée sur la communication audiovisuelle, tel qu'**interprété par le Conseil constitutionnel** dans sa décision QPC n° 2011-64 du 16 septembre 2011, que la responsabilité pénale du producteur d'un site de communication au public en ligne, mettant à la disposition du public des messages adressés par des internautes, n'est engagée, à raison du contenu de ces messages que s'il est établi qu'il en avait connaissance avant leur mise en ligne ou que, dans le cas contraire, il s'est abstenu d'agir promptement pour les retirer dès le moment où il en a eu connaissance.

Encourt dès lors la cassation l'arrêt qui, pour déclarer le créateur d'un forum de discussion, répondant à la définition du producteur susvisée, coupable de diffamation à raison de messages émis sous ses pseudonymes, mais également par les utilisateurs du site, se borne à relever qu'il doit en répondre en sa qualité « d'administrateur et de modérateur » du forum en cause (■ Cass. crim., 31 janv. 2012, n° 11-80.010 : *Bull. crim.*, n° 29 ; *Dr. pén.* 2012, comm. 53, obs. M. Véron ; *D.* 2012, act. p. 548, note A. Astaix ; *Rev. Comm. com. électr.* 2012, p. 35, note A. Lepage ; *D.* 2012, jurispr. p. 1249, note C. Ravigneaux).

12) Il se déduit de l'article 93-3 de la loi du 29 juillet 1982 modifiée, interprété selon la réserve émise par le Conseil constitutionnel dans sa décision QPC n° 2011-64 du 16 septembre 2011, que la responsabilité pénale du producteur d'un site de communication au public en ligne, mettant à la disposition du public des messages adressés par des internautes, n'est engagée, à raison du contenu de ces messages, que s'il est établi qu'il en avait connaissance avant leur mise en ligne ou que, dans le cas contraire, il s'est abstenu d'agir promptement pour les retirer dès le moment où il en a eu connaissance.

Encourt dès lors l'annulation l'arrêt qui déclare le créateur d'un forum de discussion en ligne coupable de diffamation, à raison du message émis sur cet espace de contributions personnelles par un utilisateur du site, sans rechercher si, en sa qualité de producteur au sens du texte susvisé, il avait eu connaissance, préalablement à sa mise en ligne, du contenu de ce message ou si, dans le cas contraire, il s'était abstenu d'agir avec promptitude pour le retirer dès qu'il en avait eu connaissance (■ Cass. crim., 30 oct. 2012, n° 10-88.825 : *Bull. crim.*, n° 233 ; *D.* 2013, p. 160, note E. Dreyer ; *AJP* 2013, jur., p. 157, note G. Royer ; *Dr. pénal* 2013, comm. 6, obs. M. Véron, qui cite un autre arrêt du même jour, n° 11-88.562, sur la responsabilité du directeur de publication d'un blog qui n'avait pas agi promptement pour y retirer un message délictueux).

13) Fait l'exacte application du dernier alinéa de l'article 93-3 de la loi du 29 juillet 1982 sur la communication audiovisuelle, l'arrêt qui, pour entrer en voie de condamnation du chef de diffamation publique envers un particulier, retient que le prévenu, en sa qualité de directeur de la publication d'un service de communication en ligne mettant à la disposition du public un espace de contributions personnelles, mais également la possibilité d'alerter en temps réel un service de modération sur le contenu des messages déposés dans cet espace, a été mis en mesure, dès les alertes postées par la partie civile, d'exercer son devoir de surveillance sur le commentaire litigieux, qui n'a pour autant pas été retiré promptement, et ajoute que l'intéressé ne peut utilement se prévaloir, ni de ce que ladite fonction de modération aurait été externalisée, ni du bénéfice des dispositions régissant la responsabilité pénale des hébergeurs de site (■ Cass. crim., 3 nov. 2015, n° 13-82.645 : *Dr. pén.* 2016, comm. 27, obs. P. Conte).

Art. 93-4 *(L. n° 2004-204, 9 mars 2004).* **– Les dispositions de l'article 121-2 du Code pénal ne sont pas applicables aux infractions pour lesquelles les dispositions de l'article 93-3 de la présente loi sont applicables.**

Art. 94 et 95 *(Abr., L. fin. n° 2003-1311, 30 déc. 2003).*

TITRE VII. – DISPOSITIONS PÉNALES

Art. 96 *(Abr., L. fin. n° 2003-1311, 30 déc. 2003).*

Art. 97 *(L. n° 96-1240, 30 déc. 1996).* **– Les articles 6, 93-2 et 93-3 sont applicables dans les territoires d'outre-mer et dans la collectivité territoriale de Mayotte.**

Bibliographie : V. Peltier, *Communication audiovisuelle : JCl. Lois pénales spéciales.*

Décret n° 87-246 du 6 avril 1987

relatif à l'exercice du droit de réponse dans les services de communication audiovisuelle

Art. 1er. – Le droit de réponse reconnu aux personnes physiques par l'article 6 de la loi n° 82-652 du 29 juillet 1982 modifiée sur la communication audiovisuelle peut être exercé, en cas de décès, par les héritiers en ligne directe, les légataires universels ou par le conjoint de la personne atteinte dans son honneur ou sa réputation.

Les personnes morales exercent leur droit de réponse par l'intermédiaire de leur représentant légal.

Art. 2. – La demande d'exercice du droit de réponse est adressée au directeur de la publication par lettre recommandée avec demande d'avis de réception.

Le délai de huit jours fixé pour la demande d'exercice du droit de réponse, au cinquième alinéa de l'article 6 de la loi du 29 juillet 1982 précitée, est porté à quinze jours lorsque le message contesté a été exclusivement mis à disposition du public dans les départements, territoires ou collectivités territoriales d'outre-mer ou lorsque le demandeur réside outre-mer ou à l'étranger.

Pour les services de vidéographie, la demande d'exercice du droit de réponse est présentée dans les huit jours suivant la réception du message.

Art. 3. – La demande indique les références du message ainsi que les circonstances dans lesquelles le message a été mis à la disposition du public. Elle contient la mention des passages contestés et la teneur de la réponse souhaitée.

Pour les services de vidéographie, le demandeur peut, en outre, réclamer la correction ou la suppression du message pendant la période au cours de laquelle le message est encore accessible au public.

Art. 4. – Dans les délais prévus aux sixième et huitième alinéas de l'article 6 de la loi du 29 juillet 1982 précitée, le directeur de la publication fait connaître au demandeur, par lettre recommandée avec demande d'avis de réception, la suite qu'il entend donner à la demande.

Lorsque le message contesté émane d'une personne autre que celle qui fournit le service, la décision relative au droit de réponse est prise conjointement par cette personne et par le directeur de la publication.

Art. 5. – La réponse établie par le demandeur ou celle qui a été arrêtée avec son accord est mise à la disposition du public dans un délai maximum de trente jours à compter de la date du message contesté.

Pour les services de vidéographie, le délai est de vingt jours à compter de la date de contestation du message. Dans le cas prévu au deuxième alinéa de l'article 3, la correction ou la suppression du message est faite dans un délai maximum de dix jours à compter de la même date.

Ces délais peuvent être prolongés avec l'accord du demandeur.

Dans tous les cas, la réponse est gratuite.

L'absence de réponse ayant l'accord du demandeur est assimilée à un refus et ouvre au demandeur le droit de recours prévu au sixième alinéa de l'article 6 de la loi du 29 juillet 1982 précitée.

Art. 6. – Lorsque la demande tend à l'exercice du droit de réponse, la réponse est annoncée comme s'inscrivant dans le cadre de l'exercice du droit de réponse. Elle fait référence au titre de l'émission ou du message en cause et rappelle la date ou la période de la diffusion ou de la mise à la disposition du public.

Le texte de la réponse ne peut être supérieur à trente lignes dactylographiées. La durée totale du message ne peut excéder deux minutes. Pour les services de vidéographie, la réponse est accessible au public au minimum pendant vingt-quatre heures.

Les modalités selon lesquelles il est donné suite à la demande d'exercice du droit de réponse sont portées à la connaissance du demandeur.

Art. 7. – Les émissions sont enregistrées et conservées pendant une durée minimum de quinze jours après la date de leur diffusion.

En cas de demande d'exercice du droit de réponse, le délai de conservation prévu à l'alinéa précédent est prolongé jusqu'à l'intervention d'une décision définitive.

Art. 8. – Pour les services de vidéographie, la preuve du contenu du message peut être apportée par tout moyen.

Les messages et tous autres documents nécessaires à l'administration de la preuve des imputations de nature à porter atteinte à l'honneur ou à la réputation du demandeur doivent être conservés sous la responsabilité du directeur ou du codirecteur de la publication pendant huit jours à compter de la date à laquelle ils ont cessé d'être mis à la disposition du public.

Art. 9. – En cas de violation des dispositions des articles 7 et 8, le directeur ou le codirecteur de la publication est puni de la peine d'amende prévue pour les contraventions de la 5e classe.

En cas de récidive, il est puni de l'amende prévue pour la récidive des contraventions de la 5e classe.

Art. 10. – Le décret n° 83-419 du 25 mai 1983 fixant les modalités d'application de l'article 6 de la loi du 29 juillet 1982 sur la communication audiovisuelle et relatif au droit de réponse est abrogé.

Loi nº 86-1067 du 30 septembre 1986

relative à la liberté de communication

Bibliographie : Drouot, *La loi relative à la liberté de communication : ALD* 1987, 55, 61. • Huet, *La loi du 17 janvier 1989 sur la liberté de communication : D.* 1989, chron., 179. • A. Lepage, *Libertés sur l'Internet et la cybercriminalité : les apports au droit pénal de la loi pour la confiance dans l'économie numérique du 21 juin 2004 : Dr. pénal* 2004, étude 18.

Art. 1er *(L. n° 2004-575, 21 juin 2004)*. – La communication au public par voie électronique est libre.

L'exercice de cette liberté ne peut être limité que dans la mesure requise, d'une part, par le respect de la dignité de la personne humaine, de la liberté et de la propriété d'autrui, du caractère pluraliste de l'expression des courants de pensée et d'opinion et, d'autre part, par la protection de l'enfance et de l'adolescence, par

la sauvegarde de l'ordre public, par les besoins de la défense nationale, par les exigences de service public, par les contraintes techniques inhérentes aux moyens de communication, ainsi que par la nécessité, pour les services audiovisuels, de développer la production audiovisuelle.

Les services audiovisuels comprennent les services de communication audiovisuelle telle que définie à l'article 2 ainsi que l'ensemble des services mettant à disposition du public ou d'une catégorie de public des œuvres audiovisuelles, cinématographiques ou sonores, quelles que soient les modalités techniques de cette mise à disposition.

Art. 2 *(Mod., L. n° 2004-575, 21 juin 2004 ; L. n° 2009-258, 5 mars 2009)*. **– On entend par communications électroniques les émissions, transmissions ou réceptions de signes, de signaux, d'écrits, d'images ou de sons, par voie électromagnétique.**

On entend par communication au public par voie électronique toute mise à disposition du public ou de catégories de public, par un procédé de communication électronique, de signes, de signaux, d'écrits, d'images, de sons ou de messages de toute nature qui n'ont pas le caractère d'une correspondance privée.

On entend par communication audiovisuelle toute communication au public de services de radio ou de télévision, quelles que soient les modalités de mise à disposition auprès du public, toute communication au public par voie électronique de services autres que de radio et de télévision et ne relevant pas de la communication au public en ligne telle que définie à l'article 1er de la loi n° 2004-575 du 21 juin 2004 pour la confiance dans l'économie numérique, ainsi que toute communication au public de services de médias audiovisuels à la demande.

Est considéré comme service de télévision tout service de communication au public par voie électronique destiné à être reçu simultanément par l'ensemble du public ou par une catégorie de public et dont le programme principal est composé d'une suite ordonnée d'émissions comportant des images et des sons.

Est considéré comme service de radio tout service de communication au public par voie électronique destiné à être reçu simultanément par l'ensemble du public ou par une catégorie de public et dont le programme principal est composé d'une suite ordonnée d'émissions comportant des sons.

Est considéré comme service de médias audiovisuels à la demande tout service de communication au public par voie électronique permettant le visionnage de programmes au moment choisi par l'utilisateur et sur sa demande, à partir d'un catalogue de programmes dont la sélection et l'organisation sont contrôlées par l'éditeur de ce service. Sont exclus les services qui ne relèvent pas d'une activité économique au sens de l'article 256 A du Code général des impôts, ceux dont le contenu audiovisuel est secondaire, ceux consistant à fournir ou à diffuser du contenu audiovisuel créé par des utilisateurs privés à des fins de partage et d'échanges au sein de communautés d'intérêt, ceux consistant à assurer, pour mise à disposition du public par des services de communication au public en ligne, le seul stockage de signaux audiovisuels fournis par des destinataires de ces services et ceux dont le contenu audiovisuel est sélectionné et organisé sous le contrôle d'un tiers. Une offre composée de services de médias audiovisuels à la demande et d'autres services ne relevant pas de la communication audiovisuelle ne se trouve soumise à la présente loi qu'au titre de cette première partie de l'offre.

1) Constitue un service de communication audiovisuelle, au sens de la loi du 30 septembre 1986, tout service ayant pour objet de diffuser, à des personnes indifférenciées, des messages dont le contenu n'est pas personnel. Dès lors, les annonces ainsi émises ne peuvent avoir le caractère d'une correspondance privée, tant que l'auteur de l'annonce et l'un de ses lecteurs n'ont pas décidé de consentir à un dialogue (■ Cass. crim., 25 oct. 2000 : *Bull. crim.*, n° 317).

2) Le réseau Internet constituant un moyen de communication audiovisuelle au sens de l'article 2 de la loi du 30 septembre 1986 relative à la liberté de communication, la responsabilité pénale du propriétaire d'un site et de l'auteur des propos injurieux ou diffamatoires diffusés sur ce site peut être engagée dans les conditions prévues par l'article 93-3 de la loi du 29 juillet 1982 sur la communication audiovisuelle dans sa rédaction issue de la loi du 13 décembre 1985 applicable au moment où les faits ont été commis (■ Cass. crim., 10 mai 2005, n° 04-84.705).

Art. 2-1 *(L. n° 2000-719, 1er août 2000 ; mod., L. n° 2004-669, 9 juill. 2004)*. **– Pour l'application de la présente loi, les mots : « distributeur de services » désignent toute personne qui établit avec des éditeurs**

de services des relations contractuelles en vue de constituer une offre de services de communication audiovisuelle mise à disposition auprès du public par un réseau de communications électroniques au sens du 2° de l'article L. 32 du Code des postes et des communications électroniques. Est également regardée comme distributeur de services toute personne qui constitue une telle offre en établissant des relations contractuelles avec d'autres distributeurs.

Art. 3 *(L. n° 89-25, 17 janv. 1989).* – Le secret des choix faits par les personnes parmi les services de communications électroniques et parmi les programmes offerts par ceux-ci ne peut être levé sans leur accord.

....

TITRE PREMIER. – DU CONSEIL SUPÉRIEUR DE L'AUDIOVISUEL

....

Art. 14 *(L. n° 90-55, 15 janv. 1990 ; mod., L. n° 2009-258, 5 mars 2009 ; L. n° 2016-1771, 20 déc. 2016 ; L. n° 2017-86, 27 janv. 2017).* – Le Conseil supérieur de l'audiovisuel exerce un contrôle, par tous moyens appropriés, sur l'objet, le contenu et les modalités de programmation des émissions publicitaires diffusées par les services de communication audiovisuelle en vertu de la présente loi. Il veille au respect de la dignité de toutes les personnes et à l'image des femmes qui apparaissent dans ces émissions publicitaires. Les émissions publicitaires à caractère politique sont interdites. Il peut prendre en compte les recommandations des autorités d'autorégulation mises en place dans le secteur de la publicité. Il adresse chaque année au Parlement un rapport évaluant les actions menées par les services de communication audiovisuelle en vue du respect par les émissions publicitaires qui accompagnent les programmes destinés à la jeunesse des objectifs de santé publique et de lutte contre les comportements à risque et formulant des recommandations pour améliorer l'autorégulation du secteur de la publicité. Les messages publicitaires diffusés par les services de télévision dans les programmes destinés à la jeunesse sont réglementés par un décret en Conseil d'État.

Toute infraction aux dispositions de l'alinéa ci-dessus est passible des peines prévues à l'article L. 90-1 du Code électoral.

TITRE II. – DE L'USAGE DES PROCÉDÉS DE TÉLÉCOMMUNICATIONS

CHAPITRE PREMIER. – DES SERVICES UTILISANT LA VOIE HERTZIENNE

....

Section III. – Règles applicables aux services de communication audiovisuelle diffusés

Art. 25 *(Mod., L. n° 2000-719, 1er août 2000 ; L. n° 2004-669, 9 juill. 2004 ; L. n° 2007-309, 5 mars 2007 ; L. n° 2009-1572, 17 déc. 2009 ; L. n° 2015-1267, 14 oct. 2015).* – L'usage de la ressource radioélectrique pour la diffusion de services de communication audiovisuelle par voie hertzienne terrestre est subordonné au respect des conditions techniques définies par le Conseil supérieur de l'audiovisuel et concernant notamment :

1° Les caractéristiques des signaux émis et des équipements de transmission et de diffusion utilisés ;

1° *bis* Les conditions techniques du multiplexage et les caractéristiques des équipements utilisés ;

2° Le lieu d'émission ;

3° La limite supérieure et, le cas échéant, inférieure de puissance apparente rayonnée ;

4° La protection contre les interférences possibles avec l'usage des autres techniques de télécommunications.

Par dérogation aux dispositions ci-dessus, l'usage de la ressource radioélectrique peut être attribué pour la diffusion terrestre en mode numérique dans le cadre d'une planification des fréquences par allotissement.

Le Conseil supérieur de l'audiovisuel veille en outre à ce que les servies utilisant un moteur d'interactivité puissent être reçus sur l'ensemble des terminaux déployés pour fournir des services interactifs et exploités sur le territoire français pour la télévision numérique de terre.

Le Conseil peut soumettre l'utilisateur d'un site d'émission à des obligations particulières, en fonction notamment de la rareté des sites d'émission dans une région. Il peut, en particulier, imposer le regroupement de plusieurs utilisateurs sur un même site.

« Il peut également, en vue d'assurer la gestion optimale des fréquences radioélectriques ou de favoriser la modernisation de la diffusion des services de télévision par voie hertzienne terrestre, modifier les autorisations et les assignations délivrées en application des articles 30-1 et 30-2 pour organiser le regroupement des éditeurs de services sur une ou plusieurs ressources radioélectriques. »

Il détermine le délai maximum dans lequel le titulaire de l'autorisation doit commencer de manière effective à utiliser la ressource radioélectrique dans les conditions prévues par l'autorisation.

Art. 26 *(L. n° 2000-719, 1er août 2000 ; L. n° 2003-1365, 31 déc. 2003 ; L. n° 2007-309, 5 mars 2007 ; L. n° 2009-258, 5 mars 2009 ; L. n° 2009-526, 12 mai 2009)*. – I. – Nonobstant toute disposition contraire des autorisations de droits d'usage délivrées avant la date d'entrée en vigueur de la loi n° 2000-719 du 1er août 2000 modifiant la loi n° 86-1067 du 30 septembre 1986 relative à la liberté de communication, les sociétés nationales de programme et le groupement européen d'intérêt économique dénommé Arte sont titulaires du droit d'usage des ressources radioélectriques assignées pour la diffusion de leurs programmes par voie hertzienne terrestre.

Si les contraintes techniques l'exigent, le Conseil supérieur de l'audiovisuel peut cependant leur retirer tout ou partie de cette ressource à la condition de leur assigner, sans interruption du service, l'usage de la ressource radioélectrique attribuée à des usages de radiodiffusion permettant une réception de qualité équivalente.

À la demande du Gouvernement, il leur retire l'usage de la ressource radioélectrique lorsque cela s'avère nécessaire à la mise en œuvre du schéma national d'arrêt de la diffusion analogique et de basculement vers le numérique institué à l'article 99. À la demande du Gouvernement, il peut également leur retirer l'usage de la ressource radioélectrique qui n'est plus nécessaire à l'accomplissement des missions définies à l'article 43-11 et par leurs cahiers des missions et des charges.

II. – À la demande du Gouvernement, le Conseil supérieur de l'audiovisuel et l'Autorité de régulation des télécommunications, respectivement pour les ressources radioélectriques de radiodiffusion et de transmission, accordent en priorité aux sociétés mentionnées à l'article 44 ou à leurs filiales répondant à des obligations de service public le droit d'usage de la ressource radioélectrique nécessaire à l'accomplissement de leurs missions de service public.

Dans les mêmes conditions, le Conseil supérieur de l'audiovisuel accorde en priorité à la chaîne culturelle européenne issue du traité signé le 2 octobre 1990 le droit d'usage de la ressource radioélectrique nécessaire à l'accomplissement des missions qui lui sont confiées par ce traité.

Le Conseil supérieur de l'audiovisuel accorde en priorité à la chaîne visée à l'article 45-2 le droit d'usage de la ressource radioélectrique nécessaire à la diffusion de ses programmes en mode numérique.

Le Conseil supérieur de l'audiovisuel veille à regrouper sur une ou plusieurs fréquences les services des sociétés diffusés en mode numérique qui bénéficient des dispositions des trois alinéas précédents.

L'Autorité de régulation des télécommunications assigne la ressource radioélectrique nécessaire à la transmission des programmes de radio et de télévision dans les conditions prévues à l'article L. 36-7 du Code des postes et télécommunications. Lorsqu'elle assigne, réaménage ou retire cette ressource, elle prend en compte les exigences liées aux missions de service public des sociétés prévues à l'article 44 ou à leurs filiales répondant à des obligations de service public et aux missions confiées à la chaîne culturelle européenne par le traité du 2 octobre 1990.

Art. 27 *(L. n° 89-25, 17 janv. 1989 ; L. n° 92-61,18 janv. 1992 ; L. n° 2000-719, 1er août 2000 ; L. n° 2009-258, 5 mars 2009 ; L. n° 2009-879, 21 juill. 2009)*. – Compte tenu des missions d'intérêt général des organismes du secteur public et des différentes catégories de services de communication audiovisuelle diffusés par voie hertzienne terrestre, des décrets en Conseil d'État fixent les principes généraux définissant les obligations concernant :

1° La publicité, le télé-achat et le parrainage ;

1° *bis* Les services consacrés exclusivement à l'autopromotion ou au télé-achat ;

2° La diffusion, en particulier aux heures de grande écoute, de proportions au moins égales à 60 % d'œuvres cinématographiques et audiovisuelles européennes et de proportions au moins égales à 40 % d'œuvres cinématographiques et audiovisuelles d'expression originale française ;

Toutefois, pour l'application des dispositions prévues à l'alinéa ci-dessus aux œuvres audiovisuelles diffusées par les services autorisés, le Conseil supérieur de l'audiovisuel pourra substituer aux heures de grande écoute des heures d'écoute significatives qu'il fixera annuellement, pour chaque service, en fonction notamment des caractéristiques de son audience et de sa programmation ainsi que de l'importance et de la nature de sa contribution à la production ;

3° La contribution des éditeurs de services au développement de la production, en tout ou partie indépendante à leur égard, d'œuvres cinématographiques et audiovisuelles, ainsi que la part de cette contribution ou le montant affectés à l'acquisition des droits de diffusion de ces œuvres sur les services qu'ils éditent, en fixant, le cas échéant, des règles différentes pour les œuvres cinématographiques et pour les œuvres audiovisuelles et en fonction de la nature des œuvres diffusées et des conditions d'exclusivité de leur diffusion. Cette contribution peut tenir compte de l'adaptation de l'œuvre aux personnes aveugles ou malvoyantes, et, en matière cinématographique, comporter une part destinée à la distribution.

En matière audiovisuelle, cette contribution porte, entièrement ou de manière significative, sur la production d'œuvres de fiction, d'animation, de documentaires de création, y compris de ceux qui sont insérés au sein d'une émission autre qu'un journal télévisé ou une émission de divertissement, de vidéo-musiques et de captation ou de recréation de spectacles vivants. Elle peut inclure des dépenses de formation des auteurs et de promotion des œuvres. Dans des conditions fixées par les conventions et les cahiers des charges, elle peut également porter globalement sur le service de télévision et les autres services de télévision ou de médias audiovisuels à la demande du même éditeur de services ou ceux édités par ses filiales ou les filiales de la société qui le contrôle au sens du 2° de l'article 41-3 ;

4° L'acquisition des droits de diffusion, selon les différents modes d'exploitation, et la limitation de la durée de ces droits lorsqu'ils sont exclusifs. Pour les œuvres cinématographiques diffusées en première exclusivité, la durée des droits exclusifs peut varier en fonction de la nature et du montant de la contribution au développement de la production ;

5° Le régime de diffusion des œuvres cinématographiques de longue durée et, en particulier, la fixation d'un nombre maximal annuel de diffusions et de rediffusions et la grille horaire de programmation de ces œuvres.

6° Le maintien à niveau sonore constant des séquences publicitaires ainsi que des écrans qui les précèdent et qui les suivent.

Ces décrets peuvent fixer des règles différentes selon que la diffusion a lieu en clair ou fait appel à une rémunération de la part des usagers, ou selon l'étendue de la zone géographique desservie et pourront prévoir une application progressive en fonction du développement de la télévision numérique de terre. Ils peuvent également définir des obligations adaptées à la nature particulière des services de médias audiovisuels à la demande et les exonérer de l'application de certaines des règles prévues pour les autres services.

Ces décrets sont pris après avis du Conseil supérieur de l'audiovisuel. Cet avis motivé est publié au *Journal officiel* de la République française, ainsi que le rapport de présentation du décret.

Voir : Pour l'application de l'article 27-2°, D. n° 90-66 du 17 janv. 1990 : *JO* 18 janv. Pour l'application de l'article 27-3°, V. D. n° 90-67 du 17 janv. 1990 : *JO* 18 janv.

CHAPITRE II. – DISPOSITIONS APPLICABLES À LA RADIODIFFUSION SONORE ET À LA TÉLÉVISION PAR CÂBLE ET PAR SATELLITE

(Intitulé rempl., L. n° 2000-719, 1er août 2000)

Section I. – Édition de services de radiodiffusion sonore et de télévision par câble et par satellite

(Intitulé créé, L. n° 2000-719, 1er août 2000)

Art. 33 *(L. n° 2000-719, 1er août 2000 ; L. n° 2004-669, 9 juill. 2004)*. – Un décret en Conseil d'État, pris après avis du Conseil supérieur de l'audiovisuel, fixe, pour chaque catégorie de services de radio ou de télévision distribués par les réseaux n'utilisant pas des fréquences assignées par le Conseil supérieur de l'audiovisuel :

1° La durée maximale des conventions ;

2° Les règles générales de programmation ;

3° Les règles applicables à la publicité au télé achat et au parrainage ;

4° Les règles applicables aux services consacrés exclusivement à l'autopromotion ou au télé-achat ;

5° Les dispositions propres à assurer le respect de la langue française et le rayonnement de la francophonie ainsi que celles relatives à la diffusion, sur les services de radio, d'œuvres musicales d'expression française ou interprétées dans une langue régionale en usage en France,

et, pour les services de télévision diffusant des œuvres cinématographiques et audiovisuelles ;

6° La contribution des éditeurs de services au développement de la production, notamment de la production indépendante à leur égard, d'œuvres cinématographiques et audiovisuelles ainsi que la part de cette contribution ou le montant affectés à l'acquisition des droits de diffusion de ces œuvres sur les services qu'ils éditent, en fixant, le cas échéant, des règles différentes pour les œuvres cinématographiques et pour les œuvres audiovisuelles et en fonction de la nature des œuvres diffusées et des conditions d'exclusivité de leur diffusion. Pour les services dont l'objet principal est la programmation d'œuvres cinématographiques ou audiovisuelles, lorsque la nature de leur programmation le justifie, cette contribution peut, en tout ou partie, prendre en compte les frais de sauvegarde, de restauration et de mise en valeur des œuvres du patrimoine. Elle peut également, en matière cinématographique, comporter une part destinée à la distribution ;

7° L'acquisition des droits de diffusion, selon les différents modes d'exploitation, et la limitation de la durée de ces droits lorsqu'ils sont exclusifs. Pour les œuvres cinématographiques diffusées en première exclusivité, la durée des droits exclusifs peut varier en fonction de la nature et du montant de la contribution au développement de la production ;

8° Le régime de diffusion des œuvres cinématographiques de longue durée et, en particulier, la fixation d'un nombre maximal annuel de diffusion et de rediffusions ainsi que la grille horaire de programmation de ces œuvres ;

9° Les proportions d'œuvres cinématographiques européennes et d'expression originale française diffusées, en particulier aux heures de grande écoute, au moins égales à, respectivement, 60 % et 40 % ;

10° Les proportions d'œuvres audiovisuelles européennes et d'expression originale française, qui peuvent varier notamment en fonction de l'importance des investissements de l'éditeur de service dans la production, sans toutefois que la proportion d'œuvres européennes puisse être inférieure à 50 %.

Ce décret peut prévoir des dérogations aux dispositions des 5° et 10° pour les services émis dans une langue autre que celle d'un État membre de la Communauté européenne. Sous réserve des engagements internationaux de la France, il peut également autoriser les services exclusivement diffusés en dehors du territoire national à déroger aux dispositions qui figurent aux 3° à 10°.

Art. 33-1 *(Mod., L. n° 2000-719, 1er août 2000 ; L. n° 2004-669, 9 juill. 2004 ; L. n° 2005-102, 11 févr. 2005 ; L. n° 2006-64, 23 janv. 2006 ; L. n° 2006-396, 31 mars 2006 ; L. n° 2013-1028, 15 nov. 2013 ; L. n° 2016-1524, 14 nov. 2016).* – I. – Les services de radio et de télévision qui ne consistent pas en la reprise intégrale et simultanée soit d'un service fourni par une société mentionnée à l'article 44 pour l'exercice des missions visées à l'article 43-11, par la chaîne visée à l'article 45-2 ou par la chaîne culturelle européenne issue du traité signé le 2 octobre 1990 et diffusé par voie hertzienne terrestre, soit d'un service bénéficiaire d'une autorisation en application des articles 29, 29-1, 30 et 30-1 lorsque cette reprise n'a pas pour effet de faire passer la population de la zone desservie par un service de télévision à vocation locale à plus de dix millions d'habitants ne peuvent être diffusés par les réseaux n'utilisant pas des fréquences assignées par le Conseil supérieur de l'audiovisuel qu'après qu'a été conclue avec le Conseil supérieur de l'audiovisuel une convention définissant les obligations particulières à ces services.

La condition de simultanéité n'est pas exigée lorsque le service est mis à disposition directe du public dans les départements d'outre-mer, en Nouvelle-Calédonie, dans les territoires de la Polynésie française, des îles Wallis-et-Futuna et dans les collectivités territoriales de Mayotte et de Saint-Pierre-et-Miquelon. En outre, la condition de diffusion intégrale et simultanée n'est pas exigée pour les services composés de plusieurs programmes au sens du 14° de l'article 28.

Cette convention, qui ne peut être conclue qu'avec une personne morale, définit, dans le respect des règles générales fixées en application de la présente loi et notamment de son article 33, les obligations particulières au service considéré ainsi que les prérogatives et les pénalités contractuelles dont dispose le Conseil supérieur de l'audiovisuel pour assurer le respect des obligations conventionnelles. Elle peut, dans les limites fixées par le décret prévu à l'article 33, prévoir une application progressive des règles qui y sont prévues, en fonction notamment du nombre de foyers recevant ou pouvant recevoir ce service, sans que ce délai puisse toutefois excéder cinq années.

La convention porte notamment sur les proportions des programmes qui, par des dispositifs adaptés et en particulier aux heures de grande écoute, sont rendus accessibles aux personnes sourdes ou malentendantes, en veillant notamment à assurer l'accès à la diversité des programmes diffusés. Pour les services dont l'audience moyenne annuelle dépasse 2,5 % de l'audience totale des services de télévision, cette obligation s'applique, dans un délai maximum de cinq ans suivant la publication de la loi n° 2005-102 du 11 février 2005 pour l'égalité des droits et des chances, la participation et la citoyenneté des personnes handicapées, à la totalité de leurs programmes, à l'exception des messages publicitaires. La convention peut toutefois prévoir des dérogations justifiées par les caractéristiques de certains programmes.

Pour les services qui diffusent des œuvres cinématographiques, la convention peut également porter sur le concours complémentaire au soutien financier de l'industrie cinématographique et de l'industrie audiovisuelle, dans les conditions d'affectation fixées par la loi de finances.

Pour les services de télévision dont les programmes comportent des émissions d'information politique et générale, la convention précise les mesures à mettre en œuvre pour garantir le caractère pluraliste de l'expression des courants de pensée et d'opinion ainsi que l'honnêteté de l'information et son indépendance à l'égard des intérêts économiques des actionnaires, en particulier lorsque ceux-ci sont titulaires de marchés publics ou de délégations de service public.

La convention comporte également les mesures en faveur de la cohésion sociale, de la diversité culturelle et relatives à la lutte contre les discriminations.

La convention précise les mesures à mettre en œuvre pour garantir le respect des principes mentionnés au troisième alinéa de l'article 3-1.

II. – Par dérogation aux dispositions du I, ne sont soumis qu'à déclaration préalable les services de radio, de télévision et de médias audiovisuels à la demande qui sont distribués par un réseau n'utilisant pas des fréquences assignées par le Conseil supérieur de l'audiovisuel et dont le budget annuel est inférieur à 75 000 € pour les services de radio et à 150 000 € pour les services de télévision.

La déclaration est déposée auprès du Conseil supérieur de l'audiovisuel qui précise les éléments qu'elle doit contenir.

Les services de télévision destinés aux informations sur la vie locale ne bénéficient pas de la dérogation instaurée par le premier alinéa.

III. – Par dérogation aux I et II du présent article, les services de télévision relevant de la compétence de la France en application des articles 43-4 et 43-5 peuvent être diffusés par les réseaux n'utilisant pas des fréquences assignées par le Conseil supérieur de l'audiovisuel sans formalité préalable. Ils demeurent soumis aux obligations résultant de la présente loi et au contrôle du Conseil supérieur de l'audiovisuel, qui peut notamment utiliser à leur égard les procédures prévues aux articles 42, 42-1 et 42-10. Les opérateurs satellitaires dont l'activité a pour effet de faire relever des services de télévision de la compétence de la France, en application de l'article 43-4, et les distributeurs de services visés à l'article 34 sont tenus d'informer les éditeurs des services considérés du régime qui leur est applicable.

Les conventions conclues entre le Conseil supérieur de l'audiovisuel et les éditeurs de services de télévision relevant de la compétence de la France en application des articles 43-4 et 43-5 sont réputées caduques à compter de l'entrée en vigueur de la loi n° 2006-64 du 23 janvier 2006 relative à la lutte contre le terrorisme et portant dispositions diverses relatives à la sécurité et aux contrôles frontaliers.

Art. 33-2 et 33-3 *(Abr., L. n° 2004-575, 21 juin 2004).*

Section II. – Distribution de services de radiodiffusion sonore et de télévision par câble et par satellite

(Intitulé créé, L. n° 2000-719, 1er août 2000)

Art. 34 *(L. n° 2004-669, 9 juill. 2004 ; L. n° 2013-1028, 15 nov. 2013 ; L. n° 2016-1524, 14 nov. 2016).* – I. – Tout distributeur de services qui met à disposition du public, par un réseau n'utilisant pas des fréquences assignées par le Conseil supérieur de l'audiovisuel, une offre de services de communication audiovisuelle comportant des services de radio, de télévision ou de médias audiovisuels à la demande, dépose une déclaration préalable auprès du conseil.

Seuls peuvent avoir la qualité de distributeur de services les sociétés, y compris les sociétés d'économie mixte locale, les organismes d'habitations à loyer modéré, les collectivités territoriales et leurs groupements dans les conditions prévues au II, ainsi que les régies prévues par la loi n° 46-628 du 8 avril 1946 sur la nationalisation de l'électricité et du gaz.

Toutefois, sont dispensés de cette déclaration les distributeurs de services qui desservent moins de cent foyers.

Toute modification d'éléments de cette déclaration doit être préalablement notifiée au Conseil supérieur de l'audiovisuel.

Le conseil peut, par décision motivée prise dans un délai fixé par voie réglementaire, s'opposer soit à l'exploitation d'une offre de services, soit à une modification de la composition de cette offre, soit à une modification de la numérotation des services de télévision au sein de cette offre, s'il estime qu'elle ne satisfait pas aux conditions et obligations de la présente loi, notamment celles mentionnées aux articles 1er, 3-1, 15, 34-1 à 34-2 et 34-4, ou s'il estime qu'elle porte atteinte aux missions de service public assignées aux sociétés nationales de programme mentionnées à l'article 44 ou à leurs filiales répondant à des obligations de service public, à La Chaîne parlementaire mentionnée à l'article 45-2, à la chaîne Arte et à la chaîne TV5, notamment par la numérotation attribuée au service dans l'offre commerciale.

Un décret en Conseil d'État précise les conditions d'application du présent article, notamment les éléments que doit contenir la déclaration.

II. – Toutefois, les collectivités territoriales et leurs groupements ne peuvent exercer directement ou indirectement l'activité de distributeur de services qu'après avoir constaté une insuffisance d'initiatives privées propres à satisfaire les besoins de la population concernée et en avoir informé le Conseil supérieur de l'audiovisuel. Les interventions des collectivités s'effectuent dans des conditions objectives, transparentes, non discriminatoires et proportionnées. L'insuffisance d'initiatives privées est constatée par un appel d'offres déclaré infructueux ayant visé à satisfaire les besoins de la population concernée en services de communication audiovisuelle.

Les dépenses et les recettes afférentes à l'exercice d'une activité de distributeur de services de communication audiovisuelle sur ces mêmes réseaux par les collectivités territoriales et leurs groupements sont retracées au sein d'une comptabilité distincte.

Les collectivités territoriales et leurs groupements exerçant directement ou indirectement une activité de distributeur de services audiovisuels à la date de la publication de la loi n° 2004-669 du 9 juillet 2004 relative aux communications électroniques et aux services de communication audiovisuelle ne sont pas soumises à l'obligation prévue au premier alinéa du présent II de constatation d'une insuffisance d'initiatives privées propres à satisfaire les besoins de la population concernée.

Art. 34-1 *(L. n° 2004-669, 9 juill. 2004 ; mod., L. n° 2007-309, 5 mars 2007).* – Les éditeurs de services diffusés par voie hertzienne terrestre en application des articles 26 et 30 ainsi que les éditeurs de services qui ne font pas appel à une rémunération de la part des usagers diffusés par voie hertzienne terrestre en mode numérique en application de l'article 30-1 et qui ont une vocation nationale ou sont normalement reçus dans la zone par voie hertzienne terrestre ne peuvent, lorsqu'ils sont normalement reçus dans la zone par voie hertzienne terrestre, s'opposer à la retransmission de leurs services sur le réseau de distribution de télévision interne à un immeuble collectif, à une copropriété ou à un ensemble locatif lorsque ce réseau est raccordé à un réseau de communications électroniques autre que satellitaire ne donnant accès qu'à un nombre limité de services de télévision en raison de contraintes liées à la bande passante utilisée, ni conditionner cette reprise à une rémunération.

Tout distributeur de services qui exploite un réseau interne de distribution de télévision établi dans les conditions définies au premier alinéa du présent article adresse, sur demande de la personne qui lui confie l'exploitation de ce réseau, une proposition commerciale de mise à disposition des services diffusés par voie hertzienne terrestre en application des articles 26 et 30 qui ont une vocation nationale ou sont normalement reçus dans la zone. Lorsque le distributeur de services propose une offre en mode numérique, cette proposition concerne également les services qui ne font pas appel à une rémunération de la part des usagers diffusés par voie hertzienne terrestre en mode numérique en application de l'article 30-1 et qui ont une vocation nationale ou sont normalement reçus dans la zone.

La proposition mentionnée au deuxième alinéa du présent article ne prend en compte que les frais d'installation, d'entretien ou de remplacement du réseau et n'est pas conditionnée à la souscription d'un abonnement à un ou plusieurs services. Les éditeurs concernés ne peuvent s'opposer au transport de ces chaînes par le réseau du distributeur de services que cette mise à disposition rendrait nécessaire, ni conditionner ce transport à une rémunération.

Art. 34-1-1 *(L. n° 2004-669, 9 juill. 2004)*. – Les éditeurs de services diffusés par voie hertzienne terrestre en application des articles 26 et 30 ne peuvent s'opposer à la reprise de ces services, lorsqu'ils sont normalement reçus dans la zone par voie hertzienne terrestre, sur un réseau autorisé en application de l'article 34 dans sa rédaction antérieure à l'entrée en vigueur de la loi n° 2004-669 du 9 juillet 2004 relative aux communications électroniques et aux services de communication audiovisuelle, pendant une période de cinq ans à compter de la promulgation de ladite loi ; au minimum une année avant cette échéance, le Gouvernement présentera au Parlement un rapport sur l'opportunité de maintenir tout ou partie de ces obligations spécifiques, au vu des évolutions techniques et économiques.

Art. 34-2 *(L. n° 2004-669, 9 juill. 2004 ; mod., L. n° 2009-258, 5 mars 2009)*. – I. – Sur le territoire métropolitain, tout distributeur de services sur un réseau n'utilisant pas de fréquences terrestres assignées par le Conseil supérieur de l'audiovisuel met gratuitement à disposition de ses abonnés les services des sociétés mentionnées au I de l'article 44 et la chaîne Arte, diffusés par voie hertzienne terrestre en mode analogique ainsi que la chaîne TV 5, et le service de télévision diffusé par voie hertzienne terrestre en mode numérique ayant pour objet de concourir à la connaissance de l'outre-mer, spécifiquement destiné au public métropolitain, édité par la société mentionnée au I de l'article 44, sauf si ces éditeurs estiment que l'offre de services est manifestement incompatible avec le respect de leurs missions de service public. Lorsqu'il propose une offre de services en mode numérique, il met également gratuitement à disposition des abonnés à cette offre les services de ces sociétés qui sont diffusés par voie hertzienne terrestre en mode numérique.

Lorsqu'il propose une offre comprenant des services de télévision en haute définition, il met également gratuitement à la disposition des abonnés à cette offre les services de ces sociétés diffusés en haute définition par voie hertzienne terrestre en mode numérique.

Dans les collectivités d'outre-mer, tout distributeur de services sur un réseau n'utilisant pas de fréquences terrestres assignées par le Conseil supérieur de l'audiovisuel met gratuitement à disposition de ses abonnés les services de la société mentionnée au I de l'article 44 qui sont diffusés par voie hertzienne terrestre dans la collectivité, sauf si cette société estime que l'offre de services est manifestement incompatible avec le respect de ses missions de service public.

Les coûts de transport et de diffusion de ces reprises sont à la charge du distributeur.

II. – Tout distributeur de services par un réseau autre que satellitaire n'utilisant pas de fréquences assignées par le Conseil supérieur de l'audiovisuel met à disposition de ses abonnés les services d'initiative publique locale destinés aux informations sur la vie locale. Le décret mentionné à l'article 34 définit les limites et conditions de cette obligation.

Les coûts de diffusion et de transport depuis le site d'édition sont à la charge du distributeur.

III. – Tout distributeur de services met gratuitement à disposition du public les services destinés aux *(Mots rempl., L. n° 2011-901, 28 juill. 2011)* « personnes sourdes ou malentendantes et aux personnes aveugles ou malvoyantes » associés aux programmes des services de télévision qu'il offre. Les dispositions techniques nécessaires sont à sa charge.

Par décision n° 2015-529 QPC du 23 mars 2016, le Conseil constitutionnel a déclaré le paragraphe II de l'article 34-2 conforme à la Constitution.

Art. 34-3 *(Abr., L. n° 2011-525, 17 mai 2011)*.

Art. 34-4 *(L. n° 2004-669, 9 juill. 2004 ; mod., L. n° 2009-258, 5 mars 2009 ; L. n° 2016-1524, 14 nov. 2016)*. – Sans préjudice des articles 34-1 et 34-2, tout distributeur de services fait droit, dans des conditions équitables, raisonnables et non discriminatoires, aux demandes des éditeurs de services de télévision ne faisant pas appel à rémunération de la part des usagers et dont la diffusion est autorisée conformément aux articles 30 ou 30-1 tendant, d'une part, à permettre l'accès, pour la réception de leurs services, à tout terminal utilisé par le distributeur pour la réception de l'offre qu'il commercialise et, d'autre part, à assurer la présentation de leurs services dans les outils de référencement de cette offre.

Sur le territoire métropolitain, les distributeurs de services dont l'offre de programmes comprend des services nationaux de télévision en clair diffusés par voie hertzienne terrestre assurent la reprise de ces services en respectant la numérotation logique définie par le Conseil supérieur de l'audiovisuel. Ils peuvent en outre proposer au téléspectateur la possibilité d'opter, explicitement et de manière à tout instant réversible, pour une numérotation différente qui présente un caractère équitable, transparent, homogène et non discriminatoire et dont les modalités techniques et commerciales de mise à disposition du public présentent ce même caractère. Les conditions de mise à disposition de cette offre sont fixées par le Conseil supérieur de l'audiovisuel. Dans le cas prévu à la deuxième phrase du présent alinéa, ces distributeurs doivent également assurer la reprise des services nationaux de télévision en clair diffusés par voie hertzienne terrestre en respectant l'ordre de la numérotation logique, à partir d'un nombre entier suivant immédiatement un multiple de cent.

Art. 34-5 *(L. n° 2007-309, 5 mars 2007 ; mod, L. n° 2009-258, 5 mars 2009).* – Les distributeurs de services n'utilisant pas de fréquences assignées par le Conseil supérieur de l'audiovisuel ne peuvent pas refuser la reprise dans des conditions non discriminatoires, sur les réseaux de communications électroniques qu'ils exploitent en mode numérique, de l'ensemble des programmes régionaux, à l'exception de ceux spécifiquement destinés à l'outre-mer, de la société nationale de programme mentionnée au I de l'article 44, sauf si les capacités techniques de ces réseaux de communications électroniques ne le permettent pas.

CHAPITRE III. – DISPOSITIONS APPLICABLES À L'ENSEMBLE DES SERVICES DE COMMUNICATION AUDIOVISUELLE SOUMIS À AUTORISATION

Art. 35. – Il est interdit de prêter son nom, de quelque manière que ce soit, à toute personne qui se porte candidate à la délivrance d'une autorisation relative à un service de communication audiovisuelle ou qui possède ou contrôle, au sens de l'article 355-1 [C. com., art. L. 233-3] de la loi n° 66-537 du 24 juillet 1966 sur les sociétés commerciales, une société titulaire d'une telle autorisation.

Art. 36 *(Mod., L. n° 2000-719, 1er août 2000).* – Les actions représentant le capital d'une société titulaire d'une autorisation délivrée en application de la présente loi doivent être nominatives.

Art. 35-1 *(Ord. n° 2014-948, 20 août 2014).* – Les dispositions de la présente loi sont applicables nonobstant les dispositions de l'ordonnance n° 2014-948 du 20 août 2014 relative à la gouvernance et aux opérations sur le capital des sociétés à participation publique.

Art. 37 *(Abr., L. n° 2004-669, 9 juill. 2004).*

Art. 38 *(L. n° 2000-719, 1er août 2000).* – Toute personne physique ou morale qui vient à détenir toute fraction supérieure ou égale à 10 p. 100 du capital ou des droits de vote aux assemblées générales d'une société titulaire d'une autorisation en application de la présente loi est tenue d'en informer le Conseil supérieur de l'audiovisuel dans le délai d'un mois à compter du franchissement de ces seuils.

Art. 39 *(L. n° 2004-669, 9 juill. 2004 ; mod., L. n° 2008-776, 4 août 2008 ; L. n° 2009-258, 5 mars 2009).* – I. – Une même personne physique ou morale agissant seule ou de concert ne peut détenir, directement ou indirectement, plus de 49 % du capital ou des droits de vote d'une société titulaire d'une autorisation relative à un service national de télévision diffusé par voie hertzienne terrestre dont l'audience moyenne annuelle par un réseau de communications électroniques au sens du 2° de l'article L. 32 du Code des postes et des communications électroniques, tant en mode analogique qu'en mode numérique, dépasse 8 % de l'audience totale des services de télévision.

Pour l'application de l'alinéa précédent, l'audience de chacun des programmes consistant, au sens du 14° de l'article 28, en la rediffusion, intégrale ou partielle, par un réseau de communications électroniques au sens du 2° de l'article L. 32 du Code des postes et des communications électroniques, d'un service de télévision diffusé est comptabilisée conjointement avec celle du service rediffusé.

Un décret en Conseil d'État précise les modalités d'application des deux alinéas précédents. Il fixe notamment les conditions dans lesquelles le Conseil supérieur de l'audiovisuel constate la part d'audience des services de télévision et, en cas de franchissement du niveau d'audience mentionné ci-dessus, impartit aux personnes concernées un délai qui ne peut être supérieur à un an, pour se mettre en conformité avec la règle précitée.

Lorsqu'une personne physique ou morale détient, directement ou indirectement, plus de 15 % du capital ou des droits de vote d'une société titulaire d'une autorisation relative à un service national de télévision par voie hertzienne terrestre en mode analogique, elle ne peut détenir, directement ou indirectement, plus de 15 % du capital ou des droits de vote d'une autre société titulaire d'une telle autorisation.

Lorsqu'une personne physique ou morale détient, directement ou indirectement, plus de 5 % du capital ou des droits de vote de deux sociétés titulaires d'une autorisation relative à un service national de télévision diffusé par voie hertzienne terrestre en mode analogique, elle ne peut détenir, directement ou indirectement, plus de 5 % du capital ou des droits de vote d'une autre société titulaire d'une telle autorisation.

II. – Une même personne physique ou morale ne peut détenir, directement ou indirectement, plus de la moitié du capital ou des droits de vote d'une société titulaire d'une autorisation relative à un service de télévision diffusé exclusivement en mode analogique sur les fréquences affectées à la radio et à la télévision par satellite.

Lorsqu'une personne physique ou morale détient, directement ou indirectement, plus du tiers du capital ou des droits de vote d'une société titulaire d'une autorisation relative à un service de télévision diffusé exclusivement en mode analogique sur les fréquences affectées à la radio et à la télévision par satellite, elle ne peut détenir, directement ou indirectement, plus du tiers du capital ou des droits de vote d'une autre société titulaire d'une telle autorisation.

Lorsqu'une personne physique ou morale détient, directement ou indirectement, plus de 5 % du capital ou des droits de vote de deux sociétés titulaires d'une autorisation relative à un service de télévision diffusé exclusivement en mode analogique sur les fréquences affectées à la radio et à la télévision par satellite, elle ne peut détenir, directement ou indirectement, plus de 5 % du capital ou des droits de vote d'une autre société titulaire d'une telle autorisation.

III. – Une même personne physique ou morale titulaire d'une autorisation relative à un service national de télévision diffusé par voie hertzienne terrestre dont l'audience dépasse le seuil mentionné au I ne peut détenir, directement ou indirectement, plus de 33 % du capital ou des droits de vote d'une société titulaire d'une autorisation relative à un service autre que national et qui ne consiste pas essentiellement en la reprise, dans les collectivités françaises d'outre-mer, d'un service national de télévision.

IV. – Les dispositions du présent article s'entendent sous réserve du respect des situations légalement acquises.

V. – Le franchissement de la fraction du capital ou des droits de vote prévu par les règlements pris pour l'application de l'article 6 *bis* de la loi n° 88-70 du 22 janvier 1988 sur les bourses de valeurs n'entraîne l'obligation de déposer un projet d'offre publique qu'à hauteur de la quotité du capital ou des droits lui permettant d'atteindre la limite applicable en vertu du présent article.

Art. 40 *(Mod., L. n° 2007-309, 5 mars 2007 ; L. n° 2016-1524, 14 nov. 2016)*. – Sous réserve des engagements internationaux de la France, l'autorisation relative à un service de radio ou de télévision par voie hertzienne terrestre assuré en langue française ne peut être accordée à une société dans laquelle plus de 20 % du capital social ou des droits de vote sont détenus, directement ou indirectement, par des personnes de nationalité étrangère. Sous la même réserve, aucune personne de nationalité étrangère ne peut procéder à une acquisition ayant pour effet de porter, directement ou indirectement, la part du capital détenue par des étrangers à plus de 20 p. 100 du capital social ou des droits de vote dans les assemblées générales d'une société titulaire d'une telle autorisation.

Est considérée comme personne de nationalité étrangère, pour l'application du présent article, toute personne physique de nationalité étrangère, toute société dont la majorité du capital social n'est pas détenue, directement ou indirectement, par des personnes physiques ou morales de nationalité française et toute association dont les dirigeants sont de nationalité étrangère.

Le présent article n'est pas applicable aux éditeurs de services dont le capital et les droits de vote sont détenus à hauteur de 80 % au moins par des radiodiffuseurs publics appartenant à des États du Conseil de l'Europe et dont la part du capital et des droits de vote détenue par une des sociétés mentionnées à l'article 44 est au moins égale à 20 %.

Art. 41 *(L. n° 2004-669, 9 juill. 2004 ; mod., L. n° 2009-258, 5 mars 2009)*. – Une même personne physique ou morale ne peut, sur le fondement d'autorisations relatives à l'usage de fréquences dont elle est titulaire pour la diffusion d'un ou de plusieurs services de radio par voie hertzienne terrestre en mode analogique, ou par le moyen d'un programme qu'elle fournit à d'autres titulaires d'autorisation par voie hertzienne terrestre en mode analogique, disposer en droit ou en fait de plusieurs réseaux que dans la mesure où la somme des populations recensées dans les zones desservies par ces différents réseaux n'excède pas 150 millions d'habitants.

Nul ne peut être titulaire de deux autorisations relatives chacune à un service national de télévision diffusé par voie hertzienne terrestre. Cette disposition ne s'applique pas aux services diffusés en télévision mobile personnelle.

Nul ne peut être simultanément titulaire d'une autorisation relative à un service national de télévision diffusé par voie hertzienne terrestre dont l'audience dépasse le seuil mentionné au I de l'article 39 et d'une autorisation relative à un service de même nature en mode analogique autre que national. Une même personne peut toutefois être simultanément titulaire d'une autorisation relative à un service national de télévision diffusé par voie hertzienne terrestre et de plusieurs autorisations relatives à des services de même nature desservant chacun une zone géographique différente située dans un département d'outre-mer ou dans une collectivité d'outre-mer ou en Nouvelle-Calédonie.

Toutefois, une même personne peut être titulaire, directement ou indirectement, d'un nombre maximal de sept autorisations relatives chacune à un service ou programme national de télévision autre que la télévision mobile personnelle diffusé par voie hertzienne terrestre en mode numérique lorsque ces services ou programmes sont édités par des sociétés distinctes ou lorsqu'ils sont autorisés dans les conditions prévues au deuxième alinéa du III de l'article 30-1, dans sa rédaction antérieure à l'entrée en vigueur de la loi n° 2007-309 du 5 mars 2007 relative à la modernisation de la diffusion audiovisuelle et à la télévision du futur, ou au dernier alinéa du III de l'article 30-1.

Une personne ne peut être titulaire de plus de deux autorisations relatives chacune à un service de télévision diffusé exclusivement en mode analogique sur des fréquences affectées à la radio et à la télévision par satellite.

Une personne titulaire d'une ou de plusieurs autorisations relatives chacune à un service de télévision diffusé par voie hertzienne terrestre en mode analogique autre que national ne peut devenir titulaire d'une nouvelle autorisation relative à un service de même nature autre que national si cette autorisation devait avoir pour effet de porter à plus de douze millions d'habitants la population recensée des zones desservies par l'ensemble des services de même nature pour lesquels elle serait titulaire d'autorisations.

Une personne titulaire d'une ou de plusieurs autorisations relatives chacune à un service de télévision diffusé par voie hertzienne terrestre en mode numérique autre que national ne peut devenir titulaire d'une nouvelle autorisation relative à un service de même nature autre que national si cette autorisation devait avoir pour effet de porter à plus de douze millions d'habitants la population recensée des zones desservies par l'ensemble des services de même nature pour lesquels elle serait titulaire d'autorisations.

Une personne titulaire d'une autorisation pour l'exploitation d'un service de télévision par voie hertzienne terrestre en mode analogique dans une zone déterminée ne peut devenir titulaire d'une nouvelle autorisation relative à un service de même nature diffusé en tout ou partie dans la même zone en mode analogique.

Une personne titulaire d'une autorisation pour l'exploitation d'un service de télévision par voie hertzienne terrestre en mode numérique dans une zone déterminée ne peut devenir titulaire d'une nouvelle autorisation relative à un service de même nature diffusé en totalité dans la même zone en mode numérique.

Nul ne peut être titulaire d'une ou plusieurs autorisations relatives chacune à un service de radio dont l'audience potentielle cumulée terrestre dépasse 20 % des audiences potentielles cumulées de l'ensemble des services de radio, publics ou autorisés, diffusés par voie hertzienne terrestre.

Nul ne peut être titulaire d'une ou plusieurs autorisations relatives chacune à un service diffusé en télévision mobile personnelle si l'audience potentielle cumulée terrestre de ce ou ces services dépasse 20 % des audiences potentielles cumulées terrestres de l'ensemble des services de télévision, publics ou autorisés, diffusés en télévision mobile personnelle.

Art. 41-1 *(L. n° 86-1210, 27 nov. 1986 ; L. n° 2000-719, 1er août 2000)*. – Afin de prévenir les atteintes au pluralisme sur le plan national en mode analogique, aucune autorisation relative à un service de radio et de télévision par voie hertzienne terrestre en mode analogique ne peut être délivrée à une personne qui se trouverait, de ce fait, dans plus de deux des situations suivantes :

1° Être titulaire d'une ou de plusieurs autorisations relatives à des services de télévision diffusés par voie hertzienne terrestre en mode analogique permettant la desserte de zones dont la population recensée atteint quatre millions d'habitants ;

ANNEXE 43

2° Être titulaire d'une ou de plusieurs autorisations relatives à des services de radio permettant la desserte de zones dont la population recensée atteint trente millions d'habitants ;

3° *(Abr., L. n° 2004-669, 9 juill. 2004)* ;

4° Éditer ou contrôler une ou plusieurs publications quotidiennes imprimées d'information politique et générale représentant plus de 20 % de la diffusion totale, sur le territoire national, des publications quotidiennes imprimées de même nature, appréciée sur les douze derniers mois connus précédant la date à laquelle la demande d'autorisation a été présentée.

Toutefois, une autorisation peut être délivrée à une personne qui ne satisferait pas aux dispositions du présent article sous réserve qu'elle se mette en conformité avec ces dispositions dans un délai qui est fixé par le Conseil supérieur de l'audiovisuel et qui ne peut être supérieur à six mois.

Art. 41-2 *(L. n° 86-1210, 27 nov. 1986 ; mod., L. n° 2000-719, 1er août 2000)*. – Afin de prévenir les atteintes au pluralisme sur le plan régional et local en mode analogique, aucune autorisation relative à un service, autre que national, de radio ou de télévision par voie hertzienne terrestre en mode analogique ne peut être délivrée pour une zone géographique déterminée à une personne qui se trouverait de ce fait dans plus de deux des situations suivantes :

1° Être titulaire d'une ou de plusieurs autorisations relatives à des services de télévision, à caractère national ou non, diffusés par voie hertzienne terrestre dans la zone considérée ;

2° Être titulaire d'une ou de plusieurs autorisations relatives à des services de radio, à caractère national ou non, dont l'audience potentielle cumulée, dans la zone considérée, dépasse 10 p. 100 des audiences potentielles cumulées, dans la même zone, de l'ensemble des services, publics ou autorisés, de même nature ;

3° *(Abr., L. n° 2004-669, 9 juill. 2004)* ;

4° Éditer ou contrôler une ou plusieurs publications quotidiennes imprimées, d'information politique et générale, à caractère national ou non, diffusées dans cette zone.

Toutefois, une autorisation peut être délivrée à une personne qui ne satisferait pas aux dispositions du présent article, sous réserve qu'elle se mette en conformité avec ces dispositions dans les conditions fixées au dernier alinéa de l'article 41-1 ci-dessus.

Art. 41-2-1 *(L. n° 2000-719, 1er août 2000 ; mod., L. n° 2001-624, 17 juill. 2001)*. – Afin de prévenir les atteintes au pluralisme sur le plan régional et local en mode numérique, aucune autorisation autre que nationale ne peut être délivrée en application de l'article 30-1 pour une zone géographique déterminée à une personne qui se trouverait, de ce fait, dans plus de deux des situations suivantes :

1° Être titulaire d'une ou de plusieurs autorisations relatives à des services de télévision en numérique, à caractère national ou non, diffusés par voie hertzienne terrestre dans la zone considérée ;

2° Être titulaire d'une ou de plusieurs autorisations relatives à des services de radio, à caractère national ou non, dont l'audience potentielle cumulée, dans la zone considérée, dépasse 10 p. 100 des audiences potentielles cumulées, dans la même zone de l'ensemble des services, publics ou autorisés, de même nature ;

3° *(Abr., L. n° 2004-669, 9 juill. 2004)* ;

4° Éditer ou contrôler une ou plusieurs publications quotidiennes imprimées, d'information politique et générale, à caractère national ou non, diffusées dans cette zone.

Toutefois, une autorisation peut être délivrée à une personne qui ne satisferait pas aux dispositions du présent article, sous réserve qu'elle se mette en conformité avec ces dispositions dans les conditions fixées au dernier alinéa de l'article 41-1.

Art. 41-3 *(L. n° 86-1210, 27 nov. 1986 ; L. n° 94-88, 1er févr. 1994 ; L. n° 2000-719, 1er août 2000)*. – Pour l'application des articles 39, 41, 41-1, 41-1-1, 41-2 et 41-2-1 :

1° *(Abr., L. n° 2000-719, 1er août 2000)* ;

2° Toute personne physique ou morale qui contrôle, au regard des critères figurant à l'article 355-1 [C. com., art. L. 233-3] de la loi n° 66-537 du 24 juillet 1966 précitée, une société titulaire d'autorisation ou a placé celle-ci sous son autorité ou sa dépendance est regardée comme titulaire d'une autorisation ; est également regardée comme titulaire d'une autorisation toute personne qui exploite ou contrôle un service de radio par voie hertzienne terrestre ou un service de télévision diffusé exclusivement sur les fréquences affectées à la radio et à la télévision par satellite, à partir de l'étranger ou sur des fréquences affectées à des États étrangers, et normalement reçus, en langue française, sur le territoire français ;

3° Toute personne physique ou morale qui contrôle, au sens de l'article 11 de la loi n° 86-897 du 1er août 1986 portant réforme du régime juridique de la presse, l'entreprise éditrice d'une publication est regardée comme l'éditeur de cette publication ;

4° En matière de radio par voie hertzienne terrestre :

a) Constitue un réseau tout service ou ensemble de services diffusant un même programme pour une proportion majoritaire du temps d'antenne de chaque service ;

b) Constitue un réseau de diffusion à caractère national tout réseau qui dessert une zone dont la population recensée est supérieure à 30 millions d'habitants ;

5° Tout service de télévision diffusé par voie hertzienne terrestre qui dessert une zone géographique dont la population recensée est supérieure à dix millions d'habitants est regardé comme un service à caractère national ;

6° Tout service diffusé par voie hertzienne terrestre et diffusé simultanément et intégralement sur des fréquences affectées à la radio et à la télévision par satellite est regardé comme un seul service diffusé par voie hertzienne terrestre ;

6° *bis* Tout service diffusé par voie hertzienne terrestre en mode numérique, autorisé après appel aux candidatures et consistant pour l'outre-mer en la reprise intégrale d'un programme national autorisé sur le territoire métropolitain, édité par la même personne morale, est regardé comme un seul service diffusé par voie hertzienne terrestre ;

7° L'audience potentielle d'un service de communication audiovisuelle s'entend de la population recensée dans les communes ou parties de communes situées dans la zone de desserte de ce service. Pour le calcul de l'audience potentielle des services diffusés en télévision mobile personnelle, les programmes consistant, dans les conditions prévues au 14° de l'article 28, en la rediffusion intégrale ou partielle d'un même service de télévision sont regardés comme des services distincts.

Art. 41-4 *(L. n° 2004-669, 9 juill. 2004 ; mod., L. n° 2008-776, 4 août 2008 ; L. n° 2009-258, 5 mars 2009).* – Lorsqu'une opération de concentration concernant, directement ou indirectement, un éditeur ou un distributeur de services de radio et de télévision fait l'objet d'un examen approfondi en application du dernier alinéa du III de l'article L. 430-5 du Code de commerce, l'Autorité de la concurrence recueille, avant de se prononcer en application de l'article L. 430-7 du même code, l'avis du Conseil supérieur de l'audiovisuel. L'Autorité de la concurrence communique à cet effet au Conseil supérieur de l'audiovisuel toute saisine relative à de telles opérations. Le Conseil supérieur de l'audiovisuel transmet ses observations à l'Autorité de la concurrence dans le délai d'un mois suivant la réception de cette communication.

Le Conseil de la concurrence recueille également l'avis du Conseil supérieur de l'audiovisuel sur les pratiques anticoncurrentielles dont il est saisi dans les secteurs de la radio, de la télévision et des services de médias audiovisuels à la demande. Il lui communique, à cet effet, toute saisine sur de telles affaires. Le Conseil supérieur de l'audiovisuel lui transmet ses observations dans le délai d'un mois suivant la réception de cette communication.

Le Conseil supérieur de l'audiovisuel saisit le Conseil de la concurrence des pratiques anticoncurrentielles dont il a connaissance dans les secteurs de la radio, de la télévision et des services de médias audiovisuels à la demande. Cette saisine peut être assortie d'une demande de mesures conservatoires dans les conditions prévues à l'article L. 464-1 du Code de commerce.

Il peut saisir pour avis l'Autorité de la concurrence des questions de concurrence et de concentration dont il a la connaissance dans le secteur de la radio, de la télévision et des services de médias audiovisuels à la demande.

Art. 41-5 *(Abr., L. n° 89-25, 17 janv. 1989).*

Art. 42 *(L. n° 89-25, 17 janv. 1989 ; mod., L. n° 94-88, 1er févr. 1994 ; L. n° 2000-719, 1er août 2000 ; L. n° 2004-669, 9 juill. 2004 ; L. n° 2009-258, 5 mars 2009 ; L. n° 2016-1524, 14 nov. 2016).* – Les éditeurs et distributeurs de services de communication audiovisuelle et les opérateurs de réseaux satellitaires peuvent être mis en demeure de respecter les obligations qui leur sont imposées par les textes législatifs et réglementaires et par les principes définis aux articles 1er et 3-1.

Le Conseil supérieur de l'audiovisuel rend publiques ces mises en demeure.

Les organisations professionnelles et syndicales représentatives du secteur de la communication audiovisuelle les organisations de défense de la liberté de l'information reconnues d'utilité publique en France, le Conseil national des langues et cultures régionales *(L. n° 2010-769, 9 juill. 2010)* « , les associations familiales et les associations de défense des droits des femmes » ainsi que les associations ayant dans leur objet social la défense des intérêts des téléspectateurs peuvent demander au Conseil supérieur de l'audiovisuel d'engager la procédure de mise en demeure prévue au premier alinéa du présent article.

1) QPC. L'article 42 de la loi n° 86-1067 du 30 septembre 1986 relative à la liberté de communication est conforme à la Constitution (■ Cons. const., 13 déc. 2013, n° 2013-359 QPC : *JO* 15 déc. 2013, p. 20432).

2) Il ne résulte pas de l'article 42 que la mise en mouvement de l'action publique soit subordonnée au dépôt d'une plainte par la commission nationale de la communication et des libertés ou par le Conseil supérieur de l'audiovisuel (■ Cass. crim., 11 avr. 1991 : *Dr. pénal* 1991, n° 237 ; *JCP* 91, éd. G, IV, 280).

Art. 42-1 *(Mod., L. n° 2004-669, 9 juill. 2004 ; L. n° 2006-64, 23 janv. 2006 ; L. n° 2009-258, 5 mars 2009 ; L. n° 2013-1028, 15 nov. 2013).* – Si la personne faisant l'objet de la mise en demeure ne se conforme pas à celle-ci, le Conseil supérieur de l'audiovisuel peut prononcer à son encontre, compte tenu de la gravité du manquement, et à la condition que celui-ci repose sur des faits distincts ou couvre une période distincte de ceux ayant déjà fait l'objet d'une mise en demeure, une des sanctions suivantes :

1° La suspension de l'édition, de la diffusion ou de la distribution d'une catégorie de programme, d'une partie du programme, ou d'une ou plusieurs séquences publicitaires pour un mois au plus ;

2° La réduction de la durée de l'autorisation ou de la convention dans la limite d'une année ;

3° Une sanction pécuniaire assortie éventuellement d'une suspension de l'édition ou de la distribution du ou des services ou d'une partie du programme ;

4° Le retrait de l'autorisation ou la résiliation unilatérale de la convention.

Art. 42-2 *(Mod., L. n° 89-25, 17 janv. 1989 ; L. n° 2000-719, 1er août 2000 ; L. n° 2004-575, 21 juin 2004).* – Le montant de la sanction pécuniaire doit être fonction de la gravité des manquements commis et en relation avec les avantages tirés du manquement, sans pouvoir excéder 3 % du chiffre d'affaires hors taxes, réalisé au cours du dernier exercice clos calculé sur une période de douze mois. Ce maximum est porté à 5 % en cas de nouvelle violation de la même obligation.

Lorsque le manquement est constitutif d'une infraction pénale, le montant de la sanction pécuniaire ne peut excéder celui prévu pour l'amende pénale.

Lorsque le Conseil supérieur de l'audiovisuel a prononcé une sanction pécuniaire devenue définitive avant que le juge pénal ait statué définitivement sur les mêmes faits ou des faits connexes, celui-ci peut ordonner que la sanction pécuniaire s'impute sur l'amende qu'il prononce.

Pour l'application du présent article, sont agrégées au montant du chiffre d'affaires l'ensemble des recettes publicitaires provenant de l'activité du service.

Les sanctions pécuniaires sont recouvrées comme les créances de l'État étrangères à l'impôt et au domaine.

Art. 42-3. – *(L. n° 89-25, 17 janv. 1989 ; L. n° 2004-669, 9 juill. 2004 ; L. n° 2007-309, 5 mars 2007 ; L. n° 2013-1028, 15 nov. 2013 ; L. n° 2015-1267, 14 oct. 2015 ; L. n° 2016-1524, 14 nov. 2016)* L'autorisation peut être retirée, sans mise en demeure préalable, en cas de modification substantielle des données au vu desquelles l'autorisation avait été délivrée, notamment des changements intervenus dans la composition du capital social ou des organes de direction et dans les modalités de financement. Le Conseil supérieur de l'audiovisuel ne peut cependant agréer une modification du contrôle direct ou indirect, au sens de l'article L. 233-3 du Code de commerce, de la société titulaire d'une autorisation délivrée en application de l'article 30-1 de la présente loi intervenant dans un délai de cinq ans à compter de cette délivrance, sauf en cas de difficultés économiques menaçant la viabilité de cette société.

Dans le respect des critères mentionnés à l'article 29, notamment le juste équilibre entre les réseaux nationaux et les services locaux, régionaux et thématiques indépendants, le Conseil supérieur de l'audiovisuel peut donner son agrément à un changement de titulaire d'autorisation pour la diffusion de services de radio lorsque ce changement bénéficie à la personne morale qui contrôle ou qui est contrôlée par le titulaire initial de l'autorisation au regard des critères figurant à l'article L. 233-3 du Code de commerce. À l'occasion de ce changement de titulaire de l'autorisation, le conseil peut, dans les mêmes conditions, donner son agrément à un changement de la catégorie pour laquelle le service est autorisé. Ce changement ne peut être agréé hors appel aux candidatures par le Conseil supérieur de l'audiovisuel s'il est incompatible avec la préservation des équilibres des marchés publicitaires, notamment locaux.

Ce changement de titulaire de l'autorisation n'est pas ouvert aux services mentionnés à l'article 80 et aux services locaux, régionaux et thématiques indépendants.

Sous réserve du respect des articles 1er et 3-1, le Conseil supérieur de l'audiovisuel peut, par décision motivée, donner son agrément à une modification des modalités de financement lorsqu'elle porte sur le recours ou non à une rémunération de la part des usagers. Préalablement à sa décision, il procède à une étude d'impact, notamment économique, rendue publique dans le respect du secret des affaires. Il procède aussi à l'audition publique du titulaire et entend les tiers qui le demandent. Cette modification de l'autorisation peut être agréée si les équilibres du marché publicitaire des services de télévision hertzienne terrestre sont pris en compte.

Sans préjudice de l'application du premier alinéa, tout éditeur de services détenteur d'une autorisation délivrée en application des articles 29, 29-1, 30-1, 30-5 et 96 doit obtenir un agrément du Conseil supérieur de l'audiovisuel en cas de modification du contrôle direct ou indirect, au sens de l'article L. 233-3 du Code de commerce, de la société titulaire de l'autorisation. Cet agrément fait l'objet d'une décision motivée « et est délivré en tenant compte du respect par l'éditeur, lors des deux années précédant l'année de la demande d'agrément, de ses obligations conventionnelles relatives à la programmation du service ».

Lorsque la modification du contrôle porte sur un service national de télévision autorisé en application de l'article 30-1 de la présente loi ou un service de radio appartenant à un réseau de diffusion à caractère national, au sens de l'article 41-3, et que cette modification est susceptible de modifier de façon importante le marché en cause, l'agrément est précédé d'une étude d'impact, notamment économique, rendue publique dans le respect du secret des affaires.

S'il l'estime utile, le Conseil supérieur de l'audiovisuel peut effectuer une telle étude pour les autres services autorisés.

Art. 42-4 *(Mod., L. n° 2004-575, 21 juin 2004 ; L. n° 2004-669, 9 juill. 2004 ; L. n° 2009-258, 5 mars 2009).* – Dans tous les cas de manquement aux obligations incombant aux éditeurs de services de communication audiovisuelle, le Conseil supérieur de l'audiovisuel peut ordonner l'insertion dans les programmes d'un communiqué dont il fixe les termes et les conditions de diffusion. Le Conseil supérieur de l'audiovisuel demande à l'intéressé de lui présenter ses observations dans un délai de deux jours francs à compter de la réception de cette demande. La décision est ensuite prononcée sans que soit mise en œuvre la procédure prévue à l'article 42-7. Le refus du titulaire de se conformer à cette décision est passible d'une sanction pécuniaire dans les conditions fixées à l'article 42-2.

Art. 42-5 *(L. n° 89-25, 17 janv. 1989).* – Le Conseil supérieur de l'audiovisuel ne peut être saisi de faits remontant à plus de trois ans, s'il n'a été fait aucun acte tendant à leur recherche, leur constatation ou leur sanction.

Art. 42-6 *(Abr., L. n° 2013-1028, 15 nov. 2013).*

Art. 42-7 *(L. n° 2013-1028, 15 nov. 2013).* – Les sanctions prévues aux articles 42-1, 42-3, 42-4, 42-15, 48-2 et 48-3 sont prononcées dans les conditions suivantes :

1° L'engagement des poursuites et l'instruction préalable au prononcé des sanctions prévues par les dispositions précitées sont assurés par un rapporteur nommé par le vice-président du Conseil d'État, après avis du Conseil supérieur de l'audiovisuel, parmi les membres des juridictions administratives en activité, pour une durée de quatre ans, renouvelable une fois ;

2° Le rapporteur peut se saisir de tout fait susceptible de justifier l'engagement d'une procédure de sanction ;

3° Le rapporteur décide si les faits dont il a connaissance justifient l'engagement d'une procédure de sanction.

S'il estime que les faits justifient l'engagement d'une procédure de sanction, le rapporteur notifie les griefs aux personnes mises en cause, qui peuvent consulter le dossier et présenter leurs observations dans un délai d'un mois suivant la notification. Ce délai peut être réduit jusqu'à sept jours en cas d'urgence. Le rapporteur adresse une copie de la notification au Conseil supérieur de l'audiovisuel ;

4° L'instruction est dirigée par le rapporteur, qui peut procéder à toutes les auditions et consultations qu'il estime nécessaires.

Le Conseil supérieur de l'audiovisuel met à la disposition du rapporteur, dans les conditions prévues par une convention, tous les moyens nécessaires à l'accomplissement de ses fonctions. Par dérogation à l'article 7, les personnels mis à la disposition du rapporteur sont placés sous son autorité pour les besoins de chacune de ses missions ;

5° Au terme de l'instruction, le rapporteur communique son rapport, accompagné des documents sur lesquels il se fonde, à la personne mise en cause et au Conseil supérieur de l'audiovisuel.

Sauf dans les cas où la communication ou la consultation de ces documents est nécessaire à l'exercice des droits de la défense de la personne mise en cause, le rapporteur peut lui refuser la communication ou la consultation de pièces ou de certains éléments contenus dans ces pièces mettant en jeu le secret des affaires d'autres personnes. Dans ce cas, une version non confidentielle et un résumé des pièces ou éléments en cause lui sont accessibles ;

6° Le rapporteur expose devant le Conseil supérieur de l'audiovisuel, lors d'une séance à laquelle est convoquée la personne mise en cause, son opinion sur les faits dont il a connaissance et les griefs notifiés. Le cas échéant, il propose au conseil d'adopter l'une des sanctions prévues aux articles 42-1, 42-3, 42-4, 42-15, 48-2 et 48-3. Au cours de cette séance, la personne mise en cause, qui peut se faire assister par toute personne de son choix, est entendue par le conseil, qui peut également entendre, en présence de la personne mise en cause, toute personne dont l'audition lui paraît susceptible de contribuer à son information. Cette séance se tient dans un délai de deux mois suivant la notification du rapport par le rapporteur.

Le rapporteur n'assiste pas au délibéré.

La décision du conseil prise au terme de cette procédure est motivée et notifiée aux personnes qu'elle vise et, en cas de suspension de la diffusion d'un service, aux distributeurs ou aux opérateurs satellitaires qui assurent la diffusion du service en France et qui doivent assurer l'exécution de la mesure. Sous réserve des secrets protégés par la loi, la décision du conseil est également publiée au *Journal officiel* ;

7° La procédure de sanction est suspendue lorsque le Conseil supérieur de l'audiovisuel décide de mettre en œuvre la procédure prévue à l'article 42-10.

Un décret en Conseil d'État précise les modalités d'application du présent article.

Art. 42-8 *(L. n° 2004-669, 9 juill. 2004)*. – Les éditeurs et les distributeurs de services de communication audiovisuelle peuvent former un recours de pleine juridiction devant le Conseil d'État contre les décisions du Conseil supérieur de l'audiovisuel prises en application des articles 17-1, 42-1, 42-3 et 42-4.

Les personnes mentionnées à l'article 95 et les prestataires auxquels ces personnes recourent peuvent former un recours de pleine juridiction devant le Conseil d'État contre les décisions du Conseil supérieur de l'audiovisuel prises en application de l'article 17-1.

Art. 42-9 *(L. n° 89-25, 17 janv. 1989)*. – Le recours formé contre les décisions de retrait prononcées sans mise en demeure préalable est suspensif sauf lorsque le retrait est motivé par une atteinte à l'ordre public, à la sécurité ou à la santé publiques. Le Conseil d'État statue dans les trois mois.

Art. 42-10 *(L. n° 89-25, 17 janv. 1989 ; L. n° 2004-669, 9 juill. 2004)*. – En cas de manquement aux obligations résultant des dispositions de la présente loi et pour l'exécution des missions du Conseil supérieur de l'audiovisuel, son président peut demander en justice qu'il soit ordonné à la personne qui en est responsable de se conformer à ces dispositions, de mettre fin à l'irrégularité ou d'en supprimer les effets. Cette demande peut avoir pour objet de faire cesser la diffusion, par un opérateur satellitaire, d'un service de télévision relevant de la compétence de la France dont les programmes portent atteinte à l'un au moins des principes mentionnés aux articles 1er, 3-1 ou 15.

La demande est portée devant le président de la section du contentieux du Conseil d'État qui statue en référé et dont la décision est immédiatement exécutoire. Il peut prendre, même d'office, toute mesure conservatoire et prononcer une astreinte pour l'exécution de son ordonnance.

Toute personne qui y a intérêt peut intervenir à l'action introduite par le président du Conseil supérieur de l'audiovisuel.

Voir : ■ CE, 20 janv. 1989 : *D.* 1990, 104, note Huet.

Art. 42-11 *(L. n° 89-25, 17 janv. 1989)*. **– Le Conseil supérieur de l'audiovisuel saisit le procureur de la République de toute infraction aux dispositions de la présente loi.**

....

CHAPITRE IV. – DISPOSITIONS RELATIVES AUX SERVICES DE COMMUNICATION AUDIOVISUELLE SOUMIS À DÉCLARATION PRÉALABLE

Art. 43 *(L. n° 2004-669, 9 juill. 2004)*. **– Toute forme de publicité accessible par un service de communication audiovisuelle doit être clairement identifiée comme telle. Elle doit également permettre d'identifier la personne pour le compte de laquelle elle est réalisée.**

Art. 43-1 *(L. n° 2004-669, 9 juill. 2004)*. **– Tout éditeur d'un service de communication audiovisuelle tient en permanence à la disposition du public :**

1° Sa dénomination ou sa raison sociale, son siège social, le nom de son représentant légal et de ses trois principaux associés ;

2° Le nom du directeur de la publication et celui du responsable de la rédaction ;

3° La liste des publications éditées par la personne morale et la liste des autres services de communication audiovisuelle qu'elle assure ;

4° Le tarif applicable lorsque le service donne lieu à rémunération.

....

TITRE VI. – DISPOSITIONS PÉNALES

Art. 74. – Quiconque aura prêté son nom ou emprunté le nom d'autrui en violation des dispositions de l'article 35 sera puni d'un emprisonnement d'un an et d'une amende de 30 000 €, ou de l'une de ces deux peines seulement. Les mêmes peines seront applicables à toute personne bénéficiaire de l'opération de prête-nom.

Lorsque l'opération de prête-nom aura été faite au nom d'une société ou d'une association, les peines prévues par les dispositions de l'alinéa précédent seront applicables, selon le cas, au président du conseil d'administration, au président du directoire ou au directeur général unique, au gérant de la société ou au président du conseil d'administration de l'association.

Art. 75. – Seront punis d'une amende de 18 000 € les personnes physiques et les dirigeants de droit ou de fait des personnes morales qui n'auront pas fourni les informations auxquelles ces personnes physiques ou morales sont tenues, en application de l'article 38, du fait des participations ou des droits de vote qu'elles détiennent.

Art. 76 *(Mod., L. n° 2004-669, 9 juill. 2004)*. **– Les dirigeants de droit ou de fait d'une société par actions qui, en violation des dispositions de l'article 36, auront émis des actions au porteur ou n'auront pas fait toute diligence pour faire mettre les actions au porteur sous la forme nominative, seront punis d'une amende de 6 000 €.**

Sera puni de la même peine le dirigeant de droit ou de fait d'un éditeur de services de communication audiovisuelle qui n'aura pas respecté les prescriptions de l'article 43-1.

Art. 77 *(Mod., L. n° 86-1210, 27 nov. 1986)*. **– Sera puni d'une amende de 150 000 € quiconque aura contrevenu aux dispositions de l'article 39 ou de l'article 40.**

Art. 78 *(Mod., L. n° 89-25, 17 janv. 1989 ; L. n° 2000-719, 1er août 2000 ; L. n° 2004-669, 9 juill. 2004)*. **– I. – Sera puni d'une amende de 75 000 € le dirigeant de droit ou de fait d'un service de communication audiovisuelle qui aura émis ou fait émettre :**

1° Sans autorisation du Conseil supérieur de l'audiovisuel ou en violation d'une décision de suspension ou de retrait prononcée sur le fondement des dispositions de l'article 42-1 ou sur une fréquence autre que celle qui lui a été attribuée ;

2° En violation des dispositions concernant la puissance ou le lieu d'implantation de l'émetteur ;

3° Sans avoir conclu avec le Conseil supérieur de l'audiovisuel la convention prévue à l'article 33-1.

II. – Sera puni des mêmes peines :

1° Le dirigeant de droit ou de fait d'un organisme de distribution de services autres que ceux mentionnés à l'article 30-2 qui aura mis à la disposition du public une offre de services de communication audiovisuelle comportant des services de radio ou de télévision :

***a)* Sans avoir procédé à la déclaration prévue à l'article 34 ;**

***b)* Ou sans avoir signalé préalablement au Conseil supérieur de l'audiovisuel une modification des éléments de cette déclaration.**

2° Le dirigeant de droit ou de fait d'une société de distribution ou de commercialisation de services de radio ou de télévision par voie hertzienne terrestre en mode numérique qui aura mis ces services à la disposition du public :

***a)* Sans autorisation du Conseil supérieur de l'audiovisuel ou sans avoir procédé à la déclaration prévue au IV de l'article 30-2 ;**

***b)* Ou en violation d'une décision de suspension ou de retrait prononcée sur le fondement des dispositions de l'article 42-1 ;**

***c)* Ou sur une fréquence autre que celle qui lui a été attribuée.**

III. – Dans le cas de récidive ou dans le cas où l'émission irrégulière aura perturbé les émissions ou liaisons hertziennes d'un service public, d'une société nationale de programme ou d'un service autorisé, l'auteur de l'infraction pourra être puni d'une amende de 150 000 € et d'un emprisonnement de six mois.

Les agents du Conseil supérieur de l'audiovisuel et ceux placés sous son autorité peuvent, s'ils ont été spécialement habilités à cet effet par le conseil et assermentés dans les conditions fixées par décret en Conseil d'État, constater par procès-verbal les infractions ci-dessus prévues. Leurs procès-verbaux sont transmis dans les cinq jours au procureur de la République. Dans le même délai, une copie en est adressée au président du Conseil supérieur de l'audiovisuel et au dirigeant de droit ou de fait du service de communication audiovisuelle qui a commis l'infraction.

Dès la constatation de l'infraction, les officiers de police judiciaire peuvent procéder à la saisie des installations et matériels. Les formes prévues aux articles 56 et 57 du Code de procédure pénale sont applicables à cette saisie.

En cas de condamnation, le tribunal pourra prononcer la confiscation des installations et matériels.

1) Le seul fait de procéder sans autorisation à des émissions de radiodiffusion sonores par voie hertzienne est constitutif de l'infraction prévue par l'article 78. Il n'appartient pas à la cour d'appel de se substituer à l'autorité compétente pour rechercher si l'autorisation prévue par l'article 29 aurait pu ou non être accordée (■ Cass. crim., 5 déc. 1989 : *Bull. crim.*, n° 463).

2) La confiscation facultative prévue par l'article 78, qui ne peut entraîner interdiction de solliciter une autorisation d'émettre par voie hertzienne, est une peine complémentaire dont le prononcé est laissé à l'appréciation des juges qui n'en doivent aucun compte (même arrêt ; V. aussi ■ Cass. crim., 11 avr. 1991 : *JCP* 91, IV, 280).

3) L'article 78, alinéa 5 de la loi du 30 septembre 1986 n'exclut pas que les infractions prévues par cette loi soient établies suivant les règles du droit commun et que leur preuve soit rapportée devant la juridiction répressive dans les conditions prévues par l'article 427 du Code de procédure pénale (■ Cass. crim., 25 juill. 1990 : *Bull. crim.*, n° 294).

4) Les dispositions de l'article 42-11 de la loi du 30 septembre 1986 n'impliquent pas que la mise en mouvement de l'action publique en matière d'infraction prévue par l'article 78 de ladite loi soit subordonnée au dépôt d'une plainte préalable émanant de l'organisme chargé de garantir l'exercice de la liberté de communication (■ Cass. crim., 21 janv. 2003 : *Bull. crim.*, n° 13, *Procédures* 2003, comm. 120, note J. Buisson).

Art. 78-1 ***(Abr., L. n° 2004-669, 9 juill. 2004).***

Art. 79 ***(Mod., L. n° 89-25, 17 janv. 1989 ; L. n° 2000-719, 1er août 2000 ; L. n° 2004-669, 9 juill. 2004).*** **– Sera puni de la peine prévue au premier alinéa de l'article 78 :**

1° Quiconque aura méconnu les dispositions des cahiers des charges et des décrets prévus aux articles 27 et 33, ainsi que des cahiers des charges annexés aux contrats de concession pour l'exploitation des services

de communication audiovisuelle, et relatives au nombre et à la nationalité des œuvres cinématographiques diffusées et aux rediffusions, à la grille horaire de programmation de ces œuvres ;

2° *(Abr., L. n° 2009-669, 12 juin 2009).*

Seront punis d'une amende de 18 000 € les personnes physiques et les dirigeants de droit ou de fait des personnes morales qui n'auront pas répondu ou auront répondu de façon inexacte aux demandes d'information formulées par le Conseil supérieur de l'audiovisuel en application des troisième et quatrième alinéas du 1° de l'article 19.

Art. 79-1 *(L. n° 92-1336, 16 déc. 1992)*. **– Sont punies de deux ans d'emprisonnement et de 30 000 € d'amende la fabrication, l'importation en vue de la vente ou de la location, l'offre à la vente, la détention en vue de la vente, la vente ou l'installation d'un équipement, matériel, dispositif ou instrument conçu, en tout ou partie, pour capter frauduleusement des programmes télédiffusés, lorsque ces programmes sont réservés à un public déterminé qui y accède moyennant une rémunération versée à l'exploitant du service.**

L'article 429-1 du Code pénal qui incrimine le fait de capter frauduleusement des programmes télédiffusés, réprime nécessairement le décryptage de ces programmes au moyen de décodeur en violation des droits de l'exploitant du service de télédiffusion, lorsqu'ils sont réservés à un public déterminé qui y accède moyennant rémunération (■ Cass. crim., 23 mars 1992 : *Bull. crim.*, n° 124 ; *Rev. sc. crim.* 1993, 563, obs. Francillon).

Art. 79-2 *(L. n° 92-1336, 16 déc. 1992)*. **– Est puni d'un an d'emprisonnement et de 15 000 € d'amende le fait de commander, de concevoir, d'organiser ou de diffuser une publicité faisant, directement ou indirectement, la promotion d'un équipement, matériel, dispositif ou instrument mentionné à l'article 79-1.**

Art. 79-3 *(L. n° 92-1336, 16 déc. 1992)*. **– Est punie de six mois d'emprisonnement et de 7 500 € d'amende l'organisation, en fraude des droits de l'exploitant du service, de la réception par des tiers des programmes mentionnés à l'article 79-1.**

1) L'article 429-3 du Code pénal qui incrimine le fait d'organiser frauduleusement la réception par des tiers des programmes télédiffusés réservés à un public déterminé, réprime nécessairement la mise en œuvre de tout procédé procurant à autrui, sans l'accord de l'exploitant et sans paiement de la rémunération correspondante, l'accès à des programmes télédiffusés régulièrement captés ou non (■ Cass. crim., 19 août 1992 : *Bull. crim.*, n° 277 ; *Rev. sc. crim.* 1993, 565, obs. Francillon ; *Dr. pénal* 1993, 82, obs. Véron).

2) Justifie sa décision la cour d'appel qui relaxe le gérant d'un hôtel, poursuivi pour organisation frauduleuse de la réception par des tiers de programmes télédiffusés réservés à un public déterminé qui y accède moyennant une rémunération, après avoir souverainement constaté que le prévenu s'était borné à installer dans son établissement deux téléviseurs équipés de décodeurs pour lesquels il avait contracté deux abonnements auprès de la société Canal Plus, l'un des appareils étant placé au bar de l'hôtel, le second étant mis à la disposition des clients qui, en faisant la demande ; en effet, l'usage à des fins autres que privées, de deux décodeurs, avec autant d'abonnements, desservant chacun un téléviseur unique ne saurait constituer à soi seul l'infraction prévue et réprimée par l'article 79-3 de la loi du 30 septembre 1986. (■ Cass. crim., 21 nov. 2000 : *Bull. crim.*, n° 348).

Art. 79-4 *(L. n° 92-1336, 16 déc. 1992)*. **– Est punie de 7 500 € d'amende l'acquisition ou la détention, en vue de son utilisation, d'un équipement, matériel, dispositif ou instrument mentionné à l'article 79-1.**

Art. 79-5 *(L. n° 92-1336, 16 déc. 1992)*. **– En cas de condamnation pour l'une des infractions définies aux articles 79-1 à 79-4, le tribunal peut prononcer la confiscation des équipements, matériels, dispositifs et instruments ainsi que des documents publicitaires.**

Art. 79-6 *(L. n° 92-1336, 16 déc. 1992)*. **– Même si le demandeur s'est constitué partie civile devant la juridiction répressive pour l'une des infractions visées aux articles 79-1 à 79-4, le président du tribunal de grande instance peut, par ordonnance sur requête, autoriser la saisie des équipements, matériels, dispositifs et instruments mentionnés à l'article 79-1, des documents techniques, plans d'assemblage, descriptions**

graphiques, prospectus et autres documents publicitaires présentant ces équipements, matériels, dispositifs et instruments et ce même avant édition ou distribution, ainsi que des recettes procurées par l'activité illicite.

Il peut également, statuant en référé, ordonner la cessation de toute fabrication.

....

TITRE VIII. – DISPOSITIONS TRANSITOIRES ET FINALES

....

Art. 108 *(L. n° 93-1, 4 janv. 1993 ; mod., L. n° 2004-669, 9 juill. 2004 ; rempl., L. n° 2009-258, 5 mars 2009)*. – La présente loi, à l'exception du V de l'article 53, est applicable dans les îles Wallis-et-Futuna, en Polynésie française, en Nouvelle-Calédonie et dans les Terres australes et antarctiques françaises.

Les références de la présente loi à des dispositions qui ne sont pas applicables à Mayotte, à Saint-Barthélemy, à Saint-Martin, à Saint-Pierre-et-Miquelon, dans les îles Wallis-et-Futuna, en Polynésie française, en Nouvelle-Calédonie et dans les Terres australes et antarctiques françaises sont remplacées par les références aux dispositions ayant le même objet applicables localement.

Décret n° 87-277 du 17 avril 1987

relatif à la déclaration des services relevant de l'article 43 de la loi n° 86-1067 du 30 septembre 1986 relative à la liberté de communication

Art. 1er. – La déclaration prévue à l'article 43 de la loi n° 86-1067 du 30 septembre 1986 relative à la liberté de communication est faite par le directeur de la publication.

Le procureur de la République compétent pour recevoir la déclaration est celui du domicile ou du siège social du déclarant. Lorsque celui-ci est domicilié ou a son siège social à l'étranger, la déclaration est déposée auprès du procureur de la République près le tribunal de grande instance de Paris.

Il est délivré récépissé de la déclaration.

Art. 2. – La déclaration comporte les éléments mentionnés à l'article 37 de la loi du 30 septembre 1986 précitée, la dénomination et l'objet du service.

S'il est fait appel à un centre serveur, la déclaration contient en outre le nom et l'adresse de celui-ci.

Dans le cas où le service met en œuvre un traitement automatisé d'informations nominatives tel qu'il est défini par l'article 5 de la loi n° 78-17 du 6 janvier 1978 relative à l'informatique, aux fichiers et aux libertés, le déclarant joint une copie de l'acte réglementaire pris en application de l'article 15 de cette dernière loi ou le récépissé délivré par la Commission nationale de l'informatique et des libertés en application de son article 16.

Art. 3. – Tout changement portant sur un des éléments contenus dans la déclaration fait l'objet d'une déclaration dans un délai de huit jours selon les modalités prévues à l'article 1er.

La cessation du service fait l'objet d'une déclaration dans les mêmes conditions.

Il est délivré récépissé de chaque déclaration.

Art. 4. – Les services mentionnés à l'article 43 de la loi du 30 septembre 1986 qui existent à la date de publication du présent décret sont tenus de se conformer dans un délai de trois mois à compter de cette dernière date aux prescriptions des articles précédents.

Art. 5. – Celui qui n'a pas fait en temps utiles les déclarations ou qui a fait des déclarations incomplètes ou inexactes est puni de la peine d'amende prévue pour les contraventions de la 5e classe.

Est puni de la même peine le directeur ou le codirecteur de la publication d'un service déclaré qui a omis de porter à la connaissance des utilisateurs le tarif applicable lorsque le service donne lieu à rémunération.

En cas de récidive, le contrevenant est puni de l'amende prévue pour la récidive des contraventions de la 5e classe.

Décret nº 90-174 du 23 février 1990

pris pour l'application des articles 19 à 22 du Code de l'industrie cinématographique et relatif à la classification des œuvres cinématographiques

Art. 4 *(D. n° 2001-618, 12 juill. 2001 ; D. n° 2003-1163, 4 déc. 2003 ; abr. et codifié, D. n° 2014-794, 9 juill. 2014. – V. C. cinéma, art. R. 211-9 et R. 211-14).*

....

Art. 19 *(Mod., D. n° 2003-1163, 4 déc. 2003 ; D. n° 2008-1014, 1er oct. 2008 ; abr. et codifié, D. n° 2014-794, 9 juill. 2014. – V. C. cinéma, art. R. 432-1).*

Code du cinéma et de l'image animée

Art. R. 211-18. – **Les bandes-annonces dont la diffusion a débuté avant la délivrance à l'œuvre ou au document du visa d'exploitation cinématographique sont accompagnées d'un avertissement invitant les spectateurs à vérifier à quelle catégorie de public ils sont destinés.**

Art. R. 211-19. – **Lorsque le visa d'exploitation cinématographique comporte une interdiction particulière de représentation, mention en est faite, de façon claire, intelligible et apparente, sur toutes bandes-annonces, affiches ou annonces publicitaires concernant l'œuvre ou le document, quel que soit leur mode de diffusion.**

Art. R. 211-20. – **Lorsqu'une œuvre ou un document dont le visa d'exploitation cinématographique comporte une interdiction particulière de représentation fait l'objet d'une représentation en salle de spectacles cinématographiques, la mention film interdit aux mineurs de douze ans », film interdit aux mineurs de seize ans » ou film interdit aux mineurs de dix-huit ans » est portée de façon claire, intelligible et apparente sur les supports destinés à l'information du public sur les séances dans l'établissement.**

....

Art. R. 211-22. – **Lorsqu'une œuvre ou un document dont le visa d'exploitation cinématographique comporte une interdiction particulière de représentation fait l'objet d'une édition sous forme de vidéogramme destiné à l'usage privé du public, mention en est faite de façon claire, intelligible et apparente sur chacun des exemplaires édités et proposés à la location ou à la vente, ainsi que sur leur emballage.**

Art. R. 211-23. – **Lorsqu'une œuvre ou un document fait l'objet d'une mise à disposition du public au moment choisi par l'utilisateur sur demande individuelle formulée par un procédé de communication électronique, le destinataire est préalablement averti de façon claire, intelligible et apparente de l'interdiction particulière de représentation que comporte le visa d'exploitation cinématographique.**

Art. R. 211-24. – **Lorsqu'une œuvre ou un document fait l'objet d'une diffusion sur un service de télévision, le public est préalablement averti de façon claire, intelligible et apparente, tant lors de la diffusion de l'œuvre ou du document que dans les annonces des programmes diffusées par la presse et les services de radiodiffusion et de télévision ou par tout autre moyen, de l'interdiction particulière de représentation que comporte le visa d'exploitation cinématographique.**

....

Infractions aux obligations d'information du public concernant les interdictions aux mineurs

Art. R. 432-1. – **Le fait de ne pas respecter les obligations prévues aux articles R. 211-18, R. 211-19, R. 211-22, R. 211-23 et R. 211-24 est puni de l'amende prévue pour les contraventions de la 3e classe.**

Art. R. 432-2. – **Le fait, pour une personne assurant la direction d'un établissement de spectacles cinématographiques, de ne pas respecter l'obligation prévue à l'article R. 211-20 est puni de l'amende prévue pour les contraventions de la 5e classe.**

ANNEXE 43

Loi n° 90-1170 du 29 décembre 1990
sur la réglementation des télécommunications

Art. 28 *(Mod., L. n° 96-659, 26 juill. 1996)*. – I. – On entend par prestations de cryptologie toutes prestations visant à transformer à l'aide de conventions secrètes des informations ou signaux clairs en informations ou signaux inintelligibles pour des tiers, ou à réaliser l'opération inverse, grâce à des moyens, matériels ou logiciels, conçus à cet effet. On entend par moyen de cryptologie tout matériel ou logiciel conçu ou modifié dans le même objectif.

Pour préserver les intérêts de la défense nationale et de la sécurité intérieure ou extérieure de l'État, tout en permettant la protection des informations et le développement des communications et des transactions sécurisées :

1° L'utilisation d'un moyen ou d'une prestation de cryptologie est :

a) Libre :

– si le moyen ou la prestation de cryptologie ne permet pas d'assurer des fonctions de confidentialité, notamment lorsqu'il ne peut avoir comme objet que d'authentifier une communication ou d'assurer l'intégrité du message transmis,

– ou si le moyen ou la prestation assure des fonctions de confidentialité et n'utilise que des conventions secrètes gérées selon les procédures et par un organisme agréés dans les conditions définies au II ;

b) Soumise à autorisation du Premier ministre dans les autres cas ;

2° La fourniture, l'importation de pays n'appartenant pas à la Communauté européenne et l'exportation tant d'un moyen que d'une prestation de cryptologie ;

a) Sont soumises à autorisation préalable du Premier ministre lorsqu'ils assurent des fonctions de confidentialité ; l'autorisation peut être subordonnée à l'obligation pour le fournisseur de communiquer l'identité de l'acquéreur.

b) Sont soumises à la déclaration auprès du Premier ministre dans les autres cas ;

3° Un décret fixe les conditions dans lesquelles sont souscrites les déclarations et accordées les autorisations. Ce décret prévoit :

a) Un régime simplifié de déclaration ou d'autorisation pour certains types de moyens ou de prestations ou pour certaines catégories d'utilisateurs ;

b) La substitution de la déclaration à l'autorisation pour les opérations portant sur des moyens ou des prestations de cryptologie, dont les caractéristiques techniques ou les conditions d'utilisation, tout en justifiant, au regard des intérêts susmentionnés, un suivi particulier, n'exigent pas l'autorisation préalable de ces opérations ;

c) La dispense de toute formalité préalable pour les opérations portant sur des moyens ou des prestations de cryptologie, dont les caractéristiques techniques ou les conditions d'utilisation sont telles que ces opérations ne sont pas susceptibles de porter atteinte aux intérêts mentionnés au deuxième alinéa ;

d) Les délais de réponse aux demandes d'autorisation.

II. – Les organismes chargés de gérer pour le compte d'autrui les conventions secrètes de moyens ou prestations de cryptologie permettant d'assurer des fonctions de confidentialité doivent être préalablement agréés par le Premier ministre.

Ils sont assujettis au secret professionnel dans l'exercice de leurs activités agréées.

L'agrément précise les moyens ou prestations qu'ils peuvent utiliser ou fournir.

Ils sont tenus de conserver les conventions secrètes qu'ils gèrent. Dans le cadre de l'application de la loi n° 91-646 du 10 juillet 1991 relative au secret des correspondances émises par la voie des télécommunications ainsi que dans le cadre des enquêtes menées au titre des chapitres premier et II du titre II du livre premier du Code de procédure pénale, ils doivent les remettre aux autorités judiciaires ou aux autorités habilitées, ou les mettre en œuvre selon leur demande.

Lorsque ces organismes remettent les conventions secrètes qu'ils gèrent dans le cadre des enquêtes menées au titre des chapitres premier et II du titre II du livre premier du Code de procédure pénale, suite aux réquisitions du procureur de la République, ils informent les utilisateurs de cette remise.

Ils doivent exercer leurs activités agréées sur le territoire national.

Un décret en Conseil d'État fixe les conditions dans lesquelles ces organismes sont agréés ainsi que les garanties auxquelles est subordonné l'agrément ; il précise les procédures et les dispositions techniques permettant la mise en œuvre des obligations indiquées ci-dessus.

III. – *a)* Sans préjudice de l'application du Code des douanes, le fait de fournir, d'importer de pays n'appartenant pas à la Communauté européenne ou d'exporter un moyen ou une prestation de cryptologie sans avoir obtenu l'autorisation préalable mentionnée au I ou en dehors des conditions de l'autorisation délivrée est puni de six mois d'emprisonnement et de 30 000 € d'amende.

Le fait de gérer, pour le compte d'autrui, des conventions secrètes de moyens ou de prestations de cryptologie permettant d'assurer des fonctions de confidentialité sans avoir obtenu l'agrément mentionné au II ou en dehors des conditions de cet agrément est puni de deux ans d'emprisonnement et de 45 000 € d'amende.

Le fait de fournir, d'importer de pays n'appartenant pas à la Communauté européenne, d'exporter ou d'utiliser un moyen ou une prestation de cryptologie en vue de faciliter la préparation ou la commission d'un crime ou d'un délit est puni de trois ans d'emprisonnement et de 75 000 € d'amende.

b) Les personnes physiques coupables des infractions prévues au *a* encourent les peines complémentaires prévues aux articles 131-19, 131-21 et 131-27 et, à titre définitif ou pour une durée de cinq ans au plus, les peines prévues aux articles 131-33 et 131-34 du Code pénal.

IV. – Outre les officiers et agents de police judiciaire agissant conformément aux dispositions du Code de procédure pénale et, dans leur domaine de compétence, les agents des douanes agissant conformément aux dispositions du Code des douanes, les agents habilités à cet effet par le Premier ministre et assermentés dans des conditions fixées par décret en Conseil d'État peuvent rechercher et constater par procès-verbal les infractions aux dispositions du présent article et des textes pris pour son application.

Les agents habilités par le Premier ministre visés à l'alinéa précédent peuvent accéder aux locaux, terrains ou moyens de transport à usage professionnel en vue de rechercher et de constater les infractions, demander la communication de tous documents professionnels et en prendre copie, recueillir, sur convocation ou sur place, les renseignements et justifications. Les agents ne peuvent accéder à ces locaux que pendant leurs heures d'ouverture lorsqu'ils sont ouverts au public, et dans les autres cas, qu'entre 8 heures et 20 heures. Ils ne peuvent accéder aux locaux qui servent pour partie de domicile aux intéressés.

Le procureur de la République est préalablement informé des opérations envisagées en vue de la recherche des infractions, par les agents visés au deuxième alinéa. Il peut s'opposer à ces opérations. Les procès-verbaux lui sont transmis dans les cinq jours suivant leur établissement. Une copie en est également remise à l'intéressé.

Les agents habilités par le Premier ministre visés au deuxième alinéa peuvent, dans les mêmes lieux et les mêmes conditions de temps que ceux visés au même alinéa du présent paragraphe, procéder à la saisie des matériels visés au paragraphe I sur autorisation judiciaire donnée par ordonnance du président du tribunal de grande instance dans le ressort duquel sont situés les matériels, ou d'un juge délégué par lui.

La demande doit comporter tous les éléments d'information de nature à justifier la saisie. Celle-ci s'effectue sous l'autorité et le contrôle du juge qui l'a autorisée.

Les matériels saisis sont immédiatement inventoriés. L'inventaire est annexé au procès-verbal dressé sur les lieux. Les originaux du procès-verbal et de l'inventaire sont transmis, dans les cinq jours suivant leur établissement, au juge qui a ordonné la saisie.

Le président du tribunal de grande instance ou le juge délégué par lui peut d'office à tout moment ou sur la demande de l'intéressé ordonner mainlevée de la saisie.

Est puni d'un emprisonnement de six mois et d'une amende de (200 000 F) 30 000 € le fait de refuser de fournir les informations ou documents ou de faire obstacle au déroulement des enquêtes mentionnées au présent paragraphe.

V. – Les autorisations et déclarations de fourniture, d'exportation ou d'utilisation de moyens ou de prestations de cryptologie délivrées avant la date de publication de la présente loi conservent leurs effets jusqu'à l'expiration du terme prévu.

VI. – Les dispositions du présent article ne font pas obstacle à l'application du décret du 18 avril 1939 fixant le régime des matériels de guerre, armes et munitions, à ceux des moyens de cryptologie qui sont spécialement conçus ou modifiés pour permettre ou faciliter l'utilisation ou la mise en œuvre des armes.

VII. – Le présent article est applicable dans les territoires d'outre-mer et dans la collectivité territoriale de Mayotte.

Pour l'application du présent article dans les territoires de la Nouvelle-Calédonie, de la Polynésie française, des îles Wallis-et-Futuna et dans la collectivité territoriale de Mayotte, il y a lieu de lire : « tribunal de première instance », au lieu de : « tribunal de grande instance ».

ANNEXE 44

MINES ET CARRIÈRES

Code minier

(Ord. n° 2011-91, 20 janv. 2011)

Art. L. 512-1 *(L. n° 2013-1029, 15 nov. 2013 ; Mod., Ord. n° 2011-91, 20 janv. 2011 ; L. n° 2017-1839, 30 déc. 2017).* – I. – Est puni d'une peine d'emprisonnement de deux ans et d'une amende de 30 000 euros le fait :

1° D'exploiter une mine ou de disposer d'une substance concessible sans détenir un titre d'exploitation ou une autorisation tels qu'ils sont respectivement prévus aux articles L. 131-1 et L. 131-2 ;

2° De procéder à des travaux de recherches ou d'exploitation d'une mine sans se conformer aux mesures prescrites par l'autorité administrative sur le fondement de l'article L. 173-2 pour assurer la protection des intérêts mentionnés à l'article L. 161-1 ;

3° D'exploiter des gisements sans se conformer aux mesures prescrites par l'autorité administrative sur le fondement de l'article L. 173-3 pour assurer le respect des obligations mentionnées à l'article L. 161-2 ;

4° De ne pas mettre à la disposition du Commissariat à l'énergie atomique et aux énergies alternatives les substances utiles à l'énergie atomique dans les conditions prévues par les articles L. 121-4, L. 131-5 et L. 311-3 ;

5° De réaliser des travaux de recherches ou d'exploitation de mines ou de gîtes géothermiques sans l'autorisation prévue à l'article L. 162-4 ;

6° De ne pas avoir régulièrement déclaré, au terme de la validité du titre minier, l'arrêt définitif de tous les travaux ou de toutes les installations, dans les conditions prévues par les articles L. 163-1 à L. 163-8 ;

7° De s'opposer à la réalisation des mesures prescrites par le représentant de l'État dans le département par application de l'article L. 175-2 ;

8° De refuser d'obtempérer aux réquisitions prévues par les articles L. 175-3 ou L. 152-1 ;

9° D'exploiter une mine soumise à une obligation de constitution de garanties financières sans avoir constitué ou communiqué au représentant de l'État dans le département les garanties financières requises.

10° *[Vacant]*

11° De détenir du mercure ou tout ou partie d'un concasseur ou d'un corps de pompe, depuis plus d'un mois, sans détenir le récépissé de déclaration prévu à l'article L. 621-13 ;

12° *(L. n° 2013-1029, 15 nov. 2013)* De transporter du mercure ou tout ou partie d'un concasseur ou d'un corps de pompe sans détenir la copie du récépissé de déclaration prévue à l'article L. 621-14.

I *bis*. – Le fait de contrevenir à l'article L. 111-11 est puni de deux ans d'emprisonnement et de 75 000 € d'amende.

II. – Le 7° et le 8° du I ne sont pas applicables aux stockages souterrains mentionnés à l'article L. 211-2.

Art. L. 512-2. – I. – La commission de l'infraction définie au 1° du I de l'article L. 512-1 du présent code est punie de cinq ans d'emprisonnement et de 75 000 € d'amende lorsqu'elle s'accompagne d'atteintes à l'environnement caractérisées :

1° Soit par le fait de jeter, déverser ou laisser s'écouler dans les eaux superficielles ou souterraines, directement ou indirectement, une ou des substances quelconques dont l'action ou les réactions entraînent, même provisoirement, des effets sur la santé ou des dommages à la flore ou à la faune ;

2° Soit par l'émission de substances constitutive d'une pollution atmosphérique, telle que définie à l'article L. 220-2 du Code de l'environnement ;

3° Soit par la coupe de toute nature des bois et forêts ;

4° Soit par la production ou la détention de déchets dans des conditions de nature à polluer le sol, l'air ou les eaux, à entraîner des dommages sur la flore et la faune, à dégrader les sites ou les paysages, à engendrer des bruits ou des odeurs et, d'une façon générale, à porter atteinte à la santé de l'homme et à l'environnement.

II. – La peine mentionnée au premier alinéa du I est portée à dix ans d'emprisonnement et à 150 000 € d'amende lorsque l'infraction est commise en bande organisée.

III. – Pour les faits énumérés au I, le tribunal peut également imposer au condamné de procéder à la restauration du milieu aquatique dans le délai qu'il fixe et assortir l'injonction d'une astreinte dont il fixe le taux et la durée maximale. Son montant est de 15 euros à 3 000 euros par jour de retard dans l'exécution des mesures imposées.

Lorsque l'injonction a été exécutée avec retard, le tribunal liquide, s'il y a lieu, l'astreinte. Lorsqu'elle n'a pas été exécutée, le tribunal liquide, s'il y a lieu, l'astreinte et peut ordonner que l'exécution de ces prescriptions soit poursuivie d'office aux frais du condamné. Pour la liquidation de l'astreinte, la juridiction apprécie l'inexécution ou le retard dans l'exécution des prescriptions en tenant compte, s'il y a lieu, de la survenance d'événements qui ne sont pas imputables à la personne condamnée.

Art. L. 512-3. – Les personnes physiques coupables de l'infraction prévue à l'article L. 512-2 du présent code encourent également les peines complémentaires suivantes :

1° L'interdiction, suivant les modalités prévues par l'article 131-27 du Code pénal, d'exercer l'activité professionnelle ou sociale dans l'exercice ou à l'occasion de l'exercice de laquelle l'infraction a été commise ;

2° L'interdiction de détenir ou de porter, pour une durée de cinq ans au plus, une arme soumise à autorisation ;

3° L'interdiction, suivant les modalités prévues par l'article 131-26 du Code pénal, des droits civiques, civils et de famille ;

4° L'interdiction, suivant les modalités prévues par l'article 131-27 du même code, d'exercer une fonction publique ;

5° L'interdiction de séjour, suivant les modalités prévues par l'article 131-31 du même code.

Art. L. 512-4. – Dans les cas prévus à l'article L. 512-2, doit être prononcée la confiscation des installations, matériels et de tout bien ayant servi, directement ou indirectement, à la commission de l'infraction, ainsi que de tout produit provenant de celle-ci, à quelque personne qu'ils appartiennent et en quelque lieu qu'ils se trouvent, dès lors que leurs propriétaires ne pouvaient en ignorer l'origine ou l'utilisation frauduleuse.

Art. L. 512-5 *(Mod., Ord. n° 2011-91, 20 janv. 2011).* – Est puni d'une peine d'emprisonnement d'un an et d'une amende de 15 000 euros le fait :

1° D'effectuer les travaux de recherches de mines :

a) Sans déclaration au représentant de l'État dans le département ;

b) À défaut de consentement du propriétaire de la surface, sans autorisation de l'autorité administrative compétente, après mise en demeure du propriétaire ;

c) Sans disposer d'un permis exclusif de recherches ;

2° De rechercher une substance de mine à l'intérieur du périmètre d'un titre minier ou d'une exploitation d'État portant sur cette substance, sans détenir le titre d'exploitation requis ;

3° De disposer des produits extraits du fait de ses recherches sans l'autorisation prévue par l'article L. 121-3 ou sans le permis prévu par l'article L. 122-1 ;

4° De réaliser des travaux de recherches ou d'exploitation de mines, effectuer des sondages, ouvrir des puits ou des galeries, établir des machines, ateliers ou magasins dans les enclos murés, les cours et les jardins, sans le consentement du propriétaire de la surface dans les conditions prévues par l'article L. 153-1 ;

5° De réaliser des puits ou des sondages de plus de cent mètres ou des galeries à moins de 50 mètres des habitations et des terrains compris dans les clôtures murées attenantes, sans le consentement des propriétaires de ces habitations, dans les conditions prévues par l'article L. 153-2 ;

6° De ne pas justifier, sur réquisition de l'autorité administrative, que les travaux d'exploitation sont soumis à une direction unique et coordonnés dans un intérêt commun, ou de ne pas désigner la personne représentant la direction unique, dans les conditions prévues par l'article L. 172-2 ;

7° De ne pas déclarer, pendant la validité du titre minier, l'arrêt définitif de travaux ou d'installations, ainsi que les mesures envisagées pour protéger les intérêts mentionnés aux articles L. 161-1 et L. 161-2, dans les conditions prévues par les articles L. 163-1 à L. 163-8 ;

8° D'effectuer un sondage, un ouvrage souterrain ou un travail de fouille, quel qu'en soit l'objet et dont la profondeur dépasse 10 mètres, sans justifier de la déclaration prévue à l'article L. 411-1 ;

9° De ne pas remettre les échantillons, documents et renseignements mentionnés au deuxième alinéa de l'article L. 175-1 et au deuxième alinéa de l'article L. 412-1 et, plus généralement, de faire obstacle à l'exercice des fonctions des autorités chargées de la police des mines ;

10° De ne pas déclarer les informations mentionnées aux articles L. 411-3 et L. 412-2 dans les conditions prévues par ces articles ;

11° De refuser de céder des renseignements d'ordre géologique et géophysique portant sur la surface d'un titre de recherche minière dont la validité a expiré, dans les conditions fixées par l'article L. 413-3.

Art. L. 512-6. – Les personnes morales déclarées responsables pénalement, dans les conditions prévues par l'article 121-2 du Code pénal, des infractions définies aux articles L. 512-1, L. 512-2 et L. 512-5 du présent code encourent, outre l'amende suivant les modalités prévues par l'article 131-38 du Code pénal, les peines prévues par les 2° à 6°, 8° et 9° de l'article 131-39 de ce code.

L'interdiction mentionnée au 2° de l'article 131-39 du Code pénal porte sur l'activité dans l'exercice ou à l'occasion de l'exercice de laquelle l'infraction a été commise.

Art. L. 512-7. – Le tribunal peut ordonner l'affichage ou la diffusion intégrale ou partielle de la décision prononcée dans les conditions prévues par l'article 131-35 du Code pénal.

Art. L. 512-8. – Sans que puissent être invoquées les dispositions de l'article L. 132-6 et sans préjudice des dispositions de l'article L. 173-5, tout explorateur ou exploitant de mines qui a fait l'objet d'une condamnation à une peine correctionnelle pour inexécution des obligations lui incombant en application des articles L. 121-4, L. 131-5, L. 161-1, L. 161-2, L. 162-1, L. 162-2, L. 162-5, L. 163-1 à L. 163-10, L. 173-1 à L. 173-4 et L. 175-2 à L. 175-4 et dans des décrets pris pour préserver les intérêts mentionnés à l'article L. 161-1 peut, pendant une période de cinq ans à compter du jour où sa peine sera devenue définitive, se voir refuser tout nouveau titre ou toute nouvelle autorisation de recherches ou d'exploitation.

Il en va de même pour l'explorateur ou l'exploitant qui n'a pas satisfait, dans les délais prescrits, aux obligations de remise en état fixées dans la décision lui accordant son titre ou son autorisation ou à celles imposées en application des articles L. 163-1 à L. 163-9.

Art. L. 512-9. – Le procureur de la République peut ordonner la destruction des matériels ayant servi à commettre la ou les infractions constatées par les procès-verbaux mentionnés à l'article L. 511-1, lorsqu'il n'existe pas de mesures techniques raisonnablement envisageables pour empêcher définitivement le renouvellement de cette ou de ces infractions.

Art. L. 512-10. – En cas de poursuite pour infraction aux dispositions des articles L. 512-1, L. 512-2 et L. 512-5, le tribunal peut ajourner le prononcé de la peine et enjoindre la personne physique ou morale déclarée coupable de se conformer aux prescriptions auxquelles elle a été contrevenu.

Le tribunal impartit un délai pour l'exécution de ces prescriptions. Il peut assortir l'injonction d'une astreinte dont il fixe le taux et la durée maximum. Son montant est de 15 euros à 3 000 euros par jour de retard dans l'exécution des mesures imposées.

L'ajournement ne peut intervenir qu'une fois. Il peut être ordonné même si la personne physique coupable ou son représentant n'est pas présent.

La décision peut être assortie de l'exécution provisoire.

À l'audience de renvoi, le tribunal peut soit dispenser le prévenu de peine, soit prononcer les peines prévues. La décision sur la peine intervient au plus tard un an après la décision d'ajournement.

Lorsque les prescriptions ont été exécutées avec retard, le tribunal liquide, s'il y a lieu, l'astreinte et prononce les peines prévues.

Lorsqu'il y a eu inexécution des prescriptions, le tribunal liquide, s'il y a lieu, l'astreinte, prononce les peines et peut ensuite ordonner que l'exécution de ces prescriptions soit poursuivie d'office aux frais du condamné.

Le taux d'astreinte tel qu'il a été fixé par la décision d'ajournement ne peut être modifié.

Pour la liquidation de l'astreinte, la juridiction apprécie l'inexécution ou le retard dans l'exécution des prescriptions, en tenant compte, s'il y a lieu, de la survenance d'événements qui ne sont pas imputables au coupable.

Art. L. 512-11. – Toute entrave apportée soit à la libre désignation des délégués mineurs, soit à l'exercice régulier de leurs fonctions est punie d'un emprisonnement d'un an et d'une amende de 3 750 euros ou de l'une de ces deux peines seulement.

Art. L. 512-12. – Les peines prévues pour les infractions aux dispositions du livre Ier de la troisième partie du Code du travail et de la quatrième partie du même code ne sont pas applicables lorsqu'un travailleur est resté au fond après l'heure fixée par la consigne en vue de prêter assistance à cause d'un accident, ou pour parer à un danger existant ou imminent, en raison d'un cas de force majeure.

Loi n° 68-1181 du 30 décembre 1968

relative à l'exploration du plateau continental
et à l'exploitation de ses ressources naturelles

(Mod., L. 11 mai 1977)

Art. 11. – Le propriétaire ou l'exploitant d'une installation ou d'un dispositif défini au 1° de l'article 3 ci-dessus, prenant appui sur le fond sous-marin, ou la personne assumant à son bord la conduite des travaux d'exploration ou d'exploitation, est responsable, chacun en ce qui le concerne, de l'installation, du fonctionnement et du maintien constant en bon état de sa signalisation maritime. Dans tous les cas, les frais de signalisation incombent au propriétaire ou à l'exploitant. Ces dispositions s'appliquent, le cas échéant, à la signalisation des zones de sécurité prévues par l'article 4.

Faute pour les personnes énumérées à l'alinéa précédent de se conformer aux instructions que l'autorité compétente leur donne pour l'application du présent article et sans préjudice des poursuites judiciaires, ladite autorité peut, après injonction restée sans effet, prendre d'office et aux frais du propriétaire ou de l'exploitant les mesures nécessaires.

Pour s'assurer que lesdites personnes satisfont aux obligations mises à leur charge par le présent article, l'autorité compétente a accès aux installations et dispositifs, ainsi qu'aux appareils de signalisation.

Art. 12. – Les informations nautiques relatives aux activités d'exploration et d'exploitation du plateau continental doivent être transmises aux autorités compétentes.

Cette obligation incombe, suivant les cas, au propriétaire ou à l'exploitant d'une installation ou d'un dispositif défini à l'article 3 ci-dessus ou à la personne assumant à son bord la conduite des travaux.

....

Art. 14. – Le propriétaire ou l'exploitant sont tenus d'enlever complètement les installations ou dispositifs qui ont cessé d'être utilisés. S'il y a lieu, ils sont mis en demeure de respecter cette obligation et des délais leur sont impartis pour le commencement et l'achèvement des travaux.

S'ils refusent ou négligent d'exécuter ces travaux, il peut y être procédé d'office à leurs frais et risques. Devant ce cas, le propriétaire ou l'exploitant peuvent être déchus de leurs droits sur les installations et dispositifs.

....

Art. 24. – *(Mod., L. n° 2009-526, 12 mai 2009)* Quiconque aura entrepris sur le plateau continental une activité en vue de son exploration ou de l'exploitation de ses ressources naturelles sans l'autorisation prévue à l'article 2 ci-dessus ou sans que soient respectées les conditions fixées par ladite autorisation, sera puni d'un emprisonnement de trois mois et d'une amende de 3 750 € ou de l'une de ces deux peines seulement.

De plus, le tribunal pourra ordonner, s'il y a lieu, soit l'enlèvement des installations et dispositifs mis en place sur les lieux d'exploration ou d'exploitation sans l'autorisation mentionnée à l'alinéa précédent, soit leur mise en conformité avec les conditions fixées par cette autorisation. Il pourra impartir au condamné un délai pour procéder, selon le cas, à l'enlèvement des installations ou dispositifs ou à leur mise en conformité.

Les peines prévues à l'alinéa premier seront également applicables en cas d'inexécution, dans les délais prescrits, des travaux d'enlèvement ou de mise en conformité visés à l'alinéa 2.

Si, à l'expiration du délai fixé par le jugement, l'enlèvement des installations et dispositifs ou leur mise en conformité, selon le cas, n'a pas eu lieu ou n'est pas terminé, l'autorité administrative désignée par décret en Conseil d'État pourra faire procéder d'office à tous travaux nécessaires à l'exécution de la décision de justice, aux frais et aux risques du condamné.

Art. 25 *(Rempl. à compter du 1er mars 2011, Ord. n° 2011-91, 20 janv. 2011)*. – À moins qu'elles ne soient déjà prévues et réprimées par l'article 24 ci-dessus et lorsqu'elles sont commises sur le plateau continental, les infractions aux dispositions du Code minier auxquelles se réfèrent les articles L. 512-1, L. 512-2, L. 615-1 et L. 615-2 de ce code sont punies des peines prévues à ces articles. Toutefois, les peines d'amende sont de 3 750 euros en ce qui concerne les infractions prévues aux articles L. 512-1 et L. 615-1 et de 3 750 euros en ce qui concerne les infractions prévues aux articles L. 512-2 et L. 615-2.

....

Art. 27. – La continuation des travaux d'exploration ou d'exploitation, nonobstant la décision judiciaire ou administrative ordonnant l'interruption, sera punie d'un emprisonnement de trois mois et d'une amende de 3 750 € ou de l'une de ces deux peines seulement.

....

Art. 29. – Le propriétaire ou l'exploitant qui aura refusé ou négligé de se conformer aux dispositions de l'alinéa premier de l'article 14 ci-dessus, après avoir pris connaissance de la mise en demeure prévue audit alinéa, sera puni d'un emprisonnement de trois mois et d'une amende de 3 750 € ou de l'une de ces deux peines seulement.

Art. 30. – Toute infraction aux dispositions de l'alinéa 1 de l'article 11 ci-dessus sera punie des peines prévues par les articles 80 et 81 du Code disciplinaire et pénal de la marine marchande.

Art. 31. – Toute infraction aux dispositions de l'article 12 ci-dessus sera punie des peines prévues par les articles 5 et 6, alinéa 3, de la loi n° 67-405 du 20 mai 1967 sur la sauvegarde de la vie humaine en mer et l'habitabilité à bord des navires.

Art. 32 *(Mod., L. n° 2009-526, 12 mai 2009)*. – Quiconque, sauf cas de force majeure, aura irrégulièrement pénétré à l'intérieur d'une zone de sécurité définie à l'article 4 ci-dessus ou l'aura irrégulièrement survolée, après que les autorités compétentes auront pris les mesures appropriées en vue de permettre aux navigateurs d'avoir connaissance de la situation de cette zone, sera puni d'un emprisonnement de trois mois et d'une amende de 3 750 € ou de l'une de ces deux peines seulement.

ANNEXE 45

MINEURS

Voir : Code de procédure pénale, éd. LexisNexis, Ann. *Juridictions pour mineurs.*

Bibliographie : Ch. Lazerges, *De l'irresponsabilité à la responsabilité pénale des mineurs délinquants ou relecture des articles 1 et 2 de l'ordonnance du 2 février 1945. À propos du cinquantième anniversaire de l'ordonnance du 2 février 1945 : Rev. sc. crim.* 1995, p. 149. • P. Bonfils, *Les dispositions relatives au droit pénal des mineurs délinquants dans la loi prévention de la délinquance : D.* 2007, p. 1027. • F. Archer, *La réforme du droit des mineurs délinquants (L. n° 2011-939, 10 août 2011) : Dr. pén.* 2011, étude 24. • P. Bonfils, *La réforme du droit pénal des mineurs par la loi du 10 août 2011 : D.* 2011, chron. p. 2286. • *AJP* 2012, p. 311 et s., *La justice des mineurs.*

Ordonnance nº 45-174 du 2 février 1945

relative à l'enfance délinquante

Voir : art. 122-8, p. 89.

CHAPITRE I. – DISPOSITIONS GÉNÉRALES

Art. 1er *(L. n° 51-687, 24 mai 1951 ; mod., Ord. n° 58-1300, 23 déc. 1958 ; L. n° 2011-939, 10 août 2011 ; L. n° 2016-1547, 18 nov. 2016).* **– Les mineurs auxquels est imputée une infraction qualifiée crime ou délit ne seront pas déférés aux juridictions pénales de droit commun, et ne seront justiciables que des tribunaux pour enfants, ou des cours d'assises des mineurs.**

Ceux auxquels est imputée une contravention de police de 5e classe sont déférés aux juridictions pour enfants dans les conditions prévues à l'article 20-1.

Il se déduit de la combinaison des articles 1er de l'ordonnance du 2 février 1945, 380-5 du Code de procédure pénale et L. 312-6 du Code de l'organisation judiciaire que l'appel formé contre le seul arrêt rendu sur l'action civile, par la cour d'assises des mineurs, est porté devant la chambre spéciale des mineurs de la cour d'appel (■ Cass. crim., 28 mars 2012, n° 11-80.011).

Art. 2 *(L. n° 51-687, 24 mai 1951 ; mod., L. n° 92-1336, 16 déc. 1992 ; L. n° 2002-1138, 9 sept. 2002 ; L. n° 2011-939, 10 août 2011 ; L. n° 2016-1547, 18 nov. 2016).* **– Le tribunal pour enfants, et la cour d'assises des mineurs prononceront, suivant les cas, les mesures de protection, d'assistance, de surveillance et d'éducation qui sembleront appropriées.**

Ils pourront cependant, lorsque les circonstances et la personnalité des mineurs l'exigent, soit prononcer une sanction éducative à l'encontre des mineurs de dix à dix-huit ans, conformément aux dispositions de l'article 15-1, soit prononcer une peine à l'encontre des mineurs de treize à dix-huit ans en tenant compte de l'atténuation de leur responsabilité pénale, conformément aux dispositions des articles 20-2 à 20-9. Dans ce second cas, s'il est prononcé une peine d'amende, de travail d'intérêt général ou d'emprisonnement avec sursis, ils pourront également prononcer une sanction éducative.

Le tribunal pour enfants ne peut prononcer une peine d'emprisonnement, avec ou sans sursis, qu'après avoir spécialement motivé le choix de cette peine.

Lorsqu'il prononce une condamnation pénale, le tribunal pour enfants peut, en outre, si la personnalité du mineur le justifie, prononcer l'une des mesures éducatives mentionnées aux articles 12-1, 16, 16 *bis* et 16 *ter* et au chapitre IV en conformité avec les modalités d'application définies aux mêmes articles ; dans les mêmes conditions, la cour d'assises des mineurs peut prononcer une condamnation pénale et des mesures éducatives selon les modalités prévues au dernier alinéa de l'article 20.

Dans tous les cas, lorsqu'une juridiction spécialisée pour mineurs prononce l'une des mesures mentionnées aux articles 15, 16 et 28, elle peut, en outre, placer le mineur, jusqu'à un âge qui ne peut excéder celui de la majorité, sous le régime de la liberté surveillée.

Art. 3 *(Ord. 8 sept. 1945 ; L. n° 51-687, 24 mai 1951 ; mod., L. n° 2011-939, 10 août 2011 ; L. n° 2016-1547, 18 nov. 2016)*. – Sont compétents le tribunal pour enfants, ou la cour d'assises des mineurs du lieu de l'infraction, de la résidence du mineur ou de ses parents ou tuteur, du lieu où le mineur aura été trouvé ou du lieu où il a été placé soit à titre provisoire, soit à titre définitif.

Art. 4 *(Mod. à compter du 1er juin 2011, L. n° 2011-392, 14 avr. 2011 ; L. n° 2014-535, 27 mai 2014 ; L. n° 2016-1547, 18 nov. 2016)*. – I. – Le mineur de treize ans ne peut être placé en garde à vue. Toutefois, à titre exceptionnel, le mineur de dix à treize ans contre lequel il existe des indices graves ou concordants laissant présumer qu'il a commis ou tenté de commettre un crime ou un délit puni d'au moins cinq ans d'emprisonnement peut, pour l'un des motifs prévus par l'article 62-2 du Code de procédure pénale, être retenu à la disposition d'un officier de police judiciaire avec l'accord préalable et sous le contrôle d'un magistrat du ministère public ou d'un juge d'instruction spécialisés dans la protection de l'enfance ou d'un juge des enfants, pour une durée que ce magistrat détermine et qui ne saurait excéder douze heures. Cette retenue peut toutefois être prolongée à titre exceptionnel par décision motivée de ce magistrat pour une durée qui ne saurait non plus excéder douze heures, après présentation devant lui du mineur, sauf si les circonstances rendent cette présentation impossible. Elle doit être strictement limitée au temps nécessaire à la déposition du mineur et à sa présentation devant le magistrat compétent ou à sa remise à l'une des personnes visées au II du présent article.

(Mod. à compter du 2 juin 2014, L. n° 2014-535, 27 mai 2014) Les dispositions des II, III et IV du présent article et de l'article 803-6 du Code de procédure pénale sont applicables.

II. – Lorsqu'un mineur est placé en garde à vue, l'officier de police judiciaire doit, dès que le procureur de la République ou le juge chargé de l'information a été avisé de cette mesure, en informer les parents, le tuteur, la personne ou le service auquel est confié le mineur.

Il ne peut être dérogé aux dispositions de l'alinéa précédent que sur décision du procureur de la République ou du juge chargé de l'information et pour la durée que le magistrat détermine et qui ne peut excéder vingt-quatre heures ou, lorsque la garde à vue ne peut faire l'objet d'une prolongation, douze heures.

III. – Dès le début de la garde à vue d'un mineur de seize ans, le procureur de la République ou le juge chargé de l'information doit désigner un médecin qui examine le mineur dans les conditions prévues par l'article 63-3 du Code de procédure pénale.

Lorsqu'un mineur de plus de seize ans est placé en garde à vue, ses représentants légaux sont avisés de leur droit de demander un examen médical lorsqu'ils sont informés de la garde à vue en application du II du présent article.

IV. – Dès le début de la garde à vue, le mineur doit être assisté par un avocat, dans les conditions prévues aux articles 63-3-1 à 63-4-3 du Code de procédure pénale. Lorsque le mineur n'a pas sollicité l'assistance d'un avocat, cette demande peut également être faite par ses représentants légaux, qui sont alors avisés de ce droit lorsqu'ils sont informés de la garde à vue en application du II du présent article. Lorsque le mineur ou ses représentants légaux n'ont pas désigné d'avocat, le procureur de la République, le juge chargé de l'instruction ou l'officier de police judiciaire doit, dès le début de la garde à vue, informer par tout moyen et sans délai le bâtonnier afin qu'il en commette un d'office.

V. – En cas de délit puni d'une peine inférieure à cinq ans d'emprisonnement, la garde à vue d'un mineur âgé de treize à seize ans ne peut être prolongée.

Aucune mesure de garde à vue ne peut être prolongée sans présentation préalable du mineur au procureur de la République ou au juge d'instruction du lieu d'exécution de la mesure.

VI. – Les interrogatoires des mineurs placés en garde à vue visés à l'article 64 du Code de procédure pénale font l'objet d'un enregistrement audiovisuel.

L'enregistrement ne peut être consulté, au cours de l'instruction ou devant la juridiction de jugement, qu'en cas de contestation du contenu du procès-verbal d'interrogatoire, sur décision du juge d'instruction, du juge des enfants ou de la juridiction de jugement, à la demande du ministère public ou d'une des parties. Les huit derniers alinéas de l'article 114 ne sont pas applicables. Lorsqu'une partie demande la consultation de l'enregistrement, cette demande est formée et le juge d'instruction statue conformément aux deux premiers alinéas de l'article 82-1 du Code de procédure pénale.

Le fait, pour toute personne, de diffuser un enregistrement original ou une copie réalisée en application du présent article est puni d'un an d'emprisonnement et de 15 000 € d'amende.

Lorsque l'enregistrement ne peut être effectué en raison d'une impossibilité technique, il en est fait mention dans le procès-verbal d'interrogatoire qui précise la nature de cette impossibilité. Le procureur de la République ou le juge d'instruction en est immédiatement avisé.

À l'expiration d'un délai de cinq ans à compter de la date de l'extinction de l'action publique, l'enregistrement original et sa copie sont détruits dans le délai d'un mois.

Un décret précise en tant que de besoin les modalités d'application du présent VI.

VII. – *(VII mod. à compter du 2 juin 2014, L. n° 2014-535, 27 mai 2014 ; mod., L. n° 2014-790, 10 juill. 2014)* L'article 706-88 du Code de procédure pénale, à l'exception de ses sixième à huitième alinéas, est applicable au mineur de plus de seize ans lorsqu'il existe une ou plusieurs raisons plausibles de soupçonner qu'une ou plusieurs personnes majeures ont participé, comme auteurs ou complices, à la commission de l'infraction.

1) Droit du mineur retenu ou gardé à vue. Il résulte de la combinaison des articles 77 et 78 du Code de procédure pénale, 4 de l'ordonnance du 2 février 1945, que le mineur de 16 ans qui se présente sans contrainte au service de police où il est convoqué, peut, au cours d'une enquête préliminaire, être entendu sur les faits qui lui sont imputés, avant d'être placé en garde à vue ; aucune irrégularité n'affecte son audition, dès lors que la notification des droits prévus aux articles 63-2, 63-3 et 63-4 du Code de procédure pénale et 4 de l'ordonnance du 2 février 1945 est faite dès le placement en garde à vue et que la durée de cette mesure est calculée à compter de l'heure de l'arrivée dans le service de police.

Encourt la cassation l'arrêt qui, pour déclarer irrégulière la mesure de garde à vue, relève que le mineur de 16 ans a été présenté aux policiers par sa mère et qu'étaient réunis à son arrivée au service de police des indices graves laissant présumer sa participation aux faits reprochés, alors qu'aucune pièce de la procédure n'établit que l'intéressé ait été l'objet d'une mesure de contrainte, exercée par les enquêteurs, avant son placement en garde à vue et qu'il pouvait, dès lors, être entendu par l'officier de police judiciaire préalablement à ce placement (■ Cass. crim., 25 oct. 2000 : *Bull. crim.*, n° 315).

2) Un mineur, conduit par les policiers auprès d'un officier de police judiciaire pour être entendu sur une infraction qu'il est soupçonné d'avoir commise, se trouve nécessairement dans une situation de contrainte et doit bénéficier des droits attachés au placement en garde à vue, prévus par l'article 4 de l'ordonnance du 2 février 1945 (■ Cass. crim., 6 nov. 2013, n° 13-84.320 : *Bull. crim.*, n° 220 ; *AJP* 2014, p. 89, note L. Belfanti).

3) En application des articles 4-IV de l'ordonnance n° 45-174 du 2 février 1945, dans sa version résultant de la loi n° 2016-1547 du 18 novembre 2016, 63-3-1 à 63-4-3 du Code de procédure pénale, le mineur doit être assisté dès le début de la garde à vue par un avocat dans les conditions prévues par les dispositions du Code de procédure pénale susvisées.

Si les enquêteurs conservent, en application de celles-ci, la faculté de procéder à une première audition du mineur en garde à vue sans l'assistance de l'avocat, deux heures après le début de cette mesure, ce conseil en ayant été avisé, méconnaît le premier texte susvisé et le principe ci-dessus rappelé la chambre de l'instruction, qui, après avoir constaté que la seconde audition du mineur avait eu lieu en l'absence de l'avocat devant l'assister, n'a pas relevé qu'elle était irrégulière, dès lors qu'il n'apparaît pas au procès-verbal de garde à vue que l'avocat qui s'était présenté et avait eu un entretien avec le mineur, avait été informé de l'horaire de ladite audition (■ Cass. crim., 20 déc. 2017, n° 17-84.017).

4) Enregistrement audiovisuel. Le défaut d'enregistrement audiovisuel des interrogatoires d'un mineur placé en garde à vue, non justifié par un obstacle insurmontable, porte nécessairement atteinte aux intérêts de ce mineur. Justifie dès lors sa décision la chambre spéciale des mineurs d'une cour d'appel qui, pour annuler l'interrogatoire d'un mineur placé en garde à vue, retient que l'impossibilité, avancée par les fonctionnaires de police, de réaliser l'enregistrement audiovisuel de ce mineur en raison d'un « problème informatique », ne suffit pas, en l'absence de toute autre précision, à caractériser la cause insurmontable qui justifierait l'omission de procéder à un tel enregistrement, prescrit par l'article 4 VI de l'ordonnance du 2 février 1945 (■ Cass. crim. 3 avr. 2007 : *Bull. crim.*, n° 104 ; *JurisData* n° 2007-038631 ; *JCP* 2007, II, 10131, note J.-Y. Maréchal).

5) Et fait une exacte application des articles 171, 591 et 593 du Code de procédure pénale la chambre de l'instruction d'une cour d'appel qui, saisie d'une requête en annulation d'interrogatoires de mineurs placés en garde à vue, qui n'avaient pas fait l'objet de l'enregistrement audiovisuel prévu par l'article 4-VI de l'ordonnance du 2 février 1945, a fait droit à cette demande en énonçant qu'aucune cause insurmontable n'avait empêché un tel enregistrement, et que celui-ci constitue un droit de la défense, en ce qu'il permet de contrôler le contenu et les formes de l'interrogatoire, et qu'ainsi, l'inexistence de cet enregistrement fait grief aux intérêts du mineur (■ Cass. crim., 12 juin 2007 : *Bull. crim.*, n° 155).

6) Il résulte de l'article 4 VI de l'ordonnance du 2 février 1945, dans sa rédaction issue de la loi du 5 mars 2007, que, lorsque l'enregistrement audiovisuel dont les interrogatoires des mineurs placés en garde à vue doivent faire l'objet ne peut être effectué en raison d'une impossibilité technique, il en est fait mention dans le procès-verbal d'interrogatoire qui précise la nature de cette impossibilité, et le procureur de la République ou le juge d'instruction en est immédiatement avisé ; encourt dès lors la censure l'arrêt d'une chambre de l'instruction qui, pour écarter l'exception de nullité tirée du défaut d'enregistrement audiovisuel des interrogatoires de mineurs placés en garde à vue et de l'absence d'information immédiate du procureur de la République, énonce que les fonctionnaires de police ont pu croire que le logiciel d'enregistrement, qui avait connu précédemment des défaillances techniques, fonctionnait à nouveau de manière correcte, et que l'information a posteriori du procureur de la République aurait été sans incidence sur le déroulement des auditions déjà actées, alors que l'impossibilité technique d'enregistrement audiovisuel invoquée par les policiers, d'une part, n'a pas été mentionnée dans les procès-verbaux d'interrogatoires, et, d'autre part, n'a pas été portée immédiatement à la connaissance du procureur de la République (■ Cass. crim., 26 mars 2008, n° 07-88.554).

Art. 4-1 ***(L. n° 93-2, 4 janv. 1993).*** **– Le mineur poursuivi doit être assisté d'un avocat.**

À défaut de choix d'un avocat par le mineur ou ses représentants légaux, le procureur de la République, le juge des enfants ou le juge d'instruction fait désigner par le bâtonnier un avocat d'office.

Art. 5 ***(Mod., L. n° 93-2, 4 janv. 1993 ; L. n° 95-125, 8 févr. 1995 ; L. n° 96-585, 1er juill. 1996 ; L. n° 2002-1138, 9 sept. 2002 ; L. n° 2007-297, 5 mars 2007 ; L. n° 2011-939, 10 août 2011 ; L. n° 2016-1547, 18 nov. 2016).*** **– Aucune poursuite ne pourra être exercée en matière de crime contre les mineurs sans information préalable.**

En cas de délit ou de contravention de la cinquième classe, le procureur de la République en saisira, soit le juge d'instruction, soit par voie de requête le juge des enfants et, à Paris, le président du tribunal pour enfants. En cas de délit, il pourra également saisir le tribunal pour enfants conformément à la procédure de présentation immédiate devant la juridiction pour mineurs prévue par l'article 14-2 ou par la procédure de convocation en justice prévue à l'article 8-3.

Le procureur de la République pourra également donner instruction à un officier ou un agent de police judiciaire de notifier au mineur contre lequel il existe des charges suffisantes d'avoir commis un délit ou une contravention de la cinquième classe une convocation à comparaître devant le juge des enfants qui en sera immédiatement avisé aux fins d'application de l'article 8-1. Cette convocation laquelle vaut citation à personne et entraîne l'application des délais prévus à l'article 552 du Code de procédure pénale.

La convocation énoncera les faits reprochés, visera le texte de loi qui les réprime et indiquera le nom du juge saisi ainsi que la date et le lieu de l'audience. Elle mentionnera, en outre, les dispositions de l'article 4-1.

La convocation sera également notifiée dans les meilleurs délais aux parents, au tuteur, à la personne ou au service auquel le mineur est confié.

Elle sera constatée par procès-verbal signé par le mineur et la personne visée à l'alinéa précédent, qui en recevront copie.

En aucun cas, il ne pourra être suivi contre le mineur par les procédures prévues aux articles 393 à 396 du Code de procédure pénale ou par voie de citation directe.

La victime est avisée par tout moyen de la date de comparution du mineur devant le juge des enfants. La convocation mentionnée aux troisième à sixième alinéas peut également être délivrée en vue de la mise en examen du mineur.

Art. 5-1 *(L. n° 2011-939, 10 août 2011)*. – Avant toute décision prononçant des mesures de surveillance et d'éducation ou, le cas échéant, une sanction éducative ou une peine à l'encontre d'un mineur pénalement responsable d'un crime ou d'un délit, doivent être réalisées les investigations nécessaires pour avoir une connaissance suffisante de sa personnalité et de sa situation sociale et familiale et assurer la cohérence des décisions pénales dont il fait l'objet.

Art. 5-2 *(L. n° 2011-939, 10 août 2011)*. – L'ensemble des éléments relatifs à la personnalité d'un mineur recueillis au cours des enquêtes dont il fait l'objet, y compris dans le ressort de juridictions différentes, est versé au dossier unique de personnalité placé sous le contrôle du procureur de la République et du juge des enfants qui connaissent habituellement de la situation de ce mineur.

Ce dossier comprend également, le cas échéant, les investigations relatives à sa personnalité et à son environnement social et familial accomplies lors des procédures d'assistance éducative dont il a pu faire l'objet.

Il est ouvert dès qu'une mesure d'investigation sur la personnalité est ordonnée ou si le mineur fait l'objet d'une liberté surveillée préjudicielle, d'un placement sous contrôle judiciaire, d'une assignation à résidence avec surveillance électronique ou d'un placement en détention provisoire.

Il est actualisé par les investigations menées dans la procédure pénale en cours et par les éléments de procédures d'assistance éducative et pénales postérieures.

Il est versé au dossier de chacune de ces procédures.

Il est accessible aux avocats du mineur, de ses père et mère, tuteur ou représentant légal, et de la partie civile, aux professionnels de la protection judiciaire de la jeunesse et aux magistrats saisis de la procédure. Toutefois, les avocats de la partie civile ne peuvent avoir accès aux informations issues d'investigations accomplies lors des procédures d'assistance éducative dont le mineur a fait l'objet.

Le juge des enfants peut également autoriser sa consultation par les personnels du service ou de l'établissement du secteur associatif habilité saisi d'une mesure judiciaire concernant le mineur. Tout personnel du secteur associatif habilité ayant pris connaissance du dossier unique de personnalité est tenu au secret professionnel sous les peines et dans les conditions prévues aux articles 226-13 et 226-14 du Code pénal.

Les informations contenues dans le dossier unique de personnalité sont confidentielles. Il ne peut être délivré de copie de tout ou partie des pièces qu'il comprend qu'aux seuls avocats, pour leur usage exclusif. Les avocats peuvent transmettre une reproduction des copies ainsi obtenues exclusivement au mineur poursuivi s'il est capable de discernement, à ses père et mère, tuteur ou représentant légal, qui doivent attester au préalable, par écrit, avoir pris connaissance des dispositions du neuvième alinéa du présent article. L'avocat doit, avant cette transmission, aviser le magistrat saisi de la procédure, qui peut, par décision motivée, s'opposer à la remise de tout ou partie de ces reproductions lorsque cette remise ferait courir un danger physique ou moral grave au mineur, à une partie ou à un tiers.

Le fait, pour une partie à la procédure, de faire état auprès d'un tiers des informations contenues dans le dossier unique de personnalité est puni de 3 750 € d'amende.

Ce dossier ne peut être utilisé que dans les procédures suivies devant les juridictions pour mineurs.

Un décret en Conseil d'État pris après avis de la Commission nationale de l'informatique et des libertés fixe les conditions dans lesquelles il est conservé après la majorité du mineur.

Décret n° 2014-472 du 9 mai 2014

pris pour l'application de l'article 5-2 de l'ordonnance n° 45-174 du 2 février 1945 relative à l'enfance délinquante relatif au dossier unique de personnalité

Art. 1er. – Le dossier unique de personnalité est conservé au greffe de la juridiction qui suit habituellement le mineur jusqu'à ses dix-huit ans révolus.

Art. 2. – Par dérogation aux dispositions de l'article 1er, lorsqu'une procédure ouverte à l'encontre d'un mineur est encore en cours à sa majorité, le dossier unique de personnalité est conservé jusqu'à ce que la juridiction saisie ait statué définitivement par une décision rendue au fond.

Il est également conservé après la majorité de l'intéressé :

1° Jusqu'au terme du suivi d'une mesure éducative ou d'une sanction éducative ordonnée en application de l'article 2 de l'ordonnance [n° 45-174, 2 févr. 1945] susvisée ;

2° Lorsque le juge des enfants exerce les fonctions dévolues au juge de l'application des peines en application de l'article 20-9 [n° 45-174, 2 févr. 1945] de la même ordonnance.

Art. 3. – Le dossier unique de personnalité est détruit à l'issue des délais de conservation mentionnés aux articles 1er et 2.

Art. 4. – Les dispositions du présent décret sont applicables sur tout le territoire de la République.

Art. 6 *(L. n° 51-687, 24 mai 1951 ; mod., Ord. n° 58-1300, 23 déc. 1958 ; L. n° 2011-939, 10 août 2011 ; L. n° 2016-1547, 18 nov. 2016).* **– L'action civile pourra être portée devant le juge des enfants, devant le juge d'instruction, devant le tribunal pour enfants, et devant la cour d'assises des mineurs.**

La victime est avisée, par tout moyen, de la date de l'audience de jugement devant le juge des enfants, ou le tribunal pour enfants, afin de pouvoir se constituer partie civile selon les modalités prévues par le Code de procédure pénale.

Lorsqu'un ou plusieurs mineurs sont impliqués dans la même cause qu'un ou plusieurs majeurs, l'action civile contre tous les responsables peut être portée devant le tribunal correctionnel ou devant la cour d'assises compétente à l'égard des majeurs. En ce cas, les mineurs ne comparaissent pas à l'audience, mais seulement leurs représentants légaux. À défaut de choix d'un défenseur par le mineur ou par son représentant légal, il en sera désigné un d'office.

Dans le cas prévu à l'alinéa qui précède, s'il n'a pas encore été statué sur la culpabilité des mineurs, le tribunal correctionnel ou la cour d'assises peut surseoir à statuer sur l'action civile.

En l'absence de disposition spécifique le prévoyant, la juridiction pénale qui déclare un mineur pénalement irresponsable au motif qu'il était privé de discernement au moment de la commission des faits n'a pas compétence pour statuer sur sa responsabilité civile ni sur celle de ses ayants droit.

L'examen des conséquences civiles relève alors de la seule compétence des juridictions civiles (■ Cass. crim., 8 juin 2017, n° 16-83.345).

Art. 6-1 *(L. n° 2011-939, 10 août 2011).* **– Les parents et les représentants légaux du mineur poursuivi sont informés, par tout moyen, des décisions de l'autorité judiciaire prises en application de la présente ordonnance et condamnant le mineur ou le soumettant à des obligations ou à des interdictions.**

CHAPITRE II. – PROCÉDURE

Art. 7 *(L. n° 51-687, 24 mai 1951 ; mod., Ord. n° 58-1300, 23 déc. 1958 ; L. n° 93-2, 4 janv. 1993).* **– Le procureur de la République près le tribunal dans le ressort duquel le tribunal pour enfants a son siège est chargé de la poursuite des crimes et délits commis par des mineurs.**

Toutefois, le procureur de la République, compétent en vertu de l'article 43 du Code de procédure pénale, et le juge d'instruction par lui requis ou agissant d'office conformément aux dispositions de l'article 72 du même code, procéderont à tous actes urgents de poursuite et d'information, à charge par eux d'en donner immédiatement avis au procureur de la République près le tribunal dans le ressort duquel le tribunal pour enfants a son siège et de se dessaisir de la poursuite dans le plus bref délai.

Lorsque le mineur est impliqué dans la même cause qu'un ou plusieurs majeurs, il sera procédé conformément aux dispositions de l'alinéa qui précède aux actes urgents de poursuite et d'information. Si le procureur de la République poursuit des majeurs selon les procédures prévues aux articles 393 à 396 du Code de procédure pénale ou par voie de citation directe, il constituera un dossier spécial concernant le mineur et le transmettra au procureur de la République près le tribunal dans le ressort duquel le tribunal pour enfants a son siège. Si une information a été ouverte, le juge d'instruction se dessaisira dans le plus bref délai à l'égard tant du mineur que des majeurs au profit du juge d'instruction du siège du tribunal pour enfants.

Toute personne qui se prétend lésée par un crime ou un délit commis par un mineur peut se constituer partie civile devant le juge d'instruction compétent qui procédera conformément à l'article 86 du Code de procédure pénale et aux dispositions de l'ordonnance du 2 février 1945 relative à l'enfance délinquante ; encourt la cassation l'arrêt d'une chambre d'accusation qui énonce que l'article 7, alinéa 1, de ladite ordonnance réserve au seul procureur de la République le pouvoir d'engager des poursuites pénales à l'encontre d'un mineur, alors que cet article, qui édicte une règle relative à la compétence territoriale du ministère public, ne déroge pas aux dispositions générales de l'article 85 du Code de procédure pénale (■ Cass. crim., 19 oct. 1999 : *Bull. crim.*, n° 221).

Art. 7-1 *(L. n° 2007-297, 5 mars 2007 ; mod., L. n° 2011-939, 10 août 2011)*. **– Lorsque le procureur de la République fait application de l'article 41-1 du Code de procédure pénale à l'égard d'un mineur, les représentants légaux de celui-ci doivent être convoqués. Les représentants légaux du mineur qui ne répondraient pas à cette convocation sont passibles des sanctions prévues au deuxième alinéa de l'article 10-1.**

Les mesures prévues aux 2° à 5° de l'article 41-1 du Code de procédure pénale requièrent l'accord des représentants légaux du mineur. La mesure prévue au 2° peut également consister en l'accomplissement d'un stage de formation civique ou en une consultation auprès d'un psychiatre ou d'un psychologue. Le procureur de la République fixe, le cas échéant, le montant des frais de stage pouvant être mis à la charge des représentants légaux du mineur.

Art. 7-2 *(L. n° 2007-297, 5 mars 2007 ; L. n° 2011-1940, 26 déc. 2011)*. **– La procédure de composition pénale prévue par les articles 41-2 et 41-3 du Code de procédure pénale peut être appliquée aux mineurs âgés d'au moins treize ans lorsqu'elle apparaît adaptée à la personnalité de l'intéressé, dans les conditions prévues par le présent article.**

La proposition du procureur de la République doit être également faite aux représentants légaux du mineur et obtenir l'accord de ces derniers.

L'accord du mineur et de ses représentants légaux doit être recueilli en présence d'un avocat désigné conformément au second alinéa de l'article 4-1.

Avant de valider la composition pénale, le juge des enfants peut, soit d'office, soit à leur demande, procéder à l'audition du mineur ou de ses représentants légaux. Dans ce cas, l'audition est de droit. La décision du juge des enfants est notifiée à l'auteur des faits et à ses représentants légaux et, le cas échéant, à la victime.

Les mesures suivantes peuvent également être proposées au mineur, par le procureur de la République, au titre de la composition pénale :

1° Accomplissement d'un stage de formation civique ;

2° Suivi de façon régulière d'une scolarité ou d'une formation professionnelle ;

3° Respect d'une décision, antérieurement prononcée par le juge, de placement dans une institution ou un établissement public ou privé d'éducation ou de formation professionnelle habilité ;

4° Consultation d'un psychiatre ou d'un psychologue ;

5° Exécution d'une mesure d'activité de jour.

6° Accomplissement, lorsque le mineur est âgé de plus de seize ans, d'un contrat de service en établissement public d'insertion de la défense mentionné aux articles L. 130-1 à L. 130-5 du Code du service national

La durée d'exécution des mesures proposées aux mineurs ne peut excéder un an.

Art. 8 *(L. n° 51-687, 24 mai 1951 ; mod., Ord. n° 58-1300, 23 déc. 1958 ; L. n° 70-643, 17 juill. 1970 ; L. n° 74-631, 5 juill. 1974 ; L. n° 93-2, 4 janv. 1993 ; L. n° 95-125, 8 févr. 1995 ; L. n° 2002-1138, 9 sept. 2002 ; L. n° 2007-297, 5 mars 2007 ; L. n° 2011-939, 10 août 2011 ; L. n° 2012-409, 27 mars 2012 ; L. n° 2016-1547, 18 nov. 2016)*. **– Le juge des enfants effectuera toutes diligences et investigations utiles pour parvenir à la manifestation de la vérité et à la connaissance de la personnalité du mineur ainsi que des moyens appropriés à sa rééducation.**

À cet effet, il procédera à une enquête, soit par voie officieuse, soit dans les formes prévues par le chapitre Ier du titre III du livre Ier du Code de procédure pénale. Dans ce dernier cas, et si l'urgence l'exige, le juge des enfants pourra entendre le mineur sur sa situation familiale ou personnelle sans être tenu d'observer les dispositions du deuxième alinéa de l'article 114 du Code de procédure pénale.

Il pourra décerner tous mandats utiles ou prescrire le contrôle judiciaire en se conformant aux règles du droit commun, sous réserve des dispositions des articles 10-2 et 11.

Il recueillera, par toute mesure d'investigation, des renseignements relatifs à la personnalité et à l'environnement social et familial du mineur.

Le juge des enfants ordonnera un examen médical et, s'il y a lieu un examen médico-psychologique. Il décidera, le cas échéant, le placement du mineur dans un centre d'accueil ou dans un centre d'observation ou prescrira une mesure d'activité de jour dans les conditions définies à l'article 16 *ter*.

Toutefois, il pourra, dans l'intérêt du mineur, n'ordonner aucune de ces mesures ou ne prescrire que l'une d'entre elles. Dans ce cas, il rendra une ordonnance motivée.

Ces diligences faites, le juge des enfants pourra soit d'office, soit à la requête du ministère public, communiquer le dossier à ce dernier.

Il pourra, avant de se prononcer au fond, ordonner à l'égard du mineur mis en examen une mesure de liberté surveillée à titre provisoire en vue de statuer après une ou plusieurs périodes d'épreuve dont il fixera la durée.

Il pourra ensuite, par ordonnance, soit déclarer n'y avoir lieu à suivre et procéder comme il est dit à l'article 177 du Code de procédure pénale, soit renvoyer le mineur devant le tribunal pour enfants, ou, s'il y a lieu, devant le juge d'instruction.

Il pourra également, par jugement rendu en chambre du conseil :

1° Soit relaxer le mineur s'il estime que l'infraction n'est pas établie ;

2° Soit, après avoir déclaré le mineur coupable, le dispenser de toute autre mesure s'il apparaît que son reclassement est acquis, que le dommage causé est réparé et que le trouble résultant de l'infraction a cessé, et en prescrivant, le cas échéant, que cette décision ne sera pas mentionnée au casier judiciaire ;

3° Soit l'admonester ;

4° Soit le remettre à ses parents, à son tuteur, à la personne qui en avait la garde ou à une personne digne de confiance ;

5° Soit prononcer, à titre principal, sa mise sous protection judiciaire pour une durée n'excédant pas cinq années dans les conditions définies à l'article 16 *bis* ;

6° Soit le placer dans l'un des établissements visés aux articles 15 et 16, et selon la distinction établie par ces articles ;

7° Soit prescrire une mesure d'activité de jour dans les conditions définies à l'article 16 *ter*.

Les mesures prévues aux 3° et 4° ne peuvent être seules ordonnées si elles ont déjà été prononcées à l'égard du mineur pour une infraction identique ou assimilée au regard des règles de la récidive commise moins d'un an avant la commission de la nouvelle infraction.

Dans tous les cas, il pourra, le cas échéant, prescrire que le mineur sera placé jusqu'à un âge qui n'excédera pas celui de sa majorité sous le régime de la liberté surveillée.

Lorsque la peine encourue est supérieure ou égale à sept ans et que le mineur est âgé de seize ans révolus, il ne pourra rendre de jugement en chambre du conseil.

1) QPC. Non-lieu à renvoi au Conseil constitutionnel de la QPC visant l'article 8 de l'ordonnance du 2 février 1945 (■ Cass. crim., 12 oct. 2010, n°s 10-90.105 et 10-90 106. ■ Cass. crim., 27 avr. 2011, n°s 11-90.023 et 1-90.015).

2) Si l'enquête par voie officieuse prévue par l'article 8, alinéa 2, de l'ordonnance du 2 février 1945 à laquelle peut procéder le juge des enfants n'impose pas le respect des formes prescrites par les articles 79 à 190 du Code de procédure pénale, et en particulier celles de l'article 184 de ce code, relatives à l'ordonnance de renvoi devant la juridiction de jugement, le juge des enfants demeure néanmoins tenu de respecter les principes fondamentaux de la procédure pénale, résultant tant des articles 6 de la Convention européenne des droits de l'homme et 14 du Pacte international relatif aux droits civils et politiques que de l'article préliminaire du Code de procédure pénale.

Justifie sa décision au regard de ces derniers textes la cour d'appel qui, pour rejeter l'exception de nullité présentée par un mineur et prise d'un défaut de motivation de l'ordonnance du juge des enfants, ayant procédé par voie d'enquête officieuse, le renvoyant devant le tribunal pour enfants à raison d'un délit, expose les faits et circonstances dont elle déduit que le mineur n'a pu se méprendre sur la nature et la cause de l'accusation portée contre lui et a, par ailleurs, disposé du temps ainsi que des facilités nécessaires à sa défense (■ Cass. crim., 14 mai 2013, n° 12-80.153 : *Bull. crim.*, n° 104 ; *D.* 2013, Panorama, p. 2079, note Ph. Bonfils ; *Gaz. Pal.* 21-23 juill. 2013, chron. p. 45, note F. Fourment ; *D.* 2013, études, p. 2152, note B. Chapleau ; *AJP* 2013, p. 548, obs. J.-B. Perrier).

3) Aucun texte n'impose au juge des enfants d'informer préalablement le procureur de la République de la date des audiences qu'il tient en chambre du conseil en application de l'article 8 de l'ordonnance du 2 février 1945 (■ Cass. crim., 8 sept. 2015, n° 14-84.315).

4) Suivant les articles 8 de l'ordonnance du 2 février 1945 et R. 311-7 du Code de l'organisation judiciaire, devant la cour d'appel, comme devant le juge des enfants statuant sur des poursuites exercées contre un mineur, les débats et le prononcé de la décision doivent avoir lieu en chambre du conseil. Encourt la censure l'arrêt rendu sur intérêts civils prononcé en audience publique (■ Cass. crim., 1er sept. 2015, n° 14-85.503).

Art. 8-1 *(L. n° 2016-1547, 18 nov. 2016)*. **– I. – Lorsqu'il est saisi dans les conditions définies aux troisième à sixième alinéas de l'article 5, le juge des enfants constate l'identité du mineur et s'assure qu'il est assisté d'un avocat.**

II. – Si les faits ne nécessitent aucune investigation supplémentaire, le juge des enfants statue sur la prévention par jugement en chambre du conseil et, s'il y a lieu, sur l'action civile.

Lorsqu'il estime que l'infraction est établie, le juge des enfants peut :

1° S'il constate que des investigations suffisantes sur la personnalité du mineur ont déjà été effectuées, prononcer immédiatement l'une des mesures prévues aux 2° à 6° de l'article 8 ou, encore, ordonner une mesure ou une activité d'aide ou de réparation dans les conditions prévues à l'article 12-1, sans préjudice de la possibilité de faire application des articles 24-5 et 24-6 ;

2° S'il constate que les investigations sur la personnalité du mineur ne sont pas suffisantes, renvoyer l'affaire à une prochaine audience de la chambre du conseil et faire application du 2° de l'article 24-5 et de l'article 24-6.

III. – Si les faits nécessitent des investigations supplémentaires, le juge des enfants peut faire application des articles 8 et 10 dans le cadre d'un supplément d'information.

Art. 8-2 *(L. n° 96-585, 1er juill. 1996 ; L. n° 2002-1138, 9 sept. 2002 ; mod., L. n° 2011-939, 10 août 2011 ; L. n° 2011-1940, 26 déc. 2011 ; L. n° 2016-1547, 18 nov. 2016)*. **– En matière correctionnelle, le procureur de la République pourra, à tout moment de la procédure, s'il estime que des investigations suffisantes sur la personnalité du mineur ont été effectuées, le cas échéant à l'occasion d'une précédente procédure, et que des investigations sur les faits ne sont pas ou ne sont plus nécessaires, requérir du juge des enfants qu'il ordonne la comparution de mineurs soit devant le tribunal pour enfants, soit devant la chambre du conseil, dans un délai compris entre un et trois mois. L'appel ou le recours du procureur de la République sera porté à la connaissance du mineur, de ses représentants légaux et de son avocat, qui pourront présenter par écrit toutes observations utiles.**

QPC. L'article 8-2 dans sa rédaction postérieure à la loi n° 2011-1940 du 26 décembre 2011 visant à instaurer un service citoyen pour les mineurs délinquants est conforme à la Constitution (■ Cons. const., 21 sept. 2012, n° 2012-272 QPC : *JO* 22 sept. 2012 ; *JurisData* n° 2012-021425).

Art. 8-3 *(L. n° 2011-939, 10 août 2011)*. **– Le procureur de la République peut poursuivre devant le tribunal pour enfants dans les formes de l'article 390-1 du Code de procédure pénale soit un mineur âgé d'au moins treize ans lorsqu'il lui est reproché d'avoir commis un délit puni d'au moins cinq ans d'emprisonnement, soit un mineur d'au moins seize ans lorsqu'il lui est reproché d'avoir commis un délit puni d'au moins trois ans d'emprisonnement.**

La procédure prévue au premier alinéa ne peut être mise en œuvre que si le mineur fait l'objet ou a déjà fait l'objet d'une ou plusieurs procédures en application de la présente ordonnance.

La convocation en justice ne peut être délivrée que si des investigations sur les faits ne sont pas nécessaires et si des investigations sur la personnalité du mineur ont été accomplies au cours des douze mois précédents sur le fondement de l'article 8 ; toutefois, lorsqu'en raison de l'absence du mineur au cours des mesures d'investigation précédentes, des éléments plus approfondis n'ont pu être recueillis sur sa personnalité à l'occasion d'une procédure antérieure en application du même article 8, peuvent être prises en compte des investigations réalisées en application de l'article 12.

La convocation précise que le mineur doit être assisté d'un avocat et que, à défaut de choix d'un avocat par le mineur ou ses représentants légaux, le procureur de la République ou le juge des enfants font désigner par le bâtonnier un avocat d'office.

La convocation est également notifiée dans les meilleurs délais aux parents, au tuteur, à la personne ou au service auquel le mineur est confié.

Elle est constatée par procès-verbal signé par le mineur et la personne à laquelle elle a été notifiée, qui en reçoivent copie.

L'audience doit se tenir dans un délai qui ne peut être inférieur à dix jours et supérieur à deux mois.

Il résulte des dispositions de l'article 8-3 de l'ordonnance du 2 février 1945, issu de la loi du 10 août 2011, que si le mineur peut faire l'objet d'une convocation par officier ou agent de police judiciaire dans les conditions prévues par ce texte lorsque des investigations sur sa personnalité ont été accomplies au cours des douze mois précédents dans les conditions prévues par les articles 8 ou 12 de ladite ordonnance, le procureur de la République, même en l'absence de ces investigations, peut encore saisir le tribunal pour enfants selon le même mode, à condition de requérir concomitamment la césure du procès, conformément aux dispositions de l'article 24-7 de la même ordonnance, la juridiction étant alors tenue, après s'être prononcée sur la culpabilité du mineur, et le cas échéant, sur l'action civile, d'ajourner le prononcé de la mesure éducative ou de la peine (■ Cass. crim., 19 nov. 2013, n° 12-87.641 : *Bull. crim.*, n° 231).

Art. 9 *(L. n° 51-687, 24 mai 1951 ; Ord. n° 58-1300, 23 déc. 1958 ; L. n° 74-631, 5 juill. 1974 ; L. n° 93-2, 4 janv. 1993 ; L. n° 2000-516, 15 juin 2000 ; L. n° 2000-1354, 30 déc. 2000 ; L. n° 2002-1138, 9 sept. 2002 ; L. n° 2004-204, 9 mars 2004 ; L. n° 2011-939, 10 août 2011).* **– Le juge d'instruction procédera à l'égard du mineur dans les formes du chapitre Ier du titre III du livre Ier du Code de procédure pénale et ordonnera les mesures prévues aux alinéas 4, 5 et 6 de l'article 8 de la présente ordonnance.**

Lorsque l'instruction sera achevée, le juge d'instruction, sur réquisitions du procureur de la République, rendra l'une des ordonnances du règlement suivantes :

1° Soit une ordonnance de non-lieu ;

2° Soit, s'il estime que le fait constitue une contravention, une ordonnance de renvoi devant le tribunal de police, ou, s'il s'agit d'une contravention de 5e classe, devant le juge des enfants ou devant le tribunal pour enfants ;

3° Soit, s'il estime que les faits constituent un délit, une ordonnance de renvoi devant le juge des enfants ou devant le tribunal pour enfants ; toutefois, lorsque la peine encourue est supérieure ou égale à sept ans et que le mineur est âgé de seize ans révolus, le renvoi devant le tribunal pour enfants est obligatoire. Lorsque le délit est puni d'une peine d'emprisonnement égale ou supérieure à trois ans, qu'il a été commis en état de récidive légale et que le mineur est âgé de plus de seize ans, le renvoi devant le tribunal correctionnel pour mineurs est obligatoire ;

4° En cas de crime, soit une ordonnance de renvoi devant le tribunal pour enfants s'il s'agit d'un mineur de seize ans, soit, dans le cas visé à l'article 20, une ordonnance de mise en accusation devant la Cour d'assises des mineurs.

Si le mineur a des coauteurs ou complices majeurs ces derniers seront, en cas de poursuites correctionnelles, renvoyés devant la juridiction compétente suivant le droit commun ; la cause concernant le mineur sera disjointe pour être jugée conformément aux dispositions de la présente ordonnance. En cas de poursuites pour infraction qualifiée crime, il sera procédé à l'égard de toutes les personnes mises en examen conformément aux dispositions de l'article 181 du Code de procédure pénale ; le juge d'instruction pourra, soit renvoyer tous les accusés âgés de seize ans au moins devant la cour d'assises des mineurs, soit disjoindre les poursuites concernant les majeurs et renvoyer ceux-ci devant la cour d'assises de droit commun ; les mineurs âgés de moins de seize ans seront renvoyés devant le tribunal pour enfants, sauf s'ils sont également accusés d'un crime commis après seize ans formant avec les faits commis avant seize ans un ensemble connexe ou indivisible et que le juge d'instruction décide, dans l'intérêt d'une bonne administration de la justice, de les renvoyer devant la cour d'assises des mineurs.

L'ordonnance sera rédigée dans les formes du droit commun.

QPC. La dernière phrase de l'avant-dernier alinéa de l'article 9 et la deuxième phrase du premier alinéa de l'article 20 sont conformes à la Constitution (■ Cons. const., 29 nov. 2013, n° 2013-356 QPC : *JO* 1er déc. 2013 ; *JurisData* n° 2013-027165).

Art. 10 *(Mod., L. n° 51-687, 24 mai 1951 ; L. n° 93-2, 4 janv. 1993 ; L. n° 93-1013, 24 août 1993 ; L. n° 95-125, 8 févr. 1995 ; L. n° 96-585, 1er juill. 1996 ; L. n° 2011-939, 10 août 2011 ; L. n° 2012-409, 27 mars 2012 ; L. n° 2016-1547, 18 nov. 2016).* – Le juge d'instruction ou le juge des enfants avise les parents du mineur, son tuteur, ou la personne ou le service auquel il est confié des poursuites dont le mineur fait l'objet. Cet avis est fait verbalement avec émargement au dossier ou par lettre recommandée. Il mentionne les faits reprochés au mineur et leur qualification juridique. Il précise également qu'à défaut de choix d'un défenseur par le mineur ou ses représentants légaux le juge d'instruction ou le juge des enfants fera désigner par le bâtonnier un avocat d'office.

Quelles que soient les procédures de comparution, le mineur et ses parents, le tuteur, la personne qui en a la garde ou son représentant, sont simultanément convoqués pour être entendus par le juge. Ils sont tenus informés de l'évolution de la procédure.

Lors de la première comparution, lorsque le mineur ou ses représentants légaux n'ont pas fait le choix d'un avocat ni demandé qu'il en soit désigné un d'office, le juge des enfants ou le juge d'instruction saisi fait désigner sur-le-champ par le bâtonnier un avocat d'office.

Le juge des enfants et le juge d'instruction pourront charger les services du secteur public de la protection judiciaire de la jeunesse et du secteur associatif habilité des mesures d'investigation relatives à la personnalité et à l'environnement social et familial du mineur.

Ils pourront confier provisoirement le mineur mis en examen :

1° À ses parents, à son tuteur, ou à la personne qui en avait la garde, ainsi qu'à une personne digne de confiance ;

2° À un centre d'accueil ;

3° À une section d'accueil d'une institution publique ou privée habilitée à cet effet ;

4° Au service de l'assistance à l'enfance ou à un établissement hospitalier ;

5° À un établissement ou à une institution d'éducation, de formation professionnelle ou de soins, de l'État ou d'une administration publique, habilité.

S'ils estiment que l'état physique ou psychique du mineur justifie une observation approfondie, ils pourront ordonner son placement provisoire dans un centre d'observation institué ou agréé par le ministre de la Justice.

La garde provisoire pourra, le cas échéant, être exercée sous le régime de la liberté surveillée.

Le juge des enfants saisi de la procédure est compétent pour modifier ou révoquer la mesure de garde jusqu'à la comparution du mineur devant le tribunal pour enfants.

Art. 10-1 *(L. n° 2002-1138, 9 sept. 2002 ; mod., L. n° 2011-939, 10 août 2011).* – Lorsque les parents et représentants légaux du mineur poursuivi ne défèrent pas à la convocation à comparaître devant un magistrat ou une juridiction pour mineurs, ce magistrat ou cette juridiction peut, d'office ou sur réquisition du ministère public, ordonner qu'ils soient immédiatement amenés par la force publique devant lui ou devant elle pour être entendus.

Dans tous les cas, les parents et représentants légaux qui ne défèrent pas peuvent, sur réquisitions du ministère public, être condamnés par le magistrat ou la juridiction saisie à une amende dont le montant ne peut excéder 3 750 € ou à un stage de responsabilité parentale.

Cette amende peut être rapportée par le magistrat ou la juridiction qui l'a prononcée s'ils défèrent ultérieurement à cette convocation.

Les personnes condamnées en application du premier alinéa peuvent former opposition de la condamnation devant le tribunal correctionnel dans les dix jours à compter de sa notification.

Art. 10-2 *(Mod., L. n° 2007-297, 5 mars 2007).* – I. – Les mineurs âgés de treize à dix-huit ans peuvent être placés sous contrôle judiciaire dans les conditions prévues par le Code de procédure pénale, sous réserve des dispositions du présent article.

II. – Le contrôle judiciaire est décidé par ordonnance motivée, prise, selon les cas, par le juge des enfants, le juge d'instruction ou le juge des libertés et de la détention. Ce magistrat doit notifier oralement au mineur les obligations qui lui sont imposées, en présence de son avocat et de ses représentants légaux ou ceux-ci dûment convoqués ; ce magistrat informe également le mineur qu'en cas de non-respect de ces obligations, il pourra être placé en détention provisoire ; ces formalités sont mentionnées par procès-verbal, qui est signé par le magistrat et le mineur. Lorsque cette décision accompagne une mise en liberté, l'avocat du mineur est convoqué par tout moyen et sans délai et les dispositions du deuxième alinéa de l'article 114 du Code de procédure pénale ne sont pas applicables.

Le contrôle judiciaire dont fait l'objet un mineur peut également comprendre une ou plusieurs des obligations suivantes :

1° Se soumettre aux mesures de protection, d'assistance, de surveillance et d'éducation confiées à un service de la protection judiciaire de la jeunesse ou à un service habilité, mandaté à cette fin par le magistrat ;

2° Respecter les conditions d'un placement dans un centre éducatif de la protection judiciaire de la jeunesse ou relevant d'un service habilité auquel le mineur a été confié par le magistrat en application des dispositions de l'article 10 et notamment dans un centre éducatif fermé prévu à l'article 33 ou respecter les conditions d'un placement dans un établissement permettant la mise en œuvre de programmes à caractère éducatif et civique ;

Toutefois, les obligations prévues au 2° ne peuvent être ordonnées que pour une durée de six mois et ne peuvent être renouvelées par ordonnance motivée qu'une seule fois pour une durée au plus égale à six mois.

3° Accomplir un stage de formation civique ;

4° Suivre de façon régulière une scolarité ou une formation professionnelle jusqu'à sa majorité.

Le responsable du service ou centre désigné en application des 1° et 2° doit faire rapport au juge des enfants ou au juge d'instruction en cas de non-respect par le mineur des obligations qui lui ont été imposées ; copie de ce rapport est adressée au procureur de la République par ce magistrat.

III. – En matière correctionnelle, les mineurs âgés de moins de seize ans ne peuvent être placés sous contrôle judiciaire que dans l'un des cas suivants :

1° Si la peine d'emprisonnement encourue est supérieure ou égale à cinq ans et si le mineur a déjà fait l'objet d'une ou plusieurs mesures éducatives prononcées en application des articles 8, 10, 15, 16 et 16 *bis* ou d'une condamnation à une sanction éducative ou à une peine ;

2° Si la peine d'emprisonnement encourue est supérieure ou égale à sept ans ;

3° Si la peine d'emprisonnement encourue est supérieure ou égale à cinq ans pour un délit de violences volontaires, d'agression sexuelle ou un délit commis avec la circonstance aggravante de violences.

Si le contrôle judiciaire comporte l'obligation de respecter les conditions d'un placement conformément au 2° du II, dans un centre éducatif fermé prévu à l'article 33, le non-respect de cette obligation pourra entraîner le placement du mineur en détention provisoire conformément à l'article 11-2.

Dans les autres cas, le mineur est informé qu'en cas de non-respect des obligations lui ayant été imposées, le contrôle judiciaire pourra être modifié pour prévoir son placement dans un centre éducatif fermé, placement dont le non-respect pourra entraîner sa mise en détention provisoire.

Le juge des enfants, le juge d'instruction ou le juge des libertés et de la détention statue sur le placement sous contrôle judiciaire en audience de cabinet, après un débat contradictoire au cours duquel ce magistrat entend le ministère public qui développe ses réquisitions prises conformément aux dispositions de l'article 137-2 du Code de procédure pénale, puis les observations du mineur ainsi que celles de son avocat. Le magistrat peut, le cas échéant, recueillir au cours de ce débat les déclarations du représentant du service qui suit le mineur.

Art. 10-3 *(L. n° 2011-939, 10 août 2011)*. – Les mineurs âgés de seize à dix-huit ans peuvent être placés sous assignation à résidence avec surveillance électronique dans les conditions et selon les modalités prévues aux articles 142-5 à 142-13 du Code de procédure pénale lorsqu'ils encourent une peine d'emprisonnement d'au moins deux ans. *[Dispositions déclarées non conformes à la Constitution par la décision du Conseil constitutionnel n° 2011-635 DC du 4 août 2011 : JO 11 août 2011.]* En cas d'assignation à résidence avec surveillance électronique au domicile des représentants légaux du mineur, leur accord écrit doit être préalablement recueilli par le magistrat compétent pour ordonner la mesure. Les dispositions relatives au placement sous surveillance électronique mobile ne sont toutefois pas applicables aux mineurs.

Art. 11 *(Mod., L. n° 51-687, 24 mai 1951 ; L. n° 70-643, 17 juill. 1970 ; L. n° 87-1062, 30 déc. 1987 ; L. n° 89-461, 6 juill. 1989 ; L. n° 93-2, 4 janv. 1993 ; L. n° 93-1013, 24 août 1993 ; L. n° 2000-516, 15 juin 2000 ; L. n° 2000-1354, 30 déc. 2000 ; L. n° 2002-1138, 9 sept. 2002 ; L. n° 2010-242, 10 mars 2010 ; L. n° 2011-939, 10 août 2011)*. – Les mineurs de treize à dix-huit ans mis en examen par le juge d'instruction ou le juge des enfants ne peuvent être placés en détention provisoire par le juge des libertés et de la détention saisi soit par le juge d'instruction, soit par le juge des enfants, conformément aux dispositions des articles 137 à 137-4, 144 et 145 du Code de procédure pénale, que dans les cas prévus par le présent article, à la condition que cette mesure soit indispensable ou qu'il soit impossible de prendre toute autre disposition et à la condition que les obligations du contrôle judiciaire prévues par l'article 10-2 et les obligations de l'assignation à résidence avec surveillance électronique soient insuffisantes.

Les mineurs âgés de seize ans révolus ne peuvent être placés en détention provisoire que dans l'un des cas suivants :

1° S'ils encourent une peine criminelle ;

2° S'ils encourent une peine correctionnelle d'une durée égale ou supérieure à trois ans ;

3° S'ils se sont volontairement soustraits aux obligations d'un contrôle judiciaire prononcé conformément aux dispositions de l'article 10-2 ou à celle d'une assignation à résidence avec surveillance électronique.

Les mineurs âgés de treize ans révolus et de moins de seize ans ne peuvent être placés en détention provisoire que dans l'un des cas suivants :

1° S'ils encourent une peine criminelle ;

2° S'ils se sont volontairement soustraits aux obligations d'un contrôle judiciaire prononcé conformément aux dispositions du III de l'article 10-2 ou à celles d'une assignation à résidence avec surveillance électronique.

La détention provisoire est effectuée soit dans un quartier spécial de la maison d'arrêt, soit dans un établissement pénitentiaire spécialisé pour mineurs ; les mineurs détenus sont, autant qu'il est possible, soumis à l'isolement de nuit. Les mineurs âgés de treize à seize ans ne peuvent être placés en détention que dans les seuls établissements garantissant un isolement complet d'avec les détenus majeurs ainsi que la présence en détention d'éducateurs dans des conditions définies par décret en Conseil d'État.

Lorsque les mineurs ayant fait l'objet d'un placement en détention provisoire sont remis en liberté au cours de la procédure, ils font l'objet, dès leur libération, des mesures éducatives ou de liberté surveillée justifiées par leur situation et déterminées par le juge des enfants, le juge d'instruction ou le juge des libertés et de la détention. Lorsque le magistrat estime qu'aucune de ces mesures n'est nécessaire, il statue par décision motivée.

En matière correctionnelle, lorsque la peine encourue n'est pas supérieure à sept ans d'emprisonnement, la détention provisoire des mineurs âgés d'au moins seize ans ne peut excéder un mois. Toutefois, à l'expiration de ce délai, la détention peut être prolongée, à titre exceptionnel, par une ordonnance motivée conformément aux dispositions de l'article 137-3 du Code de procédure pénale et rendue après un débat contradictoire organisé conformément aux dispositions du sixième alinéa de l'article 145 du même code, pour une durée n'excédant pas un mois ; la prolongation ne peut être ordonnée qu'une seule fois.

Dans les autres cas, les dispositions du premier alinéa de l'article 145-1 du Code de procédure pénale sont applicables en matière correctionnelle, aux mineurs âgés d'au moins seize ans ; toutefois, la prolongation doit être ordonnée conformément aux dispositions du sixième alinéa de l'article 145 du Code de procédure pénale, et elle ne peut être prolongée au-delà d'un an.

En matière criminelle, la détention provisoire des mineurs âgés de plus de treize ans et de moins de seize ans ne peut excéder six mois. Toutefois, à l'expiration de ce délai, la détention peut être prolongée, à titre exceptionnel, pour une durée n'excédant pas six mois, par une ordonnance rendue conformément aux dispositions du sixième alinéa de l'article 145 du Code de procédure pénale et comportant, par référence aux 1° et 2° de l'article 144 du même code, l'énoncé des considérations de droit et de fait qui constituent le fondement de la décision ; la prolongation ne peut être ordonnée qu'une seule fois.

Les dispositions de l'article 145-2 du Code de procédure pénale sont applicables aux mineurs âgés d'au moins seize ans ; toutefois, la détention provisoire ne peut être prolongée au-delà de deux ans.

Les dispositions des treizième et quatorzième alinéas du présent article sont applicables jusqu'à l'ordonnance de règlement.

Lorsque le juge des libertés et de la détention est saisi par le juge d'instruction ou le juge des enfants en application du quatrième alinéa de l'article 137-1 du Code de procédure pénale, il peut prononcer une mesure de liberté surveillée à titre provisoire, prévue par le huitième alinéa de l'article 8, ou une mesure de garde provisoire prévue par l'article 10.

Art. 11-1 *(L. n° 2000-516, 15 juin 2000)*. – Lorsque la détention provisoire est ordonnée à la suite d'une révocation du contrôle judiciaire à l'encontre d'un mineur antérieurement placé en détention provisoire pour

les mêmes faits, la durée cumulée des détentions ne peut excéder de plus d'un mois la durée maximale de la détention prévue à l'article 11.

Les dispositions de l'article 11-1 de l'ordonnance du 2 février 1945, relatives à la durée maximale, en matière criminelle, de la détention provisoire des mineurs de plus de seize ans, qui ont fait l'objet, s'agissant des mêmes faits, d'une mise en liberté assortie d'un contrôle judiciaire suivi d'une révocation et d'un nouveau placement en détention, ne s'appliquent, conformément à l'article 11 du texte précité, que jusqu'à l'ordonnance de règlement (■ Cass. crim., 23 nov. 2005 : *Bull. crim.*, n° 309).

Art. 11-2 *(Mod., L. n° 2002-1138, 9 sept. 2002 ; L. n° 2007-297, 5 mars 2007 ; L. n° 2011-939, 10 août 2011).* **– Lorsqu'à l'égard d'un mineur de treize à seize ans, la détention provisoire est ordonnée à la suite de la révocation d'un contrôle judiciaire prononcé conformément aux dispositions du cinquième alinéa du III de l'article 10-2, la durée de la détention provisoire ne peut excéder quinze jours, renouvelable une fois.**

S'il s'agit d'un délit puni de dix ans d'emprisonnement, la durée de la détention provisoire ne peut excéder un mois, renouvelable une fois.

Lorsque interviennent plusieurs révocations du contrôle judiciaire, la durée cumulée de la détention ne peut excéder une durée totale d'un mois dans le cas visé au premier alinéa et de deux mois dans le cas visé au deuxième alinéa.

Art. 12 *(Mod., L. n° 96-585, 1er juill. 1996 ; L. n° 2002-1138, 9 sept. 2002 ; L. n° 2007-297, 5 mars 2007 ; L. n° 2010-242, 10 mars 2010 ; L. n° 2011-939, 10 août 2011 ; L. n° 2016-1547, 18 nov. 2016).* **– Le service de la protection judiciaire de la jeunesse compétent établit, à la demande du procureur de la République, du juge des enfants ou de la juridiction d'instruction, un rapport écrit contenant tous renseignements utiles sur la situation du mineur ainsi qu'une proposition éducative.**

Lorsqu'il est fait application de l'article 5, ce service est obligatoirement consulté avant toute réquisition ou décision de placement en détention provisoire du mineur ou de prolongation de la détention provisoire.

Ce service doit également être consulté avant toute décision du juge des enfants au titre de l'article 8-1 ou du tribunal pour enfants au titre de l'article 8-3 et toute réquisition ou proposition du procureur de la République au titre des articles 7-2, 8-2 et 14-2 ainsi qu'avant toute décision du juge d'instruction, du juge des libertés et de la détention ou du juge des enfants et toute réquisition du procureur de la République au titre de l'article 142-5 du Code de procédure pénale.

Le rapport prévu au premier alinéa est joint à la procédure.

1) L'article 12 de l'ordonnance du 2 février 1945 exige la consultation préalable du service de l'éducation surveillée compétente avant toute décision de placement en détention provisoire d'un mineur ; toutefois, lorsque ce service a été consulté préalablement à la présentation du mineur au juge d'instruction et que la chambre d'accusation infirme l'ordonnance aux fins de liberté surveillée préjudicielle rendue par ce magistrat et ordonne le placement en détention provisoire d'un mineur, l'article 12 de l'ordonnance du 2 février 1945 n'impose pas une nouvelle consultation de ce service (■ Cass. crim., 13 avr. 1999 : *Bull. crim.*, n° 76).

2) Le rapport prévu par l'article 12 de l'ordonnance du 2 février 1945, qui a pour finalité d'imposer qu'une proposition éducative soit formulée par le service de la protection judiciaire de la jeunesse pour tout mineur à l'encontre duquel une mesure de placement en détention ou de prolongation de celle-ci est envisagée, n'est plus exigé s'agissant d'une personne devenue majeure au moment où le magistrat statue sur sa détention (■ Cass. crim., 22 juin 2006, n° 05-82516).

3) Si l'article 12, alinéa 3 de l'ordonnance du 2 février 1945 sur l'enfance délinquante, dans sa rédaction issue de la loi du 10 mars 2010, prescrit la consultation du service de la protection judiciaire de la jeunesse avant toute décision du juge d'instruction, du juge des libertés et de la détention ou du juge des enfants au titre de l'article 142-5 du Code de procédure pénale (assignation à résidence avec surveillance électronique), cette exigence ne saurait être étendue au cas dans lequel la juridiction rejette une demande de mise en liberté après avoir constaté le caractère insuffisant d'une mesure d'assignation à résidence avec surveillance électronique (■ Cass. crim., 2 févr. 2011, n° 10-87.868).

Art. 12-1 *(L. n° 93-2, 4 janv. 1993)*. – Le procureur de la République, la juridiction chargée de l'instruction de l'affaire ou la juridiction de jugement ont la faculté de proposer au mineur une mesure ou une activité d'aide ou de réparation à l'égard de la victime ou dans l'intérêt de la collectivité. Toute mesure ou activité d'aide ou de réparation à l'égard de la victime ne peut être ordonnée qu'avec l'accord de celle-ci.

Lorsque cette mesure où cette activité est proposée avant l'engagement des poursuites, le procureur de la République recueille l'accord préalable du mineur et des titulaires de l'exercice de l'autorité parentale. Le procès-verbal constatant cet accord est joint à la procédure.

La juridiction chargée de l'instruction procède selon les mêmes modalités.

Lorsque la mesure ou l'activité d'aide ou de réparation est prononcée par jugement, la juridiction recueille les observations préalables du mineur et des titulaires de l'exercice de l'autorité parentale.

La mise en œuvre de la mesure ou de l'activité peut être confiée au secteur public de la protection judiciaire de la jeunesse ou à une personne physique, à un établissement ou service dépendant d'une personne morale habilités à cet effet dans des conditions fixées par décret. À l'issue du délai fixé par la décision, le service ou la personne chargé de cette mise en œuvre adresse un rapport au magistrat qui a ordonné la mesure ou l'activité d'aide ou de réparation.

Art. 12-2 *(L. n° 2011-939, 10 août 2011)*. – Les représentants légaux du mineur cités comme civilement responsables sont jugés par jugement contradictoire à signifier, en application de l'article 410 du Code de procédure pénale, lorsque, étant non comparants et non excusés, ils ont été régulièrement cités à personne.

Art. 12-3 *(Créé à compter du 1er janv. 2014, L. n° 2012-409, 27 mars 2012)*. – En cas de prononcé d'une décision exécutoire ordonnant une mesure ou une sanction éducatives prévues aux articles 8, 10-2, 10-3, 12-1, 15, 15-1, 16 *bis*, 16 *ter* et 19, à l'exception des décisions de placement, ou prononçant une peine autre qu'une peine ferme privative de liberté, il est remis au mineur et à ses représentants légaux présents, à l'issue de leur audition ou de l'audience, un avis de convocation à comparaître, dans un délai maximal de cinq jours ouvrables, devant le service de la protection judiciaire de la jeunesse désigné pour la mise en œuvre de la décision. Ce service se trouve ainsi saisi de la mise en œuvre de la mesure.

Si le mineur ne se présente pas à la date fixée, le juge des enfants ou le juge d'instruction le convoque devant lui s'il le juge utile ou, dans un délai maximal de dix jours, devant le service de la protection judiciaire de la jeunesse.

CHAPITRE III. – LE TRIBUNAL POUR ENFANTS ET LA COUR D'ASSISES DES MINEURS

Art. 13 *(L. n° 51-687, 24 mai 1951 ; Ord. n° 58-1300, 23 déc. 1958 ; L. n° 2011-1940, 26 déc. 2011 ; L. n° 2016-1547, 18 nov. 2016)*. – Le tribunal pour enfants statuera après avoir entendu l'enfant, les témoins, les parents, le tuteur ou le gardien, le ministère public et le défenseur. Il pourra entendre, à titre de simple renseignement, les coauteurs ou complices majeurs.

Le président du tribunal pour enfants pourra, si l'intérêt du mineur l'exige, dispenser ce dernier de comparaître à l'audience. Dans ce cas, le mineur sera représenté par un avocat ou par son père, sa mère ou son tuteur. La décision sera réputée contradictoire.

Le tribunal pour enfants restera ainsi à l'égard du mineur âgé de moins de seize ans lorsqu'il décidera d'appliquer une qualification criminelle aux faits dont il avait été saisi sous une qualification correctionnelle. Il ordonnera, en ce cas, un supplément d'information et déléguera le juge d'instruction à cette fin, si l'ordonnance de renvoi émane du juge des enfants.

Encourt la cassation l'arrêt qui prononce la condamnation d'un mineur sans constater que ses parents, présents à l'audience, ont été entendus par la chambre spéciale des mineurs (■ Cass. crim., 9 sept. 2015, n° 13-82.518).

Art. 13-1 *(L. n° 2007-297, 5 mars 2007)*. – L'article 399 du Code de procédure pénale est applicable aux audiences du tribunal pour enfants.

Art. 14 *(Mod., L. 25 août 1948 ; Ord. n° 58-1300, 23 déc. 1958 ; L. n° 51-687, 24 mai 1951 ; L. n° 2002-1138, 9 sept. 2002 ; L. n° 2011-939, 10 août 2011)*. – Chaque affaire sera jugée séparément en l'absence de tous autres prévenus.

Seuls seront admis à assister aux débats la victime, qu'elle soit ou non constituée partie civile, les témoins de l'affaire, les proches parents, le tuteur ou le représentant légal du mineur, les membres du barreau, les représentants des sociétés de patronage et des services ou institutions s'occupant des enfants, les délégués à la liberté surveillée.

Le président pourra, à tout moment, ordonner que le mineur se retire pendant tout ou partie de la suite des débats ; il pourra de même ordonner aux témoins de se retirer après leur audition.

La publication du compte rendu des débats des tribunaux pour enfants dans le livre, la presse, la radiophonie, le cinématographe ou de quelque manière que ce soit est interdite. La publication, par les mêmes procédés, de tout texte ou de toute illustration concernant l'identité et la personnalité des mineurs délinquants est également interdite. Les infractions à ces dispositions sont punies d'une amende de 15 000 €.

Le jugement sera rendu en audience publique, en la présence du mineur. Il pourra être publié, mais sans que le nom du mineur puisse être indiqué, même par une initiale, sous peine d'une amende de 15 000 €.

Sauf dans les affaires présentant une complexité particulière liée au nombre des mineurs poursuivis ou aux infractions reprochées, lorsque le mineur n'a pas encore fait l'objet d'une condamnation, le jugement est prononcé au plus tard dans un délai d'un mois après l'audience.

1) La publicité restreinte imposée à la cour d'assises des mineurs par les articles 14 et 20 de l'ordonnance du 2 février 1945 est une condition essentielle de la validité des débats devant cette juridiction ; il s'agit là d'une règle d'ordre public à laquelle il ne saurait être dérogé que dans les conditions prévues par l'article 306, dernier alinéa, du Code de procédure pénale (■ Cass. crim., 20 juin 2012, n° 11-85.683).

2) Si le président, après avoir déclaré le jury définitivement constitué, n'a pas décidé que l'audience se poursuivrait sous le régime de la publicité restreinte prévu par les articles 14 et 20 de l'ordonnance du 2 février 1945, la cassation n'est pas encourue dès lors que le huis clos a été immédiatement ordonné par la cour à la demande de parties civiles victimes des infractions (■ Cass. crim., 6 févr. 2013, n° 11-87.657 : *Bull. crim.*, n° 39).

3) S'il est vrai que l'arrêt civil ne mentionne pas que les débats se soient déroulés sous le régime de la publicité restreinte, ainsi que l'imposent les articles 14 et 20 de l'ordonnance du 2 février 1945, l'irrégularité commise ne doit cependant pas entraîner l'annulation de la décision, dès lors qu'il n'est pas établi, ni même allégué, qu'elle ait porté atteinte aux intérêts de l'accusé, aucune observation ou réclamation n'ayant d'ailleurs été formulée à ce titre par son avocat, au cours de cette audience (même arrêt).

4) En application de l'article R. 311-7 du Code de l'organisation judiciaire, en cas d'appel d'un jugement du tribunal pour enfants, les règles relatives à la tenue des débats devant cette juridiction sont applicables à la chambre spéciale des mineurs de la cour d'appel. Les débats doivent en conséquence se dérouler dans les conditions de publicité restreinte prévues par l'article 14 de l'ordonnance du 2 février 1945 relative à l'enfance délinquante, sous réserve, le cas échéant, de l'application du dernier alinéa de l'article 400 du Code de procédure pénale (■ Cass. crim., 11 juill. 2017, n° 15-84.572).

Art. 14-1 *(Mod., L. n° 65-511, 1er juill. 1965 ; L. n° 92-1336, 16 déc. 1992).* **– Quand les infractions aux dispositions des alinéas 4 et 5 de l'article précédent seront commises par la voie de la presse, les directeurs des publications ou éditeurs seront, pour le fait seul de la publication, passibles comme auteurs principaux des peines prévues à ces alinéas.**

À leur défaut l'auteur et, à défaut de l'auteur, les imprimeurs, distributeurs et afficheurs seront poursuivis comme auteurs principaux.

Lorsque l'auteur n'est pas poursuivi comme auteur principal, il sera poursuivi comme complice.

Pourront être poursuivies comme complices, et dans tous les cas, toutes personnes auxquelles les articles 121-6 et 121-7 du Code pénal pourraient s'appliquer.

Art. 14-2 *(L. n° 2007-297, 5 mars 2007 ; mod., L. n° 2011-939, 10 août 2011).* **– I. – Les mineurs de seize à dix-huit ans qui ont été déférés devant le procureur de la République peuvent être poursuivis devant le tribunal pour enfants selon la procédure de présentation immédiate devant la juridiction pour mineurs dans les cas et selon les modalités prévues par le présent article.**

II. – La procédure de présentation immédiate devant la juridiction pour mineurs est applicable aux mineurs qui encourent une peine d'emprisonnement supérieure ou égale à un an en cas de flagrance, ou supérieure

ou égale à trois ans dans les autres cas. Elle ne peut être engagée que si le mineur fait l'objet ou a déjà fait l'objet d'une ou plusieurs procédures en application de la présente ordonnance, que si des investigations sur les faits ne sont pas nécessaires et que si des investigations sur la personnalité ont été accomplies au cours des douze mois précédents sur le fondement de l'article 8 ; toutefois, lorsqu'en raison de l'absence du mineur les investigations sur la personnalité n'ont pu être accomplies à l'occasion d'une procédure antérieure en application du même article 8, peuvent être prises en compte des investigations réalisées en application de l'article 12.

III. – Après avoir versé au dossier de la procédure les éléments de personnalité résultant des investigations mentionnées au II, le procureur de la République vérifie l'identité du mineur qui lui est déféré et lui notifie les faits qui lui sont reprochés en présence de l'avocat de son choix ou d'un avocat désigné par le bâtonnier à la demande du procureur de la République si le mineur ou ses représentants légaux n'ont pas fait le choix d'un avocat. Dès sa désignation, l'avocat peut consulter le dossier et communiquer librement avec le mineur.

Après avoir recueilli ses observations éventuelles et celles de son avocat, le procureur de la République informe le mineur qu'il est traduit devant le tribunal pour enfants pour y être jugé, à une audience dont il lui notifie la date et l'heure et qui doit avoir lieu dans un délai qui ne peut être inférieur à dix jours ni supérieur à un mois.

Toutefois, il est procédé au jugement du mineur à la première audience du tribunal pour enfants qui suit sa présentation, sans que le délai de dix jours soit applicable, lorsque le mineur et son avocat y consentent expressément, sauf si les représentants légaux du mineur, dûment convoqués, font connaître leur opposition.

À peine de nullité de la procédure, les formalités mentionnées aux trois alinéas précédents font l'objet d'un procès-verbal dont copie est remise au mineur et qui saisit le tribunal pour enfants.

IV. – Aussitôt après avoir procédé aux formalités prévues au III, le procureur de la République fait comparaître le mineur devant le juge des enfants afin qu'il soit statué sur ses réquisitions tendant soit au placement sous contrôle judiciaire, soit au placement sous assignation à résidence avec surveillance électronique, soit au placement en détention provisoire du mineur jusqu'à l'audience de jugement.

Le juge des enfants statue par ordonnance motivée qui doit comporter l'énoncé des considérations de droit et de fait qui constituent le fondement de la décision, par référence, selon les cas, aux dispositions des articles 137 et 144 du Code de procédure pénale. Il statue en audience de cabinet, après un débat contradictoire au cours duquel il entend le procureur de la République, qui développe ses réquisitions, puis les observations du mineur et celles de son avocat. Le juge des enfants peut, le cas échéant, entendre au cours de ce débat les déclarations du représentant du service auquel le mineur a été confié.

Les représentants légaux du mineur sont avisés de la décision du juge des enfants par tout moyen. L'ordonnance peut faire l'objet d'un appel devant la chambre de l'instruction ; les dispositions des articles 187-1 et 187-2 du Code de procédure pénale sont alors applicables.

Dans tous les cas, lorsque le juge des enfants ne fait pas droit aux réquisitions du procureur de la République, il peut ordonner les mesures prévues aux articles 8 et 10, le cas échéant, jusqu'à la comparution du mineur.

Lorsque le mineur se soustrait aux obligations du contrôle judiciaire ou de l'assignation à résidence avec surveillance électronique, le second alinéa de l'article 141-2 et l'article 141-4 du Code de procédure pénale sont applicables. Les attributions confiées au juge des libertés et de la détention sont alors exercées par le juge des enfants et celles confiées au juge d'instruction sont exercées par le procureur de la République.

Le mineur placé en détention provisoire ou son avocat peut, à tout moment, demander sa mise en liberté. La demande est adressée au juge des enfants, qui communique immédiatement le dossier au procureur de la République aux fins de réquisition. Le juge des enfants statue, dans les cinq jours suivant la communication au procureur de la République, en exerçant les attributions confiées au juge des libertés et de la détention par les troisième et quatrième alinéas de l'article 148 du Code de procédure pénale.

V. – Le tribunal pour enfants saisi en application du présent article statue conformément aux dispositions de l'article 13, premier alinéa, et de l'article 14.

Il peut toutefois, d'office ou à la demande des parties, s'il estime que l'affaire n'est pas en état d'être jugée, renvoyer à une prochaine audience dans un délai qui ne peut être supérieur à un mois, en décidant, le cas échéant, de commettre le juge des enfants pour procéder à un supplément d'information ou d'ordonner une des mesures prévues aux articles 8 et 10. Si le mineur est en détention provisoire ou sous contrôle judiciaire, le tribunal statue alors par décision spécialement motivée sur le maintien de la mesure. Lorsque le mineur est en détention provisoire, le jugement au fond doit être rendu dans un délai d'un mois suivant le jour de sa première comparution devant le tribunal. Faute de décision au fond à l'expiration de ce délai, il est mis fin à la détention provisoire.

Le tribunal pour enfants peut également, s'il estime que des investigations supplémentaires sont nécessaires compte tenu de la gravité ou de la complexité de l'affaire, renvoyer le dossier au procureur de la République. Lorsque le mineur est en détention provisoire, le tribunal pour enfants statue au préalable sur le maintien du mineur en détention provisoire jusqu'à sa comparution devant le juge des enfants ou le juge d'instruction. Cette comparution doit avoir lieu le jour même, à défaut de quoi le prévenu est remis en liberté d'office.

VI. – Les dispositions du présent article sont également applicables aux mineurs de treize à seize ans, à condition que la peine encourue soit d'au moins cinq ans d'emprisonnement, sans qu'elle puisse excéder sept ans. Le procureur de la République ne peut alors requérir que le placement sous contrôle judiciaire du mineur jusqu'à sa comparution devant le tribunal pour enfants, conformément aux dispositions du III de l'article 10-2, à une audience qui doit se tenir dans un délai de dix jours à deux mois.

Art. 15 *(Mod., L. n° 51-687, 24 mai 1951 ; L. n° 2007-297, 5 mars 2007).* – Si la prévention est établie à l'égard du mineur de treize ans, le tribunal pour enfants prononcera, par décision motivée, l'une des mesures suivantes :

1° Remise à ses parents, à son tuteur, à la personne qui en avait la garde ou à une personne digne de confiance ;

2° Placement dans une institution ou un établissement public ou privé, d'éducation ou de formation professionnelle, habilité ;

3° Placement dans un établissement médical ou médicopédagogique habilité ;

4° Remise au service de l'assistance à l'enfance ;

5° Placement dans un internat approprié aux mineurs délinquants d'âge scolaire.

6° Mesure d'activité de jour, dans les conditions définies à l'article 16 *ter*.

Art. 15-1 *(L. n° 2002-1138, 9 sept. 2002 ; L. n° 2007-297, 5 mars 2007 ; L. n° 2010-201, 2 mars 2010 ; L. n° 2011-267, 14 mars 2011).* – Si la prévention est établie à l'égard d'un mineur âgé d'au moins dix ans, le tribunal pour enfants pourra prononcer par décision motivée une ou plusieurs des sanctions éducatives suivantes :

1° Confiscation d'un objet détenu ou appartenant au mineur et ayant servi à la commission de l'infraction ou qui en est le produit ;

2° Interdiction de paraître, pour une durée qui ne saurait excéder un an, dans le ou les lieux dans lesquels l'infraction a été commise et qui sont désignés par la juridiction, à l'exception des lieux dans lesquels le mineur réside habituellement ;

3° Interdiction, pour une durée qui ne saurait excéder un an, de rencontrer ou de recevoir la ou les victimes de l'infraction désignées par la juridiction ou d'entrer en relation avec elles ;

4° Interdiction, pour une durée qui ne saurait excéder un an, de rencontrer ou de recevoir le ou les coauteurs ou complices éventuels désignés par la juridiction ou d'entrer en relation avec eux ;

5° Mesure d'aide ou de réparation mentionnée à l'article 12-1 ;

6° Obligation de suivre un stage de formation civique, d'une durée qui ne peut excéder un mois, ayant pour objet de rappeler au mineur les obligations résultant de la loi et dont les modalités d'application sont fixées par décret en Conseil d'État.

7° Mesure de placement pour une durée de trois mois maximum, renouvelable une fois, sans excéder un mois pour les mineurs de dix à treize ans, dans une institution ou un établissement public ou privé d'éducation habilité permettant la mise en œuvre d'un travail psychologique, éducatif et social portant sur les faits commis et situé en dehors du lieu de résidence habituel ;

8° Exécution de travaux scolaires ;

9° Avertissement solennel ;

10° Placement dans un établissement scolaire doté d'un internat pour une durée correspondant à une année scolaire avec autorisation pour le mineur de rentrer dans sa famille lors des fins de semaine et des vacances scolaires ;

11° Interdiction pour le mineur d'aller et venir sur la voie publique entre vingt-trois heures et six heures sans être accompagné de l'un de ses parents ou du titulaire de l'autorité parentale, pour une durée de trois mois maximum, renouvelable une fois.

Le tribunal pour enfants désignera le service de la protection judiciaire de la jeunesse ou le service habilité chargé de veiller à la bonne exécution de la sanction. Ce service fera rapport au juge des enfants de l'exécution de la sanction éducative.

Les sanctions éducatives prononcées en application du présent article sont exécutées dans un délai ne pouvant excéder trois mois à compter du jugement.

En cas de non-respect par le mineur des sanctions éducatives prévues au présent article, le tribunal pour enfants pourra prononcer à son égard une mesure de placement dans l'un des établissements visés à l'article 15.

Art. 16 *(Mod., L. n° 51-687, 24 mai 1951 ; L. n° 2007-297, 5 mars 2007)*. – Si la prévention est établie à l'égard d'un mineur âgé de plus de treize ans, le tribunal pour enfants prononcera par décision motivée l'une des mesures suivantes :

1° Remise à ses parents, à son tuteur, à la personne qui en avait la garde ou à une personne digne de confiance ;

2° Placement dans une institution ou un établissement public ou privé, d'éducation ou de formation professionnelle, habilité ;

3° Placement dans un établissement médical ou médicopédagogique habilité ;

4° Placement dans une institution publique d'éducation surveillée ou d'éducation corrective.

5° Avertissement solennel ;

6° Mesure d'activité de jour, dans les conditions définies à l'article 16 *ter*.

Art. 16 *bis* *(Mod., L. n° 75-624, 11 juill. 1975 ; L. n° 96-585, 1er juill. 1996)*. – Si la prévention est établie à l'égard d'un mineur, le tribunal pour enfants et la cour d'assises des mineurs pourront aussi prononcer, à titre principal et par décision motivée, la mise sous protection judiciaire pour une durée n'excédant pas cinq années.

Les diverses mesures de protection, d'assistance, de surveillance et d'éducation auxquelles le mineur sera soumis seront déterminées par un décret en Conseil d'État.

Le juge des enfants pourra, à tout moment jusqu'à l'expiration du délai de mise sous protection judiciaire, prescrire une ou plusieurs mesures mentionnées à l'alinéa précédent. Il pourra en outre, dans les mêmes conditions, soit supprimer une ou plusieurs des mesures auxquelles le mineur aura été soumis, soit mettre fin à la mise sous protection judiciaire.

Lorsque, pour l'accomplissement de la mise sous protection judiciaire, le placement d'un mineur de plus de seize ans dans un des établissements désignés à l'article précédent aura été décidé, ce placement ne se poursuivra après la majorité de l'intéressé que si celui-ci en fait la demande.

Art. 16 *ter* *(L. n° 2007-297, 5 mars 2007)*. – La mesure d'activité de jour consiste dans la participation du mineur à des activités d'insertion professionnelle ou scolaire soit auprès d'une personne morale de droit public, soit auprès d'une personne morale de droit privé exerçant une mission de service public ou d'une association habilitées à organiser de telles activités, soit au sein du service de la protection judiciaire de la jeunesse auquel il est confié.

Cette mesure peut être ordonnée par le juge des enfants ou par le tribunal pour enfants à l'égard d'un mineur en matière correctionnelle.

Lorsqu'il prononce une mesure d'activité de jour, le juge des enfants ou le tribunal pour enfants en fixe la durée, qui ne peut excéder douze mois, et ses modalités d'exercice. Il désigne la personne morale de droit public ou de droit privé, l'association ou le service auquel le mineur est confié.

Un décret en Conseil d'État détermine les modalités d'application de la mesure d'activité de jour.

Il détermine, notamment, les conditions dans lesquelles :

1° Le juge des enfants établit, après avis du ministère public et consultation de tout organisme public compétent en matière de prévention de la délinquance des mineurs, la liste des activités dont la découverte ou auxquelles l'initiation sont susceptibles d'être proposées dans son ressort ;

2° La mesure d'activité de jour doit se concilier avec les obligations scolaires ;

3° Sont habilitées les personnes morales et les associations mentionnées au premier alinéa.

Art. 17 *(L. n° 51-687, 24 mai 1951 ; L. n° 74-631, 5 juill. 1974).* – Dans tous les cas prévus par les articles 15 et 16 ci-dessus, les mesures seront prononcées pour le nombre d'années que la décision déterminera et qui ne pourra excéder l'époque où le mineur aura atteint sa majorité.

La remise d'un mineur à l'Assistance ne sera possible, si l'enfant est âgé de plus de treize ans, qu'en vue d'un traitement médical ou encore dans le cas d'un orphelin ou d'un enfant dont les parents ont été déchus de l'autorité parentale.

Art. 18. – Si la prévention est établie à l'égard d'un mineur âgé de plus de treize ans, celui-ci pourra faire l'objet d'une condamnation pénale conformément à l'article 2.

Art. 19 *(Mod., L. n° 51-687, 24 mai 1951 ; L. n° 74-631, 5 juill. 1974 ; L. n° 2016-1547, 18 nov. 2016).* – Le tribunal pour enfants pourra, avant de prononcer au fond, ordonner la mise en liberté surveillée à titre provisoire en vue de statuer après une ou plusieurs périodes d'épreuve dont il fixera la durée.

Art. 20 *(Mod., L. n° 51-687, 24 mai 1951 ; Ord. n° 58-1300, 23 déc. 1958 ; L. n° 92-1336, 16 déc. 1992 ; L. n° 2002-1138, 9 sept. 2002 ; L. n° 2007-1198, 10 août 2007 ; L. n° 2011-939, 10 août 2011 ; L. n° 2016-1547, 18 nov. 2016).* – Le mineur âgé de seize ans au moins, accusé de crime sera jugé par la cour d'assises des mineurs composée d'un président, de deux assesseurs, et complétée par le jury criminel. La cour d'assises des mineurs peut également connaître des crimes et délits commis par le mineur avant d'avoir atteint l'âge de seize ans révolus lorsqu'ils forment avec le crime principalement poursuivi un ensemble connexe ou indivisible.

La cour d'assises des mineurs se réunira au siège de la cour d'assises et au cours de la session de celle-ci. Son président sera désigné et remplacé, s'il y a lieu, dans les conditions prévues pour le président de la cour d'assises par les articles 244 à 247 du Code de procédure pénale. Les deux assesseurs seront pris, sauf impossibilité, parmi les juges des enfants du ressort de la cour d'appel et désignés dans les formes des articles 248 à 252 du Code de procédure pénale.

Les fonctions du ministère public auprès de la cour d'assises des mineurs seront remplies par le procureur général ou un magistrat du ministère public spécialement chargé des affaires de mineurs.

Le greffier de la cour d'assises exercera les fonctions de greffier à la cour d'assises des mineurs.

Dans le cas où tous les accusés de la session auront été renvoyés devant la cour d'assises des mineurs, il sera procédé par cette juridiction, conformément aux dispositions des articles 288 à 292 du Code de procédure pénale.

Dans le cas contraire, le jury de la cour d'assises des mineurs sera formé de jurés pris sur la liste arrêtée par la cour d'assises.

Sous réserve des dispositions de l'alinéa qui précède, le président de la cour d'assises des mineurs et la cour d'assises des mineurs exerceront respectivement les attributions dévolues par les dispositions du Code de procédure pénale au président de la cour d'assises et à la cour.

Les dispositions des alinéas 1er, 2, 4 et 5 de l'article 14 s'appliqueront à la cour d'assises des mineurs.

Après l'interrogatoire des accusés, le président de la cour d'assises des mineurs pourra, à tout moment, ordonner que l'accusé mineur se retire pendant tout ou partie de la suite des débats.

Sous réserve des dispositions de la présente ordonnance, il sera procédé, en ce qui concerne les mineurs âgés de seize ans au moins, accusés de crime, conformément aux dispositions des articles 191 à 218 et 231 à 379-1 du Code de procédure pénale.

Si l'accusé a moins de dix-huit ans, le président posera, à peine de nullité, les deux questions suivantes :

1° Y a-t-il lieu d'appliquer à l'accusé une condamnation pénale ?

2° Y a-t-il lieu d'exclure l'accusé du bénéfice de la diminution de peine prévue à l'article 20-2 ?

S'il est décidé que l'accusé mineur déclaré coupable ne doit pas faire l'objet d'une condamnation pénale, les mesures éducatives ou les sanctions éducatives sur lesquelles la cour et le jury sont appelés à statuer sont celles prévues à l'article 15-1, aux 1° à 4° de l'article 16, à l'article 16 *bis* et au chapitre IV.

Cependant, lorsqu'une condamnation pénale est décidée, la cour et le jury peuvent, en outre, statuer sur le prononcé de l'une des mesures éducatives mentionnées aux 1° à 4° de l'article 16, à l'article 16 *bis* et au chapitre IV.

1) QPC. La dernière phrase de l'avant dernier alinéa de l'article 9 et la deuxième phrase du premier alinéa de l'article 20 sont conformes à la constitution (■ Cons. const., 29 nov. 2013, n° 2013-356 QPC : *JO* 1er déc. 2013 ; *JurisData* n° 2013-027165).

2) Il résulte des dispositions de l'article 20, alinéa 10, de l'ordonnance du 2 février 1945, relative à l'enfance délinquante, et de l'article 270 du Code de procédure pénale que les mineurs âgés de 16 ans au moins, poursuivis pour crime, peuvent être jugés selon la procédure de défaut en matière criminelle telle que prévue par les articles 379-2 à 379-6 du code précité (■ Cass. crim., 21 mars 2007, n° 06-87.767).

Art. 20-1 ***(Ord. n° 58-1300, 23 déc. 1958 ; L. n° 79-1131, 28 déc. 1979 ; L. n° 92-1336, 16 déc. 1992).*** **– Les contraventions de la 5e classe commises par des mineurs, sont instruites et jugées dans les conditions prévues aux articles 8 à 10 de la présente ordonnance.**

Art. 20-2 ***(L. n° 92-1336, 16 déc. 1992 ; L. n° 2002-1138, 9 sept. 2002 ; L. n° 2007-1198, 10 août 2007 ; mod. à compter du 1er octobre 2014, L. n° 2014-896, 15 août 2014 ; L. n° 2016-1547, 18 nov. 2016).*** **– Le tribunal pour enfants et la cour d'assises des mineurs ne peuvent prononcer à l'encontre des mineurs âgés de plus de treize ans une peine privative de liberté supérieure à la moitié de la peine encourue. Si la peine encourue est la réclusion ou la détention criminelle à perpétuité, ils ne peuvent prononcer une peine supérieure à vingt ans de réclusion ou de détention criminelle.**

Toutefois, si le mineur est âgé de plus de seize ans, le tribunal pour enfants et la cour d'assises des mineurs peuvent, à titre exceptionnel et compte tenu des circonstances de l'espèce et de la personnalité du mineur ainsi que de sa situation, décider qu'il n'y a pas lieu de faire application du premier alinéa. Cette décision ne peut être prise par le tribunal pour enfants que par une disposition spécialement motivée. Lorsqu'il est décidé de ne pas faire application du premier alinéa et que la peine encourue est la réclusion ou la détention criminelle à perpétuité, la peine maximale pouvant être prononcée est la peine de trente ans de réclusion ou de détention criminelle.

Les mesures ou sanctions éducatives prononcées contre un mineur ne peuvent constituer le premier terme de l'état de récidive.

Les dispositions de l'article 132-23 du Code pénal relatives à la période de sûreté ne sont pas applicables aux mineurs.

L'emprisonnement est subi par les mineurs soit dans un quartier spécial d'un établissement pénitentiaire, soit dans un établissement pénitentiaire spécialisé pour mineurs dans les conditions définies par décret en Conseil d'État.

1) Lorsqu'un mineur est reconnu coupable d'un crime passible de la réclusion criminelle à perpétuité, commis postérieurement au 1er mars 1994, et que la cour d'assises décide qu'il n'y a pas lieu de l'exclure du bénéfice de la diminution de peine prévue à l'article 20-2 de l'ordonnance du 2 février 1945, l'accusé encourt une peine maximale de 20 ans de réclusion criminelle ; si la cour d'assises peut donc infliger à cet accusé une peine de réclusion criminelle comprise entre 10 et 20 ans, elle ne peut prononcer à son encontre, par application de l'article 131-4 du Code pénal, une peine d'emprisonnement supérieure à 10 ans (■ Cass. crim., 6 oct. 1999 : *Bull. crim.*, n° 212).

2) Il se déduit de l'article 20-2 de l'ordonnance du 2 février 1945 que seules des mesures ou sanctions éducatives prononcées contre un mineur ne peuvent constituer le premier terme de la récidive.

Tel n'est pas le cas d'une condamnation par le tribunal pour enfants à une peine, en l'espèce quatre mois d'emprisonnement pour délit de violences (■ Cass. crim., 16 nov. 2010, n° 09-87.691 : *D.* 2011, p. 428, note S. Detraz).

Art. 20-3 ***(Mod., L. n° 92-1336, 16 déc. 1992 ; L. n° 2007-1198, 10 août 2007 ; mod. à compter du 1er octobre 2014, L. n° 2014-896, 15 août 2014).*** **– Sous réserve de l'application des dispositions du deuxième alinéa de l'article 20-2, le tribunal pour enfants et la cour d'assises des mineurs ne peuvent prononcer à l'encontre d'un mineur âgé de plus de treize ans une peine d'amende d'un montant supérieur à la moitié de l'amende encourue ou excédant ~~50 000 F~~ 7 500 €.**

Art. 20-4 *(Mod., L. n° 92-1336, 16 déc. 1992 ; L. n° 98-468, 17 juin 1998 ; mod. à compter du 1er octobre 2014, L. n° 2014-896, 15 août 2014).* – La contrainte pénale, [l]a peine d'interdiction du territoire français et les peines de jour-amende, d'interdiction des droits civiques, civils et de famille, d'interdiction d'exercer une fonction publique ou une activité professionnelle ou sociale, d'interdiction de séjour, de fermeture d'établissement, d'exclusion des marchés publics et d'affichage ou de diffusion de la condamnation ne peuvent être prononcées à l'encontre d'un mineur.

Art. 20-4-1 *(L. n° 2004-204, 9 mars 2004).* – Les dispositions de l'article 131-5-1 du Code pénal relatives à la peine de stage de citoyenneté sont applicables aux mineurs de treize à dix-huit ans. Le contenu du stage est alors adapté à l'âge du condamné. La juridiction ne peut ordonner que ce stage soit effectué aux frais du mineur.

Voir : art. R. 131-41 s., p. 641.

Art. 20-5 *(Mod., L. n° 92-1336, 16 déc. 1992 ; L. n° 2004-204, 9 mars 2004 ; L. n° 2011-939, 10 août 2011).* – Les dispositions des articles 131-8 et 131-22 à 131-24 du Code pénal relatives au travail d'intérêt général sont applicables aux mineurs de seize à dix-huit ans. De même, leur sont applicables les dispositions des articles 132-54 à 132-57 du Code pénal relatives au sursis assorti de l'obligation d'accomplir un travail d'intérêt général. Pour l'application de l'article 132-57 du Code pénal, la conversion d'une peine d'emprisonnement ferme en sursis assorti de l'obligation d'accomplir un travail d'intérêt général est possible, dans les conditions et selon les modalités prévues au même article, dès lors que le mineur est âgé de seize ans au jour de la décision.

Pour l'application des articles 131-8 et 132-54 du Code pénal, les travaux d'intérêt général doivent être adaptés aux mineurs et présenter un caractère formateur ou de nature à favoriser l'insertion sociale des jeunes condamnés.

Pour l'application des articles 131-8 et 132-54 du Code pénal, les travaux d'intérêt général doivent être adaptés aux mineurs et présenter un caractère formateur ou de nature à favoriser l'insertion sociale des jeunes condamnés.

Art. 20-6 *(L. n° 92-1336, 16 déc. 1992).* – Aucune interdiction, déchéance ou incapacité ne peut résulter de plein droit d'une condamnation pénale prononcée à l'encontre d'un mineur.

Art. 20-7 *(Abr., L. n° 2011-939, 10 août 2011).*

Art. 20-8 *(L. n° 97-1159, 19 déc. 1997).* – Les dispositions des articles 723-7 à 723-13 du Code de procédure pénale relatives au placement sous surveillance électronique sont applicables aux mineurs.

Art. 20-9 *(Mod., L. n° 2002-1138, 9 sept. 2002 ; L. n° 2004-204, 9 mars 2004).* – En cas de condamnation prononcée par une juridiction spécialisée pour mineurs, le juge des enfants exerce les fonctions dévolues au juge de l'application des peines par le Code pénal et le Code de procédure pénale, jusqu'à ce que la personne condamnée ait atteint l'âge de vingt et un ans. Le tribunal pour enfants exerce les attributions dévolues au tribunal de l'application des peines et la chambre spéciale des mineurs les attributions dévolues à la chambre de l'application des peines.

Toutefois, lorsque le condamné a atteint l'âge de dix-huit ans au jour du jugement, le juge des enfants n'est compétent que si la juridiction spécialisée le décide par décision spéciale.

En raison de la personnalité du mineur ou de la durée de la peine prononcée, le juge des enfants peut se dessaisir au profit du juge de l'application des peines lorsque le condamné a atteint l'âge de dix-huit ans.

Pour la préparation de l'exécution, la mise en œuvre et le suivi des condamnations mentionnées au premier alinéa, le juge des enfants désigne s'il y a lieu un service du secteur public de la protection judiciaire de la jeunesse. Ce service veille au respect des obligations imposées au condamné. Le juge des enfants peut également désigner à cette fin le service pénitentiaire d'insertion et de probation lorsque le condamné a atteint l'âge de dix-huit ans.

Un décret fixe, en tant que de besoin, les conditions d'application du présent article.

Art. 20-10 *(L. n° 2004-204, 9 mars 2004 ; L. n° 2011-939, 10 août 2011 ; L. n° 2011-1940, 26 déc. 2011 ; L. n° 2016-1547, 18 nov. 2016).* – La juridiction de jugement peut astreindre le condamné, dans les conditions prévues à l'article 132-43 du Code pénal, à l'obligation de respecter les conditions d'exécution des mesures définies à l'article 16, y compris le placement dans un centre éducatif fermé prévu à l'article 33, et au chapitre IV, ces mesures pouvant être modifiées pendant toute la durée de l'exécution de la peine par le juge des enfants ; le non-respect de cette obligation peut entraîner la révocation du sursis avec mise à l'épreuve et la mise à exécution de la peine d'emprisonnement.

La juridiction de jugement peut également astreindre le condamné âgé de plus de seize ans, dans les conditions prévues au même article 132-43, à l'obligation d'accomplir un contrat de service en établissement public d'insertion de la défense mentionné aux articles L. 130-1 à L. 130-5 du Code du service national ; le non-respect de cette obligation peut entraîner la révocation du sursis avec mise à l'épreuve et la mise à exécution de la peine d'emprisonnement. Cette obligation ne peut être prononcée contre le prévenu qui la refuse ou qui n'est pas présent à l'audience. Le président du tribunal, avant le prononcé du jugement, vérifie que le prévenu a reçu l'ensemble des informations utiles à la manifestation de son engagement, l'informe de son droit de refuser l'accomplissement d'un contrat de service en établissement public d'insertion de la défense et reçoit sa réponse.

Dans tous les cas prévus par l'article 20-9 de la présente ordonnance, lorsqu'il s'agit d'une peine ou d'un aménagement de peine pour lequel le juge de l'application des peines peut imposer au condamné une ou plusieurs des obligations prévues en matière de sursis avec mise à l'épreuve, le juge des enfants peut également imposer au condamné de respecter une des mesures mentionnées aux articles 16 et 19, ces mesures pouvant être modifiées pendant l'exécution de la peine. Il peut également décider de placer le mineur dans un centre éducatif fermé prévu par l'article 33 lorsque le non-respect des obligations prévues en matière de sursis avec mise à l'épreuve peut entraîner la révocation du sursis et la mise à exécution de la peine d'emprisonnement.

Le responsable du service qui veille à la bonne exécution de la peine doit faire rapport au procureur de la République ainsi qu'au juge des enfants en cas de non-respect par le mineur des obligations qui lui ont été imposées.

Art. 20-11 *(L. n° 2013-711, 5 août 2013)*. – Lorsque la personne concernée était mineure à la date des faits, le tribunal pour enfants exerce les attributions du tribunal correctionnel pour l'application des articles 728-4 à 728-7 du Code de procédure pénale et le juge des enfants exerce les attributions du président du tribunal de grande instance et du juge des libertés et de la détention pour l'application des articles 728-46 et 728-67 du même code.

Art. 20-12 *(L. n° 2015-993, 17 août 2015)*. – Le juge pour enfants exerce les attributions du juge de l'application des peines mentionnées aux articles 764-21 à 764-43 du Code de procédure pénale en matière de reconnaissance et de mise à exécution des condamnations et des décisions de probation prononcées par une juridiction d'un autre État membre de l'Union européenne à l'égard des personnes mineures à la date des faits.

Art. 21 *(Mod., L. n° 72-5, 3 janv. 1972 ; L. n° 92-1336, 16 déc. 1992 ; L. n° 2002-1138, 9 sept. 2002 ; L. n° 2011-1862, 13 déc. 2011)*. – Sous réserve de l'application des articles 524 à 530-1 du Code de procédure pénale, les contraventions de police des quatre premières classes, commises par les mineurs, sont déférées au tribunal de police siégeant dans les conditions de publicité prescrites à l'article 14 pour le tribunal pour enfants.

Si la contravention est établie, le tribunal pourra soit simplement admonester le mineur, soit prononcer la peine d'amende prévue par la loi. Toutefois, les mineurs de treize ans ne pourront faire l'objet que d'une admonestation.

En outre, si le tribunal de police estime utile, dans l'intérêt du mineur, l'adoption d'une mesure de surveillance, il pourra, après le prononcé du jugement, transmettre le dossier au juge des enfants qui aura la faculté de placer le mineur sous le régime de la liberté surveillée.

L'appel des décisions des tribunaux de police est porté devant la cour d'appel dans les conditions prévues à l'article 7 de l'ordonnance n° 58-1274 du 22 décembre 1958 relative à l'organisation des juridictions pour enfants.

Pour les contraventions de police des quatre premières classes relevant du deuxième alinéa de l'article 521 du Code de procédure pénale, le juge de proximité exerce les attributions du tribunal de police dans les conditions prévues au présent article.

ANNEXE 45

Méconnaît l'article 21 la juridiction de proximité qui, pour infraction aux règles du stationnement, condamne un mineur âgé de cinq ans à une amende (■ Cass. crim., 14 nov. 2017, n° 17-80.893 : *Dr. pén.* 2018, comm. 10, note J.-H. Robert).

Art. 22 *(L. n° 2017-258, 28 févr. 2017)*. **– Le juge des enfants et le tribunal pour enfants peuvent ordonner l'exécution provisoire de leur décision prononçant une mesure éducative, une sanction éducative et, le cas échéant, une peine autre qu'une peine d'emprisonnement ferme ou assortie d'un sursis partiel et qui ne font pas l'objet d'une des mesures d'aménagement prévues aux articles 132-25 à 132-28 du Code pénal.**

Lorsque le tribunal pour enfants prononce une peine d'emprisonnement ferme ou assortie d'un sursis partiel, il peut décerner mandat de dépôt ou d'arrêt contre le mineur prévenu dans les conditions prévues à l'article 465 du Code de procédure pénale ou au premier alinéa de l'article 465-1 du même code. Le second alinéa du même article 465-1 n'est pas applicable aux mineurs.

Le tribunal pour enfants peut également maintenir le mineur en détention dans les conditions prévues à l'article 464-1 dudit code.

Lorsque le tribunal pour enfants statue dans les conditions prévues à l'article 14-2 de la présente ordonnance et qu'il constate, à l'égard d'un mineur de moins de seize ans placé sous contrôle judiciaire avec obligation de respecter un placement dans un centre éducatif fermé ou à l'égard d'un mineur de seize ans révolus placé sous contrôle judiciaire ou sous assignation à résidence avec surveillance électronique, que ce mineur n'a pas respecté les obligations de son contrôle judiciaire ou de son assignation à résidence avec surveillance électronique, il peut, par décision spécialement motivée, après avoir constaté la violation de la mesure de sûreté, décerner mandat de dépôt ou d'arrêt contre le mineur, quelle que soit la durée de la peine prononcée.

Art. 23 *(Mod., L. n° 51-687, 24 mai 1951 ; Ord. n° 58-1274, 22 déc. 1958 ; Ord. n° 58-1300, 23 déc. 1958)*. **– Le délégué à la protection de l'enfance exercera à la chambre spéciale de la cour d'appel les fonctions visées à l'article 6 de l'ordonnance susvisée n° 58-1274 du 22 décembre 1958 [COJ, art. L. 223-2]. Il siégera comme membre de la chambre de l'instruction lorsque celle-ci connaîtra d'une affaire dans laquelle un mineur sera impliqué, soit seul, soit avec des coauteurs ou complices majeurs. Il disposera en cause d'appel des pouvoirs attribués au juge des enfants par l'article 29 (al. 1er).**

Si, conformément aux dispositions de l'article 23 de l'ordonnance du 2 février 1945, le magistrat délégué a été régulièrement appelé à composer la chambre d'accusation lorsque le mis en examen est mineur, aucune disposition n'impose que ce magistrat préside cette juridiction ou fasse rapport (■ Cass. crim., 10 mai 2000 : *Bull. crim.*, n° 182).

Art. 24 *(Mod., L. n° 51-687, 24 mai 1951 ; Ord. n° 58-1300, 23 déc. 1958 ; L. n° 2000-516, 15 juin 2000)*. **– Les règles sur le défaut et l'opposition résultant des articles 487 et suivants du Code de procédure pénale seront applicables aux jugements du juge des enfants et du tribunal pour enfants.**

Les dispositions des articles 185 à 187 du Code de procédure pénale seront applicables aux ordonnances du juge des enfants et du juge d'instruction spécialement chargé des affaires des mineurs. Toutefois, par dérogation à l'article 186 dudit code, les ordonnances du juge des enfants et du juge d'instruction concernant les mesures provisoires prévues à l'article 10 seront susceptibles d'appel. Cet appel sera formé dans les délais de l'article 498 du Code de procédure pénale et porté devant la chambre spéciale de la cour d'appel.

Les règles sur l'appel résultant des dispositions du Code de procédure pénale sont applicables aux jugements du juge des enfants et du tribunal pour enfants et aux arrêts de la cour d'assises des mineurs rendus en premier ressort.

Le droit d'opposition, d'appel ou de recours en cassation pourra être exercé soit par le mineur, soit par son représentant légal.

Le recours en cassation n'a pas d'effet suspensif, sauf si une condamnation pénale est intervenue.

Les jugements du juge des enfants seront exempts des formalités de timbre et d'enregistrement.

A fait l'exacte application des articles 24 de l'ordonnance du 2 février 1945, préliminaire et 497 du Code de procédure pénale, la chambre spéciale des mineurs qui a déclaré irrecevable l'appel interjeté, en sa qualité de représentante légale, par la mère d'un prévenu, mineur au moment des faits, dès lors que celui-ci était devenu majeur à la date de l'appel (■ Cass. crim., 29 mai 2013, n° 12-83.326 : *Bull. crim.*, n° 123).

*CHAPITRE III BIS – **DU TRIBUNAL CORRECTIONNEL POUR MINEURS***
(Abr., L. n° 2016-1547, 18 nov. 2016)

*CHAPITRE III TER – **DE LA CÉSURE DU PROCÈS PÉNAL DES MINEURS***
(L. n° 2011-939, 10 août 2011)

Art. 24-5 *(L. n° 2011-939, 10 août 2011 ; L. n° 2016-1547, 18 nov. 2016).* **– Les articles 132-58 à 132-65 du Code pénal relatifs à la dispense de peine et à l'ajournement sont applicables aux mineurs. La dispense et l'ajournement peuvent également être ordonnés pour le prononcé des mesures éducatives et des sanctions éducatives.**

Toutefois, l'ajournement du prononcé de la mesure éducative, de la sanction éducative ou de la peine peut être également ordonné lorsque le juge des enfants statuant en chambre du conseil, le tribunal pour enfants ou le tribunal correctionnel pour mineurs considère :

1° Soit que les perspectives d'évolution de la personnalité du mineur le justifient ;

2° Soit que des investigations supplémentaires sur la personnalité du mineur sont nécessaires.

L'affaire est alors renvoyée à une audience qui doit avoir lieu au plus tard dans les six mois.

Des renvois ultérieurs sont possibles mais, dans tous les cas, la décision sur la mesure éducative, la sanction éducative ou la peine intervient au plus tard un an après la première décision d'ajournement.

Art. 24-6 *(L. n° 2011-939, 10 août 2011 ; L. n° 2011-1940, 26 déc. 2011 ; L. n° 2016-1547, 18 nov. 2016).* **– Le juge des enfants statuant en chambre du conseil, ou le tribunal pour enfants qui ajourne le prononcé de la mesure éducative, de la sanction éducative ou de la peine peut ordonner à l'égard du mineur, à titre provisoire, son placement dans un établissement public ou habilité à cet effet, une mesure de liberté surveillée préjudicielle, une mesure ou une activité d'aide ou de réparation dans les conditions prévues à l'article 12-1 ou une mesure d'activité de jour dans les conditions définies à l'article 16 *ter*, le cas échéant, pour les mineurs âgés de plus de seize ans, par l'accomplissement d'un contrat de service en établissement public d'insertion de la défense mentionné aux articles L. 130-1 à L. 130-5 du Code du service national.**

Dans le cas mentionné au 2° de l'article 24-5, il ordonne une des mesures d'investigation prévues à l'article 8.

Lorsque l'ajournement est prononcé par le juge des enfants statuant en chambre du conseil, celui-ci peut renvoyer l'affaire devant le tribunal pour enfants.

Art. 24-7 *(L. n° 2011-939, 10 août 2011 ; L. n° 2016-1547, 18 nov. 2016).* **– Par dérogation au troisième alinéa de l'article 8-3 et au II de l'article 14-2, le procureur de la République peut faire application des procédures prévues aux mêmes articles à l'encontre d'un mineur pour lequel aucune investigation n'a été ordonnée en application de l'article 8 et alors qu'il n'existe pas dans le dossier d'éléments suffisants sur sa personnalité pour permettre au tribunal de se prononcer, dès lors qu'il requiert dans la saisine du tribunal qu'il soit fait application du présent chapitre.**

Le tribunal pour enfants est alors tenu, après s'être prononcé sur la culpabilité du mineur et, le cas échéant, sur l'action civile, d'ajourner le prononcé de la mesure éducative, de la sanction éducative ou de la peine conformément aux articles 24-5 et 24-6.

Art. 24-8 *(L. n° 2011-939, 10 août 2011).* **– Les articles 132-66 à 132-70 du Code pénal ne sont pas applicables aux mineurs.**

CHAPITRE IV. – LA LIBERTÉ SURVEILLÉE

Art. 25 *(Mod., L. n° 51-687, 24 mai 1951 ; Ord. n° 58-889, 24 sept. 1958 ; Ord. n° 58-1300, 23 déc. 1958).* **– La rééducation des mineurs en liberté surveillée est assurée, sous l'autorité du juge des enfants, par des délégués permanents et par des délégués bénévoles à la liberté surveillée.**

Les délégués permanents, agents de l'État nommés par le ministère de la Justice, ont pour mission de diriger et de coordonner l'action des délégués ; ils assument en outre la rééducation des mineurs que le juge leur a confiée personnellement.

Les délégués bénévoles sont choisis parmi les personnes de l'un ou de l'autre sexe, majeures ; ils sont nommés par le juge des enfants.

Dans chaque affaire, le délégué est désigné soit immédiatement par le jugement, soit ultérieurement par ordonnance du juge des enfants, notamment dans le cas de délégation de compétence prévu à l'article 31.

Les frais de transport exposés par les délégués permanents et les délégués à la liberté surveillée pour la surveillance des mineurs, ainsi que les frais de déplacements engagés par les délégués permanents dans le cadre de leur mission de direction et coordination de l'action des délégués sont remboursés dans les conditions prévues par la réglementation générale concernant le remboursement des frais engagés par les personnels civils de l'État à l'occasion de leurs déplacements.

Un arrêté du garde des Sceaux, ministre de la Justice, et du ministre des Finances et des Affaires économiques déterminera les modalités selon lesquelles il sera dérogé à cette réglementation pour tenir compte des conditions particulières dans lesquelles des délégués permanents et les délégués à la liberté surveillée sont appelés à réaliser certains de leurs déplacements.

Art. 26 *(Mod., L. n° 51-687, 24 mai 1951 ; Ord. n° 58-1300, 23 déc. 1958)*. – Dans tous les cas où le régime de la liberté surveillée sera décidé, le mineur, ses parents, son tuteur, la personne qui en a la garde seront avertis du caractère et de l'objet de cette mesure et des obligations qu'elle comporte.

Le délégué à la liberté surveillée fera rapport au juge des enfants en cas de mauvaise conduite, de péril moral du mineur, d'entraves systématiques à l'exercice de la surveillance, ainsi que dans le cas où une modification de placement ou de garde lui paraîtra utile.

En cas de décès, de maladie grave, de changement de résidence ou d'absence non autorisée du mineur, les parents, tuteur, gardien ou patron devront sans retard en informer le délégué.

Si un incident à la liberté surveillée révèle un défaut de surveillance caractérisé de la part des parents ou du tuteur ou gardien, ou des entraves systématiques à l'exercice de la mission du délégué, le juge des enfants ou le tribunal pour enfants, quelle que soit la décision prise à l'égard du mineur, pourra condamner les parents ou le tuteur ou gardien à une amende civile de 1,5 € à 75 €.

Art. 27. – Les mesures de protection, d'assistance, de surveillance, d'éducation ou de réformes ordonnées à l'égard d'un mineur peuvent être révisées à tout moment, sous réserve des dispositions ci-après :

Lorsqu'une année au moins se sera écoulée depuis l'exécution d'une décision plaçant le mineur hors de sa famille, les parents ou le tuteur ou le mineur lui-même pourront former une demande de remise ou de restitution de garde en justifiant de leur aptitude à élever l'enfant et d'un amendement suffisant de ce dernier. En cas de rejet, la même demande ne pourra être renouvelée qu'après l'expiration du délai d'un an.

Art. 28 *(L. n° 51-687, 24 mai 1951 ; Ord. n° 58-1300, 23 déc. 1958 ; L. n° 74-631, 5 juill. 1974 ; L. n° 89-461, 6 juill. 1989)*. – Le juge des enfants pourra, soit d'office, soit à la requête du ministère public, du mineur, de ses parents, de son tuteur ou de la personne qui en a la garde, soit sur le rapport du délégué à la liberté surveillée, statuer sur tous les incidents, instances en modification de placement ou de garde, demandes de remise de garde. Il pourra ordonner toutes mesures de protection ou modifier les mesures prises. Le tribunal pour enfants est, le cas échéant, investi du même droit.

Toutefois, le tribunal pour enfants sera seul compétent lorsqu'il y aura lieu de prendre à l'égard d'un mineur qui avait été laissé à la garde de ses parents, de son tuteur ou laissé ou remis à la personne digne de confiance, une des autres mesures prévues aux articles 15 et 16.

Art. 29 et 30 *(Abr., L. n° 89-461, 6 juill. 1989)*.

Art. 31 *(L. n° 51-687, 24 mai 1951)*. – Sont compétents pour statuer sur tous incidents, instances modificatives de placement ou de garde, demandes de remise de garde :

1° Le juge des enfants ou le tribunal pour enfants ayant primitivement statué. Dans le cas où il s'agit d'une juridiction n'ayant pas un caractère permanent ou lorsque la décision initiale émane d'une cour d'appel, la compétence appartiendra au juge des enfants ou au tribunal pour enfants du domicile des parents ou de la résidence actuelle du mineur.

2° Sur délégation de compétence accordée par le juge des enfants ou par le tribunal pour enfants ayant primitivement statué, le juge des enfants ou le tribunal pour enfants du domicile des parents, de la personne, de l'œuvre, de l'établissement ou de l'institution à qui le mineur a été confié par décision de justice, ainsi que le juge des enfants ou le tribunal pour enfants du lieu où le mineur se trouvera, en fait, placé ou arrêté.

Si l'affaire requiert célérité, toutes mesures provisoires pourront être ordonnées par le juge des enfants du lieu où le mineur se trouvera, en fait, placé ou arrêté.

Art. 32. – Les dispositions des articles 22, 23 et 24 sont applicables aux décisions rendues sur incident à la liberté surveillée, instances modificatives de placement ou de garde, demandes de remise de garde.

CHAPITRE V. – DISPOSITIONS DIVERSES

Art. 33 *(Mod., L. n° 2002-1138, 9 sept. 2002 ; L. n° 2004-204, 9 mars 2004 ; L. n° 2007-297, 5 mars 2007).* – Les centres éducatifs fermés sont des établissements publics ou des établissements privés habilités dans des conditions prévues par décret en Conseil d'État, dans lesquels les mineurs sont placés en application d'un contrôle judiciaire ou d'un sursis avec mise à l'épreuve ou d'un placement à l'extérieur ou à la suite d'une libération conditionnelle. Au sein de ces centres, les mineurs font l'objet des mesures de surveillance et de contrôle permettant d'assurer un suivi éducatif et pédagogique renforcé et adapté à leur personnalité. La violation des obligations auxquelles le mineur est astreint en vertu des mesures qui ont entraîné son placement dans le centre peut entraîner, selon le cas, le placement en détention provisoire ou l'emprisonnement du mineur.

L'habilitation prévue à l'alinéa précédent ne peut être délivrée qu'aux établissements offrant une éducation et une sécurité adaptées à la mission des centres ainsi que la continuité du service.

À l'issue du placement en centre éducatif fermé ou, en cas de révocation du contrôle judiciaire ou du sursis avec mise à l'épreuve, à la fin de la mise en détention, le juge des enfants prend toute mesure permettant d'assurer la continuité de la prise en charge éducative du mineur en vue de sa réinsertion durable dans la société.

Art. 34 *(Abr., Ord. n° 58-1296, 23 déc. 1958 ; rétabli, L. n° 2002-1138, 9 sept. 2002).* – Lorsque le mineur est placé dans l'un des centres prévus à l'article 33, les allocations familiales sont suspendues. Toutefois, le juge des enfants peut les maintenir lorsque la famille participe à la prise en charge morale ou matérielle de l'enfant ou en vue de faciliter le retour de l'enfant dans son foyer.

Les allocations familiales suspendues concernent la seule part représentée par l'enfant délinquant dans le calcul des attributions d'allocations familiales.

Art. 35 *(Abr., Ord. n° 58-1296, 23 déc. 1958 ; rétabli, L. n° 2002-1138, 9 sept. 2002).* – Les députés et les sénateurs sont autorisés à visiter à tout moment les établissements publics ou privés accueillant des mineurs délinquants de leur département.

....

Code de la santé publique

(Ord. n° 2000-548, 15 juin 2000)

....

Art. L. 2324-1 *(Mod., Ord. n° 2005-1092, 1er sept. 2005 ; Ord. n° 2005-1477, 1er déc. 2005 ; L. n° 2010-625, 9 juin 2010).* – Si elles ne sont pas soumises à un régime d'autorisation en vertu d'une autre disposition législative, la création, l'extension et la transformation des établissements et services gérés par une personne physique ou morale de droit privé accueillant des enfants de moins de six ans sont subordonnées à une autorisation délivrée par le président du conseil général, après avis du maire de la commune d'implantation.

(V. ancien art. L. 180, C. santé publ.)

Sous la même réserve, la création, l'extension et la transformation des établissements et services publics accueillant des enfants de moins de six ans sont décidées par la collectivité publique intéressée, après avis du président du conseil général.

L'organisation d'un accueil collectif à caractère éducatif hors du domicile parental, à l'occasion des vacances scolaires, des congés professionnels ou des loisirs, public ou privé, ouvert à des enfants scolarisés de moins de six ans est subordonnée à une autorisation délivrée par le représentant de l'État dans le département, après avis du médecin responsable du service départemental de protection maternelle et infantile.

Les seules conditions exigibles de qualification ou d'expérience professionnelle, de moralité et d'aptitude physique requises des personnes exerçant leur activité dans les établissements ou services mentionnés aux alinéas précédents ainsi que les seules conditions exigibles d'installation et de fonctionnement de ces établissements ou services sont fixées par décret.

Les dispositions de l'article L. 133-6 du Code de l'action sociale et des familles s'appliquent aux établissements, services et lieux de vie et d'accueil mentionnés au présent chapitre.

....

Art. L. 2326-4. – La création, l'extension ou la transformation des établissements et services privés mentionnés à l'article L. 2324-1 sans l'autorisation mentionnée aux alinéas premier et troisième de l'article L. 2324-1 est punie de trois mois d'emprisonnement et de 3 750 € d'amende.

Les personnes physiques coupables de l'infraction mentionnée à l'alinéa précédent encourent également les peines complémentaires suivantes :

1° L'interdiction, temporaire ou définitive, de diriger tout établissement ou service mentionnés à l'article L. 2324-1 ;

2° La fermeture, temporaire ou définitive, des établissements ou services.

Ordonnance nº 59-28 du 5 janvier 1959
réglementant l'accès des mineurs à certains établissements

Art. 1er. – Sans préjudice de l'application des lois et règlements en vigueur, le préfet peut, par arrêté, interdire l'accès des mineurs de dix-huit ans à tout établissement offrant, quelles qu'en soient les conditions d'accès, des distractions ou spectacles, lorsque ces distractions ou spectacles ou la fréquentation de cet établissement se révèlent de nature à exercer une influence nocive sur la santé ou la moralité de la jeunesse.

Cet arrêté est pris après consultation du maire et avis « du conseil départemental de la protection de l'enfance ». La consultation du maire n'est toutefois pas nécessaire lorsque l'arrêté doit recevoir application sur le territoire de plusieurs communes.

La composition et le fonctionnement de cette commission, les conditions dans lesquelles est effectuée la publicité donnée à l'arrêté préfectoral, ainsi que les autres modalités d'application du présent article sont fixés par arrêté conjoint des ministres intéressés.

Art. 2. – En cas de violation de l'arrêté d'interdiction prévu à l'article 1er, le préfet peut, afin de préserver l'ordre, la santé ou la moralité publics, ordonner après nouvel avis « du conseil départemental » visé à l'article 1er, la fermeture de l'établissement pour une durée n'excédant pas six mois.

La violation de l'arrêté de fermeture sera punie d'un emprisonnement de un an et d'une amende de 4 500 € ou de l'une de ces deux peines seulement.

Décret nº 60-59 du 15 janvier 1960
réprimant les contraventions aux dispositions prises en application de l'article 1er de l'ordonnance nº 59-28 du 5 janvier 1959 réglementant l'accès des mineurs à certains établissements

Art. 1er. – Est punie de l'amende prévue pour les contraventions de la 5e classe toute personne qui, dirigeant en fait un établissement interdit aux mineurs de dix-huit ans en application de l'article 1er de l'ordonnance susvisée du 5 janvier 1959, n'a pas assuré la publicité de l'interdiction dans les conditions prescrites.

Art. 2. – Est punie de l'amende prévue pour les contraventions de la 5e classe toute personne qui, dirigeant en fait un établissement interdit aux mineurs de dix-huit ans en application de l'article 1er de l'ordonnance susvisée du 5 janvier 1959, laisse pénétrer un mineur de dix-huit ans dans cet établissement.

En cas de récidive, l'amende sera celle prévue pour les contraventions de la 5e classe commises en récidive.

Art. 3. – Les dispositions de l'article qui précède sont, en outre, applicables à toute personne qui, chargée de contrôler l'accès d'un établissement interdit aux mineurs de dix-huit ans en application de l'article 1er de l'ordonnance susvisée du 5 janvier 1959, laisse pénétrer un mineur de dix-huit ans dans cet établissement.

Bibliographie : Dardel, *Interdiction de certains établissements aux mineurs de dix-huit ans : JCl. pén.*, app. art. 334 à 335-7.

Code de l'action sociale et des familles

(Ord. n° 2000-1249, 21 déc. 2000)

Mineurs hors du domicile parental

Art. L. 227-4 *(Ord. n° 2005-1092, 1er sept. 2005)*. **– La protection des mineurs, dès leur inscription dans un établissement scolaire en application de l'article L. 113-1 du Code de l'éducation, qui bénéficient hors du domicile parental, à l'occasion des vacances scolaires, des congés professionnels ou des loisirs, d'un mode d'accueil collectif à caractère éducatif entrant dans une des catégories fixées par décret en Conseil d'État, est confiée au représentant de l'État dans le département.**

Ce décret définit, pour chaque catégorie d'accueil, la réglementation qui lui est applicable, et les conditions dans lesquelles un projet éducatif doit être établi.

Les dispositions du présent article ne sont pas applicables à l'accueil organisé par des établissements d'enseignement scolaire.

Art. L. 227-5. – *(Ord. n° 2005-1092, 1er sept. 2005)* **Les personnes organisant l'accueil de mineurs mentionné à l'article L. 227-4 ainsi que celles exploitant les locaux où ces mineurs sont hébergés doivent en faire la déclaration préalable auprès de l'autorité administrative. Celle-ci peut s'opposer à l'organisation de cette activité lorsque les conditions dans lesquelles elle est envisagée présentent des risques pour la santé et la sécurité physique ou morale des mineurs et notamment lorsque les exigences prévues au dernier alinéa ne sont pas satisfaites.**

Les personnes organisant l'accueil des mineurs mentionné à l'article L. 227-4, ainsi que celles exploitant les locaux où cet accueil se déroule, sont tenues de souscrire un contrat d'assurance garantissant les conséquences pécuniaires de leur responsabilité civile, ainsi que de celle de leurs préposés et des participants aux activités qu'elles proposent. Les assurés sont tiers entre eux.

Les personnes organisant l'accueil des mineurs mentionné à l'article L. 227-4 sont également tenues d'informer les responsables légaux des mineurs concernés de leur intérêt à souscrire un contrat d'assurance de personnes couvrant les dommages corporels auxquels peuvent exposer les activités auxquels ils participent.

Un décret en Conseil d'État précise les modalités d'application des dispositions ci-dessus, notamment le contenu de la déclaration préalable, les normes d'hygiène et de sécurité auxquelles doit satisfaire l'accueil, les exigences liées à la qualification des personnes assurant l'encadrement des mineurs, les conditions particulières d'encadrement et de pratique des activités physiques, ainsi que les modalités de souscription aux contrats d'assurance obligatoire.

Art. L. 227-6 *(Abr., Ord. n° 2005-1092, 1er sept. 2005).*

Art. L. 227-7 et L. 227-7-1 *(Abr., Ord. n° 2005-1477, 1er déc. 2005).*

Art. L. 227-8 *(Mod., L. n° 2009-526, 12 mai 2009)*. **– Est puni de six mois d'emprisonnement et de 3 750 € d'amende :**

1° Le fait pour une personne de ne pas souscrire la déclaration préalable mentionnée à l'article L. 227-5 ;

2° Le fait d'apporter un changement aux conditions d'accueil des mineurs mentionné à l'article L. 227-4, sans avoir souscrit à cette déclaration ;

3° Le fait de ne pas souscrire aux garanties d'assurance mentionnées à l'article L. 227-5.

Est puni d'un an d'emprisonnement et de 7 500 € d'amende le fait de s'opposer de quelque façon que ce soit à l'exercice des fonctions dont sont chargés les agents mentionnés à l'article L. 227-9.

Est puni de deux ans d'emprisonnement et de 30 000 € d'amende :

1° Le fait d'exercer des fonctions à quelque titre que ce soit en vue de l'accueil de mineurs mentionnés à l'article L. 227-4, ou d'exploiter les locaux accueillant ces mineurs malgré les incapacités prévues à l'article L. 133-6 ;

2° Le fait de ne pas exécuter les décisions préfectorales prévues aux articles L. 227-5, L. 227-10 et L. 227-11.

....

Assistants maternels

Art. L. 321-4 *(Mod., Ord. n° 2005-1477, 1er déc. 2005 ; L. n° 2007-308, 5 mars 2007 ; L. n° 2009-526, 12 mai 2009 ; Ord. n° 2018-22, 17 janv. 2018).* – Est puni d'un emprisonnement de trois mois et d'une amende de 3 750 euros :

1° Le fait d'héberger ou de recevoir collectivement et de manière habituelle des mineurs dans un établissement mentionné à l'article L. 321-1, sans avoir effectué la déclaration préalable auprès du président du conseil départemental ;

2° Le fait d'apporter un changement important à l'établissement, sans avoir effectué la déclaration préalable auprès du président du conseil départemental ou de procéder à l'ouverture ou à la transformation de l'établissement malgré l'opposition du président du conseil départemental ;

3° Le fait, pour le responsable de l'établissement, de ne pas se conformer aux décisions prévues à l'article L. 313-16 ou d'ouvrir à nouveau l'établissement, après fermeture administrative, sans solliciter l'autorisation préfectorale prévue à l'article L. 322-6 ;

4° Le fait de ne pas tenir le registre prévu à l'article L. 331-2.

Les personnes physiques coupables des infractions définies au présent article encourent également la peine complémentaire d'interdiction, suivant les modalités de l'article 131-27 du Code pénal, d'exploiter ou de diriger un établissement soumis aux dispositions du présent chapitre ou d'effectuer des placements d'enfants ou de recevoir des enfants.

....

Art. L. 421-1 *(L. n° 2005-706, 27 juin 2005 ; Ord. n° 2007-329, 12 mars 2007).* – L'assistant maternel est la personne qui, moyennant rémunération, accueille habituellement et de façon non permanente des mineurs à son domicile.

L'assistant maternel accueille des mineurs confiés par leurs parents, directement ou par l'intermédiaire d'un service d'accueil mentionné à l'article L. 2324-1 du Code de la santé publique. Il exerce sa profession comme salarié de particuliers employeurs ou de personnes morales de droit public ou de personnes morales de droit privé dans les conditions prévues au chapitre III du présent livre, après avoir été agréé à cet effet.

....

Art. L. 421-10 *(L. n° 2005-706, 27 juin 2005).* – La personne qui accueille habituellement des mineurs à son domicile moyennant rémunération sans avoir préalablement obtenu l'agrément institué par l'article L. 421-3 et dont la situation est signalée au président du conseil général est mise en demeure par celui-ci de présenter une demande d'agrément dans le délai de quinze jours. Son ou ses employeurs sont informés de cette mise en demeure par le président du conseil général.

Art. L. 421-11 *(L. n° 2005-706, 27 juin 2005).* – En cas d'application des articles L. 421-9 et L. 421-10, l'assistant maternel ou la personne mentionnée à l'article L. 421-10 est tenu de fournir au président du conseil général, sur sa demande, les noms et adresses des représentants légaux des mineurs qu'il ou qu'elle accueille.

Art. L. 421-12 *(L. n° 2005-706, 27 juin 2005).* – Le fait d'accueillir à son domicile moyennant rémunération des mineurs sans avoir déféré à une mise en demeure prononcée en application de l'article L. 421-10, ou après une décision de refus, de suspension ou de retrait d'agrément, est puni des peines prévues à l'article L. 321-4.

....

Loi n° 87-588 du 30 juillet 1987

portant diverses mesures d'ordre social

Art. 99 *(L. n° 2007-293, 5 mars 2007).* – Est interdite l'installation, à moins de deux cents mètres d'un établissement d'enseignement, d'un établissement dont l'activité est la vente ou la mise à disposition du public d'objets à caractère pornographique. L'infraction au présent article est punie de deux ans d'emprisonnement et de 30 000 € d'amende.

Sont passibles des mêmes peines les personnes qui favorisent ou tolèrent l'accès d'un mineur à un établissement où s'exerce l'une des activités visées au premier alinéa.

Pour cette infraction, les associations de parents d'élèves, de jeunesse et de défense de l'enfance en danger, régulièrement déclarées depuis au moins cinq ans à la date des faits, peuvent exercer les droits reconnus à la partie civile.

QPC. Non-lieu à renvoi au Conseil constitutionnel de la question prioritaire visant l'inconstitutionnalité de l'article 99 de la loi du 30 juillet 1987 modifiée, dès lors que la disposition légale critiquée, qui a été adoptée par le législateur dans un but de protection renforcée de l'enfance dont l'intérêt, la prise en compte des besoins et le respect des droits constituent des motifs d'intérêt général répondant à des exigences constitutionnelles reconnues et garanties par les alinéas 10 et 11 du préambule de la Constitution de 1946 et à l'objectif de valeur constitutionnelle de sauvegarde de l'ordre public, n'a pas pour effet de porter à la liberté d'entreprendre une atteinte manifestement disproportionnée au regard de l'objectif poursuivi (■ Cass. crim., 22 janv. 2013, n° 12-90.065 QPC : *Bull. crim.*, n° 23 ; *JCP* 2013, chron., n° 191, spéc. n° 18, p. 335, note B. Mathieu ; *Gaz. Pal.* 7-9 avr. 2013, chron. p. 25, note D. Rousseau ; *Dr. pénal* 2013, comm. 41, obs. J.-H. Robert).

Décret n° 92-445 du 15 mai 1992

concernant l'accès des mineurs aux salles de cinéma

(Abr. et codifié, D. n° 2014-794, 9 juill. 2014. – V. C. cinéma, art. R. 211-20 et R. 432-2 à R. 432-4)

Loi n° 98-468 du 17 juin 1998

relative à la prévention et à la répression des infractions sexuelles ainsi qu'à la protection des mineurs

CHAPITRE III. – DISPOSITIONS RELATIVES À L'INTERDICTION DE MISE À DISPOSITION DE CERTAINS DOCUMENTS AUX MINEURS

Art. 32 *(Mod., L. n° 2007-297, 5 mars 2007 ; L. n° 2015-177, 16 févr. 2015)*. **– Lorsqu'un document fixé par un procédé déchiffrable par voie électronique en mode analogique ou en mode numérique présente un danger pour la jeunesse en raison de son caractère pornographique, le support et chaque unité de son conditionnement doivent comporter de façon visible, lisible et inaltérable la mention « mise à disposition des mineurs interdite (article 227-24 du Code pénal) ». Cette mention emporte interdiction de proposer, donner, louer ou vendre le produit en cause aux mineurs.**

Lorsqu'un document fixé par un procédé identique peut présenter un risque pour la jeunesse en raison de la place faite au crime, à la violence, à l'incitation à l'usage, à la détention ou au trafic de stupéfiants, à l'incitation à la consommation excessive d'alcool ainsi qu'à la discrimination ou à la haine contre une personne déterminée ou un groupe de personnes, le support et chaque unité de son conditionnement doivent faire l'objet d'une signalétique destinée à en limiter la mise à disposition à certaines catégories de mineurs, en fonction de leur âge. Lorsque le document contient un logiciel de loisir, au sens du II de l'article 220 *terdecies* du Code général des impôts, chaque unité de son conditionnement doit faire l'objet d'une signalétique précisant le risque contenu dans le document. Les caractéristiques de la signalétique apposée sur ces documents sont homologuées par l'autorité administrative.

La mise en œuvre de l'obligation fixée aux deux alinéas précédents incombe à l'éditeur ou, à défaut, au distributeur chargé de la diffusion en France du document.

Art. 33 *(L. n° 2007-297, 5 mars 2007)*. **– L'autorité administrative peut en outre interdire :**

1° De proposer, de donner, de louer ou de vendre à des mineurs les documents mentionnés à l'article 32 ;

2° D'exposer les documents mentionnés à l'article 32 à la vue du public en quelque lieu que ce soit. Toutefois, l'exposition demeure possible dans les lieux dont l'accès est interdit aux mineurs ;

3° De faire, en faveur de ces documents, de la publicité par quelque moyen que ce soit. Toutefois, la publicité demeure possible dans les lieux dont l'accès est interdit aux mineurs.

Art. 34 *(L. n° 2007-297, 5 mars 2007).* – Le fait de ne pas se conformer aux obligations et interdictions fixées au premier alinéa de l'article 32 et à l'article 33 est puni d'un an d'emprisonnement et d'une amende de 15 000 €.

Le fait, par des changements de titres ou de supports, par des artifices de présentation ou de publicité ou par tout autre moyen, d'éluder ou de tenter d'éluder l'application du premier alinéa de l'article 32 et de l'article 33 est puni de deux ans d'emprisonnement et d'une amende de 30 000 €.

Les personnes physiques coupables des infractions prévues aux deux premiers alinéas encourent également la peine complémentaire de confiscation de la chose qui a servi à commettre l'infraction ou était destinée à la commettre ou de la chose qui en est le produit.

Les personnes morales déclarées pénalement responsables des infractions prévues aux deux premiers alinéas encourent les peines suivantes :

- l'amende, dans les conditions fixées par l'article 131-38 du Code pénal ;
- la confiscation prévue par le 8° de l'article 131-39 du même code.

Art. 35 *(L. n° 2007-297, 5 mars 2007).* – Les dispositions du présent chapitre ne s'appliquent pas aux documents qui constituent la reproduction intégrale d'une œuvre cinématographique ayant obtenu le visa prévu à l'article 19 du Code de l'industrie cinématographique.

Toutefois, les documents reproduisant des œuvres cinématographiques auxquelles s'appliquent les articles 11 et 12 de la loi de finances pour 1976 (n° 75-1278 du 30 décembre 1975) sont soumis de plein droit à l'interdiction prévue au premier alinéa de l'article 32 de la présente loi.

Art. 36 à 39 *(Implicitement abr., L. n° 2007-297, 5 mars 2007).*

Décret n° 99-771 du 7 septembre 1999

portant application du chapitre III du titre II de la loi n° 98-468 du 17 juin 1998 relative à la prévention et à la répression des infractions sexuelles ainsi qu'à la protection des mineurs

Art. 8. – I. – Est puni de l'amende prévue pour les contraventions de la 5e classe le fait de proposer, de donner, de louer ou de mettre en vente des documents ayant fait l'objet d'une interdiction en vertu des articles 32 ou 34 de la loi du 17 juin 1998 précitée [n° 98-468] et ne faisant pas apparaître, dans les conditions prévues à l'article 7, la mention de cette interdiction.

Les personnes coupables de la contravention prévue au présent article encourent également la peine complémentaire de la confiscation de la chose qui a servi ou était destinée à commettre l'infraction ou de la chose qui en est le produit.

II. – Les personnes morales peuvent être déclarées responsables pénalement, dans les conditions prévues par l'article 121-2 du Code pénal, de l'infraction définie au présent article.

Les peines prévues pour les personnes morales sont :

1° L'amende, suivant les modalités prévues par l'article 131-41 du Code pénal ;

2° La confiscation de la chose qui a servi ou était destinée à commettre l'infraction ou de la chose qui en est le produit.

III. – La récidive de la contravention prévue aux I et II du présent article est réprimée conformément aux articles 132-11 et 132-15 du Code pénal.

Voir : Loi n° 2000-196 du 6 mars 2000 instituant un Défenseur des enfants (*JO* 7 mars 2000, p. 3536).

Décret n° 2008-601 du 24 juin 2008 portant définition des caractéristiques de la signalétique prévue par l'article 32 de la loi n° 98-468 du 17 juin 1998 relative à la prévention et à la répression des infractions sexuelles ainsi qu'à la protection des mineurs et portant désignation de l'autorité administrative compétente pour prendre les mesures prévues à l'article 33 de la même loi (*JO* 26 juin 2008, p. 10256).

ANNEXE 46

NUCLÉAIRE

Code de la défense

(Ord. n° 2004-1374, 20 déc. 2004)

Matières et installations nucléaires

Section I. – Protection et contrôle des matières nucléaires

Sous-section I. – Champ d'application

(Ord. n° 2014-792, 10 juill. 2014).

Art. L. 1333-1 *(Mod., L. n° 2007-289, 5 mars 2007 ; Ord. n° 2014-792, 10 juill. 2014 ; Ord. n° 2016-128, 10 févr. 2016)*. **– Sont soumises aux dispositions de la présente section les matières nucléaires fusibles, fissiles ou fertiles, ainsi que toute matière, à l'exception des minerais, contenant un ou plusieurs éléments fusibles, fissiles ou fertiles dont la liste est précisée par décret en Conseil d'État.**

Les conditions particulières d'application de la présente section aux matières nucléaires affectées aux moyens nécessaires à la mise en œuvre de la politique de dissuasion sont définies par décret en Conseil d'État.

« Sont également soumises aux dispositions de la présente section, pour ce qui concerne la protection contre les actes de malveillance, les sources de rayonnements ionisants mises en œuvre par les activités nucléaires réalisées dans certains établissements, installations ou ouvrages, relevant de l'article L. 1332-1, définies par voie réglementaires. »

Sous-section 2. – Dispositions générales

(Ord. n° 2014-792, 10 juill. 2014).

Art. L.1333-2 *(Ord. n° 2016-128, 10 févr. 2016)*. **– Sont soumis à une autorisation ou à une déclaration, ainsi qu'à un contrôle dans les conditions définies par le présent chapitre, l'importation et l'exportation de matières nucléaires définies à l'article L. 1333-1 faites en exécution de contrats conclus par les opérateurs français et étrangers, l'élaboration, la détention, le transfert, l'utilisation et le transport des mêmes matières, ainsi que, pour ce qui concerne la protection contre les actes de malveillance, les activités nucléaires mettant en œuvre les sources de rayonnements ionisants définies au dernier alinéa de l'article L. 1333-1.**

Ces conditions peuvent prévoir la prescription de la réalisation, aux frais du demandeur ou du titulaire d'une autorisation, le cas échéant par un organisme extérieur, d'analyses critiques de documents, de contrôles, de mises en situation et d'études.

Ces conditions sont précisées par décret en Conseil d'État pris après avis de l'Autorité de sûreté nucléaire.

L'exportateur est tenu de stipuler aux acquéreurs et sous-acquéreurs les conditions relatives à l'utilisation ultérieure des matières nucléaires auxquelles peut être subordonnée la délivrance de l'autorisation de toute exportation.

« Dans les cas prévus par l'article L. 1333-9 du Code de la santé publique, l'autorisation délivrée au titre du présent article assure la prise en compte des obligations mentionnées à l'article L. 1333-7 de ce code en matière de protection contre les actes de malveillance. »

Art. L. 1333-3 *(Ord. n° 2016-128, 10 févr. 2016)*. **– L'autorisation ou la déclaration prévues à l'article L. 1333-2 peuvent être assorties de spécifications relatives notamment à leur durée, aux quantités et à la**

forme des matières nucléaires, ainsi qu'aux mesures à prendre pour en connaître la localisation et en assurer la protection.

Ces spécifications peuvent également porter sur les activités nucléaires mettant en œuvre les sources de rayonnements ionisants définies au dernier alinéa de l'article L. 1333-1, pour ce qui concerne la protection contre les actes de malveillance.

Les spécifications prévues au premier alinéa peuvent être modifiées ou complétées par l'autorité administrative lorsqu'elle le juge nécessaire.

« L'autorité administrative peut faire opposition à une déclaration dans les conditions précisées par décret en Conseil d'État. »

Art. L. 1333-4 *(Ord. n° 2016-128, 10 févr. 2016).* – Le contrôle prévu à l'article L. 1333-2 a pour objet de vérifier le respect de l'application du présent chapitre, des textes pris pour son application et des spécifications de l'autorisation ou de la déclaration. Il a également pour objet de connaître en permanence la localisation et l'emploi des matières mentionnées à l'article L. 1333-1 et de déceler la nature et les quantités de matières éventuellement manquantes. Il porte, en outre, sur les conditions de détention, de conservation, de suivi physique et comptable et de protection des matières nucléaires et, pour ce qui concerne la protection contre les actes de malveillance, des sources de rayonnements ionisants définies au dernier alinéa de l'article L. 1333-1.

« Ce contrôle est exercé dans les conditions prévues à la section 1 du chapitre Ier du titre VII du livre Ier du Code de l'environnement. »

Art. L. 1333-4-1 *(Ord. n° 2016-128, 10 févr. 2016).* – Les dispositions de la section 2 du chapitre Ier du titre VII du livre Ier du Code de l'environnement sont applicables au contrôle mentionné à l'article L. 1333-4 dans les conditions suivantes :

1° Les agents chargés du contrôle sont les inspecteurs mentionnés à l'article L. 1333-5 ;

2° Le montant maximal des amendes mentionnées au 4° du II de l'article L. 171-8 est fixé à 10 millions d'euros ;

3° Le montant maximal des astreintes journalières mentionnées au même article est fixé à 15 000 €.

Les litiges relatifs aux décisions administratives prises en application du présent article sont soumis à un contentieux de pleine juridiction.

« Un décret en Conseil d'État précise les délais dans lesquels ces décisions peuvent être déférées à la juridiction administrative. »

Art. L. 1333-5 *(Ord. n° 2016-128, 10 févr. 2016).* – Les agents exerçant ce contrôle sont titulaires d'une habilitation conférée par les autorités de l'État, assermentés et astreints au secret professionnel dans les conditions et sous les sanctions prévues à l'article 226-13 du Code pénal. « Ces agents reçoivent l'appellation d'inspecteurs de la sécurité des matières nucléaires, de leurs installations et de leurs transports ».

Art. L. 1333-6 *(Mod., Ord. n° 2014-792, 10 juill. 2014).* – Avant de lui confier la garde des matières nucléaires soumises aux dispositions de la présente section, l'employeur avertit le préposé des obligations que lui créent les dispositions de l'article L. 1333-13 et des peines qu'il encourt en cas d'infraction, et obtient reconnaissance de cet avertissement. Ces dispositions sont précisées par décret en Conseil d'État.

Art. L. 1333-7 *(Mod., Ord. n° 2014-792, 10 juill. 2014).* – Le Gouvernement fait un rapport annuel au Parlement sur l'application des dispositions de la présente section.

Sous-section 3. – Dispositions pénales
(Ord. n° 2014-792, 10 juill. 2014)

§ 1. – Agents habilités à constater les infractions

Art. L. 1333-8 *(Ord. n° 2016-128, 10 févr. 2016).* – Les infractions aux dispositions de la présente section et aux dispositions réglementaires prises pour son application sont constatées par les officiers et agents de police judiciaire, les agents des services des douanes, les agents de la répression des fraudes, le haut fonctionnaire de défense placé auprès du ministre chargé de l'énergie, les agents mentionnés à l'article L. 1333-5 et les agents en charge de la métrologie légale.

« Ils exercent leur mission dans les conditions prévues à la section 2 du chapitre II du titre VII du livre Ier du Code de l'environnement. Ils disposent des droits et prérogatives conférés par cette section aux fonctionnaires et agents mentionnés à l'article L. 172-4 du Code de l'environnement. »

§ 2. – Sanctions pénales

Art. L. 1333-9 *(Ord. n° 2005-1550, 12 déc. 2005 ; mod., L. n° 2011-266, 14 mars 2011 ; Ord. n° 2016-128, 10 févr. 2016).* – I. – Est puni d'un emprisonnement de dix ans et d'une amende de 7 500 000 € :

1° Le fait d'exercer sans autorisation les activités mentionnées à l'article L. 1333-2 ou de se faire délivrer indûment par quelque moyen frauduleux que ce soit ladite autorisation ;

2° Le fait de s'approprier indûment les matières nucléaires mentionnées à l'article L. 1333-1 ;

3° « Le fait d'abandonner ou de confier des matières nucléaires mentionnées à l'article L. 1333-1 à une personne morale ou physique qui n'est pas autorisée ou déclarée pour détenir ces matières, ou sans informer la personne morale ou physique de la nature de ces matières ou de disperser les matières nucléaires mentionnées à l'article L. 1333-1 ; »

4° Le fait d'altérer ou de détériorer les matières nucléaires mentionnées à l'article L. 1333-1 ;

5° Le fait de détruire des éléments de structure dans lesquels sont conditionnées les matières nucléaires mentionnées à l'article L. 1333-1.

II. – *(Abr., L. n° 2011-266, 14 mars 2011).*

III. – La tentative des délits prévus au I est punie des mêmes peines.

Art. L. 1333-10 *(Ord. n°. 2016-128, 10 févr. 2016).* – « La violation intentionnelle, par des personnes physiques ou morales, des lois et règlements et des instructions de l'exploitant, dans le cadre d'une activité autorisée au titre de l'article L. 1333-2, lorsqu'elle est susceptible de mettre en cause la sûreté nucléaire des installations, la protection des matières nucléaires ou la sécurité des personnes et des biens, peut entraîner immédiatement : »

1° Pour les personnes physiques, sans préjudice des sanctions pénales applicables, sans préavis ni indemnité et après qu'ont été communiqués à la personne responsable les faits reprochés et que celle-ci a présenté ses observations, la suspension ou la rupture des liens contractuels ou statutaires au titre desquels ces personnes interviennent, nonobstant toute disposition contraire des statuts ou conventions qui leur sont applicables ;

2° Pour les personnes morales, le retrait des autorisations administratives, la suspension ou la rupture sans préavis ni indemnité des conventions au titre desquelles ces personnes interviennent, nonobstant toute disposition contraire de ces conventions.

Art. L. 1333-11. – Pour l'application de la convention sur la protection physique des matières nucléaires, publiée par le décret n° 92-110 du 3 février 1992, est puni des peines prévues aux articles L. 1333-9 et L. 1333-10 le fait de détenir, transférer, utiliser ou transporter, hors du territoire de la République, les matières nucléaires entrant dans le champ d'application des articles 1er et 2 de la convention précitée, sans y avoir été autorisé par les autorités étrangères compétentes.

Art. L. 1333-12 *(Ord. n° 2016-128, 10 févr. 2016).* – I. – Le fait d'entraver l'exercice du contrôle prévu à l'article L. 1333-2 ou de fournir aux agents chargés de ce contrôle des renseignements inexacts est puni d'un an d'emprisonnement et de 15 000 € d'amende.

II. – Le fait, pour le titulaire de l'autorisation mentionnée à l'article L. 1333-2, à l'expiration du délai fixé par un arrêté de mise en demeure pris en application des dispositions prévues à l'article L. 1333-4-1, de ne pas respecter les prescriptions de cet arrêté est puni de deux ans d'emprisonnement et de 100 000 € d'amende.

« III. – Le fait de ne pas se conformer à une mesure de refus, de suspension ou d'opposition à déclaration prononcée par l'autorité administrative en application des dispositions prévues à l'article L. 1333-4-1 est puni de 3 ans d'emprisonnement et de 150 000 € d'amende. »

Art. L. 1333-13 *(Mod., Ord. n° 2014-792, 10 juill. 2014).* – Quiconque, titulaire de l'autorisation prévue à l'article L. 1333-2 ou ayant, à quelque titre que ce soit, la garde des matières nucléaires soumises aux dispositions de la présente section ou en assurant la gestion, a constaté la perte, le vol, la disparition ou le détournement de ces matières et n'a pas informé les services de police ou de gendarmerie au plus tard dans les vingt-quatre heures suivant cette constatation, est puni d'un emprisonnement de deux ans et d'une amende de 37 500 €.

Lorsque la personne titulaire de l'autorisation prévue à l'article L. 1333-2 est une personne morale, les mêmes peines sont applicables à ses dirigeants si ces derniers ont eu connaissance de la perte, du vol, de la disparition ou du détournement et ne l'ont pas déclaré dans le délai prévu à l'alinéa précédent.

Art. L. 1333-13-1 *(L. n° 2011-266, 14 mars 2011).* – Est puni d'un emprisonnement de cinq ans et d'une amende de 75 000 € :

1° L'exportation sans autorisation de biens connexes aux matières nucléaires, dont la liste est fixée par arrêté conjoint du ministre de la Défense et du ministre chargé de l'industrie ;

2° Le fait de se faire délivrer indûment par quelque moyen frauduleux que ce soit l'autorisation d'exportation de ces mêmes biens.

Art. L. 1333-13-2 *(L. n° 2011-266, 14 mars 2011).* – Le fait de provoquer, d'encourager ou d'inciter quiconque, de quelque manière que ce soit, à commettre les infractions prévues au I de l'article L. 1333-9 et aux articles L. 1333-11 et L. 1333-13-1, lorsque ce fait a été suivi d'effet, est puni des peines prévues pour ces infractions.

Lorsque les faits mentionnés au premier alinéa du présent article ne sont pas suivis d'effet en raison de circonstances indépendantes de la volonté de leur auteur, la peine est de trois ans d'emprisonnement et de 45 000 € d'amende.

Art. L. 1333-13-3 *(L. n° 2011-266, 14 mars 2011).* – I. – Les infractions définies aux articles L. 1333-12 et L. 1333-13-1 sont punies de dix ans d'emprisonnement et de 150 000 € d'amende lorsqu'elles sont commises en bande organisée.

II. – Les infractions définies aux articles L. 1333-9 et L. 1333-11 sont punies de quinze ans de réclusion criminelle et de 7,5 millions d'euros d'amende lorsqu'elles sont commises en bande organisée.

Art. L. 1333-13-4 *(L. n° 2011-266, 14 mars 2011).* – I. – Les infractions définies à l'article L. 1333-13-1 sont punies de quinze ans de réclusion criminelle et de 7,5 millions d'euros d'amende lorsqu'elles sont en relation avec une entreprise individuelle ou collective ayant pour but de permettre à quiconque de se doter d'une arme nucléaire.

La peine est portée à vingt ans de réclusion criminelle et à 7,5 millions d'euros d'amende lorsque les infractions sont commises en bande organisée.

II. – Les infractions définies aux 1° et 2° du I de l'article L. 1333-9 et aux articles L. 1333-11, L. 1333-12 et L. 1333-13-2 sont punies de vingt ans de réclusion criminelle et de 7,5 millions d'euros d'amende lorsqu'elles sont en relation avec une entreprise individuelle ou collective ayant pour but de permettre à quiconque de se doter d'une arme nucléaire.

Ces faits sont punis de trente ans de réclusion criminelle et de 7,5 millions d'euros d'amende lorsqu'ils sont commis en bande organisée.

III. – Constitue une arme nucléaire, pour la poursuite des infractions mentionnées au présent article, tout engin explosif dont l'énergie a pour origine la fission de noyaux d'atomes.

Art. L. 1333-13-5 *(L. n° 2011-266, 14 mars 2011).* – Le fait de procurer un financement en fournissant, réunissant ou gérant des fonds, des valeurs ou des biens quelconques ou en donnant des conseils à cette fin, dans l'intention de voir ces fonds, valeurs ou biens utilisés ou en sachant qu'ils sont destinés à être utilisés, en tout ou partie, en vue de commettre l'une des infractions prévues à l'article L. 1333-13-4, est puni des peines prévues au même article, indépendamment de la commission effective de cette infraction.

Art. L. 1333-13-6 *(L. n° 2011-266, 14 mars 2011).* – Le fait de provoquer, d'encourager ou d'inciter quiconque de quelque manière que ce soit à commettre les infractions prévues aux articles L. 1333-13-3 à L. 1333-13-5, lorsque ce fait a été suivi d'effet, est puni des peines prévues pour ces infractions.

Lorsque les faits mentionnés au premier alinéa du présent article ne sont pas suivis d'effet en raison de circonstances indépendantes de la volonté de leur auteur, la peine est de sept ans d'emprisonnement et de 100 000 € d'amende.

Art. L. 1333-13-7 *(L. n° 2011-266, 14 mars 2011 ; mod., Ord. n° 2014-792, 10 juill. 2014 ; L. n° 2015-588, 2 juin 2015)*. – Les personnes physiques coupables de l'une des infractions prévues aux articles L. 1333-9 et L. 1333-11 à L. 1333-13-6 encourent les peines complémentaires suivantes :

1° L'interdiction, suivant les modalités prévues par l'article 131-26 du Code pénal, des droits civiques, civils et de famille ;

2° L'interdiction, suivant les modalités prévues par l'article 131-27 du même code, d'exercer une fonction publique ou d'exercer l'activité professionnelle ou sociale dans l'exercice ou à l'occasion de l'exercice de laquelle l'infraction a été commise ;

3° La fermeture soit à titre définitif, soit pour une durée de cinq ans au plus des établissements ou de l'un ou de plusieurs des établissements de l'entreprise ayant servi à commettre les faits incriminés ;

4° L'exclusion des marchés publics pour une durée de cinq ans au plus ;

5° La confiscation des matières nucléaires ainsi que celle des équipements ayant servi à l'élaboration, à l'utilisation ou au transport de ces matières ;

6° L'affichage ou la diffusion de la décision prononcée dans les conditions prévues par l'article 131-35 du Code pénal ;

7° L'interdiction de séjour, suivant les modalités prévues par l'article 131-31 du même code ;

8° L'interdiction du territoire français, lorsqu'il s'agit d'étrangers, prononcée dans les conditions prévues par l'article 131-30 du même code, soit à titre définitif, soit pour une durée de dix ans au plus.

Art. L. 1333-13-8 *(L. n° 2011-266, 14 mars 2011 ; mod., Ord. n° 2014-792, 10 juill. 2014 ; L. n° 2015-588, 2 juin 2015)*. – Les personnes morales coupables de l'une des infractions prévues aux articles L. 1333-9 et L. 1333-11 à L. 1333-13-6 encourent, outre l'amende suivant les modalités prévues par l'article 131-38 du même code, les peines suivantes :

1° Dans les cas prévus par les articles L. 1333-9 et L. 1333-11, le premier alinéa de l'article L. 1333-13-2, les articles L. 1333-13-3 à L. 1333-13-5 et le premier alinéa de l'article L. 1333-13-6 du présent code, les peines mentionnées à l'article 131-39 du Code pénal ;

2° Dans les cas prévus par les articles L. 1333-12, L. 1333-13 et L. 1333-13-1 et le second alinéa des articles L. 1333-13-2 et L. 1333-13-6 du présent code, les peines mentionnées aux 2° à 11° de l'article 131-39 du Code pénal.

L'interdiction mentionnée au 2° du même article 131-39 porte sur l'activité dans l'exercice ou à l'occasion de l'exercice de laquelle l'infraction a été commise.

Art. L. 1333-13-9 *(L. n° 2011-266, 14 mars 2011)*. – Toute personne qui a tenté de commettre les infractions prévues aux articles L. 1333-13-3 et L. 1333-13-4 et au premier alinéa de l'article L. 1333-13-6 du présent code est exempte de peine si, ayant averti l'autorité administrative ou judiciaire, elle a permis d'éviter la réalisation de l'infraction et d'identifier, le cas échéant, les autres auteurs ou complices.

Art. L. 1333-13-10 *(L. n° 2011-266, 14 mars 2011)*. – La peine privative de liberté encourue par l'auteur ou le complice des infractions prévues aux articles L. 1333-13-3 à L. 1333-13-5 et au premier alinéa de l'article L. 1333-13-6 est réduite de moitié si, ayant averti l'autorité administrative ou judiciaire, il a permis de faire cesser les agissements incriminés ou d'éviter que l'infraction n'entraîne mort d'homme ou infirmité permanente et d'identifier, le cas échéant, les autres auteurs ou complices.

Art. L. 1333-13-11 *(L. n° 2011-266, 14 mars 2011)*. – Les deux premiers alinéas de l'article 132-23 du Code pénal sont applicables aux infractions prévues par les articles L. 1333-13-3 à L. 1333-13-5 et par le premier alinéa de l'article L. 1333-13-6 du présent code.

Art. L. 1333-13-12 *(L. n° 2015-588, 2 juin 2015 ; L. n° 2015-917, 28 juill. 2015)*. – Est puni d'un emprisonnement d'un an et d'une amende de 15 000 € le fait de s'introduire, sans autorisation de l'autorité compétente, à l'intérieur des locaux et des terrains clos délimités pour assurer la protection des « installations nucléaires intéressant la dissuasion mentionnées à l'article L. 1411-1 ou des établissements ou des installations abritant » ; ou des matières nucléaires dont la détention est soumise à l'autorisation mentionnée à l'article L. 1333-2.

Les limites des locaux et des terrains clos mentionnés au même premier alinéa sont fixées dans des conditions prévues par décret. Elles sont rendues apparentes aux frais de la personne morale exploitant les établissements ou installations concernés.

Art. L. 1333-13-13 *(L. n° 2015-588, 2 juin 2015)*. – Le fait de provoquer, d'encourager ou d'inciter quiconque, de quelque manière que ce soit, à commettre l'infraction définie à l'article L. 1333-13-12, lorsque ce fait a été suivi d'effet, est puni des peines prévues pour cette infraction.

Lorsque les faits mentionnés au premier alinéa du présent article ne sont pas suivis d'effet en raison de circonstances indépendantes de la volonté de leur auteur, les peines sont de six mois d'emprisonnement et de 7 500 € d'amende.

Art. L. 1333-13-14 *(L. n° 2015-588, 2 juin 2015)*. – L'infraction définie à l'article L. 1333-13-12 est punie de trois ans d'emprisonnement et de 45 000 € d'amende :

1° Lorsqu'elle est commise en réunion ;

2° Lorsqu'elle est commise par une personne qui prend indûment la qualité d'une personne dépositaire de l'autorité publique ou chargée d'une mission de service public ;

3° Lorsqu'elle est précédée, accompagnée ou suivie d'un acte de destruction, de dégradation ou de détérioration.

Les peines sont portées à cinq ans d'emprisonnement et à 75 000 € d'amende lorsque les faits sont commis dans deux des circonstances prévues au présent article.

Art. L. 1333-13-15 *(L. n° 2015-588, 2 juin 2015)*. – L'infraction définie à l'article L. 1333-13-12 est punie de sept ans d'emprisonnement et de 100 000 € d'amende :

1° Lorsqu'elle est commise soit avec usage ou menace d'une arme, soit par une personne porteuse d'une arme soumise à autorisation, à déclaration ou à enregistrement ou dont le port est prohibé ;

2° Lorsqu'elle est commise en bande organisée.

Art. L. 1333-13-16 *(L. n° 2015-588, 2 juin 2015)*. – La tentative des délits prévus aux articles L. 1333-13-12, L. 1333-13-14 et L. 1333-13-15 est punie des mêmes peines.

Art. L. 1333-13-17 *(L. n° 2015-588, 2 juin 2015)*. – Les personnes physiques coupables de l'une des infractions définies aux articles L. 1333-13-12 à L. 1333-13-15 encourent les peines complémentaires suivantes :

1° L'interdiction de détenir ou de porter, pour une durée de cinq ans au plus, une arme soumise à autorisation ;

2° La confiscation d'une ou de plusieurs armes dont le condamné est propriétaire ou dont il a la libre disposition ;

3° La confiscation de la chose qui a servi ou était destinée à commettre l'infraction ;

4° L'affichage et la diffusion de la décision prononcée, dans les conditions prévues à l'article 131-35 du Code pénal ;

5° L'interdiction de séjour, prononcée dans les conditions prévues à l'article 131-31 du même code ;

6° L'interdiction du territoire français, prononcée dans les conditions prévues aux articles 131-30 à 131-30-2 dudit code.

Art. L. 1333-13-18 *(L. n° 2015-588, 2 juin 2015)*. – Les personnes morales coupables de l'une des infractions définies aux articles L. 1333-13-12 à L. 1333-13-15 du présent code encourent, outre une amende calculée en application de l'article 131-38 du Code pénal, les peines mentionnées aux 8° et 9° de l'article 131-39 du même code.

Sous-section 3. – Matières nucléaires intéressant la dissuasion

Art. L. 1333-14 *(Mod., L. n° 2007-289, 5 mars 2007 ; L. n° 2011-266, 14 mars 2011 ; L. n° 2015-588, 2 juin 2015 ; L. n° 2015-917, 28 juill. 2015)*. – Seules les dispositions des articles L. 1333-9 et L. 1333-10 sont applicables lorsque sont en cause des matières nucléaires affectées aux moyens nécessaires à la mise en œuvre de la politique de dissuasion.

Les articles L. 1333-13-2 à L. 1333-13-11 sont également applicables lorsque sont en cause des matières nucléaires mentionnées au premier alinéa du présent article, mais seulement en ce qu'ils renvoient aux infractions prévues à l'article L. 1333-9.

Les articles L. 1333-13-12 à L. 1333-13-18 sont également applicables lorsque sont en cause des matières nucléaires mentionnées au premier alinéa du présent article.

Code de l'environnement

(Ord. n° 2012-6, 5 janv. 2012)

Sanctions pénales

Art. L. 596-11 *(Ord. n° 2016-128, 10 févr. 2016).* – Les incriminations suivantes s'appliquent en lieu et place de celles prévues par les articles L. 173-1 à L. 173-4. En ce qui concerne les équipements sous pression nucléaires et le transport de substances radioactives, elles s'appliquent en complément des incriminations prévues respectivement par le chapitre VII du titre V du présent livre et par le Code des transports, qui restent applicables.

I. – Est puni de trois ans d'emprisonnement et de 150 000 € d'amende le fait :

1° De créer ou d'exploiter une installation nucléaire de base sans l'autorisation prévue aux articles L. 593-7 et L. 593-14 ou sans avoir bénéficié de la décision mentionnée à l'article L. 593-28 ;

2° De procéder aux opérations préparatoires à la fermeture d'une installation nucléaire de base consacrée au stockage de déchets radioactifs sans avoir, en application de l'article L. 593-31, bénéficié de la décision mentionnée à l'article L. 593-28 ;

3° D'exploiter une installation nucléaire de base mentionnée à l'article L. 593-35 sans avoir procédé à la déclaration prévue à cet article dans le délai fixé par celui-ci ;

4° De poursuivre l'exploitation d'une installation nucléaire de base en infraction à une mesure administrative ou à une décision juridictionnelle d'arrêt ou de suspension ;

5° De faire fonctionner une installation nucléaire de base après la date d'arrêt définitif déclarée en application de l'article L. 593-26, ou si elle est réputée définitivement arrêtée en application de l'article L. 593-24.

II. – Est puni de deux ans d'emprisonnement et de 100 000 € d'amende le fait :

1° D'exploiter une installation nucléaire de base sans se conformer à une mise en demeure de l'autorité administrative de respecter une prescription ;

2° De ne pas se conformer à une décision fixant les conditions de remise en état du site et prise en application des articles L. 593-28 et L. 593-29 ou de l'article L. 596-5 ;

3° Pour le propriétaire d'une installation nucléaire de base ou du terrain servant d'assiette, de faire obstacle à la mise en œuvre des prescriptions prises en application du chapitre III du présent titre.

III. – Est puni d'un an d'emprisonnement et de 30 000 € d'amende le fait de transporter des substances radioactives sans l'autorisation ou l'agrément requis en application de l'article L. 595-1 ou en violation de leurs prescriptions.

IV. – Est puni d'un an d'emprisonnement et de 15 000 € d'amende le fait de faire obstacle aux contrôles administratifs et aux recherches et constatations d'infractions effectués en application du présent chapitre.

V. – Est puni d'un an d'emprisonnement et de 15 000 € d'amende le fait pour l'exploitant d'une installation nucléaire de base ou la personne responsable d'un transport de substances radioactives de ne pas faire les déclarations prescrites par l'article L. 591-5 en cas d'incident ou d'accident ayant ou risquant d'avoir des conséquences notables sur la sûreté nucléaire de l'installation ou du transport ou de porter atteinte, par exposition significative aux rayonnements ionisants, aux personnes, aux biens ou à l'environnement.

VI. – Est puni de 7 500 € d'amende le fait pour l'exploitant d'une installation nucléaire de base de ne pas établir le document annuel prévu à l'article L. 125-15 dans les six mois suivant la fin de l'année considérée, de faire obstacle à sa mise à disposition du public ou d'y porter des renseignements mensongers.

VII. – Lorsque les faits mentionnés aux I, II, III et V ont porté gravement atteinte aux intérêts mentionnés à l'article L. 593-1, les peines d'emprisonnement et d'amende correspondantes sont doublées.

V. pour la condamnation d'une société, spécialisée dans la décontamination des effluents de nature nucléaire, du chef de non-déclaration d'incident ou d'accident prévue par l'article L. 591-5 du Code de l'environnement et réprimé par l'article L. 596-27, V, du même code : ■ Cass. crim., 26 nov. 2013, n° 12-80.906 : *Dr. pén.* 2014, comm. 11, obs. J.-H. Robert.

– Pour d'autres dispositions de ce même arrêt, V. Ann. *Environnement*, note sous C. env., art. L. 216-6, p. 1408.

Art. L. 596-12 *(Ord. n° 2016-128, 10 févr. 2016)*. **– Les dispositions des articles L. 173-5 à L. 173-12 s'appliquent aux infractions prévues à l'article L. 596-11 dans les conditions et sous les réserves suivantes :**

1° L'autorité administrative mentionnée à l'article L. 173-12 est l'Autorité de sûreté nucléaire ;

2° Les durées maximales mentionnées à l'article L. 173-5 ne s'appliquent pas ;

3° La peine encourue par une personne morale dans le cas d'une des infractions mentionnées au I de l'article L. 596-11 est une amende de 10 millions d'euros ;

4° Les astreintes mentionnées aux articles L. 173-5 et L. 173-9 sont de 15 000 € au plus par jour de retard.

ANNEXE 47

PÊCHE

I. – PÊCHE EN EAU DOUCE

Bibliographie : G. Frizzi, *Pêche en eau douce et gestion des ressources piscicoles : JCl. Lois pénales spéciales.* • *G. et J.-Ch. Izard, Marchand, Pêche maritime et aquaculture marine : JCl. Lois pénales spéciales.* • *Le Moal et Lorvellec, Le nouveau droit de la pêche : ALD 1986, 121.* • *J. Guilbaud et P. Le Bihan, La pêche et le droit, Litec 1992.* • *H. Bosse-Platière, Code rural et de la pêche maritime 2015, commenté, 11e éd., LexisNexis.*

Code de l'environnement

TITRE III. – PÊCHE EN EAU DOUCE ET GESTION DES RESSOURCES PISCICOLES

....

CHAPITRE PREMIER. – CHAMP D'APPLICATION

Section I. Dispositions générales

Art. L. 431-1. – **Sont soumis aux dispositions du présent titre tous les pêcheurs qui se livrent à la pêche dans les eaux définies à l'article L. 431-3, en quelque qualité et dans quelque but que ce soit, et notamment dans un but de loisir ou à titre professionnel.**

Art. L. 431-2. – **Les dispositions du présent titre relatives aux poissons s'appliquent aux crustacés et aux grenouilles ainsi qu'à leur frai.**

Art. L. 431-3 *(L. n° 2006-1772, 30 déc. 2006)*. – **Le présent titre s'applique à tous les cours d'eau, canaux, ruisseaux et plans d'eau, à l'exception de ceux visés aux articles L. 431-4, L. 431-6 et L. 431-7.**

Dans les cours d'eau et canaux affluant à la mer, le présent titre s'applique en amont de la limite de la salure des eaux.

Section II. – Eaux closes

Art. L. 431-4 *(L. n° 2006-1772, 30 déc. 2006)*. – **Les fossés, canaux, étangs, réservoirs et autres plans d'eau dans lesquels le poisson ne peut passer naturellement sont soumis aux seules dispositions du chapitre II du présent titre.**

Art. L. 431-5 *(Mod., L. n° 2006-1772, 30 déc. 2006)*. – **Les propriétaires des plans d'eau visés à l'article L. 431-4 peuvent demander pour ceux-ci l'application des dispositions du présent titre pour une durée minimale de cinq années consécutives, dans des conditions fixées par décret en Conseil d'État.**

Section III. – Piscicultures

Art. L. 431-6 *(Ord. n° 2005-805, 18 juill. 2005)*. – **Une pisciculture est, au sens du titre Ier du livre II et du titre III du livre IV, une exploitation ayant pour objet l'élevage de poissons destinés à la consommation, au repeuplement, à l'ornement, à des fins expérimentales ou scientifiques ainsi qu'à la valorisation touristique. Dans ce dernier cas, la capture du poisson à l'aide de lignes est permise dans les plans d'eau.**

Échappent à la réglementation sur la pêche en eau douce et la gestion des ressources piscicoles, et en particulier aux obligations relatives aux ouvrages définies par les articles 410 et 411 – devenus les articles L. 232-5 et L. 232-6 – du Code rural, les seules piscicultures prévues par l'article 432, devenu l'article L. 231-6, du même code (■ Cass. crim., 7 oct. 1992 : *Bull. crim.*, n° 317).

Art. L. 431-7 *(Mod., Ord. n° 2005-805, 18 juill. 2005 ; L. n° 2006-1772, 30 déc. 2006)*. – **À l'exception des articles L. 432-2, L. 432-10, L. 436-9 et L. 432-12, les dispositions du présent titre ne sont pas applicables aux piscicultures régulièrement autorisées ou déclarées ainsi qu'aux plans d'eau existant au 30 juin 1984, établis en dérivation ou par barrage et équipés des dispositifs permanents empêchant la libre circulation du poisson entre ces plans d'eau et les eaux avec lesquelles ils communiquent :**

1° Soit s'ils ont été créés en vertu d'un droit fondé sur titre comportant le droit d'intercepter la libre circulation du poisson ;

2° Soit s'ils sont constitués par la retenue d'un barrage établi en vue de la pisciculture avant le 15 avril 1829 en travers d'un cours d'eau non domanial ne figurant pas à la liste prévue au 2° du I de l'article L. 214-17 ;

3° Soit s'ils résultent d'une concession ou d'une autorisation administrative, jusqu'à la fin de la période pour laquelle la concession ou l'autorisation a été consentie. Les détenteurs de ces autorisations ou concessions peuvent en demander le renouvellement en se conformant aux dispositions des articles L. 214-2 à L. 214-4.

Art. L. 431-8. – **À compter du 1er janvier 1992 pourront seuls bénéficier des dispositions de l'article L. 431-7 les titulaires de droits, concessions ou autorisations qui en auront fait la déclaration auprès de l'autorité administrative.**

CHAPITRE II. – PRÉSERVATION DES MILIEUX AQUATIQUES ET PROTECTION DU PATRIMOINE PISCICOLE

Section I. – Obligations générales

Art. L. 432-1 *(Mod., L. n° 2006-1772, 30 déc. 2006)*. – **Tout propriétaire d'un droit de pêche, ou son ayant cause, est tenu de participer à la protection du patrimoine piscicole et des milieux aquatiques. À cet effet, il ne doit pas leur porter atteinte et, le cas échéant, il doit effectuer les travaux d'entretien, sur les berges et dans le lit du cours d'eau, nécessaires au maintien de la vie aquatique.**

Avec l'accord du propriétaire, cette obligation peut être prise en charge par une association agréée de pêche et de protection du milieu aquatique ou par la fédération départementale des associations agréées de pêche et de protection du milieu aquatique qui, en contrepartie, exerce gratuitement le droit de pêche pendant la durée de la prise en charge de cette obligation. Cette durée peut être fixée par convention.

En cas de non-respect de l'obligation de participer à la protection du patrimoine piscicole et des milieux aquatiques, les travaux nécessaires peuvent être effectués d'office par l'administration aux frais du propriétaire ou, si celui-ci est déchargé de son obligation, aux frais de l'association ou de la fédération qui l'a prise en charge.

Section II. – Protection de la faune piscicole et de son habitat

Art. L. 432-2 *(L. n° 2016-1087, 8 août 2016)*. – **Le fait de jeter, déverser ou laisser écouler dans les eaux mentionnées à l'article L. 431-3, directement ou indirectement, des substances quelconques dont l'action ou les réactions ont détruit le poisson ou nui à sa nutrition, à sa reproduction ou à sa valeur alimentaire, est puni de deux ans d'emprisonnement et de 18 000 € d'amende.**

Le délai de prescription de l'action publique des délits mentionnés au présent article court à compter de la découverte du dommage.

Art. L. 432-3 *(L. n° 2006-1772, 30 déc. 2006)*. – **Le fait de détruire les frayères ou les zones de croissance ou d'alimentation de la faune piscicole est puni de 20 000 euros d'amende, à moins qu'il ne résulte d'une**

autorisation ou d'une déclaration dont les prescriptions ont été respectées ou de travaux d'urgence exécutés en vue de prévenir un danger grave et imminent.

Un décret en Conseil d'État fixe les critères de définition des frayères et des zones mentionnées au premier alinéa, les modalités de leur identification et de l'actualisation de celle-ci par l'autorité administrative, ainsi que les conditions dans lesquelles sont consultées les fédérations départementales ou interdépartementales des associations agréées de pêche et de protection du milieu aquatique.

(Alinéa abrogé à compter du 1er juillet 2013, Ord. n° 2012-34, 11 janv. 2012)

Art. L. 432-4 ***(Abr. à compter du 1er juill. 2013, Ord. n° 2012-34, 11 janv. 2012).***

Constitue le délit de pollution de cours d'eau prévu et réprimé par l'article L. 432-2 du Code de l'environnement le fait de jeter, déverser ou laisser écouler dans les eaux mentionnées à l'article L. 432-3 du même code, directement ou indirectement, des substances quelconques dont l'action ou les réactions ont détruit le poisson ou nui à sa nutrition, à sa reproduction ou à sa valeur alimentaire ; en conséquence, a fait une fausse application de ces dispositions la cour d'appel, qui, constatant que la pollution n'était que le résultat de boues déjà présentes dans l'étang dont les eaux se sont déversées, et non de corps étrangers, en a écarté l'application (■ Cass. crim., 26 févr. 2002 : *Bull. crim.*, n° 46 ; *Dr. pénal* 2002, comm. 71, obs. J.-H. Robert).

Section III. – Obligations relatives aux plans d'eau

Art. L. 432-5 ***(Abr., L. n° 2006-1772, 30 déc. 2006).***

Art. L. 432-6 ***(Abr. à compter de la date prévue au III de l'article L. 214-17 du Code de l'environnement et au plus tard le 1er janvier 2014, L. n° 2006-1772, 30 déc. 2006).***

Code de l'environnement

Art. L. 214-17 *(L. n° 2006-1772, 30 déc. 2006 ; L. n° 2015-992, 17 août 2015 ; L. n° 2016-1087, 8 août 2016).* – I. – Après avis des conseils généraux intéressés, des établissements publics territoriaux de bassin concernés, des comités de bassins et, en Corse, de l'Assemblée de Corse, l'autorité administrative établit, pour chaque bassin ou sous-bassin :

1° Une liste de cours d'eau, parties de cours d'eau ou canaux parmi ceux qui sont en très bon état écologique ou identifiés par les schémas directeurs d'aménagement et de gestion des eaux comme jouant le rôle de réservoir biologique nécessaire au maintien ou à l'atteinte du bon état écologique des cours d'eau d'un bassin versant ou dans lesquels une protection complète des poissons migrateurs vivant alternativement en eau douce et en eau salée est nécessaire, sur lesquels aucune autorisation ou concession ne peut être accordée pour la construction de nouveaux ouvrages s'ils constituent un obstacle à la continuité écologique.

Le renouvellement de la concession ou de l'autorisation des ouvrages existants, régulièrement installés sur ces cours d'eau, parties de cours d'eau ou canaux, est subordonné à des prescriptions permettant de maintenir le très bon état écologique des eaux, de maintenir ou d'atteindre le bon état écologique des cours d'eau d'un bassin versant ou d'assurer la protection des poissons migrateurs vivant alternativement en eau douce et en eau salée ;

2° Une liste de cours d'eau, parties de cours d'eau ou canaux dans lesquels il est nécessaire d'assurer le transport suffisant des sédiments et la circulation des poissons migrateurs. Tout ouvrage doit y être géré, entretenu et équipé selon des règles définies par l'autorité administrative, en concertation avec le propriétaire ou, à défaut, l'exploitant.

II. – Les listes visées aux 1° et 2° du I sont établies par arrêté de l'autorité administrative compétente, après étude de l'impact des classements sur les différents usages de l'eau visés à l'article L. 211-1. Elles sont mises à jour lors de la révision des schémas directeurs d'aménagement et de gestion des eaux pour tenir compte de l'évolution des connaissances et des enjeux propres aux différents usages.

III. – Les obligations résultant du I s'appliquent à la date de publication des listes. Celles découlant du 2° du I s'appliquent, à l'issue d'un délai de cinq ans après la publication des listes, aux ouvrages existants régulièrement installés. Lorsque les travaux permettant l'accomplissement des obligations résultant du 2° du I n'ont pu être réalisés dans ce délai, mais que le dossier relatif aux propositions d'aménagement ou de changement de modalités de gestion de l'ouvrage a été déposé auprès des services chargés de la police de l'eau, le propriétaire ou, à défaut, l'exploitant de l'ouvrage dispose d'un délai supplémentaire de cinq ans pour les réaliser.

Le cinquième alinéa de l'article 2 de la loi du 16 octobre 1919 relative à l'utilisation de l'énergie hydraulique et l'article L. 432-6 du présent code demeurent applicables jusqu'à ce que ces obligations y soient substituées, dans le délai prévu à l'alinéa précédent. À l'expiration du délai précité, et au plus tard le 1er janvier 2014, le cinquième alinéa de l'article 2 de la loi du 16 octobre 1919 précitée est supprimé et l'article L. 432-6 précité est abrogé.

Les obligations résultant du I du présent article n'ouvrent droit à indemnité que si elles font peser sur le propriétaire ou l'exploitant de l'ouvrage une charge spéciale et exorbitante.

Sur la liste des espèces migratrices de poissons, par bassin ou sous-bassin, présentes dans certains cours d'eau classés au titre de l'article L. 232-6 du Code rural, V. arrêté du 14 mai 1990 : *JO* 12 juin.

Art. L. 432-7 et L. 432-8 *(Abr., L. n° 2006-1772, 30 déc. 2006).*

Art. L. 432-9 *(Abr., Ord. n° 2005-805, 18 juill. 2005).*

Section IV. – Contrôle des peuplements

Art. L. 432-10 *(L. n° 2016-1087, 8 août 2016).* **– Est puni d'une amende de 9 000 € le fait :**

1° D'introduire dans les eaux mentionnées par le présent titre des poissons appartenant à des espèces susceptibles de provoquer des déséquilibres biologiques, et dont la liste est fixée par décret ;

2° D'introduire sans autorisation dans les eaux mentionnées par le présent titre des poissons qui n'y sont pas représentés ; la liste des espèces représentées est fixée par le ministre chargé de la pêche en eau douce ;

3° D'introduire dans les eaux classées en première catégorie, en vertu du 10° de l'article L. 436-5, des poissons des espèces suivantes : brochet, perche, sandre et black-bass ; toutefois, cette disposition n'est pas applicable aux lacs Léman, d'Annecy et du Bourget.

Le présent article ne s'applique pas à la remise à l'eau des poissons pêchés, lorsque celle-ci a lieu immédiatement après la capture et que les poissons concernés n'appartiennent pas à une espèce figurant sur la liste mentionnée au 1° du I de l'article L. 411-5 du présent code.

Art. L. 432-11 *(Abr., L. n° 2006-1772, 30 déc. 2006).*

Art. L. 432-12. – Est puni d'une amende de 9 000 € le fait d'introduire dans les eaux mentionnées par le présent titre, pour rempoissonner ou aleviner, des poissons qui ne proviennent pas d'établissements de pisciculture ou d'aquaculture agréés dans les conditions fixées par décret en Conseil d'État.

....

CHAPITRE V. – DROIT DE PÊCHE

Section I. – Droit de pêche de l'État

Art. L. 435-1 *(Mod., L. n° 2006-1772, 30 déc. 2006).* **– I. – Le droit de pêche, qui appartient à l'État, est exercé à son profit :**

1° Dans le domaine public de l'État défini à l'article 1er du Code du domaine public fluvial et de la navigation intérieure, sous réserve des cas dans lesquels le droit de pêche appartient à un particulier en vertu d'un droit fondé sur titre ;

2° Dans les parties non salées des cours d'eau et canaux non domaniaux affluant à la mer, qui se trouvaient comprises dans les limites de l'inscription maritime antérieurement aux 8 novembre et 28 décembre 1926. Ces parties sont déterminées par décret.

II. – Un décret en Conseil d'État fixe les conditions d'exploitation par adjudication, amodiation amiable ou licence, du droit de pêche de l'État, et les modalités de gestion des ressources piscicoles du domaine et des cours d'eau et canaux mentionnés aux alinéas 1° et 2°. Il fixe, en particulier, la liste des fonctionnaires, des agents et des membres de leur famille qui ne peuvent prendre part directement ou indirectement à la location de ce droit de pêche.

Art. L. 435-2. – Les dispositions de l'article 313-6 du Code pénal sont applicables aux adjudications du droit de pêche de l'État.

Toute adjudication prononcée au profit d'une personne condamnée en application desdites dispositions est déclarée nulle.

Section II. – Droit de pêche des riverains

Art. L. 435-4 *(L. n° 2016-1087, 8 août 2016)*. **– Dans les cours d'eau et canaux non domaniaux, les propriétaires riverains ont, chacun de leur côté, le droit de pêche jusqu'au milieu du cours d'eau ou du canal, sous réserve de droits contraires établis par possession ou titres.**

Dans les plans d'eau non domaniaux, le droit de pêche appartient au propriétaire du fonds.

Art. L. 435-5 *(L. n° 2006-1772, 30 déc. 2006)*. **– Lorsque l'entretien d'un cours d'eau non domanial est financé majoritairement par des fonds publics, le droit de pêche du propriétaire riverain est exercé, hors les cours attenantes aux habitations et les jardins, gratuitement, pour une durée de cinq ans, par l'association de pêche et de protection du milieu aquatique agréée pour cette section de cours d'eau ou, à défaut, par la fédération départementale ou interdépartementale des associations agréées de pêche et de protection du milieu aquatique.**

Pendant la période d'exercice gratuit du droit de pêche, le propriétaire conserve le droit d'exercer la pêche pour lui-même, son conjoint, ses ascendants et ses descendants.

Les modalités d'application du présent article sont définies par décret en Conseil d'État.

Section III. – Droit de passage

Art. L. 435-6. – L'exercice du droit de pêche emporte bénéfice du droit de passage qui doit s'exercer, autant que possible, en suivant la rive du cours d'eau et à moindre dommage. Les modalités d'exercice de ce droit de passage peuvent faire l'objet d'une convention avec le propriétaire riverain.

Art. L. 435-7 *(Mod., L. n° 2006-1772, 30 déc. 2006)*. **– Lorsqu'une association ou une fédération définie à l'article L. 434-3 exerce gratuitement un droit de pêche, elle est tenue de réparer les dommages subis par le propriétaire riverain ou ses ayants droit, à l'occasion de l'exercice de ce droit.**

Art. L. 435-8 et L. 435-9 *(Abr., L. n° 2006-1772, 30 déc. 2006).*

CHAPITRE VI. – CONDITIONS D'EXERCICE DU DROIT DE PÊCHE

Section I. – Dispositions générales

Art. L. 436-1 *(L. n° 2006-1772, 30 déc. 2006)*. **– Toute personne qui se livre à l'exercice de la pêche doit justifier de sa qualité de membre d'une association agréée de pêche et de protection du milieu aquatique, d'une association agréée de pêcheurs amateurs aux engins et aux filets sur les eaux du domaine public ou d'une association agréée de pêcheurs professionnels, avoir versé sa cotisation statutaire et s'être acquittée de la redevance visée à l'article L. 213-10-12.**

Toute personne qui se livre à l'exercice de la pêche lors de la journée annuelle de promotion de la pêche fixée par arrêté du ministre chargé de la pêche en eau douce et dans le cadre des activités organisées à cette occasion par les fédérations départementales ou interdépartementales des associations agréées de pêche et de protection du milieu aquatique est dispensée des justifications prévues au premier alinéa.

Art. L. 436-4 *(Mod., L. n° 2003-699, 30 juill. 2003 ; L. n° 2006-1772, 30 déc. 2006 ; L. n° 2016-1087, 8 août 2016)*. **– Outre les droits individuels ou collectifs qui peuvent lui appartenir par ailleurs, tout membre d'une association agréée de pêche et de protection du milieu aquatique ou d'une association départementale agréée de pêcheurs amateurs aux engins et filets a le droit de pêche :**

1° De la rive ou en marchant dans l'eau, dans les parties classées en première catégorie, en vertu du 10° de l'article L. 436-5, des cours d'eau du domaine public où le droit de pêche appartient à l'État ;

2° De la rive ou en marchant dans l'eau ou en bateau, dans les parties desdits cours d'eau classés, en vertu du 10° de l'article L. 436-5, en deuxième catégorie ainsi que dans les plans d'eau, quelle que soit leur catégorie, où le droit de pêche appartient à l'État.

Dans ce cas, toutefois, le ministre chargé de la pêche en eau douce ou, par délégation, le représentant de l'État dans le département peut, à titre exceptionnel, interdire à quiconque la pêche à la ligne en bateau ;

3° Et de la rive seulement, pour la pêche au saumon, quelle que soit la catégorie du cours d'eau ; toutefois, le ministre chargé de la pêche en eau douce ou, par délégation, le représentant de l'État dans le département peut autoriser les pêcheurs de saumons à marcher dans l'eau sur des parcours déterminés.

II. – Le droit de pêche défini par le présent article ne peut s'exercer qu'à l'aide d'une seule ligne.

III. – Les dispositions du I et du II sont également applicables dans les eaux qui faisaient partie du domaine public fluvial de l'État à la date de promulgation de la loi n° 2003-699 du 30 juillet 2003 relative à la prévention des risques technologiques et naturels et à la réparation des dommages et qui ont fait l'objet d'un transfert à une collectivité territoriale en application de ladite loi.

Art. L. 436-5. – Des décrets en Conseil d'État, déterminent les conditions dans lesquelles sont fixés, éventuellement par bassin :

1° Les temps, saisons, heures pendant lesquels la pêche est interdite ;

2° Les dimensions au-dessous desquelles les poissons de certaines espèces ne peuvent être pêchés et doivent être rejetés à l'eau ; ces dimensions ne peuvent être inférieures à celles correspondant à l'âge de première reproduction ;

3° Le nombre de captures autorisées pour certaines espèces et, le cas échéant, les conditions de capture ;

4° Les dimensions des filets, engins et instruments de pêche dont l'usage est permis ;

5° Le mode de vérification des mailles des filets autorisés pour la pêche de chaque espèce de poissons ;

6° Les filets, engins et instruments de pêche qui sont interdits comme étant de nature à nuire au peuplement des eaux visées par le présent titre ;

7° Les procédés et modes de pêche prohibés ;

8° Les espèces de poissons avec lesquelles il est défendu d'appâter les hameçons, nasses, filets ou autres engins ;

9° Les cours d'eau ou parties de cours d'eau où la pêche en marchant dans l'eau est interdite en vue de la protection du milieu aquatique ;

10° Le classement des cours d'eau, canaux et plans d'eau en deux catégories :

a) La première catégorie comprend ceux qui sont principalement peuplés de truites, ainsi que ceux où il paraît désirable d'assurer une protection spéciale des poissons de cette espèce ;

b) La seconde catégorie comprend tous les autres cours d'eau, canaux et plans d'eau soumis aux dispositions du présent titre.

Art. L. 436-6. – Le fait de placer un barrage, appareil ou établissement quelconque de pêcherie ayant pour objet d'empêcher entièrement le passage du poisson ou de le retenir captif est puni de 3 750 € d'amende. *(Al. abr. à compter du 1er juill. 2013, Ord. n° 2012-34, 11 janv. 2012).*

Art. L. 436-7. – Le fait de jeter dans les eaux définies à l'article L. 431-3 des drogues ou appâts en vue d'enivrer le poisson ou de le détruire est puni de deux ans d'emprisonnement et de 4 500 € d'amende.

Ceux qui, en vue de capturer ou de détruire le poisson, se servent d'explosifs, de procédés d'électrocution ou de produits ou de moyens non autorisés sont punis des mêmes peines.

Art. L. 436-8. – Les contremaîtres, les employés de balisage et les mariniers qui fréquentent les cours d'eau, canaux et lacs domaniaux ne peuvent avoir, dans leur bateaux ou équipages, aucun filet ou engin de pêche en dehors de ceux destinés à la pêche à la ligne.

Ils ne peuvent pêcher de leur bateau qu'à la ligne, pêches au lancer et à la traîne exceptées, et à la condition de se conformer aux prescriptions du présent titre et des textes pris pour son application.

Section II. – Autorisations exceptionnelles

Art. L. 436-9 *(L. n° 2006-1772, 30 déc. 2006).* – L'autorité administrative chargée de la pêche en eau douce peut autoriser en tout temps la capture, le transport ou la vente de poissons, à des fins sanitaires, scientifiques et écologiques, notamment pour en permettre le sauvetage, le dénombrement, la reproduction, favoriser le repeuplement et remédier aux déséquilibres biologiques.

Section III. – Estuaires

Art. L. 436-10. – Dans la zone comprise entre la limite de salure des eaux et les limites de l'inscription maritime fixées le 17 juin 1938, les marins-pêcheurs professionnels peuvent exercer la pêche dans les mêmes conditions que les pêcheurs professionnels en eau douce, moyennant une licence délivrée à titre gratuit pendant les cinq années suivant le 30 juin 1984.

Dans les cours d'eau et canaux affluant à la mer, en amont de la limite de salure des eaux et jusqu'aux anciennes limites de l'inscription maritime telles qu'elles étaient fixées antérieurement aux 8 novembre et 28 décembre 1926, les marins-pêcheurs professionnels qui, au 1er janvier 1927, exerçaient la pêche dans cette zone à titre d'inscrits maritimes et qui en avaient fait la demande avant le 1er janvier 1928, conservent le droit de pratiquer cette pêche moyennant une licence délivrée à titre gratuit.

Art. L. 436-11. – En ce qui concerne les cours d'eau et canaux affluant à la mer, des décrets en Conseil d'État règlent, pour la pêche en eau douce et pour la pêche maritime, d'une manière uniforme, les conditions dans lesquelles sont fixées pour les espèces vivant alternativement dans les eaux douces et dans les eaux salées :

1° Les époques pendant lesquelles la pêche de ces espèces de poissons est interdite ;

2° Les dimensions au-dessous desquelles la pêche de ces espèces de poissons est interdite ;

3° Les mesures utiles à la reproduction, au développement, à la conservation et à la circulation de ces espèces ;

4° La liste de celles dont le colportage et la vente sont interdits ;

5° La liste de celles dont l'introduction est interdite ;

6° Le nombre et la dimension des filets, engins et instruments de pêche dont l'usage est permis.

Section IV. – Réserves et interdictions permanentes de pêche

Art. L. 436-12 *(Mod., L. n° 2002-92, 22 janv. 2002)*. – Un décret en Conseil d'État ou, en Corse, une délibération de l'Assemblée de Corse fixe les conditions dans lesquelles la pêche est interdite dans certaines sections de cours d'eau, canaux ou plans d'eau afin de favoriser la protection ou la reproduction du poisson. Les indemnités auxquelles ont droit les propriétaires riverains qui sont privés totalement de l'exercice du droit de pêche plus d'une année entière en vertu du présent article sont fixées, à défaut d'accord amiable, par les juridictions administratives.

Section V. – Commercialisation

Art. L. 436-13. – Les pêcheurs professionnels exerçant à temps plein ou partiel sont seuls autorisés à vendre le produit de leur pêche.

Art. L. 436-14 *(L. n° 2006-1772, 30 déc. 2006)*. – La commercialisation des poissons appartenant aux espèces inscrites sur la liste du 2° de l'article L. 432-10 est autorisée lorsqu'il est possible d'en justifier l'origine.

Le fait de vendre ces poissons sans justifier de leur origine est puni de 3 750 € d'amende.

Art. L. 436-15 *(L. n° 2006-1772, 30 déc. 2006)*. – Le fait, pour toute personne, de vendre le produit de sa pêche sans avoir la qualité de pêcheur professionnel en eau douce est puni de 3 750 € d'amende.

Le fait d'acheter ou de commercialiser sciemment le produit de la pêche d'une personne n'ayant pas la qualité de pêcheur professionnel en eau douce est puni de la même peine.

Art. L. 436-16 *(L. n° 2016-1087, 8 août 2016)*. – I. – Est puni de six mois d'emprisonnement et de 50 000 € d'amende, lorsque les espèces concernées sont l'anguille européenne (*Anguilla anguilla*), y compris le stade alevin, l'esturgeon européen (*Acipenser sturio*) et le saumon atlantique (*Salmo salar*), le fait :

1° De pêcher ces espèces dans une zone ou à une période où leur pêche est interdite ;

2° D'utiliser pour la pêche de ces mêmes espèces tout engin, instrument ou appareil interdit ou de pratiquer tout mode de pêche interdit pour ces espèces ;

3° De détenir un engin, instrument ou appareil utilisable pour la pêche de ces mêmes espèces à une période et dans une zone ou à proximité immédiate d'une zone où leur pêche est interdite, à l'exclusion de ceux entreposés dans des locaux déclarés à l'autorité administrative ;

4° De vendre, mettre en vente, transporter, colporter ou acheter ces mêmes espèces, lorsqu'on les sait provenir d'actes de pêche effectués dans les conditions mentionnées au 1°.

II. – Sont punis d'une amende de 22 500 €, lorsque l'espèce concernée est la carpe commune (*Cyprinus carpio*) et que la longueur du poisson est supérieure à soixante centimètres, les faits prévus aux 1° à 4° du I ainsi que le fait, pour un pêcheur amateur, de transporter vivant un tel poisson.

Art. L. 436-17 *(Abr. à compter du 1er juill. 2013, Ord. n° 2012-34, 11 janv. 2012).*

Section VI. – Recherche et constatation des infractions

Sous-section 1. – Agents compétents

Art. L. 437-1 *(Rempl. à compter du 1er juill. 2013, Ord. n° 2012-34, 11 janv. 2012 ; L. n° 2016-1087, 8 août 2016).* – I. – Outre les officiers et agents de police judiciaire et les inspecteurs de l'environnement mentionnés à l'article L. 172-1, sont habilités à rechercher et à constater les infractions aux dispositions du présent titre et des textes pris pour son application :

1° Les agents des services de l'État chargés des forêts commissionnés à raison de leurs compétences en matière forestière et assermentés à cet effet ;

2° Les agents de l'Office national des forêts commissionnés à raison de leurs compétences en matière forestière et assermentés à cet effet ;

3° Les agents du domaine national de Chambord commissionnés pour constater les infractions en matière forestière, de chasse ou de pêche ;

4° Les gardes champêtres ;

5° Les agents de police judiciaire adjoints mentionnés à l'article 21 du Code de procédure pénale, qui exercent ces missions dans les limites et selon les modalités fixées par le Code de procédure pénale ;

6° Les agents des réserves naturelles mentionnés à l'article L. 332-20 agissant dans les conditions prévues à cet article ;

7° Les gardes du littoral mentionnés à l'article L. 322-10-1, agissant dans les conditions prévues à cet article.

II. – Les agents commissionnés de l'Agence française pour la biodiversité peuvent contrôler les conditions dans lesquelles, au-delà de la limite de salure des eaux, est pratiquée la pêche des espèces de poissons vivant alternativement dans les eaux douces et dans les eaux salées.

III. – Peuvent également rechercher et constater les infractions aux dispositions du présent titre et des textes pris pour son application les agents des douanes ainsi que les agents mentionnés à l'article L. 942-1 du Code rural et de la pêche maritime.

Art. L. 437-2 et L. 437-3 *(Abr. à compter du 1er juill. 2013, Ord. n° 2012-34, 11 janv. 2012).*

Sous-section 2.– Procès-verbaux

Art. L. 437-4 *(Rempl. à compter du 1er juill. 2013, Ord. n° 2012-34, 11 janv. 2012).* – Lorsqu'ils portent sur des infractions prévues au présent titre, les procès-verbaux dressés par les fonctionnaires et agents mentionnés à l'article L. 172-4 et par les gardes-pêche particuliers sont adressés en copie au président de la fédération départementale des associations agréées de pêche et de protection du milieu aquatique et au président de l'association agréée de pêcheurs professionnels en eau douce.

Sous-section 3. – Recherche des infractions

Art. L. 437-6 *(Abr. à compter du 1er juill. 2013, Ord. n° 2012-34, 11 janv. 2012).*

Art. L. 437-7. – Tout pêcheur est tenu d'amener son bateau et d'ouvrir ses loges, réfrigérateurs, hangars, bannetons, huches, paniers et autres réservoirs et boutiques à poissons, à toute réquisition des fonctionnaires et agents chargés de la police de la pêche.

En outre, ces fonctionnaires et agents peuvent procéder à la visite des passages d'eau des moulins ou autre installation fixe implantée sur les cours d'eau.

Art. L. 437-8 à L. 437-12 *(Abr. à compter du 1er juill. 2013, Ord. n° 2012-34, 11 janv. 2012).*

Sous-section 4. – Gardes-pêche particuliers

Art. L. 437-13 *(Mod., L. n° 2006-1772, 30 déc. 2006 ; Ord. n° 2012-34, 11 janv. 2012).* **– Les gardes-pêche particuliers assermentés constatent par procès-verbaux les infractions aux dispositions du présent titre et des textes pris pour son application qui portent préjudice aux détenteurs de droits de pêche qui les emploient.**

Les dispositions du premier alinéa de l'article L. 437-7, de l'article L. 172-10 et de l'article L. 172-12 en tant qu'il concerne la saisie des instruments de pêche et des poissons, sont applicables aux gardes-pêche particuliers assermentés.

Sur les eaux du domaine public fluvial, les gardes-pêche particuliers assermentés sont commissionnés par chaque association agréée de pêcheurs détenant un droit de pêche sur le lot considéré.

Sur les eaux n'appartenant pas au domaine public fluvial, à la demande des propriétaires et des détenteurs de droits de pêche, une convention peut être passée entre eux et la fédération départementale ou interdépartementale des associations agréées de pêche et de protection du milieu aquatique pour que la garderie particulière de leurs droits de pêche soit assurée par des agents de développement de cette fédération. Les agents ainsi nommés dans cette fonction par la fédération sont agréés par le représentant de l'État dans le département ; ils interviennent conformément aux dispositions des trois premiers alinéas du présent article dans la limite des territoires dont ils assurent la garderie.

Section VII. – Transaction

Art. L. 437-14 *(Abr. à compter du 1er juill. 2013, Ord. n° 2012-34, 11 janv. 2012).*

Section VIII. – Poursuites pénales

Art. L. 437-15 à L. 437-17 *(Abr. à compter du 1er juill. 2013, Ord. n° 2012-34, 11 janv. 2012).*

Section IX. – Action civile

Art. L. 437-18 *(L. n° 2006-1772, 30 déc. 2006).* **– Les fédérations départementales ou interdépartementales des associations agréées de pêche et de protection du milieu aquatique, la Fédération nationale de la pêche et de la protection du milieu aquatique, la commission syndicale de la Grande Brière Mottière, les associations agréées de pêcheurs professionnels en eau douce et le Comité national de la pêche professionnelle en eau douce peuvent exercer les droits reconnus à la partie civile en ce qui concerne les faits constituant une infraction au présent titre et aux textes pris pour son application et portant un préjudice direct ou indirect aux intérêts collectifs qu'ils ont pour objet de défendre.**

Les fédérations départementales des associations agréées de pêche et de pisciculture, qui ont légalement pour mission, conformément à l'article L. 234-4 du Code rural, de participer à l'organisation de la surveillance de la pêche et à la protection du patrimoine piscicole et des milieux aquatiques, tiennent de l'article L. 238-9 du même code le pouvoir d'exercer les droits de la partie civile en ce qui concerne les faits constituant une infraction aux dispositions du titre III du livre II dudit code et portant un préjudice direct ou indirect aux intérêts collectifs qu'elles ont pour objet de défendre ; il en va de même pour les associations de prud'hommes pêcheurs, par application de l'article 21 *bis* du décret-loi du 9 janvier 1852, en ce qui concerne les faits constituant une infraction aux dispositions de ce texte (■ Cass. crim., 25 oct. 1995 : *Bull. crim.*, n° 322).

Sous-section 1. – Circonstances aggravantes

Art. L. 437-19. – Les peines peuvent être doublées lorsque les délits sont commis la nuit.

Sous-section 2. – Astreinte

Art. L. 437-20 *(Abr. à compter du 1er juill. 2013, Ord. n° 2012-34, 11 janv. 2012).*

Sous-section 3. – Confiscation

Art. L. 437-21 *(Abr. à compter du 1er juill. 2013, Ord. n° 2012-34, 11 janv. 2012).*

Sous-section 4. – Exclusion des associations agréées

Art. L. 437-22. – Tout jugement ou arrêt qui prononce une condamnation pour infraction en matière de pêche, à l'exception des infractions à l'interdiction de pêcher sans la permission du détenteur du droit de pêche, peut exclure l'auteur de l'infraction des associations agréées de pêche pour une durée qui ne peut être inférieure à un an ni supérieure à trois ans. En cas de récidive, cette exclusion a une durée minimum de deux ans et ne peut excéder cinq ans. Lorsque l'auteur de l'infraction est un pêcheur professionnel dans l'exercice de son activité, le tribunal peut prononcer son exclusion des associations agréées de pêcheurs professionnels pour une durée qui ne peut excéder deux ans ; en cas de récidive, cette exclusion ne peut excéder cinq ans.

Celui qui, durant le temps où il a été exclu, se livre à l'exercice de la pêche, est puni de 3 750 € d'amende.

Sous-section 5. – Responsabilité des personnes morales

Art. L. 437-23 *(Abr. à compter du 1er juill. 2013, Ord. n° 2012-34, 11 janv. 2012).*

Code de l'environnement

PARTIE RÉGLEMENTAIRE

TITRE III. – PÊCHE EN EAU DOUCE ET GESTION DES RESSOURCES PISCICOLES

CHAPITRE I. – CHAMP D'APPLICATION

Section I. – Dispositions générales

Art. R. 431-1. – En application de l'article L. 431-5, la demande par laquelle un propriétaire ou, le cas échéant, le détenteur du droit de pêche avec l'accord écrit du propriétaire, sollicite l'application des dispositions du présent titre et des textes pris pour son application à un ou plusieurs plans d'eau non visés à l'article L. 431-3, est adressée au préfet du département où est situé le plan d'eau.

Lorsqu'un plan d'eau est situé sur le territoire de plusieurs départements, la demande est adressée au préfet du département où est située la surface en eau la plus étendue.

....

Art. R. 431-6 *(D. n° 2016-417, 7 avr. 2016 ; D. n° 2016-1842, 26 déc. 2016).* – L'arrêté du préfet est notifié au propriétaire et, le cas échéant, au détenteur du droit de pêche. Il est publié au recueil des actes administratifs du département et affiché pendant un mois à la mairie de la ou des communes où est situé le plan d'eau. Il est transmis au représentant de l'Agence française pour la biodiversité dans la région, ainsi qu'à la fédération départementale des associations agréées de pêche et de protection des milieux aquatiques. Copie en est adressée au ministre chargé de la pêche en eau douce.

Section II. – Eaux closes

Art. R. 431-7 *(D. n° 2007-978, 15 mai 2007).* – Constitue une eau close au sens de l'article L. 431-4 le fossé, canal, étang, réservoir ou autre plan d'eau dont la configuration, qu'elle résulte de la disposition des lieux ou d'un aménagement permanent de ceux-ci, fait obstacle au passage naturel du poisson, hors événement hydrologique exceptionnel.

Un dispositif d'interception du poisson ne peut, à lui seul, être regardé comme un élément de la configuration des lieux au sens de l'alinéa précédent.

Section III. – Piscicultures

Sous-section 1. – Dispositions générales

Art. R. 431-8 *(D. n° 2006-880, 17 juill. 2006 ; D. n° 2007-978, 15 mai 2007).* – Constituent des piscicultures régulièrement autorisées ou déclarées au sens de l'article L. 431-7 les piscicultures qui :

– avant le 1er octobre 2006, ont été autorisées au titre de la législation des installations classées ou au titre de l'article L. 431-6 du Code de l'environnement ou des textes auquel il s'est substitué ;

– après le 1er octobre 2006, ont été autorisées au titre de la législation des installations classées ou ont fait l'objet d'une déclaration comme entrant dans la rubrique 3.2.7.0 de la nomenclature prévue à l'article L. 214-2, à laquelle le préfet ne s'est pas opposé.

Art. R. 431-9 à R. 431-34 *(Abr., D. n° 2006-880, 17 juill. 2006).*

Sous-section 2. – Dispositions applicables aux déclarations des droits, concessions ou autorisations portant sur des plans d'eau existant au 30 juin 1984

Art. R. 431-42 et R. 431-43 *(Abr., D. n° 2006-880, 17 juill. 2006).*

CHAPITRE II. – PRÉSERVATION DES MILIEUX AQUATIQUES ET PROTECTION DU PATRIMOINE PISCICOLE

……………………………………………………………………………………

Section IV. – Contrôle des peuplements

Art. R. 432-5 *(D. n° 95-40, 6 janv. 1995).* **– La liste des espèces de poissons, de grenouilles et de crustacés susceptibles de provoquer des déséquilibres biologiques dans les eaux visées au titre III du livre II du Code rural et dont l'introduction dans ces eaux est, de ce fait, interdite, est fixée comme suit :**

Poissons :
Le poisson-chat : *Ictalurus melas* ;
La perche soleil : *Lepomis gibbosus*.
Grenouilles :
Les espèces de grenouilles *(Rana sp.)* autres que :
***Rana arvalis* : grenouille des champs ;**
***Rana dalmatina* : grenouille agile ;**
***Rana iberica* : grenouille ibérique ;**
***Rana honnorati* : grenouille d'Honnorat ;**
***Rana esculenta* : grenouille verte de Linné ;**
***Rana lessonae* : grenouille de Lessona ;**
***Rana perezi* : grenouille de Perez ;**
***Rana ridibunda* : grenouille rieuse ;**
***Rana temporaria* : grenouille rousse ;**
***Rana groupe esculenta* : grenouille verte de Corse.**

……………………………………………………………………………………

Art. R. 432-11. – Est puni de l'amende prévue pour les contraventions de la 5e classe le fait de ne pas avoir respecté les prescriptions des autorisations mentionnées à l'article R. 432-6.

……………………………………………………………………………………

Art. R. 432-18. – Est puni de l'amende prévue pour les contraventions de la 5e classe, le fait, pour l'exploitant d'un établissement de pisciculture ou d'aquaculture non agréé, de procéder à la livraison de lots de poissons en vue du rempoissonnement ou de l'alevinage des eaux mentionnées au présent titre.

……………………………………………………………………………………

CHAPITRE V. – DROIT DE PÊCHE

Art. R. 435-1. – Sera puni de l'amende prévue pour les contraventions de la 2e classe quiconque pratique la pêche sans la permission de celui à qui le droit de pêche appartient.

……………………………………………………………………………………

Section III. – Droit de passage

Art. R. 435-40 *(D. n° 2016-417, 7 avr. 2016).* **– Est puni de l'amende prévue pour les contraventions de la 4e classe le fait pour tout propriétaire, locataire, fermier ou titulaire d'un droit réel, riverain d'un cours**

d'eau domanial ou d'un plan d'eau domanial, de ne pas laisser à l'usage des pêcheurs un espace libre dans les conditions prévues à « l'article L. 2131-2 du Code général de la propriété des personnes publiques ».

CHAPITRE VI. – CONDITIONS D'EXERCICE DU DROIT DE PÊCHE

Section I. – Dispositions générales

....

Art. R. 436-3 *(Mod., D. n° 2007-1357, 14 sept. 2007).* – Est puni de l'amende prévue pour les contraventions de la 3e classe le fait de pêcher sans avoir la qualité de membre d'une association agréée prévue à l'article L. 436-1 ou sans avoir acquitté la taxe piscicole prévue au même article.

Est puni de l'amende prévue pour les contraventions de la 1re classe le fait de pêcher sans être porteur du document justifiant de sa qualité de membre d'une association agréée et du paiement de la redevance visée à l'article L. 213-10-12, et valable pour le temps, le lieu et le mode de pêche pratiqué.

Art. R. 436-4 *(Abr., D. n° 2007-1357, 14 sept. 2007).*

Art. R. 436-5. – Est puni de l'amende prévue pour les contraventions de la 3e classe le fait de pêcher sans respecter les conditions prévues à l'article L. 436-4.

Sous-section 1. – Temps et heures d'interdiction

§ 1. – Temps d'interdiction

Art. R. 436-6. – I *(I rempl., D. n° 2010-243, 10 mars 2010)* À l'exception de la pêche de l'ombre commun qui est autorisée du troisième samedi de mai au troisième dimanche de septembre inclus, la pêche dans les eaux de 1re catégorie est autorisée du deuxième samedi de mars au troisième dimanche de septembre inclus.

II. – Le préfet peut, par arrêté motivé, prolonger d'une à trois semaines la période d'ouverture fixée au I, dans les plans d'eau et les parties des cours d'eau ou les cours d'eau de haute montagne.

III. – Les dispositions spécifiques à l'exercice de la pêche des poissons appartenant aux espèces vivant alternativement dans les eaux douces et dans les eaux salées sont énoncées aux articles R. 436-55 *(Mots rempl., D. n° 2010-1110, 22 sept. 2010)* « à R. 436-58 et R. 436-65-3 à R. 436-65-5 ».

Art. R. 436-7 *(Mod., D. n° 2010-243, 10 mars 2010).* – Dans les eaux de 2e catégorie, la pêche est autorisée toute l'année, à l'exception de :

1° La pêche du brochet, qui est autorisée du 1er janvier au dernier dimanche de janvier et du 1er mai au 31 décembre, inclus ;

(Abr., D. n° 2010-243, 10 mars 2010) ;

2° La pêche de l'ombre commun, qui est autorisée du troisième samedi de mai au 31 décembre, inclus ;

3° La pêche de la truite fario, de l'omble ou saumon de fontaine, de l'omble chevalier et du cristivomer, ainsi que la pêche de la truite arc-en-ciel dans les cours d'eau ou les parties de cours d'eau classés à saumon ou à truite de mer, qui sont autorisées durant le temps d'ouverture de la pêche dans les eaux de la 1re catégorie.

Art. R. 436-8 *(D. n° 2016-417, 7 avr. 2016).* – Lorsque les caractéristiques locales du milieu aquatique justifient des mesures particulières de protection du patrimoine piscicole, le préfet peut, par arrêté motivé, interdire la pêche d'une ou de plusieurs espèces de poissons dans certaines parties de cours d'eau ou de plans d'eau, pendant une durée qu'il détermine.

« Lorsque l'état de conservation d'une espèce le justifie, le ministre chargé de la pêche en eau douce peut, par arrêté, en interdire la pêche pendant une durée qu'il détermine. »

Art. R. 436-9. – Les dispositions de l'article R. 436-6 et des 1°, 2° et 3° de l'article R. 436-7 ne s'appliquent pas aux plans d'eau où sont mises en œuvre les dispositions du présent titre par application de l'article L. 431-5.

Art. R. 436-10. – La pêche des écrevisses à pattes rouges *(Astacus astacus)*, des torrents *(Astacus torrentium)*, à pattes blanches *(Austropotamobius pallipes)* et à pattes grêles *(Astacus leptodactylus)* est autorisée pendant une période de dix jours consécutifs commençant le quatrième samedi de juillet.

Art. R. 436-11. – La pêche de la grenouille verte et de la grenouille rousse est autorisée pendant une période maximum de dix mois fixée par le préfet.

Art. R. 436-12 *(D. n° 2016-417, 7 avr. 2016)*. – Il est interdit de pêcher dans les parties de cours d'eau, canaux ou plans d'eau dont le niveau est abaissé artificiellement, soit dans le but d'y opérer des curages ou travaux quelconques, soit en raison du chômage des usines ou de la navigation, soit à la suite d'accidents survenus aux ouvrages de retenue.

Toute personne responsable de l'abaissement des eaux doit, sauf cas de force majeure, avertir la gendarmerie, la fédération départementale des associations agréées de pêche et de protection des milieux aquatiques et le service chargé de la police de la pêche, au moins huit jours à l'avance, du moment où le niveau des eaux sera abaissé. En cas d'accident survenu à un ouvrage de retenue, la déclaration doit être faite immédiatement par le responsable de l'ouvrage.

Les dispositions du premier alinéa du présent article ne s'appliquent pas aux cas d'abaissement laissant subsister dans un cours d'eau, un canal ou une retenue à vocation saisonnière une hauteur d'eau ou un débit garantissant la vie et la circulation des poissons.

En vue d'assurer la protection du poisson, le préfet peut autoriser l'évacuation et le transport dans un autre cours d'eau ou plan d'eau qu'il désigne des poissons retenus ou mis en danger par l'abaissement artificiel du niveau des eaux.

Il peut, à la demande des détenteurs du droit de pêche ou en cas d'urgence, se substituer à ceux-ci pour accomplir toutes opérations nécessaires à la sauvegarde du poisson.

Ces dispositions ne s'appliquent pas aux vidanges autorisées de plans d'eau.

§ 2. – Heures d'interdiction

Art. R. 436-13 *(D. n° 2010-1110, 22 sept. 2010)*. – La pêche ne peut s'exercer plus d'une demi-heure avant le lever du soleil, ni plus d'une demi-heure après son coucher.

Toutefois, la pêche de l'anguille, à tous les stades de son développement tels qu'ils sont définis à l'article R. 436-65-1 par les membres des associations départementales ou interdépartementales agréées de pêcheurs professionnels en eau douce, est autorisée à toute heure.

Art. R. 436-14. – Le préfet peut, toutefois, par arrêté, autoriser la pêche :

1° De la truite de mer depuis une demi-heure avant le lever du soleil jusqu'à deux heures après son coucher dans les cours d'eau figurant comme cours d'eau à truite de mer sur la liste établie par le ministre chargé de la pêche en eau douce ;

2° Des aloses, du flet, des lamproies et du mulet depuis deux heures avant le lever du soleil jusqu'à deux heures après son coucher dans les eaux mentionnées à l'article L. 435-1 ;

3° *(Abr., D. n° 2010-1110, 22 sept. 2010)* ;

4° Des aloses et des lamproies à toute heure dans les zones mentionnées à l'article L. 436-10 ;

5° De la carpe à toute heure dans les parties de cours d'eau et de plans d'eau de 2e catégorie et pendant une période qu'il détermine. Toutefois, depuis une demi-heure après le coucher du soleil jusqu'à une demi-heure avant son lever, aucune carpe capturée par les pêcheurs amateurs aux lignes ne peut être maintenue en captivité ou transportée.

Art. R. 436-15 *(Mod., D. n° 2010-1110, 22 sept. 2010 ; D. n° 2016-417, 7 avr. 2016)*. – Les membres des associations agréées départementales ou interdépartementales de pêcheurs professionnels en eau douce peuvent placer, manœuvrer et relever leurs filets et engins deux heures avant le lever du soleil et quatre heures après son coucher, ou à toute heure dans le cas prévu au 4° de l'article R. 436-14 et pour la pêche de l'anguille lorsqu'elle est autorisée.

Les autres pêcheurs ne peuvent placer, manœuvrer ou relever leurs filets et engins que pendant les heures où la pêche est autorisée en application des dispositions des articles R. 436-13 et R. 436-14.

Art. R. 436-16 *(Mod., D. n° 2010-1110, 22 sept. 2010)*. – Les filets et engins de toute nature doivent être retirés de l'eau du samedi dix-huit heures au lundi six heures, à l'exception toutefois des bosselles à anguilles, nasses et verveux, des carrelets, des couls, des lignes de fond, des éperviers et des balances à écrevisses ou à crevettes, ainsi que des engins destinés à la pêche de l'anguille inférieure à 12 centimètres.

Pendant le même temps, les engins actionnés par courant d'eau ou par un dispositif mécanique quelconque doivent être arrêtés. En outre, les nasses et verveux ne peuvent être ni placés, ni manœuvrés, ni relevés, à l'exception des bosselles à anguilles, nasses anguillères et engins destinés à la pêche de l'anguille de moins de 12 centimètres. En outre, les nasses et verveux, bosselles à anguilles et nasses anguillères exceptées, ne peuvent être ni placés, ni manœuvrés, ni relevés.

Sur les cours d'eau ou parties de cours d'eau classés comme cours d'eau à saumon en vertu de l'article R. 436-66, le ministre chargé de la pêche en eau douce peut porter à soixante heures la durée de la relève hebdomadaire pendant la période de remontée des migrateurs.

Art. R. 436-17 *(Abr., D. n° 2010-1110, 22 sept. 2010).*

Sous-section 2. – Taille minimale des poissons et des écrevisses

Art. R. 436-18 *(D. n° 94-978, 10 nov. 1994).* – Les poissons et écrevisses des espèces précisées ci-après ne peuvent être pêchés et doivent être remis à l'eau immédiatement après leur capture si leur longueur est inférieure à :

1,80 mètre pour l'esturgeon ;

0,70 mètre pour le huchon ;

0,50 mètre pour le saumon ;

0,50 mètre pour le brochet dans les eaux de la 2e catégorie ;

0,35 mètre pour la truite de mer et le cristivomer ;

0,40 mètre pour le sandre dans les eaux de la 2e catégorie ;

0,30 mètre pour les aloses, l'ombre commun et le corégone ;

0,20 mètre pour la lamproie fluviatile et 0,40 mètre pour la lamproie marine ;

0,23 mètre pour les truites autres que la truite de mer, l'omble ou saumon de fontaine et l'omble chevalier ;

0,23 mètre pour le black-bass dans les eaux de la 2e catégorie ;

0,20 mètre pour le mulet ;

0,09 mètre pour les écrevisses appartenant aux espèces mentionnées à l'article R. 436-10.

La longueur des poissons est mesurée du bout du museau à l'extrémité de la queue déployée, celle des écrevisses de la pointe de la tête, pinces et antennes non comprises, à l'extrémité de la queue déployée.

Art. R. 436-19 *(D. n° 94-978, 10 nov. 1994 ; D. n° 2016-417, 7 avr. 2016).* – Le préfet peut, par arrêté motivé, porter à 0,30 mètre ou à 0,25 mètre ou ramener à 0,20 mètre ou à 0,18 mètre la taille minimum de l'omble ou saumon de fontaine, de l'omble chevalier et des truites autres que la truite de mer susceptibles d'être pêchés en fonction des caractéristiques de développement des poissons de ces espèces dans certains cours d'eau ou plans d'eau.

« Il peut également, dans les mêmes conditions, porter la taille minimum :

1° du brochet à 0,60 mètre, du sandre à 0,50 mètre, du black-bass à 0,40 mètre dans les eaux de la 2e catégorie ;

2° de l'ombre commun à 0,35 mètre dans les eaux de la 1re et de la 2e catégorie. »

En outre, le préfet peut lever l'interdiction de pêcher la truite arc-en-ciel d'une longueur inférieure au minimum prévu à l'article R. 436-18 ou par le présent article dans les eaux de 2e catégorie.

Art. R. 436-20. – En cas d'épidémie ou de risque d'épidémie, le préfet peut lever temporairement, par arrêté, l'interdiction de pêcher certaines espèces de poissons dont la longueur est inférieure au minimum prévu par l'article R. 436-18, dans l'ensemble du département ou dans certains cours d'eau, canaux ou plans d'eau.

Sous-section 3. – Nombre de captures autorisées – Conditions de capture

Art. R. 436-21 *(D. n° 94-978, 10 nov. 1994 ; D. n° 2016-417, 7 avr. 2016).* – Le nombre de captures des salmonidés autres que le saumon et, le cas échéant, la truite de mer, autorisé par pêcheur et par jour, est fixé à dix.

« Dans les eaux classées en 2e catégorie en application du *b* du 10° de l'article L. 436-5, le nombre de captures autorisé de sandres, brochets et black-bass, par pêcheur de loisir et par jour, est fixé à trois, dont deux brochets maximum. »

Lorsque les caractéristiques locales du milieu aquatique justifient des mesures particulières de protection du patrimoine piscicole, le préfet peut, par arrêté motivé, diminuer le nombre de captures autorisées fixé ci-dessus dans les cours d'eau et les plans d'eau qu'il désigne.

Art. R. 436-22. – L'organisation de concours de pêche dans les cours d'eau de la 1re catégorie est soumise à l'autorisation préalable du préfet.

Le préfet dispose d'un délai de deux mois à compter de la date de l'accusé de réception de la demande d'autorisation pour faire connaître sa décision. Passé ce délai, le concours de pêche est réputé autorisé aux conditions de la demande.

Sous-section 4. – Procédés et modes de pêche autorisés

Art. R. 436-23 *(D. n° 94-978, 10 nov. 1994 ; D. n° 2016-417, 7 avr. 2016)*. – I. – Les membres des associations agréées de pêche et de protection des milieux aquatiques peuvent pêcher au moyen :

1° *a)* De quatre lignes au plus dans les eaux de 2e catégorie ;

b) De deux lignes au plus dans les eaux domaniales de 1re catégorie ainsi que dans les plans d'eau de 1re catégorie désignés par le préfet ;

c) D'une ligne dans les eaux de 1re catégorie autres que celles mentionnées au 1° de l'article L. 235-1 [L. 435-1, C. env.].

Les lignes doivent être montées sur canne et munies de deux hameçons ou de trois mouches artificielles au plus. Elles doivent être disposées à proximité du pêcheur ;

2° De la vermée et de six balances au plus destinées à la capture des écrevisses et des crevettes ;

3° D'une carafe, ou bouteille, destinée à la capture des vairons et autres poissons servant d'amorces dont la contenance ne peut être supérieure à deux litres, dans les eaux de 2e catégorie. Le préfet peut autoriser ce moyen de pêche dans les eaux de 1re catégorie.

II. – Ils peuvent, en outre, dans les eaux non domaniales de 2e catégorie désignées par le ministre chargé de la pêche en eau douce, utiliser des engins et des filets mentionnés à l'article R. 236-32 dont la nature, les dimensions et le nombre sont fixés par le préfet.

III. – En outre, le préfet peut autoriser l'emploi d'un carrelet d'un mètre carré de superficie au plus et de lignes de fond munies pour l'ensemble de dix-huit hameçons au plus, dans les cours d'eau et les plans d'eau de 2e catégorie qu'il désigne.

IV. – Dans certaines parties de cours d'eau ou de plans d'eau et à titre exceptionnel, le préfet peut, par arrêté motivé, interdire l'emploi de certains modes ou procédés de pêche, limiter l'emploi des lignes mentionnées au 1° ci-dessus à des techniques particulières de pêche ou exiger de tout pêcheur qu'il remette immédiatement à l'eau les spécimens capturés d'une ou de plusieurs espèces ou de toutes les espèces.

Art. R. 436-24 *(D. n° 89-898, 14 déc. 1989)*. – Dans les eaux de la 2e catégorie mentionnées au 1° de l'article L. 235-1 du Code rural, les membres des associations départementales agréées de pêcheurs amateurs aux engins et aux filets sur les eaux du domaine public peuvent pêcher au moyen d'engins, de filets et de lignes dont la nature, les dimensions et le nombre sont définis dans le cadre de la location du droit de pêche de l'État.

II. – Seuls peuvent être autorisés :

1° Plusieurs filets de type Araignée ou de type Tramail, d'une longueur cumulée maximum de 60 mètres, ou un carrelet de 25 mètres carrés de superficie au maximum, ou un filet de type Coulette dont l'écartement des branches est inférieur ou égal à 3 mètres, ou un filet de type Coul de 1,50 mètre de diamètre maximum :

2° Un épervier ;

3° Trois nasses ;

4° *(Mod., D. n° 2010-1110, 22 sept. 2010)* Des bosselles à anguilles, des nasses de type anguillère, à écrevisses, à lamproie, au nombre total de six au maximum, dont au plus trois bosselles à anguilles ou nasses de type anguillère ;

5° Six balances à écrevisses ou à crevettes ;

6° Des lignes de fond munies pour l'ensemble d'un maximum de dix-huit hameçons ;

7° Trois lignes de traînes munies au plus de deux hameçons chacune ;

8° *(Abr., D. n° 2010-1110, 22 sept. 2010)* ;

9° Quatre lignes montées sur canne et munies chacune de deux hameçons au plus ou de trois mouches artificielles au plus.

Art. R. 436-25 *(Mod. à compter du 1er janv. 2011, D. n° 2010-1773, 31 déc. 2010 ; D. n° 2016-417, 7 avr. 2016)*. – I. – Dans les eaux de la 2e catégorie, ainsi que dans les plans d'eau de la 1re catégorie dont la liste est fixée par le ministre chargé de la pêche en eau douce, les membres des associations agréées de pêcheurs professionnels en eau douce peuvent pêcher au moyen d'engins, de filets et de lignes dont la nature, les dimensions et le nombre sont définis soit dans le cadre de la location du droit de pêche de l'État dans les eaux mentionnées à l'article L. 435-1, soit par arrêté du préfet pour tout ou partie des eaux non mentionnées à l'article L. 435-1, « soit par le récépissé de la déclaration ou l'autorisation de vidange de plan d'eau délivrés en application de la nomenclature annexée à l'article R. 214-1 » parmi les procédés et modes de pêche prévus au II et au III.

II. – Seul peut être autorisé l'usage des engins et filets suivants :

1° Filets de type Araignée ;

2° Filets de type Tramail ;

3° Filets de type Senne, dont la longueur ne peut excéder de plus d'un tiers la largeur mouillée du cours d'eau où ils sont utilisés ;

4° Filets barrage, baros ;

5° Éperviers ;

6° Carrelets, bouges, coulettes, couls ;

7° Dideaux ;

8° Nasses ;

9° Verveux ;

10° Bosselles à anguilles ;

11° Filets ronds ;

12° Balances à écrevisses ou à crevettes ;

13° Lignes de fond ;

14° Lignes de traîne ;

15° Tamis à civelle de 1,20 mètre de diamètre et de 1,30 mètre de profondeur au plus.

16° Quatre lignes montées sur canne et munies chacune de deux hameçons au plus ou de trois mouches artificielles au plus.

III. – *(En vigueur à compter du 1er janv. 2011, D. n° 2010-1773, 31 déc. 2010)* Peuvent en outre être autorisés les procédés et modes de pêche susceptibles d'améliorer la sélectivité de la pêche ou la qualité sanitaire des produits de la pêche ou les conditions de travail des pêcheurs professionnels, figurant sur une liste fixée par le ministre chargé de la pêche en eau douce, à des fins expérimentales.

Art. R. 436-26 *(D. n° 2016-417, 7 avr. 2016)*. – I. – Sont seuls autorisés les filets, nasses, bosselles à anguilles et autres engins utilisés pour la pêche des poissons et des écrevisses dont les mailles ou espacements des verges sont carrés, rectangulaires, losangiques ou hexagonaux.

II. – Les dimensions des mailles et l'espacement minimum des verges sont fixés ainsi qu'il suit :

Côté des mailles carrées ou losangiques, petit côté des mailles rectangulaires, quart du périmètre des mailles hexagonales, espacement des verges :

a) Pour le saumon et la truite de mer : 40 millimètres ;

b) Pour les espèces autres que celles désignées au *a* et au *c* : 27 millimètres ;

c) Pour l'anguille, le goujon, la loche, le vairon, la vandoise, l'ablette, les lamproies, le gardon, le chevesne, le hotu, la grémille et la brême ainsi que pour les espèces susceptibles de provoquer des déséquilibres biologiques : 10 millimètres.

Pour la pêche de la civelle, la dimension de la maille des tamis peut être inférieure à 10 millimètres.

III. – Les balances à écrevisses ou à crevettes peuvent être indifféremment rondes, carrées ou losangiques ; leur diamètre ou leur diagonale ne doit pas dépasser 0,30 mètre.

IV. – Le diamètre de l'orifice d'entrée dans la dernière chambre de capture des bosselles ou des nasses à anguilles ne doit pas excéder 40 millimètres.

Art. R. 436-27. – Pour la pêche de la crevette dans les eaux saumâtres, le préfet peut autoriser l'emploi d'engins comportant des mailles ou des espacements de 5 millimètres.

Art. R. 436-28. – Les filets et engins de toute nature, fixes ou mobiles, lignes de fond comprises, ne peuvent occuper plus des deux tiers de la largeur mouillée du cours d'eau ou du plan d'eau dans les emplacements où ils sont utilisés.

Ils ne peuvent, à l'exception des lignes dormantes, être employés simultanément sur la même rive ou sur deux rives opposées, même par des pêcheurs différents, que s'ils sont séparés par une distance égale à trois fois au moins la longueur du plus long de ces filets ou engins.

La longueur des filets mobiles et notamment des araignées mesurés à terre et développés en ligne droite ne peut dépasser les deux tiers de la largeur mouillée du cours d'eau ; toutefois, le préfet peut porter cette longueur aux quatre cinquièmes de la largeur mouillée du cours d'eau lorsque l'irrégularité des courants est de nature à entraver notablement l'exercice normal de la pêche.

Lorsqu'il existe un chenal naturel, la largeur de celui-ci est substituée à la largeur mouillée du cours d'eau pour l'application des dispositions précédentes.

Le jalonnement des filets, dans les eaux mentionnées au 1° de l'article L. 435-1, est réglementé par le cahier des charges pour l'exploitation de la pêche aux engins et aux filets. Dans les eaux autres que celles mentionnées au 1° de l'article L. 435-1, la partie supérieure des filets doit être apparente au-dessus de l'eau sur toute la longueur tendue ou jalonnée d'une manière visible.

Art. R. 436-29. – La procédure de contrôle des filets et mailles, à l'occasion de leur utilisation, est fixée par le ministre chargé de la pêche en eau douce.

Sous-section 5. – Procédés et modes de pêche prohibés

Art. R. 436-30. – Il est interdit d'utiliser les filets traînants, à savoir ceux qui sont entraînés dans l'eau sous l'action d'une force quelconque autre que l'action directe du courant, à l'exception de l'épervier jeté à la main et manœuvré par un seul homme, du tamis, du coul, de la coulette et de la senne.

Art. R. 436-31. – Il est interdit dans les cours d'eau ou leurs dérivations d'établir des appareils, d'effectuer des manœuvres, de battre la surface de l'eau en vue de rassembler le poisson afin d'en faciliter la capture.

Art. R. 436-32. – I. – Il est interdit en vue de la capture du poisson :

1° De pêcher à la main ou sous la glace ou en troublant l'eau ou en fouillant sous les racines et autres retraites fréquentées par le poisson. Toutefois, pour la pêche à la ligne du goujon, le pilonnage effectué par le pêcheur lui-même est autorisé ;

2° D'employer tous procédés ou de faire usage de tous engins destinés à accrocher le poisson autrement que par la bouche. Toutefois, est autorisé pour retirer de l'eau le poisson déjà ferré l'emploi de l'épuisette et de la gaffe. Dans les cours d'eau et parties de cours d'eau classés comme cours d'eau à saumon, le préfet peut interdire l'usage de la gaffe ;

3° De se servir d'armes à feu, de fagots sauf pour la pêche *(Mots suppr., D. n° 2010-1110, 22 sept. 2010)* « ... » des écrevisses appartenant aux espèces autres que celles mentionnées à l'article R. 436-10 de lacets ou de collets, de lumières ou feux sauf pour la pêche de la civelle, de matériel de plongée subaquatique ;

4° De pêcher à l'aide d'un trimmer ou d'un engin similaire ;

5° D'utiliser des lignes de traîne en dehors des conditions fixées aux articles R. 436-24 et R. 436-25 ;

6° De pêcher aux engins et aux filets dans les zones inondées.

II. – Lorsque les caractéristiques locales du milieu aquatique justifient des mesures particulières de protection du patrimoine piscicole, le préfet peut, par arrêté motivé, interdire la pêche en marchant dans l'eau dans les cours d'eau et les plans d'eau qu'il désigne.

III. – Le préfet peut également interdire toute pêche dans les parties de cours d'eau, de canaux ou de plan d'eau dont le niveau est naturellement abaissé, en fixant par arrêté motivé, le cas échéant, les conditions de récupération des poissons.

Art. R. 436-33. – I. – Pendant la période d'interdiction spécifique de la pêche du brochet, la pêche au vif, au poisson mort ou artificiel et aux leurres susceptibles de capturer ce poisson de manière non accidentelle est interdite dans les eaux classées en 2e catégorie.

1° À la pêche du saumon dans les cours d'eau ou parties de cours d'eau classés comme cours d'eau à saumon ;

2° À certains cours d'eau, canaux et plans d'eau désignés par arrêté du préfet.

II. – Pendant la période d'interdiction spécifique de la pêche du brochet, l'emploi de l'épervier ainsi que des nasses et verveux à l'exception des bosselles à anguilles et des nasses de type anguillère, à écrevisses ou à lamproie, est interdit dans les eaux classées dans la deuxième catégorie sauf pour la pêche d'autres espèces.

Art. R. 436-34. – I. – Il est interdit d'utiliser comme appât ou comme amorce :

1° Les œufs de poissons, naturels, frais, de conserve, ou mélangés à une composition d'appâts ou artificiels, dans tous les cours d'eau et plans d'eau ;

2° Les asticots et autres larves de diptères, dans les eaux de 1re catégorie.

II. – Le préfet peut, par arrêté motivé, autoriser l'emploi des asticots comme appât, sans amorçage, dans certains plans d'eau et cours d'eau ou parties de cours d'eau de 1re catégorie.

Art. R. 436-35 *(Mod., D. n° 2010-1110, 22 sept. 2010)*. – Il est interdit d'appâter les hameçons, nasses, filets, verveux et tous autres engins avec les poissons des espèces dont la taille minimum a été fixée par les articles R. 436-18 et R. 436-19, des espèces protégées par les dispositions des articles L. 411-1, L. 411-2 et L. 412-1 et des espèces mentionnées aux 1° et 2° de l'article L. 432-10 ainsi qu'avec la civelle, l'anguille ou sa chair.

Sous-section 6. – Dispositions diverses

Art. R. 436-36. – Le ministre chargé de la pêche en eau douce fixe la liste des grands lacs intérieurs et des lacs de montagne pour lesquels le préfet peut établir par arrêté une réglementation spéciale pouvant porter dérogation aux prescriptions des articles R. 436-6, R. 436-7, R. 436-15, R. 436-16, R. 436-18, R. 436-21, R. 436-23, R. 436-26 et au 5° du I de l'article R. 436-32. Cette réglementation est déterminée après avis d'une commission dont la composition est fixée pour chaque lac ou ensemble de lacs par le ministre chargé de la pêche en eau douce.

Art. R. 436-37. – Quand un cours d'eau ou un plan d'eau est mitoyen entre plusieurs départements, il est fait application, à défaut d'accord entre les préfets, des dispositions les moins restrictives dans les départements concernés.

Art. R. 436-38 *(D. n° 2016-417, 7 avr. 2016 ; D. n° 2016-1842, 26 déc. 2016)*. – Les arrêtés du préfet prévus aux sous-sections 1 à 6 de la présente section sont pris après avis du délégué régional de l'Agence française pour la biodiversité, de la fédération départementale des associations agréées de pêche et de protection des milieux aquatiques et, le cas échéant, de l'association agréée des pêcheurs professionnels.

Sous-section 7. – Dispositions pénales

Art. R. 436-39. – Sont considérés comme des produits et moyens non autorisés au sens du deuxième alinéa de l'article L. 436-7 le déversement de substances chimiques dans un cours d'eau ou la modification du régime hydraulique d'un cours d'eau en vue de la capture ou de la destruction du poisson.

Art. R. 436-40. – I. – Est puni de l'amende prévue pour les contraventions de la 3e classe le fait :

1° De pêcher pendant les temps d'interdiction prévus par les articles R. 436-6, R. 436-7, R. 436-10, R. 436-11 et R. 436-12 ;

2° De pêcher pendant les heures d'interdiction prévues par les articles R. 436-13 à R. 436-17 ;

3° D'employer un procédé ou un mode de pêche prohibés en application des articles R. 436-23 à R. 436-28 et R. 436-30 à R. 436-35 ;

4° De pêcher, de transporter ou de vendre des poissons provenant des eaux soumises aux dispositions de la présente section qui n'ont pas les dimensions fixées par l'article R. 436-18 ou en application de l'article R. 436-19 ;

5° De pêcher ou de transporter des poissons provenant des eaux soumises aux dispositions de la présente section dont le nombre excède celui fixé par l'article R. 436-21 ;

6° D'organiser un concours de pêche dans un cours d'eau de 1re catégorie sans avoir obtenu l'autorisation prévue à l'article R. 436-22 ou sans respecter les prescriptions de l'autorisation ;

7° De ne pas respecter les prescriptions fixées par voie d'arrêté préfectoral, pris en application des articles R. 436-6, R. 436-7, R. 436-8, R. 436-12, R. 436-21, R. 436-23 et R. 436-32 ;

8° D'être trouvé, la nuit, porteur ou muni, hors de son domicile, d'instruments, filets ou engins de pêche prohibés destinés à être utilisés dans les eaux soumises aux dispositions de la présente section ;

9° De ne pas respecter les prescriptions du 5° de l'article R. 436-14 relatives au maintien en captivité et au transport des carpes.

II. – L'amende encourue est celle qui est prévue pour les contraventions de la 4e classe lorsque les infractions aux 1°, 3°, 4°, 5°, 6° et 7° du I sont commises de nuit.

Art. R. 436-41. – Est puni de l'amende prévue pour les contraventions de la 3e classe le fait de ne pas respecter les prescriptions fixées par les arrêtés du préfet pris en application de l'article R. 436-36. L'amende encourue est celle qui est prévue pour les contraventions de la 4e classe lorsque les infractions sont commises de nuit.

Art. R. 436-42. – Est puni de l'amende prévue pour les contraventions de la 3e classe le fait, pour les contremaîtres, les employés de balisage et les mariniers, de contrevenir aux dispositions de l'article L. 436-8.

....

Section III. – Gestion et pêche des poissons appartenant aux espèces vivant alternativement dans les eaux douces et dans les eaux salées

Sous-section 1. – Dispositions générales

Art. R. 436-44. – Par exception à l'article L. 431-1 et en application de l'article L. 436-11, la présente section s'applique aux cours d'eau et aux canaux affluant à la mer, tant en amont de la limite de salure des eaux que dans leurs parties comprises entre cette limite et les limites transversales de la mer, à leurs affluents et sous-affluents ainsi qu'aux plans d'eau avec lesquels ils communiquent, dans la mesure où s'y trouvent des poissons migrateurs appartenant aux espèces suivantes :

1° Saumon atlantique *(Salmo salar)* ;

2° Grande alose *(Alosa alosa)* ;

3° Alose feinte *(Alosa fallax)* ;

4° Lamproie marine *(Petromyzon marinus)* ;

5° Lamproie fluviatile *(Lampetra fluviatilis)* ;

6° Anguille *(Anguilla anguilla)* ;

7° Truite de mer *(Salmo trutta, f. trutta)*.

Sous-section 2. – Plan de gestion des poissons migrateurs

Art. R. 436-45 *(Mod., D. n° 2010-1110, 22 sept. 2010 ; D. n° 2016-417, 7 avr. 2016)*. – Un plan de gestion des poissons migrateurs détermine, pour une période de six ans, par bassin, par cours d'eau ou par groupe de cours d'eau :

1° Les mesures utiles à la reproduction, au développement, à la conservation et à la circulation de ces poissons, sous réserve des dispositions prévues par l'article L. 432-6 ;

2° Les modalités d'estimation des stocks et d'estimation de la quantité qui peut être pêchée chaque année ;

3° Les plans d'alevinage et les programmes de soutien des effectifs ;

4° Les conditions dans lesquelles sont fixées les périodes d'ouverture de la pêche ;

5° Les modalités de la limitation éventuelle des pêches, qui peuvent être adaptées en fonction des caractéristiques propres à la pêche professionnelle et à la pêche de loisir ;

6° Les conditions dans lesquelles sont délivrés et tenus les carnets de pêche, sous réserve des dispositions de l'article R. 436-64.

Toutefois, en ce qui concerne l'anguille, le plan de gestion des poissons migrateurs contribue à l'exécution du plan national de gestion de l'anguille pris pour l'application du règlement (CE) n° 1100/2007 du Conseil du 18 septembre 2007 instituant des mesures de reconstitution du stock d'anguilles européennes et des actes pris pour la mise en œuvre de ce plan.

Art. R. 436-46. – Le plan de gestion des poissons migrateurs est arrêté par le préfet de région, président du comité de gestion compétent, par application de l'article R. 436-47, sur proposition du comité de gestion ou, à défaut, au vu des éléments recueillis par ce comité. Il peut être révisé dans les mêmes formes. Ce plan est publié au recueil des actes administratifs de chacun des départements faisant partie de la circonscription du comité.

Sous-section 3. – Comité pour la gestion des poissons migrateurs

Art. R. 436-47 *(D. n° 2016-417, 7 avr. 2016)*. – Il est créé dans chacun des bassins suivants un comité de gestion des poissons migrateurs :

1° Les cours d'eau du bassin Artois-Picardie sont couverts par le comité de gestion des poissons migrateurs du bassin Artois-Picardie, dont la présidence est assurée par le préfet de la région Nord – Pas-de-Calais, préfet coordonnateur du bassin Artois-Picardie, ou son représentant ;

2° Les cours d'eau du bassin Rhin-Meuse sont couverts par le comité de gestion des poissons migrateurs du bassin Rhin-Meuse, dont la présidence est assurée par le préfet de la région Lorraine, préfet coordonnateur du bassin Rhin-Meuse, ou son représentant ;

3° Les cours d'eau du bassin Seine-Normandie sont couverts par le comité de gestion des poissons migrateurs du bassin Seine-Normandie, dont la présidence est assurée par le préfet de la région Île-de-France, préfet coordonnateur du bassin Seine-Normandie, ou son représentant ;

4° Les cours d'eau du bassin Loire-Bretagne dont l'embouchure est située dans les départements de la Manche, d'Ille-et-Vilaine, des Côtes-d'Armor, du Finistère et du Morbihan ainsi que leurs affluents, sont couverts par le comité de gestion des poissons migrateurs des cours d'eau bretons, dont la présidence est assurée par le préfet de la région Bretagne ou son représentant ;

5° Les cours d'eau compris dans le bassin Loire-Bretagne, à l'exclusion de ceux appartenant à la circonscription du comité de gestion des poissons migrateurs des cours d'eau bretons, sont couverts par le comité de gestion des poissons migrateurs du bassin de la Loire, dont la présidence est assurée par le préfet de la région Pays de la Loire ou son représentant ;

6° Les cours d'eau compris dans le bassin Adour-Garonne, à l'exclusion de ceux appartenant à la circonscription du comité de gestion des poissons migrateurs du bassin de l'Adour, sont couverts par le comité de gestion des poissons migrateurs du bassin de la Garonne, dont la présidence est assurée par le préfet de la région Aquitaine ou son représentant ;

7° Les cours d'eau des bassins de l'Adour et des cours d'eau côtiers dont l'embouchure est située dans les départements des Landes et des Pyrénées-Atlantiques, à l'exclusion de la Bidassoa, sont couverts par le comité de gestion des poissons migrateurs du bassin de l'Adour. La présidence de ce comité est assurée par le préfet de la région Aquitaine ou son représentant ;

8° Les cours d'eau du bassin Rhône-Méditerranée sont couverts par le comité de gestion des poissons migrateurs du bassin Rhône-Méditerranée et des cours d'eau méditerranéens, dont la présidence est assurée par le préfet de la région Rhône-Alpes, préfet coordonnateur du bassin Rhône-Méditerranée, ou son représentant ;

9° Les cours d'eau du bassin de la Corse sont couverts par le comité de gestion des poissons migrateurs de Corse, dont la présidence est assurée par le préfet de Corse, préfet coordonnateur du bassin de la Corse, ou son représentant.

Art. R. 436-48. – Outre la préparation des plans de gestion, le comité de gestion des poissons migrateurs est chargé :

1° De suivre l'application du plan et de recueillir tous les éléments utiles à son adaptation ou à son amélioration ;

2° De formuler à l'intention des pêcheurs de poissons migrateurs les recommandations nécessaires à la mise en œuvre du plan, et notamment celles relatives à son financement ;

3° De recommander aux détenteurs de droits de pêche et aux pêcheurs maritimes les programmes techniques de restauration de populations de poissons migrateurs et de leurs habitats adaptés aux plans de gestion, ainsi que les modalités de financement appropriées ;

4° De définir et de mettre en œuvre des plans de prévention des infractions à la présente section ;

5° De proposer au préfet de région compétent en matière de pêche maritime l'application de mesures appropriées au-delà des limites transversales de la mer dans tous les cas où ces mesures seraient nécessaires à une gestion équilibrée des poissons migrateurs ;

6° De donner un avis sur le schéma directeur d'aménagement et de gestion des eaux du bassin et sur les schémas d'aménagement et de gestion des eaux des groupements de sous-bassins ou des sous-bassins de sa circonscription.

Art. R. 436-49 *(D. n° 2016-417, 7 avr. 2016)*. – I. – Chaque comité de gestion des poissons migrateurs est composé :

1° De représentants de l'État, dont un directeur régional de l'environnement et un directeur régional des affaires maritimes ;

2° De représentants des différentes catégories de pêcheurs amateurs en eau douce et de leurs associations ;

3° De représentants des pêcheurs professionnels en eau douce ;

4° De représentants des marins-pêcheurs professionnels exerçant leur activité dans la zone comprise entre la limite de salure des eaux et la limite transversale de la mer ;

5° D'un représentant de propriétaires riverains de la circonscription du comité désigné par le préfet de région, président du comité.

II. – En outre, deux conseillers régionaux et deux conseillers départementaux de la circonscription du comité, désignés par leurs assemblées respectives, peuvent participer avec voix délibérative aux travaux du comité.

III. – Le nombre et les modalités de désignation des représentants mentionnés aux 2°, 3° et 4° du I, ainsi que le nombre et la qualité des représentants de l'État, sont fixés par un arrêté conjoint du ministre chargé de la pêche en eau douce et du ministre chargé des pêches maritimes.

IV. – Un délégué régional du Conseil supérieur de la pêche et un représentant de l'Institut français de recherche pour l'exploitation de la mer désignés par ces organismes assistent, à titre consultatif, aux séances du comité.

Art. R. 436-50. – Les membres du comité de gestion des poissons migrateurs autres que les représentants de l'État sont nommés pour une durée de cinq ans par le préfet de région, président du comité. Leur mandat est renouvelable.

Les membres du comité décédés ou démissionnaires et ceux qui, en cours de mandat, n'occupent plus les fonctions à raison desquelles ils ont été désignés, sont remplacés selon les mêmes modalités pour la durée du mandat restant à courir.

Art. R. 436-51. – Le comité de gestion des poissons migrateurs se réunit sur convocation de son président au moins deux fois par an. Le président arrête l'ordre du jour des travaux et fixe la date des séances. Le secrétariat du comité est assuré par les services de l'État.

Des rapporteurs désignés par le président du comité sont chargés de la présentation des affaires inscrites à l'ordre du jour.

Le président du comité peut recueillir l'avis de tout organisme ou association et décider d'entendre toute personne qualifiée.

Art. R. 436-52. – Le comité de gestion des poissons migrateurs ne peut valablement délibérer que si la moitié au moins de ses membres, ou de leurs représentants, sont présents. Toutefois, lorsqu'une convocation n'a pas permis de réunir le quorum, les délibérations intervenues à la suite d'une seconde convocation sont valables quel que soit le nombre des membres présents. Les délibérations sont prises à la majorité des voix des membres présents. En cas de partage des voix, la voix du président est prépondérante.

Art. R. 436-53. – Le préfet de région, président du comité, adresse chaque année un rapport sur l'activité du comité au ministre chargé de la pêche en eau douce et au ministre chargé des pêches maritimes.

Art. R. 436-54. – Les fonctions de membres du comité ne donnent pas lieu à rémunération.

Sous-section 4. – Exercice de la pêche des poissons migrateurs

§ 1. – Périodes, temps d'interdiction et engins de pêche

Art. R. 436-55. – La pêche du saumon et la pêche de la truite de mer sont interdites pendant une période de 180 jours comprise entre le 1er août et le 31 juillet de l'année suivante, dont au moins 120 jours consécutifs compris entre le 1er octobre et le 30 avril de la même période.

Art. R. 436-56 *(Abr., D. n° 2010-1110, 22 sept. 2010)*.

Art. R. 436-57. – Les périodes d'ouverture de la pêche des poissons appartenant aux espèces mentionnées à l'article R. 436-44 *(D. n° 2010-1110, 22 sept. 2010)* « , à l'exception de l'anguille, » sont arrêtées conformément au plan de gestion des poissons migrateurs, mentionné aux articles R. 436-45 et R. 436-46, par le préfet de département pour la pêche en eau douce et par le préfet de région compétent en matière de pêche maritime en aval de la limite de salure des eaux.

Art. R. 436-58. – Dans des situations exceptionnelles, le ministre chargé de la pêche en eau douce et le ministre chargé des pêches maritimes peuvent, par un arrêté conjoint et motivé, aux fins d'assurer une protection particulière de la ressource :

1° Augmenter pour les espèces mentionnées *(D. n° 2010-1110, 22 sept. 2010)* « à l'article R. 436-55 » la durée des périodes d'interdiction ;

2° Prévoir des périodes d'interdiction de la pêche pour les autres espèces.

Art. R. 436-59. – Dans la zone comprise entre la limite de salure des eaux et les limites transversales de la mer, les filets et engins permettant la pêche des poissons migrateurs *(D. n° 2010-1110, 22 sept. 2010)* « , à l'exception de l'anguille de moins de 12 centimètres, » doivent être retirés de l'eau pendant une période de vingt-quatre heures par décade. La liste ainsi que les jours de relève de ces engins et filets sont fixés par le préfet compétent en matière de pêche maritime, après avis du comité de gestion des poissons migrateurs mentionné à l'article R. 436-48.

Art. R. 436-60. – En vue de la protection ou de l'exploitation rationnelle des poissons migrateurs, le préfet de département, en amont de la limite de salure des eaux, et le préfet compétent en matière de pêche maritime, en aval de cette limite, peuvent limiter pendant tout ou partie de l'année la pratique de nuit de certains modes de pêche.

Art. R. 436-61 *(D. n° 2016-417, 7 avr. 2016)*. – Dans la zone comprise entre la limite de salure des eaux et les limites transversales de la mer, il est interdit de pêcher les poissons migrateurs à moins de 50 mètres d'un barrage.

§ 2. – Mesures utiles à la reproduction, au développement, à la conservation et à la circulation des poissons

Art. R. 436-62. – Les dimensions au-dessous desquelles les poissons migrateurs ne peuvent être gardés à bord, transbordés, débarqués, transportés, stockés, vendus, exposés ou mis en vente, mais doivent être rejetés aussitôt à l'eau, sont fixées ainsi qu'il suit :

1° Dans les eaux situées en amont de la limite de salure des eaux : pour le saumon : 0,50 mètre ; pour la truite de mer : 0,35 mètre ; pour l'alose : 0,30 mètre ;

2° Dans les eaux comprises entre la limite de salure des eaux et les limites transversales de la mer, celles fixées à l'annexe II du règlement (CEE) n° 3094-86 du 7 octobre 1986 modifié prévoyant certaines mesures techniques de conservation des ressources de pêche ;

3° Dans l'ensemble des eaux couvertes par l'article R. 436-44 : pour la lamproie marine : 0,40 mètre ; pour la lamproie fluviatile : 0,20 mètre.

Art. R. 436-63 *(D. n° 2010-1110, 22 sept. 2010)*. – Pour assurer la bonne gestion et la conservation des poissons migrateurs autres que l'anguille, le préfet de région, président du comité de gestion des poissons migrateurs, peut fixer, pour une année civile, par bassin ou par cours d'eau ou groupe de cours d'eau, une limitation de pêche selon les modalités fixées par le plan de gestion.

Lorsque la limite est atteinte, ce préfet le constate par un arrêté qui entraîne interdiction de poursuivre la pêche pour le bassin, pour le cours d'eau ou le groupe de cours d'eau.

Art. R. 436-64 *(D. n° 2010-1110, 22 sept. 2010)*. – I. – Tout pêcheur en eau douce, professionnel ou de loisir, doit tenir à jour un carnet de pêche selon les modalités fixées par le plan de gestion des poissons migrateurs. Toutefois, pour la pêche de l'anguille, ces modalités sont fixées par arrêté du ministre chargé de la pêche en eau douce.

II. – En outre, toute capture d'anguille à l'aide d'engins ou de filets est enregistrée dans la fiche de pêche et déclarée selon les modalités fixées par l'arrêté prévu au I.

III. – Les obligations auxquelles sont tenus les pêcheurs de loisir ainsi que leurs associations pour permettre l'évaluation du nombre des pêcheurs d'anguille et du volume de leurs captures sont déterminées par arrêté du ministre chargé de la pêche en eau douce.

Art. R. 436-65 *(D. n° 2016-417, 7 avr. 2016)*. – Toute personne qui est en action de pêche du saumon atlantique dans les eaux mentionnées à l'article R. 436-44 doit détenir une marque d'identification non utilisée et son carnet nominatif de pêche.

Dès la capture d'un saumon, et avant de le transporter, elle doit fixer sur le poisson une marque d'identification et remplir les rubriques de son carnet nominatif.

Les pêcheurs amateurs doivent, pour chaque capture, adresser une déclaration de capture au Conseil supérieur de la pêche. Les pêcheurs professionnels en eau douce doivent adresser chaque mois le relevé des captures qu'ils ont réalisées au même office.

Les modalités d'application du présent article sont fixées par arrêté conjoint du ministre chargé de la pêche en eau douce et du ministre chargé de la pêche maritime.

§ 3. – Pêche de l'anguille et mesures de conservation de l'espèce

Art. R. 436-65-1 *(D. n° 2010-1110, 22 sept. 2010)*. – I. – Pour l'application des dispositions réglementant l'exercice de la pêche de l'anguille, sont regardées comme :

1° Anguille de moins de 12 centimètres : l'anguille dont la longueur est inférieure à cette taille, y compris la civelle, alevin d'aspect translucide ;

2° Anguille argentée : l'anguille présentant une ligne latérale différenciée, une livrée dorsale sombre, une livrée ventrale blanchâtre et une hypertrophie oculaire ;

3° Anguille jaune : l'anguille dont la taille et l'aspect diffèrent de ceux décrits au 1° et au 2° ;

4° Anguille : toute anguille, quel que soit le stade de développement décrit aux 1° à 3° auquel elle est parvenue.

II. – Les unités de gestion de l'anguille correspondent à l'habitat naturel de l'anguille dans les bassins hydrographiques continentaux, y compris les zones colonisables par l'espèce ainsi que celles qui lui sont accessibles après équipement des ouvrages faisant obstacle à son passage, dans les zones estuariennes et dans les aires maritimes de répartition de cette espèce.

Les limites des unités de gestion de l'anguille sont fixées par arrêté du préfet de région, après avis du comité de gestion des poissons migrateurs du bassin dans lequel s'inscrit l'unité de gestion prévue, dans le respect des limites figurant dans le plan de gestion approuvé par la Commission européenne en application de l'article 2 du règlement (CE) n° 1100/2007 du Conseil du 18 septembre 2007 instituant des mesures de reconstitution du stock d'anguilles européennes.

Art. R. 436-65-2 *(D. n° 2010-1110, 22 sept. 2010)*. – La pêche de l'anguille est interdite en dehors des unités de gestion de l'anguille.

Art. R. 436-65-3 *(D. n° 2010-1110, 22 sept. 2010)*. – I. – La pêche de l'anguille de moins de 12 centimètres est interdite aux pêcheurs de loisir en tous lieux.

Elle est interdite à tout pêcheur, tant professionnel que de loisir, dans les cours d'eau, leurs affluents et sous-affluents, et dans les canaux dont l'embouchure est située sur la façade méditerranéenne, ainsi que dans les lagunes et étangs salés qui disposent d'un accès à la mer Méditerranée.

II. – La pêche de l'anguille de moins de 12 centimètres peut être autorisée aux pêcheurs professionnels dans les cours d'eau, leurs affluents et sous-affluents, et dans les canaux dont l'embouchure est située sur la mer du Nord, la Manche et la façade atlantique, ainsi que dans les lagunes et étangs salés qui disposent d'un accès à ces mers et océan, pendant une période de cinq mois consécutifs au plus, fixée par arrêté conjoint du ministre chargé de la pêche en eau douce et du ministre chargé de la pêche maritime.

Cette autorisation est délivrée aux membres des associations départementales ou interdépartementales agréées de pêcheurs professionnels en eau douce selon les modalités fixées par arrêté du ministre chargé de la pêche en eau douce et aux marins pêcheurs professionnels en zone maritime selon les modalités fixées par arrêté du ministre chargé de la pêche maritime.

III. – Les quotas de pêche de l'anguille de moins de 12 centimètres sont fixés et répartis par unité de gestion, pour chaque saison de pêche, par arrêté du ministre chargé de la pêche en eau douce et par arrêté du ministre chargé de la pêche maritime. Les arrêtés peuvent instaurer des quotas individuels.

Les modalités de répartition des quotas, de leur suivi et de leur contrôle sont définies par arrêté du ministre chargé de la pêche en eau douce pour les pêcheurs professionnels en eau douce et par le ministre chargé de la pêche maritime pour les marins pêcheurs professionnels.

Lorsqu'un quota de capture est épuisé, la poursuite de la pêche de l'anguille de moins de 12 centimètres par les pêcheurs concernés est interdite.

IV. – Les arrêtés prévus au III distinguent la part des captures qui doit être affectée au repeuplement et celle destinée à la consommation.

Art. R. 436-65-4 *(D. n° 2010-1110, 22 sept. 2010)*. – I. – La pêche de l'anguille jaune est autorisée pendant une période fixée par unité de gestion, et le cas échéant par secteur, par arrêté conjoint du ministre chargé de la pêche en eau douce et du ministre chargé de la pêche maritime.

II. – La pêche de l'anguille jaune par les pêcheurs professionnels, ainsi que, lorsqu'ils utilisent des engins ou des filets, par les membres des associations agréées de pêche et de protection du milieu aquatique et les pêcheurs de loisir en zone maritime, est subordonnée à l'obtention d'une autorisation délivrée selon les modalités fixées, selon le cas, par arrêté du ministre chargé de la pêche en eau douce ou par arrêté du ministre chargé de la pêche maritime.

Art. R. 436-65-5 *(D. n° 2010-1110, 22 sept. 2010)*. – I. – La pêche de l'anguille argentée est interdite.

II. – La pêche de l'anguille argentée peut toutefois être autorisée, sur certains cours d'eau et plans d'eau des unités de gestion de l'anguille Loire, Bretagne et Rhône-Méditerranée, aux membres des associations départementales ou interdépartementales agréées des pêcheurs professionnels en eau douce et aux marins pêcheurs professionnels pendant les périodes et dans des conditions fixées par arrêté conjoint du ministre chargé de la pêche en eau douce et du ministre chargé de la pêche maritime.

Elle est subordonnée à l'obtention d'une autorisation délivrée selon les modalités fixées, selon le cas, par arrêté du ministre chargé de la pêche en eau douce ou par arrêté du ministre chargé de la pêche maritime.

Art. R. 436-65-6 *(D. n° 2010-1110, 22 sept. 2010)*. – Les autorisations accordées en application des II des articles R. 436-65-3, R. 436-65-4 et R. 436-65-5 ne peuvent être renouvelées en cas de manquement, par leurs titulaires, aux obligations qui leur sont faites par les I et II de l'article R. 436-64.

Art. R. 436-65-7 *(D. n° 2010-1110, 22 sept. 2010)*. – Le débarquement des captures d'anguille par les pêcheurs professionnels est effectué selon les modalités déterminées par arrêté du ministre chargé de la pêche maritime et du ministre chargé de la pêche en eau douce, dans les seuls lieux fixés par le préfet de département.

Ces captures sont soumises à la réglementation de la pêche maritime en matière de transport et de première vente des poissons.

Art. R. 436-65-8 *(D. n° 2010-1110, 22 sept. 2010)*. – Les mesures relatives au repeuplement ainsi que le suivi, l'évaluation et le contrôle de celles-ci sont définis par arrêté conjoint du ministre chargé de la pêche en eau douce et du ministre chargé de la pêche maritime.

Art. R. 436-65-9 *(D. n° 2016-417, 7 avr. 2016)*. – Entre la limite de salure des eaux et la limite transversale de la mer, la pêche de loisir de l'anguille ne peut s'exercer plus d'une demi-heure avant le lever du soleil, ni plus d'une demi-heure après son coucher.

Sous-section 5. – Classement en cours d'eau à saumon et à truite de mer

Art. R. 436-66. – Le ministre chargé de la pêche en eau douce établit la liste des cours d'eau classés comme cours d'eau à saumon et comme cours d'eau à truite de mer.

Sous-section 6. – Dispositions pénales

Art. R. 436-67. – Est puni de l'amende prévue pour les contraventions de la 3e classe :

1° Le fait, en amont de la limite de salure des eaux, de ne pas relâcher immédiatement après leur capture, des poissons migrateurs qui n'ont pas les dimensions minimales prévues par l'article R. 436-62 ;

2° Le fait de ne pas observer l'une des prescriptions fixées au premier alinéa de l'article R. 436-65.

Art. R. 436-68 *(Mod., D. n° 2010-1110, 22 sept. 2010)*. – I. – Est puni de l'amende prévue pour les contraventions de la 5e classe :

1° Le fait de pratiquer la pêche des poissons migrateurs en amont de la limite de salure des eaux pendant les périodes d'interdiction fixées en application des articles R. 436-55 à R. 436-58, R. 436-60 et R. 436-63 ;

2° Le fait de ne pas observer l'une des prescriptions fixées aux deuxième et troisième alinéas de l'article R. 436-65.

3° Le fait de pêcher l'anguille dans les lieux et pendant les périodes où, selon les différents stades de son développement, sa pêche est interdite ou sans y avoir été autorisé ou en méconnaissance de cette autorisation, en infraction aux dispositions des articles R. 436-65-2 à R. 436-65-5 ;

4° Le fait pour un pêcheur de ne pas tenir son carnet de pêche ou de ne pas enregistrer dans la fiche de pêche et de ne pas déclarer ses captures d'anguille selon les modalités fixées à l'article R. 436-64 ou de faire des déclarations inexactes ou mensongères ;

5° Le fait pour un pêcheur professionnel en eau douce de capturer des anguilles de moins de 12 centimètres lorsque le quota qui lui a été attribué est atteint. L'amende est appliquée autant de fois qu'il y a d'hectogrammes d'anguille pêchés au-delà du quota.

II. – La récidive des contraventions prévues au I est réprimée conformément aux dispositions de l'article 132-11 du Code pénal.

Section IV – Réserves et interdictions permanentes de pêche

Sous-section 1. – Dispositions générales

Art. R. 436-69. – Afin de favoriser la protection ou la reproduction du poisson, des interdictions permanentes de pêche sont prononcées ou des réserves temporaires de pêche peuvent être instituées sur les eaux mentionnées aux articles L. 431-3 et L. 431-5.

Le champ d'application du premier alinéa du présent article est celui défini par l'article L. 431-2.

Sous-section 2. – Dispositions applicables aux interdictions permanentes de pêche

Art. R. 436-70. – Toute pêche est interdite :

1° Dans les dispositifs assurant la circulation des poissons dans les ouvrages construits dans le lit des cours d'eau ;

2° Dans les pertuis, vannages et dans les passages d'eau à l'intérieur des bâtiments.

Art. R. 436-71 *(D. n° 2002-965, 2 juill. 2002)*. – Toute pêche est interdite à partir des barrages et des écluses ainsi que sur une distance de 50 mètres en aval de l'extrémité de ceux-ci, à l'exception de la pêche à l'aide d'une ligne.

En outre, la pêche aux engins et aux filets est interdite sur une distance de 200 mètres en aval de l'extrémité de tout barrage et de toute écluse.

Art. R. 436-72 *(Mod., D. n° 2010-1110, 22 sept. 2010)*. – Les interdictions édictées par l'article R. 436-71 ne sont pas applicables à la pêche de l'anguille argentée dans les eaux de la 2e catégorie.

Sous-section 3. – Dispositions applicables aux réserves temporaires de pêche

Art. R. 436-73 *(D. n° 2016-417, 7 avr. 2016 ; D. n° 2016-1842, 26 déc. 2016)*. – Le préfet du département, après avis du délégué régional de l'Agence française pour la biodiversité, de la fédération départementale des associations agréées de pêche et de protection des milieux aquatiques et, le cas échéant, de l'association agréée de pêcheurs professionnels en eau douce, peut, par arrêté, instituer des réserves de pêche où toute pêche est interdite pour une durée pouvant aller jusqu'à cinq années consécutives.

ANNEXE 47

Art. R. 436-74. – I. – L'arrêté du préfet détermine :

1° L'emplacement, les limites amont et aval de la section concernée du cours d'eau, canal ou plan d'eau ;

2° La durée pendant laquelle la réserve de pêche est instituée.

II. – L'arrêté est transmis aux maires des communes concernées qui procèdent immédiatement à l'affichage en mairie. Cet affichage est maintenu pendant un mois et est renouvelé chaque année à la même date et pour la même durée pour les réserves de plus d'une année.

....

Sous-section 4. – Dispositions communes

Art. R. 436-77. – Le propriétaire riverain, privé totalement de l'exercice de son droit de pêche plus d'une année entière, peut adresser une demande d'indemnité au préfet. Celui-ci lui propose une indemnité, dont le montant doit être accepté par écrit.

À défaut d'accord amiable, l'indemnité est fixée par le tribunal administratif.

Art. R. 436-78 *(Mod. à compter du 1er janv. 2011, D. n° 2010-1773, 31 déc. 2010).* – Les interdictions permanentes de pêche et les réserves de pêche édictées en application de la présente section ne sont pas opposables aux pêches autorisées à titre exceptionnel en application de l'article L. 436-9.

Art. R. 436-79. – Est puni de l'amende prévue pour les contraventions de la 4e classe le fait, pour les pêcheurs aux lignes, de ne pas respecter les interdictions permanentes de pêche prévues aux articles R. 436-70 et R. 436-71 ainsi que les réserves de pêche prévues aux articles R. 436-73 et R. 436-74.

Dans le cas des pêcheurs aux engins et filets, la peine d'amende applicable est celle prévue pour les contraventions de la 5e classe.

Lorsque des infractions sont commises de nuit par les pêcheurs aux lignes, la peine d'amende applicable est celle prévue pour les contraventions de la 5e classe.

La récidive de la contravention prévue au deuxième alinéa du présent article est réprimée conformément aux dispositions de l'article 132-11 du Code pénal.

Section V. – Commercialisation

Art. D. 436-79-1 *(D. n° 2007-499, 30 mars 2007).* – La liste des espèces piscicoles mentionnées à l'article L. 436-16 est fixée comme suit :

1° L'anguille européenne *(Anguilla anguilla)*, y compris le stade alevin ;

2° Le saumon atlantique *(Salmo salar)* ;

3° L'esturgeon européen *(Acipenser sturio)* ;

4° La carpe commune *(Cyprinus carpio)* de plus de soixante centimètres.

Art. R. 436-80 et R. 436-81 *(Abr., D. n° 2008-690, 10 juill. 2008).*

....

CHAPITRE VII. – RECHERCHE ET CONSTATATION DES INFRACTIONS

Section I. – Recherche et constatation des infractions

Sous-section 1. – Agents compétents

Art. R. 437-3-1 *(D. n° 2006-1100, 30 août 2006).* – Les gardes-pêche particuliers sont commissionnés, agréés, assermentés et exercent leurs fonctions dans les conditions fixées aux articles R. 15-33-24 à R. 15-33-29-2 du Code de procédure pénale. La commission délivrée en application de l'article R. 15-33-24 de ce code précise les cours d'eau ou les plans d'eau, ou les parties de ceux-ci, où le propriétaire ou le détenteur des droits d'usage dispose des droits de pêche que le garde-pêche particulier est chargé de surveiller.

Section II. – Procès-verbaux

Néant.

Section III. – Recherche des infractions

Néant.

Section IV. – Saisies

Art. R. 437-4. – La saisie du poisson effectuée en application de l'article L. 437-11 est constatée par un procès-verbal qui mentionne l'usage fait du poisson saisi. Ce procès-verbal est adressé dans les huit jours au chef du service chargé de la police de la pêche en eau douce.

Art. R. 437-5. – Sera puni de l'amende prévue pour les contraventions de la 3e classe quiconque contrevient à l'obligation prévue par l'article L. 437-12.

Section V. – Gardes-pêche particuliers

Néant.

CHAPITRE VIII. – TRANSACTION, POURSUITES ET RÈGLES D'APPLICATION DES PEINES

....

Section I. – Transaction

Art. R. 437-6 *(D. n° 2007-598, 24 avr. 2007 ; abr., D. n° 2014-368, 24 mars 2014).*

Art. R. 437-7 *(D. n° 2007-598, 24 avr. 2007).* – I. – Peuvent exercer, conjointement avec le ministère public, les poursuites et actions mentionnées à l'article L. 437-15 :

1° Le préfet de département, lorsque l'infraction constitue une contravention ;

2° Le préfet de région, lorsque l'infraction constitue un délit.

II. – Le préfet de département et le préfet de région peuvent se faire représenter à l'audience par, respectivement :

1° Les directeurs départementaux de l'agriculture et de la forêt, les directeurs départementaux de l'équipement, les chefs de circonscription des services spécialisés de la navigation ou leurs représentants ;

2° Les directeurs régionaux de l'environnement ou leurs représentants.

Art. R. 437-8 et R. 437-9 *(Abr., D. n° 2007-598, 24 avr. 2007).*

Section II. – Poursuites

Art. R. 437-10 *(Abr., D. n° 2007-598, 24 avr. 2007).*

Art. R. 437-11 *(D. n° 2016-1842, 26 déc. 2016).* – Les rétributions pour les citations et significations d'exploits dues aux agents commissionnés de l'Agence française pour la biodiversité ou aux techniciens des travaux forestiers de l'État ou de l'office national des forêts à l'occasion d'actions et de poursuites exercées en application de l'article L. 437-17 sont calculées conformément aux dispositions du décret n° 96-1080 du 12 décembre 1996 modifié fixant le tarif des huissiers de justice en matière civile et commerciale.

Les contestations relatives à la rémunération de ces agents sont réglées selon la procédure prévue par les articles 704 à 719 du Code de procédure civile.

....

Section V. – Sanctions

Art. R. 437-12. – Est puni de l'amende prévue pour les contraventions de la 3e classe le fait de contrevenir aux dispositions de l'article L. 437-7.

Art. R. 437-13. – Est puni de l'amende prévue pour les contraventions de la 3e classe le fait de s'opposer à la recherche ou à la constatation d'une infraction aux dispositions du présent titre et des textes pris pour son application par les fonctionnaires et agents mentionnés à l'article L. 437-1.

II. – PÊCHE MARITIME

Bibliographie : Marchand, *Pêche maritime. : JCl. Lois pénales spéciales,.*

Décret-loi du 9 janvier 1852

sur l'exercice de la pêche maritime

(Abr. et codifié, Ord. n° 2010-462, 6 mai 2010. – V. C. rur., art. L. 911-1, L. 912-14, L. 921-1, L. 921-2 à L. 921-7, L. 921-9, L. 922-1 à L. 922-3, L. 923-1 à L. 923-3, L. 932-1 à L. 932-3, L. 941-4, L. 942-1, L. 942-11, L. 944-1, L. 944-4, L. 945-2 à L. 945-5, L. 946-1, L. 946-5 et L. 946-6).

Décret n° 67-451 du 7 juin 1967

portant extension de la zone de pêche interdite aux navires étrangers

(Abr. à compter du 1er janv. 2015, D. n° 2014-1608, 26 déc. 2014).

Loi n° 76-655 du 16 juillet 1976

relative à la zone économique et à la zone de protection écologique au large des côtes du territoire de la République

(L. n° 2003-346, 15 avr. 2003)

Art. 1er. – La République exerce, dans la zone économique pouvant s'étendre depuis la limite des eaux territoriales jusqu'à 188 milles marins au-delà de cette limite, des droits souverains en ce qui concerne l'exploration et l'exploitation des ressources naturelles, biologiques ou non biologiques, du fond de la mer, de son sous-sol et des eaux surjacentes. Ces droits sont exercés dans les conditions et selon les modalités prévues aux articles ci-après.

Art. 2 *(Rempl. à compter du 1er mars 2011, Ord. n° 2011-91, 20 janv. 2011).* – Les dispositions de la loi n° 68-1181 du 30 décembre 1968 relative à l'exploration du plateau continental et à l'exploitation de ses ressources naturelles, à l'exception de l'article 1er de cette loi, ainsi que celles des articles L. 124-1 et L. 134-1 du Code minier sont applicables au fond de la mer et à son sous-sol dans la zone économique définie à l'article 1er ci-dessus, sous réserve des compétences dévolues aux collectivités d'outre-mer, à la Nouvelle-Calédonie et aux Terres australes et antarctiques françaises par les dispositions statutaires qui leur sont applicables.

Art. 3 *(Abr., Ord. n° 2010-462, 6 mai 2010. – V. C. rur., art. L. 955-7 à L. 955-10).*

....

Art. 5 *(Mod., L. n° 2003-346, 15 avr. 2003).* – Des décrets en Conseil d'État fixeront les conditions et les dates d'entrée en vigueur des dispositions de la présente loi en ce qui concerne la zone économique au large des diverses côtes du territoires de la République.

La zone de protection écologique est également créée par décret en Conseil d'État.

Loi n° 83-582 du 5 juillet 1983

relative au régime de la saisie et complétant la liste des agents habilités à constater les infractions dans le domaine des pêches maritimes

(Abr., Ord. n° 2010-462, 6 mai 2010)

Décret n° 89-273 du 26 avril 1989

relatif aux communications d'informations statistiques

(Intitulé mod., D. n° 2013-1073, 27 nov. 2013).

Art. 1er à 6 *(Abr. à compter du 1er janv. 2014, D. n° 2013-1073, 27 nov. 2013).*

Art. 7 *(Abr. à compter du 1er janv.2015, D. n° 2014-1608, 26 déc. 2014).*

Art. 8 et 9 *(Abr. à compter du 1er janv. 2014, D. n° 2013-1073, 27 nov. 2013).*

Décret n° 90-94 du 25 janvier 1990

pris pour l'application du titre II et du titre IV du livre IX du Code rural et de la pêche maritime

(D. n° 2006-738, 27 juin 2006 ; abr. et codifié à compter du 1er janv. 2015, D. n° 2014-1608, 26 déc. 2014. – V. C. rur., art. R. 911-3, R.* 911-4, R. 921-26, R. 921-30, R. 921-53, R. 921-61, R. 921-64, D. 922-11, D. 922-12, D. 922-15 à D. 922-22, R. 922-24 à R. 922-29, R. 946-1, R. 946-2 et R. 958-5).*

Décret n° 90-95 du 25 janvier 1990

pris pour l'application du titre II du livre IX du Code rural et de la pêche maritime dans les zones de pêche non couvertes par la réglementation communautaire de conservation et de gestion

(Intitulé mod., D. n° 2013-611, 10 juill. 2013 et D. n° 2013-1073, 27 nov. 2013 ; abr. et codifié à compter du 1er janv. 2015, D. n° 2014-1608, 26 déc. 2014. – V. C. rur., art R. 921-30, R. 921-53, R. 921-64, R. 921-66, R. 922-5, D. 922-9, D. 922-11 à D. 922-20, R. 922-24 à R. 922-26, R. 922-28, R. 922-29 et R. 958-5).

Décret n° 94-157 du 16 février 1994

relatif à la pêche des poissons appartenant aux espèces vivant alternativement dans les eaux douces et dans les eaux salées

(Abr. et codifié, D. n° 2005-935, 2 août 2005. – V. C. env., art. R. 436-44 à R. 436-68).

Décret n° 94-340 du 28 avril 1994

relatif aux conditions sanitaires de production et de mise sur le marché des coquillages vivants

(Abr. et partiellement codifié, D. n° 2003-768, 1er août 2003. – V. C. rur., art. R. 231-35 à R.* 231-59, R.* 237-4 et R.* 237-5).*

Code rural et de la pêche maritime

Partie législative

Section 1. – Sanctions des infractions en matière de pêche maritime et d'aquaculture marine

(Ord. n° 2010-462, 6 mai 2010)

Art. L. 945-1 *(Ord. n° 2010-462, 6 mai 2010)*. **– Est puni de deux ans d'emprisonnement et de 375 000 € d'amende le fait :**

1° De détruire, détourner ou tenter de détruire ou de détourner les filets, engins, matériels, équipements, véhicules, navires, engins flottants ou produits de la pêche appréhendés ou saisis et confiés à sa garde ;

2° De faire obstacle à l'appréhension ou à la saisie des filets, engins, matériels, équipements, véhicules, instruments, navires, engins flottants utilisés pour les pêches en infraction à la réglementation prévue par les dispositions du présent livre, par les règlements de l'Union européenne pris au titre de la politique commune de la pêche, par les textes pris pour leur application, par les engagements internationaux de la France, ainsi que par les délibérations rendues obligatoires en application des articles L. 912-10 et L. 921-2-1 et du second alinéa de l'article L. 921-2-2, ainsi que des produits de ces pêches ou des sommes provenant de leur vente ;

3° De ne pas donner aux produits saisis la destination décidée par le tribunal ou l'autorité compétente.

Dans les cas prévus aux 2° et 3°, lorsque le prévenu a agi en qualité de préposé, le tribunal peut, compte tenu des circonstances de fait ou des conditions de travail du préposé, décider que le paiement des amendes prononcées est mis en totalité ou en partie à la charge du commettant.

Art. L. 945-2 *(Ord. n° 2010-462, 6 mai 2010 ; L. n° 2011-525, 17 mai 2011)*. – I. – Est puni d'un an d'emprisonnement et de 75 000 € d'amende le fait, pour un capitaine de navire :

1° De dissimuler ou de falsifier les éléments d'identification d'un navire ;

2° De naviguer avec un navire dont les éléments d'identification sont inexistants, dissimulés ou falsifiés ;

3° Pour les capitaines de navire battant pavillon d'un État n'appartenant pas à l'Union européenne ou leurs représentants, de pêcher, de détenir à bord, de débarquer, de transborder, de transférer, de mettre en vente, de transporter ou d'acheter des organismes marins en l'absence d'autorisation ou en méconnaissance des termes de l'autorisation accordée, dans les eaux maritimes sous souveraineté ou juridiction française et dans la partie des fleuves, rivières, canaux, étangs où les eaux sont salées ;

4° Pour les capitaines de navire battant pavillon d'un autre État membre de l'Union européenne ou leurs représentants, de pêcher en infraction à l'article 17 du règlement (CE) n° 2371/2002 du Conseil du 20 décembre 2002 ou aux dispositions nationales définissant les modalités d'accès, dans les eaux maritimes sous souveraineté ou juridiction française et dans la partie des fleuves, rivières, canaux, étangs où les eaux sont salées ;

5° De se soustraire ou de tenter de se soustraire, en mer, aux contrôles en refusant d'obtempérer aux sommations de stopper faites en application des articles L. 941-4 et L. 942-5.

II. – Est puni d'un an d'emprisonnement et de 75 000 € d'amende le fait pour toute personne d'exploiter, gérer ou posséder, en droit ou en fait, un navire ayant pris part à des activités de pêche ou de faire commerce de produits qui en sont issus, dans l'un des cas suivants :

a) Le navire est sans immatriculation ;

b) L'immatriculation du navire a été retirée ;

c) Le navire est inscrit sur une des listes mentionnées aux articles 27 et 30 du règlement (CE) n° 1005/2008 du 29 septembre 2008 ou sur une liste issue d'une organisation régionale de gestion des pêches recensant les navires qui pratiquent la pêche illicite, non déclarée et non réglementée ;

d) L'État de pavillon du navire est inscrit sur la liste mentionnée à l'article 33 du même règlement.

Art. L. 945-3 *(Ord. n° 2010-462, 6 mai 2010)*. – Est puni de six mois d'emprisonnement et de 15 000 € d'amende le fait :

1° De refuser ou d'entraver les contrôles et visites à bord des navires ou engins flottants ainsi qu'à l'intérieur des installations, des locaux et des véhicules à usage professionnel, effectués par les agents chargés de la police des pêches maritimes en application de l'article L. 941-1 ou par les agents mentionnés à l'article L. 942-1 ;

2° De dissimuler ou de tenter de dissimuler à la vue des officiers et agents chargés de la police des pêches les captures ou engins et documents détenus à bord ;

3° De refuser ou d'entraver les contrôles d'une exploitation de cultures marines, d'une exploitation aquacole, d'un établissement permanent de capture ou d'une structure artificielle, effectués par les agents chargés de la police des pêches maritimes en application de l'article L. 941-1 ou par les agents mentionnés à l'article L. 942-1.

Art. L. 945-4 *(Ord. n° 2010-462, 6 mai 2010 ; mod., L. n° 2011-525, 17 mai 2011 ; L. n° 2016-1087, 8 août 2016)*. – I. – Est puni de 22 500 € d'amende le fait :

1° De pêcher sans licence de pêche, sans permis de pêche spécial et, d'une manière générale, sans autorisation de pêche délivrée en application de la réglementation ;

2° De pêcher avec un navire ou un engin flottant dont les caractéristiques ne sont pas conformes à celles indiquées sur sa licence ou autorisation de pêche ;

3° De pratiquer la pêche dans une zone ou à une profondeur interdite ou de pêcher certaines espèces dans une zone, à une profondeur ou période où leur pêche est interdite ;

4° De pêcher une espèce soumise à quota, au titre d'une autorisation délivrée par l'autorité française, sans avoir un lien économique réel avec le territoire de la République française ou sans être dirigé et contrôlé à partir d'un établissement stable situé sur le territoire français ;

5° De débarquer, transborder ou transférer des produits de pêche maritime et de l'aquaculture marine dans des zones interdites ou sans respecter les conditions fixées par les textes ou l'autorité administrative compétente concernant les notifications préalables, les autorisations, les ports désignés, les lieux et les horaires ;

6° De détenir à bord tout engin, dispositif, instrument ou appareil prohibé ou en infraction avec les règles relatives à sa détention ou utiliser un nombre d'engins ou d'appareils destinés à la pêche supérieur à celui autorisé ;

7° De détenir à bord ou d'utiliser pour la pêche des explosifs, des armes à feu, des substances soporifiques ou toxiques de nature à détruire ou altérer les animaux, les végétaux marins et leur milieu ;

8° De pêcher avec un engin ou d'utiliser à des fins de pêche tout instrument, appareil, moyen de détection ou de recueil d'information embarqué ou extérieur au navire dont l'usage est interdit ou de pratiquer tout mode de pêche interdit ;

9° De fabriquer, détenir ou mettre en vente un engin dont l'usage est interdit ;

10° De pratiquer la pêche avec un engin ou d'utiliser à des fins de pêche tout instrument ou appareil dans une zone ou à une période où son emploi est interdit ou de détenir à bord ou d'utiliser un engin de manière non conforme aux dispositions fixant des mesures techniques de conservation et de gestion des ressources ;

11° D'accepter un engagement à bord, participer à des opérations conjointes de pêche, aider ou ravitailler un navire entrant dans l'un des cas énumérés au II de l'article L. 945-2 ;

12° De ne pas se conformer aux obligations déclaratives concernant le navire, ses déplacements, les opérations de pêche, les captures et les produits qui en sont issus, l'effort de pêche réalisé, les engins de pêche, le stockage, la transformation, le transbordement, le transfert ou le débarquement des captures et des produits qui en sont issus, la commercialisation, l'importation, l'exportation et le transport des produits de la pêche et de l'aquaculture marine ;

13° De ne pas respecter les obligations relatives à l'enregistrement et à la communication des données requises dans le cadre du système de surveillance des navires de pêche par satellite ou tout autre moyen de repérage ainsi que dans le cadre du système de déclarations par voie électronique ;

14° De mettre en vente, vendre, stocker, transporter, exposer ou, en connaissance de cause, acheter des produits de la pêche et de l'aquaculture marine pratiquées dans les conditions visées aux 1°, 3°, 5°, 8°, 10°, 12° et 13° ;

15° De pêcher, détenir à bord, transborder, transférer, débarquer, transporter, exposer, vendre, stocker ou, en connaissance de cause, acheter des produits de la pêche et de l'aquaculture marine en quantité ou en poids supérieur à celui autorisé ou dont la pêche est interdite ou qui n'ont pas la taille, le calibre ou le poids requis ou enfreindre les obligations ou interdictions relatives à l'arrimage, au tri, à la pesée, au rejet, au marquage, à la mutilation, à la préparation et à la transformation des captures ;

16° De ne pas respecter l'obligation de débarquement d'espèces capturées au cours d'une opération de pêche lorsque la réglementation l'exige ;

17° De détenir à bord, transporter, exposer à la vente, vendre sous quelque forme que ce soit ou, en connaissance de cause, acheter les produits de la pêche provenant de navires ou embarcations non titulaires d'un rôle d'équipage de pêche ou de la pêche sous-marine ou à pied pratiquée à titre non professionnel ;

18° D'immerger des organismes marins dans des conditions irrégulières ;

19° De former ou immerger sans autorisation une exploitation de cultures marines, une exploitation aquacole, un établissement permanent de capture ou une structure artificielle ; ces exploitations, établissements ou structures formés ou immergés sans autorisation sont détruits aux frais du condamné ;

20° D'exploiter un établissement de cultures marines en infraction à la réglementation générale des cultures marines, aux prescriptions des schémas des structures des exploitations de cultures marines ;

21° D'enfreindre les mesures arrêtées en vue de prévenir l'apparition, d'enrayer le développement ou de favoriser l'extinction des maladies affectant les animaux ou végétaux marins ;

22° D'exercer l'activité de mareyage sans disposer d'un établissement de manipulation des produits de la pêche ayant fait l'objet d'un agrément sanitaire.

II. – Sont punis de six mois d'emprisonnement et de 50 000 € d'amende les faits prévus aux 1° à 4°, 6° à 8° et 10° du I lorsque l'espèce concernée est l'anguille européenne (*Anguilla anguilla*), y compris le stade alevin, l'esturgeon européen (*Acipenser sturio*) ou le saumon atlantique (*Salmo salar*), ainsi que le fait de mettre en vente, vendre, stocker, transporter, exposer ou, en connaissance de cause, acheter le poisson de ces espèces pêché dans lesdites conditions.

1) L'entrée en vigueur du règlement (CE) n° 1967/2006 du 21 décembre 2006 concernant des mesures de gestion pour l'exploitation durable des ressources halieutiques en Méditerranée est sans effet sur la validité de la mesure technique nationale plus restrictive relative à la pêche au chalut résultant de la combinaison du décret du 25 janvier 1990 et de l'arrêté du préfet de la région Provence-Alpes-Côte d'Azur n° 99-162 du 10 juin 1999, adoptée antérieurement, dans la mesure où cette interdiction additionnelle, lorsqu'elle s'applique à des navires battant pavillon français, est conforme à la politique commune de la pêche en Méditerranée et proportionnée à la réalisation de ses objectifs de préservation du milieu marin et d'exploitation raisonnée des ressources halieutiques, enfin ne porte pas atteinte au principe d'égalité de traitement (■ Cass. crim., 9 sept. 2014, 2 arrêts n°s 13-86.043 et 13-86.050 : *Bull. crim.*, n° 181).

2) Il résulte de l'article 75 de la Convention des Nations unies sur le droit de la mer qu'un État côtier doit publier et déposer auprès du secrétariat général des Nations unies des cartes marines ou listes de coordonnées géographiques indiquant les limites extérieures de sa zone économique exclusive.

Méconnaît cet article la cour d'appel qui, pour relaxer le capitaine d'un navire chinois du chef d'infractions à la police de la pêche commises dans la ZEE de la Nouvelle-Calédonie, retient que le prévenu a respecté la zone officiellement et régulièrement revendiquée par le Vanuatu qui lui a délivré sa licence de pêche, alors que cet État n'a pas procédé à la publication et au dépôt des limites extérieures de sa ZEE (■ Cass. crim., 13 janv. 2016, n° 14-85.743 : *Dr. pén.* 2016, comm. 46, obs. J.-H. Robert).

Art. L. 945-4-1 *(L. n° 2014-1170, 13 oct. 2014)*. **– Lorsqu'une infraction prévue aux articles L. 945-1 à L. 945-3 a été commise au-delà de la mer territoriale, seules les peines d'amende peuvent être prononcées.**

Art. L. 945-4-2 *(L. n° 2016-1087, 8 août 2016)*. **– I. – Est puni de six mois d'emprisonnement et de 22 500 € d'amende le fait de ne pas respecter, y compris par négligence ou par imprudence, les règles et interdictions édictées par le décret de classement d'une zone de conservation halieutique en application de l'article L. 924-3. Pour les infractions à caractère intentionnel, la tentative est punie des mêmes peines.**

II. – Le tribunal peut ordonner, dans un délai qu'il détermine, des mesures destinées à remettre en état les lieux auxquels les faits incriminés ont porté atteinte ou à réparer les dommages causés à l'environnement. L'injonction peut être assortie d'une astreinte journalière au plus égale à 3 000 €, pour une durée de trois mois au plus.

Section 2. – Peines complémentaires
(Ord. n° 2010-462, 6 mai 2010)

Art. L. 945-5 *(Ord. n° 2010-462, 6 mai 2010 ; L. n° 2016-1087, 8 août 2016)*. **– I. – La personne coupable d'une infraction prévue par le présent titre encourt également, à titre de peine complémentaire :**

1° La peine d'affichage de la décision prononcée ou la diffusion de celle-ci dans les conditions prévues à l'article 131-35 et au 9° de l'article 131-39 du Code pénal ;

2° La suspension ou le retrait de la licence de pêche, du permis de pêche spécial, du permis de mise en exploitation et, d'une manière générale, de toute autorisation de pêche délivrée en application de la réglementation pour une durée maximale d'un an, sans préjudice des dispositions prévues par l'article 92 du règlement (CE) n° 1224 / 2009 du 20 novembre 2009 ;

3° La confiscation de la chose qui a servi ou était destinée à commettre l'infraction ou de la chose qui en est le produit, ainsi que la confiscation de tout navire, installation, véhicule ou engin appartenant au condamné dans les conditions prévues par l'article 131-21 et au 9° de l'article 131-39 du Code pénal ;

4° Pour les personnes physiques, l'interdiction d'exercer une activité professionnelle ou sociale, notamment un commandement, à l'occasion de laquelle l'infraction a été commise, pour une durée qui ne peut excéder cinq ans dans les conditions prévues aux articles 131-27 à 131-29 du Code pénal ;

5° Pour les personnes morales, la dissolution dans les conditions prévues au 1° de l'article 131-39 du Code pénal ;

6° Pour les personnes coupables d'une infraction prévue au 19° ou 20° du I de l'article L. 945-4, la destruction à leurs frais de l'exploitation de cultures marines, de l'installation aquacole, de l'établissement permanent de capture ou de la structure artificielle concernés.

II. – La personne physique condamnée pour une infraction prévue au I de l'article L. 945-4-2 encourt également, à titre de peine complémentaire, l'immobilisation, pendant une durée qui ne peut excéder un an, du véhicule, du navire, du bateau, de l'embarcation ou de l'aéronef dont elle s'est servie pour commettre l'infraction, si elle en est le propriétaire.

QPC. Non-lieu à renvoi devant le Conseil constitutionnel de la QPC visant les articles L. 945-3, L. 945-4 et L. 945-5 (■ Cass. crim., 5 août 2015, n° 15-90.007 : *Dr. pén.* 2015, comm. 151, obs. V. Peltier).

Partie réglementaire

Dispositions particulières aux produits de la mer et d'eau douce

§ 1. – Conditions sanitaires de production et de mise en marché des coquillages vivants

Art. R. 231-35 *(Rempl. à compter du 1er janvier 2013, D. n° 2012-1220, 31 oct. 2012).* **– Sont soumises aux dispositions du présent paragraphe les activités de production et de mise sur le marché des coquillages vivants destinés à la consommation humaine.**

On entend par coquillages les espèces marines appartenant aux groupes des mollusques bivalves, des gastéropodes, des échinodermes et des tuniciers.

Art. R. 231-36 *(Rempl. à compter du 1er janvier 2013, D. n° 2012-1220, 31 oct. 2012).* **– Au sens de la présente sous-section, on entend par :**

1° Production : les activités, pratiquées à titre professionnel, de pêche ou d'élevage de coquillages juvéniles ou adultes et ayant pour but final la préparation à la vente et à la mise sur le marché pour la consommation humaine ;

2° Élevage : toutes les étapes de culture d'un coquillage ayant pour objectif, par croissance, engraissement, affinage ou par toute autre technique visant à en améliorer les caractéristiques physiques et organoleptiques, l'obtention d'un coquillage de taille et de qualité marchandes destiné à la consommation humaine ;

3° Transfert : l'opération consistant à déplacer des coquillages vivants d'une zone de production à une autre zone de production dans le cadre d'activités d'élevage, ou vers tout établissement conchylicole agréé pour la purification ou l'expédition de coquillages vivants et vers tout établissement de traitement, à l'exception des opérations d'expédition.

§ 2. – Production de coquillages vivants

Art. R. 231-37 *(Rempl. à compter du 1er janvier 2013, D. n° 2012-1220, 31 oct. 2012).* **– Sont déterminés par arrêté du préfet du département après avis du comité régional conchylicole concerné et de la commission des cultures marines :**

1° L'emplacement, les limites et le classement des zones de production prévus au A du chapitre II de l'annexe II du règlement (CE) n° 854/2004 du 29 avril 2004 fixant les règles spécifiques d'organisation des contrôles officiels concernant les produits d'origine animale destinés à la consommation humaine ;

2° L'emplacement et les limites des zones de reparcage, qui satisfont à la qualité sanitaire des zones de productions classées en A conformément aux points A, B et C du chapitre II de la section VII de l'annexe III du règlement (CE) n° 853/2004 du 29 avril 2004 fixant des règles spécifiques d'hygiène applicables aux denrées alimentaires d'origine animale.

Ces arrêtés sont publiés au recueil des actes administratifs ainsi que sur le site internet de la préfecture.

Art. R. 231-38 *(Rempl. à compter du 1er janvier 2013, D. n° 2012-1220, 31 oct. 2012).* **– Les règles relatives aux programmes et plans d'échantillonnage prévus par les dispositions des points A et B du chapitre II de l'annexe II du règlement (CE) n° 854/2004 du 29 avril 2004 ainsi qu'à l'exploitation et l'interprétation de leurs résultats et les modalités de classement et de surveillance sanitaire régulière de chaque classe de zone de production et de reparcage sont fixées par arrêté conjoint du ministre chargé de l'agriculture et du ministre chargé de la santé.**

Art. R. 231-39 *(Rempl. à compter du 1er janvier 2013, D. n° 2012-1220, 31 oct. 2012).* **– Pour l'application des 1 et 2 du C du chapitre II de l'annexe II du règlement (CE) n° 854/2004 du 29 avril 2004,**

l'autorité compétente qui, en cas de contamination momentanée d'une zone ou lorsque la santé publique est mise en péril, ferme la zone concernée ou en prononce le déclassement est le préfet du département.

Lorsqu'une zone de reparcage ne satisfait plus à la qualité sanitaire des zones de productions classées en A, le préfet de département décide soit la suspension des opérations de reparcage pour une durée maximale de trois mois non reconductible, soit le déclassement de la zone en cause.

Ces décisions sont portées immédiatement à la connaissance de l'agence régionale de santé, des communes et des organisations professionnelles concernés.

Art. R. 231-40 *(Rempl. à compter du 1er janvier 2013, D. n° 2012-1220, 31 oct. 2012).* – Le transfert depuis une zone C vers une zone A ou B est limité aux seuls naissains et juvéniles qui y sont captés ou récoltés.

Par dérogation au point 1 du A du chapitre II de la section VII de l'annexe III du règlement (CE) n° 853/2004, le captage et la récolte des naissains hors zones classées pour effectuer leur transfert vers une zone de production peuvent être exceptionnellement autorisés par le préfet du département après avis de la commission des cultures marines.

Un arrêté du ministre chargé de l'agriculture fixe les modalités d'application du présent article et précise notamment la liste des espèces et les tailles maximales des naissains ou juvéniles.

Art. R. 231-41 *(Rempl. à compter du 1er janvier 2013, D. n° 2012-1220, 31 oct. 2012).* – En application du c du point 2 du C du chapitre II de la section VII de l'annexe III du règlement (CE) n° 853/2004 du 29 avr. 2004, le préfet de département peut autoriser, sur la base d'une analyse de risque, le reparcage des coquillages provenant de zones C pour une durée inférieure à deux mois.

Un arrêté du ministre chargé de l'agriculture précise les modalités de demande d'autorisation.

Art. R. 231-42 *(Rempl. à compter du 1er janvier 2013, D. n° 2012-1220, 31 oct. 2012).* – Le document d'enregistrement mentionné au point 3 du chapitre Ier de la section VII de l'annexe III du règlement (CE) n° 853/2004 du 29 avr. 2004 accompagne tout lot de coquillages vivants lors de tout transfert.

Toutefois et conformément au point 7 du chapitre Ier de la section VII de l'annexe III du règlement (CE) n° 854/2004 du 29 avr. 2004, le document d'enregistrement n'est pas requis lorsque le transfert est effectué entre des zones et installations d'une même entreprise par le personnel de celle-ci.

Un arrêté conjoint du ministre chargé de l'agriculture et du ministre chargé de la consommation précise les modalités d'application des dispositions du présent article, notamment, les conditions d'utilisation et de conservation des documents d'enregistrement.

Art. R. 231-43 *(Rempl. à compter du 1er janvier 2013, D. n° 2012-1220, 31 oct. 2012).* – La pêche à titre non professionnel des coquillages vivants destinés à la consommation humaine ne peut être pratiquée dans les zones de production que sur les gisements naturels situés dans des zones classées A ou B.

Les modalités de l'information sanitaire du public se livrant à cette pêche dans des zones classées B sont fixées par un arrêté conjoint du ministre chargé de la santé et du ministre chargé de l'agriculture, après avis de l'Agence nationale de sécurité sanitaire de l'alimentation, de l'environnement et du travail. Cet arrêté est disponible sur le site des ministères chargés de l'agriculture et de la santé.

Art. R. 231-44 à R. 231-59 *(Abrogé à compter du 1er janvier 2013, D. n° 2012-1220, 31 oct. 2012).*

....

Art. R. 237-4. – Est puni de l'amende prévue pour les contraventions de la cinquième classe le fait :

1° De contrevenir aux dispositions du A du chapitre II de l'annexe II du règlement (CE) n° 854/2004 du Parlement européen et du Conseil du 29 avril 2004 fixant des règles spécifiques d'organisation des contrôles concernant les produits d'origine animale destinés à la consommation humaine en récoltant des coquillages soit hors zone classée, soit en méconnaissance des conditions de salubrité fixées pour la zone de production considérée ;

2° De récolter des coquillages dans une zone de production fermée ou déclassée en application de l'article R. 231-39 ou de les reparquer dans une zone où les opérations de reparcage ont été suspendues ou qui a été déclassée en application du même article ;

3° De se livrer aux activités d'élevage de coquillages destinés à la consommation humaine hors zone classée ;

4° De contrevenir aux dispositions du deuxième alinéa de l'article R. 231-40 en procédant, sans autorisation du préfet, au captage et à la récolte de naissains hors zone classée.

Art. R. 237-5 *(Mod. à compter du 1er janvier 2013, D. n° 2012-1220, 31 oct. 2012)*. – Est puni de l'amende prévue pour les contraventions de la troisième classe le fait :

1° De pratiquer le reparcage dans des zones autres que celles délimitées à cet usage par le préfet en vertu du 2° de l'article R. 231-37 ;

2° De contrevenir aux dispositions de l'article R. 231-43 en pratiquant la pêche non professionnelle dans des zones de production non classées A ou B.

Les personnes physiques coupables de l'infraction prévue au présent article encourent également la peine complémentaire prévue par le 5° de l'article 131-16 du Code pénal.

Les personnes morales encourent également la peine complémentaire prévue par le 5° de l'article 131-16 en application de l'article 131-43 du même code.

....

Pêche maritime et aquaculture marine

Contrôles et sanctions

Sanctions pénales

Art. R. 945-1. – Le fait, pour un producteur non adhérent d'une organisation de producteurs d'avoir méconnu les règles résultant d'un arrêté d'extension et prises conformément aux dispositions de l'article R. 912-151 est puni de l'amende prévue pour les contraventions de la cinquième classe.

Art. R. 945-2 *(D. n° 2017-942, 10 mai 2017)*. – Est puni de l'amende prévue pour les contraventions de la cinquième classe le fait de :

1° Procéder à l'arrachage des goémons ;

2° Récolter des goémons poussant en mer à partir d'un navire dépourvu d'un permis d'armement à la pêche ou aux cultures marines ;

3° Dépasser les limitations de quantité arrêtées en application des articles R. 922-37, R. 922-40 et R. 922-44.

Art. R. 945-3. – Est puni de l'amende prévue pour les contraventions de la cinquième classe :

1° Le fait de pratiquer la pêche à pied maritime professionnelle sans permis de pêche valide ;

2° Le fait de ne pas satisfaire aux obligations de déclaration prévues à l'article R. 921-74 ;

3° Le fait de commercialiser ou transporter des coquillages ou crustacés en infraction aux dispositions du même article.

Art. R. 945-4. – Est puni de la peine d'amende prévue pour les contraventions de la cinquième classe le fait, pour une personne pratiquant la pêche maritime de loisir, de contrevenir, dans l'exercice de cette pêche, aux dispositions des articles R. 921-90, R. 921-91 et R. 921-92.

Art. R. 945-5. – Les personnes reconnues coupables des infractions réprimées par les articles R. 945-1 à R. 945-4 encourent, outre l'amende prévue à ces articles :

1° Pour les personnes physiques, la suspension, pour trois ans au plus, du permis de conduire, la confiscation de la chose qui a servi ou était destinée à commettre l'infraction ou de la chose qui en est le produit, la confiscation de l'animal ayant été utilisé pour commettre l'infraction ou à l'encontre duquel l'infraction a été commise, en application des 1°, 5° et 10° de l'article 131-16 du Code pénal ;

2° Pour les personnes morales, les peines mentionnées aux 5° et 10° de cet article.

La récidive des contraventions prévues aux articles R. 945-1 à R. 945-4 du présent code est réprimée conformément aux articles 132-11 et 132-15 du Code pénal.

ANNEXE 48

PHARMACIE

Bibliographie : N. Bareit, M.-D. Campion, J. Lasserre Capdeville, G. Viala, *Pharmacie : JCl. Lois pénales spéciales.* • *Code de déontologie des pharmaciens, D. n° 95-284 du 14 mars 1995 (JO 16 mars).*

Code de la santé publique

(Ord. n° 2000-548, 15 juin 2000)

MONOPOLE DES PHARMACIENS

Dispositions générales

Art. L. 4211-1 ***(Mod., Ord. n° 2001-198, 1er mars 2001 ; Ord. n° 2007-613, 26 avr. 2007 ; Ord. n° 2012-1427, 19 déc. 2012 ; L. n° 2014-344, 17 mars 2014).*** **– Sont réservées aux pharmaciens, sauf les dérogations prévues aux articles du présent code :**

1° La préparation des médicaments destinés à l'usage de la médecine humaine ;

2° La préparation des objets de pansements et de tous articles présentés comme conformes à la pharmacopée ;

3° La préparation des générateurs, trousses ou précurseurs mentionnés à l'article L. 5121-1 ;

4° La vente en gros, la vente au détail, y compris par internet, et toute dispensation au public des médicaments, produits et objets mentionnés aux 1°, 2° et 3° ;

5° La vente des plantes médicinales inscrites à la pharmacopée sous réserve des dérogations établies par décret ;

6° La vente au détail et toute dispensation au public des huiles essentielles dont la liste est fixée par décret ainsi que de leurs dilutions et préparations ne constituant ni des produits cosmétiques, ni des produits à usage ménager, ni des denrées ou boissons alimentaires ;

7° La vente au détail et toute dispensation au public des aliments lactés diététiques pour nourrissons et des aliments de régime destinés aux enfants du premier âge, c'est-à-dire de moins de quatre mois, dont les caractéristiques sont fixées par arrêté des ministres chargés de la consommation et de la santé.

8° La vente au détail et toute dispensation de dispositifs médicaux de diagnostic *in vitro* destinés à être utilisés par le public, à l'exception des tests destinés au diagnostic de la grossesse ainsi que des tests d'ovulation.

La fabrication et la vente en gros des drogues simples et des substances chimiques destinées à la pharmacie sont libres à condition que ces produits ne soient jamais délivrés directement aux consommateurs pour l'usage pharmaceutique et sous réserve des règlements particuliers concernant certains d'entre eux.

1) L'article L. 512 devenu l'article L. 4211-1 ne visant que la vente des plantes médicinales, il a été jugé que la remise gratuite de mélanges était licite (■ T. corr. Marseille, 12 déc. 1974 : *JCP* 75, II, 18061, note Dillemann ; *Rev. sc. crim.* 1975, 694, obs. Vitu).

2) Ne justifie pas sa décision la cour d'appel qui prononce la relaxe d'un prévenu après avoir constaté qu'il adressait au même revendeur des essences de plantes et une brochure en précisant les propriétés médicales, sans rechercher s'il ne s'était pas rendu complice du délit d'exercice illégal de la pharmacie dont elle a reconnu coupable ce revendeur (▪ Cass. crim., 26 janv. 1988 : *Bull. crim.*, n° 38).

3) Sauf dérogation établie par décret, la vente des plantes médicinales inscrites à la pharmacopée est, aux termes de l'article L. 512-4° du Code de la santé publique, réservée aux pharmaciens. La dérogation apportée par le décret n° 79-480 du 15 juin 1979 en ce qui concerne les plantes médicinales inscrites à la pharmacopée et visées par ce texte est subordonnée à la condition que lesdites plantes soient vendues en l'état. Tel n'est pas le cas de plantes conditionnées en gélules, après avoir été soumises à des opérations de micronisation et de nébulisation nécessitant des connaissances pharmaceutiques (▪ Cass. crim., 5 janv. 1989 : *Bull. crim.*, n° 2) ou après avoir été réduites en poudre (▪ Cass. crim., 11 déc. 1996 : *Bull. crim.*, n° 462).

4) Énonçant que le monopole de la vente en France des médicaments n'est pas de nature à entraver la libre circulation des produits pharmaceutiques entre les États membres et que la restriction qui peut résulter de ce monopole est conforme à l'article 36 du Traité selon lequel les dispositions des articles 30 et 40 relatifs aux restrictions quantitatives et aux mesures d'effet équivalent ne font pas obstacle aux interdictions ou restrictions justifiées par des raisons de protection de la santé et de la vie des personnes, une cour d'appel est en droit de décider, sans qu'il y ait lieu à interprétation par la Cour de justice, que la réglementation du monopole des pharmaciens, qui relève de l'exception prévue par l'article 36 du Traité, ne masque aucune restriction interdite dans le commerce entre les États membres et n'est contraire à aucune disposition de ce Traité (▪ Cass. crim., 18 oct. 1988 : *Bull. crim.*, n° 352). Les dispositions de l'article L. 512 du Code de la santé publique réservant aux pharmaciens la vente de produits et réactifs destinés au diagnostic de la grossesse s'appliquent sans discrimination tant aux produits nationaux qu'à ceux importés des autres États membres ; cette réglementation échappe ainsi au domaine d'application de l'article 30 du traité instituant la Communauté européenne et, ne constituant pas une mesure d'effet équivalent à une restriction quantitative à l'importation, il n'y a pas lieu de rechercher, pour écarter l'exception prise de l'incompatibilité du monopole avec ce texte, s'il est justifié, conformément à l'article 36 du Traité, par des raisons de protection de santé publique ou de défense des consommateurs (▪ Cass. crim., 30 oct. 1996 : *Bull. crim.*, n° 380 ; *Dr. pénal* 1997, comm. 64, obs. J.-H. Robert).

5) L'article L. 4211-1, 8° du Code de la santé, dans sa rédaction issue de l'ordonnance du 1er mars 2001, qui réserve aux pharmaciens la vente au détail et la dispensation des produits et réactifs destinés à être utilisés par le public pour le diagnostic de la grossesse, ne méconnaît pas la directive 98/79/CE du 27 octobre 1998 relative aux dispositifs médicaux de diagnostic *in vitro* ; s'appliquant sans discrimination tant aux produits nationaux qu'à ceux importés des autres États membres, cette réglementation échappe ainsi au domaine d'application de l'article 30 devenu l'article 28 du traité instituant la communauté européenne (▪ Cass. crim., 26 nov. 2002 : *Bull. crim.*, n° 210).

6) Il résulte de l'article L. 512, 1° et 4°, du Code de la santé publique que la fabrication et la vente en gros de médicaments ou de gélules à visées thérapeutiques, sont réservées aux pharmaciens ; la réglementation instituant un monopole pharmaceutique, qui s'applique indistinctement aux produits importés des États membres de la Communauté européenne comme aux produits nationaux, est justifiée au regard des articles 30 et 36, devenus 28 et 30, du Traité CE, par la protection de la santé publique (▪ Cass. crim., 5 sept. 2000 : *Bull. crim.*, n° 261).

7) Les dispositions de l'article L. 4211-1, 5°, du Code de la santé publique, qui, sauf dérogation prévue par décret, réservent aux pharmaciens la vente de plantes médicinales inscrites à la pharmacopée ne sont pas contraires à l'article 7 de la Convention européenne des droits de l'homme et des libertés fondamentales. Par ailleurs, s'appliquant sans discrimination tant aux produits nationaux qu'aux produits importés des autres États membres, cette réglementation échappe au domaine d'application de l'article 30 devenu 28 du traité instituant la Communauté européenne (▪ Cass. crim., 1er avr. 2003 : *Bull. crim.*, n° 82).

8) Insecticides. La préparation et la vente des insecticides et acaricides destinés à être appliqués sur l'homme relèvent du monopole pharmaceutique en vertu de l'article L. 512, devenu l'article L. 4211-1, du Code de la santé publique ; encourt, dès lors, la cassation l'arrêt de la chambre d'accusation qui, dans une poursuite pour exercice illégal de la pharmacie, confirme une ordonnance de non-lieu au motif que le produit dont la partie civile dénonçait la vente ne constitue pas un médicament, sans répondre aux articulations essentielles de son mémoire sur la qualification d'insecticide ou acaricide, destiné à être appliqué sur l'homme, du produit visé dans la plainte (▪ Cass. crim., 3 oct. 2000 : *Bull. crim.*, n° 286).

9) Encourt la cassation l'arrêt qui, pour relaxer le prévenu en ce qui concerne la vente de « Gravi-tests » retient que ces produits qui ne sont pas destinés à être administrés ne sont que des moyens d'auto information (■ Cass. crim., 19 déc. 1989 : *Bull. crim.*, n° 492).

10) Hormone de croissance. Il résulte des articles L. 511 et L. 512 du Code de la santé publique, dans leur version applicable au moment des faits, que relève du monopole pharmaceutique la préparation des médicaments destinés à l'usage de la médecine humaine, notamment de tout produit pouvant être administré à l'homme en vue de restaurer, corriger ou modifier ses fonctions organiques.

L'extraction et la purification de l'hormone de croissance d'origine humaine entrent dans la préparation du produit pouvant être administré à l'homme et relèvent en conséquence du monopole pharmaceutique (■ Cass. crim., 7 janv. 2014, n° 11-84.456 : *JCP* 2014, note 200, P. Mistretta ; *Dr. pén.* 2014, comm. 57, obs. J.-H. Robert).

11) Ne justifie pas sa décision au regard des articles L. 4211-1, 4° et 5°, L. 5111-1 du Code de la santé publique, la cour d'appel qui, pour écarter la qualification de médicaments par présentation et par fonction et dire non réunis les éléments constitutifs du délit d'exercice illégal de la pharmacie, d'une part ne recherche pas si les produits objets de la poursuite sont présentés comme possédant des propriétés curatives et préventives à l'égard des maladies humaines, d'autre part ne procède pas au cas par cas, en tenant compte de l'ensemble des caractéristiques de chaque produit, dont notamment sa composition, ses propriétés pharmacologiques, immunologiques ou métaboliques, établies en l'état actuel de la connaissance scientifique, ses modalités d'emploi, l'ampleur de sa diffusion, la connaissance qu'en ont les consommateurs et les risques que peut entraîner son utilisation sur la santé, et enfin, omet de vérifier si ceux des produits litigieux composés de plantes médicinales inscrites à la pharmacopée échappent au monopole des pharmacies (■ Cass. crim., 5 mai 2009, pourvoi n° 07-88.599 : *Bull. crim.*, n° 84 ; *AJP* 2009, p. 311, obs. J. Lasserre-Capdeville).

12) L'article L. 4211-1, 8°, du Code de la santé publique, dans sa rédaction issue de l'ordonnance du 1er mars 2001 relative à la transposition de la directive 98/79/CE du Parlement et du Conseil du 27 octobre 1998, ne réserve plus aux pharmaciens que la vente au détail et toute dispensation de dispositifs médicaux de diagnostic *in vitro* destinés à être utilisés par le public ; en conséquence, justifie sa décision la cour d'appel qui énonce que la préparation et la vente en gros des tests de grossesses ne sont plus soumises au monopole pharmaceutique (■ Cass. crim., 3 nov. 2004 : *Bull. crim.*, n° 265).

13) Ne justifie pas sa décision au regard des articles L. 4211-1 et L. 5111-1 du Code de la santé publique la cour d'appel qui écarte la qualification de médicaments par présentation et par fonction appliquée à divers produits composées d'extraits de cartilages ou d'extraits de plantes médicinales inscrites à la pharmacopée, et qui relaxe le dirigeant d'entreprise qui, dépourvu de la qualité de pharmacien, les commercialise, sans, d'une part, rechercher si ces produits ont été présentés comme possédant des propriétés curatives et préventives à l'égard des maladies humaines, d'autre part, vérifier au cas par cas, en tenant compte de l'ensemble des caractéristiques de chaque produit, notamment sa composition, ses propriétés pharmacologiques, immunologiques ou métaboliques, établies en l'état de la connaissance scientifique, ses modalités d'emploi, l'ampleur de sa diffusion, la connaissance qu'en ont les consommateurs et les risques que peut entraîner son utilisation pour la santé. Lorsque, eu égard à l'ensemble de ces caractéristiques, un produit est susceptible de répondre à la fois à la définition du médicament et à celle de complément alimentaire résultant du décret du 20 mars 2006, il est, en cas de doute considéré comme un médicament (■ Cass. crim., 19 mai 2009, n° 08-83.747 : *Bull. crim.*, n° 99 ; *Dr. pénal* 2009, comm. 107, obs. J.-H. Robert. ■ 21 sept. 2010 : *JurisData* 2010-018963 ; *Dr. pén.* 2010, comm. 138, obs. J.-H. Robert).

Art. L. 4211-1-1 ***(Ord. n° 2012-1427, 19 déc. 2012).*** **– Les personnes se livrant à une activité de courtage de médicaments mentionnée à l'article L. 5124-19 ne sont pas soumises aux dispositions du présent titre.**

....

EXERCICE DE LA PROFESSION DE PHARMACIEN

Conditions d'exercice

Art. L. 4221-1 ***(Mod., Ord. n° 2009-1585, 17 déc. 2009 ; L. n° 2009-879, 21 juill. 2009).*** **– Nul ne peut exercer la profession de pharmacien s'il n'offre toutes garanties de moralité professionnelle et s'il ne réunit les conditions suivantes :**

1° Être titulaire d'un diplôme, certificat ou autre titre mentionnés aux articles L. 4221-2 à L. 4221-5 ;

2° Être de nationalité française, citoyen andorran, ressortissant d'un État membre de l'Union européenne ou partie à l'accord sur l'Espace économique européen, ou ressortissant d'un pays dans lequel les Français peuvent exercer la pharmacie lorsqu'ils sont titulaires du diplôme qui en ouvre l'exercice aux nationaux de ce pays ;

3° Être inscrit à l'ordre des pharmaciens.

Les pharmaciens titulaires d'un diplôme, certificat ou autre titre mentionnés à l'article L. 4221-2 sont dispensés de la condition de nationalité prévue au 2°.

Art. L. 4221-1-1 *(L. n° 2016-41, 26 janv. 2016)*. – Par dérogation au 1° de l'article L. 4221-1, peuvent être autorisés individuellement par le ministre chargé de la santé, après avis du Conseil national de l'ordre des pharmaciens, à exercer temporairement la pharmacie dans le cadre d'une formation spécialisée effectuée en France au sein de lieux de stages agréées pour la formation des internes, lorsqu'ils remplissent des conditions déterminées par décret en Conseil d'État portant sur la durée, les modalités et les lieux d'exercice ainsi que sur les enseignements théoriques et pratiques devant être validés :

1° Les internes en pharmacie à titre étranger et les pharmaciens titulaires d'un diplôme obtenu dans un État autre que les États membres de l'Union européenne, les États parties d'un à l'accord sur l'Espace économique européen ou la Confédération suisse permettant l'exercice de la pharmacie dans leur pays d'origine venant effectuer l'intégralité d'un troisième cycle spécialisé de pharmacie en France dans le cadre prévu au 3° de l'article L. 633-4 du Code de l'éducation ou dans le cadre d'un accord de coopération bilatéral avec la France, lorsque le diplôme de spécialité qu'ils poursuivent nécessite pour sa validation l'accomplissement de fonctions hospitalières de plein exercice ;

2° Les pharmaciens spécialistes titulaires d'un diplôme de spécialité permettant l'exercice effectif et licite de la spécialité dans leur pays d'origine venant effectuer, dans le cadre d'un accord de coopération bilatéral avec la France ou d'un accord de coopération entre, d'une part, une personne de droit public ou privé et, d'autre part, un établissement public de santé en application de l'article L. 6134-1 du présent code ou une université française ou ces deux entités, une formation complémentaire dans leur discipline ou leur spécialité.

……

Dispositions pénales

Art. L. 4223-1 *(Mod., L. n° 2001-504, 12 juin 2001 ; L. n° 2001-1062, 15 nov. 2001 ; rempl., Ord. n° 2005-1040, 26 août 2005 ; mod., L. n° 2009-526, 12 mai 2009)*. – Le fait de se livrer à des opérations réservées aux pharmaciens, sans réunir les conditions exigées par le présent livre, constitue l'exercice illégal de la profession de pharmacien. Cet exercice illégal est puni de deux ans d'emprisonnement et de 30 000 euros d'amende.

Les personnes physiques encourent également les peines complémentaires suivantes :

a) L'affichage ou la diffusion de la décision prononcée, dans les conditions prévues par l'article 131-35 du Code pénal ;

b) La confiscation de la chose qui a servi ou était destinée à commettre l'infraction ou de la chose qui en est le produit, conformément à l'article 131-21 du Code pénal ;

c) L'interdiction définitive ou pour une durée de cinq ans au plus d'exercer une ou plusieurs professions régies par le présent code ou toute autre activité professionnelle ou sociale à l'occasion de l'exercice de laquelle l'infraction a été commise, suivant les modalités prévues par l'article 131-27 du Code pénal, ainsi que l'activité de prestataire de formation professionnelle continue au sens de l'article L. 6313-1 du Code du travail pour une durée de cinq ans ;

d) La fermeture définitive ou pour une durée de cinq ans au plus de l'établissement dans lequel l'infraction a été commise.

Le fait d'exercer cette activité malgré une décision judiciaire d'interdiction définitive ou temporaire est puni des mêmes peines.

Les personnes morales déclarées responsables pénalement, dans les conditions prévues par l'article 121-2 du Code pénal, de l'infraction définie au présent article encourent, outre l'amende suivant les modalités prévues par l'article 131-38 du Code pénal, les peines prévues par les 2° à 9° de l'article 131-39 du même code. L'interdiction mentionnée au 2° de l'article 131-39 du même code porte sur une ou plusieurs professions régies

par le présent code ou toute autre activité professionnelle ou sociale à l'occasion de l'exercice de laquelle l'infraction a été commise.

Art. L. 4223-2 *(Ord. n° 2005-1040, 26 août 2005 ; mod., L. n° 2009-526, 12 mai 2009 ; L. n° 2011-525, 17 mai 2011)*. **– L'usage de la qualité de pharmacien, sans remplir les conditions exigées par l'article L. 4221-1, ou l'usage sans droit d'un diplôme, certificat ou autre titre légalement requis pour l'exercice de cette profession, sont passibles des sanctions prévues à l'article 433-17 du Code pénal.**

Les personnes physiques encourent également la peine complémentaire de fermeture définitive ou pour une période de cinq ans au plus de l'établissement dans lequel l'infraction a été commise.

Les personnes morales déclarées responsables pénalement, dans les conditions prévues par l'article 121-2 du Code pénal, de l'infraction définie au présent article encourent l'amende prévue à l'article 433-17 du Code pénal suivant les modalités prévues par l'article 131-38 du même code, ainsi que les peines prévues aux 2° à 4° de l'article 433-25 du même code.

Le non-respect des dispositions de l'article L. 4221-14 est assimilé à une usurpation du titre de pharmacien.

Art. L. 4223-3 *(Ord. n° 2005-1040, 26 août 2005)*. **– Lorsque l'autorité judiciaire a été saisie d'une poursuite par application des articles L. 4223-1 ou L. 4223-2, le représentant de l'État dans le département peut prononcer la fermeture provisoire de l'établissement.**

1) À la différence du délit d'exercice illégal de la médecine, le délit d'exercice illégal de la pharmacie n'est pas un délit d'habitude (■ Nancy, 11 mai 1892 : *S.* 94, 2, 49).

2) Le fait, pour un pharmacien diplômé, d'exploiter une officine sans être inscrit au tableau de l'Ordre constitue le délit d'exercice illégal de la pharmacie, prévu par l'article L. 517 du Code de la santé publique. En conséquence, c'est à bon droit qu'une cour d'appel déclare coupable de ce délit le pharmacien qui maintient son officine en exploitation après sa radiation du tableau de l'Ordre par le conseil régional, nonobstant le recours hiérarchique exercé contre cette décision, dès lors que celle-ci, ordonnée en conséquence de l'annulation de la licence de création de l'officine, constituait une décision administrative, d'effet immédiat (■ Cass. crim., 22 mai 1996 : *Bull. crim.*, n° 214).

3) Exerce illégalement la pharmacie en délivrant un vaccin le médecin qui, après s'être procuré ce vaccin auprès de clients étrangers, l'administre à ses malades (■ Cass. crim., 23 juill. 1987 : *Bull. crim.*, n° 300).

– Exerce illégalement la pharmacie un chef de secteur d'un supermarché qui vend de la vitamine C (■ Cass. crim., 8 mars 2005, n° 04-83.616), ou une dirigeante de société qui commercialise un complément alimentaire (ginseng) en le présentant comme possédant des propriétés curatives ou préventives à l'égard des maladies humaines (■ Cass. crim., 18 oct. 2005 : *Dr. pénal* 2006, comm. 39, obs. J.-H. Robert).

– Entre dans le champ d'application du délit d'exercice illégal de la pharmacie, le fait, pour une personne n'ayant pas le diplôme de pharmacien, de superviser, dans le cadre de programmes de « purification », la prise de médicaments par présentation et fonction d'en préparer le dosage tout en veillant à la progression des prises par les personnes d'ailleurs abusées par la mise en scène de ces programmes (■ Cass. crim., 16 oct. 2013, n° 12-81.532 : *AJP* 2013, p. 665, note J. Lasserre-Capdeville).

V. également, Commission européenne des droits de l'homme, 10 janv. 1994 : *Dr. pénal* 1994, n° 238.

4) N'est pas justifiée la condamnation d'une prévenue pour exercice illégal de la pharmacie dès lors que les juges ne précisent pas les propriétés pharmacologiques réelles ou supposées des produits mis en vente (■ Cass. crim., 7 oct. 2003 : *Dr. pénal* 2004, comm. 39, obs. J.-H. Robert).

5) Ne justifie pas sa décision au regard des articles L. 4211-1, 4° et 5°, L. 5111-1 du Code de la santé publique, la cour d'appel qui, pour écarter la qualification de médicaments par présentation et par fonction et dire non réunis les éléments constitutifs du **délit d'exercice illégal de la pharmacie**, d'une part ne recherche pas si les produits objets de la poursuite sont présentés comme possédant des propriétés curatives et préventives à l'égard des maladies humaines, d'autre part ne procède pas au cas par cas, en tenant compte de l'ensemble des caractéristiques de chaque produit, dont notamment sa composition, ses propriétés pharmacologiques, immunologiques ou métaboliques, établies en l'état actuel de la connaissance scientifique, ses modalités d'emploi, l'ampleur de sa diffusion, la connaissance qu'en ont les consommateurs et les risques que peut entraîner son utilisation sur la santé, et enfin, omet de vérifier si ceux des produits litigieux composés de plantes médicinales inscrites à la pharmacopée échappent au monopole des pharmaciens (■ Cass. crim., 5 mai 2009, n° 07-88.599 : *Bull. crim.*, n° 84). – *Adde* ■ Cass. crim., 19 mai 2009, n° 08-83.747 : *Bull. crim.*, n° 99, préc. sous l'article L. 4211-1. – Rappr. crim., 22 févr. 2011 : *Bull. crim.*, n° 35.

6) **Compléments alimentaires.** La fabrication ou la commercialisation, en l'absence de fraude, par des personnes ne réunissant pas les conditions exigées pour exercer la profession de pharmacien, de produits, qui bénéficient d'une autorisation de mise sur le marché en tant que compléments alimentaires délivrée par l'autorité administrative compétente et qui ne sont pas présentés comme possédant des propriétés curatives ou préventives à l'égard des maladies humaines, ne saurait constituer le délit d'exercice illégal de la pharmacie ; il en est de même s'agissant des préparations antiseptiques supprimées de la pharmacopée française par les arrêtés des 11 août et 15 décembre 2009.

S'agissant des produits qui n'ont pas obtenu une telle autorisation, il y a lieu de rechercher, pour chacun d'eux, si, d'une part, dans des conditions normales d'emploi, il est capable de restaurer, de corriger ou de modifier des fonctions physiologiques de manière significative en exerçant une action pharmacologique, immunologique ou métabolique et si, d'autre part, il a été présenté comme possédant des propriétés curatives et préventives à l'égard des maladies humaines (■ Cass. crim., 18 juin 2013, n° 11-86.921 : *Bull. crim.*, n° 143).

7) La fabrication ou la commercialisation, en l'absence de fraude, de produits qui bénéficient d'une autorisation de mise sur le marché comme complément alimentaire délivrée par l'autorité administrative compétente et qui ne sont pas présentés comme possédant des propriétés curatives ou préventives à l'égard des maladies humaines, ne saurait constituer le délit d'exercice illégal de la pharmacie (■ Cass. crim., 21 janv. 2014, n° 12-87.377 : *JCP* 2014, act. 132, p. 197).

EXERCICE DE LA PROFESSION DE PRÉPARATEUR EN PHARMACIE

Art. L. 4243-1 ***(Ord. n° 2005-1040, 26 août 2005 ; mod., L. n° 2009-526, 12 mai 2009).*** **– L'exercice illégal de la profession de préparateur en pharmacie est puni d'un an d'emprisonnement et de 15 000 euros d'amende.**

Les personnes physiques encourent également les peines complémentaires suivantes :

a) **L'affichage ou la diffusion de la décision prononcée, dans les conditions prévues par l'article 131-35 du Code pénal ;**

b) **La confiscation de la chose qui a servi ou était destinée à commettre l'infraction ou de la chose qui en est le produit, conformément à l'article 131-21 du Code pénal ;**

c) **L'interdiction définitive ou pour une durée de cinq ans au plus d'exercer une ou plusieurs professions régies par le présent code ou toute autre activité professionnelle ou sociale à l'occasion de l'exercice de laquelle l'infraction a été commise, suivant les modalités prévues par l'article 131-27 du Code pénal.**

Le fait d'exercer cette activité malgré une décision judiciaire d'interdiction définitive ou temporaire est puni des mêmes peines.

Les personnes morales déclarées responsables pénalement, dans les conditions prévues par l'article 121-2 du Code pénal, de l'infraction définie au présent article encourent, outre l'amende suivant les modalités prévues par l'article 131-38 du Code pénal, les peines prévues par les 2° à 9° de l'article 131-39 du même code. L'interdiction mentionnée au 2° de l'article 131-39 du même code porte sur une ou plusieurs professions régies par le présent code ou toute autre activité professionnelle ou sociale à l'occasion de l'exercice de laquelle l'infraction a été commise.

Art. L. 4243-2 ***(Ord. n° 2005-1040, 26 juill. 2005).*** **– L'usage sans droit de la qualité de préparateur en pharmacie ou d'un diplôme, certificat ou autre titre légalement requis pour l'exercice de cette profession est puni comme le délit d'usurpation de titre prévu à l'article 433-17 du Code pénal.**

Les personnes morales peuvent être déclarées pénalement responsables de ce délit, dans les conditions prévues par l'article 121-2 du Code pénal. Elles encourent les peines prévues pour le délit d'usurpation de titre aux articles 433-17 et 433-25 de ce même code.

DISPOSITIONS GÉNÉRALES RELATIVES AUX MÉDICAMENTS

Définitions

Art. L. 5111-1. – *(Mod., L. n° 2007-248, 26 févr. 2007)* **On entend par médicament toute substance ou composition présentée comme possédant des propriétés curatives ou préventives à l'égard des maladies humaines ou animales, ainsi que toute substance ou composition pouvant être utilisée chez l'homme ou chez l'animal ou pouvant leur être administrée, en vue d'établir un diagnostic médical ou de restaurer, corriger ou modifier leurs fonctions physiologiques en exerçant une action pharmacologique, immunologique ou métabolique.**

Sont notamment considérés comme des médicaments les produits diététiques qui renferment dans leur composition des substances chimiques ou biologiques ne constituant pas elles-mêmes des aliments, mais dont la présence confère à ces produits, soit des propriétés spéciales recherchées en thérapeutique diététique, soit des propriétés de repas d'épreuve.

Les produits utilisés pour la désinfection des locaux et pour la prothèse dentaire ne sont pas considérés comme des médicaments.

Lorsque, eu égard à l'ensemble de ses caractéristiques, un produit est susceptible de répondre à la fois à la définition du médicament prévue au premier alinéa et à celle d'autres catégories de produits régies par le droit communautaire ou national, il est, en cas de doute, considéré comme un médicament.

Art. L. 5111-2. – **On entend par spécialité pharmaceutique, tout médicament préparé à l'avance, présenté sous un conditionnement particulier et caractérisé par une dénomination spéciale.**

I – GÉNÉRALITÉS

1) Les dispositions claires et précises de l'article L. 511 du Code de la santé publique, qui porte définition du médicament, ne sont pas contraires au principe de la légalité des délits et des peines et ne sont incompatibles ni avec l'article 7 de la Convention européenne de sauvegarde des droits de l'homme et des libertés fondamentales ni avec l'article 15 du Pacte international relatif aux droits civils et politiques (■ Cass. crim., 11 déc. 1996 : *Bull. crim.*, n° 462).

V., dans le même sens, ■ CEDH, 15 nov. 1996 (aff. 45/1995/551/637, *Cantoni c/ France*) : *JCP* 97, 11, 22836, note E. Fouassier et 1), Vion, pour un produit « Bio-oligo », d'alcool à 70° modifié, d'eau oxygénée à 10 volumes, de vitamine C 500 mg, compte tenu de la présentation de ces produits, *Adde*, *Rev. sc. crim.* 1997, 646, obs. critiques J.-P. Delmas Saint-Hilaire.

2) La définition du médicament donnée par la directive n° 65-65 du 26 janvier 1965 est la même que celle de l'article 511 du Code de la santé publique et les produits entrant dans cette définition peuvent être légitimement soumis à des conditions restrictives de vente comme ils le sont en France (■ Cass. crim., 8 nov. 1990 : *Dr. pénal* 1991, n° 119).

Le règlement n° 2309/93 CEE du 22 juillet 1993 a seulement pour objet d'établir des procédures communautaires pour l'autorisation et la surveillance des médicaments et d'instituer une agence européenne pour leur évaluation mais n'apporte aucune modification à la directive n° 65/65 du 26 janvier 1965 portant définition du médicament (■ Cass. crim., 9 juill. 1996 : *Bull. crim.*, n° 288).

II – MÉDICAMENT PAR FONCTION

3) La vitamine C – 500, 800 ou 1 000 – est un médicament et ne saurait être dès lors vendue par le gérant d'un hypermarché ne possédant pas le diplôme de pharmacien (■ Cass. crim., 24 oct. 1989, deux arrêts : *JCP* 90, IV, 47 ; *Bull. crim.*, n° 377. ■ 19 déc. 1989 :*Bull. crim.*, n° 492).

4) Les produits dénommés Vitamine C 1 000, calcium assimilable Vitabia, Vitanyl homme et Vitanyl femme, commercialisés dans un supermarché sous la forme de comprimés effervescents ou de sachets de poudre soluble et accompagnés de notices précisant leur composition, comportant une posologie et indiquant leurs propriétés thérapeutiques et préventives, sont des médicaments par présentation et par fonction, et non du compléments alimentaires au sens de la directive 2002/46/CE du parlement européen et du conseil du 10 juin 2002 relative au rapprochement des législations des États membres concernant les compléments alimentaires (■ Cass. crim., 30 oct. 2007 : *JurisData* n° 2007-041683 ; *Dr. pénal* 2008, comm. 8, obs. J.-H. Robert).

5) L'éosine aqueuse est un médicament (■ Cass. crim., 2 mai 1989 : *D.* 1989, IR, 204 ; *Bull. crim.*, n° 174. ■ Limoges, 18 nov. 1988 : *Dr. pénal* 1989, n° 72) tout comme une solution à base de digluconate de chlorexidine (■ Cass. crim., 2 mai 1989, préc.), tout comme encore l'eau oxygénée à dix volumes, qui est un antiseptique (■ Cass. crim., 19 déc. 1989 : *Bull. crim.*, n° 492).

6) Même solution que pour les inhalateurs et pour un spray utilisé pour soulager les douleurs, assimilables à une maladie (■ Limoges, 18 nov. 1988 : *JurisData* n°s 50215 et 50220).

7) Sont encore des médicaments les oligo-éléments conditionnés en gélules (■ Cass. crim., 24 oct. 1989, deuxième arrêt : *JCP* 90, IV, 47 ; *Bull. crim.*, n° 377. ■ Paris, 6 juill. 1989 : *D.* 1989, IR, 276).

8) Il avait été jugé que ne seraient pas des médicaments : les solutions antiseptiques telles que l'alcool à 70° et l'eau oxygénée (■ Limoges, 18 nov. 1988 ; *Dr. pénal* 1989, n° 72, solution condamnée par la Cour de cassation : V. *supra*, n° 4), une lotion à base d'extraits végétaux destinée à nettoyer et purifier la peau et à normaliser la sécrétion sébacée (■ Paris, 17 juin 1988 : *D.* 1988, IR, 248), les crèmes au camphre et à l'arnica (■ Limoges, 18 nov. 1988 : *Dr. pénal* 1989, n° 72), l'anis vert, la badiane et les tisanes (■ Limoges, 18 nov. 1988 : *Dr. pénal* 1989, n° 72), un gel défatigant (■ Paris, 17 juin 1988 : *D.* 1988, IR, 248), une crème pour le traitement d'hygiène des peaux grasses ou acnéiques (■ Paris, 12 juill. 1988 : *D.* 1988, IR, 241), la sauge et la piloselle (■ Paris, 6 juill. 1989 : *D.* 1989, IR, 276).

Le « baume de tigre » n'est pas un médicament (■ Cass. crim., 17 nov. 2004 : v. note n° 21, *infra*).

9) La qualification de médicament n'est nullement subordonnée à la distinction entre maladie et affection bénigne, la loi ignorant cette distinction (■ Cass. crim., 19 déc. 1989 : *Bull. crim.*, n° 491 ; *Dr. pénal* 1990, n° 62 ; *Rev. sc. crim.* 1990, 563, obs. Delmas Saint-Hilaire). L'article L. 511 du Code de la santé publique, qui porte définition du médicament, n'exige pas que les effets du produit sur l'organisme soient scientifiquement démontrés mais se réfère à l'usage auquel il est destiné en vue notamment de restaurer ou corriger les fonctions organiques ; encourt dès lors la censure, l'arrêt de la cour d'appel qui, pour retenir qu'il n'est pas établi qu'un produit à base de vitamine C constitue un médicament, énonce, après avoir analysé les conclusions divergentes de plusieurs expertises, qu'un doute subsiste sur les effets réels d'un tel produit (■ Cass. crim., 27 nov. 1996 : *Bull. crim.*, n° 435).

10) Est entaché de contradiction et encourt la censure l'arrêt qui, après avoir constaté que la solution mise en vente contient du digluconate de chlorhexidine, substance antiseptique et désinfectante, énonce cependant que ce produit n'est pas utilisé en vue de restaurer, corriger ou modifier les fonctions organiques (■ Cass. crim., 9 nov. 1994 : *Bull. crim.*, n° 359).

11) Encourt la cassation l'arrêt qui, au vu de l'avis de deux experts, retient que l'éosine aqueuse à 2 % et l'alcool modifié à 70°, dès lors qu'ils ne sont pas présentés comme possédant des propriétés curatives ou préventives à l'égard des maladies humaines, doivent être considérés comme des produits d'hygiène corporelle, sans rechercher si, compte tenu de leur marque Trepharm, de leurs modalités d'emploi, de l'ampleur de leur diffusion et de leur effet antiseptique connu et relevé par les premiers juges, lesdits produits n'entrent pas dans les prévisions de l'article L. 511 (■ Cass. crim., 25 mai 1994 : *Bull. crim.*, n° 201).

Adde. crim. 14 déc. 2004 : *Dr. pénal* 2005, note 43, qui retient que répondent en outre à la définition du médicament, une solution antiseptique de marque Hansaplast, des compresses de tulle-vaseline stérilisées, des compresses calmantes, de la crème à l'arnica, des comprimés et gélules à base de vitamine et minéraux.

12) La réglementation du monopole de la vente en France des médicaments n'est contraire à aucune disposition du Traité instituant la Communauté économique européenne dès lors que les restrictions qui peuvent en résulter, justifiées par des raisons de protection de la santé publique et des consommateurs, relèvent de l'exception prévue par l'article 36 du Traité et qu'en outre cette réglementation s'applique sans distinction tant aux produits nationaux qu'à ceux importés des autres États membres (■ Cass. crim., 25 mai 1994 : *Bull. crim.*, n° 202). *Adde*, ■ Cass. crim., 9 juill. 1996 : *Bull. crim.*, n° 288 : dès lors qu'un produit, quel que soit son degré de dangerosité, est un médicament au sens de l'article L. 511 du Code de la santé publique, sa soumission à cette réglementation est, en principe et sauf preuve contraire, à la charge du prévenu, justifiée.

13) Ne caractérise pas le médicament par fonction la Cour d'appel qui ne précise pas les propriétés pharmacologiques réelles ou supposées attribuées à des produits mis en vente par un non-pharmacien (■ Cass. crim., 7 oct. 2003 : *Dr. pénal* 2004, comm. 39, obs. J.-H. Robert).

14) La qualification de médicament par fonction s'apprécie, au cas par cas, au regard de la situation de chaque produit, en tenant compte de l'ensemble de ses caractéristiques, notamment en examinant sa composition, ses modalités d'emploi, ses propriétés pharmacologiques, immunologiques ou métaboliques dont il se déduit qu'il est capable de restaurer, corriger ou modifier les fonctions physiologiques de manière significative (ce qui exclut la qualification de complément alimentaire), les risques liés à son utilisation.

Justifie ainsi sa décision (au regard des articles L. 4211-1 et L. 5111-1 du Code de la santé publique) la cour d'appel qui retient la qualification de médicaments par fonction à divers produits à base de vitamine C 1000 et de magnésium, en relevant, d'une part, que, composés de substances susceptibles d'avoir des effets physiologiques en fonction de la dose administrée, ils présentent des propriétés pharmacologiques, immunologiques ou métaboliques utiles dans le traitement de la carence en vitamine, de l'asthénie, de l'alcoolisme, de l'anorexie, de l'insuffisance cardiaque, des maladies de la peau, des affections oculaires, des crampes et des migraines ainsi que des manifestations fonctionnelles liées au stress, d'autre part, qu'il existe de très nombreuses spécialités pharmaceutiques contenant de la vitamine C, des vitamines B1, B2, B6 commercialisées comme substances actives et que ces produits peuvent présenter des effets indésirables ou des contre-indications (■ Cass. crim., 22 févr. 2011, n° 10-81.742 ; *Bull. crim.*, n° 34 ; *D.* 2011, act. p. 879).

15) Justifie ainsi sa décision (au regard des articles L. 4211-1 et L. 5111-1 du Code de la santé publique) la cour d'appel qui retient la qualification de médicaments par fonction à divers produits à base d'haragophytum, millepertuis, gingko biloba, marron d'Inde, bourdaine, boldo, gui et ballote, après s'être prononcée, au cas par cas, sur la situation de ces produits, en tenant compte de l'ensemble de leurs caractéristiques, notamment, en examinant leur composition, à base de plantes médicinales, leur modalité d'emploi, en relevant ainsi leurs propriétés anti-inflammatoires et antalgiques, anti-dépressives, vaso-régulatrices ou antispasmodiques, dont elle déduit que ces produits sont capables de restaurer, corriger ou modifier les fonctions physiologiques de manière significative, écartant ainsi la qualification de complément alimentaire, en mentionnant également les risques résultant de leur utilisation, tels ceux liés à des effets toxiques ou à des risques d'interaction avec d'autres médicaments (■ Cass. crim., 22 févr. 2011, n° 10-83.767).

III – MÉDICAMENT PAR PRÉSENTATION

16) Le seul emploi du mot « antiseptique » constitue une présentation médicamenteuse (■ Paris, 26 janv. 1989 : *JurisData* n° 42654).

17) La vente par une personne non diplômée de gommes homéopathiques présentées comme ayant des effets fortifiants et comme étant le support de l'énergie musculaire et cérébrale, constitue un fait d'exercice illégal de la pharmacie (■ Cass. crim., 24 oct. 1989 : *Bull. crim.*, n° 377, deuxième arrêt).

18) Constituent un médicament par présentation et par fonction des pastilles à sucer contenant une substance voisine d'une spécialité pharmaceutique, bénéficiant d'une autorisation de mise sur le marché (AMM) avec précaution d'emploi, à éviter pour les jeunes enfants, en raison de ses composants (essence de menthe) et qui, par l'énumération de ses composants, fait référence au découvreur des premiers antibiotiques, les propriétés indiquées, son nom et son conditionnement, tous éléments laissant croire à un consommateur moyennement avisé qu'il s'agit d'un médicament pour la gorge (■ Paris, 6 juill. 1989 : *D.* 1989, IR, 276).

19) Tombe sous le coup de la loi le fait de vendre des produits conditionnés en gélules, comportant notamment des indications détaillées relatives à leurs conditions d'utilisation, à la durée et à la fréquence des cures conseillées, de vendre concurremment des ouvrages traitant de « thérapeutique naturelle » et de mettre à la disposition du public des dépliants publicitaires comportant une liste de 93 affections et, au regard, les plantes naturelles conseillées (■ Cass. crim., 6 déc. 1990 : *Dr. pénal* 1991, n° 119).

20) Justifie sa décision au regard de l'article L. 511 du Code de la santé publique la cour d'appel qui énonce que les plantes médicinales conditionnées en gélules figurant dans le catalogue de vente avec l'indication de leurs propriétés thérapeutiques constituent des médicaments par présentation (■ Cass. crim., 11 déc. 1996 : *Bull. crim.*, n° 462, préc. note 1).

21) Fait l'exacte application de l'article 511 du Code de la santé publique la cour d'appel qui retient qu'un produit composé de sève d'érable et de sève de palme constitue un médicament dès lors qu'il est présenté, sur la notice rédigée par son distributeur, à l'intention de médecins invités à des réunions d'information qu'il organise, comme possédant des propriétés curatives et préventives à l'égard des maladies humaines, propriétés mentionnées verbalement par le médecin au patient lors de la prescription du produit (■ Cass. crim., 2 déc. 1998 : *Bull. crim.*, n° 330).

22) Pour la qualification en médicaments par présentation de la vitamine C et produits assimilés, V. *supra*, II.

23) Constitue un médicament par présentation le produit qui est présenté comme possédant des propriétés curatives et préventives à l'égard des maladies humaines.

Justifie ainsi sa décision la cour d'appel qui qualifie de médicament par présentation des produits commercialisés sous une dénomination indiquant qu'ils proviennent d'un laboratoire, ont une présentation identique à celle de spécialités vendues en pharmacie fabriquées par des établissements pharmaceutiques habilités, comportant des mentions relatives à la composition, à la posologie, aux précautions d'emploi, aux effets indésirables, incitant ainsi le consommateur moyennement avisé à penser qu'il se trouve en présence d'un médicament présentant les mêmes garanties de contrôle et de fiabilité et, ensuite, qu'ils font référence à des états pathologiques visés au classement international des maladies (■ Cass. crim., 22 févr. 2011, n° 70-81.742 : *Bull. crim.*, n° 34 ; *D.* 2011, act. p. 879, préc.).

24) Justifie ainsi sa décision la cour d'appel qui, pour décider que les produits « de pur sang », « laxanat », « circul. veine » et « hypertenflux » constituent des médicaments par présentation, relève tant leur aspect extérieur, notamment leur conditionnement sous forme galénique, que le fait que ces produits soient présentés en des termes évoquant une élimination des toxines, des effets laxatifs, une amélioration de la circulation veineuse et une lutte contre l'hypertension, faisant ainsi naître une certitude de leurs vertus thérapeutiques (■ Cass. crim., 22 févr. 2011, n° 10-83.767, préc.).

25) Il résulte des énonciations relevant du pouvoir d'appréciation des juges du fond que les produits en cause (Baume de tigre) ne sont pas présentés comme possédant des propriétés curatives ou préventives à l'égard des maladies humaines et qu'ils ne peuvent être administrés en vue de restaurer, corriger ou modifier des fonctions organiques ; ce produit n'étant pas un médicament, ni par présentation ni par fonction, la cour d'appel a justifié sa décision en relaxant le prévenu du chef d'importation en contrebande de médicaments non autorisés (■ Cass. crim., 17 nov. 2004, *Dr. pénal* 2005, comm. 25, obs. J.-H. Robert).

26) Sur l'obligation qu'ont les juges de rechercher si un produit, en raison de ses caractéristiques, est un médicament par fonction et présentation, V. *supra*, sous l'article L. 4211-1, les arrêts ■ Cass. crim., 5 mai 2009 et 19 mai 2009, notes 9 et 12.

Sur les notions de complément alimentaire et médicaments, V. annotation sous art. L. 4211-1, p. 2019.

Art. L. 5111-3 ***(Ord. n° 2012-1427, 19 déc. 2012).*** **– On entend par médicament falsifié tout médicament, tel que défini à l'article L. 5111-1, comportant une fausse présentation :**

1° De son identité, y compris de son emballage et de son étiquetage, de son nom ou de sa composition s'agissant de n'importe lequel de ses composants, y compris les excipients, et du dosage de ces composants ;

2° De sa source, y compris de son fabricant, de son pays de fabrication, de son pays d'origine ou du titulaire de son autorisation de mise sur le marché ;

3° Ou de son historique, y compris des autorisations, des enregistrements et des documents relatifs aux circuits de distribution utilisés.

La présente définition n'inclut, pas les défauts de qualité non intentionnels.

Art. L. 5111-4 ***(L. n° 2016-41, 26 janv. 2016).*** **– On entend par médicaments ou classes de médicaments d'intérêt thérapeutique majeur les médicaments ou classes de médicaments pour lesquels une interruption de traitement est susceptible de mettre en jeu le pronostic vital des patients à court ou moyen terme, ou représente une perte de chance importante pour les patients au regard de la gravité ou du potentiel évolutif de la maladie.**

....

MÉDICAMENTS À USAGE HUMAIN

Dispositions générales

Art. L. 5421-1 ***(Ord. n° 2013-1183, 19 déc. 2013).*** **– Le fait de ne pas respecter les règles de bonnes pratiques définies dans le cadre des décisions ou arrêtés pris en application de l'article L. 5121-5 dont la méconnaissance est de nature à entraîner un risque grave pour la santé publique est puni d'un an d'emprisonnement et 150 000 € d'amende.**

Art. L. 5421-2 ***(Ord. n° 2013-1183, 19 déc. 2013).*** **– I. – Le fait de commercialiser, de réaliser l'activité de courtage ou de distribuer à titre gratuit ou onéreux, en gros ou au détail, une spécialité pharmaceutique, tout autre médicament fabriqué industriellement ou selon une méthode dans laquelle intervient un processus industriel, ainsi que tout générateur, trousse ou précurseur tels que définis respectivement aux 8°, 9° et 10° de l'article L. 5121-1, sans une autorisation de mise sur le marché, une autorisation temporaire d'utilisation,**

une autorisation mentionnée à l'article L. 5121-9-1 ou sans une autorisation d'importation, ou dont l'autorisation est refusée, suspendue, retirée ou devenue caduque, est puni de cinq ans d'emprisonnement et de 375 000 € d'amende.

II. – Est puni des mêmes peines le fait de réaliser, faire réaliser, diffuser ou faire diffuser une publicité sur une spécialité pharmaceutique, tout autre médicament fabriqué industriellement ou selon une méthode dans laquelle intervient un processus industriel, ainsi que sur tout générateur, trousse ou précurseur tels que définis respectivement aux 8°, 9° et 10° de l'article L. 5121-1, qui n'ont pas fait l'objet d'une autorisation de mise sur le marché, d'une autorisation temporaire d'utilisation, d'une autorisation mentionnée à l'article L. 5121-9-1 ou d'une autorisation d'importation, ou dont l'autorisation est refusée, suspendue, retirée ou devenue caduque.

III. – Les peines prévues aux I et II sont portées à sept ans d'emprisonnement et 750 000 € d'amende, lorsque les délits prévus aux mêmes paragraphes :

1° Sont de nature à entraîner un risque grave pour la santé de l'homme ;

2° Ont été commis en bande organisée ;

3° Ont été commis sur un réseau de télécommunication à destination d'un public non déterminé ;

4° Ont été commis par des établissements pharmaceutiques autorisés conformément à l'article L. 5124-3, des courtiers déclarés conformément à l'article L. 5124-20, des pharmaciens d'officine titulaires de la licence mentionnée à l'article L. 5125-4 et des pharmacies à usage intérieur mentionnés à l'article L. 5126-5 du même code.

Art. L. 5421-3 *(Ord. n° 2013-1183, 19 déc. 2013)*. – I. – Le fait de commercialiser, de réaliser l'activité de courtage ou de distribuer à titre gratuit ou onéreux, en gros ou en détail, des médicaments homéopathiques mentionnés au 11° de l'article L. 5121-1 ou des médicaments traditionnels à base de plantes mentionnés à l'article L. 5121-14-1 n'ayant pas fait l'objet d'un enregistrement auprès de l'Agence nationale de sécurité du médicament et des produits de santé, ou dont l'enregistrement auprès de cette agence est refusé, suspendu, retiré ou devenu caduc, est puni de deux ans d'emprisonnement et 150 000 € d'amende.

II. – Est puni des mêmes peines le fait de réaliser, faire réaliser, diffuser ou faire diffuser une publicité sur des médicaments homéopathiques mentionnés au 11° de l'article L. 5121-1 ou des médicaments traditionnels à base de plantes mentionnés à l'article L. 5121-14-1 qui n'ont pas fait l'objet d'un enregistrement auprès de l'Agence nationale de sécurité du médicament et des produits de santé, ou dont l'enregistrement auprès de cette agence est refusé, suspendu, retiré ou devenu caduc.

III. – Les peines prévues aux I et II sont portées à cinq ans d'emprisonnement et 375 000 € d'amende, lorsque les délits prévus aux mêmes paragraphes :

1° Sont de nature à entraîner un risque grave pour la santé de l'homme ;

2° Ont été commis en bande organisée ;

3° Ont été commis sur un réseau de télécommunication à destination d'un public non déterminé.

4° Ont été commis par des établissements pharmaceutiques autorisés conformément à l'article L. 5124-3, des courtiers déclarés conformément à l'article L. 5124-20, des pharmaciens d'officine titulaires de la licence mentionnée à l'article L. 5125-4 et des pharmacies à usage intérieur mentionnés à l'article L. 5126-5 du même code.

Art. L. 5421-4 *(Ord. n° 2013-1183, 19 déc. 2013)*. – Le fait pour toute personne exploitant un médicament ou produit de ne pas communiquer toute information nouvelle de nature à influencer l'évaluation des bénéfices et des risques du médicament ou du produit concerné en application de l'article L. 5121-9-2 ou de ne pas transmettre les données demandées par l'agence dans les délais impartis par elle en application de l'article L. 5121-9-3 est puni de deux ans d'emprisonnement et de 150 000 € d'amende.

Art. L. 5421-5 *(Ord. n° 2013-1183, 19 déc. 2013)*. – Le fait pour toute personne exploitant un médicament ou produit de ne pas communiquer à l'Agence nationale de sécurité du médicament et des produits de santé toute interdiction ou restriction imposée par les autorités compétentes de tout pays dans lequel le médicament ou produit est mis sur le marché en application de l'article L. 5121-9-2 est puni de deux ans d'emprisonnement et de 150 000 € d'amende.

Art. L. 5421-6 *(Ord. n° 2013-1183, 19 déc. 2013)*. – Le fait de ne pas respecter l'obligation d'informer l'Agence nationale de sécurité du médicament et des produits de santé de l'arrêt de la commercialisation d'un médicament dans un autre État et de ne pas lui communiquer le motif de cet arrêt de commercialisation en application de l'article L. 5121-9-4 est puni de deux ans d'emprisonnement et de 150 000 € d'amende.

Art. L. 5421-6-2 *(Ord. n° 2013-1183, 19 déc. 2013)*. – Le fait pour toute personne assurant la fabrication, l'exploitation, l'importation, l'exportation ou la distribution en gros de médicaments dérivés du sang de ne pas enregistrer les données permettant d'en assurer le suivi en application du 14° de l'article L. 5121-20 est puni de deux ans d'emprisonnement et de 150 000 € d'amende.

Art. L. 5421-6-3 *(Abr., Ord. n° 2013-1183, 19 déc. 2013)*.

Art. L. 5421-7 *(Mod., Ord. n° 2008-717, 17 juill. 2008)*. – Lorsque l'autorité judiciaire est saisie d'une poursuite par application des articles du présent chapitre, le représentant de l'État dans le département peut prononcer la fermeture provisoire de l'établissement.

Les personnes physiques coupables d'une infraction prévue au présent chapitre encourent la peine complémentaire de la fermeture temporaire ou définitive de l'établissement.

....

Art. L. 5421-9 *(Ord. n° 2013-1183, 19 déc. 2013)*. – La tentative des délits prévus aux articles L. 5421-2 et L. 5421-3 est punie des mêmes peines.

....

Médicaments falsifiés

(Ord. n° 2012-1427, 19 déc. 2012)

Art. L. 5421-13 *(Ord. n° 2013-1183, 19 déc. 2013)*. – La fabrication, le courtage, la distribution, la publicité, l'offre de vente, la vente, l'importation, l'exportation de médicaments falsifiés définis à l'article L. 5111-3 sont punis de cinq ans d'emprisonnement et de 375 000 € d'amende.

Les précédentes peines sont portées à sept ans d'emprisonnement et 750 000 € d'amende lorsque :

1° Le médicament falsifié est dangereux pour la santé de l'homme ;

2° Ces mêmes délits ont été commis par des établissements pharmaceutiques autorisés conformément à l'article L. 5124-3, des courtiers déclarés conformément à l'article L. 5124-20, des pharmaciens d'officine titulaires de la licence mentionnée à l'article L. 5125-4 et des pharmaciens à usage intérieur mentionnés à l'article L. 5126-5 du même code ;

3° Ces mêmes délits ont été commis en bande organisée ;

4° Les délits de publicité, offre de vente ou vente de médicaments falsifiés ont été commis sur un réseau de télécommunication à destination d'un public non déterminé.

Art. L. 5421-14. – Sont punis de trois ans d'emprisonnement et de 75 000 € d'amende ceux qui, sans motif légitime, sont trouvés détenteurs de médicaments falsifiés.

Lorsque le médicament falsifié est dangereux pour la santé de l'homme, les peines sont portées à cinq ans d'emprisonnement et à 375 000 € d'amende.

Art. L. 5421-15. – La tentative des délits prévus à l'article L. 5421-13 est punie des mêmes peines.

Publicité

Art. L. 5122-1. – On entend par publicité pour les médicaments à usage humain toute forme d'information, y compris le démarchage, de prospection ou d'incitation qui vise à promouvoir la prescription, la délivrance, la vente ou la consommation de ces médicaments, à l'exception de l'information dispensée, dans le cadre de leurs fonctions, par les pharmaciens gérant une pharmacie à usage intérieur.

Ne sont pas inclus dans le champ de cette définition :

– la correspondance, accompagnée le cas échéant de tout document non publicitaire, nécessaire pour répondre à une question précise sur un médicament particulier ;

– les informations concrètes et les documents de référence relatifs, par exemple, aux changements d'emballages, aux mises en garde concernant les effets indésirables dans le cadre de la pharmacovigilance, ainsi qu'aux catalogues de ventes et listes de prix s'il n'y figure aucune information sur le médicament ;

– les informations relatives à la santé humaine ou à des maladies humaines, pour autant qu'il n'y ait pas de référence même indirecte à un médicament.

Encourt la cassation l'arrêt d'une chambre correctionnelle qui prononce la relaxe d'un prévenu du chef d'infraction à la publicité des médicaments, après avoir constaté que celui-ci mettait en vente d'une part, une brochure précisant les propriétés médicales, les indications thérapeutiques, le mode d'emploi et les contre-indications de 72 plantes, d'autres part des essences végétales, sous la même marque, sans rechercher si le contenu de cette brochure n'était pas de nature à constituer une publicité prohibée (■ Cass. crim., 26 janv. 1988 : *Bull. crim.*, n° 38).

Art. L. 5422-1 *(Abr., Ord. n° 2013-1183, 19 déc. 2013).*

Art. L. 5422-2 *(Abr., Ord. n° 2013-1183, 19 déc. 2013).*

Art. L. 5422-3 *(Ord. n° 2013-1183, 19 déc. 2013).* – Toute publicité au sens de l'article L. 5122-1 effectuée auprès du public ou des professionnels de santé pour un médicament bénéficiant de l'autorisation mentionnée à l'article L. 5121-12 est punie d'un an d'emprisonnement et de 150 000 € d'amende.

Art. L. 5422-5 *(Mod., L. n° 2004-806, 9 août 2004 ; Ord. n° 2013-1183, 19 déc. 2013).* – Est punie d'un an d'emprisonnement et de 150 000 € d'amende toute publicité au sens de l'article L. 5122-1 effectuée auprès du public pour un médicament :

1° Soumis à prescription médicale ;

2° Remboursable par les régimes obligatoires d'assurance maladie, sauf dans le cas prévu au troisième alinéa de l'article L. 5122-6 ;

3° Dont l'autorisation de mise sur le marché ou l'enregistrement comporte des restrictions en matière de publicité auprès du public en raison d'un risque possible pour la santé publique.

Est puni des mêmes peines toute campagne publicitaire non institutionnelle pour des vaccins effectuée auprès du public, en méconnaissance des obligations prévues à l'article L. 5122-6.

Art. L. 5422-6 *(Ord. n° 2013-1183, 19 déc. 2013).* – Toute publicité au sens de l'article L. 5122-1 qui n'a pas obtenu le visa en application des articles L. 5122-8 et L. 5122-9 ou qui est effectuée malgré la suspension ou le retrait de celui-ci est punie d'un an d'emprisonnement et de 150 000 € d'amende.

Art. L. 5422-7 *(Abr., Ord. n° 2013-1183, 19 déc. 2013).*

Art. L. 5422-8 *(Mod., Ord. n° 2008-717, 17 juill. 2008 ; Ord. n° 2013-1183, 19 déc. 2013).* – Est puni d'un an d'emprisonnement et de 75 000 € le fait de remettre des échantillons de médicaments :

1° À des personnes non habilitées à prescrire ou à dispenser des médicaments dans le cadre des pharmacies à usage intérieur ;

2° À des personnes habilitées à prescrire ou à dispenser des médicaments dans le cadre des pharmacies à usage intérieur, sans que ces personnes en aient exprimé la demande ;

3° Contenant des substances classées comme psychotropes ou comme stupéfiants, ou auxquels la réglementation des stupéfiants est appliquée en tout ou en partie ;

4° Dans les enceintes accessibles au public à l'occasion de congrès médicaux ou pharmaceutiques ;

5° Différents des spécialités pharmaceutiques concernées ou qui ne portent pas la mention « échantillon gratuit » ;

6° Gratuits au public à des fins promotionnelles ;

7° Aux personnes habilitées sur le fondement de l'article L. 5122-10 en quantité supérieure au nombre fixé par voie réglementaire.

Art. L. 5422-9 *(Mod., Ord. n° 2013-1183, 19 déc. 2013).* – L'octroi, l'offre ou la promesse à des personnes habilitées à prescrire ou à délivrer des médicaments d'une prime, d'un avantage pécuniaire ou en nature, à moins que ceux-ci ne soient de valeur négligeable, pour promouvoir des médicaments, est puni de deux ans d'emprisonnement et 75 000 € d'amende.

Art. L. 5422-10 et L. 5422-11 *(Abr., Ord. n° 2013-1183, 19 déc. 2013).*

Art. L. 5422-12 *(Mod., Ord. n° 2013-1183, 19 déc. 2013).* – Est punie d'un an d'emprisonnement et de 150 000 € d'amende toute publicité pour des objets, appareils ou méthodes mentionnés à l'article L. 5122-15 sans respecter l'obligation de mentionner les avertissements et précautions d'emplois nécessaires à l'information du consommateur ou en dépit de l'interdiction prononcée par le directeur général de l'Agence nationale de sécurité du médicament et des produits de santé.

Art. L. 5422-13 *(Abr., Ord. n° 2013-1183, 19 déc. 2013).*

Art. L. 5422-14 *(Mod., Ord. n° 2013-1183, 19 déc. 2013).* – Dans les cas mentionnés au présent chapitre, le tribunal peut interdire la vente et ordonner la saisie et la confiscation des médicaments, produits, objets et appareils susvisés, ainsi que la saisie et la destruction des documents et objets publicitaires les concernant ou concernant les méthodes susmentionnées.

Art. L. 5422-15 et L. 5422-16 *(Abr., Ord. n° 2013-1183, 19 déc. 2013).*

Art. L. 5422-17 *(Mod., Ord. n° 2008-717, 17 juill. 2008).* – Lorsque l'autorité judiciaire est saisie d'une poursuite par application des articles L. 5422-15 ou L. 5422-16, le représentant de l'État dans le département peut prononcer la fermeture provisoire de l'établissement.

Les personnes physiques coupables d'une infraction prévue aux articles L. 5422-15 ou L. 5422-16 encourent la peine complémentaire de la fermeture temporaire ou définitive de l'établissement.

Fabrication et distribution en gros

Art. L. 5423-1 *(Mod., Ord. n° 2008-717, 17 juill. 2008 ; Ord. n° 2013-1183, 19 déc. 2013).* – Est puni de deux ans d'emprisonnement et de 150 000 € d'amende le fait :

1° D'être propriétaire ou de diriger une entreprise comportant au moins un établissement pharmaceutique sans être pharmacien ou sans avoir désigné un pharmacien à sa direction générale ou à sa gérance ;

2° D'être propriétaire ou de diriger une entreprise comportant au moins un établissement pharmaceutique et concédée en location gérance à une société qui n'est pas la propriété d'un pharmacien ou qui ne comporte pas la participation d'un pharmacien à sa direction générale ou à sa gérance.

Art. L. 5423-2 *(Ord. n° 2013-1183, 19 déc. 2013).* – Le fait de réaliser l'activité de courtage de médicaments mentionnée à l'article L. 5124-19, sans s'être déclaré auprès de l'Agence nationale de sécurité du médicament et des produits de santé dans les conditions fixées par l'article L. 5124-20, est puni d'un an d'emprisonnement et de 75 000 € d'amende.

Art. L. 5423-3 *(Mod., Ord. n° 2008-717, 17 juill. 2008).* – Le fait d'ouvrir ou de faire fonctionner un établissement mentionné à l'article L. 5124-1 sans l'autorisation administrative mentionnée à l'article L. 5124-3 est puni de 150 000 € d'amende.

Art. L. 5423-4 *(Ord. n° 2013-1183, 19 déc. 2013).* – Le fait de ne pas respecter l'interdiction d'exportation d'un médicament prononcée par l'Agence nationale de sécurité du médicament et des produits de santé en application de l'article L. 5124-11 est puni de cinq ans d'emprisonnement et de 375 000 € d'amende.

Art. L. 5423-5 *(Ord. n° 2013-1183, 19 déc. 2013).* – Le fait pour un grossiste-répartiteur de ne pas respecter les obligations de service public définies en application de l'article L. 5124-17-2 est puni de deux ans d'emprisonnement et de 150 000 € d'amende.

Art. L. 5423-6. – Le fait de méconnaître les règles de la publicité en faveur des entreprises et établissements pharmaceutiques fixées par décret en Conseil d'État selon les dispositions de l'article L. 5124-18 est puni de 30 000 € d'amende.

Sont passibles des mêmes peines, quel que soit le mode de publicité utilisé, les personnes qui tirent profit d'une publicité irrégulière et les agents de diffusion de cette publicité.

Les dispositions prévues à l'alinéa précédent sont applicables lorsque cette publicité, faite à l'étranger, est perçue ou diffusée en France.

Dans tous les cas, le tribunal peut ordonner la saisie et la destruction des documents et objets publicitaires concernés.

Art. L. 5423-7 *(Mod., Ord. n° 2008-717, 17 juill. 2008)*. – Lorsque l'autorité judiciaire est saisie d'une poursuite par application des articles du présent chapitre à l'exception de l'article L. 5423-6, le représentant de l'État dans le département peut prononcer la fermeture provisoire de l'établissement.

Les personnes physiques coupables d'une infraction prévue aux articles du présent chapitre, à l'exception de l'article L. 5423-6, encourent la peine complémentaire de fermeture temporaire ou définitive de l'établissement.

Distribution au détail

Art. L. 5424-1 *(Ord. n° 2013-1183, 19 déc. 2013)*. – Le fait d'ouvrir, d'exploiter ou de transférer une officine sans être titulaire de la licence en application de l'article L. 5125-4 ou malgré la suspension ou le retrait de celle-ci est puni d'un an d'emprisonnement et de 75 000 € d'amende.

Art. L. 5424-2 *(Ord. n° 2013-1183, 19 déc. 2013)*. – Constitue un manquement soumis à sanction financière le fait :

1° D'ouvrir, d'exploiter ou de transférer une officine sans être titulaire de la licence mentionnée à l'article L. 5125-4 ou malgré la suspension ou le retrait de celle-ci ;

2° De céder une licence indépendamment du fonds de commerce auquel elle se rapporte ;

3° De céder une officine autre qu'une pharmacie mutualiste, avant l'expiration d'un délai de cinq ans à partir du jour de la notification de l'arrêté de licence sauf en cas de force majeure définie à l'article L. 5125-7 ;

4° De ne pas remettre la licence à l'agence régionale de santé lors de la fermeture définitive de l'officine ;

5° De ne pas respecter les règles relatives à la création, au transfert des officines ou aux conditions minimales d'installation déterminées par décret en Conseil d'État en application du 1° de l'article L. 5125-32 ;

6° De créer ou racheter une officine ouverte depuis moins de trois ans, individuellement ou en société, sans être pharmacien de nationalité française, ou ressortissant de l'un des États membres de l'Union européenne ou d'un des autres États parties à l'accord sur l'Espace économique européen, et sans être titulaire du diplôme français d'État de docteur en pharmacie ou de pharmacien ou de l'un des titres et attestations prévus aux articles L. 4221-4 et L. 4221-5 ;

7° Après le décès d'un pharmacien, pour son conjoint ou ses héritiers, de maintenir une officine ouverte sans respecter les dispositions de l'article L. 5125-21 ;

8° De ne pas respecter les règles relatives à la publicité en faveur des officines de pharmacie, fixées par décret en Conseil d'État en application des dispositions de l'article L. 5125-32.

Art. L. 5424-3 *(Ord. n° 2013-1183, 19 déc. 2013)*. – Constitue un manquement soumis à sanction financière le fait pour un pharmacien :

1° De ne pas être propriétaire de l'officine dont il est titulaire ou d'être propriétaire ou copropriétaire de plusieurs officines. Toutefois, ces dispositions ne sont pas applicables aux cas prévus par la loi du 31 décembre 1990 relative à l'exercice sous forme de sociétés des professions libérales soumise à un statut législatif ou réglementaire ou dont le titre est protégé ;

2° D'exploiter une officine en exerçant une autre profession en violation de l'article L. 5125-2 ;

3° D'exploiter une officine sans que les médicaments soient préparés par ou sous la surveillance directe d'un pharmacien ;

4° De dispenser une préparation magistrale ou officinale comportant une ou des substances dont l'utilisation pour ces préparations est interdite ;

5° De dispenser des drogues simples, des produits chimiques ou des préparations qui ne répondent pas aux spécifications décrites à la pharmacopée ;

6° De vendre des remèdes secrets ;

7° D'effectuer des préparations pouvant présenter un risque pour la santé sans l'autorisation prévue à l'article L. 5125-1-1 ;

8° De ne pas respecter les règles relatives à l'étiquetage des préparations définies par voie réglementaire en application de l'article L. 5121-20 ;

9° De ne pas exercer personnellement sa profession ;

10° De ne pas se faire régulièrement remplacer lorsqu'il est absent de l'officine dont il est titulaire ;

11° De ne pas disposer, pour l'exercice de sa profession, du nombre de pharmaciens qui doivent l'assister en raison de l'importance de son chiffre d'affaires ;

12° De ne pas participer au service de garde ou au service d'urgence dans les conditions prévues à l'article L. 5125-22 ;

13° D'ouvrir son officine pendant un service de garde ou d'urgence, alors qu'il n'est pas lui-même de service, sans la tenir ouverte pendant tout le service considéré.

Art. L. 5424-4 *(Ord. n° 2013-1183, 19 déc. 2013)*. – Constitue un manquement soumis à sanction financière le fait :

1° De vendre les médicaments et produits mentionnés à l'article L. 5121-8 à un prix supérieur à celui qui résulte de la réglementation sur les prix ;

2° De vendre au public des médicaments, produits ou objets mentionnés à l'article L. 4211-1 par l'intermédiaire de maisons de commission, de groupements d'achats et d'établissements possédés ou administrés par des personnes non titulaires de l'un des diplômes mentionnés à l'article L. 4221-1 ;

3° De délivrer des médicaments, dans une officine de pharmacie, sans porter l'insigne correspondant à sa qualité de pharmacien ou de personne légalement habilitée à le seconder, contrairement aux dispositions de l'article L. 5125-29 ;

4° De solliciter des commandes auprès du public ;

5° De recevoir des commandes de médicaments et autres produits ou objets mentionnés à l'article L. 4211-1 par l'entremise habituelle de courtiers ;

6° De distribuer à domicile des médicaments et autres produits ou objets mentionnés à l'article L. 4211-1, dont la commande leur est parvenue par l'entremise habituelle de courtiers ;

7° Pour toute personne autre qu'un pharmacien ou son préposé, de remettre une commande en dehors de l'officine dans un paquet non conforme aux dispositions de l'article L. 5125-25 ;

8° De dispenser des médicaments dérivés du sang sans enregistrer les données permettant d'en assurer le suivi en application du 14° de l'article L. 5121-20 ;

9° Pour l'un des pharmaciens mentionnés à l'article L. 5125-33, de méconnaître les règles applicables au commerce électronique de médicaments prévues au chapitre V *bis* du titre II du livre Ier de la cinquième partie du présent code et les règles de bonnes pratiques de dispensation mentionnées à l'article L. 5121-5.

Art. L. 5424-5 *(Abr., Ord. n° 2013-1183, 19 déc. 2013)*.

Art. L. 5424-6 *(Ord. n° 2008-717, 17 juill. 2008 ; Ord. n° 2013-1183, 19 déc. 2013)*. – Est puni de deux ans d'emprisonnement et de 150 000 € d'amende, le fait pour un pharmacien :

1° D'exploiter une officine sans que les médicaments soient préparés par ou sous la surveillance directe d'un pharmacien ;

2° De dispenser une préparation magistrale ou officinale comportant une ou des substances dont l'utilisation pour ces préparations est interdite ;

3° De dispenser des drogues simples, des produits chimiques ou des préparations qui ne répondent pas aux spécifications décrites à la pharmacopée ;

4° De vendre des remèdes secrets.

Art. L. 5424-7 et L. 5424-8 *(Abr., Ord. n° 2013-1183, 19 déc. 2013)*.

Art. L. 5424-9 *(Mod., Ord. n° 2013-1183, 19 déc. 2013)*. – Le débit, l'étalage ou la distribution de médicaments sur la voie publique, dans les foires ou marchés même pour une personne munie du diplôme de pharmacien, est puni de un an d'emprisonnement et de 75 000 € d'amende.

Art. L. 5424-10. – Le fait, pour un pharmacien de passer une convention avec un médecin, un chirurgien-dentiste ou une sage-femme leur assurant un bénéfice d'une nature quelconque sur la vente des produits pharmaceutiques, médicamenteux, cosmétiques que ceux-ci peuvent prescrire est puni de deux ans d'emprisonnement et de 30 000 € d'amende.

Art. L. 5424-11 et L. 5424-12 *(Abr., Ord. n° 2013-1183, 19 déc. 2013)*.

Art. L. 5424-13 *(Ord. n° 2013-1183, 19 déc. 2013).* **– Le fait, pour un pharmacien de ne pas exercer personnellement sa profession est puni de 75 000 € d'amende.**

Art. L. 5424-14 *(Mod., Ord. n° 2013-1183, 19 déc. 2013).* **– Le fait, pour le titulaire d'une officine qui reste ouverte en son absence, de ne pas se faire régulièrement remplacer, est puni de 75 000 € d'amende.**

Pour une application de ce texte, ■ Cass. crim., 13 mai 2003 : *JurisData* n° 2003-019687 ; *Dr. pénal* 2003, comm. 113, obs. J.-H. Robert.

Art. L. 5424-15 à L. 5424-18 *(Abr., Ord. n° 2013-1183, 19 déc. 2013).*

Art. L. 5424-19 *(Mod. à compter de la date prévue au II de l'article 29 de l'ordonnance n° 2010-177 du 23 févr. 2010, Ord. n° 2010-177, 23 févr. 2010).* **– Lorsque l'autorité judiciaire est saisie d'une poursuite par application des articles mentionnés au présent chapitre, directeur général de l'agence régionale de santé peut prononcer la fermeture provisoire de l'officine.**

Les personnes physiques coupables d'une infraction prévue au présent chapitre, encourent la peine complémentaire de la fermeture temporaire ou définitive de l'officine.

Voir : Pour les préparateurs en pharmacie, art. L. 4241-1 et s. du Code de la santé publique. Pour les médicaments vétérinaires, V. art. L. 5441-1 et s. du code précité. Pour les laboratoires d'analyses de biologie médicale, V. art. L. 6214-1 et s. du code précité.

Matières premières à usage pharmaceutique
(Ord. n° 2012-1427, 19 déc. 2012)

Art. L. 5438-1. – Constitue un manquement soumis à sanction financière :

1° Le fait pour les fabricants, importateurs, distributeurs de substances actives de ne pas se conformer aux bonnes pratiques de fabrication et de distribution mentionnées au premier alinéa de l'article L. 5138-3 ;

2° Le fait pour tout établissement pharmaceutique mentionné à l'article L. 5124-1, pour les pharmacies d'officine, les pharmacies à usage intérieur, les médecins de ne pas s'assurer de la conformité des substances actives qu'ils utilisent aux bonnes pratiques de fabrication et de distribution, et, pour les établissements pharmaceutiques, de ne pas réaliser ou faire réaliser des audits pour s'en assurer sur les sites de fabrication et de distribution des substances actives ;

3° Le fait pour tout établissement pharmaceutique mentionné à l'article L. 5124-1 de ne pas déterminer les bonnes pratiques applicables à la fabrication d'excipients en réalisant une évaluation formalisée du risque et de ne pas s'assurer de leur respect.

Art. L. 5438-2 *(Ord. n° 2013-1183, 19 déc. 2013).* **– Le fait pour le fabricant, l'importateur ou le distributeur d'excipients tels que définis par l'article L. 5138-2 d'exercer son activité sans avoir effectué la déclaration auprès de l'Agence nationale de sécurité du médicament et des produits de santé dans les conditions fixées à l'article L. 5138-1 est puni d'un an d'emprisonnement et de 75 000 € d'amende.**

Art. L. 5438-3 *(Mod., Ord. n° 2013-1183, 19 déc. 2013).* **– Le fait pour le fabricant, l'importateur ou le distributeur de substances actives telles que définies par l'article L. 5138-2 d'exercer son activité sans y avoir été autorisé par l'Agence nationale de sécurité du médicament et des produits de santé en application et dans les conditions fixées par l'article L. 5138-1 est puni de deux ans d'emprisonnement et de 150 000 € d'amende.**

Art. L. 5438-4. – La fabrication, le courtage, la distribution, la publicité, l'offre de vente, la vente, l'importation, l'exportation, l'achat de matières premières à usage pharmaceutique falsifiées définies à l'article L. 5138-6 sont punis de cinq ans d'emprisonnement et de 375 000 € d'amende.

Ces peines sont portées à sept ans d'emprisonnement et 750 000 € d'amende lorsque :

1° Ces matières premières sont dangereuses pour la santé de l'homme ;

2° Les délits prévus au premier alinéa ont été commis par des fabricants, importateurs, distributeurs autorisés ou déclarés en application de l'article L. 5138-1 ou par les établissements pharmaceutiques autorisés conformément à l'article L. 5124-3 ;

3° Ces mêmes délits ont été commis en bande organisée ;

4° Les délits de publicité, d'offre de vente et de vente de matière première à usage pharmaceutique falsifiées ont été commis sur un réseau de télécommunication à destination d'un public non déterminé.

Art. L. 5438-5 *(Mod., Ord. n° 2013-1183, 19 déc. 2013)*. – Sont punis de trois ans d'emprisonnement et de 75 000 € d'amende ceux qui, sans motif légitime, sont trouvés détenteurs de matières premières à usage pharmaceutique falsifiées.

Lorsque la matière première à usage pharmaceutique falsifiée est dangereuse pour la santé de l'homme, les peines sont portées à cinq ans d'emprisonnement et à 375 000 € d'amende.

Art. L. 5438-6. – La tentative des délits prévus à l'article L. 5438-4 est punie des mêmes peines.

Art. L. 5438-7 *(Ord. n° 2013-1183, 19 déc. 2013)*. – Pour les infractions pénales mentionnées au présent chapitre, les personnes physiques encourent également les peines complémentaires suivantes :

1° L'affichage ou la diffusion de la décision prononcée, dans les conditions et sous les peines prévues à l'article 131-35 du Code pénal ;

2° L'interdiction temporaire ou définitive d'exercer une ou plusieurs professions régies par le présent code, une profession commerciale ou industrielle, de diriger, d'administrer, de gérer ou de contrôler à un titre quelconque, directement ou indirectement, pour son propre compte ou pour le compte d'autrui, une entreprise commerciale ou industrielle ou une société commerciale ou toute autre activité professionnelle ou sociale à l'occasion de l'exercice de laquelle l'infraction a été commise, suivant les modalités prévues à l'article 131-27 du même code ;

3° La confiscation de la chose qui a servi ou était destinée à commettre l'infraction ou de la chose qui en est l'objet ou le produit, en application de l'article 131-21 du même code.

Art. L. 5438-8 *(Ord. n° 2013-1183, 19 déc. 2013)*. – Les personnes morales déclarées pénalement responsables, dans les conditions prévues à l'article 121-2 du Code pénal, des infractions prévues au présent chapitre encourent, outre l'amende suivant les modalités prévues à l'article 131-38 du même code, les peines prévues aux 2° à 9° de l'article 131-39 de ce code.

ANNEXE 49

PIRATERIE

Voir : art. 224-6 s., p. 298 (piraterie aérienne).

Bibliographie : La loi n° 2011-13 du 5 janvier 2011 relative à la lutte contre la piraterie et à l'exercice des pouvoirs de police de l'État en mer ou le renforcement de l'arsenal répressif : *Dr. pén.* 2011, étude 5, par M. Recio. • *La lutte contre la piraterie maritime : AJP* 2012, p. 277, par J. Cassuro.

Loi n° 2011-13 du 5 janvier 2011

relative à la lutte contre la piraterie et à l'exercice des pouvoirs de police de l'État en mer

DE LA LUTTE CONTRE LA PIRATERIE MARITIME

Art. 1er. – I. – Le présent titre s'applique aux actes de piraterie au sens de la convention des Nations unies sur le droit de la mer signée à Montego Bay le 10 décembre 1982, commis :

1° En haute mer ;

2° Dans les espaces maritimes ne relevant de la juridiction d'aucun État ;

3° Lorsque le droit international l'autorise, dans les eaux territoriales d'un État.

II. – Lorsqu'elles constituent des actes de piraterie mentionnés au I, les infractions susceptibles d'être recherchées, constatées et poursuivies dans les conditions du présent titre sont :

1° Les infractions définies aux articles 224-6 à 224-7 et 224-8-1 du Code pénal et impliquant au moins un navire ou un aéronef dirigé contre un navire ou un aéronef ;

2° Les infractions définies aux articles 224-1 à 224-5-2 ainsi qu'à l'article 224-8 du même code lorsqu'elles précèdent, accompagnent ou suivent les infractions mentionnées au 1° ;

3° Les infractions définies aux articles 450-1 et 450-5 du même code lorsqu'elles sont commises en vue de préparer les infractions mentionnées aux 1° et 2°.

Art. 2. – Lorsqu'il existe des motifs raisonnables de soupçonner qu'une ou plusieurs des infractions mentionnées au II de l'article 1er ont été commises, se commettent, se préparent à être commises à bord ou à l'encontre des navires mentionnés à l'article L. 1521-1 du Code de la défense, les commandants des bâtiments de l'État et les commandants des aéronefs de l'État, chargés de la surveillance en mer, sont habilités à exécuter ou à faire exécuter les mesures de contrôle et de coercition prévues par le droit international, le titre II du livre V de la première partie du même code et la présente loi soit sous l'autorité du préfet maritime ou, outre-mer, du délégué du Gouvernement pour l'action de l'État en mer, soit sous l'autorité d'un commandement civil ou militaire désigné dans un cadre international.

À l'égard des personnes à bord peuvent être mises en œuvre les mesures de coercition prévues par les dispositions du chapitre unique du titre II du livre V de la première partie du même code relatives au régime de rétention à bord.

Art. 3. – À l'occasion de la visite du navire, les agents mentionnés à l'article 2 peuvent prendre ou faire prendre toute mesure conservatoire à l'égard des objets ou documents qui paraissent liés à la commission des infractions mentionnées au II de l'article 1er pour éviter qu'elles ne se produisent ou se renouvellent.

Ils peuvent également ordonner le déroutement du navire vers une position ou un port appropriés pour procéder le cas échéant à des constatations approfondies ou pour remettre les personnes appréhendées ainsi que les objets et documents ayant fait l'objet de mesures conservatoires.

Art. 4. – Les officiers de police judiciaire et, lorsqu'ils sont spécialement habilités dans des conditions fixées par décret en Conseil d'État, les commandants des bâtiments de l'État, les officiers de la marine nationale embarqués sur ces bâtiments et les commandants des aéronefs de l'État, chargés de la surveillance en mer, procèdent à la constatation des infractions mentionnées au II de l'article 1er, à la recherche et l'appréhension de leurs auteurs ou complices.

Ils peuvent procéder à la saisie des objets ou documents liés à la commission des faits sur autorisation, sauf extrême urgence, du procureur de la République.

Après la saisie autorisée à l'alinéa précédent, ils peuvent également procéder sur autorisation du procureur de la République à la destruction des seules embarcations dépourvues de pavillon qui ont servi à commettre les infractions mentionnées au II de l'article 1er, lorsqu'il n'existe pas de mesures techniques envisageables pour empêcher définitivement le renouvellement de ces infractions, dans le respect des traités et accords internationaux en vigueur.

Les mesures prises à l'encontre des personnes à bord sont régies par la section 3 du chapitre unique du titre II du livre V de la première partie du Code de la défense.

Art. 5. – À défaut d'entente avec les autorités d'un autre État pour l'exercice par celui-ci de sa compétence juridictionnelle, les auteurs et complices des infractions mentionnées au II de l'article 1er et commises hors du territoire de la République peuvent être poursuivis et jugés par les juridictions françaises lorsqu'ils ont été appréhendés par les agents mentionnés à l'article 4.

Art. 6. – La poursuite, l'instruction et le jugement des infractions mentionnées au présent titre relèvent de la compétence des juridictions suivantes :

1° Sur le territoire métropolitain, le tribunal de grande instance du siège de la préfecture maritime ou le tribunal de grande instance dans le ressort duquel se trouve le port vers lequel le navire a été dérouté ;

2° Dans les départements d'outre-mer, à Mayotte, à Saint-Pierre-et-Miquelon, dans les îles Wallis-et-Futuna, à Saint-Barthélemy, à Saint-Martin, en Polynésie française, en Nouvelle-Calédonie et dans les Terres australes et antarctiques françaises, soit la juridiction de première instance compétente située au siège du délégué du Gouvernement pour l'action de l'État en mer, soit celle dans le ressort de laquelle se trouve le port vers lequel le navire a été dérouté :

3° Toutes les juridictions compétentes en application du Code de procédure pénale ou d'une loi spéciale, en particulier celles mentionnées à l'article 706-75 du Code de procédure pénale.

Ces juridictions sont également compétentes pour les infractions connexes à celles mentionnées au présent titre.

ANNEXE 50

POLICE PRIVÉE

Voir : *supra*, Annexe 3 (Agents de recherches privées).

Loi nº 83-629 du 12 juillet 1983

réglementant les activités privées de sécurité

(Mod., L. n° 2003-239, 18 mars 2003)

TITRE PREMIER. – DES ACTIVITÉS PRIVÉES DE SURVEILLANCE ET DE GARDIENNAGE, DE TRANSPORT DE FONDS ET DE PROTECTION PHYSIQUE DES PERSONNES

Art. 1er à 11 *(Abr. et codifiés à compter du 1er mai 2012, Ord. n° 2012-351, 12 mars 2012. – Voir : CSI, art. L. 611-1, L. 612-1 à L. 612-4, L. 612-6 à L. 612-15, L. 612-20 à L. 612-25, L. 613-1 à L. 613-5, L. 613-7 à L. 613-9, L. 613-12).*

Art. 11-1 *(Abr. et codifié à compter du 1er déc. 2010, Ord. n° 2010-1307, 28 oct. 2010. – V. C. transports, art. L. 2251-1).*

Art. 11-2 *(Abr. et codifié à compter du 1er déc. 2010, sauf en ce qui concerne les mots « par le préfet » abrogés à compter de la publication des dispositions réglementaires du Code des transports, Ord. n° 2010-1307, 28 oct. 2010. – V. C. transports, art. L. 2251-2).* – **Les agents des services internes de sécurité de la Société nationale des chemins de fer français et de la Régie autonome des transports parisiens qui ont fait l'objet d'une condamnation à une peine correctionnelle ou à une peine criminelle inscrite au bulletin n° 2 du casier judiciaire ou, pour les ressortissants étrangers, dans un document équivalent ne peuvent être affectés ou maintenus dans ce service interne de sécurité. Il en va de même :**

1° Si l'agent a fait l'objet d'un arrêté d'expulsion non abrogé ou d'une interdiction du territoire français non entièrement exécutée ;

2° S'il a commis des actes, éventuellement mentionnés dans les traitements automatisés et autorisés de données personnelles gérés par les autorités de police, contraires à l'honneur, à la probité ou aux bonnes mœurs ou de nature à porter atteinte à la sécurité des personnes ou des biens, à la sécurité publique ou à la sûreté de l'État.

L'affectation d'un agent est subordonnée à la transmission par le préfet de ses observations relatives aux obligations mentionnées aux alinéas précédents.

Art. 11-3 *(Abr. et codifié à compter du 1er déc. 2010, Ord. n° 2010-1307, 28 oct. 2010. – V. C. transports, art. L. 2251-3).*

Art. 11-4 *(Abr. et codifié à compter du 1er déc. 2010, sauf en ce qui concerne les mots « par l'autorité préfectorale » abrogés à compter de la publication des dispositions réglementaires du Code des transports, Ord. n° 2010-1307, 28 oct. 2010. – V. C. transports, art. L. 2251-4).* – **Les agents des services internes de sécurité de la Société nationale des chemins de fer français et de la Régie autonome des transports parisiens peuvent être nominativement autorisés par l'autorité préfectorale à porter une arme, au maniement de laquelle ils reçoivent une formation.**

Un décret en Conseil d'État précise les catégories et les types d'armes susceptibles d'être autorisés, leurs conditions d'acquisition et de conservation par l'entreprise, les modalités selon lesquelles cette dernière les remet aux agents de son service interne de sécurité et les conditions dans lesquelles ces armes sont portées pendant le service et remisées en dehors du service.

Art. 11-5 *(L. n° 2010-201, 2 mars 2010 ; mod. à compter du 6 sept. 2013, L. n° 2012-304, 6 mars 2012 ; abr., Ord. n° 2013-518, 20 juin 2013).*

Code de la sécurité intérieure

(Ord. n° 2012-351, 12 mars 2012)

Partie législative

LIVRE VI. – ACTIVITÉS PRIVÉES DE SÉCURITÉ

TITRE PREMIER. – ACTIVITÉS PRIVÉES DE SURVEILLANCE ET DE GARDIENNAGE, DE TRANSPORT DE FONDS, DE PROTECTION PHYSIQUE DES PERSONNES ET DE PROTECTION DES NAVIRES

CHAPITRE I. – DISPOSITIONS GÉNÉRALES

Art. L. 611-1 *(L. n° 2016-339, 22 mars 2016 ; mod., L. n° 2016-816, 20 juin 2016 ; L. n° 2017-258, 28 févr. 2017).* – Sont soumises aux dispositions du présent titre, dès lors qu'elles ne sont pas exercées par un service public administratif, les activités qui consistent :

1° À fournir des services ayant pour objet la surveillance humaine ou la surveillance par des systèmes électroniques de sécurité ou le gardiennage de biens meubles ou immeubles ainsi que la sécurité des personnes se trouvant dans ces immeubles ou dans les véhicules de transport public de personnes ;

1° *bis* À faire assurer par des agents armés l'activité mentionnée au 1°, lorsque celle-ci est exercée dans des circonstances exposant ces agents ou les personnes se trouvant dans les lieux surveillés à un risque exceptionnel d'atteinte à leur vie ;

2° À transporter et à surveiller, jusqu'à leur livraison effective, des bijoux représentant une valeur d'au moins 100 000 euros, des fonds, sauf, pour les employés de La Poste ou des établissements de crédit habilités par leur employeur, lorsque leur montant est inférieur à 5 335 euros, ou des métaux précieux ainsi qu'à assurer le traitement des fonds transportés ;

3° À protéger l'intégrité physique des personnes ;

4° À la demande et pour le compte d'un armateur, à protéger, contre des menaces d'actes définis aux articles 224-6 à 224-8 du Code pénal ou d'actes de terrorisme définis au titre II du livre IV du même code, des navires battant pavillon français, en application de l'article L. 5441-1 du Code des transports.

Art. L. 611-2 *(Ancien art. L. 616-1 dénum. et mod., L. n° 2014-742, 1er juill. 2014).* – Sans préjudice des dispositions de l'article L. 634-1, les commissaires de police, les officiers de police et les officiers et sous-officiers de la gendarmerie nationale assurent, pour le compte du Conseil national des activités privées de sécurité ainsi que du représentant de l'État dans le département ou, à Paris, du préfet de police, le contrôle des personnes exerçant une activité mentionnée à l'article L. 611-1.

Sans préjudice des compétences des inspecteurs et contrôleurs du travail, ils peuvent demander la communication du registre unique du personnel prévu aux articles L. 1221-13 et L. 1221-15 du Code du travail et de tous autres registres, livres et documents mentionnés aux articles L. 3171-3, L. 8113-4 et L. 8113-5 du même code ainsi que recueillir, sur convocation ou sur place, les renseignements et justifications nécessaires.

Dans l'exercice du contrôle des sociétés exerçant l'activité mentionnée au 4° de l'article L. 611-1 du présent code, ils peuvent également obtenir communication des registres prévus à l'article L. 5442-10 du Code des transports.

En présence de l'occupant des lieux ou de son représentant, ils peuvent, entre 8 heures et 20 heures, accéder aux locaux dans lesquels est habituellement exercée une activité mentionnée à l'article L. 611-1 ; ils peuvent également y accéder à tout moment lorsque l'exercice de cette activité est en cours. Ils ne peuvent accéder à ceux de ces locaux qui servent de domicile.

Un compte rendu de visite est établi, dont copie est remise immédiatement au responsable de l'entreprise et est adressé aux autorités mentionnées au premier alinéa.

CHAPITRE II. – CONDITIONS D'EXERCICE

Art. L. 612-1. – *(Mod., L. n° 2014-742, 1er juill. 2014 ; L. n° 2015–990, 6 août 2015)* Seules peuvent être autorisées à exercer à titre professionnel, pour elles-mêmes ou pour autrui, les activités énumérées aux 1° à 3° de l'article L. 611-1, et à titre professionnel, pour autrui exclusivement, l'activité mentionnée au 4° du même article L. 611-1 :

1° Les personnes physiques ou morales immatriculées au registre du commerce et des sociétés ;

2° Les personnes physiques ou morales non immatriculées au registre du commerce et des sociétés, qui sont établies dans un autre État membre de l'Union européenne ou un autre État partie à l'accord sur l'Espace économique européen et qui exercent une ou plusieurs de ces activités.

Art. L. 612-2 *(L. n° 2017-258, 28 févr. 2017)*. – L'exercice d'une activité mentionnée aux 1° et 2° de l'article L. 611-1 est exclusif de toute autre prestation de services non liée à la surveillance, au gardiennage ou au transport de fonds, de bijoux ou de métaux précieux, à l'exception du transport, par les personnes exerçant l'activité mentionnée au 2° de l'article L. 611-1, dans les conditions prévues aux articles L. 613-8 à 613-11, de tout bien, objet ou valeur.

L'exercice de l'activité mentionnée au 1° *bis* de l'article L. 611-1 est exclusif de toute autre activité.

L'exercice de l'activité mentionnée au 3° de l'article L. 611-1 est exclusif de toute autre activité.

L'exercice de l'activité mentionnée au 4° du même article L. 611-1 est exclusif de toute autre activité, à l'exception du conseil et de la formation en matière de sûreté maritime.

Art. L. 612-3. – La dénomination d'une personne morale exerçant pour autrui une activité mentionnée à l'article L. 611-1 doit faire ressortir qu'il s'agit d'une personne de droit privé et éviter toute confusion avec un service public, notamment un service de police.

Art. L. 612-4. – Il est interdit aux personnes exerçant une activité mentionnée à l'article L. 611-1 ainsi qu'à leurs agents de s'immiscer, à quelque moment et sous quelque forme que ce soit, dans le déroulement d'un conflit du travail ou d'événements s'y rapportant. Il leur est également interdit de se livrer à une surveillance relative aux opinions politiques, philosophiques ou religieuses ou aux appartenances syndicales des personnes.

....

Art. L. 612-6. – Nul ne peut exercer à titre individuel une activité mentionnée à l'article L. 611-1, ni diriger, gérer ou être l'associé d'une personne morale exerçant cette activité, s'il n'est titulaire d'un agrément délivré selon des modalités définies par décret en Conseil d'État.

Art. L. 612-7 *(D. n° 2016-515, 26 avr. 2016)*. – L'agrément prévu à l'article L. 612-6 est délivré aux personnes qui satisfont aux conditions suivantes :

1° Être de nationalité française ou ressortissant d'un État membre de l'Union européenne ou d'un État partie à l'accord sur l'Espace économique européen ;

2° Ne pas avoir fait l'objet d'une condamnation à une peine correctionnelle ou à une peine criminelle inscrite au bulletin n° 2 du casier judiciaire ou, pour les ressortissants étrangers, dans un document équivalent, pour des motifs incompatibles avec l'exercice des fonctions ;

3° Ne pas avoir fait l'objet d'un arrêté d'expulsion non abrogé ou d'une interdiction du territoire français non entièrement exécutée ;

4° Ne pas avoir fait l'objet d'une décision, prononcée sur le fondement des dispositions du chapitre III du titre V du livre VI du Code de commerce ou prise en application des textes antérieurs à ce Code et ne pas avoir fait l'objet d'une décision de nature équivalente dans un autre État membre de l'Union européenne ou un autre État partie à l'accord sur l'Espace économique européen ;

5° Ne pas exercer l'une des activités, énumérées par décret en Conseil d'État, incompatibles par leur nature avec celles qui sont mentionnées à l'article L. 611-1 ;

6° Ne pas exercer l'activité d'agent de recherches privées ;

7° Justifier d'une aptitude professionnelle dans des conditions définies par décret en Conseil d'État (1) **lorsque ces personnes exercent effectivement les activités mentionnées à l'article L. 611-1 et, lorsqu'elles utilisent un chien dans le cadre de ces activités, de l'obtention d'une qualification professionnelle définie en application de l'article L. 613-7.**

L'agrément ne peut être délivré s'il résulte de l'enquête administrative, ayant le cas échéant donné lieu à consultation, par des agents du Conseil national des activités privées de sécurité spécialement habilités par le représentant de l'État territorialement compétent et individuellement désignés, des traitements de données à caractère personnel gérés par les services de police et de gendarmerie nationales relevant des dispositions de l'article 26 de la loi n° 78-17 du 6 janvier 1978 relative à l'informatique, aux fichiers et aux libertés, à l'exception des fichiers d'identification, que son comportement ou ses agissements sont contraires à l'honneur, à la probité, aux bonnes mœurs ou sont de nature à porter atteinte à la sécurité des personnes ou des biens, à la sécurité publique ou à la sûreté de l'État et sont incompatibles avec l'exercice des fonctions susmentionnées.

QPC. Par décision n° 2015-463 QPC du 9 avril 2015 (*JO* 11 avr. 2015), le Conseil constitutionnel a déclaré le 1° de l'article L. 612-7 conforme à la Constitution notamment au motif que le législateur avait entendu assurer un strict contrôle des dirigeants des entreprises exerçant des activités privées de sécurité qui, du fait de leur autorisation d'exercice, sont associées aux missions de l'État en matière de sécurité publique.

Art. L. 612-8 *(D. n° 2016-515, 26 avr. 2016)*. **– L'agrément peut être retiré lorsque son titulaire cesse de remplir l'une des conditions prévues à l'article L. 612-7.**

En cas d'urgence, le président de la commission d'agrément et de contrôle territorialement compétente peut suspendre l'agrément. En outre, le représentant de l'État dans le département, ou, à Paris, le préfet de police, peut suspendre l'agrément en cas de nécessité tenant à l'ordre public.

Section 3. – Autorisation d'exercice délivrée aux exploitants individuels et aux personnes morales

Art. L. 612-9. – L'exercice d'une activité mentionnée à l'article L. 611-1 est subordonné à une autorisation distincte pour l'établissement principal et pour chaque établissement secondaire.

(L. n° 2014-742, 1er juill. 2014) **Pour l'exercice de l'activité mentionnée au 4° du même article L. 611-1, cette autorisation est, en outre, soumise à une certification, selon les modalités définies à l'article L. 616-1.**

....

Section 4. – Autorisation d'exercice des employés

Sous-section 1. – Délivrance de la carte professionnelle

Art. L. 612-20 *(D. n° 2016-515, 26 avr. 2016)*. **– Nul ne peut être employé ou affecté pour participer à une activité mentionnée à l'article L. 611-1 :**

1° S'il a fait l'objet d'une condamnation à une peine correctionnelle ou à une peine criminelle inscrite au bulletin n° 2 du casier judiciaire ou, pour les ressortissants étrangers, dans un document équivalent, pour des motifs incompatibles avec l'exercice des fonctions ;

2° S'il résulte de l'enquête administrative, ayant le cas échéant donné lieu à consultation, par des agents du Conseil national des activités privées de sécurité spécialement habilités par le représentant de l'État territorialement compétent et individuellement désignés, des traitements de données à caractère personnel gérés par les services de police et de gendarmerie nationales relevant des dispositions de l'article 26 de la loi n° 78-17 du 6 janvier 1978 relative à l'informatique, aux fichiers et aux libertés, à l'exception des fichiers d'identification, que son comportement ou ses agissements sont contraires à l'honneur, à la probité, aux bonnes mœurs ou sont de nature à porter atteinte à la sécurité des personnes ou des biens, à la sécurité publique ou à la sûreté de l'État et sont incompatibles avec l'exercice des fonctions susmentionnées ;

3° S'il a fait l'objet d'un arrêté d'expulsion non abrogé ou d'une interdiction du territoire français non entièrement exécutée ;

(1) V. L. n° 2003-239, 18 mars 2003, art. 101.

4° Pour un ressortissant étranger, s'il ne dispose pas d'un titre de séjour lui permettant d'exercer une activité sur le territoire national après consultation des traitements de données à caractère personnel relevant des dispositions de l'article R. 611-1 du Code de l'entrée et du séjour des étrangers et du droit d'asile par des agents des commissions nationale et régionales d'agrément et de contrôle spécialement habilités par le représentant de l'État territorialement compétent et individuellement désignés ;

5° S'il ne justifie pas de son aptitude professionnelle selon des modalités définies par décret en Conseil d'État (1) et, s'il utilise un chien dans le cadre de son emploi ou de son affectation, de l'obtention d'une qualification définie en application de l'article L. 613-7.

Le respect de ces conditions est attesté par la détention d'une carte professionnelle délivrée selon des modalités définies par décret en Conseil d'État (2).

La carte professionnelle peut être retirée lorsque son titulaire cesse de remplir l'une des conditions prévues aux 1°, 2° et 3°. Elle peut également être retirée en cas de méconnaissance des dispositions prévues à l'article L. 214-1 du Code rural et de la pêche maritime.

(L. n° 2014-742, 1er juill. 2014) Pour l'exercice de l'activité mentionnée au 4° de l'article L. 611-1 du présent code, la condition prévue au 4° du présent article n'est pas applicable. La délivrance de la carte professionnelle répond en outre aux conditions exigées à l'article L. 616-2.

En cas d'urgence, le président de la commission régionale d'agrément et de contrôle peut retirer la carte professionnelle. En outre, le représentant de l'État peut retirer la carte professionnelle en cas de nécessité tenant à l'ordre public.

Art. L. 612-21. – Sous réserve des dispositions transitoires fixées par le décret en Conseil d'État prévu au 5° de l'article L. 612-20, le contrat de travail du salarié qui cesse de remplir les conditions posées aux 1° à 3° de cet article est rompu de plein droit.

Cette rupture ouvre droit au versement, par l'employeur, de l'indemnité légale de licenciement dans les conditions prévues à l'article L. 1234-9 du Code du travail, sauf dispositions conventionnelles plus favorables.

Le salarié a également droit au revenu de remplacement dans les conditions prévues à l'article L. 5421-1 de ce code.

....

Art. L. 613-1 *(L. n° 2017-1510, 30 oct. 2017)*. – Les agents exerçant une activité mentionnée au 1° de l'article L. 611-1 ne peuvent exercer leurs fonctions qu'à l'intérieur des bâtiments ou dans la limite des lieux dont ils ont la garde, y compris dans les périmètres de protection institués en application de l'article L. 226-1.

À titre exceptionnel, ils peuvent être autorisés, par le représentant de l'État dans le département ou, à Paris, par le préfet de police, à exercer sur la voie publique des missions, même itinérantes, de surveillance contre les vols, dégradations et effractions visant les biens dont ils ont la garde.

....

Art. L. 613-10. – Les personnes faisant appel, de façon habituelle, à des personnes physiques ou morales exerçant l'activité de transport de fonds, de bijoux ou de métaux précieux doivent aménager leurs locaux de façon à sécuriser l'accès des véhicules utilisés pour cette activité et limiter le transport à pied des valeurs qu'elles leur confient.

Un décret détermine les aménagements dont les locaux desservis doivent être dotés en fonction des caractéristiques des immeubles ainsi que de la nature des activités qui y sont exercées et des conditions de leur desserte (3).

....

(1) V. L. n° 2003-239, 18 mars 2003, art. 101.
(2) V. T. appl. : D. n° 2009-137, 9 févr. 2009.
(3) V. T. appl. : D. n° 2000-1234, 18 déc. 2000. – NDLR.

Activités de protection des navires

Certification

Art. L. 616-1 *(L. n° 2014-742, 1er juill. 2014 ; mod., L. n° 2016-816 du 20 juin 2016)*. – En vue de l'obtention de l'autorisation d'exercice mentionnée à l'article L. 612-9, les entreprises privées de protection des navires justifient auprès du Conseil national des activités privées de sécurité de l'obtention d'une certification dont la liste des prescriptions est fixée par décret en Conseil d'État. Les normes et référentiels applicables ainsi que les modalités de désignation des organismes certificateurs sont précisés par décret.

Si l'entreprise n'a pas encore exercé l'activité définie au 4° de l'article L. 611-1, le Conseil national des activités privées de sécurité peut lui délivrer une autorisation d'exercice provisoire pour une durée maximale de douze mois, après avoir vérifié l'engagement par l'entreprise d'une démarche de certification. Les modalités de délivrance de l'autorisation d'exercice provisoire sont définies par décret en Conseil d'État.

Carte professionnelle

Art. L. 616-2 *(L. n° 2014-742, 1er juill. 2014)*. – Pour exercer l'activité d'agent de protection à bord des navires, la première demande de carte professionnelle donne lieu à la délivrance d'une carte provisoire, d'une durée de validité d'un an. Après ce délai, en fonction du niveau d'activité démontré et du comportement professionnel de son détenteur, en tenant compte des informations apportées par les employeurs, la carte est soit délivrée de plein droit, pour le reste de la durée fixée par décret en Conseil d'État, soit refusée à l'agent.

À peine d'irrecevabilité, la première demande est accompagnée d'une lettre d'intention d'embauche rédigée par une entreprise titulaire de l'autorisation d'exercice mentionnée à l'article L. 612-9.

Modalités d'exercice spécifiques

Art. L. 616-3 *(L. n° 2014-742, 1er juill. 2014)*. – Les modalités d'exercice spécifiques aux activités de protection des navires sont définies au chapitre II du titre IV du livre IV de la cinquième partie du Code des transports.

Contrôle à bord des navires

Art. L. 616-4 *(L. n° 2014-742, 1er juill. 2014)*. – I. - Outre les agents mentionnés à l'article L. 611-2, les administrateurs et officiers du corps technique et administratif des affaires maritimes, les commandants, commandants en second ou officiers de bâtiments de l'État et les commandants des aéronefs de l'État affectés à la surveillance maritime, les fonctionnaires affectés dans les services exerçant des missions de contrôle dans le domaine des affaires maritimes sous l'autorité ou à la disposition du ministre chargé de la mer et les agents des douanes assurent, à bord des navires battant pavillon français et pour le compte de l'autorité administrative, le contrôle des personnes exerçant l'activité mentionnée au 4° de l'article L. 611-1.

II. - Lorsque l'accès à bord s'est trouvé matériellement impossible ou que des investigations approfondies qui ne peuvent être effectuées doivent être diligentées à bord, les commandants des bâtiments de l'État peuvent ordonner le déroutement du navire vers une position ou un port appropriés.

Les contrôles s'effectuent à toute heure.

III. - Les agents mentionnés au I du présent article peuvent vérifier les cartes professionnelles des agents exerçant l'activité mentionnée au 4° de l'article L. 611-1 présents à bord ainsi que les documents d'identité de toute autre personne. Ils peuvent obtenir communication de tous documents de bord, notamment ceux relatifs à l'activité mentionnée au même 4°.

IV. - Ils peuvent procéder à la visite des ponts et locaux des différentes zones du navire, notamment des lieux de stockage des armes et munitions.

V. - Lorsque les locaux sont affectés à un usage privé ou d'habitation et que le navire est en mer ou depuis moins de soixante-douze heures dans un port, dans une rade ou à quai, les visites sont effectuées en présence de l'occupant des lieux ou, à défaut, du capitaine ou de son représentant.

VI. - Lorsque la visite des locaux mentionnés au V intervient alors que le navire est dans un port, dans une rade ou à quai depuis soixante-douze heures au moins, elle ne peut être effectuée, en cas de refus de l'occupant des lieux, qu'après autorisation du juge des libertés et de la détention du tribunal de grande instance dans le ressort duquel se trouve le navire.

L'ordonnance ayant autorisé la visite est exécutoire au seul vu de la minute. La procédure est sans représentation obligatoire. La visite s'effectue sous l'autorité et le contrôle du juge qui l'a autorisée. Celui-ci peut se rendre dans les locaux durant l'intervention. À tout moment, il peut décider de l'arrêt ou de la suspension de la visite.

L'ordonnance est notifiée verbalement et sur place au moment de la visite à l'occupant des lieux ou, en son absence, au capitaine ou à son représentant.

L'ordonnance peut faire l'objet d'un appel devant le premier président de la cour d'appel.

VII. - Un procès-verbal de visite du navire est établi et contresigné par le capitaine ou son représentant, à qui une copie est immédiatement remise, ainsi que, le cas échéant, à l'occupant des locaux affectés à un usage privé ou d'habitation, avec mention des voies et délais de recours. Il est adressé au représentant de l'État en mer et au directeur du Conseil national des activités privées de sécurité.

VIII. - L'occupant des locaux mentionnés aux V et VI peut contester la régularité de leur visite devant le premier président de la cour d'appel selon les règles de la procédure sans représentation.

IX. - Ce recours doit être formé par déclaration remise ou adressée, par pli recommandé, au greffe de la cour dans un délai de quinze jours. Ce délai court à compter de la remise ou de la réception du procès-verbal. Ce recours n'est pas suspensif.

L'ordonnance du premier président de la cour d'appel est susceptible d'un pourvoi en cassation selon les règles de la procédure sans représentation. Le délai du pourvoi en cassation est de quinze jours.

Le Code de procédure civile s'applique sous réserve des dispositions prévues au présent article.

Art. L. 616-5 *(L. n° 2014-742, 1er juill. 2014)*. – Outre les officiers et agents de police judiciaire agissant conformément au Code de procédure pénale, les agents des douanes, les commandants et commandants en second des navires de l'État, les commandants des aéronefs de l'État affectés à la surveillance maritime ainsi que, lorsqu'ils sont spécialement habilités dans des conditions fixées par décret en Conseil d'État, les administrateurs et officiers du corps technique et administratif des affaires maritimes, les officiers de la marine nationale, les commissaires des armées embarqués à bord des bâtiments de la marine nationale et les fonctionnaires affectés dans les services exerçant des missions de contrôle dans le domaine des affaires maritimes sous l'autorité ou à la disposition du ministre chargé de la mer peuvent constater, à bord des navires, les infractions au présent titre et aux dispositions réglementaires prises pour son application.

Le procureur de la République compétent est informé par tout moyen des infractions constatées. Les procès-verbaux de constatation, qui font foi jusqu'à preuve du contraire, lui sont transmis par tout moyen dans les plus brefs délais. Copie en est remise à la personne intéressée.

Sauf extrême urgence, il ne peut être procédé qu'avec l'autorisation du procureur de la République à des perquisitions et à la saisie des armes, munitions ainsi que des objets ou documents qui paraissent provenir de la commission d'une infraction au présent titre et aux dispositions réglementaires prises pour son application, ou qui paraissent destinés à la commettre. Cette autorisation est transmise par tout moyen.

Les armes, munitions, objets ou documents saisis sont placés immédiatement sous scellés.

Pour la poursuite, l'instruction et le jugement de ces infractions, sans préjudice des articles 43, 52, 382, 706-42 et 706-75 du Code de procédure pénale, sont compétents le procureur de la République, le juge d'instruction et la juridiction de jugement du lieu dans lequel le navire à bord duquel une infraction est constatée est immatriculé ou du lieu de résidence administrative de l'agent qui a constaté cette infraction.

Art. L. 616-6 *(L. n° 2014-742, 1er juill. 2014)*. – La demande d'autorisation, d'agrément ou de carte professionnelle est déposée dans des conditions et selon des modalités fixées par décret en Conseil d'État.

CHAPITRE VII. – DISPOSITIONS PÉNALES

Section 1. – Conditions d'exercice

Sous-section 1. – Dispositions générales

Art. L. 617-1 *(Mod., L. n° 2014-742, 1er juill. 2014 ; L. n° 2017-258, 28 févr. 2017)*. – Est puni de trois ans d'emprisonnement et de 45 000 euros d'amende :

1° Le fait, sauf pour les personnes mentionnées au 2° de l'article L. 612-1 et sous réserve des dispositions de l'article 29 du Code de procédure pénale, d'exercer pour autrui, à titre professionnel, les activités mentionnées aux 1° à 4° de l'article L. 611-1 sans être immatriculé au registre du commerce et des sociétés ;

2° Le fait d'exercer l'une des activités mentionnées aux 1° et 2° de l'article L. 611-1 et d'avoir en outre soit une activité qui n'est pas liée à la sécurité ou au transport de fonds, de bijoux ou de métaux précieux, soit l'activité d'agent privé de recherches ;

2° *bis* Le fait d'exercer l'activité mentionnée au 1° bis du même article L. 611-1 et d'exercer une autre activité ;

3° Le fait d'exercer l'activité mentionnée au 3° de l'article L. 611-1 et d'avoir une autre activité ;

3° *bis* Le fait d'exercer l'activité mentionnée au 4° du même article L. 611-1 et d'avoir, en outre, une activité autre que le conseil et la formation en matière de sûreté maritime ;

4° Le fait de commettre l'un des agissements mentionnés à l'article L. 612-4.

Art. L. 617-2. – Est puni de 3 750 euros d'amende le fait de ne pas mentionner, comme l'exige l'article L. 612-3, dans la dénomination de la personne morale exerçant une activité mentionnée à l'article L. 611-1, son caractère de personne de droit privé.

Sous-section 2. – Agrément des exploitants individuels et des dirigeants et gérants de personnes morales

Art. L. 617-3. – Est puni de trois ans d'emprisonnement et de 45 000 euros d'amende le fait d'exercer à titre individuel, en violation des dispositions des articles L. 612-6 à L. 612-8, une activité mentionnée à l'article L. 611-1, ou de diriger ou gérer, en violation de ces dispositions, une personne morale exerçant une telle activité, ou d'exercer en fait, directement ou par personne interposée, la direction ou la gestion d'une telle personne morale, en lieu et place de ses représentants légaux.

Sous-section 3. – Autorisation d'exercice délivrée aux exploitants et aux personnes morales

Art. L. 617-4. – Est puni de trois ans d'emprisonnement et de 45 000 euros d'amende :

1° Le fait d'exercer l'une des activités mentionnées à l'article L. 611-1 sans être titulaire de l'autorisation prévue à l'article L. 612-9 ou de continuer à exercer l'une de ces activités alors que l'autorisation est suspendue ou retirée ;

2° Le fait de sous-traiter l'exercice d'une activité mentionnée à l'article L. 611-1 à une entreprise dépourvue de l'autorisation prévue à l'article L. 612-9.

Art. L. 617-5. – Est puni d'un an d'emprisonnement et de 15 000 euros d'amende le fait de ne pas avoir souscrit l'une des déclarations prévues à l'article L. 612-13.

Art. L. 617-6. – Est puni de 3 750 euros d'amende le fait de ne pas reproduire les mentions exigées à l'article L. 612-15 dans tout document mentionné à cet article ou de faire état de la qualité d'ancien fonctionnaire ou d'ancien militaire éventuellement détenue par la personne titulaire de l'autorisation ou l'un de ses dirigeants ou employés.

Sous-section 4. – Carte professionnelle des employés

Art. L. 617-7. – Est puni de deux ans d'emprisonnement et de 30 000 euros d'amende :

1° Le fait d'employer une personne non titulaire de la carte professionnelle mentionnée à l'article L. 612-20, en vue de la faire participer à l'une des activités mentionnées à l'article L. 611-1 ;

2° Le fait de sous-traiter l'exercice d'une activité mentionnée à l'article L. 611-1 à une entreprise employant des personnes dépourvues de la carte professionnelle mentionnée à l'article L. 612-20.

Art. L. 617-8. – Est puni d'un an d'emprisonnement et de 15 000 euros d'amende le fait de conclure un contrat de travail en tant que salarié d'une entreprise exerçant une activité mentionnée à l'article L. 611-1, en vue de participer à l'une des activités mentionnées à cet article sans être titulaire de la carte professionnelle visée à l'article L. 612-20.

Sous-section 5. - Services internes de sécurité

Art. L. 617-9. – **Est puni de deux ans d'emprisonnement et de 30 000 euros d'amende le fait, pour les personnes mentionnées à l'article L. 612-25 :**

1° D'employer une personne non titulaire de la carte professionnelle mentionnée à l'article L. 612-20, en vue de la faire participer à l'une des activités mentionnées à l'article L. 611-1 ;

2° De sous-traiter l'exercice d'une activité mentionnée à l'article L. 611-1 à une entreprise employant des personnes dépourvues de la carte professionnelle mentionnée à l'article L. 612-20.

Art. L. 617-10. – **Est puni d'un an d'emprisonnement et de 15 000 euros d'amende le fait de conclure un contrat de travail en tant que salarié d'une entreprise mentionnée à l'article L. 612-25, en vue de participer à l'une des activités mentionnées à l'article L. 611-1 sans être titulaire de la carte professionnelle mentionnée à l'article L. 612-20.**

Section 2. – Modalités d'exercice

Sous-section 1. – Activités de surveillance et de gardiennage

Art. L. 617-11. – **Est puni de deux ans d'emprisonnement et de 30 000 euros d'amende le fait d'exercer ou de faire exercer des fonctions de surveillance sur la voie publique sans l'autorisation prévue au second alinéa de l'article L. 613-1.**

Sous-section 2.– Activités de transport de fonds

Art. L. 617-12. – **Est puni de 15 000 euros d'amende le fait de ne pas respecter les obligations prévues à l'article L. 613-10.**

Sous-section 3. – Activités de protection des navires

Art. L. 617-12-1 *(L. n° 2014-742, 1er juill. 2014)*. – **Est puni de trois ans d'emprisonnement et de 45 000 € d'amende :**

1° Le fait, pour un armateur, d'avoir recours à une entreprise privée de protection des navires n'étant pas titulaire de l'autorisation d'exercice prévue à l'article L. 612-9 ;

2° Le fait d'exercer l'activité mentionnée au 4° de l'article L. 611-1 en violation des obligations assignées à l'article L. 616-1 ;

3° Le fait, pour l'entreprise contractant avec l'armateur, de sous-traiter l'exercice de l'activité mentionnée au 4° de l'article L. 611-1 ou, pour l'armateur, d'avoir recours à plusieurs entreprises pour une même prestation ;

4° Le fait de recourir à une entreprise privée de protection des navires sans respecter les zones où ce recours est autorisé ou le type de navire éligible, définis par les dispositions réglementaires prises en application de l'article L. 5442-1 du Code des transports ;

5° Le fait d'acquérir, détenir, transporter et mettre à disposition des armes et munitions sans respecter les dispositions réglementaires prises en application du premier alinéa de l'article L. 5442-5 du même code ;

6° Le fait d'importer sur le territoire national des armes et des munitions acquises dans un État non membre de l'Union européenne en méconnaissance du second alinéa du même article L. 5442-5 ;

7° Le fait de revendre dans un État non membre de l'Union européenne des armes et des munitions acquises sur le territoire national en méconnaissance du même second alinéa ;

8° Le fait d'exercer l'activité définie au 4° de l'article L. 611-1 du présent code depuis tout autre navire que celui que cette activité a pour but de protéger ;

9° Le fait de mettre à disposition ou d'avoir recours à un nombre d'agents inférieur à celui prévu à l'article L. 5442-2 du Code des transports.

Art. L. 617-12-2 *L. n° 2014-742, 1er juill. 2014).* **– Est puni de 3 750 € d'amende :**

1° Le fait d'exercer ou de faire exercer à bord du navire protégé l'activité mentionnée au 4° de l'article L. 611-1 dans une tenue entraînant la confusion avec les tenues des forces de police, des forces armées ou de la douane françaises ;

2° Le fait de ne pas tenir les registres prévus à l'article L. 5442-10 du Code des transports ;

3° Le fait, pour un armateur de navire battant pavillon français ayant recours aux services d'une entreprise privée de protection des navires, de ne pas en informer les autorités de l'État compétentes, en méconnaissance du dernier alinéa de l'article L. 5442-7 du même code ;

4° Le fait, pour un capitaine de navire battant pavillon français embarquant ou débarquant des agents de protection, de ne pas en informer les autorités de l'État en violation de l'article L. 5442-8 dudit code.

Section 3. – Services internes de sécurité

Art. L. 617-13. – Est puni de trois ans d'emprisonnement et de 45 000 euros d'amende le fait, pour les personnes mentionnées à l'article L. 612-25 :

1° De commettre l'un des agissements mentionnés à l'article L. 612-4 ;

2° De sous-traiter l'exercice d'une activité mentionnée à l'article L. 611-1 à une entreprise dépourvue de l'autorisation prévue à l'article L. 612-9.

Section 4. – Contrôle administratif

Art. L. 617-14 *(Mod., L. n° 2014-742, 1er juill. 2014 ; L. n° 2015-994, 17 août 2015).* – Est puni d'un an d'emprisonnement et de 15 000 euros d'amende le fait de mettre obstacle à l'accomplissement des contrôles exercés, dans les conditions prévues à l'article L. 611-2, par les agents mentionnés au premier alinéa de cet article.

Est puni de la même peine le fait de mettre obstacle à l'accomplissement des contrôles prévus aux articles L. 611-2, L. 616-4 ou L. 634-1 à L. 634-3, lorsqu'ils sont relatifs à l'activité mentionnée au 4° de l'article L. 611-1.

Est puni de la même peine le fait de mettre obstacle à l'accomplissement des contrôles prévus aux articles L. 634-1 et L. 634-3, lorsqu'ils sont relatifs aux activités mentionnées aux 1° à 3° de l'article L. 611-1.

Section 5. – Dispositions communes

Art. L. 617-15. – Les personnes physiques déclarées coupables de l'une des infractions aux dispositions du présent titre, à l'exception de celle prévue à l'article L. 617-12, encourent les peines complémentaires suivantes :

1° La fermeture, à titre définitif ou pour une durée de cinq ans au plus, du ou des établissements exerçant une activité mentionnée à l'article L. 611-1 qu'elles dirigent ou qu'elles gèrent ;

2° L'interdiction, à titre définitif ou pour une durée de cinq ans au plus, d'exercer une activité mentionnée à l'article L. 611-1 ;

3° L'interdiction, pour une durée de cinq ans au plus, de détenir ou de porter une arme soumise à autorisation en vertu des dispositions réglementaires en vigueur.

Art. L. 617-16. – Les personnes morales déclarées responsables, dans les conditions prévues à l'article 121-2 du Code pénal, des infractions prévues aux articles L. 617-1 à L. 617-14, encourent, outre l'amende, dans les conditions prévues par l'article 131-38 du Code pénal, les peines mentionnées aux 1°, 2°, 4°, 7°, 8° et 9° de l'article 131-39 du même code.

Toutefois, pour l'infraction prévue à l'article L. 617-12, les personnes morales encourent les peines mentionnées aux 2°, 4°, 6°, 7° et 9° de l'article 131-39 du même code.

L'interdiction mentionnée au 2° de cet article porte sur les activités dans l'exercice ou à l'occasion de l'exercice desquelles l'infraction a été commise.

....

CHAPITRE IV. - DISPOSITIONS PÉNALES

Section 1. - Conditions d'exercice

Sous-section 1. - Dispositions générales

Art. L. 624-1. – Est puni de trois ans d'emprisonnement et de 45 000 euros d'amende :

1° Le fait, sauf pour les personnes mentionnées au 2° de l'article L. 622-1 et sous réserve des dispositions de l'article 29 du Code de procédure pénale, d'exercer pour autrui, à titre professionnel, l'activité mentionnée à l'article L. 621-1, sans être immatriculé auprès de l'organisme mentionné au deuxième alinéa de l'article 2 de la loi n° 94-126 du 11 février 1994 relative à l'initiative ou à l'entreprise individuelle ;

2° Le fait d'exercer l'activité mentionnée à l'article L. 621-1 et d'avoir en outre l'une des activités mentionnées à l'article L. 611-1.

Art. L. 624-2. – Est puni de deux ans d'emprisonnement et de 30 000 euros d'amende le fait d'exercer l'activité mentionnée à l'article L. 621-1 en méconnaissance des dispositions des articles L. 622-2 à L. 622-4.

Art. L. 624-3. – Est puni de 3 750 euros d'amende le fait de ne pas mentionner, comme l'exige l'article L. 622-3, dans la dénomination de la personne morale exerçant une activité mentionnée à l'article L. 621-1 son caractère de personne de droit privé.

Sous-section 2. - Agrément des exploitants individuels et des dirigeants et gérants de personnes morales

Art. L. 624-4. – Est puni de trois ans d'emprisonnement et de 45 000 euros d'amende le fait d'exercer à titre individuel, en violation des dispositions des articles L. 622-6 à L. 622-8, l'activité mentionnée à l'article L. 621-1, ou de diriger ou gérer, en violation de ces dispositions, une personne morale exerçant cette activité, ou d'exercer en fait, directement ou par personne interposée, la direction ou la gestion d'une telle personne morale, en lieu et place de ses représentants légaux.

Sous-section 3. - Autorisation d'exercice délivrée aux exploitants individuels et aux personnes morales

Art. L. 624-5. – Est puni de trois ans d'emprisonnement et de 45 000 euros d'amende :

1° Le fait d'exercer l'activité mentionnée à l'article L. 621-1 sans être titulaire de l'autorisation prévue à l'article L. 622-9 ou de continuer à exercer cette activité alors que l'autorisation est suspendue ou retirée ;

2° Le fait de sous-traiter l'exercice de l'activité mentionnée à l'article L. 621-1 à une entreprise dépourvue de l'autorisation prévue à l'article L. 622-9.

Art. L. 624-6. – Est puni de six mois d'emprisonnement et de 7 500 euros d'amende le fait de ne pas avoir souscrit l'une des déclarations prévues à l'article L. 622-13.

Art. L. 624-7. – Est puni de 3 750 euros d'amende le fait de ne pas reproduire les mentions exigées à l'article L. 622-18 dans tout document mentionné à cet article ou de faire état de la qualité d'ancien fonctionnaire ou d'ancien militaire éventuellement détenue par la personne titulaire de l'autorisation ou l'un de ses dirigeants ou employés.

Sous-section 4. – Autorisation d'exercice des employés

Art. L. 624-8. – Est puni de deux ans d'emprisonnement et de 30 000 euros d'amende le fait d'employer une personne non titulaire de la carte professionnelle mentionnée à l'article L. 622-19 en vue de la faire participer à l'activité mentionnée à l'article L. 621-1.

Art. L. 624-9. – Est puni de six mois d'emprisonnement et de 7 500 euros d'amende le fait d'être l'employé d'une entreprise exerçant l'activité mentionnée à l'article L. 621-1, en vue de participer à cette activité en violation de l'article L. 622-19.

Art. L. 624-10. – Est puni d'un an d'emprisonnement et de 15 000 euros d'amende le fait de conclure un contrat de travail en tant que salarié d'une entreprise exerçant l'activité mentionnée à l'article L. 621-1,

en vue de participer à cette activité sans être titulaire de la carte professionnelle mentionnée à l'article L. 622-19.

Sous–section 5. – Dispositions communes

Art. L. 624-11. – Est puni de trois ans d'emprisonnement et de 45 000 euros d'amende le fait de commettre l'un des agissements mentionnés à l'article L. 622-24.

Section 2. – Contrôle administratif

Art. L. 624-12 *(L. n° 2015-994, 17 août 2015)*. **– Est puni de six mois d'emprisonnement et de 7 500 euros d'amende le fait de mettre obstacle à l'accomplissement des contrôles exercés, dans les conditions prévues à l'article L. 623-1, par les agents mentionnés au premier alinéa de cet article.**

Est puni de la même peine le fait de mettre obstacle à l'accomplissement des contrôles prévus aux articles L. 634-1 et L. 634-3, lorsqu'ils sont relatifs à l'activité mentionnée à l'article L. 621-1.

Section 3. – Dispositions communes

Art. L. 624-13. – Les personnes physiques déclarées coupables de l'une des infractions aux dispositions du présent titre encourent les peines complémentaires suivantes :

1° La fermeture, à titre définitif ou pour une durée de cinq ans au plus, du ou des établissements exerçant l'activité mentionnée à l'article L. 621-1 qu'elles dirigent ou qu'elles gèrent ;

2° L'interdiction, à titre définitif ou pour une durée de cinq ans au plus, d'exercer l'activité mentionnée à l'article L. 621-1 ;

3° L'interdiction, pour une durée de cinq ans au plus, de détenir ou de porter une arme soumise à autorisation en vertu des dispositions réglementaires en vigueur.

Art. L. 624-14. – Les personnes morales déclarées responsables, dans les conditions prévues à l'article 121-2 du Code pénal, des infractions prévues aux articles L. 624-1 à L. 624-12, encourent, outre l'amende, dans les conditions prévues par l'article 131-38 du Code pénal, les peines mentionnées aux 1°, 2°, 4°, 7°, 8° et 9° de l'article 131-39 du même code.

L'interdiction mentionnée au 2° de l'article 131-39 du même code porte sur les activités dans l'exercice ou à l'occasion de l'exercice desquelles l'infraction a été commise.

Décret n° 86-1099 du 10 octobre 1986

relatif à l'utilisation des matériels, documents, uniformes et insignes des entreprises de surveillance et de gardiennage, transport de fonds, de protection physique des personnes, de recherches privées et de vidéoprotection

(Intitulé mod., D. n° 2011-1919, 22 déc. 2011 ; abr. et codifié à compter du 1er déc. 2014, D. n° 2014-1253, 27 oct. 2014. – V. CSI, art. R. 613-1 à R. 613-5, R. 613-16, R. 617-1, R. 622-16, R. 645-3, R. 646-3 et R. 647-3).

Décret n° 2002-539 du 17 avril 2002

relatif aux activités de surveillance à distance des biens

Art. 1er et 8 *(Abr. et codifié à compter du 1er déc. 2014, D. n° 2014-1253, 27 oct. 2014. – V. CSI, art. D. 613-17 et R. 617-3).*

ANNEXE 51

POSTE ET COMMUNICATIONS ÉLECTRONIQUES

Bibliographie : V. Peltier, *Poste : JCl. Lois pénales spéciales.* • G. Drouot, *La nouvelle réglementation des télécommunications (Loi n° 90-1170 du 29 décembre 1990) : ALD* 1991, 97.

Code des postes et des communications électroniques

PREMIÈRE PARTIE – LÉGISLATIVE
(D. n° 52-1133, 8 oct. 1952 ; D. n° 62-273, 12 mars 1962)

LIVRE PREMIER. – LE SERVICE POSTAL

TITRE PREMIER. – DISPOSITIONS GÉNÉRALES

CHAPITRE I. – LE SERVICE UNIVERSEL POSTAL ET LES OBLIGATIONS DU SERVICE POSTAL

Art. L. 1 *(Mod. à compter du 1er janv. 2011, L. n° 2010-123, 9 févr. 2010 ; L. n° 2017-256, 28 févr. 2017).* **– Pour l'application du présent code, les services postaux sont la levée, le tri, l'acheminement et la distribution des envois postaux dans le cadre de tournées régulières.**

Constitue un envoi postal tout objet destiné à être remis à l'adresse indiquée par l'expéditeur sur l'objet lui-même ou sur son conditionnement, y compris sous forme de coordonnées géographiques codées, et présenté dans la forme définitive dans laquelle il doit être acheminé. Sont notamment considérés comme des envois postaux les livres, les catalogues, les journaux, les périodiques et les colis postaux contenant des marchandises avec ou sans valeur commerciale.

L'envoi de correspondance est un envoi postal ne dépassant pas deux kilogrammes et comportant une communication écrite sur un support matériel, à l'exclusion des livres, catalogues, journaux ou périodiques. Le publipostage fait partie des envois de correspondance.

Le service universel postal concourt à la cohésion sociale et au développement équilibré du territoire. Il est assuré dans le respect des principes d'égalité, de continuité et d'adaptabilité en recherchant la meilleure efficacité économique et sociale. Il garantit à tous les usagers, de manière permanente et sur l'ensemble du territoire national, des services postaux répondant à des normes de qualité déterminées. Ces services sont offerts à des prix abordables pour tous les utilisateurs. Les prix sont orientés sur les coûts et incitent à une prestation efficace, tout en tenant compte des caractéristiques des marchés sur lesquels ils s'appliquent.

Le service universel postal comprend des offres de services nationaux et transfrontières d'envois postaux d'un poids inférieur ou égal à 2 kilogrammes, de colis postaux jusqu'à 20 kilogrammes, d'envois recommandés et d'envois à valeur déclarée.

Les services d'envois postaux à l'unité fournis par le prestataire du service universel postal sont proposés au même tarif sur l'ensemble du territoire métropolitain. Le tarif appliqué aux envois de correspondance à l'unité en provenance et à destination des départements d'outre-mer, de Mayotte, de Saint-Pierre-et-Miquelon, de Saint-Barthélemy, de Saint-Martin, des îles Wallis-et-Futuna et des Terres australes et antarctiques françaises est celui en vigueur sur le territoire métropolitain lorsque ces envois sont d'un poids inférieur à 100 grammes.

est celui en vigueur sur le territoire métropolitain lorsque ces envois sont d'un poids inférieur à 100 grammes. Il en va de même des envois de correspondance à l'unité relevant de la première tranche de poids en provenance du territoire métropolitain ou des collectivités précédemment mentionnées et à destination de la Polynésie française et de la Nouvelle-Calédonie.

Les services de levée et de distribution relevant du service universel postal sont assurés tous les jours ouvrables, sauf circonstances exceptionnelles.

Le service de distribution est effectué, dans des installations appropriées, au domicile de chaque personne physique ou morale ou, par dérogation, dans des conditions déterminées par décret.

Art. L. 2. – *(Mod., L. n° 2010-123, 9 févr. 2010)* La Poste est le prestataire du service universel postal pour une durée de quinze ans à compter du 1er janvier 2011. Tous les trois ans, le Gouvernement, après avis de la Commission supérieure du service public des postes et des communications électroniques et de l'Autorité de régulation des communications électroniques et des postes, informe le Parlement des conditions d'exécution par La Poste de sa mission de service universel postal ainsi que des moyens mis en œuvre pour l'améliorer.

En sus des obligations résultant de l'autorisation prévue à l'article L. 3, le prestataire du service universel postal est soumis, au titre des prestations relevant de ce service, à des obligations particulières en matière de qualité et d'accessibilité du service, de traitement des réclamations des utilisateurs et, pour des prestations déterminées, de dédommagement en cas de non-respect des engagements de qualité de service. Il tient une comptabilité spécifique sur ses activités dans le champ du service universel. Il transmet, sur demande de l'Autorité de régulation des communications électroniques et des postes, toute information et tout document comptable permettant d'assurer le contrôle du respect de ses obligations.

Un décret en Conseil d'État, pris après consultation de La Poste, et après avis de l'Autorité de régulation des communications électroniques et des postes et de la Commission supérieure du service public des postes et des communications électroniques, précise les caractéristiques de l'offre de service universel que La Poste est tenue d'assurer.

Ce décret fixe également les droits et obligations de La Poste au titre de ses missions de service public des envois postaux, comprenant le régime spécifique offert à la presse en vertu du deuxième alinéa de l'article L. 4, ainsi que les conditions dans lesquelles sont assurées la neutralité et la confidentialité des services qu'elle fournit.

Art. L. 2-1 *(L. n° 2005-516, 20 mai 2005)*. – *(Al. rempl. à compter du 1er janv. 2011, L. n° 2010-123, 9 févr. 2010)* Le prestataire du service universel peut conclure, avec les expéditeurs d'envois de correspondance en nombre, les intermédiaires groupant les envois de correspondance de plusieurs clients ou les titulaires de l'autorisation prévue à l'article L. 3, des contrats dérogeant aux conditions générales de l'offre du service universel et incluant des tarifs spéciaux pour des services aux entreprises, dans le respect des règles énoncées au quatrième alinéa de l'article L. 1.

Le prestataire détermine les tarifs et les conditions de ces prestations selon des règles objectives et non discriminatoires.

Ces contrats sont communiqués à l'Autorité de régulation des communications électroniques et des postes à sa demande.

Art. L. 2-2 *(L. n° 2010-123, 9 févr. 2010)*. – I. – Il est institué, sous réserve des conditions de mise en œuvre prévues aux II et III, un fonds de compensation du service universel postal. Ce fonds assure le financement des coûts nets liés aux obligations de service universel.

La gestion comptable et financière de ce fonds est assurée par un établissement public. Les frais de gestion exposés par cet établissement sont imputés sur les ressources du fonds.

Les prestataires de services postaux titulaires de l'autorisation prévue à l'article L. 3 contribuent au fonds de compensation du service universel postal. La contribution de chaque prestataire au fonds est calculée au prorata du nombre d'envois postaux qu'il achemine dans le champ du service universel défini au cinquième alinéa de l'article L. 1. Ces prestataires tiennent une comptabilité permettant d'identifier les prestations sur lesquelles est assise la contribution. Tout prestataire qui achemine un nombre d'envois de correspondance inférieur à un seuil fixé par décret est exempté de contribution au fonds.

Le montant des contributions nettes dont les prestataires de services postaux autorisés sont redevables au fonds et le montant des sommes dues par le fonds au prestataire du service universel postal pour assurer les obligations de ce service sont déterminés par l'Autorité de régulation des communications électroniques et des postes. Pour ce faire et nonobstant les informations comptables transmises au titre du 6° de l'article L. 5-2, l'autorité peut demander au prestataire du service universel toute information et étude dont il dispose permettant d'évaluer objectivement le surcoût lié à la prestation de service universel. Les contributions sont recouvrées par l'établissement public mentionné au deuxième alinéa du présent article comme en matière de taxe sur le chiffre d'affaires avec les sûretés, garanties, privilèges et sanctions applicables à cette taxe. Les réclamations sont présentées, instruites et jugées comme pour cette taxe.

En cas de défaillance d'un opérateur, l'Autorité de régulation des communications électroniques et des postes prononce une des sanctions prévues à l'article L. 5-3. En cas de nouvelle défaillance, elle peut retirer l'autorisation. Si les sommes dues ne sont pas recouvrées dans un délai d'un an, elles sont imputées sur le fonds lors de l'exercice suivant.

II. – Un décret en Conseil d'État, pris après avis de l'Autorité de régulation des communications électroniques et des postes et de la Commission supérieure du service public des postes et des communications électroniques, précise les méthodes d'évaluation, de compensation et de partage des coûts nets liés aux obligations de service universel.

III. – Un décret, pris après un avis public de l'Autorité de régulation des communications électroniques et des postes sur une demande du prestataire du service universel établissant, sur la base des données comptables visées au 6° de l'article L. 5-2, qu'il supporte une charge financière inéquitable imputable à ses obligations de service universel, fixe la première année au titre de laquelle les contributions nettes au fonds de compensation du service universel postal sont recouvrées.

Art. L. 3 *(Rempl. à compter du 1er janv. 2011, L. n° 2010-123, 9 févr. 2010)*. – Les services postaux portant sur les envois de correspondance intérieure et transfrontière sont offerts par tout prestataire de services postaux, sous réserve de l'obtention d'une autorisation délivrée par l'Autorité de régulation des communications électroniques et des postes dans les conditions prévues à l'article L. 5-1. Cette autorisation n'est toutefois pas requise si ces services se limitent à la correspondance intérieure et n'incluent pas la distribution.

....

TITRE II. – DISPOSITIONS PÉNALES

Art. L. 17 *(Rempl., à compter du 1er janv. 2011, L. n° 2010-123, 9 févr. 2010)*. – Est puni d'une amende de 50 000 € le fait de fournir des services d'envoi de correspondance en violation de l'article L. 3 ou d'une décision de suspension de l'autorisation accordée en vertu du même article.

Art. L. 18 *(L. n° 2005-516, 20 mai 2005)*. – Les personnes physiques coupables de l'infraction définie à l'article L. 17 encourent les peines complémentaires suivantes :

a) L'interdiction, pour une durée d'un an au plus, d'exercer l'activité professionnelle ou sociale dans l'exercice de laquelle ou à l'occasion de laquelle l'infraction a été commise ;

b) La confiscation de la chose qui a servi ou était destinée à commettre l'infraction ou la chose qui en est le produit, à l'exception des objets susceptibles de restitution, dans les conditions prévues à l'article 131-21 du Code pénal ;

c) La fermeture, pour une durée d'un an au plus, des établissements ou de l'un ou de plusieurs des établissements de l'entreprise ayant servi à commettre les faits incriminés ;

d) L'affichage ou la diffusion de la décision prononcée, dans les conditions prévues par l'article 131-35 du même code.

Art. L. 19 *(L. n° 2009-526, 12 mai 2009)*. – Les personnes morales déclarées responsables pénalement, dans les conditions prévues par l'article 121-2 du Code pénal, de l'infraction définie à l'article L. 17 encourent, outre l'amende suivant les modalités prévues par l'article 131-38 du Code pénal, les peines prévues par les 2° à 5°, 8° et 9° de l'article 131-39 du même code. L'interdiction mentionnée au 2° de l'article 131-39 du même code porte sur l'activité dans l'exercice ou à l'occasion de l'exercice de laquelle l'infraction a été commise.

Art. L. 20 *(L. n° 99-533, 25 juin 1999 ; L. n° 2004-669, 9 juill. 2004 ; L. n° 2005-516, 20 mai 2005)*. – I. – Outre les officiers et agents de police judiciaire agissant conformément aux dispositions du Code de procédure pénale, les fonctionnaires et les agents mentionnés à l'article L. 5-9 peuvent rechercher et constater par procès-verbal les infractions prévues par les dispositions du présent titre.

En vue de rechercher et de constater les infractions, les fonctionnaires et agents mentionnés à l'article L. 5-9 peuvent accéder aux locaux, terrains ou véhicules à usage professionnel, demander la communication de tous documents professionnels et en prendre copie, recueillir, sur convocation ou sur place, tous renseignements et justifications. Ces fonctionnaires et agents ne peuvent accéder aux locaux qu'entre 6 heures et 21 heures ou pendant leurs heures d'ouverture s'ils sont ouverts au public.

II. – Les fonctionnaires et agents mentionnés à l'article L. 5-9 ne peuvent effectuer les visites prévues au présent article et la saisie des matériels et de documents que sur autorisation judiciaire donnée par ordonnance du président du tribunal de grande instance dans le ressort duquel sont situés les matériels, ou d'un juge délégué par lui.

Lorsque ces lieux sont situés dans le ressort de plusieurs juridictions et qu'une action simultanée doit être menée dans chacun d'eux, une ordonnance unique peut être délivrée par l'un des présidents compétents.

Le juge vérifie que la demande d'autorisation qui lui est soumise est fondée et comporte tous les éléments d'information de nature à justifier la visite.

La visite et la saisie s'effectuent sous l'autorité et le contrôle du juge qui les a autorisées. Le juge désigne un ou plusieurs officiers de police judiciaire chargés d'assister à ces opérations et de le tenir informé de leur déroulement. Il peut se rendre dans les locaux pendant l'intervention, dont il peut à tout moment décider la suspension ou l'arrêt. Lorsque l'intervention a lieu en dehors du ressort de son tribunal de grande instance, il délivre une commission rogatoire pour exercer ce contrôle au président de tribunal de grande instance dans le ressort duquel s'effectue la visite.

L'ordonnance est notifiée verbalement et sur place au moment de la visite à l'occupant des lieux ou à son représentant qui en reçoit copie intégrale contre récépissé ou émargement au procès-verbal. En l'absence de l'occupant des lieux ou de son représentant, l'ordonnance est notifiée après la visite, par lettre recommandée avec avis de réception. La notification est réputée faite à la date de réception figurant sur l'avis.

L'ordonnance n'est susceptible que d'un pourvoi en cassation selon les règles prévues au Code de procédure pénale. Ce pourvoi n'est pas suspensif.

III. – La visite est effectuée en présence de l'occupant des lieux ou de son représentant. En cas d'impossibilité, l'officier de police judiciaire requiert deux témoins choisis en dehors des personnes relevant de son autorité ou de celle de l'administration des postes.

Les enquêteurs, l'occupant des lieux ou son représentant ainsi que l'officier de police judiciaire peuvent seuls prendre connaissance des pièces et documents avant leur saisie.

Les inventaires et mises sous scellés sont réalisés conformément à l'article 56 du Code de procédure pénale. Les originaux du procès-verbal et de l'inventaire sont transmis au juge qui a ordonné la visite.

Toutefois, les correspondances dont la conservation n'apparaît pas utile à la manifestation de la vérité sont remises, après inventaire, au prestataire du service universel qui en assure la distribution.

Le déroulement des visites ou des saisies peut faire l'objet, dans un délai de deux mois qui court à compter de la notification de l'ordonnance les ayant autorisées, d'un recours auprès du juge qui a prononcé l'ordonnance.

Le juge se prononce sur ce recours par une ordonnance qui n'est susceptible que d'un pourvoi en cassation selon les règles prévues au Code de procédure pénale. Ce pourvoi n'est pas suspensif.

.....

Art. L. 26 *(L. n° 2005-516, 20 mai 2005)*. – Toute déclaration frauduleuse de valeurs différentes de la valeur réellement insérée dans un envoi postal est punie d'un an d'emprisonnement et de 3 750 € d'amende.

.....

Art. L. 28 *(L. n° 72-437, 30 mai 1972 ; L. n° 99-533, 25 juin 1999 ; L. n° 2004-669, 9 juill. 2004 ; L. n° 2005-516, 20 mai 2005)*. – Pour l'application des dispositions du présent livre, le ministre chargé des postes ou son représentant peut, devant les juridictions pénales, déposer des conclusions et les développer oralement à l'audience.

Art. L. 29 *(L. n° 2005-516, 20 mai 2005 ; mod. à compter du 1er janv. 2011, L. n° 2010-123, 9 févr. 2010)*. – Le fait d'insérer dans un envoi postal des objets contrefaits ainsi que des matières ou des objets prohibés par la convention postale universelle est puni d'une amende de 15 000 €.

Les personnes physiques coupables de l'infraction prévue au présent article encourent les peines complémentaires mentionnées aux *a* et *b* de l'article L. 18.

Les personnes morales coupables de l'infraction prévue au présent article encourent les peines complémentaires mentionnées aux 8° et 9° de l'article 131-39 du Code pénal.

....

LIVRE DEUXIÈME. – LES COMMUNICATIONS ÉLECTRONIQUES

TITRE PREMIER. – DISPOSITIONS GÉNÉRALES

....

CHAPITRE V. – DISPOSITIONS PÉNALES

(L. n° 90-1170, 29 déc. 1990)

Art. L. 39 *(L. n° 96-659, 26 juill. 1996 ; Rempl., L. n° 2004-669, 9 juill. 2004)*. – Est puni d'un emprisonnement d'un an et d'une amende de 75 000 € le fait :

1° D'établir ou de faire établir un réseau ouvert au public, sans que la déclaration prévue à l'article L. 33-1 ait été faite, ou de le maintenir en violation d'une décision de suspension ou de retrait du droit d'établir un tel réseau ;

2° De fournir ou de faire fournir au public ou de commercialiser un service de communications électroniques, sans que la déclaration prévue à l'article L. 33-1 ait été faite, ou de le maintenir en violation d'une décision de suspension ou de retrait du droit de fournir un tel service.

Art. L. 39-1 *(Ord. n° 2001-670, 25 juill. 2001 ; mod., L. n° 2004-575, 21 juin 2004 ; L. n° 2004-669, 9 juill. 2004 ; Ord. n° 2011-1012, 24 août 2011 ; L. n° 2015-1267, 14 oct. 2015)*. – Est puni de six mois d'emprisonnement et de 30 000 € d'amende le fait :

1° De maintenir un réseau indépendant en violation d'une décision de suspension ou de retrait du droit d'établir un tel réseau ;

2° De perturber, en utilisant une fréquence, un équipement ou une installation radioélectrique, dans des conditions non conformes aux dispositions de l'article L. 34-9 ou sans posséder l'autorisation prévue à l'article L. 41-1 ou en dehors des conditions de ladite autorisation lorsque celle-ci est requise ou sans posséder le certificat d'opérateur prévu à l'article L. 42-4 ou en dehors des conditions réglementaires générales prévues à l'article L. 33-3, les émissions hertziennes d'un service autorisé, sans préjudice de l'application de l'article 78 de la loi n° 86-1067 du 30 septembre 1986 relative à la liberté de communication ;

2° *bis* De perturber, en utilisant un appareil, un équipement ou une installation, dans des conditions non conformes aux dispositions applicables en matière de compatibilité électromagnétique des équipements électriques et électroniques fixées dans le Code de la consommation, les émissions hertziennes d'un service autorisé, sans préjudice de l'application de l'article 78 de la loi n° 86-1067 du 30 septembre 1986 relative à la liberté de communication ou sans l'accord mentionné au I de l'article L. 43 ;

3° D'utiliser une fréquence, un équipement ou une installation radioélectrique dans des conditions non conformes aux dispositions de l'article L. 34-9 ou sans posséder l'autorisation prévue à l'article L. 41-1 ou en dehors des conditions de ladite autorisation lorsque celle-ci est requise ou sans posséder le certificat d'opérateur prévu à l'article L. 42-4 ou en dehors des conditions réglementaires générales prévues à l'article L. 33-3.

4° D'avoir pratiqué l'une des activités prohibées par le I de l'article L. 33-3-1 en dehors des cas et conditions prévus au II de cet article.

L'utilisation d'une installation radioélectrique est soumise à autorisation quelle que soit la nature du signal transmis (■ Cass. crim., 8 oct. 1997 : *JurisData* n° 004476 ; *Dr. pénal* 1998, comm. 56, obs. J.-H. Robert).

Art. L. 39-2 *(L. n° 2004-669, 9 juill. 2004 ; mod., L. n° 2009-526, 12 mai 2009).* – Le fait de contrevenir sciemment aux dispositions de l'article L. 34-3 est puni de 30 000 € d'amende. Les personnes morales peuvent être déclarées responsables pénalement, dans les conditions prévues par l'article L. 121-2 du Code pénal, du délit prévu au présent alinéa.

Art. L. 39-2-1. – *(L. n° 2003-239, 18 mars 2003)* Les dispositions de l'article L. 39-2 sont applicables en Nouvelle-Calédonie, en Polynésie française et dans les îles Wallis-et-Futuna.

Le montant de l'amende prévu par ces dispositions est égal à sa contre-valeur en monnaie locale.

Art. L. 39-3 *(L. n° 2001-1062, 15 nov. 2001).* – I. – Est puni d'un an d'emprisonnement et de 75 000 € d'amende le fait pour un opérateur de communications électroniques ou ses agents :

1° De ne pas procéder aux opérations tendant à effacer ou à rendre anonymes les données relatives aux communications dans les cas où ces opérations sont prescrites par la loi ;

2° De ne pas procéder à la conservation des données techniques dans les conditions où cette conservation est exigée par la loi.

Les personnes physiques coupables de ces infractions encourent également l'interdiction, pour une durée de cinq ans au plus, d'exercer l'activité professionnelle à l'occasion de laquelle l'infraction a été commise.

II. – *(Abr., L. n° 2004-669, 9 juill. 2004).*

L'interdiction mentionnée au 2° de l'article 131-9 du Code pénal porte sur l'activité professionnelle dans l'exercice ou à l'occasion de l'exercice de laquelle l'infraction a été commise.

Art. L. 39-3-1 *(L. n° 2001-1062, 15 nov. 2001).* – Les dispositions de l'article L. 39-3 sont applicables en Nouvelle-Calédonie, en Polynésie française et dans les îles Wallis-et-Futuna.

Art. L. 39-4 *(Ord. n° 2016-493, 21 avr. 2016).* – Sera puni d'un emprisonnement de trois mois et d'une amende de 30 000 € ou de l'une de ces deux peines seulement quiconque aura, sans raison valable, refusé de fournir les informations ou documents ou fait obstacle au déroulement des enquêtes mentionnés aux articles L. 32-4, L. 40 et L. 43.

Art. L. 39-5 *(L. n° 90-1170, 29 déc. 1990 ; abr., L. n° 2009-526, 12 mai 2009).*

Art. L. 39-6 *(Mod., L. n° 96-659, 26 juill. 1996 ; L. n° 2004-669, 9 juill. 2004).* – En cas de condamnation pour l'une des infractions prévues aux articles L. 39 et L. 39-1, le tribunal pourra, en outre, prononcer la confiscation des matériels et installations constituant le réseau ou permettant la fourniture du service ou en ordonner la destruction aux frais du condamné et prononcer l'interdiction, pour une durée de trois années au plus, d'établir un réseau ouvert au public ou de fournir au public un service de communications électroniques.

....

Art. L. 39-9. – En cas de conviction de plusieurs délits ou contraventions prévus par les articles L. 39, L. 39-1, L. 39-8, par le titre IV ou par le Code pénal, la peine la plus forte est seule prononcée.

Art. L. 39-10 *(L. n° 2009-526, 12 mai 2009).* – Les personnes morales déclarées responsables pénalement, dans les conditions prévues par l'article 121-2 du Code pénal, des infractions définies aux articles L. 39, L. 39-1 et L. 39-3 encourent, outre l'amende suivant les modalités prévues par l'article 131-38 du Code pénal :

1° La peine mentionnée au 2° de l'article 131-39 du Code pénal, pour une durée de cinq ans au plus ;

2° La peine mentionnée au 9° de l'article 131-39 du Code pénal.

L'interdiction mentionnée au 2° de l'article 131-39 du Code pénal porte sur l'activité professionnelle dans l'exercice ou à l'occasion de l'exercice de laquelle l'infraction a été commise.

TITRE II. – PRÉROGATIVES ET SERVITUDES

....

CHAPITRE III. – DROITS DE PASSAGE ET SERVITUDES

Art. L. 63 *(L. n° 90-568, 2 juill. 1990 ; L. n° 2004-669, 9 juill. 2004).* – Les infractions aux dispositions de la section I du présent chapitre et des règlements pris pour son application sont passibles d'une amende de 3 750 €.

Sur réquisition du ministère public agissant à la demande du ministre intéressé, le tribunal saisi de la poursuite impartit aux personnes qui contreviennent aux dispositions de la section I du présent chapitre, sous peine d'une astreinte de 0,75 à 7,5 € par jour de retard, un délai pour régulariser la situation.

Dans le cas où ce délai n'est pas observé, l'astreinte prononcée court à partir de l'expiration dudit délai jusqu'au jour où la situation est effectivement régularisée.

Si cette régularisation n'est pas intervenue dans l'année de l'expiration du délai, le tribunal peut, sur réquisition du ministère public agissant dans les mêmes conditions, relever à une ou plusieurs reprises le montant de l'astreinte, même au-delà du maximum prévu ci-dessus.

Le tribunal peut autoriser le reversement d'une partie des astreintes lorsque la situation aura été régularisée et que le redevable établira qu'il a été empêché d'observer, par une circonstance indépendante de sa volonté, le délai qui lui avait été imparti.

En outre, si, à l'expiration du délai fixé par le jugement, la situation n'a pas été régularisée, l'Administration peut faire effectuer les travaux d'office aux frais et risques des personnes civilement responsables.

Les personnes qui ont été condamnées par application du présent article et qui, dans les trois années qui suivent, commettent une nouvelle infraction aux dispositions du présent article, sont punies d'une amende de 7 500 € et d'un emprisonnement d'un mois ou de l'une de ces deux peines seulement.

Les infractions aux dispositions du chapitre I peuvent être constatées par des procès-verbaux dressés par les officiers de police judiciaire, les gendarmes et les fonctionnaires assermentés de l'administration intéressée.

Ces procès-verbaux font foi jusqu'à preuve du contraire.

....

CHAPITRE III. – POLICE DES LIAISONS ET DES INSTALLATIONS
DU RÉSEAU DES COMMUNICATIONS ÉLECTRONIQUES

....

Section I. – Dispositions générales

Art. L. 65 *(L. n° 96-659, 26 juill. 1996).* – Le fait de déplacer, détériorer, dégrader de quelque manière que ce soit, une installation d'un réseau ouvert au public ou de compromettre le fonctionnement d'un tel réseau est puni d'une amende de 1 500 €.

Lorsqu'il s'agit d'une installation comportant plusieurs câbles, il est prononcé autant d'amendes que de câbles concernés.

L'infraction visée au premier alinéa n'est pas constituée si l'emplacement des installations existantes dans l'emprise des travaux n'a pas été porté à la connaissance de l'entreprise avant l'ouverture du chantier.

Art. L. 65-1 *(Anc. art. L. 95 mod., L. n° 90-1170, 29 déc. 1990 ; dénum., L. n° 2004-669, 9 juill. 2004).* – Les installations radioélectriques visées aux articles L. 33-1, L. 33-2, L. 33-3 et L. 34-9 peuvent être provisoirement saisies et exploitées, s'il y a lieu, sans indemnité, par décision du conseil des ministres dans tous les cas où leur utilisation serait de nature à nuire à l'ordre, à la sûreté ou au crédit publics ou à la défense nationale.

Section II. – Dispositions pénales
(L. n° 90-568, 2 juill. 1990)

Art. L. 66 *(L. n° 92-1336, 16 déc. 1992 ; mod., L. n° 2004-669, 9 juill. 2004).* – Toute personne qui, par la rupture des fils, par la dégradation des appareils ou par tout autre moyen, cause volontairement l'interruption des communications électroniques, est punie d'un emprisonnement de deux ans et d'une amende de 3 750 €.

Art. L. 67 *(L. n° 92-1336, 16 déc. 1992).* – Sont punis de la détention criminelle à temps de vingt ans et d'une amende de 2 250 € sans préjudice des peines que pourrait entraîner leur complicité avec l'insurrection, les individus qui, dans un mouvement insurrectionnel, ont détruit ou rendu impropres au service une ou plusieurs lignes de télécommunications, brisé ou détruit des appareils, envahi, à l'aide de violence ou de menaces, un ou plusieurs centraux ou stations de télécommunications, ceux qui ont intercepté par tout autre moyen, avec violence et menaces, les télécommunications ou la correspondance par télécommunications entre les divers dépositaires de l'autorité publique ou qui se sont opposés avec violence ou menaces au rétablissement des liaisons de télécommunications.

....

Art. L. 69 et L. 69-1 *(Abr., L. n° 96-659, 26 juill. 1996).*

....

CHAPITRE IV. – PROTECTION DES CÂBLES SOUS-MARINS

(L. n° 90-568, 2 juill. 1990)

Section I. – Dispositions générales

Art. L. 72 *(Mod., L. n° 2004-669, 9 juill. 2004).* – **Toute personne qui, par négligence coupable et notamment par un acte ou une omission punis de peine de police, rompt un câble sous-marin ou lui cause une détérioration qui peut avoir pour résultat d'interrompre ou d'entraver, en tout ou partie, les communications électroniques, est tenue, dans les vingt-quatre heures de son arrivée, de donner avis aux autorités locales du premier port où abordera le navire sur lequel il est embarqué, de la rupture ou de la détérioration du câble sous-marin dont il se serait rendu coupable.**

Section II. – Dispositions pénales

Art. L. 73. – **À défaut de la déclaration exigée par l'article L. 72, les infractions prévues audit article sont punies d'une amende de 3 750 € et, éventuellement, d'un emprisonnement de quatre mois.**

Art. L. 74 *(Abr., L. n° 2009-526, 12 mai 2009).*

Art. L. 75 *(Ord. n° 2016-131, 10 févr. 2016).* – **Sont déclarés responsables des amendes prononcées pour infractions au présent titre et des condamnations civiles auxquelles ces infractions pourraient donner lieu, les armateurs des navires, qu'ils en soient ou non propriétaires, à raison des faits de l'équipage de ces navires.**

Les autres cas de responsabilité civile sont réglés conformément aux dispositions de l'article 1242 du Code civil.

....

§ 1. – Dispositions spéciales aux eaux non territoriales

....

Art. L. 81 *(Mod., L. n° 2004-669, 9 juill. 2004).* – **Est punie d'une amende de 3 750 € et d'un emprisonnement de cinq ans : toute personne qui rompt volontairement un câble sous-marin ou lui cause une détérioration qui pourrait interrompre ou entraver, en tout ou partie, les communications électroniques.**

Les mêmes peines sont prononcées contre les auteurs des tentatives des mêmes faits.

Toutefois, ces dispositions ne s'appliquent pas aux personnes qui auraient été contraintes de rompre un câble sous-marin ou de lui causer une détérioration par la nécessité actuelle de protéger leur vie ou d'assurer la sécurité de leur navire.

§ 2. – Dispositions spéciales aux eaux territoriales

Art. L. 82. – **Les dispositions de l'article L. 81 sont observées dans le cas où l'infraction aurait été commise dans les eaux territoriales par tout individu faisant partie de l'équipage d'un navire quelconque, français ou étranger, sans préjudice des dispositions de l'article L. 67.**

....

Art. L. 97-3 *(L. n° 2004-575, 21 juin 2004 ; mod., L. n° 2004-669, 9 juill. 2004 ; L. n° 2009-526, 12 mai 2009).* **– Est puni d'un emprisonnement de six mois et d'une amende de 75 000 € le fait d'exploiter une assignation de fréquence relative à un système satellitaire déclarée par la France à l'Union internationale des télécommunications, sans l'autorisation prévue à l'article L. 97-2, ou de poursuivre cette exploitation en violation d'une décision de suspension ou de retrait ou d'un constat de caducité de cette autorisation.**

Les personnes morales déclarées responsables pénalement, dans les conditions prévues par l'article 121-2 du Code pénal, des infractions définies au présent article encourent, outre l'amende suivant les modalités prévues par l'article 131-38 du Code pénal, les peines prévues par les 4°, 5°, 8° et 9° de l'article 131-39 du même code.

Les fonctionnaires et agents de l'administration des communications électroniques et de l'Agence nationale des fréquences mentionnés à l'article L. 40 peuvent rechercher et constater ces infractions dans les conditions fixées audit article.

DEUXIÈME PARTIE
RÈGLEMENTS D'ADMINISTRATION PUBLIQUE ET DÉCRETS EN CONSEIL D'ÉTAT

(D. n° 57-1125, 5 oct. 1957 ; D. n° 62-274, 12 mars 1962)

LIVRE PREMIER. – LE SERVICE POSTAL

……………………………………………………

TITRE VIII. – DISPOSITIONS PÉNALES

Art. R. 3 à R. 8 *(Abr., D. n° 2007-29, 5 janv. 2007).*

……………………………………………………

LIVRE DEUXIÈME. – COMMUNICATIONS ÉLECTRONIQUES

TITRE PREMIER. – DISPOSITIONS GÉNÉRALES

(D. n° 97-245, 12 mars 1997)

……………………………………………………

CHAPITRE II. – RÉGIME JURIDIQUE

(D. n° 97-245, 12 mars 1997)

……………………………………………………

Section II. – Annuaires et services de renseignements

Art. R. 10 *(D. n° 2003-752, 1er août 2003 ; mod., L. n° 2004-669, 9 juill. 2004 ; D. n° 2005-606, 27 mai 2005).* **– Toute personne ayant souscrit un abonnement au service téléphonique au public a le droit de figurer gratuitement sur une liste d'abonnés ou d'utilisateurs destinée à être publiée.**

Elle peut obtenir gratuitement de l'opérateur auprès duquel elle est abonnée ou *(Mots remplacés, D. n° 2012-436, 30 mars 2012)* **« du distributeur de son service » :**

1. De ne pas être mentionnée sur les listes d'abonnés ou d'utilisateurs publiées ou susceptibles d'être consultées par les services de renseignements ;

2. Que ces listes ne comportent pas l'adresse complète de son domicile sauf lorsque l'activité professionnelle mentionnée consiste à fournir des biens ou des services aux consommateurs ;

3. Que ces listes ne comportent pas de référence à son sexe, sous réserve d'absence d'homonymie sur la même liste ;

4. Que les données à caractère personnel la concernant issues des listes d'abonnés ou d'utilisateurs ne soient pas utilisées dans des opérations de prospection directe soit par voie postale, soit par voie de communications électroniques, sans préjudice des dispositions de l'article L. 34-5, à l'exception des opérations concernant la fourniture du service téléphonique au public et relevant de la relation contractuelle entre l'opérateur et l'abonné ;

5. Que ces données ne soient pas mentionnées sur des listes d'abonnés ou d'utilisateurs permettant la recherche inversée de l'identité de l'abonné et de l'utilisateur à partir de son numéro de téléphone.

Les abonnés sont informés par les opérateurs ou leurs distributeurs des droits mentionnés aux alinéas précédents au moment où ils souscrivent leur abonnement. Ces droits peuvent être exercés au moment de la souscription de l'abonnement ou, ultérieurement, à tout moment, auprès de l'opérateur ou du distributeur du service.

Les abonnés qui bénéficient des dispositions prévues au 1 ci-dessus bénéficient de plein droit des dispositions du 4.

Le consentement préalable des abonnés à un opérateur de téléphonie mobile est requis pour toute inscription de données à caractère personnel les concernant dans les listes d'abonnés ou d'utilisateurs mentionnées au premier alinéa. À défaut, ils bénéficient de plein droit des dispositions du 1 ci-dessus.

Les abonnés qui ont opté pour un mode de règlement entièrement prépayé de leurs communications et qui n'ont aucun engagement contractuel de durée avec leur opérateur doivent, pour figurer sur les listes d'abonnés ou d'utilisateurs mentionnées au premier alinéa, formuler une demande auprès de leur opérateur ou distributeur. Ils fournissent à cette fin les renseignements prévus au I de l'article R. 10-3.

Les opérateurs et leurs distributeurs mettent les abonnés qui ont opté pour un mode de règlement entièrement prépayé de leurs communications et qui n'ont aucun engagement contractuel de durée avec leur opérateur à même de prendre connaissance des informations prévues au premier alinéa du présent article.

Art. R. 10-1 *(D. n° 2003-752, 1er août 2003 ; mod., D. n° 2005-606, 27 mai 2005 ; D. n° 2012-436, 30 mars 2012 ; abr., D. n° 2014-1109, 30 sept. 2014).*

Art. R. 10-2 *(Abr., D. n° 2005-606, 27 mai 2005).*

Art. R. 10-3 *(D. n° 2003-752, 1er août 2003 ; D. n° 2005-606, 27 mai 2005).* – I. – Les opérateurs établissent les listes d'abonnés et d'utilisateurs mentionnées au quatrième alinéa de l'article L. 34. Ces listes contiennent les données permettant d'identifier les abonnés ou les utilisateurs, d'empêcher toute confusion entre les personnes et de prendre connaissance des oppositions qui ont été formulées en application de l'article R. 10.

Sans préjudice des dispositions des 1, 2 et 3 de l'article R. 10, ces données sont constituées par les noms, prénoms et, le cas échéant, les raisons sociales ou dénominations sociales, adresses et numéros de téléphone des abonnés au service téléphonique au public et de ses utilisateurs. Les abonnés à la téléphonie fixe ou mobile peuvent demander l'insertion dans les listes des données relatives aux autres utilisateurs de la ligne concernée, sous réserve de leur accord, qui doit accompagner la demande.

Les opérateurs insèrent dans les listes la mention de la profession ou activité des personnes qui en font la demande sous la responsabilité du demandeur. Ils peuvent également proposer l'insertion des adresses électroniques des abonnés ou utilisateurs. Pour un abonné professionnel, l'opérateur n'insère que le ou les principaux numéros de cet abonné ainsi que ceux dont ce dernier a, le cas échéant, demandé l'inscription et ne fait figurer le nom des personnes physiques utilisatrices, si l'abonné le demande, qu'après que celui-ci ait attesté avoir recueilli le consentement préalable de ces personnes.

Les listes font apparaître les oppositions que les abonnés ou utilisateurs ont formulées en application de l'article R. 10.

II. – Les opérateurs prennent, chacun en ce qui le concerne, les précautions nécessaires afin d'assurer le contrôle de l'exactitude des données figurant dans les listes et de la qualité, notamment technique, de ces listes qui doivent être mises à jour sous réserve des dispositions du quatrième alinéa du I du présent article.

Afin que les données correspondantes soient prises en compte dans ces listes, les distributeurs transmettent à chaque opérateur, dans un délai d'un jour suivant la date de la souscription du contrat, les données relatives à l'abonné avec lequel un contrat a été signé.

Art. R. 10-4 *(D. n° 2003-752, 1er août 2003 ; D. n° 2005-606, 27 mai 2005).* – I. – Les opérateurs communiquent, sous la forme d'un fichier transmis sur support électronique, les listes d'abonnés et d'utilisateurs prévues au troisième alinéa de l'article L. 33-4, à toute personne souhaitant éditer un annuaire universel ou fournir un service universel de renseignements.

Les données communiquées concernent soit l'ensemble des abonnés et des utilisateurs domiciliés en France, soit les abonnés et utilisateurs domiciliés dans la ou les communes de la zone géographique faisant l'objet de la demande.

Les modalités d'accès à cette base de données, le format des données ainsi que les caractéristiques du fichier mentionné au deuxième alinéa sont définis par accord entre le demandeur et l'opérateur.

Préalablement à toute communication des listes qu'ils ont constituées, les opérateurs en retirent les données relatives aux abonnés et utilisateurs qui bénéficient des dispositions du 1 de l'article R. 10.

II. – L'usage des listes obtenues par application du quatrième alinéa de l'article L. 34 à d'autres fins que la fourniture d'annuaires universels ou de services universels de renseignements téléphoniques est interdit.

Sauf stipulations contractuelles contraires, toute vente des listes obtenues par application du quatrième alinéa de l'article L. 34 est interdite.

Sans préjudice de l'application des peines prévues à l'article 226-21 du Code pénal, le fait de contrevenir aux dispositions du II du présent article est puni, pour chaque abonné concerné, de l'amende prévue pour les contraventions de la quatrième classe.

Art. R. 10-5 *(D. n° 2003-752, 1er août 2003 ; D. n° 2005-606, 27 mai 2005)*. – Les éditeurs d'annuaire universel et les fournisseurs de service universel de renseignements prennent les mesures nécessaires pour préserver, compte tenu des techniques disponibles, la sécurité des informations qui leur ont été communiquées en application de l'article L. 34 afin d'empêcher l'altération, la destruction ou la communication à des tiers non autorisés des fichiers et des données qu'ils contiennent. Ils prennent toutes dispositions, notamment contractuelles, vis-à-vis de leurs agents et de leurs partenaires commerciaux afin que ceux-ci respectent la confidentialité des informations qui leur ont été, le cas échéant, confiées.

Les éditeurs d'annuaire universel et les fournisseurs de service universel de renseignements ne doivent pas effectuer ou permettre à quiconque d'effectuer des opérations tendant à isoler au sein des listes mentionnées au premier alinéa les abonnés d'un opérateur ou d'un distributeur particulier.

Les éditeurs d'annuaire universel et les fournisseurs de service universel de renseignements traitent et présentent de manière non discriminatoire les données relatives aux abonnés qui leur sont communiquées par les opérateurs. Ils s'abstiennent notamment de toute discrimination en fonction de l'opérateur ou du distributeur.

Les insertions publicitaires ou autres prestations permettant aux professionnels qui le souhaitent d'apparaître dans les annuaires universels de manière particulière doivent être identifiées comme telles.

Lorsqu'une personne dispose de plusieurs contrats d'abonnement, elle peut faire usage des droits prévus à l'article R. 10 de manière différente pour chaque abonnement. Pour les abonnements qu'une personne a choisi d'inscrire dans les listes d'abonnés et si elle n'a pas choisi le même degré de protection pour chacun d'entre eux, les opérateurs, les éditeurs d'annuaires universels et les fournisseurs de services universels de renseignements doivent appliquer aux données à caractère personnel relatives à cet abonné la protection la plus forte qu'il a choisie.

Les éditeurs d'annuaires universels et les fournisseurs de services universels de renseignements sont tenus de mettre à jour les informations publiées dans un délai de deux jours ouvrables suivant la réception des informations utiles, pour les annuaires sous forme électronique et pour les services de renseignements, et dans un délai compatible avec la périodicité de leur publication, dans le cas des annuaires imprimés.

Art. R. 10-6 *(D. n° 2003-752, 1er août 2003 ; D. n° 2005-606, 27 mai 2005)*. – La communication des listes d'abonnés et d'utilisateurs, par application du quatrième alinéa de l'article L. 34, donne lieu à rémunération des opérateurs ayant communiqué ces données. Les tarifs de cette communication, qui reflètent le coût du service rendu, sont établis par chaque opérateur selon les principes suivants :

1. Les coûts pris en compte pour la fixation du tarif sont ceux qui sont causés, directement ou indirectement, par la fourniture des listes d'abonnés. Ces coûts peuvent notamment comprendre une part liée à l'amortissement du matériel informatique et des logiciels nécessaires et une rémunération normale des capitaux employés.

2. Les coûts qui sont spécifiques à la fourniture des listes d'abonnés sont entièrement pris en compte dans la fixation du tarif. Les coûts liés à d'autres activités de l'opérateur en sont exclus.

Art. R. 10-7 *(D. n° 2003-752, 1er août 2003).* – Sous réserve des dispositions des 1, 2, 3 et 5 de l'article R. 10, tout annuaire universel sous forme imprimée ou électronique et tout service universel de renseignements donnent accès aux noms et prénoms, aux raisons sociales ou dénominations sociales, aux adresses et aux numéros de téléphone de tous les abonnés au service téléphonique au public et des utilisateurs qui ont manifesté leur accord. Ils donnent également accès à la mention de la profession des personnes qui l'ont souhaité dans les conditions prévues au quatrième alinéa de l'article R. 10-3.

Tout annuaire universel électronique donne, en outre, accès aux adresses électroniques figurant dans les listes d'abonnés et d'utilisateurs.

Tout annuaire universel fait apparaître les oppositions que les abonnés et les utilisateurs ont exprimées en application du 4 de l'article R. 10.

Tout annuaire universel comporte une information facilement accessible pour tout utilisateur relative :

– à l'ensemble des droits prévus à l'article R. 10 ;

– au droit pour chaque personne d'obtenir communication des données à caractère personnel la concernant et de demander leur rectification, leur mise à jour ou leur destruction.

Art. R. 10-8 *(D. n° 2003-752, 1er août 2003 ; D. n° 2004-1222, 17 nov. 2004 ; mots rempl., D. n° 2008-792, 20 août 2008).* – L'annuaire universel sous forme imprimée édité en application de l'article L. 35-4 est publié chaque année à une date portée à la connaissance du public.

L'annuaire universel sous forme électronique prévu par les mêmes dispositions permet l'accès immédiat du public, à un tarif abordable, aux informations qu'il contient et qui sont régulièrement mises à jour.

Tout opérateur chargé, en application de l'article L. 35-2, de fournir l'annuaire universel sous forme imprimée met gratuitement à la disposition de tout abonné au service téléphonique au public un exemplaire des volumes départementaux de l'annuaire universel du département dans lequel l'abonnement a été souscrit ou, lorsqu'il s'agit d'un abonnement à la téléphonie mobile, du département où se situe l'adresse de facturation, y compris lorsque l'intéressé a fait usage des droits prévus à l'article R. 10. Lorsque plusieurs abonnés ont le même domicile ou lorsque la même personne dispose de plusieurs abonnements correspondant à une même adresse, il est mis à disposition un seul exemplaire gratuit. Cet opérateur propose à la vente l'annuaire universel à un tarif abordable.

Le service universel de renseignements assuré par cet opérateur est accessible à un tarif abordable.

Art. R. 10-9 *(D. n° 2003-752, 1er août 2003).* – Est interdit l'usage de tout document imitant ceux qu'utilisent les fournisseurs du service téléphonique au public dans leurs rapports avec leurs abonnés, notamment les factures.

Est interdit l'usage de tout document imitant ceux qu'utilisent les concessionnaires de publicité dans les annuaires d'abonnés au service téléphonique au public pour recueillir des souscriptions de publicité à insérer dans ces annuaires.

Le fait de contrevenir aux dispositions du présent article est puni, pour chaque document mis en circulation, de l'amende prévue pour les contraventions de quatrième classe.

Art. R. 10-10 *(Abr., D. n° 2010-671, 18 juin 2010).*

Art. R. 10-11 *(D. n° 2005-606, 27 mai 2005 ; D. n° 2006-358, 24 mars 2006).* – Ainsi que le prévoit l'article R. 48-1 du Code de procédure pénale, les dispositions de l'article 529 du Code de procédure pénale relatives à l'amende forfaitaire sont applicables aux infractions définies aux articles R. 10-1, R. 10-4 et R. 10-9 du présent code.

....

Section V. – Équipements terminaux de communications électroniques et équipements radioélectriques

....

§ 6. – Dispositions pénales

Art. R. 20-25 *(D. n° 2003-961, 8 oct. 2003 ; D. n° 2017-599, 21 avr. 2017).* – I. – Est puni de la peine d'amende prévue pour les contraventions de la quatrième classe le fait de connecter à un réseau ouvert

au public un équipement terminal non conforme aux dispositions des articles R. 201-10 à R. 20-13-1 ou de l'article R. 20-19 ou en infraction avec les mesures prises en application de l'article R. 20-21.

II. – Est puni de la peine d'amende prévue pour les contraventions de la cinquième classe :

1° Le fait de mettre sur le marché et de mettre en service un équipement n'ayant pas fait l'objet d'une des procédures d'évaluation de conformité mentionnées à l'article R. 20-5 ou non conforme aux exigences essentielles, aux dispositions de l'article R. 20-10 ou en infraction avec les dispositions de l'article R. 20-11 ou avec les mesures prises en application de l'article R. 20-21

2° Le fait de mettre en service un équipement non conforme aux dispositions de l'article R. 20-19 ;

3° Le fait d'effectuer ou de faire effectuer une publicité portant sur un équipement n'ayant pas fait l'objet d'une des procédures d'évaluation de conformité mentionnées à l'article R. 20-5 ou non conforme aux exigences essentielles, aux dispositions de l'article R. 20-10 ou en infraction avec les dispositions de l'article R. 20-21.

Art. R. 20-26 *(D. n° 2003-961, 8 oct. 2003).* **– Les personnes coupables des contraventions prévues au I et aux 1° et 2° du II de l'article R. 20-25 encourent également la peine complémentaire de confiscation des équipements qui ont servi à commettre l'infraction, suivant les modalités prévues par l'article 131-21 du Code pénal.**

Art. R. 20-27 *(D. n° 2010-671, 18 juin 2010).* **– Les personnes morales déclarées responsables pénalement, dans les conditions prévues par l'article 121-2 du Code pénal, des infractions définies à l'article R. 20-25 encourent, outre l'amende suivant les modalités prévues par l'article 131-41 du Code pénal, la peine de confiscation des équipements, dans les cas prévus au I et aux 1° et 2° du II de l'article R. 20-25.**

TITRE II. – RESSOURCES ET POLICE

CHAPITRE III. – DROITS DE PASSAGE SUR LE DOMAINE PUBLIC ROUTIER ET SERVITUDES

(D. n° 97-683, 30 mai 1997)

Section V. – Dispositions pénales

Art. R.* 40. **– Les pénalités encourues en cas d'infraction aux dispositions du chapitre II sont celles fixées par les articles 23-24 de la loi du 15 juin 1906.**

Art. R. 41. **– Les dispositions de l'article 24 de la loi du 15 juin 1906 sont applicables aux contraventions concernant le fonctionnement des centres de réception radioélectriques.**

Art. R.* 42 *(Mod., D. n° 2014-551, 27 mai 2014).* **– Les astreintes prévues à l'article L. 63 sont recouvrées par les comptables de la direction générale des finances publiques, sur réquisition du ministre intéressé ou de son délégué.**

CHAPITRE IV. – POLICE DES LIAISONS ET DES INSTALLATIONS DU RÉSEAU DE COMMUNICATIONS ÉLECTRONIQUES

Section II. – Dispositions pénales

Art. R. 43. – *(Abr., D. n° 97-683, 30 mai 1997).*

Pour un exemple d'application, V ■ CE, 29 janv. 1988 : *JCP* 88, IV, 145.

Art. R. 44. – *(Abr., D. n° 97-683, 30 mai 1997).*

CHAPITRE V. – PROTECTION DES CÂBLES SOUS-MARINS

(D. n° 90-1213, 29 déc. 1990)

Section II. – Dispositions pénales

1. – Dispositions applicables aux eaux non territoriales

Art. R. 45. – Est puni de l'amende prévue pour les contraventions de la 4e classe quiconque s'est refusé à exhiber les pièces nécessaires pour rédiger les procès-verbaux prévus à l'article L. 79.

Art. R. 46. – Est puni de l'amende prévue pour les contraventions de la 5e classe :

1° Le capitaine d'un bâtiment qui, occupé à la réparation ou à la pose d'un câble sous-marin, n'observe pas les règles sur les signaux adoptés en vue de prévenir les abordages ;

2° Le capitaine ou patron de tout bâtiment qui, apercevant ou étant en mesure d'apercevoir ces signaux, ne se retire pas ou ne se tient pas éloigné d'un mille nautique au moins du bâtiment occupé à la pose ou à la réparation d'un câble sous-marin ;

3° Le capitaine ou patron de tout bâtiment qui, voyant ou étant en mesure de voir les bouées destinées à indiquer la position des câbles, ne se tient pas éloigné de la ligne des bouées d'un quart de mille nautique au moins.

Art. R. 47. – Est puni de l'amende prévue pour les contraventions de la 5e classe :

1° Le capitaine ou patron de tout bâtiment qui a jeté l'ancre à moins d'un quart de mille nautique d'un câble sous-marin dont il est en mesure de connaître la position au moyen de lignes de bouées ou autrement, ou s'est amarré à une bouée destinée à indiquer la position du câble, sauf les cas de force majeure ;

2° Le patron de tout bateau de pêche qui ne tient pas ses engins ou filets à un mille nautique au moins du bâtiment occupé à la pose, à la réparation d'un câble sous-marin ; toutefois, les bateaux de pêche qui aperçoivent ou sont en mesure d'apercevoir le bâtiment portant les signaux adoptés ont, pour se conformer à l'avertissement, le délai nécessaire pour terminer l'opération en cours, sans que ce délai puisse dépasser vingt-quatre heures ;

3° Le patron de tout bateau de pêche qui ne tient pas ses engins ou filets à un quart de mille nautique au moins de la ligne des bouées destinées à indiquer la position des câbles sous-marins.

Art. R. 48 *(Mod., L. n° 2004-669, 9 juill. 2004)*. **– Est puni de l'amende prévue pour les contraventions de la 5e classe :**

1° Toute personne qui, par négligence coupable et notamment dans les cas visés par les articles R. 46 et R. 47, rompt un câble sous-marin ou lui cause une détérioration qui peut avoir pour résultat d'interrompre ou d'entraver, en tout ou partie, les communications électroniques ;

2° Le capitaine de tout bâtiment qui, occupé à la pose ou à la réparation d'un câble sous-marin, est cause, par l'inobservation des règles sur les signaux adoptés en vue de prévenir les abordages, de la rupture et de la détérioration d'un câble commise par tout autre navire.

Art. R. 49. – Est punie de l'amende prévue pour les contraventions de la 5e :

1° Toute personne qui fabrique, détient hors de son domicile, met en vente, embarque ou fait embarquer des instruments ou engins servant exclusivement à couper ou détruire des câbles sous-marins ;

2° Toute personne qui fait usage des mêmes instruments ou engins.

2. – Dispositions spéciales aux eaux territoriales

Art. R. 50. – Les dispositions des articles R. 45 à R. 49 sont observées dans le cas où l'infraction aurait été commise dans les eaux territoriales par tout individu faisant partie de l'équipage d'un navire quelconque, français ou étranger, sans préjudice des dispositions de l'article L. 67.

Art. R. 51. – Dans le cas prévu au troisième alinéa de l'article L. 81, l'auteur de la rupture ou de la détérioration est tenu, sous peine de l'amende prévue pour les contraventions de la 4e classe de faire la déclaration prévue à l'article L. 72.

Art. R. 52. – En cas de récidive, le maximum des peines édictées à l'article R. 51 est prononcé, ce maximum peut être élevé jusqu'au double.

Il y a récidive pour les faits prévus par les articles R. 46 à R. 49, lorsque, dans les deux années qui précèdent, il a été rendu contre le contrevenant un jugement définitif pour infraction aux dispositions desdits articles.

....

Loi n° 91-646 du 10 juillet 1991

relative au secret des correspondances émises par la voie des communications électroniques

TITRE II. – DES INTERCEPTIONS DE SÉCURITÉ

Art. 3 *(Mod., L. n° 2004-669, 9 juill. 2004 ; abr. et codifié à compter du 1er mai 2012, Ord. n° 2012-351, 12 mars 2012. - V. CSI, art. L. 241-2).*

Art. 4 *(Abr. et codifié à compter du 1er mai 2012 dans sa version issue de la loi n° 2006-64 du 23 janvier 2006, Ord. n° 2012-351, 12 mars 2012. - V. CSI, art. L. 242-1).*

Art. 11-1 *(Abr. et codifié à compter du 1er mai 2012, Ord. n° 2012-351, 12 mars 2012. - V. CSI, art. L. 244-1 et L. 245-2).*

....

Art. 22 *(L. n° 96-659, 26 juill. 1996 ; L. n° 2004-669, 9 juill. 2004 ; abr. et partiellement codifié à compter du 1er mai 2012, Ord. n° 2012-351, 12 mars 2012, art. 1er, 19, 20° et 22. - V. C. défense, art. L. 2339-3 ; CSI, art. L. 244-2 et L. 245-3).*

Art. 26 *(Abr. et codifié à compter du 1er mai 2012, Ord. n° 2012-351, 12 mars 2012. - V. CSI, art. L. 245-1).*

ANNEXE 52

PUBLICITÉ

Bibliographie : S. Fournier, *Pratiques commerciales trompeuses : JCl. Lois pénales spéciales.* • V. Malabat, *Publicité réglementée : JCl. Lois pénales spéciales.* • A.-G. Robert, *Publicité extérieure et affichage : JCl. Lois pénales spéciales.* • J.-H. Robert, *Le lieu et le temps de la publicité trompeuse : Dr. pénal* 1989, n° 2, chron. et *JCP* 90, I, 3454. • S. Guinchard, *Vingt ans après : l'évolution des sanctions de la publicité mensongère : Mélanges Chavanne*, 1990, 11. • P. et F. Greffe, *La publicité et la loi*, Litec 2000.

Code de l'environnement

(Ord. n° 2000-914, 18 sept. 2000)

CHAPITRE. – PUBLICITÉ, ENSEIGNES ET PRÉENSEIGNES

Section I. – Principes généraux

Art. L. 581-1. – Chacun a le droit d'exprimer et de diffuser informations et idées, quelle qu'en soit la nature, par le moyen de la publicité, d'enseignes et de préenseignes, conformément aux lois en vigueur et sous réserve des dispositions du présent chapitre.

Art. L. 581-2. – Afin d'assurer la protection du cadre de vie, le présent chapitre fixe les règles applicables à la publicité, aux enseignes et aux préenseignes, visibles de toute voie ouverte à la circulation publique, au sens précisé par décret en Conseil d'État. Ses dispositions ne s'appliquent pas à la publicité, aux enseignes et aux préenseignes situées à l'intérieur d'un local, sauf si l'utilisation de celui-ci est principalement celle d'un support de publicité.

Art. L. 581-3. – Au sens du présent chapitre :

1° constitue une publicité, à l'exclusion des enseignes et des préenseignes, toute inscription, forme ou image destinée à informer le public ou à attirer son attention, les dispositifs dont le principal objet est de recevoir lesdites inscriptions, formes ou images étant assimilées à des publicités ;

2° constitue une enseigne toute inscription, forme ou image apposée sur un immeuble et relative à une activité qui s'y exerce ;

3° constitue une préenseigne toute inscription, forme ou image indiquant la proximité d'un immeuble où s'exerce une activité déterminée.

Section II. – Publicité

Sous-section 1. – Dispositions générales

Art. L. 581-4 *(Mod., L. n° 2006-436, 14 avr. 2006)*. **– I. – Toute publicité est interdite :**

1° Sur les immeubles classés parmi les monuments historiques ou inscrits à l'inventaire supplémentaire ;

2° Sur les monuments naturels et dans les sites classés ;

3° Dans les cœurs des parcs nationaux et les réserves naturelles ;

4° Sur les arbres.

II. – Le maire ou, à défaut, le préfet, sur demande ou après avis du conseil municipal et après avis de la commission départementale compétente en matière de sites, peut en outre interdire par arrêté toute publicité sur des immeubles présentant un caractère esthétique, historique ou pittoresque.

III. – L'avis de la commission départementale compétente en matière de sites est réputé acquis s'il n'est pas intervenu dans un délai de deux mois à compter de la saisine par le préfet ou de la demande d'avis de la commission adressée par le maire au préfet.

À privé sa décision de base légale la cour d'appel qui, pour relaxer le prévenu poursuivi pour avoir apposé ou fait apposer sur un arbre et un poteau des PTT deux panneaux de fléchage destinés à signaler un chantier de construction, a retenu que lesdits panneaux constituaient de simples préenseignes dénuées de tout caractère publicitaire, alors que, d'une part, selon les dispositions combinées des articles 4-4°, 18 et 19 de la loi du 29 septembre 1979, il ne pouvait être dérogé à l'interdiction d'apposer sur un arbre une préenseigne que sous réserve de l'autorisation du maire prévue à l'article 18 du décret du 24 février 1982 et que, d'autre part, l'apposition de tout placard même non publicitaire sur un ouvrage situé dans les emprises du domaine routier constituait la contravention prévue et réprimée par les articles 5 et 11 du décret du 11 février 1976 (■ Cass. crim., 18 mars 1986 : *JCP* 87, II, 20762, note Heidsieck).

Art. L. 581-5. – Toute publicité doit mentionner, selon le cas, le nom et l'adresse ou bien la dénomination ou la raison sociale de la personne physique ou morale qui l'a apposée ou fait apposer.

Art. L. 581-6. – L'installation, le remplacement ou la modification des dispositifs ou matériels qui supportent de la publicité sont soumis à déclaration préalable auprès du maire et du préfet dans des conditions fixées par décret en Conseil d'État.

Sous-section 2. – Publicité en dehors des agglomérations

Art. L. 581-7 *(L. n° 2010-788, 12 juill. 2010 ; L. n° 2015-990, 6 août 2015)*. **– En dehors des lieux qualifiés d'agglomération par les règlements relatifs à la circulation routière, toute publicité est interdite. Elle est toutefois autorisée à l'intérieur de l'emprise des aéroports ainsi que des gares ferroviaires, et des équipements sportifs ayant une capacité d'accueil d'au moins 15 000 places selon des prescriptions fixées par décret en Conseil d'État. La publicité peut également être autorisée par le règlement local de publicité de l'autorité administrative compétente à proximité immédiate des établissements de centres commerciaux exclusifs de toute habitation et situés hors agglomération, dans le respect de la qualité de vie et du paysage et des critères, en particulier relatifs à la densité, fixés par décret.**

Sous-section 3. – Publicité à l'intérieur des agglomérations

Art. L. 581-8 *(L. n° 2010-788, 12 juill. 2010)*. **– I. – À l'intérieur des agglomérations, la publicité est interdite :**

1° Dans les zones de protection délimitées autour des sites classés ou autour des monuments historiques classés ;

2° Dans les secteurs sauvegardés ;

3° Dans les parcs naturels régionaux ;

4° Dans les sites inscrits à l'inventaire et les zones de protection délimitées autour de ceux-ci ;

5° À moins de 100 mètres et dans le champ de visibilité des immeubles classés parmi les monuments historiques ou inscrits à l'inventaire supplémentaire ou mentionnés au II de l'article L. 581-4 ;

6° Dans les zones de protection du patrimoine architectural, urbain et paysager et les aires de mise en valeur de l'architecture et du patrimoine ;

7° Dans l'aire d'adhésion des parcs nationaux ;

8° Dans les zones spéciales de conservation et dans les zones de protection spéciales mentionnées à l'article L. 414-1.

Il ne peut être dérogé à cette interdiction que dans le cadre d'un règlement local de publicité établi en application de l'article L. 581-14.

II. – Dans le cas où il n'est pas dérogé aux interdictions prévues au I du présent article, le maire peut autoriser l'affichage d'opinion et la publicité relative aux activités des associations, mentionnés à l'article L. 581-13, sur les palissades de chantier, dans des conditions déterminées par décret en Conseil d'État.

III. – La publicité ne peut recouvrir tout ou partie d'une baie. Toutefois, sous réserve de l'application de l'article L. 581-4 et du présent article, cette interdiction est levée pour les dispositifs de petit format intégrés à des

devantures commerciales et ne recouvrant que partiellement la baie ou lorsqu'il s'agit de la devanture d'un établissement temporairement fermé pour réfection ou à la suite d'une procédure de règlement judiciaire, dans des conditions fixées par décret en Conseil d'État.

Art. L. 581-9 *(L. n° 2010-788, 12 juill. 2010)*. – Dans les agglomérations, et sous réserve des dispositions des articles L. 581-4 et L. 581-8, la publicité est admise. Elle doit toutefois satisfaire, notamment en matière d'emplacements, de densité, de surface, de hauteur, d'entretien et, pour la publicité lumineuse, d'économies d'énergie et de prévention des nuisances lumineuses au sens du chapitre III du présent titre, à des prescriptions fixées par décret en Conseil d'État en fonction des procédés, des dispositifs utilisés, des caractéristiques des supports et de l'importance des agglomérations concernées. Ce décret précise également les conditions d'utilisation comme supports publicitaires du mobilier urbain installé sur le domaine public.

Peuvent être autorisés par arrêté municipal, au cas par cas, les emplacements de bâches comportant de la publicité et, après avis de la commission départementale compétente en matière de nature, de paysages et de sites, l'installation de dispositifs publicitaires de dimensions exceptionnelles liés à des manifestations temporaires. Les conditions d'application du présent alinéa sont déterminées par le décret mentionné au premier alinéa.

L'installation des dispositifs de publicité lumineuse autres que ceux qui supportent des affiches éclairées par projection ou par transparence est soumise à l'autorisation *(L. n° 2011-525, 17 mai 2011)* « de l'autorité compétente ».

Tout système de mesure automatique de l'audience d'un dispositif publicitaire ou d'analyse de la typologie ou du comportement des personnes passant à proximité d'un dispositif publicitaire est soumis à autorisation de la Commission nationale de l'informatique et des libertés.

Art. L. 581-10 *(L. n° 2015-990, 6 août 2015)*. – Sans préjudice de l'article L. 581-4 et des I et II de l'article L. 581-8, les dispositifs publicitaires, lumineux ou non, implantés sur l'emprise des équipements sportifs ayant une capacité d'accueil d'au moins 15 000 places assises peuvent déroger au premier alinéa de l'article L. 581-9 en matière d'emplacement, de surface et de hauteur, dans des conditions fixées par décret en Conseil d'État. L'implantation des dispositifs dérogatoires est soumise à l'autorisation du conseil municipal ou de l'assemblée délibérante de l'établissement public de coopération intercommunale compétent ou du conseil de la métropole de Lyon.

Art. L. 581-11 et L. 581-12 *(Abr., L. n° 2010-788, 12 juill. 2010)*.

Art. L. 581-13. – Sous réserve des dispositions de la présente loi, le maire détermine par arrêté et fait aménager sur le domaine public ou en surplomb de celui-ci ou sur le domaine privé communal un ou plusieurs emplacements destinés à l'affichage d'opinion, ainsi qu'à la publicité relative aux activités des associations sans but lucratif. Aucune redevance ou taxe n'est perçue à l'occasion de cet affichage ou de cette publicité.

En vue d'assurer la liberté d'opinion et de répondre aux besoins des associations, les conditions d'application du présent article sont fixées par décret en Conseil d'État en fonction du nombre d'habitants et de la superficie de la commune. Ce décret fixe une surface minimale que chaque catégorie de communes doit réserver à l'affichage défini à l'alinéa précédent.

Si dans un délai de six mois à compter de l'entrée en vigueur de ce décret, le maire n'a pas pris l'arrêté prévu au premier alinéa, le préfet, après une mise en demeure restée sans effet durant trois mois, détermine le ou les emplacements nécessaires. L'arrêté préfectoral cesse de s'appliquer dès l'entrée en vigueur d'un arrêté du maire déterminant un autre ou d'autres emplacements.

Sous-section 4. – Règlements locaux de publicité
(L. n° 2010-788, 12 juill. 2010)

Art. L. 581-14 *(Mod., L. n° 2014-626, 18 juin 2014 ; L. n° 2015-990, 6 août 2015 ; L. n° 2016-1087, 8 août 2016)*. – L'établissement public de coopération intercommunale compétent en matière de plan local d'urbanisme la métropole de Lyon ou, à défaut, la commune peut élaborer sur l'ensemble du territoire de l'établissement public ou de la commune un règlement local de publicité qui adapte les dispositions prévues aux articles L. 581-9 et L. 581-10.

Sous réserve des dispositions des articles L. 581-4, L. 581-8 et L. 581-13, le règlement local de publicité définit une ou plusieurs zones où s'applique une réglementation plus restrictive que les prescriptions du règlement national.

Il peut aussi définir des zones dans lesquelles tout occupant d'un local commercial visible depuis la rue ou, à défaut d'occupant, tout propriétaire doit veiller à ce que l'aspect extérieur de ce local ne porte pas atteinte au caractère ou à l'intérêt des lieux avoisinants.

La publicité supportée par des palissades de chantier ne peut être interdite, sauf lorsque celles-ci sont implantées dans les lieux visés aux 1° et 2° du I de l'article L. 581-8.

Le cas échéant, les dispositions du règlement local de publicité doivent être compatibles avec les orientations de protection, de mise en valeur et de développement durable de la charte applicables à l'aire d'adhésion d'un parc national mentionnées au 2° du I de l'article L. 331-3.

Sur le territoire d'un parc naturel régional, le règlement local de publicité peut autoriser la publicité dans les conditions prévues aux articles L. 581-7 et L. 581-8 lorsque la charte du parc contient des orientations ou mesures relatives à la publicité, après avis du syndicat mixte d'aménagement et de gestion du parc.

Les dispositions du règlement local de publicité doivent être compatibles avec la charte.

Le sixième alinéa du présent article est opposable aux règlements locaux de publicité applicables sur le territoire d'un parc naturel régional dont le projet de charte a fait l'objet d'une enquête publique ouverte après la publication de la loi n° 2016-1087 du 8 août 2016 pour la reconquête de la biodiversité, de la nature et des paysages. Les règlements locaux de publicité doivent alors être abrogés ou mis en compatibilité avec la charte, dans un délai de trois ans à compter de la date de publication du décret approuvant la charte initiale ou révisée.

Art. L. 581-14-1 *(L. n° 2010-788, 12 juill. 2010 ; mod. à compter du 1er janvier 2013, Ord. n° 2012-11, 5 janv. 2012 ; L. n° 2015-990, 6 août 2015).* – Le règlement local de publicité est élaboré, révisé ou modifié conformément aux procédures d'élaboration, de révision ou de modification des plans locaux d'urbanisme définies au chapitre III du titre II du livre Ier du Code de l'urbanisme, à l'exception des dispositions relatives à la procédure de modification simplifiée prévue par l'article L. 123-13-3 et des dispositions transitoires de l'article L. 123-19 du même code.

Le président de l'établissement public de coopération intercommunale compétent en matière de plan local d'urbanisme la métropole de Lyon ou le maire peut recueillir l'avis de toute personne, de tout organisme ou association compétents en matière de paysage, de publicité, d'enseignes et préenseignes, d'environnement, d'architecture, d'urbanisme, d'aménagement du territoire, d'habitat et de déplacements, y compris, le cas échéant, des collectivités territoriales des États limitrophes.

Avant d'être soumis à enquête publique, le projet de règlement arrêté par l'établissement public de coopération intercommunale ou la commune est soumis pour avis à la commission départementale compétente en matière de nature, de paysages et de sites. Cet avis est réputé favorable s'il n'est pas intervenu dans un délai de trois mois.

L'élaboration, la révision ou la modification du règlement local de publicité et l'élaboration, la révision ou la modification du plan local d'urbanisme peuvent faire l'objet d'une procédure unique et d'une même enquête publique dans les conditions définies par le chapitre III du titre II du livre Ier du présent code.

Le règlement local de publicité, une fois approuvé, est annexé au plan local d'urbanisme ou aux documents d'urbanisme en tenant lieu. À défaut de document d'urbanisme, il est tenu à disposition du public.

L'illégalité pour vice de forme ou de procédure commise à l'occasion de l'élaboration, de la révision ou de l'approbation d'un règlement local de publicité ne peut être invoquée par voie d'exception après l'expiration d'un délai de six mois à compter de l'entrée en vigueur de ce règlement. Cette règle ne s'applique pas lorsque le vice de procédure concerne la méconnaissance substantielle ou la violation manifeste des règles de l'enquête publique.

Lorsqu'elle annule pour excès de pouvoir un règlement local de publicité ou en ordonne la suspension, la juridiction administrative se prononce sur l'ensemble des moyens qu'elle estime susceptibles de fonder l'annulation ou la suspension en l'état du dossier.

Art. L. 581-14-2. – Les compétences en matière de police de la publicité sont exercées par le préfet. Toutefois, s'il existe un règlement local de publicité, ces compétences sont exercées par le maire au nom de la commune. Dans ce dernier cas, à défaut pour le maire de prendre les mesures prévues aux articles L. 581-27, L. 581-28 et L. 581-31 dans le délai d'un mois suivant la demande qui lui est adressée par le représentant de l'État dans le département, ce dernier y pourvoit en lieu et place du maire.

Art. L. 581-14-3. – Les conditions de mise en œuvre de la présente sous-section sont fixées par décret en Conseil d'État.

Les réglementations spéciales qui sont en vigueur à la date de publication de la loi n° 2010-788 du 12 juillet 2010 portant engagement national pour l'environnement restent valables jusqu'à leur révision ou modification et pour une durée maximale de dix ans à compter de cette date. Elles sont révisées ou modifiées selon la procédure prévue à l'article L. 581-14-1.

Sous-section 5. – Dispositions particulières applicables à certains modes d'exercice de la publicité

Art. L. 581-15. – La publicité sur les véhicules terrestres, sur l'eau ou dans les airs peut être réglementée, subordonnée à autorisation ou interdite, dans des conditions fixées par décret en Conseil d'État.

Toutefois, les dispositions de l'alinéa précédent ne sont pas applicables à la publicité relative à l'activité exercée par le propriétaire ou l'usager d'un véhicule, sous réserve que ce véhicule ne soit pas utilisé ou équipé à des fins essentiellement publicitaires.

Art. L. 581-16. – Les communes ont le droit d'utiliser à leur profit comme support de publicité commerciale ou d'affichage libre défini à l'article L. 581-13 les palissades de chantier lorsque leur installation a donné lieu à autorisation de voirie.

Art. L. 581-17. – Un décret en Conseil d'État détermine les conditions dans lesquelles la publicité peut déroger aux dispositions de la présente section lorsqu'elle est effectuée en exécution d'une disposition législative ou réglementaire ou d'une décision de justice ou lorsqu'elle est destinée à informer le public sur des dangers qu'il encourt ou des obligations qui pèsent sur lui dans les lieux considérés.

Section III. – Dispositions applicables aux enseignes et préenseignes

Art. L. 581-18 *(L. n° 2010-788, 12 juill. 2010)*. – Un décret en Conseil d'État fixe les prescriptions générales relatives à l'installation et à l'entretien des enseignes en fonction des procédés utilisés, de la nature des activités ainsi que des caractéristiques des immeubles où ces activités s'exercent et du caractère des lieux où ces immeubles sont situés. Ce décret fixe également des prescriptions relatives aux enseignes lumineuses afin *(Mots ajoutés, L. n° 2012-387, 22 mars 2012)* « d'économiser l'énergie et » de prévenir ou limiter les nuisances lumineuses mentionnées au chapitre III du présent titre.

Le règlement local de publicité mentionné à l'article L. 581-14 peut prévoir des prescriptions relatives aux enseignes plus restrictives que celles du règlement national, dans des conditions fixées par décret en Conseil d'État.

Sur les immeubles et dans les lieux mentionnés aux articles L. 581-4 et L. 581-8, ainsi que cadre d'un règlement local de publicité, l'installation d'une enseigne est soumise à autorisation.

Les enseignes à faisceau de rayonnement laser sont soumises à l'autorisation de l'autorité compétente en matière de police.

Art. L. 581-19 *(Mod. à compter du 13 juill. 2015 ; L. n° 2010-788, 12 juill. 2010)*. – Les préenseignes sont soumises aux dispositions qui régissent la publicité.

Les dispositions relatives à la déclaration prévue par l'article L. 581-6 sont applicables aux préenseignes dans des conditions, notamment de dimensions, précisées par décret en Conseil d'État.

Par dérogation à l'interdiction mentionnée au premier alinéa de l'article L. 581-7, en dehors des lieux qualifiés d'agglomération par les règlements relatifs à la circulation routière, peuvent être signalés de manière harmonisée par des préenseignes, dans des conditions définies par décret en Conseil d'État :

– les activités en relation avec la fabrication ou la vente de produits du terroir par des entreprises locales, les activités culturelles et les monuments historiques, classés ou inscrits, ouverts à la visite ;

– à titre temporaire, les opérations et manifestations exceptionnelles mentionnées à l'article L. 581-20 du présent code.

Les activités autres que celles mentionnées aux quatrième et cinquième alinéas du présent article ne peuvent être signalées que dans des conditions définies par les règlements relatifs à la circulation routière.

Art. L. 581-20. – **I. – Le décret prévu à l'article L. 581-18 détermine les conditions dans lesquelles peuvent être temporairement apposées sur des immeubles des enseignes annonçant :**

1° Des opérations exceptionnelles qui ont pour objet lesdits immeubles ou sont relatives aux activités qui s'y exercent ;

2° Des manifestations exceptionnelles à caractère culturel ou touristique qui y ont lieu ou y auront lieu.

II. – Le décret prévu à l'article L. 581-19 détermine les conditions dans lesquelles peuvent être temporairement apposées des préenseignes indiquant la proximité des immeubles mentionnés au paragraphe I.

III. – Le décret prévu à l'article L. 581-19 détermine les conditions dans lesquelles peuvent être apposées des préenseignes indiquant la proximité de monuments historiques, classés ou inscrits, ouverts à la visite.

....

Section VI. – Des sanctions

Sous-section 1. – Procédure administrative

Art. L. 581-26 *(Mod., Ord. n° 2000-914, 18 sept. 2000 ; L. n° 2010-788, 12 juill. 2010)*. – **Sans préjudice des dispositions des articles L. 581-30 et L. 581-34, est punie d'une amende d'un montant de 1.500 € la personne qui a apposé ou fait apposer un dispositif ou matériel visé à l'article L. 581-6, sans déclaration préalable ou non conforme à cette déclaration. Le manquement est constaté par un procès-verbal établi par un fonctionnaire ou agent mentionné à l'article L. 581-40. Une copie du procès-verbal est adressée à la personne visée. Le manquement ainsi relevé donne lieu à une amende prononcée par le préfet. L'amende est recouvrée, dans les conditions prévues par les dispositions relatives aux produits communaux, au bénéfice de la commune sur le territoire de laquelle le manquement a été constaté. La personne visée a accès au dossier et est mise à même de présenter ses observations écrites, dans un délai d'un mois, sur le projet de sanction de l'administration. La décision du préfet, qui doit être motivée, est susceptible d'un recours de pleine juridiction.**

Les dispositions du présent article sont applicables en cas d'infraction aux dispositions des articles L. 581-4, L. 581-5 et L. 581-24.

....

Sous-section 2. – Sanctions pénales

Art. L. 581-34 *(Mod., L. n° 2003-591, 2 juill. 2003 ; L. n° 2010-788, 12 juill. 2010 ; Ord. n° 2012-34, 11 janv. 2012)*. – **I. – Est puni d'une amende de 7.500 € le fait d'apposer, de faire apposer ou de maintenir après mise en demeure une publicité, une enseigne ou une préenseigne :**

1° Dans des lieux, sur des emplacements ou selon des procédés interdits en application des articles L. 581-4, L. 581-7, L. 581-8, L. 581-15, L. 581-18 et L. 581-19 ;

2° Sans avoir obtenu les autorisations préalables prévues aux sections II et III du présent chapitre ou sans avoir observé les conditions posées par ces autorisations ou sans avoir procédé à la déclaration préalable prévue à l'article L. 581-6 ou en ayant produit une fausse déclaration ;

3° Sans avoir observé les dispositions particulières prévues par le règlement local de publicité établi en application de l'article L. 581-14.

II. – Est puni des mêmes peines le fait de laisser subsister une publicité, une enseigne ou une préenseigne au-delà des délais de mise en conformité prévus à l'article L. 581-43, ainsi que le fait de s'opposer à l'exécution des travaux d'office prévus par l'article L. 581-31 ***(Mots suppr. à compter du 1er juill. 2013, Ord. n° 2012-34, 11 janv. 2012)*** **« ... ».**

III. – L'amende est appliquée autant de fois qu'il y a de publicités, d'enseignes ou de préenseignes en infraction.

1) Il ressort des dispositions de l'article 29 de la loi n° 79-1150 du 29 décembre 1979 qu'est punissable non seulement le maintien après mise en demeure d'une publicité illicite mais encore l'apposition de cette publicité sans que, dans ce dernier cas, une mise en demeure préalable soit exigée. Aucune disposition de la loi du 29 décembre 1979 ne subordonne l'exercice des poursuites pénales à la prise d'un arrêté de mise en demeure ou à une demande de l'Administration (■ Cass. crim., 12 nov. 1986 : *Bull. crim.*, n° 330).

2) Il résulte des articles 14 et 29 de la loi du 29 décembre 1979 que le législateur a expressément renvoyé à un décret en Conseil d'État la réglementation de la publicité sur les véhicules terrestres et a déterminé les pénalités applicables ; il s'ensuit que ne donne pas de base légale à sa décision la cour d'appel qui relaxe un prévenu au motif que le décret du 6 septembre 1982, pris en application de ladite loi et fixant, pour les affiches, la surface maximale autorisée, ne comporte aucune sanction pénale (■ Cass. crim., 20 déc. 1990 : *Bull. crim.*, n° 445. ■ Cass. crim., 8 févr. 1995 : *Bull. crim.*, n° 62).

3) Il résulte des dispositions des articles 8 et 29 de la loi du 29 décembre 1979 que, lorsqu'il y a plusieurs dispositifs publicitaires luminaires distincts, il doit être prononcé autant d'amendes que de dispositifs en infraction (■ Cass. crim., 20 juill. 1993 : *Bull. crim.*, n° 248. ■ Cass. crim., 8 févr. 1995 : *Bull. crim.*, n° 54).

4) Le nombre de publicités en infraction qui détermine, aux termes de l'article 29 de la loi du 29 décembre 1979, celui des amendes applicables, doit être fixé compte tenu non seulement du nombre de véhicules servant de support à la publicité incriminée, mais aussi des différentes circonstances de temps et de lieu dans lesquelles ont été constatées les infractions (■ Cass. crim., 8 févr. 1995 : *Bull. crim.*, n° 55).

5) Pour condamner le prévenu du chef d'apposition de publicité non conforme sur un véhicule publicitaire, les juges relèvent qu'il ressort des constatations faites par les gendarmes dans chacun des procès-verbaux que la superficie d'affichage publicitaire était supérieure à 16 m ; en l'état de ces énonciations, et dès lors que, selon l'article 3 de la loi du 29 décembre 1979, devenu l'article L. 581-3 du Code de l'environnement, sont assimilés à des publicités, les dispositifs dont le principal objet est de recevoir les inscriptions, formes ou images destinées à informer le public ou à attirer son attention, la cour d'appel a justifié sa décision (■ Cass. crim., 18 juin 2002 : *Dr. pénal* 2003, comm. 21, obs. J.-H. Robert).

6) Le prévenu, invoquant l'incompatibilité du décret précité du 6 septembre 1982 avec les articles 30 et 59, devenus 28 et 49 du Traité CE, qui interdisent les restrictions quantitatives à l'importation ou les mesures d'effet équivalent et les restrictions à la libre prestation des services, a demandé la saisine, à titre préjudiciel, de la Cour de justice des Communautés européennes ; pour écarter cette exception, les juges du second degré retiennent que la limitation de la surface totale des publicités apposées sur les véhicules utilisés ou équipés à des fins essentiellement publicitaires, s'applique indistinctement aux nationaux et aux autres ressortissants de la Communauté européenne, et affecte de la même manière la commercialisation des produits nationaux comme de ceux en provenance des États membres ; en l'état de ces motifs, et dès lors que les dispositions du Traité ne font pas obstacle aux interdictions ou restrictions justifiées notamment pour des raisons de protection du cadre de vie et de l'environnement, la cour d'appel a justifié sa décision (même arrêt).

7) Le montage de passerelles au pied de panneaux publicitaires, pour en faciliter l'exploitation, ne constitue pas des travaux de construction, pour lesquels les articles L. 421-1 et suivants du Code de l'urbanisme exigent un permis de construire ou une déclaration préalable, une telle opération étant soumise aux dispositions de l'article L. 581-34 du Code de l'environnement (■ Cass. crim., 5 oct. 2004 : *Bull. crim.*, n° 237).

Art. L. 581-35. – **Est puni des mêmes peines que l'auteur de l'infraction, celui pour le compte duquel la publicité est réalisée, lorsque la publicité ou le dispositif publicitaire ne comporte pas les mentions visées à l'article L. 581-5 ou lorsque celles-ci sont inexactes ou incomplètes.**

Dans le cas d'une publicité de caractère électoral, l'autorité administrative compétente met en demeure celui pour le compte duquel cette publicité a été réalisée de la supprimer et de procéder à la remise en état des lieux dans un délai de deux jours francs. Si cette mise en demeure est suivie d'effet, les dispositions de l'alinéa précédent ne sont pas applicables.

Art. L. 581-36 *(L. n° 2010-788, 12 juill. 2010)*. – **En cas de condamnation, le tribunal ordonne soit la suppression, dans un délai qui ne peut excéder un mois et sous astreinte de 15 € à 150 € par jour de retard, des publicités, enseignes ou préenseignes qui constituent l'infraction, soit leur mise en conformité, dans**

le même délai et sous les mêmes conditions, avec les prescriptions auxquelles ils contreviennent ; il ordonne, le cas échéant, la remise en état des lieux. Il peut déclarer sa décision exécutoire par provision.

L'enlèvement des panneaux ou remise en état des lieux prévus par l'article 31 de la loi du 29 décembre 1979 sont des mesures à caractère réel destinées à faire cesser une situation illicite et non des sanctions pénales (■ Cass. crim., 21 nov. 1989 : *Bull. crim.*, n° 425).

Art. L. 581-37 ***(Mod., L. n° 2003-591, 2 juill. 2003).*** **– L'astreinte ne peut être révisée par le tribunal que si le redevable établit qu'il n'a pu observer le délai imposé pour l'exécution totale de ses obligations qu'en raison de circonstances indépendantes de sa volonté. Elle est recouvrée dans les conditions prévues au troisième alinéa de l'article L. 581-30.**

Art. L. 581-38. – La prescription de l'action publique ne court qu'à partir du jour où la publicité, l'enseigne ou la préenseigne en infraction aux dispositions du présent chapitre et des règlements pris pour son application est supprimée ou mise en conformité avec les dispositions auxquelles il est contrevenu.

Art. L. 581-39. – Les dispositions des articles L. 581-35, L. 581-36, L. 581-37 et L. 581-38 et les règles relatives à la complicité sont applicables aux contraventions aux dispositions réglementaires prises pour l'application du présent chapitre.

Art. L. 581-40 ***(L. n° 2010-788, 12 juill. 2010 ; Ord. n° 2012-34, 11 janv. 2012).*** **– I. – Pour l'application des articles L. 581-14-2, L. 581-27, L. 581-34 et L. 581-39, sont habilités à procéder à toutes constatations, outre les officiers de police judiciaire :**

1° Les agents de police judiciaire mentionnés aux articles 20 et 21 du Code de procédure pénale ;

2° Les fonctionnaires et agents habilités à constater les infractions aux lois du 31 décembre 1913 sur les monuments historiques et au titre IV du livre III du présent code ;

3° Les fonctionnaires et agents habilités à constater les infractions aux dispositions du Code de la voirie routière ;

4° Les fonctionnaires et agents publics habilités à constater les infractions au Code de l'urbanisme ;

5° Les fonctionnaires et agents des services de l'État et de ses établissements publics, commissionnés à cet effet et assermentés ;

6° Les agents habilités par les collectivités locales à constater les infractions au Code de la route en matière d'arrêt et de stationnement des véhicules automobiles en vertu de l'article L. 24 dudit code.

7° Les agents des collectivités territoriales assermentés et commissionnés à cet effet par l'autorité compétente en matière de police définie à l'article L. 581-14-2.

8° Les fonctionnaires et agents mentionnés à l'article L. 341-20 du présent code, commissionnés et assermentés ;

9° Les agents des réserves naturelles mentionnés à l'article L. 332-20 agissant dans les conditions prévues à cet article ;

10° Les gardes du littoral mentionnés à l'article L. 322-10-1, agissant dans les conditions prévues à cet article.

II ***(II abr. à compter du 1er juillet 2013, Ord. n° 2012-34, 11 janv. 2012)***

Art. L. 581-41 ***(L. n° 2008-776, 4 août 2008 ; Ord. n° 2015-1174, 23 sept. 2015).*** **– Les amendes prononcées en application des articles L. 581-34 et L. 581-35 sont affectées d'une majoration de 50 % perçue au bénéfice du département. Son produit constitue l'une des ressources du département pour mettre en œuvre la politique des espaces naturels sensibles prévue à l'article L. 113-8 du Code de l'urbanisme.**

Art. L. 581-42. – Les dispositions de la présente section ne s'appliquent ni à l'affichage d'opinion, ni à la publicité relative aux activités des associations, mentionnés à l'article L. 581-13, dès lors que le maire ou le préfet n'aura pas déterminé et fait aménager le ou les emplacement prévus au même article.

Art. L. 581-43 ***(L. n° 2010-788, 12 juill. 2010 ; mod., L. n° 2012-387, 22 mars 2012).*** **– Les publicités, enseignes et préenseignes, qui ont été mises en place avant l'entrée en vigueur des actes pris pour l'application des articles L. 581-4, avant-dernier alinéa, L. 581-7, L. 581-8, L. 581-14 et L. 581-18, deuxième et troisième alinéas et qui ne sont pas conformes à leurs prescriptions, ainsi que celles mises en place dans des lieux**

entrés dans le champ d'application des articles L. 581-4, L. 581-8 et L. 581-44 en vertu d'actes postérieurs à leur installation, peuvent, sous réserve de ne pas contrevenir à la réglementation antérieure, être maintenues pendant un délai maximal de six ans à compter de l'entrée en vigueur des actes précités.

Les publicités, enseignes et préenseignes soumises à autorisation en vertu du présent chapitre qui ne sont pas conformes à des règlements visés à l'alinéa précédent et entrés en vigueur après leur installation peuvent être maintenues, sous réserve de ne pas contrevenir à la réglementation antérieure, pendant un délai maximal de six ans à compter de l'entrée en vigueur de ces règlements.

Les publicités, enseignes et préenseignes qui ont été mises en place avant l'entrée en vigueur de la loi n° 2010-788 du 12 juillet 2010 portant engagement national pour l'environnement et des décrets en Conseil d'État pris pour l'application de l'article 36 de cette loi peuvent, sous réserve de ne pas contrevenir aux dispositions antérieurement applicables, être maintenues pendant un délai maximal de six ans à compter de l'entrée en vigueur de la loi et des décrets en Conseil d'État précités.

Pour les publicités et préenseignes, un décret peut prévoir un délai moindre, qui ne peut être inférieur à deux ans à compter de sa publication.

Loi n° 89-421 du 23 juin 1989
relative à l'information et à la protection des consommateurs
ainsi qu'à diverses pratiques commerciales

Voir : Les articles 1 à 5 et 13 de cette loi sont abrogés par la loi n° 93-949 du 26 juillet 1993 (art. 4) relative au Code de la consommation.

Loi n° 89-1008 du 31 décembre 1989
relative au développement des entreprises commerciales et artisanales
et à l'amélioration de leur environnement économique, juridique et social

Art. 8 *(Abr. et codifié, L. n° 93-949, 26 juill. 1993. – V. C. consom., art. L. 121-15).*

Art. 9. – Les infractions aux dispositions des articles L. 310-1, L. 310-2, L. 310-3, L. 310-4 et L. 310-7 du Code de commerce, de l'article L. 752-1 et des textes pris pour son application et celles définies à l'article L. 121-15 du Code de la consommation peuvent être constatées et poursuivies dans les conditions fixées par les articles L. 450-1, L. 450-2, L. 450-3, L. 450-7 et L. 450-8 du Code de commerce et par l'article L. 141-1 du Code de la consommation.

Les infractions aux articles L. 716-9, L. 716-10 et L. 716-11 du Code de la propriété intellectuelle peuvent être recherchées et constatées par les agents de la concurrence, de la consommation et de la répression des fraudes dans les conditions prévues au livre II du Code de la consommation.

Loi n° 93-122 du 29 janvier 1993
relative à la prévention de la corruption et à la transparence
de la vie économique et des procédures publiques

TITRE II. – DISPOSITIONS RELATIVES
À LA TRANSPARENCE DES ACTIVITÉS ÉCONOMIQUES

....

CHAPITRE II. – PRESTATIONS DE PUBLICITÉ

Art. 20. – Tout achat d'espace publicitaire ou de prestation ayant pour objet l'édition ou la distribution d'imprimés publicitaires ne peut être réalisé par un intermédiaire que pour le compte d'un annonceur et dans le cadre d'un contrat écrit de mandat.

Ce contrat fixe les conditions de la rémunération du mandataire en détaillant, s'il y a lieu, les diverses prestations qui seront effectuées dans le cadre de ce contrat de mandat et le montant de leur rémunération respective. Il mentionne également les autres prestations rendues par l'intermédiaire en dehors du contrat de mandat et le montant global de leur rémunération. Tout rabais ou avantage tarifaire de quelque nature que

ce soit accordé par le vendeur doit figurer sur la facture délivrée à l'annonceur et ne peut être conservé en tout ou partie par l'intermédiaire qu'en vertu d'une stipulation expresse du contrat de mandat.

Même si les achats mentionnés au premier alinéa ne sont pas payés directement par l'annonceur au vendeur, la facture est communiquée directement par ce dernier à l'annonceur.

Art. 21. – Le mandataire mentionné au premier alinéa de l'article 20 ne peut ni recevoir d'autre paiement que celui qui lui est versé par son mandant pour la rémunération de l'exercice de son mandat ni aucune rémunération ou avantage quelconque de la part du vendeur.

Art. 22. – Le prestataire qui fournit des services de conseil en plan média ou de préconisation de support d'espace publicitaire ne peut recevoir aucune rémunération ni avantage quelconque de la part du vendeur d'espace.

Art. 23. – Le vendeur d'espace publicitaire en qualité de support ou de régie rend compte directement à l'annonceur dans le mois qui suit la diffusion du message publicitaire des conditions dans lesquelles les prestations ont été effectuées.

En cas de modification devant intervenir dans les conditions de diffusion du message publicitaire, le vendeur d'espace publicitaire avertit l'annonceur et recueille son accord sur les changements prévus. Il lui rend compte des modifications intervenues.

Dans le cas où l'achat d'espace publicitaire est effectué par l'intermédiaire d'un mandataire, les obligations prévues à l'alinéa précédent incombent tant au vendeur à l'égard du mandataire qu'au mandataire à l'égard de l'annonceur.

Art. 24. – Toute personne qui fournit des services de conseil en plan média ou de préconisation de support d'espace publicitaire doit indiquer dans ses conditions générales de vente les liens financiers qu'elle entretient ou que son groupe entretient avec des vendeurs mentionnés à l'article 20, en précisant le montant de ces participations.

Art. 25 *(Mod., L. n° 2011-525, 17 mai 2011)*. – 1° Est puni d'une amende de 30 000 € le fait :

a) Pour tout annonceur ou tout intermédiaire de ne pas rédiger de contrat écrit conforme aux dispositions des deux premiers alinéas de l'article 20 ;

b) Pour la personne qui fournit des services de conseil en plan média ou de préconisation de support d'espace publicitaire, de ne pas indiquer dans ses conditions générales de vente les informations prévues à l'article 24.

2° Est puni des sanctions prévues aux articles L. 441-4 et L. 441-5 du Code de commerce, le fait pour un vendeur de ne pas communiquer directement la facture à l'annonceur conformément aux dispositions du troisième alinéa de l'article 20.

3° Est puni d'une amende de 300 000 € le fait :

a) Pour toute personne qui fournit des services de conseil en plan média ou de préconisation de support d'espace publicitaire, de préconiser ou de réaliser un achat d'espace publicitaire, pour le compte d'un annonceur, auprès d'un vendeur d'espace publicitaire avec lequel elle entretient ou avec lequel son groupe entretient des liens financiers, en donnant sciemment à cet annonceur des informations fausses ou trompeuses sur les caractéristiques ou sur le prix de vente de l'espace publicitaire du support préconisé ou des supports qui lui sont substituables ;

b) Pour tout mandataire mentionné à l'article 20, de recevoir une rémunération ou un avantage quelconque d'autres personnes que son mandant ;

c) Pour tout vendeur mentionné à l'article 20, d'accorder une rémunération ou un avantage quelconque au mandataire ou au prestataire de l'annonceur ;

d) Pour toute personne qui fournit des services de conseil en plan média ou de préconisation de support d'espace publicitaire, de recevoir une rémunération ou un avantage quelconque de la part du vendeur d'espace publicitaire.

Pour les infractions prévues aux 1°, 2° et 3° ci-dessus, les personnes morales peuvent être déclarées responsables, conformément à l'article 121-2 du Code pénal. Elles encourent également la peine d'exclusion des marchés publics, pour une durée de cinq ans au plus, en application du 5° de l'article 131-39 du Code pénal.

Les fonctionnaires désignés à l'article L. 450-1 du Code de commerce peuvent procéder aux enquêtes nécessaires à l'application du présent chapitre selon les modalités prévues aux articles L. 450-2 à L. 450-4, L. 450-7 et L. 450-8 du même code.

Art. 26. – Pour l'application des articles 20 à 25 de la présente loi, la régie publicitaire est considérée comme vendeur d'espace.

Le mandataire mentionné à l'article 20 n'est pas considéré comme agent commercial au sens de l'article L. 134-1 du Code de commerce.

L'expression « achat d'espace publicitaire » n'a pas pour effet de limiter la responsabilité du directeur de publication établie par la loi du 29 juillet 1881 sur la liberté de la presse.

Art. 27. – Les dispositions du présent chapitre s'appliquent quel que soit le lieu d'établissement de l'intermédiaire, dès lors que le message publicitaire est réalisé au bénéfice d'une entreprise française et qu'il est principalement reçu sur le territoire français.

ANNEXE 53

SÉCURITÉ SOCIALE

Bibliographie : P. Morvan, *Protection sociale : JCl. Lois pénales spéciales.* • Ph. Coursier, Code de la sécurité sociale 2017, éd. LexisNexis.

Code de la sécurité sociale

(D. n° 85-1353 et 1354, 17 déc. 1985)

1) COTISATIONS

Art. L. 243-11 ***(Mod. à compter de la date prévue au II de l'article 29 de l'ordonnance n° 2010-177 du 23 févr. 2010, Ord. n° 2010-177, 23 févr. 2010).*** **– Les employeurs, qu'ils soient des personnes privées, des personnes publiques autres que l'État ou, pour l'application de l'article L. 243-7 du présent code, l'État, et les travailleurs indépendants sont tenus de recevoir les agents de contrôle des organismes mentionnés aux articles L. 243-7 et L. 114-10, ainsi que les ingénieurs conseils et contrôleurs de sécurité régulièrement accrédités par les caisses d'assurance retraite et de la santé au travail.**

....

Art. R. 244-4 *(D. n° 87-801, 29 sept. 1987).* **– L'employeur ou le travailleur indépendant, qui ne s'est pas conformé aux prescriptions de la législation de sécurité sociale, est passible d'une amende prévue pour les contraventions de la 3e classe prononcée par le tribunal sans préjudice de la condamnation par le même jugement et à la requête du ministère public ou de la partie civile au paiement de la somme représentant les contributions dont le versement lui incombait, ainsi qu'au paiement des majorations de retard. L'amende est appliquée autant de fois qu'il y a de personnes employées dans des conditions contraires aux prescriptions relatives à l'immatriculation et au paiement des cotisations de sécurité sociale sans que le total des amendes puisse dépasser 1 500 €.**

1) Il résulte de la combinaison des articles 2.2 de la directive 92/49/CEE du 18 juin 1992, portant coordination des dispositions législatives, réglementaires et administratives concernant l'assurance directe autre que l'assurance sur la vie, et 2.1 d) de la directive 73/239/CEE du 24 juillet 1973, concernant l'accès à l'activité de ce type d'assurance et son exercice, que sont exclus du champ d'application de ces directives les régimes de sécurité sociale obligatoires institués par les législations en vigueur dans les différents États membres ; il s'en déduit que le monopole consacré par le droit interne en matière d'assurances sociales n'est pas incompatible avec la réglementation communautaire (■ Cass. crim., 24 nov. 1998 : *Bull. crim.*, n° 311).

2) Le dirigeant de droit ou de fait d'une personne morale contre lequel est exercée l'action publique pour l'application des articles L. 244-1 et R. 244-4 du Code de la sécurité sociale ne saurait être condamné à payer les cotisations et majorations de retard dues par la personne morale (■ Cass. crim., 5 févr. 1992 : *Bull. crim.*, n° 67).

....

Art. L. 244-12 *(Mod., L. n° 2009-526, 12 mai 2009)*. – Tout intermédiaire convaincu d'avoir, moyennant une rémunération quelconque, offert, accepté de prêter ou prêté des services à un employeur en vue de lui permettre de contrevenir à la législation de sécurité sociale, sera puni d'une amende de 3 750 € et d'un emprisonnement de six mois.

Art. L. 244-13. – Sont nulles de plein droit et de nul effet les obligations contractées pour rémunération de leurs services ou avances envers les intermédiaires qui, moyennant émoluments convenus au préalable, offrent ou acceptent de prêter leurs services en vue d'obtenir, au profit de quiconque, le bénéfice d'une remise, même partielle, sur les sommes réclamées par les organismes de sécurité sociale en exécution de dispositions légales ou réglementaires.

Tout intermédiaire convaincu d'avoir offert ses services dans le but spécifié à l'alinéa précédent sera puni de l'amende prévue pour les contraventions de 5ᵉ classe et en cas de récidive, d'un emprisonnement de six mois et d'une amende de 3 750 €. Le tribunal pourra ordonner, dans tous les cas, que le jugement de condamnation sera publié, intégralement ou par extraits, dans les journaux qu'il désignera et affiché dans les lieux qu'il indiquera, le tout aux frais du contrevenant sans que le coût total de ces différentes opérations puisse dépasser 15 €.

Art. L. 244-14 *(Mod., L. n° 2014-1554, 22 déc. 2014)*. – Tout agent ou ancien agent d'un organisme de sécurité sociale qui, soit en activité, en position de congé ou de disponibilité, soit après admission à la retraite, soit après démission ou révocation et pendant un délai de cinq ans à compter de la cessation de ses fonctions, intervient, moyennant rémunération, prend ou reçoit une participation par travail, conseils ou capitaux dans une entreprise en vue de faire obtenir par des cotisants une remise, totale ou partielle, sur les sommes qui leur sont réclamées par les organismes de sécurité sociale en vertu des dispositions législatives ou réglementaires, sera puni d'un emprisonnement de deux ans et de 4 500 € d'amende.

Le tribunal peut ordonner, dans tous les cas, que le jugement de condamnation sera publié, intégralement ou par extraits, dans les journaux qu'il désigne et affiché dans les lieux qu'il indiquera, le tout aux frais du contrevenant sans que le coût total de ces différentes opérations puisse dépasser 15 €.

Les cotisants considérés comme complices seront frappés des mêmes peines.

....

2) FRAUDE DES ADMINISTRATEURS

Art. L. 272-1 *(Mod., L. n° 2004-810, 13 août 2004)*. – Sont passibles d'une amende de 3 750 € et d'un emprisonnement de six mois les membres du conseil ou les administrateurs, directeurs ou agents de tous les organismes de sécurité sociale en cas de fraude ou de fausse déclaration, dans l'encaissement ou dans la gestion, le tout sans préjudice de plus fortes peines, s'il y échet.

Art. L. 272-2. – Le maximum des deux peines sera toujours appliqué au délinquant lorsqu'il aura déjà subi une condamnation pour la même infraction et le tribunal pourra ordonner l'insertion du nouveau jugement dans un ou plusieurs journaux de la localité, le tout aux frais du condamné sans que le coût de l'insertion puisse dépasser 7,50 €.

....

3) FRAUDES DIVERSES

Art. L. 377-2. – Sera puni d'une amende de 3 750 € et en cas de récidive dans le délai d'un an, d'une amende de 7 500 €, tout intermédiaire convaincu d'avoir offert ou fait offrir ses services moyennant émoluments convenus à l'avance à un assuré social en vue de lui faire obtenir le bénéfice des prestations qui peuvent lui être dues.

Art. L. 377-3. – Sera puni d'une amende de 3 750 € et d'un emprisonnement de six mois ou de l'une de ces deux peines seulement, quiconque, soit par menaces ou abus d'autorité, soit par offre, promesse d'argent, ristourne sur les honoraires médicaux ou fournitures pharmaceutiques faits à des assurés ou à des caisses de sécurité sociale ou à toute autre personne, aura attiré ou tenté d'attirer ou de retenir les assurés notamment dans une clinique ou cabinet médical, dentaire ou officine de pharmacie.

Art. L. 377-4. – Le maximum des deux peines sera toujours appliqué au délinquant lorsqu'il aura déjà subi une condamnation pour la même infraction et le tribunal pourra ordonner l'insertion du nouveau jugement dans un ou plusieurs journaux de la localité, le tout aux frais du condamné, sans que le coût de l'insertion puisse dépasser 7,50 €.

Art. L. 377-5. – Le jugement prononçant une des peines prévues au présent chapitre contre un praticien peut également prononcer son exclusion des services des assurances sociales.

Les médecins, chirurgiens, sages-femmes et pharmaciens peuvent être exclus des services de l'assurance, en cas de fausse déclaration intentionnelle. S'ils sont coupables de collusion avec les assurés, ils sont passibles, en outre, d'une amende de 3 750 € et d'un emprisonnement de six mois ou de l'une de ces deux peines seulement, sans préjudice de plus fortes peines, s'il y échet.

....

4) ACCIDENTS DU TRAVAIL ET MALADIES PROFESSIONNELLES

Art. R. 471-3 *(Mod., D. n° 93-726, 29 mars 1993).* – Sont punis d'une amende prévue pour les contraventions de 4e classe, les employeurs ou leurs préposés qui ont contrevenu aux dispositions du premier alinéa de l'article L. 441-2 *(déclaration de tout accident à la caisse primaire d'assurance maladie)* et du premier alinéa de l'article L. 441-5 *(délivrance par l'employeur d'une feuille d'accident).*

Encourent les mêmes sanctions, les employeurs ou leurs préposés qui n'ont pas inscrit sur le registre ouvert à cet effet les accidents mentionnés au premier alinéa de l'article L. 441-4 ou ont contrevenu aux dispositions des deuxième, troisième et quatrième alinéa du même article.

....

Art. L. 471-2. – Est puni d'une amende de 12 000 € :

1° Tout intermédiaire convaincu d'avoir offert les services spécifiés à l'article L. 482-4 ;

2° Tout employeur ayant opéré, sur le salaire de son personnel, des retenues pour l'assurance accidents.

Art. L. 471-3 *(Abr., L. n° 2005-1579, 19 déc. 2005).*

Art. L. 471-4 *(Mod., L. n° 92-1336, 16 déc. 1992 ; L. n° 2011-525, 17 mai 2011).* – Est puni d'une amende de 12 000 € et d'un emprisonnement de six jours à trois mois quiconque, par menaces, don, promesse d'argent, ristourne sur les honoraires médicaux ou fournitures pharmaceutiques, aura attiré ou tenté d'attirer les victimes d'accidents du travail ou de maladies professionnelles dans une clinique ou cabinet médical ou officine de pharmacie et aura ainsi porté atteinte à la liberté de la victime de choisir son médecin et son pharmacien.

Est puni des mêmes peines, sans préjudice de celles prévues à l'article 441-7 du Code pénal, tout médecin ayant, dans les certificats délivrés pour l'application du présent livre, sciemment dénaturé les conséquences de l'accident ou de la maladie.

Est puni des mêmes peines, sans préjudice de celles prévues aux articles 434-13 à 434-15 du Code pénal, quiconque, par promesses ou menaces, aura influencé ou tenté d'influencer une personne témoin d'un accident du travail à l'effet d'altérer la vérité.

....

Art. L. 482-4. – Toute convention contraire au présent livre est nulle de plein droit.

Sont nulles de plein droit et de nul effet les obligations contractées pour rémunération de leurs services envers les intermédiaires qui se chargent, moyennant émoluments convenus à l'avance, d'assurer aux victimes d'accidents ou à leurs ayants droit le bénéfice des prestations et d'indemnités prévues par le présent livre.

....

5) PRESTATIONS FAMILIALES

Art. L. 554-1 *(Abr., L. n° 2005-1579, 19 déc. 2005).*

Art. L. 554-2. – Sera puni d'une amende de 4 500 €, tout intermédiaire convaincu d'avoir offert ou fait offrir ses services, moyennant émoluments convenus d'avance, à un allocataire en vue de lui faire obtenir des prestations qui peuvent lui être dues.

Art. L. 554-3. – En cas de condamnation, le tribunal pourra ordonner l'insertion du jugement dans un ou plusieurs journaux de la localité, le tout aux frais du condamné, sans que le coût de l'insertion puisse dépasser 150 €.

Art. L. 554-4. – Quiconque, par voies de fait, menaces ou manœuvres concertées, aura organisé ou tenté d'organiser le refus par les assujettis de se conformer aux prescriptions de la législation des prestations familiales et notamment de s'affilier à une caisse de sécurité sociale ou d'allocations familiales, ou de payer les cotisations dues, sera puni d'un emprisonnement de deux ans, et d'une amende de 3 750 €.

Sera passible d'un emprisonnement de six mois et d'une amende de 3 750 € quiconque aura, par quelque moyen que ce soit, incité les assujettis à refuser de se conformer aux prescriptions de la législation des prestations familiales et notamment de s'affilier à une caisse de sécurité sociale ou d'allocations familiales, ou de payer les cotisations dues.

L'utilisation d'un service minitel, par les dirigeants d'un comité de défense professionnelle, afin de diffuser des messages incitant au non-paiement des cotisations sociales, est constitutive de manœuvres concertées en vue d'une action collective et caractérise le délit prévu et puni par les articles L. 637-1 et L. 554-4, premier alinéa, du Code de la sécurité sociale, dont les dispositions sont reprises dans l'article L. 652-7 du même code, issu de la loi du 4 février 1995 (■ Cass. crim., 13 déc. 1995 : *Bull. crim.*, n° 383).

....

8) DIVERS

Art. L. 932-15-2 *(Ord. n° 2017-734, 4 mai 2017)*. – Toute personne physique qui fait l'objet d'un démarchage à son domicile, à sa résidence ou à son lieu de travail, même à sa demande, et qui adhère dans ce cadre à une opération individuelle ou à une opération collective à adhésion facultative à des fins qui n'entrent pas dans le cadre de son activité commerciale ou professionnelle, a la faculté d'y renoncer par lettre recommandée avec demande d'avis de réception pendant le délai de quatorze jours calendaires révolus à compter du jour de la signature du bulletin d'adhésion sans avoir à justifier de motifs ni à supporter de pénalités.

Le bulletin d'adhésion au règlement ou au contrat collectif à adhésion facultative ou au contrat individuel et, le cas échéant, la notice, comportent, à peine de nullité, la mention du texte du premier alinéa et comprennent un modèle de lettre destiné à faciliter l'exercice de la faculté de renonciation.

L'exercice du droit de renonciation dans le délai prévu au premier alinéa met fin à l'adhésion à compter de la date de réception de la lettre recommandée mentionnée au même alinéa. Dès lors qu'il a connaissance de la réalisation d'un risque mettant en jeu la garantie du contrat, le membre participant ne peut plus exercer ce droit de renonciation.

En cas de renonciation, le membre participant ne peut être tenu qu'au paiement de la partie de cotisation correspondant à la période pendant laquelle le risque a couru, cette période étant calculée jusqu'à la date de fin d'adhésion. L'institution de prévoyance ou l'union est tenue de rembourser au membre participant le solde au plus tard dans les trente jours suivant la date de fin d'adhésion. Au-delà de ce délai, les sommes non versées produisent de plein droit intérêt au taux légal.

Toutefois, l'intégralité de la cotisation reste due à l'institution de prévoyance ou à l'union si le membre participant exerce son droit de renonciation alors que la réalisation d'un risque mettant en jeu la garantie du règlement ou du contrat et dont il n'a pas eu connaissance est intervenu pendant le délai de renonciation.

Le présent article n'est pas applicable aux opérations des institutions de prévoyance et des unions mentionnées au a de l'article L. 931-1.

Les infractions aux dispositions du présent I sont constatées et sanctionnées par l'autorité instituée à l'article L. 612-1 du Code monétaire et financier.

II. - Les infractions constituées par la violation des dispositions du deuxième alinéa et de la deuxième phrase du quatrième alinéa du I sont recherchées et constatées par les agents mentionnés aux articles L. 511-3 et L. 511-21 du Code de la consommation, dans les conditions prévues à l'article L. 511-5 de ce code.

Est puni de 15 000 euros d'amende le fait de ne pas rembourser le membre participant dans les conditions prévues à la deuxième phrase du quatrième alinéa du I du présent article.

……………………………………………………………………………………………………

Art. L. 951-11 *(Mod., L. n° 2005-1564, 15 déc. 2005 ; L. n° 2009-526, 12 mai 2009 ; Ord. n° 2010-76, 21 janv. 2010 ; L. n° 2010-1249, 22 oct. 2010 ; Ord. n° 2015-378, 2 avr. 2015).* – Est puni d'un an d'emprisonnement et de 15 000 euros d'amende le fait, pour tout dirigeant d'une institution de prévoyance, d'une union d'institution de prévoyance ou d'une société de groupe assurantiel de protection sociale ou d'une union d'institution de prévoyance ou pour tout dirigeant que l'Autorité aura décidé de soumettre à son contrôle en application de l'article L. 951-2 :

1° Après mise en demeure, de ne pas répondre aux demandes d'information de l'Autorité de contrôle ou de mettre obstacle, de quelque manière que ce soit, à l'exercice par celle-ci de sa mission de contrôle, ou de lui communiquer sciemment des renseignements inexacts ;

2° De faire entrave à l'action de l'Autorité de contrôle prudentiel ou à l'exécution d'une décision prise en application des articles L. 612-33 et L. 612-34 du Code monétaire et financier ;

3° De faire des déclarations mensongères ou de procéder à des dissimulations frauduleuses dans tout document produit au ministre chargé de la sécurité sociale ou porté à la connaissance du public et des membres adhérents ou participants.

Code de l'action sociale et des familles

(Ord. n° 2000-1249, 21 déc. 2000)

Art. L. 262-47 *(Mod., L. n° 2006-339, 23 mars 2006 ; rempl. à compter du 1er juin 2009, L. n° 2008-1249, 1er déc. 2008).* – Toute réclamation dirigée contre une décision relative au revenu de solidarité active fait l'objet, préalablement à l'exercice d'un recours contentieux, d'un recours administratif auprès du président du conseil général. Ce recours est, dans les conditions et limites prévues par la convention mentionnée à l'article L. 262-25, soumis pour avis à la commission de recours amiable qui connaît des réclamations relevant de l'article L. 142-1 du Code de la sécurité sociale. Les modalités d'examen du recours sont définies par décret en Conseil d'État.

Ce décret détermine également les conditions dans lesquelles les associations régulièrement constituées depuis cinq ans au moins pour œuvrer dans les domaines de l'insertion et de la lutte contre l'exclusion et la pauvreté peuvent exercer les recours prévus au premier alinéa du présent article en faveur du foyer, sous réserve de l'accord écrit du bénéficiaire.

ANNEXE 54

SOCIÉTÉS

Voir : *supra*, Annexe 9 (Banqueroute et délits connexes).

Bibliographie : Ph. Conte, W. Jeandidier et J.-Y. Maréchal, *Sociétés : JCl. Lois pénales spéciales.* • Vitu, *Regard sur le droit pénal des sociétés* in *Mélanges Roblot*, p. 247 et s. • Jeandidier, *Abus des biens, du crédit, du pouvoir ou des voix : JCl. sociétés*, fasc. 132 B. • Deboissy et Wicker, *Code des sociétés et autres groupements*, éd. LexisNexis, 2017. • Ph. Pétel, Code de commerce 2014, éd. LexisNexis, août 2013. • L. Gamet, *Le principe de personnalité des peines à l'épreuve des fusions et des scissions de sociétés : JCP* 2001, I, 345. • B. Bouloc, *La dépénalisation dans le droit des affaires : D.* 2003, chr., p. 2492. • J.-H. Robert, *Tableau récapitulatif des dépénalisations opérées depuis 2003 dans le droit des sociétés par actions : Dr. pén.* 2005, étude 3.

Code de commerce

(Ord. n° 2000-912, 18 sept. 2000)

1) INFRACTIONS CONCERNANT LES SOCIÉTÉS À RESPONSABILITÉ LIMITÉE

Art. L. 241-1 *(Abr., L. n° 2012-387, 22 mars 2012).*

Art. L. 241-2 *(Mod., Ord. n° 2004-274, 25 mars 2004).* **– Est puni d'un emprisonnement de six mois et d'une amende de 9 000 € le fait, pour des gérants, d'émettre, directement ou par personne interposée, pour le compte de la société des valeurs mobilières quelconques à l'exception des obligations émises dans les conditions déterminées par l'article L. 223-11.**

Art. L. 241-3 *(Mod., L. n° 2013-907, 11 oct. 2013 ; L. n° 2013-907, 11 oct. 2013 ; L. n° 2013-1117, 6 déc. 2013).* **– Est puni d'un emprisonnement de cinq ans et d'une amende de 375 000 € :**

1° Le fait, pour toute personne, de faire attribuer frauduleusement à un apport en nature une évaluation supérieure à sa valeur réelle ;

2° Le fait, pour les gérants, d'opérer entre les associés la répartition de dividendes fictifs, en l'absence d'inventaire ou au moyen d'inventaires frauduleux ;

3° Le fait, pour les gérants, même en l'absence de toute distribution de dividendes, de présenter aux associés des comptes annuels ne donnant pas, pour chaque exercice, une image fidèle du résultat des opérations de l'exercice, de la situation financière et du patrimoine à l'expiration de cette période en vue de dissimuler la véritable situation de la société ;

4° Le fait, pour les gérants, de faire, de mauvaise foi, des biens ou du crédit de la société, un usage qu'ils savent contraire à l'intérêt de celle-ci, à des fins personnelles ou pour favoriser une autre société ou entreprise dans laquelle ils sont intéressés directement ou indirectement ;

5° Le fait, pour les gérants, de faire, de mauvaise foi, des pouvoirs qu'ils possèdent ou des voix dont ils disposent, en cette qualité, un usage qu'ils savent contraire aux intérêts de la société, à des fins personnelles ou pour favoriser une autre société ou une autre entreprise dans laquelle ils sont intéressés directement ou indirectement.

Outre les peines complémentaires prévues à l'article L. 249-1, le tribunal peut également prononcer à titre de peine complémentaire, dans les cas prévus au présent article, l'interdiction des droits civiques, civils et de famille prévue à l'article 131-26 du Code pénal.

L'infraction définie au 4° est punie de sept ans d'emprisonnement et de 500 000 € d'amende lorsqu'elle a été réalisée ou facilitée au moyen soit de comptes ouverts ou de contrats souscrits auprès d'organismes établis à l'étranger, soit de l'interposition de personnes physiques ou morales ou de tout organisme, fiducie ou institution comparable établis à l'étranger.

Art. L. 241-4. – Est puni d'une amende de 9 000 € :

1° Le fait, pour les gérants, de ne pas, pour chaque exercice, dresser l'inventaire, établir les comptes annuels et un rapport de gestion ;

2° et 3° *(Abr., L. n° 2001-420, 15 mai 2001).*

Art. L. 241-5 *(L. n° 2012-387, 22 mars 2012).* – Est puni de 9 000 € d'amende le fait, pour les gérants, de ne pas soumettre à l'approbation de l'assemblée des associés ou de l'associé unique l'inventaire, les comptes annuels et le rapport de gestion établis pour chaque exercice.

Art. L. 241-6 *(Abr., L. n° 2012-387, 22 mars 2012).*

Art. L. 241-7 *(Abr., L. n° 2003-721, 1er août 2003).*

Art. L. 241-8 *(Abr., L. n° 2001-420, 15 mai 2001).*

Art. L. 241-9. – Les dispositions des articles L. 241-2 à L. 241-6 sont applicables à toute personne qui, directement ou par personne interposée, aura, en fait, exercé la gestion d'une société à responsabilité limitée sous le couvert ou au lieu et place de son gérant légal.

2) INFRACTIONS CONCERNANT LES SOCIÉTÉS ANONYMES

a) Des infractions relatives à la constitution

Art. L. 242-1 *(L. n° 2012-387, 22 mars 2012).* – Est puni de 150 000 € d'amende le fait, pour les fondateurs, le président, les administrateurs ou les directeurs généraux d'une société anonyme, d'émettre ou négocier des actions ou des coupures d'actions sans que les actions de numéraire aient été libérées à la souscription de la moitié au moins ou sans que les actions d'apport aient été intégralement libérées avant l'immatriculation de la société au registre du commerce et des sociétés.

La peine prévue au présent article peut être portée au double lorsque les actions ou coupures d'actions ont fait l'objet d'une offre au public.

Art. L. 242-2. – Est puni d'un emprisonnement de cinq ans et d'une amende de 9 000 € le fait, pour toute personne :

1° à 3° *(Abr., L. n° 2001-420, 15 mai 2001).*

4° De faire attribuer frauduleusement à un apport en nature une évaluation supérieure à sa valeur réelle.

Art. L. 242-3 *(Rempl., L. n° 2012-387, 22 mars 2012).* – Est puni de 150 000 € d'amende le fait, pour les titulaires ou porteurs d'actions, de négocier des actions de numéraire pour lesquelles le versement de la moitié n'a pas été effectué.

Art. L. 242-4 *(Abr., L. n° 2012-387, 22 mars 2012).*

Voir : anc. art. 435, L. 24 juillet 1966.

Art. L. 242-5. – Est puni d'un emprisonnement de six mois et d'une amende de 60 000 F (9 000 €) le fait d'accepter ou de conserver les fonctions de commissaire aux apports, nonobstant les incompatibilités et interdictions légales.

Voir : anc. art. 436, L. 24 juillet 1966.

b) Des infractions relatives à la direction et à l'administration

Art. L. 242-6 *(Mod., L. n° 2013-907, 11 oct. 2013 ; L. n° 2013-1117, 6 déc. 2013)*. **– Est puni d'un emprisonnement de cinq ans et d'une amende de 375 000 € le fait pour :**

1° Le président, les administrateurs ou les directeurs généraux d'une société anonyme d'opérer entre les actionnaires la répartition de dividendes fictifs, en l'absence d'inventaire, ou au moyen d'inventaires frauduleux ;

2° Le président, les administrateurs ou les directeurs généraux d'une société anonyme de publier ou présenter aux actionnaires, même en l'absence de toute distribution de dividendes, des comptes annuels ne donnant pas, pour chaque exercice, une image fidèle du résultat des opérations de l'exercice, de la situation financière et du patrimoine, à l'expiration de cette période, en vue de dissimuler la véritable situation de la société ;

3° Le président, les administrateurs ou les directeurs généraux d'une société anonyme de faire, de mauvaise foi, des biens ou du crédit de la société, un usage qu'ils savent contraire à l'intérêt de celle-ci, à des fins personnelles ou pour favoriser une autre société ou entreprise dans laquelle ils sont intéressés directement ou indirectement ;

4° Le président, les administrateurs ou les directeurs généraux d'une société anonyme de faire, de mauvaise foi, des pouvoirs qu'ils possèdent ou des voix dont ils disposent, en cette qualité, un usage qu'ils savent contraire aux intérêts de la société, à des fins personnelles ou pour favoriser une autre société ou entreprise dans laquelle ils sont intéressés directement ou indirectement.

Outre les peines complémentaires prévues à l'article L. 249-1, le tribunal peut également prononcer à titre de peine complémentaire, dans les cas prévus au présent article, l'interdiction des droits civiques, civils et de famille prévue à l'article 131-26 du Code pénal.

L'infraction définie au 3° est punie de sept ans d'emprisonnement et de 500 000 € d'amende lorsqu'elle a été réalisée ou facilitée au moyen soit de comptes ouverts ou de contrats souscrits auprès d'organismes établis à l'étranger, soit de l'interposition de personnes physiques ou morales pu de tout organisme, fiducie ou institution comparable établis à l'étranger.

Le délit de présentation ou publication de comptes annuels infidèles prévu par l'article L. 242-6, 2° du Code de commerce, est de nature à causer un préjudice personnel et direct à chaque associé ou actionnaire (■ Cass. crim., 30 janv. 2002 : *Bull. crim.*, n° 14).

....

3) INFRACTIONS CONCERNANT LES SOCIÉTÉS
EN COMMANDITE PAR ACTIONS

Art. L. 243-1. – Les articles L. 242-1 à L. 242-29 s'appliquent aux sociétés en commandite par actions.

Les peines prévues pour les présidents, les administrateurs ou les directeurs généraux des sociétés anonymes sont applicables, en ce qui concerne leurs attributions, aux gérants des sociétés en commandite par actions.

....

4) INFRACTIONS COMMUNES
AUX DIVERSES FORMES DE SOCIÉTÉS PAR ACTIONS

Art. L. 246-1 *(Abr., L. n° 2003-721, 1er août 2003)*.

Art. L. 246-2 *(L. n° 2003-721, 1er août 2003 ; L. n° 2005-842, 26 juill. 2005)*. **– Les dispositions des articles L. 242-1 à L. 242-29, L. 243-1 et L. 244-5 visant le président, les administrateurs ou les directeurs généraux de sociétés anonymes ou de sociétés européennes et les gérants de sociétés en commandite par actions sont applicables à toute personne qui, directement ou par personne interposée, a, en fait, exercé la direction, l'administration ou la gestion desdites sociétés sous le couvert ou au lieu et place de leurs représentants légaux.**

....

Art. L. 820-7 *(Mod., L. n° 2011-525, 17 mai 2011)*. **– Est puni d'un emprisonnement de cinq ans et d'une amende de 75 000 € le fait, pour toute personne exerçant les fonctions de commissaire aux comptes, de donner ou confirmer des informations mensongères sur la situation de la personne morale ou de ne pas révéler au procureur de la République les faits délictueux dont elle a eu connaissance.**

• *Sommaire*

I – MAJORATION FRAUDULEUSE DES APPORTS EN NATURE (C. COM., ART. L. 241-3, 1°, L. 242-2, 4° ET L. 243-1)

1) Est coupable du délit de majoration frauduleuse d'apports en nature prévu et réprimé par l'article 433-4° de la loi du 24 juillet 1966 le commissaire aux apports qui, chargé d'apprécier la valeur des apports en nature faits à une société à l'occasion d'une augmentation de capital, a fait une évaluation très supérieure à la valeur réelle des titres apportés, alors qu'il connaissait les graves inexactitudes des estimations ; en effet, s'il est vrai que ce texte ne précise pas ce qu'il faut entendre par valeur réelle et qu'en conséquence les commissaires peuvent être amenés à prendre en considération certains critères objectifs étrangers à la simple valeur vénale ou marchande des biens apportés, ils ne sauraient cependant être autorisés, quelle que soit la méthode qu'ils ont choisie, à dissimuler volontairement des éléments d'appréciation de nature à entraîner une réduction importante de la valeur de ces biens (■ Cass. crim., 12 avr. 1976 : *JCP* 77, II, 18523, note Guyon ; *Rev. soc.* 1977, 293, note Bouloc. – V. aussi, rendus dans cette même affaire, affaire *Willot :* ■ T. corr. Paris, 16 mai 1974 : *D.* 1975, 37, et ■ Paris, 3 mai 1975 ; *Gaz. Pal.* 1976, 1, 8, note A. P. S. – *Adde* Trochu, Jeantin et Langé, *De quelques applications particulières du droit pénal des sociétés au phénomène économique des groupes de sociétés : D.* 1975, chron. p. 7).

2) Les commissaires aux apports qui apprécient sous leur responsabilité la valeur réelle d'un bien en nature apporté à une société commerciale ne peuvent, comme les apporteurs eux-mêmes, dissimuler les éléments de dépréciation du bien. Le commissaire aux apports et l'apporteur qui, lors de la constitution d'une société à responsabilité limitée, ont dissimulé en pleine connaissance de cause l'existence de sûretés grevant un fonds de commerce apporté en nature, se rendent coupables du délit prévu et réprimé par l'article 425-1° de la loi du 24 juillet 1966 (■ Cass. crim., 22 janv. 1990 : *Bull. crim.*, n° 35 ; *Rev. soc.* 1990, 456, note Bouloc).

II – ABUS DES BIENS DU CRÉDIT ET DES POUVOIRS (ART. L. 241-3, 4° ET L. 242-6, 3°, C. COM.)

3) Abus des pouvoirs. Constitue une utilisation abusive des pouvoirs le fait pour le gérant d'une banque d'inciter un certain nombre de clients de la banque à retirer les fonds qu'ils y avaient en dépôt afin de les lui confier personnellement pour en assurer le placement dans des conditions plus avantageuses, un tel comportement ayant fait courir à la banque le risque d'être appelée à se substituer au prévenu en cas de défaillance de sa part et celui d'encourir les sanctions de la Commission de contrôle des banques (■ Cass. crim., 19 nov. 1979 : *Bull. crim.*, n° 325).

4) Le délit d'abus de pouvoirs exige que son auteur sache, au moment même de l'acte constitutif du délit, que l'usage qu'il fait est contraire aux intérêts de la société qu'il dirige. Cassation de l'arrêt qui, pour retenir le délit contre les membres du directoire d'une société anonyme consistant dans le fait d'avoir fait souscrire à cette société un marché de sous-traitance avec une entreprise dans laquelle ils ont des intérêts, se borne à énoncer que la réalité du risque était inhérente audit marché, sans rechercher si à la date de la signature du contrat, les dirigeants avaient sciemment fait courir à la société un risque anormal (■ Cass. crim., 16 janv. 1989 : *Bull. crim.*, n° 17 ; *Rev. soc.* 1989, 687, note Bouloc).

5) Encourt la cassation l'arrêt qui, pour retenir contre le président du conseil d'administration et un administrateur d'une société anonyme le délit d'abus de pouvoirs, prévu et puni par l'article 437, 4° de la loi du 24 juillet 1966, et de complicité de ce délit consistant dans le fait d'avoir passé une convention avec une entreprise dans laquelle ils ont des intérêts, se borne à énoncer qu'en signant la convention litigieuse sans avoir obtenu l'autorisation préalable du conseil d'administration, les prévenus ne pouvaient ignorer l'irrégularité de l'acte et l'avantage financier que devait en retirer cette entreprise et que les conséquences dommageables pour la société anonyme résultent des résultats de celle-ci après application de la convention, sans démontrer que lors de la signature de la convention, les prévenus avaient sciemment cherché à favoriser une société au détriment de l'autre ni qu'une atteinte avait été portée à la société anonyme (■ Cass. crim., 13 déc. 2000 : *Bull. crim.*, n° 378).

Mais, commet le délit prévu à l'article 437-4°, le président du conseil d'administration d'une société anonyme qui use de ses pouvoirs pour organiser une fusion-absorption contraire à l'intérêt de la société et avantageuse pour lui-même et d'autres sociétés dans lesquelles il est intéressé directement ou indirectement (■ Cass. crim., 10 juill. 1995 : *Bull. crim.*, n° 253).

6) Commet le délit d'abus de pouvoirs, le président du conseil d'administration d'une société, qui, pour obtenir le déplafonnement et l'entière variabilité de sa rémunération, s'assure le contrôle du comité des rémunérations et ne met pas les membres du conseil d'administration en mesure de remplir leur mission, dès lors que ces agissements ont eu des conséquences sur les charges financières et l'image de la société (■ Cass. crim., 16 mai 2012, n° 11-85.150 : *Bull. crim.*, n° 127 ; *Dr. pénal* 2012, comm. 104, obs. J.-H. Robert ; *AJP* 2012, p. 540, note B. Bouloc ; *Rev. sc. crim.* 2012, p. 565, obs. H. Matsopoulou).

7) Abus du crédit. Constitue un abus du crédit de la société le fait pour le président directeur général d'une société anonyme de se faire consentir des garanties hypothécaires pour obtenir le paiement, soit d'une créance fictive, soit de créances réelles, mais simplement chirographaires, qu'il détient sur la société qu'il administre, alors que, connaissant les difficultés financières graves de cette société et désireux d'y échapper, il a décidé de s'en retirer (■ Cass. crim., 12 juin 1978 : *Bull. crim.*, n° 189).

8) Commet un abus du crédit de la société, et non une tentative d'usage abusif des biens sociaux (la tentative n'étant pas prévue par l'article L. 242-6, 3° du Code de commerce), le prévenu, président d'une société, qui émet un chèque, par la suite non encaissé, sur le compte bancaire de cette société en paiement du prix d'achat par lui-même, à des fins personnelles, d'actions de ladite société (■ Cass. crim., 5 déc. 2001 : *Dr. pénal* 2002, comm. 42, obs. J.-H. Robert).

9) Notion d'abus. Selon les dispositions des articles 425, 4°, et 437-3°, de la loi du 24 juillet 1996, l'usage des biens ou du crédit d'une société n'est abusif que s'il est contraire à l'intérêt de celle-ci et fait dans l'intérêt, direct ou indirect, de son dirigeant ; ne met pas la Cour de cassation en mesure de s'assurer de la légalité de sa décision, la cour d'appel qui relève que le versement d'une commission à un tiers, sous couvert d'une fausse facture, est sans contrepartie pour la société, tout en constatant par ailleurs que ce versement a pu avoir pour résultat de minorer substantiellement la dette de celle-ci envers le Trésor public (■ Cass. crim., 6 févr. 1997 : *Bull. crim.*, n° 48 ; *JCP* 97, II, 22823, note M. Pralus ; *Gaz. Pal.*, 6-8 avr. 1997, 22, note J.-P. Doucet ; *Dr. pénal* 1997, comm. 63, obs. J.-H. Robert) – À rappr. ■ Cass. crim., 24 oct. 1996 : *JurisData* n° 004906 ; *Dr. pénal* 1997, comm. 41, obs. M. Véron ; *Rev. sc. crim.* 1997, 395, obs. J.-F. Renucci. – Voir l'étude de M. Pralus, *Contribution au procès du délit d'abus de biens sociaux* : *JCP* 97, I, 4001. – D. Rebut, *L'Abus de biens sociaux par abstention* : *D.* 2005, chron., p. 1290.

10) Groupe de sociétés. L'appréciation de l'acte contraire à l'intérêt social, lorsque la société fait partie d'un groupe, doit être modifiée : il faut prendre en considération l'intérêt du groupe qui peut sous certaines conditions, justifier l'acte contraire à l'intérêt de la société, V. ■ Cass. crim., 16 déc. 1975 : *JCP* 76, II, 18476, note Delmas-Marty. ■ T. corr. Paris, 16 mai 1974, préc. *supra* n° 1. ■ TGI Mulhouse, 25 mars 1983 : *D.* 1984, 285, note Ducouloux-Favard.

– V. Léauté, *La reconnaissance de la notion de groupe en droit pénal des affaires* : *JCP* 73, 1, 2551.

– Pour échapper aux prévisions des articles 425 (4°) et 437 (3°) de la loi du 24 juillet 1966, le concours financier apporté par les dirigeants de fait ou de droit d'une société, à une autre entreprise d'un même groupe dans laquelle ils sont intéressés directement ou indirectement, doit être dicté par un intérêt économique, social ou financier commun, apprécié au regard d'une politique élaborée pour l'ensemble de ce groupe, et ne doit ni être démuni de contrepartie ou rompre l'équilibre entre les engagements respectifs des diverses sociétés concernées, ni excéder les possibilités financières de celle qui en supporte la charge (■ Cass. crim., 4 févr. 1985 : *Bull. crim.*, n° 54 ; *JCP* 86, II, 20585, note Jeandidier ; *D.* 1985, 478, note Ohl ; *Rev. soc.* 1985, 648, note Bouloc. ■ Cass. crim., 13 févr. 1989 : *Bull. crim.*, n° 69 ; *Rev. sc. crim.* 1989, 692, note Bouloc ; V. aussi Bouloc, *Droit pénal et groupes d'entreprises* : *Rev. soc.* 1988, 181. – Voir aussi, ■ Cass. crim., 4 sept. 1996 : *Bull. crim.*, n° 314. ■ Cass. crim., 20 mars 2007 : *Bull. crim.*, n° 86 ; *Dr. sociétés* 2007, comm. 141, obs. R. Salomon. ■ Cass. crim., 24 sept. 2008 : *Dr. sociétés* 2008, comm. 258, obs. R. Salomon).

11) Responsabilité. Le président directeur général d'une filiale n'échappe pas à la prévention d'abus de biens sociaux pour la seule raison que, assujetti au contrôle d'une société mère, il serait privé de sa « souveraineté » dans l'exercice de ses fonctions (■ Cass. crim., 31 mai 2012, n° 11-86.234 : *Dr. pénal* 2012, comm. 132, obs. J.-H. Robert).

12) Sociétés concernées. Justifie sa décision la cour d'appel qui, pour dire les dispositions de l'article L. 242-6 du Code de commerce applicables aux détournements commis au préjudice d'une **société ayant son siège social statutaire à l'étranger**, relève que son capital est détenu majoritairement par une société française, qu'elle a un établissement en France, immatriculé au registre du commerce, que son président réside à Paris, que les décisions d'octroyer les avances frauduleuses ont été prises en France, et en déduit que le siège social réel de cette société est en France et qu'elle doit être considérée comme de nationalité française (■ Cass. crim., 31 janv. 2007 : *Bull. crim.*, n° 28 ; *Rev. sc. crim.* 2007, p. 310, obs. D. Rebult ; *Rev. des sociétés* 2007, p. 379, obs. B. Bouloc).

13) Biens sociaux. Les biens sociaux sont l'ensemble de l'actif mobilier et immobilier de la société : en font ainsi partie le mobilier et le matériel (■ Cass. crim., 30 janv. 1974 : *Bull. crim.*, n° 48), les créances (■ Cass. crim., 15 mars 1972 : *Bull. crim.*, n° 107 ; *Rev. soc.* 1973, 357, note Bouloc), les fonds de la société : commet ainsi un abus des biens sociaux le dirigeant qui s'octroie des rémunérations excessives ou qui désintéresse des créanciers personnels avec les fonds de la société (■ Cass. crim., 25 nov. 1975 : *JCP* 76, II, 18476, note Delmas-Marty ; *Rev. soc.* 1976, 655, note Bouloc. ■ Cass. crim., 6 oct. 1980 : *D.* 1981, IR, 144) ou qui paie à des fins personnelles des factures sans cause à l'aide des deniers de la société (■ Cass. crim., 19 oct. 1987 : *Bull. crim.*, n° 353).

14) Définition de l'intérêt personnel. En matière d'abus de biens sociaux, l'intérêt personnel peut être aussi bien moral que matériel et résulter, notamment, comme en l'espèce, du souci d'entretenir de bonnes relations avec un tiers proche des sphères politiques (■ Cass. crim., 15 sept. 1999 : *Dalloz Affaires* 2000, jur. p. 319, note A. Médina ; V. l'arrêt de cassation du 6 févr. 1997, *supra* note 8, intervenu dans la même espèce).

15) S'il n'est pas justifié qu'ils ont été utilisés dans le seul intérêt de la société, les fonds sociaux, prélevés de manière occulte par un dirigeant social, l'ont nécessairement été dans son intérêt personnel (■ Cass. crim., 11 janv. 1996 : *Bull. crim.*, n° 21. ■ Cass. crim., 14 juin 2006 : *Dr. pénal* 2006, comm. 127, obs. J.-H. Robert), que cet intérêt personnel soit direct ou indirect (■ Cass. crim., 20 juin 1996 : *Bull. crim.*, n° 271 ; *D.* 1996, 589, note Bouloc).

– S'il n'est pas justifié qu'ils ont été utilisés dans le seul intérêt de la société, les biens sociaux, cédés de manière occulte par un dirigeant social, l'ont nécessairement été dans son intérêt personnel (■ Cass. crim., 24 sept. 2008 : *Bull. crim.*, n° 196 ; *Dr. pénal* 2009, comm. 10, obs. J.-H. Robert ; *Dr. sociétés* 2008, comm. 234, obs. R. Salomon).

16) Aucune disposition légale n'exige que l'usage des biens sociaux ait eu lieu à des fins exclusivement personnelles (■ Cass. crim., 14 mai 2003 : *Bull. crim.*, n° 97 ; *D.* 2004, jur. p. 319, obs. M. Segonds. ■ Cass. crim., 25 oct. 2006 : *Bull. crim.*, n° 254).

17) Encourt la cassation, pour défaut de motifs, la cour d'appel qui déclare le dirigeant d'une société coupable d'abus de biens sociaux, sans rechercher si ce dirigeant avait pris un intérêt personnel direct ou indirect dans le règlement de fausses factures qu'il a accepté d'effectuer (■ Cass. crim., 1er mars 2000 : *Bull. crim.*, n° 101) ou en employant fictivement « un chargé de mission » (■ Cass. crim., 4 nov. 2004 : *Dr. pénal* 2005, comm. 44, obs. J.-H. Robert ; *JCP* 2005, II, 10051, note J.-H. Robert).

18) La simple utilisation abusive des biens suffit à caractériser l'infraction en dehors de toute volonté d'appropriation définitive (■ Cass. crim., 8 mars 1967 : *D.* 1967, 586, note Dalsace).

– **Voir** H. Matsopoulou, le retour en grâce de l'intérêt personnel dans l'abus de biens sociaux : *D.* 2005, chron., p. 2075 ; J.-P. Brouillaud, *Faut-il supprimer la notion d'intérêt personnel dans la définition de l'abus de biens sociaux ? : D.* 2008, p. 375, chr.

19) Usage des biens contraire à l'intérêt social. Caractérise l'abus de biens sociaux, quel que soit l'avantage à court terme qu'elle peut procurer, **l'utilisation des fonds sociaux** ayant **pour** seul **objet** de **commettre un délit tel que la corruption** ; celle-ci est contraire à l'intérêt social en ce qu'elle expose la personne morale au risque anormal de sanctions pénales ou fiscales contre elle-même et ses dirigeants et porte atteinte à son crédit et à sa réputation (■ Cass. crim., 27 oct. 1997 : *Bull. crim.*, n° 352 ; *Dr. pénal* 1998, comm. 21, obs. J.-H. Robert ; *JCP* 98, II, 10017, note M. Pralus). ■ Cass. crim., 19 sept. 2007 : *JurisData* n° 2007-041204 ; *Dr. pénal* 2007, comm. 156, obs. J.-H. Robert).

– La corruption du salarié d'une entreprise cliente constitue un abus de biens sociaux commis au préjudice de la société corruptrice, l'utilisation des fonds pour commettre un délit étant contraire à l'intérêt social (■ Cass. crim., 22 sept. 2004 : *Dr. pénal* 2004, comm. 178, obs. J.-H. Robert).

20) Justifie sa décision la cour d'appel qui, pour déclarer les prévenus coupables d'abus de biens sociaux, retient, notamment, que par les procédés de tenue irrégulière de comptabilité et de fausses imputations de factures les prévenus ont fait des biens de la société un usage contraire à son intérêt en exposant la personne morale ou ses dirigeants à des poursuites pénales ou fiscales (■ Cass. crim., 14 mai 2003 : *Bull. crim.*, n° 97).

21) A été déclaré coupable l'abus de biens sociaux l'un des dirigeants d'une société qui a fait des usages abusifs personnels de biens de cette société qui provenaient en grande partie d'infractions pénales par lui commises (■ Cass. crim., 3 oct. 2007 : *JurisData* n° 2007-041311 ; *Dr. sociétés* 2007, comm. 226, obs. R. Salomon).

22) L'usage contraire à l'intérêt social peut résulter d'un usage exposant l'actif de la société à un risque de pertes, sans qu'il soit nécessaire de rechercher ni d'établir l'existence d'un préjudice réel (■ Cass. crim., 8 déc. 1971 : *Bull. crim.*, n° 346).

23) L'utilisation des fonds d'une société, aurait-elle cessé toute activité, à seule fin de permettre le fonctionnement d'une structure dépourvue de la personnalité morale, est nécessairement contraire à l'intérêt social (■ Cass. crim., 19 oct. 2005 : *Bull. crim.*, n° 261).

24) Applications diverses. Agit à des fins personnelles (dol spécial) le maire qui, par souci électoral impose l'implantation d'un ensemble immobilier pour compenser les conséquences fâcheuses sur le plan électoral de l'implantation d'un autre ensemble édifié sur la commune (■ Cass. crim., 16 févr. 1971 : *Bull. crim.*, n° 53 ; *Rev. soc.* 1971, 423, note Bouloc) ou le dirigeant qui agit, poussé par le seul désir de maintenir et d'entretenir des relations d'amitié avec un tiers (■ Cass. crim., 8 déc. 1971 : *Bull. crim.*, n° 346 ; *Rev. soc.* 1972, 514, note Bouloc) ou animé de la volonté de sauvegarder la réputation d'une famille (■ Cass. crim., 3 mai 1967 : *Bull. crim.*, n° 148) ou désireux de consolider sa situation au sein de la société et d'entretenir, par des faveurs, des relations avantageuses avec des personnages influents (■ Cass. crim., 9 févr. 1987 : *Bull. crim.*, n° 61).

25) Un administrateur de deux sociétés qui a, de mauvaise foi, employé à son profit des effets et des sommes qui revenaient aux sociétés, obéré dans son intérêt leur trésorerie en se faisant consentir des avances injustifiées, facturé aux sociétés des fournitures non effectivement livrées et bénéficié indûment de rémunérations excessives et d'avantages en nature, est coupable des délits d'abus de biens et de crédit social (■ Cass. crim., 25 nov. 1975, préc. *supra*, n° 10. – V. aussi ■ Cass. crim., 6 oct. 1980 : *D.* 1981, IR, 144, obs. Roujou de Boubée).

26) Constitue un abus de biens sociaux le fait pour des dirigeants d'une société, par un protocole secret, de consentir au précédent président de la société, dont ils redoutaient qu'il puisse leur nuire, des rémunérations ne correspondant à aucune activité effective (■ Cass. crim., 28 mars 1996 : *Bull. crim.*, n° 142).

27) Justifie sa décision la cour d'appel qui déclare le prévenu coupable d'abus de biens sociaux pour avoir loué à la société, dans son seul intérêt, des locaux dont il était propriétaire et devenus inutiles à cette société tant économiquement que commercialement, engendrant pour celle-ci un coût important et aggravant sa situation déjà financièrement obérée (■ Cass. crim., 12 sept. 2001 : *Dr. pénal* 2002, comm. 6, obs. J.-H. Robert). – Pour échapper aux prévisions de l'article L. 241-3 4° du Code de commerce, le concours financier apporté par les dirigeants d'une société, à une autre entreprise du même groupe dans laquelle ils sont intéressés directement ou indirectement, doit être dicté par un intérêt économique, social ou financier commun, apprécié au regard d'une politique élaborée pour l'ensemble de ce groupe, et ne doit ni être dépourvu de contrepartie ni rompre l'équilibre entre les engagements respectifs des diverses sociétés concernées (■ Cass. crim., 20 mars 2007 : *Bull. crim.*, n° 86 ; *Dr. sociétés* 2007, comm. 141, obs. R. Salomon, préc.).

28) Le fait pour un dirigeant de sociétés de procéder sciemment à un montage juridique et financier aux fins de mettre à la charge de deux de ses sociétés des honoraires ne correspondant à aucune prestation utile au seul profit d'une autre société dont il était, avec son fils, l'ayant cause, est constitutif d'un abus de biens sociaux (■ Cass. crim., 25 oct. 2006 : *Bull. crim.*, n° 254 ; *Dr. sociétés* 2007, comm. 16, note R. Salomon).

29) Caractérise le délit la Cour d'appel qui énonce que le prévenu, gérant d'une SARL, avait remboursé une dette à la société et que son compte-courant était débiteur avant ce remboursement (■ Cass. crim., 31 mai 2006, pourvoi n° 05-86.635 : *Rev. sc. crim.* 2006, p. 844, obs. D. Rebut).

30) Sur l'abus de biens sociaux et recel en matière de « rétro-commissions », V. ■ Cass. crim., 8 avr. 2010, n° 09-85.520 : *JurisData* 2010-003379 ; *Dr. pén.* 2010, comm. 82, obs. J.-H. Robert.

31) Intérêts protégés. L'assentiment des associés, même donné sous la forme d'une délibération de l'assemblée générale, ne suffit pas à faire disparaître le délit, la loi ayant pour but de protéger non seulement les intérêts des associés, mais aussi le patrimoine de la société et les intérêts des tiers qui contractent avec elle (■ Cass. crim., 19 oct. 1971 : *Bull. crim.*, n° 272. ■ Cass. crim., 19 mars 1979 : *Bull. crim.*, n° 112).

Ainsi, est coupable d'abus de biens sociaux le gérant d'une société dont les associés sont membres d'une même famille (■ Cass. crim., 26 mai 1994 : *Bull. crim.*, n° 206).

32) Actes approuvés mais réprouvés pénalement. L'approbation donnée par les organes sociaux à certains actes, même non critiqués par l'expert-comptable, le commissaire aux comptes et les contrôleurs fiscaux, n'empêche pas qu'ils puissent constituer des abus de biens sociaux.

Il en est ainsi de la perception de rémunérations excessives par un président de société, proportionnelles à un chiffre d'affaire notablement augmenté par des factures fictives et qui a fait prendre en compte par la société, en difficultés financières, la souscription de contrats d'assurance personnels. La régularisation ultérieure n'enlève pas aux faits leur caractère délictueux et la cour d'appel, en relaxant le prévenu, n'a pas justifié sa décision en se déterminant sans suffisamment s'expliquer (■ Cass. crim., 22 sept. 2004 : *Dr. pénal* 2004, comm. 177, obs. J.-H. Robert).

33) Participation personnelle à l'infraction. Encourt la cassation l'arrêt qui, pour déclarer coupable d'abus de biens sociaux le président d'une société, se borne à énoncer qu'il aurait dû s'opposer à l'acquisition d'une voiture par le directeur général qui en avait pris l'initiative en s'en réservant l'usage puis le produit de la revente, sans caractériser la participation personnelle du prévenu à l'infraction (■ Cass. crim., 7 sept. 2005 : *Dr. pénal* 2005, comm. 175, obs. J.-H. Robert ; *Rev. sc. crim.* 2006, p. 331, obs. D. Rebut).

– Sur la commission de l'infraction par abstention, V. ■ Cass. crim., 28 janv. 2004 : *Rev. sociétés* 2004, p. 722, note Bouloc. – V. Rebut : *D.* 2005, chron. p. 1290.

34) Complicité. Se rend coupable de complicité d'abus de biens sociaux, le président du directoire d'une société qui, moyennant rémunération, prépare et facilite les agissements illicites d'un associé majoritaire et membre du directoire. C'est en vain qu'il peut invoquer son manque d'expérience pour échapper à l'incrimination (■ Cass. crim., 5 sept. 1988 : *Rev. soc.* 1989, 76, note Jeandidier ; V. aussi ■ Cass. crim., 20 mars 1997 : *D.* 1999, 28, note D. Boccara).

35) Ne justifie pas sa décision la cour d'appel qui relaxe, du chef d'abus de biens sociaux et de banqueroute, un administrateur provisoire désigné par le tribunal de commerce avec mission de se substituer aux dirigeants d'une société, sans rechercher si le prévenu, qui a sciemment contrevenu à sa mission en maintenant à son poste le président et en mettant en place à ses côtés un « comité de direction », n'avait pas eu conscience de fournir à deux des membres de celui-ci, les moyens de commettre les détournements dont ceux-ci se sont rendus coupables pendant toute la durée de son mandat (■ Cass. crim., 22 sept. 2010, n° 09-87.363 : *Dr. pén.* 2010, comm. 139, obs. J.-H. Robert).

36) Dirigeants de fait. Le visa de l'article 478 de la loi du 24 juillet 1966 aux lieu et place de son article 463 ne saurait porter atteinte aux droits de la défense d'un prévenu, dirigeant de fait d'une société, poursuivi et condamné du chef d'abus de biens sociaux, dès lors que les articles précités s'appliquent indistinctement à quiconque qui, directement ou par personne interposée, aura en fait exercé la direction, l'administration ou la gestion de sociétés par actions, sous le couvert de leurs représentants légaux (■ Cass. crim., 25 mai 1987 : *Bull. crim.*, n° 215). V. gérants de fait déclarés coupables d'abus de biens sociaux : ■ Cass. crim., 22 janv. 2014, n° 12-87.105 ; *Rev. sc. crim.* 2014, p. 563, chron., H. Matsopoulou ; *Rev. sociétés* 2014, 452, note B. Bouloc.

37) Exclusion de l'abus de biens sociaux. Les détournements commis après la date de cessation des paiements ne constituent pas le délit d'abus de biens sociaux mais le délit de banqueroute (■ Cass. crim., 7 avr. 1998 : *Dr. pénal* 1998, comm. 99, obs. J.-H. Robert). ■ Cass. crim., 30 juin 2004 : *Rev. sc. crim.* 2004, p. 895, obs. D. Rebut).

– Mais l'arrêt de condamnation n'encourt pas la censure dès lors que les faits étaient constitutifs du délit de banqueroute par détournement d'actif (■ Cass. crim., 6 juin 2007 : *Rev. sc. crim.* 2007, p. 830, obs. D. Rebut).

38) L'incrimination d'abus de biens sociaux ne peut être étendue à des sociétés que la loi n'a pas prévues, telle une société de droit étranger, pour lesquelles seule la qualification d'abus de confiance est susceptible d'être retenue (■ Cass. crim., 3 juin 2004 : *Bull. crim.*, n° 152 ; *JCP* 2004, II, 10051, note M. Raimond ; *Rev. sc. crim.* 2004, p. 892, obs. D. Rebut ; *D.* 2004, *Jur.* p. 3213, note D. Caramalli).

39) Prescription. Le point de départ de la prescription de l'action publique est le jour où l'infraction a été effectivement découverte (■ Cass. crim., 15 juin et 3 oct. 1973 : *D.* 1974, 646, note Bouloc. ■ Cass. crim., 25 nov. 1975 : *Bull. crim.*, n° 257) ; et, plus précisément le jour où le délit est apparu et a pu être constaté dans des conditions permettant l'exercice de l'action publique (■ Cass. crim., 10 août 1981 : *Rev. soc.* 1983, 368, note Bouloc. ■ Cass. crim., 17 nov. 1986 : *Bull. crim.*, n° 342. ■ Cass. crim., 13 févr. 1989 : *Bull. crim.*, n° 69. ■ Cass. crim., 27 juill. 1993 : *Dr. pénal* 1994, n° 89). Un abus de biens sociaux commis avec le consentement de l'unanimité des associés se prescrit du jour où il est découvert par un tiers étranger à la société, en l'espèce le contrôleur de l'administration fiscale (■ Cass. crim., 8 mars 2006 : *JurisData* n° 2006-03302 ; *Dr. pénal* 2006, comm. 85, J.-H. Robert).

40) Justifie sa décision l'arrêt qui, pour écarter l'exception de prescription de l'action publique, énonce que les dépenses litigieuses n'apparaissaient pas dans les comptes soumis à l'approbation de l'assemblée générale des associés, que les termes du protocole d'accord signé le 16 juillet 1997 à la suite de la révocation d'un co-gérant n'ont pas été autorisés par cette assemblée générale et que la dissimulation des majorations de salaires aux organismes sociaux et les redressements qui en ont été la conséquence démontrent que ces compléments de rémunération n'apparaissaient dans les comptes sociaux, de sorte que les faits n'ont été connus, dans des conditions permettant l'exercice de l'action publique, qu'après les vérifications fiscales et sociales, moins de 3 ans avant la citation introductive d'instance (■ Cass. crim., 25 oct. 2006 : *Bull. crim.*, n° 253 ; *Dr. pénal* 2006, note 161 ; *Dr. sociétés* 2007, comm. n° 36, note R. Salomon).

41) Il se déduit des articles 53 et 247 de la loi du 24 juillet 1966 *(L. 223-23 et L. 225-254 nouveaux du Code de commerce)* **que la prescription de l'action publique du chef d'abus de biens sociaux court, sauf dissimulation, à compter de la présentation des comptes annuels par lesquels les dépenses litigieuses sont mises indûment à la charge de la société** (■ Cass. crim., 5 mai 1997 : *Bull. crim.*, n° 159 ; V. aussi ■ Cass. crim., 13 oct. 1999 : *Bull. crim.*, n° 219 ; *Dr. pénal* 2000, comm. 17, obs. J.-H. Robert ; *JCP* 2000, II, 10386, note D. Ohl, et ■ Cass. crim., 10 nov. 1999 : *Dr. pénal* 2000, comm. 58, obs. J.-H. Robert). – *Adde* ■ Cass. crim., 30 janv. 2013, n° 12-80.107 : *Dr. sociétés* 2013, comm. 91, p. 40, R. Salomon ; *AJP* 2013, p. 481, note J. Gallois.

42) Encourt dès lors la censure l'arrêt qui, après avoir énoncé que les charges indues figurent dans les comptes annuels à la rubrique où elles doivent trouver leur place, fait courir le délai de prescription à compter d'une date postérieure à celle de la présentation des comptes, sans caractériser en quoi les opérations litigieuses auraient été dissimulées et le commissaire aux comptes empêché d'en découvrir l'existence (■ Cass. crim., 27 juin 2001 : *Bull. crim.*, n° 164 ; *Dr. pénal* 2001, comm. 129, obs. J.-H. Robert ; *Rev. sc. crim.* 2002, p. 339, obs. J.-F. Renucci).

43) Encourt aussi la censure l'arrêt qui fait courir le point de départ de la prescription à compter de l'approbation, par les assemblées générales des sociétés, de conventions de versement d'honoraires à un tiers, en rémunération de prestations, pour partie fictives, alors que l'usage contraire à l'intérêt social résultait non des conventions mais de leurs modalités d'exécution et que celles-ci devaient faire l'objet, à la fin de chaque exercice, d'un rapport spécial des commissaires aux comptes dont la présentation aux assemblées générales constituait le point de départ du délai de prescription (■ Cass. crim., 8 oct. 2003 : *Bull. crim.*, n° 184 ; *Dr. pénal* 2003, comm. 147, obs. J.-H. Robert ; *JCP* 2004, II, 10028, note S. Jacopin ; *D.* 2003, jur. p. 2695, obs. A. Lienhard).

44) Dissimulation. Caractérise une dissimulation, de nature à faire courir le délai de prescription à compter d'une date postérieure à celle de la présentation des comptes, la cour d'appel qui, à propos d'abus de biens sociaux commis au préjudice d'une société d'économie mixte et résultant de versements de fonds effectués en exécution de conventions réglementées passées avec diverses sociétés, énonce, d'une part, que l'une de ces conventions n'a été présentée que trois ans plus tard aux associés dans le rapport spécial du commissaire aux comptes, qu'une autre n'a fait l'objet d'aucune délibération du conseil d'administration, et que, pour celles qui, dénuées en elles-mêmes de caractère frauduleux, avaient été visées dans les rapports spéciaux des commissaires aux comptes, seuls le rapprochement et l'analyse des factures émises sous leur couvert, effectués postérieurement dans un rapport d'audit, ont permis d'en découvrir l'usage frauduleux, d'autre part, qu'il n'a pas été satisfait aux obligations légales d'information de la collectivité locale actionnaire sur les comptes et les activités de la société ; caractérise de même une telle dissimulation, la cour d'appel qui énonce, à propos d'abus de biens sociaux résultant du paiement de dépenses personnelles au moyen de fonds sociaux, que leur caractère délictueux était dissimulé par la mention sur des notes de restaurant du nom de personnes n'ayant pas pris part aux repas (■ Cass. crim., 10 avr. 2002 : *Bull. crim.*, n° 85 ; *Dr. pénal* 2002, comm. 96, obs. J.-H. Robert ; *Rev. sc. crim.* 2002, p. 827, obs. D. Rebut).

45) Ne donne pas de base légale à sa décision la chambre de l'instruction qui, pour constater la prescription des faits d'abus de biens sociaux reprochés au dirigeant de fait d'une société anonyme d'économie mixte sportive qui avait reçu des commissions injustifiées pour le recrutement de joueurs, relève que, si les conditions précises dans lesquelles celui-ci avait perçu ces commissions, dissimulées sous l'apparence d'une comptabilité régulière en la forme, n'étaient pas connues, les vérifications opérées dans le cadre des contrôles et audits financiers avaient immanquablement conduit à suspecter des anomalies de gestion, alors que, d'une part, des indices de mauvaise gestion n'impliquent pas nécessairement de la part des dirigeants d'une société un comportement entrant dans les prévisions de l'article L. 242-6 du Code de commerce, que, d'autre part, les juges n'ont pas tiré les conséquences légales de leurs propres constatations relatives à la dissimulation des commissions (■ Cass. crim., 7 mai 2002 : *Bull. crim.*, n° 106 ; *Dr. pénal* 2002, comm. 84, obs. J.-H. Robert ; *Rev. sc. crim.* 2002, préc.).

46) Appréciation de la dissimulation. La prescription de l'action publique du chef d'abus de biens sociaux court, sauf dissimulation, à compter de la présentation des comptes annuels par lesquels les dépenses litigieuses sont mises indûment à la charge de la société.

Caractérise la dissimulation de nature à retarder le point de départ de la prescription, l'arrêt qui relève que certaines dépenses n'ont pas été enregistrées en comptabilité et que d'autres ont été présentées sous une fausse imputation ou sur la base de factures comportant de fausses indications quant au véritable redevable des sommes y figurant et quant à leur objet (■ Cass. crim., 14 mai 2003 : *Bull. crim.*, n° 97 ; *Dr. pénal* 2003, comm. 99, obs. J.-H. Robert ; *Rev. sc. crim.* 2003, p. 797, obs. D. Rebut), ou l'arrêt qui retient que les faits se sont inscrits dans le cadre de la dissimulation de détournements au travers de conventions fictives accompagnées de factures dont la fausseté ne pouvait être mise en évidence à l'occasion des vérifications habituelles, notamment de la part des commissaires aux comptes, les créanciers étant étrangers et les versements correspondant aux factures ayant été opérés successivement auprès de plusieurs établissements bancaires situés en Angleterre et en Suisse ; l'établissement de factures non causées destinées à justifier dans les comptes sociaux d'opérations fictives constitue en effet une dissimulation (■ Cass. crim., 16 nov. 2005 : *Dr. pénal* 2006, comm. 42, obs. J.-H. Robert ; *JCP* 2006, II, 10110, note Ph. Conte. *Dr. sociétés* 2006, comm. 29, note R. Salomon).

47) Justifie aussi sa décision l'arrêt qui relève que les travaux réalisés sans facturation par une société au profit d'un élu n'ont pas été comptabilisés et que les dépenses de fournitures de bureau et de mobilier de jardin payées par deux sociétés pour le compte de cet élu ont été dissimulées par interposition d'une troisième société (■ Cass. crim., 28 mai 2003 : *Bull. crim.*, n° 108).

– Justifie sa décision la Cour d'appel qui énonce que les comptes annuels présentés dissimulaient des opérations fictives révélées à l'issue d'un audit et d'une enquête préliminaire (■ Cass. crim., 22 sept. 2004 : *Dr. pénal* 2004, comm. 178, obs. J.-H. Robert).

– La dissimulation est aussi caractérisée si la lecture des comptes sociaux ne mettait pas le commissaire aux comptes ou les actionnaires en mesure d'avoir les informations suffisantes pour déceler l'existence de faits constitutifs d'abus de biens sociaux, un emploi fictif étant englobé dans la masse salariale (■ Cass. crim., 4 nov. 2004 : *Dr. pénal* 2005, comm. 44, obs. J.-H. Robert ; *JCP* 2005, II, 10051, note J.-H. Robert).

– La prescription n'a pu courir de la date de la connaissance des faits d'abus sociaux par le commissaire aux comptes de la société dès lors que celui-ci s'était abstenu de les dénoncer dans des conditions permettant l'exercice de l'action publique (■ Cass. crim., 3 oct. 2007 : *JurisData* n° 2007-041306 ; *Dr. sociétés* 2007, comm. 228, obs. R. Salomon).

48) Contrôle de la cour de cassation. Les juges du fond apprécient souverainement le point de savoir si la présentation des comptes aux associés, qui fait courir le délai de prescription, a été ou non affectée par une dissimulation (■ Cass. crim., 28 janv. 2004 : *Dr. pénal* 2004, comm. 65. ■ Cass. crim., 25 févr. 2004 : *Dr. pénal* 2004, comm. 105). – Cependant, par deux arrêts des 14 et 28 juin 2006, la chambre criminelle a censuré deux décisions de cours d'appel qui, l'une, n'avait pas caractérisé la dissimulation, et l'autre avait conclu à son absence : *Dr. pénal* 2006, comm. 126, obs. J.-H. Robert). La cour de cassation contrôle ainsi la motivation des juges du fond sur la dissimulation – *Adde*. en ce sens, 28 juin 2006 : *Dr. pénal* 2006, comm. 142, obs. J.-H. Robert ; *Dr. sociétés* 2006, comm. 190, note R. Salomon).

49) QPC. Non-lieu à renvoi au Conseil constitutionnel de la question prioritaire de constitutionnalité **concernant le point de départ de la prescription de l'abus de confiance et de l'abus de biens sociaux** qui est reporté au jour où les faits ont pu être constatés dans des conditions permettant l'exercice de l'action publique lorsque la commission de l'infraction est occulte ou dissimulée, dès lors que la prescription de l'action publique ne revêt pas le caractère d'un principe fondamental reconnu par les lois de la République et ne procède pas des articles 7 et 8 de la Déclaration des droits de l'homme et du citoyen du 26 août 1789, ni d'aucune disposition, règle ou principe de valeur constitutionnelle, et que les règles relatives au point de départ de la prescription de l'action publique sont anciennes, connues, constantes et reposent sur des critères précis et objectifs (■ Cass. ass. plén., 20 mai 2011, arrêt n° 597 [11-90.033] : *Bull. crim.*, n° 6. ■ Cass. crim., 20 mai 2011, n° 11-90.032 : *Bull. crim.*, n° 8 ; *D.* 2011, p. 1346, obs. A. Lienhard ; *Dr. pén.* 2011, comm. 95, obs. J.-H. Robert ; *Bull. inf. C. cass.* 2011, n° 745, I, rapport Prétot, avis Cordier).

50) Délit instantané. Le délit d'abus de biens sociaux résultant (en application d'un contrat de travail antérieur) de reversement de salaires rémunérant un emploi fictif est une infraction instantanée consommée lors de chaque paiement indu (■ Cass. crim., 28 mai 2003 : *Bull. crim.*, n° 109 ; *Dr. pénal* 2003, comm. 100, obs. J.-H. Robert ; *Rev. sc. crim.* 2004, p. 358, obs. D. Rebut). Le délit d'abus de biens sociaux d'une société résultant d'un cautionnement est une infraction instantanée consommée au jour de l'acte (■ Cass. crim., 28 févr. 2007 : *JurisData* n° 2007-038438, *Dr. sociétés*, 2007, comm. n° 121, note R. Salomon ; *Dr. pénal* 2007, comm. 83, obs. J. H. Robert).

V. Y. Mayaud, pour une approche cohérente de la prescription de ce délit : D. 2004, p. 194.

51) En matière de recel. les dispositions des articles 203 du Code de procédure pénale et 321-3 à 321-5 du Code pénal impliquent que le recel du produit d'un abus de biens sociaux ne saurait commencer à se prescrire avant que l'infraction dont il procède soit apparue et ait pu être constatée dans des conditions permettant l'exercice de l'action publique (■ Cass. crim., 6 févr. 1997 : préc., note 6 ; *Dr. pénal* 1997, comm. 61, obs. M. Véron. ■ Cass. crim., 27 oct. 1997 : *Bull. crim.*, n° 352. ■ Cass. crim., 24 sept. 2008 : *JurisData* 2008-045563 ; *Dr. pénal* 2009, note 15, obs. J.-H. Robert).

52) Si l'abus de biens sociaux est une infraction instantanée, consommée au jour de l'acte, le recel d'abus de biens est une infraction continue (■ Cass. crim., 28 févr. 2007 : *JurisData* n° 2007-038438 ; *Dr. sociétés*, 2007, comm. n° 121, note R. Salomon).

53) Justifie sa décision écartant la prescription de l'action publique en matière d'abus de biens sociaux, l'arrêt qui énonce que l'absence de prestation de travail correspondant aux rémunérations perçues par le prévenu (poursuivi pour avoir recelé ces sommes), n'est apparue et n'a pu être constatée dans des conditions permettant l'exercice de l'action publique que moins de trois ans avant le premier acte interruptif de prescription (■ Cass. crim., 14 nov. 2007 : *Bull. crim.*, n° 282).

54) Justifie sa décision la cour d'appel qui, pour déclarer le prévenu coupable de recel d'abus de biens sociaux, relève qu'il a bénéficié de travaux effectués dans une résidence lui appartenant et réglés par une société au moyen de fonds qu'il savait provenir de versements indus d'une autre société (■ Cass. crim., 10 juill. 1995 : *Bull. crim.*, n° 253 ; *JCP* 96, II, 22572, note J. Paillusseau).

55) Action civile. Dès lors que le jugement déclarant la liquidation judiciaire d'une société désigne, conformément aux dispositions de l'article 148 de la loi du 25 janvier 1985 alors applicable, le représentant des créanciers en qualité de liquidateur judiciaire, il ne saurait être fait grief à une cour d'appel d'avoir reçu sa constitution de partie civile dans les poursuites suivies contre le gérant de ladite société du chef d'abus de biens sociaux (■ Cass. crim., 12 oct. 1995 : *Bull. crim.*, n° 305. ■ 12 juin 2012, n° 11-87.799. ■ 5 déc. 2012, n° 11-85.838 : *Bull. crim.*, n° 271 ; *Dr. pénal* 2013, comm. 60, obs. J.-H. Robert). Est recevable la constitution de partie civile du liquidateur en sa qualité de représentant de la société indépendamment de la cessation de paiement de cette dernière (■ Cass. crim., 8 mars 2006 : *Dr. sociétés* 2006, comm. n° 115, note R. Salomon).

56) En cas de poursuites pour abus de biens sociaux, **les associés**, hors le cas d'exercice de l'action sociale *ut singuli*, ne peuvent demander à la juridiction correctionnelle réparation du préjudice résultant de la perte ou de la baisse de valeur de leurs titres, ou de la perte des gains escomptés. En effet, la dévalorisation des titres d'une société découlant des agissements fautifs de ses dirigeants constitue, non pas un dommage propre à chaque associé, mais un préjudice subi par la société elle-même (■ Cass. crim., 13 déc. 2000 : *Bull. crim.*, n°s 373 et 378 ; *Dr. pénal* 2001, comm. 47, obs. J.-H. Robert. – Rappr. crim. 12 sept. 2001 : *Dr. pénal* 2002, comm. 6, obs. J.-H. Robert et ■ Cass. crim., 2 avr. 2003 : *Dr. pénal* 2003, comm. 98, obs. J.-H. Robert ; ■ Cass. crim., 14 juin 2006 : *JurisData* n° 2006-034771 ; *Dr. sociétés* 2006, comm. n° 151, note R. Salomon).

57) Sont irrecevables à se constituer partie civile du chef d'abus de biens sociaux les actionnaires ou associés agissant à titre individuel, dès lors que les préjudices, économique et moral invoqués ne résultent que de l'atteinte portée au patrimoine de la société (■ Cass. crim., 16 avr. 2008 : *Dr. sociétés* 2008, comm. 191, obs. R. Salomon).

58) L'associé victime d'un abus de biens sociaux, exerçant non l'action sociale mais agissant à titre personnel, est irrecevable à se constituer partie civile sauf à démontrer l'existence d'un préjudice propre, distinct du préjudice social, découlant directement de l'infraction (■ Cass. crim., 5 juin 2013, n° 12-80.387 : *AJP* 2013, p. 674, obs. J. Gallois).

59) L'action sociale *ut singuli* est recevable à l'encontre des complices et des receleurs d'abus de biens sociaux, en dépit de l'extinction de l'action publique à l'égard de l'auteur principal (■ Cass. crim., 14 janv. 2009 : *Dr. sociétés* 2009, comm. 60, obs. R. Salomon ; *Dr. pénal* 2009, comm. 64, obs. J.-H. Robert).

60) Les actionnaires, exerçant l'action sociale au nom d'une société victime d'abus de biens sociaux, sont recevables à se constituer partie civile et à solliciter des dommages-intérêts à l'encontre de l'auteur de ce délit, peu important que le représentant légal de cette société, partie civile, n'invoque l'existence d'aucun préjudice (▪ Cass. crim., 16 déc. 2009 : *Bull. crim.*, n° 218 ; *Dr. pénal* 2010, comm. 37, obs. J.-H. Robert ; *Dr. sociétés* 2010, comm. 78, note R. Salomon ; *AJP* 2010, p. 144, note M. E. Charbonnier).

61) L'appel de l'actionnaire agissant *ut singuli* est recevable même si les dirigeants de la société victime ne s'y associent pas (▪ Cass. crim., 8 oct. 2003 : *Bull. crim.*, n° 184 ; *Dr. pénal* 2003, comm. 147, obs. J.-H. Robert, préc.).

62) L'obligation de mettre en cause la société, qui, selon l'article R. 225-170 du Code de commerce, s'impose à l'actionnaire exerçant l'action sociale, ne s'applique que devant les juridictions de jugement ; encourt en conséquence la censure l'arrêt de la chambre de l'instruction qui, pour juger irrecevable une plainte avec constitution de partie civile déposée par les actionnaires d'une société anonyme déclarant exercer l'action sociale (du chef d'abus de biens sociaux puis de recul d'abus), énonce que la preuve de la mise en cause de ladite société n'est pas rapportée (▪ Cass. crim., 3 oct. 2007 : *Bull. crim.*, n° 238 ; *Dr. pénal* 2007, comm. 155, obs. J.-H. Robert ; *Dr. société* 2007, comm. 227, obs. R. Salomon).

63) L'auteur d'un délit est tenu de réparer intégralement le préjudice en découlant ; encourt, dès lors, la cassation l'arrêt qui, pour refuser de faire droit à la demande de réparation des préjudices causés par des abus de biens sociaux, formée par un actionnaire d'une société anonyme exerçant l'action sociale, retient que, postérieurement aux faits dont les prévenus ont été déclarés coupables, la société a été restructurée sur le plan financier, notamment par l'apport de fonds propres de la part de son ancien actionnaire et qu'ainsi les conséquences préjudiciables des agissements délictueux ont été réparées (▪ Cass. crim., 28 janv. 2004 : *Bull. crim.*, n° 18, *D.* 2004, jur., p. 1447, note H. Matsopoulou).

64) Le délit d'abus de biens sociaux n'occasionne un dommage personnel et direct qu'à la société elle-même et non à chaque associé (▪ Cass. crim., 5 déc. 2001 : *Rev. sc. crim.* 2002, p. 830, obs. D. Rebut).

– L'atteinte au capital ou aux intérêts d'une société susceptible de découler des délits d'abus de biens et de pouvoirs sociaux constitue, non pas un dommage propre à chaque associé, mais un préjudice subi par la société elle-même (▪ Cass. crim., 9 mars 2005 : *JurisData* n° 2005-027890 ; *Dr. pénal* 2005, note 97). ▪ Cass. crim., 20 juin 2007 : *Dr. sociétés* 2007, comm. 204, obs. R. Alomon).

65) Encourt la cassation l'arrêt de la Cour d'appel qui, pour allouer des dommages-intérêts à des **salariés** et à une **section syndicale**, en réparation du préjudice causé par les abus de biens sociaux commis par le dirigeant de la société, énonce que ces infractions ont eu directement pour effet de diminuer le montant de certaines primes, alors que cette diminution n'est qu'une conséquence indirecte des abus de biens sociaux (▪ Cass. crim., 28 janv. 2004 : *JurisData* n° 2004-022611 ; *Dr. pénal* 2004, comm. 89, obs. J.-H. Robert) ; à rapprocher ▪ Cass. crim., 23 mars 2005 : *JurisData* n° 2005-02828259 : *Dr. sociétés* 2006, comm. n° 11, note R. Salomon.

66) Est irrecevable l'action civile du chef d'abus de biens sociaux exercée par des syndicats et le représentant des salariés à une procédure collective (▪ Cass. crim., 23 févr. 2005, deux arrêts : *Dr. pénal* 2005, comm. 77, obs. J.-H. R).

– De même, il se déduit de l'article 2 du Code de procédure pénale, des articles 1er, 1°, de la loi du 7 juillet 1983, 437, 3°, de la loi du 24 juillet 1966 alors en vigueur et de l'article L. 242-6, 3°, du Code de commerce qu'une collectivité territoriale, agissant pour son compte, est irrecevable à se constituer partie civile en raison du délit d'abus de biens sociaux commis au préjudice de la société d'économie mixte dont elle est l'associée ou la créancière, sauf à démontrer l'existence d'un préjudice propre, distinct du préjudice social, découlant directement de l'infraction (▪ Cass. crim., 3 déc. 2014, n° 13-87.224).

67) Ne peut qu'être indirect le préjudice causé à l'État ayant versé des aides à une société dont les dirigeants sont poursuivis pour avoir abusé des biens de ladite société (▪ Cass. crim., 28 févr. 2006 : *Bull. crim.*, n° 55 ; *Rev. soc.* 2006, p. 389, obs. Bouloc).

68) Prescription de l'action civile. Tout acte de poursuite et d'instruction accompli dans le délai de prescription de l'action publique interrompt la prescription de l'action civile exercée devant la juridiction répressive, non seulement à l'encontre de tous les participants à l'infraction mais encore à l'égard de leurs commettants, civilement responsables ; encourt dès lors la censure, l'arrêt d'une cour d'appel qui, pour constater la prescription de l'action civile dirigée contre des sociétés de banque, citées en qualité de *civilement responsable* de leurs préposés poursuivis pour complicité d'abus de biens sociaux et pour complicité de recel, retient, notamment, que les actions en responsabilité extracontractuelle se prescrivent par dix ans à compter de la manifestation du dommage ou de son aggravation (■ Cass. crim., 14 juin 2006 : *Bull. crim.*, n° 181).

69) Peine complémentaire illégale. Doivent être cassées les dispositions d'un arrêt condamnant un prévenu coupable d'abus de biens sociaux à la peine complémentaire d'interdiction de gérer ou d'administrer toute entreprise commerciale ou artisanale et toute personne morale, alors que cette peine n'est pas prévue par la loi en matière d'abus de biens sociaux (■ Cass. crim., 12 sept. 2001 : *Dr. pénal* 2002, comm. 6, obs. J.-H. Robert. ■ 9 mai 2007 : *JurisData* n° 2007-039787 ; *Dr. société* 2007, comm. 166, obs. R. Salomon), cette peine ne pouvant s'appliquer, selon l'article L. 249-1 du Code de commerce, qu'aux entreprises commerciales, industrielles et sociétés commerciales et non à une personne morale n'ayant pas ces caractères (■ Cass. crim., 21 sept. 2011 : *Dr. pén.* 2012, comm. 9, obs. J.-H. Robert).

70) Méconnaît le principe de légalité des peines la cour d'appel qui prononce à l'encontre de l'auteur d'un abus de biens sociaux la peine complémentaire d'interdiction d'exercer les professions d'expert-comptable et de commissaire aux comptes, non prévue par les articles L. 241-3 et L. 242-6 du Code de commerce (■ Cass. crim., 6 déc. 2006 : *JurisData* n° 2006-037216 ; *Dr. sociétés* 2007, comm. 58, note R. Salomon).

– Il en est de même pour la peine complémentaire d'exclusion des marchés publiés, non prévue par les articles 425 de la loi du 24 juillet 1966, devenu L. 242-6 du Code de commerce, et 179 du Code pénal, dans sa rédaction applicable à la date des faits (■ Cass. crim., 19 sept. 2007 : *Dr. pénal* 2007, comm. 156, obs. J.-H. Robert).

71) Qualifications des faits. Le demandeur ne peut se faire un grief de ce qu'il a déclaré coupable d'abus de biens sociaux et non de banqueroute, pour des faits commis postérieurement à la date de cessation des paiements, dès lors que la peine prononcée est encourue pour l'une comme pour l'autre incrimination et que les réparations civiles sont justifiées par le dommage résultant du délit quelle que soit sa qualification (■ Cass. crim., 10 mai 2007 : *JurisData* n° 2007-039368 ; *Dr. sociétés*, comm. 168, obs. R. Salomon.

– **Voir**, sur la distinction entre abus de bien sociaux et banqueroute : Ann. Banqueroute, *supra* ; sur la distinction entre abus de biens sociaux et abus de confiance, note sous l'article 314 du Code pénal.

Bibliographie : L. Yodon, *Abus de confiance et abus de biens sociaux : Rev. soc.* 1997, p. 289. – M. Dobkine, *Réflexions itératives à propos de l'abus de biens sociaux : D.* 1997, chron., p. 323. – Q. Urban, *De la difficulté pour le juge de caractériser l'abus de biens sociaux : JCP* 2005, I, 165. – H. Matsopoulou, *L'intérêt personnel dans l'abus de biens sociaux : D.* 2005, p. 2075.

III – PRÉSENTATION OU PUBLICATION D'UN BILAN INEXACT (ART. L. 241-3, 3° ET L. 242-6, C. COM.)

72) Un bilan est inexact lorsqu'il ne mentionne pas une dette officiellement contractée auprès d'une société tierce et qu'il laisse figurer un portefeuille d'actions en réalité vendues au cours de l'exercice (■ Cass. crim., 26 juin 1978 : *Bull. crim.*, n° 212) ; ou lorsque sont omises certaines recettes occultes destinées à alimenter la caisse noire de la société (■ Cass. crim., 15 mai 1974 : *Bull. crim.*, n° 177) ; ou lorsqu'un stock de marchandises est inscrit pour la moitié de sa valeur en raison de plus-values occultes (■ Cass. crim., 18 déc. 1956 : *D.* 1957, 705, note Dalsace) ; ou lorsqu'il comporte des mentions fausses quant à l'importance du service de l'emprunt, en principal et intérêts (■ Cass. crim., 14 janv. 1980 : *Bull. crim.*, n° 21) ; ou lorsqu'il comporte des majorations frauduleuses d'actif (■ Cass. crim., 12 janv. 1981 : *JCP* 81, IV, 107). Par contre, il a été jugé qu'il n'y avait pas inexactitude du bilan dans la non-inscription, sous forme de provision, d'une créance invoquée par l'administration fiscale à partir de la notification d'un redressement fiscal (T. corr. Le Havre, 23 juin 1975 : *Rev. soc.* 1976, 150, note Bouloc).

73) Par présentation, on doit entendre non la connaissance donnée du bilan à l'assemblée générale, mais la mise à la disposition des actionnaires qui en est faite dans les quinze jours précédant l'assemblée générale annuelle (■ T. corr. Seine, 13 juill. 1963 : *Gaz. Pal.* 1963, 2, 325).

74) La publication peut résulter de tout procédé ayant pour but et pour effet de faire connaître le bilan aux tiers, fût-ce individuellement, dans le cadre de l'administration de la société et pour les besoins de celle-ci ; tel est le cas de la reproduction du bilan au verso de bons de caisse émis par la société, même si ces bons n'ont pas fait l'objet d'une émission publique (■ Paris, 12 juill. 1969 : *Gaz. Pal.* 1969, 2, 270).

75) La connaissance chez le prévenu des inexactitudes peut se déduire de la gravité de ces inexactitudes (■ Cass. crim., 14 déc. 1966 : *Bull. crim.*, n° 291. ■ 8 févr. 1968 : *Bull. crim.*, n° 42) ou de l'existence de plusieurs jeux de bilan destinés à différents partenaires : actionnaires, banques, fisc. (■ Cass. crim., 14 janv. 1980 : *Bull. crim.*, n° 21). L'arrêt qui constate que des manipulations informatiques ont été opérées pour modifier de manière significative le résultat de l'exercice, et qui relève que les prévenus savaient que l'apparence recherchée et donnée au bilan était contraire à la réalité, caractérise l'élément intentionnel du délit de publication de comptes annuels ne donnant pas une image fidèle (■ Cass. crim., 26 mars 1990 : *Bull. crim.*, n° 133 ; *Rev. soc.* 1990, 632, note Bouloc).

76) La volonté de dissimuler la véritable situation de la société (dol spécial) se déduit de l'attitude de l'intéressé, par exemple de ses réponses ambiguës (■ Cass. crim., 19 oct. 1971 : *Bull. crim.*, n° 272).

77) Le coupable ne saurait se justifier en alléguant qu'il ne voulait nullement nuire à la société, mais seulement la faire échapper à une imposition trop lourde (■ Cass. crim., 18 déc. 1956 : *D.* 1957, 705, note Dalsace ; *JCP* 57, II, 7483, note Goré. ■ 15 mai 1974 : *Bull. crim.*, n° 177. ■ 27 nov. 1978 : *Bull. crim.*, n° 331) ou sauver son bon renom (■ Paris, 2 déc. 1936 : *J. soc.* 1937, 659).

78) C'est à bon droit que les juges ont déduit de leurs constatations que le délai de prescription de l'action publique concernant un délit de présentation d'un bilan inexact avait commencé à courir du jour de sa publication (■ Cass. crim., 19 mars 1986 : *Bull. crim.*, n° 109 ; *Rev. soc.* 1987, 85, note Bouloc).

79) Le délit de présentation ou de publication de comptes infidèles est constitué dès lors que le prévenu, administrateur de la société, savait que l'apparence donnée aux comptes était contraire à la réalité et qu'il a participé à la délibération ayant décidé la présentation et la publication des comptes (■ Cass. crim., 29 nov. 2000 : *Bull. crim.*, n° 359).

80) Le délit de présentation de comptes annuels infidèles est applicable aux sociétés d'assurance mutuelle (en l'espèce, annexe au bilan inexact) : (■ Cass. crim., 17 oct. 2007 : *JurisData* n° 2007-041537 ; *Dr. sociétés* 2008, 63, p. 36, obs. R. Salomon).

81) Action civile. Méconnaît l'article 2 du Code de procédure pénale l'arrêt qui déclare irrecevable une constitution de partie civile du chef de présentation de bilan inexact alors que ce délit était de nature à causer à la victime, qui avait acquis, postérieurement à cette présentation, des titres d'une société détenant la quasi-totalité du capital social de la société dont les comptes avaient fait l'objet d'irrégularités comptables, un préjudice direct et personnel (■ Cass. crim., 16 avr. 2008, pourvoi n° 07-84.713 : *Dr. sociétés*, 135, p. 37, obs. R. Salomon).

82) Le délit de présentation ou publication de comptes annuels infidèles prévu par l'article L. 242-6, 2° du Code de commerce, est de nature à causer un préjudice personnel et direct à chaque associé ou actionnaire (■ Cass. crim., 30 janv. 2002 : *Bull. crim.*, n° 14 ; *Dr. pénal* 2002, comm. 73, obs. J.-H. Robert).

IV – DISTRIBUTION DE DIVIDENDES FICTIFS (C. COM., ART. L. 241-3, 2° ET L. 242-6, 2°)

83) Ne constituent pas des dividendes fictifs les tantièmes (■ Cass. crim., 2 févr. 1939 : *Gaz. Pal.* 1939, 1, 474), ni les réserves libres (■ Cass. crim., 22 janv. 1937 : *S.* 1938, 1, 297, note Légal), ni les réserves occultes pourvu qu'elles soient réellement prélevées sur des éléments d'actif et révèlent l'existence d'un bénéfice (■ Cass. crim., 17 juin 1942 : *S.* 1944, 1, 141, note Légal ; *JCP* 43, II, 2120, note Bastian. ■ 4 mai 1954 : *JCP* 54, II, 8239, note D. B.).

84) Les réserves de réévaluation ne correspondent pas à des bénéfices réellement encaissés et leur répartition entre les associés constitue le délit de distribution de dividendes fictifs (■ T. corr. Seine, 21 déc. 1932 : *J. soc.* 1933, 593).

85) La date de commission du délit se situe non au jour de la décision de l'assemblée générale mais au jour où en exécution de cette décision, le conseil d'administration met les fonds à la disposition des associés (■ Cass. crim., 28 mars 1936 : *Bull. crim.*, n° 39).

86) Jugé que le délit ne pouvait être retenu, faute d'élément moral, dans le cas d'administrateurs qui n'avaient pas obtenu la communication des inventaires et bilans reconnus ensuite frauduleux, le président du conseil d'administration exerçant une sorte de dictature (■ Cass. crim., 1er mars 1945 : *D.* 1946, 129, note Cheroy).

V – INFORMATION MENSONGÈRE ET NON-RÉVÉLATION DE FAITS DÉLICTUEUX PAR LES COMMISSAIRES AUX COMPTES (C. COM., ART. L. 820-7)

87) Il n'appartient pas au commissaire aux comptes de déclencher l'action publique relativement aux faits révélés (■ Cass. crim., 19 nov. 1960 : *JCP* 61, II, 12136, note Bouzat).

88) L'appréciation par les juges du fond de la mauvaise foi d'un commissaire aux comptes d'une société anonyme, auteur des délits d'information mensongère sur la situation de la société et de non-révélation de faits délictueux au procureur de la République, échappe au contrôle de la Cour de cassation dès lors que les éléments de conviction sur lesquels cette appréciation repose ont été déduits sans contradiction des faits constatés (■ Cass. crim., 14 janv. 1980 : *Bull. crim.*, n° 21. – *Adde* Viandier, *Sur les limites de l'obligation de révélation des faits délictueux* : *JCP* 82, I, 3094. ■ Cass. crim., 2 mars 1983 : *D.* 1983, IR, 476).

89) Mais encourt la cassation l'arrêt qui, pour relaxer un commissaire aux comptes des fins de la poursuite, énonce notamment que les comptes, certifiés sans aucune réserve, comportaient des factures d'achat étrangères à l'objet de la société, d'un montant très élevé et des fausses factures sans en-tête commerciale, destinées à couvrir des agissements délictueux ; en statuant ainsi, alors qu'il résulte de ses propres constatations que le prévenu avait eu nécessairement connaissance, dans le cadre de sa mission, d'irrégularités susceptibles de constituer des infractions à la loi pénale, la cour d'appel n'a pas justifié sa décision (■ Cass. crim., 25 févr. 2009 : *JurisData* 2009, n° 047337 ; *Dr. pénal* 2009, comm. 69, obs. J.-H. Robert ; *Dr. sociétés* 2009, comm. 103, obs. R. Salomon).

90) Commettent le délit de communication d'informations mensongères les commissaires aux comptes d'une société qui approuvent un bilan qu'ils savent être inexact dans un rapport présenté aux actionnaires qui, quoique soustrait au dernier moment, a servi de base aux délibérations de l'assemblée (■ Cass. crim., 12 janv. 1981 : *D.* 1981, 348, note Cosson ; *Rev. soc.* 1981, 612, note Bouloc).

91) Caractérise le délit d'informations mensongères l'arrêt qui constate que dans la notice de présentation d'un emprunt obligataire, soumise au visa de la commission des opérations de bourse, les commissaires aux comptes font état de vérifications opérées sur les comptes annuels et les comptes consolidés, alors que les plus significatifs de ces comptes étaient faux (■ Cass. crim., 2 avr. 1990 : *Bull. crim.*, n° 142 ; *Rev. soc.* 1990, 461, note Bouloc).

92) Caractérise le délit d'informations mensongères, prévu et réprimé par l'article 457 de la loi du 24 juillet 1966, l'arrêt qui constate diverses omissions comptables dans un rapport établi par le commissaire aux comptes à la demande de l'administrateur judiciaire de la société, rapport ultérieurement transmis au procureur de la République. En effet, l'article susmentionné n'exclut pas ce magistrat des destinataires des informations mensongères (■ Cass. crim., 2 févr. 2000 : *Bull. crim.*, n° 56 ; *Dr. pénal* 2000, comm. 91, obs. J.-H. Robert).

93) La cour d'appel qui, pour déclarer un commissaire aux comptes coupable d'avoir confirmé des informations mensongères et omis d'avoir dénoncé au parquet des faits délictueux, après avoir exposé les circonstances dans lesquelles les stocks d'une société ont été sous-évalués pour faire apparaître finalement des bénéfices inférieurs à la réalité, relève que le prévenu qui avait procédé à sa mission de contrôle des comptes dans des conditions anormales avait disposé d'un livre d'inventaire incomplet et n'avait pu obtenir communication de l'état récapitulatif des stocks et des travaux en cours, qu'il avait néanmoins certifié sans réserve la régularité des comptes annuels de la société lors de l'assemblée générale des actionnaires, qui ajoute que quelques jours avant cette réunion il avait été informé par le chef-comptable de la société et le conseil de l'un des actionnaires que les comptes étaient faux et qui conclut de ces constatations que les agissements de l'intéressé ne constituaient pas simplement de la négligence, qu'il avait eu connaissance des anomalies affectant la comptabilité et le bilan de la société et qu'il ne pouvait prétendre ne pas avoir été informé, caractérise en tous leurs éléments, notamment intentionnels, les délits prévus et réprimés par l'article 457 de la loi du 24 juillet 1966 (■ Cass. crim., 8 avr. 1991 : *JCP* 91, IV, 282).

94) Il ressort nettement de la jurisprudence que la simple non-révélation de faits délictueux ne saurait constituer par ailleurs la complicité de délit commis par les dirigeants sociaux. Sur la question, V. Du Pontavice, *Commissaire aux comptes, expert-comptable et complicité des délits commis par les dirigeants sociaux* : *Rev. soc.* 1988, 489.

Mais un commissaire aux comptes qui a contribué à établir des documents inexacts qu'il a certifiés, se rend coupable de complicité de présentation de comptes infidèles, et a été déclaré civilement responsable des dommages subis par une banque ayant accordé des facilités au vu des dits documents (■ Cass. crim., 13 févr. 1997 : *Bull. crim.*, n° 61 ; *Dr. pénal* 1997, comm. 98, obs. J.-H. Robert).

95) Le commissaire aux comptes a l'obligation de révéler au procureur de la République, dès qu'il en a connaissance dans le cadre de sa mission, les irrégularités susceptibles de recevoir une qualification pénale, même si celle-ci ne peut en l'état être définie avec précision (■ Cass. crim., 15 sept. 1999 : *Bull. crim.*, n° 187).

96) Le délai de prescription du délit de non-dénonciation, prévu par l'article 457 de la loi du 24 juillet 1966, court du jour où le commissaire aux comptes a connaissance des faits délictueux, au plus tard à la certification des comptes, et l'obligation de les révéler au procureur de la République (■ Cass. crim., 9 mars 1999 : *Bull. crim.*, n° 32).

97) L'infraction de non révélation de faits délictueux par le commissaire aux comptes est de nature à occasionner à la société un préjudice direct et personnel (■ Cass. crim., 8 mars 2006 : *JurisData* n° 2006-033624 ; *Dr. sociétés* 2006, comm. n° 133, note R. Salomon).

V. N. Stolowsky, *La responsabilité pénale des commissaires aux comptes : Rev. sociétés* 1998, p. 521. – R. Salomon, *L'originalité de la responsabilité disciplinaire des commissaires aux comptes : Dr. sociétés* 2002, études n° 5 p. 4, 1re partie, et n° 6 p. 4, 2e partie – F. Salomon, *Les commissaires aux comptes et le droit pénal : Dr. sociétés* 2004, études n° 4 p. 17, 1re partie, et n° 5 p. 6, 2e partie.

Code monétaire et financier

(Ord. n° 2000-1223, 14 déc. 2000)

Infractions relatives aux instruments financiers

Infractions relatives aux titres

Obligations

Art. L. 231-1 ***(L. n° 2003-706, 1er août 2003 ; Ord. n° 2005-429, 6 mai 2005).*** **– Les infractions relatives aux obligations sont prévues et sanctionnées dans les conditions fixées par l'article L. 245-9 du Code de commerce.**

....

Infractions relatives aux placements collectifs

Dispositions relatives aux organismes de placement collectif en valeurs mobilières, aux fonds communs de créances et aux organismes de placement collectif immobilier

Art. L. 231-3. – Est puni d'un emprisonnement de deux ans et d'une amende de 750 000 € le fait de diriger en droit ou en fait un organisme qui procède à des placements collectifs en valeurs mobilières sans avoir été agréé ou qui poursuit son activité malgré un retrait d'agrément.

Art. L. 231-4 ***(Mod., Ord. n° 2005-1278, 13 oct. 2005 ; Ord. n° 2008-556, 13 juin 2008 ; Ord. n° 2011-915, 1er août 2011 ; Ord. n° 2013-676, 25 juill. 2013 ; Ord. n° 2017-1432, 4 oct. 2017).*** **– I. – Est puni d'un emprisonnement de deux ans et d'une amende de 15 000 euros le fait, pour les dirigeants de la société de gestion d'un fonds commun de placement, d'un fonds de placement immobilier, d'un fonds professionnel de placement immobilier, un fonds de financement spécialisé ou d'un fonds commun de titrisation, de ne pas provoquer la désignation du commissaire aux comptes du fonds dans les conditions prévues à l'article L. 214-8-6.**

II. – Est puni d'un emprisonnement de cinq ans et d'une amende de 18 000 euros le fait, pour tout commissaire aux comptes, soit en son nom personnel, soit au titre d'associé dans une société de commissaires aux comptes, de donner ou confirmer des informations mensongères sur la situation du fonds commun de placement, du fonds de placement immobilier, du fonds professionnel de placement immobilier ou du fonds commun de titrisation, ou de ne pas révéler au procureur de la République les faits délictueux dont il a eu connaissance.

III. – Est puni d'un emprisonnement de cinq ans et d'une amende de 18 000 euros le fait, pour les dirigeants de la société de gestion ou de la personne morale dépositaire d'un fonds commun de placement, d'un fonds de placement immobilier, d'un fonds professionnel de placement immobilier ou d'un fonds commun de titrisation, et pour toutes personnes placées sous leur autorité, de mettre obstacle aux vérifications ou contrôles des commissaires aux comptes ou de leur refuser la communication sur place de toutes les pièces utiles à l'exercice de leur mission et, notamment, de tous contrats, livres, documents comptables et registres de procès-verbaux.

....

Art. L. 231-7 ***(Mod., Ord. n° 2008-556, 13 juin 2008 ; Ord. n° 2013-676, 25 juill. 2013 ; Ord. n° 2017-1432, 4 oct. 2017).*** **– Est puni d'un emprisonnement de deux ans et d'une amende de 750 000 euros le fait, pour les promoteurs d'un fonds de financement spécialisé ou un fonds commun de titrisation, de procéder**

au placement de parts de ce fonds sans agrément de la société de gestion du fonds ou sans visa de l'Autorité des marchés financiers.

Art. L. 231-7-1 *(Ord. n° 2005-1278, 13 oct. 2005 ; Ord. n° 2013-676, 25 juill. 2013)*. – Est puni d'un emprisonnement de deux ans et d'une amende de 750 000 € le fait, pour un dirigeant de fait ou de droit d'un organisme de placement collectif immobilier ou d'un organisme professionnel de placement collectif immobilier, de procéder au placement de parts ou d'actions de cet organisme sans que celui-ci ait été agréé ou s'il poursuit son activité malgré un retrait d'agrément.

Dispositions relatives aux sociétés civiles de placement immobilier

....

Art. L. 231-9 *(Mod., Ord. n° 2013-676, 25 juill. 2013)*. – Est puni d'un emprisonnement de cinq ans et d'une amende de 9 000 € le fait, pour les dirigeants de la société de gestion d'une société civile de placement immobilier, de ne pas se conformer aux dispositions des articles L. 214-114 et L. 214-96.

Art. L. 231-10. – Est puni d'un emprisonnement de cinq ans et d'une amende de 9 000 € le fait, pour toute personne :

1° D'affirmer, sincères et véritables des souscriptions qu'elle sait fictives ou de déclarer que des fonds qui n'ont pas été mis définitivement à la disposition de la société ont été effectivement versés ;

2° D'obtenir ou tenter d'obtenir par simulation de souscriptions ou de versements ou par publication de souscriptions ou de versements qui n'existent pas ou de tous autres faits faux, des souscriptions ou des versements ;

3° De publier, pour provoquer des souscriptions ou des versements, les noms de personnes désignées contrairement à la vérité comme étant ou devant être attachées à la société à un titre quelconque ;

4° De faire attribuer, frauduleusement, à un apport en nature une évaluation supérieure à sa valeur réelle.

Art. L. 231-11. – Est puni d'un emprisonnement de cinq ans et d'une amende de *(Rect. JO 17 mars 2001)* « 375 000 euros » le fait, pour les dirigeants de la société de gestion d'une société civile de placement immobilier :

1. D'opérer la répartition de dividendes fictifs entre les associés ;

2. De publier ou présenter aux associés des informations inexactes, en vue de dissimuler la véritable situation de la société ;

3. De faire, de mauvaise foi, des biens ou du crédit de la société un usage qu'ils savent contraire à l'intérêt de celle-ci, à des fins personnelles ou pour favoriser une autre société ou entreprise dans laquelle ils sont intéressés directement ou indirectement ;

4. De faire, de mauvaise foi, des pouvoirs qu'ils possèdent ou des voix dont ils disposent en cette qualité, un usage qu'ils savent contraire aux intérêts de la société, à des fins personnelles ou pour favoriser une autre société dans laquelle ils sont intéressés directement ou indirectement.

Art. L. 231-12 *(L. n° 2012-387, 22 mars 2012 ; mod., L. n° 2014-1, 2 janv. 2014)*. – Est puni d'une amende de 30 000 € le fait, pour les dirigeants de la société de gestion, de :

1° Ne pas se conformer à l'article L. 214-101 ;

2° Ne pas soumettre à l'approbation de l'assemblée générale les documents prévus aux deux premiers alinéas de l'article L. 214-109.

....

Art. L. 231-14. – Est puni d'un emprisonnement de deux ans et d'une amende de 9 000 € le fait, pour toute personne :

1° D'empêcher un associé de participer à une assemblée ;

2° De participer au vote dans une assemblée, en se présentant faussement comme associé, directement ou par personne interposée ;

3° De se faire accorder, garantir ou promettre des avantages pour voter dans un certain sens ou pour ne pas participer au vote, ou d'accorder, garantir ou promettre ces avantages.

....

Art. L. 231-16. – Est puni d'un emprisonnement de deux ans et d'une amende de 9 000 € le fait, pour les dirigeants de la société de gestion, de ne pas provoquer la désignation du ou des commissaires aux comptes de la société.

Art. L. 231-17 *(Mod., L. n° 2014-1, 2 janv. 2014)*. – Est puni d'un emprisonnement de six mois et d'une amende de 9 000 € le fait, pour toute personne, en son nom personnel ou au titre d'associé dans une société de commissaires aux comptes, d'accepter, d'exercer ou de conserver les fonctions de commissaire aux comptes nonobstant les incompatibilités légales prévues au deuxième alinéa de l'article L. 214-110.

Art. L. 231-18. – Est puni d'un emprisonnement de cinq ans et d'une amende de 18 000 € le fait, pour un commissaire aux comptes, en son nom personnel ou au titre d'associé dans une société de commissaires aux comptes, de donner ou de confirmer des informations mensongères sur la situation de la société civile de placement immobilier ou de ne pas révéler au procureur de la République les faits délictueux dont il a eu connaissance.

Les articles 226-13 et 226-14 du Code pénal sont applicables aux commissaires aux comptes.

Art. L. 231-19. – Est puni d'un emprisonnement de cinq ans et d'une amende de 18 000 € le fait, pour les dirigeants de la société de gestion ou toute personne au service de la société, de mettre obstacle aux vérifications ou contrôles des commissaires aux comptes ou de leur refuser la communication sur place de toutes les pièces utiles à l'exercice de leur mission.

Art. L. 231-20. – Est puni d'un emprisonnement de cinq ans et d'une amende de 9 000 € le fait, pour le liquidateur, de faire, de mauvaise foi, des biens ou du crédit de la société en liquidation un usage qu'il sait contraire à l'intérêt de celle-ci, à des fins personnelles ou pour favoriser une autre société ou entreprise dans laquelle il est intéressé directement ou indirectement.

Art. L. 231-21 *(Mod., L. n° 2014-1, 2 janv. 2014)*. – Est puni d'un emprisonnement de deux ans et d'une amende de 750 000 € le fait, pour les dirigeants de la société de gestion, d'exercer leurs fonctions sans que celle-ci ait obtenu l'agrément de l'Autorité des marchés financier ou après le retrait de cet agrément.

Infractions relatives aux produits d'épargne

Bons de caisse

Art. L. 232-1 *(Ord. n° 2016-520, 28 avr. 2016)*. – Est puni des peines prévues par les articles 313-1, 313-7 et 313-8 du Code pénal le fait, pour l'émetteur, de mettre à disposition des comptes annuels inexacts et faussement attestés sincères dans le cas prévu à l'article L. 223-4.

ANNEXE 55

SPECTACLES

Ordonnance n° 45-2339 du 13 octobre 1945

relative aux spectacles

Art. 4 *(L. n° 99-198, 18 mars 1999 ; abr. et partiellement codifié à compter de l'entrée en vigueur de la partie réglementaire du nouveau Code du travail, et au plus tard le 1er mars 2008 sous réserve du IV de l'article 12, Ord. n° 2007-329, 12 mars 2007. – V. C. trav., art. L. 7122-3, L. 7122-9, L. 7122-10 et L. 7122-11).* – L'exercice de l'activité d'entrepreneur de spectacles vivants est soumis à la délivrance, par l'autorité administrative compétente, aux personnes physiques visées à l'article 5 d'une licence d'une ou plusieurs des catégories mentionnées à l'article 1er-1.

Les entrepreneurs de spectacles vivants ressortissants d'un État membre de l'Union européenne ou d'un État partie à l'accord sur l'Espace économique européen peuvent exercer, sans licence, leurs activités en France lorsqu'ils produisent un titre jugé équivalent par le ministre chargé de la Culture.

La licence d'entrepreneur de spectacles vivants est délivrée pour une durée de trois ans renouvelable lorsque l'entrepreneur de spectacles est établi en France.

Lorsque l'entrepreneur de spectacles n'est pas établi en France et n'est pas titulaire d'un titre jugé équivalent, il doit :

– soit solliciter une licence pour la durée des représentations publiques envisagées ;

– soit adresser une déclaration à l'autorité compétente un mois avant la date prévue pour les représentations publiques envisagées. Dans ce deuxième cas, le spectacle fait l'objet d'un contrat conclu avec un entrepreneur de spectacles détenteur d'une licence correspondant à l'une des trois catégories mentionnées à l'article 1er-1. Ce contrat est un contrat de prestation de services au sens de l'article L. 341-5 du Code du travail.

La délivrance de la licence est subordonnée à des conditions concernant la compétence ou l'expérience professionnelle du demandeur.

La licence ne peut être attribuée aux personnes ayant fait l'objet d'une décision judiciaire interdisant l'exercice d'une activité commerciale.

La licence peut être retirée en cas d'infraction aux dispositions de la présente ordonnance et des lois relatives aux obligations de l'employeur en matière de droit du travail et de sécurité sociale ainsi qu'à la protection de la propriété littéraire et artistique.

Les administrations et organismes concernés communiquent à l'autorité compétente pour délivrer la licence toute information relative à la situation des entrepreneurs de spectacles au regard des obligations mentionnées à l'alinéa précédent.

Un décret en Conseil d'État définit les conditions d'application du présent article. Il fixe notamment le délai à l'expiration duquel la licence est réputée délivrée ou renouvelée.

....

Art. 11 *(L. n° 99-198, 18 mars 1999 ; abr. et codifié à compter de l'entrée en vigueur de la partie réglementaire du nouveau Code du travail et au plus tard le 1er mars 2008, Ord. n° 2007-329, 12 mars 2007. – V. C. trav., art. L. 7122-16, L. 7122-17 et L. 7122-18).* – I. – Le fait d'exercer l'activité d'entrepreneur de spectacles vivants sans être titulaire de la licence prévue à l'article 4 est puni d'un emprisonnement de deux ans et d'une amende de 30 000 €.

Les personnes physiques reconnues coupables de la présente infraction encourent également les peines complémentaires suivantes :

1° La fermeture, pour une durée de cinq ans au plus, du ou des établissements de leur entreprise ayant servi à commettre l'infraction ;

2° L'affichage ou la diffusion de la décision prononcée, dans les conditions prévues par l'article 131-35 du Code pénal.

II. – Les personnes morales peuvent être déclarées pénalement responsables de l'infraction définie au I dans les conditions prévues par l'article 121-2 du Code pénal.

Les peines encourues par les personnes morales sont :

1° L'amende, suivant les modalités prévues par l'article 131-38 du Code pénal ;

2° La fermeture, dans les conditions prévues à l'article 131-39 du Code pénal, du ou des établissements de l'entreprise ayant servi à commettre l'infraction ;

3° L'affichage ou la diffusion de la décision prononcée, dans les conditions prévues par l'article 131-35 du Code pénal.

III. – Outre les officiers et agents de police judiciaire, les inspecteurs et contrôleurs du travail ainsi que les agents de contrôle des organismes de sécurité sociale sont habilités à constater l'infraction définie au I du présent article et les infractions aux règlements d'application de la présente ordonnance.

Code général des impôts

Art. 290 *quater*. – I. – *(L. fin. rect. n° 2006-1771, 30 déc. 2006)* Sur les lieux où sont organisés des spectacles comportant un prix d'entrée, les exploitants doivent délivrer un billet à chaque spectateur ou enregistrer et conserver dans un système informatisé les données relatives à l'entrée, avant l'accès au lieu du spectacle.

Les modalités d'application du présent article, notamment les obligations incombant aux exploitants d'établissements de spectacles, ainsi qu'aux fabricants, importateurs ou marchands de billets d'entrée, sont fixées par arrêté.

II. – Lorsqu'ils ne délivrent pas de billets d'entrée en application du I, les exploitants de discothèques et de cafés-dansants sont tenus de remettre à leurs clients un ticket émis par une caisse enregistreuse.

Les conditions d'application du présent paragraphe sont fixées par décret.

III. – Les infractions aux dispositions du présent article ainsi qu'aux textes pris pour leur application sont recherchées, constatées, poursuivies et sanctionnées comme en matière de contributions indirectes.

1) Selon les dispositions de l'article 290 *quater* du Code général des impôts, dans les établissements de spectacles comportant un prix d'entrée, les exploitants doivent délivrer un billet à chaque spectateur avant l'entrée dans la salle : ce texte est applicable aux établissements, tel en l'espèce un « sex shop », où l'accès à des cabines de projection est subordonné au paiement d'un droit d'entrée (■ Cass. crim., 20 août 1991 : *Bull. crim.*, n° 309).

2) L'organisation d'une course de lévriers ne constitue pas une réunion sportive au sens des articles 1559 et suivants du Code général des impôts, en l'absence de toute prestation humaine à une telle épreuve, mais un spectacle, passible de la taxe sur la valeur ajoutée prévue par les articles 256-A et 280 (2-L) de ce code, auquel sont applicables les dispositions de son article 290 *quater* qui exigent de l'exploitant la délivrance de billets d'entrée dans les conditions définies par les articles 50 *sexies*-B et suivants de son annexe IV (■ Cass. crim., 25 nov. 1985 : *Bull. crim.*, n° 372).

3) Les exploitants de discothèques sont soumis à la réglementation de la billetterie instituée par la loi du 21 décembre 1970 dès lors qu'il est perçu un droit d'entrée. En outre, l'obligation de délivrer un ticket à chaque spectateur bénéficiant de la gratuité d'entrée n'a pas été abolie par l'entrée en vigueur du deuxième paragraphe de l'article 290 *quater* du Code général des impôts issu de la loi du 18 janvier 1980 (■ Cass. crim., 15 mars 2000, pourvoi n° F 99-81.384).

4) La constatation et la poursuite des infractions en matière de contributions indirectes ne sont pas soumises aux règles de la procédure de vérification de comptabilité prévues par l'article L. 47 du livre des procédures fiscales ; encourt dès lors la censure l'arrêt d'une cour d'appel qui, pour prononcer la nullité des poursuites exercées à l'encontre de l'exploitant d'un établissement de spectacle, pour infractions à la législation sur la billetterie, constatées par des agents des impôts agissant en application de l'article L. 26 de ce livre, retient, notamment, que le prévenu n'a pas bénéficié au cours des opérations de contrôle d'un débat contradictoire à partir des documents et renseignements recueillis par ces agents (■ Cass. crim., 14 juin 2006 : *Bull. crim.*, n° 179 ; *Dr. pénal* 2006, comm. 144, obs. J.-H. Robert).

Loi nº 95-73 du 21 janvier 1995

d'orientation et de programmation relative à la sécurité

Art. 23-1 *(Créé, L. n° 2001-1062, 15 nov. 2001 ; abr. et codifié à compter du 1er mai 2012, à l'exception du septième alinéa, remplacé à compter de cette même date, puis abr. pour le surplus à compter de la publication des dispositions réglementaires correspondantes du Code de la sécurité intérieure, Ord. n° 2012-351, 12 mars 2012. – V. infra CSI, art. L. 211-5 à L. 211-8 et L. 211-15).*

Code de la sécurité intérieure

Section 2. – Rassemblements festifs à caractère musical

Art. L. 211-5. – **Les rassemblements exclusivement festifs à caractère musical, organisés par des personnes privées, dans des lieux qui ne sont pas au préalable aménagés à cette fin et répondant à certaines caractéristiques fixées par décret en Conseil d'État tenant à leur importance, à leur mode d'organisation ainsi qu'aux risques susceptibles d'être encourus par les participants, font l'objet d'une déclaration des organisateurs auprès du représentant de l'État dans le département dans lequel le rassemblement doit se tenir, ou, à Paris, du préfet de police. Sont toutefois exemptées les manifestations soumises, en vertu des lois ou règlements qui leur sont applicables, à une obligation de déclaration ou d'autorisation instituée dans un souci de protection de la tranquillité et de la santé publiques.**

La déclaration mentionne les mesures envisagées pour garantir la sécurité, la salubrité, l'hygiène et la tranquillité publiques. L'autorisation d'occuper le terrain ou le local où est prévu le rassemblement, donnée par le propriétaire ou le titulaire d'un droit réel d'usage, est jointe à la déclaration.

Art. L. 211-6. – **Lorsque les moyens envisagés paraissent insuffisants pour garantir le bon déroulement du rassemblement, le représentant de l'État dans le département ou, à Paris, le préfet de police, organise une concertation avec les responsables, destinée notamment à adapter lesdites mesures et, le cas échéant, à rechercher un terrain ou un local plus approprié.**

Art. L. 211-7. – **Le représentant de l'État dans le département ou, à Paris, le préfet de police, peut imposer aux organisateurs toute mesure nécessaire au bon déroulement du rassemblement, notamment la mise en place d'un service d'ordre ou d'un dispositif sanitaire.**

Il peut interdire le rassemblement projeté si celui-ci est de nature à troubler gravement l'ordre public ou si, en dépit d'une mise en demeure préalable adressée à l'organisateur, les mesures prises par celui-ci pour assurer le bon déroulement du rassemblement sont insuffisantes.

Art. L. 211-8. – **Les conditions d'application de la présente section sont fixées par décret en Conseil d'État.**

....

Section 5. – Dispositions pénales

....

Art. L. 211-15. – **Si un rassemblement mentionné à l'article L. 211-5 se tient sans déclaration préalable ou en dépit d'une interdiction prononcée par le représentant de l'État dans le département, ou, à Paris, par le préfet de police, les officiers de police judiciaire et, sous leur responsabilité, les agents de police judiciaire peuvent saisir le matériel utilisé, pour une durée maximale de six mois, en vue de sa confiscation par le tribunal.**

Décret nº 2002-887 du 3 mai 2002

pris pour l'application de l'article 23-1 de la loi n° 95-73 du 21 janvier 1995
et relatif à certains rassemblements festifs à caractère musical

Art. 9 *(Abr. et codifié à compter du 1er janv. 2014, D. n° 2013-1113, 4 déc. 2013. – V. infra CSI, art. R. 211-28 à R. 211-30).*

Code de la sécurité intérieure

Sous-section 1. – Rassemblements festifs à caractère musical

Art. R. 211-27. – Est puni de l'amende prévue pour les contraventions de la cinquième classe le fait d'organiser un rassemblement mentionné à l'article L. 211-5 sans déclaration préalable ou en violation d'une interdiction prononcée par le préfet du département ou, à Paris, par le préfet de police. Le tribunal peut prononcer la confiscation du matériel saisi.

Art. R. 211-28. – Les personnes physiques coupables de la contravention prévue à l'article R. 211-27 encourent également les peines complémentaires suivantes :

1° La suspension, pour une durée de trois ans au plus, du permis de conduire, cette suspension pouvant être limitée à la conduite en dehors de l'activité professionnelle ;

2° La confiscation de la chose qui a servi ou était destinée à commettre l'infraction ou de la chose qui en est le produit ;

3° Le travail d'intérêt général pour une durée de vingt à cent vingt heures.

Art. R. 211-29. – Les personnes morales déclarées responsables pénalement, dans les conditions prévues par l'article 121-2 du Code pénal, de la contravention prévue à l'article R. 211-27 du présent code, encourent, outre l'amende suivant les modalités prévues par l'article 131-41 du Code pénal, la peine de confiscation de la chose qui a servi ou était destinée à commettre l'infraction ou de la chose qui en est le produit.

Art. R. 211-30. – La récidive de la contravention prévue à l'article R. 211-27 du présent code est réprimée conformément aux articles 132-11 et 132-15 du Code pénal.

ANNEXE 56

SPORT

Bibliographie : J.-Y. Maréchal, *Sport : JCl. Lois pénales spéciales.* • J.-Chr. Lapouble, *La nouvelle loi (6 juillet 2000) sur le sport : JCP* 2001, I, 324. • J. Chr. Lapouble, *La lutte contre le dopage et la protection de la santé des sportifs (Loi du 5 avril 2006)* : *JCP* 2006, I, 136. • V. Castillon, *Prévention et sanction des violences sportives : Dr. pénal* 2007, Études 26. • Chr. Lapouble, *La nouvelle loi du 3 juillet 2008 sur le dopage : JCP* 2008, I, 183. • *AJP* 2013, p. 307 et s. : *Droit pénal du sport.*

Code du sport

(Ord. n° 2006-596, 23 mai 2006)

Sociétés sportives

Art. L. 122-7 ***(Rempl., L. n° 2012-158, 1er févr. 2012 ; L. n° 2017-261, 1er mars 2017).*** **– Il est interdit à une même personne privée :**

1° De contrôler de manière exclusive ou conjointe plusieurs sociétés sportives dont l'objet social porte sur une même discipline ou d'exercer sur elles une influence notable, au sens de l'article L. 233-16 du Code de commerce ;

2° D'être dirigeant de plus d'une société sportive dont l'objet social porte sur une même discipline sportive ;

3° De contrôler de manière exclusive ou conjointe une société sportive ou d'exercer sur elle une influence notable, au sens de l'article L. 233-16 du Code de commerce, et d'être dirigeant d'une autre société sportive dont l'objet social porte sur une même discipline sportive.

Le non-respect de ces dispositions est puni d'une peine de 45 000 € d'amende.

Le présent article n'est pas applicable à la personne privée qui contrôle, dirige ou exerce une influence notable sur deux sociétés sportives distinctes qui gèrent, respectivement, des activités sportives féminines et masculines au sein d'une même discipline.

....

Enseignement du sport contre rémunération

Art. L. 212-1. **– I. – Seuls peuvent, contre rémunération, enseigner, animer ou encadrer une activité physique ou sportive ou entraîner ses pratiquants, à titre d'occupation principale ou secondaire, de façon habituelle, saisonnière ou occasionnelle, sous réserve des dispositions du quatrième alinéa du présent article et de l'article L. 212-2 du présent code, les titulaires d'un diplôme, titre à finalité professionnelle ou certificat de qualification :**

1° Garantissant la compétence de son titulaire en matière de sécurité des pratiquants et des tiers dans l'activité considérée ;

2° Et enregistré au répertoire national des certifications professionnelles dans les conditions prévues au II de l'article L. 335-6 du Code de l'éducation.

Peuvent également exercer contre rémunération les fonctions mentionnées au premier alinéa ci-dessus les personnes en cours de formation pour la préparation à un diplôme, titre à finalité professionnelle ou certificat de qualification conforme aux prescriptions des 1° et 2° ci-dessus, dans les conditions prévues par le règlement

II. – Le diplôme mentionné au I peut être un diplôme étranger admis en équivalence.

III. – Les dispositions du I s'appliquent à compter de l'inscription des diplômes, titres à finalité professionnelle ou certificats de qualification sur la liste des diplômes répondant aux conditions prévues aux paragraphes I et II, au fur et à mesure de cette inscription.

IV. – Les personnes qui auront acquis, dans la période précédant l'inscription mentionnée au III et conformément aux dispositions législatives en vigueur, le droit d'exercer contre rémunération une des fonctions mentionnées au I conservent ce droit.

V. – Un décret en Conseil d'État détermine les conditions d'application du présent article. Il fixe notamment les modalités selon lesquelles est établie la liste mentionnée au III.

Art. L. 212-1-1 *(L. n° 2017-261, 1er mars 2017)*. **– La présente section et la section 3 du présent chapitre ne sont pas applicables aux personnes qui exercent les fonctions mentionnées à l'article L. 212-1 auprès des délégations et équipes sportives étrangères lors de manifestations sportives mentionnées à l'article L. 230-2.**

Cette dérogation est limitée à l'encadrement des membres des équipes et délégations qui participent à ces manifestations, pendant la durée de celles-ci.

....

Art. L. 212-8. – Est puni d'un an d'emprisonnement et de 15 000 euros d'amende le fait pour toute personne :

1° D'exercer contre rémunération l'une des fonctions de professeur, moniteur, éducateur, entraîneur ou animateur d'une activité physique ou sportive ou de faire usage de ces titres ou de tout autre titre similaire sans posséder la qualification requise au I de l'article L. 212-1 ou d'exercer son activité en violation de l'article L. 212-7 sans avoir satisfait aux tests auxquels l'autorité administrative l'a soumise ;

2° D'employer une personne qui exerce les fonctions mentionnées au premier alinéa de l'article L. 212-1 sans posséder la qualification requise ou d'employer un ressortissant d'un État membre de la Communauté européenne ou d'un État partie à l'accord sur l'Espace économique européen qui exerce son activité en violation de l'article L. 212-7 sans avoir satisfait aux tests auxquels l'autorité administrative l'a soumis.

1) Caractérise le délit prévu par l'article 49 de la loi du 16 juillet 1984 modifiée l'exercice d'une activité d'enseignement, d'encadrement ou d'animation d'une activité physique et sportive, sans avoir procédé à la déclaration requise par l'article 47-1 de cette loi ; justifie la condamnation, en qualité de complices, des dirigeants d'un club de vacances pour exercice d'une activité d'encadrement d'une activité sportive sans déclaration, l'arrêt qui retient qu'ils ont eu sciemment recours à des jeunes gens dépourvus de diplôme pour constituer l'équipe d'animateurs sportifs, en les rémunérant pour une activité réservée aux seuls titulaires de récépissé d'une déclaration d'éducateur sportif (■ Cass. crim., 7 oct. 1998 : *Bull. crim.*, n° 249 ; 20 mars 2001 : *Bull. crim.*, n° 76 ; *Dr. pénal* 2001, comm. 130, obs. J.-H. Robert).

2) L'application du Code de l'aviation civile quant aux appareils et règles de circulation aérienne, qui dispensent les parapentes, aéronef-planeur ultraléger, d'immatriculation ainsi que de certificat de navigabilité et leur pilote de qualification individuelle, ne fait pas obstacle à l'application cumulative de la réglementation sportive ; le vol de découverte en parapente biplace constitue pour le passager une activité sportive et pour le pilote l'encadrement de cette activité (■ Cass. crim., 5 mars 1997 : *Bull. crim.*, n° 88).

3) Ayant relevé que le vol en deltaplane biplace organisé par un prévenu constituait, pour le passager, non un transport aérien mais une initiation à une activité physique et sportive, une cour d'appel en a déduit à bon droit que, dans les poursuites exercées contre le prévenu pour homicide involontaire, à la suite du décès du passager dans un accident survenu au décollage, l'action en réparation exercée par les ayants droit de la victime, constitués parties civiles, n'était pas soumise à la Convention de Varsovie régissant la responsabilité du transporteur aérien (■ Cass. crim., 20 mars 2001 : *Bull. crim.*, n° 72 ; *Dr. pénal*, préc.).

Art. L. 212-9 *(L. n° 2017-261, 1er mars 2017)*. **– I. – Nul ne peut exercer les fonctions mentionnées au premier alinéa de l'article L. 212-1 à titre rémunéré ou bénévole, s'il a fait l'objet d'une condamnation pour crime ou pour l'un des délits prévus :**

1° Au chapitre Ier du titre II du livre II du Code pénal, à l'exception du premier alinéa de l'article 221-6 ;

2° Au chapitre II du même titre II, à l'exception du premier alinéa de l'article 222-19 ;
3° Aux chapitres III, IV, V et VII dudit titre II ;
4° Au chapitre II du titre Ier du livre III du même code ;
5° Au chapitre IV du titre II du même livre III ;
6° Au livre IV du même code ;
7° Aux articles L. 235-1 et L. 235-3 du Code de la route ;
8° Aux articles L. 3421-1, L. 3421-4 et L. 3421-6 du Code de la santé publique ;
9° Au chapitre VII du titre Ier du livre III du Code de la sécurité intérieure ;
10° Aux articles L. 212-14, L. 232-25 à L. 232-27, L. 241-2 à L. 241-5 et L. 332-3 à L. 332-13 du présent code.

II. – En outre, nul ne peut enseigner, animer ou encadrer une activité physique ou sportive auprès de mineurs s'il a fait l'objet d'une mesure administrative d'interdiction de participer, à quelque titre que ce soit, à la direction et à l'encadrement d'institutions et d'organismes soumis aux dispositions législatives ou réglementaires relatives à la protection des mineurs accueillis en centre de vacances et de loisirs, ainsi que de groupements de jeunesse ou s'il a fait l'objet d'une mesure administrative de suspension de ces mêmes fonctions.

Art. L. 212-10 *(L. n° 2016-457, 14 avr. 2016)*. – Le fait pour toute personne d'exercer, à titre rémunéré ou bénévole, l'une des fonctions de professeur, moniteur, éducateur, entraîneur ou animateur d'une activité physique ou sportive ou de faire usage de ces titres ou de tout autre titre similaire en méconnaissance de l'article L. 212-9 est puni d'un an d'emprisonnement et de 15 000 euros d'amende.

....

Agent sportif

(L. n° 2010-626, 9 juin 2010)

Art. L. 222-6 *(Rempl., L. n° 2010-626, 9 juin 2010)*. – Les infractions aux règles de rémunération mentionnées au premier alinéa de l'article L. 222-5 sont punies d'une amende de 7 500 €.

La récidive est punie d'un emprisonnement de six mois et d'une amende de 15 000 €.

Art. L. 222-7 *(L. n° 2010-626, 9 juin 2010)*. – L'activité consistant à mettre en rapport, contre rémunération, les parties intéressées à la conclusion d'un contrat soit relatif à l'exercice rémunéré d'une activité sportive ou d'entraînement, soit qui prévoit la conclusion d'un contrat de travail ayant pour objet l'exercice rémunéré d'une activité sportive ou d'entraînement ne peut être exercée que par une personne physique détentrice d'une licence d'agent sportif.

La licence est délivrée, suspendue et retirée, selon la discipline concernée, par la fédération délégataire compétente. Celle-ci contrôle annuellement l'activité des agents sportifs.

Chaque fédération délégataire compétente publie la liste des agents sportifs autorisés à exercer dans sa discipline ainsi que les sanctions prononcées en application de l'article L. 222-19 à l'encontre des agents, des licenciés et des associations et sociétés affiliées.

....

Art. L. 222-9 *(L. n° 2010-626, 9 juin 2010)*. – Nul ne peut obtenir ou détenir une licence d'agent sportif :

1° S'il exerce, directement ou indirectement, en droit ou en fait, à titre bénévole ou rémunéré, des fonctions de direction ou d'entraînement sportif soit dans une association ou une société employant des sportifs contre rémunération ou organisant des manifestations sportives, soit dans une fédération sportive ou un organe qu'elle a constitué, ou s'il a été amené à exercer l'une de ces fonctions dans l'année écoulée ;

2° S'il est ou a été durant l'année écoulée actionnaire ou associé d'une société employant des sportifs contre rémunération ou organisant des manifestations sportives ;

3° S'il a fait l'objet d'une sanction disciplinaire au moins équivalente à une suspension par la fédération délégataire compétente à raison d'un manquement au respect des règles d'éthique, de moralité et de déontologie sportives ;

4° S'il est préposé d'une association ou d'une société employant des sportifs contre rémunération ou organisant des manifestations sportives ;

5° S'il est préposé d'une fédération sportive ou d'un organe qu'elle a constitué.

....

Art. L. 222-20 ***(L. n° 2010-626, 9 juin 2010).*** **– Est puni de deux ans d'emprisonnement et de 30 000 € d'amende le fait d'exercer l'activité définie à l'article L. 222-7 :**

1° Sans avoir obtenu la licence d'agent sportif ou en méconnaissance d'une décision de suspension ou de retrait de cette licence ;

2° Ou en violation du deuxième alinéa de l'article L. 222-5 ou des articles L. 222-9 à L. 222-17. Le montant de l'amende peut être porté au-delà de 30 000 € jusqu'au double des sommes indûment perçues en violation des 1° et 2° du présent article.

Art. L. 222-21 ***(L. n° 2010-626, 9 juin 2010).*** **– Les peines prévues à l'article L. 222-20 peuvent être accompagnées d'une interdiction temporaire ou définitive d'exercer l'activité d'agent sportif.**

Commet le délit d'exercice illégal de l'activité d'agent sportif au regard de l'article 15-2 de la loi du 16 juillet 1984, dans sa rédaction issue tant de la loi du 13 juillet 1992 que de la loi du 6 juillet 2000, une ressortissante française établie au Royaume-Uni, qui n'est ni déclarée auprès de l'administration française, ni titulaire d'une licence délivrée par la fédération sportive compétente, qui intervient, à la demande d'un joueur, dans les négociations en vue de son recrutement par un club de football français, dès lors, d'une part, que cette activité, même occasionnelle, était réalisée à titre lucratif, peu important que la commission convenue n'ait pas été effectivement versée, et que, d'autre part, l'agent sportif du club, titulaire d'une licence, que la prévenue prétendait avoir mandaté, ne pouvait cumuler les fonctions d'agent du sportif et du club qui le recrutait ; Commet le délit de complicité d'exercice illégal de l'activité d'agent sportif l'agent titulaire d'une licence, mandataire d'un club, qui convient avec l'agent d'un sportif, qu'il sait n'être pas agréé, de représenter les deux parties à la négociation, en contrepartie du partage de la commission versée par le club. (■ Cass. crim., 24 janv. 2006 : *Bull. crim.*, n° 25 ; *Dr. pénal* 2006, comm. 55, obs. J.-H. Robert ; *D.* 2006, jur. p. 2649, note J.-P. Karaquillo).

....

Lutte contre le dopage

Art. L. 232-9 ***(Rempl., Ord. n° 2010-379, 14 avr. 2010).*** **– Il est interdit à tout sportif :**

1° De détenir ou tenter de détenir, sans raison médicale dûment justifiée, une ou des substances ou méthodes interdites figurant sur la liste mentionnée au dernier alinéa du présent article ;

2° D'utiliser ou tenter d'utiliser une ou des substances ou méthodes interdites figurant sur la liste mentionnée au dernier alinéa du présent article.

L'interdiction prévue au 2° ne s'applique pas aux substances et méthodes pour lesquelles le sportif :

a) **Dispose d'une autorisation pour usage à des fins thérapeutiques ;**

b) (b abrogé, L. n° 2012-348, 12 mars 2012) **;**

c) **Dispose d'une raison médicale dûment justifiée.**

La liste des substances et méthodes mentionnées au présent article est celle qui est élaborée en application de la convention internationale mentionnée à l'article L. 230-2 ou de tout autre accord ultérieur qui aurait le même objet et qui s'y substituerait. Elle est publiée au *Journal officiel* de la République française.

Art. L. 232-9-1 ***(Ord. n° 2015-1207, 30 sept. 2015).*** **– Il est interdit à tout sportif de recourir directement ou indirectement, dans le cadre de son activité sportive, aux services ou aux conseils d'une personne qui a fait l'objet d'une sanction administrative, d'une sanction disciplinaire ou d'une sanction pénale devenue définitive pour violation des dispositions des articles L. 232-9, L. 232-10, L. 232-7 ou du présent article.**

Le recours aux services de cette personne est interdit :

1° Pendant l'exécution des sanctions administratives ou disciplinaires dont celle-ci a fait l'objet lorsque ces sanctions ont été infligées sur le fondement des articles L. 232-21 ou L. 232-22 ou lorsqu'elles ont été

prononcées par une organisation nationale antidopage étrangère ou par un organisme sportif international signataire du code mondial antidopage ;

2° Pendant l'exécution des sanctions administratives ou disciplinaires, prononcées sur un autre fondement que ceux mentionnés au 1°, telles que celles prononcées par les ordres professionnels, pour des faits constitutifs d'une violation de la réglementation relative à la lutte contre le dopage ;

3° Pendant l'exécution d'une sanction pénale infligée par un État partie à la convention internationale contre le dopage dans le sport à raison d'agissements entrant dans le champ de l'article L. 232-9 et L. 232-10.

L'interdiction mentionnée aux 2° et 3° s'applique durant l'exécution des sanctions, sans que sa durée puisse être inférieure à six ans.

Si l'Agence française de lutte contre le dopage estime qu'un sportif tombe sous le coup de l'interdiction, elle l'en avise en le mettant à même de présenter ses observations. Le sportif dispose à cet effet d'un délai fixé par voie réglementaire.

Après avoir pris connaissance des observations du sportif ou en cas d'absence d'observations dans le délai requis, l'Agence française de lutte contre le dopage lui notifie, s'il y a lieu, l'identité de la personne à laquelle il lui est interdit d'avoir recours et la durée de l'incapacité dont elle est frappée.

Le sportif est alors tenu de cesser immédiatement de faire appel aux services de la personne concernée dans le cadre de son activité sportive.

Art. L. 232-10 *(Rempl., Ord. n° 2010-379, 14 avr. 2010).* – Il est interdit à toute personne de :

1° Prescrire, administrer, appliquer, céder ou offrir aux sportifs, sans raison médicale dûment justifiée, une ou plusieurs substances ou méthodes mentionnées à l'article L. 232-9, ou de faciliter leur utilisation ou d'inciter à leur usage ;

2° Produire, fabriquer, importer, exporter, transporter, détenir ou acquérir, aux fins d'usage par un sportif sans raison médicale dûment justifiée, une ou des substances ou méthodes figurant sur la liste mentionnée au dernier alinéa de l'article L. 232-9 ;

3° S'opposer par quelque moyen que ce soit aux mesures de contrôle prévues par le présent titre ;

4° Falsifier, détruire ou dégrader tout élément relatif au contrôle, à l'échantillon ou à l'analyse ;

5° Tenter d'enfreindre les interdictions prévues au présent article.

....

Art. L. 232-25 *(Mod., L. n° 2008-650, 3 juill. 2008).* – Le fait de s'opposer à l'exercice des fonctions dont sont chargés les agents et personnes habilités en vertu de l'article L. 232-11 est puni de six mois d'emprisonnement et d'une amende de 7 500 euros.

Le fait de ne pas respecter les décisions d'interdiction prononcées en application des articles L. 232-21 à L. 232-23 est puni des mêmes peines.

Justifie sa décision au regard de l'article L. 3633-2 du Code de la santé publique (devenu l'article 232-25 du Code du sport) la cour d'appel qui, pour déclarer les prévenus coupables de s'être opposés aux fonctions d'un médecin habilité en matière de lutte contre le dopage, énonce qu'ils ont rendu impossibles les opérations de contrôle en ne se manifestant auprès de lui que pour contester leur régularité, alors que les premiers coureurs cyclistes étaient déjà arrivés et se dispersaient et qu'ils ont ainsi privé le praticien de l'assistance et des renseignements dont il avait besoin pour désigner les sportifs concernés et les convoquer dans les locaux appropriés, dans les conditions prévues par le décret n° 2001-35 du 11 janvier 2001 (■ Cass. crim., 13 juin 2006 : *Bull. crim.* n° 177 ; *Dr. pénal* 2006, comm. 140, obs. J.-H. Robert).

Art. L. 232-26 *(Rempl., L. n° 2008-650, 3 juill. 2008).* – I *(I rempl., Ord. n° 2010-379, 14 avr. 2010).* – La détention, sans raison médicale dûment justifiée, d'une ou des substances ou méthodes interdites fixées par arrêté du ministre chargé des sports est punie d'un an d'emprisonnement et de 3 750 € d'amende.

Cet arrêté énumère les substances et méthodes interdites figurant sur la liste mentionnée au dernier alinéa de l'article L. 232-9, pour lesquelles l'appendice 1 à la convention internationale mentionnée à l'article L. 230-2 ne prévoit la possibilité de sanctions réduites qu'en cas de circonstances exceptionnelles.

II. – *(Al. rempl., Ord. n° 2010-379, 14 avr. 2010)* La méconnaissance des 1°, 2° et 4° de l'article L. 232-10 est punie de cinq ans d'emprisonnement et de 75 000 € d'amende.

Les peines prévues au premier alinéa du présent II sont portées à sept ans d'emprisonnement et à 150 000 € d'amende lorsque les faits sont commis en bande organisée, au sens de l'article 132-71 du Code pénal, ou lorsqu'ils sont commis à l'égard d'un mineur ou par une personne ayant autorité sur un ou des sportifs.

Art. L. 232-27. – Les personnes physiques coupables des infractions prévues à l'article L. 232-26 du présent code encourent également les peines complémentaires suivantes :

1° La confiscation des substances ou procédés et des objets ou documents qui ont servi à commettre l'infraction ou à en faciliter la commission ;

2° L'affichage ou la diffusion de la décision prononcée, dans les conditions prévues par l'article 131-35 du Code pénal ;

3° La fermeture, pour une durée d'un an au plus, de l'un, de plusieurs ou de l'ensemble des établissements de l'entreprise ayant servi à commettre l'infraction et appartenant à la personne condamnée ;

4° L'interdiction, dans les conditions prévues à l'article 131-27 du Code pénal, d'exercer l'activité professionnelle ou sociale dans l'exercice ou à l'occasion de laquelle l'infraction a été commise ;

5° L'interdiction, dans les conditions prévues à l'article 131-27 du Code pénal, d'exercer une fonction publique.

Art. L. 232-28 *(L. n° 2009-526, 12 mai 2009)*. – Les personnes morales déclarées responsables pénalement, dans les conditions prévues par l'article 121-2 du Code pénal, des infractions définies à l'article L. 232-26 encourent, outre l'amende suivant les modalités prévues par l'article 131-38 du Code pénal :

a) Les peines complémentaires prévues par les 2°, 8° et 9° de l'article 131-39 du Code pénal ;

b) La fermeture, pour une durée d'un an au plus, des établissements ou de l'un ou plusieurs des établissements de l'entreprise ayant servi à commettre l'infraction et appartenant à la personne morale condamnée.

Art. L. 232-29 *(Abr., Ord. n° 2010-379, 14 avr. 2010)*.

Art. L. 232-30 *(Mod., L. n° 2008-650, 3 juill. 2008)*. – Peuvent exercer les droits reconnus à la partie civile, en ce qui concerne les infractions mentionnées à la présente section :

1° Le Comité national olympique et sportif français pour les faits commis à l'occasion des compétitions dont il a la charge ;

2° Les fédérations sportives agréées par le ministre chargé des sports, chacune pour ce qui la concerne, sauf lorsque l'auteur de l'infraction relève de son pouvoir disciplinaire.

Lorsque des poursuites sont engagées en application des dispositions de la présente section, l'Agence française de lutte contre le dopage peut exercer les droits de la partie civile. Toutefois, elle ne peut à l'égard d'une même personne et s'agissant des mêmes faits, concurremment exercer les pouvoirs de sanction qu'elle tient du présent code et les droits de la partie civile.

Est indirect, pour une société intervenant comme sponsor d'une équipe cycliste, le préjudice résultant de l'atteinte que porterait à son image de marque la commission, imputée à un coureur à cette équipe, d'infractions liées à la pratique du dopage. Justifie dès lors sa décision, une chambre de l'instruction qui déclare irrecevable la constitution de partie civile incidente de cette société (■ Cass. crim., 29 sept. 2009 : *Bull. crim.* n° 160 ; pourvoi n° 09-81.159. Rappr. ■ Cass. crim., 12 sept. 2000 : *Bull. crim.*, n° 264).

Lutte contre le dopage animal

Art. L. 241-2 *(L. n° 2012-158, 1er févr. 2012)*. – Il est interdit d'administrer ou d'appliquer aux animaux, au cours des manifestations sportives organisées par une fédération agréée ou autorisées par une fédération délégataire ou par une commission spécialisée instituée en application de l'article L. 131-19, ou en vue d'y participer, des substances ou procédés de nature à modifier artificiellement leurs capacités ou à masquer l'emploi de substances ou procédés ayant cette propriété.

La liste des substances ou procédés mentionnés au présent article est fixée par arrêté conjoint des ministres chargés des sports, de la santé et de l'agriculture.

Art. L. 241-3 *(Mod., L. n° 2008-650, 3 juill. 2008 ; L. n° 2012-158, 1er févr. 2012)*. – I. – Il est interdit à toute personne de :

1° Faciliter l'administration des substances mentionnées à l'article L. 241-2 ou inciter à leur administration, ainsi que faciliter l'application des procédés mentionnés au même article ou inciter à leur application ;

2° Prescrire, administrer, appliquer, céder ou offrir un ou plusieurs procédés ou substances mentionnés à l'article L. 241-2 ;

3° Produire, fabriquer, importer, exporter, transporter, détenir ou acquérir les procédés ou substances mentionnés à l'article L. 241-2.

4° S'opposer par quelque moyen que ce soit aux mesures de contrôle prévues au présent titre ;

5° Falsifier, détruire ou dégrader tout élément relatif au contrôle, à l'échantillon ou à l'analyse ;

6° Tenter d'enfreindre les interdictions prévues au présent article.

II. – Il est interdit de soustraire un animal ou de s'opposer par quelque moyen que ce soit aux mesures de contrôle prévues par le présent titre.

....

Art. L. 241-5. – I. – Les dispositions de l'article L. 232-30 sont applicables aux infractions prévues au présent titre.

II. – 1° Les infractions aux dispositions de l'article L. 241-2 et du I de l'article L. 241-3 sont punies de cinq ans d'emprisonnement et d'une amende de 75 000 € ;

2° L'infraction aux dispositions du II de l'article L. 241-3 est punie de six mois d'emprisonnement et d'une amende de 7 500 €.

III. – La tentative des délits prévus au présent titre est punie des mêmes peines.

IV. – Les personnes physiques reconnues coupables des délits prévus à l'article L. 241-2 et au I de l'article L. 241-3 encourent également les peines complémentaires prévues à l'article L. 232-27.

V. – Les personnes morales reconnues pénalement responsables des délits prévus au présent titre encourent les peines prévues à l'article L. 232-28.

Voir : décret n° 2006-1629 18 décembre 2006 relatif à la lutte contre le dopage des animaux participant à des compétitions organisées ou autorisées par les fédérations sportives (*JO* 20 déc. 2006).

Lieux de pratique sportive

Art. L. 312-14 *(Mod., L. n° 2009-526, 12 mai 2009)*. – Le fait d'organiser une manifestation sportive publique dans une enceinte non homologuée ou en violation des prescriptions imposées par l'homologation est puni de deux ans d'emprisonnement et de 75 000 € d'amende.

Art. L. 312-15. – Les peines prévues à l'article L. 312-14 s'appliquent au fait d'émettre ou de céder, à titre gratuit ou onéreux, des titres d'accès à une manifestation sportive en nombre supérieur à l'effectif de spectateurs fixé par l'arrêté d'homologation.

Art. L. 312-16. – Les peines prévues à l'article L. 312-14 sont portées au double si l'auteur de l'infraction est également reconnu coupable d'homicide involontaire ou de blessures et coups involontaires.

Art. L. 312-17. – En cas de condamnation pour l'une des infractions mentionnées aux articles L. 312-14 à L. 312-16, le tribunal peut interdire l'organisation de manifestations sportives publiques dans l'enceinte. L'exécution provisoire de l'interdiction peut être ordonnée.

....

Activités sportives

Art. L. 322-4. – Est puni d'un an d'emprisonnement et de 15 000 € d'amende le fait pour toute personne :

1° *(Abr., L. n° 2014-1545, 20 déc. 2014)* ;

2° De maintenir en activité un établissement où sont pratiquées une ou plusieurs activités physiques ou sportives en méconnaissance d'une mesure prise en application de l'article L. 322-5.

ANNEXE 56

1) Sur la **définition** d'activité physique et sportive, V. ■ Cass. crim., 20 mars 2001 : *Bull. crim.* 2001, n° 76, et les arrêts cités.

Commet ainsi le délit prévu et puni par l'article L. 321-7 de ce code, l'exploitant d'un établissement dans lequel est pratiquée la pêche en mer, qui omet de souscrire un contrat d'assurance couvrant sa responsabilité civile, dès lors que cette activité, si elle n'est pas nécessairement sportive, constitue une activité physique (■ Cass. crim., 7 oct. 2008 : *Bull. crim.*, n° 204 ; *JurisData* 2008-045568 ; *Dr. pénal* 2008, comm. 155, obs. J.-H. Robert).

2) Commet le délit prévu et puni par l'article L. 322-4 1° du Code des sports, l'exploitant d'un établissement dans lequel est pratiquée la plongée sous-marine, qui omet de procéder à la déclaration prévue par l'article L. 322-2 du même code, dès lors que la plongée sous-marine constitue une activité physique et sportive (■ Cass. crim., 7 oct. 2008 : *Bull. crim.*, n° 204, préc.).

....

Art. L. 322-7. – **Toute baignade et piscine d'accès payant doit, pendant les heures d'ouverture au public, être surveillée d'une façon constante par du personnel qualifié titulaire d'un diplôme délivré par l'État et défini par voie réglementaire.**

Art. L. 322-8. – **Les infractions aux dispositions de l'article L. 322-7 sont punies de l'amende prévue pour les contraventions de 5e classe.**

Le tribunal peut, en outre, prononcer la fermeture de la piscine ou de la baignade.

La récidive est punie d'une peine d'un mois d'emprisonnement et d'une amende de 3 750 €.

L'usurpation du titre prévu à l'article L. 322-7 sera punie des peines prévues à l'article 433-17 du Code pénal.

....

Manifestations sportives

Art. L. 331-3. – **Le fait d'organiser une des manifestations définies au premier alinéa de l'article L. 331-2 sans avoir procédé à la déclaration prévue au même alinéa, ou en violation d'une décision d'interdiction prononcée en application du deuxième alinéa du même article, est puni d'un an d'emprisonnement et de 15 000 € d'amende.**

....

Art. L. 331-6. – **Le fait d'organiser une des manifestations définies à l'article L. 331-2 en violation d'une décision d'interdiction est puni d'un an d'emprisonnement et de 15 000 € d'amende.**

....

Art. L. 332-2-1 *(L. n° 2006-784, 5 juill. 2006).* – **Lorsqu'un système de vidéosurveillance est installé dans une enceinte où une manifestation sportive se déroule, les personnes chargées de son exploitation, conformément à l'autorisation préfectorale délivrée en application de l'article 10 de la loi n° 95-73 du 21 janvier 1995 d'orientation et de programmation relative à la sécurité, et l'organisateur de la manifestation sportive s'assurent, préalablement au déroulement de ladite manifestation, du bon fonctionnement du système de vidéoprotection.**

Est puni de 15 000 € d'amende le fait de méconnaître l'obligation fixée au premier alinéa.

Art. L. 332-3. – **Le fait d'introduire ou de tenter d'introduire par force ou par fraude dans une enceinte sportive, lors du déroulement ou de la retransmission en public d'une manifestation sportive, des boissons alcooliques au sens de l'article L. 3321-1 du Code de la santé publique est puni d'un an d'emprisonnement et de 7 500 € d'amende. Les dispositions du premier alinéa ne sont pas applicables aux personnes autorisées à vendre ou à distribuer de telles boissons en application des troisième au sixième alinéas de l'article L. 3335-4 du même code.**

....

Art. L. 332-4. – **Le fait d'accéder en état d'ivresse à une enceinte sportive lors du déroulement ou de la retransmission en public d'une manifestation sportive est puni de 7 500 €. Le fait, pour l'auteur de cette**

infraction, de se rendre coupable de violences ayant entraîné une incapacité totale de travail d'une durée inférieure ou égale à huit jours est puni d'un an d'emprisonnement et de 15 000 € d'amende.

Art. L. 332-5. – Le fait d'avoir, en état d'ivresse, pénétré ou tenté de pénétrer par force ou par fraude dans une enceinte sportive lors du déroulement ou de la retransmission en public d'une manifestation sportive est puni d'un an d'emprisonnement et de 15 000 € d'amende.

Art. L. 332-6. – Lors d'une manifestation sportive ou de la retransmission en public d'une telle manifestation dans une enceinte sportive, le fait de provoquer, par quelque moyen que ce soit, des spectateurs à la haine ou à la violence à l'égard de l'arbitre, d'un juge sportif, d'un joueur ou de toute autre personne ou groupe de personnes est puni d'un an d'emprisonnement et de 15 000 € d'amende.

Le délit de provocation à la haine ou à la violence lors d'une manifestation sportive, prévu et puni par l'article L. 332-6 du Code du sport, est caractérisé dans le cas où il est constaté que, tant par son sens que par sa portée, le propos incriminé tendait, lors d'une compétition sportive, à inciter le public présent à la haine ou à la violence à l'égard d'un groupe de personnes.

Tel est le cas d'une banderole, exhibée lors d'un match de football, portant des inscriptions assimilant les supporters d'un club de football du Nord de la France, présents dans le stade, à des « pédophiles, des chômeurs et des consanguins ».

Une telle attaque, en réduisant les personnes visées à des individus ayant des relations sexuelles avec des mineurs, ayant choisi de ne pas travailler, et issus de relations entre parents, constitue la provocation punie par la loi (■ Cass. crim., 25 juin 2013, n° 12-86.537 : *Bull. crim.*, n° 161 ; *D.* 2013, p. 1686 ; *Dr. pén.* 2013, comm. 143, obs. M. Véron ; *Rev. sc. crim.* 2013, p. 570, obs. J. Francillon).

Art. L. 332-7. – Le fait d'introduire, de porter ou d'exhiber dans une enceinte sportive, lors du déroulement ou de la retransmission en public d'une manifestation sportive, des insignes, signes ou symboles rappelant une idéologie raciste ou xénophobe est puni d'un an d'emprisonnement et de 15 000 € d'amende.

La tentative du délit prévu au premier alinéa est punie des mêmes peines.

Art. L. 332-8 *(Mod., L. n° 2010-201, 2 mars 2010)*. **– Le fait d'introduire, de détenir ou de faire usage des fusées ou artifices de toute nature ou d'introduire sans motif légitime tous objets susceptibles de constituer une arme au sens de l'article 132-75 du Code pénal dans une enceinte sportive lors du déroulement ou de la retransmission en public d'une manifestation sportive est puni de trois ans d'emprisonnement et de 15 000 euros d'amende.**

La tentative du délit prévu au premier alinéa est punie des mêmes peines.

Le tribunal peut également prononcer la confiscation de l'objet qui a servi ou était destiné à commettre l'infraction.

Art. L. 332-9. – Le fait de jeter un projectile présentant un danger pour la sécurité des personnes dans une enceinte sportive lors du déroulement ou de la retransmission en public d'une manifestation sportive est puni de trois ans d'emprisonnement et de 15 000 € d'amende.

Le fait d'utiliser ou de tenter d'utiliser les installations mobilières ou immobilières de l'enceinte sportive comme projectile est puni des mêmes peines.

Art. L. 332-10. – Le fait de troubler le déroulement d'une compétition ou de porter atteinte à la sécurité des personnes ou des biens, en pénétrant sur l'aire de compétition d'une enceinte sportive, est puni d'un an d'emprisonnement et de 15 000 € d'amende.

Art. L. 332-11 *(L. n° 2006-784, 5 juill. 2006 ; L. n° 2011-267, 14 mars 2011)*. **– Les personnes coupables de l'une des infractions définies aux articles L. 332-3 à L. 332-10 et L. 332-19 du présent code encourent également la peine complémentaire d'interdiction de pénétrer ou de se rendre aux abords d'une enceinte où se déroule une manifestation sportive, pour une durée qui ne peut excéder cinq ans. La personne condamnée à cette peine est astreinte par le tribunal à répondre, au moment des manifestations sportives, aux convocations de toute autorité ou de toute personne qualifiée que la juridiction désigne dans sa décision. Dès le prononcé de la condamnation, la juridiction de jugement précise les obligations découlant pour le condamné de cette astreinte. Cette décision peut prévoir que l'obligation de répondre à ces convocations**

s'applique au moment de certaines manifestations sportives, qu'elle désigne, se déroulant sur le territoire d'un État étranger.

Cette peine complémentaire est également applicable aux personnes coupables de l'une des infractions définies aux articles 222-11 à 222-13, 322-1 à 322-4, 322-6, 322-11 et 433-6 du Code pénal lorsque cette infraction a été commise dans une enceinte où se déroule une manifestation sportive ou, à l'extérieur de l'enceinte, en relation directe avec une manifestation sportive.

Art. L. 332-12. – Lorsqu'une personne est condamnée en état de récidive légale pour l'une des infractions mentionnées à l'article L. 332-11, la peine complémentaire prévue à cet article peut également être prononcée.

Art. L. 332-13 *(Mod., L. n° 2006-784, 5 juill. 2006)*. – Toute personne qui pénètre ou se rend, en violation de la peine d'interdiction prévue aux articles L. 332-11 et L. 332-12, dans ou aux abords d'une enceinte où se déroule une manifestation sportive ou qui, sans motif légitime, se soustrait à l'obligation de répondre aux convocations qui lui ont été adressées au moment des manifestations sportives est punie de deux ans d'emprisonnement et de 30 000 € d'amende.

Art. L. 332-14. – Lorsque la personne condamnée est de nationalité étrangère et a son domicile hors de France, le tribunal peut, si la gravité des faits commis le justifie, prononcer au lieu de la peine complémentaire définie au premier alinéa de l'article L. 332-11 celle de l'interdiction du territoire français pour une durée au plus égale à deux ans.

Art. L. 332-15 *(L. n° 2011-267, 14 mars 2011 ; D. n° 2016-564, 10 mai 2016)*. – Dans des conditions précisées par décret en Conseil d'État, le préfet du département ou, à Paris, le préfet de police communique aux associations et sociétés sportives ainsi qu'aux fédérations sportives agréées l'identité des personnes ayant été condamnées à la peine complémentaire en application des articles L. 332-11 à L. 332-13.

Il peut la communiquer aux associations de supporters mentionnées à l'article L. 332-17.

L'identité des personnes mentionnées au premier alinéa peut également être communiquée aux autorités d'un pays étranger lorsque celui-ci accueille une manifestation sportive à laquelle participe une équipe française, ainsi qu'aux organismes sportifs internationaux lorsqu'ils organisent une manifestation sportive à laquelle participe une équipe française.

Art. L. 332-16 *(Mod., L. n° 2011-267, 14 mars 2011 ; D. n° 2016-564, 10 mai 2016)*. – Lorsque, par son comportement d'ensemble à l'occasion de manifestations sportives, par la commission d'un acte grave à l'occasion de l'une de ces manifestations, du fait de son appartenance à une association ou un groupement de fait ayant fait l'objet d'une dissolution en application de l'article L. 332-18 ou du fait de sa participation aux activités qu'une association ayant fait l'objet d'une suspension d'activité s'est vue interdire en application du même article, une personne constitue une menace pour l'ordre public, le représentant de l'État dans le département et, à Paris, le préfet de police peuvent, par arrêté motivé, prononcer à son encontre une mesure d'interdiction de pénétrer ou de se rendre aux abords des enceintes où de telles manifestations se déroulent ou sont retransmises en public.

L'arrêté, valable sur le territoire national, fixe le type de manifestations sportives concernées. Il ne peut excéder une durée de vingt-quatre mois. Toutefois, cette durée peut être portée à trente-six mois si, dans les trois années précédentes, cette personne a fait l'objet d'une mesure d'interdiction.

Le représentant de l'État dans le département et, à Paris, le préfet de police peuvent également imposer, par le même arrêté, à la personne faisant l'objet de cette mesure l'obligation de répondre, au moment des manifestations sportives objet de l'interdiction, aux convocations de toute autorité ou de toute personne qualifiée qu'il désigne. Le même arrêté peut aussi prévoir que l'obligation de répondre à ces convocations s'applique au moment de certaines manifestations sportives, qu'il désigne, se déroulant sur le territoire d'un État étranger. Cette obligation doit être proportionnée au regard du comportement de la personne.

Le fait, pour la personne, de ne pas se conformer à l'un ou à l'autre des arrêtés pris en application des alinéas précédents est puni d'un an d'emprisonnement et de 3 750 euros d'amende.

Le préfet du département et, à Paris, le préfet de police communique aux associations et sociétés sportives, ainsi qu'aux fédérations sportives agréées l'identité des personnes faisant l'objet de la mesure d'interdiction mentionnée au premier alinéa. En outre, il peut la communiquer aux associations de supporters mentionnées à l'article L. 332-17, ainsi qu'aux organismes sportifs internationaux lorsqu'ils organisent une manifestation sportive à laquelle participe une équipe française.

L'identité des personnes mentionnées au premier alinéa peut également être communiquée aux autorités d'un pays étranger lorsque celui-ci accueille une manifestation sportive à laquelle participe une équipe française.

Un décret en Conseil d'État fixe les modalités d'application du présent article.

Art. L. 332-16-1 *(L. n° 2011-267, 14 mars 2011)*. – Le ministre de l'Intérieur peut, par arrêté, interdire le déplacement individuel ou collectif de personnes se prévalant de la qualité de supporter d'une équipe ou se comportant comme tel sur les lieux d'une manifestation sportive et dont la présence est susceptible d'occasionner des troubles graves pour l'ordre public.

L'arrêté énonce la durée, limitée dans le temps, de la mesure, les circonstances précises de fait qui la motivent ainsi que les communes de point de départ et de destination auxquelles elle s'applique.

Le fait pour les personnes concernées de ne pas se conformer à l'arrêté pris en application des deux premiers alinéas est puni de six mois d'emprisonnement et d'une amende de 30 000 €.

Dans le cas prévu à l'alinéa précédent, le prononcé de la peine complémentaire d'interdiction judiciaire de stade prévue à l'article L. 332-11 pour une durée d'un an est obligatoire, sauf décision contraire spécialement motivée.

Art. L. 332-16-2 *(L. n° 2011-267, 14 mars 2011)*. – Le représentant de l'État dans le département ou, à Paris, le préfet de police peut, par arrêté, restreindre la liberté d'aller et de venir des personnes se prévalant de la qualité de supporter d'une équipe ou se comportant comme tel sur les lieux d'une manifestation sportive et dont la présence est susceptible d'occasionner des troubles graves pour l'ordre public.

L'arrêté énonce la durée, limitée dans le temps, de la mesure, les circonstances précises de fait et de lieu qui la motivent, ainsi que le territoire sur lequel elle s'applique.

Le fait pour les personnes concernées de ne pas se conformer à l'arrêté pris en application des deux premiers alinéas est puni de six mois d'emprisonnement et d'une amende de 30 000 €.

Dans le cas prévu à l'alinéa précédent, le prononcé de la peine complémentaire d'interdiction judiciaire de stade prévue à l'article L. 332-11 pour une durée d'un an est obligatoire, sauf décision contraire spécialement motivée.

Art. L. 332-17 *(L. n° 2017-261, 1er mars 2017)*. – Les fédérations sportives agréées, les ligues professionnelles créées en application de l'article L. 132-1, les associations de supporters et les associations ayant pour objet la prévention de la violence à l'occasion de manifestations sportives agréées par le ministre chargé des sports et toute autre association ayant pour objet social la lutte contre le racisme, la xénophobie et l'antisémitisme et ayant été déclarées depuis au moins trois ans au moment des faits peuvent exercer les droits reconnus à la partie civile en ce qui concerne les infractions mentionnées aux articles L. 312-14 à L. 312-17 et L. 332-3 à L. 332-10.

Art. L. 332-18 *(L. n° 2006-784, 5 juill. 2006 ; L. n° 2010-201, 2 mars 2010 ; L. n° 2012-954, 6 août 2012 ; L. n° 2017-86, 27 janv. 2017)*. – Peut être dissous ou suspendu d'activité pendant douze mois au plus par décret, après avis de la Commission nationale consultative de prévention des violences lors des manifestations sportives, toute association ou groupement de fait ayant pour objet le soutien à une association sportive mentionnée à l'article L. 122-1, dont des membres ont commis en réunion, en relation ou à l'occasion d'une manifestation sportive, des actes répétés ou un acte d'une particulière gravité et qui sont constitutifs de dégradations de biens, de violence sur des personnes ou d'incitation à la haine ou à la discrimination contre des personnes à raison de leur origine, de leur orientation sexuelle ou identité de genre, de leur sexe ou de leur appartenance, vraie ou supposée, à une ethnie, une nation, une race ou une religion déterminée.

Les représentants des associations ou groupements de fait et les dirigeants de club concernés peuvent présenter leurs observations à la commission.

Cette commission comprend :

1° Deux membres du Conseil d'État, dont le président de la commission, désignés par le vice-président du Conseil d'État ;

2° Deux magistrats de l'ordre judiciaire, désignés par le premier président de la Cour de cassation ;

3° Un représentant du Comité national olympique et sportif français, un représentant des fédérations sportives et un représentant des ligues professionnelles, nommés par le ministre chargé des sports ;

4° Une personnalité choisie en raison de sa compétence en matière de violences lors des manifestations sportives, nommée par le ministre chargé des sports.

Les conditions de fonctionnement de la commission sont fixées par décret en Conseil d'État.

Art. L. 332-19 *(L. n° 2006-784, 5 juill. 2006 ; L. n° 2011-267, 14 mars 2011 ; L. n° 2017-86, 27 janv. 2017)*. – Le fait de participer au maintien ou à la reconstitution, ouverte ou déguisée, d'une association ou d'un groupement dissous en application de l'article L. 332-18, ainsi que le fait de participer aux activités qu'une association suspendue d'activité s'est vue interdire en application du même article, sont punis d'un an d'emprisonnement et de 15 000 € d'amende.

Le fait d'organiser le maintien ou la reconstitution, ouverte ou déguisée, d'une association ou d'un groupement dissous en application de l'article L. 332-18, ainsi que le fait d'organiser les activités qu'une association suspendue d'activité s'est vue interdire en application du même article, sont punis de deux ans d'emprisonnement et de 30 000 € d'amende.

Les peines prévues aux premier et deuxième alinéas sont portées respectivement à trois ans d'emprisonnement et 45 000 euros d'amende et à cinq ans d'emprisonnement et 75 000 euros d'amende si les infractions à l'origine de la dissolution ou de la suspension de l'association ou du groupement ont été commises à raison de l'origine de la victime, de son orientation sexuelle ou identité de genre, de son sexe ou de son appartenance, vraie ou supposée, à une ethnie, une nation, une race ou une religion déterminée.

Art. L. 332-20 *(L. n° 2009-526, 12 mai 2009)*. – Les personnes morales déclarées responsables pénalement, dans les conditions prévues par l'article 121-2 du Code pénal, des infractions définies aux articles L. 312-14, L. 312-15, L. 312-16, L. 332-8, L. 332-9 et L. 332-10, au deuxième alinéa de l'article L. 332-11 et à l'article L. 332-19 encourent, outre l'amende suivant les modalités prévues par l'article 131-38 du Code pénal, les peines prévues par l'article 131-39 du même code.

L'interdiction mentionnée au 2° de l'article 131-39 du Code pénal porte sur l'activité dans l'exercice ou à l'occasion de l'exercice de laquelle l'infraction a été commise.

……………………………………………………………………………………………

Art. L. 332-22 *(Abr., L. n° 2012-348, 12 mars 2012 et rect. JO 20 mars 2012. – V. C. pén., art. 313-6-2)*.

Décret n° 97-646 du 31 mai 1997

relatif à la mise en place de services d'ordre par les organisateurs de manifestations sportives, récréatives ou culturelles à but lucratif

CHAPITRE I. – DES SERVICES D'ORDRE DES MANIFESTATIONS SPORTIVES, RÉCRÉATIVES OU CULTURELLES À BUT LUCRATIF

Art. 1er. – Les organisateurs de manifestations sportives, récréatives ou culturelles à but lucratif dont le public et le personnel qui concourt à la réalisation de la manifestation peuvent atteindre plus de 1 500 personnes, soit d'après le nombre de places assises, soit d'après la surface qui leur est réservée, sont tenus d'en faire la déclaration au maire et, à Paris, au préfet de police.

La déclaration peut être souscrite pour une seule ou pour plusieurs manifestations dont la programmation est établie à l'avance.

La déclaration est faite un an au plus et, sauf urgence motivée, un mois au moins avant la date de la manifestation.

Art. 2 *(Mod., D. n° 2005-307, 24 mars 2005)*. – Outre le nom, l'adresse et la qualité des organisateurs, la déclaration indique la nature de la manifestation, le jour et l'heure de sa tenue, le lieu, la configuration et la capacité d'accueil du stade, des installations ou de la salle, le nombre de personnes concourant à la réalisation de la manifestation ainsi que le nombre de spectateurs attendus.

La déclaration indique également les mesures envisagées par les organisateurs en vue d'assurer la sécurité du public et des participants. La déclaration comporte notamment toutes précisions utiles sur le service d'ordre mis en place éventuellement par les organisateurs, les mesures qu'ils ont arrêtées en application de la réglementation relative à la protection contre les risques d'incendie et de panique dans les établissements recevant du public et, lorsqu'il s'agit d'une manifestation sportive, les dispositions qu'ils ont prises, s'il y a lieu, au titre de la réglementation édictée par la fédération sportive concernée.

Lorsque les organisateurs confient aux membres du service d'ordre les missions mentionnées à l'article 1er du décret n° 2005-307 du 24 mars 2005, ils doivent :

- doter ces membres du service d'ordre d'un signe distinctif permettant d'identifier leur qualité ;
- doter ces membres du service d'ordre, ou, à défaut, ceux d'entre eux qu'ils auront désignés comme responsables, de moyens de transmission leur permettant une communication immédiate avec les officiers de police judiciaire territorialement compétents ;
- indiquer également dans la déclaration les modalités d'une liaison permanente entre les membres du service d'ordre et les officiers de police judiciaire et joindre la copie des arrêtés d'agrément de chacun des membres du service d'ordre.

Art. 3. – L'autorité de police peut, si elle estime insuffisantes les mesures envisagées par les organisateurs pour assurer la sécurité, compte tenu de l'importance du public attendu, de la configuration des lieux et des circonstances propres à la manifestation, notamment quand il s'agit des manifestations sportives mentionnées à l'article 1er du décret [n° 93-708] du 27 mars 1993 susvisé, imposer à ceux-ci la mise en place d'un service d'ordre ou le renforcement du service d'ordre prévu.

L'autorité de police notifie les mesures prescrites quinze jours au moins avant le début de la manifestation, sauf si la déclaration a été faite moins d'un mois avant celle-ci, dans le cas d'urgence mentionné à l'alinéa 2 de l'article 1er. Elle les communique au représentant de l'État.

Art. 4. – Les préposés des organisateurs de la manifestation composant le service d'ordre ont pour rôle, sous l'autorité et la responsabilité des organisateurs, de prévenir les désordres susceptibles de mettre en péril la sécurité des spectateurs et des participants.

Ils doivent notamment remplir, en tant que de besoin, les tâches suivantes :

- procéder à l'inspection du stade, des installations ou de la salle avant que ne commence la manifestation pour déceler les risques apparents pouvant affecter la sécurité ;
- constituer, avant la manifestation mais aussi dès l'arrivée du public et jusqu'à l'évacuation complète de celui-ci, un dispositif de sécurité propre à séparer le public des acteurs de la manifestation et à éviter dans les manifestations sportives la confrontation de groupes antagonistes ;
- être prêts à intervenir pour éviter qu'un différend entre particuliers ne dégénère en rixe ;
- porter assistance et secours aux personnes en péril ;
- alerter les services de police ou de secours ;
- veiller au maintien de la vacuité des itinéraires et des sorties de secours.

Art. 5. – Est puni des peines d'amende applicables aux contraventions de la 5e classe tout organisateur d'une manifestation prévue à l'article 1er qui n'effectue pas la déclaration mentionnée audit article dans les formes prévues par l'article 2.

Les mêmes peines sont applicables à tout organisateur qui, en violation de ses engagements figurant dans la déclaration visée à l'article 2 ou des prescriptions imposées par l'autorité de police en application de l'article 3, ne met pas en place un service d'ordre ou néglige de constituer celui-ci du nombre d'agents qu'il a prévu ou qui lui a été imposé, sans préjudice des sanctions qu'il peut encourir au titre des conséquences dommageables d'une déficience dans l'organisation et le fonctionnement du service d'ordre.

Les personnes morales peuvent être déclarées responsables pénalement, dans les conditions prévues par l'article 121-2 du Code pénal, de l'infraction définie au présent article.

La peine encourue par les personnes morales est l'amende selon les modalités prévues par l'article 131-41 du Code pénal.

CHAPITRE II. – DISPOSITIONS DIVERSES

Art. 6. – Les dispositions du présent décret s'appliquent sans préjudice de celles prévues par l'article R. 53 [les articles R. 411-29 à R. 411-31] du Code de la route relatif [s] aux courses et épreuves sportives sur la voie publique et le décret [n° 55-1366] du 18 octobre 1955 susvisé portant réglementation générale des épreuves et compétitions sportives sur la voie publique.

Art. 7 *(Rempl., D. n° 2012-374, 16 mars 2012)*. – Le présent décret, à l'exception de son article 6, est applicable, dans sa rédaction en vigueur à la date de publication du décret n° 2012-374 du 16 mars 2012, en Nouvelle-Calédonie, en Polynésie française, dans les îles Wallis-et-Futuna et à Mayotte.

Toutefois,

1° Pour l'application de l'article 1er dans les îles Wallis-et-Futuna, la référence au maire est remplacée par la référence au chef de circonscription territoriale ;

2° Pour l'application en Nouvelle-Calédonie du premier alinéa de l'article 3, sont supprimés les mots : « notamment quand il s'agit des manifestations sportives mentionnées à l'article 1er du décret du 27 mars 1993 susvisé ».

ANNEXE 57

SUBSTANCES VÉNÉNEUSES

Bibliographie : N. Bareït, J. Lasserre Capdeville, J. Penneau, *Substances vénéneuses : JCl. Lois pénales spéciales*. • J. Borricand, *Commentaire de la loi n° 87-1157 du 31 décembre 1987 relative à la lutte contre le trafic de stupéfiants et modifiant certaines dispositions du Code pénal : JCP* 88, I, 3337. • Pour le texte de la Convention des Nations unies contre le trafic illicite de stupéfiants et de substances psychotropes de Vienne (19 déc. 1988), V. D. n° 91-271 du 8 mars 1991 : *JO* 14 mars.

Code de la santé publique

(Ord. n° 2000-548, 15 juin 2000)

LUTTE CONTRE LA TOXICOMANIE

Peines applicables

Art. L. 3421-1 ***(Mod., L. n° 2007-297, 5 mars 2007).*** **– L'usage illicite de l'une des substances ou plantes classées comme stupéfiants est puni d'un an d'emprisonnement et de 3 750 € d'amende.**

Les personnes coupables de ce délit encourent également, à titre de peine complémentaire, l'obligation d'accomplir un stage de sensibilisation aux dangers de l'usage de produits stupéfiants, selon les modalités fixées à l'article 131-35-1 du Code pénal.

Si l'infraction est commise dans l'exercice ou à l'occasion de l'exercice de ses fonctions par une personne dépositaire de l'autorité publique ou chargée d'une mission de service public, ou par le personnel d'une entreprise de transport terrestre, maritime ou aérien, de marchandises ou de voyageurs exerçant des fonctions mettant en cause la sécurité du transport dont la liste est fixée par décret en Conseil d'État, les peines sont portées à cinq ans d'emprisonnement et à 75 000 € d'amende. Pour l'application du présent alinéa, sont assimilés au personnel d'une entreprise de transport les travailleurs mis à la disposition de l'entreprise de transport par une entreprise extérieure.

QPC. Non-lieu à renvoi au Conseil constitutionnel de la QPC visant l'article L. 3421-1 (■ Cass. crim., 16 sept. 2014, n° 14-90.036 : *Bull. crim.*, n° 188).

En cas de poursuite pour usage de stupéfiants, la thérapie suivie par le prévenu auprès d'un psychiatre n'équivaut pas au traitement assuré lors de l'admission dans un dispensaire ou un établissement de santé prévu par l'article L. 3414-1 du Code de la santé publique (■ Cass. crim., 21 oct. 2015, n° 14-82.832 : *Dr. pén.* 2015, comm. 158, obs. P. Conte).

Les dispositions spéciales de l'article L. 3421-1 du Code de la santé publique, incriminant l'usage illicite de produits stupéfiants, excluent l'application de l'article 222-37 du Code pénal, incriminant la détention de tels produits, si les substances détenues étaient exclusivement destinées à la consommation personnelle du prévenu.

Encourt la cassation l'arrêt qui prononce une condamnation sur le fondement du second de ces textes sans caractériser des faits de détention indépendants de la consommation personnelle du prévenu (■ Cass. crim., 14 mars 2017, n° 16-81.805).

Art. L. 3421-2. – Dans le cas prévu par l'article L. 3421-1, les tribunaux ordonnent la confiscation des substances ou plantes saisies.

Cette confiscation ne peut toutefois être prononcée lorsque le délit a été constaté dans une officine pharmaceutique si le délinquant n'est que le gérant responsable, à moins que le propriétaire de l'officine n'ait fait acte de complicité ou que la détention de ces substances ou plantes ne soit illicite.

Art. L. 3421-3. – Les dispositions de l'article 706-33 du Code de procédure pénale et du premier alinéa de l'article 222-49 du Code pénal sont applicables en cas de poursuites pour le délit prévu par l'article L. 3421-1.

Art. L. 3421-4 *(Mod., L. n° 2007-297, 5 mars 2007)*. – La provocation au délit prévu par l'article L. 3421-1 ou à l'une des infractions prévues par les articles 222-34 à 222-39 du Code pénal, alors même que cette provocation n'a pas été suivie d'effet, ou le fait de présenter ces infractions sous un jour favorable est puni de cinq ans d'emprisonnement et de 75 000 € d'amende.

Est punie des mêmes peines la provocation, même non suivie d'effet, à l'usage de substances présentées comme ayant les effets de substances ou plantes classées comme stupéfiants.

Lorsque le délit prévu par le présent article constitue une provocation directe et est commis dans des établissements d'enseignement ou d'éducation ou dans les locaux de l'administration, ainsi que, lors des entrées ou sorties des élèves ou du public ou dans un temps très voisin de celles-ci, aux abords de ces établissements ou locaux, les peines sont portées à sept ans d'emprisonnement et à 100 000 € d'amende.

Lorsque le délit prévu par le présent article est commis par voie de la presse écrite ou audiovisuelle, les dispositions particulières des lois qui régissent ces matières sont applicables en ce qui concerne la détermination des personnes responsables.

Les personnes coupables des délits prévus par le présent article encourent également la peine complémentaire d'obligation d'accomplir, le cas échéant à leurs frais, un stage de sensibilisation aux dangers de l'usage de produits stupéfiants.

1) L'article L. 630 a été appliqué à un vendeur de cartes postales représentant une seringue et portant la mention en gros caractères « LSD j'aime » (■ Cass. crim., 9 janv. 1974 : *Bull. crim.*, n° 15).

2) Le délit de provocation à l'usage de stupéfiants, prévu à l'article L. 630 du Code de la santé publique, n'exige pas que l'auteur de l'infraction ait un intérêt personnel dans les opérations concourant à l'usage de stupéfiants, mais vise seulement à interdire toute incitation à la consommation, quelle qu'en soit la forme, y compris par voie de presse (■ Cass. crim., 7 avr. 1998 : *Bull. crim.*, n° 137).

3) Ne justifie pas sa décision l'arrêt qui, pour renvoyer le prévenu des fins de la poursuite du chef de provocation à l'usage de stupéfiants, retient que des ouvrages favorables à la décriminalisation de l'usage de cannabis ont été exposés dans le cadre de l'université d'été d'un parti politique voué par essence aux débats d'idées sur l'organisation de la société ce qui n'exclut pas le recours, tolérable dans ce cas, à une certaine dose d'exagération des expressions employées sans rechercher si ces ouvrages incitent à la consommation de stupéfiants (■ Cass. crim., 22 juin 2004 : *Bull. crim.*, n° 165 ; *Dr. pénal* 2004, comm. 126, obs. J.-H. Robert).

Art. L. 3421-5 *(L. n° 2007-297, 5 mars 2007 ; mod., L. n° 2011-525, 17 mai 2011 ; L. n° 2011-2012, 29 déc. 2011 ; L. n° 2016-41, 26 janv. 2016)*. – Sur réquisitions du procureur de la République, les officiers de police judiciaire et, sur l'ordre ou sous la responsabilité de ceux-ci, les agents de police judiciaire et agents de police judiciaire adjoints mentionnés à l'article 20 et au 1° de l'article 21 du Code de procédure pénale sont habilités, aux fins de rechercher et de constater le délit prévu au troisième alinéa de l'article L. 3421-1 du présent code, à entrer dans les lieux où s'exerce le transport public de voyageurs, terrestre, maritime ou aérien, ainsi que dans leurs annexes et dépendances, sauf s'ils constituent un domicile, en vue de :

1° Contrôler l'identité des personnes présentes, pour déterminer celles relevant des dispositions du troisième alinéa de l'article L. 3421-1 ;

2° Procéder auprès de ces personnes, s'il existe à leur encontre une ou plusieurs raisons plausibles de soupçonner qu'elles ont fait usage de stupéfiants, à des épreuves de dépistage en vue d'établir la commission du délit recherché.

Lorsque ces épreuves de dépistage se révèlent positives ou lorsque la personne refuse ou est dans l'impossibilité de les subir, les officiers ou agents de police judiciaire et agents de police judiciaire adjoints font procéder aux vérifications destinées à établir la preuve de l'usage de produits stupéfiants.

Les vérifications visées au quatrième alinéa sont faites au moyen d'analyses ou examens médicaux, cliniques et biologiques. Les échantillons prélevés sont conservés dans les conditions fixées par un arrêté du ministre chargé de la santé, pris après avis du directeur général de l'Agence nationale de sécurité du médicament et des produits de santé.

Les réquisitions du procureur de la République sont écrites, présentées aux personnes intéressées à leur demande et précisent qu'elles ont pour but la recherche de l'infraction prévue au troisième alinéa de l'article L. 3421-1. Ces réquisitions sont prises pour une durée maximum d'un mois et précisent les locaux où se déroulera l'opération de contrôle ainsi que les dates et heures de chaque intervention.

Les mesures prises en application du présent article font l'objet d'un procès-verbal remis à l'intéressé.

Art. L. 3421-6 *(L. n° 2007-297, 5 mars 2007)*. – Le fait de refuser de se soumettre aux vérifications prévues par l'article L. 3421-5 est puni de deux ans d'emprisonnement et de 30 000 € d'amende.

Art. L. 3421-7 *(L. n° 2007-297, 5 mars 2007)*. – Les personnes physiques coupables des délits prévus au troisième alinéa de l'article L. 3421-1 et à l'article L. 3421-6 encourent également les peines complémentaires suivantes :

1° La suspension pour une durée de trois ans au plus du permis de conduire ou du titre de conduite des bateaux de plaisance français à moteur en mer et en eaux intérieures ; cette suspension ne peut pas être limitée à la conduite en dehors de l'activité professionnelle ; elle ne peut être assortie du sursis, même partiellement ;

2° L'annulation du permis de conduire ou du titre de conduite des bateaux de plaisance français à moteur en mer et en eaux intérieures avec interdiction de solliciter la délivrance d'un nouveau permis ou d'un nouveau titre de conduite pendant trois ans au plus ;

3° La peine de travail d'intérêt général selon les modalités prévues à l'article 131-8 du Code pénal et selon les conditions prévues aux articles 131-22 à 131-24 du même code ;

4° La peine de jours-amende dans les conditions fixées aux articles 131-5 et 131-25 du Code pénal ;

5° L'interdiction, soit définitive, soit pour une durée de cinq ans au plus, d'exercer une profession ayant trait au transport ;

6° L'interdiction de conduire certains véhicules terrestres à moteur, y compris ceux pour la conduite desquels le permis de conduire n'est pas exigé, pour une durée de cinq ans au plus ;

7° L'obligation d'accomplir, à ses frais, un stage de sensibilisation à la sécurité routière ;

8° L'obligation d'accomplir, à ses frais, un stage de sensibilisation aux dangers de l'usage de produits stupéfiants ».

Mesures d'accompagnement

Art. L. 3422-1. – En cas d'infraction à l'article L. 3421-1 et aux articles 222-34 à 222-39 du Code pénal, le représentant de l'État dans le département peut ordonner, pour une durée n'excédant pas trois mois, la fermeture de tout hôtel, maison meublée, pension, débit de boissons, restaurant, club, cercle, dancing, lieu de spectacle ou leurs annexes ou lieu quelconque ouvert au public ou utilisé par le public où l'infraction a été commise.

Le ministre de l'Intérieur peut, dans les mêmes conditions, ordonner la fermeture de ces mêmes lieux pour une durée pouvant aller jusqu'à un an ; dans ce cas, la durée de la fermeture prononcée par le représentant de l'État dans le département s'impute sur celle de la fermeture prononcée par le ministre.

Les mesures prévues par les deux alinéas qui précèdent cessent de plein droit de produire effet en cas de décision de non-lieu, de relaxe ou d'acquittement. La durée de la fermeture par l'autorité administrative s'impute sur celle de la fermeture prononcée par la juridiction d'instruction.

Art. L. 3422-2. – Le fait de contrevenir à la décision de fermeture prononcée en application de l'article L. 3422-1 est puni de six mois d'emprisonnement et de 7 500 € d'amende.

Injonction thérapeutique par le procureur de la République

Art. L. 3423-1 *(Rempl., L. n° 2011-1862, 13 déc. 2011).* – Le procureur de la République peut enjoindre à la personne ayant fait un usage illicite de stupéfiants ou une consommation habituelle et excessive d'alcool de se soumettre à une mesure d'injonction thérapeutique prenant la forme d'une mesure de soins ou de surveillance médicale dans des conditions prévues aux articles L. 3413-1 à L. 3413-4.

La durée de la mesure est de six mois, renouvelable trois fois selon les mêmes modalités.

L'action publique n'est pas exercée à l'encontre des personnes qui se soumettent à la mesure d'injonction thérapeutique qui leur est ordonnée et la suivent jusqu'à son terme.

De même, l'action publique n'est pas exercée à l'égard des personnes ayant fait un usage illicite de stupéfiants lorsqu'il est établi qu'elles se sont soumises, depuis les faits qui leur sont reprochés, à une mesure de soins ou à une surveillance médicale adaptées dans les conditions prévues aux chapitres II et IV du titre Ier du présent livre.

Art. L. 3423-2 *(L. n° 2007-297, 5 mars 2007).* – Dans tous les cas prévus à l'article L. 3423-1, lorsque la conservation des plantes et substances saisies n'apparaît pas nécessaire, il est procédé à leur destruction par un officier de police judiciaire, sur la réquisition du procureur de la République.

Injonction thérapeutique par le juge d'instruction, le juge des enfants ou le juge des libertés et de la détention

Art. L. 3424-1 *(L. n° 2007-297, 5 mars 2007 ; mod., L. n° 2011-525, 17 mai 2011).* – Les personnes mises en examen pour les délits prévus par les articles L. 3421-1 et L. 3425-2 peuvent se voir notifier, par ordonnance du juge d'instruction, du juge des enfants ou du juge des libertés et de la détention, une mesure d'injonction thérapeutique selon les modalités définies aux articles L. 3413-1 à L. 3413-4. La durée de la mesure est de vingt-quatre mois au plus.

L'exécution de cette ordonnance se poursuit, s'il y a lieu, après la clôture de l'information, les règles fixées par les deuxième à quatrième alinéas de l'article 148-1 du Code de procédure pénale étant, le cas échéant, applicables.

Art. L. 3424-2 à L. 3424-5 *(Abr., L. n° 2007-297, 5 mars 2007).*

Injonction thérapeutique par la juridiction de jugement

Art. L. 3425-1 *(L. n° 2007-297, 5 mars 2007 ; mod., L. n° 2011-525, 17 mai 2011).* – La juridiction de jugement peut, à titre de peine complémentaire, astreindre les personnes ayant commis le délit prévu par l'article L. 3421-1 à se soumettre à une mesure d'injonction thérapeutique, selon les modalités définies aux articles L. 3413-1 à L. 3413-4. La durée de la mesure est de vingt-quatre mois au plus.

Art. L. 3425-2 *(L. n° 2007-297, 5 mars 2007).* – Le fait de se soustraire à l'exécution de la décision ayant ordonné une injonction thérapeutique est puni des peines prévues aux articles L. 3421-1 et L. 3425-1.

Toutefois, ces sanctions ne sont pas applicables lorsque l'injonction thérapeutique constitue une obligation particulière imposée à une personne qui a été condamnée à une peine d'emprisonnement assortie du sursis avec mise à l'épreuve ou du sursis assorti de l'obligation d'accomplir un travail d'intérêt général.

....

Substances et préparations vénéneuses

Art. L. 5132-1 *(Ord. n° 2011-1922, 22 déc. 2011).* – Sont comprises comme substances vénéneuses :

1° *(1° abr., Ord. n° 2011-1922, 22 déc. 2011)* ;

2° Les substances stupéfiantes ;

3° Les substances psychotropes ;

4° Les substances inscrites sur la liste I et la liste II définies à l'article L. 5132-6.

Au sens de cette présente partie :

On entend par « substances » les éléments chimiques et leurs composés comme ils se présentent à l'état naturel ou tels qu'ils sont produits par l'industrie, contenant éventuellement tout additif nécessaire à leur mise sur le marché.

On entend par « préparations » les mélanges ou solutions composés de deux substances ou plus.

Art. L. 5132-2 à L. 5132-5 *(Abr., Ord. n° 2011-1922, 22 déc. 2011).*

Art. L. 5132-6. – Les listes I et II mentionnées au 4° de l'article L. 5132-1 comprennent :

1° *(Ord. n° 2011-1922, 22 déc. 2011)* Certaines substances classées dangereuses pour la santé conformément à l'article L. 1342-2 ;

2° Les médicaments susceptibles de présenter directement ou indirectement un danger pour la santé ;

3° Les médicaments à usage humain contenant des substances dont l'activité ou les effets indésirables nécessitent une surveillance médicale ;

4° *(Abr., Ord. n° 2007-613, 26 avr. 2007)* ;

5° Tout autre produit ou substance présentant pour la santé des risques directs ou indirects.

La liste I comprend les substances ou préparations, et les médicaments et produits présentant les risques les plus élevés pour la santé.

Art. L. 5132-7 *(Mod., L. n° 2011-2012, 29 déc. 2011).* – Les plantes, substances ou préparations vénéneuses sont classées comme stupéfiants ou comme psychotropes ou sont inscrites sur les listes I et II par arrêté du ministre chargé de la santé pris sur proposition du directeur général de l'Agence nationale de sécurité du médicament et des produits de santé.

QPC. V. ■ Cass. crim., 11 janv. 2011, n° 10-90.116 QPC, sous C. pén., art. 222-37, p. 265.

Art. L. 5132-8. – La production, la fabrication, le transport, l'importation, l'exportation, la détention, l'offre, la cession, l'acquisition et l'emploi de plantes, de substances ou de préparations classées comme vénéneuses sont soumises à des conditions définies par décrets en Conseil d'État.

Ces décrets peuvent prohiber toute opération relative à ces plantes et substances ; ils peuvent notamment, après avis des Académies nationales de médecine et de pharmacie, interdire la prescription et l'incorporation dans des préparations de certaines de ces plantes et substances ou des spécialités qui en contiennent.

Les conditions de prescription et de délivrance de telles préparations sont fixées après avis des conseils nationaux de l'ordre des médecins et de l'ordre des pharmaciens.

QPC. Non-lieu à renvoi au Conseil constitutionnel de la question concernant le renvoi à des dispositions réglementaires par l'article L. 5132-8 (■ Cass. crim., 15 juin 2011, n° 11-90.037 QPC : *Dr. pén.* 2011, note 108, J.-H. Robert).

Art. L. 5132-9 *(Mod. à compter de la date prévue au II de l'article 29 de l'ordonnance n° 2010-177 du 23 févr. 2010, Ord. n° 2010-177, 23 févr. 2010).* – Lorsqu'ils ont le statut de marchandises communautaires et sont en provenance ou à destination des autres États membres de l'Union européenne, les médicaments, substances ou préparations classés comme stupéfiants ou auxquels la réglementation des stupéfiants est appliquée en tout ou partie en vertu du présent code, ainsi que les médicaments, substances ou préparations classés comme psychotropes doivent être présentés au service des douanes, munis des documents qui les accompagnent.

Les agents des douanes sont chargés :

1° D'endosser, après contrôle des marchandises, l'autorisation d'importation ou d'exportation prévue par le présent code pour les médicaments, substances ou préparations classés comme stupéfiants ou auxquels la réglementation des stupéfiants est appliquée en tout ou partie ;

2° D'endosser, après contrôle des marchandises, l'autorisation d'importation ou d'exportation ou la déclaration d'exportation prévues par la convention de Vienne sur les substances psychotropes du 21 février 1971. Les modalités de la présentation en douane sont fixées par arrêté du ministre chargé des douanes.

....

Art. L. 5432-1 *(Ord. n° 2013-1183, 19 déc. 2013)*. – I. – Est puni de cinq ans d'emprisonnement et de 375 000 € d'amende le fait dans le cadre d'une activité réglementée de ne pas respecter les dispositions prises en application de l'article L. 5132-8 :

1° Fixant les conditions de production, de transport, d'importation, d'exportation, de détention, d'offre, de cession, de prescription, de délivrance, d'acquisition, et d'emploi de médicaments, plantes, substances ou préparations classées comme vénéneuses ;

2° Prohibant les opérations relatives à ces plantes ou substances ;

3° Interdisant la prescription ou l'incorporation dans des préparations, de certaines plantes ou substances vénéneuses ou de spécialités qui en contiennent, ou fixant les conditions particulières de prescription ou de délivrance de ces préparations.

Dans tous les cas prévus au présent article, les tribunaux peuvent ordonner la confiscation des plantes ou substances saisies.

II. – Les peines mentionnées au I sont portées à sept ans d'emprisonnement et 750 000 € d'amende, lorsque :

1° Les faits ont été commis en bande organisée ;

2° Lorsque les faits d'offre, de cession ou d'acquisition ont été commis sur un réseau de télécommunication à destination d'un public non déterminé ;

3° Les faits ont été commis en vue de faciliter, par quelque moyen que ce soit, notamment à l'aide d'ordonnances ou de délivrances de complaisance, le mésusage ou l'abus tels que définis par voie réglementaire, de médicaments, de plantes, de substances ou préparations classées comme vénéneuses. Ces dispositions ne sont pas applicables en cas de prescription d'une spécialité pharmaceutique non conforme à son autorisation de mise sur le marché lorsque les conditions prévues par l'article L. 5121-12-1 sont respectées.

QPC. V. ■ Cass. crim. 15 juin 2011, cité sous l'art. L. 5132-8, p. 2125.

Art. L. 5432-2 *(Ord. n° 2013-1183, 19 déc. 2013)*. – I. – Est puni de cinq ans d'emprisonnement et de 375 000 € d'amende le fait pour quiconque, de fabriquer, d'importer, d'exporter, de transporter, d'offrir, de céder, d'acquérir, de détenir, d'employer de manière illicite ou de se faire délivrer au moyen d'ordonnances fictives ou de complaisance :

1° Des substances, plantes ou préparations inscrites sur les listes I et II ou classées comme psychotropes mentionnées à l'article L. 5132-1 ;

2° Des médicaments mentionnés à l'article L. 5111-1, lorsque ces médicaments sont inscrits sur les listes I et II mentionnées à l'article L. 5132-1 ou lorsque sans être inscrits ces derniers contiennent une ou plusieurs substances ou préparations inscrites dans ces mêmes listes.

II. – Les peines mentionnées au I sont portées à sept ans d'emprisonnement et 750 000 € d'amende, lorsque :

1° Les faits ont été commis en bande organisée ;

2° Lorsque les faits d'offre, de cession ou d'acquisition ont été commis sur un réseau de télécommunication à destination d'un public non déterminé.

Loi n° 96-359 du 29 avril 1996

relative au trafic de stupéfiants en haute mer et portant adaptation de la législation française à l'article 17 de la convention des Nations unies contre le trafic illicite des stupéfiants et substances psychotropes faite à Vienne le 20 décembre 1988

Voir : Cette loi insère, dans la loi n° 94-589 du 15 juillet 1994 relative aux modalités de l'exercice par l'État de ses pouvoirs de police en mer, notamment les articles 12 à 17 *infra* :

Loi n° 94-589 du 15 juillet 1994

relative à la lutte contre la piraterie et aux modalités de l'exercice par l'État de ses pouvoirs de police en mer

TITRE II. – EXERCICE PAR L'ÉTAT DE SES POUVOIRS DE POLICE EN MER DANS LA LUTTE CONTRE LE TRAFIC ILLICITE DE STUPÉFIANTS ET SUBSTANCES PSYCHOTROPES

(L. n° 96-359, 29 avr. 1996 ; L. n° 2005-371, 22 avr. 2005 ; L. n° 2011-13, 5 janv. 2011)

Art. 12 *(L. n° 96-359, 29 avr. 1996 ; L. n° 2005-371, 22 avr. 2005 ; L. n° 2011-13, 5 janv. 2011)*. – **La recherche, la constatation, la poursuite et le jugement des infractions constitutives de trafic de stupéfiants et commises en mer sont régis par les dispositions du titre II du livre V de la première partie du Code de la défense et par les dispositions du présent titre qui s'appliquent, aux navires mentionnés à l'article L. 1521-1 du Code de la défense.**

Art. 13 *(L. n° 96-359, 29 avr. 1996 ; mod., L. n° 2005-371, 22 avr. 2005)*. – **Lorsqu'il existe des motifs raisonnables de soupçonner qu'un trafic de stupéfiants se commet à bord de l'un des navires visés à l'article 12 et se trouvant en dehors des eaux territoriales, les commandants des bâtiments de l'État et les commandants de bord des aéronefs de l'État, chargés de la surveillance en mer, sont habilités à exécuter ou à faire exécuter, sous l'autorité du préfet maritime ou, outre-mer, du délégué du Gouvernement pour l'action de l'État en mer, qui en avise le procureur de la République, les mesures de contrôle et de coercition prévues par le droit international et la présente loi.**

CHAPITRE I. – DES MESURES PRISES SOIT À L'ENCONTRE D'UN NAVIRE N'ARBORANT AUCUN PAVILLON OU SANS NATIONALITÉ, SOIT À LA DEMANDE OU AVEC L'ACCORD DE L'ÉTAT DU PAVILLON

Art. 14 *(L. n° 96-359, 29 avr. 1996 ; mod., L. n° 2005-371, 22 avr. 2005)*. – **I. – À l'occasion de la visite du navire, le commandant peut faire procéder à la saisie des produits stupéfiants découverts et des objets ou documents qui paraissent liés à un trafic de stupéfiants.**

Ils sont placés sous scellés en présence du capitaine du navire ou de toute personne se trouvant à bord de celui-ci.

II. – Le commandant peut ordonner le déroutement du navire vers une position ou un port appropriés lorsque des investigations approfondies qui ne peuvent être effectuées en mer doivent être diligentées à bord.

Le déroutement peut également être ordonné vers un point situé dans les eaux internationales lorsque l'État du pavillon en formule expressément la demande, en vue de la prise en charge du navire.

III. – Le compte rendu d'exécution des mesures prises en application de la présente loi ainsi que les produits, objets ou documents placés sous scellés sont remis aux autorités de l'État du pavillon lorsqu'aucune suite judiciaire n'est donnée sur le territoire français.

CHAPITRE II. – DE LA COMPÉTENCE DES JURIDICTIONS FRANÇAISES

Art. 15 *(L. n° 96-359, 29 avr. 1996 ; L. n° 2005-371, 22 avr. 2005)*. – **Les auteurs ou complices d'infractions de trafic de stupéfiants commises en haute mer peuvent être poursuivis et jugés par les juridictions françaises lorsque des accords bilatéraux ou multilatéraux le prévoient ou avec l'assentiment de l'État du pavillon, ainsi que dans le cas où ces infractions sont commises à bord d'un navire n'arborant aucun pavillon ou sans nationalité.**

L'assentiment mentionné à l'alinéa précédent est transmis par la voie diplomatique aux autorités françaises, accompagné des éléments permettant de soupçonner qu'un trafic de stupéfiants est commis sur un navire.

Une copie de ces documents est transmise par tout moyen et dans les plus brefs délais au procureur de la République.

Dans les départements et régions d'outre-mer, dans les collectivités d'outre-mer, en Polynésie française et en Nouvelle-Calédonie, le procureur de la République peut ordonner la destruction des seules embarcations dépourvues de pavillon qui ont servi à commettre les infractions de trafic de stupéfiants commises en haute mer, constatées par procès-verbal, lorsqu'il n'existe pas de mesures techniques raisonnablement envisageables pour empêcher définitivement le renouvellement de ces infractions.

Art. 16 *(L. n° 96-359, 29 avr. 1996 ; mod., Ord. n° 2014-792, 10 juill. 2014)*. **– Outre les officiers de police judiciaire agissant conformément aux dispositions du Code de procédure pénale, les agents des douanes ainsi que, lorsqu'ils sont spécialement habilités dans des conditions fixées par décret en Conseil d'État, les commandants des bâtiments de l'État, les officiers de la marine nationale et les commissaires des armées embarqués sur ces bâtiments et les commandants de bord des aéronefs de l'État, chargés de la surveillance en mer, peuvent constater les infractions en matière de trafic de stupéfiants et en rechercher les auteurs selon les modalités suivantes :**

I. – Le procureur de la République compétent est informé préalablement et par tout moyen des opérations envisagées en vue de la recherche et de la constatation des infractions.

Les infractions sont constatées par des procès-verbaux qui font foi jusqu'à preuve du contraire. Ces procès-verbaux sont transmis au procureur de la République dans les plus brefs délais et au plus tard dans les quinze jours qui suivent les opérations. Copie en est remise à la personne intéressée.

II. – Il peut être procédé avec l'autorisation, sauf extrême urgence, du procureur de la République, à des perquisitions et à la saisie des produits stupéfiants ainsi que des objets ou documents qui paraissent provenir de la commission d'une infraction à la législation sur les stupéfiants, ou qui paraissent servir à la commettre. Cette autorisation est transmise par tout moyen.

Les produits, objets ou documents saisis sont placés immédiatement sous scellés. Les perquisitions et saisies peuvent être opérées à bord du navire en dehors des heures prévues à l'article 59 du Code de procédure pénale.

Art. 17 *(L. n° 96-359, 29 avr. 1996 ; mod., L. n° 2005-371, 22 avr. 2005)*. **– En France métropolitaine, le tribunal compétent est soit le tribunal de grande instance situé au siège de la préfecture maritime, soit le tribunal de grande instance du port vers lequel le navire a été dérouté.**

Dans les départements d'outre-mer, à Mayotte, à Saint-Pierre-et-Miquelon, dans les îles Wallis-et-Futuna, en Polynésie française, en Nouvelle-Calédonie et dans les Terres australes et antarctiques françaises, le tribunal compétent est la juridiction de première instance en matière correctionnelle située soit au siège du délégué du Gouvernement pour l'action de l'État en mer, soit au port vers lequel le navire est dérouté. En matière criminelle, les dispositions de l'article 706-27 du Code de procédure pénale sont applicables.

1) Justifie sa décision l'arrêt qui peut déclarer régulière l'intervention des autorités françaises (dans la recherche et la constatation de trafic de stupéfiants en haute mer) énonce d'une part, que l'assistance de ces autorités a été sollicitée par les autorités américaines en vertu du principe de coopération entre les parties à la Convention de Vienne et, d'autre part, que les éléments fournis par les autorités américaines sur l'identification du capitaine du voilier, déjà soupçonné de se livrer au narcotrafic, constituaient des motifs raisonnables d'intervention au sens de l'article 17 § 3 de la Convention (■ Cass. crim., 13 déc. 2006 : *Bull. crim.*, n° 314).

2) Justifie sa décision l'arrêt qui, pour déclarer régulier l'arraisonnement en haute mer, par les autorités françaises, d'un voilier immatriculé à Gibraltar, énonce qu'en application de l'article 17 de la Convention des Nations unies contre le trafic illicite de stupéfiants et de produits psychotropes, adoptée à Vienne le 19 décembre 1988, et ouverte à la signature le 20 décembre 1988, les autorités britanniques étaient compétentes pour donner auxdites autorités françaises l'autorisation de procéder au contrôle du navire, immatriculé dans un territoire dépendant du Royaume-Uni et battant pavillon britannique, et leur ont abandonné toute compétence sur ce navire (■ Cass. crim., 8 août 2007 : *Bull. crim.*, n° 190).

3) Justifie sa décision l'arrêt qui énonce que la preuve de l'accord de l'État du pavillon qui n'est soumise à aucune forme particulière, par l'article 17 de la Convention de Vienne peut résulter d'un message de l'ambassadeur de France à Ottawa (même arrêt).

4) Justifie sa décision la chambre de l'instruction qui, pour écarter le moyen pris de la nullité de l'arraisonnement en haute mer, de la visite et des mesures subséquentes, effectués par les autorités de l'État d'interception ou requérant (la France) à l'encontre d'un navire battant pavillon panaméen soupçonné de se livrer à un trafic illicite de stupéfiants en mer, en application de l'article 17 de la Convention des Nations unies contre le trafic illicite de stupéfiants et de substances psychotropes, en date du 20 décembre 1988, ratifiée par la France et le Panama, ainsi que des articles L. 1521-2 et suivants du Code de la défense, dans leur rédaction issue de la loi du 22 avril 2005, relève que lesdites mesures sont intervenues après que les autorités de l'État du pavillon (le Panama) eussent transmis leur autorisation à leurs homologues français, une fois achevée l'enquête de pavillon destinée à vérifier la véracité de ce dernier.

Justifie sa décision la chambre de l'instruction qui, pour écarter le moyen pris de l'incompétence des juridictions françaises pour connaître des infractions de trafic illicite de stupéfiants, au sens de l'article 3 de la Convention précitée, commises en haute mer, sur un navire étranger, par des personnes de nationalité étrangère, relève que l'État du pavillon a donné à l'État d'interception ou requérant, par la voie diplomatique, son « assentiment », au sens de l'article 15 de la loi du 15 juillet 1994, dans sa rédaction issue de la loi du 22 avril 2005, à l'exercice, par les juridictions de ce dernier, de leur compétence pour poursuivre et juger les auteurs et complices dudit trafic.

Justifie sa décision la chambre de l'instruction qui, pour écarter le moyen pris de la nullité de la garde à vue, énonce que la rétention des membres de l'équipage durant le transit en mer du navire arraisonné n'était pas le préalable nécessaire à leur placement ultérieur en garde à vue, fondé sur des raisons plausibles, tirées d'éléments de fait étrangers à ladite rétention, de les soupçonner de participer à un trafic illicite de stupéfiants (■ Cass. crim., 29 avr. 2009 : *Bull. crim.*, n° 83).

Code monétaire et financier

(Ord. n° 2000-1223, 14 déc. 2000)

TITRE VI. – OBLIGATIONS RELATIVES À LA LUTTE CONTRE LE BLANCHIMENT DE CAPITAUX

CHAPITRE I. – DÉCLARATION DE CERTAINES SOMMES OU OPÉRATIONS

Art. L. 561-1 ***(Rempl., Ord. n° 2009-104, 30 janv. 2009).*** **– Les personnes autres que celles mentionnées à l'article L. 561-2 qui, dans l'exercice de leur profession, réalisent, contrôlent ou conseillent des opérations entraînant des mouvements de capitaux, sont tenues de déclarer au procureur de la République les opérations dont elles ont connaissance et qui portent sur des sommes qu'elles savent provenir de l'une des infractions mentionnées à l'article L. 561-15.**

Lorsqu'elles ont fait de bonne foi une telle déclaration, ces personnes bénéficient des dispositions de l'article L. 561-22.

Les dispositions de l'article L. 574-1 leur sont applicables lorsqu'elles portent à la connaissance du propriétaire de ces sommes ou de l'auteur de ces opérations l'existence de cette déclaration ou donnent des informations sur les suites qui lui ont été réservées.

Le procureur de la République informe le service mentionné à l'article L. 561-23 qui lui fournit tous renseignements utiles.

CHAPITRE II. – DÉCLARATION DE SOMMES OU D'OPÉRATIONS SOUPÇONNÉES D'ÊTRE D'ORIGINE ILLICITE

Art. L. 561-2 ***(Ord. n° 2016-1635, 1er déc. 2016 ; Ord. n° 2017-1107, 22 juin 2017).*** **– Sont assujettis aux obligations prévues par les dispositions des sections 2 à 7 du présent chapitre :**

1° Les organismes, institutions et services régis par les dispositions du titre Ier du présent livre, y compris les succursales des établissements de crédit mentionnés à l'article L. 511-22 lorsque ces dernières effectuent des opérations pour leur clientèle en France ;

1° *bis* Les établissements de paiement régis par les dispositions du chapitre II du titre II du présent livre y compris les succursales des établissements de paiement mentionnés au II de l'article L. 522-13 ;

1° *ter* Les établissements de monnaie électronique régis par le chapitre VI du titre II du présent livre y compris les succursales des établissements de monnaie électronique mentionnés à l'article L. 526-25 ;

1° *quater* Les établissements de crédit, les établissements de paiement et les établissements de monnaie électronique ayant leur siège social dans un autre État membre de l'Union européenne ou partie à l'Espace

économique européen en tant qu'ils exercent leur activité sur le territoire national en ayant recours aux services d'un ou plusieurs agents pour la fourniture de services de paiement en France ou d'une ou plusieurs personnes en vue de distribuer en France de la monnaie électronique au sens de l'article L. 525-8 ;

2° Les entreprises mentionnées aux articles L. 310-1 et L. 310-2 du Code des assurances ;

2° *bis* Les institutions ou unions régies par le titre III du livre IX du Code de la sécurité sociale ;

2° *ter* Les mutuelles et unions réalisant des opérations mentionnées au 1° du I de l'article L. 111-1 du Code de la mutualité ;

3° Les intermédiaires en opérations de banque et en services de paiement mentionnés à l'article L. 519-1 lorsqu'ils agissent en vertu d'un mandat délivré par un client et qu'ils se voient confier des fonds en tant que mandataire des parties ;

3° *bis* Les intermédiaires d'assurance définis à l'article L. 511-1 du Code des assurances sauf ceux qui agissent sous l'entière responsabilité de l'organisme ou du courtier d'assurance ;

4° Les intermédiaires en financement participatif mentionnés à l'article L. 548-2 ;

5° La Banque de France, l'institut d'émission des départements d'outre-mer mentionné à l'article L. 711-2 du présent code et l'institut d'émission d'outre-mer mentionné à l'article L. 712-4 du même code ;

6° Les entreprises d'investissement, y compris les succursales d'entreprises d'investissement mentionnées à l'article L. 532-18-1 lorsque ces dernières effectuent des opérations pour leur clientèle en France, les personnes mentionnées à l'article L. 440-2, les entreprises de marché mentionnées à l'article L. 421-2, les dépositaires centraux et gestionnaires de systèmes de règlement et de livraison d'instruments financiers, les conseillers en investissements financiers, les conseillers en investissements participatifs et les intermédiaires habilités mentionnés à l'article L. 211-4, ainsi que les placements collectifs mentionnés au I de l'article L. 214-1 et les sociétés de gestion de placements collectifs mentionnées à l'article L. 543-1 ;

6° *bis* Les prestataires de services d'investissement ayant leur siège social dans un autre État membre de l'Union européenne en tant qu'ils exercent leur activité sur le territoire national en ayant recours à des agents liés mentionnés à l'article L. 545-1 du Code monétaire et financier lorsque ces derniers effectuent des opérations pour leur clientèle en France ;

7° Les changeurs manuels ;

7° *bis* Toute personne qui, à titre de profession habituelle, soit se porte elle-même contrepartie, soit agit en tant qu'intermédiaire, en vue de l'acquisition ou de la vente de tout instrument contenant sous forme numérique des unités de valeur non monétaires pouvant être conservées ou être transférées dans le but d'acquérir un bien ou un service, mais ne représentant pas de créance sur l'émetteur ;

8° Les personnes exerçant les activités mentionnées aux 1°, 2°, 4°, 5°, 8° et 9° de l'article 1er de la loi n° 70-9 du 2 janvier 1970 réglementant les conditions d'exercice des activités relatives à certaines opérations portant sur les immeubles et les fonds de commerce ;

9° Les opérateurs de jeux ou de paris autorisés sur le fondement de l'article 5 de la loi du 2 juin 1891, ayant pour objet de réglementer l'autorisation et le fonctionnement des courses de chevaux, des articles L. 321-1 et L. 321-3 du Code de la sécurité intérieure, de l'article 47 de la loi du 30 juin 1923 portant fixation du budget général de l'exercice 1923, de l'article 9 de la loi du 28 décembre 1931, de l'article 136 de la loi du 31 mai 1933 portant fixation du budget général de l'exercice 1933 et de l'article 42 de la loi n° 84-1208 du 29 décembre 1984 de finances pour 1985 et leurs représentants légaux et directeurs responsables ;

9° *bis* Les opérateurs de jeux ou de paris autorisés sur le fondement de l'article 21 de la loi n° 2010-476 du 12 mai 2010 relative à l'ouverture à la concurrence et à la régulation du secteur des jeux d'argent et de hasard en ligne et leurs représentants légaux ;

10° Les personnes se livrant habituellement au commerce d'antiquités et d'œuvres d'art ;

11° Les personnes acceptant des paiements en espèces ou au moyen de monnaie électronique d'un montant supérieur à un seuil fixé par décret et se livrant au commerce de biens suivants : pierres précieuses, métaux précieux, bijoux, objets d'ameublement et de décoration d'intérieur, produits cosmétiques, produits textiles, maroquinerie, produits gastronomiques, horlogerie, arts de la table ;

12° Les experts-comptables, les salariés autorisés à exercer la profession d'expert-comptable en application des articles 83 *ter* et 83 *quater* de l'ordonnance n° 45-2138 du 19 septembre 1945 portant institution de l'ordre des experts-comptables et réglementant les titres et la profession d'expert-comptable ;

12° *bis* Les commissaires aux comptes ;

13° Les avocats au Conseil d'État et à la Cour de cassation, les avocats, les notaires, les huissiers de justice, les administrateurs judiciaires, les mandataires judiciaires et les commissaires-priseurs judiciaires, dans les conditions prévues à l'article L. 561-3 ;

14° Les opérateurs de ventes volontaires de meubles aux enchères publiques ;

15° Les personnes exerçant l'activité de domiciliation mentionnée aux articles L. 123 11-2 et suivants du Code de commerce ;

16° Les personnes exerçant l'activité d'agents sportifs mentionnés à l'article L. 222-7 du Code du sport ;

17° Les personnes autorisées au titre du I de l'article L. 621-18-5.

Les personnes assujetties mentionnées aux 1° à 17° comprennent les personnes physiques et les personnes morales.

....

Art. L. 561-2-1 *(Ord. n° 2009-104, 30 janv. 2009 ; Ord. n° 2016-1635, 1er déc. 2016).* – Pour l'application du présent chapitre, la notion de relation d'affaires s'entend de la relation professionnelle ou commerciale avec le client, et inclut le cas échéant le bénéficiaire effectif. Dans les contrats d'assurance-vie et de capitalisation, la relation d'affaires inclut le bénéficiaire du contrat, et, le cas échéant, le bénéficiaire effectif du bénéficiaire du contrat mentionné au III de l'article L. 561-5, une relation d'affaires est nouée lorsqu'une personne mentionnée à l'article L. 561-2 engage une relation professionnelle ou commerciale qui est censée, au moment où le contact est établi, s'inscrire dans une certaine durée. La relation d'affaires peut être prévue par un contrat selon lequel plusieurs opérations successives seront réalisées entre les cocontractants ou qui crée à ceux-ci des obligations continues. Une relation d'affaires est également nouée lorsqu'en l'absence d'un tel contrat un client bénéficie de manière régulière de l'intervention d'une personne susmentionnée pour la réalisation de plusieurs opérations ou d'une opération présentant un caractère continu ou, s'agissant des personnes mentionnées au 12° et au 12° *bis* de l'article L. 561-2, pour l'exécution d'une mission légale.

Art. L. 561-2-2 *(Ord. n° 2016-1635, 1er déc. 2016).* – Pour l'application du présent chapitre, le bénéficiaire effectif est la ou les personnes physiques :

1° Soit qui contrôlent en dernier lieu, directement ou indirectement, le client ;

2° Soit pour laquelle une opération est exécutée ou une activité exercée.

Un décret en Conseil d'État précise la définition et les modalités de détermination du bénéficiaire effectif.

Art. L. 561-2-3 *(Ord. n° 2017-1252, 9 août 2017).* – Les personnes mentionnées aux 1°, 1° *bis*, 1° *ter* et 1° *quater* de l'article L. 561-2 ne sont pas soumises aux dispositions du présent chapitre pour leurs seules activités de fourniture du service mentionné au 8° du II de l'article L. 314-1.

Art. L. 561-3 *(Ord. n° 2009-104, 30 janv. 2009 ; L. n° 2010-853, 23 juill. 2010 ; L. n° 2011-94, 25 janv. 2011 ; L. n° 2011-331, 28 mars 2011 ; L. n° 2013-100, 28 janv. 2013 ; Ord. n° 2016-1635, 1er déc. 2016).* – I. – Les personnes mentionnées au 13° de l'article L. 561-2 sont soumises aux dispositions du présent chapitre lorsque, dans le cadre de leur activité professionnelle :

1° Elles participent au nom et pour le compte de leur client à toute transaction financière ou immobilière ou agissent en qualité de fiduciaire ;

2° Elles assistent leur client dans la préparation ou la réalisation des transactions concernant :

a) L'achat et la vente de biens immeubles ou de fonds de commerce ;

b) La gestion de fonds, titres ou autres actifs appartenant au client ;

c) L'ouverture de comptes bancaires, d'épargne ou de titres ou de contrats d'assurance ;

d) L'organisation des apports nécessaires à la création des sociétés ;

e) La constitution, la gestion ou la direction des sociétés ;

f) La constitution, la gestion ou la direction de fiducies, régies par les articles 2011 à 2031 du Code civil ou de droit étranger, ou de toute autre structure similaire ;

g) La constitution ou la gestion de fonds de dotation.

II. – Les avocats au Conseil d'État et à la Cour de cassation et les avocats, dans l'exercice d'une activité relative aux transactions mentionnées au I, ne sont pas soumis aux dispositions du présent chapitre lorsque l'activité se rattache à une procédure juridictionnelle, que les informations dont ils disposent soient reçues ou obtenues avant, pendant ou après cette procédure, y compris dans le cadre de conseils relatifs à la manière d'engager ou d'éviter une telle procédure, non plus que lorsqu'ils donnent des consultations juridiques, à moins qu'elles n'aient été fournies à des fins de blanchiment de capitaux ou de financement du terrorisme ou en sachant que le client les demande aux fins de blanchiment de capitaux ou de financement du terrorisme.

III. – Les autres personnes mentionnées au 13° de l'article L. 561-2, dans l'exercice d'une activité relative aux transactions mentionnées au I, ne sont pas soumises aux dispositions de la section 4 du présent chapitre lorsqu'elles donnent des consultations juridiques, à moins qu'elles n'aient été fournies à des fins de blanchiment de capitaux ou de financement du terrorisme ou en sachant que le client les demande aux fins de blanchiment de capitaux ou de financement du terrorisme.

IV. – Les experts-comptables ainsi que les salariés autorisés à exercer la profession d'expert-comptable en application des articles 83 *ter* et 83 *quater* de l'ordonnance n° 45-2138 du 19 septembre 1945 portant institution de l'ordre des experts-comptables et réglementant le titre et la profession d'expert-comptable ne sont pas soumis à la section 4 du présent chapitre lorsqu'ils donnent des consultations juridiques conformément à l'article 22 de l'ordonnance précitée, à moins que ces consultations n'aient été fournies à des fins de blanchiment de capitaux ou de financement du terrorisme ou en sachant que le client les demande aux fins de blanchiment de capitaux ou de financement du terrorisme.

V. – Dans l'exercice des missions dont ils sont chargés par décision de justice, les administrateurs judiciaires, les mandataires judiciaires et les commissaires-priseurs judiciaires sont soumis aux dispositions du présent chapitre, sous réserve que celles-ci soient compatibles avec leur mandat. Le client s'entend alors de la personne visée par la procédure et, le cas échéant, de la personne qui se porte acquéreur du bien offert à la vente ou qui dépose une offre de reprise partielle ou totale de l'entreprise.

VI. – A. – Les personnes mentionnées au 1° *quater* de l'article L. 561-2 désignent un représentant permanent résidant sur le territoire national pour être un point de contact central. Si le représentant permanent est une personne morale, celle-ci désigne à son tour une personne physique responsable.

B. – Les fonctions du représentant permanent sont exercées par une personne spécialement désignée à cet effet.

Le représentant permanent procède au nom et pour le compte de la personne mentionnée au 1° *quater* de l'article L. 561-2 aux déclarations et informations prescrites par les articles L. 561-15 et L. 561-15-1 ainsi qu'aux déclarations de mise en œuvre d'une mesure prise en application du chapitre 2 du présent titre ou d'un règlement pris sur le fondement des articles 75 ou 215 du traité sur le fonctionnement de l'Union européenne. Il répond aux demandes formulées par le service mentionné à l'article L. 561-23 en application du présent chapitre, ainsi qu'à toute demande émanant de l'Autorité de contrôle prudentiel et de résolution, de l'autorité chargée de la mise en œuvre des mesures prises en application du chapitre II du présent titre ou d'un règlement pris sur le fondement des articles 75 ou 215 du traité sur le fonctionnement de l'Union européenne, ainsi que de l'autorité judiciaire et des officiers de police judiciaire.

Art. L. 561-4 *(Ord. n° 2009-104, 30 janv. 2009)*. – Les personnes physiques ou morales qui exercent, en lien direct avec leur activité principale, une activité financière accessoire qui relève d'une des catégories mentionnées aux 1° à 7° de l'article L. 561-2 et qui présente peu de risques de blanchiment de capitaux ou de financement du terrorisme sont exemptées des obligations du présent chapitre.

Un décret en Conseil d'État définit les activités financières accessoires en fonction de leur nature, de leur volume et du montant des opérations.

Section 3. – Obligations de vigilance à l'égard de la clientèle

Art. L. 561-4-1 *(Ord. n° 2016-1635, 1er déc. 2016)*. – Les personnes mentionnées à l'article L. 561-2 appliquent les mesures de vigilance destinées à mettre en œuvre les obligations qu'elles tiennent du présent chapitre en fonction de l'évaluation des risques présentés par leurs activités en matière de blanchiment de capitaux et de financement du terrorisme.

À cette fin, elles définissent et mettent en place des dispositifs d'identification et d'évaluation des risques de blanchiment des capitaux et de financement du terrorisme auxquels elles sont exposées ainsi qu'une politique adaptée à ces risques. Elles élaborent en particulier une classification des risques en question en fonction de la nature des produits ou services offerts, des conditions de transaction proposées, des canaux de distribution utilisés, des caractéristiques des clients, ainsi que du pays ou du territoire d'origine ou de destination des fonds.

Lorsqu'elles appartiennent à un groupe au sens de l'article L. 511-20 à l'exclusion des groupes mixtes dont l'entreprise mère est une compagnie holding mixte ou une entreprise mère mixte de société de financement, à un conglomérat financier au sens de l'article L. 517-3, à un groupe au sens des articles L. 322-1-2, L. 322-1-3 et L. 356-2 du Code des assurances ou au sens de l'article L. 111-4-2 du Code de la mutualité ou au sens de l'article L. 931-2-2 du Code de la sécurité sociale ou à un groupe défini comme un ensemble de sociétés dont l'une contrôle les autres au sens de l'article L. 233-3 du Code de commerce, et que l'entreprise mère du groupe a son siège social en France, elles mettent en place un dispositif d'identification et d'évaluation des risques existant au niveau du groupe ainsi qu'une politique adaptée, définis par celle-ci.

Pour l'identification et l'évaluation des risques de blanchiment des capitaux et de financement du terrorisme auxquels elles sont exposées, les personnes mentionnées ci-dessus tiennent compte des facteurs inhérents aux clients, aux produits, services, transactions et canaux de distribution, ainsi qu'aux facteurs géographiques, précisés par arrêté du ministre chargé de l'économie, ainsi que des recommandations de la Commission européenne issues du rapport prévu par l'article 6 de la directive 2015/849 du Parlement européen et du Conseil du 20 mai 2015 relative à la prévention de l'utilisation du système financier aux fins du blanchiment de capitaux ou du financement du terrorisme, ainsi que de l'analyse des risques effectuée au plan national dans des conditions fixées par décret.

Art. L. 561-5 *(Ord. n° 2016-1635, 1er déc. 2016)*. – I. – Avant d'entrer en relation d'affaires avec leur client ou de l'assister dans la préparation ou la réalisation d'une transaction, les personnes mentionnées à l'article L. 561-2 :

1° Identifient leur client et, le cas échéant, le bénéficiaire effectif au sens de l'article L. 561-2-2 ;

2° Vérifient ces éléments d'identification sur présentation de tout document écrit à caractère probant.

II. – Elles identifient et vérifient dans les mêmes conditions que celles prévues au I l'identité de leurs clients occasionnels et, le cas échéant, de leurs bénéficiaires effectifs, lorsqu'elles soupçonnent qu'une opération pourrait participer au blanchiment des capitaux ou au financement du terrorisme ou lorsque les opérations sont d'une certaine nature ou dépassent un certain montant.

III. – Lorsque le client souscrit ou adhère à un contrat d'assurance-vie ou de capitalisation, les personnes concernées identifient et vérifient également l'identité des bénéficiaires de ces contrats et le cas échéant des bénéficiaires effectifs de ces bénéficiaires.

IV. – Par dérogation au I, lorsque le risque de blanchiment des capitaux ou de financement du terrorisme paraît faible et que c'est nécessaire pour ne pas interrompre l'exercice normal de l'activité, les obligations mentionnées au 2° dudit I peuvent être satisfaites durant l'établissement de la relation d'affaires.

V. – Les conditions d'application du présent article sont précisées par décret en Conseil d'État.

Art. L. 561-5-1 *(Ord. n° 2016-1635, 1er déc. 2016)*. – Avant d'entrer en relation d'affaires, les personnes mentionnées à l'article L. 561-2 recueillent les informations relatives à l'objet et à la nature de cette relation et tout autre élément d'information pertinent. Elles actualisent ces informations pendant toute la durée de la relation d'affaires.

Les modalités d'application de cet article sont précisées par décret en Conseil d'État.

Art. L. 561-6 *(Ord. n° 2009-104, 30 janv. 2009 ; Ord. n° 2016-1635, 1er déc. 2016)*. – Pendant toute la durée de la relation d'affaires et dans les conditions fixées par décret en Conseil d'État, ces personnes exercent, dans la limite de leurs droits et obligations, une vigilance constante et pratiquent un examen attentif des opérations effectuées en veillant à ce qu'elles soient cohérentes avec la connaissance actualisée qu'elles ont de leur relation d'affaires.

Art. L. 561-7 *(Ord. n° 2009-104, 30 janv. 2009 ; Ord. n° 2009-866, 15 juill. 2009 ; mod., L. n° 2010-853, 23 juill. 2010 ; Ord. n° 2016-1635, 1er déc. 2016)*. – I. – Pour les personnes mentionnées aux 1° à 6° de l'article L. 561-2, les obligations prévues aux I et III de l'article L. 561-5 et à l'article L. 561-5-1 peuvent être mises en œuvre par un tiers dans l'un ou l'autre des deux cas suivants :

1° Le tiers est une personne mentionnée aux 1° à 2° *ter* ou aux 3° *bis*, 5°, 6°, 12°, 12° *bis* ou 13° de l'article L. 561-2, exerçant sa profession ou son activité ou ayant son siège social en France, ou une personne appartenant à une catégorie équivalente sur le fondement d'un droit étranger et située dans un autre État membre de l'Union européenne, dans un État partie à l'espace économique européen ou dans un pays tiers imposant des obligations équivalentes en matière de lutte contre le blanchiment et le financement du terrorisme figurant sur une liste déterminée par arrêté du ministre chargé de l'économie ;

2° Le tiers est une personne mentionnée aux 1° à 2° *ter* ou aux 3° *bis*, 5°, 6° ou 8° de l'article L. 561-2, ou une personne appartenant à une catégorie équivalente sur le fondement d'un droit étranger, qui appartient au même groupe au sens de l'article L. 511-20, à l'exclusion des groupes mixtes, à un conglomérat financier au sens de l'article L. 517-3 ou un groupe au sens des articles L. 322-1-2, L. 322-1-3 et L. 356-2 du Code des assurances ou au sens de l'article L. 111-4-2 du Code de la mutualité ou au sens de l'article L. 931-2-2 du Code de la sécurité sociale. Le groupe applique les mesures prévues au présent chapitre conformément à l'article L. 561-33 lorsque l'entreprise mère à son siège social en France ou des mesures équivalentes lorsque ce n'est pas le cas. En outre, lorsque le tiers se situe dans un pays tiers qui figure sur la liste publiée par la Commission européenne en application de l'article 9 de la directive (UE) 2015/849 du 20 mai 2015 relative à la prévention de l'utilisation du système financier aux fins du blanchiment de capitaux ou du financement du terrorisme, le groupe notifie à l'Autorité de contrôle prudentiel et de résolution le recours à ce tiers ainsi que les documents justifiant que le groupe s'assure bien de la mise en œuvre par ce tiers des procédures groupes mentionnées à l'article L. 561-33.

La personne assujettie a accès aux informations recueillies par le tiers dans les conditions prévues par un décret en Conseil d'État.

La personne assujettie qui se repose sur les diligences effectuées par un tiers demeure responsable du respect de ses obligations.

II. – Les personnes mentionnées aux 1° à 6° de l'article L. 561-2 peuvent communiquer les informations recueillies pour la mise en œuvre de l'article L. 561-5 et de l'article L. 561-5-1 à une autre personne mentionnée aux 1° à 6° de l'article L. 561-2 située ou ayant son siège social en France. Elles peuvent également communiquer ces informations à un établissement proposant des activités financières équivalentes à celles exercées par les personnes mentionnées aux 1° à 6° de l'article L. 561-2, les conditions suivantes sont remplies :

1° Le tiers destinataire est situé dans un autre État membre de l'Union européenne, dans un État partie à l'accord sur l'Espace économique européen ou dans un pays tiers imposant des obligations équivalentes en matière de lutte contre le blanchiment et le financement des activités terroristes figurant sur la liste déterminée par arrêté du ministre chargé de l'économie, ou fait partie d'un groupe ou d'un conglomérat financier ayant mis en place une organisation et des procédures mentionnées à l'article L. 561-33 ;

2° Le traitement par le tiers destinataire des données à caractère personnel garantit un niveau de protection suffisant de la vie privée et des libertés et droits fondamentaux des personnes, conformément aux articles 68 et 69 de la loi n° 78-17 du 6 janvier 1978 relative à l'informatique, aux fichiers et aux libertés.

Pour l'application du présent article, les personnes mentionnées aux 1° à 6° de l'article L. 561-2 s'entendent à l'exclusion des personnes mentionnées au 1° *bis* du même article qui fournissent principalement le service mentionné au 6° du II de l'article L. 314-1.

Art. L. 561-8 *(Ord. n° 2016-1635, 1er déc. 2016)*. – I. – Lorsqu'une personne mentionnée à l'article L. 561-2 n'est pas en mesure de satisfaire aux obligations prévues à l'article L. 561-5 et à l'article L. 561-5-1, elle n'exécute aucune opération, quelles qu'en soient les modalités, et n'établit ni ne poursuit aucune relation d'affaires. Si celle-ci a déjà été établie en application du IV de l'article L. 561-5, elle y met un terme et la déclaration prévue à l'article L. 561-15 s'effectue dans les conditions prévues à cet article.

II. – Le I s'applique également lorsqu'un établissement de crédit a été désigné par la Banque de France sur le fondement de l'article L. 312-1 et que l'établissement n'a pas pu satisfaire aux obligations prévues à l'article L. 561-5 et à l'article L. 561-5-1.

III. – Un décret en Conseil d'État précise les modalités d'application du I lorsque la conclusion ou la résiliation du contrat auquel il est mis fin en application du présent article est régie par des dispositions législatives spécifiques.

Art. L. 561-9 *(Ord. n° 2016-1635, 1er déc. 2016)*. – Les personnes mentionnées à l'article L. 561-2 peuvent mettre en œuvre les dispositions des articles L. 561-5, L. 561-5-1 et L. 561-6 sous la forme de mesures de vigilance simplifiées dans l'un ou l'autre des cas suivants :

1° Le risque de blanchiment des capitaux et de financement du terrorisme leur paraît faible ;

2° Les personnes ou les produits présentent un faible risque de blanchiment de capitaux ou de financement du terrorisme et il n'existe pas de soupçon de blanchiment ou de financement du terrorisme.

Un décret en Conseil d'État fixe les conditions d'application du présent article.

Art. L. 561-9-1 *(Ord. n° 2016-1635, 1er déc. 2016)*. – S'il n'existe pas de soupçon de blanchiment ou de financement du terrorisme, les personnes qui émettent de la monnaie électronique mentionnées aux 1°, 1° *ter* et 1° *quater* de l'article L. 561-2 ne sont pas soumises aux obligations de vigilance prévues aux articles L. 561-5 et L. 561-5-1, sous réserve du respect de conditions notamment de seuils définies par décret en Conseil d'État.

Art. L. 561-10 *(L. n° 2013-672, 26 juill. 2013 ; Ord. n° 2016-1635, 1er déc. 2016)*. – Les personnes mentionnées à l'article L. 561-2 appliquent des mesures de vigilance complémentaires à l'égard de leur client, en sus des mesures prévues aux articles L. 561-5 et L. 561-5-1, lorsque :

1° Le client ou son représentant légal n'est pas physiquement présent aux fins de l'identification au moment de l'établissement de la relation d'affaires ;

2° Le client, le cas échéant son bénéficiaire effectif, le bénéficiaire d'un contrat d'assurance-vie ou de capitalisation, le cas échéant son bénéficiaire effectif, est une personne qui est exposée à des risques particuliers en raison des fonctions politiques, juridictionnelles ou administratives qu'elle exerce ou a exercées pour le compte d'un État ou de celles qu'exercent ou ont exercées des membres directs de sa famille ou des personnes connues pour lui être étroitement associées ou le devient en cours de relation d'affaires ;

3° Le produit ou l'opération présente, par sa nature, un risque particulier de blanchiment de capitaux ou de financement du terrorisme, notamment lorsqu'ils favorisent l'anonymat ;

4° L'opération est une opération pour compte propre ou pour compte de tiers effectuée avec des personnes physiques ou morales, y compris leurs filiales ou établissements, domiciliées, enregistrées ou établies dans un État ou un territoire figurant sur les listes publiées par le Groupe d'action financière parmi ceux dont la législation ou les pratiques font obstacle à la lutte contre le blanchiment des capitaux et le financement du terrorisme ou par la Commission européenne en application de l'article 9 de la directive (UE) 2015/849 du 20 mai 2015 relative à la prévention de l'utilisation du système financier aux fins du blanchiment de capitaux ou du financement du terrorisme.

S'il n'existe pas de soupçon de blanchiment des capitaux ou de financement du terrorisme, les personnes mentionnées à l'article L. 561-2 peuvent ne pas appliquer aux clients mentionnés au 1° et 2° les mesures de vigilance complémentaires prévues par le présent article lorsque la relation d'affaires est établie avec une personne mentionnée au 2° de l'article L. 561-9 ou est établie exclusivement pour un ou plusieurs produits mentionnés du même 2° de l'article L. 561-9.

Un décret en Conseil d'État précise les catégories de personnes mentionnées au 2°, la liste des produits et des opérations mentionnées au 3°, ainsi que les mesures de vigilance complémentaires.

Art. L. 561-10-1 *(Ord. n° 2016-1635, 1er déc. 2016)*. – I. – Lorsque le risque de blanchiment des capitaux et de financement du terrorisme présenté par une relation d'affaires, un produit ou une opération leur paraît élevé, les personnes mentionnées à l'article L. 561-2 mettent en œuvre les dispositions des articles L. 561-5, L. 561-5-1 et L. 561-6 sous la forme de mesures de vigilance renforcées.

II. – La mise en œuvre des mesures de vigilance complémentaires prévues à l'article L. 561-10 ne fait pas obstacle à l'application des dispositions du I ci-dessus.

Art. L. 561-10-2 *(Ord. n° 2009-104, 30 janv. 2009 ; Ord. n° 2016-1635, 1er déc. 2016)*. – Les personnes mentionnées à l'article L. 561-2 effectuent un examen renforcé de toute opération particulièrement complexe ou d'un montant inhabituellement élevé ou ne paraissant pas avoir de justification économique ou d'objet licite. Dans ce cas, ces personnes se renseignent auprès du client sur l'origine des fonds et la destination de ces sommes ainsi que sur l'objet de l'opération et l'identité de la personne qui en bénéficie.

Art. L. 561-10-3 *(Ord. n° 2009-104, 30 janv. 2009 ; Ord. n° 2017-1107, 22 juin 2017)*. – Lorsqu'une personne mentionnée au 1° ou au 5° de l'article L. 561-2 ou une entreprise d'investissement entretient avec un organisme financier situé dans un pays non membre de l'Union européenne ou qui n'est pas partie à l'accord sur l'Espace économique européen ou qui ne figure pas sur la liste des pays tiers imposant des obligations équivalentes en matière de lutte contre le blanchiment de capitaux et le financement du terrorisme déterminée par arrêté du ministre chargé de l'économie, une relation transfrontalière de correspondant bancaire ou une relation en vue de la distribution d'instruments financiers mentionnés à l'article L. 211-1, la personne assujettie met en œuvre vis-à-vis de l'organisme financier étranger avec lequel elle est en relation, outre les mesures prévues aux articles L. 561-5, L. 561-5-1 et L. 561-6, des mesures de vigilance spécifiques définies par décret en Conseil d'État.

Il est interdit aux personnes mentionnées aux 1° et 5° de l'article L. 561-2 de nouer ou maintenir une relation de correspondant bancaire avec un établissement de crédit ou exerçant des activités équivalentes constitué dans un pays où il n'a aucune présence physique effective permettant que s'exercent des activités de direction et de gestion, s'il n'est pas rattaché à un établissement ou à un groupe réglementé.

Les personnes mentionnées aux 1° et 5° de l'article L. 561-2 prennent des mesures appropriées pour s'assurer qu'elles ne nouent ni ne maintiennent une relation de correspondant avec une personne entretenant elle-même des relations de banque correspondante permettant à un établissement constitué dans les conditions mentionnées à l'alinéa précédent d'utiliser ses comptes.

Art. L. 561-11 *(L. n° 2013-672, 26 juill. 2013 ; Ord. n° 2016-1635, 1er déc. 2016)*. – Un décret en Conseil d'État peut, pour des motifs d'ordre public, soumettre à des conditions spécifiques, restreindre ou interdire tout ou partie des opérations réalisées pour leur propre compte ou pour compte de tiers par les personnes mentionnées aux 1° à 7° de l'article L. 561-2 établies en France, avec des personnes physiques ou morales, y compris leurs filiales ou établissements, domiciliées, enregistrées ou établies dans l'un des États ou territoires figurant sur les listes publiées par le Groupe d'action financière « ou par la Commission européenne en application de l'article 9 de la directive (UE) 2015/849 du 20 mai 2015 relative à la prévention de l'utilisation du système financier aux fins du blanchiment de capitaux ou du financement du terrorisme » parmi ceux dont la législation ou les pratiques font obstacle à la lutte contre le blanchiment des capitaux et le financement du terrorisme.

Art. L. 561-12 *(Ord. n° 2009-104, 30 janv. 2009 ; mod., L. n° 2010-853, 23 juill. 2010 ; L. n° 2016-731, 3 juin 2016 ; Ord. n° 2016-1635, 1er déc. 2016)*. – Sous réserve de dispositions plus contraignantes, les personnes mentionnées à l'article L. 561-2 conservent pendant cinq ans à compter de la clôture de leurs comptes ou de la cessation de leurs relations avec eux les documents et informations, quel qu'en soit le support, relatifs à l'identité de leurs clients habituels ou occasionnels. Elles conservent également, dans la limite de leurs attributions, pendant cinq ans à compter de leur exécution, quel qu'en soit le support, les documents et informations relatifs aux opérations faites par ceux-ci, ainsi que les documents consignant les caractéristiques des opérations mentionnées à l'article L. 561-10-2.

Sans préjudice des obligations mentionnées au premier alinéa du présent article, les personnes mentionnées aux 1°, 1° *ter* et 1° *quater* de l'article L. 561-2 recueillent les informations et les données techniques relatives à l'activation, au chargement et à l'utilisation de la monnaie électronique au moyen d'un support physique et les conservent pendant une durée de cinq ans à compter de l'exécution de ces opérations. Un arrêté du ministre chargé de l'économie précise les informations et les données techniques qui sont recueillies et conservées.

Art. L. 561-13 *(Ord. n° 2009-104, 30 janv. 2009 ; Ord. n° 2016-1635, 1er déc. 2016 ; L. n° 2017-257, 28 févr. 2017)*. – Outre les dispositions des articles L. 561-5, L. 561-5-1 et 561-6, les personnes mentionnées au 9° de l'article L. 561-2 appliquent les mesures de vigilance prévues au présent articles.

Les casinos sont tenus, après vérification, sur présentation d'un document probant, de l'identité des joueurs, de procéder à l'enregistrement de leurs noms et adresses lorsqu'ils échangent tous modes de paiement, plaques, jetons, tickets dont le montant excède un seuil fixé par décret. Ces informations, qui ne peuvent être utilisées à d'autres fins que celles prévues au présent chapitre, sont consignées sur un registre spécifique et doivent être conservées pendant cinq ans.

Les groupements, clubs et sociétés organisant des jeux de hasard, des loteries, des paris, des pronostics sportifs ou hippiques sont tenus de s'assurer, par la présentation de tout document écrit probant, de l'identité des joueurs misant ou gagnant des sommes supérieures à un montant fixé par décret et d'enregistrer les noms et adresses de ces joueurs, ainsi que le montant des sommes qu'ils ont misées ou gagnées. Ces informations doivent être conservées pendant cinq ans.

Art. L. 561-14 *(Ord. n° 2009-104, 30 janv. 2009).* – Les personnes mentionnées aux 1° à 7° de l'article L. 561-2 ne tiennent pas de comptes ni de livrets d'épargne anonymes.

Art. L. 561-14-1 *(Ord. n° 2009-104, 30 janv. 2009 ; Ord. n° 2016-1635, 1er déc. 2016).* – Les dispositions de l'article L. 561-5 s'appliquent aux bons, titres et contrats mentionnés à l'article 990 A du Code général des impôts.

Art. L. 561-14-2 *(Ord. n° 2009-104, 30 janv. 2009 ; Ord. n° 2016-1635, 1er déc. 2016 ; L. n° 2017-1837, 30 déc. 2017).* – Les dispositions du deuxième alinéa de l'article 537 du Code général des impôts ne font pas obstacle à l'application de l'article L. 561-5 du présent code. Toutefois, les informations mentionnées à ce dernier article sont portées sur un registre distinct de celui institué par l'article 537 du Code général des impôts.

Lorsque le client n'a pas autorisé l'organisme financier à communiquer son identité et son domicile fiscal à l'administration fiscale, le droit de communication prévu aux articles L. 83, L. 85, L. 87 et L. 89 du Livre des procédures fiscales ne s'applique ni au registre institué par le présent article ni aux documents justificatifs mentionnés au deuxième alinéa de l'article 537 du Code général des impôts.

Section 4. – Obligations de déclaration

Art. L. 561-15 *(Ord. n° 2009-104, 30 janv. 2009 ; mod., L. n° 2010-853, 23 juill. 2010 ; Ord. n° 2016-1635, 1er déc. 2016).* – I. – Les personnes mentionnées à l'article L. 561-2 sont tenues, dans les conditions fixées par le présent chapitre, de déclarer au service mentionné à l'article L. 561-23 les sommes inscrites dans leurs livres ou les opérations portant sur des sommes dont elles savent, soupçonnent ou ont de bonnes raisons de soupçonner qu'elles proviennent d'une infraction passible d'une peine privative de liberté supérieure à un an ou sont liées au financement du terrorisme.

II. – Par dérogation au I, les personnes mentionnées à l'article L. 561-2 déclarent au service mentionné à l'article L. 561-23 les sommes ou opérations dont ils savent, soupçonnent ou ont de bonnes raisons de soupçonner qu'elles proviennent d'une fraude fiscale lorsqu'il y a présence d'au moins un critère défini par décret.

III. – À l'issue de l'examen renforcé prescrit à l'article L. 561-10-2, les personnes mentionnées à l'article L. 561-2 effectuent, le cas échéant, la déclaration prévue au I du présent article.

IV. – Toute information de nature à infirmer, conforter ou modifier les éléments contenus dans la déclaration est portée, sans délai, à la connaissance du service mentionné à l'article L. 561-23.

V. – Les tentatives d'opérations mentionnées aux I et II du présent article font l'objet d'une déclaration au service mentionné à l'article L. 561-23.

VI. – La déclaration mentionnée au présent article est établie par écrit. Elle peut toutefois être recueillie verbalement, sauf pour les personnes mentionnées à l'article L. 561-17, par le service mentionné à l'article L. 561-23, dans des conditions permettant à ce dernier de s'assurer de sa recevabilité.

Ce service accuse réception de la déclaration, sauf si la personne mentionnée à l'article L. 561-2 a indiqué expressément ne pas le souhaiter.

VII. – Un décret en Conseil d'État précise les conditions d'application du présent article et notamment le contenu et les modalités de transmission de la déclaration ainsi que les conditions dans lesquelles le service accuse réception de la déclaration et s'assure de sa recevabilité.

Art. L. 561-15-1 *(L. n° 2013-100, 28 janv. 2013 ; Ord. n° 2016-1635, 1er déc. 2016).* – I – Les personnes mentionnées à l'article L. 561-2 adressent au service mentionné à l'article L. 561-23 les éléments d'information relatifs à certaines opérations présentant un risque élevé de blanchiment ou de financement du terrorisme en raison du pays ou du territoire d'origine ou de destination des fonds de la nature des opérations en cause ou des structures juridiques impliquées dans ces opérations. Un décret en Conseil d'État fixe les conditions d'application du présent article en ce qui concerne notamment les personnes et les opérations concernées ainsi que les modalités de transmission de l'information.

II. – Les informations adressées en application du présent article sont faites sans préjudice des déclarations éventuellement faites en application de l'article L. 561-15.

Art. L. 561-16 *(Ord. n° 2009-104, 30 janv. 2009 ; Ord. n° 2016-1635, 1er déc. 2016)*. – Les personnes mentionnées à l'article L. 561-2 s'abstiennent d'effectuer toute opération portant sur des sommes dont elles savent, soupçonnent ou ont de bonnes raisons de soupçonner qu'elles proviennent d'une infraction passible d'une peine privative de liberté supérieure à un an ou sont liées au financement du terrorisme jusqu'à ce qu'elles aient fait la déclaration prévue à l'article L. 561-15. Elles ne peuvent alors procéder à la réalisation de l'opération que si les conditions prévues au quatrième alinéa de l'article L. 561-24 sont réunies.

Lorsqu'une opération devant faire l'objet de la déclaration prévue à l'article L. 561-15 a déjà été réalisée, soit parce qu'il a été impossible de surseoir à son exécution, soit que son report aurait pu faire obstacle à des investigations portant sur une opération suspectée de blanchiment des capitaux ou de financement du terrorisme, soit qu'il est apparu postérieurement à sa réalisation qu'elle était soumise à cette déclaration, la personne mentionnée à l'article L. 561-2 en informe sans délai le service prévu à l'article L. 561-23.

Art. L. 561-17 *(Mod., L. n° 2011-94, 25 janv. 2011)*. – Par dérogation aux articles L. 561-15 et L. 561-16, l'avocat au Conseil d'État et à la Cour de cassation ou l'avocat communique la déclaration, selon le cas, au président de l'ordre des avocats au Conseil d'État et à la Cour de cassation ou au bâtonnier de l'ordre auprès duquel l'avocat est inscrit. Dès lors que les conditions fixées à l'article L. 561-3 sont remplies, ces autorités transmettent la déclaration au service mentionné à l'article L. 561-23, dans les délais et selon les modalités définis par décret en Conseil d'État.

Lorsqu'une déclaration a été transmise en méconnaissance de ces dispositions, le service mentionné à l'article L. 561-23 en refuse la communication et informe dans les meilleurs délais, selon le cas, le président de l'ordre des avocats au Conseil d'État et à la Cour de cassation ou le bâtonnier de l'ordre auprès duquel l'avocat déclarant est inscrit.

Cette dérogation ne s'applique pas à l'avocat agissant en qualité de fiduciaire.

Art. L. 561-18 *(Ord. n° 2009-104, 30 janv. 2009 ; Ord. n° 2016-1635, 1er déc. 2016)*. – La déclaration mentionnée à l'article L. 561-15 est confidentielle.

Sous réserve des dispositions de l'article 44 de la loi n° 78-17 du 6 janvier 1978 mentionnée ci-dessus, il est interdit, sous peine des sanctions prévues à l'article L. 574-1, aux dirigeants et préposés d'organismes financiers, aux personnes mentionnées à l'article L. 561-2, au président de l'ordre des avocats au Conseil d'État et à la Cour de cassation ou au bâtonnier de l'ordre auprès duquel l'avocat est inscrit, de porter à la connaissance du propriétaire des sommes ou de l'auteur de l'une des opérations mentionnées à l'article L. 561-15 ou à des tiers, autres que les autorités de contrôle, ordres professionnels et instances représentatives nationales visées à l'article L. 561-36, l'existence et le contenu d'une déclaration faite auprès du service mentionné à l'article L. 561-23 et de donner des informations sur les suites qui ont été réservées à cette déclaration.

Le fait, pour les personnes mentionnées au 13° de l'article L. 561-2, de s'efforcer de dissuader leur client de prendre part à une activité illégale ne constitue pas une divulgation au sens de l'alinéa précédent.

Art. L. 561-19 *(Ord. n° 2009-104, 30 janv. 2009 ; L. n° 2011-94, 25 janv. 2011 ; Ord. n° 2016-1635, 1er déc. 2016)*. – Les dirigeants et préposés des personnes mentionnées aux 1° à 7° de l'article L. 561-2 peuvent révéler à l'autorité judiciaire ou aux officiers de police judiciaire agissant sur délégation que des informations ont été transmises au service mentionné à l'article L. 561-23 en application de l'article L. 561-15. Dans ce cas, l'autorité judiciaire ou les officiers de police judiciaire peuvent demander confirmation à ce service de l'existence de cette déclaration.

La déclaration prévue à l'article L. 561-15 n'est accessible à l'autorité judiciaire que sur réquisition auprès du service mentionné à l'article L. 561-23 et dans les seuls cas où cette déclaration est nécessaire à la mise en œuvre de la responsabilité des personnes mentionnées à l'article L. 561-2, de leurs dirigeants et préposés ou de celle des autorités mentionnées à l'article L. 561-17 et lorsque l'enquête judiciaire fait apparaître qu'ils peuvent être impliqués dans le mécanisme de blanchiment de capitaux ou de financement du terrorisme qu'ils ont révélé.

Art. L. 561-20 *(Ord. n° 2016-1635, 1er déc. 2016)*. – I. – Par dérogation à l'article L. 561-18, les personnes mentionnées aux 1° à 6° de l'article L. 561-2, les compagnies financières holding, les entreprises mères de sociétés de financement, les compagnies financières holding mixtes, les entreprises mères de sociétés de groupe d'assurance, d'unions mutualistes de groupe ou de sociétés de groupe assurantiel de protection sociale qui appartiennent à un même groupe, tel que défini au III de l'article L. 511-20 du présent code, aux articles L. 322-1-2, L. 322-1-3 et L. 356-2 du Code des assurances, aux articles L. 111-4-2 du Code de la mutualité et à l'article L. 931-2-2 du Code de la sécurité sociale, s'informent de l'existence et du contenu de la déclaration prévue à l'article L. 561-15 lorsque les conditions suivantes sont réunies :

a) Les informations ne sont échangées qu'entre personnes d'un même groupe soumises à l'obligation de déclaration prévue à l'article L. 561-15 ;

b) Les informations divulguées sont nécessaires à l'exercice, au sein du groupe, de la vigilance en matière de lutte contre le blanchiment des capitaux et le financement du terrorisme et seront exclusivement utilisées à cette fin ;

c) Les informations sont divulguées à une personne ou un établissement non établi dans un pays tiers figurant sur la liste publiée par la Commission européenne en application de l'article 9 de la directive (UE) 2015/849 du 20 mai 2015 relative à la prévention de l'utilisation du système financier aux fins du blanchiment de capitaux ou du financement du terrorisme ;

d) Le traitement des informations réalisé dans le pays mentionné au c garantit un niveau de protection suffisant de la vie privée et des libertés et droits fondamentaux des personnes conformément aux articles 68 et 69 de la loi n° 78-17 du 6 janvier 1978.

II. – Par dérogation à l'article L. 561-18, les personnes mentionnées aux 12°, 12° *bis*, 13° de l'article L. 561-2, qui appartiennent au même réseau ou à une même structure d'exercice professionnel, s'informent au sein du réseau ou de la structure d'exercice professionnel de l'existence et du contenu de la déclaration prévue à l'article L. 561-15 lorsque les conditions suivantes sont réunies :

a) Les informations ne sont échangées qu'entre personnes d'un même réseau ou d'une même structure d'exercice professionnel soumises à l'obligation de déclaration prévue à l'article L. 561-15 ;

b) Les informations divulguées sont nécessaires à l'exercice, au sein du réseau ou de la structure d'exercice professionnel, de la vigilance en matière de lutte contre le blanchiment des capitaux et le financement du terrorisme et seront exclusivement utilisées à cette fin ;

c) Les informations sont divulguées à une personne ou un établissement situé en France ou dans un autre État membre de l'Union européenne, dans un État partie à l'espace économique européen ou dans un pays tiers imposant des obligations équivalentes en matière de lutte contre le blanchiment et le financement du terrorisme figurant sur une liste fixée par arrêté du ministre chargé de l'économie ;

d) Le traitement des informations réalisé dans le pays mentionné au *c)* garantit un niveau de protection suffisant de la vie privée et des libertés et droits fondamentaux des personnes conformément aux articles 68 et 69 de la loi n° 78-17 du 6 janvier 1978.

Art. L. 561-21 *(Ord. n° 2009-104, 30 janv. 2009 ; L. n° 2012-387, 22 mars 2012 ; Ord. n° 2016-1635, 1er déc. 2016)*. – Par dérogation à l'article L. 561-18, les personnes mentionnées aux 1° à 7° et aux 12°, 12° *bis* et 13° de l'article L. 561-2 peuvent, lorsqu'elles interviennent pour un même client et dans une même opération ou lorsqu'elles ont connaissance, pour un même client, d'une même opération, s'informer mutuellement, et par tout moyen sécurisé, de l'existence et du contenu de la déclaration prévue à l'article L. 561-15. Ces échanges d'informations ne sont autorisés qu'entre les personnes mentionnées aux 1° à 6° ou entre les personnes mentionnées aux 1° *bis*, 1° *ter* et 1° *quater* fournissant principalement le service mentionné au 6° du II de l'article L. 314-1 ou entre les personnes mentionnées au 7° ou enfin entre les personnes mentionnées aux 12° et 13° de l'article L. 561-2, si les conditions suivantes sont réunies :

a) Les personnes mentionnées aux 1° à 7° et aux 12°, 12° *bis* et 13° de l'article L. 561-2 sont situées en France, dans un État membre de l'Union européenne ou partie à l'accord sur l'Espace économique européen ou dans un pays figurant sur la liste prévue par arrêté du ministre chargé de l'économie ;

b) Lorsque l'échange d'informations implique des personnes qui ne sont pas situées en France, celles-ci sont soumises à des obligations équivalentes en matière de secret professionnel ;

c) Les informations échangées sont utilisées exclusivement à des fins de prévention du blanchiment des capitaux et du financement du terrorisme ;

d) Le traitement des informations communiquées, lorsqu'il est réalisé dans un pays tiers, garantit un niveau de protection suffisant de la vie privée et des libertés et droits fondamentaux des personnes, conformément aux articles 68 et 69 de la loi n° 78-17 du 6 janvier 1978 mentionnée ci-dessus.

Art. L. 561-22 *(Ord. n° 2009-104, 30 janv. 2009 ; L. n° 2011-412, 14 avr. 2011 ; Ord. n° 2016-1635, 1er déc. 2016 ; L. n° 2016-1691, 9 déc. 2016 ; L. n° 2017-1339, 15 sept. 2017).* – I. – Aucune poursuite fondée sur les articles 226-10, 226-13 et 226-14 du Code pénal ne peut être intentée contre :

a) Les personnes mentionnées à l'article L. 561-2 ou leurs dirigeants et préposés ou les autorités mentionnées à l'article L. 561-17 lorsqu'ils ont, de bonne foi, fait la déclaration prévue à l'article L. 561-15 dans les conditions prescrites par les dispositions législatives ou réglementaires applicables ou lorsqu'ils ont communiqué des informations au service mentionné à l'article L. 561-23 en application de l'article L. 561-25 ;

b) Les autorités de contrôle qui ont transmis des informations au service mentionné à l'article L. 561-23 en application de l'article L. 561-27 ;

c) Les personnes qui ont transmis des informations à ce service en application de l'article L. 561-27 et du III de l'article L. 561-28.

II. – Aucune action en responsabilité civile ne peut être intentée ni aucune sanction professionnelle prononcée contre :

a) Les personnes mentionnées à l'article L. 561-2 ou leurs dirigeants et préposés ou les autorités mentionnées à l'article L. 561-17, lorsqu'ils ont, de bonne foi, fait la déclaration prévue à l'article L. 561-15 dans les conditions prescrites par les dispositions législatives ou réglementaires applicables, notamment par l'article L. 561-16, ou lorsqu'ils ont communiqué des informations au service mentionné à l'article L. 561-23 en application de l'article L. 561-25 ;

b) Les autorités de contrôle qui ont transmis des informations au service mentionné à l'article L. 561-23 en application de l'article L. 561-27 ;

c) Les personnes qui ont transmis des informations à ce service en application de l'article L. 561-28.

En cas de préjudice résultant directement d'une telle déclaration ou communication, l'État répond du dommage subi.

III. – Les dispositions du présent article s'appliquent même si la preuve du caractère délictueux des faits à l'origine de la déclaration mentionnée à l'article L. 561-15, de l'information transmise en application des articles L. 561-27 et L. 561-28 ou de l'exercice du droit de communication prévu à l'article L. 561-26 n'est pas rapportée ou si les poursuites engagées en raison de ces faits ont été closes par une décision de non-lieu, de relaxe ou d'acquittement.

IV. – Lorsque l'opération a été exécutée comme il est prévu aux articles L. 561-16 ou L. 561-24 et sauf concertation frauduleuse avec le propriétaire des sommes ou l'auteur de l'opération, les personnes mentionnées à l'article L. 561-2 sont dégagées de toute responsabilité et aucune poursuite pénale ne peut être engagée à leur encontre de ce chef par application des articles 222-34 à 222-41, 321-1, 321-2, 321-3, 324-1, 324-2 et 421-2-2 du Code pénal ou de l'article 415 du Code des douanes.

V. – Sauf concertation frauduleuse avec le propriétaire des sommes ou l'auteur de l'opération, la responsabilité pénale des personnes mentionnées au 1° de l'article L. 561-2 ne peut être engagée, par application des articles 222-34 à 222-41, 321-1, 321-2, 321-3, 324-1, 324-2 et 421-2-2 du Code pénal ou de l'article 415 du Code des douanes, lorsqu'elles ouvrent un compte sur désignation de la Banque de France conformément à l'article L. 312-1 du présent code et à l'article L. 52-6 du Code électoral.

Il en va de même pour des opérations réalisées par la personne ainsi désignée lorsque le client a fait l'objet d'une déclaration mentionnée à l'article L. 561-15 et qu'elle ne respecte pas les obligations de vigilance prévues au II de l'article L. 561-10-1 et à l'article L. 561-10-2.

VI. – Lorsque, à la suite d'une désignation effectuée par le service mentionné à l'article L. 561-23 en application du 2° de l'article L. 561-29-1, les personnes mentionnées à l'article L. 561-2 poursuivent la relation d'affaires, ni leur responsabilité civile ou professionnelle, ni leur responsabilité pénale en application des articles 222-34 à 222-41, 321-1 à 321-3, 324-1, 324-2, 421-2-2 et du troisième alinéa de l'article 421-5 du Code pénal ou de l'article 415 du Code des douanes ne peuvent être engagées.

Le premier alinéa du présent VI s'applique sauf concertation frauduleuse avec le propriétaire des sommes ou l'auteur de l'opération et sous réserve de la mise en œuvre de bonne foi des obligations de vigilance et de déclaration des personnes mentionnées à l'article L. 561-2.

La cause d'irresponsabilité pénale instituée par l'article L. 562-8 [devenu L. 561-22] du Code monétaire et financier au profit des personnes qui ont effectué, auprès du service TRACFIN, la déclaration mentionnée à l'article L. 562-2 du même Code, ne s'applique pas lorsqu'il y a eu concertation frauduleuse entre le prévenu et le propriétaire des fonds. N'encourt pas la censure l'arrêt qui écarte cette cause d'irresponsabilité invoquée par un assureur conseil en gestion de patrimoine, dès lors qu'il résulte des constatations des juges du fond que ce dernier avait agi en concertation frauduleuse avec le propriétaire des sommes qu'il était chargé de placer (■ Cass. crim., 3 déc. 2003 : *Bull. crim.*, n° 234).

Section 5. – La cellule de renseignement financier nationale

Art. L. 561-23 *(Ord. n° 2009-104, 30 janv. 2009 ; Ord. n° 2016-1635, 1er déc. 2016 ; L. n° 2016-1691, 9 déc. 2016).* **– I. – Une cellule de renseignement financier nationale exerce les attributions prévues au présent chapitre. Elle est composée d'agents spécialement habilités par le ministre chargé de l'économie. Les conditions de cette habilitation ainsi que l'organisation et les modalités de fonctionnement de ce service sont définies par décret.**

II. – Le service mentionné au I reçoit les déclarations prévues à l'article L. 561-15 et les informations mentionnées aux articles L. 561-15-1, L. 561-25, L. 561-25-1, L. 561-27, L. 561-28 et L. 561-29.

Lorsque cette note d'information met en évidence des faits susceptibles de relever de la compétence du procureur de la République financier en application des 1° à 8° de l'article 705 du Code de procédure pénale, elle est simultanément transmise à ce dernier par le service mentionné au I du présent article.

III. – Ce service recueille, analyse, enrichit et exploite tout renseignement propre à établir l'origine ou la destination des sommes ou la nature des opérations ayant fait l'objet d'une déclaration mentionnée à l'article L. 561-15 ou d'une information reçue au titre des articles L. 561-25, L. 561-25-1, L. 561-27, L. 561-28 ou L. 561-29.

Art. L. 561-24 *(Ord. n° 2016-1635, 1er déc. 2016).* **– Le service mentionné à l'article L. 561-23 peut s'opposer à l'exécution d'une opération non encore exécutée, dont il a eu connaissance à l'occasion des informations qui lui ont été communiquées dans le cadre des articles L. 561-15, L. 561-25, L. 561-25-1, L. 561 27, L. 561-28 et L. 561-29. Son opposition est notifiée à la personne mentionnée à l'article L. 561-2 chargée de l'opération.**

Dans ce cas, l'opération est reportée d'une durée de dix jours ouvrables à compter du jour d'émission de la notification de cette opposition. Toutefois, lorsque l'opération est le paiement d'un chèque, ce délai court à compter de la présentation en paiement par la banque bénéficiaire auprès de la banque tirée.

Le président du tribunal de grande instance de Paris peut, sur requête du service mentionné à l'article L. 561-23, après avis du procureur de la République de ce siège, proroger le délai prévu au deuxième alinéa du présent article ou ordonner le séquestre provisoire des fonds, comptes ou titres concernés par la déclaration. Le procureur de la République peut présenter une requête ayant le même objet. L'ordonnance qui fait droit à la requête est exécutoire sur minute avant toute notification à la personne mentionnée à l'article L. 561-2 chargée de l'opération.

L'opération reportée peut être exécutée si le service n'a pas notifié d'opposition ou si, au terme du délai ouvert par la notification de l'opposition, aucune décision du président du tribunal de grande instance de Paris n'est parvenue à la personne mentionnée à l'article L. 561-2 chargée de l'opération.

Un décret en Conseil d'État fixe les modalités d'application du présent article.

Art. L. 561-25 *(Ord. n° 2016-1635, 1er déc. 2016)*. – I. – Pour l'application du présent chapitre, le service mentionné à l'article L. 561-23 peut demander que les documents, informations ou données, quel que soit le support utilisé, conservés en application de l'article L. 561-10-2 et des articles L. 561-12 et L. 561-13 lui soient communiquées dans les délais qu'il fixe. Ce droit s'exerce sur pièces ou sur place pour les personnes mentionnées aux 1° à 7° de l'article L. 561-2, et sur pièces pour les autres personnes mentionnées à cet article, dans le but de reconstituer l'ensemble des opérations faites par une personne physique ou morale liées à une opération ayant fait l'objet d'une déclaration mentionnée à l'article L. 561-15 ou à une information reçue au titre des articles L. 561-27, L. 561-28 ou L. 561-29, ainsi que dans le but de renseigner, dans les conditions prévues à l'article L. 561-29, des cellules de renseignement financier homologues étrangères.

II. – Par dérogation au I, les demandes de communication de documents, informations ou données effectuées auprès des avocats au Conseil d'État et à la Cour de cassation et des avocats sont présentées par le service, selon le cas, au président de l'ordre des avocats au Conseil d'État et à la Cour de cassation ou au bâtonnier de l'ordre auprès duquel l'avocat est inscrit.

L'avocat au Conseil d'État et à la Cour de cassation ou l'avocat communique à l'autorité dont il relève les documents, informations ou données qu'elle lui demande. L'autorité les transmet au service selon les modalités prévues à l'article L. 561-17.

À défaut du respect de cette procédure, l'avocat au Conseil d'État et à la Cour de cassation ou l'avocat est en droit de s'opposer à la communication des documents, informations ou données demandés par le service mentionné à l'article L. 561-23.

Cette dérogation ne s'applique pas à l'avocat agissant en qualité de fiduciaire en application du deuxième alinéa de l'article 2015 du Code civil.

II *bis*. – Le service mentionné à l'article L. 561-23 peut demander à toute entreprise de transport routier, ferroviaire, maritime ou aérien, à tout opérateur de voyage ou de séjour, ou à toute entreprise de location de véhicules de transport terrestre, maritime ou aérien, les éléments d'identification des personnes ayant payé ou bénéficié d'une prestation ainsi que les dates, les heures et les lieux de départ et d'arrivée de ces personnes et, s'il y a lieu, les éléments d'information en sa possession relatifs aux bagages et aux marchandises transportés.

II *ter*. – Le service mentionné à l'article L. 561-23 peut demander toutes les informations nécessaires à l'accomplissement de sa mission aux gestionnaires d'un système de cartes de paiement ou de retrait.

II *quater*. – Le service mentionné à l'article L. 561-23 peut demander toutes les informations nécessaires à l'accomplissement de sa mission à toute personne qui met en relation, au moyen d'un site internet, les porteurs d'un événement ou d'un projet et les personnes finançant, totalement ou partiellement, cet événement ou ce projet.

III. – Il est interdit, sous peine des sanctions prévues à l'article L. 574-1, aux dirigeants et aux personnes mentionnées au II bis à II quater du présent article et à l'article L. 561-2, au président de l'ordre des avocats au Conseil d'État et à la Cour de cassation ou au bâtonnier de l'ordre auprès duquel l'avocat est inscrit de porter à la connaissance du propriétaire des sommes ou de l'auteur de l'une des opérations mentionnées à l'article L. 561-15 ou à des tiers, autres que les autorités de contrôle, ordres professionnels et instances représentatives nationales mentionnées à l'article L. 561-36, les informations provenant de l'exercice par le service mentionné à l'article L. 561-23 du droit de communication prévu à l'article L. 561-25.

Le fait pour les personnes mentionnées au 13° de l'article L. 561-2 de s'efforcer de dissuader leur client de prendre part à une activité illégale ne constitue pas une divulgation au sens de l'alinéa qui précède.

Art. L. 561-25-1 *(Ord. n° 2016-1635, 1er déc. 2016)*. – I. – Le service mentionné à l'article L. 561-23 peut demander aux caisses créées en application du 9° de l'article 53 de la loi n° 71-1130 du 31 décembre 1971, les informations relatives au montant, à la provenance et à la destination des fonds, effets ou valeurs déposés par un avocat, l'identité de l'avocat concerné et l'indication de la nature de l'affaire enregistrée par la caisse.

Ces caisses communiquent les informations demandées au service mentionné à l'article L. 561-23 par l'intermédiaire du bâtonnier de l'ordre auprès duquel l'avocat concerné est inscrit.

II. – Il est interdit, sous peine des sanctions prévues à l'article L. 574-1, aux personnes mentionnées au I de porter à la connaissance de quiconque les informations provenant de l'exercice par le service mentionné à l'article L. 561-23 du droit de communication prévu au présent article.

Art. L. 561-26 *(Ord. n° 2016-1635, 1er déc. 2016)*. – Le service mentionné à l'article L. 561-23 peut, pour une durée maximale de six mois renouvelable, désigner aux personnes mentionnées à l'article L. 561-2, pour la mise en œuvre de leurs obligations de vigilance à l'égard de la clientèle énoncées au présent chapitre :

1° Les opérations qui présentent, eu égard à leur nature particulière ou aux zones géographiques déterminées à partir desquelles, à destination desquelles ou en relation avec lesquelles elles sont effectuées, un risque important de blanchiment de capitaux ou de financement du terrorisme ;

2° Des personnes qui présentent un risque important de blanchiment de capitaux ou de financement au terrorisme.

Il est interdit, sous peine des sanctions prévues à l'article L. 574-1, aux personnes mentionnées à l'article L. 561-2, au président de l'ordre des avocats au Conseil d'État et à la Cour de cassation ou au bâtonnier de l'ordre auprès duquel l'avocat est inscrit de porter à la connaissance de leurs clients ou a la connaissance de tiers autres que les autorités de contrôle, ordres professionnels et instances représentatives nationales mentionnés à l'article L. 561-36, les informations transmises par le service mentionne à l'article L. 561-23 lorsqu'il procède à une désignation en application du 2° du présent article.

Un décret en Conseil d'État fixe les modalités d'application du présent article.

Art. L. 561-27 *(Ord. n° 2016-1635, 1er déc. 2016)*. – Le service mentionné à l'article L. 561-23 reçoit, à l'initiative des administrations de l'État, des collectivités territoriales, des établissements publics, des organismes mentionnés à l'article L. 134-1 du Code des juridictions financières et de toute autre personne chargée d'une mission de service public, toutes les informations nécessaires à l'accomplissement de sa mission ou les obtient de ceux-ci à sa demande.

Il dispose, pour les besoins de l'accomplissement de sa mission :

1° D'un droit d'accès direct aux fichiers utilisés par les services en charge de l'établissement de l'assiette, du contrôle et du recouvrement des impôts ;

2° D'un droit d'accès direct aux traitements de données à caractère personnel mentionnes à l'article 230-6 du Code de procédure pénale, y compris pour les données portant sur des procédures judiciaires en cours et à l'exclusion de celles relatives aux personnes enregistrées en qualité de victimes.

L'autorité judiciaire, les juridictions financières et les officiers de police judiciaire peuvent le rendre destinataire de toute information aux mêmes fins.

Art. L. 561-28 *(Ord. n° 2016-1635, 1er déc. 2016)*. – I. – Le service mentionné à l'article L. 561-23 échange avec les autorités de contrôle, les ordres professionnels et instances représentatives nationales mentionnées à l'article L. 561-36 toute information utile à l'accomplissement de leurs missions respectives pour l'application du présent chapitre.

II. – Lorsque, dans l'accomplissement de leur mission, les autorités de contrôle et les ordres professionnels découvrent des faits susceptibles d'être liés au blanchiment des capitaux ou au financement du terrorisme ou toute somme ou opération visées à l'article L. 561-15, ils en informent sans délai le service mentionné à l'article L. 561-23.

Ce service en accuse réception et peut, sur leur demande, les tenir informés des suites qui ont été réservées à ces informations.

III. – Par dérogation au II, lorsque, dans l'accomplissement de ses missions, le conseil de l'ordre des avocats a connaissance de faits susceptibles d'être liés au blanchiment des capitaux ou au financement du terrorisme, le bâtonnier en informe le procureur général près la cour d'appel qui transmet cette information sans délai au service mentionné à l'article L. 561-23.

Le président du conseil de l'ordre des avocats au Conseil d'État et à la Cour de cassation informe des faits de même nature dont l'ordre aurait connaissance le procureur général près la Cour de cassation, qui transmet cette information sans délai à ce service.

Art. L. 561-29 *(Ord. n° 2016-1635, 1er déc. 2016)*. – Le service mentionné à l'article L. 561-23 reçoit, à sa demande ou à leur initiative, les informations des cellules de renseignement financier homologues étrangères nécessaires à l'accomplissement de sa mission.

Les informations communiquées par une cellule de renseignement financier mentionnée ci-dessus ne peuvent être transmises par le service mentionné à l'article L. 561-23 à une autre autorité qu'avec l'autorisation préalable de la cellule de renseignement ayant fourni ces informations, qu'elle ne peut refuser, sauf si la transmission envisagée n'entre pas dans le champ d'application des dispositions applicables en matière de lutte contre le blanchiment de capitaux et le financement du terrorisme, est susceptible d'entraver une enquête pénale, est manifestement disproportionnée par rapport aux intérêts légitimes d'une personne ou est, pour une autre raison, contraire aux principes fondamentaux du droit national de cette cellule de renseignement.

Art. L. 561-29-1 *(Ord. n° 2016-1635, 1er déc. 2016)*. – I. – Le service mentionné à l'article L. 561-23 peut également communiquer, sur leur demande ou à son initiative, aux cellules de renseignement financier homologues étrangères les informations qu'il détient sur des sommes ou opérations qui paraissent avoir pour objet le blanchiment du produit d'une infraction punie d'une peine privative de liberté supérieure à un an ou le financement du terrorisme, sous réserve de réciprocité, même si la nature de l'infraction sous-jacente associée susceptible d'être en cause n'est pas identifiée au moment où l'échange se produit, et si les conditions suivantes sont réunies :

a) Les autorités étrangères sont soumises à des obligations de confidentialité au moins équivalentes ;

b) Le traitement des informations communiquées garantit un niveau de protection suffisant de la vie privée et des libertés et droits fondamentaux des personnes, conformément aux articles 68 et 69 de la loi n° 78-17 du 6 janvier 1978.

La décision de communiquer une information à une cellule de renseignement financier étrangère et de restreindre, le cas échéant, son utilisation reste de la compétence exclusive du service mentionné à l'article L. 561-23.

La communication de ces informations ne peut avoir lieu si elle porte atteinte à la souveraineté ou aux intérêts nationaux, à la sécurité ou à l'ordre public.

II – Les informations mentionnées au I ne peuvent être transmises par la cellule de renseignement financier homologue étrangère à ses autorités compétentes qu'avec l'autorisation préalable du service mentionné à l'article L. 561-23. Ce dernier peut s'y opposer si la communication de ces informations est susceptible de porter atteinte à des investigations judiciaires en cours.

Art. L. 561-29-2 *(Ord. n° 2016-1635, 1er déc. 2016)*. – Lorsque le service mentionné à l'article L. 561-23 reçoit une déclaration faite conformément à l'article L. 561-15 qui concerne un autre État membre de l'Union européenne, il transmet sans délai cette déclaration à la cellule de renseignement financier homologue dudit État membre, suivant des modalités précisées par décret en Conseil d'État.

Art. L. 561-30 *(Ord. n° 2016-1635, 1er déc. 2016)*. – Sous réserve de l'application de l'article 40 du Code de procédure pénale, les informations détenues par le service mentionné à l'article L. 561-23 ne peuvent être utilisées à d'autres fins que celles prévues au présent chapitre.

Leur divulgation est interdite, sans qu'il soit fait obstacle cependant à l'application des dispositions de l'article 44 de la loi n° 78-17 du 6 janvier 1978.

Art. L. 561-30-1 *(Ord. n° 2016-1635, 1er déc. 2016)*. – Lorsque les investigations du service mentionné à l'article L. 561-23 mettent en évidence des faits susceptibles de relever du blanchiment du produit d'une infraction punie d'une peine privative de liberté supérieure à un an ou du financement du terrorisme, ce service saisit le procureur de la République par note d'information. Cette note ne comporte pas de mention de l'origine des informations.

Dans les affaires ayant fait l'objet d'une note d'information en application du présent article le procureur de la République ou le procureur général informe le service de l'engagement d'une procédure judiciaire, du classement sans suite ainsi que des décisions prononcées par une juridiction répressive.

Art. L. 561-30-2 *(Ord. n° 2016-1635, 1er déc. 2016)*. – I. – Lorsque, sur le fondement d'une déclaration faite conformément à l'article L. 561-15, le service mentionné à l'article L. 561-23 saisit le procureur de la

République, il en informe, selon des modalités fixées par décret, la personne mentionnée à l'article L. 561-2 qui a effectué la déclaration.

Lorsque la déclaration lui a été transmise par le président de l'ordre des avocats au Conseil d'État et à la Cour de cassation ou le bâtonnier de l'ordre des avocats, en application de l'article L. 561-17, le service informe ces autorités de la transmission de la déclaration au procureur de la République.

Les modalités de cette information sont fixées par décret.

II. – Le service mentionné à l'article L. 561-23 peut, si les circonstances l'exigent, informer les personnes qui lui ont transmis des informations en application du premier alinéa de l'article L. 561-27 qu'il a saisi le procureur de la République sur la base de ces informations.

Art. L. 561-31 *(Ord. n° 2016-1635, 1er déc. 2016)*. – Outre l'application de l'article L. 561-30-1 et de l'article 40 du Code de procédure pénale, le service est autorisé à transmettre des informations qu'il détient aux autorités judiciaires et aux services de police judiciaire sous réserve qu'elles soient en relation avec leurs missions.

Il peut également transmettre aux services de renseignement spécialisés des informations relatives à des faits qui concernent les finalités mentionnées à l'article L. 811-3 du Code de la sécurité intérieure.

Il peut aussi transmettre à l'administration fiscale, qui peut les utiliser pour l'exercice de ses missions, des informations sur des faits susceptibles de relever de l'infraction définie à l'article 1741 du Code général des impôts ou du blanchiment du produit de cette infraction.

Pour l'exercice de leurs missions respectives, le service peut également transmettre des informations :

1° Aux juridictions financières, par l'intermédiaire de leur ministère public ;

2° À la Haute Autorité pour la transparence de la vie publique ;

3° À l'Autorité de contrôle prudentiel et de résolution ;

4° À l'Autorité des marchés financiers ;

5° Aux services spécialisés de lutte contre la corruption ;

6° À l'administration des douanes ;

7° Aux services de l'État chargés de préparer et de mettre en œuvre une mesure de gel ou d'interdiction de mouvement ou de transfert des fonds, des instruments financiers et des ressources économiques ;

8° Aux services de l'État chargés de la politique publique en matière de protection et de promotion des intérêts économiques, industriels et scientifiques de la Nation ;

9° Aux services de l'État chargés de la concurrence, de la consommation et de la répression des fraudes ;

10° Au service de police chargé du contrôle et de la surveillance des courses et des jeux ;

11° Aux organismes mentionnés à l'article L. 114-12 du Code de la sécurité sociale.

Art. L. 561-31-1 *(Ord. n° 2016-1635, 1er déc. 2016)*. – Les informations transmises en application des articles L. 561-28 et L. 561-31, à l'exception de celles mentionnées au premier alinéa de l'article L. 561-31, sont confidentielles. Il est interdit aux destinataires de ces informations d'en révéler l'existence et le contenu ou de les transmettre à une autre autorité sans l'autorisation préalable du service mentionné à l'article L. 561-23.

CHAPITRE III. – OBLIGATIONS RELATIVES À LA LUTTE CONTRE LES LOTERIES, JEUX ET PARIS PROHIBÉS

Art. L. 563-1 *(Anc. art. L. 565-1, Ord. n° 2009-104, 30 janv. 2009)*. – Les organismes, institutions et services régis par le titre Ier du présent livre qui détiennent ou reçoivent des fonds du public sont tenus d'appliquer les mesures d'interdiction prises en vertu du présent chapitre.

Art. L. 563-2 *(Anc. art. L. 565-2, Ord. n° 2009-104, 30 janv. 2009 ; L. n° 2010-476, 12 mai 2010)*. – Le ministre chargé des finances et le ministre de l'Intérieur peuvent décider d'interdire, pour une durée de six mois renouvelable, tout mouvement ou transfert de fonds en provenance ou à destination des comptes identifiés comme détenus par des personnes physiques ou morales qui organisent des activités de jeux, paris ou loteries prohibés par la loi du 21 mai 1836 portant prohibition des loteries et la loi du 2 juin 1891 ayant pour objet de réglementer l'autorisation et le fonctionnement des courses de chevaux, ainsi que la loi n° 83-628 du 12 juillet 1983 relative aux jeux de hasard.

Les ministres lèvent l'interdiction mentionnée au premier alinéa sur demande des personnes concernées par celle-ci lorsque les mouvements ou transferts de fonds sont réalisés dans le cadre d'opérations non prohibées sur le territoire français.

Les décisions des ministres arrêtées en application du présent article sont publiées au *Journal officiel*.

L'Autorité de régulation des jeux en ligne peut adresser aux opérateurs de jeux ou de paris en ligne non autorisés en vertu d'un droit exclusif ou de l'agrément mentionné à l'article 21 de la loi n° 2010-476 du 12 mai 2010 relative à l'ouverture à la concurrence et à la régulation du secteur des jeux d'argent et de hasard en ligne, par tout moyen propre à établir la date d'envoi, une mise en demeure rappelant les sanctions encourues et les dispositions de l'alinéa suivant, enjoignant à ces opérateurs de respecter cette interdiction et les invitant à présenter leurs observations dans un délai de huit jours.

À l'issue de ce délai, en cas d'inexécution par l'opérateur intéressé de l'injonction de cesser son activité illicite d'offre de paris ou de jeux d'argent et de hasard, le ministre chargé du budget peut, sur proposition de l'Autorité de régulation des jeux en ligne, décider d'interdire pour une durée de six mois renouvelable tout mouvement ou transfert de fonds en provenance ou à destination des comptes identifiés comme détenus par ces opérateurs.

Le ministre chargé du budget lève l'interdiction mentionnée à l'alinéa précédent sur demande des personnes concernées par celle-ci lorsque les mouvements ou transferts de fonds sont réalisés dans le cadre d'opérations non prohibées sur le territoire français.

Art. L. 563-3 *(Anc. art. L. 565-3, Ord. n° 2009-104, 30 janv. 2009)*. – Les mesures d'interdiction prises en vertu du présent chapitre s'imposent à toute personne copropriétaire des fonds ainsi qu'à toute personne titulaire d'un compte joint dont l'autre titulaire est une personne propriétaire, nue-propriétaire ou usufruitière mentionnée au premier alinéa de l'article L. 565-2.

Ces mesures sont opposables à tout créancier et à tout tiers pouvant invoquer des droits sur les fonds considérés même si l'origine de ces créances ou autres droits est antérieure à la publication de l'arrêté.

Les mesures mentionnées au premier alinéa de l'article L. 565-2 s'appliquent aux mouvements ou transferts de fonds dont l'ordre d'exécution a été émis antérieurement à la date de publication de la décision d'interdiction.

Art. L. 563-4 *(Anc. art. L. 565-4, Ord. n° 2009-104, 30 janv. 2009)*. – L'État est responsable des conséquences dommageables de la mise en œuvre de bonne foi, par les organismes, institutions et services régis par le titre Ier du présent livre, leurs dirigeants ou leurs préposés, des mesures d'interdiction mentionnées à l'article L. 565-2. Aucune sanction professionnelle ne peut être prononcée à l'encontre de ces organismes, institutions ou services, leurs dirigeants ou leurs préposés.

Art. L. 563-5 *(Anc. art. L. 565-5, Ord. n° 2009-104, 30 janv. 2009)*. – Un décret en Conseil d'État fixe les conditions d'application du présent chapitre, notamment les conditions dans lesquelles les organismes, institutions et services régis par le titre Ier du présent livre sont tenus d'appliquer les mesures d'interdiction de mouvement ou de transfert de fonds prises en vertu du présent chapitre.

CHAPITRE IV. – DISPOSITIONS RELATIVES À LA LUTTE CONTRE LE BLANCHIMENT DE CAPITAUX ET LE FINANCEMENT DES ACTIVITÉS TERRORISTES

Art. L. 574-1 *(Rempl., Ord. n° 2009-104, 30 janv. 2009 ; L. n° 2015-912, 24 juill. 2015 ; Ord. n° 2016-1635, 1er déc. 2016)*. – Est puni d'une amende de 22 500 euros le fait de méconnaître l'interdiction de divulgation prévue à l'article L. 561-18, au III de l'article L. 561-25, au II de l'article L. 561-25-1 et à l'avant-dernier alinéa de l'article L. 561-26.

Art. L. 574-2 *(Mod., Ord. n° 2009-104, 30 janv. 2009 ; Ord. n° 2016-1635, 1er déc. 2016)*. – Est puni des peines prévues à l'article 226-13 du Code pénal, le fait, pour toute personne, de méconnaître l'interdiction prescrite au deuxième alinéa de l'article L. 561-30, sous réserve des dispositions de l'article 226-14 du Code pénal.

Art. L. 574-3 *(Ord. n° 2009-104, 30 janv. 2009)*. – Est puni des peines prévues au 1 de l'article 459 du Code des douanes le fait, pour les dirigeants ou les préposés des organismes financiers et personnes mentionnés à l'article L. 562-3 et, pour les personnes faisant l'objet d'une mesure de gel ou d'interdiction prise en application du chapitre II du titre VI du présent livre, de se soustraire aux obligations en résultant ou de faire obstacle à sa mise en œuvre.

Sont également applicables les dispositions relatives à la constatation des infractions, aux poursuites, au contentieux et à la répression des infractions des titres II et XII du Code des douanes sous réserve des articles 453 à 459 du même code.

Art. L. 574-4 *(Ord. n° 2009-104, 30 janv. 2009)*. – Est puni d'un an d'emprisonnement et de 15 000 € d'amende le fait pour les personnes mentionnées aux 8°, 9°, 10 et 15° de l'article L. 561-2 de ne pas répondre, après mise en demeure, aux demandes d'information de l'autorité administrative en charge de l'inspection mentionnée au II de l'article L. 561-36 ou de mettre obstacle de quelque manière que ce soit à l'exercice par celle-ci de sa mission de contrôle ou de lui communiquer sciemment des renseignements inexacts.

Bibliographie : Ph. Conte, *Aspect pénal des obligations de vigilance tendant à prévenir le blanchiment* : *JCP* I, 2005, 127.

ANNEXE 58

TABAC

Bibliographie : N. Bareït, *Santé publique : JCl. Lois pénales spéciales.* • J.-H. Robert, *L'interdiction et la réglementation de la publicité en faveur du tabac selon la loi du 10 janvier 1991 : Dr. pén.* 1991, juin. • L. Bihl, *La nouvelle réglementation de la publicité en faveur du tabac : Gaz. Pal.* 26-27 juin 1991. • J.-Ph. Guedon, *Étude de la loi du 31 juillet 2003 : JCP* 2004, I, 104.

Code de la santé publique

(Ord. n° 2000-548, 15 juin 2000)

LUTTE CONTRE LE TABAGISME

(Ancien titre unique modifié, L. n° 2002-1487, 20 déc. 2002 ; L. n° 2003-715, 31 juill. 2003 ; devenu le présent titre et intitulé créé, Ord. n° 2006-596, 23 mai 2006 ; modifié, L. n° 2009-879, 21 juill. 2009 ; L. n° 2014-344, 17 mars 2014 ; L. n° 2016-41, 26 janv. 2016 ; remplacé, Ord. n° 2016-623, 19 mai 2016)

Chapitre premier : Information et prévention

Art. L. 3511-1 ***(Modifié, L. n° 2002-1487, 20 déc. 2002 ; L. n° 2011-302, 22 mars 2011 ; rempl., Ord. n° 2016-623, 19 mai 2016).*** **– Le Gouvernement fixe par décret la date d'une manifestation annuelle intitulée : « Jour sans tabac ».**

Art. L. 3511-2 ***(Mod., L. n° 2003-715, 31 juill. 2003 ; mod., à compter du 2 janvier 2006, L. n° 2005-842, 26 juill. 2005 ; mod., L. n° 2008-776, 4 août 2008 ; L. n° 2009-879, 21 juill. 2009 ; mod., à compter du 20 mai 2016, L. n° 2016-41, 26 janv. 2016 ; rempl., Ord. n° 2016-623, 19 mai 2016).*** **– Une information de nature sanitaire prophylactique et psychologique est dispensée dans les établissements scolaires et à l'armée.**

Dans le cadre de l'éducation à la santé, une sensibilisation au risque tabagique est organisée, sous forme obligatoire, dans les classes de l'enseignement primaire et secondaire.

Art. L. 3511-3. ***– (Mod., L. n° 2003-715, 31 juill. 2003, ; L. n° 2004-806, 9 août 2004 ; L. fin. rect. n° 2010-1658, 29 déc. 2010 ; L. n° 2016-41, 26 janv. 2016 ; rempl., Ord. n° 2016-623, 19 mai 2016)***

Les substituts nicotiniques peuvent être prescrits par :

1° Les médecins, y compris les médecins du travail aux travailleurs ;

2° Les chirurgiens-dentistes, en application de l'article L. 4141-2 ;

3° Les sages-femmes, en application de l'article L. 4151-4 ;

4° Les infirmiers ou les infirmières, en application de l'article L. 4311-1 ;

5° Les masseurs-kinésithérapeutes, en application de l'article L. 4321-1.

La personne qui délivre l'un de ces produits exige du client qu'il établisse la preuve de sa majorité.

Chapitre 2. Produits du tabac

Section 1. Dispositions générales

Art. L. 3512-1 ***(Mod., L. n° 2004-806, 9 août 2004 ; rempl., Ord. n° 2016-623, 19 mai 2016).*** **– Sont considérés comme produits du tabac les produits pouvant être consommés et composés, même partiellement, de tabac, qu'il soit ou non génétiquement modifié.**

Les produits du tabac comprennent les cigarettes, le tabac à rouler, le tabac à pipe, le tabac à pipe à eau, les cigares, les cigarillos, le tabac à mâcher, le tabac à priser et le tabac à usage oral.

Sont également des produits du tabac au sens du premier alinéa, les nouveaux produits du tabac qui sont les produits autres que ceux mentionnés au deuxième alinéa et qui sont mis sur le marché après le 19 mai 2014.

Art. L. 3512-2 *(Mod., L. n° 2000-516, 15 juin 2000 ; L. n° 2004-806, 9 août 2004 ; L. n° 2016-41, 26 janv. 2016 ; mod. à compter du 20 mai 2016, L. n° 2016-41, 26 janv. 2016 ; rempl., Ord. n° 2016-623, 19 mai 2016)*. – Est considéré comme ingrédient, le tabac, un additif, ainsi que toute autre substance ou tout autre élément présent dans un produit fini du tabac, y compris le papier, le filtre, l'encre, les capsules et les colles.

NB : Le 1° de l'article L. 3511-2-3 du Code de la santé publique entre en vigueur le 20 mai 2020 pour les produits du tabac contenant un arôme clairement identifiable dont le volume des ventes représente, au sein de l'Union européenne, à la date du 20 mai 2016, 3 % ou plus d'une catégorie de produits du tabac déterminée.

Art. L. 3512-3 *(Créé, L. n° 2004-806, 9 août 2004 ; mod., L. n° 2009-526, 12 mai 2009 ; L. n° 2016-41, 26 janv. 2016 ; rempl., Ord. n° 2016-623, 19 mai 2016)*. – Est considéré comme du tabac à rouler, le produit du tabac destiné à être utilisé par les consommateurs ou les détaillants pour confectionner des cigarettes. Si un produit peut être utilisé à la fois dans une pipe à eau et comme tabac à rouler, il est réputé être du tabac à rouler.

Art. L. 3512-4 *(Créé, L. n° 2004-806, 9 août 2004 ; rempl., L. n° 2009-879, 21 juill. 2009 ; mod., L. n° 2016-41, 26 janv. 2016 ; rempl., Ord. n° 2016-623, 19 mai 2016)*. – La propagande ou la publicité, directe ou indirecte, en faveur du tabac, des produits du tabac, des ingrédients définis à l'article L. 3512-2, ainsi que toute distribution gratuite ou vente d'un produit du tabac à un prix inférieur à celui qui a été homologué conformément à l'article 572 du Code général des impôts sont interdites.

Ces dispositions ne s'appliquent pas aux enseignes des débits de tabac, à condition que ces enseignes soient conformes à des caractéristiques définies par arrêté interministériel.

Elles ne s'appliquent pas non plus :

1° Aux publications et services de communication en ligne édités par les organisations professionnelles de producteurs, fabricants et distributeurs des produits du tabac, réservés à leurs adhérents, ni aux publications professionnelles spécialisées dont la liste est établie par arrêté signé par les ministres chargés de la santé et de la communication, ni aux services de communication en ligne édités à titre professionnel qui ne sont accessibles qu'aux professionnels de la production, de la fabrication et de la distribution des produits du tabac ;

2° Aux publications imprimées et éditées et aux services de communication en ligne mis à disposition du public par des personnes établies dans un pays n'appartenant pas à l'Union européenne ou à l'Espace économique européen, lorsque ces publications et services de communication en ligne ne sont pas principalement destinés au marché communautaire.

Toute opération de parrainage ou de mécénat est interdite lorsqu'elle est effectuée par les fabricants, les importateurs ou les distributeurs de produits du tabac ou lorsqu'elle a pour objet ou pour effet la propagande ou la publicité directe ou indirecte en faveur du tabac, des produits du tabac et des ingrédients définis à l'article L. 3512-2.

1) Règle générale. Toute diffusion d'écrit, d'image ou de photographie participant à la promotion du tabac ou des produits du tabac pour inciter à l'achat constitue, quel qu'en soit l'auteur, une publicité ou propagande interdite par l'article L. 355-25 du Code de la santé publique ; doit ainsi être considéré comme une publicité en faveur du tabac l'article d'un hebdomadaire qui, sous le couvert d'une information donnée par le journal, vante les mérites de nouvelles cigarettes en vue d'en encourager la consommation. Il en est de même de la publication dans un journal, en illustration d'un article sur un rallye automobile, d'une photographie en couleur pleine page d'un véhicule sur lequel apparaît neuf fois la marque d'un produit du tabac (■ Cass. crim., 21 févr. 1996 : *Bull. crim.*, n° 86). Même solution pour toute diffusion d'objets, en l'espèce des briquets, portant le nom d'une marque de cigarettes (■ Cass. crim., 26 mars 1997 : *Bull. crim.*, n° 125).

2) Il résulte de l'article L. 3511-3 du Code de la santé publique que sont prohibées toutes formes de communication commerciale, quel qu'en soit le support, et toute diffusion d'objets ayant pour but ou pour effet de promouvoir le tabac ou un produit du tabac.

Justifie sa décision la cour d'appel qui, pour déclarer la prévenue coupable du délit de publicité en faveur du tabac, retient qu'en proposant un cadeau à tout acheteur d'un paquet de cigarettes, elle a eu pour objectif de faire la propagande en faveur desdits paquets et d'inciter le consommateur à l'achat, et ajoute qu'il est indifférent que le cadeau soit proposé postérieurement à l'acte d'achat et qu'il n'est pas nécessaire qu'il ait un rapport de corrélation avec le paquet de cigarettes (■ Cass. crim., 20 nov. 2012, n° 12-80.530 : *Bull. crim.*, n° 252 ; *AJP* 2013, jurispr., p. 158, note J. Lasserre-Capdeville ; *Dr. pénal* 2013, comm. 26, obs. J.-H. Robert ; *Rev. sc. crim.* 2013, p. 86, obs. C. Mascala).

3) Droit européen. L'interdiction de toute propagande ou publicité, directe ou indirecte, en faveur du tabac n'est pas contraire à l'article 10 de la Convention européenne des droits de l'homme et des libertés fondamentales dès lors qu'elle constitue une mesure nécessaire à la protection de la santé publique (■ Cass. crim., 21 févr. 1996 : *arrêt précité*. ■ 19 nov. 1997 : *Bull. crim.*, n° 393 ; *D.* 1998, 613, note J.-L. Galloux. ■ 19 juin 2007 : *Bull. crim.*, n° 170). Voir M. Boutet, *La liberté d'expression publicitaire selon l'interprétation de la Convention européenne des droits de l'homme : D.* 2000, chron. p. 26).

La prohibition édictée par l'article L. 3511-3 du Code de la santé publique n'est contraire ni aux dispositions de la Directive 2001/37/CE relative au rapprochement des législations en matière de fabrication, de présentation et de vente des produits du tabac, ni à la Convention européenne des droits de l'homme, qui permet que l'expression commerciale soit limitée pour des motifs tenant à la protection de la santé publique (■ Cass. crim., 3 mai 2006 : *Bull. crim.*, n° 118, cité *infra*. ■ 5 déc. 2006 : *Dr. pénal* 2007, comm. 72, obs. J.-H. Robert).

4) La réglementation française de la publicité indirecte en faveur du tabac, telle qu'elle résulte des dispositions des articles 2 et 3 de la loi du 9 juillet 1976, modifiée, ne constitue pas une mesure d'effet équivalent prohibée par l'article 30 du Traité CE dès lors qu'elle frappe indistinctement les produits nationaux et ceux importés d'autres États membres (■ Cass. crim., 10 avr. 1997 : *Bull. crim.*, n° 140).

5) Compte tenu de l'importance de la protection de la santé publique, de la nécessité de lutter contre le fléau social que constitue, dans nos sociétés, le tabagisme, du besoin social impérieux d'agir dans ce domaine, et de l'exigence d'un consensus européen sur la question de l'interdiction de la publicité en faveur du tabac, la cour considère que les restrictions apportées en l'espèce à la liberté d'expression des requérants (qui avaient publié des photos, dans une revue, d'un pilote de course et de sa voiture avec le nom d'une marque de cigarettes) répondait à un tel besoin, et n'étaient pas disproportionnées au but légitime poursuivi (■ Cour EDH, 5 mars 2008 : *Dr. pénal* 2009, comm. 80, obs. J.-H. Robert). V. *infra* l'arrêt ■ Cass. crim., 11 janv. 2005 que visait la requête.

6) Autres applications. Il résulte des articles L. 355-25 et L. 355-26 du Code de la santé publique qu'est interdite la propagande ou publicité en faveur d'un organisme, d'un service ou d'une activité lorsque, par l'utilisation d'une marque, d'un emblème publicitaire ou de tout autre signe distinctif, elle rappelle le tabac ou un produit du tabac. Toute utilisation publique d'une marque de cigarette, quelle qu'en soit la finalité, à l'occasion de la propagande ou publicité en faveur d'un organisme, d'un service ou d'une activité, constitue ainsi une publicité prohibée en faveur du tabac ; il s'ensuit que la promotion d'un prix scientifique décerné par une association, dont la dénomination comporte une marque de cigarette, caractérise une publicité illicite (■ Cass. crim., 29 juin 1999 : *Bull. crim.*, n° 165 ; *Gaz. Pal.* 22-23 mars 2000, jur. p. 36, note A. Hazan ; *JCP*, éd. entr., 1999, note J.-H. Robert).

7) Un ticket inséré dans un paquet de cigarettes de même couleur et donnant droit à ce qui n'est pas du tabac est une publicité indirecte en faveur de ce produit et tombe sous le coup de l'article L. 3511-3 du Code de la santé publique (■ Cass. crim., 20 févr. 2001 : *Dr. pénal* 2001, comm. 132, obs. J.-H. Robert).

8) Les mentions figurant sur les paquets de tabac qui associent le tabac à une conscience écologique, à une société ancienne utilisant des produits sélectionnés selon une certaine méthode de fabrication, et s'engageant à apporter au consommateur une entière satisfaction par un service après-vente constituent une publicité en faveur du tabac (■ Cass. crim., 15 déc. 2015, n° 14-87.439 : *Dr. pén.* 2016, comm. 30, obs. J.-H. Robert).

9) La seule mention, sur des paquets de cigarettes, qu'elles sont fabriquées depuis cent ans est une publicité interdite en faveur du tabac (■ Cass. crim., 16 juin 2015, n° 14-84.391 : *Dr. pén.* 2015, comm. 126, obs. J.-H. Robert).

10) L'exécution d'un contrat de prestations de services de relations publiques portant sur la location, pendant la durée d'une compétition sportive, d'une loge sur laquelle est apposé un panonceau portant le nom de la société selon une signalétique commune à toutes les loges et ne comportant pas de signe distinctif lié à l'identité du locataire, ainsi qu'un accès privilégié à certains services ne constitue pas une opération de parrainage ayant pour objet ou pour effet la propagande ou la publicité directe ou indirecte en faveur du tabac ou des produits du tabac (▪ Cass. crim., 11 juill. 2017, n° 16-84.647 : *Dr. pén.* 2017, comm. 147, note J.-H. Robert).

11) Définition de la publicité. On entend par publicité au sens de l'article L. 3511-3 du Code de la santé publique, qui interdit la propagande et la publicité directe ou indirecte en faveur du tabac ou des produits du tabac, tout acte, quelle qu'en soit la finalité, ayant pour effet de rappeler ces produits ou leurs marques ; il s'ensuit que doit être considéré comme une publicité illicite la publication, dans une revue, de reportages sur des compétitions de sport mécanique illustrés par des photographies des véhicules et de leurs pilotes sur lesquelles apparaissent les noms des marques de cigarettes sponsorisant les différentes écuries (▪ Cass. crim., 18 mars 2003 : *Bull. crim.*, n° 72 ; *Dr. pénal* 2003, comm. 78, obs. J.-H. Robert ; *Legipresse* 2003, n° 203, p. 105, note A. Lepage).

12) On entend par publicité au sens de l'article L. 3511-3 du Code de la santé publique tout acte en faveur d'un organisme, d'une activité et d'un produit qui, par son graphisme, sa présentation et l'utilisation d'une marque a pour effet de rappeler le tabac ou un produit du tabac. Il s'ensuit que doit être considérée comme une publicité illicite la publication, dans une revue, de photographies d'un pilote de course automobile et de sa voiture laissant apparaître le nom d'une marque de cigarettes ainsi qu'un photomontage satirique rappelant le paquet de cigarettes de la même marque et tournant en dérision les mentions légales d'information obligatoires devant y figurer (▪ Cass. crim., 11 janv. 2005 : *Bull. crim.*, n° 13 ; Dr. pénal 2005, comm. 47, obs. J.-H. Robert.).

– La Cour EDH, par décision n° 26935/05 du 5 mars 2009, a rejeté la requête visant cet arrêt, en retenant qu'il n'y avait pas eu violation des articles 10 et 14 de la conv. EDH (V. *Dr. pénal* 2009, comm. 80, obs. J.-H. Robert). V. *supra, V° Droit européen*.

13) Il résulte des termes clairs de l'article L. 3511-3 du Code de la santé publique que *sont prohibées toutes formes de communication commerciale*, quel qu'en soit le support, ayant pour but ou pour effet, de promouvoir le tabac ou un produit du tabac. Il en va ainsi des décorations de paquets de cigarettes, qui associent le tabac à la jeunesse, aux voyages et aux loisirs, et qui suscitent le désir d'acquérir des cigarettes d'une marque déterminée afin de compléter des séries d'images différentes (▪ Cass. crim., 3 mai 2006 : *Bull. crim.*, n° 118 ; *Dr. pénal* 2006, comm. 112, obs. J.-H. Robert. ▪ 5 déc. 2006 : *Dr. pénal* 2007, comm. 72, obs. J.-H. Robert. ▪ 13 févr. 2007 : comm. préc.). ▪ 26 sept. 2006 : *Bull. crim.*, n° 237 ; *Dr. pénal* 2006, comm. 154, obs. J.-H. Robert, *La chambre criminelle spécifiant que l'infraction se commettait pendant toute la durée de la mise sur le marché des paquets de cigarettes non conformes à la réglementation*).

14) Sont prohibées toutes formes de communication commerciale, quel qu'en soit le support, et toute diffusion d'objets ayant pour but ou pour effet de promouvoir le tabac ou un produit du tabac.

Encourt ainsi la cassation l'arrêt qui, pour confirmer la relaxe d'une société chargée d'assurer la distribution de produits du tabac des fins de la poursuite du chef de complicité de publicité interdite en faveur du tabac, relève que, selon les mentions figurant à l'intérieur des produits en cause, le tabac distribué offrait une « expérience inoubliable » ou avait pour « philosophie de se détendre entre amis et passer du bon temps », et alors que la prévenue ne pouvait prétendre s'exonérer. de sa responsabilité pénale en invoquant des mesures postérieures à la commission du délit (▪ Cass. crim., 21 janv. 2014, n° 12-87.689 : *Dr. pén.* 2014, comm. 42, obs. J.-H. Robert ; *D.* 2014, act. p. 285 ; *Rev. sc. crim.* 2014, p. 71, obs. C. Mascala).

15) Mais il résulte de l'article L. 3511-3 du Code de la santé publique, devenu l'article L. 3512-4 dudit code, que ne peut être considérée comme une publicité en faveur du tabac la diffusion d'une émission ne comportant aucune image ou aucun propos ayant pour but ou pour effet de promouvoir directement ou indirectement le tabac ou un produit du tabac ; le seul fait de montrer (dans une émission) des personnes en train de fumer ne constitue pas une publicité prohibée en faveur du tabac (▪ Cass. crim., 21 févr. 2017, n° 15-87.688 ; *Dr. pénal* 2017, comm. 58, note J.-H. Robert).

16) Liberté d'expression. Il résulte de l'article L. 3511-3 du Code de la santé publique que sont prohibées toutes formes de communication commerciale, quel qu'en soit le support, et toute diffusion d'objets ayant pour but ou pour effet de promouvoir le tabac ou un produit du tabac. Conformément à l'article 10 de la Convention européenne des droits de l'homme, la protection de la santé publique autorise que des restrictions soient apportées à la liberté d'expression sous réserve qu'elles soient nécessaires et proportionnées au but légitime poursuivi.

Encourt ainsi la censure la cour d'appel qui, après relaxe du chef de publicité illicite en faveur du tabac d'une société publiant une revue, déboute la partie civile de ses demandes alors qu'elle avait relevé des éléments ayant pour effet de promouvoir le tabac ou ses produits qui, compte tenu de la diffusion de la revue en kiosque, justifiaient une restriction à la liberté d'expression (■ Cass. crim., 18 mai 2016, n° 15-80.922 : *Dr. pén.* 2016, comm. 113, note J.-H. Robert).

17) La mauvaise foi du distributeur se déduit d'un défaut de vérification du produit, notamment de sa conformité aux règles en vigueur en matière de santé publique.

Encourt ainsi la cassation l'arrêt qui, pour exonérer de toute responsabilité civile, une société chargée d'assurer la distribution de produits du tabac, relève qu'elle ne pouvait avoir connaissance des mentions I laudatives figurant à l'intérieur des paquets de tabac alors que sont prohibées toutes formes de communication commerciale, quel qu'en soit le support, et toute diffusion d'objets ayant pour but ou pour effet de promouvoir le tabac ou un produit du tabac (■ Cass. crim., 21 janv. 2014, n° 13-80.075 : *D.* 2014, act. p. 546).

18) Justifie sa décision la cour d'appel qui, pour déclarer une société coupable d'infraction à la législation sur le tabac et de publicité illicite en faveur du tabac, retient que la référence à une filtration minérale induit indiscutablement, par les qualités naturelles qu'elle suggère dans l'esprit des consommateurs, la notion d'une moindre nocivité par rapport aux autres filtres de cigarettes ; que les juges ajoutent que la mention « Innovation filtre » doit être considérée comme incitative à la consommation de produits du tabac dans la mesure où elle valorise un procédé qui est inévitablement perçu par les consommateurs comme plus performant et, compte tenu de la nature du produit, comme moins nocif ; qu'ils relèvent enfin que l'intention délictueuse résulte de l'élaboration, soigneusement pensée, des mentions litigieuses que la société a accepté, en toute connaissance de cause, de laisser figurer sur les produits qu'elle distribue (■ Cass. crim., 23 avr. 2013, n° 12-83.244 : *Bull. crim.*, n° 95 ; *Dr. pén.* 2013, comm. 110, obs. J.-H. Robert ; *Dr. sociétés* 2013, comm. 147, note R. Salomon).

19) Complicité. Le dépôt, à l'Institut national de la propriété intellectuelle, d'une marque de tabac n'est pas illicite et cet établissement n'est pas complice d'une publicité en faveur du tabac (■ Cass. crim., 7 janv. 2014, n° 13-80.673 : *Dr. pén.* 2014, comm. 41, obs. J.-H. Robert).

20) Prescription. Le délit de propagande ou publicité, directe ou indirecte, en faveur du tabac prévu par l'article L. 3511-3 du Code de la santé publique, constitue, quel qu'en soit le support, une infraction continue qui se poursuit tant que le message litigieux reste accessible au public ; Dès lors, justifie sa décision la chambre de l'instruction qui écarte l'exception de prescription soulevée par la personne mise en examen, après avoir relevé que la page du site internet contenant la publicité incriminée, mise en ligne plus de trois ans avant la date de mise en mouvement de l'action publique, l'était demeurée moins de trois ans avant le dépôt de la plainte avec constitution de partie civile (■ Cass. crim., 17 janv. 2006 : *Bull. crim.*, n° 21 ; *Dr. pénal* 2006, comm. 41, obs. J.-H. Robert ; *D.* 2006, p. 1437, note C. Courtin ; *JCP* 2006, II, 10120, note Bouloc).

21) Amnistie. L'amnistie, prévue par la loi du 6 août 2002, des faits, exclusivement punis d'une amende, commis avant le 17 mai 2002, ne bénéficie pas à la mise sur le marché, postérieurement à cette date, de paquets de cigarettes qui ne satisfont pas aux exigences relatives aux mentions sanitaires (■ Cass. crim., 26 sept. 2006 : Bull. crim., n° 237 ; *Dr. pénal* 2006, comm. 154, obs. J.-H. Robert).

Art. L. 3512-5 *(Créé, Ord. n° 2016-623, 19 mai 2016)*. **– Est considérée comme propagande ou publicité indirecte la propagande ou la publicité en faveur d'un organisme, d'un service, d'une activité, d'un produit ou d'un article autre que le tabac, un produit du tabac ou un ingrédient défini à l'article L. 3512-2 lorsque, par son graphisme, sa présentation, l'utilisation d'une marque, d'un emblème publicitaire ou un autre signe distinctif, elle rappelle le tabac, un produit du tabac ou un ingrédient défini à l'article L. 3512-2.**

Toutefois, ces dispositions ne sont pas applicables à la propagande ou à la publicité en faveur d'un produit autre que le tabac, un produit du tabac ou un ingrédient défini à l'article L. 3512-2 qui a été mis sur le marché avant le 1er janvier 1990 par une entreprise juridiquement et financièrement distincte de toute entreprise qui fabrique, importe ou commercialise du tabac un produit du tabac ou un ingrédient défini à l'article L. 3512-2. La création d'un lien juridique ou financier entre ces entreprises rend caduque cette dérogation.

1) Le délit prévu par l'article 3 de la loi du 9 juillet 1976 est caractérisé en tous ses éléments lorsque la notoriété du nom du fabricant américain de cigarettes qui a fourni les fonds pour créer une association destinée à récompenser les films distingués par un jury, ne pouvait manquer de susciter dans l'esprit des lecteurs des affiches et des encarts publicitaires, établis en contrepartie des prix décernés, un rapprochement avec le tabac et que sous couvert d'un mécénat industriel, était ainsi réalisée une publicité clandestine ou indirecte en faveur de ce produit (■ Cass. crim., 7 févr. 1984 : *JCP* 84, IV, 121 ; *Bull. crim.*, n° 41).

2) S'il résulte d'une interprétation *a contrario* de l'article 4 de la loi du 9 juillet 1976 que n'est pas interdite la publicité en faveur d'allumettes portant la marque d'un produit du tabac, une telle publicité est néanmoins prohibée en application de l'article 3 de la même loi, lorsque par son graphisme et son mode de présentation elle constitue une incitation indirecte à la consommation du tabac. La publicité indirecte en faveur du tabac est prohibée quel que soit le mode de diffusion utilisé (■ Cass. crim., 29 avr. 1986 : *Bull. crim.*, n° 146).

3) Les dispositions de la loi du 9 juillet 1976 doivent s'appliquer à l'intérieur des débits de tabac ; la publicité en faveur du tabac est répréhensible même si elle ne concerne pas l'ensemble des produits d'une marque de cigarettes ou ne s'adresse qu'à une catégorie particulière de consommateurs (■ Cass. crim., 7 mai 1985 : *Bull. crim.*, n° 176).

4) La publicité qui représente l'emblème d'une marque de cigarettes, dès lors qu'elle s'accompagne de la mention parfaitement lisible « briquets », ne constitue pas une publicité indirecte en faveur du tabac puisqu'elle révèle sans ambiguïté sa nature réelle (■ Paris, 13e Ch. A, 15 janv. 1991 : *JCP* 91, IV, 208). Mais constitue une publicité indirecte en faveur du tabac le briquet représenté sous forme de paquet de cigarettes avec la mention en lettres minuscules « briquet » alors que la marque de tabac figure en lettres géantes (■ Paris, 13e Ch. A, 15 janv. 1991 : *JCP* 91, IV, 208).

5) Lorsqu'elle est autorisée, la publicité en faveur du tabac ne peut comporter d'autres mentions que la dénomination du produit, sa composition, le nom et l'adresse du fabricant et, le cas échéant, du distributeur ; est donc illicite la publicité sur laquelle figure le prix du paquet de cigarettes et le slogan « Golden American 25 – 5 blondes en plus » (■ Cass. crim., 14 juin 1995 : *Bull. crim.*, n° 221).

6) Commet le délit de publicité indirecte en faveur du tabac, au sens de l'article L. 355-26 du Code de la santé publique, l'organisateur d'un jeu de loterie gratuit, commandité par la société d'exploitation d'une marque de cigarettes, lorsque ce jeu, par ses modalités de participation, incite les candidats éventuels à se reporter aux paquets de cigarettes de cette marque, sur lesquels figurent les réponses aux questions posées (■ Cass. crim., 17 janv. 1996 : *Bull. crim.*, n° 32).

7) Il résulte de l'article L. 355-26, alinéa 2 du Code de la santé publique, que la dérogation au régime de la publicité en faveur du tabac, au sens de ce texte, est exclue pour les produits commercialisés, même avant le 1er janvier 1990, par les entreprises qui, sans constituer juridiquement et financièrement une entité avec celle qui fabrique, importe ou commercialise du tabac ou un produit du tabac, se rattachent à cette dernière par un lien juridique ou financier, fût-il indirect ou occasionnel ; le lien né d'un contrat de licence de marque est de nature à mettre obstacle à la dérogation au régime de la publicité indirecte en faveur du tabac prévue par l'article 3, alinéa 2 de la loi du 9 juillet 1976 modifiée, quelle que soit la date à laquelle ce lien s'est créé (■ Cass. crim., 22 janv. 1997 : *Bull. crim.*, n° 29 ; *Petites affiches* 1997, n° 21, p. 11, note F. Gras. ■ 10 avr. 1997 :*Bull. crim.*, n° 140 ; *Dr. pénal* 1997, comm. 115, obs. J.-H. Robert).

8) Le contrat de licence de marque passé entre un fabricant de montres, qui les commercialise sous une marque de cigarettes, et la filiale d'une société holding d'un groupe qui fabrique, vend et commercialise des cigarettes sous cette même marque caractérise le lien juridique ou financier qui ne permet pas d'invoquer la dérogation à l'interdiction de la publicité indirecte en faveur du tabac, prévue par l'article L. 355-26, alinéa 2, du Code de la santé publique (■ Cass. crim., 29 juin 1999 : *Bull. crim.*, n° 164).

9) L'interdiction de la propagande et de la publicité directe et indirecte en faveur du tabac ou des produits du tabac, résultant des articles L. 3511-3 et L. 3511-4 du Code de la santé publique qui frappe aussi bien les produits nationaux que les produits importés des autres États membres, est justifiée par la protection de la santé au sens des articles 30 et 46 du Traité instituant la Communauté européenne et proportionnée à l'objectif poursuivi, lequel, eu égard à l'impact de la propagande ou de la publicité interdite sur la consommation de tabac ne peut être atteint par des mesures moins contraignantes (■ Cass. crim., 18 mars 2003 : *Bull. crim.*, n° 69, arrêt n° 1).

10) Les dispositions claires et précises des articles L. 3511-2 et suivants du Code de la santé publique qui interdisent la propagande et la publicité directe ou indirecte en faveur du tabac ou des produits du tabac ne méconnaissent ni l'article 10 de la Convention européenne des droits de l'homme et des libertés fondamentales ni l'article 1er du protocole additionnel, dès lors qu'elles constituent une mesure nécessaire à la protection de la santé et proportionnée à cet objectif d'intérêt général, justifiant une restriction à la liberté d'expression et au droit de propriété (■ Cass. crim., 18 mars 2003, préc.).

11) Constitue un acte de complicité du délit de propagande ou publicité illicite en faveur du tabac, le fait de participer à la mise en œuvre d'actions de promotion de produits utilisant des marques rappelant le tabac ou un produit du tabac.

En conséquence, justifie sa décision la cour d'appel qui retient la complicité du délit de publicité-illicite en faveur du tabac à l'encontre de prévenus, dirigeants d'entreprises appartenant à un groupe fabriquant, important ou commercialisant du tabac et des produits du tabac, aux motifs que ceux-ci ont participé à l'élaboration, à l'organisation et au financement d'une campagne publicitaire en faveur de vêtements dont la marque rappelle la marque de cigarettes Winston (■ Cass. crim., 18 mars 2003, préc.).

Ne justifie en revanche pas sa décision, la cour d'appel qui considère que ces mêmes dirigeants, qui ont approuvé la stratégie de diversification et de promotion de produits bénéficiaires de la marque de cigarettes Camel et y ont contribué, ne sont ni auteurs ni complices du délit de publicité illicite en faveur du tabac (■ Cass. crim., 18 mars 2003, préc., arrêt n° 2).

12) L'exploitation par un fabricant de montres, d'une marque de tabac dont la licence lui a été accordée, constitue une publicité indirecte interdite. Cette prohibition n'est contraire ni à la liberté d'expression, ni au droit de propriété, ni au principe de libre circulation des marchandises à l'intérieur de la Communauté européenne (■ Cass. crim., 7 mars 2006 : *JurisData* n° 2006-033114 ; *Dr. pénal* 2006, comm. 72, obs. J.-H. Robert).

Art. L. 3512-6 *(Créé, Ord. n° 2016-623, 19 mai 2016)*. **– La retransmission des compétitions de sport mécanique, contenant de la publicité directe ou indirecte en faveur des produits mentionnés à l'article L. 3512-5 et qui se déroulent dans des pays où la publicité pour le tabac est autorisée, peut être assurée par les chaînes de télévision.**

1) La différence de traitement introduite entre la presse écrite et les chaînes de télévision par l'article L 3511-5 du Code de la santé publique, qui autorise ces dernières à retransmettre les compétitions de sports mécaniques se déroulant dans les pays où la publicité en faveur du tabac est licite, procède d'une distinction objective et proportionnée aux buts légitimes poursuivis par la loi (■ Cass. crim., 19 juin 2007 : *Bull. crim.*, n° 170).

2) L'exception de retransmission des compétitions de sport mécanique de l'article L. 3511-5 du Code de la santé publique se limite à la possibilité de diffuser ces compétitions, pour satisfaire aux nécessités de l'information, en temps réel ou dans des situations proches de celui-ci, sans s'étendre aux rediffusions d'images intervenant plusieurs heures ou plusieurs jours après l'épreuve (■ Cass. crim., 14 mai 2008 : *Dr. pénal* 2008, comm. 114, obs. J.-H. Robert).

Art. L. 3512-7 *(Créé, Ord. n° 2016-623, 19 mai 2016)*. **– I. - Les fabricants, les importateurs et les distributeurs de produits du tabac ainsi que les entreprises, les organisations professionnelles ou les associations les représentant adressent chaque année au ministre chargé de la santé un rapport détaillant l'ensemble des dépenses liées à des activités d'influence ou de représentation d'intérêts.**

II. - Sont considérées comme des dépenses liées à des activités d'influence ou de représentation d'intérêts :

1° Les rémunérations de personnels employés en totalité ou en partie pour exercer des activités d'influence ou de représentation d'intérêts ;

2° Les achats de prestations auprès de sociétés de conseil en activités d'influence ou de représentation d'intérêts ;

3° Les avantages en nature ou en espèces, sous quelque forme que ce soit, d'une façon directe ou indirecte, dont la valeur dépasse 10 euros, procurés à :

***a)* Des membres du Gouvernement ;**

***b)* Des membres des cabinets ministériels ou à des collaborateurs du Président de la République ;**

***c)* Des collaborateurs du Président de l'Assemblée nationale ou du Président du Sénat ;**

***d)* Des parlementaires ;**

***e)* Des personnes chargées d'une mission de service public que leur mission ou la nature de leur fonction appelle à prendre ou à préparer les décisions et les avis des autorités publiques relatifs aux produits du tabac ;**

f) Des experts, personnes physiques ou morales, chargés, par convention avec une personne publique, d'une mission de conseil pour le compte d'une personne publique qui a pour mission de prendre ou de préparer les décisions et les avis des autorités publiques relatifs aux produits du tabac.

III. - Le rapport mentionné au I indique, pour chaque entreprise tenue de l'établir :

1° Le montant total des rémunérations mentionnées au 1° du II et le nombre des personnes concernées ;

2° Le montant total et l'identité des bénéficiaires des dépenses mentionnées au 2° du II ;

3° La nature et l'identité du bénéficiaire de chaque dépense mentionnée au 3° du II.

Art. L. 3512-8 *(Créé, Ord. n° 2016-623, 19 mai 2016).* – Il est interdit de fumer dans les lieux affectés à un usage collectif, notamment scolaire, et dans les moyens de transport collectif, sauf dans les emplacements expressément réservés aux fumeurs.

1) En application de l'article L. 3511-7 du Code de la santé publique, interprété à la lumière de l'article 8 de la Convention-cadre de l'Organisation mondiale de la santé pour la lutte antitabac du 21 mai 2003, ratifiée par la France le 19 octobre 2004, il est interdit de fumer dans les lieux affectés à un usage collectif, notamment scolaire, et dans les moyens de transport collectif, sauf dans les emplacements expressément réservés aux fumeurs.

Selon l'article R. 3511-1, 1°, du Code de la santé publique, l'interdiction de fumer dans les lieux affectés à un usage collectif mentionnée à l'article L. 3511-7 du même code s'applique dans tous les lieux fermés et couverts qui accueillent du public ou qui constituent des lieux de travail.

Il en résulte que la terrasse d'un établissement accueillant du public ne constitue pas un lieu fermé et couvert où s'impose l'interdiction totale de fumer, dès lors que, close des trois côtés, elle n'a ni toit ni auvent, ou bien si, disposant d'un toit ou auvent, elle est intégralement ouverte en façade frontale (■ Cass. 2e civ., 13 juin 2013, n° 12-22.170 : *Bull. inf. C. cass.* 1er déc. 2013, n° 1432, et *Bull. inf. C. cass.* 15 déc. 2013, p. 33, avec note).

2) L'interdiction de fumer dans les espaces ferroviaires ne s'applique pas à l'usage de la cigarette électronique (■ Cass. crim., 26 nov. 2014, n° 14-81. 888 : *Dr. pén.* 2015, comm. 21, obs. J.-H. Robert).

Art. L. 3512-9 *(Créé, Ord. n° 2016-623, 19 mai 2016).* – Il est interdit à tous les occupants d'un véhicule de fumer en présence d'un enfant de moins de dix-huit ans.

Section 2. Modalités de vente

Art. L. 3512-10 *(Créé, Ord. n° 2016-623, 19 mai 2016).* – L'article L. 3335-1 est applicable aux lieux de vente de tabac manufacturé, sans préjudice des droits acquis.

« Par dérogation à l'article L. 3335-1 et sans préjudice des droits acquis, un débit de tabac ne peut être établi autour d'un établissement d'instruction publique, d'un établissement scolaire privé ou d'un établissement de formation ou de loisirs de la jeunesse à une distance inférieure à un seuil fixé par arrêté du représentant de l'État dans le département.

Art. L. 3512-11 *(Créé, Ord. n° 2016-623, 19 mai 2016).* – Est interdite la vente de produits du tabac en distributeurs automatiques.

Art. L. 3512-12 *(Créé, Ord. n° 2016-623, 19 mai 2016).* – Il est interdit de vendre ou d'offrir gratuitement, dans les débits de tabac et tous commerces ou lieux publics, à des mineurs de moins de dix-huit ans des produits du tabac définis à l'article L. 3512-1 ou des ingrédients définis à l'article L. 3512-2.

La personne qui délivre l'un de ces produits exige du client qu'il établisse la preuve de sa majorité.

Art. L. 3512-13 *(Créé, Ord. n° 2016-623, 19 mai 2016).* – Sont interdites la fabrication, la vente, la distribution ou l'offre à titre gratuit des produits destinés à usage oral, à l'exception de ceux qui sont destinés à être fumés ou chiqués, constitués totalement ou partiellement de tabac, sous forme de poudre, de particules fines ou toutes combinaisons de ces formes, notamment ceux qui sont présentés en sachets portions ou en sachets poreux, ou sous une forme évoquant une denrée comestible.

Art. L. 3512-14 *(Créé, Ord. n° 2016-623, 19 mai 2016).* – Sont interdites la vente, la distribution ou l'offre à titre gratuit de paquets de moins de vingt cigarettes et de paquets de plus de vingt qui ne sont pas composés d'un nombre de cigarettes multiple de cinq ainsi que des contenants de moins de trente grammes de tabacs fine coupe destinés à rouler des cigarettes, quel que soit leur conditionnement.

Section 3. Ingrédients et émissions

Art. L. 3512-15 *(Ord. n° 2016-623, 19 mai 2016 ; Ord. n° 2016-1812, 22 déc. 2016)*. – I. - Sont interdites la vente, la distribution ou l'offre à titre gratuit de cigarettes dont les teneurs maximales en goudron, en nicotine et en monoxyde de carbone des émissions sont supérieures à des teneurs fixées par arrêté du ministre chargé de la santé.

II. - Cet arrêté fixe en outre :

1° Les méthodes d'analyse permettant de mesurer la teneur en goudron, en nicotine et en monoxyde de carbone des cigarettes ;

2° Les méthodes de vérification de l'exactitude des teneurs déclarées.

III. – Les mesures des émissions mentionnées au I sont vérifiées par des laboratoires agréés par le ministre chargé de la santé, sur avis d'un établissement public, désigné par arrêté du même ministre, qui évalue et contrôle les éléments relevant de son champ de compétence. Ces laboratoires n'appartiennent pas à l'industrie du tabac et ne sont pas contrôlés, directement ou indirectement, par celle-ci.

Un décret prévoit les conditions d'agrément et de contrôle des laboratoires mentionnés ci-dessus.

Art. L. 3512-16 *(Créé, Ord. n° 2016-623, 19 mai 2016)*. – I. - Sont interdites la vente, la distribution ou l'offre à titre gratuit de cigarettes et de tabac à rouler :

1° Aromatisés ayant une odeur ou un goût clairement identifiable avant ou pendant la consommation, autre que ceux du tabac ;

2° Dont les filtres, le papier, les capsules, le conditionnement ou tout autre composant contiennent du tabac, de la nicotine ou des arômes ;

3° Contenant tout dispositif technique permettant de modifier l'odeur ou le goût des produits du tabac ou leur intensité de combustion ;

4° Contenant des vitamines ou d'autres additifs laissant entendre qu'un produit du tabac a des effets bénéfiques sur la santé ou que les risques qu'il présente pour la santé ont été réduits ;

5° Contenant de la caféine, de la taurine ou d'autres additifs et stimulants associés à l'énergie et à la vitalité ;

6° Contenant des additifs qui confèrent des propriétés colorantes aux émissions de fumée ;

7° Contenant des additifs qui facilitent l'inhalation ou l'absorption de nicotine ;

8° Contenant des additifs qui, sans combustion, ont des propriétés cancérogènes, mutagènes ou toxiques pour la reproduction humaine ;

9° Contenant des additifs dans des quantités qui augmentent, lors de la consommation, de manière significative ou mesurable, leurs effets toxiques ou l'effet de dépendance qu'ils engendrent.

II. - Les 4° à 6° et le 8° du I s'appliquent aux autres produits du tabac.

Le 7° du I s'applique aux autres produits du tabac à fumer.

Les 2° et 3° du I s'appliquent également aux papiers et aux filtres vendus, distribués ou offerts séparément.

III. - Le I entre en vigueur le 20 mai 2020 pour les produits du tabac contenant un arôme clairement identifiable dont le volume des ventes représente, au sein de l'Union européenne, à la date du 20 mai 2016, 3 % ou plus d'une catégorie de produits du tabac déterminée.

Art. L. 3512-17 *(Créé, Ord. n° 2016-623, 19 mai 2016)*. – I. - Avant la mise sur le marché de tout produit du tabac, les fabricants et importateurs de produits du tabac transmettent, par marque et par type, à l'établissement public désigné par arrêté la liste de tous les ingrédients utilisés dans la fabrication des produits du tabac et leurs émissions.

Cette déclaration comporte des informations portant notamment sur le statut des ingrédients au regard du règlement (CE) n° 1907/2006 du 18 décembre 2006 et du règlement (CE) n° 1272/2008 du 16 décembre 2008, les données toxicologiques et les effets sur la santé du produit, la raison de l'utilisation des ingrédients, ainsi qu'une description générale des additifs utilisés et leurs propriétés.

II. - Au plus tard dix-huit mois après qu'un additif a été inscrit sur la liste prioritaire établie par décision européenne mentionnée à l'article 6 de la directive 2014/40/UE, les fabricants et les importateurs soumettent les études approfondies qu'ils ont réalisées le concernant.

III. - Pour les nouveaux produits du tabac définis au troisième alinéa de l'article L. 3512-1, une notification complémentaire est transmise six mois avant la mise sur le marché. Cette notification comporte des études portant notamment sur la toxicité, les effets de dépendance, l'attractivité et le marché du produit.

Art. L. 3512-18 *(Créé, Ord. n° 2016-623, 19 mai 2016)*. – Les fabricants et importateurs de produits du tabac communiquent à l'établissement public désigné par arrêté les études internes et externes concernant le marché et les préférences des groupes de consommateurs en matière d'ingrédients et d'émissions et des synthèses d'études en vue du lancement de nouveaux produits. Ils déclarent annuellement à cet établissement le volume de leurs ventes pour l'année écoulée, par marque et par type.

Art. L. 3512-19 *(Ord. n° 2016-623, 19 mai 2016 ; Ord. n° 2016-1812, 22 déc. 2016)*. – Toute déclaration ou notification mentionnée aux articles L. 3512-17 et L. 3512-18 ou toute modification de cette déclaration, donne lieu au versement par le fabricant ou l'importateur de produits du tabac, au profit de l'établissement public mentionné à l'article L. 3512-17, d'un droit pour la réception, le stockage, le traitement, l'analyse et la publication des informations, ainsi que pour la vérification des mesures visées à l'article L. 3512-16 et des études visées à l'article L. 3512-17.

Le montant de ces droits est fixé par décret dans la limite de 7 600 €.

Ces droits sont recouvrés selon les modalités prévues pour le recouvrement des créances des établissements publics administratifs de l'État.

Section 4. Caractéristiques des conditionnements

Art. L. 3512-20 *(Créé, Ord. n° 2016-623, 19 mai 2016)*. – Sans préjudice des dispositions de l'article 575 D du Code général des impôts, les unités de conditionnement, les emballages extérieurs et les suremballages des cigarettes et du tabac à rouler, le papier à cigarette et le papier à rouler les cigarettes sont neutres et uniformisés.

Art. L. 3512-21 *(Créé, Ord. n° 2016-623, 19 mai 2016)*. – I. - L'étiquetage des unités de conditionnement, tout emballage extérieur ainsi que le produit du tabac proprement dit ne peuvent comprendre aucun élément ou dispositif qui :

1° Contribue à la promotion d'un produit du tabac ou incite à sa consommation en donnant une impression erronée quant aux caractéristiques, effets sur la santé, risques ou émissions de ce produit ;

2° Ressemble à un produit alimentaire ou cosmétique.

II. - Les éléments et dispositifs qui sont interdits en vertu du I comprennent notamment les messages, symboles, noms, marques commerciales, signes figuratifs ou autres.

Art. L. 3512-22 *(Ord. n° 2016-623, 19 mai 2016 ; Ord. n° 2016-1212, 22 déc. 2016)*. – I. - Les unités de conditionnement et les emballages extérieurs portent, dans les conditions fixées par un arrêté du ministre chargé de la santé :

1° Pour les produits du tabac à fumer :

a) Un avertissement sanitaire apposé deux fois, comportant notamment les informations relatives au sevrage tabagique, combiné avec une photographie ;

b) Un avertissement général. Ce message est apposé deux fois lorsque ces produits sont conditionnés dans des boites pliantes à couvercle basculant ;

c) Un message d'information.

2° Pour les produits du tabac sans combustion, un avertissement sanitaire apposé deux fois.

II. - Les unités de conditionnement du papier à rouler les cigarettes portent, dans les conditions fixées par un arrêté du ministre chargé de la santé, un avertissement général et un avertissement comportant notamment les informations relatives au sevrage tabagique.

Section 5. Traçabilité

Art. L. 3512-23 *(Créé, Ord. n° 2016-623, 19 mai 2016)*. – I. - Les unités de conditionnement de produits du tabac fabriqués en France, importés d'un État non membre de l'Union européenne ou provenant d'un État membre de l'Union européenne, sont revêtus d'un identifiant unique, imprimé ou apposé de façon inamovible et indélébile. Cet identifiant n'est ni dissimulé, ni interrompu et permet d'accéder à des données relatives à la fabrication et aux mouvements de ces produits du tabac.

II. - Les personnes concernées par le commerce des produits du tabac, du fabricant au dernier opérateur avant le premier détaillant, enregistrent l'entrée de toutes les unités de conditionnement en leur possession, ainsi que tous les mouvements intermédiaires et la sortie définitive des unités de conditionnement.

Les personnes qui interviennent dans la chaîne d'approvisionnement des produits du tabac conservent un relevé complet et précis de toutes les opérations concernées.

III. - Les fabricants de produits du tabac fournissent à toutes les personnes concernées par le commerce de ces produits, du fabricant au dernier opérateur avant le premier détaillant, y compris les importateurs, entrepôts et sociétés de transport, l'équipement nécessaire pour enregistrer les produits du tabac achetés, vendus, stockés, transportés ou soumis à toute autre manipulation. Cet équipement permet de lire les données enregistrées et de les transmettre sous forme électronique à une installation de stockage de données.

Art. L. 3512-24 *(Créé, Ord. n° 2016-623, 19 mai 2016)*. – I. - Les fabricants et les importateurs de produits du tabac concluent un contrat de stockage des données accessibles grâce à l'identifiant unique avec un tiers indépendant, dans le but d'héberger l'installation de stockage des données mentionnée au III de l'article L. 3512-23.

Ce tiers indépendant est agréé par la Commission européenne, au regard notamment de son indépendance et ses capacités techniques. Il en va de même pour le contrat de stockage de données.

II. - Les informations mentionnées au I sont enregistrées dans des traitements automatisés de données à caractère personnel dans les conditions de la loi n° 78-17 du 6 janvier 1978 modifiée relative à l'informatique, aux fichiers et aux libertés. Elles ne peuvent pas être modifiées ou effacées par une personne concernée par le commerce des produits du tabac.

III. - L'installation de stockage de données est physiquement située sur le territoire de l'Union européenne. La Commission européenne a pleinement accès à cette installation. Les agents habilités des ministères chargés de la santé et chargés des douanes ont pleinement accès aux composantes de cette installation situées sur le territoire français. Ils ont accès électroniquement aux informations mentionnées au I, au moyen d'un lien vers l'identifiant unique.

IV. - Les activités du tiers indépendant sont contrôlées par un auditeur externe, proposé et rémunéré par le fabricant ou l'importateur, et agréé par la Commission européenne. L'auditeur externe soumet au ministre chargé de la santé, au ministre chargé des douanes et à la Commission européenne un rapport annuel dans lequel sont en particulier évaluées les irrégularités éventuelles liées à l'accès aux données stockées par le tiers indépendant.

Art. L. 3512-25 *(Créé, Ord. n° 2016-623, 19 mai 2016)*. – Outre l'identifiant unique mentionné à l'article L. 3512-23, les unités de conditionnements de produits du tabac fabriqués, importés d'un État non membre de l'Union européenne ou provenant d'un État membre de l'Union européenne, comportent un dispositif de sécurité infalsifiable, composé d'éléments visibles et invisibles.

Le dispositif de sécurité est imprimé ou apposé de façon inamovible et indélébile. Il n'est ni dissimulé, ni interrompu.

Art. L. 3512-26 *(Créé, Ord. n° 2016-623, 19 mai 2016)*. – Un décret en Conseil d'État détermine les conditions d'application du présent chapitre, notamment :

1° Le modèle de rapport mentionné à l'article L. 3512-7 ;

2° Les conditions d'application de l'article L. 3512-16 ;

3° Le contenu des déclarations mentionnées aux articles L. 3512-17 et L. 3512-18, leurs modalités de transmission et d'actualisation, la nature des informations qui sont rendues publiques et les modalités de cette publication ;

4° Les conditions de neutralité et d'uniformisation des conditionnements des produits du tabac prévues à l'article L. 3512-20, notamment de forme, de taille, de texture et de couleur, et les modalités d'inscription des marques et des dénominations commerciales sur ces supports ;

5° Les principales catégories d'éléments ou dispositifs contribuant à la promotion d'un produit du tabac qui sont interdits par application du 1° de l'article L. 3512-21 ;

6° Après avis de la Commission nationale de l'informatique et des libertés, les modalités de mise en œuvre de la traçabilité prévue par les articles L. 3512-23 à L. 3512-25.

Chapitre III. Produits du vapotage

Section 1. Dispositions communes

Art. L. 3513-1 *(Créé, Ord. n° 2016-623, 19 mai 2016).* – Sont considérés comme produits du vapotage :

1° Les dispositifs électroniques de vapotage, c'est-à-dire des produits, ou tout composant de ces produits, y compris les cartouches, les réservoirs et les dispositifs dépourvus de cartouche ou de réservoir, qui peuvent être utilisés, au moyen d'un embout buccal, pour la consommation de vapeur contenant le cas échéant de la nicotine. Les dispositifs électroniques de vapotage peuvent être jetables ou rechargeables au moyen d'un flacon de recharge et d'un réservoir ou au moyen de cartouches à usage unique ;

2° Les flacons de recharge, c'est-à-dire les récipients renfermant un liquide contenant le cas échéant de la nicotine, qui peuvent être utilisés pour recharger un dispositif électronique de vapotage.

Art. L. 3513-2 *(Créé, Ord. n° 2016-623, 19 mai 2016).* – Ne constituent pas des produits du vapotage les produits qui sont des médicaments ou des dispositifs médicaux au sens des articles L. 5111-1 et L. 5211-1.

Art. L. 3513-3 *(Créé, Ord. n° 2016-623, 19 mai 2016).* – Est considéré comme ingrédient, un additif ainsi que toute autre substance ou tout autre élément présent dans un produit du vapotage.

Art. L. 3513-4 *(Créé, Ord. n° 2016-623, 19 mai 2016).* – La propagande ou la publicité, directe ou indirecte, en faveur des produits du vapotage est interdite.

Ces dispositions ne s'appliquent pas :

1° Aux publications et services de communication en ligne édités par les organisations professionnelles de producteurs, fabricants et distributeurs des produits du vapotage, réservés à leurs adhérents, ni aux publications professionnelles spécialisées dont la liste est établie par arrêté ministériel signé par les ministres chargés de la santé et de la communication ; ni aux services de communication en ligne édités à titre professionnel qui ne sont accessibles qu'aux professionnels de la production, de la fabrication et de la distribution des produits du vapotage ;

2° Aux publications imprimées et éditées et aux services de communication en ligne mis à disposition du public par des personnes établies dans un pays n'appartenant pas à l'Union européenne ou à l'Espace économique européen, lorsque ces publications et services de communication en ligne ne sont pas principalement destinés au marché communautaire ;

3° Aux affichettes relatives aux produits du vapotage, disposées à l'intérieur des établissements les commercialisant et non visibles de l'extérieur.

Toute opération de parrainage ou de mécénat est interdite lorsqu'elle a pour objet ou pour effet la propagande ou la publicité directe ou indirecte en faveur de produits du vapotage.

Art. L. 3513-5 *(Créé, Ord. n° 2016-623, 19 mai 2016).* – Il est interdit de vendre ou d'offrir gratuitement, dans les débits de tabac et tous commerces ou lieux publics, à des mineurs de moins de dix-huit ans des produits du vapotage.

La personne qui délivre l'un de ces produits exige du client qu'il établisse la preuve de sa majorité.

Art. L. 3513-6 *(Créé, Ord. n° 2016-623, 19 mai 2016).* – Il est interdit de vapoter dans :

1° Les établissements scolaires et les établissements destinés à l'accueil, à la formation et à l'hébergement des mineurs ;

2° Les moyens de transport collectif fermés ;

3° Les lieux de travail fermés et couverts à usage collectif.

Section 2. Dispositions propres aux produits du vapotage contenant de la nicotine

Sous-section 1. Ingrédients et émissions

Art. L. 3513-7 *(Créé, Ord. n° 2016-623, 19 mai 2016).* – Les dispositifs électroniques de vapotage jetables, les flacons de recharge et les cartouches à usage unique contenant de la nicotine ne contiennent que des ingrédients de haute pureté, sauf traces techniquement inévitables dans le processus de fabrication.

Sont interdites la vente, la distribution ou l'offre à titre gratuit de dispositifs électroniques de vapotage jetables, de flacons de recharge et les cartouches à usage unique contenant de la nicotine qui comportent les additifs suivants :

1° Des additifs créant l'impression que le produit a des effets bénéfiques sur la santé ou que les risques qu'il présente pour la santé ont été réduits ;

2° Des additifs et stimulants associés à l'énergie et à la vitalité ;

3° Des additifs qui confèrent des propriétés colorantes aux émissions ;

4° Des additifs qui facilitent l'inhalation ou l'absorption de nicotine ;

5° Des additifs qui, sans combustion, ont des propriétés cancérogènes, mutagènes ou toxiques pour la reproduction humaine.

Art. L. 3513-8 *(Créé, Ord. n° 2016-623, 19 mai 2016)*. – Dans les produits du vapotage contenant de la nicotine, seuls sont utilisés, à l'exception de la nicotine, des ingrédients qui, chauffés ou non, ne présentent pas de risques pour la santé humaine.

Les teneurs maximales en nicotine de ces produits sont fixées par arrêté du ministre chargé de la santé.

Les dispositifs électroniques de vapotage diffusent, dans des conditions d'utilisation normales, la nicotine de manière constante.

Art. L. 3513-9 *(Créé, Ord. n° 2016-623, 19 mai 2016)*. – Les produits du vapotage contenant de la nicotine comportent un dispositif de sûreté dont les caractéristiques sont déterminées par arrêté du ministre chargé de la santé.

Art. L. 3513-10 *(Créé, Ord. n° 2016-623, 19 mai 2016)*. – Six mois avant la mise sur le marché de produits du vapotage contenant de la nicotine, les fabricants et importateurs soumettent à l'établissement public désigné par arrêté, un dossier de notification par marque et par type de produit.

Ce dossier porte notamment sur les responsables de cette mise sur le marché, sur la composition, les émissions, les données toxicologiques des ingrédients et des émissions, les composants et le processus de fabrication du produit.

Art. L. 3513-11 *(Créé, Ord. n° 2016-623, 19 mai 2016)*. – Les fabricants et importateurs de produits du vapotage contenant de la nicotine déclarent annuellement pour l'année écoulée à l'établissement public mentionné à l'article L. 3513-10 les données de leurs ventes par marque et par type ainsi que des synthèses des études de marché qu'ils réalisent.

Art. L. 3513-12 *(Créé, Ord. n° 2016-623, 19 mai 2016)*. – Toute notification mentionnée à l'article L. 3513-10 donne lieu au versement, au profit de l'établissement public mentionné par cet article, d'un droit pour la réception, le stockage, le traitement, et l'analyse des informations, dont le montant est fixé par décret, dans la limite de 7 600

Ces droits sont recouvrés selon les modalités prévues pour le recouvrement des créances des établissements publics administratifs de l'État.

Art. L. 3513-13 *(Créé, Ord. n° 2016-623, 19 mai 2016)*. – Les fabricants, les importateurs et les distributeurs de produits du vapotage contenant de la nicotine mettent en place et tiennent à jour un système de collecte d'informations sur tous les effets indésirables présumés de ces produits sur la santé humaine.

Si l'un de ces opérateurs économiques considère ou a des raisons de croire que les produits qui sont en sa possession et sont destinés à être mis sur le marché ou sont mis sur le marché ne sont pas sûrs, ne sont pas de bonne qualité ou ne sont pas conformes au présent chapitre, cet opérateur économique prend immédiatement les mesures correctives nécessaires pour mettre le produit concerné en conformité, le retirer ou le rappeler, le cas échéant.

Dans ces cas, l'opérateur économique informe immédiatement l'établissement public mentionné à l'article L. 3513-10, en précisant en particulier les risques pour la santé humaine et la sécurité, toute mesure corrective prise, ainsi que les résultats de ces mesures correctives.

Des informations supplémentaires peuvent être demandées aux opérateurs économiques par l'établissement public mentionné à l'article L. 3513-10, par exemple sur les aspects touchant à la sécurité et à la qualité ou à tout effet indésirable éventuel desdits produits.

Art. L. 3513-14 *(Créé, Ord. n° 2016-623, 19 mai 2016).* – Lorsque l'établissement public mentionné à l'article L. 3513-10 constate ou a des motifs raisonnables de croire qu'un produit du vapotage contenant de la nicotine ou qu'un type de produits donnés pourrait présenter un risque grave pour la santé humaine, il en informe immédiatement le ministère chargé de la santé, en lui proposant les mesures provisoires appropriées.

Sous-section 2. Présentation du produit

Art. L. 3513-15 *(Créé, Ord. n° 2016-623, 19 mai 2016).* – Un arrêté du ministre chargé de la santé définit le volume maximal pour le réservoir des dispositifs électroniques de vapotage jetables et des cartouches à usage unique et pour les flacons de recharge contenant de la nicotine.

Art. L. 3513-16 *(Créé, Ord. n° 2016-623, 19 mai 2016).* – Toutes les unités de conditionnement et tous les emballages extérieurs de produits du vapotage contenant de la nicotine mentionnent :

1° La composition intégrale du liquide contenant de la nicotine ;

2° La teneur moyenne en nicotine et de la quantité diffusée par dose ;

3° Le numéro de lot ;

4° Une recommandation selon laquelle le produit doit être tenu hors de portée des enfants ;

5° Un avertissement sanitaire apposé deux fois.

Un arrêté du ministre chargé de la santé fixe les caractéristiques et les modalités d'inscription de ces mentions obligatoires, les méthodes d'analyse permettant de mesurer la teneur en nicotine et les méthodes de vérification de l'exactitude des mentions portées sur les unités de conditionnement.

Art. L. 3513-17 *(Créé, Ord. n° 2016-623, 19 mai 2016).* – Toutes les unités de conditionnement des produits du vapotage contenant de la nicotine comprennent une notice dont les caractéristiques sont définies par arrêté du ministre chargé de la santé.

Art. L. 3513-18 *(Créé, Ord. n° 2016-623, 19 mai 2016).* – I. - L'étiquetage des unités de conditionnement, tout emballage extérieur ainsi que le produit du vapotage contenant de la nicotine proprement dit ne peuvent comprendre aucun élément ou dispositif qui :

1° Contribue à la promotion des produits du vapotage ou incite à leur consommation en donnant une impression erronée quant aux caractéristiques, effets sur la santé, risques ou émissions du produit ;

2° Suggère que le produit est moins nocif que d'autres ou vise à réduire l'effet de certains composants nocifs de la fumée ou présente des propriétés vitalisantes, énergisantes, curatives, rajeunissantes, naturelles, biologiques ou a des effets bénéfiques sur la santé ou le mode de vie ;

3° Ressemble à un produit alimentaire ou cosmétique ;

4° Suggère que le produit est plus facilement biodégradable ou présente d'autres avantages pour l'environnement ;

5° Suggère un avantage économique au moyen de bons imprimés, d'offres de réduction, de distribution gratuite, de promotion de type « deux pour le prix d'un » ou d'autres offres similaires.

II. - Les éléments et dispositifs qui sont interdits en vertu du I comprennent notamment les messages, symboles, noms, marques commerciales, signes figuratifs ou autres.

Art. L. 3513-19 *(Créé, Ord. n° 2016-623, 19 mai 2016).* – Sauf dispositions contraires, un décret en Conseil d'État détermine les conditions d'application du présent chapitre, notamment celles relatives aux articles L. 3513-6 et L. 3513-7, ainsi que le contenu de la notification et de la déclaration mentionnées aux articles L. 3513-10 et L. 3513-11, leurs modalités de transmission et d'actualisation, la nature des informations qui sont rendues publiques et les modalités prévues à cet effet.

Chapitre IV. Produits à fumer à base de plantes autres que le tabac

Art. L. 3514-1 *(Créé, Ord. n° 2016-623, 19 mai 2016).* – Sont considérés comme des produits à fumer à base de plantes autres que le tabac des produits à base de végétaux, de plantes aromatiques ou de fruits, ne contenant pas de tabac et pouvant être consommés au moyen d'un processus de combustion.

Art. L. 3514-2 *(Créé, Ord. n° 2016-623, 19 mai 2016)*. – Est considéré comme ingrédient un additif ainsi que toute autre substance ou tout autre élément présent dans un produit à fumer à base de plantes autres que le tabac, y compris le papier, le filtre, l'encre, les capsules et les colles.

Art. L. 3514-3 *(Créé, Ord. n° 2016-623, 19 mai 2016)*. – I. - L'étiquetage des unités de conditionnement, tout emballage extérieur ainsi que le produit à fumer à base de plantes autres que le tabac proprement dit ne peuvent comprendre aucun élément ou dispositif qui :

1° Contribue à la promotion du produit ou incite à sa consommation en donnant une impression erronée quant aux caractéristiques, effets sur la santé, risques ou émissions du produit ; les étiquettes ne comprennent aucune information sur la teneur en nicotine, en goudron ou en monoxyde de carbone du produit ;

2° Suggère qu'un produit est moins nocif que d'autres ou vise à réduire l'effet de certains composants nocifs de la fumée ou présente des propriétés vitalisantes, énergisantes, curatives, rajeunissantes, naturelles, biologiques ou a des effets bénéfiques sur la santé ou le mode de vie ;

3° Indique que le produit est exempt d'additifs ou d'arômes ;

4° Ressemble à un produit alimentaire ou cosmétique.

II. - Les éléments et dispositifs qui sont interdits en vertu du I comprennent notamment les messages, symboles, noms, marques commerciales, signes figuratifs ou autres.

Art. L. 3514-4 *(Créé, Ord. n° 2016-623, 19 mai 2016)*. – Toutes les unités de conditionnement et tous les emballages extérieurs de produits à fumer à base de plantes autres que le tabac portent, dans les conditions fixées par un arrêté du ministre chargé de la santé, un avertissement sanitaire.

Art. L. 3514-5 *(Créé, Ord. n° 2016-623, 19 mai 2016)*. – Avant la mise sur le marché de tout produit à fumer à base de plantes autres que le tabac, les fabricants et importateurs de tels produits transmettent à l'établissement public désigné par arrêté une déclaration des ingrédients utilisés par marque et par type de produit.

Art. L. 3514-6 *(Créé, Ord. n° 2016-623, 19 mai 2016)*. – Un décret en Conseil d'État détermine les conditions d'application du présent chapitre, notamment le contenu de la déclaration, ses modalités de transmission et d'actualisation, la nature des informations qui sont rendues publiques et les modalités selon lesquelles elles le sont.

Chapitre V. Dispositions pénales

Section 1. Contrôles

Art. L. 3515-1 *(Créé, Ord. n° 2016-623, 19 mai 2016)*. – Les agents mentionnés à l'article L. 1312-1 du présent code, aux articles L. 8112-1, L. 8112-3 et L. 8112-5 du Code du travail veillent au respect des articles L. 3512-8, L. 3512-12, L. 3513-5 et L. 3513-6 du présent code et des règlements pris pour son application et procèdent à la recherche et à la constatation des infractions à ces dispositions.

Ils disposent à cet effet, chacun pour ce qui le concerne, des prérogatives qui leur sont reconnues par les articles L. 1312-1 du présent code, L. 8113-1 à L. 8113-5 et L. 8113-7 du Code du travail et par les textes pris pour leur application.

Ces agents peuvent, pour constater une infraction aux articles L. 3512-12 et L. 3513-5, exiger que le client établisse la preuve de sa majorité, par la production de tout document officiel muni d'une photographie.

Art. L. 3515-2 *(Créé, Ord. n° 2016-623, 19 mai 2016)*. – Les agents de police municipale, les gardes champêtres, les agents de surveillance de Paris ainsi que les agents de la ville de Paris chargés d'un service de police mentionnés, respectivement, aux articles L. 511-1, L. 521-1, L. 523-1 et L. 531-1 du Code de la sécurité intérieure peuvent constater par procès-verbaux les infractions aux articles L. 3512-8, L. 3512-12, L. 3513-5 et L. 3513-6 du présent code et aux règlements pris pour leur application, lorsqu'elles sont commises sur le territoire communal, sur le territoire de la ville de Paris ou sur le territoire pour lequel ils sont assermentés et lorsqu'elles ne nécessitent pas de leur part d'actes d'enquête.

Ces agents peuvent, pour constater une infraction aux articles L. 3512-12 et L. 3513-5, exiger que le client établisse la preuve de sa majorité, par la production de tout document officiel muni d'une photographie.

Section 2. Sanctions et responsabilité pénale

Art. L. 3515-3 *(Créé, Ord. n° 2016-623, 19 mai 2016)*. – I. - Est punie de 100 000 euros d'amende :

1° Toute propagande ou publicité, directe ou indirecte, du tabac, d'un produit du tabac ou des ingrédients définis à l'article L. 3512-1 en méconnaissance de l'interdiction prévue à l'article L. 3512-4 ;

2° Le fait de retransmettre une compétition de sport mécanique contenant de la publicité directe ou indirecte pour le tabac et se déroulant dans un pays où la publicité pour le tabac est interdite, ainsi que la retransmission, par un moyen autre qu'une chaîne de télévision, d'une compétition de sport mécanique contenant de la publicité directe ou indirecte pour le tabac et se déroulant dans un pays où la publicité pour le tabac est autorisée, en méconnaissance des dispositions de l'article L. 3512-6 ;

3° Le fait de vendre, distribuer ou offrir à titre gratuit des paquets de moins de vingt cigarettes, des paquets de plus de vingt cigarettes qui ne sont pas composés d'un nombre de cigarettes multiple de cinq ou des contenants de moins de trente grammes de tabacs fine coupe destinés à rouler des cigarettes, quel que soit leur conditionnement ;

4° Le fait de vendre, distribuer ou offrir à titre gratuit des cigarettes dont les teneurs en goudron, en nicotine et en monoxyde de carbone des émissions dépassent les teneurs maximales fixées dans les conditions du I de l'article L. 3512-15 ;

5° Le fait de vendre, distribuer ou offrir à titre gratuit des cigarettes ou du tabac à rouler :

a) Aromatisés ayant une odeur ou un goût clairement identifiable avant ou pendant la consommation, autre que ceux du tabac ;

b) Dont les filtres, le papier, les capsules, le conditionnement ou tout autre composant contiennent du tabac, de la nicotine ou des arômes ;

c) Contenant tout dispositif technique permettant de modifier l'odeur ou le goût des produits du tabac ou leur intensité de combustion ;

d) Contenant des vitamines ou d'autres additifs laissant entendre qu'un produit du tabac a des effets bénéfiques sur la santé ou que les risques qu'il présente pour la santé ont été réduits ;

e) Contenant de la caféine, de la taurine ou d'autres additifs et stimulants associés à l'énergie et à la vitalité ;

f) Contenant des additifs qui confèrent des propriétés colorantes aux émissions de fumée ;

g) Contenant des additifs qui facilitent l'inhalation ou l'absorption de nicotine ;

h) Contenant des additifs qui, sans combustion, ont des propriétés cancérogènes, mutagènes ou toxiques pour la reproduction humaine ;

i) Contenant des additifs dans des quantités qui augmentent, lors de la consommation, de manière significative ou mesurable, leurs effets toxiques ou l'effet de dépendance qu'ils engendrent ;

6° Le fait de vendre, distribuer ou offrir à titre gratuit du papier et des filtres :

a) Contenant du tabac, de la nicotine ou des arômes ;

b) Contenant tout dispositif technique permettant de modifier leur odeur ou leur goût ou l'intensité de la combustion de la cigarette ;

7° Le fait de vendre, distribuer ou offrir à titre gratuit des cigarettes, du tabac à rouler, du papier à cigarette et du papier à rouler les cigarettes en méconnaissance des dispositions de l'article L. 3512-20 imposant une neutralité et une uniformisation des unités de conditionnement, des emballages extérieurs et des suremballages ;

8° Le fait d'utiliser sur l'étiquetage des unités de conditionnement, sur tout emballage extérieur, ainsi que sur les produits du tabac proprement dit, un message, un symbole, une marque, une dénomination commerciale, un signe figuratif ou tout autre élément ou dispositif qui :

a) Contribue à la promotion d'un produit du tabac ;

b) Ressemble à un produit alimentaire ou cosmétique ;

9° Le fait d'utiliser une marque ou une dénomination sur l'étiquetage des unités de conditionnement, sur tout emballage extérieur, ainsi que sur les produits du tabac proprement dit, en méconnaissance des dispositions de l'article L. 3512-21 du Code de la santé publique ;

10° Le fait de vendre, distribuer ou offrir à titre gratuit des produits du tabac ou du papier à rouler les cigarettes dans des unités de conditionnement et des emballages extérieurs méconnaissent les obligations fixées en matière d'avertissements sanitaires prévues à l'article L. 3512-22 ;

11° Toute propagande ou publicité, directe ou indirecte, en faveur des produits du vapotage en méconnaissance de l'interdiction prévue à l'article L. 3513-4 ;

12° Le fait de vendre, distribuer ou offrir à titre gratuit des dispositifs électroniques de vapotage jetables, des flacons de recharge ou des cartouches à usage unique contenant de la nicotine qui comportent les additifs suivants :

a) Des additifs créant l'impression que le produit a des effets bénéfiques sur la santé ou que les risques qu'il présente pour la santé ont été réduits ;

b) Des additifs et stimulants associés à l'énergie et à la vitalité ;

c) Des additifs qui confèrent des propriétés colorantes aux émissions ;

d) Des additifs qui facilitent l'inhalation ou l'absorption de nicotine ;

e) Des additifs qui, sans combustion, ont des propriétés cancérogènes, mutagènes ou toxiques pour la reproduction humaine ;

13° Le fait de vendre, distribuer ou offrir à titre gratuit des produits du vapotage dont les teneurs en nicotine dépassent les teneurs maximales fixées dans les conditions du second alinéa de l'article L. 3513-8 ;

14° Le fait de vendre, distribuer ou offrir à titre gratuit des produits du vapotage contenant de la nicotine sans dispositif de sûreté ou dont le dispositif de sûreté méconnaît les dispositions de l'article L. 3513-9 ;

15° Le fait de vendre, distribuer ou offrir à titre gratuit un dispositif électronique de vapotage jetable dont le réservoir dépasse le volume maximal fixé dans les conditions de l'article L. 3513-15 ;

16° Le fait de vendre, distribuer ou offrir à titre gratuit des cartouches à usage unique dont le réservoir dépasse le volume maximal fixé dans les conditions de l'article L. 3513-15 ;

17° Le fait de vendre, distribuer ou offrir à titre gratuit un flacon de recharge contenant de la nicotine dont le volume maximal méconnait les dispositions de l'article L. 3513-15 ;

18° Le fait de vendre, distribuer ou offrir à titre gratuit un produit du vapotage contenant de la nicotine dont l'unité de conditionnement ou l'emballage extérieur ne mentionne pas l'un ou plusieurs des éléments suivants :

a) La composition intégrale du liquide contenant de la nicotine ;

b) La teneur moyenne en nicotine et de la quantité diffusée par dose ;

c) Le numéro de lot ;

d) Une recommandation selon laquelle le produit doit être tenu hors de portée des enfants ;

e) Un avertissement sanitaire apposé deux fois ;

19° Le fait de vendre, distribuer ou offrir à titre gratuit un produit du vapotage contenant de la nicotine dont l'unité de conditionnement ne comprend pas la notice en méconnaissance des dispositions de l'article L. 3513-17 ;

20° Le fait d'utiliser, sur les unités de conditionnement ainsi que sur tout emballage extérieur de produits du vapotage contenant de la nicotine, un message, un symbole, une marque, une dénomination commerciale, un signe figuratif ou tout autre élément ou dispositif qui :

a) Contribue à la promotion des produits du vapotage ou incite à leur consommation en donnant une impression erronée quant aux caractéristiques, effets sur la santé, risques ou émissions du produit ;

b) Suggère que le produit est moins nocif que d'autres ou vise à réduire l'effet de certains composants nocifs de la fumée ou présente des propriétés vitalisantes, énergisantes, curatives, rajeunissantes, naturelles, biologiques ou a des effets bénéfiques sur la santé ou le mode de vie ;

c) Ressemble à un produit alimentaire ou cosmétique ;

d) Suggère que le produit est plus facilement biodégradable ou présente d'autres avantages pour l'environnement ;

e) Suggère un avantage économique au moyen de bons imprimés, d'offres de réduction, de distribution gratuite, de promotion de type « deux pour le prix d'un » ou d'autres offres similaires ;

21° Le fait d'utiliser, sur les unités de conditionnement ainsi que sur tout emballage extérieur de produits à fumer à base de plantes autres que le tabac, un message, un symbole, une marque, une dénomination commerciale, un signe figuratif ou tout autre élément ou dispositif qui :

a) Contribue à la promotion du produit ou incite à sa consommation en donnant une impression erronée quant aux caractéristiques, effets sur la santé, risques ou émissions du produit ; les étiquettes ne comprennent aucune information sur la teneur en nicotine, en goudron ou en monoxyde de carbone du produit ;

b) Suggère qu'un produit est moins nocif que d'autres ou vise à réduire l'effet de certains composants nocifs de la fumée ou présente des propriétés vitalisantes, énergisantes, curatives, rajeunissantes, naturelles, biologiques ou a des effets bénéfiques sur la santé ou le mode de vie ;

c) Indique que le produit est exempt d'additifs ou d'arômes ;

d) Ressemble à un produit alimentaire ou cosmétique ;

22° Le fait de vendre, distribuer ou offrir à titre gratuit un produit à fumer à base de plantes autres que le tabac dont l'unité de conditionnement et l'emballage extérieur méconnait les dispositions de l'article L. 3514-4 sur l'avertissement sanitaire.

II. - Pour les infractions pénales mentionnées au I, est encourue la peine complémentaire de confiscation de la chose qui a servi ou était destinée à commettre l'infraction ou de la chose qui en est le produit, en application de l'article 131-21 du Code pénal.

III. - La récidive est punie d'une amende de 200 000 euros. En cas de récidive, le tribunal peut, en outre, prononcer l'interdiction pendant une durée inférieure ou égale à cinq ans, de la vente des produits qui ont fait l'objet de l'opération illégale.

Le tribunal ordonne, s'il y a lieu, la suppression, l'enlèvement ou la confiscation de la publicité interdite aux frais des délinquants.

La cessation de la publicité peut être ordonnée soit sur réquisition du ministère public, soit d'office par le juge d'instruction ou le tribunal saisi des poursuites. La mesure ainsi prise est exécutoire nonobstant toutes voies de recours. Mainlevée peut en être donnée par la juridiction qui l'a ordonnée ou qui est saisie du dossier. La mesure cesse d'avoir effet en cas de décision de non-lieu ou de relaxe.

Les décisions statuant sur les demandes de mainlevée peuvent faire l'objet d'un recours devant la chambre de l'instruction ou devant la cour d'appel selon qu'elles ont été prononcées par un juge d'instruction ou par le tribunal saisi des poursuites.

La chambre de l'instruction ou la cour d'appel statue dans un délai de dix jours à compter de la réception des pièces.

1) Les directeurs généraux de sociétés disposant, selon l'article 117 de la loi du 24 juillet 1966, des mêmes pouvoirs, à l'égard des tiers, que les présidents, le délit peut leur être imputé, en l'absence même de toute délégation de pouvoirs (■ Cass. crim., 6 mai 1998 : *JurisData* n° 003425 ; *Dr. pénal* 1998, comm. 147, obs. J.-H. Robert).

2) Justifie sa décision, la cour d'appel qui impute le délit de publicité illicite en faveur du tabac au prévenu, dirigeant de la société qui a organisé, à son profit, l'opération publicitaire prohibée, consistant dans la remise d'un cadeau lors de la vente de cigarettes, dès lors que, responsable de plein droit de l'infraction en cette qualité, il n'a pas invoqué la délégation de ses pouvoirs (■ Cass. crim., 28 oct. 1998 : *Bull. crim.*, n° 281).

3) N'est pas pénalement responsable d'une publicité illicite en faveur du tabac, quand bien même il en aurait tiré profit, le distributeur français de cigarettes, objet de la publicité commandée par un annonceur étranger, dès lors qu'il n'a pas matériellement participé à l'infraction (■ Cass. crim., 19 janv. 1994 : *Bull. crim.*, n° 31).

4) Est illicite au regard de l'article 8 de la loi du 9 juillet 1976 modifiée, alors applicable, la publicité en faveur du tabac constituée par la représentation photographique d'un paquet de cigarettes accompagnée de la mention « léger, c'est léger » ou « voici le paquet rigide » (■ Cass. crim., 29 juin 1994 : *Bull. crim.*, n° 261).

Il en est de même de la publicité reproduisant l'image figurant sur des cartouches de cigarettes consistant en la représentation d'un paquet de cigarettes au premier plan d'un paysage marin, accompagnée des mentions « le goût de l'exploit » et « renommées dans le monde entier » (■ Cass. crim., 19 janv. 1994 : *Bull. crim.*, n° 30).

En reproduisant, fut-ce incidemment, le nom et certains éléments figuratifs d'une marque de cigarettes connue, un dépliant publicitaire participe nécessairement à la promotion illicite du produit (■ Cass. crim., 11 févr. 1998 : *Bull. crim.*, n° 58).

5) Constitue le débit de publicité indirecte en faveur du tabac, le fait, pour un directeur de publication, de laisser publier des photographies d'un pilote et de sa voiture de compétition faisant apparaître le nom d'une marque de cigarettes ainsi qu'un photomontage satirique rappelant le paquet de cigarettes de la même marque et tournant en dérision les mentions légales d'informations obligatoires devant figurer sur les paquets de cigarettes (■ Cass. crim., 11 janv. 2005 : *Dr. pénal* 2005, note 47, obs. J.-H. Robert).

6) L'abrogation par la loi du 10 janvier 1991 de l'article 14 de la loi du 9 juillet 1976 relative à la lutte contre le tabagisme n'interdit pas, en cas de publicité illicite en faveur du tabac commise par voie de presse, la poursuite du directeur de la publication qui est pénalement responsable, dans les conditions du droit commun, à raison de son fait personnel (■ Cass. crim., 19 janv. 1994, préc. – ■ 14 juin 1995 : *Bull. crim.*, n° 221).

7) La seule constatation de la violation, en connaissance de cause, d'une prescription légale ou réglementaire implique, de la part de son auteur, l'intention coupable exigée par l'article 121-3, alinéa 1er, du Code pénal ; tel est le cas du délit de la publicité illicite en faveur du tabac (■ Cass. crim., 30 oct. 1995 : *Bull. crim.*, n° 335).

Constitue une négligence, au sens de l'article 339 de la loi du 16 décembre 1992, et caractérise l'élément moral de l'infraction de publicité illicite en faveur du tabac, le fait, pour un professionnel de la vente par correspondance, de ne pas vérifier la licéité de la publicité qu'il diffuse (■ Cass. crim., 11 févr. 1998, préc.).

8) Les dispositions facultatives de l'article 4.3° de la directive n° 89-622-CEE du 13 novembre 1989 aux termes desquelles « les États membres peuvent accompagner l'avertissement de l'autorité qui en est l'auteur » n'ont pas été adoptées par la loi interne transposant la directive ; dès lors, toute modification du texte de l'avertissement : « Nuit gravement à la santé », imposé par l'article L. 355-27, II, du Code de la santé publique constitue l'infraction punie par l'article L. 355-31 du même code (■ Cass. crim., 15 févr. 2000 : *Bull. crim.*, n° 69).

9) Action civile. Les associations dont l'objet statutaire comporte la lutte contre le tabagisme, régulièrement déclarées depuis au moins 5 ans à la date des faits, tiennent de l'article 18 de la loi du 9 juillet 1976 modifiée – devenu l'article L. 355-32 du Code de la santé publique – le pouvoir d'exercer les droits reconnus à la partie civile pour les infractions aux dispositions de cette loi (■ Cass. crim., 29 juin 1994 : *Bull. crim.*, n° 261).

10) En raison de la spécificité de son but et de l'objet de sa mission, le Comité national de lutte contre le tabagisme, association qui tient de l'article 18 de la loi du 9 juillet 1976 modifiée – devenu l'article L. 355-32 du Code de la santé publique – le pouvoir d'exercer les droits reconnus à la partie civile, subit nécessairement un préjudice direct et personnel du fait de la publicité illicite en faveur du tabac (■ Cass. crim., 30 oct. 1995 : *Bull. crim.*, n° 335).

11) Selon l'article L. 3512-1 du Code de la santé publique, pour exercer les droits reconnus à la partie civile en ce qui concerne les infractions aux dispositions relatives à la lutte contre le tabagisme, une association doit, par ses statuts, comporter la lutte contre le tabagisme. tel est le cas d'une association dont l'objet est de lutter contre le cancer et inclut nécessairement la lutte contre le tabagisme (■ Cass. crim., 23 avr. 2013, n° 12-83.244 : *Bull. crim.*, n° 95 ; *Dr. pén.* 2013, comm. 110, obs. J.-H. Robert ; *Dr. pén.* 2013, comm. 98, obs. M. Maron ; *Dr. sociétés* 2013, comm. 147, note R. Salomon ; *AJP* 2013, p. 474, note J. Lasserre-Capdeville).

Art. L. 3515-4 ***(Créé, Ord. n° 2016-623, 19 mai 2016).*** **– Est punie de 45 000 euros d'amende :**

1° Le fait pour un fabricant ou un importateur de produit du tabac de mettre sur le marché un produit du tabac sans avoir transmis la déclaration définie à l'article L. 3512-17 ;

2° Le fait pour un fabricant ou un importateur de produit du tabac de ne pas avoir communiqué une étude de marché en méconnaissance des dispositions de l'article L. 3512-18 ;

3° Le fait d'importer, en vue de les vendre, distribuer ou offrir à titre gratuit, des produits du tabac fabriqués dans un État non membre de l'Union européenne ou provenant d'un État membre de l'Union européenne dont l'unité de conditionnement n'est pas revêtue de l'identifiant unique en méconnaissance des dispositions de l'article L. 3512-23 ;

4° Le fait d'importer, en vue de les vendre, distribuer ou offrir à titre gratuit, des produits du tabac fabriqués dans un État non membre de l'Union européenne ou provenant d'un État membre de l'Union européenne, dont l'unité de conditionnement ne comporte pas le dispositif de sécurité infalsifiable en méconnaissance des dispositions de l'article L. 3512-25 ;

5° Toute modification ou altération, par toute personne concernée par le commerce des produits du tabac, du fabricant au dernier opérateur avant le premier détaillant, des informations contenues dans le traitement des données géré par le tiers-indépendant prévu à l'article L. 3512-24 ;

6° Le fait pour un fabricant ou un importateur de mettre sur le marché un produit du vapotage contenant de la nicotine sans avoir procédé à la notification dans les conditions et délais définies à l'article L. 3513-10 ;

7° Le fait pour un fabricant ou un importateur d'un produit du vapotage de ne pas avoir adressé la déclaration annuelle pour l'année écoulée en méconnaissance des dispositions de l'article L. 3513-11 ;

8° Le fait pour un fabricant, un distributeur ou un importateur d'un produit du vapotage de ne pas mettre en place ou mettre à jour un système de collecte d'informations mentionné à l'article L. 3513-13, sur tous les effets indésirables présumés de ces produits sur la santé humaine ;

9° Le fait pour un fabricant, un distributeur ou un importateur d'un produit du vapotage de ne pas informer immédiatement l'établissement public mentionné à l'article L. 3513-10 de risques pour la santé humaine et la sécurité que présentent un produit du vapotage qu'il met sur le marché ou commercialise, en violation des dispositions du troisième alinéa de l'article L. 3513-13 ;

10° Le fait pour un fabricant, un distributeur ou un importateur d'un produit du vapotage de ne pas communiquer à l'établissement public mentionné à l'article L. 3513-10 les informations supplémentaires qu'il lui demande conformément à l'article L. 3513-13 ;

11° Le fait pour un fabricant ou un importateur de produit à fumer à base de plantes autres que le tabac de mettre sur le marché un tel produit en méconnaissance de l'obligation de déclaration des ingrédients utilisés définie à l'article L. 3514-5.

Art. L. 3515-5 *(Créé, Ord. n° 2016-623, 19 mai 2016)*. – Est puni de 45 000 euros d'amende le fait pour les fabricants, les importateurs et les distributeurs de produits du tabac, ainsi que les entreprises, les organisations professionnelles ou les associations les représentant de ne pas adresser au ministre chargé de la santé le rapport annuel prévu à l'article L. 3512-7 ou d'omettre sciemment de rendre publiques les dépenses qui doivent y être incluses en application du même article.

Art. L. 3515-6 *(Créé, Ord. n° 2016-623, 19 mai 2016)*. – Les personnes morales déclarées responsables pénalement, dans les conditions prévues par l'article 121-2 du Code pénal, des infractions définies aux articles L. 3515-3 et L. 3515-4, encourent, outre l'amende dont le taux maximum est défini suivant les modalités prévues par l'article 131-38 du Code pénal :

1° La suppression, l'enlèvement ou la confiscation de la publicité interdite aux frais des délinquants ;

2° En cas de récidive, l'interdiction, pendant une durée inférieure ou égale à cinq ans, de la vente des produits qui ont fait l'objet de l'opération illégale.

En cas de poursuites, la cessation de la publicité peut être ordonnée soit sur réquisition du ministère public, soit d'office par le juge d'instruction ou le tribunal saisi des poursuites. La mesure ainsi prise est exécutoire nonobstant toutes voies de recours. Mainlevée peut en être donnée par la juridiction qui l'a ordonnée ou qui est saisie du dossier. La mesure cesse d'avoir effet en cas de décision de non-lieu ou de relaxe.

Les décisions statuant sur les demandes de mainlevée peuvent faire l'objet d'un recours devant la chambre de l'instruction ou devant la cour d'appel selon qu'elles ont été prononcées par un juge d'instruction ou par le tribunal saisi des poursuites.

Section 3. Parties civiles

Art. L. 3515-7 *(Créé, Ord. n° 2016-623, 19 mai 2016)*. – Les associations dont l'objet statutaire comporte la lutte contre le tabagisme, régulièrement déclarées depuis au moins cinq ans à la date des faits, peuvent exercer les droits reconnus à la partie civile pour les infractions aux dispositions du présent titre.

Peuvent exercer les mêmes droits les associations de consommateurs mentionnées à l'article L. 421-1 du Code de la consommation ainsi que les associations familiales mentionnées aux articles L. 211-1 et L. 211-2 du Code de l'action sociale et des familles.

....

Art. R. 3512-2 *(D. n° 2016-1117, 11 août 2016)*. – L'interdiction de fumer dans les lieux affectés à un usage collectif mentionnée à l'article L. 3512-8 s'applique :

1° Dans tous les lieux fermés et couverts qui accueillent du public ou qui constituent des lieux de travail ;

2° Dans les moyens de transport collectif ;

3° Dans les espaces non couverts des écoles, collèges et lycées publics et privés, ainsi que des établissements destinés à l'accueil, à la formation ou à l'hébergement des mineurs ;

4° Dans les aires collectives de jeux telles que définies par le décret n° 96-1136 du 18 décembre 1996 fixant les prescriptions de sécurité relatives aux aires collectives de jeux.

Art. R. 3512-3 *(D. n° 2016-1117, 11 août 2016).* – L'interdiction de fumer ne s'applique pas dans les emplacements mis à la disposition des fumeurs au sein des lieux mentionnés à l'article R. 3512-2 et créés, le cas échéant, par la personne ou l'organisme responsable des lieux.

Ces emplacements ne peuvent pas être aménagés au sein des établissements d'enseignement publics et privés, des centres de formation des apprentis, des établissements destinés à ou régulièrement utilisés pour l'accueil, la formation, l'hébergement ou la pratique sportive des mineurs, des aires collectives de jeux et des établissements de santé.

Art. R. 3512-4 *(D. n° 2016-1117, 11 août 2016).* – Les emplacements réservés mentionnés à l'article R. 3512-3 sont des salles closes, affectées à la consommation de tabac et dans lesquelles aucune prestation de service n'est délivrée. Aucune tâche d'entretien et de maintenance ne peut y être exécutée sans que l'air ait été renouvelé, en l'absence de tout occupant, pendant au moins une heure.

Ces emplacements doivent :

1° Être équipés d'un dispositif d'extraction d'air par ventilation mécanique permettant un renouvellement d'air minimal de dix fois le volume de l'emplacement par heure. Ce dispositif est entièrement indépendant du système de ventilation ou de climatisation d'air du bâtiment. Le local est maintenu en dépression continue d'au moins cinq pascals par rapport aux pièces communicantes ;

2° Être dotés de fermetures automatiques sans possibilité d'ouverture non intentionnelle ;

3° Ne pas constituer un lieu de passage ;

4° Présenter une superficie au plus égale à 20 % de la superficie totale de l'établissement au sein duquel les emplacements sont aménagés sans que la superficie d'un emplacement puisse dépasser 35 mètres carrés.

....

Art. R. 3512-7 *(D. n° 2016-1117, 11 août 2016).* – Dans les lieux mentionnés à l'article R. 3512-2, une signalisation apparente rappelle le principe de l'interdiction de fumer. Un modèle de signalisation accompagné d'un message sanitaire de prévention est déterminé par arrêté du ministre chargé de la santé.

Le même arrêté fixe le modèle de l'avertissement sanitaire à apposer à l'entrée des espaces mentionnés à l'article R. 3512-3.

....

Art. R. 3512-9 *(D. n° 2016-1117, 11 août 2016).* – Les mineurs ne peuvent accéder aux emplacements mentionnés au premier alinéa de l'article R. 3512-3.

....

Art. R. 3513-5 *(D. n° 2016-1117, 11 août 2016).* – Les additifs mentionnés au 2° de l'article L. 3513-7 concernent notamment la caféine ou la taurine.

....

Art. R. 3515-2 *(D. n° 2016-1117, 11 août 2016).* – Le fait de fumer dans un lieu à usage collectif mentionné à l'article R. 3512-2 hors de l'emplacement mentionné à l'article R. 3512-3 est puni de l'amende prévue pour les contraventions de la troisième classe.

Art. R. 3515-3 *(D. n° 2016-1117, 11 août 2016).* – Est puni de l'amende prévue pour les contraventions de la quatrième classe le fait, pour le responsable des lieux où s'applique l'interdiction prévue à l'article R. 3512-2, de :

1° Ne pas mettre en place la signalisation prévue à l'article R. 3512-7 ;

2° Mettre à la disposition de fumeurs un emplacement non conforme aux dispositions des articles R. 3512-3 et R. 3512-4 ;

3° Favoriser, sciemment, par quelque moyen que ce soit, la violation de l'interdiction mentionnée au premier alinéa du présent article.

Art. R. 3515-4 *(D. n° 2016-1117, 11 août 2016).* – Est puni de l'amende prévue pour les contraventions de la quatrième classe le fait de fumer dans un véhicule en présence d'un mineur en méconnaissance de l'interdiction prévue à l'article L. 3512-9.

Art. R. 3515-5 *(D. n° 2016-1117, 11 août 2016).* **– Le fait de vendre ou d'offrir gratuitement, dans les débits de tabac, dans tous commerces ou lieux publics, des produits du tabac à un mineur en méconnaissance de l'interdiction prévue à l'article L. 3512-12 est puni de l'amende prévue pour les contraventions de la quatrième classe.**

Art. R. 3515-6 *(D. n° 2016-1117, 11 août 2016).* **– Le fait de vendre ou d'offrir gratuitement, dans les débits de tabac, dans tous commerces ou lieux publics, des produits du vapotage à un mineur en méconnaissance de l'interdiction prévue à l'article L. 3513-5 est puni de l'amende prévue pour les contraventions de la quatrième classe.**

Application de l'interdiction de vapoter

(D. n° 2017-633, 25 avr. 2017)

Art. R. 3513-2. – Les lieux de travail soumis à l'interdiction de vapoter en application du 3° de l'article L. 3513-6 du présent code s'entendent des locaux recevant des postes de travail situés ou non dans les bâtiments de l'établissement, fermés et couverts, et affectés à un usage collectif, à l'exception des locaux qui accueillent du public.

Art. R. 3513-3. – Dans les lieux mentionnés aux 1° et 2° et dans les bâtiments abritant les lieux mentionnés au 3° de l'article L. 3513-6, une signalisation apparente rappelle le principe de l'interdiction de vapoter et, le cas échéant, ses conditions d'application dans l'enceinte de ces lieux.

Art. R. 3513-4. – Les dispositions des articles R. 3513-2 à R. 3513-3 s'appliquent sans préjudice des dispositions législatives et réglementaires relatives à l'hygiène et à la sécurité.

Art. R. 3515-7. – Le fait de vapoter dans les lieux mentionnés aux 1° à 3° de l'article L. 3513-6 en méconnaissance de l'interdiction prévue au même article est puni de l'amende prévue pour les contraventions de la 2e classe.

Art. R. 3515-8. – Le fait, pour le responsable des lieux où s'applique l'interdiction prévue à l'article L. 3513-6, de ne pas mettre en place la signalisation prévue à l'article R. 3513-3 est puni de l'amende prévue pour les contraventions de la 3e classe.

ANNEXE 59

TRANSPORTS

Bibliographie : L. de Graëve, *Transports : JCl. Lois pénales spéciales*.

Voir : *supra* Annexe 7 (aviation civile), Annexe 14 (chemins de fer) et Annexe 41 (marine marchande).

F. Dupuis, *Le droit pénal des transports confronté aux principes fondamentaux du droit pénal : Dr. pén.* 2013, dossier 5.

Code des transports

(Ord. n° 2010-1307, 28 oct. 2010)

Sanctions applicables aux commissionnaires de transport

Art. L. 1452-2. – Est puni de deux ans d'emprisonnement et de 30 000 € d'amende le fait pour un commissionnaire de transport de présenter sciemment de faux renseignements à l'occasion d'enquêtes relatives aux conditions d'inscription au registre mentionné à l'article L. 1422-3.

Art. L. 1452-3. – Est puni d'un an d'emprisonnement et de 15 000 € d'amende le fait pour une entreprise qui n'y a pas été autorisée conformément aux dispositions des articles L. 1422-1 à L. 1422-5 d'exercer une activité de commissionnaire de transport.

Art. L. 1452-4. – Est puni de six mois d'emprisonnement et de 3 750 € d'amende le fait, pour un commissionnaire de transport, de refuser aux agents et fonctionnaires mentionnés au I de l'article L. 1451-1 :

1° De leur présenter les documents ;

2° De leur communiquer les renseignements ;

3° De les laisser effectuer les contrôles ou investigations prévus au II de cet article.

……………………………………………………………………………………………

Transport public routier

Art. L. 3452-6 *(Mod., Ord. n° 2010-1307, 28 oct. 2010 ; L. n° 2015-990, 6 août 2015)*. **– Est puni d'un an d'emprisonnement et de 15 000 € d'amende :**

1° Le fait d'exercer une activité de transporteur public routier, de déménageur, de loueur de véhicules industriels avec conducteur, alors que l'entreprise n'y a pas été autorisée en application des articles L. 3113-1, L. 3211-1 et L. 3411-1, du règlement (CE) n° 1072/2009 du Parlement européen et du Conseil du 21 octobre 2009 établissant des règles communes pour l'accès au marché du transport international de marchandises par route, d'un accord bilatéral conclu avec un État tiers ou, à défaut d'un tel accord, d'une décision expresse de l'autorité administrative. Le tribunal peut, en outre, prononcer la peine complémentaire d'interdiction d'effectuer des opérations de transport sur le territoire national pendant une durée d'un an au plus ;

2° Le fait d'utiliser une autorisation, une licence ou une copie conforme délivrée pour l'exercice d'une activité réglementée de transport, de location de véhicules industriels avec conducteur, alors que ce titre est périmé, a été suspendu ou est utilisé bien qu'il ait fait l'objet d'une déclaration de perte et ait été remplacé par un titre de même nature ;

3° Le fait de refuser d'exécuter une sanction administrative prononcée en application des articles L. 3452-1

avec conducteur ;

4° Le fait de mettre en circulation un véhicule pendant la période d'immobilisation administrative en méconnaissance des dispositions de l'article L. 3452-2. Le tribunal peut, en outre, prononcer les peines complémentaires suivantes :

a) L'immobilisation pendant une durée d'un an au plus du véhicule objet de l'infraction ou d'un véhicule d'un poids maximum autorisé équivalent ;

b) L'affichage ou la diffusion de la décision dans les conditions prévues par l'article 131-35 du Code pénal ;

5° Le fait, pour une entreprise de transport routier de marchandises non résidente ou, dans le cas de services occasionnels, pour une entreprise de transport de personnes non résidente, d'effectuer, sans y être admise, un transport intérieur dit de cabotage au sens des règlements (CE) n° 1072/2009 du Parlement européen et du Conseil du 21 octobre 2009 établissant des règles communes pour l'accès au marché du transport international de marchandises par route et (CE) n° 1073/2009 du Parlement européen et du Conseil du 21 octobre 2009 établissant des règles communes pour l'accès au marché international des services de transport par autocars et autobus. Le tribunal peut, en outre, prononcer la peine complémentaire d'interdiction d'effectuer des opérations de transport sur le territoire national pendant une durée d'un an au plus ;

6° Le fait, pour une entreprise de transport public routier de personnes, établie ou non en France, d'effectuer un transport en infraction à l'obligation de déclaration prévue au premier alinéa de l'article L. 3111-18 ou aux interdictions et limitations édictées en application du second alinéa du même article L. 3111-18, ou sans respecter les délais mentionnés à l'article L. 3111-20. Le tribunal peut, en outre, prononcer la peine complémentaire d'interdiction d'effectuer ou de faire effectuer des opérations de transport sur le territoire national pendant une durée maximale d'un an.

Art. L. 3452-7 *(L. n° 2015-990, 6 août 2015)*. – Est puni de 15 000 € d'amende le fait, pour une entreprise de transport routier de marchandises non établie en France ou, dans le cas de services occasionnels ou réguliers, pour une entreprise de transport de personnes non établie en France, admise à effectuer des transports intérieurs dits de cabotage, de réaliser ces transports sans respecter les dispositions des articles L. 3421-1 à L. 3421-5.

Art. L. 3452-8 *(L. n° 2015-990, 6 août 2015)*. – Est puni de 15 000 € d'amende :

1° Le fait, pour l'entreprise ayant commandé des prestations de cabotage routier de marchandises, de ne pas respecter l'article L. 3421-7 ;

2° Le fait de recourir à une entreprise de transport public routier de personnes pour exécuter des services librement organisés mentionnés à l'article L. 3111-17 alors que l'entreprise n'y a pas été autorisée en application des articles L. 3113-1 et L. 3411-1.

Le tribunal peut, en outre, prononcer la peine complémentaire d'interdiction d'effectuer ou de faire effectuer des opérations de transport sur le territoire national pendant une durée maximale d'un an.

Justifie sa décision et ne méconnaît pas la réglementation communautaire applicable la cour d'appel qui condamne un entrepreneur pour commande de cabotage irrégulier, dès lors qu'elle constate que les transports qu'il a commandés à une entreprise de transports de marchandises non résidente sur le territoire français ne remplissaient pas les conditions de l'article 1er du règlement (CEE) n° 3118/93 du 25 octobre 1993 qui définit le cabotage autorisé comme une activité temporaire, et que les articles L. 3421-7 et L. 3452-8 du Code des transports, pris dans le cadre de la transposition du règlement (CE) n° 1072/2009 du Parlement européen et du Conseil du 21 octobre 2009, incriminent le donneur d'ordre et édictent des sanctions qui lui sont applicables (■ Cass. crim., 2 déc. 2014, n° 14-81.738).

Art. L. 3452-9. – Est puni de deux ans d'emprisonnement et de 30 000 € d'amende le fait, pour une entreprise de transport public routier, de présenter sciemment de faux renseignements à l'occasion d'enquêtes relatives aux conditions d'inscription aux registres ou à la délivrance des titres administratifs d'exploitation des véhicules.

Art. L. 3452-10. – Est puni de six mois d'emprisonnement et de 3 750 € d'amende le fait, pour une entreprise de transport public routier, de refuser de présenter aux agents et fonctionnaires mentionnés au I de l'article L. 1451-1 les documents ou de communiquer les renseignements ou de laisser effectuer les contrôles ou investigations prévus par les règlements.

Code des transports

(Ord. n° 2010-1307, 28 oct. 2010)

Réglementation du travail spécifique au transport routier

Art. L. 3311-1. – La conduite et l'exploitation de tous véhicules de transports routiers de personnes ou de marchandises, publics ou privés, sont soumises à des obligations spécifiques définies par un décret en Conseil d'État qui prévoit notamment :

1° La répartition des périodes de travail et de repos ;

2° Les moyens de contrôle, les documents et les dispositifs qui doivent être utilisés.

Art. L. 3315-4. – Est puni d'un an d'emprisonnement et de 30 000 € d'amende le fait de falsifier des documents ou des données électroniques, de fournir de faux renseignements, de détériorer, d'employer irrégulièrement ou de modifier des dispositifs destinés au contrôle prévus par l'article L. 3311-1 ou de ne pas avoir procédé à l'installation de ces dispositifs.

Le véhicule sur lequel l'infraction a été commise est immobilisé et retiré de la circulation jusqu'à ce qu'il ait été mis en conformité ou réparé.

Les conditions d'application du deuxième alinéa sont fixées par décret en Conseil d'État.

Art. L. 3315-4-1 *(L. n° 2014-790, 10 juill. 2014)*. – Est puni d'un an d'emprisonnement et de 30 000 € d'amende :

1° Le fait d'organiser le travail des conducteurs routiers employés par l'entreprise ou mis à sa disposition sans veiller à ce que ceux-ci prennent en dehors de leur véhicule leur temps de repos hebdomadaire normal défini au *h* de l'article 4 du règlement (CE) n° 561/2006 du Parlement européen et du Conseil, du 15 mars 2006, relatif à l'harmonisation de certaines dispositions de la législation sociale dans le domaine des transports par route modifiant les règlements (CEE) n° 3821/85 et (CEE) n° 2135/98 du Conseil et abrogeant le règlement (CEE) n° 3820/85 du Conseil ;

2° Le fait de rémunérer, à quel titre et sous quelle forme que ce soit, des conducteurs routiers employés par l'entreprise ou mis à sa disposition, en fonction de la distance parcourue ou du volume des marchandises transportées, dès lors que ce mode de rémunération est de nature à compromettre la sécurité routière ou à encourager les infractions au règlement (CE) n° 561/2006 du Parlement européen et du Conseil, du 15 mars 2006, précité.

Art. L. 3315-5. – Est puni de six mois d'emprisonnement et de 3 750 € d'amende le fait de se livrer à un transport routier avec une carte de conducteur non conforme ou n'appartenant pas au conducteur l'utilisant, ou sans carte insérée dans le chronotachygraphe du véhicule.

Est puni des mêmes peines le refus de présenter les documents ou les données électroniques signés, de communiquer les renseignements, ou de laisser effectuer les contrôles ou investigations, nécessaires à la vérification du respect des obligations des chapitres Ier à IV du présent titre ou prévues par l'article L. 3315-2 ou par l'article L. 130-6 du Code de la route.

Art. L. 3315-6 *(L. n° 2013-431, 28 mai 2013 ; mod., L. n° 2014-790, 10 juill. 2014)*. – Est passible des peines prévues par le présent chapitre et des peines sanctionnant les obligations mentionnées au présent titre ainsi qu'aux titres II et III du livre Ier de la troisième partie du Code du travail toute personne qui, chargée à un titre quelconque de la direction ou de l'administration de toute entreprise ou établissement, a, par un acte personnel, contrevenu aux dispositions précitées du présent titre et du Code du travail ou commis les faits sanctionnés par les articles, L. 3315-2, L. 3315-3, L. 3315-4-1 et L. 3315-5.

Cette personne est passible des mêmes peines si elle a, en tant que commettant, laissé contrevenir à ces dispositions ou commettre ces faits toute personne relevant de son autorité ou de son contrôle, en ne prenant pas les dispositions de nature à en assurer le respect.

Le préposé est passible des mêmes peines lorsque l'infraction résulte de son fait personnel.

1) Selon l'article 12 du contrat type, institué par décret du 14 mars 1986, le loueur d'un véhicule avec conducteur destiné à effectuer un transport routier, doit informer le locataire de la réglementation relative aux temps de travail, de conduite et de repos du personnel de conduite dont la durée de mise à disposition doit être compatible avec le respect de cette réglementation. Est, en conséquence, à bon droit déclaré coupable d'infractions aux règles relatives aux conditions de travail dans les transports routiers, le dirigeant de l'entreprise qui a donné le véhicule en location et qui n'allègue pas que les infractions constatées soient imputables aux instructions données par le locataire pour l'exécution des opérations de transport (■ Cass. crim., 18 juill. 1995 : *Bull. crim.* n° 257. ■ Cass. crim., 25 janv. 2000 : *Bull. crim.* n° 40, qui précise que le loueur est responsable des opérations de conduite, en l'absence de convention précisant les responsabilités incombant aux parties au contrat).

2) Le dirigeant d'une entreprise de transports routiers qui, sous couvert d'une location de véhicule, fait effectuer par son préposé une opération de transport dont il a l'entière maîtrise, est responsable des infractions aux règles relatives aux conditions de travail relevées à l'occasion de cette activité (■ Cass. crim., 18 juill. 1995 : *Bull. crim.* n° 257).

3) Le contrat type, institué par décret du 14 mars 1986, est applicable de plein droit, selon l'article 34 de la loi du 30 décembre 1982, en l'absence de convention écrite entre les parties, à un contrat de location de véhicule industriel avec conducteur, destiné à assurer un transport routier. Aux termes des articles 4 et 6 dudit contrat type, le loueur assume la responsabilité des opérations de conduite et le locataire celle des opérations de transport. Dès lors, le dirigeant de l'entreprise de transport qui, se louant à elle-même ses propres véhicules par l'intermédiaire d'une société écran, est à la fois loueur et locataire, est responsable des infractions à la réglementation du travail dans les transports routiers commises à l'aide du véhicule concerné (■ Cass. crim., 18 juill. 1995 : *Bull. crim.* n° 257).

4) L'article 3 *bis* de l'ordonnance n° 58-1310 du 23 décembre 1958 et l'article 15 du règlement n° 3820/85 du 20 décembre 1985 du Conseil des communautés européennes imposent à l'exploitant d'une entreprise de transports de faire respecter par ses préposés la réglementation des conditions de travail dans les transports routiers ; dès lors que le ministère public a rapporté la preuve, dont il a la charge, de l'existence des infractions à ladite réglementation, il appartient au chef d'entreprise d'établir, pour s'exonérer de sa responsabilité pénale, qu'il s'est acquitté des obligations prescrites par les textes précités (■ Cass. crim., 3 nov. 1998 : *Bull. crim.* n° 284).

5) Si le ministère public a la charge de rapporter la preuve de l'existence des infractions à la réglementation, le chef d'entreprise peut s'exonérer de sa responsabilité pénale, s'il établit qu'il s'est acquitté des obligations prescrites par les textes précités ; ne justifie pas, dès lors, sa décision, une cour d'appel, qui retient la culpabilité du prévenu, sans examiner les conclusions qu'il avait déposées en vue d'établir qu'il s'était acquitté de ses obligations (■ Cass. crim., 19 juin 2001 : *Bull. crim.* n° 145 ; *Dr. pén.* 2002, comm. 17, obs. J.-H. Robert. ■ Cass. crim., 22 sept. 2015, n° 14-83.202 : *Dr. pén.* 2015, comm. 167, obs. J.-H. Robert).

6) Le chauffeur routier dont le fait personnel est établi est responsable pénalement de l'infraction de falsification du chronotachygraphe (■ Cass. crim., 16 sept. 2003, qui fait référence non seulement à l'article 3 *bis*, dernier alinéa, mais aussi à l'article 13 du règlement CEE n° 3821/85 du 20 décembre 1985 suivant lequel il appartient au conducteur de veiller au bon fonctionnement et à la bonne utilisation de l'appareil de contrôle équipant son véhicule : *JurisData* n° 2003-020482 ; *Dr. pén.* 2003, comm. 149, obs. J.-H. Robert).

7) Ne justifie pas sa décision la cour d'appel qui déclare coupables d'infractions à la réglementation du travail dans les transports routiers le dirigeant d'une société, et pour une partie des infractions poursuivies ne nécessitant pas, selon l'arrêt, la remise d'une copie des procès-verbaux au contrevenant, le responsable d'exploitation de cette société, après avoir relevé que la délégation de pouvoirs insérée dans le contrat de travail de ce salarié avant la transformation de la société ne pouvait être prise en compte, sans s'expliquer davantage sur les conditions et effets de la délégation invoquée, et alors que, pour les contraventions en cause, la responsabilité pénale ne pouvait être retenue cumulativement contre le chef d'entreprise et un préposé en raison des mêmes manquements (■ Cass. crim., 14 mars 2006 : *Bull. crim.* n° 75 ; *Dr. social* 2006, p. 1057, obs. F. Duquesne).

8) La remise d'un exemplaire du procès-verbal au contrevenant prévue par l'article L. 611-10 du Code du travail en matière d'infraction à la durée du travail, n'est pas applicable quand le prévenu est poursuivi sur le fondement des articles 3 et 3 *bis* de l'ordonnance n° 58-1310 du 28 décembre

1958 pour avoir détérioré un dispositif destiné au contrôle des conditions de travail dans les transports routiers (■ Cass. crim., 7 juin 2006 : *Bull. crim.* n° 164).

Ordonnance n° 58-1310 du 23 décembre 1958

concernant les conditions de travail dans les transports routiers publics et privés en vue d'assurer la sécurité de la circulation routière

(Abr., Ord. n° 2010-1307, 28 oct. 2010)

Décret n° 63-528 du 25 mai 1963

relatif à certaines infractions en matière de transports ferroviaires et routiers

Art. 1er ***(D. n° 77-34, 14 janv. 1977 ; mod., D. n° 85-891, 16 août 1985 ; D. n° 98-460, 12 juin 1998 ; D. n° 2007-1743, 11 déc. 2007).*** **– Seront punis de la peine d'amende prévue par les contraventions de la cinquième classe les auteurs des infractions suivantes aux dispositions réglementaires relatives à l'harmonisation des transports ferroviaires et routiers :**

a) **Inobservation de l'obligation d'assurer le service avec la consistance prévue par les règlements ou de l'obligation de transporter dans le cas où celle-ci est prescrite ;**

b), c) **et** ***d) (Suppr., D. n° 97-1018, 6 nov. 1997)*** **;**

e) (Abr., D. n° 99-752, 30 août 1999) **;**

f) **Absence d'autorisation de services occasionnels prévue à l'article 33 du décret n° 85-891 du 16 août 1985 relatif aux transports urbains de personnes et aux transports routiers non urbains de personnes ;**

g) **Exercice d'activité sans les autorisations nécessaires ; toutefois ne sont pas visées par la présente disposition les infractions prévues aux** ***a*** **et** ***b*** **du II A de l'article 25 de la loi susvisée du 14 avril 1952 ;**

h) **Exécution d'un service régulier ou à la demande de transport public routier de personnes n'ayant pas fait l'objet d'une convention avec l'autorité organisatrice compétente ;**

i) **Exécution d'un service de transport public routier de personnes sans avoir à bord la copie conforme de la licence de transport en application de l'article 11 du décret n° 85-891 du 16 août 1985 susvisé et du point 3 de l'article 3** ***bis*** **du règlement (CEE) 684/92 du Conseil du 16 mars 1992 établissant des règles communes pour les transports internationaux de voyageurs effectués par autocars et autobus, modifié par l'article 5 du règlement (CE) n° 142-98 du Conseil du 11 décembre 1997 fixant les conditions de l'admission des transporteurs non résidents aux transports nationaux de voyageurs par route dans un État membre ;**

j) (Abr., D. n° 99-752, 30 août 1999).

Art. 2 ***(D. n° 77-34, 14 janv. 1977 ; mod., D. n° 85-891, 16 août 1985 ; D. n° 2007-1743, 11 déc. 2007).*** **– Seront punis de la peine d'amende prévue pour les contraventions de la 4e classe, les auteurs des infractions suivantes aux dispositions réglementaires relatives à l'harmonisation des transports ferroviaires et routiers :**

a) (Abr., D. n° 99-752, 30 août 1999) **;**

b) (Abr., D. n° 88-638, 6 mai 1988) **;**

c) (Suppr., D. n° 97-1018, 6 nov. 1997) **;**

d) (Abr., D. n° 99-752, 30 août 1999) **;**

e) **Toutes autres infractions non sanctionnées par l'article 25 de la loi du 11 avril 1952 susvisée ou par les dispositions du présent décret ;**

f) **Exécution d'un transport routier international de personnes pour compte propre sans attestation de transport, en violation du point 3 de l'article 9 du règlement (CE) n° 2121/98 de la Commission du 2 octobre 1998 portant modalités d'application des règlements (CEE) n° 684/92 et (CE) n° 12/98 du Conseil en ce qui concerne les documents pour les transports de voyageurs effectués par autocars et autobus ;**

g) **Absence du nom ou du sigle de l'entreprise de transport porté, dans un endroit apparent, sur les véhicules affectés à des services de transport public routier de personnes.**

Décret n° 86-1130 du 17 octobre 1986

relatif à l'application des dispositions du règlement CEE n° 3820-85
du conseil du 20 décembre 1985
relatif à l'harmonisation de certaines dispositions en matière sociale dans le domaine
des transports par route et du règlement CEE n° 3821-85 du 20 décembre 1985
concernant l'appareil de contrôle dans le domaine des transports par route

Art. 1er *(Rempl., D. n° 2008-269, 18 mars 2008)*. **– Le présent décret s'applique aux obligations dans le domaine des transports routiers mentionnées à l'article 1er de l'ordonnance [n° 58-1310] du 23 décembre 1958 susvisée et définies par le règlement (CE) n° 561/2006 du Parlement européen et du Conseil du 15 mars 2006 relatif à l'harmonisation de certaines dispositions en matière sociale dans le domaine des transports par route, le règlement (CEE) n° 3821/85 du 20 décembre 1985 susvisé et l'accord européen relatif au travail des équipages des véhicules effectuant des transports internationaux par route (AETR) du 1er juillet 1970 modifié.**

Art. 2 *(Mod., D. n° 2008-269, 18 mars 2008)*. **– Sont assujettis à l'installation et à l'utilisation de l'appareil de contrôle mentionné par le règlement (CEE) n° 3821/85 modifié susvisé, pour les transports nationaux, les véhicules suivants :**

1° Les véhicules de plus de vingt-trois places, y compris le siège du conducteur, affectés aux services réguliers de transport routier de personnes lorsque le parcours de la ligne excède 150 km ;

2° Les véhicules de plus de neuf places, y compris le siège du conducteur, affectés à des services réguliers publics routiers créés pour assurer, à titre principal, à l'intention des élèves, la desserte des établissements d'enseignement.

Art. 2 bis *(D. n° 2005-280, 24 mars 2005 ; mod., D. n° 2008-269, 18 mars 2008)*. **– Les entreprises entrant dans le champ d'application du présent décret doivent, dans les conditions fixées par le règlement CEE n° 3821/85 du 20 décembre 1985 modifié susvisé, opérer un téléchargement, tel que défini à l'appendice 7 de l'annexe 1 B de ce règlement, des données électroniques contenues, d'une part, dans la mémoire de l'appareil de contrôle électronique dit « chronotachygraphe » de l'ensemble des véhicules utilisés et, d'autre part, dans les cartes de l'ensemble de ses conducteurs.**

Il est procédé par les entreprises à ce téléchargement selon des modalités propres à garantir la sécurité et l'exactitude des données, qui sont fixées par arrêté conjoint des ministres chargés des transports et de l'industrie.

Art. 3 *(D. n° 2010-855, 23 juill. 2010)*. **– I. – Sont punies de l'amende prévue pour les contraventions de la 3e classe :**

1° La présence à bord en quantité insuffisante du papier nécessaire aux sorties imprimées ;

2° L'utilisation de feuilles d'enregistrement ou de cartes de conducteur souillées ou endommagées, si les données sont lisibles.

II. – Sont punis de l'amende prévue pour les contraventions de la 4e classe :

1° Le non-respect de l'âge minimal des personnes mentionné à l'article 5 du règlement (CE) n° 561/2006 du 15 mars 2006 ;

2° Les dépassements des durées de conduite de moins :

***a)* De 2 heures de la durée de conduite journalière de 9 heures, ou de 10 heures en cas d'utilisation de la prolongation prévue au 1° de l'article 6 du règlement (CE) n° 561/2006 du 15 mars 2006 ;**

***b)* De 14 heures de la durée de conduite hebdomadaire ;**

***c)* De 22 heures 30 minutes de la durée de conduite totale accumulée au cours de deux semaines consécutives ;**

***d)* D'une heure trente minutes de la durée de conduite ininterrompue ;**

3° L'insuffisance du temps de repos jusqu'à :

***a)* 2 heures 30 minutes du temps de repos journalier normal ou jusqu'à 2 heures en cas de repos journalier réduit ;**

***b)* 2 heures de la période de 9 heures du temps de repos journalier normal lorsqu'il est pris en deux tranches ;**

***c)* 2 heures du temps de repos journalier de 9 heures en cas de conduite en équipage ;**

d) 9 heures du temps de repos hebdomadaire normal ;

e) 4 heures du temps de repos hebdomadaire réduit ;

4° Les manquements suivants aux obligations d'enregistrement et de contrôle du temps de conduite et de repos :

a) La présence à bord d'un nombre insuffisant de feuilles d'enregistrement ;

b) L'utilisation d'un modèle non homologué de feuille d'enregistrement ;

c) Le retrait de feuilles ou de cartes de conducteur, avant la fin de la période de travail journalière, sans effet sur les données enregistrées ;

d) L'utilisation d'une feuille d'enregistrement ou d'une carte de conducteur pour couvrir une période plus longue que celle pour laquelle elle est conçue, sans perte de données ;

e) L'absence de saisie du symbole du pays dans l'appareil de contrôle ;

f) Le marquage d'un horaire sur la feuille d'enregistrement ne correspondant pas à l'heure légale du pays d'immatriculation du véhicule ;

g) L'absence des mentions obligatoires suivantes sur les feuilles d'enregistrement : date et lieu de début et de fin d'utilisation, numéro d'immatriculation, relevé du compteur kilométrique au début et à la fin de l'utilisation, heure de changement de véhicule ;

h) L'absence de signature sur la feuille provisoire.

III. – Sont punis de l'amende prévue pour les contraventions de la 5e classe :

1° Le dépassement des durées de conduite au-delà des durées mentionnées au 2° du II ;

2° L'insuffisance du temps de repos journalier ou hebdomadaire au-delà des durées mentionnées au 3° du II ;

3° Les manquements suivants aux obligations d'enregistrement et de contrôle du temps de conduite et de repos :

a) L'utilisation, sans motif légitime, de plusieurs feuilles d'enregistrement par un même conducteur pour une même journée et la méconnaissance des prescriptions fixées par l'arrêté mentionné à l'article 2 *bis* ;

b) Le fait d'établir un lien entre la rémunération des conducteurs et la distance parcourue ou le volume des marchandises transportées ;

c) La non-conservation par l'entreprise des feuilles d'enregistrement, des sorties imprimées et des données téléchargées pendant le délai prévu à l'article 14 du règlement (CEE) n° 3821/85 du 20 décembre 1985 ;

d) L'absence de demande de remplacement dans un délai de 7 jours calendaires de la carte de conducteur perdue, volée ou endommagée ;

e) La mauvaise utilisation du dispositif de commutation ;

f) L'incapacité de présenter les informations relatives à la journée en cours ou l'un des 28 jours précédents comme prévu par le 7° de l'article 15 du règlement (CEE) n° 3821/85 du 20 décembre 1985 ;

g) L'incapacité de présenter la carte de conducteur ;

h) L'absence de réparation par entreprise d'une panne de l'appareil de contrôle par un organisme agréé ou l'absence de réparation en cours de route dans les conditions prévues par le 1° de l'article 16 du règlement (CEE) n° 3821/85 du 20 décembre 1985 ;

i) L'absence de numéro de carte de conducteur ou de permis de conduire sur la feuille provisoire.

IV. – La récidive des contraventions de la 5e classe est réprimée conformément aux articles 132-11 et 132-15 du Code pénal.

1) Le règlement CEE n° 3820-85 du 20 décembre 1985 relatif à l'harmonisation de certaines dispositions en matière sociale dans le domaine des transports par route énonce, en son article 7, qu'après 4 heures et demie de conduite, le conducteur doit respecter une interruption d'au moins 45 minutes, à moins qu'il n'entame une période de repos. Aux termes de l'alinéa 4 de ce texte, le conducteur ne peut, pendant les interruptions, effectuer d'autres travaux. Il s'ensuit que si les temps consacrés par le chauffeur au chargement et au déchargement du véhicule ne sont pas pris en compte dans la durée de la conduite, laquelle est de ce fait suspendue, ces opérations ne peuvent constituer une interruption au sens de l'article 7 du règlement (■ Cass. crim., 15 nov. 1995 : *Bull. crim.*, n° 351).

2) Selon l'article 6 du règlement CEE du 20 décembre 1985, la durée totale de conduite comprise entre deux repos journaliers ne doit pas dépasser 9 heures, ou 10 heures deux fois par semaine. La période de conduite journalière ne s'entend pas du temps de travail du chauffeur routier, mais du temps passé par lui à conduire. Encourt dès lors la censure, l'arrêt qui, pour déclarer le prévenu coupable de contravention à ce texte, a pris en compte les temps d'arrêt consacrés au chargement et au déchargement du véhicule (■ Cass. crim., 15 nov. 1995 : *Bull. crim.*, n° 351).

3) Aux termes de l'article 8, alinéa 2, du règlement du 20 décembre 1985, le conducteur qui ne s'est pas soumis à la réduction du temps de repos prévue à l'alinéa 1er de cet article, doit néanmoins bénéficier, toutes les 24 heures d'une période de repos de 8 heures consécutives ; qu'aux termes de l'article 1 du texte communautaire « le temps de repos doit s'entendre au sens du règlement de la période pendant laquelle le conducteur dispose librement de son temps » ; méconnaît ce texte et encourt dès lors la censure, la cour d'appel qui s'abstient de rechercher si dans les 24 heures précédant l'accident imputable au prévenu, celui-ci avait bénéficié d'une période de 8 heures de repos consécutives, quelles que fussent les modalités de celui-ci (■ Cass. crim., 20 janv. 1998 : *Bull. crim.*, n° 24).

4) La semaine, au sens des dispositions de l'article 15, 7°, du règlement 3821/85/CEE, s'entend de la période comprise entre 0 heure le lundi et 24 heures le dimanche ; justifie dès lors sa décision la cour d'appel qui, pour condamner un transporteur routier pour avoir laissé circuler un de ses chauffeurs sans que celui-ci puisse présenter les feuilles d'enregistrement de la semaine en cours ni du dernier jour de la semaine précédente, écarte l'argumentation selon laquelle la semaine à prendre en compte est la semaine de travail effectif et non la semaine civile (■ Cass. crim., 8 nov. 2005 : *Bull. crim.*, n° 286).

5) La responsabilité pénale du chef d'entreprise qui donne en location un véhicule avec chauffeur n'exclut pas celle du locataire, qui, par ses ordres, met le conducteur dans l'impossibilité d'observer la réglementation des temps de conduite et de repos (■ Cass. crim., 15 nov. 1995 : *Bull. crim.*, n° 351).

6) Si l'article 4 du règlement CEE n° 3820/85 du 20 décembre 1985 sur les temps de conduite et de repos, place hors de son champ d'application notamment les véhicules affectés à l'enlèvement des immondices, c'est à la condition que les déchets soient acheminés à proximité de leur lieu d'enlèvement, dans le cadre d'un service général d'intérêt public assuré directement par les autorités publiques ou, sous leur contrôle, par des entreprises privées (■ Cass. crim., 10 mars 1999 : *Bull. crim.*, n° 38).

Art. 4. – **Les modalités techniques d'application des dispositions des règlements susvisés sont fixées par arrêtés conjoints du ministre chargé des transports et du ou des ministres intéressés, sans que ces arrêtés puissent étendre le champ d'application des dispositions d'ordre général de ces règlements ou y déroger, dans le cas où ces règlements ouvrent aux États membres des possibilités d'extension ou de dérogation.**

Code de la route

(D. n° 2001-250, 22 mars 2001)

Art. R. 121-1. – **Le fait pour tout employeur, hormis l'employeur des conducteurs de véhicules d'intérêt général dans les cas nécessités par l'urgence de leur mission, de donner, directement ou indirectement, à un de ses salariés chargé de la conduite d'un véhicule de transport routier de personnes ou de marchandises des instructions incompatibles avec le respect des vitesses maximales autorisées par le présent code est puni de l'amende prévue pour les contraventions de la cinquième classe.**

Art. R. 121-2 *(D. n° 2008-269, 18 mars 2008)*. – **Le fait, pour tout employeur auquel s'applique la réglementation relative au transport routier de personnes ou de marchandises, de donner, directement ou indirectement, à un de ses salariés chargé de la conduite d'un véhicule de transport routier de personnes ou de marchandises des instructions incompatibles avec le respect des dispositions :**

1° de l'article 6 du règlement (CE) n° 561/2006 du Parlement européen et du Conseil du 15 mars 2006, relatives aux durées maximales de conduite ;

2° de l'article 8 du règlement (CE) n° 561/2006 du Parlement européen et du Conseil du 15 mars 2006, relatives à la durée minimale du repos journalier ainsi qu'à la durée minimale du repos hebdomadaire ;

3° de l'article 7 du décret n° 83-40 du 26 janvier 1983 relatif à la durée quotidienne du travail dans les entreprises de transport routier ;

4° de l'article L. 212-7 du Code du travail relatives à la durée hebdomadaire du travail,

est puni de l'amende prévue pour les contraventions de la cinquième classe.

Le fait, pour un employeur, de faire effectuer par son salarié un transport routier, assorti d'une date et d'une heure impératives de livraison qu'il sait incompatibles avec le respect des dispositions du règlement CEE 3820-85, caractérise, en tous ses éléments constitutifs, l'infraction à l'article 2 du décret du 23 juillet 1992 (■ Cass. crim., 26 mars 1996 : *Bull. crim.*, n° 135).

Art. R. 121-3. – Le fait, pour tout employeur, de donner, directement ou indirectement, à un salarié des instructions incompatibles avec le respect des dispositions des articles R. 312-2, R. 312-3 et R. 312-4 relatives aux limites de poids des véhicules de transport routier de personnes ou de marchandises, est puni de l'amende prévue pour les contraventions de la cinquième classe.

Art. R. 121-4. – Le fait, pour tout expéditeur, commissionnaire, affréteur, mandataire, destinataire ou tout autre donneur d'ordres à un transporteur routier de marchandises, directement ou par l'intermédiaire d'un mandataire ou d'un préposé, de provoquer, par une fausse déclaration du poids d'un chargement placé à bord d'un véhicule, un dépassement des limites de poids fixées par les articles R. 312-2, R. 312-4 et R. 312-6, est puni de l'amende prévue pour les contraventions de la cinquième classe.

Art. R. 121-5 *(Mod., D. n° 2008-269, 18 mars 2008)*. – Le fait, pour tout expéditeur, commissionnaire, affréteur, mandataire, destinataire ou tout autre donneur d'ordres, en connaissance de cause, de donner à tout transporteur routier de marchandises, ou à tout préposé de celui-ci, des instructions incompatibles avec le respect des dispositions :

1° de l'article 6 du règlement (CE) n° 561/2006 du Parlement européen et du Conseil du 15 mars 2006, relatives aux durées maximales de conduite journalière ;

2° du second paragraphe de l'article 7 du décret n° 83-40 du 26 janvier 1983 relatif à la durée du travail dans les entreprises de transport routier ;

3° relatives aux vitesses maximales autorisées par le présent code ;

4° des articles R. 312-2, R. 312-3 et R. 312-4, relatives aux limites de poids des véhicules ;

5° des articles R. 433-1 à R. 433-3 relatives aux transports exceptionnels de marchandises, d'engins ou de véhicules concernant le poids du véhicule et les dimensions du chargement,

est puni de l'amende prévue pour les contraventions de la cinquième classe.

Code des transports

(Ord. n° 2010-1307, 28 oct. 2010)

Les transports publics particuliers

Dispositions générales

Art. L. 3120-2. – I – Les véhicules qui effectuent les prestations mentionnées à l'article L. 3120-1 ne peuvent pas être loués à la place, sauf s'ils font l'objet d'une réservation préalable dans les conditions définies par un décret en Conseil d'État.

II. – À moins de justifier de l'autorisation de stationnement mentionnée à l'article L. 3121-1, le conducteur d'un véhicule mentionné au I du présent article ne peut :

1° Prendre en charge un client sur la voie ouverte à la circulation publique, sauf s'il justifie d'une réservation préalable ;

2° S'arrêter, stationner ou circuler sur la voie ouverte à la circulation publique en quête de clients ;

3° Stationner sur la voie ouverte à la circulation publique, à l'abord des gares et des aérogares ou, le cas échéant, dans l'enceinte de celles-ci, au delà d'une durée, fixée par décret, précédant la prise en charge du client qui a effectué une réservation préalable.

III. – Sont interdits aux personnes réalisant des prestations mentionnées à l'article L. 3120-1 et aux intermédiaires auxquels elles ont recours, notamment les centrales de réservation au sens de l'article L. 3142-1 :

1° Le fait d'informer un client, avant la réservation mentionnée au 1° du II du présent article, quel que soit le moyen utilisé, à la fois de la localisation et de la disponibilité d'un véhicule mentionné au I quand il est situé sur la voie ouverte à la circulation publique sans que son propriétaire ou son exploitant soit titulaire d'une autorisation de stationnement mentionnée à l'article L. 3121-1 ;

2° Le démarchage d'un client en vue de sa prise en charge dans les conditions mentionnées au 1° du II du présent article ;

3° Le fait de proposer à la vente ou de promouvoir une offre de prise en charge effectuée dans les conditions mentionnées au même 1°.

Les véhicules motorisés à deux ou trois roues

Art. L. 3123-1 ***(Mod., L. n° 2014-1104, 1er oct. 2014).*** **– Les entreprises qui mettent à la disposition de leur clientèle, pour assurer leur transport ainsi que celui de leurs bagages, des motocyclettes ou des tricycles à moteur conduits par le propriétaire ou son préposé, suivant des conditions fixées à l'avance entre les parties, doivent disposer, dans des conditions fixées par voie réglementaire :**

1° ***(Abr., L. n° 2016-1920, 29 déc. 2016)***

2° D'un ou plusieurs véhicules adaptés répondant à des conditions techniques et de confort et sur lesquels doit être apposée une signalétique visible ;

3° De chauffeurs titulaires, depuis au moins trois ans, de la catégorie du permis de conduire autorisant la conduite des véhicules prévus au premier alinéa ;

4° D'un contrat d'assurance couvrant leur responsabilité civile en matière de véhicule et de transport de personnes.

Sanctions administratives et sanctions pénales

Dispositions relatives aux taxis

Art. L. 3124-4 ***(Mod., L. n° 2014-1104, 1er oct. 2014 ; L. n° 2016-1920, 29 déc. 2016).*** **– I. - Est puni d'un an d'emprisonnement et de 15 000 € d'amende le fait d'exercer l'activité d'exploitant taxi sans être titulaire de l'autorisation de stationnement mentionnée à l'article L. 3121-1.**

II. – Les personnes physiques coupables de l'infraction prévue par le présent article encourent également les peines complémentaires suivantes :

1° La suspension, pour une durée de cinq ans au plus, du permis de conduire ;

2° L'immobilisation, pour une durée d'un an au plus, du véhicule qui a servi à commettre l'infraction ;

3° La confiscation du véhicule qui a servi à commettre l'infraction.

Encourt l'annulation l'arrêt qui n'a pas examiné la situation du prévenu au regard de l'article L. 3124-4 du Code des transports modifié par la loi du 1er octobre 2014 lequel ne reprend pas l'incrimination d'exercice illégal de l'activité de taxi pour défaut de carte professionnelle (■ Cass. crim., 27 oct. 2015, n° 14-84.135 : *Dr. pén.* 2016, comm. 10, obs. J.-H. Robert).

Art. L. 3124-5. – Les personnes morales déclarées responsables pénalement, dans les conditions prévues par l'article 121-2 du Code pénal, de l'infraction définie par le I de l'article L. 3124-4 encourent, outre l'amende, suivant les modalités prévues par l'article 131-38 du Code pénal, les peines prévues par les 8° et 9° de l'article 131-39 du même code.

Dispositions relatives aux voitures de transport avec chauffeur

Art. L. 3124-7 ***(Rempl., L. n° 2014-1104, 1er oct. 2014 ; L. n° 2016-1920, 29 déc. 2016).*** **– I. - Est puni d'un an d'emprisonnement et de 15 000 € d'amende le fait de contrevenir aux articles L. 3122-3.**

II. - Les personnes physiques reconnues coupables de l'infraction prévue au I encourent également les peines complémentaires suivantes :

1° La suspension, pour une durée maximale de cinq ans, du permis de conduire ;

2° L'immobilisation, pour une durée maximale d'un an, du véhicule qui a servi à commettre l'infraction ;

3° La confiscation du véhicule qui a servi à commettre l'infraction.

III. - Les personnes morales déclarées responsables pénalement, dans les conditions prévues à l'article 121-2 du Code pénal, de l'infraction prévue au I du présent article encourent, outre l'amende suivant les modalités prévues à l'article 131-38 du même code, les peines prévues aux 8° et 9° de l'article 131-39 dudit code.

Art. L. 3124-8 ***(Abr. implicitement, L. n° 2014-1104, 1er oct. 2014).***

Dispositions communes

Art. L. 3124-12. – I. – Est puni d'un an d'emprisonnement et de 15 000 € d'amende le fait de contrevenir au I et au 1° du II de l'article L. 3120-2.

II. – Les personnes physiques reconnues coupables de l'infraction prévue au I du présent article encourent également les peines complémentaires suivantes :

1° La suspension, pour une durée maximale de cinq ans, du permis de conduire ;
2° L'immobilisation, pour une durée maximale d'un an, du véhicule qui a servi à commettre l'infraction ;
3° La confiscation du véhicule qui a servi à commettre l'infraction.

III. – Les personnes morales déclarées responsables pénalement, dans les conditions prévues à l'article 121-2 du Code pénal, de l'infraction prévue au I du présent article encourent, outre l'amende suivant les modalités prévues à l'article 131-38 du même code, les peines prévues aux 8° et 9° de l'article 131-39 dudit code.

Code des transports

(Ord. n° 2010-1307, 28 oct. 2010)

Transport de marchandises dangereuses

Art. L. 1252-5. – Est puni d'un an d'emprisonnement et de 30 000 € d'amende le fait de :

1° Transporter ou faire transporter par voie ferroviaire, routière ou fluviale, des marchandises dangereuses dont le transport n'est pas autorisé ;

2° Utiliser ou mettre en circulation par voie ferroviaire, routière ou fluviale des matériels aménagés pour le transport des marchandises dangereuses qui n'ont pas satisfait aux visites et épreuves auxquelles ces matériels sont soumis ;

3° Faire circuler ou laisser stationner des matériels transportant des marchandises dangereuses sur une voie ou un ouvrage dont l'utilisation est interdite en permanence au transport de ces marchandises ;

4° Faire transporter par voie ferroviaire, routière ou fluviale des marchandises dangereuses sans l'avoir signalé, soit dans le document de transport, soit sur les emballages, récipients ou contenants, lorsque ceci est requis ;

5° Transporter par voie ferroviaire, routière ou fluviale des marchandises dangereuses sans aucune signalisation extérieure, lorsque celle-ci est requise.

Art. L. 1252-6. – Est puni des peines prévues par l'article L. 1252-5 tout responsable d'entreprise qui n'a pas désigné de conseiller à la sécurité dans une entreprise soumise à cette obligation.

Art. L. 1252-7. – Est passible des peines prévues par l'article L. 1252-5 toute personne qui, chargée à un titre quelconque de la direction ou de l'administration de toute entreprise ou établissement, a, soit, par un acte personnel, commis l'une des infractions énumérées à l'article L. 1252-5, soit, en tant que commettant, laissé toute personne relevant de son autorité ou de son contrôle commettre l'une d'elles, en ne prenant pas les dispositions de nature à en assurer le respect. Le préposé est passible des mêmes peines lorsque l'infraction résulte de son fait personnel.

Art. L. 1252-8. – Les règles relatives à l'immobilisation des véhicules routiers de transport de marchandises dangereuses, sont fixées par les articles L. 325-1 et L. 325-2 du Code de la route.

Lutte contre le terrorisme

Art. L. 1631-1. – Les conditions dans lesquelles l'autorité compétente peut prescrire la mise en œuvre de systèmes de vidéoprotection par les gestionnaires d'infrastructures, les autorités et personnes exploitant des transports collectifs relevant de l'activité de transport intérieur et les exploitants d'aéroports ouverts au trafic international, sont fixées par l'article 10-1 de la loi n° 95-73 du 21 janvier 1995 d'orientation et de programmation relative à la sécurité.

Art. L. 1631-2. – Le fait de détourner un navire, un aéronef ou tout autre moyen de transport est réprimé par les dispositions des articles 224-6 à 224-10 du Code pénal.

Art. L. 1631-3. – L'obligation incombant aux entreprises de transport ferroviaire, maritime ou aérien de recueillir des données à caractère personnel, relatives aux passagers effectuant des déplacements internationaux en provenance ou à destination d'États n'appartenant pas à l'Union européenne, est régie par les dispositions de l'article 7 de la loi n° 2006-64 du 23 janvier 2006 relative à la lutte contre le terrorisme et portant diverses dispositions relatives à la sécurité et aux contrôles frontaliers.

Art. L. 1631-4 *(L. n° 2015-912, 24 juill. 2015).* – Les entreprises de transport public routier de personnes sont tenues, à l'occasion de la fourniture d'un service régulier de transport routier international de voyageurs pour une distance à parcourir supérieure ou égale à 250 kilomètres, de recueillir l'identité des passagers transportés et de conserver cette information pendant une durée d'un an.

Sécurité des usagers et des personnels

Art. L. 1632-1 *(L. n° 2016-339, 22 mars 2016).* – Les autorités organisatrices de transports collectifs de personnes et le Syndicat des transports d'Ile-de-France concourent, chacun pour ce qui le concerne, dans des conditions fixées par décret en Conseil d'État, aux actions de prévention de la délinquance et de sécurisation des personnels et des usagers dans ces transports.

Les atteintes à caractère sexiste dans les transports publics collectifs de voyageurs font l'objet d'un bilan annuel transmis au Défenseur des droits, à l'Observatoire national des violences faites aux femmes et au Haut Conseil à l'égalité entre les femmes et les hommes. Ce bilan énonce les actions entreprises pour prévenir et recenser ces atteintes.

Art. L. 1632-2. – Les atteintes à la vie ou à l'intégrité d'un agent d'exploitant de réseau de transport public de personnes sont sanctionnées par les dispositions des articles 221-4, 222-3, 222-8, 222-10, 222-12, 222-13, 222-14-1 et 222-15-1 du Code pénal.

Lutte contre la toxicomanie

Art. L. 1632-3. – L'usage illicite de stupéfiants par le personnel d'une entreprise de transport ferroviaire, routier, fluvial, maritime ou aérien exerçant des fonctions mettant en cause la sécurité du transport est réprimé conformément aux dispositions de l'article L. 3421-1 du Code de la santé publique.

ANNEXE 60

TRAVAIL

Bibliographie : G. Auzero, A. Charbonneau, S. Tournaux, V. Wester-Ouisse, *Travail : JCl. Lois pénales spéciales*. • B. Teyssié, *Code du travail 2017*, annoté, LexisNexis. • Danti-Juan, *Licenciement et droit pénal. Analyse du droit positif et critique de certaines solutions : Rev. sc. crim.* 1989, 710. • Alvarez-Pujana, *Incidences de la réforme du Code pénal sur le droit du travail : Dr. ouvrier* 1993, 161. • Fortis : *Dr. société* 1993, 884. • Cœuret et Fortis, *Droit pénal du travail*, Litec, 2004. • Colloque du 27 mai 2000, *Le droit pénal du travail : Dr. société*, n° 11, spécial. • M. Keller, *La loi du 16 novembre 2001 relative à la lutte contre les discriminations : D.* 2002, Le point sur..., p. 1355. • M. Segonds, *Le droit pénal du travail, hétérodoxie ou orthodoxie : Dr. pén.* 2013, Dossier 3.

Code du travail

PREMIÈRE PARTIE – LÉGISLATIVE

(L. n° 2008-67, 2 janv. 2008 ratifiant l'ordonnance n° 2007-329 du 12 mars 2007)

1) ÉGALITÉ PROFESSIONNELLE ENTRE LES FEMMES ET LES HOMMES

Art. L. 1142-1. – Sous réserve des dispositions particulières du présent code, nul ne peut :

1° Mentionner ou faire mentionner dans une offre d'emploi le sexe ou la situation de famille du candidat recherché. Cette interdiction est applicable pour toute forme de publicité relative à une embauche et quels que soient les caractères du contrat de travail envisagé ;

2° Refuser d'embaucher une personne, prononcer une mutation, résilier ou refuser de renouveler le contrat de travail d'un salarié en considération du sexe, de la situation de famille ou de la grossesse sur la base de critères de choix différents selon le sexe, la situation de famille ou la grossesse ;

3° Prendre en considération du sexe ou de la grossesse toute mesure, notamment en matière de rémunération, de formation, d'affectation, de qualification, de classification, de promotion professionnelle ou de mutation.

Art. L. 1142-2 ***(Mod., L. n° 2008-496, 27 mai 2008)*****. – Lorsque l'appartenance à l'un ou l'autre sexe répond à une exigence professionnelle essentielle et déterminante et pour autant que l'objectif soit légitime et l'exigence proportionnée, les interdictions prévues à l'article L. 1142-1 ne sont pas applicables.**

Un décret en Conseil d'État détermine, après avis des organisations d'employeurs et de salariés représentatives au niveau national, la liste des emplois et des activités professionnelles pour l'exercice desquels l'appartenance à l'un ou l'autre sexe constitue la condition déterminante. Cette liste est révisée périodiquement.

L'article L. 123-1 *b* du Code du travail, qui prévoit que nul ne peut refuser d'embaucher une personne en raison de sa situation de famille, ne comporte aucune condition spéciale de publicité (■ Cass. crim., 23 oct. 1990 : *Bull. crim.*, n° 353).

Art. L. 1146-1. – Le fait de méconnaître les dispositions relatives à l'égalité professionnelle entre les femmes et les hommes, prévues par les articles L. 1142-1 et L. 1142-2, est puni d'un emprisonnement d'un an et d'une amende de 3 750 €.

La juridiction peut également ordonner, à titre de peine complémentaire, l'affichage du jugement aux frais de la personne condamnée dans les conditions prévues à l'article 131-35 du Code pénal et son insertion, intégrale ou par extraits, dans les journaux qu'elle désigne. Ces frais ne peuvent excéder le montant maximum de l'amende encourue.

Art. L. 1146-2 *(Ord. n° 2017-1386, 22 sept. 2017).* – Les dispositions des articles 132-58 à 132-62 du Code pénal, relatives à l'ajournement du prononcé de la peine, sont applicables en cas de poursuites pour infraction aux dispositions des articles L. 1142-1 et L. 1142-2, sous réserve des mesures particulières suivantes :

1° L'ajournement comporte injonction à l'employeur de définir, après consultation du comité social et économique, et dans un délai déterminé, les mesures propres à assurer dans l'entreprise en cause le rétablissement de l'égalité professionnelle entre les femmes et les hommes ;

2° L'ajournement peut également comporter injonction à l'employeur d'exécuter dans le même délai les mesures définies.

La juridiction peut ordonner l'exécution provisoire de sa décision.

Art. L. 1146-3. – À l'audience de renvoi et au vu des mesures définies et, le cas échéant, exécutées par l'employeur, la juridiction apprécie s'il y a lieu de prononcer une dispense de peine.

Toutefois, lorsque le délai prévu au 2° de l'article L. 1146-2 n'a pas été respecté, la juridiction peut prononcer un nouvel et dernier ajournement et donner un nouveau délai au prévenu pour exécuter l'injonction.

....

2) RÈGLEMENT INTÉRIEUR

Art. L. 1331-2. – Les amendes ou autres sanctions pécuniaires sont interdites.

Toute disposition ou stipulation contraire est réputée non écrite.

N'est pas constitutif d'une sanction pécuniaire prohibée par l'article L. 122-42 le refus par l'employeur d'accorder une augmentation de salaire à certains employés, quand bien même ce refus serait motivé par la considération de leur qualité professionnelle estimée insuffisante. Une telle mesure ne peut s'analyser comme la sanction d'un agissement qui serait considéré comme fautif (■ Cass. crim., 26 avr. 1988 : *Bull. crim.*, n° 180).

Dispositions pénales

Art. L. 1334-1. – Le fait d'infliger une amende ou une sanction pécuniaire en méconnaissance des dispositions de l'article L. 1331-2 est puni d'une amende de 3 750 €.

....

3) HARCÈLEMENTS

Harcèlement moral

Art. L. 1152-1. – Aucun salarié ne doit subir les agissements répétés de harcèlement moral qui ont pour objet ou pour effet une dégradation de ses conditions de travail susceptible de porter atteinte à ses droits et à sa dignité, d'altérer sa santé physique ou mentale ou de compromettre son avenir professionnel.

1) QPC. Non-lieu à renvoi au Conseil constitutionnel de la question prioritaire de constitutionnalité visant les dispositions de l'article L. 1152-1 du Code du travail, lesdites dispositions ayant été déjà déclarées conformes à la Constitution par la décision n° 2001-455 du 12 janvier 2002 du Conseil constitutionnel (■ Cass. soc., 11 juill. 2012, n° 12-40.051 : *Bull. inf. C. cass.* 2012, n° 1430). – Rappr. ■ Cass. crim. du 11 juillet 2012, cité *supra* sous article 222-33-2 du Code pénal, avec les notes de doctrine afférentes à ces arrêts.

– Non-lieu à renvoi au Conseil constitutionnel, car l'article 8 de la Déclaration des droits de l'homme et du citoyen, qui prescrit que la loi ne doit établir que des peines strictement et évidemment nécessaires, ne peut être utilement invoqué s'agissant des dispositions de l'article L. 1152-1 du Code du travail, qui instaurent des mesures de réparation civile en cas de harcèlement moral (■ Cass. soc., 11 oct. 2012, n° 12-40.066 : *Bull. inf. C. cass.* 2013, n° I-182 ; *JCP* 2012, n° 1255, p. 2124, n° 28, note B. Mathieu).

– Non-lieu à renvoi au Conseil constitutionnel de la question prioritaire contestant la constitutionnalité des articles L. 1152-1, L. 1152-2 et 3, et L. 1154-1 du Code du travail, dès lors que la disposition contestée a déjà été déclarée conforme à la Constitution dans les motifs et le dispositif de la décision n° 2001-455 DC rendue le 12 janvier 2002 par le Conseil constitutionnel ; que la décision du Conseil constitutionnel n° 2012-240 DC rendue le 4 mai 2012, déclarant contraire à la Constitution l'article 222-33 du Code pénal relatif au harcèlement sexuel, ne constitue pas un changement de circonstances en justifiant le réexamen au sens de l'article 23-2 de l'ordonnance n° 58-1067 du 7 novembre 1958 portant loi organique sur le Conseil constitutionnel, dès lors que les textes en cause sont rédigés de manière différente ; qu'en effet, les dispositions du Code du travail caractérisent les faits susceptibles de constituer un harcèlement moral, en précisant que ces faits doivent avoir un caractère répété et avoir eu pour objet ou pour effet une dégradation de ses conditions de travail susceptible de porter atteinte à ses droits et à sa dignité, d'altérer sa santé physique ou mentale ou de compromettre son avenir professionnel et qu'enfin, l'article 8 de la Déclaration des droits de l'homme et du citoyen, qui prescrit que la loi ne doit établir que des peines strictement et évidemment nécessaires, ne peut être utilement invoqué s'agissant des dispositions des articles L. 1152-1, L. 1152-2, L. 1152-3 et L. 1154-1 du Code du travail, qui instaurent des mesures de réparation civile en cas de harcèlement moral (■ Cass. soc., 1er mars 2013, n° 12-40.103 : *Bull. inf. C. cass.* juill. 2013, n° 906).

2) Ne méconnaît pas l'obligation légale lui imposant de prendre les mesures nécessaires pour assurer la sécurité et protéger la santé physique et mentale des travailleurs, notamment en matière de harcèlement moral, l'employeur qui justifie avoir pris toutes les mesures de prévention prévues par les articles L. 4121-1 et L. 4121-2 du Code du travail et qui, informé de l'existence de faits susceptibles de constituer un harcèlement moral, a pris les mesures immédiates propres à le faire cesser.

Viole les articles L. 1152-1, L. 4121-1 et L. 4121-2 du Code du travail la cour d'appel qui rejette la demande d'un salarié au titre du harcèlement moral sans qu'il résulte de ses constatations que l'employeur avait pris toutes les mesures de prévention visées aux deux derniers articles précités, notamment par la mise en œuvre d'actions d'information et de prévention propres à en prévenir la survenance (■ Cass. soc., 1er juin 2016, n° 14-19.702 : *JCP* 2016, II, 822, note J. Mouly ; *D.* 2016, p. 1681, note J. Icard et Y. Pagnerre).

3) Il résulte des dispositions des articles L. 1152-1 et L. 1154-1 du Code du travail que, pour se prononcer sur l'existence d'un harcèlement moral, il appartient au juge d'examiner l'ensemble des éléments invoqués par le salarié, en prenant en compte les documents médicaux éventuellement produits, et d'apprécier si les faits matériellement établis, pris dans leur ensemble, permettent de présumer l'existence d'un harcèlement moral au sens de l'article L. 1152-1 du Code du travail. Dans l'affirmative, il revient au juge d'apprécier si l'employeur prouve que les agissements invoqués ne sont pas constitutifs d'un tel harcèlement et que ses décisions sont justifiées par des éléments objectifs étrangers à tout harcèlement.

Sous réserve d'exercer son office dans les conditions qui précèdent, le juge apprécie souverainement si le salarié établit des faits qui permettent de présumer l'existence d'un harcèlement et si l'employeur prouve que les agissements invoqués sont étrangers à tout harcèlement (■ Cass. soc., 8 juin 2016, n° 14-13.418 : *JCP* 2016, II, 1262, note C. Leborgne-Ingelaere).

Art. L. 1152-2 ***(Mod., L. n° 2012-954, 6 août 2012).*** **– Aucun salarié, aucune personne en formation ou en stage ne peut être sanctionné, licencié ou faire l'objet d'une mesure discriminatoire, directe ou indirecte, notamment en matière de rémunération, de formation, de reclassement, d'affectation, de qualification, de classification, de promotion professionnelle, de mutation ou de renouvellement de contrat pour avoir subi ou refusé de subir des agissements répétés de harcèlement moral ou pour avoir témoigné de tels agissements ou les avoir relatés.**

Art. L. 1152-3. – Toute rupture du contrat de travail intervenue en méconnaissance des dispositions des articles L. 1152-1 et L. 1152-2, toute disposition ou tout acte contraire est nul.

Art. L. 1152-4 *(Mod., L. n° 2012-954, 6 août 2012 ; rempl., Ord. n° 2014-699, 26 juin 2014).* – L'employeur prend toutes dispositions nécessaires en vue de prévenir les agissements de harcèlement moral.

Les personnes mentionnées à l'article L. 1152-2 sont informées par tout moyen du texte de l'article 222-33-2 du Code pénal.

Art. L. 1152-5 *(Mod., Ord. n° 2014-699, 26 juin 2014).* – Tout salarié ayant procédé à des agissements de harcèlement moral est passible d'une sanction disciplinaire.

Art. L. 1152-6. – Une procédure de médiation peut être mise en œuvre par toute personne de l'entreprise s'estimant victime de harcèlement moral ou par la personne mise en cause.

Le choix du médiateur fait l'objet d'un accord entre les parties.

Le médiateur s'informe de l'état des relations entre les parties. Il tente de les concilier et leur soumet des propositions qu'il consigne par écrit en vue de mettre fin au harcèlement.

Lorsque la conciliation échoue, le médiateur informe les parties des éventuelles sanctions encourues et des garanties procédurales prévues en faveur de la victime.

Bibliographie : E. Monteiro, *Le concept de harcèlement moral dans le Code pénal et le Code du travail : Rev. sc. crim.* 2003, p. 27.

Harcèlement sexuel

Art. L. 1153-1 *(L. n° 2012-954, 6 août 2012).* – Aucun salarié ne doit subir des faits :

1° Soit de harcèlement sexuel, constitué par des propos ou comportements à connotation sexuelle répétés qui soit portent atteinte à sa dignité en raison de leur caractère dégradant ou humiliant, soit créent à son encontre une situation intimidante, hostile ou offensante ;

2° Soit assimilés au harcèlement sexuel, consistant en toute forme de pression grave, même non répétée, exercée dans le but réel ou apparent d'obtenir un acte de nature sexuelle, que celui-ci soit recherché au profit de l'auteur des faits ou au profit d'un tiers.

Art. L. 1153-2 *(Mod., L. n° 2012-954, 6 août 2012).* – Aucun salarié, aucune personne en formation ou en stage, aucun candidat à un recrutement, à un stage ou à une formation en entreprise ne peut être sanctionné, licencié ou faire l'objet d'une mesure discriminatoire, directe ou indirecte, notamment en matière de rémunération, de formation, de reclassement, d'affectation, de qualification, de classification, de promotion professionnelle, de mutation ou de renouvellement de contrat pour avoir subi ou refusé de subir des faits de harcèlement sexuel tels que définis à l'article L. 1153-1, y compris, dans le cas mentionné au 1° du même article, si les propos ou comportements n'ont pas été répétés.

Art. L. 1153-3 *(Mod., L. n° 2012-954, 6 août 2012).* – Aucun salarié, aucune personne en formation ou en stage ne peut être sanctionné, licencié ou faire l'objet d'une mesure discriminatoire pour avoir témoigné des agissements de harcèlement sexuel ou pour les avoir relatés.

Art. L. 1153-4. – Toute disposition ou tout acte contraire aux dispositions des articles L. 1153-1 à L. 1153-3 est nul.

Art. L. 1153-5 *(Mod., L. n° 2012-954, 6 août 2012 ; Ord. n° 2014-699, 26 juin 2014 ; L. n° 2014-873, 4 août 2014).* – L'employeur prend toutes dispositions nécessaires en vue de prévenir les faits de harcèlement sexuel, d'y mettre un terme et de les sanctionner.

Dans les lieux de travail ainsi que dans les locaux ou à la porte des locaux où se fait l'embauche, les personnes mentionnées à l'article L. 1153-2 sont informées par tout moyen du texte de l'article 222-33 du Code pénal. »

Art. L. 1153-6 *(Mod., L. n° 2012-954, 6 août 2012).* – Tout salarié ayant procédé à des faits de harcèlement sexuel est passible d'une sanction disciplinaire.

Actions en justice

Art. L. 1154-1 *(L. n° 2016-1088, 8 août 2016).* – Lorsque survient un litige relatif à l'application des articles L. 1152-1 à L. 1152-3 et L. 1153-1 à L. 1153-4, le candidat à un emploi, à un stage ou à une période de formation en entreprise ou le salarié présente des éléments de fait laissant supposer l'existence d'un harcèlement.

Au vue de ces éléments, il incombe à la partie défenderesse de prouver que ces agissements ne sont pas constitutifs d'un tel harcèlement et que sa décision est justifiée par des éléments objectifs étrangers à tout harcèlement.

Le juge forme sa conviction après avoir ordonné, en cas de besoin, toutes les mesures d'instruction qu'il estime utiles.

Art. L. 1154-2. – Les organisations syndicales représentatives dans l'entreprise peuvent exercer en justice toutes les actions résultant des articles L. 1152-1 à L. 1152-3 et L. 1153-1 à L. 1153-4.

Elles peuvent exercer ces actions en faveur d'un salarié de l'entreprise dans les conditions prévues par l'article L. 1154-1, sous réserve de justifier d'un accord écrit de l'intéressé.

L'intéressé peut toujours intervenir à l'instance engagée par le syndicat et y mettre fin à tout moment.

Art. L. 1155-1. – Le fait de porter ou de tenter de porter atteinte à l'exercice régulier des fonctions de médiateur, prévu à l'article L. 1152-6, est puni d'un emprisonnement d'un an et d'une amende de 3 750 €.

Art. L. 1155-2 *(Mod., L. n° 2012-954, 6 août 2012).* – Sont punis d'un an d'emprisonnement et d'une amende de 3 750 € les faits de discriminations commis à la suite d'un harcèlement moral ou sexuel définis aux articles L. 1152-2, L. 1153-2 et L. 1153-3 du présent code.

La juridiction peut également ordonner, à titre de peine complémentaire, l'affichage du jugement aux frais de la personne condamnée dans les conditions prévues à l'article 131-35 du Code pénal et son insertion, intégrale ou par extraits, dans les journaux qu'elle désigne. Ces frais ne peuvent excéder le montant maximum de l'amende encourue.

Art. L. 1155-3 et L. 1155-4 *(Abrogé, L. n° 2012-954, 6 août 2012).*

....

4) CONTRAT DE TRAVAIL TEMPORAIRE
ET AUTRES CONTRATS DE MISE À DISPOSITION

Art. L. 1251-1 *(Mod., L. n° 2009-972, 3 août 2009).* – Le recours au travail temporaire a pour objet la mise à disposition temporaire d'un salarié par une entreprise de travail temporaire au bénéfice d'un client utilisateur pour l'exécution d'une mission.

Chaque mission donne lieu à la conclusion :

1° D'un contrat de mise à disposition entre l'entreprise de travail temporaire et le client utilisateur, dit « entreprise utilisatrice » ;

2° D'un contrat de travail, dit « contrat de mission », entre le salarié temporaire et son employeur, l'entreprise de travail temporaire.

Lorsque l'utilisateur est une personne morale de droit public, le présent chapitre s'applique, sous réserve des dispositions prévues à la section 6.

Caractérise une infraction à l'article L. 124-1 du Code du travail, selon lequel l'activité d'entrepreneur de travail temporaire est, pour la personne physique ou morale qui l'exerce, exclusive de toute autre activité, l'arrêt qui constate que, sous le couvert de plusieurs sociétés, dont il avait la maîtrise et qui formaient en réalité un ensemble économique unique, le prévenu exerçait une double activité de fournisseur de main-d'œuvre et d'entrepreneur de travaux publics (■ Cass. crim., 7 mai 1996 : *Bull. crim.*, n° 194).

Art. L. 1251-2. – Est un entrepreneur de travail temporaire, toute personne physique ou morale dont l'activité exclusive est de mettre à la disposition temporaire d'entreprises utilisatrices des salariés qu'en fonction d'une qualification convenue elle recrute et rémunère à cet effet.

Art. L. 1251-3. – **Toute activité de travail temporaire s'exerçant en dehors d'une telle entreprise est interdite, sous réserve des dispositions relatives aux opérations de prêt de main-d'œuvre à but non lucratif autorisées par l'article L. 8241-2.**

Art. L. 1251-4 ***(Mod., L. n° 2010-853, 23 juill. 2010).*** – **Par dérogation au principe d'exclusivité prévu à l'article L. 1251-2, les entreprises de travail temporaire peuvent exercer :**

1° Des activités de placement privé prévues à l'article L. 5321-1 ;

2° L'activité d'entreprise de travail à temps partagé.

Art. L. 1251-5. – **Le contrat de mission, quel que soit son motif, ne peut avoir ni pour objet ni pour effet de pourvoir durablement un emploi lié à l'activité normale et permanente de l'entreprise utilisatrice.**

Art. L. 1251-6 ***(Mod., L. n° 2015-990, 6 août 2015 ; Ord. n° 2017-1386, 22 sept. 2017).*** – **Sous réserve des dispositions de l'article L. 1251-7, il ne peut être fait appel à un salarié temporaire que pour l'exécution d'une tâche précise et temporaire dénommée « mission » et seulement dans les cas suivants :**

1° Remplacement d'un salarié, en cas :

a) **D'absence ;**

b) **De passage provisoire à temps partiel, conclu par avenant à son contrat de travail ou par échange écrit entre ce salarié et son employeur ;**

c) **De suspension de son contrat de travail ;**

d) **De départ définitif précédant la suppression de son poste de travail après consultation du comité social et économique, s'il existe ;**

e) **D'attente de l'entrée en service effective d'un salarié recruté par contrat à durée indéterminée appelé à le remplacer ;**

2° Accroissement temporaire de l'activité de l'entreprise ;

3° Emplois à caractère saisonnier ou pour lesquels, dans certains secteurs définis par décret ou par voie de convention ou d'accord collectif étendu, il est d'usage constant de ne pas recourir au contrat de travail à durée indéterminée en raison de la nature de l'activité exercée et du caractère par nature temporaire de ces emplois ;

4° Remplacement d'un chef d'entreprise artisanale, industrielle ou commerciale, d'une personne exerçant une profession libérale, de son conjoint participant effectivement à l'activité de l'entreprise à titre professionnel et habituel ou d'un associé non salarié d'une société civile professionnelle, d'une société civile de moyens d'une société d'exercice libéral ou de toute autre personne morale exerçant une profession libérale ;

5° Remplacement du chef d'une exploitation agricole ou d'une entreprise mentionnée aux 1° à 4° de l'article L. 722-1 du Code rural, d'un aide familial, d'un associé d'exploitation, ou de leur conjoint, mentionné à l'article L. 722-10 du même code dès lors qu'il participe effectivement à l'activité de l'exploitation agricole ou de l'entreprise.

Il résulte des dispositions des articles L. 1251-5 et L. 1251-6, 1° et 2°, du Code du travail qu'il ne peut être fait appel aux salariés d'une entreprise de travail temporaire que pour des tâches non durables en cas de remplacement de salariés absents ou d'accroissement temporaire de l'activité de l'entreprise utilisatrice, et non pour pourvoir durablement des emplois liés à l'activité normale et permanente de cette entreprise.

Justifie sa décision, sans être tenue d'analyser chacun des contrats conclus, la cour d'appel, qui, pour déclarer une société coupable d'infraction à la législation sur le travail temporaire, retient que celle-ci a érigé le recours massif à l'intérim en un mode habituel de gestion résultant d'une organisation délibérée et du détournement du cadre légal définissant les conditions de recours au travail temporaire (■ Cass. crim., 10 mai 2016, n° 14-85.318).

....

Contrat de mise à disposition

Art. L. 1251-42. – **Lorsqu'une entreprise de travail temporaire met un salarié à la disposition d'une entreprise utilisatrice, ces entreprises concluent par écrit un contrat de mise à disposition, au plus tard dans les deux jours ouvrables suivant la mise à disposition.**

Art. L. 1251-43. – **Le contrat de mise à disposition établi pour chaque salarié comporte :**

1° Le motif pour lequel il est fait appel au salarié temporaire. Cette mention est assortie de justifications précises dont, notamment, dans les cas de remplacement prévus aux 1°, 4° et 5° de l'article L. 1251-6, le nom et la qualification de la personne remplacée ou à remplacer ;

2° Le terme de la mission ;

3° Le cas échéant, la clause prévoyant la possibilité de modifier le terme de la mission dans les conditions prévues aux articles L. 1251-30 et L. 1251-31. Cette disposition s'applique également à l'avenant prévoyant le renouvellement du contrat de mise à disposition ;

4° Les caractéristiques particulières du poste de travail à pourvoir et, notamment si celui-ci figure sur la liste des postes présentant des risques particuliers pour la santé ou la sécurité des salariés prévue à l'article L. 4154-2, la qualification professionnelle exigée, le lieu de la mission et l'horaire ;

5° La nature des équipements de protection individuelle que le salarié utilise. Il précise, le cas échéant, si ceux-ci sont fournis par l'entreprise de travail temporaire ;

6° Le montant de la rémunération avec ses différentes composantes, y compris, s'il en existe, les primes et accessoires de salaire que percevrait dans l'entreprise utilisatrice, après période d'essai, un salarié de qualification professionnelle équivalente occupant le même poste de travail.

Art. L. 1251-44. – **Toute clause tendant à interdire l'embauche par l'entreprise utilisatrice du salarié temporaire à l'issue de sa mission est réputée non écrite.**

1) Selon l'article L. 124-3-1° du Code du travail, s'il est fait appel à un travailleur temporaire pour remplacer un salarié absent de l'entreprise, le contrat de mise à disposition doit comporter notamment le nom et la qualification du salarié remplacé ; il en résulte que lorsqu'un travailleur intérimaire remplace, par glissement interne d'emploi, un salarié autre que celui effectivement absent, le contrat précité doit préciser les modalités de ce remplacement et mentionner le nom et la qualification du salarié absent. L'omission volontaire de l'une quelconque de ces indications constitue une infraction aux dispositions du texte susvisé, réprimée par les articles L. 152-2 et L. 152-2-1 du Code du travail (■ Cass. crim., 9 oct. 1995 : *Bull. crim.*, n° 298).

2) Commet l'infraction le directeur technique d'une entreprise qui initie une procédure de licenciement contre un salarié pour le réemployer comme travailleur temporaire (■ Cass. crim., 22 janv. 2002 : *JurisData* n° 012030 ; *Dr. pénal* 2002, comm. 60, obs. J.-H. Robert).

Travail temporaire

Art. L. 1255-1 *(Ancien article L. 1254-1 mod., L. n° 2011-525, 17 mai 2011 ; dénum., Ord. n° 2015-380, 2 avr. 2015).* – **Le fait de méconnaître les dispositions relatives aux conditions d'exercice de l'activité de travail temporaire, prévues à l'article L. 1251-2, est puni d'une amende de 3 750 €.**

La récidive est punie d'un emprisonnement de six mois et d'une amende de 7 500 €.

La juridiction peut prononcer, en outre, l'interdiction d'exercer l'activité d'entrepreneur de travail temporaire pour une durée de deux à dix ans. Lorsque cette mesure entraîne le licenciement du personnel permanent, celui-ci a droit, en dehors de l'indemnité de préavis et de l'indemnité de licenciement, aux indemnités prévues aux articles L. 1235-2, L. 1235-3 ou L. 1235-5.

Art. L. 1255-2 *(Ancien article L. 1254-2 dénum., Ord. n° 2015-380, 2 avr. 2015).* – **Est puni d'une amende de 3 750 €, le fait pour l'entrepreneur de travail temporaire :**

1° De recruter un salarié temporaire en ayant conclu un contrat ne comportant pas les mentions prévues aux 1° et 3° de l'article L. 1251-16 ou comportant ces mentions de manière volontairement inexacte ou sans lui avoir transmis dans le délai prévu à l'article L. 1251-17 un contrat de mission écrit ;

2° De méconnaître les dispositions relatives à la rémunération minimale prévues au premier alinéa de l'article L. 1251-18 ;

3° De méconnaître l'obligation de proposer au salarié temporaire un ou des contrats dans les conditions prévues à l'article L. 1251-34 ;

4° De mettre un salarié temporaire à la disposition d'une entreprise utilisatrice sans avoir conclu avec celle-ci un contrat écrit de mise à disposition dans le délai prévu à l'article L. 1251-42 ;

5° D'exercer son activité sans avoir fait les déclarations prévues à l'article L. 1251-45 ;

6° D'exercer son activité sans avoir obtenu la garantie financière prévue à l'article L. 1251-49.

La récidive est punie d'un emprisonnement de six mois et d'une amende de 7 500 €.

La juridiction peut prononcer en outre l'interdiction d'exercer l'activité d'entrepreneur de travail temporaire pour une durée de deux à dix ans. Les dispositions du deuxième alinéa de l'article L. 1251-47 sont applicables.

Art. L. 1255-3 *(Ancien article L. 1254-3 dénum., Ord. n° 2015-380, 2 avr. 2015).* – Le fait pour l'utilisateur de conclure un contrat de mise à disposition ayant pour objet ou pour effet de pourvoir durablement un emploi lié à l'activité normale et permanente de l'entreprise, en méconnaissance de l'article L. 2151-5, est puni d'une amende de 3 750 €.

La récidive est punie d'un emprisonnement de six mois et d'une amende de 7 500 €.

Art. L. 1255-4 *(Ancien article L. 1254-4 mod., L. n° 2011-525, 17 mai 2011 ; dénum., Ord. n° 2015-380, 2 avr. 2015).* – Le fait pour l'utilisateur de recourir à un salarié temporaire pour un objet autre que celui prévu au premier alinéa de l'article L. 1251-6 ou en dehors des cas mentionnés à ce même article est puni d'une amende de 3 750 €.

La récidive est punie d'un emprisonnement de six mois et d'une amende de 7 500 €.

Art. L. 1255-5 *(Ancien article L. 1254-5 dénum., Ord. n° 2015-380, 2 avr. 2015).* – Le fait pour l'utilisateur de méconnaître les interdictions de recourir au travail temporaire, prévues aux articles L. 1251-9 et L. 1251-10, est puni d'une amende de 3 750 €.

La récidive est punie d'un emprisonnement de six mois et d'une amende de 7 500 €.

Art. L. 1255-6 *(Ancien article L. 1254-6 dénum., Ord. n° 2015-380, 2 avr. 2015).* – Le fait pour l'utilisateur de méconnaître les dispositions relatives au terme du contrat, prévues à l'article L. 1251-11, est puni d'une amende de 3 750 €.

La récidive est punie d'un emprisonnement de six mois et d'une amende de 7 500 €.

Art. L. 1255-7 *(Ord. n° 2017-1387, 22 sept. 2017).* – Le fait pour l'utilisateur de méconnaître les dispositions relatives à la durée de la mission, prévues par les stipulations de la convention ou de l'accord de branche conclu en application de l'article L. 1251-12 ou, le cas échéant, aux dispositions de l'article L. 1251-12-1, est puni d'une amende de 3 750 euros.

La récidive est punie d'un emprisonnement de six mois et d'une amende de 7 500 euros.

Art. L. 1255-8 *(Ord. n° 2017-1387, 22 sept. 2017).* – Le fait pour l'utilisateur de méconnaître les dispositions relatives aux conditions de renouvellement du contrat, prévues par les stipulations de la convention ou de l'accord de branche conclu en application de l'article L. 1251-35 ou, le cas échéant, aux dispositions de l'article L. 1251-35-1, est puni d'une amende de 3 750 euros.

La récidive est punie d'un emprisonnement de six mois et d'une amende de 7 500 euros.

Art. L. 1255-9 *(Ord. n° 2017-1387, 22 sept. 2017).* – Le fait pour l'utilisateur de méconnaître les dispositions relatives à la succession de contrats sur un même poste, prévues par les stipulations de la convention ou de l'accord de branche conclu en application de l'article L. 1251-36 ou, le cas échéant, aux dispositions de l'article L. 1251-36-1, est puni d'une amende de 3 750 euros.

La récidive est punie d'un emprisonnement de six mois et d'une amende de 7 500 euros.

Art. L. 1255-10 *(Ancien article L. 1254-10 dénum., Ord. n° 2015-380, 2 avr. 2015).* – Est puni d'une amende de 3 750 €, le fait pour l'utilisateur de recourir à un salarié temporaire :

1° Soit sans avoir conclu avec un entrepreneur de travail temporaire un contrat écrit de mise à disposition, dans le délai prévu à l'article L. 1251-42 ;

2° Soit en ayant omis de communiquer, dans le contrat de mise à disposition, l'ensemble des éléments de rémunération conformément au 6° de l'article L. 1251-43.

La récidive est punie d'un emprisonnement de six mois et d'une amende de 7 500 €.

Art. L. 1255-11 *(Ancien article L. 1254-11 dénum., Ord. n° 2015-380, 2 avr. 2015 ; Ord. n° 2016-413, 7 avr. 2016).* **– Le fait de méconnaître, directement ou par personne interposée, l'interdiction d'exercer l'activité d'entrepreneur de travail temporaire prononcée par la juridiction en application du dernier alinéa de l'article L. 1255-1 ou L. 1255-2 est puni d'un emprisonnement de six mois et d'une amende de 6 000 € ;**

Art. L. 1255-12 *(Ancien article L. 1254-12 dénum., Ord. n° 2015-380, 2 avr. 2015).* **– Dans tous les cas prévus à la présente section, la juridiction peut ordonner, à titre de peine complémentaire, l'affichage du jugement aux frais de l'entrepreneur de travail temporaire ou de l'utilisateur condamné, dans les conditions prévues à l'article 131-35 du Code pénal, et son insertion, intégrale ou par extraits, dans les journaux qu'elle désigne. Ces frais ne peuvent excéder le montant maximum de l'amende encourue.**

1) Caractérise une infraction à l'article L. 124-1 du Code du travail d'après lequel l'activité d'entrepreneur de travail temporaire est, pour la personne physique ou morale qui l'exerce, exclusive de toute autre activité, l'arrêt qui constate que sous le couvert de deux personnes morales juridiquement distinctes dont il avait la maîtrise et qui formaient en réalité un ensemble économique unique, le prévenu exerçait une double activité de location de main-d'œuvre et de prestation de services (■ Cass. crim., 15 févr. 1983 : *Bull. crim.*, n° 56). V. aussi ■ Cass. crim., 15 juin 1984 : *Bull. crim.*, n° 229.

2) Ni l'article L. 124-1 du Code du travail, ni aucune des dispositions de ce code n'interdisent à l'entrepreneur de travail temporaire de fournir des outils de travail à des salariés qu'il met à la disposition des utilisateurs, dès lors qu'il n'en résulte pour lui aucune source de profit distincte de son activité professionnelle (■ Cass. crim., 15 déc. 1981 : *Bull. crim.*, n° 333).

3) L'article L. 124-2 du Code du travail n'a d'autre objet que d'interdire à l'employeur de faire appel à une entreprise de travail temporaire dans le but de remplacer des salariés en grève et de priver leur action d'efficacité ; ses termes ne sauraient être interprétés de façon extensive, comme lui faisant défense d'employer, dans leur qualification professionnelle, des travailleurs temporaires embauchés antérieurement à tout conflit (■ Cass. crim., 2 déc. 1980 : *Bull. crim.*, n° 330 ; *D.* 1981, 346, note Pélissier).

Groupements d'employeurs

Art. L. 1255-13 *(Ancien article L. 1254-13 dénum., Ord. n° 2015-380, 2 avr. 2015).* **– Le fait de méconnaître les dispositions des articles L. 1253-1 à L. 1253-10 et L. 1253-17, est puni d'une amende de 3 750 €.**

La récidive est punie d'un emprisonnement de six mois et d'une amende de 7 500 €.

La juridiction peut également ordonner, à titre de peine complémentaire, l'affichage du jugement aux frais de la personne condamnée, à la porte du siège du groupement et aux portes des entreprises utilisatrices, dans les conditions prévues à l'article 131-35 du Code pénal, et son insertion, intégrale ou par extraits, dans les journaux qu'elle désigne. Ces frais ne peuvent excéder le montant maximum de l'amende encourue.

Portage salarial

Art. L. 1255-14 *(L. n° 2016-1088, 8 août 2016).* **– Est puni de 3 750 € d'amende le fait pour un entrepreneur de portage salarial :**

1° De conclure un contrat de travail en portage salarial pour une activité de services, en méconnaissance de l'article L. 1254-5 ;

2° De conclure un contrat de travail en portage salarial sans respecter les dispositions prévues à l'article L. 1254-7 ;

3° De conclure un contrat de travail en portage salarial à durée déterminée ne comportant pas un terme précis ou ne fixant pas de durée minimale lorsque le contrat ne comporte pas un terme précis, en méconnaissance de l'article L. 1254-11 ;

4° De méconnaître les durées maximales du contrat de travail en portage salarial à durée déterminée prévues aux articles L. 1254-12, L. 1254-13 et L. 1254-17 ;

5° De conclure un contrat de travail en portage salarial ne comportant pas la mention obligatoire prévue aux articles L. 1254-14 ou L. 1254-20 ;

6° De conclure un contrat de travail en portage salarial ne comportant pas l'ensemble des clauses et mentions prévues aux articles L. 1254-15 ou L. 1254-21 ;

7° De ne pas transmettre au salarié porté le contrat de travail en portage salarial dans le délai prévu à l'article L. 1254-16 ;

8° De ne pas conclure avec une entreprise cliente d'une personne portée le contrat commercial de prestation de portage salarial dans le délai prévu à l'article L. 1254-22 ou de ne pas avoir délivré dans le même délai au salarié porté une copie de ce contrat ;

9° De conclure avec une entreprise cliente d'une personne portée un contrat commercial de prestation de portage salarial ne comportant pas les mentions prévues à l'article L. 1254-23 ;

10° De méconnaître les dispositions relatives aux conditions d'exercice de l'activité de portage salarial prévues à l'article L. 1254-24 ;

11° De méconnaître l'obligation de mettre en place et de gérer pour chaque salarié porté un compte d'activité, conformément à l'article L. 1254-25 ;

12° D'exercer son activité sans avoir souscrit de garantie financière, en méconnaissance de l'article L. 1254-26 ;

13° D'exercer son activité sans avoir effectué la déclaration préalable prévue à l'article L. 1254-27 ;

14° De ne pas respecter, en méconnaissance de l'article L. 1254-28, les obligations relatives à la médecine du travail définies aux articles L. 4121-1 à L. 4121-5.

La récidive est punie de six mois d'emprisonnement et de 7 500 € d'amende.

La juridiction peut prononcer en outre l'interdiction d'exercer l'activité d'entreprise de portage salarial pour une durée de deux à dix ans.

Art. L. 1255-15 *(L. n° 2016-1088, 8 août 2016)*. – Est puni de 3 750 € d'amende le fait pour une entreprise autre que celle mentionnée à l'article L. 1255-14 de conclure un contrat de travail en portage salarial sans remplir les conditions requises pour exercer cette activité en application des articles L. 1254-24 à L. 1254-27.

Art. L. 1255-16 *(L. n° 2016-1088, 8 août 2016)*. – Est puni de 3 750 € d'amende le fait pour une entreprise cliente :

1° De recourir à un salarié porté en dehors des cas prévus à l'article L. 1254-3 ;

2° De méconnaître les interdictions de recourir à un salarié porté prévues aux articles L. 1254-4 et L. 1254-5 ;

3° De ne pas conclure avec l'entreprise de portage salarial le contrat commercial de prestation de portage salarial dans le délai prévu à l'article L. 1254-22 ;

4° De conclure avec l'entreprise de portage salarial un contrat commercial de prestation de portage salarial ne comportant pas les mentions prévues à l'article L. 1254-23.

La récidive est punie de six mois d'emprisonnement et de 7 500 € d'amende.

Art. L. 1255-17 *(L. n° 2016-1088, 8 août 2016)*. – Le fait de méconnaître, directement ou par personne interposée, l'interdiction d'exercer l'activité de portage salarial prononcée par la juridiction en application du dernier alinéa de l'article L. 1255-14 est puni de six mois d'emprisonnement et de 6 000 € d'amende.

Art. L. 1255-18 *(L. n° 2016-1088, 8 août 2016)*. – Dans tous les cas prévus à la présente section, la juridiction peut ordonner, à titre de peine complémentaire, l'affichage ou la diffusion de l'intégralité ou d'une partie de la décision, ou d'un communiqué informant le public des motifs et du dispositif de celle-ci, aux frais de l'entrepreneur de portage salarial ou de l'entreprise cliente condamnée, dans les conditions prévues à l'article 131-35 du Code pénal, et son insertion, intégrale ou par extraits, dans les publications qu'elle désigne. Elle détermine, le cas échéant, les extraits de la décision et les termes du communiqué qui devront être affichés ou diffusés.

....

5) MARCHANDAGE

Art. L. 8231-1. – Le marchandage, défini comme toute opération à but lucratif de fourniture de main-d'œuvre qui a pour effet de causer un préjudice au salarié qu'elle concerne ou d'éluder l'application de dispositions légales ou de stipulations d'une convention ou d'un accord collectif de travail, est interdit.

1) Distinction entre marchandage et prêt illicite de main-d'œuvre. L'article L. 125-3 (devenu les articles L. 8241-1 et 2) du Code du travail prohibe toute opération à but lucratif ayant pour objet le prêt de main-d'œuvre dès lors qu'elle n'est pas effectuée dans le cadre des dispositions régissant le travail temporaire.

L'article L. 125-1 (devenu l'article L. 8231-1) du même code interdit toute opération à but lucratif de fourniture de main-d'œuvre ayant pour effet de causer un préjudice au salarié qu'elle concerne ou d'éluder l'application des dispositions de la loi, d'un règlement, d'une convention ou d'un accord collectif de travail.

Les juges du fond, lorsqu'ils sont saisis d'une poursuite exercée en application des articles L. 125-1 et L. 125-3, à l'occasion du transfert de salariés entre des sociétés fonctionnant comme une entité unique, sont tenus, pour entrer en voie de condamnation, de caractériser le but lucratif de l'opération conclue entre ces entreprises, liées par des intérêts communs, qui peut consister, au profit de l'utilisateur ou du prêteur de main-d'œuvre, en un bénéfice, un profit ou un gain pécuniaire (■ Cass. crim., 20 mars 2007 : *Bull. crim.*, n° 86).

2) Est considéré à bon droit comme coauteur du délit prévu par l'article L. 125-1 (devenu l'article L. 8231-1) du Code du travail, l'utilisateur de main-d'œuvre intérimaire qui, sous le couvert de contrats successifs de mise à disposition de salariés conclus pour une période inférieure à trois mois et justifiés par un surcroît occasionnel d'activité, occupe de façon permanente les mêmes travailleurs faisant ainsi échec aux dispositions de l'article L. 124-2 (devenu les articles L. 1251-2 et 3) dudit code alors en vigueur (■ Cass. crim., 22 mars 1983 : *Bull. crim.*, n° 191).

3) Justifie sa décision la cour d'appel qui, pour déclarer un chef d'entreprise coupable du délit prévu par l'article L. 125-1 du Code du travail, constate, d'une part, que les sociétés avec lesquelles avaient été conclus pour son entreprise de prétendus contrats de sous-traitance comportant l'exécution de tâches définies moyennant une rémunération forfaitaire, avaient été créées à l'époque de la conclusion des contrats, étaient composées de salariés ayant pour la plupart été précédemment employés par l'entreprise utilisatrice, afin d'effectuer le même travail, en qualité de travailleurs intérimaires et se trouvant étroitement mêlés au personnel de ladite entreprise, laquelle conservait en fait la direction des travaux, et qui énonce, d'autre part, que le transfert de responsabilités et de charges ayant en l'espèce accompagné le transfert des activités confiées à ces sociétés, alors que l'entreprise utilisatrice attendait essentiellement de ses cocontractants une fourniture de main-d'œuvre, ne faisait pas obstacle à l'application de l'article L. 125-1 du Code du travail susvisé, cet article n'exigeant pas, à la différence de l'article L. 125-3 (devenu les articles L. 8241-1 et 2) du même code, que l'opération prohibée concernant la main-d'œuvre ait un caractère exclusif (■ Cass. crim., 23 juin 1987 : *Bull. crim.*, n° 263). Pour d'autres exemples, V. ■ Cass. crim., 26 mai 1988 : *Bull. crim.*, n° 228. ■ 25 avr. 1989 : *Bull. crim.*, n° 169.

4) Doit être considéré comme **coauteur** du délit de marchandage, et non comme complice de cette infraction, l'utilisateur de main-d'œuvre qui, sous le couvert de prétendus contrats de sous-traitance a, en réalité, pris part à des opérations illicites de fourniture de main-d'œuvre (■ Cass. crim., 25 avr. 1989 : *Bull. crim.*, n° 170).

5) Caractérisation du marchandage. Caractérise les éléments constitutifs du délit de marchandage la cour d'appel qui retient qu'une société située en Suisse, n'ayant d'autre activité que de mettre ses salariés à la disposition de sa société mère située en France, a été créée à seule fin d'éluder la législation sociale française ; il n'importe que les contrats de travail des salariés aient été régulièrement soumis au droit suisse, dès lors, que loin d'exclure l'application de la loi pénale, cette circonstance caractérise le préjudice causé à ces salariés, qui se sont trouvés privés des avantages sociaux dont ils auraient bénéficié en vertu de la loi française s'ils avaient été employés par la société utilisatrice ; le but lucratif poursuivi par une société ayant pour seule activité de prêter de la main-d'œuvre est caractérisé dès lors qu'il est établi que cette opération a été effectuée par elle à titre onéreux fût-ce « à prix coûtant » ; un tel but peut également être apprécié en considérant le profit retiré de l'opération par la société utilisatrice de main-d'œuvre, dès lors que, celle-ci étant la société mère de la société prêteuse, l'intérêt de sa filiale est indissociable du sien (■ Cass. crim., 12 mai 1998 : *Bull. crim.*, n° 160).

6) Caractérise les éléments constitutifs du délit de marchandage, la cour d'appel qui relève qu'une société a fourni à titre onéreux de la main-d'œuvre à deux autres sociétés, non en raison de la spécificité de la prestation à effectuer mais seulement pour permettre à ces dernières de faire face à un surcroît d'activité, les salariés concernés ayant été embauchés par la société fournisseuse à une date très voisine de celle des conventions de mise à disposition, puis choisis par les sociétés utilisatrices qui les ont intégrés dans leurs équipes de travail et leur ont fourni les moyens nécessaires à leur tâche ; une telle opération a eu pour effet d'éluder l'application de la législation sociale et de causer un préjudice aux salariés mis à disposition dès lors qu'il est établi que, si ces salariés avaient été employés par les sociétés utilisatrices, ils auraient bénéficié de conventions collectives plus favorables que celle applicable au personnel de la société fournisseuse (■ Cass. crim., 16 juin 1998 : *Bull. crim.*, n° 195).

7) Recherche de la nature de la convention. Il appartient aux juges du fond, saisis de poursuites exercées contre un employeur sur le fondement du délit de marchandage prévu par l'article L. 125-1 du Code du travail, de rechercher, par l'analyse des éléments de la cause, la véritable nature de la convention conclue entre les parties, et, pour ce faire, de répondre aux réquisitions du ministère public faisant valoir, d'une part, que les prétendus sous-traitants ayant œuvré pour le prévenu avaient en fait le statut de salariés, en raison, notamment, de leur mode de rémunération subordonné à la quantité de travail effectué, et du fait que, nonobstant leur inscription au répertoire des métiers, ils fournissaient des prestations les mettant en état de subordination juridique par rapport au maître de l'ouvrage pendant tout le temps d'exécution de leurs tâches (■ Cass. crim., 14 févr. 2006 : *Bull. crim.*, n° 43).

Dispositions pénales

Art. L. 8234-1 *(Mod., L. n° 2014-790, 10 juill. 2014 ; L. n° 2014-1554, 22 déc. 2014 ; L. n° 2015-990, 6 août 2015)*. – **Le fait de commettre le délit de marchandage, défini par l'article L. 8231-1, est puni d'un emprisonnement de deux ans et d'une amende de 30 000 €.**

Les peines sont portées à cinq ans d'emprisonnement et à 75 000 € d'amende :

1° Lorsque l'infraction est commise à l'égard de plusieurs personnes ;

2° Lorsque l'infraction est commise à l'égard d'une personne dont la vulnérabilité ou l'état de dépendance sont apparents ou connus de l'auteur.

Les peines sont portées à dix ans d'emprisonnement et à 100 000 € d'amende lorsque l'infraction est commise en bande organisée.

La juridiction peut ordonner, à titre de peine complémentaire, la peine de confiscation dans les conditions et selon les modalités prévues à l'article 131-21 du Code pénal.

La juridiction peut prononcer, en outre, l'interdiction de sous-traiter de la main-d'œuvre pour une durée de deux à dix ans.

Le fait de méconnaître cette interdiction, directement ou par personne interposée, est puni d'un emprisonnement de douze mois et d'une amende de 12 000 €.

La juridiction peut également ordonner, à titre de peine complémentaire, l'affichage ou la diffusion de la décision prononcée, dans les conditions prévues à l'article 131-35 du Code pénal. Lorsqu'une amende est prononcée, la juridiction peut ordonner que cette diffusion soit opérée, pour une durée maximale de deux ans, par les services du ministre chargé du travail sur un site internet dédié, dans des conditions prévues par décret en Conseil d'État pris après avis de la Commission nationale de l'informatique et des libertés.

Art. L. 8234-2 *(Mod., L. n° 2014-790, 10 juill. 2014)*. – **Les personnes morales reconnues pénalement responsables, dans les conditions prévues par l'article 121-2 du Code pénal, du délit de marchandage défini à l'article L. 8231-1 encourent les peines suivantes :**

1° L'amende dans les conditions prévues à l'article 131-38 du Code pénal ;

2° Les peines mentionnées aux 1° à 5°, 8°, 9° et 12° de l'article 131-39 du même code.

L'interdiction mentionnée au 2° de l'article 131-39 porte sur l'activité dans l'exercice ou à l'occasion de l'exercice de laquelle l'infraction a été commise.

Lorsqu'une amende est prononcée, la juridiction peut ordonner que la diffusion prévue au 9° du même article 131-39 soit opérée, pour une durée maximale de deux ans, par les services du ministre chargé du travail sur un site internet dédié, dans des conditions prévues par décret en Conseil d'État pris après avis de la Commission nationale de l'informatique et des libertés.

Sur la condamnation d'une personne morale pour marchandage (■ T. corr. Versailles, 18 déc. 1995 : *JurisData* n° 049320), V. *Dr. pénal* 1996, comm. 71, obs. J.-H. Robert.

Art. L. 8234-3 *(L. n° 2011-672, 16 juin 2011).* **– Le prononcé de la peine complémentaire de fermeture provisoire d'établissement mentionnée au 4° de l'article 131-39 du Code pénal n'entraîne ni rupture, ni suspension du contrat de travail, ni aucun préjudice pécuniaire à l'encontre des salariés de l'établissement concerné.**

....

6) PRÊT ILLICITE DE MAIN-D'ŒUVRE

Art. L. 8241-1 *(Mod., L. n° 2008-596, 25 juin 2008 ; L. n° 2008-789, 20 août 2008 ; L. n° 2011-893, 28 juill. 2011).* **– Toute opération à but lucratif ayant pour objet exclusif le prêt de main-d'œuvre est interdite.**

Toutefois, ces dispositions ne s'appliquent pas aux opérations réalisées dans le cadre :

1° *(Mod., Ord. n° 2015-380, 2 avr. 2015)* **Des dispositions du présent code relatives au travail temporaire, aux entreprises de travail à temps partagé et à l'exploitation d'une agence de mannequins lorsque celle-ci est exercée par une personne titulaire de la licence d'agence de mannequin ;**

2° Des dispositions de l'article L. 222-3 du Code du sport relatives aux associations ou sociétés sportives ;

3° Des dispositions des articles L. 2135-7 et L. 2135-8 du présent code relatives à la mise à disposition des salariés auprès des organisations syndicales ou des associations d'employeurs mentionnées à l'article L. 2231-1.

Une opération de prêt de main-d'œuvre ne poursuit pas de but lucratif lorsque l'entreprise prêteuse ne facture à l'entreprise utilisatrice, pendant la mise à disposition, que les salaires versés au salarié, les charges sociales afférentes et les frais professionnels remboursés à l'intéressé au titre de la mise à disposition.

Art. L. 8241-2 *(Mod., L. n° 2011-893, 28 juill. 2011 ; L. n° 2012-387, 22 mars 2012 ; L. n° 2017-1386, 22 sept. 2017).* **– Les opérations de prêt de main-d'œuvre à but non lucratif sont autorisées.**

Dans ce cas, les articles L. 1251-21 à L. 1251-24, L. 2313-3 à L. 2313-5 et L. 5221-4 du présent code ainsi que les articles L. 412-3 à L. 412-7 du Code de la sécurité sociale sont applicables.

Le prêt de main-d'œuvre à but non lucratif conclu entre entreprises requiert :

1° L'accord du salarié concerné ;

2° Une convention de mise à disposition entre l'entreprise prêteuse et l'entreprise utilisatrice qui en définit la durée et mentionne l'identité et la qualification du salarié concerné, ainsi que le mode de détermination des salaires, des charges sociales et des frais professionnels qui seront facturés à l'entreprise utilisatrice par l'entreprise prêteuse ;

3° Un avenant au contrat de travail, signé par le salarié, précisant le travail confié dans l'entreprise utilisatrice, les horaires et le lieu d'exécution du travail, ainsi que les caractéristiques particulières du poste de travail.

À l'issue de sa mise à disposition, le salarié retrouve son poste de travail ou un poste équivalent dans l'entreprise prêteuse sans que l'évolution de sa carrière ou de sa rémunération ne soit affectée par la période de prêt.

Les salariés mis à disposition ont accès aux installations et moyens de transport collectifs dont bénéficient les salariés de l'entreprise utilisatrice.

Un salarié ne peut être sanctionné, licencié ou faire l'objet d'une mesure discriminatoire pour avoir refusé une proposition de mise à disposition.

La mise à disposition ne peut affecter la protection dont jouit un salarié en vertu d'un mandat représentatif.

Pendant la période de prêt de main-d'œuvre, le contrat de travail qui lie le salarié à l'entreprise prêteuse n'est ni rompu ni suspendu. Le salarié continue d'appartenir au personnel de l'entreprise prêteuse ; il conserve le bénéfice de l'ensemble des dispositions conventionnelles dont il aurait bénéficié s'il avait exécuté son travail dans l'entreprise prêteuse.

Le comité social et économique est consulté préalablement à la mise en œuvre d'un prêt de main-d'œuvre et informé des différentes conventions signées.

ANNEXE 60

Le comité de l'entreprise prêteuse est informé lorsque le poste occupé dans l'entreprise utilisatrice par le salarié mis à disposition figure sur la liste de ceux présentant des risques particuliers pour la santé ou la sécurité des salariés mentionnée au second alinéa de l'article L. 4154-2.

Le comité social et économique de l'entreprise utilisatrice est informé et consulté préalablement à l'accueil de salariés mis à la disposition de celle-ci dans le cadre de prêts de main-d'œuvre.

L'entreprise prêteuse et le salarié peuvent convenir que le prêt de main-d'œuvre est soumis à une période probatoire au cours de laquelle il peut y être mis fin à la demande de l'une des parties. Cette période probatoire est obligatoire lorsque le prêt de main-d'œuvre entraîne la modification d'un élément essentiel du contrat de travail. La cessation du prêt de main-d'œuvre à l'initiative de l'une des parties avant la fin de la période probatoire ne peut, sauf faute grave du salarié, constituer un motif de sanction ou de licenciement.

....

Art. L. 8243-1 *(Mod., L. n° 2014-790, 10 juill. 2014 ; L. n° 2014-1554, 22 déc. 2014 ; L. n° 2015-990, 6 août 2015)*. – Le fait de procéder à une opération de prêt illicite de main-d'œuvre en méconnaissance des dispositions de l'article L. 8241-1, est puni d'un emprisonnement de deux ans et d'une amende de 30 000 €.

Les peines sont portées à cinq ans d'emprisonnement et à 75 000 € d'amende :

1° Lorsque l'infraction est commise à l'égard de plusieurs personnes ;

2° Lorsque l'infraction est commise à l'égard d'une personne dont la vulnérabilité ou l'état de dépendance sont apparents ou connus de l'auteur.

Les peines sont portées à dix ans d'emprisonnement et à 100 000 € d'amende lorsque l'infraction est commise en bande organisée.

La juridiction peut ordonner, à titre de peine complémentaire, la peine de confiscation dans les conditions et selon les modalités prévues à l'article 131-21 du Code pénal.

La juridiction peut prononcer, en outre, l'interdiction de sous-traiter de la main-d'œuvre pour une durée de deux à dix ans.

Le fait de méconnaître cette interdiction, directement ou par personne interposée, est puni d'un emprisonnement de douze mois et d'une amende de 12 000 €.

Dans tous les cas, la juridiction peut ordonner l'affichage ou la diffusion de la décision prononcée, dans les conditions prévues à l'article 131-35 du Code pénal. Lorsqu'une amende est prononcée, la juridiction peut ordonner que cette diffusion soit opérée, pour une durée maximale de deux ans, par les services du ministre chargé du travail sur un site internet dédié, dans des conditions prévues par décret en Conseil d'État pris après avis de la Commission nationale de l'informatique et des libertés.

Art. L. 8243-2 *(Mod., L. n° 2014-790, 10 juill. 2014)*. – Les personnes morales reconnues pénalement responsables, dans les conditions prévues par l'article 121-2 du Code pénal, du délit de prêt illicite de main-d'œuvre prévu par l'article L. 8241-1 encourent les peines suivantes :

1° L'amende dans les conditions prévues à l'article 131-38 du Code pénal ;

2° Les peines mentionnées aux 1° à 5°, 8°, 9° et 12° de l'article 131-39 du même code.

L'interdiction mentionnée au 2° de l'article 131-39 porte sur l'activité dans l'exercice ou à l'occasion de l'exercice de laquelle l'infraction a été commise.

Lorsqu'une amende est prononcée, la juridiction peut ordonner que la diffusion prévue au 9° du même article 131-39 soit opérée, pour une durée maximale de deux ans, par les services du ministre chargé du travail sur un site internet dédié, dans des conditions prévues par décret en Conseil d'État pris après avis de la Commission nationale de l'informatique et des libertés.

1) V. ▪ Cass. crim., 15 févr. 1983 : *Bull. crim.*, n° 57. ▪ 7 févr. 1984 : *Bull. crim.*, n° 46, préc. sous l'article L. 1254-12, note 2.

2) N'ont pas la qualité de salariés détachés au sens des dispositions de l'ancien article L. 341-5 du Code du travail autorisant le détachement temporaire des salariés d'une entreprise non établie en France pour effectuer sur le territoire national des prestations de services, les travailleurs étrangers non liés par une relation de travail à l'entreprise d'envoi.

Justifie en conséquence sa décision la cour d'appel qui déclare établi le délit de prêt illicite de main-d'œuvre pratiqué hors des règles du travail temporaire à l'encontre de personnes morales ayant eu recours sur le territoire national, dans des conditions financières avantageuses, aux services de travailleurs recrutés en Pologne par une entreprise de droit britannique qui s'est bornée à mettre à disposition desdites personnes morales de la main-d'œuvre, sans entretenir avec celle-ci une quelconque relation de travail (■ Cass. crim., 3 mars 2009 : *Bull. crim.*, n° 50).

3) Justifie sa décision la cour d'appel qui déclare établi le délit de prêt illicite de main-d'œuvre à l'encontre d'une société française ayant eu recours aux services de travailleurs chinois mis à sa disposition par une société de droit allemand et exerçant la même activité que celle de ses propres salariés, sans apport d'un savoir-faire spécifique.

Ces travailleurs, qui se trouvaient dans un lien de subordination à l'égard de la société française en exécution d'un prêt illicite de main-d'œuvre sans entretenir avec la société allemande une quelconque relation de travail, ne sauraient être considérés comme des travailleurs temporaires détachés d'une entreprise non établie en France pour effectuer sur le territoire national des prestations de services (■ Cass. crim., 8 juin 2010 : *Bull. crim.* n° 105).

4) Justifie sa décision la cour d'appel qui déclare établi à l'encontre d'une société de travail temporaire et d'une société de déménagement appartenant à un même groupe, et de leurs dirigeants, le délit de prêt illicite de main-d'œuvre, consistant, pour la première société, à avoir mis à la disposition de la seconde, en violation des dispositions régissant le travail temporaire, des salariés ayant occupé de façon exclusive, pendant plusieurs mois consécutifs, des emplois peu qualifiés correspondant à l'activité normale et permanente de l'entreprise utilisatrice, dès lors que les éléments retenus par ladite cour d'appel, relevant d'une fraude à la loi, établissent le caractère lucratif de l'opération conclue, qui a été source de profit pour la société de travail temporaire comme pour la société de déménagement, dont la masse salariale, allégée du paiement de gratifications et de primes d'ancienneté ou de fin d'année, a pu s'ajuster en permanence au carnet de commandes de l'entreprise (■ Cass. crim., 13 nov. 2012, n° 10-80.862 : *Bull. crim.*, n° 245 ; *Dr. social* 2013, chron. p. 151, note R. Salomon).

5) L'article L. 8241-1 du Code du travail, sauf dans les cas limitativement prévus par ce texte, prohibe toute opération à but lucratif ayant pour objet exclusif le prêt de main-d'œuvre.

Justifie en conséquence sa décision la cour d'appel qui déclare coupable de cette infraction le dirigeant d'une entreprise ayant eu recours, sous le couvert d'un contrat de prestation de services, au personnel fourni par une société étrangère qui avait œuvré, sans apport d'un savoir-faire spécifique, avec du matériel fourni par ladite entreprise et sous les ordres de son personnel d'encadrement, à des postes qui auraient dû être occupés par ses salariés, le but lucratif de l'opération résultant de ce que le paiement des charges sociales avait ainsi pu être éludé.

En pareil cas, le prévenu n'est pas fondé à invoquer les dispositions issues de la loi du 28 juillet 2011, entrée en vigueur postérieurement aux faits poursuivis, autorisant les opérations de prêt de main-d'œuvre, à but non lucratif, pour lesquelles l'entreprise prêteuse ne facture à l'entreprise utilisatrice que les salaires versés aux salariés, les charges sociales afférentes et les frais professionnels remboursés au titre de la mise à disposition (■ Cass. crim., 19 mars 2013, n° 11-86.552 : *Bull. crim.*, n° 67 ; *Dr. pén.* 2013, comm. 95, obs. J.-H. Robert).

6) N'encourt pas le grief pris d'un défaut de justification du but lucratif des délits de marchandage et prêt illicite de main-d'œuvre retenus contre une société exploitant une entreprise de travaux publics, à la disposition de laquelle une société d'intérim polonaise avait mis des travailleurs détachés, l'arrêt dont il résulte des énonciations, procédant de l'appréciation souveraine des juges sur les faits et circonstances de la cause, qu'un tel prêt de main-d'œuvre, qui a permis de pourvoir durablement des emplois liés à l'activité normale et permanente de l'entreprise utilisatrice, a relevé d'une fraude à la loi sur le travail temporaire ayant eu pour effet d'éluder l'application des dispositions protectrices relatives au contrat de travail, ce dont se déduisent tant le préjudice causé aux salariés concernés que le caractère lucratif de l'opération (■ Cass. crim., 28 mars 2017, n° 15-84.795).

Art. L. 8243-3 *(L. n° 2011-672, 16 juin 2011)*. **– Le prononcé de la peine complémentaire de fermeture provisoire d'établissement mentionnée au 4° de l'article 131-39 du Code pénal n'entraîne ni rupture, ni suspension du contrat de travail, ni aucun préjudice pécuniaire à l'encontre des salariés de l'établissement concerné.**

7) HYGIÈNE ET SÉCURITÉ

Infractions commises par l'employeur ou son représentant

Art. L. 4741-1 *(L. n° 2008-67, 21 janv. 2008 ; mod., L. n° 2009-526, 12 mai 2009 ; L. n° 2011-525, 17 mai 2011 ; Ord. n° 2016-413, 7 avr. 2016)*. **– Est puni d'une amende de 10 000 €, le fait pour l'employeur ou son délégataire de méconnaître par sa faute personnelle les dispositions suivantes et celles des décrets en Conseil d'État pris pour leur application :**

1° Titres Ier, III et IV et ainsi que section 2 du chapitre IV du titre V du livre Ier ;

2° Titre II du livre II ;

3° Livre III ;

4° Livre IV ;

5° Titre Ier, chapitres II et IV à VI du titre III et titre IV du livre V ;

6° Chapitre II du titre II du présent livre.

La récidive est punie d'un emprisonnement d'un an et d'une amende de 30 000 €.

L'amende est appliquée autant de fois qu'il y a de travailleurs de l'entreprise concernés indépendamment du nombre d'infractions relevées dans le procès-verbal prévu à l'article L. 8113-7.

1) Distinction entre prêt illicite de main d'œuvre et marchandage. L'article L. 125-3 (devenu les articles L. 8241-1 et 2) du Code du travail prohibe toute opération à but lucratif ayant pour objet le prêt de main-d'œuvre dès lors qu'elle n'est pas effectuée dans le cadre des dispositions régissant le travail temporaire.

L'article L. 125-1 (devenu l'article L. 8231-1) du même code interdit toute opération à but lucratif de fourniture de main-d'œuvre ayant pour effet de causer un préjudice au salarié qu'elle concerne ou d'éluder l'application des dispositions de la loi, d'un règlement, d'une convention ou d'un accord collectif de travail.

Les juges du fond, lorsqu'ils sont saisis d'une poursuite exercée en application des articles L. 125-1 et L. 125-3, à l'occasion du transfert de salariés entre des sociétés fonctionnant comme une entité unique, sont tenus, pour entrer en voie de condamnation, de caractériser le but lucratif de l'opération conclue entre ces entreprises, liées par des intérêts communs, qui peut consister, au profit de l'utilisateur ou du prêteur de main-d'œuvre, en un bénéfice, un profit ou un gain pécuniaire (■ Cass. crim., 20 mars 2007 : *Bull. crim.*, n° 86).

2) Caractérisation de l'infraction. Se rend coupable d'infraction à l'article L. 125-3 du Code du travail qui interdit le prêt de main-d'œuvre à but lucratif en dehors des dispositions légales relatives au travail temporaire, le chef d'entreprise qui, sous le couvert d'un contrat de sous-traitance simulé conclu à titre onéreux avec une société ayant pour activité déclarée la prestation de services et qu'il contrôlait en fait, a joué le rôle d'un prêteur de main-d'œuvre en même temps que celui d'utilisateur des salariés de cette société (■ Cass. crim., 15 févr. 1983 : *Bull. crim.*, n° 57. ■ 7 févr. 1984 : *Bull. crim.*, n° 46).

3) Les juges qui constatent, par une appréciation souveraine des éléments de fait, que malgré un contrat de sous-traitance conclu avec une entreprise d'isolation et d'étanchéité, le sous-traitant prétendu se borne à fournir la main-d'œuvre nécessaire à l'entreprise principale, caractérisent suffisamment une opération de prêt illicite de main-d'œuvre (■ Cass. crim., 3 nov. 1999 : *Bull. crim.*, n° 242).

4) Il résulte des articles L. 125-3 (devenu les articles L. 8241-1 et 2) et L. 152-3 (devenu les articles L. 8234-1 et L. 8243-1) du Code du travail que constitue un prêt illicite de main-d'œuvre toute opération à but lucratif ayant pour objet exclusif le prêt de main-d'œuvre dès lors qu'elle n'est pas effectuée dans le cadre des dispositions du Code du travail relatives au travail temporaire ; méconnaît ces dispositions la cour d'appel qui, pour dire le délit de prêt illicite de main-d'œuvre non caractérisé à l'encontre d'une société poursuivie pour avoir, sous le couvert d'un marché public, mis du personnel à la disposition d'un établissement public administratif, énonce que les dispositions du Livre Ier du Code du travail, au nombre desquelles figurent les articles précités, ne sont pas applicables à un tel établissement. Une telle circonstance est en effet sans incidence sur la constitution du délit à l'encontre de l'entreprise ayant fourni la main-d'œuvre (■ Cass. crim., 30 sept. 2003 : *Bull. crim.*, n° 175).

Art. L. 4741-2 *(Mod., L. n° 2011-525, 17 mai 2011)*. **– Lorsqu'une des infractions énumérées à l'article L. 4741-1, qui a provoqué la mort ou des blessures dans les conditions définies aux articles 221-6, 222-19 et 222-20 du Code pénal ou, involontairement, des blessures, coups ou maladies n'entraînant par une**

incapacité totale de travail personnelle supérieure à trois mois, a été commise par un délégataire, la juridiction peut, compte tenu des circonstances de fait et des conditions de travail de l'intéressé, décider que le paiement des amendes prononcées sera mis, en totalité ou en partie, à la charge de l'employeur si celui-ci a été cité à l'audience.

Art. L. 4741-3 *(Ord. n° 2016-413, 7 avr. 2016)*. – Le fait pour l'employeur de ne pas s'être conformé aux mesures prises par le directeur régional des entreprises, de la concurrence, de la consommation, du travail et de l'emploi en application de l'article L. 4721-1 est puni d'une amende de 3 750 euros.

Art. 4741-3-1 *(Ord. n° 2016-413, 7 avr. 2016)*. – Le fait pour l'employeur de ne pas s'être conformé aux mesures prises par l'agent de contrôle en application des articles L. 4731-1 ou L. 4731-2 est puni d'un emprisonnement d'un an et d'une amende de 3 750 euros.

Art. L. 4741-4. – En cas d'infraction aux dispositions de l'article L. 4221-1, de celles du livre III ainsi que des articles L. 4411-7, L. 4525-1 et L. 4721-4 et des décrets pris en application, le jugement fixe, en outre, le délai dans lequel sont exécutés les travaux de sécurité et de salubrité imposés par ces dispositions. Ce délai ne peut excéder dix mois.

Art. L. 4741-5. – En cas de condamnation prononcée en application de l'article L. 4741-1, la juridiction peut ordonner, à titre de peine complémentaire, l'affichage du jugement aux portes des établissements de la personne condamnée, aux frais de celle-ci, dans les conditions prévues à l'article 131-35 du Code pénal, et son insertion, intégrale ou par extraits, dans les journaux qu'elle désigne. Ces frais ne peuvent excéder le montant de l'amende encourue.

En cas de récidive, la juridiction peut prononcer contre l'auteur de l'infraction l'interdiction d'exercer, pendant une durée maximale de cinq ans, certaines fonctions qu'elle énumère soit dans l'entreprise, soit dans une ou plusieurs catégories d'entreprises qu'elle définit.

Le fait de méconnaître cette interdiction est puni d'un emprisonnement de deux ans et d'une amende de 90 000 €.

Art. L. 4741-6. – Les dispositions des articles L. 4741-1 à L. 4741-5 et L. 4741-9 à L. 4742-1 ne sont pas applicables aux établissements mentionnés aux 2° et 3° de l'article L. 4111-1.

Art. L. 4741-7 *(Mod., L. n° 2011-525, 17 mai 2011)*. – L'employeur est civilement responsable des condamnations prononcées contre ses directeurs, gérants ou délégataires.

Art. L. 4741-8. – Le fait d'employer des mineurs à la mendicité habituelle, soit ouvertement, soit sous l'apparence d'une profession, est puni des peines prévues aux articles 225-12-6 et 227-29 du Code pénal.

Infractions commises par une personne autre que l'employeur ou son représentant

Art. L. 4741-9 *(Mod., Ord. n° 2009-229, 26 févr. 2009)*. – Est puni d'une amende de 3 750 €, le fait pour toute personne autre que celles mentionnées à l'article L. 4741-1, de méconnaître par sa faute personnelle les dispositions des articles L. 4311-1 à L. 4311-4, L. 4314-1, L. 4321-2, L. 4321-3, L. 4411-1, L. 4411-2, L. 4411-4 à L. 4411-6, L. 4112-2, L. 4451-1 à L. 4451-4 et celles des décrets en Conseil d'État pris pour leur application.

La récidive est punie d'un emprisonnement d'un an et d'une amende de 9 000 €.

L'amende est appliquée autant de fois qu'il y a de salariés de l'entreprise concernés par la ou les infractions relevées dans le procès-verbal mentionné à l'article L. 8113-7.

Art. L. 4741-10. – En cas de condamnation prononcée en application de l'article L. 4741-9, la juridiction peut ordonner, à titre de peine complémentaire, l'affichage du jugement aux portes des établissements de la personne condamnée, aux frais de celle-ci, dans les conditions prévues à l'article 131-35 du Code pénal, et son insertion, intégrale ou par extraits, dans les journaux qu'elle désigne. Ces frais ne peuvent excéder le montant maximum de l'amende encourue.

En cas de récidive, la juridiction peut prononcer contre l'auteur de l'infraction l'interdiction d'exercer, pendant une durée maximale de cinq ans, certaines fonctions qu'elle énumère soit dans l'entreprise, soit dans une ou plusieurs catégories d'entreprises qu'il définit.

Le fait de méconnaître cette interdiction est puni d'un emprisonnement de deux ans et d'une amende de 9 000 €.

1) Les prescriptions du Code du travail en matière d'hygiène et de sécurité sont impératives, sauf dérogation légale. La circonstance qu'elles rendraient le travail plus difficile n'est pas un cas de force majeure et il n'appartient, ni aux chefs d'entreprise, ni aux juges d'apprécier l'utilité de l'efficacité de ces prescriptions (■ Cass. crim., 27 nov. 1990 : *Bull. crim.*, n° 409).

2) Fait apparaître la faute personnelle et caractérise en tous ses éléments le délit réprimé par l'article L. 263-2, le fait que le prévenu avait la direction du chantier et se trouvait sur les lieux au moment de l'accident dont un ouvrier a été victime en glissant d'une toiture et aurait dû exiger que la victime portât, comme ses camarades, une ceinture de sécurité (■ Cass. crim., 3 mai 1978 : *JCP* 79, II, 19073, note Cartier. ■ 14 mars 1979 : *Bull. crim.*, n° 109 ; *Rev. sc. crim.* 1980, 137, obs. Levasseur).

3) Est déchargé de sa responsabilité pénale le chef d'entreprise qui a régulièrement délégué la direction du service considéré à un préposé pourvu de la compétence et de l'autorité nécessaire pour veiller efficacement à l'observation de la loi (■ Cass. crim., 18 oct. 1977 : *Bull. crim.*, n° 305 ; V. aussi ■ Cass. crim., 17 nov. 1987 : *Bull. crim.*, n° 416). Pour un exemple où les délégués ne disposaient ni de l'autorité, ni des moyens nécessaires pour faire respecter la réglementation sur l'amiante, V. ■ Cass. crim., 10 sept. 2002 : *Bull. crim.*, n° 160 ; *Dr. pénal* 2002, comm. 126, obs. J.-H. Robert. Sur la faculté de subdélégation, V. ■ Cass. crim., 8 févr. 1983 : *Bull. crim.*, n° 48. Le chef d'entreprise ne peut déléguer ses pouvoirs à plusieurs personnes pour l'exécution d'un même travail, un tel cumul étant de nature à restreindre l'autorité et à entraver les initiatives de chacun des prétendus délégataires (■ Cass. crim., 6 juin 1989 : *Bull. crim.*, n° 243). Le président de la société dominante d'un groupe de sociétés peut déléguer ses pouvoirs en matière d'hygiène et de sécurité à un membre d'une société filiale placé sous son autorité hiérarchique (■ Cass. crim., 26 mai 1994 : *Bull. crim.*, n° 208). Le moyen de défense tiré de l'existence d'une délégation de pouvoirs peut être invoqué en cause d'appel (■ Cass. crim., 5 janv. 1993 : *Bull. crim.*, n° 6).

4) Il appartient au chef d'entreprise, avant de prendre une décision d'aménagement important modifiant les conditions d'hygiène et de sécurité ou les conditions de travail, de s'assurer de la consultation du comité d'hygiène et de sécurité et des conditions de travail. Est dès lors inopérante la délégation de pouvoirs donnée par le chef d'entreprise à un cadre le représentant pour présider le comité. Celui-ci ne peut engager sa responsabilité pénale que s'il a personnellement porté atteinte au fonctionnement régulier du comité d'hygiène et de sécurité et des conditions de travail (■ Cass. crim., 14 oct. 2003 : *Bull. crim.*, n° 190).

5) Encourt la cassation l'arrêt de la cour d'appel qui, dans la poursuite exercée à la suite d'un accident du travail contre le salarié d'une société assumant la maîtrise d'ouvrage déléguée d'une opération de construction de logements, déclare inopérante l'argumentation du prévenu prise d'un défaut de délégation de pouvoirs et retient à la charge dudit prévenu, outre le délit de blessures involontaires, une infraction aux règles de sécurité ne pouvant être imputée qu'au seul chef d'établissement ou à son délégataire selon les dispositions de l'article L. 263-2 du Code du travail, devenu l'article L. 4741-1 du même code (■ Cass. crim., 8 avr. 2008 : *Bull. crim.*, n° 96).

6) N'encourt pas le grief allégué d'avoir retenu cumulativement la responsabilité pénale du chef d'établissement, poursuivi du chef d'infractions à la réglementation relative à l'hygiène et à la sécurité des travailleurs, et de son délégataire, l'arrêt de la cour d'appel qui, par les seuls motifs adoptés du jugement qu'il confirme, écarte les délégations de pouvoirs invoquées par le prévenu et le déclare coupable, en relevant qu'il n'est pas établi que le préposé concerné, âgé de vingt et un ans lors de la signature de la première délégation, moins d'une année après son arrivée dans l'entreprise, ait disposé d'une compétence et d'une autorité suffisantes (■ Cass. crim., 8 déc. 2009 : *Bull. crim.*, n° 210).

7) En matière d'hygiène et de sécurité du travail, la même infraction ne peut être retenue à la fois contre le chef d'entreprise et contre un préposé de celui-ci (■ Cass. crim., 23 janv. 1975 : *JCP* 76, II, 18333, note J.-H. Robert ; *D.* 1975, 375, note J. Savatier).

8) Les dispositions de l'article L. 263-2 du Code du travail réprimant les infractions aux règles prévues en matière d'hygiène et de sécurité du travail sont applicables aux dirigeants de fait ; dès lors, justifie sa décision au regard de ce texte, la cour d'appel qui déclare un chef de chantier coupable de telles infractions, après avoir relevé que, postérieurement à la démission du gérant de la société dont il était le salarié, il a exercé les pouvoirs du chef d'entreprise et qu'il lui appartenait, dans ces conditions, de prendre les mesures obligatoires prévues par les dispositions réglementaires propres à assurer la sécurité des travailleurs (■ Cass. crim., 10 mars 1998 : *Bull. crim.*, n° 94).

9) Il résulte de l'article 7 du décret n° 96-98 du 7 février 1996 modifié relatif à la protection des travailleurs contre les risques liés à l'inhalation de poussières d'amiante que les déchets résultant des travaux de désamiantage ne peuvent rester entreposés sans être conditionnés et traités de manière à éviter l'émission de poussière ; justifie en conséquence sa décision la cour d'appel qui, pour retenir la culpabilité du prévenu pour infraction à l'article précité (sanctionné par l'article L. 263-2 du Code du travail), énonce que, durant deux heures, les ouvriers placés sous son autorité ont procédé au désamiantage en laissant s'accumuler les déchets sur le sol.

Le plan de retrait d'amiante établi par le chef d'entreprise en application de l'article 23 du décret n° 96-98 du 7 février 1996 ne saurait déroger aux prescriptions de l'article 4.2° de l'arrêté du 14 mai 1996 relatif aux règles techniques et de qualification que doivent respecter les entreprises effectuant des activités de confinement et de retrait d'amiante, selon lesquelles les salariés doivent être équipés d'appareils de protection respiratoire isolants à adduction d'air comprimé dès lors que la configuration de la zone de travail ne rend pas impraticable ou dangereuse l'utilisation de tels appareils (■ Cass. crim., 10 sept. 2002 : *Bull. crim.*, n° 160 ; *Dr. pénal* 2002, comm. 126, obs. J.-H. Robert).

10) Justifie sa décision la cour d'appel qui retient que l'ingénieur chef responsable des services techniques d'une ville, chargé de la coordination et de l'installation de la foire-exposition, devait observer les dispositions réglementaires s'imposant, pour les travaux en hauteur, en application du décret du 10 juin 1985 relatif à l'hygiène et à la sécurité du travail dans la fonction publique, et le déclare coupable du délit de blessures involontaires sur un employé municipal chutant d'une échelle, ce prévenu ayant manifestement violé une obligation particulière de sécurité (■ Cass. crim., 3 déc. 2002 : *Bull. crim.*, n° 219 ; préc. sous art. 221-6 Code pénal).

11) L'exception apportée par l'article L. 263-2, alinéa 2 du Code du travail à la règle générale de non-cumul des peines doit être appliquée restrictivement ; doit être cassé l'arrêt qui prononce huit amendes distinctes après avoir constaté que quatre ouvriers étaient concernés par l'infraction retenue pour défaut de port du casque de protection (■ Cass. crim., 26 mai 1981 : *Bull. crim.*, n° 173).

12) En cas de conviction de plusieurs crimes ou délits la peine la plus forte est seule prononcée ; il n'est pas dérogé à cette règle lorsqu'un délit d'homicide involontaire est poursuivi en même temps que des infractions correctionnelles aux dispositions protectrices de la sécurité des travailleurs ; au contraire l'article L. 263-2 (ancien) du Code du travail rappelle, dans son dernier alinéa, que le cumul des peines est exclu en pareil cas conformément à l'article 5 du Code pénal (■ Cass. crim., 25 juill. 1986 : *Rev. sc. crim.* 1987, 237, obs. Lazerges).

– Après avoir déclaré le prévenu coupable du **délit de blessures involontaires et de trois infractions à la réglementation relative à la sécurité des travailleurs, visées à l'article L. 263-2, alinéa 1er, du Code du travail,** l'arrêt l'a condamné à une amende de 6 000 euros et à trois amendes de 3 000 euros ; en prononçant ainsi, la cour d'appel a fait l'exacte application des articles L. 263-2 du Code du travail et 132-3 du Code pénal ; qu'en effet, lorsqu'à l'occasion d'une même procédure, la personne poursuivie est reconnue coupable de plusieurs infractions en concours, les unes visées à l'article L. 263-2, alinéa 1er, du Code du travail, les autres d'homicide ou de blessures involontaires prévus par les articles 221-6, 222-19 et 222-20 du Code pénal, les peines de même nature se cumulent dès lors que leur total n'excède pas le maximum légal de la peine la plus élevée qui est encourue (■ Cass. crim., 13 sept. 2005 : *Bull. crim.*, n° 224).

Infractions aux règles de représentation des salariés

Art. L. 4742-1 ***(L. n° 2015-990, 6 août 2015).*** **– Le fait de porter atteinte ou de tenter de porter atteinte soit à la constitution, soit à la libre désignation des membres du comité d'hygiène, de sécurité et des conditions de travail, notamment par la méconnaissance des dispositions du livre IV de la deuxième partie relatives à la protection des représentants du personnel à ce comité, est puni d'un emprisonnement d'un an et d'une amende de 7 500 €.**

Le fait de porter atteinte au fonctionnement régulier du comité est puni d'une amende de 7 500 €.

1) Commet le délit d'entrave prévu et réprimé par l'article L. 263-2-2 du Code du travail l'employeur qui, ayant formé un recours en annulation de l'élection des membres au comité d'hygiène, de sécurité et des conditions de travail se refuse délibérément à réunir le comité nouvellement élu dans l'attente de la décision à intervenir sur sa contestation (■ Cass. crim., 25 févr. 2003 : *Bull. crim.*, n° 53).

2) Commet le délit d'entrave au fonctionnement régulier du comité d'hygiène, de sécurité et des conditions de travail l'employeur qui, en méconnaissance de l'article L. 236-4 du Code du travail, ne présente pas à cet organisme le bilan annuel de la situation générale de l'hygiène, de la sécurité et des conditions de travail dans son établissement ainsi que des actions de prévention. Aucune disposition légale n'impose audit comité de formuler une demande préalable de communication des documents mentionnés dans ce texte, pour que soit caractérisé l'élément intentionnel de l'infraction (■ Cass. crim., 14 nov. 2006 : *Bull. crim.*, n° 284).

3) La délégation de pouvoirs consentie à un préposé en vue de la présidence du comité d'entreprise ou d'établissement et du comité d'hygiène, de sécurité et des conditions de travail ne saurait être étendue au-delà des limites qu'elle définit.

Les dispositions pénales de l'article L. 263-2-2 du Code du travail relatives aux entraves au fonctionnement régulier des comités d'hygiène, de sécurité et des conditions de travail, qui sont d'interprétation stricte, ne s'appliquent qu'aux organismes énumérés par ce texte, et ne peuvent, faute de mention dans ce texte, être étendues au bénéfice du comité de coordination des comités d'hygiène et de sécurité créé conformément à l'article L. 236-6 du même code (■ Cass. crim., 12 avr. 2005 : *Bull. crim.*, n° 129 ; *Dr. société* 2005, p. 856, obs. F. Duquesne).

4) Il appartient au chef d'entreprise, avant de prendre une décision d'aménagement important modifiant les conditions d'hygiène et de sécurité ou les conditions de travail, de s'assurer de la consultation du comité d'hygiène et de sécurité et des conditions de travail. Est dès lors inopérante la délégation de pouvoirs donnée par le chef d'entreprise à un cadre le représentant pour présider le comité. Celui-ci ne peut engager sa responsabilité pénale que s'il a personnellement porté atteinte au fonctionnement régulier du comité d'hygiène et de sécurité et des conditions de travail (■ Cass. crim., 14 oct. 2003 : *Bull. crim.*, n° 190).

Dispositions particulières aux personnes morales

Art. L. 4741-11 ***(Ord. n° 2017-1386, 22 sept. 2017).*** **– Lorsqu'un accident du travail survient dans une entreprise où ont été relevés des manquements graves ou répétés aux règles de santé et sécurité au travail, la juridiction saisie, qui relaxe la ou les personnes physiques poursuivies sur le fondement des articles 221-6, 221-19 et 221-20 du Code pénal, fait obligation à l'entreprise de prendre toutes mesures pour rétablir des conditions normales de santé et sécurité au travail.**

À cet effet, la juridiction enjoint à l'entreprise de présenter, dans un délai qu'elle fixe, un plan de réalisation de ces mesures, accompagné de l'avis motivé du comité social et économique.

La juridiction adopte le plan présenté après avis du directeur régional des entreprises, de la concurrence, de la consommation, du travail et de l'emploi. À défaut de présentation ou d'adoption d'un tel plan, elle condamne l'entreprise à exécuter, pendant une période qui ne peut excéder cinq ans, un plan de nature à faire disparaître les manquements mentionnés au premier alinéa.

Dans ce dernier cas, les dépenses mises à la charge de l'entreprise ne peuvent annuellement dépasser le montant annuel moyen des cotisations d'accidents du travail prélevé au cours des cinq années antérieures à celle du jugement, dans le ou les établissements où ont été relevés les manquements.

Le contrôle de l'exécution des mesures prescrites est exercé par l'inspecteur du travail. S'il y a lieu, celui-ci saisit le juge des référés, qui peut ordonner la fermeture totale ou partielle de l'établissement pendant le temps nécessaire pour assurer cette exécution.

L'employeur qui, dans les délais prévus, n'a pas présenté le plan mentionné au deuxième alinéa ou n'a pas pris les mesures nécessaires à la réalisation du plan arrêté par la juridiction en vertu du troisième alinéa, est puni d'une amende de 18 000 euros ainsi que des peines prévues à l'article L. 4741-14.

1) Excède les limites de sa compétence le juge d'instruction qui, se fondant sur les dispositions de l'article L. 263-3-1 du Code du travail, fait obligation à un inculpé de présenter dans un délai de six mois un plan de réalisation de mesures en vue de rétablir les conditions normales d'hygiène et de sécurité dans son usine ; en effet, le magistrat s'est ainsi approprié des pouvoirs que la loi réserve aux seules juridictions de jugement (■ Cass. crim., 24 févr. 1981 : *JCP* 81, II, 19689, note Jeandidier).

2) Il ne saurait être fait grief à un arrêt d'avoir dépassé le maximum de l'amende prévue par l'article L. 4741-11 du Code du travail, dans sa version antérieure à l'ordonnance n° 2016-413 du 7 avril 2016, dès lors qu'aux termes de l'article 131-38 du Code pénal, dont la portée est générale, le taux maximum de l'amende applicable aux personnes morales est égal au quintuple de celui prévu pour les personnes physiques par la loi qui réprime l'infraction (■ Cass. crim., 27 févr. 2018, n° 17-80.387).

Art. L. 4741-12. – **Lorsqu'il a été fait application de l'article L. 474-11, aucune infraction nouvelle ne peut être relevée pour la même cause durant le délai qui a été, le cas échéant, accordé.**

En cas de récidive constatée par procès-verbal, après une condamnation prononcée en vertu de l'article précité, la juridiction peut ordonner la fermeture totale ou partielle, définitive ou temporaire, de l'établissement dans lequel n'ont pas été faits les travaux de sécurité ou de salubrité imposés par les dispositions légales.

Le jugement est susceptible d'appel. Dans ce cas, la juridiction statue d'urgence.

Art. L. 4741-13. – **Les condamnations prononcées en application de l'article L. 4741-12 ne peuvent, sous réserve des dispositions du second alinéa, entraîner ni rupture, ni suspension du contrat de travail, ni aucun préjudice pécuniaire à l'encontre des salariés concernés.**

Lorsque la fermeture totale et définitive entraîne le licenciement du personnel, elle donne lieu, en dehors de l'indemnité de préavis et de l'indemnité de licenciement, aux dommages et intérêts prévus aux articles L. 1235-2 à L. 1235-5 en cas de rupture du contrat de travail.

Art. L. 4741-14. – **En cas de condamnation prononcée en application de l'article L. 4741-12, la juridiction peut ordonner, à titre de peine complémentaire, l'affichage du jugement aux portes des établissements de la personne condamnée, aux frais de celle-ci, dans les conditions prévues à l'article 131-35 du Code pénal, et son insertion, intégrale ou par extraits, dans les journaux qu'elle désigne. Ces frais ne peuvent excéder le montant maximum de l'amende encourue.**

En cas de récidive, la juridiction peut prononcer contre l'auteur de l'infraction l'interdiction d'exercer, pendant une durée maximale de cinq ans, certaines fonctions qu'elle énumère soit dans l'entreprise, soit dans une ou plusieurs catégories d'entreprises qu'elle définit.

Le fait de méconnaître cette interdiction est puni d'un emprisonnement de deux ans et d'une amende de 9 000 €.

1) La durée de l'affichage doit être précisée par les juges, dans la limite de deux mois fixée, sauf disposition contraire de la loi, par l'article 51 du Code pénal (■ Cass. crim., 26 nov. 1985 : *Bull. crim.* n° 377).

2) Les peines complémentaires d'affichage et de publication de la décision de condamnation, telles que définies par l'article L. 263-6 du Code du travail qui se réfère lui-même aux dispositions des articles L. 263-2 et L. 263-4 du même code, ne sont pas applicables aux délits d'entrave aux fonctions de délégués du personnel, au fonctionnement régulier du comité d'entreprise et du comité d'hygiène, de sécurité et des conditions de travail, réprimés par les articles L. 482-1, L. 263-2-2 et L. 483-1 dudit code (■ Cass. crim., 27 sept. 1989 : *Bull. crim.*, n° 333).

8) LICENCIEMENT ÉCONOMIQUE

Art. L. 1238-2 *(Ord. n° 2017-1386, 22 sept. 2017)*. – **Le fait de procéder à un licenciement sans accomplir les consultations du comité social et économique prévues aux articles L. 1233-29, L. 1233-30, L. 1233-34 et L. 1233-35, est puni d'une amende de 3 750 euros, prononcée autant de fois qu'il y a de salariés concernés par l'infraction.**

Art. L. 1238-3. – **Le fait de ne pas respecter le délai d'envoi des lettres de licenciement prévu à l'article L. 1233-9 est puni d'une amende de 3 750 €, prononcée autant de fois qu'il y a de salariés concernés par l'infraction.**

Art. L. 1238-4. – **Le fait de procéder à un licenciement sans le notifier à l'autorité administrative dans les conditions prévues à l'article L. 1233-46 est puni d'une amende de 3 750 €, prononcée autant de fois qu'il y a de salariés concernés par l'infraction.**

Art. L. 1238-5. – En cas de redressement ou de liquidation judiciaire, le fait pour l'employeur, l'administrateur ou le liquidateur de ne pas respecter les dispositions des articles L. 1233-58 et L. 1233-60 est puni d'une amende de 3 750 €, prononcée par l'infraction.

1) Commet le délit de l'article L. 321-11 l'employeur qui procède à l'un des licenciements prévus à l'article L. 321-7 sans avoir présenté à l'autorité administrative la demande d'autorisation que prévoit ce texte (■ Cass. crim., 17 oct. 1979 : *Bull. crim.*, n° 787).

2) Les dispositions relatives au licenciement économique ayant un caractère d'ordre public, commet le délit réprimé par l'article L. 321-11 l'employeur qui obtient de salariés la signature de protocoles d'accord pour quitter l'entreprise après refus d'autorisation de l'inspecteur du travail (■ Cass. crim., 27 oct. 1981 : *D.* 1982, IR, 120).

3) L'article L. 321-11 sanctionne l'inobservation par l'employeur des obligations énumérées par l'article L. 321-3 (obligation de réunir et consulter le comité d'entreprise sur le projet de licenciement) et non celles résultant de l'article L. 432-4 (consultation des instances représentatives du personnel en ce qui concerne la marche générale de l'entreprise) (■ Cass. crim., 31 mai 1983 : *Bull. crim.*, n° 165).

4) L'autorisation administrative n'est pas nécessaire en cas de licenciement dû à un cas de force majeure (cyclone dans une bananeraie ■ Cass. crim., 4 janv. 1984 : *Bull. crim.*, n° 6).

5) Se rend coupable de licenciement pour motif économique d'ordre conjoncturel ou structurel, sans avoir obtenu ni sollicité l'autorisation de l'inspecteur du travail, l'employeur qui, en raison de la réduction de l'activité de son entreprise, a, durant deux mois en 1983, placé un certain nombre de salariés au « chômage technique total » pendant quatre semaines, puis informé ultérieurement sept d'entre eux qu'il ne pourrait leur donner du travail à l'issue de cette période en leur conseillant de procéder aux formalités nécessaires pour être admis au bénéfice des allocations du régime d'assurance chômage.

Pour déclarer la prévention établie, la cour d'appel, après avoir énoncé que l'offre de réintégration formulée par l'employeur ne comportait aucune garantie et n'était en réalité qu'une « manœuvre de dernière minute » destinée à le décharger de la responsabilité de la rupture, relève, d'une part que le fait de laisser sans activité ni rémunération pendant plus de quatre mois des salariés qui ne pouvaient ni occuper ni même rechercher un autre emploi, constituait une modification substantielle de leur contrat de travail et que cette modification non acceptée par les intéressés équivalait en l'occurrence à un licenciement ; d'autre part que le caractère économique de cette mesure résultait des propres déclarations du prévenu, lequel n'avait d'ailleurs pas remplacé les travailleurs prétendument démissionnaires. En l'état de ces motifs la cour d'appel a caractérisé en tous ses éléments, le délit prévu par l'article L. 321-11 du Code du travail, les constatations précitées établissant que les salariés en cause avaient expressément refusé la prolongation indéterminée de leur mise en chômage total (■ Cass. crim., 23 juill. 1986 : *D.* 1987, somm. 209, obs. Langlois).

6) Se rend coupable du délit prévu à l'article L. 321-11 l'employeur qui, envisageant de supprimer de nombreux emplois, pour motif économique, omet de procéder aux formalités prescrites par les dispositions d'ordre public des articles L. 321-21 et suivants relatives au licenciement pour motif économique ; il n'importe, à cet égard, que les emplois ne soient supprimés que par la voie de départs volontaires (■ Cass. crim., 29 nov. 1994 : *Bull. crim.*, n° 385).

....

9) TRAVAIL DISSIMULÉ

Bibliographie : Circ. 29 nov. 1995, sur le renforcement de la lutte contre le travail clandestin : *JCP* 95, III, 67716. • T. Aubert-Monpeyssen, *Le renforcement de la lutte contre le travail illégal* : *Dr. social* 1997, 915.

Art. L. 8221-1. – Sont interdits :

1° Le travail totalement ou partiellement dissimulé, défini et exercé dans les conditions prévues aux articles L. 8221-3 et L. 8221-5 ;

2° La publicité, par quelque moyen que ce soit, tendant à favoriser, en toute connaissance de cause, le travail dissimulé ;

3° Le fait de recourir sciemment, directement ou par personne interposée, aux services de celui qui exerce un travail dissimulé.

Justifie sa décision la cour d'appel qui, pour renvoyer une société et des préposés de celle-ci des fins de poursuites pour recours aux services de personnes exerçant un travail dissimulé, relève qu'en l'espèce, les relations contractuelles entre la société et ces personnes étaient celles inhérentes au contrat de vente.

La société poursuivie ne se trouvait en effet pas dans la situation d'un donneur d'ordre ayant recours aux services d'une personne exerçant un travail dissimulé (■ Cass. crim., 4 sept. 2012, n° 11-87.225 : *Dr. pénal* 2013, comm. 27, obs. J.-H. Robert).

Art. L. 8221-2. – Sont exclus des interdictions prévues au présent chapitre, les travaux d'urgence dont l'exécution immédiate est nécessaire pour prévenir les accidents imminents ou organiser les mesures de sauvetage.

Travail dissimulé par dissimulation d'activité

Art. L. 8221-3 ***(Mod., L. n° 2011-1906, 21 déc. 2011)*****. – Est réputé travail dissimulé par dissimulation d'activité, l'exercice à but lucratif d'une activité de production, de transformation, de réparation ou de prestation de services ou l'accomplissement d'actes de commerce par toute personne qui, se soustrayant intentionnellement à ses obligations :**

1° Soit n'a pas demandé son immatriculation au répertoire des métiers ou, dans les départements de la Moselle, du Bas-Rhin et du Haut-Rhin, au registre des entreprises ou au registre du commerce et des sociétés, lorsque celle-ci est obligatoire, ou a poursuivi son activité après refus d'immatriculation, ou postérieurement à une radiation ;

2° Soit n'a pas procédé aux déclarations qui doivent être faites aux organismes de protection sociale ou à l'administration fiscale en vertu des dispositions légales en vigueur. Cette situation peut notamment résulter de la non-déclaration d'une partie de son chiffre d'affaires ou de ses revenus ou de la continuation d'activité après avoir été radié par les organismes de protection sociale en application de l'article L. 133-6-7-1 du Code de la sécurité sociale.

Art. L. 8221-4. – Les activités mentionnées à l'article L. 8221-3 sont présumées, sauf preuve contraire, accomplies à titre lucratif ;

1° Soit lorsque leur réalisation a lieu avec recours à la publicité sous une forme quelconque en vue de la recherche de la clientèle ;

2° Soit lorsque leur fréquence ou leur importance est établie ;

3° Soit lorsque la facturation est absente ou frauduleuse ;

4° Soit lorsque, pour des activités artisanales, elles sont réalisées avec un matériel ou un outillage présentant par sa nature ou son importance un caractère professionnel.

1) Est réputé travail dissimulé par dissimulation d'activité, au sens de l'article L. 324-10 devenu l'article L. 8221-3 du Code du travail, l'exercice à but lucratif d'une activité de prestations de services ou l'accomplissement d'actes de commerce par toute personne qui, se soustrayant à ses obligations, n'a pas demandé son immatriculation au répertoire des métiers ou, dans les départements de Moselle, du Bas-Rhin et du Haut-Rhin, au registre des entreprises ou au registre du commerce et des sociétés, lorsqu'une telle immatriculation est obligatoire.

Justifie sa décision la cour d'appel qui, pour déclarer un prévenu coupable de travail dissimulé, en sa qualité de dirigeant d'une société de taxis et d'exploitant, retient que les prestations de transport qu'il effectuait selon un cahier des charges imposant diverses obligations relatives au caractère luxueux des véhicules utilisés, à la présentation des chauffeurs, à l'organisation des déplacements, aux horaires de travail et aux lieux de prise en charge, constituaient l'exploitation de voitures de grande remise, activité distincte de l'activité principale de taxi, qui aurait dû faire l'objet, en tant que telle, d'une immatriculation au registre du commerce et des sociétés ou au registre des entreprises institué dans les départements de Moselle, du Bas-Rhin et du Haut-Rhin, par application des articles L. 123-1 et suivants, R. 123-32 et suivants du Code de commerce, 19 et suivants de la loi du 5 juillet 1996 et 7 et suivants du décret du 2 avril 1998 (■ Cass. crim., 3 avr. 2013, n° 08-83.982 : *Bull. crim.*, n° 77 ; *Dr. pénal* 2013, comm. 96, obs. J.-H. Robert ; *Dr. social* 2013, Études, p. 626, note R. Salomon). – Rappr. ■ Cass. crim., 23 mai 1995 : *Bull. crim.*, n° 192.

2) Doit être rejeté, sans qu'il y ait lieu de poser une question préjudicielle à la Cour de justice de l'Union européenne, le pourvoi formé par une société étrangère de transports aériens condamnée pour avoir omis de déclarer aux organismes de protection sociale les salariés, par elle employés sur le sol français, qui étaient immatriculés au régime de protection sociale espagnol et présentés comme des travailleurs détachés, dès lors qu'en l'absence d'un détachement de salariés entrant dans les prévisions de l'article 141 *a*) du règlement (CEE) 1408/71, en vigueur à la date des faits poursuivis, la société, dont l'activité en France était exercée dans le cadre d'une base d'exploitation telle que définie par l'article R. 330-2-1 du Code de l'aviation civile, sous la direction d'un cadre dirigeant au sens de l'article L. 3111-2 du Code du travail et relevait du droit d'établissement au sens des dispositions de l'article L. 1262-3 du même code et de la jurisprudence de la Cour de justice de l'union européenne, ne pouvait se prévaloir des certificats délivrés par l'autorité étrangère en cas de détachement de travailleurs au sein de l'Union européenne, dits formulaires E 101, et que se trouvait caractérisée à son encontre en tous ses éléments constitutifs l'infraction de travail dissimulé prévue par les dispositions, d'ordre public, de l'article L. 8221-3, 2° de ce code (■ Cass. crim., 11 mars 2014, n° 12-81.461).

3) Justifie sa décision la cour d'appel qui, pour condamner une société anglaise de transports aériens de passagers du chef, notamment, de travail dissimulé par dissimulation d'activité et de salariés, par suite d'un défaut d'immatriculation ainsi que de déclarations fiscales et sociales attachées à l'exercice d'une activité économique en France et d'un défaut de déclarations nominatives de salariés préalables à l'embauche, retient, après avoir constaté que ladite société avait développé sur le territoire national une activité habituelle, stable et continue, que cette activité relève des règles relatives au droit d'établissement, exclusives des dispositions applicables au détachement transnational, et non de la liberté de prestation de services au sens des articles 52 et suivants du Traité instituant la Communauté économique européenne modifié, et en déduit qu'en application des règles du droit du travail et du règlement (CEE) n° 1408/71 du 14 juin 1971 en vigueur à la date des faits, la société aurait dû procéder aux formalités requises.

Pour s'exonérer de sa responsabilité, la personne morale prévenue ne saurait utilement invoquer la circonstance que, postérieurement aux agissements poursuivis, elle a conclu, sur le fondement de l'article 17 du règlement (CEE) n° 1408/71 du 14 juin 1971, un accord dérogatoire ayant maintenu l'affiliation des salariés concernés au régime de sécurité sociale étranger et entraîné la délivrance de certificats E 106 et E 101 de nature à s'imposer aux administrations et juridictions des États membres de la Communauté (■ Cass. crim., 11 mars 2014, n° 11-88.420).

4) Acquiert la qualité de commerçant assujetti à l'immatriculation au registre du commerce et des sociétés, quiconque, agissant en son nom et pour son propre compte, se livre de manière habituelle et professionnelle à des achats de biens meubles en vue de les revendre, que ces ventes aient lieu en France ou à l'étranger ; est réputé travail dissimulé par dissimulation d'activité l'accomplissement d'actes de commerce par toute personne qui se soustrait intentionnellement à l'obligation de demander son immatriculation au registre du commerce et des sociétés lorsque celle-ci est obligatoire.

Encourt la censure l'arrêt qui, pour confirmer la relaxe de deux prévenus poursuivis du chef de travail dissimulé, relève que ceux-ci n'exerçaient qu'une activité très limitée dont le caractère professionnel n'était pas démontré, que s'ils avaient réalisé de très nombreux achats d'objets divers, notamment de véhicules revendus sur internet, et constitué un stock, il leur était loisible de ne pas revendre ces objets et qu'au demeurant les opérations de revente n'étaient pas, selon leurs dires, réalisées sur le territoire français (■ Cass. crim., 30 mars 2016, n° 15-81.478).

5) L'obligation de procéder aux déclarations qui doivent être faites aux organismes de protection sociale ou à l'administration fiscale en vertu des dispositions en vigueur, dont la méconnaissance constitue, selon le paragraphe 2° de l'article L. 8221-3 du Code du travail, l'une des formes du délit de travail dissimulé par dissimulation d'activité incriminé par ce texte, concerne tant la déclaration initiale de l'activité économique que les déclarations périodiques (■ Cass. crim., 30 mars 2016, n° 15-80.761).

6) Justifie sa décision la cour d'appel qui, pour déclarer le gérant d'une entreprise coupable de travail dissimulé, en application du premier paragraphe de l'article L. 8221-3 du Code du travail, retient que l'inscription au registre du commerce et des sociétés de l'établissement principal de cette société n'a pas dispensé le prévenu de déclarer, dans les délais légaux, un établissement secondaire, dès lors que ce dernier a consisté en un établissement permanent, distinct du premier (■ Cass. crim., 28 mars 2017, n° 16-81.944).

7) Une société commerciale immatriculée dans un pays étranger est tenue de s'immatriculer au registre du commerce et des sociétés français, sur le fondement des dispositions des articles

L. 123-1, I, 3°, L. 123-11 et R. 123-35 du Code de commerce, dès lors qu'elle ouvre un premier établissement dans un département français, c'est-à-dire lorsqu'elle y établit une agence, une succursale ou une représentation.

Est justifié l'arrêt qui déclare coupable de travail dissimulé par dissimulation d'activité le gérant d'une société immatriculée aux Comores pour y exercer une activité de construction immobilière, par des motifs dont il résulte qu'alors que cette société disposait en France, au domicile dudit gérant, d'une représentation permanente pour les besoins de son activité commerciale, laquelle valait ouverture d'un premier établissement sur le territoire national, l'intéressé ne l'avait pas fait immatriculer au registre du commerce et des sociétés français (■ Cass. crim., 20 juin 2017, n° 14-85.879).

Travail dissimulé par dissimulation d'emploi salarié

Art. L. 8221-5 *(Mod., L. n° 2010-1594, 20 déc. 2010 ; L. n° 2011-672, 16 juin 2011 ; L. n° 2016-1088, 8 août 2016)*. **– Est réputé travail dissimulé par dissimulation d'emploi salarié le fait pour tout employeur :**

1° Soit de se soustraire intentionnellement à l'accomplissement de la formalité prévue à l'article L. 1221-10, relatif à la déclaration préalable à l'embauche ;

2° Soit de se soustraire intentionnellement à la délivrance d'un bulletin de paie ou d'un document équivalent défini par voie réglementaire, ou de mentionner sur le bulletin de paie ou le document équivalent un nombre d'heures de travail inférieur à celui réellement accompli, si cette mention ne résulte pas d'une convention ou d'un accord collectif d'aménagement du temps de travail conclu en application du titre II du livre 1er de la troisième partie ;

3° Soit de se soustraire intentionnellement aux déclarations relatives aux salaires ou aux cotisations sociales assises sur ceux-ci auprès des organismes de recouvrement des contributions et cotisations sociales ou de l'administration fiscale en vertu des dispositions légales.

1) Doivent être analysés comme un temps de travail effectif au sens de l'article L. 3121-1 du Code du travail, dont l'absence de prise en compte dans le calcul du salaire caractérise le délit de travail dissimulé, les temps de déplacement professionnel ne relevant pas des dispositions de l'article L. 3121-4 dudit code, effectués par le salarié d'une entreprise d'aide à la personne pour se rendre du domicile d'un client à celui d'un autre afin d'y accomplir la mission que lui confie son employeur (■ Cass. crim., 2 sept. 2014, n° 13-80.665 : *Bull. crim.*, n° 179). V. *Dr. pén.* 2014, étude 4, p. 35, par J.-Y. Frouin et V. Malabat.

2) Justifie sa décision l'arrêt qui, pour déclarer l'exploitant d'un restaurant coupable de travail dissimulé par dissimulation d'emploi salarié, pour s'être, en méconnaissance des dispositions de l'article L. 8221-5, 3°, du Code du travail, intentionnellement soustrait aux déclarations relatives aux salaires ou aux cotisations sociales assises sur ceux-ci, retient que le prévenu avait organisé un système de pourboires dont il fixait les clefs de répartition et les modalités de retrait dans une stratégie de management du personnel, et en conclut que ces sommes, centralisées et gérées par l'employeur, auraient dû figurer sur les bulletins de paie, dès lors que, d'une part, il résulte des articles L. 3244-1 et L. 3244-2 du Code susvisé que toutes les perceptions faites « pour le service » par l'employeur ainsi que toutes les sommes remises volontairement par les clients pour le service entre les mains de l'employeur, ou centralisées par celui-ci, doivent être intégralement versées au personnel en contact avec la clientèle et s'ajoutent au salaire fixe, sauf dans le cas où un salaire minimum a été garanti, et que, d'autre part, selon l'article L. 242-1 du Code de la sécurité sociale, ces pourboires sont soumis aux cotisations sociales (■ Cass. crim., 1er déc. 2015, n° 14-85.480).

3) La modification opérée par l'article 40-I de la loi n° 2010-1594 du 20 décembre 2010 dans la rédaction de l'article L. 8221-5 du Code du travail ne concerne que la définition du délit de travail dissimulé par dissimulation d'emplois salariés, prévu par ce texte, et non celle du délit de travail dissimulé par dissimulation d'activité, figurant à l'article L. 8221-3 du même code (■ Cass. crim., 30 mars 2016, n° 15-80.761).

4) L'article L. 8221-5, 3°, du Code du travail, qui répute travail dissimulé par dissimulation d'emploi salarié le fait pour tout employeur de se soustraire intentionnellement aux déclarations, légalement requises, relatives aux salaires ou aux cotisations sociales assises sur ceux-ci, auprès des organismes de recouvrement des contributions et cotisations sociales ou de l'administration fiscale, s'applique aussi bien au défaut de souscription de toute déclaration qu'au fait, lorsqu'une déclaration a été souscrite, d'y porter des informations tendant à minorer les obligations de l'employeur (■ Cass. crim., 27 mars 2018, n° 16-87.585).

Art. L. 8221-6 *(Mod., L. n° 2008-776, 4 août 2008 ; L. n° 2011-1906, 21 déc. 2011 ; L. n° 2015-991, 7 août 2015)*. **– I. – Sont présumés ne pas être liés avec le donneur d'ordre par un contrat de travail dans l'exécution de l'activité donnant lieu à immatriculation ou inscription :**

1° Les personnes physiques immatriculées au registre du commerce et des sociétés, au répertoire des métiers, au registre des agents commerciaux ou auprès des unions de recouvrement des cotisations de sécurité sociale et d'allocations familiales pour le recouvrement des cotisations d'allocations familiales ;

2° Les personnes physiques inscrites au registre des entreprises de transport routier de personnes, qui exercent une activité de transport scolaire prévu par l'article L. 214-18 du Code de l'éducation ou de transport à la demande conformément à l'article 29 de la loi n° 82-1153 du 30 décembre 1982 d'orientation des transports intérieurs ;

3° Les dirigeants des personnes morales immatriculées au registre du commerce et des sociétés et leurs salariés.

II. – L'existence d'un contrat de travail peut toutefois être établie lorsque les personnes mentionnées au I fournissent directement ou par une personne interposée des prestations à un donneur d'ordre dans des conditions qui les placent dans un lien de subordination juridique permanente à l'égard de celui-ci.

Dans ce cas, la dissimulation d'emploi salarié est établie si le donneur d'ordre s'est soustrait intentionnellement par ce moyen à l'accomplissement des obligations incombant à l'employeur mentionnées à l'article L. 8221-5.

Le donneur d'ordre qui a fait l'objet d'une condamnation pénale pour travail dissimulé en application du présent II est tenu au paiement des cotisations et contributions sociales à la charge des employeurs, calculées sur les sommes versées aux personnes mentionnées au I au titre de la période pour laquelle la dissimulation d'emploi salarié a été établie.

1) Lorsqu'ils sont saisis de poursuites exercées contre un prévenu du chef de travail clandestin, les juges du fond sont tenus de s'expliquer sur les éléments constitutifs de l'infraction au regard des dispositions de l'article L. 324-10 du Code du travail (▪ Cass. crim., 24 avr. 1990 : *Bull. crim.*, n° 154).

2) Sont visées non seulement les professions soumises à inscription au registre du commerce ou des métiers mais aussi les activités de prestation de services (▪ Cass. crim., 8 déc. 1992 : *Bull. crim.*, n° 411 ; *Dr. pénal* 1993, comm. 111, obs. J.-H. Robert, pour l'enseignement de la musique. ▪ 21 nov. 2001 : *Dr. pénal* 2002, comm. 46, obs. J.-H. Robert, pour l'activité de voyance et de guérisseur).

3) L'emploi de salariés sans observer les formalités prévues par l'article L. 324-10-3° n'est réputé clandestin que si ces salariés sont employés à l'une des activités énumérées par l'alinéa 1er de ce texte. Tel n'est pas le cas de **l'emploi par un particulier** d'un salarié comme gardien d'une propriété (▪ Cass. crim., 29 mars 1994 : *Bull. crim.*, n° 120 ; *Dr. pén.* 1994, n° 183, obs. J.-H. Robert).

4) Il résulte des articles L. 8222-1 et D. 8222-4 du Code du travail que **le particulier** qui contracte pour son usage personnel est considéré comme ayant procédé aux vérifications requises lorsqu'il s'est fait remettre par son cocontractant un devis portant les mentions prévues à l'article D. 8222-5, 2° du même code.

Justifie sa décision déclarant un particulier coupable de travail dissimulé la cour d'appel qui écarte cette présomption de vérification en retenant l'absence de concordance entre la dénomination de la société désignée sur le devis remis et l'identité du cocontractant (▪ Cass. crim., 9 nov. 2010, n° 10-80.252 : *Bull. crim.*, n° 177).

5) Lorsque l'employeur omet de tenir le registre du personnel, il commet le délit de travail clandestin prévu par l'article L. 324-10-3° du Code du travail (▪ Cass. crim., 27 sept. 1994 : *Bull. crim.*, n° 306 ; *JCP* 95, II, 22444, note F. Taquet).

L'accident survenu au temps et au lieu du travail est un accident du travail. La circonstance que l'employeur soit reconnu coupable du délit travail dissimulé n'a pas d'incidence sur le droit de la victime à la protection de la législation sur les accidents du travail (▪ Cass. crim., 11 févr. 2003 : *Bull. crim.*, n° 30).

6) Ont justifié leur décision au regard de l'article L. 120-3, alinéa 2, du Code du travail, dans sa rédaction issue de la loi du 11 février 1994, les juges qui ont requalifié en relation de travail salarié, l'activité de deux artisans, dont il était prétendu qu'ils exécutaient des travaux en sous-traitance pour le compte d'une entreprise du bâtiment, dès lors qu'il résulte de leurs constatations que ces travailleurs, bien que régulièrement inscrits au répertoire des métiers, exerçaient leur activité dans des conditions de fait caractérisant un lien de subordination juridique permanente à l'égard de cette entreprise, et qui ont condamné le prévenu pour emploi de salariés dissimulés (■ Cass. crim., 10 mars 1998 : *Bull. crim.*, n° 95. – *Adde* ■ Cass. crim., 31 mars 1998 : *D.* 1999, 137, note Frossard).

7) Pour un autre exemple de requalification de contrats de sous-traitance en contrats de travail, en matière de transports routiers, et de condamnation du président du directoire d'une société qui, en raison de sa participation personnelle au délit de travail dissimulé, n'a pu arguer d'une délégation de pouvoir, V. ■ Cass. crim., 17 juin 2003 : *JurisData* n° 020138 ; *Dr. pénal* 2003, comm. 127, obs. J.-H. Robert.

8) La demande d'inscription modificative au répertoire des métiers étant obligatoire, son omission volontaire doit être assimilée au défaut d'immatriculation prévu à l'article L. 324-10-1° du Code du travail (■ Cass. crim., 23 mai 1995 : *Bull. crim.*, n° 192).

Dès lors que la déclaration aux organismes de protection sociale est une formalité obligatoire, la poursuite de l'activité postérieurement à une radiation doit être assimilée à l'exercice de travail dissimulé (■ Cass. crim., 21 nov. 2001 : *Dr. pénal* 2002, comm. 46, obs. J.-H. Robert, préc.).

9) Seule l'inobservation intentionnelle des formalités limitativement énumérées à l'article L. 324-10 du Code du travail caractérise le délit de travail clandestin prévu par l'article L. 324-9 dudit code. Encourt, dès lors, la censure l'arrêt d'une cour d'appel qui, après avoir à bon droit retenu que l'activité d'agent de voyages entre dans les prévisions de l'article L. 324-10 précité, se borne à déduire l'existence du délit de travail clandestin de l'exercice d'une telle activité sans la licence exigée par l'article 1er de la loi du 11 juillet 1975 alors en vigueur, devenu l'article 1er de la loi du 13 juillet 1992, fixant les conditions d'exercice des activités relatives à l'organisation et à la vente de voyages et de séjours (■ Cass. crim., 14 mai 1996 : *Bull. crim.*, n° 201).

10) L'élément intentionnel du délit prévu par l'article L. 324-10 du Code du travail peut être déduit de l'ancienneté et la nature des relations commerciales entre la prévenue et l'entreprise clandestine aux services de laquelle elle avait recours sans avoir effectué aucune des vérifications imposées par l'article L. 324-14 dudit code (■ Cass. crim., 21 janv. 1997 : *Bull. crim.*, n° 21).

Commet sciemment le délit de recours aux services d'une personne exerçant un travail dissimulé celui qui ne vérifie pas, alors qu'il y est tenu par l'article L. 8222-1 du Code du travail, la régularité, au regard des articles L. 8221-3 et L. 8221-5 dudit code, de la situation de l'entrepreneur dont il utilise les services (■ Cass. crim., 1er déc. 2015, n° 14-85.828).

11) Justifie sa décision, sur le fondement des articles L. 324-9 et L. 324-10-2°, du Code du travail, la cour d'appel qui, pour déclarer les exploitants d'un verger coupables d'avoir sciemment eu recours aux services des travailleurs agricoles exerçant leur activité sans respecter les obligations prévues par l'article L. 324-10 précité, relève que les prévenus, qui se sont abstenus, lors de la signature des contrats avec les travailleurs indépendants, de procéder aux vérifications prévues par l'article L. 324-14 du même code, savaient, pour avoir eux-mêmes employé des ouvriers salariés, que, compte tenu de la rémunération versée à leurs cocontractants et du coût de l'heure du travail, ces derniers ne pouvaient réaliser de bénéfices qu'en ne déclarant que partiellement les heures réellement effectuées (■ Cass. crim., 11 mars 1997 : *Bull. crim.*, n° 97).

12) Se rend coupable de complicité de travail clandestin, celui qui, en connaissance de cause, participe à la gestion d'une société exerçant son activité sans qu'ait été accomplie l'une quelconque des obligations prévues par l'article L. 324-10 du Code du travail (■ Cass. crim., 1er juill. 1997 : *Bull. crim.*, n° 262).

13) Si la législation sur le travail clandestin a été édictée en vue de l'intérêt général, elle ne tend pas moins également à la protection des particuliers qui peuvent, lorsque sa méconnaissance leur a causé un préjudice direct et personnel, en obtenir réparation devant la juridiction pénale ; que tel est le cas en l'espèce, un employeur ayant subi un préjudice personnel et direct du fait de l'exercice par le prévenu, son employé, d'une activité clandestine d'acheteur et de revendeur de voitures pour son compte, sans être inscrit au registre du commerce, en profitant de son travail salarié de vendeur de véhicules (■ Cass. crim., 17 nov. 1998 : *Dr. pénal* 1999, comm. 44, obs. J.-H. Robert). Justifie aussi sa décision la cour d'appel qui déclare recevable et fondée l'action civile du travailleur clandestin justifiant d'un préjudice directement causé par le délit de travail dissimulé dont son employeur est déclaré coupable (■ Cass. crim., 6 févr. 2001 : *Bull. crim.*, n° 32).

14) Une concierge qui, moyennant rémunération, s'entremet dans la vente et la location des appartements de l'immeuble qu'elle garde commet les délits de travail dissimulé et d'exercice illégal de la profession d'agent immobilier (■ Cass. crim., 22 janv. 2002 : *JurisData* n° 013031 ; *Dr. pénal* 2002, comm. 59, obs. J.-H. Robert).

15) Encourt la cassation l'arrêt qui, après avoir constaté la présence d'un travailleur non déclaré dans l'entreprise, relaxe la gérante de la société pour défaut d'intention coupable sans rechercher si les prestations de travail n'avaient pas été fournies à l'entreprise, dans un rapport de subordination, et moyennant une rétribution, fût-elle indirecte, et alors que la seule constatation de la violation en connaissance de cause d'une prescription légale ou réglementaire implique de la **part de son auteur l'intention coupable exigée par l'article 121-3 du Code pénal** (■ Cass. crim., 19 mars 2002 ; *Dr. pén.* 2002, comm. 87, obs. J.-H. Robert. ■ Cass. crim., 9 nov. 2010 : *Dr. pén.* 2011, comm. 39, obs. J.-H. Robert).

16) La seule constatation de la violation en connaissance de cause d'une prescription légale ou réglementaire implique de la part de son auteur l'intention coupable exigée par l'article 121-3, alinéa 1er, du Code pénal.

Dès lors encourt la cassation l'arrêt qui, pour relaxer des employeurs des fins de la poursuite du chef d'exécution d'un travail dissimulé résultant d'un défaut de remise de bulletins de paie à une salariée, retient la bonne foi des prévenus au motif qu'ils s'étaient informés sur le montant des cotisations sociales qu'ils devaient acquitter et ignoraient devoir rédiger des bulletins de paie alors que la rémunération consistait en la fourniture d'un logement (■ Cass. crim., 17 juin 2008, pourvoi n° 07-87.518 : *Bull. crim.*, n° 155 ; *Dr. pénal* 2008, comm. 132, obs. J.-H. Robert). *Adde*, dans le même sens, pour le défaut de déclaration préalable à l'embauche de deux salariés ■ Cass. crim., 20 janv. 2009 : *Dr. pénal* 2009, comm. 53, obs. J.-H. Robert, déclarant justifiée la décision de la cour d'appel condamnant le chef d'entreprise pour travail dissimulé, et son employé, qui avait organisé l'embauche, pour complicité de ce délit.

17) Encourt la cassation l'arrêt qui se borne à relever que l'employeur était affilié à l'URSSAF depuis le 27 novembre 2005, que ce dernier justifie avoir acquitté les cotisations URSSAF et ASSEDIC pour la période et qu'ainsi il n'apparaît aucune volonté de dissimuler les salariés ; en se déterminant ainsi, par des motifs inopérants et contradictoires, alors que la régularisation ultérieure d'une situation irrégulière ne saurait avoir pour effet de faire disparaître l'infraction et sans s'être prononcée sur l'absence de remise de bulletin de paie dont elle était également saisie, la cour d'appel n'a pas légalement justifié sa décision (■ Cass. crim., 20 janv. 2009 : *Dr. pénal* 2009, note 55, obs. J.-H. Robert).

18) Donne une base légale à sa décision au regard des dispositions des articles L. 143-3 et L. 320 et L. 324-10, alinéa 2, du Code du travail, l'arrêt qui, pour déclarer le prévenu, exploitant d'un fonds de commerce de restauration, coupable de travail dissimulé, retient que l'intéressé employait son épouse de façon durable et permanente, en qualité de cuisinière, dans un rapport de subordination, sans l'avoir déclarée aux organismes sociaux, sans l'avoir inscrite sur le registre unique du personnel et sans lui avoir remis de bulletin de paye, et alors qu'elle n'avait ni le statut de conjoint associé, ni celui de conjoint collaborateur (■ Cass. crim., 22 oct. 2002 : *Bull. crim.*, n° 192 ; *JCP* 2003, II, 10176, note C. Pomart).

19) Justifie sa décision, sans méconnaître les articles 49 et 50 du Traité sur l'Union européenne, la cour d'appel qui, pour écarter l'argumentation d'un prévenu faisait valoir qu'il n'était plus soumis aux exigences du droit français depuis qu'il avait constitué une société en Grande-Bretagne et pour dire établis à son encontre les délits de travail dissimulé et de défaut de tenue d'un registre d'objets mobiliers commis à l'occasion de l'exercice de l'activité de brocanteur, retient que le prévenu n'a pas œuvré en France de manière temporaire pour le compte d'une société de droit anglais, et qu'il a poursuivi sur le territoire national, après sa radiation du registre du commerce, la même activité que celle qu'il exerçait auparavant, en omettant de se soumettre aux obligations de déclaration auxquelles il était astreint et en s'abstenant, même par négligence, de tenir un registre d'objets mobiliers (■ Cass. crim., 3 oct. 2006 : *Bull. crim.*, n° 242 ; *Dr. pénal* 2006, comm. 159, obs. J.-H. Robert).

20) Justifie sa décision la cour d'appel qui, pour condamner une société anglaise de transports aériens de passagers du chef, notamment, de travail dissimulé par dissimulation d'activité et de salariés, par suite d'un défaut d'immatriculation ainsi que de déclarations fiscales et sociales attachées à l'exercice d'une activité économique en France et d'un défaut de déclarations nominatives de salariés préalables à l'embauche, retient, après avoir constaté que ladite société avait développé sur le territoire national une activité habituelle, stable et continue, que cette activité relève des règles relatives au droit d'établissement, exclusives des dispositions applicables au détachement transnational, et non de la liberté de prestation de services au sens des articles 52 et suivants du Traité instituant la Communauté économique européenne modifié, et en déduit qu'en application des règles du droit du travail et du règlement (CEE) n° 1408/71 du 14 juin 1971 en vigueur à la date des faits, la société aurait dû procéder aux formalités requises. Pour s'exonérer de sa responsabilité, la personne morale prévenue ne saurait utilement invoquer la circonstance que, postérieurement aux agissements poursuivis, elle a conclu, sur le fondement de l'article 17 du règlement (CEE) n° 1408/71 du 14 juin 1971, un accord dérogatoire ayant maintenu l'affiliation des salariés concernés au régime de sécurité sociale étranger et entraîné la délivrance de certificats E 106 et E 101 de nature à s'imposer aux administrations et juridictions des États membres de la Communauté (■ Cass. crim., 11 mars 2014 : *Bull.* n° 74).

21) Doit être rejeté, sans qu'il y ait lieu de poser une question préjudicielle à la Cour de justice de l'Union européenne, le pourvoi formé par une société étrangère de transports aériens condamnée pour avoir omis de déclarer aux organismes de protection sociale les salariés, par elle employés sur le sol français, qui étaient immatriculés au régime de protection sociale espagnol et présentés comme des travailleurs détachés, dès lors qu'en l'absence d'un détachement de salariés entrant dans les prévisions de l'article 14, § 1, a du règlement (CEE) n° 1408/71, en vigueur à la date des faits poursuivis, la société, dont l'activité en France était exercée dans le cadre d'une base d'exploitation telle que définie par l'article R. 330-2-1 du Code de l'aviation civile, sous la direction d'un cadre dirigeant au sens de l'article L. 3111-2 du Code du travail et relevait du droit d'établissement au sens des dispositions de l'article L. 1262-3 du même code et de la jurisprudence de la Cour de justice de l'union européenne, ne pouvait se prévaloir des certificats délivrés par l'autorité étrangère en cas de détachement de travailleurs au sein de l'Union européenne, dits formulaires E 101, et que se trouvait caractérisée à son encontre en tous ses éléments constitutifs l'infraction de travail dissimulé prévue par les dispositions, d'ordre public, de l'article L. 3221-3, 2°, de ce code (■ Cass. crim., 11 mars 2014 : *Bull. crim.*, n° 75).

22) Il résulte d'une part, des articles 49 de la Charte des droits fondamentaux de l'Union européenne et 111-3 du Code pénal que nul ne peut être condamné pour une action ou une omission qui, au moment où elle a été commise, ne constituait pas une infraction d'après le droit national ou international et d'autre part, des articles 3 *b* de la Directive n° 2002/15/CE du Parlement européen et du Conseil du 11 mars 2002, directement applicable en droit interne, et L. 8221-5 du Code du travail que les périodes pendant lesquelles le travailleur mobile accompagne un véhicule transporté par ferry-boat, constituent du temps de disponibilité et non du temps de travail effectif.

N'est ainsi pas constituée l'infraction de travail dissimulé par dissimulation d'emploi salarié résultant de la mention sur le bulletin de paie d'un nombre d'heures de travail inférieur à celui réellement accompli lorsque les heures non mentionnées sur la fiche de salaire, correspondant à un temps durant lequel le conducteur n'exerce aucune activité et peut vaquer librement à des occupations personnelles, ne constituent pas du temps de travail effectif (■ Cass. crim., 5 juin 2012, n° 11-83.319 : *Bull. crim.*, n° 143 ; *Dr. pénal* 2012, comm. 123, obs. J.-H. Robert ; *Gaz. Pal.* 25-26 juill. 2012, jurispr. p. 13, note R. Mesa ; *Rev. dr. trav.* 2012, act. p. 401, note A. Moulinier).

23) Il résulte de l'article L. 8221-5 du Code du travail qu'est réputé travail dissimulé par dissimulation d'emploi salarié le fait pour tout employeur de mentionner sur le bulletin de paie un nombre d'heures de travail inférieur à celui réellement accompli, sauf si cette mention résulte d'une convention ou d'un accord collectif d'aménagement du temps de travail conclu en application du titre II du livre Ier de la troisième partie dudit code.

En conséquence, encourt la censure l'arrêt de la cour d'appel qui déclare constitué le délit de travail dissimulé à l'encontre d'un prévenu qui, n'ayant apporté aucun correctif aux distorsions existant dans son entreprise entre les horaires de travail prévus par la convention collective nationale étendue de la distribution directe du 9 juillet 2004 et ceux réellement effectués, n'a reporté sur les bulletins de paie que les heures préalablement quantifiées en application de cette convention, alors qu'une telle mention n'est pas punissable au regard de l'article L. 8221-5 du Code du travail dans le cas où elle résulte d'une convention ou d'un accord collectif d'aménagement du temps de travail conclu en application des dispositions susvisées dudit Code (■ Cass. crim., 16 avr. 2013, n° 12-81.767 : *Bull. crim.*, n° 89 ; *Dr. pénal* 2013, comm. 96, obs. J.-H. Robert ; *Dr. social* 2013, Études, p. 626, note R. Salomon).

24) Les prescriptions de l'article L. 611-10 du Code du travail, qui imposent la remise au contrevenant d'un exemplaire du procès-verbal dressé par l'inspecteur du Travail, ne sont applicables qu'en cas d'infraction aux dispositions relatives à la durée du travail ; fait une exacte application de ce texte, l'arrêt qui énonce que l'inobservation de l'article L. 611-10 du Code du travail ne peut être invoquée par un prévenu poursuivi du chef de travail dissimulé (■ Cass. crim., 22 nov. 2005 : *Bull. crim.*, n° 308 ; *Dr. pénal* 2006, note 60).

25) Il appartient aux juges du fond, saisis de poursuites exercées contre un employeur sur le fondement du délit de travail dissimulé, de rechercher, par l'analyse des éléments de la cause, la véritable nature de la convention conclue entre les parties.

Justifie sa décision, la cour d'appel qui, pour condamner une société du chef de travail dissimulé, retient, que, sous le couvert de mandats qu'elle avait établis avec d'anciens salariés ayant pris ensuite le statut d'autoentrepreneur, ces derniers fournissaient en réalité des prestations les plaçant dans une situation de subordination juridique permanente par rapport à la société (■ Cass. crim., 15 déc. 2015, n° 14-85.638 : *JCP* 2016, 118, note F. Duquesne).

26) Le dirigeant d'une association dont l'activité principale était le transport à titre onéreux par des salariés de personnes non membres de l'association, ce dont il résulte que cette activité ne pouvait être considérée comme relevant de services privés de transport, au sens de l'article 2 du décret n° 87-242 du 7 avril 1987, et dont les bulletins de paie de deux employés mentionnent un nombre d'heures de travail inférieur au nombre réellement accompli, se rend coupable de travail dissimulé (■ Cass. crim., 17 nov. 2015, n° 14-82.224).

27) Action civile. Il résulte des articles 2 et 3 du Code de procédure pénale, que l'action civile en réparation du dommage causé par une infraction ne peut être exercée devant la juridiction pénale en même temps que l'action publique que pour les chefs de dommages découlant des faits qui sont l'objet de la poursuite.

Doit être cassé l'arrêt qui, dans une poursuite exercée du chef de travail dissimulé par dissimulation de salariés, alloue à la partie civile l'indemnité forfaitaire prévue par l'article L. 8223-1 du Code du travail, en cas de rupture du contrat de travail de salariés employés dans les conditions prévues à l'article 8221-5 dudit code, alors que l'indemnité en cause, dont l'allocation relève de la compétence exclusive du conseil de prud'hommes, ne pouvait constituer, au sens des articles 2 et 3 précités, la réparation du préjudice causé par l'infraction déclarée établie (■ Cass. crim., 30 oct. 2012, n° 11-81.694).

28) Le préjudice résultant d'une infraction doit être réparé dans son intégralité, sans perte ni profit pour aucune des parties.

Encourt la censure l'arrêt qui, pour déclarer irrecevable la constitution de partie civile de l'URSSAF contre les auteurs d'une infraction de travail dissimulé, retient qu'en calculant le montant de son préjudice sur la base du montant des cotisations éludées, l'URSSAF demande en réalité à la juridiction correctionnelle la condamnation des prévenus au paiement des cotisations éludées dont l'action en recouvrement obéit à des règles spécifiques prévues par le Code de sécurité sociale, alors que l'organisme social justifiait d'un préjudice résultant du défaut de paiement desdites cotisations (■ Cass. crim., 13 mai 2014, n° 13-81.240).

De même, justifie sa décision la cour d'appel qui, pour allouer des dommages-intérêts à l'Urssaf n'incluant pas les cotisations éludées, retient que celle-ci a subi un préjudice découlant directement des agissements délictueux (■ Cass. crim., 1er déc. 2015, n° 14-85.828).

29) Action civile syndicale. L'exercice d'un travail dissimulé est de nature à causer à la profession représentée par le syndicat demandeur un préjudice distinct de celui subi personnellement par les salariés concernés.

Doit être cassé l'arrêt qui, pour déclarer irrecevable l'action civile d'un syndicat qui s'était constitué partie civile à l'encontre de personnes poursuivies pour travail dissimulé par dissimulation d'activité et dissimulation d'emplois salariés, énonce que le syndicat n'établit l'existence d'aucun préjudice même indirect porté à l'intérêt collectif de la profession, distinct de l'intérêt général et du préjudice individuel subi par les salariés (■ Cass. crim., 6 déc. 2011, n° 10-86.829 : *Bull. crim.*, n° 244 ; *D.* 2012, act. p. 104, obs. M. Bombled. – Rapp. ■ Cass. crim., 11 oct. 2005 : *Bull. crim.*, n° 254. ■ 15 nov. 1983 : *Bull. crim.*, n° 299).

Art. L. 8224-1. – **Le fait de méconnaître les interdictions définies à l'article L. 8221-1 est puni d'un emprisonnement de trois ans et d'une amende de 45 000 €.**

Art. L. 8224-2 *(L. n° 2014-1554, 22 déc. 2014)*. – **Le fait de méconnaître les interdictions définies à l'article l. 8221-1 par l'emploi dissimulé d'un mineur soumis à l'obligation scolaire est puni d'un emprisonnement de cinq ans et d'une amende de 75 000 €.**

Le fait de méconnaître les interdictions définies au même article L. 8221-1 en commettant les faits à l'égard de plusieurs personnes ou d'une personne dont la vulnérabilité ou l'état de dépendance sont apparents ou connus de l'auteur est puni d'un emprisonnement de cinq ans et d'une amende de 75 000 €.

Le fait de méconnaître les interdictions définies aux 1° et 3° du même article L. 8221-1 en commettant les faits en bande organisée est puni de dix ans d'emprisonnement et de 100 000 € d'amende.

L'article L. 362-3 ne prévoit aucune exception à la règle générale du non-cumul des peines édictée en matière de crimes et de délits par l'article 5 du Code pénal. Doit, en conséquence, être cassé l'arrêt qui, après avoir déclaré le prévenu coupable d'avoir employé clandestinement trois salariés, prononce contre lui une peine d'emprisonnement avec sursis et trois peines d'amende distinctes (■ Cass. crim., 5 déc. 1989 : *Bull. crim.*, n° 468).

Art. L. 8224-3 *(Mod., L. n° 2008-776, 4 août 2008 ; L. n° 2015-990, 6 août 2015).* **– Les personnes physiques coupables des infractions prévues aux articles L. 8224-1 et L. 8224-2 encourent les peines complémentaires suivantes :**

1° L'interdiction, suivant les modalités prévues par l'article 131-27 du Code pénal, soit d'exercer une fonction publique ou d'exercer l'activité professionnelle ou sociale dans l'exercice ou à l'occasion de l'exercice de laquelle l'infraction a été commise, soit d'exercer une profession commerciale ou industrielle, de diriger, d'administrer, de gérer ou de contrôler à un titre quelconque, directement ou indirectement, pour son propre compte ou pour le compte d'autrui, une entreprise commerciale ou industrielle ou une société commerciale. Ces interdictions d'exercice peuvent être prononcées cumulativement ;

2° L'exclusion des marchés publics pour une durée de cinq ans au plus ;

3° La peine de confiscation dans les conditions et selon les modalités prévues à l'article 131-21 du Code pénal ;

4° *(Rempl., L. n° 2014-790, 10 juill. 2014)* **L'affichage ou la diffusion de la décision prononcée, dans les conditions prévues à l'article 131-35 du Code pénal Lorsqu'une amende est prononcée, la juridiction peut ordonner que cette diffusion soit opérée, pour une durée maximale de deux ans, par les services du ministre chargé du travail sur un site internet dédié, dans des conditions prévues par décret en Conseil d'État pris après avis de la Commission nationale de l'informatique et des libertés ;**

5° L'interdiction, suivant les modalités prévues par l'article 131-26 du Code pénal, des droits civiques, civils et de famille.

1) Aux termes de l'article 111-3 du Code pénal, nul ne peut être puni d'une peine qui n'est pas prévue par la loi ; encourt la cassation limitée aux peines complémentaires, l'arrêt qui, après condamnation du prévenu pour travail clandestin ordonne l'affichage et la publication de la décision alors que l'article L. 362-4, 4° du Code du travail ne permet de prononcer que l'une ou l'autre de ces peines complémentaires, dans les conditions prévues par l'article 131-35 du Code pénal (■ Cass. crim., 13 mai 1997 : *Bull. crim.*, n° 180).

2) Peut être qualifié d'objet ayant servi directement ou indirectement à commettre l'infraction de travail dissimulé ou été utilisé à cette occasion, au sens de l'article L. 8224-3, 3°, du Code du travail, et, comme tel, susceptible de confiscation, le véhicule automobile dont se sert un employeur pour se rendre sur les chantiers où il surveille les travailleurs en cause ou pour assurer leur transport. Dès lors justifie sa décision la chambre de l'instruction qui ordonne la remise de ce bien meuble à l'Agence de gestion et de recouvrement des avoirs saisis et confisqués aux fins d'aliénation, en application de l'article 41-5, alinéa 2, du Code de procédure pénale, dans sa rédaction alors en vigueur (■ Cass. crim., 14 avr. 2015, n° 14-80.896).

Art. L. 8224-4. – Tout étranger coupable des infractions prévues aux articles L. 8224-1 et L. 8224-2 est passible d'une interdiction du territoire français qui peut être prononcée dans les conditions prévues par l'article 131-30 du Code pénal pour une durée de cinq ans au plus.

Art. L. 8224-5 *(Mod., L. n° 2014-790, 10 juill. 2014).* **– Les personnes morales reconnues pénalement responsables, dans les conditions prévues par l'article 121-2 du Code pénal, des infractions prévues par les articles L. 8224-1 et L. 8224-2 encourent :**

1° L'amende, dans les conditions prévues à l'article 131-38 du Code pénal ;

2° Les peines mentionnées aux 1° à 5°, 8°, 9° et 12° de l'article 131-39 du même code.

L'interdiction prévue au 2° de l'article 131-39 du Code pénal porte sur l'activité dans l'exercice ou à l'occasion de l'exercice de laquelle l'infraction a été commise.

Lorsqu'une amende est prononcée, la juridiction peut ordonner que la diffusion prévue au 9° du même article 131-39 soit opérée, pour une durée maximale de deux ans, par les services du ministre chargé du travail

sur un site internet dédié, dans des conditions prévues par décret en Conseil d'État pris après avis de la Commission nationale de l'informatique et des libertés.

Art. L. 8224-5-1 *(L. n° 2011-672, 16 juin 2011)*. – **Le prononcé de la peine complémentaire de fermeture provisoire d'établissement mentionnée au 4° de l'article 131-39 du Code pénal n'entraîne ni rupture, ni suspension du contrat de travail, ni aucun préjudice pécuniaire à l'encontre des salariés de l'établissement concerné.**

Art. L. 8224-6. – **Le fait, pour toute personne soumise aux obligations énoncées à l'article L. 8221-7, de diffuser ou de faire diffuser, ou de communiquer au responsable de la publication ou de la diffusion des informations mensongères relatives à son identification est puni d'une amende de 7 500 €.**

……………………………………………………………………………………………

10) TRAVAILLEURS ÉTRANGERS

Art. L. 5221-4 *(L. n° 2008-67, 21 janv. 2008)*. – **Sous réserve des accords internationaux, il est interdit à une entreprise de travail temporaire de mettre à la disposition de quelque personne que ce soit des travailleurs étrangers si la prestation de service s'effectue hors du territoire français.**

Art. L. 5221-8 *(Mod., L. n° 2008-126, 13 févr. 2008)*. – **L'employeur s'assure auprès des administrations territorialement compétentes de l'existence du titre autorisant l'étranger à exercer une activité salariée en France, sauf si cet étranger est inscrit sur la liste des demandeurs d'emploi tenue par l'institution mentionnée à l'article L. 5312-1.**

Art. L. 5221-11. – **Un décret en Conseil d'État détermine les modalités d'application des articles L. 5221-3 et L. 5221-5 à L. 5221-8.**

……………………………………………………………………………………………

Art. L. 8251-1 *(Mod., L. n° 2011-672, 16 juin 2011)*. – **Nul ne peut, directement ou indirectement, embaucher, conserver à son service ou employer pour quelque durée que ce soit un étranger non muni du titre l'autorisant à exercer une activité salariée en France.**

Il est également interdit à toute personne d'engager ou de conserver à son service un étranger dans une catégorie professionnelle, une profession ou une zone géographique autres que celles qui sont mentionnées, le cas échéant, sur le titre prévu au premier alinéa.

1) Les dispositions de l'article 341-6 (devenu les articles L. 5221-8, L. 5221-11 et L. 8251-1) impliquent nécessairement que l'employeur s'informe de la nationalité de celui qu'il embauche et vérifie, dans le cas où il s'agit d'un étranger, s'il est titulaire du titre précité. Commet sciemment l'infraction audit article L. 341-6 celui qui omet volontairement de remplir ces obligations (■ Cass. crim., 29 mars 1994 : *Bull. crim.*, n° 121 ; *Dr. pénal* 1994, n° 166, obs. J.-H. Robert). Il résulte de l'article L. 341-6 du Code du travail que l'employeur qui, sous couvert d'un contrat de sous-traitance fictif constituant en réalité un prêt illicite de main-d'œuvre, engage un salarié par personne interposée est tenu de s'informer de la nationalité de celui-ci et de vérifier, le cas échéant, s'il est muni d'un titre l'autorisant à travailler en France ; l'inexécution de ces obligations caractérise l'élément intentionnel de l'infraction aux dispositions dudit article (■ Cass. crim., 6 mai 1997 : *Bull. crim.*, n° 178).

2) Si les mesures transitoires à l'acte d'adhésion du Portugal à la Communauté économique européenne permettent l'assimilation des ressortissants de ce pays aux ressortissants français, pour l'application de l'article L. 341-6 du Code du travail, à compter du 1er janvier 1992, la disposition législative, support légal de l'incrimination d'emploi irrégulier d'étrangers en France, n'ayant pas été modifiée, demeure applicable aux faits commis avant cette date par un entrepreneur d'un pays tiers – en l'occurrence la principauté de Monaco – qui exécute, avec sa main-d'œuvre portugaise, un contrat de sous-traitance, sans pouvoir bénéficier de la liberté des prestations de services au sein de la Communauté économique européenne (■ Cass. crim., 3 oct. 1995 : *Bull. crim.*, n° 291).

Art. L. 8251-2 *(En vigueur à compter d'une date fixée par décret en Conseil d'État et au plus tard le 30 sept. 2011, L. n° 2011-672, 16 juin 2011 ; L. n° 2016-274, 7 mars 2016).* – Nul ne peut, directement ou indirectement, recourir sciemment aux services d'un employeur d'un étranger non autorisé à travailler.

....

Art. L. 5222-1. – Il est interdit, sous réserve des dispositions de l'article L. 7121-18 de se faire remettre ou tenter de se faire remettre, de manière occasionnelle ou renouvelée, des fonds, des valeurs ou des biens mobiliers en vue ou à l'occasion de l'introduction en France d'un travailleur étranger ou de son embauche.

Art. L. 5222-2 *(Mod., D. n° 2009-331, 25 mars 2009).* – Il est interdit à tout employeur de se faire rembourser la redevance forfaitaire qu'il a versée à l'Office français de l'immigration et de l'intégration ou les frais de voyage qu'il a réglés pour la venue d'un travailleur étranger en France ainsi que d'opérer sur le salaire de celui-ci des retenues, sous quelque dénomination que ce soit, à l'occasion de son embauche.

....

Art. L. 5224-1. – Le fait de méconnaître les dispositions de l'article L. 5221-4 est puni d'une amende de 3 000 €.

La juridiction peut également prononcer à titre de peines complémentaires :

1° L'interdiction d'exercer l'activité d'entrepreneur de travail temporaire pour une durée de dix ans au plus ;

2° L'affichage du jugement aux frais de la personne condamnée dans les conditions prévues à l'article 131-35 du Code pénal et son insertion, intégrale ou par extraits, dans les journaux qu'elle désigne. Ces frais ne peuvent excéder le montant maximum de l'amende encourue.

Art. L. 5224-2. – Le fait de méconnaître les dispositions de l'article L. 5222-1 est puni d'un emprisonnement de trois ans et d'une amende de 45 000 €.

La juridiction peut également prononcer à titre de peines complémentaires :

1° L'interdiction pour une durée de cinq ans au plus, d'exercer directement ou par personne interposée l'activité professionnelle dans l'exercice ou à l'occasion de l'exercice de laquelle l'infraction a été commise, selon les modalités prévues par l'article 131-27 du Code pénal ;

2° L'exclusion des marchés publics pour une durée de cinq ans au plus ;

3° La confiscation des objets ayant servi, directement ou indirectement, à commettre l'infraction ou qui ont été utilisés à cette occasion, à quelque personne qu'ils appartiennent dès lors que leur propriétaire ne pouvait en ignorer l'utilisation frauduleuse, ainsi que des objets qui sont le produit de l'infraction et qui appartiennent au condamné ;

4° L'affichage du jugement aux frais de la personne condamnée dans les conditions prévues à l'article 131-35 du Code pénal et son insertion, intégrale ou par extraits, dans les journaux qu'elle désigne. Ces frais ne peuvent excéder le montant maximum de l'amende encourue ;

5° L'interdiction, suivant les modalités prévues par l'article 131-26 du Code pénal, des droits civiques, civils et de la famille ;

6° L'interdiction de séjour pour une durée de cinq ans au plus.

Art. L. 5224-3. – L'interdiction du territoire français peut être prononcée, dans les conditions prévues par les articles 131-30 à 131-30-2 du Code pénal, pour une durée de dix ans au plus ou à titre définitif à l'encontre de tout étranger coupable des infractions définies à l'article L. 5224-2.

....

Art. L. 8256-1. – Le fait de se rendre coupable de fraude ou de fausse déclaration pour obtenir, faire obtenir ou tenter de faire obtenir à un étranger le titre mentionné à l'article L. 8251-1 est puni d'un emprisonnement d'un an et d'une amende de 3 000 €.

Art. L. 8256-2 *(Mod., L. n° 2011-672, 16 juin 2011).* – Le fait pour toute personne, directement ou par personne interposée, d'embaucher, de conserver à son service ou d'employer pour quelque durée que ce soit un étranger non muni du titre l'autorisant à exercer une activité salariée en France, en méconnaissance des dispositions du premier alinéa de l'article L. 8251-1, est puni d'un emprisonnement de cinq ans et d'une amende de 15 000 €.

(Al. en vigueur à compter d'une date fixée par décret en Conseil d'État et au plus tard le 30 sept. 2011, L. n° 2011-672, 16 juin 2011 ; L. n° 2016-274, 7 mars 2016) **Le fait de recourir sciemment, directement ou indirectement, aux services d'un employeur d'un étranger non autorisé à travailler est puni des mêmes peines.**

Ces peines sont portées à un emprisonnement de dix ans et une amende de 100 000 € lorsque l'infraction est commise en bande organisée.

Le premier alinéa n'est pas applicable à l'employeur qui, sur la base d'un titre frauduleux ou présenté frauduleusement par un étranger salarié, a procédé sans intention de participer à la fraude et sans connaissance de celle-ci à la déclaration auprès des organismes de sécurité sociale prévue à l'article L. 1221-10, à la déclaration unique d'embauche et à la vérification auprès des administrations territorialement compétentes du titre autorisant cet étranger à exercer une activité salariée en France.

L'amende est appliquée autant de fois qu'il y a d'étrangers concernés.

1) Le fait d'engager ou de conserver à son service un étranger non muni de titre l'autorisant à exercer une activité salariée est une infraction intentionnelle qui requiert, pour être constituée, la connaissance par l'employeur de la qualité d'étranger du salarié (■ Cass. crim., 1er oct. 1987 : *Bull. crim.*, n° 327).

2) Est coupable du délit d'emploi, par personne interposée, de travailleurs étrangers en situation irrégulière l'entrepreneur principal qui recourt à un sous-traitant fictif pour se procurer la main-d'œuvre qu'il emploie en parfaite connaissance de sa situation (■ Cass. crim., 20 mai 1992 : *Bull. crim.*, n° 198).

3) Le délit d'emploi d'un étranger non muni d'une autorisation de travail salarié cause nécessairement un préjudice direct et personnel au travailleur étranger irrégulièrement employé. Justifie, dès lors, sa décision la cour d'appel qui, après avoir déclaré le prévenu coupable d'emploi d'un étranger non muni d'une autorisation de travail, le condamne à la réparation du préjudice moral subi par ce salarié (■ Cass. crim., 11 avr. 2012, n° 11-85.224 : *Dr. pénal* 2012, comm. 100, obs. J.-H. Robert ; *Dr. social* 2012, p. 726, obs. R. Salomon, et p. 755, obs. F. Duquesne).

4) Encourt la cassation l'arrêt qui déclare un prévenu coupable d'emploi d'un ressortissant roumain non muni d'une autorisation de travail, alors que la Roumanie étant devenue membre de l'Union européenne le 1er janvier 2007, la totalité des restrictions à l'accès au marché du travail a été levée pour les ressortissants de cet État à compter du 1er janvier 2014, de sorte que l'infraction poursuivie avait perdu son caractère punissable (■ Cass. crim., 3 nov. 2015, n° 14-84.459 : *Dr. pén.* 2016, comm. 13, obs. J.-H. Robert).

....

Art. L. 5224-4. – **Le fait de méconnaître les dispositions de l'article L. 5222-2 est puni d'un emprisonnement de deux ans et d'une amende de 3 000 €.**

La juridiction peut également ordonner, à titre de peine complémentaire, l'affichage du jugement aux frais de la personne condamnée dans les conditions prévues à l'article 131-35 du Code pénal et son insertion, intégrale ou par extraits, dans les journaux qu'elle désigne. Ces frais ne peuvent excéder le montant maximum de l'amende encourue.

....

Art. L. 8256-3 *(L. n° 2015-990, 6 août 2015)*. – **Les personnes physiques coupables des infractions prévues à l'article L. 8256-2 encourent les peines complémentaires suivantes :**

1° L'interdiction, pour une durée de cinq ans au plus, d'exercer directement ou par personne interposée l'activité professionnelle dans l'exercice ou à l'occasion de l'exercice de laquelle l'infraction a été commise, selon les modalités prévues par l'article 131-27 du Code pénal ;

2° L'exclusion des marchés publics pour une durée de cinq ans au plus ;

3° La peine de confiscation dans les conditions et selon les modalités prévues à l'article 131-21 du Code pénal ;

4° *(Rempl., L. n° 2014-790, 10 juill. 2014)* **L'affichage ou la diffusion de la décision prononcée, dans les conditions prévues à l'article 131-35 du Code pénal. Lorsqu'une amende est prononcée, la juridiction peut ordonner que cette diffusion soit opérée, pour une durée maximale de deux ans, par les services du ministre chargé du travail sur un site internet dédié, dans des conditions prévues par décret en Conseil d'État pris après avis de la Commission nationale de l'informatique et des libertés ;**

5° L'interdiction, suivant les modalités prévues par l'article 131-26 du Code pénal, des droits civiques, civils et de la famille ;

6° L'interdiction de séjour pour une durée de cinq ans au plus.

Art. L. 8256-4. – Les personnes physiques coupables des infractions prévues à l'article L. 8256-2 encourent la peine complémentaire de fermeture des locaux ou établissements tenus ou exploités par elles et ayant servi à commettre les faits incriminés.

Art. L. 8256-5. – Les personnes physiques condamnées au titre de l'infraction prévue au deuxième alinéa de l'article L. 8256-2 encourent la peine complémentaire de confiscation de tout ou partie de leurs biens, qu'elle qu'en soit la nature.

Art. L. 8256-6. – L'interdiction du territoire français peut être prononcée, dans les conditions prévues par les articles 131-30 à 131-30-2 du Code pénal, pour une durée de dix ans au plus ou à titre définitif à l'encontre de tout étranger coupable des infractions définies à l'article L. 8256-2.

Art. L. 8256-7 *(Mod., L. n° 2014-790, 10 juill. 2014)*. – Les personnes morales reconnues pénalement responsables, dans les conditions prévues par l'article 121-2 du Code pénal, des infractions prévues au présent chapitre, à l'exception de l'article L. 8256-1, encourent :

1° L'amende, dans les conditions prévues à l'article 131-38 du Code pénal ;

2° Les peines mentionnées aux 1° à 5°, 8°, 9° et 12° de l'article 131-39 du même code.

L'interdiction mentionnée au 2° de l'article 131-39 porte sur l'activité dans l'exercice ou à l'occasion de l'exercice de laquelle l'infraction a été commise.

Lorsqu'une amende est prononcée, la juridiction peut ordonner que la diffusion prévue au 9° du même article 131-39 soit opérée, pour une durée maximale de deux ans, par les services du ministre chargé du travail sur un site internet dédié, dans des conditions prévues par décret en Conseil d'État pris après avis de la Commission nationale de l'informatique et des libertés.

Art. L. 8256-7-1 *(En vigueur à compter d'une date fixée par décret en Conseil d'État et au plus tard le 30 sept. 2011, L. n° 2011-672, 16 juin 2011)*. – Le prononcé de la peine complémentaire de fermeture provisoire d'établissement mentionnée au 4° de l'article 131-39 du Code pénal n'entraîne ni rupture, ni suspension du contrat de travail, ni aucun préjudice pécuniaire à l'encontre des salariés de l'établissement concerné.

Art. L. 8256-8 *(Mod., L. n° 2011-672, 16 juin 2011)*. – Les personnes morales condamnées au titre de l'infraction prévue au troisième alinéa de l'article L. 8256-2 encourent la peine complémentaire de confiscation de tout ou partie de leurs biens, quelle qu'en soit la nature.

....

11) TRAVAILLEURS PRIVÉS D'EMPLOI

Art. L. 5124-1 *(Rempl., L. n° 2013-1203, 23 déc. 2013*. – Sauf constitution éventuelle du délit d'escroquerie, défini et sanctionné à l'article 313-1, au 5° de l'article 313-2 et à l'article 313-3 du Code pénal, le fait de bénéficier ou de tenter de bénéficier frauduleusement des allocations mentionnées à l'article L. 5123-2 du présent code est puni des peines prévues à l'article 441-6 du Code pénal. Le fait de faire obtenir frauduleusement ou de tenter de faire obtenir frauduleusement ces allocations est puni de la même peine.

Art. L. 5429-1 *(Rempl., L. n° 2013-1203, 23 déc. 2013 ; L. n° 2016-1917, 29 déc. 2016)*. – Sauf constitution éventuelle du délit d'escroquerie défini et sanctionné à l'article 313-1, au 5° de l'article 313-2 et à l'article 313-3 du Code pénal, le fait de bénéficier ou de tenter de bénéficier frauduleusement des allocations d'aide aux travailleurs privés d'emploi définies au présent livre est puni des peines prévues à l'article 441-6 du Code pénal. Le fait de faire obtenir frauduleusement ou de tenter de faire obtenir frauduleusement ces allocations et cette prime est puni de la même peine.

1) Une activité, fût-elle bénévole, met celui qui s'y livre à plein temps dans l'impossibilité de rechercher un emploi ; se rend, dès lors, coupable de l'infraction prévue par l'article L. 365-1, le président d'une association qui exerce une telle activité alors qu'il perçoit dans le même temps des prestations de chômage (■ Cass. crim., 27 févr. 1996 : *Bull. crim.*, n° 95). V. J. Savatier, *Activités bénévoles et statut de chômeur : Dr. social* 1996, p. 593.

2) Le délit de fausse déclaration pour obtenir des allocations d'aide aux travailleurs privés d'emploi, prévu et puni par l'article L. 365-1 du Code du travail, n'est caractérisé que si celles-ci ne sont pas dues. Leur caractère indu ne peut se déduire de la seule fausseté de la déclaration (■ Cass. crim., 16 juin 2004 : *Bull. crim.*, n° 161 ; *Dr. pénal* 2004, comm. 161, obs. J.-H. Robert).

3) La perception des indemnités de chômage est indue, au sens de l'article L. 365-1 du Code du travail (rédaction antérieure à la loi du 23 mars 2006) quand l'allocataire s'absorbe dans des activités qui l'empêchent de chercher un nouvel emploi (■ Cass. crim., 30 janv. 2007 : *Dr. pénal* 2007, comm. 77, obs. J.-H. Robert).

4) Une activité professionnelle, fût-elle bénévole, met celui qui s'y livre à plein temps dans l'impossibilité de rechercher un emploi. Dès lors, ne justifie pas sa décision la cour d'appel qui, saisie d'une poursuite exercée sur le fondement de l'article L. 365-1 du Code du travail, déboute l'ASSEDIC de sa demande de remboursement d'allocations de chômage, au motif que le prévenu bénéficiaire de ces allocations, ayant procédé comme simple exécutant à des démarches en vue de l'immatriculation en France de l'établissement d'une société de droit allemand et à l'embauche d'un salarié, ne pouvait être considéré comme gérant de fait de la société, sans rechercher si l'activité exercée alors qu'il percevait le revenu de remplacement versé par l'Assedic lui permettait d'accomplir des actes positifs de recherche au sens de l'article L. 351-1 du même code (■ Cass. crim., 20 mars 2007 : *Bull. crim.*, n° 87 ; *Dr. pénal* 2007, comm. 89, obs. J.-H. Robert).

5) Il résulte de l'article L. 365-1 du Code du travail, dans sa rédaction issue de la loi du 23 mars 2006 comme dans celle antérieure, que le fait, pour un bénéficiaire des allocations d'aide aux travailleurs privés d'emploi, de ne pas déclarer à l'ASSEDIC l'exercice d'une activité professionnelle caractérise la fraude en vue d'obtenir lesdites allocations. Cassation de l'arrêt qui approuve la motivation des premiers juges qui, pour relaxer un prévenu, indiquent que le fait de ne pas avoir informé l'ASSEDIC d'une activité professionnelle constituait une abstention et non un acte positif nécessaire à la fausse déclaration et caractéristique de la fraude, et ajoute que l'article L. 365-1 du Code du travail, dans sa rédaction issue de la loi du 23 mars 2006, exclut qu'une absence de déclaration antérieure à la promulgation de cette loi puisse être considérée comme un acte constitutif de l'infraction prévue par ledit article dans sa rédaction antérieure (■ Cass. crim., 27 mars 2007 : *Bull. crim.*, n° 95. ■ 12 déc. 2007 : *Dr. pénal* 2008, note 54).

12) ENTRAVES AU FONCTIONNEMENT DES ORGANES REPRÉSENTANT LES SALARIÉS ET AU DROIT D'EXPRESSION DES SALARIÉS

Art. L. 2146-1. – Le fait d'apporter une entrave à l'exercice du droit syndical, défini par les articles L. 2141-4, L. 2141-9 et L. 2141-11 à L. 2143-22, est puni d'un emprisonnement d'un et d'une amende de 3 750 €.

Constitue une entrave punissable le fait de refuser à un délégué syndical ou à un délégué du personnel des casinos le droit, qu'il tient des articles L. 2143-13 et L. 2315-1 du Code du travail, 18 *bis* de la convention collective étendue du 29 mars 2002 applicable, de choisir, pour la compensation de ses heures de délégation prises hors du temps de travail, entre l'allocation d'un repos compensateur et le paiement de ces heures (■ Cass. crim., 26 janv. 2016, n° 13-85.770 : *Dr. pén.* 2016, comm. 66, obs. J.-H. Robert).

Art. L. 2431-1. – Le fait de rompre le contrat de travail d'un délégué syndical ou d'un ancien délégué syndical en méconnaissance des dispositions relatives à la procédure d'autorisation administrative prévues par le présent livre est puni d'un emprisonnement d'un an et d'une amende de 3 750 €.

Le fait de transférer le contrat de travail d'un salarié mentionné au premier alinéa compris dans un transfert partiel d'entreprise ou d'établissement, en méconnaissance des dispositions relatives à la procédure d'autorisation administrative, est puni des mêmes peines.

1) L'entrave est constituée dès lors que l'employeur a, par des moyens de rétorsion, fait échec au droit pour un syndicat représentatif de constituer une section syndicale (■ Cass. crim., 21 avr. 1977 : *Bull. crim.*, n° 126), ou lorsqu'il suscite la démission d'un délégué syndical (■ Cass. crim., 9 mai 1979 : *Bull. crim.*, n° 170) ou refuse de lui communiquer des indications le mettant dans l'impossibilité de tenir son rôle (■ Cass. crim., 5 oct. 1982 : *Bull. crim.*, n° 207).

2) Les dispositions législatives relatives au licenciement d'un délégué syndical ont institué au profit d'un tel salarié et dans l'intérêt de l'ensemble des travailleurs qu'il représente une protection exceptionnelle et exorbitante du droit commun qui exclut que soit poursuivie par la voie judiciaire la résiliation du contrat de travail. Méconnaît donc le sens et la portée de l'article L. 412-15 dans sa rédaction antérieure à la loi du 28 octobre 1982 l'arrêt relaxant du chef d'entrave à l'exercice du droit syndical l'employeur qui, n'ayant pu obtenir l'avis conforme de l'inspecteur du travail pour le licenciement d'un délégué syndical, a engagé devant la juridiction prud'homale une action tendant à la résiliation judiciaire du contrat de travail le liant à ce salarié (■ Cass. ass. plén. 28 janv. 1983 : *Bull. crim.*, n° 37).

3) Les dispositions législatives soumettant à l'assentiment préalable du comité d'entreprise ou à la décision conforme de l'inspecteur du travail le licenciement de salariés légalement investis de fonctions représentatives, ont institué au profit de tels salariés et dans l'intérêt de l'ensemble des travailleurs qu'ils représentent, une protection exceptionnelle exorbitante du droit commun qui interdit, par suite, à l'employeur de poursuivre par d'autres moyens la résiliation du contrat de travail ; l'employeur ne saurait se soustraire à l'observations de ces dispositions d'ordre public en proposant au salarié de mettre fin au contrat de travail par un accord de résiliation ; refuse de tirer les conséquences légales de ses propres constatations l'arrêt qui, après avoir relevé que l'inspecteur du travail avait refusé d'autoriser le licenciement de la déléguée syndicale, et constaté que les prévenus avaient ensuite proposé à celle-ci un accord de résiliation de son contrat de travail, retient, pour les relaxer du délit d'entrave à l'exercice du droit syndical, qu'une telle offre n'était pas discriminatoire et qu'elle était « plutôt généreuse au regard des usages » (■ Cass. crim., 6 janv. 2004 : *Bull. crim.*, n° 4).

4) Justifie sa décision l'arrêt qui, pour dire ces dispositions d'ordre public méconnues, retient que les négociations auxquelles se sont livrés les cadres d'une entreprise avec les salariés protégés étaient destinées, pour les cadres, à obtenir la résiliation des contrats de travail de ceux-ci sans observer les prescriptions légales que leur confère leur statut, dans le but de faciliter la mise en place d'un plan social et, pour les salariés protégés, à bénéficier d'avantages obtenus en méconnaissance des mandats dont ils étaient investis (■ Cass. crim., 28 janv. 2004 : *Bull. crim.*, n° 22 ; *Dr. pénal* 2004, comm. 55, obs. J.-H. Robert).

5) De même est à bon droit déclaré constitué le délit d'entrave à l'exercice du droit syndical reproché à un chef d'entreprise à la suite du départ négocié d'un représentant du personnel employé selon un contrat de travail à durée déterminée, alors que l'inspecteur du travail, consulté à l'issue du contrat en application de l'article L. 425-2, alinéa 2, du Code du travail, avait constaté l'existence de pratiques discriminatoires prises à l'égard dudit salarié et refusé la rupture des liens contractuels, le contrat du salarié devenant ainsi, en application des articles L. 122-3-10 et L. 412-18 du même code, un contrat de travail à durée indéterminée ne pouvant être rompu qu'après autorisation administrative (■ Cass. crim., 14 nov. 2006 : *Bull. crim.*, n° 284).

6) Sur le refus de réintégration d'un salarié protégé après annulation non encore définitive de l'autorisation de licenciement, V. ■ Cass. ch. mixte, 3 déc. 1982 : *Bull. crim.*, n° 274 ; *D.* 1984, 233, note Mayaud. Sur le refus de réintégration lorsqu'il y a annulation définitive de l'autorisation de licenciement, V. ■ Cass. crim., 22 nov. 1983 : *Bull. crim.*, n° 310. ■ Cass. crim., 13 mars 1984 : *Bull. crim.*, n° 103.

7) Le droit à réintégration reconnu au salarié investi de fonctions représentatives à la suite de l'annulation, sur recours hiérarchique, d'une autorisation de licenciement n'est pas subordonné au caractère définitif de cette annulation ; justifie sa décision la cour d'appel qui condamne le gérant de la société pour entraves à l'exercice du droit syndical et au fonctionnement régulier du comité d'entreprise (■ Cass. crim., 14 mars 2006 : *Bull. crim.*, n° 72).

8) Ne constitue pas une atteinte au droit syndical l'exercice, par l'employeur, de son droit d'agir en justice contre un syndicat de salariés en réparation d'un préjudice causé à son entreprise, dès lors que son action ne revêt pas un caractère abusif (■ Cass. crim., 24 janv. 1978 : *Bull. crim.*, n° 29. ■ Cass. crim., 27 nov. 1979 : *Bull. crim.*, n° 338), ni l'attribution d'une prime exceptionnelle aux salariés n'ayant pas participé à une grève (■ Cass. crim., 28 nov. 1978 : *Bull. crim.*, n° 336) ni l'abattement sur des primes d'assiduité, imposé à des salariés ayant participé à un mouvement de grève, la participation à un tel mouvement ne pouvant caractériser à elle seule l'exercice d'une activité syndicale (■ Cass. crim., 15 déc. 1981 : *Bull. crim.*, n° 330).

9) Les déplacements effectués par un délégué syndical pour l'accomplissement de sa mission ne sont pas soumis à l'autorisation préalable de l'employeur. Justifie sa décision l'arrêt condamnant, pour entrave à l'exercice du droit syndical, un chef d'entreprise qui a infligé une sanction disciplinaire pour absence illégale à un délégué syndical, alors que celui-ci lui avait fait parvenir en temps utile un bon de délégation régulièrement établi afin de l'avertir de son déplacement à l'extérieur de l'entreprise, dans le cadre de sa mission syndicale (■ Cass. crim., 4 févr. 1986 : *Bull. crim.*, n° 46).

10) L'article L. 481-2 du Code du travail réprime toute entrave apportée à l'exercice du droit syndical ; de même l'article L. 483-2 sanctionne toute entrave apportée au fonctionnement régulier du comité d'entreprise. La loi ne fait aucune distinction selon l'auteur de l'infraction. Encourt dès lors la cassation l'arrêt qui écarte les préventions d'entraves à l'exercice du droit syndical et au fonctionnement régulier du comité d'entreprise à l'égard de membres du personnel d'une entreprise qui se sont opposés à la réintégration à son poste de travail d'un salarié, délégué syndical et représentant syndical auprès du comité d'entreprise, irrégulièrement licencié (■ Cass. crim., 9 déc. 1986 : *Bull. crim.*, n° 368).

11) Il appartient au chef d'entreprise, en cette qualité, de faire respecter le statut protecteur des représentants du personnel et des organisations syndicales et de surmonter des oppositions manifestées, au sein de son entreprise, à la réintégration d'un salarié de cette catégorie irrégulièrement licencié ; de telles oppositions ne sauraient en effet constituer un cas de force majeure de nature à justifier de sa part l'inexécution d'obligations légales pénalement sanctionnées et l'exonérer de sa responsabilité (même arrêt ; V. aussi ■ Cass. crim., 29 nov. 1988 : *Bull. crim.*, n° 404).

12) Seuls caractérisent le délit d'entrave à l'exercice du droit syndical les manquements aux dispositions légales définissant les droits reconnus aux syndicats dans les entreprises, ainsi qu'aux conventions ou accords étendant les droits ainsi définis. Encourt la cassation l'arrêt qui condamne un employeur du chef d'entrave à l'exercice du droit syndical en raison de la violation de dispositions conventionnelles qui ne résultent pas d'une extension ou d'une dérogation apportée à une disposition législative expresse dans une matière déterminée, dont l'inobservation est, seule, pénalement sanctionnée (■ Cass. crim., 24 févr. 1987 : *Bull. crim.*, n° 97).

13) Selon l'article L. 2263-1 du Code du travail, lorsqu'en application d'une disposition législative expresse dans une matière déterminée, une convention ou un accord collectif de travail étendu déroge à des dispositions légales, les infractions aux stipulations dérogatoires sont punies des sanctions qu'entraîne la violation des dispositions légales en cause.

Encourt la censure l'arrêt d'une cour d'appel qui condamne un prévenu pour méconnaissance de la convention collective des grands magasins, étendue par arrêté ministériel, qui dispose qu'avant toute décision ayant pour objet de fixer au-delà de 20 heures l'heure de fermeture d'un magasin, la direction devra consulter le comité d'entreprise ou d'établissement, ou, à défaut, les délégués du personnel et engager une négociation sur ses modalités avec les délégués syndicaux, alors que seule la violation des dispositions d'une convention ou d'un accord collectif de travail étendu dérogeant à des dispositions légales, en application d'une disposition législative expresse dans une matière déterminée, peut entrer dans la catégorie des agissements pénalement sanctionnés par l'article susvisé (■ Cass. crim., 19 juin 2012, n° 11-84.884 : *Bull. crim.*, n° 154 ; *Dr. pénal* 2012, comm. 134, obs. J.-H. Robert).

14) L'obligation pesant sur l'employeur de payer à l'échéance normale comme temps de travail le temps nécessaire aux délégués syndicaux et aux délégués du personnel pour l'exercice de leurs fonctions est limitée aux heures dont le nombre est fixé par la loi et ne s'étend pas à celles qui sont prises en fonction de circonstances exceptionnelles dont il appartient au salarié d'établir l'existence préalable à tout paiement par l'employeur de même que la conformité de l'utilisation desdites heures eu égard au mandat représentatif dont il est investi (■ Cass. crim., 26 mai 1987 : *Bull. crim.*, n° 219).

15) Dès lors qu'un employeur a payé à leur échéance normale les heures de délégation d'un délégué syndical, l'action par lui exercée devant le juge prud'homal en contestation de l'usage fait des heures ainsi allouées, et qui lui est ouverte par l'article L. 412-20 du Code du travail, ne constitue pas en elle-même et en l'absence d'abus par l'employeur de son droit d'agir en justice, une entrave à l'exercice du droit syndical (■ Cass. crim., 16 oct. 1990 : *Bull. crim.*, n° 343, deux arrêts).

16) La négociation annuelle obligatoire sur les salaires effectifs prévue par l'article L. 132-27 du Code du travail doit concerner la situation de l'ensemble des salariés de l'entreprise ; constitue en conséquence un manquement à l'obligation imposée par le texte précité, sanctionné comme tel, par l'article L. 152-3 du Code du travail, des pénalités prévues pour le délit d'entrave, le fait, pour l'employeur, de refuser d'inclure dans la négociation les modifications qu'il se propose d'apporter au calcul de la paie d'une catégorie du personnel (■ Cass. crim., 28 mars 1995 : *Bull. crim.*, n° 130).

17) La conclusion d'accords entre l'employeur et des institutions représentatives du personnel distinctes des organisations syndicales constitue le délit prévu et réprimé par les articles L. 412-1 et L. 481-2 du Code du travail lorsqu'elle a eu pour objet ou pour effet de porter atteinte au monopole que la loi confère aux organisations syndicales pour représenter les intérêts des salariés dans la négociation collective ; tel est le cas, lorsque, comme en l'espèce, l'accord conclu avec un comité d'établissement, en dépit de l'existence d'une représentation syndicale dans l'entreprise, a porté sur une matière relevant de la négociation annuelle obligatoire instituée par l'article L. 132-27 du Code du travail et qu'il a, au surplus, institué un aménagement du temps du travail entrant dans les prévisions de l'article L. 212-8 du même Code ; la négociation de tels accords doit nécessairement être engagée par l'employeur, conformément aux prescriptions de ces articles et de l'article L. 132-19 dudit Code, avec les organisations syndicales de salariés représentatives dans l'entreprise au sens de l'article L. 132-2 (■ Cass. crim., 18 nov. 1997 : *Bull. crim.*, n° 390).

18) L'employeur qui modifie unilatéralement les conditions du contrat de travail d'un délégué syndical et qui lui refuse le bénéfice d'une prime annuelle accordée aux autres salariés, est tenu d'apporter la preuve de la pleine justification de ces mesures ainsi que de leur absence de tout lien avec la qualité de délégué syndical.

Ne donne pas de base à sa décision l'arrêt qui, pour prononcer une relaxe des chefs d'entrave à l'exercice du droit syndical et de discrimination syndicale, retient que l'employeur avait informé la déléguée syndicale par courrier, de ses nouvelles attributions en raison du traitement de la comptabilité générale en un autre site, et que le non-paiement de la prime était dû à une erreur (■ Cass. crim., 6 janv. 2004 : *Bull. crim.*, n° 4).

19) Le délit d'entrave à l'exercice du droit syndical est une infraction instantanée à laquelle le repentir de l'employeur est indifférent ; ne donne pas de base légale à sa décision l'arrêt qui, après avoir constaté plusieurs manquements aux dispositions du Code du travail, notamment l'absence du panneau d'affichage prévu par l'article L. 412-8 dudit code, prononce une relaxe du chef d'entrave à l'exercice du droit syndical, en retenant qu'après avoir été rappelés à l'ordre, ils ont régularisé la situation, et que les parties civiles appelantes ne justifient pas de la persistance de ces manquements (même arrêt).

20) La seule mise à pied d'un salarié protégé, qui ne suspend pas l'exécution de son mandat, ne constitue pas en soi une entrave aux fonctions représentatives de l'intéressé. Encourt dès lors la cassation l'arrêt d'une cour d'appel qui, pour retenir à l'encontre d'un employeur l'existence d'une faute civile résultant des faits d'entrave poursuivis, énonce, sans caractériser plus précisément les agissements qui auraient entravé les fonctions représentatives d'un salarié protégé, que les mises à pied de ce salarié étaient fondées sur des faits dépourvus de tout caractère fautif et traduisaient la volonté de son employeur de faire obstacle à l'exercice de ses fonctions (■ Cass. crim., 8 avr. 2014 : *Bull. crim.* n° 107 ; *Dr. pén.* 2014, comm. 111, obs. J.-H. Robert).

21) Droit syndical des gérants non salariés. 1° En application des articles L. 7321-1 et L. 7322-1 du Code du travail, les gérants non salariés des succursales de commerce de détail alimentaire bénéficient du droit syndical dans les mêmes conditions que les salariés.

En conséquence, le fait de transférer le contrat d'un gérant non salarié d'une succursale de maison d'alimentation de détail, titulaire d'un mandat syndical, dans le cadre d'un transfert d'établissement, en méconnaissance des dispositions relatives à la procédure administrative, est puni par l'article L. 2431-1, alinéa 2 du Code du travail.

2° En application des mêmes textes, les gérants non salariés de succursales de maison d'alimentation de détail peuvent se prévaloir de l'ensemble des dispositions légales relatives aux institutions représentatives du personnel, sous réserve des aménagements expressément prévus par les dispositions particulières les concernant. En conséquence, la rupture, en méconnaissance des dispositions relatives à la procédure d'autorisation administrative, du contrat d'un gérant non salarié d'une succursale de maison d'alimentation de détail, titulaire d'un mandat de délégué syndical, est sanctionnée par l'article L. 2431-1, alinéa premier du Code du travail (■ Cass. crim., 11 oct. 2011, n° 10-86.944 : *Bull. crim.*, n° 204 ; *RJS* 2012, p. 76).

22) Les gérants non salariés de succursales de maisons d'alimentation de détail peuvent se prévaloir de l'ensemble des dispositions légales relatives aux institutions représentatives du personnel, sous réserve des aménagements expressément prévus par les dispositions particulières les concernant. En conséquence, la rupture du contrat conclu avec un gérant qui était délégué syndical constitue un délit d'entrave à l'exercice de ses fonctions (■ Cass. crim., 5 janv. 2015, n° 13-80.967 : *Dr. pén.* 2015, comm. 39, obs. J.-H. Robert).

23) Action civile syndicale. Ne justifie pas sa décision la cour d'appel qui alloue à un syndicat, constitué partie civile, des dommages-intérêts sur le fondement du délit d'entrave à l'exercice du droit syndical en retenant qu'un cadre d'entreprise ayant dirigé sa voiture automobile en direction d'un groupe de grévistes et légèrement heurté l'un d'entre eux, un tel fait était de nature à impressionner les salariés en grève pour soutenir le syndicat, alors que ce comportement était, en lui-même, impropre à caractériser l'élément matériel de l'infraction (■ Cass. crim., 28 avr. 2009, pourvoi n° 07-82.901 : *Bull. crim.*, n° 74 ; *Dr. pénal* 2009, comm. 111, obs. J.-H. Robert).

24) Un syndicat a la capacité d'exercer le droit syndical dans les conditions prévues par les articles L. 2141-4 à L. 2141-8 du Code du travail sans qu'il soit nécessaire qu'il ait été reconnu comme représentatif.

Encourt dès lors la cassation l'arrêt qui subordonne la constitution des infractions d'entrave à l'exercice du droit syndical et de discrimination à la représentativité du syndicat concerné (■ Cass. crim., 31 janv. 2012, n° 11-84.113 : *Bull. crim.*, n° 31).

Art. L. 2135-2 *(L. n° 2008-789, 20 août 2008 ; L. n° 2012-387, 22 mars 2012).* **– Les syndicats professionnels et leurs unions et les associations de salariés ou d'employeurs mentionnés à l'article L. 2135-1 qui contrôlent une ou plusieurs personnes morales au sens de l'article L. 233-16 du Code de commerce, sans entretenir avec elles de lien d'adhésion ou d'affiliation, sont tenus, dans des conditions déterminées par décret pris après avis du Conseil national de la comptabilité :**

***a)* Soit d'établir des comptes consolidés. L'article L. 823-2 du Code de commerce n'est pas applicable lorsque les ressources de l'ensemble constitué par les syndicats professionnels et leurs unions et les associations de salariés ou d'employeurs et les personnes morales qu'ils contrôlent ne dépassent pas, à la clôture d'un exercice, le seuil mentionné à l'article L. 2135-6 du présent code ;**

***b)* Soit de fournir, en annexe à leurs propres comptes, les comptes de ces personnes morales, ainsi qu'une information sur la nature du lien de contrôle. Dans ce cas, les comptes de ces personnes morales doivent avoir fait l'objet d'un contrôle légal, sauf lorsque les ressources de l'ensemble constitué par les syndicats professionnels et leurs unions et les associations de salariés ou d'employeurs et les personnes morales qu'ils contrôlent ne dépassent pas, à la clôture d'un exercice, le seuil mentionné au même article L. 2135-6.**

Art. L. 2146-2. – Le fait pour l'employeur de méconnaître les dispositions des articles L. 2141-5 à L. 2141-8, relatives à la discrimination syndicale, est puni d'une amende de 3 750 €.

La récidive est punie d'un emprisonnement d'un an et d'une amende de 7 500 €.

1) Si la seule participation à un mouvement de grève ne suffit pas à caractériser en elle-même une action syndicale, il en est autrement lorsque ce mouvement a été déclenché par une organisation syndicale et que les mesures prises par l'employeur ont eu pour objet de faire pression sur le syndicat ; a pu décider que les délits d'atteinte à l'exercice du droit syndical et de discrimination syndicale n'étaient pas constitués, l'arrêt qui relève que l'annonce faite par l'employeur, au cours d'un mouvement de grève déclenché par une organisation syndicale, d'une mesure de licenciement économique, de la promesse d'avantages salariaux pour ceux qui reprendraient le travail, et la menace de licenciements pour fautes lourdes, n'avaient pas eu pour objet de briser l'action du syndicat, dès lors que l'entreprise connaissait des difficultés avant la grève, qu'aucun licenciement économique n'était en définitive intervenu, que la promesse d'avantages salariaux était générale et que les licenciements pour fautes lourdes sanctionnaient, non des faits de grève, mais des atteintes au droit de propriété et des violences (■ Cass. crim., 4 avr. 1995 : *Bull. crim.*, n° 146).

2) Entre dans les prévisions de l'article L. 412-2, alinéa 3, devenu l'article L. 2141-7 du Code du travail qui prohibe l'emploi d'un moyen de pression en faveur ou à l'encontre d'une organisation syndicale quelconque, le fait, par le dirigeant d'une société, de solliciter, autoriser et porter à la connaissance du personnel d'encadrement, la mission donnée à un prestataire de service visant, notamment, par des séances d'accompagnement professionnel (coaching) à réduire l'influence d'un syndicat au profit d'un autre, dans la perspective d'élections à venir.

– Constitue la complicité du délit le fait, par le dirigeant de la société prestataire de services, de fournir à ce chef d'entreprise les moyens de mettre en œuvre ces mesures dont ils sont préalablement convenus (■ Cass. crim., 2 sept. 2008 : *Bull. crim.*, n° 174 ; *Dr. pénal* 2008, com. 145, obs. J.-H. Robert ;

JCP E 2009, 1320, p. 40, note C. Gaillard). Sur la notion de moyen de pression au sens de l'article L. 412-2, alinéa 3, du Code de travail, à rapprocher ■ Cass. crim., 2 juin 1976 : *Bull. crim.* 1976, n° 196 (1). ■ 20 mars 1979 : *Bull. crim.* 1979, n° 114. ■ Cass. crim., 27 nov. 1979 : *Bull. crim.* 1979, n° 338 (1), et l'arrêt cité.

3) La mise à pied d'un délégué syndical à raison de ses fonctions constitue tant le délit d'entrave à l'exercice du droit syndical réprimé par l'article L. 481-2 du Code du travail que celui de discrimination syndicale réprimé par l'article L. 481-3 du même code. Il s'ensuit que le prévenu, qui, à la suite de tels faits, a été cité devant le tribunal correctionnel pour entrave, ne saurait se faire un grief de ce que les juges aient requalifié ses agissements en discrimination syndicale (■ Cass. crim., 25 janv. 2000 : *Bull. crim.*, n° 38).

4) Est justifié la décision des juges du fond qui déclare constitués, en raison des mêmes agissements d'un prévenu, les délits de discrimination syndicale et de harcèlement moral prévus par les articles L. 481-3 du Code du travail et 222-33-2 du Code pénal qui sanctionnent la violation d'intérêts distincts (■ Cass. crim., 6 févr. 2007 : *Bull. crim.*, n° 29).

5) Les dispositions des articles 225-2 du Code pénal et L. 412-2 du Code du travail concernant les délits de discrimination et d'entrave à l'exercice du droit syndical n'instituent aucune dérogation à la charge de la preuve en matière pénale, qui incombe à l'accusation.

Dans ces conditions, il ne saurait être reproché aux juges du fond qui, pour statuer sur une poursuite exercée contre un employeur en application des textes précités, de pas s'être déterminés par référence à l'article L. 122-45 du Code du travail, selon lequel lorsque le salarié présente des éléments de fait laissant supposer l'existence d'une discrimination directe ou indirecte, il incombe à la partie défenderesse de prouver que sa décision est justifiée par des éléments objectifs étrangers à toute discrimination (■ Cass. crim., 3 avr. 2007 : *Bull. crim.*, n° 105 ; *Dr. société* 2007, p. 902, obs. F. Duquesne).

6) La mise à pied d'un représentant du personnel, qu'elle soit de nature conservatoire ou disciplinaire, n'a pas pour conséquence de suspendre l'exécution de son mandat (■ Cass. crim., 11 sept. 2007 : *Bull. crim.*, n° 199 ; *Dr. pénal* 2007, comm. 144, obs. J.-H. Robert).

7) L'article L. 412-2, devenu L. 2141-5 du Code du travail, concernant le délit de discrimination syndicale, n'institue aucune dérogation à la charge de la preuve en matière pénale. Il résulte, par ailleurs, des articles préliminaires du Code de procédure pénale et 6, § 2, de la Convention européenne des droits de l'homme que tout prévenu étant présumé innocent, la charge de la preuve de sa culpabilité incombe à la partie poursuivante.

Encourt la censure l'arrêt qui, pour dire constitué le délit de discrimination syndicale, retient qu'il incombait à l'employeur de justifier des raisons de service l'ayant conduit à écarter la priorité d'emploi attachée à la situation de la partie civile et de justifier de l'impossibilité d'affecter d'autres surveillants au poste peu attractif attribué à celle-ci, motifs impliquant un renversement de la charge de la preuve, alors qu'il appartenait à la cour d'appel de rechercher l'existence d'une relation de causalité entre les mesures jugées discriminatoires et l'appartenance ou l'activité syndicale de la partie civile (■ Cass. crim., 11 avr. 2012, n° 11-83.816 : *Bull. crim.*, n° 95 ; *Dr. pénal* 2012, n° 106, obs. J.-H. Robert ; *Gaz. Pal.* 4-5 juill. 2012, jurispr. p. 8, note J. Lasserre-Capdeville et L. Mourey ; *Procédures* 2012, comm. 229, note A. S. Chavent-Leclere ; *JCP* 2012, note 862, p. 1445, S. Brissy).

Art. L. 2432-1 ***(Ord. n° 2017-1386, 22 sept. 2017).*** **– Le fait de rompre le contrat de travail d'un salarié membre élu à la délégation du personnel au comité social et économique, candidat à la délégation du personnel au comité social et économique, ancien membre élu à la délégation du personnel au comité social et économique ou d'un salarié ayant demandé l'organisation d'élections pour la mise en place d'un comité social et économique, en méconnaissance des dispositions relatives à la procédure d'autorisation administrative prévues par le présent livre, est puni d'un emprisonnement d'un an et d'une amende de 3 750 euros.**

Le fait de licencier un représentant syndical ou un ancien représentant syndical au comité social et économique, en méconnaissance des dispositions mentionnées au premier alinéa, est puni des mêmes peines.

Le fait de transférer le contrat de travail d'un membre élu à la délégation du personnel au comité social et économique ou d'un représentant syndical au comité social et économique compris dans un transfert partiel d'entreprise ou d'établissement, en méconnaissance des dispositions relatives à la procédure d'autorisation administrative, est puni des mêmes peines.

1) L'infraction d'atteinte à l'exercice régulier des fonctions de représentant du personnel est une infraction intentionnelle (■ Cass. crim., 16 mars 1978 : *D.* 1979, inf. rap. 10. ■ 3 juin 1982 : *D.* 1982, inf. rap. 387).

2) L'employeur ne saurait exciper de sa bonne foi pour se soustraire à la répression (■ Cass. crim., 28 avr. 1953 : *Bull. crim.*, n° 143. ■ 2 juin 1976 : *JCP* 77, II, 18736, note Dekeuwer).

3) Commet le délit l'employeur qui limite abusivement le temps d'une réunion ou l'interrompt abusivement (■ Cass. crim., 17 nov. 1967 : *D.* 1967, 201), ou qui pratique à l'encontre des délégués des mesures abusives de discrimination (■ Cass. crim., 27 nov. 1973 : *Bull. crim.*, n° 437), ou qui réduit le droit reconnu aux délégués de s'absenter pour exercer leurs fonctions ou par refus de rémunérer de telles absences (■ Cass. crim., 14 févr. 1978 : *Bull. crim.*, n° 58), ou qui ne réintègre pas le salarié irrégulièrement licencié (■ Cass. crim., 26 juin 1979 : *Bull. crim.*, n° 231).

4) La mise en chômage technique de l'entreprise, si elle suspend le contrat de travail, n'entraîne pas la suspension des fonctions de délégué du personnel. Commet le délit d'entrave l'employeur qui interdit à des délégués du personnel de pénétrer dans les locaux de l'entreprise et de communiquer avec les employés qui y assurent un service réduit de permanence, alors que la fermeture des ateliers avait été décidée en raison de coupures du courant électrique (■ Cass. crim., 25 mai 1983 : *Bull. crim.*, n° 153).

5) La pratique des bons de délégation n'est pas illicite dès lors que ceux-ci n'instituent pas en réalité un contrôle *a priori* sur l'emploi du temps de délégation (■ Cass. crim., 12 déc. 1978 : *Bull. crim.*, n° 353. ■ 4 avr. 1979 : *D.* 1980, 125, note Bousquet. ■ 31 mars 1981 : *D.* 1982, inf. rap. 77, obs. Pélissier).

6) Constitue l'infraction le fait pour un employeur de refuser par une décision présentant un caractère unilatéral et autoritaire de se conformer à des usages régissant l'activité des délégués du personnel et comportant des dispositions plus favorables que celles des textes législatifs (■ Cass. crim., 12 janv. 1982 : *Bull. crim.*, n° 12 ; *D.* 1983, 167, obs. Reinhardt) ; même solution lorsqu'il s'agit de dispositions conventionnelles plus favorables que la loi (■ Cass. crim., 14 févr. 1978 : *D.* 1978, inf. rap. 384, obs. Pélissier) ; *adde* Borricand, *Donner et reprendre ne vaut. Réflexions sur quelques décisions sociales récentes de la Chambre criminelle* : *D.* 1980, chron. p. 323.

7) La diffusion d'une note de service limitant les attributions légales des délégués du personnel dans l'entreprise, même non suivie de mise en application, constitue non pas une simple tentative d'atteinte, mais, indépendamment de ses conséquences, une atteinte consommée aux prérogatives statutaires attachées à la qualité de délégué du personnel (■ Cass. crim., 20 mars 1984 : *Bull. crim.*, n° 118).

8) Dès lors qu'un employeur a payé à leur échéance normale les heures de délégation d'un délégué du personnel, l'action par lui exercée devant le juge prud'homal en contestation de l'usage fait des heures ainsi allouées, et qui lui est ouverte par l'article L. 424-1 du Code du travail, ne constitue pas en elle-même et en l'absence d'abus par l'employeur de son droit d'agir en justice, une atteinte à l'exercice régulier des fonctions de délégué du personnel (■ Cass. crim., 16 oct. 1990 : *Bull. crim.*, n° 343, deux arrêts).

9) Lorsque des poursuites sont exercées contre un chef d'entreprise pour le délit d'entrave prévu par les articles L. 482-1 et L. 483-1 du Code du travail, à raison de la mise à pied d'un salarié protégé intervenue dans les conditions précisées par les articles L. 425-1 et L. 436-1 du même code, il appartient aux juges du fond de rechercher si l'employeur a pu prononcer la sanction litigieuse de bonne foi et au juste motif d'une faute grave commise par le salarié concerné. L'infraction est constituée par une sanction excessive ou injustifiée (■ Cass. crim., 4 janv. 1991 : *Bull. crim.*, n° 10).

10) Les dispositions législatives soumettant à l'avis préalable du comité d'entreprise ou à l'autorisation de l'inspecteur du travail le licenciement des salariés investis de fonctions représentatives, ont institué au profit de tels salariés, et dans l'intérêt de l'ensemble des travailleurs qu'ils représentent, une protection exceptionnelle et exorbitante du droit commun qui interdit, par suite, à l'employeur de poursuivre par d'autres moyens la résiliation de leur contrat de travail ; les stipulations d'une convention collective ne sauraient faire obstacle à ces dispositions d'ordre public (■ Cass. crim., 26 nov. 1996 : *Bull. crim.*, n° 428).

Constitue une entrave aux fonctions des représentants du personnel ou des délégués syndicaux, le fait d'obtenir la résiliation de leur contrat de travail moyennant une forte indemnité (■ Cass. crim., 28 janv. 2004 : *Bull. crim.*, n° 22 ; *Dr. pénal* 2004, comm. 55, obs. J.-H. Robert). V. *supra*, notes sous art. L. 481-2.

11) L'autorisation de licencier un salarié protégé donnée à l'employeur par l'inspecteur du Travail subsiste en dépit de l'annulation par le tribunal administratif de la décision du ministre ayant rejeté le recours formé par le salarié contre ladite autorisation. Il n'en irait autrement que si le salarié avait également demandé et obtenu l'annulation de la première décision ; dès lors, justifie sa décision l'arrêt qui relaxe l'employeur poursuivi du chef d'entrave à raison de son refus de réintégrer le salarié licencié (■ Cass. crim., 17 févr. 2004 : *Bull. crim.*, n° 45).

12) Selon l'article L. 425-2, alinéa 2, du Code du travail, l'arrivée du terme du contrat à durée déterminée d'un délégué du personnel n'entraîne la cessation du lien contractuel qu'après constatation, par l'inspecteur du travail, que le salarié ne fait pas l'objet d'une mesure discriminatoire ; ne justifie pas, dès lors, sa décision, une cour d'appel qui relaxe un employeur cité pour atteinte à l'exercice des fonctions d'un délégué du personnel, alors qu'il résulte de ses constatations que le prévenu avait fait cesser le lien contractuel et ce en dépit de la constatation, par l'inspection du travail, que le salarié faisait l'objet d'une mesure discriminatoire (■ Cass. crim., 19 juin 2001 : *Bull. crim.*, n° 151).

13) Si la simple demande d'autorisation de licenciement d'un délégué du personnel n'est pas, en elle-même, constitutive du délit d'entrave, tel n'est pas le cas de la demande présentée à cette fin par un employeur en raison de l'absence d'obtention par ce salarié investi de fonctions représentatives d'un diplôme avant l'expiration des délais impartis, cette demande ayant ensuite été maintenue abusivement, en connaissance de cause alors que ledit salarié avait obtenu une prorogation de délai pour valider sa formation (■ Cass. crim., 5 mars 2013, n° 11-83.984). Rappr. ■ Cass. crim., 10 sept. 2002, n° 01-85.302.

14) Caractérise le délit d'atteinte à l'exercice régulier des fonctions de délégué du personnel, le fait, par un employeur, alors que le licenciement a été refusé par l'inspecteur du Travail, de ne pas réintégrer le délégué du personnel mis à pied dans le poste de son emploi et de lui imposer un changement de fonctions (■ Cass. crim., 11 déc. 2001 : *Bull. crim.*, n° 266 ; *Dr. pénal* 2002 comm. 45, obs. M. Véron).

15) Dans un tel cas, le juge répressif n'a pas à examiner la légalité des décisions administratives intervenues, leur illégalité, à la supposer fondée, n'étant pas de nature à enlever aux faits constatés leur caractère délictueux (même arrêt).

16) La seule mise à pied d'un salarié protégé, qui ne suspend pas l'exécution de son mandat, ne constitue pas en soi une entrave aux fonctions représentatives de l'intéressé.

Encourt dès lors la cassation l'arrêt d'une cour d'appel qui, pour retenir à l'encontre d'un employeur l'existence d'une faute civile résultant des faits d'entrave poursuivis, énonce, sans caractériser plus précisément les agissements qui auraient entravé les fonctions représentatives d'un salarié protégé, que les mises à pied de ce salarié étaient fondées sur des faits dépourvus de tout caractère fautif et traduisaient la volonté de son employeur de faire obstacle à l'exercice de ses fonctions (■ Cass. crim., 8 avr. 2014, n° 12-85.800).

17) L'assistance du salarié par le délégué du personnel, lors de l'entretien avec l'employeur, n'est rendue obligatoire que par les dispositions de l'article L. 122-41 du Code du travail, pour l'entretien préalable à une sanction disciplinaire, et par celles de l'article L. 122-14 du même Code pour l'entretien préalable au licenciement. Ne caractérise pas le délit d'atteinte à l'exercice régulier des fonctions de délégués du personnel, le fait, par un employeur, alors qu'un salarié a demandé à être reçu accompagné du délégué du personnel pour un entretien relatif à son évaluation professionnelle, de recevoir le salarié seul (■ Cass. crim., 11 févr. 2003 : *Bull. crim.*, n° 32 ; *Droit social* 2003, p. 631, note F. Duquesne).

18) Justifie sa décision la cour d'appel qui condamne les prévenus pour entraves à l'exercice régulier des fonctions de délégué du personnel, dès lors que :

– l'article L. 424-4 du Code du travail n'instituant aucune dérogation au principe de la réception mensuelle exigée par ce texte lorsque l'entreprise ne comporte qu'un seul délégué du personnel, l'inobservation de cette obligation ne peut être justifiée, hors le cas de force majeure, que si elle a pour cause le refus ou la défection du délégué lui-même.

– La pratique consistant, pour le chef d'établissement, lors de la réception mensuelle des délégués du personnel exigée par le texte susvisé, à imposer la présence, en surnombre, d'un tiers choisi par lui est de nature à porter atteinte à l'exercice des fonctions représentatives.

– Il résulte des dispositions de l'article L. 424-2 du Code du travail que le chef d'établissement est tenu, hors le cas de force majeure, de mettre à la disposition des délégués du personnel, un local adapté à l'exercice de leur mission (■ Cass. crim., 25 sept. 2007 : *Bull. crim.*, n° 222). *Adde*, pour le refus de local, ■ Cass. crim., 26 mai 2009, pourvoi n° 08-82.979 : *Dr. pénal* 2009, comm. 111 (2e espèce), obs. J.-H. Robert.

Art. L. 2433-1 ***(Ord. n° 2017-1386, 22 sept. 2017).*** **– Le fait de rompre le contrat de travail d'un salarié représentant de proximité, candidat à cette fonction ou ancien représentant de proximité en méconnaissance**

des dispositions relatives à la procédure d'autorisation administrative prévues par le présent livre, est puni d'un emprisonnement d'un an et d'une amende de 3 750 euros.

Le fait de transférer le contrat de travail d'un représentant de proximité compris dans un transfert partiel d'entreprise ou d'établissement, en méconnaissance des dispositions relatives à la procédure d'autorisation administrative, est puni des mêmes peines.

1) Commet le délit d'entrave l'employeur qui procède à la création de deux sociétés distinctes pour faire échec à l'obligation de constituer un comité d'entreprise en opérant une division artificielle du corps électoral, quand bien même la création des deux sociétés est juridiquement régulière et économiquement justifiée (■ Cass. crim., 23 avr. 1970 : *Bull. crim.*, n° 144).

2) Aux termes de l'article L. 2263-1 du Code du travail, lorsqu'en application d'une disposition législative expresse dans une matière déterminée, une convention ou un accord collectif de travail étendu déroge à des dispositions légales, les infractions aux stipulations dérogatoires sont punies des sanctions qu'entraîne la violation des dispositions légales en cause.

Justifie sa décision au regard de ce texte la cour d'appel qui déclare coupables du délit d'entrave à la constitution d'un comité d'entreprise prévu à l'article L. 2328-1 du Code du travail le président et le directeur d'une association gérant un centre social d'insertion et de réinsertion, en retenant que si, en raison d'un effectif inférieur à cinquante salariés, la mise en place d'un comité d'entreprise dans ce centre n'était pas obligatoire, les dispositions de l'article L. 2322-3 du même code permettant, en pareil cas, de créer un tel organisme par convention ou accord collectif de travail et la convention collective nationale étendue des centres sociaux, à laquelle l'association était soumise, imposaient à celle-ci, conformément à cette convention collective, de créer un conseil d'établissement, cet organisme étant doté des mêmes attributions et exerçant le même rôle que le comité d'entreprise (■ Cass. crim., 5 mars 2013, n° 11-83.984 : *Bull. crim.*, n° 59 ; *Bull. inf. C. cass.* 1er juill. 2013, n° 950 avec note jointe ; *Dr. pén.* 2013, comm. 80, obs. J.-H. Robert ; *JCP* S 2013, n° 1197, p. 44, note F. Duquesne). Rappr. ■ Cass. crim., 19 juin 2012, n° 11-84.884 : *Bull. crim.*, n° 154.

3) Le défaut de convocation à la réunion du comité d'entreprise, des membres suppléants, même si ces derniers sont indisponibles ce jour-là, constitue le délit (■ Cass. crim., 16 juin 1970 : *JCP* 70, II, 16551), quel que soit l'ordre du jour de la réunion (■ Cass. crim., 24 janv. 1974 : *Bull. crim.*, n° 41).

4) Se rendent coupables du délit d'entrave au fonctionnement régulier du comité d'entreprise les dirigeants d'une société qui ont refusé à cet organisme et à la commission de formation professionnelle tout moyen d'investigation sur les besoins des salariés en milieu de formation professionnelle ; si le recours à un organisme étranger à l'entreprise devait être subordonné à l'accord de l'employeur, il ne pouvait en être ainsi en ce qui concerne les investigations auxquelles les membres du comité et ceux de la commission de formation professionnelle voulaient procéder par eux-mêmes (■ Cass. crim., 7 janv. 1981 : *Bull. crim.*, n° 4). Commet le délit d'entrave l'employeur qui fait participer les représentants suppléants du personnel à la délégation du personnel au comité d'hygiène et de sécurité ; qui malgré un partage de voix s'oppose à la désignation du candidat le plus âgé comme secrétaire du comité d'entreprise ; qui fait rédiger sous son contrôle le procès-verbal d'une délibération du comité d'entreprise par une personne étrangère au comité (■ Cass. crim., 1er déc. 1987 : *Bull. crim.*, n° 442).

5) Commet le délit d'entrave l'employeur qui met au chômage partiel un salarié protégé ; cette modification substantielle du contrat de travail, refusée par le salarié, équivaut à un licenciement irrégulier en l'absence d'autorisation administrative (■ Cass. crim., 7 févr. 1989 : *Bull. crim.*, n° 53). Même solution pour l'employeur qui ne confie plus la conduite d'un camion à un chauffeur membre du comité d'entreprise (■ Cass. crim., 23 janv. 1990 : *Dr. pénal* 1990, n° 173).

6) Commet le délit d'entrave au fonctionnement régulier du comité d'entreprise et à l'exercice du droit syndical l'employeur qui, en l'absence d'autorisation de licenciement ou de transfert d'un salarié investi de fonctions représentatives à l'occasion de la mise en œuvre d'un projet d'externalisation de services de l'entreprise, tient ledit salarié isolé dans un bureau de l'entreprise sans lui fournir de tâche à exécuter, dès lors que toute mutation de poste ou de fonctions imposée contre son gré à un tel salarié, si la preuve de la pleine justification de cette mesure n'est pas rapportée, équivaut à un licenciement intervenu en dehors des dispositions protectrices du Code du travail (■ Cass. crim., 22 nov. 2005 : *Bull. crim.*, n° 306 ; *Dr. social* 2006, p. 693, obs. F. Duquesne).

7) Commet le délit d'entrave au fonctionnement régulier du comité d'entreprise le secrétaire de ce comité qui engage une dépense ayant été soumise au vote dudit comité et n'ayant pas été approuvée par la majorité des membres de celui-ci (■ Cass. crim., 4 nov. 1988 : *Bull. crim.*, n° 374).

8) Fait une exacte application de la loi la cour d'appel qui énonce que la vente, à diverses personnes, d'une partie des actions d'une société, opération ne comportant ni cession de contrôle, ni transfert de direction, ne peut être subordonnée à la consultation du comité d'entreprise d'une filiale de ladite société, cette opération n'étant pas de nature à intéresser l'organisation, la gestion ou la marche générale de la filiale ni à influer sur la condition de ses salariés (■ Cass. crim., 22 mars 1983 : *Bull. crim.*, n° 90. – Comp. ■ Cass. crim., 10 nov. 1981 : *Bull. crim.*, n° 300. ■ 29 juin 1982 : *Bull. crim.*, n° 179).

9) L'accord de la majorité des membres du comité central d'entreprise ne peut être retenu comme une cause de justification de l'atteinte portée au fonctionnement de ce comité (■ Cass. crim., 29 juin 1982 : *Bull. crim.*, n° 179).

10) La responsabilité pénale des préposés n'est nullement exclusive de celle du chef d'entreprise dès lors que les juges du fond relèvent en fait qu'il a personnellement participé à la réalisation de l'infraction (■ Cass. crim., 15 avr. 1982 : *D.* 1983, IR, 357, obs. Langlois).

11) Le délit d'entrave au fonctionnement du comité d'entreprise prévu et réprimé par l'article L. 483-1 du Code du travail peut être imputé au directeur général d'une société ayant participé, aux côtés du président de celle-ci, à la consultation du comité d'entreprise, dès lors qu'a été caractérisée à son encontre une faute personnelle en relation avec les faits constitutifs de l'infraction ; constitue une telle faute, le refus opposé par lui, sans motif légitime et en violation de l'article L. 431-5 du Code du travail, de communiquer au comité d'entreprise un document en sa possession, qui était nécessaire à l'information de cette institution (■ Cass. crim., 18 nov. 1997 : *Bull. crim.*, n° 390).

12) La consultation du comité d'entreprise, prescrite, d'une part, par l'article L. 432-1, alinéa 1er, du Code du travail pour les questions intéressant l'organisation, la gestion et la marche générale de l'entreprise et, d'autre part, par l'article L. 432-3, alinéa 1er, dudit code, pour les problèmes généraux concernant les conditions de travail résultant de l'organisation du travail, de la technologie, des conditions d'emploi, de l'organisation du temps de travail, des qualifications et des modes de rémunération, s'impose à l'employeur lorsque les mesures envisagées sont importantes et ne revêtent pas un caractère ponctuel ou individuel ; c'est dès lors à bon droit qu'une cour d'appel retient que la décision prise par un employeur d'introduire de nouvelles technologies dans le réseau informatique de la société nécessitait l'information et la consultation préalables du comité d'entreprise, en raison des répercussions importantes sur les conditions de travail de plusieurs catégories de personnel (■ Cass. crim., 13 déc. 1994 : *Bull. crim.*, n° 405).

13) Il résulte de l'article L. 432-1 du Code du travail que, dans l'ordre économique, le comité d'entreprise est obligatoirement informé et consulté sur les questions intéressant l'organisation, la gestion et la marche générale de l'entreprise, et notamment sur les mesures de nature à affecter le volume ou la structure des effectifs, la durée du travail, les conditions d'emploi, de travail et de formation professionnelle du personnel ; il en est ainsi, lorsque la mise en œuvre, échelonnée dans le temps, d'un plan de restructuration fait l'objet d'un avancement de calendrier, cette modification rendant indispensables l'information et la consultation préalables du comité d'entreprise du fait de ses répercussions nécessaires sur la marche générale de l'entreprise, au sens de l'article L. 432-1 précité (■ Cass. crim., 19 sept. 2006 : Bull. crim., n° 229).

14) Le délit d'entrave au fonctionnement régulier du comité d'entreprise est constitué dès lors que la décision de l'employeur est définitive à la date de la consultation du comité, peu important que celle-ci intervienne avant la mise en œuvre effective des mesures envisagées (■ Cass. crim., 13 déc. 1994 : *Bull. crim.*, n° 405).

15) Le chef d'entreprise est tenu de respecter les dispositions du règlement intérieur du comité d'entreprise régulièrement adoptées, lesquelles s'imposent à lui tant qu'il n'en a pas obtenu l'annulation par le juge civil ; dès lors, c'est à bon droit qu'une cour d'appel déclare le directeur d'un centre EDF-GDF coupable d'entrave au fonctionnement régulier du comité mixte à la production, auquel sont applicables les textes du Code du travail relatifs au comité d'entreprise, en vertu d'une circulaire interne à caractère réglementaire en date du 23 mars 1987, après avoir relevé que le prévenu avait refusé de tenir la séance dudit comité, au motif prétendu qu'une clause de son règlement intérieur était nulle, comme contraire aux prescriptions de la circulaire précitée (■ Cass. crim., 8 juin 1995 : *Bull. crim.*, n° 210).

16) L'annonce faite par l'employeur à la presse d'un projet de licenciement économique, en l'absence de consultation du comité d'entreprise, ne constitue pas une entrave au fonctionnement de ce dernier, dès lors que la mesure annoncée procède d'une simple déclaration d'intention du chef d'entreprise (■ Cass. crim., 4 avr. 1995 : *Bull. crim.*, n° 146).

17) Caractérise l'existence d'un projet de compression des effectifs au sens de l'article L. 432-1 du Code du travail, la cour d'appel qui, analysant la diminution régulière et importante des effectifs d'une entreprise au cours d'une certaine période à la suite de nombreux « départs naturels » de salariés, relève que cette diminution n'est pas le fait de la conjonction inopinée de ces départs mais résulte d'une stratégie délibérée de la direction dans un souci d'adaptation à la conjoncture économique ; est dès lors justifiée la décision qui déclare un chef d'entreprise coupable d'entrave au fonctionnement du comité d'entreprise pour n'avoir, à aucun stade de la mise en œuvre d'une telle réduction des effectifs, soumis celle-ci au comité (■ Cass. crim., 4 nov. 1997 : *Bull. crim.*, n° 370).

18) Justifie sa décision la cour d'appel qui, pour déclarer coupable d'entrave au fonctionnement du comité d'entreprise un employeur ayant consulté directement les salariés de l'entreprise sur une modification de l'horaire de travail, retient, d'une part, que cette consultation n'avait d'autre objet que d'exercer des pressions sur le comité d'établissement pour l'amener à se désister d'une action judiciaire engagée contre l'employeur et, d'autre part, que, lors de la consultation, l'employeur a présenté comme définitivement acquises les modifications de l'organisation du travail et la diminution de rémunération qu'impliquerait la modification envisagée alors que ces questions n'avaient fait l'objet d'aucune consultation préalable du comité d'établissement en application de l'article L. 432-3 du Code du travail (■ Cass. crim., 11 janv. 2000 : *Bull. crim.*, n° 13).

19) Aux termes de l'article L. 432-4-1 du Code du travail, le chef d'entreprise informe périodiquement le comité d'entreprise de la situation de l'emploi, en faisant apparaître, notamment, le nombre de salariés appartenant à une entreprise extérieure ; ne justifie pas, dès lors, sa décision une cour d'appel qui, pour relaxer un chef d'entreprise, cité du chef d'entrave, pour n'avoir pas donné au comité l'information précitée, relève que le prévenu ne disposait pas de ladite information (■ Cass. crim., 19 juin 2001 : *Bull. crim.*, n° 150).

20) Selon les dispositions des articles L. 432-4-1 et R. 231-45 du Code du travail, le chef d'entreprise est tenu, à la demande du comité, de porter à sa connaissance tous les contrats avec les entreprises de travail temporaire et l'informe, par ailleurs, des actions menées au cours de l'année écoulée, notamment dans le domaine de la sécurité ; ne donne pas de base légale à sa décision une cour d'appel qui, pour relaxer un prévenu du chef d'entrave, retient que ce dernier n'a pas assuré, au comité d'entreprise, la communication des contrats et l'information précités, mais que ces éléments étaient disponibles par ailleurs (même arrêt).

21) Lorsque le comité d'entreprise se réunit pour donner son avis sur le projet de licenciement de l'un de ses membres ou d'un représentant syndical, ni l'article L. 434-3, alinéa 2, du Code du travail, ni aucune autre disposition légale ou réglementaire n'impose un délai pour la convocation du salarié concerné en vue de son audition par le comité en application de l'article R. 463-2 du même code ; encourt, dès lors, la censure l'arrêt qui, pour condamner un chef d'entreprise du chef d'entrave retient que le salarié a reçu la convocation moins de trois jours avant la réunion du comité d'entreprise en violation de l'article L. 434-3, alinéa 2, du Code précité, alors qu'il appartenait aux juges de rechercher si, en connaissance de cause, le prévenu avait privé le salarié d'un délai suffisant pour préparer son audition et se rendre à ladite réunion (■ Cass. crim., 5 mars 2002 : *Bull. crim.*, n° 56 ; *Rev. sc. crim.* 2002, p. 836, obs. G. Giudicelli-Delage).

22) L'article L. 434, alinéa 3 du Code du travail n'impose pas à l'employeur de communiquer au membre du comité d'entreprise dont le mandat se trouve suspendu par l'effet d'une mesure de mise à pied conservatoire prise à son encontre, l'ordre du jour de la réunion de ce comité appelé à donner son avis sur son projet de licenciement en application de l'article L. 436-1 du Code du travail (même arrêt).

23) Selon l'article 111-3 du Code pénal, nul ne peut être puni pour un délit dont les éléments ne sont pas définis par la loi.

Ni l'article L. 433-13 du Code du travail ni aucune autre disposition légale ou réglementaire n'imposent au chef d'entreprise de recourir à un autre procédé que l'affichage pour informer le personnel de l'organisation des élections au comité d'entreprise.

En conséquence méconnaît le principe ci-dessus énoncé une cour d'appel qui condamne un chef d'entreprise du chef d'entrave sur le fondement de l'article L. 483-1 du Code du travail après avoir relevé qu'il n'avait pas pris les dispositions requises pour informer de l'organisation des élections au comité d'entreprise un salarié qui, en raison de la mesure de mise à pied dont il faisait l'objet, se trouvait dans l'impossibilité de prendre connaissance de l'affichage (même arrêt).

24) Pour infirmer le jugement de relaxe et déclarer le prévenu coupable, la cour d'appel, après avoir relevé que l'intéressé a fait des observations et formulé une proposition soumise à l'appréciation des membres du comité, sur un point inscrit à l'ordre du jour, conclut que le prévenu a sciemment porté atteinte aux prérogatives du comité, lequel était juridiquement seul à avoir qualité pour apprécier l'utilité du recours à l'expert-comptable, et dont les choix devaient s'imposer à l'employeur, sans possibilité pour ce dernier de les remettre en cause ; en l'état de ces énonciations, qui ne caractérisent pas le délit défini par l'article L. 483-1 du Code du travail, la cour d'appel a méconnu le texte et le principe de l'interprétation stricte de la loi pénale édicté par l'article 111-4 du Code pénal (■ Cass. crim., 5 mars 2002 ; *Dr. pénal* 2002, comm. 86, obs. J.-H. Robert).

25) Lorsque l'entreprise comporte des établissements multiples, la subvention de fonctionnement prévue par l'article L. 434-8 du Code du travail doit être versée à chaque comité d'établissement ; l'abstention volontaire de verser au comité d'établissement la subvention de fonctionnement constitue le délit d'entrave au fonctionnement du comité d'établissement (■ Cass. crim., 11 févr. 2003 : *Bull. crim.*, n° 31).

26) Les frais de déplacement des représentants du personnel, membres des institutions représentatives, ne s'imputent pas sur les frais de fonctionnement de ces institutions et restent à la charge de l'employeur lorsqu'ils se rapportent aux réunions organisées à son initiative.

Constitue le délit d'entrave au fonctionnement régulier du comité d'entreprise, de la délégation unique du personnel ou du comité d'hygiène, de sécurité et des conditions de travail, le refus de l'employeur de prendre en charge les frais de déplacement des salariés affectés sur des sites éloignés lorsqu'il les convoque à une réunion au siège social, dès lors qu'un tel refus a pour effet de restreindre les déplacements de ces salariés et d'empêcher ainsi leur participation aux réunions des institutions susvisées (■ Cass. crim., 22 nov. 2005 : *Bull. crim.*, n° 307).

27) Constitue le délit d'entrave au fonctionnement du comité d'établissement le refus de communiquer au comité d'établissement le montant de la masse salariale annuelle brute sur laquelle sont assises les subventions versées aux comités d'établissement (même arrêt).

28) Un projet d'accord consécutif à une opération de fusion-absorption, qui fixe le taux moyen pondéré de la contribution patronale aux œuvres sociales pour l'ensemble de l'entreprise et qui détermine les règles de répartition prenant en compte les besoins propres à chaque comité d'établissement, requiert, par son objet, simultanément, la consultation préalable du comité central d'entreprise, par application de l'article L. 432-1, alinéa 8, du Code du travail, et des comités d'établissement, par application de l'article L. 435-2, alinéa 2, du même Code ; dès lors, justifie sa décision la cour d'appel qui, constatant qu'un comité d'établissement n'a pas été consulté préalablement à la signature d'un tel accord, déclare constitué le délit d'entrave au fonctionnement du comité d'établissement (même arrêt).

29) Il résulte de l'article L. 435-5 du Code du travail qu'en cas de fusion-absorption, lorsque l'entreprise absorbée devient un établissement de la société absorbante, son comité d'entreprise demeure en fonctions comme comité d'établissement de cette société ; en conséquence, ne justifie pas sa décision, la cour d'appel qui, pour déclarer irrecevable l'appel interjeté, par un comité d'entreprise, se borne à énoncer qu'en l'état de la fusion-absorption dont a fait l'objet la société au sein de laquelle il avait été institué, il n'a plus qualité pour agir (■ Cass. crim., 25 févr. 2003 : *Bull. crim.*, n° 52).

30) Le délit d'entrave au fonctionnement du comité d'entreprise prévu et réprimé par l'article L. 483-1 du Code du travail est établi à la charge du directeur régional d'une succursale de la Banque de France qui refuse au comité d'établissement la communication intégrale d'un rapport d'inspection sur le fonctionnement de cet établissement (■ Cass. crim., 3 juin 2003 : *Bull. crim.*, n° 110 ; *Rev. sc. crim.* 2003, p. 807, obs. G. Giudicelli-Delage pour les 3 derniers arrêts cités).

31) Un chef d'entreprise est pénalement responsable du délit d'entrave au comité d'entreprise s'il ne s'assure pas que cet organe a été effectivement consulté sur une décision importante (■ Cass. crim., 20 mai 2003 : *Bull. crim.*, n° 101 ; *Dr. pénal* 2003, comm. 103, obs. J.-H. Robert).

32) Le délit d'entrave au fonctionnement du comité d'entreprise prévu et réprimé par l'article L. 483-1 du Code du travail peut être imputé au directeur des ressources humaines chargé, par délégation du chef d'entreprise, de présider le comité d'établissement, dès lors qu'a été caractérisée à son encontre une participation personnelle aux faits constitutifs de l'infraction ; constitue l'infraction d'entrave le refus, sans motif légitime et en violation des dispositions des articles L. 432-1, alinéa 1er, et L. 432-3, alinéa 4, du Code du travail, de consulter le comité d'établissement sur l'instauration, pour les salariés de cet établissement, d'horaires de travail individualisés (■ Cass. crim., 16 sept. 2003 : *Bull. crim.*, n° 164 ; *Dr. pénal* 2003, comm. 151, obs. J.-H. Robert).

33) La délégation de pouvoirs consentie à un préposé en vue de la présidence du comité d'entreprise ou d'établissement ne saurait être étendue au-delà des limites qu'elle définit (■ Cass. crim., 12 avr. 2005 : *Bull. crim.*, n° 129 ; *Dr. social* 2005, p. 856, obs. F. Duquesne ; *Dr. pénal* 2005, comm. 95, obs. J.-H. Robert).

34) Au sujet de la condamnation d'un chef d'entreprise de transport aérien pour des entraves au fonctionnement régulier du comité d'entreprise (obstacle à la mission de l'expert-comptable désigné par cet organisme, non-convocation du représentant syndical à une réunion du comité d'entreprise (imputé également au directeur adjoint aux relations sociales), absence de présentation du rapport annuel au comité d'entreprise par ces deux responsables, cependant relaxés d'un autre chef d'entrave faute de l'élément intentionnel du délit, V. ■ Cass. crim., 30 oct. 2006 : *Bull. crim.*, n° 259).

35) Le prévenu, dirigeant d'une association qui, avec une autre association qu'elle se propose d'absorber, constitue une société civile immobilière dans laquelle il prend une participation majoritaire, se rend coupable d'entrave au fonctionnement du comité central d'entreprise en s'abstenant volontairement de procéder à la consultation de cet organisme préalablement à la constitution de ladite société, comme l'exige l'article L. 432-1 du Code du travail, auquel renvoie l'article L. 435-3 du même code, ce texte n'établissant aucune distinction selon que l'entreprise prend une participation dans une société déjà constituée ou à constituer (■ Cass. crim., 3 févr. 2004 : *Bull. crim.*, n° 30).

36) S'agissant d'une modification de l'organisation économique et juridique de l'entreprise, la consultation du comité central d'entreprise est obligatoire quelle que soit l'importance économique et financière du projet (même arrêt).

37) Le droit à réintégration reconnu au salarié investi de fonctions représentatives à la suite de l'annulation, sur recours hiérarchique, d'une autorisation de licenciement n'est pas subordonné au caractère définitif de cette annulation ; justifie sa décision la Cour d'appel qui condamne le gérant de la société pour entraves à l'exercice du droit syndical et au fonctionnement régulier du comité d'entreprise (■ Cass. crim., 14 mars 2006 : *Bull. crim.*, n° 72).

38) La transaction indemnitaire par laquelle un salarié protégé (membre du comité d'entreprise, délégué du personnel et délégué syndical) accepte de ne pas être réintégré après annulation de l'autorisation de son licenciement, n'empêche pas qu'ait été consommé le délit d'entrave à ses fonctions et ne lui interdit pas de se constituer partie civile contre son employeur du chef de cette infraction et d'en obtenir réparation (■ Cass. crim., 31 janv. 2006 : *JurisData* 2006-032526 ; *Dr. pénal* 2006, comm. 145, obs. J.-H. Robert).

39) Caractérise l'élément matériel du délit d'entrave au fonctionnement du comité central d'entreprise la remise tardive et incomplète à cet organisme du bilan social, une telle remise équivalant à un défaut de présentation de ce document, au sens des articles L. 438-1 et L. 438-5 du Code du travail. L'élément intentionnel est suffisamment caractérisé par la décision des juges du fond qui met en évidence, à la charge du prévenu, des agissements ou abstentions délibérées et réitérés (■ Cass. crim., 15 mai 2007 : *Bull. crim.*, n° 126 ; *Dr. pénal* 2007, comm. 108, obs. J.-H. Robert).

Selon la nature des faits d'entrave, la responsabilité pénale est imputable soit au chef d'entreprise, soit à son délégué (même arrêt).

Art. L. 2335-1 ***(L. n° 2015-990, 6 août 2015).*** **– Le fait de ne pas constituer et réunir pour la première fois un comité de groupe dans les conditions prévues aux articles L. 2333-5 et L. 2334-3 ou d'apporter une entrave à la désignation des membres d'un comité de groupe, est puni d'un emprisonnement d'un an et d'une amende de 7 500 €.**

Le fait d'apporter une entrave au fonctionnement régulier de ce comité est puni d'une amende de 7 500 €.

Justifie sa décision, la cour d'appel qui, pour relaxer le président de la société dominante poursuivi pour entrave à la constitution du comité de groupe sur le fondement de l'article L. 483-1-1 du Code du travail, après avoir constaté qu'aucun accord n'est intervenu sur le nombre et la répartition des représentants par société au sein de groupe, et qu'aucun juge n'a été saisi du litige, énonce que le délai de 6 mois prévu par l'article L. 439-5 du même code n'a pas couru (■ Cass. crim., 11 juin 2002 : *Bull. crim.*, n° 133).

Art. L. 2346-1 ***(L. n° 2015-990, 6 août 2015).*** **– Le fait d'apporter une entrave soit à l a constitution d'un groupe spécial de négociation, d'un comité d'entreprise européen ou à la mise en œuvre d'une procédure d'information et de consultation, soit à la libre désignation de leurs membres, notamment par la**

méconnaissance des articles L. 2342-1 à L. 2342-7 et L. 2343-1, est puni d'un emprisonnement d'un an et d'une amende de 7 500 €.

Le fait d'apporter une entrave à leur fonctionnement régulier est puni d'une amende de 7 500 €.

Art. L. 2434-1 *(Ord. n° 2017-1386, 22 sept. 2017)*. **– Le fait de rompre le contrat de travail d'un salarié membre de la délégation du personnel du comité social et économique interentreprises, candidat à cette fonction ou ancien membre de la délégation du personnel du comité social et économique interentreprises en méconnaissance des dispositions relatives à la procédure d'autorisation administrative prévues par le présent livre, est puni d'un emprisonnement d'un an et d'une amende de 3 750 euros.**

Le fait de transférer le contrat de travail d'un membre de la délégation du personnel du comité social et économique interentreprises compris dans un transfert partiel d'entreprise ou d'établissement, en méconnaissance des dispositions relatives à la procédure d'autorisation administrative, est puni des peines prévues au premier alinéa.

Art. L. 2283-1. – Le fait pour l'employeur de refuser d'engager la négociation en vue de la conclusion d'un accord définissant les modalités d'exercice du droit d'expression des salariés, prévue à l'article L. 2281-5, est puni d'un emprisonnement d'un an et d'une amende de 3 750 €.

Art. L. 2283-2 *(Ord. n° 2017-1386, 22 sept. 2017)*. **– Dans les entreprises et organismes où aucun délégué syndical n'a été désigné ou dans lesquelles l'accord définissant les modalités d'exercice du droit d'expression des salariés, prévu à l'article L. 2281-5, n'a pas été conclu, le fait de refuser de consulter le comité social et économique est puni d'un emprisonnement d'un an et d'une amende de 3 750 euros.**

....

13) ENTRAVE À LA DÉSIGNATION DES CANDIDATS CONSEILLERS PRUD'HOMMES ET À L'INDÉPENDANCE ET À L'EXERCICE RÉGULIER DES FONCTIONS DE CONSEILLERS PRUD'HOMMES

Art. L. 1443-1 *(Ord. n° 2016-388, 31 mars 2016)*. **– Le fait de porter atteinte ou de tenter de porter atteinte soit à la libre désignation des candidats à la nomination des conseillers prud'hommes, soit à l'indépendance ou à l'exercice régulier des fonctions de conseiller prud'homme, notamment par la méconnaissance des articles L. 1442-2, L. 1442-5 à L. 1442-7 et L. 1442-10, est puni d'un emprisonnement d'un an et d'une amende de 3 750 euros.**

Art. L. 2438-1 *(Ord. n° 2017-1386, 22 sept. 2017)*. **– Le fait de rompre le contrat de travail d'un conseiller prud'homme, candidat à cette fonction ou ancien conseiller, en méconnaissance des dispositions relatives à la procédure d'autorisation administrative prévues par le présent livre, est puni d'un emprisonnement d'un an et d'une amende de 3 750 euros.**

1) L'article L. 514-2 du Code du travail soumettant le licenciement d'un conseiller prud'homme à la procédure prévue par l'article L. 412-18 du même code, il en résulte que le conseiller prud'homme doit être assimilé à un salarié mentionné à l'article L. 412-18.

En conséquence, par application de ces textes, le licenciement du conseiller prud'homme ne peut intervenir qu'après l'autorisation de l'inspecteur du travail y compris en cas de redressement ou liquidation judiciaire, peu important, par ailleurs, que l'intéressé fut salarié d'une société tierce de celle ayant procédé au licenciement (■ Cass. crim., 25 mai 2004 : *Bull. crim.*, n° 137 ; *Dr. pénal* 2005, comm. 75, obs. J.-H. Robert).

2) Est une entrave aux fonctions de conseiller prud'homme le fait de lui faire signer d'avance une lettre de démission non datée puis de l'envoyer aux autorités judiciaires après qu'il a été exclu du syndicat qui avait soutenu sa candidature (■ Cass. crim., 26 mai 2009 : *JurisData* n° 2009-048844 ; *Dr. pénal* 2009, comm. 112, obs. J.-H. Robert).

....

14) OBSTACLES À L'ACCOMPLISSEMENT DES FONCTIONS D'UN INSPECTEUR OU D'UN CONTRÔLEUR DU TRAVAIL

Art. L. 8114-1 *(Ord. 2016-413, 7 avr. 2016)*. **– Le fait de faire obstacle à l'accomplissement des devoirs d'un agent de contrôle de l'inspection du travail mentionnés à l'article L. 8112-1 est puni d'un emprisonnement d'un an et d'une amende de 37 500 euros.**

1) Le délit d'obstacle à l'accomplissement des devoirs d'un inspecteur du travail est constitué dès lors que les renseignements donnés lors d'un contrôle comportent volontairement des inexactitudes (■ Cass. crim., 27 oct. 1987 : *Bull. crim.*, n° 376). Il en est ainsi lorsque l'employeur communique des renseignements qui se révèlent inexacts, marquant ainsi son intention d'éluder la surveillance de l'inspection du travail (■ Cass. crim., 28 sept. 1993 : *Dr. pénal* 1994, n° 44).

2) Ne justifie pas sa décision la cour d'appel qui, saisie des poursuites exercées sur le fondement de l'article L. 631-1 du Code du travail contre le dirigeant d'une entreprise spécialisée dans la distribution de prospectus publicitaires n'ayant pas produit à un contrôleur du Travail les documents nécessaires au décompte des heures travaillées des salariés, déclare la prévention non établie au motif que les faits poursuivis consistent en un défaut de décompte quotidien ou hebdomadaire de la durée du travail pouvant constituer la contravention prévue par l'article L. 620-2 du Code du travail, alors que le prévenu avait refusé de satisfaire aux demandes réitérées de présentation des décomptes permettant le contrôle, qui s'imposait pour la catégorie de personnel employé, de la durée de travail et de l'application d'une rémunération au moins égale au salaire minimum de croissance (■ Cass. crim., 8 nov. 2005 : *Bull. crim.*, n° 285).

3) Il résulte de l'article L. 991-3 devenu l'article L. 6361-5 du Code du travail que le contrôle de la formation professionnelle continue est inclus dans les attributions des inspecteurs du travail que ceux-ci exercent concurremment avec les inspecteurs de la formation professionnelle ; caractérise le délit d'obstacle à l'accomplissement des devoirs d'un inspecteur du travail toute obstruction apportée aux demandes d'un fonctionnaire de contrôle, en vue de l'empêcher d'exercer sa mission (■ Cass. crim., 14 oct. 2008 : *Bull. crim.*, n° 209 ; *Dr. pénal* 2009, comm. 13, obs. J.-H. Robert).

4) Justifie sa décision la cour d'appel qui, pour dire la présidente d'une association exploitant une crèche coupable d'entrave à l'exercice des fonctions d'un inspecteur ou d'un contrôleur du travail, retient notamment que, malgré plusieurs demandes, les fonctionnaires n'ont pu se faire remettre les documents relatifs à l'emploi de la main-d'œuvre dans les locaux de la crèche où le personnel avait son activité, et en particulier le registre unique du personnel qui, selon l'article L. 1221-13 du Code du travail, doit être tenu dans tout établissement où sont employés des salariés (■ Cass. crim., 31 janv. 2012, n° 11-85.226 : *Bull. crim.*, n° 32).

5) Ne justifie pas sa décision la cour d'appel qui, saisie des poursuites exercées sur le fondement de l'article L. 8114-1 du Code du travail contre le dirigeant d'une exploitation agricole employant un salarié et n'ayant pas produit à un inspecteur du travail les documents nécessaires au contrôle de l'application des dispositions relatives à la durée et à l'aménagement du temps de travail, énonce, pour déclarer la prévention non établie, que l'intéressé n'a ni opposé un refus, ni produit des éléments faux, mais a agi par méconnaissance des règles administratives, incompétence et, éventuellement, négligence fautive, alors que le prévenu avait fait l'objet de rappels réitérés d'avoir à satisfaire à ses obligations afin de permettre le contrôle de l'inspecteur et que ces rappels étaient demeurés sans effet (■ Cass. crim., 14 avr. 2015, n° 14-83.267).

6) Constitue l'infraction d'obstacle à l'accomplissement des devoirs d'un inspecteur ou contrôleur du travail, prévue par l'article L. 8114-1 du Code du travail, le fait d'effectuer de fausses déclarations à l'inspecteur du travail en vue de dissimuler l'absence de versement de la subvention de fonctionnement du comité d'entreprise et de faire ainsi obstacle à l'accomplissement de sa mission (■ Cass. crim., 15 mars 2016, n° 14-87.989).

7) Justifie sa décision la cour d'appel qui, pour déclarer les gérants d'une entreprise de restauration coupables d'obstacle aux fonctions de contrôleur du travail, relève que des informations ont été dissimulées ou ont volontairement été fournies de manière incomplète à la suite d'un contrôle de l'inspection du travail, dès lors que constituent ce délit, sans porter atteinte au droit à ne pas s'auto-incriminer de l'employeur, d'une part, le défaut, par ce dernier, de représentation des documents permettant de vérifier le temps de travail effectif des salariés au sein de l'entreprise, dont la tenue, prévue par la loi, répond à l'objectif d'intérêt général de protection des salariés, d'autre part, son abstention de fournir les information qui lui sont demandées en cas de mentions insuffisantes ou irrégulières dans les documents présentés (■ Cass. crim., 25 avr. 2017, n° 16-81.793).

Art. L. 8114-2 *(L. n° 2016-1088, 8 août 2016)*. **– Les dispositions des articles L. 433-3, L. 433-5 et L. 433-6 du Code pénal qui prévoient et répriment respectivement les actes de violences, d'outrages et de résistance contre les officiers de police judiciaire sont applicables à ceux qui se rendent coupables de faits de même nature à l'égard des agents de contrôle de l'inspection du travail mentionnés à l'article L. 8112-1 du présent code.**

Art. L. 8114-3. – Les dispositions des articles L. 8114-1 et L. 8114-2 ne sont pas applicables à l'État, aux collectivités territoriales et à leurs établissements publics administratifs.

....

15) DIFFUSION DES OFFRES D'EMPLOI

Art. L. 5334-1. – Le fait d'insérer une offre d'emploi ou une offre de travaux à domicile, en méconnaissance des dispositions de l'article L. 5331-4, est puni d'un emprisonnement d'un an et d'une amende de 37 500 €.

Le fait d'insérer une offre de service concernant les emplois et carrières, en méconnaissance des dispositions de l'article L. 5331-5, est puni des mêmes peines.

L'annonceur qui a demandé la diffusion de l'offre est responsable de l'infraction commise. Le directeur de la publication ou le fournisseur du service ayant communiqué l'offre au public est responsable lorsqu'il a agi sans demande expresse d'insertion de l'offre émanant de l'annonceur.

16) REPOS DOMINICAL

Art. R. 3135-2. – Le fait de méconnaître les dispositions des articles L. 3132-1 à L. 3132-14 et L. 3132-16 à L. 3132-31, relatives au repos hebdomadaire, ainsi que celles des décrets pris pour leur application, est puni de l'amende prévue pour les contraventions de la cinquième classe.

Les contraventions donnent lieu à autant d'amendes qu'il y a de salariés illégalement employés.

La récidive est réprimée conformément aux articles 132-11 et 132-15 du Code pénal.

1) Les infractions à la règle du repos dominical prescrite par l'article L. 221-5 du Code du travail, devenu L. 3132-3, et les infractions à un arrêté préfectoral pris en application de l'article L. 221-17 du même code, devenu L. 3132-29, prescrivant la fermeture au public un jour de la semaine, lorsqu'elles sont commises concomitamment, doivent être réprimées distinctement, ces infractions comportant des éléments constitutifs spécifiques (■ Cass. crim., 16 mars 2010, n° 08-88.418 : *Bull. crim.* n° 51).

2) Selon l'article R. 262-1 du Code du travail dans sa rédaction issue du décret du 6 août 1992, aujourd'hui devenu l'article R. 3135-2 du même code, les contraventions à la règle du repos dominical donnent lieu, qu'elles aient été commises une seule fois ou à plusieurs reprises, à autant d'amendes qu'il y a de personnes irrégulièrement employées (■ Cass. crim., 16 mars 2010, n° 09-82.198 : *Bull. crim.* n° 52 ; *Dr. pén.* 2010, comm. 76, obs. J.-H Robert ; *JCP* 2010, art. 441, p. 820).

3) La loi n° 2009-974 du 10 août 2009 (*JO* 11 août 2009, p. 13313), qui réaffirme le principe du repos dominical et vise à adapter, sous certaines conditions, les dérogations à ce principe dans les communes et zones touristiques et thermales, ainsi que dans certaines agglomérations pour les salariés volontaires, n'a pas eu pour effet de priver de support légal les infractions au repos dominical constatées avant son entrée en vigueur (■ Cass. crim., 16 mars 2010, n° 09-82.198 : *Bull. crim.* n° 52 ; *JCP* 2010, act. 441, p. 820).

4) Le juge pénal, saisi d'une exception d'illégalité d'un arrêté préfectoral édicté en application de l'article L. 3132-29 du Code du travail, prise de ce que l'accord intervenu entre les organisations syndicales de salariés et d'employeurs d'une profession sur les conditions dans lesquelles le repos hebdomadaire est donné aux salariés, n'aurait pas exprimé la volonté de la majorité des professionnels concernés, ne peut accueillir cette exception que s'il résulte des éléments du dossier qu'une telle volonté majoritaire faisait défaut, à la date de l'arrêté litigieux ou à celle des faits poursuivis (■ Cass. crim., 8 avr. 2014, n° 11-84.722).

5) Le repos compensateur accordé à un salarié après un travail dominical doit être rémunéré en plus du salaire double dû pour ce travail (■ Cass. crim., 22 sept. 2015, n° 13-82.284 : *Dr. pén.* 2015, comm. 147, obs. J.-H. Robert).

Note : *a)* V. sur l'interprétation stricte de ce texte, (■ Cass. crim., 31 janv. 2012, n° 10-86.968 : *Bull. crim.*, n° 25 ; *D.* 2012, p. 1047, note P. Hennion-Jacquet, *supra*, sous l'article 111-4 du Code pénal).

b) Sur les QPC ayant fait l'objet de non-lieu à renvoi au Conseil constitutionnel et visant certains des articles du Code du travail sanctionnés par l'article R. 3135-2, V. (■ Cass. soc., 5 juin 2013, n° 12-27.478 (2 arrêts)).

ANNEXE 61

URBANISME

Voir : Annexe 19 (Construction).

Bibliographie : F. Archer, *Urbanisme : JCl. Lois pénales spéciales*. • B. Lamorlette et D. Moreno, *Code de l'urbanisme 2017, éd. LexisNexis*. • C. de Jacobet de Nombel, *Le droit pénal de l'urbanisme à l'épreuve du droit criminel : Dr. pén.* 2013, Dossier 7.

Code de l'urbanisme

1) INFRACTIONS AUX RÈGLES D'AMÉNAGEMENT ET D'URBANISME

Art. L. 610-1 *(Ord. n° 2015-1174, 23 sept. 2015)*. **– En cas d'infraction aux dispositions des plans locaux d'urbanisme, les articles L. 480-1 à L. 480-9 sont applicables, les obligations mentionnées à l'article L. 480-4 s'entendant également de celles résultant des plans locaux d'urbanisme.**

Les sanctions édictées à l'article L. 480-4 s'appliquent également :

1° En cas d'exécution de travaux ou d'utilisation du sol en méconnaissance des obligations imposées par les articles L. 111-1 à L. 111-10, L. 111-15, L. 111-23 et L. 115-3 ainsi que par les règlements pris pour leur application ;

2° En cas de coupes et d'abattages d'arbres effectuées en infraction aux dispositions de l'article L. 421-4, sur les territoires des communes, parties de communes ou ensemble de communes où l'établissement d'un plan local d'urbanisme a été prescrit mais où ce plan n'a pas encore été rendu public ;

3° En cas d'exécution de travaux ou d'utilisation du sol en infraction aux dispositions des articles L. 113-11 et L. 113-12 relatifs à la protection des espaces naturels sensibles des départements ;

4° En cas d'exécution, dans une zone d'aménagement concerté, de travaux dont la réalisation doit obligatoirement être précédée d'une étude de sécurité publique en application de l'article L. 114-1, avant la réception de cette étude par la commission compétente en matière de sécurité publique.

Toute association agréée de protection de l'environnement en application des dispositions de l'article L. 141-1 du Code de l'environnement peut exercer les droits reconnus à la partie civile en ce qui concerne les faits constituant une infraction aux alinéas premier et second du présent article et portant un préjudice direct ou indirect aux intérêts collectifs qu'elle a pour objet de défendre.

La commune ainsi que l'établissement public de coopération intercommunale compétent en matière d'urbanisme peuvent exercer les droits reconnus à la partie civile, en ce qui concerne les faits commis sur leur territoire et constituant une infraction aux dispositions du présent article.

1) QPC. Non-lieu à renvoi au Conseil constitutionnel de la question visant les articles L. 160-1 et L. 480-4, la rédaction des textes en cause étant conforme aux principes de clarté, d'accessibilité et d'intelligibilité de la loi pénale dont elle permet de déterminer le champ d'application sans porter atteinte au principe constitutionnel de la légalité des délits et des peines (■ Cass. crim., 25 juill. 2012, n° 12-90.035 QPC : *Dr. pénal* 2012, comm. 131, obs. J.-H. Robert).

2) Les travaux d'aménagement d'une maison d'habitation en studios, qui n'ont pas pour effet de modifier l'aspect extérieur de l'immeuble ni de créer des niveaux supplémentaires, peuvent être entrepris sans autorisation bien qu'ils soient susceptibles d'avoir une incidence sur les règles d'urbanisme, dès lors que, l'immeuble restant à usage exclusif d'habitation, ils n'ont pas pour effet de changer la destination de la construction ; leur réalisation peut constituer en revanche une infraction aux articles L. 160-1 et L. 480-4 du Code de l'urbanisme notamment si les travaux contreviennent aux prescriptions du plan d'occupation des sols (■ Cass. crim., 9 nov. 1994 : *Bull. crim.*, n° 361 ; *JCP* 95, II, 22518, note Ricard).

3) En cas de poursuites engagées pour réalisation de travaux effectués en méconnaissance d'un plan d'occupation des sols, il appartient au juge pénal non pas de rechercher si ces travaux sont ou non soumis à autorisation ou à déclaration en application du livre IV du Code de l'urbanisme mais de vérifier si cette réalisation est prohibée par le plan d'urbanisme adopté en application du livre I de même Code et servant de soutien à la prévention (■ Cass. crim., 2 juin 2004 : *Bull. crim.* n° 145).

4) En l'absence de modification des dispositions législatives, support légal de l'incrimination, justifie sa décision la cour d'appel qui, en cas d'annulation du plan d'occupation des sols en violation duquel les travaux objet des poursuites ont été réalisés, fait application du plan d'occupation des sols immédiatement antérieur, remis en vigueur par application des dispositions de l'article L. 121-8 du Code de l'urbanisme, dès lors que celui-ci n'autorise pas davantage les travaux et installations, objet des poursuites (■ Cass. crim., 30 oct. 2007 : *Bull. crim.*, n° 262).

5) Encourt la cassation l'arrêt de la cour d'appel qui relaxe une société civile immobilière du chef d'infraction aux dispositions du plan d'occupation des sols, sans rechercher si les travaux litigieux sont conformes aux dispositions suffisamment claires et précises dudit plan, selon lesquelles l'aspect des constructions doit être en harmonie avec, d'une part, les constructions voisines et, d'autre part, le caractère des sites et paysages dans lesquels elles s'insèrent (■ Cass. crim., 11 déc. 2007 : *Bull. crim.*, n° 306).

6) Justifie sa décision la cour d'appel qui, pour condamner le prévenu pour avoir exécuté des travaux en méconnaissance du document local d'urbanisme, relève que la propriété de la parcelle sur laquelle le remblai avait été accumulé était distincte de celle située sur l'autre rive du cours d'eau en ce qu'elle appartenait à une indivision et que le fait que le prévenu fût au nombre des propriétaires indivis n'avait pas pour effet de modifier la situation de la ligne séparative des propriétés correspondant à l'axe du cours d'eau (■ Cass. crim., 1er avr. 2014 : *Bull. crim.* n° 100).

7) Encourt la cassation l'arrêt qui déclare le prévenu coupable d'exécution de travaux sans autorisation et exécution des mêmes travaux sans déclaration, alors que si plusieurs ouvrages, installations, catégories de travaux ou d'activités doivent être réalisés par la même personne sur un même site, une seule demande d'autorisation peut être présentée pour l'ensemble de ces travaux (■ Cass. crim., 1er avr. 2014 : *Bull. crim.* n° 100).

8) La violation des règles de l'urbanisme est constituée lors de l'établissement du procès-verbal d'infraction, peu important que certains manquements aient été régularisés avant l'achèvement des travaux (■ Cass. crim., 16 janv. 2018, n° 17-81.157).

9) Cumul d'infractions. Ne méconnaît pas la règle *non bis in idem*, la cour d'appel qui, après avoir examiné un ensemble de travaux, condamne le prévenu pour construction sans permis de construire et pour violation du plan d'occupation des sols, qui protègent des intérêts juridiquement distincts, dès lors qu'une seule peine a été prononcée (■ Cass. crim., 8 déc. 2015, n° 14-85.548 : *Dr. pén.* 2016, comm. 32, obs. J.-H. Robert).

10) Ne méconnaît pas la règle *non bis in idem* la cour d'appel qui condamne un prévenu pour réalisation irrégulière d'affouillement ou d'exhaussement du sol et de violation du plan d'occupation des sols dès lors que ces incriminations visent à l'application de réglementations distinctes et à la protection d'intérêts juridiquement différents, afférents pour les uns aux travaux, pour les autres, à l'occupation du sol et qu'une seule peine a été prononcée (■ Cass. crim., 27 avr. 2017, n° 16-84.240).

11) Prescription. Les infractions d'exécution de travaux sans déclaration préalable et en méconnaissance du Plan Local d'Urbanisme s'accomplissant pendant tout le temps où les travaux sont exécutés et jusqu'à leur achèvement, la prescription de l'action publique ne court qu'à compter du jour où les installations sont en état d'être affectées à l'usage auquel elles sont destinées.

Encourt la censure la cour d'appel qui, pour rejeter l'exception de prescription soulevée, retient que les faits reprochés sont des délits continus dont les effets se prolongent par la volonté réaffirmée de la prévenue de ne pas respecter les dispositions réglementaires applicables alors qu'il lui appartenait de rechercher si, à la date du premier acte interruptif de prescription, l'ouvrage était, depuis trois années, en état d'être affecté à l'usage auquel il était destiné (■ Cass. crim., 27 mai 2014 : *Bull. crim.* n° 141).

Art. L. 610-2 *(Ord. n° 2015-1174, 23 sept. 2015)*. – Toute personne qui effectue, à la demande et pour le compte d'une collectivité publique, les études nécessaires à la préparation de documents d'urbanisme est tenue au secret professionnel. Les infractions sont passibles des sanctions prévues à l'article 226-13 du Code pénal.

Art. L. 610-3 *(Ord. n° 2015-1174, 23 sept. 2015)*. – Les infractions aux dispositions réglementant, dans les territoires faisant l'objet d'un plan local d'urbanisme approuvé ou d'un document en tenant lieu, l'ouverture, l'extension et les modifications aux conditions d'exploitation des établissements dangereux, insalubres ou incommodes sont punies des peines et sanctions prévues par la législation relative aux installations classées.

Art. L. 610-4 *(Ord. n° 2015-1174, 23 sept. 2015)*. – Les infractions aux dispositions du règlement national d'urbanisme et aux articles L. 113-8 et L. 113-15 sont constatées par tous officiers ou agents de police judiciaire ainsi que par tous les fonctionnaires et agents de l'État et des collectivités publiques commissionnés à cet effet par le maire ou le ministre chargé de l'urbanisme suivant l'autorité dont ils relèvent et assermentés. Les procès-verbaux dressés par ces agents font foi jusqu'à preuve du contraire.

Les fonctionnaires et agents contractuels de l'administration des eaux et forêts sont compétents pour constater par procès-verbaux les infractions aux dispositions du présent code relatives à la conservation et à la création d'espaces boisés.

....

2) INFRACTIONS AUX RÈGLES APPLICABLES AUX CONSTRUCTIONS, AMÉNAGEMENTS ET DÉMOLITIONS

Art. L. 480-1 *(Mod., L. n° 76-1285, 31 déc. 1976 ; L. n° 85-729, 18 juill. 1985 ; L. n° 95-101, 2 févr. 1995 ; L. n° 2001-44, 17 janv. 2001 ; L. n° 2010-788, 12 juill. 2010 ; L. n° 2012-387, 22 mars 2012 ; Ord. n° 2015-1174, 23 sept. 2015 ; L. n° 2016-925, 7 juill. 2016)*. – Les infractions aux dispositions des titres Ier, II, III, IV et VI du présent livre sont constatées par tous les officiers ou agents de police judiciaire ainsi que par tous les fonctionnaires et agents de l'État et des collectivités publiques commissionnés à cet effet par le maire ou le ministre chargé de l'urbanisme suivant l'autorité dont ils relèvent et assermentés. Les procès-verbaux dressés par ces agents font foi jusqu'à preuve du contraire.

Les infractions mentionnées à l'article L. 480-4 peuvent être constatées par les agents commissionnés à cet effet par le ministre chargé de la culture et assermentés lorsqu'elles affectent des immeubles soumis aux dispositions législatives du Code du patrimoine relatives aux monuments historiques, aux abords des monuments historiques ou aux sites patrimoniaux remarquables ou aux dispositions législatives du Code de l'environnement relatives aux sites et qu'elles consistent soit dans le défaut de permis de construire, soit dans la non-conformité de la construction ou des travaux au permis de construire accordé. Il en est de même des infractions aux prescriptions établies en application des articles L. 522-1 à L. 522-4 du Code du patrimoine.

Lorsque l'autorité administrative et, au cas où il est compétent pour délivrer les autorisations, le maire ou le président de l'établissement public de coopération intercommunale compétent ont connaissance d'une infraction de la nature de celles que prévoient les articles L. 610-1 et L. 480-4, ils sont tenus d'en faire dresser procès-verbal.

Copie du procès-verbal constatant une infraction est transmise sans délai au ministère public.

Toute association agréée de protection de l'environnement en application des dispositions de l'article L. 141-1 du Code de l'environnement peut exercer les droits reconnus à la partie civile en ce qui concerne les faits constituant une infraction à l'alinéa 1er du présent article et portant un préjudice direct ou indirect aux intérêts collectifs qu'elle a pour objet de défendre.

La commune ainsi que l'établissement public de coopération intercommunale compétent en matière d'urbanisme peuvent exercer les droits reconnus à la partie civile, en ce qui concerne les faits commis sur leur territoire et constituent une infraction à l'alinéa 1er du présent article.

1) Les procès-verbaux visés par l'article L. 480-1 font foi jusqu'à preuve contraire (■ Cass. crim., 11 févr. 1971 : *D.* 1971, 294) ; ils ne sont pas le seul mode de preuve des infractions en matière d'urbanisme (■ Cass. crim., 24 mai 1967 : *Bull. crim.*, n° 162. ■ 1er déc. 1981 : *D.* 1982, IR, 131. ■ 19 nov. 1985 : *Bull. crim.*, n° 365).

2) Il ne résulte d'aucun texte, ni d'aucun principe substantiel de procédure pénale, que le procès-verbal constatant une infraction en matière d'urbanisme doive être signé de la personne mise en cause ni notifié à celle-ci par lettre recommandée afin de lui permettre de présenter ses observations (■ Cass. crim., 10 oct. 2006 : *Bull. crim.*, n° 248).

3) L'existence d'un recours contre un arrêté préfectoral refusant l'octroi d'un permis de construire modificatif est sans effet sur l'exercice de poursuites pour construction sans permis, l'illégalité alléguée, à la supposer établie, ne pouvant suppléer à l'autorisation requise (■ Cass. crim., 16 févr. 1994 : *Bull. crim.*, n° 72).

4) L'article 802 du Code de procédure pénale est applicable en cas de méconnaissance des dispositions de l'article L. 480-1 du Code de l'urbanisme prévoyant que copie du procès-verbal constatant une infraction est transmise sans délai au ministère public (■ Cass. crim., 3 nov. 2004 : *Bull. crim.*, n° 269).

5) L'article L. 480-1, dernier alinéa du Code de l'urbanisme, qui permet à la commune d'exercer les droits reconnus à la partie civile, en ce qui concerne les faits commis sur son territoire et constituant une infraction à l'alinéa 1er, n'exige pas que le préjudice qu'elle invoque soit personnel et direct (■ Cass. crim., 9 avr. 2002 : *Bull. crim.*, n° 81 ; *Dr. pénal* 2002, comm. 114, obs. J.-H. Robert ; *Rev. sc. crim.* 2002, p. 823).

6) La possibilité, offerte par l'article L. 480-1, alinéa 5, du Code de l'urbanisme, aux associations agréées de protection de l'environnement d'exercer les droits de la partie civile en ce qui concerne les infractions en matière de permis de construire qui portent un préjudice direct ou indirect aux intérêts collectifs qu'elles ont pour objet de défendre, n'exclut pas le droit, pour une association non agréée, qui remplit les conditions prévues par l'article 2 du Code de procédure pénale, de se constituer partie civile à l'égard des mêmes faits ; satisfait à ces conditions, en raison de la spécificité du but et de l'objet de sa mission, une association, qui ne poursuit pas la défense des intérêts de ses membres mais dont l'objet statutaire est la protection de l'environnement, du cadre de vie, de la faune et de la flore d'un village (■ Cass. crim., 12 sept. 2006 : *Bull. crim.*, n° 217).

Art. L. 480-2 ***(Mod., L. n° 76-1285, 31 déc. 1976 ; L. n° 85-729, 18 juill. 1985 ; Ord. n° 2005-1527, 8 déc. 2005 ; L. n° 2016-925, 7 juill. 2016).*** **– L'interruption des travaux peut être ordonnée soit sur réquisition du ministère public agissant à la requête du maire, du fonctionnaire compétent ou de l'une des associations visées a l'article L. 480-1, soit, même d'office, par le juge d'instruction saisi des poursuites ou par le tribunal correctionnel. L'interruption des travaux peut être ordonnée, dans les mêmes conditions, sur saisine du représentant de l'État dans la région ou du ministre chargé de la culture, pour les infractions aux prescriptions établies en application des articles L. 522-1 à L. 522-4 du Code du patrimoine.**

L'autorité judiciaire statue après avoir entendu le bénéficiaire des travaux ou l'avoir dûment convoqué à comparaître dans les quarante-huit heures. La décision judiciaire est exécutoire sur minute et nonobstant toute voie de recours.

Dès qu'un procès-verbal relevant l'une des infractions prévues à l'article L. 480-4 a été dressé, le maire peut également, si l'autorité judiciaire ne s'est pas encore prononcée, ordonner par arrêté motivé l'interruption des travaux. Copie de cet arrêté est transmise sans délai au ministère public.

L'autorité judiciaire peut à tout moment, d'office ou à la demande, soit du maire ou du fonctionnaire compétent, soit du bénéficiaire des travaux, se prononcer sur la mainlevée ou le maintien des mesures prises pour assurer l'interruption des travaux. En tout état de cause, l'arrêté du maire cesse d'avoir effet en cas de décision de non-lieu ou de relaxe.

Le maire est avisé de la décision judiciaire et en assure, le cas échéant, l'exécution.

Lorsque aucune poursuite n'a été engagée, le procureur de la République en informe le maire qui, soit d'office, soit à la demande de l'intéressé, met fin aux mesures par lui prises.

Le maire peut prendre toutes mesures de coercition nécessaires pour assurer l'application immédiate de la décision judiciaire ou de son arrêté, en procédant notamment à la saisie des matériaux approvisionnés ou du matériel de chantier.

La saisie et, s'il y a lieu, l'apposition des scellés sont effectuées par l'un des agents visés à l'article L. 480-1 qui dresse procès-verbal.

Les pouvoirs qui appartiennent au maire, en vertu des alinéas qui précèdent, ne font pas obstacle au droit du représentant de l'État dans le département de prendre, dans tous les cas où il n'y aurait pas été pourvu par le maire et après une mise en demeure adressée à celui-ci et restée sans résultat à l'expiration d'un délai de vingt-quatre heures, toutes les mesures prévues aux précédents alinéas.

Dans le cas de constructions sans permis de construire ou d'aménagement sans permis d'aménager, ou de constructions ou d'aménagement poursuivis malgré une décision de la juridiction administrative suspendant le permis de construire ou le permis d'aménager, le maire prescrira par arrêté l'interruption des travaux ainsi que, le cas échéant, l'exécution, aux frais du constructeur, des mesures nécessaires à la sécurité des personnes ou des biens ; copie de l'arrêté du maire est transmise sans délai au ministère public. Dans tous les cas où il n'y serait pas pourvu par le maire et après une mise en demeure adressée à celui-ci et restée sans résultat à l'expiration d'un délai de vingt-quatre heures, le représentant de l'État dans le département prescrira ces mesures et l'interruption des travaux par un arrêté dont copie sera transmise sans délai au ministère public.

Dans le cas où le représentant de l'État dans le département fait usage des pouvoirs qui lui sont reconnus par les alinéas 9 et 10 du présent article, il reçoit, aux lieu et place du maire, les avis et notifications prévus aux alinéas 5 et 6.

1) L'interruption des travaux est une attribution extraordinaire indépendante de celle que le juge tient du Code de procédure pénale, et présente dans ses effets un caractère à la fois civil et administratif (■ Cass. crim., 10 janv. 1980 : *Bull. crim.*, n° 18. ■ 5 mai 1981 : *Bull. crim.*, n° 138).

2) L'inculpé peut faire appel de l'ordonnance du juge d'instruction prescrivant l'interruption des travaux (■ Cass. crim., 10 janv. 1980 : *D.* 1981, 96, note Chambon).

3) Le juge d'instruction est compétent pour prononcer la mainlevée ou le maintien des mesures prises pour assurer l'interruption des travaux (■ Cass. crim., 5 mai 1981 : *Bull. crim.*, n° 138). Sur la mainlevée judiciaire de l'arrêté d'interruption des travaux, V. (■ Cass. crim., 29 mars 1995 : *JurisData* n° 001645 ; *Dr. pénal.* 1995, comm. 185, obs. Robert).

4) Lorsque le maire ordonne, par arrêté, une interruption de travaux en application de l'article L. 480-2, alinéa 3 du Code de l'urbanisme, il agit en qualité de représentant de l'État.

Il ne peut plus se prévaloir de cette qualité devant la cour d'appel saisie d'une demande de mainlevée d'un arrêté de cette nature et n'est pas recevable à se pourvoir contre la décision rendue par cette juridiction si le préfet ou son délégué est intervenu dans la procédure (■ Cass. crim., 17 mai 2011, n° 10-82.655 : *Bull. crim.*, n° 100).

Art. L. 480-3 ***(L. n° 2011-525, 17 mai 2011 ; L. n° 2012-387, 22 mars 2012).*** **– En cas de continuation des travaux nonobstant la décision judiciaire ou l'arrêté en ordonnant l'interruption, les personnes visées au deuxième alinéa de l'article L. 480-4 encourent une amende de 75 000 € et une peine de trois mois d'emprisonnement.**

Ces peines sont également applicables en cas de continuation des travaux nonobstant la décision de la juridiction administrative prononçant la suspension ou le sursis à exécution de l'autorisation d'urbanisme.

Les juges ne peuvent, sans excéder leurs pouvoirs, prononcer d'autres peines ou mesures que celles prévues par la loi ; encourt, dès lors, la cassation l'arrêt qui, après avoir déclaré le prévenu coupable de continuation de travaux nonobstant l'arrêté en prescrivant l'interruption, délit prévu par l'article L. 480-3 du Code de l'urbanisme, ordonne la démolition de l'ouvrage irrégulièrement édifié alors que l'article L. 480-5 du Code précité attribue à la juridiction le pouvoir de statuer sur la démolition des ouvrages en cas de condamnation pour les infractions prévues aux articles L. 160-1 et L. 480-4 (■ Cass. crim., 18 mai 2005 : *Bull. crim.*, n° 149 ; *Dr. pénal* 2005, comm. 127, obs. J.-H. Robert).

Art. L. 480-4 ***(Ord. n° 2005-1527, 8 déc. 2005 ; L. n° 2016-1547, 18 nov. 2016).*** **– Le fait d'exécuter des travaux mentionnés aux articles L. 421-1 à L. 421-5 en méconnaissance des obligations imposées par les titres Ier à VII du présent livre et les règlements pris pour leur application ou en méconnaissance des prescriptions imposées par un permis de construire, de démolir ou d'aménager ou par la décision prise sur une déclaration préalable est puni d'une amende comprise entre 1 200 € et un montant qui ne peut excéder, soit dans le cas de construction d'une surface de plancher, une somme égale à 6 000 € par mètre carré de**

surface construite, démolie ou rendue inutilisable au sens de l'article L. 430-2, soit, dans les autres cas, un montant de 300 000 €. En cas de récidive, outre la peine d'amende ainsi définie un emprisonnement de six mois pourra être prononcé.

Les peines prévues à l'alinéa précédent peuvent être prononcées contre les utilisateurs du sol, les bénéficiaires des travaux, les architectes, les entrepreneurs ou autres personnes responsables de l'exécution desdits travaux.

Ces peines sont également applicables :

1° En cas d'inexécution, dans les délais prescrits, de tous travaux d'aménagement ou de démolition imposés par les autorisations visées au premier alinéa ;

2° En cas d'inobservation, par les bénéficiaires d'autorisations accordées pour une durée limitée ou à titre précaire, des délais impartis pour le rétablissement des lieux dans leur état antérieur ou la réaffectation du sol à son ancien usage.

En cas de méconnaissance des obligations imposées par l'article L. 451-3, le tribunal ordonne en outre, en cas de perte ou de destruction de la plaque commémorative au cours des travaux, à la charge du maître d'ouvrage, la gravure et l'installation d'une nouvelle plaque apposée dans les conditions du deuxième alinéa dudit article.

Toute association ou fondation reconnue d'utilité publique telle que définie à l'article 2-4 du Code de procédure pénale peut exercer les droits reconnus à la partie civile en ce qui concerne les faits constituant une infraction à l'article L. 451-3 et portant un préjudice direct ou indirect aux intérêts collectifs qu'elle a pour objet de défendre.

Les dispositions du présent article ne sont pas applicables aux infractions relatives à l'affichage des permis ou des déclarations préalables.

1) Permis valide, préalable aux travaux. L'existence d'une voie de recours contre un arrêté refusant l'octroi d'un permis est sans effet sur l'exercice des poursuites pénales car le délit est consommé dès lors qu'une construction est édifiée sans permis préalable (■ Cass. crim., 15 nov. 1995 : *Bull. crim.*, n° 352).

2) Lorsqu'une contestation sérieuse sur la validité d'un permis est soulevée devant la juridiction saisie d'une poursuite pénale, les juges doivent surseoir à statuer pour permettre de saisir la juridiction administrative qui se prononcera sur l'éventuelle nullité du permis de construire (■ Cass. crim., 30 juin 1981 : *Bull. crim.*, n° 226 ; *D.* 1983, IR, 28, obs. Charles).

3) Le recours en annulation de l'arrêté par lequel le maire a fait opposition à une déclaration de travaux, formé par le prévenu devant la juridiction administrative, n'a pas d'effet suspensif au regard de la poursuite dont la juridiction correctionnelle est saisie du chef de construction non conforme, y compris en ce qui concerne la mesure de démolition sur laquelle elle a l'obligation de statuer (■ Cass. crim., 21 oct. 2003 : *Bull. crim.*, n° 198 ; *Dr. pénal* 2004, comm. 40, obs. J.-H. Robert).

4) Le constructeur ne peut se prévaloir d'aucun permis de construire lorsque l'exécution de celui-ci a été suspendue par une décision du juge administratif, et ne saurait se soustraire à l'application des article L. 421-1 et L. 480-4 du Code de l'urbanisme (■ Cass. crim., 6 mai 2002 : *Bull. crim.*, n° 101 ; *Dr. pénal* 2002, comm. 100, obs. J.-H. Robert).

Cette affaire ayant donné lieu à l'arrêt du 6 mai 2002, a fait l'objet d'un **réexamen** à la suite de l'arrêt du 10 octobre 2006 de la Cour européenne des droits de l'homme qui a dit qu'il y avait en violation de l'article 7 de la Convention de sauvegarde des droits de l'homme.

Par arrêt du 13 février 2009, l'assemblée plénière de la Cour de cassation a décidé que la loi pénale étant d'interprétation stricte, il s'ensuit que la poursuite de travaux malgré une décision de la juridiction administrative prononçant le sursis à exécution du permis de construire mais non suivie d'un arrêté prescrivant l'interruption des travaux n'est pas constitutive de l'infraction de construction sans permis prévue par l'article L. 480-4 du Code de l'urbanisme (■ Ass. plénière, 13 févr. 2009 : *Bull. inf. c. cass.*, 2009, II, p. 23, rapport André, concl. Mouton ; *Dr. pénal* 2009, comm. 54, obs. J.-H. Robert ; *JCP* 2009, II, 10057, note D. Bailleul ; *Bull. crim.*, n° 1).

5) La remise en vigueur d'un permis de construire retiré ou annulé n'efface pas la culpabilité du bâtisseur dès lors qu'il a continué ses travaux pendant que son permis n'était, provisoirement, pas valide (■ Cass. crim., 27 juin 2006 ; *Dr. pénal* 2006, comm. 125).

6) Un permis de construire rectificatif ne met pas obstacle à la déclaration de culpabilité du bâtisseur à raison des travaux irrégulièrement entrepris avant sa délivrance, mais, tant qu'il n'est pas annulé, il interdit la condamnation à la démolition, même à titre de réparation civile (■ Cass. crim., 18 nov. 2008 : *Dr. pénal* 2009, comm. 40, obs. J.-H. Robert).

7) L'obtention d'un **permis de construire tacite,** relativement à des constructions édifiées sans qu'ait été sollicité ni obtenu préalablement le permis de construire nécessité par lesdites constructions, ne saurait avoir pour effet de faire disparaître le délit antérieurement consommé (■ Cass. crim., 18 juin 1997 : *Bull. crim.*, n° 247. ■ 11 déc. 2007 : *JurisData* n° 2007-042593 ; *Dr. pénal* 2008, note 55, obs. J.-H. Robert).

8) Le permis de construire tacite, qui se forme à défaut de notification d'une décision expresse dans le délai de deux mois imparti par l'article R. 421-18, devenu l'article R. 423-23 du Code de l'urbanisme, ne peut être ultérieurement retiré par l'administration, dans le délai de recours contentieux, que pour des motifs tirés de l'illégalité de l'autorisation implicite.

Prive sa décision de base légale, une cour d'appel qui prononce une condamnation pour construction sans permis en se fondant sur une décision expresse de rejet, notifiée au pétitionnaire postérieurement à la date d'expiration du délai d'instruction de la demande, sans rechercher si les conditions de retrait du permis tacite étaient réunies et, en particulier, si celui-ci était entaché d'illégalité (■ Cass. crim., 18 sept. 2007 : *Bull. crim.*, n° 213).

Sur les conditions de régularité d'un retrait du permis de construire tacite, rappr. ■ Cass. crim., 2 juin 1976 : *Bull. crim.*, n° 197 et ■ Cass. crim., 5 janv. 1993 : *Bull. crim.*, n° 8).

9) Un **permis obtenu frauduleusement** équivaut à son absence et son obtention ne saurait soustraire le prévenu à l'application des articles L. 421-1 et L. 480-4 du Code de l'urbanisme (■ Cass. crim., 4 nov. 1998 : *Bull. crim.*, n° 286 ; *Dr. pénal* 1999, comm. 45, obs. J.-H. Robert).

10) Le juge répressif est compétent pour constater **l'inexistence** d'un permis de construire obtenu par fraude, les dispositions de l'article L. 480-13 du Code de l'urbanisme étant dans ce cas sans application (■ Cass. crim., 9 sept. 2003 : *Bull. crim.*, n° 155 ; *Dr. pénal* 2003, comm. 128, obs. J.-H. Robert. Rappr. ■ Cass. crim., 16 mars 2006 : *JurisData* 2006-034188 ; *Dr. pénal* 2006, comm. 123, obs. J.-H. Robert).

11) Ne constituent pas un permis de construire des lettres par lesquelles un maire assure un administré qu'il est autorisé à relever des ruines et lui prodigue des conseils architecturaux pour la conduite du chantier. Le constructeur qui se prévaut de ces courriers commet un délit de construction sans permis et le maire en est complice par aide et assistance (■ Cass. crim., 15 oct. 2002 : *Dr. pénal* 2003, comm. 25, obs. J.-H. Robert).

12) Ne donne pas de base légale à sa décision la cour d'appel qui, pour relaxer le prévenu des chefs de construction sans permis et d'infraction au plan d'occupation des sols, faute d'**élément intentionnel,** retient des lettres de la mairie autorisant l'érection d'une structure de 6 750 m² au sein de l'hippodrome d'Auteuil alors que les motifs énoncés ne justifient ni le caractère inévitable de l'erreur ni la croyance du prévenu dans la légitimité d'une prétendue autorisation (■ Cass. crim., 12 sept. 2006 : *Bull. crim.*, n° 218 ; *Dr. pénal* 2006, comm. 150, obs. M. Véron, et comm. 155, obs. J.-H. Robert ; *Rev. sc. crim.* 2007, p. 73, obs. E. Fortis).

13) Principe et applications. L'obtention d'un permis de construire ne se conçoit que pour une **construction présentant un caractère durable** : sont ainsi dispensés de l'obligation de permis les abris précaires (■ Cass. crim., 17 nov. 1981 : *Bull. crim.*, n° 305 ; *D.* 1983, IR, 26, obs. Charles). Mais le permis est exigé pour les travaux effectués sur des constructions existantes lorsqu'ils ont pour effet d'en changer la destination, de modifier leur aspect extérieur ou leur volume (■ Cass. crim., 17 nov. 1981 : *D.* 1983, *loc. cit.*).

14) Il a été jugé que l'édification d'une centrale à béton, même susceptible d'être déplacée à l'aide d'un véhicule approprié, ne peut se faire sans permis de construire, dès lors que la construction litigieuse présente des caractères de fixité et de permanence suffisants (■ Cass. crim., 19 août 1997 : *Bull. crim.*, n° 286).

15) Les travaux d'aménagement d'un grenier dont les caractéristiques physiques le rendent aménageable pour l'habitation peuvent être entrepris sans autorisation lorsque ce local se trouve dans un immeuble à usage d'habitation et qu'ils n'ont donc pas pour effet de changer la destination de la construction. Le caractère aménageable pour l'habitation d'un sous-sol ou de combles s'apprécie d'après les caractéristiques physiques du local en cause et ne dépend pas de la dénomination qui a pu leur être donnée dans un acte de vente ou un règlement de copropriété. Dès lors, doit être compris dans la surface hors œuvre nette d'un immeuble un grenier dont les caractéristiques le rendent aménageable pour l'habitation (■ Cass. crim., 19 déc. 1989 : *Bull. crim.*, n° 494).

16) L'usage ornemental d'une construction ne saurait la soustraire à l'application des articles L. 421-1 et L. 480-4 C. urbanisme (■ Cass. crim., 3 juin 1986 : *Bull. crim.*, n° 194). L'édification d'un abri en bois de 40 mètres carrés, même démontable, ne peut se faire sans qu'ait été obtenu un permis de construire (■ Cass. crim., 6 déc. 1988 : *Bull. crim.*, n° 410). Même solution pour la reconstruction d'une ruine (■ Cass. crim., 7 févr. 1989 : *Bull. crim.*, n° 55).

17) Les articles L. 160-1, L. 421-1 et L. 480-4 du Code de l'urbanisme ayant une portée générale, la circonstance que l'édifice sur lequel portent les travaux irrégulièrement entrepris soit situé dans le domaine public maritime ne fait pas échec à leur application et ne dispense pas l'intéressé de l'obtention du permis de construire (■ Cass. crim., 11 janv. 1995 : *Bull. crim.*, n° 18).

18) La reconstruction d'un bâtiment, dans les conditions prévues par l'article L. 111-3 du Code de l'urbanisme, est soumise à l'obtention préalable d'un permis de construire, afin, notamment, de permettre le contrôle du projet de reconstruction (■ Cass. crim., 30 juin 2009 : *Bull. crim.*, n° 141 ; *Dr. pénal* 2009, comm. 125, obs. J.-H. Robert ; *D.* 2009, Act. jur., p. 2166, note A. Vincent).

19) Imputabilité. Les peines prévues par l'article L. 480-4, alinéa 1er, ne peuvent être prononcées à l'encontre de celui qui a acquis des parts sociales dans une société à responsabilité limitée, puis en est devenu le gérant postérieurement à l'achèvement de travaux qu'elle avait irrégulièrement entrepris, dès lors qu'il n'est pas constaté qu'il avait bénéficié en connaissance de cause ou qu'il ait été responsable à un titre quelconque de leur exécution (■ Cass. crim., 3 mars 1993 : *Bull. crim.*, n° 101).

20) Sont bénéficiaires des travaux, et donc coupables de construction sans permis, l'épouse du constructeur si elle est propriétaire du terrain, ou son associé dans une société civile immobilière (■ Cass. crim., 6 mars 2001 et 15 mai 2001 : *Dr. pénal* 2002, comm. 133, obs. J.-H. Robert), ou encore la présidente d'une société gérante d'une société de construction qui entreprend une édification d'immeubles sans permis (■ Cass. crim., 21 janv. 2003 : *Dr. pénal* 2003, comm. 51, obs. J.-H. Robert).

21) Le bailleur dont le locataire a élevé une construction irrégulière en est pénalement responsable en tant que « bénéficiaires des travaux » au sens de l'article L. 480-4 du Code de l'urbanisme ; si du moins il a autorisé ces travaux suivant l'appréciation souveraine des juges du fond (■ Cass. crim., 24 juin 2008 : *JurisData* 2008-044936 ; *Dr. pénal* 2008, comm. 134. V. aussi ■ Cass. crim., 9 avr. 1992 : *Bull. crim.*, n° 156, et 29 oct. 1997 : *Bull. crim.*, n° 363. – Est responsable et bénéficiaire des travaux irrégulièrement édifiés, le conjoint du propriétaire d'un bien immobilier, qui, ayant obtenu un permis de construire l'autorisant à agrandir ce bien, participe, après démolition, à l'exécution des travaux d'édification du nouvel immeuble, dans lequel il s'installe une fois les travaux achevés (■ Cass. crim., 13 janv. 2009 : *Bull. crim.*, n° 15).

22) Justifie sa décision la cour d'appel qui considère qu'est bénéficiaire des travaux au sens de l'article L. 480-4, alinéa 2, du Code de l'urbanisme le prévenu qui, marié sous le régime de la communauté réduite aux acquêts, a construit une maison d'habitation selon un projet élaboré par lui en sa qualité d'architecte sur un terrain ayant fait l'objet d'une donation en nue-propriété à son épouse (■ Cass. crim., 6 nov. 2012, n° 12-80.841 : *Bull. crim.*, n° 242 ; *RD imm.* 2013, chron. p. 86, note G. Roujou de Boubée).

23) Autres applications. Des travaux consistant à substituer à un espace de loisirs prévu par le permis de construire une discothèque pouvant recevoir un nombre plus important de personnes et imposant, selon les règlements d'urbanisme, la création de places de stationnement supplémentaires, caractérisent le délit d'exécution de travaux en méconnaissance des prescriptions tant du permis de construire que du plan d'occupation des sols, les constructions réalisées en vertu d'un permis de construire devant respecter non seulement les prescriptions que ce dernier contient mais aussi les règles du plan d'occupation des sols en fonction desquelles il a été délivré (■ Cass. crim., 25 janv. 1995 : *Bull. crim.*, n° 36).

24) La délivrance d'un permis de construire est nécessaire pour la reconstruction au même lieu d'un ancien bâtiment après sa démolition. Cette reconstruction, fût-elle à l'identique, ne peut être assimilée aux constructions et travaux faits sur une construction existante et qui, dans certaines conditions, sont exemptés de permis de construire par l'article R. 422-2 du Code de l'urbanisme (■ Cass. crim., 11 oct. 1995 : *Bull. crim.*, n° 303).

25) Les travaux réalisés sur une construction existante, même illégalement édifiée, sont soumis aux prescriptions du Code de l'urbanisme. En conséquence, le propriétaire, qui transforme, en appartements, des réserves édifiées sans titre, sans avoir obtenu un permis de construire, se rend coupable du délit de construction sans permis (■ Cass. crim., 15 avr. 2008, pourvoi n° 07-84.150 : *Bull. crim.*, n° 100).

26) Le défaut de transfert du permis de construire de l'acquéreur d'une parcelle n'entre pas dans les prévisions de l'article L. 480-4 du Code de l'urbanisme (■ Cass. crim., 29 juin 1999 : *Bull. crim.*, n° 166).

27) Le changement d'affectation d'un immeuble à usage de foyer pour étudiants en résidence-hôtel ne constitue une infraction au sens des articles L. 421-1, alinéa 2, et L. 480-4 du Code de l'urbanisme que si l'existence des travaux ayant eu pour effet ce changement de destination est caractérisée (■ Cass. crim., 18 mai 2004 : *Bull. crim.*, n° 124 ; *Dr. pénal* 2004, comm. 146, obs. J.-H. Robert).

28) Les prescriptions d'un permis de construire modificatif se substituent à celles du permis initial. Ne justifie pas sa décision, la cour d'appel, qui, pour relaxer un prévenu du délit de travaux non conformes au permis de construire, retient que ces travaux sont « couverts » par un permis qui n'a pas été annulé par la juridiction administrative, alors qu'elle constate qu'ils ne sont pas conformes au permis modificatif délivré ultérieurement (■ Cass. crim., 29 juin. 2004 : *Bull. crim.*, n° 176 ; *Dr. pénal* 2004, comm. 127, obs. J.-H. Robert).

29) Le défaut d'autorisation de terrains de sports motorisés est une infraction réprimée par l'article L. 480-4 du Code de l'urbanisme quoiqu'elle soit prévue par le Code de l'environnement (■ Cass. crim., 7 sept. 2004 : *Dr. pénal* 2004, comm. 174, obs. J.-H. Robert).

30) Le montage de passerelles au pied de panneaux publicitaires, pour en faciliter l'exploitation, ne constitue pas des travaux de construction, pour lesquels les articles L. 421-1 et suivants du Code de l'urbanisme exigent un permis de construire ou une déclaration préalable, une telle opération étant soumise aux dispositions de l'article L. 581-34 du Code de l'environnement (■ Cass. crim., 5 oct. 2004 : *Bull. crim.*, n° 237).

31) Ne porte pas atteinte aux droits de la défense du prévenu, la cour d'appel qui condamne celui-ci pour violation d'un plan de prévention des risques d'inondation sur le fondement de l'article L. 480-4 du Code de l'urbanisme, dès lors qu'il résulte de l'article L. 562-4 du Code de l'environnement, que ce plan, inclus dans le plan de prévention des risques naturels prévisibles est annexé au plan d'occupation des sols, qui était visé dans la prévention, et que l'article L. 562-5 du même code renvoi, pour la répression de l'infraction au plan de prévention des risques naturels prévisibles, à l'article L. 480-4 du Code de l'urbanisme, également visé dans la citation (■ Cass. crim., 8 déc. 2015, n° 14-85.548).

32) Complicité. Se rend complice de l'exécution de travaux en violation des règles d'utilisation du sol, le maire qui, sciemment, délivre un permis de construire sur un terrain inconstructible (■ Cass. crim., 14 juin 2005 : *JurisData* n° 2005-029308 ; *Dr. pénal* 2005, comm. 145, obs. J.-H. Robert ; *Bull. crim.*, n° 179. V. aussi, *supra*, ■ Cass. crim., 15 oct. 2002 : *Dr. pénal* 2003, comm. 25, obs. J.-H. Robert), ou le maire qui a autorisé les travaux irréguliers sur un site classé alors qu'il n'a pu ignorer qu'un simple courrier de sa part ne constituait ni un permis de construire ni l'autorisation exigée par l'article L. 341-10 du Code de l'environnement (■ Cass. crim., 5 mai 2009 : *JurisData* n° 2009-048677 ; *Dr. pénal* 2009, note 113).

33) Prescription. En cas d'infraction aux prescriptions d'un permis de construire délivré pour la construction d'un ensemble immobilier comprenant une partie à usage d'habitation et une partie à usage commercial, qui ont été réalisées successivement, la prescription ne court qu'à compter de la date d'achèvement de l'ensemble des travaux (■ Cass. crim., 6 oct. 1987 : *Bull. crim.*, n° 340. ■ 20 mai 1992 : *Bull. crim.*, n° 202).

34) Le délit constitué par l'exécution illicite de travaux de construction s'accomplit pendant tout le temps où les travaux sont exécutés. Sa perpétration s'étend jusqu'à l'achèvement des travaux et il n'importe que ceux d'entre eux restant à exécuter ne soient pas, par eux-mêmes, subordonnés à l'obtention d'un permis de construire (■ Cass. crim., 18 mai 1994 : *Bull. crim.*, n° 197 ; *Dr. pénal* 1994, n° 240).

35) Le soit-transmis par lequel le procureur de la République invite à remettre en état la construction dans un délai déterminé a le caractère d'un acte de poursuite interruptif de prescription en ce qu'il manifeste la volonté du ministère de poursuivre, en l'absence de régularisation, l'exercice de l'action publique (■ Cass. crim., 13 janv. 2009 : *Bull. crim.*, n° 14).

36) Une demande d'information adressée par le procureur de la République à la direction départementale de l'équipement, afin de vérifier la régularité des constructions, interrompt la prescription de l'action publique contre les infractions d'urbanisme (■ Cass. crim., 8 févr. 2005 : *Dr. pénal* 2005, comm. 76, obs. J.-H. Robert). – V. aussi, *infra*, sous article 480-5, V° *Prescription*, ■ Cass. crim., 14 mai 2008 : *Bull. crim.*, n° 116 et le commentaire.

37) Il appartient au ministère public d'établir que l'action publique n'est pas éteinte par la prescription et aux juges de s'assurer du moment où les délits ont été consommés et de fixer le point de départ de la prescription.

Encourt la censure l'arrêt qui, pour déclarer le prévenu coupable de construction sans permis de construire et en infraction au plan local d'urbanisme, écarte l'exception de prescription, en énonçant que la prescription ne pouvait être invoquée dans la mesure où le prévenu ne démontrait pas à quelle date des constructions hétéroclites étaient terminées (■ Cass. crim., 23 sept. 2014, n° 13-86.053 : *Bull. crim.* n° 197).

38) Sur l'action civile des simples particuliers, V. (■ Cass. crim., 17 janv. 1984 : *Bull. crim.*, n° 24 : *JCP* 85, II, 20451, note Gassin).

À noter qu'une commune qui a illégalement autorisé une construction immobilière, illégalité constatée par la juridiction administrative sur exception préjudicielle, ne saurait prétendre à être indemnisée de sa perte et de celle de ses revenus (■ Cass. crim., 4 nov. 2008 : *JurisData* n° 2008-046109 ; *Dr. pénal* 2009, comm. 26, obs. J.-H. Robert).

39) Sur l'application de la règle *Electa unavia*, au cas où la victime d'une infraction au Code de l'urbanisme exerce l'action civile puis se constitue partie civile dans la poursuite pénale, V. (■ Cass. crim., 15 avr. 2008, n° 07-87.671 : *JurisData* n° 2008-044100 ; *Dr. pénal* 2008, com. 146, obs. J.-H. Robert).

40) Répression. Encourt la cassation l'arrêt qui, après avoir déclaré le prévenu coupable de construction sans permis, le condamne à 75 amendes de 500 euros chacune, soit 500 euros par mètre carré construit, alors que l'article L. 480-4 du Code de l'urbanisme ne prévoit le prononcé que d'une seule (■ Cass. crim., 30 oct. 2007 : *Dr. pénal* 2008, comm. 24, obs. D.-H. Robert).

Art. L. 480-4-1 ***(L. n° 2009-526, 12 mai 2009).*** **– Est puni d'une amende de 15 000 euros le fait de vendre ou de louer des terrains bâtis ou non bâtis compris dans un lotissement sans avoir obtenu un permis d'aménager ou sans avoir respecté les obligations imposées par l'article L. 442-3, lorsque le lotissement est soumis à une déclaration préalable, ou sans s'être conformé aux prescriptions imposées par le permis d'aménager ou par la décision prise sur la déclaration préalable.**

Lorsque les prescriptions imposées n'ont pas été respectées, le tribunal peut en outre impartir un délai au lotisseur pour mettre les travaux en conformité avec lesdites prescriptions, sous peine d'une astreinte prononcée et exécutée dans les conditions prévues par les articles L. 480-7 et L. 480-8.

Si, à l'expiration du délai fixé par le jugement, les travaux n'ont pas été mis en conformité, l'autorité compétente peut faire effectuer les travaux d'office, aux frais et risques financiers de l'aménageur.

Art. L. 480-4-2 ***(L. n° 2003-591, 11 juill. 2003 ; Ord. n° 2015-1174, 23 sept. 2015).*** **– Les personnes morales peuvent être déclarées responsables dans les conditions prévues par l'article 121-2 du Code pénal des infractions définies aux articles L. 610-1, L. 480-3, L. 480-4, L. 480-4-1, L. 480-12 et L. 510-2 du présent code.**

Les peines encourues par les personnes morales sont les suivantes :

1° L'amende, suivant les modalités prévues par l'article 131-38 du Code pénal ;

2° Les peines mentionnées aux 2°, 3°, 4°, 5° et 9° de l'article 131-39 du Code pénal.

L'interdiction mentionnée au 2° de l'article 131-39 du même code porte sur l'activité dans l'exercice ou à l'occasion de laquelle l'infraction a été commise.

Art. L. 480-5 ***(L. n° 76-1285, 31 déc. 1976 ; mod., L. n° 85-729, 18 juill. 1985 ; L. n° 86-13, 6 janv. 1986 ; Ord. n° 2015-1174, 23 sept. 2015).*** **– En cas de condamnation d'une personne physique ou morale pour une infraction prévue aux articles L. 610-1 et L. 480-4, le tribunal, au vu des observations écrites ou après audition du maire ou du fonctionnaire compétent, statue, même en l'absence d'avis en ce sens de ces derniers, soit sur la mise en conformité des lieux ou celle des ouvrages avec les règlements l'autorisation ou la déclaration en tenant lieu, soit sur la démolition des ouvrages ou la réaffectation du sol en vue du rétablissement des lieux dans leur état antérieur.**

Le tribunal pourra ordonner la publication de tout ou partie du jugement de condamnation, aux frais du délinquant, dans deux journaux régionaux ou locaux diffusés dans tout le département, ainsi que son affichage dans les lieux qu'il indiquera.

1) Nature des mesures. Les mesures prévues par l'article L. 480-5 ne constituent pas des peines mais présentent un caractère purement civil, car elles sont des mesures de réparation (■ Cass. crim., 20 janv. 1981 : *D.* 1981, IR, 453 et 469) et sont des mesures à caractère réel destinées à faire cesser un trouble illicite (■ Cass. crim., 23 nov. 1994 : *Bull. crim.*, n° 377 ; *Dr. pénal* 1995, n° 72, obs. Robert ; 20 mars 2001 : *Bull. crim.*, n° 73).

2) La mise en conformité des lieux ou des ouvrages, leur démolition ou la réaffectation du sol, prévues par l'article L. 480-5 du Code de l'urbanisme, qui a pour objet de réglementer l'usage des biens conformément à l'intérêt général, sont des mesures à caractère réel, destinées à faire cesser une situation illicite, et qui relèvent d'une faculté dont les juges ne doivent aucun compte (■ Cass. crim., 21 oct. 2003 : *Bull. crim.*, n° 197 ; *Dr. pénal* 2004, comm. 40, obs. J.-H. Robert).

3) Mais elles ne peuvent être prononcées qu'en cas de condamnation du prévenu (■ Cass. crim., 20 janv. 1981 : *D.* 1981, IR, 453). **Elles ne peuvent être prononcées à titre de peine principale** en vertu de l'article 43-1 du Code pénal (■ Cass. crim., 22 nov. 1990 : *Dr. pénal* 1991, n° 88) comme en vertu de l'article 131-11 du Code pénal car ce ne sont pas des sanctions pénales (■ Cass. crim., 20 mars 2001 : *Bull. crim.*, n° 73 ; *Dr. pénal* 2001, comm. 105, obs. J.-H. Robert).

4) Il résulte de l'article 131-11 du Code pénal que seules les peines complémentaires peuvent être prononcées à titre principal.

La mise en conformité des lieux ou des ouvrages, la démolition de ces derniers ou la réaffectation du sol, prévues par l'article L. 480-5 du Code de l'urbanisme, constituent des mesures à caractère réel destinées à faire cesser une situation illicite, et non des sanctions pénales.

Dès lors, doit être cassé l'arrêt qui prononce une de ces mesures à titre de peine principale (■ Cass. crim., 6 nov. 2012, n° 12-82.449 : *Bull. crim.*, n° 239 ; *Dr. pénal* 2013, comm. 8, obs. J.-H. Robert ; *JCP* 2013, note 144, p. 256, E. Dreyer ; *RD imm.* 2013, chron. p. 87, note G. Roujou de Boubée).

Adde ■ Cass. crim., 2 oct. 2007 : *Dr. pénal* 2007, comm. 162, obs. J.-H. Robert. ■ 30 oct. 2007 ; *Dr. pénal* 2008, comm. 4, obs. M. Véron.

5) Imputabilité. Il résulte des dispositions combinées des articles L. 480-5 et L. 480-7 du Code de l'urbanisme que l'ordre de mise en conformité des lieux ou de démolition ne peut être donné par le juge qu'au bénéficiaire des travaux irréguliers ou de l'utilisation irrégulière du sol (■ Cass. crim., 12 oct. 1983 : *Bull. crim.*, n° 245). La seule constatation que la personne poursuivie ait été responsable des travaux ne suffit pas à établir cette qualité (■ Cass. crim., 10 janv. 1996 : *Bull. crim.*, n° 13).

6) La démolition des ouvrages ou la réaffectation du sol en vue du rétablissement des lieux dans leur état antérieur, prévues, par l'article L. 480-5, incombe au bénéficiaire des travaux ou de l'utilisation irrégulière du sol à la date des faits. Il n'importe que le prévenu ait ultérieurement perdu cette qualité (■ Cass. crim., 15 mars 1995 : *Bull. crim.*, n° 109), par suite, en l'espèce, de la liquidation judiciaire de la société dont il était le gérant (■ Cass. crim., 19 août 1997 : *Bull. crim.*, n° 286). Il n'importe que les prévenus aient perdu ultérieurement toute possibilité de satisfaire eux-mêmes à l'ordre de remise en état au profit d'un liquidateur judiciaire qui, n'ayant pas été appelé à la procédure pénale ni attrait devant le juge de la procédure collective, n'a pas été jugé bénéficiaire en connaissance de cause des travaux illicites ni responsable à un titre quelconque de leur exécution (■ Cass. crim., 8 mars 2016, n° 15-82.513).

7) Appréciation des juges. L'article L. 480-5 n'impose aux juges du fond aucune alternative entre la démolition et la mise en conformité ; les juges disposent d'un pouvoir souverain pour apprécier s'il y a lieu ou non d'ordonner l'une de ces mesures (■ Cass. crim., 14 févr. 1984 : *Bull. crim.*, n° 60. ■ 23 nov. 1994 : *Bull. crim.*, n° 377).

8) En prononçant la démolition d'un ouvrage irrégulièrement édifié par le prévenu déclaré coupable, comme bénéficiaire des travaux, de défaut de permis de construire, les juges ne font qu'user de la faculté que leur accorde l'article L. 480-5 du Code de l'urbanisme, et de l'exercice de laquelle ils ne doivent aucun compte. Ils ne sont pas tenus de motiver leur décision ni de répondre aux conclusions déniant la nécessité de la démolition (■ Cass. crim., 15 oct. 1997 : *Bull. crim.*, n° 339).

9) Ces mesures étant facultatives, encourt la cassation l'arrêt de la cour d'appel qui les prononce en énonçant, méconnaissant ainsi le sens et la portée du texte de l'article L. 480-5, qu'elles sont impératives à défaut de toute possibilité de régularisation (■ Cass. crim., 19 oct. 2004 : *Dr. pénal* 2005, comm. 8, obs. J.-H. Robert).

10) Le recours en annulation de l'arrêté par lequel le maire a fait opposition à une déclaration de travaux, formé par le prévenu devant la juridiction administrative, n'a pas d'effet suspensif au regard de la poursuite dont la juridiction correctionnelle est saisie du chef de construction non conforme, y compris en ce qui concerne la mesure de démolition sur laquelle elle a l'obligation de statuer (■ Cass. crim., 21 oct. 2003 : *Bull. crim.*, n° 198 ; *Dr. pénal* 2004, comm. 40, obs. J.-H. Robert).

11) En retenant que les prévenus, poursuivis pour infraction au plan d'occupation des sols, réalisation d'affouillement ou d'exhaussement du sol, défrichement sans autorisation de bois ou forêts d'un particulier, de travaux nuisibles au débit des eaux ou aux milieux aquatiques et d'altération de l'habitat d'une espèce végétale protégée non cultivée, ont opéré des remaniements d'une ampleur considérable, que l'autorisation de défrichement obtenue a été dépassée de sept hectares et qu'il n'est pas admissible qu'un seul propriétaire puisse modifier l'aménagement d'un secteur important sans en considérer l'ensemble, en fuyant une éventuelle étude d'impact qu'aurait déclenchée une demande d'autorisation, que certes la nature reprend ses droits, mais sous d'autres formes, la cour d'appel a nécessairement apprécié l'utilité de la mesure de remise en état des lieux sous astreinte qu'elle a prononcée au regard des intérêts protégés par les dispositions des Codes de l'urbanisme, de l'environnement et forestier, dont elle a fait application (■ Cass. crim., 14 juin 2016, n° 15-83.631 : *Dr. pén.* 2016, comm. 146, note J.-H. Robert).

12) **Respect de la vie familiale.** Pour ordonner la remise en état des lieux prévue par le Code de l'urbanisme, le juge doit répondre, en fonction des impératifs d'intérêt général poursuivis par cette législation, aux chefs péremptoires des conclusions des parties, selon lesquels une telle mesure porterait une atteinte disproportionnée au droit au respect de la vie familiale.

Encourt la censure pour insuffisance de motifs l'arrêt qui, pour ordonner la remise en état des lieux consistant dans la démolition de la maison d'habitation du prévenu, se borne à caractériser la culpabilité de ce dernier, sans répondre à ses conclusions selon lesquelles une démolition porterait une atteinte disproportionnée au droit au respect de sa vie privée et familiale et à son domicile, en ce qu'elle viserait la maison d'habitation dans laquelle il vivait avec sa femme et ses deux enfants, et que la famille ne disposait pas d'un autre lieu de résidence malgré une demande de relogement (■ Cass. crim., 31 janv. 2017, n° 16-82.945 ; *Dr pénal* 2017, comm. 59, note J.-H. Robert).

13) La disproportion manifeste entre l'atteinte à la vie privée et familiale et au domicile par rapport aux impératifs d'intérêt général des législations urbanistique et environnementale qui résulterait de la démolition, ne saurait être utilement invoquée quand la construction litigieuse est située en zone inondable avec fort aléa (■ Cass. crim., 16 janv. 2018, n° 17-81.884).

14) **Demande de la partie civile.** En vertu du principe de la réparation intégrale du dommage, les juges qui ordonnent la démolition réclamée par la partie civile, au seul titre de l'action civile, sont tenus de faire droit à la demande présentée en ce sens (■ Cass. crim., 9 sept. 2008 : *Bull. crim.*, n° 178. rappr. ■ Cass. crim., 15 janv. 1997 : *Bull. crim.*, n° 11.

15) **Application des mesures.** Le condamné auquel il est ordonné de démolir un immeuble doit le raser et non se borner à le rendre inhabitable (■ Cass. crim., 20 mars 1990 : *Dr. pénal* 1990, n° 233).

16) La condamnation à la remise en état ne peut avoir pour objet que le respect du permis de construire ; doit en conséquence être cassé par voie de retranchement l'arrêt de la cour d'appel en ses seules dispositions ayant dit que la mise en conformité des lieux s'étendrait au rétablissement d'un toit à deux pentes alors que les permis de construire autorisaient qu'il y soit substitué un toit en terrasse (■ Cass. crim., 4 déc. 2001 : *Dr. pénal* 2002, comm. 47, obs. J.-H. Robert).

17) L'injonction de cesser l'exploitation d'un terrain de sports motorisés, effectuée sans autorisations, et la remise en état des lieux peut être prononcée à titre de réparation civile au profit d'une association de défense de l'environnement (■ Cass. crim., 7 sept. 2004 : *Dr. pénal* 2004, comm. 174, obs. J.-H. Robert).

18) Sur l'application de la peine de la remise en état des lieux après un défrichement non autorisé sur un site classé, V. ■ Cass. crim., 27 janv. 2004 : *JurisData* n° 022624 ; *Dr. pénal* 2004, comm. 110, obs. J.-H. Robert).

19) Une cour d'appel peut, sur le seul appel du ministère public, ordonner la démolition des ouvrages, qui n'avait pas été prescrite par les premiers juges (■ Cass. crim., 30 juin 2009 : *Bull. crim.*, n° 141 ; *Dr. pénal* 2009, comm. 125, obs. J.-H. Robert).

20) Conformément à l'article 569 du Code de procédure pénale, lorsque la mesure de mise en conformité des lieux a été prononcée à titre de condamnation civile, il n'est pas sursis à son exécution jusqu'à ce que la décision soit définitive (■ Cass. crim., 3 nov. 2009 : *Bull. crim.* n° 184 ; *Dr. pénal* 2010, comm. 24, obs. J.-H. Robert ; *AJP* 2010, jur., p. 40, note M.-E. Charbonnier).

21) Justifie la condamnation à une peine et à la remise en état, du propriétaire d'un terrain qu'il a donné à bail à diverses entreprises, la cour d'appel qui relève que si le prévenu n'a pas lui-même entreposé des conteneurs illicites sur la parcelle, il est responsable du respect sur son fonds de la réglementation en matière d'urbanisme, dont il a connaissance et qu'ayant conclu plusieurs contrats de location sur le terrain nu avec diverses entreprises de travaux publics et de transport, il ne saurait s'exonérer de cette responsabilité pénale, dès lors qu'il avait le pouvoir, selon les stipulations des baux, de contraindre les preneurs de respecter les règles d'urbanisme lors de leurs travaux, dont il est donc le véritable bénéficiaire, du fait du cadre juridique qu'il a mis en place et des loyers qui en sont la contrepartie (■ Cass. crim., 24 oct. 2017, n° 16-87.178).

22) **Observations de l'administration.** L'absence ou l'omission des observations écrites ou orales de l'administration est une cause de nullité des mesures de restitution (■ Cass. crim., 17 févr. 1977 : *Bull. crim.*, n° 67. ■ 15 juill. 1981 : *Bull. crim.*, n° 233. ■ 12 oct. 1994 : *Bull. crim.*, n° 331. ■ 14 sept. 1999 : *Dr. pénal* 2000, comm. 10, obs. J.-H. Robert).

Encourt la cassation, limitée à cette mesure, la cour d'appel qui ordonne la démolition de la construction alors qu'aucune mention de l'arrêt ou du jugement, ni aucune pièce de la procédure, n'établit que le maire, le préfet ou son représentant aient été entendus ou appelés à fournir leurs observations écrites (■ Cass. crim., 30 oct. 2007 : *Dr. pénal* 2008, comm. 24, obs. J.-H. Robert).

L'audition du fonctionnaire compétent se fait sans prestation de serment : mais l'audition sous la foi du serment n'est pas une cause de nullité si cette irrégularité n'a pas eu pour effet de porter atteinte aux intérêts du prévenu (■ Cass. crim., 21 févr. 1989 : *Bull. crim.*, n° 87. ■ 12 avr. 1994 : *Dr. pénal* 1994, n° 267. ■ 21 oct. 2003 : *Bull. crim.*, n° 198).

23) Il est satisfait aux prescriptions de l'article L. 480-5 lorsque le représentant du préfet a adressé ses observations écrites au procureur de la République, même si le maire était compétent pour délivrer le permis de construire (■ Cass. crim., 4 janv. 1991 : *Bull. crim.*, n° 11 ; V. également ■ Cass. crim., 10 janv. 1996 : *JurisData*, n° 001057 ; *Dr. pénal* 1996, comm. 89, obs. J.-H. Robert. ■ 21 oct. 2003 : *Bull. crim.*, n° 197).

24) Les dispositions de l'article L. 480-5 du Code de l'urbanisme ne sont pas contraires aux exigences de l'article 6.1 de la Convention européenne dès lors que les avis recueillis sont soumis à la libre discussion des parties (■ Cass. crim., 21 oct. 2003 : préc.).

25) Dès lors que le représentant qualifié de l'Administration a formulé son avis, en première instance sur l'opportunité de la démolition prévue par l'article L. 480-5 du Code de l'urbanisme, la cour d'appel peut, même lorsqu'elle a ajourné le prononcé de la peine en application des articles 132-60 et suivants du Code pénal, ordonner cette mesure sans être tenue d'entendre elle-même ledit représentant (■ Cass. crim., 16 déc. 2003 : *Bull. crim.*, n° 248 ; *Dr. pénal* 2004, comm. 41, obs. J.-H. Robert).

26) La cour d'appel, qui n'était pas tenue d'entendre elle-même le maire, dès lors que ce dernier avait sollicité expressément la remise en état des lieux dans la citation délivrée aux prévenues en première instance, a fait l'exacte application de l'article L. 480-5 du Code de l'urbanisme (■ Cass. crim., 15 sept. 2015, n° 14-88.048).

27) Si selon l'article L. 480-5 du Code de l'urbanisme les juges correctionnels ne peuvent statuer sur la mise en conformité de l'ouvrage, ou sa démolition, qu'au vu des observations écrites ou après audition du maire ou du fonctionnaire compétent, les dispositions de ce texte n'impliquent pas que ces observations, soumises à la libre discussion des parties, soient nécessairement formulées postérieurement à la saisine de la juridiction (■ Cass. crim., 27 juin 2006 : *Bull. crim.*, n° 200 ; *Dr. pénal* 2006, comm. 124).

28) Constituent les observations écrites exigées par l'article L. 480-5 du Code de l'urbanisme, selon lequel les juges correctionnels ne peuvent statuer sur la mise en conformité de l'ouvrage, ou sa démolition, qu'au vu des observations écrites ou après audition du maire ou du fonctionnaire compétent, les conclusions dans lesquelles le maire, représentant de la commune partie civile, demande la mise en conformité des lieux ou la démolition de l'ouvrage (■ Cass. crim., 3 nov. 2010, n° 03-87.968 : *Bull. crim.*, n° 173 ; *Dr. pén.* 2011, comm. 11, note J.-H. Robert).

29) La cour d'appel saisie des seules dispositions civiles d'un jugement à la faculté d'ordonner, à la demande de la partie civile et en réparation de son préjudice, la démolition de l'ouvrage illicite ou la remise en état des lieux, sans être tenue de recueillir, comme le prévoit l'article L. 480-5 du Code de l'urbanisme, les observations écrites du maire ou du fonctionnaire compétent ou de l'entendre (■ Cass. crim., 9 avr. 2002 : *Bull. crim.*, n° 82 ; *Dr. pénal* 2002, comm. 113, obs. J.-H. Robert ; *Rev. sc. crim.* 2002, p. 823). Est inopérant le moyen, en ce qu'il allègue que le maire n'aurait pas été entendu, alors que son avis n'était pas nécessaire au prononcé de la démolition à titre de réparation civile (■ Cass. crim., 9 sept. 2008 : *Bull. crim.*, n° 178. ■ 3 nov. 2010, n° 10-80.752 : *Bull. crim.*, n° 172 ; *Dr. pén.* 2011, comm. 11, obs. J.-H. Robert).

30) C'est dans l'exercice de son pouvoir souverain d'appréciation qu'une cour d'appel retient, dans la limite des conclusions des parties, que la remise en état des lieux sollicitée par la commune, partie civile, ne constitue pas une mesure propre à réparer le dommage né de l'infraction au Code de l'urbanisme (■ Cass. crim., 1er sept. 2015, n° 14-84.353 : *Dr. pén.* 2015, comm. 144, obs. J.-H. Robert).

31) Prescription. La demande d'avis, adressée par le ministère public a la direction départementale de l'équipement pour recueillir ses observations en application de l'article L. 480-5 du Code de l'urbanisme, interrompt le délai de la prescription de l'action publique applicable au délit de construction sans permis (■ Cass. crim., 14 mai 2008 : *JurisData* 2008-044192 ; *Bull. crim.*, n° 116 ; *Dr. pénal* 2008, comm. 133).

32) Publication de la décision. L'article L. 480-5 selon lequel, en cas de condamnation pour une infraction prévue aux articles L. 160-1 et L. 480-4, les juges peuvent ordonner la publication de tout ou partie de leur décision, exige seulement que le journal dans lequel cette publication est ordonnée soit diffusé dans tout le département où a été commise l'infraction, peu important le lieu où il est édité (■ Cass. crim., 1er févr. 1995 : *Bull. crim.*, n° 47).

33) L'article L. 480-5, alinéa 2 du Code de l'urbanisme, selon lequel, en cas de condamnation pour une infraction prévue aux articles L. 160-1 et L. 480-4 les juges peuvent ordonner la publication de tout ou partie de la décision, exige que les journaux dans lesquels cette publication est ordonnée soient des journaux régionaux ou locaux diffusés dans tout le département ; en conséquence, encourt la censure la cour d'appel qui ordonne la publication dans un quotidien national (■ Cass. crim., 3 nov. 2004 : *Bull. crim.*, n° 269 ; *Dr. pénal* 2005, comm. 41, obs. J.-H. Robert. ■ 8 févr. 2005 : *Dr. pénal* 2005, comm. 76, obs. J.-H. Robert).

34) La publication de la décision, prononcée en vertu du sixième alinéa de l'article L. 480-5 du Code de l'urbanisme, constitue, ainsi que le prévoient les articles 131-10 et 131-11 du Code pénal, une peine complémentaire qui peut être infligée à titre de peine principale (■ Cass. crim., 30 oct. 2007 : *Dr. pénal* 2008, note 12, obs. J.-H. Robert).

Art. L. 480-6 ***(Mod., L. n° 85-729, 18 juill. 1985).*** **– L'extinction de l'action publique résultant du décès du prévenu, de la dissolution de la personne morale mise en cause ou de l'amnistie ne fait pas obstacle à l'application des dispositions de l'article L. 480-5.**

Si le tribunal correctionnel n'est pas saisi lors de cette extinction, l'affaire est portée devant le tribunal de grande instance du lieu de la situation de l'immeuble, statuant comme en matière civile.

Le tribunal est saisi par le ministère public à la demande du maire ou du fonctionnaire compétent. Dans les deux cas, il statue au vu des observations écrites ou après audition de ces derniers, l'intéressé ou ses ayants droit ayant été mis en cause dans l'instance.

La demande précitée est recevable jusqu'au jour où l'action publique se serait trouvée prescrite.

Les mesures de démolition et de mise en conformité prévues par l'article L. 480-5, alinéa 1er, du Code de l'urbanisme constituent des mesures à caractère réel destinées à faire cesser une situation illicite et non des sanctions pénales mais elles échappent en elles-mêmes à l'amnistie en vertu de l'article L. 480-6 dudit code (■ Cass. crim., 14 nov. 1989 : *Bull. crim.*, n° 410).

Art. L. 480-7 ***(Mod., L. n° 76-1285, 31 déc. 1976 ; L. n° 2003-591, 2 juill. 2003). – (Mod., L. n° 2014-366, 24 mars 2014)*** **Le tribunal impartit au bénéficiaire des travaux irréguliers ou de l'utilisation irrégulière du sol un délai pour l'exécution de l'ordre de démolition, de mise en conformité ou de réaffectation ; il peut assortir son injonction d'une astreinte de 500 € au plus par jour de retard. L'exécution provisoire de l'injonction peut être ordonnée par le tribunal.**

Au cas où le délai n'est pas observé, l'astreinte prononcée, qui ne peut être révisée que dans le cas prévu au troisième alinéa du présent article court à partir de l'expiration dudit délai jusqu'au jour où l'ordre a été complètement exécuté.

Si l'exécution n'est pas intervenue dans l'année de l'expiration du délai, le tribunal peut, sur réquisition du ministère public, relever à une ou plusieurs reprises, le montant de l'astreinte, même au-delà du maximum prévu ci-dessus.

Le tribunal peut autoriser le reversement d'une partie ou dispenser du paiement d'une partie des astreintes pour tenir compte du comportement de celui à qui l'injonction a été adressée et des difficultés qu'il a rencontrées pour l'exécuter.

1) QPC. Non-lieu à renvoi au Conseil constitutionnel, ■ Cass. crim., 21 janv. 2014, n° 13-84.364 : *Dr. pén.* 2014, comm. 128, obs. J.-H. Robert.

2) L'astreinte dont peut être assorti l'ordre de mise en conformité d'une construction irrégulièrement édifiée constitue non une réparation civile mais une mesure comminatoire destinée à contraindre à exécution le débiteur d'une obligation de faire ; le reversement des astreintes peut être autorisé lorsque la remise en état ordonnée aura été régularisée et que le redevable établira qu'il a été empêché d'observer, par une circonstance indépendante de sa volonté, le délai qui lui a été imparti.

Ni l'alinéa 1er de l'article L. 480-7, C. urbanisme, ni l'alinéa 4 qui en autorise le reversement, n'exigent la présence aux débats de la commune au profit de laquelle le recouvrement est opéré (■ Cass. crim., 22 mai 1986 : *Bull. crim.*, n° 169).

Cette astreinte court depuis l'expiration du délai

imparti pour la mise en conformité jusqu'au jour où celle-ci sera complètement exécutée (■ Cass. crim., 25 avr. 1988 : *Bull. crim.*, n° 171).

3) Lorsqu'un mari a, sur un terrain dont il est copropriétaire avec son épouse, édifié sans permis une construction et a été condamné de ce chef, les juges peuvent lui donner l'ordre de démolir l'édifice litigieux. Le prévenu, seul responsable des travaux, est en effet, en sa qualité de propriétaire indivis, l'un des bénéficiaires desdits travaux au sens des articles L. 480-5 et L. 480-7, C. urbanisme (■ Cass. crim., 18 nov. 1986 : *Bull. crim.*, n° 347).

4) Pour contraindre le prévenu à exécuter la remise en état des lieux qu'ils ont ordonnée, les juges ne peuvent fixer une astreinte d'un montant supérieur au maximum prévu par l'article L. 480-7, C. urbanisme (■ Cass. crim., 3 juin 1986 : *Bull. crim.*, n° 194).

5) La construction de plusieurs chalets en violation des règles d'urbanisme constitue une seule « utilisation irrégulière du sol » s'ils sont édifiés sur le même site et dans le cadre d'une même opération ; doit être cassé l'arrêt qui prononce autant d'astreintes que d'unités de construction, une astreinte unique devant l'être (■ Cass. crim., 20 sept. 2011 : *Dr. pén.* 2011, comm. 152, obs. J.-H. Robert).

6) La demande en relèvement de l'astreinte prononcée en vertu de l'article L. 480-7 n'est recevable que dans les conditions spécifiées par le dernier alinéa de ce texte ; des pourparlers entrepris par le condamné avec la commune ne sauraient dispenser ce dernier du règlement préalable de l'astreinte (■ Cass. crim., 7 févr. 1996 : *Bull. crim.*, n° 67).

7) L'astreinte prévue par l'article L. 480-7 du Code de l'urbanisme ne peut être révisée qu'en vue du relèvement de son taux et n'est susceptible d'être partiellement reversée que lorsque la démolition aura été réalisé (■ Cass. crim., 10 janv. 2001 : *Bull. crim.*, n° 4 ; *Dr. pénal* 2001, comm. 65, obs. M. Véron).

8) Un maître d'ouvrage condamné sous astreinte à remettre les lieux en état dans le délai d'un an, qui n'a pas remis les lieux en conformité avec l'état antérieur, n'est pas recevable à solliciter le relèvement de l'astreinte prononcée en vertu de l'article L. 480-7 du Code de l'urbanisme (■ Paris, 4 mars 2002 : *Bull. inf.* ■ *Cass.* 2002, n° 1044).

9) Est recevable, la requête en difficulté d'exécution d'une personne morale, visée par un arrêté de liquidation d'astreinte prononcée en application de l'article L. 480-7 du Code de l'urbanisme, alors même qu'elle n'était pas partie à l'instance pénale ayant conduit à l'arrêt de condamnation (■ Cass. crim., 21 nov. 2006 : *Bull. crim.*, n° 292).

10) L'astreinte est une mesure à caractère réel, indivisible par nature, et les personnes entre lesquelles elle a été prononcée sont tenus « in solidum » au paiement de la somme résultant de la liquidation de l'unique astreinte dont le principe était définitivement acquis. L'astreinte prévue par l'article L. 480-7 du Code de l'urbanisme peut seulement faire l'objet d'une augmentation ou d'une remise partielle et non d'une suppression.

En cas de liquidation de l'astreinte, le recouvrement de la créance est soumis à la prescription de trente ans et n'entre pas dans les prévisions de l'article 6 de la CEDH quant au délai raisonnable (■ Cass. crim., 26 sept. 2006 : *JurisData* 2006-035727 ; *Dr. pénal* 2007, comm. 8, obs. J.-H. Robert).

11) Le moyen pris de ce que l'arrêt de la cour d'appel a fixé le point de départ du délai pour la démolition ou la remise en état des lieux au jour de son prononcé, ou encore ne l'a pas fixé, n'est pas fondé car ce délai court nécessairement du jour où la décision sera passée en force de chose jugée (■ Cass. crim., 18 mai et 14 juin 2005 ; *Dr. pénal* 2005, comm. 129).

12) Aucune disposition du Code de l'urbanisme ne déroge à la règle de la publicité des débats lorsque la juridiction correctionnelle est saisie de toute demande relative à une astreinte prononcée en application de l'article L. 480-7 dudit code (■ Cass. crim., 7 nov. 2006 ; *Bull. crim.*, n° 275 ; ■ Cass. crim., 24 mars 2015, n° 13-86.327 : *Dr. pén.* 2015, comm. 69, obs. J.-H. Robert).

13) La créance d'une commune en liquidation du produit d'une astreinte assortissant la condamnation d'un prévenu pour infraction aux règles de l'urbanisme et lui ordonnant à titre civil la démolition des ouvrages édifiés irrégulièrement, trouve son fondement dans la condamnation, pénale et civile, prononcée par la juridiction répressive. Encourt la cassation l'arrêt qui déclare la juridiction répressive incompétente au profit du juge de l'exécution (■ Cass. crim., 24 mars 2015, n° 14-84.300 : *Dr. pén.* 2015, comm. 87, obs. J.-H. Robert).

14) L'astreinte assortissant une remise en état des lieux est une mesure à caractère réel destinée à mettre un terme à une situation illicite et non une peine et les dispositions de l'article L. 480-7 du Code de l'urbanisme, dans leur rédaction consécutive à la loi du 24 mars 2014, entrée en vigueur le 27 mars, portant le montant maximum de l'astreinte à 500 euros par jour de retard, sont applicables aux instances en cours (■ Cass. crim., 28 juin 2016, n° 15-84.968 : *Dr. pén.* 2016, comm. 145, note J.-H. Robert).

15) Le titre de perception émis pour le recouvrement de l'astreinte assortissant une mesure de remise en état des lieux ordonnée pour infraction au Code de l'urbanisme doit, si les pièces auxquelles il se réfère ne sont pas jointes, comporter lui-même les indications sur les bases de la liquidation de la créance et les éléments de calcul sur lesquels il se fonde. Tel est le cas si le titre fait expressément référence à l'arrêt ayant ordonné la mesure de remise en état sous astreinte et précise le nombre de jours de retard pris en compte pour le calcul de la somme recouvrée (■ Cass. crim., 27 juin 2017, n° 16-84.189).

16) Prescription. La prescription décennale, est applicable au recouvrement de l'astreinte engagé par arrêté préfectoral conformément aux articles L. 111-3, 1° et L. 111-4, alinéa 2 du Code des procédures civiles d'exécution, ensemble l'article 26-II de la loi n° 2008-561 du 17 juin 2008 (■ Cass. crim., 8 nov. 2016, n° 15-86.889 : *Dr. pén.* 2017, comm. 7, note J.-H. Robert).

Art. L. 480-8 ***(L. n° 2010-788, 12 juill. 2010 ; mod., L. n° 2014-366, 24 mars 2014).*** **– Les astreintes sont liquidées au moins une fois chaque année et recouvrées par l'État, pour le compte de la ou des communes aux caisses desquelles sont reversées les sommes perçues, après prélèvement de 4 % de celles-ci pour frais d'assiette et de recouvrement.**

1) QPC. Non-lieu à renvoi au Conseil constitutionnel de la question prioritaire visant les dispositions de l'article L. 480-8 du Code de l'urbanisme au qu'elles permettent à l'administration de liquider une astreinte ayant pour partie un caractère pénal, dès lors que la créance d'astreinte liquidée trouvant son fondement dans une décision prononcée par une juridiction répressive en application de l'article L. 480-7 du Code de l'urbanisme, le contentieux de son recouvrement ressortit aux juridictions de l'ordre judiciaire, la circonstance que l'État a procédé à la liquidation de l'astreinte prononcée, ainsi que le prévoit l'article L. 480-8 du même code, n'ayant pu modifier ni la nature du litige ni la détermination de la compétence (■ Cass. crim., 4 févr. 2014, n° 13-83.492 : *Dr. pén.* 2014, comm. 62, obs. J.-H. Robert).

2) L'astreinte prévue par l'article L. 480-7 du Code de l'urbanisme est, aux termes de l'article L. 480-8 dudit code, liquidée par le maire de la commune ou à défaut par le représentant de l'État dans le département. Elle ne peut être révisée qu'en vue du relèvement de son taux (■ Cass. crim., 20 mars 1990 : *Bull. crim.*, n° 124).

3) L'autorité habilitée à statuer sur les difficultés de recouvrement de l'astreinte liquidée est l'autorité judiciaire (■ T. confl. 10 juill. 1990 : *JurisData* n° 002623).

4) Sur les difficultés du recouvrement de l'astreinte lorsque le débiteur fait l'objet d'une procédure collective, V. ■ Cass. crim., 12 mars 2013, n° 12-83.680 : *Dr. pén.* 2013, comm. 128, obs. J.-H. Robert).

5) Justifie sa décision la cour d'appel qui, pour rejeter l'argumentation de la requérante, selon laquelle la procédure prévue par l'article L. 480-8 du Code de l'urbanisme, qui confère au maire le pouvoir de liquider et de recouvrer le produit de l'astreinte, était contraire aux principes posés par l'article 6.1 de la Convention européenne des droits de l'homme, énonce que le pouvoir attribué au maire, en sa qualité de représentant de l'État, n'est pas contraire à ces principes, dès lors que la créance dont la commune poursuit le recouvrement trouve son fondement dans la condamnation prononcée par une juridiction indépendante et impartiale et que la personne condamnée a la faculté de saisir en difficulté d'exécution la juridiction qui a prononcé la sentence (■ Cass. crim., 8 févr. 2005 : *Dr. pénal* 2005, note 64).

Art. L. 480-9. – Si, à l'expiration du délai fixé par le jugement, la démolition, la mise en conformité ou la remise en état ordonnée n'est pas complètement achevée, le maire ou le fonctionnaire compétent peut faire procéder d'office à tous travaux nécessaires à l'exécution de la décision de justice aux frais et risques du bénéficiaire des travaux irréguliers ou de l'utilisation irrégulière du sol.

Au cas où les travaux porteraient atteinte à des droits acquis par des tiers sur les lieux ou ouvrages visés, le maire ou le fonctionnaire compétent ne pourra faire procéder aux travaux mentionnés à l'alinéa précédent qu'après décision du tribunal de grande instance qui ordonnera, le cas échéant, l'expulsion de tous occupants.

1) Les juges qui prononcent une mesure de remise en état des lieux sont tenus, en application de l'article L. 480-7 du Code de l'urbanisme, de fixer un délai pour l'exécution de celle-ci, à l'expiration duquel le maire ou le fonctionnaire compétent, sur le fondement de l'article L. 480-9 dudit code, peut faire procéder d'office à tous travaux nécessaires (■ Cass. crim., 18 nov. 2014, n° 13-83.836 : *Dr. pén.* 2015, comm. 8, obs. J.-H. Robert).

2) Ne méconnaît aucun texte légal ou conventionnel l'arrêt qui, pour déclarer irrecevables une demande de démolition et une demande de liquidation d'astreinte, relève que le demandeur était sans qualité pour demander à mettre lui-même en œuvre une mesure prise en l'espèce au titre de l'action publique (■ Cass. crim., 16 déc. 2014, n° 13-87.390 : *Dr. pén.* 2015, comm. 22, obs. J.-H. Robert).

Art. L. 480-12 *(Mod., L. n° 76-1285, 31 déc. 1976 ; L. n° 85-835, 7 août 1985 ; L. n° 92-1336, 16 déc. 1992).* **– Sans préjudice de l'application, le cas échéant, des peines plus fortes prévues aux articles 433-7 et 433-8 du Code pénal, quiconque aura mis obstacle à l'exercice du droit de visite prévu à l'article L. 461-1 sera puni d'une amende de 3 750 €. En outre un emprisonnement de un mois pourra être prononcé.**

1) QPC. Par décision n° 2015-464 QPC du 9 avril 2015, le Conseil constitutionnel a déclaré l'article L. 480-12 conforme à la Constitution ; *Dr. pén.* 2015, comm. 164, obs. J.-H. Robert.

2) Commet l'infraction le prévenu qui s'oppose à la visite des lieux par le garde champêtre alors que celui-ci, agissant en qualité de délégué du maire, était habilité, en application de l'article L. 460-1 du Code de l'urbanisme, à visiter les constructions en cours (■ Cass. crim., 19 oct. 2004 : *Dr. pénal* 2005, comm. 7, obs. J.-H. Robert).

3) Le délit d'obstacle à l'exercice, par les autorités habilitées, du droit de visite des constructions en cours suppose établie une volonté de se soustraire à leur contrôle (■ Cass. crim., 21 nov. 2017, n° 16-86.745 : *Dr. pén.* 2018, comm. 12, note J.-H. Robert).

Art. L. 480-13 *(L. n° 2006-872, 13 juill. 2006 ; L. n° 2015-990, 6 août 2015 ; L. n° 2017-86, 27 janv. 2017).* **– Lorsqu'une construction a été édifiée conformément à un permis de construire :**

1° Le propriétaire ne peut être condamné par un tribunal de l'ordre judiciaire à la démolir du fait de la méconnaissance des règles d'urbanisme ou des servitudes d'utilité publique que si, préalablement, le permis a été annulé pour excès de pouvoir par la juridiction administrative et si la construction est située dans l'une des zones suivantes :

***a)* Les espaces, paysages et milieux caractéristiques du patrimoine naturel et culturel montagnard mentionnés à l'article L. 122-9 et au 2° de l'article L. 122-26, lorsqu'ils ont été identifiés et délimités par des documents réglementaires relatifs à l'occupation et à l'utilisation des sols ;**

***b)* Les espaces terrestres et marins, sites et paysages remarquables ou caractéristiques du patrimoine naturel et culturel du littoral et les milieux nécessaires au maintien des équilibres biologiques mentionnés à l'article L. 146-6, lorsqu'ils ont été identifiés et délimités par des documents réglementaires relatifs à l'occupation et à l'utilisation des sols, sauf s'il s'agit d'une construction en bois antérieure au 1er janvier 2010, d'une superficie inférieure à mille mètres carrés, destinée à une exploitation d'agriculture biologique satisfaisant aux exigences ou conditions mentionnées à l'article L. 641-13 du Code rural et de la pêche maritime et bénéficiant d'une appellation d'origine protégée définie à l'article L. 641-10 du même code ;**

***c)* La bande de trois cents mètres des parties naturelles des rives des plans d'eau naturels ou artificiels d'une superficie inférieure à mille hectares mentionnée à l'article L. 122-12 du présent code ;**

***d)* La bande littorale de cent mètres mentionnée aux articles L. 121-16, L. 121-17 et L. 121-19 ;**

***e)* Les cœurs des parcs nationaux délimités en application de l'article L. 331-2 du Code de l'environnement ;**

***f)* Les réserves naturelles et les périmètres de protection autour de ces réserves institués en application, respectivement, de l'article L. 332-1 et des articles L. 332-16 à L. 332-18 du même code ;**

***g)* Les sites inscrits ou classés en application des articles L. 341-1 et L. 341-2 dudit code ;**

***h)* Les sites désignés Natura 2000 en application de l'article L. 414-1 du même code ;**

***i)* Les zones qui figurent dans les plans de prévention des risques technologiques mentionnées au 1° de l'article L. 515-16 dudit code, celles qui figurent dans les plans de prévention des risques naturels prévisibles mentionnés aux 1° et 2° du II de l'article L. 562-1 du même code ainsi que celles qui figurent dans les plans de prévention des risques miniers prévus à l'article L. 174-5 du Code minier, lorsque le droit de réaliser des aménagements, des ouvrages ou des constructions nouvelles et d'étendre les constructions existantes y est limité ou supprimé ;**

j) Les périmètres des servitudes relatives aux installations classées pour la protection de l'environnement instituées en application de l'article L. 515-8 du Code de l'environnement, lorsque les servitudes instituées dans ces périmètres comportent une limitation ou une suppression du droit d'implanter des constructions ou des ouvrages ;

k) Les périmètres des servitudes sur des terrains pollués, sur l'emprise des sites de stockage de déchets, sur l'emprise d'anciennes carrières ou dans le voisinage d'un site de stockage géologique de dioxyde de carbone instituées en application de l'article L. 515-12 du même code, lorsque les servitudes instituées dans ces périmètres comportent une limitation ou une suppression du droit d'implanter des constructions ou des ouvrages ;

l) Les sites patrimoniaux remarquables créés en application des articles L. 631-1 et L. 631-2 du Code du patrimoine ;

m) Les abords des monuments historiques prévus aux articles L. 621-30 et L. 621-31 du même code ;

n) Les secteurs délimités par le plan local d'urbanisme en application des articles L. 151-19 et L. 151-23 du présent code.

L'action en démolition doit être engagée dans le délai de deux ans qui suit la décision devenue définitive de la juridiction administrative ;

2° Le constructeur ne peut être condamné par un tribunal de l'ordre judiciaire à des dommages et intérêts que si, préalablement, le permis a été annulé pour excès de pouvoir ou si son illégalité a été constatée par la juridiction administrative. L'action en responsabilité civile doit être engagée au plus tard deux ans après l'achèvement des travaux.

Lorsque l'achèvement des travaux est intervenu avant la publication de la loi n° 2006-872 du 13 juillet 2006 portant engagement national pour le logement, la prescription antérieure continue à courir selon son régime.

1) **QPC.** Par déc. n° 2017-672 QPC, 10 nov. 2017, le Conseil constitutionnel a décidé que les mots : « et si la construction est située dans l'une des zones suivantes : », figurant au premier alinéa du 1°, sont conformes à la Constitution ; *Dr. pén.* 2018, comm. 13, note J.-H. Robert.

2) Ce texte est applicable au cas d'obtention d'un permis de construire tacite et fait donc obstacle à une mesure de démolition de l'ouvrage (■ Cass. crim., 18 juin 1997 : *Bull. crim.*, n° 247 ; *Dr. pénal* 1997, comm. 147, obs. J.-H. Robert). Il en est de même pour un ouvrage irrégulièrement édifié mais ayant fait l'objet ultérieurement d'un permis de régularisation (■ Cass. crim., 10 nov. 2015, n° 14-86.879 : *Dr. pén.* 2016, comm. 11, obs. J.-H. Robert).

3) L'article L. 480-13 est inapplicable au cas où le permis de construire a été obtenu frauduleusement, le juge répressif pouvant dès lors constater son inexistence pour l'annuler. – V. *supra*, sous l'article L. 480-4 les notes 3 et 4.

Art. L. 480-14 *(L. n° 2003-699, 30 juill. 2003 ; mod., L. n° 2010-788, 12 juill. 2010).* – La commune ou l'établissement public de coopération intercommunale compétent en matière de plan local d'urbanisme peut saisir le tribunal de grande instance en vue de faire ordonner la démolition ou la mise en conformité d'un ouvrage édifié ou installé sans l'autorisation exigée par le présent livre, en méconnaissance de cette autorisation ou, pour les aménagements, installations et travaux dispensés de toute formalité au titre du présent code, en violation de l'article L. 421-8.

Art. L. 480-15 *(Ord. n° 2005-1527, 8 déc. 2005).* – Les ventes ou locations de terrains intervenues en méconnaissance des dispositions du titre IV du présent livre peuvent être annulées à la requête de l'acquéreur, du maire ou du représentant de l'État dans le département aux frais et dommages du lotisseur.

Toutefois, les ventes et locations des parcelles pour lesquelles le permis de construire a été accordé ne peuvent plus être annulées.

Art. L. 480-16 *(Ord. n° 2005-1527, 8 déc. 2005).* – L'action en justice née de la violation de la réglementation applicable aux lotissements se prescrit par dix ans à compter de la publication des actes portant transfert de propriété à la publicité foncière. Passé ce délai, la non-observation de la réglementation applicable aux lotissements ne peut plus être opposée.

ANNEXE 62

USURE

Bibliographie : V. Valette-Ercole, *Crédit aux particuliers : JCl. Lois pénales spéciales.* • J.-H. Robert, *Dépénalisation partielle de l'usure par la loi du 12 août 2003 pour l'initiative économique : Dr. pénal* 2004, comm. 26.

Loi n° 66-1010 du 28 décembre 1966

relative à l'usure, aux prêts d'argent et à certaines opérations de démarchage et de publicité

Section I. – De l'usure

Art. 1er à 7 *(Abr., L. n° 93-949, 26 juill. 1993, relative au Code de la consommation, art. L. 313-3 à L. 313-6).*

Voir : Annexe, Consommation.

Code monétaire et financier

(Ord. n° 2000-1223, 14 déc. 2000)

Art. L. 313-2 *(Mod., D. n° 2012-182, 7 févr. 2012 ; rempl., Ord. n° 2014-947, 20 août 2014).* – Le taux de l'intérêt légal est, en toute matière, fixé par arrêté du ministre chargé de l'économie.

Il comprend un taux applicable lorsque le créancier est une personne physique n'agissant pas pour des besoins professionnels et un taux applicable dans tous les autres cas.

Il est calculé semestriellement, en fonction du taux directeur de la Banque centrale européenne sur les opérations principales de refinancement et des taux pratiqués par les établissements de crédit et les sociétés de financement.

Les taux pratiqués par les établissements de crédit et les sociétés de financement pris en compte pour le calcul du taux applicable lorsque le créancier est une personne physique n'agissant pas pour des besoins professionnels sont les taux effectifs moyens de crédits consentis aux particuliers.

Les modalités de calcul et de publicité de ces taux sont fixées par décret.

Art. L. 313-3 *(Mod., Ord. n° 2006-461, 21 avr. 2006).* – En cas de condamnation, le taux de l'intérêt légal est majoré de cinq points à l'expiration d'un délai de deux mois à compter du jour où la décision de justice est devenue exécutoire, fût-ce par provision. Cet effet est attaché de plein droit au jugement d'adjudication sur saisie immobilière, quatre mois après son prononcé.

Toutefois, le juge de l'exécution peut, à la demande du débiteur ou du créancier, et en considération de la situation du débiteur, exonérer celui-ci de cette majoration ou en réduire le montant.

Voir : Avis relatif à l'application de l'article L. 313-3 (*JO* 21 mars 2002).

Décret n° 90-506 du 25 juin 1990

relatif à l'application de l'article 1er de la loi n° 66-1010 du 28 décembre 1966

Art. 1er à 4 *(Abr., D. n° 97-298, 27 mars 1997 relatif au Code de la consommation, partie réglementaire ; rempl. par art. D. 313-6 à D. 313-9 dudit code).*

ANNEXE 63

VIE POLITIQUE

Bibliographie : C. Ambroise-Castérot, *Vie politique : JCl. Lois pénales spéciales*. • M. De Villiers et F. Potier, *Code électoral 2017*, éd. LexisNexis.

Loi n° 77-808 du 19 juillet 1977

relative à la publication et à la diffusion de certains sondages d'opinion

Section I. – Dispositions générales

Art. 1er *(L. n° 2016-508, 25 avr. 2016)*. **– Un sondage est, quelle que soit sa dénomination, une enquête statistique visant à donner une semaine précédant un tour de scrutin, les sociétés nationales de programme programment et diffusent sans délai la mise au point de la commission des sondages, sur demande écrite de celle-ci.**

....

Section IV. – Dispositions spéciales applicables en période électorale

Art. 11 *(L. n° 2016-508, 25 avr. 2016)*. **– En cas d'élections générales et de référendum, la veille et le jour de chaque scrutin, aucun sondage électoral ne peut faire l'objet, par quelque moyen que ce soit, d'une publication, d'une diffusion ou d'un commentaire. Pour l'élection du Président de la République, l'élection des députés et l'élection des représentants au Parlement européen ainsi que pour les référendums nationaux, cette interdiction prend effet sur l'ensemble du territoire national à compter du samedi précédant le scrutin à zéro heure. Cette interdiction prend fin à la fermeture du dernier bureau de vote sur le territoire métropolitain.**

En cas d'élections partielles, cette interdiction ne s'applique qu'aux sondages électoraux portant directement ou indirectement sur les scrutins concernés et prend fin à la fermeture du dernier bureau de vote de la circonscription électorale concernée.

Cette interdiction ne fait obstacle ni à la poursuite de la diffusion de sondages publiés avant la veille de chaque scrutin ni au commentaire de ces sondages, à condition que soient indiqués la date de première publication ou diffusion, le média qui les a publiés ou diffusés et l'organisme qui les a réalisés.

Art. 12 *(L. n° 2016-508, 25 avr. 2016)*. **– Est puni d'une amende de 75 000 € :**

1° Le fait d'utiliser le mot : « sondage » pour des enquêtes portant sur des sujets liés, de manière directe ou indirecte, au débat électoral et qui ne répondent pas à la définition du sondage énoncée à l'article 1er ;

2° Le fait de commander, réaliser, publier ou laisser publier, diffuser ou laisser diffuser un sondage en violation de la présente loi et des textes réglementaires applicables ;

3° Le fait de ne pas publier ou diffuser une mise au point demandée par la commission des sondages en application de l'article 9 ou de la publier ou de la diffuser dans des conditions contraires à ce même article ;

4° Le fait d'entraver l'action de la commission des sondages dans l'exercice de sa mission de vérification définie à l'article 5.

La décision de justice est publiée ou diffusée par les mêmes moyens que ceux par lesquels il a été fait état du sondage publié ou diffusé en violation de la présente loi.

Loi n° 88-227 du 11 mars 1988

relative à la transparence financière de la vie politique

....

TITRE III. – DISPOSITIONS RELATIVES
AUX PARTIS ET GROUPEMENTS POLITIQUES ET À LEUR FINANCEMENT

....

Art. 11-4 *(L. n° 95-65, 19 janv. 1995 ; L. n° 2011-412, 14 avr. 2011 ; L. n° 2013-907, 11 oct. 2013 ; L. n° 2017-1339, 15 sept. 2017).* – « Une personne physique peut verser un don à un parti ou groupement politique si elle est de nationalité française ou si elle réside en France. » Les dons consentis et les cotisations versées en qualité d'adhérent d'un ou de plusieurs partis politiques par une personne physique dûment identifiée à une ou plusieurs associations agréées en qualité d'association de financement ou à un ou plusieurs mandataires financiers d'un ou de plusieurs partis politiques ne peuvent annuellement excéder 7 500 €.

Par exception, les cotisations versées par les titulaires de mandats électifs nationaux ou locaux ne sont pas prises en compte dans le calcul du plafond mentionné au premier alinéa.

Les personnes morales à l'exception des partis ou groupements politiques ne peuvent contribuer au financement des partis ou groupements politiques, ni en consentant des dons, sous quelque forme que ce soit, à leurs associations de financement ou à leurs mandataires financiers, ni en leur fournissant des biens, services ou autres avantages directs ou indirects à des prix inférieurs à ceux qui sont habituellement pratiqués.

« Les personnes morales, à l'exception des partis et groupements politiques ainsi que des établissements de crédit et sociétés de financement ayant leur siège social dans un État membre de l'Union européenne ou partie à l'accord sur l'Espace économique européen, ne peuvent ni consentir des prêts aux partis et groupements politiques ni apporter leur garantie aux prêts octroyés aux partis et groupements politiques. »

« L'association de financement ou le mandataire financier délivre au donateur un reçu pour chaque don ou cotisation. Un décret en Conseil d'État fixe les conditions d'établissement, d'utilisation et de transmission du reçu à la Commission nationale des comptes de campagne et des financements politiques. Dans les conditions fixées par un décret en Conseil d'État pris après avis de la Commission nationale de l'informatique et des libertés, le parti ou groupement bénéficiaire communique chaque année à la Commission nationale des comptes de campagne et des financements politiques la liste des personnes ayant consenti à lui verser un ou plusieurs dons ou cotisations, ainsi que le montant de ceux-ci. »

L'association de financement ou le mandataire financier délivre au donateur un reçu dont un décret en Conseil d'État fixe les conditions d'établissement, d'utilisation et de transmission à la Commission nationale des comptes de campagne et des financements politiques et d'utilisation. Ce décret détermine également les modalités selon lesquelles les reçus délivrés pour les dons d'un montant égal ou inférieur à 3 000 € consentis par les personnes physiques ne mentionnent pas la dénomination du parti ou groupement bénéficiaire. Dans des conditions fixées par décret, les partis politiques communiquent chaque année à la Commission nationale des comptes de campagne et des financements politiques la liste des personnes ayant consenti annuellement à verser un ou plusieurs dons ou cotisations.

Tout don de plus de 150 € consenti à une association de financement ou à un mandataire financier d'un parti politique doit être versé par chèque.

Aucune association de financement ou aucun mandataire financier d'un parti politique ne peut recevoir, directement ou indirectement, des contributions ou aides matérielles d'un État étranger ou d'une personne morale de droit étranger.

Les actes et documents émanant de l'association de financement ou du mandataire financier, destinés aux tiers, et qui ont pour objet de provoquer le versement de dons doivent indiquer, selon le cas, la dénomination de l'association et la date de l'agrément ou le nom du mandataire et la date de la déclaration à la préfecture, ainsi que le parti ou groupement politique destinataire des sommes collectées. « Ils ne peuvent recevoir des prêts d'un État étranger ou d'une personne morale de droit étranger, à l'exception des établissements de crédit ou sociétés de financement mentionnés au troisième alinéa. »

Les montants prévus au présent article sont actualisés tous les ans par décret. Ils évoluent comme l'indice des prix à la consommation des ménages, hors tabac.

Art. 11-5 *(Rempl., L. n° 2013-907, 11 oct. 2013 ; L. n° 2015-1703, 21 déc. 2015).* **– Ceux qui ont versé des dons à un ou plusieurs partis politiques en violation de l'article 11-4 sont punis d'une amende de 3 750 € et d'un an d'emprisonnement.**

Les mêmes peines sont applicables au bénéficiaire de dons consentis :

1° Par une même personne physique à un seul parti politique en violation du premier alinéa du même article 11-4 ;

2° Par une personne morale en violation du troisième alinéa dudit article 11-4 ;

3° Par un État étranger ou par une personne morale de droit étranger en violation du sixième alinéa du même article 11-4.

....

Art. 11-9 *(L. n° 2017-1339, 15 sept. 2017).* **– I. – Le fait de ne pas communiquer, de sa propre initiative ou sur la demande de la Commission nationale des comptes de campagne et des financements politiques, les informations qu'un parti ou groupement politique est tenu de communiquer à cette dernière en application de l'article 11-3-1, du quatrième alinéa de l'article 11-4 et du II de l'article 11-7 est puni d'un an d'emprisonnement et de 15 000 € d'amende.**

« II. – Le fait pour un dirigeant de droit ou de fait d'un parti ou groupement politique de ne pas déposer les comptes du parti ou groupement qu'il dirige dans les conditions fixées à l'article 11-7 est puni de trois ans d'emprisonnement et de 45 000 € d'amende. »

Loi n° 90-55 du 15 janvier 1990
relative à la limitation des dépenses électorales
et à la clarification du financement des activités politiques

Art. 21 *(L. n° 95-65, 19 janv. 1995).* **– Les tribunaux correctionnels peuvent prononcer l'exclusion des marchés publics pour une durée qui ne peut excéder cinq ans à l'encontre des personnes physiques ou morales ayant versé des dons ou consenti des avantages en violation des dispositions de l'article L. 52-8 du Code électoral et de l'article 11-4 de la loi n° 88-227 du 11 mars 1988 relative à la transparence financière de la vie politique.**

L'exclusion des marchés publics comporte l'interdiction de participer directement ou indirectement à tout marché conclu par l'État et ses établissements publics, les collectivités territoriales, leurs groupements et leurs établissements publics ainsi que par les entreprises concédées ou par les collectivités territoriales ou leurs groupements.

Code électoral

CHAPITRE II. – DISPOSITIONS PÉNALES

Art. L. 86 *(L. 88-1262, 30 déc. 1988).* **– Toute personne qui se sera fait inscrire sur la liste électorale sous de faux noms ou de fausses qualités ou aura, en se faisant inscrire, dissimulé une incapacité prévue par la loi, ou aura réclamé et obtenu une inscription sur deux ou plusieurs listes, sera punie d'un emprisonnement d'un an et d'une amende de 15 000 €.**

Art. L. 87. – Toute fraude dans la délivrance ou la production d'un certificat d'inscription ou de radiation des listes électorales sera punie des peines portées à l'article L. 113.

Art. L. 88 *(Mod., L. 88-1262, 30 déc. 1988).* **– Ceux qui, à l'aide de déclarations frauduleuses ou de faux certificats, se seront fait inscrire ou auront tenté de se faire inscrire indûment sur une liste électorale, ceux qui, à l'aide des mêmes moyens, auront fait inscrire ou rayer, tenté de faire inscrire ou rayer indûment un citoyen, et les complices de ces délits, seront passibles d'un emprisonnement d'un an et d'une amende de 15 000 €.**

Art. L. 88-1 *(L. n° 88-1262, 30 déc. 1988).* **– Toute personne qui aura sciemment fait acte de candidature sous de faux noms ou de fausses qualités ou aura sciemment dissimulé une incapacité prévue par la loi sera punie d'un emprisonnement d'un an et d'une amende de 15 000 €.**

Art. L. 89 *(L. n° 85-1317, 13 déc. 1985 ; L. n° 2016-508, 25 avr. 2016)*. – Toute infraction aux dispositions de l'article L. 49 sera punie d'une amende de 3 750 € sans préjudice de la confiscation des bulletins et autres documents distribués ou diffusés par tout moyen.

Art. L. 90. – Sera passible d'une amende de 9 000 € :

Tout candidat qui utilisera ou permettra d'utiliser son panneau d'affichage dans un but autre que la présentation et la défense de sa candidature et de son programme, pour son remerciement ou son désistement ;

Tout candidat qui cédera à un tiers son emplacement d'affichage.

Il sera en outre redevable des pénalités afférentes à l'affichage sans timbre.

L'amende prévue à l'alinéa 1er du présent article sera également applicable à toute personne qui aura contrevenu aux dispositions du dernier alinéa de l'article L. 51.

Art. L. 90-1 *(L. n° 66-1022, 29 déc. 1966 ; L. n° 2016-508, 25 avr. 2016)*. – Toute infraction aux dispositions des articles L. 52-1 et L. 52-2 sera punie d'une amende de 75 000 €.

Art. L. 91 *(L. n° 88-1262, 30 déc. 1988)*. – Celui qui, déchu du droit de voter, soit par suite d'une condamnation judiciaire, soit par suite d'une faillite non suivie de réhabilitation, aura voté, soit en vertu d'une inscription sur les listes antérieure à sa déchéance, soit en vertu d'une inscription postérieure, mais opérée sans sa participation, sera puni d'un emprisonnement de trois mois et d'une amende de 7 500 €.

Art. L. 92 *(L. n° 88-1262, 30 déc. 1988)*. – Quiconque aura substitué ou imité volontairement une signature sur la liste d'émargement ou aura voté, soit en vertu d'une inscription obtenue dans les deux premiers cas prévus par l'article L. 86, soit en prenant faussement les nom et qualités d'un électeur inscrit, sera puni d'un emprisonnement de deux ans, et d'une amende de 15 000 €.

Art. L. 93. – Sera puni de la même peine tout citoyen qui aura profité d'une inscription multiple pour voter plus d'une fois.

Art. L. 94 *(L. n° 88-1262, 30 déc. 1988)*. – Quiconque étant chargé, dans un scrutin, de recevoir, compter ou dépouiller les bulletins contenant les suffrages des citoyens, aura soustrait, ajouté ou altéré des bulletins, ou lu un nom autre que celui inscrit, sera puni d'un emprisonnement de cinq ans et d'une amende de 22 500 €.

Art. L. 95. – La même peine sera appliquée à tout individu qui, chargé par un électeur d'écrire son suffrage, aura inscrit sur le bulletin un nom autre que celui qui lui était désigné.

Art. L. 96 *(L. n° 88-1262, 30 déc. 1988)*. – En cas d'infraction à l'article L. 61 la peine sera d'un emprisonnement de trois mois et d'une amende de 7 500 € si les armes étaient cachées.

Art. L. 97 *(L. n° 88-1262, 30 déc. 1988)*. – Ceux qui, à l'aide de fausses nouvelles, bruits calomnieux ou autres manœuvres frauduleuses, auront surpris ou détourné des suffrages, déterminé un ou plusieurs électeurs à s'abstenir de voter, seront punis d'un emprisonnement d'un an et d'une amende de 15 000 €.

Art. L. 98 *(L. n° 88-1262, 30 déc. 1988)*. – Lorsque, par attroupements, clameurs ou démonstrations menaçantes, on aura troublé les opérations d'un collège électoral, porté atteinte à l'exercice du droit électoral ou à la liberté du vote, les coupables seront punis d'un emprisonnement de deux ans et d'une amende de 15 000 €.

Art. L. 99 *(L. n° 88-1262, 30 déc. 1988)*. – Toute irruption dans un collège électoral consommée ou tentée avec violence, en vue d'empêcher un choix, sera punie d'un emprisonnement de cinq ans et d'une amende de 22 500 €.

Art. L. 100. – Si les coupables étaient porteurs d'armes, ou si le scrutin a été violé, la peine sera de dix ans d'emprisonnement.

Art. L. 101. – Elle sera la réclusion criminelle à temps de vingt ans si le crime a été commis par suite d'un plan concerté pour être exécuté, soit dans toute la République, soit dans un ou plusieurs départements, soit dans un ou plusieurs arrondissements.

Art. L. 102 *(L. n° 88-1262, 30 déc. 1988).* – Les membres d'un collège électoral qui, pendant la réunion, se seront rendus coupables d'outrages ou de violences, soit envers le bureau, soit envers l'un de ses membres, ou qui, par voies de fait ou menaces, auront retardé ou empêché les opérations électorales, seront punis d'un emprisonnement de un an et d'une amende de 15 000 €.

Si le scrutin a été violé, l'emprisonnement sera de cinq ans, et l'amende de 22 500 €.

Art. L. 103 *(L. n° 88-1262, 30 déc. 1988).* – L'enlèvement de l'urne contenant les suffrages émis et non encore dépouillés sera puni d'un emprisonnement de cinq ans, et d'une amende de 22 500 €.

Si cet enlèvement a été effectué en réunion et avec violence, la peine sera la réclusion criminelle à temps de dix ans d'emprisonnement.

Art. L. 104. – La violation du scrutin faite, soit par les membres du bureau, soit par les agents de l'autorité préposés à la garde des bulletins non encore dépouillés, sera punie de la réclusion criminelle à temps de dix ans d'emprisonnement.

Art. L. 105. – La condamnation, s'il en est prononcé, ne pourra, en aucun cas, avoir pour effet d'annuler l'élection déclarée valide par les pouvoirs compétents, ou dûment définitive par l'absence de toute protestation régulière formée dans les délais prévus par les dispositions spéciales aux différentes catégories d'élections.

Art. L. 106 *(L. n° 88-1262, 30 déc. 1988 ; L. n° 90-55, 15 janv. 1990).* – Quiconque, par des dons ou libéralités en argent ou en nature, par des promesses de libéralités, de faveurs, d'emplois publics ou privés ou d'autres avantages particuliers, faits en vue d'influencer le vote d'un ou de plusieurs électeurs aura obtenu ou tenté d'obtenir leur suffrage, soit directement, soit par l'entremise d'un tiers, quiconque, par les mêmes moyens, aura déterminé ou tenté de déterminer un ou plusieurs d'entre eux à s'abstenir, sera puni de deux ans d'emprisonnement et d'une amende de 15 000 €.

Seront punis des mêmes peines ceux qui auront agréé ou sollicité les mêmes dons, libéralités ou promesses.

Art. L. 107 *(L. n° 88-1262, 30 déc. 1988).* – Ceux qui, soit par voies de fait, violences ou menaces contre un électeur, soit en lui faisant craindre de perdre son emploi ou d'exposer à un dommage sa personne, sa famille ou sa fortune, l'auront déterminé ou auront tenté de la déterminer à s'abstenir de voter, ou auront influencé ou tenté d'influencer son vote, seront punis d'un emprisonnement de deux ans et d'une amende de 15 000 €.

Art. L. 108 *(L. n° 88-1262, 30 déc. 1988).* – Quiconque, en vue d'influencer le vote d'un collège électoral ou d'une fraction de ce collège, aura fait des dons ou libéralités, des promesses de libéralités ou de faveurs administratives, soit à une commune, soit à une collectivité quelconque de citoyens, sera puni d'un emprisonnement de deux ans et d'une amende de 15 000 €.

Art. L. 109. – Dans les cas prévus aux articles L. 106 à L. 108, si le coupable est fonctionnaire public, la peine sera double.

Art. L. 110. – Aucune poursuite contre un candidat, en vertu des articles L. 106 et L. 108, ne pourra être exercée, aucune citation directe à un fonctionnaire ne pourra être donnée en vertu de l'article L. 115 avant la proclamation du scrutin.

Art. L. 111. – Toute manœuvre frauduleuse ayant pour but d'enfreindre les dispositions des articles L. 71 à L. 77 sera punie des peines prévues à l'article L. 107.

Art. L. 112 *(Abr., L. n° 75-1329, 31 déc. 1975).*

Art. L. 113 *(Mod., L. n° 88-1262, 30 déc. 1988).* – En dehors des cas spécialement prévus par les dispositions des lois et décrets en vigueur, quiconque, soit dans une commission administrative ou municipale, soit dans un bureau de vote ou dans les bureaux des mairies, des préfectures ou sous-préfectures, avant, pendant ou après un scrutin, aura, par inobservation volontaire de la loi ou des arrêtés préfectoraux, ou par tous autres actes frauduleux, violé ou tenté de violer le secret du vote, porté atteinte ou tenté de porter atteinte à sa sincérité, empêché ou tenté d'empêcher les opérations du scrutin, ou qui en aura changé ou tenté de changer le résultat, sera puni d'une amende de 15 000 € et d'un emprisonnement de un an ou de l'une de ces deux peines seulement.

Si le coupable est fonctionnaire de l'ordre administratif ou judiciaire, agent ou préposé du Gouvernement ou d'une administration publique, ou chargé d'un ministère de service public ou président d'un bureau de vote, la peine sera portée au double.

Art. L. 113-1 *(L. n° 2017-1339, 15 sept. 2017)*. **– I. – Sera puni de trois ans d'emprisonnement et de 45 000 € d'amende tout candidat, en cas de scrutin uninominal ou binominal, ou tout candidat tête de liste, en cas de scrutin de liste, qui :**

1° Aura, en vue de financer une campagne électorale, recueilli des fonds en violation de l'article L. 52-4 ;

2° Aura accepté des fonds en violation des articles L. 52-7-1, L. 52-8 ou L. 308-1 ;

3° Aura dépassé le plafond des dépenses électorales fixé en application de l'article L. 52-11 ;

4° N'aura pas respecté les formalités d'établissement du compte de campagne prévues aux articles L. 52-12 et L. 52-13 ;

5° Aura fait état, dans le compte de campagne ou dans ses annexes, d'éléments comptables sciemment minorés.

II. – Sera puni d'un an d'emprisonnement et de 15 000 € d'amende tout candidat, en cas de scrutin uninominal ou binominal, ou tout candidat tête de liste, en cas de scrutin de liste, qui :

1° Aura bénéficié, sur sa demande ou avec son accord exprès, d'affichages ou de publicité commerciale ne respectant pas les articles L. 51 et L. 52-1 ;

2° Aura bénéficié, sur sa demande ou avec son accord exprès, de la diffusion auprès du public d'un numéro d'appel téléphonique ou télématique gratuit.

III. – Sera puni de trois ans d'emprisonnement et de 45 000 € d'amende quiconque aura, en vue d'une campagne électorale, accordé un don ou un prêt en violation des articles L. 52-7-1 et L. 52-8.

Lorsque le donateur ou le prêteur sera une personne morale, le premier alinéa du présent III sera applicable à ses dirigeants de droit ou de fait.

IV. – Sera puni de trois ans d'emprisonnement et de 45 000 € d'amende quiconque aura, pour le compte d'un candidat, d'un binôme de candidats ou d'un candidat tête de liste, sans agir sur sa demande ou sans avoir recueilli son accord exprès, effectué une dépense de la nature de celles prévues à l'article L. 52-12.

« V. – Sera puni d'un an d'emprisonnement et de 15 000 € d'amende le fait, pour un candidat bénéficiaire d'un prêt conclu dans les conditions prévues à l'article L. 52-7-1, de ne pas transmettre à la Commission nationale des comptes de campagne et des financements politiques le document mentionné au dernier alinéa du même article L. 52-7-1. »

1) Pour qu'une constitution de partie civile soit recevable devant la juridiction d'instruction, il suffit que les circonstances sur lesquelles elle s'appuie permettent au juge d'admettre comme possible l'existence du préjudice allégué et la relation directe de celui-ci avec une infraction à la loi pénale. Si le délit de minoration de comptes de campagne, prévu par l'article L. 113-1 du Code électoral, dénoncé dans une plainte avec constitution de partie civile comme commis par des candidats, porte atteinte à l'intérêt général, il peut également causer, à d'autres candidats dans les même élections, un préjudice direct et personnel (■ Cass. crim., 5 févr. 2003 : *Bull. crim.*, n° 25 ; *Dr. pénal* 2003, comm. 62, obs. J.-H. Robert).

2) La courte prescription instituée par l'article L. 114 du Code électoral concernant certaines infractions limitativement énumérées ne s'applique pas aux délits visés à l'article L. 113-1 du même code (■ Cass. crim., 28 mai 2003 : *Bull. crim.*, n° 108).

Art. L. 114. – L'action publique et l'action civile intentées en vertu des articles L. 86, L. 87, L. 91 à L. 104, L. 106 à L. 108 et L. 113 ou pour infraction à l'article L. 61 si les armes étaient apparentes, seront prescrites après six mois à partir du jour de la proclamation du résultat de l'élection.

Art. L. 115. – *(Mod., L. n° 74-646, 18 juill. 1974 ; Abr., L. n° 93-2, 4 janv. 1993).*

Art. L. 116 *(Mod., L. n° 69-419, 10 mai 1969 ; L. n° 75-1329, 31 déc. 1975)*. **– Ceux qui, par des manœuvres frauduleuses quelconques, accomplies même en dehors des locaux ou commissions visés à l'article L. 113, auront porté atteinte ou tenté de porter atteinte à la sincérité d'un scrutin, violé ou tenté de violer le secret du vote, empêché ou tenté d'empêcher les opérations du scrutin, ou qui, par les mêmes manœuvres, en auront changé ou tenté de changer les résultats, seront punis des peines portées audit article.**

Les mêmes peines seront appliquées à tout individu qui aura porté atteinte ou tenté de porter atteinte au fonctionnement d'une machine à voter en vue d'empêcher les opérations du scrutin ou d'en fausser les résultats.

Les mêmes peines seront appliquées à toute personne qui aura fait expulser sans motif légitime de la salle de vote un assesseur ou un délégué ou qui l'aura empêché d'exercer ses prérogatives.

Il suffit, pour recevoir la qualification pénale prévue par l'article L. 116 du Code électoral, que les manœuvres frauduleuses soient de nature à avoir une incidence sur le scrutin (■ Cass. crim., 3 mars 2015, n° 13-82. 917).

Art. L. 116-1. – *(L. n° 88-1262, 30 déc. 1988 ; abr., L. 94-89, 1er févr. 1994).*

Art. L. 117 *(Abr., L. n° 92-1336, 16 déc. 1992 ; rétabli, L. n° 94-89, 1er févr. 1994 ; mod., L. n° 2008-776, 4 août 2008 ; L. n° 2013-907, 11 oct. 2013).* – Les personnes physiques coupables des infractions prévues par les articles L. 86 à L. 88, L. 91 à L. 104, L. 106 à L. 109, L. 111, L. 113 et L. 116 encourent également l'interdiction des droits civiques mentionnés aux 1° et 2° de l'article 131-26 du Code pénal ainsi que l'inéligibilité prévue à l'article 131-26-1 du même code, suivant les modalités prévues à ces articles.

Les personnes physiques déclarées coupables du crime prévu à l'article L. 101 encourent également à titre de peines complémentaires l'interdiction, suivant les modalités prévues par l'article 131-27 du Code pénal, soit d'exercer une fonction publique ou d'exercer l'activité professionnelle ou sociale dans l'exercice ou à l'occasion de l'exercice de laquelle l'infraction a été commise, soit d'exercer une profession commerciale ou industrielle, de diriger, d'administrer, de gérer ou de contrôler à un titre quelconque, directement ou indirectement, pour leur propre compte ou pour le compte d'autrui, une entreprise commerciale ou industrielle ou une société commerciale. Ces interdictions d'exercice peuvent être prononcées cumulativement.

La juridiction peut ordonner l'affichage ou la diffusion de la décision prononcée, dans les conditions prévues par l'article 131-35 du Code pénal.

Art. L. 117-1 *(L. n° 75-1329, 31 déc. 1975).* – Lorsque la juridiction administrative a retenu, dans sa décision définitive, des faits de fraude électorale, elle communique le dossier au procureur de la République compétent.

TITRE II. – DISPOSITIONS SPÉCIALES À L'ÉLECTION DES DÉPUTÉS

………………………………………………………………………………………………

Art. LO. 135-1 *(L. org. n° 95-63, 19 janv. 1995 ; mod., L. org. n° 2011-410, 14 avr. 2011 ; à compter de la date de publication au Journal officiel du décret nommant le président de la Haute Autorité pour la transparence de la vie publique, L. org. n° 2013-906, 11 oct. 2013 ; L. org. n° 2017-1338, 15 sept. 2017).* – I. - Dans les deux mois qui suivent son entrée en fonction, le député adresse personnellement au président de la Haute Autorité pour la transparence de la vie publique une déclaration exhaustive, exacte, sincère et certifiée sur l'honneur de sa situation patrimoniale concernant la totalité de ses biens propres ainsi que, le cas échéant, ceux de la communauté ou les biens indivis. Ces biens sont évalués à la date du fait générateur de la déclaration comme en matière de droits de mutation à titre gratuit. Dans les mêmes conditions, il adresse au président de la Haute Autorité ainsi qu'au bureau de l'Assemblée nationale une déclaration faisant apparaître les intérêts détenus à la date de son élection et dans les cinq années précédant cette date, ainsi que la liste des activités professionnelles ou d'intérêt général, même non rémunérées, qu'il envisage de conserver. Le député peut joindre des observations à chacune de ses déclarations.

Toute modification substantielle de la situation patrimoniale ou des intérêts détenus donne lieu, dans le délai de deux mois, à déclaration dans les mêmes conditions, de même que tout élément de nature à modifier la liste des activités conservées.

Une déclaration de situation patrimoniale conforme aux dispositions qui précèdent est déposée auprès de la Haute Autorité pour la transparence de la vie publique sept mois au plus tôt et six mois au plus tard avant l'expiration du mandat de député ou, en cas de dissolution de l'Assemblée nationale ou de cessation du mandat de député pour une cause autre que de décès, dans les deux mois qui suivent la fin des fonctions. Cette déclaration comporte une récapitulation de l'ensemble des revenus perçus par le député et, le cas échéant, par la communauté depuis le début du mandat parlementaire en cours. Le député peut joindre à sa déclaration ses observations sur l'évolution de son patrimoine.

Lorsque le député a établi depuis moins d'un an une déclaration de situation patrimoniale en application du présent article ou des articles 4 et 11 de la loi n° 2013-907 du 11 oct. 2013 relative à la transparence de la vie publique, aucune nouvelle déclaration mentionnée à la première phrase du premier alinéa du présent I n'est exigée et la déclaration prévue au troisième alinéa du même I est limitée à la récapitulation mentionnée à la deuxième phrase du même alinéa et à la présentation mentionnée au dernier alinéa du II.

Le fait pour un député d'omettre de déclarer une partie substantielle de son patrimoine ou de ses intérêts ou de fournir une évaluation mensongère de son patrimoine est puni d'une peine de trois ans d'emprisonnement et de 45 000 € d'amende. Peuvent être prononcées, à titre complémentaire, l'interdiction des droits civiques selon les modalités prévues aux articles 131-26 et 131-26-1 du Code pénal, ainsi que l'interdiction d'exercer une fonction publique selon les modalités prévues à l'article 131-27 du même code.

Sans préjudice de l'article LO 136-2, tout manquement aux obligations prévues au troisième alinéa est puni de 15 000 € d'amende.

II. - La déclaration de situation patrimoniale porte sur les éléments suivants :

1° Les immeubles bâtis et non bâtis ;

2° Les valeurs mobilières ;

3° Les assurances vie ;

4° Les comptes bancaires courants ou d'épargne, les livrets et les autres produits d'épargne ;

5° Les biens mobiliers divers d'une valeur supérieure à un montant fixé par voie réglementaire ;

6° Les véhicules terrestres à moteur, bateaux et avions ;

7° Les fonds de commerce ou clientèles et les charges et offices ;

8° Les biens mobiliers, immobiliers et les comptes détenus à l'étranger ;

9° Les autres biens ;

10° Le passif.

Le cas échéant, la déclaration de situation patrimoniale précise, pour chaque élément mentionné aux 1° à 10° du présent II, s'il s'agit de biens propres, de biens de la communauté ou de biens indivis.

Les déclarations de situation patrimoniale déposées en application du troisième alinéa du I comportent, en plus des éléments mentionnés aux mêmes 1° à 10°, une présentation des événements majeurs ayant affecté la composition du patrimoine depuis la précédente déclaration.

III. - La déclaration d'intérêts et d'activités porte sur les éléments suivants :

1° Les activités professionnelles donnant lieu à rémunération ou gratification exercées à la date de l'élection ;

2° Les activités professionnelles ayant donné lieu à rémunération ou gratification exercées au cours des cinq dernières années ;

3° Les activités de consultant exercées à la date de l'élection et au cours des cinq dernières années ;

4° Les participations aux organes dirigeants d'un organisme public ou privé ou d'une société à la date de l'élection ou lors des cinq dernières années ;

5° Les participations financières directes dans le capital d'une société à la date de l'élection ;

6° Les activités professionnelles exercées à la date de l'élection par le conjoint, le partenaire lié par un pacte civil de solidarité ou le concubin *[Dispositions déclarées non conformes à la Constitution par la décision du Conseil constitutionnel n° 2013-675 DC du 9 oct. 2013 : JO 12 oct. 2013]* ;

7° L'exercice de fonctions bénévoles susceptibles de faire naître un conflit d'intérêts ;

8° *[Dispositions déclarées non conformes à la Constitution par la décision du Conseil constitutionnel n° 2013-675 DC du 9 oct. 2013 : JO 12 oct. 2013]* ;

9° Les autres fonctions et mandats électifs exercés à la date de l'élection ;

10° Les noms des collaborateurs parlementaires ainsi que les autres activités professionnelles déclarées par eux ;

11° Les activités professionnelles ou d'intérêt général, même non rémunérées, que le député envisage de conserver durant l'exercice de son mandat.

La déclaration précise le montant des rémunérations, indemnités ou gratifications perçues par le député au titre des éléments mentionnés aux 1° à 5°, 9° et 11° du présent III.

IV. - Un décret en Conseil d'État, pris après avis de la Commission nationale de l'informatique et des libertés, précise le modèle et le contenu des déclarations prévues au présent article et fixe leurs conditions de mise à jour et de conservation.

....

Art. L. 558-38 *(Créé à compter du 1er janv. 2015, L. org. n° 2013-1114, 6 déc. 2013).* – Le fait, pour toute personne participant aux opérations de recueil des soutiens à une proposition de loi présentée au titre de l'article 11 de la Constitution, d'usurper l'identité d'un électeur inscrit sur la liste électorale ou de tenter de commettre cette usurpation est puni de deux ans d'emprisonnement et 30 000 € d'amende.

Art. L. 558-39 *(Créé à compter du 1er janv. 2015, L. org. n° 2013-1114, 6 déc. 2013).* – Le fait, dans le cadre des mêmes opérations, de soustraire ou d'altérer, de manière frauduleuse, les données collectées ou de tenter de commettre cette soustraction, cet ajout ou cette altération est puni de cinq ans d'emprisonnement et 75 000 € d'amende.

Les peines sont portées à sept ans d'emprisonnement et 100 000 € d'amende lorsque les faits mentionnés au premier alinéa sont commis avec violence.

Art. L. 558-40 *(Créé à compter du 1er janv. 2015, L. org. n° 2013-1114, 6 déc. 2013).* – Le fait, dans le cadre des mêmes opérations, de déterminer ou tenter de déterminer un électeur à apporter son soutien ou à s'en abstenir à l'aide de menaces, violences, contraintes, abus d'autorité ou abus de pouvoir est puni de deux ans d'emprisonnement et 15 000 € d'amende.

Art. L. 558-41 *(Créé à compter du 1er janv. 2015, L. org. n° 2013-1114, 6 déc. 2013).* – Le fait, dans le cadre des mêmes opérations, de proposer, directement ou indirectement, des offres, des promesses, des dons, des présents ou des avantages quelconques afin de déterminer l'électeur à apporter, son soutien ou à s'en abstenir est puni de deux ans d'emprisonnement et 15 000 € d'amende.

Le fait d'agréer ou de solliciter ces mêmes offres, promesses, dons, présents ou avantages quelconques est puni des mêmes peines.

Art. L. 558-42 *(Créé à compter du 1er janv. 2015, L. org. n° 2013-1114, 6 déc. 2013).* – Le fait, dans le cadre des mêmes opérations, de reproduire des données collectées à d'autres fins que celles de vérification et de contrôle ou de tenter de commettre cette reproduction est puni de cinq ans d'emprisonnement et de 75 000 € d'amende.

Art. L. 558-43 *(Créé à compter du 1er janv. 2015, L. org. n° 2013-1114, 6 déc. 2013).* – Les personnes coupables de l'une des infractions prévues au présent chapitre peuvent être également condamnées à :

1° L'interdiction des droits civiques suivant les modalités prévues aux 1° et 2° de l'article 131-26 du Code pénal ;

2° L'affichage ou la diffusion de la décision mentionnés à l'article 131-35 et au 9° de l'article 131-39 du même code.

Code général des collectivités territoriales

RESPONSABILITÉ DES ÉLUS

Art. L. 2123-34 *(L. n° 96-393, 13 mai 1996 ; L. n° 2000-647, 10 juill. 2000).* – Sous réserve des dispositions du quatrième alinéa de l'article 121-3 du Code pénal, le maire ou un élu municipal le suppléant ou ayant reçu une délégation ne peut être condamné sur le fondement du troisième alinéa de ce même article pour des faits non intentionnels commis dans l'exercice de ses fonctions que s'il est établi qu'il n'a pas accompli les diligences normales compte tenu de ses compétences, du pouvoir et des moyens dont il disposait ainsi que des difficultés propres aux missions que la loi lui confie.

La commune est tenue d'accorder sa protection au maire, à l'élu municipal le suppléant ou ayant reçu une délégation ou à l'un de ces élus ayant cessé ses fonctions lorsque celui-ci fait l'objet de poursuites pénales à l'occasion de faits qui n'ont pas le caractère de faute détachable de l'exercice de ses fonctions.

Lorsque le maire ou un élu municipal le suppléant ou ayant reçu une délégation agit en qualité d'agent de l'État, il bénéficie, de la part de l'État, de la protection prévue par l'article 11 de la loi n° 83-634 du 13 juillet 1983 portant droits et obligations des fonctionnaires.

Bibliographie : J.-M. Pontier, *La responsabilité pénale des élus locaux : Rev. adm.* 1996, 551. • M. F. Steinle Feuerbach, *La responsabilité pénale des maires en cas de catastrophe ou la fausse nouveauté de la loi du 13 mai 1996 : JCP* 97, I, 4057. • S. Petit, *La responsabilité pénale des agents publics et des élus : Gaz. Pal.* 11 nov. 1999, doctr. p. 3.

1) Justifie sa décision, au regard de l'article 121-3 du Code pénal, comme de l'article L. 2123-34 du Code général des collectivités territoriales, la cour d'appel qui déclare le maire coupable d'homicides involontaires, à la suite d'un incendie survenu dans des installations thermales réalisées et exploitées en méconnaissance de nombreuses prescriptions du règlement de sécurité contre les risques d'incendie et de panique dans les établissements recevant du public, aux motifs qu'en s'étant abstenu de provoquer une visite de la commission de sécurité, alors qu'il n'avait pas délivré d'autorisation d'ouverture et avait connaissance de l'exploitation des installations rénovées sans qu'ait eu lieu la visite de réception de cette commission et alors que l'importance de la fréquentation de l'établissement imposait une visite annuelle de la commission de sécurité qui n'avait eu lieu depuis 5 ans, le maire, autorité de droit commun pour la police spéciale des établissements recevant du public, chargé d'assurer l'exécution de la réglementation sur la protection des risques d'incendie dans ces établissements, n'a pas au regard de sa mission, de son expérience et des pouvoirs et moyens qu'il tenait du Code de la construction et de l'habitation, accompli les diligences normales qui lui incombaient (▪ Cass. crim., 29 juin 1999 : *Bull. crim.*, n° 163 ; *Gaz. Pal.* 26-27 janv. 2000, p. 11, note S. Petit ; *D.* 2000, somm. p. 29, obs. Y. Mayaud).

2) Selon l'article L. 2123-34 du Code général des collectivités territoriales, le maire ne peut être condamné sur le fondement du troisième alinéa de l'article 121-3 du Code pénal pour des faits non intentionnels commis dans l'exercice de ses fonctions que s'il est établi qu'il n'a pas accompli les diligences normales compte tenu de ses compétences, du pouvoir et des moyens dont il disposait, ainsi que des difficultés propres aux missions que la loi lui confie ; la désignation, en application de l'article R. 126-16 du Code de l'urbanisme et de l'habitation, d'un fonctionnaire ou agent chargé de la sécurité contre les risques d'incendie dans certains établissements n'exclut pas la responsabilité du maire découlant de ses pouvoirs de police ; justifie sa décision, au regard des articles précités, la cour d'appel qui retient, à la suite d'un incendie dans une maison de retraite installée dans un hôpital, que le maire, au surplus président du conseil d'administration dudit hôpital, n'a ni effectué le contrôle minimum qui lui aurait permis de constater que les travaux prescrits par la commission de sécurité n'étaient que partiellement exécutés, ni répondu aux mises en demeure du sous-préfet d'avoir à faire respecter ces prescriptions, ni provoqué une nouvelle réunion de la commission de sécurité après les travaux effectués (▪ Cass. crim., 9 nov. 1999 : *Bull. crim.*, n° 250).

Art. L. 2123-35 ***(L. n° 2002-276, 27 févr. 2002 ; mod., L. n° 2003-239, 18 mars 2003).*** **– Le maire ou les élus municipaux le suppléant ou ayant reçu délégation bénéficient, à l'occasion de leurs fonctions, d'une protection organisée par la commune conformément aux règles fixées par le Code pénal, les lois spéciales et le présent code.**

La commune est tenue de protéger le maire ou les élus municipaux le suppléant ou ayant reçu délégation contre les violences, menaces ou outrages dont ils pourraient être victimes à l'occasion ou du fait de leurs fonctions et de réparer, le cas échéant, le préjudice qui en est résulté.

La protection prévue aux deux alinéas précédents est étendue aux conjoints, enfants et ascendants directs des maires ou des élus municipaux les suppléant ou ayant reçu délégation lorsque, du fait des fonctions de ces derniers, ils sont victimes de menaces, violences, voies de fait, injures, diffamations ou outrages.

Elle peut être accordée, sur leur demande, aux conjoints, enfants et ascendants directs des maires ou des élus municipaux les suppléant ou ayant reçu délégation, décédés dans l'exercice de leurs fonctions ou du fait de leurs fonctions, à raison des faits à l'origine du décès ou pour des faits commis postérieurement au décès mais du fait des fonctions qu'exerçait l'élu décédé.

La commune est subrogée aux droits de la victime pour obtenir des auteurs de ces infractions la restitution des sommes versées à l'élu intéressé. Elle dispose en outre aux mêmes fins d'une action directe qu'elle peut exercer, au besoin par voie de constitution de partie civile, devant la juridiction pénale.

....

Art. L. 3123-28 *(L. n° 96-393, 13 mai 1996 ; L. n° 2000-647, 10 juill. 2000 ; L. n° 2013-403, 17 mai 2013).* – Sous réserve des dispositions du quatrième alinéa de l'article 121-3 du Code pénal, le président du conseil départemental ou un conseiller départemental le suppléant ou ayant reçu une délégation ne peut être condamné sur le fondement du troisième alinéa de ce même article pour des faits non intentionnels commis dans l'exercice de ses fonctions que s'il est établi qu'il n'a pas accompli les diligences normales compte tenu de ses compétences, du pouvoir et des moyens dont il disposait ainsi que des difficultés propres aux missions que la loi lui confie.

Le département est tenu d'accorder sa protection au président du conseil départemental, au conseiller départemental le suppléant ou ayant reçu une délégation ou à l'un de ces élus ayant cessé ses fonctions lorsque celui-ci fait l'objet de poursuites pénales à l'occasion de faits qui n'ont pas le caractère de faute détachable de l'exercice de ses fonctions.

Art. L. 3123-29 *(L. n° 2002-276, 27 févr. 2002 ; L. n° 2013-403, 17 mai 2013).* – Le président du conseil départemental, les vice-présidents ou les conseillers départementaux ayant reçu délégation bénéficient, à l'occasion de leurs fonctions, d'une protection organisée par le département conformément aux règles fixées par le Code pénal, les lois spéciales et le présent code.

Le département est tenu de protéger le président du conseil départemental, les vice-présidents ou les conseillers départementaux ayant reçu délégation contre les violences, menaces ou outrages dont ils pourraient être victimes à l'occasion de leurs fonctions et de réparer, le cas échéant, le préjudice qui en est résulté.

Le département est subrogé aux droits de la victime pour obtenir des auteurs de ces infractions la restitution des sommes versées à l'élu intéressé. Il dispose en outre aux mêmes fins d'une action directe qu'il peut exercer, au besoin par voie de constitution de partie civile, devant la juridiction pénale.

....

Art. L. 4135-28 *(L. n° 96-393, 13 mai 1996 ; L. n° 2000-647, 10 juill. 2000).* – Sous réserve des dispositions du quatrième alinéa de l'article 121-3 du Code pénal, le président du conseil régional ou un conseiller régional le suppléant ou ayant reçu une délégation ne peut être condamné sur le fondement du troisième alinéa de ce même article pour des faits non intentionnels commis dans l'exercice de ses fonctions que s'il est établi qu'il n'a pas accompli les diligences normales compte tenu de ses compétences, du pouvoir et des moyens dont il disposait ainsi que des difficultés propres aux missions que la loi lui confie.

La région est tenue d'accorder sa protection au président du conseil régional, au conseiller régional le suppléant ou ayant reçu une délégation ou à l'un de ces élus ayant cessé ses fonctions lorsque celui-ci fait l'objet de poursuites pénales à l'occasion de faits qui n'ont pas le caractère de faute détachable de l'exercice de ses fonctions.

Art. L. 4135-29 *(L. n° 2002-276, 27 févr. 2002).* – Le président du conseil régional, les vice-présidents ou les conseillers régionaux ayant reçu délégation bénéficient, à l'occasion de leurs fonctions, d'une protection organisée par la région conformément aux règles fixées par le Code pénal, les lois spéciales et le présent code.

La région est tenue de protéger le président du conseil régional, les vice-présidents ou les conseillers régionaux ayant reçu délégation contre les violences, menaces ou outrages dont ils pourraient être victimes à l'occasion de leurs fonctions et de réparer, le cas échéant, le préjudice qui en est résulté.

La région est subrogée aux droits de la victime pour obtenir des auteurs de ces infractions la restitution des sommes versées à l'élu intéressé. Elle dispose en outre aux mêmes fins d'une action directe qu'elle peut exercer, au besoin par voie de constitution de partie civile, devant la juridiction pénale.

....

Art. L. 5211-15 *(Mod., L. n° 96-393, 13 mai 1996 ; Anc. art. L. 5211-15 renuméroté, L. n° 99-586, 12 juill. 1999).* – Les établissements publics de coopération intercommunale sont responsables, dans les conditions prévues par les articles L. 2123-31 et L. 2123-33 pour les conseillers municipaux et les maires,

des accidents survenus aux membres de leurs organes délibérants et à leurs présidents dans l'exercice de leurs fonctions.

Les dispositions de l'article L. 2123-34 relatives à la responsabilité des élus sont applicables au président et aux vice-présidents ayant reçu délégation.

En application des dispositions combinées des articles L. 2123-34 et L. 5211-8, alinéa 2, du Code général des collectivités territoriales, dans leur rédaction issue de la loi du 13 mai 1996, les présidents des établissements publics de coopération communale, comme les élus locaux, sont pénalement responsables des faits non intentionnels qu'ils commettent dans l'exercice de leurs fonctions s'il est établi qu'ils n'ont pas accompli les diligences normales, compte tenu de leurs compétences, du pouvoir et des moyens dont ils disposent ainsi que des difficultés propres aux missions que la loi leur confie ; justifie sa décision, au regard de ces textes, la cour d'appel qui, saisie de poursuites exercées pour blessures involontaires contre le président du syndicat intercommunal d'exploitation d'un plan d'eau, à la suite de l'électrocution d'un plaisancier, retient, pour caractériser sa faute, qu'il lui appartenait d'imposer, notamment aux clubs nautiques soumis à l'agrément du syndicat, les mesures propres à informer les usagers du danger résultant de la présence d'une ligne à haute tension en surplomb d'une zone accessible par bateau et à interdire toute navigation dans cette zone (■ Cass. crim., 3 déc. 1997 : *Bull. crim.*, n° 413).

Constitution de la République française du 4 octobre 1958

Art. 67 *(L. const. n° 2007-238, 23 févr. 2007)*. **– Le Président de la République n'est pas responsable des actes accomplis en cette qualité, sous réserve des dispositions des articles 53-2 et 68.**

Il ne peut, durant son mandat et devant aucune juridiction ou autorité administrative française, être requis de témoigner non plus que faire l'objet d'une action, d'un acte d'information, d'instruction ou de poursuite. Tout délai de prescription ou de forclusion est suspendu.

Les instances et procédures auxquelles il est ainsi fait obstacle peuvent être reprises ou engagées contre lui à l'expiration d'un délai d'un mois suivant la cessation des fonctions.

Art. 68 *(L. const. n° 93-952, 27 juill. 1993 ; rempl., L. const. n° 2007-238, 23 févr. 2007)*. **– Le Président de la République ne peut être destitué qu'en cas de manquement à ses devoirs manifestement incompatible avec l'exercice de son mandat. La destitution est prononcée par le Parlement constitué en Haute Cour.**

La proposition de réunion de la Haute Cour adoptée par une des assemblées du Parlement est aussitôt transmise à l'autre qui se prononce dans les quinze jours.

La Haute Cour est présidée par le président de l'Assemblée nationale. Elle statue dans un délai d'un mois, à bulletins secrets, sur la destitution. Sa décision est d'effet immédiat.

Les décisions prises en application du présent article le sont à la majorité des deux tiers des membres composant l'assemblée concernée ou la Haute Cour. Toute délégation de vote est interdite. Seuls sont recensés les votes favorables à la proposition de réunion de la Haute Cour ou à la destitution.

Une loi organique fixe les conditions d'application du présent article.

La Haute Cour de justice n'étant compétente que pour connaître des actes de haute trahison commis par le président de la République dans l'exercice de ses fonctions et le Conseil constitutionnel n'ayant statué, dans sa décision du 22 janvier 1999, que sur la possibilité de déférer le président de la République à la Cour pénale internationale pour y répondre des crimes de la compétence de cette Cour, les poursuites engagées pour toute autre infraction ressortissent de la compétence des juridictions pénales de droit commun.

Étant élu directement par le peuple pour assurer, notamment, le fonctionnement régulier des pouvoirs publics ainsi que la continuité de l'État, le président de la République ne peut être mis en examen, cité ou renvoyé devant une juridiction pénale de droit commun pendant la durée de son mandat. Il en résulte que la prescription de l'action publique est suspendue pendant cette même durée.

Le président de la République n'est pas soumis à l'obligation de comparaître en qualité de témoin, dès lors que cette obligation est assortie d'une mesure de contrainte par l'article 109 du Code de procédure pénale et qu'elle est pénalement sanctionnée. Il s'ensuit qu'est irrecevable la demande d'une partie civile tendant à l'audition du président de la République en qualité de témoin (■ Cass. ass. plén., 10 oct. 2001 : *Bull. crim.*, n° 206 ; *D.* 2002, jur., p. 237, note Ch. Debbasch et jur., p. 674, note J. Pradel ; *Dr. pénal* 2002, chron. 1 par G. Delaloy ; *Rev. sc. crim.* 2002, *Convergences et divergences entre le Conseil constitutionnel et la Cour de cassation*, étude de F. Hamon ; *RFD adm.* 2001, p. 1187, étude de O. Beaud, et p. 1169, étude de O. Jouanjan, P. Wachsmann). *Adde*, L. Favoreu : *D.* 2001, chron., p. 3365.

Art. 68-1. – Les membres du gouvernement sont pénalement responsables des actes accomplis dans l'exercice de leurs fonctions et qualifiés crimes ou délits au moment où ils ont été commis.

Ils sont jugés par la Cour de justice de la République.

La Cour de justice de la République est liée par la définition des crimes et délits ainsi que par la détermination des peines telles qu'elles résultent de la loi.

1) Les crimes et délits commis dans l'exercice de ses fonctions par un membre du gouvernement relèvent de la compétence exclusive de la Cour de justice de la République (■ Cass. ass. plén., 23 déc. 1999 : *Bull.* n° 312).

La compétence de la Cour de justice de la République, selon l'article 68-1 de la Constitution telle que modifiée par la loi constitutionnelle du 27 juillet 1993, est limitée aux actes constituant des crimes ou délits commis par des ministres dans l'exercice de leurs fonctions et qui ont un rapport direct avec la conduite des affaires de l'État, relevant de leurs attributions, et ne s'étend pas aux faits dont la commission est concomitante à l'exercice d'une activité ministérielle (■ Cass. crim., 16 févr. 2000 : *Bull.* 72).

2) La compétence de la Cour de justice de la République, limitée selon l'article 68-1 de la Constitution modifiée par la loi constitutionnelle du 27 juillet 1993 aux actes constituant des crimes et délits commis par des ministres dans l'exercice de leurs fonctions et ayant un rapport direct avec la conduite des affaires de l'État relevant de leurs attributions, ne s'étend pas aux actes commis à l'occasion de l'exercice des fonctions ministérielles (■ Cass. crim., 6 févr. 1997 : *Bull.* 48).

Loi n° 2013-907 du 11 octobre 2013

relative à la transparence de la vie publique

....

Art. 4 *(L. n° 2017-1339, 15 sept. 2017)*. **– I. – Chacun des membres du Gouvernement, dans les deux mois qui suivent sa nomination, adresse personnellement au président de la Haute Autorité pour la transparence de la vie publique prévue à l'article 19 de la présente loi une déclaration exhaustive, exacte et sincère de sa situation patrimoniale concernant la totalité de ses biens propres ainsi que, le cas échéant, ceux de la communauté ou les biens indivis. Ces biens sont évalués à la date du fait générateur de la déclaration comme en matière de droits de mutation à titre gratuit.**

Dans les mêmes conditions, chacun des membres du Gouvernement adresse au président de la Haute Autorité, ainsi qu'au premier ministre, une déclaration faisant apparaître les intérêts détenus à la date de sa nomination et dans les cinq années précédant cette date. La même obligation s'applique en cas de modification des attributions d'un membre du Gouvernement.

Durant l'exercice de ses fonctions, un membre du Gouvernement dont la situation patrimoniale ou les intérêts détenus connaissent une modification substantielle en fait, dans le délai d'un mois, déclaration à la Haute Autorité. S'il s'agit d'une modification substantielle des intérêts détenus, il en fait également déclaration au Premier ministre.

Les obligations de déclaration prévues aux deux premiers alinéas s'appliquent à tout membre du Gouvernement dans les deux mois qui suivent la cessation de ses fonctions pour une cause autre que le décès. Les déclarations sont adressées personnellement au président de la Haute Autorité. La déclaration de situation patrimoniale comporte une récapitulation de l'ensemble des revenus perçus par le membre du Gouvernement et, le cas échéant, par la communauté depuis le début de l'exercice des fonctions de membre du Gouvernement.

Le membre du Gouvernement peut joindre des observations à chacune de ses déclarations.

Lorsque le membre du Gouvernement a établi depuis moins d'un an une déclaration de situation patrimoniale en application du premier alinéa du présent I, de l'article 11 de la présente loi ou de l'article LO 135-1 du Code électoral, aucune nouvelle déclaration mentionnée à la première phrase du premier alinéa du présent I n'est exigée et la déclaration prévue au quatrième alinéa du même I est limitée à la récapitulation mentionnée à la dernière phrase du même alinéa et à la présentation mentionnée au dernier alinéa du II.

II. – La déclaration de situation patrimoniale porte sur les éléments suivants :

1° Les immeubles bâtis et non bâtis ;

2° Les valeurs mobilières ;

3° Les assurances-vie ;

4° Les comptes bancaires courants ou d'épargne, les livrets et les autres produits d'épargne ;

5° Les biens mobiliers divers d'une valeur supérieure à un montant fixé par voie réglementaire ;

6° Les véhicules terrestres à moteur, bateaux et avions ;

7° Les fonds de commerce ou clientèles et les charges et offices ;

8° Les biens mobiliers, immobiliers et les comptes détenus à l'étranger ;

9° Les autres biens ;

10° Le passif.

Le cas échéant, la déclaration de situation patrimoniale précise, pour chaque élément mentionné aux 1° à 10° du présent II, s'il s'agit de biens propres, de biens de la communauté ou de biens indivis.

Les déclarations de situation patrimoniale déposées en application du quatrième alinéa du I comportent, en plus des éléments mentionnés aux mêmes 1° à 10°, une présentation des événements majeurs ayant affecté la composition du patrimoine depuis la précédente déclaration.

III. – La déclaration d'intérêts porte sur les éléments suivants :

1° Les activités professionnelles donnant lieu à rémunération ou gratification exercées à la date de la nomination ;

2° Les activités professionnelles ayant donné lieu à rémunération ou gratification exercées au cours des cinq dernières années ;

3° Les activités de consultant exercées à la date de la nomination et au cours des cinq dernières années ;

4° Les participations aux organes dirigeants d'un organisme public ou privé ou d'une société à la date de la nomination ou lors des cinq dernières années ;

5° Les participations financières directes dans le capital d'une société à la date de la nomination ;

6° Les activités professionnelles exercées à la date de la nomination par le conjoint, le partenaire lié par un pacte civil de solidarité ou le concubin *[Dispositions déclarées non conformes à la Constitution par la décision du Conseil constitutionnel n° 2013-676 DC du 9 octobre 2013]* ;

7° Les fonctions bénévoles susceptibles de faire naître un conflit d'intérêts ;

8° [Dispositions déclarées non conformes à la Constitution par la décision du Conseil constitutionnel n° 2013-676 DC du 9 octobre 2013.]

9° Les fonctions et mandats électifs exercés à la date de la nomination.

La déclaration précise le montant des rémunérations, indemnités ou gratifications perçues par le membre du Gouvernement au titre des éléments mentionnés aux 1° à 5° *[Dispositions déclarées non conformes à la Constitution par la décision du Conseil constitutionnel n° 2013-676 DC du 9 octobre 2013]* et 9° du présent III.

IV. – Un décret en Conseil d'État, pris après avis de la Commission nationale de l'informatique et des libertés, précise le modèle et le contenu des déclarations prévues aux I à III et fixe leurs conditions de mise à jour et de conservation.

V. – Lorsque son président n'a pas reçu les déclarations de situation patrimoniale ou d'intérêts dans les délais prévus au I, la Haute Autorité pour la transparence de la vie publique adresse à l'intéressé une injonction tendant à ce qu'elles lui soient transmises dans un délai d'un mois à compter de la notification de l'injonction.

La même procédure est applicable en cas de déclaration incomplète ou lorsqu'il n'a pas été donné suite à une demande d'explications adressée par la Haute Autorité en application du II de l'article 20.

....

Art. 11 *(L. n° 2017-261, 1er mars 2017 ; L. n° 2017-1339, 15 sept. 2017 ; L. n° 2018–202, 26 mars 2018).* – I. – Adressent également au président de la Haute Autorité pour la transparence de la vie publique une déclaration de situation patrimoniale et une déclaration d'intérêts, établies dans les conditions prévues aux quatre premiers alinéas du I et aux II et III de l'article 4, dans les deux mois qui suivent leur entrée en fonctions :

1° Les représentants français au Parlement européen, dont la déclaration d'intérêts indique, outre les éléments mentionnés au III du même article 4, les participations directes ou indirectes détenues à la date de leur entrée en fonction qui leur confèrent le contrôle d'une société dont l'activité consiste principalement dans la fourniture de prestations de conseil ;

2° Les titulaires d'une fonction de président de conseil régional, de président de l'Assemblée de Corse, de président du conseil exécutif de Corse, de président de l'assemblée de Guyane, de président de l'assemblée de Martinique, de président du conseil exécutif de Martinique, de président d'une assemblée territoriale d'outre-mer, de président de conseil général, de président du conseil de la métropole de Lyon, de président élu d'un exécutif d'une collectivité d'outre-mer, de maire d'une commune de plus de 20 000 habitants ou de président élu d'un établissement public de coopération intercommunale à fiscalité propre dont la population excède 20 000 habitants ou dont le montant des recettes de fonctionnement figurant au dernier compte administratif est supérieur à 5 millions d'euros ainsi que les présidents des autres établissements publics de coopération intercommunale dont le montant des recettes de fonctionnement figurant au dernier compte administratif est supérieur à 5 millions d'euros ;

3° Les conseillers régionaux, les conseillers à l'assemblée de Guyane, les conseillers à l'assemblée de Martinique, les conseillers exécutifs de Martinique, les conseillers exécutifs de Corse, les conseillers généraux, les adjoints aux maires des communes de plus de 100 000 habitants et les vice-présidents des établissements publics de coopération intercommunale à fiscalité propre de plus de 100 000 habitants et du conseil de la métropole de Lyon lorsqu'ils sont titulaires d'une délégation de signature, respectivement, du président du conseil régional, du président du conseil exécutif, du président du conseil général, du maire, du président de l'établissement public de coopération intercommunale ou du président du conseil de la métropole de Lyon, dans les conditions fixées par la loi. Les délégations de signature sont notifiées sans délai par l'exécutif de chaque collectivité territoriale ou établissement public de coopération intercommunale au président de la Haute Autorité pour la transparence de la vie publique ;

4° Les membres des cabinets ministériels et les collaborateurs du Président de la République ;

5° Les collaborateurs du président de l'Assemblée nationale et du président du Sénat ;

« 5° *bis* les membres de l'organe chargé de la déontologie parlementaire dans chaque assemblée, sauf lorsqu'ils sont déjà soumis à cette obligation au titre du I de l'article LO 135-1 du Code électoral ; »

6° Les membres des autorités administratives indépendantes et des autorités publiques indépendantes ;

7° Toute autre personne exerçant un emploi ou des fonctions à la décision du Gouvernement pour lesquels elle a été nommée en conseil des ministres.

Les déclarations d'intérêts des personnes mentionnées aux 4° à 7° sont également adressées au président de l'autorité indépendante ou à l'autorité hiérarchique.

Toute modification substantielle de la situation patrimoniale ou des intérêts détenus donne lieu, dans un délai de deux mois, à une déclaration dans les mêmes formes.

II. – Toute personne mentionnée aux 1° à 3° du I du présent article adresse au président de la Haute Autorité pour la transparence de la vie publique une nouvelle déclaration de situation patrimoniale deux mois au plus tôt et un mois au plus tard avant l'expiration de son mandat ou de ses fonctions ou, en cas de dissolution de l'assemblée concernée ou de cessation du mandat ou des fonctions pour une cause autre que le décès, dans les deux mois qui suivent la fin du mandat ou des fonctions. Toute personne mentionnée aux 4° à 7° du même I est soumise à la même obligation dans les deux mois qui suivent la fin des fonctions.

Aucune nouvelle déclaration n'est exigée de la personne qui a établi depuis moins d'un an une déclaration en application du présent article, de l'article 4 de la présente loi ou de l'article LO 135-1 du Code électoral.

III. – Les obligations prévues au I sont applicables aux présidents et aux directeurs généraux :

1° Des sociétés et autres personnes morales, quel que soit leur statut juridique, dans lesquelles plus de la moitié du capital social est détenue directement par l'État ;

2° Des établissements publics de l'État à caractère industriel et commercial ;

3° Des sociétés et autres personnes morales, quel que soit leur statut juridique, dans lesquelles plus de la moitié du capital social est détenue, directement ou indirectement, séparément ou ensemble, par les personnes mentionnées aux 1° et 2° et dont le chiffre d'affaires annuel, au titre du dernier exercice clos avant la date de nomination des intéressés, est supérieur à 10 millions d'euros ;

4° Des offices publics de l'habitat mentionnés à l'article L. 421-1 du Code de la construction et de l'habitation gérant un parc comprenant plus de 2 000 logements au 31 décembre de l'année précédant celle de la nomination des intéressés ;

5° Des sociétés et autres personnes morales, quel que soit leur statut juridique, autres que celles mentionnées aux 1° et 3° du présent III, dont le chiffre d'affaires annuel, au titre du dernier exercice clos avant la date de nomination des intéressés, dépasse 750 000 €, dans lesquelles les collectivités régies par les titres XII et XIII de la Constitution, leurs groupements ou toute autre personne mentionnée aux 1° à 4° du présent III détiennent, directement ou indirectement, plus de la moitié du capital social ou qui sont mentionnées au 1° de l'article L. 1525-1 du Code général des collectivités territoriales.

La déclaration d'intérêts d'une personne mentionnée au présent III est également adressée au ministre qui a autorité sur l'intéressé ou qui exerce la tutelle de l'organisme.

La nomination des personnes mentionnées au présent III est, le cas échéant, subordonnée à la justification du dépôt de la déclaration de situation patrimoniale exigible lors de la cessation de fonctions précédentes. Elle est considérée comme nulle si, à l'issue du délai de deux mois, l'une des déclarations prévues lors de l'entrée en fonctions en application du premier alinéa du I n'a pas été transmise à la Haute Autorité de la transparence de la vie publique.

III *bis*. – Les obligations et les dispenses prévues au présent article sont applicables :

1° Aux présidents des fédérations sportives délégataires mentionnées à l'article L. 131-14 du Code du sport et des ligues professionnelles qu'elles créent en application de l'article L. 132-1 du même code ;

2° Au président du Comité national olympique et sportif français ;

3° Au président du Comité paralympique et sportif français ;

4° Aux représentants légaux des organismes chargés de l'organisation d'une compétition sportive internationale attribuée dans le cadre d'une sélection par un comité international, de niveau au moins équivalent à un championnat d'Europe, organisée de façon exceptionnelle sur le territoire français et ayant obtenu des lettres d'engagement de l'État, ainsi qu'aux délégataires de pouvoir ou de signature de ces représentants lorsque ces délégataires sont autorisés à engager, pour le compte de ces organismes, une dépense supérieure ou égale à un montant fixé par décret. Le président de la Haute Autorité pour la transparence de la vie publique est informé sans délai, par le ministère chargé des sports, de la désignation de ces représentants légaux et, par ces organismes, de ces délégations de pouvoir ou de signature.

IV. – Un décret en Conseil d'État, pris après avis de la Commission nationale de l'informatique et des libertés, précise le modèle et le contenu des déclarations prévues au présent article et fixe leurs conditions de mise à jour et de conservation.

V. – Le V de l'article 4 et les articles 6 et 7 sont applicables aux personnes mentionnées au présent article. L'article 10 est applicable aux personnes mentionnées au présent article, à l'exclusion des personnes mentionnées au 1° du I.

....

Art. 26. – I. – Le fait, pour une personne mentionnée aux articles 4 ou 11 de la présente loi, de ne pas déposer l'une des déclarations prévues à ces mêmes articles, d'omettre de déclarer une partie substantielle de son patrimoine ou de ses intérêts ou de fournir une évaluation mensongère de son patrimoine est puni d'une peine de trois ans d'emprisonnement et de 45 000 € d'amende.

Peuvent être prononcées, à titre complémentaire, l'interdiction des droits civiques, selon les modalités prévues aux articles 131-26 et 131-26-1 du Code pénal, ainsi que l'interdiction d'exercer une fonction publique, selon les modalités prévues à l'article 131-27 du même code.

II – Le fait, pour une personne mentionnée aux articles 4, 11 ou 23, de ne pas déférer aux injonctions de la Haute Autorité pour la transparence de la vie publique ou de ne pas lui communiquer les informations et pièces utiles à l'exercice de sa mission est puni d'un an d'emprisonnement et de 15 000 € d'amende.

III. – Le fait de publier, hors les cas prévus par la présente loi, ou de divulguer, de quelque manière que ce soit, tout ou partie des déclarations, des informations ou des observations mentionnées aux articles LO 135-1

et LO 135-3 du Code électoral et aux articles 4, 6 et 11 de la présente loi est puni des peines mentionnées à l'article 226-1 du Code pénal.

La référence, par les articles 5-1 de la loi n° 88-227 du 11 mars 1988 et 26, § I, de la loi n° 2013-907 du 11 octobre 2013, au caractère substantiel de la part du patrimoine ou des intérêts omise des déclarations rendues obligatoires pour tout membre du gouvernement, aux fins de prévention des conflits d'intérêts et de transparence dans la vie publique, ne méconnaît pas le principe de légalité des délits et des peines garanti par l'article 7, § 1, de la Convention européenne des droits de l'homme et des libertés fondamentales (■ Cass. crim., 22 nov. 2017, n° 16-86.475).

TABLE DES TEXTES CITÉS

Cette table regroupe l'ensemble des textes cités qu'ils soient intégralement reproduits ou qu'ils modifient les textes existants.

Textes codifiés

Textes non codifiés

INDEX ALPHABÉTIQUE

A

E

J

K

L

M

O

P

U

V